[清]刘坤一 撰
陈代湘 何超凡 龙泽黯 李翠 校点

刘坤一奏疏

（二）

湖湘文库编辑出版委员会
岳麓书社

奏疏卷二十一

特举循吏折 光绪十九年正月二十八日

奏为循声懋著之知府、知县堪膺保荐，恭折仰祈圣鉴事：

臣维州县为亲民之官，知府为州县亲临上司，见闻切近，情意常通，言治道者当于守令加意。兹查有镇江府知府王仁堪，学裕才优，心精力果，凡恤民之政，莫不恳恳勤勤，不使一夫失所，遇有民教案件，亦复操纵合宜，将成远大之器。前署徐州府知府盐运使衔候补知府阮祖棠，端方稳练，有守有为。前随使臣出洋，历经盘错，嗣典大郡，声绩蔚然。所著听讼各条，具有心得，各处取以为法。至于利之所在，人所争趋，该员介石之贞，一尘不染。前署扬州府知府尽先即补知府许宝书，严毅朴诚，任劳任怨。初膺方面，职守极其认真，委令督捕蝗蝻，该员日驰炎暑之中，不知身于何有，并能破除情面，莫不惮其风裁。馀如盐务、河工，该员均称熟悉。在任候选道江宁县知县陆元鼎，器识闳深，操持坚定。前此调署上海，猝遇交涉事宜，持正秉公，华洋悦服，嗣赴如皋查办事件，不以脂膏自润，尤为人所难能。补用直隶州署清河县知县翁延年，气局安详，公事敏练。清河当南北之冲，政繁役重，该员措置裕如，其于民瘼所关，莫不尽心竭力。知府用候补直隶州宝山县知县马海曙，和平笃实，为政不事威严，临民如对子弟。其于地方应修水利，日夜孜孜不遗馀力。同知用泰兴县知县郝炳纶，久膺民社，熟习典章，听断催科，并臻妥善。丹徒县知县王芝兰，遇灾知惧，视民如伤，起瘠嘘枯，百端拮据。近日官场习于泄沓，其有署事各员，更存五日京兆之见。兹该员等尽心民事，实为守令中出色之员，臣知之颇深，不敢不上达天听，应如何鼓励之处，出自圣裁。

所有特保循吏各缘由，谨会同江苏抚臣奎俊恭折具陈，伏乞皇上圣鉴训示。谨奏。

重修盐法志告成折 光绪十九年二月二十九日

奏为《重修两淮盐法志》告成，恭呈御览，仰祈圣鉴事：

窃两淮引盐行销六省，课额繁重，损益因时。康熙三十二年纂修《两淮盐法志》，以资考证，再修于雍正六年，复修于乾隆十三年。自嘉庆十一年，四次续修，迄今已历八十馀载，其间张弛因革之端，有关遵守者不可枚举。军兴而后，案多散佚，岁月愈久，采辑愈难。经前督臣曾国荃，于光绪十五年十一月，筹捐经费，设局重修，派委前山西冀宁道王定安总司编纂。臣莅任后，饬令该道王定安始终其事，曾于十八年二月附片奏明在案。现在纂辑成书，办理完竣，统以十门，分子目九十有九，共计一百六十卷，缮写黄册进呈，并另缮副本，照例咨送户部备查。据江宁藩司瑞璋、两淮运司江人镜、江苏补用道前山西冀宁道王定安详请具奏前来。臣谨将缮就黄册，派委员弁赍京，恭呈御览。

再，上两届纂修，一系抚臣撰序，一系臣衙门撰序。此次应否仍由臣衙门或由江苏抚臣撰序，恭候钦定。

所有《重修两淮盐法志》告成，缮册进呈缘由，理合恭折具奏，伏乞皇上圣鉴。谨奏。

邀恩议叙修志人员片

再，查纂修会典、方略诸书各馆，成书后均得仰邀议叙。两淮历次续修盐志，在事出力人员，亦经仿照官书事例，分别奖叙各在案。

此次重修两淮盐志，自光绪十五年十一月开局起，至十八年十二月全书告竣，阅时三载之久。总纂王定安，督率各员，昕夕从公，寒暑无间，虽时隔八十馀年，势易时殊，较难搜辑，中更兵燹，案牍荡然，竟能广为搜罗，获臻完备，似未便没其微劳，自应循照旧案，择尤请奖。合无仰恳天恩，俯准将江苏补用道王定安，交部从优议叙，其馀出力各员，谨缮清单，一并恳恩俯照所请给予奖叙，以昭激劝。

除饬取各该员履历咨部查核外，理合附片陈明，伏乞圣鉴训示。谨奏。

遵查疆臣参款据实覆陈折光绪十九年二月二十九日

奏为遵旨确查，恭折覆陈，仰祈圣鉴事：

窃臣承准军机大臣字寄："光绪十九年正月二十四日奉上谕：'有人奏，疆臣辜恩负职，据实纠参一折。据称湖广总督张之洞，自移督湖广以来，议办炼铁，并开煤铁各矿，乞留巨款，轻信人言，浪掷正供，又复多方搜索，设电竿，毁通桥，几酿巨患，督署被焚而不入告，州县补缺勒捐，逞臆妄行。藩司王之春掊克聚敛，直隶州知州赵凤昌声名甚秽等语。着刘坤一按照所参各节，确切查明，据实具奏。原折着摘抄给与阅看，将此谕令知之。'”钦此。仰见我皇上好问察言，整饬官方之至意，跪诵之下，钦悚莫名。

伏查原奏所参各节，事隶鄂省，江宁相距较远，莫知底蕴。因即遴派妥员驰往该省，密为访察，并详询来往官绅，互证参观，粗知崖略。

如原奏：议办炼铁，并开煤铁各矿，浪掷正供，多方搜索各节。查煤铁两项，实为时务所急须。张之洞创办炼铁，并开煤铁各矿，一应事宜，均系隶于铁政总局。炼铁必须开矿，事本相因。

原估经费二百数十万两，以为开矿炼铁之需，所购外洋各项机器，现已运到八九成，各厂房屋亦已兴筑过半，有炼生铁、熟铁者，有炼精钢、粗钢者，分门别类，名目甚多，现正接续兴造，安设机器，规模阔大，需费浩繁。大冶铁矿开采，业已见铁。煤矿以江夏之马鞍山、大冶之王三石两处片段较厚，煤质较佳。王三石所采之煤，现已陆续运厂。马鞍山因井内有石，开挖较难，凿井未深，出煤尚须时日。由厂屋以至江口，由大冶以至黄石港，均设铁路，以通运道。各处矿厂均雇有洋匠，分司其事。闻准拨经费，目下所馀已不甚多，其中用款不无挪移，所谓搜索者，或即指此。大凡草创之事，与立有成规者，难易本有不同，省费亦各有别，兴作改易，势难滴滴归源。今湖广督臣张之洞，开矿设厂，置炉炼铁，本系仿效西法，事属创始，工作既未熟谙，用款不无稍费。且各项机器均系购自外洋，向来采买洋料，价值均以金镑合算，近年镑价日涨，闻以银购镑，亦多短绌，所需经费，恐难符原估之数。前因经营伊始，用人较多，近闻工作稍简，业已核减薪水，裁汰员役，似尚无浪掷情事。

又原奏：设电竿，毁通桥，几酿巨患各节。查前岁湖北创设电线，接至湖南澧州，该处乡民因事非经见，不便于民，麕聚多人，将电竿一律焚毁，当经该处地方官出为弹压，议结完案。武昌望山门外，向有新桥一座，前岁开办矿务，因该处桥孔多而且窄，轮船往来有碍，张之洞曾令拆毁，议改铁桥，以利转运，嗣因民情未洽，即令如旧修整，并未激成事端。

又原奏：督署被焚而不入告，州、县补缺勒捐各节。查两湖督署内失慎，事在光绪十七年，仅焚群屋数间，头门、大堂等处均属完好。张之洞殆因所焚系属闲房，官书文卷并无损失，是以未经入告。至州、县补缺，均系循照例章，近因各省时有偏灾，间劝筹捐济赈，并无勒派别项捐款情弊。事本善举，捐出乐输，原奏所称勒派捐款，殆系传闻之误。

此访查张之洞之梗概也。

又原奏：藩司王之春掊克聚敛，直隶州知州赵凤昌声名甚秽各节。查王之春由广东臬司升任湖北藩司，用人行政，均系禀承督抚臣办理，实无掊克聚敛情事，如何报复恩仇，亦查无其人。臣前次承乏两江，王之春时以道员需次江苏，当差勤奋，于时事尚属留心。现任湖北藩司，颇乏规益，而承流宣化，按部就班，亦未见有夤缘要结之弊。赵凤昌籍隶江苏，前以丁忧知县，由粤调鄂，办理督署笔墨事件。其人工于心计，张之洞颇信用之。该员虽无为人营谋差缺实据，而与通省寅僚结纳最宽，其门如市，迹近招摇，以致物议沸腾，声名狼藉。此访查王之春、赵凤昌之梗概也。

臣维张之洞学有体用，识达经权，仰蒙圣主特达之知，畀以兼圻重寄。该督臣系怀时局，力任其难，将以炼钢开生财之源，保自有之利，造端闳远，用款诚不免稍多。然揆其本心，实为图富强、规远大起见，果能办有成效，洵足资利用而塞漏卮。现在铁路一应事宜，规制虽未大备，而始基既立，实未可废于半涂。该督臣谋国公忠，励精图治，上思朝廷倚畀之重，下念同朝责望之殷，必能张弛合宜，终始其事。相应请旨饬下张之洞，督率承办各员，共体时艰，力求撙节，妥为经理，以竟全功。湖北布政使王之春，器局深稳，职守颇能认真，既经查无掊克等项情事，应请毋庸置议。保举候补直隶州知州赵凤昌，不恤人言，罔知自爱，似应请旨即予革职，并勒令回籍，以肃官方。

所有遵旨确查各缘由，理合恭折覆陈，伏乞皇上圣鉴训示。谨奏。

密保武职大员折光绪十九年二月二十九日

奏为密保武职大员，以备简用，恭折仰祈圣鉴事：

窃维长江水师，分布江、楚五省，绵延四千馀里，辖以四镇，而统于提督，事繁责重，自非勇略兼优、声威夙著之员，不足以资控驭而期胜任。光绪十八年六月，长江提督李成谋，因病陈请开缺，仰蒙天恩，起用前长江提督黄翼升，洵足副物望而慰军心，莫不欢欣鼓舞，感颂朝廷知人之明，用人之当。黄翼升到任后，威惠兼施，士卒用命，驾轻就熟，克副圣主简任之隆。惟念该提督现年七十有四，致身报国，为日虽长，而为之继者颇难其选。臣窃不自揣，勉循以人事君之义，谨举平日所知，上备采择，为异日任用之需。

查前浙江提督黄少春，屡膺专阃，卓有能名。又前浙江提督欧阳利见，久在江淮，熟习形胜。该二员曾任实缺提督，历练已久，其性情忠笃，早在圣明洞鉴之中。臣与先后共事，知之甚深。

该二员威望勋名与黄翼升均尚相埒，似于长江水师提督一缺，将来尚堪承乏。窃念用人行政，朝廷自有权衡，且黄翼升现在精力胜人，足资镇慑。第整军之道，选将为先，求治之方，储才为本，惟审察于平日，庶责效于异时。臣疆寄忝膺，受恩深重，愚虑所及，不敢不据实上陈，冀副圣主任官惟贤，遴才利用之至意。

臣为东南大局豫择将才起见，理合恭折密陈，伏乞皇上圣鉴。谨奏。

匪首供证明确畏罪自尽仍请加刑折

光绪十九年三月十七日

奏为匪徒串购军火，图谋滋事，续获要犯，讯供明确，首犯畏罪自尽，录供请旨严惩，以肃法纪，恭折仰祈圣鉴事：

窃照光绪十七年四、五月间，沿江人情骚动，教案迭起，八月间又经江海关查获英人美生私运洋枪等件，镇江关拿获美生及所带炸药，并搜获美生自书杂记，载明不法各情，均系哥匪串谋，意图滋事。美生因系洋人，不能由我澈究。经臣访闻，系因案正法已革提督李世忠之子所为，密饬访缉。旋准湖广督臣张之洞等电称，湖北拿获匪目高德华等，据供长江各会匪头目，皆奉李世忠之子李洪号雨生为总头目，欲为父报仇，托洋人购办军火，约期起事。并云李洪向称洪大少爷各等语。又准安徽抚臣沈秉成咨电，于皖省查出李世忠之子候选知府李显谋，访悉小名地虎。并由臣派员将美生之细崽徐春山、徐春庭获案，饬令苏松太道聂缉椝等讯据徐春庭供，亦称哥匪头目李长寿儿子李鸿，要替父报仇，出资托匡世明等转托美生代购军火。李长寿即系李世忠。当经派员前往李世忠原籍河南固始县属，暗地查访，李世忠诸子，惟次子李显谋在外游荡，所分田产，连年变卖。臣统核各处咨电匪供，既系李世忠之子李洪即李鸿为匪中首目，欲替父报仇，串购军火，而李世忠之子，又惟李显谋变产在外游荡，互证参观，情节相似。商准安徽抚臣沈秉成，派员协同将李显谋解来江宁，奏奉谕旨，革职收禁研讯。并先后接准河南抚臣裕宽咨电，李世忠亲生五子，长子李显才又名天龙，次子李显谋又名地虎。又据苏松太道聂缉椝，复将研讯徐春山供词，录送前来。查核所供李洪托购军火各情与徐春庭供词相同。因饬据江宁藩司瑞璋，督饬印委各员，一再研讯。仅据李显谋供认有地虎之名，并红少爷称呼，而于李洪之名及私购军火不法各情，恃无质证，坚不承认。当以案情较重，非缉获经手托购军火之匪目匡世明等质讯澈究，不能水落石出。将李显谋监候待质，一面派委员弁四出侦缉。旋知匡世明潜回湖南麻阳一带，先后派员往缉，并分咨湖南抚臣、提臣，饬属一体协拿。嗣经湖广督臣张之洞，派员会同该处汛弁，将匡世明拿获，商准解宁审办。一面饬提徐春山、徐春庭至省，先令印委各员讯据徐春山、徐春庭供与上海所讯相同。又向徐春山究出在镇江六濠口迎江春茶馆后面熊刨皮家与匡世明会面，并告知美生应允俟当差期满调往别处时当为代购军火各情。旋经湖北派委候补知县周耀崑将匡世明即匡盛明及其弟匡盛斌解到，饬令印委各员会同湖北来员，提同徐春山等确切质讯，匡世明无可狡展，即据供认该犯先后在福建、江苏入会开堂。光绪十五年四月间，匪目蒋云、曾鸣皋等向其告知，有素识之李少爷名李鸿，是李长寿亲生次子，他哥子天龙已故，因父被杀，要替父报仇，问蒋云等在会有多少人可以帮忙。蒋云等答以会上人多，只缺少军火，李鸿愿出银托洋人代办。蒋云、曾鸣皋邀该犯与李鸿相会在镇江第一楼，一同吃酒议事。李鸿年约三十馀岁，说话河南口音，乳名地虎，号雨生，与蒋云先回安徽。曾鸣皋因与洋人美生细崽徐春山相识，由曾鸣皋托徐春山转托美生购办军火。十六年正月，曾鸣皋带同徐春山到六濠口迎江春茶馆后面熊刨皮家与该犯说起军火之事，徐春山回说美生当差尚未期满，明年再为帮忙。三月间，李鸿令蒋云雇大划船两只，押解银六万两，用洋油木箱分装二十馀箱，由安徽运至六濠口停泊，并持有李鸿信片给曾素兰、曾鸣皋及该犯同收，又有信一封交曾鸣皋转交美生，过了几天，蒋云等把船开往镇江，曾鸣皋并向该犯告知李鸿托买军火要运到叶家集地方，从河南起事。该犯遂带眷回籍，拟俟事成再来。至十七年，美生才把军火、洋枪买到就被破案。李鸿平日好与会中人交结，业已被拿到案，现禁府监者即是，情愿对质等语。一再研讯，矢口不移。正拟提质间，李显谋情虚畏罪，乘间服毒自尽，其妻李盛氏、妾陈氏亦畏累服毒殒命，委验无异。派委江宁藩司瑞璋、营务处候补道曾广照，督同印委各员及湖北来员覆加研讯，各犯供仍如前，禀请核办前来。

伏查李洪即李鸿，为李世忠之子，各处咨电匪供皆出一辙。洪少爷之称，系由湖广督臣张之洞访闻；雨生之号，有高德华之供可凭；李显谋小名地虎，兄名天龙已故，亦由河南抚臣裕宽查明电咨；其红少爷之称、地虎之名，曾据李显谋自行供认有案。"红"、"鸿"字音相同，自系传述之误。现又据匡世明确切供明，李鸿为李世忠亲生次子，号雨生，小名地虎，伊兄天龙已故，并将出资商购军火，图谋不轨各节，历历供指，是李洪即系李显谋为此案巨魁，已属确凿有据。李显谋自到案监禁，业已一年有馀，并无死志，乃一闻匡世明获案解质，遽尔自尽，其为自知无可狡赖，情虚畏罪，更属毫无疑义。窃念前岁沿江一带会匪，暗相勾煽，私购军火，蠢蠢欲动，若非即时败露，为祸何堪设想。现既审讯明确，皆由李显谋出资购办，图谋滋事，实属罪不容诛，虽经自尽，仍应明正典刑，匡世明既系匪中头目，又与李显谋同恶相济，亦属法无可贷。应请旨将李显谋戮尸枭示，匡世明即行正法，一并枭首示众，以肃法纪，而昭炯戒。徐春山、徐春庭系美生细崽，曾鸣皋等欲图串购军火，邀令入会，情罪稍轻，将来缉获曾鸣皋等尚须质讯，应请均行监禁备质。匡盛斌讯无为匪情事，仍交湖北委员解回，由湖广督臣张之洞酌核办理。

李显谋系收禁江宁府监，该检校丁昌松，于发交此等监禁重犯，并不小心看管，致令服毒自尽，实属疏于防范。除将丁昌松

先行撤任，并批令臬司，饬提刑禁人等审讯，照例详办，暨将各匪供分咨总理衙门、刑部查照，一面饬缉逸匪曾鸣皋等，务获究办外，理合会同湖广总督臣张之洞恭折附驿具陈，伏乞皇上圣鉴训示。谨奏。

李洪亲族请免查办片

再，李显谋即李洪，勾串会匪，私购军火，图谋滋事一案，现经续获要犯审明，专折具奏。惟前准河南抚臣裕宽咨电，李显谋查系时常出外，家业为之荡然，其诸弟均系异母，分炊而居，又准湖广总督臣张之洞电称，李世忠之妻，颇明大义等语。臣查光绪十七年六月间，钦奉谕旨，查办会匪，解散胁从，仰见圣恩宽大，予以自新。今李显谋系属在外游荡为匪，伊弟副贡生李成彬等闻尚能安分读书，核与裕宽等先后咨电相同。所有李显谋亲族人等，应请免其查办，以别良莠，而广皇仁。

谨附片陈请，伏乞圣鉴训示。谨奏。

遵旨详筹议覆折光绪十九年三月二十九日

奏为遵旨筹议，恭折覆陈，仰祈圣鉴事：

窃臣等承准军机大臣字寄："光绪十八年十一月初六日奉上谕：'翰林院代奏编修陈鼎请严防各省会匪一折，着刘坤一、奎俊悉心详筹，奏明办理。原折着抄给阅看。'"等因，钦此。当经札饬江宁、江苏两藩司、江苏臬司，体察情形，会同悉心筹议。兹据江宁布政使瑞璋等分别妥筹，禀请核办前来。

查现在各省伏莽之患，无过会匪，自疆臣以逮地方文武，莫不虑其鸱张。近时江西萍乡等处匪徒啸聚滋事，虽经即时扑灭，并由各省拿获巨魁，严行惩办，而根株未净，难免蔓延，自宜及早绸缪，以为消弭之计。第会匪暗相勾结，飘忽靡常，无显著情形，无一定巢穴，缓之则养痈贻患，必至酿成厉阶，急之则吹毛索瘢，仍恐不得要领。就臣等愚见，尽可不事张皇，惟以平易之法治之，使无遁形，坐制其命。谨就陈鼎所陈各条，分别筹议，为我皇上陈之。

如原奏使州、县官遍阅境地，以搜伏莽一节。查州、县身膺民社，有地方之责，凡山川之险易，风土之刚柔，民物之盛衰，土客之强弱，均当周知熟悉，而安良戢暴，首以编查保甲为要务。盖此等会匪，党羽繁多，行踪诡秘，随在散票，以惑乡愚，就地开堂，以为渊薮。至于华洋通商之地，五方杂处之区，以及邻境毗连，若辈尤易混迹，固不必尽在山壑间也。今力行保甲，使民自查匪而官为督责，则法简而易行，民安而不扰。但示以隐匿之有罪，举发之有功，赏罚既明，人心自奋，匪徒必无藏身之所。

江苏前已明定章程，通饬州、县举办保甲，现在查拿会匪，自应归于保甲办理。所虑牧令视若具文，则寻常盗贼尚不能弭，何况会匪？臣等会商，以后各牧令殿最，一以保甲有无成效为断。如有会匪头目日久盘踞境内，该牧令等漫不经心，任其潜滋暗长，日后发觉，亦当究明起于何时，并将以前失察之员，予以处分，俾知身虽去任，尚难辞咎，庶几互相戒勉，不敢玩忽诿延。似不必另设保族告密等法，致滋纷扰。

至军火器械，本禁私藏、私制。但军兴时，民间自置器械，结团御贼，事后留以自防。今强盗每持枪刀拒伤事主，若将民间器械一概收缴，是先夺其自卫之具，而使强盗得以横行，非计之得也。应通饬各属，凡民间藏有器械以防盗者，悉令报明保甲董长，于器械上编号刻字，以备稽考而杜流弊。其军火非官厂不得制造，如购自洋厂，非有印文不准进出关口。前经总理衙门及臣等设立专条，分别通饬照会，严行查禁。并饬属详加访察，如民间有私藏军火，一体收缴各在案。以后自当随时饬属，认真办理，勿任始勤终怠。

江苏省舆图，久有刊本，现因纂修会典，续办全省舆图，已由藩司派委熟习人员重加校勘，分别测绘。今若改归州、县，实多窒碍难行。盖州县为亲民之官，何能日事跋涉，久淹岁时。只须责令于所属境内，整顿保甲，分别良莠，匪徒自可闻风敛迹，不在舆地之熟悉否也。

又原奏使总兵官遍阅境地，以强镇兵一节。查地利为兵家所尚，古今名将无不讲求形胜，力争上游。然而临敌审幾，不可胶执成法，据山者胜，或至自陷重围，背水者危，有时资以破贼：是知地势之阨塞，亦在用兵者之善于变通。而况此等会匪，散漫零畸，聚散无常，出没靡定乎？昔人以巨寇比虎狼，而以伏戎比蛇鼠，良以所凭依窟穴者异，即攻取之术未可一例施也。使仅据目前已然之迹，以求合乎异日一切不可豫测之贼情，纵绘图立说务极精详，恐亦难操胜算。是镇兵之强，不系乎此，全在各总兵督率营弁，训练士卒，使知行军布阵，制变设奇，以及进退分合之方，虚实疾徐之用，庶几可战可守，悉协机宜。江南水师、陆路各总兵，本系随时会哨巡哨，应令各总兵于到任后，出巡之便，将所辖地面某处为山川形势，某处为关津要隘，与夫用步、用骑、用少、用众，自行绘图贴说，呈送督抚提督衙门，不求工肖，但求分明，以备查核，不必更由督抚、提督另派测量之人同行，使该总兵有所推诿，不肯留意也。

又原奏起用各军旧部熟悉地形之人一节。查各军最著者曰湘军、淮军，自军兴以来，人才辈出，骆秉章识左宗棠于客幕，曾国藩拔塔齐布于偏裨，举贤进能，本不拘于一格。湘、淮各军，昔年精锐之士，忠勇之将，以及戎旃借箸之彦，勋门继起之人，其才堪任使者固不乏人，此外或隐于草茅，或沦于下吏，亦未尝无杰出之才。各省督抚自当随时留心，秉公延访，各举所知，出具切实考语，送部引见，请旨量才录用，其应发往何省，朝廷自有权衡。惟所举之员不必以熟悉舆地为限，如曾国藩等之用兵，虽以山川形势为本，而才识器量不名一端，究其经纶之业，不仅熟谙舆地一事已也。

又原奏各督抚宜延揽熟悉地形之士，以储将才一节。查督抚居封疆之任，必须留意人才，文武具备，一旦猝遇事变，方足宏济艰难。如所称宜设储才馆以备登进，原系造就人才之意。但既曰储才，当广搜博访，凡有才者皆堪入选，不拘拘于舆地一途。两江收标武职及候补道员颇多，此外投效文武亦复量行录用，皆为储才地也。现设筹防、制造等局及同文馆、水师学堂，均为讲求时务者见才之所，而亦兼及舆地之学。但于是数者切实考察，屏绝浮华，甄拔智勇之士，干济之材，试其识力之浅深，胆略之大小，磨砻陶炼，以备异日任用，较之另设储才馆似有实济。

窃维该编修陈鼎所陈四条，一以熟悉地形为主，推原其意，无非为搜捕会匪，思患豫防起见。第求治之道，贵乎因地制宜，未可执一而论。且有治法，尤须有治人，苟得其人，则事办而民不扰。现在各省匪目次第擒获多名，其购买军火逆谋，亦已败露，惟首要尚有漏网，难保不馀烬复然。臣等疆寄忝膺，责无旁贷，惟有督率文武各员，钦遵光绪十七年六月初六日谕旨，严拿首匪，解散胁从。并慎选牧民之官，以清吏治，多收轶群之士，以济时艰，借以仰副圣主勤求治理、销患未萌之至意。

所有遵旨筹议缘由，谨合词恭折覆陈，伏乞皇上圣鉴训示。谨奏。

覆陈严缉私枭事宜折光绪十九年三月二十九日

奏为遵旨筹议设防缉私，恭折覆陈，仰祈圣鉴事：

窃臣等承准军机大臣字寄："光绪十八年十月十五日奉上谕：'有人奏，江南枭匪横行，请设防严缉一折。据称淮北、淮南透私之地甚多，侵灌皖岸，各关卡不查私盐，以致枭风日炽，劫抢之案，层见叠出，请饬筹办等语。着刘坤一、奎俊、沈秉成、松椿体察情形，妥筹办理。原折均着抄给阅看。将此各谕令知之。'"钦此。仰见圣主于整顿缉务之中，寓除暴安良之意。

伏查近年来枭匪日肆，不惟病商，抑且病民，若非严行缉捕，从重究办，则枭匪出没之区，小民几无聊生之日。前经叠饬营勇，拿获巨枭多名，就地严惩，随时奏明在案。

臣坤一于十七年莅任时，详加访察，枭匪以安徽之凤阳、寿州人最为强横，均住江宁之江都、甘泉县境，初仅贩私，继有抢掠、讹诈等事，乡民畏与结仇，不敢报案。当饬运司，遴派候补知府许宝书专办扬属缉私，饬拨水陆队伍归其调遣，以资巡缉，钦奉谕旨："饬令妥筹办理。"即经臣坤一札饬运司江人镜，督同候补知府许宝书、海州分司徐绍垣，将应行择要设防严密堵缉之处，妥为筹议，具覆去后。兹据详查议覆前来。

臣等查淮南透私要隘，均有巡缉卡座：如泰州分司所属之下河、盐城、北闸、草堰闸、缪湾镇、仇湖口、大团闸、丁溪闸、庙湾、海关、许坎关，通州分司所属之里河、李家桥、丁堰镇、江堰镇、力乏桥、黄桥，如皋南闸，曲塘运河堤之六漫闸，高邮、宝应缉私上河之孔家涵、白塔河、界沟、沈家渡等卡，均已星罗棋布，应责令各卡员常驻卡，认真梭巡，遇有大伙私枭，或因兵单难捕者，即行就近知照州、县营汛帮同拿获。其自甘泉县湾头镇起至高邮州马棚湾止，系统带炮船蒋良眷巡缉，马棚湾起至山阳县泾河镇止，系统带炮船陈清泰巡缉，自江都县仙女镇起至泰州沈家渡止，系候补知府许宝书、参将章其俊、都司徐连科管带水旱各队巡缉。此外三江、清山、扬州、泰州、瓜洲等营，均有巡缉之责，平时各守各汛，遇事互相接应，合力兜拿。至江都县之东南乡，甘泉县之东北乡，凤阳、寿州畲匪溷迹其间，应由该两县查办保甲，如有土棍窝藏畲匪，即行押令回籍，其有家产生业者，姑准取保免遣，仍由董保人等随时稽查禀办。毗连江都甘泉之泰州、高邮、宝应等处，一律办理，不致借为逋逃。此筹办淮南缉私之情形也。

又查淮北透私要隘，亦经严密布置。陆路如海州西门，有总查委员稽查，沭阳、阿湖等处，有得胜营总兵王得胜拨队分扎堵缉，又有海州营营官设立五卡，按段梭巡。水路如由场达坝，经过之处有新关、大伊山、龙沟、武障河、周庄等卡，责令该卡员会淮海水师营官，认真查缉。其或由安东颜家河、永丰坝一带登岸绕越，或由淮安湖嘴、马头镇等处，透漏出湖，已由分司徐绍垣添造长龙舢板快船五号，饬令该哨官会同西坝弹压，委员及各汛弁水陆梭巡。所有盐船上下游，系水师炮船管带分投巡缉。至原奏所称桃源、宿迁二邑，为透私出湖要隘，系管带四岸巡勇营官暨涡淮营缉私营官、合字营营官，会哨巡缉，洪泽湖由分司徐绍垣饬令救生船，随同洪湖营营官驾船往来梭巡兼缉蒋坝、三河等处之私。惟永丰镇等处，高邮、宝应、东闸口、汜水、界首各处私枭聚集之区，非有专顾之兵不可，已由臣坤一咨会臣松椿酌拨兵勇前往驻巡。此筹办淮北缉私之情形也。

皖岸向设南、北岸总巡，北岸专缉陆路之私，南岸兼缉水路之私，并添设十号炮船，在江面游巡，随时堵截。其下游有沿江缉私候补道杨钟琛，督率水师严堵，复经臣坤一添派奇兵中、左、右三营分段巡查，以辅各缉私营之不足。至江南水陆各营，其驻扎地方虽为巡防缉匪起见，而近来枭即是盗，饬令以后各防营兼缉枭贩，各就派扎地段巡查，无论为盗为枭，一体严拿究办。如此分段巡防，均有专责，设有透漏失察，即将该管员弁照章示惩。

总之，私盐出自场灶，垣池销畅则盐不患多，勤收则私何由透。现在引地未复，邻私充斥，销滞商困，各场有停歇之垣，灶丁无以为生，遂致私售私煎，弊端百出。臣坤一惟有严饬各分司场员，严督灶头、灶长，并由垣商派掌管人等，认真稽查，不准得规卖放。如有停歇之垣，由分司裁费经本，另招新商，并饬各州县严查窝囤，一经起获，房屋封闭入官，人犯照例治罪。一面设法收回引地，严禁邻私，以广销路，庶几私踪自绝，而官引畅销，仰副盛朝整饬鹾纲之至意。

所有臣等筹议设法缉私缘由，理合会同恭折覆陈，伏乞皇上圣鉴训示。谨奏。

请将故员政绩宣付史馆立传折光绪十九年三月三十日

奏为已故道员政绩卓著，遗爱在民，吁恳天恩宣付史馆立传，以表循良，恭折仰祈圣鉴事：

窃于同治二年十一月二十四日奉上谕：“祁寯藻奏，弭盗安良，必资循吏，请分别表彰录用一折。嗣后各省大吏，务宜加意访查其政绩、官声、遗泽在人者，着奏明宣付史馆，编入循吏列传。”等因，钦此。钦遵在案。

兹据江宁绅士内阁中书伍元芝等、淮安绅士翰林院编修顾云臣等、通州海门绅士内阁中书顾儒基等，先后联名禀称：已故二品顶戴河南遇缺题奏道孙云锦，前在江宁、淮安、通州各府、州任内，清廉慈惠，遗泽在人，胪陈居官政绩，造册呈请具奏等情前来。

臣查该故员孙云锦，以诸生从戎，为前督臣曾国荃所倚重，决策制胜，多所赞画。曾国荃率师围安庆，该故员因滨江之枞阳镇，为北来援贼必由之道，首议筑堤，以巨船装石沉底，树木泥沙实其上，五十日而堤成，以一营守之，布炮船数十号于堤内。自枞阳至练潭六十里，水师上下游击，围军遂无北顾忧。安庆偏西九十里为石牌镇，由省至潜山、太湖要道，上通湖北黄州、蕲水等处，贼建伪城甚固，湖北下援之贼，恃此为巢穴。该故员单骑驰往劝谕居民，愿毁城者以砖瓦木石与之。三日城毁，贼至失所据遂退，官军得挖长濠困贼。论者谓筑枞阳河堤、毁石牌伪城二事，实为攻拔安庆之关键。嗣随同克复沿江城隘及江宁省城，积功荐保江苏候补知府。同治三年委办江宁善后事宜。维时省垣初复，百务待理，该故员视官事如家事，夙夜在公，不辞劳瘁。其知通州也，终日孜孜，一意求民疾苦。知该州民愿而役横，以严法绳抶黠吏二人，吏大畏服。清前任积案六七十起。日坐堂皇，听断明决。培植士类，增赡书院膏火，试必扃门，为诸生讲解辩论，剖析义利。时至四乡，延见耆老，以问风俗。以是民无不达之隐，狱无不得之情。属县兴革利弊，事有所碍，必为之力请于长官，得当而后已。去之日，走送之民，连三十里不绝，丐者百馀，亦以首叩地环泣于舟旁，以为孙州官来，我曹未尝犯窃，而铺户居民因官为劝谕，常时施与较宽，亦未尝无食也。海门与通州邻境，当时政声所被，已为众论所归。光绪初年海门士民，因该厅征收钱粮，向有易知由单名目，胥吏缘之需索，不堪其扰，环请禁革。该厅同知王家麟不通土人语，官民隔绝，胥吏得以上下其手，意欲兴大狱。该故员奉檄查办，草笠芒鞋，周行访察，尽得其实，遣释无辜乡民，痛抑胥吏，并永禁由单，至今民赖其利。其守淮安也，下车之始，日设匭于门，令士民各言地方利弊。进言者颇众，可采者甚多，月馀撤去。或问之，该故员曰："设匭数十日，此邦情伪已知大略，久恐启攻讦之风，转滋他弊。"于是奸民知畏，棍徒敛迹。他如修城工，兴书院，疏浚渠河，创办志乘，靡不殚心竭力，百废具举。其守江宁也，因兵燹之后，元气未复，当休养生息，不宜纷更摇众。以下情不能上达，延访地方绅耆，每事必谘，实力实心，事办而民不扰。其宦辙以江宁为最久，遗爱亦以江宁为最深，而光绪四年豁除高淳县各乡田地虚粮一事，该故员力持斯议，尤为脍炙人口，迄今该处士庶尸祝不忘。十三年奉旨调补河南开封府知府，受事甫一月，郑州决口，该故员筹备荒政，刻刻以救民为心，实惠及人，全活无算，其他善政一如治淮安、江宁时。综计该故员生平，持躬清介，悃愊无华。前在军营，随同曾国荃迭克名城，战功懋著。迨居官之后，为政务持大体，不尚矫激之行，慈祥和惠，卓然有古循吏风。既据该绅士等追思遗爱，沥诚吁请，自应据实上陈。可否仰恳天恩，俯准将前河南遇缺题奏道孙云锦生平政绩宣付史馆列入循吏传，以励臣职，出自圣裁。

除将事实清册咨移部科及国史馆查核外，谨会同江苏巡抚臣奎俊恭折具陈，伏乞皇上圣鉴。谨奏。

总兵劳故请恤折 光绪十九年六月二十二日

奏为已故总兵战功卓著，恳恩赐恤，以彰荩绩，恭折吁陈，仰祈圣鉴事：

窃据瓜洲镇总兵谢濬畬等禀称，已故遇缺尽先题奏提督长江水师瓜洲镇总兵讷思登额巴图鲁吴家榜，湖南益阳人，于咸丰九年投效外江水师，旋分隶淮扬水师，管带炮船，骁勇善战，奋不顾身，为前兵部尚书彭玉麟、前陕甘总督杨岳斌所识拔。转战沿江各省，攻克枞阳伪城，踏平殷家汇、菱湖、赤冈岭贼垒及收复安庆池州、太平、芜湖各城，该总兵激励士卒，无役不从，每遇大敌，辄飞桨直前，所向披靡。同治元年，提一旅之师，随同长江水师提督黄翼升，逾九洑洲贼垒至上海新泾、四江口等处，两次血战解围，会合陆军，次第克复嘉定、江阴、太仓等城，势如破竹；无锡、金匮之捷，生擒伪潮王黄子漋父子，馀逆歼除殆尽；

常州之捷，生擒伪护王陈坤书。维时陈坤书等分遣悍逆，四出纷扰，欲由江阴杨舍沿江北窜，并图由常熟以袭太仓，由无锡而扑苏州，其锋甚锐，势不可遏。该总兵督带师船，随同直隶督臣李鸿章大军，奋勇齐进，遂收夹击之效。论者谓常州一役，该总兵之功，有足多者。苏州大桥角之战，贼多且悍，该总兵奋力追击，被贼洋枪伤其左颧，犹复指挥师船于枪林弹雨中，誓以身殉，有进无退，卒以败贼。自是左目失明，口亦偏斜，见者悯之。旋督率所部各船严防下游江面，昼夜梭巡，断贼接济。克复金陵之役，攻夺中关拦江矶石垒，往来冲击，扫荡无前，乘胜猛攻滨江之城，遂与前两江督臣曾国荃各军，夺取水西、旱西两门，擒斩贼酋无算。三年六月以克复金陵功，蒙恩以总兵记名。四年九月，因克复宜兴、溧阳各城，在事出力，奉旨以提督记名简放。嗣调驻瓜洲兼防运河，适山东捻逆窜扰扬州，该总兵率师会合兜拿，得以迅速扑灭。赖汶洸就擒案内，蒙恩仍以提督遇缺尽先题奏。七年创设长江水师，前两江督臣曾国藩等，遴选出力将弁，奏补水师各缺，论立功之大小，定补缺之等差，以吴家榜劳绩最著，足膺阃寄，奏奉谕旨补授瓜洲镇总兵员缺，八年到任。该总兵以京口水师裁撤未久，积习犹在，日驾扁舟往来于孟河、江阴之间，与各营讲求操防、巡缉之法，划清汛地，裁汰陋规，宽猛兼施，兵民悦服。又以江面辽阔，舢板不任风涛，请于前两江督臣马新贻，更造领江船八艘，上下梭巡，盗风以绝。光绪十年，法事戒严，前长江提督李成谋，督率兵轮驻泊吴淞，与法船相逼，吴家榜迅赴戎机，多所规画，已而还守江阴，款成乃返。近年沿江各省，伏莽未靖，六濠口、瓜洲一带，尤为紧要。英人美生私购军火事起，该处浮言骚动，咸有戒心。吴家榜不动声色，以镇定处之，悬赏购线，迭获著名要匪，消患未萌，士民至今称诵。十八年夏间，感受暑热，触发伤疾，该总兵以受恩深重，不敢惜身，力疾巡江，一如平日，乃以积劳过久，终至不起，弥留之际，惟以江防为念，语不及私，闻者莫不陨涕。谢濬畬等以与吴家榜同在长江水师，见闻较确，胪列事迹，禀请奏恤前来。

臣查该故总兵吴家榜，驭军严整，懋著勋勤，前在水师一意剿贼，虽屡濒危险，忠勇之志，曾不少渝，身受巨创，仅而不死。大小百数十战，迭克沿江城隘数十馀处，战苦功高，实与水师相终始。迹其生平，在营十年，在任二十馀年，治军事如家事，抚驭士卒，信赏必罚，用能歼除巨憝，绥辑地方。臣三至江南，旧时袍泽之俦，雕零殆尽。吴家榜久膺专阃，忠爱性成，年力尚强，方冀长为干城之寄，不谓遽以伤疾中道云徂，失此将才，深堪悼惜。查前有淮扬镇总兵章合才，积劳病故，经臣奏蒙恩旨优恤在案。今吴家榜事同一律，既经谢濬畬等沥情禀请，臣未敢壅于上闻。合无仰恳天恩，俯准将已故遇缺题奏提督瓜洲镇总兵吴家榜，照提督军营立功后积劳病故例，从优赐恤，生平战绩宣付国史馆立传，并于湖南原籍及安徽采石矶地方附祀前兵部尚书彭玉麟专祠，春秋官为致祭，以彰荩绩，出自鸿慈。

除饬取履历分咨查核外，谨会同长江水师提督臣黄翼升恭折吁陈，伏乞皇上圣鉴训示。谨奏。

吴家榜妾何氏殉节请旌片

再，瓜洲镇总兵吴家榜，上年因病出缺，伊妾何氏痛不欲生，绝食以殉，殁年三十五岁。现据瓜洲镇总兵谢濬畬等，以该氏节烈可风，宜沐旌扬盛典等情，禀请附奏前来。

臣查已故瓜洲镇总兵吴家榜，屡立战功，积劳病故，业经臣另折奏恳恩施。伊妾吴何氏于家榜病故后，绝食殉节，志行可嘉。合无仰恳天恩，俯准将吴何氏敕部旌表，以慰幽魂。

谨附片陈请，伏乞圣鉴训示。谨奏。

查明徐州土捐汇费仍准照支折光绪十九年七月二十一日

奏为查明徐州土捐解京汇费银两，吁恳天恩，仍准照数开支，并免造日征细册，恭折仰祈圣鉴事：

窃准部咨："徐州土药统捐，自光绪十七年四月二十二日开办起，至十八年三月底止，提拨一五成经费外，又提汇费银七千六百两，核与各省办法不符，饬将前项汇费银两照数提回，嗣后开支汇费，即在一五成经费内撙节动支，并饬将各局卡征收前项银两造具日征细数清册，送部核销"等因。当经转行遵照去后。

兹据办理徐州土药统捐局江宁布政使瑞璋等详称：徐州一府并沭阳、赣榆等县，地面宽广，旱道纷歧，连界安徽、河南、山东三省，绕越偷漏，防不胜防。开办之初，择要设立分局十五处，分卡七十三处，核计各项局用，并委员、司事、巡勇薪粮等项，每月共实需银三千八百馀两。按照正捐十七年四月至十八年三月止，一年收数，所提一五成经费银三万七千馀两，本不敷用，遵章开支，业已极力撙节，若又将另支汇费，并令归在一五成经费内动支，委实无可匀拨。且徐州地属平阳，设局收捐较之湖北有要可扼，办理尤觉为难。查湖北省于光绪十六年开办，只设局卡三十馀处。该省局用，除照徐州提拨一五成经费四万七千馀两之外，又于正项内另支勇粮、薪水、公费银二万五千馀两，均经核准开销，且该省所征银两系留作本省枪炮厂经费之用，是以无须汇费。今徐州同系创办，地方散漫，分设局卡多至八十馀处，查缉之难，用费之繁，实较湖北尤甚。湖北因分设局卡之处，向无营勇，专募巡缉勇丁六百馀名，查照楚军章程开支薪、粮。徐州虽向有马、步营勇，训练巡防，考成綦重，亦未便零星分派，专缉土私，顾此失彼。所有各局卡专募巡缉之勇，以一年计之，实用口粮银九千六百馀两，系在一五成经费内支给，并未照湖北另在正项内开支，仅另拨此项汇费银七千六百两，实较湖北用费省而又省。如照部议不准在正项拨，此汇费所提一五成经费内，又无可匀拨，若亦将巡勇口粮援照湖北，请照正项内拨用，挹注抵支，转非核实办法。再四筹思，惟有实用实销，仍请将此项汇费免予提回，照数开支。至徐州土药捐款，铢积寸累，数至二十馀万两，零星碎户，头绪极繁，若按日按户查造细册缮办，实形繁琐。各局司事因节费未敢多用，办理捐收各事，本已兼顾不遑，如再另行添设，则需费更多。查抽捐与征税本属不同，是以厘局所收捐款，向均汇总开报，从未另造日收细册。良以捐务枢纽，惟在随时设法杜私，杜私之勤惰，固不在册籍笔墨之间。徐州土药捐款同系厘金，日收土捐较之百货捐项尤为畸零琐碎，应请按照厘金办法免造日征细册，俾在事人等竭尽心力，各司其事，严杜走私，以节繁费，而裨捐务等情，详请具奏前来。

臣察核所详，均系实在情形。合无仰恳天恩，俯准将前项汇费银两，照案开支，免予提回，并免查造日征细册，以省案牍。理合会同江苏巡抚臣奎俊恭折具陈，伏乞皇上圣鉴训示。谨奏。

匀拨吉林快枪片

再，上年九月间，海军衙门以吉林需用快枪，电商筹拨，备价归款。当查南洋尚有前次购存哈乞开司快枪，既为吉林边防所需，拟即匀拨三千杆解济，同为公用，毋庸归还购价，电准海军衙门核覆照办等因。即经札饬金陵军械所，拨发哈乞开司后膛洋枪三千杆，随枪矛头三千副，合膛药弹六十万颗，并令上海机器局添配随枪皮件及刀头、皮套，金陵机器局添配钢簧等件，分别装箱，派委候选道徐建寅，航海解赴海军衙门点收在案。

伏查此项洋枪、矛头、药弹，本系江南筹防局于光绪十六年动拨南洋防费购买，业已列册报销。所有上海机器局添配随枪皮件及刀头皮套，计垫用英洋三千六百元有奇，又盘运水脚车价等项用银一千六百两有奇，系照案由江南筹防局在于南洋防费项下分别拨结归垫，列册造报。其金陵机器局添配钢簧等件，共用工料银五十三两有奇，归该局自行汇入制造局项下报销。据办理江南筹防局、江宁布政使瑞璋等详请奏咨前来。臣覆核无异。

除咨海军衙门、户部查照外，谨附片陈明，伏乞圣鉴。谨奏。

周长华捐输巨款请赏举人片 光绪十九年八月二十八日

再，据江苏赈捐局司道详称，准广东布政使成允等咨，广东南海县贡监生周长华，前因江宁等属被旱成灾，捐助赈需库平银三万两，并称现在读书应试，不敢仰邀别项奖叙。经该藩司成允等查明，该捐生敦品励学，有志上进，将捐银解局济赈，咨由江宁布政使瑞璋等详请核办前来。

臣查上年江宁、镇江、扬州等属，旱灾极重，仰蒙朝廷轸念灾黎，截漕赈抚，并经司局各库挪垫济用冬赈，甫得蒇事。接办春赈需款浩繁，几至无可设法。盖近年筹捐至再至三，已成弩末。

维时又值顺、直、山东均各劝捐济赈，同时并举，以致江苏捐款收数寥寥，累寸积铢，尚难筹集，幸赖该捐生周长华，首先报效巨款，各处好善之士，闻风兴感，捐务因之渐旺，不独春赈借以接济，即本年山西告籴，畿辅水灾，用能拨济急赈，裨益实非浅鲜。溯查军兴以前捐银一万两者，本有奖给举人成案，该捐生此次捐数至三万两之多，慨念时艰，急公好义，与寻常报效迥不相同。科第为士子进身之阶，原不敢破格陈请。第自光绪十六年浙江廪贡生庞元济捐助赈银三万两，经直隶督臣李鸿章奏请奖给举人之后，连年各省筹办捐赈，并无续捐巨款之人，足见此等好义乐输，诚难数觏。该捐生勇于为善，有志上进，捐款既与庞元济相埒，志趣亦复无殊，诚如李鸿章所奏“若蒙破格奖励，愈以见科名进取之重，亦可励多士向慕之忱”。可否仰恳天恩，俯准将该贡监生周长华赏给举人，一体会试之处，出自特恩。

是否有当，谨会同江苏巡抚臣奎俊附片陈请，伏乞圣鉴训示。谨奏。

南洋劳绩人员并案请奖折光绪十九年九月十五日

奏为南洋随办洋务人员，两届期满，照章并案请奖，恭折仰祈圣鉴事：

窃查光绪十二年十月，吏部奏定章程内开：“嗣后随同南、北洋大臣，专办洋务出力人员差委之日起，扣满三年请奖，以十员为率”等因。南洋事务较繁，需才较众，近来商务日盛，交涉之事亦复日增。其中如光绪十年法事之殷，十七年长江教案叠起，又复继以私运军火之案，办理尤为棘手，全赖在事各员实心筹办，相机因应，借收群策群力之效。此外一切交涉事件，亦均能不激不随，顾全时局，委属著有劳绩。查南洋办理洋务人员，计自光绪七年请奖之后，阅今十有馀年，即自部定新章后，亦逾六年之久，已经两届期满。北洋业经照章两次保奖，均奉旨："着照所请。"钦此。钦遵在案。南洋前届三年本应照章请奖，实缘办理洋务出力人员较多，部章每届只准保奖十员。同一办事著有劳绩之员，势难令其向隅，不得不并案汇奖。现在择尤开保，仅止十八员，核与部定每届十员之数，尚属有减无增，实已一再核删，并无冒滥。且照章积劳三年，即准奖叙，今两届并保，历时更久，资劳益深。谨汇缮清单，恭呈御览，仰恳天恩，俯准照拟给奖，以示鼓励。

除将该各员履历分咨总理衙门、吏部外，理合会同江苏巡抚臣奎俊恭折具陈，伏乞皇上圣鉴训示。谨奏。

查验炮台工程增筑量移片

再，镇江都天庙、象山等处炮台修筑工竣，经臣亲往试验，并声明天洑洲应筑炮台，由臣覆加查看，妥筹酌办，均经奏明在案。

臣拜折后，于九月十九日带印出省，前往各该处亲加试验。新筑各台，均系仿照洋式用洋泥兴筑，一切做法均属合式，台身亦极坚固，所配各炮旋转如意，施放亦甚灵捷。各该处旧台亦已一律修整完固，改为明台，与新增之台联为一气，足资控扼。至天洑洲原拟添筑炮台，安设二百五十磅子后膛钢炮四尊，并将原有炮台三门移筑台后，总计七门。前因沿江坍涨靡常，奏明暂缓兴建，察看情形再行筹办。本年江水盛涨，该洲尚无续坍之处，原有之台，自可悉仍其旧，毋须改作。惟该处系在镇江下游，为由海入江第二重门户，必须有坚台巨炮，方资得力。天洑洲原设炮位，仅止一百二十磅子，该处上游对岸之圌山关各台，所设炮位亦属炮小力单，均难及远。查圌山关之大矶头，前临大江，后依崇岭，最得形胜，凭山筑垒，较之天洑洲江岸，尤为稳固。现拟将大矶头旧有炮台，撤去前膛炮三尊，另筑洋式新台，添设二百五十磅子大炮四尊，上下环击，气势较雄。圌山对岸之东生洲，旧有炮台，仅设前膛炮三尊，亦形单薄，拟将大矶头撤下之炮，添设东生洲，以收夹击之效。并在天洑洲台后长堤内，添配洋庄炮六尊，加筑兵房，以昭周密。以上各节，皆系目前应办之工，即就前估天洑洲筑台经费撙节，动支可以敷用，毋须另行筹拨。似此一转移间，于经费无增，而于江防益形巩固。

除饬筹防局员认真经理，并分咨海军衙门、总理衙门、户部、工部查照外，谨附片陈明，伏乞圣鉴。谨奏。

万寿点景工需续申报效折光绪十九年十二月初一日

奏为吁恳天恩，仰祈圣鉴事：

伏念来岁恭逢慈禧端佑康颐昭豫庄诚寿恭钦献皇太后六旬万寿，普天同庆，率土胪欢，中外臣工，咸思勉效微忱，共襄盛典。前准户部咨开，总办万寿庆典王大臣等会奏，中外臣工报效工需，酌拟分交数目一折，奉旨："依议。"钦此。又准部咨："内务府会奏，分段点设景物一折，声明如有增添之处，再行奏办"等因。又在京王公及阁部九卿，先后奏请恩赏地段，点缀景物经坛，共申叩祝，奉旨："准交内务府办理。"等因，钦此。

窃念臣等疆圻忝领，寿宇同登，申命遥承，寅恭倍切，无小无大，咸抒华封三祝之诚，自北自南，齐上天保九如之颂。恭查乾隆二十六年，大学士傅恒等奏明各段点景交纳银数单开各省督抚每省交银三万两等因。臣等谨遵照成案，率同江苏省副都统，江南、长江各提镇及司道文武等官，于王大臣前次奏定报效经费分交数目外，再筹集银三万两，以备添设地段点缀景物之需，吁恳赏收，庶臣等葵藿私忱，稍申万一，并拟先期拣派道府大员入都，随同敬谨办理，不胜欢忭之至。

所有遵照成案续请报效经费缘由，谨合词恭折具陈，伏乞皇上圣鉴训示。谨奏。

冬漕起运成数沿途行滞折光绪二十年正月二十八日

奏为光绪十九年分江北冬漕遵办河运，查明起运谷米，恭折驰陈，仰祈圣鉴事：

窃前准户部咨，附奏江北各属，光绪十九年分新漕力筹足额一片，光绪十九年七月十六日奉旨："依议。"钦此。并准部咨，光绪十九年九月十四日，内阁奉上谕："本年顺天、直隶雨水过多，灾区甚广，业经赏拨漕米，展办赈捐，借资接济。惟念现巨麦秋尚远，灾民待赈方股，允宜再沛恩施，俾资冬春赈抚。着于江苏江北来年应解河运漕米内，各赏拨米五万石。现在该省尚未采买兑运，即着刘坤一、奎俊将前项漕折银两，迅速核明提解直隶应用。其随漕轻赍等项，又剥价运费，经剥耗食米石，并着一并核解赈局应用。"等因，钦此。当经恭录转行去后。

兹据江宁布政使瑞璋、江安督粮道马恩培会详称：上届漕船行抵扬庄，中运河底水甚小，桃源、宿迁、邳州一带占浅极多，因山东省挑工未竣，湖口坝未能即时启放，多雇剥船设法挽运，迨抵林工，水尤浅涸，饬令加成起剥，择泊深塘。嗣知山东省于四月初启坝，严催赶紧上驶，行抵漴流闸，溜势极猛，多加关缆，尽力上挽。及抵大泛口，逆溜激急，纤挽维艰，受淤处所间有浅滞，即饬各船带剥加纤拉行套塘灌送。维时十字河山水陡发，山河大坝虽未溃决，旁设转桶已为冲陷，大溜北趋，三空桥蓄水坝亦已倒塌，泄水入湖，严饬添雇人夫抢筑堵闭。所赖新挑各工，疏浚如法，未被沙淤，尚无阻滞，督饬各船兼程前进，挽过济宁之天井闸。近年分水口以北，运道受淤过甚，河底高仰不平，两岸堤埝亦甚矮薄。漕船行抵该处，水旺则堤虞漫决，水涸则浅阻难行，历届以来，颇为棘手。因饬将北柳林以下各闸下板抬托，并启放马踏湖水接济。一面催令各船仍带长剥迅速趱行，于五月十四日挽抵寿张县境之十里铺，较量内外水势，清高于黄二尺有奇，拟俟黄水稍长，即行多雇夫役，料理入黄。适上游东平长路口地方河堤决口，大溜旁趋，清水陡耗三尺馀寸，船只大半浅搁，不得已商诸山东办工委员，趁此黄水尚堪倒灌，赶紧启坝，严饬各船加添纤夫，设法趱进，并因南运口出船艰滞，派员管带长剥，将江苏各帮船只，一并帮同提剥挽入黄河，察看黄水已耗尺馀，陶城埠口门水势日落，不得不停泊候汛。幸二十五、二十六等日黄水增长，严催各船星夜由黄入运，迨至阿城七级、周家店各闸，河身淤垫较高，水俱漫闸，虽经在各该闸加做扫工，借资收束，使水归闸门，不致散漫，而溜极湍悍，势难前进，因饬雇夫挽护驶抵临清套塘灌送，始行一律收入卫河，严催各船昼夜趱进，行至天津。除钦奉恩旨截留济赈米五万石在津交兑外，其馀漕船于七月二十日挽抵通坝，虽交仓尚无贻误，而沿途节节耽延，实已倍尝艰险。惟河运乃经久良法，不敢不力为其难，妥筹赶办，以期渐复旧规。查光绪十九年分冬漕，江宁、淮安、扬州、通州四府州属，共征熟田漕米一十万三千五百六十馀石，内除节省给丁耗米六千二百馀石抵充运费外，实该起运米九万七千三百五十馀石。又徐州府属共征熟田漕米二万九千八百一十馀石，内除节省给丁耗米四百九十馀石，亦循案抵充运费外，实该起运米二万九千三百二十馀石。徐州府属向征粟米，近来出产无多，采买维艰，仍照历届成案，按数改办大米起运，以期便捷。以上共该起运米一十二万六千六百八十馀石，内除钦遵恩旨，截拨顺天、直隶各属赈济正漕米五万石按数折解济用外，仍该起运交仓正漕米七万六千六百八十馀石，自应照数采买交兑，以重仓储等情，详请具奏前来。

臣查治漕必先治河，山东运道近虽择要挑办，不过权济一时之急，其大泛口、济宁、新店、靳口、安山一带，节节浅阻，河底高仰不平，十字河年挑年淤，以及十里铺、陶城埠口门内外淤垫更甚，均须大加挑浚，方得畅行无阻。相应请旨饬下东河督臣、山东抚臣严饬该管河道各员，将淤浅各工认真疏浚，务期一律深通，并将各决口分别堵筑坚实，以利漕行。

除饬该司道将漕运一切事宜提前赶办外，谨会同漕运总督臣松椿、江苏巡抚臣奎俊，恭折由驿驰陈，伏乞皇上圣鉴训示。谨奏。

订购雷艇改厂为营片

再，南洋江海兼防，整顿水师，实为当务之急。海军衙门原议俟北洋成军以后，即行推广南洋，因筹款维艰，于光绪十八年间，议覆南洋水师案内，设法变通，将南洋现有兵轮暂减人数，以为节饷添船之计，仍俟筹有款项，购办铁甲等舰，庶可逐渐扩充，由海军衙门会同奏覆奉旨允准，钦遵在案。快船需费较巨，势难遽行议购，不得不就现时饷力，择要图维。查鱼雷炮艇，战守兼资，实为水师利器，购价既廉，养船之费亦省，拟即照外洋最新之式，向德国洋厂购办四艘及应配炮位、雷筒、鱼雷等项。出使大臣许景澄，于西国船械极为考究，由该大臣订购必能力求核实，当经电询价值，商准海军衙门核覆照办。又经电商该大臣许景澄，向什好厂议价，并向伏尔铿厂互相比核，商定分向两厂订购。伏尔铿厂定造两艘，计实价四十万四千马克，什好厂定造两艘，计实价四十三万九千马克，运脚保险等费均在其内。什好为造艇专厂，价值稍增。伏尔铿亦系著名大厂，叠经北洋购办有案，此次该厂极欲承揽，是以船价运费等项格外从减。似此分厂订购，不独价值较专购什好厂者为省，且事有比较，两厂各顾声名，工料可期益加坚实。每艇各配雷筒三具，鱼雷三尾，哈乞开司三十七密里连珠炮两架及随炮药弹等件，合计需价二十九万二千八百马克有奇，连艇价统计一百一十三万五千八百马克有奇，照现时市价约合库平银四十馀万两。已饬拨定银，令筹防局员会同江海关道照换马克，备文咨请该大臣许景澄分向各该厂照议订购，其馀价值照章分期汇付。惟马克价值涨落无定，应照兑汇实数随时核算。前项马克各数系由电传达，将来应以印文为准。所需价银即裁节之饷及额拨防费项下陆续匀拨，无须另行请款。此项雷艇约计一年可以到华。前设鱼雷厂，现在仿照北洋推广改为鱼雷营，先期教习，俾雷艇到华即可分别配拨，以资巡操。据筹防局详请奏咨前来，臣覆核无异。

除分咨海军衙门、总理衙门、户部、兵部、工部外，理合附片陈明，伏乞圣鉴。谨奏。

遴举道府四员请予录用片

再，为治之道，首在得人，方今时事孔殷，需才尤亟。臣久膺疆寄，受恩至深，惟有以人事君，勉效涓埃之报，谨就平日所知者，遴举四员，期备采择。

查有江苏候补道李经楚，器宇清华，志趣远大，平时于政治得失，民生休戚，莫不实力讲求，现在供差江宁，臣历试以事，著有成效，洵为有用之才。候选道陆元鼎，学识渊深，操持坚定，以进士出宰江南，孜孜求治，历任繁剧，所至有声，上下交相倚重。该员资格较深，情形亦熟，足膺方面之寄。补用道江苏候补知府阮祖棠，明白精细，悃愊无华，服官十有馀年，一以洁己爱民为本，为政务持大体，不尚矫激之行，听讼尤其擅长，堪为群僚表率。补用道云南候补知府张庆勋，敏练老成，通知时事，并谙练洋务，于泰西制造诸法，竭虑殚精，确有心得，襄办上海机器局务，深为得力。以上四员，其居官事实，臣均知之有素，陆元鼎、阮祖棠二员，并经臣于光绪十九年正月奏保，蒙恩传旨嘉奖有案。

窃维因材器使，圣主自有权衡，而推贤达能，不敢不进于朝廷，以效壤流之助。各该员明体达用，实为不可多得之才。可否仰恳天恩，俯准将李经楚、陆元鼎、阮祖棠、张庆勋交吏部带领引见，量才录用之处，出自恩施。

臣为遴才起见，是否有当，伏乞圣鉴训示。谨奏。

赏戴双眼花翎谢恩折光绪二十年二月二十八日

奏为恭谢天恩，仰祈圣鉴事：

窃臣接准吏部咨开："光绪二十年正月初一日内阁奉上谕：'朕钦奉慈禧端佑康颐昭豫庄诚寿恭钦献皇太后懿旨：本年予六旬庆辰，在廷臣工，业经降旨加恩。因念各省文武大臣，有久膺重寄，卓著勋劳者，允宜同膺懋赏。两江总督刘坤一，著赏戴双眼花翎。'"等因，钦此。当即恭设香案，望阙叩头谢恩讫。

钦惟慈禧端佑康颐昭豫庄诚寿恭钦献皇太后，坤极凝庥，颐龄衍祚。功参两大，庆鹤算之长绵；运启再中，仰鸿仪之用吉。臣疆符忝领，寿宇同登。颁来双凤衔书，绚云霞之俪采；远胜双鱼赐佩，映日月以交辉。值周甲之昌期，荷荣申夫懋赏，宠施下逮，感悚莫名。惟有鹭序协恭，鹓濡滋惧。华增片羽，倍深一偻再伛之思；德戴重光，敬上三多九如之颂。

所有微臣感激荣幸下忱，谨缮折叩谢天恩，伏乞皇太后圣鉴。谨奏。

采办棕毛动用公款折光绪二十年二月二十九日

奏为恭办庆典，需用棕毛，动拨款项，恭折具陈，仰祈圣鉴事：

窃准工部咨，本年恭逢慈禧端佑康颐昭豫庄诚寿恭钦献皇太后六旬万寿，各处彩殿暨辇路经由处所，均应铺设棕毯，行令采办棕毛五十万斤，分批解部，并令宽为筹备等因。当经札饬敬谨遵办去后。

兹据安徽布政使德寿详称：奉取棕毛五十万斤，攸关庆典要需，自应赶为办解，现已派员前赴江西、湖南、湖北、四川等处设法采购，分批解部。计棕毛五十万斤，每斤例价银三分，共该正银一万五千两，在于光绪二十年各属解司正项银内动给，又于耗羡项下拨给协贴价值银二万六千两有奇，又部饭银一万二千两，水脚银一万八千四百两，详请奏咨前来。臣覆核无异。

除饬该藩司务须赶紧办解外，所有动用银款缘由，谨会同安徽巡抚臣沈秉成恭折具陈，伏乞皇上圣鉴。谨奏。

营员劳故请恤片 光绪二十年二月三十日

再，已故二品顶戴盐运使衔江苏候补道王诗正，湖南湘乡县人，于光绪元年以难荫知州，投效前大学士左宗棠甘肃军营。左宗棠因王诗正系已故道员予谥壮武王鑫之子，忠荩之后，胆识兼优，欲储为他日干城之寄，檄委统领刚毅、振威等军，旋率所部出关，大小百数十战，无役不从，驰驱于冰天雪海中，劳苦不辞，勋勤懋著，积功洊保以道员分省补用。十年法事戒严，台湾告警，左宗棠奉命入闽，檄委该故道统领恪靖各营，冒险东渡。维时法人已攻据基隆，全台震动，封禁海口，援师皆莫敢济，王诗正不避艰险，雇坐民船，于黑夜偷渡。迨抵基隆后，审察地势，令诸军分布要隘，连战皆胜。论者谓该故道援台一役，其功有足多者。十四年十一月，以道员到省候补，统领老湘五营，驻守江宁下关炮台，纪律严明，士卒无不畏服，勤于操练，无事如临大敌，尤有古名将风。乃以在营积劳日久，遽尔云徂，未竟其才，深堪悯惜。据皖南镇总兵李占椿等，胪具该故道事迹，禀请奏恤前来。合无仰恳天恩，俯准将已故二品顶戴盐运使衔江苏候补道王诗正，照军营立功后在营病故例，从优赐恤，出自鸿施。

除饬取履历咨部查核外，谨附片陈请，伏乞圣鉴训示。谨奏。

恭请陛见折光绪二十年四月三日

奏为微臣三年任满，述职届期，吁恳陛见，恭折仰祈圣鉴事：

窃臣渥荷天恩，重授两江总督兼充办理南洋通商事务大臣，于光绪十七年二月入都展觐，是年三月至江受篆，嗣蒙钦派帮办海军。凡此稠叠之隆施，洵非捐糜所能报。查臣履任之始，适有匪徒焚烧芜湖等处教堂，计图乘间肆扰，仰蒙朝廷指示机宜，严密查拿，得以迅速蒇事。两年之内，四境敉平，虽有蝗旱偏灾，复荷鸿慈，截漕抚恤，并许开捐接济，俾此亿万穷黎，不至流离失所。此外如盐、漕、河诸政，以及营务、洋务并地方一切事宜，就臣识力所及，以次整顿。惟是海防紧要，而南洋兵轮无多，现以历年节省馀赀，先行定造雷炮艇四艘，以备攻守之用，所有拟购大号快船，应俟将来经费充裕，函商总理衙门，另行奏明办理。

臣才轻任重，年老病多，勉强支持，深虞陨越，惟有仰恳天恩，准臣入都陛见，跪聆圣训，得有遵，循犬马恋主之忱，亦可稍申万一。

倘邀俞允，所有两江总督及通商大臣事务，相应请旨派员署理，俾臣迅速交卸起程，不胜翘企待命之至。

谨缮折具陈，伏乞皇上圣鉴训示。谨奏。

察看鲁道伯阳暂署常镇通海道篆务片

再，查江苏苏松太道驻扎上海，管辖二府一州，兼理关税事务。该处为通商总汇之区，每年道库出入款项数百馀万，责任之重，交涉之繁，迥非他处海关可比。且各国领事环而相伺，关道贤否，为中外观听所系。当此强邻逼处，时局维艰，彼族狡诈异常，得步进步，虽一细微之事，动辄连横要挟，全赖关道随时体察，遇事磋磨，庶可就我范围，勉图补救，使应对操纵之际，稍失其宜，不特贻误事机，抑且有伤国体，关系大局，实非浅鲜。新授苏松太道鲁伯阳，于光绪十五年到省候补，阅历未深，一无表见。自奉旨补授是缺后，臣与之面商一切事宜，虽因未经到任，该处情形未能熟悉，而聆其言论，于地方吏治及各国条约夙昔，均未讲求，恐难期其得力。近日各国洋报又复议论纷如，所言即无足深信，而其为外人轻视已可概见，若令骤膺巨任，势必启外侮而滋事端。臣与抚臣往返函商，拟于江苏道缺中，择其关务较简者令鲁伯阳暂行署理，试之以事，以觇其能。现以常镇通海道黄祖络调署苏松太道篆务，所遗之缺，即以鲁伯阳暂署。镇江虽亦系通商口岸，而较之上海情形，轻重迥不相同，委令暂署，俾可借资练习。仍由臣等随时察看，如其才堪造就，再行饬赴新任。若竟措置乖方，并此关务较简之缺亦复不能称职，惟有据实参劾，以重地方，以肃吏治。

除将调署缘由另片陈明外，谨会同江苏抚臣奎俊附片密陈，伏乞圣鉴。谨奏。

续报宽备棕毛动用款项折光绪二十年五月十七日

奏为宽备棕毛动用款项，恭折仰祈圣鉴事：窃准工部咨："万寿庆典，宁寿宫等处均应铺设棕毯，行令于前次传办棕毛五十万斤之外，宽备二十万斤，听候行取。"又准户部咨："此项棕毛既据工部奏明宽备二十万斤，所有价脚等项银两，自应添拨，行令仍在司库地丁正耗项下动支，如有不敷，准于京、协各饷以外，由该省关局通融匀拨，俾资赶办"等因。当经转饬安徽藩司遵办去后。

兹据详称：奉取庆典应用棕毛五十万斤，照案动款委员领价前赴江西、湖北、湖南、四川等省，分途采买，已据购办四十万斤，分作八批先后详请给咨委解，其馀十万斤以及续奉宽备二十万斤，严饬承办之员，赶紧分途搜买，遵限解京。所有宽备棕毛二十万斤，应需正、协价值及部饭、水脚等项，核计银二万八千馀两，自应仍在地丁正耗项下动支。惟库存地丁银两动放京、协各饷尚多不敷，且前奉饬办棕毛五十万斤，动用正协价值等银七万数千两，已形竭蹶，万难再筹，事关庆典要需，又不得不竭力筹办。此项价脚等银，既奉部咨，地丁正耗如有不敷，准由该省关局通融匀拨。现在库存地丁不敷周转，自应另拨济用。查芜湖关尚有征存常税银两，原系候拨之款，应请将宽备棕毛价脚等银二万八千馀两，在于芜湖关常税项下动拨银二万两，其不敷银两，即在司库地丁项下凑拨，俾资赶办，详请奏咨前来。臣覆核无异。

除饬该藩司务须赶紧办解外，所有宽备棕毛动用款项缘由，谨会同署理安徽巡抚臣德寿，恭折具陈，伏乞皇上圣鉴。谨奏。

特参庸劣不职人员折光绪二十年五月二十日

奏为特参庸劣不职之候补道员、知县等官，请旨分别革职、降级、改教，以肃官方，恭折仰祈圣鉴事：

臣维监司有方面重寄，务期为守兼优，现在候补当差，即应洁己奉公，认真办事。至州县为亲民之吏，必须矢清矢勤，庶可以洽舆情而资治理。兹查有二品顶戴江苏补用道莫绳孙，才具平庸，性情矜躁，委办淮扬堤工，一味敷衍塞责，其于一切利病，未能切实讲求，及至撤回省垣，犹复哓哓渎辩，并敢指求差事，语多荒谬，深骇听闻。又试用道周嘉猷，公事颟顸，行止苟且。委办金陵木厘，收数甚形短绌，于长江水师饷项几至贻误，虽由商贩日稀，而访察商票与票根不符，显有侵挪情弊。又宝应县知县杜法孟，措置乖方，捕务废弛。其于署中亲友，不知闲检，以致物议沸腾。又安东县知县柏寿，习气太重，听断糊涂，调署沭阳、宿迁，始终不能振作。似此庸劣不职，未便稍涉姑容，惟莫绳孙年力尚强，柏寿以进士出身，优于文理。相应请旨将周嘉猷、杜法孟二员即予革职，莫绳孙革去二品顶戴，以同知归部铨选，柏寿以教职归部铨选，俾此项差缺人员有所警惕，勉为廉能，仰副朝廷澄叙官方之至意。

所有特参庸劣不职各员，谨恭折具奏，伏乞皇上圣鉴训示。

再，所遗宝应、安东知县二缺，江苏现有应补人员，应请扣留外补，合并陈明。谨奏。

奏疏卷二十二

议定洋商试办火油池栈章程折光绪二十年六月初九日

奏为上海浦东地方洋商试办火油池栈，现与议定设限防险章程，恭折驰陈，仰祈圣鉴事：

窃臣等承准军机大臣字寄："光绪二十年三月十八日奉上谕：'御史褚成博奏洋商违约筑池，存储火油，大拂民情，请饬禁阻一折。据称去冬有德国商人在上海浦东陆家渡地方购地筑池，为存储火油之用，众情疑骇，力求禁阻。南洋大臣曾委苏松太道聂缉椝与该国领事再三辩论，今年二月该洋商不候华官允准，擅将火油装运抵沪，且闻另有洋人在汉口购买地基，亦为存储火油而设，请饬速行阻止等语。洋商开池存油，是否有碍民居，着南、北洋大臣详细查明，设法阻止，妥筹办理。原折均着抄给阅看。将此各谕令知之。'钦此。遵旨寄信前来。"当经转行钦遵去后。

伏查此案，上年六月间，据苏松太道聂缉椝以上海洋商在浦东地方设立火油池栈，事属创办，恐与地方居民有碍，禀经臣等饬与洋官商禁。一面咨经总理衙门，向各国驻京使臣驳阻，旋值津海关道盛宣怀在上海清理织布局务，并经饬令会商筹办。内外坚持，几及一年，彼族总以欧洲各埠以及日本等处均已设有油池，储油于池较之装油于箱、存箱于栈尤为稳妥，再三辩论，坚求不已。盖向来运销洋油，皆系储以马口铁桶，外套板箱，既费工本，又耗水脚。洋人工于牟利，精益求精，是以近年来凡各国运销洋油之处，大都船改统舱，栈设油池，以期便于利运。上海所设池栈，经该道等督同员绅前往确勘，该栈基北临浦岸，东南西三面均属田畴，地极空旷，相距镇市亦尚遥远，附近有居民二三十户，均非贴邻，民情亦尚相安。该栈外筑围墙，内设圆桶三具，高约三丈有奇，围圆约二十丈有奇，悉用钢板制成，即系储油之具，名虽为池，实则形类于桶。各桶之下填筑塞门泥土，以防渗漏，桶顶蓄水，桶旁竖杆，以避日炙电触之虞。桶外设有钢管机筒，备油船抵埠用以吸油于桶。三桶之外，复设小桶一具，为澄净油渣之用。一切做法，均尚周密坚固。复经聂缉槼电询出使英、法、义、比大臣薛福成查覆伦敦油池十馀处做法相同，出使日本大臣汪凤藻亦谓东洋油池自设立以来尚无危险之事。上海所设油池，油系俄产，英商赀贩，德商经售，三国商人合力营运，所费资本甚巨。在中国系属创见，在各国实已视为故常，是以坚请试办，情词极为迫切。再四体察筹商，事虽难以中止，不能不与议立设限防险之法，以示范围而杜流弊。当乘油船抵口之际，一再饬令禁止进口开舱，一面与之切实筹议。该商始允先存汇号银十万两，并将存单送道以备不虞赔恤之需。又经聂缉槼等与地方绅董逐细讨论，转商领事，议定章程十条。惟第二条设限一节，英国使臣以事系英、俄、德三国合办，又以英领事无管理别口之权，未肯允行。臣鸿章因校阅海军，适在威海、烟台，迭晤英参赞，令其较致英使臣必须照办，遂据交到节略，改为上海浦东一处，暂行通融办理，以后他处不得援此为例。如欲仿办，必须禀由本管领事照会关道，查明于地方居民有无险害，禀报总理衙门，照会饬知遵办。既须禀官查勘，以后即可杜其私设，遂饬令苏松太道聂缉槼与各领事照议签押。兹据会同津海关道盛宣怀照录章程、绘图详请具奏前来。

臣等查池栈之设，必当体察地方民情，既经勘明栈设旷地，并无贴邻，所制桶管亦均稳固，油船必须出海洗涤，油池严防渗漏，亦已备列设限防险章程之内，似与民居汲饮不致有妨。且又载明倘有渗漏碍及汲饮，或有失慎殃及民居，确有明证，除赔偿外，即由地方官会同领事饬令将池拆毁，不得再行建造。该商等既费巨资营此贸易，苟其事稍有微险，似不肯议立此章，轻为尝试。凡此皆为日本章程所未及，所议尤为严密。仍当饬令现任苏松太道黄祖络留心查察，如有未尽事宜，务即随时妥筹商办，以期益昭详慎。至汉口地方，饬据江汉关道恽祖翼查覆，尚无筑池形迹。现已将所订章程通行各口，一体遵照。

除图说、章程咨送总理衙门查核外，谨合词恭折由驿覆陈，伏乞皇上圣鉴训示。谨奏。

筹备海防折 光绪二十年六月二十七日

奏为海防戒严，谨将近日筹备情形，恭折由驿驰陈，仰祈圣鉴事：

窃臣前准北洋大臣李鸿章电称：“日本以重兵驻扎高丽，胁议善后，并有用兵入长江之谣。”当经密饬各军妥为布置。嗣又准李鸿章电称：“钦奉谕旨：‘南洋各海口均关紧要，着密电各该督抚，不动声色，豫为筹备，勿稍大意。’”等因，钦此。当将筹办大略情形，电请总理各国事务衙门代奏在案。

现在叠据探报，彼族屡次添兵增械，前往朝鲜，并有兵轮多艘驶出长崎各口，居心叵测，尤不可不严为之防。目下南洋水师只此木壳钢板兵轮数号，本不能与敌船角逐海上，仅能依附炮台以资堵击。分防江海已虑不敷，近又分拨台湾两船，水师既单，陆防更形吃重。臣统观江南形势，论苏、松之门户，以吴淞为最要；论长江之关键，以江阴为最先。现将各兵轮添足人数，分驻吴淞、江阴，与各炮台将领互相联络，昼夜严防，以期有备无患。此外沿海沿江各处口门，亦已就现有兵力，饬派水陆兵勇，分投扼守，遇有警信，各守汛地，合力堵御，以固吾圉。惟崇明孤悬海外，地当要冲，该处仅有海澄营勇五百名及练兵二百四十名，兵力过单，不敷分布，内地防勇又皆驻守要隘，势难抽调。已饬署苏松镇总兵朱淮森就地暂募新勇五百名，并添练兵丁六十名，即归朱淮森统带，俾资守御，一切饷项津贴，均照湘军营制练兵章程核给。事定之后，仍行遣撤，似所费无多，而于崇明防务实为有益。当此事机日紧，一应筹防事宜，臣责无旁贷，惟有勉竭心力，督率各将士，不动声色，严密筹备，不敢稍涉大意，亦不敢稍事张皇。近日民心尚称安谧，堪以仰慰宸廑。

除筹防应用款项照章随时咨部立案外，理合恭折由驿密奏，伏乞皇上圣鉴训示。谨奏。

拿获要匪照章惩办折 光绪二十年六月二十九日

奏为叠次拿获要匪，讯明照章惩办，恭折仰祈圣鉴事：

窃查江苏徐州地方，界连三省，幅陨辽阔，向为盗匪出没之区，叠经臣等严饬地方文武，整顿保甲、团防，不时会哨，实力缉捕。前经徐州镇总兵陈凤楼、徐州道沈守谦访闻有匪首侯娃，招纳亡命，肆行无忌，砀山、丰县一带均有该匪党与，行踪诡秘，间谍甚多，即往来潜藏，亦无一定处所，此拿彼窜，飘忽靡常。

光绪十九年六月，该匪侯娃纠结外来匪类，在丰县、砀山交界之隋家寨饮酒结幅，逼令寨内居民供给食物，并置有枪炮器械等件，声言如官兵往捕，即行抗拒，盘踞村寨，谋为不轨。砀山县知县陈守聂侦知该匪势甚鸱张，非多集兵力恐难制其死命，即经会同铭字营官程孔德等、凤字营官徐得贵等、飞骑营官李秀岭等，各带得力员弁勇丁，不动声色，星夜驰往该处，分道围捕。该匪侯娃与在逃之李彦龄等带同党伙约有二百人之多，排列寨外，开枪拒捕。各该员弁督率勇丁，直前猛扑，致被轰伤马勇三名，步勇十一名，鏖战数时之久，擒获匪犯十五名，并夺获马匹枪械等件。侯娃知众寡不敌，分路逃窜，各该员跟踪追捕，直至数十里外始将侯娃拿获，并先后捕获匪犯四名，馀党悉数逃散。经臣等批饬徐州道沈守谦讯明侯娃系山东郓城县人，曾充营勇，与已获之王转玉、张得权、王春、李景盘、张年、侯东、葛耀先、姚四、隋效勤、杨科、卢憬一等匪迭次纠劫，因被拿紧急，起意结幅抗拒官兵，实属形同叛逆，当经批饬将各该匪就地正法，枭首传示犯事地方，以昭炯戒。其同时拿获之卢憬椿、李安、王占林、关王明、王朝献、马闯、张铁锤、王化雨等八名，或听从起幅，或被逼入伙，临时畏惧思逃，并未帮同拒捕，情尚可原，批饬查照惩办会匪章程酌量监禁，期满分别办理。

又铜山县事主祁政平被劫拒伤一案，系孙茂群起意纠结，经哨官李辅勋督带弁勇练丁会合兜拿。该匪等持械拒捕，孙茂群开放洋枪轰伤李辅勋所骑马匹，李辅勋下马立将孙茂群格毙，并生擒格伤之李二、王小、孔禾尚三匪，解县审办。又邳州事主汪宽域被劫，拒伤练丁王有礼身死一案，经宿迁营游击章宗瀚访明此案匪党甚多，匪首李克启等潜匿骆马湖一带，派弁王有胜带勇密往缉捕。该匪等执持洋枪，轰伤勇丁，势甚凶悍，王有胜右腿亦被枪伤，仍复奋勇督捕，练董马蓬瀛与清淮哨官金其康等带勇驰至，合力围拿，当时格毙三匪，并擒获李克启、李湘云二名，馀匪悉被击散。嗣又购密眼线拿获张歪嘴、王洋盘、房玉荣、晁宏勋等四犯。均经臣等批饬徐州道沈守谦讯明，王小、孔禾尚、李克启、李湘云四匪拒捕伤人，愍不畏法，即饬就地正法，枭首示众，以寒匪胆而快人心。其馀各犯，有取供后身死，亦有情罪较轻者，均饬照例办理拟结，以昭核实。

臣等查各该匪均系积年巨魁，拒捕逞凶，目无法纪，甚至聚党结幅，扰害地方，若不及早歼除，势必养痈为患。臣坤一前于光绪十七年六月奏明，各该员弁如能拿获要匪，准予优奖，钦奉谕旨："着照所请。"等因，钦此。钦遵在案。今各该文武员弁于匪徒开枪拒捕之际，均能奋不顾身，合力扑捕，蹈险履危，无异临敌，实属出力异常。合无仰恳天恩，俯准臣等将在事出力各员，择尤保奖，以昭激劝，出自逾格鸿施。

除饬将逸匪李彦龄等务获惩办外，谨合词恭折具陈，伏乞皇上圣鉴训示。谨奏。

续办江海防务折 光绪二十年七月二十六日

奏为筹备江海防务，谨陈续办情形，恭折由驿驰陈，仰祈圣鉴事：

窃臣前因海防戒严，于本年六月二十七日将筹备大略情形，恭折驰奏。七月十五日递回原折，钦奉朱批："即着督饬各将士，严密筹备，毋稍疏懈。"等因，钦此。

臣先接探报，倭人在牙山洋面击我运船，节经电饬水陆各将领昼夜戒备。嗣又接准总理各国事务衙门电称，倭以大股水师扑犯威海卫等处炮台，又经严饬承守吴淞炮台曹德庆、江阴炮台张景春等，如有敌船驶进务须遵旨迎头痛击。伏查吴淞、江阴两处为江海最要门户，而吴淞口外洋面中有崇宝沙洲，界乎吴淞、崇明之间。该处水道较为宽深，南北两岸轮船均可行驶，为进口必由之路。若敌船由南岸驶进，南石塘炮台足可遏敌上窜，若由北岸驶进，则相距狮子林炮台洪路较宽。上海制造局有自铸八百镑子大炮二尊，本拟安设该台，为御侮之用。现已将该炮运至狮子林，先行赶紧安设，遇敌轰击，线路极为得势。一面按照洋式建筑台身，并加配护炮，以期巩固。崇宝沙、崇明、江阴一带，并经置备碰雷、疑雷数百具，扼要分设福山镇所辖之溆浦、七了等处。狼山镇所辖之芦泾、任港等处亦属险要，已分饬该两镇各派练兵师船，严密防范。并以该两镇练兵较单，饬令福山镇添练兵丁一百名，狼山镇添募练丁二百名，各照练军章程给饷，均合成五百人之数，以资分布。又饬原带水师中营提督黄本富统带督标水师五营，调集师船，分驻溆浦等处，会同陆军堵守。南洋各轮，除调赴台湾外，尚有兵轮五号、蚊船四号，并将登瀛洲运船一号加设炮位，改为兵轮，均饬募足人数，并添购炮船一号，分泊吴淞、江阴，依附炮台，互相联络，严饬各该镇将等同心戮力，以扼敌船上驶之路。上海机器局制造各项军火，关系重大，为敌所注意。该处距川沙海口仅四十馀里，不可不严为之防，即经派委副将邹理堂管带奇兵右营驰赴上海，与统带忠信营副将张国林等妥为保护，并咨商抚臣奎俊、提臣谭碧理，派拨太湖及提标各师船协力防守。其吴淞至江阴防营，现经添设电线，遇有警信，立时传报，消息灵通，可以先事戒备。所有各国兵商轮船，驶入江海各口，并饬令江海关道黄祖络购备轮船，雇觅洋人，妥为查验，以杜敌船冒混之弊。此筹防吴淞、江阴之大概情形也。

江阴附近之黄田港、龙潭港等处，经臣咨请长江提臣黄翼升，调集上游各标师船，择要扼守。镇江为通商口岸。该处圌山关、象山、都天庙炮台极擅形胜，臣已严饬该炮台统领陈基湘严为备御，并在焦山、象山江面密置水雷。又以镇江地处中权，饬令总兵刘光才交卸督标中军副将署篆，统带原驻江宁省城之亲军四营，并驻扎江浦之奇兵中营改为亲军，合成五营，驰往镇江南岸驻扎。江西协防之提督申道发现已行抵江宁，一俟所部三营到齐，即派赴镇江北岸驻扎。该两军作为游击之师，何处有警即赴何处驰援。江宁省城自亲军等营调赴镇江后，城内存勇无多，现值乡试届期，弹压亦关紧要，饬令提督万本华按照湘军营制，暂招湘勇五百人，以资镇慑。江宁下关炮台，向系分设五座，内有生铁炮七尊，炮小未能及远，现经撤换一百八十磅子后膛钢炮四尊，由筹防局员会同该台统领李光久将筑台工程妥为办理，并将原驻芜湖之老湘后营调回下关以作后劲，而壮声威。此筹防镇江、江宁一带之大概情形也。

臣维日本以蕞尔之国，竟敢渝盟背约，大肆披猖，种种情形，殊堪发指。现在倭船游弋海面，敌情叵测，难保不窜入南洋，以图分扰。臣惟有懔遵谕旨，将一应战守事宜妥为布置，并督饬各将士昼夜严防，不敢稍涉松懈。现在民情尚称安谧，堪以仰慰宸廑。

除筹防各项用款或专案奏咨，或遵照部章归入季报，饬令承办各员照章详办外，理合会同江苏巡抚臣奎俊恭折由驿驰陈，伏乞皇上圣鉴训示。谨奏。

筹解湘军行营月饷片光绪二十年七月三十日

再，江苏臬司陈湜钦奉电传谕旨，饬令募勇北上，当经转行钦遵。该臬司于七月十五日交卸臬司篆务，赶将招勇事宜从速部署，定议招募湘勇五千人，先在江南防营中借拨三营，并在江宁自招三营，于七月二十九日成军，派员管带陆续启行，由清江浦遵陆北上。一面派员前赴湖北、湖南分投招募，八月内亦可成军，取道河南进发。该臬司定于八月初十后由苏州启行，兼程入都。所需招募各项经费及行营月饷，现已发付。嗣后该军月饷，江苏力难筹拨，请旨饬下户部指拨的款，或即于部议预征两淮盐厘内应付，以期要饷有着，不致贻误。江宁借拨三营，已饬募补足额，经臣先后电请总理各国事务衙门代奏在案。查饷项、军械，为用兵命脉所关，必须先事预筹，庶免临时匮乏。该军应用枪炮子药等件，均由臣据领，宽为拨给，到北之后，子药如有不敷，应请由直隶督臣就近应付。该军招募军装各项经费及行营月饷，臣因江宁司局各库一时无可腾挪，饬由两淮运司拨银五万两，江海关拨银六万两，镇江关拨银三万三千两，共计库平银十四万三千两，均令移缓就急，解由金陵支应局拨交该臬司陈湜兑收，作为招募等项经费及行营月饷之用，统由陈湜按照湘军营制分别造报。该军五千人，据陈湜禀称，月需饷项等银三万四千馀两。江苏各库每年出入本难相抵，本年因江宁、苏州两织造拨款较巨，业已万分竭蹶，近因倭氛不靖，海防戒严，江南筹办防务需用浩繁，益形艰窘。臣与司道再四筹议，无不仰屋兴嗟。所有陈湜全军月饷，江苏委属力难筹拨。应恳天恩，俯照臣电奏所请，饬下户部指拨的款，或即于部议预征两淮盐厘内拨给，以资挹注。此项预征盐厘，臣前接准部臣来电，即饬运司一再劝谕。该商等以近年销滞本搁，商力维艰，每引仅能预缴厘银一两。现复饬令运司剀切开导，务须勉力凑缴，以期无误要需。

再，前湖北提督程文炳现亦遵旨招募淮勇五千人，一应饷项，按照淮军章程发给。所有大概情形，亦经臣由电具奏。该军月饷亦请饬下户部一并核议。

除分催陈湜、程文炳等将一切事宜赶紧办理外，谨附片具陈，伏乞圣鉴训示。谨奏。

兼署将军谢恩折光绪二十年八月初八日

奏为恭报微臣兼署将军篆务日期，叩谢天恩，仰祈圣鉴事：

窃江宁将军丰绅遵旨入都祝嘏，臣钦奉简命，兼署江宁将军。兹于八月初四日准江宁将军丰绅派委印务协领文瀛将印信、文卷、库钥等件赍送前来，臣当即恭设香案，望阙叩头谢恩，祇领任事。

伏念臣忝领封圻，渥蒙殊遇，溯自备员三载，莫展一筹，夙夜兢兢，深虞覆餗。兹乃仰承温诏，兼摄军符，际万寿之昌期，拜九重之宠眷。尧门介祉，莫随鹭序以山呼；虞陛颁恩，益咏鹓濡而冰惕。龙韬未裕，鳌戴难胜。查江宁为繁要之区，将军有统兵之责，举凡整饬营伍，绥辑地方，在在均关紧要，惟有倍加奋勉，殚竭愚诚，随事随时与江宁、京口两副都统和衷商办，不敢以暂时摄篆，稍涉因循，以冀仰答高厚鸿慈于万一。

所有微臣兼署将军篆务日期并感激下忱，谨缮折具奏，叩谢天恩，伏乞皇上圣鉴。谨奏。

提臣出缺代递遗疏折光绪二十年八月十七日

奏为长江提臣因病出缺，请旨迅赐简放以重职守，恭折驰陈，仰祈圣鉴事：

窃长江水师提督黄翼升，在镇江防次积劳成疾，八月初九日回抵江宁省城，初十日申刻遽尔出缺。据该家属将提督印信并该提臣遗折一扣呈送前来。

臣查长江水师提督黄翼升，于咸丰初年，经前大学士两江督臣曾国藩委办营务，深资倚重。维时粤匪窜扰各省，遍地贼踪，逆氛日炽。曾国藩因长江险要之地多为窃据，非水陆兼进不足以操胜算而竟全功，创立舟师，备尝艰苦，该提臣与前陕甘总督杨岳斌、前兵部尚书彭玉麟，随事赞画，克底于成。随同曾国藩督率师船，节节扫荡，自武昌以下，延袤数千馀里，身临前敌，靡役不从，劳苦功高，一时无匹，克复城隘数十百处，遂得会合陆军，成建瓴破竹之势。咸丰十年，奉旨补授淮扬镇总兵。同治元年奉命署理江南水师提督，所有松江、上海各军悉归节制，旋即补授是缺。三年六月，克复金陵省城，蒙恩赏给一等轻车都尉，并两次赏给云骑尉世职。十一年，咨准部覆，所有三次世职合并为三等男爵。旋因伤病举发，奏准开缺调理。光绪十五年，恭逢归政典礼，钦奉懿旨，以久列戎旃，贤劳尤著，敕部议叙。十八年六月，奉命补授长江水师提督。是年八月入觐，蒙恩赏给紫禁城骑马。九月到任。二十年正月，钦奉懿旨，赏加尚书衔。

该提臣黄翼升性情忠勇，识略闳深。溯自同治初年创设长江水师，仰蒙特达之知，首膺提封之任，勋劳最著，资望最深。先后治军三十馀年，激励将士，整顿操防，实力实心，始终如一。本年出巡阅伍，进驻岳州，适值倭人渝盟，江防吃紧，该提臣闻信，星夜下驶，与臣会商一切事宜，以日本无理肇衅，义愤填膺，忠荩报国之忱，见于词色。七月初，驶赴下游，督率瓜洲镇总兵谢濬畬，调集师船，扼要备御。八月初，因积劳成疾，病势日增，臣以布置江防业已就绪，函劝回省医治。该提臣自谓受恩深重，不肯轻离防次。初九日，病益不支，始行回省。初十日清晨，臣遣员问疾，该提臣强起扶坐床头，备述下游筹办情形，至为详悉，并称："馀生有何足惜，但能饮粥半盂，即当驰赴防所。"言犹在耳，不意溘然长逝也。现在老成宿将，日渐雕零。此次该提臣奉命重莅长江，方冀宏济时艰，长为国家干城之寄，不谓偶患微疾，遽尔云徂，江左军民同声悼惜。其一应身后事宜，已由臣派员妥为照料。查前长江水师提督李成谋在任病故，仰蒙特旨予谥建祠，优恤荩臣，有加无已。该提臣黄翼升功绩尤伟，久在圣明洞鉴之中，应如何赐恤之处，圣主自有权衡，非微臣所敢擅拟。现在防务紧要，长江提督一缺未可一日虚悬，已由臣咨委瓜洲镇总兵谢濬畬兼署，电请总理各国事务衙门代奏，应请旨迅赐简放，以重职守。谨将黄翼升遗折一扣代为呈递。

理合会同湖广总督臣张之洞恭折由驿驰陈，伏乞皇上圣鉴训示。

再，该提臣只有一子黄宗炎，系监生由分部行走郎中报捐道员候选，人甚孝谨，学业亦优。初在防次侍疾，该提臣勉令回籍乡试，迄今尚在湖南。伊孙黄恩绶尚幼。合并陈明。谨奏。

拟议筹款济饷折光绪二十年八月二十八日

奏为饷需紧要，酌拟就地筹款三条，恭折仰祈圣鉴事：

窃臣等承准军机大臣字寄："光绪二十年七月十四日奉上谕：'户部奏，饷需紧要，请饬各省就地筹款等语。现在倭氛不靖，沿海筹防，募勇练兵，以筹饷为最要。各该督抚均有理财之责，即着各就地方近日情形，通盘筹画，何费可减，何利可兴，何项可先行提存，何款可暂时挪借，务须分筹的饷，凑支海上用兵之需。一面先行奏咨立案，毋得以空言搪塞，如其军事速平，仍准该省留用。总期宽筹的款，有济时艰，是为至要。'"钦此。当经转行司道钦遵去后。兹据署江宁布政使胡家桢会同各局员等各就出入款项，通盘筹画拟议，详覆前来。

臣等查江宁藩司经收地杂钱粮，抵支常年旗、绿各营官兵俸饷，历系不敷。兼以织造拨款日有加增，不但存留应用之款罗掘一空，并解部之漕折等项亦复挪用殆尽。各处局库，有额入之款，即有额出之款。近年如协拨旗营加饷、铁路经费等项，岁增巨款，均系在各处腾挪挹注。用宏费绌，平时已极为难。自倭人肇衅以来，沿海各省均形吃紧，江南筹办防务，用款倍增。以有定之度支，供无定之繁费，饷源日涸，益觉竭蹶不遑。目下各处营员纷纷请领款项，靳之则筹防紧要，深恐贻误事机，予之则库款空虚，更虑后难为继。臣等与各该司道一再筹画，实已力尽筋疲。加以陈湜、程文炳两军招募经费及行营月饷共银三十馀万两，在外洋密购洋枪等项共银二十馀万两。帑项之支绌如彼，用费之浩繁如此，臣等虽艰窘万状，而均饬由司关局库设法挪拨，未敢遽请部款者，亦知部臣持筹之苦，前敌需饷之殷，外省少请一分之款，军需即可受一分之益也。当此时局孔殷，军情日紧，兵事一日不息，防务即一日难松，亟应别筹酌剂之方，为裕饷足兵之计。但财赋岁有定数，既无可开之源，供支屡议减裁，又无可节之用。欲求于事有济，而尚不致病民者，惟有倡劝捐资报效之一法，酌拟三条，恭候谕旨遵行。

一，官员倡率输捐也。官员无论大小，均受朝廷豢养之恩。今值外患方兴，饷需短绌，自当竭诚报效，以为商民之倡。拟请饬令在任各官，除来年应扣廉银不计外，均各量力输捐，其充当差使之较优者，亦一体捐缴。如有独捐巨款者，准予奏奖。

一，劝谕绅富捐赀也。江南民物殷阜，人多好义急公，从前剿办发、捻各匪，绅商捐助军饷，为数甚巨，近年各省赈捐，集款亦复不少。今因备御外侮，筹集军需，一经剀切劝谕，必有志切同仇，慷慨捐赀者。拟请无论已仕未仕，如有捐银至一万两以上者，专折奏请特恩奖叙。其在一万两以下者，准照海防例奖给实官、虚衔、封典，兼准移奖子弟。凡新海防例准捐各项，均准查照捐数请奖，先由藩司填给实收，一面造册咨部核覆。仍饬各该地方官善为劝导，听捐户自行报效，不准零星分派，致滋纷扰。

一，派令典商捐息也。现在各项贸易无安坐而可获利至二分以上者，惟开设典铺其利尚厚。况近今数十年来，公家未尝资其捐助，只有郑工筹款案内饬令预缴二十年典税，而每典不过一百两，仍准递年抵扣本属应出之资。现在海防需饷孔殷，若得通省典商提捐息钱，尚可凑集成数。拟请饬令各按实存架本，提出一个月息钱助充军饷，仍准其请奖实官、虚衔、封典等项，以资激劝。

以上各条，均系补苴目前，为急则治标之计。如蒙俞允，臣等当督饬司道，实力筹办，以济要需。现在供亿繁兴，内外一辙，将来如能集有成数，拟以一半留备部拨，一半留为本省筹防之用，并顾兼筹似于防务不无裨益。

谨合词恭折覆陈，伏乞皇上圣鉴训示。谨奏。

覆查厘金巡卡无可裁并折 光绪二十年八月二十八日

奏为查明金陵厘捐各处巡卡无可裁并，拟请循旧办理，恭折覆陈，仰祈圣鉴事：

窃准部咨："光绪二十年六月十二日奉上谕：'御史郑思贺奏请饬裁并各省厘局等语。厘捐之设，借济饷项，原属不得已之举。前因各省局卡林立，贻累商民，迭经谕令设法裁并，不啻至再至三，各该督抚自应遵照办理。乃本日复据该御史奏，各省现设局卡仍复不少，江西厘局多至七十馀处，需索留难，虚糜耗滥，弊端百出，亟应再加申禁。着江西巡抚及各直省督抚将现设各局悉心筹画，酌留水陆冲要处所认真稽查，严防绕越偷漏，其馀零星局卡，即着核实删减，迅速覆奏。'"等因，钦此。当经转行钦遵去后。

兹据办理金陵厘捐局署江宁布政使胡家桢等详称："金陵厘局所辖江宁、扬州、通州、海门各属巡卡，分设沿江各口及里下河一带，历年裁捐并卡，核计仅存二十七处，光绪十九年又将大桥一卡并归口岸分卡办理，是金陵厘捐所设局卡苟可设法裁并，原未敢拘守旧规，然因地制宜，必须随时酌办。现计实存分巡分卡仅止二十六处，皆系扼要之区，且江北地势散漫，支河汊港，路路可通，不得不酌设分巡，以防绕越。现行章程，如于此卡收捐，再过巡卡即行验放，并无重捐情事。一再体察，实系无损于商，有益于饷。若再议裁减，转启奸商避就之心，于厘务饷源大有妨碍”等情，详请具奏前来。

臣等查设局抽厘，原属一时权宜之计，必须无苛无漏，庶可上裨国用，下恤商艰。金陵厘局所设卡巡，本较各省为少，近复递年裁并，办理已极从宽。现计各属巡卡仅止二十六处，悉皆地居冲要，无可议裁，应请率由旧章，以保捐务。仍严饬各局卡，核实稽征，不准有留难抑勒情事，如敢借端扰累，即行据实参办。并随时察看地方情形，如有可裁可并之处，再行斟酌损益，妥筹办理，以期仰副圣主崇尚宽大体恤商民之至意。

谨合词恭折具陈，伏乞皇上圣鉴训示。谨奏。

饬委藩司代办武闱片

再，武闱乡试，例于十月初旬开考。本年举行甲午正科江南乡试，臣应入闱监射。查办理武闱虽与文闱有间，然关防总宜严密，未能出入自如。现在海防戒严，军书络绎，均须立时核办，臣若循例入闱校射，遇有紧要军务，深恐为闱事羁滞，贻误戎机。届时拟檄委署江宁布政使胡家桢代行校阅，仍饬该署藩司认真办理，以期仰副朝廷慎选干城之至意。

所有饬委藩司代办武闱缘由，谨附片陈明，伏乞圣鉴训示。谨奏。

审明镇洋案情分别议拟折光绪二十年八月二十九日

奏为审明代理镇洋县郭冏被丁役诬疯捆缚一案，并查明议拟，恭折具陈，仰祈圣鉴事：

窃臣承准军机大臣字寄："光绪十九年十二月初七日奉上谕：'有人奏，太仓州属有富豪兄弟拳殴毙命一案，镇洋县幕赵姓、家丁蔡坤与前任知县吴镜沆之侄及太仓州知州程其珏之子程鼎臣受贿串通，改作木伤，代理镇洋县事郭冏不从，竟被程鼎臣等主使丁役将其殴缚，诬为疯癫，郭冏之子亦被捆缚。闻有抚藩幕友把持庇护，意欲含糊了结等语。着刘坤一确切查明，将案内人证提讯究办，毋稍含混。原片着抄给阅看。将此谕令知之。'钦此。遵旨寄信前来。"臣查此案，前据代理镇洋县知县郭冏以丁役诬疯捆缚，太仓州知州程其珏以郭冏实有疯迷情状等情，互相禀揭。郭冏来省谒见，因无疯状，经臣与抚臣奎俊批饬将程其珏撤任查办，并由臣札委江苏按察使陈湜亲提澈究详办，由司委员守提丁役胡溯桂等讯究。经该司详请将太仓州吏目金尔昌、镇洋县典史余咏清一并撤省，饬令勒拿肇衅之蔡昆即蔡坤、喝令捆官之路海桥务获在案。钦奉前因，复经臣恭录抄奏，札饬该司钦遵办理去后。

兹据该司查明镇洋县刑幕系周玉田，并非赵姓。行提卷宗，并补提吴镜沆之侄候选道库大使吴宜读、程其珏之子分省试用知县程忠诏即程鼎臣及刑幕周玉田赴司候质。该司未及审办，调署苏州藩司，卸事。署臬司黄祖络因接见署太仓州知州金元烺面禀郭冏似有患疯形状，是否得自传闻，抑有确据，必须澈底查明。当经饬据金元烺，以该署州到任之时，郭冏业已交卸回省，未经谋面，疯病之说，得自典史余咏清等所言等情禀覆。署臬司黄祖络亦未及审办，卸事。该司回任，饬拿蔡坤无获，咨准安徽臬司饬据太湖县原籍查明路海桥外出未回，不知去向，无从传解。提讯家丁陆福、壮役胡溯桂等，佥称郭冏并无疯，状伊等听从路海桥捆缚属实。惟典史余咏清两次投具亲供，始称郭冏疯病，继又游移其词，意在回护己过，颠倒是非，难保无串通情弊。由司详经臣将镇洋县典史余咏清咨部斥革在案。一面由司饬令太仓州吏目金尔昌等投具亲供，按照原参，详查卷宗，提同犯证，逐层查询明确，分别议拟，详请核奏前来。

臣覆加查核，如原参："郭冏代理镇洋县事，仍用前任吴镜沆刑幕赵姓、家丁蔡坤，素有权势，狼狈为奸。八月间，有州属富豪兄弟同殴毙命一案，维时程其珏私往上海闲逛，郭冏验系拳伤致命，赵、蔡二人与众幕丁役暨吴镜沆之侄程其珏之子程鼎臣等受富豪金，欲改作木伤，盖拳伤当以兄论抵，木伤则可坐其弟，弟仅十龄，可末减也。郭冏坚不允，自行办稿"一节。查光绪十九年七月十二日，正任镇洋县吴镜沆调办帘差，委即用知县郭冏代理，仍用吴镜沆幕友周玉田办理刑名，并用家丁蔡昆即蔡坤承办稿案，陆福、童喜、马成、黄泰派充长随，陆福兼办执帖差门，自带路海桥派充书写。八月初七日，有民妇杨谢氏呈报伊子杨阿福被朱川和殴伤毙命一案，其起衅情由，实系已死杨阿福投拜开设纸帛店之浦按幅为师，学习生意。十九年八月初三日，浦按幅因杨阿福违犯教令，用拳将其小腹等处殴伤，并碰伤脐上。浦按幅因见杨阿福伤重，即托店伙张老伏捏称患病，将杨阿福送回。经杨阿福之母杨谢氏查见伤痕，询问杨阿福昏迷不能言语，往询浦按幅，推称初一日曾令杨阿福去向朱川和催索陈租，闻有揪扭情事，或被朱川和殴伤之言向答。迨杨阿福因伤身死，杨谢氏即照浦按幅之言呈报。当郭冏验伤后，提讯朱川和等，供词各执。郭冏意欲五日内遵章禀报，令书吏送稿请刑幕周玉田核办。周玉田以为伤痕未符，请郭冏究明起衅情由，再行禀报。郭冏以仵作于初八日具有切结，伤痕的系拳伤，并无不符，又令蔡昆送核。蔡昆将稿掷地，出言顶撞，负气跑去。郭冏以蔡昆等串通舞弊，情有可疑，乃自行办稿，通禀大概情形。周玉田亦即辞馆。通禀之后，又经郭冏再四研求，审出实情，并非朱川和正凶，实系浦按幅殴伤身死，取有供结在卷。至太仓州程其珏于八月十六日赴上海公出，亦曾申报，似非私往闲逛。

又原参："蔡坤率同丁役将郭冏捆缚，诬为疯癫，系程鼎臣、赵幕、吴侄同谋主使。郭冏之子赶到亦被捆缚，日给粥二盂"一节。查八月十七日，郭冏察出门丁蔡昆串通舞弊等情，屡唤不到，即赴太仓州禀诉。适该州程其珏前赴上海，经程其珏之子分省试用知县程忠诏即程鼎臣留住，并请晚饭，邀州吏目金尔昌作陪。郭冏声言阁署制肘，忿形于色，恐有不测，欲在州署借宿，拟次日赴省。金尔昌劝令回署，因郭冏不带跟随，派令壮役唐升、沈朝，又防勇二名掌灯送回。十八日，郭冏查找命案禀稿不见，在路海桥袖内搜出，即责路海桥不应与蔡昆串通舞弊，用戒方打伤路海桥头上皮破出血。路海桥即从签押房跑出，一路喊称郭冏发疯打人，恐怕闹出人命，主使差门陆福纠约民壮胡溯桂、王桂亭、萧二、李锦标同至花厅，萧二抱住郭冏腰身，王桂亭、胡溯桂拉手，李锦标抵住椅子，路海桥与陆福用布带将郭冏捆在椅上，将椅背紧靠厅柱，带头绕扎柱上。维时童喜、黄泰、马成闻声趋至，在旁看视，因路海桥系郭冏自行带去之人，不向劝阻，亦未帮同捆缚。胡溯桂等即在彼轮流看守，童喜等仍照常服伺饭食。吴镜沆之侄吴宜读患病在床，未经豫闻。至二十五日，郭冏之子郭万英赴县探视，见伊父被捆情形，立即解放。二十六日，郭冏欲赴州禀见，奈门已紧闭。郭万英尤生气愤，打门而出，并毁厅上家具。路海桥声言郭万英亦疯，又令王桂亭等将郭冏父子一并捆缚，致郭冏两手腕胳膊均被捆伤红肿。是郭冏之捆系由路海桥被殴挟嫌诬为疯癫所致，初非程鼎臣等同谋主使。惟在案人证皆称捆官之时，蔡昆虽已先期辞退，仍在署内避住。路海桥是否与之串通，未能确知，应俟缉获路海桥、蔡昆到案，再行质明另办。

又原参："程鼎臣遂与州幕朦详请改派员代理。郭冏缚已六日，程其珏归，忽详称疯癫愈，请停改派，意在弥缝，然缚如故也，又越三日始释缚"一节。查郭冏于八月十八日被捆，该县典史余咏清闻信前往查看，并无疯状，未曾弹压。迨程其珏十九夜由上海回署，余咏清赴州请示，程其珏饬令小心看守，即以郭冏痰气上升，颇有疯迷情状等情禀经苏省藩司批饬，由州就近委员暂行代理。计自十八至二十五日，捆缚八日之久，程其珏并未亲往看验。迨二十六日，郭冏父子又被捆缚，余咏清赴州请示，程其珏始行赴县查看，喝令解放，见无疯状，用言劝慰，复以郭冏病渐痊愈，毋须委代等情禀覆。虽改派代理之禀系由程其珏公回后自行核办，并非程鼎臣与州幕朦详，第程其珏近在同城，并不验明郭冏是否实有疯病，冒昧上禀，后又忽称病愈，请停改派，所谓"意在弥缝"者实属有因。

又原参："郭冏通禀控诉详载姓名情由，程其珏亦强词分析，传疑传信，黑白混淆。惟臬司谓：'无父子俱疯之理，且不应缚，尤不应愈后仍缚'，颇欲穷诘。臬幕不允，乃辞幕自行批办。无如各幕结成一党，有详院仍当驳斥之说，竟不敢澈底追究"一节。查郭冏以丁役舞弊捆官等情禀控，即经臣与抚臣奎俊批饬查办。嗣据程其珏以郭冏疯发殴人等词具禀狡辩，又经臣与抚臣严切批诘，并饬臬司将程其珏等撤任，暨由司委员守提丁役来省审办，正在澈究，应不至有详院仍当驳斥之事。至该司幕孙同生因办理各项公事，意见偏倚，诸多草率，因之辞去，并非专为镇洋一案也。

又原参："臬司所辞之幕，不数日首县即行聘请，不畏臬司而畏抚藩之幕”一节。查孙同生辞出后，该司即奉文查办此案，传询长洲县因何请臬署已辞之幕。据称该署刑幕沈姓患病，暂延孙同生代办一二月，嗣后沈姓病故，孙同生亦已回籍等语。

又原参：“有抚藩所委任之幕吴姓，权势薰赫，贪横跋扈，把持庇护于其间。”又“全省幕友皆其所荐，党与勾结，官皆畏惮”一节。查抚幕吴姓即吴大衡，系翰林院编修，前在抚署襄办钱谷事件，此案事非经手，查无把持情事，现在业已辞退，详加察访，尚无庇护勾结实据。

以上各节，均经臣饬司查询明确，或事非虚无，或传闻未实。至郭冏以即用候补人员，初膺民社，加意谨慎，遵章通禀，固不得谓之拘泥。所用家丁幕友，均系前任旧人。该家丁等以郭冏为暂代之员，藐视抗玩，亦系实情，乃竟诬为疯病，横加捆缚，若不按律惩办，何以肃法纪而儆凶顽。查例载：“长随甫经隶身未及三年并未配有妻室者，如有杀伤，各依雇工人本律论。”又律载：“雇工人殴家长，伤者杖一百，流三千里。又军士殴本管官，伤者杖一百，流二千里”各等语。此案陆福因逸犯路海桥诬指代理镇洋县郭冏发疯，辄敢听从，纠约胡溯桂等将郭冏捆缚，追其子郭万英释放吵闹，又将郭冏、郭万英一并捆住，致郭冏两手腕胳膊均被捆伤红肿。查该犯系郭冏长随甫经隶身，未及三年，亦未配有妻室，应照例以雇工人论，自应按律问拟。陆福应请合依“雇工人殴家长伤者杖一百，流三千里”律，拟杖一百，流三千里，至配折责安置。胡溯桂等或帮同拉手抱腰，或扶住椅子，即属为从。查该犯等均系县役，与军士相同，亦应比律问拟。胡溯桂、王桂亭即王阿大、萧二、李锦标均请比依“军士殴本管官伤者杖一百，流二千里”律上为从减一等，拟杖一百，徒三年，至配折责拘役，限满豫详递籍安插。童喜等虽讯无帮捆情事，惟隶身长随，目击家长被捆，并不救阻，究属不合。童喜、黄泰、马成均请酌照不应重律，拟杖八十，分别递籍折责发落。正任太仓州知州程其珏，系郭冏本管上司，近在同城，既已由上海回署，乃并不亲往验明，率以郭冏患疯等情冒昧禀报，任听丁役日久捆辱，迨郭万英亦被捆缚，始行解放，又不将路海桥、蔡昆等拿办。后因郭冏禀揭，又复强词分辩，实属昏聩荒谬，不足以资表率，应请旨将太仓州知州程其珏即予革职，以示惩儆。镇洋县典史余咏清，当印官郭冏被捆，既不禁阻，又不解放，当时并不拿究，事后复不通禀，迨撤省查讯，始称郭冏无疯，继又游移其词，意在回护己过，颠倒是非，尤属狡猾，业已咨部斥革，应请永不叙用。刑幕周玉田虽无受金舞弊实据，而与家丁相为倚护，不顾公事，实属不合，应勒令回浙江原籍，不准逗遛。吴大衡查无庇护勾结情弊，应请免其置议。太仓州吏目金尔昌，因郭冏不带随从，派役护送回署，尚无不合，与程忠诏即程鼎臣、吴宜读均讯无得贿舞弊及主使捆缚情事，概毋庸议。唐升、沈朝讯属无干，应即省释。正任镇洋县知县吴镜沆，当郭冏被捆之时，业已奉委赴江宁办理帘差，无从觉察约束，请免置议。郭冏并无疯状，业经全案犯证供明，并免置议。蔡昆、路海桥饬县严缉，获日另结。至幕友荐馆固多流弊，上司衙门幕友兼就各属之馆，弊尤不可胜言，臣已通饬司道，严行禁止，嗣后如有前项情弊，即行分别驱逐参处，以肃吏治。

是否允协，除备录供招咨部查核，并将命案另行审办外，所有审明代理镇洋县郭冏被丁役诬疯捆缚一案，查明议拟缘由，理合恭折具奏，伏乞皇上圣鉴训示。谨奏。

查覆兵船分段驻巡实在片

再，臣承准军机大臣字寄：“光绪二十年七月二十四日奉上谕：‘有人奏，风闻南洋统带兵船提镇大员将兵轮驶入吴淞内河，并不出洋巡儆，且麕聚上海夷场，饮博冶游，竟有旬时不一到船住宿者，请饬查参等语。着刘坤一确切查明，据实具奏，毋稍徇隐。原片着抄给阅看。将此谕令知之。’”钦此。当经遴派妥员，前往上海确切密查。兹据查明具覆前来。

臣查南洋水师共计兵轮六号，蚊船四号，运船两号。前因裁节饷糈，经臣奏明毋庸派委总统，责成两翼长督率操巡。本年自日本事起，海防戒严，各船不敷分布，将两运船暂改兵轮，协同防守，并派前安徽寿春镇总兵郭宝昌驻扎上海，节制兵轮并陆军忠信等营，遇事与镇、道、营、局就近商办，俾水陆联为一气。左翼长系兼带南琛，右翼长系兼带开济。除南琛、威靖调赴台湾协防外，现在南洋各船，开济、南琛两号并蚊船两号，系派驻江阴，寰泰、镜清、保民三号并蚊船两号，系派驻崇宝沙一带，登瀛洲一号派驻吴淞口外，专司稽查各国入口商轮，是南洋各船本无统带之员，该兵轮等分驻之地亦复远近不一。郭宝昌系已故亲王僧格林沁旧部，性成忠爱，威望素孚，前统兵轮，深资整顿，是以派令节制兵轮、陆营，以资镇慑。该总兵本系告养人员，此次日本无端肇衅，该总兵愤形于色，奉檄即行，夙夜宣勤，不避劳怨，实为将领中不可多得之员。原议有警则驻吴淞，无事则驻上海，以期消息灵通，并非该总兵擅离防所。现两翼长远在台湾、江阴等处，其驻泊崇宝沙一带之船，相距上海亦有数十里之遥。当此敌船飘忽靡常，固无论各管带责任攸关，督率弁勇，昼夜戒备，未敢稍掉轻心。且吴淞为上海要口，中外商船荟集之区，各兵轮果有擅离职守等事，亦断难掩人耳目。现经委员详加密访，各该员等自办防以来，实无将兵轮驶入吴淞内河，任意停泊，并麕聚上海，排日饮博情事，似属可信。至海上交锋，全恃船坚炮利，非有铁甲碰快等舰势难纵横洋面。南洋水师本未成军，仅此数轮，或系木壳，或仅钢板，只能依附炮台为守口之用，亦迭经奏明在案。是各轮未能出巡大洋，实为船力所限，尚非该管带等泄沓之咎。南洋亦无倭船游弋直过崇明大沙之事。惟值此军情至紧，正将士枕戈励志之时，臣当严饬各该员等，振刷精神，实力备御，倘敢稍形松懈，即行从严参办，断不稍予姑容，以肃戎政。

所有遵旨确查缘由，理合附片具陈，伏乞圣鉴训示。谨奏。

调补行坐营勇筹饷接济片光绪二十年九月二十八日

再，江苏候补道李光久奉旨督带所部老湘五营北上，业已一律拔队启程，一应枪炮子药，均经臣宽为拨给，将来子药如有不敷，应请由直隶督臣李鸿章随时应付，其前裁之长夫，亦经按照湘军章程，每营募补六十名，以辅兵力。该军本驻江宁下关炮台，兼顾省城，极关紧要，亟须添募五营，赶紧填扎。李光久五营月饷既须照旧拨给，新营饷无所出，臣因户部现亦无款可筹，拟请仍在两淮豫征盐厘内按月动用，业经先后择要电请总理各国事务衙门代奏在案。现在新募五营业已成军，名为健胜军，派委记名提督海州营参将杨文彪统带。该军甫经招募，训练未熟，已严饬昼夜操演，不准稍有疏懈。所有该五营饷项，前拟动支豫征盐厘。查此项盐厘银两，本系筹备军需，且李光久一军调赴前敌，饷项为行军命脉所关，长途转运不易，必须先期拨解，方免贻误。现在金陵支应局异常窘迫，未能豫行筹拨。拟查照陈湜、程文炳两军成案，将李光久五营月饷在豫征盐厘内动用，以资饱腾。其杨文彪新招五营，即抵支李光久原领月饷，以便支应局随时就近凑付。

除该两军应领饷项细数饬令照章造报外，理合附片陈明，伏乞圣鉴敕部查照。谨奏。

续增营勇筹备海防片

再，上海机器局为制造军火重地，关系紧要，距川沙滨海各处仅数十里，所有吴淞海口炮台各营，仅能堵截敌船驶入上海之路，其川沙、奉贤滨海一带地段绵长，敌人处处可以登岸，吴淞各营未能兼顾，必须另行布置，严密设防。现在敌势鸱张，益形恣肆，冰盛之后，难保不窜扰南洋。上海兵力尚单，机器局又为敌所注意，臣已饬令署苏松太道刘麒祥，于原有护局炮队之外，酌量募补，凑足五百人，并饬统带忠信营候补副将张国林添募智字一营，又饬前安徽寿春镇总兵郭宝昌招募旧部两营，名为卓胜军，并挑选亲兵一百名。所有现在上海之忠、信、智三营，沪军、奇兵各一营及新募之卓胜两营，分别在上海、川沙等处择要扼扎，均归郭宝昌节制调遣，以一事权而资堵御。又皖南镇总兵李占椿现在展觐回省，该总兵老于兵事，威望素孚，臣饬令暂缓回任，招募精锐五营，名为果胜军，一俟成营，即令前赴下游作为游击之师，以资策应。江阴南岸本有总兵张景春驻防勇营，该处为由海入江第一要口，现饬合字营统领舒永胜将原驻清江等处之四营移扎该处，与张景春联络声援，实力备御。以上添招各营，系按照湘、淮各军营制办理，一俟防务解严，再行酌量裁撤。

所有续行筹备海防各缘由，谨附片具陈，伏乞圣鉴训示。

再，狼山镇标前请添募练丁二百名，因该镇标经制兵丁无可挑选，已由署总兵朱洪章就地招募，一应饷项，系照防营章程核给，合并陈明。谨奏。

遵查道员知县劣迹折 光绪二十年十月十五日

奏为遵旨确查，恭折覆陈，仰祈圣鉴事：

窃臣于光绪二十年八月十六日承准军机大臣字寄："光绪二十年八月初六日奉上谕：'有人奏，安徽道员萧允文在浙江候补，有人托捐道员，该道吞没巨款，自捐道员，分发湖南，经前抚臣奏参革职。迨沈秉成署两江总督，夤缘奏保开复，发往安徽补用，充赈捐、支应两局差使，将实收两张贿赠沈秉成之子沈炳琳等，复为索送各属赆仪，并有侵蚀局用，浮开煤价，钻营点景差使，向藩司索银，在上海冶游情事。又试用道许景寿为之爪牙，署凤颍道时，勒索陋规，请饬查参等语。着刘坤一按照所参各节，确切查明，如果属实，即行从严参办，不准曲为开脱。原片着抄给阅看。将此谕令知之。'钦此。遵旨寄信前来。"当经委员前往安徽等处严密确查。

兹据详细禀覆，臣证以舆论，逐一考核。如原参"萧允文吞没他人巨款自捐道员"一节，业经前湖南抚臣卞宝第奏参革职，发觉在先，应请毋庸追论。夤缘奏保开复一节，是否由于奔竞，事隔数年，现亦查无实据。此外如兼管赈捐、支应两局，先以三品衔、郎中实收两张贿赠沈秉成之子沈炳琳等一节。查沈秉成两子，名瑞琳，一名瑞麟，以候选郎中均于十八年十二月间请由郎中奖叙三品衔，正值萧允文典局之时，照银核奖，填给实收，均出其手，外人致有贿赠之谣，其实于公事并无弊混。且查该捐局只捐封典、虚衔，不捐实职。沈瑞琳等郎中实职，均在直隶报捐，有存局履历可查，实非萧允文贿赠。

又原参“萧允文等为沈瑞琳向道府州县索送贶仪，每处自一二百金至四五百金不等”一节。查沈瑞琳乡试中式后，间向各同乡故旧分送朱卷，各处有无投赠，是否系萧允文等出信招呼，详加查察，并无实据。

又原参“支应局为巡抚账房，前抚臣裕禄交卸时，该局存款计三十馀万，又存洋药税十馀万，迨阿克达春、松埒历典是局，滥支滥应，已耗大半，萧允文从而效尤，恣意侵蚀，现亏至十馀万”一节。查洋药税款照章由关解部，光绪十年裕禄交卸时，支应局报部底册存银九万馀两，沈秉成任内该局支发各款均系正用，并无公私夹杂名目。近年拨款用款逐渐加增，入不敷出，以致欠解部款为数较多，现亏十馀万之说，或即指此。松埒想即松峻之误。该员等典局时，滥支滥应，或不能免，第查存局领状，支放相符，委无侵蚀确据。

又原参“萧允文浮开煤价”一节。查安徽轮船两艘，一名福安，一名吉安，每年管驾人等薪粮、煤油各款，共计银一万五千三百馀两，历经造销有案。萧允文于十九年二月在局时购煤存储，朱文藻接办后即于是年九月以存煤无多，接续采买，是萧允文豫买三四年之煤并无其事，可以想见。据报买煤一吨价银六两有奇，洋煤价值本较土煤为昂，加以萧允文派委从九品陈家鉴领银往购，川资水脚并计虽多，并无七两四五钱数目，业经核销有案。折修轮船亦十九年十月间事，由朱文藻委员承办，据实造销，距萧允文卸差时已隔七月，自与萧允文无涉。

又原参“萧允文家岁收租入多至七八千石，皆官皖省后所得”一节。查萧允文原籍江西庐陵，故父萧焕唐曾任江苏仪征县知县，告病回籍后，置买田产，为数甚微，萧允文出外服官亦无银钱寄回增置田产。若仅据粮册租簿为凭，犹恐有匿名寄顿情事。该悉其家世居该县坊廓乡七十二都一图三甲，又各田坐落秋鱼港、田墩下等处，因就近向公正绅耆逐细查询，佥称萧允文家实无岁收如前项租数，众口一词，当属可信。或其用度奢侈，言语浮夸，致此传闻之诬。

又原参“萧允文与米占鳌因缘为奸”一节。查不肖州县营求差缺，事涉暗昧，并无左证可指，惟逢迎献媚，或借此为招摇地步。遍采舆论，则米占鳌之声名尤其劣。

又原参“萧允文钻营点景差使，向藩司索银，在上海冶游”一节。查萧允文奉委点景差使，是否钻营，并无确据。惟赴京随办要差，固应先期前往，萧允文二月中旬即行，为时太早，已启外人之疑。濒行时，经沈秉成饬司筹拨银一万两，藩司因库款支绌，仅给三千两。萧允文以款不敷用，复由沈秉成谕司宽筹，始给银五千两。萧允文当即启程，取道上海，逗遛月馀，续娶朱氏，同坐马车，招摇过市，事均属实，并闻携带入都，寓福星客店，置办器具，服御华侈，物议由此而起。

又原参“许景寿为萧允文爪牙，双福告病，萧允文为许景寿求署缺，到凤颍道署任，捆吊经承，勒索陋规银六千两”各节。查萧允文与许景寿均为沈秉成所倚任，许景寿与萧允文官职相等，固不屑为之爪牙，且闻许景寿与萧允文意见未合，应无愿为爪牙之事。其署凤颍道任是否萧允文代求，更无实据可指。惟许景寿履署任时，舟抵临淮，询知经承陈泰先经前任双福饬派随同候补典史刘箴押解凤阳关京饷赴京，三月初已报起程，陈泰未行，饬差传唤，甫知当日方行，于十馀里外追回。许景寿以其并不候见，即将陈泰发交临淮巡检衙门看管，询据该巡检声称，看管十馀日属实，后于四月十四日差提保释，委无捆吊情事。外间颇有索费千两之谣，传询陈泰仍在京未回。复加细访，佥称陈泰充当经承未久，家境本寒，不特六千两巨款无力致送，即千两之说亦属虚悬。惟许景寿素性挥霍，到任携带友丁太多，需索招摇，在所不免，声名颇劣，被劾有因。

伏查萧允文等被参各款，业经臣委员逐一详查，或事出有因，或查无实据，自系传闻之误。惟萧允文奉派点景差使，宜如何敬谨从公，乃竟在上海逗遛，续娶妻室，并携之入都，致招物议，实属不知自爱，有玷官箴。许景寿虽无为萧允文爪牙及署任捆吊经承、勒索规费等项重情，而该员举动轻浮，于到凤颍道署任时，携带友丁太多，需索招摇，漫无觉察。该二员均有应得之咎，先经署安徽抚臣德寿查明覆奏，钦奉谕旨，分别降革，应请免予再议。米占鳌业经臣于甄别案内奏参革职，拟请一并免议。

所有遵旨确查缘由，理合恭折覆陈，伏乞皇上圣鉴训示。谨奏。

勇目封船滋事讯明正法片

再，前因寿左营勇丁捉船滋事，考生潘炳辰、陆元达二人查无下落，经臣将营哨各官奏参革职，并将考生指控之寿左营第八队勇丁全数扣留，发交营务处道员曾广照严行审究在案。

嗣据查明，潘炳辰、陆元达均已落水身死，潘炳辰无伤，陆元达面有刀伤两处。曾广照等提集什长萧义方等确切研讯，萧义方供认纠约棚勇彭海坤、冯吉祥及该营左哨一棚勇丁周玉林，共只四人，执持刀棍，将考生砍伤等情。并据该八队各勇丁供称，现在到案之彭海坤、冯吉祥二名均非正身的名，胡友庭、洪得才系萧义方嘱令顶替名字闹事，各情均不知道。再三研诘，矢口不移。禀经臣批饬严拿彭海坤、冯吉祥、周玉林务获究办。并以萧义方身充勇目，应如何管束棚勇，遵守纪律，乃竟藐法横行，纠约持械捉船，目击该勇等行凶，并不禁阻，致毙两命，并砍伤两人，祸首罪魁不容稍稽显戮。即饬曾广照等督县将该犯萧义方立予正法，以昭炯戒。嗣据曾广照等禀报彭海坤、冯吉祥在逃未获，将周玉林获案，供词闪铄，已勒限严饬已革守备朱克斋将冯吉祥等正身按名拿交，以凭质讯严惩。其到案各勇丁讯系无干，均经省释，以免拖累。至江宁县知县赵受璋、上元县知县陈谟，于雇船供差一事，未能先事豫筹，经臣将赵受璋摘去顶戴，陈谟记大过二次。现在江宁调防及北上各军差船络绎，该县等雇备供应，均无贻误，近日办事尚知愧奋，已饬将摘顶、记过处分即予给还、销去，以策后效。

除饬将彭海坤等务获究办，不准稍有疏纵外，理合附片具陈，伏乞圣鉴。谨奏。

遵旨入都交卸就道折 光绪二十年十月十六日

奏为微臣遵旨入都陛见，恭报交卸日期，仰祈圣鉴事：

窃臣于光绪二十年九月初五日承准总理各国事务衙门电开："本日奉旨：'刘坤一着即来京陛见。两江总督着张之洞署理。'"等因，钦此。

伏念臣两江承乏，报称毫无，三年以来，深以旷官为惧。兹乃仰承恩命，许觐天颜，喜遂犬马依恋之私，弥殷云日就瞻之愿，五中欢忭，莫可名言。署督臣张之洞，现已行抵江宁。臣即于十月十六日派委代理江宁府知府唐光照、署督标中军副将刘青煦将两江总督关防、两淮盐政印信暨通商钦差大臣关防并王命旗牌、文卷等件，赍送署督臣张之洞接收，臣即于是日交卸。江南应办防务，业经臣陆续布置，先后奏明在案。现在军事方殷，敌情叵测，吴淞、江阴等处均须严为之防，一应筹备事宜，业由臣商请张之洞相机因应，以期江防巩固，仰慰宸廑。臣卸篆后，赶紧部署，即行取道清江，遵陆北上。

所有微臣交卸日期，理合恭折具奏，伏乞皇上圣鉴。谨奏。

筹拨行坐军营械饷片

再，臣于光绪二十年九月二十九日接准总理各国事务衙门电开，奉旨饬在辖境三省防军内，筹拨五六千人，带械赴京。当经臣派令新授山西大同镇总兵刘光才督带亲军五营，募足长夫，并添募亲兵两哨，遵陆北上。查刘光才五营本系驻扎镇江，该处为长江咽喉重地，亟须添招营勇，前往填扎，以资策应。臣已饬令记名提督万本华刻日招募五营，名为长胜军，听候调遣。刘光才五营月饷仍请在两淮预征盐厘内动用，万本华五营即抵支刘光才五营饷项，以期源源解济，两无缺乏。并令记名提督杨金龙招募一营，名为护军营，万本华所遗之护军右营饬令记名提督甘大有管带。并饬记名总兵邓生业招募亲兵一百名，又记名提督刘能用原带之亲兵一百一十名，一并饬调北上，以厚兵力。以上护军两营，亲兵两哨，均归杨金龙统带节制，所需饷项亦在两淮预征盐厘内动支，一应军械已由臣饬令宽为拨给，将来子药等项如有不敷，即由南、北洋各局分别协济，以资应用。

除已择要电奏外，理合附片具陈，伏乞圣鉴训示。谨奏。

请收回钦差大臣成命折 光绪二十年十二月初二日

奏为吁恳天恩，收回成命，仰祈圣鉴事：

本月初二日内阁奉上谕：“两江总督刘坤一着授为钦差大臣，所有关内外防剿各军，均归节制。”钦此。

窃臣久忝兼圻，渥承宠眷，方愧涓埃未报，有负朝廷知遇之恩。当此时事艰难，倭氛猖獗，正宜力图报称，上纾宵旰忧廑，何敢有意畏难，稍存诿卸。惟念臣区区隐衷，有不能不为皇上敬陈者。以臣生长湖湘，自效力行间及服官各省，均在大江以南，于东北一切情形非所素悉。况现在关内外各军统将，多不相习，且或系将军、巡抚，或奉命帮办，未便由臣节制。加以衰老之躯，猝膺艰巨，万一贻误大局，关系非轻。再四思维，惟有仰恳恩施，开去钦差大臣差使，臣虽力薄，断不敢稍图安逸，拟请旨将臣交督办军务处，随同恭亲王等办理军务，抑或指拨湘军二三十营归臣统带，驰赴前敌，俾当一路之师，臣务当竭尽愚忱，勉酬高厚。所有恳恩收回成命缘由，是否有当，谨缮折沥陈，伏乞皇上圣鉴。谨奏。

恭谢天恩折 光绪二十年十二月初四日

奏为恭谢天恩，仰祈圣鉴事：

本月初三日内阁奉上谕："刘坤一奏吁恳收回成命一折。现值军务紧要，统帅需人。刘坤一从前带兵多年，威望素著，是以特授为钦差大臣。该督惟当仰体朝廷眷注之意，尽心办理，用副委任，毋得固辞。各营将弁如有不遵调遣，不受约束者，即按照军法从事，以一事权。"钦此。

窃臣昨承宠命，悚惧难名，已将不能胜任情形，直陈愚悃。乃复仰蒙召见，温谕周至，五中循省，感激涕零，何敢一再固辞，致烦宸虑。当此倭氛不靖，军事日形棘手，凡为臣子，应如何力图报称，上纾君父之忧。臣明知材轻任重，陨越堪虞，惟有殚竭血诚，于一切防剿机宜，仰秉睿谟，悉心筹画，并随时咨商督办军务王大臣妥慎办理，亟图补救，迅扫狂氛，以仰答高厚鸿慈于万一。

除将接到关防开用日期并一应筹办事宜另行具奏外，所有微臣感激下忱，理合缮折叩谢天恩，伏乞皇上圣鉴。谨奏。

调集步军十五营并马队三营片

再，臣前在江督任内于招补皖南镇总兵李占椿果胜军五营、记名提督海州营参将杨文彪健胜军五营外，另招记名提督万本华长胜军五营，以为游击之师。嗣臣遵旨入觐，临行与署督臣张之洞面商，许臣酌量抽调。兹闻张之洞新招营勇甚多，应请电饬该署督即令李占椿、杨文彪、万本华三军共十五营，携带原有枪械，刻日起程，驰赴山海关听候差遣。又臣经过徐州，该总兵陈凤楼自请以本部马队随臣征剿。现在冬防将竣，缉务渐松，并请电饬张之洞迅令陈凤楼统率本部马队三营，又拟于清淮马队添拨二三营，兼程北上，为臣指臂之助。以后该马步各营所需月饷及军装子药等项，仍由江南照常接济，以免匮乏而资饱腾。

谨附片具陈，伏乞圣鉴。谨奏。

通筹军务情形折 光绪二十年十二月初八日

奏为通筹目前军务情形，以重责成，而维大局，恭折仰祈圣鉴事：

窃臣才识短浅，年力衰颓，兹以入觐之辰，适值用兵之会，仰蒙恩命，授为钦差大臣，节制关内外防剿诸军，固辞不许，自维庸薄，深切战兢。伏查津沽一带，海口纷歧，处处皆应严防，北洋大臣李鸿章自应妥为布置，将来臣可借为声援，盛京将军裕禄、吉林将军长顺、黑龙江将军恩泽，各有地方职守，兵马威权，亦可与臣联络。惟关内外地方辽阔，营勇众多，臣甫抵都门，一切头绪纷繁，尚须料理，赴关需时，难于遥制。湖南巡抚臣吴大澂，忠诚奋发，自请解任带兵，及奉旨驻山海关，征调防守，颇费经营，现在山海关之事，该抚臣责无旁贷。又四川提臣宋庆，勋绩懋著，威望夙优，此次仅提一旅之师，往来援剿，深为倭人所惮。该提臣本系北洋帮办，应以关外之事委之。臣俟各军队伍调齐，各起枪械解到，稍为摒挡，即行驰赴榆关。将来进兵机宜以及如何部署，容臣到关悉心妥筹，并随时与吴大澂等商酌办理。相应请旨饬下李鸿章等，俾知各有责成，相与同心戮力，共济时艰，于军事实有裨益。

所有通筹目前军务情形缘由，谨恭折具陈，伏乞皇上圣鉴。谨奏。

沿途感受风寒请假调治折光绪二十年十二月十二日

奏为恳恩赏假事：

窃臣现因感冒风寒，四肢酸痛，合无仰恳天恩，赏假五日，俾臣得以赶紧医治，一俟病体稍痊，即行销假。

谨缮折具陈，伏乞皇上圣鉴。谨奏。

恭谢恩赏折光绪二十年十二月十七日

奏为恭谢天恩事：

窃臣于到京后，钦奉九月二十六日上谕："朕钦奉慈禧端佑康颐昭豫庄诚寿恭钦献崇熙皇太后懿旨：'本年十月，予六旬庆辰，所有此次呈进贡物之王公大臣等，着各赏给福字一方，寿字一方，如意一柄，蟒袍一件，尺头二匹。'"又钦奉十月初一日上谕："朕钦奉慈禧端佑康颐昭豫庄诚寿恭钦献崇熙皇太后懿旨：'各省总督着各赏大寿字一张，大缎二匹，帽纬一匣，以示行庆施惠至意。'"等因，钦此。又十月二十日解贡委员赍回皇太后特赏寿字一方，蟒袍 一件，活计一匣，臣均即叩头祗领。

钦惟皇上孝思不匮，恺泽闳施，凡宠赐之所颁，辄有加而无已。臣渥叨恩遇，未效涓埃，惟有奋勉图功，冀伸敌忾同仇之气，驰驱报国，无负推恩锡类之仁。仰沐隆施，合伸微悃。

所有感激下忱，谨缮折叩谢天恩，伏乞皇上圣鉴。再，以上恩赏各件，臣均于抵京后奉到，是以具折稍迟，合并陈明。谨奏。

奉命出师筹画军前事宜折光绪二十年十二月二十一日

奏为遵旨出驻榆关，抽调各营，分派帮办，并陈事宜八条，恭折仰祈圣鉴事：

臣于光绪二十年十二月十九日准军机大臣字寄：“奉上谕：‘朕奉皇太后懿旨：倭寇既踞海城，又陷盖平，军情日紧。现值海口封冻，正宜先其所急，移关内之军，迅赴前敌迎剿以遏寇氛。本日已电谕吴大澂统带所部及魏光焘、吴元恺各军，即日拔队出关。刘坤一身为统帅，一切调度机宜，责无旁贷，着即前赴山海关，扼要驻扎，与关内、外各军联络声势，妥筹进止，能于海口未开冻之前得有大捷，军事庶有起色。’钦此。该大臣当懔遵慈训，克日启行，无稍延缓，以副朝廷期望之意。将此谕令知之。”钦此。闻命之下，惶悚难名。

窃臣此次来京陛见，奉旨授为钦差大臣，节制关内、外防剿诸军，自顾才力难以胜任，当经具折固辞，未蒙俞允。因请酌调江南果胜、健胜、长胜等军前来，拟俟到日，与臣先派赴京之福建提督程文炳一军及新疆提督董福祥一军，随臣赴关，会合关内、外诸军分途进剿，冀立尺寸之功，以图报称。屡与督办军务处王大臣言及，皆以为然，随经檄饬程、董两军各先拔十营赴关。今江南诸军经署督臣张之洞奏留健胜五营，而以尚未成军之张国林五营代行，现在上海，与果胜、长胜等军均无起程确信。又督办军务处王大臣传谕程文炳、董福祥两军留守都门。是臣拟带各营，以资指纵而期折冲御侮者，尽归无著，仅与左右数十人赴关，四顾旁皇，不知为计。且先在关之前新疆藩司魏光焘、总兵吴元恺、刘树元等劲旅，皆随湖南抚臣吴大澂出关，所留守关之总兵熊铁生十营，队伍未齐，总兵余虎恩十营枪械多缺，万一有警，何以支持？以山海关紧要之区，明正冻开，便为前敌，讵可视同棘门、灞上？臣不敢久待江南各营，惟请抽调程、董全军及现驻乐亭之总兵刘光才五营、记名提督申道发五营、现驻静海之总兵宋朝儒三营，随臣赴关，倘蒙恩准，臣即刻启行，一面分檄各军拔营前进。所遗乐亭营垒，即以总兵闪殿魁十营填扎，以昭周密。至吴大澂任事勇往，与北洋帮办四川提臣宋庆懋著勋勤，早在圣明洞鉴之中，相应请旨分派为臣帮办，以收臂指之效。

当此寇氛猖獗，时局艰难，以巨衰庸，深虞陨越，惟有秉承庙算，勉竭血诚，与内外文武诸臣，同心戮力，迅扫犬羊之众，仰慰宵旰之忧。谨陈办理事宜八条，具列于后：

一，分任责成也。臣查倭人诡谲异常，难免不声东击西，多方误我。臣于明正遵旨前赴榆关与吴大澂、宋庆等会商，关内则设防守，关外则议战攻，其应如何进兵，自可察看情形，分途部署。惟东三省地面辽阔，山路纷歧，若倭间道入犯，计图牵掣大军，则裕禄等应即严密堵剿，非臣所能兼顾。至北洋津沽一带，李鸿章会办海军，自已妥为布置，毋庸臣鳃鳃过虑。第全局所系，不敢不分别声明。

一，进兵次第也。倭人据我藩封，侵我边鄙，将来进兵自应克复内地而后进规朝鲜，内地各城则先复海城、岫岩、凤凰、九连、盖平而后进规金、复、旅顺。惟金、复、旅顺一路，三面临海，若倭以兵轮环守，则我军望洋兴叹，是须海军相辅而行，方可以图攻取。乃海军提督缺尚虚悬，所有铁甲及快艇、雷艇均未修理，请旨饬海军衙门赶紧筹办，以免临时束手。

一，申明赏罚也。臣维战者危事，进死退生，难期人人用命，惟有重利以诱其前，严刑以驱于后，庶可使之踊跃。臣督师东征，如有文武带队打仗奋勇，果能击退大股，克复坚城，歼擒渠魁，多有斩获者，立即择尤电奏，破格优保，其次则分别重赏，以示鼓励。请旨饬吏、兵、户三部不得拘常挑驳，以寒将士之心。倘有奉令玩违，临阵畏缩，或致部伍错乱，枪械失亡，以及纪律不严，骚扰地境者，大将则奏请革职拿问，营官以下由臣提案讯明，即于军前正法，庶使知有劝惩，竞思立功报效。

一，采用人才也。臣维人才固由搜罗而得，亦由历练而成。从前军务人员，现在零落殆尽。臣忝司兵柄，事务纷繁，需员差遣。除在江南随带文武各员外，所有现在来营办事之道府州县等官，或负材武可备戎行，或具智谋可参帷幄，或优于文翰，或善于勾稽，均属营中必不可少之人，应请酌留委用，分别造册咨部。其有京秩、外任夙著声绩，堪以闳济艰难者，由臣随时奏调。以后自行来营投效人员，亦请量才收录，以集众长而赞庶务，借得错节盘根，异日可为国家缓急之用。

一，筹画饷械也。臣查前大学士曾国藩东征，前大学士左宗棠西征，兵则一手召募，所派将领必择有用之才，饷亦一手经营，所指省关必系有着之款，至于资粮军械，务须十分充足，而后从容进兵，是以所向克捷。臣今遵旨陛见，猝蒙恩命督师，兵则各省凑拨，强弱莫知，饷则各省分承，赢绌莫必，查问枪炮均属阙如，臣徒拥虚名以临诸将，所有一切粮械，无不仰给于人，万一应付稍迟，前敌诸军何能枵腹荷戈，徒手搏贼？惟有仰恳天恩，责成各原省将各营勇饷，按月接济，先期报解，以资饱腾，其由户部支放各营，自不至有延误。倘各省饷项有时不能应急，应请户部暂为垫发，仍由各省解还。至所需子药等项，应请责成南、北洋制造机器各局，宽为筹解。臣前在南洋续购比枪万杆，奏明为各省军营之用，惟南洋新勇需枪，拟请酌提一半解归臣营，以便前敌各营分领。又闻南、北洋新购大批快炮、快枪，正初可到，并请酌提一半解归督办军务处，随时由臣请给各营，以期便捷。

一，酌给津贴也。现在各省兵勇云集，以致米珠薪桂，营勇月饷四两二钱，难以糊口。查前大学士左宗棠西征各勇，均在粮台领米，每月每名只扣银一两，及出关后并不扣银，所需柴草每营每月另给银一百六十两。今东征事同一律，似应查照成案，量给津贴，以示体恤。至于行营运载粮食、子药等项，非每营长夫、公夫所能担负，必须驼骡、马车方足以利征进。查福建提督程文炳一军、新疆提督董福祥一军，业蒙督办军务处王大臣核准每营各给驼骡若干匹，马车若干辆，总统、分统分别另给，由户部筹款交该两军自行购买。凡赴前敌诸军，自应仿办，以昭公允而励戎行。

一，添募亲军也。臣受命后，本拟多募亲兵，既思勇固难招，饷亦难办，深切踌躇。兹据总兵余虎恩禀称，该营馀勇一千五六百人无从安插，臣请就招编为三营，取名护军，归记名提督杨金龙统领，合原统护军两营共为五营，以成一队。该三营所需薪粮，即由户部照湘勇章程支发。

一，设局支应也。臣此次奉旨入觐，仍循向章，自备资斧。兹受命督师，一切用度应即取之于官，所有办事文武人员薪水、夫马等项以后均在行营给领，至于赏恤诸费，尤为浩繁，应请设局支应。暂拟每月由部拨银八万两，由臣遴派委员经理，以期涓滴归公，将来据实报部核销，如有不敷，再由臣随时具奏。

即请旨饬交督办军务王大臣逐一核议，咨行到臣，并请饬部立案，以便遵照办理。

是否有当。谨恭折具奏，伏乞皇上圣鉴训示。谨奏。

覆审军情起程前赴榆关折光绪二十年十二月二十四日

奏为遵旨妥筹情形，恭折覆陈，仰祈圣鉴事：

窃臣承准军机大臣字寄："光绪二十年十二月初十日奉上谕：'有人奏，宋庆、聂士成两军宜厚增援，应宽筹接济，并胪陈各将领优劣及陆军、海军急宜豫筹各节。着刘坤一按照所陈，悉心妥筹具奏。原片着抄给阅看。将此谕令知之。'"钦此。臣跪诵之馀，仰见皇上留意将才，廑怀军务，莫名钦佩。遵即按照所陈，悉心筹画。查原奏所陈，宋庆、聂士成两军得力，非畀以三万人不可，余虎恩、董福祥亦应分统二三万人。臣查宋庆所部约四十营，聂士成所部亦约二十馀营，或收合溃败之馀，或新募未练之众，枪炮亦复无多。余虎恩、董福祥素称骁将，即令多统勇营未尝不可。惟此时再行添募，窃恐勇固难招，械尤难备，饷项亦复难筹，且军情紧迫，更属缓不济急。原片所称各畀以三万人及分统二三万人之处，应请毋庸置议。吴大澂现已奉旨派为帮办，统率刘树元、魏光焘等军出关征剿，原奏所请扼守关内、外亦毋庸议。至曹克忠三十营本为防守天津，余虎恩十营奉旨饬令守关，应否派赴前敌，或为后应，容臣到关后相机调度。

原奏虑及程文炳、闪殿魁、李培荣、陈湜等军不足深恃。查闪殿魁、李培荣均有参案，应由臣查明，另行覆奏。江苏臬司陈湜，久历戎行，胆识尚有可取，有无克扣兵饷，道路传闻，未敢据以为断。程文炳精明稳练，将领中不可多得，其待人接物，和平圆到，无武夫粗暴之气。原奏谓其专工酬应，或由于此。臣既忝司兵柄，所有各将领自当留心察看，随事训勉，倘敢稍涉玩违，即当据实参处。

又原奏拟令李秉衡防守烟台、威海。查该抚任事实心，不避嫌怨，烟台、威海等处本系山东辖境，倭寇狡诈百出，难保不分兵肆扰，计图牵掣，应请旨敕下李秉衡，认真防守，以重责成。直隶沿海防务仍由李鸿章妥为布置，庶臣得专筹进剿，不至有瞻前顾后之虞。

原奏请添调闽、粤、江、浙兵轮北援，以御敌舰，所论未为无见。但此数省兵轮，均系木壳，船既不坚，炮又不利，只能依附炮台守口，断不能出海争锋。如能联络北洋铁甲各船，结成一队，早已调派北上，何须迟至来春？至北洋现有兵轮是否尚堪应敌，应请饬令李鸿章察度整顿。

原奏又虑北洋管辖各局，难免掣肘。查采办向不归招商局员承办，平时军装器械多交局船运载，现均改由内地转运。至于军械及机器制造、电报、铁路等局于军务关系匪轻，固不敢遽事更张，亦不敢稍涉迁就，如有延误立即撤换。粮台为行军根本，容臣添委大员，另行奏明办理。

所有遵旨妥筹缘由，是否有当，理合恭折覆奏，伏乞皇上圣鉴训示。

再，臣于拜折后，遵旨起程，出驻榆关，是以未递（缮）〔膳〕牌，合并陈明。谨奏。

奏调御史冯锡仁随营办事片

再，臣奉命督师，战守事宜，颇费筹画，一切征兵调饷，头绪纷繁，必须有明体达用之员相助为理。兹查有四品衔山西道监察御史冯锡仁，才识精明，性情忠奋，向肯留心时务，论事均中核要，于现在军事情形亦能了如指掌，以之赞理戎机，可资得力。查翰詹科道向不在奏调之列，惟际此时艰方亟，需才甚殷，未敢过于拘泥。仰恳天恩，俯念军务紧要，微臣臂助需人，可否将该御史冯锡仁特旨发交臣营随同办理营务之处，出自逾格鸿施。

谨附片具陈，伏乞圣鉴训示。谨奏。

酌调京外人员随营差遣片

再，臣营事务繁多，需员差遣。兹查有刑部山东司郎中张闻锦，直隶司员外郎邓亨先，户部主事陈昌昙、夏时济，兵部主事杨觐圭，刑部主事汤鲁璠，云南候补道邓在镛，前江南候补道易顺鼎，江苏候补道魏嘉龄、朱麟成、何福海、曾广照，共京外官十二员，均属可用之才，仰恳天恩，准臣调营差委，俾收群策群力之效。

除分咨查照外，理合附片陈明，伏乞圣鉴训示。谨奏。

据禀选购战马请准免税放行片

再，据统领豫凯全军甘肃宁夏镇总兵牛师韩禀称："窃总兵所率七营，将步队一营改为马队，计需用战马三百匹，拟派河南抚标右营候补守备傅德庆赴喇嘛庙、张家口一带选购，请咨部给票"等情前来。

臣查该营酌改马队，战马是其急需。仰恳天恩，俯准敕部免税放行，以利征进。

除咨兵部发给马票外，理合附片陈明，伏乞圣鉴。谨奏。

奏疏卷二十三

谢赏松寿福寿字恩折光绪二十一年正月初二日

奏为恭谢天恩，仰祈圣鉴事：

光绪二十年十二月二十三日，蒙慈禧端佑康颐昭豫庄诚寿恭钦献崇熙皇太后赏臣御书福、寿字各一方，松寿字一幅，臣当即恭设香案，望阙叩头谢恩祇领。

伏念臣猥以庸材，膺兹重寄。值军书之旁午，鞭鼍慨指乎秦梁；沐懿藻之重申，翥凤欣瞻乎尧栋。钦惟皇太后治臻大定，圣益多能，极深宫修德之劳，值艺苑颐神之暇。昔宋宪圣夙工草隶，未足齐驱；即汉和熹雅善史书，安能方轨！九五福曰寿，敷瀛寰函夏以新膏；十八公为松，写岩壑长春之古意：俾成万古云霄之质，悉出九重雨露之恩。臣惟有勉效鹰扬，益深鳌戴。坚多心，坚多节，期同松柏之后雕；思日赞，思日襄，誓取榑桑而内属。

所有微臣感激下忱，谨缮折叩谢天恩，伏乞皇太后圣鉴。谨奏。

查明李培荣参款改派统军折光绪二十一年正月初四日

奏为遵旨确切查明，据实具覆，并请改委统领以资整顿，恭

折仰祈圣鉴事：

窃臣先后承准军机大臣字寄："光绪二十年十二月十八日奉上谕：'有人奏，提督李培荣素性傲惰，不理军事，请饬查看等语。着刘坤一按照所奏各节，确切查明，据实覆奏。原片着抄给阅看。'"等因，钦此。又"光绪二十年十二月二十五日奉上谕：'有人奏，李培荣骄纵掊克，罔恤兵艰，其自防所来京，皆乘坐四人大轿。督办军务处发有勇丁皮衣银两，该提督仅制棉衣散给，复于勇丁名下，坐扣饷银，勇丁不堪其苦，请饬查办等语。着刘坤一按照所参各节，确切查明，归入前案，一并覆奏。原片着抄给阅看。'"等因，钦此。臣因遵旨赴关，刻期上道，未敢羁留，当经咨委驻扎张家湾之福建提督程文炳，就近并案确查。

兹据覆称："遵查李培荣素性傲惰，不理军事一节。李培荣近来体弱多病，致于新招之营，未能时常接见将弁，赶紧教练。又自防所进京乘坐四人大轿一节。亦以多病之故，不能长途骑马，是以坐轿往来。又督办处发有皮衣银两，该提督仅制棉衣散给，复于勇丁名下坐扣饷银一节，则因各营竞购皮衣，以致货物缺少，不得不先散给一半银两，暂置棉衣御寒，馀银尚在续办"等情前来。

臣查李培荣不理军务，坐轿进京，皆由多病而然。其先制棉衣发给各勇御寒，由于皮衣一时难购，亦系实情。惟当此防剿吃紧之时，李培荣以专阃大员，身膺兵寄，不能加意拊循，未免有负委任。且该营勇有鼓噪抢饷之案，呈经督办处王大臣奏请将该提督及各营官分别革职议处，则李培荣不能抚驭该营可知。亟应改委干员接统，以资整顿而期得力。臣查有新授江西九江镇总兵宋朝儒，声威夙著，勇略皆优。原在安徽办理全省营务，统领多营，此次仅带步队一千六百人北上，兵力殊形单薄。相应请旨委令接统李培荣六营，责令严训勤操，以成劲旅，是变无用为有用，必能裨益戎行。李培荣所领饷项及皮衣银两有无短缺，即令宋朝儒于接收时，详细核算。如果李培荣照数发足，别无弊端，可否仰恳天恩，俯准该提督于交卸营务后，仍回甘肃提督本任，交陕甘督臣察看，是否办事奋勉，奏明请旨，以定去留。

臣为军务得人起见，谨将查明参款改委统领各缘由，恭折覆陈，伏乞皇上圣鉴训示。谨奏。

盐山庆云口岸空虚拨兵驻防片

再，查直隶盐山、庆云与山东海丰交界之埕子口，潮深丈馀，轮船可到，须防倭船由此登岸。山东仅有道员丁达意两营驻扎海丰东岸，直隶所属之盐山、庆云西岸无兵可拨，极形空虚。臣商之直隶督臣李鸿章，即令行抵天津之记名提督李永芳六营，由李鸿章拨给枪炮，前赴埕子口西岸择要驻扎，与东岸两营联络声援，以固畿南门户。李永芳本系奉调出关归宋庆节制，现在宋庆兵力已厚，李永芳尽可留备畿南一路。

谨附片陈明，伏乞圣鉴。谨奏。

归并各路行营合为两军片

再，查各省派来之勇，或三五营，或六七营，力薄权分，难期得力。臣于出京时，抽调河南牛师韩及陕西马心胜两军赴关，并以马心胜本系牛师韩旧部，即以马心胜六营，并归牛师韩总统，合十三营以成大支，请由督办处王大臣代奏在案。兹复以江南记名提督万本华五营、候补副将张国林五营并归皖南镇李占椿总统，合本部五营共十五营，亦足以成一队。

除由臣行营刊发关防外，谨附片陈明，伏乞圣鉴。谨奏。

再调武员片

再，臣随带武弁无多，必须随时添调。兹查有在神机营当差之候补游击袁祖礼，才识精明，讲求时务，堪以调营差委。仰恳天恩，敕下神机营，饬令该游击前赴臣营供差，实于军务有裨。又统领江南督标水师记名提督黄本富，有勇知方，系臣旧部，并恳敕下署两江督臣，令该提督来营效力，以资臂助。

谨附片陈，请伏乞圣鉴训示。谨奏。

留军扼重关防折光绪二十一年正月初八日

奏为微臣遵旨奏报起程日期及改调营旗，并请留守关两军，恭折由驿驰陈，仰祈圣鉴事：

窃臣于光绪二十一年正月初二日，钦奉电旨："电奏已悉。该督现饬宋朝儒等分起赴关，着俟部署稍定，即行驰往驻扎，调度一切，何日起程，先日覆奏。"钦此。臣遵即赶紧部署，无奈抽调各营，多因军装、军器未齐，不能拔队，而催运之洋枪等项，尚在留滞中途。臣笔秃唇焦，久候亦属无益，惟有令宋朝儒三营先进，杨金龙两营继进。臣定于十三日启行，其馀各营只合听其陆续前来。

惟臣前次奏调之马心胜六营，现经督办军务处王大臣派往乐亭与闪殿魁十营合扎，臣请改调山西统领贺星明七营旗随同赴关，虽不知能否得力，姑借此以壮声威。将来各军到齐，多者五六营，少者三五营，无大支劲旅可恃。现闻威海南岸炮台已失，山东事势甚危，前经拨往援剿之江南马步二十营刻难令其北上。臣膺守关重寄，而无可靠旧部，实属把握毫无。查上年十二月十九日奉旨："着吴大澂统率诸军，即日拔队出关，会合宋庆等军相机进剿。山海关防务亦属紧要，着余虎恩、熊铁生各军，就现有营垒，分布填扎，免致空虚。"等因，钦此。仰见圣谟广运，深知关防吃紧，非臣现调各营所能支，故留此两军合二十营，以资臂助。惟吴大澂之意，急欲调该两军出关，伏望朝廷主持，勿任抽动。如关外诸军实在不敷防剿，应俟李占椿、陈凤楼等军援东事毕，驻关防营较多，届时由臣体察情形，再行拨派出关策应。刻交春令，一经解冻，山海关即成前敌，倘有疏虞，时事何堪设想！且系东征诸军后路，吴大澂自应并顾兼筹。臣商之直隶督臣李鸿章，亦谓关外八万馀人，兵力已厚，而关防颇单，余、熊两军万难轻调，全局安危所系，不敢不预先陈明。

所有臣起程赴关日期及改调马心胜营旗并留余虎恩、熊铁生两军各缘由，谨恭折由驿驰陈，伏乞皇上圣鉴训示。谨奏。

严堵乐亭滦州要隘片

再，臣与李鸿章熟商，以乐亭、滦州南与北塘交界，地段延长，处处可以登岸，前次鲍超、此次吴大澂俱以重兵驻扎。现在兵力稍薄，拟令闪殿魁酌派数营，分驻乐亭要隘，深沟高垒，修筑炮台，由北洋设法腾挪拨给炮位数尊，严行堵守，馀营与马心胜各营合扎乐、滦以南地方，务与乐营声援相接。留此游击之师，确探敌踪所向，迎头邀截，使敌不敢伺间乘虚，庶足以昭周密而备不虞。

谨附片陈明，伏乞圣鉴。谨奏。

布置关内外及东西两路防军折光绪二十一年二月初八日

奏为布置山海关内外及东西两路防务详细情形并筹办事宜，恭折由驿驰陈，仰祈圣鉴事：

窃臣于抵关后，曾将滦、乐及山海关布置大概，电督办军务处王大臣代奏，奉旨："均属妥协"，钦遵在案。

臣催调河南统领宁夏镇总兵牛师韩、陕西统领记名提督马心胜、山西统领记名总兵贺星明、直隶统领四川建昌镇总兵闪殿魁、安徽统领九江镇总兵宋朝儒等军次第到防，随督同诸将周历关外东面之威远城、红墙子、崔家庄，南面之宁海城、老龙头、铁门关、长龙冈、萧家庄、崔家庄，西面之石河、红瓦店与西北面之二郎庙，察看形胜，而正北面之角山寺、三道关了然在目，即东北面之九门口，亦可得其要领。查南面临海之宁海城等处，先有护直隶提督开州协副将卞得祥分筑七垒，设前后膛炮一百六十馀尊，守御尚为严密，毋庸更动，惟饬令于老龙头当冲各炮台加护沙袋，以期稳固。东面红墙子，则令统领湘军记名提督熊铁生一军排列驻扎，自山至海开挖长濠，益以记名提督周兰亭炮队，并令统领湘军高州镇总兵余虎恩一军驻威远城以备接应，兼为各路游击之师。东北面之九门口，则令山东曹州镇总兵王连三驻守。该镇仅八百馀人，先令添招一营，以厚其力，即令酌抽二三哨，分防三道关。西面红瓦店则令宋朝儒所统皖军驻扎，而以新统之泰军分驻石河以西海岸。西北面之二郎庙，则令牛师韩以一营驻扎，并抽两哨分防北山之角山寺，多张旗帜以壮声威。其馀六营，则跨石河而西，缘五泉山扎连珠营直接红瓦店，与宋朝儒各营，高垒深沟，相为犄角，仍各抽精锐以备游击之用，周兰亭分驻西面之炮队亦可相辅以行。臣督记名提督杨金龙一军驻临榆县城外，视何处有急，即率队赴之。瞬届冻开，土膏滋润，催令各统领于派定扎营处所赶紧筑凿，刻日告竣，先令周兰亭多雇铁路夫役助工，以期迅速。环顾四面各有责成，倘涉疏虞，即惟该统领等是问。此山海关内外布置详细情形也。

东路宁、锦之望海甸、钓鱼台、天桥厂、马蹄沟，海口甚多，为东征诸军后路运解粮饷、军火在所必经，不惟倭寇侵扰堪虞，即土匪、游勇劫抢亦属可虑。现在仅有候选道左孝同三四营驻扎锦州，不能兼顾数处。臣调到贺星明马步七营旗，尚属精壮，拟俟整齐部伍，请领军装，即令前进望海甸与天桥厂。并令周兰亭同往察酌地势，挥要扎营，以守运道，并防倭寇乘虚伺间，抄袭长城，以图牵掣。

至西路秦王岛先有统领淮军淮阳镇总兵潘万才四营驻扎，洋河口先有统领淮军永州镇总兵贾起胜八营驻扎，惟虑地阔兵单，兹得宋朝儒十营分扎红瓦店及石河海岸，则气势略壮。臣饬该三镇一律沿海筑墙开沟，共资守御。再西则为滦、乐。滦州现有马心胜马步六营，将来应否调赴关外，且视事势如何。乐亭则有统领湘军大同镇总兵刘光才五营，统领湘军记名提督申道发五营并闪殿魁马步十营，又昌黎县有宣化镇总兵王可升马队两营两哨。今直隶提督聂士成带队进关，为滦、乐一路游击，臣檄饬刘光才等与之联络，以期呼应灵通，可资臂指之助。聂士成原有步队二十四营，嗣经直隶督臣李鸿章奏调徐州镇总兵陈凤楼马队五营来津与之会合，署直隶督臣王文韶复以广西臬司胡燏棻步队四营、王可升马队隶之，足成大支劲旅。至于如何分驻芦、滦，应由该提督妥为部署。此东西两路布置详细情形也。

臣维用兵之道，贵于形格势禁，尤贵制变设奇。以关津海岸之长，必欲节节设防，实属力有不逮。惟择要害之处驻扎重兵，左则左之，右则右之，纵横荡决，使之不敢觊觎，万一伺隙登岸，即当及其半渡击之，当易得手，是在曹克忠、聂士成及各口防营统领勤加侦探，善于指纵。

抑臣更有请者，倭寇覆我海军，彼之兵轮，得以来往自如，洵非我所能制。若使离海登陆，入我畿疆，我以重兵四面合围，未始不可收聚歼之效。应由督办处王大臣豫戒守护近畿之福建提督程文炳、新疆提督董福祥与前广东陆路提督曹克忠及聂士成四大军公同筹商，设遇倭寇深入，程、董应扼何处以遮其前，曹、聂应赴何处以蹑其后，我攻贼，则四军并进，贼攻我，亦四军并应，总期一心并力，敌忾同仇，不得稍涉观望。馀如登州镇总兵章高元夙称健将，记名提督李永芬亦着勇名，所部均是素练之卒，其应如何分途堵守，以断其粮援，如何更番迭攻，使疲于奔命，亦须先有成算，以免临事张皇。但使我能久持，则倭之溃败可以立待。该提镇等受恩最重，委寄匪轻，际此海寇披猖，忧及君父，当思致身之义，以输报国之忠，殚竭血诚，激励将士，杀敌致果，御侮折冲，以扫狂氛而膺懋赏。

臣俟榆关防务既定，拟坐轮车至津与署直隶督臣王文韶并约程文炳、董福祥、曹克忠、聂士成等会商战守之策，略有头绪，仍即回防次。将来倭若攻关及乐亭海口，臣自当驻关督办防剿。倘倭径向津沽或由沽南登岸，而关、乐并无大警，余虎恩等足以守御，克保无虞，臣即酌带游击之师，驰赴天津，相机入卫，借为程、董、曹、聂诸军节度。是否有当，伏候圣裁。

所有微臣布置关内外及东西两路详细情形并筹办事宜，谨恭折具陈，伏乞皇上圣鉴训示。谨奏。

前敌宋吴两军未便遥制片

再，前敌军情，瞬息万变，一切进止机宜，应由帮办军务四川提臣宋庆、湖南抚臣吴大澂督同营务处前署新疆巡抚新疆布政使魏光焘妥为筹办，臣驻关门，未便遥制，致有格碍，仍就臣所见到之处，随时与之电商，以资裨补。又赴援山东之皖南镇总兵李占椿总统十五营，现在驻扎潍、莱休养整顿。臣与山东抚臣李秉衡电商，令李占椿督率所部前来埕子口与章高元等协力严防，仍由臣察看各处情形，另行调遣。

除札李占椿分咨山东抚臣、署直隶督臣外，合并陈明，伏乞圣鉴。谨奏。

裨将兵单招足五营片

再，现在驻关之山东曹州镇总兵王连三，年力正强，胆气甚壮。上年因倭人犯顺，自请带兵剿寇，出于忠愤血诚。嗣于八月间，由总理各国事务衙门电传谕旨："北路军情紧要，着李秉衡即饬王连三统带所部马步练军北上，并由李秉衡抽调陆路劲旅数营，拨定粮饷，配齐军火，一并交该总兵统带，迅速起程，听候调遣。"等因，钦此，钦遵在案。查该镇所部仅有曹练八百名，调扎榆关、九门口，地当冲要，兵力太单。山东境内，刻值寇氛肆扰，更无劲旅可调。拟令该镇另招勇丁三营，并将原带之八百人添招二百名凑足两营，共合五营，以厚其力。所需枪械，由臣会商北洋大臣设法匀拨济用，其薪粮等项，仍归山东支发，由该镇于招齐之后，分报查考。

是否有当，理合附片陈请，伏乞圣鉴训示。谨奏。

应付各军粮械及添车马长夫片

再，臣驻关调度所有关内外防剿各军，有时急需粮食、饷银、枪炮子药等项，就近向臣请领，必须随时应付，不能不宽为储备，即各军需用刀矛、锄铲、布袋、蒲包零星各件，往往取给于此。陆续购买骡马五百匹，大车一百五十辆，添募长夫五百名，以利转输。所用经费，即于每月领款八万两内支给，应请敕部立案。

谨附片陈明，伏乞圣鉴。谨奏。

请敕沿海举办渔团折 光绪二十一年二月初八日

奏为防务孔亟，请敕沿海各省举办渔团，恭折由驿驰陈，仰祈圣鉴事：

窃惟倭船横行海上，意在窥窬，每以财利啖我小民，为之接济向导。沿海一带渔船民户良莠不齐，若不举办保甲渔团，严密稽察，实力维持，无以清内奸而防外侮。闻去年倭由皮子窝等处登岸，即系雇用渔船。舟中敌国，可为殷鉴。且海滨之人，以船为家，非特风涛沙线为所熟谙，即善于凫没狙击、膂力技艺过人者，亦往往而有。前明海盗汪直、徐海之党，多出其中，而我朝名将李长庚、王得禄之属亦出其中。可见同一海滨之人，弃之则为莠民，训之则成劲旅，不过一转移间而利害已判若霄壤矣。前此法人之役，左宗棠督师福州，曾令创办渔团，乃因奉行未得其人，遂至中辍。因噎废食，论者惜之。臣到关后，熟筹防务，体察情形，因思渔团亦海防中之一事，未容轻忽。现饬沿海府、厅、州、县及各防营，督同地方绅董，查明渔户船数、人数，取具乡邻保结，编立渔团号册，无事时听其出海捕鱼，有事时令其协同防寇，酌给器械以资操练，量给钱文以示体恤。所给器械，有事始领，无事即缴。如能出海侦探得实者酌给赏犒，倘有能出奇计不惜身命奋勇杀敌者，即予以不次之赏。虽有形之效难期立见，而无形之患或免潜滋。惟津、榆一带海口渔户尚不甚多，而江南、浙江、福建、广东等省海面广袤，港汊纷歧，向为渔商聚集、匪徒出没之所，若不认真举办渔团，设使为敌所用，尤属可虑。应请敕下沿海各省督、抚臣，各就本省情形，因地制宜，妥筹办法，严饬所属，实力举行，俾民志皆若坚城，而海疆尽成清野，似于防守不无裨益。

愚昧之见，是否有当，谨恭折驰陈，伏祈皇上圣鉴训示。谨奏。

派兵巡辑奸细片

再，查宁、锦、关、津一带海口，穷民渔户甚多，倭寇每以重利诱之，使为向导，并运送甜水、食物。臣咨会盛京将军、直隶总督，通饬沿海府、厅、州、县，办理民团、渔团，严禁奸细，即责成各海口防营统领督催，如有成效可观，一律给以奖赏。又关内外蹊径纷歧，匪徒得以出没，臣并令署山永协副将张大鹏派兵百名，以把总、外委二弁率之，在于近关地方哨探巡缉。该弁兵等按日津贴盐菜钱文，亦于每月所领经费内支发。

谨附片陈明，伏乞圣鉴，敕部立案。谨奏。

江军采买炮车马匹片

再，据驻扎乐亭统领两江督标亲军等营山西大同镇总兵刘光才禀：该军四磅克虏卜后膛开花等炮数十尊，需用拉炮马二百八十四，拟派游击刘光启前赴张家口、喇嘛庙一带购买回营，以资应用，请奏咨等情前来。

查军营采买战马，例准免税。除咨兵部发给马票外，理合附片陈明，伏乞圣鉴，敕部查照办理。谨奏。

大员轻骑来关效力片

再，臣接记名提督黄本富电，以江南难于招勇，请照赣南镇何明亮成案，不另召募，只带亲兵数十人来关听差。臣随经电饬江南支应局员禀明署两江督臣发给盘费银三千两，所有黄本富招勇五营之案，应即撤销。窃黄本富以江南水师统领、何明亮以实缺总兵兼统营勇，禄位已属优崇，因念臣年老从军，自请来关办事，冀以分劳，并请免招勇丁，以便刻期上道，则该提镇血性过人，志趣过人，实为近今罕见，臣平日之推诚待该提、镇，至此亦收微效。该提、镇不肯负臣，安忍负国？干城腹心之寄，臣愿与该提、镇共勉之。

谨附片陈明，伏乞圣鉴。谨奏。

遵旨简搜军实折光绪二十一年三月十三日

奏为遵旨筹办，恭折由驿驰陈，仰祈圣鉴事：

光绪二十一年二月二十六日准军机大臣字寄："二月二十三日奉上谕：'御史高燮曾奏，敬筹制胜之策，请饬斟酌办理一折。所陈统将宜淘汰，营伍宜归并，士卒宜简阅各条，不为无见。即着刘坤一、宋庆体察现在军务情形，妥筹办理。原折着摘抄给与阅看。将此由四百里各谕令知之。'"等因，钦此。

臣维此次军务不能制胜，多由统将非才，营伍太滥，士卒不精所致。该御史所陈三条，切中时宜，均属至当不易之论。第就山海关内外统将而论，如高州镇总兵余虎恩、徐州镇总兵陈凤楼、曹州镇总兵王连三、九州镇总兵宋朝儒、宁夏镇总兵牛师韩、大同镇总兵刘光才、永州镇总兵贾起胜、淮扬镇总兵潘万才、开州协副将卞得祥及记名提督熊铁生、杨金龙、周兰亭、马心胜等，系各省派来宿将，就臣察看勇略，各有所长，无可淘汰。所统各军不惟无可归并，且因地广兵单，王连三添招三营，潘万才添招两营，周兰亭添招一营，递经奏明在案，惟系新集之众，简阅自宜认真。臣现于地方雇募土工六七千人为之筑墙、开濠，饬各统领督令营伍一意操练，每日金鼓枪炮之声，不绝于耳。至前敌各军，如记名提督蒋希夷所部四营，一律裁撤；湖北提督吴凤柱则裁撤新勇四营，惟留老勇七营；候选道左孝同五营改隶前新疆藩司魏光焘；编修曾广钧三营改隶江苏候补道李光久。左孝同人尚慎勤，仍留办营务，曾广钧饬令回京当差。又革退之候选知府饶恭寿一营，另委副将杜应洪接管。是统将业经淘汰，营伍业经归并。臣惟有会督四川提督宋庆及魏光焘等勤加简阅，务期去弱留强，一兵得一兵之用，并申明赏罚，讲求战守，仰副圣主整饬戎行之至意。

所有遵旨筹办各缘由，谨恭折驰陈，伏乞皇上圣鉴训示。谨奏。

办事营员分任责成片

再，臣奉命节制关内外各军，行营事务纷繁，一切营务，动关防剿机宜，最为吃重，现派山西道监察御史冯锡仁、江苏试用道曾丙熙总办，江苏题奏道曾广照、江苏补用道徐寿朋会办，户部主事陈昌昙帮办。此外支应则派江苏候补道唐际昌总办，文案则派前河南候补道易顺鼎总办，户部学习主事夏时济、兵部主事杨觐圭、候选知府张景藩、分省补用知府汪雩会办，军粮则派刑部郎中张闻锦总办，军械则派候选道增霖总办，军政则派刑部员外郎邓亨先总办，纪功则派江苏试用道何福海总办，侦探则派刑部候补主事汤鲁璠总办，分任责成，其馀奏调及投效人员，亦各量材器使，冀收群策群力之效。

除将各该员履历咨部外，理合附片陈明，伏乞圣鉴。谨奏。

遵查各营有无缺额扣饷情弊折 光绪二十一年三月十三日

奏为遵旨严查各营缺勇扣饷情弊，恭折覆陈，仰祈圣鉴事：

窃臣于光绪二十一年二月二十日承准军机大臣字寄："二月二十日奉上谕：'有人奏，闻山海关驻扎各营，竟有十营不满五营之额，八营不足三营之数，而克扣兵饷，每人四两馀，仅发二两，至于号衣军米均奏明不扣月饷，而各统领仍行照扣，竟有在天津领饷十馀万，分文不解营而全数兑回原籍者。请饬查办等语。缺额扣饷最为军营恶习，叠经降旨严饬，该将领等宜如何激发天良，力求核实。若如所奏情形，是各营中积习毫无悛改，何能固结军心！着刘坤一认真严查，如有前项情弊，即按军律从重惩办，毋稍姑容。原片着抄给阅看。'”等因，钦此。

臣维各营缺额侵饷，积习已久，诚难保其必无。第山海关各营于臣耳目最近，未必尽如人言。查余虎恩十营外，尚有馀丁一千数百名，拨为臣护军，何至转缺正额一半？熊铁生十营驻扎前敌威远城、红墙子，自山至海二十馀里，星罗棋布，臣屡次巡视，该十营列队濠墙，其人数之多寡，可以立辨。宋朝儒十营，内有六营系接统李培荣之泰安军，甫由通州带来，似不至遽有短少。其馀如牛师韩七营，马心胜六营，刘光才、申道发、杨金龙、王连三各五营，派防要地。当此倭氛猖獗，各处朝夕戒严，该统领等即使爱钱，亦当爱命，决无缺额至数千数百之事。臣现饬令各军造送清册，分委道、府大员点验，并随时抽查。至各军按月领饷，以十营计，不过三万馀两，以下递减，仅一万四五千两，何能一次领饷十馀万两全数寄回？前大学士左宗棠带兵，每月每名留饷二两，言明存为销差之用，此次湘军一一仿办，冀免各勇逃亡。亦有以新勇制办衣装需费，未便将饷留存，且有过支之项。倘敢事涉克扣，各勇何肯甘心？臣亦不难察觉。号衣米粮并未奏明不扣月饷。向来湘、淮各军，初次号衣取给于公，以后更换扣之于勇。米粮一项，经臣与督办处及户部定议，津贴价银四成，仍扣勇饷六成。是言者于办理章程尚未深悉。臣起自戎行，最恶缺额侵饷之弊，钦奉谕旨严切，自当认真稽查。如各统领及营哨官果有此项劣迹，即当据实参劾，从重惩处，不敢稍事姑容，仰副圣主整饬军务之至意。

所有奉旨饬查各缘由，理合恭折覆陈，伏乞皇上圣鉴。谨奏。

覆查分统前情片

再，臣承准军机大臣字寄："光绪二十一年二月初九日奉上谕：'有人奏，编修曾广钧性情暴戾，现在吴大澂军中分统三营，该编修虐待部曲，曾挟忿棍责一提督，营中几至哗溃。刘坤一欲撤去分统，而吴大澂力为回护等语。着刘坤一确切查明，据实覆奏，毋稍徇隐。又有人奏：湖北提督吴凤柱驻扎锦州，发饷、制械，一切委用族人吴学颜，任意侵扣，兵士怨讟等语。并着刘坤一认真查明，如果实有其事，即饬该提督将吴学颜驱逐回籍，不准逗遛。原片二件均着抄给阅看。'"等因，钦此。

臣查曾广钧尚无暴戾性情，惟年少气盛，遇事即发，不及三思。其棍责部将已革总兵杨载元，委因杨载元有短饷卖票情弊，是挟公愤而非私愤，第不禀送臣辕，擅予棍责，实属冒昧。曾广钧业经交卸营务回京，应请免其置议。又查吴凤柱委用族人吴学颜，于发饷、制械尚无侵扣实迹。惟吴学颜在营不协军情，随经吴凤柱革退，饬令回籍，并未准其逗遛，亦请免其置议。

谨附片覆陈，伏乞圣鉴。谨奏。

察看发交人员咨送吉林折光绪二十一年三月十三日

奏为遵旨察看候选同知董梦兰，恭折覆陈，仰祈圣鉴事：

窃臣承准军机大臣字寄："光绪二十一年正月二十一日奉上谕：'有人奏，候选同知董梦兰，熟悉边外情形，曾奉派安插，亲历各屯，与各牌头声气相通，锐意以招致自任，请发往军营查验等语。董梦兰系曾经获咎之员，声名平常，惟现当用人之际，既有人保奏，着发交刘坤一军营，由该大臣悉心察看，其才如果可用，不妨量能任使，倘不堪任用，即着饬令回籍，毋稍迁就。将此谕令知之。'" 钦此。

旋据该同知来营禀见，并条陈事宜。臣详加察看，面询所称兴屯、招丁以及开矿、行盐等项，均在吉林之珲春、宁古塔、三姓地方，距关千里而遥，无从得悉该处实在情形与该同知所言是否符合，以定其人之是否可用。惟既据称熟悉边屯，并面称与吉林将军恩泽旧识，应即咨送该将军察核，如果该同知所言事属可行，即由该将军奏明办理。

所有遵旨察看候选同知董梦兰请咨送吉林将军核办各缘由，是否有当，理合恭折覆陈，伏乞皇上圣鉴训示。谨奏。

逃勇劫抢市廛营哨官分别议处片

再，豫凯军逃勇于本年正月二十六日夜间抢劫昌黎县东关德庆和油盐店银两钱帖等物，经该县知县丁予勤拿获李先科等十名，禀经署直隶总督臣王文韶及臣批饬覆讯明确，就地正法，并饬严缉逸犯务获在案。

兹据该军统领甘肃宁夏镇总兵牛师韩禀称："正月二十四日，该镇所部后营左右两营由昌黎开拔赴关，该营官等正在饬勇齐乘火车之际，左营营官梁孔一据该营前哨哨官申传刚禀报，风闻队下窃议山海关米粮各物昂贵，恐不敷食用，该哨官设法安抚，催促起行，讵料勇丁李先科等十三名先后潜逃，并窃去各勇本身号衣。该营哨官督队起行，未便停留，派出得力亲兵四路蹦缉逃勇，尚未弋获，即有二十六日夜间抢劫德庆和油盐店之案。请将该营哨官分别参办，并自请参处”等情前来。臣察访所禀情形属实。

伏查豫凯后军左营前哨哨官归德镇标候补千总申传刚，不能约束勇丁，致令潜逃行劫，实属咎无可辞，应请革职，留营效力。该营官都司梁孔一本有应得之咎，惟该勇丁等行劫究在潜逃以后，该营官督队移防势难兼顾，且该营官素来打仗奋勇，当此防剿吃重之际，应请从宽摘去顶戴，责其立功赎罪。至该统领牛师韩先经随臣来关妥筹防守，兵勇在逃滋事无从防范，且系新招之勇，并非平日纪律不严者可比，可否邀恩免议，出自逾格慈施。

理合附片陈请，伏乞圣鉴训示。谨奏。

查明统领被参缘由据实覆陈折光绪二十一年三月二十三日

奏为遵旨查明统兵大员尚无纵勇殃民及克扣滥招等弊，恭折据实由驿驰陈，仰祈圣鉴事：

窃臣承准军机大臣字寄：“光绪二十一年二月二十八日奉上谕：‘有人奏，驻扎乐亭防军统领闪殿魁，志气颓懈，营规不严，所募勇丁皆无赖游民，恃有护符，欺压良懦。该军不立营幕，占住民房，与商民交易，强取横夺。该统领纵勇殃民，请饬查办等语。闪殿魁屡被参劾，叠次谕令刘坤一确查，尚未覆奏。此次所参各节，着刘坤一一并详查，迅速据实具奏，毋稍徇隐。原片着抄给阅看。将此谕令知之。’”钦此。

查闪殿魁前两次被参，杂募市人，窳惰性成，拔营多不愿去，以及奉调移防半多逃散，又所办渔团，编立字号，是否得力，奉旨交臣查办。臣以闪殿魁被参各节，总以各营勇丁是否整齐精壮为断。随密委同驻乐亭之刘镇光才会同乐亭县知县张鹤龄，出其不意，前往点验，并查所办渔团。甫据禀覆，复奉严旨饬查前情。臣谨即汇案饬委驻扎唐山之直隶臬司周馥就近往查，以昭慎重，并发点名册十本。

兹据周馥详称："驰抵乐亭县境，沿途细访乡民，皆言今年正月，闪殿魁队伍过境，暂宿旅店、民房，均各给予房钱，并未骚扰。及晤乐亭县知县张鹤龄，言该营到防之时，正值严寒地冻，暂住民屋，事实有之，兵勇买物与百姓小有口角，在所不免，但未闻抢夺、鞭扑、不给价值等事，亦未据控告有案。本司复抵该军所驻之纪各庄，见各营俱筑墙支账，并未散住各村。当即传谕闪殿魁，立刻排队，按册逐一点验，所有魁军马队三营、步队七营，勇数均无短少，且皆一律精壮。惟细看各勇举止，似有负贩小民在内，不尽来自农圃。询系京东京西一二百里所招，曾取连保，从前是否无赖之徒，无从考究，但现在果守营规，即不便追问。点名后，随传营哨各官，细询发饷章程。佥称营中米面月需千斤，禾亭去岁歉收，不能不向远处购运。每日每勇给白米半斤，白面一斤，合制钱七十文，折银五分。每月勇粮四两二钱，除扣米面价银一两五钱，净发银二两七钱。嗣自本年正月起，奉加四成米价，每名三钱六分，计每名实领银三两六分。原参谓只发二两八钱，自是指未加四成米价以前所发之数，不为无因。合将奉发点名册并取具各分统营官等印结，呈请查核。再，乐亭渔团，闪殿魁本未奉办，已自雇船六只，招募渔人三十名，在海面哨探。合并陈明"等情详覆前来。

臣伏思闪殿魁所部队伍，去年仓猝募成，器械既未领齐，训练又未甚久，虽非乌合之众，究异节制之师，其所以不餍众望而屡致人言者，或由于此。现在既经查明，被参各节均无实据，应请天恩，免其置议。并由臣传谕该镇，洁己率下，振作精神，鼓励弁勇，练习战事，以成劲旅。倘再不知奋勉，始勤终怠，易辙改弦，经访查，仍惟有据实奏请撤参，不敢稍涉徇隐。

所有遵旨查明闪殿魁被参缘由，谨据实覆陈，伏乞皇上圣鉴训示。谨奏。

覆查军器营员事实片

再，臣于三月十六日承准军机大臣字寄："光绪二十一年三月十四日奉上谕：'有人奏，天津运往山海关机器炮四十尊，运送到关，堆积沙土中，子药全行潮湿，不堪应用，请旨饬查等语。着刘坤一查明，据实覆奏。又片奏淮军统领卞得祥衰迈庸劣，军事废弛。管带卫队记名提督杨金龙经刘坤一饬令备战，乃整顿行装，预为遁计，以致人心摇惑，几至溃散等语。并着刘坤一确切详查。卞得祥、杨金龙二员，如竟不能得力，即着撤退更换，毋稍迁就。原片二件均着抄给阅看。'"等因，钦此。

查臣到关后，需用炮位，电询天津军械所运来大小田鸡、开花炮八尊，当经各军争先领去，此外并无一炮解关。臣由南洋带来格林炮十尊，子路不远，除各军领去六尊外，尚馀四尊，现在行营军械所收存，并未委之沙土。细阅原片，言之极为确切，其事似属有因。查军粮所委员沈国良于沙土中刨出铁壳地雷数十具，尚未装药，现在修整备用，或者以此讹传。若以机器炮四十尊重大之件，由津运关，臣决无不知之理。至淮军统领卞得祥，微患气喘，而年力正强，人亦忠壮，以死守老龙头炮台自任。臣至该营履勘各炮台布置合法，墙濠亦甚整严，面加奖励，据卞得祥禀，系前直隶提督叶志超竭力经营所致。惟该统领驻守已久，熟习放炮事宜，断难更换生手。记名提督杨金龙打仗奋勇，办事精勤，臣知之最深，是以用为中协，使之统领护军。到关以来，筑垒挖沟，于要害处仿作地营，莫不认真办理，每谓可守而后能战，何至豫作遁计？且二月二十二、三等日并无倭船十七号停泊山海关外，不知何所据而云然？臣惟有懔遵圣训，随时随事察看，该统领等如果不能得力，即行撤换，不敢稍涉姑容，致有贻误。

理合附片覆陈，伏乞圣鉴训示。谨奏。

雇工开濠拨款助赈片

再，关内外各军多系新招之勇，于腊、正两月先后到防，时值地冻，未能筑立营墙，及开冻后，既须筑营，又须操练。所有东面之红墙子一带，西面之红瓦店一带，及北路九门口，南路石河，并秦王岛海岸，截长补短，周围约百馀里，均须开挖长濠，营勇无暇兼顾。随饬记名提督周兰亭于铁路雇工八千馀人，分途办理，以土方计，遇凿石处加倍给钱，共用银三万馀两。此项工值，暂于每月经费内开支，如有不敷，再由两粮台拨补。又臣赴唐山会商防务，见该处饥民数万人，情形困苦，当于支应局拨银二千两交江苏候补道张翼以助义赈。似此大宗，应请敕部立案。

谨附片陈明，伏乞圣鉴。谨奏。

查明副都统任内劣迹折光绪二十一年三月二十三日

奏为遵旨查明，据实覆奏，恭折仰祈圣鉴事：

窃臣承准军机大臣字寄：“光绪二十一年二月二十五日奉上谕：‘有人奏，特参欺诬庸劣之大员一折，据称山海关副都统宜贵，嗜利无耻，罔顾廉隅，开列贪劣之迹七款，请饬查办等语。着刘坤一确切查明，据实具奏，毋稍徇隐。原折着抄给阅看。将此谕令知之。'" 等因，钦此。钦遵之下，当即密委臣行营总理营务处御史冯锡仁、道员曾丙熙、总理支应局道员唐际昌等调取卷宗名册，提集弁兵人等，按照所参各节，逐一查讯，并札饬外四处防守尉、督粮通判克日详细禀覆。

兹据该员等查明禀称：查原奏内称"宜贵去秋奏添马队一营，本云添练西丹，乃仍以额兵底饷充补"一节。检查上年七月初六日，该副都统原奏有"兵丁苦累，器械不精，此外闲散壮丁尚有数百名，枵腹谋生，拟由八旗驻防内拣择精兵二百五十名"等语。而讯之骁骑校兴春及马兵祥山等所供，均称马队二百五十名，只有闲散四五十名上下，馀皆额兵挑补。至所发兵饷，则据兴春等供称："上年九月初一日成军，初五日发饷，每名新马兵已买马者给银四两，未买马者给银二两，旧马兵三两。十月初五日，众兵以不敷食用，恳求承恩公桂祥，蒙委员查明，饬照每名七两章程补发，遂将九、十两月一律补清，冬、腊两月亦照前全放。本年正、二月分，旧马兵只发五两，下欠二两，新马兵发六两，扣马价一两"等供。查原卷内有上年十月十五日咨直隶总督咨稿一件，所叙九、十月发给饷银数目与该弁兵等所供大略相同，并声明："原拟俟接奉部覆再行找领，因奉钦差承恩公桂祥谕，遂照章全放。"惟此件咨文在十月初五日补放之后，何以未先咨明？且本年正、二月放饷之数与上年两歧，更不可解。

又原奏内称"兵部例定马队以二百五十人为一营，该营合计不过二百二十五名"一节，业经按照名册点验，尚无缺额。

又原奏内称"冒开马价以旧为新"一节。查阅卷内咨稿称："因军书旁午，需操在急，本关向有差操马八十八匹，加给津贴，暂行顶补成军，俟买到马匹随时撤换。”复查放饷册内有上年八月十三日放出买马价银一千五百三十两，又两次放出马价银二百一十两，十月初十日放出马价银八百八十两，下注“交八旗”字样。讯据马兵祥山等供称：“八旗旧马队八十名，均已挑入新军，又于八旗各传差马一匹，其旧马队及差马共八十八匹，实系原有之马，并非领价购买。自成军以后，至今均在营当差。”其为未经随时撤换可知。

又原奏内称“宜贵自立总统名目，月支二百金，伊子松盛为字识，月支九金，戈什哈数十人，皆补新军口粮，其馀巧立名目恣意开销”一节。查该营官员衔名清册，实系副都统充当统领，字识一缺亦系松盛之名。传讯兴春等供称：松盛即该副都统亲子，其新军马队约有戈什哈二十名挑补属实。惟查该营员弁悉照直隶马队练军营制，尚非巧立名目，所发薪水饷项亦按定章支给，并未恣意开销，有支应局用印清折在卷可为证据。

又原奏内称“宜贵从未赴教场阅操，冒开奖赏银两及外四处勒派奏免阅边银两，共额兵五百五十名，每名出银二两，计索银一千一百两入己”一节。据永平府防守尉图勒笔善、冷口防守尉英瑞、喜峰口防守尉阿尔逊、罗文峪防御喀吞保先后禀称：光绪二十年九月，奉左司札片，知照各该处派明白晓事领催，限十月内到关，有面谕要事。嗣奉左翼协领祥瑞谕派四处免阅操费共银一千一百两，交副都统门丁刘雅斋手收等情。据此，饬传刘雅斋，逃逸无踪。至该副都统上年阅操二次，赏过东钱四百串，讯据弁兵等各供相符。

又原奏内称“山海关关门从前因勒索行旅为人奏参，经前刑部尚书崇实、今直隶总督李鸿章两次查办，刊碑示禁，行旅便之。乃宜贵饬值班领催，五日一班，非交东钱七十五串即行停差革用，以故不得不勒索行人”一节。问据领催恩福等七名同供：“关门向派弁兵稽查奸宄，出关行旅必验收票引放行。每班派官一员，笔帖式一员，帖写五名，领催二名，兵十名，五日一班，轮流派委，近年从未敢取过钱文。上年四月，宜副都统到任之后，自六月初一日起，饬值班人每班缴东钱二十四串文进署，到八月初一日后，便每班要缴钱七十五串文。凡出关行人无票者，每人取东钱二三百文，货车要东钱数百文，均无定数，进关货车要东钱四五百文及一千文不等，到各车店收取。如五天不足七十五千之数，必须借垫缴署，否则不能销差”等供。是原奏所称勒索情形，均属确凿。

又原奏内称“关城督粮通判专司八旗兵米，按季照价改放钱文。宜贵希图通判馈送，任其迟延放钱，每名勒扣银二两，计二千馀金”一节。问据兴春、祥山等同供：“八旗兵米，每年由通判按照市价酌发钱文，历各前任，发秫米合市价少发东钱二百文，又小米少发四五百文不等。夏通判任内，每名每季合市价少发东钱五六串，上年冬季较市价少发东钱十串之谱。每遇春季，总在头年十二月二十外豫放，本年春季，正月初一日才发。惟未闻通判有馈送都统情事”等供。据通判夏诒垣禀称：“历年支放章程，如光绪十年间，小米市价每斗四串内外，秫米三串内外，每兵共得东钱二十馀串、三十串不等。光绪十年以后，小米市价五串数百文，秫米四串零，每兵共得三十馀串、四十串。去年秋冬，小米涨至六串数百文，秫米至五串有奇，已属罕见。至年内豫放本年春季，小米涨至七串一百文，秫米至五串六百文，更为从前所未有，有每兵共得五十三四串数百文，核计米价，较每仓石折银一两四钱之例价及前任副都统奏请每斛折给京钱二串二百文，合东钱六串六百文，每仓石共东钱十三串二百文之成案，定价均已倍蓰”各等情。据此，是兵米既由通判照章支放，并未迟延，不由该副都统经手，似难勒扣银两。至馈送一节，亦查无实据，等情前来。臣覆核无异。

伏思该副都统有整饬部伍、绥辑军民之责，值此时艰孔亟，宜如何洁己奉公，力图称职。乃不严除积弊，而反多索陋规，于奉旨添练之新军则以额兵凑数，于领价购买之马匹则以旧队顶充，任意虚糜，罔求实济。又复勒派免阅操费一千馀两，勒索关门行旅每五日东钱七十五千，使弁兵人等皆有所借口，以致人言啧啧，指摘交加，诚有不能为之曲讳者。既经查实，何敢壅于上闻，惟系二品大员，应如何量予惩处，出自圣裁。山海关督粮通判夏诒垣支放兵米，按照定章，亦无馈送该副都统等事，应免其置议。惟以后折放兵米，无论时价低昂，总宜照价给发，不得援前比例，以免特议而服兵心。其在逃之门丁刘雅斋，应俟拿获到案时另行讯结。

所有微臣遵旨查明山海关副都统宜贵被参各缘由，谨据实覆陈。是否有当，伏祈皇上圣鉴训示。谨奏。

关门稽查禁止勒索片

再，山海关关门征收货税，原由关道照章办理。驻关副都统因有稽查奸宄之责，分派弁兵驻关验收出关票引，以致借端舞弊，于无票行旅取钱放行外，复于出入关门货车分别勒索钱文，大为商民之累。查长城一带，豁口甚多，若有奸宄往来，不必定由关门行走，验收票引一节，未足以诘奸，适足以滋扰。即使关门弁兵以后不敢勒索，而行旅人等必须有票始能出关，则在原籍请票，恐亦不能免费。拟恳天恩敕下山海关副都统衙门，革除积蠹，刊碑严禁。所有关门稽查弁兵，不许勒索分文，并将给票收票一节，立予蠲除。其关门货税，仍责成该关道照章征收，如或违禁需索留难，一经访查，务须从重惩办，以昭盛世荡平之治。

谨附片陈请，伏乞圣鉴训示施行。谨奏。

分设医药电线等局募兵守护片 片日

再，各营勇不服水土，疾病甚多。前敌受伤弁兵，纷纷扶送入关调理，不得不分设医养等局，购备药料，以资存济。又各路所安水雷、旱雷应设专局购置电线、电箱，分别制造修理。所有该各局以及军装、军粮、支应、营务等处，均须另募亲兵守护，以昭慎重。并请敕部立案。

谨附片陈明，伏乞圣鉴。谨奏。

请将侍卫依勒洪阿革职片

再，沙克都林札布所部之神虎营以侍卫依勒洪阿为分统，留驻锦州。该分统托锦州府知府奎华代向驻锦之东征转运局雇车四十辆，订明按照局章由营自行发价。乃车辆交齐后，该分统不给车价分文，并纵令兵勇殴逐车夫，将车辆抢赶而去。经奎华与转运委员知府周冕派人带同车夫往追，并由局酌备银两沿途为之接济。然民间闻此风声，车辆率皆逃避，几至贻误兵运要需。锦州市面，现钱短少，曾经臣裕禄札饬通行，无论兵民，卖银搭发现钱二成，买银多交一成，以资周转。乃该分统纵令兵勇全数勒换现钱，及见钱贵银贱，又复勒买银两。种种滋扰，非止一事。据锦州知府奎华、转运委员知府周冕、淮军前敌营务处浙江温处道袁世凯、督办东征粮台广西按察司胡燏棻先后禀报前来。臣等覆查无异。

伏思现在关东一带地方，运务艰难，民情困苦，招徕安集，尚觉日有未遑，若如该分统之抢夺车辆，扰累闾阎，势必使兵饷之输輓皆穷，商民之市易尽废。相应请旨将神虎营分统侍卫依勒洪阿即行革职，以安地方。

谨会同盛京将军臣裕禄据实纠参，伏祈圣鉴训示。谨奏。

马步勇丁潜逃请旨革职片

再，统领山西练军记名总兵贺星明所部马步七营旗，前派分驻宁远州、钓鱼台等处地方。三月初八日，倭船游弋至钓鱼台，臣访闻该军营哨兵勇有闻炮溃走情事，正在委查并点验去后。兹据贺星明禀称："是日倭船炮伤我军步队、马队各数名，毙马数匹，我军竭力抵御，坚伏不动，倭船旋即驶去。点查队伍，惟副前旗马队左哨勇丁逃去十二名，右营步队前哨勇丁逃去十四名，由该两哨哨官押队不力所致。除严拿在逃各勇外，请将副前旗马队左哨哨官补用游击吴玉春、右营步队前哨哨长参将衔补用游击李正亮惩处"等情前来。臣查该哨官等押队不力，以致兵勇闻炮纷逃，实属罪无可逭，应先请旨将补用游击吴玉春、参将衔补用游击李正亮即行革职，不准投效军营，希图开复，以戒失伍而儆效尤。该处钓鱼台一带地方，情形险要，难保倭人不乘间再来，已饬该统领激励军志，严密设防，倘稍有疏虞，即惟该统领是问。

谨附片并陈，伏乞圣鉴训示。谨奏。

老湘营阵亡人员请恤折光绪二十一年三月二十三日

奏为查明老湘各营历次打仗获胜情形，恳将阵亡员弁邀恩赐恤，并将出力员弁准予存记，恭折具陈，仰祈圣鉴事：

窃臣前于正月二十三日、二月二十八日，叠据统领老湘军江苏补用道李光久禀称：正月初十日自牛庄开赴四台子。十二日天色微明，贼以大股由东南小马头来犯，又分两股于南北两路包抄，我军亦分三路应之。提督贺长发率左营直冲小马头，鏖战两时之久，贼势不支，归并一处。我军三面夹击，轰毙贼党百馀，内有三道黄边帽大头目一名，访系伪大将军；生擒二道黄边帽头目一名，讯系伪步兵中尉山县朝喜殿。都司殷成谱奋力向前，亦生擒贼目一名，搜出身带千里镜、时辰表、佩刀、信函等件，并抢获倭枪八杆。馀贼纷纷败窜，我军追剿至二台子而还。二十二日，我军向唐王山进攻，直冲山下，夺回两村，毙贼二百馀名，贼始退踞山头。提督周运斌受弹甚众，裹创力战，随即阵亡，副将尹山云、都司任福贵亦殁于阵，伤亡弁勇六十馀名，至未刻始收队。自后日夜出队，二十七、二十八及二月初三等日，击贼于安村堡、中阳堡、三台子、八里河，毙贼数十名、数百名、十馀名不等。所有历次出力及阵亡员弁，恳请分别奖恤前来。臣以该军接仗获胜一切情形，未准宋庆、吴大澂来咨，恐尚不确，因即咨请查覆。兹于三月初十日接准宋庆查明咨覆，与李光久历次禀报均属相符。

臣查自倭人入寇以来，各军往往以数十营合力堵守，败溃相寻。该道李光久所部老湘一军仅有二千馀人，上年冬间甫由江南调来，随出关外援剿，艰辛万状，劳瘁不辞。本年正月出队打仗，竟能以少胜众，屡挫敌锋，差强人意。提督周运斌等血战捐躯，深堪悯恻。该军现值重加整顿之时，应不没其前劳，乃可责其后效。既经宋庆覆查无异，臣何敢壅于上闻。合无仰恳天恩，准将阵亡之记名提督穆特恩巴图鲁周运斌、花翎副将尹山云、游击衔补用都司任福贵等三员，敕部从优议恤，以旌死事。尤为出力之提督贺长发、都司殷成谱等，因二月牛庄之败，未敢请保，可否准敕督办军务处存记，出自圣主逾格鸿施。

所有微臣查明老湘一军历次打仗情形，请将出力及阵亡员弁恳恩奖恤缘由，理合据实奏陈，伏祈皇上圣鉴训示。谨奏。

慰留请假营员片

再，统领老湘军道员李光久，以二月初八日牛庄之战，事机不顺，损失甚多，该道负疚饮恨，触发伤病，屡次禀请交卸军务前来。臣查该道本系将种，熟读父书，前此需次江南，遇事颇存静退，此次带勇剿寇，竟能身先士卒，奋勇过人，平日又善拊循，其部下莫不用命，倭人既畏且恨，每欲得而甘心。此次由海城回援牛庄，以二千数百之孤军，当三万数千之悍寇，血战一日夜，杀贼二三千人，虽因众寡不敌而退，功罪两不相掩，若能再加历练，将来必可造就大将之才。当此时事方殷，自未便准其请假交卸。臣已手书慰留，嘱令加意调理，即将该军五营及新拨之钢武三营妥速整顿，养精蓄锐，以图再举，并与魏光焘、陈湜等同心戮力，共济时艰，克光前烈。

谨附片陈明，伏乞圣鉴。谨奏。

革员留营效力折光绪二十一年四月初二日

奏为将才可惜，情节可原，吁恳天恩，将已革游击留营效力，恭折仰祈圣鉴事：

窃查二月初十日营口之陷，由于防军总统蒋希夷一闻警信，立即奔逃，以致营街不守。游击乔干臣派守营口海岸炮台，仅止一营，兵力极为单薄。营街既失，倭从炮台后路进兵，不啻直拊其背，炮台断无能全之理，蒋希夷路经炮台，又复过而不留。于是该游击以孤军数百人死守炮台，抵御倭寇大股，自午至戌，时已二更，见援绝子尽，始严阵退出，并将炮位先行轰毁，免为敌有。此当日之实在情形也。

臣于蒋希夷之先逃与该游击之坚守，早有访闻，嗣据各处禀报皆与所闻相符，询之新授盛京府尹善联亦极称其奋勇。该游击现经盛京将军臣裕禄参革，解省按例治罪。伏念炮台失陷，该游击诚属咎无可辞，而仅止一营，又无外援，孤立坚持，苦守竟日，全师而退，不以利器资敌，是其才略尚有可用，情节亦尚有可原，较蒋希夷之统带多营不战而逃者，相去何啻霄壤！在该将军申明军律，自宜遵定制以肃戎行；而在微臣爱惜将才，窃欲宥前愆以观后效。可否仰恳天恩，准将已革游击乔干臣留营效力，借为奋力御贼者劝，出自逾格鸿慈。

所有微臣恳恩将已革游击留营效力缘由，理合恭折具陈。是否有当，伏祈皇上圣鉴训示。谨奏。

丁槐军饷请归部拨片

再，贵州古州镇总兵丁槐奉旨带亲兵一营，并挑选劲卒二千，由贵州拨给东防饷银五万两暨捐款等银一万三千两，于上年十月初三日由黔起程北上。本年二月间在山东添募六营，连原统共十一营，先后由山东藩库拨给银六万两，东征粮台拨给银二万两。计该军十一营，每月应支薪粮及柴草银两，大建须银三万七千八百三十两有奇，小建须银三万六千七百三十两有奇，再加统领薪水、公费、炮位油擦费、教习薪水、机匠工食并车、驼、马匹馁养及委员薪水，每月约需银四万馀两，应请统归部拨，由东征粮台请领，按月核发，俾免缺乏而资饱腾。至购买营中需用转运车驼，应准照督办军务处核定章程，军装、账棚则仿照各军成案，并由东征粮台领款采办，其前在黔省、东省所领银两，由该总兵截清数目，另行造报，免与粮台发款牵混。

该总兵昨由天津来关，据称所部各营陆续到齐，暂令在津休息。臣察看该总兵兼资文武，有大将才，堪以独当一面。现饬回津整顿队伍，将来或仍遵二月二十一日所奉电旨，饬调来关，或令驻扎津、榆适中之处，容臣酌度情形，届时奏明办理。

所有丁槐一军饷项请归部拨缘由，理合附片陈明，伏乞圣鉴敕部查照。谨奏。

查覆杨金龙并无擅杀片

再，臣承准军机大臣字寄："光绪二十一年三月二十一日奉上谕：'前有旨令刘坤一确查提督杨金龙如不能得力，即行撤退更换。兹又有人奏杨金龙挟忿杀毙医士熊姓，请饬查办等语，着刘坤一归入前案，一并确查据实覆奏。'"等因，钦此。当经钦遵派委营务处确切访查去后。

兹据禀覆："杨金龙于上年由金陵募勇北上，有湖北广济县人熊佐廷应募补充中营右哨五队正勇，旋提归炮队学操两磅铜炮。本年正月出操，各哨弁未候统领号令，先行出队，问据哨弁回称，系熊佐廷传令。杨金龙因其妄传军令，拟加惩责，该勇即行逃走。正在捕拿未获，三月初间访闻该逃勇逗遛榆关，有暗地放飘煽惑营勇入会情事。又复密派亲兵四处掩捕，忽于初十日在营前撞见，饬勇捕拿，该逃勇犹敢恃强不服，该提督遂饬亲兵捆至营中，立时正法。熊佐廷实系逃勇，因知医治创伤，遂误传为医士。核其妄传号令，暗放飘布，均属大干军律，杨金龙将其正法，实系整顿营伍，并非挟忿擅杀等情，查覆前来。臣覆加查访，情形均属相符。现值防剿吃紧之时，逃勇甚多，非重法不足示儆。况该逃勇熊佐廷始而妄传号令出操，继而煽惑兵勇入会，拿获正法，所以严军纪而肃营规，不得谓之挟忿擅杀。该逃勇亦实非医士。原参各节自系传闻之误。

除前次提督杨金龙参案业经奏覆外，所有此次查明该提督并无挟忿擅杀医士缘由，理合附片覆陈，伏乞圣鉴。谨奏。

和局已成自请严议折 光绪二十一年四月二十日

奏为和局已成，微臣受任无功，请旨交部严加议处，恭折仰祈圣鉴事：

臣于本月十六日接总署谏电："奉旨：'中日新约现已互换，彼此息兵，并另商归还辽地。刻下各路防军仍应照旧驻扎训练，以备不虞，关外前敌各军不得越界生衅。着刘坤一等通饬各军，一体懔遵。"钦此。伏读之下，惭悚难名。遵即电饬各军一体懔遵去后。

窃臣于上年冬间入都陛见，仰荷恩命，授为钦差大臣，节制关内外防剿各军。当以微臣年力已衰，难膺艰巨，恳请收回成命，未邀俞允，并蒙特派四川提督宋庆、湖南巡抚吴大澂帮办军务，俾资臂助。渥承恩眷，敢不殚竭心力，勉效驰驱。旋于腊底出京，在津催调各营，料理饷械。本年正月十三日抵关以后，随将沿海防务，战守兼筹，一切布置情形，业经叠次具陈，并以前敌军情碍难遥度，应由两帮办相机进止，亦经奏明各在案。

二月初八日遽有牛庄之挫，虽各军奋勇苦战，杀伤尚足相抵，而营口、牛庄等处究属未能保全。迨吴大澂奉旨交卸军务，臣叠经电嘱宋庆、魏光焘认真整顿，加意严防，先杜倭寇西窜之路，守御既固，然后蹈瑕进攻。正在彼此相持，三月初五日停战忽有定期。现在和议已成，新约互换，彼族索偿、索地，肆意要求，无不遂其所欲，中国自有夷患以来，未有如此次之甚者也。在朝廷虑远思深，或亦万不得已而出此，而臣忝膺阃寄，未能指挥诸将，迅扫欃枪，致廑宵旰之忧，为此迁就之计，五中循省，咎有攸归。应请旨将臣交部严加议处，使后之任事者以臣为戒，奋勉图功，并使各国咸知我大清纪纲肃然，罚当其罪，庶足以饬戎行而存政体。

所有微臣自请严议缘由，理合恭折具陈，伏乞皇上圣鉴训示。谨奏。

请开去差使片

再，中日和议已成，新约互换，彼此息兵，以后自无战事。所有关内外诸军，照旧驻扎训练，系各统领之责，臣别无调度，未便徒拥虚名，可否请旨开去臣钦差大臣差使，由臣委员将关防备文赍送军机处验收之处，出自圣裁。

谨附片陈请，伏乞圣鉴训示。谨奏。

恳准销差开缺折光绪二十一年五月十六日

奏为中倭和议已成，微臣抱病弥重，吁恳天恩，俯准销差，并开底缺，给假回籍调理，恭折仰祈圣鉴事：

窃臣前以受任无功，专弁具奏，自请严议，并以中倭息战，附请撤销钦差大臣差使。四月二十七日差弁回营，承军机大臣知会："奉旨：'留中。'"钦此。圣意高深，本不敢再行渎请。惟昨奉电旨，台湾已经交接清楚，和局并未决裂，倭允归辽有三国担认，不至翻悔等因，局势似已大定。而臣形神交瘁，于军旅、封疆均难胜任，不得不具陈于皇上之前。

查臣前在江、广军营，积受潮湿瘴疠，四肢常患酸痛，右手足为尤甚，四十后，血气日衰，每发辄不可忍，递经奏明有案。上年二月，右足忽然冷若冰雪，不惟不能伸屈，亦并不知痛痒，调治至五月杪，始稍回和。十月扶疾北上，沿途感冒严寒，行至德州，拘挛不能成步，休息两日，坐船赴津。今正出驻榆关，不服水土，兼为海风所侵，渐觉麻木不仁，举动需人扶持，否则即虞倾跌。自春及夏，服药无灵，并延洋医用电气治之，迄不见效。又臣少经忧患，过于用心，致抱怔忡之证。近日披阅公牍，识虑不能周详，酬答寅僚，语言亦多疏失。昼则垂头思睡，夜则合眼即惊，眠食日亏，精神益短，即令从容坐镇，已恐贻误地方，若欲遗大投艰，鲜有不至颠覆，是以昕夕焦思，不敢为恋栈计也。前此时局艰危，臣虽自知老惫，犹复强起承乏，冀分宵旰之忧。现在事势稍松，而臣委顿日甚，亦望朝廷曲予体恤，俾卸仔肩。

倘蒙天恩，俯准撤销钦差大臣差使，并开两江总督底缺，给假半年，回籍养病，一俟沉疴痊除，再图犬马之报，决不久耽安逸，辜负高厚生成。臣所调京外各员，拟即咨送回原衙门及各原省当差。每月行营经费八万两，即于五月底截停，实用若干，由支应局造报湘军粮台核准，送部请销。所招亲兵，只护军三营，本系余虎恩馀勇，应即全裁。此外各军应撤应留，有督办处王大臣主政，奉、直两省防务，由该管将军、总督酌筹办理。其各营饷项分归东征粮台、湘军粮台清厘，不难就绪。臣别无经手事件。

所请销差开缺及给假养病各缘由，谨恭折具陈，伏乞皇上圣鉴训示。谨奏。

请将前统领革职示惩折光绪二十一年五月二十八日

奏为山西练军分别遣留、归并，请旨将前统领革职示惩，恭折仰祈圣鉴事：

窃记名总兵前山西练军统领贺星明，于本年三月间防守关外宁远州一带，因所部勇丁闻炮溃走，经臣附片奏参，奉旨："着撤去统领，另派妥员点验，分别遣留、归并。"等因，钦此。臣当即钦遵，选派前山西太原镇总兵何鸣高前往接统，饬令逐一点验，分别遣留、归并，禀候核办，业经电奏在案。

兹查贺星明所部勇丁多以疲弱充数，先经何鸣高禀明，于五月初一日起裁去步队二成、马队一成。复经查出老弱不止二成，拟自闰五月初一日起，将步队四营汰弱留强，并归三营。所汰勇丁，派弁押送天津，遣散回籍，免在关外逗遛滋事。马队三旗，酌留太原镇二旗，其大同镇一旗，马羸兵弱，拟派该旗原管带官带回大同，听候本省留撤。查贺星明已将饷银发至四月底止，何鸣高接统应自五月初一日为始，以清首尾。又贺星明移交洋枪实短六十五杆。据何鸣高禀报前来。

臣查何鸣高接统山西练军，分别裁并，办理尚属认真，不避嫌怨。惟贺星明奉委带兵北上，自应整饬戎行，以期悉成劲旅，乃辄以老弱凑补，为数至逾二成。且该总兵于三月内撤差，犹复争发四月饷银，其为有意侵渔，亦可概见。至枪械为行军利器，该军并未接仗，竟短少至六十五杆之多，实属不成事体。似此庸劣之员，断难姑容。相应请旨将该记名总兵贺星明即行革职，以示惩儆。

所有裁并山西练军、参革前统领各缘由，谨恭折覆陈，伏祈皇上圣鉴训示。谨奏。

代奏总兵奉谕看操折 光绪二十一年五月二十八日

奏为据情代奏总兵遵谕阅看操法，恭折由驿驰陈，仰祈圣鉴事：

窃据随同办理防务奏委办理营务处广东南韶连镇总兵郭宝昌呈称："总兵于本年三月间在京请训时，面奉谕旨：'令传谕甘肃新疆提督董福祥改习德国操法，并蒙谕以直隶提督聂士成及广西臬司胡燏棻所练之定武军皆系学外国操法，可往阅看，如其合式，即禀明臣刘坤一，通饬各军，认真讲求。"等因，钦此，钦遵。于是月二十八日出京，道经河西务，晤见董福祥，遵即传谕该提督改习德国操法。四月初一日行抵天津，适初三、初四、初五等日风雨交作，海潮骤涨，沿海营垒多有被淹，未能往看，遵赴随同办理防务差次。十八日折回芦台，阅看聂士成各营操法。该军所操系两军对阵之式，队伍整齐，进退合法，可称节制之师。复于五月十七日会同胡燏棻前赴马厂，次日阅看该司所练定武军十营德操，步伐止齐，均尚严整，然较之聂军操法微有不同，盖聂士成所练专主战攻，而胡燏棻所练则兼顾防守，其教法固有别矣。定武本系新练之军，若宽以日时，加以训练，必可悉成劲旅。以上各情，恳请代奏前来。

除俟体察情形饬令将来留防各军认真演练洋操外，所有郭宝昌呈报各节，理合据情代奏，伏乞皇上圣鉴。谨奏。

请奖摩天岭遏敌大员片

再，倭人自得平壤渡鸭绿江，即尽锐攻辽，注意取我陪都以为要挟之具。将军依克唐阿等往来堵剿，力捍危疆，亦赖总兵吕本元、孙显寅先后与提督聂士成、臬司陈湜固守摩天岭，遏其窜越之路。自本年正月，聂士成奉调进关，倭焰益炽，吕本元等分途拒战，正虑兵单，陈湜奉旨移防，即率所部星驰赴岭与吕本元等联络声援，设伏设疑，或角或掎，昼夜苦斗，屡挫凶锋。倭人豕突狼奔，始终不敢逾岭以窥奉省，由陈湜等有以扼其喉而拊其背，其功不容没也。现在事势稍松，陈湜与吕本元等犹增垒浚濠以为经久之计。兹据委弁禀缴夺获倭刀及各项枪械前来，经臣面询岭防情形，该各军驻扎深山穷谷之中，拮据崎岖，艰辛百倍，保全根本重地，实于大局有裨。可否仰恳天恩，将陈湜、吕本元、孙显寅传旨嘉奖，以示鼓励之处，出自鸿施。

谨附片具陈，伏乞圣鉴。谨奏。

奏疏卷二十四

裁并关津防营折光绪二十一年闰五月初三日

奏为关、津防营裁留归并，以资整顿，由驿会奏，仰祈圣鉴事：

窃臣坤一于光绪二十一年五月二十二日，承准军机大臣字寄："十九日奉上谕：'着刘坤一、宋庆、长顺、依克唐阿将所部各营，秉公选择，认真裁并，总须汰弱留强，一兵得一兵之用，毋得瞻徇情面，致涉虚糜，仍将筹办情形迅速覆奏。'"等因，钦此。嗣于二十四日，钦奉电旨，着臣会同李鸿章、王文韶将关、津等处各营，详细斟酌，分别汰留裁并，奏明办理等因。臣鸿章、臣文韶同时钦奉电旨，当经恭录知会。

臣等查此次军务未能制胜，固由调度失宜，亦由诸将权分而轻，兵分而薄，以致呼应不灵，声援不接之故。今欲痛除其弊，惟有将各防军，择其得力者归并大支，以成劲旅，而以选将为第一要义。此等将才固须胆识优长，性情忠正，并须年力富强，方可期其有为，责以奏效。臣坤一所部直隶闪殿魁一军，陕西马心胜一军，河南牛师韩一军，山西何鸣高一军及泰安军，业经奏请分次撤遣。尚有山东王连三一军，河南李永芳一军，贵州丁槐一军，以及徐州陈凤楼一军，安徽宋朝儒一军，亦应相继撤遣。

此外久在关、津之得力淮军尚多，诚善用之，则就熟驾轻，事半功倍。淮军宿将如直隶提督聂士成，沉毅有谋，果敢善战，平日如临大敌，治军极其整严。分统副将马金叙，亦胆气过人。关、津本直隶提督所辖，所有关、津防务，应即责成聂士成。第所部仅十八营，拟将关内外应裁淮军，拨足三十营或二十五营，再以登州镇章高元八营，永州镇贾起胜八营，前澎湖镇吴宏洛六营隶之，俾互相联络，令其分布关、津等处，聂士成等熟习地方形势，必能措置裕如，隐若长城之寄。其应如何变通发饷练兵章程，以收实效，由该提督会同粮台胡燏棻酌拟条款，臣等会核具奏，请旨饬遵。将才如聂士成实不易觏，是在委任之专，俾得展布耳。大沽炮台仍以天津镇罗荣光守之，北塘炮台仍以通永镇吴育仁守之，洋河口炮台仍以永州镇贾起胜兼守，老龙头炮台由聂士成妥酌布守。至广西臬司胡燏棻所练定武军，已臻纯熟，应与何永盛、王得胜、周兰亭等炮队，俱为北洋大臣亲兵，应随时察酌办理。此拟留淮军量行归并之实在情形也。

湘军有江西藩司魏光焘本部十营，兼统记名提督贺长发六营，记名提督汤秀斋五营，副将吴元恺四营，江苏臬司陈湜十营，江苏候补道李光久八营，高州镇余虎恩十营，记名提督熊铁生十营，记名提督杨金龙五营，大同镇刘光才五营，琼州镇申道发五营，皖南镇李占椿五营，记名提督万本华五营，副将张国林五营，人数不为不多。该统领等亦各有长可取，然分位相等，资望已深，碍难归并一二人令相统属，且各弁勇不服北方水土，难免疾病逃亡，似应一律全裁，各用轮船送回原省，或留或并，由该督抚酌办。此拟裁湘军由原省督抚量行留并之实在情形也。

所有撤遣各营勇，查明道路远近，酌给口粮一两月，以示体恤，第须将银解交原省，俟撤遣日支放。

臣等往返商酌，意见相同，是否可行，伏乞敕交督办处王大臣覆核定案。其分驻近畿之程文炳、董福祥两军，裁留归并，自由督办处主政。

至四川提督宋庆、吉林将军长顺、前黑龙江将军依克唐阿所部，就臣等所闻：宋庆分统太原镇马玉崑、汀州镇宋得胜、记名提督程允和、前临元镇姜桂题，最为出色之员，又依克唐阿分统世袭一等男、二等侍卫寿长、世袭骑都尉候选员外郎寿山、二等侍卫荣和与前金州副都统连顺，皆杰出之才，长顺部下管带官韩登举骁勇异常，为倭所惮。如令宋庆分统马玉崑等四员各带五千人驻扎锦州，则关内外可以联络一气。依克唐阿分统寿长等三员及连顺各招猎户六七千人，练习洋枪，擢用韩登举，假以偏师，分守辽、沈两处，必获磐石之安。谨举所知，以备采择。馀如总兵吕本元、孙显寅所统盛军，总兵姜桂题所统铭军，俟前敌防务稍松，应调回关内整顿归并。总兵（姜）〔张〕光前所统庆军，总兵徐邦道所统拱卫军，提督吴凤柱所统鄂军，似应全裁。徐邦道饬赴正定镇本任，吴凤柱饬赴湖北提督本任，总兵蒋尚钧、刘世俊所统豫军，饬回河南原防。又广东提督唐仁廉新招三十营及各营旗，均分别裁并，以杜虚糜。惟关外现在情形不同，由宋庆、长顺、依克唐阿等自行相机办理，以昭慎重。

所有臣等斟酌关、津各营裁留归并及访察关外诸军各缘由，谨恭折驰奏，伏乞皇上圣鉴训示。

再，此折由臣坤一主稿，合并陈明。谨奏。

请将丁槐调任本籍云南实缺提镇片

再，贵州古州镇丁槐，饶有勇略，前在云南、越南屡著战功。此次随臣在营，详加察看，该镇志气豪迈，议论发皇，指事陈词，颇谙今古，再加造就，可成大将之才。惟所部仅十三营，多在山东召募，由黔带来老勇不过四五营，留防此间似嫌孤立，不若撤回原省，可期人地相宜。查古州虽系苗疆，究属内地，非若该镇本籍云南与缅甸、越南各外夷交界，势如唇齿，英法莫不垂涎，现在见我示弱于倭，难免狡焉思启，云南有失，则川、楚、黔、粤处处皆危。臣细询该镇，据称滇缅毗连，腾越、永昌皆其用兵克复之地，深悉厄塞情形，并与内外土司声气素通，可以结为我用。迤南藩篱若固，则英不敢由缅窥滇西之大理，（粤）〔奥〕区可以高枕，即法人之在东（北）〔南〕徼外者，亦不敢妄动，兵法所谓形格势禁也。倘蒙天恩俯准丁槐陛见，面问机宜，如果上合圣怀，即将丁槐与云南腾越等处总兵对调一缺，或令署理云南提督驻扎大理府城，假以事权，责其练兵练团，联络各土司，为折冲御侮、固圉安边之计，实为驾轻就熟。云南提督冯子材，年高恐难到任，今以丁槐代之，可期得力。是否有当，伏候圣裁。专阃大员，非臣所敢妄请，第以云南地方紧要，务须预为绸缪。督抚不尽知兵，得一知兵武臣，任之专，信之笃，未始不可立效。管见所及，不敢不仰达宸聪。

谨附片密陈，伏乞圣鉴训示。谨奏。

密保贤员片

再，查北洋前敌营务处浙江温处道袁世凯，名家之子，于军务及时务均肯留心讲求，前在朝鲜多年，声绩懋著，早在朝廷洞鉴之中。臣抵关、津后，与该道时常接晤，见其胆识优长，性情忠笃，办事皆有条理，为方面中出色之员。宋庆及各将弁多系袁世凯先人旧部，莫不愿同袍泽，乐听指挥。请旨饬下河南抚臣，迅催袁世凯销假来营，商办裁留归并事宜，臣与宋庆得资臂助，该道亦借盘错以抵于成。际此时局艰难，知兵文臣甚少，如袁世凯者，伏愿皇上擢以不次，俾展所长，及其年力正强，得以功名自奋，庶立尺寸之效，仰酬高厚之恩。

近日每叹才难，得一才而不即重用，使其精神岁月消磨于循资按格之中，未免可惜。臣自憾衰老，深思以人事君之义，不敢蔽贤。

谨附片密陈，伏乞圣鉴。谨奏。

查明阵亡员弁请敕部议恤折光绪二十一年闰五月初三日

奏为查明牛庄阵亡员弁，恳请敕部从优议恤，开具清单，恭折仰祈圣鉴事：

窃据前敌营务处统带湘、鄂各军新授江西布政使魏光焘禀称：前者牛庄失利，所部武威各营阵亡甚多，当将营官余福章，总哨陈胜友、魏极富三员禀恳奏奉谕旨，交部从优议恤，其同时阵亡各员，声明俟续经查明再行请奏在案。兹查文职尚有候选州同王宗藩等十五员，武职尚有记名提督张玉辉等三十三员，或带队向前不避锋镝，或往来策应出入贼中，援绝力穷，卒以身殉，核其死事情形，深堪悯恻。又阵亡兵勇九百八十三名，或充什长，或充正勇，均能争先陷阵，奋不顾身，亦属可嘉可悯。分别造具衔名籍贯清册，恳请分别奏咨。其存亡莫卜之营官龙恩思等，仍俟查确另报等情前来。臣覆查无异。

除将阵亡兵勇名册咨送兵部核办外，所有阵亡文武各员，谨缮单恭折具陈，伏乞皇上圣鉴，敕部从优议恤，以慰忠魂。谨奏。

密陈联俄拒倭大计折光绪二十一年闰五月十五日

奏为密陈大计，联俄拒倭，以巩陪京而维全局，恭折由驿驰陈，仰祈圣鉴事：

臣维华洋交涉，垂三十年，至今日事益棘手。中国刚柔之用，贵随时变通，各国向背之机，在因势利导。自越南之役，中国措施失当，颇为各国所轻。此次与倭议和，诸多迁就，益启四夷窥伺之渐，虎视眈眈，皆思择肥而噬。我自度力不能敌，不可不亟联邦交，以资将伯之助。

以臣愚见，各国之患犹缓，惟日本之患为急，盖其国与我逼近，若得台湾、辽东则来路益便，直从枕席过师，随在被其侵轶也。日本之患，沿海犹缓，东三省为急，盖知为我龙兴重地，三陵所在，势在必争，动辄觊觎，以图要挟也。此系切肤之痛，有识者莫不以为深忧。第倭之强，非俄所愿，倭之扰我东三省，尤为俄所忌。是以中倭和约业经割予辽东，而俄与法、德勒令退还，讵专为我，亦自为耳。我乘此时，与之深相结纳，互为声援，并稍予以便宜，俄必乐于从我，纵不能保我沿海各省，而东三省与俄毗连之地，倭必不敢生心，则保全之利，较沿海各省奚啻万倍。倘东三省有失，则我朝何以奠根本，皇上何以对祖宗，此臣每一虑及不禁心惊肉颤也。

或谓俄与中国接壤最宽，将来必为害于中国。臣前此亦以为然，今则颇知其说之谬，亦视我之抚驭何如。俄疆宇已广，且信义素敦，与我修好，二百数十年绝无战事，实为千古所未有，垂之史册可为美谈。前以伊犁还我，此次与法、德争还中国辽东，其为德于我更大，而顾疑其有他，不复推诚相与，则是合者离之，厚者薄之，将谓中国不足为缘，我益成孤立之势。伏乞皇上密饬总理衙门及出使诸臣，凡与俄交涉之事，务须曲为维持，有时意见参差，亦须设法弥缝，不使起衅。中俄邦交永固，则倭与各国有所顾忌，不至视我蔑如，狡焉思启矣。

国是所系，不敢缄默自甘，敬抒一得之愚，伏候圣明采择。

所有联俄拒倭以维全局各缘由，谨恭折密陈，伏乞皇上圣鉴训示。谨奏。

联俄保护朝鲜片

再，臣维辽东决不可弃，无辽东即无东三省，无东三省即无我朝矣。俄与法、德三国令倭还我辽东，其实以俄为主，乃辽东之倭去而复返，似在游移，得无俄意中变，如俄责报于我而不肯明言，似应电饬许景澄与之商订密约，果能使倭还辽而不再索赔款，则我即割新疆数城予俄为谢。夫新疆之与辽东轻重为不侔矣。以俄国今日之强，如愿得新疆数城，恐非中国所能制，不若自我予之，借可结欢以收辽东之地。至朝鲜许其自主，亦应归中、俄保护，或归各大国保护，我东三省借得息肩。是否有当，伏候圣裁。

谨附片密陈，伏乞圣鉴。谨奏。

豫军援甘请照湘勇给饷折 光绪二十一年闰五月二十四日

奏为豫凯军赴甘援剿，请照湘军营制发饷并给驼车锾养经费，恭折由驿驰陈，仰祈圣鉴事：

窃臣钦奉电旨："刘坤一电牛师韩请添招马步十三营等语。现在河、狄回氛正肆，若待添募多营，必至耽延贻误，且新募之勇亦难得力。着严饬该总兵懔遵前旨，即统所部七营，迅速起程，毋许逗遛。"钦此。当经钦遵严饬该总兵遵照去后。

兹据禀称：所部仅止七营，兵力实觉单薄。记名提督李永芳所统豫靖军六营，现已撤回原省。该军经李永芳训练数月，较新募之勇大不相同，可否奏请抽拨三营带往？又甘省民贫地瘠，粮价异常昂贵，豫军营勇每月每名饷银三两六钱，万不敷用。应改照湘军章程，每正勇一名月给口粮银四两二钱，其馀一切营制饷章概照湘军办理。至各营军装旗帜及炮位药弹重笨等件，自应另行转运。其账房、锣鼓及一应随营需用什物，即将此间所置车驼、马匹随带沿途应用，所需馁养及应领月饷，均由豫省按月提前拨解等情，禀请具奏前来。

臣查牛师韩一军兵力诚属太单。惟接河南抚臣刘树堂电称，该省饷项拮据异常，牛镇现有豫凯七营，尚难接济，所请添拨豫靖三营，应毋庸议。至留甘驻防多系湘军，该豫军营制饷章未便相形见绌，自就改归一律。该军所置车驼、马匹，本拟饬令按照三成缴价。今既派赴甘省，应请毋庸变卖，俾沿途借资转运，以利遄行，所需馁养等银，应仍照章发给。以上各节，合无仰恳天恩，俯如所请，敕下河南抚臣查照办理，以资饱腾，于援剿之师不无裨益。至应需枪炮、器械，除将缴回之抬枪、马梯尼等枪，仍行配齐药弹发给，并另由宋朝儒营内拨给儿生特钢炮两尊、神机炮四尊，再饬赴天津军械局请领两磅过山炮八尊，借资攻剿。所部马步队伍，即饬克日分起开拔，不得稍涉逗遛，以慰宸廑。

所有牛师韩一军援甘请照湘军营制发饷并给驼车馁养各缘由，

理合恭折驰陈，伏乞皇上圣鉴训示。谨奏。

策议变法练兵用人理饷折 光绪二十一年闰五月二十四日

奏为变法练兵，必须讲求用人、理饷，敬抒管见，恭折仰祈圣鉴事：

窃臣于光绪二十一年闰五月十三日，接准督办军务处王大臣咨行具奏裁撤东三省练饷，改用洋法练兵一折，奉旨："依议。"钦此。臣拜读之下，不胜佩服，不胜欢欣，以督办处所议洵为整顿军务第一要著也。此次创巨痛深，凡有血气者莫不切齿拊膺，竞以练兵为请，若复蹈常袭故，不思易辙改弦，则所谓练兵者，仍托虚名，终无实际。

臣查督办处原奏东三省练兵采用西法，兼用洋弁二语，最为切当，舍此别无善策。东三省既经提倡，南、北洋自可仿行，以渐推之各省，皆有程式可循，不难一律举办。然而用人不可不慎也。原奏将则兼用洋弁，是洋弁不过数人、十数人，馀皆华将。倘委用不得人，或性气乖张，与洋弁不合，或器识卑鄙，为洋弁所轻，均于教练有碍。应先酌定东三省此次练兵若干营，分为几队，务择夙著声绩，如寿长、寿山、荣和、连顺、韩登举等以充将领，不得瞻徇情面，信任私亲。近日请托成风，竟视军营为调剂差使，若不痛除此种陋习，军务永无起色之时。至此等洋弁受聘来华，与东三省将军、都统有主客之谊，自应善于抚驭，以结其心而尽其力，并使归我钤制，受我范围，以期日久相安，不滋流弊。是朝廷之用东三省将军、都统尤贵得人，所宜加意也。

又理饷一节，为练军命脉。原奏练兵采用西法，似系专指操习阵势技艺、改换旗帐装束而言。洋弁职司教练，发饷自归华官，而华人之为统领、营哨官者，莫不贪发饷之权为自肥之地，缺额一名即得一名之饷，缓补一日即得一日之饷，甚至于各勇应得之饷多方克扣，各勇敢怒而不敢言，兵力由此而单，兵心由此而涣。惟有仿照西法，每军设一粮台，凡遇发饷之期，由台委员携银前往各营点名给领，使带兵者不管饷，管饷者不带兵，兵有缺少则管饷者扣除，饷有欠延则带兵者催取。似此互相维制，饷足而兵亦足。其于统领、营哨官薪水、夫马公费，加倍从优，俾有馀润以赡身家。此其两全之道，廉明带兵官当亦乐于从事。

或谓带兵官不管饷，则威令不行，是其饰说。臣前此承乏戎行，于饷项并未经手，历由督抚设立粮台，委员验放，不惟各军奉命维谨，且谅臣之无他，有时枵腹荷戈，亦无怨讟，可为明证。

溯自咸丰、同治以来，屡次军兴，带兵人员工于侵饷，百计弥缝，劝戒固属空谈，查点亦成故事，殊有积重难返之势。惟将兵饷分为两途，则饷有专司，带兵者无从染指，庶几涓滴归公，可收士饱马腾之效。臣筹之至熟，伏乞敕督办处会同户部核覆，另颁新章，务饬各省一律遵办，可与变法练兵之举相辅而成。

所有讲求用人理饷各缘由，谨恭折具陈，伏乞皇上圣鉴训示。谨奏。

道员知兵请破格录用片

再，查有会办北洋武备学堂三品衔候选道荫昌，游历德国七八年之久，曾在该国充当将弁，于外洋练兵之法最为精熟，外洋人莫不服之。该员性情忠笃，言语朴诚，办事不尚虚声，惟务实际，生平好学，于外洋历年所著兵书，莫不认真讲求，并非戎马粗材可比，倘蒙俯赐录用，必有成效可观。前大学士曾国藩有言："汉人得十人，不若旗人得一人。"语意极为深远。今查荫昌三十八岁，年力富强，而造就若此，正可超擢，寄以干城，期以柱石。若复投闲置散，更于何处求才？为众人，为国士，亦在朝廷遇之何如耳。

谨附片具陈，伏乞圣鉴训示。谨奏。

部员积劳病故请予优恤折光绪二十一年闰五月二十四日

奏为部员在营积劳病故，请敕部从优议恤，恭折仰祈圣鉴事：

窃臣前经奏调截取知府刑部山东司郎中张闻锦到营委充军粮局总办，附片陈明在案。

兹据报，该员于闰五月初七日在局病故。查该员由同治庚午科举人、甲戌科进士，以部属签分刑部，充山西司正主稿，总办秋审，派办减等，旋充秋审处坐办、律例馆提调。该员朴厚廉勤，在司审理案件，披阅公牍，不遗馀力。洎至秋审处办事，深维人命至重，于一切案情律意，详细推敲，期无冤滥，总求情法两得其平。逐日进署最先，出署独后，二十馀年如一日。历任刑部堂官胥倚重之，同人尤为心折。此次来营，委办军粮事务，该员以军粮为阖营命脉，实事求是，巨细躬亲，核计多寡盈虚，豫筹储峙，以期兵食充足，士马饱腾。尝言此项津贴米价四成，朝廷所以优养战士，此外各项员役，不应图占便宜。于己初不沾濡，于人毫无假借。每遇发米之日，必须自往监盘，使经手者不得营私，戎行均蒙实惠。有时情形吃紧，存米甚多，该员一日两巡，颗粒不使委弃，弁丁奉令唯谨，由是弊绝风清。其职守认真如此。榆关地处海滨，正二月间，风雪严寒，中人肌骨。该员往来粮局，感冒已深，三四月潮湿上蒸，由是发为痰疾，医治略见减轻，尚复强起从公。嗣转伤寒，病势增剧，志业未竟，遽以沦亡。臣惟该员秉性端方，办事明干，满冀遭逢际会，可以宏济艰难，何意半载积劳，一病不起，其情殊堪悯恻。仰恳天恩敕部将该已故刑部山东司郎中张闻锦，照军营积劳病故例，从优议恤，以励勤事。

谨恭折具陈，伏乞皇上圣鉴训示。谨奏。

密保军务人才备简折光绪二十一年六月十五日

奏为密保军务人才以备简用，恭折仰祈圣鉴事：

臣维时局艰难，人才为急，军务人才为尤急。然非错节盘根，不足以觇利器；非真知灼见，不敢以列荐章。兹查有办理营务处山西道监察御史冯锡仁，前在军机章京，办事绰有能称。臣与订交数年，见其志趣雅正，忧国奉公，并用力于克己之学，尝言文章不足经世，要当立德、立功。此次奉调来营，于用兵机宜，莫不悉心考究。时值寇氛猖獗，警报频仍，旋有前敌牛庄、营口之败，关内外人心摇动，营中员弁竟有请假以去者。该御史初履戎行，处之自若，与臣密筹战守之策，切中肯綮，并自请带兵出关，臣以营务须人，谕留未遣。随经调集各军，其统领多系宿将，名位已崇，与该御史初交，或以为文士而轻之，或以为言官而畏之。臣方虑其扞格难通，殊于营务有碍。乃该御史于诸将之有声绩者，深相接纳，馀亦各联袍泽之欢，即以默察其贤否，如其人可用，则力为荐扬，或所用非人，即密请更换，是以相处日久，文武尚属和衷，臣得借资兼听。有时同营僚友议论乖违，该御史亦思廉、蔺之谊，曲为弥缝，以收共济之益。其胆识运量有足多者。至其精神缜栗，智虑周详，目览手批，事皆立办，值此防兵裁并之际，羽檄纷驰，乃能因应咸宜，措施悉当。凡有裨于时局之处，即非职守所系，皆孜孜为之，不形声色，有久之而臣始知者，可见该御史公忠为不可及。臣以衰庸，谬当重寄，崎岖半载，莫展寸筹，犹能勉强支持，不至颠蹶，实资该御史等臂助也。

窃自道光暨咸丰、同治，以文学侍从之臣出外带兵，率能懋建勋业，光赞皇猷。即就臣乡而论，则有前湖北抚臣胡林翼、前大学士臣曾国藩。今该御史起自军机章京，历练有素，兹复躬亲戎马，熟习情形，自以年力正强，常抱驰驱之愿。臣与该御史共尝艰险，深知其血性过人，将来堪膺艰巨，以备缓急之用。

谨恭折密保，伏乞皇上圣鉴训示。谨奏。

请设铁路公司借款开办折光绪二十一年六月二十日

奏为请设铁路商务公司，借款开办，恳恩主持定计，以维国势而收利权，恭折驰陈，仰祈圣鉴事：

窃维时至今日，谈国是者，莫不以富强为要图。顾非富无以致强，非强无以保富。而究之富强之本，求其收效速、取利宏，一举而数善备，则莫急于铁路。铁路之裨于军务、商务今已尽人知之矣。臣之不亟于言者，以防务未经大定，又念中国受兹大创，整顿固不容稍缓，举动更何可不慎，稍一失当，关系非轻。臣自奉命视师，往来榆关、唐山，为铁路所经，与铁路商局总办兼总办开平矿务江苏候补道张翼考究情形，又令总理营务处山西道御史冯锡仁，博采旁搜，推穷利弊，窃以铁路必归商办方为妥善。

其所筹事宜，先采大略，谨为我皇上陈之。

中国铁路，以南北干路为绾毂，大利在焉。西人深知其故，垂涎有年。上海格致书院藏一同治初年英人铁路图，于中国地势脉络，朗若列眉，何蓄意之深且挚！今则觊觎愈甚，又知我财力不足有为，群且居为奇货。闻英、法、德、美各国商人，接踵来华，争思承办，其所拟条款各异，要无非彼自收其实效而仅诱我以虚名，设堕术中，贻害胡底！何者？铁路本为用兵，一归西人，动以公法绳我，遇征调必多窒碍。前者海上戒严，屡商西人保护津关铁路，率以公法为辞，此即前车之鉴。铁路为收税大宗，若入他人之手，殊难自主，彼若包揽，即属漏卮，稍为防闲，则滋生口舌，卒予迁就，而我之短绌已多矣。铁路用人甚众，西人知吾民之易诱，往往饵之以利，人易受愚。兹若深入内地，一切由其指挥，渐染既深，性情自习，相处日久，风俗亦移，一旦有事，彼之呼应皆灵，在我反多棘手，不可不虑。即以目前言之，我止一铁路，断难分许各国，欲与此必然违彼，因此生嫌，尤为非计。反覆筹思，是西人承办一节，有断断不可轻许者。

然则仍归官办，值此库帑支绌之时，无从筹此巨款，即令分年筹画，事难逆料，中辍堪虞，纵使有成，而旷日持久，计利亦不合算。若复狃于官督商办之说，无事不由官总其成，官有权，商无权，势不至本集自商、利散于官不止。招股之事叠出，从未取信于人。即招商、织布等局，成效可观，究之经理归官，利又无几，于商情终形隔膜。今铁路若归官办，或由官督，必从招股入手。先声既坏，将何术以广招徕？臣于审时度势之中，为惩前毖后之计，请以官发其端，以商任其事，择一廉明公正之员，熟悉中外商情、素为西商所信服者，拟恳特恩明降谕旨，派为铁路商务公司督办，破除成格，假以重权，俾得专司其事。现尚未设商部，一切公司事宜，南、北洋大臣责无旁贷，自应同膺艰巨，力为保护，为国家成此大计。

铁路既设公司，即责成公司筹款。中国富商较少，刻难集腋成裘，非借款外洋焉能创此非常之业？西人知中国铁路利厚，将来可以同沾，订借巨赀，当易集事。应准宽为筹备，由公司借洋款三四千万金，或以铁路押抵，或南、北洋作保。借款定妥，一面先行开工，一面广招股分。现既不准西人承办，正怀觖望。似可变通办法，兼招中外股资。股本既有洋人，局章自照西法，风声一树，莫不乐从。盖有洋股在中，而华商方无顾虑，亦有华股参集，而洋商无可把持。股本愈丰，推行更利，既可助还洋债，又可分设公司。凡铁路所需皆可次第为之。加以此路创自公司，兼有中外商股，即遇意外之变，可以设法保护。

惟铁路系中国创举，熟手不多，不能不用洋人。查中国洋关立法甚善，以一洋人总其事，馀则华洋兼用，使各效所长。然西国定章，无人不当其用，故中国虽多洋务，而收效独在洋关。今选诚实西人精通铁路者充当首领，各项以洋人提纲，华人副之，效则任用，否则辞退，规画悉视泰西，权柄仍在中国，使彼无所挟持。

第晋用楚材，仍非良策。埃及之将造铁路，也先遣人赴英练习，而后为之。中国情事不同，然亦宜以储材为急。应于铁路必经之地，设立铁路、矿务学堂，以聪颖子弟百二十人为学生，延洋教习课之，定以年限，届期有成，再令分赴各国公司印证，以储为己用。数年之后无须借才异域，而操纵由我，洋人可渐退于无用之地矣。

若定地勘路，最关紧要。大抵干路、支路宜经越城镇，以便商货流通；忌逼近江海，以夺轮船利益；以用兵论，尤宜腹地而忌海滨。中倭构衅以来，从前清江之议，人皆知必不可行，无待深辨。但由津至通之路，昔曾定议，旋作罢论。今拟避通州一路，另由天津横渡西沽，取道固安之礼贤镇、青云店入南苑，出北大红门，距京城永定门外十里上下安设车站。此道既不碍舟车之利，又于风水无关，而铁路横亘西行，如长堤一道屏蔽京师，又使近畿稍杀永定河患。南苑向系宸游之处，例禁行人出入，但创办大事，似可不拘常例，况铁路偏在一隅，无妨游猎，而车行向有定刻，更视门禁尤严。由此而南，应由京南车站仍回南苑，西出镇国寺门不过二十馀里，即设芦沟桥站，经保定、正定直走顺德、彰德，径趋荥泽择地渡黄，虽在上游，已出山险，此诚经流之地，而无移徙之虞。渡黄而南，自郑过许，抵信阳，地势平衍，施工尚易。惟自信阳至汉口，四面皆山，蹊纡径仄，费实不赀。此道经府州县三十有八，河道四十有五，黄河尚不在内，概造铁桥，工赀太巨，河底又未必皆有坚土，利于立柱。山多则轰击固难，若穴山而过，则开挖之费，每尺需四十馀金，甚不易办。顾当艰难之会，创此久大之规，道远费多，良所不计。论者又谓应由荥泽取道东南，经过陈州，入安徽凤阳，历滁州而达江浦，计自渡河至江，较汉皋则少崎岖险径，视清江则无卑湿低区，江浦总汇下游，百货流通，天下利权已入掌握。且如此建造，虽取道较远，而地势稍为平坦，工料节省，成本少而收效多。此亦一说也。闻李鸿章饬张翼，已由该局派人前往各路测量踏勘，绘图贴说。应俟勘回，再行核定，以求妥慎。

查津关商路三百里，运货无多，一年进款已增至五六十万。以干路估算，当每年进五百万。而此路货物之多，于商路几三倍有馀，则每年进一二千万，亦非奢望。迨干路将竣，支路不难。既有公司扩充，又可许他商认造，大支、小支一气灌输，税款自可渐加。公司存积愈多，无事不可取给。况开办之始，即可兼办煤铁等矿，以供干路、支路之用。办理稍有头绪，并于铁轨经行之处，创立枪炮机器各厂，逐渐讲求。又可设船厂于海道要区，制造船舰。由是矿务、工务自然取多而用宏，军务、赈务亦觉有恃而无恐，而漕务因之益便，税务因之日增，此又铁路推广行之而可操左券者也。

今者强邻逼处，雄视寰瀛，铁路纵横，与轮船相辅，为开辟来别成一局，此天地自然之气机，而未可以人力胜。英、法、俄争造铁路以通中国矣，现已包我三面，合之海疆竟成四面受敌之势，则铁路安可以不修？海禁大开，亚洲各国以中原为牟利之场，生计渐穷，利源日涸。此次中倭新约，内地添设码头，机器改造土货，补救无术，全在以陆路分海疆之利，则铁路又安可缓修？朝廷以万乘威权，九州疆域，苟能及时振作，则内地为我自主，尚可奋发有为。铁路一成，天下商务必日新月异，不十年而立致富强，中国转圜之机，孰有外于是者！惟有仰恳天恩，立予施行，准设铁路商务公司，借款定议，迅速开办。事关大局，臣不胜翘切之至。

谨恭折由驿驰陈，是否有当，伏乞皇上圣鉴训示。谨奏。

请传问张翼铁路机宜片

再，创设铁路商务公司，督办不易得人，固需为守兼优之员，要其人为外洋所知，其事又平日相习，方能胜任。兹查有花翎二品顶戴江苏候补道张翼，器识宏通，才猷练达，留心时务，深悉中外商情，久为西人所信服。前在江苏，经前两江督臣左宗棠委办正阳关盐务，该员实事求是，凡有裨地方要务，捐资筹办，期垂久远，至今绅民感之。旋经北洋大臣李鸿章调赴北洋差遣，该员屡办赈务，不吝巨赀，且筹捐动以数十万计，全活无算，其居心行事可知。直隶开平矿务，系故道唐景星创办，公亏百馀万金。该员接办数年，弥补前亏，近且渐多赢馀，为中国矿务所仅见。天津至山海关铁路，分官商两局，该员总办商局，井井有条。查官局造路二百七十里，用款六百馀万，每年尚需部款二十万津贴养路之费，商局造路三百二十里，用款二百六十万，每年馀利已二十万有奇。是官商办理情形效验判然，即可为该员办铁路之明征。矿局、商路两处多用洋人，该员谙悉泰西章程，驾驭得宜，洋人悉乐为之用。该员既能克己，又善理财，于矿务、铁路事宜，亲历有年，实能熟习精通，确有把握。臣往来榆关、唐山业逾半载，随地考究，固尽知之而深信之。今创设铁路商务公司，若以该员充当督办，自收驾轻就熟之效。且一切现成局面，以因为创，事事便宜，而家赀富厚，又为华洋巨商所见信，招股自形踊跃，臣保其必可速成。至借款一层，该员已与德商订妥，无论三四千万均可听便，息只五厘，分二十五年本利归清。闻德之国家极力赞成，故较平时易办，倘蒙恩准，便可签字定议。款既有著，事又易行，实属时不可失。伏恳圣明垂察，如不以臣言为谬，即请旨饬下吏部，将该道员张翼带领引见，并请由军机处、总理各国事务衙门、督办军务处王大臣传问该员，酌定机宜，以期迅筹开办。其如何加恩擢用，假以事权，俾得展布之处，在圣主自有权衡，非微臣所敢擅拟。

愚昧之见，谨附片据实直陈，伏乞圣鉴。谨奏。

请将郭宝昌调补寿春镇总兵片

再，广东南韶连镇总兵郭宝昌，久历戎行，威名夙著，其长于兵略，早在圣明洞鉴之中。兹以老母在堂，恳请开缺回籍，孝思不匮，未敢壅于上闻，业经臣据情代奏。惟将才难得，人地又适相需，未便置之闲散。该镇前任寿春镇十馀年，军民感戴，奸宄慑服。卓胜军弁勇，皆该镇旧部。南韶连镇远在粤省，该镇之母年近九旬，断难迎养。若必令弃亲赴任，既非朝廷教孝之方，若听终养在家，而皖北情形吃重，该镇未便与闻，即使有事时立予召用，而将士并非素习，亦难责其奏功。倘蒙天恩将该镇与寿春镇总兵互相调补，仍令统带卓胜等营，严勤训练，俾成劲旅，以备征调，实于大局有裨，不仅保障江淮已也。

总兵系专阃大员，本不应冒昧陈请，只以时艰孔亟，宿将甚稀，用敢披沥进言，仰候宸衷裁断。

谨附片密陈，伏乞圣鉴。谨奏。

密保军中得力文员折 光绪二十一年七月二十八日

奏为密保军务得力文员以备简用，恭折仰祈圣鉴事：

臣维人之有才，蕴之于心，施之于事，必与共事日久，方可觇其心术之公私，才具之长短。臣行营文员大小不下百馀人，相与盘错经年，就中察看，为守兼优，始终罔懈，其于军务颇得要领，堪备异日驰驱之用者，仅得四五人，亦可见人才之难矣。

查有襄办湘军粮台户部额外员外郎毛庆蕃，学有本源，志存经济，此次初办外事，即能处处认真，凡于各军饷糈，综核名实，酌剂盈虚，不使告乏。或遇数目轇轕，则必勾稽入细，体会至周，人莫能欺，亦无敢怨，至于随宜损益以节度支，尤为仰体时艰，公忠在抱。又营务处江苏记名海关道曾丙熙，性情贞固，器识宏通，帷幄运筹，机宜允协，平日耐劳耐苦，不伐不矜，且肯留心洋务，熟习中外情形，洵为用世之器。又支应局江苏候补道唐际昌，明干过人，清操绝俗，慎重公款，如惜私财，竹头木屑之不遗，鼠窃狗偷之必斥，而用心宽大，不以克减为能，量入为出以使有馀，积少成多以补不足，即使掌邦之计，亦能胜任快愉。又转运局直隶候补道林志道，智虑深长，精神周密，凡事不动声色，而措置裕如，以兵勇数十营之多，程途数千里之远，飞刍挽粟，纷至沓来，乃能因应咸宜，斯须无误，赀装不虞停待，士马得以饱腾，可谓举重若轻，驭繁以简。以上四员，在军营中实为出色。臣此次得免陨越，端赖该员等相助为理，不敢壅于上闻。仰恳天恩，敕交军机处记名以备简用。倘该员等庸劣不职，臣系原保人员，不敢辞咎。

谨恭折密陈，伏乞皇上圣鉴训示。谨奏。

道员在营出力请予录用片

再，世袭三等男江苏候补道李光久，系在安徽三河阵亡前浙江藩司李续宾之子，经臣奏派统领老湘勇五营，上年冬间，钦奉特旨，统带所部北上。甫抵津沽，随调榆关，喘息未苏，随即赴前敌，江南北上各军，惟该军独为劳瘁。及其进逼海城，与倭鏖战多次，每次辄有斩获，并击毙二道黄金边帽、三道黄金边帽头目各一人，节据该道禀报有案。倭恨该道入骨，购以重金。臣以前敌应由两帮办主政，该道一面之词，未敢据以入奏，嗣接依克唐阿、宋庆咨，核与该道所禀各情相符，已在牛庄败后，未便请奖。昨吴凤柱过臣，谈及该道前在海城与倭苦斗，往往一日数开数合，将士用命，莫不叹为节制之师。至牛庄之败，实因众寡不敌，而犹杀伤相当。该道之能军，于此益见。臣查该道仪表非凡，渊源有自，将来必成伟器。此次所部各营，在湘军中尤为出力。可否仰恳天恩，俯念该道为忠荩后裔，敕部带领引见，应如何录用之处，恭候圣裁。

谨附片密陈，伏乞圣鉴训示。谨奏。

州牧知兵可用片

又，三品衔记名知府凤凰厅直隶同知调署辽阳州徐庆璋，颇具将才，熟习边事。此次倭氛猖獗，该州适当其冲，乃能坚守危城，力拒悍寇，并身率精锐，会同援军进捣贼巢，屡次斩获独多，深为敌人所惮。至于居官廉惠，远近呼为青天。似此知兵之员，而又循声卓著，在牧令中不可多得，倘蒙天恩，破格录用，俾得展布，必能仰纾东顾之忧。

谨附片密陈，伏乞圣鉴训示。谨奏。

遵议廷臣条陈时务折光绪二十一年八月初七日

奏为遵旨议覆，恭折由驿驰陈，仰祈圣鉴事：

窃臣于光绪二十一年六月初四日，承准军机大臣字寄："闰五月二十七日奉上谕：'自来求治之道，必当因时制宜，况当国事艰难，尤应上下一心，图自强而弭隐患。朕宵旰忧勤，惩前毖后，惟以蠲除痼疾、力行实政为先。叠据中外臣工条陈时务，详加披览，采择施行，如修铁路、铸钞币、造机器、开矿产、折南漕、减兵额、创邮政、练陆军、整海军、立学堂，大抵以筹饷练兵为急务，以恤商惠工为本源，皆应及时举办。至整顿厘金，严核关税，稽察荒田，汰除冗员各节，但能破除情面，实力讲求，必于国计民生两有裨益。着各直省将军、督抚，将以上诸条，各就本省情形，与藩、臬两司暨各地方官悉心筹画，酌度办法，限文到一月内分晰覆奏。当此创巨痛深之日，正我君臣卧薪尝胆之时，各将军、督抚受恩深重，具有天良，谅不至畏难苟安，空言塞责。原折均着抄给阅看。将此由四百里各谕令知之。'”钦此。跪诵之下，仰见我皇上廑念时艰，励精图治之至意，下怀莫名钦佩。

臣赋性迂疏，志存谨守，第际此事势，默察中倭得失之由，深有契于穷变通久之道，诚如圣谕，不可不因时制宜以图补救。合观徐桐、胡燏棻、张百熙、陈炽、准良、信恪、康有为等所奏，无非仿照西洋新法，整顿中国旧法，以起贫弱而致富强，急宜见诸施行者，以铁路、矿务为最紧要，臣已专折驰呈矣。兹复汇核各条，谨就管见所及，分别缓急，参酌异同，缕晰为皇上陈之。

一，铁路与矿务相需而成。夫修铁路，原为运兵运饷，目前则急在生财，百货流通，其利犹小。惟各省矿产甚多，为我自然之利，取之不尽，用之不竭，生财之道，无逾乎此，然非有铁路，则矿务不能畅行。洋人知我铁路必行，大利所在，莫不垂涎，竞来包揽，若堕其计，将来难免把持，中国之利转为洋人所有。查关津铁路、开平煤矿，均有成效。宜于铁路人员中遴委熟手，准其设立公司，招商集股，或借洋款，或用洋人，皆听其便，第须权自我操。饬令先修自北至南干路，虽工巨费繁，务为一劳永逸之计。南北干路既成，而后推及江、广、黔、滇、山、陕。并准商民承修支路，以广招徕，但须官为保护。一面于矿务人员中遴委熟手，亦准设立公司，一切悉照铁路办法。似此两事并举，诚如准良所言，中国气势立振，可杜外人窥伺之渐。

一，枪炮子药宜自行推广制造。此次用兵，颇知购用外洋枪炮之弊，诸臣条奏中已略言之。臣与诸将悉心考究，守台守口自以克虏伯炮为佳，至于行阵之炮，惟克鲁森为轻重合用，其馀不及中国后膛劈山炮与后膛抬炮之利。各种洋枪，以老式马梯尼、老式毛瑟为最，上海制造局所造快利枪，能兼其长，历试有效。查该制造局现在自行炼钢，能造后膛钢大炮自二百五十磅子至八百磅子，后膛钢快炮自五十磅子至百磅子，将来无难驾克虏伯炮而上之。枪子则能造毛瑟、马梯尼、黎意快、哈乞克斯各种，洋药则能造栗色药、无烟药各种，其精巧并不减于外洋。第经费无多，制造有限。臣拟请宽筹经费，推广制造，即责成该局办理，必能日起有功。并拟腾挪经费，专设一局，制造后膛劈山炮与后膛抬炮，以存中国制胜之具。若照徐桐等所奏，如商民中自行筹费仿造，准其领牌开行，完纳税厘，倘能另出新奇，准照外洋从优给奖。官局如需大批枪炮子药，亦准商民分办，以期日造日多，各军改归一律。目前只就各军所有枪炮而整齐之，或一军一色，或一营一色，不可错杂，以致临阵贻误。

一，练陆军必须力除旧习。现在南、北洋及各省练军，所习洋操皆皮毛耳。胡燏棻所奏训官、选士、放饷、简器四条，尚属中肯。惟臣询之荫昌，谓练陆军必须循序渐进，不可涉于张皇。但于南洋等省，添设武备学堂，延请中外明师训课，以一教十，以十教百，由寡至众，由粗入精，俾营哨官皆知绘图测量以及战守之法，各勇丁皆知枪炮一定准则，服习之熟如衣履，自能得心应手，两三年中皆成劲旅。若遽多雇上等洋人，铺排门面，则初学未能领略，徒为虚费薪赀。臣深韪之。臣复督同聂士成等酌定营制十条，如号衣、旗帜略改窄小，刀矛杂技悉改枪炮，废账房而各给沥水氈，裁长夫而另立工作营，以期适用。至陈炽所奏分途防边之说，将来察看情形别筹方略。目前照督办处所议，除沿海炮台守兵外，宋庆、魏光焘、聂士成各留勇三十营，分布锦州、关、津一带，已足以昭严密。

一，海军宜从缓设复。现在东西两洋竞以铁甲兵轮称雄，动辄以此挟制，而我海疆绵延七千馀里，独无海军以资捍御，诚不可以为国。惟我海军既覆，不惟一时巨款难筹，将才尤属难得。威海之陷，实由丁汝昌等之失机。今南、北洋无人堪为水师提镇，即使借款购制铁甲等船，徒以资敌。臣愚以为目前不必遽复海军名目，不必遽办铁甲兵轮，暂就各海口修理炮台，添造木壳兵轮，或购制碰快艇、鱼雷艇，以资防守。即于水师学堂子弟之有成者，派入兵轮，出洋游历，送入西洋大书院中，学成而归，以备考授。或于现在中国兵轮之管驾官，察看堪为海军提督、分统确有把握者存记。总期先有人而后有船，俟款项充盈，不难从容购办。一面照张百熙等所请，令各使臣劝谕外洋各埠华商捐置铁甲兵轮与碰快船，许其派人管带，授以武职官衔，并延访洋人之堪为海军提督者，与该国外部订立合同聘之来华。洋人亦有性情忠直，颇知食人食、死人事之义，前用戈登等尚称得力，是在善于驾驭耳。

一，绿营与漕河各标宜分别裁留。各省设立营汛，棋布星罗，无事则操防，有事则征调，立法至为妥善，日久弊生，致成积弱。今欲全裁而专用勇，恐操防难期严密。若于勇营外另设巡捕营，则糜费与绿营相等，亦难保不日久弊生。且裁兵即须裁官，则勇营将领出力图补实缺者便无指望。臣愚以为绿营未可全裁。惟各省既有练勇，则征调不须绿营，请照张百熙等所奏，敕下督、抚、提、镇，凡兵多之营，无论水陆，酌裁一半，或裁三成。就臣服官省分，如广东提标水师及江北、东海、洪湖水师，有兵无船，同于虚设。此外无论水陆，可以类推。其未撤之兵，则须汰弱留强，并饷归练，并须撤塘回汛，改马为步，废弓箭籐牌而用枪炮。盖塘兵系土人充数，马兵不成一队而食双粮，弓箭籐牌徒饰耳目，不可不求实济。总之，兵勇可用与否，惟在练与不练，练则兵亦可用，不练则勇亦不可用，此次军务未能得手，是勇非兵，明矣。至卫所等项冗员自应悉数裁撤。漕河事务既简，则各标兵之应留应汰，在该督等察酌奏办。

一，中学宜兼西学以育人才。中国书院专以八股、试帖、词赋教人，使天下士子趋于浮薄，人才安得不坏？然将各处书院尽改设西学，并置经义于不讲，则中学偏废矣。夫《大学》首重格致，礼经亦有考工，其馀星象、卜筮、树艺、农桑何一不垂诸训典为儒者所应知？固不得谓中学尽属虚文，亦不得视西学均是末技。臣愚以为，中学宜兼习西学。查西学惟兵法为专门，应归各省水师学堂、武备学堂办理。此外西学诸书，应照陈炽所请，广为翻译，颁发各省书院，掌教于诸生经义外，不令学习八股、试帖、词赋，而令其各就资性所近，兼习西学。并由各地方官于每书院添聘西洋积学之士，及华人之精于西学者为教习，会同训课。学生以西学有无进益为取舍，教习以学生有无进益为去留，以期日就月将，人才辈出。至由各学政取人送入译署同文馆，随各使臣出洋，并于通商各埠设立学堂，延师教习，是亦广收博取之道。如得变通科举章程，不取文艺之末，而于士子之习西学能精通者一体给予秀才、举人，同于正途，则人情益形鼓舞矣。

至于行钞票、铸银钱以收利权，设邮政、折南漕以省糜费，胡燏棻等言极详切，是在断以不疑，行之勿懈，一转移间，即能收效。若各省关税厘金多归中饱，冗员坐耗薪资，荒田匿报开垦，官民分肥，均系实在情形，应责成各督抚关道，不避嫌怨，认真振顿，于经费不无裨补。

抑臣更有请者，诸臣条奏，练兵必先理财，为开源节流起见。近来内外工程颇多，动辄数万金、数十万金，实为耗财之大端。臣愚以为时局艰难，一切不急之务，悉宜停罢，如系必不可少之举，亦当核实勘估，毋任侵渔。臣见承办工程人员，无不视为利薮。至于购制外洋船炮等项，名目日新，虚浮更易，尤宜切实考察，严密勾稽，否则肥私瘠公，此事理之所必至者。此外一切用度，并须崇俭黜奢，必先有撙节爱养之心，而后有豫大丰亨之象。易曰："何以聚人，曰财。"自古未有不能富而能强者，圣主贤臣所宜加意也。

所有遵旨议覆各缘由，谨恭折驰陈，伏乞皇上圣鉴训示。

再，臣因病请假，是以议覆稍迟，合并陈明。谨奏。

整顿船政铁政片

再，查中国办事，往往有始无终，务虚名不求实济，以致一事无成，为外洋人所笑。即如前大学士左宗棠创设船政局，并设立各项学堂，规模何等阔大，乃后来者，不知随时考究，明知外洋轮船日新月异，而我拘守故常，以致所造轮船均不合用。并以干脩多，经费少，所造之船，工料不免偷减，由是各省需用轮船，多向外洋订购，中国船政局每欲承揽一二只而不可得。以中国特设之船政局，不能造中国之船，中国各省需用之船，不由中国船政局制造，实属不成事体。今船政局竟同虚设，势将成废，而常年经费仍不可无。其实前在外洋定购之南琛、南瑞等船，均不如福建船政局所造之开济、寰泰、镜清及上海制造局所造之保民等船，此臣在南洋所目击者，则亦何必舍己求人，舍近图远。应请旨敕下船政大臣，加意考求，认真振顿。现在该船政局尚有得力工匠若干，得力机器若干，能造何项轮船，应否添拨款项，逐渐扩充，既有成规可循，较之新创当易就绪。并请敕令沿海、沿江各省，以后需用木壳兵轮及商轮、差轮，概归福建船政局承办，倘不合法，即责成该船政局赔修。

又两湖总督张之洞，于湖北创设铁政局，实为中国开源节流之大宗。现在出铁甚旺，莫不乐其有成，冀收厚利。惟闻出铁矿之大冶与汉阳之铁政局，相距甚远，运脚太费，以致铁值太昂，兼以近处并无佳煤，炼铁未能应手。夫湖南、北商民以铁厂为生业者，所在皆是，不患铁之阙乏，而患铁质之不良，铁价之较贵。若铁政局犯此二弊，不能广为行销，则有铁与无铁同。此臣仅据耳闻，豫防流弊起见，并请饬该铁政局设法变通，及时补救，勿蹈福建船政局覆辙。

谨附片具陈，伏乞圣鉴。谨奏。

慎选使才片

再，中外互遣使臣，驻扎其国，以三年为期，所以通两国之情，结两国之好。为使臣者，于一切交涉事件，固须熟悉中外例章，妥慎办理，并应将该国动静与我国交情及与他国交情，默为体察，随时密告译署，预为防范，倘有违言，即应设法弥缝，以免生衅，方为称职。前代陆贾使南粤，富弼使北辽，一介行人，尚能折冲樽俎，而况驻扎三年之久，平日漫无维持，致令两国失和，而以一去卸责可乎！以后各督抚保举使才，务择忠正勤明、晓畅事理、夙著声绩者，以充此选，不得视为仕宦捷径，用其私亲。如不胜任，而有劣迹为外人所轻，或所驻之国与中国龃龉，该使臣不知设法调停，坐视决裂者，应照溺职例议处，原保督抚坐之。

又睦邻之道，词令为先，寻常文字语言，犹足召羞启侮，而况两国交际乎？孔子称郑之为命，草创有人，讨论有人，修饰润色有人，是以应对诸侯，鲜有败事。词令之宜，慎重如此。现在各国环伺，动辄持我短长，倘持论偶尔失平，辄至滋生口舌。以后凡与外洋往来信札，务由译署王大臣公同酌商，如有事涉疑难，即应奏明请旨，以期立词得体，操纵合宜。万一所请未可曲从，亦须出以委婉，使之易于听受，可以弭患无形。柔道制刚，词令实为要著，未可率忽也。

谨附片具陈，伏乞圣鉴。谨奏。

请推恩勋臣子嗣折光绪二十一年八月初七日

奏为勋臣报国捐躯，未及身膺爵赏，吁恳推恩子嗣，以慰忠荩而广皇仁，恭折仰祈圣鉴事：

窃查世袭一等子兼骑都尉又一云骑尉李长禄，系已故一等子记名提督河南归德镇总兵李臣典之嗣子，于上年腊月投效臣营，数月以来，人尚慎勤，办事亦甚得力。该世爵系光绪四年奉旨俟及岁时送部带领引见之员，现年二十二岁，业由本籍湖南巡抚照例给咨。现当防务已松，据呈请应行赴部等情前来。

臣查该世爵故嗣父李臣典，自咸丰四年投效军营，迭著战绩。

六年，随同前督臣曾国荃转战江西、安徽、江南各省，时阅九年，身经百战，攻城夺隘，所向有功，洊擢总兵，记名提督。同治三年六月，合攻金陵，该总兵开掘地道，以火药轰塌城垣，首先率队冲入，厥功尤伟。蒙恩锡予一等子爵，并赏黄马褂、双眼花翎。命下之日，该总兵已于前八日伤故。竭数年之血战，未及身受荣封，功高数奇，闻者惜之。李长禄秉承先志，感念国恩，来营效力，即此一念肫诚，允为克家令器。现在兵戎未靖，正应鼓励将士之时。臣身在行间，职司激劝，窃愿朝廷褒录既往，兴感将来。前者提督邓绍良、郭松林之子，均蒙内用京秩。今李长禄先由原籍湖南起咨达部，在臣营并无经手未完事件，自应准其离营。该世爵幼习诗书，未娴弓马，其应如何加恩录用之处，臣未敢擅拟。

所有吁恳推恩勋臣子嗣缘由，谨缮折附陈。臣为鼓励戎行起见，是否有当，伏乞皇上圣鉴训示。谨奏。

刊换粮台关防折光绪二十一年八月二十一日

奏为刊换粮台关防，一面清理各军饷项，以资结束，恭折仰祈圣鉴事：

窃自设立湘军粮台以来，部饷、南饷，正款、杂款，一切井井有条，办理实为得力。兹以总办该粮台直隶藩司陈宝箴升授湖南巡抚，应即刊换关防，不列本衔，文曰："钦命办理湘军东征粮台关防"，所有粮台事务，即交襄办该粮台之户部候补员外郎毛庆蕃接办，以资熟手，将来报销，仍由陈宝箴覆核具奏。

查湘军粮台经理各营，领部饷者一半，领南饷者一半。南饷各营，内有陈湜十营，现驻津关，听候谕旨。如令添拨十营，共二十营，率令西征，相去日远，月饷应由何处接济，自应另筹。馀如刘光才、李占椿、万本华、张国林、申道发各五营，与护军两营，系江南防军，似可发给恩饷，遣令南旋。领部饷者，以魏光焘二十五营为大，现令挑选凑足三十营，驻防山海关，局面迥异，自应由该抚自设粮台。馀如张星元分统铁（路）〔字〕正五营，拟令归并魏光焘三十营内，方友升分统铁字副五营归并陈湜二十营内。杨金龙添招之护军三营，亦令归并魏光焘，以补淘汰之缺。仅有余虎恩十营，移扎近畿，尽可自行赴部领饷。计九月内各军部署就绪，湘军粮台可以裁撤。维时陈宝箴计适出都，由津赴任，粮台出入款目，亦正可截数清厘矣。臣商之该抚，意见相同。

所有刊换粮台关防及清理军饷各缘由，谨恭折具陈，伏乞皇上圣鉴训示。谨奏。

遣撤湘勇发给饷项折 光绪二十一年九月初六日

奏为遵旨遣撤湘勇，酌定各军起程次第，并分别发给饷项，恭折由驿驰陈，仰祈圣鉴事：

窃光绪二十一年八月二十八日钦奉电旨：“李占椿等营，着即陆续遣撤，其应领口粮，准由湘军粮台垫款。”钦此。当经檄行李占椿等钦遵办理。一面饬该粮台筹备饷项，并知会北洋、招商局调集轮船以待。

查李占椿等营扎埕子口，刘光才等营扎乐亭县海滨，均须移来大沽、唐沽候船，而相距数百里之远，自裁撤驼车后，运载辎重甚难，必四五日方可赶到，该各军料理拔营，亦须四五日，合计即十馀日。惟杨金龙驻扎唐山，道路较近。拟派杨金龙两营为第一起，于初十日内乘轮开行；刘光才等营为第二起，于十五日以前开行；李占椿等营为第三起，于十五日后二十日前开行，若轮船不能周转，则展至二十日外；总期月内一律撤完。各军正饷，截至上船日止，恩饷一律先发两月。到江南后，留防之营，即将恩饷作为正饷，接榫起支，由该省支应局核明办理。若遣散回籍，两月恩饷外不另发盘费，以昭公允而示体恤。准署两江督臣张之洞电，允解七、八两月饷银，并部拨之款，足以济事，仰慰宸廑。

所有遣散湘勇次第起程及分别给饷各缘由，理合恭折驰陈，伏乞皇上圣鉴。谨奏。

撤留事定请销差开缺折光绪二十一年九月初八日

奏为各军撤留事定，吁恳天恩，俯准微臣销差，并开本缺，给假回籍养疴，恭折具陈，仰祈圣鉴事：

窃臣视师无功，本应早予罢斥，乃荷皇上优容逾格，留办裁并事宜，臣力疾从公，勉图报称。今淮、湘、豫留防三大军部署就绪，其馀各营亦经定议次第撤回，以后别无调度，未便久拥虚名，徒糜巨款。臣情殷瞻就，亟思进京覆命，以抒葵藿之忱。无奈病体未能复元，精力犹形委顿，先患右足麻木，迄今步履维艰，咫尺天威，诚恐拜跪失仪，奏对失次。合无仰恳圣慈，俯准销差，委员赍缴钦差大臣关防，并开两江总督本缺，给假回籍养疴。一俟调理就愈，即当趋叩阙廷，听候录用，不敢自耽安逸，辜负高厚生成。

所有吁请销差、开缺、给假回籍各缘由，理合恭折具陈，伏乞皇上圣鉴训示。谨奏。

关内外各军津贴米价片 光绪二十一年九月二十七日

再，据办理湘军东征粮台新授湖南巡抚直隶布政使陈宝箴详称：窃查关内外各军津贴米价一案，在粮台领米者，扣价少扣四成，各军自行办米者，月饷外另给米价四成，按照由部发饷及由原省发饷者，分别办理，详请咨准督办军务处，并自本年五月初一日为始，行台遵办各在案。嗣因总统江南果胜等军皖南镇总兵李占椿赴援山东，复由莱州开赴埕子口防次，禀称：山东定章，每勇一名，每月津贴银四钱。该军系自行买米，未知作何扣算，禀请批示。奉饬各军多自行采办，价目参差不一，由台酌中定议，画一章程详覆等因。当经湘台议以各军自行办米，价值既无一定，津贴不免参差，自应查照山东定章，每名月给津贴银四钱，以归画一。湘勇素食大米，营制合哨长、什长、亲兵、护兵、正勇、火勇五百人为一营，应予津贴，其营哨官、长夫不在此内。凡归湘军粮台经理饷项之湘、鄂、两江各军，无论领米办米，一律照此办理。详奉批准，行知各营，历经按月核发，至六月底止。惟湘、鄂各军饷项，自三月初一日起，拨归湘军接办，其二月底以前津贴米价，本应由前帮办军务湖南抚臣吴大澂核发。据该支应局详称，委因部饷已罄，无款可给，并据各军统领以欠发米价纷纷请领，禀奉札饬核发，亦经湘台将正、二两月津贴一律照章按营补发，以清案款。再，江南陈湜一军，远驻辽阳前敌，未奉详定章程以前，仍照自办米价津贴四成，由江南核发造报，合并声明。

除汇案报销外，详请查核具奏等情前来。理合附片具陈，伏乞圣鉴。谨奏。

行营领支粮台饷项片

再，湘军粮台所用饷项，据陈宝箴详请，截至九月底止，由该升司报销，以清界限，则臣行营支应局，每月在该粮台所领经费，亦应截至九月底止，由该升司汇案报销，以归画一。查原议每月由该粮台给支应局银八万两，自上年十二月扣至本年九月，连闰十一个月，共应领银八十八万两。兹据支应局员唐际昌禀称：十一个月中，陆续领银四十八万两，除发足九月以前一切经费外，尚存银三万馀两，作为十月以后经费，将来如有不敷，再行酌量补领。

理合附片陈明，伏乞圣鉴。谨奏。

伤残弁勇请赐支食半饷折光绪二十一年十月十三日

奏为打仗受伤残废弁勇，吁恳天恩，俯准分别按月酌给恤银，恭折由驿会陈，仰祈圣鉴事：

窃维用兵之道，贵得军心，必先生其激劝之心，而后能收折冲之效。泰西陆军、水师，皆有额设医生，设遇交战受伤，即可随时施治，因伤成废者，其国立有抚恤局，酌给粮俸以终其身，是以人人思奋，有车鄰、驷驖之风。日本尽师其法，此次受伤军士，国王亲至医院拊循慰恤，所以激励将来也。我朝厚泽深仁，凡有阵亡及积劳病故者，例得上邀恤赏，以慰忠魂，而因伤成废，不能作苦者，即听其以穷饿终，似不足以广皇仁而作士气。去岁军兴以来，前敌各军受伤弁勇甚众，经津海关道盛宣怀禀派西医学生金大廷，并劝洋人红十字会驰赴营口、田庄台等处，沿途设局收留救治。其后营口失守，各处伤勇陆续送至天津，并经盛宣怀与办理东征粮台广西臬司胡燏棻，饬北洋西医院留养诊治，类皆断手截足，折胁伤胸，实堪悯恻。因定作三等，伤创口既合其愿回籍者，头等给银二十两，二等给银十五两，三等给银十两。复念该弁勇等长途跋涉，费用不赀，因择其伤重路远者，于粮台恤赏外，酌加津贴银两。盛宣怀发银一千六百两，胡燏棻发银二千五百馀两。凡籍隶南省之弁勇，给予轮船免票，北省则分雇车船载送，数月之间，陆续遣发共计四百馀名，其因伤成废者二百二十三名。伤痕较重，创口未能骤合，现在院者尚有五十名。此等受伤弁勇，即已资遣回籍，实无生计可图。若不设法抚恤，设一旦疆埸有事，谁复奋勇当前？且此次与日本交绥，前敌诸军，勇怯不一。以彼闻风逃溃，转得事外逍遥，而锋镝馀生，竟致穷途坐毙，疮痍满目，疾痛切肤，惨不忍睹。朝廷矜惠鳏寡，凡穷无可告者，各州县有额设孤贫数十名，其口粮准作正开销，所以周恤贫困者至优且渥，况为国家出力，以致残废，顾可漠然置之乎？可否仰恳天恩，赏准在籍照练军饷章，支食步队半饷，每月给银一两八钱，伤残而未成废者半之，由各州县按月给发，以终其身，伤轻已愈者，毋庸再议，所需经费，准其作正开销。据胡燏棻、盛宣怀禀请具奏前来。臣等查该司道所请，实为体恤战士，激劝戎行起见，如蒙俞允，即行分别造册咨送户部、兵部立案。此外受伤弁勇，应由各营查明，详咨援照办理。

是否有当，谨合词恭折具奏，伏乞皇上圣鉴训示。谨奏。

酌保老湘营打仗出力人员折光绪二十一年十月十三日

奏为酌保老湘营出力人员，吁恳天恩俯准给奖以示鼓励，恭

折仰祈圣鉴事：

窃统领老湘营新授甘肃巩秦阶道三等男李光久，屡以该营会攻海城打仗出力将士禀请奏保，臣以该营并未克复城垣，擒斩首逆，递次批驳在案。兹准新授奉天将军臣依克唐阿咨抄该将军二次奏保攻剿海城出力员弁，奉旨以所保人数过多，饬令大加核减等因。仰见圣朝于鼓励戎行之中，寓慎重名器之意，不许滥保，并非概不许保也。查李光久所部湘勇，前在海城等处血战，著有微劳，与依克唐阿各营事同一律。今依克唐阿二次请奖，并声明李光久一军，由臣核办，臣曷敢壅于上闻，致抱向隅？谨将李光久请保该营出力员弁，缮具清单，恭呈御览。合无仰恳天恩，俯准一律给奖，则李光久与该员弁益矢捐縻之报矣。

除将各员弁履历咨部查核外，所有酌保老湘营出力人员，谨恭折具陈，伏乞皇上圣鉴训示。谨奏。

遣撤留防各军正饷恩饷一律发清折

光绪二十一年十月二十五日

奏为湘军遣撤留防各营正饷恩饷已由湘台一律发清，恭折由驿驰陈，仰祈圣鉴事：

据办理湘军粮台户部员外郎毛庆蕃详称：“窃查关内外各军，分别撤留回防，籍隶直省者给饷一月，籍隶外省者给饷两月，留防作为正饷，遣撤作为恩饷，业经奏明准行在案。兹查湘台发饷、垫饷各国，计先后遣撤曹州镇王连三添募三营两哨，并带回山东练军八百名、马队一百名；道员李光久接统钢武两营两哨，又老湘五营两哨；陕西抚臣魏光焘所部武威副右一营、亲军一营、卫队四哨、炮队一哨，恺字小马队五十名及各营汰勇三百九十八名；

副将方友升升字前后两营；提督杨金龙护军中前右三营，又兼统行营亲兵一哨；大同镇刘光才五营两哨；皖南镇李占椿果胜五营一哨；提督万本华长胜五营；副将张国林仁、义、智三营；琼州镇申道发四营三哨，又马队一旗，统计遣撤回防共步队四十一营十六哨三百九十八名，马队一旗一百五十名，均于十月二十日以前一律南旋。其遣散钢武两营两哨，给予一月恩饷，内有籍隶外省者四百四十一名，另加一月饷银。遣散武威等营，内有籍隶直省者四百四十九名，系给一月遣饷，其馀各军均分别照章发讫。此外尚有陕西抚臣魏光焘援甘三十营，江西布政使陈湜驻关二十营，高州镇余虎恩填扎河西务十营，饷项亦发至九月底止，自十月起即归北洋支应局经理。所有以上遣撤留防各军正饷恩饷暨另拨援甘各军行饷二十六万两，均由湘台一律发清。其各军轮船水脚及正杂各饷由台垫发者，应由各省核明清解，列收造报，湘台即行截清总数，专办报销。”由该粮台详请具奏前来。臣覆核无异。

除咨部查照外，理合恭折驰陈，伏乞皇上圣鉴。谨奏。

遵旨入都陛见恭报起程日期折光绪二十一年十一月十二日

奏为遵旨入都陛见，恭报起程日期，仰祈圣鉴事：

窃臣前于十月二十日，钦奉电旨：“刘坤一奏病体已痊，甚慰。惟现在金、旅尚未收回，着俟全辽交清后，再行来京陛见。”钦此。嗣接裕禄、依克唐阿来电：凤、岫、海、盖、复州、营口等处，自十月十四日至二十四日一律收回。又于十一月初七日接宋庆转电：“奉总理衙门电传谕旨，金、旅已退，饬统全队前往，遵于初八日开拔”等因。是日兵业经退尽，全辽一律收清，臣自应谨遵前旨，入都陛见，恭复恩命，拜折后，即于十二日由津起程。

理合缮折具陈，伏乞皇上圣鉴。谨奏。

奉谕回任恭谢天恩折 光绪二十一年十一月二十日

奏为恭谢天恩，仰祈圣鉴事：

本月十八日内阁奉上谕："刘坤一着回两江总督本任。"钦此。窃臣猥以衰庸，谬承知遇。秣陵三至，曾无报国之能；榆塞专征，未奏督师之绩。维此寸衷循省，实滋五夜惭惶，乃蒙逾格之恩，仍绾兼圻之重。臣久膺艰巨，无补涓埃，况值军务初平，时局略变，举凡练兵、裕饷诸大政，深恐未能整顿，仰慰宸廑。惟有谨遵温谕，勉竭愚诚，当驽骀未尽之年，矢犬马馀生之报。教养保江南富庶，敢存驾轻就熟之思；对扬荷阙北恩光，弥切履薄临深之惧。

所有微臣感激下忱。谨缮折叩谢天恩，伏乞皇上圣鉴。谨奏。

呈缴钦差大臣关防折 光绪二十一年十一月二十二日

奏为呈缴关防，恭折仰祈圣鉴事：

窃臣于上年十二月到京陛见，蒙恩授为钦差大臣，节制关内外防剿各军。嗣由礼部颁到关防一颗，遵即祗领开用，并附片陈明在案。现在军务告竣，兵勇撤还，所有留防山海关之江西藩司陈湜，移扎河西务之广东高州镇总兵余虎恩，两军共三十营两哨，饷项奏准归并北洋海防支应局经理。臣别无经手事件，于本月十二日由天津营次遵旨入都陛见。十八日内阁奉上谕："刘坤一着回两江总督本行。”钦此。所领钦差大臣关防，应即呈缴。

除敬谨封固，委员赍呈军机处验收并分咨礼部外，谨恭折具陈，伏乞皇上圣鉴。谨奏。

酌保行营出力人员折 光绪二十一年十一月二十二日

奏为酌保军务出力人员，吁恳天恩量予奖励，恭折仰祈圣鉴事：

窃臣于上年腊月入都陛见，渥蒙天恩授为钦差大臣，节制关内外防剿诸军，随敕赴关，以资调度。维时倭氛猖獗，警报频仍，关上新集之师，队伍未齐，枪炮未到，而臣无一旧部同行，战守毫无把握。营务处山西道监察御史冯锡仁、记名海关道江苏候补道曾丙熙、江苏候补道唐际昌，联络诸将，赞画机宜，措置有方，人心思奋。一面会同各统领，严行训练，劳怨不辞。嗣因沿海冻开，情形益紧，该员等督饬各营，挖濠凿堑，朝夕并工，由是壁垒一新，防务渐有起色。倭船每于关之左近往来游弈，见我备之甚严，不敢来犯，未始非该员等布置之力也。该员等胆识并茂，洵为国家有用之才，仰恳天恩，量予奖励。查冯锡仁，曾保知府后道员用，可否于现在御史任内，以道员记名简放，曾丙熙、唐际昌二员，可否仍以道员记名简放，出自逾格鸿施。

所有酌保军务出力人员各缘由，理合恭折具陈，伏乞皇上圣鉴训示。谨奏。

奏疏卷二十五

恭报回任日期叩谢天恩折光绪二十二年正月二十四日

奏为恭报微臣回任接印日期，叩谢天恩，仰祈圣鉴事：

窃臣于光绪二十一年十一月入都，钦奉简命，仍回两江总督本任。先仰蒙召见三次，训诲周详，莫名钦感。陛辞后，遵陆南下，于二十二年正月十五日行抵江宁省城。十七日，准署督臣张之洞饬派江宁府知府李廷箫、兼署中军副将袁大升，恭赍两江总督关防、两淮盐政印信、钦差大臣关防，并王命旗牌、文卷等件，移交前来，臣当即恭设香案，望阙叩头谢恩，祗领任事。

伏念臣久膺疆寄，未报涓埃。前岁奉命视师，寸筹莫展，抚躬循省，五内滋惭。乃复仰荷温纶，谕令仍回本任，受恩深重，报称愈难。查两江政务殷繁，号称难治，目下海氛甫靖，时局多艰宜如何饬吏安民以培根本，练兵裕饷以图富强，上纾朝廷宵旰之忧，下尽臣子靖共之义，加以中外交涉事务日益繁多，尤须斟酌权宜，相机因应。自维菲材薄植，深惧重任弗胜。惟有仰秉宸谟，殚竭心力，慎措施而规久远，不敢以苟且偷安，严举劾以肃纪纲，不敢以偏私偾事。并会同漕督臣及三省抚臣，和衷共济，将一切应办事宜，妥为经理，以勉副圣主廑念南服，勤求上理之至意。

除将回任接印日期循例恭疏题报外，所有微臣感激下忱，谨缮折叩谢天恩，伏乞皇上圣鉴。

再，臣经过直隶、山东等处地方，雨雪应时，民情安谧，堪以仰慰宸廑，合并陈明。谨奏。

遵旨筹办大概情形折 光绪二十二年二月初四日

奏为遵旨筹办，先将大概情形，恭折具陈，仰祈圣鉴事：

臣前在都门，承准军机大臣字寄："光绪二十一年十二月十八日奉上谕：'本日已有旨，令刘坤一回两江总督本任矣。两江地方紧要，所有张之洞办理铁路、整顿商务、简练陆军诸大端，均经创始，尚未就绪，该督回任后，务当振刷精神，实力筹办，俾诸务日有起色，方为不负委任。'"等因，钦此。又十二月十六日奉上谕："昨据张之洞奏南洋创办新军，责成洋将操练，并金陵、上海兴办铁路各折，均照所请行，并谕令移交刘坤一赓续办理矣。际此时局艰难，全在封疆大吏竭虑殚精，力图自强，以为补牢之计。张之洞意在恢张，其创办各节，于帑项或不无多费，然要皆方今切要之图。该督回任接办，但当悉心酌核，就已定之规模，次第经营，以竟全功而裨至计，用副朝廷倚畀之意。"等因，钦此。仰见圣主廑念时局，训勉周详，跪读再三，莫名感悚。

臣自抵江宁，与张之洞面商一切事宜，及接篆后，调阅卷宗，传问司道。窃以当今急务，莫若练兵。张之洞所聘洋将、洋弁来春、石泰等三十五员名，陆续到宁，其先到者，将及一年之久。而拟先操练之马步队二千七百馀名，于上年冬腊，甫经开招，迄今尚未足额。盖因立法较严，应募者少，点验入册，考核亦难。如原议挑勇自十六岁以上至二十岁以下先未当勇之人，方为合格。

洋将则谓挑勇必在二十岁以外，若十馀岁气力未充，难以操练，其精壮者，乃因曾经当勇斥去，亦属可惜。又原议于保结内声明，各勇报效十年，方准辞退。则十年后，各勇相率求去，其势难留，舍旧用新，以生易熟，是此十年操练之费，尽属虚糜。臣与洋将及营务处桂嵩庆、钱德培等面加考订，佥谓挑勇程式及年限久暂，尚须另行酌办。现已饬令详加筹办，总期变通尽利，以收实效。至洋将、洋弁薪水，每月需银九千馀两，一年需银十一万两有奇，足抵中国营勇一千五六百名之饷。张之洞自谓太重，即洋将亦自谓太重，既经载入合同，无可裁减，但使练成劲旅，缓急可恃，即多费亦所不辞。

次则莫如内地铁路，虽已丈量约数，尚未确估工程。官办，商办，抑或官商合办，张之洞虽经倡议于前，尚未商定一成不易之办法。大概苏、沪一路，成功较易，由苏而常而镇而宁，尚无实在把握。内地港汊纷歧，本有小轮船行走，此项铁路，有无利益，言人人殊。臣函商抚臣赵舒翘及张之洞所委总办铁路之臬司吴承潞，亦是两可之词，惟洋员锡乐巴诸人函称利益甚大。事关数百万巨款，或官或商，均未可轻于一掷。容臣详加考究，再定兴办之法，以昭慎重。

至于南洋商务，略有成效可观，苏、沪两处，开设纺纱、缫丝厂已数十家，镇江地方近亦有禀请分设缫丝厂者，或借官款，或不借官款，自可各听其便。总办苏州商务绅董前国子监祭酒陆润庠，自开两厂，以为之倡，商民莫不踊跃。惟张之洞奏请以息借华款作为商务局股本，其中间有请给还借款不愿入股者，亦有请收回借款自行集股纺纱缫丝，不愿由商务局转借者。臣当与抚臣悉心调处，设法扩充。此外凡有益于商、有利于民之事，并当随时因势利导，以期商务日新月盛，有裨国计民生，仰副圣主眷怀南服，实事求是之至意。

所有遵旨筹办大概情形，谨恭折具陈，伏乞皇上圣鉴训示。谨奏。

请设商务大臣开办芦汉铁路折 光绪二十二年二月初四日

奏为请设商务大臣，开办芦汉铁路以图富强，恭折仰祈圣鉴事：

窃自中国与倭议和，不惜割地赔款。外洋各国，以我为易与，莫不虎视眈眈，思欲择肥而噬，现在遇事要挟，强我所难，血气之俦，闻之发指。夫以中国之大，我皇上之明，安可不发奋为雄，甘就削弱乎！

臣博采中外议论，熟审目下情形，中国必须开办铁路，以为富强之基。前经专折具奏，奉旨留中。嗣奉光绪二十一年十月二十日上谕："督办军务王大臣奏请拣派大员督办铁路一折。铁路为通商惠工要务，朝廷定议，必欲举行。至由芦沟桥南抵汉口铁路一条，道路较长，经费亦巨，各省富商，如有能集股千万两以上者，着准其设立公司，实力兴筑。事归商办，一切赢绌，官不与闻，如有成效可观，必当加以奖励。将此宣谕中外知之。"等因，钦此。仰见皇上廑怀时局，洞悉机宜，以芦汉干路为先，以事归商办为要，伏读之下，钦佩良深。

中国风气未开，铁路事体重大，商人初虑阻挠，未免观望不前。今我皇上决计行之，并许以事成给奖，凡此大利所在，宜其踊跃争趋，乃数月以来，尚无头绪者，则以官无专司，事无归宿，商人无所禀承也。臣于上年十一月十八日，初蒙召见，即请设立商务大臣。出与恭亲王等论及此节，并请将商务大臣设于京师，以联上下之情，以通内外之气。至于办理次序，先由商务大臣访查殷实绅商，及由商而官，或由官而商者，派充总商，令其自设公司，招集股分。一面遴委干员，雇用洋匠，丈量自芦至汉共若干里，察看难易，斟酌短长，划分数段，某商认办某段，呈由商务大臣核准咨行，该省督抚，转饬州县，妥为保护。一切筹费购地，悉听总商自为。俟其竣工，另给执照，作为该总商永业，将来转售于人，亦听其便，惟不得售与洋商，致滋流弊。芦汉干路既成，然后再行推广，接办各处支路，循序渐进，庶几有条不紊。所有各处矿务，亦均以是法推行。由是财货流通，税厘兴旺，官商俱受其益。商人所获若厚，并可仿外洋报效之例，以数成输官，其有裨于度支，实非浅鲜。至此项铁路，寻常官差，仍给全价，以示体恤，若有军务，只给半价，商人无不乐从。以铁路运兵，则视远若近；以铁路运饷，则举重若轻。上年中倭之役，南北如有铁路，必不至坐失机宜，讵可不急图补救？然非设立商务大臣，则事无专司，不足以资鼓舞。应请我皇上乾断，迅赐指挥，俾得及时举办。臣愚以为此等商务大臣，不必熟悉商务，但使为守兼优，不令商人掣肘，便足胜任。此项铁路总商，但期熟习商务，家道殷实，为富商所信服，亦不必责备求全，以定用舍。似此随才器使，尚不难于得人。

夫铁路与矿务，中国自有之利也，办铁路与矿务，中国自有之权也。以中国自有之利，行中国自有之权，若复筑室道谋，事机坐误，深恐外洋以我为不足有为，相与蔑视。且世势百变，愈出愈奇，交涉事端，得步进步。外洋垂涎中国铁路之利、矿务之利久矣，倘我视为缓图，而彼横来干预，弱肉强食，恐非条约所能范围。何如迅速举行，自占先著，以杜要挟觊觎之渐，以立富强久远之基。

臣以一得之愚，未敢自安缄默。若蒙俞允，应请简派大臣，妥议章程，以期挈领提纲，推行尽利。臣维当务之急，不仅铁路一端，而南北相距之遥，道路纡回之苦，非开办芦汉铁路，脉络不能贯通，财用不能充裕，遇有缓急，更无足恃，此臣耿耿寸私，而不厌再三渎请者也。是否可采，恭候圣裁。

谨恭折具陈，伏乞皇上圣鉴训示。谨奏。

请拨防营拱卫畿辅片

再，值多故之秋，往往难生虑表，畿辅重地，自宜严密防维。虽有城中神机等营，恐不足应缓急，即关、津分驻劲旅，亦有鞭长不及之虑。应请将袁世凯一军，调扎城外，或酌调他军，以资拱卫，总期有备无患。是否有当，恭候圣裁。

谨附片具陈，伏乞圣鉴。谨奏。

前提筹防局馀款解湘助赈片

再，臣前岁奉命北上，在江南筹防局提银六万两，以备行营之用。旋经湘军粮台于部拨项下，每月给银八万两。因臣处行营，一切支应，月仅需银四万馀两，是以并未照月拨八万之数全支，所带筹防一款，亦未动用。嗣因粮台拨款停支以后，行营支应局仅存银三万馀两，奏明如有不敷，即于筹防一款内支用。现查此项银两，计拨行或支应局二万两，仍存银四万两，本应发回江南筹防局归款。惟叠准湖南抚臣陈宝箴来函，湖南现在筹办荒政，需款孔殷，各处灾民，颠沛流离，情形极为困苦，必须广筹巨款，宽为赈济，函请设法代筹等因。臣查上年湖南长沙、衡州等属被旱成灾，仰蒙恩旨，饬令抚臣妥为赈抚，圣恩汪涉，钦感同深。臣仰体皇上如天之仁，何敢稍分畛域，因将前项徐剩银四万两，如数解交陈宝箴兑收以资接济。

除将行营支应局所用银两饬令承办局员另行造报外，理合附片陈明，伏乞圣鉴。谨奏。

被议徐州镇总兵仍请接署原缺折 光绪二十二年二月初四日

奏为徐州镇总兵员缺紧要，臣等为地择人，吁恳天恩俯赐照准，以重岩疆，恭折仰祈圣鉴事：

窃臣坤一于接管卷内，查有兵部咨开："此案，徐州镇总兵陈凤楼被参各款，虽据查无钻营、克扣、冶游实据，惟不能整饬勇丁足额，军士皮衣银两又不即发，以及熟于应酬，疏于巡缉各节，均属不应。钦奉谕旨，交部议处。应请将徐州镇总兵陈凤楼，照不应重私罪，降三级调用。光绪二十一年十二月二十二日具奏，奉旨：'依议。'"钦此。臣松椿并准张之洞咨同前由。臣等当即转行陈凤楼遵照。惟臣坤一三任江南，与陈凤楼共事最久，臣松椿驻扎清江，与徐州相距颇近，深知陈凤楼在徐州镇总兵任内，忠勇廉勤，绝无前项劣迹，请一一为我皇上陈之。

如不能整饬勇丁足额一节。查陈凤楼马队驻防徐州，分布各路，尚嫌兵力单薄，何敢短少一名？陈凤楼训练最精，一时称为劲旅，地方倚以为重。此次从臣坤一驻防津郡，钦奉电旨，拨交福建提督程文炳统带西征，嗣以西事稍松，仍拨回陈凤楼统带。倘不整饬足额，则程文炳何肯接收？即此可为明证。

又如皮衣银两又不即发一节。查臣坤一奏调江南各军，惟陈凤楼马队，一闻征调之信，即于光绪二十一年正月初一日拔队启行。时值元旦，尚无市易，且南方不产皮货，一处安有皮衣数百件之多。若将银两先发勇丁，必至随手用尽，是以带往北方购买，以图价值便宜。北上各军皆然，未可独以此为陈凤楼之罪。

又如熟于应酬、疏于巡缉一节。查陈凤楼性情朴直，人皆呼为“陈傻子”，毫无应酬陋习。该镇系归臣等节制，于臣等尚无应酬，其馀可知。

至徐州民气，犷悍异常，向出巨盗。自陈凤楼于光绪十五年到任，亲带队伍出外捕拿，在乡日多，在署日少，每年获盗百数十计，历历有案可稽，该镇屡濒于危，盗匪亦从此敛迹。自上年陈凤楼统率马队北上，徐盗由是披猖，一年内劫抢之案，已报者二百馀起，其中如睢宁劫狱一案，情节尤重。现经臣松椿派弁带勇，拿获盗犯王胜，讯据供称史仲远等各结党数百名，或数十名，四出掳掠，骎骎乎捻匪萌蘖。徐州官绅士庶，日盼陈凤楼回任，整顿捕务，以靖地方，忽闻降调之信，莫不为之解体。陈凤楼之去留，关系徐属安危如此。张之洞前此奏留陈凤楼，亦称其在徐防得力，此次查覆折内，犹称：“陈凤楼曾立战功，年力尚属可用。”可见公道不容尽泯。现在徐州镇总兵一缺，已蒙简放雷玉春，该总兵尚须入都陛见，到省需时。臣等因徐州地方紧要，陈凤楼前在总兵任内，卓著声威，军民爱戴，檄令仍署徐州镇篆，以资镇慑。合无仰恳天恩，俯赐照准，臣等当责令认真巡缉，以期盗戢民安，并训练马步各勇丁，以备缓急之用。将来如查出陈凤楼果有前项劣迹，请将臣等一并议处。

臣等实为地方择人起见，谨合词恭折具陈，伏乞皇上圣鉴训示。谨奏。

奉使大员告病据情代奏折光绪二十二年二月初四日

奉为据情代奏叩谢天恩事：

窃臣接准头品顶戴前调署湖南巡抚邵友濂函称：“友濂蒙恩简派俄国副使，当将患病未能就道，恳请收回成命缘由，电请前署南洋大臣两江总督张之洞代奏。光绪二十二年正月初二日奉旨：‘张之洞电奏已悉。邵友濂病既未痊，即着毋庸赴俄。’钦此。闻命之下，感悚难名。友濂上年自日本回华，以旧疾复发，陈请开缺，当蒙圣恩俞允。伏念时艰孔棘，正臣子力图报称之时，友濂世受国恩，何敢自耽安逸。因于回籍后，屏除一切，悉心调治。乃求效过急，医药杂投，转将风湿驱入筋络，以致两臂展舒更形不便。自怜病废，徒益焦劳。兹者策及驽骀，未能闻命即行，犹荷圣慈曲垂矜恤，虽敦槃上选，本非迂庸猥下所能膺，而犬马馀年，实出高厚生成之所赐。所有友濂感激下忱，恳请代奏，叩谢天恩”等因，理合据情代奏，伏乞皇上圣鉴。谨奏。

银贱米贵运费不敷片光绪二十二年二月十二日

再，据江宁布政使瑞璋、江苏粮道马恩培会详称：“江北河运漕粮，前于同治五年，经户部奏定章程，除米价一款，涨落无定，应临时奏明外，其运费一切即以此次准销每石一两二钱七分之数，作为定额，等因。迨后历年办理河运，所用米价运费，悉皆遵照核实开报，如至歉之光绪三年，米价奇贵，增至二两一钱，均奉部覆准销各在案。光绪十七年冬漕，因高邮、宝应一带，米价每石涨至钱三千文有奇，合算银数，较三年分尤为昂贵，不得已设法远购，派员前赴皖北三河产米地方采买十之六七，合高邮、宝应牵扯计算，每石始合银一两八钱五分，较之仅在高邮、宝应采买，每石省银二钱有零，以全漕计之，实共节省银二万馀两。是凡有可以撙节者，实已煞费经营。乃屡经请销，户部迄未核准，并饬此后米价仍以一两六钱五分为率。惟查米价一款，原因贵贱随时涨落无定，是以当时户部定章，准其临时奏明，盖价贱固不能任其高抬，价贵亦不能过为抑勒也。上年江北冬漕，前奉部饬，仍行河运，当即委员前赴高邮、宝应、三河一带分投采买，因各属秋收歉薄，加之广东、福建、湖北等省及各处军米、赈米，纷纷购运，为数甚巨，以致米少价昂。况各属漕折系解现银，民间米粮贸易，向系以钱计算。上年冬间，因铜钱缺少，银价骤短，每库平银一两只易钱一千三百文左右，较前数年少易钱二百馀文，以每石之银计之，少至三百三四十文，约银二钱五六分。易钱既少，合银愈多，业经饬令委员力求减省，分别购定装兑。至运费一项，照原定章程，近年已节省银一钱之谱，然以现时银价科算，较上届准销之数，亦须加银一钱有奇，方能勉强敷用。伏思漕粮为天庾正供，虽用数增多，不敢不妥慎办理。惟有将银贱米贵及运费不敷情形，据实沥陈，详请附奏立案。”等情前来。

臣覆加查核，系属实情。除饬令实力撙节，省益求省，事竣核实报销，不得稍涉浮冒外，谨会同漕运总督臣松椿、江苏巡抚臣赵舒翘附驿驰陈，伏乞圣鉴敕部查照。谨奏。

保举堪胜提镇人员折 光绪二十二年三月初七日

奏为酌保堪胜提镇人员以备简用，恭折仰祈圣鉴事：

臣维中外交涉，事变纷乘，各省正在练兵，提镇最为紧要，顾非素与共事，莫由知其人才。兹查有前署淮扬镇总兵记名提督刘青煦，器识深稳，方略优长，办事有刚有柔，尚知顾全大局。统领新湘营记名提督陈基湘，机宜熟习，胆气过人，训练尤能认真，所部莫不用命。前统长胜军记名提督万本华，性情果敢，纪律严明，每战辄以身先，独能以少胜众。管带督标水师记名总兵蒋福田，心地朴诚，临阵勇往，平日长于抚驭，颇得士卒欢心。该提镇等，从臣多年，历试有效，倘蒙天恩俯赐录用，必能竭犬马之力，仰酬高厚生成。

理合恭折具陈，伏乞皇上圣鉴训示。谨奏。

酌留江靖防军整顿营务片

再，臣承准军机大臣字寄："光绪二十二年二月初四日，奉上谕：'张之洞奏江靖军裁勇滋事，轰发火药，自毙多人，现已分别裁留，弹压安靖一折。裁勇借端滋事，此风断不可长，业经张之洞分别酌留裁撤，应如何整顿之处，着刘坤一体察情形，斟酌办理。大江南北防营尚多，并着刘坤一严饬各统领，申明纪律，毋蹈恶习。'"等因，钦此。当经转行一体钦遵。

查江靖军前因奉饬裁撤，辄敢聚众滋闹，诚如圣训："此风断不可长。"该军共计七营，除改充炮台专勇约留一营外，其馀六营，虽经张之洞奏明拟裁三营，尚未遣撤。臣回任后，又据常镇道及营务处先后禀请酌留缓裁，臣当以该三营既议裁撤，未便再留，准自二月起，每月裁汰五百人，分为三起，陆续遣散，不得任其逗遛。仍照案每名发给三关半欠饷，以示体恤而昭慎重。其所留三营，务须认真整顿，如有勇丁携带家室，不守营规等弊，立即开革惩办，不准稍有泄沓。现在军情静谧，堪以上慰宸廑。

伏思沿江各路军营，驻防有年，难保不沾染恶习，若不力求振作，何以修武备而济时艰。臣惟有严申纪律，随时密查，各该统领倘敢稍涉因循，即行据实参办。总期挽回积弊，士气一新，以仰副圣主垂念江防之至意。

所有江靖军分别裁留情形及整饬各防营缘由，理合附片陈明，伏乞圣鉴。谨奏。

新铸制钱改重七分片

再，前因江宁等属制钱缺少，民用不敷，经前署督臣张之洞拨款购办铜铅，拟在广东铸钱局附铸制钱，以资周转，业经奏明在案。

伏查市廛行用制钱，必须轻重适均，方无流弊。若钱质较重，不独折耗过多，更虑牟利之徒私行销毁。现商准两广督臣谭钟麟函开，照原议每文八分，合计铸钱千文，亏折钱二百三十馀文，若改重七分，只亏折钱一百二十馀文。臣查寄到七分重钱式，字画分明，轮郭亦尚宽厚，民间通用，必可经久无弊。电询张之洞覆称，鄂局现亦拟改铸七分。苏省事同一律，自应仿照办理，工本既可撙节，私毁之弊亦可不禁自除。已由臣电请谭钟麟，饬局先行鼓铸十万串，陆续解至上海，分拨各属行用。该省铸钱机器，每日出钱六百串，以十万串计之，约六个月方能竣事。苏省应否再行添铸，容俟届时察看情形，另行办理。

所有铸造制钱每文改重七分缘由，理合会同江苏巡抚臣赵舒翘附片陈明，伏乞圣鉴。谨奏。

盐厘抵款仍请分摊折光绪二十二年四月二十六日

奏为鄂、湘、皖三岸新票课厘抵还洋款，期缓款绌，仍由西岸等处分摊，俾免贻误，恭折仰祈圣鉴事：

窃江南息借瑞记洋款，两淮盐务分认一股。本年正月间，经前署督臣张之洞奏明，前五年仅完息银，为数较少，西岸及正阳、五河两卡应暂免摊，五年以后为数较多，再令西岸、正阳、五河两卡一同摊认在案。

查鄂、湘、皖三岸新票，每年以约销六成计算，共可收课厘银十万数千两。瑞记洋款，除上年十一月十七日第一期盐务应派银四万五千两，已由两淮运库及鄂、湘、西、皖、五、正各局、卡七处摊派外，自光绪二十二年起至二十五年止，均系每年两期，共付息银六万镑，每镑以七两计算，盐务派四分之一，每年约需银十万五千两。以新收之课厘抵认还之洋款，果能销如其数，出入尚足相抵。惟鄂、湘新票甫经加定，断非数月间所能办运。且运盐到岸，既须换轮候销，而收缴厘金，又在引盐销竣之后，旷日持久，濡滞堪虞。至皖岸新票，销数无多，课厘有限，不独本年五月及十一月第二、三两期应还洋债息款，新票课厘已属缓难济急，即以后每年应还之款，新票销数设或不足六成，势更无款以应。值此库储告匮，支绌万分，委实无可筹垫。洋款订定时日，万难愆期，不能不先为筹维，以免临时贻误。应将本年二、三两期认还洋款，照案与西岸各局、卡分摊，嗣后察新票课厘收数情形，再行随时酌办，总期款归有著，免误要需。据运司江人镜详请具奏前来。

臣查近年岸销疲滞，鄂、湘、皖新加引票，守轮待售，既虑需时，能否销足六成，更无把握。所有本年应还二、三两期洋款息银，拟仍与西岸、五河、正阳各局、卡一律摊认，并以后察看销数情形，随时酌办，系为慎重还款起见。理合恭折具陈，伏乞皇上圣鉴，敕部查照。谨奏。

遣撤苏松福山练丁狼山暂缓片

再，前因海防紧要，苏松、福山、狼山三镇，原有练兵尚嫌单薄，经臣檄令苏松镇添练兵丁六十名，福山镇添练兵丁一百名，狼山镇添练兵丁二百名，以资分布，先后奏明在案。现在防务解严，所有苏松、福山两镇添练兵丁，业经饬令裁撤，仍复旧制，以节饷需。至狼山镇所辖，汛地极为辽阔，芦泾一港，又为长江商轮必由之路，往来行旅，多由该处上下，人数冗杂，良莠不齐，弹压巡防，尤关紧要。该处地广兵单，不足以资巡缉，拟将前募兵丁二百名，暂缓数月，察看地方情形，再行裁撤。

除咨部查照外，理合附片陈明，伏乞圣鉴。谨奏。

裁留徐淮马步防营片

再，前因徐州镇总兵陈凤楼奉调带马队三营北上，经前署督臣张之洞饬令前署徐州镇总兵程孔德等，将原有之步队凤字二营、镇安一营，飞骑马队二营，历年裁减之额，一律照马步营制补足，共补马队勇丁八百数十名，即名为徐防马队营、步队营，于光绪二十一年二月初四日具奏在案。

兹查陈凤楼所部之马队三营，业于上年冬间奉饬回南。该军久在徐州缉捕，素称得力，应饬照旧驻扎，以资巡防。其程孔德等招补之马步勇丁，应即全数裁撤，仍照历年减定额数，分别留防。又驻防清淮之高字三营、浦胜马队一营，经臣于本年二月间奏请暂行留防，声明俟地方情形较松，即行分别裁撤。惟查清淮一带为南北冲衢，弹压巡防，极关紧要。该处前本驻有合字营勇，自调防江阴以来，时觉地广兵单，不敷分布。叠据各该处绅民，以萑苻未靖，联名禀请酌留勇营。臣详加体察，应将高字三营裁去二营，挑留精壮一营，浦胜马队一营，挑留马队一百名，以顺舆情而资巡缉。

除檄饬遵照并饬将所裁各营勇照章发给一月恩饷外，理合附片陈明，伏乞圣鉴。谨奏。

择尤请奖获匪员弁折 光绪二十二年四月二十六日

奏为迭获要匪，出力员弁遵照部章，分别等次开单，吁恳恩施，恭折仰祈圣鉴事：

窃查江苏徐州文武员弁会获幅匪侯娃等一案，前经臣等会奏，请将出力员弁保奖，奉朱批："准其择尤酌保，毋许冒滥。"钦此。旋准吏部咨，以保奖员数之多寡，必以获匪名数之多寡为凭，行令照章将获匪名数、拟保员数，暨是否尤为出力，抑系其次出力，分别声叙，奏准后，再照获匪寻常劳绩章程奏请奖叙等因，当经转行遵照在案。

嗣据徐州道沈守谦详称，查明拿获幅匪侯娃等案内，获犯侯娃等二十名，拟请奏保文职四员，武职四员，咨保武职七员，共计十五名。又铜山县事主祁政平被劫案内，获犯李二等三名，格毙一名，拟奏保武职一员。又邳州事主汪宽域被劫案内，获犯李克启等六名，格毙三名，拟奏保武职三员，咨保武职二员，共计五员。各该员等均系尤为出力。所有其次出力各员，前已概请外奖，今既奉部指饬，复于尤为出力中，再分等次，以期益昭核实。惟查前奉部章内载："嗣后如有大股哥老会匪，竖旗起事，抗拒官兵，实系调兵剿灭者，仍照异常劳绩核奖。"又臣坤一于光绪十七年六月间，奏明各员拿获要匪，准予优奖，钦奉恩旨允准在案。今匪首侯娃，纠约党伙二百馀人，结幅起事，抗拒官兵，与部指大股会匪情事相同。在事文武员弁，带队围剿，履危蹈险，力遏乱萌，实属异常出力，应请从优给奖。至祁政平、汪宽域二案，虽与侯娃之案有间，第查祁政平一案，仅保一员，且系侯娃案内尤为出力之人，即汪宽域一案，亦止五员，均系武职，所保未敢从优等情。并据将各员职名，出力等次，开折详请具奏，前署督臣张之洞未及核办，移交前来。

臣等伏查侯娃一案，系属大股幅匪，各该员弁合力扑捕，无异临敌。其剿办情形，前经臣等详细奏明，并请将出力员弁从优奖叙，钦奉朱批："准其择尤酌保"，各该员感荷恩纶，莫不益加奋勉。现在既准部咨，行令将拟保员数分别声叙，自应遵照办理。谨将此案出力员弁，分别等次，缮具清单，恭呈御览。合无仰恳天恩，俯准给予奖叙，以示鼓励。如蒙俞允，再由臣等拟保官阶，奏请恩施。

除咨部查照外，谨合词恭折具陈，伏乞皇上圣鉴训示。谨奏。

徐土加捐出口银两概不重征折光绪二十二年四月二十六日

奏为徐州土药拟请援案加捐出口银两，通行各省概不重征，恭折仰祈圣鉴事：

窃查徐州土药，自光绪十七年定议每百斤抽银三十两，经过本省厘卡验票放行，经过江海、镇江两洋关仍各照定章收税。嗣于十八年，因四川等省改章统捐，徐局援案议加捐银三十两，如两次共捐银六十两，无论运往何省，概不重征。经臣等会奏，并声明将来各省更定捐数，必须彼此一律，方免避重就轻之弊，由总理衙门、户部会核议准各在案。

现计徐局自奉行加捐以来，已阅数年，并未收有出省统捐之款。镇江关所收土药税银，数亦无几。各省客土及洋药，络绎进口，散布各府州县，无非占徐土应销之地。徐土销路愈窄，动辄壅滞，往往已缴捐款，运至镇江，旷日持久，求售不得，欲归不能，商困课绌，上下交损。推原其故，山东土药，每百斤征落地税、厘金、关税三次各银十六两，无论运往何省，概不重征，共只捐银四十八两，又分三次完缴，各商得以从容营运。徐州土药，每百斤共完捐银六十两，方免各省重征，已较山东多完银十二两，出省之捐，又须在产地预完，商贩更觉为难。其仅完本省捐银三十两者，由镇江关运往通商各口，仍须完正半税银二十二两五钱，亦较山东多完银四两五钱，犹只能运至通商各口，不再重征洋税，不能统免各省内地税厘。山东与徐州，犬牙相错，地土相同，土药税厘，轻重悬殊，难易迥别，以致徐土不能行销，客土、洋药纷纷越占，若不设法疏通，不独徐土无出省税厘可收，即徐局所收本省土捐亦将日见其绌。拟请嗣后徐州土药，援照山东税厘收数，每百斤由徐局收捐银三十两，运至镇江出口，再由镇江关收税银十八两，加贴印花，无论运往何省，经过常、洋各关各局、卡，但验有江苏本省出省两次印花者，概不重征。据办理徐州土药统捐局江宁布政使瑞璋、徐州道沈守谦会同镇江关道吕海寰核议具详，署督臣张之洞未及核办。臣坤一回任后，因此案事关税厘，自应不厌精详，从长计议，批饬新署徐州道阮祖棠，再行确切查明，通盘筹画，妥议详覆察办去后。

兹据该署道详覆，徐州土药，拟照山东税厘收数，在徐州、镇江分别核收，实因徐土滞销，不得不为变通之计，请仍照前详办理，以归画一。惟安徽等省土药捐则均较徐土为轻，向由江浦之浦口运至镇江等处转售，倘被朦充徐土，报捐出口，则徐土行销，仍多窒滞。且恐徐州之土，亦有私运至安省报捐，再至浦口赴镇江完税，以图取巧者，转与徐州土捐，大有妨碍。拟请嗣后必须镇江关验有徐局单票印花，方能按照此次定章办理。至他省之土，捐本轻微，概不得援照徐章在镇江关完税，准其通行照免。如北省土商赴徐贩土，不赴镇江，愿在徐局仿照镇江关加捐十八两，由内地通行各省者，亦听其便。将来如收有此项加捐，另行开报并解，以备查核等情，详请具奏前来。

臣等覆加察核，该司道等所拟，系为因时制宜，疏通徐土销路起见，于捐务商情，两有裨益。合无仰恳天恩，俯赐照准，以保徐捐而收实效。

除咨总理衙门、户部查照外，理合恭折具奏，伏乞皇上圣鉴训示。谨奏。

驻沪领事回国请给宝星片

再，据苏松太道黄祖络禀称，奥国驻扎上海署总领事官西博德，自派充中国使馆随员，推升领事以来，迄今二十馀年，凡遇交涉各事，无不和衷商办。现在交卸领事篆务，即将回国，请给宝星，以示优异等情前来。臣查该领事西博德，在沪多年，办事公允，委属有裨时局。合无仰恳天恩，俯准给予三等第一宝星，以昭激劝。

除咨总理衙门查照外，理合附片具陈，伏乞圣鉴训示。谨奏。

查明道员承办制造并无亏短折 光绪二十二年五月二十二日

奏为遵旨确查道员刘麒祥办理上海制造局并无亏短情事，据实覆陈，恭折仰祈圣鉴事：

窃查接管卷内，承准军机大臣字寄："光绪二十一年十月十八日，奉上谕：'去岁海上用兵，中国购买外洋枪炮，良楛不一，价倍寻常。朝廷有鉴前失，特降谕旨，令督办军务王大臣，督率江苏候补道刘麒祥，办理上海制造军械局。原冀实事求是，一切借资整顿，并非将该局远隶二千里之外，不准该省督抚过问也。兹有人奏，刘麒祥在上海多年，任意挥霍，亏空巨万等语。朝廷用人行政，一秉大公，毫无成见。况制造局关系自强要图，自不惜再四求详，俾臻至当。江苏制造军器局，仍着张之洞督饬刘麒祥，认真规画，次第扩充，按照向办章程，报部核销，毋庸由督办军务王大臣督率办理。至刘麒祥承办该局，究竟有无亏短情事，着张之洞确查具奏。'" 等因，钦此。经署督臣张之洞遴委江苏粮储道陆元鼎、直隶候补道徐建寅、湖北候补知府朱滋泽、山东候补直隶州徐赓陛等，前往确查。嗣因交卸在即，盘查未能完竣，将饬查大概情形，先行覆奏，请旨饬交臣接续查办。臣于本年正月到任后，复经札委原查之陆元鼎、徐建寅、徐赓陛等，会同暂行兼管局务之苏松太道黄祖络，照案秉公确查去后。

兹据该员等禀称，遵经先后抵沪，会同接续催查考核，现就物料、款目两端，清理已有端绪。该局所存物料，大小不下数千百宗，扯合先后价值，约合规银八十七万四千馀两，除未付料价银一十二万一千馀两外，约存料值规银七十五万三千馀两。以现盘之数，与现造未成销册应存之数，截至刘麒祥交卸日止，总计销册，应存料价湘平银七十万七千二百三十五两有奇，申合规平银七十四万九千九百七十八两有奇，计溢出规银五千馀两。诘据库员声称，系开局以来，收发料物，累年溢积馀存。既属有盈无绌，应毋庸议。仍令以后每一厂所，务须将查存之料，统编一号，作为旧管。若有新收，另编字号，记明斤件，倘遇拨用，列为开除，核出实存，每月造册送查，庶不再滋淆混。

到刘麒祥经手款目，计收洋税部款及收回代修等款，共银四百七十九万一千一百六十五两有奇，现在销册尚未造齐，照月册逐一核算，自光绪十六年闰二月二十六日接办起，截至二十一年七月十七卸事日止，加以前任移交旧管不敷银一千七百二十四两有奇，总共用规银四百八十七万七千四百六十八两有奇，计不敷银八万六千三百三两有奇。当将历年月册所报之数，与十六年已办报销之数，详加比对，其实存与不敷之数，迥然不符。诘据支应报销委员声称，自来报部销册，系造成一物，始将所成之件工价料价，详晰造销。如大炮、轮船，一物之成，动须经年累月，若造而未成，则已发之工，已用之料，不得不俟造成之日，剔归下届造销。故惟月册有实数之可稽，而销册实参差之不一。所言系属实情，故现查之数，仍以月册为衡，以昭核实。又诘以不敷之数，挪自何款。据称，除奉拨洋税外，如有不敷，向于钱庄通融借用，或变估用剩碎料价值挪应，是以有附存之款，有簿可稽。则是刘麒祥经管此局，以大致言之，入少用多，尚无亏短情事。但报销册籍，尚未缮造齐全，其中未报之款，尚有银三百六十馀万两，是否悉合例章，应俟销册报部，由部核办。

其添设机器厂屋工料各价是否核实一节。伏查所购机器，均有洋行合同为凭，检对数目相符。惟添设炼钢厂屋一百一十二间，又栗色药厂屋一百七间，又无烟药厂屋五十六间，连购地、筑基地、铺铁板、铁路、围墙、沟道、木驳、更房等项，实用银二十二万馀两，较之原估之数，或绌或盈，缘内有原估工程，或可从缓，未经兴作，或有原估所无，逐渐添增，三厂合计，尚属不相上下。又前查杂款两折：一，收银四万九千五百馀两、洋银一千馀元、钱五百馀千文；一，收银七万两有奇，现亦查明系属暂时借拨，及为各处代购外洋机器、物料等项之用居多，或随时拨还，或代为付出，每清一款，即行销账，是以另折收，存与该局正款报销，尚无出入。惟内有该局历年积存废铜、铁及工作所剩铜、铁、铅碎屑，用旧绳索、碎皮共售价约银三万四千两，应即作正入收。嗣后专设一库，派委员司事，逐日验收登簿入库，积至两三年，由局详请派员查验相符，禀请批准变价，作正入收，随册报部，庶免狼藉等弊。至奉查任意挥霍一节，并无真实确据等情前来。

伏查该局之设，原为自强之图。刘麒祥自到局后，深知军械之利，贵乎推陈出新，不惮繁难，即以创造新式枪炮及炼钢制药为己任，数年来苦思力索，以底于成，其勤劳实为人所难能。惟是一物之成，必须多方考究，创造之始，原不能与常例相衡。且因限于经费，机器新旧参用，工作不无较增。前岁海防戒严，南北各军需用军火，均赖立时接济，深资其力。前署督臣张之洞于请拨经费案内，亦谓该局创造各件，前敌要需获其接济，曾经奏明有案。是刘麒祥之防患未然，亦为张之洞所深许。现在既经查无亏短情事，自应遵旨饬令该道将局务悉心规画，实力整顿。该局用人较多，需款较巨，目下财用日绌，时事日艰，计事考工，务求至当，不使局中稍有浮费，稍有冗员，节一分虚耗之款，即多一分制造之需，庶几工归实在，器资利用。

除檄饬遵照妥筹办理，并将以后旧料及废铁等项设库收储，按时禀办，其未报各款，赶紧照章接续造报外，理合恭折覆陈，伏乞皇上圣鉴训示。谨奏。

兵轮马力丈尺及酌用薪费片

再，前因海防戒严，兵蚊各船，分驻要隘，以备战守，装兵运饷，侦探差遣，需船既多且急，添购江清、江平、江泰、江顺、崇安大小轮船五艘，于上年四月间，经前署督臣张之洞附片具奏，并将各该轮马力、丈尺、吃水及配用员弁人等薪费各数，造册咨部查照。昨准兵部咨覆，须将该五船马力、吃水、丈尺及所配员名银数，开单奏明立案等因，现经饬据江南筹防局查明开单详送前来。臣覆核无异。

除将清单分咨户部、兵部、工部查照外，理合开具清单，附片陈明，伏乞圣鉴，敕部查照施行。谨奏。

遵查出使经费存储无亏片

再，总理衙门议覆前署南洋大臣张之洞陈奏出使经费一案，应令仍解江海关存储备放，并以原奏内称，该关积存之数，是否全有实银，事关库储重要，应派司道大员，会同江海关道，将历任存放款目，有无亏短，切实结报抄奏，咨行遵办等因，当经派委江苏候补道程仪洛，会同江海关道黄祖络，详细盘查结报去后。

兹据该道等先后禀称，此项使费，系于光绪二年八月十四日第六十五结起，各关奉文，于所收六成洋税，分作十成，酌提一成，解沪存储备拨。旋因收不敷放，又自七十一结起，再提半成，并将六成华税，一律照提解存，听候拨用。现计自奉文经收起，截至二十二年四月初十日止，除历任遵饬拨解各款及奉垫怡和洋本不敷，暨部购铜铅等款未归外，实应滚存库平银五十六万三千八百二十两有奇，又日本纸票洋二千二百元。会同逐一盘查，委系实存在库，并无亏短情事。由江海关黄祖络加具印结，禀呈前来。

伏查此项银两，既经委员会查存储无亏，自应饬令照案妥慎经理。惟查藩、运、粮道各库，均系专设库官，诚以收款较多，库储重要，所以慎收藏、严出纳也。江海关以巡道监督关务，自各国通商以来，复兼管洋关，每年经征常洋税抄以及洋药厘金，为数本巨，而又经收各关出使经费，每年出入款项，约至七八百万两之多，近准部文以后，本省及各省应还英、德、俄、法借款，亦均须先期解交该关存付。是该关近来来库储之重，实较藩、运、粮道等库尤为紧要。即前署督臣张之洞请将使费仍解江宁藩库，亦为预杜私自存放起见。苟管籥有人，如藩、运、粮道等库，亦何致复有此弊。第添官即须添费，一再筹思，惟有在于上海县县丞、主簿中，酌择一员，俾令兼司库务。该两缺本管之事，甚属清简，若令兼管道库事务，既与库储有裨，仍于地方无碍，应请旨饬下各该衙门核议施行。

除将印结咨送总理衙门查照外，理合附片陈请，伏乞圣鉴训示。谨奏。

前购洋行枪炮军火筹款凑拨片

再，前因海防戒严，经前署督臣张之洞，在上海地亚士、瑞生、信义三洋行，购买枪炮子弹等项军火，所需价值，以江海关息借关票作抵，分期归还，业已奏咨在案。

兹查本年四月二十九日，应还信义洋行第二起枪炮半价本息，计德银二十二万三千六百三十六马克有奇。五月初十日，地亚士、瑞生两洋行第三期军火各价本息，计英金九万四千八百二镑有奇。以上马克、金镑，照现在市价核算，约合库平银六十三万六千九百两有奇，除饬司关厘局尽力认筹外，计不敷银三十四万一千馀两。因四、五两月，尚有归还瑞记洋款息银，又出使大臣龚照瑗前购炮价约共合银四十馀万两，又各司关息借商款共本息银六十五万六千馀两，同时并集，均未可失信愆期。既无额外之进项，转多应还之巨款，且应办之事，如练军、铁路、商务、矿务以及铸造银元、添设学堂，现已次第经营，均非有款不办。有已经指拨者，有尚待筹济者。款多取资本省，实已罗掘一空，前项不敷银两，委实无可设筹。一再电商户部，旋准电覆，商准总理各国事务衙门，暂由江宁藩司库存出使经费内，动拨银三十四万两等因，遵即照数提拨凑付，饬令如有尾数不敷，即由江海关筹补足数。

除分饬遵照并咨明总理各国事务衙门、户部外，理合会同江苏巡抚臣赵舒翘附片陈明，伏乞圣鉴。谨奏。

派营驰往徐州严拿会匪片

再，江苏徐州地方，界连三省，向为盗匪出没之区。臣于本年回任后，迭经严饬该镇道等，督率营勇，实力巡缉，所有拿获首要匪犯，一经讯供明确，即饬就地严惩。原期决不待时，俾知炯戒，乃数月以来，盗风仍未稍戢。现据该镇道电禀，近有山东大刀会匪阑入丰、砀县境，派队往捕，旋经解散。惟各该处教堂有被毁情事，曾将查办情形，历电总理衙门在案。似此聚众滋扰，不法横行，若不设法兜拿，何以靖地方而安民教。现经臣派委统带两江督标亲军等营新授山西大同镇总兵刘光才，于所部各营内，酌带四营，驰往徐州府城驻扎，会同徐州镇道，严密巡缉。该处与河南、山东、安徽三省壤地相接，此拿彼窜，匪踪飘忽靡常，并由臣咨会三省抚臣，各派营勇，认真巡防，遇有大股会匪，即行会合兜剿，以期净绝根株。

除严饬该镇道转饬各属务将教堂严密保护外，理合附片陈明，伏乞圣鉴。谨奏。

苏局加解淮饷请拨另款折光绪二十二年五月二十四日

奏为江苏牙厘局拨款繁巨，入不敷出，此次添拨北洋淮饷，无从筹措，南洋前请减解之款，仍请照案办理，恭折具陈，仰祈圣鉴事：

窃准户部咨开：议覆北洋大臣奏请添拨淮饷，行令转饬江海关每年加解银八万两，苏州牙厘局每年加解银七万两，以符添拨每年十五万两之数等因，当经分行遵照去后。

兹据苏州牙厘局、江苏布政使邓华熙等详称："伏查苏局收数至今为最多，供支至今为最绌。就近十年大概言之，每年收数八十馀万两，多至九十万两有奇，放款如京协各饷、本省军需善后等用，随时挪移，适足相抵。逮光绪二十年，分拨款顿增，甚至称贷以应，不得已而规复米捐。上年竭力整顿货厘，约收银一百万两，又米厘银二十馀万两，而放款之巨，亦为从前所无，多方腾挪，仅资敷衍。本年蚕时，雷雨交作，丝茧收成甚歉，捐数递短，即四个月米厘，亦不如上年远甚，殆由湖广灾荒，是以来源绝少。苏州开埠通商以后，货厘之绌，更尽人而知。收数既如彼。而拨款则增自强军饷银十三万两，摊还息借则增银四万两，为沪关代筹则增银三万两，此外开埠经费、织造活拨等项，尚不在内。增拨又如此。倘转输告匮，其将何以支持。现奉户部增拨淮饷银七万两，踌躇再四，实属无款可筹。且苏局应解淮饷一项，二十年分仅解银十五万两，上年解银十七万两，本年经前署督臣张之洞奏明，在实解淮饷数目内，减解银十六万两或十二万两，抵还洋款，现在尚未定案。而洋款届期，刻不容缓，不得不先其所急，筹凑银四万两，以资应用。竭蹶情形，较前益甚。其派定各项，嗣后能否如期应解，实无把握。此外再有添拨之款，一勺之水，涸可立待，虽欲挹彼注兹，难免顾此失彼，坐视贻误，势所必然。与其临时决裂，不若先事陈明。所有此次添拨淮饷银七万两，审时度力，委实无从筹拨"，详请奏恳免予增拨，等情前来。

臣查江南息借瑞记洋款银一百万镑，经前署督臣张之洞统筹归还之法，前五年之内，每年应付息银，江苏省厘局共认四分之三，奏明于厘局实解淮饷数目内，每年少解银十六万两或十二万两，统由部臣酌核，钦奉朱批："户部知道。"钦此。旋准户部恭录咨会在案。臣回任后，因洋款还期接踵而至，必须筹定的款，方免失信外人。当查松沪厘局岁解金陵支应局之款，名虽淮饷，实则均系驻防江南淮军之饷，若减解支应局之款，则本省驻防淮军无饷可食，从何筹补？张之洞原奏本系指减拨外省协饷而言。是减解淮饷，应由苏州牙厘局在于实解北洋淮饷数目内，按数少解。本年五月二十一日，已届洋款第二次还息之期。各处局库，方因四月间认筹息借华款等项，喘息未舒，现复将洋款尽力设筹，实已罗掘殆尽。目下江苏通省入款，较往年并不加多，而本年新增出款，除已付外，如洋操饷项、归还洋款以及本年十一月应还息借商款暨军火抵价等项，几及二百万两之多。费绌用宏，尚不知如何设措。张之洞前议减解淮饷，实因江南骤增巨款，洋款关系紧要，无术腾挪，始为此补苴之计。苏厘局近年拨款日繁，艰窘益甚，饷源只有此数，实难为无米之炊，所有此次部议每年加解淮饷银七万两，委实无可设筹。再四思维，惟有吁恳天恩，免予加解。至张之洞前议减解淮饷抵还洋款之用，本请减解银十六万两，臣现请于苏州牙厘局在实解淮饷数目内，减解银十二万两，并查照张之洞原奏，芜湖、九江两关每年各协拨银四万两。此本系张之洞与部臣一再电商，配减协拨外省饷项及沿江各省摊还两条，均经部覆办理之事，应请旨饬下户部查照，以符原议。

抑臣更有请者，江苏协解淮饷，除松沪厘局解交金陵支应局，作为驻防江南淮军饷项，及苏州牙厘局减解实数外，司关厘局及盐课盐厘项下，每年尚须实解银一百二十三十万两，设法转输，实已不遗馀力。现在各库入不敷出情形，正复相同，前项加解北洋淮饷银七万两及减解银十二万两，共银十九万两，为北洋淮军计授要需，亦难稍缓。并请饬下部臣，通盘筹画，另拨他省的款，不于江苏各库内指拨，俾免辗转筹商，徒滋延误。现在时局日艰，财用日绌，部臣持筹之苦，为内外所共知，臣苟非万分为难，何忍稍分畛域。沥情上请，本非心之所安，惟求圣慈垂察，不胜屏营之至。

除江海关每年加解银八万两已饬尽力照数筹解暨分别咨行外，谨会同江苏巡抚臣赵舒翘恭折具陈，伏乞皇上圣鉴训示。谨奏。

铸造制钱每文仍照七分片

再，江苏购办铜铅，在广东省铸钱局附铸制钱，因八分钱质较重，折耗较多，拟每文改重七分，经臣奏准部覆，以两江、湖广等省，用机器附铸制钱，张之洞始请每文铸重八分，继则减至六分，现在江苏又改铸七分，六分既未便议准，七分亦碍难准行，应仍查照广东奏定八分铸造等因。臣查上年冬间，前署督臣张之洞，因江苏各属钱价日昂，民情惶扰，是以奏请增铸钱文，为平价便民之计。嗣因八分钱质较重，经臣奏改七分，实缘近来制钱缺乏，由于铜值昂贵，私毁销磨，利之所在，虽峻法莫能禁绝。现拟鼓铸钱文，原欲示平准以济民用，钱质轻重，不得不因时制宜。若分两不能适均，照现时铜价合计，私行销毁，仍有馀利可图，势必旋铸旋毁，弊无底止，于公款徒多亏蚀，于民用仍难流通。自来铸造钱文，轻重本无一定，必使私毁无可沾之利，而后圜法得经久之宜。即如广东前定每文八分，本系揆时衡定，现拟改铸七分，仍系粤局合计工料，斟酌定议。因照铜斤时价，若铸八分，不独亏折过多，私毁仍恐难免。且目下库储奇绌，铸钱平价，既不能无所折耗，何可更增无益之亏，故不得不酌量轻减，以期变通尽利。粤局前次寄到七分钱样，轮郭宽厚，字画分明，因分两未定，停工未敢遽铸。江苏钱价，至今尚未平减，商民受累日深。拟请仍照每文七分鼓铸，俾便民用。经臣电商户部，覆令即行奏明等因。合无仰恳天恩，俯赐照准，庶工本稍资撙节，而销毁之弊亦可不禁自除。

所有铸造制钱每文仍改七分缘由，谨会同江苏巡抚臣赵舒翘附片陈请，伏乞圣鉴训示。谨奏。

查明胡家桢并无盐商事业及例应回避折光绪二十二年五月二十五日

奏为查明道员服官省分并无盐务事业及应行回避姻亲，恭折具陈，仰祈圣鉴事：

窃准吏部咨开："前署两江督臣张之洞奏，请将江南盐巡道胡家桢与他省相当道员对调一缺，原奏称该员曾办两淮盐务，其是否实有盐务事业，未据切实声明。又称籍隶浙江，与江苏本地人亲友极多，亦未将该员与江苏何人系何姻亲，应否回避之处，详细声明，无从核议。应请旨饬令切实声覆，再行核办等因。光绪二十二年二月二十二日具奏，奉旨：'依议。'"钦此。由部知照到臣，即经转饬遵照去后。

兹据江南盐巡道胡家桢禀称：该道于同治四年，以盐大使分发两淮候补，曾奉委署丁溪场大使篆务，并委办督销缉私等局差使。十三年，过班知县，即归地方候补，历保道员，光绪十八年，补授今职。该道服官江苏，为时虽久，然现官盐道，于江宁府属绅民，并无亲戚，其馀外府疏远姻亲，均不在所辖境内，且查例载，亦无应行回避明文。至前在两淮候补，系由运司委办盐务差使，并无盐商事业。籍隶浙江，于江苏省，既非祖籍，亦非商籍，曾于到省时，将并无各项违碍及应行回避之处，照例出结声明有案。禀请核办前来。

臣查该道在任有年，勤于职守，一切应办公事，均能措置裕如。该道于所辖境内，既无应行回避姻亲，前在两淮候补，系由运司委办盐务差使，亦无盐商事业，到省时已照例出结声明并无各项违碍情事，似应饬令照旧供职，以资得力。

理合恭折具陈，伏乞皇上圣鉴，敕部查照。谨奏。

酌减里河营兵抵裁淞南淞北军饷片

再，准兵部咨：议覆前署督臣张之洞裁减江苏、安徽、江西三省制兵案内，行令将太湖水师勇营、绿营妥筹归并，淞南、淞北两营将官，派赴太湖水师应配船帮同巡缉等因。臣查江南、苏州、松江等属，古称泽国，前督臣曾国藩奏请改设外海、内洋、里河水师三大支，本系因地制宜，为变通尽利之计。腹地之水，以太湖为巨浸，周围数百馀里，界连浙江，汊港纷歧，向为盗薮。经制太湖左右二营，分段巡防，犹虑地广船单，不敷分布。留防太湖水师，虽隶名太湖，然分驻苏州、吴江、无锡、上海等处，巡缉枭匪，与经制太湖左右二营，各有汛地，勇营分防各属，绿营驻扎全湖，地段绵长，势难归并。淞南、淞北二营，本系京口水师，同治七年，改设里河水师，分巡吴淞江南北支河湖荡及福山、江阴等口，外连海洋，内接长江，水面极为辽阔，捕盗缉匪，尤关紧要。该二营自改设以来，迄今垂三十年，操练巡防，尚称得力。今若全行裁撤，则江海声势未能联络一气，于地方甚多窒碍。若专令各州县就地筹款，酌量募勇，配船巡缉，转恐难收实效。臣体察情形，悉心酌核，此项整支水师不宜裁撤，该二营所设师船，应请与太湖左右二营，悉仍其旧，以资巡防。

惟查此次议裁制兵，原为节饷起见，自当审时度势，量为变通。拟将里河水师提右，太湖左右，淞南、淞北五营舢板船九十二只，每船裁减桨兵二名，共裁一百八十四名。又内河水师，盐城、庙湾、洪湖、东海四营，虽各兼有陆汛，惟水师所设船只，或有或无，即有存船，亦仅止数号，零星散漫，无济于事。除应裁之外汛防兵已饬照案裁撤外，应即在于该四营内再行酌裁战兵三百八十九名、守兵九十四名，共计裁减四百八十三名。计里河五营裁减桨兵及内河四营裁减战守各兵，每年约可节省银二万两，以抵裁汰淞南、淞北两营兵饷杂费银数，核计所缺无多。似此一转移间，于营制不致纷更，于操防仍可兼顾。其馀未尽事宜，仍当随时酌核，奏明办理。

除咨部查照，并将留防太湖水师、督标水师各营桨兵酌量裁减，一俟裁定，另案奏明外，谨会同漕运总督臣松椿、江南提督臣谭碧理附片陈明，伏乞圣鉴。谨奏。

息借商款移作公司股分片 光绪二十二年六月二十八日

再，承准军机大臣字寄："光绪二十二年五月二十四日，奉上谕：'御史庞鸿书奏，江苏应还息借商款，移作商务股分，办理未协一折。所奏商民啧有烦言，拟请另招商股。是否可行，着察酌奏明办理。'"等因，钦此。当经恭录饬据驻苏商务局、苏松督粮道陆元鼎、候补道朱之榛，体察情形，查议具覆。

苏州商务局，开办缫丝、纺纱两厂，经前署督臣张之洞，以息借之款移作商务之用。旋由各绅富会议，将原借苏款六十万两，改为商局股本，借户即作股东，合为一大公司，先后奏奉谕旨允准在案。旋经议定，将借款较少，数在二百两以内者，仍给还各借户，共计五万馀两；数在二百两以上者，概作股本，俟四期全领之后，换给股票，实与归还无异。统计四期实领银五十七万两有奇。半年来，两厂规模渐已就绪。丝厂现将造竣，日内机器运到，即可安设缫丝。纺纱厂工程，机器年内亦可赶齐开办。息借还本及暂借积谷公款，动用过半，势难中辍。惟招徕商股，仍无眉目，典当借款，屡请抽还，该御史所奏，商民啧有烦言，不为无因。刻下借户知案经奏明，将息借还作股本，为保全商民自有之生业，多愿赴厂换票，浮议渐息。详请核办前来。

伏查苏州设厂纺纱缫丝，原因该处辟口通商，钦奉谕旨，振兴商务，自保利权。署督臣张之洞，因商股一时难集，拟将借款移作股本，事虽权宜，实由绅富会议而定。嗣因前项息借，必须按期归还，两厂需用浩繁，势难停待。复查照上年由电奏准原案，将息借款内应还积谷公款，分别借给，以济其急。盖商民之情难于谋始，不得不官为调护，以图厥成。虽贸迁盈缺未可预知，第此举既为大局所关，现在两厂已将次第告竣，需款正殷，协力维持，官绅各有应尽之责。借款既作股本，业已动用，商股未集，势难归还。经办绅士陆润庠一力肩持，不辞劳怨。惟有饬令局员，随时会商，将厂务妥慎办理，一面广劝绅富，设法招徕，以期共持不敝，仰副圣主开物成务之至意。

理合会同江苏巡抚臣赵舒翘附片覆陈，伏乞圣鉴。谨奏。

蔡学渊报效巨款请赏还举人片

再，据江宁筹饷劝捐局司道详称：已革广东举人蔡学渊，由户部候补主事，恭应光绪癸巳恩科顺天乡试，中式第五十七名举人。因录遗在场患病，倩人代誊完卷，以致与平日笔迹不符，被劾议革。惟该革举人乡试三场文艺，均出己作，并无枪替，其录遗之日，实缘陡患寒热，手颤眼花，央同号生代为写完，以此获咎。今因南洋练军需饷及奉旨开办各矿，需款浩繁，情愿报效银四万两，声称不敢仰邀奖叙等情，详请具奏前来。

臣查江苏前奏就地筹款案内，部议绅富捐银至一万两以上者，准专折奏请特恩奖叙。嗣准部咨，停止筹饷捐输，此项报效巨款，仍准照旧办理。今该革举人蔡学渊，以南洋练军需饷及开办矿务用款甚巨，情殷报效，洵属好义急公，现值各库支绌异常，于度支不无裨益。该革举人，本由候补京职恭应乡试，三场文艺，既系均出己作，录遗时央人代誊完卷，委因在场患病，不能誊写所致。核其获咎情形，与同案湖北举人万航事同一律，其捐输银数，较之十九年周长华捐赈成案及新章捐数均属有增，自未便没其竭力报效之诚。可否仰恳天恩，赏还蔡学渊举人，准其一体会试之处，出自逾格鸿慈。

理合会同江苏巡抚臣赵舒翘附片陈请，伏乞圣鉴训示。谨奏。

自强新军移驻吴淞教练片

再，江南创练自强新军，本在省城购建营地营房，驻扎操练。惟该军延订洋员共有三十馀人，江宁地方，与通商口岸情形究有不同，洋人一切起居，颇多不便。臣与司道再四商酌，并商准总理衙门，拟将该军移驻吴淞，以期军民相安。该处本有营房公所，已饬局员拨款量加增葺，并饬原驻吴淞之防营移扎狮子林炮台，腾出营地操场，俾资训练。现已改委候补道沈敦和总理自强军营务处，督率全军，驻扎吴淞，会同洋统带来春、石泰，督饬华洋营哨各官，实力教练，期成劲旅。该军原设马队二营，以一洋员管带，本难兼顾，现因挑选精壮，饬令归并一营，以昭核实。

除分檄饬遵外，理合附片陈明，伏乞圣鉴。谨奏。

金陵洋火药局加造经费报销折 光绪二十二年六月二十九日

奏为金陵洋火药局加造火药用过银两，造册报销，恭折仰祈圣鉴事：

窃查前因海防戒严，军需紧要，钦遵谕旨，饬令金陵洋火药局加造火药三十万磅，酌定制造经费银四万两，并增开北厂碾盘、修配机器零件及各厂添置器具，估需银一千四百八十五两，均由江南筹防局拨用。经前署督臣张之洞，于光绪二十一年正月十三日专折奏明在案。

兹据该局道员蔡世保详请加造火药，添置器具，需用一切料物，悉与洋商交易。时值海氛告警，洋行格外居奇，一应价值，均系核实支给。计自光绪二十年八月二十日加造开工起，截至二十一年十二月二十日工竣止，尽饬拨银数，共造成枪炮粗细各种洋火药三十一万磅。旧管无项。新收江南筹防局拨款湘平折合库平银四万三十一两有奇。开除各款，遵照部议报销章程，各归各部核销：计应归户部核销库平银五千五两有奇，兵部核销库平银一千七百八十四两有奇，工部核销库平银三万三千二百四十二两有奇，统共请销库平银四万三十一两有奇。均属实用实销，并无浮冒。所有加造火药收支各款，造具总散各册，详请奏咨前来。臣覆核无异。

除将清册分别咨送总理衙门暨户部、兵部、工部查核外，谨会同江苏巡抚臣赵舒翘恭折具陈，伏乞皇上圣鉴，敕部核销施行。谨奏。

邳州宿迁等营仍照七成支饷片

再，前因邳州、宿迁等处为运道所关，当经前署督臣张之洞奏明，饬派副将唐高斗，招募团勇三营，月支口粮，照湘军营制发给半饷。该营成军时，正值海州戒严，奉调出防，赴淮海一带助剿，兼护运道，勇丁口粮，若照湘军减半发给，月仅支银二两一钱，实属不敷口食，饬令改照七成，自上年三月十五成军之日起支，又经张之洞附片陈明，并请暂缓裁遣在案。嗣准部咨，加增月饷，碍难率准等因。查该营饷数按湘军七成给发，实因其时军情紧急，并非于防务解严后覆请加支。且该三营，前经奏明，业已裁撤二营，所有勇丁口粮，委实难于核减，拟请仍照七成银数支销，以清款目。据江苏防营报销处、江宁布政使瑞璋等详请具奏前来。臣覆核无异。

理合附片具陈，伏乞圣鉴。谨奏。

购买德国枪弹价值拨付清款片

再，前署督臣张之洞电购德国十响毛瑟快枪五万枝，弹二千五百万颗。原议每枪一枝作价德银十五马克，弹千颗作价六十二马克。嗣因枪件逾限未到，复议将每枪减三马克，枪弹退还一千九百四十万颗，统计十响快枪五万枝，枪弹五百六十万颗，应给价九十四万七千二百马克，前经附片具奏，并声明此案价值约合银二十八万四千一百六十两，应俟付价时，再按市价核计在案。

兹据江海关道黄祖络详称，验收前项枪弹，均属可用，惟少枪八枝。该行因零数未便补齐，除照数应扣枪价九十六马克外，实应付价九十四万七千一百四马克。按照购付马克之日市价，规银一两合三马克零四核算，统计应需规银三十一万一千五百四十七两三钱六分八厘，在于瑞记款内拨付清款，详请奏咨前来。臣覆核无异。

除咨部查照外，谨附片陈明，伏乞圣鉴。谨奏。

奏疏卷二十六

遵查被劾道员据实覆陈折光绪二十二年七月二十九日

奏为遵旨确查，据实覆陈，恭折仰祈圣鉴事：

窃臣等承准军机大臣字寄："光绪二十二年五月二十一日奉上谕：'有人奏，道员贪劣，请饬查办一折。据称江苏候补道朱之榛，屡署臬司，地方控案，任听家丁舞弊，近来总司厘务，因加捐机户，致被殴辱。前署两江总督张之洞欲加收无锡茧捐，该道在沪私开机厂，暗嗾洋人阻挠等语。着刘坤一、赵舒翘按照所参各节，确切查明，据实覆奏，毋稍徇隐。另片奏，苏城机匠滋事，系因朱之榛听信劣员马玉田议罚而起，请严禁各局罚捐等语。着刘坤一等体察情形办理。原折片均着抄给阅看。'"等因，钦此。当经臣等会委江苏候补道任玉森，不动声色，确切访查，并会同江苏藩、臬两司，详稽案牍，严密考察，如有前项情弊，不得曲为之讳。

兹据江苏布政使邓华熙等按照原参各节，调核案卷，参以舆论，确切查明，详细禀覆前来。臣等详加查核，如原奏"朱之榛小有干才，心术不正，凡督、抚莅任之始，闻其声名，莫不留心察看，该道熟悉苏事，又工作伪，始而迎合，继而挟制"一节。查朱之榛于同治六年以同知到省，为前督臣曾国藩所器许，奏补苏州府总捕同知，保升道员，在苏已三十年，办事精核，不避怨嫌，历任督、抚臣均知其才识之过人，察其操守之不苟，交相倚重，屡列剡章。该道五署臬司，叠管局务，一应重要事件，无不会商藩司，禀承督、抚臣，秉公办理，并非由于迎合，更未闻有挟制之事。

又，原奏“屡署臬司，地方控案，常由家丁卖批，该道向来信纵家丁，且两目俱盲，执笔画行，亦不辨所批何语”一节。查朱之榛屡署臬司，所批案牍，亲笔颇多，类皆核其情节，分别准驳，旧卷俱在，可以取证。先后派委榷厘，公事亦从无贻误。惟其目光短视太甚，不便趋跄，致滋疑论。原奏谓其目盲，不辨批语，或即由斯而起。至谓署臬司任内，常由家丁卖批，并未指明何年何案，无凭稽查。如果信纵舞弊，势必是非颠倒，怨讟繁兴，何以历年以来从无绅民上控之案？此可不辨自明。

又，原奏“近来总司厘务，因加捐机户，致被殴辱”，并另片奏“捐则归公，罚则局员私分。苏城机捐向归绅士包办，绅士既未短交，督、抚又未奏明加捐，朱之榛听信劣员马玉田，每机一张加捐三倍，议罚至十六倍，遂聚众三四千，几至激成大事，且因加捐罢市者不止一处”一节。查厘局向章，遇有漏损货物，酌量议罚，其款以二成提赏，八成报解，若情节较重，将货充公变价，以五成提赏，五成报解。无论款项巨细，随时报明，留充解饷委员盘费等用，非局员所得私分，其应捐应罚，亦各定有章程，非卡员所得武断。上年该局查获匿税棉纱，变价充公，应提赏项五成，朱之榛以为数较多，仅提二成五厘，馀均收入正款济饷。夫以向章应提之赏项尚复减半给发，则其任怨急公，亦可概见。至苏州省城机捐，创办于同治三年，每机月捐钱一千四百四十文，同治十二年减至一千文。凡贾人自置经纬，发交机户领织，谓之账房。机户之于账房，犹佃户之于业户。账房按机认捐，由公所董事收缴，织成纱缎，运销苏境，概不重征。名为机捐，实则产地纱缎捐，捐自账房，非捐自机户也。常年认捐之机，约一千五百馀张，近来机数日增，漏捐甚夥。苏城厘局，本有稽查专责，委员候补知府马玉田，锐意整顿，禀明总局，责令董事确查补认，非于正捐千文之外议令加捐，惟谕以如再隐漏，须照绸缎漏捐例究罚。一面派令巡员候补从九品帅保清于抽查保甲之便，带查漏机，机户遂以为厉己。又因账房发给工资，向系抬高洋价，乘其暂行收料停织，得所借口，突于四月二十七日，纠众拥至账房，账房则推公所，公所则推厘局，辗转滋闹，流氓从而附和。朱之榛亲出理喻，猝被掷砖受伤，旋即解散，其时观看人多，致有聚众三四千之谣。次日，长洲、元和、吴县三县传集董事及账房机匠人等，谕令开织，机匠纷纷以洋价陈诉。该县等劝谕账房，此后洋照市价，各归安业，漏报之机，亦据账房补认八百张。至马玉田等办理操切，业经分别撤差，其所谓隐漏究罚，不过空言申儆，并未见诸施行。各处市面，当机匠滋闹时，照常开张，并未罢市。原奏称："加捐三倍，罚捐十六倍，罢市不止一处"等语，自系传闻之误。所获掷砖各犯，由司饬提讯究，另案议办。

又，原奏"无锡县近来产茧日旺，丝商认捐，每担洋银九元，少于浙丝十之六。前署督臣张之洞欲一律加收，该道暗嗾洋人阻挠恐吓，遂止加每担一元。向来百斤为担，加捐后，以百二十斤为担，名加一元，实则减去一元八角，由该道在沪开设机厂，专用无锡茧丝，故图私利而罔顾大计"一节。查浙章干茧每担连带收沪捐共洋十二元，苏章每担捐洋六元九角，由来已久。上年朱之榛调办苏州牙厘局务，因前办松沪捐局时，详准援照浙章每担带收沪捐三元，又加一角，统收九元，随有英商宝昌公司禀由领事照会关道，迭次电商停收。朱之榛以内地茧行必先具结声明，确系华商资本，并无洋股在内，此捐既出茧行，非洋商所应阻挠，坚持不允，俾二十万之捐款，得以保全。是苏省茧捐，实由朱之榛主议加收，英商越俎，又系朱之榛据约力争，岂反有暗嗾洋人阻挠恐吓之事？向来干茧运沪，每担百斤外，加包皮折耗十馀斤，行之既久，斤两愈浮。朱之榛以上年盘门卡查获茧船，每担斤两浮至五十斤，大蚀捐项，遂严禁加斤，茧商力求体恤，始详准每担包皮折耗不得过十五斤，以示限制。原奏谓其加捐后，以百二十斤为担，殆未悉此中原委。其南洋海防案内，每担加捐洋一元，系前署督臣张之洞饬由江宁筹饷劝捐局司道札委候补知府沈桓办理，与朱之榛无涉。遍加查访，该道并无在沪开设机厂，证以办理茧捐一事，其为讹传无疑。

此查明朱之榛被参各款之实在情形也。

臣等伏查苏省厘金，自半税单盛行后，久成强弩之末。朱之榛办理局务，多方补救，不遗馀力。如上海纱布厂禀准零售纱布不满一件者，给发凭单，免完税厘，原为恤商起见，乃商人借单取巧，无不化整为零，漏卮甚大。叠经朱之榛查获漏货，详请停给运单，此弊遂绝。查核苏州牙厘局二十一年收数比较同治八九年间半税单未经盛行之时，有盈无绌，捐数增旺，实为同治八年后之冠。目下江苏库储奇绌，用款浩繁，全赖各局厘金补司关道库之未逮。该道朱之榛总司局务，志徇公家，绝无瞻顾，敢言善断，精敏过人。此次机捐一案，系委员查漏过严，以致累及总局，非该道意料所及。茧捐一项，与华、洋商人断断相持，裨益饷需，尤非浅鲜。虽有目眚，无碍公务，并经该司等查明，亦无开设机厂等事，应请毋庸置议。委员马玉田等既无别项不合，业经撤差，亦请免其置议。

所有遵旨确查缘由，谨合词恭折具陈，伏乞皇上圣鉴训示。

谨奏。

裁勇节饷片

再，目下江苏库储奇绌，拨款浩繁，入少出多，饷源日竭，所有应用各款，苟可设法撙节，不得不酌量裁减，以期裨益饷需。

兹查太湖留防水师共计七营，配设长龙舢板一百四十四号，应每船各裁去兵丁二名，共裁兵丁二百八十八名，每年约节省银一万三百馀两。又，督标水师五营，配设长龙舢板、飞划等船共一百三十六号，内后营从前原设飞划二十九号，每船仅设兵丁十二名，应仍照旧办理，其馀四营，每船亦应裁去兵丁二名，共裁兵丁二百一十四名，每年约节省银七千七百馀两。所有饷项，已饬一律截止。内有督标水师左营两船，前经派令护漕北上，应俟差竣回营，再行裁减。似此一律酌改，于操防尚无窒碍，于饷项稍资补苴。嗣后遇事如须酌加，再当体察情形，分别办理。

除咨部查照外，所有裁勇节饷缘由，谨会同江苏巡抚臣赵舒翘附片具奏，伏乞圣鉴。谨奏。

还款分筹认解折 光绪二十二年九月初十日

奏为江苏省奉派应还俄法、英德两款本息银两，饬由司关厘局分筹认解，恭折具陈，仰祈圣鉴事：

窃准户部咨：常年应还俄法、英德两项借款，约银一千二百万两，数巨期促，拟由部库与各省及各海关分别认还。计俄法一款，指拨江苏地丁、盐课、盐厘、货厘、杂税等款银二十万两，江海关税厘银四十万两，镇江关税厘银二十二万两。英德一款，指拨江苏地丁、课厘、杂税等款银三十二万两，江海关税厘银六十万两，镇江关税厘银二十二万两。除京饷等项仍照常分别批解留支外，其馀无论何款，俱准酌量划提，各照分认数目，按期解交江海关道汇总转付等因。

臣查俄法、英德两项借款，每岁应还本息银两，需款至一千二百万两之多，为时至三十馀年之久，必须内外通力合作，庶免失信愆期。江苏奉拨之款，应由司关道局查照部咨数目，竭力认筹。各该司道以江苏库储本非充裕，近年拨款繁巨，出入已难相抵，若更增四国还款，艰窘益甚，财力只有此数，实难为无米之炊，吁请分别减拨改拨，以免有误要需。经臣以此事关系邦交，无论如何为难，断不容稍有推诿，饬令通盘筹画，尽力腾挪，分任其难，以维大局。

兹据江宁藩司与金陵厘局每年认解银十万两，内派还俄法银四万两，英德银六万两。苏州藩司与苏州厘局、松沪厘局每年认解银二十一万两，内派还俄法银八万两，英德银十三万两。两淮运司与各岸督销局卡每年认解银二十一万两，内派还俄法银八万两，英德银十三万两。镇江关奉派岁解银五十四万两，因该关税厘短绌，实难照数措解，详经电咨户部改拨芜湖关银四十万两，仍由镇江关每年认解银十四万两。江海关奉派岁解银一百万两，该关征收华洋税项，除照章分成提解外，留关备拨之款仅止五成一厘，供支京协各饷及本关经费等项，不敷甚巨，药厘一项，亦复入少出多。自二十年海防事起，添拨军火价款及归还息借商款暨军火镑价等项，为数过巨，不敷凑放，商准户部借拨克萨存款及出使经费，方得勉敷周转。此项还款，关系重要，原不敢稍事诿卸，惟本年应解之款，虽俄法款少提六成，尚需银七十六万两，委实力有未逮。拟将本年未解之海军经费银二十一万两，提存备拨之威、大经费银二十五万两，暨上年一半银十二万五千两，共银五十八万五千两，悉数提出，汇还四国本息，再于直隶练饷内酌减两成，截留凑付。嗣后当察酌税厘收数，分别划解，俾免贻误。并据江宁、苏州两藩司及淮运司、镇江关详明奉拨四国还款数巨年远，本属无可设筹，因此款为国家大信所关，不敢不设法认解，如实在力不能及，即当遵照部咨，无论何款，俱准酌量划提之案，斟酌办理等情，详请具奏前来。臣覆核无异。

除咨部查照，并饬嗣后务须依期如数报解，暨饬将指拨淮南四岸盐斤加价银两，照数动拨，另行咨部外，理合会同江苏巡抚臣赵舒翘恭折具陈，伏乞皇上圣鉴。谨奏。

盐厘难恃还款仍请分摊折 光绪二十二年九月初十日

奏为盐务摊还瑞记洋款，新票课厘缓急难恃，仍请一律分摊，免误要需，恭折仰祈圣鉴事：

窃臣接准部咨：议覆鄂、湘、皖三岸新票课、厘抵还瑞记洋款，应照加票原奏办理等因，当经札饬两淮盐运使江人镜妥筹核办去后。

兹据详称：伏查瑞记洋行借款一百万镑，应还本息，于上年九月间前署督臣张之洞饬由盐务认还四分之一，应由运库及鄂、湘、西、皖、五、正各局卡分摊，禀经批准，并将上年十一月十七日应付第一期银两，查照定案摊解。其时鄂、湘新票未加，皖岸南北盐一百票虽已加定，而新引课、厘亦尚未有抵还洋款之议。嗣于本年正月间，前署督臣饬加鄂岸二十票，湘岸十票，始经奏明以前加皖岸一百票及新加鄂、湘三十票，征收课、厘全数备还瑞记洋款。即经查明新票课、厘缓不济急，本年应付第二、三两期，只可照案仍由运库与鄂、湘、西、皖、五、正各局卡分摊，嗣后察看收数情形，随时核办，详经奏明在案。

兹经部臣奏覆，饬照加票原奏办理，不准由江西淮北摊还。窃思新引课、厘与旧票课、厘，同为国家之财赋，京协各饷与瑞记还款，均系国家之要需，出入本有常经，彼此奚分畛域。但求新引课、厘抵还瑞记洋款，不致迟误，何事纷更。无如各岸引票虽经奏加，而销数则不能骤益。前署督臣加票之举，系为酌收票价，借充公用起见，所收票费银两，先后拨充湖北铁厂经费及苏州商务局纺纱机价之用，是以加票原奏声称“惟有加票一法”，又称“不致有碍销路”，盖谓筹款非加票不可，而票数虽加，销数如旧，非谓销畅而加也。近年旧票纲分积压至八九纲之多，新票系与旧票一律轮销，即照六成计算，尚恐未能销足，遑论销足十成。本年第二期洋款，系五月二十一日。维时新票课、厘丝毫无收，从何拨解，不得不照案分摊。转瞬十一月，又届第三期应付之时，察看岸情，新引销数有限，若不照案摊派，势难无米为炊。核计前五年应还之款，所收课、厘亦属不敷，将来只能就收数凑解，馀由各局卡分摊，以期有著而免贻误。在部臣以旧票课、厘，有关京协各饷，不准摊派，未始非慎重饷需之意。而量入为出，贵在因时。即如皖岸新引一百票，照章先归于现运纲末统运一次，是专销新引，而旧票课、厘全无，京协各饷何以应解？仍将所收之课、厘照案分解，以资挹注。其统运一次后，归入下纲，相间轮销，课、厘即未能征足。况每年岸销，只有此数，多销一引之新票，即少销一引之旧票，多收新票之课、厘，即少收旧票之课、厘，此一定不易之理。现值库空如洗，不得不先事筹维，免致临时无以应付。除本年五月第二期业已照案分摊外，其十一月第三期息银，仍请照案与西岸、五河、正阳各局卡一律认摊，以后各期，或均由运库暨各局卡分摊，所有认还瑞记洋款暨京协各饷，统在新旧课、厘内照解，毋庸划分，以归简便，详请具奏前来。臣察核所详，自系为慎重洋款，期无愆误起见，自应仍照一律分摊。

除咨部查照外，理合恭折具陈，伏乞皇上圣鉴训示。谨奏。

鄂局裁减经费截留候拨片

再，案准部咨，以前署督臣张之洞奏，遵查两淮盐务督销局碍难裁撤情形，并力筹撙节整顿，折内声称："鄂岸督销局核定用款，每年节省银一万三千馀两，湘岸裁减经费银二千馀两，正阳卡裁省银四千馀两，五河卡裁省银四千馀两"等语，每年节省银共二万三四千两，应令即饬按年如数解运库存储，听候拨用等因，当经分行在案。

兹据鄂岸督销局禀覆，上年所裁每年共银一万三千二百九十两有奇，当经前署督臣张之洞批明，以一万两留存该局弥补前亏，其馀银三千二百九十两有奇及以后用有盈馀，均须按年专款存储，以济要需。核与原奏所称"每年节省款项，弥补向有挪欠，俾得永杜亏挪"等语，尚属相符。应将全年所裁之一万三千二百九十两有奇截留一万两，弥补局亏，其馀银两，仍遵部文，悉数解宁，听候部拨，请分别奏咨前来。臣覆核无异。

除咨户部外，理合附片陈明，伏乞圣鉴，敕部查照。谨奏。

两淮场灶被灾拨款抚恤片

再，两淮海州分司所属板浦、中正、临兴等三场盐池，俱系引潮晒扫，逼近海滨，每值伏秋大汛，往往漫淹，均经饬令先期迁避。本年六月十三、四等日，大雨滂沱，飓风陡作，海潮顶托，乘势漫溢，低处水深七八尺，高处亦四五尺不等。灶晒人等虽经迁避，间有淹毙者，即经该分司等捐廉给钱埋葬。庐舍类多漂没，圩滆亦已荡平。被灾情形，以板浦场之太平堰、中正场之中兴、富民两疃等处为最重。臣接据禀报，当以时事多艰，度支奇绌，未敢援案请赈，上廑圣怀。即饬先由该分司库内借拨款项，广运干粮、芦席，督同官商，赶速驰往勘抚。现据挨户稽查，按丁量给，急抚已周，并将盐池积水设法车滆，赶紧修理池面，以期无误晒扫。廪盐虽多淌化，而核实盘查，正纲尚不致短缺。惟被灾之后，灶晒人等困苦异常，遂复酌量重轻，由库借给盐价，每引或一二钱，以资接济。统由各池商自丙申纲起，分作三纲，按引清还，以重库项。泰州分司所属之五祐、丁溪、草堰、新兴、庙湾各场，偏于东北，地皆近海，亦于是日同被潮灾。先经运司派委会同该署分司查勘，人畜不无淹毙，锅𨫼亭灶亦多漂塌。已由各该场将淹毙人口，分别掩埋，先行捐赀购办米麦等物散赈，只以灾丁人数过多，难期持久。复即动拨泰分司盐义仓项下历年所存积谷，以及生息钱文，赶办急抚，并由司库筹款接济，仍由各该场商按引捐还，分别买谷照补归垫。现在亭场均已涸复，锅𨫼池滩逐渐修整，灶晒人等照常安业。据江宁布政使瑞璋、两淮盐运使江人镜先后详禀前来。

臣查各场猝被风潮，受灾颇重，经江人镜督饬各员筹借拨款，办理抚恤，仍由各商捐还归款，不由官筹办理，尚属妥洽，堪以仰慰宸廑。

再，此次潮灾，筹办义赈，商捐商办，应请免予造报，合并声明。

理合会同江苏抚臣赵舒翘附片具陈，伏乞圣鉴。谨奏。

筹办江宁矿务折光绪二十二年九月初十日

奏为筹办江宁等处矿务，谨将大略情形，恭折具陈，仰祈圣鉴事：

窃查光绪二十二年二月初九日，钦奉谕旨："据御史陈其璋奏，镇江之东南山，煤、铁、五金皆有可采，着派熟悉矿务办事实心之员，按照所指地名，认真履勘，拟定办法具奏。"等因，钦此。

臣等伏查目下时局日艰，财用日匮，非广兴矿产不足以资利用。年来风气渐开，虽商民亦知开矿之利，特以办理未能得法，以致有名无实。现拟开矿，必须先行由官勘验确实，然后再分官商办法，步步从实，庶免复蹈前辙。当经臣等分委江宁盐巡道胡家桢、常镇通海道吕海寰招延矿师，各就辖境，分投履勘。又以沿江一带，前因群情疑阻，曾禁开挖，复将办法示谕居民，俾知此事实为利国便民之举。

嗣据吕海寰勘得镇江丹徒县属西面曹王山中段上名中德古有石如铅，似炭质与铁所成，镕去炭质而见铁渣，其质似佳。又离江十馀里，山名西德古，有千层纸石，其色黄，土民误以为金，并有铁石露出。又毗连曹王山之光头山，有吸铁石露出，约含铁六七分，可炼精铁，试挖察看，似产铁较厚。惟须附近觅有矿煤，方便镕化。现在委勘，尚未觅到煤矿。

又据胡家桢勘得句容县属之龙潭、上元县属之栖霞山、林山、祠山、胡山、圆山、青龙山、马扒井、石澜山等处，均有煤苗。当饬设局派员雇夫，分别试挖，虽煤层厚薄不等，煤质优劣互异，然均系可采之矿。惟龙潭一处，试开两井，煤层忽有忽无，断续无定，尚须另行探验。

现就各矿，酌定官商办法。查青龙、石澜两山，验系烟煤，煤质有油，火力亦足，堪供轮船机器厂之用。南洋厂船用煤多资洋产，该两处现定酌拨经费，由官开采，将来煤层果能宽厚，即可供厂船之用。其馀各矿，或产柴煤，或系铁煤，种类不一，定为商办。现已由绅民分请承领，饬令验资接办，仍由官局随时稽察。将来各矿出煤，应完税厘，按照利国、贵池各矿定章，分别征收。据各该道等将筹办情形，详请核奏前来。

查煤矿之利，虽不若金、银诸矿之优，近来商务盛兴，机厂林立，需煤至巨，苟能广为开采，亦属收回权利要图。惟南方地势低洼，土脉薄弱，滨江之处，开采尤易见水。现饬酌购应用机具，妥定章程，实力筹办。俟有头绪，再赴各属次第履勘，如有可开之矿，仍当接续酌办。铁矿需费较巨，且必就地产有合用之煤，方便取以镕炼，仍饬俟觅有煤矿，即行镕化试验，分别禀办。

除咨部查照外，谨合词恭折具陈，伏乞皇上圣鉴。谨奏。

金陵机器局更换锅炉片

再，金陵机器制造局机器、熟铁两厂，所用锅炉，系同治初年安设，迄今二十馀载，终年运用，锅炉愈烧愈薄，炼补已多，汽机愈用愈松，旋转无劲，屡经修理，仍属此修彼坏，敷衍运动。上年军务吃紧，加工赶造，锅炉之气磅加足，汽机之马力全开，不惟炉、机两项受伤，即汽缸亦因之磨蚀，以致损坏尤甚，势非更换不可。现经核实估计价值，共需英金一千八百四十八镑，照市价每镑合规银六两七钱三分，计规平折合库平银一万一千三百四十七两有奇，照案由江海关于制造二成洋税项下如数动拨济用。据金陵机器制造局禀请奏咨前来。臣覆核无异。

除咨部查照外，谨会同北洋大臣直隶督臣王文韶附片陈明，伏乞圣鉴，敕部查照施行。谨奏。

创设机器制钱局兼铸银元片

再，查上年冬间，江南、北各府、州、县均因制钱缺少，民用不敷，上游皖、鄂等省银价亦复骤跌，邻省皆禁运钱出境，以致市面愈不流通，江宁等属，百物昂贵异常，小民生计艰难，颇滋惶扰。当经前署督臣张之洞拨款购办铜铅，由广东铸钱局代铸制钱二十万串，以资周转。业将办理情形，先后奏明在案。

兹查江苏钱价至今尚未平减，商民交困，受累日深。现由广东代铸制钱二十万串，该省铸钱机器每日仅出钱六百串，以二十万串计之，约须一年，方可竣事。若专恃广东代铸，仍属缓不济急。且运脚有费，保险有费，层层折耗，于公款实多亏蚀。臣与司道再四筹商，非在江宁自行设局仿铸，不足以示平准而靖民心。惟铸造制钱，不能无所亏折，当此库储奇绌，筹款维艰，若别无补救之方，亦恐难于持久，必须多购机器，兼铸银元，庶以制造银元之盈馀，补鼓铸制钱之亏耗。

查上年十二月间，户部议覆御史陈其璋奏请鼓铸银元折内，行令沿江、沿海各省，自行设局仿办，派员专理，俾得次第程功，自应查照部咨，实力举办。现饬江宁藩司会同候补道刘式通在上海瑞生洋行订购英国嘉敦厂铸造制钱机器全副，每日约可造钱一千串，价合英金二万一百五十五镑有奇，银元机器全副，每日约可造大小洋十万元，价合英金九千八百六十七镑。二共英金三万二十二镑有奇，经该司道等议减五百镑，计实价英金二万九千五百二十二镑有奇。又起重机器及铁路等项，共实价英金一千二百七镑有奇。订立合同，限期交运，计本年十月内可以到华。并饬候补道桂嵩庆在江宁省城查勘相宜之地，鸠工庀材，参酌洋式，建造厂屋，一应用款，由臣酌量筹拨，另行分别开报。

除咨部查照并候开局后将一切事宜妥为筹办随时奏咨外，理合会同江苏巡抚臣赵舒翘附片具陈，伏乞圣鉴。谨奏。

老湘营打仗人员核减改奖折光绪二十二年九月初十日

奏为老湘营前次打仗出力人员，遵照部议，分别核减改奖，恳恩俯赐照准，以示鼓励，恭折仰祈圣鉴事：

窃准部咨：议覆老湘营前在海城等处打仗出力各员，虽有劳绩足录，究未克复城池，擒斩要逆。所保人数，饬令大加核减，按照寻常劳绩另行酌保等因一折。光绪二十一年十一月二十五日奉旨："依议。"钦此。咨行查照等因，当经转饬遵照去后。

兹据前统老湘营甘肃巩秦阶道李光久详称：该军前在海城等处，连月血战，大小十有馀次。各该员弁，于枪林弹雨之中，奋不顾身，杀敌致果，实属异常出力。前请保奖人数，以五营计之，每营仅止数人，本未敢稍涉冒滥。现既奉部行令核减，自应遵照办理。兹择其尤为出力者，按照寻常劳绩，呈请酌核保奖，并将出力较次之员，分别删除，开单详请具奏前来。臣覆核无异，谨将拟保官阶、衔名，缮具清单，恭呈御览。合无仰恳天恩，俯准照拟给奖，以示鼓励。

除饬取各该员弁履历分咨吏部、兵部查照外，理合恭折具陈，伏乞皇上圣鉴训示。谨奏。

徐州兵练击退刀匪请奖折光绪二十二年九月初十日

奏为徐州兵练击退刀匪，有裨大局，所有在事出力员弁，吁恳天恩，俯准择尤请奖，并开复降调总兵原官，以示鼓励，恭折仰祈圣鉴事：

窃查本年四、五月间，山东刀匪窜至徐州丰、砀各属，拆毁教堂，劫抢盐店。经臣电饬署徐州镇总兵陈凤楼及该文武，督率兵练，严密防剿。嗣据禀报，于五月二十日、二十一日接仗获胜，刀匪败回各情形，节次电知总理衙门代奏。五月二十三日奉旨："刘坤一电悉。山东曹、单一带，本系盗贼之薮。此次刀匪借闹教之名，既拆教堂，复毁盐店，出没于山东、江南两省之间，该处民人集团守御，其肆扰情形已可概见。着刘坤一、李秉衡各派队伍，速往镇压，如敢抗拒，即就地剿除，慎毋姑息养奸，致贻巨患。"钦此。又二十七日奉旨："刘坤一电悉。刀匪拒捕，开仗情形甚重，现虽败回单县，其匪首刘士端尚潜伏东境，着刘坤一严饬防堵，并电知李秉衡即速掩捕，如需会剿，即着饬营前进，务期速了，毋致蔓延为要。"等因，钦此。仰见圣明智烛幾先，指示详切，下怀莫名钦悚！当即恭录咨行，钦遵办理。

臣维此次防剿能否得手，实系时局安危。该刀匪等党羽甚多，遍布于山东、河南、安徽、江苏分界之地，盘结勾连，阴谋叵测。兹因砀山庞三与刘姓教民割禾起衅，遂以灭教为名，肆其焚掠，以摇人心而启外侮，用意至为险恶。初犹借口为庞三复仇，以数十人、百数十人往来滋扰，专与教民为难。既而匪目彭桂林、智效忠、陈五呆子各率巨股，合二千馀人，攻扑砀山马良集，势极披猖，情同叛逆，若使得逞，则凶焰益张，本地伏莽与外来游勇从而附和，将有燎原之祸，牵动大局矣。陈凤楼等部署严明，应援神速，兵练莫不用命，得以痛予创惩，匪目或斩或擒，无一漏网，匪徒死伤数百，馀悉逃回山东，徐境由是平安，教士莫不欣感，各案一律议结，堪以上慰廑怀。

伏维朝廷激劝戎行，微劳必录。近如漕臣松椿饬派员弁拿获著名巨匪秦大得等，奏奉朱批："准其酌保数名。"今徐州兵练击退刀匪巨股，保全地境，于大局不无裨益。所有在事出力员弁，合无仰恳天恩，俯准择尤酌保，俾免向隅。至陈凤楼前因被参，部议降三级调用，经臣与漕臣松椿为之逐款剖明，请留署任，仰荷恩俞。该总兵自回任后，整饬营伍，巡缉匪徒，不遗馀力，一方倚以为重。此次防剿得手，实该总兵之功。可否准其开复原官，以示鼓励，出自鸿施。

所有兵练击退刀匪，请奖出力人员，并开复总兵原官各缘由，谨恭折具陈，伏乞皇上圣鉴训示。谨奏。

拨款续采棕毛折 光绪二十二年十月十八日

奏为采办棕毛动用银款，恭折具陈，仰祈圣鉴事：

窃准工部咨，行令采办棕毛二十万斤，分批解部。前经议定，以五万斤为一批，业将头、二两批棕毛十万斤，饬委运解在案。

兹据署安徽布政使于荫霖详称："三批棕毛，前因款绌价贵，未经采办，现奉工部电催，不容再有延缓。应请将三批棕毛五万斤，先行派员前赴江西、湖北一带赶速采办。所有每斤例价银三分，共该正银一千五百两，在于光绪二十二年各属解司正项银内动给，又于耗羡项下拨给协贴价值银二千六百馀两，又部饭银一千二百两，并水脚银一千八百馀两。"详请奏咨前来。臣覆核无异。

除饬令赶紧采解外，所有采办第三批棕毛动用银款缘由，理合会同安徽巡抚臣福润恭折具奏，伏乞皇上圣鉴。谨奏。

裁减沿江滨海炮台经费片 光绪二十二年十月十九日

再，江南沿江滨海，各处炮台，前经署督臣张之洞分为吴淞、镇江、江阴、金陵四路，一律改编专勇，遴派华、洋员弁教习训练。各台弁勇薪、粮等项，即以裁汰防营月饷抵支。于上年冬间，先后奏明，并将饷册咨部查照在案。

查江南炮台编立专勇，事属创办。臣回任后，详加体察，尚有应行变通之处，与司道等悉心斟酌，量为损益，将前定章程复加厘订。饬自本年三月初一日起，查照现定新章办理，数月以来，诸尚妥协。江南各炮台向章支销，每年不过一万六千馀两，上年大小各炮台改设专勇，每月需银二万六千馀两。现在改章之后，总计各项用款，每月共需银二万五百馀两，较之前定饷数每月可减支银五千馀两，每岁可节省银六万馀两。江南饷项艰窘异常，此项章程照此核定，实于操防饷需两有裨益。所有各台勇饷，仍归金陵支应局在于裁营月饷内按月抵支，其华、洋员弁、司事、工匠、擦洗炮费等项，暂由江南筹防局核拨，一俟支应局饬力稍裕，再行拨还归垫，以清款目。

除将酌定新章饷册分咨户部、兵部、工部查核外，谨附片陈明，伏乞圣鉴。谨奏。

核销电线经费责成地方看管片

再，光绪二十年间，因海防戒严，沿江、沿海驻军处所，分设电线，以速军报而便调度，由署督臣张之洞将设线情形奏明在案。

兹据督办官电事宜道员盛宣怀详称：江阴一线，自上海之吴淞起，经宝山、浒浦、福山以达江阴，计线路二百七十七里。崇明一线，沿吴淞口南岸起，接至狮子林，以达北岸崇明，计水、陆线路一百十八里。乍浦一线，自上海起，越黄浦江，经川沙厅、南汇、奉贤、金山之海塘，以达乍浦，计线路二百六十八里。通州一线，分为三路：一由镇江南岸象山起，接至圌山关，约五十一里；一由镇江北岸瓜洲起，接至都天庙，约二十里；一由扬州起，接至通州之任家港，并横接泰州，约线路三百四十六里；共四百十七里。海州一线，自清江起，接至海州及赣榆之青口，并横接板浦，约线路二百九十六里。通共水、陆线路一千三百七十六里，分起筹办，一律工竣，共用工料、薪费库平银七万五千八百四十一两有奇。分晰造册，详请核办前来。

臣查此次设立电线，器具有可向商电局借用者即不购办，所需员司有可向商电局借用者即不委派，是以开支较为节省，一切用款亦均核实无浮。惟此项电线，既因筹防而设，防务解严，自应即撤以节省养线之费。臣于本年正月抵任后，当督饬局员分别核定，海州至清江，通州至瓜洲，路远线长，照料不易，惟该两处尚有商报可递，暂交商局收管应用。崇明孤悬海外，水线费巨，酌留司事丁役专管。其馀各处杆线，责成各地方官会营派拨兵役看管，遇有损坏，随时拨款修理。所有委员、报生人等，概行裁撤，以节经费。

除将清册分咨户部、兵部、工部查照外，理合附片具陈，伏乞圣鉴，敕部查照。谨奏。

察看道员心迹据实覆陈折光绪二十二年十月十九日

奏为遵旨察看道员，据实覆陈，恭折仰祈圣鉴事：

窃臣等承准军机大臣字寄："光绪二十二年八月二十七日，奉上谕：前据御史杨崇伊奏参江苏候补道朱之榛，当经谕令龙湛霖确查具奏。兹据奏称：'该道人颇精明，惟居心叵测，若听其恋栈贪荣，恐致贻误公事'等语。朱之榛服官苏省多年，叠经有人保奏。上次因案交查，刘坤一、赵舒翘覆奏，亦称其'办事精核，不避嫌怨'。其平日居心行事，究竟若何，着该督、抚秉公察看，据实具奏。原片均着抄给阅看。"等因，钦此。仰见我皇上考言询事，至公至明，跪诵之馀，莫名钦感！

臣等伏查江苏候补道朱之榛，清介绝俗，持正不阿。在江苏服官垂三十年，五署臬司，叠管局务，其操履之不苟，办事之认真，精敏过人，实为难得。失经督、抚臣保荐，人品才具，久在圣明洞鉴之中。现在苏州开埠通商，于厘务颇多窒碍，时艰财匮，挹注无方。该道志徇公家，屡谋补救，长于会计，亦敢于担当，廉介自持，无近今脂韦之习。臣等详加察看，其居心行事，洵为济时有用之才。仰蒙谕旨垂询，不敢不据实上陈，以副圣主迩言必察之至意。

所有遵旨察看道员缘由，谨合词恭折覆陈，伏乞皇上圣鉴训示。谨奏。

机器局制造经费照案指拨片

再，前准户部议覆江南机器局购机建厂，创造快枪、快炮、制药、炼钢，请添拨常年经费银二十万两，拟俟将加造枪、炮、火药细数统盘核定，奏明指拨，行令遵照等因。兹据总办局员江苏候补道刘麒祥等禀称，每年加拨常费银二十万两，现在统盘合计：炼钢厂每年可出快炮管、快枪筒及枪、炮机件、炮架器具等钢料二千馀吨，栗色药厂每年可出栗色火药二十馀万磅，无烟药厂每年可出无烟火药六万馀磅。以上三大宗，即系常年制造之外，所创新厂各项加造之数。其快枪、快炮、枪子、炮弹均已一律改造新式，无从分别常造、加造。并而计之：快利新枪每年可成一千五百杆，一百磅子快炮每年可成六尊，四十磅子快炮每年可成十二尊，快利枪子每年可出一百二三十万颗，快炮钢弹每年可成一千五百馀颗，大小铁弹每年可成一万馀颗。此系并计加造、改造之数，禀请照拨接济前来。

臣查该局常年所领二成洋税，除分拨金陵机器局及养船经费外，为数本属无多，只能供原设各机厂之用，机厂既增，工料自倍。盖栗色药、无烟药及炼钢三厂，均系新厂，本无常费，有厂无费，仍与无厂相等。新式之快炮、快枪以及子弹等项制作既精，工费益巨，亦断非额领经费所能敷用，是署督臣张之洞请加拨常费，委属必不可少之需。合无仰恳天恩，俯准敕部照案指拨，俾济要需。

除分咨督办军务处及户部、兵部、工部查照外，理合附片具陈，伏乞圣鉴训示。谨奏。

协拨川省新式快炮片

再，臣接准四川督臣鹿传霖来电："近接藏表，攻备关重，请协拨新式快炮十尊"等因。臣查四川需用炮位，江南现既查有存件，自应不分畛域，协拨济用。当饬金陵军械所拨给阿摩士庄七磅车炮五尊、子弹二千四百颗，哈乞开司一磅快炮五尊、子弹三千颗，交由四川候补知县颜守彝领运回省应用。据军械所呈请具奏前来。臣覆核无异。

除咨部查照外，谨附片陈明，伏乞圣鉴。谨奏。

江豫会剿幅匪请奖出力员弁折光绪二十二年十月十九日

奏为江苏、河南两省官军会剿幅匪，谨将惩办情形，恭折具陈，仰祈圣鉴事：

窃查江苏徐州府属之萧县、砀山等县与河南永城、夏邑等处，犬牙交错，向为盗匪出没之区，迭经严饬各该文武，实力巡防，认真缉捕，遇有拿获要匪，先后惩办，奏明在案。

本年三月间，据署徐州镇总兵陈凤楼、署河南归德镇总兵崔廷桂、署徐州道阮祖棠禀称：巨匪白脸王三馀党在各该处潜勾游勇，结幅起事，先后焚抢永城薛家湖聚源隆杂货铺并萧县张大屯久聚成估衣等铺，拒杀练丁，势殊猖獗。崔廷桂闻报后，率队往拿。陈凤楼、阮祖棠等亦因匪势猖獗。非由两省会剿，不足以杜窜扰而靖地方。当经陈凤楼带队驰往薛家湖与崔廷桂会筹布置，督饬永城营参将韩立本、豫正营官弁邵武魁、蔡昌文及徐防勇营哨弁周连城等，协同永城县知县沈传义、萧县知县刘本檍、署砀山县知县朱学煌，各带勇役，于二月十六、二十二等日在砀山县境王闸口、房庄等处分投剿捕，追至萧县、砀山、永城三县交界之何家集地方，各匪逞凶反斗，开枪对敌，拒伤勇役杨吉太、常克俊、苗兆瑞、秦喜四名。我军不避枪火，奋勇合围，立时擒获杆头邵同椿及邵麻举、朱二岗、杨虎、殷九、朱自得、纪道、房绍先、吴三、酆赃、王雷池、魏扬猴、王第二等犯十三名，格杀杆头唐占蝌一名，匪犯李粘被拿自戕，夺获匪械洋炮十三件，并刀、剑、火药、铅丸、原赃等项，馀匪奔散。复探砀山境陈家楼等处有匪潜匿，又派营官陈万金、王凤如，萧营都司龚锦标，萧县刘本檍，砀山县朱学煌，砀汛把总王庆兰带队驰往围拿，各匪凭险抗拒，当经击杀数名，馀悉奔溃，追获杆头邵起椿并搜获匪犯李桐、李狼、李二套、王宗允、王毛、王鞍、黄滙、黄沨林、陈正、夏溃、曾详、刘景共十三名，夺获洋炮各件。并在沛县龙堌集扑获杆头胡四即薛鳖儿、巨匪王大小即滚地龙。又由萧县捕获高继蚊、张广田，并格杀李三欢即李老添耶一名。复据派出线勇探有匪目在铜山、萧县交界地方潜图滋事，复派营员谷得先、赵金海及铜山县陶在铭等，驰至管粥集围捕。该匪等突出拒斗，势极凶悍，致伤什长高玉升、李永标等。我军奋力猛扑，擒获匪犯周印即周银、薛广玉、姜永溃等共三名，夺获枪械无算。续由该镇陈凤楼、崔廷桂酌派两省防军，会合永城、萧县、砀山等县，先后捕获匪首邵根椿及祝留贞、邵十、邵三怪物、邵小二、邵铁头、邵二虾蟆、宋传得、段尿即段继菖、马可、马如、刘憨墨、尉平、陈尿壶共十四名，并被拿自戕匪犯王狼一名，继复格杀巨匪胡小车子一名，擒获伙匪唐占起一名。综核两省文武官军先后会获巨匪邵同椿等四十八名，并格毙及自戕匪犯唐占蚪等五名，共计擒获格杀五十三名。除格毙之唐占蚪等五名及朱自得、纪道、房绍先、魏扬猴、王第二、邵三怪物、邵铁头、邵二虾蟆、黄沨林、陈正、王毛、曾详、刘景、陈尿壶、尉平、薛广玉、姜永溃等十七名，于取供后在监病故，暨续获之唐占起一犯，讯明后另行核办外，据该县将匪首邵根椿等三十名，解经徐州道提讯明确，录供禀请分别惩办前来。

经臣核明该匪首邵根椿、邵同椿、邵起椿、胡四即薛鳖儿等四名，并朱二岗、高继蚊、张广田、李狼即李汶智、邵麻举、宋传得、杨虎、邵十、殷九、段尿即段继菖、王大小即滚地龙、周印即周银、王鞍即王小山、李桐、夏溃即夏文岭、黄淮、马如、马可即马汶轩、刘憨墨等十九名，或系结幅起事，或系游勇迭劫，迨经两省会拿，犹敢拒敌官军，均属法无可贷，批饬均予正法，并与业已监故之朱自得等十五名，分别戮尸枭示，以昭炯戒，而快人心。其薛广玉、姜永溃二名，免其戮尸。至同时拿获之李二套、王宗允二犯，中途落水未行，吴三、鄄赃、王雷池、祝留贞、邵小二五犯系被逼胁挑担，情同服役，与李二套、王宗允均未帮同拒捕，情尚可原，并饬查照惩办会匪章程，分发犯籍酌予监禁，期满分别办理。

臣查此股幅匪勾结游勇，揭竿起事，啸聚多人，扰掠江苏、河南边境，官军往捕，犹敢率众抗拒，实属形同叛逆，较诸上年惩办之白脸王三，其凶悍为尤甚，剿办稍一迟滞，为患何可胜言。幸得两省文武同心戮力，合军会剿，得以迅速殄除，遏乱初萌，办理尚称得手。所有在事文武员弁奋勇追剿，擒获首伙匪犯至五十馀名之多，实属异常出力。合无仰恳天恩，俯准将在事尤为出力之前署河南归德镇总兵崔廷桂、江苏补用知县陈迺勋、候选县丞孙乃洛、沈家齐、附贡生贾福焜、调署河南永城营参将汝宁营参将韩立本、尽先守备萧文龙，其次出力之河南永城县知县沈传义、江苏铜山县知县陶在铭、署砀山县知县朱学煌、萧县知县刘本檍、候选盐大使朱正荣、指分东河试用县丞吕遐绾、州同职衔周份、附生王景棻、监生沈锜、俊秀赵庆、恩署徐州镇标中营游击刘玉泉、两江尽先补用副将借补徐州镇标萧营都司龚锦标、河南鹿邑县汛千总邵武魁、尽先守备张锦贵、都司衔武生芋奉恩等二十二员，分别给予奖叙，以资鼓励。如蒙俞允，再行开具清单，照章拟保。

除咨部查照，并将千总以下应归咨奖各弁另行开单咨部查核，暨饬该镇、道等督饬会同交界营县防军严拿逸犯陈三麻子等务获惩办以绝根株外，所有江苏、河南两省官军会剿幅匪讯明惩办各缘由，谨会同江苏巡抚臣赵舒翘、河南巡抚臣刘树堂恭折具陈，伏乞皇上圣鉴训示。谨奏。

研讯游棍讹诈实情比例议拟折 光绪二十二年十月十九日

奏为游棍讹诈职官牵涉道员一案，遵旨研讯确情，分别议拟，恭折仰祈圣鉴事：

窃臣承准军机大臣字寄："光绪二十二年八月十九日奉上谕：赵舒翘奏，游棍讹诈，干涉地方官员，请饬查办一折。据称有湖南人曹秉权，自称候选员外郎，禀控署元和县知县叶怀善在镇江挟妓冶游，被萃军围辱，经伊排解，叶怀善允给洋银四千元，书有墨据。又据叶怀善呈出密信一函，称系胡家桢由信局寄来，信内声叙曹秉权谈及叶怀善挟妓饮酒，被流氓欲索巨款，经曹秉权代兑四千元了事等语。览奏，情节支离，虚实均应澈底根究。署元和县知县叶怀善先已撤任，江宁盐法道胡家桢着一并撤任，交刘坤一饬提曹秉权严讯确情，据实具奏，至曹秉权是否捐纳员外郎，着吏部查明斥革。原折着抄给阅看。将此谕令知之。”钦此。臣遵即将盐巡道胡家桢撤任，札调安徽按察使赵尔巽前来江宁随同审讯，并调齐卷宗暨应讯之曹秉权等来宁，以凭研讯，附片奏明在案。

旋据署江苏臬司陆元鼎检齐卷宗，将原告曹秉权、抱告龚恕二名派员押解来宁，并据叶怀善禀到投案。该臬司赵尔巽于九月十二日行抵江宁省城，细核卷宗，以此案胡家桢之被牵，由于叶怀善之被控冶游呈出无名说项之信，叶怀善冶游虚实，在于曹秉权所呈叶怀善笔据，是比对字迹真假，最为此案紧要关键。随提集原、被到案，即据叶怀善呈出无名说项一信，及曹秉权二次原信，并递自首切结，内称伊“前因此信字迹与盐巡道胡家桢相像，因而怀疑，抄信禀呈。现经再四复看，与胡家桢笔迹不甚相符，不敢固执，求恩免究”等情。讯据曹秉权、叶怀善两造供词各执，当饬叶怀善当堂照曹秉权所呈票据书写，比对笔迹不符，曹秉权犹执为叶怀善有心改变字体，求调叶怀善任所卷宗查对。据经该司札饬候补直隶州知州石镇，前赴阳湖县调取叶怀善在任时亲笔书判较多者五卷到宁，逐细比对，仍不符合，曹秉权始俯首无词。并调取盐巡道胡家桢在本任时亲笔批示两卷核与叶怀善所呈无名说项信字迹亦不相符。说项之信，据叶怀善禀，系江宁森昌信局所寄，检查该信局收条信函号簿，并无本年二、三月间胡家桢递元和县叶怀善信件证据。按名详讯录供议拟，详请勘办前来。

经臣于十月初一日督同该司亲提覆勘，逐一研讯：缘曹秉权籍隶湖南长沙县，先曾在家读书，后因家道艰难，出外谋事不成，撞骗度日，与另案革职前署元和县知县叶怀善素不认识。光绪十九年以后，曹秉权曾在扬州、上海、江阴、江宁等处向人撞骗、索诈各一次，得洋或数十元或数元不等，不记确数，亦不记失主姓名，赃洋随时花用无存。二十一年十二月初七日，曹秉权行至苏州，诈称道衔候选员外郎京官赴元和县衙门往拜叶怀善，分送对联告帮，意图骗钱。叶怀善未曾接见，送洋两元，曹秉权嫌少不收，将对联索回。次日曹秉权动身前往镇江住三义公客栈度岁。二十二年正月初五日，叶怀善由苏州起程赴扬州面禀要公，初七日夜四更时分行抵镇江，亦住三义公客栈。曹秉权即起意设法索诈，因叶怀善于初八日天明渡江，十一日由扬州回镇江，未曾上岸，即附搭轮船前往上海，十三、十四两日在上海耽搁，十五日回署。曹秉权无可下手，因思镇江码头流娼甚多，过往官员难保无冶游情事，若捏造叶怀善于正月初七日在镇江挟妓被围，许洋写据，经伊排解垫洋等情，向其索诈，叶怀善系实缺人员，必惧上司听闻，不敢举发，定必出钱托人了处。遂央不识姓名测字人捏写英洋四千元凭票一纸，下叙叶怀善姓名，于本年二、三月间屡函往索。叶怀善接信后，派人访查曹秉权下落无著，致未禀究。未几，叶怀善又接一信，其中语意似为曹秉权说项，信尾并无名姓，只写“名心谨叩”字样，叶怀善置之不理。后曹秉权因叶怀善未曾理会，遂拟控告挟制，自作禀词，带同甫至伊处服役不知实情之龚恕到苏州，令伊作抱，赴巡抚衙门拦舆禀控。饬由吴县查提曹秉权到案，发司讯办，即经臬司吴承潞委员驰赴镇江并札饬丹徒县密查，一面饬令叶怀善按照被控各节据实禀覆，并将曹秉权等发交苏州府审讯。旋据叶怀善具禀，逐层辩晰，并称另有介绍之信，当时呈出曹秉权索洋原信一封。胡家桢因风闻叶怀善在抚臣处呈有排解之信谓系该道所寄，知是假造，先后函电司道代禀查究。嗣后委员及丹徒县查覆叶怀善两次路过镇江，并无挟妓被围情事，取具保邻切结申送，并叶怀善将说项原信称系胡家桢亲笔，呈送抚臣核对，照抄通禀。旋经江苏抚臣赵舒翘以职官被控，牵涉现任道员，情节较重，将原信发交叶怀善自行呈递，奏奉谕旨，交臣饬提曹秉权严讯确情，据实具奏等因。当经臣调齐卷宗，札委安徽按察使赵尔巽前来江宁审讯，臣督同覆勘，曹秉权等均各供悉前情不讳。

臣查此案以曹秉权所呈叶怀善亲出票据是否叶怀善亲笔最为紧要关键，即提集原、被到案。据叶怀善呈出无名说项一信及曹秉权二次原信，并将覆看无名信内之字与胡家桢笔迹不甚相符，具结自首，恳请免究。据曹秉权、叶怀善两造供词各执，当饬叶怀善当堂照曹秉权所呈票据书写，复派员调取叶怀善在阳湖县任内亲笔书判文卷，逐细比对，均属不符，并调取胡家桢在盐巡道任内亲笔批件，核与叶怀善所呈无名信字笔迹亦不相符。诘据曹秉权供无另犯设法索诈、假官撞骗及同谋知情之人，再三究诘，矢口不移，案无遁饰。

查律载："断罪无正条，援引他律加减定拟。"又例载："恶棍设法索诈官民，捏告各衙门，情罪重大，实在光棍，事发者，不分曾否得财，为首斩立决。"又律载："不应为而为，事理重者杖八十"各等语。此案曹秉权屡在各处诓骗得财，又诈称京官赴叶怀善衙门往拜告帮，后在镇江遇见叶怀善图诈未成，辄敢设法妄捏叶怀善在彼处冶游，被散勇围讹情事，并捏其亲写许洋笔据，屡信索诈，复赴江苏巡抚衙门控告，实属刁恶不法。惟向无凶暴重情，与实在光棍有间。遍查律例并无治罪专条，自应比例量减问拟。曹秉权除向各处诓骗得财不记确数，并无官诈称有官图行一事，应拟近边充军，计止二千五百里，较满流为近，各轻罪不议外，合依“恶棍设法索诈官民，捏告各衙门，情罪重大，实在光棍，事发者，为首斩立决”例上量减一等，拟仗一百，流三千里，定地发配，折责安置。据供父老丁单，系恶棍积惯诈讹，情节较重，应不准其查办留养。叶怀善于曹秉权诈称京官往拜时并未见面，不知虚实，无从觉察，即送洋酬应，亦人情之常。其因公路过镇江并未停留，均无不合，惟在上海地方，无端逗遛两日，虽讯无冶游重情，而玩愒旷职，究属不应。叶怀善除将无名信函指为盐巡道胡家桢信，一经到案，即将怀疑误呈缘由具结据实呈明，即属自首，例得免议外，合依“不应为而为，事理重者，杖八十”律，拟杖八十，业已另案革职，应毋庸议。盐巡道胡家桢讯据曹秉权供不认识叶怀善，亦呈明前呈无名一信系属怀疑，检查信局号簿亦无二、三月间胡家桢发递元和县信件，且查胡家桢亲笔所批卷宗字迹亦不相符，应毋庸议。抱告龚恕到镇时，已在曹秉权设法捏据屡函索诈之后，曹秉权亦未将真情向告，讯不知情，亦毋庸议。代为写据之不识姓名测字人应免查提。叶怀善所呈无名信件，无从查究。曹秉权捏告票据，案结涂销。

是否允协，除全案供招咨部查核外，所有游棍讹诈职官牵涉道员一案，讯取确供，照例议据缘由，理合恭折具奏，伏乞皇上圣鉴训示。谨奏。

江靖三营照旧留防片

再，接准部咨，江靖一军前请挑留三营，现在安静无事，行令全行裁撤等因。臣查该军本系七营，除改充炮台专勇约留一营外，其馀六营，本年正月经前署督臣张之洞奏明拟裁三营，并未遣撤。臣回任后，饬令分起遣散。所留三营，挑选精壮，仿照衡字五底营办法，作为六底营，并改委统领，申明纪律，实力整顿，数月以来，颇能认真操练。当此用宏费绌，筹饷维艰，该军苟可议裁，何敢不力求撙节。惟苏省幅陨辽阔，江海兼防，现存水、陆各营，实已较前减少，兵单地广，深虑分布为难。该军业经汰弱留强，甚为得力，自应照案留防，以资巡缉。臣仍随时督饬该统领切实训练，不准稍有疏懈，以副圣主修明武备之至意。

理合附片具陈，伏乞圣鉴训示。谨奏。

各省采办官物军米停免厘税片

再，江苏入款，以税厘为大宗。年来出款纷繁，以入抵出，恒虞不给。自前岁军务以后，用款又复迭增。本省息借商款及军火抵价之外，又有应还瑞记洋款，近复由部派拨英、法、俄、德四国还款，数巨期迫，均属刻不容缓。关局税厘纵能旺收，犹虑力不能支。矧苏、杭辟口通商，向来完厘之货，今皆可以就近报关完税，向在上海完纳洋税之货，运入苏、杭内地，如不完厘，亦须照完子口半税。今为口岸，凡往来三口之货，完一正税之后，各关局即不能再行重征。是以苏省税厘又复较前为绌。入款既减，出款骤增，艰窘万分，时以贻误为虑。目下库储匮乏，内外相同。深念部臣筹款之难，既不敢另谋改拨，惟有将向来免完税、厘之案，斟酌缓急，分别办理，以期稍资挹注。

查各省购办官物，近来纷纷援案请免税、厘，分计无多，合计即为巨款。现已由臣声明定章，分电各省，必须奏准免完者方准照免，以示限制。至各营采办军米应完税厘，当时原系因歉暂免，本非常经。当此财用支绌之时，各统领亟应共体时艰。况各营于兵饷内核扣米价，系有定数，即使米价因完纳厘税，稍有加增，亦与兵丁应领饷数尚无窒碍。此后无论何省采办军米，均不得再行借口援免，以重厘税而济饷需。

除咨部外，理合附片陈明，伏乞圣鉴。谨奏。

特参不职巡道折光绪二十二年十一月二十四日

奏为特参庸妄不职之巡道，请旨革职，恭折仰祈圣鉴事：

臣维巡道有方面之责，统辖府、厅、州、县等官，必须贤明勤慎之员，方足以资表率。兹查徐州道沈守谦，在任数年，未能认真振顿，地方土匪充斥，劫杀频仍。上年十二月杪，臣行抵清江，该道由徐来见，当以岁暮多盗，拟即饬令回任，次日，查传该道，已轻舟远赴江宁矣。臣以该道擅离职守，撤省察看，以示薄惩。乃该道于交卸前数日，竟将查抄革员卫汝贵案内前署督臣押缴顶价之总管事刘锡珍即刘雨春径准朦混取保，刘锡珍旋即私回合肥原籍，屡提不到，保人刘凤章亦复不知去向，以致五万巨款无著。该道胆大妄为，贻误公项，尤属有乖职守，未便稍涉姑容。相应请旨将沈守谦即予革职，以昭炯戒而肃官方。

除饬署徐州道阮祖棠勒提刘锡珍到案严追归款外，所有特参庸妄不职道员各缘由，谨会同江苏抚臣赵舒翘恭折具陈，伏乞皇上圣鉴训示。

再，所遗徐州道一缺，江苏现有应补人员，应请扣留外补，合并陈明。谨奏。

酌保人才折光绪二十二年十一月二十五日

奏为遵旨酌保人才以备简用，恭折仰祈圣鉴事：

窃臣钦奉光绪二十一年闰五月十六日上谕："为政之要，首在得人。前谕中外臣工保荐人才，业经次第擢用。当兹时事多艰，尤应遴拔真才，借资干济。着各部、院堂官及各直省将军、督、抚等，于平日真知灼见，器识闳通，才猷卓越，究心时务，体用兼备者，胪列事实，专折保奏，其有奇才异能，精于天文、地舆、算法、格致、制造诸学，必试有明效，不涉空谈，各举专长，俾资节取。该大臣等当念以人事君之义，一秉大公，详加考核，倘或苟且塞责，谬采虚声，甚至援引私人，瞻徇情面，滥保之咎，例有专条，定惟原保之人是问。"等因，钦此。仰见皇上廑念时艰，求贤若渴之至意，下怀钦佩，莫可名言！顾臣迟至年馀之久，不敢轻举一人者，诚以真才难得亦难知，非细察其立心制行以及才力精神，无由知其为守兼优，仰酬高厚。

兹查有江苏候补道杜俞，心地光明，志趣远大，立身颇有本末，办事能达经权。初在四川办理军务，卓著战功，前督臣刘秉璋深相器重。嗣经陕西抚臣魏光焘调办营务兼领偏师，约束严明，所至不扰。及来江苏候补，臣与之筹饷筹兵，该道所陈，均有条理。江苏抚臣赵舒翘待以国士，委统水、陆防营，训练日有起色。现在将才甚少，该道实后起之铮铮者。又查有前办湘军粮台户部员外郎毛庆蕃，器识闳深，践履笃实，其生平抱负为湖南抚臣陈宝箴所深知。自调赴关、津，与臣共事颇久，观其运筹之密，综核之精，洵足理繁治剧，至于任劳任怨，不吐不茹，风骨尤为难及。和议甫定，该员即陈善后六条，汲汲以裁兵节饷为请，臣虽未能尽用，实心服其公忠。事竣撤差，拟请奖叙，该员深自谦抑，再三恳辞，亦足觇其所守矣。臣无知人之明，于该二员尚堪相信。夫人才必兼天资、学力，亦由历练而成。今该二员年皆富强，正可勉图报称。倘蒙天恩简用，俾展所长，错节盘根，定成远到之器。

所有遵保人才各缘由，谨恭折具陈，伏乞皇上圣鉴训示。谨奏。

王世绥监造军火收效片

再，查外洋军火日精，近有无烟药一种，施于枪炮，最为利用，法秘不传，上海制造局密雇洋匠设厂仿造，日久无成。该局委员候选直隶州知州王世绥，心灵手敏，接办此厂，以意变通，竟收实效，洋匠自谓不及。现在每年可造六万馀磅，将来添购机器，尚可扩充，是亦奇才异能之一端，可以节取者也。该局所造栗色药、快利枪及炼钢铸炮等项，均系新式，该员之力居多。该局总办苏松太道刘麒祥每与臣言及该员，赞不绝口，并称该员联络各厂华、洋员匠，认真讲求，各项制造，日有起色，尤堪嘉赖。理合附片具陈，伏乞圣鉴。谨奏。

行营所领银项发交支应局济饷片

再，臣前岁奉命视师，行营一切用度，每月于行营支应局领银三千两，当经附片陈明。计自光绪二十年十二月起，至二十一年十一月止，连闰共十三个月，合领银三万九千两，分别报销在案。

伏查臣自奉命出师日起至回任日止，已领有本任总督全廉并通商大臣半廉，所有前项银三万九千两，业经发交金陵支应局兑收，以济饷需。

谨附片陈明，伏乞圣鉴。谨奏。

特保洋务道员折光绪二十二年十一月二十五日

奏为特保办理洋务道员以备简用，恭折仰祈圣鉴事：

臣维时事之难，以交涉为最。各国洋人近益狡悍，往往以一言之失，一节之疏，辄至借为口实，以启衅端，则是因应合宜，非通才不能胜任。

兹查有江苏候补道蔡钧，才具明敏，历办闽、粤等处洋务，颇有能名，兼充出使大臣参赞，并在总理衙门当差，备着勤劳。嗣经总理衙门奏请发往南洋差遣，遇有疑难之案，辄委该道与之磋磨，用刚用柔，卒使洋人就范。现经委办盐务差使，整躬率属，弊绝风清。又查有江苏候补道徐寿朋，器识稳练。先在外洋两次充当参赞，熟习各国情形。随经大学士李鸿章调赴北洋，专办洋务，深资其力，先后议款议约，均令该道相从，一切条陈极得体要。其随臣在山海关办理营务，亦属胆识过人。是该道等均属有用之才，而洋务尤为熟手，倘蒙天恩，俯赐以海关道员记名，量予录用，该道等感荷鸿施，勉图报称，竭忠尽智，必于时局有裨。

所有特保洋务道员各缘由，谨恭折具陈，伏乞皇上圣鉴训示。谨奏。

蔡学渊续缴捐款仍请赏还举人片

再，臣前因已革广东举人蔡学渊报效军需、矿务等项银四万两，奏请赏还举人，准其一体会试。旋经部议：以“万航报效银五万两，奉旨赏还举人，蔡学渊仅报效银四万两，与前案银数不符。如该革举人果系情殷报效，捐银如万航之数，即由该督援案奏明，请旨办理”等因，咨行到臣。当经转行遵照去后。兹据江宁筹饷劝捐局司道等饬据蔡学渊遵再缴银一万两，连前报效共银五万两，详请具奏前来。

臣查该革举人蔡学渊，既经遵照部议，竭力筹措，遵缴银一万两，报效南洋开办矿务之用，连同前次报效南洋练军饷需及开矿经费银四万两，共银五万两，核与同案被议续因捐饷开复之万航报效银数相同，情事亦复无异。且江南现在办理开矿等事，正苦费无可筹。合无仰恳天恩，将已革举人户部贵州司行走主事蔡学渊赏还举人，准其一体会试，出自鸿施。

理合会同江苏巡抚臣赵舒翘附片陈请，伏乞圣鉴训示。谨奏。

总兵病故请恤折光绪二十二年十一月二十六日

奏为已故总兵战功卓著，恳恩赐恤，以彰荩绩，恭折吁陈，仰祈圣鉴事：

窃据江西湖口镇标中军游击王洪升等联衔呈称：已故提督衔湖口镇总兵壮勇巴图鲁丁义方，湖南益阳县人，咸丰三年，在湖南省办理团练，屡获要匪，经前督臣曾国藩调充水师营官，随同大军攻克湖北蕲州、田镇等处沿江各要隘。六年，复随水师叠次攻克江西建昌、义宁、九江等城，无不奋勇先登，歼渠杀贼，以功洊保至都司、游击衔。十年，伪堵王黄文金窜扰江西，宝勇溃于建德，长驱深入，连陷六城，以湖口为江西第一门户，率死党数万拚命扑犯。维时该处无一陆军，仅该总兵水师一营，官民惊惧，势将溃散。该总兵慷慨登陴，誓与城共存没，并收集宝勇之精壮者得五百人，晓以大义，令同守御。贼攻三昼夜不息，该总兵多方抵拒，手然火药，烧毁云梯，毙贼无算，湖口数濒于危而终得保全者，该总兵之力居多。前督臣曾国藩随折奏保，有“胆识过人，部署迅速”之语，奉旨以参将补用，并加副将衔。十一年五月，在武宁县城与贼喋血大战，枭其渠魁，贼遂遁去，保升副将。六月，会同各军围攻安庆，连破贼垒二十二座，贼数十万来援，力击破之。同治元年，献策越芜湖先攻太平，出贼不意，果克太平，遂乘胜进攻金柱关，鏖战一日夜克之，顺流而下，袭破东梁山上驷渡贼垒，旋又攻克芜湖县城、大胜关、秣陵关等要隘，平贼垒数十，尽焚贼舟，夺获军械不可数计，说者谓是役实克复金陵之先声，累功洊保以总兵补用。嗣又统率所部肃清皖江北岸，并在沿江一带昼夜梭巡，断贼接济。三年，调攻金陵省城，首夺中关拦江矶石垒，血战冲突，扫荡无前。曾国藩奏上其功，蒙恩颁赐奖武银牌。该总兵益自感奋，与各军乘胜锐进，夺取水西、汉西两门，歼贼殆尽。是年十月，奉上谕：“记名总兵丁义方，著交军机处存记，遇有总兵缺出，尽先请旨简放，并加提督衔。”钦此。七年，创设长江水师，曾国藩等遴选出力将弁奏补水师各缺，论立功之大小，定补缺之等差，以丁义方劳绩素著，足膺阃寄，奏奉谕旨，补授湖口镇总兵员缺，八年到任。该总兵以地当冲要，蹂躏已深，招集流亡，优加抚恤，整饬部伍，训练严明。水师初立，诸事草创，日驾扁舟与各营讲求操防巡缉之法，划清汛地，裁汰陋规，威惠兼施，军民悦服。每年必出巡营汛数次，认真校阅，信赏必罚，虽遇烈风暴雨，未敢稍怠。光绪十年，法人渝盟，军务吃紧，沿江百姓一日数惊，纷纷迁徙。前江西抚臣潘霨因该总兵老于戎事，将亲兵中副炮队等营一律咨归节制调遣。该总兵亲坐舢板，出入洪涛巨浪中，上下数周，察看形势，分派水、陆各军扼要驻扎，既守江口，且护炮台，内则刁斗森严，外则示以镇静，一时人心大定，无不倚为长城。十八年冬，因会匪潜滋，防务紧要，该总兵迭次巡哨，兼访察各营操防勤惰，力疾从公，月凡数出，时值严寒，风雪凛冽，触发旧伤，驯至不起。弥留之际，犹以受恩深重，未报涓埃为憾，语不及私，闻者伤之。胪陈生平战迹，禀请奏恤前来。

臣查该故总兵丁义方，谋勇兼优，驭军整肃。起自水师，矢志剿贼，于诸将中从戎最早。转战湖南、湖北、江西、安徽、江苏等省，大小数百战，克复城池数十处，平毁要隘贼垒无算，受伤至胁洞骨折不少退却，曾国藩、杨岳斌、彭玉麟每称许之，以为诸将中所仅见也。其忠勇出于天性，每遇战阵，奋不顾身。而又优待士卒，与同甘苦，故皆乐为之用。一生与水师相终始，在任二十馀年，治军讲武，历久不懈，深得军民之心。方冀长为干城之寄，不谓遽以伤疾溘逝，心甚悼之！

查前瓜洲镇总兵吴家榜、前汉阳镇总兵谢濬畬，积劳病故，均蒙恩旨赐予优恤。今丁义方事同一律，既经王洪升等沥情呈请，臣未敢壅于上闻。可否仰恳天恩，俯准将已故提督衔湖口镇总兵丁义方照提督军营立功后积劳病故例从优赐恤，生平战绩宣付国史馆立传，并于湖南原籍及安徽采石矶地方附祀前兵部尚书彭玉麟专祠，春秋官为致祭，以彰荩绩而励戎行之处，出自逾格鸿慈。

除饬取履历分咨查核外，理合恭折吁陈，伏乞皇上圣鉴训示。谨奏。

丁槐请拨新式洋枪解滇济用片

再，云南僻处边隅，实为西南屏蔽。曩时以缅、越为门户，今则时异势殊，防务尤为吃重。据统领衡字营贵州古州镇总兵丁槐禀称：该省防军因限于经费，尚未购有新式枪炮。现在该镇蒙恩赏假回云南本籍，所有该营前在山东及南、北洋领存各种快枪、快炮，除酌留衡字五底营应用各件外，其馀快枪四千三百二十四杆、快炮五尊并子弹等件，拟请拨解云南济用等情。臣察核所禀系为力顾边防起见，自应照准。

除饬该镇派员管解并咨云贵督臣委员至贵州镇远府城迎提外，谨附片陈明，伏乞圣鉴。谨奏。

剿办幅匪馀党折光绪二十二年十二月二十日

奏为剿获幅匪馀党，讯明惩办，吁恳天恩，准将出力员弁酌予奖叙，以昭激劝，恭折仰祈圣鉴事：

窃徐州地方，界连三省，向为匪徒出没之区。前有幅匪大王三等聚众滋事，虽经即时扑灭，而大王三党内尚有漏网渠魁李中信即李二添耶，稔恶已久，凶狡异常。并有该匪义子郝二妮即郝二大王，及杆首于溎城等，同恶相济，势焰日张，在丰县、砀山等县强劫杀人及勒索钱物之案，指不胜屈。屡经该地方文武设法严拿，期在必获，无如该匪等聚散靡定，党伙极多，一闻官军往捕，少则豫期散匿，多则聚众负嵎。上年闰五月，李中信等在砀山县欧庄及孟楼地方拒敌官兵，杀伤练勇，经营县先后拿获悍党张乔等十馀名，禀经前署督臣张之洞批饬徐州道分别严办，而李中信一匪，仍未弋获。

嗣据徐州道禀称，上年十一月初六日，丰县知县王得庚探闻李中信纠党在砀山蒋庄地方盘踞图劫，经该县会同办团委员已革河南延津县知县郭古陶，徐防马步哨官刘士义、王淑崑，署徐州镇标中营游击刘玉泉，署丰汛千总滕承惠，额外高鉴堂，各带兵勇驰往扑捕，李中信等业已得信潜匿，杆首于湝城一匪拚命拒捕，将什长顾长清胸膛戳伤二处，该匪亦即自戕身死。初九日，探明李中信复聚匪党在丰县境内邓家庄地方意图起事，王得庚等正虑官军兵力尚单，适徐防左营哨官部均知、西路汛守备戴鸣凤及团练委员试用通判姚维衡、练董蒋念熙等各带练勇前来会剿，经王得庚会同各该文武督带队伍星驰前往。该匪等啸聚多人，势甚猖獗。官军奋勇围捕，该匪等开枪拒敌，致伤马步兵勇五名，捕役二名，郭古陶马匹亦被轰伤，即行换骑与王得庚等亲冒枪弹，率众合力上前格斗，先将匪犯沈溵标、阎广得轰砍毙命，并将李中信格伤与麻惧曰、沈溵骜一并拿获，夺获青马一匹，洋枪五杆，馀匪知势力不支，拚命突围逃散，维时已在黑夜，追捕无踪。复于十六日格毙刘虫蚁一犯。十七日，探明郝二妮等由山东窜回，甫至蒋单楼地方，即经王得庚会同郭古陶等驰往剿捕，砀山县知县朱学煌等带同兵役亦至该处巡哨，常五、葛生二匪弃械先逃，当即拿获。郝二妮仍列阵抗拒，鏖战有一时之久，官兵练勇亦多受伤，始将李遇平、沈溵选、郝二妮三匪格伤获住，并获伙犯王莛忠、王忛惧、辛按、高田、马四共五名，夺获洋枪七杆，刀、棍十一件，馀匪多有带伤分投逃散。所获各匪，并另获之司振清、王梦蓝二名，一并解经该道提讯，各认为匪不讳，录供禀请惩办。

经臣核明该犯李中信即李二添耶、郝二妮即郝二大王、麻懊曰即马心月、王莛忠即王仲懊、马四、王忛懊即王二、李遇平即李蓝辛按八名，或揭竿肇乱，约期起事，或听纠抢劫多案，勒索居民钱物，迨经官军兜拿，犹敢开枪拒捕，实属法无可贷，批饬均予正法，并与监故之高田即高汶田、司振清、沈溯选、沈溯骜四名及格杀之沈溯标、阎广得二名一并戮尸枭示，以昭炯戒。常五、葛生路遇郝二妮等均系被逼同行，临拿弃械先逃，并未帮同拒捕，情尚可原，并饬查照惩办会匪章程，酌予监禁，期满分别办理。王梦蓝一犯，仅止事后看守秦芳田候赎，并未陵虐及同谋行劫分赃情事，由道拟结。

臣查李中信、郝二妮等乃漏网巨匪，平日以剽劫为生，并有结捻重情，积恶多端，实为地方之害。迨官兵围捕，犹复恃众抗拒，实属情同叛逆，其凶横情形实与大王三等无异。各该文武合力剿捕，奋不顾身，消患未萌，办理尚称迅速。上年获办大王三等案内出力员弁，经前署督臣张之洞奏准给奖在案。此案事同一律，所有在事尤为出力之丰县知县王得庚，河南试用知县蒋念熙，已革河南延津县知县郭古陶，试用通判姚维，衡县丞职衔高龙翰，附生李道源、诸兆熊，署徐州镇标中营游击刘玉泉，尽先补用守备王淑崑，其次出力之署砀山县候补知县朱学煌、徐州镇标西路汛守备戴鸣凤、尽先补用守备刘士义、署徐州镇标中营丰汛千总滕承惠、补用把总拔补外委部均知、徐州镇标丰汛存诚额外高鉴堂、监生阮光奎、武生蒋少白，可否仰恳天恩，准予分别给奖，以资鼓励。如蒙俞允，再行开具清单，照章拟保具奏，其馀出力员弁练董已由臣酌给外奖。

除饬勒缉逸犯史中沅等务获究报并咨吏部、兵部查照外，谨会同江苏巡抚臣赵舒翘恭折具陈，伏乞皇上圣鉴训示。谨奏。

前办饷捐人员汇请给奖折光绪二十二年十二月二十日

奏为江南前办筹饷捐输，请将劝捐尤为出力之员照寻常劳绩给奖，恭折仰祈圣鉴事：

窃查江南议办绅富捐输，始于光绪二十年，本系钦遵就地筹款之旨，以备海上用兵之需。当经派员分赴各处，各就情形，设法劝办。迨后海氛日炽，军务戒严，江南调往榆关内外防剿之军，增至五十一营七哨，月需饷项十馀万两，皆取给于江南。而南洋亦在办防，司局各库动拨如洗，不得不借捐款以资接济。无如南省商富频年捐赈，本已势成弩末，时值商务艰滞，人心惊惶，劝募更难应手。因又多派熟悉捐务之员，访明他省行商于江南之绅富，及本省商富之流寓宦寄于他省者，均各前往推广筹劝，虽海外商埠亦复不惮远涉，以忠义激发人心。阅时一年有馀，集款一百二十馀万，悉以供北军粮饷，连同就地劝捐团练经费三十馀万，合共有一百五十馀万之巨。查昔年捐赈，系以各省之丰馀助灾区之不足。此次捐饷，值各省均筹防筹捐之际，办理更觉为难。是各委员之劝募于外省者，较之赈捐尤为不易。前经署督臣张之洞奏明，奉部议覆，准予援照劝办赈捐之案，统按寻常劳绩请奖，自当酌量拟保。第赈捐大半咨由各省经办，故可分省开列。饷捐皆由本省委员随地往劝，无须分省，应即汇为一次请奖，合之似觉见多，然与赈捐每省分请奖叙为数实已较少。除出力稍次人员酌给外奖外，谨择其尤为出力、集数较巨者，计七十九员名，拟请给予应升官阶及应得虚衔、顶戴、封典，核与定章相符，所保员数，按照赈捐以银计奖之数，亦无浮滥。间有盐务人员，因行盐地方之商富非该员等不能熟悉情形，且此次海防吃紧地方，均隶盐场，是以一体委派劝办，于淮商另案认捐巨款之外多有筹集，自应援照苏皖、苏浙赈捐请奖成案办理。据筹饷捐局司道等详请具奏前来。臣覆核无异。谨将拟保各员衔名缮具清单，恭呈御览。合无仰恳天恩，俯念该员等劝捐济饷着有微劳，准予给奖，以示鼓励，而昭激劝。

除将该员等履历分咨吏部、兵部查照外，理合会同江苏巡抚臣赵舒翘恭折具陈，伏乞皇上圣鉴训示。谨奏。

奏疏卷二十七

请准李以牧仍署泰州运判折光绪二十三年正月二十日

奏为分司要缺需员，仍以原请试署之员署理，恭折仰祈圣鉴事：

窃查两淮泰州分司运判沈桂革职，遗缺应归三月分截缺，系题补要缺，例应在外拣补，按照分班轮补章程，轮应劳绩捐纳先到班，经臣题请，以劳绩捐纳班先运判李以牧署理。嗣准部覆：两淮劳绩试用班先运判班内，尚有奉旨在先人员，例应先行请署，行令查照更署，等因。

臣查该班内在先者，有尽先补用运判宣兆熊、尽先前补用运判任文澜等员，均与此缺人地不甚相宜。该分司管辖十一场，盐多灶广，督产稽煎，责任綦重。现值灶困商疲，非曾经署缺熟悉场情之员，难期整顿。至两淮运判三缺，皆系在外题补之缺，而轮补班次虽有例可循，并无不准酌补、酌署明文。是以咸丰五年，通州分司员缺，曾以劳绩奉旨在后之范维璐请补有案。泰州分司一缺，前于同治四年八月出缺时，经前督臣请以候补班先运判萧彦甫补授，嗣因与例不符，经部议驳，复经前督臣奏请署理，同治六年十月十五日钦奉特旨允准。光绪三年，候补前运判许宝书署理泰州分司员缺，部议与请补班次不符，经前督臣奏明该分司员缺紧要，仍请以该员署理，光绪四年八月初八日钦奉特旨允准，各在案。是泰州分司运判一缺，事烦责重，员缺紧要，久在圣明洞鉴之中。

当此灶困商疲、整顿盐务之际，臣因地择人，详查劳绩试用本班尽先前运判李以牧，才具优长，前署通州分司，整顿场灶，成效可观。援人地相需之案，请仍以该员试署泰州分司，可收得人之效，若拘成例，深恐贻误将来。在部臣循资序补，名次自论后先，而臣等为缺择人，权衡须归至当。为此据实陈请，合无仰恳天恩，俯念泰州分司员缺紧要，准以劳绩试用本班尽先前运判李以牧试署，实于盐务有裨。据江宁布政使松寿、两淮盐运使江人镜会详请奏前来。

谨会同江苏抚臣赵舒翘，恭折具陈，伏乞皇上圣鉴训示。

再，该员李以牧系奉部议驳仍行请署之员，是以改题为奏，合并陈明。谨奏。

请假一月片

再，臣自上年秋间，时患腰痛，两髀无力，步履维艰，驯至不耐久坐，每因用心过度，或见客稍多，辄复头目昏晕，递进清补之剂，迄未见效。交春以来，肝木增旺，精神益形困倦，事过辄忘，委顿情形，迨难支拄。据医者云，年老血气亏损，前岁在营大病，尚未复元。隆冬由陆南旋，沿途不无感冒。自回任后，政务殷繁，又以积劳成疾，自非加意静养，难期就痊。伏念臣渥荷天恩，重临旧治，兢兢业业，深惧旷官，当此时局艰难，何敢遽耽安逸。第自维衰惫，精力迥不如前，细察病由，未能速愈，合无仰恳鸿慈，赏假一个月，俾得安心调摄，日行公事，臣仍在内署核办，以免贻误。

所有微臣因病请假缘由，谨附片具陈，伏乞圣鉴训示。谨奏。

遵查知县参款折光绪二十三年二月二十一日

奏为遵旨确查，恭折覆陈，仰祈圣鉴事：

窃臣等承准军机大臣字寄：“光绪二十二年九月二十八日奉上谕：‘有人奏，知县贪酷，请饬查办一折。据称江苏盐城县知县刘崇照，居心残忍，任意妄为，讯问案件，民人被冤笞责致死者甚多，读书之士，亦加陵虐。又复借端勒罚纳贿。该邑总董陶鸿恩等助该令为虐等语。着刘坤一、赵舒翘按照所参各节，确切查明，据实具奏，毋稍徇隐。’”等因，钦此。当经臣等檄饬藩司将刘崇照先行撤任。一面密饬署臬司陆元鼎遴派干员，前赴盐城，按照原参各节，调核卷宗，采访舆论，严密确查。兹据臬司吴承潞分别查明，详细禀覆前来。

臣等覆加查核，如原奏所称：“盐城县知县刘崇照残忍剥削，草菅人命，讯问案件，多在酒后，虽涉细故，笞责辄至数百，甚至数千。县民刘金垚年已七十，因田土事，受笞昏迷。民人姚庆年逾八十，因公事到堂，亦被严责”一节。查刘金垚因教唆词讼，经刘崇照传案讯究，发交典史看管，并无受笞之事。姚庆系该县粮差，年约六十内外，为著名蠹役，奸猾贪婪，人人切齿，经该县因案责革。刘崇照于惩治讼棍、地痞不遗馀力，绳之过严，遂有笞责数百、数千之谣，采访舆论，尚无残忍剥削、草菅人命确据。刘崇照虽常饮酒，办事从无贻误。至谓讯案多在酒后，似系传闻失实。

又原奏：“民人陈俊英，因拦舆投禀，不问情由，辄责八百。

陈俊英缢死大堂之上，该县授意仵作，指称急病，勒令尸亲具结掩埋。民人顾莲被冤赴诉，猝遭重责，其女痛父，因而自缢。张姓因该县相验命案观看触怒，致被究拿笞责，因忿致病而死”一节。查陈俊英系光绪十九年间，以族叔陈侦占田勒价等情，拦舆具控。刘崇照按照控情，略加诘讯，知其意存讹索，予以笞责。陈俊英即于是夜乘间缢死鼓架之上，经尸亲呈请领埋，投具切结附卷，实无授意仵作指称急病之事。顾莲之女顾氏，嫁与朱加有为妻，因其夫有外务，时相吵闹。顾莲即与朱加有为难，乘刘崇照因公下乡，拦舆控告。刘崇照因顾莲溺爱偏护，薄予笞责。而顾氏旋因与夫口角，自缢殒命，并非因痛父被责所致。至年逾八旬之张姓被责，因忿致病而死一案，遍加访查，并无其人，亦无其事。

又原奏：“文生李鼐，因中证牵连，戒饬后锁于大堂柱上。文生卫炳荣，因亲族调解事，戒饬后亦锁堂柱。文生盛如霖因小故亦被戒饬”一节。查文生李鼐，系著名讼棍，因王洪氏承继案内唆讼，经该县讯明，戒饬锁于堂柱示儆，系为严惩刁生架讼起见。文生卫炳荣，因家庭争产，从中播弄，发学看管，并无戒饬被锁情事。廪贡生盛如霖，曾为职监郭子峻调处讼案，迹涉干预，经刘崇照申斥，并因郭子峻欺孀占居房屋，酌量将郭子峻戒饬。又原奏：“凡词讼案件，多藉修理城外闸工为名，勒罚数百至数千，有王再扬被罚三千串。其馀罚款尚多，皆名闸款。果否归公，详报上司，邑人不敢查询”一节。查王再扬系和丰杂货店管事，因把持行市，垄断居奇，据允和布店等联名控经该县差传未到。旋经和丰店主，以嗣后不敢把持，情愿捐钱三千串，缴充修闸工费，再三呈请免究。刘崇照以为积弊既除，商情无碍，且于公举有益，故照呈批准，将钱发交董事经收，采办木料，有卷可稽，初非借案勒罚。其馀间有商民情愿输捐之款，亦皆立案归公，绝非借公肥己情弊。

又原奏："上年海氛不靖，禁止米麦出洋，各粮行行贿数千金，旋即开禁"一节。查前年该处米麦准予出口，因顺天、直隶一带，民食维艰，经直隶督臣咨由漕臣札饬该县，凡领有护照运米者，准其放行，并非得贿开禁。

又原奏："劝捐一案，该县于正数外，勒加浮费，否则不许详请议叙"一节。查刘崇照奉饬劝捐，因需款孔亟，多方劝导，近年捐务已成弩末，即正捐尚难踊跃，实无从勒加浮费。至于捐输议叙，均经刊有专章，大张晓谕，尤非该县所能抑勒。

又原奏："总董陶鸿恩、张廷恩为该县之爪牙羽翼，实助该县为虐"一节。查刘崇照平日审理词讼，是非曲直，均系亲自裁断，绅董无从进言。察访陶鸿恩等亦无助该县为虐及贪险刁狡实据。

又原奏："该县之母，在署见其不法，力戒不从，一怒而去"一节。查该县之母，本系迎养在署，嗣因不服水土回籍，未闻有力戒不从，因怒而去之事。

又原奏："该县自知声名恶劣，去任时托陶鸿恩等代雇愚民，沿街跪送，又密托陶鸿恩等贿嘱寿榜徐姓，联名投禀各大吏，请饬回任。该令去则士民相庆，回任后气焰有加，人人自危，至有迁居避祸"一节。查刘崇照上年交卸去任时，城厢内外及远近乡民，闻信趋送者甚众，四乡农夫，复沿途攀留，迨后绅耆等又联名禀求各衙门请饬回任，此系出于民情爱戴，似非由雇而来。果有迁居避祸情事，何无一人上控？自是传闻之误。

此查明刘崇照被参各款之实在情形也。

臣等伏查此案业据臬司委查明确，刘崇照并无残忍剥削各重情。粮差姚庆，奸猾贪婪，例应责革。陈俊英因讹诈被责，咎由自取，缢死之后，该县并无授意仵作指报急病情事。顾莲之女自缢，亦因与夫争吵，非由痛父被责所致。即和丰杂货店捐缴闸工经费，确系该店自愿输捐，并非勒罚，款归公用，亦非肥己。总董陶鸿恩等，亦无助县为虐确据。刘崇照在任数年，听断勤明，尚能留心民事，详加访察，并无贪酷劣迹。惟文生李鼐，既系著名讼棍，并不先行详革，又不会同学官，擅自锁责，虽为严惩刁生架讼起见，究属意气用事，应请旨交部照例议处。其馀或事出有因，或传闻失实，或查无其事，均请毋庸置议。

所有遵旨确查缘由，谨合词恭折覆陈，伏乞皇上圣鉴训示。谨奏。

宁属厘务未便专员督理片

再，前署督臣张之洞筹议整顿厘金，拟将江宁所属各府州县及徐州等处厘金，专任江苏候补道程仪洛总办，此外金陵木厘局、皖南茶厘局、芜湖米厘局均统归该员督饬总办，假以事权，试办两年，如行之无效，再照旧案办理，奏奉谕旨允准，咨会到臣。当经转行该道，通盘筹画，妥议详办在案。

伏查江宁所属各厘局，分布徐州、安徽等处，地方极为辽阔，平时各派专员就地督办，尚虑耳目难周，稽查匪易。若如张之洞原奏，专派一员督理，各该局卡散布两省，纵横千有馀里，更虑鞭长莫及。当此库储奇绌，需饷浩繁，无论京协各饷，均关紧要，且部派及本省应还各洋款，为数甚巨，一经届期，刻不容缓，全赖各项厘金，以资挹注。度势揆时，实未敢轻为尝试。现拟择要整理，庶用志不纷，考核可期周密。查皖南茶厘局，距省较远，收数未能起色，茶斤一项，又为中国大宗商务，销畅则课裕，弊绝则利生，一切培植采制之法，均须精为考求。该道程仪洛究心时务，办事精详，应即派令接办茶厘局务，俾得专心整顿，以收实效。

除札委该道前往认真经理，并分饬各厘局各尽职守，实力稽征，严核比较，毋任稍有弊混外，理合附片陈明，伏乞圣鉴。谨奏。

假满病仍未痊恳请开缺折光绪二十三年三月二十四日

奏为二次假期届满，微臣病仍未痊，吁恳天恩，俯准开缺回籍调理，并将两江总督一缺，迅赐简放，以重疆寄，恭折仰祈圣鉴事：

窃臣前于二月间，因假期已满，病尚未痊，奏请续假调理，奉朱批："着再赏假一个月。"钦此。殊恩稠叠，感激难名。当经加紧延医服药，以冀速痊，勉供职守。迄今二次假期又满，而臣病体仍未就瘳。缘臣前在军营，积受瘴湿，涉历险艰，本有腰骸酸疼、心气怔忡之证，自壮至老，根蒂已深。现在年力日衰，屡遘危疾，加以频岁积劳，以致旧恙有增无减。自上年入秋后，腰骸酸疼弥甚，外敷内治，其痛稍止，而软弱不能得力，在署扶杖而行，犹复时虞倾跌。屡拟出省查勘沿江炮台，辄以步履不便而止。加以心气怔忡，夜则耿耿难寐，昼则忽忽若忘，驯至精神困倦，每遇接见宾僚稍久，披阅文牍稍多，便觉目涨头昏，难以支拄。当前之事，未能逐细推求，过后之事，未能逐件记忆，其中疏失之处，臣自知之。似此委顿情形，安胜封疆之寄，况以南洋政务烦剧，甲于各省乎？臣身受国恩，至优极渥，捐糜顶踵，未足云酬，际此时艰，何敢遽萌退志。惟念两江为东南半壁，中外交涉纷繁，臣以迟暮之年，憔悴之质，回任已逾一载，自问莫展寸长，若图恋栈之私，深切偾辕之惧，臣之晚节不足惜，其如贻误大局何！合无吁恳鸿慈，俯准开缺回籍调理，一俟病愈，即当泥首宫门，叩求赏派差使，决不敢自耽安逸，辜负高厚生成。两江总督员缺紧要，并请迅赐简放，以重疆寄，不胜悚惶待命之至。

所有微臣因病吁请开缺缘由，理合恭折具陈，伏乞皇上圣鉴训示。谨奏。

密陈在籍大员尚堪起用折光绪二十三年四月二十六日

奏为现在旗籍大员尚堪起用，恭折密陈，仰祈圣鉴事：

臣维时势艰难，必须各省督抚得人，相与同心戮力，共维大局。而人才难得亦难知，即有才具过人，限于资格，未能遽膺重寄。臣愚以为，求新试之于将来，何如求旧验之于已往。查有前任江苏抚臣奎俊，与臣共事有年，孜孜图治，一切行政用人，莫不开诚布公，期归至当，且自奉俭约，律己清廉。光绪二十年，蒙恩兼署江宁织造，人皆视为利薮，该前抚处处核实，丝毫不以自私，迨后丁艰回旗，竟无数椽以蔽风雨，亦无数亩以给饔飧，则其居官之操守可见矣。至于事亲有孺慕之诚，交友有古人之谊，尤为近今所罕觏。又前任广西抚臣张联桂，历居方面，卓著循声，及领专圻，力图振作，筹兵筹饷，措置合宜。其于滇、越边防，与提臣苏元春和衷共济，办有成效，上纾朝廷西顾之忧。光绪二十一年，中、倭事棘，该前抚远遗臣书，备陈战守二策，忠愤之气，溢于行墨，所言亦有可采。臣上年回任，经过扬州，曾至该前抚寓，见其居处服食，犹是儒素家风，不改常度，亦疆吏中之矫矫者。该前抚等人才政绩，早在圣明洞鉴之中，将来如令承乏一隅，老马识途，必能效驰驱而图报称。

所有现在旗籍大员尚堪起用缘由，谨恭折密陈，伏乞皇上圣鉴训示。谨奏。

摊还瑞记借款酌拟通挪折光绪二十三年四月二十七日

奏为摊还瑞记洋款，酌拟通挪济应，免致短少愆误，恭折仰祈圣鉴事：

窃臣接准部咨："议覆上年十一月应还瑞记息银，西岸及五、正各局卡，一律认摊，并以后各期均由运库及各局卡分摊，核与原奏不符，应将鄂、湘、皖三岸新票，各自何时起运，查明声覆"等因。当经札饬两淮盐运使江人镜，会同鄂、湘、皖三岸督销局，切实查明，核议详办去后。

兹据详称："伏查前署督臣张之洞，议加新票，实因湖北铁厂及苏州商务局经费不敷，加增新票，借收票费以济要需，并非因各岸销畅，始行加票。现在鄂岸甫开戊子纲，湘岸甫开丁亥纲，皖岸甫开辛卯纲。以旧票而论，纲分积压如此之多，其不能按年销竣，可想而知。新票附入旧票之内，挨纲轮运，而欲销足十成，照征课厘，势必另立一轮，提运提销。若照此办理，变更成法，无以折服旧商之心。新票课厘多收，即旧票课厘少收，京、协各饷亦将不减而自减。缘各岸岁销只有此数，频年缉私疏销，实已不遗馀力，大致总不相上下，盖销数不随票数为转移，票数虽增，销数不能因之而增也。是以请将盐务应还瑞记各期洋款，均由运库及各局卡分成摊派，新旧课厘毋庸划分。今欲将前项新票，按年销竣，征足十成课厘，其势实有所不能。况洋款还期有定，一经届限，必须先期解交，既不能稍有逾延，又不能丝毫短少。覆核部臣原奏内有‘移缓就急，原不刻以相绳’二语，是部臣念洋款之紧要，悉筹措之艰难，即于遵奉部饬之中，参以通挪济应之法。所有光绪二十二年应还第二、第三两期洋息，业经分成摊派，解交江海关收付。其皖岸南北盐新票，于二十一年九月十一月间分别起运，维时尚未有抵还洋款之议，所收课厘，系照旧章办理。二十二年所运南北盐新票，七月间起运湘岸新票，九月间起运鄂岸新票。因瑞记洋款已经照案分摊，运库所收新票课厘并入旧票课厘数内列收，解充京、协各饷。皖岸新票二十一年起运到岸之盐，于二十二年五六月间，当轮挨售，所收厘银，亦经皖局详明，仍照旧票章程分解各处。鄂、湘新票起运未久，尚难轮售，拟自光绪二十三年正月初一日为始，凡鄂、湘、皖三岸新票在扬领运，将所收正课、加课、外江盐厘等银另款存储到岸轮售之盐，由各岸局查明，每月所销新引若干，将所收加课盐厘等银另行提出，按月解交运库，专备抵还瑞记洋款，俟届应解之期，由上海道咨明镑价数目，核明盐务派解银数，将运库收存课厘尽数抵解。如有盈馀，存备下期之不足，倘有不敷，匀分两半，以一半由西岸督销局摊认，一半由正阳、五河两卡分认。每届一期之后，即将所收新票课厘各若干，除解某期洋款外，盈馀若干，不敷若干，西岸暨五、正两卡分认若干，详细造册，专案送部。如此办理，与原案既属相符，而于洋款要需亦不致短少愆误。至鄂、湘两岸引盐归纲环运后，在岸请咨领运，向有应缴预厘每引一两，俟盐运到岸销售后，在于盐厘内如数扣抵。今新票课厘既议全解运库，其所收预厘亦应解交，以归一律”，详请具奏前来。

臣察核所议均属实在情形，除咨部查照外，理合恭折具陈，伏乞皇上圣鉴训示。谨奏。

江苏添办例木请宽期减批折光绪二十三年四月二十七日

奏为江苏省添办杉架各木，现因库储支绌，无款筹办，拟请宽期减办，以资周转，恭折仰祈圣鉴事：

窃前准工部咨，奏催湖南等省欠解木植，抄录原奏，咨会前来。查原奏内称："江苏省欠解额木五批，现值菩陀峪万年吉地工程浩大，需用架木不敷甚巨，应饬赶速委员设法如数采办，并添办杉木一千二百根，架木三万根，限四个月运到"，等因。当经饬据江宁、江苏两藩司查覆，江苏省欠解木植，江宁应办光绪二十一年分、苏州应办光绪二十二年分两届例木，甫经筹款办解，设法腾挪，实已不遗馀力。兹又奉饬添办杉木一千二百根，架木三万根，限四个月运到，照案应由江宁、苏州各半分派办解。惟期限紧迫，固恐委办不及，且值此筹还华洋借款为数甚巨，司局各库罗掘已空，一时实难筹拨，详经咨部暂缓办解在案。嗣又迭准工部电催，复经分饬各该司赶将应办木植分别办解去后。

兹据江宁布政使松寿、苏州布政使聂缉椝会详称："江苏省奉饬添办杉架各木，奉部一再电催，亟应遵照筹解。无如赋入止有此数，而各款岁有加增，即如本年派筹四国还款及第五期应还本省息借商款并军火抵价，江宁、苏州两藩司应行筹备之款总计需银六十六万馀两，而二、三、四、五数月之间需款至四十馀万两之多，正在百计搜罗，惟恐贻误失信。且年例待支之款，如官兵俸饷等项，仍不能稍有短缺。是两藩库支绌情节，本年较甚，而以上半年为尤甚，审时度力，委实难为无米之炊。事关万年吉地钦工，不敢竟请免办。第库储如此奇绌，亦不得不酌求变通，量为采办，拟请照原派添办木数，减办一半，宽以限期，俟库款喘息稍舒，即行委员仍赴产地采运，赶于来年及早办齐解京，以济工需”等情，详请奏咨前来。

臣等察核该司等所请，系属实在情形。合无仰恳天恩，俯准将前项添办木植，宽期减办，以资周转。

除饬将已办未到之例木催提赶运解京并咨部查照外，谨合词恭折具陈，伏乞皇上圣鉴敕部查照。谨奏。

转运局已支车价援案核销折光绪二十三年五月二十九日

奏为江南转运各局长车雇价，系援顺天成案办理，款已支用，委实无从删减，恭折具陈，仰祈圣鉴事：

窃臣准兵部咨：“具奏议覆榆关、清江各分局长车雇价核实删减一折，奉旨：‘依议。’”钦此。抄录原奏内开：“据称由清江至德州中分七局，每局雇养长车三四百辆不等，至少亦在二百辆以外。由德州至天津间，可以船代车，由天津至锦州，仍需雇养长车等语。惟查京城为转运会萃之区，顺天仅备车二百辆，是江南设车数目较多。添设榆关、德州、锦州、沧州四分局各养长车二百辆，与由清江至德州雇养长车之案相同。至车价一项饬令按照定例，每车每百里支银一两之数核实删减”等因。当经转行去后。

兹据江苏防营报销处司道等详准转运各局覆称：“前因海防戒严，钦奉谕旨：‘现在军情吃紧，亟需大军云集，迅赴戎机。着各省督抚沿途设局派员代雇车辆，宽为给价，准其作正开销。’等因，钦此。溯自轮船通行以后，官商率多航海，遵陆者甚属寥寥。是以清江等处车户歇业者多，全恃客车为来源。前年海氛不靖，先后奉调北上及派援山东之军，计有五十馀营之多。江南解济粮饷军火等项，均由清江遵陆节节转运，需车较多。而车户因装载兵差，莫不视为苦累。且直、东一带灾歉频仍，草料米粮异常昂贵，加以时值冬令，冰雪载途，遂相率避匿，几致一空。其惮于运兵而乐于运商者，盖商价优于例价，而军火笨于货物也。即照寻常雇值，尚复裹足不前，如拘泥定例，乡愚无知，靡不疑为抑勒，趋避愈远，雇备益难。况值军情日紧，军火繁重，前批未发，后批踵至，深虞拥挤迟滞，若不放价招雇，必致贻误戎机。奉经钦遵特旨，宽为给价，以广招徕，俾得迅速解济，即经派员分赴四乡及邻封觅雇，当与车户言定，不论行坐斤重里数，凡四套车，每辆日支银三两，三套车每辆日支银二两四钱，双套车每辆日支银一两六钱，剀切劝导，始允承雇，核与顺天每套日给价银八钱之数，亦复相同。各该分局自数辆及十数辆，陆续雇至二百辆而止。惟清江一局，乃遵陆首途军火荟萃之区，用车较他局稍多。迨防务解严，亦即次第裁撤，并非始终以三四百辆为定额。当时放价宽雇，系为欲利师行起见。今则事过境迁，款已支用，委实无从删减”等因。该局覆加查核，以“江南转运各局雇备车辆，实因时事多艰，非优给价值，不足以广招徕。且钦奉特旨准予宽为给价，即援照顺天供应东征兵差车价，每辆不计里数，每套日给银八钱，奉部准销之案，核与转运各局雇备三套车每辆日支银二两四钱、双套车每辆日支银一两六钱，数亦相符。其四套车每辆日支银三两，按每套给银八钱核算，计减支银二钱，尚属节省，应请准其开销，邀免删减”等情，详请具奏前来。臣覆核无异。

合无仰恳天恩，俯准敕部准予援照顺天成案，照数核销，以清款目。

除咨兵部查照外，谨会同江苏巡抚臣赵舒翘恭折具陈，伏乞皇上圣鉴训示。谨奏。

南洋兵轮酌减人数薪费片

再，南洋水师因限于经费，未能扩充，于光绪十八年间筹议变通案内，奏明将各兵轮酌量裁减人数，勉敷巡操，节省饷糈，专款存储，以备添购船艇之用。嗣购雷艇四艘，即赖裁节之饷以资挹注。二十年，因寰泰等船赴北会操，旋又海防戒严，先后复将各船人数，分别补足，均经奏咨在案。

目下各船只供巡操，亟应照案暂减，以为节饷增船之计。经臣督饬司道详加体察，将开济、镜清、南琛、南瑞、保民五兵轮，龙骧、虎威、飞霆、策电四蚊船，应裁弁勇人等，及登瀛洲、威靖二兵轮，仍改运船，均照十八年成案，分别裁改。其寰泰一船，因（以）〔已〕改为练船，须督率水师学堂毕业学生在船操练，并须出洋游历，量予变通。又福安差轮前归安徽差遣，二十一年因办理防务，调回江南，现亦将额设弁勇酌量裁减。均于光绪二十三年正月初一日起，一律改照减案开支，约计岁可节省银十二万馀两。目下毋须赴北洋会操，每年约可节省煤炭、帆索、杂件等银二万馀两，修理银一万馀两。大致统计，每年约共节省银十六万两，仍照奏案，专款存储，以备添购船艇之用，无论何项要需，概不动支。兹据江南筹防局司道造册详请具奏前来。臣覆核无异。

除将清册分咨户、兵二部查照外，理合附片具陈，伏乞圣鉴。谨奏。

酌裁兵勇折光绪二十三年六月十五日

奏为遵旨酌裁兵勇，谨将办理情形，恭折具陈，仰祈圣鉴事：

窃臣等承准军机大臣字寄："光绪二十三年三月初四日奉上谕：'户部奏，冗兵耗财过巨，亟宜大加裁汰一折。近因库款支绌，各省亦筹解维艰，经户部先后奏请裁减绿营七成、勇营三成，叠经降旨饬令遵行。上年十一月初二日，复通谕各直省将军、督抚，不论绿营、勇营，均应大加裁汰。是裁减兵勇一事，事机所迫，势在必行。兹据户部奏称，自行知各省以来，惟山东一省，经该抚李秉衡奏明，将制兵分限五年裁减五成，并将防营练勇分别裁减，此外各省或请将兵额酌裁尚无成数，或仅裁绿营二三成，所裁勇营更属寥寥无几，似此敷衍塞责，有名无实，何济于事。现在综计各省兵勇尚有八十馀万人，岁需饷银约共三千馀万两。绿营积惰久同虚设，当兹偿款期迫，中外诸臣自应合力通筹，先其所急。若复饰词搪塞，坐拥多营，值此需款紧急之时，弃有用之饷，养无用之兵，以致借无可借，抵无可抵，民生日蹙，国计亦因之愈穷，在公忠体国之大臣当不出此。各直省将军、督抚奉到此旨，统限一月内，将裁减兵勇若干，节省饷银若干，条分缕析，切实覆奏。所留兵勇，务当精选训练，镇抚地方。至所裁兵勇，应酌给遣饷银米之处，并着该将军、督抚等体察情形，奏明办理。原折着抄给阅看。除直隶、南洋、河南、浙江现有各军另行谕令切实裁汰外，将此由四百里通谕各直省将军、督抚知之。'"钦此。臣坤一并奉寄谕饬裁南洋防营等因，当经转行钦遵。

伏查江苏、安徽、江西三省，滨江临海，襟山带湖，财赋所关，实为东南重镇。加以设关通商，口岸林立，内地各属又多设有教堂，保护巡防，胥关紧要。且江苏之徐、海，安徽之颍、亳，江西之南、赣等处，均系界连数省，民俗强悍，向为盗匪出没之区，全赖营勇扼要驻巡，方足以靖地方而资镇抚。现有水陆兵勇，合计虽觉稍多，分布尚嫌单薄，就三省情形而论，实难再行议裁。惟当此时事多艰，饷需匮乏，理财之道，不外开源、节流两端。目下源无可开，非节流无以为计，而节流又非裁汰兵勇不足以资补苴。部臣因费绌用宏，不得已而始议及此。臣等同膺重寄，何敢不竭力设筹。谨将江办防勇及江苏、安徽、江西三省练兵、制兵，分别切实裁汰，酌定办法，为我皇上详晰陈之。

一，酌裁江苏留防陆军。查江南留防湘、淮各军，较诸光绪二十年以前大致相同，或驻守炮台，或分防要隘，均系察度地势，扼要驻防。现经臣坤一与司道等一再筹商，凡每营五百人者，一律改营为旗，按营裁去前后二哨，共裁勇丁二百十四人，只留中左右三哨，仍沿旧制，中哨七十二人，左右二哨各一百七人，外加管带官一员、哨官二员，合计每旗二百八十九员。各改旗之营官，薪水照旧支给，月支公费原系一百五十两，减去六十两，其统领兼带坐营，公务较繁，应领公费，仍准照旧核给。各该营原设长夫一百二十名，减去五十名。裁存之哨官、勇夫，一应薪粮，均照旧章发给。其馀零星队伍，酌量裁并遣撤，其驻扎要地未能裁撤者，仍行循旧办理。统计江南湘、淮陆军，共裁勇丁八千二百四十五名，长夫二千一百七十五名，每年共节饷、费等项银四十四万馀两，所有大概情形，业经臣坤一由电奏明在案。至苏州留防各军，为数本属无多，臣舒翘与臣坤一往返电商，饬将苏防五营及沪军一营，每营各裁勇丁一百名，长夫二十名，共裁勇夫七百二十名，按哨挑选匀汰，营制悉仍其旧。营官公费月各减银三十两，每年共节饷费等项银三万馀两。所有裁汰勇丁，均各酌给遣饷，雇拨轮船，给予火食，分别运送回籍，俾安生业。

一，酌裁江苏留防水师。查江苏本无大枝水师，其成营者，仅有督标中、左、右、前、后五营。左、右、前三营，每营各设船二十号，中营设船四十六号，后营设船三十号。前经臣坤一酌裁中营船二十六号，后营船十号，共裁勇四百三十二名，应归另案造册，咨部查核。此次钦奉谕旨，复又酌裁中营船十五号，仍留五号，右、后二营全数裁撤。统计裁船五十五号，裁勇七百一十名，每年共节饷、费等项银四万馀两。至太湖留防水师，现计六营一哨，共船一百四十四号，分扎苏州、松江、常州各属。该处为财赋重区，又为枭匪渊薮，汊港支河，四通八达，非有师船扼要梭巡，无以绝枭盗之觊觎，慰商民之属望。臣舒翘与臣坤一体察情形，所有太湖留防水师亲兵一哨及正前营师船共二十九号，并中、左、右、后、副中五营督阵舢板，毋庸议汰，其馀师船一百十号，每船各裁勇二名，共裁勇二百二十名，每年共节饷银七千馀两。一应遣饷等项，均照裁汰陆军之案办理，以归一律。

一，酌裁三省陆营制兵。查江苏、安徽、江西三省陆营制兵，除调充练军外，江苏共存一万五千二百三十一名，安徽共存五千九百二十二名，江西共存九千二百四十四名。上年署督臣张之洞议裁制兵案内，奏明专裁零星汛兵，约可裁减三成。嗣饬各营照议裁汰，惟江西应裁之数尚及三成，江苏、安徽两省应裁零星汛兵数本不及二成，并因分防各汛，未能一律议裁。又臣坤一奏裁盐城、庙湾等营兵丁，充抵免裁淞南北两营饷项。统计上年江苏实裁二千二百八十七名，安徽实裁八百六十五名，江西实裁二千九十二名。所节饷项，照案留抵洋操薪饷等项之用，仍由各该司将裁节兵饷细数，另行造册详咨送部。现复钦遵谕旨，分别裁减，计江苏共裁三千五百七十名，每年约节饷米银六万馀两；安徽共裁一千七百八十一名，每年约节饷米银三万四千馀两；江西共裁一千九百四十五名，每年约节饷米银四万八千馀两；三省并计，每年约节饷米银十四万馀两。参酌山东分年遣散成案，分作三起裁汰，第一起裁遣各兵饷项，截至本年八月二十九日为止，嗣后以八个月为一期，扣至光绪二十四年十二月三十日，一律裁遣完竣。仍各给八个月饷米，以资生计而示体恤。

一，酌裁江苏、安徽、江西三省练兵。查江苏练兵五千九百四十一名，内徐州练军馀丁二百四十九名，安徽练兵四千三百二十名，江西练兵二千七百四十名，均由各标营制兵内挑练，按月除额饷外，另行酌给津贴。现经按照人数分别抽裁：统计江苏共裁一千九百八十一名，内徐州练军馀丁二百二十八名，并无额饷，仅支津贴，每年共节饷米银约二万九千两，津贴钱约七万馀千文；安徽共裁一千二百九十六名，每年约节饷米银二万五千馀两，津贴银一万六千馀两；江西共裁八百二十二名，每年约节饷米银二万馀两，津贴钱三万六千馀千文。三省并计，每年约节饷米津贴银九万馀两，津贴钱十万馀千文。亦照裁减制兵期限，分三起裁汰，仍各给八个月额饷额米。其津贴一项，除馀丁并无额饷，于裁遣日酌给四个月津贴外，其馀练兵均于裁遣之日，一律停止，以昭公允。

以上裁汰江苏水陆防营勇夫，每年约节饷费银五十二万馀两，三省制兵及挑练各兵，每年约节饷米各项银二十三万馀两，津贴钱十万馀千文，俟制练各兵裁竣后，各项并计每年统共约可节省银八十馀万两。均系察度地方形势，设法抽裁。此外裁存各营，为镇抚必不可少，现经饬令实力训练，务使一兵得数兵之用，以副圣主慎重度支整顿营伍之至意。

至江苏经制水师，前于同治七年，经前督臣曾国藩改为外海、内洋、里河三大支。诚以江苏古称泽国，利用水师，原奏并称：“欲使中国兵勇以舟楫为室家，以海洋为坦道”，兼顾并筹，用意尤为深远。臣等权衡轻重，目下虽筹饷维艰，而江苏地属水乡，分段巡防较陆路情形为重，此项经制水师，不得不酌留，以资巡缉。

谨将裁汰江苏水陆防营勇夫及江苏、安徽、江西三省制兵、练兵数目，缮具清单，恭呈御览。

除咨部查照并安徽、江西两省防勇另行由臣华熙、臣德寿奏明办理外，谨合词恭折具陈，伏乞皇上圣鉴训示。

再，此折系臣坤一主稿，合并陈明。谨奏。

力疾销假折光绪二十三年六月十五日

奏为微臣力疾销假，恭折仰祈圣鉴事：

窃臣前因假期届满，久病未痊，具折陈请开缺，回籍调理，四月二十三日钦奉朱批：“着再赏假两个月，毋庸开缺。”钦此。仰蒙天恩高厚，逾格矜全，臣具有天良，敢忘尽瘁之义。随经加意医治，并将一切公事照常办理，未敢稍涉因循。惟臣血气已衰，忧劳过度，所患心忡、髌痛诸证，一时未能就瘳。月前又接家书，胞弟孟侃在籍身故，暮年手足，倍切感伤，旧恙缠绵，因是更难速愈。第念时艰孔亟，未可因私废公，现计两月届期，应即力疾销假，勉供职守。桑榆晚景，愿依日月之光；犬马馀生，冀收涓埃之效。

所有微臣力疾销假缘由，理合恭折具陈，伏乞皇上圣鉴。谨奏。

拨解神机营枪弹片

再，前准神机营练兵处先后咨称，会议具奏练兵事宜，拟由南洋、湖广调取快利枪解京备拨各等因。当经臣饬据上海制造局查明现在造存之快利枪三千二百杆，配用枪子二十万颗，先行尽数派员由海道管解运京，分别投收，以备两军分用教练，馀俟造齐，再行陆续解送去后。兹据上海制造局禀称，该局委员候补知县刘毓湘管解前项枪枝子弹，运京投交，计神机营点收一千二百杆、枪子七万二千颗，练兵处点收二千杆，枪子十二万八千颗，印掣批回，具报前来。

除咨部查照外，所有拨解神机营练兵处快利枪弹缘由，谨附片陈明，伏乞圣鉴。谨奏。

量裁长江水师兵丁折 光绪二十三年七月十六日

奏为遵旨酌裁长江水师，谨将办理情形，恭折具陈，仰祈圣鉴事：

窃臣等承准军机大臣字寄："光绪二十三年四月二十五日奉上谕：'督办军务王大臣等会奏议覆御史李擢英奏请酌裁长江水师暨各省勇营一折。长江水师分隶五省，兵数既众，口粮亦较绿营为优，当此裁兵节饷之际，自应严加裁汰，力杜虚糜。着两江总督、湖广总督会同长江水师提督，察看情形，按照该御史所奏裁去二分、酌留一分之议，斟酌办理，限一月后迅速覆奏。原折均着抄给阅看。将此各谕令知之。'"等因，钦此，当经转行钦遵。

伏查前大学士曾国藩，于咸丰十一年规复江南之始，豫为防守长江之计，议设水师。迨至军务大定，以战胜之水勇，斟酌裁减，定为经制之水兵，诚以江路绵亘，匪徒易于潜踪，非设立师船不足以卫行旅。咸丰以前，长江上游水师，本有湖南之洞庭、岳州两营，湖北之荆州、汉阳两营，江西之鄱湖、南湖、九江三营。该各水师形势孤悬，操防废弛，江面时出劫杀重案，行旅皆有戒心。曾国藩深知其弊，奏请一律裁撤，改为长江大支水师，计共设二十二营，隶于两江者十四营，隶于湖广者八营，配船七百十八号，舱兵、桨兵及各署亲兵人等，共额设一万一千六十四名，分防五省，延袤五千馀里，划分汛地，各专责成。曾国藩几经图维，始联五省为一气，并几经筹度，始洗尽绿营一切陋习，为经久无弊之谋。迄今三十馀年，水师各弁勇，恪守定章，缉捕巡防均称得力，往来商旅如履坦途，实赖长江师船各顾考成、分段梭巡之力。若如该御史原奏，裁去二分，酌留一分，是所留之船仅二百三十馀号，所留之勇仅三千馀人，以五省相距之遥，兼跨鄱阳、洞庭诸湖，度势揆时，实属不敷分布。

至原奏谓裁二留一，每年饷需可省百馀万两。查长江水师二十二营，自提镇、将领以及弁兵、书识，每岁俸饷等项，统计仅五十九万馀两，即加船价修理杂费，每岁亦不过七十馀万两，按年造册报部，有案可稽，纵使将水师全数裁撤，岁节饷糈亦无百馀万两之多。该水师饷项，昔年曾国藩酌留沿江厘卡数处，俾供军实，以长江之厘，养水师之勇，借水师之力，为保厘之计。该水师虽岁支饷银数十万金，而沿江各省常关厘卡，得以岁收巨款，保全实多。盖长江自通商以来，往来轮船，络绎不绝，而商货仍有由民船运载者，实由沿江设有师船为之巡护也。设使抽裁汛地，防范难周，盗匪觊觎，行旅相戒，商民视为畏途，厘税势必减色，而奸商乘之偷漏，私枭从而披猖，是欲节流者，反以塞源，似非计之善也。

臣等再四思维，各处内河护卡缉匪，尚须设立巡船，况以江路险阻，汊港纷歧，势不能转无师船，随时巡护。现有之水师，分布各汛，地广船稀，已形单薄。似以长江情形而论，各营原设船只，委属万难抽裁。惟当此还款孔亟，度支匮乏之时，不得不于无可设法之中，力求撙节。臣等往返会商，惟有按船酌裁桨兵，庶汛地不致空虚，饷需亦可借资节省。现拟将提督督阵舢板二号，四镇督阵舢板各二号，副、参、游督阵舢板共二十二号，每号各裁四名；都司长龙四十四号，每号各裁六名；守备、千、把、外委舢板共六百四十二号，每号各裁二名；并裁提督、四镇、副、参、游各卫署亲兵，每署各裁二名。统计裁兵一千七百三十二名，每年共节饷银六万四千馀两，内计两江每年节饷银四万馀两，湖广每年节饷银二万四千馀两。所有应裁各兵饷项，均裁至本年八月底为止，仍参酌江南遣散绿营、防营兵丁成案，各该兵丁，均发给遣饷三个月，酌派轮船分别运送回籍，俾安生业。各船额设兵勇，原系酌量船只之大小，事务之繁简，分别配设，各有专司，此次量为裁减，本系万不得已之举。嗣后如果巡防事繁，桨兵不敷驾驶，再当察酌情形，奏明办理。

除分饬遵照并将裁节兵数饷项另行造册详咨外，谨合词恭折具陈，伏乞皇上圣鉴训示。

再，此折系臣坤一主稿，合并陈明，谨奏。

覆陈长江水师并无游惰恶习片

再，臣坤一于光绪二十二年六月二十三日钦奉六月十五日上谕："有人奏，长江水师积弊日深，急宜整顿，以清盗源"，等因。臣当经密札江苏、安徽、江西三省臬司，将近三年内，长江水师所辖该省江面，共有盗案几起，破获几案，确切查明，据实禀覆。嗣据先后覆称：江苏境内有丹徒县事主王发泰货船，于光绪二十一年五月二十七日夜在雷公套地方被劫。又仪征县事主邓宏兴货船，于光绪二十年十月初一日在夹江被抢。以上两案，均系长江水师所辖江面，赃盗无获。安徽境内有过客徐鹤丹等货船，于光绪二十年十月二十六日夜在和州牛屯河被劫一案，系长江水师所辖江面，赃盗无获。江西境内长江水师所辖江面，并无盗案等情前来。

臣以长江水师所辖江面三省之宽，三年之久，仅出盗案三起，初疑该管官讳匿不报，以致臬司无案可稽。惟臣每月三、八告期，派员接收呈词，从未见有长江失事商民来辕具控。如谓弥缝了结，则事主失赃索赔，该水师弁兵无此财力。是原奏所谓水盗出没劫案，无月无之，似系传闻之讹，长江水师之巡缉认真，尚属可信。

臣随时访察，该长江水师镇将，莫不力图振作，操防罔懈，约束维严，并无供亿酬应及贪扣游惰恶习，偶有弁兵离船登岸，亦即分别责惩，不稍宽贷。现在各船兵额裁减，臣与提臣黄少春，惟有督同各镇将，勤加训练，冀得以少胜多，仰慰朝廷整饬戎行之至意。

谨附片具陈，伏乞圣鉴。

再，此案因详加访察，奏覆稍稽，合并声明。谨奏。

议挑皖北河道请从缓办折 光绪二十三年七月十六日

奏为筹挑皖北河道，工大费繁，兼多窒碍，拟请从缓办理，以重公款，恭折仰祈圣鉴事：

窃照河南故黄河支流之减水河道，上由河南永城经江苏砀山、萧县以达于安徽宿州，下趋灵壁以入睢河，经泗州而注于洪湖，其间汊港支河，纷歧四出，因宣泄不畅，各属时有水患。经前署督臣张之洞委员会同徐州、凤颍各道暨凤阳府，周历履勘，妥议兴挑。当以永城、砀山、萧县等处工程较短，即就原河加浚深广，估需经费银二三万两，就地筹捐，可以集事。皖省工程较大，估需经费银十万两，奏请将查抄已革总兵卫汝贵典产变价之款，凑集银十万两，拨归该工济用，分饬会商定期一体举办在案。

嗣经前安徽抚臣福润，以据原勘委员知府王咏霓面禀：皖省河工原估土方不敷所用，甫挑宿州一河仅及四分之一，已用银一万馀两，下游之灵壁、泗州等处，民情亦多不愿。先后委员详加覆勘，均以开办此项工程，如照原议一律疏浚，不独现有之经费不能集事，且洪湖高仰，淮流顶托，能否有利无害，实无把握。即经咨行江苏、河南两省，将永城、砀山、萧县各工一体停办。并饬据凤颍道将收到典款变价银两，除支用银三千三百九十六两有奇、钱一万三百三十四千有奇外，实存库平银三万九百九十二两有奇、曹平银二万八千六十九两有奇，解交金陵支应局兑收充饷，咨请核办前来。

臣覆加查核，此项工程，虽为三省水利所关，第皖北应挑河道，工巨费繁，兼多窒碍，审时度势，有不得不从缓办者，谨为我皇上陈之。皖省工程，自宿州以至泗州，以里计之四百有奇，而淮河之达洪泽湖以入江尚不在此数也。曰中股，曰南股，曰北股，曰奎，曰沱，曰浍，曰岳，以河计者数十有奇，而其他之支津歧港尚不在此数也。工段既长，河道又广，今必一律疏浚，非有数十万之帑，断难告厥成功，若仅恃原拨之十万两，必难敷用。

即如宿州甫挑一河，用款已至一万馀两，尚无头绪，其他可想而知。当此还款孔亟，库储极绌之际，实难别筹巨款。其宜缓办者一也。

此项工程，非同时并举不可。宿州为永城、萧、砀下游，灵、泗又为宿州下游。若上游开办，而下游不一律兴挑，水无所归，上游仍受倒灌之患。据凤阳府知府冯煦禀称：原勘委员前议引睢入沱以至于浍，径由五河以入洪湖，亦未始非变通之法。惟所议开宿州沙沟闸下之十八里新河，该处绅耆佥谓，议开之处，直注州城，且多庐墓，情势显然，未可轻率从事，舍此别谋睢沱交通之路，实未易言。是该处既难兴办，各处应挑之工，即不能不因而中阻。其宜缓办者二也。

凡治水之法，先谋去路。溯自黄河改道之后，淮水之尾闾不畅，洪湖之积淤日甚，无论此项工程，力难兴办，即使上游各河，一律开浚深通，而下游五河等处，为众流所归，恐成泽国，民情不愿，将来必致滋生事端。且洪湖不能容纳，必从蒋坝灌入高邮、宝应诸湖，运河东西两堤岌岌可危，淮安、扬州、里下河一带水患不堪设想。其宜缓办者三也。

总之，此次议挑苏、皖、豫三省河道，能否举办，以皖省工程为衡，皖省能办，则三省并兴，皖省不能办，则三省均应停止。得失利病，既不能确有把握，一或不慎，所损实多。现虽用银一万馀两，尚可从此中止。若再接续开挑，糜费更巨，势必用款尽成虚掷，而于全局仍无裨益。臣反复筹思，应即查照安徽抚臣来咨，将议挑各工，一律从缓办理，以重公款。

除咨部外，谨会同江苏巡抚臣赵舒翘、安徽巡抚臣邓华熙，恭折具陈，伏乞皇上圣鉴，敕部查照。谨奏。

协拨广西边防枪弹片

再，臣钦奉上谕："苏元春奏请饬拨无烟洋枪以备边防等语。着刘坤一酌量拨给二三千枝，解交该提督防营，俾资应用"等因，钦此。

臣查江南购存无烟快枪数亦无多，第广西边防关系紧要，自应不分畛域，遵旨协拨济用。现准苏元春派委候补直隶州知州全炤等来宁请领，业饬金陵军械所酌拨后膛比国快枪三千杆，配拨无烟药弹一百五十万颗，皮带三千套，点交来员，妥慎管解，并饬江南筹防局在防费项下拨给银三千两，以资运费。惟此项枪弹若由内地水陆并运，需费较巨。适广东南武官轮因公至沪，因饬该员将前项枪弹附装该轮，运回广东，再行解赴苏元春军营，以期事便费省。又上年冬间，准苏元春来函，请拨无烟快枪三百杆，经臣酌拨后膛奥国快枪一百杆，无烟药弹五万颗，所有枪枝已交来员守备龙金宝领回应用，其药弹尚未领解，现亦饬交此次委员一并搭解。

除咨明广西提臣苏元春并咨部查照外，理合附片陈明，伏乞圣鉴。谨奏。

搜捕枭匪布置善后事宜折光绪二十三年八月二十六日

奏为遵旨会合搜捕枭匪，地方渐就肃清，现仍悬赏购缉首恶及布置善后各情形，恭折具陈，仰祈圣鉴事：

窃臣等承准军机大臣字寄："光绪二十三年七月初四日奉上

谕：‘给事中庞鸿书等奏，太湖枭匪充斥，亟宜妥筹办法一折。着刘坤一等查明先行具奏。太湖界连江、浙，遇有枭匪出没，该督抚等务当各派得力营弁，迅速会剿’，等因。同日又奉上谕：‘赵舒翘奏，苏省盐捕积弊实力整顿一折。其未经拿获之黑面施老窝子，即着刘坤一、赵舒翘会同廖寿丰严饬派出员弁合力搜捕，毋任漏网。’”等因，钦此。

臣等伏查太湖界江、浙之间，水面辽阔，汊港纷歧，匪徒踪迹诡秘，此拿彼窜，飘忽靡常。枭匪之领帮者，名为“总老大”即黑面施老窝子及董必贵、董必富等匪是也。煽惑勾结，党羽甚多，在沿湖各镇市，聚赌贩私，恃强滋扰，甚至肆行抢劫，为害闾阎。迭经派拨营弁严拿惩办，并会同浙江抚臣廖寿丰随时派员，通力合作，分别缉拿。钦奉谕旨，又经咨会浙江抚臣并严饬统带太湖水师候补道杜俞，督同营哨各弁前往沿湖之吴江、震泽一带，分途严密查缉。旋据探悉，黑面施老窝子潜回合肥县原籍，为其族长施继斋庇护藏匿。经臣等先后派委员弁前往，将施继斋拿送该县比交。嗣因延未获案，复经派员访拿，并悬重赏，以期务获。该匪首情罪重大，必不任其漏网，贻患地方。候补道杜俞自檄饬督捕枭匪，即派得力营弁，四出侦探。该匪董必贵于施老窝子逃回原籍之后，因闻缉拿严紧，即将馀党解散，独带亲信数人，私往溧阳福缘寺跧伏。经杜俞派往之管带吴家正、吴广升、委员谢谦等访探确实，星驰抵寺，时尚黎明，该管带等各带勇丁数名，踹门而进。该匪董必贵闻声跃出，手持七响洋枪，犹思拒捕冲突。吴广升喝众格落枪械，立将该匪拿获，并获从犯管老窝子一名，又搜得洋抬炮一杆，七响洋枪一杆，大口毛瑟三杆，马梯呢一杆，前膛洋枪七杆并衣饰多件，均经解交臬司衙门，禀经臣等电饬讯明立予正法。当将大概情形，电请总理衙门先行代奏在案。

查黑面施老窝子，当上年饬营严拿之后，业已遁回本籍，复经董必贵函招来苏，恣行不法，实属凶横已极，今幸在苏擒斩。其董必富一犯，前准浙江抚臣咨覆，亦已伏诛，馀匪由是分散潜匿。

窃思此等盐枭，志在图利，本非土匪可比，苟有一二人为首，则本地莠民，外来游勇，蚁附蝇趋，便形猖獗。但能拿获巨魁，馀党自冰消瓦解。是在盐捕营弁平日办理得宜，既不可稍形疏纵，有碍官销，亦不得过于严苛，致酿巨案。现据该道杜俞以馀党解散，太湖肃清，禀筹善后之策。所有扼要之区，业经部署各营，分头堵缉，使匪徒不能往来勾结。并会同臬司，督饬地方官认真举行保甲，严禁赌博，查办窝囤以清其源。再饬令浙西盐捕营统领陈光全整顿弁兵，讲求缉务，于背负肩挑之小贩，则略予从宽，于成群结队之大帮，则务严剿捕。并与太湖水师及各陆营联络一气，有犯必获，以遏其流，庶几消隐患而清盗薮，以仰慰朝廷宵旰忧勤绥靖闾阎之至意。

此次仅将匪首董必贵获办，本不足言功。惟各员弁购线跟搜，于酷暑烈日之中，奔驰数月，即往施匪原籍蹦缉，亦不下十数起，似不能没其微劳。且浙江拿获董必富之案既经酌保数员，可否仰恳天恩，将准补苏州城守营守备吴广升以游击仍留原省补用，江苏候补知县谢谦免补本班以直隶州补用，以昭激劝。

除仍严饬密拿匪首黑面施老窝子务获惩办外，谨合词恭折具陈，伏乞皇上圣鉴训示。谨奏。

行营局员随员已领川资请免追缴片

再，准户部咨覆："山海关行营支应局及转运局报销一案，内开各局委员及各提镇文武随员，发给一月川资，无异多支薪水，此次请销，核与奏案不符，碍难照准，行令将删除银三千一百五十两，照数追缴”等因，自应遵办。惟查各局委员及各提镇所带文武随员，或自江南北上，或自湘、鄂、皖、豫调取而来，一经裁撤，若不给予川资回里，必致羁留异地，困苦难堪。现已资遣一年有馀，置散投闲，委实无从追缴。且给资在前，定章在后。上年遣撤武威等军，所发营哨各官薪水公费等项，共银三千四百七十四两，经湖南抚臣陈宝箴奏请免其追缴，奉旨：“着照所请。”钦此，钦遵在案。今所发各局委员及各提镇所带文武随员一月川资，共银三千一百五十两，事同一律，可否仰恳天恩，一并免其追缴，以广皇仁而示体恤。

除咨户部外，理合附片陈请，伏乞圣鉴。谨奏。

徐海各属被淹先筹抚恤折光绪二十三年十月十五日

奏为江苏徐、海等属低区被淹，民情困苦，拟先筹办抚恤，以全民命，恭折具陈，仰祈圣鉴事：

窃照江宁所属各州县，淮扬一带，虽滨临江湖，素称泽国，而容纳亦广，但使江潮不甚顶托，则水有去路，尚不遽至为灾。惟徐、海等属，名为陆地，实上受皖、豫、东诸省山河之水，一遇暴涨，势若建瓴，又无深通河道以束其流，辄致平铺横溢，故其患潦也更甚于水乡。本年五六月间，阴雨兼旬，往往倾盆倒泻，达旦连宵，上游蒙、沂、淮、泗诸水同时下注，加以本境雨水由高原而汇入低洼，徐属之邳州跨河为邑，首形泛滥，河槽溢出，民埝被冲，宿迁、睢宁通行大路，均被淹阻，而宿迁积潦尤深。

海州于所属之沭阳县，地处下游，河道壅滞，骤难出海，亦遭淹漫，并波及淮属安东等处毗连之地。饬据各该府州查覆，高田所种秋禾尚无大碍，惟低田浸灌日久，多被淹伤，犹冀设法疏销，及时补种。因粮价翔贵，先由各该州县就民捐积谷，或开仓平粜，或按乡借放，稍资接济。无如交秋以后，仍属雨多晴少，前水甫涸，后水又来，察看灾象已成，难期补救。业经由司咨行各道府州，亲诣各属履勘被水情形，分别轻重，据实具报详办。据江宁布政使松寿详请具奏前来。

臣等伏查徐、海各属，地瘠民贫，迥非他处可比，年丰仅堪糊口，一遇歉岁，即觉势不能支。此次被淹之区，时日较久，秋收既已失望，粮价又复骤增，小民谋食维艰，实有岌岌不可终日之势。该处风俗强悍，平时抢夺争斗习以为常，一旦田地失收，饥寒交迫，若不早筹抚辑，不特流离可悯，且虑滋生事端。先经臣等饬令各该属动用积谷存钱，购运麦粮，散给贫民，劝令种麦。并商准山东抚臣，由徐属州县发给印票，令农民前赴济宁一带，购买籽种，俾作来年生计，而免轻去其乡。一面捐筹银款，发交该道府等，先办抚恤，急顾目前。诚恐已有流亡外出者，并于清江、扬州等处截留资遣，设厂收养。仍俟该道府等查勘到日，核明灾歉情形，分别动款赈抚。特是被水地段较广，户口众多，需用浩繁，深恐款无所出。江南司道各库本非充裕，近因筹还洋款，久已罗掘一空，非设法另筹，断难济用。溯查光绪十八年江宁、扬州、镇江等属被旱成灾，仰蒙圣恩截留河运漕粮并准开办捐输为赈抚之用，数十万苍黎涵濡德泽，得庆更生。今此下民荡析离居，其困苦情形，实为相等。如将来需款繁巨，再行据实具奏，上乞恩施。

除将一切应办事宜，督率各该司道实心实力妥为经理外，所有徐、海等属被水较重，先行筹办抚恤缘由，谨合词恭折具陈，伏乞皇上圣鉴训示。谨奏。

淮扬堤工紧要拨款兴修片

再，淮、扬两府以里下河为膏腴之地，每年各州县钱粮及各盐场厘课数百万金，为江南财赋第一，全恃东西长堤为之保障。西堤之御湖水与东堤之束河流，同一功用。其间若坝、若闸、若岿，或石、或砖、或土，均系紧要之工。在前往往溃决，每次堵筑縻费辄数十万甚至百数十万，其蠲免之课，与抚恤之赀，尚不在内，民生之受困更无论矣。自设堤工局以来，春修夏守，幸获安澜，每遇险工，随时抢护，虽岁费数万，而所全实多。本年自春迄秋，淫雨为灾，山东、河南、安徽诸水并涨，滔滔下注，湖河均有中满之患，水志高至一丈七尺，长堤岌岌可危。先经两淮盐运使江人镜启放归江，各坝水势仍未见销。堤工局委员江苏候补道何福海督饬各员弁兵校人等昼夜严防，如捍大敌，尽力撑持。至八、九月，俟里下河各属收获以后，始将归海之车逻、南关等三坝，次第启放。臣与漕臣松椿先后奏报在案。由是河水渐退，长堤得以屹然无恙，实非臣等意料所及。顾堤久为水浸，鼓裂颇宽，倾卸亦甚。及至启放车逻等坝，大溜奔腾，窖潮灌窜，堤身之坍塌，堤脚之空虚，所在皆是。兼以沙石停留，河身壅塞，若不大加修浚，明年桃汛难支，一有疏虞，贻误匪浅。臣已札饬两淮盐运使江人镜、署淮扬海道丁葆元切实查勘要工若干，估计需费若干，禀覆到日，由臣核明拨款筹办。

理合附片具陈，伏乞圣鉴训示。谨奏。

徐州土药厘局请照旧收捐折光绪二十三年十月十五日

奏为徐州土药捐数体察情形，应请仍照旧章办理，以保正捐，恭折具陈，仰祈圣鉴事：

窃准户部咨："具奏内地土药出产日盛，拟另筹征收之法，以扩利源。据总税务司赫德开呈手折，近年出产，江苏一万石等因一折。光绪二十三年四月二十八日奉旨：'依议。'"钦此。续准部咨："议覆山东巡抚李秉衡奏，部议总税务司所筹征收土药税厘办法，窒碍多端，毋庸改议，应俟各省覆奏到日再行酌核，未便豫为拟议等因。六月二十三日奉旨：'依议。'"钦此。当经先后转行妥筹办理。兹据徐州土药厘捐局、江宁布政使松寿、署徐州道阮祖棠，体察情形，碍难按照新章举办，沥情详请具奏前来。

臣等伏查徐州土药于光绪十七年设局收捐，查明歉收之岁每年不过一千万两，全熟之年约及一千四五百万两，除皮净重一百斤抽库平银三十两，即照全熟年分产数计之，亦只能收银二十七八万两，原奏谓可望收及银三十万两左右者，不过约举成数而言之。且当时所查，只就各属产销之数约略核计。其实徐属产土之区，惟丰县、砀山较多，其土质亦较各属为佳，是以丰、砀土药之名较著，贩土之商多集该处。山东、河南、安徽所产之土，商民亦遂有越境至丰、砀就售者。是当时客商所贩徐土，本不尽属徐州出产。自设局抽收厘金，邻土被遏，数以暗减。且徐属自产土以后，价廉购易，吸食较多，或本地居民零星购用，或种植之户自留服食。此项土药虽同在产数之内，既非由商购贩，即无捐项可收。况罂粟本属花卉，质嫩根浅，寒雾风雨，皆易受伤，非雨旸寒燠终始调和，难期丰稔。上年收数奇绌，固由灾重匪扰，原非事所恒有。然近年来，每年或收捐二十四五万两，或二十一万馀两不等，从无有收至三十万两者。是捐数之多寡，尤须视收成之丰歉，本未可以一时之产数、销数据为定额也。

盖论办法，开创时之定章，与夫历年来之稽查，皆系就地体察，因时制宜，层层布置，实已倍极周密，官吏既不能侵渔，胥役亦无从包庇，是以商贩绝少偷漏。惟居民随身零星携带，举步即入邻境，既不能执途人而搜之，即难保无走私之弊，然为数要亦无多。光绪十八年，议办统捐，除原捐三十两外，如愿再在徐局捐银三十两，准其通行各省，不再重征。原期变通尽利，借为裕饷之谋，事阅数年，绝无报完出省之捐。二十二年又复援照山东捐数，每百斤由徐局捐银三十两外，再由镇江关收银十八两，无论运往何处，概不重征。如北商在徐局除原捐外照加捐银十八两，由内地通行各省者，亦听商便。减捐本为疏通销路，乃自改章至今，徐局仅收出省捐银一百数十两，此固客商不愿在徐局加捐之明证也。缘徐州土药大都行销本省，向系运往镇江、上海转运分销。沪、镇土药价值视各省土药及洋药进货多寡而定，不以徐土成本为低昂。捐多则本重，价昂则销滞。约计近年徐土收买资本，加以镳费、栈费、盘川、干耗及照向章所缴每百斤三十两捐款等项，较之镇江适中价值，每百斤所馀利息，为数甚微。商民跋涉经营，仅能得此薄息。若沪、镇进货较多，价即递减，获利更少。其中有久存待价者，干耗日多，价仍未涨，有时竟致无利可沾。其邳州、宿迁、睢宁等处，皆系土浆，质稀、味薄，不能上包，干耗尤甚，多系零星小贩，运销附近之淮安、扬州、海州等属，价值稍昂，即难出售，尚不能与丰、砀所产之土相提并论。

年来徐土利息既微，沪、镇银根又紧，各处商贾本已观望不前。本年收成较有起色，凡有可以恤商之处，又经该道多方设筹，客商闻风渐至，捐数可望稍增。乃各商一闻加捐之信，纷纷收庄，咸谓捐数较向章加倍，纵将来沪、镇能因新章加价，断难贵至如此之多，不特无利可图，且必有亏资本，佥欲改图，期免后累。各局员以一经收庄，则无捐可收。当以新章尚未开办，一再劝谕，始得照常收买。商情锱铢必较，本非官法所能相强。今甫闻加捐之信，即欲收庄，一经加倍收捐，卖价不敷成本，势必相率改业。土无买客，种植必少，种植少则捐无从出。即使徐土价能陡涨，而食户愿购徐土，无非利其价廉。若货既远逊洋药而价转过之，人人改服洋药，势所必至，将见洋药畅行，利源外溢，徐州原有之捐，必更因而无著。

目下库储奇绌，需饷孔殷，部臣因筹款维艰，不得已而始议及此。臣等忝膺重寄，蒿目时艰，苟加捐而下不病民，上可裕国，何敢不竭力筹办，勉为其难。无如徐州地瘠民贫，迥非他处可比。丰、砀两属户鲜盖藏，尤为困苦。小民终岁勤劬，惟赖栽种罂粟稍沾馀利，若土药重加捐项，各处商贩闻风裹足，乡民存积之土，无可出售，何以为生？虽寓征于禁，为朝廷崇本抑末之至意，而蚩蚩愚民，罔知大计，相安已久，改业为难，一旦坐失利源，诚恐徒滋纷扰，实于地方民情大有关系。且徐属毗连山东、河南、安徽三省，各省体察情形，均难按照新章举办，徐土捐数，更不宜独行加增。臣等详加察度，所有徐州土药，应请仍照旧章，每百斤抽收厘金银三十两，毋庸改议，以保正捐，其出省之捐，亦暂照二十二年定章办理。一俟各省统捐办有成效，再将出省之捐，斟酌情形，妥筹举办。

至徐州界连三省，周围千数百里，一片平阳，无要可扼，本已防不胜防。照目前办理情形而论，雇巡设卡，严密稽查，原定经费已虑不敷支用，若再裁节，必更巡缉难周，奸商乘隙偷漏，转致有碍捐务。现在收捐既照旧章，所有此项经费，亦应仍照原案开支。

除严饬该局员等实力稽征，务须涓滴归公，以裕饷源，并咨部查照外，理合恭折具陈，伏乞皇上圣鉴训示。谨奏。

裁撤各营恩饷请免追缴片

再，案准户部咨："核覆江苏省留防各军，光绪二十一年分第二十四案报销一折，内开：裁撤各营开支恩饷，计营官浮支一个月、两个月公费，营哨各官浮支一个月薪水，随营委员多支两个月薪水，春字副前营、铭春武毅水雷马小队二哨多支一个半月恩饷，营官多支三个半月公费，营哨官多支两个半月薪水，又铭字清淮马队各营撤回原防，营哨各官亦照勇丁支给一月薪费，殊与奏章不符，总共多支银四万七千五百五十六两有奇，应令删除"，等因，当经转行去后。

兹据江苏防营支应报销处司道详称："伏查江苏留防各军弁勇，系属远道应募而来，久劳于外，均甚贫苦。前年先后裁撤，奏明分别给予恩饷，原为体恤起见。所有光绪二十二年九月底以前裁撤者，业经遵照给发。至铭字清淮马队各营，由陆路撤回原防，东征粮台原奏津贴一月饷需，并未声明营哨各官不准支给之语。兹奉户部饬令按照光绪二十二年十月奏定新章，一律删除，本应遵办。惟各该营员弁勇丁，或早经遣撤，或业已离营，前项恩饷银四万七千五百馀两，系在未经定章以前支给之款，事越两年有馀，委实无从追缴。前次户部删除湘军东征粮台造报武威等军恩饷一案，经湖南抚臣陈宝箴以发饷在先定章在后，奏请免其追缴，奉旨：‘着照所请，该部知道。’钦此。钦遵在案。今江苏省裁撤各营恩饷，事同一律，应请照案核销”等情，详请具奏前来。合无仰恳天恩，俯准免予追缴，以广皇仁而示体恤。

除咨部查照外，理合会同署理江苏巡抚臣奎俊附片陈请，伏乞圣鉴训示。谨奏。

恭谢颁赏平定回匪苗匪方略折光绪二十三年十月十五日

奏为恭谢天恩，仰祈圣鉴事：

窃臣赍折差弁回抵江宁，奉到颁赏《平定陕甘新疆回匪方略》、《平定云南回匪方略》暨《贵州苗匪纪略》各一部，当即恭设香案，望阙叩头谢恩祇领。

钦惟文宗显皇帝，天锡智勇，德懋圣仁；穆宗毅皇帝，神武迪光，宏谟广运。两朝济美，磐石早奠夫中原；六月出征，弧矢复勤夫远略。饬戎车而命将，庙算如神；指边塞以陈师，捷书迭奏。群思革面，玉关张破虏之威；义主攻心，铁柱纪平蛮之绩。我皇上宸机独断，慈训亲承，爰剿抚之兼施，膏泽覃敷于蒙舍；更畏怀之胥浃，壶浆罗拜于棘门。铭勒三危，记有苗之终格；舞陈七德，庆贞观之同符。臣渥荷醲恩，宠颁睿制：拜宝书于天禄，恍睹雪山洱海之奇；锡秘笈于人间，借窥龙韬虎钤之奥。荣施下逮，忭舞难名。惟有运甓习勤，受书励志，思绸缪于牖户，修我甲兵，宣恩德于江淮，保兹子庶。幸值八荒无事，共慑南天砥柱之威；更欣万里抒诚，永罢西域祁连之戍。

所有微臣感激下忱，谨缮折叩谢天恩，伏乞皇上圣鉴。谨奏。

徐海等属灾重开办赈捐折光绪二十三年十一月初十日

奏为江苏徐、海等属水灾较重，需赈浩繁，拟请开办赈捐，以资接济，恭折具陈，仰祈圣鉴事：

窃照江苏、徐州、淮安、海州各属，本年入夏以后，雨水过多，上游蒙、沂、淮、泗诸水，同时下注，湖河漫溢，积潦成灾，业将筹办抚恤情形，恭折具奏。十一月初二日，又经臣等电请总理各国事务衙门奏蒙恩旨，截留江北河运漕粮三万石，分拨赈济，仰见圣慈子惠元元，有加无已，皇恩汪涉，薄海同钦。

查各该属被水田地，徐州府属之邳州、宿迁两处，系属成灾，睢宁县及海州并所属之沭阳县系属重歉，淮安府属之安东、桃源二县与徐、海毗连之处，亦有淹伤。小民困苦情形以邳州、宿迁为最重，海州、沭阳、睢宁次之，安东、桃源又次之。前经臣等分别筹借款项，发交该管道府查办抚恤，兼办平粜，极贫之户，先行酌拨银米，并于各该属赶设粥厂，宽为留养，暂济目前之急。惟是灾区过广，户口繁多，该处地瘠民贫，素鲜储蓄，今又遭此灾歉，更属民不聊生。转瞬隆冬，饥寒交迫，地广人众，为日方长，来年青黄不接之时，尤须接济。并如各该属所请挑浚河道，修筑堤埝，俾丁壮趋于工作，为以工代赈之举。约计赈抚各项为数甚巨，非多筹有着之款，源源解济，断难措手。江苏各司道库，向非充裕，近因拨款繁多，出入本难相抵，加以筹还洋款，杼柚久空，目下赈抚之资，实苦无从筹措。臣等与司道多方计议，惟有开办赈捐以资济用。据江宁布政使松寿禀请具奏前来。合无仰恳天恩，俯准劝捐济赈，援照顺直、山东、湖北、四川等省现行章程，请奖贡监、虚衔、封典、翎枝及一切推广优奖各条，暨捐助棉衣建坊、捐免出学等项，以一年为限，期满即行停止，庶于轸恤灾黎之中，仍寓慎重名器之意。如蒙俞允，即行查照历次江苏办捐成案，刊刻实收，设局劝办，并派员分赴各省，多方劝募，按次造册，咨部核给奖叙。所收捐款，酌量灾区轻重，分别匀拨。惟各省物力已穷，赈捐久成弩末，此次开办捐输，系于无可设法之中，冀收寸效，将来捐数能否踊跃，殊无把握。臣等惟有督饬劝捐各员，实力办理，总期多收一分之款，于地方灾民多受一分之益。倘款不敷用，再由司局各库筹凑拨济，以全民命而广皇仁。

除咨部查照外，谨合词恭折具陈，伏乞皇上圣鉴训示。谨奏。

购米平粜免完厘税片

再，本年徐州、淮安、海州各属田地被淹，民情困苦，业将筹办赈抚情形，先后奏明在案。

各该属灾歉较重，粮价昂贵，民食维艰，灾黎待哺嗷嗷，有不可终日之势。现饬各属于赈抚之外，兼办平粜，应运米石，由该管道府发给印照，前赴宝应泛水及里下河一带产米之区，分投采购，所有经过地方关卡，应照各省赈米成案，免完厘税，以恤穷黎。

谨合词附片具陈，伏乞圣鉴。谨奏。

协拨湘鄂两省枪炮子药片

再，臣先后接准湖南抚臣陈宝箴来咨：“湘省挑选练勇教习洋枪，设立制造公司仿造各种枪炮子药，及创设武备馆，挑选学生，教习阵图，操演手法，请饬局拨发快枪及各种快炮、水旱雷药弹等项，以资教练仿制”等因。臣查湘省拣选练勇、学生教习枪炮，并拟制造枪炮子药，实为自强要图，所需枪炮药弹，自应不分畛域，由江南协拨济用。当饬金陵军械所拨发曼里夏后膛洋枪一千杆，配齐无烟药弹五十万颗，十管格林炮一尊，四门神机炮一尊，五管神机炮一尊，十二磅田鸡炮一尊，一磅史高德炮一尊，卫丁仿克虏伯六生脱密达过山炮一尊，各配子弹二十颗，各种水旱地雷各一具，江南机器局拨发小炮药五千磅，细枪药五千磅，并饬将购存该局之哈乞克司二磅子过山快炮拨发十二尊，配齐炸弹六千个，铜管拉火八千枝，分别交由该省员绅熊希龄、蒋德钧等领运回湘应用。又准湖广督臣张之洞，以鄂省各军改练洋枪，所有局存局造快枪不敷应用，商请协拨德国十响毛瑟快枪二千枝，配弹四十万颗等因，并经臣饬据江南机器局，将前项毛瑟枪弹如数拨交鄂省领运委员候选知县苏晋等解回，以资应用。

除咨部查照外，所有协拨湘、鄂两省枪炮子药缘由，谨附片陈明，伏乞圣鉴。谨奏。

续采棕毛用费折光绪二十三年十一月初十日

奏为采办棕毛动用银款，恭折具陈，仰祈圣鉴事：

窃查前准工部咨，行令采办棕毛二十万斤，分批解部。当经议定以五万斤为一批，分作四批办解，业将头、二、三批棕毛十五万斤饬委运解，并将动用银款奏明在案。

兹据署安徽布政使于荫霖详称：应办第四批棕毛五万斤，现奉工部电催，应即派员前赴江西、四川、湖北一带，迅速采办。

所有每斤例价银三分，共该正银一千五百两，在于光绪二十三年各属解司正项银内动给，又于耗羡项下拨给协贴价值银二千六百馀两，又部饭银一千二百两，并水脚银一千八百馀两，详请奏咨前来。臣覆核无异。

除饬令赶紧办解外，所有采办第四批棕毛动用银款缘由，理合会同安徽巡抚臣邓华熙恭折具陈，伏乞皇上圣鉴。谨奏。

清丈通州九场供煎草地升科片 光绪二十三年十二月初一日

再，两淮通州分司所辖石港、金沙、余西、余东、吕四、掘港、丰利、栟茶、角斜等九场煎盐草地，皆在范公堤外，自海势东趋，滩地日远，增涨之地，袤长几一百八十里，广亦三四十里、六七十里不等，而以掘港为最多，余西次之，余东又次之。近堤数十里之田，卤气既淡，产草不重煎盐。其涨地较少之场，灶丁或向邻场买草供煎完额，或竟图便买盐充缴。查盐法成例，场地放荒，产草蓄草供煎，又以盐丁垫隘辛苦，即有馀地，皆给灶丁为业，以示存恤。今统计九场涨地多于原额，蓄草之区不下十倍，间地有馀而草贱于谷，既不能强人以种贱值之草，灶户有限，而民邻于灶，又不能封田以阻邻界之民。由是灶丁私自开垦，转售民户，所谓照例放荒者，皆成熟田矣，所谓民不业灶者，民户相望矣。吏以此劫制乡民，官以此遇案科罚。近十数年来，该各场私垦之民，时请缴价升科，只因格于例章，未能及时举办。

臣维国家用度日繁，利源日竭，每奉廷旨饬令疆臣振兴农务、商务，臣汲汲筹之而未有当也。今通州九场闲田如此之多，或则听民私垦，而上不能得可征之赋，或且禁民私垦，而下并废此有用之田。官吏徒奉虚文，上下均无利益，诚不如早为之计，量与变通。臣拟一面先行出示，一面清丈各场堤外已垦未垦及新旧蓄草闲田，除照各场原额供煎草地酌量宽留外，有主者令其缴价升科，无主者令其报买升科，既于盐务无缺损之虞，仍于农务有推广之利。如蒙俞允，当由臣专派廉明道府，亲诣督率，测量绘图，次第举办。此外如泰属、海属各场并有馀地，应候通属办完，再行酌量推广。

臣为振兴农务起见，是否有当，伏候圣鉴训示。谨奏。

添修洋火药局折光绪二十三年十二月十九日

奏为洋火药局添备修理各项酌拨经费，恭折具陈，仰祈圣鉴事：

窃照金陵洋火药局，除额定常年经费之外，如须添购机器、修理厂屋，一切用款，均经随时酌定饬拨，历经奏明在案。

兹据该局道员蔡世保详称："洋火药局自光绪十八年冬间请修之后，迄今已阅五年，各厂屋瓦墙柱，经机器逐日鼓荡震动，已多攲侧损坏，厂内引河日渐淤垫，驳岸日渐塌卸。引河共有木桥七座，经各厂药料车辇往返推送，各桥上板下柱，均渐朽烂，若非及时修理，日久益难收拾。通厂汽炉，前经换旧配新，尚堪适用；其馀各炉，经煤火煅炼，铁质消磨，日薄一日，现以中厂为尤甚，若不预为添购，一旦破裂，贻害匪轻。此外磺锅、硝柜、炭桶、药筛、篷布以及压药厂之冷热水锅、楢木箱，并各厂出进水管，一切机器应用铜铁各料，均须分别添购，以备随时配换。计修理厂屋、河桥等项工料需银四千数百两，添购锅炉机器应用各料需银五千数百两，统计实需湘平银一万两，应请照案由金陵防营支应局拨给应用”等情，详请具奏前来。臣覆查无异，应准其照案动拨，以资应用。

除饬将动用细数造册报销并咨部查照外，谨会同江苏巡抚臣奎俊恭折具陈，伏乞皇上圣鉴，敕部查照。谨奏。

委派南洋律法正副官员片光绪二十三年十二月二十日

再，近来南洋交涉之事，日渐增多。上海一口，又为东、西两洋通商总汇之区，华洋杂处，商务殷繁，交涉之案，动多棘手。推原所由，实因中外律法不同，遂致遇事意见互异，非仿照各国延派律师，相助为理，不足以资参考，而便因应。据苏松太道蔡钧体察情形，以英国头等律师担文，声望素著，熟谙中外情形，禀请派为南洋外务交涉正律法官；分部行走郎中罗贞意讲求西律，办事勤能，派为副律法官；遇有南洋各口交涉事件，均可随时饬令妥慎商办。常年薪费，由江海关道捐廉筹给。既不动支公款，又得裨益公务，商经总理衙门核覆照办。

除分别檄委并饬令江海关道订立合同外，谨附片陈明，伏乞圣鉴。谨奏。

奏疏卷二十八

提督因病出缺请旨简放折光绪二十四年二月二十五日

奏为提督因病出缺，请旨迅赐简放，以重职守，并先行遴员署理，恭折驰陈，仰祈圣鉴事：

窃据提标中军参将张郁林呈称：江南提督谭碧理旧伤举发，忽患中风，医治罔效，于光绪二十四年二月十四日申刻出缺，并将该提臣遗折一扣呈送前来。

臣查该提督谭碧理，起家行伍，于咸丰六年投效湘军，转战江南安徽、江西等省，随同前大学士曾国藩征剿发、捻各匪，身经百战，迭克名城，无役不从，功绩甚伟，洊保以提督记名简放。光绪十二年补授江南提督员缺，二十年正月蒙恩赏加太子少保衔。在任十有馀年，整饬操防，不遗馀力，廉朴勤惠，深得将士之心。方冀克享遐年，长为国家干城之寄，遽以微疾不起，心甚悼之。该提督宣力有年，勤劳懋著，应否加恩优恤之处，出自逾格鸿施。

所有江南提督员缺，相应请旨迅赐简放，以重职守，目下防务紧要，未可一日虚悬。查有记名提督安徽皖南镇总兵李占椿，昨经饬赴吴淞会阅自强军洋操营务。该总兵勇略兼优，声威懋著，曾署广东陆路提督，资望甚深，在江南带勇最久，于地方营伍一切情形，极为熟习，实为提镇中出色之人，现已由臣咨委署理是缺提督，可期得力。递遗皖南镇总兵员缺，查有记名提督黄本富，胆识并茂，战功最多，平日沉静自居，不斤斤于名利，至于义之所在，奋迅直前，不避艰险，前署苏松、福山等镇篆务措置裕如，堪以委令署理。除分檄饬遵外，谨将谭碧理遗折一扣代为呈递。

所有提督因病出缺请旨简放并遴员署理各缘由，理合恭折由驿驰奏，伏乞皇上圣鉴训示。谨奏。

自强军教练有成请给洋员宝星折

光绪二十四年三月十二日

奏为自强军操练有成，洋员期满回国，请给宝星并委员接统，恭折具陈，仰祈圣鉴事：

窃江南创练自强军，经前署督臣张之洞延用德国将弁来春、石泰等三十馀人，分别派充统带、营、哨等官，仍派华员为营、哨之副，驻扎江宁省城。嗣经臣察酌情形，将该军调驻吴淞地方，切实教练，业经奏明在案。

各该洋员，除分调各处及先期辞退外，现共在营二十三人。计自光绪二十一年应募到华之日核算，扣至本年二月起八月止，先后期满，自应资遣回国。前据洋操营务处道员沈敦和禀请派员校阅，当经臣咨请长江水师提督黄少春，并檄饬皖南镇总兵李占椿、营务处道员杨慕璿，前赴吴淞，认真会校。兹准覆称："调阅马、步炮队各营，军容壮盛，队伍整齐，阵法进退有方，枪炮施放灵捷，倘遇有事，可期得力"等情，具覆前来。

臣查该洋将弁等远来中国，劳苦三年，训练精勤，成效卓著。各洋将原订合同内本有"限满奖给宝星"字样，现既练习有成。合无仰恳天恩，俯准给予洋统带来春、石泰二等第三宝星，洋营官齐百凯等六员各给予三等第一宝星，其馀洋哨弁十六名由臣分给银牌，以示光宠而奖勤劳。谨另缮清单，恭呈御览。至副营哨官等会同洋员，始终奋勉，劳瘁不辞，亦属异常出力，可否仿照北洋武备学堂成案，由臣择尤酌保数员，出自逾格鸿施。

现在来春、石泰已于三月二十一日届满，应行回国，业经臣咨委署江南提督李占椿接统，督饬各营，查照该军旧章，实力操练，以期精益求精。其洋营哨各官均俟期满派员接带，再行汇案具奏。

除分咨查照外，谨缮折具陈，伏乞皇上圣鉴训示。谨奏。

酌减宁属地丁钱价并提平馀折光绪二十四年三月二十一日

奏为遵照部议，酌减江宁等属地丁钱价，并提解漕折平馀，凑还四国洋款，恭折具陈，仰祈圣鉴事：

窃前准户部咨，议覆给事中庞鸿书奏浙江等省征收地丁条银折价与市价悬殊，拟令各省各就本地完纳情形暨向来征收章程，查明地丁、漕粮折钱较市价大有浮多者，一律酌减。又各州县征收粮石，通有合、勺畸零之数，或按一升计算，征收银两，通有厘、毫尾零之数，或按一分计算，应请一体严禁。又准另咨，江西减征丁漕钱文，加解钱价平馀，凑还四国借款，议令各省查照成案，各按原数分数减征提用，或一二百文，或三四百文，分晰奏报各等因，均经转行遵照，体察情形，妥议详办在案。

兹据江宁布政使松寿、江安粮道吴重憙会详称："江宁藩司所辖江宁、淮安、扬州、徐州、海州、通州等府州属三十六厅、州、县，兵燹以前，钱粮积弊本深。同治七年，议禁浮收，统查各属进出款项，按照当时银价原收钱数，减其太长，因其本短，分别酌量核定。盖银米市值既有不同，缺分情形又复互异，当日改定收价，只能将过多者减之使少，未便将本少者增之使多，必欲折中画一，转有窒碍。遵行三十馀年，官民称便。近年以来，制钱骤形缺乏，省城及淮、扬一带通衢市面，银价跌至每两一千三百数十文，省外偏僻地方所报钱易银价虽每两仍需一千四五六百文不等，然较从前银贵时，无论何处，总有节省。光绪二十二年奉文派筹俄、法、英、德四国还款，前藩司瑞璋察度司库入不敷出，不得已议提各属银价盈馀，每两饬解钱一百文，米一石解钱二百文，自是年上忙起，分别补提解司，截至上年冬季止，始催据各属解到银四万馀两，借资凑提还款。正拟详请奏明办理，兹奉前因，复查江宁各属赋额本轻，每亩完数大率分、厘、升、合、勺起科，鲜有至数钱及五升以上者，州县经征银米数目亦不逮苏属远甚，以是钱价虽贵，民间照旧完纳，尚无异言。而州县当此银贱之时，大缺虽稍有盈馀，瘠区则仅资挹注。若徐、海等属，或以费绌用宏，动形竭蹶。事同境异，亦有未可一例论者。此江宁各属折收钱漕之实在情形也。

从来损上益下谓之益，损下益上谓之损。小民终岁勤劳，所得无几，当此钱贵银贱，自应减收折价以示体恤。然州县所以牧民，一切办公等费，实亦必不可少，若不稍留馀地，恐中材以下转无所劝。再四筹思，欲求上益于国，下益于民而仍无碍于州县，惟有就已议提解之数，分别减提。拟请将各属以钱折收之条银，按照各该处收价每两减收钱一百文。其漕米收价循旧不减，仍于州县实征熟田米折盈馀项下，每石提钱二百文，解司拨济俄、法、英、德四国还款，免致贻误失信外人。如此分别减提，民力既可稍纾，公款亦不无小补。漕米已从上年冬漕跟接照提，条银即从本年上忙起照减，先由司道通饬遵办，并出示遍贴晓谕，不准另有借端浮收。其向来以银完纳之处，前于定章时，核明所加耗费尚不浮多，今于钱价亦无关出入，应毋庸议减议提。至征收合、勺、厘、毫零数，本不应照一升、一分计算，宁属向章应于每年开征时，将各则科征银米折钱数目条列示谕，俾众周知，使吏胥无从多算。现又申明定章，一并饬禁，以期严密”等情，详请奏咨前来。

臣等伏查江北连年灾歉，民困未苏，司库拨款浩繁，支绌益甚。各该州县身膺民社，目击时艰，宜如何洁己奉公，以图报称。况提减银价，本非该州县固有之款，即不得以办公不敷为词。而江宁各属所收丁漕数目远不逮苏，州县费用攸资，亦未可过为减少。部咨行令各就完纳情形与向来章程酌量办理，盖亦因地制宜之意。今该司道所拟减征提解各数，尚属妥洽，应即饬属一体照办，将减征钱价实力遵行，如有违章勒取，即行从严参处。其漕价提款，务须随同正项报解，以为拨还四国洋款要需，不准稍有蒂欠。若将来银价昂贵，再行察酌情形，请予增改免提，以昭平允。

除檄饬遵照并咨明户部外，谨合词恭折具陈，伏乞皇上圣鉴训示。谨奏。

徐州土捐局费免予核减片

再，准部咨，徐州土药厘捐，自光绪二十二年四月起，至二十三年三月底止，共收银十四万一千馀两，较之历年减少，局用经费未便仍照一五成开支，行令提支一成，其此次溢支五厘银两，照数提回归款等因，当经转行遵照去后。

兹据江宁布政使松寿、前署徐州道阮祖棠禀称：“罂粟系属花卉，质极微嫩，非晴雨风雪始终调和，出产难期丰稔。捐出于货，收数之多寡，当以出产之丰歉为衡。譬诸钱漕，按亩科征，虽有定额，仍视岁收以定征蠲。徐属土捐，原议之数本属出自约计。当时徐土无捐，邻土亦复麕集，故徐土之名独著。设局以后，邻省捐轻，不独外土未至，徐土且须严杜越售，是以收捐以来，从未有如原议之数者。光绪二十二年一届，因冬无透雪，春又雨旸不时，土苗受伤过重，甚至黄萎不长，乡民失望，改种杂粮，栽植已较往岁为少。迨五月间，正值收浆吃紧之际，丰、砀产土最多之区，突被山东刀匪窜扰，民多迁徙，蹂躏之馀，收割又失其时，以致收成大减，捐数亦复顿绌，实为历年所未有。曾将灾重匪扰，捐无把握各情，先后奏明在案。是捐少由于土稀，实系迫于天时，而又事出意外，人力难施，迥与寻常歉收不同。即如二十三年四月至九月止，前半年收数不独远过二十二年一届，即较历届前半年报收之数亦增至数万之多，足见捐随土增，并非稽征不力。

惟查前项经费所以原定一五成者，诚以徐属界连数省，地处平阳，邻省捐数较轻，商民易于避就，非多设巡卡，严密稽查，不足以杜绕漏。统计周围千有馀里，设立局卡至七十馀处之多，稽征之难既非他省可比，费用之繁亦未能以他省相律。且经费按照捐数分成提用，捐收既绌，名虽仍照一五成开支，而实在所支之数业已随捐暗减。用款中所可省者，不过收捐给票等项事务稍简，其馀设卡雇巡仍不能不照旧严密分布，以维捐务，盖产数虽少，其为偷漏则一也。矧民因歉收而亏本，更冀漏捐以补其缺。捐因货少而减色，倘再惜费而致隙漏，则捐收势必益形短绌，所省无几，所损实大。是稽征既不敢稍涉疏漏，经费即不能过于俭啬。现照一五成开支，提数业已较前大减，不敷之款，筹垫尚多，费绌用繁，办理倍形竭蹶，若再减提五厘，更无从措手矣。且前项照章提支之款，均系当时随提随发，由各局卡按月零星分给办公，委实难于追缴”等情，禀请具奏前来。

臣查光绪二十二年分土捐之少，实因灾重匪扰，事出意外，并非稽征不力所致。该局开支一五成经费，其实提之数业经随捐暗减，办理已极为难，且系随时提拔应用，事后无从追缴，察核所禀，尚属实情。合无仰恳天恩，敕部免予核减，仍照原案办理。

除咨明户部并饬该司道严督各局员认真巡缉、实力稽征外，理合会同江苏巡抚臣奎俊附片具陈，伏乞圣鉴训示。谨奏。

湖北解淮川税仍请免提截留折 光绪二十四年三月二十二日

奏为湖北解淮川税钱文，万难提解，并鄂局节省银两无款可筹，吁恳天恩，俯准免提截留，恭折仰祈圣鉴事：

窃臣于光绪二十三年七月准户部咨，令将湖北解淮川税课钱提解两淮运库，拨充饷需，并令鄂局节省银两比照川税课钱，提解两淮各等因。当即饬据湖北督销局员查明咨部核覆，令自本年正月起，按照市价易银，悉数解交两淮运库等因，具奏奉旨：“依议。”钦此。抄录原奏咨行前来。

当此时艰财匮，筹饷维艰，臣具有天良，万不敢以有用之巨资，给无端之浮费。第款归实济，其中有实在为难情形，不得不据实沥陈者。

查川税解淮钱文，常年开支，如湖北督销局分设水陆卡哨并边界营勇薪粮银三万五六千两，拨解金陵善后局经费银六万二千四百两，湖北盐道缉费银约二万五六千两，均系实用实销，无可欺饰。若将川税一项全数提解还库，所有支款以金陵善后局经费、湖北盐道缉费两项为大宗，除盐道缉费向解湖北盐道衙门应归湖北核办外，金陵善后局骤减此款，窒碍实多。现另附片陈请，即此缉私各卡炮船、营勇等项薪粮岁需三万数千两，若无可筹，或因而议裁卡哨，则藩篱尽撤，正项有亏，得失兼权，贻误匪浅。此川税解淮钱文万难提解之实在情形也。

至部臣原奏内称："鄂岸淮盐、川盐本有外销缉费。"查同治六年以前，每淮盐百斤另收银四分，名曰缉费，为盐道巡缉之用，嗣经前督臣曾国藩檄饬裁除，以轻贩本。复以鄂省要需，饬另筹款贴鄂，乃于川税项下按月计引拨解，历经循办，以迄于今。近年川税分拨钱文，常平折银解局，均在十一二万两不等，甚至只十万两有奇，且又不能按月解淮，以资支放。而常年支款总在十三万两左右，按月拨解金陵善后局经费等款，均关计授之需，迫不及待，势非按月挪垫不可。且原解善后局经费，每年本止四万八千两，自光绪九年八月起每月加拨一千二百两，每年即增一万四千四百两之多。收不抵支，亏挪即从此而起，日积月累愈亏愈多。光绪二十一年署督臣张之洞于鄂局节省案内，批明以一万两留存该局，弥补前亏，上年复经臣附片奏请截留，俾资弥补，钦奉朱批："户部知道。"钦此。是此项节省本非现银，早荷圣明洞鉴。若照部咨提解，不独前亏之十馀万两虚悬无著，即新增之一万两，提解无从。此鄂局节省银两无款可筹之实在情形也。

窃维川税解淮钱文，自前督臣曾国藩任内分拨至今，时历三十馀年，官非一人，臣固毋庸回护。况部臣宽其既往，但得稍能迁就，何不勉强奉行。现复督饬湖北督销局江苏候补道刘思训一再筹议，委实万难提解，无款可筹。在部臣严核度支，或疑鄂岸缉私何须此数。臣前咨部文内固已声明作为湖北缉私各卡哨等项经费之用，本未专指一款而言，今复详陈，不难确核。合无仰恳天恩，俯念款关紧要，准其分别免提截留，庶于鹾务地方稍有裨益。

恭折具陈，伏乞皇上圣鉴训示，敕部查照。谨奏。

金陵善后局经费仍拨川税片

再，湖北解淮川税一半钱文，内有拨解金陵善后局一款，接准部咨，行令自本年正月起，将前项钱文悉数提解运库，此后款无可筹，当令司道等会商筹议。

兹据江宁藩司松寿等覆称："查金陵善后局创于同治三年，所需经费系于善后捐款支用。迨捐输停止后，经前督臣曾国藩檄饬湖北督销局于解霆峻营军饷之盐厘内，每月拨银四千两，以资济用。是以淮厘无款改在川税项下拨解。光绪九年，局款不敷支放，复经前督臣左宗棠饬鄂局加拨银一千二百两，月共解银五千二百两。此川税解淮一半钱文协解善后经费之由来也。

金陵善后事宜，虽经节次归并，而事有万不可废者。如省城内外保甲总分各局及稽查城门，巡查河道，暨城工岁修，文武月课，每届冬防、冬赈，文武乡试，各善堂等项，在在紧要，均应照常举办，此外零星款目繁多，不能枚举，历经前督臣曾国藩、左宗棠先后奏准免其造报各在案。金陵系南洋总汇之区，地方辽阔，人烟稠密，宵小最易潜踪，加以城内外教堂林立，民教杂处，易启龃龉，兼有游历洋人不时来往，全赖善后及保甲等局巡防保护、弹压稽查，所费无多，所全实大。此前督臣曾国荃以善后及保甲局相辅而行，所以奏留照办也。

伏思苏州善后经费本由厘金项下提用，现因苏、沪厘捐派归税司代征，前项善后用款无出，已由电商部臣准将江海关每年应拨洋药厘金银十四万九千两，悉数拨济。金陵善后事同一律，地方尤为辽阔，民情较为困苦，所拨川税数仅及半，局中用费本已不敷，舍此更无可以挹注，兹若再将原有协款提归运库，则无米难以为炊，势必将局卡裁撤，地方应办诸务概行废弛，贻误堪虞。”沥情详请具奏前来。

臣查当兹伏莽未靖，善后保甲实为地方切要之务，前项用款均属必不可少之需，较之苏垣尤为事繁款绌，委属减无可减，筹无可筹。合无仰恳天恩，俯念江宁省垣关系綦重，于川税解准一半钱文内，仍准按月照数拨解，以济要需。

除咨户部外，理合附片具陈，伏乞圣鉴训示。谨奏。

筹办昭信股票折 光绪二十四年闰三月二十八日

奏为部议息借华款颁行昭信股票，谨将江南筹办情形，恭折具陈，仰祈圣鉴事：

窃臣等迭准户部电咨：“遵议中允黄思永奏筹借华商一折，奉上谕：‘在京自王公以下，在外自将军、督抚以下，无论大小、文武、现任、候选、候补官员，均领票缴银以为商民之倡。其地方商民愿借者，并派员剀切劝谕，不准稍有勒索。’”等因，钦此。并将详议章程咨行前来，均经先后转行一体钦遵查照。当由臣坤一认缴银二万两，臣松椿、臣奎俊各认缴银一万两，并准江宁将军丰绅认缴银一千五百两，江宁副都统额勒春、京口副都统吉升各认缴银一千两，江苏学政瞿鸿机认缴银五千两，江南织造增崇认缴银一万两，苏州织造海丰认缴银五千两，长江水师提督黄少春认缴银三千两，江南提督李占椿认缴银二千两。臣等复与司道各员公同筹议，自藩、臬、镇、协以至文武、盐务、现任、候补大小官员现已陆续认缴银六十馀万两，合之臣等认缴之款统共银七十二万馀两，以为商民之倡，业经分饬赶紧措解，一俟缴齐，即行报部候拨。其本省绅商士民，仰沐朝廷厚泽，当不乏深明大义之人，臣等已饬各该司遵照部章，出示晓谕。现据两淮场运票食各商公认银一百万两，分期集缴。此外地方绅富并已分别派员会同各该州县剀切劝导，令其量力出借，不得稍事苛派，俟有成数，再行续陈。

除咨部外，所有江南筹办昭信股票情形，谨合词缮折具陈，伏乞皇上圣鉴。谨奏。

认缴廉银不领股票片

再，臣坤一、臣松椿、臣奎俊受恩深重，忝领疆圻，岁支廉银，视将军诸臣为尤厚。当此库储支绌，宜申报效之忱，所有臣等认缴银两，不敢请领股票。

谨附片陈明，伏乞圣鉴。谨奏。

江南各项用费分别裁减折光绪二十四年闰三月二十九日

奏为江南各项用费，遵旨分别裁减，谨将办理各情形，恭折具陈，仰祈圣鉴事：

窃臣迭次钦奉谕旨，饬令裁兵节饷，并裁减一切浮费，以为添练新军之用等因，钦此。仰见皇上慎重度支、整军经武之至意，跪诵之下，钦悚莫名。当经通饬各属一体钦遵办理。

窃维时局多艰，强邻逼处，非修明武备无以杜各国之狡谋，非裁汰冗兵无以收自强之实效。而练兵必先筹饷，推陈乃能出新，是裁节浮糜实为今日第一要义。臣前年回任之后，正值江南华洋各款及军火抵价等项还期急迫，纷至沓来，计此两年中先后筹还四百馀万两，库储告匮，几同竭泽而渔。因是地方应办要公，益觉左支右绌。迭经严饬各该司道营局，痛戒虚糜，力求实际。如奏减各兵轮人数，以为增筹防务之需，现虽审察时势，酌添三成，仍未敢遽复旧额。此外酌改炮台勇饷，厘定轮船煤斤，凡有可以节省之处，无不实力办理。虽分计为数无多，而合计即成巨款。嗣又钦遵谕旨，先后将防练水陆各兵勇大加裁汰，陆军则改营为旗，水师则按船减数，统计两次裁兵案内节饷又有八十馀万两。此南洋两年以来迭次裁节饷费之实在情形也。

目下海疆多故，饷项益艰，臣受恩最深，天良具在，默察富强之至计，仰体宵旰之忧勤，何敢不勉竭悃忱，以期裨补于万一。况渥蒙诰诫，至再至三，更何敢粉饰因循，自蹈咎戾。惟江苏为东南重镇，财赋要区，江海兼筹，迥非腹地可比。自上年裁减营勇以后，每旗仅存二百八十馀人，地广兵单，实苦不敷分布。胶澳事起，防务加严，不得已奏准添招江胜军，俾资备御。是江南防营无可再减，已在圣明洞鉴之中。各标制兵两次裁遣，现存兵数，较之旧额仅及五成有奇。各该营均有城守、仓库、监狱之责，兼须设汛分防，护商、解饷，事多兵少，已虑派拨难周，加以各国教堂日增月盛，全赖地方营汛弹压保护，若再议裁，实不足以资镇抚。至于江南入款，不外丁漕、税课、盐货、厘金，出款则京、协各饷而外，本省水陆营饷、各国还款以及俸薪、养廉、制造、军火等项，并各项紧要之需，均经奏咨有案。近年以来，业已迭次裁减，不遗馀力。其万不可少之款，实为时势所迫，诚有如部臣所奏，亦有未可骤减者。其外销各款，如盐务，节省商捐提作储材学堂之用，常关新认加解拨作陆师学堂之需，均已奏明办理。现在动支之项，曰保甲经费，曰善堂经费，曰书院膏奖，曰委员川薪，以及缉捕赏项，洋务费用，一切杂支各款，名虽外销，实皆地方要政。前因鄂岸所收川税分解金陵善后局济用，部咨行令提解运库存储备拨。当以保甲、善堂等项用款莫不取给于此，既难遽行议减，又恐无从筹补，业经奏请照旧提用在案。现以续借洋款，部议复将鄂岸、皖岸、宜昌盐厘及苏州、松沪货厘，改归总税务司赫德代征抵还，是江南盐货各厘又已大半抵借，所馀各处厘金收数本属有限，亦无闲款可提。此又裁节以后，办公益形竭蹶之实在情形也。

兹复详加体察，勉任其难，于无可设法之中为力求撙节之计，其必不可省者不敢遽予删除，致滋贻误，其但可稍缓者，均各量为裁减，借事补苴。统计各项每年约共节省银十一万馀两。谨开具清单，恭呈御览。所有裁定各该项细数，分案咨部备查。

至兴利除弊两端，如清丈各场新滩，饬令缴价升科，以杜豪强之私占。通查各属荒地，饬令招垦报熟，以期赋课之渐增。淮北盐务销及本纲，尚可酌加引数，淮南废岸力图规复，亦可渐拓利源，均当殚竭愚诚，次第举办。能增一分之款，即获一分之益。若夫营勇空粮，厘金中饱，最为近今恶习。是以上年臣裁兵案内，一律改营为旗。一因饷项维艰，亟应大加裁改；一因人数较少，兼可便于稽查。迭经派员密访，各该旗尚无缺额等弊。金陵所属各厘卡，层层箝制，定章极严，委员领票抽捐似尚无从弊混。然利之所在，积久生玩，仍当随时考察。倘有不肖员司，营私舞弊，立予严参，断不敢稍存姑息。

臣待罪南服，知识庸陋，力小任重，深愧无补艰难。惟念时事方殷，饷糈匮乏，平日于各项用款从未敢滥应滥支，兢兢自守之私，伏求圣慈垂察。

抑臣更有请者，南洋滨海临江，地当冲要，防守之道以慎固门户为先。近年裁减之款为数已逾百万，多方罗掘，实已巨细靡遗。现在勇练各营只有此数，经制兵额更属无多，较之北洋有新练大枝劲旅迥不相侔。是南洋目下情形，必须就现有之兵，参酌洋操，实力训练，未可再行议减，庶收藜藿不采之威。至各项应用要需，或有裨地方，或关系交涉，均经立有限制，明定章程。此次钦奉谕旨，切实裁减，又经分别缓急，竭力图维。且鄂岸等处盐货各厘改抵续借洋款，应供本省军饷悉归无著，是江南应用正项尚须另行请拨，实无冗费可以再裁。此尤臣通盘筹画而不得不吁陈于圣主之前者也。

所有江南各项用费分别裁减缘由，谨会同江苏巡抚臣奎俊恭折具陈，伏乞皇上圣鉴。谨奏。

两淮场田变通丈查片

再，两淮场田变通丈垦一案，前经臣奏蒙俞允，当即钦遵派委江苏候补道钱德培亲往设局，督率查办，并委运司会衔办理。惟查范堤内外，或熟或荒，均有错杂，乾隆九年曾有“无论堤内堤外，概禁开垦”之案。现在变通开垦，自应一律清丈，分别已熟、未熟，准垦、禁垦，以顾煎本。其已熟之田，当此初创试办，年岁又未丰稔，自应格外从宽，拟照通州草滩例，每亩缴银四钱一分五厘。未熟之田，查明准垦者，每亩照涂滩例缴价银二钱。概给印照，听民管业。随缴公费二成，以为办理丈垦测绘局用经费，如有不敷，由臣另行筹办。应升科则，已熟之田，拟照通州中上则沙田，每亩征银五分六厘有奇；未熟之田，照通州下则沙田，每亩征银三分六厘有奇。仍由各场征收，批解运库候拨，暂免升入地方漕田科则。其额征折价仍由拨还草场计科征解。

又查道光二十七年，通州分司属丈查旧案，曾经留出桥梁、道路、沟渠之地。此次应请恩准援案剔除，免其缴价完课，以顺舆情。此外又有贫灶、煎丁，亦应酌拨草地，准其公同取草，畜牧资生。所有给发各户执业印照，拟由运司及丈垦总局会衔会印。将来民灶卖买，即以印照为凭，随时赴场税契，以符例案。

伏查两淮盐田私垦，积习相沿已数百年，已往之事，应恳特恩免其追究，部胥不准挑剔。今既变通办理，清丈清查，即通州分司一属而言，地方数百里，人民数十万，繁难琐屑，实非寻常劳勚可比。将来办有成效，请照光绪二十二年两广督臣谭钟麟等会奏开办河田成案，将出力员董从优请奖，其抗违舞弊官绅亦应严惩示儆。所有事竣造册送部，应解部饭银两，拟于二成公费内提解十分之一，以资办公。

理合附片陈明，伏乞圣鉴训示。谨奏。

淮海徐属灾歉力筹赈抚折光绪二十四年四月二十八日

奏为淮安、徐州、海州等属灾歉地方筹办赈抚大概情形，恭折具陈，仰祈圣鉴事：

窃照淮安、海州、徐州各属，上年被水灾歉，民情困苦异常，业经臣等据实奏明，荷蒙天恩准留江北漕米三万石，尽数改折为赈抚之用，旋又奏准开办赈捐，本年复蒙恩旨再留江北漕米一万石，俾资接济，皇恩浩荡，薄海同钦。

查此次灾歉情形，以邳州、宿迁为最重，海州、沭阳、睢宁次之，安东、桃源又次之。又以粮价翔贵，制钱短缺，入春以后，雨雪严寒，兼旬累月，小民艰食，困惫盗深，以致毗连邳州、宿迁之铜山、萧县，毗连海州、安东之赣榆、阜宁等县相继求抚，而海州、沭阳、安东灾情亦因之加重，其向称极重之邳州、宿迁两处则更可知矣。

溯当上年灾象方见之时，先经饬令各属动用积谷存钱，购运麦种，散给贫民，劝令种麦，借资维系。迨至灾歉已著，一面分别查勘请将钱粮照例停缓，一面筹拨银款，饬由各该巡道就近体察情形，筹办抚恤。徐州道桂嵩庆先在省城领银定购平粜米石，并以邳州、宿迁饥民待哺甚急，遂饬先就灾区河道堤埝刻期挑筑，核查户口，令少壮者趋于工作，自食其力，老弱妇孺，散给抚恤钱文，其次贫之户仍济之以平粜。睢宁亦先拨给平粜米石，以次酌办抚恤。铜山则以积谷仓粮减价出粜。惟是地广人众，后继为难，复经饬由办理义赈绅士严作霖携款前往协助，当与商定查放邳、宿义赈，并睢宁、铜山、萧县抚恤，悉由该绅办理，先择极贫之户放给急赈一次，再行分别极次，一律普放大赈，并设慈幼局收养幼孩，一切极为周妥，其工粜二事仍归官办。此次水灾实由河道之失治，邳、宿各工，年前已估办七处，尚馀十数处及铜山等县，至今春接办。因款力有限，只能先就灾重之区择要兴作，而事属代赈，又不能程督过严，尚多未办之工，必须另筹大举，庶期害去利兴。至各处粮价，交春愈贵，平粜势难遽止，辘轳转运，水浅盘驳，备形艰滞。虽每人止准日买数斤，而远近争趋，有每日粜至三百石之处。随运随尽，公款不继，辅以积谷、捐钱，并劝商民领照凑资，南北运售，米麦而外，兼及杂粮、豆饼。复电经大理寺少卿盛宣怀代购干薯数千石，源源接济。此办理徐属五州县赈抚工粜之大概情形也。

海州并所属之沭阳及淮安府属之安东境内河道，上下衔接，皆以出海为归宿，而运盐河道亦绵亘其中，上年田地被水，实以近河为轻重。前署淮扬海道丁葆元饬动积谷存款，派由海州分司会同海州、安东县，将民场一带相连各河次第兴挑，沭阳河道亦同时挑办，招集丁壮以工代抚，另行拨款，散给老弱妇孺之不任畚锸者。本年淮扬海道谢元福回任，察看春荒甚于去冬，请款购买干薯分拨散放。海、沭两处更形岌岌，复经义绅严作霖携带巨款由徐州前往查放，并分济安东、桃源二县，安东则有该县教谕唐锡晋募捐购粮解济。又有四岸盐商邓贤辅捐募钱、米、豆饼、干薯、杂粮分运徐州、海、沭、安、桃及盐场各处施放。其年前未竣河工，仍由道督饬接办。赣榆、桃源、阜宁等处，亦各将有益之河道酌量兴挑，兼办抚恤，均尚妥洽。此办理淮、海六州县工抚之大概情形也。

至外出就食灾民，经臣奎俊派员在常州、镇江及瓜洲口、扬州一带，会同运司，督饬府县，或设厂留养，或资遣回籍，分别安插。其由里下河南下者，亦经通饬经过州县设法资遣。江宁省城粥厂，淮、徐、海饥民之外，复有安徽凤、泗等属被水灾民，不得不一体收养。清江、板浦等处并有海州分司运判徐绍垣散米放粥，扬州绅士亦捐资助赈遣送。因念号寒之惨等于啼饥，复依时多制棉衣分给在厂各饥民，并解往灾区散放，俾资挟纩。正月底，天气和煦，灾民逐渐北归，讵意二月间忽又大雪严寒，以致沿途纷纷冻阻。因又派员随地抚恤，留养至闰三月，一律资遣完竣。并刊给凭票，俾得到籍领赈，以免中道流亡。屈计麦熟匪遥，秋禾亦将播种，其有短缺耔种、牛具者，仍当酌量借助，庶嗷鸿可期安集，闾阎渐畅生机。所有动用款项，除江安粮道先后拨过漕粮折价并脚费银十一万五千两，臣奎俊奏明共拨银七万五千两，又拨苏属积谷息款银三万两，又于本省赈捐项下拨交义绅严作霖十万两外，另有随地劝募就近提拨以及盛宣怀并上海筹集义赈径交严作霖散放者，端绪较繁，数目一时尚难核计。又准各省协济共银十六万九千两，均系指交严作霖查放，随到随拨，以资济用等情。据各该司道详请具奏前来。

臣等伏查此次灾重地广，春寒逢闰，为日较长，幸沐圣慈，子惠元元，有加无已，又得义赈襄助，各省协济赈抚，工粜得以次第举行。现在已届麦秋，民情均各安谧，堪以仰副宸廑。其未竟之事，善后之方，仍当妥筹赶办，不敢稍涉疏懈。

除分饬竭力经营，设法劝募捐款解济，仍俟事竣核明报销给奖外，所有淮、徐、海等属灾歉地方筹办赈抚大概情形缘由，谨合词恭折具陈，伏乞皇上圣鉴。谨奏。

吴淞新开商埠仿照沪界办理片

再，上海近来商务日盛，各项船只由海入江，以吴淞为要口，只因拦江沙淤，公司轮船必须起货转运，致多阻滞。现值淞沪铁路将次竣工，商货往来自必益形繁盛，经臣商准总理衙门，将吴淞作为海关分卡，添建验货厂，俾得就近起下货物，以顺商情。并于该处自开商埠，准中外商民公同居住，饬道会商税司妥切筹议，将马路、捕房一切工程，仿照沪界，认真办理，期于商务地方均有裨益。俟择定开办日期，再行咨请总理衙门照会各国驻京公使，传谕洋商一体知照。

谨附片具奏，伏乞圣鉴。谨奏。

沪局购用白铅请免出口税厘片

再，江南机器制造局常年制造枪炮军火，所需物料系属公用，历经照章免完税厘在案。现在该局需用白铅，业向云南矿务局定购一千石试验，合计购价亦较沪市相宜，嗣后仍须接续购运，以资济用。据总办局员禀请免纳沿途税厘前来。臣覆核无异。

除咨户部立案，并咨行经过各省关，凡遇该局购用云南白铅照章验免放行外，理合附片陈明，伏乞圣鉴。谨奏。

请准项晋蕃附祀前督臣陶澍专祠片

再，据淮北绅商户部郎中张履谦等联名禀称："已故二品顶戴指分湖北试用道项晋蕃，前在署海州分司任时，适值西坝盐壅销滞，积压庚辰纲额盐一百五六十万包，商贩交困。该故员禀请展限，竭力筹销，旋即裁汰新引，规复旧额，兴利除弊，开诚布公，商困得以渐苏，官销因之日畅。计自开办辛巳纲起至丁亥纲止，共收正杂税课银二百六十七万馀两，解充各营军饷。他如修复水利，嘉惠士林，赈济穷黎，堵缉私贩，莫不实心实力，百废俱兴。当淮销疲敝之时，独任仔肩，斡旋大局。该地方绅商等追念遗爱，感篆难名，援案请附祀前两江督臣陶澍板浦专祠，以伸报飨"等情，禀由海州知州详经江宁布政使、两淮盐运使核明转详请奏前来。臣覆核无异。合无仰恳天恩，俯准将该故员项晋蕃援照已故海州分司沈炳、童濂等成案，附祀前两江督臣陶澍板浦专祠，以彰劳勩，而顺舆情之处，出自鸿慈。

除将册结咨部查照外，谨会同江苏巡抚臣奎俊附片具奏，伏乞圣鉴训示。谨奏。

上海局厂繁重难迁折 光绪二十四年五月二十六日

奏为遵旨筹议上海制造局及炼钢厂繁重难迁，据实覆陈，恭折仰祈圣鉴事：

窃臣承准军机大臣字寄："光绪二十三年十二月二十五日奉上谕：'从前制造厂局多在江海要冲，亟应未雨绸缪，移设堂奥之区，庶几缓急可恃，至上海制造局似宜设法移赴湖南近矿之区。着各就地方情形，认真筹办，总期有备无患，足以仓卒应变。'"等因，钦此。

窃查江南制造局，一在江宁，一在上海。臣于二十二年春回任，即拟将上海厂局移并江宁堂奥之区，当据司道会称："沪局规模较宁为大，南、北洋操防军火常年取给，转运亦灵。从前海上有事，该局加工制造各项枪炮、药弹，东输辽沈，北达畿疆，西抵雍凉，南浮湘桂，亦恃江海之利便，得以密速转输。若谋移并，劳费纷繁，并虑江防要需难以迅速筹拨。"揆时度势，正切踌躇，致上廑宵旰之忧，宜亟作绸缪之计。遵饬该局体察情形，并查照原奏将炼钢厂设法移赴湖南近矿之处，一并速议详夺。兹据办理上海制造局江海关道蔡钧等先后禀覆前来。

臣详加察核，上海设局经营数十年，糜帑千百万。近来奉准扩充，添设快枪、炼钢、无烟药、栗色药等厂，用宏工巨，蒂固根深，毁之重劳，更张不易。机器大小，诡制殊形，按件折卸，糜工既繁，置厂重装，需款尤巨。兼以巧艺工匠萃于沪滨，精良物料购自洋厂，转运内地，既恐成本匪轻，接济邻封，亦难刻期从事。倘谓腹地可以重闭，海隅近于慢藏，将来岳州通商，湖南与沪无异。况制造经费，全资洋税二成，即使移局湖南，洋税仍在上海。如以上海地方为可虑，则洋税且将无出，湖南留一空局何为？此不待烦言而解者。当此强邻环伺，伏莽潜滋，备豫不虞，正在广为制造，若湘厂之规模未定，而沪局之制造先停，亦似昧乎缓急轻重之序。当与前北洋大臣直隶总督臣王文韶往返电商，意见相同。臣又深维杜渐防微之意，就省垣军械所量拓基址，增建库房，饬将该局制成枪炮子弹陆续运至，分别存储，并拟将自制无烟栗色火药分储长江上游各局，庶期有备无患，借以仰副圣主慎重军实之至意。

所有遵议上海制造局及炼钢厂繁重难迁缘由，谨会同江苏巡抚臣奎俊恭折具奏，伏乞皇上圣鉴训示。谨奏。

部拨难恃仍指款留抵折光绪二十四年六月二十二日

奏为查明部拨抵解盐货厘金各款，均难恃为的饷，吁恳天恩，敕部仍照咨部指款留抵之案办理，恭折仰祈圣鉴事：

窃臣接准户部咨："续借英、德商款以七处厘金作抵，各省京、协各饷以及本处防饷等项，向取给于厘金者，势必骤形短绌，现经奏准在江苏、江西、安徽、浙江、福建、湖南、湖北、四川、广东、河南十省裁兵节饷、丁漕折钱平馀 及现办昭信股票项下，划拨银五百万两，作为自税司代征后补足七处厘金抵还洋款之数。经此次拨补之后，本年应解京、协各饷，务当依限扫数报解，明年应由何项拨补，俟税司代征后比较收数，再行酌度"等因。当即转行去后。

兹据各该司局详称："查前因七处厘金改归税司代征抵还洋款，以致短少宁、苏防练军饷、筹防经费、长江兵饷、认还瑞记及四国各洋款共银一百九十三万两内，已电准截留浙西代征丝茧捐及本省牙帖捐、绵茧捐共银十二万三千两，约仍短少银一百八十馀万两。事关计授要需及认还洋款之用，碍难稍有短缺，是以就宁、苏两藩库裁节兵饷，支应局裁节勇饷，及司关道局原认京、协各饷内，分别指款截留，开单详咨在案，尚未奉部核覆。兹部议以十省裁兵节饷等款拨补银五百万两，除拨补九江货厘、浙东货厘、宜昌盐厘加价共银二百二十万两，各项款目应由江西、浙江、湖北等省查明办理外，其拟补苏沪货厘、鄂皖盐厘共银二百八十万两内，系指提裁兵节饷等款银二百四十七万两，益以先准截留拨补之丝茧捐、牙帖捐、洋药税厘、淮盐加价等项银三十三万两，共符前数，本应遵照办理。惟是原单指提江苏裁兵节饷共银四十八万三千两一款。查江苏裁节勇饷每年约银五十万两，除奏准开支添募江胜六营饷项外，仅能馀银三十万两。其裁节兵饷原系分作三起资遣，须俟本年十一月底一律裁竣，再补第三起所放八个月恩饷银米，扣至二十五年八月起乃能符原奏裁节饷项之数。现在节饷无几，截至年底止约有银五六万两。是以前拟共请截留银二十六万两，未能如此次部拨数目之多。又指提江苏、江宁丁漕平馀银十四万两一款。查江宁藩库支绌异常，奉拨洋款无可筹解，不得已将宁属丁漕平馀详请奏明凑还洋款，虽尚未准部覆，而司库出入不能相抵，实难为无米之炊。苏属丁漕平馀，须俟各属陆续征解，目下亦难济急需。又指提江苏昭信股票银一百十五万七千两一款。查此项截至现在止，宁局收银十八万馀两，苏局收银一万馀两，淮运司收银三万馀两，其馀官借尚未缴齐，商贩借款原案系尽年底缴清，势难过事催迫，现尚未有收款。至指提外省各款，业经分别电询。据广东省覆称：'奉拨裁兵节饷二十八万两，此项奏明专还俄、法、英、德洋债，一款不能两用，无可拨解。'安徽省覆称：'部拨各款银十九万两，惟昭信股票七万两稍迟可解，其裁兵节饷详明抵放恩饷丁漕平馀统年约计不过三万九千馀两，恐征不足数，尚有短绌。'江西省覆称：'裁兵节饷六万两，尚未奉文，俟到查覆。'惟河南省覆称：'部拨裁兵节饷等款十六万两如数筹汇'各等语。窃维自货盐厘金于闰三月间放归税司代征后，本省水陆各军饷源顿竭。此数月中，腾挪应付，甚费支持，若不迅筹接济，深虞延误。今奉部拨补各款，其中本省之项或业经拨作部款，或目前尚难截数，外省之项已属允解寥寥，均不能即时应用，似难恃此以为的款借抵军饷及认还洋债各要需。司道等公同酌核，应请查照前次咨案，准以裁节兵勇各饷拨补银三十六万两，其馀银一百四十五万两仍在京、协各饷内按数截留，俾得分别支应，既免递年重筹之累，且省彼此汇解之烦。至现办昭信股票，随后收有成数，自当报部候拨。其原停京、协各饷，仍请由部一并核明另行改拨，江苏省应免认筹"等情，详请奏咨前来。

臣等覆查七处盐货厘金改征抵借，江南骤短军饷、洋款至一百八九十万两之多，不得已将应解京、协各饷指款截留备抵，开单咨商户部核办，以本省之款供本省之用，理势宜然，最为简便。若如部臣所奏，必将以广东等省款项解之江南，江南复以此解之他省。既为受协省分，而又协解于人，转折太多，迟误难免。此犹就款皆有着者言之也。今指拨外省各款，或允解无多，或无可拨解，本省各款或业经提用，或缓不济急，该司局所详均系实情。计口授食之需，按期认还之项，丝毫不容短少，断非空言所能塞责。臣等受恩深重，仰体时艰，但可勉力支持，不致迁延贻误，亦何敢固执成见，上渎宸聪。无如忝领疆圻，责无旁贷，东南为国家财赋所系，军饷为地方命脉所关，各项洋款更为邦交大信所在，设或饷缺哗溃，款绌愆期，臣等实不能当此重咎。况此次部拨各款，以昭信股票为大宗，股票愿领与否，本属听民自便，以后收数虽不可知，而体察情形，断不能如开办伊始之旺。与其暂时敷衍，来年仍须另筹，何如就近截留，从此一劳永逸。在部臣通盘筹画，不欲以一隅之地牵动京、协各饷全局，自系恪守旧章。而江南情事既如此，所拨款项又如彼，时势使然，有不得不变通办理者。斟酌远近而输转各得其宜，分别改拨而中外两无所碍，盈虚酌剂，端在部臣一转移间耳。再四思维，惟有仰恳天恩，敕部仍照臣等前次指款留抵咨案办理，以为经常之计，而免匮乏之虞。出自圣主鸿施。

除饬司关道局将请留各饷暂行停解听候部覆外，谨合词恭折具陈，伏乞皇上圣鉴训示。

再，前次电准户部由江海关洋药税厘拨补银十四万九千两，系备抵苏省善后经费，又由淮盐加价拨补银五万八千两，系抵支鄂岸缉私薪饷，均与江苏防饷无涉。此折系臣坤一主稿，合并陈明。谨奏。

善后经费请于厘局拨补片

再，金陵善后经费动用川税款项，前经臣附片奏请仍准照数拨用，请免提解一案，接准部覆：“此项经费，与苏州善后经费动用苏、沪厘金早经奏准有案者不同，既非例定之需，又与盐务无涉，应令切实裁减，如必不可裁减，即查照该省从前奏案，自行筹款拨给”等因，咨行到臣，当即转行去后。

兹据该局司道详称："金陵善后事宜，如省城内外保甲总分各局稽查城门、巡查河道、城工岁修、文武月课、每届冬防冬赈、文武乡试以及恤嫠、水龙、施棺、施药、棉衣、义渡各项善举经费，均系必不可少之需，由外设筹，无此巨款，多赖鄂岸川税项下凑拨银两，以资应用，势难遽行停止。惟既奉部饬，不得不勉为其难，兹复于无可裁减之中，力求撙节，将各项薪资一律改为九折支发，每年仍需银五万六千两，委属无可再减。现在盐厘改归税司代征，鄂局无款可解，请由金陵厘捐局于货厘项下如数拨补，俾免缺乏"等情，详请具奏前来。

臣查金陵善后局创自同治三年，历经前督臣奏准，用项繁碎，免其造报。而所动之款，自曾国藩以后即系拨用川税银两。虽当时未经陈奏与苏州动用沪厘情事微有不同，然此等款项关系地方要政，自当以应用与否为断，不必以立案与否为衡。金陵为东南重镇，省会要区，善后事宜，所全实大，并非以有用之款滥应滥支。计自开局迄今三十馀年，历任督臣均无不拨款济用，则事有万不可废，当在圣明洞鉴之中。且苏州与金陵同为省城重地，苏州既有善后之费，金陵何独无之？若仅以未经奏明而遂谓不得以彼律此，似尚非事理之平也。今该局遵照部议，竭力节省，一切支款，核减发给，实已竭蹷万分，无可再裁。况所用之项，以省城内外保甲为大宗。近来迭奉谕旨，饬将保甲事宜认真整顿，以辅兵力之不足，是该局经费更有不能稍缺者。至部咨查照从前该省奏案自行筹款拨给一节。查善后用费始动捐款，嗣经前督臣曾国藩饬由湖北督销局于淮厘内拨济，旋以无款改在川税项下拨解。前督臣知有各该款可以拨用，是以奏明由外自筹。目下库储奇绌，罗掘一空，实无闲款可以抵放。惟有仰恳天恩，准由金陵厘捐局每年拨补该局经费银五万六千两，以济要需，出自逾格鸿施。

除咨部外谨会同江苏巡抚臣奎俊附片陈请，伏乞圣鉴训示。谨奏。

拨解甘军杭营枪弹片 光绪二十四年六月二十四日

再，前准督办营务处电咨："提督董福祥现在奉旨督练甘军，必须加添军械，应拨上海制造局所造快利枪一千枝，配齐子药各五百出，派员径解该提督驻扎处所点收，以资应用"等因。当经臣札饬上海制造局遵照拨解去后。兹据该局禀称："遵拨前项快利枪一千枝，配齐子弹五十万颗，派委分省补用知县朱枚航海运津，解赴直隶正定府甘军行营投收。守掣批回。"禀报前来。

又准杭州将军济禄来咨："杭州现开通商口岸，华洋杂处，操防紧要，请拨毛瑟快枪八百枝，配齐子药，发交来员领回应用"等因。臣查杭州旗营练习洋枪新队，系为切要之图，自应不分畛域，协拨济用。当即饬据上海制造局拨发毛瑟快枪八百枝，金陵军械所拨发毛瑟枪弹八万颗，交由该旗营佐领荣升等领运回浙。

除咨部查照外，所有拨解直隶正定府甘军行营快利枪弹及协拨杭州旗营毛瑟枪弹各缘由，谨附片具奏，伏乞圣鉴。谨奏。

内河小轮窒碍难行请饬遵前定议章折 光绪二十四年七月初四日

奏为内河准行小轮，洋人获益独厚，妨碍厘税，扰害商民，吁恳天恩饬照第二次定章，华洋一律遵办，恭折仰祈圣鉴事：

窃本年三月间，准总理衙门奏准各省内河行驶轮船，抄录原奏并总税司拟章咨行试办前来。

臣查原奏内称："系为扩充商务，增收税厘起见。"当即详考章程，旁稽条约，觉将通商省分内河均准华洋商轮行驶，与从前禁止之案不符。总税司议章九条，于征收税厘未能分晰，又多牵混之处。迭次电商，嗣经札饬议覆，未分晰者酌加添注，易牵混者量为修改，并准随时续议更订，虽则窒碍犹多，尚属利害参半。曾几何时，忽又咨到三次改章，顿翻原议。前之内河明指通商省分，今则谓与烟台议约第四端所论内地二字相同，是沿海沿江沿河及不通商地方皆准行驶。前定税课办法，本是华洋一律，今则谓洋商即按条约税则办理，应遵之章须与条约相符，是内地厘税照旧征收之权，仅能行之华商，而洋商来往可不遵完税厘，停候查验。又长江一概不准拖带货船，前经通饬遵办。今则谓若无海关特照，即不准其拖带，是明知牌照撤发权在税司，洋商之船自必皆请特照矣！洋商获利独优，较议约所得之益犹有过之。查总税司覆议，亦谓华洋内河行轮本是约外之事，无非为商务兴旺、税饷日增，于地方无碍起见。岂期变本加厉，困我商民至于此极！将使商务由此益衰，税饷因此愈绌，地方从此扰害无穷，造端甚微，酿祸甚巨，敬为我皇上披沥陈之。

查近来洋人商务较前愈盛，而各处税厘未曾因之加丰，盖缘税则本轻，条约愈密，厘收亦隐为所占。中外窘迫情形日甚一日，竭关税以偿洋款尚虞不足，复益以七处盐货厘金，饷源顿穷，厘收益绌。江南仅金陵一局尚可稍资弥缝，今内河准小轮驶行，洋商即率先赴淮、扬、里下河及苏、常、镇运河等处拖带货船，不仅恃单照为护符，并许照条约以办理，匪但不完厘税，并且不服盘查。行见金陵厘捐化为乌有，仍须部臣指款拨补，否则贻误堪虞。且长江改章甫颁，自必任其援照，新关正半各税，难免因之牵动，万一征收锐减，洋债从何抵偿？苟有责言，殊碍成约。各省紧要饷项，早已罗掘俱穷，若再有短绌之处，竟至无可挹注，安有馀力以图富强？行此于库帑支绌之时，臣所虑妨国计者此也。

江海轮舶通行以后，华民懋迁日绌，洋商垄断弥工，恃其税则之轻，单照之益，往往雇民船以运货，诱民船以挂旗，黠桀者趋之若骛，实为关卡之巨蠹。近又获改造土货之益，凡海澨山陬，寸丝粒粟之利，举皆为所网罗。今因内河行轮，遂将烟台议款搀入此次改章。从此蔓延以入腹地，南如闽、广、浙江，西及湘、鄂、西、皖，即非通商省分，亦复莫可遮拦。东南古称泽国，小民多倚舟楫谋生，自为轮船所夺，其贫苦失业流为盗贼者比比皆是，私枭、会匪之充斥，职此之由。小轮便捷，内地纵横，攘夺侵牟，不可究诘。不独驾舟负纤者难于觅食，即在操奇计赢者亦无以资生。聚数百万困顿之徒而莫为之所，臣所虑碍民生者此也。

臣尝痛心于觏闵受侮之端多由教案而起，愚顽无知，畛域难化，第逞私忿，罔恤时艰，往往酿患于不可测。夫教堂以劝人行善为怀，尚不免于猜忌；小轮是与民争利之事，更难禁其忿争。故初次议章甫颁而聚众滋事之案迭见矣。三次改章未定，而拖货闯卡之案益多矣。洋人得此约外之利，中国失其治内之权，使商民衣食之源遂失所恃，上下交困，怨讟繁兴。群不逞之徒并敢于明目张胆以隶洋籍，因而自立行号，朦领船牌，益复肆无忌惮，以詈辱关卡为得计，以鱼肉商民为本图。弱者忍之于心，悍者争之以力，相持不下，终必激成毁轮伤人之案矣。勾结莫解，并恐牵及毁堂灭教之案矣。小轮来往靡定，比保护教堂其事为尤难。各省兵勇俱裁，即责成州县亦力有不逮。万一启衅强邻，重烦宫廷旰食，即严谴微臣及在事各员以谢天下，而祸患尚忍言乎！臣所虑启邻衅者此也。

在总理衙门王大臣燮谐中外，迎拒两难，约外通融，盖亦几经筹度，初不料其得步进步遂至于斯。臣身任地方，感愤忧危，曷敢舍其大而图其细。且屡承明诏，百度维新，凡有益民生、有裨商务之事，罔不竭力奉行。惟此内河行轮，窒碍太多，关系甚重，未敢隐忍不言。方今患贫已深，不可又生邻衅；积弱太甚，焉能再失人心。伏乞皇上巽命重申，敕令总理衙门札饬总税务司查照第二次所定九款，妥速订正照行，尚可稍图补救。倘荷宸断，立敕议停，以维持国计民生，实为上策。恭候圣裁。

所有内河准行小轮妨碍厘税、扰害商民缘由，理合恭折具陈，仰祈皇上圣鉴训示。谨奏。

淮扬行驶小轮有妨堤堨片

再，淮、扬运河绵长数百里，水势汹涌异常，全赖东西两堤为里下河一带保障。每届修守之际，水有涨落，尺寸必争，或以土方培高，或以碎石塞漏，一处倘有泛溢，堤身倾卸堪虞。今内河行驶小轮，往来如织，昕夕不停，既虑激水过堤，又恐刷堤使薄。迭据该工所委员禀请设法防范前来。臣惟有饬令格外小心，多备物料，随时补救。

理合附片陈明，伏乞圣鉴。谨奏。

遵保人才折光绪二十四年七月十三日

奏为遵保人才，以备简用，恭折仰祈圣鉴事：

光绪二十三年十二月二十五日奉上谕："现值时局孔艰，需才尤亟，各省督抚，朝廷寄以股肱耳目，其各澄心虚己，一秉大公，于所属道府州县中，无论现任、候补，详加鉴别，择其居心正大，才识闳通，足以力任艰巨者列为上选，他若尽心民事，通达时务，均著出具切实考语，并胪列其人之实迹成效，详悉具陈，以备擢用。”等因，钦此。

臣维真才难得亦难知，居心是否正大，则必测其隐微，才识是否闳通，更须觇其抱负。兹就臣察识所及，查有江苏试用道刘思训，系已故云贵总督刘长佑之子，学术治术，自有渊源，嗣在京外服官多年，益资历练。臣每试以疑难之事，见其胆识过人，不为浮言所夺。历办江南、湖北局务，皆有成效可观。自以世受国恩，尝思捐縻以图报称。江西广饶九南道诚勋，久居繁剧，措置裕如。该处交涉事宜最为棘手，该道颇有强忍之力，卒使就我范围。并肯瘠私肥公，为地方兴利除弊，军民乐为之用。江苏候补知府柯逢时，悃愊无华，深沉有识，前署江宁府数月，便能剔除奸蠹，振举纲维。凡事所应为，则毅然为之，不避嫌怨。即如理财一节，亦复丝丝入扣，滴滴归公。足见有为有守。江西候补知府袁树勋，通达治体，洞悉物情，前任上海县等处，甚有威惠，中外莫不惮其丰裁。嗣随臣赴山海关办理军务，筹饷筹兵，深资臂助。该员等虽不敢列为上选，而要不失为干济之才。至于尽心民事，如江苏候补道丁葆元，上年委署淮扬海道，适值地方水灾，该道亲往各属督办开河，以工代赈，为目前救死之计，即为将来谋生之资。本年委办堤工，又值春水暴涨，长堤岌岌可危，该道急商运司，先启归江各坝，设法疏消，并督同堤工各员，昼夜防守，救弊补偏，卒获安澜之庆，里下河各州县得以一律丰收，公家省数十万金钱，民间保数百万命赋，是该道之大有造于淮、扬也。又江苏徐州道桂嵩庆所属水灾更重，该道督同州县分途办赈，拮据百端。且以毗连河南、山东，时虞匪徒侵扰，外筹防剿，内尽拊循，昕夕靡遑，心力交悴。徐属夙称难治，加以多难之秋，若非该道恩信素孚，区处尽善，几何不至大乱也。又江苏江宁府知府刘名誉，心气和平，吏事勤敏，凡为地方兴养立教，惟日孜孜。本年夏间，米少价昂，穷民饥噪，该守设局平粜，寝馈俱忘，一面严拿匪徒，人心由是渐定，得以化大为小，转危为安。安徽凤阳府知府冯煦，心存利济，政切先劳。所属连年水潦，而州县情形互异，该守单骑按部，逐一履勘，以被灾之重轻，定给赈之多寡，人沾实惠，咸庆更生，且于听断擅长，屡次平反疑狱，闾阎无叹息愁恨之声，洵不愧良二千石。又署高邮州知州江苏候补知州章邦直，以循吏而兼能吏，其劝课农桑也，民皆悦服，其讲求时务也，士亦乐从。即至保甲团巡，莫不严整，数获巨盗，是其明征。臣饬藩司将该员留署一年，俾得竟其设施，为各州县取法。该员度量恢宏，志趣远大，以臣观之，将来必成伟器。又江苏海门厅同知王宾，实心实政，宜民宜人。该厅系斥卤之区，风俗习于游惰，该员相视原隰广浚沟渠，教以树艺之宜，地方渐成沃壤。由是讲求蓄积，以御凶荒，选募练丁，以资守望，有备无患，阖境晏然，士民莫不爱戴。

以上各该员等，职守认真，于时务亦知留意，臣与共事既久，颇能识其政绩官声，据实直陈，不敢稍涉虚饰。

所有遵旨保奏人才各缘由，理合恭折具奏，伏乞皇上圣鉴训示。谨奏。

遵保使才折 光绪二十四年七月十三日

奏为遵保使才，以备简用，恭折仰祈圣鉴事：

光绪二十四年四月二十五日奉上谕：“方今各国交通，使才为当务之急。着各直省督抚于平日所知品学端正，通达时务，不染习气者，无论官职大小，酌保数员，交总理各国事务衙门考验，带领引见，以备朝廷任使。”钦此。

臣维使才之选，固须公忠体国，专对擅长，并须先在外洋阅历人员，或久办洋务，方可驾轻就熟。查有江苏补用道钱德培，屡充出使日本、德国各署随员、参赞。又特用道阮祖棠、记名道罗嘉杰二员，先后随使日本，派充横滨正理事官。又试用道陶森甲，经出使俄、德、奥、和各国大臣奏调派驻柏灵办事。又候补道沈敦和，以出洋肄业学生，历办上海租界会审及各处翻译。又安徽候补道张佩绪，清厘教案甚多，现署芜湖关道，于洋人善于抚驭。

以上六员，屡试有效，均能通达时务，不染习气。倘蒙天恩，俯赐录用，予以輶轩之任，俾联玉帛之欢，必能继好敦槃，折冲樽俎，仰酬高厚生成于万一。

所有遵保使才以备简用各缘由，理合恭折具陈，伏乞皇上圣鉴训示。谨奏。

自强军出力员弁择尤保奖折光绪二十四年七月十四日

奏为自强军出力员弁，遵旨择尤保奖，恭折仰祈圣鉴事：

窃江南自强军操练有成，洋员期满回国，前经臣奏请奖给宝星，并声明副营哨等官可否仿照北洋武备学堂成案，由臣择尤酌保，奉朱批：“着照所请，该衙门知道。单并发。”钦此。旋准总理各国事务衙门将宝星执照颁发前来。业经转行如式制造，分别颁给各洋员祇领在案。

伏查自强一军，规模悉仿德制，延用洋将弁二十馀人，分充统领、营哨等官，而以华员为之副，约束兵丁，随同训练，即以备异日将领之选。复设总理营务处，借资钤束，以为全军之枢纽，而杜洋将之擅专。三年以来，成效卓著，各该洋将和平受商者固不乏人，而骄悍傲戾，遇事挟制者，亦复不少，全赖营务处各员相机因应，设法羁縻，得以就我范围，尽心教练。副营哨官隐忍洋员之苛暴，和衷商榷，昕夕督操，于战阵一切机宜，切实讲求，亦皆确有心得，用能整齐纯熟，成此节制之师，均属着有微劳，始终奋勉。现在洋将一律资遣，该军归江南提督李占椿接统，营务处业已裁撤，自应择尤请奖，以示鼓励。查北洋武备学堂出力人员，于光绪十三年按照异常劳绩请奖，奉旨允准有案。自强军系属创办，与寻常按年例保不同，自应比照办理。惟各该副营哨官多由学生出身，或系把总末职，或仅保有顶戴，照章应咨部核奖。谨将应行奏奖十三员，缮具清单，恭呈御览，其馀各弁由臣咨部核办。合无仰恳天恩，俯准敕部一体照拟给奖，俾昭激劝，出自逾格鸿施。

除饬取履历分咨总理各国事务衙门、吏部、兵部查照外，所有自强军出力员弁，遵旨择尤保奖缘由，理合恭折具陈，伏乞皇上圣鉴训示。谨奏。

创立江省郡县学堂折 光绪二十四年七月二十九日

奏为遵旨设立江南省府、县各学堂，谨将筹办情形，恭折具陈，仰祈圣鉴事：

窃臣恭阅邸抄："光绪二十四年五月二十二日奉上谕：'前经

降旨开办京师大学堂，入堂肄业者由中学、小学以次而升，必有成效可观。惟各省中学、小学尚未一律开办。总计各直省省会及府、厅、州、县无不各有书院，着各该督抚督饬地方官，各将所属书院坐落处所，经费数目，限两个月详查具奏，即将各省府、厅、州、县现有之大小书院，一律改为兼习中学、西学之学校。至于学校等级，自应以省会之大书院为高等学，郡城之书院为中等学，州县之书院为小学，皆颁给京师大学堂章程，令其仿照办理。其地方自行捐办之义学、社学等，亦令一律中西兼习，以广造就。至各书院需用经费，如上海电报局、招商局及广东闱姓闻颇有溢款，此外陋规滥费当亦不少，着该督抚尽数提作各学堂经费。各省绅民如能捐建学堂，或广为劝募，准各省督抚按照筹办数目，酌量奏请给奖，其有独力措捐巨款者，朕必予以破格之赏。所有中学、小学应读之书，仍遵前谕由官设书局编译中外西书，颁发遵行。至于民间祠庙，其不在祀典者，着由地方官晓谕民间，一律改为学堂，以节糜费而隆教育。似此实力振兴，庶几风气遍开，人无不学，学无不实，用副朝廷爱养成材至意。将此通谕知之。'”钦此。复于七月初四日奉电传谕旨：“前于五月二十二日降旨，谕令各省开办学堂，限两个月覆奏。现在限期将届，各省筹办情形若何，着各督抚迅即电奏。”钦此。并准总理衙门将大学堂章程咨送前来。

窃维学堂之设，为自强根本要图。我皇上作育人才，孜孜求治，屡发明诏，于京师创立大学堂，特派管学大臣，妥议章程，克期举办，谕令各省一体实力奉行，洵足立当代之楷模，新斯民之观听。臣受恩深重，图报情殷，何敢稍涉因循，自蹈咎戾。惟是造端伊始，考核不厌精详，经费有常，筹画尤须审慎。兹遵照大学堂定章，斟酌变通，就江宁省城先行开办，以期迅速集事。

谨将筹拟情形为皇上详陈之。

查江宁地方为东南一大都会，向来江苏、安徽两省于兹合闱乡试。此次设立学堂系为科举之梯桄，俾知学术之阶级，则两省士子，自应一视同仁。拟设江南学堂一区为高等省学堂。江宁府统辖七属，上元、江宁两县本系同城，拟设中等、小学府县学堂各一区，与京师大学堂一气贯注，层累递进，以符书升论秀之规。通计学堂三处，员司、教习薪水，学堂火食，书籍、纸笔，月课奖赏以及各项杂支，每年非八九万金不足敷用，而开办之初，如经营学舍，延聘教习，购买中外书籍，图册仪器等项，又非十馀万金不办。当此费绌用宏，度支告匮，如此巨款实苦罗掘无从，而地方应办事宜更何敢轻言请款。伏思江南旧有储材学堂，原议分设交涉、农政、工艺、商务四大纲，学额以一百二十名为止。又以学生未解西书，不得不以语言文字为涂径。现在所学仅英、德、法、日四国语言文字，即使三年有成，不过备译人之选，而于律例、赋税、舆图、翻书、种植、水利、畜牧、农务、化学、汽机、矿务、工程、各国商务、中国土货、钱币、货物诸学均未讲求，仍须俟诸数年之后。定额既少，收效又迟，且与大学堂章程亦多不能相应。方今朝廷励精图治，百度维新，各省遍设学堂，一洗空疏积习，宏规茂矩，体用兼资，不患无翻译之才，而患无会通之士。臣之至愚，应迅设省府县各学堂以植其本，另设农、工、商等学堂以造其精。既为普通学先立始基，即为专门学预筹进境，庶几人才辈出，不致迟缓费时。拟将储材学堂改为江南学堂，推广学额，多延教习。其旧有学生，严加考核，分别去留。并将旧有之钟山、尊经、惜阴、文正、凤池、奎光六书院并改为府县各学堂，所有各该学堂书院经费悉数拨给济用。至开办经费，储材学堂连年节省尚有数万金，可以提拨，如有不敷，容臣另行筹款。现已派委道员蒯光典总司其事，次第举行。此筹办江南省府县各学堂之实在情形也。

若夫外府州县，虽已有数处设立中西学堂，而办理未能画一，章程难免参差。兹幸圭臬有资，自应敬谨遵守。惟各属学额之多寡，须视地方之广狭、经费之优绌以为衡，碍难遽为悬定。业经臣将大学堂章程刊印分发，严饬各该地方官查照速办，将本有之书院一并改为学堂，经费不敷仍着就地筹款，依限于一年之内一律告成。其有绅耆好义，或捐资独建学堂，或合力分设学塾，俱照新章分别奏请奖励。总期渐推渐广，日起有功，仰副圣主殷殷诰诫振兴实学之至意。

所有遵旨设立江南省府、县各学堂缘由，理合恭折具奏，伏乞皇上圣鉴训示。谨奏。

拟设农工商矿学堂片

再，臣思振兴庶务以植本为先，而本富大端以农学为要。迭奉谕旨，饬令设立农务学堂，并将工、商、路、矿各学迅筹举办，仰见圣主敦崇实学，作育群材之至意。

臣博采东西洋章程，并参诸绅民议论，农、工、商、矿，大利所存，泰西以为专门之学。现在学堂初设，若待普通学卒业然后肄业及之，已苦其晚。拟在江宁地方先设农务学堂一所，选派府属绅商之有产业者经理其事，聘明于种植物学、农艺化学人员为之教习，以讲求物植土性所宜、粪溉蕃殖之法。酌拨地亩，俾试种以辨肥硗；略购机器，俾课功以判巧拙。树艺、畜牧次第推行，农氓目睹成规，自必乐于从事。更就上海之农学报馆改为农务总会，由臣另筹款项，重订章程，与各省联络协助，借收一树百获之益。

至工艺一门，名目繁琐，断非一蹴可几，而惟制造之学，为目前所最急。查上海制造局兼辖之广方言馆专储译才之选，又旧有之炮队营备充教习之差。现在学校改建，陆师亦有专堂，此两项系属重设，拟令酌量裁并，拓为工艺学堂，招募生徒，分别学习，机器既备，可资实验，闻见较广，亦易观摩，上海风气最先，程功尤速。并拟将商学、商报等事，统令办理商务之在籍翰林院修撰张謇等就近督率，赶为筹办。

若夫矿务，以西北为奥区，铁路以芦汉为正干，众利所趋，储材宜亟。江南办理矿路甫有端倪，此项学生一时尚难其选，然以测量、绘算为初级，则与武备学生所学略同。拟即挑选学生，调派教习，于陆师学堂内添设矿路学一斋，分习重力、汽化、地质等学，以备专门学堂异日之取材，庶免躐等之讥，借收及时之效。

所有拟议农、工、商、矿各学堂大概情形，谨附片具陈，伏乞圣鉴。谨奏。

御制内则衍义一书请颁发刊行女塾片

再，中国人民四万万，以男女各半计之，妇女得二万万之数。其在搢绅之族，读书识字者尚不乏人，至若农、工之家，大抵操作有馀，灵明未辟，终身不识一字，圣经贤传无由而知。东西洋各国，于女学一事，莫不加意讲求，中国为数千年礼乐之邦，似未可因陋就简。兹据候选知府经元善等禀称：“上海地方为中外商民总汇，最得风气之先，现征集同志，创设女学公塾，民捐民办，士绅提倡。自开塾后，泰西士女闻风而来，颇愿为之襄助。塾中教授如仪礼、诗、书、戴记内则、班氏女训、女诫及女孝经、论语、闺范等书，凡与女学相发明者，皆已搜访靡遗。谨按钦定四库全书提要顺治十三年御制内则衍义十六卷，以孝、敬、教、礼、让、慈、勤、学八端为纲。子目中，如相夫、教子、佐忠、勉学、赞廉、重贤、敦仁、爱民、好学、著书无不立为条教。圣训昭垂，盖欲使天下亿兆妇女遵奉此编，于以感发性情，渐摩义理，昭明显著，实为塾中必不可少之书。惟是宸翰秘笈，外间绝少流传，禀恳奏颁等情前来。合无仰恳天恩，颁赐御制内则衍义一部，由臣发交该绅士等祗领以为女学准绳，并准其照式刊布以广教化，而美风俗，出自逾格鸿施。

是否有当，谨附片陈请，伏乞圣鉴。谨奏。

办理团练变通章程折光绪二十四年七月二十九日

奏为办理团练，变通章程，并请量给奖叙，以资鼓励而收实效，恭折仰祈圣鉴事：

窃前准督办军务处咨行会议广练兵团一折，所称："沿海沿江各省举办团练一节，此事有治人，无治法。如果办理得宜，则众志成城，自可以辅兵力之不足，倘不得其人，则苛派骚扰，诸弊均恐不免。拟请旨饬下各该督抚，体察地方情形，妥慎筹办，并详议章程具奏。奉旨：'依议。'"钦此。

臣维外洋立国，尽人为兵。中国一时尚难及此，惟练团犹是我行我法，管子内政、唐之府兵，即其意也。此等团练，原为绥靖地方。现在伏莽潜滋，兵力单薄，若不练团自相保卫，民间几无安枕之日矣。查向来办团，按户抽丁，往往役及老弱残废，人数虽众，于事何裨？并恐苛派骚扰。惟有变通办理，专用年富力强之人，操习刀矛枪炮各件，略以军法治之，以期用命。臣通饬各属，城中设立团练总局，以本城公正绅士二三人主之，城外东、西、南、北四乡适中之地，各设团练分局，以本乡公正绅士二三人主之。就本乡之都、图、里、甲自为一团。户口多者为大团，每团练丁二三百人，或四五百人，户口少者为小团，每团练丁百人，或百数十人。务于本团挑选精壮，编列队伍，不准召募外人。其本团内绅士、商贾及家道殷实之孤寡、常住宽裕之僧道不能充练丁者，则酌派养练口粮及制办军械、军火、军装经费，所谓"贫者出力，富者出资"，亦是持平之道，莫不乐从。每团设团长一人，副团长二人，以资管带，皆受约束于本乡分局及城内总局绅士。并择技艺出众，由军营出身之武弁以为教习。平日各练丁自行就地操演，每月本团合操一次，每季本乡各团合操一次，每年应否四乡合操，或轮流抽调来城看操，由各牧令会商总局绅士酌办。地方如有盗警，以鸣金为号，本团练丁即出援，倘遇大股，本乡各团齐来救应，后到者罚，不到者重罚。经臣三令五申，民间亦知舍此别无自全之策，团练尚肯认真。其最著者，如徐州铜山等属，淮安盐城等属，扬州高邮等属团练，屡次保卫村庄，击退贼匪。有时偶尔失事，则团拿追捕，往往赃犯并获，全数歼擒，抢劫为之稍息。团长、练丁亦不免有损伤，经该地方官随时赏恤，并由臣酌给功牌匾额，民情颇形踊跃。顾一县如是，各县未必皆然，一乡如是，各乡未必皆然。所以不能整齐者，固由风俗有强弱，亦由无以鼓励之故也。夫亲上死长之义，难以责之愚贱，即其卫身家之念，亦不胜其爱名利之心。轻外奖而重内奖，正可因势而利导之。

伏维朝廷廑怀时务，激劝人才，凡有专建学堂及学会者予以破格之赏，习成一艺，制成一器有裨实用者，准其专利。又定例，在官人役，因公毙命，随案请恤。况团练有关地方安危，办理有成并可以备异日征调。至因剿捕盗匪伤亡，核与军营打仗无异。可否仰恳天恩，量予鼓励，凡办团带练尤为出力及出资最多者准给虚衔封典，其团长、练丁，人才出色，准给把总、外委，咨部注册，归标候补。其有剿捕受伤、或受伤成废以及因伤身故、或立时毙命者，分别给恤，以慰其心而作其气。将见闻风感奋，莫不争先恐后，敌忾同仇。久之，人尽为兵，将与外洋齐驱并驾，未始非图自强之一策也。

臣为振兴团练起见，是否有当？理合恭折具陈，伏乞皇上圣鉴训示。谨奏。

整顿保甲以辅团练片

再，准部咨：“光绪二十四年六月十二日奉上谕：‘近因各省裁汰营勇，保卫地方，全在严查保甲，以辅兵力之不足。各省办理保甲章程非不详备，迭经谕令从严稽察，率皆视为具文，并未将现办情形详晰覆奏，殊属因循废弛。自此次申谕之后，各该督抚，务当严饬地方官，于保甲一事，实力举行，以期民情固结，奸宄无从匿迹，仍将整顿办法，先行切实具奏，以副朕绥靖闾阎至意。’”钦此。

臣维保甲意美法良，实为致治之本，平时即应讲求。兹因裁汰营勇，保卫地方，则保甲应与团练并行，方可以有备无患。保甲清查户口，以杜内奸，团练挑选壮丁，以御外侮。以游勇之随在逗遛，乘机肆扰，若不办团练而专办保甲，无当也。保甲以城厢为要，市镇次之，村庄又次之。村庄土著居多，即系客民，亦有恒产，各安生业，不敢为非，偶有来历不明之人，则必群相诘逐，不许久停，以免受累。惟市镇为商贾辐辏之区，匪徒易于混迹，城厢尤甚。如沿江之九江、安庆、芜湖、大通、金陵、镇江、仪征、瓜、扬一带，五方杂处，往往藏垢纳污。现在分委道府大员，严查保甲，并拨兵勇弹压，以为团练先声。其馀市镇村庄，则委绅董，因地制宜，自行筹办，即寓团练于保甲之中，以归简便。臣复通饬各属，凡系街头巷口，均须设立栅栏，派人专司启闭，以遏奔冲而资警觉。至游勇中每有哥老会匪、安清道友，踪迹诡秘，支党蔓延，其患已深，为祸尤烈，亟应饬保甲、团练查拿头目，一面由地方官出示解散胁从，以期绥靖闾阎，仰舒廑虑。

理合附片具陈，伏乞圣鉴。谨奏。

淮徐复灾豫筹赈抚折光绪二十四年七月二十九日

奏为江苏淮、徐、海等属复被水灾，亟须豫筹赈抚，谨将大概情形，恭折具陈，仰祈圣鉴事：

窃照上年淮安、徐州、海州等属被水灾歉，民情困苦异常，经臣等据实奏明，蒙恩截留漕粮，并开办赈捐，又得义绅襄助及各省协济巨款。自秋冬以迄今春，赈抚工粜，次第举行，俾被灾穷黎渐臻安业。已将办理就绪情形，恭折会奏。本年六月十一日承准军机大臣字寄："奉上谕：'御史郑思赞奏，徐、海灾象又成，请饬筹办抚恤一折。着刘坤一、奎俊迅饬该地方官分别轻重情形，妥筹抚恤。'"等因，钦此。又经恭录转行赶紧查明，妥为筹办各在案。

兹据署江宁布政使胡家桢详称："本年初夏，徐、海各属麦穗垂黄，满冀可获丰收，间阎借苏积困。讵于四月下旬，连遭大雨，东省山水骤发，沂、运各河同时并涨，堤埝被冲，低田间遭淹漫。五月初间，水势渐退，正在抢割，复于十二日后骤雨滂沱，通宵达旦，沟浍盈溢，洼区弥漫，运河水又增涨，上游蒙、沂诸水建瓴而下，一片汪洋，未刈之麦多被淹没，其已割登场者亦有漂失。当经飞饬各该州县，尽力设法，分别疏泄，以保秋禾。乃六月中旬以后，晴日无多，霪霖相继，农田叠遭淹浸，下游水势顶托，一时涸复难期。统加察核，虽其间坐落高下轻重分数尚须确切查勘，第就目前情形而论，则邳州、宿迁、海州，沭阳被淹已重，毗连之睢宁、铜山、萧县、丰县、赣榆、安东、桃源、清河、阜宁等县，凡地势低洼及滨临河湖之处，均不免有淹伤，灾区宽广，较上年殆有过之。其薄有麦收之户，转瞬即将告匮。秋成失望，来日方长。而被水既较上年为早，佣工度日之辈，现在无以谋生，已有不可终日之势。若不急筹安抚，则数十百万甫登衽席之苍黎，复将转乎沟壑。现已会同赈捐局赶紧筹集款项，以备赈济。一面派员先行往查，并饬各该地方官就涸出之地督令补种荞麦、红薯、萝卜等物。一面购麦备放，乘时布种。为将来冬春之计，暨筹办工粜各事，以期维系人心，俾免轻去其乡，铤而走险。义赈绅士严作霖办事结实，舆论翕然，兹与商明于八月间亲赴徐州等属迅速查办，以免饥民出外逃荒。惟是户口众多，需款繁巨，际此库储奇绌，固属罗掘无从，仅恃请奖衔封之赈捐，亦苦无济于事，惟有请开实官赈捐，或可稍资挹注”等情，详请具奏前来。

臣等查淮、徐、海等属地方瘠苦，灾歉频仍，积困未苏，又遭水患，次贫之户亦复转为极贫，数百万灾黎，嗷嗷待哺，若不迅筹抚恤，必至流离失所，洵如该御史郑思赞所奏：“早尽一日之心，即多活百人之命。”惟是库款艰窘，赈抚无资。除将请开实官赈捐各节另折奏恳天恩，俾得集成巨款，以资接济，并饬令该司局多方设筹，迅速妥办，仍俟各属查明田禾收成分数勘定，另行奏报外，所有淮、徐、海等属复被水灾亟须豫筹赈抚缘由，谨合词恭折具陈，伏乞皇上圣鉴训示。谨奏。

请开实官赈捐折光绪二十四年七月二十九日

奏为淮、徐、海等属复被水灾，拟请开办实官赈捐，照新海防例请奖，以惠灾黎而资工作，恭折具陈，仰祈圣鉴事：

窃江苏淮、徐、海各属复被水灾，亟须豫筹赈抚，业经臣等另折陈奏在案。

兹据办理赈捐局、署江宁布政使胡家桢等详称："筹赈以集款为先，本非易易，而在今日则尤难。江南各库，自前岁筹办海防，早已罗掘殆尽，又有认还洋华各款，本年复将盐货厘金改归税司代征抵借，饷源顿竭，益觉窘迫难支，无论正杂各款，均苦无可拨用。是此次淮、徐、海赈务，舍劝捐外别无筹款之法。夫以捐事久成弩末，而历年各省办赈，犹必恃此为挹注者，则以直省之中，偏灾仅见，东南财赋之地，岁事尚丰，绅富欲博显扬，捐输颇资鼓舞，并有虚衔抵捐实官之例，以故劝捐者尚得借手，集成巨资。乃比年以来，往往数省告灾，捐局林立，劝办不易，无异竭泽而渔。加以粮贵钱荒，各省一辙，农工商贾，无不疲病，物力益艰。其在素封之户频年捐赈，均已衔封叠晋，无可再加，又因抵捐之例不行，收数益形减色。上年江苏赈捐，开办已逾七八月之久，收数无几，垫款尚未清还，方冀本年通省丰收，赈事截止，可以徐图归补。讵意淮、徐、海等属又遭水患，麦穗垂熟不及抢收，秋禾在田又多淹没。就目前情形而论，邳州、宿迁、海州、沭阳被灾最重，睢宁、铜山、萧县、丰县、赣榆、安东、桃源、清河、阜宁低洼处所亦均受伤，统计灾区仍有十馀州县之广，此时之急办安抚及将来通筹工赈一切，端绪极繁。况值上年灾祲之馀，徐、海地方民俗素称强悍，其界连东、豫等处兼有大刀会匪潜相勾结，并以光绪二十一年滋扰教堂之案，未得逞其所欲，时思借端报复。穷民饥寒所迫，煽惑易从，尤须妥为抚绥，俾免流离失所，庶不至铤而走险，贻害地方。又如上年兴修河堤各工，经此次漫溢冲荡，必多淤垫残缺，亦须俟水退后大举浚治，乃能资以宣防，永为利赖。然此数大端，需款均巨，约略计之，非百数十万金不克济事。江南库储如此，物力如此，将何以堪？若仅稍事补苴，不为久远之计，顾此嗷嗷之众，亦何忍听其连年颠沛。国家深仁厚泽，沦浃寰区，每遇大灾，恩发内帑、部款至数十万金而不惜。但际此部库亦非充裕，何敢遽请拨款。再四思维，非就赈捐暂予变通不足以资集事。溯查前次海防筹饷，绅富捐款至百数十万，近年盐商报效亦屡经认捐百万。皆因准奖实官，是以输将踊跃。且查从前山西、河南赈捐亦有请奖实官成案，全活甚众，至今感颂皇仁。今江苏淮、徐、海等属灾情虽尚不及晋、豫之重，而库储物力之艰则数倍于曩日。拟请准令本省及侨寓之绅商、富户，比照筹饷及盐商报效之案，公同集捐，随时汇缴，照新海防例，请奖实官，以本省之捐输，济本省之工赈，保全实多，于大局良有裨益”等情，详请具奏前来。

臣等覆加察核，委系实情。当兹费绌用宏，百端拮据，此项工赈巨款，委属无可设筹。该局请开实官赈捐，诚亦万不获已之策。民命所系，不得不迫切上陈。合无仰恳天恩，准如所请，俾得早日举办。仍以一百万两为限，数满即行停止，不准稍有勒派，他省亦不得援以为请，庶于轸灾恤黎之中，仍寓慎重名器之意。如蒙俞允，即由臣衙门印给实收，饬局实力劝办，按次造册咨部核给奖叙。所收捐款，酌量各该属工赈事宜，分别匀拨。并严饬承办各员，务使实惠及民，工归实济，不准稍有侵渔，以副圣主念切民依之至意。抑应敕部，另行拨款之处，非臣等所敢擅拟。

所有淮、徐、海等属复被水灾请开实官赈捐缘由，谨合词恭折具陈，伏乞皇上圣鉴训示。谨奏。

截漕济赈片

再，淮、徐、海等属复被水灾，民情困苦，亟应豫筹赈抚，业经臣等另折奏请开办实官赈捐，以资接济。

伏查各该属灾歉频仍，生机遏绝，救焚拯溺，只在幾微，若不迅速设筹，势将缓不济急。且穷黎谋生无术，即难免轻去其乡，迨至流离颠沛之时，虽地方官竭力设法资遣回籍，在公家用款更多，而灾民饥躯奔走，道殣相望已不知凡几矣。自非宽筹赈款，迅速带往灾区，分别查放，不足以全民命而广皇仁。臣等此次办赈，因虑勘灾迟缓有碍民生，是以为此豫筹之计。惟是灾区太广，为日方长，一切工赈事宜，需款过巨，迭与司道及办赈绅士严作霖等面商，非百数十万金不克济事。即实官赈捐一事，仰荷恩俞，所短款项尚多，仍苦无从筹措。再四思维，合无仰恳天恩，俯准照光绪十八年江宁、扬州等属被灾之案，赏给江北河运、江苏海运二十四年分漕米八万石，尽数改折，并将运费水脚等项一并作为赈抚之用，出自逾格鸿施。

臣等仰体圣慈，用敢为民请命，不胜悚惶屏营之至。谨附片具陈，伏乞圣鉴训示。谨奏。

裁并办公各局折光绪二十四年七月三十日

奏为遵旨认真裁并各局所，恭折覆陈，仰祈圣鉴事：

窃臣恭阅电抄，光绪二十四年七月十四日钦奉上谕："各省设立办公局所，名目烦多，无非为位置闲员地步，薪水、杂支，虚糜不可胜计。着各督抚将现有各局所中冗员一律裁撤净尽，限一月覆奏。"等因，钦此。臣跪诵之下，钦悚莫名。

伏查江苏为东南重镇，财赋要区，统辖南洋，兼管盐政，事体最为繁重，局所亦因之较多，曰营务，曰洋务，曰盐务，曰地方事宜，各有专司，本难勉事裁并。惟既迭奉谕旨，诰诫谆谆，如广东、湖北等省巡抚皆秉节重臣，尚且一并裁撤，改归总督兼管，乾纲独断，薄海同钦。臣受恩最深，固不敢瞻徇情面，各该局员亦应仰体圣意，勉为其难，以期撙节度支，推行新政，方不负朝廷励精图治、实事求是之至意。臣就所辖各局所中通盘筹画，实力图维，除宜昌加抽川厘业归税务司代征，储材学堂现议改为江南省学堂不计外，其事务稍简者，无论所支局费系属内销、外销，一律大加裁撤，酌量归并，庶用款节省一分，于时务即获一分之益。现饬将防营支应报销处归并金陵支应局，洋火药局归并金陵军械所，金陵城内外保甲两局并为一局，扬州保甲局即行裁撤，责成该府县经理。金陵木厘局归并厘金总局，该局收款专供长江水师兵饷，应令总局另款列收，照案支放。沙漫洲缉私局即行裁撤，责成就近驻防水师巡缉。金陵、淮南两书局裁撤，员司责成两淮运司及江宁府分别管理。金陵、上海两商务局，现已另设总局，统辖江、皖南北等处商务，并办理商会、商学、商报各项事宜，与湖北联络一气，所有原设两局，亦即裁并，以免重复而一事权。其馀如筹防、支应、厘金、督销、洋务、制造等局及水师、陆师各学堂，虽系必不可少，所有各该局委员亦饬严加沙汰，应裁者裁，应并者并。杂支各项，竭力剔除，应省者省，应删者删。总期破除积习，规模一新，不使稍有浮糜，亦不敢稍避嫌怨。各该局裁节薪水、杂项银两，俟截数后，另行具奏。目下筹办农、工、商各项学堂，需款孔亟，挹注无从，拟恳天恩，俯准尽数提拨济用，俾得迅速集事，出自圣主鸿施。

所有认真裁并各局所缘由，理合恭折覆陈，伏乞皇上圣鉴训示。谨奏。

奏疏卷二十九

江南防军改练洋操折光绪二十四年八月二十日

奏为江南各防军一律改练洋操，谨将筹议情形，恭折覆陈，仰祈圣鉴事：

窃臣于光绪二十四年五月初九日，承准军机大臣字寄："奉上谕：'户部、兵部会奏遵议御史曾宗彦奏请精练陆军改为洋操，并将各省兵数、饷数开单存览一折。今日时势，练兵为第一大政，练洋操尤为练兵第一要著，惟须选教习以勤训课，核饷力以筹军实。现在天津新建陆军、江南自强军，均系学习洋操。北省勇队，着由新建陆军酌拨营哨之学成者，分往教练，南省则由自强军酌拨，营规口号，均须一律。各直省将军、督抚，统限六个月内，将并饷、练队及分扎处所，妥议覆奏。至军械枪炮，应饬各省机器局酌定快枪快炮格式、枪子炮弹分量造法，互相讨论，折衷一是，如式制造，精益求精，以期利用。并着一体妥速筹办，毋得宕延。馀依议。原折均着抄给阅看。'"等因，钦此。又准部咨："本年五月二十一日奉上谕：'前据顺天府府君胡燏棻奏请精练陆军，并神机营改用新法操演，出使大臣伍廷芳奏京营、绿营参用西法各折片，先后谕令军机大臣会同神机营王大臣、八旗都统妥议。兹据该王大臣等会同议奏，改练洋操，为练兵要著，各省绿营、练勇，迭经谕令认真裁并，一律挑练。着各该将军、督抚，归入前次户部、兵部议覆御史曾宗彦请改练洋操折内，一并迅速切实筹议具奏。'”等因，钦此。仰见圣主整军经武、力图自强之至意，钦佩莫名！

伏查该御史原奏内称：“尽各省已有之饷，练各省洋操之兵。”部臣覆奏内称：“既系就已有之饷改练洋操，自可毋庸另筹”各等语。是当就原有饷项，酌剂盈虚，未能因改习洋操，另请加拨，此就饷力言之也。江南滨海沿江各防营驻扎处所，曰吴淞，南洋门户也；曰江阴，长江门户也；曰镇江，中权要地也；曰金陵，根本重区也；曰徐州，南北通衢也：星罗棋布，脉络贯通，相地扎营，实为必不可少。自上年裁勇节饷，一律改营为旗，除新招之江胜营外，每旗勇丁二百馀名，统计五路防军，不过一万数千人，合计则尚有可观，分扎则实无可再减。此就兵力言之也。钦奉谕旨，饬令一体改练洋操，自应视现有饷力兵力，查照各该原奏，通盘筹画，切实图维，总期饷项不致为难，操防可以兼顾，为第一要义。谨分列八条，敬为皇太后、皇上详陈之。

一，各军统练洋操也。查洋操手足灵捷，步伐整齐，纪律严而有法，枪炮熟而有准，自强军已著成效，各军自宜仿行。现拟将驻扎吴淞之盛字五旗，驻扎江阴之合字五旗，驻扎镇江之江胜六营、新湘五旗、南字三旗，驻扎金陵之亲军七旗、护军三旗、衡字三旗，共三十七营旗，一律改练洋操，由自强军挑选排长，前往教练，按照各该营旗哨数，五哨者五人，三哨者三人，一切操法，统照自强军章程，不得稍有歧异。务使规模日新，悉成劲旅，此军与彼军号令画一，庶几呼吸灵通。其自强军调出排长各额缺，由该统领另行选充募补。至徐州地方辽阔，盗风素炽，原驻防军，皆系畸零分扎，或一哨，或数棚，皆有巡缉奸宄、保护教堂之责，调集合操，必滋贻误，应与零星各队伍及散扎各练军，统俟盛字等营旗练成后，再行抽调改练，以免疏虞。

一，饷项酌量加增也。查北洋新建陆军，正兵月饷每名四两五钱，江南自强军则每名八元，约合银五两六钱，均系按月发给足饷。各防军勇丁每名四两二钱，又以近来饷源短绌，未能按月发足，历经造销有案。今既改习洋操，未免相形见绌。严其训课，似须赡其口粮。前署督臣张之洞奏设自强军，亦称："若照旧日饷章，必无肯应募者。"今纵未能照自强军之数，拟请按年略予加增，以示体恤，仍不逾照章应支之数。此系专指勇丁而言，其统领营哨等官，薪水银两，仍照旧章办理。

一，操衣酌量制备也。言洋操者，莫不谓戎衣整洁，步骤敏肃，而衣裤操靴，皆系由官制给，全军一律，自足以新士气而壮军容。各防军饷数较少，衣履一切又须勇丁自备，参差蓝缕，其势使然。今既改练洋操，此项似不可省。惟查自强军定章，每营每年须数千元。若三十七营旗悉数比照办理，为数过巨，不能不量予变通。拟请每名岁给单操衣裤二套，草帽一顶，包巾一条，皮靴一双，统计每年已需银四万馀两，尚可设法挹注。

一，薪饷亟宜统筹也。每哨由自强军酌拨排长一名，充当教习，拟给月薪十四元。核计三十七营旗，共需教习一百馀名，每年约需银一万四五千两。除将各防军原有教习薪水抵支外，仍须另筹银一万馀两。各该勇丁又须酌加饷项，以及制备操衣等件，统计每年约共增支银九万馀两。此项未准另行请拨，而各营旗又无腾出之款。惟查自强军遣散洋将、改派统领后，厘定各项，每年约节省银六万两，尚可拨用，然以盈抵绌，仍属不敷。伏思自强军饷章，排长每月十元，正兵八元；而天津新建陆军，步队营头目每月五两五钱，正兵四两五钱；湖北护军营练习洋操，亲兵每月四两五钱，正兵四两二钱。惟江南自强军，兵丁饷数太优，难免各军有所借口，自应酌量减少，以昭公允，而资补苴。自强全军，原定二千八百六十八人，嗣以工程队未经募练，改归陆师学堂办理，马队二营并为一营，现系额设二千五百八十八人。拟请将排长向支十元者改为六两，正兵向支八元者改为四两五钱，约计每年可节省银三万馀两，即以抵补各军饷项之不足。如此一转移间，于饷项毫无出入，而各军洋操，可以迅速举行。如蒙恩准，再将自强军改定薪饷各细章，咨部立案备核。

一，军械务宜一律也。练兵以备非常，非操练纯熟，枪炮整齐，临敌断难制胜。江南购存枪械，以后膛九响毛瑟为最多。此项枪枝，尚称精利。且子弹与大毛瑟相类，机器局均能仿造，源源接济，操用最为合宜。江南各防军，业经一律领用。近来湖北、湖南、浙江，先后咨请拨给，将来各省，自可联为一气。至各营所用炮位名目、磅数难免参差，未敢多发快炮，良以快炮子弹，购自外洋，存储无几，平时操习，用子较多，不能不留备有事之用。今既统练洋操，拟酌量发给二三磅哈乞开司及阿摩士庄快炮，俾资兼习。并向洋商订购德国六生特驮炮数尊，一俟运到，即行饬局仿造，以备分发。驮炮便于折卸，庶不致转运为难。仍一面饬令机器局，讲求新式新法，多造快枪快炮，俾免仰给于人，另行奏明办理。其操练口号，白昼用旗，夜间用灯，通饬各军不准稍有紊乱。

一，图籍亟宜讲求也。外洋戎事之所以日强者，以其兵无不学，学无不精也。中国之兵，由于招募，大都不甚识字之人，以言兵法，则懵然不知，以言舆图，则茫然不晓，将弁尚或不免，况兵丁乎！今既统改洋操，虽不敢遽求精邃，而行远自迩，不能不植其初基。查看《强军新纂西法类编》一书，分兵法、军器、测绘、数学诸门，由浅入深，颇为详备，应分发各营旗，责成营哨官以时诵习，务期逐渐通晓，不得专委诸教习，致形隔阂。并咨取北洋所刊《德国陆师入门法操》，刷印万数千本，遍给各勇丁阅看。此外如《孙子十三篇》，《坤舆方图》，《万国舆图》，《亚细亚东部舆图》，《沿海八省口岸全图》，一体购印颁发，责成各该官长及文案等员，不时翻阅，指示勇丁，以为精进门径。如各该营哨等官虚应故事，或不能胜任，即行分别撤参。

一，弊端严行禁革也。防营积习渐深，流弊百出，时艰孔亟，不能不改弦更张。此次统练洋操，系为实事求是起见，各该统领、管带，自应加意整顿，振刷精神，上念朝廷讲武之深心，下念勇丁习操之勤苦，一洗从前陋习，方为不负委任。臣当随时派员点验，严密访察，如有缺额克扣等弊，一经查实，即行从严参革，治以应得之罪，断不稍存姑息。其有办事勤奋，校练认真者，亦必奏请奖励，以昭激劝。

一，将领亟宜预储也。练兵必先选将，中外理无二致。目下各营旗统领，要皆百战之馀，一时之选，然不能不预为储备，俾免将来缺乏之虞。查江南陆师学堂，本为教育将才而设。拟俟学生毕业后，酌发各营，一如自强军差遣之例，增其阅历，广其见闻。才具出众者，酌量授以营哨官之任，渐推渐广，必有英才出乎其间。既为学堂鼓舞之资，即为各军久远之计，庶几维持不敝，精益求精。

以上八条，皆遵照部臣原议，察酌江南情形，就地设筹，不另请款，事事务求核实，不敢稍涉虚浮。合无仰恳天恩，俯赐照准，俾得早日举办，认真训练，以收实效而拓新规。

除将制造军械与各省互相讨论另行具奏外，所有筹议江南各防军改练洋操缘由，谨缮折具陈，伏乞皇太后、皇上圣鉴训示。谨奏。

湘省开办机厂无款拨济折光绪二十四年八月二十日

奏为遵旨筹议湖南设立制造枪弹两厂，无款拨济，恭折覆陈，仰祈圣鉴事：

窃臣承准军机大臣字寄："光绪二十四年六月十八日，奉上谕：'陈宝箴奏设立制造枪弹两厂，拟筹常年经费，并请改拨款项一折。据称拟照盐斤加价成案，每年约银十馀万，以供两厂常年的款。又上海机器制造局原议订购机器，税款尚未拨解，请筹银三十万两，以为购制机器之费。着斟酌情形，迅速筹办。'"等因，钦此。当经恭录分饬钦遵，妥议详办去后。

兹据办理上海机器制造局、江海关道蔡钧等先后覆称：制造经费，本由江海关二成洋税项下拨解，久已患其不敷。前因创设炼钢、无烟药、栗色药三厂，经臣奏准每年加拨银二十万两，专供三厂常费。嗣因扩充制造，拟请另拨专款银六十万两，添备枪机炮机，亦因款巨难筹，暂从缓议。近来拨解日广，工料日昂，制造因之益繁，经费因之愈绌。但就三厂而论，上年已用银十八万馀两。今年百货翔贵，各省请拨纷繁，而江海关加拨之二十万，仅上年解过六万两，其馀欠解之款，及本年应解之款，尚复无著。良由税收未旺，拨款递增，如四国洋债还款，各关税司薪费，以及苏州织造装盛用款，福建船厂添拨经费，皆关紧要之需，来源有限，去路亦多，兼顾并筹，实苦力有未逮。当此整顿武备，改练洋操，各省枪炮应归一律。方拟就原有枪机添换机器，改造小口径毛瑟枪，已与洋行议价，约需银十九万馀两，虽经奉饬截长补短，移缓就急，而为数过巨，一时不易设筹。嗣后造枪之费，及添购炮机等项，尚拟俟与津、鄂两厂定议后，另请拨款济用，实苦无款改拨湖南等情前来。

伏查湖南开办制造枪弹两厂，实为切要之图。惟江南费绌用宏，无力可谋协济。臣于本年春间，准湖南巡抚臣陈宝箴电商，业将竭蹶情形，附片具奏在案。倘该关局款力稍纾，可资周转，自当不分畛域，竭力勉筹，无如加拨常款，久已虚悬，江海关收不敷放，亦有岌岌难支之势，体察情形，委属无从筹拨。

所有遵旨筹议湖南设立制造枪弹两厂，无款拨济缘由，理合恭折覆陈，伏乞皇太后、皇上圣鉴训示。谨奏。

筹拨福州船厂经费片

再，臣承准军机大臣字寄：“光绪二十四年六月初十日，奉上谕：‘国家讲求武备，非添设海军，筹造兵轮，无以为自强之计。福州船厂工匠机器，均足以资兴造，惟所需款项较巨，必须另筹的款，按年拨解。着各该将军、督抚，遵照单开指拨数目，妥筹办理，于十日内先行电奏。’”等因，钦此。并准抄单内开，奉拨江苏省银二十五万两，出使经费三十万两，淮盐督销局十二万两。

伏查江南供应繁亿，费绌用宏，近年以来，库藏如洗。自盐货各厘改征抵借，饷源顿竭，益觉难以支持，艰窘情形，当荷圣明洞鉴。此项奉拨巨款，实苦无可设筹。惟是整顿海军，自造战舰，系为修武备、塞漏卮要举，钦奉谕旨，京饷洋款之外，无论何款，准其移缓就急等因，圣慈体恤，备极周详，自应恪遵办理。当经臣督饬各司、道、关、局竭力认筹，业将大略情形，并声明此后如织造特办等款，酌量缓解，俾免延误，遵限先行电奏在案。所有奉拨出使经费银三十万两，应由江海关承解；淮盐督销局银十二万两，应由两淮运司承解；其江苏省银二十五万两，江宁藩司认筹二万两，江苏藩司八万两，江安粮道一万两，苏松粮道二万两，两淮运司二万两，江海关六万两，镇江关二万两，江南筹防局二万两，共符二十五万两之数，以副宸廑而供制造。所有本年应解之款，拟请以秋季为始，容俟筹集就绪，即行报解。据各该司、道、关、局先后遵饬认解禀覆前来。臣覆核无异。

除咨部查照外，理合会同江苏巡抚臣德寿附片覆陈，伏乞圣鉴。谨奏。

荐举熟悉河工大员折 光绪二十四年九月初十日

奏为遵旨荐举熟悉河务之大员，恭折密陈，仰祈圣鉴事：

窃臣恭阅电抄，本年九月初六日，钦奉慈禧端佑康颐昭豫庄诚寿恭钦献崇熙皇太后懿旨："近年以来，山东黄河屡次漫溢，濒河州县受患甚深，小民荡析离居，情形尤堪悯恻。因念河工堤埝，虽经每岁修培，而溃决漫溢，无岁不有，闾阎生计所关，岂得因循坐视。着京外臣工遴访熟悉河务精明廉洁之员，胪举政绩，出具切实考语，保奏候旨简派。事关保卫民生大计，尔诸臣当仰体朝廷与民休戚之意，选拔真才，核实荐举，以图收效，不得采用虚声，致滋贻误。将此通谕知之。"钦此。仰见圣慈慎固河防勤求民瘼之至意，跪诵之下，钦仰莫名！

窃惟治河之道，不外因势利导，力戒浮糜。修浚得宜，则帑金不致虚掷，工料核实，则弊端可以尽除，而其要尤在督办之大员精细廉明，乃不为僚属所朦蔽。

臣伏见裁缺广东巡抚许振祎，矢志清廉，公忠体国。其为河道总督也，深知河工陋习，不得不改弦而更张之。下车伊始，厘定章程，举一切岁需款项，应省者省，应裁者裁，务使滴滴归公，丝丝入扣，多年积弊，为之廓然一清。有时复以一车两马，周历河干，凡闾阎休戚之所关，堤埝夷险之所系，无不默而识之，了然于心。由是官吏惮其丰裁，地方受其实惠，终该河督之任，豫省无河患。夫岁支有定，而获庆安澜，以用其所当用也。节省巨万，而转有实效，以其化无用为有用也。统筹全局，力果心精，具有过人之处。嗣因直隶永定河工，特简该河督驰往查勘，是其深谙河务，办事认真，已久在圣明洞鉴之中。顾臣犹以为请者，若仅于庶僚中选举一二员，事权不专，收效尚缓，不若得一熟悉情形之大臣，展其所学，举其所知，则群策群力，奋志图功，于以永固堤防，拯民昏垫，其裨益至速且远。臣知之有素，用敢据实上陈，仰备朝廷采择。惟系曾任督抚大员，应如何简派之处，非臣所敢擅拟。

是否有当，谨缮折密奏，伏乞皇太后、皇上圣鉴。谨奏。

杨恭宸潜谋不轨获案讯供折光绪二十四年九月三十日

奏为副贡潜谋不轨，投函入教，语多狂悖，教士拒而不纳，获案讯供，案情重大，请旨遵行，恭折仰祈圣鉴事：

窃臣前据江西广信府知府查恩绥、广丰县知县裘鸿勋禀称：访闻广丰县杨村地方，有副贡生杨恭宸，潜谋不轨情事，正拿办间，即据天主教堂教士刘在铎，将杨恭宸原信，密派教民到县面呈，声称阅其来信狂悖，彼教拒而不纳，听候究办。该府县当即面商密拿，由该县探明踪迹，于本年四月初八日，督带兵勇，驰抵杨村，将杨恭宸拿获解府，委员押解晋省，听候研审，按律惩办。并据邑绅举人王家瑞等八十人公禀，请锄元恶，以安闾阎等情。查核该副贡原函，牵涉该县方村、杨村，及浙江江山县杨姓、胡姓，情词狂悖已极。当以案情重大，经臣批饬江西臬司发委严讯去后。

兹据南昌府知府江毓昌禀覆："遵提杨恭宸到案，按照原函各节，悉心研究。据供称：'年三十五岁，广丰县人。光绪二十年，由优贡中式副贡生。家在离县城七里西乡地方，租屋居住。平日教馆营生，惯习刀笔，时常代人作词告状。二十二年十月间，忽患痰迷病证，时发时愈。广丰教堂设在离县城二十里西乡洋口地方，教堂头目是已革吏员郑树宝即大狗。浙江江山县杨姓，与伊同姓不宗，并胡姓共有多少烟户，均不知道。方村地方离伊家五里，该处方姓，仅止几十家。当日伊写信与教堂，系因天旱不雨，地方谷价腾涨，奉县示谕平价，乡间到处抢米，绅富疑伊从中唆怂，在县呈控，县中派土勇多名，四乡拿人，伊恐受累，欲借教堂庇护，是以致书教堂，恳其收录。并因郑大狗说伊系副榜，必须夸说大话，洋人方能收留，且可派作教士。一时糊涂，又因痰迷病发，神思恍惚，不知如何写出这样悖逆犯法的信，罪该万死'"等供。再三究诘，矢口不移。并经该府委员赴广丰县西乡洋口地方密查，该处户口无多，实无千馀家皆愿入教之事，禀请核办前来。

臣查杨恭宸，身列士林，幸中副贡，宜如何绩学励品，以图上进。乃平素惯弄刀笔，武断横行，并访闻有逼嫁继母、奸占孀妇情事，已属衣冠败类，罪不容诛。此次投书教堂，语多悖谬，如"顺人心，应天心，英豪自负，择木而栖，四海虽大，传檄可定"，以及"贵教数百年，设教中邦，正望其有今日"各等语，实为丧心病狂，法无可贷。当就缚之际，犹敢号召党类多名，持械赶夺，拒伤勇丁，则其平日结党谋乱，尤属信而有征。若非该教士刘在铎深明大义，拒而不纳，煽诱蛊惑，为祸曷可胜言。据供素患痰迷，而查阅原函，语意明畅，岂痰迷人所能办？似未便信其狡供，稍存宽宥。惟系副贡生，尚未奏革，谨将该副贡原函及邑绅公禀，缮具清单，恭呈御览。应否将该副贡生杨恭宸即行斥革，立正典刑，以昭炯戒，其馀概免株连，抑应如何办理之处，伏候谕旨遵行，臣未敢擅便。

所有副贡潜谋不轨，投函入教，语多狂悖，教士拒而不纳，获案讯供各缘由，理合会同护理江西巡抚臣张绍华恭折具陈，伏乞皇太后、皇上圣鉴训示。谨奏。

书院学堂并行以广造就折光绪二十四年十月初三日

奏为书院不必改，学堂不必停，兼收并蓄，以广造就而育真才，恭折仰祈圣鉴事：

光绪二十四年十月初一日，钦奉电传懿旨："礼部另片奏，各省书院，请照旧办理，停罢学堂等语。书院之设，原以讲求实学，并非专尚训诂、词章，凡天文、舆地、兵法、算学等经世之务，皆儒生分内之事，学堂所学，亦不外乎此。是书院之与学堂，名异实同，本不必定须更改。现在时事艰难，尤应切实讲求，不得谓一切有用之学，非书院所当有事也。将此通谕知之。"等因，钦此。仰见圣明谆谆垂训，范围曲成之至意，下怀莫名钦佩！

臣维礼部之奏，因前议将书院改为学堂，故请书院照旧办理，停罢学堂，非谓书院之外，不应另有学堂也。现复考试旧章，仍以制艺、试帖取士，则各省书院，自应留为士子肄业之所，不必改为学堂。顾自同治以来，内外所设同文馆、广方言馆，皆系学堂。嗣于沿海各省设立武备学堂、陆军学堂、水师学堂，历时已久，用款颇多，业有成规成效，又何可以尽废。夫书院与学堂，诚如懿旨，名异实同。各书院肄业士子，自应讲习天文、地舆以及兵法、算法，未可专尚训诂、词章。礼部所谓照旧办理，亦即此义，而各士子未能体会也。臣自奉旨考试仍用制艺、试帖，即经咨行江苏、安徽、江西三省，声明朝廷取士，务在讲求实学，所有各书院，于制艺试帖外，兼课经史、掌故、时务，以成经济之才。并饬江宁府知府刘名誉，会商各书院院长，议立兼课章程，通饬遵照。乃地方生监竟有视为畏途，禀求仍旧专课时文，经臣严行申饬。可见士子锢习已深，未可骤化，若有学堂以相观摩，可辅书院之所不逮，未始非补偏救弊之道。可否仰恳天恩，饬令协办大学士孙家鼐赶办京师大学堂，以为之倡。并饬各省分设中学堂、小学堂，多译中西政事有用之书，以资诵习，延请中外品学兼优之士，以为师儒，以期渐开风气。但须随宜劝导，令其量力而行，不必严立科条，亦不许请拨经费。惟生员、举人既仍用制艺考取，此项学堂学生，应如何录用奖励，应由该大臣等另行核议，奏请施行。

臣愚昧之见，是否有当，理合恭折具陈，伏乞皇太后、皇上圣鉴训示。谨奏。

农商报馆会名不在禁例片

再，前奉谕旨，严禁报馆会名。臣愚以为朝廷之意，特指士大夫言，诚不宜动辄设报、设会，以逞臆说而植党援。至于农学会、农学报，商学会、商学报，实所以联络群情，考求物产，于农务、商务不无裨益，似不在禁止之例。可否仰恳特旨，准其设报、设会，或即由臣出示晓谕，以免农商有所疑畏，仍不准其妄议时政，以杜流弊。

理合附片具陈，伏乞圣鉴训示。谨奏。

陆师教习洋员请奖宝星片

再，江南创办陆师学堂，前经臣派委延募来华之工程洋员德

都司骆博凯为总教习。到堂以来，殷勤训诲，启迪有方，时与翻译人员，反覆讨论，不厌精详，俾学生易于领悟，实属尽心教授，懋著勤劳。查该学堂教习泰伯福特、屯和恩二员，经臣奏给宝星有案。该总教习于光绪二十一年九月到华，现已三年期满，自应照案给奖。据办理该学堂道员钱德培禀请具奏前来。合无仰恳天恩，俯准给予德总教习骆博凯二等第三宝星，以示优异，而昭公普。

除咨总理衙门查照外，谨附片陈请，伏乞圣鉴训示。谨奏。

确查平粜私贩情形据实覆陈折 光绪二十四年十月二十四日

奏为遵旨确查据实覆陈，恭折仰祈圣鉴事：

窃臣等承准军机大臣字寄："光绪二十四年八月初二日，奉上谕：'有人奏，沥陈江、浙米价昂贵，民间困苦情形一折。据称去年以来，米价日昂近竟至十元以外。府县筹办平粜，敷衍塞责，民间米价，迄未能平，嗷嗷待哺等语。江南米价奇贵，现在新谷

尚未登场，贫民乏食，情殊可悯。着刘坤一、奎俊迅即设法妥筹接济，以恤穷黎。至原奏所称：'运米出洋，屡禁不绝，皆由苏松太道蔡钧暗中庇护分肥，发给护照，一日之内至八九十起之多，其为通同奸商贩运无疑。'所奏是否属实。着该督抚即行秉公确查，据实参奏，毋稍徇隐。原折着抄给阅看。'"等因，钦此。前江苏抚臣奎俊，业已交卸起程。当经臣坤一批饬江宁、江苏两藩司，确切查明，妥筹接济。一面密饬江苏候补道沈敦和、候补知府许宝书，将苏松太道蔡钧被参各节，按照原奏，严密访查。兹据各该司道等先后禀覆前来。

臣等逐加察核，如原奏："府县筹办平粜，以碍于收漕，阻挠延宕，敷衍塞责，闻实办者不过数县"一节。查苏省自上年田禾歉收，冬末春初，米价逐渐加涨，异常昂贵，当即饬属严禁米粮私运出口，以免缺乏之虞。至五六月间，青黄不接，市肆益复居奇，价值有增无减。贫民迫于生计，加以匪徒从中煽惑，以致聚众抢米之案，层见迭出。前据各该府县禀报，即经飞檄会同营汛，严行究办，以期惩一儆百。一面筹借款项，派员分赴江西、湖南等省，采购米石，派拨轮船拖运，于省垣地方设局减价出粜。并奏准无论官商，前赴上海运米，但有江苏省护照，概免税厘，至七月十五日为止，以轻成本而恤民艰。复通饬各属，各就存仓谷石，及积谷钱文，察度地方情形，分别酌提，设局散放，碾米平粜。各该州县，或碾动仓谷，或另行添购，均据禀报有案。自经开办以后，粮价渐次平定。惟吴江、震泽二县，据绅董王家鼎等以城乡积米较多，尚可支持，禀准缓办，系属因地制宜。又以太湖厅同知赵毓忠办事无方，于设局平粜，未能先事豫筹，由司详请撤任，旋于甄别案内，奏参革职。此外均系实力筹办，尚无阻挠延宕、敷衍塞责情事。至原奏所称："民间急于自谋，遂并内地往来，亦皆禁遏，村僻乡镇，竟有悬价而无从得食”等语。当初禁运米出口之时，乡间容有误会。节经出示切实开导，内地即已民照常贩运，村镇居民尚不至无从购食。现在新谷登场，米价平减，民情一律安谧。此本年夏间米价踊贵，妥筹接济及州县办理平粜之实在情形也。

又原奏：“本年七月间，松江府属，因外来购米船只过多，乡民起与为难，几成事变。府县驰往勘验，各船皆有苏松太道护照，多至八九十张”一节。查上海向产木棉，出米无多，不敷民食，素赖商贩运济。统计城厢内外，南北两市，每日约需米五千数百

石。本年四月，各处缺米，价值日昂，五月初间，又复飞涨。苏松太道蔡钧，督同上海县，饬查南北市存米仅数万石，不敷半月之粮，情形岌岌不可终日，倘不设法补救，难保不生事端。于是刊刷护照一千五百张，每张刊定以一百石为限，由道钤印发县，转发米业司董三泰、生泰、裕昌、长义等，转交各米商，分赴无锡、金匮、常熟、昭文、华亭、娄县等处，购米回沪接济。当时共计运到米九万一千四百石，用过护照九百一十四张，均已缴销。其尚未缴销之护照五百八十六张，除破损一张外，共应运米五万八千五百石。因其时内地米粮，奉准流通，各路米商源源而来，价已渐减，各商遂观望不前，是以未经运齐，所有未收之照，并由该商董等陆续催缴。该委员沈敦和等复至松江明查暗访，该处官绅佥称，上海赴松采米，以五月间为最盛，至多之时，一日诚有七八十起。当时该处绅董禀县谕禁，曾经华亭、娄县禀请苏松太道阻止。嗣经该道批饬妥筹，每县以一万石为度，定以限制，民情尚安，并无乡民为难酿变由官弹压遏粜截留之事。又原奏：“蔡钧暗中庇护分肥，通同奸商，贩米出洋”一节。查上海出口货物，均须先赴江海关税务司处报验，然后放行，如果有大批米石，

运载出洋，无论关道有无照会，均难飞越。即如本年三月初旬，招商局广利轮船装米赴粤，江海关因闻有私运之说，密遣人伪为搭客，以觇虚实。及该轮驶抵香港，违章起米七十包，令罚银二百两。可见税务司查禁米石，尚属认真。该委员沈敦和等前赴江海关署税务司戴乐尔处，详细查询，据云：本年自正月起至六月底止，除禁运各日不计外，共出口米十二万四千三百八十四石。此项米石，皆系广东、天津、宁波、厦门四处至急之需，用轮装运，指抵各口，按船可稽。当时悉凭道署红函，照章完税验放，此外实无由道给照采运出口之米。检查洋文关册，亦属相符。此苏松太道蔡钧被参各节分别查明之实在情形也。

臣等伏查江苏省素为产米之区，本省食用而外，直隶、广东、闽、浙等省，向赖苏米接济。本年夏间，米价奇贵，上海涨至每石十元，江宁、苏州等属亦涨至五六元、七八元不等，为从来所未见。去岁纵有灾歉，亦何遽至于此？默察市情，详稽舆论，多归咎于运米出洋。第海关稽察甚严，委属无从偷运。访闻有奸商于盐城等处沿海小口，私用容米百馀石之小船，乘夜装运，驶至山东等处海滩，改装卫船，径向朝鲜仁川口对渡，再行装轮，转运东洋，实为米粮一大漏卮。业经臣等严饬沿海各州县，实力查拿，不准颗粒外溢。如有前项情弊，一经拿获，立将船米充公，并治以应得之罪。各该州县倘敢奉行不力，亦即随时参劾，断不稍存姑息。其直隶等省购办苏米，事关邻省要需，讵有遏粜之理？惟经由海道，不得不设法严查，以杜影射。并已电咨各省，嗣后无论军米、商米，由轮船装运者，以咨文护照为凭，责成海关查验放行。由钓轮装运者，均归镇江关填给三联保单，限期起运呈缴。似此立法较严，庶几奸侩无所施其伎俩。总期内地照常流通，外运认真禁绝，以仰副圣主垂念民食之至意。至苏松太道蔡钧被参各节，现经查明，并无不合，应请毋庸置议。

所有遵旨确查各缘由，谨合词恭折覆陈，伏乞皇太后、皇上圣鉴训示。谨奏。

蔡钧被参情节系出讹传片

再，苏松太道蔡钧被参各节，业经查明具折覆陈。

本年米缺价昂，为从来所未有，外间议论，有谓系该道运米出洋所致。臣坤一亦有所闻，曾于五月间，密电升任抚臣奎俊，派委道员罗嘉杰前赴上海确查。兹又钦奉谕旨，复经派委道府大员，明查暗访，均据禀覆，并无其事，自系传闻之讹。且查春间，日本灾歉乞籴，承准总理衙门电饬准运数万石，以全睦谊。该国驻沪领事，复向该道多方恫喝。该道以上年淮、徐、海等属被水成灾，米粮缺乏，自顾不遑，一再电请，坚持不允，遂作罢论，该领事颇不满意。又法领事请运米三万包往宁波天主堂接济贫民，总理衙门电由外间酌办。该道以端不可开，极力劝阻。嗣俄国领事亦以运米为请，该道并婉辞却之。是该道颇知大体，于民食亦极慎重。如果串同奸商运米出洋，驻沪各领事耳目最近，消息最灵，讵有不借口诘问之理？即使运往某国，受其接济之惠，不肯明言，而各国观听所系，岂能尽箝其口？臣敢决其必无此事。

谨附片陈明，伏乞圣鉴。谨奏。

赈灾款绌现筹办法折 光绪二十四年十一月初六日

奏为徐、海赈务，灾重款绌，谨将现办情形，恭折具陈，仰

祈圣鉴事：

窃照徐、海等属工赈事宜，前经奏明分别责成官绅经理，奉旨允准，转行钦遵在案。现筹办法，约分三端：一曰散放赈抚，一曰浚筑河堤，一曰沿路截留资遣，随地设厂赈粥。盖赈济以全民命，工作以资生计，资遣、粥厂以恤流亡，三者并重，未可偏废。义赈绅士严作霖，先办邳州、宿迁、海州、沭阳四属赈抚，业经先后拨存银三十馀万两，续办睢宁、铜山、萧县等处，现正筹款拨济。此外被灾较轻之州县，又须另行设法。徐州道桂嵩庆、候补道方硕辅等，分办徐、淮、海河工筑堤，已经分拨银十馀万两，将来用款，必不止此。其馀各属，截留资遣，江宁、扬州等处设厂放粥，亦须拨款接济。通盘筹画，就今冬计，已非五六十万金不办。而明春赈事，为日方长，尤关紧要，据严作霖电称，较之冬赈，需款约加一倍。迭次仰荷天恩，截留漕米八万石，约折银二十馀万两，并准由各库借拨银二三十万两，又部拨昭信款三十万两。综计虽有七八十万之谱，第以江苏库款支绌万分，无论何项，均系一针一孔，前次奏明借用，不过济一时之急。现在垫款二十馀万，待用孔亟，急须拨还，是实在可以济赈者，不过五十馀万两。且奉拨昭信款内，尚有湖南、河南两省银十万两，未经解到。折漕甫经启征，现尚无报解之款，赈捐来源极形微弱，邻省协济，尤属寥寥。工赈之繁既如彼，款项之绌又如此，臣目击灾黎，忧心如捣。总理赈捐局署江宁布政使胡家桢、署江南盐巡道吴炳祥，老成稳练，恺恻慈祥，办赈十有馀年，实心任事。此次委办徐海赈务，百计图维，不遗馀力。无如工赈各款，合则见多，分则见少，目前已极艰窘，来春更费支持。臣惟有督率该司道等，殚竭愚虑，展转腾挪，于奉拨之款分别催提，于赈捐一事极力劝募，一面随借随用，随到随还，以济民艰而免迟误。

所有徐海赈务，灾重款绌情形，谨会同江苏巡抚臣德寿恭折由驿附陈，伏乞皇太后、皇上圣鉴。谨奏。

宁属粮折实难再减折 光绪二十四年十一月十五日

奏为查明江宁等属州县征收钱粮，折价业经酌减，提解实难再减，恭折覆陈，仰祈圣鉴事：

窃臣承准军机大臣字寄："光绪二十四年八月初四日，奉上谕：'有人奏，州县征收赋税，以钱易银，任意折算，请饬认真核减等语。州县经征钱漕，折价浮收，前经给事中庞鸿书奏请减收钱数，当交户部议准，谕饬各督抚核办。乃近来惟山东、江西两省尚有核减，其馀仍多借词搪塞，无非为州县留有馀地步。近来每两银价，均在一千一百文上下，而州县征收，折价二千八九百至三四千文不等，浮收不止加倍，实属不成事体。各督抚身任封疆，当思纾一分民力即养一分元气 。自经此次诫谕后，务各严饬所属，按照现时银价，大加核减，不准仍前浮滥，以苏民困而肃吏治。原片着抄给阅看。将此谕令知之。'"钦此。当经转行去后。

兹据署江宁布政使胡家桢详称："江宁等属，钱粮收价，从前本系统查各属进出款项，按照当时银价，原收钱数，减其太长，因其本短，分别酌量核定。嗣因近年银价跌落，议提盈馀。适准部咨给事中庞鸿书奏江浙等省，征收地丁，条银折价与市价悬殊，议令各就本地完纳情形，暨向来征收章程，查与市价大有浮多者，一律酌减。又准另咨，饬照江西成案，提解平馀，凑还借款各等因。当经议令以钱折收之条银，按照各该处收价，每两减收钱一百文，漕米收价不减，仍每石提盈馀钱二百文，解济俄、法、英、德四国还款。详经查照，于本年三月二十一日具奏，奉朱批：‘户部知道。’钦此。钦遵办理在案。是江宁各属州县丁漕收价，业经核减酌提，此后盈馀已少，州县勉敷办公。且未减以前，本无如原奏每两收钱二千八九百至三四千文之多。现在银价极贱之处，总在一千三百文内外，而省外偏僻地方，仍需一千四五六百文不等，亦无如原奏所称每两一千一百文上下之贱。体察情形，委实无可再减”等情，详请具奏前来。臣覆加查核，系属实情。

除咨部查照外，理合会同江苏巡抚臣德寿恭折覆陈，伏乞皇太后、皇上圣鉴训示。谨奏。

武举武生挑入学堂一体讲习折 光绪二十四年十一月十五日

奏为武举、武生挑入学堂肄业，宜先于平时讲习兵法等学，以备甄取，而育将才，恭折具陈，仰祈圣鉴事：

窃准部咨：“光绪二十四年九月十八日，钦奉慈禧端佑康颐昭豫庄诚寿恭钦献崇熙皇太后懿旨：‘科举之设，无非为士子进身之阶，至于训练操防，尤以营伍学堂为储材之根本。所有武场童试及乡会试，均着仍照旧制，用马、步箭、弓、刀、石等项，分别考试。各省营用武进士及投标武举，悉令练习枪炮，酌定劝惩章程。所有未经入营武举、武生等，均着就近挑入学堂学习格致、舆地等学，及炮队、枪队、马队、工程队诸科，以备折冲御侮之用。’”等因，钦此。仰见皇太后、皇上权衡至当，因时制宜，于慎重武科之中，仍寓作育群才之意。跪诵之下，钦佩莫名！业经转饬一体钦遵。

伏查江南陆师学堂，于光绪二十二年开办，此项学堂，各省尚未一律建设。目前库储拮据，大抵相同，仅能于各省会酌设学堂一区。至于府县地方，尚恐力有未逮。以通省之武举、武生萃于一堂，经费有常，不能不酌量挑取。而学堂内外场功课，如兵法、营垒、军械、测量、算学、地势、绘图、地舆、德文、德语，以及马步队、工程队、体操等艺，门类既多，肄业匪易，非文理明畅不能期其领悟，非姿质聪颖不能得其会通，尤非兼习毕业不能收学堂之实效。各省武举、武生，虽应试时有默写五经一场，而枪替代书，在所难免，即稍稍识字，亦复粗浅鄙俚，无甚可观。以言弯弧击刺则有馀，以言才识文义则不足。盖武科之制，本以弓马技勇为主，功令所重，风气随之，其势然也。江南初设陆师学堂，武举、武生，何尝不一体收考，而甄别留堂者，仅止武生一人，取材之难，可为明证。若不于平日认真讲习，深恐将来挑无可挑，殊非朝廷实力振兴之至意。现经臣饬将陆师学堂兵法等课程，厘订刊刻，颁行各府县学，广为传布，俾武举、武生在籍自行探讨。如能通晓大义，即由该府县详送省城学堂考试，择其文从字顺、持躬谨饬者，挑选入堂，与学生一体授课。庶几始基既立，可无捍格之虞，进取有资，足备干城之选。可否请旨饬下各省一律照办，似于武备不无裨益。

抑臣更有请者，学堂功课，共有十馀门之多，武举、武生入学后，讲解诵读，已觉日不暇给，于马步箭、弓、刀、石等艺，不无偏废。现在武科既复旧规，士子奋志功名，恐仍不免舍此就彼。应否将此项武举、武生，于学堂毕业后，给予凭照，咨送兵部考验，分别酌予出身，以资鼓舞，伏候敕部议覆施行。

臣为储材讲武起见，是否有当，谨缮折具陈，伏乞皇太后、皇上圣鉴训示。谨奏。

各省绿营一律改习枪炮片

再，绿营官兵，向习马步箭、籐牌等艺。自火器盛行以来，匪特两国交绥，枪、炮务求精利，即内地盗匪亦莫不执持洋枪为劫赃拒捕之具。而营兵格于成例，不能不照旧练习，利钝悬殊，实不免相形见绌。现在钦奉懿旨，武科规复旧章。良以弓、箭等项，便于考试，为士子进身之阶，至于御侮折冲，仍须以枪、炮为重。绿营兵丁有缉捕巡防之责，本与考生不同。况值递次裁减，兵额无多，若仍拘泥成规，深恐营伍益形疲弱。拟请饬部通行各省，将绿营马步箭、籐牌杂技，一律改习枪、炮，认真操演，以收实效而重戎行。

臣为因时制宜起见，是否有当，谨附片陈请，伏乞圣鉴训示。谨奏。

昭信股票认缴无多请颁部票片

再，江苏省筹办昭信股票一案，前据地方文武及盐务、河工大小各员认借银七十馀万两，两淮盐商认借银一百万两，业于本年闰三月间恭折具奏，并声明所有认借银两，饬令赶紧措解，分期集缴。嗣奉谕旨，停止劝办，官民认定之款，照案收缴等因，又经转行钦遵，并据各属陆续呈缴各在案。

惟查各该文武等员，或因交卸赔累，或因事故出缺，力有未逮，已虑解不足数，其盐商认借之款，迄今呈缴无多，迭次饬催，总以部票未颁，不免借词观望。此项银两，先后接准部咨，拨抵苏、沪厘金及指拨芦汉铁路公司，一针一孔，待用孔殷。而京、协、本省军饷，四国瑞记还款，尤关紧要。虽经司局遵照部章，刊印昭信实收，但原议以部票为凭，外省印收，本系一时暂用，商情多不愿领。合无仰恳天恩，敕下户部，迅将部票颁发，俾得从速集事，以济要需而免贻误。

除咨部查照，一面由臣再行电札催解外，谨会同江苏巡抚臣德寿附片陈请，伏乞圣鉴训示。谨奏。

披沥自陈吁恳开缺折 光绪二十四年十一月十五日

奏为披沥自陈，吁恳天恩俯准开缺，或赏派别项差使，免误疆寄，恭折仰祈圣鉴事：

窃臣于光绪二十四年十一月初六日，承准军机大臣字寄："十月二十六日，奉上谕：'刘坤一向来办事认真，公忠体国，朝廷素所深知。自简任两江以来，于地方事宜，亦能加意整顿。惟是近来时局艰难，用人一端，最为第一要义，不但所属大小文武各员，宜时时留心考察，即幕友、书吏人等，亦宜严加约束，不可偏信。两江重地，该督在任有年，尤贵振刷精神，力任艰巨，方不负朝廷殷殷期望之厚意。将此谕令知之。'"等因，钦此。跪诵之下，钦悚莫名！

臣此次承乏两江，先后七载，未能力图振作，实属咎无可辞。乃荷圣慈，不加严谴，殷殷垂诫，训勉周详，自顾何人，蒙兹宠遇，五中感激，不知涕泗之何从也。

两江政务殷繁，本非衰庸所能胜任。惟臣于文武各员，莫不留心考察，分别举劾，未敢稍涉摸棱。所延幕友，如刑名、钱谷以及军务、盐务、洋务数人，必择品学兼优之士。至书吏人等颇众，其中贤否不齐，只合有犯必惩，随事约束，并未偏信此辈，为其所朦。臣碌碌无所短长，生平惟以清勤自励。忆自壮岁戎马，效力行间，遭际圣明，滥膺疆寄，于今四十馀年矣。事必躬亲，从不轻假人手；兢兢晚节，何敢稍负初心。当此宵衣旰食之时，正臣尝胆卧薪之日，况渥邀宸眷，迥越寻常，惟有奋勉图功，不应自耽安逸。

顾臣有不能已于请者，臣年老多病，早在圣主矜鉴之中。此次回任以来，体气日益衰惫，上年六月、本年八月两次昏晕扑地，跌伤膝盖、手腕、腰肋、头面等处，迄今尚未全痊。又于本年五月，右耳生疽，倍形痛苦，时方多故，未敢渎陈，强起从公，时虞竭蹶。现在华洋交涉动起衅端，祸变之来，间不容发，万一因应失当，贻误事机，臣一身不足惜，如大局何！是臣但有报国之心，苦无济时之略，蒲柳馀生，愿乞骸骨。合无仰恳天恩，准其开缺回籍调理，迅简重臣，以资坐镇，保全实多，裨益甚大。倘蒙俯鉴愚悃，抑或赏派别项差使，但心力之所能为，虽捐糜在所不惜。于以策桑榆之效，展犬马之忱，出自逾格鸿慈，臣不胜悚惶待命之至！

所有臣披沥自陈并恳天恩俯准开缺各缘由，谨恭折具奏，伏乞皇太后、皇上圣鉴训示。谨奏。

特保贤明人员折 光绪二十四年十二月初二日

奏为特保贤明道府以备简用，恭折仰祈圣鉴事：

臣维道府职居方面，为各州县表率，必须为守兼优之员，乃可胜任。臣于两江实缺候补道府中，详加察看：查有江苏补用道任玉森，心气和平，公事稳练。前官广西，由牧令洊擢郡守，历膺繁要，卓著廉能，经各督抚保荐有案。嗣奉特旨，以道员发往江苏补用，委办银元制钱局务，事属创始，头绪棼如，该员总理合宜，厘然毕举，现在行销渐广，成效昭然。其馀一切事宜，均属措施允当。又江苏试用道李维翰，局度严整，才具优长。先在江西，署理南康府事，颇有政声。及来江南，历办湖南盐务、皖南茶厘，认真整顿，均有起色。凡有益于地方之事，亦复孜孜为之。又江西广信府知府查恩绥，胆识皆优，恩威并著。本年夏间，贫民饥噪，该员极力拊循，得保无事。筹办弋阳等处农功水利，数十里旱涝之区，遂成沃壤。拿解谋逆之杨恭宸及剿平九仙山土匪，以杜乱萌，有裨时局匪浅。其待僚属，惟尚公义，不挟私嫌，度量尤为难得。又江苏候补知府吴增仅，悃愊无华，深沉有执。前署海州篆务，适逢地方水灾，该员抚恤多方，存活甚众，所有事关职守，莫不恳恳勤勤，不避劳怨。嗣以丁忧去任，民心感戴，至今不忘。平日讲求西学，颇得指归，现筹工艺学堂事宜，甚有条理。该道府等，均足干济时艰，可否仰恳天恩，交军机处存记，以备简用而收得人之效。

谨恭折具陈，伏乞皇太后、皇上圣鉴训示。谨奏。

道员送部引见片

再，江苏候补道杜俞，学养深邃，望实皆优。居官不竞利名，廉隅自励，办事不矜声色，措置裕如。在苏总理营务两年，懋著劳绩，地方盗靖民安，该道之力居多也。又江苏试用道杨兆鋆，器识闳通，著作颇富，于中学西学，俱有心得。并能身体力行，历办同文馆及储材学堂，莫不切实讲求，以资深造。该道等系江苏出色之员，可否送部引见，候旨施恩。

谨附片具陈，伏乞圣鉴训示。谨奏。

举办渔团片

再，前承准军机大臣字寄：“奉上谕：‘前经谕令各省办理团练保甲，其沿江沿海一带，港汊纷歧，尤为奸宄出没之地，亟应兴办渔团保甲，以资联络。近年各省筹办海防，亦曾议及此事，迄未认真办理。着沿海沿江将军、督抚，通饬所属，将渔团保甲章程，各就地方情形，一体妥筹举办，仍将如何办法，先行具奏。将此各谕令知之。’”等因，钦此。

目下时艰孔亟，伏莽潜滋，兴办乡团，可以固民志而辅兵力，清查保甲，可以消内患而弭隐忧。业经臣酌拟章程，通饬实力举办，先后奏明在案。

伏查江苏地势，长江贯于中，大海环于外，滨江滨海之民，比比以渔为生，兴办渔团，诚地方切要之务。钦奉谕旨，殷殷诰诫，自当声明办法，切实办理。应由沿江、沿海各州县，查明境内共有渔船若干只，按地分段，编列字号，加以印烙。每船给发旗帜、船照各一件，于旗上大书某县渔团字样，船旁钉板，粉书某县渔团第几号。其船户姓名，船伙名数，以及防寇器械，均于船照内逐一注明，如鸟枪、洋炮，关系军火者，更须编号烙印，以杜流弊。另将各船汇造底册一套，分晰填注，一如船照。遇有迁移及新增等项，均随时报明，分别增删。地方官于每年冬季，逐段调验换照编造一次。仍仿照保甲成法，以十船为一牌，十牌为一甲，甲设甲长以统牌，牌设牌长以箝散户。而散户之中，必取具连环保结，一船有犯，九船连坐，使其互相约束，自然不至为匪。凡经行之处，遇有盗匪抢劫客船，即前往救援，能获盗犯，由县按名给赏。每月责令会哨一次，在沿海者与外洋、内洋师船弁兵会哨，在沿江者与长江水师弁兵会哨，借资习练，而壮声威。大纲既举，加以信赏必罚，庶几令不虚行，渐有成效。据署江苏按察使朱之榛详请具奏前来。

臣查渔团一事，诚为沿江、沿海要务，第办理稍有不善，即难免扰累之虞。渔户人数无多，船只甚小，若谓编集成团，即足资战守而御外侮，臣诚不敢以自信。然果能稽查严密，操练认真，无事时借以禁窝藏、护商旅，有事时借以断私济、清内奸，体察情形，实亦必不可缓。该署臬司所拟办法，均尚切实可行。除札饬各该厅州县联络水师，遵章速办，不得虚应故事，亦不得稍涉纷扰，以收实效而期经久。

所有遵旨妥筹举办渔团缘由，谨会同江苏抚臣德寿附片具陈，伏乞圣鉴训示。谨奏。

审结何垛场案犯折光绪二十四年十二月初三日

奏为东台县何垛场灶丁哄毁场署，大使刘昌龢枪毙二命一案，审明拟结，恭折仰祈圣鉴事：

窃查何垛场灶丁聚众哄毁场署，该大使刘昌龢放洋枪致毙人命一案，经臣坤一会同前江苏抚臣奎俊，奏奉俞旨，将刘昌龢革职，归案审讯，发交臬司提审在案。

兹据署江苏按察使朱之榛审明议拟，详请勘办前来。经臣德寿就近亲提研鞫，缘刘昌龢籍隶山东清平县，由监生捐纳盐大使，捐分两淮，补授何垛场大使，光绪十四年十月初一日到任。邹浮才、卢帼憘、朱长余、金得明、陈长林均籍隶东台县，与被格身死之赵沨池、金得兴，在押病故之陈昌荣、夏乔贵，在逃之沈又芸、郁景春、胡纪先、陆元愪、宣尔贵、朱余才、何学成、王香福、罗三、孙云、何休、高长贵、姚明春、徐长松，均系何垛场灶丁，煎盐为业。各灶煎成盐斤，向归经管收买，转卖商店。从前桶价，本系不分和碱，一律给价。自同治四年，场员始议定和盐每桶八百五十文，提清碱盐每桶八百八十文，禀准运司出示晓谕。嗣后迭次核减，遂定为和盐每桶六百六十文，碱盐每桶六百九十文。至光绪十四年，商人亏本停歇，灶户有盐难售，经淮南总局招集商股，设局公收，禀准运司酌减桶价六十文，以纾商力，计和盐每桶六百文，提清碱盐每桶六百三十文。各灶户因和多碱少，牵拉统算，碱盐只有十成之一，提筛多费工本，是以和碱不分，夹杂并装，令公收局按照一成碱盐给价。公收局因其碱盐并不提清，仍须由局自行雇人提筛，概照和盐每桶给钱六百文，碱盐应加之三十文扣住不给。当时各灶户争论，经管从中调停，议将此项碱价留作日后灶丁备荒之用，各灶户当无异言。光绪二十三年春间，雨水连绵，产盐稀少，秋间又因水大，草本不敷，灶情困苦，经灶董宣杞等两次禀请场员饬商找给碱价，并请规复桶价，均经该大使刘昌龢批饬公收商人查议。十一月间，由公收局发钱二百千文，分给穷苦灶丁摊领。二十四年四月间，柴米昂贵，灶丁相率逃亡，办煎无人，误额堪虞。众口哓哓，谓公收局历年扣存碱价，以每桶三十文计算，不下二三千串，不如向商人找算，借资接济。即有赵沨池强行出头，邀允金得兴、陈长林传知各灶，约令二十一日，齐赴公收局，算找碱价。至期邹浮才、卢帼憘、朱长余、夏乔贵、陈长林、陈昌荣、金得明先后赴局，见赵沨池、金得兴、沈又芸、郁景春、胡纪先、陆元愪、宣尔贵、朱余才、何学成、王香福、罗三、孙云、何休、高长贵、姚明春、徐长松，并有不识姓名一二十人到局。赵沨池等查找司事巴雨田躲避不见。即经巴雨田禀明刘昌龢，饬派场差王钰、朱泰前往弹压，劝令众人暂回，后再听信。赵沨池等当各走回，在普福庵候信。次日不见消息。二十三日，赵沨池又约同金得兴等赴局算账。陈长林尚在烟馆吃烟，又经巴雨田禀请刘昌龢派差张标将陈长林传案。赵沨池听闻，即以事关大众，不能使陈长林独受讼累，约令大众同去见官，欲将陈长林保回。邹浮才等答应，一共三四十人赶至该场署前。适刘昌龢因闻街上人声嘈杂，饬将头门仪门关闭。赵沨池瞥见，深恐陈长林受刑，众心亦均惊慌。赵沨池起意纠众挟制，即喝令金得兴等拆毁署前木栅，打开头门，邹浮才、卢帼憘、朱长余随同跟进。刘昌龢闻闹退堂，饬令差役将陈长林带至旁院看管。维时同去灶丁，有手持栅棍者，亦有畏事落后者，夏乔贵、陈昌荣年老无力，当欲走回，赵沨池声言："如有退避不前，将来定行驱逐出境，不准在灶烧盐吃饭。"夏乔贵、陈昌荣、金得明亦即被胁同行。于是大众拥进，打开仪门，哄入大堂，邹浮才、卢帼憘、朱长余均止随行，并未动手。附近灶丁纷纷闻信赶至，街上痞棍乘机附入，人数愈聚愈众。金得明、朱长余畏惧逃回。赵沨池等倚势哄闹，逼令场员将陈长林放出，邹浮才、卢帼憘均站在大堂天井，随声附和。刘昌龢出向喝阻，差役上前撵逐，执持洋枪向人乱戳乱打，致将邹浮才右膝盖戳伤。邹浮才负痛坐倒墙边地上，金得兴等仍是嚷闹，同外来痞棍用栅棍打损大堂暖阁，挤倒屏门，闹进二堂，碰翻公案。刘昌龢一时情急，先放空枪恐吓未退，复加子施放，致将赵沨池、金得兴放伤，并砂子擦伤卢帼憘头颅近右。赵沨池登时身死，卢帼憘将邹浮才扶回。经署东台县知县韩憘闻信，会营驰往弹压，馀众业已逃散，饬差拿获朱长余等，并据卢帼憘闻拿，畏罪自首，勘验禀报。金得兴延至次日，亦即因伤殒命。复经差缉。经该管署泰州分司运判李以牧禀由运司转奉电饬，将刘昌龢撤任，委员接署，另派候补运判杜际辰前往查办。嗣据韩愔勘验讯详，并据杜际辰查明禀覆。前臬司吴承潞，以该大使枪毙人命，实属荒谬，会同藩运两司，详经奏请革审。吴承潞未及提审，因病出缺，留交该署司催提人犯赴苏，并移查桶价定章，提验卢帼憘等，伤均平复，邹浮才右膝盖已成废疾。督员审讯，据各供晰前情不讳，究诘不移，案无遁饰。正核办间。据报陈昌荣、夏乔贵在押病故，饬县验讯看役人等并无陵虐情弊，应即拟结。

查例载："直省刁民，假以地方公事，强行出头，擅自聚众至四五十人，哄堂塞署，逞凶殴官，为首者斩决枭示，其馀从犯，俱拟绞监候，被胁同行者杖一百。"又"闻拿投首，于本罪上减一等科断。"又律载："罪人本犯应死而擅杀者，杖一百。"又"不应为而为，事理重者杖八十"各等语。此案该犯赵沨池，纠约陈长林等，同赴公收局算找桶价，因陈长林被场官传案审讯，疑虑受刑，辄敢起意挟制，纠众四五十人，打进头门、仪门，哄堂塞署，实属情同光棍，自应按例问拟。赵沨池合依"直省刁民，假以地方公事，强行出头，擅自聚众至四五十人，哄堂塞署，逞凶殴官，为首者斩决枭示"例，拟斩立决枭示，虽已被格身死，仍应照例戮尸。金得兴听从哄堂塞署，打损大堂暖阁，邹浮才虽止随声附和，并未动手毁闹，第既听从随行，即属为从：金得兴、邹浮才，均合依"其馀从犯，俱拟绞监候"例，拟绞监候。金得兴业已被格身死，应毋庸议，邹浮才秋后处决，该犯右膝盖已成废疾，应照律俟秋审减等，再行收赎。卢帼憘听从同行，事后闻拿投首，核其所犯罪名，不在不准自首之列，亦应按例减等问拟。卢帼憘合依"闻拿投首，于本罪上减一等科断"例，于从犯绞监候例上减一等，拟杖一百，流三千里。朱长余随同进署哄闹，临时潜逃，尚知畏法。遍查律例，并无聚众哄堂塞署，从犯临时畏惧先逃作何治罪专条，亦应按例量减问拟。朱长余应于其馀从犯俱绞监候例上，量减为杖一百，流三千里，与卢帼憘均至配折责安置。已革何垛场大使刘昌龢，因灶丁哄堂塞署，开放洋枪，致将赵沨池、金得兴毙命，并伤卢帼憘平复。查赵沨池、金得兴聚众闹堂，已属罪犯应死，该革员将其登时格杀，应照"罪人本犯应死而擅杀者，杖一百"例，拟杖一百，惟该革员差提陈长林到案，辄将头门、仪门关闭，以致群情惊惶，酿成哄堂重案，又不能妥为弹压，放枪致毙二命，情节较重，仅予拟杖革职，不足蔽辜，相应请旨将该革员从重发往军台效力赎罪。夏乔贵、陈昌荣、金得明因被赵沨池逼胁勉行，并非甘心附从，应照"被胁同行者，杖一百"例，拟杖一百。陈昌荣、夏乔贵已在押病故，应毋庸议，金得明折责发落。陈长林于赵沨池等哄堂塞署，非其意料所及，即赴局算找碱价，亦属事出有因，惟听从传知各灶，约期同行，以致酿成事端。巴雨田身充司事，收盐发价，系其专责，乃当赵沨池等先后赴局，算找碱价，始终避匿不见，并不善为开导，一味请官差提，无非借势压制，均属咎有应得。陈长林、巴雨田，均请酌照"不应为而为，事理重者杖八十"律，拟杖八十。陈长林年逾七旬，巴雨田系属监生，照律分别收赎，纳赎银两，一并追取入官册报。商人凌稼曾、晏韵森，局务皆由司事经手，场差王钰、朱泰讯无不合，均毋庸议。陈昌荣、夏乔贵在押病故，看役人等，讯无陵虐情弊，亦毋庸议。盐桶大则病灶，小则病商，自应遵照定制，以库平公法十八两三钱，二百斤为一桶，已据刘昌龢详经泰州分司制造样桶，较准烙发，应准照办。嗣后提清碱盐，仍着照章加给三十文，每桶实发六百三十文，不准减少，各灶丁亦不得与和盐并装，毛碎夹杂，以杜借口。至从前碱盐每桶应加之三十文，虽由灶户未经提清，究系商人应出之款，已由运司按照历年旬报册籍，查明碱盐桶数，饬商呈缴，拨归赈款。无干省释。尸棺饬县传属领埋。逸犯沈又芸等，饬缉获日另结。

除录供咨部外，所有审结东台县何垛场灶丁邹浮才等聚众哄闹，大使刘昌龢枪毙二命缘由，谨合词恭折具奏，伏乞皇太后、皇上圣鉴，敕部议覆施行。谨奏。

遵查场员鹾商委无克扣情弊片

再，臣前准军机大臣字寄："奉上谕：'有人奏，何垛场大使刘昌龢枪毙灶丁伤及多人一案，几酿巨变，难保无克扣情事。盐商交通场员，克扣灶丁，各场恐皆不免，请饬查办等语。着刘坤一转饬两淮运司，遍查各场，如有克扣灶丁情事，即着从严惩办，毋稍徇纵。原片着抄给阅看。将此谕令知之。'"钦此。又于十一月二十七日，准军机大臣字寄："奉上谕：'前因有人奏，何垛场大使刘昌龢枪毙灶丁一案，恐有盐商交通场员、克扣灶丁情事，当经谕令刘坤一转饬两淮运司，遍查各场，如有前项情弊，即行严办，现尚未据覆奏。着刘坤一即将查办情形，限一个月内据实具奏，毋再延宕。将此谕令知之。'"钦此。遵经先后札行两淮运司钦遵，严密确查，据实禀办。

兹据该运司江人镜详称："节经派员分投前往通州、泰州分司所属各场，改装易服，周历访查。据通属委员候补监掣同知夏钟濬覆称：'遵即驰往通属境内，扮作客商，先由李堡并场，顺道角斜、栟茶、丰利，直抵吕四场折回，从余东、余西、金沙、石港至掘港场，周历一遭。密查各场现在桶价均系照定案数目给发，群谘博访，商人并无克扣情事，亦无交通场员实据。目下商灶均称安谧。’又据泰属委员候补运判孔广杰覆称：‘驰往刘庄，递至伍裕、新兴、庙湾，复绕回刘庄，至草堰、丁溪、梁垛、安丰、富安，由东台而回。所历场灶，均系亲身便服，严密访查，商灶发领桶价数目均与定案相符，并未闻有商人交通场员、克扣桶价情事’各等情。复查淮南通、泰两属各场，盐色有真梁、正梁、顶梁之分，顶梁之中，又有尖盐、碱盐、和盐之别，盐色之高下不同，即桶价之多寡不一。然各场桶价，各有定数，遇有增减，向章须由各场大使详报该管分司，转详核定，并随时转报立案。现在通、泰两属，桶价均照定案数目给发。商灶本属唇齿相依，各场大使为专治商灶之官。有时草绌价昂，灶丁困苦，则应将桶价加增，以纾灶力；有时销疲产旺，商力艰难，则应将桶价略减，以协商情。而或减或增，皆系照章禀请定案，委无商人交通场员克扣灶丁情事。”详请覆奏等情前来。

臣察核所详，未将各场桶价，实发数目，详细声叙，业经严饬该运司另派干员确切覆查，详覆核奏，期昭核实。

谨先将饬查情形附片覆陈，伏乞圣鉴训示。

再，刘昌龢枪毙灶丁一案，业经审明拟办，于十二月初三日具奏，合并声明。谨奏。

筹议扩充制造恳拨三厂常费折 光绪二十四年十二月十九日

奏为遵旨筹议扩充制造添配枪炮各机期归一律，并恳敕部另议拨补三厂常费，恭折覆陈，仰祈圣鉴事：

窃臣迭奉上谕，饬令各机器局，酌定快枪、快炮格式，枪子、炮弹分量，互相讨论，如式制造，并饬就原有局厂切实扩充，各等因，钦此。嗣又钦奉懿旨："行军利器，以后膛快炮小口径毛瑟枪为最。现时南、北洋及湖北各省均设机器制造等局，着该督抚就地筹款，称缓就急，督饬局员，认真考求，迅即制造。"等因，钦此。仰见皇太后、皇上修明武备，期以建威销萌，莫名钦服！

方今强邻环伺，伏莽潜滋，非整饬戎行无以立自强之本，非讲求利器无以操制胜之权。现值各军改练洋操，是制造枪炮子弹，俱应一律如式。纵分途仿制，工作可免参差，即众军合操，心志亦能专一。迭经臣恪遵圣谕，分饬金陵、上海两机器局，钦遵办理。惟查各省设局，自行制造，初皆博收约取，近益推陈出新，旧式军械，均已停造。如金陵局造之后膛抬枪，上海局造之快利新枪，各军均称利用，大小炮位，亦皆合宜。第金陵一局，本专供南、北洋各军之用，机器无多，经费有限。凡转输京畿，馈运邻省，及南北常年操防大批军火，胥由上海机器局制造供用。近来奉拨之军械益夥，所用之工料倍增。嗣经添设炼钢、栗药、无烟药三厂，规模粗备，讲求渐精。前办局员，请拨专款六十万两，购办枪炮等机，原为扩充制造地步，只因款巨难筹，议而未购。现以快利枪机簧略异，已就原有枪机，酌量配换，添购各项机器，改造小口径毛瑟枪及制枪弹机一部。又该局之十二磅子、六磅子两项快炮，与北洋之七生的半快炮、五十七密里快炮，核其口径、子弹相同，本系常川自造。惟查北洋之七生的快炮、湖北之三生七快炮，与南洋所购之六生的快炮，犀利便捷，为陆军所必需，均应铸备，亦就旧有之机，酌量配换，并添购炼钢机炉等件，共计价银三十八万馀两。由此专精仿造，则枪炮子弹与津局、鄂厂，均系一律，自免丛杂之弊。特是制造经费，以二成洋税为大宗。

后因炼钢、造药，事属创造，所费不敷匀拨，仰蒙敕部核准，在于江海关税厘项下，每年拨银二十万两，作为三厂常费。第税收盈绌无恒，常费欠解甚巨，若非另请指拨的款，恐致机价两悬。迭据该局详请奏咨前来。

臣查制造枪炮以归一律，实属自强要图，势难延缓。该局仅就原拨之二成洋税，三厂常费，腾挪估计，添购枪炮等机，办理尚属撙节。惟江海关拨款浩繁，收不敷放。此项三厂常费，关局均请改拨，已经据详咨部有案。税厘俱属正项，制造亦关要需，既难挹彼注兹，惟有仰恳天恩，敕部另筹的款，如数拨补，俾资制造而厚储胥，借副朝廷整军经武之至意。

所有遵旨筹议扩充制造添配枪炮机件并请拨补三厂常费各缘由，除分咨外，谨会同北洋大臣直隶总督臣裕禄、江苏巡抚臣德寿恭折覆奏，伏乞皇太后、皇上圣鉴训示。谨奏。

筹办农工商务分门实学片

再，臣遵奉谕旨，在于上海设立商务总局，派委员绅经理，并筹办农工矿路各学情形，已经奏明在案。

旋派在籍翰林院修撰张謇、湖北候补道刘世珩等，驰赴上海，设局开办，选举丝茶各业巨商严信厚等为商务总董，分饬所属各举分董，考求地方物产所宜，贸易兴衰之故，广劝绅富，自行设厂制造土货，以及挽回利权。并令立商学以究源流，搜商律以资比例，设商会以联心志，撰商报以广见闻，数月以来，商情颇形踊跃。当兹物力艰绌，未敢稍涉恢张，惟当需之以渐，贞之以恒，由上海以东连燕、齐，南通闽、粤，与汉口商务局联络一气，日久可望振兴。

至工艺立学，厥分两门：一曰化学工艺，凡船、械、枪、炮、汽、电、矿、路等学胥赅焉。已饬上海制造局添设工艺学堂，就款经营，择期开办。矿路学之初基，与武备生所习相近，亦由金陵陆师学堂挑选学生，分斋课授。其一曰机器工艺，综括机工、手工，程效最捷，可开民生衣食之源。当函商江苏、安徽、江西三抚臣，协力筹款，在金陵设工艺大学堂，三省各招学生数十名，驻堂肄业，一俟拟定章程，另行举办。

惟劝农设学堂，闾阎生计攸关，迭饬各地方官详谕绅民，一体遵照。无如农氓椎鲁，袭故安常，骤语以耕植新法，疑信参半，且屡遭荒歉，款项难筹，官民力均未逮。现由上海农学报馆广译报章，颁行各属，俾乡里小民，耳濡目染，借开风气而昭信从，则农学可以遍设矣。

所有筹办农工商各学情形，谨附片具奏，伏乞圣鉴。谨奏。

增设水师学堂学额折 光绪二十四年十二月十九日

奏为遵旨筹议增设水师学堂学额，以资教练而储将才，恭折仰祈圣鉴事：

窃臣钦奉电传上谕："中国创建水师，历有年所。惟是制胜之道，首在得人，欲求堪任将领之才，必以学堂为根本。应如何增设学额，派制练船，讲求驾驶，谙习风涛，以备异日增购战舰，可期统带得力，着南、北洋大臣，沿海各将军督抚，一体实力筹办，妥议具奏。"等因，钦此。仰见圣主力图自强，固圉育才之至意，钦服莫名！

臣惟各国争雄海上，船坚炮利，日异月新，水师规模，较前迥胜。南洋舟舰未备，款项维艰，欲增购战船成一大枝水师，非外省财力所能猝办。惟有就原设学堂，增设学额，添置练船，俾各认真讲习，借收拔十得五之效。当饬该堂总办道员柯铭钦遵办理。顷据详称："江南水师学堂创立之始，原系驾驶、管轮两门，各分三班，招考生徒，分别课授，自英国语文而外，凡勾股、算术、几何、代数、平弧三角、重学、微积，以及中西海道、星辰部位、驾驶御风、测量绘图诸法，帆缆、枪炮、轮机大要，皆当次第研求。堂课毕业，派登练船，俾周览山海形势，沙礁风涛，更番巡历，以练胆识。只以各生学成登进，不广学额，裁复无恒，上年冬间，又因经费奇绌，将三班学生四十名裁撤，咨部有案。现值国家整军经武，广储将才，以学堂为水师之根本，遵将原裁三班学生四十名暨教习员司人等，招募添设，一切薪费，仍照前额原数开支，于十月初一日，考取入堂，照常肄业。至巡练之船，现有寰泰一艘，迭经督带驾驶管轮头班学生，周历海岛，谙习风涛，再派赴各兵轮，循章补用，即接带二班学生，先后登船，约计两年，船课均可毕业。似此循环督练，暂可不另添船"等情前来。当饬查照向章，斟酌定额，督率教习人等，认真训迪，就其造诣之深浅，以为升降之等差。尤当中西并肄，时以经史大义、轮机新法，与之朝夕讲求，俾咸知明耻教战之义，因时制变之方，异日驰驱海上，庶足备国家干城之选。

除分咨户、兵、工三部查照备案外，所有遵旨筹议增设水师学额缘由，谨恭折覆陈，伏乞皇太后、皇上圣鉴。谨奏。

兵官轮船照章查验片

再，臣承准军机大臣字寄："奉上谕：'各省官轮、兵轮，经过关卡，夹带私货、私盐，在所不免。虽向设委员盘查，惟兵轮既援西例，官轮亦遂不服盘查。应通行各省，无论官轮、兵轮，一律归常关稽查，照章完税。'”等因，钦此。即饬江、海各关一体钦遵，拟章禀办。兹据先后详覆，佥以原定章程已属周密，惟当申明约束，责成认真经理等情前来。

复查各省官轮、兵轮，往来江海各口，专派委员查验，如有夹带私货，不遵停验等项情弊，一经查出，即予参办。立法本极严明。嗣恐日久玩生，迭经严定赏罚章程，通饬遵照各在案。近来官轮、兵轮，经过各关，时因差使殷繁，风沙迅利，间不停轮候验，以致弊端潜滋，亟应从严整顿。现经臣通饬遵照定章，无论兵轮、官轮，均归常关查验。并拟嗣后奉差出省之船，由督抚发给护照，载有军械、粮饷，及奏明免税料物，照内均当详注，经过常关呈候验免，盖戳放行。如其夹带货物，无论已未完纳税厘，均应照章罚办。中途若查无出口关卡戳记，则管带与查验之员，即系扶同徇隐，应将各该员分别议惩。似此层层钤制，庶可杜偷漏而保税厘。

除咨行各省关查照外，理合附片覆陈，伏乞圣鉴训示。谨奏。

遵旨妥筹交涉事件折光绪二十四年十二月二十日

奏为遵旨妥筹办理交涉事件，敬陈感悚下忱，恭折仰祈圣鉴事：

窃臣恭阅电抄，奉上谕：“嗣后各直省将军、督抚，均着兼总理各国事务衙门。”等因，钦此。嗣又承准军机大臣字寄：“光绪二十四年十一月二十六日，奉上谕：‘近来各国交涉事件，日益纷繁。昨已谕令各省将军督抚兼总理各国事务大臣，以便因应。此后遇有交涉细故，应就各该省地方情形，斟酌妥协，即行办理，不得概从延诿。其实在关系重要事件，必须商量总理衙门方能定议者，亦应随时据实电咨，切勿含糊掩饰，以致往返辗转，徒费周章。各该将军、督抚等，身膺疆寄，责在治民，自当以守土为重，爱民为先，不得以孟浪为率作兴事之谋，亦不得以推诿为取巧卸过之地。朝廷宵旰忧劳，勤求治理，外省政事，惟疆臣是赖。该大臣等，明体达用，虑远防微，必能共体时艰，仰副朝廷为国为民之苦衷也。将此通谕知之。'"钦此。跪聆之下，感悚莫名！

当此时局多艰，强邻环伺，动以细故而肆要求，操切固虑启衅端，迁就又惧乖政体，迎拒鲜当，因应殊难。臣忝绾疆符，历有年所，未能安内攘外，仰纾朝廷宵旰之忧，乃荷圣慈，重申恩命，责任愈重，兢惕愈深。惟有殚竭血诚，勉尽心力，督率僚属，劝谕士民，遵国家怀柔之经，贻闾阎和平之福。遇有交涉案件，随时随事，不激不随，相机以为应付。总期商旅获益，民教相安。若事关重要者，自应电咨总理衙门，和衷商办，冀臻妥洽，断不敢自贻轻率之咎，亦不敢稍萌诿卸之私，借以上副圣主殷殷垂诫奠安中外之至意。

所有微臣感悚下忱，理合恭折具奏，伏乞皇太后、皇上圣鉴。谨奏。

徐海赈务拨款分济折 光绪二十四年十二月二十日

奏为徐、海赈务，奉拨款项，酌量分济情形，恭折具陈，仰祈圣鉴事：

窃查徐、海赈务，前经臣等将筹拟三端办法，及灾重款绌情形，专折具陈，光绪二十四年十一月二十三日奉朱批："本日已由户部奏拨银二十万两矣。即着分别责成官绅，认真赈抚，毋使一夫失所。"钦此。仰见圣慈子惠元元，有加无已，钦遵宣布，感颂同声。所有此项拨款，先经户部电知指动江南筹防局银二万两，金陵厘捐局银四万两，另拨重庆关税银四万两，四川省昭信股票银十万两，当即分别提催。

并准户部将议覆中允黄思永原奏，抄录咨会臣等。伏查该中允原奏及户部议覆，均以冬赈急要，春赈亦应宽筹，因准赶拨的款，以资接济。为灾民计，至周且详，臣等借手有资，何敢不速图补救。惟是办理赈务，必须统筹全局。如臣等前奏所陈，一为散放赈抚，一为浚筑河堤，一为截留资遣、设厂赈粥，三者相因，不容偏废。义绅严作霖，先办被灾最重之邳州、宿迁、海州、沭阳四属，继办次重之睢宁、铜山、萧县三属。该绅前放上届春赈，尚有馀存银十万馀两，八月间另由省库借拨银二十万两，是为初次拨存之款。嗣又移拨协济银三万两，迨后认办睢宁等处，又拨给银二万两，旋复将大理寺少卿盛宣怀、记名道李征庸筹垫银十四万两，全数指拨，是为续拨之款。共计已有四十九万馀两。现在邳州等处冬赈次第放竣。迭据严作霖电请豫拨来春赈款，因各处款未解全，拟俟该绅冬赈报销册到，再行察酌拨济。此外尚有赣榆、安东、桃源等县不在严作霖承办之列，另拨款项，饬由印委查放。各该处被灾较次，然约计冬春赈抚，至少亦需银数万两。此分拨赈抚之大概情形也。

淮、徐、海三属连年水灾，实由河堤失修所致。兹已分派大员，逐段勘办，纵限于财力，不能将数百里湮淤卑薄之工一律大举，然各属均有最要工段，刻不容缓，若不节节疏浚修筑，恐病根未去，后患难弭，灾无澹时，即赈无了日。是以臣等与赈捐局司道通盘筹画，欲借代赈之举，稍收尺寸之功。特以地广工长，畚锸方兴，已拨银十数万两，目前仅能择要间段先办，以后要当以款之盈绌为操纵。此分拨工款之大概情形也。

扬州为北来要冲，金陵又向为游民归宿，虽灾区已工赈并举，沿途则拦截加严，卒之南下就食者，头头是道，概行禁止，势有所难。兼有东、皖两省灾民亦复相率而至。金陵省城，于向设粥厂外，设法扩充，又在江北岸江浦县之浦口镇另辟大厂。扬州则以厂不能容，复就地办工，以资安插。统计就厂食粥者以十数万计。人数日众，用项益增，现已拨过银十馀万两。嗣后源源筹济，以及来年资遣各费，尚难预计。此分拨截留、赈粥各款之大概情形也。

复查奉拨有着之款，一为蒙恩赏留漕米八万石之折价，约合银二十馀万两，一为户部初次奏拨山西等省昭信股票银三十万两，一为盛宣怀、李征庸、严信厚遵旨筹垫银十五万两，一为续奉部拨银二十万两：共银八十馀万两，内除漕折尚未全数征起，及其馀各款尚有欠解外，实已收到银六十万两，连同严作霖处原存十万馀两，统共收存银七十万两有奇。而赈抚一项已拨五十馀万两，工作一项已拨十馀万两，粥厂留养一项已拨十馀万两。出入不能相抵，均就各库随借随用，随到随还，缓急兼权，以为挹注。至若来年春赈之不敷，与夫工作留养资遣之接济，数尚不赀，亦只有随时设法筹凑，酌量分拨。在官绅各办一事，无不思拨款稍多，俾可易于措手。而臣等与各该司道兼筹并顾，凡工赈、留养、资遣各事宜，均关紧要，未敢顾此失彼，致滋贻误。据办理赈捐局署江宁布政使胡家桢等，详请具奏前来。

除饬认真办理，务使实惠均沾，毋任失所，以广皇仁而全民命外，所有徐、海赈务先后奉拨款项，随时酌量分济缘由，谨合词恭折具陈，伏乞皇太后、皇上圣鉴。谨奏。

会剿邳州土匪缓征钱粮片

再，臣等承准军机大臣字寄："奉上谕：'御史徐士佳奏，淮、徐两属，连被水灾，邳州一带，匪徒乘机滋事，请饬设法扑灭等语。着刘坤一、德寿，将邳州滋事匪徒，赶紧捕治，毋任滋蔓。其各州县被灾地方，如有应行蠲缓钱粮之处，并着迅速查明具奏。'"等因，钦此。当经转行钦遵办理。

伏查本年十月间，邳州呦鹿山地方，有匪首孟继缮聚众竖旗起事。该州知州孔祥霖，会同山东兰山、郯城二县，派勇往捕。该匪行踪诡秘，飘忽靡常。当经徐州道桂嵩庆饬派都司李辅勋，督率马勇，驰赴会剿。二十二日，行抵邳州，即于次早偕同知州孔祥霖，驰至相距呦鹿山数里之丁滩，遥见群匪数十人，手持枪械，出庄逃走。李辅勋当先督勇追捕，该匪胆敢放枪拒捕，势甚凶悍。李辅勋奋勇率队开枪还击，先后轰伤生擒两匪，阵斩两匪，始各逃散。随将生擒匪犯，由州提讯。据供匪首孟继缮在呦鹿山竖旗起事，有刘振铎等皆系头目，手下各有十数人及二三十人不等，并派人赴山东暨西乡对码二斤二两五钱等语。讯毕旋即因伤毙命。按贼中隐语，每码一钱，计众十人，约其所纠丑数，数已不少，不可不严为预防。复经多拨马队，并电商统带铭军前徐州镇总兵陈凤楼，一体派队前往，扼要堵剿，以期及早扑灭。十一月初九日，经邳州知州孔祥霖，督带勇练往捕，在邹家集与匪相遇，格杀十三名，生擒头目刘振铎等八名，馀党击散。并闻匪首孟继缮，已为山东兰山县，在刘家庄拿获，因受重伤，解至中途毙命。现在邳州地方，一律安堵。禀由徐州道桂嵩庆禀报前来。

臣查该匪首孟继缮等，胆敢乘地方荒歉之时，聚众竖旗起事，实属不法已极。该道闻信后，立派营队，驰往会剿，擒斩数匪。并经该州督率勇练，擒获要目多名，地方赖以安靖，办理尚为迅速。惟孟继缮为巨憝首恶，究竟是否确已毙命，曾否据兰山县验讯，除批饬赶紧移查明确，驰报查考，并饬令邳州先将擒获之头目刘振铎等提讯确供禀请惩办外，理合附片覆陈，伏乞圣鉴。

再，邳州、宿迁、海州、沭阳四属，被灾较重，自应一律停征钱粮，以纾民力，业经臣等另案具奏，合并陈明。谨奏。

奏疏卷三十

三年任满吁请陛见折光绪二十五年正月二十日

奏为三年任满，吁恳天恩入都陛见，恭折仰祈圣鉴事：

窃前于光绪二十一年十一月间，钦奉恩命，仍回两江总督本任，旋即陛辞出都，于二十二年正月十七日行抵江宁受篆，扣至本年正月十七日业已三年任满。

伏念臣渥蒙知遇，四任两江，高厚鸿慈，非捐糜所能报。况当强邻环伺，时事多艰，桴鼓暂停，绸缪为亟，臣子能尽一分之职，君父即纾一分之忧。臣三载以来，于地方应办事宜，以及戎政、漕政、盐政虽次第整顿，未敢稍涉因循，无如年老病多，汲深绠短，夙夜循省，终觉力与心违。又值徐、海及皖北等处偏灾叠告，赈事殷繁，上年冬间复有涡匪之变，势甚猖獗，几致蔓延，幸蒙朝廷指示机宜，得以早日扑灭，并叠荷恩旨拨款抚恤，俾免穷黎失所。然饥馑师旅，受患已深，民力几何，休养不易，皆由臣薄德鲜能，奉职无状所致，每一念及，愧愤交萦。此外如交涉之繁难，事机之危迫，激之不可，随之不能，棘手情形，亦迥非前数年所可比。眷怀时局，尤切兢兢。兹幸述职届期，惟有仰恳天恩，俯准臣入都陛见，恭聆慈训，庶几有所遵循，犬马恋主之忱，亦可稍伸万一。如蒙俞允，所有两江总督及南洋通商大臣篆务，应请简员署理，俾臣迅速交卸北上，不胜感悚翘企待命之至。

谨缮折具陈，伏乞皇太后、皇上圣鉴训示。谨奏。

协拨各省枪枝子弹片

再，准湖广督臣张之洞电咨，湖北各营需用快枪，前由江南协拨十响毛瑟快枪二千枝，仍不敷用，请再拨发三千枝；又准江西抚臣松寿咨，江西各营练习洋操，请拨发九响毛瑟快枪二千枝，配弹四千万颗；又准广西抚臣黄槐森咨，广西防务紧要，请拨发比国无烟快枪一千枝，九响毛瑟快枪五百枝，每枪各配弹五百颗各等因。臣查各该省请拨军火，或因改练新队为自强要图，或因筹备边防为固圉至计，均应不分畛域，如数协拨，当饬金陵军械所先后查照来咨数目发交各该省委员领回应用。

除咨部查照外，所有协拨湖北等省枪枝子弹各缘由，谨附片陈明，伏乞圣鉴。谨奏。

协拨本籍新宁枪弹片

再，臣原籍湖南新宁县，界连广西，山岭崎岖，苗、瑶杂处，时虞匪徒勾结为患，道光之季及咸丰初年，峒生蓝元况与李世德、李沅发等相继滋事，可为前鉴。今邑绅拣发知县邓善源等举办团练，以备巡防，无力购买后膛洋枪，亟请臣处酌给百杆。臣于江南军械所旧存单响马梯尼后膛洋枪项下，如数拨发，各配弹子五百出，即交来人领回应用。此项枪弹，责成该绅等经管，随时修整，务垂久远。又臣前在粤督任内捐银二千两，于新宁县置买田租四百馀担，设立轸恤善堂，间有不敷，则以本地所抽庵租助之，一切收支，向归绅办。现在钦遵谕旨，练团保卫地方，较之别项善举，更为紧要，自应移缓就急，以公济公，请将轸恤善堂田租即拨为练团经费，俾有措手，可以设法宽筹。

除咨湖南抚臣俞廉三札饬新宁县知县传谕邓善源等遵照办理外，理合附片陈明，伏乞圣鉴训示。谨奏。

镇江彭杨专祠请列祀典片

再，已故兵部尚书彭玉麟，已故陕甘总督杨岳斌，先后蒙恩准于立功省分建立专祠，仰见朝廷笃念忠荩，饰终之典至渥极优，凡在臣工同深钦感。兹据瓜洲镇总兵高光效、常镇通海道长恒等禀称："长江地方，皆该尚书等立功之所，官绅感戴，至今不忘，爰于镇江北固山醵资建立专祠，业已落成。"禀请具奏前来。臣覆核无异。合无仰恳天恩，俯准将该故尚书等北固山专祠敕部列入祀典，由地方官春秋致祭，以彰荩绩而顺舆情，出自鸿慈。

谨附片陈请，伏乞圣鉴训示。谨奏。

会剿涡阳土匪肃清折 光绪二十五年正月三十日

奏为涡阳土匪滋事，官军会剿，一律肃清，遵旨将办理详细情形，恭折驰陈，仰祈圣鉴事：

窃照上年十一月间，安徽涡阳土匪刘疙瘩、牛世修等倡乱起事，势甚披猖。臣坤一、臣华熙先后接据署宿州知州瞿世琬电禀，当经分电徐州、皖北各镇道，派兵驰往，相机剿办，并饬原驻亳州之威靖营统领副将张云松，飞饬所部，迅往兜拿。一面电知臣裕长转饬归德镇严防永城一路，协力会剿，以期速了而免窜扰。

寿春镇总兵郭宝昌、凤颍六泗道李光久，相距较近，闻信后即分派参将李桂馨带皖北马队赴宿州，参将王凤台带卓胜防营步队赴涡阳，郭宝昌复自寿州亲率提督高得胜、都司杜春林等，分带练军防勇前进，并由臣华熙添调记名提督韩大武督率练兵定安左右两营及马队、炮队，又饬游击陆恩甲带精健前营，分由安庆、芜湖拔队星驰援应。徐州镇总兵刘青煦、徐州道桂嵩庆闻信后，先派游击熊长春及哨弁高文升、外委欧阳松筠各率马队分赴临涣集、濉溪口驻扎，刘青煦复亲率管带徐防马队右营参将黄青云等，抽调徐防马步队前进。并由臣坤一添调铭军马队百骑、元字步队二百名，饬派都司陈凯、彭寿长管带，随同刘青煦前往临涣助剿。臣裕长亦电令归德镇总兵武朝聘亲带得力弁兵，迅往永城堵御。并先后饬派总兵杨鸿礼督带马队两营，会同协剿，副将朱东成带炮队赴归德驻扎策应。该镇等三面进兵，纵横扫荡，渠魁授首，地方敉平，业经臣等随时电奏在案。

伏查此次各匪首多系积年漏网之盗，土人谓之“奸子头”，平时专以抢劫为生，在涡、蒙、亳、宿及徐州、归德三省交界处所，此拿彼窜，踪迹诡秘异常。近以地方荒歉，遂以为时会可乘，潜作逆谋，揭竿而起，首逆刘疙瘩即刘朝栋，最为凶悍。又有牛世修即牛汝莠，家在曹市，与已故甘肃宁夏镇总兵牛师韩为同族，知其家藏有枪炮子弹，遂于十一月二十六日先抢该故总兵家军械，继劫盐栈银钱，二十七日掠石弓山，二十八日攻龙山营。署该营游击寿右营都司何师程先期与右军守备秦德荣赴寿春镇署禀商冬防事宜，署左军守备李鸿标知有匪起，继往寿州请兵，千总吴有谋率兵抵御，身受重伤，外委吴玉阶、队目邵廷杰、李燕隆及圩长张德馨同时战殁，兵丁伤亡大半，民团死者百馀人。何师程等闻警驰回，该营先于二十九日失陷，军装、粮饷、文卷等件被掳一空。当匪众初起时，仅二三百人，刘疙瘩由丹城南窜，贼目魏得成、余盛五等互相勾结，不数日间，众逾二千，贼马亦百馀骑，恃有枪械利器，顽民相率附和，穷黎被胁愈裹愈多。其攻涡阳县城也，该县知县欧阳霨自募勇二百名，绅董王开朗、马骥才等招集练丁协同固守。威靖营统领张云松在亳州闻报，派守备韩大坤带马队三十名，于二十八日先到，自率步队百名于二十九日继至，何师程等亦即驰来救援，内外夹击，立解城围。贼遂踞石弓、丹城等处为巢穴，分路窜扰，北犯河南永城县界，图至山东与大刀匪合伙，甫越童沟集犯马村桥，闻归德镇兵到，仍折而南，扑白马庙。其西路一股，于十二月初一日，突扑义门集，该处巡检宋超、把总孙传曾率汛兵、民团拒敌，威靖营勇应之，杀贼二百馀人，生擒三四十人，贼败遁去。初三日，复纠大股来犯，奸民内讧，该集遂被占踞。其时涡河南北匪徒，乘机响应，孙凌志起于义门集，燕怀军起于燕家牌坊，邵大发、葛怀玉等起于酆家集。统计丑类不下二万馀人，大致分南北两股，附近村镇相继不守，焚杀奔驰，几遍涡阳全境。

宿州在涡阳之东，临涣集与曹市相接。该州瞿世琬得信后，募勇三百名，会同宿州营游击谭新益、威靖右营游击陈怀德，各率兵勇，并由在籍总兵王心忠亲率练丁，并力严防，更番巡哨，匪众屡次侵犯，皆不得逞而回。李桂馨率马队迅至，会合陈怀德于十二月初七日由临涣抵龙山接战，杀贼百馀，得马十一匹。张云松亦在张老庄与贼开仗获胜。初八日，武朝聘率队在燕家牌坊东南程家楼与匪首王毛奔接仗，贼众千馀，营官孔昭魁、张连山率马队左右包抄，黄贯三、颜锡率步队直捣中坚，自午至未，贼无懈志，幸我军快炮得力，贼势稍却，各队乘机猛进，立将王毛奔枪毙，并斩杀五百馀名，生擒三百馀名，夺获贼械三百馀件，馀匪逃窜。该镇兼里前进，首挫凶锋，最为奋勉。

是日，刘青煦率所部各营队行抵临涣集，与该处绅士直隶委用道袁大化询商一切。初九日卯刻，亲督队伍，由临涣向张家圩子、道竹桥等处进剿，袁大化亦来助战。行十馀里，匪首刘疙瘩率悍党马步数千蜂拥而来，刘青煦即分兵三路，饬营官陈凯、彭寿长为左路，营官熊长春、哨官李金芝为右路，县丞刘焘、附生刘荣督队进攻，自率营官黄青云，训导邓嘉缉、附生姚衡熙等居中策应。匪用结带陈接战，枪子密如雨落，陈凯、熊长春、黄青云、彭寿长、李金芝及帮带刘国湘、哨官刘炳章、徐增祥等皆奋不顾身，带队冲锋，用连环排枪轰击，匪亦冒死抵拒，血战二三时之久，贼大败奔窜，横尸遍野，我军带伤者亦数十人，跟踪追剿，克复石弓山，即行收队，缴割发辫，计杀匪五百二十三人，生擒七十五人。讯供有匪首刘丑即刘昼远业已阵毙。随将被虏齿稚者数人省释，馀均正法。是役也，夺获火药车十三辆，铅九百馀斤，抬炮、线枪甚多，旗帜七十馀面，马牛骡百馀匹，声威大振，贼胆已寒。李桂馨亦与王凤楼、韩大坤、何师程等在张连庄斩贼七十馀级，夺获枪械旗帜多件。哨官尽先千总李得才阵亡，威靖马勇受伤者九名。

先是，郭宝昌亲率马步队次涡南蒙城县属之小涧集，地当四达，消息通灵，探知蒙北各圩多与匪通，遂于初八日督率卓胜两哨驰往鹿家圩，该圩猝不及料，慑于兵威，当将为首之鹿小贵送出，讯明正法。传集附近各圩，谕以洗心革面，办团御贼，概免深究。贼首刘成拥众王家寨，抗违不服，立即派队往捕，擒获斩枭。由是远近各圩，帖然反正不敢再怀异志矣。

后路已清，维时刘青煦已在道竹桥大获胜仗，武朝聘已有燕家牌坊之捷，贼势渐衰。正拟三处进攻，邵大发一股，忽由涡南窜入张村铺，声言将入凤台、阜阳等境。郭宝昌飞饬高得胜、杜春林各率百馀人，会同李桂馨追剿，而自移扎西阳集以防南北合股。初十日，刘青煦率队进攻青町集西之段家营。该匪死党皆聚于此，马步约六七千人，自经道竹桥之败，意在死战，布列十馀阵，后靠大庄为接济，前面两村中空里馀，以防我军抄突，颇得地势，左右庄均有埋伏。刘青煦仍分中左右三路进击，匪畏枪弹，改结带阵，抽线头蛇行逼进，志在短兵相接。陈凯、熊长春、黄青云、彭寿长等带队挺身猛扑，刘青煦挥分左右旁穿侧出，贼以两面受枪，所伏马贼齐起冲突，欲图包裹，刘青煦急分马步队截击，匪始大败奔溃，我军奋勇跟追，直至龙山，立时克复，阵毙贼目七八人，馀匪三百馀人，生擒二十三人，夺获旗帜、枪炮、铜号、海螺多件，牛马多匹，勇丁阵亡三人，受伤六十馀人，刘疙瘩穷蹙远遁。同日，郭宝昌所派营官王凤楼复大胜于焦家楼，杀贼百馀名，生擒五名。武朝聘亦由白龙庙进攻，三路兜拿，贼遂不支。十二日，首逆刘疙瘩逃至青町集，何师程率勇围拿，立时成擒，供认为总盟主不讳。高得胜、杜春林、李桂馨复于陈家庄阵伤邵大发，因而就获，供认为伪仁义王，均即正法，馀党溃散，大致平定。韩大武所部马队营官总兵徐全喜行抵阚疃、佛镇等处迎剿南窜股匪，追杀至王市，孙家等集四十馀里，毙贼甚多。

另股白旗匪类燕怀军即燕鸿勋，纠集千人，自称堂主，在义门、楚店等集败于官军，遂由尹家沟渡河，向西逃去，复经王凤台、高得胜、李桂馨等乘胜追奔三四十里，歼贼数百人，截获军械马匹无算，生擒燕怀军，亦即正法。魏得成先为刘疙瘩戕害，孙凌志则为王凤台阵斩。小花旗匪首马启芳、刘石，匪目王秀明、王凤天、王金标、王迟、刘会、王在天均经刘青煦拿获。涡匪军师王王三邪子为永城营参将陈锡拿获，匪首张狐狸、潘黑儿为豫正军副将朱东成拿获，至是涡南北股匪，皆就肃清。而亳州泥台店又有匪首鲁士林聚众踵起，旗书“大鲁王”字样，旋为总兵杨鸿礼设计诱获，解送亳州讯明电禀，饬即正法。仍有刘疙瘩等馀党分窜亳州东南边境三岔口、成福寨等处，是时韩大武前队已抵涡阳，张云松即带队回亳防堵，十三日至三岔口北丁固寺，匪徒尚有千人，贼马数十骑，当即排队奋击，伤贼数十人，并夺得贼骑匪械，馀众解散。十四日，又在立德寺率勇会团与贼接战，追至孙家营，阵斩多名，擒获匪目刘老幺、袁世真及羽党刘迷、苏玉田等解州讯办。

刘青煦、郭宝昌、武朝聘至临涣会商善后事宜，营队四出搜拿馀党，并无贼股。于是留韩大武练军两营，陆恩甲精健一营，并添募步勇二营，共六百名，马队一起八十名，会同原驻皖北练防各营分驻涡、蒙、亳、太等处，严密巡缉。复由徐州镇酌留马队扼扎宿州地界，联络声援，以资镇慑。刘青煦、郭宝昌、武朝聘各回本镇。一面由臣坤一、臣华熙将续调之衡字三旗，皖南二营分别调回原防。惟首逆牛世修即牛汝莠在逃未获，迭经悬立重赏饬拿，于本年正月十四日在骡驼集擒获，解交蒙城县讯明，批饬正法。

此三省官军合力剿办之实在情形也。

当匪势方炽之日，兵力注重于涡阳，邻近各州县惟赖团练以自固。蒙城本驻勇无多，十二月初八日匪首阎好文等率党七八百人，欲南犯凤台阚疃集，入蒙城董家圩，经刘家集外委李淮桐约集邻庄练众奋力截杀，阵斩阎好文，馀匪却走。初九、初十等日，蓝旗贼首葛怀玉与邵大发率众攻董家集，署蒙城县知县曾光煦戒备在先，会同在籍总兵李南华，候补副将马玉书，都司赵大有、陈澍桢等亲督团练，并调二十八集练丁数千人，在董家集、陈家庄、王氏集等处，与匪连日鏖战，阵毙千馀人，生擒葛怀玉及匪目马岐山、刘长发、牛世素、李太堂等十名，夺获大炮、洋枪、子药、马匹甚多。武音武文思精习飞枪，冲锋勇往，尤为得力。团勇仅伤数十人，外委李淮桐之弟六品军功李淮楷阵亡。

其西窜股匪由张村铺入阜阳玉市集，分扰冯家圩、刘家店等处。原驻练军先经抽调至涡，阜阳县知县黄家杰募勇未齐，于初九日调集各乡团丁六百馀人，会同守备徐振清迎头堵剿，毙贼数百名，夺得旗械多件，追赶败贼，急渡淝河而遁，又经涡阳团练勇击杀二百馀人。十一日复有贼至顺河集，亦被团兵击退，追杀百馀人，残贼零落遁入亳州边界高公庙一带。十二日，团众又在路家圩、杨家寨等处败匪，斩首二百馀级，民团阵亡一人，受伤十馀人。

亳州驻防威靖营勇尽数调赴前敌，城关地面空虚，游匪势将窃发。署亳州知州孙鸣皋、亳州都司刘吉荣会商请假在籍新授广西右江镇总兵李永芳、前广东潮州镇总兵刘世俊招集旧部，添募团勇三百名，其馀城乡绅商集资共募六百五十名，昼夜巡逻，防范周密，又挑选精壮回民与河下商船举办水练一团，为护城接应之计。城守既固，李永芳、刘世俊于十二月初七、初九等日驰赴东乡十九里沟、新桥集、张信溜等保，缉拿纠众滋扰游匪，当场格杀四名，擒获首伙六名，内有罗亨潮一犯，系与鲁士林同谋起事。十三、十四等日，又会合威靖营在忠心集、龙得寺等处截击窜匪，杀毙三百馀名，生擒十一名，夺得车马刀枪多件，并在贼目怀中搜出盟帖名单，先后送交该州讯供惩办。该州仁和集保离城较远，董家寨有贼踞扰，适署太和县知县袁学昌巡至边界，联络洪山寺保乡团，初九日与匪接仗获胜，杀贼数十人，获贼枪械多件，当将该寨收复。宿州边境之三义集、袁家店等处窜入匪迹，经该州壮勇民团随时击退。其五铺、三铺、丁家圩等处，有匪勾结思逞，分派勇役捕拿，亦即解散。分防濉溪口署凤颍同知程璧、分汛把总李修勤，侦有吕家楼匪目吕安等在小睢城东聚二三百人将欲蠢动，于十二月十三日，带兵率团往捕，当获吕安、吕庐及羽党十五人，馀众逃散。

当时复另有薛五、徐鸣燕一股，在河南夏邑、江苏砀山接界地方聚众起事，该处距涡、宿较近，深恐勾结为患，经砀山县知县陈诚会营督练，驰赴张庄迎击，擒获首匪徐鸣燕等十一名，格杀四名，并经夏邑县乡团将匪目丁浩然、杨春华等击毙，馀党悉散。

此各属官绅团练随地剿办之实在情形也。

其馀客军，则有山东候补知府董受祺办理宿、涡盐务兼带巡营，会同游击孙广明、已革副将徐天庆，由临涣开赴石弓山、新兴集等处，合力协剿，迭获胜仗，擒斩百数十人，并获贼械多件，亦属奋勇可嘉。

臣等复查涡阳、亳州一带，向为擒匪老巢。此次刘疙瘩、牛世修等乘年岁荒歉之时，号召党徒，仓猝起事，浃旬之内，蚁附至二万馀人，四出焚劫，迭陷龙山、义门等镇集数十馀处，匪焰日炽，飘忽靡常，皖北各州县以及毗连之江苏徐州、河南归德等属，处处震惊，纷纷告急，若非赶紧扑灭，蔓延横溃，为患何可胜言！臣等闻警后，立时电饬各该镇、道，迅速派兵捕治，并调拨营队驰往援应。臣坤一、臣华熙复遍张示谕，晓以大义，擒渠散从。一面加拨款项，派员放赈，以免饥民迫而从匪。仰蒙朝廷指授机宜，并赖诸将踊跃用命，郭宝昌由南路进，刘青煦由东路进，武朝聘由北路进，三面围剿，十荡十决，而张云松威靖一军首先抵涡，力解城围，并与客营管带官李桂馨、王凤台等往来游击，力挫凶锋，各属团练亦复异常出力。未及旬日，地方一律肃清，首要各匪次第授首，苏、豫两省防堵严密，未容该匪阑入，洵足以纾宸虑而定人心。各营正值裁减之馀，兵力较单，刘青煦、郭宝昌、武朝聘等皆调拨不满千人，星夜赴援，以少胜众，实属勤劳懋著，调度有方。徐州镇刘青煦可否赏加头品顶戴，寿春镇总兵郭宝昌、归德镇总兵武朝聘可否赏给翎管、搬指、荷包等件，以示优异，伏候圣裁。徐州道桂嵩庆、凤颍六泗道调补苏松太道李光久筹备后路，供支无亏，均拟请交部从优议叙。其馀出力各员，容臣等另行查明，分别择尤请奖，以示鼓励。署龙山营游击何师程本营失陷，咎无可辞，惟据报公出在先，继即随营剿匪，力解涡阳城围，又擒斩首逆刘疙瘩，其功似可掩罪，先经臣坤一批饬摘去顶戴，应请免其置议。署龙山营左军守备李鸿标有营守钱粮之责，虽据称先出请兵，中途闻警折回，究有应得之罪，应请旨即行革职存营。千总吴有谋，身受重伤，义门司巡检宋超、分汛把总孙传曾率团守寨，杀贼甚多，新兴集把总沈锡爵、曹市集外委焦承忠、石弓山额外刘焕章无寨可守，所辖兵丁仅只数人，情均可原，并已分别摘顶撤任，以示惩儆。涡阳县前后任正署知县陈福源、欧阳霭纵盗养奸，致酿巨患，已先查明参办，奉旨革职，永不叙用。又前署该县知县桑寯，罔恤民艰，废弛捕务，亦经臣华熙续行奏参。千总李得才、外委吴玉阶、队目邵廷杰、李燕隆及圩长张德馨、六品军功李淮楷力战捐躯，殊堪悯恻，应请敕部分别从优议恤。此外剿贼殒身之兵勇士民，另行查明核办。至匪目余盛五、薛五二犯逃匿稽诛，已通饬文武各员悬赏购缉，务获惩办，以绝根株。

惟是涡阳等处被灾、被匪，十室九空，恤难赈饥，实为善后第一要义。迭经臣华熙饬司筹拨银十馀万两，并由臣坤一协拨银十万两解皖，分派廉干之员，驰赴赶速查放。一面分电各省广募赈捐，俾资接济，容由臣华熙将办理赈抚情形，另行具奏。总当殚竭心力，妥为筹办，以仰副圣主轸念民瘼有加无已之至意。

所有官军剿办涡匪一律肃清各缘由，谨合词恭折驰陈，伏乞皇太后、皇上圣鉴训示。谨奏。

覆陈防营改操饷项支绌折光绪二十五年正月三十日

奏为江南各防营业经改练新操，足资镇抚，并将饷项支绌情形，据实覆陈，恭折仰祈圣鉴事：

窃臣于光绪二十五年正月十九日，承准军机大臣字寄：“奉上谕：‘练兵为当今要务，迭经谕令各直省将军、督抚各就本省饷力，妥定章程，认真办理。该将军、督抚等受恩深重，自当共体时艰，力图振作，迅速举行。现在某省实能筹饷若干，练兵几营，何人统率，未据切实奏到。着各督抚懔遵历次谕旨，通筹妥议，限一月内迅即覆奏。督抚均有提督军务兼理粮饷之责，提镇为专阃大员，兵事尤责无旁贷。所有此次练兵，有提督省分，应责成提督统领通省各营，无提督省分，应于各镇中遴选熟谙军事之员总司营务。总以痛除缺额蚀饷为第一要义，然后申明纪律，勤加训练，务期一兵得一兵之用。建威所以销萌，宵小既不至生心，即使地方有事，征调亦可以立应。该督抚仍不时校阅，赏罚严明，以节制之师为缓急之用。至各省驻防，生齿日繁，闲散中不乏精壮之士，并着该将军等各就本处情形，挑选若干，教练成营，以资捍卫。所需饷项，应与该省督抚、藩司妥筹协拨，奏明办理，用副朝廷讲求武备谆谆诰诫至意。将此由四百里各谕令知之。’”

钦此。

伏查江南滨海沿江，为东南各省门户，要隘林立，均应分扎重兵，以固藩篱而安堂奥。上年迭奉谕旨，饬令各军改练洋操，当经臣妥筹切实办法，将驻扎吴淞之盛字五旗，江阴之合字五旗，镇江之江胜六营、新湘五旗、南字三旗，江宁之亲军七旗、护军三旗、衡字三旗，共三十七营旗，计一万二千馀人，一律改练德国新操，奏奉朱批："着照所请。该督即认真举办，以收实效，毋得徒托空言。"钦此。遵即于十月初一日开办。并经臣随时接见各该统领，勉以勤奋操防，痛除陋习。三月以来，操练渐臻纯熟，营规亦极整齐，精益求精，不难与自强军齐驱并驾。兹复仰承圣训，诰诫谆谆，敢不竭力设筹，勉图寸效，以副朝廷修明武备建威销萌之至意。

惟添兵必先筹饷，而江南饷力之绌，未有如今日之甚，有不得不沥陈于圣主之前者。江南入款不外丁漕、税课、盐货厘金，出款则京、协各饷而外，本省水陆兵勇饷项，文武各官俸薪、养廉，织造奉办活计工料，以及制造军火、防务、洋务、地方各项紧要之用，通盘核计，库储本极拮据。光绪二十一年以后，部拨四国洋款、本省瑞记洋款，每年骤增出项二百馀万两，还期踵至，非数十年不能清偿，司关道局罗掘殆尽，遂有不支之势。迭经奉旨谕令裁兵节饷，臣体察情形，亦非节省度支无以为久远之计，爰将水陆防勇制练各兵逐加裁汰，腾出大宗饷项，以备缓急之需。胶澳事起，防务加严，不得已添募江胜军三千人，俾资堵御，岁需军饷约二十万两，即在节省项下动支，然犹有馀存可以备用。迨至上年七处盐货厘金改归税司代征，抵借所短各项，经部指款拨补裁兵节饷之外，复益以丁漕平馀，本省留支之外，复益以外省协济，犹有不敷，并动拨昭信股票。嗣又遵旨认解福建船厂经费，江苏、两淮合计共银三十七万两，于是江南库空如洗，涓滴无存矣。在部臣将代征抵借之数一一拨补，实已煞费经营，无如所拨之项，或未能足数，或缓不济急，其官商认借股票银两，迄今缴不及半，而应解应放应还各款，均属万难短缺。自上年闰三月十一日，税司接征以后，迄今将届一年，百计腾挪，竭蹶万状。现在短收甚巨，待用孔殷，业经咨部改拨。其本年三月十一日以后，应行拨补之款，亦须赶速筹济，并由臣另行具奏。是江南原有营勇饷项，尚乏来源，实未敢再议增兵，致将来无以为继。

至目前兵力，以自强军、江胜军为两大枝，分扎江阴、镇江两处，归江南提督李占椿、长江水师提督黄少春分别总统，并节制江阴之合字五旗，镇江之新湘五旗、南字三旗，适与朝廷责成本省提督之意尚属相符。此外吴淞所驻之盛字五旗归记名总兵班广盛统带，江宁所驻之亲军七旗归山西大同镇总兵刘光才统带，并节制衡字三旗事务，护军三旗归江宁城守协副将杨金龙统带，皆系老成宿将，熟谙韬钤，仍由臣察酌机宜，随时调遣。其内地各处练军防勇，则由各该镇将就近统率，保卫地方。统计虽营勇无多，未能远备征调，但能勤加训练，整顿认真，就地设防，似尚足资战守。臣受恩深重，职守攸关，断不敢掉以轻心，稍存大意。惟有就现有兵力，懔遵谕旨，不时校阅，赏罚严明，以期仰慰宸廑。

除驻防挑练事宜应由将军等核办外，所有江南防营业经改练足资镇抚并饷项支绌各缘由，谨恭折附驿覆陈，伏乞皇太后、皇上圣鉴。谨奏。

拨派防军驻扎刘海沙片

再，光绪二十四年十二月二十六日，承准军机大臣字寄：“奉上谕：‘有人奏，江南通州刘海沙地与常熟、江阴毗连，近为哥老会、红帮、粮帮所窟宅，有船有械，沿江乡民皆受其害等语。着刘坤一体察情形，酌调勇营驻扎其地，并饬通州、常熟、江阴各州县晓谕绅耆，力行保甲，以清匪党而固江防。’”等因，钦此。

伏查刘海沙孤悬江心，周围一百馀里，为通州及江阴、常熟两县所分辖，港门多处，匪徒最易潜踪。前因访闻有红、粮帮匪盘踞，希图滋事，节经分饬查拿，并派拨水师船只暨狼山镇标练勇百名前往驻巡在案。兹复钦奉谕旨，饬令调营驻防，遵即札饬统领合字旗章其俊就近速拨一旗，前往该沙，会同地方文武督饬兵捕，密探各匪踪迹所在，无分畛域，合力兜拿，务获惩办。一面严饬各该州县将保甲事宜认真举办，总期奸宄无从托足，闾阎借以乂安，以仰副圣主戢暴安良之至意。

所有遵旨派拨防营驻扎刘海沙缘由，谨附片覆陈，伏乞圣鉴。谨奏。

宁苏短少饷项仍请截留备抵折光绪二十五年正月三十日

奏为光绪二十五年分江宁、江苏两属短少饷项，请仍照前议截留备抵，恭折仰祈圣鉴事：

窃上年接准部咨：“续借英、德商款，以七处厘金作抵，各省京、协各饷以及本省防饷等项，向取给于厘金者，势必骤形短绌。

现经奏准在江苏、江西、安徽、浙江、福建、湖南、湖北、四川、广东、河南十省节饷，丁漕折钱平馀、昭信股票项下划拨银五百万两，作为自税司代征后补足七处厘金抵还洋款之数。经此次拨补之后，本年应解京、协各饷，务当依限扫数报解，明年应由何处拨补，俟税司代征后，比较收数再行酌度”等因。当即转行遵照，并将拨补光绪二十四年分苏、沪货厘，鄂、皖盐厘，共银二百八十万两，查明已收及有著无著各数目，另行咨部拨补各在案。

兹查税司自上年闰三月十一代征之日起，扣至本年三月十一日止，一年期满，现已正月下旬，相距止一月有馀，自应预请指拨的款，以备及时济放。复查上年苏、沪等厘金改征后，短少饷项，本系声请就宁、苏两藩库裁节兵饷、支应局裁节勇饷及司关道局原认京、协各饷内分别指款截留。嗣奉部议，以截留京、协各饷，恐于全局有所关碍，仍令查照拨补之案办理。所有拨补各款，果能依期如数借应急需，岂不甚善。乃本省之项，如裁节兵饷，存数不敷，宁属丁漕平馀，已先奏明凑还洋款，昭信股票迭催缴解未及五成。外省之项，如安徽未经解清，江西尚未报解，广东则无可挪解，仍由户部另筹，电牍纷驰，迄无归宿。且去岁尚有昭信股票倚为的款大宗，无事他求，可资挹注。本年又少此款，势必概由外省拨来，曲折既多，缓急难恃。而京、协各饷犹待转输，既经受协于人，复将协解他省，款即有着，已属劳费滋多，倘涉虚悬，尤为彼此两失。事关本省防练军饷、筹防经费、长江兵饷、认还瑞记及四国洋款各要需，不得不审慎图维，期免贻误。再四思维，惟有重申前请，将光绪二十五年分短少饷项，准以司局裁节兵勇各饷拨补银三十六万两，其馀银一百三十三万两，仍在京、协各饷内按数截留，俾得就款抵支，无虞匮乏。其截留京、协各饷，由部另行指拨。一转移间，既免递年重筹之累，且省彼此汇解之烦。据江宁、江苏两藩司暨金陵支应局员等，详请奏咨前来。臣等覆加查核，系属实情，以公济公，有利无弊。合无仰恳天恩，俯准敕部查照所议办理，以归简捷。

除将苏、宁两属短少饷项及留抵款目清折咨送户部查核外，谨合词恭折具陈，伏乞皇太后、皇上圣鉴训示。谨奏。

应拨织造前项请缓筹解片

再，苏州织造奉办圆明园各殿安设坐褥靠背等项，应需缎绉杭纺九百匹，布二十匹，估需料工装盛银二万四千四百馀两，向由江西藩司暨苏、沪两厘局分筹拨解。惟查苏、沪厘金改归税务司代征，抵还洋债，无从认筹，江海、镇江两关税收短绌，入不敷出，亦属无力筹解。现值需饷浩繁，司库罗掘殆尽，所有应拨前项工料银两，实难兼顾。前于增拨福建船厂经费案内业经奏明，此后如织造特办等款，酌量缓解，俾免延误在案。今该织造奉办缎绉等项，应拨料工装盛银两，拟请查照前次奏案，从缓筹解。据江苏布政使聂缉槼详请具奏前来。

除咨部外，谨会同江苏巡抚臣德寿附片陈明，伏乞圣鉴。谨奏。

江宁新设税关请颁监督关防折 光绪二十五年正月三十日

奏为江宁照约通商，设关征税，拟派道员兼充监督，并恳敕部铸给关防，恭折仰祈圣鉴事：

窃于光绪二十四年十二月二十三日，准总理衙门电开："新定长江通商章程，定期明年二月二十一日开办。总税务司函称，其第二条内开：‘准船只往来贸易之通商各口岸，有南京一处，与汉口、九江等口无异，其稽查船只征收税项，应同日按照新章一律开办。该处系由何官监督税务，该关系何名目，统希示覆’等语，希即酌定奏明办理。”等因，准此。

查江宁通商，按照法、丹条约，本已列入沿江各口，因市肆萧条，迄未议办。嗣长江商轮往来，上下搭客，仅于仪凤门外下关地方支盖洋棚经理其事。现在商情雕边犹昔，洋货之销行不广，土货之运出亦稀，与汉口、九江情形不同，税收恐难骤旺。既准总理衙门据请开办，现拟仍在下关滨江地方设关征税，即名曰金陵关。惟另设关道，事重费繁。查江南盐巡道，向驻省垣，公事较简，拟即派令兼充税关监督，经理通商事宜，并请敕礼部照章铸给关防一颗，文曰“监督江南金陵关税务兼办通商事宜之关防”，颁发来江，交该道祗领，以重榷务。

除一切详细章程，应俟届期开办，另行具奏外，所有江宁通商设立金陵关派员监督、请给关防缘由，谨会同江苏巡抚臣德寿恭折附驿具奏，伏乞皇太后、皇上圣鉴。谨奏。

敬陈下悃折 光绪二十五年二月初八日

奏为敬陈下悃，恭折仰祈圣鉴事：

窃臣于光绪二十五年正月三十日及二月初三日递准直隶总督咨：“正月初八日奉上谕：‘上年夏秋之交，朕躬违和，至今尚未痊愈。着将太医院脉案，按五日一次，由军机处发给裕禄阅看，并着裕禄随时抄咨各省督抚一体阅看。’”钦此。并抄粘正月初七日及十二日两次脉案，恭阅之馀，莫名企念。钦惟我皇上敬天法祖，勤政爱民，惟日孳孳，以求治臻上理。乃以时艰孔，疆埸多虞，臣等无术修攘，事事上烦宸虑，宵旰焦劳太过，驯至圣躬违和。详审两次脉案，诚如太医院臣所言，必须静养调理。恭逢皇太后垂帘训政，宏济艰难，臣伏愿皇上稍释忧勤，珍卫眠食，以期勿药有喜，仰慰慈怀，率土臣民，同深祷祝。

所有微臣敬念下忱，理合恭折具陈，伏乞皇太后、皇上圣鉴。谨奏。

机器垦荒款巨难筹折光绪二十五年二月初八日

奏为遵议机器开垦荒田，巨款难筹，恭折仰祈圣鉴事：

窃臣等承准军机大臣字寄：“光绪二十四年七月二十五日奉上谕：‘总理各国事务衙门奏，代递道员汪嘉棠条陈内称：江、皖两省荒田废弃可惜，亟宜酌筹的款，购置泰西机器，试办开垦，展限升科，并举道员胡家桢、刘世珩堪以督理其事等语。着刘坤一、德寿、邓华熙察度地方情形，能否按照所拟办理，并胡家桢、刘世珩是否堪胜此任，即行妥速筹议具奏。’”钦此。当以开垦荒田，本地方自有之利，西法用机器垦办，程功尤易。江、皖两省能否仿照办理，及应如何筹集的款购买机器，札行该道等议拟切实办法，迅速禀覆，嗣又札催各在案。

兹据署江宁布政使本任江南盐巡道胡家桢、候选道刘世珩会详称：“伏查民生之本计在乎农，国家之财用出乎土。江、皖两省，自经兵燹，户口凋零，田多荒弃，虽经历任督抚臣督饬司道实力整顿，查案报熟，启征钱粮，然只能清出平时之欺隐，而增辟熟田仍属有限。推原其故，盖由土著丁力无多，工本太巨，招致客籍，又以桀骜难训，相戒拒绝，以致未能复额。今若参仿西法，购用机器，教民耕种，人力可省，辟地可多，诚为垦荒善策，惟购机必先筹款，而置器尤贵择宜。考之西人图籍，自耕田之耒，以及打麦、磨面、起水、锯木，皆用汽机运动，每大副汽车价值需银洋一万较千元，小号者亦数千元。近更有新制电机，以一人管理，而所成之工，能胜数十人，或数十匹马力，洵称利器，但非有明悉汽机与修理汽机之人，亦足误事。中国风气未开，各库款项又极支绌，多延教习，广置机器，实苦无此财力。如劝民间捐办，则心志不齐，贫富不等，利未可必，费先不赀。人情乐于图成，难于谋始。周谘僚属，博访舆情，并饬江宁府属各邑集绅筹议，咸以款巨为难，甚有谓不宜以机器从事者，会同商酌，殊无把握。且统权两省，事体重大，亦恐未能胜任"等情，详请具奏前来。臣等覆加查核，系属实情。

除饬各司道督饬府、厅、州、县查照向办招垦章程实力劝课，并考求农学，联络群情，俟风气大开，再行购机试办，以期集事稍易外，谨合词恭折覆陈，伏乞皇太后、皇上圣鉴。谨奏。

徐州矿煤请免完厘片

再，徐州铜山县境所产煤铁，光绪八年间招商集资设局开采，出煤尚旺，迭经前督臣奏请减轻税厘，疏通转运在案。

递年以来，承办之员，屡经更替，经臣设法招徕，复遴委广东候补知府吴惇荫鸠集商股，前往接办。重经觅得新硐，所出皆系烟煤，颇合轮船、机厂之用。近来上海制造局、厂林立，需煤益多，洋商垄断居奇，价值翔贵。徐煤运沪，水陆千里，搬运维艰，除完正半税项，再纳沿途厘捐，合之运费，成本已重，抵沪销售难敌洋煤。欲为华商收回利权，惟有蠲免厘捐，以轻商本，庶几销路日畅，矿产益丰。兹据该局员详请免完厘捐运沪销售前来。

臣惟近年迭奉谕旨，振兴矿务，以保利权。今徐州矿务自经整顿以来，得矿较佳，出煤颇旺，自应开拓销路，广为流通，以杜洋煤之侵灌。察核所请，尚属实情。合无仰恳天恩，准自本年正月起，免予完厘，仍令照章纳税，以维矿务。

除分饬遵办并咨行外，理合附片陈明，伏乞圣鉴训示。谨奏。

淮商报效股票恳请一律给奖折光绪二十五年三月初九日

奏为淮商输诚报效，吁请将昭信股票银两恩准赏收，并请查照臣工之款一律给奖，恭折具陈，伏乞圣鉴事：

窃上年户部奏设昭信股票，两淮场运票各商公认票银一百万两，分期集缴，经臣奏明在案。

兹据淮南总局委员候补运判洪巨等禀称：该运商等仰念淮鹾改票三十馀年，乐利于兹，渥荷皇仁，到今受赐，凡有血气，畴不竭忱，以是历届捐项，不下千万，靡不竭蹶输将。此项股票银两，去年集议时，已情殷报效，区区之忱，始终不渝。当此时事多艰，涓埃无补，又安忍锱铢计息，渥邀二十载倍蓰之恩。并据海州分司徐绍垣电禀淮北各商请将认缴昭信票银，借伸报效，均系至诚，不敢仰邀加倍计息赏还各等语，禀经两淮运使江人镜详请具奏前来。

臣伏查本年正月间，钦奉谕旨，各省绅商士民认缴之项，仍着照原议按年计利分还等因，本不敢代为吁恳。惟此次办理昭信股票，淮商独首先公认票银一百万两，已属深明大义。兹届还款之期，又不敢仰邀计息倍还，委实出于至诚，情真报效，亦未便没其忱悃，壅于上闻。合无仰恳天恩，俯准作为报效，免其计利还本。如蒙俞允，可否查照臣工报效之款，一律给奖，以示鼓励之处，出自逾格鸿慈。

所有淮商吁请将昭信股票银两作为报效，并恳照案给奖缘由，谨恭折具陈，伏乞皇太后、皇上圣鉴训示施行。谨奏。

请假一月片

再，臣于上年患耳疽之证，言语稍多，则涎流不止，头目昏晕，敷药调治，迄未就痊。本年入春后，右乳下忽起一核，渐见红肿，痛楚异常。近复夜间失寐，五更自汗，甚或四肢发冷，手足抽掣，精神益形委顿。据医家云：证由痰多肝旺，牵动内风所致，非静养难速愈。合无仰恳天恩，赏假一个月，俾资调治。所有日行公事，臣自当在内署核办。谨附片陈请，伏乞圣鉴训示。谨奏。

筹办积谷片

再，迭奉谕旨，饬令各省筹办积谷，如已办有端绪，即行据实覆奏等因，业经抚臣会同臣将苏省遵办情形奏明在案。

兹据署江宁布政使胡家桢详称："江宁等属常平、义、社各仓，自经兵燹，荡然无存。光绪三年，鉴于晋、豫奇灾，通饬各属劝民捐谷，一时风行建仓储谷，当即酌定盘量章程，各视常平仓额，饬令如数储足。嗣有因地处卑湿，盘晒折耗，愿多存钱者。

复经续定严杜亏短章程，并申明多储谷少储钱之本旨，办法尚属切实。近年偏灾屡告，粮价日昂，或因赈抚而动缺，或因平粜而动缺，统核收数，渐不如前。迭经严饬各该州县赶紧筹购足额，不得稍有短缺。钦奉谕旨，诰诫谆谆，复由司委员分赴各属，会同认真查办，并电饬将有无成效，确切查覆。现据先后覆到，或业经购备新谷，或正在陆续采购。统加查核，大抵以扬州、通州最为整齐，江宁、淮安次之。徐州、海州两属，上年被灾，赈事方亟，正须提动谷钱，辅以赈款，前赴里下河等处购办米粮，辘轳转运平粜，目前自难一律储仓。惟有督饬各就情形，乘时带捐钱文，多储谷石。其推陈出新之法，各处本有定章可循，而尤以杜绝弊端为第一要义。江宁系省城重地，虽有仓局两处，年年购谷，亦年年因冬赈动拨一空。现亦遵饬另购新谷十馀万石，以资备御”等情，具详请奏前来。

臣查积谷一事，为地方要政，存钱不如存谷，方能收备荒之实效。所有上年收成中稔各属，应即照额购足，徐、海被灾之区，亦俟春赈平粜竣事，即行买补还仓。如州县虚应故事，一禀塞责，立予参处，断不敢稍存姑息，以副朝廷轸念民依实事求是之至意。

除饬司遵照外，谨会同江苏巡抚臣德寿附片覆陈，伏乞圣鉴训示。谨奏。

税关开办日期折光绪二十五年四月十一日

奏为恭报金陵关开办日期，仰祈圣鉴事：

窃前准总理衙门电开，据总税务司申请，在于江宁设关征税，与修改长江新章同日举办，经臣拟派江南盐巡道兼充金陵关监督，并请颁给关防，奏蒙恩准在案。

嗣因税司尚未派定，电商展期。兹据该关监督详称："税务司安格联业已到省，相度仪凤门外下关地方设关最便，现暂就原有官房趸船为监督税司人等办公之所，于本年三月二十二日开关，验货征税，照章办理，并由江海关照会驻沪各国领事转饬商民知照"等情，详请奏咨前来。

伏查金陵关介于芜湖、镇江之中，进出口货，无非从邻关分出，税项恐难骤增。所有关廨、货厂、税卡、巡船及关署办公经费，须俟试办数月，方能详细估计。至监督关防尚未颁发来宁，现在该关一切文移单照等件，应暂用江南盐巡道关防，以昭信守。

除咨总理衙门、户部查照外，所有金陵关开办日期缘由，谨会同江苏抚臣德寿恭折附驿具奏，伏乞皇太后、皇上圣鉴。谨奏。

洋员办事得力分别请奖片

再，南洋政务殷繁，凡教案、界务以及教习、翻译各项事宜，每借资洋员之力。查有美国汇文书院掌教福开森，学问优裕，心气和平，训课诸生，成就甚众，历经派办交涉事件，莫不实力实心，相助为理。现充南洋公学监院、江南高等学堂提调等差，亦复勤勤恳恳，劳瘁不辞。又三品衔英国儒士傅兰雅，学博品端，志趣超卓，聘充上海制造局教习二十馀年，所译格致工艺等书百十种，传布最广，裨益良多。又美国医士比必，久在江宁开设医院，捐资购药，军民咸往就医，凡遇民教忿争，得其一言，莫不冰释。各该洋员等向慕华风，历久弥笃，合无仰恳天恩，赏给福开森三品顶戴，并赏给英国儒士傅兰雅三等第一宝星，美国医士比必三等第三宝星，以示优异而奖勤劳。

除咨总理衙门查照外，谨附片具陈，伏乞圣鉴训示。谨奏。

丁溪场克扣桶价案情查明拟议折光绪二十五年四月十六日

奏为两淮丁溪场克扣桶价，查明拟议，恭折仰祈圣鉴事：

窃臣上年钦奉谕旨，饬令转饬两淮运司遍查各场有无交通场员克扣灶丁情事一案，饬据运司查覆，仍即严饬另派干员确切覆查，附片奏明在案。

当据运司江人镜详报派委候补运判戴文俊、孙厚分赴通州、泰州分司所属各场确切覆查。并据丁溪场举人丁崇业等，以丁溪场有交通克扣情事，委查不实等词，来臣衙门具控，又经批饬运司派员查办去后。

兹据运司详称："派委运判吴用宾会同泰州分司暨泰属委员孙厚分别确查。据吴用宾等禀覆，丁溪正场桶价，向较小海并场每桶加钱三十文。缘光绪十四年，小海先办公收，经该前场大使叶怀善议有减轻成本章程，禀明在案。迨至冬间，丁溪正场坎桶复经叶怀善招商创办济灶公收，请将桶价、桶租等项仿照小海公收章程，详由分司详经运司批明如详饬遵转行到场，遂每桶减去三十文，照小海并场一律给价，而未据详禀臣衙门也。第该举人既以请照小海所减之价，谓叶怀善所禀含混，何不早请加复？乃自十四年以来，公收商人阳丰和停歇，一换商人恒丰公，再换商人恒生锦，时阅九载，商非一人，官非一任，始于上年以克扣为辞，禀请追吐，即使该举人设身处地，当亦自知窒碍。

至该举人等两次在分司衙门具控，当经详请每桶酌加十五文，复据该场大使洪绍奎饬商议覆，于已加十五文之外，每桶再加十五文。并以向来分色给价，每多争论，请照额产尖四、和五、碱一成数通扯，每桶一概给钱六百十六文。该场自上年七月至今，每桶实照六百十六文给发。

孔广杰委查桶价，于上年十一月初七日到丁溪场，因赴场署索阅案卷。该大使以吊卷查看，耽搁需时，款留夜餐，详加询访。商伙蒋庆龄，自公收恒生锦四月间停歇后，即在樊汉德成典当管事，核与孔广杰到场之时，并不相值，自无同席会商情事。

孙厚禀覆，详阅举人丁崇业等禀词，如所控委员孔广杰径入场署与公收商伙会商一夜，洪绍奎派费较角，竭力弥缝等语。一再访查，孔广杰因吊阅场卷在署留吃晚饭，是日公收商伙江增寿等并未入署。只因坐谈稍久，未将在前少给桶价情形缕晰禀明，以致灶丁疑有弥缝之事。所控派费查无确数，亦无实据，似未便据虚渺之词，予人以不洁之名。惟孔广杰以委查之员，会场留饭，系属失于检点，可否念其究属因公所致，免其置议。

又所控减价卤斤短串各节，查丁溪正场系属灶置墩鏾，谓之灶墩。所有收盐桶价向照小海商墩，每桶多给钱三十文。光绪十四年十二月初八日开办济灶公收，维时各垣率皆坎桶，盐无人收，灶户无以为生，场情急迫，苦不待言。该前场叶怀善以急救然眉，非筹办公收不可，而商人惟利是图，若不将成本大加裁减，使有厚利可获，不足动其鼓舞之心。而桶价又不便明减，遂以一切开支仿照小海公收办理，详奉批准，含混减去桶价钱三十文。细绎小海公收章程四条，第一条明有‘桶价毋庸议减’字样，以致该灶衿等目为私扣，禀请追给，致遗今日兴讼之端。该场灶户当公局创办之初，既知所给桶价系属含糊裁减，何以当时默无一言？谅亦深知招商不易，遂尔甘心隐忍。现已将及十载，官非一任，商亦递换，公收局商人叶纲又久经停收他往，似难准其追还，徒烦案牍。惟该场灶情本属困苦，近年灾歉频仍，草本昂贵，灶丁衣食难赒，实有涸辙枯鱼之叹。可否谕令该场垣商酌缴钱文，按埩分给，以慰众灶之心，抑或酌捐徐、海赈款，为议章含糊者戒。至在前所减桶价三十文，业经泰分司饬据该场洪绍奎两次加复，详奉批准饬遵，与同治十年详定数目相符，应毋庸再行置议。

又查卤斤一款，每年自正月初一日起，至九月底止，因盐质含卤，折耗堪虞，每桶扣钱二十五文二毫，一至十月初一日即行停扣，与短串钱文皆系历年所有，由来已久，并非肇端于恒丰公、恒生锦等商。应否准其酌留及如何裁禁之处，可否札行泰发司督场妥议详覆。

又查丁溪场现给桶价每桶尖盐给钱六百三十文，和盐六百十文，碱盐五百九十文，尖、和、碱通扯六百十六文。该举人等禀内所称桶价五百五十六文，数目参差，博访周谘，盖有灶户自用之款由商垣伙友代付，讹以传讹，致生疑窦。系因灶户装盐入垣，给歇家盐二分。歇家者，灶户来垣宿食之所。又给忙工、小地户、挑盐夫盐四分三厘，又给忙工钱八文，以盐合钱为数不相上下。该灶户既贻为口实，应请札饬该场，示谕垣商，转嘱伙友，嗣后毋庸代为付给，所有灶户自用钱文，应听自便，以免疑谤”各等情。

复查该前场叶怀善仅有“概照小海章程”一语，未将酌减桶价，切实禀明，而小海公收章程，又有“桶价毋庸议减”之说，以致丁崇业等借为口实，缠讼不休。但减价之始，官既非现任之官，商亦非现收之商，乃于十馀年后，谓系现在之官商串合吞扣，似觉无此情理。况桶价之减十有馀年，各灶相安并无异议。自济灶公收停止，继之以恒丰公，再继之以恒生锦，均系沿济灶公收之例。倘以前商所减之价，责令后商吐还，亦属无此政体。第桶价之增减，视商灶之情形为转移。丁溪前减三十文之桶价，虽非现任场员洪绍奎及现收商人恒生锦作俑，而近年风潮灾歉，草薪奇昂，灶丁困苦，理应将桶价酌加。前岁冬间，经灶监朱思齐等禀由泰分司李以牧详司一再饬议，虽该场洪绍奎旋亦议加，而迭次禀覆，总以前减桶价系属禀准有案，始终坚执，其处置商灶之间，未免稍欠平允。该场商人恒生锦尚非克扣桶价。孙厚覆禀拟饬酌缴钱文按埣分给，虽为恤灶起见，然恐有长刁风，并挑惹各场告讦。因思泰属丁溪等场，现无积谷捐款，于备荒之政，尚属阙如。应否责令该商酌捐钱文，置办积谷，议章存储，倘遇场灶灾歉，以之动放赈济，似与恤灶之意相符。并据运司另禀，该场公收本系集股而来，不独本商非一，姓名、籍贯，查考为难，即其收存堆盐，亦已早经运售完结，几于惩无可惩，罚无可罚。现任丁溪场大使洪绍奎系在叶怀善之后，公收商人恒生锦不但在济灶公收之后，并且在恒丰公公收之后，系属积习相沿。现任洪绍奎已经撤任，是以详拟责令商人恒生锦酌捐钱文，置办积谷。举人丁崇业名下置有灶埣六副，尚非插讼可比。孔广杰被控交通商伙，收受陋规，查无其事。至前闻孔广杰奉委时，有携带货物分赴各场销售情事，访系该运判之友人托购绍酒，适因下场便道带往，虽未必真有托销之举，然以奉委密查案件之员，而乃为人带货，并赴场署检卷留餐，均属不避嫌疑，实属不合，请示各等情前来。

臣查此案关键全在克扣桶价与否。该场减价之初，若照案由运司详明臣衙门定案，便不予人以口实。乃援小海公收办理，禀司朦准，而遽减以三十文，相沿至今，是诚当时之官商含混取巧。前署该场大使叶怀善，业已另案革职，应毋庸议。其现任大使洪绍奎，业据运司详明，经运司等饬议加覆，洪绍奎迭次禀词，始终坚执，显系有意袒商，不能辞咎。公收商人恒生锦，从前之济灶局恒丰公等，无论是否恒生锦之化名，即就孙厚禀词而论，叙明该举人等禀内所称：“桶价五百五十六文，数目参差，盖有灶户自用之款，由商垣伙友代付”等语。夫收一桶盐给一桶价，何事该商伙为之代付！是又于明减三十文之外，又有暗扣。恒生锦有应得之咎，本应从严惩办，惟据称惩无可惩，姑令罚银四万两，以二万两充该场积谷，二万两充徐、海赈捐，俾昭儆戒。举人丁崇业尚无不合，应免置议。孔广杰于奉委密查之时，为人带货，实属不知检束，相应请旨将两淮候补运判孔广杰、两淮丁溪场大使洪绍奎一并革职，以肃官常。

除饬丁溪场桶价即照现定之尖、和、碱盐通扯每桶实给钱六百十六文不准再扣分毫外，所有查明丁溪场克扣桶价拟议缘由，理合恭折具陈，伏乞皇太后、皇上圣鉴，敕部查照。

再，通泰分司所属其馀各场，有无交通克扣情弊，一俟运司查覆议详，即由臣据实覆陈，合并声明。谨奏。

续假一月片

再，臣前因患病请假，于三月初九日附片具奏，奉朱批：“着赏假一个月。”钦此。钦遵在案。

一月以来，加意调理，迭进平肝去风之剂，夜汗已止，惟所患耳疽、乳核红肿，仍未见消，痛楚异常，精神亦因之困惫。现在敷药调治，非避风静养，难期速愈。当此时局多艰，臣何敢稍耽安逸，无如假期届满，病仍未痊，焦急莫可言状。合无仰恳天恩，俯准续假一个月，俾得赶紧医治。所有日行公事及一切防务要件，臣自当在内署妥慎办理，以期仰慰宸廑。

谨附片陈请，伏乞圣鉴训示。谨奏。

驿站隐匿章本公文请饬提究折光绪二十五年五月初一日

奏为驿站迟误章本公文要件，并查有伪造回照情弊，请旨饬提究办，恭折仰祈圣鉴事：

窃臣前因驿递公文迟延，饬据江南驻京提塘张占元查覆，自接上年六月二十四日臣衙门由驿拜发本章，及八月十八、九日由驿发递各部科公文，嗣后未经接到。当经臣将七月以后由驿拜发本箱，及八月二十四日以后由驿发递京塘转递各部科公文开单发牌，由江宁至京都各县驿，挨次确查，并咨请各督抚、府尹一体严查覆办。嗣据臬司申覆前项各本箱公文已委员挨次确查，江苏、安徽两省各驿站均系依限接递，取有回照，并无延误。正在核办间，据该提塘张占元禀称，遵查单开各件，除已接到外，尚有督字四十七、四十九、五十一、五十三等号本章四匣，并附递各部科公文册籍，共四十一总封；又总督衙门自上年八月二十四日起至十月十三日止，发递各部科公文书箱册折等件共十二起；又南洋公文，自上年八月二十三日起至十一月初九日止，共九起；又盐政公文，自上年八月二十六日起至十月十一日止，共五起；均未接到。挨查至首站良乡县，该县知县王汝廉将驿递公文底簿并提塘回照等件持出阅看，内有伪造提塘回照二十馀张，皆系去秋以后日期，与未到各件适相符合，显系该县藏匿本箱公文多件，并未递京。该提塘复持收文底簿眼同该县核对查验回照，笔迹图章相符者四十馀张，不相符者二十馀张，再三究诘，不肯承认。该提塘遂即回京就近呈请兵部饬提该县来京，携带回照当堂质对，以辨真伪等情，具禀前来。

查发递钦部要件，沿途驿站宜如何妥速驰递，以免迟误。若如该提塘所禀，前项本箱公文，业已递至良乡县，该县竟敢匿不转递，并伪造回照，希图狡赖，如果属实，胆玩已极。相应请旨敕下兵部，立提良乡县驿站官吏质讯究办，以肃邮政。

除咨部查照外，谨会同江苏巡抚臣德寿恭折具陈，伏乞皇太后、皇上圣鉴训示。谨奏。

创办练将学堂片

再，前奉谕旨，饬令各军一体改练洋操，业经臣于上年八月间拟定章程，奏明开办，奉旨允准在案。

数月以来，各营认真操练，渐有成效可睹。惟一军之强弱，恒视将领之优劣为转移。近来东西洋各国，戎事日强，考究不遗馀力，一切营垒测绘，制造理法，均极精微，若不加意讲求，深虑驭兵鲜术，无以收指臂相联之效。现经臣于江宁省城设立练将学堂，就各营旗官弁及候补都、守、千、把、世职中，选调年力富强、志趣端正者，入堂肄习，延用洋员，教以马步、枪炮、工程、辎重、测量等学，以四十名为额，学成后酌量委用，以期将才辈出，有裨时艰。每月经费约需银数百两，所费无多，由外筹拨济用。饬委营务处道员陶森甲总司其事。现据报于三月十九日开办，呈请具奏前来。

理合附片具奏，伏乞圣鉴。谨奏。

吴淞开埠采办料木请免税厘片 光绪二十五年五月初一日

再，吴淞开埠通商，作为沪关分卡，早经奏明在案。该处应办工程，已委员开局订界绘图，分别后先详细勘估。所有沿滩驳岸商埠马路及大小桥梁，均已择要开工，其馀公所捕房亦须次第营建。所需木植砖石等料，拟分赴浙江之宁波、嘉兴两府属及福建、苏州等处采办应用。据江海关道李光久等禀请奏咨免完沿途税厘前来。

臣查吴淞自开商埠，工程甚巨，经费不敷，一切均饬从俭办理。惟向来官用料物，均准免完税厘，近铁路购办料物，亦经督办总公司大臣盛宣怀照章奏免。商埠与铁路事同一律，合无仰恳天恩，俯准援案照免税厘，以重要需。

除咨户部查照立案并分别咨行外，谨附片具陈，伏乞圣鉴训示。谨奏。

林朝栋奉召入都堪以任使片

再，候选道林朝栋奉旨："即行来京，预备召见。"等因，钦此。业经臣饬令迅速北上，电奏在案。

该员为已故提督林文察之子，原籍台湾，胆识俱优，不愧忠勋后裔。中、法之役，以候补郎中，随同已故巡抚刘铭传办理台防，杀敌致果，卓著战功。嗣后剿办南、北社叛番，并平定土匪，积功洊保花翎二品顶戴，以道员尽先选用，并赏给勇号、黄马褂。中、日事起，督勇守台，为前巡抚邵友濂所倚赖。旋以奉饬内渡，寄籍福建龙溪，每谈时事，义愤填膺，其忠勇性成，尤为难得。臣接见僚属，延访将材，有以该员为对者，当经电调来宁，面加考察。正拟具疏保荐，钦奉电召入都，仰见圣主明目达聪，不遗疏逖，钦佩莫名。该员廉朴英伟，晓畅戎机，于闽、浙沿海情形，尤为熟悉。现值浙江防务吃紧，如蒙天恩，量才任使，必能益加奋勉，仰报恩知。

谨附片具陈，伏乞圣鉴。谨奏。

遵筹天生港开埠情形折光绪二十五年五月二十九日

奏为遵旨筹度通州天生港自开商埠情形，恭折仰祈圣鉴事：

窃臣承准军机大臣字寄：“光绪二十五年正月二十二日，奉上谕：‘御史余诚格奏，通州天生港于江防最为扼要，若援案自开商埠，可以保形胜而消窥伺等语。着切实查明，于地方情形有无窒碍，商务防务是否确有裨益，悉心筹度具奏。’”等因，钦此。遵经恭录转饬查议核办在案。

兹据江海关道李光久、镇江关道长恒会称：“通州居长江北岸，东距上海二百七十里，西距镇江三百九十里。天生港地居腹里，土产仅棉花一大宗，货物不甚丰盈，商贾又少殷富，与吴淞情形不同，招徕成市，甚属不易。该港设立纱厂，正欲自辟利源，洋商麕集，必思争攘其利。吴淞开埠经费，部拨三十万两，报解尚属寥寥，继开之埠，更不知款从何出。并虑开埠以后，交涉滋多，地方难于防范，不独商务防务均无裨益”等语。

查天生港本非商贾辐辏之区，现虽设有纱厂，尚未成市，诚如该道等所称，自开商埠未能大有裨益。惟直隶秦王岛、福建三都澳、湖南岳州、广西南宁、江苏吴淞等处商务，亦非繁盛，开埠以来，现已相继举办。并又迭奉谕旨饬令沿江、沿海、沿边筹度推广口岸，以均利益，而保事权。仰见朝廷慎固封圻，思患预防之至意。长江一带久为外人所垂涎，设险分防，兵力实嫌单薄。天生港形势于北岸尤为扼要，深洪近岸，兵舰可以径涉，设由此北瞰海、赣，南扰淮、扬，则腹地皆为震动。若任一国专请租界，隐患亦所难防。揆时度势，倘可援案自开商埠，或借无形之牵制，以杜任意之侵虞。一俟商务渐兴，再于此处设立镇江关分卡，征税筹款以办埠工，似不致于地方有碍。

除咨商总理衙门酌核办理外，所有遵旨筹度天生港自开商埠缘由，谨会同江苏巡抚臣德寿恭折覆陈，伏乞皇太后、皇上圣鉴训示。谨奏。

宁沪两局制造查议扩充折光绪二十五年五月二十九日

奏为遵旨查明江宁、上海两局机器军械数目，并筹议扩充制造情形，谨缮清单，恭折覆陈，仰祈圣鉴事：

窃臣承准军机大臣字寄："光绪二十五年四月二十五日，奉上谕：'前因天津、上海、江宁、湖北等处，均有制造枪械局厂，谕令该督等切实会商，务将所制枪炮膛口子弹，各局统归一律，以期通用，并将每年所造枪件子药若干，据实奏报，并按季咨报户部、神机营查核。现在为时已久，并未据报有案。枪炮为行军要需，岂容因循延玩！着裕禄、刘坤一、张之洞详细查明各该局厂所造枪炮究系何项名目，是否业已会商造成一律，迅即切实奏覆。嗣后仍遵前旨，按年奏报，并按季分别咨报，毋得延宕。该督等务当懔遵迭次谕旨，督率承办各员，认真经理，精益求精，并将膛口子弹，彼此比较画一，务令不差累黍，庶各省互相接济，临时不致缺误。倘该管局员草率从事，虚糜经费，或演放时有炸裂等项情弊，定即治以重罪，决不稍存宽贷。将此各谕令知之。'钦此。遵旨寄信前来"等因，承准此。遵即恭录咨行会商查议在案。

伏念时局艰巨，外侮频仍，自以制械、练兵为当务之急。设局制造枪炮，允宜进求精利，力戒因循。迭次钦奉懿旨、谕旨，饬令就地筹款，扩充制造，并枪炮子弹均须一律合膛各等因，仰见宫庭宵旰忧勤，谟谋深远。臣忝膺疆寄，蒿目时艰，倚马枕戈，昕夕敢忘儆戒。节经督饬各该局员，将出入款项切实勾稽，制造军械详细考究，并令与天津机器局、湖北枪炮厂随时知照，互相讲求。复由上海局员驰赴湖北，比较数次，两局所造枪炮子弹格式、分量、口径大小，现均一律合膛，并无歧异。已将制造枪炮数目大概情形，由电奏陈，当蒙慈鉴。

查江宁制造局所造后膛抬枪，系属新创，各处均无此式，其两磅子、一磅子后膛快炮，亦与沪制一律。此外炮架、炮弹、各种枪子、拉火等件，历经解由南、北洋分拨各军应用。只以经费有常，款项奇绌，未能加拨，以期扩充。惟该局设在江宁城外，历经缔造，粗具规模。且居腹地形胜之区，一旦海疆有事，尚须在此制造，接济军需，庶几缓急足恃。

至上海制造局兼造各项快炮，除船台需用之大炮外，其四十磅一种即北洋之十二生的快炮，十二磅一种即北洋之七生的半快炮，六磅一种即北洋之五十七米里快炮，两磅子一种即北洋之七生的半，亦即湖北之三生七快炮，洋厂名称虽殊，而尺寸则不差累黍。今由该局与天津、湖北两局逐一比试，均无参差。其快利新枪系就旧机参用人工所造，亦颇便利，究嫌费繁工多，出枪甚少。去年遵饬各军改用小口径毛瑟枪，本拟订购此项枪枝、枪弹机器，专一仿造，以归一律。访之沪上各洋行，需款百万，为期三年。一时无此财力，遂仍用旧机，更易机簧，添配车座，订购改造七美里九口径毛瑟枪枝、枪弹机器等件，按照合同，每日出枪十枝，现将到齐。安装告竣，当饬董率员司兴工监造，严定课程，如有废弛虚糜，据实参办。并按年、按季，将制造军械数目，分饬造册奏报，以昭核实。

惟值朝廷整军经武之秋，迭饬天津、湖北、上海、江宁各局厂，迅速扩充制造枪炮，以供各省各军之用。圣意渊深，既免利权外溢，且以备豫不虞，允操自强之胜算。臣查各局兼造各项快炮，均应新式，尚敷应用。至仿造小口径毛瑟枪，仅只湖北、上海两厂，其机器一系新购专门，一系旧式更改，能力所限，造枪之数目，多寡悬殊，各处通用，恐难遍给。前与直隶督臣裕禄、湖广督臣张之洞往返筹商，添购造枪新机，无论津、鄂、宁、沪何厂承造，按据覆电，咸以款绌为词。当此度支奇窘，内外胥同，更何能另请拨款，上渎宸聪。惟制造能否扩充，军火不致减少，胥视经费之盈绌以为衡。江宁制造之需，向由南、北洋照额匀拨，岁有常经。上海则专恃制造二成洋税以资工作。但冀税收畅旺，拨款加增，各司道局分认改拨三厂常费，依期筹解。除备常年操防军火而外，拟令极力撙节，另款存储，以备添购仿造小口径毛瑟枪机器一部。并一面与洋行照式议购，订立合同，分期交款，要以三数年内机器购齐。其有不敷，另再设法办理，俾与湖北枪炮厂分途仿造，可期储备日裕，器械日精，借以仰副圣主建威销萌之至意。

所有遵旨查明上海、江宁两局现有机器，暨每年造成军械数目并筹议扩充制造缘由，除分咨查照外，理合缮单恭折据实覆陈，伏乞皇太后、皇上圣鉴训示。谨奏。

淮徐海春赈事宜就绪折光绪二十五年五月二十九日

奏为淮、徐、海等属春赈事宜大致就绪，谨将办理情形恭折具陈，仰祈圣鉴事：

窃查淮、徐、海等属赈务，前经臣等分别责成官绅经理，并筹议散放赈抚、浚筑河堤、截留资遣三端办法，及奉拨款项酌量分济各情形，先后专折奏陈，均经钦奉朱批，转行钦遵在案。

伏查赈饥一事，非冬前加意抚绥，不能救急，非春间多方接济，不能图存，是接办春赈事宜，尤关紧要。当上年冬赈放竣之时，即与义绅严作霖豫筹今春赈款。除该绅处年前领存未动约合钱三十馀万千外，又陆续拨给银十六万馀两，为邳州、宿迁、睢宁、铜山、萧县、海州、沭阳七州县赈抚之资，不足则益以官绅富户之捐助，积谷公款之凑济。此外，赣榆县系派义绅宋治基会县查办，安东县系由县会同教谕唐锡晋查办，桃源县系饬府委员会县查办，皆由省另行拨款，并由上海购备芋干，复交道员邓贤辅添放豆饼，约共拨银十万两，其就地劝募捐款均不在内。又有丰县、砀山等县，由徐州道拨给赈捐款项，酌办春抚。以上各款，虽目下尚未造销，业经据报一律散放竣事。严作霖办理赈务，专放钱文，以期简易，而免縻费。因虑市侩居奇，高抬粮价，复经徐州道桂嵩庆筹挪款项，先后购运米三万馀石，杂粮一万石，又饬各州县酌提谷款，购粮二万石，分运徐属各灾区办理平粜。淮扬海道谢元福、候选道邓贤辅亦经拨给平粜银两，运粮分济。又由各该员劝据商富，集资领取印照，运购米麦杂粮平价出售，民食赖以无缺。各属粮价，交春后日见平减，实由奏免沿途税厘，乃能有此明效。

至于河堤工程，隶徐属者有运、沂、六塘、不老、白塘、龙山等河，并红花埠沭河缺口，隶淮、海两属者，有沭河、蔷薇、小伊、丁当、一帆、成子等河，上下数百里间，节节淤浅，堤堰残缺，卑薄所在皆是。徐属经徐州道派员勘办，淮、海两属经候补道方硕辅、邓贤辅等督饬委员，各分段落，择要浚筑。年前开办者十之六七，今春接办者十之三四，均与冬春两赈相辅而行。现在春工亦次第告蒇，一俟委员验收造报，即可核见实用工费确数。其稍次之工，及虽属紧要而工程太大，一时不能举办者，惟有留为后图，视捐款有无多馀，再定进止。

若夫省城浦口等处，收养之饥民，交春后即须遣散，因鉴于上年春寒雨雪，北归之众，困苦颠连，是以本年撤厂展缓半月，各于临遣时给予路票，按程计口发给柴米，沿途设局验票散放，并委员拨兵弹压护送，至最后一局换给赈票，到籍后持票领赈。其籍隶皖、豫等省者，一体给资，均由赈捐局拨款应付。扬州、镇江等处粥厂，撤遣饥民，一律仿照办理，克期资遣清楚，途中并无滋扰，安归本籍，有收回赈票堪稽。

又淮、徐、海等属典铺，自遭连年灾歉，民间当多赎少，商本不继，纷纷闭歇，贫民缓急难通，势甚岌岌。经淮扬海道、徐州道及海州直隶州电禀交驰，先后饬由司局各库拨借徐属典铺银六万馀两，淮属典铺银二万两，海属典铺银四万两，均限秋后归还，以维商本而便民生，亦属不无小补。

至清、淮系南北通衢，为灾民上下必由之路，麕聚日众，遣之不去，留之不能。仰蒙懿旨，特发内帑银五万两，由漕臣另行派员办理资遣赈抚，洵足以补缺漏而广皇仁。因款尚不敷，又由省局拨解银三万两，借资接济，将来自应分别造报等情，据办理赈捐局署江宁布政司胡家桢等详请具奏前来。

臣等覆查此次赈务，头绪纷繁，又值库储奇绌之秋，筹济维艰，实深悚惧。乃荷圣慈普被，截漕发帑，至再至三，德泽如天，为千古所罕觏。复以各处捐协筹垫，无失其时，施当其厄，俾臣等将工、赈、留遣各项事宜，逐一举行，不致延误。该司道胡家桢等尽心筹画，昕夕勤劳，冬春两赈，得以次第就绪，裨益时局匪鲜，洵足仰副慈怀。现在二麦垂黄，收成尚称中稔，所望再得透雨，遍种秋禾，岁事屡丰，生机乃能渐转。

除饬该司道将善后事宜妥为筹办，并催取捐项，清厘出入各款分别报销请奖外，所有淮、徐、海等属接办春赈大致就绪缘由，谨合词恭折具陈，伏乞皇太后、皇上圣鉴。谨奏。

银元局著有成效请仍接办折光绪二十五年五月三十日

奏为江南设立银元局，著有成效，获利甚厚，吁恳天恩，准与湖北、广东两省一体办理，恭折具陈，仰祈圣鉴事：

窃臣承准军机大臣字寄："光绪二十五年四月二十四日，奉上谕：'近来各省银钱两项，日形短绌，各该督抚请铸银元以维圜法，未始非补救之一术。惟各省设局太多，分量成色难免参差，不便民用，且徒糜经费。湖北、广东两省铸造银元，设局在先，各省如有需用银元之处，均着归并该两省代为铸造应用，毋庸另筹设局，以节糜费。该两省所铸银元成色分两，不得稍减，务归画一。嗣后无论运交他省，或解赴京师，发商验明，如有成色分两不符不便行用之处，定将该局员治以重罪，决不宽贷。并着该两省将监造各员衔名咨报户部备案。将此通谕知之。'"钦此。

伏查中国行用洋元，以墨西哥所铸鹰洋为最多，日斯巴尼亚所铸本洋次之，初只沿海各省，近且渐入内地。前经饬查上海进口之数每年不下千馀万元，利源外溢，实为中华之一大漏卮。又以制钱短缺，市廛周转不敷，物价陡增，民生亦因之日困。闽、津等处筹议鼓铸制钱，复因铜缺价贵，亏折过巨，补苴为难，未克持久。时势所在，非广铸银元不足收利权而资抵制，非分铸小角不足济钱法而便商民。广东、湖北两省次第购机创办，又经户部于议覆御史易俊、陈其璋请铸银元案内，先后奏准由南、北洋大臣暨沿海沿江各省设局仿办，咨行前来。臣当即饬委道员刘式通在上海瑞生洋行订购制造银元、制钱机器全副，并饬道员桂嵩庆于江宁省城择地建厂，奏明在案。所购机器颇大，所造厂屋亦宏，统计用款至三十万金，皆由筹防局借拨济用。良以大江南北，风气已开，需用银元日多，规模不可过隘，以为将来扩充之计，即为圜法久远之图。

惟是银元之制，以考校成色、流通行使二者最为切要。江南制造各项银元，大小轻重，以及配合之分两等次，均系仿照广东、湖北定章，而考究成色，则又专雇化学洋员，自镕银以及成元，靡不按炉按批抽提试验，务使色足制精，分毫不爽，由洋员逐日出具验单，以为考察之据。并于元面系以省分之外，镌印年分干支，俾经造者各有责成，较之湖北、广东尤为周密，实足以取信中外。至于行用之地，上海为商务总汇、货币流转之区，市面通用，向视洋行为标准。盖华商贸易，无不与洋行相维系，稍有阻格，即窒碍难行。江南银元铸成后，发交江海关道与中外商民互相考验，佥谓银水精湛，分量均匀，愿为一律收用。中国大小银元，遂得通行无滞，日见畅销，北洋一带，均各行用。安徽向用本洋，今亦改用龙元，徐州素不通用银元之处，亦得逐渐推行。计自光绪二十三年十二月开炉试造起，至二十四年十二月底止，共铸成行销大小龙元五百万元零，除开支一切经费外，实获盈馀银十四万馀两。现在工匠手艺日臻纯熟，每月约可铸造六十万元左右。以去岁之盈馀，归还购办机厂之借款，已将及半。虽获利之多寡须视市价之优绌，未能预计，第就目前销数，约略核算，至来春当可一律还清。此后所获馀利，即属大宗进款。当此库储告匮，筹款维艰，得此新增之项，以为挹注之资，实于饷需大有裨益。此江南设立银元局著有成效之实在情形也。

钦奉谕旨："各省设局太多，分量成色难免参差，毋庸另筹设局，以节糜费。"等因。朝廷训诲周详，实事求是，深虑各省办法不一，经费虚糜，用于便民之中，仍寓杜弊之意。第制造银元分两成色是否画一，当以商民之能否信用为断，而商民之信用与否，又当视行销之畅滞为衡。江南所铸大小银元平色，与广东、湖北两省并无丝毫参差，中外信用，销路较各省为尤畅，开办甫逾一年，行销至五百万元之多，盈馀至十四万两之巨，有利无弊，皆有实事可征。方以限于铸本，未能渐图扩充为憾，若一旦遽行议停，则数十万购置之机厂，悉成无用，十馀万未还之垫项，亦归无著，每年复坐失大宗进款，殊为可惜。查从前御史易俊、陈其璋先后奏请推行各省设局广铸者，原以外洋银元之侵蚀日多，粤、鄂两局之造数有限，不得不加意经营，设法推广。部议复以局员得力，三年后予以优奖，所以为推行计者至深且切。现查江海关上年外洋进口银元合银五百二十馀万两，核计洋数不下八百万元，虽较往岁进口之数已少，仍未能全行杜绝。如江南一局再行停铸，则中国自制龙元每年骤少数百万，此绌彼盈，势所必至。外洋银元进口益多，于权利所损尤大。且江南本系仿照粤章，银元与铜钱兼铸，即以银元之馀盈，补铜钱之亏耗。近来铜价日昂，前数年每百斤已需银二十馀两，今且增至三十馀两，成本愈重，核计亏折几倍于前。粤厂业已停造，江南尚能酌量鼓铸者，赖有银元盈馀为之弥补其阙，每月成钱六七千串，散布市廛借以平价。若将银元停造，则铜钱蚀耗之费无款贴补，亦复不能续铸，于本地商民更多苦累。再四思维，惟有仰恳天恩，俯念江南设局有成，确著实效，准与广东、湖北两省一体办理，出自鸿施。

至现办局务，系江苏特用道任玉森。该员稳炼精明，操履廉洁，上年经臣以办理有效，汇折奏保有案。仍当严饬随时认真考察，以期维持不敝，如或稍滋弊端，自当遵旨参办，断不敢以奏保在前，稍存回护。

除将大小龙元五种咨由军机处进呈御览并咨部查照外，理合恭折具陈，伏乞皇太后、皇上圣鉴训示。谨奏。

革员拿解刑部折 光绪二十五年五月三十日

奏为遵旨饬拿革员崔廷桂解送刑部，并将原籍财产严密查抄，恭折覆陈，仰祈圣鉴事：

窃臣于本年四月二十三日，承准总理衙门电开："奉旨：'崔廷桂总办山东河工，闻其蚀款甚巨，革职不足蔽辜，应即拿问治罪。该革员恐已回原籍，着刘坤一迅速饬拿解交刑部，并将该革员原籍财产严密查抄，毋任隐匿。'"钦此。

遵查已革总兵崔廷桂，籍隶江苏铜山县，当经密饬徐州道桂嵩庆钦遵办理。旋据电复，已将该革员拿获交县看管。又经饬委候补知县陈元铸、把总禹得隆，驰赴徐州，押解该革员起程赴部，电奏在案。

兹据徐州道桂嵩庆禀称，奉饬后立即督饬铜山县知县陶在铭密速前往道西街崔廷桂住宅将该革员拿获，并饬令丁役严密围守，逐细查抄，所有抄出箱存皮棉单夹各项衣服、银两、首饰以及内外住房所存什物器具，当场督令书手一一登记，随时发封。并于衣箱内检出南焦山业地底簿一本，共九百九十二亩零，询其契据究存何处，据该革员面称："甫于四月二十二日回籍，仅带一妾，全眷悉在山东，衣箱器物亦多存在东省，未曾携归。住宅系属祖遗田宅，契据实因出外服官有年，素不经意，其中年久遗失者，固所不免，馀或尚存东省箱只之中”等语。当将细软服用各件点封箱中，暂存县库，其馀木器等项均封储宅内，派人看守，并饬据该县造册转送前来。

除先行电奏请旨饬下山东巡抚，将该革员寄寓一体查抄，追出契据送部以凭讯究而免隐匿，一面将原呈清册及地亩底簿咨送刑部外，理合恭折覆陈，伏乞皇太后、皇上圣鉴。谨奏。

奏疏卷三十一

各营旗改练德操成效可观折光绪二十五年六月初十日

奏为江南各营旗改练德操已有成效，恭折覆陈，仰祈圣鉴事：

窃臣于光绪二十五年四月十五日承准军机大臣字寄："奉上谕：'练兵为当今最急之务，迭经谕令各直省认真训练。现据各将军、督抚先后覆奏，各省所练兵勇多寡不同，总以精强为主，庶几制胜可期。现今训练已经数月，当已确有成效。际此时艰孔亟，折冲御侮，必须备豫不虞。着各将军、督抚随同认真校阅，务使悉成劲旅，毋得稍涉懈怠。仍将练成各营确数暨阵法、技勇如何，限三个月先行具奏，听候次第调取来京阅看。将此各谕令知之。'"钦此。臣跪诵之下，钦服莫名。

当此时局多艰，强邻环伺，练兵一事，实为切要之图。江南各军，除自强军马、步、炮队十一营及亲兵一哨，共兵丁二千六百四十名，早经练成，已饬精益求精，毋稍懈惰外，其馀各防营，经臣奏明，将分驻吴淞、江阴、镇江、江宁之盛字五旗、合字五旗、江胜六营、新湘五旗、南字三旗、亲军七旗、护军三旗、衡字三旗，共三十七营、旗，一律改练德操，由自强军挑选排长前往教习。核计每营勇丁五百名，每旗二百八十六名，共计勇丁一万一千八百六十六名，于上年十月初一日开办。臣每接见各将领，必恭述诏旨严切，宵旰忧劳，勖之以忠义，晓之以利害，务须加紧训练，悉成劲旅，将缺额、蚀饷各弊一扫而空。各该将领身受国恩，天良具在，尚知感激奋勉，不敢玩愒因循，数月以来，督同营哨官弁教习，按照德操，认真教练，如步伐之进退疾徐，枪法之远近高下，阵式之分合变化，均各实力讲求，昕夕无间，虽功候较浅，未能遽及自强军之纯熟，而整齐精壮，实已有成效可观。臣仍当严申纪律，随时校阅，务使日臻精进，缓急足恃，以副朝廷整军经武锐意自强之至意。至应令何军先行北上，恭候谕旨遵行。

所有江南改练德操各营、旗已有成效缘由，理合恭折覆陈，伏乞皇太后、皇上圣鉴训示。谨奏。

酌拟新关月需经费折光绪二十五年六月初十日

奏为金陵新关月用经费酌拟数目，恭折仰祈圣鉴事：

窃江宁照约通商，设立金陵关，派江南盐巡道兼充监督，并于光绪二十五年三月二十二日开办征税，均经奏报在案。

兹据该关监督署江南盐巡道黄承乙详称："新关开办已经两月，征收税项较有起色，胜于各关初开之时，关务亟须次第布置，应用经费，参仿各关成案，核实酌拟开支，以期无阙无滥。查沙市关月支银一千九百二十七两有奇，宜昌关月支银二千零五十六两有奇，重庆关月支银二千一百九十六两有奇，此皆新设，本无常关，较之九江关月支银一千四百三十八两，芜湖关月支银一千一百十八两，又各支监督公费二百四十两，系原有常关之处用款略省情形固自不同。至苏州关由松苏粮道兼管，缺分略优，尚可并顾。今盐巡道著名瘠缺，挹注为难，金陵关附近省垣，交涉尤巨，加以江岸辽阔，港汊纷歧，关界与镇江、芜湖两处，壤地毗连，影射宜防，稽查匪易。现经分别部署，比例参稽，应需监督公费，员司、幕友薪水，炮巡等船勇丁、书役工食，以及心红纸张、油烛等项，每月实需银一千三百六十二两，实属省无可省，核与向无常关之沙市、宜昌、重庆各关，均属有减无增。又另设分卡四处，月共支银二百五十六两。一俟商务繁盛，税收畅旺，如有应行增设之处，再行酌量办理"等情。详请奏咨前来。

查金陵设关酌拟月用各款，经臣覆核，尚属撙节，委无浮冒滥支。合无仰恳天恩，俯准照数支给，以资办公。

除将造呈关用经费细数清册分咨总理衙门、户部查照外，谨会同江苏巡抚臣德寿恭折具奏，伏乞皇太后、皇上圣鉴训示。谨奏。

衰病难支恳恩开缺折光绪二十五年六月初十日

奏为微臣衰病难支，吁恳天恩，俯准开缺，恭折仰祈圣鉴事：

窃臣于本年三月间，因病耳疽、乳核，气虚肝旺，驯至牵动内风，五更自汗，手足抽掣，精力日形困惫，奏蒙圣恩，赏假一月，假满后病未全痊，复经附片续假。嗣因协办大学士兵部尚书刚毅奉命来江查办事件，与臣有会商事宜，不得不力疾销假，以便随时商办，奏明在案。讵意甫及旬日，病体又复不支，头晕心烦，气短语涩，乳核益见红肿，疼痛异常。又以湿热下注，痔漏大作，起坐不便，扶掖需人。现已两月有馀，内外兼治，未见轻减。每日核判公牍，委顿不堪，僚属来署面商要公，亦难一一接见。自春徂夏，药饵未尝刻离。臣年甫届七十，亦不自料一衰至此。方今时局多艰，我皇太后、皇上励精图治，两江责任重大，臣以病躯承乏其间，设有贻误，臣一身不足惜，如大局何？现在意大利各兵舰，除陆续开去外，泊淞三船均尚安静，体察情形，似不致遽行决裂。至刚毅会商各事，亦已渐有端绪。臣病势增剧，实觉难以支持。合无仰恳天恩，俯准开缺回籍调理，则此后有生之日，无非戴德之年。臣受恩至深，沦肌浃髓，犬马恋主，何忍遽请退闲。只以衰病侵寻，日甚一日，仔肩过重，偾事堪虞，伏求圣慈曲赐矜全，以保晚节，不胜感悚待命之至！

谨缮折具陈，伏乞皇太后、皇上圣鉴训示。谨奏。

崇明白茆口等处不宜建筑炮台折光绪二十五年六月二十三日

奏为崇明及白茆口等处地势不宜建筑炮台，据实直陈，恭折仰祈圣鉴事：

窃臣接准钦差查办事件大臣刚毅咨，抄录具奏查阅沿江炮台营伍折稿内开："崇宝、石头两沙之北曰北洪，非南岸所能截击。宜于崇明县属六滧、四滧地方两岸建筑炮台，以固长江外户。白茆口暗沙萦互，水线弯环，实为天然险要，亦宜建筑炮台，以固长江内户"等因。续准咨会："奉朱批：'览奏已悉。即着会商刘坤一，将沿江应行添设炮台之处，上紧举办，以昭周密，而备不虞。单图留览。'"钦此。

臣查建筑炮台，当以形势扼要为主，尤以地质坚实为先。否则，洪路太宽，必有弹力难及之憾；土脉不实，且以台址塌陷之虞。崇明一县，居长江尾闾，直接大海，四面皆水，县南对岸即崇宝沙、石头沙，两沙之南为南洪，北即北洪，水深自三十馀尺至四十馀尺不等，轮舶可通。虽北洪水浅沙多，不若由南洪驶入之便，然海轮来往，亦间有由北洪行驶者。南岸南石塘炮台，专防南洪一路。狮子林炮台，仅能兼顾北洪西口。自狮子林溯流而上，至江阴乃有炮台，相距较远，中间白茆沙一带，沙线萦回，又为行船最险之处。该大臣爰拟于崇明之六滧、四滧及白茆口等处添台扼守，自系为慎固江防，密益加密起见。顾以防务所系，尽人所知之事，而臣待罪有年，暨前任各督臣均未及时兴办者，则以各处碍难设台，地势实有以限之，而不敢稍涉迁就也。

崇明原属涨沙，坍涨无定，地系沙土，质甚松浮。其四滧、六滧逼处海滨，每遇风潮，坍塌立见。岸距中洪不下十七八里，岸前皆系沙滩，潮小则沙见，潮大则沙隐。筑台于滩，潮深将没入水中；筑台于岸，道远又势等弩末。且欲求摧坚击锐，非数百磅后膛大炮不为功。该处土性不能负重，迥非南石塘、狮子林可比，施放震动，塌陷实在意计之内。是以光绪二十年间办理海防，臣于北洪遍布水雷，以遏敌舰，前署督臣张之洞，于崇明添扎营勇，以保海疆，而未敢议筑炮台，盖为此也。白茆口即白茆港，为福山镇汛地。该处江面辽阔，一望无际，暗沙萦互，轮船最为难行，惟视税务司所设浮筒为标准，夜间仍难驶过。从前行船，本有两洪：一在沙南，一在沙北。沙南洪路，距岸较近，谓之老港。近因白茆沙与老鼠沙之间沙涨水浅，各轮均由沙北洪路行驶，谓之新港，港北复有大沙。目前洪路适在江心，距南北两岸约有数十里，断非炮力所能及。且沿江一带土岸，皆系沙泥相间，虽较全系沙土为坚，而风潮冲刷，时有坍塌，建台亦不甚相宜。现复电令江南提督李占椿会同苏松、狼山、福山三镇总兵，于白茆港附近之南岸徐六镇、漵浦，北岸任家港、天心港等处，详加查勘，亦与白茆港地势略同。矧江流之变迁，原无一定，洪路之远近，亦有更易，该处江面太宽，岸上炮台总难制胜。是以臣前办海防，饬将白茆沙各浮筒一律撤去，俾敌船不敢轻进。前抚臣奎俊调营驻扎福山，前署督臣张之洞添营驻扎狼山，以扼南北门户，而未敢议筑炮台，盖为此也。臣再三体察，所有崇明及白茆口等处，均不宜添设炮台，虚糜薪费，不得不据实陈奏，伏候谕旨遵行。

目下意大利之事，尚未定议，臣业经商同抚臣德寿，于福山、狼山两处，拨营守御，以防登岸。至江内布雷、撤筒两事，亦饬税务司及制造局密为预备。但须有开仗明文知会各国，方能照办，否则，洋商轮船，设有失误，索赔堪虞，不能不格外慎重。合并陈明。

谨恭折具陈，伏乞皇太后、皇上圣鉴训示。谨奏。

覆陈江南营制饷章片

再，臣接准钦差查办事件大臣刚毅咨，抄录具奏遵饬各营加紧训练片稿内开："奉上谕：'现闻江南各营一切营制、饷章、操法，该将领等率多各行其意，并不悉归画一。'"等因，钦此。查各营布置散漫，营制、饷章均不一律，操练或用中法，或用西法，号令辄多纷歧，该将领诚不免各行其意，等因。续准咨会："奉朱批：'知道了。'"钦此。臣接阅之下，惶悚莫名。

伏查江南自裁兵节饷、改营为旗之后，地广兵单，本属不敷分布，而沿江千数百里，不能不择要驻防，如吴淞则有盛字军，江阴则有自强、合字等军，镇江则有江胜、新湘、南字等军，江宁则有亲军、护军、衡字等军，各专责成，一气联络，并非稍涉散漫。惟亲军、衡军驻扎江宁城外，四乡时有游匪枭匪，不得不抽队巡查，仍更番调回，以资训练。又徐州防营及各标制兵、练兵，系因弹压地方，势难调集一处，致有顾此失彼之虞。至各军饷项，既有洋操、湘淮马步水陆防练制兵之别，月饷即不免因之而异，营制具在，历经奏咨有案。各省亦大抵相同。其各军操练，除自强军外，上年奏明将沿江三十七营、旗改练洋操，皆由自强军挑选排长教练，一律皆用西法，其馀各营，一律仍用中法。盖改练必先加饷，且须成营成旗，方能编练。徐防等营，势有所难，是以仍循其旧。各该统领恪守定章，尚未敢各行其意。惟是时艰孔亟，首重练兵，臣自当钦遵谕旨，申明军律，督饬各营实力训练，以副朝廷整军经武之至意。

谨附片陈明，伏乞圣鉴。谨奏。

两淮盐价碍难再加折光绪二十五年六月二十三日

奏为两淮盐价碍难再加，恭折仰祈圣鉴事：

窃臣准户部咨："遵议体察盐务加价情形，通筹具奏，声请饬令切实筹画，查明覆奏。"等因。当经分饬查议，并将淮盐碍难再行加价大概情形，电覆户部在案。

兹据两淮运司暨各督销局分别详禀前来。臣覆加查核，淮鹾以鄂岸为大宗，鄂岸淮盐加价已非一次。自江防、海防两次加价后，又经商人禀因钱昂本亏，请加岸价，分作三次议加。然川、淮并销之处，尚有加未足数者，或全未议加者。特以川、淮树敌，加之陆有北私、潞私，水有浙私、岱私，腹地又有应私，四面环攻，淮销几成孤立。现又经湖广督臣张之洞等，奏准加价，民间贪贱食私，淮销已恐短绌。其次皖岸离江较近，侵灌堪虞。且和尚港一带，私枭甚炽，拒捕伤勇之案，层见迭出，若再议加，则厘收势必短缺，所得殊不偿所失也。若湘岸则江防及筹饷案内，前后已每斤共加四文，现在湘省奉旨练兵，筹备军需，奏准加价二文。淮价愈重，则川、粤两私势必因之侵销，于课厘已多妨碍。西岸则自光绪二十一年以来，已三次加价。况西岸引地，处处与粤、浙、闽毗连，当未加之先，邻私每斤已贱至十馀文、二十馀文不等。加价之后，私价愈贱，官价愈昂，官不敌私，举步即虞阑入，现已岌岌可危，万难再加。此外淮南各食岸逼近场灶，为私贩出没之区，前因海防加价，出于万不得已，奉文遵行，而各食岸几至片引不行，不得已请减加一文，稍资补救。前车可鉴，似难再加。此淮南不能再加盐价之实情也。

淮北有坝销、关销之别：坝销者，西坝销市也；关销者，正阳关销市也。又有所谓岸销者，邳、宿、睢、桃四食岸也。若论坝销，系售之于湖贩，自有一定章程。若论岸销，近年徐、海等属迭被水灾，小民荡析离居，不堪困苦，迭蒙恩旨发帑截漕，并广集捐输，以资赈抚。现虽流亡渐集，而灾祲之后，似宜培养元气，未便言加。且该四岸为淮北藩篱，以蔽山东私盐，故前议加价，只令由商筹款，未敢加之于民，以期减价敌私，保全淮北大局。若论关销，大半毗连卫盐引界。卫盐价本贱于淮盐，平日已有不敌卫盐之虑。前于光绪二十年饬令加价，先因窒碍难行，销数疲滞，直延至次年九月间，始能开办，前去两年，销数短绌，亦由于此。上年涡阳土匪滋扰，穷民无所依赖，不免贩运卫私以糊其口。此次加价一事，似较他处为尤难。此淮北不能再加盐价之实情也。

合无仰恳天恩，俯念淮鹾课饷攸关，免予再行加价，以示体恤而广皇仁。

除咨户部外，理合恭折具陈，伏乞皇太后、皇上圣鉴训示施行。谨奏。

盐政公费汇储候拨片

再，臣查两淮盐政，向有养廉银两，自归两江总督兼管后，即经裁解部库，于税课经费内，每引提银四分，以作盐政公费。现在饷项艰难，经协办大学士兵部尚书臣刚毅奉命来宁筹款，臣有表率之责，应由前项内实力撙节，每年尚可馀银一万两，发交江宁藩司汇储候拨。

理合附片具陈，伏乞圣鉴，敕部查照。谨奏。

叩谢天恩折光绪二十五年七月十二日

奏为叩谢天恩，恭折仰祈圣鉴事：

窃臣于光绪二十五年六月十八日，恭阅电钞："钦奉慈禧端佑康颐昭豫庄诚寿恭钦献崇熙皇太后懿旨：'刘坤一奏病体未痊，恳请开缺一折。刘坤一老成稳练，久任疆圻，办事具有条理。着赏假一个月，毋庸开缺，并赏给人参四两，俾资调理。'"钦此。旋于二十八日，准兵部火票递到恩赏人参四两，当即恭设香案，望阙叩头谢恩祗领。

伏念臣久领疆符，涓埃未报，天良具在，何忍遽请退闲，只以衰病难支，深恐贻误时局，不得不沥情上达，吁恳恩施。耿耿愚衷，方深悚惕。乃荷圣慈垂注，温谕优加，既宽予以假期，复特颁夫灵药，训勉体恤，无微不周。自顾何人，蒙兹宠眷，奉诏书而滋愧，感激难名，值时事之多艰，兢怀弥切。臣惟有赶紧调理，力疾从公，一俟病体稍痊，即当具折销假，敬念臣子致身之义，勉副朝廷委任之隆，借以仰答高厚慈施于万一。

所有微臣感激下忱，理合缮折，叩谢天恩，伏乞皇太后、皇上圣鉴。谨奏。

宁属漕米业经分别提减折光绪二十五年七月十二日

奏为江宁各属经征丁漕银米收价，业经分别提减，恭折覆陈，仰祈圣鉴事：

窃准部咨："光绪二十四年十二月十六日奉上谕：'军机大臣会同户部遵旨议覆各省丁漕钱数折合银两酌中定价一折。各省地丁、漕粮，向有定额，例准折钱交纳，原为便民起见。惟近年银价日落，钱价日涨，在民照常交纳，在官颇多盈馀，以致正供所馀，悉归中饱，殊非体恤民艰之意。着各将军、督抚严饬藩司、粮道，查照本省银钱通行市价，将丁漕银米，按照时价折钱若干，以钱合银，均照库平、库色为断。每年酌中奏定数目征收，以归画一。如有不肖州县，巧立名目，借端浮收，即着从严参办。"等因，钦此。当经恭录转行钦遵去后。

兹据江宁布政使恩寿、江安粮道吴重憙会详称："江宁、淮安、扬州、徐州、海州、通州等府州属，并海门厅三十六厅、州、县，兵燹以前，钱漕积弊本深，同治七年，议禁浮收，统查各属进出款项，按照当时银价及原收钱数，减其太长，因其本短，酌量核定，遵行三十馀年，官民称便。近年以来，银价骤跌，收价较前节省，原非州县所应有，于光绪二十二年，经前藩司瑞璋议提银价盈馀，每银一两饬解钱一百文，米一石解钱二百文。嗣奉部咨，议覆给事中庞鸿书奏，饬令江、浙等省，酌减地丁收价。又奉另咨，饬照江西成案提解平馀凑还借款各等因。复经升任藩司松寿，就已议提解之数，分别减提，请将各属所收条银，每两减征钱一百文，以纾民力，漕米收价不减，仍每石提钱二百文，解济俄、法、英、德四国还款，以裨度支，详经臣等于上年三月十一日两次奏明在案。

伏查江北田土瘠薄，科则较轻，州县经征银米数目，亦不逮江南远甚。自核减酌提以后，盈馀已少，州县勉敷办公。且丁漕征钱折合银数，火耗轻重，运解远近，各处既有不同，市价大小，又因地方之冲僻而异，势难使归一律。此次户部原奏内称：'自奏准通行后，各省照办者，江西以外，仅有江苏、安徽等省。应由部申明前奏，凡未减征提解各省，仍令各就各该州县折钱盈馀数目，核定减征民间者若干，提解归公者若干，报部查核。'是江苏省业经奏明遵办，已为部臣所深悉。拟请仍旧办理，免予纷更。如有不肖州县，于定价外巧立名目，借端浮收，即当从严详参，断不敢稍事姑容"等情，详请具奏前来。臣等覆加察核，系属实情。

除咨部查照外，谨合词恭折覆陈，伏乞皇太后、皇上圣鉴训示。谨奏。

沪宁两局现制枪枝未能即解来京片

再，臣钦奉寄谕："饬令江宁、上海、湖北各厂，将仿造之小口径毛瑟枪，各提二十枝，配齐子弹药码一切零件，派员解送来京，以备考验。"等因，钦此。钦遵分饬遵办在案。

惟江宁机器局常年制造南、北洋操防军火，修整各营台枪械零件，兼造两磅快炮、后膛抬枪，委无大宗款项可购新式机器以仿造小口径毛瑟枪，当蒙圣慈垂鉴。至上海机器局所造快利枪，系就原有之林明敦旧枪机添改零件，参以人工，创造新式，尚称便利，二十三年解交神机营练兵处三千二百杆在案。上年奉饬各军改练洋操，通用小口径毛瑟枪，以归一律。本拟另置专门枪机，借此扩充制造，无如费逾百万，期以三年，仓猝无此财力，只得仍就原有之林明敦旧枪机，督同洋匠，详细讲求，更易机簧，改配车座，并添购零星机件，仿造七美里九口径毛瑟枪，当经绘图贴说，件析条分，交洋行代为订购，声明本年秋季，运齐到局，每日约出枪十馀枝。并由该局员匠先就旧机，另用手艺，造成洋枪两枝，携赴湖北枪炮厂互相比较，与该厂所造七美里九口径毛瑟枪一律合膛，子弹分量适均，并无歧异。其兼造各项快炮，亦与津局、鄂厂随时会商，切实考究，均经迭次奏明在案。现在添配枪机，已经分批运到，尚有车床、炉座，准九月内一律到齐，便可督饬工匠，漏夜安装，赶即仿造枪枝、枪弹，于枪上镌勒厂名及制造年月，遵当拣选二十枝，配齐子弹药码零件，听候委员赍解呈请考验，据详请奏前来。

臣查上海机器局仿造小口径毛瑟枪，系以林明敦旧机更改添配，一俟机器全到，即可分配造成，当饬飞电洋厂趱程起运，限九月内到齐。一面妥速安装，精心制造，膛口子弹统归一律，务须精益求精，以副朝廷慎重军实之意。

除江宁机器局并未仿造小口径毛瑟枪应请免其提解外，谨附片具奏，伏乞圣鉴。谨奏。

酌加湘岸浏阳盐票折光绪二十五年七月十二日

奏为酌加湘岸浏阳盐票，谨将筹办情形，恭折具陈，仰祈圣鉴事：

窃臣于上年奏覆裁减各项用费案内，声明淮南废岸力图规复，以拓利源在案。

当查湖南浏阳县广三百二十里，袤二百一十里，地居长沙上游，东界平江及江西之义宁州、新昌县，南界醴陵及江西之宜春、万载、萍乡等县，西界善化、醴陵等县，北界长沙、平江等县，户口繁盛，向未设局分销。其地界平江者，多食碱盐，界义宁者，多食西盐，界南乡者，多食粤盐。南乡自羊牯塅以上，广袤约百里，多食江西与永兴、安仁转贩而来之粤盐。北乡自北盛仓以上，谓之上北乡，其地广袤百馀里，均界平江，多食碱盐。北盛仓以下，谓之下北乡，多食长沙省河之盐。西乡与县城一带，至省河一水相通，程途较近，时有以土货赴长沙、靖港两处易盐。该两处并计，每年约销二十七八票有奇，是食淮盐者半，食邻私者亦半。臣体察情形，贪贱食私，固属恒理，舍近图远，亦非人情。该处于现由贩运淮盐之外，尚可酌加一十六票，每票五百引，照案缴票费库平银一万两，由新旧商人各半分认。

兹据两淮运司江人镜、湖南督销局道员易顺鼎，分别招商，认足票价，均据收齐，共计库平银十六万两，于公项不无裨益。一面饬令督销局设立分局，实力疏销。惟目前开办伊始，销数未能骤增，所有新加之十六票，应归通岸统销，仍俟日后畅销，如每年销至三十票以外，则是新票各商办有成效，应除三十票外，其馀增销之票，均归新票运销，以为认真开岸者劝。新加之引归入纲分，仍与旧引一律，挨售三纲之内，免予输捐。在旧引无占压之虞，在新票获转输之益，商情均各翕然。所收票价库银十六万，现因海州、赣榆一带兵力太单，拟招募三四营以资防守，即将此项票价银两，留作饷费之资。除另行附片陈奏外，合无仰恳天恩，俯准将湖南浏阳引盐照加一十六票，以浚利源。

所有酌加湖南浏阳盐票筹办情形缘由，理合恭折具陈，伏乞皇太后、皇上圣鉴训示，敕部立案施行。谨奏。

添募勇丁驻防海赣要处片

再，时局多艰，强邻环伺，沿海防务，最为吃重。南洋滨临江海，要隘甚多。自吴淞上至江宁，节节有防军扼扎，一气联络，尚足以资战守，而备不虞。惟海州、赣榆一带，僻处海隅，与山东日照毗连，距胶州青岛甚近。比年以来，海势东注，该处洋面潮大水深，小号兵轮可以行驶。甲午之役，有日本兵舰往来游弋。本年春间，复有德国兵舰驻泊赣榆县境之朱篷口，并时有洋人以游历为名，在各该处海口测量水势，居心叵测，不可不严为之防，仅恃绿营制兵，实嫌单薄。清淮等处，虽有漕标马步防军可以随时咨调，而相距二百馀里，中间港汊阻滞，转运不灵，亦恐难以应急。臣拟添募勇丁三营，于海、赣扼要驻扎，以昭周密。第目下度支奇绌，筹饷维艰，现经臣于湘岸酌加新引十六票，照案收票本银十六万两，已于另折陈奏。即以此项票本银两为招募经费及该军饷项之需，约计可敷一年有馀。以后军饷，容臣再行设筹，奏明办理。如蒙天恩俯赐照准，即当遴选将领，按照淮军营制，就近招募徐、海勇丁一千五百名，认真训练，相机守御。一面严饬该地方官，将团练一事，切实筹办，以辅兵力之不足，似于海防不无裨益。

谨附片陈请，伏乞圣鉴训示。谨奏。

商人请设筹赈彩票片

再，上海为南洋商务荟萃之区，外人恃其心计之工，以牟我中国之利，不止一端。有所谓彩票者，起于吕宋，流入内地，月售数万张，开彩一次，由数万元以次而数千百元，得巨彩者，竟有十百千万之利，商民惑之，争趋若骛，岁耗资财，难以数计，虽迭经严禁，而每藏匿于外埠租界以内，辄为若辈所持。近年美、日二国用兵，吕宋停止售票，于是澳门华赉赐诸票踵起，名目愈多，流行愈广。正以利源外溢，日甚一日为虑。值上年徐、海等属重被水灾，赈款不继，有商人郭贞等，请援广东闱姓票之例，于上海、宝山两县，集资设立义赈彩票公司，先缴按厘洋二万元，每月按票抽厘一成，随时解充赈需，禀经赈捐局请示到臣。当以广东闱姓弛禁之举，系遵奉谕旨，熟权利害，不使利归他族，以为权宜弭患之方，十馀年以来，竟得数千百万之巨款，成效昭然。今听商人仿行外洋彩票，实与广东闱姓弛禁同意，以杜外人攘利之谋，而当赈事殷繁，筹款万难之际，得此一成厘金，借资接济，款力亦可稍纾，批饬先行试办四个月，察看情形，再行核夺去后。

兹据办理淮、徐、海赈捐局司道恩寿等禀称："该商开办以来，均能按月照章售票缴厘，商民信从，票数得以渐增，而租界内所售各项洋票，销数亦渐减少，此日盈而彼日绌，当可不禁而自绝。该商因票销渐畅，复加缴按厘洋三万元。至月厘虽仅有此数，以后销数日旺，售票愈多，约计岁可得十馀万元。现在赈务虽将次办竣，而饥馑之馀，民气未纾，冬赈尤不可缓。江宁司库久已空虚，向之所赖拨接于各局者，又因提备要需，实已毫无馀款，与其留此漏卮，授与外人作无形之销耗，何如持不禁之禁，收回馀利，犹可以赡贫民。势以利导，法贵因时，以后即拟改作冬赈名目，准该商专办六年，其预缴按厘洋五万元，应照广东闱姓章程，准于尾年扣还”等情前来。臣覆加察核，该司道等系为塞漏卮、筹冬赈起见，且系援照粤东闱姓成案，权宜仿办，尚属可行。

除咨总理衙门、户部查照并饬该司道派员认真稽察勿任稍滋流弊外，理合附片具陈，伏乞圣鉴训示。谨奏。

自强军兵丁查无告假潜逃事情折光绪二十五年七月十二日

奏为遵旨查明自强军兵丁委无相率告假各情，并严定钤束章程，恭折覆陈，仰祈圣鉴事：

窃臣承准军机大臣字寄：“光绪二十五年六月初七日奉上谕：‘有人奏，江南自强军营中军士，往往相率告假，潜赴胶州，应德人之募，请饬严定营规，重惩逃兵等语。江南自强军练习洋操，军需甚巨，所期操演纯熟，成一枝劲旅。所奏该营兵勇，相率告假各情，是否实属，着刘坤一详查具奏，并将该军营规大加整顿，饬令一律取具保结，严加钤束，总期练成一兵即得一兵之用，如有潜逃情事，即行随时查办，以肃军律。原片着抄给阅看。将此谕令知之。’”钦此。当经恭录咨行总统自强军江南提督李占椿钦遵查办去后。

兹准该提督覆称：“自上年三月接统自强军以来，督率训练，无间寒暑，并迭次严饬各营哨官，操练宜勤，军令宜肃，尤须严束兵勇，不准擅自出营。惟人数既多，开革事所恒有，凡久病旷操者，即行革退，其干犯营规不遵约束者，轻则责惩，重则斥革，均系随时查办。若如原奏所称：'军士相率告假，一次多至二三十人或七八十人，潜赴胶州'等语，委无其事。惟有懔遵谕旨，大加整顿，严行约束，并于入营保结之外，再饬加具妥保切结，如有潜逃情事，严拿究办"等因。咨覆前来。

臣查自强一军，练习德操，整齐纯熟，实为江南大枝劲旅。提臣李占椿治军严肃，威望素孚，为军士所畏服。上年十一月间，曾经拿获逃勇周登标，电经臣饬令正法有案，稽查尚属认真。兹复饬令各营兵丁，于旧有保结之外，加取妥保切结，办法尤为周密。惟是该军马、步、炮队十一营，共计三千馀人，因事黜革，在所难免，以一营一二人计之，合计则有一二十人。胶州距沪较近，外洋军饷又视中国为优，被革兵丁出营后，私往应募，此弊不可不防。臣再四思维，嗣后凡斥革之兵，应即发交地方官递解回籍，严加管束。其因久病等项请假者，验明交保，勒限回籍，到籍后由地方官报明，并随时查察，如逾限仍未到籍，即惟原保是问。似此严定章程，庶足以资钤束而杜弊端。

除咨行查照办理外，理合恭折覆陈，伏乞皇太后、皇上圣鉴。谨奏。

筹防前项实销请一并照准片

再，南洋筹办防务，所有十四、五、六、七等案造报用款，迭经臣先后奏报，并咨请各部核销，除户、工二部均已分别准销，并兵部销款已奉议准不计外，其删查各款，现准兵部咨会应行补奏等因，自应遵照办理。臣查普陀、平安、平镜等船，奉差往来，无一息之停，未便与龙、虎炮船暂减之数相提并论。且所定饷项，已属从省，委难再减，其辰、宿、列、张四鱼雷艇，月支各项，考核再三，始行酌定，实未浮多，难再减删缘由，前已咨部，应请照销。又外洋运华军火等项水脚保险，不能概照一五成之数核销，经北洋奏准有案。前因中、日构兵，北洋曾按三成支给东征粮台，又按三成五请销，均经兵部核覆照准。而南洋最多者，仅支二成五，亦有不及一成五者，实较北洋为廉，应请查照办理，以免两歧。且系与外洋交涉之款，久经支领，亦无从再议追缴，致失怀柔远人之意。他如电报、车价、船脚等款，前已缮折登覆，应请查照准销，以清款目。合无仰恳天恩，俯念款系实用，将十四、五、六、七等案销款，饬部一并准销，俾免巨款久悬，历案亦得以清结。至十五、六两届登覆各折，已送存兵部在案。其前次发还十四案登覆一折，仍令录送。又十七案内删查各项，请仍查照册列原数分别核覆，准销完案。

除咨部外，谨附片陈请，伏乞圣鉴。谨奏。

力疾销假折光绪二十五年七月十八日

奏为微臣力疾销假，恭折仰祈圣鉴事：

窃臣前因衰病难支，奏恳开缺，于本年六月十八日钦奉懿旨："赏假一个月，毋庸开缺，并赏给人参四两，俾资调理。"等因，钦此。圣慈下逮，至渥极优，业经缮折叩谢天恩在案。

一月以来，加意调治，头晕渐见轻减，饮食亦较前略增，惟所患耳疸、乳核、痔漏等证，仍未痊愈，步履尚难如常。据医家云，年衰气虚，湿热内蕴，必须清热利湿，兼补气血，徐徐调治，方可见功，非一时所能奏效。伏念臣渥蒙慈眷，浃髓沦肌，敢不殚竭馀生，仰酬高厚生成于万一。谨即力疾销假，照常办公。

理合缮折具陈，伏乞皇太后、皇上圣鉴。谨奏。

吴淞官地暂设公司召售折光绪二十五年七月十八日

奏为清查吴淞官地，暂设公司，出名召售，以杜抑勒而裕款项，恭折仰祈圣鉴事：

窃查上海吴淞一带，滨海沿江，历年涨出滩地，皆系繁盛冲要地方，久为市侩、地保隐匿，私租私售，每滋轇轕。经前署督臣张之洞委员设局清查，召售变价，归还纺织局纱机垫款，均经奏明在案。上年春间，吴淞自开口岸，奏准总理衙门咨行，作为江海关分卡，即经关道会同税司勘定界址，自炮台迤南，以迄牛桥角，作为通商场，准各国商民公共居住。维时旅沪各商，争往觅地，议购纷纷，硗确悉变膏腴，价值日益腾涌。所有通商场内官地，先经淞沪铁路公司将海滩繁要之处，圈为建造车栈、码头等用，拟照官定价值，每亩给银五十两，往返争执，议售未谐。洋商闻之，亦耸领事属其驻京使臣，向总理衙门援案抑勒平价给领。臣维彼族觊觎吴淞，已非一日，今幸自开商埠，不能占我要隘，必思挠我利权。若援津、汉辟界章程，各开专界，照发官价，不但菁华悉为所夺，商民田地买卖，所失不赀，抑且淞、沪用费，纱机垫款，弥复难于挪借。经臣通盘筹画，檄饬道员沈敦和、知府许宝书等，在吴淞设局清查，统将海滩新涨营台旧基，以及官荒地亩，丈勘明确，详定等差，分为四等拟价，密托公正商人，出名认领，设立兴利、恒源两公司，挂牌注册，陆续将地变价，酌提酬劳外，馀利悉以归公。并派该员就近兼管，一切章程，亦经禀定有案。事机周密，外人莫测端倪，是以倭、德官商，领购官地，均照公司定价办理。嗣后英商、俄商，啖以重价，欲将商场官地全数领购，该公司恐其独擅利益，密电上陈，峻拒其请。用是华商不能把持，洋商无从抑勒，相率观望，以致民田官地，报售寥寥。约俟沪宁铁路告竣，江海关货厂税卡开办有期，商货一经流通，地价必然翔贵，则公司官地变价，亦可集成巨款，暂济要需。将来部拨各处埠费解清，仍可归还纱机垫款，于公家不无裨益。现在沈敦和因案革职遣戍，另委道员沈瑜庆驰往接办工程清丈事宜，并饬密谕公司商人妥慎经理，勿以事经更替，稍涉张皇，致贻人以口实。

除纱机垫款、淞埠用费，应俟事竣分案奏报外，所有吴淞官地暂设公司召售缘由，理合恭折具奏，伏乞皇太后、皇上圣鉴。谨奏。

裁撤学堂商局节省公项片

再，江南高等、练将两学堂及上海商务局，前经钦差查办事件大臣刚毅会同奏请裁撤，声明每年节省银八万四千两，储库候拨在案。

兹据江宁布政使恩寿等详称："伏查高等、练将两学堂及上海商务局经费，向由筹防、支应两局及江海关道筹拨。前详高等学堂岁可节省银六万两，练将学堂岁可节省银一万八千两，上海商务局岁可节省银六千两，合计三项共可节省银八万四千两，均系查照筹款整数核计。惟查高等学堂原筹款六万两，除每年酌留银一万两，以备游学日本各生旅费，仅止裁节银五万两。练将学堂原筹银一万八千两，在创办之初，不能不宽为筹备。嗣因原款不能源源接济，酌减挑练人数，每年限定额支银七千九百馀两，实无一万八千两之多。又上海商务局每月由金陵支应局拨发湘平银二百八十两，江海关拨发规平合湘平银一百九十两，共计无闰之年，每岁裁节经费银五千六百四十两。统计高等、练将两学堂及上海商务局，每年节省经费湘平银六万三千五百四十两，折合库平银六万一千二百五十二两五钱六分，核与筹款整数悬殊，湘平折合库平亦有不敷。”此系常年备拨之款，现经该司等查明，详请奏明更正前来。

除咨户部查照外，理合附片陈明，伏乞圣鉴，敕部查照。谨奏。

乌龙山添筑炮台安设炮位折光绪二十五年八月十九日

奏为添建金陵乌龙山炮台安设炮位，以固江防，恭折具陈，仰祈圣鉴事：

窃臣承准军机大臣字寄：“光绪二十五年七月初三日奉上谕：‘刘坤一奏崇明及白茆等处地势不宜建筑炮台一折，览奏已悉。既据该督查明，崇明之四滧、六滧逼处海滨，沙质松浮，易于坍塌，白茆口老港、新港距岸太远，均不宜建筑炮台，虚糜薪费，所有该两处添设炮台一节，即着毋庸置议。此外险要各口，仍着该督会商提督李占椿督同苏松、狼山、福山三镇总兵，详细查勘，有无应行添设炮台之处，一面将各该处防务派定队伍，严密布置。其布雷、撤筒等事宜，亦应豫行筹画，毋得稍涉疏虞。将此谕令知之。’”钦此。伏读之下，钦感莫名。当经恭录转行钦遵。

臣维临江筑台，必择形势扼要、洪路相近之处，方能确收实效，不致虚糜薪粮。下游各路炮台，频年以来，几经筹度，一再修改，务求合宜，炮位亦经换用新式，声势联络，尚足以资守御而备不虞。惟金陵乌龙山地方，从前原有炮台，系同治十三年所筑，事属创办，地势既未合宜，炮位亦是旧式，经前督臣曾国荃饬令拆毁。伏查乌龙山在金陵下游六十里，绵亘南岸，六峰并峙，俯瞰大江。该处江面极窄，距北岸仅三四里，第一峰下有小山，土名狮子山，第四峰下有山嘴一处，两矶相距匪遥，共成掎角之势。山后之陆路，可直达省垣之太平门，与老虎山、钟山鼎足而立，形胜天然，实为金陵一路最要门户。今老虎山、钟山已有炮台，则乌龙山炮台断不可少。即经檄饬统领亲军大同镇总兵刘光才、两江营务处陶森甲、办理筹防局道员唐际昌等会同查勘，按照该处山势建筑炮台，分别配设后膛大炮，拟在第一、第五、第六等峰各安大炮一尊，第二、第三、第四等峰各安大炮两尊，左右旋击，兼顾陆路。又第一峰下狮子山安炮三尊，第四峰下山嘴安炮两尊，相辅而行，尤为得势，有裨江防。共需炮位十四尊，现在机器制造局存有自制二百五十磅子后膛大炮二尊，一百磅子快炮二尊，并吴淞折存之一百八十磅子水力机器后膛炮一尊，一百二十磅子克鹿卜后膛炮三尊，焦山折存四十磅子后膛炮六尊，堪以拨用，毋须另行购办。其山后并应筑堤，安设前膛炮数尊，以防后路抄袭。估计建台、安炮以及子药、兵房、购地、运脚各项经费，约需银二万七八千两，即于南洋防费项下动支，核实造报。仍俟工程告竣，再行酌添弁勇，请拨防营，俾资驻守等情，详请奏咨立案前来。

除分咨总理衙门、户部、兵部、工部外，理合恭折具陈，伏乞皇太后、皇上圣鉴训示。谨奏。

粮道三运期满给咨引见片

再，定例粮道督押漕米抵通交兑全完，如届三运，应行给咨，随漕赴部引见。江安粮道吴重憙，于光绪二十三、二十四两年，督押江北漕米河运，扣至二十五年河运抵通交清后，已届三运全完，业经臣缮给咨文，饬令于本届漕运完竣，就近赴部引见在案。

惟查近年以来，东省河道失治已久，漕船行驶，拽磨牵挽，倍极艰辛，南北两运口，淤垫日深，出运入黄，出黄入运，尤形棘手，与办理海运，劳逸迥不相同。该道吴重憙精心筹画，竭力经营，每至浅滞难行之处，莫不随地随时相机设法，以利漕行。虽值盛暑，必躬历河干，督率催趱，勤慎将事，劳瘁不辞，而米石务求干洁，经费务求节省，朴诚明干，尤能事事认真。臣每于接见时，觇其言论，该道志趣正大，体用兼赅，于吏治民生确有心得，更不仅以漕运一端见长，实为干济之才，足膺艰巨之任。臣既知之有素，不敢壅于上闻。

谨附片具陈，伏乞圣鉴。谨奏。

奸商倒骗存款拟照例严办折光绪二十五年八月二十日

奏为奸商虚设公司、行铺，倒骗存款，有碍商务，拟照京城钱铺定例，分别办理，恭折仰祈圣鉴事：

窃臣前据上海商务总局绅董呈称："近来市面日紧，倒闭之局愈出愈奇，以有挟为护符，以延讼为得计，甚至朝集股本，暮即卷逃，昨方下货，今已移匿，栈单房契，轻赍远遁，于是倒盘贬价，弊端百出，贻害无穷，请奏明照骗人财物律例办理。”当经咨准户部抄录刑部律例，咨覆查照奏明办理等因。

又饬经据署江苏按察使朱之榛详称：“嗣后商民开设公司、钱铺，即援照京城钱铺定例，无论新开、旧设，均令五家联名互保，报官存案。如有侵蚀倒闭商民各款，由地方官立拿监禁，分别查封寓所资财及原籍家产，勒限两月全数完竣，起意关闭之犯，枷号两个月，杖一百，折责释放。若逾限不完，无论财主、管事人及铺伙侵吞赔折，统计数在一百二十两以下者，照诓骗财物律，计赃照窃盗论罪，至一百二十两发附近充军，一百二十两以上至三百三十两发近边，六百六十两发边远，一千两发极边足四千里充军，一千两以上发黑龙江安置，仍照章发新疆种地当差改发极边足四千里充军，到配后加枷号三个月。一万两以上，拟绞监候。均勒限一年，追赔全完，枷责释放。不完，再限一年，追赔全完，死罪减二等定拟，军流以下仍枷责发落。若不完，军流以下人犯即行发配，死罪人犯再限一年，追赔若再不完，即永远监禁。所欠银钱，勒令互保均匀给限代发，免其治罪，仍咨行本犯原籍，于家属名下追偿。如互保不愿代发，或限代发未完，拘拿到案，照准窃盗为从律减一等，杖一百，徒三年。其互保代还银钱，如本犯于监禁及到配后给还者，军流以下即行释放，死罪人犯减二等发落。若互保同时关闭，一并拘拿监追，照前治罪，未还银钱，仍于各犯家属名下严追给领。其有虚设别项行铺，侵蚀商民各款，情节相似者，亦即照此办理。”详请核奏前来。

臣查奸商市侩，虚设公司、行铺，招徕客商存款，希图倒骗巨赀，自开自歇，席卷潜逃，恃为得计，而存款之户，既已罄其财产，甚且酿成命案，近来迭有所闻，殊于商务大局攸关，尤于平民生计有碍，若不申明例章，严定办法，不足以示儆戒。

除咨部立案外，所有公司、行铺倒骗存款，拟照京城钱铺定例办理缘由，理合恭折具奏，伏乞皇太后、皇上圣鉴训示。谨奏。

教士助平逆匪请赏五品顶戴片

再，安徽太和县与涡阳、亳州壤地相接。上年冬间，匪势披猖，官绅勇练，奋力堵御，所用多系土枪，子药又复不足。该县淝河口法国天主堂教士舒复礼，借助后膛洋枪，并帮同照料，俾得利器攸资，遏匪西窜之路，实属深明大义。所有出力员绅，现经臣奏请奖叙。合无仰恳天恩，俯准赏给该教士舒复礼五品顶戴，以昭激劝之处，出自鸿施。

谨附片陈请，伏乞圣鉴训示。谨奏。

北洋军米请饬分省购办片 光绪二十五年九月二十八日

再，江苏偏灾屡告，米缺价昂。上年五月间，沿江一带，贫民聚众攫米之案，层见叠出，几至酿成事端。迭经严饬各属办理平粜，并饬司筹借款项派拨轮船，赴江西等处购米十馀万石，运来江宁接济，地方始得安谧，而民间食贵，已觉困苦难堪。本年夏间，旸雨应时，禾苗丰茂，可望有秋，粮价较前渐减。讵意收获之际，雨水过多，连宵达旦，低洼之处，多被淹没，秋成顿形减色，米价亦因之递增。又以近日各处纷纷采运，益见飞涨，浃旬之内，每石加价洋银一元以外，小民已觉为难，来春青黄不接之时，更宜豫为筹计，不得不酌定限制，俾免缺乏之虞。

伏思武卫五军及北洋淮练各军，拱卫京师，非他处防军可比，允宜源源采购，俾资饱腾。惟是需米甚多，似应酌定数目，分向江苏、安徽、江西、湖北等省购办，以期无碍民食。又准北洋大臣裕禄咨：北洋淮练各军采买食米，奏准照武卫军一体免完税厘等因。查江苏省拨款浩繁，全赖税厘以资挹注，所收厘税，向以米谷为大宗。今北洋军米，业经一律奏准免纳，收数已不免短绌，自应认真稽查，以杜夹带影射之弊。究竟各该军每年需用食米若干，某军赴何省采买若干，亦应由该大臣先行查明，开单咨会，并严饬该委员经过关卡，务须遵章，听候查验，庶可稍资稽考。以上两端，臣为体恤民艰、维持税厘起见，合无仰恳天恩，饬下节制北洋各军大学士荣禄、北洋大臣裕禄一体查照办理。

除分咨外，谨附片陈请，伏乞圣鉴训示。谨奏。

会剿徐州刀匪片

再，江苏徐州府属之丰、沛、砀山等县，均与山东壤地毗连。本年七月，东省刀匪有纠众闹教之信，丰县、砀山两处，二十二年间，曾有刀匪滋扰，经该兵团击退，时思报复，防务尤应加严。当经徐州镇总兵刘青煦、徐州道桂嵩庆饬派营官熊长春、游击何迪华，分带防练各军，驰赴丰、砀，会同地方文武，严密布置，保卫教堂。七月二十日，突有东省匪首陈宝濬、孟继礼率党三四百人，由沛县郝集窜至丰乐村、八里屯一带，抢掠教民牲畜，并将丰乐村旧堂学屋门窗毁坏。该镇道接据县禀，即飞调熊长春、何迪华由砀赴沛，并加派营官李辅勋、铭军营官陈凯，各率马队，星驰往剿。该匪等闻风遁回东境。正在筹商会剿间，该匪复于二十五日，自谷亭、阎家集分作两股回窜，一由城子庙窜杨官屯，一由三河尖窜郝家集，每股约三四百人，蜂拥而至。适新兵右营帮带刘正廷前往龙堌集侦探，得信后即会同铭军马队哨长周万春及徐州马小队管带高文声，各带队伍，驰至杨官屯，与由城子庙窜来一股，会遇接仗，登时格毙十馀名，生擒十九名，匪势奔溃。何迪华、熊长春闻信进剿，行抵张庄，与刘正廷相值。而该匪由三河尖窜郝集一股已从东、西刘庄抢掠而来。何迪华虑其突前劫犯，即将悍匪十五名先行正法，其馀四匪派兵解回县城，一面整队迎击。该匪见势不敌，东窜丰乐村，突入唐团，强闭圩门拒守，团勇李安祥、赵法其拦捕，立被轰毙。时何迪华等跟踪追至，督队环攻，匪众弃械越圩逃遁，我军开枪轰击，毙匪九名，生擒五名，讯明正法。复于圩内搜获一名，解县收审。馀匪四散，搜捕无踪，地方安谧如常，人心大定。当饬李辅勋、陈凯先后回徐，仍留何迪华、熊长春暂住沛县，期与东省会捕。讯据获匪供称，匪首陈宝潽、曹守赍即曹鞋均单县人，孟继礼钜野县人，是否遁归，尚难指实。据该镇道禀报前来。

除饬赶紧购线严拿务获惩办，其沛县被抢各教民，勘明抚恤，旧堂被毁门窗，一律修整，并将所获匪犯讯供解办，一面咨会山东抚臣饬属会同严缉外，理合附片具陈，伏乞圣鉴。谨奏。

请饬铁路公司认解息银备还洋款折

光绪二十五年九月二十八日

奏为洋款数巨期迫，铁路总公司拨用款项本息无着，请旨饬催，以免贻误，恭折仰祈圣鉴事：

窃照前署两江督臣张之洞，在江南息借瑞记洋款英金一百万镑，订立合同，分作二十年还清，前五年只付全息，第六年起分还本金及馀本应得之息，并经先后奏明，前项借款，五年以内分派摊还，五年之后还数较巨，现于借款内，提出银二百五十万两，备造苏沪铁路，计彼时路已造成，岁可提馀利银二十万两派拨应付。臣于光绪二十二年回任后，当即遴员前赴北洋察看铁路并抄录章程，一面派员履勘苏沪造路基地。正在经营筹办间，接准户部来电："吴淞至上海铁路已归盛宣怀办理，前项存款二百五十万两，应拨交该京卿备用"等因，遵即如数解交督办铁路总公司大臣盛宣怀接收。并由臣电明户部，瑞记洋款，指明以此项铁路馀利凑还，现既归该京卿接办，应照案提还馀利。此系现存之款，苏沪之路，自应即办，不宜移用别处，致将来还款为难。旋准户部咨覆："自应照案将馀利银两，提出备还洋款，此款专作该处铁路之用，况关系瑞记还款，尤应先造，不得延缓，飞札该京卿遵照"等因各在案。

以现成之款，造指定之工，该京卿果能遵照部咨办理，路工固计日可成，馀利亦操券而得。乃历时三四年之久，所造铁路，仅止淞沪一段，计程不过数十里，且轨道南不及淞，北不及沪，尚是未竟之功，中外商民，咸称不便。臣以此项攸关洋款，迭次电牍咨询，并催解息银。该京卿始则谓铁路未行之先，赔利亦不能多，继则谓路利渐裕，如数拨解，终则谓部款续到，即行提还，一味宕延，毫无实际。经臣再四驳覆，后竟置之不答。查瑞记一项，来年十一月即届本利兼还之期，共需英金九万馀镑，约合银七八十万两，二十七年以后，每岁约需十二万馀镑，为数尤多。债期踵至，何以应之？前项银二百五十万两，若仍存洋行生息，尚可借资凑付。乃自拨归总公司，迄今数年，不惟无铁路馀利可分，即应认月息，亦从未解过分文。江南此款，本由称贷而来。该京卿综揽利权，臣实无从深悉其底蕴，惟置奏案于不顾，视部文如弁髦，徒令江南为之筹本筹息，罗雀掘鼠，年复一年，该京卿受恩深重，素有精核之称，当不应膜视至此。果为力所能支，臣仍必腾挪因应，无如江南各库早已搜括靡遗，年来艰窘情形，有非言词所能殚述，委属垫无可垫，筹无可筹。洋款一经到期，丝毫不能短欠，万一贻误，失信外人，有碍大局，臣实不敢当此重咎。总之，南洋之款，系指造苏沪铁路，铁路之利，系指还瑞记洋款。既未造路，即应认息，本利皆恃此取偿，万不能虚悬无着。相应请旨饬下盛宣怀，将南洋拨款二百五十万两应付三年息银迅速解清，以后源源拨解，备还洋款，以符原案而应急需。

除分咨外，理合缮折具陈，伏乞皇太后、皇上圣鉴。谨奏。

拨解骁骑营枪炮子弹片

再，骁骑营王大臣奉命督练八旗兵丁，需用枪炮教练，商准由南洋酌拨金陵局造之两磅后膛熟铁过山炮三十二尊，配子一千六百颗，九响后膛毛瑟枪三千枝，配弹九十万颗。续准来咨："即将此项枪炮子弹什物零件，派员运解，并选择熟悉枪炮教习匠弁，随同来京"等因。当经饬令军械所，如数拨齐，并派拨兵轮遴委江苏补用知州汪乔年管解，由海道装运至津，解赴骁骑营交纳，并选派教习一名，工匠二名，随同北上，应需剥运及一切用费，由江南筹防局拨发济用，汇案造报。

除咨部查照外，理合附片陈明，伏乞圣鉴。谨奏。

拨付北洋荆州川省枪炮片

再，前准北洋大臣裕禄咨，北洋添练新军兼办团防，需用军械繁多，局存不敷分拨，请将南洋所存各种枪炮，酌拨若干，以资应用，又准荆州将军祥亨咨，请拨江南毛瑟快枪千杆，以资操练各等因。臣查北洋为近畿门户，各军拱卫京师，荆州据长江上游，操防亦关紧要，均应不分畛域，匀拨济用。当经饬据金陵军械所酌拨德国小口径五响毛瑟枪二千杆，配弹一百万颗，九响毛瑟枪二千杆，配弹一百万颗，九响毛瑟枪二千杆，配弹四十万颗，前膛马枪四百杆，曼利夏后膛马枪二百杆，配弹六万颗，六生特过山快炮七尊，配开花弹一千颗，铜五件一千副，蒲萄弹一千颗，药袋二千个，拉火二千枝，交由北洋委员试用同知戴绪适等领运回津。又酌拨大小径毛瑟快枪一千杆，配弹五十万颗，交由荆州旗营委员佐领忠全等领运回荆。又四川督臣奎俊前在江苏巡抚任内，奏明由江南各局拨取各项枪炮，以为川省改练新操之用，业经该督臣先于苏省军装局拨取毛瑟连珠枪二千五百杆，弹五十万颗，马梯尼枪五百杆，弹五万颗，呍者士得马枪六十杆，弹一万八百颗，江南机器局拨取十二磅子陆路车轮快炮八尊，开花弹八百个，铜螺丝击火八百个，军装药铜壳一百六十个，碰火铜引八百个，无烟药三千磅，炸药四百磅，三磅子陆路车轮快炮十二尊，开花弹一千二百个，铜击火一千二百个，装火药铜壳四百八十个，碰火铜引一千二百个，无烟药三百磅，炸药三百磅，功字枪药一百磅，毛瑟枪子装药机器十副，快炮铜螺丝击火二百个，带赴川省应用在案。兹又准该督先后电咨，前存未运九响毛瑟快枪三千杆，并需子弹六十万颗，又两磅后膛过山车炮十尊，实心弹二百颗，开花弹三百颗，铜六件三百副，铜管拉火五百五十枝，派员前来领解，并经臣饬据金陵军械所陆续拨交该省委员补用都司何正修、候补知县李桦等领运回川济用。

除咨部查照外，谨附片具陈，伏乞圣鉴，敕部查照。谨奏。

沛县民建专祠岁祀故员唐守忠片

再，已故五品顶戴州同衔平阳屯屯官唐守忠，于同治四年，因贼匪窜至湖团地界，带团抵御，力竭捐躯，其次子附生唐锡彤、族叔千总唐振海，被执不屈，同时遇害，经前督臣曾国藩奏请优恤，建坊立传。光绪十三年，复经前督臣曾国荃奏请，于该县地方捐建专祠，由地方官春秋致祭，并将唐锡彤、唐振海一并附祀，奉旨允准各在案。

兹据江宁布政使恩寿详称，业由团民在沛县唐团地方捐建该故员唐守忠专祠一所，于光绪二十四年三月中旬落成，并未动用公款，详请具奏列入祀典前来。臣覆核无异。

谨附片陈明，伏乞圣鉴，敕部查照。谨奏。

遵查吴家正参款折光绪二十五年九月二十九日

奏为遵旨确查，据实覆陈，恭折仰祈圣鉴事：

窃臣承准军机大臣字寄："光绪二十五年八月初五日奉上谕：'有人奏，松江缉私统带吴家正，本年六月间，阑入浦东内地缉私，以致枪毙二命等语。着该督等确查参办。原片着抄给阅看，将此谕知刘坤一，并传谕聂缉椝知之。'"等因，钦此。当经檄饬江苏臬司遴员密查禀办去后。

兹据署理江苏臬司朱之榛派委候补通判任汝霖前往上海浦东一带，按照原参情形，逐层访查明确。如原奏："松江府属滨海，居民煮盐为业，定例盐场三十里内不准缉私，乡民肩挑步担，在所不禁。场地皆在黄浦江之东，缉私巡船只准在浦中巡缉，不得阑入浦东内地，借端滋扰”一节。查松江府属上海、奉贤交界地方，滨海产盐场地在黄浦江之东，是以内河盐场，内地乡民肩挑步担，向所不禁。光绪二十五年春间，经商陈宝珩、引商顾元兴等，于原认课额外，加增正帑课五千四百馀引，举办食销。因上海租界私盐贩自浦东，拟在浦东一带设巡，以清其源，禀由浙江运司详经前浙江抚臣廖寿丰咨准前江苏抚臣德馨，饬令管带盐捕营缉私左营吴家正兼巡有案。是吴家正巡缉内河，系属遵札办理，尚非越境阑入。

又原奏：“本年六月间，巡船在浦东内地缉私，见乡民步担食盐，上岸兜拿，旁观不服，群起哗阻，营勇始扬帆退去，行经陈家行，见众随不散，放枪轰毙二命，受伤惊仆者甚众”一节。查本年六月间，吴家正饬派巡船四艘，巡至浦东裕伯题桥，见肩担私盐络绎而来，巡勇上岸兜拿，私贩分路逃逸，撩弃私盐九担，即雇就地民人挑送下船，因争挑钱多寡，互相口角，哄动两岸居民，其中好事之人，帮同争索。巡勇恐生事端，将船开行，岸上众人跟随哗噪。该巡船正欲驶过陈家行桥洞，众复抛掷砖石。舱长吴宪鸿情急，向空连放洋枪，意图吓退。适民人汪五观、凌元观被枪子误伤殒命，并张堂堂等三人一并受伤。嗣经尸亲以天气炎热，尸难久停，不愿报官相验，求给抚恤，自行棺殓，尚非吴家正吓阻不报。张堂堂等三人，亦因受伤轻微，各自谋生他往。旋经松江府访闻札饬上海县查传，即据吴家正将吴宪鸿送县审讯，并非徇庇不办。

又原奏：“吴家正本系私枭，投效营伍，所带巡勇皆其旧党，素以巡辑为名，到处聚赌，劫掠勒赎之案，层见迭出”一节。查吴家正投效军营，历保游击，其管带盐捕水师，已十馀年，颇称得力。所带弁勇时有更换，并非旧党，亦无聚赌滋扰情事，更无劫掠勒赎案据。原奏所云，似系传闻之讹等情，禀由该署臬司详请覆奏前来。

臣覆加察核，吴家正被参各节，虽据查无实据，或事出有因，惟营勇放枪，误毙平民二命，遽听尸亲不愿报官，遂不移县验讯究办，究属非是，相应请旨将管带浙西盐捕水师左营候补游击吴家正摘去顶戴，以示惩儆。至该商等既增引课，浦东一带缉私，自不可少，然只可往来梭巡，不得驻扎，俾顺舆情。

除札饬遵照，一面饬令臬司将命案凶犯速审确情，另拟详办外，所有查明吴家正被参缘由，理合会同江苏巡抚臣鹿传霖恭折覆陈，伏乞皇太后、皇上圣鉴训示。谨奏。

林朝栋治军海州未克赴闽片

再，臣承准军机大臣字寄："光绪二十五年九月初九日奉上谕：'福建为海疆要地，团练一事，亟应实力举办。候选道林朝栋，现在南洋差委，着刘坤一传知前赴闽省办理团练。'"等因，钦此。自应钦遵办理。惟查该员林朝栋现统栋字等营驻扎海州、赣榆一带，该处距胶澳甚近，与日照毗连，地势极为扼要，屡有外国兵轮在各该海口游弋驻泊，并测量水道，居心叵测，亟宜严为之防。经臣奏准，添募勇丁三营，以资扼守。就该处情形而论，三营实尚觉单薄，只以限于饷力，不得不从缓议增，全赖将领得人，方足以少胜众。林朝栋晓畅戎机，胆识并茂，是以派委前往，招致旧部，选募精壮，实力操防。目下业已成军，正在妥定章程，认真训练，似未便遽行更易。合无仰恳天恩，俯准该员仍在江南统带勇营，俾臣得收指臂之效。其福建团练一事，由臣咨会闽浙督臣许应骙，另行派员举办，伏候圣裁。

谨附片陈请，伏乞圣鉴训示。谨奏。

南洋劝捐员绅请奖折光绪二十五年九月二十九日

奏为南洋华商报效江苏、山东工赈银两，业已缴清，请将劝办出力员绅，酌给奖叙，恭折仰祈圣鉴事：

窃于光绪二十四年十二月十四日奉上谕："李鸿章、刘坤一、张汝梅奏，出洋华人报效工赈巨款，恳恩给奖一折。本年山东、江苏地方，连被灾歉，需款浩繁，据道员李征庸等禀据南洋各埠华人李戴清等电称：'约集出洋经商华人，报效山东、江苏工赈银各二十万两，共银四十万两'等语。李戴清等身在外洋，心存乡国，慨捐巨款，实属深明大义，有裨时局，着准其按照银数给奖实官，以示优异。"等因，钦此。当即转行钦遵，派员将前项报效银两，分运起解济赈。一面查造各捐生履历，分起咨奖，现已结报完案。

查赈捐久成弩末，专恃衔封、贡监，所捐无几，非收集巨资，无以应急。上年冬间，江苏、山东被灾地方宽广，待赈孔殷，迭次蒙恩拨帑截漕，并本省、外省劝募赈济。无如灾黎甚众，为日方长，深恐未能普遍，幸经道员李征庸、洪恩广分派委员驰赴南洋商埠，竭诚谆劝。旋据李戴清约集出洋经商华人，公同报效银四十万两，先行垫解分济。方工赈万难措手之时，得此巨款接济，于灾区深资利赖，饥民全活甚多。各该委员往返重洋，先则多方劝办，继则解款络绎，始终在事出力，其劳绩诚不可泯。查直隶前次办理赈捐出力人员，系按劝捐银二万两保奖一员有案。今前项报效工赈银四十万两，既经结报完竣，自应照章请奖，以昭激劝。谨择其尤为出力者二十员，拟请给予升阶、升衔，核与寻常劳绩章程相符，所保员数，按照银数给奖之案，亦无浮滥。据直隶候补道洪恩广开单详请具奏前来。臣等覆核无异。

谨将拟保各员衔名，缮具清单，恭呈御览。合无仰恳天恩，俯念该员绅远涉重洋，劝捐赈济，着有微劳，准予照拟给奖，以示鼓励。

除饬取该员等履历另行咨送吏部查照外，谨合词恭折具陈，伏乞皇太后、皇上圣鉴训示。谨奏。

出洋华商绅董集捐请奖片

再，出洋华商报效江苏、山东两省工赈银两，经劝出力各员绅，业经恭折奏请奖叙。查前项报效银两，系由出洋华董盐运使职衔监生李戴清首先倡议，激厉众商，用能同心向义，集此巨款。该职员羁迹外洋，心存乡国，拳拳忠爱，尤能以信义号召同人，钦奉谕旨，嘉其“深明大义，有裨时局”，是其劝捐最为出力，已邀圣明洞鉴。惟系盐运使职衔，无可拟保，应如何给奖之处，出自特恩。

谨合词附片陈请，伏乞圣鉴训示。谨奏。

洪恩广办赈勤劳恳交军机处记名片

再，直隶候补道洪恩广，供差天津，历办各省赈捐，勤劳懋著。上年江苏淮、徐、海等属灾重款绌，经臣坤一委办劝捐事宜。该员首先筹垫银一万两，并多方筹集巨款，复转劝出洋华商，竭诚报效，统计不下数十万两。实心实力，百计经营，急公好善之忱，孜孜焉如治家事，洵属异常出力，于时局裨益匪浅。该员志趣向上，识量恢宏，勤奋从公，历久不懈，实为监司中出色之员。合无仰恳天恩，交军机处存记，量予简用，出自逾格鸿施。

臣为奖劝人材策励在事起见，谨附片陈请，伏乞圣鉴训示。谨奏。

奏疏卷三十二

遵旨筹办江防折光绪二十五年十月二十日

奏为遵旨筹办江防情形，恭折具陈，仰祈圣鉴事：

窃臣承准军机大臣字寄："光绪二十五年五月十六日奉上谕：'刚毅奏，长江防务紧要，水师兵单，不敷分布，请饬沿江五省督抚，不分畛域，节节设防，以期首尾相应等语。长江江面辽阔，港汊纷歧，现值多事之秋，亟宜加意严防，以杜窥伺。着刘坤一、张之洞、德寿、邓华熙、松寿、于荫霖、俞廉三会同妥商，各派得力将领，择要驻扎，严密设防。该督抚等务当不分畛域，联络一气，庶几缓急可恃，仍将筹商布置情形，先行具奏。'"等因，钦此。仰见圣主慎固江防有备无患之至意，跪诵之下，钦服莫名。

当此时局多艰，强邻环伺，意大利国又以兵舰往来游弋，飘忽靡常，居心尤为叵测，自应严密防御，以备不虞。苏省为长江尾闾，实上游数省关键，情形更为吃重。各处要隘均已驻有防军，惟迭经裁减，改营为旗，兵力实觉单薄，而饷项奇绌，又未敢遽行议增，不得不就现有人数妥筹布置。一面分咨上游各省豫为筹画，万一有事，应即钦遵谕旨，不分畛域，酌派勇营，驰赴下游助剿，以收敌忾同仇之效。盖门户既固，堂奥自安，此一定不易之理也。

各路防军炮台，均饬昼夜戒备，并将子药宽为拨发，俾资应手。檄调各兵轮、蚊船、雷艇驻泊江阴一带，依附炮台，相机守御，并饬苏松镇总兵陈旭乘坐兵轮驻吴淞口，密觇意舰举动，随时电告。南石塘外高坡添设炮台，以防敌由吴淞口登岸。复调苏防三营分扎浏河、浒浦，会同福山镇勇练以防下游南岸。调前驻刘海沙之合字一旗移扎任家港，会同狼山镇勇练以防下游北岸。又以金山卫地方与浙江乍浦毗连，亦关紧要，抽调扬州之南字二旗驰往扼守，先在吴淞口驻扎，相机进止。而以长江提臣黄少春所部江胜军三千人为大枝游击之师，何处有警，即行前往策应。至长江水师船只，诚难与兵舰争雄，然以之防守港汊，若遇敌人乘放舢板希图登陆，此项师船运掉极灵，操练有素，亦足以资抵御。现经商准黄少春，严饬各营妥为整备。并据该提臣面称，长江水师，本系水陆兼操，敌若登岸，亦可跟踪追剿。又准安徽抚臣邓华熙、江西抚臣松寿先后咨覆，各于本省扼要设防，并预备劲旅，闻警驰援，联成一气。湖广督臣张之洞、湖北抚臣于荫霖咨覆，届时酌拨水师，并拨济枪械。似此联络声援，尚足以备缓急。臣受恩至深，责无旁贷，自当殚精竭虑，力任其难，以纾朝廷南顾之忧。

所有筹办江防缘由，理合会同江苏巡抚臣鹿传霖恭折具奏，伏乞皇太后、皇上圣鉴训示。谨奏。

宁藩认解武卫军月饷折 光绪二十五年十月二十日

奏为遵旨详订江宁藩库应解武卫先锋军月饷章程，恭折具陈，仰祈圣鉴事：

窃臣等承准军机大臣字寄："光绪二十五年九月初二日奉上

谕：'荣禄奏募练新军，请将的饷就近存储，以备应用，并拟刊发关防一折。前因淮、徐一带为北洋第一重门户，特令苏元春精练一军，择要屯扎，指拨宁、苏两属筹出银一百二十万两，作为该军的饷。着两江总督、江苏巡抚会同详订章程，务将此项饷需，自奉旨之日起，按期解交宁、苏两藩库专款存储，随时报部，以备苏元春就近拨用，不得稍有延误。此军即名为武卫先锋军，由荣禄刊给关防，以资信守。'”等因，钦此。当即恭录转行江宁、江苏两藩司钦遵办理去后。

兹据江宁布政使恩寿详称：伏查协办大学士兵部尚书刚毅前在江宁、江苏筹提各款，约计共得银一百二十万两。内在苏属办理清赋约增银米各二十万合银六十万两，又苏州善后局节省银一万二千两，应划归江苏藩司筹解。至在宁属加增厘金比较银二十万两，酌提江海关盈馀规元银十万两，镇江关盈馀银一万两，两淮运司节省银一万二千两；督销盐厘掣验各局卡及通州、泰州、海州三分司，板浦、伍祐、草堰、新兴、安丰五场共盈馀银十万八千两，皖南茶厘局盈馀银三千两；裁撤高等、练将两学堂及上海商务局原计节省银八万四千两，嗣经臣坤一饬司确查奏明更正，实共节省湘平银六万三千五百四十两；又金陵城内外保甲局改归江宁府经理节省银二万两，金陵、上海两机器局核减辛工银一万五千两，金陵善后等局节省银四万八千两：以上各款，每年共银五十七万九千五百四十两。今奉拨充武卫先锋军月饷，应由各该司、关、局、卡如数解交江宁藩库，统归该司按月汇解。惟各该司、关、局、卡，或解库平，或解（曹）〔漕〕平，或解湘平，或解规元，平色参差不一，虽经分查，尚未复齐，本难核定实数。而苏元春刻拟招募成军，需款甚亟。通盘筹画，惟有援照金陵防营支应局放饷章程，将前项银五十七万九千五百四十两统作湘平核计，无闰之年，每月摊解银四万八千二百九十五两，有闰之年，每月摊解银四万四千五百八十两。如果将来各该解款平色核有盈馀，另款收存，年终报拨，以资济用而清款目等情，详请具奏前来。臣等覆核无异。

除饬自本年七月分起即照摊定数目，按月拨解，随时详咨户部查考。其苏属各款，业由臣等另行具奏外，谨合词恭折具陈，伏乞皇太后、皇上圣鉴，敕部立案施行。谨奏。

盐政公费抵拨提项片

再，协办大学士兵部尚书臣刚毅会奏酌提江南盈馀并裁减局所折内声明，金陵善后等局每年节省银四万八千两，系由臣酌量分派。内有酌提金陵制造洋火药局银一万两，原因军械所尚有存药，可以暂时减制，俟一二年后再行察酌办理。现在防务吃紧，迭奉电旨饬令严密备御，江、赣一带又经臣奏准添招防营驻扎，需药较多，不能不宽为储备，自应免其提解，照常制造。惟是此项节省银两业经奉旨拨充武卫先锋军的饷，应即另行筹补，俾免亏缺。查有臣前次奏明每年节省公费银一万两，堪以拨给抵用。如此一转移间，于该军饷项并无出入，而于制备军需不无裨益。

理合附片陈明，伏乞圣鉴，敕部查照。谨奏。

绅士加捐巨款请从优给奖折光绪二十五年十月二十日

奏为绅士捐助巨款，照章请给优奖，恭折仰祈圣鉴事：

窃照江苏淮、徐、海等属连年灾歉，饥民待哺嗷嗷，迭次蒙恩拨帑截漕，并开办赈捐以资拨济。惟是灾区甚广，赈务殷繁，全赖地方富绅量力捐输，以辅官款之不逮。兹查有铜山县绅士张景武上年捐赈万金，经臣奏奉俞旨奖给从一品封典，转行钦遵在案。今春徐州荒象并重，该绅感激思奋，情切梓桑，复慨捐银一万五千两，亲赴高邮、宝应一带购买米粮运回，禀由徐州道桂嵩庆派员兑交。义赈绅士严作霖搭放春赈，汇册呈报。据赈捐局司道详请奏奖前来。臣查赈捐章程，凡捐实银至一万两以上者专折奏请优奖。今该绅张景武复捐赈款实银至一万五千两之多，洵属乐善不倦，有裨赈需。伊子廪贡生张开鼎留心经世之学，有志上进，按照新海防例，由廪贡生报捐道员，不论双单月选用，新章八成上兑，需实银一万一千五百馀两，该绅所捐银数核计尚多三千两有奇。合无仰恳天恩，俯准移奖廪贡生张开鼎以道员不论双单月归部选用，以示优异，而昭激劝，出自鸿施。

除咨部查照外，理合恭折具陈，伏乞皇太后、皇上圣鉴训示。谨奏。

淮商邀免岁捐仍准循环转运折 光绪二十五年十一月二十日

奏为淮南商情极困，无力捐输票本，吁恳仍准循环转运，以保饷源，恭折仰祈圣鉴事：

窃臣接准部咨："帑项奇绌，用度不敷，奏准筹款六条，行令两淮各票商查照从前奏案，酌定上中下三则，按年捐输票本一次，如果商情不愿，亦未便勉强，即听旧商告退，另招新商承充。限两个月将办理情形、筹集银数，专案奏报核办"等因，臣遵经札饬运司遵办去后。

兹据两淮盐运使江人镜详："据鄂、湘、西、皖四岸运商云丰恒等联名禀称：伏查光绪六年部奏时艰筹备饷需一折，拟饬商等分上中下三则，按年捐银一次，作为票本。曾将运务、岸务为难实情，覼悉禀陈，当以边防吃紧勉捐银一百万两，奏明准其永远循环在案。迄阅二十年，商力之疲，馀利之薄，捐款之多，银根之紧，种种苦况更有甚于往昔者，谨为披沥陈之：

一，票价实系血本也。查前任盐政曾国藩改票伊始，重厘课而不重票本，其意利归于上而不损下，故恤商以立裕课之基。是以奏定环章票为世业，人始争相购取，一纸万金，而当时原认诸商现已饱橐飏去。商等凑资买票，均于斯时，先后办运，禀准更名。不意托业以来，捐输重叠，休息无时。以历次捐资归入票价，核算血本，奚啻累万。读原奏谓票价不减于前，实则本重利艰，诚恐减价亦无人顾问。一也。

一，积纲苦难转输也。自光绪八年，前任盐政左宗棠以筹饷骤增鄂、湘新引六十票，皖引一百四十八票。时因新商无力承办，仍令商等缴捐分领，亦复给永远循环执照，奏咨立案。嗣于光绪二十一年又经前署盐政张之洞增湘、鄂两岸新引三十票，皖岸一百票，及上年浏阳所加新引十六票，统计前后累加至八万六千七百六十引之多。遂至积纲难清，销疲运滞。原奏谓近年销数较畅，诚未鉴及压纲之困，苦难转输。现查湘岸积二十纲，鄂岸积十七纲，西岸积十纲，皖岸积二十一纲。各岸销售迟速不同，或二十个月、或十五六个月不等。成本占搁，已苦难以转输，若再按年加捐票价，是前困未苏，后累又至，力诚不逮。二也。

一，捐款实苦繁多也。查正供而外，尚有杂捐，输将巨款又无岁无之，固荷皇仁优渥，屡给奖叙，赖此以鼓舞群情。现计光绪六年以后统共捐银将近八百万两，加以运脚、仓租、辛工、剥费无非取诸成本，成本愈重，获利愈微。日用衣食取给于兹，只以引票为世业，循环为定章，剜肉补疮，冀获休养于异日。今再按年加捐，势必顾捐误运，顾运误捐，关系实非浅鲜。三也。

一，市面深虞摇动也。查扬州钱铺殷实可靠者不过数家，市上现银时虑不敷周转，全赖上海、镇江、汉口等处通融挹注。近十年来，钱银两匮，市情异常紧急，各处银号纷纷倒闭，商等一遇征输巨款，动形掣肘，此实市面竭蹶情形。即如上年股票捐项挪缴为难，屡求宽限。今若再捐票本，责以常年，是必跋前疐后，倒欠频仍，一蹶难兴，何堪设想。四也。

且两淮商票散漫，类多畸零小户，甚至有数商合办一票者，近年屡因捐务之重，更名易主，不知凡几。此次甫经奉谕，人心惶惶，欲退票而已之血本无着，欲卖票而人且避之不遑。原奏谓另招新商不患无人，此诚商等所未敢悬拟。况闻去年东洋遣使持照至淮南北游历，遍赴各场研究煎炼，当出药水点卤，立化为盐，且嗤中国人火化为愚者，是其眈眈窥伺之心溢于言表。今如原奏商情如有不愿即听告退等因，斯时设有奸宄闻风暗通消息，外洋乘隙显干，此不仅商等身家性命之微末，实东南财赋全局所攸关。当兹民穷财尽之时，稍一更张，涸可立待。所陈各节固非一己之私借词推诿也。

查光绪十年、十一年两奉部议筹捐票价，曾蒙前任盐政左宗棠、曾国荃先行奏覆有案。在昔已难，何况今日。叩恳详请奏免捐输票本，则商等有生之日皆出自再造之恩，不胜陨越待命之至等情。经江人镜督同总局委员反复开导，晓以大义，勉以急公，至再至三，不啻唇焦舌敝。各该商托业于斯，亦非敢故意推诿，无如成本太重，利息太微，捐输太多，银根太紧，体察情形委实不胜困惫。该司复查商情之进退，全视获利之盈亏。从前捐款不多，一票万馀金，人尚争相购买，近年输纳频仍，本重利薄，各岸票价大减于前，甚有旧商情愿减价出售，而人多徘徊观望，未敢承受者。自奉饬捐票本之文，外间议论纷纭，商情颇极惶惑，姑无论另招新商未必确有把握，且鄂、湘、西、皖四岸为淮南鹾务之大宗，各商办运有年，我国家固有之课厘，岁以数百万计，东南大局所关非细。光绪六年，前署督臣吴元炳奏请免捐常年票本一折有“藏富于国，不如藏富于商，宽恤在一时，正所以备缓急于异日”等语，实为不刊之论。何况今日情形比较光绪六年时又已大异。盱衡大局，察核商情，不能不代为呼吁等情，详请奏咨前来。合无仰恳天恩，俯念商情极困，免其常年捐输，仍准循环转运，以保饷源。

除咨部查照外，理合恭折覆陈，伏乞皇太后、皇上圣鉴训示。

再，淮北各商如何集议，现尚未据禀覆，容催覆到，再行据实覆陈，合并声明。谨奏。

淮商股票请照海防给奖片

再，效准部咨：“两淮盐商报效股票银两，自应查照官员报效之款，一律给奖。应查照官员报效股票银两，按照例定十成银数造册咨部请奖”等因。当即行知运司饬遵去后。

兹据两淮盐运使江人镜详称：“窃据鄂、湘、西、皖四岸运商金永隆等禀：查光绪二十年八月内户部奏请息借商款，行令各直省照办一案。就商等业鹾之江西而论，曾奉劝办，陆续借至银三十一万八千六百两。嗣由职员张福田、朱连元等禀称：‘前借银两，除初期息银已奉筹款发还收领外，现值库款万分支绌，将所有应还本息情愿一并报效’”等情，经前布政使翁曾桂详由前江西巡抚臣德馨奏明，经部核准，援照新海防减成捐例，奖给实官，以示鼓励。以后如有情殷报效借款本息者，亦准其一律办理等因，遵行在案。商等籍隶江西者多曾荷宠锡之殊荣，俾群情之鼓舞。此次股票亦系计息筹还，改归报效，与江西息借改奖事同一律，应恳恩施，查照海防成例，详请奏咨核办。并念原奏系恳查照臣工款数给奖，并未指定例案在户部核照官款一律十成，固为慎重名器起见，而商等愚昧以为臣工报效事属仅见，即十成奖叙，亦属格外从优。至商等则历届助饷、助工、预借、捐赈，输将叠叠，休养难期。际此时事日艰，商困日甚，犹复竭诚报效，若不稍示区别，何足以慰群望而劝将来。况照十成核奖，其有商止一票，票兼数人者，银数不敷，仍不免空负恩荣，独抱向隅之憾。伏读五月二十日邸抄有“御史余诚格奏请民间股息移奖一折，曾奉上谕：‘准行各省体察情形，总期各从其便，不得稍有抑勒。’”等因，钦此。天语煌煌，宽厚之恩，至优极渥。思维至再，惟有据情援案禀求俯念商等竭蹷之诚，殊非官款可比，而情事如一，实有成案可循，查照海防例定减成银数奖给实官，与前部议将来如有情殷报效借款本息者准其一律办理之指，殊属相符。同吁详请奏咨，俾有遵循等情。该司复查两淮各商历捐部饷，海防、善后等巨款，均准照海防例请奖。此次事同一律，仍照海防事例减成银数，奖给实官，以顺商情，详请奏咨前来。

除咨部查照外，理合附片具陈，伏乞圣鉴训示。谨奏。

故员遗泽在徐据情吁恳立传附祀折

光绪二十五年十一月二十五日

奏为已故臬司政绩卓著，遗爱在民，吁恳天恩宣付史馆立传，以表循良，恭折仰祈圣鉴事：

窃于同治二年十一月二十四日奉上谕：“祁寯藻奏，弭盗安民，必资循吏，请分别表彰录用一折。嗣后各省大吏，务宜加意访查，其有政绩官声遗爱在人者，着奏明宣付史馆，编入循吏列传。”等因，钦此。钦遵在案。

兹据徐州府知府詹鸿谟转据铜山等八州县详：“据徐州绅士湖北提督吴凤柱等一百八员名禀称：‘已故湖南按察使、前徐州府知府桂中行，江西临川县人，寄籍贵州，以诸生从戎，为前督臣曾国藩所识拔，洊保知县，历官安徽合肥、蒙城、阜阳等县，所至有声。光绪九年补授徐州府知府，下车伊始，适当大水之后，邳、宿灾民流离载道，该故员殚竭心力，筹办赈抚，全活甚多。徐郡盗风素炽，案牍倍繁，该故员以弭盗安良为先务，整顿保甲，严惩窝匪，奸宄为之敛迹。尤长于治狱，手自平反多案，民以无冤。又以地方瘠敝，敦劝农民力田务穑，物产渐丰，生计以裕。倡立书塾，延名宿以讲求实学，购经史以扩充志识。士之颖秀而家贫无力者，助之以资，勉以通经致用，风尚丕变，人文蔚起。馀如修堤埝，浚沟渠，督察积谷，添置水龙，以及育婴、施棺、矜孤、埋胔诸善政，凡民所好兴之，所恶去之。每接见属吏、士庶，教忠、教孝，娓娓不倦。勤政爱民，十二年如一日。中间因劳致疾，几濒于危，士民为之祈祷，疾用顿瘥。迨拜湖南岳常澧道之命，耆老攀辕饯送，绘像志感。逾年卒于湖南臬司任所。耗至徐，妇稚闻之，有走哭失声者，其德泽感人有如此。至其在皖治迹，则以清查蒙城墟寨，坚壁清野，使捻无粮可掳，日就殄灭，厥功甚伟。次则查办宣城教案，远人慑服，民教以安。清理皖南垦务，力翦巨恶，调和土客，均能处之裕如，尤昭昭在人耳目。绅等讴思旧泽，积久益深，用敢胪陈政绩，造具事实，联名禀请转详具奏'"等情前来。臣查该故臬司桂中行，学有根柢，守正不阿，历官江、皖，循声卓著，尤以治徐为最久，遗泽入人亦最深。为政以求民隐、培元气为主，运之以精心，持之以定力，推诚接物，人不忍欺。不汲汲以图功，而地方渐被休养之福，严重静洁，有两汉良二千石之风。合无仰恳天恩，俯准将已故湖南按察使、前徐州府知府桂中行生平政绩宣付国史馆，列入循吏传，并附祀徐州府城前督臣曾国藩专祠，由地方官春秋致祭，以励臣职而顺舆情，出自鸿施。

除将事实册结分咨查核外，理合会同江苏巡抚臣鹿传霖恭折具陈，伏乞皇太后、皇上圣鉴训示。谨奏。

总兵劳故请恤片

再，山西太原镇总兵张国林，前在署扬州参将任内病故，业经臣附片具奏请旨，另行简放在案。

查该员张国林，湖南祁阳县人，由武童于咸丰七年投效湘军，转战安徽、江西、广西、贵州等省，随剿发逆、苗逆及广西山泽逆匪，骁勇善战，所向有功，克复府县城池十馀座，嗣于同治年间率队援黔，攻克排羊等处大小二百馀寨，左腕右髋均受炮子重伤，犹复裹创猛进，奋不顾身，卒复丹江、凯里各城，厥功尤伟，洊保参将补用。光绪九年，中法事起，经前浙江提督欧阳利见调赴宁波修筑炮台，该故员条陈战守事宜，如修长堤，挖地道，设疑垒，布暗雷，于海滩密钉梅花桩，又备船装石为填塞口门之计，欧阳利见多用其策，浙东赖以无虞，保升副将前先补用。十八年，经臣调回两江委带防营。二十年，海防吃紧，该故员遵旨统带忠信等五营，星夜北上，驻扎埕子口，布置严密，悉协机宜。和议成后，调扎山海关，并经前直隶督臣王文韶檄委兼辖卫远、控远各炮台。旋以防务解严，遣撤营勇，仍回江宁，经臣委统南字三旗，上年檄饬署理扬州参将篆务，巡缉操防亦能认真整顿。该故员随臣最久，知之最深，忠勇朴诚，缓急足恃。其用兵颇符拙速，驭众极有恩威，所至市肆不惊，其下奉令惟谨。臣曾于光绪十七年间奏保堪胜实缺提镇之任。本年八月，钦奉电旨垂询，该故员感激涕零，誓死图报。讵意旧伤陡发，呕血数升，患病未及旬日，遽尔不起。迨蒙简放太原镇总兵员缺，该故员业已赍志而殁，夙将凋零，深堪悼惜。合无仰恳天恩，俯念该故员张国林生前战功卓著，敕部照总兵军营立功后积劳病故例，从优议恤，以彰劳勚，出自逾格鸿施。

谨附片陈请，伏乞圣鉴训示。谨奏。

水师学堂人员照原拟奖折光绪二十五年十一月二十六日

奏为南洋水师学堂出力人员，吁恳天恩，仍照原拟给奖，恭折仰祈圣鉴事：

窃准吏部咨，议驳臣奏保南洋水师学堂期满请奖单开内有“按照异常劳绩请奖三员，寻常劳绩请奖十三员，核与成案不符，应令遵照光绪十四年并二十二年奏准成案，核实删减，于光绪二十五年五月三十日具奏，奉旨：‘依议。’”钦此。等因，行知前来。

臣查光绪二十二年天津武备学堂期满请奖文职十四员内，按异常劳绩请奖七员，寻常劳绩请奖七员，均经钦奉朱批允准。此次南洋水师学堂请奖十六员，系属三年期满，与北洋水师学堂事同一律，若照天津武备学堂二年保奖一次准保九人成案核计，仅多二员。惟照异常劳绩请奖三员，寻常劳绩请奖十三员，均与上次天津武备学堂请奖成案无所区别。所有在事各员，均能实心任事，加意讲求，课导有方，已著成效。保奖人数，业经从实裁汰，若再行删减，未免向隅。合无仰恳天恩，俯准仍照原保给奖，以劝将来，出自鸿慈逾格。

臣为鼓励人才起见，谨恭折具奏，伏乞皇太后、皇上圣鉴训示。谨奏。

三省会剿涡匪出力文员覆核拟奖折

光绪二十五年十一月二十六日

奏为遵照部咨，会保剿办涡阳土匪出力文职各员，吁恳天恩，俯准照拟给奖，恭折仰祈圣鉴事：

窃查上年冬间，涡阳土匪牛疙瘩等滋事，经江苏、安徽、河南三省派兵剿办，一律肃清，所有出力人员，奏奉俞旨准其请奖，当经臣裕长查明豫省文武各员，臣坤一、臣华熙会同查明江、皖两省文武各员，先后具折奏保，均奉朱批："该部议奏。"等因，钦此。

嗣准吏部来咨，以"并未三省会奏，江、皖所保员数亦较多于河南，未便照准，行令会同核实奏奖"等因，自应遵照办理。

惟查此次涡匪仓猝起事，浃旬之内，蚁附至二万馀人，北至归德，南至蒙城、阜阳，东至宿州，西至亳州、太和，数百里之间均有贼踪，警报纷驰，远近震动，若不赶紧剿灭，为患何可胜言！幸赖三省官军赴机迅速，各该地方官绅随地剿办，未及旬日，一鼓荡平，有裨大局，实非浅鲜。各该员于严寒大雪之时，星夜进剿，奋不顾身，扫穴擒渠，勤劳懋著，自应照军功劳绩请奖，与寻常获匪迥不相同。三省所保人数虽共有百馀员，然系并随营效力及地方官绅合计在内，其实每军、每县多者十馀员，少者不过数员，各该营县请保人数，实不止此，业经臣等再三核减。至江、皖两省所保员数多于河南者，则以事隶皖省，被贼蹂躏地方较广，出力之州县绅董自较豫省为多，且内有江苏砀山徐鸣燕一股，亦系奉旨饬剿，在事出力员绅，汇案一体保奖，臣坤一、臣华熙业于前奏声明。现又遵照部咨，删除汪寿椿、陈寿藩、洪鹤龄、吴汝霖四员，其馀各员暨豫省各员臣等覆加查核，委属无可再减。谨合缮清单，恭呈御览。合无仰恳天恩，敕下吏部照拟给奖，以示鼓励，而策将来，出自鸿施逾格。

除饬取各员履历另行咨部查核，并河南武职员弁业经兵部覆准，江、皖武职听候兵部核议外，所有会保剿办涡匪出力文职各员缘由，谨合词恭折具陈，伏乞皇太后、皇上圣鉴训示。谨奏。

寿春镇标裁馀营兵招收复额片

再，寿春镇标各营兵丁，前经臣于奏裁三省制兵案内，酌定人数，查照山东成案，分作三起裁汰。截至光绪二十四年十一月底止，一律分起裁讫，造册咨部在案。

兹据该总兵郭宝昌禀称：“皖北俗悍民贫，盗风素炽，龙山、颍州、亳州三营汛地，尤为辽阔。自去冬涡阳土匪滋事，萑苻未靖，伏莽潜滋，巡缉极关紧要，该三营裁存之兵，委属不敷分布，请将第三起所裁兵丁招收复额”等情前来。

臣查龙山等三营所辖地方，上年被匪滋扰，与他处情形不同，自应严密巡防，以靖馀孽。该总兵所禀兵力单薄，尚系实情。合无仰恳天恩，俯准将龙山、颍州、亳州三营前裁第三起兵丁共一百十一名，招收复额，俾资镇慑而卫闾阎。

除咨部查照外，谨会同安徽巡抚臣邓华熙附片陈请，伏乞圣鉴训示。谨奏。

遵添吴淞口炮台折光绪二十五年十二月初七日

奏为遵旨添筑炮台，以固江防，恭折具陈，仰祈圣鉴事：

窃臣承准军机大臣字寄："光绪二十五年十月二十日奉上谕：'吴淞口旧曾设有炮台，嗣经作为通商口岸，因将炮台拆毁，究于江防形势未宜。刘坤一久任封疆，公忠体国，此事谅系误听人言，以致建议未能详慎。着该督体察情形，相度地势，应如何设法修建，以资补救，务期与相近之南石塘、狮子林炮台联络声势，以固长江头道门户。将此谕令知之。"钦此。仰见朝廷慎固江防，有备无患之至意。

伏查吴淞原设炮台，多系前膛旧炮，击力稍逊，仅能专顾黄浦一路，尚非长江扼要门户，且系暗台，不能得力。嗣又辟口通商，是以饬令拆毁。仰蒙圣恩不加谴责，训诲周详，跪诵之馀，莫名感悚，自应赶紧设法筹办，以期仰慰宸廑。当经札饬江南筹防局道员沈邦宪驰赴吴淞，会同驻扎该处之盛字旗统领班广盛详确查勘，择地建台，总以附近旧台基址，炮路能及海道中洪兼顾浦江以及南石塘、狮子林后路为切要关键。旋据覆称："周历吴淞南石塘一带海岸，详加察度，惟南石塘南首高坡最得形胜。"臣复于十一月十六日出省，二十二日行抵吴淞口，亲往履勘。该处与南石塘壤地相接，距淞台旧基亦仅一百馀丈，在通商场界址之外，若建台设炮，与南石塘、狮子林两台成犄角之势，屹然重镇，可以屏蔽海疆。再三审度，拟即在该处高坡建筑台座，安设一百磅子快炮三尊。此项炮位系上海制造局仿照新式造成，能击远十八里有奇，近顾浦江，远扼由海入江水道，四面环击，运掉极灵，与南石塘炮台协力夹攻，足以顾后路而资守御。并恐敌以舢板偷渡登岸，而我大炮仓卒不及施放，拟在台旁安设局造之六磅子快炮四尊，为护台之用。该炮能击远十一里有奇，异常快便，用以堵截旱队，益臻周密，而固藩篱。计共安设大小炮位七尊，如此扼要布置，深合形势，足弥淞台之缺，且较旧炮更能制胜。所有购地筑台，挑运土方，以及起造兵房，药库暨托沙等项，估计约需银二万七百馀两，工竣由局汇册报销。并照章酌配专弁勇目，仍归盛字旗统领班广盛节制，于所部各旗内派勇守护，俾得联络一气。据筹防局司道详请具奏前来。

理合缮折具陈，并将该处海道形势，拟设炮台，绘图恭呈御览，伏乞皇太后、皇上圣鉴训示。谨奏。

南石塘狮子林安设炮位片

再，吴淞南石塘炮台控扼崇宝沙南首由海入江水道，形势天然，关系綦重。该台前设大小炮位十一尊，临流扼击，足资守御，而堵截旱队，非有新式快炮，严密防护，不足以壮声威。前经臣饬令江南筹防局在于该台北首安设四十磅子快炮二尊，为护台之用，共动用工料银一千四百馀两，照章分别等差，配设炮勇十六名。又狮子林炮台在南石塘迤北十八里，南、北洋进口各船，或由崇宝沙南首，或由崇宝沙北首，行经狮子林洋面一线中洪，均由该处径入长江，实为由海入江最要门户。该台前设大小炮位八尊，内有八百磅子后膛炮二尊，二百五十磅子后膛炮四尊，均系新式巨炮，击力极远，若更辅以快炮益臻周密。现拟于该台旁另行购地筑台，安设局造之二百磅子快炮二尊，以资扼守，每尊配炮勇十二名，共二十四名，并安设护台六磅子快炮四尊，共配炮勇十八名。计该台安设大小炮位六尊，中筑隔堆，宽约四十丈，高约一丈九尺，需用土方甚多，并须购地为取土之用。饬据筹防局核实估计，建设台座，挑运土方，以及起造兵房、药库等项，约需银一万三千馀两，工竣汇册造报详请具奏前来。臣覆核无异。

除咨部查照外，谨附片具陈，伏乞圣鉴。谨奏。

拨解神机营军火片

再，臣前准神机营来咨："奉旨教练新军，调拨南洋后膛炮位应用"等因。当经臣先后商准酌拨江南制造局造存十二磅子快炮十二尊，配齐开花弹二千四百个，实心弹二千四百个，铜壳一千二百个，铜击火四千八百个，无烟药二千磅，炸药六百磅，绒布药袋四千八百个，药挡四千八百个，碰火铜引二千四百个，引药一百磅，派委江苏候补知县朱枚管解入都，前赴神机营投收，以资应用。

除咨部查照外，谨附片具奏，伏乞圣鉴，敕部查照。谨奏。

机局制造有裨军需请奖在事人员折

光绪二十五年十二月初八日

奏为上海机器局创造枪炮、无烟火药，成效昭著，有裨军需，出力各员，照案择尤请奖，以示激劝，恭折仰祈圣鉴事：

窃今日自强要图，以练兵、制械为最急，迭次钦奉上谕、懿旨，饬令讲求军实，扩充制造各等因，钦此。惟制造以枪炮为首重，而枪炮以火药为要需。近年泰西化学之士，创造无烟火药，各国竞相仿效，枪炮所用，均系此种，取其施放时速力大而涨力小，枪筒、炮身不虑受损，而子弹出口时亦无烟气障目，命中及远，绝无捍蔽之虞。光绪二十年间，上海制造局曾经延聘洋员设厂试办，半年之久汔用无成。盖洋人恃为秘传，冀获厚利，平时购用皆悬倍蓰之价以居奇，临敌急需必守局外之例以相困。有利器而无良药，其何以实军储？是以前办局员刘麒祥锐意讲求，扩充制造新式枪炮，复建炼钢、栗药、无烟药三厂，督饬委员王世绶，设法创办，规仿有成。自直隶候补道林志道总办局务以来，复派熟习化学之吴家琢暨通知制造工艺各员，帮同王世绶竭力经理，苦思力索，极深研幾，昕夕旁皇，参互考订，几历岁月，而无烟药制造益精，试验施放与外洋所购者一律精利。复发交江胜、自强等军，以改造小口径毛瑟枪及各种大小快炮次第演放，均能贯远洞坚，线路准直，各处枪炮教习洋员，详晰比较，莫不赞叹同声。且每年制成五六百万磅，核价仅外洋四分之三，粤、鄂、川、闽各省备价代造，络绎不绝。此创造无烟火药成效昭著之实在情形也。现据总办局员林志道等将在事出力各员分别异常、寻常劳绩，开单禀请奏奖前来。

臣等伏查光绪十九年，该局创造新式枪炮，卓著成效，经前北洋大臣直隶督臣李鸿章会同请照异常出力奏奖；湖北枪炮局制造快枪、快炮著有成效，经湖广督臣张之洞援照异常、寻常劳绩，专案奏保，亦蒙俞允各在案。该局委员王世绶等，创造无烟火药，日有起色情形，臣于二十二年曾经附片奏蒙圣鉴。事历数年之久，经营缔构，克底于成，不特开中国未有之奇，且足泄外国未传之秘。该员等督匠考工，奔走于严霜烈日之中，指挥于炉火轮机之侧，毒烟猛药，熏灼驰驱，稍一不慎，命在顷刻，竟能艰险不避，劳瘁不辞，直与疆场效力无异，洵属异常出力，且与历次保案亦属相符，自应援案择尤分别异常、寻常劳绩，开单请奖，以昭激劝。合无仰恳天恩，俯准照拟给奖，以励人材而厚军实。

再，此次请奖员数，业经节次删减，并无冒滥。

除将履历造册分咨外，所有上海机器局创造枪炮无烟火药成效昭著，照案择尤请奖缘由，理合会同江苏抚臣鹿传霖恭折具陈，伏乞皇太后、皇上圣鉴训示。谨奏。

局员办事精详堪膺简用片

再，二品顶戴直隶候补道林志道，前经臣檄调来南，派委会办上海制造局。嗣准南北洋大臣直隶总督臣王文韶电商，以该员缜密端详，堪委总办局务，均经会同奏明在案。该员到差之日，值炼钢、栗药、无烟药三厂甫经告成，督率工作，不辞劳瘁，勾稽款项，事事运以精心。两年以来制造倍多，转输四达，炼钢、配药日益精良，而以无烟药为最，各省均来购用。核计工价，较购诸外洋为廉。去年奉旨，各省一律改用小口径毛瑟枪，遵饬预筹仿造。该员就局存旧枪机器，绘图折样，督同委员、洋匠逐细考求，爰就旧机添配新机，借免另购多费，且稔知库储奇绌，不请另筹，仅以原拨之二成洋税及三厂常费，撙节腾挪，添购仿造。现在此项枪枝造成解京，经总理衙门王大臣验收，试放口径子弹均称一律。其实心任事，力体时艰，裨益军储，良非浅鲜。臣查该员林志道，局度闳深，才优守洁，曾经两次蒙恩交军机处存记，是该员才具已在圣明洞鉴之中，应如何加恩简用之处，恭候慈施。

理合附片具陈，伏乞圣鉴训示。谨奏。

水师教习洋员请给宝星片

再，江南水师学堂两届期满，在事各员经臣择尤请奖在案。查该堂驾驶头班教习英员彭耐尔，自光绪十六年到差以来，所课头班学生，先后毕业两起，现又接教三起学生，约至二十七年春间亦可毕业。又寰泰练船测量教习英员迪兑亦届三年期满，所教驾驶学生，船课已经第一班毕业，现又接练二起。该洋员等课导认真，始终罔怠，洵属著有微劳，自应援案奖叙，以示策励。据江南水师学堂总办道员柯铭详请核办前来，臣覆查属实。合无仰恳天恩，俯准照案赏给洋员彭耐尔二等第三宝星，洋员迪兑三等第一宝星，用酬劳勚。

除咨总理衙门查照外，理合附片具陈，伏乞圣鉴训示。谨奏。

奉查苏省现存勇号人员折光绪二十五年十二月初八日

奏为遵旨查明，开单覆陈，仰祈圣鉴事：

窃臣前准总理衙门来电："奉旨：'从前在军营著绩，保至提督、总兵、副将、参将、游击，内有曾经得赏黄马褂、勇号，现已离营在籍者谅不乏人。着该督、抚分别查明，即将员名人数电覆。'"钦此。当经恭录转饬各属钦遵查覆去后。兹据各该州、县先后查明申覆前来。

臣查江苏省在籍各武职，并无曾经得赏黄马褂之员，仅据查有奉给勇号之副将徐光斗等三员，均已离营回籍，现无事故。

谨恭折覆陈，并缮具清单，恭呈御览，伏乞皇太后、皇上圣鉴。

再，此案因饬查通省，现始据陆续覆齐，是以覆奏稍稽，合并陈明。谨奏。

淮徐海赈捐第一案收支款目折光绪二十五年十二月初九日

奏为江苏淮、徐、海赈捐收支款目第一案奏销，恭折仰祈圣鉴事：

窃照光绪二十三年江苏淮、徐、海等属被水成灾，民情困苦，经臣坤一奏准援照顺、直等省成案，开办赈捐，奖给封典虚衔、翎枝、贡监等项。当即分派委员，广为筹劝，所收捐银随时解济，并分次造册咨部核奖在案。

兹据赈捐局司道会详称："是年灾歉情形以邳州、宿迁为最重，海州、沭阳、睢宁、安东次之，均应分别赈抚。其毗连灾区之铜山、萧县、赣榆、阜宁等县，亦以次年春寒雨雪，粮贵钱缺，民情拮据，相继求抚。所有筹办之法，徐属由徐州道桂嵩庆先就邳州、宿迁灾区河道堤埝克期挑筑，核查户口，令少壮者趋于工作，自食其力，老弱妇孺散给抚恤钱文，其次贫之户济以平粜。睢宁亦先拨给平粜米石，以次酌办抚恤。铜山则以积谷仓粮减价出粜。惟地广人众，后继为难，复饬办理义赈绅士严作霖，携款前往邳州、宿迁、睢宁、铜山、萧县等处查放赈抚，并设慈幼局收养幼孩。因粮价交春愈贵，平粜势难遽止，公款不继辅以积谷捐钱，并劝商民领照凑资，南北运售米、麦、豆饼。嗣经大理寺少卿盛宣怀代购干薯，源源接济。海州并所属之沭阳及淮安府之安东境内河道，经前署淮扬海道丁葆元派由海州分司会同海州直隶州安东县知县将民场相连一带次第兴挑，并沭阳河道同时挑办。招集丁壮，以工代抚，另行拨款，散给老弱妇孺之不任畚锸者。嗣经淮扬海道谢元福察看，春荒尤甚，请款购买干薯，分拨散放。海州、沭阳更形岌岌，义绅严作霖复携带巨款，由徐州前往查放，并分济安东、桃源二县。其时海州、赣榆地广灾重，复委义绅指分广东候补知县宋治基前往赈抚，安东则有该县教谕唐锡晋募捐购粮解济。又有四岸盐商邓贤辅捐募钱、米、豆饼、干薯、杂粮，分运徐州、海、沭、安、桃及盐场各处散放。至外出就食灾民，经前抚臣奎俊派员在常州、镇江及瓜洲口、扬州一带会商运司督饬府县，或设厂留养，或资遣回籍，分别安插，其由里下河南下者，亦通饬经过州县设法资遣。江宁省城设立粥厂，淮、徐、海饥民之外，复有安徽凤、泗等属被水灾民，不得不一体收养。清江、板浦等处，并由海州分司运判徐绍垣散米放粥。扬州绅士亦捐资助办粥赈、遣送。因念号寒之惨，等于啼饥，复依时多制棉衣，分给在厂各饥民，并解往灾区散放，俾资挟纩。二月间大雪严寒，北归之众，沿途冻阻，并又派员随地抚恤、留养。至闰三月资遣完竣，刊给凭票，俾得到籍领赈，以免中道流亡。其有短缺籽种、牛具者，亦饬酌量借助。以上办理情形，均经先后奏报在案。

现值清理报销之际，除光绪二十四年徐、海复被水灾，接办赈抚，应归后案另办外，所有此次徐、淮、海灾歉州县，筹办赈抚、工、粜各事，均系分派印委官绅，查明户口，体察轻重情形，因地制宜，妥为经理。凡有可以为灾民谋生全者，无不悉心讲求，力图补救。支用各款数目，多寡不一，均皆核实散放，不假胥吏之手，归于实惠均沾，以仰副朝廷轸念灾黎不使一夫失所之至意。

兹将二十三年分筹赈案内收支款项，先就已经报到各处截数列为一案，核计共已收库平银一百十一万三千九百十九两四钱。除拨义绅严作霖经放库平银二十七万六千一两零，广东候补知县宋治基经放银七万六千七百十六两零，安东县教谕唐锡晋经放银三万四千六十一两零，徐州道经放银四万九千九百七十五两零，淮扬海道经放银四万七千七百五十五两零，又另行委员办理留养、资遣等项共放银三十五万二千六百十六两零，海州分司经放银十二万七千六百五十八两零，拨放安徽等处银十四万五千九百两零，统共放库平银一百十一万六百八十七两九分三厘，均系印委官绅亲历灾区，认真散放，实用实销，并无丝毫浮冒。仍存银三千二百三十二两三钱四分八厘四毫八忽，归于后案列报”等情，并开缮清单详请奏咨前来，臣等覆核无异。

除将收支银两清单分咨户部、工部查核外，谨合词恭折具陈。伏乞皇太后、皇上圣鉴。谨奏。

陆师学堂期满请奖折 光绪二十五年十二月十五日

奏为江南陆师学堂三年期满，吁恳天恩，俯准将优等学生及出力人员分别奖叙，恭折仰祈圣鉴事：

窃照江宁省城创设陆师学堂，经前署督臣张之洞奏明以三年为期满，仿照总署同文馆章程，择尤保奖，并选派学生分发各营任用，于光绪二十二年二月初五日奉朱批：“着照所请该衙门知道。”钦此。钦遵在案。

伏查该学堂自二十二年冬间开课，迄今已届三年，各学生在堂肄业，以经史为体，以武备为用，分门别类，昕夕讲求，如兵法、行阵、营垒、军械、地势、测量、算学、绘图、工程各理法，以及步队、行军、炮队、马队、打靶、体操各艺，均已一律毕业。经臣亲往该堂考试，并派委江宁布政使恩寿会同总办道员钱德培督率华洋教习及执事人等，分班校阅，取列等第，填榜晓示。该学生等于内外场各项功课，均属确有心得，融会贯通，具见教练认真，成效卓著。据总办道员钱德培查照奏案，详请分别奏奖前来。

臣维今日时势，以练兵为亟，而练兵次序当以陆军为先。泰西陆军以德国为最，而德国将才悉由学堂而出。兹江南创设陆师学堂，延聘德国将弁为教习，三年以来，无间寒暑，各学生悉心探讨，造就均有可观。迭经德国亲王亨利、英国议绅贝思福、美国使臣康贝请赴该堂阅操，极口称许，咸谓中国如此教练，何患不强？是此项学堂为戎事强弱之基，亦各国观瞻所系。现经臣将毕业一、二等优生分派各营任用，增其历练，广其智能，度必有英才出乎其间，仰备国家干城之选。自应照同文馆章程，按异常劳绩，择尤请奖，俾资策励，而劝将来。至在事出力之教习、翻译、委员，或训迪有方，或勤劳罔懈，实心实力，克底于成，均属有劳足录，拟请一并择尤奖励。谨缮具清单，恭呈御览。合无仰恳天恩，俯准照拟给奖，出自逾格鸿施。

除将千总以下末职照章咨部给奖，并饬取履历分咨总理各国事务衙门、吏部、兵部查照外，理合恭折具陈，伏乞皇太后、皇上圣鉴训示。谨奏。

毕业学生分发营旗充当教习拟给薪水片

再，江南陆师学堂已届三年毕业，各该学生于泰西戎事实力讲求，确有心得，迥非专袭皮毛者可比。江南各军业经改练洋操，自应将此项一、二等优生分发各营旗，教习测绘及一切攻守机宜，俾各勇丁取法有资，日臻精进，各学生亦可借事历练，以储异日将领之材，实于武备大有裨益。查一等学生共三十二名，每名月给薪水银二十四两，二等学生共四十名，每名月给薪水银十六两，即在陆师学堂经费项下支给，核计尚有不敷，并饬于金陵支应、江南筹防两局各拨银五千两，俾资济用。

除分饬遵照外，谨附片具陈，伏乞圣鉴，敕部查照。谨奏。

淮徐海赈捐第二案收支款目折 光绪二十五年十二月十五日

奏为江苏淮、徐、海赈捐收支款目第二案奏销，恭折仰祈圣鉴事：

窃查光绪二十三年江苏淮、徐、海等属被水成灾，筹办赈抚业据赈捐局将收支各款列为第一案报销，详经臣等分别奏咨在案。

兹据该局司道详称："光绪二十四年，各该府州所属复被水灾，小民荡析离居，较前益形困苦，凡次贫之户，无不转为极贫。加以二十四年春遣送回籍之灾黎以及闻赈自回之穷民，为时已迟，不及播种，不得不量予补赈。核计人数，不下数百万，待哺嗷嗷，刻不容缓。当即借拨巨款，散放急赈，将淮、徐、海各属普赈之事，属之义赈绅士严作霖、广东候补知县宋治基、安东县教谕唐锡晋等分途认真办理，并派委江苏候补道方硕辅、直隶候补道邓贤辅专办淮、海工赈事宜，其徐州工赈，则由徐州道桂嵩庆督饬印委各员承办。又复多派干员，沿途截留，设厂赈粥，米钱并放，工赈兼施。于普赈之外，加以收养耕牛，至今春分途资遣，并择极贫之户兼发籽种、钱文，酌办平粜。维时用宏款绌，甚费支持，仰荷天恩浩荡，截留漕米八万石，准再展限劝办赈捐，并以请奖实官，部议未准，拨给广东等省昭信款银三十万两，又大理寺少卿盛宣怀、道员李征庸、严信厚等均各筹垫巨资，本省司局各库借拨之外，复向各省筹借，以及派出劝捐各委员解到之款，随收随拨，以资济用，赈务乃得应手。

兹查续据报到各处，计阜宁、安东两县春抚项下共用库平银七千五百两零，各属补赈项下共用库平银三十一万五千八百十六两零，急赈项下共用库平银五万三千五百九十五两零，留养项下共用库平银三十九万六千三百四十一两零，资遣项下共用库平银十八万五千三百四十九两零，收养耕牛、给发籽种项下共用库平银十三万九千三百五十九两零，购米及平粜项下共用库平银四万七千七百七十五两，工赈项下共用库平银十二万一千四百三十四两零：统共放库平银一百二十六万七千一百七十二两三钱三分九厘一毫八忽。以本届续收银一百二十七万二千四百七十六两四钱七分八厘四毫八忽计之，仍存银五千三百四两一钱三分九厘三毫，归于后案列收另报。所有本案支放各款，均系实用实销，毫无浮冒。开缮清单，列为第二案报销”等情，详请奏咨前来。臣等覆核无异。

除将收支银两清单分咨户部、工部查核外，谨合词恭折具奏，伏乞皇太后、皇上圣鉴。谨奏。

淮北各商免捐常年票本片

再，前准部咨：“帑项奇绌，用度不敷，奏准筹款六条，行令两淮各票商，酌定上中下三则，按年捐输票本一次”等因。业经臣将淮南商情极困无力，常年捐输，仍恳循环转运，恭折具奏，并声明淮北各商，如何集议，容催覆到，再行据实覆陈在案。

兹据两淮盐运使江人镜详："据淮北各票贩禀称：'伏查光绪六年，部奏边防吃紧，筹备饷需，随同淮南运商勉力分成捐缴银两，仰沐皇仁，准其永远循环，常沾馀润，无任感激。今复照从前奏案，饬令按年捐输，贩等力苟能逮，自应竭诚图报。无如北贩情形较淮南运商困苦尤甚，推原其故厥有四端：

一，由于捐款之繁。查自循环转运以来，举凡公家之急，无不勉力输将，历捐巨款，随同南商分成呈缴，加以近年各省赈捐叠叠不已，无岁无之，及上年认领昭信股票，无非取诸成本，成本日重，利息愈微。此困苦者一也。

一，由于票价之跌。查北鹾四包成引，百引为一票，与淮南八包成引，五百引为一票，相去悬殊。当环章奏定之始，尚有馀利可图，以致喧传居奇，每票尚值四百金，原认诸贩转相脱售，遂皆盈橐而去。自贩等业鹾后，捐输一次，血本又加一次，于是票价不能加长，转致日渐跌落，每票尚值三百馀金。近闻饬捐常年票本之议，虽三百金以内亦无人过问。在贩等票皆重本，不得不恃票本为维系，而票价日低，又何足恃。此困苦者二也。

一，由于成本之重。查自光绪二十二年以后，或因风潮漫溢，垣盐短少，或因雨潦浸淫，场产歉收，以致历纲成本，逐渐加重。统计场局、坝局各项开支，每包竟又增至一钱有奇。自有之票，获利已微，租票之家，其利更减。且北鹾畸零小户赖此为生者居多，成本则有加无已，利息则几无盈馀。似此情形，转输不继，贩力实属难支。此困苦者三也。

一，由于息借之亏。查贩等托业北鹾，只此一副资本。近纲因成本占搁，当各项费用纷至沓来，不得不息借情挪，以济目前之急。淮北地较偏僻，银钱更紧，出息较重，即如本年秋间承运票盐，场河干涸，开钳口坝，节节筑堰灌塘，层层用船驳运，煞费经营，所费实属不支，且又从借贷而来，偿息归本，力尽筋疲。此困苦者四也。

以上各节无不为贩等切肤之痛。种种苦情，琐难禀罄。惟有禀请奏恳天恩，免捐常年票本，以顾全局，而纾贩力'”等情，详请奏咨前来。

臣查淮北系属小票，票价亦轻，与淮南情形不同。除咨部查照外，理合附片具陈，伏乞圣鉴训示。谨奏。

遵旨妥筹南洋防务折 光绪二十五年十二月十六日

奏为遵旨妥筹南洋防务情形，恭折覆陈，仰祈圣鉴事：

窃臣承准军机大臣字寄：“光绪二十五年十月十八日奉上谕：‘现因意大利兵轮在沿海一带不时窥伺，曾经传谕叶祖珪预行布置，妥筹万全，朝廷不为遥制。惟是各省沿江、沿海炮台与兵轮相为表里，必须先事联络一气，始免临时紊乱之虞。兵轮通语，日用旗号，夜用灯号，各式旗灯，具有成书可考，闻南洋各台于此事不甚谙晓，必致呼应不灵。各国兵轮大约相似，北洋所购新船，各炮台亦未经认识，万一辨别不真，为害非细。至炮台攻船之法，必须将炮表度数，船行速率，推算定准，各省炮台恐未能悉精此艺。且建有炮台地方，岸上各要隘固应严密扼堵，又须紧防抄袭后路。以上各节，皆系吃紧关键，必有制胜之将，熟练之兵，炮台、兵轮互相犄角，纵不能出洋攻敌，守口尚属有馀。现在吴淞、镇江、长门三处及沿江一带炮台统领为谁？是否得力？

守台兵数各若干？着该督抚先行具奏。此次叶祖珪率船南下，并着南洋、闽、浙等省督抚接见该统领，面商一切机宜，即令会同各炮台统将，周察形势，讲求布置。总期事出万全，不准稍存畛域之见，致误事机。其各该省应如何先事预防之处，朝廷仍不为遥制。将此谕知各该督抚，并由北洋大臣传谕叶祖珪知之。'"钦此。仰见圣谟宏远，训诲周详，莫名钦服。当经分别转行钦遵去后。臣复于上月十六日出省，二十一日行抵吴淞口，适北洋海军统领叶祖珪由浙回淞，面商一切，并嘱与提督黄少春、李占椿及各炮台统领、兵轮统领详细妥商。臣回省后，该统领叶祖珪复来江宁，又经接见，再四商酌，均各就绪。兹据江南筹防局司道江宁布政使恩寿等详请覆奏前来。

臣维时艰孔亟，外侮侵寻，必须有熟练之兵，制胜之将，先事密为布置，庶足以备不虞。本年意大利兵船时在沿海一带往来游弋，居心叵测，尤不可不严为之防。江苏滨海临江，地方极为辽阔，就防务而论，以吴淞、南石塘、狮子林、江阴为最要，镇江次之，金陵又次之。各该处均经设有炮台，派勇守护，吴淞、江阴等处并派有兵轮、鱼雷各船依附炮台，分别扼守。炮台、兵轮相为表里，迭经饬令联络一气，互为声援。各该统领目击时艰，均能督率弁勇，严密防范，未敢稍涉疏虞。南洋兵轮、炮台通语旗、灯，均系按照北洋所颁章程办理，各台各船亦均设有专管旗灯之人，讲习有年，一无隔阂。此次叶祖珪率船南下，所有北洋各船，其驶入长江者，业经各弁勇分别辨认，其停泊吴淞者，亦经详加审察，一以灯旗为凭，不致稍有歧误。至各国兵轮大略相同，诚如圣谕："万一辨别不真，为害匪细。"第各国旗式，均有成书可考，广狭大小，截然不同。各台、各船遇有外洋兵轮，亦惟以船旗为准。现已会商各统领，慎益加慎，以免别滋事端。各炮台安设炮位，多系新式坚利之炮，临流扼击，足资堵御。台后各要隘，尤须相度地势，严为设备，均已安设护台灵捷炮位，堵截旱队，以防由后路抄袭。

现计吴淞、南石塘、狮子林一路驻有盛字五旗，归记名总兵班广盛统带勇丁一千四百三十名，炮台专勇三百六十四名；江阴一路驻有合字五旗，归补用副将章其俊统带勇丁一千五百三十七名，炮台专勇五百八名；镇江一路驻有新湘五旗，归湖北郧阳镇总兵陈基湘统带，勇丁一千四百三十名，炮台专勇六百三十名；金陵一路驻有亲军七旗，归山西大同镇总兵刘光才统带，勇丁二千零二名，炮台专勇四百九十六名。各统领纪律严整，熟谙戎机，江海兼防，深资得力。此外江阴、镇江等处，尚有长江水师提督黄少春所部江胜军三千人，江南提督李占椿所部自强军二千六百五十人，均于附近炮台地方择要驻扎，遇有警信，互相策应，与炮台各军联络声势，以备缓急。至炮台攻船之法，平时练习有素，临时始有把握。各炮台总专台官，均系慎选委充，并遴派教习、匠目人等切实讲求，所有炮表、度数、船行速率均经逐细考究，以期心手相应。昨经臣出省阅看，各路炮台打靶，施放有准，已有成效可观。仍当饬令各统领，随时严督各弁勇，勤加操练，总期推算定准，精益求精，以期仰副朝廷整饬武备、慎固江防之至意。

所有遵旨妥筹南洋防务各缘由，谨会同江苏巡抚臣鹿传霖恭折覆陈，伏乞皇太后、皇上圣鉴训示。谨奏。

吴淞口添募盛字中旗一哨片

再，吴淞口地方关系紧要，迭据驻防该处之盛字旗统领班广盛禀请仿照江阴合字旗成案，添募中旗勇丁一哨，以资分布。臣查合字中旗系属四哨，共计勇丁三百九十三名，其馀各旗一律每旗三哨计，勇丁二百八十六名。现在防务吃紧，南石塘南首高坡又拟增筑炮台，该统领请添勇丁一哨，系为有裨海防起见，应即照准。饬据支应等局司道、江宁布政使恩寿等详请具奏立案前来。

理合附片陈明，伏乞圣鉴，敕部查照。谨奏。

筹还通州纱厂机价官商合办折光绪二十五年十二月十六日

奏为江南通州纱厂领用官购纱机，官商合办，谨将筹还机价数目暨前后办理情形，恭折具陈，仰祈圣鉴事：

窃前署督臣张之洞在两江任内，迭奉谕旨，饬令招商，多设织布纺纱等局，以收利权。当以通州、海门为产棉最盛之区，奏派在籍绅士翰林院修撰张謇，邀集绅商，就地设厂，招股兴办，并以前在湖广总督任内向上海瑞记及地亚士两洋行垫款订购纺纱机器全部拨归苏州商务局招商合办，均各奏明在案。迨臣于光绪二十二年回任后，察知商情观望，领办乏人，机器仍庋沪栈，应还机价迭又届期，镑价日昂，息款暗蚀，加之栈租、保险以及华洋员匠随机照管、守候装配等费，阅时已多，需款更巨，即饬前办江宁商务局徐州道桂嵩庆赶速筹款清厘，招商分领承办。

当查前项机器原奏内称合银六十万两，系就当时镑价约合库平核算，且止统计正价及来华运、保各费而言，存沪栈租尚不在内。又合同系十九年在鄂所立，先由该洋行垫款代办，其垫付银两每年七厘起息。又由洋厂代雇洋匠，随机到沪，派令经管守候，安厂装配，川资薪费按约照给，原奏均未详细声明。又按合同，机件仍有短缺，两次续补，津贴购价，亦原奏所未及预计。时阅四载，款分六期，息款虽随本递减，镑价则积时愈增。以上各款，除由鄂省先付定银二万五千两，续拨湘、鄂票价库申规银三十二万八千八百两，嗣又陆续动拨上、宝滩地变价银二十四万五千七百馀两，其馀不敷之款，暂在南洋各处先行借拨，仍俟续变地价归还，以符原奏。统计购办纱机正价及运、保、栈租等费以及垫款息银，兑镑涨价，补还机价贴项，洋匠薪水、川资，共规平银八十七万九千七百四十二两有奇，均于上年一律付清。此鄂省订购纱机拨归江南历次筹还银款之数目也。

至此项纱机本拟归苏州商务局领用，旋因在籍绅士前国子监祭酒陆润庠承领息借商本积谷公款，另行购置丝纱等机，设厂开办，而通、沪厂商潘华茂等又因苏、沪各厂争利，商股一时难招，延宕经年，不愿领办，复招商股，屡议屡更。既因机器久阁，锈损必多；兼虑洋栈远存，糜费未已。当经桂嵩庆与大理寺少卿盛宣怀、翰林院修撰张謇迭次筹商，咸以官机占本大重，商股受亏必多为辞，因酌商变通办法，延请公正行商，照时估值，除去各种费用，将全部纱机四万七百馀锭作价规银五十万两，由盛宣怀、张謇在上海、通州各设一厂，分领纱机，作为官本各二十五万两，另招商本各二十五万两，订明官商合办，照章计息，载在合同。其通州一厂，即由张謇督同商董招齐股分，择于通州西门外沿江地方建厂安炉，兴工举办。经始于二十三年十二月，至本年春季甫经落成，开机轧花，分投工作，十二月十五日全机二万三百馀锭，均已开齐。出纱既佳，行销亦旺，中外争来购用，谓比苏、沪厂纱为优。此通州纱厂官商合办渐著成效之情形也。

臣维通、海一带土产棉花，柔韧精良，冠于环球，各国洋商购花纺纱，还以输之内地，土布为所拥挤，漏卮颇难挽回。今幸官商合本设厂纺纱，地利既宜，人工亦便，获利之厚，左券可操。然当议办之际，正值沪厂倒闭相仍，洋商挤排尤甚，多端疑阻，几败垂成。该绅商等艰苦经营，始终罔懈，臣亦毅然力任，俾底于成而后已。顷虽纱销畅盛，工作辛勤，从此扩充厂务，可期自立。第内地制造之利，约已颁行，外人倾轧之心，势所难免。通厂官商合本，嗣后仍须官为护持，庶通、海之土产可保，闾阎之生机日长，国计民生两有裨益。

除上海一厂领用官机应由大理寺少卿盛宣怀自行具奏，并分咨总理衙门、户部查照外，所有筹还纱机价值数目暨通州纱厂官商合办缘由，理合恭折具陈，伏乞皇太后、皇上圣鉴。谨奏。

查覆许宝书清丈参款片

再，臣承准军机大臣字寄："奉上谕：'有人奏，局员清丈滩地，将有粮田亩变价充公，请饬严查一折。据称上海、宝山两县前曾设局清丈滩地，局员许宝书接办局务，改用洋法丈量，于业户田单亩分不符者指为溢出，勒令充公，或令业户缴价领还，所缴之价，有增至数十倍者。上海一县清出亩分变价至五十馀万两之多，宝山清出之数尚不在内等语。着刘坤一、聂缉槼按照所奏各节，确切查明，据实具奏，勿稍徇隐。原折着抄给阅看。将此谕知刘坤一，并传谕聂缉槼知之。'钦此。遵旨寄信前来。"等因，并抄奏，即经恭录抄咨前护抚臣聂缉槼，会饬江海关道秉公确查。

兹据江海关道余联沅查明禀覆前来。如原奏内称："清丈步弓改用洋法皮条，溢出亩分勒令充公"一节。查上海县于咸丰五年清定赋额，均照部颁步弓查丈，挨号给单，以为执业之据。迨通商后，市面繁盛，境内民田间多售与洋商，丈量亦仿用皮尺，习俗相沿，均称简便。许宝书接办后，亦即照旧办理，比较并无出入，并未闻有溢出亩分情事。

又原奏内称：“宝山清丈凭串给单，上海办法殊不一律”一节。查许宝书接办上海清丈事宜，宝山亦归兼办。上海向以田单为准，民间执业及呈税道契，均应验单，借杜粮串移东补西朦混冒领之弊，与宝山向无田单但凭粮串者情形不同，办法致难一律。

又原奏内称：“该县田亩，如业户遗失田单，准给印谕执业。乃许宝书知照县署停给，遂使失单之业户，县不给谕，局不验串，坐听变价充公”一节。查上海民间田地，自咸丰五年定额给单，如有遗失，本准业户在县呈明，随时补请印谕。嗣因奸民混领串卖，往往以无粮之地，朦请印谕，展转售与洋人，以致新涨滩地，无主官荒，多被隐占。迨经设局清丈，议章行县，凡有无单地亩补请印谕者，必须澈底查清，方准给发，其以前所请印谕，仍准呈明照旧执业。系为杜弊起见，并非概行停给。

又原奏内称：“上海地界有贵至三千两一亩者，即以每亩千两为断，统计已有五十馀万，不知销归何所”一节。查上海通商以来，商贾云集，市肆日兴，附近洋场马路地方，地价每亩自数千金至百馀金不等，其租界以外距市较远售价亦廉。清丈滩地多在沿浦临江，地段僻远，价值低昂难以一律。计许宝书经手查出上海县境充公地亩变价银二十六万馀两，均经造册开报，实无五十馀万之多。

至原奏内称：“接办之员复议展界续丈”一节。查上海通商各国，请扩公界，业经议定界址。所有界内、界外涨滩地亩尤关紧要，应饬局员赶紧清查，切实勘丈，验明单据，分别照章办理。是现查之地，并非展界续丈，亦无扰累情弊。

此查明清丈局员被参各节之实在情形也。

臣等覆查原办上海清丈局员许宝书，综核精密，办事认真，任怨任劳，易招忌嫉。到差以来，查出新涨滩地及无粮公地变价至二十六万馀两，借以归还纱机要款，洵属有裨度支。惟丈量地亩，向系遵用部颁步弓本，未便改用西洋皮尺。然上海通商以来，中外商民售田、租地，率以皮尺简便，闾阎亦各相安，骤难更革，实非许宝书为之作俑。至无单田地由县澈底查清，始准补给印谕，亦因土豪侵冒，弊窦丛生，间有一业两主，单串各执，所派员司人等未及查对粮册，辄即断令充公，虽则情有可原，究属失于觉察。相应请旨将前办上海清丈局务现任淮安府知府许宝书交部察议，以示薄惩。

除现在尚未清丈各地，已饬道督同局员查对粮册核实办理以顺舆情外，所有遵旨确查清丈局员被参各节缘由，谨会同江苏抚臣鹿传霖附片覆陈，伏乞圣鉴训示。谨奏。

查明驻关收发枪炮等项数目折 光绪二十五年十二月二十四日

奏为遵旨查明甲午之役，微臣奉命驻关督师，经收经发枪炮等项数目，分别缮具清单，恭折仰祈圣鉴事：

窃臣承准军机大臣字寄："奉上谕：'有人奏，南、北洋所存新旧枪械甚多，为魏光焘、唐仁廉、牛师韩、宋朝儒、刘树元诸军所领，遣散后曾否缴回？请饬查明等语。甲午之役，在事各军，均已遣散，各该统领等所领枪械，缴存何处，及漏未呈缴枪枝，亟应澈底清查。着增祺、裕禄、刘坤一查明原领暨已缴未缴各确数，饬知该统领等限期缴回，其有业经回籍及病故者，即行文该省，传知该员及该家属迅即一律清缴，毋任隐匿。其魏光焘一军所领枪械已否缴回，即着该抚据实奏覆。将此谕令知之。'”钦此。跪聆之下，仰见朝廷综核军实之至意。

臣查甲午之役，调防各军云集，所需枪炮由南、北洋，各省协拨接济，解交臣榆关行营各项洋枪二万一千九百零六杆，抬枪背枪二千二百八十杆，大小炮位二百三十六尊，地雷一千二百六十具，洋火箭五百四十枝，又调防各军随带枪炮在榆关呈缴各项洋枪二千四百零五杆，抬炮二百十杆，大小炮位六十五尊：总共经收各项洋枪二万四千三百十一杆，抬枪、背枪二千四百九十杆，大小炮位三百零一尊，地雷一千二百六十具，洋火箭五百四十枝，当即分发各军操用。事定撤防、调防，各军统领所领枪炮，有带赴陕、甘剿办回匪者，有带往各原省操用、缴存该省者，有撤防遣散就近呈缴天津、奉天、河南等处者。按照请领数目，共计未经缴回各项洋枪一万五千一百十九杆，抬枪、背枪九百杆，大小炮位三十四尊，地雷一千一百五十具，火箭三十七箱。其撤防、遣散各军，当经臣督饬各该统领，逐一查明，何项枪炮在何处领用者仍缴还何处。在臣行营军械所领用之枪炮，除前敌遗失并驻扎海滨之军被海水冲失及操演炸裂损坏各项不计外，其馀枪炮各件，按照原领数目，当即饬令一律呈缴。臣于回任后派委知县刘世芳运回江宁发交军械所存储备用。

至统领武威军陕西抚臣魏光焘等军带赴各省枪炮曾否一律缴清，除咨各该省督抚臣查明径行具奏并知照南洋备案外，所有前在榆关经收经发枪炮等项数目，谨恭折覆陈，并缮具清单，恭呈御览，伏乞皇太后、皇上圣鉴训示。谨奏。

特保道员备简折光绪二十五年十二月二十四日

奏为特保贤明道员以备简用，恭折仰祈圣鉴事：

臣维人臣之义，以人事君。值此时局艰难，朝廷求才若渴，臣忝膺疆寄，自应敬举所知，以副圣谕。兹查有二品顶戴江苏候补道钱德培，先在德、和、奥、义、日本各国充当使署文案、参赞等差，历著劳绩，经臣汇保使才在案。该道志趣正大，操履清贞，委办陆师学堂，首教以治心以作其忠勇，次教以讲艺以开其智能。现在毕业学生多所成就，各省争先延为教习，实该道训迪之功。该道于公事则巨细必亲，于私财则丝毫不苟，有为有守，用之于关道、巡道均能胜任。又江苏试用道沈邦宪，华实并茂，体用兼赅。平日于古今时势，中外情形，以及治乱安危之迹，因革张弛之宜，讲求有素，每遇事变猝投，辄能当几立断，观其设施方略，洵足干济时艰。现在委办筹防，不啻驾轻就熟，调兵调食，措置裕如。又江苏候补道沈瑜庆，赋性强毅，卓著丰裁。有时决之资，经权悉协；有贞固之力，终始不渝。历试皆然，颇收成效。现在委办吴淞埠务，区画井井有条，华洋莫不翕服。又安徽补用道席汇湘，器识闳深，志存匡济。为忠莡之后，勉绍前猷；处富贵之中，痛除陋习。其于中西书无不读，尤以算学擅长，将来假以斧柯，不患挟持无具。现办两江营务，操纵尚属合宜。该道等与臣共事有年，颇能知其底蕴，倘蒙俯赐录用，必能殚竭血诚，上酬高厚。可否仰恳天恩交军机处存记，遇有道员缺出，请旨简放，出自逾格鸿慈。

所有特保贤明道员各缘由，理合恭折具陈，伏乞皇太后、皇上圣鉴训示。谨奏。

郭道直送部引见片

再，查布政使衔江苏补用道郭道直，老成稳练，精细慎勤。臣于光绪元年初来江宁署事时，该道办理金陵机器局务，迄今二十五年，既未得与补署，又未调换优差，该道处之泰然，绝不为意。光绪十六年，前署督臣沈秉成，体恤局员，各委兼差，普增薪水，独该道与已故道员吴炳祥力辞不受。本年调办支应，该道复以原办机器局积年节省经费，购存材料，约值二万馀金，悉数归公报效，不以自私。其操守之廉，实为近今罕觏。至于制造枪炮等项，昕夕驻工，每遇拨发频繁，竟至眠食俱废，是以接济南、北洋军械，无论缓急，从无贻误，未便没其微劳。可否仰恳天恩，俯准将该员郭道直送部引见，量予录用，以昭激劝，恭候圣裁。

理合附片具陈，伏乞圣鉴训示。谨奏。

陶森甲历练才优恳恩录用片

再，二品顶戴江苏试用道陶森甲，于光绪十三年随同兵部侍郎洪钧出洋，派驻德国，熟悉交涉情形，经臣汇保使才在案。该道先经前新疆巡抚刘锦棠、前大学士闽浙总督左宗棠、前台湾巡抚刘铭传次第奏调新疆、福建、台湾等处办理军务，盘错功深，韬钤夙裕。及到江苏候补，经臣委办两江营务处，调和诸将，整饬戎行，颇有起色。嗣经委往日本阅操，该道文采可观，议论动听，其于周旋晋接，悉合机宜，该国大臣竞称其能。事竣回省，随将所历各处形胜以及风土民情，并该国行军之号令、营阵，一一绘图贴说，编为成书。其识略之优长，深通兵法，熟谙邦交，为方面中所不多得。该道前在陕西受知于西安将军今大学士荣禄，每与论及人物，亟称该道为有用之才。可否仰恳天恩，发往荣禄军营效力，以资指臂之助，俾展所长，抑于沿江沿海各省简放一缺，必能措置裕如，于时局不无裨补。

理合附片具陈，伏乞圣鉴训示。谨奏。

特保武职各员折光绪二十五年十二月二十四日

奏为特保武职得力人员，以备简用，恭折仰祈圣鉴事：

臣维各省正在练兵，将才是为急务，而将才每由历练而成。咸丰、同治年间，用兵最久，造就人材颇多，迄今三十馀年，宿将日形凋谢，其仅存者又以衰老，难供驱策。就臣察看，查有统带南字旗记名提督吴恒山，年力正壮，胆气甚优，初带一哨而不嫌轻，继统各营而不觉重，其器局亦复过人。至其纪律严明，戎行整肃，不可猝犯，在湘军中卓立不群。又统带盛字旗记名总兵借补江西袁州协副将班广盛，资性雄毅，智虑深长。上年裁勇之时，该营刁徒造谣惑众，该总兵立斩四人，馀均妥为遣散，军心始安。现在驻防吴淞，高垒深沟，如临大敌，隐然有长城之寄，且自行筹款，于营中设立体操、测绘学堂，以教子弟，可谓有志，洵为淮军后劲。此外湘军如管带太湖水师左营提督衔记名总兵陈正珀，朴诚果敢。淮军如管带新兵营记名总兵江西广信营参将吴继培，稳慎勤能，亦足以资指臂。其次则如堪胜提镇，借补江西抚标右营游击补用副将王国权，统带衡字旗补用副将王世雄，均属深识机权，善于操纵。又次如统带护军副将衔补用参将赵云龙，淮扬镇右营参将章宗瀚，管带护军补用游击佘炳文，管带江胜军尽先游击陈煦亮，皆能有勇知方，可当一面。该员等经臣委任多年，历试有效，今因交卸督篆，不敢壅于上闻。木屑竹头，有时亦足以应缓急。古来有以偏裨擢至大将，卒收战胜攻取之功。方今时事多艰，是非破格用人不足以拔殊尤而资鼓励。是否有当，伏乞圣裁。

所有特保武职得力人员，理合恭折具陈，伏乞皇太后、皇上圣鉴训示。谨奏。

恭报交卸日期折光绪二十五年十二月二十四日

奏为恭报微臣交卸篆务日期，仰祈圣鉴事：

窃臣钦奉光绪二十五年十一月二十二日上谕："刘坤一着来京陛见，两江总督着鹿传霖署理。"等因，钦此。跪读之下，钦感莫名。当以臣患痔未愈，奏恳俟交卸后，暂住江宁调理，春融再行北上，旋准总理衙门来电蒙恩允准，钦遵在案。

兹署督臣鹿传霖行抵江宁，臣于十二月二十四日派委江宁府知府刘名誉、臣标中军副将王幼山，将两江总督关防、两淮盐政印信、钦差大臣关防并王命旗牌、文卷等件赍送鹿传霖接收。臣即于是日交卸，自当赶紧医治，以期早日就痊，俟开冻后航海入都趋诣宫门，恭聆圣训。

所有微臣交卸篆务日期，理合缮折具奏，伏乞皇太后、皇上圣鉴。谨奏。

奏疏卷三十三

叩贺天喜折光绪二十六年正月初十日

奏为叩贺天喜，仰祈圣鉴事：

窃臣恭阅邸抄：“光绪二十五年十二月二十四日奉朱谕：‘以多罗端郡王载漪之子溥儁承继为穆宗毅皇帝之子，仰遵慈训，封溥儁为皇子，以绵统绪。’”等因，钦此。

钦惟慈禧端佑康颐昭豫庄诚寿恭钦献崇熙皇太后，量侔圜矩，泽普垓埏。播戢兵和众之勋，八荒底定；广泳沫游原之颂，九译来宾。遗大投艰，振钟虡不移之伟烈；保邦致治，定车书一统之宏谟。媲郅治于飞龙，砥道则荡平共庆；持小心于驭马，璇宫则宵旰弥勤。洵乎接踵炎黄，超踪任姒矣。

兹乃轸十庙创垂之绪，措万年磐石之基，早育储徽，慎维国本。方汉明德之诞膺多福，长乐含饴；迈宋高后之坐镇时艰，少阳表瑞。主器莫若长子，匕鬯无惊；承祧赖有元良，宗祊式固。

臣忝膺疆寄，敬仰徽音。喜毓粹于青宫，谨循视膳问安之礼；钦承光于紫极，豫卜守文继体之长。

所有微臣忭庆下忱，理合恭折叩贺天喜，伏乞皇太后圣鉴。

再，臣奉旨陛见，现已交卸篆务，此折系借用两江总督关防拜发，合并陈明。谨奏。

叩贺天喜折光绪二十六年正月初十日

奏为叩贺天喜，仰祈圣鉴事：

窃臣恭阅邸钞："光绪二十五年十二月二十四日奉朱谕：'以多罗端郡王载漪之子溥儁承继为穆宗毅皇帝之子，仰遵慈训，封溥儁为皇子，以绵统绪。'"等因，钦此。

钦惟我皇上体元御宇，建极绥猷。荷重熙累洽之基，丕承堂构；萃食德饮和之众，普集共球。道击鼓而义击钟，扩大禹拜言之量；望如云而就如日，峻伊耆光被之勋。保泰持盈，夙夜懔春冰之戒；迩安远至，埏垓歌夏雨之甘。固已巩国脉于苞桑，敷湛恩于汪涉矣。

兹乃念列圣继承之业，廑万年统绪之传，慎简元良，永绥根本。震方主器，备仪天俪景之祥；宸掖承欢，毓轶诵韬庄之德。敷天庆洽，率土讴兴。昔汉元延之嗣定陶，尚赖引援于外戚；宋嘉祐之立宗实，亦资匡赞于辅臣。岂若我皇上独断渊衷，早储副德。春坊典学，执中上衍心传；博望招贤，庶物群瞻首出。斯则绍庭陟降，孚十庙之式凭；卜世绵长，合万方而攸赖者也。

所有微臣忭庆下忱，理合恭折叩贺天喜，伏乞皇上圣鉴。

再，臣奉旨陛见，现已交卸篆务，此折系借用两江总督关防拜发，合并陈明。谨奏。

赐寿谢恩折光绪二十六年正月十七日

奏为叩谢天恩，仰祈圣鉴事：

窃臣上年十二月二十二日生辰，仰荷圣慈，特加赏赉御笔

“星应寿昌”匾额一方，御笔“筹添七秩芝纶渥，威镇双圻茛画深”对联一幅，御笔福字一方，御笔寿字一方，御笔长寿字一幅，御笔画菊四幅，无量寿佛一尊，三镶如意一柄，蟒袍一件，大卷十二件，领赍到宁。臣当即恭设香案，望阙叩头谢恩祗领。

伏念臣衡湘下士，樗栎凡材。三朝沐知遇之恩，渥蒙煦育；卌载厕封疆之任，未报涓埃。每循分而怀惭，惧受荣之逾量。乃以衰颓之晚景，仰邀稠叠之隆施。迓瑞霭于日边，龙笺绚彩；烛荣光于天上，翠墨凝辉。星炳弧躔，九译咸登寿宇；岁逢渊献，三能欣应昌期。七秩衰龄，异数拜芝纶之渥；双圻重任，宸章荣茛画之褒。钦向用而攸叙箕畴，颂无量而上齐佛寿。延龄菊秀，近瞻宝绘之瞵瑞；如意花开，远耀璚枝之润泽。备彰施于五采，焕虞廷作服之华；丽纂组于七襄，诵周雅承筐之什。荷恩膏之曲逮，岂梦想所敢期。申锡祗邀，寅承倍切。臣惟有益加感奋，勉竭悃忱。乐爱日之舒长，戴慈云之布濩。俯惭蒲质，回春涵雨露之滋；益切葵倾，赞化仰乾坤之大。

所有微臣感激下忱，谨具折叩谢天恩，伏乞皇太后圣鉴。

再，臣奉旨陛见，现已交卸篆务，此折系借用两江总督关防拜发，合并陈明。谨奏。

赐寿谢恩折 光绪二十六年正月十七日

奏为叩谢天恩，仰祈圣鉴事：

窃臣上年十二月二十二日生辰，仰荷圣慈，特加赏赉御笔“绥怀多福”匾额一方，御笔福字一方，御笔寿字一方，无量寿佛一尊，三镶如意一柄，小卷十六件，领赍到宁。臣当即恭设香案，望阙叩头谢恩祗领。

伏念臣壮岁从戎，边隅陈力。仰天戈之奋武，幸际兵销；荷轩御之论功，滥膺疆寄。经纶未裕，久持节钺于西江；冠冕遥通，复总师干于南服。洎两江之徙镇，历四任而承恩，未能图报夫涓埃，方切怀惭于夙夜。何意加增马齿，渥蒙宠贲龙章。命懔绥怀，愿播尧仁于象译；眷膺多福，仰叨天覆之庞洪。奎章则辉映景星，禹畴锡极；睿藻则光分爱日，天保赓诗。璎珞腾光，礼金仙之宝相；指挥如意，灿玉树而长春。丝纶焕作服之华，荣颁宫锦；币帛诵承筐之什，香染御炉。凡兹恩遇之加隆，夫岂衰庸所敢望。臣惟有益加策励，殚竭愚诚，冀酬高厚之生成，乐效轩蓂之鼓舞。幸值尘清函夏，愿偕万姓而呼嵩；欣逢治洽熙春，合颂九如而奏雅。

所有微臣感激下忱，谨具折叩谢天恩，伏乞皇上圣鉴。

再，臣奉旨陛见，现已交卸篆务，此折系借用两江总督关防拜发，合并陈明。谨奏。

议叙谢恩折 光绪二十六年二月二十四日

奏为叩谢天恩，恭折仰祈圣鉴事：

窃臣钦奉光绪二十六年正月十四日上谕："三载考绩，国家激扬大典，中外满汉诸臣，有能恪共职守，劳勋最著者，允宜特加甄叙，以示优眷。兹当京察届期，吏部开单题请，详加披阅，两江总督刘坤一，老成硕望，懋著勤劳，着交部从优议叙。"钦此。自天闻命，感悚莫名。

伏念臣猥以衰庸，忝膺艰巨，兼筹江海敢忘宵旰之忧劳，久领疆圻，渥荷慈施之高厚，愧涓埃之未报，常夙夜以怀惭。际兹大典重逢，何幸微劳必录，褒题逾格，奚殊华衮之荣；甄叙有加，倍懔冰渊之惧。惟有慎勤从事，殚竭愚忱，切感奋于五中，窃图坠露轻尘之报；拜恩荣于九陛，喜遂瞻云就日之忱。

所有微臣感激下忱，理合恭折叩谢天恩，伏乞皇太后、皇上圣鉴。

再，臣遵旨入觐，现在行抵天津，借用直隶总督关防，合并陈明。谨奏。

赏加太子少保衔谢恩折光绪二十六年二月二十七日

奏为叩谢天恩，恭折仰祈圣鉴事：

窃臣钦奉光绪二十六年二月十二日上谕："本年朕三旬寿辰，覃敷闿泽，中外均沾。因念文武一品大臣，有年逾七旬，精神强固，供职克勤者，洵属熙朝人瑞，允宜特沛恩施，以昭优眷。两江总督刘坤一，着赏加太子少保衔，用示朕尚齿引年优礼耆臣至意。"等因，钦此。闻命之下，感悚交萦。

伏念臣疆索久持，涓尘未报。领节符于江表，马齿徒增；锡纶綍于天阶，龙颜喜近。皇华作赋，介圭方促夫骁征；圣算延洪，颁瑞复承夫鸾诏。自顾七旬衰质，蒲柳先零；何期四辅崇阶，棘槐滥厕。卅馀年屡膺重寄，时切冰渊怵惕之怀；五十日三拜殊荣，渥蒙高厚生成之赐。鸿施逾格，鳌戴难胜。惟有勉竭愚诚，益加感奋。仰圣恩之广被，庆寿宇之宏开。随百辟而皋飏，幸跻师保疑丞之列；先兆民而华祝，载赓炽昌耆艾之诗。

所有微臣感激下忱，理合恭折叩谢天恩。伏乞皇太后、皇上圣鉴。

再，臣遵旨入觐，现在行抵天津，借用直隶总督关防，合并陈明。谨奏。

恭报回任日期谢恩折光绪二十六年四月初八日

奏为恭报微臣回任日期，叩谢天恩，仰祈圣鉴事：

窃臣钦奉恩命入都陛见，于本年三月初二日到京，先后仰蒙召见四次，训诲周详，莫名钦感。陛辞后航海南下，于四月初一日行抵江宁。初五日，准署两江督臣鹿传霖派委代理江宁府知府王毓莘、中军副将王幼山，将两江总督关防、两淮盐政印信暨办理通商事务钦差大臣关防并王命旗牌、文卷等件赍送前来，臣当即恭设香案，望阙叩头谢恩祇领任事。

伏念臣猥以衰庸，渥蒙高厚，畀两江之重寄，荷五至之殊恩，自顾何人，膺兹宠遇。当此伏莽未靖，时局多艰，安民以察吏为先，惩贪猾而吏治乃肃；御侮以练兵为亟，严纪律而兵事始精。交涉纷纭，贵刚柔之互用；鹾纲疲滞，在疏缉之认真。臣薄植菲材，深惧弗克胜任，惟有殚竭心力，振刷精神，懔遵慈训，破除情面，切实整顿，固不敢稍涉偏私，亦不敢稍存迁就。并会同漕督臣及三省抚臣，将一切应办事宜，妥为经理，仰纾宵旰之忧劳，勉副朝廷之委任。除将回任接篆日期，循例恭疏题报外，所有微臣感激下忱，谨缮折叩谢天恩，伏乞皇太后、皇上圣鉴。谨奏。

遵筹洋货税厘并征折光绪二十六年四月二十八日

奏为遵旨筹议洋货税厘并征事宜，恭折由驿覆陈，仰祈圣

鉴事：

窃臣承准军机大臣字寄："光绪二十六年三月二十六日奉上谕：'户部、总理各国事务衙门奏：遵议盛宣怀等覆奏增税事宜各折片。洋税为国家岁入大宗，前因饷项支绌，特派盛宣怀、聂缉椝会同赫德将加税事宜，查照条约，筹议办理。该京卿等所拟将进出口货物照时价另行核估，暨外国烟、酒等物分别纳税，均属有利无害。现在修约届期，即着盛宣怀、聂缉椝会同赫德照会各国公使，将此次修改税则缘由，声明大旨，即就以上两端先行开议，以免延误。至该京卿等所议厘税并征，系专指洋货而言，与土货厘金尚无关涉。此事利害出入，关系甚大，如果确有把握，则每年可增千百馀万之进款，于大局实有裨益，亦不宜诿延观望，致失事机。所有洋货加税免厘一事，着南北洋大臣、两广、湖广、四川、闽浙各总督，江苏、安徽、江西、浙江、山东、湖北、湖南、广东、广西各巡抚，查照盛宣怀等及户部、总理各国事务衙门各原折，参以本省情形，按之中外时势，如何可有利而无害，如何可利重而害轻，勿持两端，勿执成见，务即妥为筹定，限于一个月内迅速覆奏，听候谕旨遵行。盛宣怀等折单及户部、总理各国事务衙门折片，着分别抄给阅看。将此由四百里谕知各督抚并谕令盛宣怀、聂缉椝知之。'"钦此。

窃维富国乃能强兵，理财必先足用。统计部库岁入，盐、漕、地丁之外，复有厘金、洋税，进款不为不巨，自与各国通商以后，常年额供之项亦复递有加增。近以强邻环伺，防务吃重，练兵制器，需用更繁，而又加以应还洋款岁至千数百万之多，以致出入大相悬殊。凡有理财之责者，终岁力筹挪应，犹虑还款愆期，而京外一切供支多有未遑兼顾。时艰财匮，至此极矣，若不亟思穷变通久之计，其将何以支持！然生财之道，不外开源节流。年来汰冗兵，裁浮费，业已至再至三，固无论节无可节，纵或不惮刻核，竭力整厘，数必畸零，要无救于目前之急计。惟开源以图补苴，而开源又必求其无损于民，方为有利于国。该京卿等所请洋货免厘加税，详加考究，实为筹饷裕课至计，总理衙门与户部拟照岁收洋货之厘金与并征可增之税数，比较核定，亦系确切不易之办法。

伏查东西洋诸国抽收关税，土货出口征收甚轻，客货进口抽收极重，盖所以畅土货之行销，遏客货之侵占。中国洋税载明约章，进出口均照值百抽五例征收，如运入内地照完子口半税，无论运至何省，沿途关卡只有查验单货是否相符，不再重征，未完半税经过内地关卡方能照收税厘。半税本为抵厘而设，税仅一次，厘则每过一卡即有一卡之捐，运路愈远完厘益多。商人利晰锱铢，是以运入内地洋货，苟程途稍远，即均完纳半税，距口较近应完之厘轻于半税，始肯完厘。是内地岁收未完半税之厘，断无逾于岁收半税之数，不待核计可以概见。此外尚有完纳半税领单之货，运到指销之地，缴销税单以后，间有抽取落地厘捐，各省或有或无，数更无几，即如江苏一省仅苏州六门、上海刘河两处收此捐项，馀则概不抽取。光绪二十五年各关共征洋货进口正税银六百六十五万馀两，内地半税只银六十七万馀两，仅及十分之一。子口税为正税之半，议者见子口税收如此之少，以为凡未完半税之货，必皆完厘，故有“子口税单无碍厘金”之语。殊不知洋货运进各关，完纳正税之后，在租界零售即无半税厘金可收。而此项零销之货，不仅就地居民食用所需，即附近口岸之人民以及往来口岸之过客，零星购带，照章均属不能收取税厘。总而计之，则此项免完税厘之零售实倍于报完税厘之货物。现在饬据各关局查议具覆，苏州厘局每年抽收过路及落地两项共银二万二千两左右，合计百分中不及三分，淞沪厘局每年抽收过路、落地两项共银十一二万馀两，合计十成中不过一成有奇。漕捐并无洋货之厘。徐州厘捐近三届共只收钱七百千零。金陵厘捐抽收洋货、土货厘金向未分晰开报，饬查需时，深虑延误。各卡经过洋货多系凭单验放，其中偶有完厘，数当无多。江苏厘金较各省为多，统计每年所收洋货之厘仅此十数万金。电询各省，除山西、河南、黑龙江、新疆及江苏漕捐向无洋货厘金外，广西、吉林、湖北、奉天、湖南、广东向系笼统开报，未曾分晰洋货、土货。山东、安徽、直隶、江西、陕甘、云南、贵州、四川共计收银不过三十万。陕西最旺之年百货收厘银四十七万馀两，约计洋货捐数在三成。福建、浙江，未经电覆。统而计之，即从宽核算当不过百馀万两。若进口之货悉数完税，运售内地，照二十五年进口正税之数减半核计，应得半税银三百三十馀万。今实收半税与各省所收洋货之厘合计仅银一百数十万馀两，则所短一百数十万金，多系各口租界零售未完税厘之货物。是以多开一口岸，即为税厘多添一漏卮。现在拟照正半两税加倍并征，不独完税完厘商人无可趋避绕漏，即租界免厘之章亦得借此补救。而按照近年实征进口正税之数，计可多增两倍，共应得银一千九百馀万，除去原收之正税及实征之半税并入内地之厘金共银八百馀万，计可额外加增一千一百馀万。若再将洋土各货照时价核估征收，及向来免税之烟、酒等物议征税银，则正税尚可增收，并征税数必更增巨。通盘筹计，是洋货厘税，归关并征，证诸药厘前事，只虑外人难于就范。若以所加之税以抵应免之厘，非特决无亏短，实为进项莫大之利。各省所免原有之税厘，总理衙门会同户部业已电允拨补，即于各省向有进项亦复毫无窒碍。

至各处筹议，因鉴于历来洋货领单运入内地曾有夹带之事，大都以土混洋为虑。惟查洋货领单运入内地，按照约章，沿途应行呈单照验，如查有单货不符，以及单内添改挖补等弊，本有扣货罚办之条，特载税单加戳之内。此次会议并征，自应仍照约章，于领单入内地之时，由各关子口及沿途关卡认真验单查货。未经并征以前，尚虑其单外多带同类之货，将来并征以后，税银已于进口时一并完纳，多带之弊不除自绝，可以少一弊窦，只须查其有无土货夹杂，较前尤为简便。如洋商虑及留难，自可准其过卡提前先行查验，以示体恤。

又如进口之台湾茶叶，东西两洋及香港之海味、药材、白糖等项，凡有与中国土货色味相似者，拟由总理衙门饬令总税务司查明，详晰刊布，仿照洋药办法精刊印花，分发各关，加盖关防，存俟各货报关请单运入内地之时，由局员会同关员覆加查验。无论原包零件，均眼同黏贴印花。向来洋货复运出口及完税运入内地，于呈递报单时，本须委员查验盖戳，此后不过加贴印花，俾内地局卡易于辨认而免争执稽延。此外如机器所制之绒毯、棉布等项可以一望而知为洋货者，仍可毋庸黏贴印花。盖相类土产之洋货，税厘归关并征后，深虑其将进口之件存口销售，而以相类之土货伪充进口之件，运入内地，漏免土货之厘。此系议办并征时为防弊要着，必须抱定约章商议照办者。

又在口岸机器制造之货物，向章在口销售，不完税厘，运入内地或转运别口暨出洋者，均只完一正税。总理衙门因洋商贩运洋土各货，无论进出口，均完一正税、一子税为断。机器在口制造，运货、保险、人工均省，获利较厚，是以酌定不论华洋，均于离厂之先仿洋货进口例，收值百抽五之正税，再加一倍，以抵内地之厘。计共值百抽十。嗣湖广督臣张之洞虑洋商能否照加尚不可知，而华商已先受其敝，奏准暂行缓办，俟各国一体允加进口税之时，再行照办。此后并征果成，则洋货成本较重，在口设厂制造必多，离厂之税或仍照值百抽十抑或如何变通衡定，必须预筹举办，并照日本文凭所载，华洋一律。此系开办并征后商务变更必须预为筹措，以免趋避而妨税厘者。

总之，办事不能有利无弊，但当求其弊而防制之，则利可兴而弊自绝。现在财用匮乏已极，非加税无以为计。并征得能有成，则以后应还之款，应练之兵，应兴之利，皆可次第经营，不致束手无策。七处盐货厘金可毋庸税司代征，既免更章之难，亦节代办之费。是并征有裨时艰，此机万不可失。拟请朝廷毅然为之，务底于成，大局幸甚！

所有遵旨筹议税厘并征缘由，理合恭折由驿驰陈，伏乞皇太后、皇上圣鉴训示。谨奏。

还款必需加税片

再，臣在京因加税一事，先约盛宣怀、聂缉槼来寓查询各条情形，嗣往总税务司处商酌。据总税务司面称："中国所借洋债，目下仅还息银已形拮据。不数年后，本息兼还，每年多出银五六百万两，若非加税，从何得此巨款！中国所收洋货厘金无多，加税拨抵，必可有馀。"所言深切事理。当此时局艰难，应办之事需款之亟，虽不仅洋债一端，即以该总税司所言而论，为期已迫，若不预行筹措，临事何以支持！是宜为未雨牖户之谋，不可为临渴掘井之计。

理合附片具陈，伏乞圣鉴。谨奏。

挑选精锐归并防营片

再，前因海州、赣榆一带，地方空虚，清淮防营无多，难于兼顾，奏准招募栋字三营并炮队一哨，共计勇丁一千五百馀名，札委道员林朝栋统带前往海、赣驻扎在案。嗣查湖北提督张春发、江西按察使陈泽霖先后奉旨招募武卫先锋左、右军二十营，驻防江北等处，是淮、徐兵力已厚，所有栋字三营一哨应即裁撤。经前署督臣鹿传霖晤商陈泽霖挑选栋字营勇四百名，拨入武卫先锋右军，复饬统带衡字旗参将王世雄挑选栋字营勇六百三十馀名，带回江宁省城，归并衡字三旗，按照营制编为三营。其馀各勇丁，一律遣散，于正饷外，另给恩饷一月，以示体恤。现已分别遣留完竣。

除咨部查照外，理合附片陈明，伏乞圣鉴。谨奏。

酌改盛字等旗为营片 光绪二十六年五月二十四日

再，时局多艰，外人伺隙而动，江海防务不可稍疏，而尤以靖内奸为第一要义。遇有匪徒滋事，必须迅速剿除，以免蔓延而滋借口。若稍涉迟缓，各国动以护教护商为名，调舰征兵，深入腹地，听之不可，拒之不能，办理最形棘手。外侮内患，相继而起，大局更何以支持！此臣所夙夜忧虑难安寝食者也。

沿江一带盐枭、会匪、安庆道友，出没靡常，煽诱日多，潜相勾结，迭经拿获要目，从严惩办。无如党与甚众，总难尽绝根株。近因直隶、天津等处拳匪不靖，谣诼繁兴，各处匪党亦有蠢蠢欲动之势。各外国兵轮时入长江游弋，难免伺间思逞。亟应严密布置，庶免临事疏虞。

查南洋各防军，自光绪二十二年裁兵节饷一律改营为旗，每旗弁勇仅二百八十六人，无事之时，尚可勉资镇慑，一遇有警，兵力实觉太单。第值此费绌用宏，库款艰窘，若将各旗咸复旧制，每年所增不下数十万金，安得有此饷力！再四思维，不得不随宜酌办。吴淞地方紧要，该处仅驻有盛字五旗，拟即改为五营，每营添足五百名，并于江宁添募亲军中、前两营勇丁一千名，以备征调。严饬各该统领总兵刘光才、副将班广盛，勤加训练，实力操防。所需饷费，即在裁兵节饷项下动支。统计添勇约二千人，饷项尚可腾挪，于江防大有裨益。

臣为体察情形备御不虞起见，理合附片具陈，伏乞圣鉴训示。谨奏。

拨解武卫军枪炮火药片

再，查接管卷内，准总理武卫全军大学士荣禄来电，请拨江南造存抬枪数杆，以备试验，又请拨有箭枪子及无箭枪子各百万颗等因，当经前署督臣鹿传霖，饬令金陵机器局拨发抬枪五枝，每枝随带枪子二百颗，上海机器局拨发有铅箭毛瑟枪子一百万颗，无铅箭毛瑟枪子一百万颗，派委候补知县萧仁晖管解赴京投收，应需运费由江南筹防局拨给汇案造报。

又据总统武卫右翼先锋军江西按察使陈泽霖呈称：所募勇丁渐齐，应需军火赶办不及，请在金陵军械所拨发济用等情，并经前署督臣鹿传霖，饬令该所拨发比国后膛枪三千五百杆，无烟药弹三十五万颗，毛瑟马枪二百五十杆药弹二万五千颗，英式后膛抬枪一百四十杆，自来火子一万四千颗，前膛来福枪三千五百杆，洋枪药七千磅，铜火三十五万颗，皮纸三万五千张，铅子二千六百二十五斤，两磅熟铁后膛过山炮四十二尊，细炮药七百五十六磅，开花子五百零四颗，实心子一千零八颗，铜管自来火一千六百六十枝，皮纸七百五十六张，三磅快炮八尊，开花子一千六百颗，碰火一千六百副，铜壳四百个，铜螺丝拉火一千六百颗，无烟药二百四十磅，炸药二百磅，白布单帐棚二百架，交由该军来员领运回营，俾资应用。均未及具奏，移交前来。

理合附片陈明，伏乞圣鉴。谨奏。

遵旨派兵北上折光绪二十六年五月三十日

奏为遵旨派兵北上，恭折驰陈，仰祈圣鉴事：

窃臣坤一、臣传霖承准军机大臣字寄："光绪二十六年五月二十一日奉上谕：'近因民教寻仇，匪徒乘机烧抢，京城内外，扰乱已极。着各直省督抚，迅速挑选马步队伍，各就地方兵力、饷力，酌派得力将弁，统带数营，星夜驰赴京师，听候调用。根本之地，情形急迫，勿得刻延。将此由六百里加紧各谕令知之。'"钦此。瞻望阙廷，万分企念。

伏查江南兵力，苦无大枝劲旅可抽，沿江一带防务正形吃紧，驻防各军万难调动，且距京较远，亦虑缓不济急。然京畿情形如此之亟，谕旨盼望如此之切，无论如何总须设法抽调，迅速驰援。臣坤一查有统带铭、元、镇字等营旗记名提督前徐州镇总兵陈凤楼，忠勇性成，不避艰验，为淮军著名宿将，于北地亦极熟悉，所部铭字马队三营，元字、镇字步队四旗，久经训练，堪称节制之师，驻扎徐州、宿迁一带，就近调集，星驰赴京，最为便捷。惟元、镇步队四旗人数较少，并经电饬该提督，刻日增募，改旗为营，每营添足五百人，以资厚集。徐、宿地方紧要，南北运道所关，复饬徐州镇总兵刘青煦添招马队一营，步队三营，分赴各要隘填扎，俾免疏虞。

抑臣等更有请者，前接张春发等来电，武卫先锋左、右两军，现亦钦奉谕旨，饬调赴京，定于本月二十七日拔队。计该两军二十营，兵力尚厚，均食江南之饷，第须有统率之员，相机调度，方有实济。臣等受恩深重，谊同休戚，值国事艰难之际，正臣子图报之秋。公同商酌，臣秉衡奉命巡阅长江，目前尚可暂离。拟即招募卫队二百人，亲率星夜北上。惟有仰恳天恩，准将武卫先锋左、右两军，暂归臣秉衡节制，以资钤束，于军务实有裨益。

谨合词恭折由驿六百里驰陈，伏乞皇太后、皇上圣鉴训示。谨奏。

驻防各军一律改旗为营片

再，江南防军，前因裁兵节饷，改营为旗，每旗人数仅只二百馀名，兵力实嫌单薄，限于饷绌未能遽议加增。现在防务万紧，自应迅速添募，以资抵御。除江宁添招亲军两营，吴淞盛字五旗改为五营，业经具奏，并元字三旗，镇字一旗，遵旨北上，改旗为营，暨徐州增募马队一营，步队三营，填扎宿迁等处，另折陈明。所有现驻江阴之合字五旗，刘河、扬州之南字三旗，镇江之新湘五旗，上海之奇兵右旗，均饬各该统领、管带，改旗为营，每营添足五百人。又饬调福山镇总兵杨金龙前来江宁统带护军，将原有之中、左、右三旗，改为三营，另添前后两营，合成二千五百人。各营饷项，无论何款，先行拨用，一俟事局大定，再行清厘造报。

谨附片具陈，伏乞圣鉴，敕部查照。谨奏。

购办军米请免税厘片

再，筹办军务，兵食为先。江宁本非产米之区，全赖上游接济。现在军情日紧，商贩来源较少，自应由官赶速购储，以免缺乏。业饬司局拨款派员前赴芜湖一带采购米一二十万石，分批运济。此项米石，系为筹备兵糈之用。目下情形急迫，饷项艰难，所有沿途税厘，应准概免完纳。

除咨行查照外，谨附片具陈，伏乞圣鉴。谨奏。

覆陈筹办防务情形折 光绪二十六年六月十五日

奏为筹办防务，遵旨覆陈，恭折仰祈圣鉴事：

窃臣承准军机大臣字寄："光绪二十六年六月初七日奉上谕：'现在中外业经开战，断无即行议和之势。各直省将军、督抚，平日受恩深重，际此时艰，惟当戮力同心，共扶大局。谨守封圻，惟尔之功；坐失事机，惟尔之罪。功多有厚赏，不迪有显戮。各将军、督抚等，务将和之一字先行扫除于胸中，胆气自为之一壮。所有一切战守事宜，即着一面妥为布置，一面迅即奏报，务各联络一气，以慑彼族之骄横，以示人心之固结，朕于尔将军、督抚，不得不严其责成，加以厚望也。将此由六百里加紧各谕令知之。'"钦此。跪诵之下，钦悚莫名。

窃维此次战事，本非朝廷意料所及。顾臣屡次电奏，不免鳃鳃过虑者，则以各国同时开衅，有敌众我寡之虞。然时势所迫，实逼处此，军事一日不了，防务即不可一日稍松，兵法所谓‘毋恃敌之不来，恃我有以备之’，此诚千古不磨之论也。臣受恩深重，具有天良，南洋滨海沿江，关系尤巨。当此变生意外，时局艰危，上念宵旰之忧劳，下念责任之重大，敢不殚精竭虑，奋勉图维。业经迭次电令各路防军、炮台，备足子药，昼夜严防。先后饬将吴淞之盛字五旗，浒浦、刘河等处之南字三旗，江阴之合字五旗，镇江之新湘五旗，上海、仪征之奇兵左右两旗，一律改旗为营，每营添足五百人，以厚兵力。复将自强军马、步、炮队各营，加添哨队，并饬令总兵刘光才，添募亲军两营，总兵杨金龙接统护军三旗，改旗为营，另添两营，合成五营，驻扎江宁，以备调遣。长江水师提臣黄少春所部江胜六营，本系游击之师，何处有警即行驰往援应。各路炮台，炮勇较少，亦饬由各就近防营内，挑选熟悉炮法之勇丁，加给津贴，协同操习。一面调集各项兵轮、雷艇、蚊船暨北洋驶来之海圻、海筹、海琛、海天、复济、通济、飞鹰七兵舰，分泊江阴等处，俾收水陆夹击之效。又以上海机器局为制造军械重地，并饬添募营队，严密防护。此江海要隘布置之大概情形也。

沿江港汊纷歧，敌人处处可以登陆，所幸沙线萦曲，敌舰吃水较深，不能近岸停泊。经臣商准黄少春，调集长江师船，分泊江阴、镇江一带，并另招新胜水师一营，沿江梭巡，无事则缉捕枭匪，保护商旅，若遇敌舰内犯，乘放舢板，希图登岸，则会合师船，奋力抵拒。复咨会江南提臣李占椿及苏松、狼山、福山三镇总兵，将所辖之广艇、领江等项战船，于崇明、任家港、溆浦等处分拨扼守。此沿江港汊布置之大概情形也。从来军务倥偬之际，往往有内匪乘机滋扰，矧大江南北，人心浮动，盐枭会匪，出没其间，党与众多，行踪飘忽，当此江防吃紧，谣诼繁兴，深虑揭竿起事，为害地方。各标制练兵丁，近年裁节饷需，人数太少，实不足以资分布。臣体察情形，先将督标新兵练军五营，提标练军两营，淮扬镇标练军一营，狼山镇标练军一营，各照从前旧额添足人数，俾期得力。如有匪徒溷迹煽惑滋事，即行相机剿捕，毋任蔓延。复严饬各州县整顿团练，巡辑奸宄，责成该管道府，随时稽察，如敢虚应故事，禀请撤参。此内地等处布置之大概情形也。

淮安、徐州二府，地属通衢，为南北最要关键，幅员辽阔，民悍盗多，现值军情紧急，转运粮饷、军械，皆系必由之路，驻防淮、徐之武卫先锋左、右两军及提督陈凤楼所部之马步七营，次第北上，地方实觉空虚，经臣檄徐州镇总兵刘青煦添募马队一营，步队四营，填扎邳州、宿迁等处。并商准漕臣松椿，饬令淮扬镇总兵潘万才，招募四营，驻防清淮。此又防守北路兼护运道之大概情形也。

目下库储奇绌，筹饷万分艰难，惟添勇设防，为大局安危所系，无论何款，总当先其所急，竭力腾挪。并电商安徽、江西两抚臣，如下游有警，即由该两省分拨得力劲旅，以期联络声援，共扶危局。总之，疆臣有守土之责，倘有敌人贸然侵犯，必当激励将士，奋勇堵击，庶人人有敌忾之心，以副圣主谆谆诰诫御侮保疆之至意。

除苏防布置一切事宜，另由抚臣奏报外，所有筹办防务情形，理合恭折由驿驰陈，伏乞皇太后、皇上圣鉴训示。谨奏。

江阴北岸添招两营驻防片

再，查江阴为长江最要门户，该处北岸兵力尚单，臣复委堪胜提镇之候补副将王国权驰回湖南，挑募劲勇千人，编为两营，即名权字营，带来江南，添扎江阴北岸，统归江南提督李占椿节制调遣，以一事权。所有营制、饷章，均照湘军办理。

除咨部外，理合附片陈明，伏乞圣鉴。谨奏。

徐州土药歉收片 光绪二十六年六月二十四日

再，徐州府属设局抽收土药厘捐，业将光绪二十五年九月底以前所收捐款，按批分解，先后奏报在案。

兹据办理徐州土药统捐局江宁布政使恩寿、徐州道桂嵩庆详称：徐州各属，地属平阳，界连三省，周围千有馀里，举步即入邻境，无要可扼，故巡缉稽征倍觉难于他省。且徐属连年水灾，地方荒歉，饥民外出就食未能复业。兼之田土被淹，无从耕种，仅只高阜田地可种罂粟，为数无多，继因天气亢旱，受灾甚重，苗叶间有发生，复被灾民剜食充饥，所馀无几，实与历届被歉情形迥不相同。自来罂粟收成之薄，未有如此之甚者。

出产既少，价值腾昂。商贩携资至徐多以价昂利微，尤恐坐耗银息，改贩他货而去，捐数因之异常减色。虽经该司道等严饬各卡员认真巡缉，设法招徕，无如徐州土药向系运至上海、镇江一带销售，该处现销川、滇土药，其价较徐土为廉，商贩因之裹足不前，销路益形壅滞。计自光绪二十五年十月初一日起，至二十六年三月底止，各局共收银四万四千二百八十九两有奇，连同前半年所收银两，自二十五年四月初一日起，至二十六年三月底一年截数之日止，统共收银十二万二千二百九十三两有奇。内除照案开支各项费用外，所有应解捐项，均已扫数解赴户部兑收清款。至出省加捐一项，虽经开办，报捐之户仍属寥寥等情，详请具奏前来。臣覆加查核，该司道所详委系实情。

除饬严督各卡员竭力整顿，核实稽征以保捐务外，理合会同护理江苏巡抚臣聂缉槼附片陈明，伏乞圣鉴。谨奏。

兵事方殷合陈管见折光绪二十六年七月初二日

奏为战事方殷，谨合词敬陈管见，以间敌谋而裨京防，恭折仰祈圣鉴事：

窃闻津郡不守，敌势益张，该处距京仅止二百馀里，上念皇太后、皇上缵承宗社，不知如何忧劳，臣等遥望神京，难安寝馈。现闻东西续到之兵，日本已有万馀人在大沽登岸，其馀各国兵队启行日久，亦必相继到津。闻各国相约进兵，现仍征调不已，事机日紧一日，尤深焦急。伏念兵端既开，在我自无不战而和之理，臣等惟当振刷精神，将一切战守事宜，赶紧次第筹备，严密布置，无论何国来犯，即尽力遏剿，断不敢稍涉疏懈，自弛藩篱。

惟自古用兵之道，本可操纵并行。两次伏读致俄、英、日本及美、德、法六国书，嘱令排难解纷，仰见朝廷委曲求全，苦心调剂，仁至义尽，薄海同钦。现在日、俄两国已有复书，词气虽尚和平，语意究难揣测。大学士臣李鸿章周知四国，体用兼赅，办理交涉有年，为各国所信服。现已遵旨北上，行抵上海，适战事方亟，航海既难径达，遵陆又虑需时。可否吁请天恩，授以全权，示以机宜，饬令就近在上海与各国电商，借探消息，察其意向，缓其进兵，何国有隙可乘，即由何国入手，总以间敌谋、纾国难、安两宫为主。此次战事起于仓猝，各路援兵均未齐集，但能使敌氛稍松，即可多增一日筹备，多固一分战守，庶于缓兵之中益便设防之计，于大局实有裨益。

是否有当，谨合词恭折由驿六百里驰陈，伏乞皇太后、皇上圣鉴训示。谨奏。

遵设清江转运局筹解军米折 光绪二十六年七月初三日

奏为遵旨设立清江转运总局，会商各省筹款，购米运京济用，恭折驰陈，仰祈圣鉴事：

窃臣承准军机大臣字寄：“光绪二十六年六月初九日奉上谕：‘御史陈璧奏：战局既开，宜速筹粮食一折。着刘坤一于清江浦一带设立转运总局，委派前福建兴泉永道恽祖祁督办，将各处粮食妥筹采买，由内地水陆分运到京，以资接济，所需脚费，准其作正开销。山东、山西、陕西、河南等省，并着各该抚派员设局采运。其东南各省应行运京军火、器械，并着随时妥速起运，应如何设立分局之处，即着该督抚督同派出各员，妥为办理，毋稍延误。’”等因，钦此。仰见朝廷慎重兵糈，有备无患之至意。

当此军事方殷，京城为根本重地，军米一项尤关紧要，自应赶紧购运，以免缺乏之虞。前福建兴泉永道恽祖祁，现在常州原籍，臣奉旨后，即日电饬前来江宁商办一切。并与护理江苏抚臣聂缉椝往返电商，于司道各库，筹拨银十五万两。一面电商安徽、江西、闽浙、湖广、两广各督抚臣，通力合筹，共维大局。旋准先后电覆，安徽认筹银十万两，江西、浙江、湖北三省各筹银十二万两，湖南认筹银三万两，广东认筹银三十万两，广西认筹银四万两。总共江苏等八省，计认筹银九十八万两。内湖北一省银十二万两，拟自行采买，酌量妥办。又福建一省，现因电线迟滞，尚未覆到。惟各省距清江较远，兑解现银一时未能到浦。现在军情紧急，必须将米粮赶为筹运，已饬将江苏认解银两，先行解交恽祖祁兑收，以便即日采购，分途起运，其馀各省款项随到随购。并饬拨淮扬镇总兵潘万才所部营勇、水师左营陈有明所带炮船，随时护送。遇有要件，必须轮船催提，已酌拨小轮两号，以期迅速。至各省运解军火前至清江，如须该局转运，即由各该省先行电知，以便豫备车船，仍由各该省自行给价。清江至京道路绵长，车辆船只雇备甚难，前准直隶来电已派津海关道黄建筦，山东来电已派济东泰武临道吉灿升在各该省设局转运，应如何联络一气，并饬恽祖祁妥筹办理。

际此时艰孔亟，筹款为难，固不可草率以误事机，亦不可妄费以糜饷项。经费能省一分，即于军食获一分之益。恽祖祁条陈开办事宜，颇能深体此意。

除刊给木质关防，饬令该道前赴清江刻日开局妥办并咨部查照外，理合会同护理江苏巡抚臣聂缉椝恭折驰陈，伏乞皇太后、皇上圣鉴训示。谨奏。

拨解天津军械片

再，钦奉上谕："天津等库等处所存枪弹均多毁失。现在各营逐日开战，子弹不敷，亟须速行筹备。着刘坤一、张之洞于上海、金陵、武昌各局，宽为提拨，迅速设法解津。”等因，钦此。

查江宁、上海两局制造军火，因限于机力，所造各种枪炮、子弹，仅供南、北洋岁操之需，往年购存各项军械，平时协拨京营及北洋各省，已不下数万馀件。此次军务起后，江南增募营勇一万馀人，以及援北诸军暨安徽、江西、湖北、浙江、四川、云南等省，纷纷请领，库藏几空。惟目下天津军情紧急，该处所存枪弹均多毁失，钦奉谕旨，饬令宽为提拨，自应于无可腾挪之中，勉筹解津。计凑拨哈乞开司枪一千枝，配弹二百万颗，小口径五响毛瑟枪一千枝，配弹二百万颗，哈乞开司一磅轻快炮二十尊，配平炸弹九千六百颗，铁罐炸弹九千六百颗，分批派员妥慎管解北上，以应要需。

除饬局拨给运费汇案报部核销外，理合附片陈明，伏乞圣鉴。谨奏。

凑解神机营枪弹片

再，准神机营来咨，京营需用枪弹，行令拨解快利枪子四十八万颗等因。当查快利枪子，金陵军械所现存无多，京营需用甚急，应即凑拨三十万颗，以济要需。饬委江苏候补直隶州知州王茂中妥慎管解，兼程前进，并由电商准山东抚臣袁世凯，将前项枪子解至济南，转解入都，以期妥速。

除饬局发给运费汇案造报外，理合附片陈明，伏乞圣鉴。谨奏。

各标练兵添募足额片

再，督标新兵练军五营，提标松江练兵两营，淮扬镇标练兵一营，每营向系五百人，狼山镇标练兵一营，向系三百人。光绪二十三年裁兵节饷及上年免裁淮、徐第三起兵丁各案内，计狼山练兵裁去八十六名，督、提各标练兵每营裁去一百七十九名，淮扬练兵裁去一百二十名，先后奏奉谕旨允准在案。兹据各该统将因防务紧要，裁存练兵不敷分布，禀请仍照从前旧额招募足数前来，经臣批准暂行募补足额，俾卫地方。至狼山镇标练兵，本只三百人，兵力过单，并饬该镇另再添募勇丁一百人，以资巡缉，事定均即裁撤。

除分行遵照并咨户、兵二部查照外，谨会同漕运督臣松椿、江南提臣李占椿，附片陈明，伏乞圣鉴。谨奏。

筹款六条议覆苏宁各项杂捐折光绪二十六年七月初三日

奏为部议筹款六条，江苏司关道局办理情形，恭折具陈，仰祈圣鉴事：

窃准户部咨奏："帑项奇绌，用度不敷，谨拟筹款六条，内归部库筹办者一条，归各省筹办者五条，各省增添若干，专备洋债应用一折。光绪二十五年九月十四日具奏奉旨：'依议。'钦此。飞咨遵照将办理情形及筹集银数专案奏明报部核办"等因。当经转行去后。

嗣据各司关道局先后详覆，除两淮盐商捐输票本一条另行奏明，田房税契一条，苏属经抚臣鹿传霖酌定章程，业经另案会奏，江宁各属事同一律，已饬该藩司一体仿办，自应毋庸改议，并经臣将土药税厘加抽三成一条，因徐州土药近年歉收，货少价值昂贵，尚未加抽税厘，已觉销滞，未敢遽加三成，拟于正捐之外暂加一成，试办一年，随同正捐解部，如果收数畅旺，再行逐渐加增，咨明户部查照外，其馀烟、酒加捐一条，查烟叶一项，江宁各局从前每年收数不过钱五六千串，本年试办统捐甫就范围，未满三月已敷往岁一年之收数，应俟试办一二年后，如果踊跃，再为酌加，庶已成之局不致涣散。又酒一项，宁属则以高粱、大曲行销为最广，然皆产自皖北及东、豫等省，运往江北者寥寥。江北间有酿酒之处，不过土产土销，每年仅收厘钱三千串上下。盖因华洋商人赴内地买运烟、酒，均在洋关请领报单，完纳半税，经过常关，厘局概免完纳，若无洋单之烟、酒，再由常关、厘局加征税厘，势必均请洋单护运，于内地税厘大有损碍。此后各卡，凡有无洋单过往之烟、酒，自应加征一倍。至于苏、沪两属各局卡，无论坐贾、行商，每年加倍认定捐钱约四万九千串。

核减汇费一条，各号商均以近年市面疲困，期限急迫，除去支销汇水及贴补、垫款、折息，本无多馀，无可再减。经各该司道，体察核议，汇京银两，每千两酌减四两，以后永不复减，再三开导，始勉允遵。约计每年江海、镇江两关及苏州藩司共可节省银九千馀两等情，详请具奏前来，臣覆核无异。

除咨部查照外，谨会同护理江苏抚臣聂缉椝恭折附驿具陈，伏乞皇太后、皇上圣鉴训示。

再，此项银两为数无多，拟请免解部库，留备凑还瑞记洋款之用，合并声明。谨奏。

运河浅阻漕船开行稍缓片

再，本届江北河运漕粮，因上年回空船只在东境浅阻，直至本年四月间陆续南下，始得装运新漕分起北上，业经奏明在案。起行日期既较往年为缓，而宿迁一带占浅甚多，重载漕船行驶尤难迅速。目下距渡黄尚早，又接天津不守之信，届时能否畅行过津，尚无把握。惟京城需米甚急，自应饬令星夜趱行，俟抵德州后探明运道，相机办理。总期早抵通坝交兑，以期妥速而实仓储。

除咨部查照外，理合会同漕运督臣松椿、护理江苏抚臣聂缉槼附片具陈，伏乞圣鉴。谨奏。

淮商每年认捐票本片

再，部咨筹款六条内，行令淮商分上、中、下三则，按年捐输票本。臣于上年奏请免捐，部议酌减前定三则银数，仍令按捐，前署督臣鹿传霖饬司遵办。臣回任后，一再饬催，运司复行详请奏免，经臣批饬，集商开导。兹据两淮运司柯逢时详称："据四岸运商禀：'恭阅邸抄，长芦、山西两省每年捐银三千两有奇，请缓长芦、山西之案，十倍报捐，常年勉认银三万两，按引摊派。'"又经该司以为数太微，批饬另议。并据海分司禀："各票贩皆环求免捐，第淮南、北事同一律，淮南各商如何定议，淮北断难独异"等情。嗣据淮南总局委员详称："据四岸运商云丰恒等三十商禀覆以：'商力疲困，竭蹷万分，叠奉严谕，遵于无可设法之中，勉竭绵力，每年认捐银八万两。惟是商等身家血本，均在引票，或为归并，或为后加，均各出有重资，办运更须巨款，实已获利几微。

加之历年捐款八百馀万，各岸积压一二十纲，令复认兹巨数，捐以常年，际此时事多艰，下情拮据，定沐恩原。所有此次认捐银八万两，请于明年起捐，照销数按引摊派。第为款已巨，为日方长，奋勉于今兹，亟望休养于异日，嗣后别项捐输，宽予豁免。'”该司又电饬，据海分司覆称票贩已遵认二万两等情，详请奏咨前来。

臣查两淮引地虽宽，而积纲实多，捐款亦巨，商贩获利似未厚于他商。长芦、山西等省，既每年捐银三千两有奇，今淮商共认捐银十万两，尚属急公。合无仰恳天恩，俯念淮商困苦，重叠输将，准自光绪二十七年起捐按引公摊，以纾商力。

除咨部查照立案外，理合附片具陈，伏乞圣鉴饬部查照。

再，此项捐银并请留备凑还瑞记洋债之用，合并声明。谨奏。

江宁开办筹饷捐输折 光绪二十六年七月十四日

奏为遵旨开办江宁筹饷捐输，以佐军需，恭折驰陈，仰祈圣鉴事：

窃臣等承准军机大臣字寄：“光绪二十六年六月二十日奉上谕：‘御史刘家谟奏请劝捐助饷一折。现在军务紧急，需饷孔殷，各省绅商，食毛践土，当能激发天良，毁家纾难。着各督抚遴选公正绅耆，设法劝办，有能倡捐巨赀者，奏请破格优奖，其馀按照海防捐例，分别奖叙。并须妥定章程，严防弊窦，于裕饷之中仍寓恤民之意，是为至要。'”钦此。等因。当经恭录行司钦遵去后。兹据江宁布政使恩寿筹议详覆前来。

臣等伏查江苏一省，滨海临江，防务最关紧要，与内地情形迥不相同。各处防军本形单薄，自军务起后，不得不添募勇营，以资抵御。清江一带界连东、豫，又为运道所关，陈凤楼各军先后奉调北上，地方空虚，更须增营填扎，严密布置。统计各处防勇及各标练兵增募一万馀人，需款浩繁，无可罗掘。加之购运京米认筹银十五万两，直隶军饷派筹银三十万两，现虽百计腾挪，冀免迟误，而库储如洗，实有岌岌不可终日之势。再四筹思，舍劝捐外，实无开源之策，惟近日捐输早成弩末，欲求踊跃，必须变通。

溯查光绪二十年中日开衅，海防戒严，江宁办理筹饷捐输，共劝集银一百二十馀万两，用能拨济各项要需，无虞缺乏。自海防捐例加成以来，收数顿形短绌。当此海氛不靖，需款万紧之时，若再拘于定章，恐徒有开捐之虚名，而无收捐之实效。臣等与司道公同商酌，所有核奖章程，凡报捐巨款至一万两以上者，应专折奏请特恩奖叙，其在一万两以下者，拟请照新海防例，减成核收。凡四品以上实官暨各项班次花样，照筹饷例四成实银核奖。五品以下三成核奖。知县遇缺先花样八成实银核奖。道府两项，无论何项出身，均照四品以上实官，四成核奖。其馀衔封、贡监、翎枝等项，仍照各省赈捐之例核收，均准其移奖子弟。所收捐款，一俟集有成数，以一半留备部拨，一半留为本省添军办防之需，仍以一年为限，限满即行停止。似此酌量办理，庶于鼓励之中，仍寓限制之意，于防务饷需均有裨益。合无仰恳天恩，俯念饷项万分艰窘，非减成核奖不足以昭激劝而集巨资，敕部照议办理，以济军需。

谨合词恭折驰陈，伏乞皇太后、皇上圣鉴训示。谨奏。

宽备军火迅筹北运片

再，臣承准军机大臣字寄："光绪二十六年六月二十五日奉上谕：'现在战事既开，枪炮子药必须宽为筹备。江南上海制造局所储军械子药，为行军要需，倘有疏虞，关系匪浅。着刘坤一体察情形，应否先行运赴江南省城存储一半，以备应用外，以一半乘此运道尚通，迅速妥筹北运，以资接济，万勿延缓，致误事机，是为至要。"等因，钦此。仰见圣虑周详，莫名钦感。

臣于此次军事初起之时，因上海制造局逼近租界，所存军械必须运入内地，方足以昭慎重，当经饬派威靖、登瀛洲等运船前往该局，将轻便精利之器，先行提取，分批运至江宁，其笨重炮位，俟各项运竣后，再行设法办理。目下近畿一带，军情吃紧，业经在沪局存储项下，提拨哈乞开司等项枪枝、子弹，派员管解北上，以资接济，并分拨各省及援北各军，不下数万馀件，存数较少。时值清江一带车辆极缺，道路又复泥淖难行，水陆分运，倍形棘手，未能克期前进，焦灼莫名。惟直隶军事方殷，军火等项必须宽为协济，无论如何为难，总当遵旨妥筹北运，以济要需。

理合附片具陈，伏乞圣鉴。谨奏。

拨发京口旗营及各省军械火药片

再，江宁、京口驻防旗兵，遵旨挑练捷、胜两营，业将择地筹款，修筑营垒情形，奏明在案。

兹准江宁将军臣崇善先后咨请饬拨枪械，当经陆续拨给十响毛瑟枪一千杆，子弹三十八万颗，空铜壳十五万二千颗，细枪药五千三百五十八磅零，小铜火四十五万一千二百颗，机器二具，温者斯得枪十六杆，子弹四千八百颗，发交该两营领回应用。

又准安徽抚臣王之春咨称："皖省添募勇营，需用枪械子药等项，请饬拨给"等因。经臣饬拨十响毛瑟枪二千杆，配子二十万颗，单响大毛瑟枪一千杆，配弹二十万颗，枪药四万磅，老毛瑟枪子十五万颗，黑药一万磅，大铜帽十万粒，装子机器三副，分别交由该省委员领回应用。

又准署云贵督臣丁振铎电称："防务紧急，哈乞开司逼码缺乏，请拨给四十万颗，并请拨发军械接济"等因。经臣饬拨哈乞开司枪子四十万颗，并酌拨两磅快炮十二尊，配开花弹二百四十颗，实心弹三百六十颗，拉火六百枝，派员解赴湖北，由该省委员接运回滇应用。

又准山东抚臣袁世凯来咨："请拨曼利夏枪子一百万颗，并经照数饬拨交该省来员，领回应用。"

又准湖南抚臣俞廉三先后电咨："湘省举办团练，请拨江南旧存枪枝"等因。经臣饬令金陵军械所，于旧存前膛来福枪内选拨三千杆发给该省委员领解回湘应用。又准湖广督臣张之洞先后电咨："北上援军，需炮甚急，请即协拨"等因。经臣饬拨两磅过山炮四十尊，配开花子四千颗，实心子八千颗，拉火三万枝，委员解赴鄂省应用。

又据调赴北上之统领铭字元、镇马步各营，前徐州镇总兵陈凤楼呈称："前领枪械不敷应用，请添拨毛瑟枪枝子弹"等情。经臣饬拨十响毛瑟枪六百十四杆，配弹四十二万颗，并酌拨五响毛瑟子弹四万颗，发交该营带赴北上，以资应用。

又准总统武卫左翼先锋军湖北提督张春发电请续拨马梯呢逼码，总统武卫右翼先锋军江西按察使陈泽霖请拨枪炮药弹等项，经臣饬拨旧式马梯呢枪弹九十万颗，发交武卫左翼先锋军领运委员，解回应用，又酌拨枪药一万磅，炮药五千磅，铜火二十五万颗，铅子二千斤，比国快枪药弹二十五万颗，毛瑟马枪药弹一万五千颗，后膛抬枪药弹六千颗，两磅炮开花弹五百颗，实心弹五百颗，铜管拉火二千枝，发交武卫右翼先锋军来员领解回营，并饬核价照缴，俾得接续制造。

除咨部查照外，谨附片陈明，伏乞圣鉴。谨奏。

应付李秉衡北上公费片

再，巡阅长江水师大臣李秉衡，奉旨北上，月需公费银一千两，并商请另拨银四万两，以备缓急之需，经臣饬令金陵支应局拨给四个月公费银四千两及备充公用银四万两，先后解存淮扬道库，陆续提用。又选用卫队两哨，每哨弁勇、长夫共一百四十员名，亦经饬局拨发，自本年六月初一日起至九月分止，连闰共五个月薪饷银两，随带应用。嗣准该大臣咨："钦奉谕旨，迅速进京，沿途恐稽时日，只带卫队一哨，其馀一哨仍令回宁听候调遣，并将一哨饷银带回呈缴。"查江宁正在筹防，该哨勇丁甚属精壮，遣散未免可惜。现经拨归统带亲军等营总兵刘光才，作为亲兵一哨，随同守御，以裨江防。

除咨部查照外，谨附片陈明，伏乞圣鉴。谨奏。

奏疏卷三十四

銮舆西幸敬陈下悃折 光绪二十六年八月初三日

奏为敬陈下悃，恭折驰陈，仰祈圣鉴事：

窃臣接据探报，七月二十一日，各国洋兵进犯都城，銮舆西幸。闻信之下，五内震骇，当即飞电直隶、山西、陕西等省，分投探信。现得护理陕西抚臣端方来电，恭悉皇太后、皇上圣驾于七月二十七日行抵山西阳高县城，至驻跸何处，探明后再行电知等因。

伏念此次各国有意寻衅，以细故遽开兵端，夺我沽台，陷我津郡，狼奔豕突，竟致上犯京师，变出非常，敷天同愤。臣待罪南服，既不能亲提一旅，迅扫欃枪，复不能入卫九重，恭随车驾，痛心疾首，无地可以自容。江南士民，初闻洋兵入都，莫不忧愤惊惶，奔赴臣署问信，现经臣将乘舆西狩，行在万安，敬谨宣示，人心稍定。惟是宫车远出，冒暑遄行，臣敬念下忱，万言难罄。伏求皇太后、皇上宽怀珍重，稍节忧劳，俾慰天下臣民之望，臣不胜迫切之至。

除将应办防务及地方事宜，实力经理，并商令提督程文炳督带营勇西上迎扈，另折具陈外，谨缮折驰陈，伏乞皇太后、皇上圣鉴。谨奏。

调集五省十七营派员统带入卫折 光绪二十六年八月初三日

奏为商派大员率队扈跸并节制各援军，恭折驰陈，仰祈圣鉴事：

窃臣等前因近畿一带军情紧急，遵旨饬派勇营北上，先后奏闻在案。

兹闻洋兵上犯都城，皇太后、皇上圣驾西幸，自应先其所急，饬令各援军西行迎扈，勉效前驱，惟须有知兵大员统率调度，事权画一，呼应方可灵通。

查有本任福建陆路提督程文炳，前奉谕旨募勇赴北，因病未克启行，现以车驾西巡，忠愤勃发，自请力疾就道，稍伸臣子恋主之忱。臣等往返电商，拟即将安徽所派之记名提督吴隆海五营、江西之候补副将王德怀四营、福建之福宁镇总兵曹志忠两营、浙江之定海镇总兵余朝贵、补用副将雷芸桂四营，统归程文炳节制，并令另招两营，所需饷项军械，由臣坤一酌筹拨给，以资应用。统计五省援军共十七营，星夜兼程前进，驰赴行在，恭卫銮舆。该提督程文炳晓畅戎机，威望夙著，必能殚竭心力，上副恩知。

除臣坤一前派陈凤楼一军北上，系归江苏抚臣鹿传霖节制，该军应至何处，由鹿传霖酌办外，所有派员带队迎扈各缘由，谨合词恭折驰陈，伏乞皇太后、皇上圣鉴。

再，吴淞口外现驻有外洋兵船三十四艘，英、法各调陆兵来沪保护租界，人情不免惊疑。所有一应战守事宜，臣等业已严密筹备。目下地方尚称安靖，堪以上慰宸廑。合并陈明。谨奏。

补缮前两次赍呈折片折光绪二十六年八月十七日

奏为补缮折片，请旨遵行，由驿驰陈，仰祈圣鉴事：

窃臣衙门于本年六月二十四日拜发奏折一匣，专差武弁高相仁恭赍入都。兹据该弁回称："奉差后即日起行，因山东德州以北，土匪甚多，艰难险阻，七月十九日始抵京城，即日赴奏事处挂号，将折匣呈交，候至二十二日未奉发下批折。彼时洋兵已入京两日，不得已由间道回至江宁"等语。查此项折件于七月十九日到京，仓猝之际，深恐未经呈进。又七月十四日六百里驰递奏折一匣，亦未接奉批折。谨将两次拜发折片补缮各一分，计折五件，清单一件，附片九件，共五封，伏候谕旨遵行。并开具折片事由清单，恭呈御览。

谨由驿驰奏，伏乞皇太后、皇上圣鉴。谨奏。

恳准减成收捐片

再，筹捐助饷，为目前切要之事，臣于七月十四日缮折由驿六百里具奏，迄今未奉朱批，亦未据驿站将原折退回，恐致遗失，谨已补缮拜发。现在库空如洗，供亿浩繁，举凡接济行在，应付援军，以及本省筹防，皆属刻不容缓，掘罗无术，焦灼莫名。臣所请开办捐输，减成核奖，均系照前数年定章办理，仰恳特旨允准，俾得即日筹劝，凑济要需，庶免缓不济急。

谨附片具陈，伏乞圣鉴训示。谨奏。

转运改道解赴行在交纳片

再，前奉寄谕，饬在清江设立转运总局，派前福建兴泉永道恽祖祁督办，将各处粮食妥筹采买，分运到京，以资接济等因，经臣电商各省，认筹银两，统交恽祖祁购米速运，至湖北一省，另行办理，业将遵办情形奏奉朱批："所筹尚属切实妥速，着即督饬认真办理，以济军需。"等因，钦此。钦遵在案。

现准护理陕西抚臣端方来电，乘舆西幸，即日将至太原，一切情形较前迥异。即经饬据恽祖祁电覆，业经采购糙米十万石，雇定船只，分批装载。本拟取道运河北上，现议改由陆路，陆续解赴行在交纳。并先行敬备御用白米四百石，交参将蒯德浦敬谨管解起程。至湖北电请附运之米粮十万石，一俟交齐，亦由恽祖祁妥速起运。该费由各省认筹款内动支。以后鄂办米石，仍由该省自行运解，以期便捷。又江苏现解各项京饷，计江宁藩司解银十三万两有奇，江苏藩司解银二十万两，两淮运司解银十二万两，统共银四十五万两有奇，并饬恽祖祁赶备车辆，由原派管解之员，随同起程。目下各省人心未靖，伏莽尚多，饬令蒯德浦招勇两哨，沿途护送，并由臣咨明河南、山西各抚臣一体饬营迎护，以昭慎重。

除分咨外，理合附片陈明，伏乞圣鉴。谨奏。

剿办大通票匪折 光绪二十六年八月十八日

奏为票匪滋扰大通，派兵会剿，一鼓荡平，地方安靖，恭折驰陈，仰祈圣鉴事：

窃照沿江一带，时有会匪出没其间。兹值时局多艰，人心不靖，逆犯康有为阴遣其党，潜入长江，散放富有纸票，到处煽惑，遍贴伪示，语多悖逆，并拟私运军火，谋为不轨，意在乘机起事。经臣等飞咨各省，通饬各属一带，严密查拿在案。

七月十四日，据办理安徽铜陵县大通镇厘局知府许鼎霖等电禀："探明有富有票匪，在江北桐城地界啸聚数百人，宰牲祭旗，请速派队剿捕。"当经臣之春饬派定安后营李桂馨，督率队伍驰往捕拿。

嗣据徽宁池太广道吴景祺、办理皖岸督销局道员钱松年、大通厘局知府许鼎霖、大通营参将张华照、裕溪营参将彭源洽先后电禀：七月十四夜有匪徒多人窜至裕溪，该参将彭源洽率兵抵御，众寡不敌，军火被劫。十五日匪窜大通，是日黎明该处文武官汛及桐城县练董共拿获匪徒八名。正拟会讯间，突来匪徒游勇数百人图劫，长江师船外委洪益金奋力抵御，身受枪伤甚重，各弁兵亦多受伤，纷纷落水，溺毙兵丁八名，致被抢去师船八号，并劫药局军火多件，砍断电杆多根。该匪声势汹涌，开放大炮，向大通督销局猛击，致将该局常平差轮打沉，并劫厘卡炮船。匪众旋即登岸，直攻盐、厘两局，肆行抢掠，伤毙勇丁二名、盐局司事一名，家丁受伤四名，所获匪犯概被劫去，并纠抢钱店一家、居民数家，伤毙百姓二名，分向青阳窜去，希图劫狱，幸先获之匪首郭老太、陈得沅二名先已批饬正法，青阳、芜湖、南陵一带均形吃紧各等语。复经臣之春添派统领武卫楚军李定明、营官傅永贵，各带营队，星夜驰往大通，会合李桂馨分三路追剿，并派营官萧镇江、李维义分赴池州、南陵等处截击。臣坤一饬派龙骧、虎威、策电兵轮三号驶赴大通江面堵截，并派统领衡军王世雄酌带一营，乘坐开济兵轮赴芜湖驻防，会商徽宁池太广道吴景祺妥为布置，相机剿办。臣少春立饬调防江阴之长江提标裕溪、大通三营舢板，星速驶回原营，湖标舢板三十号，亦饬上驶协剿，加派江胜左营步队营官刘达义赴南陵会剿。并闻有兵丁通匪情事，经臣坤一、臣少春各派文武廉干大员，前赴大通密查，先将大通营参将张华照撤任，听候参办。旋据禀报，营官傅永贵于十六日率队行抵大通，首先拿获匪党四名。统领李定明于十七日探得匪首许大老等四名，以黄绫裹头，党约八百馀人，因闻官兵将至，以大通孤悬江心，非鏖战之地，齐赴洛家潭图结各路匪党，并力抗拒。该统领李定明商同营官傅永贵即刻拔队驰抵洛家潭，分布水陆截击。匪惧不敌，舍舟登陆，纷向东岸奔窜。我军随发抬枪，轰毙五六十名，夺回炮船十四艘，火药枪械多件，馀匪四五百人向南逃逸。李定明等复催兵前进，至结岭地方，勇丁多染暑证，谕令暂行休息，并多发探队，以备不虞。忽闻山内枪炮齐发，当饬队伍奋勇进击，并分兵绕至山后围剿，擒获余、周等三首犯，即行枭首，开枪击毙匪党十一名，馀匪从山顶向东滚跌而下，坠沟碰石毙者三四十人。乘月色追袭至木竹潭，又枪毙三十馀名。维时已近三更，正拟驻扎，忽据报称匪复分股前来，我军随分四路搜缉，行至六町村，遇匪二百馀人，奋勇格毙二十三人，馀悉向南陵逸去，与余老五一股会合。天色已晓，李定明率队追至戴家会村，突遇悍贼约三百人，列队发枪，拚命拒敌，我军力战数时之久，毙匪一百一名，生擒首逆余老五，夺获伪印富有票、枪械、马匹无数，傍晚始行收队，即将余老五处斩。十九日，各村团勇拿获窜匪十二名，亦即正法，并留枭匪七名带至大通斩枭，以寒匪胆而定人心。

营守李桂馨于十七夜会合铜陵县在丁家洲、横港头等处毙匪十馀人，生擒朱炳荣等十名，讯明正法，夺回火药三十馀桶，搜获刀械无算。十九日在阳二耆地方，枪毙匪首何广源及党与十馀名，夺获毛瑟枪子两箱及洋枪、马匹、票布、元宝、洋元等件，生擒匪首朱则徐等十二名。营官萧镇江、李惟义、刘达义会禀督率各营在南陵会剿拿获首要匪犯多名，并擒获伪三千岁石方玉解省讯办。又经营官刘达义督同该营哨弁，拿获要目杨长发、陈玉才、伍开寿、蔡略元、袁孝杰五名，起获枪枝子弹、飘布、号簿。营官傅永贵拿获匪首伪四王爷陈英士、伪八王爷李梅生、伪七千岁周得方三名，统领王世雄会同芜湖游击刘炳庭，拿获抢劫大通匪犯张桂友、万启成二名。裕溪营副哨李鸿钧等拿获巨匪吴老九一名。又据徽宁池太广道吴景祺禀，督同营哨，拿获要匪丁德恺、于锦堂、符焕章、吴正金、唐有元五名，均讯取确供，实系富有票匪，分别提省及就地惩办。复经臣等严饬各统领、营官，分投搜捕，务期净绝根株。现在地方一律安谧，堪以仰慰宸廑。

嗣据查办委员禀覆，臣少春以案情重大，复亲往大通严查，该营等实因师船奉调前赴下游办防，所馀船只无多，又将每船兵丁酌拨两名至调防船内协助，兵力益形单薄。此次变起仓猝，寡不敌众，又有革兵、游勇在内冒充水师兵丁，勾结票匪，以致出此重案，实属咎无可辞。臣等伏查长江以内正值筹办防务，各该师船有巡缉之责，宜如何严密设防，以期有备无患。乃竟因循玩忽，致酿事端，师船军火，均被匪劫，若非派营刻速剿灭，几有燎原之患。该营哨员弁，平日于革兵、游勇未能严行驱逐，尤属形同聋瞆，自应从严参办，以儆将来。相应请旨将长江水师大通营参将张华照、大通营左哨都司宋春桂二员，即行革职，永不叙用，裕溪营参将彭源浛、裕溪营左哨都司吴斌臣、大通营前哨二队千总吴高太、右哨四队把总颜福成、左哨五队外委谢云龙、左哨六队外委刘传薪、右哨五队外委郭福全、左哨六队外委萧近理、后哨四队把总钟龙贵、裕溪营请补后哨一队千总李茂芳、后哨四队把总周成喜、请补左哨七队外委张保元、右哨五队外委张福友共十三员弁，一并革职，以为疏防失事者戒。统领安徽武卫楚军奏留差委头品顶戴已革记名提督李定明，督队剿匪，盛暑奔驰，两昼夜间追逐百馀里，毙匪数百名，夺回炮船、军火，夺获伪票、骡、马等件，赴机迅速，立挫凶锋，劳苦功高，实为各营之冠。该统领晓畅戎事，谋勇兼全，将领中不可多得，仰恳天恩，开复原官，以备干城之选。其馀出力各员弁，容再查明，择尤奏奖，俾示鼓励，出自鸿施。

所有票匪滋扰大通，派兵会剿，地方安靖各缘由，谨合词恭折驰陈，伏乞皇太后、皇上圣鉴训示。谨奏。

密陈严拿富有票匪片

再，逆犯康有为，罪大恶极，久稽显戮。兹乘时局多故，阴遣其党来华，窃外洋之名，为内乱之计，张贴伪示，散放富有纸票，迹其行径，与哥老会匪无异。言伪而辩，文人往往为其所愚，近日湖北所诛拔贡生唐才常直认康党不讳，是其明证。当此国事艰危，实以正人心为最要。臣以叠次出示，凯切晓谕，并作歌解散，设匦投票，但能缴票悔过，无不予以自新，反侧既安，民心庶可略定。并商准英国领事，在租界出示声明富有票匪实系叛逆，各国并不相助，以期破除群惑。日本领事亦允电致该国政府，密饬严查，不准该匪私运枪械。昨又由大学士调补直隶督臣李鸿章电嘱出使大臣罗丰禄密商英外部，电饬新嘉坡、香港总督，严查逆党拘禁，俾遏乱萌。一面由臣通饬各属，严密查访，如该逆等潜入内地，即行密拿，处以极刑，以彰国法而快人心。

谨附片密陈，伏乞圣鉴。谨奏。

江海关经理四国还款折光绪二十六年八月二十八日

奏为江海关经理四国还款，谨将光绪二十五年收支各数，恭折具陈，仰祈圣鉴事：

窃前准户部咨："各省关认还俄法、英德两款，每年匀作两次、四次，分别于九月、十一月一律解清，均赴江海关道交纳，按年造册，奏咨报部"等因。业将该关光绪二十二、三、四等年经收各省司、道、关、局解到银数，付还俄法、英德两款本息以及实存数目分造清册，奏咨在案。

兹据江海关道余联沅详称："光绪二十五年俄、法还款共收各省司、道、关、局解到库平银五百一十万两，英、德还款共计解到库平银六百九十万两七毫五丝，按照指拨摊派之数，均已一律解清，并无蒂欠。又收苏省松、沪两厘局补解二十四年分俄、法洋款库平银二万二千八百五十七两一钱四分三厘，并芜湖关暨苏、沪两厘局补解二十三、四两年分英、德洋款库平银十八万九千六百四十二两八钱五分七厘，除芜湖关尚欠二十四年分俄、法洋款银十四万两，英、德洋款银六万两，应俟补解到日再行列收造报外，馀均按年照解清款。遵照部咨，详造清册两分。计俄、法一册，除归还上届垫款不计外，实收库申规平银六百十五万八千八百三十九两六钱二分二厘八忽，共放规平银六百二十九万二千六百三十七两五钱四分，仍不敷规平银十三万三千七百九十七两九钱一分七厘九毫九丝二忽。英、德一册，连旧管共收库申规平银九百七十九万七千四两八分六厘一毫四丝八忽，共放规平银七百十八万七千六百三十六两二钱四分，尚存规平银二百六十万九千三百六十七两八钱四分六厘一毫四丝八忽，内除长芦运司二十二年解款短交未归规平银五十七两六钱，又垫放俄、法还款不敷规平银十三万三千七百九十七两九钱一分七厘九毫九丝二忽外，计实存规平银二百四十七万五千五百十二两三钱二分八厘一毫五丝六忽”等情，详请奏咨前来。臣覆核无异。

除将送到清册分咨总理衙门、户部查照外，理合会同护理江苏抚臣聂缉椝恭折具陈，伏乞皇太后、皇上圣鉴。谨奏。

协拨江西火器片

再，江南协拨各省军火，均经随时奏明在案。兹准江西抚臣松椿咨请拨发毛瑟枪子十万颗，哈乞开司一磅陆路车轮快炮八尊，炸弹二千颗，枇柏地枪一百二十杆，枪弹二万颗，前膛抬枪五百杆，铜火五十万颗。又据九江镇总兵宋朝儒呈领枇柏地枪一千杆，枪弹二十万颗，后膛世邦道炮八尊，开花弹一千六百颗，前膛枪一千杆，过山炮拉火五百根。又据九江关道明征禀请酌拨前膛来福枪四十杆，洋药二百四十磅，铜火一万二千颗，铅子九十斤。当经檄饬金陵军械所照数拨给。

除哈乞开司快炮及炸弹两项应由江西省缴还价值，其馀军火作为江南协济，毋庸缴价外，理合附片陈明，伏乞圣鉴。谨奏。

进呈方物折 光绪二十六年闰八月初八日

奏为派委大员，敬诣行在，恭叩圣安并进呈方物，恭折仰祈圣鉴事：

窃臣等接准护理山西巡抚李廷箫来电，皇太后、皇上圣驾于八月十七日安抵太原等因，闻信之馀，稍纾企念。臣等待罪南服，江海兼筹，现值洋舰纷来，防务正形吃紧，未敢吁请西上，迎护銮舆。而月馀以来，敬念圣躬，实觉难安寝馈。谨派委江安粮道吴重憙驰赴行在，恭叩圣安，并恭备方物二十八件，交该粮道敬谨赍呈。未遂瞻云之愿，稍伸献曝之忱。缮具清单，恭呈御览。伏求天恩赏收，臣等不胜瞻仰企恋之至。

谨缮折具奏，伏乞皇太后、皇上圣鉴。谨奏。

提臣应行陛见暂请展缓折光绪二十六年闰八月十一日

奏为江南防务紧要，吁恳天恩，俯准提臣暂缓陛见，以重江防，恭折仰祈圣鉴事：

窃照钦奉上谕："黄少春着来京陛见，长江水师提督着杨金龙署理。"等因，钦此。

伏查此次中、外开衅，沿江、沿海各省处处戒严。江苏滨海临江，防务极形吃紧，吴淞口外泊有洋舰三十馀艘，不时往来，居心叵测，际此时局未定，尤须严为之防。长江水师提督黄少春调集上游各标师船，分驻江阴等处，协同防守，统率江胜六营，驻扎镇江。该军本系游击之师，何处有警，即向何处援应。安徽大通地方，匪徒滋事，幸经黄少春派拨勇营，会同皖军立即扑灭，不致蔓延为患。该提督老于戎事，忠爱性成，于同治五年蒙恩简授湖南提督，迄今三十馀年，专阃久膺，深孚众望，其朴诚忠勇，早在圣明洞鉴之中。现虽年逾六旬，精力极为强固。臣待罪南服，惟赖一二知兵大员相助为理。该提督驻守要隘，一时实难远离。

合无仰恳天恩，俯准黄少春暂缓陛见，俟防务稍松，再行交卸就道。至福山镇总兵杨金龙，经臣奏明调至江宁省城，统带护军五营。现在山西大同镇总兵刘光才遵旨带队前赴本任，省营可恃之将，已无多人，该总兵杨金龙亦难遽离江宁。应俟将来黄少春遵旨陛见，再由杨金龙署理长江水师提督篆务。

臣为慎固江防起见，是否有当，理合恭折具陈，伏乞皇太后、皇上圣鉴训示。谨奏。

刘光才移军赴任拨营填防片

再，钦奉谕旨："总兵刘光才率营赴任，现在江海戒严，江南亦属吃重，应由刘坤一酌量添募数营，分别填扎。"等因，钦此。仰见圣虑周详，眷顾南服，跪诵之下，钦感莫名。查刘光才所部亲军，本系两营、七旗、一哨，驻防金陵下关地方。该处为沿江要隘，省城门户，关系极重。现将该两营、七旗、一哨，遵旨并足五营，归刘刘光才督率，拔队赴晋。所馀勇丁，尚有数百名，经臣饬令原扎雨花台之统带衡字营参将王世雄酌量挑留，并另行添招补足两营，合之原有衡字三营，共成五营，调扎下关，分驻炮台，严密布置，俾资扼守。所遗雨花台营垒，实当省城南路之冲，未可空虚，另调元字勇一千五百人填扎，以昭周密。

除咨部外，谨附片陈明，伏乞圣鉴。谨奏。

清江转运雇养长车折 光绪二十六年闰八月十一日

奏为清江转运总局饷械络绎，需车较多，拟请变通雇养长车，以资济用，恭折仰祈圣鉴事：

窃查清江浦地方，遵旨设立转运总局，业将开办情形，并派参将蒯德浦管解上用白米暨江苏等省大批京饷，随同起程，取道河南前赴行在交纳，经臣先后奏明，并在山东郯城、德州两处，各设分局照料北上饷械各在案。

兹据清江转运总局开缺福建兴泉永道恽祖祁详称："奉饬在浦设局，兼顾各省军火、器械，戎机所系，不容稍有迟延。清江水陆冲衢，向为车船荟萃之所，自轮船通行海上，车辙遂稀，往来船只因之亦少。光绪二十年中东之役，江南转运北军饷械，沿途节节设局，雇觅舟车，倍极艰难，于是各局多养长车，间亦有设长船者。此次事同一律，而车船之稀少，则更甚于前。因派员于清江浦设立车船局，并于桃源县之众兴镇设立分局，专以招雇车辆、船只为事。查船只一项，如装运米石，系照江北河运漕粮章程，按石议价，若拨运军火，止须酌贴坐日钱文，随时应用，尚可无须长养多船。独车辆一项，南来既属无多，又恐途遇兵差，大率卸载于一二百里之外，若不优定价值，招致长养，断难应手。是以于设局后，先行长养数十辆，并酌定双套骡车每辆每站行价制钱一千六百文，回空制钱一千文，住日馁养每车每日制钱五百文，三四套大车照此推算递加。派员当面将车价点发，不经丁役之手，毫无克扣，以故车夫乐从，车辆渐集，即饬陆续收养。计七月间，合清江、桃源两局长养车六七十辆，八月间因各省京饷由局汇合大批，并备上用白米解赴行在，需车较多，增养至二百馀辆，悉数拨用，尚有不敷，复经多方添雇，头批饷米方得成行。以后各省饷银接续而来，就业经由电知会有数可计者，已不下一百万两。是车辆仍不能不招徕收养，以利转输"等情，详请具奏前来。

臣查此次军务骤兴，事机急迫，雇备车辆较二十年中东之役倍形棘手。现在各省饷项络绎于道，若待辘轳周转，不特稽延时日，亦恐有误事机，详加察核，势非变通长养车辆，不足以期迅速。惟值此时艰财匮，仍当力求核实，不任稍有浮冒，以仰副圣主慎重饷糈之至意。

理合会同护理江苏巡抚臣聂缉椝恭折具陈，伏乞皇太后、皇上圣鉴，敕部查照。谨奏。

乌龙山等处炮台添配置守片

再，金陵乌龙山地方，前经奏明建筑炮台，安设大小炮位十四尊，业经饬据统领督标亲军等营旗总兵刘光才，督率匠勇，合力兴作，现已一律工竣。计配设台官、教习、灯旗号令、机器、匠人等及炮勇一百四十八名，月需薪饷银九百四十馀两。又吴淞之南石塘、狮子林两处，并经奏明在南石塘南首高坡添筑炮台，安设快炮大小七尊，又于南石塘北首，添设快炮二尊，狮子林添设快炮六尊，以期周密。饬据统领盛字等营副将班广盛，督同工员，分投举办。现在炮位亦已一律安设，计配台官、教习、机器匠人等及炮勇一百二十名，月需薪饷银八百馀两。又镇江焦山地方，因防务戒严，经臣饬令统领新湘等营总兵陈基湘，添安四十五磅子快炮二尊，计动用工料银二千三百馀两，配勇十六名，月需薪饷炮费银八十馀两。以上各项，均照定章，由局分别开支。据办理江南筹防局、江宁布政使恩寿等详请奏咨前来，臣覆核无异。

除咨户部、兵部、工部查照外，谨附片具陈，伏乞圣鉴。谨奏。

起解饷银赴陕交纳片

再，清江转运局前派参将蒯德浦带勇护解第一批饷项赴行在交纳，奏明在案。

兹据该道员恽祖祁详称："现有镇江关饷项银十八万两有奇，江苏藩司银十万五千两，又搭解浙江藩司饷项银二十万两，浙江运司银九万两有奇，淮安关银一万两，统共银五十八万六千馀两，由局拨给车辆，仍令原派管解之员于闰八月十八日由清江启行，取道河南解赴陕西行在交纳。适新授福建臬司吴重憙管解江西方物赴陕，亦由局备齐车辆，同时进发。前项饷银，该司允为督率照料，以昭妥慎"等情，详请具奏前来。臣覆核无异。

除饬淮扬、徐州二镇拨勇护送，并咨河南、陕西抚臣一体饬营迎护外，理合附片陈明，伏乞圣鉴。谨奏。

厘局奉拨军需入不敷出折光绪二十六年闰八月二十八日

奏为金陵厘捐局拨款浩繁，谨将入不敷出情形，恭折具陈，仰祈圣鉴事：

窃照金陵厘局，所收捐款向本无多，从前每岁不过收银三四十万两，近年以来大加整顿，收数较增，光绪二十四年收银五十二万馀两。二十五年奉饬增筹，每年以七十万两为比较定额，该司道等深以收难足数为虑。经办理局务道员穆克登布迭次亲临各卡，严密巡查，认真厘剔，偷漏中饱诸弊，一扫而空，又值年谷顺成，米粮销路极畅，捐收之旺为历年所未有，是以奉拨各饷，幸无贻误。本年自入夏以后，海氛不靖，东南各省，风鹤震惊，商贩咸有戒心，半多辍业，又因天气亢旱，秋获无期，新米来源无多，捐数大为减色。本年奉拨京、协各饷及本省洋款等项有一百馀万两之多，或为计授要需，或为大信所系，无一不关紧要，不容稍有稽延。即使捐数旺收，比较足额，约计所短尚有三十馀万两。腾挪无术，焦急莫名。

窃维量入为出，古有常经。宁局入款仅只此数，而出款如此之巨，通盘筹画，实难凑解足数。再四思维，惟有恳请将本年奉拨京、协各饷，除业已报解外，所有未解各款，尽此饷力通融匀应等情，详请具奏前来。臣察核所详，委属实情。

除将本年应解各款开单咨明户部外，谨会同护理江苏抚臣聂缉椝恭折具陈，伏乞皇太后、皇上圣鉴，敕部查照。谨奏。

代陈大员报效巨款折光绪二十六年闰八月二十八日

奏为大员报效巨款，恭折代陈，仰祈圣鉴事：

窃臣准前山东巡抚张汝梅函称："中外开衅，乘舆播迁，汝梅蒿目时艰，患恙未愈，弗克趋赴行在，恭叩圣安，五夜徬徨，愧奋交集。近日恭阅邸钞，敬悉皇太后、皇上西幸长安，布置一切，需用自必繁巨。汝梅受恩深重，未能稍效微劳，犬马私衷，莫由报称。谨变换产物，凑足库平银三万两，请代奏吁恳赏收。戋戋之数，明知无济于用，惟稍尽报效愚忱。所有银两，拟即解交江苏藩司收存，以备提拨。汝梅屡邀分外天恩，万不敢再邀议叙"等因前来。

臣查该前抚臣张汝梅，忠爱性成，久而弥笃，前在山东巡抚任内，曾经报效银十万两，兹又变产报效巨款，益见公忠体国之忱，不愧毁家纾难之义。虽据声称不敢仰邀议叙，应否仍予奖叙之处，伏候圣裁。

理合据情代奏，伏乞皇太后、皇上圣鉴训示。谨奏。

淮商沥陈困苦邀免重输折光绪二十六年闰八月二十九日

奏为淮商困苦，恳免捐输，恭折仰祈圣鉴事：

窃本年六月十八日奉上谕："有人奏请开盐捐以裕饷源一折。现在兵事方殷，库储支绌，亟应设法筹备以裕饷源。着刘坤一督饬运司，于两淮盐务中筹劝捐银一百万两，准其照新海防银数移奖实官及虚衔翎枝等项，一面劝捐，一面即行设局请奖。所收捐项分批源源报解，不得任意迟延。此款专备北省军饷，该督不准借词截留挪用，致误军需。原折着抄给阅看。将此由六百里谕令知之。"钦此。当即札行淮运司钦遵，集商速议。

嗣经电催，据运司柯逢时详称："淮南总局委员详，运商清吉昌等禀：'商等六七年来，捐银至五百万两，罔不竭蹶输将。当此时事多艰，何敢哓哓上渎。缘自兵衅开后，到处市面紧急，昭信股款立待解交，又当岸盐待销，急资周转，所获馀利不敷缴捐。在商之所恃者，只此引票。今押无可押，租无可租，售无人受，因之转移乏术，告贷无门。既共抱倾覆之虞，而与通往来之钱庄，亦多因牵累倒闭，窘迫情形，实有岌岌可危之势。夫国家之所重者厘课，而厘课之所出，端资办运。今一捐未已，一捐又兴，商力几何？微利几何？窃恐顾运则误捐，顾捐则误运。物力只有此数，仍无补于宵旰之忧。虽商等之身家原不足惜，然一有贻误，获戾滋深。再四踌躇，力实不逮。今奉电催，敢乞鸿施逾格，始终成全，上达下情，俾免转输不继，而于维正之供似亦不无攸赖”等语。该委员等覆：“查此次饬令淮商捐银一百万两，准照新海防银数奖给实官等项，我朝廷体恤商情，固已无微不至。该商等世业淮鹾，久沾乐利，宜如何激发天良，竭力捐助，稍展微忱。乃劝谕至再至三，仍以商力不逮等情，始终禀求邀免，殊与该商等平日急公奉上之怀大相刺谬。惟近来市面艰难，银号窘急，该商等前既叠捐巨款，近复认缴常年捐输每年十万两，为各省所无，而认借之昭信票银，屡次严催逾限至年半有馀，仍难一律清缴。且昭信请奖，开办已逾两月，请奖者仅只四名。虽志切显扬者固不乏人，皆因市面紧闭，筹措为难，以致未能踊跃。察核该商等所禀竭蹶各情，尚非虚饰”等情。并据食岸商人公鼎丰等以“淮南各食岸逼近场灶，全赖减价敌私，保全各纲岸之门户。近来枭匪横行，私盐遍地，商等招募巡勇，添置炮船，从不敢顾惜成本，如江、甘五岸地方之大，需费之重，固不待言，即泰兴一岸，每年亦须巡缉经费一万馀串。加以迩年捐款林立，几于无年不捐，无捐不有，每于缴解之时，商等无不艰于筹措，无不迁延至再，竭蹶情形，久邀洞鉴。今奉饬捐军饷，准照新海防例给奖实官，体恤不为不厚。商等食毛践土，具有天良，敢不力图报称。无如食岸疲敝，日甚一日。本年自闻北方兵信，市面艰塞，银路不通，商等认额包课，责有攸归。目下虽上纳钱粮，筹备现银，几如罗雀掘鼠，窘迫万分，若再认此巨捐，商力实有未逮。”禀经运司，先后转详前来。臣覆加体察，尚系实情。合无仰恳天恩，俯念商困销疲，认缴常年票捐，已无馀力，此次北省军饷免予捐输，以示体恤。

理合恭折具陈，伏乞皇太后、皇上圣鉴训示。

再，淮北商贩如何筹议尚未据覆，容催速办，合并声明。谨奏。

点验武卫左右两军折光绪二十六年九月二十一日

奏为遵旨点验武卫先锋左、右两军，认真裁并，节省饷需，恭折覆陈，仰祈圣鉴事：

窃臣等先后承准军机大臣字寄："奉上谕：'张春发、陈泽霖两军溃散后，究存实数若干，着刘坤一遴派大员点验，汰弱留强，不必拘定十营，挑选成军，奏明给饷。'"等因，钦此。又奉上谕："据鹿传霖陈称，张春发军饷六十万两，系该督在江苏巡抚任内全数催运清江存储，陈泽霖军饷六十万两，系指定江宁筹解。该两军于七月十四、五日业经溃散，饷银自应截止。着刘坤一、聂缉椝迅饬管饷之员，即行截留，查明确数，再行给发。馀存银两报部核办。"等因，钦此。又奉上谕："前据李秉衡奏，张春发尚属奋勇。陈泽霖素不知兵。着该督仍遵前旨，核实点验，分别扼扎，统归该督节制调遣。"等因，钦此。又准陕西巡抚岑春煊电传谕旨："张春发一军前存清江之饷，尚馀实数若干，派员尽数解赴行在应用。陈泽霖一军，着遵照前旨分别去留，将馀存之饷一并速解。"等因，钦此。仰见朝廷整饬武备、慎重饷需之至意，跪诵之下，钦服莫名。

当此时局艰难，库空如洗，又值銮舆幸陕，诸军待饷孔殷，张春发、陈泽霖两军既经溃败回防，自应认真裁并，腾出有馀之款，以供行在之需。臣等钦遵谕旨，派委徐州镇总兵刘青煦、徐州道桂嵩庆在宿迁县点验陈泽霖一军，淮扬镇总兵潘万才、署淮扬海道李维翰在清江浦点验张春发一军，严饬切实查点，不准稍有含混。嗣据各该镇、道禀覆："张春发所部武卫先锋左军实存勇丁三千二百三十四名，陈泽霖所部武卫先锋右军实存勇丁四千四百八名，均令分行排列，逐一应点，并询其籍贯，察其口音，多系南省之人，年力亦尚强壮。惟右军步队，挑出老弱及口音不符者一千四百馀名，询明内有在德州收集溃勇五百馀名。马队马匹亦多疲瘦"各等情，先后禀覆前来。

臣等伏查该两军均系新募之勇，未经训练，仓猝北行，遽逢大敌，以致溃败，该提督等亦知负疚，滋深悚惶无地。窃以兵事强弱，全在操练，操练勤惰，端赖将才。张春发熟谙戎机，湘军宿将，可胜统领之任。陈泽霖于吏事尚能谙习，于军务似非所长，已于另片陈明。现饬将左军照湘军营制，裁并步队六营，马队一百五十名，全军饷项截至七月底止，应点人数截至闰八月底止。挑留之勇，自九月初一日起，照湘勇给饷。遣散之勇，于应领饷项外，另给恩饷两月，饬令回籍归农。右军亦照湘军营制，裁并步队五营，全军饷项截至七月底止，应点人数截至闰八月初十日止。挑留之勇自闰八月十一日起，照湘勇给饷。遣散之勇，于应领饷项外，按其籍贯道路之远近，分别酌给川资，至多不过四两，饬令回籍归农。其德州收集之溃勇，自收集之日起至到徐点验之日止，只准给领小口粮，即行遣散，不准发给全饷，亦不得再予遣资，以示区别。裁改以前经手款目，仍由张春发、陈泽霖呈由大学士荣禄奏销，以后即归入江苏留防案内办理。统计该两军原有二十营，裁存十一营有奇，均改湘军营制发给，每年所省实多。左军月饷，经升任抚臣鹿传霖饬司筹至明年正月分止，一律提解，淮扬道库存储已由道转解至七月分止，现尚存银三十一万馀两。右军月饷由江宁藩司经理，已解至八月分止。现饬于留备本军及裁遣各饷外，年内约可馀存若干，嗣后按照常年核计，每年实可节饷若干，由司与各该军逐细划算清楚，通盘核计。所有馀存之款，即行遵旨迅速分批解赴行在户部交纳，以应要需。

除分咨查照外，所有点验武卫先锋左、右两军裁节饷需缘由，理合恭折由驿覆奏，伏乞皇太后、皇上圣鉴训示。谨奏。

乡会恩正两科请归并下年举行折 光绪二十六年十月十八日

奏为军务未竣，请将恩、正两科乡、会试归并举行，以恤士子而节经费，恭折仰祈圣鉴事：

窃于本年六月十五日奉上谕："本年恩科乡试，如展缓数月，恐天气渐寒，士子倍形劳苦，远省放榜过迟，公车亦多窒碍，缓至明年三月初八日乡试，八月初八日会试。至庚子正科及次年会试按年递推。"等因，钦此。又于七月十一日奉上谕："各省武乡试，着按照文乡试展缓日期，以次递推。"等因，钦此。仰见朝廷体恤寒畯，无微不至，跪诵之下，钦佩莫名。当经转行所属，出示晓谕，钦遵在案。

现距明年三月甚近，一切事宜即应预为举办，而人心尚未大定，各省正在筹防，诸务倥偬，军书络绎，试期瞬届，仍觉兼顾为难，且各省屡有偏灾，民情困苦，士子连年应试，实力有未逮。伏查同治年间，各省军务未竣，请将恩科归并正科举行，奉旨允准有案。拟恳天恩，将明年应行庚子恩科乡试，展至八月初八日与壬寅年行庚子正科乡试归并举行，再于次年归并会试，其武乡会试一体仿照办理，庶恤士节费两有裨益，伏候谕旨遵行。

谨合词恭折具陈，伏乞皇太后、皇上圣鉴训示。谨奏。

剿平大通票匪请奖出力文武折光绪二十六年十月十八日

奏为票匪滋扰大通，江、安两省派兵会剿，在事出力文武各员，酌拟保奖，恭折仰祈圣鉴事：

窃照票匪滋扰大通，派兵会剿一案，经臣等于光绪二十六年八月十八日由驿具奏，并请将已革提督李定明开复原官，其馀出力各员，声请查明择尤保奖，俾示鼓励。钦奉上谕："已革提督李定明此次剿匪，尚知愧奋，着准其开复原官，馀着照所议办理。"钦此。当经恭录咨行钦遵在案。

臣等伏查，本年入夏后，时局多故，人心嚣然不靖，沿江一带，会匪蠢蠢欲动。外患方亟，风鹤震惊，江海筹防，倍形吃紧。经臣坤一商由臣少春将盐贩徐宝山妥为招抚，即责令徐宝山严拿匪党，多有弋获，民心稍定。嗣逆犯康有为阴遣其党潜入长江，散放富有纸票，到处煽惑，意在与会匪勾串一气，互为声援，筹备巨资，以充饷项，私运军火，以助凶焰，谋为不轨，匪势鸱张。七月间，该匪等在江北桐城地方，宰牲祭旗，啸聚起事。迨经官军往捕，窜至裕溪、大通等处，抢掠师船，劫夺军火，攻毁盐厘等局，四出纷扰，声势汹涌，裹胁愈多。经臣坤一、臣之春饬令各军，迅赴戎机，合力剿办，将匪首先后拿获，并阵斩匪徒数百馀名，夺回船械、军火以及伪票、伪印、洋枪、马匹等件，大股巨匪，一律荡平。各该员弁等，于枪林弹雨中，昼夜跟追，不辞劳瘁，或裹创力战，或歼厥渠魁，均属奋不顾身，异常出力。下游镇江十二圩，六、七濠口等处，时有匪徒出没，一闻大通警信，无不狡焉思逞，迭经臣等通饬地方文武，严密查拿，将着名票匪，按名缉获严办，该匪等闻风解散，始得弭患无形。各该员弁，屡获巨魁，亦复有劳足录，应请一并奖叙，以昭激劝。理合分缮清单，恭呈御览。合无仰恳天恩，俯赐照拟给奖，以示鼓励。

除饬取各员履历咨部查照，并将千总以下末弁咨部核奖外，谨合词恭折具奏，伏乞皇太后、皇上圣鉴训示。谨奏。

马鞍山火药库被轰片

再，本年入秋以来，久旱不雨，干亢异常。九月初五、六等日，得有微雨。初八日臣率同僚属，在龙神庙祈祷。是日午初，天气沉黑，雷电交作，旋闻霹雳一声，房屋震撼，大雨如注。臣回署后，即据办理金陵军械所道员朱潜禀称，据该所委员兼管城内马鞍山火药库候补知县崔作球禀报，马鞍山库于初八日午刻忽为雷火轰毁，房屋夷为平地，药库击成深潭，管理该库委员候补千总徐福成、司事补用从九品叶桂荣以及亲兵三名并拨往防护该库之新湘营兵丁二十六名，同时轰毙，附近居民、房舍，亦有伤亡倒毁。经该道员朱潜亲往查勘，与崔作球所报相符等情，禀报前来。

臣查两月以来，天时亢旱，地气郁塞。初八日午刻，雨势倾盆，白昼如晦，阴阳相搏，流电四射，该库适为电气所触，遂致立时轰毁，实系变生意外，委非防范不力。管库委员徐福成及司事、兵丁人等同时身毙，深堪悯恻，除饬将该家属等优予抚恤，并查明被毁药数开报外，理合附片具陈，伏乞圣鉴。谨奏。

拨解陕西枪炮子弹片

再，前准陕西抚臣岑春煊来电："奉旨：'岑春煊奏陕省防务紧要，请拨枪械一折。据称虎神营前拨江南十响毛瑟枪三千杆，该抚业与虎神营商明分用。又称，该营曾经拨有快炮，请一并迅解来陕等语。前项枪炮，着刘坤一如数配足子药，迅解应用。'"等因，钦此。又承准军机大臣字寄："奉上谕：'岑春煊奏，陕省募勇，请拨枪械等语。着刘坤一、张之洞于上海、湖北各制造厂，酌拨小口径枪四千杆，快炮十尊，配齐子弹，解赴西安，俾资应用。'"等因，钦此。臣查虎神营咨拨枪械案内，并未拨有快炮。江南存械，自军兴后，添招新勇，并协济各省，拨发殆尽，前购小口径枪，已无存储。上海制造局添购新机，甫经运齐，安配开车试造，出枪无多。惟陕省需械甚殷，自应钦遵谕旨，设法筹拨。当经臣饬令金陵军械所，将前拨虎神营十响毛瑟枪三千杆及皮件三千套，每杆配足子弹四百颗，共弹一百二十万颗，并筹拨两磅过山快炮十尊，每尊配开花弹二百颗，实心弹二百颗，共弹四百颗，一并发交副将王世雄带运赴陕投收，以资应用。所有运费，饬令筹防局垫给，仍咨由陕西拨还归垫。

除分咨查照外，谨附片陈明，伏乞圣鉴。谨奏。

时局艰危谨陈愚虑折光绪二十六年十月二十六日

奏为时局艰危，恭陈愚虑，仰祈圣鉴事：

窃查中国与外洋订约以来，于今六十年矣。中国数次用兵，以庚申、甲午为最甚。然庚申之役，虽洋兵至京，而不久即退。甲午之役，虽割地赔款，而都城无恙。今以拳、教互哄之故，激怒各国，群起而攻，宗社震惊，乘舆迁播，生灵涂炭，元气凋残，思之痛心，言之疾首。自大沽开衅以至祸及京师，为时仅两阅月，历观前史，未有如是之烈且速者也。幸各国互相牵制，尚可设法转圜。迭接北京电报，将次订期开议，时局至此，受亏自不待言。嗣后非坚苦一心，不足以自立；非忍辱努力，不足以图存。值此创巨痛深，尤当惩前毖后，谨就臣愚虑所及，酌拟四条，为皇太后、皇上敬陈之。

一曰重邦本。此次事变之来，由于拳匪，而拳匪之炽，由于王公、贝勒为之主持。诸王公等，以天潢至亲，休戚相关，讵有愿致危亡之理？岂不以国势日弱，受侮日深，一睹拳匪之奸回，诧为神奇，许为忠义，而于治乱本末，华洋情形，未尝考求，轻举妄动，卒之薄海切齿，灾逮其身。此不学之过也。在昔周、召夹辅，有大勋劳，东平好礼之风，河间儒术之雅，史册褒美，代有传人。拟请饬下书房诸臣，严定课程，以性理、经济为最要，务将古今兴废之迹，中外强弱之原，以及邪正所由分，义利所由判，切实讲求，认真辅导。庶近支王公，植身有本，献替有资，以副朝廷倚畀亲贤、慈爱骨肉之至意。

一曰节国用。近年洋债日增，患贫已久。通计出入，每年不敷银一千数百万两。和议定后，偿款更将不赀。竭泽而渔，从何罗掘！是非节用不可，尤非节省大宗不可。即如八旗钱粮一项，国家帑金有数，旗人生齿日繁，不使之自为养而长欲以官养之，力有不及，势有所穷。在乾隆全盛之时，诸臣已建议及此。况身受豢养，每多游手好闲，转无以淬厉其精神，奋发其志气。际此时艰孔亟，自应略为变通，令其自谋生计，以垂久远。京城肃清以后，土木之功必多，只合择要兴修，勿求美备，以复旧观。即寻常服御所需，并当力图减省，以示震动恪恭之意。此外一切浮费，并应因时革除。拟请饬下部臣、内务府大臣及各督抚臣，通盘筹画，各抒所见。可省者省，可裁者裁，庶免竭蹷之虞，借收桑榆之效。

一曰慎教案。拳、教交哄，固由匪徒煽惑，亦以洋教倚势欺陵，民间蓄愤日久，倡言杀教，足以摇动人心，致有今日之祸。此后积弱益甚，教士益横，民怨沸腾，仍必铤而走险。危机猝发，法令亦有时而穷，即使洋舰远来弹压，恐亦无及。在中国固无安枕之日，在各国亦无息兵之时。天下骚然，商务必致减色，俱伤两败，大干天地之和。夫外人传教，本为劝善而来，揆厥初心，当亦不愿有此。近日英国沙侯及日本宗教，皆谓西教行事，或亦不无遗憾，正可迎机善导，共泯诈虞。拟请饬下全权大臣与各国公使婉切商订，另立专条，总以握定不得干预词讼为第一要义。明知战败议款，何能就我范围，然非此不能相安，各国当思共保和平之局。

一曰杜祸根。义和拳为白莲馀党，左道惑众，在嘉庆年间，钦奉谕旨查拿惩办，备载圣训，可以按籍而稽。此次滥杀教民，无非假借名义，乘机为乱，有类于黄巾、赤眉，贻患邦国，罪在不赦。若使根株不尽，将来滋蔓日宽，即无教民，亦必伺间思逞。惟是聚则为匪，散则为民，概予骈诛，深恐或有冤滥，故剿拳匪必须严捕拳师，方为拔本塞源之策。拟请饬下直隶、山东、山西、河南及东三省各将军、督抚严拿拳师，如有举报指引及捆送到官者，审明后就地正法，并将出力员绅从优奖赏。其馀拳党，勒限改悔，悬为厉禁，永著为令。倘有恃众抗违，则是甘心为逆，迅即派兵痛剿，草剃而禽狝之，治乱民用重典，不可稍存姑息。

以上四条，谨就管蠡之见，略陈梗概，伏候圣明采择施行。

抑臣更有请者，遗大投艰，端资群力。拟恳明降谕旨，饬令京外臣工，凡有言事之责者，择其有关治乱，如用人行政诸大端，各陈说论，毋有隐讳，于以扶定倾危，赞成郅治。臣之区区不胜至愿。

所有敬陈愚虑各缘由，理合恭折由驿驰陈，伏乞皇太后、皇上圣鉴训示。谨奏。

转运局起解三批饷银片光绪二十六年十一月二十二日

再，清江转运局前解第一二批饷项，赴行在交纳，均经奏明在案。兹据该局道员恽祖祁详称："转运局移设汉口，既无长车可雇，而襄河水道，逆流艰滞，转解饷需必难克期解到，自应改由陆路行走，以期迅速。查有广东藩司饷项银二十万两，粤海关饷银二十一万一千七百两，广西梧州关银十万两，由各省原派委员管解。闽海关饷银十万五千三百九十五两，福建善后税厘总局银五万两，福建盐法道银五万两，江苏徐州土药局统捐银三万一百四十四两有奇，由局派委管解。以上共计银七十四万七千二百三十九两有奇，分为四批，于九月初十、十二、十八、二十四等日先后起程，饬由各州县雇备人夫，自夏口厅起，按站接递，取道河南，解赴西安行在交纳"等情，详请具奏前来。臣覆核无异。

除咨河南、陕西抚臣一体饬营迎护外，谨会同湖广总督臣张之洞，附片陈明，伏乞圣鉴。谨奏。

土法枪炮毋庸设局片

再，前准军机大臣字寄："光绪二十六年六月十八日奉上谕：'枪炮为行军利器，国家旧制本有各种枪炮以及抬枪、线枪、背枪并各种子药，足御外侮。近年军火多购自外洋，制造土法几致废弛。现在中、外交战，外洋军火既不能购，亟应用旧法自造，取之不尽，用之不竭。着各该督抚，迅即设局招徕匠艺，广为制造，以备军储。'"等因，钦此。

伏查江南分设上海、金陵两机器制造局，已将四十年之久，所造枪炮仿照西法，推陈出新，由前膛而至后膛，由后膛而至快枪、快炮，沪局并能采用华铁，自行炼钢，精益求精，均已著有成效，与内地各省未经设局者，情形本自不同。近年迭经饬令扩充，加工赶造各种枪炮、子弹，不独供应南、北洋各营台兵轮之用，即闽、浙、粤、鄂等省，亦多取给于此两局。一切器械全用机器，出数较多，尚恐不敷分拨，如另设旧局，既虑旷日持久，缓不济急，又须增筹巨款，一时实不及新旧兼营。且战事之利钝，恒视军械之精窳。外洋于制造工程，考究不遗馀力。江南两局，限于款项，未能随时购办新机，竭力经营，犹虑相形见绌，旧式枪炮，益觉难于适用。经臣督饬司道各员商酌，意见相同，拟请毋庸设局，以节经费。

谨附片具陈，伏乞圣鉴。谨奏。

故御史在京殉难恳恩赐恤折 光绪二十六年十一月二十三日

奏为言官在京殉节，恳恩从优赐恤，以彰忠义，恭折仰祈圣

鉴事：

窃据江苏绅士二品顶戴前湖北荆宜施道俞钟颖等联名禀称：“三品衔原任湖广道监察御史宋承庠，籍隶江苏松江府华亭县。生自单寒，事亲至孝，励学敦品，举动必以先哲为师。由拔贡生恭应朝考，录用七品小京官，签分工部。光绪五年己卯科顺天乡试中式举人，九年考取总理衙门章京，奉旨记名，十年传补到署行走，矢慎矢勤，弗辞劳怨。历由主事升补员外郎，递保知府，补缺后以道员升用，加三品衔。十九年补授河南道监察御史。旋丁父忧，尽哀尽礼，乡党人士莫不敬叹。二十四年服阕，将入都，家人以时事多故，劝其暂息里门。该员谕以使人人皆以时局艰难而故为规避，国家岂尚有效力之人耶！毅然遂行。抵都后，补授湖广道监察御史，兼署陕西、山西道监察御史，历署兵科、刑科给事中。奉旨巡视南城，整饬庶务，严绝苞苴，凡所陈奏，务裨大局。因贫不能挈眷，在京二十馀年无异寒素。本年五月拳匪滋事，该员手谕其子树基云：“急难时自有主意，家中勿念。”自是音讯遂绝。当洋兵入京，内城炮声大震，该员谓九庙震惊，乘舆出狩，食禄无补，何颜见人，愤懑悲泣，并留书以鸣感恋，遂于是夜仰药自尽。至是始知前寄家书，其以身殉难之志早已决绝，非仓卒轻生之比也。钟颖等属在桑梓，不忍听其湮没”等情，禀请具奏前来。

伏思成仁取义，本臣子致身之常，而表节旌忠，亦朝廷励世之典。该故御史宋承庠，矢志清廉，心存君国，见危授命，大节凛然。本年国子监祭酒王懿荣在京殉节，经山东抚臣袁世凯具奏，渥荷殊施，优赐矜恤，并蒙加恩，一并予谥。仰见圣朝褒显忠良，有加无已，凡在臣僚，同深钦感。今该御史临难捐躯，事同一律，应如何从优赐恤之处，出自逾格恩施。

理合会同护理江苏巡抚臣聂缉槼恭折具陈，伏乞皇太后、皇上圣鉴训示。

再，该故御史宋承庠一子名树基，松江府学增生，孙二人，世悳、世贻，合并陈明。谨奏。

安设德律风经费片

再，前因防务戒严，省垣地方辽阔，文武各员分驻较远，遇事传商，深虑稽误，当饬分段安设德律风，由线传语，以期呼应灵通。计用工料银二千九百六十三两有奇，每月开支传语司事人等薪费银九十四两，均在江南筹防款内拨发，汇入官电经费造报。兹据金陵官电局道员郭道直造册详请核销前来。臣覆核无异。

除将清册分咨户、工二部查照外，理合附片具陈，伏乞圣鉴，敕部查照。谨奏。

苏省代解三期洋款后请改拨折 光绪二十六年十二月二十日

奏为苏省代解津海关三期洋款，勉力筹垫，以后万难兼顾，请旨饬部另行改拨，以免贻误，恭折仰祈圣鉴事：

窃照本年五月间，津、沽不守，津海税抄两关应征税项，涓滴无收。八月间应还英、德洋款银五万馀两，据该关道黄建筦详请筹款垫付。臣以限期已届，不能失信，即经札饬江海关道照数筹垫。嗣准北洋大臣咨，该关九月应还俄、法款银八万馀两，十一月英、德款银五万馀两，迭经户部议令南洋所辖各关筹垫，又经臣分饬江海、镇江、芜湖、苏州、金陵各关设法筹解。各该关均以税收短绌，势难兼顾，详请量予改拨。复经臣以偿期迫促，若再咨商部臣，改拨他省，必致愆期失信，贻误堪虞。檄饬各该关勉为其难，无论何款，竭力匀应，以免别生枝节。计先后三期江海各关共代筹银十八万馀两，业已汇付清款。惟查江海、镇江、芜湖等关拨款繁巨，税收只有此数，本已入不敷出。金陵、苏州两关设关未久，收数尤属无多，常年应拨要需，已形竭蹷，本年军事起后，沿海沿江各省同时戒严，商贾裹足不前，税收因而益绌。目下时局未定，各该关收数仍未畅旺，而奉拨各款，迭有增加，即如本年筹还江南息借瑞记洋款，兼须还本，需银四十馀万两，均由各该关勉力筹措，腾挪周转，实已罗掘一空。江南司局各库又因松、沪等处厘金改解税司，部臣拨补之款类多无着，各项应拨要需均刻不容缓，库空如洗，挪无可挪，艰窘情形未有如今日之甚者，点金无术，焦急莫名。现在款议甫有端倪，津海关税务能否照常启征，尚无把握。明年二月一期英、德洋款转瞬即届，该关如仍无收款，江南财穷力竭，实无馀力再行代解。相应请旨饬下户部，以后津海关应还四国洋款，另行改拨他省筹垫，以免两误，而纾饷力。

谨会同护理江苏巡抚臣聂缉椝恭折具陈，伏乞皇太后、皇上圣鉴训示。谨奏。

李秉衡入援殉难遗失军械饷银片

再，前巡阅长江水师大臣李秉衡，奉旨北上经臣饬令金陵防营支应局拨给公费银四千两，备充公用银四万两，又选派卫队一哨，拨给五个月薪饷，随带应用，于七月十四日附片奏明在案。

兹据该局司道详称：“前项公费等款，经李秉衡在江宁提用湘平银一千两，在清江浦提用库平银五千两，并支给委员解饷盘川及驻浦办理支应费用湘平银一百六两有奇，其馀支存银两业经支应局尽数收回，归入正款动用。又选派卫队北上时，制备军装器具及船价等项湘平银九百七十两有奇。所带薪饷五个月，仅发过六个月分，小建一月湘平银五百八十四两有奇，其馀四个月薪饷三大建、一小建共湘平银二千三百九十五两有奇，均因该大臣李秉衡殉难通州，连同枪弹一并遗失。嗣由李秉衡家属及升任江苏巡抚臣鹿传霖拨给该哨弁勇七、八两月大建湘平银一千二百七两有奇，以上共支用银八千八百六十七两有奇，遗失湘平银二千三百九十五两有奇，分别列报，并将回防弁勇，归并衡字副右营，找发饷项"等情，详请奏咨前来。臣覆核无异。

除咨部查照外，理合会同护理江苏巡抚臣聂缉椝附片陈明，伏乞圣鉴，敕部查照。谨奏。

甘饷淮厘仍请解交支应局济饷片

再，前准部咨，令将湘岸盐厘项下拨解黔、甘军需款项提出另储候拨等因，当将改拨金陵支应局凑放饷需原委情形，详晰咨覆。嗣部臣仍令停解存储，因饬司道妥筹核议。

兹据江宁藩司恩寿、两淮运司程仪洛等详称："江南江海防务均关紧要，需款浩繁，而各岸盐厘又以提解京协各饷，洋款较多，其解交支应局济本省军需者，实属无几。光绪二十三年以前，即以借拨原协甘饷凑放。迨二十四年鄂、皖盐厘，苏、沪货厘，改归税司监征，抵偿洋债，饷源愈绌，虽有部拨抵补之款，而款多无着，不能接济急需。若再将此借拨厘银，遂行停解，则应放京协营饷，更属无从措手。惟有仍由湘岸督销局照前解交，以济眉急。其湘岸支存淮厘，向分一半协湘银两，由前护理湖南巡抚臣锡良奏准照旧拨解。所有向留一半，解交支应局充饷银两，较诸湘省待用尤殷，应请援照拨济”等情，详请具奏前来。

臣查甘饷改拨金陵充饷及向分淮厘一半，两款本在应解金陵充饷盐厘内提拨。今支应局饷糈奇绌，所有本年增募各营，应需饷项多由该局供应，竭力腾挪，实已不敷周转。各司关库又复同一艰窘，无可匀应，深赖前项两款借资挹注。再四思维，惟有仰恳天恩，俯准将此项甘饷淮厘，照常解交金陵支应局，免予提存，以济紧饷。理合附片具陈，伏乞圣鉴，敕部查照。谨奏。

请仿秦晋捐例敕部颁发空白执照折

光绪二十六年十二月二十日

奏为江宁开办饷捐，请照秦、晋两省办捐成案，敕部颁发空白执照，以期便捷，恭折仰祈圣鉴事：

窃照江宁开办筹饷捐输，业经奏奉谕旨允准，饬属一体筹劝，设局开办在案。

兹据筹饷劝捐总局司道详称：“劝捐实职，必须颁照迅速，方足以广招徕。现在时局未定，一时固难咨部，即使按卯详咨，而行在部案未齐，恐亦无从核办。颁照无期，捐务终难起色。查陕西、山西两省办理赈捐，业已奏准仿照咸丰三年成案，颁发五品以下实官空白执照，诚至简至捷之法。拟请仿照办理”等情，详请具奏前来。

臣伏查近年捐输已成弩末。各省赈捐分局林立，向只准奖虚衔，今则秦、晋赈捐兼准报捐实职，且有执照可领，与饷捐相形之下，筹劝更觉为难。若不稍事变通，徒有开捐之虚名，恐无筹饷之实效。思维再四，惟有仰恳天恩，敕下户部，仿照秦、晋赈捐成案，颁发文职五品以下空白执照二千张，武职五百张，存臣衙门，由局造具履历清册，呈送副实收时，再由臣衙门加盖关防，饬局填发。一面仍将副实收奖册，送户部查核，以期妥慎。所有部饭等项银两，仍照章随同奖册解部交纳。

除咨部查照外，谨会同护理江苏巡抚臣聂缉槼恭折具奏，伏乞皇太后、皇上圣鉴，敕部查核办理施行。谨奏。

奏疏卷三十五

请旨饬催各省拨补抵还洋款折光绪二十七年正月二十七日

奏为江苏省奉部拨补货、盐厘金，款多未解，请旨饬催各省赶紧照数拨解，以免贻误，恭折仰祈圣鉴事：

窃查江苏省苏州、松沪货厘，鄂、皖两岸盐厘等局，自光绪二十四年闰三月十一日起改归税司代征，抵还洋款，本省应拨各饷，递经户部按年照数拨补。其中款目分别本省、外省，有已经照数清解，有已解尚未清楚，并有一款两抵者，详加查核，半多无着，亟应逐款清厘。即经饬据办理金陵支应、筹防等局江宁布政使恩寿等会同两淮运司程仪洛逐一查明各省欠解无着各款，共有一百二十馀万两，分年开单，详请具奏前来。

臣查拨补厘金一项，光绪二十四年分奉部指提各款，以江苏昭信股票为大宗，外省款项无多，故欠解尚少。至二十五年分指提外省款目增多，其中如河南、广东已有蒂欠，四川、山西则未解丝毫。迨二十六年分，凡上届无着者，依旧列拨。又因宜昌一半加课及万户沱加厘留抵洋款，将拨补银两，划交江南经收，于是加拨四川、山西之项，并益以云南、陕西拨款，无着更巨。现截至光绪二十六年年底止，综计各省欠解无着，共有一百二十馀万两之多。窃维前项货、盐厘金，本系各有待支要款，自改归税司代征后，来源顿绌，举凡京饷、协饷、本省应还四国及瑞记各项洋款，固须照常拨放，未敢愆期，即宁、苏防军月饷、善后经费、南洋防费、湖北盐道及鄂岸缉费等项，悉为军食、公用攸关，亦不容稍有欠缺。上年军事起后，江南新募各营暨北上诸军月饷以及额外增支之项，需款甚属浩繁，竭力腾挪，万分艰窘。且查续借英、德商款，以七处厘金作抵银五百万两，内系江西派银二十万两，浙江派银一百万两，湖北原派银一百万两，续减为七十五万两，江南则苏、沪货厘，鄂、皖盐厘银二百八十万两，宜昌一半加课及万户沱加厘银二十五万两，实共派银三百五万两。是各省共摊不及十之四，江南独任竟逾十之六，其困惫难支情形，较他省为尤甚。即使各省拨补之款均系有着，已觉缓急悬殊，乃各省或动用无存，或截留他用，屡催罔应，电牍空驰，徒有拨补之虚名，并无协济之实效。江南财穷力竭，无米为炊，一应要需从何拨放，臣兴嗟仰屋，焦灼莫名。

上年十一月间，因河南截留未解银二十七万两，业经奏奉朱批，饬催于荫霖如数筹拨等因。此外各省欠款为数甚多，若不奏请严催，各该省报解无期，江南应还洋款及应放军饷等项无款腾挪，深虞贻误。理合缮具清单，恭呈御览。合无仰恳天恩，俯准敕下户部，严催各省督抚臣，督饬司道，查照部数筹足，分批汇解。如有款系无着，由部另行拨补，以免悬欠而舒饷力。

抑臣更有进者，瞬届二十七年拨补之期，凡连年拨而未解，如四川、山西等省各款，并请敕部勿再派拨，另于近省及本省中指提有着之款，庶几受拨均归实际，借应要需。

谨会同新授湖北巡抚护理江苏抚臣聂缉椝恭折具陈，伏乞皇太后、皇上圣鉴训示。谨奏。

税司购地建屋提支厘项片

再，金陵设关通商，曾因开办经费无从筹措，电由总理衙门商准户部，复令开数酌核等因。除关署额支经费业已奏咨经部核定外，开埠、筑路等项需用之款，因界务未定，难以估计。其设局清理地亩诸务所用经费，均由该关道暂筹垫用。惟税务司人等征收税项，由关署未建，暂就停泊官轮之趸船等处以为办公之所。税司等因食宿不便，迭催建造。又以关基坝土工程浩大，若与税司等住屋同时并举，筹费为难。现商定先建正副税司寓所，以资栖息。在仪凤门内购买民地两方，仿照苏关程式，由营造司核实估计，除地价外，共需造费银二万两，核与苏关造价相仿。工程归税司经理，以期妥洽。现据金陵关道徐树钧禀请，在该关所收药厘内拨银四万两，以二万两交税司建屋，以二万两为购地及开埠应用之需，仍俟支用后，汇案造销等情前来。

臣等查所请拨款，均为必不可少之需。目下各库罗掘已空，请部筹拨，势必为难，惟有在该关药厘项下，陆续提支应用，以济要需。

除咨部查照外，理合会同护理江苏抚臣聂缉椝附片具陈，伏乞圣鉴，敕部查照。谨奏。

察看疆臣片

再，臣承准军机大臣字寄："光绪二十六年十二月十二日奉上谕：'有人奏，疆臣巧滑衰庸，封圻万难胜任，据实密陈一折。着刘坤一于李兴锐到任后，秉公察看，有无巧滑衰庸情形，是否胜任，据实奏陈，无稍徇隐。将此谕令知之。'" 钦此。

查李兴锐为前大学士曾国藩、直隶督臣李鸿章所奖拔，光绪初年尚在江南当差，臣曾与共事，深知其心地朴诚，人品端正，绝无巧滑习气，公事极其认真。即如前办上海制造局，每日亲历各厂考察勤惰，以记功过而定劝惩，一时人心鼓舞，局务大有起色，迄今该局员司犹称道不置。此其一节也。迨后历官直隶、福建、广西等省，清介绝俗，所至有声。虽年岁较臣稍长，而精力比臣甚强。臣近于江西来江人员询问李兴锐体气如何，莫不称其矍铄如五六十岁人，克尽职守。江西居东南腹地，巡抚端赖老成，李兴锐尚能胜任，堪以仰慰宸廑。仍由臣随时察看，如李兴锐果有衰庸情形，即当据实奏陈，不敢稍涉徇隐。

理合先就所知附片陈明，伏乞圣鉴。谨奏。

初捐人员免取印结片 光绪二十七年二月二十一日

再，案查部定新章，凡初捐人员，在外省海防捐局上兑者，必须取具同乡官印结，其本籍上兑者，必须取具族邻甘结，随同奖册咨部，方准报捐。历经遵办在案。

兹查江宁上年开办筹饷捐输，奏准照海防条例减成请奖，分饬各属广为劝办，并咨请出洋使臣一体筹劝，所有取结章程，自应查照仿办。惟查筹饷例载，凡捐纳及各项人员验引到省时，必须在京取具同乡官印结，呈缴捐免保举银两，方能核准验引到省。盖以捐官而不验引与不捐同，此原定章程所以仅于验引时取具印结也。现在各省饷捐，秦、晋等省实官赈捐，同时开办，随地筹劝，穷乡僻壤势难遍喻新章，诚恐转滋疑虑。况捐生散处四方，有离乡日久而不识族邻者，亦有虽系同乡而非印官者，更有出洋华商，寄居海外，既无同乡官印，亦无族邻可认，殊难就此范围。似初捐人员尚可免予取结，其捐免验看，先行到省人员，仍照旧章办理。据江宁筹饷劝捐总局、江宁布政使恩寿等详请奏咨前来。

臣查该司道所请，系属实情。合无仰恳天恩，敕部查照办理，以广招徕。

除分咨吏、户二部查照外，谨会同江苏巡抚臣聂缉椝附片陈请，伏乞圣鉴训示。谨奏。

江宁饷捐仍请照发空白执照折 光绪二十七年三月二十四日

奏为江宁筹饷捐输，请仍照顺、直、秦、晋赈捐成案，敕部颁发空白执照，以广招徕，恭折仰祈圣鉴事：

窃照江宁开办筹饷捐输，前经奏请颁发空白执照，接准行在户部咨，以“江宁劝捐筹饷，虽属孔急，较之秦、晋赈捐情事不同，未便一律颁发空白执照，致与赈捐有碍，应仍令先发实收，俟奖册到部核明赶颁执照”等因。当经转行遵照去后。兹据江宁筹饷劝捐局司道沥陈捐输减色，仍请奏颁空白执照前来。

臣查江苏省奉拨款项最为繁重，近年以来，厘金抵还洋债，外省拨补之款大都无着，腾挪因应，竭蹶万分。上年军兴以后，增营购械，办理转运，又复通饬各属举办团练，沿江沿海地方悉照光绪二十一年防务办法，严为设备，并饬徐州道招募团丁，择要驻扎，以辅兵力之不足。用繁款巨，司道局库罗掘一空，虽经开捐接济，无如频年捐输重叠，势成弩末。现在秦、晋、顺、直等省相率委员来宁设局劝捐，均携有空白执照，独江宁仍先发实收，捐生舍此就彼，实属情势使然，甚至向饷局查询捐例，转赴赈局报捐。统核江宁收捐银数甚属寥寥，若不及早变通，徒有开捐之虚名，终无筹饷之实济。

秦、晋连岁旱荒，灾区较广，顺、直猝遭兵燹，亟待救援，自与寻常赈捐不同。江南滨海临江，防务紧要，未可一日松懈，亦非他省情形可比。且此项饷捐，奏准一半济饷，一半解部，多收一分捐款，大部即省一分筹画。臣与司道再四熟商，惟有仍恳天恩，特敕户部颁发文职五品以下空白执照二千张、武职五百张，存臣衙门，加盖关防，俟饷捐局造具履历清册，呈送副实收时，核明填发，庶与捐务饷需两有裨益。一面仍将副实收奖册咨送户部查核。应需部饭等项银两，照章随同奖册解部交纳，以资办公。此系为江宁急筹饷需，以广招徕起见，他省不得援以为例，俾示限制。

除咨部查照外，理合会同江苏巡抚臣聂缉椝恭折具陈，伏乞，皇太后、皇上圣鉴训示。谨奏。

酌保人才折光绪二十七年五月十七日

奏为遵旨酌保人才，以备录用，恭折仰祈圣鉴事：

窃于光绪二十六年闰八月初三日奉上谕："现在时局阽危，需才孔亟，各封疆大吏均有以人事君之责，务各激发天良，虚衷延访，如有才猷卓越，克济时艰，无论官阶大小，出具切实考语，迅速保荐，以备录用。"等因，钦此。

臣维人才难得亦难知，必须久与共事，察其心地光明，器识深稳，庶几善用其才，仰供朝廷之任使。兹查有统领江胜军二品衔江苏特用道杜俞，学养兼优，胆识并茂，整军经武，隐若长城，其于吏治民生讲求有素。办理筹防局江苏试用道沈邦宪，志趣端方，才具敏练，理烦治剧，游刃有馀，有时事变猝投，措施悉当。办理洋务局二品衔江苏候补道汪嘉棠，气度安详，智虑精密，通达治体，熟谙时宜，现在交涉纷繁，动形掣肘，该道善于因应，不惮勤劳。办理上海制造局江苏补用道毛庆蕃，操履谨严，性情忠笃，历官京外，忧国奉公，至于慎重度支，爱惜物力，莫不实事求是，不避怨嫌。该员等或在江苏当差多年，或与臣旧日僚友，故得悉其底蕴，信其贤能，如蒙逾格鸿施，量予拔擢，该员等年力正强，必能立尺寸之效，分宵旰之忧，倘所举非人，奉职无状，臣不敢辞滥保之咎。

所有遵旨酌保人才各缘由，理合恭折具陈，伏乞皇太后、皇上圣鉴训示。谨奏。

酌保将才折光绪二十七年五月十七日

奏为遵旨酌保将才，以备简用，恭折仰祈圣鉴事：

光绪二十六年闰八月初三日奉上谕：“各省制防兵营，星罗棋布，谅不乏折冲御侮之才。着该督抚务选真才，有堪胜专阃之任者，即行保奏，用资采择。”等因，钦此。

臣查兵家本系专门，各国设立练将学堂，以资讲习，是以将才辈出。中国惟于军营劳绩中求之，为途已隘。近三十年来，偶尔用兵，历时不久，新出人材无多，而咸丰、同治年间湘、淮宿将，几同晨星硕果，其幸存者亦老无能为矣。兹谨就臣所知者，有记名提督吴恒山，气局安详，韬钤夙裕，治兵颇有纪律，所至市井晏然。记名提督金德恒，性情忠直，方略亦优，调度颇合机宜，可以自成一队。提督衔记名总兵谭用宾，胆气甚壮，智虑过人，驭众善于拊循，士卒乐为之用。前陕西延榆绥总兵蒋云龙，训练有方，声威楙著，每战辄先陷阵，所向无前。该员等现在江南当差，臣得以详细访察，知其可备干城，为国效命。倘荷天恩，俯赐驱策，该员等感激奋兴，自当勉竭驽骀，以图涓埃之报。

所有遵旨酌保将才缘由，理合恭折具奏，伏乞皇太后、皇上圣鉴训示。谨奏。

副将王世雄请破格录用片

再，两江补用副将王世雄，心地明白，智勇深沈，前在江南统带衡字营，与各文武和衷共济，遇有疑难之事，捧檄即行，绝无规避，卒能通权达变，措置合宜。至于驭众严而有恩，所部奉命惟谨。臣尝与论用兵方略，觇其抱负，颇有大将之才。如荷鸿施，破格录用，必能折冲御侮，仰副朝廷知遇之隆。

理合附片具陈，伏乞圣鉴。

再，该员现经调赴山西，合并陈明。谨奏。

营员缉私殒命邀请议恤片

再，据统领淮北缉私得胜营副将陈有元禀：本年四月二十五日，管带盐河水师营官记名总兵侃勇巴图鲁刘道忠，因访闻枭匪捆载私盐，意图偷运过坝，并恐附近有窝囤情事，即于是日出巡。二十六日巡至武障河西，见有私盐，上前兜拿，当获一百馀包，发上炮船。讵意该私匪纠集众匪，携带火器前来报复，抢夺盐斤，对岸亦复有鸣锣拒捕者，势甚汹汹。众寡悬殊，该营官率水勇很斗逾时，嗣以调队不及，暂退至武障河盐卡门首。而该枭恃众跟追，枪子如雨，该总兵身先士卒，被匪枪子洞穿右目，立时因伤身死，其馀受伤哨官一员、水勇二名，经该副将带队往拿，枭匪已远飏四散，即移海州缉凶严办等情，禀请核办前来。当经臣批饬勒拿逃匪，速获另行究惩，及将勇丁哨官等赶紧医痊具报。

伏查该总兵刘道忠平日缉捕勤能，私枭敛迹。今于武障河缉获私盐之后，该枭复集匪穷追，必毙其命，其为平日缉私认真，该枭恨之刺骨可知。实属因公捐躯，当此严紧缉私之时，非优加议恤，无以作士气。核与光绪三年安东县外委赵良彩缉私殒命，经前督臣沈葆桢奏请照阵亡例议恤之案相符。合无仰恳天恩，俯准饬部照阵亡例议恤，以慰忠魂而昭激劝。

除饬取该总兵履历咨部查核外，理合附片陈明，伏乞皇太后、皇上圣鉴训示。谨奏。

覆陈剿匪武员择尤请奖折光绪二十七年五月十八日

奏为覆陈剿办大通匪徒奖案，声明武职出力各员，分晰劳绩，恭折仰祈圣鉴事：

窃照票匪滋扰大通等处，江、安两省派兵会剿一案，当将出力各员，择尤保奖，奏奉朱批："该部议奏。单二件并发。"钦此。转行钦遵在案。

兹准兵部咨，以所保武职员弁六十馀名，并未分晰劳绩，核与获匪定章不符，令将尤为出力之员，准照异常请保，其次出力之员，准照寻常改奖等因前来。

伏查上年七月间，票、会各匪猝扰大通地方，附近之青阳、铜陵、繁昌、南陵四县同时窜扰，匪势披猖，锋不可遏。臣等闻警后，即经选派营队，星夜驰往，会同地方文武，分途堵击。各该员弁杀敌致果，奋不顾身，穷数昼夜之力，生擒、轰毙匪徒共计八百馀名，并夺回炮船十四艘，用是凶锋立挫，一鼓荡平。维时外洋兵舰麕集吴淞口外，长江一带讹言四起，民心极为不靖。逆犯康有为阴遣其党潜入长江各埠，散放富有等项纸票，到处煽惑，意在与会匪勾串一气，乘机起事。此次匪徒扑犯大通，分投滋扰，声势汹涌，迥非开堂立会、散放飘布可比，若非在事各员弁，合力堵剿，迅速扑灭，为患何堪设想！各该员弁等，或裹创力战，或冒险冲锋，歼厥渠魁，肃清要隘，均属效命戎行，异常出力。按照部章，大股会匪抗拒官兵，实系调兵剿灭，所有出力各员，应照异常劳绩核奖。且上年办理奖案，查核各军开送出力员弁应奏奖者，共计一百馀人，经臣等一再删汰，并将其次出力之员，咨部核奖。奏保各员，均系尤为出力，核其劳绩，实无轩轾可分。惟接准部咨，行令分别等次，自应遵照办理。臣等覆加查核，其尤为出力者实有五十二员，出力稍次者共计八员。谨缮具拟保官阶升衔清单，恭呈御览。合无仰恳天恩，俯准照拟给奖，出自逾格鸿施。

谨合词恭折覆陈，伏乞皇太后、皇上圣鉴训示。谨奏。

拟办哄堂旗兵折光绪二十七年五月十八日

奏为京口驻防旗兵哄闹协领衙署，提宁委审，供词狡展，分别拟办，恭折具陈，仰祈圣鉴事：

窃据署丹徒县知县莫葆辰禀：城内演军巷事主陈忠监家，于光绪二十六年九月初四夜被窃，临时行强一案，讯据另案赌犯梁益之供，系旗人宝山即赵维芝又名宝善、昇林即苏二、万林即苏三、长奎即马有如、玉露即卜小更、玉书即李小和、文浩即刘四、荫良即柳小四儿、锦康即柏龙儿等九人抢劫。当经臣坤一咨经京口副都统吉陞，饬令该管协领、佐领，将犯事旗兵按名传集，交协领荫浓带赴镇江府衙门会审。宝山等不候传讯，全行散去，旋率众一二百人拥入该协领荫浓衙署，肆意恣闹。该协领向众解说不听，荫良执刀欲砍，锦康施放洋枪，言词挟吓，讹索洋一千元。该协领被逼无奈，将箱存现洋三十六元，尽数付给。并经佐领文蔚至署解劝，众始散去。禀经臣等派员前往，分别拿解来省，革除钱粮，发委帮办左司协领恒龄、两江营务处道员曾丙熙、署江宁府知府王毓苹、署江宁理事同知觉罗春泰，会同审讯。续又据丹徒县禀城内磨刀巷事主高成章家，于十二月二十六夜被劫一案，访获蒋立贵、宋瑞田两名，讯据供系昇林、荫良、长奎、锦康并不识姓名二三人行劫。质之邻右唐长贵供词相同。经臣坤一饬令承审各员，提讯各该旗兵并究禀办。该旗兵宝山等于盗案坚不承认，供系梁益之等挟嫌诬扳，仅认埋怨协领荫浓不该将伊等在旗官名开送，大众前往借洋。复讯梁益之、蒋立贵、宋瑞田，供词如故。熬审数十次，该旗兵等明知罪干骈首，抵死不承。据承审委员禀请核办前来。

臣等查京口旗兵，自光绪十七年毁闹右翼衙署一案，认真惩办后，稍知敛迹。近年以来，旗兵故智复萌，往往在外生事，甚至成群结党，伙贩私盐，扰害商民，不服查诘，若不从严惩治，何以肃纪律而靖地方。此案梁益之等供指宝山等行劫事主陈忠监、高成章两案，该旗兵等供词狡执，赃迹未明，自未便草率定谳。惟哄闹协领衙署一节，已据宝山等自认，因埋怨荫浓不该将伊等在旗官名开送，伙众前往，足见起意滋闹，及至得洋后始行相率散去，尤见意图讹索。夫以在营兵丁，聚众至一二百人，执持洋枪、刀械，哄闹本管协领衙署，逼索银洋，荫良执刀欲砍，锦康施放洋枪，将协署门墙轰洞数十处。并据丹徒县知县莫葆辰会同镇江理事同知恒坦诣勘属实，是其均非善类，毫无疑义。

查例载："直省刁民，假地方公事，或果有冤抑不于上司控告，擅自聚众至四五十人，尚无哄堂塞署，并未殴官者，照光棍例，为首拟斩立决，为从拟绞监候。"又"部民军事，怀挟私仇，挺身闹堂逞凶，杀害本官已伤者，为首照光棍例斩决，为从下手者绞候"各等语。该犯宝山等执持枪械，哄闹该管官衙署，似此

目无官长，形同化外，自应按例问拟，何能任其狡赖！第首从未分，碍难遽行定拟。臣等衡情酌度，应请将各该兵丁本身旗档注销。锦康即柏龙儿、荫良即柳小四儿、宝山即赵维芝又名宝善、文浩即刘四、昇林即苏二等五名尤为凶横，应即永远监禁，不准释放。万林即苏三、长奎即马有如、玉露即卜小更、玉书即李小和等四名各予监禁十年，俟限满察看能否悔悟，再行释放。

除饬将梁益之、宋瑞田、蒋立贵等递回丹徒县分别办理并由臣崇善将协领荫浓撤任另行派员接署外，所有京口旗兵哄闹协领衙署，提省讯供拟办缘由，谨合词恭折具陈，伏乞皇太后、皇上圣鉴训示。谨奏。

变通政治筹议先务四条折 光绪二十七年五月二十七日

奏为变通政治，人才为先，遵旨筹议奏陈，仰祈圣鉴事：

窃臣等钦奉光绪二十六年十二月初十日上谕："法令不更，锢习不破，欲求振作，当议更张。着军机大臣、大学士、六部、九

卿、出使各国大臣、各省督抚，各就现在情形，参酌中西政要，举凡朝章国故、吏治民生、学校科举、军政财政，当因当革，当省当并，或取诸人，或求诸己，如何而国势始兴，如何而人才始出，如何而度支始裕，如何而武备始修，各举所知，各抒所见，通限两个月，详悉条议以闻。"等因，钦此。仰见我皇太后、皇上，惩毖多难，必欲扫积习以济时艰，感涕之馀，且愧且奋。

臣等尝闻之，周易乾道变化者，行健自强之大用也，又闻之孟子，过然后改，困然后作，动心忍性，增益其所不能者，生于忧患之枢机也。上年京畿之变，大局几危，其为我中国之忧患者可谓巨矣，其动忍我君臣士民之心性者可谓深矣，穷而不变，何以为国？然则修中华之内政，采列国之专长，圣道执中，洵为至当。惟是中国贫弱废弛之弊，或相沿百馀年，或相沿二千馀年，一旦欲大加兴革，必须规画周详，确有下手之处，然后血气生而宿疴自去，疣痈决而元气可支。

窃谓中国不贫于财而贫于人才，不弱于兵而弱于志气。人才之贫，由于见闻不广，学业不实。志气之弱，由于苟安者无履危救亡之远谋，自足者无发愤好学之果力。保邦致治，非人无由。谨先就育才兴学之大端，参考古今，会通文武，筹拟四条：一曰设文武学堂，二曰酌改文科，三曰停罢武科，四曰奖劝游学。敬为圣主陈之。

一曰设文武学堂。取士之法，自汉至隋为一类，自唐至明为一类，无论或用选举，或凭考试，立法虽有短长，而大意实不相远。汉、魏至隋，选举为主，而亦间用考试，如董、晁、郄、杜之对策是也。唐、宋至明，考试为主，而亦参用选举，如温造、种放之征召是也。要之，皆就已有之人才而甄拔之，未尝就未成之人才而教成之。故家塾则有课程，官学但凭考校，此皆与三代学校之制不合。现行科举章程，本是沿袭前明旧制，承平之世，其人才尚可以佐治安民，今日国蹙患深，才乏文敝，若非改弦易辙，何以拯此艰危？

然而中国见闻素狭，讲求无素，即有考求时务者，不过粗知大略，于西国政治未能详举其章，西国学术未能身习其事。现虽举行经济特科，不过招贤自隗始之意，止可为开辟风气之资，而未必遽有因应不穷之具。考周官司徒之职，小戴礼、学记之文，大率皆以德行道艺兼教并学，学成而后用之。此外见于经传者，乡国之学皆兼六艺，大夫之职必备九能；书、礼干戈，司成并教，寄象鞮译，王制分官；海外图经伯益所传，润色专对，论语所重。又按三代之制，庠序之称曰士，卒伍之称亦曰士，实为文武合一，文武并重之明征。若孔子兼通文武，学于四夷，尤圣人躬行垂教之彰彰者。此后汉举使才，唐采回历，隋志经籍多收方言，明初文科亦兼骑射。钦惟我朝康熙年间，测天造炮，皆用西人，内府地图，创用西法之经纬线，此图所刻铜板，即用东洋铜板之阴阳文。尼布楚界碑兼用三体文字。乾隆年间，西域同文志兼列清、汉、蒙古、西番、托忒、回部之书。至于内廷功课，八旗授官，皆系文武兼习。祖宗旧制，洵足为万代法程。

今泰西各国学校之法，犹有三代遗意，礼失求野，或尚非诬。其立学教士之要义有三：一曰道艺兼通，二曰文武兼通，三曰内外兼通。其教法之善有四：一曰求讲解不责记诵，一曰有定程亦有馀暇，一曰循序不躐等，一曰教科之书，官定颁发，通国一律。大小各学，功有浅深，意无歧异，其考校进退章程，皆用北宋国学积分升舍之法，才能优绌，切实有据，既不虞试官偏私，亦不至摸索偶误，故其人才日多，国势日盛。德之势最强，而学校之制惟德最详；日本兴最骤，而学校之数在东方之国为最多。兴学之功，此其明证。

其学校教法，大率少年者先入小学堂，先教以浅近文理、算法、史事、格致之属。小学堂又分初等、高等两种。小学成后，选入中学堂，所学门类甚多，名曰普通学。如：国教、格致、算学、地理、史事、绘图、体操、兵队操、本国行文法、外国言语、文字、行文法等事，皆须全习，惟外国文字，止兼习一国。无论大小学堂皆有讲国教一门，皆有学兵队之操场。日本之教科名曰伦理科，所讲皆人伦道德之事，其大义皆本五经、四书。普通学毕业后，发给凭照，升入高等学堂，习专门之学。自此以后，然后文武分途，或文或武，听其便，惟文武皆必先习普通。至专门之学习文事者，名高等学校。英分经、教、法、医、化、工六科，又另设专门农、商、矿学。法与英略同。德又另设专门工学。日本高等学校亦分六门：一，法科；二，文科；三，工科；四，理科；五，农科；六，医科。每科所习学业各有子目。其馀专门各有高等学校。查日本门目与中国情形较近，欧、美无学不兼讲西教，日本无学不兼讲伦理。习武备者，名士官学校，略分地理、战史、战法、军械、测绘、工程、经理、军医八门，兼习外国文字、兵式体操、兵队操、行军操、射的、击刺、乘骑、游水等事。射的即枪炮打靶，击刺即短刀刺枪互击。习文事者，高等学校毕业后发给凭照，略如中国举人，分类量能而授以官，其愿再学者，升入大学校。大学校毕业领照者，略如中国进士。习武备者，普通毕业后先入营练习半年，方入士官学校。士官学校毕业后，仍须入营练习三年，方为毕业。第一年学为兵，第二年学为弁，第三年即在其营内充弁。其弁亦名下士官，其分际略如中国把总、外委、额外。此堂毕业后，发给凭照，其国家即用为各军少尉。自少尉以上皆名士官。大尉、中尉、少尉略如都司、守备、千总。

自官少尉以后，可在本营叙劳升转。若仅由充兵出身者，官至特务曹长为止。曹长略如把总。仅由士官学校出身者，官至大佐为止。大佐略如副将，中佐、少佐如参、游。若欲为大将、中将、少将者，仍须升少佐、中佐后，再入陆军大学校三年。习水师者，名海军大学校。其海、陆大学校体制与文事大学校同。大将如统兵大臣，中将、少将如提、镇。以上所举皆日本官名，取其易晓。各国学制、教法，节目虽有小异，用意事事相同。其大中小学之年限，无论文武，大率三、四、五年不等，等级渐深者，子目亦渐加多。其东西各国，今昔章程微有不同者，大约西繁而东简，西迟而东速，昔专一而今变通。如西国马上不放火枪，日本近三年始于马上操枪之类。其学校监督皆用武官为之，以武官于礼节规矩最为谨严详密，文职偶有脱略，武官断不通融。此外国学校教士官人之大略也。

臣等谨参中外情形，酌拟今日设学堂办法，拟令州县设小学校。及高等小学校童子八岁以上入蒙学，习识字，正语音，读蒙学歌诀诸书，除四书必读外，五经可择读一二部。家塾、义塾悉听其便，由绅董自办，官劝导而稽其数，每年报闻上司可也。十二岁以上入小学校，习普通学兼习五经，先讲解，后记诵。但解经书浅显义理，兼看中外简略地图，学粗浅算法至开立方止，学粗浅绘图法至画出地面平形止，习中国历代史事大略，本朝制度大略，习柔软体操。三年而毕业，绅董司之，官考察之。十五岁以上入高等小学校，解经书较深之义理，学行文法，学为策论、词章，看中外详细地图，学较深算法至代数、几何止，学较深绘图法至画出地上平剖面、立剖面、水底平剖面止，习中国历史大事，外国政治学术大略，习器具体操兼习外国一国语言文字之较浅者。此学必设兵队操场。三年而毕业，官司之，绅董佐之。毕业后本管府考之，分数及格者给予凭照，作为附生送入府学校，分数欠者留学。府设中学校。十八岁高等小学校毕业，取为附生者入中学校，习普通学。其有监生、世职、职衔愿入普通学者亦听，但须酌捐学费，与附生一律教课。其有营弁、营兵，文理通畅，能解算法、绘图，考验有据者，亦准收入此学。温习经、史、地理，仍兼习策论、词章，并习公牍、书记文字，学精深算法至弧三角、航海驶船法止，学精深绘图法至测算经纬度、行军图、目揣远近斜度止，习中国历史、兵事，习外国历史、律法、格致等，学外国政治条约即附于律法之内，并讲明农、工、商等学之大略，习兵式体操兼习外国一国语言文字之较深者。词章一门，亦设教习，学生愿习与否，均听其便。弁兵入学者，专学策论，免习词章。此学亦必设兵队操场。三年而毕业，学政考之，给予凭照，作为廪生，送入省城高等学校。省城应设高等学校一区，大省容二三百人，中小省容百馀人，屋舍不便者，分设两三处亦可，但教法必须一律。非由中学校、普通学毕业者，不能收入。拟参酌东西学制，分为七专门：一，经学，中国经学、文学皆属焉。二，史学，中外史学、中外地理学皆属焉。三，格致学，中外天文学、外国物理学、化学、电学、力学、光学皆属焉。四，政治学，中外政治学、外国律法学、财政学、交涉学皆属焉。五，兵学，外国战法学、军械学、经理学、军医学皆属焉。六，农学。七，工学，凡测算学、绘图学、道路、河渠、营垒、制造军械、火药等事皆属焉。共七门，各认习一门，惟人人皆须兼习一国语言文字。此学亦必设兵队操场。至医学一门，以卫生为义，本为养民强国之一大端，然西医不习风土，中医又鲜真传，止可从缓惟，军医必不可缓，故附于兵学之内。并另设农、工、商、矿四专门学校各一区，专以考验实事为主，机器、药料、试验场皆备，亦三年而毕业。其普通学成愿入此四学者听。入此四学者，中国经学、文学皆令温习。无论何学皆有兵队操场。其习武者，专设一武备学校，择普通毕业之廪生愿习武者送入，四书、中国历史、策论，人人兼习，其馀悉依外国教课之法，并专习一国语言文字。或仿日本并设一炮工学校，专学制造枪炮之法。均三年而毕业。文学生高等学校毕业后，除农、工、商、矿专门四学另为章程外，此七门学生，学律法者派入交涉局学习实事，名曰练习学生。学兵法者，派入各营学习实事，亦名曰练习学生。其馀五门学生，均随其所愿派入农、工、商、矿等局，兼习实事，名曰兼习学生。均以实在局、在营一年为度。农、工、商、矿四专门学三年毕业后，农学派赴本省外县，山乡水乡，考验农业；工学派赴本省外省华洋工厂，考验制造；商学派赴南北繁盛口岸，考验商务；矿学派赴本省外省开矿之山，炼矿之厂，考验采炼。均名曰练习学生，亦均以实在出外游历练习一年为度。其武学生，武备学校毕业后，令入营学习，操练一年，半年充兵，半年充弁，以实在营一年为度。合计在学肄业及出外练习，文武各门均四年学成，先由督抚学政考之，再由主考考之，取中者，除送入京师大学校外，或即授以官职，令其效用。大学校学业，又益加精，门目与省城所设高等专门学校同，三年学成，会试总裁考之，取中者授以官。此大、中、小学教法、门目、等级、年限之大略也。

其考用之法：高等小学学成者，本管知府考之；普通中学学成者，学政考之；均不弥封。县送府考，府送学院考，均须详注分数，知府、学政考取榜示，亦须注明分数，不准浑沦取进。高等专门学成者，督抚、学政分文武两途考之，应分几场，临时酌定。取者作为优贡，武者作为武优贡。其文事由他途径入普通中学，洊送农、工、商、矿四专门学，非由生员者，及由普通中学毕业，径入四门专学，非由高等学毕业者，其武事由弁兵径送入普通学，非由生员者，一并准其与考。其优贡所取人数，视本省中额加倍。钦派考官，会同督、抚、学政，亦分文、武两途考之，应分几场，临时酌定。考其专门之学及各国语言文字，非优贡不得与考。大率督、抚、学政所取优贡，即系录送乡试之意。应试人少，且诸学有须面试者，毋庸糊名易书，考中者作为举人，其非由生员出身及非由高等出身者，作为副榜。择其中式前半若干名，分别送入京城文武大学校。所以止送一半入大学校者，一为京师大学若欲全容天下举人，费用过多，故减半送京，以节经费，一为分半就职，俾得及时效用，以应目前急需。其有未获送入大学校者及已经送京而不愿入大学校愿就职者，听。其未送大学校而不愿就职，自愿留学以待下科者，亦听。就职者，文授以七品小京官及六七品佐贰首领，分部、分省候补，或充各局委员。武授以守备、千总等官发营差委。考官照学政例，准带幕友二三人，同考官由外省酌量访求聘委，不拘官阶，亦不必本省人员。京城设文事大学校、水军陆军大学校各一，学业又益加精，门目略与省城专门学校同。学成者，钦派总裁大臣考之，作为进士。经廷试后，文授以部属、知县等官，武授以都司、守备等官，均令分部、分省、分标候补，优其序补班次，毋庸归选。如朝廷需用编书修史应奉文字之词臣，宿卫禁廷之侍卫，应随时听候谕旨考选，不在科举常例之内。统计自八岁入小学起至大学校毕业止，共十七年。计十八岁为附生，二十一岁为廪生，二十五岁为优贡、举人，二十八岁为进士，除去入学出学程途、考选日期外，亦不过三十岁内外，较之向来得科第者并不为迟。此大、中、小学层递考取录用之大略也。

其取中之额，即分旧日岁科考取进学额以为学堂所取生员之额，分乡会试中额以为学堂所中举人、进士之额。优贡应请新定学堂之额，大约比本省中额加倍而略多。初开办数年，学堂未广，取中尚少，前两科每科分减旧日中额学额三成，第三科每科分减旧额四成，十年三科之后，旧额减尽，生员、举人、进士皆出于学堂矣。至日久才多，以后应仿各国章程，视其学业分数以为中额之多少，并可不拘定额，以昭核实而资策励。总须较旧额之数有增无减。此学堂取中额数，移拨旧额，日后并不限以定额之大略也。

或谓废八股则人不读经书，不尊圣贤，不宗理学。不知八股始自前明，自汉至宋皆无八股，何以传经卫道代有名儒，忠孝节义史不绝书。即如周、程、朱、张乃理学宗主，其时未尝有八股也。或谓废八股，则人不能为文。不知文章之最美者，莫如春秋之左、国，战国之诸子，两汉之班、马，唐、宋之八家，其时未尝有八股也。或谓废八股，则旧日专攻帖括者无进身之路，不知历来擅长八股诸名家，亦必系学赡才敏，文笔优长之士，其最著者，前明如唐顺之、归有光，国朝如韩菼、方苞辈，即不由场屋，岂患无自见之学，登进之阶。故能为好时文者，考试策论固属优为，兼习诸学亦非难事。无论少年易于改业，即二十五岁以上至五十岁者，除外国语言、精微算法外，何事不能通晓？若从此三科十年以后，不能中式而又不能改习诸学，则断非有才有志之人，国家取之何益于用！然此辈仍可为小学、中学、经书、词章之师，其衰老不第而学行尚有可取者，可由督、抚、学政访察、考选，朝廷优予体恤：六十岁以上者，酌给职衔，五十岁以下者，广设其途，分别举、贡、生员，用为知县、佐贰、杂职，详见酌改文科专条，似亦足以安宿儒而慰寒畯矣。捐纳既停，即中等儒生岂患无出路哉！此裁减旧日学额中额，仍将从前举、贡、生员分别录用之大略也。

论外国设学之定法，自宜先由小学校办起，层累而上，以至中学、高等学、大学方为切实有序，惟经费太绌，师范难求，止可剀切劝谕，竭力陆续筹办。若必待天下遍设数万小学、数百中学，然后升之高等学、大学而教之用之，至速亦须十年，时事日棘，人不我待，刻舟胶柱，必致空言误事。今日为救时计，惟有权宜变通，先自多设中学及高等学始，选年力少壮通敏有志之生员，迅速教之，先学普通，缓习专门，应各就省城及大府酌量情形，迅速筹办，以资目前之用。取才由粗入精，立法由疏入密，凡事何莫不然。将来小学林立，中学亦多，则循序渐进，取材既裕而教法亦不劳矣。查三十岁而入官，科名不得为晚。自初学以至学成，十七年而成文武兼备之人才，造就不得为迟。惟事急需才，恐难久待。查日本文武各种学校皆有速成，教法于各项功课择要加功，于稍缓者量加省减，刻期毕业。应请旨饬出使大臣李盛铎切托日本文部、参谋部、陆军省，代我筹计酌拟大、中、小学各种速成教法，以应急需。此权宜救急，先设普通中学暨采访速成教法之大略也。

惟成事必先正名，三代皆名学校，宋人始有书院之名。宋大儒胡瑗在湖州设学，分经义、治事两斋，人称为湖学，并未尝名为书院。今日书院积习过深，假借姓名，希图膏奖，不守规矩，动滋事端，必须正其名曰学，乃可鼓舞人心，涤除习气。如谓学堂之名不古，似可即名曰各种学校，既合古制，且亦名实相符。

总之，中华所以立教，我朝所以立国者，不过二帝、三王之心法，周公、孔子之学术。今宗旨则不悖经书，学业则兼通文武，特以世变日多，故多设门类以教士，取其周知四国，博学无方，正与经传所载三代教士取人之法相合，看似无事非新，实则无法非旧。且经、史、词章仍设专门，学人、文人皆有自见之路，何得以唐人专考词章之下策，前明八股之俳体，视为儒者正宗哉！

臣等所拟以上办法，不过明宗旨，标门类，分等级，计年限，筹出路，除妨碍，举其大略如此。至于详细章程，究应如何斟酌损益之处，应候敕议裁定。此一事为救时首务，振作大端，伏望我皇上思危虑患，饬取日本学校章程迅速详议，乾断施行，收人心以固国基，四海瞻仰首在此举矣。

一曰酌改文科。科举一事为自强求才之首务，时局艰危至此，断不能不酌量变通。半年来，谘访官绅人士，众论佥同。两广督臣陶模、山东抚臣袁世凯咨来奏稿，言之甚为恳切。改章大指，总以讲求有用之学，永远不废经书为宗旨。拟即照光绪二十四年臣等所奏变通科举奉旨允准之案酌办。原奏乃系参酌古今，求实崇正，力驳侈谭新学者之谬论，不过原本旧章，力求核实而已。大略系三场，先后互易，分场发榜，各有去取，以求核实。头场取博学，二场取通才，三场归纯正，以期由粗入精。头场试中国政治、史事，二场试各国政治、地理、武备、农、工、算法之类，三场试四书、五经义，经义即论说考辨之类也。头场十倍中额，二场三倍中额。原奏经礼部通行陕西，有案可查。惟声、光、电、化等学，场内不能试验，拟请删去。此系原本朱子救弊须兼他科目取人之意，欧阳修随场去留鄙恶乖诞以次先去之法，而又略仿现行府县覆试童生、学政会考优贡之章，且可免寒士之候榜艰难，考官之疲劳草率，似乎有益无弊，简要易行。

窃维今日育才要指，自宜多设学堂，分门讲求实学，考取有据，体用兼赅，方为有裨世用。惟数年之内，各省学堂不能多设，而人才不能一日不用，即使学堂大兴，而旧日生员年岁已长，资性较钝，不能入学堂者，亦必须为之筹一出路，是故渐改科举之章程，以待学堂之成就。似此办法，策论乃诸生所能，史学、政治、时务乃三场策题所有，考生断不致因改章而阁笔，科场更可因改章而省费，而去取渐精，学业渐实，所得人才固已较胜于前矣。兹拟将科举略改旧章，令与学堂并行不悖，以期两无偏废。俟学堂人才渐多，即按科递减科举取士之额，为学堂取士之额。其颖敏有志者，必已渐次改业，归入学堂。其学优而年长者，文平而品端者，尽可宽格收罗，量才录用：或取作副榜，多取数名；或令充岁贡，倍增其额；或推广大挑，每科一次；或特令挑作誊录，令其议叙有资；或举人比照孝廉方正，生员比照已满吏，准其考职，令其入官效用。宜汇总核计以上各途推广录用之数，足以抵每科减额之数，则旧日专习时文者亦尚有进身之阶。十数年以后，奋勉改业者日多，株守沉沦者日少，且仍可为小学堂、中学堂经书、词章之师，其衰老者可从优赏给职衔。总之，但宜多设其途，以恤中才之寒畯，而必当使举人、进士作为学堂出身，以励济世之人才。只可稍宽停罢场屋试士之期，而不可使空疏无具者永占科目之名。果使捐纳一停，则举、贡、生员决不患其终无出路。此其兼顾统筹，潜移默化，而不患其窒碍难行也。

一曰停罢武科。文武两科并称，而两科之轻重利弊迥然不同。国家任官求才，无论章程如何，总之必用读书明理之士。因近年帖括之士有文无实，故改章以求实学，先略改科举章程以取已有之人才，次广设学堂以教未成之人才。他日专门学成，体用兼备，仍是此等读书明理之人，其法小变，其意仍同。若武科则不然。硬弓、刀石之拙固无益于战征，弧矢之利亦远逊于火器，至于默写武经，大率皆系代倩，文字且不知，何论韬略！以故军兴以来，以武科立功者概乎其未有闻。凡武生、武举、武进士之流，不过恃符豪霸，健讼佐斗，抗官扰民，既于国家无益，实于治理有害，此海内人人能言之，无待臣等之烦言者也。或谓武生等可使改习枪炮。不知利器散布民间，流弊太大，实无防察之法，万不可行。或谓武生等可使入武备学堂肄业。不知学堂定法，无论水师、陆师皆必须曾读书通文理，若不识文字者，虽有西师善教，精者不能解，粗者不能记，断无受教之地。或谓武科所以收强梁不驯之人才。不知凡应武试者，大率小康之家子弟，椎鲁游荡，不肯读书，乃使之习武以博科目之荣，其弓马衣装之费，较之文生为多，故世俗有“穷文富武”之谚。夫取士求将，本欲得良善守法之士，教以礼义，授以技能，以备干城腹心之用，岂有搜罗不逞，加虎以冠。且天下盗贼，会匪亦多矣，岂武科所能网罗者哉！今日勇营甚多，其材武有力之辈皆可容纳，何藉武科。或谓古今名将未必尽能知书。不知古之孙、吴、韩、岳、戚继光，今之罗泽南、彭玉麟等，何一非学古能文之士。间有不学问而为名将者，多由阅历而来。故兵勇起家为良将者有之，然在今日已不能与洋兵角胜。若应武科者，平日所习皆与兵事无涉，既不晓枪炮之精，复不谙营阵之法，及取中武科，年齿已长，习气已深，循资数年，即可为参、游、都、守，何所谓阅历哉？查国家官制，武职以行伍为正途，八旗世家无非兵籍。此时讲求兵事，必须武学、西操相资为用。其学堂毕业入营操练精熟者，自必予以出身，洊擢官职。将来内而禁卫，外而将校，皆可于此取之。考拔擢用之法，另详专条。若仍以循旧之武科，滥厕右职，殊于讲武励才之出路有妨。近年自故督臣沈葆桢以后，中外大臣言武科改章者甚多，盖久已共知其弊。臣等揆之今日时势，武科无益有损，拟请宸断，奋然径将武科小考，乡、会试等场一切停罢，其旧日之武进士、武举、兵部差官，一律发标学习，考察人材，酌量委用补署，不必按资挨次选补实缺。武生年壮有志者，令其讲求武学，以备应募入伍之用，疲老者听其改业。如此则学堂讲武学者，营弁精操练者，在标有战功劳绩者，登进之途较宽，必皆鼓舞奋兴，而将校皆有实用，此诚自强讲武之一大关键也。

一曰奖劝游学。学堂固宜速设矣，然而非多设不足以济用。欲多设则有二难：经费巨，一也；教习少，二也。求师之难尤甚于筹费。天下州县皆立学堂，数必逾万，无论大学、小学，断无许多之师。是则惟有赴外国游学一法。查外国学堂，法整肃而不苦，教知要而有序。为教师者，类皆实有专长，其教人亦有专书定法。凡立一学，必先限定教至何等地位，算定几年毕业，总计此项学业，共须几年若干时刻方能教毕，按日排定，每日必作几刻功夫，定为课程，一刻不旷，如期必毕，故成效最确，学生亦愿受教。而教法尤以日本为最善，文字较近，课程较速，其盼望学生成就之心至为恳切。传习易，经费省，回华速，较之学于欧洲各国者，其经费可省三分之二，其学成及往返日期可速一倍。江、鄂等省学生在日本学堂者多，故臣等知之甚确。此时宜令各省分遣学生出洋游学，文武两途及农、工、商等专门之学，均须分门认习，但须择其志定文通者乃可派往。学成后得有凭照，回华加以覆试，如学业与凭照相符，即按其等第作为进士、举、贡，以辅各省学堂之不足，最为善策。此时日本人才已多，然现在欧洲学堂附学者尚数百人，此举之有益可知。并宜专派若干人入其师范学堂，专学师范，以备回华充小学、中学普通教习，尤为要着。

再，官筹学费究属有限，拟请明谕各省士人，如有自备资斧出洋游学，得有优等凭照者，回华后覆试相符，亦按其等第作为进士、举、贡。如此则游学者众而经费不必尽由官筹。盖游学外国者，但筹给经费，而可省无数之心力，得无数之人才，已可谓善策矣。若自备资斧游学，业成者准按凭照优奖录用，则经费并不必多筹，尤善之善者矣。此四条为求才图治之首务，其间事理皆互相贯通，互相补益，故先以此四事上陈。盖非育才不能图存，非兴学不能育才，非变通文武两科不能兴学，非游学不能助兴学之所不足。揆之今日时势，幸无可幸，缓无可缓，仰恳宸衷独断，决意施行。其间条目章程自须详议，而大纲要旨无可游移。其有为因循迁就之说者，惟赖朝廷坚持，勿为其所摇夺。其馀各条，另折奏上。

臣等往复商酌，意见一切相同，未便各自具折，转嫌雷同重复，谨合词恭折覆陈，伏乞皇太后、皇上圣鉴。谨奏。

赔款外专筹巨款兴作片

再，臣等此次所奏变通政治诸条，或养人才，或厚民生，或整军实，或肃官方，所需经费必皆不少。此次赔款极巨，筹措艰难，论者必以度支困绌为词，谓诸事方求节省，岂宜更增用费，遂不免顾惜迟疑。臣等之愚，窃以为不可。今若竭海内之力，百计搜括，但供每年赔款，以冀无事，则外国必将视我中国皆苟安无志之人。士无奋心，民无固志，各国之轻我、侮我，更将得步进步，不待赔款还清，而中国已不能立国矣。

窃谓节用之与自强，两义自当并行，不宜偏废。此时应省之事必须省，应办之事必须办，应用之财必须用。尝闻数十年来论理财者，大率皆以省啬为先，谓以备有事时用之。此省事息民之常经，闭关自守之善策，而非所论于强邻环伺之时势也。大率富强之道，无论民事、兵事，皆须平日未雨绸缪，多年积累，近者四五年，远者一二十年。即如讲求农工商，本为富国起见，然当其创新法、开新埠之初，必先官设学堂以为教，官创机厂以为式，官助资本以为扶持，然后农工商之利可开。本欲阜财，必先费财，西洋各国皆然，而日本为尤著。若立学、教士、练兵、制械、训农、劝工等事，皆以款绌不办，一旦有事，安得人才、兵械而用之。纵使存款饶多，取办仓卒，止能募乌合之勇，购废杂之枪，虚糜而兼误事，即为度支计，亦甚可惜矣。譬如备荒，必须积谷于累年；防水，必须筑堤于平日。如待灾成而后买谷，则饥民已转于沟壑，待水至而后修堤，则田庐已沦于巨浸，虽有多金重赏，亦无所施。至于军国大计，尤贵远谋，难规近利。豫筹于平日，则一钱得万钱之益；赶办于临时，则万金无一金之效。试以远事证之，道光辛丑，广东议和，藩、运两库现银六百万搬运塞途，尽付赔款。以近事证之，上年天津不守，司、道、局各库存银六百馀万，招商局存米四十万石，尽资外人。然则务省啬而不务修备，前车具在，可为寒心。或又谓此时民力已困，欲筹办事之款，岂不重为民累？此又不然。譬如备荒，必于本乡捐社谷；防水，必于近村捐堤费。社仓多一石，则全活不止一命；堤土高一尺，则获田不止一顷。虽甚竭蹶，犹必为之。其初虽难，其后必善。推类言之，寒士力学，不可惜膏火，中人之产，不可无墙垣，行江海者不可乘敝舟，负债多者不可废酬酢。夫岂不知筹措之艰难哉？诚有所不得已也。

窃谓既须筹赔偿之款，尤宜筹办事自强之款。赔偿之款所以纾目前之祸难，自强之款所以救他日之沦胥。应请敕下政务处大臣、户部及各省督抚，于赔款外，务必专筹巨款，以备举行诸要政，庶几各国刮目相待，而中国之生机不至于遽绝矣。

臣等谨合词附片具奏，伏祈圣鉴。谨奏。

敬陈下悃折 光绪二十七年六月二十一日

奏为敬陈下悃，恭折仰祈圣鉴事：

窃奉上谕："择于七月十九日，恭奉慈舆，由河南、直隶一带回京。"等因，钦此。薄海闻知，同深忭舞。

溯自乘舆西幸，瞬已经年，微臣敬念圣躬，时萦寤寐，只以职守所在，未奉谕旨，不敢擅离。兹值和议告成，回銮在即，又未能恭诣行在，随驾入都，悚疚之馀，弥深企念。惟是秋暑犹炽，跸路远经，伏愿皇太后、皇上稍释忧勤，顺时珍卫，以慰天下臣民之望。臣不胜依恋驰企之至。

谨缮折具陈，伏乞皇太后、皇上圣鉴。谨奏。

江海关照拨直隶大差银两片

再，前准直隶总督李鸿章电开："臣民仰望回銮，和议渐有端绪。惟直隶兵燹之馀，民穷财尽，拟请江宁、江苏、江西、浙江、广东、四川、湖北、湖南、山东等省，各筹借银十万两，分四、六、八月三次汇沪转汇来直，以便供支要差。仍自明年起，分十年由直匀还，或即抵扣协饷各款"等因。

当查江宁、江苏两藩司，近年以来供亿浩繁，库储奇绌，实属筹借为难。惟攸关回銮大差，直隶又甫遭兵燹，不能不借资众力。臣与抚臣往返电商，拟由江海关借拨银十万两，分批解交直隶藩司兑收，所借银两即在该关应解北洋经费内扣还。饬据江海关道袁树勋详请奏咨前来。

除咨部查照外，理合会同江苏巡抚臣聂缉椝附片陈明，伏乞圣鉴。谨奏。

上年增募勇丁分别裁改片

再，上年军事起后，徐、淮地方空虚，经臣分饬徐州镇总兵刘青煦添募马步七营，淮扬镇总兵潘万才添募建字二营，以资分布，奏明在案。

嗣因奉调北上之武卫先锋左军及铭字马队等营先后南旋，当饬刘青煦、潘万才将新募各营一律改旗，饷项截至上年十一月初十日止。本年正月间，复饬潘万才将建字二旗悉数裁撤，正饷截至正月底止。现在元字三营调回徐州，兵力已厚，应令刘青煦将裁改之马步七旗，全行裁遣，饷项截至六月底止。又上年江防吃紧，沿江各营酌量添募勇丁，计驻扎江阴之自强军马步炮队十一营，添设员弁勇夫共八百八十四员名。步队营务较繁，营官公费每员加给银三十两。驻扎镇江之新湘五旗增募成营。现值和局渐定，库储奇绌，应将自强军马、步、炮队各营增添之员、弁、勇夫等项一律裁停，仍照原定营制办理。新湘五营仍令改营为旗，饷项一并截至六月底止。以上先后所裁各勇，均饬收缴军械，于正饷外另给恩饷一月，分别派轮及由各该营押送回籍，妥为遣散，俾示体恤。

除咨部查照外，理合附片陈明，伏乞圣鉴。谨奏。

武卫左军回防以前报销折光绪二十七年六月二十二日

奏为武卫先锋左军未经裁改以前，支用各款，造册报销，恭

折仰祈圣鉴事：

窃准总统武卫先锋左军云南提督张春发咨：于光绪二十六年正月初九日奉旨招募壮勇十营，作为武卫先锋左军，并奉大学士荣禄发给武卫中军营制、饷章，饬令招募步队八营两哨、马队两旗。当经照章将月需薪饷、柴价、马干、恤赏、药资、倒马、船价、平时车辆夫马粮干、修理擦抹枪枝物料，总统、分统并随营营务粮饷、军装、官医、军粮，采办转运各局处员书、工匠、勇夫应需薪公、口粮以及开办各项经费，分晰开折，呈经大学士荣禄核定，先由江南提银十万两，作为开办经费，饬令遵办等因。遵即派员先后分赴湖南、皖北等处招募足数，于四月初九日成军，率赴淮安府属清江浦驻扎，查照中军开办成案，酌支经费银两修造营垒、兵房。并因金陵军械所配发军火不敷操演，自行购备应用。

正在加紧训练，于五月二十七日遵旨开拔赴京。当将军粮采办转运各处，照案分设，俾济军需。又因各营额设长夫较少，远道奔走繁苦，查照中军奏调之案，奏准将调拔之步队七营两哨，添设搬运子药夫，仍与添设各处，均截至回防之日裁撤停支。

七月十四日驰抵河西务，探报北仓失守，即就该处掘濠，列阵以待。十五日，洋兵大至，拦头截击，营官阳得胜、哨官陈正发阵亡，其馀弁勇伤亡甚多。是夜收队驻扎马头地方，将载饷车辆屯驻于后，派兵守护。十六日联军环逼，四面抵御，互有伤亡，而道路梗阻，前后不能相顾，以致饷车被截，退守张家湾。十七日悬赏决战，终以新募之众，又系孤军，不能当此大敌。正在极力整顿，嗣奉大学士荣禄檄饬回防，于闰八月初四日回抵清江浦。经臣遵旨派员点验，汰弱留强，奏准并裁步队六营、马队一百五十骑，全军饷项截至七月底止，应点人数截至闰八月底止。挑留之勇自九月初一日起照湘军营制给饷，遣散勇于应领饷项外，另给恩饷两月，饬令回籍归农。裁并以前经手款目，呈经大学士荣禄饬令就近咨由两江奏销。统计武卫先锋左军由苏州藩库、淮扬海道库，领过库合湘平银三十八万五千五百四十七两有奇。开办支过办公、招费、船价，采买帐棚、旗号、军械、器具，修造营房等项经费，共银九万五千五百两有奇。自成军日起至改并止，支过各营旗哨薪饷、马干、柴价、恤赏、药资、遣费、倒马、车船，采买军火物料，更换帐棚各项价值，总统及随营各局处薪公、口食等项银二十四万八千一百八十二两有奇，合以洋兵截阻饷项银二万七千二百两，总共请销湘平银三十七万八百八十二两有奇。查照报销章程，各归各部核销：计应归户部核销银二十二万七千二百七十五两有奇，兵部核销银五万七千七百六十九两有奇，工部核销银八万五千八百三十七两有奇。均系按照武卫中军营制饷章及奉准成案，分别核支，并无浮冒。馀存湘平银一万四千六百六十五两有奇。又本案采买项下扣回一分平馀湘平银六百九十八两有奇，照数解缴等因，造册咨请奏咨前来，臣覆核无异。

除将清册分咨户部、工部查照，并行令该提督将馀存及平馀等项银两解交金陵支应局分别充饷存储外，谨会同江苏巡抚臣聂缉椝恭折具陈，并缮具清单恭呈御览，伏乞皇太后、皇上圣鉴，敕部核销施行。谨奏。

副将阳得胜阵亡请恤片

再，臣准总统武卫先锋左军云南提督张春发咨：管带先锋左军正中营花翎尽先推补副将阳得胜，江西萍乡县人，于同治年间投效老湘军，随同剿匪，转战陕西、甘肃、新疆等省，叠克名城，积功洊保以副将尽先推补，并赏䟛勇巴图鲁名号。光绪二十六年二月委带先锋左军正中营，五月奉调率队北上，七月二十五日在河西务地方与洋兵接仗，奋力抵御，枪穿胸膛，登时殒命，咨请奏恤等因前来。

臣查该故副将阳得胜，临阵捐躯，深堪悯恻。合无仰恳天恩，俯准敕部从优议恤，以慰忠魂。

除将履历清册咨部查核外，理合附片陈请，伏乞圣鉴训示。谨奏。

创办海州云台山树艺公司折光绪二十七年六月二十二日

奏为在籍绅士创办海州云台山树艺公司，以开风气而兴地利，恭折具陈，仰祈圣鉴事：

窃于光绪二十三年间准工部咨：议覆御史华辉奏请讲求种植、水利以开利源一折，奉旨："依议。"钦此。钦遵咨行到臣。当以民间大利，莫过于农功、树艺两端，而种植之利尤丰于种田。是在贤有司各就地方情形多方劝导，因利而利之，开衣食之源，分行各属遵照在案。

兹据在籍绅士、广东候补直隶州知州宋治基等禀称：该绅前于光绪二十四年办理海州、赣榆义赈，二十五年接办春赈，事竣之后，察看地方元气未复，经前任海州直隶州知州刘运吉等商留该绅等创设树艺公司，筹集资本，招募农民开垦海州所属之云台山官荒旷土，讲求种植，隐寓以工代赈之意，地方饥民，借此工作糊口，不致流离失所。两年以来，前山次第垦办，种植茶茗、桐茶、柏油、棓子、杉、樟、橡、榆、松、柏、杂木一千四百馀万株，先后生长出土高至二三尺、七八尺者已有六百馀万株，成效渐著。拟即接办后山，禀请奏咨立案，由官保护。经臣饬据署理海州直隶州知州章邦直查勘明确，绘图贴说禀覆前来。

臣查云台山在海州城北五十里，从前孤峙海中，周围约三百里，康熙十六年收归内地。厥后海水东趋，山遂为岸，险峻崎岖，荒废二百馀年，无人过问。今该绅宋治基等创设树艺公司，开山凿岭，平治道涂，筑室成村，随山栽种，化硗瘠而为沃壤，用意实属可嘉。创始艰难，规模略具，办理尚属妥善。考之欧西各国，莫不以种树为要务，戕伐有禁，官为护持。中国地广人稠，大利未辟，果能渐开风气，俾民间多设公司，筹集股本，按股分利，听民自便，官则任其保护，实力维持，绅则锐意经营，垂诸久远，庶几野无旷土，民歌乐利，特产日丰，税厘亦因之日旺，诚于国计民生两有裨益。

除咨部查照立案外，理合会同漕运总督臣张人骏、江苏巡抚臣聂缉椝，恭折具陈，伏乞皇太后、皇上圣鉴。谨奏。

徐州土捐收数因灾跌减片

再，徐州府属，上年罂粟被灾，收成极歉，捐数大减，业将九月底以前所收土药捐款，照章奏报在案。

兹据办理徐州土药统捐局江宁布政使恩寿、徐州道桂嵩庆详称：上年徐州罂粟收成仅十分之二，各处乡民收土之后即行售卖，存货无多。又值北方告警，兵差络绎，人心惊惶，商贩裹足。且向来徐土运至镇江、上海一带，分投销售，亦以大局未定，销路顿滞，商贩大都携资而返。虽经该司道竭力整顿，认真查缉，收数总难起色，实属时势使然。计自光绪二十六年十月初一日起，至二十七年三月底止，各局共收银一万七百五十一两五钱六分八厘，连同前半年所收银两，自二十六年四月初一日起，连闰至二十七年三月底一年截数之日止，统共收银六万一千六百六两二钱三分四厘。除照案开支各项费用外，所有应解捐项，另行扫数解赴户部兑收清款。至出省加捐一项，本系听商自便，各省捐数均轻，商情锱铢必较，是以报捐寥寥等情，详请具奏前来。臣覆加查核，该司道所详委系实情。

除饬严督各卡员竭力整顿，核实稽征，以保捐务外，理合会同江苏巡抚臣聂缉椝附片陈明，伏乞圣鉴。谨奏。

截留一半饷捐赈恤水灾片

再，本年五月以来，雨水过多，连宵达旦，江宁省城积潦深至数尺，江河并涨，盈岸拍堤。又因湖南、江西等省同时发蛟，水势奔腾而下，江苏号称泽国，地处下游，既系众流所归，又为海潮顶托，江水漫溢，一片汪洋，圩堤多被冲坍，田舍大半淹没，沿江一带灾象已成，小民荡析离居，露宿乏食，深堪悯恻。上游等处既已被灾，米谷顿乏来源，粮价日见翔贵。迭经饬令各该地方官先行散放干粮，并示谕米商不准居奇抬价，一面设局平粜，暂济目前。体察情形，必须豫筹赈抚。惟时苏省供亿繁巨，库储罗掘一空，各省拨补之款又多积欠未解，现因猝遭水患，商货难以流通，关税、厘金亦复骤形短绌，库用军饷等项无款供支。目击时艰，倍增焦灼。而赈抚一事，民命攸关，不得不迅速设筹，以免延误。查上年经臣奏准开办江宁饷捐，一半为本省军需之用，一半存候部拨。开办以后，正值顺、直、秦、晋赈捐派员赴各省劝募，以致宁捐收数寥寥，不敷分拨。值此财源日绌，筹款维艰，再四思维，只合暂挪应急，以广皇仁。据江宁布政使恩寿等禀请具奏前来。合无仰恳天恩，俯念江苏赈抚需款甚急，准将应行解部之一半捐款截留济用，出自逾格恩施。

谨会同江苏抚臣聂缉椝附片陈请，伏乞圣鉴训示。谨奏。

故员蒋国桢遗爱在人邀请附祀片

再，据江苏绅士翰林院庶吉士潘祖同等、安徽绅士翰林院编修曹汝麟等联名禀称："已故二品顶戴浙江尽先题补道蒋国桢，安徽无为州人。咸丰四年，在籍督带乡团，身先士卒，血战解围，攻克宁国府城。七年，随同前大学士曾国藩创议水师，管带师船，攻克雍家镇、裕溪口、西梁山、太平府城。贼踞金陵，提督黄翼升统师攻下关、九洑洲等处，进屯浦口，该故员率领长龙，督阵于枪林弹雨之中，冒矢冲锋，虽身受重伤，犹复奋勇直前，杀贼无算。嗣转运军火至曾国荃大营，几为贼裹，屡濒于危，殚竭心力，幸卒得达。同治元年，李鸿章饬令督带长龙六艘，冒险渡海至吴淞口，委统淮扬陆军，攻克苏州、无锡、太仓、嘉定等城。该故员裹创血战，靡役不从，其功绩有足多者。前兵部尚书彭玉麟及曾国藩均以该故员谋勇兼优，深为器重。嗣随同李鸿章荡平东、西捻匪，积功保至道员，分发浙江补用，历署杭嘉湖道、金衢严道、两署温处道。剿办土匪，调和民教，以及清理词讼，培植文教，凡有益地方之事，均能不辞劳怨，百废俱兴。光绪二十二年七月，因病牵动旧伤，在浙身故，士民闻之有走哭失声者。"该绅等追思功德，感戴难忘，禀请奏恳将该故道蒋国桢附祀金陵及原籍安徽曾国藩专祠，以彰荩绩等情。

臣查该故道蒋国桢，战功卓著，遗爱在民，既据该绅等胪陈事实，合词禀请，合无仰恳天恩，俯准将已故二品顶戴浙江尽先题补道蒋国桢附祀前大学士曾国藩金陵及安徽各专祠，以昭激劝，而顺舆情之处，出自鸿施。

除将事实清册咨送部科查核外，理合会同江苏巡抚臣聂缉槼、安徽巡抚臣王之春附片具陈，伏乞圣鉴训示。谨奏。

续获票会各匪酌保出力人员片 光绪二十七年七月二十二日

再，上年五月以后，警报纷驰，人心惶惧。逆犯康有为阴遣其党来华散放富有、贵为等票，勾结会匪，希图乘机为乱。七月间，安徽大通镇地方突有匪徒起事，当即派兵剿捕，一鼓荡平。业经奏明在案。

维时沿江一带，逆党甚多，到处张贴伪示，煽惑愚民，情形岌岌可危。经湖广督臣张之洞、湖南抚臣俞廉三拿获匪首唐才常等，审出首要各匪姓名、籍贯、住址及伪职名目、伪印字样、刊单，密咨各省通缉。复经臣随时访察，于就获各犯严究匪党，悬立重赏，并许以破格保奖，通饬各地方文武严密查拿去后。

嗣据署金陵营参将陈麟书，派委都司吴大元、张培霖，守备高麟并会同前署上元县知县龙璋，拿获邓宝潮一名，供认为伪副元帅，散放富有票多张，抢劫大通盐厘各局营署军火及钱店不讳。又据调署吴县知县田宝荣拿获张海棠即张茂莛一名，并搜获山檄歌一纸，语多悖逆。讯据供认自开山堂，嗣受康有为总堂伪职，散放富有票不计其数。又据芜湖营游击刘炳庭拿获汪豺有一名，供认系富有票匪，抢劫裕溪营军火。又据铜陵县差弁曾福拿获何少甫一名，供认为富有票匪头目。又据管带武卫前营谭华忠拿获谭本富即董复胜一名，并搜出逆盟一纸，讯据供认先在四川等省散放富有匪票及拐带妇女已成不讳。又据统领武卫楚军提督李定明会同精健营副将徐学仁、差弁王正发、徐世华、王辉卿拿获谈得森即谭子云一名，供认入大金山会并散放富有票不讳。又据前统安字营总兵颜琼林会同上海县知县汪懋琨派弁拿获秦俊杰一名，供认开堂放票，纠人入会。又据颜琼林拿获师中吉一名，供认唐才常邀令入会，受护卫队官伪职，在上海开设栈房为各匪往来聚集之所。又据狼山镇总兵曹德庆派委守备张凤梧、把总王之学，并会同通州直隶州汪树堂拿获孙骡子即孙殿卿一名，供认勾结党羽千馀人，私置军械，谋危地方。又据曹德庆派委都司于国靖、降调游击何复胜、守备喻松筠、千总陈贵忠、把总唐廷瑞、方永年、额外王坤、会同通州直隶州知州汪树堂，督勇格杀熊兰亭、俞老窝子、张保昆、刘红宾四名，拿获张金沅、沈东郎、吴三寿三名，供认积年会匪勾结为患，并夥劫有案。又据署大通营参将张有亮拿获吴汶标一名，供认系富有票内副会长，率党抢劫大通营军装不讳。又据署六安直隶州知州瞿世琬，拿获宋海山一名，并起获票布伪号、手折、洋枪等件，讯据供认开立山堂放票多次。又据署德化县知县沙昌寿拿获张锦标一名，供认散放富有票，抢劫大通盐局。又据江胜前营管带陈煦亮派委都司陈普恩、外委萧复春等拿获罗金魁一名，并搜出票板、伪印，讯据供认为伪督办散票二万馀张。以上各该犯，乘大局危急之时，结党散票，谋为不轨，实属甘心从逆，罪不容诛，业经臣先后批饬正法，以昭炯戒。所有出力各员，或购线踊缉，或率勇往捕，均能拿获首要，消患未萌，不无微劳足录。合无仰恳天恩，俯准择尤保奖，俾资鼓励。

至逆犯徐春山谋运炸药入江，经督带新胜营徐宝山派委干弁设法诱获，讯明惩办，前已附片奏明。该员弁铲除巨憝，厥功尤伟，拟请一并酌保，出自鸿施。

谨附片具陈，伏乞圣鉴训示。谨奏。

派员恭迎圣驾折光绪二十七年八月二十日

奏为派委大员恭迎圣驾，仰祈圣鉴事：

窃臣等恭阅电钞："奉上谕：'改于八月二十四日恭奉慈舆启跸回京，所迟不过月馀，一切较为妥慎。着即遵照办理。'"等因，钦此。逖听纶音，同深钦忭。

伏惟皇太后、皇上銮舆西幸已历年馀，宵旰忧劳，无时不以宗社为念。兹值款议大定，启跸回京，仰慰列圣之灵，俯遂兆民之望，而又躬行节俭，母子一心，准放勋粝食之经，迈神禹卑宫之德，轸念物力，特沛恩施，此尤天下臣民所当观感兴起、黜华崇实以底于富强者也。臣等忝领疆圻，受恩至渥，尤宜趋赴行在，扈跸入都。惟是职守攸关，分驻江宁、苏州两处，责任重要，未敢远离。谨派委花翎二品衔江苏即用道李光瑜驰往河南、开封一带跪迎圣驾，稍展悃忱，臣等不胜依恋敬企之至。

理合缮折具陈，伏乞皇太后、皇上圣鉴。谨奏。

江北冬漕改行海运章程折光绪二十七年八月二十六日

奏为光绪二十六年分江北冬漕改行海运，筹议办理章程，恭折驰陈，仰祈圣鉴事：

窃臣于上年十二月初十日，钦奉电旨："江北新漕，着即照议赶办。明年无论河运、海运，及早筹画。"等因，钦此。当将仍办河运，查明起运米数，于本年二月二十一日会折驰奏，一面赶紧筹办。嗣由驿递回原折，奉朱批："江北新漕，经户部奏明改办海运。即着遵照妥筹办理。"钦此。并准部咨："江北河运新漕，改归海运"等因。当经转行遵办在案。

兹据江宁布政使恩寿、江安粮道效曾详称："本届江宁、淮安、扬州、通州等府州属应征熟田漕米暨徐州府属粟米，改办大米，除节省丁耗循案抵充运费外，实该起运交仓米一十二万九千六百二石零，又筹备馀米二千五百九十二石零，应备经耗米一千九百四十四石零，轮船耗米一万三百六十八石零，又备带火车、骡车搬载折耗米二千六百六十九石零，均在江北安徽等处采买，与招商局议定，照案在镇江分局兑交，装袋存栈，候上海派拨轮船赴镇，分批装运开行放洋，运至塘沽上栈，复由栈扛上火车，运至铁路码头，再由火车改用骡车，运至京仓交卸。现经饬催各委员，赶将承购米石，多雇船只，剥运至镇。并饬襄办委员候补直隶州知州恩芳前赴镇江，于六月二十一日开局，将收米各事，认真斛收，趱办装袋，储栈候运，俟招商局派轮来镇，即行起运，放洋北上"等情，详请具奏前来。

臣查本届漕粮，先经饬办河运，嗣又改办海运，深费周折，且事同创始，用款不无稍多。轮运至塘沽后改用火车，再改骡车运至京仓，所用脚价，悉照苏属改定新章办理，俾归一律。惟海运任重事繁，关系重大，应派该粮道效曾，酌带委员，先期驰赴津、京等处，妥速经理，以昭慎重。所有酌拟章程，均系因时制宜，谨缮具清单恭呈御览。此外如有未尽事宜及尚须变通之处，随时由该粮道酌量禀请奏明办理。

所有酌拟改行海运章程缘由，谨会同漕运总督臣张人骏、江苏巡抚臣聂缉槼，恭折由驿驰陈，伏乞皇太后、皇上圣鉴训示。谨奏。

谨将江宁、淮安、扬州、徐州、通州五府州属光绪二十六年分漕粮改行海运酌拟章程十二条，缮具清单，恭呈御览。

计开：

一，米色挑选干洁也。查江、安各属多产籼米，光绪三年改办海运及历届河运均系红白兼收，此次自应照办。所有本届江宁、淮安、扬州、徐州、通州五府州属应运米石，经前署粮道松麟遴派委员，分赴上、下江产米处所，如数采买。兹经该道效曾饬委监兑委员认真验收，总以干洁为主，不得稍有潮杂，以重仓储。

一，漕米分数交仓也。查江宁、淮安、扬州、通州四府州属光绪二十六年分漕粮，应征熟田米一十万七千三百四十二石七斗八升八合七勺，内除节省给丁耗米六千二百五十二石二升五合四勺循案抵充运费外，实该起运正耗米一十万一千九十石七斗六升三合三勺：内正兑正米五万五千三百三十石五斗八升四合六勺，加二五耗米一万三千八百三十二石六斗四升六合，改兑正米二万七千二百八十八石四斗八升九合六勺，加一七耗米四千六百三十九石四升三合一勺。又徐州府属应征熟田粟米二万八千九百九十三石五斗七合四勺，内除节省给丁耗米四百八十一石九斗五合七勺，亦请循案抵充运费外，实该起运正耗米二万八千五百一十一石六斗一合七勺：内正兑正米一万四千八百九十九石九斗七升四合三勺，加二五耗米三千七百二十四石九斗九升三合五勺，改兑正米八千四百五十石一斗一升四合五勺，加一七耗米一千四百三十六石五斗一升九合四勺。业经奏明将徐属粟米按数改办大米起运，以期迅速。以上共该起运米一十二万九千六百二石三斗六升五合。查照旧章，按漕斛采买，亦按漕斛交仓。现将部颁道库小口铁斛制造木斛，由粮道较准发交应用，仍饬各备样米，俟兑交轮船时呈验，加贴印花，连较准之漕斛，一并带至京仓比对，以归画一。

一，海运事繁分别筹办也。查苏属历届海运，先在苏州设立省局，由司道督办，并派苏州府知府总司其事，遴委各员随同襄理。又在上海设立沪局，委办雇船验兑各事宜。此次江北改办海运，悉由上海派拨轮船至镇江装运赴津，任重事繁，自应专设镇局，省城毋庸设局，以节糜费。其镇江验装催兑放洋各事务，业经札委襄办委员候补直隶州知州恩芳前往设局，妥速办理。至塘沽查验过车径运京仓各事宜，自应随时体察情形，仿照苏、浙章程办理，由粮道酌带委员，先期前赴津、京等处分设各局，督同妥为筹办，以专责成而昭慎重。

一，轮船装运由镇江交兑放洋也。查上海招商局轮船，历年承运苏、浙等省漕粮，极为迅利，久著成效。此次江北改办海运，悉由轮船装运。所有各委员承办漕米，均在江北安徽等处购买，当与招商局议定，先期多派监兑委员，分赴上、下江采办。各水次将购存米石认真验收，按石斛准装袋捆扎完固，多雇民船，自行剥运镇江商局码头，会同商局司事，剔除破袋，验明磅准，接收上栈。一俟苏、浙新旧各漕运有成数，由沪派拨轮船赴镇，接续装运，即由镇江开行放洋，较为捷便。至轮船由沪至镇应需候兑一切费用，拟照光绪三年江北海运成案办理，较之运沪交兑所需剥船水脚减省实多。惟镇江商局栈房存米至多不过二三万石之谱，此外须由江北自行租栈，自认栈费。至于镇江上栈以及装轮至大沽过剥运至塘沽上栈，所需剥费、上下扛力等项，均归招商局承认，以示限制。

一，轮船水脚照章核给也。查光绪三年，江北海运漕粮由轮船装运，系照沙宁船章程，每石给水脚漕平银五钱五分，又神福、犒赏等款均系按米支给。此次江北海运应否照章核给，随时参酌苏、浙章程，撙节办理。至轮船停泊码头及入大沽口领港等费，或遇搁浅起剥等事，均由招商局自行料理。

一，经纪等项耗米分别交仓支给也。查海运章程，通仓经纪耗米每石给米一升五合，应按洪斛核计。又轮船耗米，照沙宁船章程，每石给米八升，又筹备馀米二升。前因苏属改由南省径运赴通，经纪已无承起承运之责，曾经奏明漕粮经耗每石一升五合，以一升交仓，以五合留作南省运通折耗。此次江北海运自应循照办理。核计江宁、淮安、扬州、徐州、通州各属起运交仓漕粮，正耗米一十二万九千六百二石有奇，又应备经耗米一千九百四十四石有奇。轮船耗米一万三百六十八石有奇，筹备交仓二升馀米二千五百九十二石有奇。又备带火车、骡车搬载折耗每石酌带二升米二千六百六十九石有奇，均应按数购买，照章分别交仓支给，以免缺乏。缘漕粮由镇装轮运至塘沽储栈，复由栈扛上火车运至铁路码头，再由火车改用骡车运至京仓，层层起卸，诚恐袋破抛洒，致有亏短折耗之虞。倘无折耗，自应将备带二升耗米随时变价归款，以清款目而免临时补购为难。

一，装运轮船照章办理也。查给商轮船耗米每石八升，原备到津折耗弥补之用，应照案于是项耗米内提出三成，给价收买，以补亏耗。近年商局承运江、浙漕粮，轮船抵埠，展转剥运，亏耗甚巨，竟至无馀，或所馀无几。是以近年江、浙或不收买，或收买不足三成。今江北收买馀米，亦照江苏办理。至正米或有亏短，应由商局照数赔补。其运米在途设有松舱不测等事，悉照沙宁船章程办理。如果承运无误，事竣后由招商局核明急公承运各商，援案请奖，以昭激劝。

一，由塘沽改用火车运京应需用费遽难悬揣也。查本届江北海运漕粮，由塘沽起卸上栈，改用火车、骡车转运京仓，沿途节节装卸，以及派员过磅、护送弹压等事，所需用费，此时尚难预定，惟有届时仿照苏、浙章程酌核办理。

一，解款循案办理也。查粮道衙门应解轻赍席木银两，经仓场总督饬催该道赶紧设法汇解。该道深知时事艰难，修补仓廒待款甚殷，业经饬委交号商汇解，以济要需。所有应解厅仓茶果等项，应仍照章批解。至漕粮经纪饭米折色及一半津贴两项，原为经纪赴津起米承运至通而设，既改径运京仓，经纪已无承起承运之责，自应全行免解，留作南省办运经费。嗣经仓场总督以此项米折津贴为通坝外起里运之资，未便全行免解，奏准以一半留南办运，一半解北济公等因，光绪三年江北海运遵照酌半解交在案，此次自应循照办理。

一，海运漕粮应用口袋装盛也。查河运向系散舱，酌买麻袋以备沿途起剥拖坝之用。今改海运，本届江北起运正耗米共十四万有奇，米数较多，况自镇江轮运至大沽、塘沽，由塘沽又陆运至津、京，上下起卸，周折太多，若不概用麻袋盛装，难免抛洒折耗。且据招商局文称，须预为购定，以免临时周章，虽需款不无稍巨，亦不得不设法购办，以重正供。详经批准赶紧照数购齐，核实另款开支。业经该粮运派员连同扎线捆绳如数购齐，饬令监兑委员带往上、下江采办各水次，认真验收，按石装盛运镇，责成襄办查验米色干洁，并饬将扎口麻绳捆成井字形，以防松漏破损。袋面棕印“江北漕米”字样，并逐袋注明监兑委员姓字，以资考核而杜弊端。

一，漕米随到随验也。查轮船装运既经远涉重洋，及抵塘沽又须起栈，复由栈扛上火车运至铁路码头，再由火车或骡车接运京仓，诸多转折，倘不即为验收，诚恐车夫舞弊偷漏，一经雨露浸湿，霉变堪虞。臣等已咨明仓场总督，督同坐粮厅监兑人员，于漕米抵仓，随到随验，米色干洁，务请随验随收，倘有需索留难情事，许即从严禀办。至河运历届存仓馀米共一十五万五千六百五十四石零，原备抵补正供。此次江北漕粮由海运京，如有折耗短缺，请将本届随交馀米另档存记，仿照江苏办法，先以馀米作抵正供，具报交仓全完，而示体恤。

一，河运开办已久，所用经费应请专案开报也。查前署粮道松麟，自上年开办河运，照章发给委员薪水及局用杂支各款。迨该道效曾于本年二月十二日抵任后，正在筹办间，接准部咨改办海运。是河运开办在先，海运改办在后，各委员供差多日，已领薪水各款无从追缴，应请专款核实开报，详经批准在案。上年米价昂贵，经前署道松麟多方设法，派员采办，始得集事，均系按照市价支发。其海运水脚及厅仓茶果、个儿等款，并收买馀米一切杂费，需用浩繁，不敷甚巨，惟有督饬委员力求撙节，不准稍有浮冒，俟交米事竣，再行汇核造册请销。如果委员办理无误，准其援案请奖，以示鼓励。

自强军奉调赴东节经布置江防片

再，承准军机大臣字寄：“奉上谕：‘自强军调往山东，交袁世凯酌量分布，督饬训练。’”等因，钦此。

查自强一军，步队八营，每营二百五十人；炮队二营，每营二百人；马队一营，一百四十骑：共十一营，又亲兵一哨，向归江南提督李占椿统领，驻扎江阴。李占椿系实缺大员，有全省营务之责，总统江阴各防军及南北岸各炮台，责任綦重，未便远离。现经臣札委该军步队第八营管带记名总兵张腾蛟为全军统带，仍兼带第八营，并派步队第二营管带记名总兵卢国泰为全军营务处，仍兼带第二营。除将亲兵一哨，仍留备李占椿差遣外，所有马步炮队各营，由张腾蛟等统率，于八月十七、二十等日，先后自江阴开拔，派拨兵轮运至瓜洲口，勇丁登陆步行，军装等件换用民船运至清江浦再行雇备车辆送至山东沂州。所有车船价等项，由各该地方官先行垫发，准其作正开销。一面由臣电咨袁世凯，饬属在沂州预备接运，以利师行。该军到东后应扎何处，由袁世凯酌量办理。

又该军向无长夫，此次奉调赴东，长途搬运需人，准由该统带等酌添短夫，步队每营七十名，炮队每营六十名，马队每营五十名，饷项照章开支。

李占椿统兵有年，威惠兼施，廉明笃实，于所部各营军饷截旷银两，无不据实开报，涓滴归公，一洗军营陋习，操守实为可信。惟查自强军一切薪费，时有增减，核与原定营制间有不符，自以现办之章为准。现经臣饬局发给本年八、九、十三个月饷银五万八千六十三两八钱三分，交张腾蛟携带赴东，并将原领军械等项一并带往，俾免缺乏，经臣分咨袁世凯查照。其短夫一项，本系暂准添募，应以到东之日为止。江南库储奇绌，此项短夫之饷，已苦无可掘罗，如到东后仍须留用，改作长夫，即由袁世凯在东省另行筹给。

至江阴地方，为长江五省第一门户，关系甚重，亟须调勇填扎。前奉电旨，饬调提督张春发一军前往。臣查张春发，湘军宿将，晓畅戎机，第于江阴情形，未能如李占椿之熟悉，且淮、徐一带，近因节省饷需，裁勇稍多，兵力亦觉单薄，自应将张春发一军，仍留清淮为游击策应之师。现经臣檄调南字三旗，前赴江阴，并原有之合字五营、旗，统归李占椿节制调遣，妥为分布，以一事权。又南洋兵轮，前经奏明以李占椿接统，亦饬驻泊江阴依附炮台，相机守御。似此水陆兼筹，于防务较有裨益。

所有自强军遵旨调赴山东及布置江防各缘由，谨附片陈明，伏乞圣鉴。谨奏。

拨济北洋枪子片

再，准直隶督臣李鸿章咨：北洋各军，枪子缺乏，请由南洋借拨大批，以济急需等因。臣查直隶境内，土匪未靖，北洋一时又难自造枪子，南洋存储军火虽已无多，事关大局，不得不勉为协济。当经饬令金陵军械所凑拨哈乞开司枪子五十万颗，老毛瑟枪子五十万颗，发交办理北洋转运局江苏候补道吴学廉查收转解济用。

除咨部外，谨附片陈明，伏乞圣鉴。谨奏。

通属吕四场境荡滩拟集公司开垦片

再，时局艰危，财赋日绌，臣前迭奉谕旨，查垦荒地，即饬藩司随时查访滨江滨海久荒可垦之地。上年查得通州分司所属吕四场，坐落通州境，东北皆海，南临大江，其东南一带，有名东南壅涂、二补、三补及海门厅东小安沙地方各荡滩，共计一千数百顷。吕四本系盐场，盐法旧有放荒蓄草禁民开垦之例，故荒废之荡占及该场全境之半。海门小安沙滩本系苏松、狼山两镇及民间于道光、咸丰年间报买之地，嗣因原报案之户无力缴价筑堤，故亦听其荒废，已阅六七十年。臣思此项荡滩，废弃可惜，若听民间以肥瘠为弃取，则所垦复有几何？而全局通筹，需本甚巨，非得本地公正明白见信于人之绅士为之斟酌办法，集款倡导，则民隐未必尽知，即巨款亦无从筹措。

查有通州在籍翰林院修撰张謇，经前署督臣张之洞奏派经理通海商务，著有成效。臣即商令鸠集公司，酌度情形，筑堤开垦。据张謇周历详查，拟具集股试办垦牧章程，由臣核定。复经臣札饬江宁藩司、两淮运司，委员会同地方、盐务印官，逐细测量，按照供煎额盐草地外，宽留两倍有馀，此外责成公司，陆续开垦，由印委各员绘图贴说，详由藩司、运司核详定案。其海门小安沙，凡属苏松、狼山两镇旧时报买之滩，除前已围筑外，未筑之地，均经饬据呈覆无力，愿听公司筑堤，日后按两镇尚馀缴价银数收地，民间原报而迄未缴价者十四案，历届大丈，催缴罔应，并由印委各员查明，详由藩司注销，归入公司，责成开垦。一俟股分集有成数，即可次第开办，俾荒废之区得以垦熟升科，于国计民生均有裨益。

理合附片陈明，伏乞圣鉴。谨奏。

奏疏卷三十六

遵议本章改题为奏酌中办法折光绪二十七年九月十五日

奏为例应具题各案，遵旨分别删改，谨拟办理情形，开单恭折具陈，仰祈圣鉴事：

窃臣恭阅电钞，光绪二十七年八月十五日，内阁奉上谕：“李鸿章等奏妥筹本章办法一折，据称向例各项本章均由内阁票批进呈，其请补、请署各项本件，必俟进呈出科后，始行遵旨办理。请嗣后凡属缺分题本，改题为奏，以免积压，其馀本章照旧票批进呈等语。内外各衙门一切题本，多属繁复。现在整顿庶政，诸事务去浮文，嗣后除贺本仍照常恭进外，所有缺分题本及向来专系具题之件，均着改题为奏，其馀各项本章，即行一律删除，以归简易。将此通谕知之。”钦此。仰见朝廷实事求是，不尚浮文之至意，下怀钦佩，莫可名言。

伏思上年銮舆幸陕，各项题本，暂缓核办。嗣接行在部咨，议覆湖广督臣张之洞条陈案内，奏准暂行改办，即经臣遵照将缓办题本，先后分别奏咨各在案。其武职疏防限满开参各本件，咨准部覆，奏明缓议，是以停搁未办。现复钦奉谕旨，永远删除，自应一体钦遵。惟查臣衙门每月拜发本章，紧要、寻常，合计总在二三十件，若全行陈奏，固觉琐渎圣聪，一律改咨，亦恐难昭慎重。谨就臣衙门应办各项题本，体察情形，参酌暂改新章，悉心核议，所有本应具奏又复题本之案，拟请毋庸再行具题；其事关紧要者，拟请改为具奏；其头绪繁多、向缮黄册题呈者，拟请改为开单具奏；至寻常循例具题之件，拟请随时咨部核办。题本概行删除，每月摘录简明案由，缮单汇奏一次，庶于简易之中，犹不失敬慎之道。如蒙俞允，所有积存各件，先行核咨，嗣后即永远照此办理。

谨将拟议各项本章分改删改办法，缮具清单，恭呈御览。是否有当，理合恭折具陈，伏乞皇太后、皇上圣鉴，敕部查照立案。谨奏。

绿营将备一律改习枪炮片

再，我朝武科取士，沿用前明旧制，专重弓箭骑射：凡考劾军政，校阅营伍，黜陟将备，均以弓马为重，考拔营弁，甄别随营学习之武进士、武举、世职，亦皆以弓马之优劣，为去取之准绳。下至直省绿营兵丁，莫不责令操习弓箭，定以中靶分数，上以是求，下以是应，势使然也。近年以来，泰西制造枪炮，日精一日，而我犹重视弓箭，习非所用，用非所习，武备安能起色。兹奉谕旨，永远停罢武科，另设武备学堂，专门学习。又准政务处咨，所有旧日兵器籐牌、长矛、土枪等类一概停止，不得搀杂练用，徒耗兵力等因，亦经通饬遵照。自强之道，当不外此。

臣愚以为取士求将，本出一途，取士之法既已改弦更张，求将之方亦宜折衷一是。拟请嗣后绿营实缺候补将弁以及随营学习之武进士、武举、世职等官，无论曾否因伤奏免骑射，一概令其改习枪炮，讲求取准命中，凡遇堂考、军政大阅、考劾将弁各事，即以考验枪炮为准，俾收实效，而储将才。

是否有当，理合附片陈请，伏乞圣鉴训示。谨奏。

裁减护军仍改营为旗片光绪二十七年九月十七日

再，上年夏间，防务吃紧，当将沿江、沿海各防军查照旧章，改旗为营，并饬护军于补足三军外，另添两营，合成五营，以厚兵力。嗣因衡军五营统领王世雄遵旨抽带一营赴陕，遗下衡字四营，改为护军副四营，经臣派委参将徐万福分统，仍归福山镇总兵杨金龙总统各在案。目下江防稍松，库款奇绌，自应分别酌量裁汰，以节饷需。兹将护军正副九营，除中营为该总统坐营毋庸裁减外，其馀八营汰弱留强，裁去两哨，改营为旗。所裁各勇正饷，截至九月十二日止，另给恩饷一月。又驻扎吴淞之盛字五营，驻扎江阴之合字五营，各该中营均系六哨，内抽拨一哨前来江宁防护各局饷械。现饬将各该中营准留四哨，合之调省一哨，共符一营五哨之数，为各该统领坐营，其馀一哨即行裁去，其前后左右四营，一律改营为旗，裁去两哨。所裁各勇正饷，截至八月底止，另给恩饷一月。以上裁改各营，均饬收缴军械，派轮运送回籍，妥为遣散归农。

除咨部查照外，理合附片陈明，伏乞圣鉴。谨奏。

饷捐虚衔请展办一年片光绪二十七年十月初五日

再，钦奉懿旨："捐纳实官，本一时权宜之政。近来流弊滋多，仕途冗杂，着即永远停止。其虚衔封典、翎枝、贡监及现行常例准捐各项，着该部核议奏明办理。”等因，钦此。嗣准户部咨，议奏现行常例酌拟准捐各条专归部库收捐，其衔封贡监，按照五成实银上兑，翎枝按照赈捐章程上兑，不准减折各等因，当经分行遵照在案。

兹据办理江宁筹饷劝捐总局司道详称：“江宁筹饷劝输先后奏准一半充饷，一半济赈。现在实官既奉停止，其衔封等项，按照原请开办一年，限期亦满，本应一并停止。惟本省借垫饷需甚多，且各属水灾亦重，待赈孔殷，冬令需款尤急，值此库款匮乏之际，深苦接济无资。所有准捐衔封贡监翎枝等项，并赈捐准收各条，拟请接续展办一年。虽收捐无多，似于饷需灾赈等款，稍资裨补”等情，详请具奏前来。

臣查江苏费绌用宏，各库异常艰窘，奉拨京饷洋款甚巨，实属难以支持。自盐货厘金抵还洋债以后，指拨各省协补款项欠解累累，任催罔应，苏省独为其难，库储如洗。每值水旱灾歉，防务加严，一切要需无可挹注。该司道所详各节，委系实在情形。明知实官停止，虚衔等捐不易集成巨款，然舍此更无可设筹。惟有仰恳天恩，俯准将此项虚衔等捐，展办一年，以资接济，出自鸿慈。

除咨部查照外，理合会同江苏巡抚臣聂缉槼附片陈请，伏乞圣鉴训示。谨奏。

两淮盐斤加价片

再，两淮盐斤加价，臣前电奏拟加每斤三文，经部议令仍加四文，当即分别咨行在案。嗣以各省摊派赔款，虽有多寡，其为难情形相同。拟将现加之四文，以二文归产盐之省，二文归销盐省分，各省不再另行加价，庶盐务不致败坏。倘有于四文外另加，则现加之四文全归淮用。电准部覆，所陈洵属持平，仍令和衷商办。并准湖广督臣张之洞电，谓鄂加四文，外间尚无议论，似可先行试办，如有窒碍再行斟酌。湖南现亦奏加四文。是淮盐行销于鄂、湘者，每斤骤加八文，合之旧案加价，每斤共加至十四文之多，未免太重。价重私充，淮销立滞，厘课短收，反于原有之正项有碍，不得不量予变通，以资补救。现已电饬湖南、湖北督销局，淮盐之行销鄂、湘者，每斤减去二文，止加二文，稍纾商困。其馀西、皖等省，仍遵部议，统加四文，各半分解。

理合附陈，伏乞圣鉴，敕部查照。谨奏。

请将图书集成颁发各省片

再，前由总理衙门奏办石印图书集成一百部，于光绪二十年间工竣后，当将该书局报效之黄绫本一部进呈御览，另提十部咨送总理衙门，馀书存储沪栈。仅据四川、安徽、陕西、贵州、福建、广东、新疆等省，各备价银购领一部，直隶省购领二部，臣衙门购取二部，出使日本大臣那桐提取一部，系朝廷赠送日本国礼物，此外他省，迭次咨电催询，均以无力购办，迄未领取。现在存储尚多，沪地低洼，既虑潮损，且岁耗栈租、保险、看守等费银四五千两，自成书迄今，总计所耗租费等项，业已三万馀金。此后各省分筹赔款，更属力难购办。此书若任其长存沪栈，则耗费更无底止。因思现值各省广设学堂，凡关政治诸书，均宜详备。可否仰恳天恩，赏给每省一二部，并由外务酌提若干部解京，备发各衙门，俾资观览，既可节费，并得嘉惠士林，诚为一举两得。伏候圣裁。

谨附片陈请，伏乞圣鉴训示。谨奏。

赏加太子太保衔谢恩折光绪二十七年十一月初六日

奏为恭谢天恩，仰祈圣鉴事：

窃臣恭阅电钞，光绪二十七年十月二十八日奉上谕："朕钦奉慈禧端佑康颐昭豫庄诚寿恭钦献崇熙皇太后懿旨，现在大局渐定，回京有期，刘坤一、张之洞、袁世凯共保东南疆土，尽心筹画，均属卓著勋劳，自应同膺懋赏。两江总督刘坤一着赏加太子太保衔。"等因，钦此。当即恭设香案，望阙叩头谢恩讫。

伏念臣猥以庸材，久膺重寄，时艰莫补，陨越滋虞。上年北方拳匪肇乱，东南亦岌岌可危。钦奉谕旨，饬令相机审势，保守疆土。遵即布置防务，并会商湖广督臣张之洞与各国驻沪总领事，共订保护章程，当将办理情形，随时电奏，羁縻因应，藉免衅端。凡此职分所当为，悉出圣明之指示。海疆吃重，既未能入卫京畿；警报频闻，复未能亲随辇毂。我皇太后、皇上銮舆西幸，千里蒙尘，麦饭豆羹，备尝艰险，读诏书而流涕，实夙夜所疚心。而况保守江南，辑和民教，端赖江苏抚臣聂缉槼、安徽抚臣王之春，同心协力，强勉支持，如臣衰庸，无劳足录。乃蒙纶音下逮，懋赏渥膺，拜宠眷于九天，列崇班于三太。在朝廷不遗片善，奖叙从优；而微臣愧无寸功，叨荣滋惧。兹幸款局就绪，法驾还京，多难所以兴邦，殷忧所以启圣，臣惟有勉策驽钝，翊赞鸿谟，居安思危，不忘尝胆卧薪之义，惩前毖后，仰纾宵衣旰食之忧。

所有微臣感激下忱，谨缮折叩谢天恩，伏乞皇太后、皇上圣鉴。谨奏。

宁属丁漕分别征提储备赔款折光绪二十七年十一月初六日

奏为江宁各属丁漕分别征提钱文，以备偿款新政之用，恭折仰祈圣鉴事：

窃准行在户部咨开："护理山东巡抚胡廷干奏，厘定东省地丁，剔除中饱，酌提赢馀，以集巨款，奉旨准行。偿款过巨，各省均应预为筹备，可否按照山东办法，钞奏通行，各就本地情形，妥酌办理"等因。当经札行遵照，体察情形，妥议详办去后。

兹据江宁布政使详称："江宁各属地丁，一律折钱征收，并无银号钱号之别，每两折价系查明各属用款，分别酌定，禁革大户、小户，统归业户自纳，亦无揽收包完名目，与山东情形迥不相同。前于光绪二十二年间，因筹还俄、法、英、德洋款，酌令各属每征地芦等款银一两，提钱一百文，征米一石，提钱二百文。嗣准户部咨，议覆给事中庞鸿书奏浙江等省征收地丁条银折价与市价悬殊，请饬酌减，又奏令各省查照江西减征丁漕钱价，凑还四国洋款，复经该司道详定，将光绪二十二年议提各属丁漕等项盈馀钱文，分别减提，所有各属以钱折收之条银按照该处收价，自光绪二十四年上忙起每两减收钱一百文，漕米收价不减，仍每石提钱二百文，解抵洋款，奏明在案。是丁漕两项，均已提盈馀。江北号称瘠区，本非苏属可比，势难再议提减，致令州县办事竭蹶。惟江苏奉派赔款，为数甚巨，现值议行新政，需款尤殷，又经钦奉谕旨，将漕米项下征收浮费和盘托出，全数归公。各该州县身受国恩，际兹时局，自应急公奉上，勉为其难，于留存办公经费内，每漕米一石再行酌提钱二百文，合前提之数，每石共已提钱四百文，并仿照苏属办法，将宁属地丁前次每两减收之一百文，照旧征收。第各属钱漕早经启征，且本年沿江州县猝遭水灾，民情亦属困苦，碍难开办。拟自光绪二十八年上忙起，各属征收地芦等款条银，每两加收钱一百文，按照熟田征数，并留属径支银两，随同正款，照市易银批解。约计中稔之年，熟田地芦岁征银六十万两左右，可提钱六万串有奇，连同漕费每石提钱二百文，共可得钱十万串之谱，约合库平银七万两，统由司库专款存储，以备赔款、新政要需”等情，详请具奏前来。臣覆核无异。

除咨部查照外，理合会同江苏巡抚臣聂缉槼恭折具陈，伏乞皇太后、皇上圣鉴，敕部查照。谨奏。

恭谢恩赏折 光绪二十七年十一月初六日

奏为叩谢天恩，仰祈圣鉴事：

窃于光绪二十七年十一月初三日，赍贡委员回抵江宁，奉到恩赏“福”、“寿”字各一方，蟒袍一件，臣当即恭设香案，望阙叩头谢恩祗领讫。

伏念臣猥以辁材，忝膺重寄。久持疆索，时深临履之思；遥望觚棱，莫遂就瞻之愿。衰庸滋惧，企念方深，乃蒙宠赉优加，殊恩下逮。自天锡祜，钦瞻羲画之垂型；惟帝与龄，远迈尧文之制字。备彰施于五采，被兹绣裳；绚组织于七襄，荣逾华衮。鸿慈至渥，感悚难名。臣惟有益矢兢怀，勉图微效，布恩膏于四表，同游多福多寿之天；宣德意于三江，共仰垂衣垂裳之治。

所有微臣感激荣幸下忱，理合恭折具陈，叩谢天恩，伏乞皇太后、皇上圣鉴。谨奏。

拿获弥陀教匪分别惩办折光绪二十七年十一月二十八日

奏为拿获弥陀教首要各匪，讯明分别惩办，恭折具陈，仰祈圣鉴事：

窃徐州一带，伏莽未靖，迭经严饬该地方官及驻防勇营认真缉拿，随时严办，以期净绝根株。本年十月间，有匪徒倡立弥陀教，勾结党羽，定期起事，经驻防宿迁营员会同该县拿获要目夏世承等，起出伪印册籍，逆党众多，分布河南等省。据徐州道桂嵩庆、淮扬镇总兵潘万才、统领铭字等营提督陈凤楼先后电禀到臣。当经电饬该文武严行审讯，实力防范，并出示晓谕，解散胁从，一面分咨河南等省一体防缉，业已由电具奏在案。

兹据徐州道桂嵩庆等禀称：十月初七日，宿迁县知县陈守晟至该统领陈凤楼营中面称，据淮右营千总蔡叠山访有匪首夏世承等潜匿宿迁县境，当即派委营官刘学强、程孔武督带马步队伍会同该县陈守晟、团练委员常桂馥及该处汛弁人等前往该匪住所，破扉进内，立将该匪夏世承并赵开业、张根、王振核、陈玉芝共五名拿获，搜出“奉天承运一贯真传”伪印一颗，大小图记四十馀颗，册籍书本票据多件，续获李景灿一名，一并提道审讯。据夏世承供：桃源县人，先入普度教，嗣至河南上蔡县，在逸匪张妙松即张步松家教读，与张妙松谈道投机，并知张妙松系认从前犯案教匪王觉一徒弟昔存今故之陈学馀为师，新改倡弥陀教，既学扶乩，又有无生老母附体传道，兼有腾云驾雾法力。伊因张妙松道法高超，亦改从弥陀教。胞弟夏世启亦同入教。上年春间回家，张妙松送给银两，令在家乡招徒，并令派人分赴别省，广传教法。八月间，在宿迁地方与张妙松会晤一次。七月，伊移住宿迁东关，与同教已获之赵开业、在逃之陈永清等讲道。九月初旬张妙松来劝伊设堂念经，只向上边礼拜无生老母，并未供立牌位。即派同教已获之王振核打扫经堂，张根煮饭打杂，并由张妙松带来册籍书记图本多件，令伊执笔掌管图记，代书新入教人册簿给照。九月半后，张妙松向伊等谈及各处水灾，人心不定，又见陈永清带有“奉天承运一贯真传”木印，说是教中遗留之物。张步松复声言，在河南时早与马子如要做大事，并有韩明义、陈玉赍、王沨先等，可约山东八卦、大刀各会相助，现又得此木印，正是天时到，地利合，人手将齐，不可错过。定期十月初七夜起事，举火为号，知照马子如、韩明义等带人接应，内外动手。夏世承、陈永清、赵开业应允。张步松又嘱凡在教中之人，均给“会元龙华弥陀收圆”旗号，并门外画一无极真圈，口对“会元龙华”口号条各一纸，到时各在门首画一大白圈，并做旗子对答口号。商定后，张步松、陈永清各去分投邀人，不期至初七日，即被破获。复讯赵开业，桃源人，张根、王振核均上蔡人，供词亦各相同。陈玉芝，商水人，供认入教收徒，十月初到宿迁，经夏世承留住堂内，查知逆情不敢出声。李景灿，桃源人，供系十月初三日由陈永清劝伊入教，并给“会元龙华”旗号口号条纸，令伊带回，初七夜在门首画一白圈，对答口号，免遭劫数。伊回家后畏惧，转向熟人告知防备，露风破案各等语。诘以：“既图起事，讵有不置军械之理?”夏世承供：“当时亦虑及此，因张妙松称有法术，能抢营内军火来用，所以相信”等情，禀请核办前来。

臣查该匪夏世承与逸匪张妙松，倡立弥陀邪教，传徒结党，谋为不轨，复起意勾结东省八卦、大刀各会匪，约期起事，若非立时破获，北方拳匪之祸难保不复见于今日，实属罪大恶极，罪不容诛。该匪赵开业、张根、王振核，同恶相济，厥罪维均，已批饬一并正法，传首犯事地方，悬竿示众，以昭炯戒。陈玉芝系河南人，现查在逃首要各匪多系豫籍，应暂行牢固监禁备质。李景灿甫经入教，实被愚弄，尚非确知逆情，又漏风破案，似尚可原，拟即永远监禁。现已檄饬该道等并分咨直隶、河南、山东、安徽等省，严缉首逆张步松等，一体查拿，务获究办，以免漏网。至出力各员弁拿获此等要匪多名，得以消患未萌，实属异常出力，不无微劳足录，合无仰恳天恩，俯准择尤保奖，以示鼓励，出自鸿施。

除分咨吏、兵二部查照外，所有拿获弥陀教首要各匪讯明惩办缘由，理合会同江苏抚臣恩寿恭折具陈，伏乞皇太后、皇上圣鉴训示。谨奏。

请给倭员宝星折光绪二十七年十一月二十八日

奏为吁恳天恩，赏给日本各员宝星，恭折仰祈圣鉴事：

窃本年秋间，日本举行大操，臣等先后接准彼国少将福岛安正及驻华领事官等来函，请遴派文武前往参观。臣等伏查光绪二十四年间，曾经派员前往东瀛阅操有案。现值变法自强，戎政尤关紧要。日本简练军实，效法泰西，相距匪遥，又为同文之国，取则较易，有裨戎行。彼国殷殷相邀，具征唇齿辅车之义，当经分派文武大员及翻译学生刻日东渡，电明军机处、外务部查照各在案。

兹据该文武各员次第阅操回华，佥称奉委起程行抵东京后，经日本外务省大臣及参谋总长、陆军大臣、宫内省大臣及式部长派员照料，预备馆舍，接待殷勤，居则朝夕盛筵，出则车马咸备，迎至濑峰地方阅看大操，濒行复分赠宝星、手枪、佩刀等件，禀报前来。

臣等覆查光绪二十四年间，派员赴日本阅操，曾经前直隶督臣裕禄等奏给日本各员宝星。此次江、皖、赣、湘、鄂、川、闽、浙等省所派文武等员，彼国相待极优，分赠宝星、手枪、佩刀等件，情谊肫挚，自应酬答宝星，以昭睦谊。谨缮具衔名清单，恭呈御览。拟恳天恩俯赐照准，即由臣等照式分别制造颁给。

除咨外务部查核外，谨合词恭折具陈，伏乞皇太后、皇上圣鉴训示。谨奏。

请将郭宝昌战绩宣付史馆并建专祠折

光绪二十七年十一月二十九日

奏为已故总兵战功卓著，遗爱在民，胪陈事迹，恳恩宣付史馆立传，并准捐建专祠，恭折仰祈圣鉴事：

窃照上年九月，记名提督安徽寿春镇总兵郭宝昌，因病出缺，经臣会同安徽抚臣王之春奏恳优恤，并遵旨查明该故总兵子嗣具奏，复荷谕旨：“郭宝昌长子江苏候补通判郭占芝，加恩以同知用。”钦此。均经转行钦遵在案。

兹据寿春镇总兵宋朝儒等联名呈称：“已故寿春镇总兵郭宝昌，安徽凤阳县人。咸丰九年投效袁甲三军营，充当哨官，力解凤阳府县城之围。旋经前浙江处州镇总兵陈国瑞委充楚胜军管带，驻扎江苏高邮、宝应界内。适捻酋龚瞎子以万众来犯，该故镇率死士十八人出间道迎击，贼不敢前，复大呼陷阵，杀贼数十人，贼遂大奔，是为立功之始。十一年九月攻克天长，保升尽先守备，并赏换花翎。同治元年正月，捻首任柱、李成率众十馀万犯清江浦，该故镇奉檄往援，先后击败任柱、李成于车桥镇、众兴集，旋乘黑夜以千人伏贼营外，自率亲军逾垒潜入，内外夹击，贼众大溃，乘势袭破贼营二十馀座，擒戮不可胜记。奉旨免升都司，以游击尽先选用，赏给卓勇巴图鲁勇号。三月，捻酋刘天福等复犯清江浦，该故镇率军堵截，一日三战，贼退扎高陵涧之汊河，乘胜追击，会雷雨交作，枪炮不能发，军士裸身酣战，自朝至于日昃，杀千馀人，贼汹惧凫水争窜，淹毙无算。五月，山东棍匪高圭、宋三冈等聚众谋叛，集于邳、宿一带，前漕臣飞饬剿御，该故镇率军进剿，贼首就戮。奉旨免选游击，以参将尽先选用。二年三月，土匪孙化祥勾结任柱、李成叛于中村，该故镇往剿，值任、李来援，连击败之，中村人缚化祥出降，东境费、峄数邑以安。奉旨免补参将，以副将补用。五月，亲王僧格林沁檄调楚胜军赴白莲池助剿，该故镇始至之日，即阵毙贼党刘金春，生擒贼目刘双印，斩杀数千人，夺骡马三百匹。奉旨以总兵交军机处记名简放。八月白莲池平。时苗沛霖叛，攻蒙城颇急，亲王僧格林沁檄陈国瑞与该故镇往援，军次洪城，攻克贼营三座，九月，复攻王家圩破之。移军河北，与苗逆对垒，该故镇乘夜引军凫渡河南，立筑三营，贼见大惊，以全力来攻，坚守不出。会各路援军至，围之数重，苗逆悉率精锐突围而出，战三昼夜。正相持间，亲王僧格林沁由东省驰至，立马视贼营，发开花炮十数，贼骇溃。该故镇会同各军四面兜剿，斩首一万馀级，生擒二千人，夺获贼船数百号，苗逆死乱军中。乘胜分兵四出，迭复板桥集、龙冈、张家湾、双桥集、骆骡铺等二十馀圩，削平苗逆老寨，击散十八冈教匪，军抵下蔡，贼以城降，旋克复颍上、寿州、怀远等城，并大小百馀寨，淮北悉平。奉旨赏加提督衔。三年五月，该故镇遵旨随同帮办军务陈国瑞赴安徽六合交界防堵。其时发逆东窜，方扰麻城，光州、固始吃紧，陈国瑞令该故镇移师往剿，率二千人先行。贼树木为栅，坚不可犯。该故镇深夜拔栅而入，贼惊起格斗，适大队踵至，围攻夹击，杀贼五千，麻城解围。亲王僧格林沁以该故镇才堪济变，令与陈国瑞分营，另立一军，名曰卓胜，至是该故镇独领一军，与楚胜相颉颃矣。八月，伪福王陈得才、伪瑞王蓝长春及伪将马融和等拥众十馀万，阑入英山之东北，该故镇既连败之，最后黑石渡一役，杀贼逾万。马融和方议投诚，疑惧未决，该故镇单骑入其营，呼酒共饮，谕以祸福，反复数千言，夜深解衣与融和同榻，融和大喜，旋陈得才缢死山谷，乃与蓝长春即日率数万众降。十二月，奉旨赏穿黄马褂。十二月，捻逆犯宝丰，势颇张，亲王僧格林沁分军为三翼，以右翼属之。该故镇率右翼全军，从后抄击，转败为胜。四年二月，贼窜确山，僧格林沁亲率大军由中路进，陈国瑞进西路，该故镇进东路。时贼专顾西山口要道，不虞郭军由东猝至，仓卒接仗，我军士勇气百倍，无不以一当十，陈国瑞军由西路逼击，杀贼四千，馀党星散。是为河南两大捷，凡隶军中者，至今犹艳称之。

四月，曹州之变，奉旨革职，发往新疆，旋经前督臣与安徽抚臣乔松年会奏，请免发遣，留营效力。六年正月，乔松年奏调赴陕助剿捻、回各匪。三月抵陕，适老湘军继至，合军进剿，一败捻众于徐家堡，再败回众于石牛山，三月，攻克临平，收复辛店及南渠、上渠等堡。嗣于武功、兴平、三原、富平、惠店等处，接续进战，辄获全胜。捻首张总愚初踞老巢不出，旋悉悍党万馀阵于富平城下。该故镇饬分统宋朝儒、邓正峰等设伏村内，自督亲军与贼鏖战炊时，佯败，望伏兵处疾走，贼尾追之，宋、邓两军待贼过半，突出截杀，该故镇回军痛击，生擒数千，阵毙不可数计，贼众骇散，自是凶焰顿戢。五月，奉旨着免发遣，留营剿贼。六月，贼入蒲城，扰大荔。该故镇虑贼趋韩城、郃阳以窥晋，会合老湘军由北山兼程而进，疾抵永丰镇击却之。该故镇自入陕后，无日不战，每战必捷。九月奉旨开复原官，并赏还勇号。

时左宗棠奉命督师，檄该故镇会老湘军筑长墙于富平，十月，攻克绥德州、吉州等城。贼继窜郃阳、绛州、高平、武陟，复回窜怀庆、彰德，该故镇随贼所向，星夜追击，贼不敢逞。十二月，奉旨补授安徽寿春镇总兵员缺。七年正月，贼由彰德入磁州，扰及邯郸、赵州，该故镇自率轻骑尾追，至滹沱河，贼军河北，我军河南，该故镇雪夜凫渡突入贼营，麾众奋击。贼败走，复破深州，围保定，畿辅戒严，有旨：传谕郭宝昌、刘松山速顾西陵，郭宝昌着先行交部从优议叙。该故镇闻警，由东道倍驰，一日夜行百八十里，抄出贼前，达保定城西，严阵以待，贼乃引去。左宗棠、官文会保，得旨赏换法福凌阿巴图鲁勇号。时淮皖各军会合直境，贼复由直入豫，该故镇跟踪追剿，至曹邱之黄河套，该故镇约同诸军乘夜劫贼营，乃自率马队一起、步队一营先行。是夜昏不辨路，贼闻人马声，纠众围攻，该故镇单骑遇贼受伤落马，宋朝儒等踵至，奋力冲入死斗，贼始夺路而去。时该故镇已晕绝墙隅，头顶、左耳、左手、左胯受刀矛枪子伤十三处。经前安徽抚臣英翰将血迹风帽，恭送交军机处呈验，奉旨赏假两月，安心调理，并蒙颁赏荷包、翎管、搬指、刀镰等件。直东肃清，奉旨赏还黄马褂，交军机处记名，遇有提督缺出请旨简放，并赏给骑都尉世职。

同治十一年到寿春镇本任，兵燹以后，民气凋残，伏莽未靖，数月之内，先后拿获巨匪数十人，悉置之法，民赖以安。十二年六月，霍邱土匪李六攻破附近村庄数处，有贼众数千人，该故镇督军往剿，一鼓平之。奉旨赏给头品顶戴。光绪二年春，教匪倡为翦辫之说，摇惑愚民，所在震惊。该故镇出示晓谕，密访获斩奸人数名，民心乃定。六月，宿、怀、凤漏网积匪，谋为不轨，匪首匡同纠约胡志端、赵爽、陈骆驼、刘添凤、刘四巴、朱秀、李凉等，拟各于宿州、怀远、凤台三处同时起事。该故镇闻报，飞移徐州、归德两镇会师往剿，即时擒获匡同等数人，讯明正法，复派部将郭占元、李文奎等将胡志端拘获。奉旨交部从优议叙。十年，奉旨以二千人驻扎梁山。该故镇到防后，请建炮台，设电线，经营缔造，历十馀年，诸防军咸取则焉。

后以母老陈请终养。二十年，中东事起，奉旨饬令北上，二十一年春到京，奉旨补授广东南韶连镇总兵，旋调补寿春镇总兵，是年丁母忧，奉旨改为署理。二十四年，皖北大饥，涡阳匪徒乘机起事。该故镇调集兵勇，会合邻省援师，相机进剿，一面出示解散，先后擒获匪首刘疙瘩、邵大发等数人，馀众解散，不逾月而事平。

该故镇在任前后二十馀年，如捐修寿州城垣、凤阳公署，创建临淮学宫，捐送凤阳八属士子卷资，及光绪年间，皖、秦、晋、豫、直各省先后告灾，该故镇迭次捐助银米，数逾巨万，其见义勇为，如出天性。论战功固宣力有年，勤劳懋著；论政迹亦功德在民，舆情爱戴。查中兴名将，如程学启、张树珊、周盛波、周盛传均蒙恩准建祠予谥，宣付史馆立传。该故镇战迹相等，资望较深”，援案禀请具奏前来。

臣伏查该故总兵郭宝昌，弱冠从军，转战八省，忠勤奋勇，所向克捷，身受重伤，不下数十处，行军纪律，最为严明。在任之日，威惠兼施，军民感畏，几于万口交颂，妇孺皆知。综核生平，无愧名将。合无仰恳天恩，俯准将已故记名提督安徽寿春镇总兵郭宝昌战功政迹宣付史馆立传，并准在原籍及立功省分，自行捐建专祠，以彰忠荩而顺舆情。至应否加恩予谥之处，非臣下所敢擅请，出自逾格鸿慈。

除将该故镇事实清册分咨查核外，理合会同安徽抚臣王之春恭折具陈，伏乞皇太后、皇上圣鉴训示。谨奏。

密保将才片 光绪二十七年十二月初六日

再，狼山镇总兵一缺，兼辖陆路、水师，地处下游，为江北第一门户，汛地辽阔，兵力较单。现在奉旨裁并绿营，尤赖认真筹画，必得威望素著、谋略兼优之员，方足以资坐镇。朝廷知人善任，自有权衡。而就微臣所知，如江西南赣镇总兵何明亮，晓畅戎机，朴诚稳练，任事勇往，不避艰危，在营在任垂四十年，纪律严明，操守廉洁，士卒乐为之用，实为各镇中出色之员。前因江西教案，奉旨撤任，良由地方文员保护不力，该总兵因公受过，其情不无可原，若令得力将才，久置闲散，殊为可惜。又记名提督江宁城守协副将蒋良眷，忠勇性成，韬钤夙裕，治军最久，声绩卓然。驭下严而有恩，如家人父子之谊，所部奉令惟谨，营规极为整齐。其于江南情形甚为熟习，迭经臣奏保有案。

以上二员均堪胜任，臣既知之有素，不敢壅于上闻。目下宿将凋零，时艰孔亟，倘蒙天恩简擢，该员等必能殚竭心力，仰酬知遇之隆，微臣亦借获指臂之助，出自逾格恩施。

是否有当，谨附片密陈，伏乞圣鉴。谨奏。

据情恳请建立故相专祠折光绪二十七年十二月十六日

奏为已故大学士政绩卓著，遗爱在民，吁恳天恩，俯准捐建专祠，列入祀典，以彰荩绩，恭折仰祈圣鉴事：

窃据江宁绅士三品衔补用道前河南南阳府知府濮文暹等五十三员名禀称："已故大学士一等侯前署两江督臣李鸿章于本年九月卒于京师，朝廷饰终之典，至优且渥，并准立功省分各建专祠。江宁既系立功省分，而食福者非一事，被泽者非一时，有不能已于言者。江宁自咸丰癸丑失守，沦为贼窟穴者十有二年。迨前督臣曾国荃率湘军再壁城下，铲平贼垒以百数，长围已合，而地道无成。贼恃有江、浙援应，负嵎固守，赖故大学士李鸿章率孤军由上海转战而前，克复江、浙各属，连复苏州省城，贼援始绝。嗣攻克常州，进扼句容、溧水、东坝等处，贼之由陆运者升斗皆不能入城，更无固志。其时朝廷屡促会师，李鸿章意在让美，以湖州未克，炮船须练，故缓其期。曾国荃益激励将士，于龙膊子山阴重挖地道，誓死灭贼，遂能扫穴擒渠，肤功克奏。伏读谕旨：'李鸿章统领各军，连克苏、常，现复扼扎高、溧一带，使江宁逆匪进无援兵，退无窜路，实属谋勇兼优'等因。故大学士曾国藩奏疏，亦称李鸿章'有让功之心，而不欲居其名'，是其有功不居，天下实共鉴之。

同治六年七八月间，东捻纵横于徐、海之交，江北烽火相望，警报络绎，江宁讹言四起，势甚岌岌。李鸿章亲驻济宁，严檄所部昼夜追贼，屡获奇捷，全股荡平，江宁自此得休养生息，迄今三十馀年。此功在平捻，而江宁阴食其福者也。

上年拳匪之变，京师不守，李鸿章奉命议和，力疾北行，无一卒一兵之卫，独恃一片血诚，冒险深入虎狼不测之区，忍辱负重，委曲求全，卒使钟簴不惊，河山如故，而沿江、沿海亦得商贾流通，不遭兵革。此功在议和，而江宁阴食其福者也。

以上三事，皆关系天下治乱安危之故，其功不专在江宁，而江宁实受其赐。

至在江宁之惠政，如该故大学士署任两江与曾国藩会奏，以江宁被害最烈且久，请豁免漕粮三年，得旨俞允，遗黎始有生意。又以省城善后诸政，粗有规模，条目尚未毕举，于是申占屋之禁以清讼源，设劝农之局以贷牛种，造救生红船以拯溺，复清节、普育、崇善诸堂以恤无告。而尤以振兴学校、培植人才为己任，患省试之向隅，则增贡院号舍；虑多士之荒经，则复惜阴书院；恐省垣科目之不竞，则改建江宁府学。复以江宁计偕之车，往往艰于资斧，爰创立公车费，慨捐巨款生息，源源输贯，利赖至今。其生平爱士，出于天性，讲院课卷，手自校阅，优加奖励，所识拔者，一见即终身不忘。凡此皆江宁之人士亲被其泽者也。

今者和议甫成，大星遽陨，江宁之民，奔走相告，倾觞望祭，故老有泣下者。揆之古人，以死勤事，以劳定国，与有功德于民之义，实为当之无愧。”该绅士等公同集议，拟卜地捐建专祠，禀恳奏请列入祀典等情前来。

臣查故大学士李鸿章，经猷远大，忠爱性成。以翰林起家，受四朝之知遇，出秉节钺，入赞纶扉，文学武功，外交内治，决大疑，定大计，苦心经画，必出万全，艰巨独膺，数十年如一日，忠诚笃棐，实为国家柱石之臣。昔朱熹谓李纲之为人：“知有君父而不知有身，知天下之有安危而不知其身之有祸难。”以古方今，讵容多让？时艰孔亟，良相云徂，缅想老成，不能不为朝廷惜而兼为海内痛也。江宁为该故大学士立功之地，既据绅士禀请捐建专祠，尤见德泽入人之深。合无仰恳天恩，俯准敕部列入祀典，由地方官春秋致祭，以彰忠荩而顺舆情。

理合恭折具陈，伏乞皇太后、皇上圣鉴训示。谨奏。

遵谕裁汰书吏片

再，钦奉上谕，饬令裁汰书吏，当经通行遵照在案。

伏查臣衙门统辖三省，兼管盐政及南洋通商事宜，政务殷繁，数倍他省，缮办文牍，需人较多，一切稿件，皆由臣亲自核办，书吏仅供誊写，从不假以事权，平日严密关防，尚无把持积压等弊。既奉谕旨饬裁，自应钦遵办理。现就臣署额设书吏严加厘剔，择其趋公勤慎、字画端楷者，分别酌留，改为写生，专供钞胥之役，其馀概行遣散，计裁书吏一百二十三名。仍严催各属迅速遵办，毋得因循徇庇，自干咎戾。

除咨明政务处查照外，所有臣衙门遵旨裁汰书吏缘由，理合附片覆陈，伏乞圣鉴。谨奏。

叠获票会积匪出力各员邀请奖叙折

光绪二十七年十二月十六日

奏为叠获票会各匪，在事出力文武各员弁，遵旨择尤保奖，恭折仰祈圣鉴事：

窃照上年安徽大通地方，匪徒滋事，当经派兵剿灭，奏明在案。维时沿江所属枭、会各匪，常类甚多，广通声气，仍思勾结谋乱，情形岌岌可危，叠经臣通饬严密查拿，许以破格保奖。嗣据各属先后禀报，拿获首要多名，讯明惩办，业经附片具奏声请将在事出力员弁择尤保奖，钦奉朱批："准其择尤酌保，毋许冒滥。"钦此。仰见朝廷微劳必录，慎重名器之至意，下怀钦佩，莫可名言。

伏查沿江一带，上至汉口、九江，下至镇江、上海，轮舶通行，往来甚便，匪踪飘忽，出没靡常。自大通匪平之后，旋有自立会匪魁萧子云之党羽伪副元帅邓宝潮逃匿江宁下关地方，散票多张，立即拿获正法，匪徒稍知敛迹。湖北自逆犯唐才常等相继伏诛，馀党窜匿上海租界，纠集会匪、盐枭，至三四千人之多，意图焚劫洋行，乘机作乱，为唐才常等报复，以彭桂生即彭松堂为大头目。经派出员弁，购线设计，阴令其党自相残杀，将彭桂生即彭松堂勒毙，并诱获会中伪总统师中吉及伪总堂秦俊杰，先后就戮，人心始定，租界甫安。沿江及腹地各属匪势蠢动，亦经各该文武员弁严行查缉，有犯必获，地方得以安堵。本年三月复有回天票匪徐春山受匪首王哈生之托，允为康有为私运炸药入江，定期五月间起事，幸先时访闻，设法诱获，解宁惩办，消弭巨患。综计自上年七月以后，先后拿获票会各匪及拒捕格毙共计二十馀名，多系积年开堂聚众散票著名要犯。各该员弁奋勉从事，不避艰险，洵属著有微劳。谨缮具清单，恭呈御览。均系最为出力，并无冒滥。合无仰恳天恩，俯准照拟给奖，以示鼓励。

除千总以下各弁照案咨部给奖，并饬取各该员弁履历另行咨部查核外，所有迭获票会各匪出力文武员弁遵旨择尤保奖缘由，谨会同江苏巡抚臣恩寿、安徽巡抚臣聂缉椝恭折具陈，伏乞皇太后、皇上圣鉴训示。谨奏。

漕粮改办海运一切用费片光绪二十七年十二月十八日

再，光绪二十六年分江北漕粮，前奉电旨，无论河运、海运及早筹画等因，钦此。当即饬令前署江安粮道松麟仍办河运，分派委员前赴上、下江产米之区，分投购买，遴派襄办及押运随漕各员，饬赴氾水等处设局，将兑米雇船一切事宜次第开办。嗣于二十七年二月二十一日查明起运米数，奏奉朱批改办海运，并准户部咨行到臣。维时河运开办已久，委员薪水杂支各款以及局用等项，业已照章先行发给，委实无从追缴。既奉饬改，不得不力任其难，妥筹赶办。复饬襄办委员前往镇江设局，并与招商局商定，派拨轮船至镇装运放洋。当将筹办情形，拟具改办海运章程，奏明由该粮道酌带委员先期驰赴津、京妥速经理，并声明河运漕粮向系散舱，酌买麻袋备用，今改海运，若不概用麻袋装盛，难免抛洒折耗，需款稍巨，不得不设法购办，以重正供，购齐核实另行开支各在案。

兹据升授江苏按察使前江安粮道效曾详称："本届漕粮中途改办海运，诸多周折，且事属创办，用费不无稍多，而海运经费，例有限制。其自镇江设局收兑，以及装运塘沽改用火车，复由火车改用骡车，运抵京仓交卸，所有运脚车价、委员薪水及局用房租等项，督饬在事委员力求节省，格外撙节，共用运费银十三万二千三百一十五两七钱二分二毫，循案造册，另行送部核销。所有应备麻袋，按起运交仓米数，核计共购办十三万三千四百九十条，每条价银二钱五分，共银三万三千三百七十二两五钱。又雇用民船剥运赴镇交仓正漕及馀耗等米共十四万六千五百二十八石四斗三升三合九勺，每石给剥价银五分，共银七千三百二十六两四钱二分一厘。又前支河运委员薪水及局租等款，共用银二千一百二十两六钱一分。统共用银四万二千八百一十九两五钱三分一厘，均列入该年漕项奏销简明册内另报”等情，详请具奏前来。

臣查本届江北漕粮改办海运，端绪纷繁，且天津尚未交还，办理尤形棘手。该升任粮道效曾悉心筹画，得以妥速交仓，所用经费亦尚核实，并无浮冒。

除咨部查照外，理合会同漕运总督臣陈夔龙、江苏巡抚臣恩寿附片具奏，伏乞圣鉴，敕部核销施行。谨奏。

因病恳恩开缺折 光绪二十八年二月初六日

奏为微臣衰病难支，吁恳天恩，俯准开缺调理，恭折具陈，仰祈圣鉴事：

窃臣自上年秋间大病之后，体气总未复原。入春以来，接见僚属稍多，感受风寒，触发旧证，寒热往来，精神恍惚，当经电奏请假半个月，日行公事饬委江宁布政使吴重憙代折代行。嗣因假期届满，病仍未痊，请续假半个月。均蒙恩允，并屡荷圣慈垂询，慰勉备至，跪诵之下，感激涕零。满冀调治就痊，尽心职守，借以仰酬高厚于万一。无如本元耗损，甫愈复翻，且以患痔有年，近日益觉增剧，夜则展转不寐，昼则坐立维艰，用心稍过，则浃体流汗，谈话稍久，则舌强声嘶。据医家云，前在军营积受潮湿，今年逾七十，血气大亏，证属虚劳，非静养难期收效。伏念臣猥以庸愚，渥蒙恩遇，致身之义，矢诸毕生。现值宵旰忧劳，励精图治，但能强起支拄，敢不勉竭犬马之忱。顾念大难初平，痛深创巨，惩前毖后，治法尤贵治人，安危之机，亦只在此数年之内。

疆吏责任重大，固不必显有贻误，即使循涂守辙，而才力不足有为，则败坏于无形者已多矣。臣精力衰颓，几至无日不病。以两江繁要之地，为微臣休沐之区，纵蒙圣主矜全，不加谴责，而臣扪心清夜，何以自安？蒿目时艰，讵堪再坏。若仍因循恋栈，自蹈愆尤，虽受斧钺之诛，犹觉无以对君父。思维再四，惟有吁恳天恩，俯准开缺，俾资调理，并请迅简贤员，以重疆寄，出自逾格鸿施。臣交卸后倘能医治痊愈，即当泥首宫门，求赏差使，不敢稍耽安逸，自外生成。

所有微臣衰病难支，恳请开缺缘由，谨恭折具陈，伏乞皇太后、皇上圣鉴训示。谨奏。

亲王出洋请并给副领事等宝星片

再，上年醇亲王奉命出洋，道经上海，驻沪德国总领事等官，因系特派赴德专使，又为天潢至亲，款接迎送如礼，具见谊笃邦交。除总领事克纳贝业经醇亲王奏给宝星外，可否仰恳天恩，赏给副领事贝特兰、副领事古尼平、副领事连爱森，随员勒根肥、随员慕德乐，各三等第二宝星，翻译佛尔克、书记赛赐，翻译学生魏阿斯，各三等第三宝星，以昭睦谊，出自鸿施。

理合附片陈请，伏乞圣鉴训示。谨奏。

遵将防练各军分别裁改折光绪二十八年三月初七日

奏为遵旨将防练各军分别裁改，恭折覆陈，仰祈圣鉴事：

窃奉上谕："各省制兵、防勇，耗饷颇巨，饬令悉心规画，核实厘剔，除素称得力及练习洋操著有成效者毋庸裁撤外，所有各省原有之绿营、防勇裁去十之二三，上年有事时添募之勇营亦一并酌量裁撤。”等因，钦此。又奉上谕：“着将原有各营严行裁汰，精选若干营，分为常备、续备、巡警等军，认真训练，以成劲旅。”等因，钦此。仰见朝廷整军经武，实事求是，下怀钦佩，莫可名言。

伏查江南各防营屡经裁减，为数本已无多，向系练习德操，迭次奏明有案。光绪二十六年夏间，北事骤起，人心汹惧，沿江等处情形亦岌岌可危，屡奉谕旨筹办防务。维时饷项艰难，而军情日紧，不得已将改旗各军补足成营，并增募新勇，分地扼守，借以绥定人心。一面奏准开办筹饷捐输，凑拨济用。迨上年和局告成，饷需不继，当经分饬次第裁减，妥为遣散，计裁左右哨亲兵一百名，护军除中营外，正副八营改旗，裁勇一千七百一十二名。新湘五营改旗，裁勇一千七十名。盛字除中营外，其馀四营改旗，裁勇九百五十六名。合字除中营外，其馀四营改旗，裁勇九百五十六名。抚标沪军营裁勇一百名。奇兵左右二营改旗，裁勇四百二十八名。南字三营改旗，裁勇六百四十二名。权字二营一千名全裁。新募徐防马步七营先饬改旗，嗣又全裁，计勇三千二百五十名。建字二营先饬改旗，嗣又全裁，计勇一千名。自强军马步炮队，裁勇八百八十四名。督标练兵裁去八百九十五名，提标练兵裁去三百五十八名，狼山镇标练兵裁去八十六名，又勇丁一百名，淮扬镇标练兵裁去一百二十名。统核防营练军及添募新勇，共裁一万三千六百五十七名。现存各营，或数百名，或十馀名，零星分布，委难再行议裁。自强军业已奉调赴北，仅有武卫先锋左军及江胜军各三千人，此外并无大枝。现经臣饬将武卫先锋左军作为常备左军，江胜军作为常备右军，屯扎训练，以备游击之用。其吴淞之盛字五营旗，江阴之合字五营旗、南字三旗，镇江之新湘五旗，江宁之护军九营旗，上海及十二圩之奇兵左右二旗，徐防步队三营、马队二营，宿迁一带之铭字马队三营、元字步队三营、镇字步队一营，督标水师前左二营，新胜水师一营，苏防五营，亲兵一营，均作为续备军，分扎原处，以资防卫。各标练兵本由制兵挑选而成，应作为巡警军。又太湖水师本应作为续备，因该营分驻苏松等五属，巡护厘卡，亦应作为巡警。以上各营旗，经此次裁定之后，责成该统领、管带等官，督率弁勇，一律操用新式枪炮，认真练习，务使兵有实用，饷不虚糜。仍由臣严密考察，如有积习未除、虚应故事者，随时参办，不敢稍事姑容。勇饷本不为薄，暂可勿须议加。至裁减制兵一节，事关三省，办法应归一律。经臣酌定章程，并电商三省抚臣、漕臣，一体通饬遵办，大致照额裁去二三成，汰弱留强，不分马步战守，一律改为守兵。裁存之兵于原饷外，酌量加给，即以裁节之款抵支。并酌裁千把以下冗弁，俾资节省。总以化无用为有用，方不失设兵之本意。裁定后一并作为巡警军。事关更改营制，端绪亦极纷繁，容臣另行专案会奏。

所有遵旨裁改防练各军缘由，谨会同江苏抚臣恩寿合词具陈，伏乞皇太后、皇上圣鉴训示。

再，所裁各勇，均系前年增募，其饷项本由饷捐等款内挹注支放。现虽陆续裁遣，而捐项亦已停止，并无节省之款，合并陈明。谨奏。

酌加淮盐厘课折 光绪二十八年三月初八日

奏为遵旨酌加盐课、盐厘，并筹办一切情形，恭折覆陈，仰

祈圣鉴事：

窃臣于上年钦奉电传谕旨："此次商议偿款，中国常年度支，除指抵外，不敷甚巨，必须设法另筹。盐务为饷源大宗，近闻有欲谋揽办者，更应自行认真，预筹办理。从前四川盐务，经丁宝桢破除情面，切实整顿，至今增款甚巨。自应仿照妥办，以期加多库款。着刘坤一、张之洞、奎俊、陶模、许应骙、魏光焘、袁世凯、岑春煊、余联沅各就地方情形，详加体察，应如何设法变通，剔除中饱，严缉漏私，痛革官商一切积弊，并酌量加厘加课之处，悉心筹办。"钦此。遵即札饬淮运司及各督销局悉心妥筹，痛除积弊，并迭经电饬催议。嗣据该司道先后禀详前来。

查淮鹾厘课为饷糈大宗，欲裕饷源，须广销路，要非严紧缉私不可。近来私枭充斥，不得不添勇严巡，以昭周密。当此时艰财匮，不敢开支正项，惟于外销经费内，力加裁减，以为挹注之资。至官商积弊，业据运司程仪洛痛行革除。此外，各督销局自前大学士臣刚毅提款后，办公已形竭蹶，无可再提，致令弊生法外。惟有于课厘酌量议加，凑还偿款，迭饬该运司再三劝谕，而各该商总以完纳原有课厘外，历次捐输报效及各省赈捐，统计不下千万两，且岁捐票本十万两，各省未有如许之巨，商力已竭，吁乞免加，并一再来臣衙门泣诉。当经剀切开导，晓以大义，勉其急公，不啻笔秃唇焦，并允以后无论何项捐输，不再重累，始据勉认。淮南运商每引加新课银三钱，加新厘八钱，场商每引捐银一钱五分，江宁等食岸每引捐银二钱，淮北票贩每引捐银一钱二分，池商每引捐银二分，每年约计可增六十馀万两。盐斤加价，接准部咨，每引新加四文。嗣以湖北、湖南、河南另行奏加四文、六文不等，深恐价增销滞，遂于各该岸减去二文，俾顾销市。江宁等食岸系在腹地，距场太近，亦应量予变通，每斤止加一文。

其行销安徽者为皖岸，行销江西者为西岸，仍照部咨一律统加四文，分二文归安徽、江西济用，所馀二文及食岸各加价，并加课、加厘、场食各捐，均归江苏备还偿款之用。

所有酌加课厘并筹办一切缘由，恭折具陈，伏乞皇太后、皇上圣鉴，敕部查照。谨奏。

淮盐章程与川盐不同片

再，据两淮盐运使程仪洛禀称："四川盐务，前四川督臣丁宝桢整理之时，系在黔、滇两边运销废弛，所定章程，不外乎办官运、减浮费、严缉私数端。淮鹾整轮保价，官为主持，大致相仿，裁费缉私，亦经办理。其中有不能强同者。前于光绪十年十一月间，前四川督臣丁宝桢议覆川盐仿照淮票窒碍难行折内，有'两淮盐法不能行之于川，犹川省盐法不能行之于淮'等语，迂地弗良，诚为至当不易之论"等情。

理合附片具陈，伏乞圣鉴。谨奏。

整顿两淮鹾务折 光绪二十八年三月初八日

奏为遵旨整顿两淮鹾务，恭折覆陈，仰祈圣鉴事：

窃奉寄谕："有人奏盐务积弊，酌拟治本、治标二策一折。盐务为国家岁入之大宗，亦直省丛弊之渊薮，而两淮、两广为尤甚。况当此时艰孔亟，帑饷支绌之际，尤宜变通整顿。惟各省情形不同，必须因地制宜，期收实效。原折所陈盐务积弊及酌拟治本、治标各节，不为无见。着各督抚各就地方情形，详加考核，妥筹办理具奏，总期兴利除弊，以裕饷源。原折均着抄给阅看。将此各谕令知之。”钦此。仰见朝廷励精图治，整肃鹾纲，于变通尽利之中，寓因地制宜之意，钦悚莫名。

伏查原奏所称，外配海运灌包红盐诸弊，大率就两广而言，两淮尚无此情弊。淮盐经前督臣曾国藩详定章程，至周且密，而行之已久，不无有废弛之处。臣于光绪十七年莅任后，首先奏裁盐局干脩，复令各局卡力求撙节，提解节省盈馀，以充公用。

至节敬一层，前督臣曾国藩早经禁革。迄今一再提款归公，各局员岁获薪银无几，焉有馀力酬应。

其规费一层，现据运司程仪洛将巧立各名目痛加铲除，刊刷成本，期垂久远。

其抚枭一层，臣曾于光绪二十六年招抚徐怀礼，令其悔罪自新，统带新胜营专缉私枭，颇多缉获。惟目前情形较异，枭而兼盗者有之，枭而兼匪者有之。且自加盐价后，官价愈增，私稍愈旺，贩私者日益众，焉得人人而抚之？惟有抚缉兼施，或可期有裨益。当经整饬戎行之际，又未便令营勇缉私，致旷操练。只有严饬各督销局添募缉勇，实力梭巡，以期有犯必惩，俾畅销市。

其秤手一层，两淮定章较他处稍善，有官为之监视，复令场、运两商眼同过秤，即使秤手高下，其间该商等成本攸关，势难缄默，此所以掣验各卡掣提重斤较少，夹带较多。现有以掣验多提为言，而定章有私则提，无私则免，似未便稍予宽纵。业饬运司另议妥章，俾无流弊。

其官收一层，业经前署督臣张之洞奏明有案。收官盐尚多弊混，如收私盐，分别道路远近，从优给价，则官代私销，而私仍占官销也，况盐务以课厘为重，若官收之盐止缴半课，即准在各岸融销，恐纷纷效尤，势不免引额之占，似难照行。

总之，盐务素称利薮，蔽窦易生。臣当督饬运司，随时厘剔，设法整顿，以裕饷需。据运司暨督销局道员先后禀详请奏前来。理合将整顿鹾务情形，恭折具陈，伏乞皇太后、皇上圣鉴训示。谨奏。

变通外部及出使人员章程折光绪二十八年三月初八日

奏为国势积弱，交涉重要，亟宜变通外部及出使人员章程，以固邦交而维大局，恭折会陈，仰祈圣鉴事：

窃维天下大势，几同战国，交邻之道，关系绝重，因应之当否，而事机之得失、国势之安危判焉。故环球列邦，竞长争雄，莫不于交涉人员倍加之意：其未用也，皆储之有素；其将用也，必择之綦精；其既用也，又委之甚专而任之甚久。凡居外部、膺出使各员，既设为额缺，复互相调用。其居外部者，大半曾经出使，其任出使者，率多选自外部，二者交资，轮替出入，职地虽异，事寄则同。终其身周历乎交涉之途，于本国之局势及外邦之情形，无不烂熟胸臆。而其人又率皆兼习各国语言文字，彼此联络，情志易通，遇事见几，多占先着，利则阴为规取，害则预为防维。故外部与出使两途，各国均视之极重，从无以茫昧扞格者厕其间也。

中国今日创巨痛深，积弱已甚，列强环伺，事变难知，措注之机，讵堪偶误。权力虽难并竞，公理尚未全泯。亟宜慎选办理交涉人员，妥订章程，使其出入中外，互资阅历，事以经练而日习，材以造就而渐多，冀可得人分任，应付咸宜，潜消陵侮之萌，预杜侵削之患，时务大政，莫要于此。拟请嗣后外务部司员各缺，由出使各国大臣在所属参赞随译各员中，精拣久在外洋者，出具切实考语，保送外务部考察充补，如虑不敷，暂准由沿江沿海各督抚精拣曾经出洋之员，或游学或学生确有考究者，一体保送外务部酌量选用。额缺之外，可作为候补。其使馆参随各员缺，由外务部精选品端学优、能通洋文之司员前往充补，如虑不敷，暂准由翰林、部属、府厅州县通洋文愿出洋者，呈由外务部考察，一体选派。额缺之外，亦可作为候补。概不准以洋务隔膜之人，滥与其选。五年以后，人才日多，外无滥竽之参随，内无隔膜之司官，则专以使馆、外务部人员互相调补而已足矣。

至使馆参随等员，尤宜改作实缺，久于其任。除由外务部调用及有事故遣退外，概不准出使大臣随意携带，并无故调换，有时使臣受代，所属各员仍各照旧供职。仿照各国遣使通例，立限给假休息，派员代理，缺俸仍旧，假满复充。三载考绩，按书记、翻译、随员、领事、参赞等缺，择取卓异，依次递升，出使大臣有缺，亦可于参赞中遴员请简。务使人人久于所事，情一志专，得以考究所驻之国风土人情，及一切政治利弊与其意向动静，随时刺探详报外务部。庶外务部与使员呼吸相通，气脉贯注，虽隔万里，如聚一堂，自可内外协谋，算无遗策。而出洋各员更事既多，历时既久，不但胜任愉快，且可应变适机，其无形之维持与随时之补救，裨益尤非浅鲜。

臣等以时艰日棘，交涉才难，事关国计安危，断难蹈常习故，必须变通成法，以期得人，而资救时。往复筹商，意见相同，用敢不避越俎之嫌，冒渎圣听。仰恳宸衷独断，决意施行，大局幸甚。

谨合词恭折具奏，伏乞皇太后、皇上圣鉴训示。谨奏。

仿照各国蓝皮书办法编订交涉案牍片

再，查各国外部及出使人员与他国往来文牍，率皆择其要件，年终汇刊合为一簿，名为蓝皮书，分发通国办理交涉人员，俾周知本国与各友邦往来事案，遇事参互考证，得有依据，免致两歧，立法用意颇为精善。拟请旨饬下外务部，仿照各国蓝皮书办法，另派专员选择该部与各国往来案牍，及各疆臣使臣交涉文件咨报外务部者，除极密之件另存外，馀皆先自近年编订，推及远年，依次纂辑成书，芟繁撷要，每年一簿，先呈御览，嗣即陆续刊发。又自本年为始，按年编纂一次。凡疆臣、使臣以及各口关道、出洋领事人等，均各颁发一簿，用备考查，庶全国交涉事案，中外远近皆得备悉，不难援引因应，可免扞格、龃龉、疏漏、舛误诸弊，有裨交涉，亦非浅鲜。

是否有当，谨附片会陈，伏乞圣鉴训示。谨奏。

指省江苏人员请停止分发折光绪二十八年三月初九日

奏为江苏候补人员异常拥挤，拟请停止分发二年，以资疏通，恭折仰祈圣鉴事：

窃维吏治之不修，由于仕途之太杂，而仕途之太杂，由于分发之日多。江苏候补人员拥挤，甲于他省，道员一班为尤甚。前于光绪二十五年间，经臣坤一会同前江苏抚臣德寿奏准停止道员分发三年。计自是年五月初六日奉旨之日起，现在将次届满，而各项候补道员仍有八十馀人，其馀候补府厅州县不下一千馀人，候补杂职不下二千馀人，匪特补署无期，即差委亦断难遍及，困守日久，流弊易滋，奔竞钻营，无所不至，殊非澄叙官方之道，抑亦人心风俗之忧。现虽停止捐纳，而从前业经报捐指省江苏尚未引见验看到省者，实繁有徒，若不设法疏通，吏治安能起色。

臣等与司道一再商酌，拟恳天恩敕部自道府以至未入流，除榜下即用及特旨发往各员照旧办理外，其劳绩、捐纳各项人员，自此次奉旨之日起，一律停止分发江苏二年，盐务各官，停止分发两淮二年，其先经捐指江苏及保留江苏尚未分发到省之员，停止限内，有愿改指他省者，均准照案免交离省等项银两，俾昭公允。俟二年后，由臣等察酌情形，再行奏明办理。一面由臣等将在省候补各员严行甄别，酌定去留，以肃官常而杜冗滥。

谨合词恭折具陈，伏乞皇太后、皇上圣鉴训示。谨奏。

病势就痊力疾销假片

再，臣前因患病，奏恳开缺调理，钦奉恩旨："着赏假一个月，安心调理，毋庸开缺。"钦此。并奉电传谕旨："朕钦奉慈禧端佑康颐昭豫庄诚寿恭钦献崇熙皇太后懿旨，刘坤一奏因病恳请开缺一折，该督公忠体国，为朝廷所倚畀。现在时事多艰，两江重地，正资坐镇。除已赏假一月，毋庸开缺外，着颁赏人参二两，以资调养。一俟就痊，即行具奏，用慰廑系。"钦此。跪诵之下，感激涕零。当经电奏叩谢天恩，一面赶紧延医调治。兼旬以来，头晕渐愈，眠食亦稍胜于前，惟痔疾下血日多，精神仍觉困惫，虽日事药饵，恐难克期就痊。两江政务本极殷烦，又值会议商约，关系尤重，稍有迟滞，即虞贻误事机。臣受国厚恩，涓埃未报，时局至此，何敢爱惜微躯。谨于三月初十日，力疾销假，照常办公。

理合附片具陈，伏乞圣鉴。谨奏。

请赏互保东南各国领事折光绪二十八年三月初九日

奏为前岁兵端猝启，上海各国领事和商保护，有裨大局，恳恩赏给宝星，以酬劳勚，恭折仰祈圣鉴事：

窃查光绪二十六年，北地拳匪滋扰，猝发兵端，京、津戒严，东南因之震动。沿江一带，伏莽潜滋，到处思逞，中外商民纷纷迁徙，一夕数惊。各国复征兵调舰，声称保教护商，分布各口。仓皇扰攘，互相疑惧，内外交讧，办理甚形棘手。适奉谕旨，责令各直省将军、督、抚相机审势，保守疆土。臣等函电交驰，妥议互保之策，以臣宣怀久驻上海，与各国领事联络有素，督同前江海关道余联沅妥筹商办。各领事因与驻京使臣声息隔绝，电经本国外部给予办事之权。彼此再三晤商，坚明约束，订定上海租界由各国实力保护，长江及苏浙等处内地均归各督、抚实力保卫，两不相扰，以保全中外商民人命财产为重。江海口岸，各国只酌派一二兵轮，以安洋商之心。至各路炮台及制造局等处，勿往游弋驻泊，均能奉约维谨。一切防守事宜，并经臣等妥为布置，处以镇静。各处土匪滋扰，立即剿灭。遇有交涉，委曲商筹，各领事亦均能和衷共济，深信不疑。历时数月，幸免衅端，事后追维，实非始料所及。臣等受恩深重，各有应尽之责，而各领事始终协助，得以转危为安，实属力顾大局。兹将各洋员衔名，开具清单，恭呈御览。合无仰恳天恩，俯准照拟分别赏给宝星，以酬劳勚，出自鸿施。

除咨外务部查照外，谨合词恭折具陈，伏乞皇太后、皇上圣鉴训示。谨奏。

随办洋务人员分别请奖折光绪二十八年三月初九日

奏为随办洋务人员，异常出力，恳恩分别奖叙，以示鼓励，恭折仰祈圣鉴事：

窃查随办南洋洋务出力人员，定章三年奏奖一次，以十员为率，历经循办在案。自光绪二十四年四月请奖以后，扣至二十七年四月，又届三年期满。近来商务日辟，交涉益多，保卫调和，本已倍形繁重。光绪二十六年，北地拳匪事起，全局震惊，又有回天、富有、贵为各项票匪，乘机思逞。各国增兵调舰，声称保商护教，驶入长江。中外商民互相疑惧，仓皇迁徙，远近骚然，安危之机，间不容发。臣一面将水陆各营密为分布，遇有匪徒蠢动，立即剿除。一面分派各员与各国领事，妥为联络，倡议互保。巡防弹压，电牍纷驰，各该员不避艰危，相机筹办，吃紧之际，甚至彻夜不寐，坚忍劳苦，实属倍异寻常，用能化险为夷，地方得以安堵。臣待罪南洋，本有应尽之责，款局大定，尚蒙懋赏优加，各该员等奋勉从公，臣实不忍没其劳勚。兹仍照向章保奖十员，内有勤劳尤著者五员，按照异常劳绩请奖，其馀五员仍照寻常劳绩奖叙。

窃维论功行赏，朝廷一秉至公。此次变出非常，与历届情形迥异。臣斟酌再四，既不敢稍涉冒滥，亦不能不分别办理，期昭公允。谨缮具清单，恭呈御览。合无仰恳天恩，俯准照拟给奖，以示鼓励，出自逾格鸿施。

除将各该员履历分咨外务部、吏部外，理合会同江苏巡抚臣恩寿恭折具奏，伏乞皇太后、皇上圣鉴训示。谨奏。

奏疏卷三十七

筹办江南省学堂大略情形折光绪二十八年四月初八日

奏为遵旨筹办江南省各学堂大略情形，恭折具陈，仰祈圣鉴事：

窃臣钦奉光绪二十七年八月初二日上谕："各省所有书院，于省城均改设大学堂，各府厅直隶州均设中学堂，各州县均设小学堂，并多设立蒙养学堂，着各该督抚、学政，切实通筹，认真举办。"等因，钦此。又奉十月十五日上谕："前经谕令各直省设立学堂，责成该督抚、学政，切实通筹举办。查袁世凯所奏山东学堂事宜及试办章程，着政务处即将该署督原奏并单开章程，通行各省，应即仿照举办。"等因，钦此。均经转行钦遵筹办去后。本年二月初二日，复奉谕旨，催令妥速开办具奏等因。仰见圣朝锐意兴学，力图自强，敬聆之下，感奋莫名。又经恭录行催司道妥速筹议详办。

兹据江宁布政使吴重憙、江安粮道胡延、江南盐巡道徐树钧详称："伏查江南原设水师学堂、陆师学堂及格致书院，讲求中外诸学有年，并将堂中学生，派往东洋肄业，风气现已渐开，今将遍设学堂，实为迎机利导。惟学业有浅深，功夫有次第，必先由小学而入中学，由中学而入大学，而小学必须课本，课本尤资师范，此一定不易之理。现已另设师范学堂，选中学淹通、人品端正者，授以算法、绘图等事，学成给以文凭，使为小学堂教习，则小学不患无师。又江楚会设编译书局，一俟成有课本，咨送京师大学堂核定颁行，则小学又不患无书。小学既立，中学、大学得以依次兴办。兹将江南省文正书院改设小学堂一所，聘候选教谕陈作霖为总教习，课上元、江宁两县人士，习初级浅近之学，钟山书院改设中学堂一所，聘河南候补道濮文暹为总教习，课江宁府属人士习普通之学，均就原址酌量增葺。至高等学堂为课专门之学，江南地大物博，夙称人文渊薮，省会高等学堂规模必求宏敞，俾可广育人才。现在设法筹款，择地建造，庀材鸠工，接续举办，聘翰林院编修缪荃孙为总教习。其尊经、凤池两书院，改为校士馆，凡举、贡、生、童，年齿已逾定章，未能选入学堂者，按月课试策论、经义，膏奖悉仍其旧，以示体恤。凡各学课程，以入学次序分等级，固不宜欲速而致陵躐，亦不宜求备而苦烦难，尤不宜歧视中外而有偏重。中西并课，由浅入深，无论初级、普通、专门，总应恪遵谕旨，以四书、五经纲常大义为主，以历代史鉴、中外政治、艺学为辅，务使文行交修，讲求实用，仰副朝廷图治作人之至意。上元、江宁两县小学堂，额取各八十人，附课十人，以少年聪颖、文理清通之士充之。江宁府中学堂，额取一百六十人，附课十人，本应以小学毕业生拔补，现中小学同时并举，权且考取经义、策论及曾习西文、算学、格致之举、贡、生、监，送入肄业，以后仍以年限递升。省城高等学堂，额定三百人，本应俟各中学有毕业学生拔尤补入。惟当此需才孔亟之时，若俟辗转递升，不免旷日持久，自应变通办理，亦拟俟高等学堂规模粗定后，于举、贡、生、监中考取已深通中学经义、策论，及习过西文、算术、格致之有门径者，先令补习普通，再习专门，以期速成。以上三学堂，各照定额，于开办时，先取一半，数年后再行全取。此外更于省学堂设藏书楼，荟萃中外书籍，并各种图册，以供师生流览，设仪器院，备列各种仪器，以资考验研求之用。将来各生学成，遵章咨送京师大学堂，候旨奖励，并因材选派游学外洋，以广见闻，而资阅历。所有委员、教习，均已分别委请开办，各府州县书院，亦已饬令改为学堂。其民间自设之蒙养学堂，均令遵章办理，以归一律。惟经费多有不敷，通省各属，尚未能一律办齐，已饬就近筹款，以期遍立。至省城常年经费，以从前书院经费计之，多不敷用，而开办建造，需费尤多。现由司道设法筹措，先将裁改各书院经费，分别存留提用，其不足者，已在司局先行挪垫，以济动工之需。以后无论如何为难，总令逐渐增益，期于必成”等情，拟具试办章程，详请具奏前来。

臣维兴贤育才，诚为当务之急，鼓励振作，尤赖学堂为转移，大政所关，岂容延缓。惟学堂较书院规制不同，需款增巨，江省财力支绌万分，不特省城高等学堂，事属创办，巨款难筹，即就书院改设之府县中小学堂，亦需另筹修葺及增拨常年经费的款。数月以来，臣与司道再四筹商，甫经定议，亟应及时兴办，以慰多士喁喁向学之忱。现已谆饬司道，挪提款项，将三学堂一切事宜，赶速筹备，接续开办。一面访延东洋品学兼优之人，来华入堂教习。并行催各属，妥速筹议改设中小学堂，俾广造就而资升进。

除试办章程先行咨送京师大学堂查核，如续应增改，随时妥核办理外，所有筹办江南省各学堂大略情形，谨会同江苏巡抚臣恩寿、江苏学政臣李殿林恭折具奏，伏乞皇太后、皇上圣鉴训示。谨奏。

苏省筹解直隶协饷片

再，承准军机大臣字寄："光绪二十八年二月十九日奉上谕：'直隶协饷，着自本年始，即照户部核定单开各款，筹解足数，不准稍有延欠。'"等因，钦此。当即恭录开单，分饬各司关局，竭力遵筹。兹据江苏藩司呈覆，认解淮饷银八万两，闰年加银二万两。江海关道详覆海防经费银四十六万两，仍照向章，按结提解认解淮饷银三十六万两，练饷银二十四万两，制造经费银八万两，均自本年起，分匀筹解。江西督销局电禀，认解淮饷银二十二万两。其淮运司淮饷银十万两，镇江关淮饷银六千两，湖南督销局淮饷银二万两，均据先后电禀，照数勉筹，按年解足等情前来。

臣查苏省自税厘抵还洋款以来，各省拨补之款，欠解甚巨，现因各筹新案偿款，自上年起，数更短少。以苏省现收进项，悉供本省之需，已属异常竭蹷，何能协济他省？第关畿辅济饷要需，自应尽力筹挪，未敢稍事延缓。现在饬据各司、关、局，每年认解前款，或勉照派数，或稍有短绌，共计银一百五十六万六千两。核之户部单派苏省应解银一百八十一万六千两，总数将及九成，就目前而论，实已不遗馀力。如将来再奉增拨别款，或镑贵还款增巨，则挹注无从，恐即此认定之款，亦难作为定数。臣与袁世凯，同处艰难，义当合力经营，共维大局，惟苏省实在窘迫情形，不得不据实沥陈。现已将认解各数，电准袁世凯覆称："苏省协饷解及九成，三辅幸甚。倘他省亦能如此协助，实于大局有裨"等语。

除严饬各司、关、局将此次认解各款，务筹足数，源源报解，不准再有短欠，并分咨外，所有苏省力筹认解直隶协饷缘由，谨会同江苏巡抚臣恩寿，附片具陈，伏乞圣鉴训示。谨奏。

举行军政请展限一年片

再，准部咨，本年轮办军政，行令各省照章办理，于十月内，具题到部。又准部咨，自本年军政起，凡京外绿营弁兵，悉令考验枪炮，倘为期太促，未能谙熟，准其奏请展限各等因。

臣查军政为考核大典，黜陟攸关，必须详慎办理，方期核实。两江各营将弁，自上年饬令一律改习枪炮，阅时未久，诚有如部臣所言，“未能谙熟”者。况当裁改营制尚未定案，事务益形繁重，本年军政例限，实属赶办不及。合无仰恳天恩，俯准将江苏、安徽、江西三省军政展限一年，扣至次年十月具奏，期昭妥慎。如蒙俞允，其下届军政，仍自光绪二十九年起，扣足五年举办，以归画一。

除咨部查照外，谨会同江苏巡抚臣恩寿、安徽巡抚臣聂缉槼、江西巡抚臣李兴锐、江南提督臣李占椿附片陈请，伏乞圣鉴训示。

再，长江水师各营官弁向习枪炮，不在展限之列，现已咨会长江提督臣程文炳，认真考核，遵于本年赶办，合并陈明。谨奏。

核减陆师学堂奖案仍请照准折 光绪二十八年四月初九日

奏为江南陆师学堂毕业学生及出力各员，吁恳天恩，仍准照章给奖，恭折仰祈圣鉴事：

窃江南创设陆师学堂，自光绪二十二年冬间开课，扣至二十五年冬间，三年期满，经臣于是年十二月间，将毕业优等学生及出力各员，分别文武职，恭折奏保。旋经兵部将武职各员议准。嗣准吏部咨："各省操防练军等营，均无例保成案。陆师学堂期满，若准其奏保，将来凡有陆师省分，必致纷纷援案请设陆师学堂，为按年例保之地，既于各省防营操练有碍，亦与臣部历办各省防营保案章程不符，所请应毋庸议。奏奉谕旨：'依议。'"钦此。咨覆到臣。在部臣严核保案，诚为慎重名器。

惟查今日时势，以练兵为亟，而练兵之要，以选将为先。江南陆师学堂，原为教育将才而设。当三年毕业时，经臣亲往，督同司道及在堂各员，分门别类，命题考试。各该学生，于兵法、行阵、营垒、军械、地势、测量、算学、绘图、工程各理法，以及马、步、炮各队打靶、体操等艺，均能确有心得，融会贯通。德国亲王亨利、英国爵绅贝思福、美国使臣康贝先后来堂阅操，亦各极口称许。各该教习等员，于创办之始，夙夜在公，勤奋将事，实属著有微劳。且查奏设该学堂原案，经前署督臣张之洞奏请，三年期满，仿照总署同文馆章程，择尤保奖，钦奉朱批："着照所请，该部知道。"钦此。江南水师学堂暨北洋武备学堂，亦迭次奏准给奖有案。若如部臣所称，江南陆师学堂不准请奖，殊与奏定章程不符。各学生既乏上进之阶，各委员亦抱向隅之戚。况办理学堂，与防营操练迥乎不同，未可相提并论。时艰至此，兴学实为要图，锐意自强，武备视文事尤重。方以未能遍设学堂为憾，正不必以援设学堂为嫌。此次武职保奖，业经兵部核准，一案两歧，亦不足以昭公允。现经臣覆加查核，将前次拟保文职四十五员，大加核减，计删去三十员，仅馀十五员，实系学业最优，勤劳最著。谨缮具清单，恭呈御览。合无仰恳天恩，俯准照拟给奖，以昭激劝而励将来，出自逾格鸿施。

除饬取履历咨部查核外，理合恭折具陈，伏乞皇太后、皇上圣鉴训示。谨奏。

江宁设馆课吏折光绪二十八年四月初九日

奏为江宁省城设立课吏馆，以资考核，恭折具陈，仰祈圣鉴事：

窃于光绪二十八年正月十七日，奉上谕："各省候补人员，冗滥尤甚，平时不加考察，一旦使之临民莅事，安望其措理得宜。近来各省已有奏设课吏馆者，自应一体通行，惟重在考核人才，不得视为调剂闲员之举。仍着该将军、督抚、两司等，勤见僚属，访问公事，以觇其才识，并察其品行，其贤者量加委任，不必尽拘资格，其不堪造就者，即据实参劾，咨回原籍。统限半年具奏一次。务当破除情面，严行甄别，不准虚应故事，稍涉瞻徇。"等因，钦此。仰见圣主澄叙官方、实事求是之至意，跪诵之下，钦佩莫名。

臣等窃维为政首重得人，安民必先察吏，督责于临事，不若校核于平时，询考其事言，始得详征其才识。江苏仕途冗杂，流品纷淆，亟宜加意甄陶，期得真才而资治理。遵经转饬司道妥议筹办去后。

兹据江宁藩司吴重憙、江安粮道胡延、江宁盐巡道徐树钧，酌拟章程，先后具覆，并择定善后局公屋一所，设立课吏馆，藩司总理馆事，粮道、巡道为正副馆长，凡系在省候补人员，分班轮流传入馆中，就本馆所备书籍，分刑名、钱谷、武备、交涉四科，令传到各员，自认一科，按日肄习，以抄录札记为功课。由该司道，随时稽核，甄别高下，默为存记。每年四仲月，分班传考一次，最优者立予委署，其次列为等第，酌记功过，积功过至三次者，分别酌委、停差。如有才识闳通，品行纯正者，择尤请保，破格录用。其识见猥琐，文理荒谬之员，据实详请勒休回籍。似此专定课程，轮班肄习，分期考试，明示劝惩，庶在省各员争自濯磨，悉心考究，实于鉴别人才，讲求吏治，均有裨益。业于三月初二日开馆。馆中经费，就原有考课吏治款内动支，如有不敷，另行筹拨。详请奏咨立案前来。

除督饬司道认真考核，秉公弃取，冀渐收得人之效，并分咨政务处、吏部查核外，所有江宁省城设立课吏馆缘由，谨合词恭折具陈，伏乞皇太后、皇上圣鉴，敕部立案施行。谨奏。

都司通匪革职审办折 光绪二十八年四月初九日

奏为都司捕匪不力，迹近纵庇，请旨革职归案审办，恭折具陈，仰祈圣鉴事：

窃照沿江一带，伏莽未靖，票匪、会匪时出肆扰，踪迹飘忽靡常。迭经臣等严饬各营，实力捕拿惩办，总难尽绝根株。兹于华阳下江口黄显荣停船被劫案内，获犯曾少卿，供出逸匪多名，并称匪首唐连觉，潜匿建德县境。当经臣文炳钞供咨行饬缉，一面严札署华阳营右哨都司刘自连前往缉捕。嗣据署建德县知县张廷权，拿获唐连觉解省，而该都司尚在中途逗遛，并无一字禀报，缉捕无能，已难辞咎。且查各犯供词，该都司有与唐连觉饮食往来情事，迹近纵庇。经臣文炳，将该都司先行撤任，解至安徽省城，由臣缉槩，饬令臬司督同审讯。该都司供词刁滑，声称系挟嫌诬扳，难保非恃符狡展。相应请旨将正任吴城营前哨守备署华阳营右哨都司刘自连，即行革职，归案审明实情，从严惩办，以成信谳而肃戎行。

谨合词恭折具陈，伏乞皇太后、皇上圣鉴训示。

再，该员刘自连所遗吴城营守备员缺，容臣等另行拣员请补，合并陈明。谨奏。

筹解帑利要需实难如数片光绪二十八年四月初十日

再，臣接准内务府咨："本府具奏筹备要差急需，请饬两淮、山东两省，将历欠帑利银，各筹解七万五千两，照案请由户部先为借拨银十五万两，俾备各项差务，俟两淮、山东解款到京，即行归还，以清款目等因，奉旨：'依议。'"钦此。抄录原奏到臣。并准户部咨同前由。即经转饬如数筹解。

旋据运司程仪洛详称："两淮应解帑利，从前行运纲盐，原有岁征之款。嗣后改纲为票，各处纲商无一存者，以致各项利银，均归无着。前于光绪十六年，奉拨前项要差银二十万两案内，经前司详请另拨，前督臣曾国荃饬于海分司库经收正课项下拨银二万两，筹防局经收川厘项下拨银二万两，交由前司汇解交纳，并附片奏明在案。奉札前因，是否查照十六年成案，酌量饬拨，由司交商汇京"等情。经臣查明，现在海分司库款异常竭蹶，川厘已改还洋款，非归筹防局经收，均属无款可拨，自应由司照拨汇解。嗣据该运司详报于司库光绪二十七年下半征存淮南正课项下，动拨库平银二万两，请给文批饬，交号商汇解户部交兑，并咨明内务府查照在案。臣维前项关系供备要差，非寻常拨款可比，复饬如数补解去后。兹据该司详覆，司库所收课项，入款有常而出款无定，近年添拨洋款及垫解各项协饷，支数繁多，益难周转。目前筹解三、四两批边防京饷等项，及改解沪关之闽厂经费银两，罗掘俱穷，所有前解要差二万两，已属勉力腾挪，其馀银两，实难如数筹拨等情，详请具奏前来。

除分咨户部、内务府查照外，理合附片陈明，伏乞圣鉴。谨奏。

恭谢恩赏折光绪二十八年五月十九日

奏为恭谢天恩，仰祈圣鉴事：

窃于光绪二十八年四月初十日，奉旨：“平定粤匪、捻匪、回匪方略，前由外务部刊印，现存尚多，着赏给各省督抚各一部，由外务部颁发。”等因，钦此。遵经派人领赍到宁，当即恭设香案，望阙叩头谢恩祗领。

窃维经世保邦，非殷忧无以启圣；戡乱定变，惟善继乃能迪光。溯昔岭峤扬氛，蹂躏独深于南服，徐方煽焰，俶扰几遍于中原。继以乌氏蕃渠反侧，逞貙狼之毒；龙堆塞种披猖，肆蛮触之争。钦惟文宗显皇帝广运圣谟，恭行天讨；穆宗毅皇帝绍承武德，缵集大勋。汉日再中，庆两朝之济美；尧天复旦，张九伐以宣威。我皇上仰秉姒规，稳操宸算，有苗终格，干羽舞而寰宇永清；众志成城，候尉置而边陲式奠。世变周乎二纪，劳圣神文武之经营；纪载萃乎三编，讫南朔东西之声教。允震今而铄古，实旋乾而转坤。

臣昔厕戎行，未娴将略，久膺疆寄，愧总师干。兹复渥荷醲恩，荣颁睿制，拜神机于天上，阴符陋吕望六韬；锡秘笈于人间，宝典比泰郊三誓。鸿施下逮，鳌戴难名。惟有运甓习勤，受书励志，惩前毖后，切桑土之绸缪；简实储才，期金汤之巩固。窃幸球图贲宠，借探珠囊金匮之奇；更欣琛赉来王，共上镜清砥平之颂。

所有微臣感激下忱，谨缮折叩谢天恩，伏乞皇太后、皇上圣鉴。谨奏。

已故将军被诬恳予昭雪折光绪二十八年五月十九日

奏为已故将军战功卓著，受诬颇深，吁恳天恩，俯赐昭雪，以彰公道，恭折会陈，仰祈圣鉴事：

窃查光绪二十四年十一月，江宁将军丰绅，因病出缺，经臣坤一会同臣额勒春由驿具奏，并代呈遗折，奉旨从优赐恤，备极宠荣，凡在臣工，同深感奋。嗣于二十五年二月，经署将军臣毓秀奏参丰绅前在江宁任内，于所收洲款，朘削浮冒，罔恤兵艰。御史彭述随即奏请将该故将军恤典，量予裁抑。奉旨："着撤去专祠，并毋庸予谥。"等因，钦此。仰见朝廷予夺，一秉大公，下怀莫名钦佩。

惟是廉污须征素行，是非自有公评，未便以一面之词，遽为定论。臣坤一与丰绅共事最久，臣崇善与丰绅同于光绪二十年经督办军务处奏留管带神机营马步各队，夙谂该故将军，平日砥励廉隅，爱惜士卒，决无朘削浮冒之弊。并据该故将军之子休致骁骑校舒通阿呈称，伊父在任所收洲款，除八旗公用外，馀皆发存右司，并未分毫染指，有该右司月报可凭。今抱不白之冤，有关伊父名节，泣请代为申雪等情前来。臣坤一以此项案卷，存在旗营，无从核办。及臣崇善到任，调查丰绅任内收支洲款数目，均系实用实销，访诸八旗官弁，亦称丰绅并无朘削浮冒。乃于身后被诬，臣等私心痛之。丰绅统兵多载，服官有年，经手兵马钱粮不知凡几，从不闻有劣迹，何独于区区洲款任意肥私。查此项洲款，经前任将军穆□□奏明，不入奏销。原以外间一切杂支，不必尽合定例，八旗官兵最苦，不能不随事通融，此系向办章程，非自丰绅为始。如果丰绅稍有侵蚀，克剥兵丁，旗营耳目众多，何竟无一人控诉？毓秀署事不满两月，未能熟悉情形，仅据一二人疑谤之言，率行弹劾，人心皆为不平。今经臣等查明，丰绅并无朘削浮冒实迹。合无仰恳天恩，俯赐昭雪，以慰忠魂。至该故

将军壮岁从戎，身经七百馀战，勋勤懋著，为国干城，应否仍准建祠予谥之处，伏候圣裁，非臣等所敢擅请。

谨合词恭折具陈，伏乞皇太后、皇上圣鉴训示。谨奏。

开济兵轮失事片

再，开济兵轮，前经调至江宁下关停泊，遇有各国兵轮往来，还答礼炮。本年五月十七日午时，忽据报称，该轮轰炸沉没，当即派员往查。旋据该船管带官福建烽火门参将李田禀称，该管带因赴下关炮台，会商轮台还礼事宜，忽闻大声发于江中，开济兵轮被轰沉没。当雇多船沿江捞觅，救起水勇陈鸿第、陈祖藻二名。讯据供称，该勇等正在船首做工，闻险立纵入江，遇救得生，如何失事，委不知情。其馀在船弁勇七十馀人，均已轰毙，无从查问。伏查兵轮火药、子弹，向系专舱收储，极为严密，非操练取用，不准擅启舱门。十七日适值星期放假，在船弁勇，正当料理午膳，更无启视药舱之理。惟是日天气燥闷，药舱存储之无烟等药，性又猛烈，或由药受郁闷热气过度，猝然轰发。从前外洋兵

轮，亦有无端轰沉者，默揣因由，当不出此。事虽出于意外，而战舰遽毁，又毙多命，咎无可辞，禀请治罪等情前来。

臣查李田系由闽厂学生出身，管带兵轮，历有年所，虽平日尚谙驾驶，而此次巨舰无端轰炸，总由未能慎重检点所致，情罪较重，迥非药库失慎可比，已由臣先行饬发中军看管，并责令雇人捞取炮械及轰毙人等尸身棺殓，一面将请假登陆未罹于难弁勇六十馀员名，照章遣散。相应请旨将管带开济兵轮福建烽火门参将李田，即行革职，俟打捞事竣，发往军台效力赎罪，以示惩儆。至在船轰毙弁勇，惨遭此厄，殊堪矜悯，拟请查取职名，开单咨部，照例议恤，以慰幽魂。

除分咨外务部、兵部查照外，理合附片具陈，伏乞圣鉴训示。谨奏。

前署浙江抚臣病故请恤折光绪二十八年五月十九日

奏为大员在沪病故，舆情爱戴，禀请奏恤，恭折具陈，仰祈圣鉴事：

窃前署浙江巡抚开缺湖南布政使余联沅，因病在沪就医，调治无效，于上年十一月十六日病故，据苏松太道袁树勋呈报到臣。正在具折奏报间，据苏、浙绅士三品衔候补四品京堂庞元济等二十六员联名禀称："该前署抚余联沅，湖北孝感县人，由翰林洊历谏垣，补授福建盐道，历署福建按察使、布政使，皆有政声。迨调补苏松太道，善政尤多。其最著者，光绪二十六年夏间，北方拳匪肇衅，全局震惊。上海为通商总埠，各国战舰洋兵云集，谣诼纷起，防务戒严，寓沪绅商，日谋避地，惶遽万分。兼之外来游匪勾结土棍，时思乘乱起事。内奸外侮，势将一发燎原，安危之机，间不容发。该前署抚多方戒备，严密巡防。复奉委与各国领事定议互保，东南各省得以安全，关系大局实非浅鲜。一面捐廉募勇，昼夜分巡，外保教堂，内靖游匪。迨至皖、鄂票匪甫逃上海租界，出没靡常，则又多方设法，擒治巨魁，无稍枉纵，卒使海上安堵如常，从容接济西北。方事之殷，该前署抚，日则奔走于炎天烈日之中，夜则自治官书，每接警电，辄忧愤涕泣，或数夕不寐，或一夕数兴，自夏徂秋，迄无宁晷，形神憔悴，遂成下血之证，嗣又患肝胃气痛。该前署抚，以时艰孔亟，乘舆播迁，不敢稍休，仍强起视事。累迁江西按察使、湖南布政使，旋奉恩命，署浙江巡抚，迅速赴任。该前署抚知浙事紧要，扶病起程，到任后先将全省教案议结，各领事、主教，鉴其公忠，故偿恤银两视各省为少。并于衢州教案内，省释无辜株累者数十人。严饬各属，整饬缉务，拿获台州巨匪吴玉葵，讯明惩办，浙东盗风借以稍息。二十七年六月，卸任至沪就医，呈由臣奏准开缺调理，延至十月十六日，在寓病故。其在道任，捐廉银八千两，为龙门书院经费，嘉惠士林，在浙创办各属义冢，先后输秦、晋赈捐，为数巨万，又捐印度赈救济会，皆勿稍吝惜。生平俭于自处，而勇于为善，大致如此。上海绅商，江、浙士庶，闻该前署抚一病不起，无不同声悲感，至于陨涕。至该前署抚为御史时，首劾康祖诒即康有为，非圣非法，心术不正，尤为独有先见，善于辨奸。绅等感循遗爱，未忍没其劳勚，公恳邀恩，准于上海地方捐建专祠，生平政绩，宣付史馆立传，以彰忠荩”等情，禀请具奏前来。

臣查该前署抚臣余联沅，沉毅明决，忠爱性成，宣力京外，垂三十年。其在苏松太道任内，适值拳匪滋事，上海为通商总汇之区，全局机纽，经臣会同湖广督臣张之洞，饬派会商各国领事，订议互保，艰难筹画，卒能有成，于大局不无裨益。方冀克享遐龄，时艰共济，乃以积劳致疾，竟至不起，悼惜实深。既据该绅等胪陈政绩，合词吁请奏恤，未敢壅于上闻。合无仰恳天恩，俯准将已故前署浙江巡抚开缺湖南布政使余联沅，量予赐恤，并将政绩宣付史馆立传，准由该绅商在上海捐建专祠，以彰劳勚而顺舆情之处，出自逾格鸿施。

除咨部查照外，理合恭折具陈，伏乞皇太后、皇上圣鉴训示。谨奏。

查明部内枭匪幕丁情实折光绪二十八年五月二十日

奏为遵旨确查，据实覆陈，仰祈圣鉴事：

窃臣承准军机大臣字寄："光绪二十八年三月二十六日，奉上谕：'有人奏，江南、苏、松、常、镇、扬、通一带，盐枭林立，劫人勒赎。上年正月间，武进、阳湖并有仇杀至数百人之案，通州、海门等属幕友、家丁，骫法营私等语。江苏地方紧要，沿江枭、会各匪尚多，全赖吏治整饬，消患未萌。着刘坤一按照所指各节，认真查办，据实覆奏，毋稍徇纵。原片着抄给阅看。将此谕令知之。'"钦此。遵旨寄信到臣。当经遴委江苏候补道杜俞前往苏、松、常、镇一带，江苏即用道李光瑜前往扬、通、海门一带，按照原奏各节，严密确查。兹据先后禀覆前来。

如原奏："苏、松、常、镇、扬、通一带，盐枭林立，俨分引岸，买盐则通衢白昼过秤捆包，运盐则结阵连樯鸣枪架炮，劫人勒赎，敢掳当差道员，行贿放私，能通实任镇将。上年正月，武进、阳湖民枭仇杀至数百命"各节。查常州府属之武进县，与阳湖、宜兴犬牙相错，与金坛、溧阳、丹阳水陆相连。自光绪二十六年，北方拳匪事起，各处莠民，闻风蠢动，即有外江匪船，装载私盐，携带军械，由武进小河等口，连樯入内，暗地洒卖。始尚不敢生事，继则聚赌抽头，开堂放飘，入其会者，讹诈横行，无所不至。虽经地方官随时拿办，此风仍未稍息。内有红帮、青帮匪党名目，青帮专重贩私，红帮兼行劫掠。乡民积恨红帮已深，于是年冬月，乘其不备，聚杀多人，皆于昏夜剖腹沉之水底，自知非法，同心讳言，迭次访查，莫能得其实证。二十七年正月，小河口等处，谣传红帮三路进攻，寻仇报复。经臣访闻，会同调任抚臣聂缉椝，电札委统领江胜军道员杜俞，驰往查核。该道抵常州后，明查暗访，将著名滋事首要及造谣奸民，一体购拿严办，馀匪潜逃，风声略息。复带队至卜弋、查室、奔牛等镇，传集绅董，切实开导，告以分驻营勇，尽可安枕，如有匪来，报营兜剿，或捆送营县，不得私戕。出示晓谕后，即亲历各处，责成董保，互相清查，由是匪难容身，人心渐就安贴。一面刊发自新免究票据，并严禁诬扳，以杜反侧。至所称"鸣枪架炮，劫人勒赎"。查有光绪二十五年冬间，匪首金昆秀与金云飞、包石泉，在南汇地方捆缚地保，勒赎三百元，复在周浦镇，搭棚聚赌。南汇县柘林都司，闻风往查，该匪胆敢持枪拒捕。嗣经武生张姓将包石泉格毙。该匪复敢率党扛尸索命，并向该处铺户，逼索银元。经前署督臣鹿传霖，札委该道杜俞，督率弁勇，拿获金昆秀正法，金云飞监禁备质。又查有二十六年二月，昆山地方，有匪首董道能，率党枪毙乡民四人，劫去九人，经飞划营官周远朋，格毙董匪，遂将劫去之九人救出。至所称"敢掳当差道员"系指韩庆云之事。光绪二十六年六月十五日，江苏候补道韩庆云，因事经过常州三官塘，天甫破晓，与枭船相遇，互争纤路，家丁谩骂，枭即过船，将韩庆云拉去，经武进县施沛霖率勇追回，旋由太湖水师及新胜营将匪首徐贵友拿获，经调任抚臣聂缉椝批饬正法。江北七濠口十二圩，素为盐枭出没之区，飘忽靡常，此拿彼窜。然扬、通等属，尚无劫人勒赎之案。实任镇将，职守綦重，应知自爱，何至贿通放私？即如上年冬间，苏松镇总兵陈旭，设计将匪船诱出，四面围攻，毙匪甚多，获盐无算。匪党恨之刺骨，遂于本年四月，在镇江乌沙港地方，假扮鱼舟，袭攻巡船，伤毙哨弁巡勇，现正严饬拿办。具见镇将认真巡缉，枭匪意在复仇，可为贿赂难通之证。此查明盐枭滋事之实在情形也。

又原奏："通州近年讳盗，幕友黄穆，劣迹最著，置买田产，开设钱铺，取民女为妾，及知州代惩佃户，纵容收受干脩，科派典商分外规礼，搜括杂税，侵吞入己。海门家丁金某招摇撞骗，纳贿揽权。同知梁佩祥，官声大坏"各节。查通州自光绪二十四年以后，共出盗案十馀起，有已经获盗者，有未经获犯者。知州汪树堂，于盗案随报随勘，亦即据实具禀，并无报而不勘、勘而不禀之案。黄穆在汪树堂幕颇久，于光绪十七年，将亲女嫁与汪树堂之胞侄汪某为妻，事在未到通州以前，黄女现已病故。黄穆声名平常，与通州白蒲镇劣绅沈来宽号广庭者联姻，致滋物议。黄穆在新地置田数十亩，并无新西关庙之称。黄穆住宅在城内西关帝庙，所谓新西关庙，或即指此。至黄烈祠、黄太和、黄轮香、黄始宜等名，均系粮串名目，该委员遵饬改装易服，前往密查，未便至州署调卷，无从查考。白蒲街开有谦吉钱店，兼卖棉纱，有谓系沈、黄合股者，道路传闻，未敢据以为信。黄穆有妾二人，一系通州人，一系家婢收房，有无压制弋取情事，并无实据。但幕友非官可比，似不得谓之民女。黄穆曾因田产招佃，意欲加租，佃首应鹤林不允，遂勒令退租，另招钱兆南承佃，汪树堂并无代为惩办之事。其收受属县干脩，闻如皋、泰兴各馈黄穆节敬二三十金，历年已久，尚非始自黄穆，别无干脩名目。通州典铺共二十馀家，每节公送黄穆洋银七十元，随封七元，询之典商实有其事，不能曲为之讳。至搜括杂税入己，遍访居民，佥称自光绪二十四年，商民顾森泰等，联名禀请将杂税改为商家包捐，案经禀定，黄穆实未搜括入己。汪树堂与黄穆共事有年，见其熟悉地方利弊，信为老练，不及觉察，舆论皆然，似尚可信。海门家丁金春亭，倚官信任，操纵自由，该处居民交相訾诟。如民人崇清和开张客栈，去岁中秋，邻人闹事，株累及崇。金春亭闻崇姓小康，吓诈索贿，如愿始快。又粮书高鼎元者，金春亭诬其私行设柜，诈取贿赂若干，怙势狼贪，肆行无忌，众议纷起。署同知梁佩祥，毫无觉察，官声贻玷，率由于此。此查明通、海幕丁之实在情形也。

臣查沿江一带及太湖等处，港汊纷歧，向为丛匪之薮。自上年盐斤加价，官销愈滞，私枭愈多。臣久任两江，于缉拿盐枭、会匪一事，从不敢稍涉松懈，每年惩办总不下数十案，均于讯明后即行批饬正法。无如利之所在，虽严刑峻法，仍难戢其贪心。近来裁撤营勇，不下万馀人，难保无会匪、票匪煽诱入党，扰害闾阎。若谓尽绝根株，臣诚不敢作此欺饰之语，惟有督饬文武，整顿捕务，随时严拿，遇有大股匪徒滋事，立即派兵剿灭，毋任蔓延，以期奸宄戢而地方可安，淮销畅而还款无误。仍当钦遵谕旨，整饬吏治，消患未萌，为正本清源之计，以仰副圣主垂念南服之至意。

通州直隶州知州汪树堂，在任十年，平日官声颇好，舆情爱戴。此次派员前往密查，亦佥谓州官勤能，仅止失察幕友，然确无徇庇情事，应记大过一次，以观后效。幕友黄穆，虽尚无赃贿实迹，而罔知检束，致招物议，应即驱逐回籍，不准逗遛。调署海门厅同知本任江宁江防同知梁佩祥，一任劣丁用事，听断亦复平常，应即撤任，并不准回本任，以示惩儆。劣丁金春亭，招权诈贿，应拿究追赃，按律惩办。

除分饬遵照外，是否有当，谨恭折覆陈，伏乞皇太后、皇上圣鉴训示。谨奏。

大员乡举周甲请重赴鹿鸣宴折 光绪二十八年五月二十一日

奏为大员乡举重逢，吁恳恩施，准其重宴鹿鸣，恭折仰祈圣鉴事：

窃查例载，嘉庆二十一年，奉上谕："三品以上大员，无论现任、在籍，其中式科分适遇花甲再周应重赴鹿鸣宴者，该省大吏专折陈奏，加恩晋秩，以彰人瑞。"等因，钦此。历经遵办在案。

兹据江宁布政使吴重憙详准江苏候补道欧阳霖等呈称："三品衔江苏开缺另补知府陈卿云，现年七十七岁，江西瑞州府上高县附生，应道光二十三年癸卯科本省乡试，中式第三名举人，扣至光绪二十九年癸卯正科，花甲一周，例应重赴鹿鸣筵宴。霖等谊属同乡，呈祈转详具奏"等情前来。

臣等查陈卿云，系道光癸卯科举人，同治辛未科进士，由编修洊升翰林院侍讲，奉旨简放江苏扬州府知府，经臣坤一奏请开缺另补，嗣于办理河运案内，保加三品衔。早登科第，曾列清班，兹当乡举重逢，洵属艺林盛事，吁恳天恩，准其重赴鹿鸣筵宴。至应如何量予恩施，以示优异而惠耆儒之处，伏候圣裁。

除将履历咨部查核外，谨合词恭折具陈，伏乞皇太后、皇上圣鉴训示。谨奏。

道员席汇湘等请交军机处存记片

再，安徽候补道席汇湘，志趣远大，器识闳深，家居绩学能文，讲求时务，绝无富贵陋习。及来江南候补，犹是恂恂儒生，当差矢慎矢勤，实事求是。此次委办湖南督销盐局，正值部议加价之时，湖南抚臣俞廉三，以偿款无出，另行加收口捐。臣方虑捐重价昂，私充引滞，有碍两淮课厘，乃该道措置合宜，得以如恒征解。湘抚臣以其和衷共济，电嘱臣勿遽移动，该道能事，即此可见一斑。

又江苏候补道穆克登布，气局安详，才具稳练，遇事肯任劳怨，而尤长于理财。金陵厘捐，从前至旺之年不过四十馀万，自该道接办后，认真整顿，日有起色，近年收数增至一倍之多。此其明效大验，裨益度支不小。现值时局多艰，厘务诸形掣肘，该道劝谕商贩，改办统捐，豫为补苴之计，唇焦舌敝，渐就范围，亦可谓苦心孤诣矣。

又江苏候补道郭道直，躁释矜平，资深望重，到省二十馀年，退然自守，从不干求，历当苦差均无贻误。现在办理支应局务，力任其难，每遇入少出多辄形束手，即须移缓就急，权应然眉，该道智虑周详，情形熟习，综核名实以杜漏卮，酌剂盈虚以资挹注，兼筹并顾，洵足干济时艰。

以上三员，堪胜方面之任，亦各著有微劳。可否仰恳天恩，交军机处存记，以备简用而示鼓励，出自逾格鸿施。

谨撮叙事实，附片奏保，伏乞圣鉴训示。谨奏。

杨模等捐建小学堂恳予嘉奖片

再，劝学育才，自应官为提倡，亦须地方绅士自行筹办，辅官力之不足，庶众擎易举，日起有功。江南士子，学有渊源，素知讲求根柢，钦逢朝廷举行新政，崇尚实学，莫不感激奋兴，争自磨砺，以期仰副圣主造就真才之盛意。如上海县叶成忠，独力捐建之澄衷蒙学堂，办有成效，业经议约大臣工部尚书吕海寰专案奏奖。兹查有无锡县俟实小学堂，系五品衔举人杨模、中书科中书单毓德、候选知县高汝霖、议叙知县秦培谦、附贡生王镜藻等筹款设立，开办数年，规模大备，俊髦日兴，即改为该县高等小学堂，实足以树先声，而资观感。合无仰恳天恩，传旨嘉奖，并由臣制给“乐育英才”匾额，以示鼓励，出自逾格鸿施。

理合附片具陈，伏乞圣鉴。谨奏。

驻宁驻汉领事请一律给奖折 光绪二十八年五月二十一日

奏为前岁长江商订互保，江宁、汉口领事协力赞助，有裨大局，援案恳恩赏给宝星，以酬劳勚，恭折仰祈圣鉴事：

窃查光绪二十六年长江互保一案，业将驻沪协助各领事，会奏奖给宝星，奉旨允准在案。

兹查驻宁各领事，当时凡遇一切筹办保护事宜，亦无不和衷商榷，有与上海各总领事商办之件，多赖为之转达，各国入江兵轮并经过洋员，由该领事先行道意，得以措置裕如。又值銮舆西幸，汉口为东南运道枢轴，兼以票匪谋乱，事机紧迫异常，驻汉各领事深明大义，守约不渝，华、洋商民，安堵如常。均深资协助之力，未便令其向隅。谨将各洋员衔名开具清单，恭呈御览。合无仰恳天恩，俯准照案分别赏给宝星，以酬劳勚，出自鸿施。

除咨外务部查照外，谨合词恭折具陈，伏乞皇太后、皇上圣鉴训示。谨奏。

筹挑扬州河道动拨经费折光绪二十八年六月十九日

奏为遵旨筹挑扬州界首子婴闸一带河道情形，恭折仰祈圣鉴事：

窃臣夔龙于上年十一月间，在河南彰德府行在面奉谕旨："界首子婴闸一带河道淤浅，饬令查勘挑浚。"钦此。到任后，遵即委员详细查勘，并咨商臣坤一妥筹办理。时因转瞬春水发生，未能工作，定议缓至本年秋后，再行拨款兴办。

臣等伏查淮、扬运河，为民船往来要道，比年以来，河堤日加培厚，河底日益垫高，淤浅之处较多，而以子婴闸一带为尤甚。推原其故，盖因运河上承蒙、沂诸水，奔腾直注，经过各涵洞，逐渐分泄，水势已弱，至宝应之汜水子婴闸，则河流高下悬殊，运河之底高出闸底，水性就下，形同吸川，长河溜势旁趋，由子婴闸而入下河者十之六七，由运河南下者十之三四，水缓沙停，受淤实由于此。加以下游永安汛之马棚湾，有出湖救生港一道，湖水入运，一遇盛涨，势必河流顶托，向北逆流，以致上游数十里，全行淤垫。冬令水涸之时，虽轻载商船亦不免有阻滞，非设法挑淤，难以畅行。第欲筹挑浚，必先挑备引河以通舟楫，然后筑坝戽水，挑挖正河，工程浩大，计费非六七万金不敷，计时非四阅月不可。是以臣坤一近年叠次饬议兴挑，并派员详勘，非因经费一时难筹，即因时令早迟不一，屡议屡止。兹既奉旨饬挑，自应勉为筹款，及时赶办，以期上纾宸廑。现经饬委勘估，自子婴闸上游七里闸起，至马棚湾止，一切挑挖引河、闸河、湖淤、剷挑口门、筑坝等工委员薪水，各项器具杂支，撙节估计，共约需银六万两。苏省库藏奇绌，兼值赔款浩繁，艰窘万分，实觉无从挹注。惟事关地方水利，不得不竭力设筹，拟由两淮运司拨银一万两，江安、江苏两粮道各拨银一万五千两，其馀二万两，商之淮安关监督世纲相助为理。该监督力顾大局，并以该处为商贾冲途，于税务极有关系，允于关库核减二成经费及节省一成养廉项下凑拨银二万两，以济工用。此项工程，查有现办扬属运河堤工局江苏候补道丁葆元，熟习情形，办事精核，堪以委令兼办，俾资熟手。一俟霜清水落，即行开办，工竣核实造报。仍由臣等随时督率，务使功归实际，款不虚糜，以仰副朝廷轸念民生、实事求是之至意。

所有遵旨筹挑扬州界首子婴闸一带河道并动拨经费缘由，理合会同江苏抚臣恩寿恭折具陈，伏乞皇太后、皇上圣鉴，敕部查照。谨奏。

苏局仿铸铜元畅行无弊片

再，前因苏州仿照闽、粤章程，奏准鼓铸当十铜元，颇著成效。江宁地方近年制钱短缺，银价日低，亟应仿办以济钱荒。当经臣饬令该藩司妥筹详办。嗣奉上谕："近来各省制钱缺少，不敷周转。福建、广东铸造铜元，民间称便，江苏仿办亦极便利，着沿江、沿海各督抚，筹款仿办。"等因，钦此。又以转行钦遵去后。

兹据江宁布政使吴重憙详称："此案经前署藩司徐树钧，会商江南银元局，由司库借拨银二万两，解交该局开铸铜元，陆续解司，转发钱典各铺配搭行用，辘轳铸造，商民交易及完纳钱粮厘税均照制钱出入，一律不准低昂。其铜质轮郭，悉与江苏所造无异。每次铸本银一万两，能铸铜元一百四五十万元，就现在银价兑售，约可得盈馀银千两之谱，倘以后银价稍涨，盈馀即就轻减。数月以来，颇能畅行，并无流弊"等情，详请具奏前来。

除咨部查照外，谨会同江苏巡抚臣恩寿附片具陈，伏乞圣鉴。谨奏。

扬州署守石作桢撤任革职片

再，本年春夏之交，青黄不接，米价日见翔贵，迭经严饬各属，禁运米粮出口，嗣又钦遵谕旨，饬属查禁奸商私贩出洋各在案。乃署扬州府江苏补用知府石作桢，于奉文后，委员访查，竟任宁波米董浙江桐乡县教谕举人张传芳，盘踞江都县产米之仙女镇，逐日偷运万馀石或数千石出口，人言啧啧，咸谓该府与沈、冯两委员，受贿故纵，恐难保其必无。四月初旬，该处饥民群起闹事，石作桢犹请张传芳在公所筵宴，物情大骇。及张传芳于四月杪潜逃，石作桢乃于五月初一日，密札江都、甘泉两县拿办，词极严厉，以图掩人耳目，离奇闪烁，舆论哗然。石作桢以方面大员，居心贪狡，实属有玷官箴，张传芳出自正途，身膺司铎，而行同市侩，尤为衣冠败类，均未便稍事姑容。据江宁藩司等揭参前来，相应请旨将三品衔署理扬州府江苏补用知府石作桢即行革职，张传芳革去教谕、举人，勒回原籍，交地方官严加管束，以示惩儆而肃官常。

除饬司先将石作桢撤任，另行委员接署，一面饬查沈、冯两委员衔名，另行参办外，理合附片陈请，伏乞圣鉴训示。谨奏。

江北河运出力各员请奖折光绪二十八年六月二十一日

奏为查明江北河运漕粮出力各员，援案恳恩分别给奖，恭折仰祈圣鉴事：

窃江北历届办理河运出力人员，均经奏准给奖。光绪二十五年河运漕粮，于二十六年四月二十一日开行，九月十八日赶抵临清，十月二十九日由山西委员一律验收清楚。所有在事出力各员，据江宁布政使吴重憙、江安督粮道胡延开单详请具奏前来。

臣查是届漕船开行后，驶抵清江各闸，维时河间以北拳匪起事，当经臣电饬该前署粮道松麟随时探明，相机前进，以昭妥慎。该前署道遵即派员前往侦探，启放湖水济运，提剥拉溜，挽入东境八闸至李家窑决口，三堵三溃，节节拽磨，八月三十日始将十起漕船挽入陶城埠。黄水枯涸，御黄坝外淤滩三十馀丈，开挖引河，接进大溜，分帮全剥，趱入运河，行至东昌以南八里庙，西堤决口水耗，雇夫挽拽，将米起囤周家店，闸下板抬水过浅，乃抵东昌。奉旨："江北漕粮十四万馀石，前已拨给山西，即着锡良派委妥员，前往接运。"等因，钦此。又经电饬钦遵，严催各船，加成提剥，驶抵临清。适接山东巡抚电开：现得保定来电，漕船将抵德州，而敌兵游弋直、东，嘱饬运员妥慎将事。临清旧仓宽大，囤卸较妥。并接山西巡抚电同前因。该前署道遵即照办。旋经山西抚臣锡良派委道员张毅抵临，交收清楚。在事文武各员弁，相度机宜，妥为筹办，加以北方兵警，冒险渡黄，艰苦备尝，得以无误，洵属著有微劳。现在山西、山东接运人员，均得异常保奖，而江北辛苦过之，谨择其尤为出力者，仍照成案，分别请奖，缮具清单，恭呈御览。合无仰恳天恩，俯准照拟奖叙，以示鼓励，出自鸿施。

除出力稍次武弁咨部给奖，并遵章饬取文职履历咨送吏部查核外，谨会同漕运总督臣陈夔龙、江苏巡抚臣恩寿恭折具陈，伏乞皇太后、皇上圣鉴训示。谨奏。

遵保人才恭应经济特科折光绪二十八年七月十四日

奏为遵保人才，恭应经济特科，恭折仰祈圣鉴事：

光绪二十七年四月十八日，钦奉慈禧端佑康颐昭豫庄诚寿恭钦献崇熙皇太后懿旨："为政之道，首在得人。况值时局阽危，尤应破格求才，以资治理。允宜敬遵成宪，照博学鸿词科例，开经济特科，于本届会试前举行。天下之广，何患无才。其有志虑忠纯，规模闳远，学问深通，洞达中外时务者，着各部院堂官及各省督抚、学政，出具考语，即行保荐。并着政务处大臣，拟定考试章程，请旨办理。"等因，钦此。又六月初四日，御史陈秉崧奏，保荐经济特科，请饬破除夤缘积习一折。复奉上谕："着各督抚、学政，于保送时，虚心采访，果系物望素孚，确有实学者，方准保奏。"等因，钦此。仰见圣朝破格求贤、综核名实之至意，莫名钦服。当经恭录咨行钦遵，并由臣随时加意采访，先于各僚友中，核实考察，复据各属遴选保送，经臣择尤调省，亲加验看，详切谘询，试其议论，觇其性量，非确系素负众望，学有根柢，堪应世用者，不敢滥行保荐。

兹查有刑部郎中沈曾植、江苏候补道蒯光典、江苏候补道俞明震、前安徽青阳县知县汤寿潜、安徽宿松县教谕程佐衡、江苏无锡县举人杨模、湖南湘乡县举人张通谟、湖南安化县举人黄运藩、江苏桃源县拔贡尹彦钵，以上九员，器识闳远，学业精深，博览古今图书，通晓中外掌故，历代帝王之制作，五洲邦国之规模，颇能悉其源流，得其要领。至于教养兵刑诸大政，以及天算地舆，则各就其智力所及，孜孜讲求，以为致用之地，可谓俊杰之士矣。溯自咸丰以来，世变频仍，邦交日棘，凡属食毛践土，均应尝胆卧薪。该员等幸列搢绅，钦承纶綍，慨时艰之莫补，志切刍荛，翊量运于维新，忱倾葵藿，恭际临轩盛典，允宜荐剡同登。合无仰恳天恩，俯准召试，俾该员等遂观光之愿，摅蓄德之怀，则感荷鸿施，重于鳌戴。

所有遵保恭应经济特科人才缘由，谨恭折具陈，伏乞皇太后、皇上圣鉴训示。谨奏。

代递前浙江巡抚臣遗疏折光绪二十八年七月十四日

奏为大员在籍病故，代递遗折，并恳恩赐恤，恭折仰祈圣鉴事：

窃兵部尚书衔前任浙江巡抚臣恽祖翼，于光绪二十六年十二月，丁母忧开缺，回常州本籍守制。兹据该家属呈报，该抚臣恽祖翼，因历年积劳，举发咯血之证，旋复气喘臌肿，医药罔效，于二十八年六月初四日病故，交到遗折，呈请代递前来。

臣查恽祖翼，器识闳深，才猷卓越，由举人、郎中保升道员，分发湖北，补授湖北粮道，调补汉黄德道，升授湖北臬司、浙江藩司、浙江巡抚。历官所至，卓然有声，迭经各督抚保荐，七奉军机处存记之命，忠勤劳勚，久在圣明洞鉴之中。而其尤著者，则以在浙江藩司任内，适值北地拳匪事起，全局震惊，浙省同僚，又复意见互异，稍有不慎，立蹈危机，东南各省，且将为之牵动。该抚臣相机因应，维持其间，总以保守疆土，潜消兵衅为要义，苦心调护，坚定不摇，卒使地方转危为安，中外商民翕然称颂，非该抚臣之力不至此。馀如减漕价以杜浮收，兴水利以滋灌溉，整剔厘务以裕度支而除中饱，吏畏民怀，至今攸赖。及擢授巡抚，自以受恩愈深，时局益亟，练兵一事，实为切要之图，疏陈军营痼习，请定严条，认真整顿，奉旨嘉纳。寻以丁忧去官，虽事未及行，而其志徇公家，不避嫌怨，有足多者。方冀服阕起用，共济时艰，乃以积劳致疾，遽尔溘逝，臣实惜之。谨将交到遗折，恭呈御览。合无仰恳天恩，从优赐恤，以彰荩绩，出自逾格鸿施。

所有大员在籍病故，代递遗折各缘由，理合恭折具陈，伏乞皇太后、皇上圣鉴训示。

再，该抚臣有子二人，长子毓良，花翎江西候补班补用知府，次子毓珂，花翎工部郎中双月选用道，合并陈明。谨奏。

制造局监工洋员请分给宝星片

再，江南制造局机器兼炼钢两厂监工英人彭脱，艺事精敏，亲往英、德各厂考求机器，创办炼钢，费省工速，克底于成，教授华匠，亦复不辞劳瘁。又造炮及炮弹两厂监工英人柯尼施，精细和平，督匠仿造大小快炮，考验制药速率涨力，懋著勤劳。又前子药厂监工德人毕第兰，坦直精详，考究枪子内膛作法，剖析毫芒，于工匠殷勤指授，从无隐秘。据总办局务苏松太道袁树勋、候补道毛庆蕃禀请奏奖前来。

臣查制造军械，为当今急务，该洋监工彭脱等三员，在局有年，办事勤奋，洵堪嘉尚。合无仰恳天恩，赏给彭脱、柯尼施各三等第二宝星，毕第兰三等第三宝星，以示鼓励。

除咨外务部查照外，谨附片陈请，伏乞圣鉴训示。谨奏。

裁改三省制兵更定章程折光绪二十八年七月十五日

奏为三省制兵分别裁减改并，并酌裁员弁，更订画一饷章，恭折会陈，仰祈圣鉴事：

窃奉上谕："着将原有各营，严行裁汰，精选若干营，分为常备、续备、巡警等军，认真训练，以成劲旅。"等因，钦此。遵将三省防练各军，分别改设各缘由，经臣坤一、臣兴锐暨前安徽抚臣王之春，先后具奏，臣坤一裁改防练各军折内声明，制兵三省应归一律，俟会商酌拟章程，另行会奏各在案。

臣等伏查苏、皖、西三省制兵，近年以来，迭经裁减，所存本已无多，地广兵单，实觉不敷分布，兼之积习较深，扫除匪易。今欲大加整顿，固当从严裁汰，以节饷需。惟兵数愈裁愈少，非酌照练军改订章程，新其耳目，作其志气，不能使一兵得一兵之用，所需饷项，仍属虚糜。查绿营兵饷，向分马、战、守三项，守兵饷银每日仅止三四分，实不足以资养赡。兹既改为巡警，专备巡防警察，拟照现存之额，裁去二三成，不分马、战、守，统改守兵，于原饷之外，酌量加给，即以裁节之款抵支，核有不敷，再裁冗弁，俾资挹注。苏、皖两省各标营，酌裁千把等弁，计每年苏省约可节馀银一万五六十两，皖省约可节馀银八百馀两。惟江西全省三十五营内，有驻扎各属县城及乡镇地方，向设都司之武宁等营，原存兵丁，再行裁减，数甚畸零，原设都司等员，几同虚设，徒耗巨饷。且库款支绌异常，加饷苦难筹措，拟将武宁、铜鼓、广昌、铅山、浮梁、赣后、兴国、龙泉、万安、永丰、莲花、文英、永镇等十三营，原设都司、守备，概行裁去，仍留千把等弁，分扎各县汛地，该弁等与裁存之兵，各就驻汛，归该府州标营管辖，该都司等廉俸马干等项，节归加饷，统计有盈无绌。并察酌地方情形，其紧要处所，于裁存弁兵较多各营内酌量拨驻，即隶该处营分，此则因时制宜，不得不量为变通者也。至裁存之兵，按数分哨，各以营官为管带，自帮带以至正副哨弁，督队、督操，均以本营裁存各弁，依次递派，仍各支原领廉俸薪饷，勿须另加。各兵月饷，不分银米，拟每名给银二两四钱，什长给银二两九钱，均照向章支放。拟裁之兵，酌发恩饷三个月，即于节省款内动支。其存兵加饷，亦俟定案三个月后，再行照加，免致另筹为难。马匹变价，为该营改制旗帜号衣之需。三省各标营，一律照此办理。其奉裁员弁，仍各归原省，按照裁缺章程，分别补还一缺，俾免向隅。第念裁并后，兵数较前更少，应令常川屯扎，认真训练，方能破除旧习，渐底精强。从前解犯、护饷等差，嗣后应免佥派，即责成州县经理，庶不致袭循例之虚文，旷操防之实效。总之，此次裁汰制兵，与各标练军，同改巡警，当用挑练成规，化无用为有用，以冀仰副圣主经武整军之至意。现拟办法，臣等咨函往返商酌，意见相同。如蒙俞允，俟奉旨后，臣等即遵照办理。节饷加饷银数，分行各藩司确核，各归各省，连同裁存兵数，另行分别造册，咨部查核，其节除之项，即留为各该省凑解洋款及举行新政之用。除将分立营哨及拟裁员弁另行开单分咨政务处、兵部查核外，谨将裁改并拨营汛人数，分缮清单，恭呈御览。

所有遵旨裁改三省制兵更定章程缘由，是否有当，理合会同江南提督臣李占椿合词具陈，伏乞皇太后、皇上圣鉴训示。

再，安徽皖南镇标练军马步三营，经前抚臣王之春奏明改名续备，现已一律更正，作为巡警，以符通案，合并陈明。谨奏。

拨济广西枪炮片

再，准新授广西抚臣王之春来电，请拨后膛毛瑟枪四百杆，快炮八尊等因。臣查广西军务紧要，南洋虽存械无多，自应勉为拨济。当经饬令江南制造局拨给三磅子快炮八尊，配开花弹八百颗，实心弹八百颗，铜壳四百个，碰火铜引八百副，炸药二百磅，无烟药二百五十磅，引药十磅，铜螺丝击火二千枝，新毛瑟兵枪四百杆，无烟枪子二十万颗，黑药铜壳四万颗，并照配药袋、药箱、皮条等件，以资应用。

除咨部查照外，谨附片陈明，伏乞圣鉴。谨奏。

裁汰淮北监掣同知各缺片

再，准军机大臣字寄："光绪二十八年五月十四日上谕：'有人奏，淮北盐务向归运判办理，监掣同知一缺，久成虚设，请旨裁撤等语。着刘坤一确切查明，据实具奏。原片着抄给阅看。将此谕令知之。'钦此。遵旨寄信前来"并抄原片等因。当经转饬钦遵，确切查明，据实详办去后。

兹据两淮盐运使程仪洛禀称："伏查淮北监掣同知一缺，向管北盐掣运事宜，自淮北改票后，一切场坝捆运各事，责成海州分司经理，监掣同知，仅有会办之名，并无掣验之实，自应遵照裁撤。其所属之乌沙河巡检一缺，情事相同，应请一并裁汰。又淮北永丰坝监掣、淮南白塔河巡检两缺，改办票盐以来，均无专责应办事宜，当此澄叙官方之际，拟请均予裁撤”等情。臣覆查无异，相应奏明请旨俯准将淮北监掣同知一缺，查照原片裁撤，并将无关紧要之乌沙河、白塔河巡检两缺及淮北永丰坝差缺，一并全裁，以省冗滥。

惟以上请裁各缺，淮北监掣所裁之员，现查淮南尚有监掣同知一缺，应请归于裁缺即补班内序补。至巡检一项，两淮只乌沙河、白塔河二缺，既经一律裁去，所有裁出之二员，暨候补巡检中之堪以补缺者，此后均无缺可补，未免向隅，应如何改归有缺省分补用，或改补地方巡、典之处，除咨商部臣核办外，理合会同江苏抚臣恩寿附片具奏，伏乞圣鉴训示。谨奏。

代递前抚臣张汝梅遗疏折光绪二十八年七月十五日

奏为大员在寄寓病故，代递遗折，并恳恩赐恤，恭折仰祈圣鉴事：

窃头品顶戴前山东巡抚张汝梅，开缺后寄居江苏山阳县。兹据该家属呈报，张汝梅于本年五月间，举发旧伤，兼患咯血，医治罔效，延至六月初五日，在寄寓病故，交到遗折，呈请代递前来。

伏查张汝梅，河南密县人，因念其父守城徇难，投笔从戎，遂以军功起家，为前漕运督臣袁甲三所识拔。维时皖北一带，群盗如毛，该抚臣忠勇性成，身先士卒，攻破亳州等处贼圩，克复临淮关，进剿定远，力解凤阳府县城围，攻克庐州府城，战绩卓著，迭受重伤，洊保道员、按察使衔。旋奉调赴河南军营，剿办捻匪，大小数十战，所向有功。嗣因亲老丁单，陈请乞养，奉旨允准。光绪十四年，补授广西右江道，升授山西按察使、陕西布政使，护理陕西巡抚，二十三年，蒙恩擢授山东巡抚。历官所至，孜孜以讲求吏治，培养民生为要务，筹办赈抚，实心实力，俾穷黎得沾实惠。二十四年，奉饬办理昭信股票，该抚臣自念受恩至深，允宜毁家纾难，首先报效银十万两。二十五年，奉旨开缺，降二级另候简用等因。解任后，遂寄居江苏山阳县。二十六年秋间，敬闻乘舆西幸，昕夕忧思，又因患病，未能趋诣行在，复变产凑集银三万两，藉申微悃，由臣代奏，蒙恩赏收，并赏给头品顶戴，钦遵在案。该故抚性成忠孝，懋著勋勤，值兹时局艰难，屡捐巨款报效，洵属止知有国，不知有身，靖共之忱，老而弥笃。兹以旧伤举发，一病不起，悼惜实深。合无仰恳天恩，量予赐恤，出自高厚慈施。

谨将交到遗折，恭呈御览，伏乞皇太后、皇上圣鉴。谨奏。

总兵劳故邀恳赐恤折 光绪二十八年七月十六日

奏为已故总兵，功绩卓著，恳恩赐恤立传，并附祀提督吴长庆专祠，以彰荩绩，恭折仰祈圣鉴事：

窃据江苏候补道郭道直、浙江处州镇总兵班广盛等禀称："已故记名提督江南狼山镇总兵曹德庆，安徽庐江县人，由武童在籍办理团练，克复柘皋、三河等镇，左骽深受矛伤。于咸丰十一年，投效淮军，隶提督吴长庆部下，克复苏州省城及浙江各城隘，历次血战解围。同治二年，进攻嘉兴府乌金桥贼垒，迭受枪子、炮子重伤。又于克复宜兴、荆溪、江阴等城，左臂受枪子伤，深入筋骨，验列头等，积功洊保至记名总兵。七年，剿办张总愚股捻，屡获大胜，厥功甚伟。九年四月奉上谕：‘着以提督简放，并赏给烈勇巴图鲁名号。’钦此。嗣管带庆字营，奉饬修筑各处炮台，挑浚河道，收捕蝗蝻，缉私缉匪，均能实力奉行，以致积受潮湿，深入筋骨之中，每逢阴雨，感动旧伤，时发时愈。光绪五年九月，统领庆字全军驻防吴淞，仿筑新式炮台，工作馀暇，辄于附近各乡镇，开通沟渠，修造桥梁，以惠农民。迨海疆告警，不分昼夜，严督操防，沿江一带，赖以巩固，居民至今犹称道弗衰。前督臣曾国荃，深资倚任，屡疏保荐。十三年，奉旨补授江南狼山镇总兵员缺。到任后，布置江防，屯兵要隘，训练士卒，无不实力实心。其平日治军最严，专以不扰民为主，驻军之处，纪律肃然，秋毫无犯。常短衣匹马，巡视各营，与士卒共甘苦，医药有资，殡葬有所，人惮其威又感其恩。比岁辖境荐饥，该总兵捐廉办赈，远近穷民全活无算。每届轮巡出洋，虽酷暑严寒，风涛险恶之际，必身先士卒，周历各岛巡缉。在任七年，有如一日。上年八月，该总兵督师巡洋，感受风寒，触发旧伤，请假调理，仍复力疾从公，以致操劳过度，病势日增，于十一月二十一日出缺。”该员郭道直等，或与同官，或系旧部，知之最深，不忍听其湮没，禀恳奏恤等情前来。

臣查该故总兵曹德庆，从戎最久，迭克名城，身受重伤，功绩懋著。嗣在防次及狼山镇总兵本任，修筑炮台，挑浚河道，均属能举其职。生平任事勤奋，不辞劳瘁，治军威惠兼施，故士卒乐为之用。乃竟以微疴，牵动旧伤，遂至不起，将才难得，悼惜实深。合无仰恳天恩，俯准将已故记名提督江南狼山镇总兵曹德庆，照军营立功后积劳病故例，从优赐恤，生平战功事迹宣付国史馆立传，并准附祀原任广东水师提督吴长庆专祠，以彰荩绩，出自逾格鸿慈。

除将事实清册分咨部科暨国史馆查核外，理合恭折具陈，伏乞皇太后、皇上圣鉴训示。谨奏。

典史钱涛请附祀丹阳片

再，据统领江西内河水师江苏候补道钱德培禀称："该员之故父钱涛，原任江苏丹阳县典史，于咸丰十年，在丹阳县城办理大营赏恤局事务，城陷遇贼不屈被害，业由前江苏抚臣汇入第二案殉难外籍官绅册内奏恤，于同治二年正月十三日奉旨：'均着照所请，交部分别旌恤。'等因，钦此，在案。嗣悉同时殉难之丹阳县知县方濬泰，奏准在丹阳县城建立专祠，地方官春秋致祭。该员故父事同一律，禀恳奏请附祀"等情。当经批饬藩司查明核议去后。兹据江苏布政使陆元鼎覆查属实，详请具奏前来。合无仰恳天恩，俯准将已故江苏丹阳县典史钱涛附祀前丹阳县知县方濬泰专祠，以慰忠魂，出自鸿施。

除将该故典史履历咨部查照外，谨附片陈请，伏乞圣鉴训示。谨奏。

口授遗折光绪二十八年九月初五日

奏为臣病垂危，君恩未报，伏枕哀鸣，仰祈圣鉴事：

窃臣自咸丰五年，由诸生从戎，转战湖南、江西、广西等省，仰蒙文宗显皇帝特达之知，十一年简放广东臬司，升授广西藩司，洊历江西巡抚。同治十三年，由署理两江总督擢授粤督，旋复调任两江。先后待罪垂四十年，力小任重，未报涓埃。近年交涉烦难，措理愈形棘手。庚子之变，乘舆播迁，薄海震惊，每念我皇太后、皇上千里蒙尘，备尝艰险，神魂飞越，时以未能奉扬国威为耻，寝馈难安。迨至事定回銮，亟思修觐，又因会议商约，未得叩谒天颜，徒深依恋。

臣昔年在军营，感受湿毒，下血过多，遂患痔漏，不时举发。近年血气愈衰，今秋更甚，每遇案牍纷集，稍一用心，精神恍惚，智虑昏迷，不得已两次电奏请假，仰蒙皇太后、皇上天恩温谕垂注，并蒙颁赐参枝，感荷慈施，沦肌浃髓。不意旬馀以来，中焦燥结，旋复泄泻，时觉痰涌气逆，深惧危在旦夕，不获长依日月，报答圣恩，此则臣夙夜疚心、死有馀憾者也。

方今强邻环伺，天步艰难，惟愿皇太后、皇上敬天述祖，勤政爱民。法无论乎中、西，而要以核实为贵；人无分乎新旧，而必以忠爱为先。选将练兵，借收众志成城之效；讲信修睦，免启外人借口之端。庶几国祚永延，民心益固，天下幸甚，万世幸甚！

谨口授遗折，谕令臣子能纪代缮，亲交江宁布政使李有棻代递，不胜感恋之至。伏乞皇太后、皇上圣鉴。谨奏。

电　奏

电奏卷一

寄督办军务处光绪二十年十二月二十八日

坤一于二十八日午刻抵津，见直督李鸿章，湘抚吴大澂亦到。座中询悉，长军获胜，海城已复，东路较松。倭尽锐趋山东沿海，威海甚危，海军告急。倭计欲得我铁甲兵轮，并欲窜扰山东，以断南北运道，诚于大局有关。坤一商之李鸿章，电饬丁汝昌相机办理，务须保全铁甲兵轮各船。一面由坤一电饬所调江南马步诸军，由山东境，迅赴烟台，或赴威海，探悉倭人所向，并力截击。现在情形不同，似可暂留牛师韩、马心胜等营守护近畿，而令程文炳、董福祥即日统老营启行，由德州、济南一路前进，以期迎头堵剿。坤一暂驻天津，察酌事宜，令宋朝儒、杨金龙等营，整顿队伍，听候调遣，为夹攻计。至海军吃紧，督率需人，可否仰邀天恩，姑宽丁汝昌拿办之罪，责令立功自赎，出自逾格鸿施。请代奏。

复督办军务处光绪二十一年正月初一日

二十九日夜，钦奉电旨，曷胜悚惭。坤一于二十八日抵津，议援山东，即经电奏，初不知湘抚出关之期。湘抚既于初二出关，坤一自应亟往瓜代。现饬宋朝儒所部于初三日起程，一面电饬牛师韩、马心胜各营相继前进，并电催闪殿魁一军迅往乐亭，替出刘光才、申道发两支，赴关驻扎。惟杨金龙新招之勇，刻难就绪，只合听其后来。洋枪尚未到津，亦难久待。坤一俟部署稍定，即当克日启行，在津在关，事同一律，但期有裨时局，何敢稍涉逗遛。其江南北上之师，业经分电饬往威海助剿，暂归东抚调遣。请代奏。

复督办军务处光绪二十一年正月初九日

接阳电，奉旨："吴大澂已经出关。转瞬春融冰判，恐贼由滦河一带登岸，震及近畿，所关匪细。着刘坤一克日赴关，察看地势，整饬各营，妥筹布置，以慰廑系。"钦此。

窃坤一定期于十三日起程赴关，由四百里驰陈，并将滦、乐事宜，附陈大概，计已到京。现在感冒未痊，仍当舆疾上道，不敢借延，致劳廑虑。请代奏。

复督办军务处光绪二十一年正月十一日

威海全失，时局益危，派援山东各营，刻难抽调。查有江南记名提督黄本富、江西赣州镇何明亮，奉旨赴坤一行营差遣，拟令各招勇五营前来，饷归部拨，先由该两省垫发军装、行粮，所需枪炮，即于南洋续购项下请领。分别电知外，请代奏。

寄督办军务处光绪二十一年正月十二日

坤一以征倭兵勇云集关东，宋、吴两帮办亲临前敌，所有防剿事宜，亟应设立营务处，以资襄助。兹查有新疆藩司魏光焘，胆识深稳，纪律严明，堪以胜任。除分电外，请代奏。

寄督办军务处光绪二十一年正月十四日

十三日在山海关奉旨：“刘坤一电悉。魏光焘业已带队出关，与该大臣相去渐远，能否兼顾营务处，着刘坤一酌量覆奏。”钦此。

坤一因宋、吴两帮办均经向前，湘、淮诸军并集，惟魏光焘性情和厚，颇得人心，且纪律严明，为各勇所惮，是以委为前敌营务处，以资联络而期整顿，为宋、吴两帮办之助，并非派为坤一行营营务处也。仍祈俯允所请，当饬魏光焘努力图报。请代奏。

寄督办军务处光绪二十一年正月十四日

谨启者：

各营湘勇，陆续出关，愈进愈远，不可不预筹接济。原议所需月饷，仍由原省拨解，有时缓不济急，先由户部垫发。至坤一行营支应局，每月八万两，以及添招护军三营，月饷则归部拨，均由东征粮台就近给领。广西臬司胡燏棻，畛域无分，莫不随时应付。现有记名提督黄本富、赣州镇总兵何明亮，各招湘勇五营北上，所需月饷，亦是部拨之项，为款弥巨，其事益繁，恐胡燏棻一人难于兼顾，不若遴员分办，各任责成。查有新授直隶藩司陈宝箴，秉性公忠，才具稳练，前官湘省，懋著循声，士民爱之，又与坤一旧好，委以湘军饷事，必能措置合宜。相应请旨饬令陈宝箴接办湘军东征粮台，并准专折奏事，以期顺手。嗣后湘军由部垫发各项，统由该藩司请领支给，别营偶有缺乏，亦当量行挹注，期共饱腾。其应如何就事变通，由该藩司奏明办理。坤一为湘营日众，理饷需人起见。请代奏。

再，查淮军宿将，除前台湾巡抚刘铭传外，前安徽寿春镇郭宝昌，威棱夙裕，胆识亦优，办事公勤，众所惮服。现在关内外淮军尚多，就坤一察看，诸将人才无一能出郭宝昌之右。郭宝昌养亲在籍，当此时艰孔亟，自应移孝作忠。可否请旨饬令安徽抚臣传谕郭宝昌酌带马步队，刻日起程北上，听候差遣，以备缓急之需，而收臂指之效。郭宝昌果敢善战，抚驭有方，将来到营，可以随宜位置，必能裨益戎行。请代奏。

复督办军务处光绪二十一年正月十五日

十三晚接文电，奉旨："李秉衡电奏已悉。威海既失，瞬届冰开，畿辅防务，较东省大为吃紧。丁槐曾与洋人接战，熟习地营之法，着统所部来津，听候谕旨。并着刘坤一传谕岑春煊，俟丁槐到后，即与会同商办一切。"等因，钦此。

查岑春煊在津辞行赴东，未知现抵何处，无从传谕。丁槐援东，首先入境，若遽赴津，人情大恐，似应准其暂留，以救眉急。连接李秉衡及东海关道刘含芳电述情形，极其危迫，不敢不为之转陈。请代奏。

寄督办军务处光绪二十一年正月十八日

昨接江西巡抚电称：赣州镇何明亮，以勇难招，亦不愿招勇，仍带亲兵数十人，来关办事。何镇气局与众不同，只合听之。另查有记名总兵郑连拔，系魏光焘旧部，勇略尚优，堪胜统领之任。坤一家居时，见郑连拔人材壮健，与魏光焘所称相同，将来可期得力。相应请旨饬下湖南巡抚，速令郑连拔招勇五营北上，先由湖南支发军装、行粮，到关月饷，即以原议部拨何明亮五营薪粮给之，所需枪炮，仍由南洋设法应付。请代奏。

复督办军务处光绪二十一年正月二十日

谏电谨悉。奉旨："李鸿章、刘坤一电奏均悉。海军覆败，敌船无所顾忌，嗣后各口冰判，可以登岸处甚多，而北塘、乐亭两处，尤为可虑。吴育仁既非御侮之材，闪殿魁亦皆新募之众，或改换将领，或再筹添营助防，着李鸿章、刘坤一迅即会商，妥筹具奏。鸿口地势延长，亟应逐段添置马探，以期闻警即报，声息灵捷，并着迅速办理。"等因，钦此。

坤一以乐亭海口紧要，闪殿魁十营，系新募之众，且无洋枪利器，先经商之北洋，发给快炮、神机炮共八尊，操练未精，恐不足恃，只得留申道发五营，与闪殿魁合扎。申道发前随鲍超驻守乐亭，熟谙地势，虽智谋不足，而勇敢有馀，可资臂助。坤一令刘光才俟闪殿魁到乐，务将一切防剿机宜，会同申道发，三人详细商办，而后拔营赴关。其派驻昌黎之牛师韩，派驻滦州之马心胜，亦令来关，面筹方略，谆饬分途部署，保护铁路，相机接应乐亭，并为东西两面游击之用。牛师韩颇有将才，所部亦严谨。北塘近津，吴育仁应否更换，由直督李鸿章核办。至沿海马探，即饬驻扎昌、乐之王可陞马队与马心胜马队并各州县，各派劲骑健卒，分投哨探，随时报闻。请代奏。

再，太仆寺少卿岑春煊，于上年十二月奉旨交坤一差遣委用。

坤一屡与接晤，见其年富力强，勇于任事，冀使历练，以继先声。嗣因山东军务吃紧，委派前往办理调援各军营务，期资得力，并令将防剿情形，随时发电驰报，俾得相机筹画。兹据报，于正月十一日起程赴东等情前来。请代奏。

寄督办军务处光绪二十一年正月二十一日

本日接聂士成电，于十八日由大高岭开拔。接陈湜电，十八日始知有调守大高岭之旨，即于十九日拔营，赴岭接防，约二三日方到。接宋庆电，十三日即催聂料理入关，并商吴大澂，催陈赴岭，迄无回电等语，即坤一两次分电，聂、陈亦未接到，不知何故。闻石山站前面二三百里，未设电局，须用马递，或致转折延误。但望陈速到岭，免为倭寇所乘。坤一复电陈速行，并电吕、孙，于陈未到前，严密防范。请代奏。

寄督办军务处光绪二十一年正月二十二日

坤一于二十日，谨将遵旨筹添防营，酌留申道发一军，与闪殿魁合扎乐亭，刘光才俟商办防务后，统带所部亲军五营来关等情，电请王大臣代奏在案。

兹据乐亭县知县张鹤龄来关禀称，闪殿魁现有六营，已行抵乐亭地方，新招之勇，枪炮无多，申道发一军兵力尚形单薄，以致人心皇皇，坚请并留刘光才一军驻乐，情词迫切，访之众论，皆以为然。坤一以乐亭要口，上廑圣怀，今以闪殿魁新勇，申道发兵单，深虞贻误，只合俯如该县所请，并留刘光才一军驻乐，与申道发协力堵守，闪殿魁各营，则扎后路，以便训练，而壮声威。惟坤一无一老营亲兵，改调牛师韩一军到关，以资分布。马心胜一军移驻昌黎甜水沟，俾与乐亭及贾启盛驻扎之洋河口，遥相策应。至北塘一口，尤为紧要，钦奉上谕，以该处统将吴育仁非御侮之才，如须改换，坤一以奉调赴津之徐州镇总兵陈凤楼，忠勇可靠，亦是皖人，堪以胜任。事机日迫，伏望速赐指挥。除电商北洋李鸿章及署督王文韶外，请代奏。

复督办军务处光绪二十一年正月二十四日

养电谨悉。奉旨："刘坤一电奏已悉。现在海防吃紧之处，以滦、乐为最，除现派驻守各营外，仍着刘坤一、王文韶妥商添拨。直、东交界之埕子口，距沧州甚近，若敌由此登岸，恐断南北运道，着王文韶迅筹调拨防范。有人奏：总兵闪殿魁，杂募市人千人，窳惰性成，拔队启行，多不愿去；总兵潘万才，前平朝阳会匪，冒功得保，纪律不严，不免虚饰之弊等语。着刘坤一、王文韶，确切访查，据实覆奏。"钦此。坤一查乐亭一口，实属紧要，业留刘光才、申道发两军驻扎，并令闪殿魁驻扎后路，马心胜一军分驻昌黎，以资接应，此外无可添拨。惟望聂士成一军入关，为自滦至芦游击之师，方有把握。直、东交界之埕子口，前调李永芳一军驻防，兵力单薄，亦赖曹克忠大支游击，庶保无虞。目前有无添拨营勇，应由王文韶酌办。

至闪殿魁十营，仓卒召募，其中难免市人，惟既经成军，应令勤加训练，随同防堵。闪殿魁尚知愧奋，或可转弱为强。仍由坤一随时察看，如实不能得力，即行裁撤。潘万才现守秦王岛要口，一时瓜代无人，坤一当饬令申明纪律，力戒虚饰，勉图报称，被参前事，姑予包含，此亦军营使过之道。除由王文韶确切访查覆奏外，谨先电覆。

又，闪殿魁驻乐有马队三营，马心胜驻滦有马队二营，足资分布。所有原驻昌、乐之宣化镇王可陞马队，应即调来榆关，听候差遣。请代奏。

复督办军务处光绪二十一年正月二十六日

敬电谨悉。奉旨："有人奏，歧口海岸空虚，闻倭船二三十艘俱集彼处，恐其乘间登岸。着刘坤一、王文韶查明虚实，随时侦探，严行防范，应否添兵驻扎之处，并着妥筹办理。至山海迤西，南至大沽，要口甚多，皆可登岸，并着详细查明，一体严防，毋留罅隙，致滋贻误。"钦此。

查歧口即祁口，前准直督李鸿章咨报，派统领乐字营记名提督梅东益，分防沧州及祁口一带。坤一在天津见梅东益，询悉所统仅两三营，兵力单薄。现在山东登州镇章高元所统八营入关，王文韶拟令扎埕子口，能否兼顾祁口，抑可分扎两处，由坤一电商王文韶酌办。仍应责成前广东陆路提督曹克忠三十营，大支游击，庶可万全。至由关至津，要口甚多，而以乐亭为最要。坤一留大同镇刘光才所统亲军五营，与记名提督申道发所统刚字五营，合扎该县，而以闪殿魁新营驻后，能否折冲，尚无把握。其馀如刘家河、黑洋河、间河等口，若必不留罅隙，安得有此兵力？且兵愈分而力愈单，虽有若无，为行军所大忌。坤一递次电催直隶提督聂士成所部八营进关，以期查照原议，该提督合并老勇新募二十四营，成一大支，为自芦台至滦州一路游击之师，方可以卫近畿而保铁路，否则难免贻误。谨据实电覆，祈代奏。

寄督办军务处光绪二十一年二月初四日

查榆关外东路十二里之红墙子、关内西北八里之二郎庙一带地方最为紧要。前蒙尊处委派洋员汉纳根，会同东征粮台胡臬司燏棻，督同管带炮队记名提督周兰亭，于该两处仿照洋式修筑炮台，颇属合法。胡燏棻原奏，周兰亭以一营而守两处炮台，兵力太单，应由帮办军务湖南巡抚吴大澂派兵协守。随经吴大澂派令翰林院编修曾广钧及副将吴元恺，分途驻扎。今吴大澂调吴元恺、曾广钧先后出关，所有该两处炮台，仍委周兰亭一营。该两处相隔二十馀里，一营不敷分布，若另调别营，不谙放炮之法，急切难期得力。应请由周兰亭添招一营，参同新旧勇丁，演放炮位，易于熟习，所需薪粮，由胡燏棻筹给，以归一律。坤一因事机吃重，不敢不及时绸缪，与胡燏棻往返商量，意见相同，已饬周兰亭遵照办理。请代奏。

复督办军务处光绪二十一年二月初五日

支电敬悉。奉旨：“着刘坤一迅饬陈湜统带数营，驰往分水岭一带，协同奉军，尽力堵剿，以扼辽、沈门户，并将开拔日期电闻。”钦此。坤一接陈湜江电，以三家子告急，已派吴提督带福右等营往救分水岭，并拟亲率数百人往汤河沿堵御兴隆沟之贼。惟兵力太单，请拨李光久、徐邦道两军往助。而吴帮办电，以正在会攻海城，李光久等难以抽动。坤一以前敌兵力颇厚，似不争此数营，即使缓攻海城，尚无甚碍，若辽、沈告警，关系大局非轻，仍电吴帮办，赶紧设法派援。并电依、长两将军，分兵回顾根本。诚恐未能动听，相应请旨督催。祈代奏。

复督办军务处光绪二十一年二月初八日

阳电谨悉。奉旨饬陈臬司湜："星速往援辽阳，不得借词延宕，致干参办。"等因，钦此。当经转电该臬司，钦遵办理。

查倭寇自得海、盖，设守甚严，故诱我军，尽锐围攻，预于坚城之下，相持不决，彼得乘间以犯沈、辽。坤一屡嘱前敌诸军，先固沈、辽根本，进兵海、盖务须慎重，以免中其奸谋。嗣接长顺回信，深以为然。本月初三、初四等日，辽阳徐庆璋告警，坤一即电饬陈湜拨兵驰守分水岭，一面电宋庆、吴大澂赶紧派援，并电长顺与依克唐阿回救，于初五日电督办处，请旨饬催。现闻倭寇大股北趋，事机亦紧，惟有谨遵此次电旨，长、依专顾沈、辽，宋、吴分防海、盖，各任责成，并须彼此消息常通，联络声势。至陈湜一军既行，则大高岭之防，仍由吕本元、孙显寅两军协力筹办，以期周密。请代奏。

寄督办军务处光绪二十一年二月十一日

太仆寺少卿岑春煊，前经奏派办理调援山东各军营务处，业将起程日期，电奏在案。现据报于正月十七日行抵济南。请代奏。

复督办军务处光绪二十一年二月十三日

真电敬悉。奉旨："现在关外贼图西窜，又恐由水路伺隙内犯，防务甚关紧要。各处防军尚不为少，第恐不尽得力，临时各不相顾，易致偾事。刘坤一奉命专征，务宜豫为部勒，谆谕各将领，互相联络，合力同心，以收夹击之效。董福祥、程文炳两军，驻扎（东京）〔京东〕，保卫近畿，未便移动，如有应商之事，着先与筹议，即饬回防。"钦此。仰见睿虑周详，廑筹严密，下怀莫名钦佩。

查关门各军，多系新集之众，与坤一初同袍泽，不审兵之强弱、将之勇怯何如，诚难保其尽能得力，不至偾事，惟有懔遵圣训，豫为部勒，谆谕诸将，联络声援，勉图报称。至程文炳、董福祥两军，保卫近畿，坤一并非令其移动，惟拟约该提督等赴津，会商战守之策，不过数日，各回原防。现在关外军情吃紧，坤一若由关返津，人心不免摇惑，且地面甫经开冻，正在督饬各军，扎营开濠，无暇他适。应俟关外事势稍定，各营筑凿竣工，届期能否赴津，徐议行止。

此次关外牛庄湘、鄂诸军挫溃，仍系被倭包抄，失亡粮械甚多，损折将卒不少。吴大澂现退双台，以期重整，良非易易。宋庆知营口难守，先行移扎田庄，自是老成之见。倘该军迟留，复为倭败，东三省将不可为。

现在惟有北固沈、辽，西防宁、锦，以保大局。不必急与争锋，俟我蓄锐养精而后与之决战，亦当出奇制胜，不可一味攻坚，使倭伺间乘虚以袭我后，致蹈今日覆辙。相应请旨饬令宋庆、吴大澂、长顺、依克唐阿、裕禄、唐仁廉等，相机酌办。祈代奏。

寄督办军务处光绪二十一年二月十四日

坤一查帮办宋庆，在田庄台于十一日迎击倭寇，斩杀六百馀名之多，大获全胜，足以壮军心而寒逆胆，现由坤一行营支应局给赏银五千两，以示奖励。臬司陈湜、辽阳州徐庆璋与吕本元、孙显寅，分途剿捕，各有斩获，或数名十数名或数十名不等。陈湜先奉电旨援辽，目下情形不同，岭防亦极紧要，坤一电饬该臬司，妥筹兼顾，一切进止机宜，与奉天将军裕禄商办。帮办吴大澂，由双台子退石山站，沿途溃勇尚属安靖，经道员袁世凯等设法安顿，由该管带官收回归伍，以期重整。请代奏。

复总署督办军务处光绪二十一年二月二十二日

马电敬悉。奉旨："刘坤一电奏已悉。倭寇悉聚海、盖，未测所向。宋庆、吴大澂所部退扎之地，距贼太远，本日已谕宋庆酌量进扎。吴大澂大言无实，难期振作，本日已降旨撤去帮办，来京听候部议。着刘坤一传知吴大澂，即将所部各营交魏光焘暂行统带。如何扼要分扎，互相联络，相机剿办之处，着刘坤一妥筹调度。魏光焘、李光久各营，前在牛庄接仗，伤亡若干，现存若干营，兵数若干，统计关外吴大澂所带湘军共有若干，着详细查明具奏。丁槐一军，即着刘坤一调赴榆关，以厚兵力。本日据王文韶电称，十九夜有倭船三只，在黑沿子口外离岸三十馀里停泊一点钟许，向东开去等语。敌情诡谲，仍着该大臣确探严防，以备不虞。"钦此。坤一当经电咨吴大澂，电饬魏光焘，钦遵办理。

俟吴大澂将所带湘军若干，魏光焘将该营及李光久各营伤亡若干，现存若干营，兵数若干，详细覆到，另行具奏。

坤一查宋庆忠勇老成，调度有方，情形亦熟，惟田庄台之败，损伤二千馀人，似应听其扼要严防，养精蓄锐，不必催其进剿。至牛庄之败，魏光焘甫经到防，喘息未定，即奉调会攻海城，苦谏不从，只得移营前进。而倭寇已犯牛庄，时刘树元、李光久两军均在海城，吴元恺一军又改隶宋庆，魏光焘以孤军血战，短衣匹马，挺刃向前，督勇苦斗，三易坐骑。及见各营死伤相继，势不能支，魏光焘植立阵前，誓以身殉，左右掖之以出，已濒于危。李光久闻警回援，交绥数次，而贼来益众，只得领队突围，失亡亦属不少。魏光焘现接统吴大澂所带湘军，相应请旨即派为帮办军务，准其专折奏事，重其事权，并请派陈湜、李光久，为前敌营务处，以资襄助。陈湜久历戎行，现任江苏实缺臬司，李光久以江苏候补道兼袭男爵，资望颇深，众情允服。吴大澂所带湘军，内有统带钢武军翰林院编修曾广钧，前在榆关，挟愤棍责已革总兵杨载元，被人奏参，奉旨查办。曾广钧人尚年轻，不谙军务，应令回京当差，免其查办前案，所带钢武军三营，即交李光久接统，认真训练，以期得力。馀如刘树元等军，应由魏光焘于接统后，查明应否裁并，分别整顿，将来应如何分扎联络，相机剿办之处，由魏光焘与宋庆筹商办理，坤一未便遥制，致误事宜。

现值关防吃紧，二十日，据直隶提督聂士成电报，十九夜，有倭船在黑沿子停泊开去。二十一日，又据驻防秦王岛之淮扬镇潘万才电禀，见有倭船游弋海面，驶向东南。已饬沿海防军，严密堵剿，仰慰宸廑。请代奏。

再，查奉防帮办唐仁廉，赋性勇敢，夙著战功，将来枪炮配齐，必能剿办倭寇。将军长顺、依克唐阿，均骁勇善战，屡挫凶锋。辽阳州徐庆璋，胆气过人，带兵督团，皆能得力。朝廷委任责成，俾得各展所长，必能敌忾同仇，扫荡岛夷，恢复疆土。并请代奏。

寄督办军务处光绪二十一年二月二十三日

宋庆移驻（吕）〔闾〕阳驿，或可支持，吴大澂以败溃之馀，守石山站，恐不可靠。宋庆有退扎大凌河西岸之议，似是稳着。如尊意亦以为然，即请电饬吴大澂一律办理。沈、辽现在依、长、唐三大支，计足自固。

闻各路倭寇悉聚海、盖，气焰甚张，并将零队收回，计在并力攻我一处，但未测其所向。前准王文韶传到电旨，饬调丁槐所部来关，仰见庙算宏深，智周几务。现在寇氛日逼，关防颇单，坤一遵即电催丁槐，刻日启行，兼程疾进，并电李秉衡及王文韶知照。请代奏。

复督办军务处光绪二十一年二月二十四日

号电敬悉。奉旨："王文韶电奏，聂士成已遍历滦、乐至津、沽各防，仍回芦台整备等语。该提督屡与倭兵接仗，一切防剿情形，自已胸有成竹。地营之说，迭经有人奏陈。前据刘坤一电奏，榆关各营，已饬扎营开濠，津、沽各海口，凡有防营处所，皆宜一律兴筑，其附近铁路之处，应派得力防军，遍挖地沟，以资守御。着刘坤一、王文韶通饬筹办为要。滦、乐一带海口，有无贼船游弋，并着刘坤一随时具奏。"等因，钦此。

查关门各军，正在扎营开濠，在前敌者，并令仿作地营，惟地冻尚未尽开，施工不易，且多水之处不能开濠，只合于面上堆土筑垛，变通办理，以期速成。津、沽情形，应由王文韶与聂士成商酌。附近铁路，应挖地沟，并电王文韶与聂士成等分办。二十日，据聂士成电报，十九日夜，倭船三只，泊黑沿子外三十里海面，约一点钟向东驶去。查黑沿子系丰润县所辖，西则芦台，东则乐亭。由乐亭海口至该县城，约五十馀里，至滦州一百二十馀里，此路未设电线，尚未据刘光才等禀报，已饬加意严防。请代奏。

寄督办军务处光绪二十一年二月二十五日

前奉电旨，饬查吴大澂所统关外湘军若干，魏光焘、李光久两军伤亡若干，尚存若干，营勇数若干，据实具奏等因，钦此。当经分别电查去后。

兹准吴大澂电覆，除魏光焘、李光久两军应由魏光焘查明径禀外，总兵刘树元统带亲兵六营，参将谭鼎忠管带护卫一营，副将吴元恺统带湖北炮队四营，道员左孝同统带忠信五营，编修曾广钧统带钢武二营，又续募一营，已革副将郭云管带卫队四哨，共十九营四哨，移交魏藩司接统。又据魏光焘电覆，该军除马队二起损伤无多外，共计七营三哨，三千三百人，阵亡九百馀人，收集二千二百馀人，内受伤三百馀人，新募千人补缺，计足旧额。在湘续募两营，二月初四开拔，春杪可到。又据李光久电覆，该军共五营二哨，计二千七百馀名，阵亡七百馀人，收集约二千人，内受伤三百八十馀名，拟由曾广钧拨馀勇五百名补缺，现尚未到，馀俟陆续招补各等情前来，谨据实电覆。

再，准吴大澂电，以曾广钧三营拨归李光久，左孝同五营拨归魏光焘，合并陈明。请代奏。

寄督办军务处光绪二十一年二月二十七日

魏光焘、李光久两军败于牛庄，所有阵亡将弁，业经湖南巡抚吴大澂具奏请恤，其馀受伤弁勇甚多，应得养伤银两，该营败溃之馀，无从筹发，坤一饬行营支应局，于每月经费项下，各解银三千两，为医药之资，由该统领查明受伤轻重，分别给领。其阵亡勇丁等，虽据该统领等声明陆续招补，及由别营拨补，仍饬令将截旷日期，于应领月饷内扣除，以昭核实而重库款。请代奏。

复总署督办军务处光绪二十一年三月初三日

沁电，奉旨："以战事既难停罢，恐将图犯畿辅，自津、沽以至山海关，彼久垂涎，若令占据一处，全局即形震动。着严饬各军，时加侦探，整备迎击，关内铁路，尤应设法保护，事急务须折断。"等因，钦此。

坤一与王文韶往复筹商间，会程文炳、聂士成、北洋营务处周馥等先后来关，面议各路如何布置。详察地势，熟揣敌情，窃意倭若图犯畿辅，必不从津、沽及津南而来，盖自津至通长途一线，两旁多水，南则绕道太远，沿途泥淖颇深，即山海关外，高垒深沟，亦难飞越。万一有警，必由津、榆中间之北塘、乐亭、洋河口、秦王岛等处登岸，进步颇宽。北塘近津，兵力尚厚，设备亦严。惟守乐亭海口只有刘光才、申道发十营，洋河口贾起胜则以八营守五十里，秦王岛潘万才则以四营守四十里，四营中马队两营，守岛难期得力。而山海关营勇尚单，各分汛地，未便抽拨。所调丁槐一军，未审何日到关。目前情形，惟恃聂士成游击之师，以应缓急。坤一先以马心胜一军，移扎昌黎沟儿湾，与贾起胜联络。兹复商之聂士成，以陈凤楼马队移驻滦州，并将马心胜马队及驻乐亭城外之闪殿魁马队，统归聂士成调遣，合计二千馀匹，尚可以壮军威。该三起马队，只距数十里，声援相接，聂士成步队自南而北，于此项马队，亦易招呼。聂士成、周馥皆称倭若来犯，惟于陆路并力奋击，以挫凶锋，沿海设防，殊无把握，坤一意亦以为然。程文炳现回张家湾，与董福祥整饬部伍，预备资装，倘有不虞，视倭寇所向，迎头邀截，以固畿疆。此近日商办事宜。请代奏。

寄总署督办军务处光绪二十一年三月初四日

递据淮军前敌营务处道员袁世凯、锦州府知府奎华电禀，湖北提督吴凤柱所招新勇四营，多系土匪，恃符滋事，有甚于前，近更托名查乡，异常扰害，每遇开差，辄拐快枪逃走，聚党肆劫，兵贼难分，民不堪命等语。坤一电询宋庆，亦有微词。拟请将吴凤柱新勇四营，就地裁撤，由袁世凯查明人数若干，收缴军械，补饷遣散，并由宋庆拨营弹压查拿。吴凤柱新勇口粮，本系东征粮台给发，今遗四营之饷，可否准由驻防秦王岛之淮扬镇潘万才添招两营，以资守御。秦王岛海口紧要，潘万才兵力甚单，前电已经陈明。似此一转移间，实于两处有益。吴凤柱尚有老勇七营，仍令照常统带，严行约束。请代奏。

复总署督办军务处光绪二十一年三月初六日

歌电奉旨："连日津、沽无警，关外踞贼亦无窜动消息。惟澎湖失守，台防万紧，据目前贼势，自系并力南趋，而各海口空虚处所，恐其乘隙登岸，正不可一日疏防，仍须勤加侦探，时时作临敌备御。本日据唐景崧电称，倭攻澎湖，用气球登岸，人执铁板，聚成炮台等语。此等诡谲情形，当饬各营知悉，预筹防范。"等因，钦此。随即通饬各军，钦遵办理。

查近日接宋庆、依克唐阿电称，海城有贼万数千人馀悉窜向西南等语。本月初四、五、六等日夜，时有倭船或三或两，经过老龙头、秦王岛、洋河口洋面，每次停泊少许，旋即驶去。大沽口外，亦时有倭船往来。是其窜向西南，信而有征。坤一以倭若由津、榆等处登岸，有曹克忠、聂士成两大支，足以与之一决，各处防营，亦足以资掎角，无论孰胜孰负，彼此各有损伤。

前据牛庄逃出难民，据称初八日魏光焘、李光久两军之败，倭亦阵亡千馀人，十一、十二、十三在田庄台与宋庆血战，倭伤亡至五六千人之多。倭地褊小，人民几何，精锐几何何能数数与我苦斗？即使占据一处，将来援师四集，克复无难。所可虑者，倭船沿海游弋牵制，而以全力攻台，片壤孤悬，势成坐困。倭距本国甚近，一切接济，源源而来，我则全无水师，徒为望洋兴叹。查中法一役，系由闽、粤密以子药、粮饷等项输台。询据聂士成等面称，前次援台，亦由渔舟暗渡。似应分饬闽、粤督臣，预为之计。

坤一更虑及将来旷日持久，倭寇即不据台，亦不登岸，而以兵轮更番扰我海疆，使我沿海数千里，常宿重兵，不敢遽撤。此项经费，积累日深，虽有洋债可以通挪，将来如何弥补？兼以兵勇不免骚扰，宁、锦、辽、沈一带，民不聊生，难免不滋内患。坤一已咨行依克唐阿、长顺、沙克都林札布、宋庆、唐仁廉及魏光焘、陈湜等，申明纪律，慰安闾阎，当此东作方兴，务令各安农业，并请旨饬令各统兵官，认真约束所部，各地方官，以保卫百姓为心，不得稍涉迁就，贻害城乡，以期兵民相耦无猜，俾靖地方，而重根本。请代奏。

再，坤一前经奏明，俟关防布置就绪，暂赴天津与王文韶等面商军务。现患手足酸痛，心气怔忡，若坐火车，竟日震撼，恐不能堪，应请从缓赴津。合并陈明。请代奏。

寄督办军务处光绪二十一年三月初八日

昨奉电旨，各路停战，而台不停。倭以全力攻台，台必不保。倭破台后，其焰益张，势必来攻津、榆。宋庆电，拟以毅军回扎大凌河，为驰援津、榆之计。否则，大凌河宽船少，临急过渡为难。仍留铭、嵩两军，分驻闾阳驿一带，以顾辽、沈后路运道。似应俯如所请，以备不虞。请代奏。

寄督办军务处光绪二十一年三月二十日

坤一于十五至津、榆适中之唐山，约会聂士成及周馥面商防务。十七回关，沿途缓轮察看，海岸甚长，海口甚众，以乐亭及洋河口、秦王岛为最要，而兵力颇单。聂士成游击之师，似应移驻唐山，以资兼顾，否则相距太远，虽有火车，不免拥挤停待之虞，或致贻误。倘铁路、电线一有疏失，则关内外接济，声息不通，军情惊惶，有碍大局不小。事机至紧，坤一已分电王文韶、聂士成迅速施行。陈凤楼马队，因滦州饥荒，无从购买草料，尚未移扎，拟令随聂士成同驻唐山。请代奏。

寄督办军务处光绪二十一年三月二十二日

昨今两日，递接津电，有和议将成，除赔款外，割给辽东、台湾之语，未审是否属实？既经赔款，又须割地，且割完富未扰之地，无此办法。辽、台并失，南北皆危，并恐各国从此生心，后患不堪设想。如畏倭攻京城，不得已而出此下策，则关、津、畿辅均宿重兵，讵不可以一战？战而不胜，尚可设法撑持。现在各军枪械略齐，兵勇锐气可用，似不可听其恫喝之言，为此迁就之计。大局所系，不敢以未与闻和议，缄默自甘。请代奏。

寄督办军务处光绪二十一年三月二十四日

山海关地方紧要，所遗副都统一缺，应请旨迅赐简放，并饬赶紧到任。宜贵办事尚属勤干，可否免发军台，留关效力赎罪，即交新任山海关副都统差遣，出自逾格鸿施。请代奏。

寄督办军务处光绪二十一年四月初六日

初一戌刻奉电旨："新定和议，让地两处，赔款二万万，皆万难允行之事。设竟决裂，则北犯辽、沈，西犯京畿，皆在意中。着即体察现在大局所系，及各路军情战事是否可靠，据实直陈”等因。坤一于新定条约，虽未尽悉，要之让地、赔款两条，目前固难允行，后患更不堪设想。宜战不宜和，利害重轻，事理显然，此固天下所共知，亦在圣明洞鉴。

惟一经决裂，倭必分扰猛攻，自以保京畿，固辽、沈为第一要义。查辽、沈等军，依克唐阿、长顺、陈湜等，皆与贼屡战，甚为得力，唐仁廉亦系夙将，所部枪械已齐，当足以资抵御。更有宋庆、魏光焘、李光久诸军，驻扎宁、锦一带，该将领等忠勇过人，屡经大敌，相机战守，似辽、沈后路可无他虞。倭如图犯京畿，则自关至津，沿海要口，处处设防，又有各大枝游击之师，倭寇岂易深入？纵或登岸，究属孤军，既有程文炳、董福祥两军堵御于前，而津、关各军可以两面夹击，即不得手，自可再战三战，以期必胜，未必彼即长驱直入，我即一蹶不振。万一京畿吃紧，坤一必抽调劲旅，迅速入卫，以保无虞。前电所陈，尚可设法撑持者此也。

夫利钝本难逆睹，但倭奴远道来寇，主客之形，彼劳我逸。近得探报，倭新卒多以老弱充数，饷亦不继。在我止须坚忍苦战，否则高垒深沟，严为守御，倭寇悬师远斗，何能久留，力尽势穷，彼将自为转圜之计。况用兵两年，需饷不过数千万，较赔款尚不及半，而彼之所费愈多，“持久”二字，实为现在制倭要着。

诸将一闻和约，义愤填胸，皆欲一决死战。坤一职在兵戎，宗社所关，惟有殚竭血诚，力任战事，此外非所敢知。昨于初三日，驰抵津、关适中之唐山，与王文韶、聂士成、丁槐等面商，意见相同，谨据实直陈。请代奏。

再，此电系初四下午由唐山送芦台官电局发，因连日大风雨，线断，铁轨亦坏，以致稽迟，兹复专马再送，合并声明。

寄总署督办军务处光绪二十一年四月初十日

支电想蒙代奏。坤一右足酸痛仍未减轻，现又感冒，牵动肝疾，遍体作烧，四肢发冷，痰咳不止，病势颇重，拟暂住唐山调养。请代奏。

复总署督办军务处光绪二十一年四月初十日

蒸电谨悉。业经恭录谕旨，电知宋庆钦遵。山海关沿海防营，因初四五风雨，海潮大作，墙垒濠沟，莫不摧塌填平，军装亦多损坏，幸兵马伤毙无多，较津、沽一带灾情略轻，已饬赶紧修理，妥为抚恤矣。请代奏。

寄督办军务处光绪二十一年四月十一日

和战大局，宗社攸关，朝廷当早权至计。坤一前两次电奏，已罄愚忱，何庸再渎。惟近日外间传闻，谓和约业经批准，不日派员赴烟台换约。又得各处电报，据称德、法、俄三国电阻倭割地条约，倭未允许，各国屡联致决绝之书。又称俄舰多艘开出广岛，俄国决意开战。又称伊藤甚急，催中国先行换约，有事再相商等语。以上各节，坤一无从深悉，亦未敢遽信，如果属实，是倭已处极危之势，而我即有可乘之机。各国群起而攻，以倭兵力饷需已苦难支，方且自顾不遑，何能攻我？在我止须展期换约，观衅而动，则目前之地步稍纾，正好亟图补救。且约即批准，彼此未经互换，行止仍由我主持。当各国纷起环攻，我坚持与之展期，极力磋磨，彼何敢遽然决裂。若一经换约，即系定局，纵各国攻取约内之地，恐仍非中国所有，倭即许以后再商，已落后着。与其挽回于事后，曷若坚定于目前？关系非轻，事机难得，天下大计，争此关头。况各国一与交锋，倭自力难兼顾，关、津防务较松，即可抽调关内劲旅，会合关外诸军，迅速分路猛攻，收复辽东失地，揣情度势，此尤机会之不可失者。倭岛国耳，今日已成虎狼，又与我最为逼处，若得辽、台，如附两翼，中国必有噬脐之祸。辽、台与倭本国联成一气，日益强盛，将来即求援西洋各大国，亦无能制其死命。是此次和议一成，惟任倭为所欲为，贻患无穷，何堪设想。

现在如何消息，出使许大臣想已密电陈奏。在王大臣熟思审处，必有权衡。坤一昕夕焦思，不敢不据实上陈。是否有当，伏候圣裁。请代奏。

寄督办军务处光绪二十一年四月十一日

坤一于前月初奏奉电旨："郑连拔五营，着即饬令裁撤"等因，当经转电去后。

嗣接谭署督继洵电覆，郑连拔五营已抵鄂渚，时闻和议难靠，而郑连拔已经成军，复经电饬暂行留鄂候信。现在时局尚在未定，魏光焘亟称郑连拔忠勇过人，可否电催郑连拔统率所部，由鄂刻日启行，兼程北上，并电谭继洵宽发行粮及长江轮船之费，以利遄征，抑仍饬令裁撤，请旨饬遵。祈代奏。

寄总署督办军务处光绪二十一年四月十四日

昨奉电旨："着仍回榆关驻所调理。"本日又奉电旨："以换约逾期，停战限满，恐倭遽进兵，着严为戒备。"等因，钦此。

查山海关一带，均已严密布置，惟滦州尚嫌空虚。据魏光焘、贾起胜等拿获奸细供称，倭计由滦河登岸，断关、津往来之路，进窥永平，自应加意严防。坤一已电商王文韶，调丁槐一军到滦驻扎，并电饬陈凤楼拔队来滦。坤一拟暂驻唐山，俟丁、陈两军到防，就近妥为部署，稍缓回关。榆关各营，当即电饬营务处并各统将，认真整备，仰慰宸廑。请代奏。

寄督办军务处光绪二十一年五月二十日

和局已成，关东无事。湘军惟陈湜十营驻大高岭，现闻染病颇多，可否先行调回锦州，与魏光焘、李光久等合扎，将来或留或撤，可以就近商办。请代奏。

寄督办军务处光绪二十一年五月二十三日

二十二日承准字寄："十九日奉上谕：'关内外防营，应行裁留归并，由坤一等妥筹具奏，覆核定议。'"等因，钦此。

查防营太众，延扎甚宽，所有裁留归并事宜，必须详细商办，以期妥协，非旦夕所能猝定。第就坤一所部而论，其中有急须遣撤者，如直隶闪殿魁十营，河南牛师韩七营，陕西马心胜六营，及宋朝儒兼统泰安六营，何鸣高接统山西练军五营，似可由坤一先行分次遣撤，以节縻费。其馀关、津等处各营，均系直隶辖境，淮军尚多，可否与北洋大臣筹商，请旨饬遵。祈代奏。

寄督办军务处光绪二十一年闰五月初六日

初六日酉刻，接驻扎乐亭派往弹压闪营之申镇道发电称，闪镇十营，已经收齐军械，按日遣撤完竣，安静无事，堪以仰慰宸廑。又接驻扎埕子口之李提督永芳电称，奉河南抚院微电，该军全撤，或就近遣散，或带回德州遣散，以所领北洋枪炮，若何办理，请示，坤一电复，仍应缴回北洋。请代奏。

寄督办军务处光绪二十一年闰五月十七日

闰五月十六日，准尊处咨议覆裁留归并一折，奉旨："依议。"钦此。

坤一前奏请将王连三、李永芳、丁槐、陈凤楼、宋朝儒五军，分别撤遣，原为裁留归并定局后，应将该五军先撤。今恭绎尊处议奏，聂士成、魏光焘、宋庆各拨足三十营，驻扎津、关、锦州等处，其馀各营，悉数裁汰，系指将来办法，现在前敌得力诸军，饬缓撤遣，仍前扼守各等因，自系切要办法。查现驻关前九门口之王连三、驻关内石河之宋朝儒、滦州之丁槐、陈凤楼四军，均是前敌得力之军，碍难遽撤，理合陈明。请代奏。

复督办军务处光绪二十一年闰五月十九日

箓电，奉旨："着刘坤一即饬牛师韩统率所部，迅速赴甘。"等因，钦此。

时牛镇尚未启行，当将电旨传谕，据牛镇面禀，受恩深重，自应懔遵。惟于本部七营外，请在河南添招马步队十三营，合成二十营，所需月饷等项，请照湘军章程发给，以期成功，否则兵单饷绌，恐难得手。并请由河南预备新招十三营枪炮军装等情。

查该镇勇敢朴诚，自能胜任，所陈各节，亦系实在情形。如蒙恩允，请旨切饬河南抚臣，于添兵增饷迅即遵办，并将军装配足。或该省军装短绌，南洋现裁多营，枪炮必有馀存，应由该抚派员迅往借领发给，以利遄行。至新募倘虑迟期，闻该省有已招之防勇十营，似可拨交该镇，只再添募三营，以足十三营之数，尤为迅速。事关戎机，只求妥速为妙，该抚自必筹画周密也。坤一现饬该镇赴东征粮台算给七营以前饷项，酌发恩饷，刻日统率所部起程，已缴枪械仍发还应用。是否有当，伏候钧裁。请代奏。

复总署督办军务处光绪二十一年闰五月二十五日

有电，奉旨饬余虎恩一军移扎河西务，以资拱卫等因，钦此。遵即转饬该镇钦遵办理。

惟查山海关驻扎之王连三、宋朝儒及马心胜、牛师韩等军，业经遵旨次第裁撤。今余虎恩一军，移扎河西务，是山海关仅有熊铁生十营及周兰亭炮队两营，兵力太单，而熊铁生又因病重请假回鄂，经坤一慰留，恐难责其照料防务。可否查照督办处原议，即调魏光焘统带所部回扎山海关，并令宋庆统带所部回扎锦州，俟各到防，即将三十营之数挑补足额。似此节节填扎，既与原议相符，亦于防务有益。如蒙俞允，即请电敕宋庆、魏光焘遵照，刻期拔营。请代奏。

寄督办军务处光绪二十一年六月初三日

滇防紧要，若不预为绸缪，将来闻警派援，缓不济急。倭事着着落后，安可不鉴前车？冯提督年力已衰，易以丁槐瓜代，责令练团固圉，必有成效可观。该镇不习江南情形，五营亦属无益，不若用之于滇，驾轻就熟，足资展布，且关系大局为尤重。祈代奏。

复总署督办军务处光绪二十一年六月初六日

支电奉旨："刘树堂电奏，牛师韩一军，宜由保定至山西前进，最为近捷。"等因，当经电饬去后。

兹据牛师韩电覆，禀商王署督，以董提督一军并永兴军均由保定、山西前进，若该军亦由此路，恐车辆缺乏，道途拥挤，仍属阻滞，不能兼程。拟将军火走水路，队伍走陆路，仍由河南兼程前进，以期迅速等情。祈代奏。

寄督办军务处光绪二十一年六月十二日

吴凤柱所部，业经宋庆饬令撤回天津，并将在津所招步队四营，就地遣散。至由湖北带来马队三营，先在襄、樊一带巡缉得力，自应准其带回原防，以资熟习。又余虎恩一军，已经拔往河西务。惟山海关兵力太单，统领熊铁生又患偏枯之证，可否先调李光久各营入关，所遗宁远州防务，即令魏光焘拨营填扎，相应请旨饬遵。祈代奏。

复总署光绪二十一年六月十七日

谏电悉。现在裁撤各营，除牛师韩一军业经拔队西行外，馀如宋朝儒、何鸣高、马心胜、闪殿魁、王连三各军所领器械，或仍回原省归缴，或一时尚未缴齐。刻计军械局所存无多，骤难筹拨，拟俟防务告竣，再行查点清理，分别截留。请代奏。

寄督办军务处光绪二十一年七月十七日

江西巡抚德寿电称，该省沿边不靖，请调刚字全军并吉字一营回江，以资防范。如刚字全军尚难抽动，即调吉字一营先回等语。坤一查江省地方紧要，可否俯如所请，即将吉字一营先行调回江西，相应请旨饬遵。祈代奏。

寄督办军务处光绪二十一年七月十九日

坤一蒙恩，再赏假一个月调理，兼旬仍未就痊。今体气稍健，可坐火车，于十九日缓轮赴津，以就医药，冀速获痊。各防军裁并事宜，亦得随时与北洋大臣及两粮台商酌办理。祈代奏。

复总署督办军务处光绪二十一年七月二十日

总署效电，奉旨："前电转饬陈湜赴甘剿回，着即催令迅速前往。此外各营，如有可调拨者，着该督查复具奏。"等因，当经电饬陈湜钦遵办理，先将拔营起程日期电复。

查各营中，惟分统铁字三营方友升，人甚勇干，前随左宗棠、刘锦堂等转战陕、甘、新疆等处十七年之久，情形熟习。嗣于广东南韶连镇任内，因案降为副将。该前镇亟图开复原官，自请拨足五营从征，即归陈湜节制调遣。坤一以军营有使过之条，当可期其立效，未知陈湜果否以为可用，并电陈湜刻日入关商办。祈代奏。

复总署督办军务处光绪二十一年八月初一日

光绪二十一年七月三十日，总署电，奉旨饬查裁撤各军缴回枪械并现存军火数目究有若干，并陈湜何日入关，催令迅速赴甘等因。

查局所现存抬枪六百杆，林明敦枪千馀杆，毛瑟枪六百杆，哈乞克斯枪五百杆，地利坚枪四百杆，格林炮四尊，瓶炮二百尊，听候酌拨。缘关外裁撤各军，应缴枪械，前奉电敕，由宋庆截留交伊克唐阿应用，关内裁撤各军枪械，或带往陕、甘助剿，或带往江、皖设防，致无留存大批。至军火本系仰给北洋，局所现存三千箱留为自用，无可拨解。陈湜约于八月初旬入关，坚求拨足马步二十四营。祈代奏。

寄总署督办军务处光绪二十一年八月初九日

查移驻山海关之李光久所部老湘勇五营，于上年九月奉调北上，迄今将满一年，因在关外日久，各勇染病颇多，思归甚切。现在魏光焘刻日移营入关，兵力已厚，可否准老湘勇撤回江南，以示体恤。如蒙俞允，李光久先令帮统带队南旋，自遵恩旨赴部引见。祈代奏。

复总署督办军务处光绪二十一年九月十八日

铣电，奉旨钦悉，惶悚莫名。查江南北上各军，原以封河期近，奏明于九月内次第撤回。惟李光久所部老湘营，八月十九钦奉电旨，暂缓遣撤，不得不再请示，以定大局。兹蒙体念，久戍罢归，遵即遣令南旋，交张之洞酌办。至陈湜驻山海关内外，地方辽阔，且以边城残缺，路径纷歧，非三十营不敷分布，督办处原议实协机宜。仰恳天恩，准其如数拨足，俾与淮、豫两军并重，以卫海疆，而固畿辅，相应请旨饬遵。祈代奏。

寄总署督办军务处光绪二十一年十月十六日

江南北上各军，杨金龙、刘光才、申道发、李占椿、万本华、李光久等共三十三营，自九月初十日起至十月十五日止，陆续遣撤完竣，系用轮船送回到江南后，应裁应留，并经坤一与张之洞往复电商，妥为办理，仰慰宸廑。祈代奏。

复总署督办军务处光绪二十一年十月二十五日

敬电，祇悉。当即电饬程文炳委员史道将该马队交还陈凤楼，仍归该镇统带。查此起马队，系同治四年陈凤楼招募成军，历从僧王及刘铭传剿办发、捻各逆，懋著战功，迄今三十馀年，在徐亦甚得力。此次改隶别人，一军皆哭，经陈凤楼剀切开导，并扣留一月薪粮，交史道接收，俾各弁勇有所顾恋，而求去者犹纷纷也。陈凤楼人尚朴直，皖人皆呼为陈傻子，然居官清而有执，其待士严而有恩，故得军心如此。现在仍统马队，拟令暂留天津，以备差遣，俟坤一进京陛见后，再饬回任。是否可行，祈代奏请旨。

寄总署光绪二十二年二月初七日

江南名为财赋之区，自兵燹后，元气大伤，迄未能复，历年库储支绌，办理竭蹶情形，早为部中所深悉。前岁办防以来，筹兵筹饷，罗掘一空，是以前署督不得已先后息借华洋商款，又因举办各项指拨无馀，所收丁漕、税课、盐厘，只有此数，额支各款已属不敷，近又骤添应还华洋商款，更虑无可腾挪。新增名目，能否应手，尚无把握。坤一到任后，通盘筹画，入少出多，挹注无资，莫名焦灼。因与运司江人镜再四商酌，惟有于盐务中设法劝捐，以期集事。虽近年岸销疲滞，新引骤加，一再集捐，商力固属不逮，若仍照海防例，奖给实官，一二年内，或可捐足一百万两，舍此实无良策。可否仰恳天恩，垂念江南款绌用繁，俯准照办。如蒙俞允，此款专备江南海防善后之用，出自逾格鸿施。请代奏。

寄总署光绪二十二年五月二十二日

徐州道府昨晚电接砀山县禀，刀匪在曹、单盘聚，人数极众，单境马良集盐店已被抢。单与砀、丰毗连，请调营驻宿备防。丰县教堂，由该县与教士议有眉目。陈镇中途来信，转据汛报，闻刀匪有非毁尽教堂不散之说，该镇已星驰赴砀。又据本日电，马良集纠练对敌，匪伤逃回，称邀大股复仇，该处已齐团守圩，恐开仗，营县已往策应，陈镇今晚可抵砀云。现饬实力防堵严护，并由省派刘镇光才酌带亲军四营，前往徐州会同防御，如窜扰，即合击。谨电闻。请代奏。

复总署光绪二十二年五月二十五日

钦奉二十三电旨，当转电钦遵。

顷据徐州道府电，砀山县禀刀匪扰马良集并复毁侯庄教堂馀屋，激励团练会拿，匪窜马良。该县会同徐州马步各队及城守兵，于是日午前驰往，见匪二百馀人，在该集西圩门外与民团接仗，即督勇练上前鏖战三时，杀伤会匪百馀人，并格杀匪目陈五呆子一名。该匪逃入单境，又邀五百馀人，于次午后复来，该县仍会马步勇练，在集西迎敌。匪甚凶悍，正在危急，适陈镇凤楼中途得信，亲带马步队星驰赶到，督饬攻扑。由午至申，匪势渐懈，遂格杀会匪八九十人，斩匪目智效忠、擒匪首彭桂林各一名，并拿获会匪十三人，夺获刀枪百馀件，战马十馀匹，并搜获中哨会匪姓名簿一本，符咒五张，我军丁练受伤七八人。该匪败入单县境，又被该处团练两次截杀，死伤无算。讯据匪首彭桂林供认投入大刀会，在匪首刘士端名下充当中哨首领。刘士端因庞三被教民欺负，遂派伊与智效忠等带千馀人来砀，迭毁教堂，并抢马良集店铺，拒敌官军不讳。内有五匪伤重倒毙，三人讯被误拿保释，馀匪并匪首彭桂林迎提解郡讯报，仍令加紧防守。侯庄续毁堂屋，饬县复勘清理。请电山东、河南一体会防云。除饬将获匪解郡讯供，立予正法，仍实力防剿，一面分电山东、河南会防外，乞代奏。

复总署 光绪二十三年四月初三日

钦奉谕旨，饬裁兵勇。伏查江苏现存防营，虽与往岁相等，滨海临江，为东南财赋重镇，论目下地方情形，实难大加裁汰。第当此时局艰难，需款至紧，非裁营无以节饷。现经督同司道，详加体察，力筹议减，将湘、淮水陆各防营，凡每营五百人者一律改营为旗，每旗留勇二百八十六名，长夫亦按成核减，零星队伍酌量裁并撤遣。合计勇夫两项，共裁一万馀人。统限四月中旬裁遣，酌给遣饷，雇拨轮船运送回籍，每年约节饷费等项银四十七万馀两。苏防各营及太湖水师，经苏抚臣分别酌裁勇夫一千馀名，每年约节饷费七万馀两。统计江苏防营，岁约节银五十四万馀两。裁存之勇，皆系分布要地，为镇抚必不可少，实难再裁。至练兵、制兵，已会商三省抚臣，另行分别裁汰，惟头绪较繁，未能依限奏覆。合先将裁勇情形，择要上陈，统俟办定后详晰具奏。请代奏。

复总署光绪二十三年七月初四日

钦奉电旨，饬令搜捕徐州匪徒等因。遵查徐州界连数省，匪徒易于潜踪，地瘠民贫，动多劫盗。上年刀匪滋事后，迭经严饬该地方文武，实力巡查，并举办团防，以补兵力之不逮。目前风闻有匪徒混迹丰、砀等处，传徒敛费。并准法领事电，徐州有教堂被毁之事。先后由电饬据该镇道禀覆，六月廿四匪入砀山侯庄，营县闻信，带兵往捕，匪正放火图劫。一面派兵保护教堂，一面扑捕，格杀五匪，馀匪窜入高粱逃散。计伤亡庄丁一名，被毁居民草屋三十馀间，教堂得保无恙。当经饬令实力搜捕，并饬集团巡防，使匪徒无从托足，一面分饬丰、沛等属，严密访查在案。钦奉前因，除再严饬认真筹办并确查铜、丰等处究竟有无匪徒啸聚等事迅速禀办外，请代奏。

寄总署光绪二十三年十一月初二日

本年江苏宿迁、邳州等处，被水成灾，睢宁、海州、沭阳及安东、桃源等属，被歉亦重，业经奏明先行筹办抚恤在案。各该属地本瘠苦，民鲜盖藏，今又遭此灾歉，更属民不聊生。转瞬隆冬，饥寒交迫，颠沛流离，深堪悯恻，非动款速为赈抚不足以全民命。现经坤一等筹借款项，饬令各该司道发交各属，分别极贫、次贫，办理急赈。一面多设粥厂，宽为留养，并于该属择要挑浚河道，以工代赈。江南近因还款，库储搜索殆尽，然事关民命，不能不多方设筹，先行济急。惟地广人众，为日方长，可否仰恳特恩，赏给江北河运二十三年分漕米三万石，尽数改折，并将运费水脚等项一并作为赈抚之用。坤一等仰体皇仁，用敢为民请命，伏求恩准。除将应办事宜妥为筹办外，请代奏。

寄总署光绪二十三年十一月二十七日

胶州一事，钦奉电旨，饬令各抒所见，仰见朝廷统筹全局至意。

德借教案据胶，各国又借德事互有举动，以阴遂其私。目下纷纷调舰，虽蓄而未发，实以胶案未定，尚在观望，若胶不速还，势必群相效尤，各图占据。以中国之财力、兵力，一国尚难与较，更难与各国争持。若一任包荒，则要害全失，何以自立？以后局势，和战两穷。是胶之能归与否，实为目前安危要着，胶可保则纷争可息，不仅为一隅计也。

辟口通商之议，既全国体，又杜狡谋，德能允从，自最妥善。惟探报德王弟名恒利，督带快船四艘，陆兵五千，陆炮十二门，于廿三由包尔海口开行，尚有头二等快船明春来华，大小战舰到齐约十六号，水雷艇六艘等语。是海靖电商外部之说，恐系推延之计。

近阅新闻等报，胶澳之事，各国多抱不平，特以事不干己，是以咸守局外。若开作口岸，利益均沾，当为各国所乐从。现在英、俄虽各存分据之心，而一则以自保商务为名，一则以协保旅、大为说，尚在敦笃邦交。彼既未露阴谋，我即可迎机以导。为今计，惟有迅速集商各国公使，示以断难将胶与德之意，并告以德人此举，实违公法，与各国联之以情，动之以义，推诚相告，浼为调停。在中国既免失地之虞，在各国仍可获通商之益，若允相助，德必就范。如各国意涉游移，德又不允所商，与其失胶而启争局，致将来受各国之敌，不如今日与德坚持，尚合两害从轻之义。各国知我意在必争，将有战事，有碍商务，或可出为调处，事机得以转圜。愚虑所及，仍乞圣裁。

现闻英舰有廿八在定海洋面会齐之说，坤一自当镇静戒备，不事张皇，如有意外占据之事，再行请旨办理。请代奏。

寄总署光绪二十四年正月初三日

日前闻英愿借债、索款三端，因未悉其详，未敢冒昧陈奏。顷阅各处电报，甫知梗概。英以轻息之债，借我偿倭，权衡出入之间，似觉此胜于彼。然细核所索，实大不利于我，全局攸关，不仅东南各省为其隐占已也。俄借德占旅、大，英又借俄以借款图长江一带，今德闻英谋，又复翻议，欲吞山东，各国借端图占，步步相逼而来。如借英款，即不能不允其所索。英议既定，长江即非我有，法亦必相继而来，俄愿方奢，更非旅、大能餍其欲，而中国局势不堪设想矣。是去冬各国以德事为权舆，今则以英款为机括。且倭款未还之一万万两，原约本属从容，还款迟速，于国事无甚轻重。若以财赋之地作抵押之据，还日本不急之款，启各国分占之心，利害显然，万难允许。

为今计，英既以借款为由，款之欲借与否，权固操之在我，我不借款作抵，彼即无辞，似宜婉词谢绝，以杜诡谋。纵因强弱异势，不无要求，或许以添开口岸，尚合两害从轻之义，庶大局得以保全。至日本偿款，尽可与之熟商，默揣中倭目前情势，当可从长计议。

坤一与张之洞往来电商，意见相同。该督已另行电奏。愚虑所及，谨密切上陈。请代奏。

寄总署光绪二十四年正月十一日

接鄂督电，闻容闳请造镇江至津铁路，报效百万。坤一再四筹思，此事万不可允。胶案许德造路至济南，并俟成后再商接造至我干路，本系万不得已之举。且就德路而言，仅许接至干路而止，而干路之权操之在我，营造干路之迟速，亦仍由我自主，其害较缓，尚可徐图补救。若允容闳之路，其成必速，德路亦必接至容路。容系洋股，与德易于勾串，是目前允容造路，无异许德造路至京，害将不测。容闳图揽造路之意，蓄志已久，往岁即欲暗纠洋股，承办中国铁路，今施其故智，款为洋股无疑。盖中国铁路，自奉旨创设公司，号召华股，迄鲜应者，岂有久在外洋甫经回华之容闳，转能遽集华商巨股之理，纵有寓美华商股分，流弊仍与洋股无异，且其中亦必以洋股为巨擘。中国公司因华股难集，乃借比款以资工本，比商之肯借款，亦以南北仅此一路，利可独擅。若准容路，成速利分，不敷还款，比必悔议，芦汉干路更无成日。况目下英欲擅造路之利，已藉借款要求，若准中有洋股之容路，英固有词，各国更将群起效尤，路权全失，祸且不可胜言。若因其报效，既无济于财用之急，若借以抵制，转启各国觊觎之心。容路既非德路要挟可比，应请驳不准行，免致有碍大局。请代奏。

寄总署光绪二十四年五月初三日

窃查续借英、德商款，将苏州等七处货盐厘抵偿，前准部咨："按年多寡牵算，足敷五百万之数，如有盈馀，即解还各该省补用"等因。厘收盈绌，固难预计。惟历还洋款，皆以规银合镑价，

江海关历办有案。查苏、沪货厘平色，每百两合规平计长八两一钱零，鄂、皖盐厘平色，每百两合规平计长七两一钱零。就苏、沪、鄂、皖加抽川厘，五局岁收厘金，约计每年总有三百五六十万之谱，应馀平色银二十四五万两。若合七处以五百万一年计之，应馀三四十万两。部咨虽浑言五百万未及平色，而原奏声叙，订盟续借英金一千六百万镑，则还款须合镑价可知。且据鄂局禀，该副税司卢力飞专以平色为问，似当时尚未议及。若不预将货、盐厘平色所馀议订扣算，则既受其重折抵押之累，复益以侵牟中饱之资。当兹款绌用宏，不得不早为之计。江苏骤缺饷需一百八九十万两，业经通盘筹画截留抵拨，咨商户部。此项平色盈馀，应请饬部一并核议。

再，盐厘有销数可稽，货厘向无定额，权不我属，伸缩可以自如，无从核其盈馀。应如何设法稽查，俾免弊混，拟请饬部与赫德妥为议订，咨行各该省照办。是否有当，乞代奏请旨。坤一、奎俊。

寄户部光绪二十四年六月初二日

奉电旨："江南米缺粮贵，饬令设法平粜，一面飞咨邻省即弛米禁"等因。仰见圣主轸恤民隐，弭患无形之至意。遵即分别咨行，一体钦遵办理。

查江苏各属，除徐、淮、海上年被水灾歉外，其馀收成亦仅中稔。本年春间，日本忽有购米之请，外间纷传洋人将运大批米石出海，价遂渐贵。及倭议作罢，又值美、日交战，中国认守局外，米粮亦在应禁之例，饬令各属严申海禁，不得私运接济。而事系创办，民间误会禁令，遂并内地亦鲜流通。迭经饬属切实开导，内地照常贩运，无如来源总未见旺，以致米价飞涨，五月初间，每石竟需英洋七元有奇，为从来所未有。贫民多以居奇抬价归咎行商，匪徒从中煽惑，于是沿江等处，聚众抢米之案层见迭出，米行相率闭市，势甚岌岌。经坤一等飞电各属，迅速设局平粜，一面严拿滋事首要各犯惩办，并谕饬米商如常贸易。

江宁为省城重地，人烟辐辏，平粜需米尤多，并经坤一借动款项，派员分赴上江购买米谷数万石，由轮船拖运来宁，俾资接济。复商准皖、西两抚，无论官商购运米石，验有苏省护照，一体暂免税厘，至七月中旬为止，以轻成本，而恤民艰。业于上月二十六日附片具奏。现在米价渐减，官局未撤，民情市面一律安静，堪慰宸廑。请代奏。坤一、奎俊。

寄总署光绪二十四年七月初一日

六月二十一日奉寄谕，饬拨福州船厂经费等因。除出使经费三十万另有专款，转饬江海关照解外，奉拨江苏省二十五万，淮盐督销局十二万。

查江南自盐、货厘金改征抵借，骤短饷项甚巨，部咨拨补各款，又难恃为的饷，业于上月具折沥请饬部仍照指款留抵之案办理。此外司、关、道、局所收地丁、税课，无非拨解饷项、洋款等项，委属无款可提。

至厘金一项，苏、松两局业归税司代办，权不我操。仅只金陵一局，又因内河准行小轮，洋商拖货闯卡，不服查验，利权顿失，厘数锐减，小轮日多一日，将至无厘可收，遑论中饱！归并局务一节，省内如筹防、支应、保甲、洋务等局，事务均极繁重，省外盐、茶各局均系紧要，亦难裁并，致滋贻误。是江南目下情形，迥非从前可比，此次奉拨两款，实苦无可筹解。

惟整顿海军，添造战舰，系为自强要着，不得不勉力图维。况钦奉谕旨，京饷洋款外，无论何款，准其移缓就急。圣明体恤，备极周详，尤当通盘筹画，急其所急。现经饬据司、关、道、局，遵旨分别认筹银二十五万两，又淮盐督销局十二万两，以副朝廷谆谆诰诫经武威远之至意。

第念岁入有常，势难骤增出款，江南库储奇绌，罗掘俱穷，挹彼注兹，诚亦不得不尔。此后如织造特办等款，拟恳天恩，俯准酌量缓解，庶免延误要需。

谨将遵办情形，先行电奏，仰慰宸廑。请代奏。坤一、奎俊。

寄总署 光绪二十四年七月二十一日

六月十七日奉寄谕，饬坤一与楚督拣选员绅，于上海、汉口试办商务局事宜，慎选有人，即着具奏等因。

振兴商务为富强根本，上海绾毂中外，枢纽南北，商务甲于亚东，如丝、茶、棉、茧、麻布、陶器、纸货等类，以及机器、纺纱、缫丝、织布、造纸、舂米、榨油各厂，胥于上海总汇，物产饶衍，贸易繁盛，与汉口脉络贯通，两地当联为一气。现于上海设一商务总局，拟举在籍翰林院修撰张謇，会同分发湖北候补道刘世珩经理其事，并派江西候补道恽祖祁、江苏候补道蒯光典，分办江南、皖北商务，使之联络绅富，鼓励商民，讲求物土之宜，仿办制造之事，以期厚集赀本，渐加扩充。沿江、沿海蕃庶之处，亦令其选举朴诚明白之商董数人，量设分局，协同办理，俾克合群兴业，以辟利源。其商学、商报、商会，当令因地制宜，妥议举办。

惟商务以农为本，以工为用，三者必相辅而行。泰西经商致富，以生植制造之阜昌，其大较也。上海现有绅士创办之农学报馆，规模粗具，方以建堂、设学、立会、考业为请，拟由官酌拨款项，量为布置，定名上海农学总会。并就上海制造局之广方言馆，拓为工艺学堂，就款定章，招延生徒，以考求各项工艺为要，庶期置之庄岳，尤易程功。至汉口设局，应由湖广委派员绅办理。其馀筹办事宜及应行联络之处，当与楚督会商核办，以期妥善。

除将详细情形恭折具奏外，请代奏。

寄总署光绪二十四年七月二十九日

奉旨，各省裁并各局所，限一月覆奏，圣意严切，不敢稍避嫌怨。现就所辖各局所，通盘筹画，无论省内省外，亦无论所支局费系属内销外销，一概认真裁并，现已裁撤归并十馀处。其裁存各局，亦饬将冗员大加淘汰，杂费严行节删，总期款不虚縻，实事求是。所有裁节各项薪水银两，拟请拨办农工商等项事宜，业经恭折覆陈。谨先电奏，仰副宸廑。请代奏。

复总署光绪二十四年七月三十日

勘电敬悉。奉旨藩、臬、道、府均得上书言事等因，遵已通行各属，一体钦遵。除藩、臬、道、府，无论实任、署事，俱令自行具折陈奏外，其候补各员及州县等官，条陈事件，俱由督抚附同奏事折件，随时将原封代递，毋庸拆阅，另备一匣，不计折数，并由该督抚另具一折，奏明代递封事共若干件，士民上书，即径由道府代奏，不敢稍有抑格，以副朝廷明目达聪、勤求民隐之至意。请代奏。

寄总署光绪二十四年八月十七日

前奉电传谕旨，令保荐医士。皇上圣躬欠安，莫名企念。当经详加延访，查有在籍郎中陈秉钧，医理精通，堪膺保荐，电饬苏松太道蔡钧星速派员敦劝应召。昨据复称，该郎中料理行装，准二十四到沪驰京等因。正在电奏间，准苏抚电知，该郎中业经盛宣怀奏保，奉旨迅即驰送来京等因。除饬蔡钧传知该郎中迅速航海北上外，谨先电陈，并跪请圣躬万安。请代奏。

寄总署光绪二十四年八月二十八日

谨密陈者：

国家不幸，遭此大变。经权之说须慎，中外之口宜防。现在谣诼纷腾，人情危惧，强邻环视，难免借起兵端。伏愿我皇太后、我皇上，慈孝相孚，尊亲共戴，护持宗社，维系民心。并请查照八月十一日、十四日两次谕旨，曲赦康有为等馀党，不复追求，以昭大信，俾反侧子自安，则时局之幸矣。

坤一受恩深重，图报无由，当此事机危迫之际，不敢顾忌讳而甘缄默，谨披沥具陈，伏乞圣明俯赐采纳。请代奏。

寄总署光绪二十四年八月二十八日

敬陈者：

从来邪正不容并立，正气固则邪气自消。前礼部尚书许应骙，首发康逆有为之奸，未蒙朝廷采纳，酿成大变，宗社几危。幸康有为阴谋败露，则许应骙忠悃宜旌。夫曲突徙薪者无功，焦头烂额者有赏，自昔相为诟病。今许应骙曲突徙薪者也，遭际圣明，安可竟从废弃？且同案获咎诸臣，以次光复，独许应骙一人向隅，殊非大公之道。现在老成凋谢，而许应骙灵光岿然，伏乞俯赐慰留，立予超擢，以昭激劝而存典型。坤一区区之忱，实为扶持正气起见，是否有当，伏候圣裁，不胜悚惶待命之至！请代奏。

寄总署光绪二十四年九月二十四日

据徐州道桂嵩庆电称，东民逃荒南下，络绎不绝，请咨会东省截留等语。查徐、海等属，本年复被水灾，情形极重，业经坤一等迭次陈奏，已邀圣慈洞鉴。现因久旱不雨，麦种尚未下齐。转瞬冬令，数十万灾黎，饥寒交迫，工赈浩繁，款项不敷甚巨，正深焦灼，若使纷纷南下，与徐、海饥民合聚一处，留养、驱遣两有所穷，尤虑彼此不能相安，酿成巨患。再四思维，惟有就东省截留出境，各筹赈抚，庶免流离失所，滋生事端。除由坤一电知东省外，应请旨电饬山东抚臣，飞饬所属，认真办理，江南幸甚。非敢稍分畛域，实因徐、海同时被灾，势难兼顾，伏乞圣鉴。请代奏。

复总署光绪二十四年十一月十四日

真电敬悉。仰见圣慈轸念灾黎，有加无已，钦感莫名。

伏查徐、海等属，灾重地广，工赈浩繁，目前已觉难支，来春更形艰窘，业将款绌情形，于本月初六日附驿具奏在案。坤一与司道等百计腾挪，万分焦急。兹幸渥荷恩纶，当即分电盛宣怀、李征庸、严信厚设法筹垫。现据头品顶戴记名道李征庸电称："身受国恩，至优极渥，目击徐、海灾状，何忍膜视？谨遵旨先行筹垫规银十万两，即日由津、粤电汇上海，听候提拨散放"等语。该员从前迭捐巨款，好义急公，此次钦奉谕旨，竟能首先电复，垫款至十万两之多，徐、海地方得资接济，洵足以广皇仁而支危局。当此筹赈艰难，如该员之公尔忘私，实为难得。拟恳天恩优奖，宣示中外，俾各闻风兴起，裨益大局非浅。除俟盛宣怀、严信厚电复另行酌办外，请代奏。

寄总署光绪二十四年十二月初一日

据安徽宿州电禀，涡阳曹市有匪首牛世修倡乱，占据石弓山，白日焚劫，逼近宿境等语。业经坤一电饬徐州镇道，分派马步队驰往剿办，并饬皖北镇道抽调兵勇，星速赴援，以资厚集而杜窜扰。涡、宿一带与河南永城毗连，并经电致豫抚，飞饬该管文武，严为堵御。三省合力兜拿，以期迅速扑灭。

除将剿办情形随时电奏外，请代奏。坤一、华熙。

复总署光绪二十四年十二月初五日

奉初三电旨，遵即分别咨行钦遵。

查涡阳牛世修倡乱，现已有二千人，贼马亦百馀骑。龙山营被陷，千总被戕，涡城被围。宿州与涡阳接壤，信息不通，匪势颇大。坤一接据警电，即经电饬徐州、皖北各镇道，星夜派兵前往涡、宿一带会剿，一面电致豫抚速饬归德镇严防永城一路，以杜窜扰，三面合力兜拿，俾可早日扑灭。迭据徐州道电禀，总兵刘青煦业已督率马步队，驰赴临涣集迎头拦剿。复经坤一调拨铭字马队、元字步队，随同该镇前进，以厚兵力，一面又调衡字一哨，扼扎正阳关，以期周密。其皖北一路，先经寿春镇郭宝昌饬派卓胜营往剿，复经皖抚饬派省城练军驰赴涡、宿会合各营兜剿。并准豫抚电复，业经飞饬归德镇拨队往永城堵御，并由省派营前往。当此连年灾歉，皖北俗悍民强，深恐裹胁日多，致烦兵力，总须迅速剿平，民心方能安靖。业经严饬各军速抵涡阳，先解城围，一面会合兜拿，歼除丑类，以期仰慰宸廑。请代奏。

复总署光绪二十四年十二月初九日

初九电旨钦遵。

查涡匪声势颇大，聚集将至万人，深恐裹胁日多，致成心腹巨患。迭经坤一电催江、皖各军，并电咨豫省，飞饬派出各军，星夜前进会剿。现徐州、寿春、归德三镇总兵先后行抵涡、宿等处，各路援军亦次第赶到。该匪闻官军大集，即西窜河南永城之童沟集、马村桥，及闻归德镇兵到，复由马村桥南下直扑白龙庙。业饬各该镇迅速会剿，毋任南窜。该匪人数虽众，多系饥民被胁，未必甘心从逆。首要自应歼除，胁从似宜宽宥。昨饬各该文武，出示晓谕，以冀解散。并由地方官妥为抚恤，以广皇仁。一面严饬前敌各军，火速进兵，视贼所向，相机堵截，务须早日竣事，俾免蔓延。又前据探报，夏邑有匪首徐鸣燕等，聚众数百人起事。该处距砀山境仅七里，深虑窜扰，并恐勾结涡匪，益难收拾。当经电饬严为堵御，并调铭字马队两哨，驰往援剿。兹据徐州道电禀，砀山初六得夏邑匪信，立会营汛，调集团练，前往迎击，兵练用命，鏖战良久，生擒匪首徐鸣燕等十二名，格杀四名，夺获车马旗帜多件等语。逆首业已就擒，馀党当易扑灭。现又电饬迅将此股荡平，仰慰宸廑。请代奏。

复总署 光绪二十四年十二月十一日

初十电旨钦遵。

现据徐州道桂嵩庆电称：徐州镇刘青煦，初八到临涣，次早派马队三营向石弓山进至张家圩遇贼，马队三路包抄，步队迎击，该镇亲督鏖战两时，贼大败，阵斩匪首刘昼远，杀贼四百馀，生擒匪首刘丑并从贼六十馀名，夺获牛、马、枪炮、火药、旗帜、车辆甚多等语。涡匪本分数股，得此胜仗，则刘疙瘩一股可期荡平。业经坤一电饬各军，星速会剿，以期早日扑灭。并另派衡字军，由江浦直抵凤阳，铭字马队全军进驻砀山，严密布置，以防奔窜。总期会合各军，四面兜剿，断不敢驱贼出境，致令蔓延，请纾圣虑。祈代奏。

寄总署光绪二十四年十二月十四日

十一日明降谕旨，钦遵办理。

徐州镇刘青煦，初九日在张家圩获胜，业经电奏。续据电禀，该镇初十日进至青潭集，遇刘疙瘩率悍贼三四千、马贼二百馀，该镇亲督鏖战三时，贼始败遁，杀贼百馀，斩马贼头目两名，生擒十馀名。讯供匪首牛世修、刘永善、刘疙瘩、孙长治、鄢文勋均未就获。我军仅阵亡两名，带伤数名。郭宝昌由蒙城进攻鹿家圩，匪众投诚，仅将首逆鹿小贵正法。复进剿涡城附近一股，亦获大捷。闻豫军亦得胜仗。现由刘青煦约会郭宝昌、武朝聘、杨鸿礼等，同至龙山营会议兜剿，以期迅速平定。复经坤一电饬各军，务须联络声援，三省合为一气，及早扑灭，仰副宸廑。请代奏。

寄总署光绪二十四年十二月十六日

连日据郭宝昌、刘青煦电报，涡阳大股悍匪，经三省官军迭次痛剿后，贼众死伤溃散殆尽，匪首小花旗主马启芳、蓝旗主刘成均擒获正法，孙长治为团练击毙，馀党除阵斩外，生擒者甚众，讯明分别斩释。惟首逆牛世修等尚未获，现派马步队四出搜拿，务获惩办。各圩寨自官军到，均反正，临涣、石弓山、丹城、龙山、青町、殷家庙、曹市集、袁家寨、高庐集、西洋集等处，大致肃清等语。涡匪声势甚大，攻陷多处，幸仗朝廷威福，旬馀之间，渐次平定。现饬该镇等严拿首逆，安抚人心。并闻亳州境尚有鲁匪一股，亦即乘此声威，迅速击散。总期一律肃清，毋留馀孽。一面会商抚臣邓华熙，筹拨巨款，委员分赴凤、颍各属，将灾民及被贼蹂躏之户，妥为抚恤。谨先电奏，仰慰宸廑。请代奏。

复总署光绪二十四年十二月十九日

奉十八日电旨钦遵。

现据郭宝昌电禀，首逆刘疙瘩为徐州官军击败后，率党百馀名逃青町，遇该镇所派游击何师程等，刘逆率众猛扑，官军奋勇围拿，立将刘逆擒获，供系总盟主，又自号“大汉刘龙主”廿六，烧香破曹市、石弓、龙山、义门等处，众万馀，因迭犯盗案，不得不反，即饬正法。又邵大发一股，为兵团击败，由涡南折向北窜，经郭宝昌饬派营官李桂馨等，率马步剿拿，邵逆受伤被获，供系仁义王，众数千，破数十圩，杀人无算，亦正法。两逆皆凶悍异常，次第授首，远近大悦，馀党悉解散，涡、宿肃清。惟牛世修一犯，尚无确实下落，已饬严密搜捕，毋任漏网。至亳境鲁凤林一股，并饬会合各军，迅速剿办，当不难于扑灭。

军事渐定，赈抚最关紧要，坤一已电商邓华熙，饬司筹拨银八万两，派员分投散放，并由江苏赈局协拨三万两，俾纾眉急，仰副宸廑。请代奏。

复总署光绪二十四年十二月二十八日

奉二十六日电旨钦遵。

查涡、亳等处匪势虽大，多系灾民被胁，自会剿后，首要多被擒斩，而刘疙瘩一犯，尤为渠魁。惟牛世修即牛汝秀、薛五二犯在逃，前据徐州镇道电禀，牛逆已经阵毙，有所戴红风帽可认，有匪党供证可凭，而坤一未敢遽以为信。日前复悬重赏，通饬皖南、北及徐州等属，严拿该二犯，务获究办，以绝根株。至馀党先后阵斩生擒，已不下数千人。现复饬令严行清查搜捕，并无贼股应行围剿。

惟皖北民素强悍，盗贼时闻，当此人心甫定，尤应严密巡防，以免奸宄勾结，复滋事端。业经会商于皖北原驻练防各营外，添步勇二营共六百名，马勇一起八十名，又将省城、芜湖等处调往之练军步队二营、炮队及马队，并精健一营，留扎涡、蒙、亳、太等州县，分段扼要驻防。复由徐州镇酌留马队，扼扎宿州地界，星罗棋布，联络声援，兵力尚足资镇慑。苏、皖派出各营陆续撤回，似勿须马玉崐一军前来。

目下情形，实以赈饥恤难为最急，坤一、华熙已饬司赶速筹款，源源接济，以免灾民难民失所。谨将实在情形电陈，不敢稍存讳饰。

再，电商裕长，准复，自商、永以至光、固，节节有兵扼扎，足资防守，勿须毅军会助，意见相同。请代奏。坤一、华熙。

寄总署光绪二十五年正月十七日

涡匪一律平定，惟首逆牛世修即牛汝秀在逃，迭经坤一等悬立重赏饬拿。现据寿春镇郭宝昌、蒙城县曾光煦先后电称，该逆逃至骆驼集地方，于十四日被获，送至蒙城等语，元恶就擒，远近称快。除饬审明严办，另行具奏外，谨先电陈，仰慰宸廑。请代奏。坤一、华熙。

复总署光绪二十五年四月初七日

奉初六电旨钦遵。

意舰现到三艘，两泊淞，一泊沪。在淞者拜会苏松镇陈旭，据云提督日内即到。闻尚有三舰续来。南洋形势，海防以吴淞为要，江防以江阴为要。吴淞有盛字五旗，系班广盛统带，江阴有自强军二千馀人，系李占椿总统，合字五旗，系章其俊统带。淞防力单，已饬陈旭调集兵轮数号，会同陆军，相机守御，而以黄少春所部驻扎镇江之江胜军三千人，为预备策应之师。目下并未失和，只能密为戒备，未敢遽调赴下游，致滋口实。防军仅只此数，不能不腾挪布置，以免顾此失彼。现已密饬各该军，将军装、子药备齐候示。意使到京，如果难就范围，拟请钧署早日密示，俾占先着。现在水师太单，南洋只木壳兵轮数艘，势难争雄海上。坤一与浙抚电商，均主陆防，以守为战，敌难久持。是否有当，候旨遵行。

再，统带亲军七旗山西大同镇总兵刘光才，奏准入都陛见，正在遴员接统。兹江防有事，若黄少春开赴下游，则上游兵数无多，该亲军甚为吃重，临事而易将领，情形未熟，拟恳天恩准其暂缓北上，俾资臂助。请代奏。

寄总署光绪二十五年四月十四日

意事前饬沪道密探，并商税司，预备撤去白茆沙一带浮筒。现据道复，据税司密告："探闻意国索租三门湾，意一欲仿俄租旅顺通商，二因俄在西比利亚铁路外，拟添新路，英阻不从，为暗助英计。刻师船在淞、沪游弋，不过虚声恐吓，断不敢在扬子江肆扰，且英亦决不许彼妄为。撤筒不难，一小轮一日即可除去，惟刻下万不可撤，致碍及商务，税饷受害。请以镇静对之。数日内尚有一舰来，只此五舰，不足为虑”等语。又据吴淞探报，十二日下午有意国重载运船一艘抵崇宝沙，派弁往查，正将出口，该运船已驶入，我船用远镜窥察，见其升旗招海关洋人，抛锚移时又复驶出。因派人到海关查问原委，据云：“初见该船载重，取阅关单，渠诳称火食。正多方盘诘，意提督差其船主到关陈说，意求入口。而关上必令说明所载何物。渠见势不能隐，乃改说有军火子弹千一二百吨。关上比拒其入，该船主遂称与税司至交，可无碍关。仍不许，答以‘既有交情，且候商妥再入’。该运船不能强，因驶出口外停泊”等语。查白茆一带浮筒，为行船标志，如遇战事，必须撤去，以乱敌船水道。税司所称不敢在长江肆扰及不足为虑，未敢深信。已饬沪道及江阴、吴淞水陆各统领，一有警信，即将各浮筒一律撤去，以重江防。意新到运船既系重载军火，并饬关转嘱税司不准进口。该船陆续来淞，事机难测，已密饬各防营炮台，如意人登陆强占，即行并力抵拒，毋得临事请示，致滋迟误。谨闻，并请钧署代奏。

寄总署 光绪二十五年四月十六日

意舰陆续到淞，其新到重载运船，又经税司放入，运物上船，刻又上煤欲开。事机急迫，不能不力争先着，若竟登陆强占，衅自彼开，情形显著，自当奋力抵御。但目前尚未失和，各国兵船游历长江，向所不禁，彼若借此为名，以一二舰驶入，我当派一二船装好子弹，尾随其行。如竟连樯而来，势难听其直入腹地，我当先以居民惊恐婉阻，设竟不允，即当开炮轰击，免堕狡谋。事关重大，请速核示电复，以便饬遵，至祷！并乞代奏。

复总署光绪二十五年四月十七日

奉初十日电旨钦遵。

坤一待罪南洋，何敢稍分畛域。自接意舰到淞警报，均随时电商浙抚，严密办防。旋准浙抚电告布置情形，坤一按沿海舆图详细察阅，该抚筹备一切，尚属周密，惟所用将领多未识面，不知其才具何如。比经电商，如需将佐，此间尚有可用之才，当选择曾经到浙、熟谙地势者，咨送差遣。至拨营一节，南洋屡次裁兵节饷，现存兵勇无多，分扎要隘，力已单薄，仅有江胜一军，为往来游击策应之师，若再抽调，全局机括不灵。苏、浙防务，同关紧要，不得不兼顾并筹。如浙必须添兵，远招湘勇，恐缓不济急，不若由派往之员，就近招募。台州一带，风气强悍，用之得法，可期得力。所需军械子药，由南洋协拨济用。嗣准电复，现派之道员钟念祖，在滇卓著战功，于本省舆地亦熟，并请调王世雄、张显荣赴浙。又经电商，王世雄、张显荣现分充衡军统带营官，江防吃紧，未便遽易生手，仍拟另派前往。昨准电复，饷绌添募为难，筹定再调等因。此近日会商情形也。

本日据探报，意舰不久即开赴三门，新意使仍驻沪，无北上准期。深虑意人猝发，已电浙抚严备以待。请代奏。

寄总署光绪二十五年四月十九日

前奉电旨，饬兵轮常川于各海口梭巡会哨等因。当以南洋各船，正在调拨分守要隘，未能远赴他口，电商北洋裕禄亦以为然。

又奉十七日电旨，自应钦遵办理。惟南洋现办情形，有不能不据实沥陈者。南洋兵轮六艘，皆系木壳旧式，钢板不过数分，只能依附炮台，相机守口，以收水陆夹击之效，尚为合用。若责令出海备战，即以现驻吴淞意舰相较，钢厚六寸者一艘，三寸者两艘，利钝悬殊，实未敢轻于尝试。现在驻淞两船，即令陈旭乘坐，默察意舰举动，若彼登陆，即会吴淞营台合击，若彼开行游弋，亦即尾随其行，此两船万难调动。尚有四船，一派在镇江，并另拨运船一号，专备黄少春带营随时策应游击，以期往来迅捷，亦不可少，其馀三船，并蚊船、雷艇均驻江阴，该处为沿江各省第一门户，江面极窄，有此数船驻泊，更得炮台辅助，则敌船难以飞渡，内地自安。如调赴他口巡哨，万一有事，敌船半日可到江阴，而我船急切不能驶回，转虑落后误事。再四筹思，目下南洋防务较北洋为重，碍难遽离防守，不敢不据实陈明，伏乞圣明训示。请代奏。

寄总署光绪二十五年四月二十七日

坤一前因假期已满，病未全痊，于本月十六日，附片奏请续假一个月，俾资调理。现在协办大学士尚书刚毅奉旨来江查办事件，日内即抵江宁。昨接吴淞来电，刚毅有与坤一面商事件，廷寄即日抄咨等因，坤一自当力疾销假，以便商办。当此海防吃紧之时，坤一受恩至深，断不敢退闲卸责。惟年衰力惫，任重材轻，实深兢惕。一俟意事平定，再当吁恳圣慈，放归田里。请代奏。

复总署光绪二十五年五月十七日

咸电谨悉。前奉电旨，查询制造枪炮数目，并枪炮子弹首重合膛等因，遵即电知鄂督，互相考求，并由制造局员将试造枪枝及各项快炮口径格式、子弹分量，与津局鄂厂承办各员，逐细比较，期免参差。犹恐函电往还或有舛误，复由该局员驰赴鄂厂，会同该厂员匠，更番试验，枪弹均属合膛，快炮亦复一律，与坤一去年腊月复奏三省枪炮合成一律情形无异。

正在叙奏间，奉到四月二十七日寄谕，莫名感悚。遵查江宁、上海两局，制造枪炮、子弹、火药以及各种军火、雷电等件，以供南、北洋操防备战之需。宁局经费岁有定额，由南、北洋在制造二成税项内匀拨。沪局逐渐扩充，规模略备，节经添造快利枪、各项快炮，并创设炼钢、无烟药、栗色药三厂，所造军火，除南、北洋常年取用外，并经神机营、武胜新队暨各省各军调拨协济，为数甚多。制造数目之多寡，视经费盈绌以为衡。甲申、甲午两役，征调纷繁，该局加工赶造，昼夜不停，储偫未尝缺乏。现就机器力量及近年制造成数计之，宁局每年可造后膛抬枪一百八十枝，两磅后膛炮四十八尊，一磅子快炮十六尊，各项炮弹六万五千八百颗，抬枪自来火子弹五万粒，毛瑟枪子弹八万一千五百粒。沪局每年可造快利枪二千馀枝，各种枪弹四百万粒，各项快炮七八十尊，各种大小实心开花炮弹三四万颗，无烟药、栗色药、黑药三十馀万磅，各种引火、拉火、击火、铜帽、铜引一千数百万个，炼钢二千馀吨。此外代造各省军火，修理枪炮、兵舰、差轮、水雷等件不在此数。详细情形，遵当专折奏明办理。惟沪局所造之快利枪，系就旧置修整林明敦枪机器，参以手工造成。上年奉旨饬令各军一律改用小口径毛瑟枪，当饬局核议拟购此项枪机，比因款巨难筹，仍就旧机添换零件，按照各军所用德国新式七美里口径毛瑟枪订购仿造，即与鄂厂所购枪机造成之枪可期一律，未敢稍有更改。现在枪机将次到齐，安配竣工，秋初即可开造。第机器迭经改配，能力有限，每日仅只出枪十枝，较之湖北所购专门新机，大相径庭。用敢据实陈明，伏乞圣慈垂鉴。请代奏。

复总署光绪二十五年五月十七日

咸电谨悉。三月铣电，奉旨饬查官办机器各项局厂，当经分饬钦遵。

查机器制造枪、炮、药、弹，同治年间，历经奏明创办金陵、上海两局，制造各项军火，专供南北操防备战之需，常年经费在沪关二成洋税项下拨给，历年奏咨造销在案。现办情形，另电覆奏。嗣金陵添设洋火药局，以机器碾造洋药，供水陆各营及长江水师之用，所需经费亦经奏定额数，历年照案报销。去岁裁节用费，已改归金陵军械所兼办。至铸造银元，因前奉寄谕，据御史易俊、陈其璋奏请，令南、北洋酌量设局，遵即筹款订购机器，营建局厂，所铸大元小角，兼搭铸钱，市面甚为流通，足以抵洋元而维圜法。二十二年春，奉旨振兴商务，鄂督张适在两江署任，据苏绅之请，设立缫丝、纺纱两厂于青阳地，以息借商款移作股本，复拨官款以厚其力，合成一大公司，现归职员祝承桂包办，仍由官绅维持。其职商黄宗宪苏州丝厂、绅董杨宗瀚无锡纱厂，亦均酌拨官款以资转输。又以官购之纱机四万馀锭，交商兴办通州纱厂，商股未齐，旋值交卸。后由大理寺少卿盛宣怀、翰林院修撰张謇与坤一商议，分领此机，在上海、通州各设纱厂，以机价作为官本，另集商股建厂办工，是为官商合办。现通厂甫报开车出纱，沪厂尚未议办，纱机仍然阁置。其时并于江宁、苏州设有商务局经理其事，续又添上海一局，经费均由外筹。

上年奉旨，饬在上海、汉口兴办商局、商会，经坤一裁撤宁、沪两局，改设商务总局在上海，遴派员绅经办，与汉口联络一气，以宁、沪局费归并开支，奏奉批谕，督令认真经理，分举各业总董，会同联贯，期以逐渐振兴。惟商疲力困，洋商益肆挤排，现在苏州、通州各厂，与盛宣怀督办之华盛、大纯、华新、裕源、裕晋五商厂势甚危殆，其馀商办丝纱等厂，或亏折赀本闭歇，或售抵洋商改牌，察看情形，商务骤难起色，合并陈明。请代奏。坤一、德寿。

寄总署光绪二十五年十月初一日

奉二十九日电旨，钦遵。

江南各防军，前因意事未定，迭次饬令严防，未敢稍涉疏懈。现彼族暗调兵舰，居心叵测，尤应严密防范。已密电各军，昼夜戒备，如该国兵舰驶到，登陆强占，即遵前旨，开炮奋力抵御。一面电令长江提督黄少春，由湘星夜乘轮东下。现据淞报，未初来意舰一艘，进泊张华滨，馀无动静。请代奏。

寄总署光绪二十五年十月三十日

迭奉十八、十九、二十日廷寄，钦遵。

现拟于吴淞口、南石塘外高坡添建炮台，以顾南石塘、狮子林后路。意舰在淞，防务吃紧，先拨快炮四尊，赶筑台座安设，俾资抵御，并另调南字两旗，驰赴吴淞暂扎，会同盛字五旗扼守，相机进止，业已到防。以上如福山、狼山、江阴、镇江、乌龙山及江宁省城，均节节布置。复照光绪七年成案，购造木排为拦江之用，以免疏虞。

除俟叶祖珪来宁妥为商办，所有详细情形另行具奏，谨先电陈，仰慰宸廑。请代奏。

寄总署光绪二十五年十一月十二日

意事未定，防务自应加严。坤一拟于本月十六日，由省起程，乘坐兵轮，阅看沿江炮台至吴淞止，并与黄少春、李占椿及防军统领，面筹一切防御事宜。

再，叶祖珪来电，定十三日赴浙。如十八、九日该提督回淞，亦可面商布置。请代奏。

寄总署光绪二十五年十一月十六日

坤一今日出省，署中日行公事，委藩司恩寿代折代行，要件仍包送行次核办。请代奏。

寄总署光绪二十五年十一月二十五日

坤一于十六日出省，乘坐兵轮，查阅沿江炮台，业经电奏在案。

是日抵镇江会黄少春，时李占椿亦由江阴来。次晨阅江胜军操，十八日阅象山等处及圌山关等处炮台，十九日阅江阴炮台并兵轮打靶，二十日阅自强军操。二十一日抵吴淞，苏抚鹿传霖及北洋兵轮统领叶祖珪亦到，会商一切。次晨与鹿传霖同阅南石塘炮台，并查勘拟增炮台基址形势，顺道阅铁路、马路各工程。二十三日转轮上驶，就便停轮江中，阅狮子林炮台子路。二十四日晨过江阴，阅看演放鱼雷，亥刻回抵江宁。伏查各路炮台打靶均能致远命中，而江阴一路尤为出色，演放八百磅子大炮，六出无一虚发。自强、江胜两军操法，极为整齐，所演行军队连环炮，声势连络，均足以备缓急，上慰宸廑。至吴淞口北、南石塘南添建一台，近顾浦江，远扼由海入江水道，兼顾南石塘后路，地势极为合宜，足弥淞台之缺，拟安设大小快炮七尊。又应用通语旗灯，已嘱叶祖珪与黄少春、李占椿及各台统领、兵轮统领妥商。详细情形，另折具陈。请代奏。

寄总署 光绪二十五年十一月二十八日

坤一奉旨来京陛见，感悚莫名。惟坤一患痔未愈，昨力疾巡阅江防回省，感寒甚重，痔漏增剧，不能久坐，现已封河，遵陆实难支持。合无仰恳圣慈，准俟交卸后，暂住江宁调理，明春开冻，再行航海北上，不胜悚惧待命之至。请代奏。

电奏卷二

寄总署光绪二十六年五月十二日

拳匪事已奉谕旨，朝廷恩威并济，钦佩莫名。惟匪势如此猖獗，毁路踞涿，种种不法，名为忠义，实为叛乱，即使宣布解散，亦难保不散而复聚，蔓延日久，收拾益难。现闻大沽已有洋舰二十馀号，万一出而干预，大局何以支持？畿辅重地，关系匪轻，似应一意主剿，痛剿一二股，则馀股自灭，辟以止辟，正所以保全民命也。谨披沥直陈。请代奏。

寄总署光绪二十六年五月十九日

拳匪势甚猖獗，各国纷纷征兵调舰，大局危急。宣布劝谕，该匪未必遽散，散亦难保不复聚，即或遵谕解散，外人以西人及教民伤亡甚多，我未办匪，遽行了结，群相诘问，我将何辞以对？况就目下局势观之，断难就抚。如再迟疑不自速剿，各国兵队大至，越俎代谋，祸在眉睫。此实宗社安危所系，不敢不披沥上陈。拟恳明降谕旨，定计主剿。先剿后抚，兵威既加，胁从乃散，或可转危为安。即此了结，将来商办善后，已属不易。若一面宣抚，一面拳匪仍痛杀教民，各国断难忍耐。昨赫德电，亦谓“大局若无速转机，各国定并力大举，危亡即在旦夕”等语。从来邪术不能御敌，乱民不能保国。外兵深入横行，各省会匪四起，大局溃烂，悔不可追。机变甚速，间不容发。请代奏。坤一、之洞。

寄东抚袁光绪二十六年五月三十日

现有会香帅电奏一件，请尊处代为缮折，交驿六百里加紧驰递。奏稿如下：

“臣等奉二十四日寄谕，钦遵。续准东抚密电：‘奉二十五日寄谕：拳会在津助官军获胜，降旨嘉奖。饬各省招集此义民成团御侮，必能得力。办法迅奏。沿江海尤宜急。’”等因，钦此。

窃谓此次大患，在与各强国一齐开衅。目下大沽已失，京都危急。拳会仅恃邪术，各国非比流寇，虽幸获胜仗，各国断不甘心，势必增调重兵报复。俄、日两国陆兵最多，其来最速。现俄用装茶轮船改赴旅、大装兵，英调印度兵，美调小吕宋兵，日本调广岛兵，法调西贡兵，连德国陆兵，当不下八九万，断非董、宋、聂诸军所能抵御。拳会无纪律，可胜不可败，败则四散。以京师之重地，作孤注之一掷，危迫甚矣。论兵力，一国焉能敌各国，不败不止。论大势，各国焉肯输一国，不胜不止。岂有拳会可操常胜而无一败之理。鏖战旬日，药弹必竭，接济无从，更何能以血肉之躯与炮火相搏。一旦兵败会散，各国大队直入京城，宗社、乘舆何堪设想！此臣等痛哭流涕不忍言而不敢不言，不得不万叩以请朝廷亟思变计者也。

沿江一带，会匪、盐枭、安庆道友甚多，与拳会各自为党，平时专以抢劫为事，名号皆悖逆之语，并无拳会之党可招。臣等已将防务密为筹备。但就目前计，北事已决裂至此，东南各省若再遭蹂躏，无一片干净土，饷源立绝，全局瓦解，不可收拾矣。惟有稳住各国，或可保全疆土。江宁、汉口英国领事迭来臣等署中面商，欲派兵舰多艘入江保卫商、教，臣等以力任保护，坚辞却之，该领事已允不再派舰。上海各领事处，并经饬令江海关道密为转商，亦各允许。盖长江商务，英国为重，各国觊觎已久，惧英而不敢先发，英亦虑各国干预而不敢强占，以启各国戎心。在我正可就其所忌而羁縻牵制之，若触动一国，势必群起而攻，大沽覆辙，可深鉴也。此实委曲求全之策。现在尚属安静，自可暂与周旋，仍一面严密筹备。惟沿江防军甚单，精械不能一律，虽酌量增募，利钝仍无把握。一经宣战，各国封我海口，沪局军火不能运出，将士战守奋勇，亦无药弹接济。沿海各省纷扰可虑，防不胜防。闽、浙、广东兵力亦薄，从前法、越之战、日本之战，开衅皆止一国，军械药弹尚可设法分购密运，勉支半年。一国尚可力战，若谓可以抵拒各国，臣等诚不敢作此矜夸之语，以欺君父，而误国家。外衅一开，内匪四起，更难措手。总之，能联络一日长江以内尚可使外人无从逞志。倘各国必欲以干戈从事，派大队兵舰来江，攻我营台，实逼处此，臣等受恩深重，有守土之责，自当尽力抵御，存亡与共。事机甚紧，所关甚巨，谨披沥上陈。

再，出使各国大臣，此时请勿遽行召回。若使臣下旗回国，即是明言决裂，自认攻毁各国人命、物产，以后更难转圜，似宜仍令暂住各国为宜。在京各国使臣亦宜设法挽留，勿遽听出。合并沥陈。

此奏系电由东抚代为具折，交驿六百里加紧驰递，以期迅速。不胜急迫之至云。

何时发行，及有无谕旨，并祈电示。感切！祷切！

复粤督李光绪二十六年六月十五日

奉真西电，辗转筹思，此事商缓多窒碍，暂还既无款，亦太冒险。惟有遵钧谕，照香帅意电奏，以冀万一。稿请斧削后，径电袁慰帅代具折，用六百里加紧驰奏，似较保定转总署为妥。奏稿及联名如下：

“奉寄谕：‘各省认还洋款，着即暂行停解。’等因，钦此。

目下中外兵端已开，臣等惟有钦遵力筹战守，断不敢存和字于胸中。恭绎廷旨之意，本因防亟饷绌，故俯为各省筹画，移还款以充饷需。惟此事于全局军饷甚有关系。现在东南各省尚无兵事，商货亦尚流通，故税厘得以征解，军饷得资挹注，而风鹤震惊，居民迁徙，收数已不免短绌。各项洋款，均以关税、厘金作抵。彼贪我通商之利，与应还之款，牵制顾忌，不敢到处逞志。今若停还，彼无所希冀，各国股票惊惶，必致耸动该国力据海关，分扰沿江、沿海、沿边等省。臣等均有守土之责，自应极力抵拒。惟利钝非所逆睹，难免日久旷持。从此军事四起，腹地伏莽乘机滋扰，外侮内患，天下骚然。洋货不能入，土货不能出，各省商贩裹足不前，洋关与沿海常关固涓滴无收，内地厘税亦必因而大绌，京外正在筹备战守，饷需不继，为害非轻。

查每年应还各洋款计共二千数百万两，每年洋税及洋药税计收二千数百万两，常税厘金计收二千万两左右，税厘两项岁可收银四千馀万两，除还洋款外，尚可馀银二千万两之谱。若沿江、沿海、沿边等省到处用兵，洋税全失，内地税厘收数亦必十去五六，通盘核计，较之向解洋款转受亏在二千万两以外。是停还洋款，于各省筹饷有损，尤于京饷有妨。盖停战无期，则需饷尤巨，既有必战之志，必宽留筹饷之源。

臣等再四思维，拟恳天恩，俯念此时保疆以练兵为急务，筹饷以商贾厘税为大宗，洋款若停，牵动内地厘金，亦碍华民生计，转于饷需有害，京饷及北上诸军饷项无从接济，关系尤大。可否饬下户部通盘筹计，俯准暂行仍照旧案解还，以保饷源而维全局。俟数月后，体察大局情形，再行请旨办理。臣等未敢擅便，谨据实核计声明，请旨遵行。

李鸿章、善联、刘坤一、张之洞、许应骙、奎俊、丁振铎、袁世凯、王之春、松寿、刘树堂、德寿、聂缉椝”云。

复鄂督张光绪二十六年六月二十三日

养电悉。会奏稿，拟借救使立论，带叙保护事，较不着迹。惟弟近日心思枯涩，笔不能达，务求大加改正。电由慰帅驰递，应会何省衔，请酌。文曰：

奏为遵旨相机审势，妥筹办理，以彰威德而维大局，恭折仰祈圣鉴事：

窃此次战事，由于匪徒借口仇教，肆行烧杀，致酿大患。各国亦以剿匪、救使及保护商民、教士为词，调舰增兵，合而谋我。军事既起，各省自应力筹战守。臣等已将防务严密筹备，倘彼族前来侵犯，即当奋力抵拒，不敢稍涉疏虞。

窃惟中朝宽大，圣泽如天，怀柔远人，无不仁至义尽。目前办法，总须将朝廷万不得已之苦衷及并行不悖之德意，切实宣谕，庶匪徒不敢借端滋扰，为害地方。臣等于战事初起之时，即行出示晓谕，务各相安，不必妄生疑虑。并接出洋华民电禀，请保护各国洋人，以免报复，情词极为迫切。臣等遂乘各领事来商保护商、教之时，会饬江海关道余联沅与之订定章程，长江一带及苏、杭内地，各国如不侵犯我，当照常保护。经各领事电商各外部，臣等亦电各使臣，向各国切实声明。德因戕使，颇持异议，嗣为各国牵制，遂亦帖然就范。

恭绎五月二十九日谕旨，现在各使馆势甚危迫，我仍尽力保护，并饬臣等各尽职守所当为，相机审势，竭力办理。六月初三日寄谕：‘各使臣现仍严饬带兵官照前保护，使馆惟力是视。各该大臣在各国遇交涉事件，仍照常办理’等语。是朝廷于天津犯顺之洋人，则痛予惩创，于未与战事之洋官、商、教，则曲为保全，威德兼施，昭如日月。臣等屡次奏请保护公使，亦以圣虑之所重，时局之所系，首在此举，不容稍缓。迭准各使臣杨儒等来电，总以保全公使暨在各省之洋人为第一要义。拟恳天恩，饬下在京得力各军，保护各国公使，正所以自保使臣，饬令各督抚保护在华洋人，正所以自保在洋华民。不胜急迫之至云。

寄鄂督张光绪二十六年六月二十六日

傅相现已抵沪，累诏催令北上，并未指授方略，即调任北洋之说，闻亦子虚。只身进京，何从措手？匪特与大局无补，且恐入直境后，为拳党所持。鄙意若能授以全权，先商停战，如蒙俞允，方有办法。惟奏内不可露“和”字，总以抱定国书排难解纷为言，庶无窒碍。兹拟会奏稿求政，文曰：

昨闻津郡不守，敌势益张。该处距京仅止二百馀里，上念皇太后、皇上缵承宗社，不知如何忧劳，臣等遥望神京，难安寝馈。现闻东西洋续调之兵，日本已有万馀人在大沽登岸，其馀各国军队启行已久，亦必相继到津，且闻各国相约进兵，现仍征调不已，事机日紧一日，尤深焦急。

两次伏读致俄、英、日本及美、德、法六国国书，嘱令排难解纷。仰见朝廷委曲求全，仁至义尽，不忍兵连祸结，涂炭生灵。

臣等伏念此次变故之来，宫廷筹画之苦，忧愤涕泣，不知所云。现在俄、倭两国已有覆书，词气虽尚和平，语意不无推宕。国体所在，既难时时致书，而通意斡旋，正臣子效忠之日。大学士李鸿章周知四国，体用兼赅，办理交涉有年，为各国所信服，往年与俄订立密约，本系李鸿章专使，相机通词，尤易就范。李鸿章现抵上海，可否授以全权，饬令就近在上海酌商停战，何国有隙可乘，即由何国入手，总以舒国难、保京城、间敌谋、弭兵祸为主，于事必有裨益。不胜惶悚迫切之至云。

请公改正，即飞电慰帅驰奏。应会何省衔，并请酌定，多多益善。先发后商，事机危急，傅相碍难久留，千万迅赐施行。

寄东抚袁 光绪二十六年七月初六日

接俄馆初三代转吕使电：

“遵六月初三旨，向外部切实声明。据称使臣遭害，辱国莫甚。当力陈中国决无开衅意。克使为乱党戕害，朝廷惋惜殊深。彼谓须确查再商。因此官民愤怒，颇欲为难，幸有巡捕保护，尚无他变。彼虽云无瓜分意，亦不求专利，殊未敢信。刻派新使刷次士潭，并闻派兵二万来华，深恐愤兵不分玉石，民遭涂炭。正拟请旨为德使电唁，并许办犯保馆，免彼借口，因外部突禁发华码电，不果。幸奉国书及廿一日旨，适德王避暑，译交外部转呈。彼诘问克使眷属，臣许以查明再覆。容密书另行电奏外，窃思为今之计，宜乘各国兵未集，先自靖乱，免致借词要挟。或请驻京各使居间排解，各国易听，亦釜底抽薪之法。睹此时势，忧愤交深。外部屡言论情形不应再为接待，虽无逐客令，已不以使臣相待。臣不敢心存观望，但恐往晤被阻，反难转圜，拟派参赞赓音泰代为传说，以免龃龉。谨披沥上陈，请代奏。海寰”云。

请尊处缮折驰递为盼。

寄东抚袁光绪二十六年七月二十二日

驻韩徐使电：

“洋兵必欲进京，断难听之。惟有在京则力保各使馆，以杜其口，在津则力阻各洋兵，以挫其气，能相持两三月，彼当自有悔心。各国互相猜疑，势必不能持久。但须速催各省接济军火、粮饷，免致缺乏。俄以全力注东三省，各国忌之。若与各国讲解，宜托英、美。日本断不可托，俄恐彼挟诈相欺，且各国皆不甘心，转难了事也。请转总署代奏”云。

即祈尊处代转。

寄陕抚端光绪二十六年闰八月初四日

兹有电奏一件，祈具折代奏，六百里驰递为荷。文曰：

钦奉寄谕，饬将江北漕粮改解山西，于清江转运局拨给直隶赈米十万石等因。当经分行钦遵。

旋据清江转运局道员恽祖祁来电禀：“遵将运直赈米于闰八月初一日由镇江次第开行，并派员至陶城埠、临清等处查探情形，预为料理。”嗣据江安粮道松麟电禀：“江北漕粮，前奉旨饬运德州交收，由直隶搭放军米，当即催趱粮船，迅速上驶。兹又奉旨改解山西。当此时局艰危，銮舆西幸，敢不勉筹转运，以供扈从之需。惟再四筹思，运晋实多棘手。本届河运船只，因回空太晚，开行较历届为迟，奏明在案。沿途浅阻，李家窑迭次堵口，现甫全帮入黄，节令已逾秋分，此后由黄入清，由清入卫，何时能抵德州，尚难逆料。由德至晋全系陆运，此次漕粮十四万五千馀石，每石须布袋一条，制办不易。其难一。每十石一车，约须车一万四千馀辆，无处招雇。其难二。即在德雇车数百辆，辘轳转运入晋，每次往返约二十馀日，非数十次不能竣事，需时太久。其难三。车价一项，即须银数十万两，布袋、席片、袋索、夫力、薪水、局用，尚不在内。各省库藏如洗，军兴以来，窘迫万状，此项巨款无处筹拨。其难四。新漕开办在即，粮道不能遽回，必致贻误。其难五。以上仅就大概言之，为难之处，实尚不止此。臣等体察情形，惟有吁恳天恩，仍照前次谕旨，将江北漕粮十四万馀石运至德州水次，候直隶派员验收，搭放军米，该粮道即督率回空船只南旋，接办新漕。如山西需用米石，由晋抚咨商附近各省另行妥筹办理。伏候谕旨，由电饬遵，不胜迫切之至。

再，清江转运局除拨运赈直隶米十万石外，尚有十万石应行运赴行在备用。惟圣驾是否幸陕，尚无确信。此项米石如用轮运鄂入陕，劳费较省，若由浦经豫省至晋，运道亦极艰难。第该局专司转运，并已筹有经费，与江安粮道情形稍有不同。所有浦局之十万石，究应运至何处，并候训示遵行”云云。

坤一、松麟。

复东抚袁光绪二十六年闰八月十二日

真电悉。疏稿词意肫挚，极佩。洋兵未退，既不敢遽请回銮，西幸长安，又虑各国梗议。乘舆已发，讵能折回？欲图补救，惟有先请谕旨，事定回京，庶可杜外人之口。此奏甚有关系，祈慰帅电商各省联衔电陕入奏，坤一当列衔。

初七又有启銮通谕，拟附一片，文曰：

“再，臣等正会商电奏间，续奉本月初七日谕旨：‘太原荒歉，供亿维艰，且电报不通，辗转延误，不得已西幸长安。’等因，钦此。仰见天心仁爱，体念民生，并以时局急迫，深虑要件或有迟误，故为此不得已之举。是驻跸长安，可暂不可久，已在圣明洞鉴之中。顾臣等鳃鳃过虑者，则以宗社为重，深恐各国以自弃京城为言，变其宗旨，分占要地，开议无期，大局不可收拾。仍恳俯如臣等所请，明降谕旨，以慰臣庶之心，以遂各国之望。谨附片具陈，伏乞圣鉴。谨奏。”

祈一并裁酌，电商附发为荷。

寄西安行在军机处光绪二十六年闰八月十九日

出使大臣吕海寰来电“国书已递。外部云：‘覆书交德使专呈，并另颁训条，饬使译办。其书已登报，请查奏’等语。兹谨撮要译呈。其文曰：

‘大皇帝来电已阅。深悉大皇帝拟将凶杀德使辱及文化之事，按照华律赐祭奠醊，作为偿恤。然予身为德主，世守耶稣教规，似此凶恶之事，碍难遽以奠醊了结。此次传教及奉教人惨遭荼毒，不可胜计，其冤魂亦非奠祭所能解释。使臣公署，各国所重，向无加害之理，而中国反是。且各国商民、教士及大皇帝属下人民崇奉与予同教者，均无故被难，闻之无不凄惨。然予不责罪于大皇帝，惟倡首肇乱、扰害生灵、主谋办事之大臣，既自肇祸，即属罪有应得。如大皇帝能治以应得之罪，则予固可释然。倘肯照办，并允各国代君行权之人，赞襄其事，即可允行。大皇帝如能回京，尤所深喜。当饬瓦总帅不但遵照大皇帝应得体制敬谨接待，且可派兵护卫，听凭裁夺，犹有抗法者，亦可饬令帮剿。和局亦所深愿，但志在惩罚有罪及所失尽为弥补不缺，日后各国寓华之人，皆得安居乐业，无财产性命之忧，其传教、从教诸人，得以任便，尤为厚望”云云。

臣在德，外部久不接待，遇事遣参赞赓音泰传话。前因德通文各国，意在索交罪首，方肯开议。迭饬赓音泰遵历次电旨，以民教相哄，事起仓猝，实非朝廷本意，亦非朝廷意料所及，反覆理喻，迄未就范。臣又以情动之，遂将中、德历年交好，前既有遇事相助之美意，仍望追念旧好，及早议和，顾全中国体制，尤不可使中国有失自主之权，函达外部，尚未接覆。幸奉国书，从优赐祭，其覆电虽有不足之言，已有转意，惟仍以严惩祸首为词。所颁德使训条，据外部面称：一，须由各国驻使查明中国拟罪诸王，是否实系真正犯罪之人；二，须查明中国自愿治以何罪；三，须向中国索取切据，拟定之罪，必见施行。应令各使随同办理，以为确证。此三节办妥，再议和约、赔款诸事’云。外部久已隔阂，迭经疏通，至十二日始允接见。德王出外，国书由臣面交外部转呈，并喻以大义。彼愤气稍平，仍未能如常接洽。臣奉使无状，不能挽回狂澜，愧愤交并，曷胜惶悚。除俟克使棺柩回德时，遵旨办理外，谨先奏闻，伏乞圣鉴。臣海寰叩覃。请代奏”云。

即请代奏。

再，此电系由俄京转来，十八日亥刻始到江宁，合并陈明。

寄西安行在军机处光绪二十六年闰八月二十五日

接驻宁英领事孙德雅函称：

"兹得上海总领事电称，接准本国外政大臣电，北方启衅，两宫蒙尘，实因拳党擅权所致，我国良深愤恨。决无稍欺两宫之念，只知遇事竭力挽救，以安我心，此衷可表。相应具闻，务祈贵大臣详为转奏两宫，毋庸见疑多虑，我国断无异心贰意也"云。

请代奏。

寄西安行在军机处光绪二十六年闰八月二十五日

迭奉谕旨，清江转运局改设汉口，所拨直隶赈米十万石运至德州，由直隶总督派员接运、其馀十万石由襄河运赴行在等因，遵即饬令恽祖祁钦遵。

兹据该员电称："饬移汉口，惟奉拨直隶赈米十万石，自闰八月初一日由镇江开行，头批因河水浅涸，仅抵汜水，二批沮滞扬州一带。虽经严饬汛坝蓄水趱行，奈天时久旱不雨，水无来源，实非人力所能施。"正在焦灼，适接德州粮台长芦运司杨宗濂、津海关道黄建筅、山东粮道尚其亨电："漕粮运道艰难，至今尚未到德。直隶赈米若由运河上挽，恐须数月，饥民何能忍待？请折价银二十万两，以资济急。"又接袁世凯电："北运河本系借黄济运，现在节近霜降，水枯无可借，运直米船，难以浮送"等语。

查直民望赈甚殷，自应迅筹救急。应即如杨宗濂等所请，在运费项下提银二十万两作米十万石，由直隶就近采买，迅速赈济，以广皇仁，而免延误。其由汜水等处折回米石，即令恽祖祁酌量情形，连同奉饬由襄运陕之十万石，一并运赴陕西。如此一转移间，直民实惠早沾，陕仓亦较充裕，两有补益。前项米石，饬转运局迅速运赴龙驹寨地方，遵陆径运长安，并请旨饬令陕省在龙驹寨设局豫备接运，以利遄行。

请代奏。

寄鄂督张东抚袁盛京堂 光绪二十六年闰八月二十六日

顷照杏翁电拟奏稿奉商，请酌改，各省愿列衔者即照列。既有折衷一是之旨，香帅必须会衔。稿如下：

“奏为密陈大计，以救危亡，恭折仰祈圣鉴事：

窃以此次拳匪肇乱，中外构兵，驯至决裂不堪，实为千古所罕见。各国因听各驻使之言，归罪于误信拳匪之王公大臣，必欲严速惩办，方可议和。臣坤一、臣之洞每晤各国领事及经过洋员，剀切开导，示以闰八月初二日谕旨，嘱其转达外部，催令开议停战。而各国以事未施行，疑系空言搪塞，固执前说，众口一词，观于德、日所覆国书及美总统之言，其情可见。若不迅速惩办，现在联军已抵保定，并闻将趋正定。似此深入不已，万一渐引而西，断非程文炳、董福祥等所能敌，亦非百二山河所能阻。不得不仰恳宸断，立将该王公大臣分别治罪安置，毋令随扈，以平各国之愤，以释各国之疑，当可早日开议。该王公大臣误用拳匪，或出一时愚忠，惟各国啧有烦言，势将忧及宗社，即应以身任咎。古来当国辅臣，每遇水旱、盗贼，辄以佐治无状，自请罢斥。义固应尔，史册可征。况轻开邻衅，乘舆播迁，该王公大臣应亦体量及此。且由我速办，尚存自主之权，去可复还，夺可复予。若迁延日久，时局日非，深恐将来要索益坚，转非王公大臣之福。此外各省有酿成拳祸、杀戮无辜之员，应行重惩，朝廷自有权衡。臣等自五月以来，惊魂欲断，血泪将枯，自维待罪疆圻，何敢妄预内政，第事关存亡大计，不得不冒死沥陈”云云。

若发，未可再迟。拟即电陕藩具折密陈，候电覆。

寄西安行在军机处光绪二十六年闰八月二十九日

奉旨：“副将王世雄，着饬令该员前往陕西，交岑春煊差遣委用。”等因，钦此。又准岑春煊咨，请饬该副将原带之衡字五营开拔来陕等语。

查目下江防戒严，外患内匪，在在可虑。安徽大通前有匪徒滋扰，势甚猖獗，幸派兵速剿，得以敉平。各处伏莽尚多，情形吃紧，防务未可松劲。前经遵旨饬令总兵刘光才率队赴晋，江宁城外空虚，随将王世雄一军添足五营，调扎下关，以昭周密。王世雄办事勤干，且熟习地方，所部亦多旧人，甚为得力。兹又经陕抚奏调该员差遣，奉旨允准，并咨调勇营同行。江南既少可靠之将，又无久练之营，即使再行添招，恐不足以应缓急。惟现在銮舆幸陕，行在需员，坤一何敢率行奏留。应否只令王世雄赴陕交岑春煊差遣，抑照岑春煊咨饬令王世雄带所部同行，相应请旨饬遵。请代奏。

复鄂督张并寄东抚袁盛京堂光绪二十六年九月十五日

鄂元亥电悉。香帅既再三见委，自应勉拟一稿。窃谓此奏命意，一在破主战之惑，一在助全权之力，应办何人何罪，均可不必明言。拙稿奉呈鉴政，即存杏翁处，候邸、相电奏到日，一同电陕，不先不后，庶可得劲。香帅如肯酌改，亦即径电杏翁照办为祷！奏稿如下：

“行在军机处钧鉴：

‘此次与各国议款，首以惩办酿祸诸臣为请。业奉电旨饬令庆亲王、大学士李鸿章与之磋磨，密拟具奏。该王大臣自必竭力商办，覆奏到日，朝廷具有权衡。顾坤一等鳃鳃过虑，则以洋兵日西，事机万紧，有不得不再渎宸聪者。

陕西古称天府，今非雄都，时势固自不同，战事亦各有异。洋兵乘胜锐进，连横而来，不畏数万里之海，岂畏二千里之陆？以北京士气之新，军械之利，尚难资以御敌，岂陕西大河之限，潼关之隔，即可恃以无忧？且入陕之路歧出，备多力分，断难抵御。此地险不足恃也。

銮舆驻陕，需用浩繁，西北力有难支，东南责无旁贷。目前沿江、沿海各省，暂示羁縻，尚可妥筹运济，一有决裂，恐难任我转输。近接各处电音，备述各国意指，有谓宜分攻晋、豫者，有谓宜进兵襄、樊者，甚且欲以留还洋款为词，禁我运解京饷。和局若变，战舰即来，各省专顾筹防，关中将成坐困。此接济不足恃也。

各省伏莽潜滋，会匪遍布，大局未定，窃发时虞。即以沿江而论，如湖北汉口、安徽大通之案，可为前鉴。幸经派兵速剿，不致蔓延。若值敌舰来侵，何能兼顾？和议一变，各国分路进兵，匪徒乘机起事，外患内讧，天下骚然，将有瓦解之虞，适激瓜分之祸。此又时局大可忧也。

总之，以一国而敌八国，强弱异势，众寡相悬，和战机宜，无待蓍蔡。坤一、之洞闻自晋来者，历述两宫西幸在途艰苦情形，芜亭豆粥，滹沱麦饭，愤憾涕泣，无地自容。并闻圣驾抵陕后，仍复日夜忧焦，悬望款议，临朝辍食，还宫沾襟。若不早图定局，天下臣子问心何以自安。从前在京肇衅之王公大臣扈跸西巡，目睹两宫遭此困厄，当亦有所不忍，自应为国任咎，为主分忧，更何忍以二百数十年之社稷，二十馀行省之人民，举以同殉。坤一等钦奉谕旨，磋磨自与各国使臣妥为商酌，而要不能不稍为迁就也。古来圣帝明王，每遇阳九之厄，往往委蛇求济，隐忍图存，上惧宗社危亡，下悯生灵涂炭，不惜一时之屈，但期百世之安，诎可复伸，衰可复盛，史册昭垂，班班可考。我皇太后、皇上量同天地，泽沛华洋，伏愿宸衷独断，早定大计，以平各国之愤，以联各国之情，庶几早日开议，挽救危局，不胜迫切待命之至。

刘坤一、张之洞。请代奏。”

寄西安行在军机处 光绪二十六年九月二十四日

本日由俄京转到出使大臣吕海寰歌电：“臣迭催外部速行开议，昨始得覆。据称德主现已格外允准查验议和大臣全权字据，惟所注意者，必须朝廷回京，方能商议，且收实效，中国庶可因而复旧等语。臣默观各国意见，似均愿从速议结，即德国亦渐有转圜之机。惟一日不回京都，人心即一日不定，且奏报难免迟滞，和议势必久延，各国借词另生枝节，天下大局致为牵动。窃思乘舆西幸，诚非得已，淆函虽固，未可久持。况各国使臣有驻京之名，若驻跸西安，将来通问递书，亦难拒其不来，所谓‘我能往，寇亦能往’。情势昭然，究非万全之策。似不如俯允各国所请，以固邦交而安人心。可否饬下全权王大臣，预与各使臣暨各统帅从速议定迎护切实章程，指日还跸，俾和局早成，天下幸甚。迫切上陈，曷胜惶悚。请代奏”云。

即请代奏。

寄西安行在军机处光绪二十六年十月十一日

奉寄谕：“清江转运粮米事宜，派程龢祥、蒯德浦办理。”等因，钦此。自应钦遵办理。

惟南省自军兴以来，骤添多营，筹拨饷械，需款浩繁，罗掘殆尽。又有入卫军饷、筹集购米运京经费、协济直隶军需、奉拨山西陕西赈款，皆为常年所无，数目繁巨，而关税、厘金等项，因商务减色，收数远不如前。洋款偿期踵至，直隶等省奉拨之项，多未解到。江南复有瑞记一款，本年应本息兼还，值此时局，何敢失信友邦，再误大局。电牍络绎，移东补西，数月以来，实已筋疲力尽。若款议迁延不定，以后能否支持，尤觉毫无把握。广东号称繁富，此次应解洋款无着，勉借商款应付。其馀各省概可想见。若再增措数十万金巨款，实苦无从挹注。此筹款之难也。

恽祖祁设局清江，因圣驾幸陕，饬令移局汉口，以期便捷。所办运米二十万石，次第启行，约计运至荆紫关，水路需费二十馀万两，陆运西安又需费七十万两，车马、骡驼均不易雇，尚拟雇夫挑驮，艰难可想。若在浦设局办运，陆路二千馀里，较之汉局需费尤重，车价甚贵，且亦难雇。此办运之难也。

坤一等再四筹酌，现无此款力。在浦办运入陕，似不若汉口汛舟之便。至于批解饷银，应归驿站。运拨军火，外人正拟阻截，即目前解陕毛瑟枪、快炮等件，正在设法密运，亦未必专走清江，似更无须转运局照料。拟请暂缓在清江设局，免致徒糜局费。

请代奏。坤一、之洞。

复鄂督张东抚袁并寄盛京堂光绪二十六年十月十三日

鄂锡午、济文电悉。慰帅致荣相续电，极佩，第恐诸谬未必有耻耳。会奏事，既奉调董赴甘，谕旨本可不发。然降调、革留诸臣，尚无后命，仍以电奏为是。香帅所论哲美森及木斋齐电两节，鄙见哲谈，内间未知，木电虽并致荣、王，所谓自办，正与此奏相合，似可不必辩正，转涉痕迹。奏稿拟就，请斧政，由鄂径发。此奏发后，即可将慰帅所拟劾董折速商各省续发矣。奏稿如下：

行在军机处鉴：

近闻洋兵西逼，已抵井陉，太原戒严，宣化、居庸等处洋兵不少，晋防万紧。坤一、之洞迭电各出使大臣，向外部劝阻，彼族均涉推宕。连接各处电报，外人总以惩办首祸未能满意，毓贤、董福祥尤为各国所切齿。闻已预备哀的美敦书，允之，则必有为难，拒之，则立致决裂。时局至此，恐终归于不能不允。坤一等窃谓此次议款，当握定不失自主之权为第一要义。赏功罚罪，中朝自有权衡，本非外人所得干预。肇祸诸臣纵匪滋扰，贻害国家，得罪于宗庙社稷；乘舆播迁，备尝艰险，得罪于皇太后、皇上；大局阽危，生灵涂炭，得罪于天下臣民；围攻使馆，妄杀洋人，得罪于海外诸国：种种罪戾，擢发难数。即令诸臣自思，当亦无颜再生于尧、舜之世，即无各国要索，当亦不能幸逃于祖宗之法。圣朝忠厚，两宫仁慈，或念其随扈微劳，不忍遽置重典，似不宜令其再窃高位，再误国是。拟请断自宸衷，明降谕旨，将载澜、赵舒翘、英年一并革爵、革职。刚毅查办拳匪，语多纵庇，虽已病故，仍请革职。毓贤、董福祥情节最重，法无可贷，请治以应得之罪，董福祥现在调回甘肃，或俟抵甘后，再行惩治，伏候圣裁。一面速发国书，切商各国，迅发训条，和平开议，或冀早就范围。与其待彼书到，迫以必办，损我国体，何如趁书未到，先行自办，伸我大权。事机危急，诸臣罪有应得，坤一等不敢徇外人之好恶，不敢不为朝廷整纪纲，谨冒死沥陈。

请代奏。刘坤一、张之洞。

寄西安行在军机处光绪二十六年十一月十一日

昨上海英总领事霍必澜，奉其公使令持条款译稿来商，当举数条略与辩论，本日复致函列款，嘱其转电英使。文曰：

“昨承贵总领事远道来宁，畅谈一切，并见示和议条款译稿，具征贵国敦重睦谊。贵驻京大臣、贵总领事慎固邦交，本大臣曷胜忻慰。此次变生仓猝，实由祸首纵庇拳匪，以致开罪友邦。今承各国尽释前嫌，重联旧好，所有条款，凡敝国力所能及者，自当勉为其难，以适各国之意。惟查五、六、七、八等月间，各省情形不同，除北省肇衅各处外，馀均照常保护，慎守约章，为各国所共鉴。此次议款，务宜格外从宽，俾免安分之民为滋事之匪所累。况敝国与贵国交好有年，贵国商务之在敝国者十居七八，商利之厚薄全视地方之盛衰，尤望贵国竭力维持，借收辅车相依之效。本大臣久膺艰巨，任重材轮，既荷贵总领事雅爱，允将所见代为电京，兹酌拟数条达览，尚希迅赐电达贵驻京大臣与各国大臣，察酌照拟商订，不胜企感。

‘一，第二款惩办祸首。懿亲不加刑，各国通例。中国政府允将各王公分别远戍圈禁，并永远革爵，本支子孙不准承袭。其馀各员，除毓贤获咎最重，应照例处治外，馀仍分别惩办，惟内有一时碍难遽办者，应暂缓办。

一，第五款禁运军火器料。中国既认保护商、教之责，不能不购制军械，严防土匪。能将此条删除最妥，否则，不禁器料，仍严禁私售济匪。

一，第六款赔偿费用。中国入不敷出，患贫已久。此项偿款，各国酌定数目，不使过多，庶免中国筹措为难。

一，第七款使馆留兵。应酌定数目，务宜从少，以期宾主相安。

一，第八款京、津设卡数处。兵数、卡数亦宜从少，不可干预地方行旅，以免兵民猜忌。

一，第十一款更改约章。务使妥善，无碍商民生计、中国利权。

一，拟增一款，各处教堂应申明旧章，不预词讼，并妥定专条，务求永远相安之法’”云。

又德总领事克纳贝亦奉公使令持译稿来见，其意与霍总领事同，坤一亦将前情面托电京和商。

请代奏。

复西安行在军机处光绪二十六年十一月二十八日

个电奉旨恭悉。修改通商行船条约，载在大纲十二条，已经奉旨照允画押。若忽生异议，不愿修改，各国将疑我反覆，各款均不足信，于和局且有妨碍。原奏谓："战事止在北方，东南通商行船一切照常，应与商免修改"等语。查当日保护东南大局，原系奏明遵旨办理，所以宣布朝廷德意。今日议约，未便以朝廷已允之件，另起波澜。至补救之方，谨当详思力筹。此系善后事宜，不比议和总约。事机紧迫，惟有于商酌细目时，视彼要索何款，相机抵制，设法保护，总以勿碍我商民生计、勿侵我自主之权利为主。闻各国已令议院、商会，各抒所见，势将择其利彼损我者，合力挟求更改。盖各国通商自有常法，修改条约必期彼此有益。中国则旧约本已受亏，彼本不以各国通例待我，战败以后，愈改愈很，势所必然。倘能于和局大定之后，即行宣示整顿内政切实办法，使各国咸知我有发愤自强之望，力除积弊之心，则筹议修约时，尚可容我置词，不致一味听人指挥，受人侵削。坤一、之洞拟即札饬各关道并分咨转饬各省关道，将关系通商行船各事宜，各具说帖，以备参酌，一面并商全权大臣，一面奏明备考。如间有京议阻格之时，再由坤一、之洞设法转达各国公使，相机调停，以为全权之助，或当稍有裨益。宣怀亦饬各商局预筹利弊，届时以便随同商酌。

请代奏。坤一、之洞、宣怀。

复西安行在军机处光绪二十六年十二月三十日

宥电及艳电旨均奉到。坤一于未接宥电之前，曾托驻宁各领代达公使，恳为商减，再三与商，始允转电，屡询尚无回音。各使覆全权词意决绝，似难转圜。此事枢纽全在各使。驻宁各领现难再托，惟有托驻沪各领代达公使，告以首祸诸人，业已分别惩办，朝廷实一意主和。惟赵舒翘查办拳匪，两日即回，颇有解散，惜办理草率，第前在苏抚任内，办交涉各事，亦尚持平，其无仇视意可知，现办斩监候，实已情轻法重。英年虽会衔出示，曾经阻止，惜未能力争，惟究属为从，量情亦宜末减。惩办祸首，曾经电奏必须严办。如果情罪相当，何肯转为商减？实缘英、赵非毓贤等可比，还望深念睦谊，力为解释。至启秀、徐承煜两人，并望交还，如果应得重罪，由中国自行严办。嘱各领代恳公使，电由盛宣怀转托。惟各国要挟甚坚，能否就范，毫无把握。仍请俟全权大臣具奏到日，察核施行。

请代奏。

复西安行在军机处光绪二十七年二月初一日

沁电旨恭悉。国能自主，以其国是皆不必听命于人，而国是之重，莫过于权、利两项。今细绎俄约，虽略加删改，凡关兵权、利权均须商之于俄，满洲全境无异为俄所有。此约大体已非，纵再删改，总不能一无所损。各国必须效尤，均早明告中国。一俄尚未能拒，岂有能拒各国之理。是满洲失一分权利，即举国之权利皆失，不仅现在联军未撤，细约未定，京畿一带在各国掌握之中已也。为今之计，惟有请速发电旨，令驻英、日、美、德各使，切商各外部，告以俄改约仍多关碍中国及各国之处，期迫难允，请各国代为恳俄展限，俾得详筹。此即照英澜侯语"不得各国回信不画押"之意，借为腾挪迁延之计。一面即与各国相商，如能力助中国拒俄，愿将东三省全地均准各国通商，公享利益，各国当必欣然。与其为俄独占其利，受无穷之害，不如借各国通商，以为牵制之策，不独目前可以拒俄，亦从此可免俄国侵吞满洲之患。俄欲筑路、驻兵，直达长城，蓄意最很。如难商阻，即令杨使告以在奉天一带，聘英、日将弁练水陆各师，以为抵制。俄能因此停止，固善，否则亦可借伐狡谋。是今日欲求自保权利以为救急之谋，舍此实无别法。坤一等往返筹商，意见相同。其详已具之洞俭电。现俄催画甚急，显虑各国阻挠，欲迫中国自允，为箝制各国之计。全局所关，伏乞朝廷力为主持，不胜迫切之至。请代奏。

坤一、之洞、宣怀。

寄西安行在军机处光绪二十七年二月初三日

罗使东电："顷晤澜侯，据云：'聆蒸旨，诘俄从未稍懈。兹闻俄允删改，虽未据驻俄英使详报，而第八款中蒙古、新疆等字样均删，与原稿相衡，为害较轻。惟公约未定之先，鄙见仍以缓允为要。英在中国保商外无他图，如韪鄙言，当始终以全力相助'等语。祈转枢府代奏"云。

英肯如此推诚许助，实为中国大局之幸。惟恭阅寄全权东旨，令权利害轻重，妥筹定议。深虑全权即照改约定议签字，盖全权此时正欲照此定议。日前驻宁、汉英领分向坤一及鄂督言，谓奉萨使电云，“由周馥面告，约已改好”等语，令各告知江、鄂。其约内凡有损主权及碍各国之处，周均藏过不提，无非虑英阻挠，故以好言相慰。岂不知定约以后，约内各条，各国断无不知之理，掩饰一时，更足贻各国口实。此次东旨，虽有应明告英及各国之语，纵全权告各国，亦恐如周馥之含混其词。俄约一定，大局即将瓦解，焦愁忧急，莫知所措。总之，俄此次允改条款，实系被英诘问，有所瞻顾，迫中画押，深虑各国阻挠，欲借箝制各国之口。东旨令全权妥筹定议，无非因各国无实在回信，孤立无助，万不得已而出此。今英既允以全力相助，何可迁就允俄，自蹈危机，致成不可收拾之势。惟有仰求迅赐宸断，饬全权万勿画押。一面俯采坤一、之洞等东会奏斟酌施行，无任迫切之至。

请代奏。

寄西安行在军机处光绪二十七年二月初四日

吕使勘电：“昨德相毕鲁在议院宣言曰：‘和议最要者两端：一，启衅首祸，前言概治以死，今稍从宽，不分官之大小，以罪为断。醇王来德一节，我皇甚喜，然须和局定后，方可接待。二，赔款除军费外，商、教亦应索偿。惟款须有着，而仍不伤中国财力。已与谙华情者相商，均谓不宜干预华内政，亦不宜稽查一切财项，以海关作抵为最妥。银价已落，华已吃亏，稍加关税，亦属所宜。至盐厘等应否加增，须详察再定。或谓应废厘金者，是干预华内政，我政府不甚谓然。倘中国办法未能尽如各国意，则各国应代筹理财善策。德兵何时可撤，以华人办事迟速为断。赔款有着，兵即可回。去年德、英条约，一保中国土地，二保英、德在华商务，与满洲事无涉。德在满洲无多商务，存亡无干，然德不愿中国国产任意弃置。国债甚巨，各债主亦不愿其浪掷。各有专约牵涉中国财力，我国断不坐视。幸各国立论，均谓在华不求专利，有则公之。惟公司数家乘机索利，若不严阻，恐华财将尽，我无所取。华使来商满洲事，答以归驻京使公商为妥。有谓俄、德相持不下者，此说无稽。要知俄专注北省，与德无涉。德廷办事，大意在保全太平，勿损己利益，各国或有争端，德必守局外例。我行我法，不为他人指使。我德总以速结华事为宜，遇事公平妥商，如各存意见，亦必竭力排解’等语。谨撮要电闻。乞代奏”云。

寄西安行在军机处光绪二十七年二月初四日

英澜侯谓俄约仍以缓允为要，英在中国保商外无他图，当始终以全力相助。日外部谓中国能确意拒俄，可泯各国借口之端。是不画押，俄虽决裂，不过缓交三省，各国断无效尤之理。俄久据辽、沈，与各国亦多不利，事后必有公论。若一经画押，则德于山东必先照办。各国执利益均沾之说，群起纷争，即成瓜分之局。两害相形，不画押祸缓而轻，画押祸急而重。俄外部不见杨使，不肯阅信，皆恫喝惯技。其逼迫画押，无非恐各国阻挠，欲借此箝制各国之口。俄果毫无瞻顾各国之意，则原约十二条断不肯自行删改，此中情伪显而易见。存亡呼吸所争止一押之间，务求朝廷坚持到底，无论俄人如何恫喝，勿稍松劲。现既电驻英、日、美、德各使转商各外部代请展限，必须俟各国回信，再行定议。求电饬全权万勿画押，不胜迫切。

请代奏。

寄西安行在军机处光绪二十七年二月初八日

庆李鱼申、阳两奏，吕使鱼电奏，想达览。俄前拒杨甚坚，忽尔约晤，口气松动，必系因日诘问，中有所馁，格使谓不惧各国，全是虚声恫喝，断不可为其所动。全权力主定约，至今日亦知日本实心帮助。英澜侯始终请我勿画，当以公论相助。即中立观望之德国，亦谓俄若决裂，公约在京照常办理，尤可放心。中国开衅各国之后，不图有此邻助，正宜迎机善导，为联交自立之计。细揣英、日情形，澜侯虽有不助兵力之言，然诘问不应，势必不能中止，日本若不得英人助兵确据，岂敢遽然出头。此等机倪，英可与日言之，不便明告我耳。宜饬杨使暂行停议，持以镇静，不可轻著一语，致贻口实。我不画押，而逼出英、日顺、直退兵之言，不令杨使画押，而又逼出日本向俄诘责之事。此时我能坚持到底，各国必出调停，东三省事势必归于公断，不惟瓜分之祸可解，即三省亦可保全。万不可将前约略为删改，仍令画押，又堕俄人术中，自蹈危机，不可复救。伏祈迅发电旨，饬令三全权无论俄约如何删改，总须与各国商允，方可定议。朝廷持以定力，大局必有转机。若稍一松劲，日、英助我不成，转撄两国之怒，岂第俄约虑有枝节，更恐公约因之牵动，危可立待。机括间不容发，伏望圣明采纳，曷胜迫切之至。

请代奏。

寄西安行在军机处光绪二十七年二月初八日

顷庚电，想达览。寄庆、李阳旨敬悉。俄垂涎辽、沈，蓄志已久，今得乘机要挟，譬如物在虎狼之口，断非情理所能禁其吞噬。幸赖朝廷坚持，英、日力助，得以戢其狡谋，先废旅约，复改续约，今又自许展限一二日，其虚声恫喝，业已毕露。盖中虽不敢抗俄，俄与各国亦必有所顾忌。今既得英、日之助，正宜力与相持，听英、日与俄诘论，归入《北京公约》并议。若由我与彼仍就原约商减，非独仍难杜其要索，保我权利，且英、日如此相助，而我转自松劲，各国将视我不足有为，势必以诘俄之力反而向我，其祸即不堪设想。逆料俄经日诘问，知众怒难犯，必自转圜，乘杨转商，或当删减一二，复为欺饰之计。然英、日既经出为公论，断非俄删改一二所能惬意。值此安危吃紧关头，伏求朝廷始终坚持。不日全权奏到，无论如何删改，总须俟英、日允许之后，方可定议。又将来图报及相推让等语，似可不提，以免俄人日后要求、各国目前诘责。

请代奏。

寄西安行在军机处光绪二十七年二月初九日

京庚电奏所论事理，实非筹国至计。画俄约，各国效尤，前据各使、各领之言，均经由电上达，不再复述。不画俄约，英澜侯云无论俄如何举动，英当以公论相助，又谓英在中国保商外无他图，当始终以全力相助，并云公约仍可在京商定，顺、直亦必届时退还。日云俄即决裂，强占东三省，各国必主持公论，联军先退出顺、直，再向俄责令退兵。美谓前照会各国，保全中国疆土，不可与一国订立密约。即中立之德亦谓中国地土，德不愿有所损伤，一再发训条，饬穆使俟中国将俄约知照后，迅速在京会同各使公商，又谓俄若决裂，公约在京照常办理等语。是允俄约，即有分裂之祸，不允俄约，按照各国所论，非特无碍公约，不占地土，且肯力助。公论于我实大有益。此皆有电可稽，并非凭空臆断。京电所云，俄踞东三省，各国亦必借词踞地，实系俄人捏词恐吓，万不足信。俄欲谋占三省，诚不能谅我苦衷，全我友谊。惟各国公论所在，实为俄所深忌。纵俄欲永踞三省，各国既出公论，亦断不能听其所为。一经画押，非但公约停议，各国势必效尤。若决计拒俄，英、德既许公约照常办理，纵延时日，亦无他害。利害分明，不意全权转行误会。在全权所见既偏，又值杨使患病，惟有将此约暂行停顿，听候各国公议，即使将来商议此约，亦请照各国之意，归各国公断，方为万全之策。伏乞朝廷力赐主持，大局幸甚。

请代奏。

复西安行在军机处光绪二十七年二月十一日

佳电奉旨恭悉。俄约关系重大，坤一等非确有所见，何敢上渎宸聪。画押，则群起分裂，各国已有明言，具详历次电奏。李鸿章谓不画亦必效尤瓜分，不知何所见而云然！俄怒自在意中。

然怒一国，究胜于怒各国。时势所逼，只能权害从轻。目下限期已逾，俄无可商，即或再来商办，我亦万难遽允，不能不与各国妥酌。是宣布俄约为最要关键，尤须于俄未变态之前，宣示各国，方能得劲。拟请旨将俄约全文，电饬各驻使转告外部，请其公议，或由江、鄂告知各领事，亦无不可。至《北京公约》，英、德等国均谓照常办理，并请谕饬全权大臣迅速商办，以免延误。总之，俄约必归公断，方无后患，公断必先宣约，方有办法。此一定步骤，伏乞宸断施行。

请代奏。坤一、之洞。

复西安行在军机处光绪二十七年三月十七日

奉两咸旨及钧处咸电、沪转全权愿奏敬悉。赫论借款还现，大不合算，并不可以抵款难筹推托，及全权必先通盘筹定会议时商论延时增费，皆扼要办法。钧处拟以海关洋税一项全行作抵，既免牵涉别项议抵将来有干预之弊，又预括洋货加税在内，为中国财政计，最为善策。详加察度，其要有三：一，议减赔款；二，分年摊赔，不还现银；三，预筹抵款。能减一分赔款，即少一分抵项。不还现，可免经手银行折扣巨亏。

前商美外部云："减数、摊还均愿，已电柔使商劝各使"等语。是柔使所称，彼政府谓中国力量不过赔至三万一千万两为止，拟向各国劝减。此实美力助之意，自应切托柔使照商各使。果能减赔此数，照英使所云，可省一万四千万两。惟不还现，分年摊赔，英外部实已允商劝各国。若须还现，赔数难减，仍受折扣大亏，此亦应商明美使。现托美领达柔使，并电伍使商外部。

罗使电覆，谓澜侯云："分年筹还，中国财力，岁能还若干，分若干年，应列表，方能拟议。借款还现费虽大，可免干预财政"云。当告以："二十五年户部总结出入，岁短一千六七百万两，此最确之数。洋货加税，能照前议值百抽十五，所得仅弥其阙。纵将用款裁节，进项增筹，不过岁可抵赔千数百万，必须恳英力助商减不索现。中国商民既输赋课，已属苦累，不能照泰西办法。若因摊赔干预，民不聊生，万不可行。"覆电罗使谆商。是不还现，英亦可。

前电李使，摊还可免折扣，息减轻，亦较银行合算。李使电覆云："告知藤，称偿款一条，现代中国极力设法，不知能否办到，如何办法，暂难说明。"来电所言"将来尚可办到，现尚难定"云。顷又告以中国支绌情形，并美外部所云只能赔至三万一千万为止之语，嘱李使再商力助。

此与英、美、日各外部商办之情形也。

至抵款一节。查中国入款，只有丁漕、货厘、洋关货药税厘、盐课厘为大宗，常税、土药厘等项，数本无多，馀更零星。每年原有洋债约二千五百馀万，除七处盐货厘作抵五百万外，其馀均海关所抵。照岁收洋税一千七百万计算，业已不足抵数。此次钧处议以洋税作抵，诚预包加税在内，但每年摊还之数多寡既尚未定，指抵之项即难预为悬拟。若每年须摊还三千万，除地丁外，势必将原有大宗之款悉数拟抵，亦无可预酌。若能岁摊一千五百万，自当先以洋税全抵。如彼因已抵前债不允，可告以此后加增洋税，亦即并抵在内。照前债海关作抵，仅指洋税所收，药厘系代厘局征收不在其内，岁收百万。如仅将洋税全抵，彼未能允，即可将药厘并抵。如尚不敷，惟有再将江、浙漕粮改解折色凑数，犹胜别项作抵。盖摊还不能不虑后有干预抵款，即不能不预择无碍之项。药厘本由关征。漕米改折仅止两省，不致牵连全局，惟须与原收各省漕折划分为二，庶免牵混。如京仓需米，不妨以原有漕折之款招商购办，实较漕运尤为省费。核计漕米改折与药厘并计，约有六七百万的款可抵。至苏省用款，一切前已迭次裁节，丁漕、课厘等项亦均随时整顿，不遗馀力。此时不但抵款之急，旰夕焦虑，苦难为谋，即以本省而论，上年因筹防增兵，所费不赀，部中拨补各款，大都无着，出多入少，万分窘迫，苟可厘剔济公，敢不竭力筹画，第以赔款之巨，不得不就原有各款斟酌拟抵。

除电全权及鄂督外，乞代奏。

寄西安行在军机处光绪二十七年五月初九日

赔款事，萨使每年二十六兆之议，全权既以多筹八兆为难，窃拟有酌中筹还一法。目前每年约止多筹四兆，共分三十六年还，前十四年，每年还二千二百万，第十五年至三十五年，每年还二千六百万，第三十六年还一千一百九十六万四千一百三十两，总数共八万六千五百九十六万四千一百三十两，核算无异。较全权议还完早八年半，除前二十九年多还本银之数抵除外，所省约二万一千万。查前二十九年虽较全权所议略增，然前十四年仅多或四百万或三百二十一万，后十五年虽多四百五十四万零，而旧债表为数渐轻，海关已盈馀一百二十七万零，实仍只筹三百二十六万零，第三十年至三十五年，则每年少还七百七十四万零，第三十六年则少还二千一百万矣，第三十七年至第四十四年既已还清，则每年省三千三百万矣。窃思每年最少需还十八兆，亦必须京外合力另筹大宗巨款，方能应付。即多筹三四兆，似尚有策，而总数所省实多，免致三十年后忽增巨累。尝考法为德破，赔款极巨，其国臣民同心努力，赶先筹措，于未满年限之先，即行清还。各国惊异，谓其志气坚壮。不数年，法国复强。盖谋国之道，当计久远，微弱时尤甚。若目前不避艰难，早图自振，是为生机；若苟图一时轻省，不计久长，是为败气：强弱进退之消息，实在于此。

至撤兵一节，久经各使言明，利息议定，即允撤兵，断不至因筹商年限另思变计。即使全权所议已告各国，而此次所议办法乃系提前还本，当必更愿。

坤一、之洞等非与全权立异同，特为国家亿万年计，不敢不言，仰恳圣明裁夺。

请代奏。坤一、之洞。

寄西安行在军机处光绪二十七年五月十五日

阅全权电奏稿，各使欲乘黄轿在乾清宫前降舆，实堪骇异。公使虽待以客卿，究是人臣，若国君游历来华，又将何以待之？且各使与各国太子、亲王亦有等差，即黄轿亦不应乘坐。各使不顾中国仪注，独不为中国留体制乎？此节无论如何，万不可许。窃思各国骄盈逼索，不过欲泄其攻馆之忿。查外国之待公使，遇有大典礼，则国君必遣其自坐之车前往迎迓，此各使所以借口也。然各国君向无黄轿，故其国君民不以为异，行之中国实骇物听，恐因此或生事端。此时似宜筹一抵制之法，或令上驷院备良马数匹，即称为御用之马。遇各使有大典礼觐见之时，即用此项马匹前往迎迓，平日则否。抑或别予优典，总以阻其黄轿诣宫门为断。恳饬全权设法婉商，以存国体。

再，各国使馆留兵之数，亦请饬全权查明，据实奏闻。请代奏。坤一、之洞。

寄西安行在军机处光绪二十七年七月二十二日

坤一日前感冒，旋患停滞，胃膈壅满，食入即吐，三日以来，眠食俱废，精神恍惚，不能阅看案牍。体察病情，恐非数日所能就痊。两江政务繁重，碍难延阁，致滋贻误，恳恩赏假一个月调理。所有日行公牍，委江宁藩司恩寿代折代行。

祈代奏请旨。

复西安行在军机处光绪二十七年七月二十四日

漾电旨，钦遵。慈恩高厚，感激涕零。当此时局艰难，两宫在陕，坤一受恩深重，具有天良，但可支持，何敢请假。乃自本月十八日忽患感冒，次日复因饮食停滞，胃气上逆，食入即吐，自二十至二十二日水浆未入，精神恍惚，展转卧榻，不能阅看案牍。两江政务繁重，每日多至数百件，若延阁贻误，何能当此重咎。是以一面电奏请假，一面委藩司代折代行。现在延医调治，连服安胃降气之剂，先尚吐药，至昨夜始稍稍下咽，并食薄粥数匙，稍能安睡。病势如此，仍恳赏假调理，一俟稍痊，即当力疾销假，断不敢自耽安逸。所有日行公事，暂仍由藩司恩寿代行，以免延误。谨叩谢天恩。

祈代奏请旨。

寄西安行在军机处光绪二十七年八月初九日

坤一蒙恩赏假十五日延医调治，胃逆渐平，饮食略进。嗣化为疟，间日一发，寒热往来，甚形困惫。现在疟疾虽止，精神仍觉委顿。医家云：年逾七十，精力渐衰，大病之后，元气耗损，必须加意静养。拟恳天恩俯准续假十日，俾资调理，遇有重要事件，仍当力疾核办，不敢稍涉疏忽，以期仰慰慈廑。

祈代奏请旨。

寄西安行在军机处光绪二十七年八月十一日

坤一钦奉懿旨："再赏假十日，安心调理。"等因，钦此。谨叩谢天恩。一俟稍痊，即行遵旨销假，仰慰宸廑。请代奏。

寄西安行在军机处光绪二十七年八月十八日

目前最急之事，以筹款为第一要务，不独赔款为数之巨，且创行新政亦非先筹的款不能举行。坤一与鄂督会奏变法案内，业已附片沥陈。

苏省自摊派四国还款，入少出多，本已万分竭蹷，更自盐货厘抵债，原有之进项顿失，拨补各款又有名无实，罗掘一空。现在不特新政无款济用，即向来待用之款，亦苦无术支持，窘迫之状，非言能罄。所有赔款，应听候户部核定指款分摊，另行筹办外，新政既为自强要图，尤为各国观瞻所系，万不能因无款停待，致误事机。现拟先行筹定的款，以便次第举行。第值此民穷财竭之时，欲筹巨款，其最公最普者莫如盐斤加价。盖盐为民生日用所必需，藜藿之人食盐自少，富贵之家需盐必多，是增取之多寡，仍视处境之丰啬。每斤加价数文即贫者每人日食盐，至多不过一两，所加甚微，轻而易举。但统全国而论，两淮加价已非一次，实已较各省价昂。迭次报效捐输，亦以淮商为多，论商情实宜体恤。惟舍此既乏巨款可筹，而办法不能不求其画一，庶于加价之中，仍寓体恤之意。现酌中衡定，拟每斤加售价三文。查淮盐行销五省，处处与邻盐交接，此时淮价既重，若再淮盐加价，而邻盐不加，则淮太偏重，必为邻盐暗侵，不仅商本有亏，亦与国课有碍。若谓加价难敌私贩，不知私盐既无课厘，官私价本悬殊，现未加价，岂能杜绝私盐？似未可因此疑阻，致误筹款之机。事关各省，非蒙朝廷一力坚持，势必涣散无成。如蒙俞允，请电饬各产盐省分一律照加，以免偏重。而奉行新政，亦措手有资，不胜祷切。

请代奏。

寄西安行在军机处光绪二十七年八月十九日

坤一两次蒙恩赏假，延医调治，病势稍减，总未全痊。胃腕作痛，骽足浮肿，眠食既未复元，精神仍觉困倦。惟是受恩深重，时局艰难，何敢顾惜微躯，谨力疾销假，照常办事，以期仰慰慈廑。请代奏。

寄行在军机处光绪二十七年九月初二日

顷见全权敬电奏，与俄雷使所议约稿，虽较前约和平，其分年撤兵及中国兵数、驻处，均须由将军与俄国兵官筹定，并捕兵不准用炮各节，与日领日前来电相符。不独盛京俄兵须分今、明两年撤退，已虑时远，且吉、黑俄兵更须迟至第三年，尤须查看能否撤退，语尤含混。届时万一彼谓未便撤退，事有成约，即难商撤。更虑此约一经照允宣布，各国津、沪之兵，亦必效尤不撤，共视俄兵以为进退。况所谓主权者，以其一切政治皆能自主。今兵数、驻处皆须与彼筹定，并不准用炮，皆有碍主权之确据，均万不可允者。查东三省一事，当初次议约之时，其要挟恫喝，几至一字不可商改，乃蒙朝廷坚持，迫于各国公论，一再自为转圜，其不能独逞强占技穷可见。日本始终允为相助，诚以事关东方大局，与彼亦复休戚相共，故历次来电皆嘱与俄商议必先知照。日前李使漾电所述日外部语，尤为切实，并云："中国万勿求速，结局必好。"又谓："俟回銮后，即可诘俄撤兵。"非独彼国于兹筹之已熟，即俄亦知回銮后再不撤去东三省之兵，难逃公论，故亟亟焉乘此复申前说，冀得执约以杜各国之口。一堕其计，岂第从此受俄之亏，亦虑日本移诘俄之力，转而责我，后患更无底止。此皆意中之事，不能不虑。目下既不便以与俄相商告知日本，若俄不能悉照未占据以前办理，惟有暂作宕计，不即立约，徐俟机会。伏候圣裁。

请代奏。

寄行在军机处光绪二十七年十月初一日

钦奉卅日懿旨，跪诵之下，感激涕零。伏念两宫蒙尘于外，日理万幾，旰夕忧劳，犹念及坤一犬马之疾，自顾何人，膺兹殊遇。坤一病已痊愈，精神仍未能复原，现尚服药调理，寻常公事，自应遵旨节劳，重要之件，仍当竭力撑持，认真筹办。坤一庸陋，何敢遽望前贤，惟鞠躬尽瘁之义，不敢不勉。谨叩谢天恩。

请代奏。

寄行在军机处光绪二十七年十月初十日

江苏奉派新赔款二百五十万，数甲各省，款巨期迫，坤一等与司道悉心筹酌，苏省近年供亿浩繁，度支奇绌，实有万难支持之势，不敢不上达宸聪。查旧债洋款派还之项，以苏省为最多，又有瑞记洋款，现值本息兼还，每年不下九十万，搜罗应付，已同竭泽而渔。自盐货厘金抵借之后，隶于江南者三百馀万，虽经户部照数拨补，而各省欠解累累，上年竟欠至一百馀万之多，任催罔应，咨部改拨，则仍令该省自筹，咨催速解，又复以仍请改拨，展转推延，迄无实际，今年解到更属寥寥，江南军饷从何拨放。今又骤增大赔款，各省以全力筹解尚苦不能足数，以后何能再解协饷。是江南奉部拨补款项，必更有名无实，不待智者而知也。江南既奉派新赔款二百五十万，又须筹备拨补解款之不足，统计非每年增筹四百万，洋款必致贻误，饥军必致哗溃，坤一等何能当此重咎。至于议行新政，在在需款，犹不在此数内。现在筹款之策，如盐斤加价甫经开办，各省已起而相争，遵照部议持平办法，每斤分给二文，照此定案，江南又少一半进款。此外如规复钱价，酌提漕费，整顿课厘以及房捐、膏捐，凡可行者，无不酌量议办。诚以宵旰焦劳，关系大局，坤一等殚精竭虑，不敢稍避嫌怨，然无论如何，总计尚不满二百万，数未及半，忧心如焚。再四思维，仅有张春发、陈泽霖两军裁改后，节省饷需分储江宁、江苏两藩库，虽岁有丰歉，厘有旺绌，常关归税司后局势变迁，不能解足原数，然合计除供支张春发军饷外，总可得数十万金，以之留抵赔款，苏省略纾喘息。其馀不敷之百馀万，容坤一等再行设筹，为得尺得寸之计。苟非万不得已，亦何敢上烦圣虑。苏省虽号称财赋，而供支亦倍蓰他省。譬之富家岁入十万，而用之二十万，其窘迫视贫家为尤甚。伏乞圣明垂念艰窘，敕部照准，坤一等得免罪戾，出自逾格鸿施，不胜迫切待命之至。

请代奏。坤一、缉槼。

寄行在军机处光绪二十七年十月十一日

据徐州道桂嵩庆、铭军统领陈凤楼先后电称，宿迁、睢宁有匪徒滋事，经该统领会同宿迁县拿获匪首夏世成、赵开业等五名，搜出“奉天承运一贯真传”伪印及各名图记、号簿、票据甚多。夏匪供认龙华会首，由河南到此未久，另有头目张步松在鹿邑一带勾匪倡乱。而匪簿惟河南多至十八本，党羽盘踞，逼近开封等语。除电饬该文武严密查缉巡防，并讯究要目拿办及出示解散胁从，一面电知河南巡抚外，相应请旨饬下松寿迅速饬属密拿张步松务获严办，并派勇营至鹿邑一带弹压巡缉，以遏乱萌。

请代奏。

寄开封行在军机处光绪二十七年十月十六日

各省分派赔款，为数过巨，筹措万难。方今民生困穷，商业凋敝，经去冬之变，各省商民元气大伤，种种筹款之法，历年皆经办过，久已竭泽而渔。若再痛加搜括，民力既不能堪，赔款仍必贻误。且沿江、沿海五省盐厘、货厘，久已抵还旧案洋债，拨补大半无着，近年加拨各款，多系有名无实，无法筹解。而自去年以来，南、北各省闹教，赔款多者二三百万，少者数十万，即不闹教省分，摊派直隶教案赔款亦二三十万至十数万，此又出于各项饷需之外，民怨已深，正苦无从设法。

自新案大赔款经全权定议后，数月以来，屡与司道各局筹商，无不焦思束手，虽勉强搜罗，断难如数，且即所拟议奏明筹捐加收之数，将来亦恐难收足，实无把握。间有议加货厘者，乃是无聊之极思，窃恐驱鱼驱爵，徒归洋旗子口，收数转不能多。若按粮捐输，少则无益，多则必然扞格。房捐虽有办者，亦不能多。此外，各种筹款之法，无一易者。总之，无论如何，筹捐筹加，无非取之于民。当此时势，民心为国家第一根本。以民穷财尽之时，倘再尽力搜括追呼以供外国赔款，必然内怨苛政，外愤洋人，为患不堪设想。否则商挂洋旗，民入教堂，国势何由固结。坤一等渥受厚恩，分膺疆寄，若因赔款之故，以致稍生事端，罪戾滋重。若百事俱废，专凑赔款，将兴学、练兵、农工、商务、一切养民、治民、卫民之自强要政，概行阁置不办，则民心日涣，士心日离，国势日微，外侮日甚，内乱将作，大局亦必难安。

惟赔款岂能失信。窃拟一稍纾民力之法。盖各省赔款数巨，筹足固难，而尤以明年上半年一期为最难，筹款甫经试办，尚无端绪，限期已迫，必然贻误。查十月初一起，洋货加足值百抽五一条，据上年二月总署咨赫德条议每年可加增三百万以内，即按九成核计，亦可岁增二百七十万，向来免税洋货亦按抽五纳税一条，据税司贺璧理现开节略，照二十四年免税各物计，每年可收三十二万，据盛京卿宣怀条议为数更多。常关归税司代收一条，据德国穆使自天津来与之洞面言津海一关税司代收，每年可多收三十万。准此类推，除粤海关不归税司外，赫德初次指定之十四关及外务部咨赫德二次添指之十关局，合之天津关共二十五关局，每年必可多收一百五十万，有盈无绌。折漕一事，现经漕督张奏请以二两折放九十馀万石。今江、浙购米五十万石，备用折解折放者，每石省运费一两三四钱，每年可省一百三十馀万，即照仓场文，令江、浙运米一百万石，每年亦可省约七十万，合之山东折漕省出运费约二十万，省挑挖运河等费约十万，南北各省折漕合计总可省一百万。以上四项统计，或增收，或裁省，共得五百五十万，就每年赔款一千八百万之数核计，已得三成有奇。

伏思洋货加足抽五，免税之货完税，常关归税司兼办，全漕改折四款，乃各国公使及全权指定者，本议明专为赔款而设。户部咨亦有“关税增数专为赔款，各省摊数，尚可酌减”之语，具征体恤。窃拟吁恳圣恩，俯念民生困苦，巨款难筹，准将各省赔款减免三成，而将上项所指加增、裁省之款凑足，各省上半年止解二成，下半年解五成，以纾民力而免贻误。此减剩七成，自必如期筹解，不敢延欠。惟所指抵凑三成之款，必须明年十一月方能收齐，而明年上半年五月还期万不能缓。拟请敕下户部、盛宣怀及上海道向外国银行如汇丰、德华之类商借五百四十万，约定明年五月半交银，一年归还，酌给利息，能止借八个月尤善。国家止借此数，并不为难，年限既少，即利息稍重，亦属有限。俟明年十二月间，核计所指增收、裁省各款实得若干，如足敷三成及息银，即请于光绪二十九年起，令各省以后即照此七成之数筹解。如洋、常两税于抵足三成外，能再多收一成一百八十万，各省即再减一成，能再多收半成，即再减半成。如尚不敷三成及息银，则请由各省照数分摊，解部补还，限后年二月解足。盖减少三成，薄海商民，固感朝廷宽恤之恩。展至下半年始解巨款，亦可从容妥筹，免致操切生事。此外西北各省尤为瘠苦，情形亦必相同。

坤一等为仰体皇仁、纾民力、固邦基起见，不得已勉筹此策，仰恳圣裁施行，不胜惶迫待命之至。

请代奏。刘坤一、张之洞、奎俊、许应骙、陶模、魏光焘、聂缉槼、李兴锐、任道镕、德寿、端方、俞廉三、岑春煊、丁振铎、李经羲、邓华熙、盛宣怀。

寄开封行在军机处光绪二十七年十一月初一日

准行在户部咨，坤一奏请截留张春发、陈泽霖两军馀饷以抵赔款及拨补无着各项，应毋庸议。在部库需款浩繁，诚有不得已之势。惟江南财力万分艰窘，设有贻误，坤一固咎戾滋重，大局更如何支持。前奏陈明非岁增四百万不能敷用，系专指赔款及拨补无着各项而言，举行一切新政，如学堂等事在在需款，尚不在内。赔款现经奏准减解三成，其馀七成自当竭力筹凑，以维大局。而拨补抵厘款项，仍属无着。从前各省虽多蒂欠，尚有解到者，今则电催各省，均以新派赔款为词，直截回覆无款可解。查此项拨补银两，部臣原以攸关江南军饷及各项洋款，均系必不可少，必不可缓，是以如数拨还，若系可有可无之项，更何所用其拨补？兹既有名无实，江南应用之款断难无米为炊，应解之款仍是刻不容缓。张、陈两军馀饷，明系本省之款，不准留用，而必以部催罔应、奏催不覆之拨补空款虚拟作抵，置江南军饷及应解洋款于不问，坤一无术点金，势成坐困，有不得不呼吁于圣主之前者也。且查前准行在户部咨："拨补各款倘未能清解，准由该督查明本省存储的款报部拨给应用。"是坤一请留张、陈两军馀饷，正与部咨相符，各省欠解一百数十万，即准留前项饷银不敷尚多。若并此不许留用，委属措手无从。再四思维，惟有仍恳天恩，俯准将该两军馀饷截留备用，以济急需。现在待用孔殷，如蒙俞允，伏求电谕遵行，迫切待命。

请代奏。

寄军机处光绪二十七年十一月二十八日

奉旨赔款仍解十成，自应钦遵办理。惟近日与户部迭次电商，仍令提解关税二成，并谓折漕原抵赔款与山东挖河等费，当分别办理。伏查各省奏减三成之案，原因财力不支起见。今既奉旨仍解十成，若再提关税二成，是较之原派更有加增矣。各省财源，税厘实为大宗。就江南而论，沪关税收尤为各关之冠，照该关六成项下核计，酌提十成之二已有数十万之巨，安有馀力再认本省奉派之赔款？户部派数以江南为最多，原因财赋较他省繁剧，不知盐货厘金早经抵还洋债。今提关税，复谓折漕与山东有别，然则江南奉派之二百五十万，更从何处掘罗？且查山东挖河等费，实因停办漕运省出此款，是以前次奏减案内，将此项挖河等费三十万归入折漕百万内计算。兹仍遵解十成，江南留用江苏江北折漕之款，与山东办法事同一律。户部准驳两歧，未免有意轩轾。江南前奉俞旨减解三成，业将每年一百七十五万筹备。现既仍解十成，则原议抵解三成之关税折漕等款，自可不必另提江南请留凑解十成赔款，与案相符。应恳天恩照准，俾得迅饬各该司道匀解，免致贻误。俟将来户部核见增税确数，并折漕挖河等款共有若干，各省派款可减几成，江南仍将新税及折漕款归公，断不敢自顾一省有碍全局。

时艰至此，坤一受国厚恩，苟可勉为，何忍仰烦宵旰。无如财力有限，事理宜然，若必令另筹，岂仓猝所能集事，不惟还期有误，更恐民怨滋深。伏愿朝廷俯赐曲谅，户部仰体皇仁，坤一不敢不为小民惜脂膏，迫切待命，乞电谕遵行。请代奏。

寄军机处光绪二十八年正月初八日

坤一自去秋大病，体气总未复原，政务殷繁，不敢不力疾任事。近日接见僚属稍多，又因筹议商约，心血耗损，痔漏益甚，复感风寒，饮食少进，寒热往来，似疟非疟。勉力撑持阅看公牍，即觉心烦头晕，夜间忧心如焚，不能成寐，实难支拄。拟恳天恩赏假十五日调理，日行公事委藩司吴重憙代折代行，紧要之件仍亲自核办。

请代奏。

寄军机处光绪二十八年正月初九日

接全权函，欲将俄约允许。此约一成，祸不旋踵。大局存亡所系，敬为圣主陈之。

原函谓："俄约有碍主权各节，一概删除，各国尚无他说。惟银行合同，再四商改，以保权利"等语。查银行合同明系与俄专利，何得谓无碍主权！英国国家明言将与中国为难，萨使明言定向中国索偿，何得谓"尚无他说！"

原函又谓："东三省矿务，中国自办，如交俄办，须中国批准，尚不失主权。至中、俄商务小事与各口岸无涉，于各国工商利益无碍，我持此义，彼未遽从"等语。查矿务既声明中国自办，复云"如交俄办"，即是许俄专利之据。既禁他国来开，中国更无此力，俄有所欲，岂能不批准乎！主权已尽失矣。萨使明言此乃弥缝背约之法，是外人业已窥破，何可再持此义。

原函又谓："英、日、美但有阻缓之言，并无切实相助办法。两国订约，不应他国干预，能自定为上策，请各国调停为下策"等语。查英、日等国忌俄最深，俄得志东三省，日固有唇齿之虑，英商务亦大受损。英已屡劝中国坚持，日本去秋复电允俟津兵撤后，联英、美诘俄，语尤结实。近日英、日联盟专为东三省事。揆之理势则如彼，证之事实又如此，不能自持定见，乃专以不切实相助责人乎！自行订约为上，系指寻常而言。此次俄约本与《北京公约》事属一案，既有各国牵制，毅然许俄，开罪各国，实是下策。激怒之后，咸相诘问，何以应之？况日、英联盟互保权利，我能从彼力持，即与三省有益，若堕俄计，日、英权利受损，必取偿于我，利害显然。

原函又谓："各国评断，俄即相从，事后要索酬报，亦难遍应"等语。查东三省利益，若许各国均沾，岂能再索酬报？今不虑索偿而虑索谢，殊不可解。

原函又谓："拟妥定矿路章程，俄办矿务以此为衡，他国援办不能出此范围”等语。查自定章程，在强国为有用，今国势至此，岂一纸矿路章程所能限制各国。且约内已明言，“如交俄办”云云，将来各国援请，英于长江，德于山东、江北、河南，法于滇、桂，日于闽浙、江西，皆在意中。外人租山办矿，原无不可，惟每省不专归一国，则权在主人。若援俄例，则一省利权专属一国，地产全失，兵权在人，道路阻隔，政令不行，与瓜分何异。

原函又谓：“东三省为俄兵力所得。”以此为言，无异召敌，各国并起而中国危矣。

坤一等反覆思维，此约万不可许，仍以请各国公断为妥，否则仍暂作宕局。转瞬冰泮，先商各国撤兵、还津，再联英、日、美诘俄，此一定之步骤，伏乞宸断施行。

请代奏。坤一、之洞。

寄军机处光绪二十八年正月初十日

坤一钦奉懿旨赏假，叩谢天恩。请代奏。

寄军机处光绪二十八年正月二十三日

坤一半月以来，医药调理，寒热已止，而痔漏较前益甚，坐立均觉为难，饮食亦未复原。据医家云：衰年气虚，又值表邪初解，仍宜避风静养，方可就痊。假期届满，拟恳天恩，再行赏假十五日，俾资调摄。稍痊即行销假，不敢自外生成。

请代奏。

寄军机处光绪二十八年二月二十二日

坤一仰蒙恩赏人参，并赏假一月，慈施逾格，温谕优加，感激涕零，敢不力图报称。现在赶紧医治，一俟就痊，即行具奏。谨叩谢天恩。

请代奏。

寄军机处光绪二十八年三月二十七日

苏省近来米价飞涨，每石需制钱六七千，民食维艰，极形困苦。迭经严申海禁，饬属赶办平粜，并出示禁止抬价居奇，无如米粮缺少，到处皆然，市价仍有增无减。推原其故，盖由上年水灾甚重，秋收歉薄，高阜田禾结穗稀而空粃多，向来每亩可获净米二石以外，去秋仅获石馀或一石，农民谓之暗荒。低洼被淹之田，颗粒无收，约计一县少获数十万石。无锡向称产米，现查存储无几，仅敷该县境内两月之粮。上游等省灾歉相同，民间各自禁米出运，往往因购米滋事，商贩裹足，来源顿绝，情形甚为岌岌。而浙省因灾来苏告粜，米市更为之一空。戊戌年五月间，各处穷民聚众抢米，几酿重案。今时甫三月，米价已如此翔贵，又值春雨连绵，麦苗受损，青黄不接，人心惶惧，实切焦虑。惟有仰恳天恩，俯准本届苏漕减运二十万石，将价脚等项银两全数存储藩库，听候部拨，俾得借资流通，以裕民食。出自慈施。

请代奏请旨。坤一、恩寿。

寄军机处光绪二十八年五月初十日

松、太、苏、常一带，米价腾涨，每石售洋八元有奇，民不聊生，恐滋事端。上海五方杂处，洋兵未退，事尤至急。查本年江、浙全漕，因京津铁路耽搁，五月内方始开运。现存招商局糙米七十馀万石，暂拟动借十五万石，由局会同沪道转发商务公所及各州县具领，减价平粜。俟九、十月新米上市，责成招商局会同商务公所如数买还，倘有亏耗，各属绅商捐资认赔。约计轮船、火车递运，本不能速，一转移间，于海运交仓，断不因此延短，并受出陈易新之益，而贫民得资济急，地方赖以安静。伏乞天恩俯准训示。

请代奏。坤一、恩寿、宣怀。

复军机处光绪二十八年六月十六日

咸电奉旨，敬悉。此次修改商约，各国意在损我权利，故公约载明，各国以修改为有益者，认与商议更改。而厘捐在彼视为最碍商务，必欲尽去而后快，是以英、日开送条款，多系侵我厘金。就款与议，无论如何坚持，万不能一无所损。况近来捐务历久弊深，又为洋票日增，侵削内地，商民复受厘金重累，在我亦万不能不力图变计，俾得保我财源，借纾民困。通盘筹计，加税、免厘最为上策。数月以来，坚争婉磨，幸得就绪。所议一切办法，在彼既无可再商，在我增免亦足敷抵补，实非始料所及。且英约有成，与各国商议即有依据，英约中变，各国必协而谋我，转受大亏。惟英国议院散议在即，不得不请速定，以免有误事机。会奏后，复由坤一会同之洞切电户部请旨定议，盖户部综核财政，此中利害必能洞见。今就前数年收数核计，现拟加抽之税以抵内外销诸厘，所差者不过二百万左右，尚有销场之税可以抵补。税则重轻既听我自定，非民生日用所必需者，又可从重加抽，虽不能预为逐省分计，然统全国所抽，无论如何必可有盈无绌。且厘裁之后，创办花业、印花等税，民亦不致苦于重迭输将，于国计民生实两有裨益。惟事机迫切，伏求迅赐允准施行，大局幸甚！

祈代奏。

寄军机处光绪二十八年六月二十一日

赔款还银事，幸赖使臣伍廷芳向美国力为商办，得美照允还银，并力为劝商各国。英亦允九百十年前照表收银。虽各国尚多未允，因有美廷已允五月二十二日首期付款照表还银，各银行遂勉强收受，不致别生枝节。此时各国意见不一，在我正与坚持，设法筹商，惟美国是赖。美虽能顾睦谊，然亦深赖使臣能与联络商办，方可得力。伍廷芳驻美多年，深谙西国律法，故逐事与商，甚为美廷器重。即如美国上下论照表还银，均谓我理长，而科士达说应照时价还金，即被伍使驳斥，现延公法家详考。若非该使臣深得时望，何能臻此。赔款还金还银，不独攸关中国财政出入甚巨，亦为地方安危所系。现正筹商吃紧之际，奉旨改派梁诚，遽易生手，恐致松劲。务求朝廷俯准伍廷芳暂留使任，饬令从缓交替，俾得从容商办，大局幸甚！

请代奏。坤一、之洞。

寄军机处光绪二十八年七月二十日

英使马凯原送商约二十四款，初以和议，允其商改，颇多奢望。迭经会筹，坚耐磋议，凡有碍政权、利权各款，严词拒绝，其偏重损厘各款，设法推宕，一面自筹加税免厘抵补善法。计在沪议定七款，均经海寰、宣怀随时电商之洞、坤一及有关涉各省，并请外务部酌核准驳。仅择其无大关系之牌号、合股、存票、关栈，珠江、川江整顿行船，广东轮船、民船一律征税六条及有裨国政之整顿圜法一条，先行议定。除第八款至十三款已由鄂会同电奏外，所有第一款至第七款，理合厘订次第，再将全文会电列款如下：

第一款，向来存票延搁，推原其故，系由此等存票由监督经理，而监督与海关相离遥远。现议定嗣后所有存票，悉归海关发给。自商人禀请之日起，以三礼拜为限。此等存票可用作海关通行税票，以抵出入口货税，惟不得用以抵纳子口半税。至洋货入口后，三年之内再运出外洋，其存票可由该货入口纳税之处向海关号领取现银，不得减扣。倘请发存票之人欲图混骗，一经海关官员查出，须罚银，照其所图骗之数，不得逾五倍，或将其货入官。

第二款，中国允愿设法立定国家一律通用之银式，即以此为合例之银式。将来中、英两国人民，应在中国各处用之完纳各项税饷及各项之用。

第三款，中国允许凡民船载货，由香港往来广东省内各通商口岸所纳之税，连厘金合算，不得少于洋关征收轮船所载相同货物之数。

第四款，曩者曾有因中国人民醵资附入外国人所办之公司等举，亦有经中国人民出资巨数，为众所共晓，惟是否合例，尚无明定之章。中国今允认定，不论从前、现在、将来，凡中国人民出资附入外国人所办之公司等举者，应均视为合例，有利共享，有害共承，始昭公信。中国更允，凡中国人民，或已附股，或此后附股英之股票公司者，既已为股友，即应为已允依从公司所订明各章程，遵守英公堂所解说办法。如有因前项控告公堂之事，中国公堂即应饬附股华人遵所判断，与英人无异，不能较同附股之英人受累有多、有少。英国政府亦允凡英国人民附中国公司等举者，亦当一体遵有利共享、有害共承之例，与华人之同附股者无异。凡以上所开各节，应与曾经呈控公堂已经判断完结者无涉。

第五款，中国政府允于两年内将有碍广东珠江行船并非天生窒碍者折除。又允准将广州口岸泊船处整顿，其如何设法整顿，由中国海关经理。其经费，准于华、英两国商人所卸装之货物收捐充用，应抽若干，仍候海关与华、英商人议定。第二节，中国政府悉知宜昌至重庆一带水势宜整顿，以便通行轮船，又深知整顿工费浩大，且关系川、楚两省地方百姓，所以彼此订定：目下未能整顿以前，应准轮船听由海关核准后，安设拖拉过滩利便之件，经费由轮船自出。该利便之件，不论轮船、民船均可任便听用，仍须遵照海关议定章程办理。但所设之件，不得阻碍河道及民船畅行。如须用号塔、号标，均由海关酌度何时何地相宜备设。将来如有可以条陈利于行船之法，果能无害于地方百姓，而费不由官出，中国可和平商酌。

第六款，中国允愿设法在通商口岸，多给利便之方，以设关栈及将关栈所存之货改包。又凡英国官员照会请将民栈给以关栈之利益者，就中国海关验明称意，足以保护税饷不致走漏，即可将民栈改为关栈。该关栈，应按海关所定之章程办理。该章程并载取收费用，按货物之贵贱，离洋关之远近，与作工之时刻而定，及海关于保护税饷之处，须寓方便下人之意。

第七款，英国政府保护中国贸易牌号，以免英国民人违犯假冒名色，中国政府亦应保护英国贸易牌号，以免中国民人违犯假冒名色。中国政府再请南、北洋大臣在各管辖境内设立局所，归中国海关管理，以便将贸易洋牌号，可以注册。应收注册费，公道收取。

以上七款，连鄂定六款，马使已将洋文刷印送来。

除第十款、第十一款尚待另奏，又第八款英廷尚须酌妥字句另电外，其馀各款俟核准后，所有汉、洋文亟应预为校对，以免届时匆遽错误。

请代奏，候旨施行。坤一、之洞、海寰、宣怀。

寄军机处 光绪二十八年七月二十四日

英使马凯索议内港行轮、口岸利权两条，之洞、海寰、宣怀在鄂电奏，奉旨："流弊滋多"，责成坤一、之洞等再行详慎筹商，妥议具奏等因。

查内港行轮一条，在鄂仅议一次。马凯欲照裴、贺两税司所拟章程，催与定议。之洞等以内港虽本许行轮，惟防弊全在章程严密，见裴、贺两税司所拟章程未妥，当经坚持力驳，谓章程须由赫总税司重议，此时断不能遽定。马无可如何，始允回沪后再行斟酌。奉旨后，经坤一会商之洞等，将小轮一款，扼定总署原订正续章程，只准由通商口岸入内地，不得由此不通商之内地至彼内地，并不准自建栈房，拖船船户应归华民充当，及不得稍损中国管辖之权。寰、宣旋沪后，遵照辨论。

又拟添一华商设立公司，只准洋商附股，挂中国旗，归中国注册管辖一条。与马使会议十数次，反覆辩论，始允将原议第十款酌删，仍照总署所订正续章程遵行，将所与裴式楷、贺璧理两税司修改之本作废，另议续章十二节，附于原章之后，一体遵守。其间有已照坤一等指驳各节全行争回者，亦有未尽争回而已酌改受我限制者，均随时电请外务部分别核覆。实系磋磨再四，无可再商，应请照准。谨将第十款删并两条及续订章程十二节，开列于下：

计删并第十款之两条。

一，兹因一千八百九十八年，内地水道已许凡特注册之中外轮船行驶，以利便各通商口岸之贸易，又因是年七月二十八号所定之章程及是年九月所续定之章程，间有于行轮未便，兹将章程彼此允愿修改，附载此约之后，按照遵行，直至日后彼此允愿更改为止。

一，中、英两国再彼此议定，将口门开为通商口岸，又议定除一千八百九十七年二月九号《缅甸条约》专款所载各地方外，准英国轮船在下列各地，按照扬子江轮船停泊处所章程起下货物及搭客，即北山口、罗定口、都城，又议定英国轮船准在下列广东西江十处上落搭客，即容奇、马宁、九江、古劳洼、永安、后沥、禄步、悦城、六都、封川。

又续定十二节。

一，英国轮船东可向中国人民在河道两岸租栈房及码头，不逾二十五年租期，如彼此两愿续租，亦可从新再议章程。倘英商不能向华民妥租栈房及码头，与商务局商妥后，须由地方官照时值，公道预备栈房码头租给，租满之后亦可接租。如该处尚无商务局，可与商务大臣商办。

二，靠船码头不得有阻水道，亦不得碍船只通行，并须由最近海关先行查明允准，但海关亦不得苛求。

三，英国商人所租栈房及小码头，须纳税捐如同中国人民左近相类之房屋一样。英国商人止能用中国代理人及执事等人在该内河行轮处租房之内居住贸易，惟英商亦可随时前往察视其生意情形，不得因此于中国管辖人民之权稍有减损或有所妨碍。

四，凡中国内港行驶之轮船，如有损伤堤岸或各项工程，责成该轮船将该堤岸工程查系损伤以及他项因伤受亏一切赔偿业主。如有浅水河道恐因行轮致伤堤岸以及相连之田地，中国欲禁小轮行驶者，知会英国官员查明实有妨碍，即行禁止英轮行驶该河，但华轮亦应一律禁止。至华、洋轮船并不得在内河向有坝闸之处行驶，防有损伤该处坝闸，致碍水利。

五，英国政府欲将中国内地水道开通，行驶轮船，大意实为中外货物运动迅速起见。如现在或日后有行驶内地水道之英轮，而该船允愿将轮船转卖于华人公司及挂中国旗号，英政府应许不加禁阻。

六，如有华人按照中国律例注册，设立内港行轮公司，而有英人附股者，不得因该公司有英股在内，遂以为该公司轮船即准挂英国旗号。

七，民船向不准装运违禁货物，凡行驶内港轮船及该轮拖带之船，亦均一律不准装运。如有不遵，即照违禁章程办理，注销所给关牌，不准行驶内港。

八，内港行轮，风气未开，内地居民宜令其少受惊扰，故凡内港向来未经轮船行驶者，须审察商人之便，并轮船东实见生意有利可图，方可渐次开驶。如有商人欲于商船未经到之内港设轮行驶，须先向最近口岸之税务司报明，以便转禀商务大臣会商该省督抚体察情形，迅速批准。

九，此项轮船，只准在口岸内行驶，或由通商此口至通商彼口，或由口岸至内地，并由该内地处驶回口岸，并准报明海关在沿途此次所经贸易各埠上下客货，但不得由此不通商口岸之内地至彼不通商口岸之内地专行往来。

十，英国轮船在中国内港行驶者，应尽力量所能到之处，方便中国邮政局运寄信件、包裹，其章程须由船东或船主与中国邮政局彼此妥商办理。除中国现办之邮政局信件、包裹外，凡人民或行铺之信件不准行驶内港之轮船带运，惟外国领事官所寄之信件及轮船本行之信箱不在此例。

十一，无论客船或货船均为轮船拖带。凡被拖之船只，其船户、水手人等均应归华民充当，并不拘船东为何人，均须挂号，方准由口岸行驶内港。

十二，现在所定以上各章程，系补续光绪二十四年西七月、九月前后所订内港行轮之章程。其未经此次所订更改者，则仍旧照行，其为此次章程所改者，则以此次所定为准。此次之章程，是补续光绪二十四年前后之章程，拟视同旧章一样，足为现时管理。此项轮船之章，嗣后倘有应行修改之处，即可随时彼此酌情商准。

除十一款口岸一条，现尚与马凯争持，日内即当另电具奏外，请代奏请旨施行。坤一、之洞、海寰、宣怀。

寄军机处光绪二十八年七月二十五日

昨敬电会奏第十款内港行轮事，想已代陈。至十一款口岸事，原定三节：第一节，限制租界外之洋人贸易居住使有范围．不能任意私占；第二节，使凡在口岸之洋商可遵我地方官约束；第三节，并使租界内华民仍纳我国家税捐，纵口岸界址稍宽，亦均须在我范围之内。三节原是互相为用，实于向来已失之治权、利权挽回不少。无如马凯回沪后，为上海租界工部局及各洋商所诟病，以此条于洋人权利太觉有损，万不允行。马不得已，坚请将十一款删去，情愿备一照会，声明此次商约不再议及口岸。查此款关键全在第二、三两节。现经反覆商辩，马以众怒难犯，坚不肯允。为期已迫，恐再迁延，致误全局。坤一等往返电商，只得照马使所议删除此款，虽未能收回已失之权利，彼亦无新得之便宜，于我尚无格外受损之处。除俟送到照会再行电达外务部外，合再专电陈明。

请代奏。坤一、之洞、海寰、宣怀。

寄军机处光绪二十八年七月二十五日

再，前经坤一等奏准第八款加税免厘案内之第二节，以所载进口加税，似专指海关，而陆路边关未经声明，将来恐致误会，因于此节末增入一节，曰：“凡经陆路边界运入中国十八省及东三省之货，与从海道运入中国之货，一律征收此项加税”等语，较为切实。及第一节，丝斤一项，原定为蚕茧、蚕种过内地第一常关免予征税。马凯初以为丝斤过常关亦免，复经切商，详晰更正曰：“至于丝斤一项，无论手缫或机器缫，所征出口正税之总数，不得逾估价切实值百抽五之数。此税并可在丝斤所过之第一内地常关征抽一半，惟须按照第三节所载办法，给以单据，该单据即可抵纳出口正税一半之数。若蚕茧经过常关，则须免抽各项之税。

其在中国内销不出洋之丝斤及蚕茧仍按第八节须纳销场税"等语。又第十节，马凯谓接英政府电嘱，请增叙"该员等须实力监察，如有不合例之需索留难，一经监察之员禀报该省督抚，即行将弊端除去"等语。又第十一节，马使亦云英政府请声明"查办之员如多一半查出实情，即由就近海关拨款赔还"，并加入"英国驻京公使如得有凭据致信该关等有不合例之需索，或留难情事，应请中国派员查察"一段，公同斟酌，彼意重在防弊，尚无出入，自应照准。又第十二节，"英国国家若不允照此款全款"各节句，是当日议而未定恐英国不允，是以如此声叙。今英廷已允此款，应将此句改为"此第八款，若不施行"八字，以合体裁。此外如第十四款米谷禁令，在英使以照约准其运往别口，是我已无权禁运，而每遇岁歉禁米出口，英商辄有辩争，不得不与明定办法，借挽回禁运之权，以免后论，前经奏陈在案。兹复与之磋商，将出示一月后起禁期限减为二十一日，以顾民食。

除将核定全约汉文另电陈奏外，谨将增改条款缘由附电陈明。请代奏。坤一、之洞、海寰、宣怀。

寄军机处光绪二十八年七月二十五日

英使马凯原索商二十四款，无非损我权利，动以和议大纲十一款载明中国已允以商改利益为要挟。当经坤一等于未开议前往返电商，皆以加税免厘一事为全约主脑，复窥破马凯用意偏重在损厘而不加税。磋商八阅月之久，聚议六十馀次之多，舌敝唇焦，始克就范。中间复以在沪议不能决及议而未成者，海寰、宣怀邀同马凯偕赴江、鄂共筹抵制，坚持力辩，务期取益防损，不致吃亏。综计先后驳拒不议未允入约者七款：曰洋盐进口，曰内地侨居贸易，曰邮政电报，曰设海上律例，曰整顿上海新衙门，曰口岸免厘界限，曰货物同在一河免复进口税，归入加税免厘款内并议。借为抵制者五款：曰新开口岸，曰减出口税，曰三联军，曰子口单，曰常关归新关管理。商允改妥者十一款：曰存票，曰国币，曰广东民船与轮船纳税一律，曰华洋合股，曰整顿珠江、川江，曰推广关栈，曰保护牌号，曰加税免厘，曰矿务章程，曰内港行轮，曰谷米禁令。皆就马凯原送款目而分别准驳删改归并者也。坤一等复向马凯索议，彼允入约者三款：曰治外法权，曰筹议教案，曰禁莫非鸦，皆我补救国计民生要图，幸就范围，实有裨益。马凯于定议后，复补请入约者两款：曰修改税则年限，曰约文以英为凭，核系查明旧约办理，为约中应有之义。共计十六款。其全约文本列有第十一款系口岸利权，因马凯议定复翻，只得照议删除。业于径电会奏陈明，是以剔除不计。

总之，战后立约，彼要求多端，万不能一无所允，然允则于彼有益，即于我有损，不得不权其轻重，设法挽回。综核全约利益，彼此尚得其平。要皆仰赖圣明训示，周详用得，勉与图成，以释廑念。本拟专折具奏请旨，因马凯以事急欲回国，定期本月二十七日起程，坤一等电留不允。并闻英商多以此约于英无多利益，意图谋阻，非趁其在沪画押，恐马使一行，全约或有更变，则全功尽弃，甚为可虑。谨将核定约文电呈御览，惟有仰求迅赐核定，准饬先行画押，一面将汉洋文约本专折进呈。

再，立约向以洋文为准，议定后复经派员按照洋文与汉文逐加校对，虽词句较原本间有增易，而意义则较原本仍无出入，合并陈明。

请代奏。坤一、之洞、海寰、宣怀。

寄军机处光绪二十八年八月十三日

坤一自三月间力疾销假，仍日服汤药，体气总未复原。嗣因会筹商约，英使马凯来宁面议，要索多款，忧愤焦灼，坚忍磋磨。又值天气奇热，染受暑湿。上月患癃闭之症，延医调治，仍强起视事。日前忽大泄不止，日夜数十次，精神困惫异常，饮食少进，坐立维艰，不能阅看公牍。惟有仰恳天恩，赏假十五日调理，日行公事委江宁藩司李有棻代折代行，至紧要之件及现议日本商约，仍自行核办，不敢稍涉疏忽。

祈代奏请旨。

复军机处光绪二十八年八月十四日

电旨敬悉。坤一因病请假，仰蒙皇太后、皇上垂注赏假调理，谨叩谢天恩。

请代奏。

寄军机处光绪二十八年八月二十六日

坤一自蒙赏假，赶紧延医调治，旬馀以来，泄泻已止，精神困惫，饮食少进，语言两三句即觉气短舌强，遇有要政稍一用心，则摇如悬旌，不能自主。医家云：年老久泻，元气大伤。所见各症，纯是虚象，非安心静养，加意滋补，难期速痊。现在假期将满，仰恳天恩，再行赏假十五日，俾资调理，出自鸿慈。

请代奏。

复军机处光绪二十八年八月二十八日

沁电旨敬悉。坤一患病未痊，仰蒙温谕赏假，并颁赐参枝，慈施稠叠，异数频加，惟有赶紧调治，期早就痊，殚竭愚忱，以图报称。谨叩谢皇太后、皇上天恩。

请代奏。

附：电信

电信卷一

寄总署光绪十七年八月十四日

顷据黄道电覆："十一夜，怡和轮船到镇，有英人美生私带军火，经关搜获。询据税司云，美生由香港带来洋枪三十馀箱，已由沪关查获，镇关仅炸药五磅，已弃江中。晤领事，互询美生，供系香港匪徒托交镇江会匪，未供匪名。税司恐匪党滋事，先派李帮办带美生赴沪，已电上海道会领事澈讯回电，一面会督严密访察防范。现在安静。"又据上海道电："美生解沪，英领事因无原告，照西例不能会讯，拟即至关先讯。惟讯后，美生应交何处，请示遵。闻港匪接济镇匪军火之洋人，不止美生，已密嘱中西捕探密访。沪关拿获枪件，由九龙税司及香港巡理府电达，已各赏六百元，并电达两处，嘱其格外留心访察，随时电沪。可否求电钧署请公使电达港督，饬船政厅，以后各货报关，须令商人开明实系何物，不得笼统开报，并严禁洋行无华官印照不得擅售军火，并令巡理府严密稽查"各等情。

查近因各教堂滋事匪徒不靖，迭饬地方文武防范查缉，未敢稍懈。昨获会匪巡风刘开泰，已讯明正法。现又严札沿江各营一律严密访缉，并通饬各关，遇有商轮进口，务须严查。惟英人美生既云军火系港匪托交镇匪，必知两边匪徒姓名居址，现虽电令聂道先会税司根问，恐不实吐。此事中外皆有关系，私带军火济匪，已人物并获，本无须原告，自应会讯澈究惩办。究应如何办理，乞会商公使酌定办法，电饬领事遵行，以免借词推诿，并请公使电致港督，分别饬遵。仍乞电覆。

寄总署光绪十七年八月二十四日

黄道禀："访闻美生在镇所用细崽九江人徐春庭，为会匪首徐春山之弟。当函嘱聂道向美生根究下落。嗣闻徐春庭已往芜湖，即商瓜州吴镇派委弁密往查拿。并闻徐春山现在福建海关税司处为细崽，当赴税司处面询，据云八月十一夜在美生行李内检出希腊文号码杂记，甚难翻译，已译出美生由致远轮船致沪关税司函，显系欲骗过沪关至镇滋事。兹据税司劳偲译出面交，声明原件已寄总税司。查译出来书内，确有约徐春山兄弟起事之语，并无牵及易统领、陈经历之词，并欲改作传教之人，劝外国水手相从。又云大洋行借贷之钱，均已预备并有上海外国之富人从中帮助。又欲发电借香港银五百镑，要会春山，要抢福州军器等局，抢英商太古行之安庆轮船，并向商人要钱，并令徐春山回福州及在甘露港会集等语。可见此事系美生为首，洋人助银，徐春山兄弟同谋，是美生为中、英两国之罪人。当即照缮，派员送聂道等察核商办，澈究美生，令将匪党姓名住址供出，一面会商各营访缉防范"等情。

查核杂记无非悖逆荒谬谋为不轨之词。现已密电希将军派员分赴闽省各关密速查拿徐春山、徐春庭解沪讯办，并将查送美生杂记飞咨钧署备核外，合电闻。

寄总署光绪十七年八月二十五日

聂道电："余丞、税司与领事详商美生所犯三款：一、私运军火；二、串谋叛党作乱；三、身带炸药，谋为不轨。领事已准票拘美讯办，惟云：'西例私运止充公，串谋作乱未成，又无叛党指证，难成信谳。且美不供同党，领事无权使供，应照第三款重罪办。'现由余丞主告，请英国家律师按例控告，并电镇嘱搜获炸药之副税司及在场扦手来沪作证，讯确约监禁十四年，较有把握。"又电称："所访助匪泰山等六名，照会领事密拿，以无证为诿。当以美供可证，商税司，谓：'美由领事拘禁，若据供治罪，恐不能恃。且会讯供辞，刑司未必准许为据，控告徒然'云。现美已由领事拘押，容再议"等语。

坤一复以美杂记谋为不轨，即美为首。既有美自己杂记，较叛党指证为尤确，不独串谋作乱欲抢中国船局军装，并欲抢太古、安庆船，幸即发觉，不然中外受害非小。美为中外罪魁，同谋者亦为中外罪人。泰山等六名，既有美供可据，应一并严拿重办，以示炯戒。令商领事逐层严究，秉公办理。请商公使，饬拿并究。

寄李中堂光绪十七年九月十三日

津获松江船军火事，准覆后，当电聂道。旋据电禀："松江船准本月十二日抵汕头，乞电粤省商拿船中买办及水手诸华人讯究。上海太古经手西人已允电致汕头该行帮拿。"当电请筱帅密饬转商照办。兹准筱帅电："当饬潮州府夏云督地方营县及洋务委员廖丞维杰、县丞梁梦梧、巡检封锡保、绅士萧鸣琴会商领事、税司，待船到即悉拿，中间领事尚疑阻，往返电饬商妥。兹据电称，松江船十二下午抵汕头，该守等带兵将船围住，拿获刘岳箴水手等四十六名，现讯大致供词。惟粤无大兵轮，又不便交商轮解往，务请速派大兵轮一二号给文往汕提回讯办。望电覆”等因。南洋兵轮因不敷分防，由尊处拨船来南防护。目下南洋实无船可拨，惟有求尊处派船给文往汕提津澈究。军火既运津，其匪必在北路一带，讯出便于查拿质究。沪为藏垢之处，为公深悉。敝处获匪目陈金龙，恐与美有涉，解沪备质，因谣言甚多，已饬迅速提省审办，以免意外之虞。现获松江船买办等，人数既众，提沪不独无监处，且亦更可虑，务请一径提津讯究。将来如讯与美有涉，再行酌办亦便。在沪两北船乞勿派。统求照办，并电覆。

寄总署光绪十七年九月二十八日

日前聂道禀，美生案定廿七覆讯。昨午后知美案已定，拟只监禁九个月，殊不成事，当电聂道等商请从严，并不准其再行在华，以绝祸根。嗣据该道等电：“本日美生自认罪求恩，臬司判定监禁九个月，到期许觅两保人，每人缴二千五百元，保美生以后不再犯事，有保准释，无保递解回国等语。馀容另禀”等情。

查美生勾串会匪，私运军火，身带炸药，谋为不轨，即按西律，厥罪亦极重大，今既自认，自应按照西律严办，方足以示大公。昨据余丞来禀，该犯所延律师图达谓美带炸药，行为不轨，英例止行于英，不行于中。经该丞向威律师商驳，以该律系英国总例，凡属英民均当奉守，并未指明专行彼国，不行他方。威亦以为然，已向图达说明此层不辨，今竟定拟监禁九月，且准到期取保。既为英民应照英律，如谓在别国犯事，即可不照英律，即当照别国之例，断不能因在别国格外从轻，至失公平之道。美既有匪接济巨款，私购大批军火，亦岂乏区区保银。该犯前由总税司委以帮办关务重任，尚欲为匪不法，岂有区区两保人能保其以后不再犯事。是此人若再在华，实属防不胜防，将来中外必深受其害。能商请公使再嘱从严惩办固妙，否则应请即解回国监禁，永不准其来华。如或英使不允，可否电商薛大臣转商外部。务乞钧处酌核商办为祷。

寄总署光绪十七年九月三十日

俭电饬据聂道电覆："廿七，正刑司讯美自认罪并呈亲供：'五月间各处闹事，欲知细底，佯入会为办军火，用己钱买炸药，不知定例不准携带，亦不解如何用法，并无害人意。香港所作事，恐会中人觉察，将钱交别人代办，所供并非推诿。今认罪，生意不能做。在监数礼拜，苦不可言，求施恩从轻办。'刑司询律师作何辨论，答称：'美犯法证供确凿，请公断。'刑司谓：'美所犯关系不小，不能从轻开脱。有人具洋二千五百元保以后不犯事，有保准释，无保则驱逐回国。'谨摘录先报，馀开折另禀"云。

查美所犯，有证有据。按西律，身带炸药，谋为不轨，须监禁十四年。今律师既谓证供确凿，刑师亦知所犯关系不小，乃不按律严惩，又不究问匪党，转行从轻开脱，实不足以示公允而绝祸萌。北洋来电，亦谓能商令解回本国，庶免后患。能否照前电商令解回本国监禁，永不准来华，大局幸甚。

寄聂仲芳观察光绪十七年十月初九日

湖北张制台电："拿获会匪头目高德华供：'长江各口岸会匪头目通为一气，皆奉已经正法李世忠之子李洪为总头目，称为大元帅。李洪声言欲为其父报仇，约期十月十五日竖旗起事，分为五旗，沙市、汉口、黄石港、九江、大通、芜湖、金陵、镇江、十二圩等处，派定头目，分投布置，皆供有姓名，内有数名已经楚、皖拿获正法。今年七月接李洪信约会起事，众头目在黄石港会议，本拟分为两支，安庆一支，沙市一支，因下游水陆各营甚多，惟沙市兵勇少，且有四川、湖南可作退步，故先在沙市滋扰。闻李洪有托洋人办军火之说。八月间，该匪在镇江，因查获私运军火，恐惧逃回本县藏匿被获。李洪闻现在烟台等处。'又有数匪目所供亦同。查李洪系李世忠养子，素不安分。既有数匪目供李洪为首，似不能凭空捏造，且非有力巨匪，断不能以重金募洋人购军火，情节尤有可疑。惟现在烟台之说恐难拘定。查李洪家在河南固始及安徽霍邱，至安庆、芜湖、裕溪口等处，皆广置产业，党伙繁多。此时难保不仍在本籍，据巢结党，观衅而动。前接两江咨，美生日记有占据开封等语。若系李洪，则固始地属豫省，与占据开封之说亦尚相近。案关纠党谋逆，滋扰各省，无论匪供虚实，均需严查防范。其应如何密速查拿确实审讯之处，应请各省裁酌办理示覆"等因。

前讯美案知必有巨匪济款。嗣访闻有李世忠之子之说，因无实据，未能指拿。即经密札淮运司杨道钟琛、吴镇家榜密访，查有形迹，即行严拿禀办。今既由鄂拿获匪目高德华等供指自应暗访该匪踪迹严拿重办。高德华当必为美所识，应由尊处设法向美究问，一面酌派识得李洪员弁人等，遇有出入洋轮，随时侦察，以免远飏。一经拿获审实，必当予以优奖重赏为要。

寄裕泽帅光绪十七年十二月初五日

十月间，湖北督抚院齐佳两电，匪目高德华供，长江各会匪头目皆奉李世忠之子李洪为总头目一事，曾并电尊处、敝处。现获私运军火洋人美生之细崽徐春庭等，讯供："会匪头目系李洪，他的父亲做过长毛被杀，李洪欲为父报仇。"核与高德华供相同。其军火据称由该匪之兄徐春山邀美生入会，到香港购办，银子是李洪出，约有二万两。并云"今年闹教都是李洪的党所做的事"，及馀供均与美生杂记、敝处访闻情形相合。并获会匪万松亭，据称认识李洪，并知其小名李地虎。现由皖省扣留之李显谋，经沈仲帅访悉其小名李小狗，并名地虎，业已派员带同万松亭前往面认。是李显谋即系李洪可知。一经认明，断难予以轻纵。惟案情重大，必须澈究明确，以凭核办。敝处前此访得李世忠有五子，长早故，次即显谋，在外游荡，变产几尽，三今年中副榜，四、五尚幼。是否属实？李显谋与其诸弟是否同母？曾否分炊？香帅前电曾云李世忠之妻，颇明大义，李洪为匪与李世忠妻及亲子无涉。盖当时香帅止知李洪为世忠义子，今李显谋系属亲子，其一切作为，究竟与诸子及世忠之妻是否无涉，均望尊处迅赐确查电示。该匪党与遍布，办理必须从速，务乞赶查速电，尤为感盼之至。

复总署光绪十八年六月二十三日

养电敬悉。美生限满解回，前饬聂道与商，据领事云：“保人必须体面方正，为领事深信。美生所犯，西人均以为耻，体面英人决不肯保，无保决不释放，当解回国。”是美解回与否，须视有无保人为断。保人既须领事深信，则准保与否，权操领事。复饬届时妥商在案。

招律师上控一节，复准薛使电，谓：“权操在我，勿商领事。”并准抄咨与外部往来照会，又函寄洋文原稿，嘱饬检先后口供与担文讨论，均已饬道遵办。并据该道录呈担文节略云：“美通匪无供据能证结识哥老会之原委，不能照办。募人即系泰山雇西人数名，非得泰山亲供不可。人已不知何往，难科罪。私运违禁，只能将货入官，无办罪之条。”又据聂道电：“美难另控。已将担文查例禀覆。应否另行延控，抑仍与担商，请示。”查薛函因担文历代中国办理要案，故嘱与担文商，如担文不能办，另延亦无益。当电复聂道，美通匪，有副刑司前审供证可凭。募人，泰山虽已不知踪迹，亦有前供可据。令照薛函所嘱，检齐各件，再与担文妥为推敲。控准虽未必加重罪，亦无非重在解回。若不能办，控能商解回国，亦足杜后患云。现已将担文节略咨呈，仍俟道覆电闻。

寄薛星使光绪十八年闰六月十二日

美生案迭商担文，谓证据不足，刑司前审供证，西例不为确据，且与税司均言再控必留沪质审，前断解回转作罢论。彼既联一气，语必有因，由此间再控，必有反覆。商准总署，电嘱促其速解，再由尊处与之辨论。经沪道屡商，已于十一押解回国，并允不准再行来华。祈酌办。

寄裕泽帅光绪十九年三月初七日

哥匪头目匡世明由鄂解宁，提同美生细崽徐春庭等面质，供出李洪系李长寿亲生次子，计图为父报仇，出银托买军火，并称为“二少爷”，乳名地虎，别号雨生，闻已获案等语。是李洪即李显谋，毫无疑义。正拟提集对质，李显谋情虚畏罪，与其妻妾先后服毒自尽。此案得破，可谓天网恢恢，疏而不漏。唯念李显谋之兄弟及亲属人等，均系安分，应并其家产一律保全，以广皇仁。谨先电闻。应否传谕该亲属，俾得安心，伏候酌裁。

寄督办军务处光绪二十一年正月十五日

坤一于十三日自津赴关，经过滦州，预传刘、申由乐来见，询悉乐亭海口极为紧要，闪镇尚无一人到防。其派扎滦州之马提督，不惟该统领未曾来津，亦无一字回覆，业由坤一于抵关后，分别电催，倘再迁延，惟有严参，以肃军令。将来闪镇十营到乐，拟将刘、申两军暂留原处，俟防务料理就绪，而后抽调来关，或只调刘镇一军，仍留申提督一军，临时酌办。牛镇一军则令暂驻昌黎，与滦州马军联络，为乐亭接应之师，应否抽调到关，已饬牛镇先来商酌。此乐、滦一路大概布置。如得聂提督大支劲旅游弋其间，庶为稳着。

至山海关素称天险，原以后靠山，前临海，可以限敌。今倭船横行海上，则关前之海适以资敌。坤一约洋员汉纳根、锡乐巴两人同来详细询商，据称关前老龙头炮台诚足制敌，而势甚孤悬，敌若以多船围攻，恐难持久，目前不惟难于添炮，并难添台，只合于现有炮台，外护以沙包土袋，冀可支撑。关后之岭，如九门关、角山寺等处，务须扎营设炮，自据形胜，免蹈覆辙。又关外十里之红墙子，关内十馀里之红瓦店、二郎庙一带，均须屯扎重兵，高垒深沟，并开挖长濠，自山至海，以固藩篱。此山海关大概情形。一俟各军到齐，部分何营驻守何处，并派一军游弋，以资策应。

山海关系京东锁钥，为东征诸军后路。拟电商东征粮台胡燏棻另行筹款买米五万石，运关存储。并电商直督李鸿章先由北洋拨运洋药十万磅来关，以资接济，仍由南洋补解来津。是否有当，伏候钧裁，迅赐电复。

再，九江镇宋朝儒业于今日起程，由津转通接统李提督培荣六营。坤一嘱该镇于点验后，即带来关训练，务于月内赶到。闻此六营人尚精壮，所需枪炮亦有七成。惟祈迅饬东征粮台酌给月饷，俾得刻日启行。如能上紧整顿，亦可得此一军之用。合并陈明，并候电复。

复督办军务处光绪二十一年正月二十日

号电谨悉。查锦属之高岭即天桥厂，与马蹄沟及宁属之望海甸、钓鱼台四处，均是紧要海口，为东征诸军后路。坤一亦曾虑及，以关内无营可拨，于十六日电奉天裕将军转嘱唐帮办拨营分防，迄无回电，不能不借重尊处一言，即祈迅赐指挥唐帮办，兵力渐厚，可以兼顾奉天前路。如辽阳大高岭有重兵驻扎，门户已固，唐帮办抽出数营，似无大碍。坤一现电左道孝同留驻锦州，借以就近照料。并拟俟贺星明七营旗到关派扎关外东北角之九门口，即令酌抽马队步队为游弋望海甸、天桥厂之计。唯由九门口距望海甸一百六十里，距天桥厂二百七十五里，殊虑鞭长不及，又不知贺军马步队强弱何如，故不敢以之自任，仍照原议责之奉天唐军，方为稳着。

又接李占椿电由兰赴莱。坤一以倭陷威海，覆我海军，无后顾忧，或不深入山东，而以全力分攻津、关，电饬李占椿确探倭船所向，相机前进，倍道驰援，勿在山东观望，复致落后。山东已招三十营，若寇氛稍远，当不须此客军，并祈尊处电李抚院熟计之。候电复。

寄督办军务处光绪二十一年二月十七日

宋帮办田台之败，损伤二千馀人，而锐气不衰，拟暂退驻石山站，稍为休养，请吴帮办回防锦州，似于事机尚合。现在魏藩司、李道均到锦州齐队。唯吴帮办争扎石山站，欲与倭寇再决，并欲调余、熊两军前进。坤一接据东海刘道探报，倭调集大股，将于开冻后，直攻直隶。又据上海沈道探报，倭将以一股攻榆关上下游，一股攻北塘等处。是否实情，总须严为之备。余、熊两军派定地段，断难抽动。伏祈贵处迅电吴帮办与宋帮办和衷商办，以维时局为祷。

寄总署督办军务处光绪二十一年五月十一日

递接依将军徐署牧及大高岭吕、孙两镇电称，凤凰、海城、析木、营口等处，复有倭人大股前来筑台挖沟，与前情形不同，似欲悔和，不肯以辽东还我。应否准其派队进据冲要，以占先着而免后时，伏候裁示。

鄙见为目前计，为将来计，均应联络俄与法、德，以壮声援。倘倭再得三国之助，动辄与我为难，则我不能自立。伐交为制敌上策，并祈权衡利害轻重，迅赐施行。

又接津沪探报，台倭于初六、七、八相持三日，至初九日台军大捷，杀倭甚多，并擒其副提督某。辽东来电，亦谓倭以船载受伤兵丁数百前来海城，事若符合。谨以奉闻。

寄户部光绪二十二年二月二十日

顷准苏抚转电苏漕改折一案，事关天庾正供，必当内外统计，利害相权，庶可行诸久远。查议办折解，原为节省起见。河运较海运为费，坤一初亦以折解为然。第念京师食米端赖南漕，为大部所深悉。苏抚现议收折解折，收本解本，是海运为数无多。宁属均收折色，若河运全停，则是京米专恃商贩，盈虚迟速，把握毫无，抬价居奇，在所不免，一有贻误，关系匪轻。年来于河运不唯未尝议停，并图规复增运苏漕，诚有鉴于往年法事阻遏海运，不得不预留河运地步。停运之后，河道益淤，倘有海氛，从何措手？言者请停漕运，辄谓运米一石到通，费银十两、八两，以此动听。不知江南起运漕米，合米价、运脚两项并计，海运二两数钱，河运三两内外，每届奏销，户部有案可核，何至有十两八两之多。合之山东修河及津、通起拨上仓诸费，每石亦不过四两。将来停运，津、沽米价必昂，正恐此四两折价不能买米一石。至于江南之米少此销路，谷贱伤农，沿河穷民以挽运为生者必至失业，亦不可不虑。通盘筹画，拟请江北仍办河运，留此一线运道，借为缓急转输之计。将来芦汉铁路告成，再行一律改折，庶较稳妥。如贵部察核苏、宁所拟为然，可否即据电奏复，敬候电示。

寄荣仲华中堂光绪二十四年七月二十一日

自我皇太后训政，于变法各事，应办者仍办，停者即停，措置合宜，天下欣然望治。我皇上恭己以听，仰见两宫慈孝相孚，始终无间。我公与礼邸、庆邸从中调护，永保安全，外议纷纭，无可借口，是皆社稷之福，始得有此转机。

现闻康逆监禁香港狱中，似可将其恶迹宣布各国，照会英使交犯惩办，伏祈卓裁，并候电覆。

复盛杏荪京堂光绪二十六年五月初四日

江电悉。拳匪煽惑日众，如厝火积薪。春间曾面奏利害，今果有此患。昨已有旨严拿，并着派出之统兵大员相机剿办，惟望早日敉平，大局之幸。续有闻，仍祈电示。

复裕寿山制军光绪二十六年五月十二日

真电敬悉。刚、赵两枢密往谕，该匪能悔悟否？贼势如此，以剿为宜。先清内匪，次杜外患。若剿抚无定见，蔓延难图，各国从而干预，大局不支，惟公与荣相熟计之。

寄荣中堂光绪二十六年五月十三日

时局多艰，外人伺隙而动。英、法各国近借拳匪滋事，亦有派兵舰入江保护之说，防务自宜加严。江阴为五省门户，该处兵力仅能专顾南岸，他处防军无可抽调，遇有缓急可否准调现驻清江之张提督一军，移扎江阴北岸，以备不虞，事竣仍回原防。我公任天下之重，江防定系荩怀，乞俯允电示，至祷！

寄盛京堂光绪二十六年五月二十一日

昨闻北洋以阻止洋兵商各领事，答以办法三条，内有护各使眷出都语，此即下旗回国之谓，特虑意外，未敢明言耳。宜由尊处函请荣相，设法劝阻，若使眷回国，则决裂更速，无可挽回矣。

复鹿滋轩中丞光绪二十六年五月二十一日

马电悉。台旌回省坐镇，极佩。北事危急，线阻信滞，已委达道斌率洪令棨赴京、津坐探，苦难通电。连日电奏，均由济宁驰送，或托杏荪交轮带北，甚焦急。

此间防务，严饬各统领布置，并将盛字亲军各添千人备调遣。至分兵援北，江南无大支劲旅可抽，若勉调现在各军赴北，又恐江防有失。且都门拥兵数万，患在不肯主剿。刚、赵必欲取结了事，而不虑开罪各国，群起而攻。迭次电奏，切陈利害，并屡电荣、王，责以大义，请速定计剿匪，以谢各国而支危局，均无回音。当轴刚愎，大事将去，公有何良策？

复张香涛制军光绪二十六年五月二十二日

马电悉。敝处亦两电荣、王，初次云："拳匪势炽，洋兵迭进，董军又妄杀倭员，大局危急。坤一屡电奏请速剿匪，闻仍主抚，并禁洋兵进京，再来即由裕、聂力阻，显与各国为难，必酿大变，一国且不敌，况各国乎！为今计，惟有电李使谢倭，稳住各国，宣示剿匪，或可转危为安。若仍信拳匪恃以拒洋，全局糜烂，不可收拾。公任天下重寄，宗社存亡，在此一举，千祈力陈。"

闻刚、赵抚局已具结，并禁洋兵入都。是袒匪拒洋，已有明征。各国兵队大集，危亡即在旦夕。无论中国势弱至此，即英、俄等强国亦断无开罪各国之理。祖宗创业艰难，无端家居撞攘，谋国者不得辞其责。务恳切速陈奏，幡然变计，危局或可撑持。万勿再信邪说，致悔莫追。

顷得盛电，荣亦撤兵。事无及矣，奈何！

寄张制军于中丞鹿中丞王中丞松中丞光绪二十六年五月二十三日

廿一，各国在大沽开仗，炮台被夺，北事决裂。顷据沪道电，风闻英领奉英廷电，自宜昌至吴淞每日派一兵轮，上海、江宁派头等铁甲驻守。又闻俄、法、英拟截留关税等语。已饬确探电闻。为今计，惟有力任保护，稳住各国，一面添兵自守，镇慑地方，饷源支绌，无论何款，先行挪用，事至危急，未可拘泥。若东南再有事，则全局糜烂矣。公谓何如?

寄张制军光绪二十六年五月二十四日

沪道电，遵即密商英领，渠以长江一带商务，有两制军主持保护，极为放心，英舰均聚北洋，并无另调入江之意。中、英视同一家，如有不虞，彼此自当协助。惟赴汉口之脱乃黎，又赴南京之恩密赫两舰，均于廿一上驶，不便追回等语。察看英领意甚和平，英舰往来长江游历，本是常事，此次开赴宁、汉两舰，只合听之。昨英舰管带来见，问答如前。现一舰来鄂，尚拟晋谒台端。一舰赴芜，敝处并调蚊船一号至芜弹压。并闻。

复李鉴帅光绪二十六年五月二十五日

有电悉。此次拳匪召祸，患在政府不肯主剿，致动各国之兵。从古无开衅各国之理。津、京危急，大局不支，东南若再有事，则全局糜烂。迭与香帅电商，就目前计，惟有力任保护，稳住各国，以冀北事转圜。连日与英领会晤，及沪道晤各领事，均以此意告知。长江权利，各国觊觎已久，惟畏英不敢遽为戎首，英亦因该国商务在长江为多，不敢遽行强占，致启各国戎心。若触动一国，各国必群起而攻，在我既无敌各国之力，亦只有就其所忌而羁縻牵制之，仍一面严密筹备。若彼族以兵舰照常游历护商，尽可听之，非至十分相逼，断不可先开衅端。千祈查照办理，东南幸甚。

复鹿中丞光绪二十六年五月二十五日

漾电悉。沽失衅开，合而谋我，内召拳匪入卫，直错到底，大事不可问矣。目前计惟力任保护，稳住各国，暂保长江，以期北事转机。若再卤莽从事，各国兵舰转舵南攻，危亡即在旦夕。现与各领事密商，使其互相牵制，免遽决裂。一面饬沿江营台严备，如竟欲强占，亦惟有尽力抵御而已。扬州南字一旗、衡字三营，均难调动。此间又增募数千人。尊处似亦应添勇，无论何项协饷，先行拨用，事至危急，未可拘泥。卓见谓然否？

复张制军于中丞光绪二十六年五月二十五日

敬电祗悉。会衔电奏，具征忠悃。盛京卿电，已传拳匪入卫，举动尤为骇异。望即刻发电至距京最近电局，用八百里驰奏，迟则无及矣。

再，内间始终袒匪，甚可疑。此次电奏正与相反，虑有阻隔，祈妥筹上达之法为要。

寄陈修五镇军光绪二十六年五月二十六日

奉二十一日六百里加紧廷寄：“近因民教寻仇，匪徒乘机烧抢，京城内外扰乱已极。着各省迅速挑选马步队伍，酌派得力将弁，统带数营，星夜赴京，听候调用”等因，钦此。

君父之急，自应刻日赴援。现在大沽不守，军情更紧。查该镇忠勇性成，不避艰险，心存君国，调度有方，所统马步各营，又久经训练，分扎徐、宿一带，距北较近，应即调集铭字马队三营、元镇四旗，迅速北上。如嫌兵力未厚，准将元镇四旗各照营制添足五百人，以资厚集。所有徐、宿等处防务，已电饬徐州刘镇添募步队三营，刻日成军，前来接防。该镇务速部署齐备，一俟刘镇所派接防弁勇到后，即行拔队星夜兼程赴京。所需饷项军火，由该镇次第电禀运济，毋片刻延。先此电饬，即电覆。

寄张制军光绪二十六年五月二十七日

力任保护，稳住各国，实委曲求全、保东南至计。而鉴帅意见未融，顷又来电询水雷拦江各件，嘱拨款二三万济用。敝处电约其来宁面商，并派员赴江阴详告办法，款从缓拨。如能水乳最善，若竟固执，不得不另作计议。查鉴帅巡江旨内，并无督办防务之语。沿江地方自是两江、两湖之责，拟会公电奏请饬李毋得干预防务，以一事权而免贻误。时事至此，身何足惜，保守东南，实顾全局，一涉孟浪，祸在眉睫。惟公同志，谨电密商，祈电示。

寄余晋珊观察光绪二十六年五月二十八日

罗星使电："遵告沙侯，据云：'英政府注重保全民命产业，绝无侵占意，水师只在口外，不至分兵喧扰。承示极力保护，心感'"等语。又吕星使电："告德外部，甚感。因北事电阻谣多，恐煽惑起波，应转嘱各国领事告本国政府，长江安谧，勿派兵，较使臣劝阻更昭信实”云。盛京卿请与各领速订保护中外人民产业之举，现已商香帅。惟盛电有英领拟一口派一船之说，想系前议，嗣许不再派船入江。仍望速将沙侯意转告，抱定长江商务、教务由我与香帅力任保护，并照吕使意商各领，请电告彼外部，以为议订保护之根。

寄李鉴帅 光绪二十六年五月二十八日

接滋帅电：“奉廷寄，派营入卫，虑缓不济急。武卫、先锋两军奉调否？可奏明由鉴帅带两营北上，一面奏，一面启程，较为迅捷有实济”云。武卫张、陈两军已奉调，定廿七、八拔队。敝处又派陈凤楼马步七营入援。然非得威望素著之大臣总制调度，恐无实济。滋帅办法，弟深谓然。如公允许，敝处立即出奏，并饬令张、陈及陈凤楼遵照。事急不得不从权，立候电覆。

复刘景帅 光绪二十六年五月二十九日

俭电悉。北事已决裂至此，东南各省若再遭蹂躏，全局瓦解不可收拾矣。敝处与香帅迭次电商，惟有稳住各国，力任保护，或可暂免祸端。已饬沪道与各领事晤商，均云既任保护，当不派兵入江。所言虽未敢深信，目前计亦只合如此羁縻。贵省似可一律照办，宁饬甬道联络领事，告以洋商、教士，抚台竭力保护，尽可放心，不必派兵舰，转致居民惊扰，匪徒乘机而起，弹压为难。一面严切通饬各属严拿匪类，有犯必诛，力护教堂，勿稍疏失，致滋借口。如各国或以一二舰照常游历，尽可听之。彼不开衅，我总虚与委蛇。仍严密筹备，非十分相逼，不可拒绝。此为保东南委曲求全之策，正所以顾大局。祈卓裁。

复张制军光绪二十六年五月三十日

俭电悉。兹事体大，公自应列衔。沪道所拟五条，均可行。惟须照尊电加入制造局一条及上海租界归各国保护一节，已电令速商杏荪，定今日三点钟会议。陶道到宁，沈爱苍亦来，告以尊意，并加派沈帮办此事，均令速往，仍电沪先议，不必候。至杏荪处，昨经电托相助为理，得覆允办。

廿四廷寄："近日京城内外拳民仇教，与洋人为敌，教堂、教民连日焚杀，蔓延太甚，剿抚两难。洋兵麕聚津沽，中外衅端已成，将来如何收拾，殊难逆料。各督抚受国厚恩，谊同休戚，事局至此，当无不竭力图报者。应各就本省情形，通盘筹画，于选将、练兵、筹饷三大端，如何保守疆土，不使外人逞志，如何接济京师，不使朝廷坐困，事事均求实际。沿海、沿江各省，彼族觊觎已久，尤关紧要。若再迟疑观望，坐误事机，必至国势日蹙，大局何堪设想！是在各督抚互相劝勉，联络一气，共挽危局。事势紧迫，企盼之至"云云。

廿五之件亦到，与袁电略同。会奏事若何？务祈迅即电覆，盼祷！

寄廷方伯光绪二十六年六月初一日

兹有致荣相密电，即祈照录原码，专马星夜飞送。电码如下："荣中堂钧鉴：奉覆电，读竟痛哭。时局至此，已无可言。但各国增兵八九万，会合猛进，不入京城不止。此时救社稷，安两宫，公宜早为之计，迟则无及。万望保重柱躬，与庆邸共担大事。总之，须出而议款，万不可用‘迁’字诀，逼成瓜分之势。德使已矣，其馀各使，尤须赶紧严护无损。若再有失，将来之祸，有万不忍言者，求为城下盟，不可得矣。此间联络各省共筹保疆之策，尽此心力，不敢谓确有把握也。”

寄袁慰亭中丞光绪二十六年六月初一日

接卅电，万分焦急，姑再会香帅致端邸一电，冀收万一之效，请即飞马专送，电稿如下：

“王爷钧座：接直督电，沽失路据，八国日增兵已三四万。津如有失，则直驱京师，宗社可忧。此电系廿七发，今已四日，不知情形如何，忧灼万状。各国并力谋我，以寡敌众，即或偶胜，闻彼族征调连横，指日可到。我之兵力有限，彼之接济无穷，一旦直入京都，宗社乘舆何堪设想。若再不与之转圜，危亡即在顷刻。王爷天潢骨肉，秉国之钧，才足以济时艰，亲足以当大事，如不早作主持，京外何所仰赖。伏求王爷上念祖宗缔造之艰，下慰万姓瞻依之切，早定大计。此时各国公使，尚未出京，及早与议停战，一面催李鸿章进京面授方略，保社稷、安两宫。万世瞻仰，在此一举。不胜迫切之至。”

寄苏皖赣三省司道光绪二十六年六月初一日

北事匪徒闹教，致肇巨衅。东南一带，再滋事端，大局不堪设想。迭经电檄通饬保护商教，拿办匪犯。现因各国均欲以兵舰入江自卫，恐启惊扰，会同湖广张部堂饬令沪道正与各国领事议订长江一带由我自行力任，禁止造谣，严办匪徒，保护商教，不使疏虞，以期各不相扰，俾得保守东南，以待大局转机。惟现当北事糜烂，人心浮动，匪徒思逞，防维固宜周密，办匪尤必从严，倘有造谣生事，即行严拿正法，以遏乱萌。至保护之法，值此兵单饷绌，分防要隘，尚多不敷，断难分拨内地。所有各口商教，应责成关、道、营、县，沿江、内地教堂，应责成各府、厅、州、县会同营汛各集地方绅董，共筹保护之法，切实办理。要知保护商教，即所以自卫地方人命财产，事关切己，祸福与共，必能一体晓悟，协力图维。经此通饬，若再稍掉轻心，必致贻误大局，断非参办所能蔽辜，望严饬懔遵！

寄廷方伯光绪二十六年六月初三日

接荣相电，万分焦急。今有致庆邸、端邸各一电，请照录原码，用六百里加紧排递为荷。电稿如下：

“王爷钧鉴：自古两国相战，不罪使臣，礼也。今我先残日官，复毙德使，为万国公法所不与，将视我为无礼之国。此外各国公使，务须极力设法保全，否则各国仇我必深，攻我必急。以一弱敌众强，安能常操胜算。万一跌蹉，恐求和而不可得。事机间不容发，惟王爷急图之。”

复松峻帅光绪二十六年六月初三日

宋电悉。北方召祸，各国齐开衅，从古无此办法。闻西兵将抵京，兵匪均败，祸不可测。弟电奏四五次，痛陈利害，未能挽救，北望忧恸。东南财赋地，若再卤莽，各国大队兵舰齐攻，伏莽因之四起，则全局瓦解。但能保全东南各省，大局或可有转机。连日与香师会饬沪道与各领事会议，我力任保护，彼亦不得派兵入江，渐有眉目。此实委曲求全，保疆要策。公谓何如廿九明谕暂勿宣。团练或可御窜匪，若以敌洋，万无此事。祈酌办。海州一带，无兵可拨，奈何！

寄李中堂光绪二十六年六月初四日

杨子通电："方筹挽回朝局，忽外部称盛京有兴兵毁路之举。俄通国身家在此铁路，若满洲有警，决裂无疑。大局安危，在此一着。已两电增帅，力保路工。仍祈诸公切电加劲，千万"云。此事关系甚巨，可否由公电致增、长两将军，如挈贱名亦可。又吕镜宇电：

"德外部云，各国并无意与中国为难，总盼先靖内乱。傅相北上，属望甚切"云。目下朝局，非公速发，另筹切实办法，病在腹心，几不可治。行期方略，幸示端倪。

复盛京堂并寄余观察光绪二十六年六月初五日

杏翁两支电悉。明件当日见京报，已无可挽。然各省迭奉电旨，一则曰，各督抚相机审势，保守疆土，再则曰，团民蔓延，剿之即刻祸起肘腋。恭绎语气，与各明件迥不相同。两宫于此有万不得已之处，亦可见矣。江、鄂办法，本是遵旨保守疆土，各国尽可放心。尊指甚当，只合握定此义办理，将来大局转圜，恐亦非此不可。惟前次约定不派兵船入江，为题中最要之义。宁英领亦曾面允，仍请商霍领与各领一律照办，以免民情惊疑，难于弹压。晤商后即电示。

寄英美德法俄日本各使光绪二十六年六月初八日

各国政府允如能保护内地洋人，可不扰及东南各省。各国水师在大沽会议，亦谓专弹压拳匪及自救本国人。又杨星使东电，各国既不直认大沽之役为开战，似止可姑与羁縻。总署电既有“酌”字，诸公荩谋，自必斟酌妥善，如能暂留各国以通声气而知外情，且为日后开议地步最好。但恳请卓裁，自行酌定，不敢越俎代谋。

寄东南各省督抚光绪二十六年六月初九日

顷奉初四廷寄：“现在统筹战备，迭经谕令各省筹饷、练兵，共保疆土。惟库款支绌，饷项艰难，既与外洋决裂，所有各省认还洋款，着即暂行停解，听候部拨，移充军饷”等因，钦此。各项洋款，系关税、厘金作抵，若不还款，各国必以兵力据海关、厘局，并扰边省，处处受敌，防不胜防，军火亦难为继，战事断无把握。且兵连祸结，伏匪乘机四起，天下骚然，商贾停歇，洋税既无可收，常税厘亦有名无实，正在筹防增勇，饷费何出。查每年应还各洋款计共二千数百万两，每年洋税及洋药税计收二千数百万两，常税、厘金计收二千万两左右。内地省分常税厘金收数无多，纵能照常征收，既失江海大宗入款，通盘核算，亦得不偿失。是不还款，既失大信，又受巨亏。土货不能出洋，商民亦不聊生，食力者生计并绝，势必为匪。外侮内患，同时并起，将有土崩瓦解之势。商之傅相，嘱即联衔电奏，请收回成命，以全国体而支危局。用特电商，务祈速覆，不胜迫切之至。

复张制军光绪二十六年六月初九日

庚电悉。伊藤所询，其意难测。前以门面语答之，公三说措词正大，胜弟多矣。惟须告李使作谈论答覆，方不着迹。至奏明一节，似可不必。语虽冠冕，秉钧者固未可以常例测度也。傅相处可勿须商。

寄张制军盛京堂余观察光绪二十六年六月初九日

裕使来电："江电想邀鉴。彼复云：'详阅来件，可毋庸作为专约。如一二条内开外国人民财产，中国官员亦例应保护，现两帅力任，各国慰甚。法政府当饬领事官接训条后，遇事转达华员，或有华员设防，领事可与商酌，以副美意。其九条有仍应提出声明者列后：四，原开水手不得登岸。查各租界必须有兵保护，此节难照办。五，沿江安静，我亦不愿派多轮，致惊疑，倘遇必须派轮，我当仍照常时办法酌办。缘恐言明不派，无知者转借此闹事。八，偏僻地止洋人前往，但可作为暂时办法。九，设防保护沪租界，我亦必安静办理，华员尽可放心，不必过问。又，现无钦差办事，保护责任归兵官。倘以后有情形不同，亦可不待本国训条，相机酌办’云。探闻彼密议，东南大帅如真能任保护，可不相扰，惟未肯明立条约”云。

寄李中堂光绪二十六年六月初十日

李使电：“外部嘱电傅相：‘德主闻杀使甚怒，派四舰、兵二千来。现匪攻使馆，如商袁抚率兵入都救各使，或挽危局’等语。所言自办不到。惟驻东美使、法员来谈，告以因沽口战，致兵民交愤，与匪合攻使馆。彼等颇咎舰督冒昧，致启战祸。似各国稍有悔心，且皆注重救使。如能量为设法，或拟派援北之兵，托名救使，亦足维系一二。当否，乞酌夺。铎佳。”云。属转尊处。

寄鹿中丞光绪二十六年六月十一日

公刻日启行，殊深企念。陈凤楼所部素称得力，马队为最。该镇朴忠，敝处已切嘱为国宣力，为公分忧。该镇来禀，亦谓得侍大贤，愿受指挥。谨闻。

寄松峻帅光绪二十六年六月十二日

现派王直牧茂中管解神机营枪子，由水路至济南，交由慰帅派员转解。请俟王直牧到浦面禀后，饬所属文武，沿途派拨弁勇护送为祷！

寄李寿亭军门光绪二十六年六月十二日

转交和甫：

准李中堂电："洋债多由税司经手。顷与粤税司密商停缓一节，彼谓切勿商领事、银行，致风声一漏，各国民心必不靖。缘股票散在民间，以为华失大信，必求政府用兵压制，是于害使臣外又加一大害。语甚切直，似应仍照香帅原拟，婉曲会奏"云。会奏仍无把握。执事密商，务望详审机密，免生枝节。

寄张制军光绪二十六年六月十三日

杨使电："阳电已商外部，据云：'俄极愿顾邦交，并深佩两公良法美意，既承力任按约保护所管省内人民财产，俄即不增舰添兵，以示酬报。惟北方消息日坏，深盼设法兼筹剿办，以保贵国危局'等语。请转电香帅"云。

又裕使电："外部请电政府王大臣，如各国钦差及使馆人员并商民人等被害，定要中国政府抵命。嘱勿改一字，请转译署"云。与英意同。然此电转署，于事无丝毫益，转恐激成他变。拟概不转，或以此意密电罗、裕两使，何如？

寄奎乐峰制军光绪二十六年六月十五日

北事艰危至此，昨有电旨，饬各使勿回华，并向英、俄、日本递国书，请排难解纷，或渐有转机。美素无嫌，大沽独未开炮，托美排解，似易有济。德、法皆强国，德又有戕使事，若独无国书，恐更激怒，似应一并致书。荣相处未敢径电，祈公设法速达到，为感。

寄袁中丞 光绪二十六年六月十六日

时局危急，各使存亡，关系甚巨。拟公致庆邸、荣相、王相一电，惟宜格外秘密，请照缮一纸，六百里加紧排递荣相，以冀挽回万一。电稿如下：

各国最忌伤使，攻津洋兵续调大队，俱以救使为言。罗使来电，外部言，若害各国使臣，要政府抵偿。吕使电，德主闻戕使甚怒，派铁舰四、快船一，誓取北京。裕使电，外部言，若伤各国使馆人员及商民，要政府抵命。上海英总领事电，奉外部电，如各国公使及各色西人受伤害，必将其罪归于北京主谋之人。语极凶悍，实堪发指。德主及德领事来电，如能救出各国西人，每人赏银一千，费用俱由德主给等语。彼各国既合为一气，公愤救使，其锋甚锐，必须于各国续调之兵未到以前，设法保护，及早善处，方可减其凶焰，于战事并无所妨，于大局实有裨益。伏读五月廿九日谕旨，现在京城使馆仍尽力保护。又阅六月初三日电谕各出使大臣，现仍严饬带兵官照前保护使馆各等因，仰见圣谟广运，威德并施。天津于犯顺之洋兵，自应力加攻击，以彰圣武，京城于束手之公使，自可格外保护，以广皇仁。但既有德使之变，京、津电报不通，各使久无音耗，洋人皆疑各使已死，举国哗然，合而谋我。初七电致英、俄、日本三国书，而彼使无信。尤滋疑虑，且启别国猜忌。为今计，宜将各使保护安全，加以抚慰。一面补致美、法、德国书，一面令各使将国书之意，分电本国，方可释然，于事有济。关系至巨，惟赖钧座主持。应否将此电婉为奏陈，或将各使来电字面略改浑涵，统祈裁酌，不胜急迫之至。

李鸿章、善联、刘坤一、张之洞、奎俊、袁世凯、王之春、端方。

寄袁中丞 光绪二十六年六月十六日

各军纷调赴北，转运一事，最关紧要。北洋已派黄道建筦在青县设局。敝处前派淮、徐二道筹备。昨奉寄谕，派恽道祖祁在清江设转运局。务祈尊处在中权要地，再设一局，南北即可联成一气，大要以多雇车马为最急，即请妥筹电复。

复奎制军 光绪二十六年六月十七日

元、愿、咸电均谏到。昨盛京卿接总署总办电，使馆被攻甚急，意在聚歼云。若果有失，各国不以公法待我，将来之祸有万不忍言者，是目前以救使为最急。昨会台衔电庆邸、荣、王两相稿，已电呈。公能再发密电致荣相，更可有济。事机危甚，幸勿稍迟。非各使安全，转圜无望，即会电外部，亦徒劳也。

合肥召催速入，坤一亦发电促之。

英领事电，甚难措词，未覆。

展缓乡试，未得旨，昨向总署探询，得覆再闻。

寄廷方伯 光绪二十六年六月十七日

转寿帅阳电，谏到。江宁军械，存件本属无多，近来分拨京营暨各省，不下数万。自军事起，敝处添勇万馀人，及援北各军，东南各省纷纷请领，库藏几空。天津需械既急，不得不勉力腾挪，现凑拨哈乞开司枪一千杆，配弹一百万颗，小口径毛瑟五响快枪一千杆，配弹一百万颗，哈乞开司一磅轻快炮二十尊，配平常炸弹九千六百颗，铁罐炸弹九千六百颗，以应急需。止上车辆难觅，且德多间谍，由胶进兵要截可虑，此项军火，非密运不可。迄密转寿帅。

寄李中堂张制军光绪二十六年六月十八日

黑龙江将军来电："京、津情形，仍无确耗。奉省近因俄在铁岭阻隔，信亦不通者七日。屡电杨钦差，据俄外部覆称：'现在拳民四起，扰及路工地方，地方官不能弹压，除飞速进兵保护，兼助平乱，别无他法'等语。山因祸在目前，俄督抚及监工人等又称和好如故，特商彼此撤兵与释疑忌。用十五夜，省西七十里富拉尔基监工盖尔肖甫等自焚房屋，坏我电线，乘火车逃往哈尔滨钲河，今晨复由轮载兵数千南下。哈尔滨来电，诬我攻击故逃，铁路惟我是问等语。此刻情势万紧，迫我太甚，乞将各情登报，以辩曲直。东北战事，山力任之，南中如何？便示为祷。山阿①洽"云。嘱转尊处。

寄袁中丞光绪二十六年六月十八日

杏荪霰电救使事，请尊处照谏电酌妥会奏，此事昨经电请转

①中华书局版《刘坤一遗集》无"阿"字。

电庆、荣、王。现傅相篆电谓："盛谏电极婉，并奏请宋庆派队护送各使，赴津，更为釜底抽薪之策，鸿愿列衔。日本兵二万，计到津即北指。此电早发一日，早松一日，不必迟疑"等语。应请尊处查照盛谏电酌妥拟奏，内派何人何军句，即可指明请派宋军护送赴津，敝处洽电请删各字，仍请删去。四川奎、成都绰、福州善、陕西端及坤一均愿会衔。

寄张制军光绪二十六年六月二十一日

奉十七寄谕："天津武库等处所存枪弹，均多毁失。现在各营逐日开仗，子弹不敷，亟须速行筹备。着刘坤一、张之洞于上海、金陵、武昌各局，宽为提拨，迅速设法解济"等因，钦此。敝处军械迭次分拨各省，存项几空，子弹尤形短缺。现虽加工赶造，急切难成大批。然既奉旨饬解，总须设法凑拨。尊处拟如何办理？祈速电覆。

寄盛京堂光绪二十六年六月二十二日

津破京危，内间必有大变局。傅相到沪，宜速筹解救策，迟则无及。东南若能保护安静，目前似暂可无碍。惟洋款事虽已会奏，准否难必，各省汇号不通，道路梗阻，即邀准亦断难如期解到。英、德款三十日一期，俄、法款闰月即届，有数百万之多，无论如何，江南万无此力，届期失信，仍是不了之局。傅相到时，望详陈一切，务请预为之计，东南安危在此一着也。

寄徐州皖北镇道光绪二十六年六月二十五日

现在豫匪甚炽，纷锯电杆，焚毁教堂，势已岌岌。北方拳匪均带械溃逃，难保不纷纷南窜。徐州、皖北均与东、豫毗连，亟应严密布置，妥筹堵御，毋令匪徒阑入，并查拿奸宄，从严惩办，以遏乱萌。昨奉旨饬令各省认真保护各国教士、商民，剿办乱民匪徒，该镇道尤须严督各地方文武，切实保护，毋稍疏虞。如有匪徒造谣闹教，拿获立予正法。处分阴骘，本部堂一身任之。切速。仍将遵办情形迅电覆。

寄袁中丞光绪二十六年六月二十九日

奎乐帅感电请派李相全权在沪先议，诚救急要着，弟昨遵电荣相，亦系此意。伏读廿三日上谕，饬令各省亟筹战守，圣虑极详。第大局宜策万全，胜负本难逆料，战而胜，诸事自易转圜，不幸稍有错失，则危迫何堪设想。断不可为城下之盟，致要挟万难应允。况京畿势将坐困重围，宗社所关，岂可拚为孤注。又，护使之旨不为不力，而闻外人不信。如能请各使将保护明诏电达各外部以释疑，亦缓兵一策也。应否酌采妥叙入奏，祈酌。奎、绰均列衔。

寄黄芍岩宫保李寿亭军门光绪二十六年七月初二日

奉上谕：“刘坤一等奏，相机审势，妥筹办法一折。朝廷本意，原不欲轻开边衅，故曾致书各国，并电谕各疆臣，及屡次明降谕旨，总以保护使臣及各口岸商民，为尽其在我之责，与该督等意见正复相同。现幸各国使臣，除克林德外，馀均平安无恙，日前并给各使馆蔬果食物，以示体恤。如各国恃其兵力进犯，各省自应保守疆土，竭力抵御。即使目前相安无事，亦应严密筹备，以防意外之变。惟总不欲兵衅自我而开，一面将坦怀相与之意宣示各国领事，共筹补救之方，以维大局，不得轻听浮言，致多疑虑，是为至要。将此由六百里各谕令知之。"钦此。特转电一体钦遵。

寄袁中丞光绪二十六年七月初三日

聂护抚来电："奉廿八日谕旨，饬关道向英、日两领传宣圣德，彼口虽言感，总以未接各使亲笔，未能深信。可否电译署嘱使臣致书沪领，以安其心"云。各国望使信甚切，似可由尊处函请译署照办，以宣德意而释疑虑。祈酌。

寄李中堂张制军盛京堂光绪二十六年七月初三日

寿将军东电："敝省爱珲与阿穆尔一江之隔，十八日，俄用轮船载兵欲发，我军阻止。正争论间，俄廓米萨尔用船带兵，枪炮齐发，向我攻击遂至开仗，自此以后，连日恶战，现仍彼此相持。俄工役官兵人等之在我境者，均派兵妥送出境。哈尔滨之男妇，今日始护送去讫。但三省监工人等，俱聚于村野不去，并抢我吉军饷银十六车，屠我铁岭、双城人民无算。并将阿砮尔华民五千徐人，逼令入江者二千馀，乘其浮沉江面，开枪击毙，其得逃生来归仅二百人，未入江者，以大斧登时劈死。此二十一日未刻事也。哈尔滨一处，先烧烈火，将我华民絷其手足，投入火中者日数十人。此处商民数千人，其得逃生者不过数百人。此十五以后事也。现在人心正愤，万难遏抑，即使有排解者出，试问我国赔乎、偿乎、降乎、割地乎？仍乞登报，云俄人残毒至此，令人发指。”然时局方亟，何可再启衅端，登报亦恐无济。已电嘱其遵旨保守疆土，勿越界寻战。应否登报，杏翁酌之。

寄袁中丞光绪二十六年七月初五日

洋款事仍拟会尊衔及香帅衔，公致荣、王两相一函，请酌定后即用六百里飞递。电文录下：

“洋款事奏蒙俞旨，仍照案按期解还，示大信而保饷源，实为大局之幸。昨闻桂抚拟上疏仍请停还，摭拾多词，希图耸听，于全局得失，并未熟计。此外尚有一二省亦主停还之说。果如所议，匪特厘税全失，彼必力据海关，祸可立见。坤一等前奏，实系通盘筹画，无一语稍有欺饰。若非熟权利害，何忍以筹饷奇窘之际，转以巨款资敌，天良具在，断不出此。倘桂抚等竟有此奏，务求中堂力为主持，奏明将原折留中不发，实为万幸。不胜迫切之至”云。

复张制军光绪二十六年七月初五日

讲电悉。非认剿匪，万难言和，非请密旨，万难剿匪。怨归于外，德归于内，诚委曲调停策。第虑患在肘腋，事机稍泄，转以速祸。且俟傅相会奏件奉准后，与各国商有端绪，再相机酌办，何如？

寄松鹤龄中丞 光绪二十六年七月初六日

盛京卿接浙藩电：“江山县失守，衢州戒严。西安县吴令向与西人联络，此次更遵任保护。不意城内奸民以吴令通匪为词，戕之于道署，遍体鳞伤。拳匪唾馀，流毒至此。并焚毁教堂，住郡及过路洋人数名，均遭杀害。现在惟有催营速进，先将土匪击散，再办内奸。然情节重大，恐坏东南大局。此系吴令幕友逃回面述，未见明文，特先密致。乞公勿言弟电，作为传闻，密商岘帅，如何措置。愚见欲求南洋速派晓事大员，并带一营赴衢查办，将起意及下手各匪悉数擒斩，以谢洋人，并为吴故令雪憾。南洋有兼辖旧例，订约新章，不嫌越俎。且浙官不为彼族所信，得岘帅自认查办各事，便不至决裂。洋人处暂宜秘密。望速商松中丞拨营由常山进剿，必能得力”云云。

浙匪猖獗至此，亟应迅速剿办，免蹈直隶覆辙。袁守树勋干练精明，堪胜此任，请公会饬该守，酌带一二营，由广信赴衢，星夜兼程驰往查办，不分畛域，相机与浙营会剿，务期一鼓荡平，愈速愈妙，迟则恐生枝节。一面由公于边境严密布置，实力堵遏，毋令匪踪窜入。此事关系甚大，务望立赐施行，至祷！候电覆。

复盛京堂 光绪二十六年七月初七日

鱼电悉。各使改用明码，诚多窒碍，第总署酣梦未醒，无论何处何事电商，从无覆信。海城到京，固执尤甚，朝局又变。会请派傅相全权折，留中不发，而以海城帮办武卫军。此时若以准各使用密电商总署，必谓恐泄军情，决难邀准。且俟傅相会奏四端如何，再酌，第恐亦系留中耳。事机甫转，又为海城所败，定兴到后，益觉牢不可破。一误再误，京城恐难保全，北望痛甚。

寄松中丞光绪二十六年七月初八日

现闻抚州亦有闹教之案，似此纷纷滋扰，动聚多人，恐非州县所能力卫。滋事各处，非迅拿首要，立予正法，不足以遏乱萌。派往之兵，必须责成管带严加约束，方免别生枝节。为今计，惟有酌派营哨，扼要分驻，俾便分投弹压。一面遴派干员，分往各属，责令地方官剀劝绅董，集团共卫。尚祈卓裁，并饬查抚案为祷！

寄松中丞光绪二十六年七月初八日

明道禀：饶州城内英、法教堂、医院、育婴、老人各堂、义学，均于廿九焚毁，并烧毙老幼妇女多名，陶教士受伤甚重。浮梁西乡教堂、教民房屋，亦于十七被焚，李司铎不知何往。据教士、领事云，系王赐福在镇招勇往省过饶，同地匪焚毁各属教堂。似此迭被匪毁，若再不能禁遏，必误东南大局。浮案前已批道将营县撤任留辑，限拿匪犯重惩，道府记大过一次，令录报冰案。饶案虽据教士称非府县保护不力，究未能预防，应将该营县先行摘顶示惩，勒限务获首要，讯明立予正法。浮梁西乡滋事之匪，亦应一律严拿重惩。治乱民用重典，火烈人望而畏。其馀各属教堂，并应如何责成保护，不再滋扰，以保大局，想荩筹必已妥为布置矣。

寄李中堂张制军盛京堂光绪二十六年七月十四日

据陶道密禀："有日本人向伊力言，英将西摩欲立功长江，以泄杨村败绩之耻，须由中堂、香帅及敝处径电英政府，以沮其谋"等语。此说固未敢遽以为信，然近日英人举动可疑者确有数端：重庆洋官、税司洋人纷纷东下，内地商教亦多赴沪，可疑一。英拟扎兵上海，闻已电调数千人，未免太多，可疑二。日前英雷艇入江，向其诘问多方掩饰，继又谓赴鄂送信，何以不用电报？可疑三。英舰分泊各口，日见其多，淞、申所泊洋舰二十馀艘，英为多，统计已不下二三十舰，可疑四。应否会电罗使向外部相机进言，陈说利害，我保疆土，彼保商务，毋为武员所愚，祈卓裁。速电覆。

复张制军盛京堂并寄李中堂光绪二十六年七月二十日

鄂效、申西、沪效及效西各电均悉。此次事变，始终误于主持拳匪之人与匪相依为命，而挟两宫自重，无论在京、西幸，万难离开。历观各国回电，兵不到京不止，不得主持拳匪之人不止，然决无侵犯至尊意。为彼设想，此说尚属可信。若千里蒙尘，则意外之祸，岂独外兵追袭已哉？事已至此，尚何顾惜！贱名已附。香帅负中外重望，仍祈电袁会奏，共挽危局。

复袁中丞光绪二十六年七月二十三日

漾电万分惊骇。滋帅何日到京？曾否召见？现办何事？来文如何措词？五台偏僻，万难驻跸。董军是否随扈，祈详询来人，电示。并多发京，探都中近情，何人留守，如何办法。又会奏折，约今明可递回，朱批是否皇上亲笔，均速急电示知。

复李中堂光绪二十六年七月二十五日

敬西电悉。杏荪来电，庆邸留守，照庚申案与公会筹议约。是宗社安危，在公一人，公不到京，不能会议，事局非唯难定，且虑各国改易初心。千里蒙尘，是何景象！各省无所适从，是何危急！惟公念四朝恩遇之隆，两宫倚畀之重，同僚推许之切，天下仰望之殷，迅速北发，拯溺救焚，不胜泣祷。

寄许制军刘中丞王中丞松中丞聂中丞

光绪二十六年七月二十九日

接慰帅电，两宫廿一西幸，仓猝可想。现虽未得行在确信，或易州、或晋、或陕，各省必须派兵迎扈。福建程从周军门刻在江宁，商定赶募两营，相机确探前进。鄙见闽浙、两江似可联成一气，将前派援北各军，奏请统归程军门节制，兵力较厚，可当一面，各省亦可不再另派。如公谓然，即请电覆，并将所派营名营数及统带衔名示及。一俟得行在实信，即会列尊衔具折驰奏，一面咨程军门并行各该统领知照。祈速妥酌为祷！

寄张制军光绪二十六年七月二十九日

顷驻宁英领事函："准上海总领事电内开：'奉外政大臣电称，目下北方失和，嗣后停战议和时，他国非我所知，我英夙重两江总督及湖广总督，自专恃二人主议，威重望隆，智深虑远，得不唯命是听耶？合奉闻"云。驻沪英领有无此函致尊处？全权系傅相。此电恐别有用意。应如何答覆，请速电示教。

复袁中丞光绪二十六年八月初三日

江电悉。若再迟疑，瓜分立见。惟傅相与各国电商办法，均涉推诿，甚且不认全权，只日本语气较好并指请加派数人。傅相已据以入奏，未知何日奉旨。事体重大，总须内间有一定主见，密寄傅相及各省，方能措手。否则无所适从，坐以待毙，诚可痛哭。今日发电致荣相，恐不易达。尊处宜速致函，派妥员赍送，商定大计，请荣相将内意密示。事机万紧，千祈速办，至叩！

寄张制军光绪二十六年八月初七日

袁慰帅电："傅相奏既切实，自当稍待。但彼徒尚在肘腋，虑其畏罪自固，力持幸陕偏安说，纵允添派全权，仍不免掣肘于后，至贻误到底。如能联衔痛陈偏安必不可成，邪匪必须迅剿，宗社陵寝、八旗生灵必不可弃等语，庶偏安望绝，匪类势孤，又足以感动慈圣，当可坚持和议，彼徒见各省齐力一心，难违众志，亦可敛慑。杏公另片，意似可缓。如将邪匪误国殃民挑衅召侮各情形，切实缕叙，自可寓意”云。所论甚切实。其论另片事与公鱼电意指相合，尚乞酌裁。

复恽观察光绪二十六年八月初八日

阳电悉。圣驾计抵太原，尚无确电。虽有幸长安说，到晋省后，是否不至改议，或在晋多驻两月，均意中事。日内晋当有电。如即幸陕，当照尊议办理，否则再酌。米船已受兑，必须执事相机照料，暂勿来宁。

复张制军光绪二十六年八月初八日

阳巳电悉。孙领函不便久延，于初一日复函云：“接函深感贵国政府厚意。中国保疆为要，贵国保商为重，彼此相交，睦谊最洽。故自北方拳匪滋事，李中堂、张制台与本大臣等，均以力保商教为先。目下国是艰难至此已极，亟盼贵国顾全大局，排难解纷。李中堂与张制台、本大臣同此愿望。今函知贵国政府电，足见关怀之谊。月前奉旨派李中堂全权，原与各国和商办法。此时深冀贵国商劝各国，各派大员会商停战议款。本大臣与张制台，仍力保东南商教，与各国会议，须全权大臣主持。李中堂与本大臣、张制台彼此一心，与贵国商议，必能妥洽。现北方商务停顿，惟愿和局早定，商务复兴。尚祈代达”云。

初六又续致一函云：“前函知贵国政府电，当将感忱并就鄙悃函请代达，尚有未尽之怀，特再奉布。北方匪乱以来，长江商货停滞，市面败坏，迄今三月，不独中国商民吃亏，即各国商民亦隐受其害。现北京不守，人心震动，各处会匪多有借保国为名，乘机窃发。虽沿江督抚严行惩办，和局一日不定，人心一日不宁，商务愈难振作。贵国在华通商五十馀年，逐渐经营，各口商务始有此鼎盛局面。若贵国不早倡议联同美、日两国，赶为调停，设或到处匪徒滋闹，就各省兵力虽不难扑灭，而地方人民市面被扰，必更凋敝，恐非数十年不能规复，揆之贵国重商之意，亦属失算。前闻甲午中东之役，贵国不早调停，曾经贵国商民议论。在中国此时排难解纷，固惟贵国是赖，贵国为中国代筹，亦即自保商务。承贵国政府厚意，用布腹心，祈转致霍总领事代达贵国政府，不胜盼切”云。

敝处两函与尊电相仿，应请尊处单衔电覆，以示彼此之意不约而同。

复张制军并寄李中堂袁中丞盛京堂

光绪二十六年八月初九日

鄂两庚电悉。初以两宫西幸，虑彼辈复挠款局，故拟各省会请早定大计。今中堂已奉怀来所发廷寄，饬令迅筹转圜，又有旨令荣帮办。日内中堂奏请加派全权折亦必邀准。再将俄愿撤兵奏闻，并请旨饬各省照常办事，是目前要义已尽，此外暂难议及。至于如何议款，不外“吃亏”二字。似须候外人发议，未便由我先行陈请，现在总以设法开议为亟。鄙见如此，尚祈卓裁。

复李中堂光绪二十六年八月十五日

寒电悉。俄先撤兵，意颇真挚，子通所论，亦极切要。惟回銮一层，各国兵队尚未一律退出，德续调二万馀人，亦未到华。

我无得力大军驻京，恐难邀允。统乞中堂裁酌，坤一无不从命。第无论如何，董军万不可再行调回，致败和局。

伊犁事请严切电阻。公奉旨便宜行事，亦应将廷寄全文电知伊犁，庶免误会。

复张制军并李中堂袁中丞盛京堂光绪二十六年八月十七日

香帅铣谏各电均悉。默察现在情形，商德最为棘手，有戕使之嫌而未得独遂其欲也。由俄、日两国入手探询意指，自是善策，然大要不外和使所言第二节，穆使固已明言，亦即从前如各使被害归咎政府之意，如俄、日指请惩办某某，方肯开议。中堂到北晤商庆邸，当可酌量办理。劾董请解兵柄，极要请中堂领衔，香帅主稿，会各省并挈敝衔密奏。事机甚紧，可勿再商。至剿匪一事，中堂已有此奏，尚未奉旨，度无不允之理，能再申前请，亦可加劲。并祈香帅酌办。鄙见剿匪本督抚应办之事，中堂到任后，必当放手为之，但能得一明旨，庶可稍谢外人耳。

复李中堂并寄张制军光绪二十六年八月十八日

中堂霰电悉。宫阙果无恙，两宫当肯回銮，第迟速难必，联军未去，德兵方来，亦不敢遽请。既派中堂与庆邸在京议款，何谓无主？美顾邦交，当劝各国派全权速议，早定一日，车驾可早回一日。此美国本怀，仍赖伍星使大力。应否如此答覆，乞酌？

寄李中堂张制军光绪二十六年八月十八日

中堂啸电，非一董所能谢过，看题雪亮，佩极！但如袁电再加一人，虽较切实，恐外人所欲尚不止此。似可照香帅原议，先翦羽翼，馀待各国言之，于事权诚有小碍，实逼处此，不得不尔也。统祈香帅酌裁。深盼中堂北发，今行有期，转增眷恋。惟匡扶危局，日月重光，十庙在天之灵，实式凭之矣。秋高，乞珍重！

复李中堂袁中丞并寄张制军盛京堂光绪二十六年八月二十日

中堂效电、慰帅号电悉。俄允商各国撤兵，而必欲两宫回銮。德新使致香帅电，必欲先办主持拳党之人，而后开议。参观各路电报，大旨均不外此。殆虑全权于此事不易办到，故欲待回銮后劫制使行耳。用意很毒，是回銮未为妥策。然若迁延不办，恐各国变其宗旨，愈久愈不可收拾。连日苦思，惟有密陈先发制人。又虑董拥重兵，近在肘腋，恐激变端。拟请中堂设法密奏，直达两宫，先将端、刚、赵从轻褫职，明降谕旨，归罪于三人，以致种种愧对各国，故先罢斥，以为谢过之据云云。此等处分有何大碍？该王大臣分应为国任咎，为主分忧，随后徐徐图之。董或解其兵柄，或令赴任，总期速离君侧，方易措手。毓则俟回銮后再办亦可。统祈中堂酌奏。坤一愿列衔。香帅、慰帅与杏翁何如？

复张制军并寄袁中丞光绪二十六年八月二十七日

鄂感辰电悉。致各使电文曰："联军到京，本以救使剿匪为言。现使已救，又有旨剿匪，保定、正定教士已由护直督妥送长辛店、卢沟桥交洋兵接收。庆、李、荣现正会商开议。请公各就邦交立论，力商外部，践前言不再进兵，勿扰各口，早派全权会议，保全大局"云。

致庆、李、荣电文曰："王爷、中堂钧鉴：款局须速开议，迟则生变。目前要义，计有四端：一，俄允撤兵虽空言，然致谢亦空言，无妨以此羁縻，并托其劝德。二，屡闻德有窥海州、图江北意，木斋亦有此电。善将军电覆英领，谓宜趁德队未全到，先请旨将德克使优恤云。西例应如何优恤，请速商酌办，知照德新使及联军。三，各国谓和局不定，联军必西追，无论远近，皆深入。现已有攻保定说。宜早商停战，免至不可收拾。四，日本有言，若有诚心悔过谕旨，即不回銮，亦可开议。廿一傅相会奏，即是诚心悔过。若奏明照此办法，可勿回銮，前奏庶可邀准。总之，无切实办法，各国难允开议，不开议即不停战，祸无底止。停战、开议，确是一事，请连说声明，以见事机万紧。统祈钧裁"云。电内似无窒碍处，请香帅酌核，如有不妥，即径电盛追改可也。

寄张制军光绪二十六年闰八月初八日

杨使江电："岘、香两帅鉴：宥电遵转。联军到京，各使无恙，儒即屡催外部亟撤兵，以践前言，开议以复邻好。俄遂允撤京兵，然他国非之，英、德尤力梗之，谓徒长中国虚侨之气，转误大局。俄不得已，特请傅相会两公奏请回銮，意谓全权如面秉机宜，罪首可缓图处置，当电傅相转达冰案。尊处所属，外部深佩苦心。据称‘俄本意俟两宫回京开议时，必先作一和平榜样，使他国不敢任意要求，曾向贵大臣面言之。乃近观中国举动，又有变局。现值德通告各国，先惩罪首，再开和议。而贵国于此辈，非但不摈斥之，反重用之，入军机者有人，制军务者有人，各国群相哗然。德尤以此举专与彼作对。德统帅到华，本欲生事，现正与以借口之资，非但难以止兵，是逼之增兵也。明春势必大举西向，恐咸阳之宫阙未成，又将税兰皋之驾矣。陕、甘地瘠民贫，偏安非计。可惜好机会，而自己不肯下场，甚为贵政府所不取也，等语。外部之言，激切周挚。窃观朝政负嵎之势已成，国事正难措手，焦虑万状。两公有何救时之策，尚祈详示’”云。

又吕使歌电：“德外部久不接待，宥电遣赓参赞婉告，剖析利害。彼不置可否，竟难理喻，曷胜焦愤”云。

寄恽观察 光绪二十六年闰八月十四日

准晋抚电：“奉旨：‘刘坤一等奏，江北糟粮转运艰难情形一折。江北漕粮十四万馀石，前已拨给山西。现既运至德州，即着锡良派委妥员前往接运。至清江转运局所拨直隶赈米□万石，仍着该督等饬令恽祖祁运至德州，由直隶总督派员接运，其馀十万石，及本届截存海运漕粮二十馀万石，即着一并取道汉口，由襄河运赴行在。现在驻跸长安，该省适值旱灾，需粮甚多亦甚急，着刘坤一、张之洞务饬在事各员，迅速转运，毋稍迟误，是为至要。’”钦此。

查昨接贵局来电，拟将运直米石一并改运陕西，业经据情电由陕抚代奏。兹奉谕旨与贵局所拟办法不同，顷已用急电请陕抚将昨电暂存勿奏。望速体察情形，电覆，立候。

寄张制军光绪二十六年闰八月十六日

昨日美使柔克义来宁，小坐请间，出示美外部与庆邸书，大旨先期两宫回銮，而后开议，庶几遇事可以就近请旨，不为诸奸把持，庆邸则以转奏覆之。坤一喻以两宫由晋幸秦，因太原湫隘，不足以容万乘，西安规模较大，且通电线，请示更易，不过暂时驻跸，并非迁都。无论两宫本无迁都之意，中国目前安得有此物力，各国不必过虑。唯因联军入京，是以车驾出巡。今联军未退，断无遽请回銮之理。虽各国可保无他，而事变靡常，中国何能无虑。请其代恳美总统及外部从中斡旋，务须先行开议。一面撤退联军，而后由我肃清京城，迎回圣驾，方为稳着，方为正办。柔使颇以为然，许即密电美廷。盖外洋最忌迁都，此层必须说透。最恶拳党，因示以初二日上谕，听其自为之词。将来柔使到鄂，再得鼎言开导，事必有济。谨先电闻，候覆。

复盛京堂并寄张制军袁中丞光绪二十六年闰八月二十六日

沪宥电悉。联军将荣相、刚、董并论，骇极。拟电邸、相向各使及联军为荣剖白，请杏翁转京，香帅若联名尤得劲。希候鄂信，至明日辰刻止，如鄂无电，即照发。文曰：

“庆王爷、李中堂钧鉴：阅盛京堂转孙钟祥电，有‘联军询及荣相、刚、董，上能严办，或可止兵’等语，甚为骇异。荣相虽统武卫军，而庇匪攻馆，实非其意。当拳匪初起时，荣相主剿，奏请七次未允，六月初有电可查，曾经登报，中外共知。董福祥坚不任剿，致酿此变。维时京、津鼎沸，举国若狂，上有擅权之王公，下有跋扈之将领，同侪排挤几蹈危机。荣相孤掌难鸣，苦心调护，始终以保使为要。兵匪攻馆不下，将用开花大炮，荣相坚阻乃止。是荣与刚、董居心行事，迥不相同，何能相提并论且行在政繁，枢垣责重，荣相尚知大体，正思赖以斡旋。各国要索人数日多，转虑不能办到。如果荣实袒匪，亦难却外人之请。无如荣、刚水火，前事具存。在朝廷宜惩真祸首以明是非，在各国亦以办真拳党乃为公允。务请王爷、中堂向各公使及联军剀切为荣剖白，若将孙钟祥电入奏，亦请勿列荣名。坤一与荣非有所私，事体所在，更未可将政府在前诸人概行劾罢，致行在乏人办事，转令真误国者借以幸免。关系至巨，伏候钧裁”云。

并祈杏翁向各领事力为分剖，嘱其各达公使以全大局。盼电覆。

寄荣中堂光绪二十六年九月十八日

联军日西，时局万紧，秦关地利固不足恃，各路防军亦不可靠，山穷水尽，断无再战之理，惟盼和议速成，保此危局。公此行，存亡系之，千万于召对时，切实密奏，坚持此义，无论如何，勿为他说所动，否则直误到底，后悔莫追。坤一言尽于此，报国在是，报公亦在是。伏惟详察，祈电覆。

寄荣中堂光绪二十六年十月初一日

凡自北京及行在来者，莫不谓董跋扈不受制，拥兵辇毂，迹近挟持，深虑酿祸以贻宗社之忧，于公亦有所不利。现在由鄂解陕银、米以及军械、军火，洋人疑为接济董营，屡欲拦截，香帅百端解说，总未释然。此次王世雄所带洋枪太多，尚须设法转运。北京迄未开议，始终以董为嫌。似此中外切齿，何故曲予优容？尽可别调一差，令其去陕以释群疑、众怒，或尚可以瓦全。彼若稍有人心，未必遽生反侧，否则所部必不从逆，取之何难。董为公所提拔之人，务祈及早图之，以谢天下之责。刍言有无可采，伏候卓裁，仍赐电覆。

寄庆亲王李中堂张制军光绪二十六年十月初一日

吕使电："谏电览否？惩罪有关国体，屡经力争。顷得盛电，刚故、毓遣，王大臣分别圈禁、革调，当即译交外部，告以'亲王至革爵职为最重，又复圈禁，核与西律弑逆只监禁者已属加等，各大臣分别惩办，在中朝已斟酌至当，实属格外从重。欧洲每以华刑为酷，今反逼令加重，殊不近情。况各王公大臣，志在保国，不得谓之不忠，断无不分轻重概与骈诛之理。董执兵柄，操之太急，势必变生肘腋，仍应请中朝相机自办，不可再为催逼'。彼闻之憬悟，允与各国再商。又告以'瓦帅在华，武威已震，勿再派兵前进，致小民蹂躏。况踞守保定、西陵，戕害大员，举国尤为愤激，亦应早退，以安众心。请撤队议结'。彼云：'德廷亦愿早结，惟瓦帅系八国统领，本部不能遥制。’又告以：‘德君屡言仍愿与中国交好，若奏请速颁训条，饬其停战速议，当无不从。’反覆辨论，彼允与各国会商。并云：‘今日瓦帅与王爷会晤，和议不日可成，联军自然撤退，容日再覆’等语。王爷是否与瓦帅已见，尚受商否？各使议款，西报已登，闻美廷大半不以为然，已饬康使居间调停，确否？谨先密闻。傅相电已悉，曷胜焦愤。馀得覆再电。以上均请秘密。海宥。”

乞转庆邸并李、张云。

寄张制军光绪二十六年十月初三日

江辰电达否？江、鄂苦心保护，已阅半年，和局将成，讵可功亏一篑。各国战舰麕集吴淞，法、德兵官先后来见，并无寻衅之意。西摩若欲洋兵入江，谁肯袖手纷至沓来，沿江震动，势必激成大变。英商务在长江最重，损失必多，是徒为各国开端，中固有损，英亦不利，殊为不值。似不若照常镇静，两释猜嫌，共保和平之局。应否照此开喻，伏祈酌裁，示覆。

寄张制军袁中丞盛京堂光绪二十六年十月初五日

致邸、相电，请杏翁速转京。文曰：

“庆王爷、李中堂钧鉴闻法兵将赴晋，毓贤残害教士多名，诚难怪外人切齿。第罪在毓而不在晋，毓早褫职，晋民何辜？洋兵深入，徒使地方受害。况朝廷已允办毓，法人已可释然。伏祈钧座设法劝阻，以保全晋而维和局。现合请罢董，若法兵西逼日深，两宫倚董为卫，不肯遽罢，万一要挟车驾，再幸他处，益成不了矣。祈赐电覆。

寄张制军袁中丞盛京堂光绪二十六年十月初九日

西摩与霍总领事等六人昨下午来署，旋往答拜，相见两次，一派寒暄，别无要语。询以法兵赴晋何故？西云："并无此事，有则必先知会各国，我等断无不闻。"喻以"中朝现拟重办毓贤，并将董福祥调往甘肃，若法兵赴晋，恐董要挟两宫，上陇进川，事更难了"。西以为然，惟虑董不肯行。告以："董决不敢抗旨。"西云："闻沿江添炮添台，洋商不免疑惧。"答以："各处并未添炮添台。惟天气渐冷，炮台弁勇不能不盖房栖止，不可误会。日前法、德两提督相继来宁，所坐兵轮又大，是以军民惊慌，争请堵塞长江各处洪路，当经严行申饬，不准妄言。南洋决不无端用兵开衅，所虑法、德来扰长江，英不能阻，则沿江各军不能不协力抵御，以尽职守，万无听其长驱直入之理。"西颇动色，云："德提督于入江前夕见我，自言来宁拜望，并无他意。"此外则责西于七、八月调兵来护租界，以致各国亦调兵来，英不能禁。西谓："只有德、法、日各调兵数百名，均甚安静"等语。西不认法兵赴晋，似有匿情，应请香帅照在鄂问答会衔电奏为荷。

复盛京堂并寄张制军袁中丞光绪二十六年十月十一日

沪卦亥、济两真电悉。董果如孙言，尚有天良，或故作是语以固宠荣，然正可借此解其兵柄，不审能有此魄力否。杏翁所论各节，胸中雪亮，面面俱到，佩甚。惟全权既不敢保，则江、鄂亦何能下断语，要索与否固权在外人也。鄙见诸臣误国，罪在不赦，是中律不是西法，朝廷当论其应办与否，不当问外人之能允与否，既应严办，何必待各国之要求，损我大权，伤我国体。是非自有定评，中外理无二致，似可揭明此义，或电奏，或电政府，未知香帅愿列衔否？幸速示，若待美敦来则无及矣。鄂拟致邸、相电，仍请杏兄速发，电枢似可从缓。

寄荣中堂光绪二十六年十月二十六日

接探电，各国闻何乃莹奏请幸蜀，有如不回銮，另立明裔之说，闻之惊怛。近来康党票匪正以反清复明煽惑人心，若各国再有此议，天下骚然，不可收拾。固知朝廷圣明，决无幸川之事。何乃莹本系刚党，中外共知，果有此奏，摇群情而挠大计，应严斥之。艰危至此，惟公与夔老力图挽救，切祷！祈电覆。

复行在军机处光绪二十六年十一月初三日

盛京卿转到东电敬悉。坤一迭次电询全权何日开议，条款如何，尚未接覆。闻各使不甚与全权见面，亦不与议公事。又闻各国密商条款，议定照会，我无可商。坤一虑照会到时，允拒两难，当经分电各星使向外部探询，从中斡旋，勿夺我自主，勿迫我所难。旋准伍使、李使电覆，美、日两国，意尚和平。日谓开议，因有一两国未发训电，以致稍迟。又谓："闻英廷不以宽办首祸、偿款数目为然，未饬开议"等语。核与全权电奏英使反齿之语相符。坤一又电李使："中、日唇齿，谊应亲密。前闻日多派军队，亦以兵多权重，乃可维持款局。今英有异议，日欲助中，正在此时，请商外部，赶速调停。日、英缉睦，得日力言必有济，亚东幸甚。"尚未得覆。其馀各使，亦未覆到。时局危急，两宫宵旰焦劳，且虑迁延日久，变端百出。顷又将钧意电达全权，请其从速商办，如有为难，遵旨直陈，恭候圣裁，以挽危局而慰宸廑。

复盛京堂光绪二十六年十一月初四日

江电悉。致邸、相电既未发，今情形不同，拟酌改。文曰："王爷、中堂钧鉴：军机处东电，想盛京堂已转电钧处。时局危迫，两宫宵旰焦劳，上意并无成见，嘉谟入告，必荷圣俞。初三晤各使，交出条款否？与美署传抄草约相符否？各款利弊，钧座洞悉无遗，必能斟酌至当，可允则允，如实有为难，亦可详切拟议，电奏请旨。危急至此，朝廷必当曲鉴，天下后世亦必相谅。若再迁延，恐变生意外，终归于不能不允，受亏益甚。安危所系，惟赖荩筹。再，沪转中堂电，已致仲彭。柱躬大安，至切驰企。祈电覆"云。

即请照此转京。

寄盛京堂光绪二十六年十一月初四日

木斋电："据参谋部密告：'禁械款内有细章，如限兵数、禁制造械弹、购兵船、禁用炮队及快枪等款，皆在内，务宜力争，必不得已，只可允除奉旨购买外，不准军火进口，此外，万不可允，至偿款、撤台，较此犹轻。宜放松别款，专驳此条，否则断难立国。'铎谓外部所述不同，彼谓各使所议未列细章，故外部不知"云。

所言果确，外侮固不能御，内匪亦不能办，何以为国！请密速电邸、相，相机力争为要。

寄盛京堂光绪二十六年十一月初七日

九月间，曾以加税事托转邸、相。现值商订条款，祈再将前议电京，趁势略提，为将来地步，否则巨款来源，更无可筹。

复盛京堂并寄张制军袁中丞光绪二十六年十一月十四日

沪元电，深佩名论。中国受病在习非所用，用非所习，有实学乃有真才。综览古今，参酌中外，而新政可成，不揣其本，而齐其末，害可立见，新政终不能行矣。宫府一体，尤为扼要，是在政府得人。

复张制军盛京堂光绪二十六年十一月十八日

鄂洽辰、叶申电悉。此次议款，各国何肯就我？移沪移宁，均做不到。生此波澜，徒费笔舌、延时日，更虑别滋枝节，一若朝廷不能见信于全权，更棘手矣。近日各国领事来宁，及汉口各领谒香帅，似尚受商。然彼此均是从旁参赞，彼为修好而来，乐得为我转电，听否自有主持者。若令我两人处庆、李地，必有大为难处，各国未必果厚于我两人也。康党亦有逆书到宁，消息正紧，断不可同时离省。香帅电复定兴各语，简括精当，极佩。仍电催邸、相速商速定，总以大纲内留细目补救地步为要。请杏翁转电京。

复张制军并寄袁中丞盛京堂光绪二十六年十一月二十二日

鄂、沪个电均悉。通商行船诸事既在所允十二条内，自难免改。敝处前与英、德函内，亦已谆切致意。所谓补救者，亦惟于商议时尽力磋磨。杏兄所云，益彼一事，则当益我一事，此本有一件换一件改约之常法，特恐此次亦难办到。至通商利弊，久于其事者尚难尽悉底蕴。既须有真知灼见，又须视其事尚可商，方足以备采择，否则徒出难题，于事何益？鄙意饬属一层，亦只能令各关及杏兄所属，就现办情形何者宜如何变通，可以有利无害，条具说帖，汇寄邸、相。请旨一节，似可不必。未识当否？乞酌示。

复张制军并寄袁中丞盛宗丞光绪二十六年十一月二十三日

鄂、济各电悉。数月来，苦心孤诣，以冀补救于万一，所谓知不可为，无不下药理，全权谓然与否，固不敢计也。公忠如香帅，并世能有几人？时局艰危至此，两宫忧劳至此，何忍以细故介怀。惟有知无不言，言无不尽，臣子义固应尔，矧香帅廓然大度乎！

复袁中丞并寄张制军盛宗丞光绪二十六年十二月十二日

济文电悉。此次机括首在各国不占地，若俄开端，各国效尤，瓜分祸成，全局危殆。惟有由傅相赶紧向俄声明另议，一面严劾增祺，请明谕拿问治罪。崇厚真全权且交刑部，况假全权乎！非重办增祺，已订之约不能作废。此釜底抽薪法。祈杏翁速转京，并查详细情形见示。如须助力劾增，我辈义不容辞。

寄盛宗丞光绪二十六年十二月十六日

兹有致傅相一电，请转京。文曰：

“增祺与俄私立条款，实关中国安危大计。各国眈眈虎视，此次允和而不占疆土，因彼此猜忌，互相牵制，若允俄独得东三省政权、兵权，无异地为彼有，各国必将效尤，分裂之祸立见。近因报载此事，各国业已议论蜂起，谓俄所要索，中国如能坚持不允，俄虽横，各国决不直俄，俄亦未敢妄有举动。允之则是中国愿予，即曲不在俄，各国即不能不各图分据。是目前为中国计，力拒尚可望各国牵制，未必遽有失地之患，允之即逼成瓜分之局，势必名实俱亡。与其允而失中国，何如坚持勿允，虽弱犹可图存。此中利害，中堂必已鉴及，务望奏请将增祺拿问，并将私约作废。只能允其保护铁路一事，凡关涉自主之权，皆万不可允。一面密商各国公使以为箝制之计。日为唇齿，英、德忌俄亦甚，皆可与商。危急存亡，事机万紧，惟赖中堂主持，万叩！”

复行在军机处光绪二十六年十二月二十一日

盛宗丞转效电敬悉。驻沪驻宁各领先后来见。初因洪、夏两主事条奏得旨，分发存记，颇疑朝廷阴纳其说，意在依违，各以微词探问。当经喻以宽待言官，自是中国政体，并无碍于和局，该领等释然。嗣日领又因增与俄人私约，谓各国闻而动心，谆嘱密电各全权，使坚持勿允，免启瓜分之渐。并请惩办首祸一款，奏到即行，以坚各国之信，否则借此恐有反覆。情词极为迫切。当将俄约一层，密电各全权力拒。此外无可访察，似亦别无意见。现密商驻宁各领转达公使，惩办务从轻减，未审能否有济。谨据实覆陈，祈鉴察。

寄行在军机处光绪二十七年正月初九日

沪日总领事奉外部电饬："准驻意钦差电，意国外部总办言，该国政府已饬驻燕意使向中国声明，万不可与某一国另订壤土驻兵之约，此约一订，与局面大有碍。意国此次忠言，恐系德所劝"云。现闻俄定十二款，反客为主，权利尽失。各国既均声告，允则大局有碍，是明告我允则均必效尤，不分而分，虽存实亡。或虑万一因此决裂，亦不商议归地各国，更为得计。然允则各国群起而争，中国断难自全。反覆筹计，与其坐以待亡，曷若坚与相持。一国要挟与各国争效，轻重悬殊，迁就一分，即受一分之祸，矧此时中国能坚持到底，公论所在，俄亦有所顾忌。各国明于利害，俄得志东方，日为唇齿，固最受害，即英、德亦无安枕之日，是以皆有忌意，再三相告。如为以后效尤计，彼各挟兵威，无所不可，何必豫为声明？此实逆料中。能坚拒俄必踌躇反顾，日领前已言之。为今计，拒恐决裂，允必瓜分，急脉缓受，诚为良策，第孤立无助，虽缓亦仍无益，更恐势难终缓。拟请钧处分电李、罗、伍、吕各使，密商外部，告以俄若逞志，各国均有后累，恳其联约各国出力排解。倘各国能虚张声势，扬言相助，不必实有其事，当可戢俄骄志，与中国和平商结。敬候钧裁。

寄行在军机处光绪二十七年正月十四日

今日英领面告，俄约宜勿画押，并面交一函，内称奉驻京使电："近李中堂在京与俄国私订密约，内载奉天、黑龙江、吉林三省应归俄国驻兵管理，大有据为己有之意。复以蒙古、新疆、伊犁三处，坚约中国不得修造铁路，其蚕食之心尤著。惟恐日内李中堂一行签押，则中国不特以上数地为俄所有，且此端一开，难保效尤，翩此瓜分之势，中国甚足虑也。请速电西安，饬李切勿签押，恐日内一签押，则莫可挽回"等语。当告以："此事必赖英国联约各国向俄劝阻，方可和平商结。环球无偏重之弊，即于英国商务，亦可无亏。"托其切实电达外部。谨电达。

寄袁中丞光绪二十七年正月二十日

木斋啸电："正初，据参谋部密告，德帅下令诸军限西二月底备齐粮弹，听候拔队，拟攻何处，并未明言。现日、美两国，决计不从，他国未定。至进兵之意，或因减惩首祸，或因俄约，或因别故，事难臆测，亦未与各使商酌"等语。密询外部，答称：

“事确。现首祸照办，当可中止。”遂未电陈。顷参谋部复告：“德军数千，已于十五日拔队向沧州一带，恐系进犯山东，冀通胶澳之路。各国均未同行。德帅宣言，此次条款，中国臣民不愿者多，非再示兵力不可。无理已极。就中国论，何难背城借一，此次款议，已让到如此地步，若复有战事，势必决裂。且袁军为各军之冠，幸胜而械弹不继，亦难持久，不胜则大局愈不可问，不如全军而退，留此一枝重兵，尚可借以支持”等语，并嘱电陈。窃思德主素称很鸷，此次派兵来华，志在攘地，自不待言。惟款议已成，复图进犯，实出情理之外。参谋所言，未为无见。但战既毫无把握，攘地何所底止。此事如确，军情至紧，应否电袁抚妥筹，望衡夺云。

穆有前言不犯东省，英、德又有密约不占土地，此事恐不确。现电盛查取李电转傅相，请密探，如确，即商阻。特奉闻。

寄行在军机处光绪二十七年正月二十一日

吕使号电云：“效电计览。遵巧电切商外部，据称：‘英已径询俄政府，俄如覆英，德亦知悉，不必再问。日使来询，本部曾以效电之意答之。中国财利土地，德不愿有所损伤。’婉商再三，允为再发训条，饬穆使仍俟中国知照后，迅速在京与各使公商云。曾否知照各使，殊切焦急，乞转庆、李、张”云。

李使智电云：“效电遵商外部，据称：‘各国所商，尚未回覆。闻俄外部告英使，俄据东三省，无论何时，亦无论立约，不立约，决不退还。现中国催俄立约，各国阻挠，殊觉无谓’云云，极可怪诧。据此情形，不立约不还地，立约亦不还地，与其立约受绐，收有名无实之地，不如听俄所为之为愈也。若虑俄决裂，则东三省已落俄手，无所顾惜。直隶有联军在彼，俄何能进兵？东南各省，他国断不容俄觊觎。新疆一带，路隔沙漠，用兵尤难。是俄人所言，不过恫喝故技。俄近索韩镇海湾，屡以兵船逼韩，韩竟不允，至今毫无动静，其技已穷。倘中国因俄逼，竟允画押，必致各国尽起攘地，大局瓦解’等语。窃思各国互议保全中国不分割之举，俄亦在内。揣各国之意，或俟公约定后，京、津联军先退，俄若不还东三省，再向诘问，勒令退出。俄人知之，乃先逼立约，冀令中国情愿割地，箝各国之口。若坚持不许，俄怒或至摈奉、吉等省官吏，此外，热河容有可虑，他处恐其亦未便用兵。许之，则各国攘地，东南俱不保矣。中弱不敌俄，又岂能敌六国？存亡所关，伏望力请拒俄，以保大局，幸甚！乞转荣、王两相、张督”云。德、日均云，英已询俄，事当确。日述俄覆语，恐不尽实；惟为中反覆筹计，甚为透澈。两害相形，宜取其轻，为中国计，与其使各国效尤，不如听俄所为。英、德已允公商，似与空言有别，但均须先行知照。乞裁酌。

寄盛宗丞 光绪二十七年正月二十二日

请转杨使：“东三省事，赖公婉拒力磨，实宗社大幸。俄约，各国迭相告语，允必效尤，祸成分裂。反覆筹思，拒俄必干俄怒，侵地难返。然一俄尚不敢拒，况众俄乎！若谓各国不能阻挠俄约，俄即不能阻止各国效尤，是中朝不允俄约，非有吝于俄，实为关系全局。俄既二百馀年邻好，不欲稍损主权，岂转忍使受分割之祸。力既不敌，惟有以情相感。纵或不能，各国既力劝中国勿允，若因此侵地不返，各国自不能以此效尤。两害相形，孰轻孰重。

矧俄为各国深忌，去秋因拳匪事，英德即首订密约不乘机取中土地，告明各国照办，即所以预杜俄谋。俄知见忌各国，是以亦曾声明与各国公同一致，排除分割中国之端。墨沈未干，俄占侵地，各国岂肯默无一言。若因俄迫而允，是中自予，俄即可箝各国之口。惟婉拒到底，俄未必一无顾忌。此中机括，早在洞鉴，务求始终维持。切祷！”

寄行在军机处光绪二十七年正月二十五日

盛京卿敬电：“小田切以外部电来，英文俄约十二条文，阅大概与华文一样，并称首条吏治照旧，不妥，四条驻兵与俄商定数目，不妥，军火禁入满洲，不专指外洋，与公约不同，五条，办事不合邦交大员即革，与公约第十款不同，六、八条十二条应删，我不允，彼必让等语。杨电已允略改与俄答英言符，但恐我电索改者尚不合各国意，俄必执定一改不能再改，应请预酌”云。

日所称应删及不妥各条，皆关我自主权利，亦与公约不符，似宜乘机令杨商改，免定后不合各国意。俄不允再改，转多为难。纵俄未能全允，亦可随时体察各国情势，相机再酌。是否，仍乞钧裁。

寄行在军机处光绪二十七年正月二十六日

盛宗丞电：“顷有外人面商：‘一款，吏治照旧，应加“政权”两字，二款，留兵一股，数目应与中国商定，三款，或删或改，应由我请援再助，七款，现索三省以外之矿路利权，将来因矿路设兵而兵权又尽属之，现议三省专约，不应议及他处，应删’云。其言甚有理。一、七尤要紧，但恐愈说愈难，不如抱定四国未回信，总不画押”等语。

俄约必须商改妥洽，方可画押。未妥前似宜抱定四国未回信，不画押，应商处犹可随时参酌，删一分获一分益。俄外部语杨，则诿于户、兵二部，谓力商几至龃龉，始允略改。语英则谓仍可商改，中国实愿速行。是俄于中虽肆要挟，于各国实多瞻顾。诚如英澜侯云："不画押，俄不致别有加害。"自宜乘各国排解与之坚持磋磨。乞酌。

复盛宗丞并寄张制军 光绪二十七年正月二十八日

沪三沁、勘已并转沁旨，均悉。细核改款，较原款关碍处业已十去八九，已极难得。若以有碍自主之权言之，除沁旨所指各节，暨杏翁沁电所云第十二款各国恐商着眼外，四款禁军火入满洲，既照公约，乃又云目前暂由中国自禁，此仍将中国自有军火概禁在内，不过措词较为好看，及五款军火除炮均与公约不符。以上关碍各节看似平淡，若各国效尤，亦多受累。该约俄肯如此商改，固由杨使磋磨，亦藉英诘问之力。澜侯既再三嘱俟四国回信再行签押，此约既不便宣露，俄亦断不肯告知各国，英既未知，四国断无回信，若遽画押，四国必生怨望，益坚其效尤之心。逾期，俄将交收作罢，所关实较重大。盖目前所争无多，俄不交收，各国能否力阻，中国又未可必。辗转筹思，惟有一面请饬全权、杨使再与磋磨，一面由枢垣电嘱罗使告知英国，俄经各国诘问，现已和平商改，恐重劳各国唇舌，拟即照允，并告罗限期令速覆。知照在先，较之秘不与闻，率行画押，似转稍妥，并可视英覆再酌。第此节不识能副限期否？鄙见如此，仍求香帅、杏翁详酌。如有未妥，径请香帅酌定主稿会奏径发，不必再商，坤一断无异议。杏翁如有卓见，径电香帅，并告知敝处。事巨时促，千乞香帅勿存客气，祷切盼切！杨使有电，尚未见。

寄行在军机处光绪二十七年二月初二日

俄迫画押，急于星火，全权迭奏，亦意在速画了事。在全权身处为难之地，不得不尔，在国家统筹全局，实有万难应允之处。俄既词气决绝，就约与商，亦置不理，纵再允改，必仍损我权利。闻在沪英、日水师咸已戒备，佥云中如照允改约，必成瓦解。是各国兵锋所向，虽莫知所指，若东约照允，必挟兵威一体要求，大局即不堪设想。若抱定英澜侯之语，未得四国回信，不允画押，因此激怒俄国，侵地不返，各国纵不代为出力，理势所在，亦断不肯转行效尤。一隅之失，究与全局轻重悬殊。况俄占东省，各国亦有不利，若为效尤计，尽可俟俄约画后，执均沾之说，向我要索，何必合力劝阻？若谓使我故激俄怒，借为分占之计，各国上年七月以后，何求不得，英、德两国又何必自订密约不占中国土地，并告各国照办。反覆筹度，情势显然。时迫势促，存亡所系，全赖钧处坚持到底，勿令签押。此着一失，不可复救，无任迫切。敝处覆电杨大臣向俄外部婉言展限，俟公约定后，再议私约，以免有所借口。

寄行在军机处 光绪二十七年二月初十日

顷盛宗丞电，英、日、美坚执勿立专约，本属正办，特虑德中立不助。今吕电，德廷仍照效电。查效电称俟中国知照，即可会同各使在京公商。是四国相同，奥、意必随，理足势亦足。且朝廷已电四国，江、鄂又径电声明，若不照办，俄必出变态，各国转致无凭公议。鄂谓李相不愿与英、日、德、美各使询商，闻庆邸意见不同。查全权啸奏："俄约布告，怒必更甚。向例两国议约未定稿之先，不得漏与各国，况布告耶？"等语。然不布告，各国虽知其详，难遽发为公论。璧利南初谓两国专约不应布告，今接澜侯电，亦谓："有碍各国权利，则不妨知照。惟有请江、鄂奏请派庆邸等知照公使，并发电旨令我驻使将十一条知照外部，请其公议"云。

日前江、鄂会电，李使嘱转商日外部公断。顷李使电覆，据外部云："日本所得约稿，来历不明，未敢自信，请照英国前次劝言，由全权将约稿交各使阅看，方可据以公断。如无洋文，汉文亦可。若全权不便，交由江、鄂交各领事亦可"等语。属电陈云。

俄约无论在公约前后，若仍由我与俄商改，必损权利，仍不能洽各国之意，惟有请各国公评最为万全至计。既欲各国公评，必须将约分告。我既听各国之言，逾期不画俄约，必撄俄怒。俄约分告，系照四国所请，自宜乘此宣布，俾各国公断有据，兼示我推诚求助之意。约内有碍各国权利，宣布纵撄俄怒，在我亦复有词。李相既不以宣布为然，虽电庆分告，亦虑为李所阻。惟有请钧处请旨将改约十一条，分电我驻使知照各外部，请其公议，或照李使电，令江、鄂分告亦可。乞迅赐核覆。

寄张制军光绪二十七年二月十二日

沪真电，俄以三省利益各分与日。此说果确，英人岂肯袖手？如能各国在三省共沾利益，正所谓开门通商也。各国既沾三省利益，即不致借口瓜分，正所谓借牵制以立国也。第虑俄占三省不还，略以利益饵各国，日、英义始利终，不复助我，虽免分裂，究失三省，更臣后多枝节。公有何良策，祈速筹示。

寄李木斋星使光绪二十七年二月十二日

俄约幸赖英、日力助，得以坚持。日为唇齿，相关较切，是以江鄂推诚与商。俄知众怒难犯，虽未敢强占，然亦未必遽肯轻弃其利。今有人条陈，谓俄惯用甘言蜜饵诱人，现以好语慰日，虑俄以三省利益分日为反间，或以三韩互换利益。此诚过虑。查俄为虎狼之国，得志东方，不独中、日同受其害，即英、德亦多不利。今俄以婉词答日，诚如尊论，东方铁路未成，不敢轻开战衅。若日于三省或于三韩稍分利益，俄路成后，亦仍必为俄有，情势所在，尽人皆知。昨江、鄂会电英日，拟将三省开门通商，日外部谓碍难商办。日领谓政府之意，各国只可仗义执言，不可以利相争。所见远大，钦佩莫名。将来总可办到交约一节，并深知中朝为难情形，委曲代筹。现已查照日外部意，由江、鄂托杏荪将俄改约十一条，密交英、日、美、德四领事，请电外部，俾各国据以公评。务望尊处再为切托始终相助，以保东三省中国自有权利。至枢见前项条陈，恐又踌躇。并望作为旁观悬揣之词，据以告日，探其宗旨电示。俟枢询及此，借得据以转覆，坚定内意。

寄日本富领事光绪二十七年二月十三日

李钦差电，谓贵政府云："俄约，若全权不便交，由江、鄂交领事亦可。"中国为难情形，深蒙委曲代筹。兹将俄改约十一条录下，乞密达贵政府，联约英、美等国，力赐公评，不胜盼祷。至俄答贵国，谓无损中国主权，无碍各国利益，一经查核，难逃洞鉴。此后恐尚有甘言蜜饵向贵国尝试者，幸贵政府加意垂察。

一、俄主愿表友好，不念满洲开衅之事，允将满洲全行交还中国，吏治一切照旧。

二、东省铁路合同第六条，准该公司设兵保路。现因地方未靖，该兵不敷，须留兵一股，至地方平靖，及中国将本约末四款办到之日为止。

三、如遇变急，留驻之兵，全力助中国弹压。

四、此次与俄攻击，华兵尤甚。中国为保东省路工与开办铁路事宜并俄交界无事起见，应与俄商定满洲兵数及驻兵地方。禁军火入满洲，照各国公约办理，目前暂由中国自禁。

五、中国为保安地方计，凡将军、大员办事不合邦交，经俄声诉，即予调离。满洲内地可设马步巡捕兵，与俄商定数目。地方未经全行平定以前，军械除炮，供差只用中国人。

六、为保安，地方官就近另立专章。

七、中国在满洲全境内，如未与俄先行商明，不允他国或他国人造路开矿及一切工商利益。

八、此次俄兵费，各国赔款，均应清还，俄名下赔款数目、期限、抵押，与各国会同办理。

九、被毁铁路暨公司工师被劫产业，又迟误路工赔费，中国允照各国核准驻京各使拟定赔款意旨，与该公司商赔。

十、上项赔款，可与公司商定，将全数，或分出若干，以他项利益，可酌改旧合同，或另让利益。

十一、九十八年九月二十八号，中国向一私家公司借款，造山海关、牛庄、新民厅等处铁路，直至满洲，有背中、俄成约。现为酬报此层，并为速令满洲平靖如常起见，中国允东省铁路公司自干路或枝路造一路至直隶、满洲交界处之长城为止，照现行合同办理。

复行在军机处光绪二十七年二月十四日

真电悉。盛京卿真电虑俄饵日一节，事关各国利益，揣日当不出此。惟盛电既有是说，不可不加考校，因电李使密询宗旨。顷准覃电云：

“锡电悉。约交领事，外部谓好极，惟请速办，当商各国设法，以保中国权利。密探宗旨一节，据称日争俄约，专为保全中国，并令各国势力均平，不欲一国偏重，贻害东方大局，决无攘利之见等语。窃思日倘受俄饵，欲分三省利益，或与三韩互换，似不应力劝将约交各国公评。各国力争，日本独得利益，各国岂能甘让？此理似明，乞核夺”云。坤致李使电，另录奉达备考。至俄约既欲各国公评，必须将约分交各国，方有依据。钧处真电嘱令密交办法最妥。商盛密致，谓应由沪道面交，因未妥洽，已由敝处分别密致各领。并闻。

寄张制军光绪二十七年二月十八日

木斋铣电、咸电遵达。

“加藤询交约系作为公件，抑系私件。铎答揣度当作公件，但须电询钧处。加言已由英领面请钧示，不必铎询。铎嘱加速商各国诘俄。加答，一两日内本国酌议后，即商各国，俟有所闻，再当奉告。铎询探俄有战事举动否？”加答：“未闻”等语云。俄约非赖公评断，无自全之法。英、日许助，实为至幸。所交之约，此时既以公私见询，若仍作私交，彼必不肯据此出为公断，必于大局有碍。颠危至此，不得不权衡轻重，以为应付之法。此事惟有江、鄂力任，为朝廷留一退步，纵使将来因此任咎，苟于大局有裨，公与鄙人亦心安理得。日前日领电询及此，当答以：“朝廷宣布，恐激俄怒，是以江、鄂密交。若能作为探知，不指明交约之处，俾泯痕迹，尤感。”驻宁英领昨复以沪总领嘱再三询问，当遣员告以如不能隐，即作为该领自向南洋查抄，英领亦以为然。如照以上所告两层，倘英、日仍作私交，不能为据，惟有明告系江、鄂交出，俾得速为公评。是否，乞速裁示。

寄行在军机处光绪二十七年二月十八日

罗使箓电云：“咸电遵致澜侯，据云：‘中国坚持不画俄约，甚是，否恐群起取偿，故宜以静待动。俄虽踞满洲，于现在情形，毫无加损。英如向俄公论，或约公评，转触俄忌。承示俄约已照嘱密交各领转达等因。查改定新稿，敝处尚未接到。中国如拟将此稿交驻京各使公议，英当饬萨使会同各使照办”等语云。

又日总领啸电："顷奉外部大臣电开：'日本政府顷获中俄约稿，即向英国商议办法。一面仍为表白日本意思，并保持日本一切权利起见，业已电饬驻俄钦差面告俄外部云："本钦差已将贵外部三月二十五日所声言转达日本政府。顷奉电饬，转告贵外部：日本政府意思，现在未便详告。但日本所见与贵国所答不同，此为至憾"等语，密达南洋亮鉴'等因，奉此。即乞电达行在，俄约万勿照允为盼"云。当覆罗使："箓电悉。俄雄视五洲，惟英是忌。承英关顾，劝中不画俄约，无论俄如何举动，英当以公论相助，并商各国排解，将约公商，中遂仗英之助，坚持不画。现俄户外部谓：'中信英、日谗言，从此应绝交，满洲改作俄省，并谕格使，公约加劲与中为难。'俄被日诘，即好言相慰。若仗英再加诘问，俄虽横，必慑于众论，庶可将约听各国公商。日外部已电驻俄日使告俄外部，'日本所见与俄所答不同为憾'。并向英商议办法。务请切恳英与日向俄公论，并格外见谅。嘱萨商各国，将公约曲为减让，勿堕俄狡谋。惟仗执事力筹补救，祷切"云。

并覆日领："啸电感悉。已电敝政府，仍坚持勿允，以后商办情形，仍乞密电见示为祷。俄户外部有饬'格使将公约加劲与中为难'之语，并望贵国商英，将公约格外减让，力破俄谋，至为感荷"云。

谨奉达备查。

寄袁海观观察 光绪二十七年二月十九日

张香帅电："接沪信，新党因俄约事，在张园集议，初次尚无谬处，二次集议数百人，满口皆'流血、自主、自由、仇俄'等说。张园悬有各国旗帜，当场将俄旗撕毁，并欲立仇俄会等语。

查此等议论举动，不过借俄约为名，其实是自主会党，借端煽众，以显国会权力，能把持国家政事，蓄谋甚深、甚险。现各国公约，请禁立仇视洋人之会，已颁严旨。该党矫立此会，违旨挑衅，予俄人以口实，俄事愈难转圜，为害不细。日外部词，'宜决绝，语却和平'二语，尊处意甚许可。张园之举，正与相背，望密饬沪道设法阻止，以销乱萌"云。

国家大政，本无须民间代谋。矧仇洋立会，甫经严禁，此等举动，不特违旨挑衅，亦复迹近煽惑。该道身膺地方，未便膜视，应设法商阻，切要。电覆。

复富领事光绪二十七年二月二十二日

马电感悉。此实仰赖贵国，力顾唇齿，仗义执言，得以和平了结，不独中国之幸，实全球同享升平之福。惟俄现迫势力，暂作罢论。既"云以俟事有转机"，又告德以"后不必用此策"，其情可见，其恨愈深。窃料早则公约定后，迟或东方路成，必仍有隐谋。惟有三省通商，仗各国之力，为牵制之计，方永绝俄国觊觎三省、逞志东方之念，即系贵国不欲令一国偏重，贻害东方之意。贵政府前覆谓碍难商办者，时正仗义诘俄，不宜言利。今俄约虽罢，必当预筹防范，惟有三省通商，中国得杜俄患，各国共沾利益，事最妥善。务望贵政府代赐筹度。此系敝处私计，贵政府如所见相同，当再商敝政府核办。如目前尚非其时，或稍从缓，然总宜乘未回銮前商办为妥。乞密达，得覆，电示为盼。

复张制军光绪二十七年二月二十七日

寝辰电悉。四电均未见。俄约虽作罢论，因俄覆日，有“以俟事有转机”告德“以后不必用此策”。又因合肥袒俄，牢不可破，深虑公约定后，被其暗算，是以仍作私意密商日本，拟将东三省全开通商，如日谓然，当商尊处会奏，不意合肥已预为埋根，实可骇怪。有英、日相助，俄决不敢用强，所虑者暗算难防。为今计，惟有据实电奏，将俄以后必有阴谋，合肥必仍偏袒，俄约已告各国作罢论，断不可再定以后再商等语，使彼得以乘隙而入，有英、日可恃，决无妨碍。俄既云照前次宣布之言信实办事，联军撤后，东三省俄亦不能不还。痛切陈明，以坚内意。并请照李使号电，以后俄事务电江、鄂与英、日商妥再答，以免堕其狡谋，暨由枢密电庆邸一体留意，遇俄事请英、日各使密商各外部，以期共保危局。迭次谕旨，并未饬令画押，何以李擅言于公约定后再行画押？并恳严旨责李，以杜将来借口。请公主稿挈衔上陈，定即发，不必再商。以后事，盛不转电，敝处无从探访，唯望公一力主持，至祷！

寄袁中丞光绪二十七年二月二十七日

闻合肥佳电奏，璞科第述俄欲绝交，及吴王克托劝修好各语，声明不便答复。顷闻全权篆电，又有已于十二电覆吴王，请其密劝俄王宽宏大度，仍守不占中国土地原议，俟公约定时，再行画押等语。日使相告俄事作罢，亦只庆单衔电，合肥不会奏，显系成算在胸，必欲袒俄到底。俄约得英、日相助，已作罢论，决不虑其再行强逼，既告各国照前次宣布之言信实办事，亦决不虑其强占侵地。惟彼既覆“日以俟事有转机”，告德：“以后不必用此策。”合肥又复如此偏执，深虑阴谋暗算，内意摇惑，堕其术中。至俄约不画，因其夺我利权，有碍全局，无论公约定否，皆万不能允，合肥岂不知之。不意覆吴王电，竟擅言“公约定时，再行画押”，难保俄将来不即借此复责画押。德索东省矿界，更难保非知此消息，预为安根。现虽请香帅会衔痛切陈奏，总虑将来内中稍涉游移，人即乘隙而入，大局即行瓦解。应请尊处密电荣相，一力主持，以后凡遇俄事，务先电知江、鄂与英、日商定再覆。日本利害与共，真心许助，推诚与商，必可无虑。惟盼朝廷扼定李使号电办法，方为大局之幸。敝处亦当电荣。

寄荣中堂 光绪二十七年二月二十七日

前虑俄约逾期不画，俄必决裂。今赖日为出头诘问，英复暗中助日，俄遂将约作罢。是俄之不敢违众逞强，业已昭然共见。俄既布告各国照前次宣布之言信实办事，公约定，联军撤，亦不虑其侵地不返。所虑者，俄复日既有“以俟事有转机”，告德“以后不必用此策”。俄之阴谋叵测，合肥之偏执难化，非朝廷坚持定见，必仍堕其术中。今知合肥佳奏，谓“惟德吴王之语，不便答覆”。箓奏又谓：“已于十二覆吴王，请其劝俄皇仍守不占中国土地原议，俟公约定时，再行画押。”是无异为俄预伏后着，将来公约定后，难保俄不借此复责画押。德索东省矿地甚广，亦难保非知此消息，预为安根。讵不知俄约不画，以其夺我利权，有关全局，无论何时，皆万不能允。现在俄既告知各国已作罢论，此后亦断不可作通融之语，许以再商。即使俄因东三省事复有后言，必须抱定李使号电办法，先与英、日商定再答，实为最妥。合肥先后电奏既有不符，擅许公约定时画押，亦复有违迭次电旨，应请旨诘责，以杜后患。近来全权电奏及电旨，盛均不转江、鄂，非受李嘱，即系护李，事关全局安危，以后遇有俄事往来要电，可否设法随时电知，或随时令盛转告，俾消息无阻，江、鄂得以共献刍荛，不胜叩祷之至！

寄罗星使光绪二十七年二月三十日

中国财匮已久，出入统计，前已岁短一千六七百万，即不增用，已虑年亏一年，应还洋债岁至二千数百万，后难为继。今复遭此大难，贫困益甚。以后整理一切，需费已繁，又须加以各国赔款，为数甚巨。若罄原有之项，以为抵偿之需，则办事无费，何以立国。即谓理财法有未善，只能次第改变，操之过蹙，转虑激而生事，有碍商务。为今计，非筹增款之法不能济目前之急，非洋货加税免厘照洋药并征，无从增筹巨款。北方拳匪未乱之先，盛、聂两公在京与继税司议加洋税，已有成说，坤一亦与闻。去秋英、德驻使曾与盛京卿论及，谓舍此不能为国，实系笃论。向来洋货完厘，商嫌局卡留难，国家难得实际，归关并征，事最直捷，两有裨益。此后还款愈多，镑贵当难复贱。镑置洋货，自应照时估价。烟酒器皿等项，前因洋商自用免税，今多售卖，亦应区别征免，以期悉昭公允。此次之乱，承英曲谅，重敦睦谊，俄约又承英助，得作罢论，无非顾全中国，以冀振作厚意。顷镜宇电："德外部云：'加税，德以为然。闻英不允，当极力调停，或筹一折中法，以金抽税，计可暗加厘金"云。金抽税，即按时估价，所增无几。今欲筹款，非加税无以为计。加税之后，一切政治兴革，有资地方兴旺，与英商务亦属有裨。若虑税重销滞，华民用洋货已惯，购洋货又均系有力之家，亦断无虑销滞。此事非恳英始终帮助照允，中国实难支持。务乞谆商，并择要电吕商德赞助。祷切。

电信卷二

复富领事光绪二十七年三月初五日

支电悉。承贵政府指示机宜，甚感。俄约不画，原为自保权利，三省全地通商，亦冀永保勿失。第交还满洲，俄廷须俟中国京都立定，政府力量稍强，保无后患，方可再提，意在设词刁难，隐图久占。将来联军退后，尚须重烦贵国始终力助，俾侵地全返。至开通满洲办法定后，自当布告各国。今贵政府谓，若中国自主之权有所亏损，则各国不乐来，中国无所益，实为扼要之论。目下俄军未撤，侵地未返，不独该地主权，势难我操，且俄正图占据，亦恐因此借口不还，谋定后行，方免格碍。贵政府既劝敝政府此时开办，必确有所见，是否一经宣布，中国于该地，凡有应操主权之处，俄国不能阻挠？联军退后，俄在满洲之军，如有不退，是否各国肯出为理论，亦不虑其借口占据？尚望执事再请贵政府指教，以便转商敝政府核办。

寄罗星使光绪二十七年三月初十日

俄约虽罢，狡谋难测，必须东三省通商，方可杜俄诡计。商诸日本，云："毫无窒碍，即可设法赶办。惟该省主权，须由中国操之，若有亏损，则各国不乐来，最好由中宣布各国，三省本中外约内地，兹允永远开放，与有约各国，共享利益"等语。当答以："现俄军未退，主权难操，虑俄借口图占。"昨又接日电："此事似乎过虑。俄向中索一万万七千万，俄路赔款在内。请密商英、美定谋"等语。俄路既归公约议赔，祈密商英、美，可否于俄兵未退前，由我开通三省，有无窒碍。如俄阻挠，英、美能否相助。此坤一私意，如商有成说，当奏请开办。转秩庸。均盼电覆。

寄行在军机处光绪二十七年三月初十日

大局未定，回銮尚难定期。京师贡院被焚，今年顺天势不能开科。长江一带，匪徒未靖，骤聚数万人，隐忧弥大。秦、晋奇荒，近畿兵燹，流亡都未复业。且和议条款暂停滋事地方考试，究停何处，尚未议定，亦有窒碍之处，似以展缓为宜。惟敝处已奏展两次，本年可否由钧处面奏请旨，将乡会试再展一年。祈酌裁电覆。

复李星使光绪二十七年三月十六日

咸电悉。昨罗使电："商澜，询分年摊还，以中国财力，岁能还若干，以若干年为限，详细列表，方能拟议。如借款还现，费虽大，可免各国干预财政"云。当覆以廿五年户部总结，以入抵出，岁短千六七百万，此最确之数。洋货加税能照前议，值百抽十五，仅弥其阙。纵再将用款竭力裁节，进款设法增筹，不过岁得千数百万，可抵赔款，如此尚可支持。必须英力助商减，并不索现。中国商民贫困已久，现收赋税，已属苦累，断不能如殷富之泰西办法，若因摊还干预财政，必致民不聊生，尤为不可。嘱罗谆商。顷全权电：美柔使称，彼政府谓中国力量，不过能赔至三万一千万两为止，拟向各国劝减，但须筹备现银云。中国现每年还款已有二千五百馀万，再加此赔款，若岁摊千五百万，共须年还四千馀万。美云赔数，实知中国财力只能及此。但减赔还现，暗受折耗更大。望将此情告日外部力助为祷。

寄行在军机处庆亲王李中堂张制军

光绪二十七年三月十八日

赔款事，德、美、日均有可商。此时要义，应请全权切商各使，减数展期摊还，并电吕、伍、李商外部助力。抵项暂勿指定，俟赔数、年限定后，先以海关药厘及加税指抵。海关虽已抵债，若连药厘算入，尚可馀四百万，再增加税，已敷作抵。倘加税尚难遽作抵款，即益以漕折，漕项常税尚无大碍，至盐课厘则断不可抵。

德外部所言，似隐指赫。且赫觊觎盐务已久，近密饬各税司考核盐务甚详，又多设学堂，专习华语，以备将来分布内地办事之用，蓄意甚深。盐课厘作抵，势必归赫榷征，既管鹾务，必须缉私，窃取兵柄，流弊极大，不可不防。七处盐货厘抵债，不遽接办，盖因尚少谙习华语住卡办事之人，学堂既成，则取用有资矣。

寄行在军机处张制军

光绪二十七年三月二十二日

驻宁美领事来见，谓赔款事，美愿助中商减，屡向各国言及中国财力不支，而各国总谓中国能还此数。柔使之意，须由全权将中国为难情形，详切照会各使，商请减数展期，柔使即可持此再商各国，从中斡旋等语。中国患贫已久，负债已深，近年核计出入款目，岁短千馀万。本拟商办加税弥补，尚未议定，忽生此意外之变。今骤增赔款，无论如何开节，每岁至多能还千馀万。若各国不肯见谅，仍欲加多，则中国无款办事，何以立国？昨伍使电，美肯减四分之一，为各国倡，可谓实力相助。但不肯先言，以致各国之疑。拟请钧处密电全权，照柔使所言办理，将中国艰窘为难切实照会，俾居间调处者有所凭借，仍不可漏出自美使之意。日、德外部曾允力助，或因美使调停得以就范，此机似不可失。祈酌办。

寄富领事光绪二十七年三月二十二日

天野见顾，面交惠函，诵悉俄约幸赖贵国指示机宜，力助公论，得以坚持不画，不为俄欺，敝国实感贵政府厚谊。敝处屡次电致敝政府，以后凡遇俄事，先与贵国商量，足见本大臣深佩贵政府实力相助，并无有因不画俄约反与中国不利之意。前致执事冬电所云，力劝不画押等语，即系申说贵国杜俄狡谋原委，并因俄官报所登各语，虑俄阴怀不测，欲恳贵政府始终帮助，及早设法索还东三省，以便开通，亦即贵政府前与李大臣所云："遇事彼此妥商，免堕术中"办法。贵政府所论俄人举动，尤为透澈，务请将鄙意电达贵政府，为祷。至开通东三省事，英谓尚非其时，仍请贵政府与英随时察酌，见示。

寄行在军机处张制军光绪二十七年三月二十六日

鄂督径酉电，论赔款拟抵事极为切要，全权所拟办法，于减数展限二节均未办到。本息分两次说有何益处？厘金只抵二百万，隐留所馀及漕项作抵息用，税厘尽落人手，如何支持盐课厘万不可抵，前已详陈其弊，鄂督所言，皆系实情。且盐务正在奉旨整顿，一经抵债，万一外人干预，益觉筹办为难。加税一事，几费经营，各国均尚可商，亦惟此项可期增筹巨款，何可遽以三分之一与商。免厘，专指洋货，与土货无涉，为数无多，即外人争此一项，允之亦尚合算，何可以此为虑，先自减少加数？如向商不允，减数未晚。全权办法，殊难索解。况美使密请照会各使，以便从中斡旋，实为大好机会，断不可遽行照允，致贻无穷之患。务望钧处切电全权，照美使意，先商减数展限，再议抵款，至祷！

寄行在军机处张制军袁中丞光绪二十七年四月初五日

和局渐定，赔款繁重，但就旧款腾挪，无论如何裁节，断难支持，非另筹新项不可。本朝深仁厚泽，圣圣相承，永不加赋，垂为令典。鄂督、东抚，仰体此意，爰于无可设法中，思及丁捐之一策，具见筹画苦心。惟据吕使电，德外部称，丁捐恐别生事端，且中外情形不同，将来造册籍、定捐数，亦苦无所凭借。计惟有捐输与印税相辅而行，虽税则未便过重，集款不如丁捐之巨，办理较易措手。查印花税一项，外洋为大宗进款，中国现议仿行。

所有厘金等项，未可遽更旧章。若于厘金外行印税，莫如先就各项票据试办。串票为完粮之据，加贴印花税票，各省一律照办。馀如田房税契、捐官执照，以及汇票、提单等项，凡执以作凭者，均可仿办。惟当票多系贫民，免贴科票，以示体恤。约略计算，每年可得千万之谱，有裨时局匪浅。如钧处谓然，请旨饬下户部查照各国印税章程，参酌妥善，通行照办。明知民力艰难，不忍稍事朘削，然时势危急，宵旰忧劳，天下臣民，涵濡德泽二百馀年，当能共谅。其串票一项，仍俟洋债还清，即行免抽印税，俾示限制。是否有当，伏祈裁酌。

寄行在军机处庆亲王李中堂张制军盛宗丞光绪二十七年四月十二日

真申电想达。每年二千六百万零，三十年还讫，共七百八十兆零，即是四厘息。年二千九十四万零，五十年还讫，共一千四十七兆零，亦是四厘息。杰参赞面言，查表符合，照五十年办法，虽稍舒力，然较三十年办法，总数已受亏二万馀万，为数太巨。若如盛大臣来电，每年还二千五百馀万，五十年讫，共一千二百七十三兆，较杰算又受亏二万馀万。则是较三十年每年二千六百万办法，每年所省不过数十万，而总计受亏将五万万矣。盛电未知有无错算。杰所拟两节还数，再三与之推敲，杰云并无错误，且谓萨使电亦系如是。江、鄂正托商减，纵不允，亦不应我允之数转逾于彼索之数。出入太大，请全权以杰言质萨使商订，万勿算错。西人有本息表，可以查阅。

寄行在军机处光绪二十七年四月十六日

杰弥逊昨向局员告知萨覆，赔款厘息，均已商定，难再向各使商减。惟萨知中国财力不能多还，现拟连旧债并计牵算，将新债岁减六七百万之谱。诘以如何算法，云："正商酌算法未定，是以尚难指明。并每年实减之数，俟商定电请本国核覆，再告全权。"又云："全权拟将盐课厘抵一千万，常税抵三百万，货厘抵二百万。各国因将来加税，须免土货厘，是以未允货厘抵债。"询以："加税值百抽十，是否可办？土货仅免洋商往内地办运出洋货厘，尚有华商自完厘金，何亦不允作抵？"杰谓："能将吴淞淤沙许彼开通，即加税值百抽十二五，亦未尝不可商办。惟土货，洋商办运，既欲免厘，此时即不便作抵。"现各国均欲将漕折改抵，全权未允，萨欲坤一商鄂督请照允，再三见商，当覆以"江、鄂商恳减息，丝毫未允，今转以全权难允之项，江、鄂代各国陈请，事实为难"。现杰今日返沪，察其语意，亦知力难多还，所谓连旧牵算者，大约将近年应还新债，匀减若干，至光绪四十年后，旧债轻减，将现在减还新债之数，摊于彼时增还，使此数十年中，每年还数相均之意。加税，此时与商，纵允作抵，亦必为其挟持，似应稍缓，再与从长商办。惟土货之厘，必有多方请免之处也。谨闻。

复张制军光绪二十七年四月二十八日

沁电悉。全权议款，不提东三省，咄咄怪事。若俟回銮后，合肥与俄重申前议，面请谕旨画押，中外挽救不及，各国怒而效尤，便成分裂之祸，机局甚危，不可不豫为防杜。开门通商，公前已奏准，舍此亦无保东三省之策。近卫所拟各节，于东三省官制、政令、赋税，全行更改。内间之意，过新之事不行，必以为骇人听闻，置之不理，于事仍属无济，盖全权方谓俄将交还三省，内间决不肯视为倘来而破格试办也。鄙见宜将俄人坚忍狡诈，待时而动，详切会奏，请严饬全权于赔款议定后，照会领袖公使，请俄照议交还，不另立约，并于公约内载明东三省在内，赔款而外，一切自主权利，仍归中国，与俄无涉，倘再疏忽，即惟李某是问。公义所在，谅俄亦无能为。且看合肥如何覆法，奉旨再行酌奏。总以回銮前，议有东三省实在办法，方免后患。一面将开门通商一事，密电驻英、日两使，怂恿两国相助举行。该处政治，宜如何变通尽利，由两使谘询，采择电奏，择其可行者行之，似较近卫拟章，从容不迫，易于动听。目前不妨密为商筹，俟俄兵撤退，即行宣谕，次第举办。大意如是，尊意若谓然即会奏。祈速示。

寄英美德法日本各使 光绪二十七年五月十三日

辑洽民教事，香帅拟章，请商外部。推民教相仇之由，实因教士袒教抑民，致成水火。教士所以必欲违背条规，妄事干预，袒教抑民，无非欲广传其教。殊不知所从者，非贫民即无赖，贫民有所贪图，无赖得以恃势横行。故西教行华数十年，极少士大夫信从。盖传教所以明道，若照教士行为，直与人为难，循此不变，不独教道益难使人信服，亦复后患靡所底止。是以日本近宗教家言，以西教之在中国一切举动，有昧总会真意，越宗教范围，力劝以仁爱平等之义，发为议论。更有法国近设之中国和议会董，胪陈保罗包尔君所论，拳民闹事，半由传教士恃大国兵威护符，横行无忌，令人难以忍受，是为永远争论之由，亦即取怨之方。会众议定，将保君所开各节，再加讲论，拟力劝当轴，勿许教士及奉教华民归使臣保护。英员古迩逊亦著有论说，极言传教弊病。是传教应妥设良法，各国高明之士，早已筹计及此。且英国教会公同议定，此次匪乱，教会中毁失物产，概不索赔，惟望崇信教理者之乐输。虽各省英国教案业先赔偿，但教会用意，无非为解冤释结。盖传教而生事端，非特有背劝善之意，且地方扰乱，亦复大害商务，两有不利，亟宜乘此妥定善后之法，为永辑民教之计。能照鄂电补救一分，即受一分之益。望商办为盼。

复行在军机处光绪二十七年五月二十二日

个电悉。查改约中第四条，满洲兵数及驻兵地方仍须与俄商定，第五条，将军办事不合邦交，经俄声诉，即须调离，第七条，东三省路矿等项利益，非先与俄商明，不允让与他国人：则是事听命于俄，我自主之权尽失矣。至第十二条，俄自干路或枝路造一路至直隶满洲交界处之长城为止，其计甚毒，其事尤危。此约若行，则东三省地还，犹未还俄队退犹不退。各国闻有此约，莫不哗然，竞思效尤，一经画押，即启瓜分之渐，不仅失东三省也。江、鄂所以坚持，各疆吏各驻使皆以为然者，诚不忍坐视祖宗发祥之地沦为异域，全国权利为各国分占，非故与全权为难。日本深虑唇亡齿寒，不得不与我合，而中、俄强弱不敌，亦不能不引日本为援。全权始终为俄所愚，而谓江、鄂为日本所愚乎？此事以俄约是否有碍主权、不至效尤为断，若有此二害，则力阻画押，未为失计。全权于江、鄂似有意见。时艰至此，虽戮力效忠，犹虑不能补救，何可自相水火，置国事于不顾！此次赔款，惟俄独得声明东三省铁路等费在内，既在公约内同索赔款，自应与联军一同撤兵。且系请照会领袖公使，并非专商俄使，本是正办，未为谬论。商而不允，再作计议，先不肯商，其谓之何？拟请仍电全权，照会领袖，勿再偏执，至祷！

复张制军光绪二十七年七月初四日

讲电悉。合肥屡云俄事无可再商，何忽又有此举？俄于停约后，时历数月，忽再提及，足见中有所忌，不能永踞东三省。且俄人曾言以后不用此策，则此次举动，必有狡谋，可知此事曾与各国共商。若如三条不令他国知之，他国何能默然？英、日尤甚，必致另生枝节。从来国势不敌，不能不稍事迁就。然以外国制外国，乃我之利。何苦堕俄术中，干犯众怒，自蹈危机。合肥意见极深，惟有奏请朝廷主持，另图补救。祈公主稿，挈衔电发。

再，“甘心自愿”一条，直令中国自认甘心让他。将来若被他国询及效尤，我直无辞以对。此层尤关紧要，必须道破。统惟裁酌。

复张制军光绪二十七年七月十五日

愿电悉。荩画周详，敬仰无似。惟兹事体大，允宜慎之又慎，谨体虚怀，再贡刍见。政务处注重节流，宗旨已误。中国岁入八千万，除还洋款，所馀几何？无论如何裁节，断难凑足赔款，况从前出入统计，本有不敷，尚待弥补耶？此意必须先为揭破，方可议筹新款，酌派各省若干，自是正办。但亦有难处。东南号称财赋，今则有名无实，部中向不体谅，若遽行派数，势必于东南各省为最多。即于江苏论，奉部拨补各款，大都积欠未解。自上年军兴后，办防增兵，转输直、陕，并为各省筹垫洋款，各库罗掘一空。此次以盐款抵偿，两淮为多，本省用款无着，尚须筹补，若再奉派巨款，从何措集，势必坐困贻误。鄂省情形，当亦略同。厘金抵偿以来，辛苦艰难，唯江、鄂自喻耳。至筹款之法，亩捐无异加赋，粤议及此，内间似不谓然。五成太重，亦恐民力难堪，转碍农务。且创办伊始，最宜慎重。本年水灾太广，民困方深，若再骤增巨捐，恐多窒碍，是非减轻不可。且既办亩捐，不能再办印税，似以亩捐并入印税为便。粮串之上，加印税二成，钱漕一律约可得四百万。定价发贴，则官吏诸弊不禁自除。馀如田房税契，凡可作凭之件，概行印税，稍重无妨。约略计之，亦可得数百万。此后渐推渐广，较之亩捐，尚觉活泼公普。川省成案，各省难以仿照，科则有异，时势不同也。房捐、膏捐均可办，两项约有二三百万。加以新增洋税，去千八百万之数，已不甚远。如仍不足，益以京部裁节之项，计可敷用。八旗钱粮，即不肯全裁，独不可酌减乎？此是何时，而能效鼎盛之时办法耶？其外省新筹盐款，及裁省各项，只能留为外用。举行新政弥补旧亏，无一非款不办，此时遽难和盘托出，必须稍留馀地。卓见如以为然，祈电示，再行拟稿奉商。

寄行在军机处 光绪二十七年九月初十日

俟回銮后，津兵撤，即可诘俄撤兵，系日外部向李使言，由李使漾电陈明钧处。承鱼电，嘱询确情，当请李使切询。兹得复电，谓："遵达外部，据称：'东三省一事，于日本、朝鲜关系甚重。俟回銮后，天津兵撤，日本自当联英、美各国，责俄撤兵。万一各国意见不合，日本利害所关，不能坐视，亦必独诘俄，催令撤兵还地。缘俄曾布告各国，言明并非永踞三省，俟中国有可靠之政府，立约定后，即当交还。日本据此诘之，并不为难。总之，诘俄之事，时机一到，日本决无游移'等语。乞转枢署"云。日答语可谓切实之至。总之，此事若不与彼利害相关，去冬迄今，岂肯如此为我代筹切劝？俄若可以久占，亦岂肯复与我商改续约？所议四条，看似平常，实则仍系暗夺主权，久驻兵队。此即俄前告德国，以后不用此策，盖不用强而用诱。今日本既向我推诚切告，若再堕俄计，与之立约，致碍于彼，不独日必反而责我，亦恐各国共肆要求。安危之机，间不容发，此时惟有宕延以待公论。不胜切祷！

寄行在军机处光绪二十七年九月二十五日

李使电："顷外部言：'俄约新稿应驳应允之处，前已详陈。顷得确电，五款之外，尚有东三省矿务专归俄人办理一条，似此实与中国与各国现约大有妨碍。万一照允，恐东三省之外，各国不免效尤，为害甚大。深盼奏恳朝廷，坚执勿允，以保大局'等语。"转电前来。中国矿利，外人垂涎已久，谋办甚力。若俄约允此，则矿利全失，关系非浅。务乞钧处主持，切祷！

复张制军并寄各省督抚光绪二十七年十月初四日

香帅沃、冬两电悉。赔款数巨期迫，各省皆力不能胜。香帅全局统筹，苦心经画，而又以纾民力固国本为主，钦佩曷可言喻。惟事关会奏，考核不厌精详。查洋税加足值百抽五，上年仲帅、杏翁在京议加税时，赫德即称，照值抽税，每年可增三百万以内。此次总税司所呈赔款节略，又云新税拨二三百万。凡约计之款，总宜从少，庶免临时不足，此款似只能作二百万核算。户部派款原奏，本声明加税专为赔款，各省摊数尚可酌减等语。在户部因加税未见确数，不敢遽作的款。然既有历年税数可稽，各省现难筹足派款，即不能不预计加税之项，俾各稍纾喘息，似亦应酌量叙明。又免税之货抽税，按贺璧理节略，照廿四年进口洋商自用免税各物，共值六百五十万两，值百抽五，仅有三十二万五千两，似无百万之多。又常关归税司代收，穆使谓津关可增三十万。津关情形不同他关，断难比拟。且各常关本有酌提盈馀为公用之项，如学堂经费等类，皆系要政，将来仍须照案提出，不能作为增收税款。且距商埠五十里外，子口仍归监督，则洋员代收者较少，每年究能增收若干，实无把握。总税司节略，初谓常关拨四五百万，乃是歆动当局，为揽权之计。继又谓所指四五百万，必俟试办后方知，若有不敷，另筹他款补足。其前说之不足信，亦可见矣。又折漕岁省百馀万，是否指节省运费？若全指运费，南漕虽经改折，京仓仍须用米，如以南省购米原价解京另购，北方米价较贵，恐不敷用，必以节省之费贴补购米之价，则所省不及百馀万矣。以上四项，似须考究确数，方可核计请减几成。至张、陈两军节饷，现因拨补之款，解不足数，拟请自行留用，万望勿列入奏内。又董军节饷，是否确有四十馀万，香帅必有所据。筹借洋款，须有抵项，拟以何件作抵，亦应预为计及。窃以此事即幸邀允准，减去派款几成，所馀几成，仍须出自民间，如房捐等事，断难不办，似须参用轻笔，较为灵活。统祈香帅卓裁，并请各帅指示，至用祷切！候电覆。

寄荣中堂光绪二十七年十月初十日

请转庆亲王、王中堂同鉴：

俄人续立新约，语气较前轻减，仍欲夺我主权，独占三省矿利，一经画诺，彼得为所欲为，还地与不还何异？各国必群起效尤。英已啧啧有词，日亦屡屡切告，义方硬索浙江口岸筑路。此时唯有用宕字诀，婉言推缓，万勿与之立约，以免堕其术中。一俟两宫回銮，津沽联军撤退，俟日联约英、美诘俄，公论所在，可望转圜，实不劳而定。务乞坚持大局，幸甚！

再，据前驻宁德领事尔增密语云："俄以东三省土产甚富，计在得而甘心，无论中国如何交情，必欲诱夺。"又据英、日领事云："俄人蚕食列邦，惯用胁诱之术，始而恶言恐喝，继而软语纠缠。如果坚忍相持，彼亦废然而止。虽属夜郎自大，其实伎俩易穷。现在国内空虚，必不敢于决裂。"该领事等窥破其隐，力劝中国勿为所愚。窃自上年东三省之乱，俄人凶暴异常。及其立约议和，先后三易其说，或迎或拒，忽刚忽柔，迹其狡狯情形，外强中干，诚如该领事等所见，合并陈明。

复张香涛宫保光绪二十七年十月十六日

铣已电悉。穆使来，谈及撤兵事，弟询何期准撤，答："譬如硕果，须熟方食，现未及时。"弟询吴淞开淤事，答："亦知南洋不以此事为然。第事关各国，德有可相助之处，必尽力。"萨使来，谈东三省事，英意与日本略同。弟答以："中国断不肯自行放松，仍望贵国与日本、美国共助。"又问荣相上年在京袒匪攻馆，何不加罪。弟答以："荣相当时稍事依违，具有苦衷，亦有深意。若非荣相暗中救全，荣固自罹奇祸，各馆亦何能无恙？实有功无罪。"渠亦唯唯。馀皆寒暄语。

复盛宗丞光绪二十七年十月二十七日

宥电，深佩荩筹。彼议裁厘，在我必须加税，公谓非十五或二十不可，实为扼要办法。惟厘裁，洋商办货运洋，必无半税可收，是出口土货，亦须照贺电加十为要。马见顾，必当如尊指，告以各省不报之厘，实较多于报部之数，赫悉情形，是以有五端之论，并有不下五六十兆之说。至此事，朝廷既属于公，一切自应由公主持，敝处苟有所见，当随时奉达也。

寄庆亲王王中堂光绪二十七年十月三十日

昨驻宁英领事来见云："接萨大臣电，上年武卫军攻使馆，各国不愿荣相回京。"并询荣相为人何如？坤答以："勇攻使馆，非荣相本意。当时拳焰方炽，内则有端，外则有董，狼狈相倚，荣相不得不阳与之合，为暗中保护之计。否则，自罹奇祸，大局更不可收拾。具有苦心，外省尚有未能深悉者，况各国乎？使馆卒得无恙，实荣相保全之力，东南得以认真保护，亦荣相密为维持。现在一切事宜，尤赖妥筹补救，政府万不可少之人。”该领甚以为然，允即电告萨大臣。特奉达。

寄张宫保盛宗丞光绪二十七年十月三十日

昨马使接晤后，即言及厘捐如何免，洋税如何加。当答以：“去年在京，与赫德筹议，洋货税厘并征，必须税至值百抽十五，方能免洋货之厘。盖中国财用只此，既有所免，不能不有所加。今困穷益甚，又须岁还各国巨款，于进项更不能稍有短绌。若欲将厘金全免，非将洋货进口税值百抽二十、土货出口税值百抽十不可。”彼于洋货加二十，不置可否，但谓：“土货出口税，方欲请免，何可再加。”复告以：“既免全厘，不能不将进出口税分别酌加。盖全国所收厘捐，未经报部归作外销者，实较报部之数为多，非照此办，万不足以抵补。”彼又谓：“若免出口税，多加进口税，何如？”答以：“只要能抵足数，未尝不可。第洋货若税重滞销，未免彼此受亏。”彼亦无词。用特奉闻。

复张宫保并寄庆亲王王中堂光绪二十七年十一月初一日

鄂艳电悉。英萨使前来宁密谈，亦以俄约为虑，而无如在鄂所言之详。查俄人新改之约，碍我政权利权，迭次电内业已详陈。英、日各国均已明言，中国若许，各国必向中国索偿。此约万不可不慎。萨使所言，虽是借箸代筹，第明定暂时年限一节，必须如日本代拟第四款改为“吉林、黑龙江俄兵限定约后一年内，陆续撤退”，第五款添改“俄兵撤完之日，此款即行删除”，方无流弊。若年限稍远，将来借端翻约，仍与永占无异。且各国亦可照此定立暂约，关系甚巨。鄂电总以请五国公断为妥，实为良策。俄人怵于公议，不敢肆其狡谋，各国既已与闻，更可免其借口，面面俱到，计无善于此者，务请照此商办为要。

复行在户部光绪二十七年十一月初三日

冬电悉。江南费绌用宏，万难支拄，请留两军馀饷，实出万不得已。承示部库空虚，令将一半六十万留用，一半六十万解部。查宁苏原筹百二十万，系举成数而言，内如苏属之清赋，岁有丰歉，宁属之厘金，收有旺绌，碍难遽定各半六十万。且查张提督一军，本食部饷，与邓、马各军相同。现饬两藩司于每年实收各款内划出一半，留归江南应用，下馀一半，除供支张军饷项外，全数解部，与贵部各半之议相符。江南奉拨之款，较山东多至数倍，即如新赔款，江南已设法筹集百馀万，无如原派之数，视山东加多几将两倍耳。设使将山东入款抵还洋债，而拨补有名无实，恐亦难支。

复张宫保并寄盛宗丞光绪二十七年十一月初五日

鄂觉电，具征荩筹之密，虑患之深。中国贫弱至此，一切权利，万不堪再为侵削。然约载既须有益于彼，各国又均择熟谙商情深悉机要之员，协而谋我，其因应之难，实非寻常议约可比。昕夕焦思，欲筹抵制，必先探其注意，然后可以统筹。如用兵然，非有所舍，亦不能有所全。杏翁既身当其任，于商务又考究有素，现驻沪上，于各国商情闻见较切，究竟彼等用意何在？我宜如何筹谋？方于国计民生得以保守勿失，香帅十八条，于意云何？统乞杏翁详筹见示，不胜盼祷！

寄鄂督东浙苏各抚光绪二十七年十一月十六日

奉旨偿款，按月摊付，本年十二月二十二日，即是第一期。查奏减三成之案，原拟以山东折漕省出运费约二十万，省挑挖运河等费约十万，共三十万两。馀七十万，江、浙商定，江北认二十万，苏、浙合认五十万。南北共足一百万两。现既奉旨按月摊解，则此项百万，亦应各按认定之数，照十二个月匀摊，先期解沪凑付。用特电商，祈速电覆，以便电部。至盼！至祷！

寄行在军机处户部光绪二十七年十一月十六日

奉旨，偿款按月摊付，十二月二十二日，即是第一期等因。查奏减三成之案，原指洋货足抽五、免税之货完税、常关归税司兼办、全漕改折四款抵补，如一时不能收齐，即暂借洋债应急。现在洋债固尚未借到，且既系按月摊付，则四项抵补之款，亦可按月解沪，免借债耗息。除折漕省费一百万两，业经分电浙江、江苏、山东各照认定数目，分作十二个月摊匀，先期陆续解沪凑付外，其馀三项，皆须由贵部照奏案：洋货足抽五，岁增二百七十万，免税之货完税，岁增三十二万，常关归税司兼办，岁增一百五十万：三项共四百五十二万，分作十二个月，每月三十七万六千馀两，分派数目，电饬各关道税司遵照。第一期均于十二月二十前解沪，以后即照此数，陆续先期解到，以资凑付而符原议。此次偿款，先谓半年一付，明年五月始到期，各省筹款，大抵尚未凑齐，即已定议，亦多未收有现银。今遽改为按月一付，期迫数巨，七成已属为难，且恐迟误日期，若将减解三成之案再有更动，必致贻误，关系匪轻。各关近日收税甚旺，认解并不为难，虽原奏系指每年于原有收数外新增之税而言，目下尚难核计，而偿期已届，只能先行提解，俟一年期满，再行统计盈绌。祈速分电遵照。至祷！

寄行在户部庆亲王李中堂张宫保光绪二十七年十一月十七日

查赔款，照约本应按半年交还一次，今须按月摊付银行，虽亦照公约第六条丁款办法，推原预先按月摊交之意，无非恐误还期起见。惟首期应付之利，因展限匀作三年摊还，仍须照四厘付息，银行收储存项，亦系按照存期长短以定给息多寡。今计前项赔款，按月先行摊交，长短牵算，每期实计预存该银行三个月，即不能照赔款四厘计息，似亦宜照银行存银规例算息，方昭公允。此节应请全权转商，苟能照办，一期之息，虽属有限，按照三十九年付还，全款合计，即属巨数。至中国财用，上下困穷已极，罗掘为难。各省筹增新项以应还款，此时断难集有成数。还期既促，解沪路遥，按照原摊七成减解，已虑误事，若再责令仍照十成摊解，力更不及，脱有愆期，解不足数，即须深烦户部筹画，大费周章。是减三成之案，万不可更动，所筹抵补三成各款，必须查照谏电，分饬遵办。苏省无论如何为难，必当照案办理，决不贻误，可请放心。仍乞电覆。

寄行在户部光绪二十七年十一月十八日

据沪道电，还款数巨期迫，摘要禀商：一、洋税改章，头绪纷繁，税司仍照向章笼统开报，未能将增收之数指出，诚恐界限不清。拟请转部分饬各关道，按近三年收数，定一中数，留关备拨。其馀溢收之银，概归足税，按月提解，不准挪用，以清界限。二、此次还款，系还关平，每百两须加补水库平一两六钱四分三厘。除各关派款，及此后加税解款尚可饬按原收关平支解，毋庸另筹。其馀各省库款，均请部电令各省按数补足，以免短绌贻误。三、历次还款，均系交商汇沪，以免批估折耗，此次请仍照办，惟汇解关平，各商多有未谙，应请核足库平交汇，以期妥洽等语。除第一条现在尚难核见增收确数，只能由部先行派数提用应急，俟一年期满，再行统计盈绌外，其馀各条，均极紧要，应请贵部分别电行遵照，免致贻误。

寄行在军机处光绪二十七年十一月十九日

赔款奉旨准减三成，前接尊电，饬令电知各省，当经查明户部原派摊解新赔款各省，一体转电知照。现改按月摊付，查奏案抵解三成各款内，有山东节省挖河等费三十万两，昨两次电请按月匀解，东抚总以袁抚任内业奏明照认十成九十万，不肯照奏减三成之案办理。伏思奏减三成，系合各省而言，山东自在其内，讵有各省酌减，山东独异之理。且东省三成应减二十七万，较之将挖河等费三十万归入十成九十万内，相去不过三万，每月只二千五百两，为数无多，在东省亦何必惜此三万，牵动奏减三成大局。今常洋关税，已奉钧处照准，匀派苏、浙，及江安折漕省费，亦各认按月匀解，只东省未能见允，祈钧处电令东抚遵照，免致贻误。至祷。

寄沿江沿海各省督抚光绪二十七年十一月十九日

赔款改为按月匀付，各省应照奏减三成之案，筹足七成，分十二次匀解。昨因行在户部寒电，有"全权来电，南洋等省，电请减成缓解，恐致参差贻误，令各省各将拨定数目，匀作十二次，先期解沪"之语。当查各省赔款，甫经筹办，均未收有现银，顿改月解七成，已虑不支，若照原派，必致贻误。电达军机处、户部，请将原奏指抵三成之洋货足抽五、免税之货完税、常关归税司兼办三项，由部分饬各关道、税司，照数按月先期解沪。顷准枢覆箓电开："谏电悉。常洋各关收数，昨据全权来电，税司仅派员稽核，税银仍归华官经收，听候拨付。尊处但饬南洋所属常洋各关，查明自赫德经办之日起，截至本年十一月底止，收得若干，按月照数匀拨，解交沪道，以便届期汇付银行。其馀各省常洋各关收数，亦由户部分别电令查明，按月匀解沪道矣。除分饬南洋所属各洋关并江海、芜湖、九江三常关道遵照拨解外，查各省各常关何处改归税司兼管，敝署无案可稽，请电饬所属各洋关并现归税司兼管各常关，一体遵照。”枢电查明照数匀解，仍祈将各关认解银两，照关平申足库平数目，先行电覆。

复行在户部光绪二十七年十一月二十二日

个电悉。各省因财力不逮，是以奏减三成，奉旨允准。嗣准电，款改月付，并谓南洋等省奏案，难免参差贻误。于是各省电询应否仍解七成，敝处未敢遽答。迨准枢筿电、贵部啸电，提拨各关常洋税，又准贵部号电，税提二成，知仍照奏减之案办理，乃先后电达各省，仍解七成。嗣苏、浙所认折漕五十万及江北折漕二十万，均亦照办，只山东坚执不允，是以电请饬东一律分别匀解。今来电如是，岂仍令各省解十成乎？七成且虑不足，十成将何以堪！抑听东省多解，胜于少解乎？东省既将议抵三成之挖河等费三十万归入，已少三万，再将东海关奉提之款缩除，所少尤巨。此等大事，必须有一良法准程，是则是，非则非，贵部从缓之意，其谓之何？总之，综核度支，贵部之责，收付偿款，沪关之责，敝处但将奉派之款，如期解到，馀均不能任咎。应请速示，若减三成，江南岁解百七十五万，折漕款归入三成，若仍解十成，则岁解二百五十万，折漕款留抵，与东省一律。为期已迫，务恳飞电并请通电各省遵照，免致歧误。

再，以后各省如询及赔款事，当覆以自请贵部示，合预声明。

寄行在户部庆亲王李中堂光绪二十七年十一月二十二日

向来借款计镑，故还时不问银数，总以还足所借镑数及应付之息为断。赔款如系议定银数，即照数付银。今各国赔款，约载海关银四百五十兆，息四厘，按照表列分卅九年，共还本利九百八十二兆有奇。照此系应还银数。然第二条甲款，又载有“本息用金付给，或按应还日期之市价易金付给”。照此似又须付给金镑。故葛使照会，有“应按光绪二十七年二月十三日市价易金，按四厘息，即为诸国偿款一定总数”。全权照覆，改为按付款时镑价。惟既须付给金镑，每期究竟应付若干镑数，并未列表颁行。且既定付镑，各国只须按照镑数收取，则银两平色，彼可不问，何又约载必须关平？既定平色，则又系付银，是否即照约表所载平色银两，尽数按期交付，照市易镑分还各国，多寡不再过问？抑系如何办理？务望详晰电覆，以凭饬遵。

复张保宫光绪二十七年十一月二十六日

有电悉。弟于此事辩论旬日之久，电文数千言，无非为大局计，为各省计。不意户部回护山东，牵动全局，章法全乱，暮四朝三，公是公非，无难共白于天下。今奉煌煌谕旨，偿期又迫，何敢再有异词，已电覆认解十成，将江苏江安折漕省出款留抵，与东省留用挖河费，事同一律，断断不敢再奏，一任我公主持办理，亦不必列敝衔。总之，江南解十成则折漕自用，解七成则折漕归公。时局艰危，司农掣肘，亦不止此一端，惟有早乞骸骨而已。

复张宫保光绪二十七年十一月二十七日

近事虽多由敝处领衔会奏，其实皆出胜筹，此中外所共知者。昨电赔款，上半年解足十成，下半年则视四项收数之盈虚，以定各省解数之多少，系为纾财力起见。若仍出自敝处，不唯前后异词，亦未免以数取辱。似可由尊处单衔具奏，或与各省会衔，必可邀允，唯熟裁之。至江南现遵解十成，自不得不将折漕款留用摊解，如果下半年减解三成，则折漕款立即归公，数亦不甚相悬，于彼于此，均可奉行。时局至此，非公莫能挽回。馀唯袁、陶可资臂助，老朽无能为役，谅之而已。

复盛杏荪宫保光绪二十七年十二月初一日

卅电悉。商约税则，关系国计民生至巨。彼遴深谙此事各员，择利与我商改，在我竭尽思虑，相机以应，智势不敌，已虑明暗兼受其亏，若再于彼此互相筹计，稍存客气迁就，必更受大亏。且江、鄂于商务既非躬亲其事，其中利弊断难洞澈无遗，唯有各抒所见，聊资赞助，而利害所关，全赖我兄切实推敲，批示商办。是以香帅觉电，敝处曾经就教。今就鄙见陈鉴。此次议改商约，闻外人注意在免厘、加税并矿路、制造各利，到处行轮，议设商律，内地杂居等事，而厘捐尤所深恶，必欲概行议裁，而后始肯加税。且照商会所议，亦只肯加至值百抽十，若欲仍留内地之厘，非但洋税难加，且必如公言："不明免，亦必尽归洋旗，必多方箝制，隐为阻挠，虽有如无，转受大亏。"盖洋商领单办运土货，照约本只完半税，不完厘金。然沿途过卡呈验，即不免延时索费，是以情愿多加洋税，冀图裁厘便于运货，厘不全裁，留难仍不能免，彼何乐为此？若领单之货，遇卡不验，则隐射夹带，弊将百出。与其不全免，隐受牵制，税不能加，厘为暗亏，不如加税免厘，从此交涉可省无数葛藤。明知加二十必不能允，然不能不预进一步，留为磋磨之地。然厘金全免，税即加至十五，仍得不偿失。不能不将土货出口之税酌加，照现约正半并计，值百抽七五改为值百抽十，仅增二五。若大宗之丝茶，不但不加，且必须计值议减，统盘筹计，必无窒碍。西国于贫寒日用所需之物概免收税，于富商巨室所用者必重征之。中国年来百物昂贵，贫民食用维艰，多为厘金重累。厘若全免，物价必平，不独食力之民易于温饱，工料之价亦必较廉。出口之税，虽加无多，然非此不能补免厘之缺。全厘尽免，民生物产获益甚大，出口之货必可畅旺。此即公十一条注所云诸义。至免厘后，地方所需，似仍可酌量收捐，此即西人所谓乡约、巡捕等捐，外人当不能阻，但须酌定限制。印花税本仿西法，贺阻甚谬，自宜于议约时，先行声明。至洋商内地办土货，必须假手华人，断无一尘不染之理。资本虽巨，费用必繁，断不能如华商自行办货之核实省费，似不致因免厘，华商运货之利为其所夺。且厘不免，华人托洋人出名请单包庇诸弊，万不能免，不特碍事权，漏厘金，生枝节，洋商转得坐收费用之利。惟制造之事，华商万不敌洋人考核之精，资本之厚。现在仿行西法，内地华厂，必可日见增多。洋商所不能与华商争者，在内地制造之利。即如沪上制造，华厂不敌洋厂，内地通州、锡金之厂，又胜于沪上洋厂。假使通州等处，亦准洋人设厂，则大生等厂必受倾轧之虞。前因杏翁将山西退还之轧花榨油机器，拟与沪上各洋厂合股，至海门设厂，谓系照马关约。通厂深虑受累，经敝处辩明："马关约亦无允内地制造之条。此事为国计民生所系，竭力商阻，杏翁遂请改与通厂合办。"已由季直派人与议办法，此实明证。是内地制造之利，万不可许，厂税亦不可轻减，虑洋货在华制造，暗减进口之税。若以日本文凭载明，华洋厂税必须一律，似可照译署前议，按其岁输，予以津贴。此国家护持商务，本为西国通例。以上各节，业已电鄂，务祈卓裁，详悉指示，为祷！

复盛宫保并寄张宫保光绪二十七年十二月初五日

沪支电悉。议约系杏兄专政。若彼交细目，杏兄不近量情势，详察事体，分别衡断，欲江、鄂先行考核，不独往返相商，转濡时日，且敝处所办事非仅此，亦万难逐条详核列论，不仅彼此面商情形无从体察，商务紧要关键未能洞悉已也。今与杏兄约，若必欲敝处妄参末议，须杏兄逐条先示利弊，酌定论断，否则实无从置议。幸杏兄谅之。

复盛宫保并寄外务部张宫保光绪二十七年十二月初五日

沪两支电悉。内地杂居，意在制造，断不能允。如再要求，必须援各国通例，将洋人归华官管理。推广关栈，系分商局承充之利，官既不能特建，彼合关栈式者，遵章承充，似尚可允。保护牌号，论事理本不应听民伪造。杏兄拟将华商牌号应一律保护相抵，甚善。但历来洋人鲜有冒华商牌号之事，只有华人开假洋行，洋人出名包庇，假用洋旗。照约洋旗虽禁假冒，因洋商得费包庇，洋官非特不禁，且袒护之，致碍政权、税厘。近自内河准行小轮，大都华商借名，洋人更不仅口岸假行已也。杏兄能如何设法商禁，以相抵制，则尤善矣。且彼既于我厘务着劲相挤，我纵处处竭力防范，其势万不能一无所损，积少成多，厘即受亏甚大。厘亏无补，财用必绌。此实为命脉所关，杏兄宜预先筹之。

寄张宫保盛宫保长观察光绪二十七年十二月初六日

杏翁电，马使交应议商约条款目录内有土货出口三联单、镇江章程宜修改并推广一条。查洋商入内地办土货，完一子口半税，准免沿途厘金，诚以货系出洋，优待远人。盖华商内地运货，逢关纳税，遇卡抽厘。洋商办货若不出口，岂非自绝华商生计，各国当无此办法。是以《烟台条约》载明："若非英商自置土货，该货若非实在运往海关出口，不得援照办理"等语。镇章所以"请单之后，必须限内将货运口并预缴正税三倍，若逾限不运出口，除应完正半税外，下馀正半罚缴充公"，原所以杜中途卸卖，漏免税厘，货不出口，有碍华商生计。事本照约，最为公允。近来请单办货流弊，业据沪道条陈汇咨杏翁有案。此时正拟将江海等关，商照镇单办理，岂可转将镇章修改，益滋弊窦。应由镇关速将章程原案漏夜录送杏翁，以便辩论维持。

复张宫保并寄外务部盛宫保光绪二十七年十二月初七日

鄂歌尾语电悉。洋盐进口，实关国计民生。以交涉言，则新旧还款、公家地方用度，多取给于此。以民生言，则数百万煎丁灶户，舍此更无从谋生。是洋盐姑无论如何加重收税，万不能抵华盐现抽课厘及地方一切经费。洋盐洁白，本轻利重，华盐销必大绌，业此商灶必致无可谋活，因此地方不靖，亦非各国和好通商之意。此条纵使要求，必须坚拒。矿路难拒不议，俟开细目，请杏兄详酌。内地杂居，纵改律例，亦未能遽允归我管理，考日本可知。此不过为抵拒计，若一准，则内地制造之利即为所夺。关涉税厘各条，诚如杏兄所云，“无非着劲相挤，逼我免厘，稍加税耳”。五谷以米麦关系民食最重，杂粮中如豆石、豆饼，照约除登州、牛庄外，其馀各口，已准纳税带运外国。米麦出洋，实关民食，此条如难拒绝，惟有择杂粮已应之。洋药、土药税厘，照约应各较值。现土药税捐亦重，如洋药不能加，土药亦不能增，不但不能抵免内地货税，如欲免内地土货厘，必须将洋货加税。银两平色似指纹银言。华人附股，沪道条议已陈其弊。且前有大东、惠通公司华洋私自合股，洋董擅做别项贸易亏折，硬欲华商添股，涉讼至今未结，当为杏兄知之。华洋合股既多流弊，若准附足股票，即准合股，且恐有关惠通前案。惟矿路已有华洋合股，或但指定矿路两事，并如何定以范围，其馀仍不准行。此外各条，俟见细目再商。

复盛宫保并寄张宫保 光绪二十七年十二月初十日

沪三佳电悉。电报、邮政，本属中国内政，如英国驻京大臣有陈说，只能作为代筹，听中国自行斟酌，可行则行，不得相强。缘邮政近因加收民局寄资，民局力不能支，停班乞免，业此数万人又难骤改别业。现虽电外务部，暂行减为每磅三角，然以后仍须岁加一角，增至九角为止。正饬沪道体察筹议。此事于国计民生，亦颇有关系，是以约内不能不参活笔。银元平色本属一律，所难整齐者价值。盖龙元本仿洋制，而洋元始销及今皆随市作价，如仍照市价，则收支价有出入，计数即有多寡，此中弊窦实多。其制九银一铜，若照分两，概作纹银，商民必难信从。且作银易钱，仍须按照银价核数，似非仿西法用金银铜酌定三币画一等次，并废生银，不能整齐价值。然中国力量，此时如何能行。禁用洋元，诚为扼要，业已流入之洋元，作何办法，亦须预筹。现因变法，民心已摇摇未定。圜法关全国民生日用，万一民不能从，必致扰累。洋商但图出入之便，不顾闭塞之虞，中外皆受其累。统祈香帅、杏兄卓裁。如杏兄推诚详告，使之能不干预，听中国渐自量力整理最妥。索开多口，无非挠我厘务，兼为内地居住之谋。往岁广开口岸之旨，原冀预杜侵占。第多一口岸。于税厘即增一漏卮，于国帑即多一分费用。通盘筹计，沿海择要开口，利多害少，沿江内地多开口岸，实属有害无利。盖内地与沿江，断不虑有侵占，而于华洋杂处、厘务、制造皆有大损。且内地开口，沿途经由之地，皆隐类口岸，是内地明虽开通一处，实则沿江海而至内地开口之处均与口岸无异，所损尤大，而于商务未必真有利益，观苏、杭可知。所索各口，北京、常德、长沙、成都、叙州云南府皆在内地。北京关系国都。湘中现开岳岸，创办极难，若再深入内地，目前之开办，与夫日后之弹压保卫，其难更可想见。此时中国应还洋债已如此之巨，财力已万分为难，若再多耗国帑，损我厘税，不独有碍还款，且致中国民穷财尽，于英国商务亦有不利。凡事彼此总当从大处着想，应请杏兄切实与之辩论，如其必不得已，亦只有将所索江海各处，量为因应，并作为自开之处。

仍乞裁示。

复张宫保并寄外务部盛宫保光绪二十七年十二月十二日

鄂蒸、卦电悉。彼意在免厘加税，而又以不明索，但于各款中，处处侵损厘务，无非为逼免全厘、稍加洋税蓄势，我若索加税，彼然后索免厘，我若不索加税，但将各款与之磋磨，彼得一是一，即不免厘，已大获便利，用意巧黠，无过于此。在我惟有将彼索款，凡碍我厘者，处处不稍放松，一面向索加税，以为抵制。土货单，镇章虽繁碎曲折，然非此不能周密。彼既谓镇章足可振兴贸易，愿各口悉照镇章。在我多年相商未允之事，今难得彼愿推行，实不宜自行改简，致挂漏滋弊。惟彼欲无论何项土货皆可领单办运，则关碍厘务实大，必须抱定镇章，限有种数，明示保厘，暗逼加税。银元之事，已详蒸电。鄙见尚有所虑，禁用洋元，能否办到，既不可必，纵能允行，业已流入之洋元，应如何酌办？若销毁，则收不胜收，若仍准用，则暗地新来之洋元无从识别查禁。若照龙元作银，利为外溢，若仍照市作价，与龙元分两成色均同，价值特廉，民必愿用洋元，即足以阻碍我圜法。龙元作银，数少不敷成本，照分两作库纹，民间能否信从，亦无把握。况洋商完税、买卖，既允作银抵用，而中外款项出入，交涉亦必须先行度量。查中国付洋人之款，以还债为大宗，洋商输中国之款，以完税为大宗，华洋商往来，以货价为大宗。如还债亦准用龙元作银购镑，则完税照用，明虽无亏，犹虑其故昂镑价，中国只有纹银与银元，则银与元兼受其亏。华商本微，贩货急于求售，洋商富厚，囤货可以熬价，一出一入，亦虑暗算。历年华洋商交易丝茶，洋商得操利权，抑勒盘剥，已可概见。请香帅、杏兄再加详酌，免贻后悔。

复盛宫保并寄外务部张宫保光绪二十七年十二月十四日

沪函折悉。内地杂居与民争利，既占口岸之利，又夺内地民生之谋，并挠政权，此事若允，官民交困，必当力拒。裴议既带眷属，许其暂居，又准展限，是即许予居住。照约，贸易并用华工，租屋办公作栈，即暗寓制造。戴拟则直许居住贸易。若谓遇事又由领事前往查办，观历来教案，能秉公否？姑不具论。即如近因英人龚茂林领照游历，先至扬州，包讨欠项，继至淮关包揽税货，旋至清江干预词讼。迭令关道照商领事，今尚逗遛该处，官则弹压保护，民则被其欺索，均已受累难堪。照约，不安本分之人，不准给照游历。今无赖若此，办法若此，受累若此，试问约章，洋官可凭信乎？内地准居之后，纵然遇事秉公核办，而商民之利已为所夺，矧欲求秉公，断不可得。此皆欺饰之词，无救所失。中国通商所以特限在口居住、贸易者，诚以风气未开，情形不同，律法互异，权不我操。且因未经全国开通，致一切交涉章法权利，处处受亏。今准居住贸易，仍不得照东西各国交涉办理，岂不更受大亏。和好通商，安有此不公之事！沿江之大通等六处，准其起下货物，尚不准居处、开设行栈，载明《烟台条约》，矧内地乎？马关约，货运内地时，租栈暂存。盖入内之货，不能无寄存之处。照约西商本亦准入内办货及运货入内，是西商货运内地及内地办集货物，向亦有存储之处，日约不过揭明其义，并非别有优异，是以译署商约解义言明比照泰西各约所有界限，日本亦不能越其范围。今何能因日约申明西约之义，借此以为入内杂居贸易之计？至机匠更属受雇而往，仅卜薪资，事事仍须听命总办，与商民自行携资入内居住贸易为占夺华民生计，迥不相同。总之，中国苟无十分大碍之事，断不愿坚却，岂有有利之事，转肯自阻。此时全国尚难开通，内地居住贸易，有害无利，万难允从。且中国商务，英居六七，中国地方兴旺，英亦大利。现眈眈者欲与英争中国商利，颇不乏人，一国准居，各国照办，因此滋生事端，地方扰乱，于商务亦多不利。英何必为各国争利权、损中国、自害其商务乎？若再要索，请杏兄反覆申论，推诚商阻，保我黎庶，大局幸甚！保牌一条，能将洋人得费包庇华商、冒充洋行洋旗之弊，如何设法商禁为妥。存票一条，请就近询沪道，期限须宽，过期万不能算息。华洋合股，税厘不同，应如何区别限制，亦请明定。常税一条，民船完常税，纵然稍轻，惟经常关之货抵埠，无不兼完厘金，税厘并计，实较洋税为重，若再加重常税，商何以堪？船户失业，即为地方之患。能商照现章为要。

复盛宫保并寄张宫保 光绪二十七年十二月十八日

沪霰电悉。惠通案在中视为已结，在彼犹饶舌不已，此条显为惠通而设，虽约章只能管理订后之事，彼无非冀可恃强逼照后约办理。今被识破注明，彼遂复有此函，若一允诺，则前案已暗寓允理之意，各该华商何能受此巨累。现已电令沪道，将此案全卷送杏兄查阅。请设法将函商注销约后拟加之语，改为“以前之事不能援照此条办理”，免致再借未结为言，别滋异议。是否，仍请卓裁。土货章已严催长道矣。

复张宫保并寄外务部盛宫保光绪二十七年十二月二十日

鄂效电悉。土货领单办货，诚大碍厘金。第领单办货，本为旧约所许。嗣因仅准洋商领单，华商向隅，未免偏枯，是以译署续章，亦准华商照领，以免洋商出名代领，坐收领单之费，然沿途遇华商单货，仍不能如洋商之便利，故虽有华商准领之章，迄鲜华商领单之事。旧约只有领单办货之条，并无缴单抵口限期转运出口之事，是以各口领单多不呈缴，向追亦置不理。货借单护得免沿途税厘，中途卸卖，并不至口。惟镇章较为严密，迭经译署饬令仿照办理。如芜、九等关，极少领单者，商经领事照允。如上海等处，请单最繁屡商屡拒，迄未允行。今彼所以愿照镇章者，缘各处请单多有辩阻，或某货准运，或某货不准请单，如茶叶等货，向不发单者。冀图凡属土货，皆准领单。我但许照镇章推广仿办，仍须限以种数、货数，似有益无损。若虑一照镇章，各省即无厘可收，然不照镇章，彼在各口，照约请单，各关仍不能拒绝，缴单出口，均无定期，转致漫无限制。是否汉口等关向不发单，以后请领能否坚拒？又杏兄与议，能否限以种数、货数？若势难坚拒不发，不如定有章程为妥。若难限数目，自以不允为宜。统祈香帅、杏兄再为详酌。

复盛宫保张宫保并寄外务部光绪二十七年十二月二十日

沪巧电、鄂三啸电均悉。彼凡损我厘金各条，如不加税，断难稍让，此为命脉所关，马使亦深知中国财用匮乏，负债甚巨，若无抵补，中国将何以支，马使所议，皆商会之意。而商会早知欲免厘，非加税不可，是以前次马使至宁，告以欲免全厘，非将进口税抽二十、出口税抽十不可。彼意尚欲减出口税，多加进口税。此时但允一面议加税，一面议免厘，加税只照报部数通扯，仍俟十年后，递减复旧。彼明知做不到，故意刁难。加税免厘，只能合商，万不可分议，虑其取巧，免多加少，实免虚加。此事自应照鄂电，推诚明白相告，现在还款、新政，正当增筹进项，总须征免抵补有馀，方能照办。中国兴旺，方能与英商务有利。口岸免厘界限，鄂电实为扼要之论。华洋合股，不独华洋商人完纳税厘不同，并有碍惠通前案。更虑此条照允，内地合伙营谋，即不允而允，夺我华民生计。是即鄂电所论"遍地皆洋公司"。此条务请杏兄详酌。纵或必不能已，亦必须保全内地华商营运，不使借此得以占夺。此条看来似轻，其用意同一为夺民生计。若珠江诚可照允，川江设标记等项，照章本应动支七成船钞归税司经理。此节可允，但须声明，设拖拉便利，若由商自备，亦无不可，惟以后整顿，既关巨费，又关西省田庐民命，自应照鄂锡电推诚商议。总之，事无大碍，不必与之坚持，借留地步，以为争论切要之事，但不可直捷许诺，须稍作回翔难允之势，以为利益互换之谋。均请杏兄卓裁。

复盛宫保并寄张宫保 光绪二十七年十二月二十一日

沪号电悉。各国共议，不独人多意杂，且势巨力张，与一国先让难易迥别矣。英既欲顾体面，执牛耳，大可因势利导，推诚先与商议。英须中国兴旺，以利商务，实理势相因。苟英肯和商，中国正可借英商务较盛，先行定议，可以抵制各国，似与中、英商务两相维系。马使议款，总须请其识得此意，两两兼顾，不独事易商办，亦实两国共利也。

寄张宫保盛宫保光绪二十七年十二月二十二日

马电想已达。杏兄号电，虑税厘一事，殊难如愿，则此次议约即受大亏，中国即难支撑矣。各国所要索者，无非损我权利。彼此筹计，以在沪先与英议为愈，赫亦以同议更难为言者，皆虑其协而谋我，势力相迫，纵与情理相喻，亦得互相借口推诿。税厘既为命脉，此时负债之巨，整顿地方用款之繁，一切进项，非特万难减少，且须增筹，方能敷用，此为各国共晓。即商会自行筹议，亦知免厘必须加税。现在马使故意刁难，无非图占便利。惟中、英必须彼此关顾，方能有利。马使当知此意。厘金外销多于报部，赫德致曾章京函，驳贺议亦详切言之。杏兄与马议，尽可将款目和盘托出，推诚剀切相商。中国但冀办事经费敷用，还款无误，无不可以和商。此事全仗杏兄力为主持，实属大局之幸。

寄外务部户部庆亲王李中堂光绪二十七年十二月二十二日

据沪道电："各省关派解赔款已敷拨用，间有未经解到，容另查催。前奉外部电，以还款重大，添派沪关好税务司帮同办理。职道一再密商，彼谓还镑，非特目前价昂，即日后亦恐难复，每关平一两合三先令之价，吃亏甚巨。职道意执约载每年应还关平银数，并未允按归日市价结定金镑，力与磋磨，或能办到还银亦未可定。随又查悉，咸丰十年，《天津条约》议赔英、法各八百万，亦系照还关平，有案可稽。顷与专理银行赔款参议之比领事晤商，彼即嘱于一百八十二万外，每月加付一成，备贴补镑价之需。当答以："约虽载有各国金银币价，究无结定确数，全权亦未允照此办理，有全权咨会外部公文，改为按付款时镑价一语可证。自应按年还足关平银数，不必再合洋币。比领事谓不能擅专，须会商各银行再定夺。愚见各银行或禀各使向政府商议，乞先分电外部，全权务执约无结定洋币数目，只能交足关平银两或尽关平买镑，盈亏不问，免受彼族抬高镑价，裨益匪浅。仍请全权将原议，按二月十三市价，改为付款时价文据，摘要电示，俾有根据"等语。近来镑价日昂，前据沪道电，每规银一两只易二先令六本士一二五，若付还金镑，较之原议银数，每年约短二百万内外，倘再届时抬价，短数更难预计。该道所陈，不为无见。查约载本只有银数，并无镑数葛使照会。原请照西历四月初一市价为诸国偿款一定总数，全权所以改为按付款时镑价者，冀以后镑价能廉，还款可以节省。惟以银购镑，价值高下，权操银行，历来每遇还款将次届期，镑价即行抬高。此后还数更巨，各国银行皆经收还款，更易暗联抬价，是以后每届偿期，价必增昂，断不能廉。自不如仍执葛使照会，再与商定，照所定关平银数，即为应还一定总数，不特此次还款可免购镑巨亏，而镑价不致因此抬高，即旧项还款亦不致牵连受亏。所关匪细，务祈主持力商，并电示，以便饬遵。

复盛宫保并寄外务部张宫保袁宫保

光绪二十七年十二月二十三日

沪两个电悉。免厘加税，上海西商局会董、伦敦董事之在香港分局者，皆以为然。且以积想数十年，欲照此商办，冀免沿途厘卡留难需索、货运内地缴单以后滥行收捐。是彼早有成竹在胸，其故靳无非冀得少加洋税。抽十本亦商会议论，在我与其厘捐处处为彼侵削牵制，暗受大亏，似亦不如免厘加税，以轻土货价值，得以畅销路、纾民困之为愈也。第征免总须抵补有馀，方是胜着。进口抽二十，诚做不到，惟抽十五亦不能再减。出口抽十亦属要着。照贸易册，出口正税岁约收银八百数十万，抽十岁可增四百万，除抵原有半税外，约可年增三百馀万。惟为外国侵销者，仍抽七五，是否仅丝茶两项，抑尚有别货？照外人所查，丝每石约共收税捐五十两左右，较日本丝税几逾两倍。茶值二十馀两者，收税五两，约计值百抽二十有奇，地方捐项尚不在内。若减收七五，此两项捐固无着，税必骤绌。如尚有别货亦须减七五，则出口税必更绌。丝茶既关商民生计最巨，不能不减，馀货即须详酌。且议减必须筹补，出口抽十，虽岁可增三百馀万，惟丝茶减七五，短收亦必多。该两项出口税，虽洋关有数可稽，而内地杂捐，实散漫无可查考。此等杂捐或济饷需，或充地方善举等用，皆不可少，均须拨补。统盘约计，是虽增收当亦无多。然照此办法，似尚不致受亏。以后税增捐免，内地制造渐兴，出口货虽可望增，进口税恐将减少。是非进出口统加，将来盈绌庶有抵补。杏兄与彼辩论，语皆扼要。惟和约虽允议改，第载明系属修改有益，非谓损中，是必须两有裨益，方能商改。且马使既云关顾中国，无论如何商办，总须不使中国有所亏损，方符关顾之意。第三节乡约捐，似不应列入免抽。西例地方用款，本可抽捐。上海通商局匹头绒货董亦议及此，但云须限定数目，不使地方官任意滥收。应请杏兄与之商明，提出另订向行铺抽收限制，不在中途设局收取。洋关之外，既尚有常关，自应一体载明。第八节不照所定办法，约可随时废弃，系仿洋药并征约载办法，国家既经立约，断不准再行妄捐。惟内地未谙条约，容或间有误会。彼此煞费心力，商定妥法，若因偶误即行废去，彼此皆有不值。能与商作：有误抽，如不立时更正，即可废约。第十节万不能行。此时商定，所增即系抵补所免，十年后递减，则所减者又从何处筹补？十一节包括太广，既已免厘，进出口均只征收一税，已征本不再征，未征本须征收，何必再立此条，致滋漏免之敝。此两条均应商删。各国能否照允，虽不可必，然通盘筹计，无逾于此，不能不照此与商。苟能与英先行议定，然后再与各国力商，并可挽英相助。并征若定，各省原有厘收照数拨补，各项厘捐自不能不照约一律裁撤。印花税本属应办之事，厘既尽裁，地方用项无出，亦非办铺户捐不可。第东西洋铺捐如何办法，乞杏兄考询详示。

寄张宫保盛宫保光绪二十七年十二月二十四日

漾电想已达览。沪个电第十一节包括固广，意义亦有未明。若指土货，显系欲免复进口半税，并可任意行走。殊不知厘虽免，尚有常关。洋商自内地办货运洋，只完正半两税，所以特轻于华商者，诚以货系出洋，无碍华商贸易。复进口半税，原所以杜在口销售，是以离口入内地，即须照华商例，完纳内地税厘。此后纵加税免厘，此项复进口半税似不应免。若指洋货言，则其命意何在？亦请杏兄指示。

复盛宫保并寄张宫保光绪二十七年十二月二十五日

沪两漾电悉。赫云此次修约，彼此并无假权势相强之处，乃系和衷熟商之举，以期求益防损，永远相安，实为扼要之论。即与敝处漾电所云"约载修改有益，并非损中，必须两有裨益，方能商改"，语意相同。今证以赫言，益见事理宜尔。日前孙领传述马语，谓："廿四条，如中有未妥，尽可商改，请告知以便转达。"且谓："总须与中国有益，方与英国商务有利。"当谢其厚意，并告以："事归杏翁专办，江、鄂会商。"马使既语及此，彼此必须抱定此意，和衷从长筹商，方可两有裨益。至各条应如何商改，江、鄂当随时商由杏翁核定，转商马使。派裴帮办甚妥。涉税务，浼赫赞助则可，奏派会办，须酌，恐事权并重，万一意见稍歧，必致掣肘。此系杏翁专政，不可不虑及此，请杏翁再加筹度。赫节略并两税司条陈，均乞录示。此时与商，能先议加税最妥。

寄张宫保盛宫保光绪二十七年十二月二十七日

此次议约，英既开送条款，自应先与商议。然一国允许数条，各国合计，所许必多，即受亏不小。然既与商议，其可允者，又不便显然拒绝。查马议加税，各国与中国立约，有优待均沾之条，须一律与中国立约，议准照现在所定完纳方可。此时自应先与商议加税，庶我所可允彼各条，亦可声明因英允许加税，我允某某等条，所谓利益互换，各国欲照办，亦当允我加税。如别有所索，亦当予我别利，以为抵制。是否，仍祈杏兄裁酌。

寄袁观察 光绪二十七年十二月二十七日

顷接外部宥电："养电悉。沪道以赔款购镑价昂，欲改为按银交付，洵有见地。现在各使未来提及，若骤与商办，恐彼以不符原议为词，转致阻挠。应先令沪道与各国银行董事婉商，或可就绪。本部俟有机可乘，自当尽力维持，以冀免此巨亏。希查照饬遵"云。赔款，约载本属银数，葛使照会，亦以约载银数，为赔款一定总数，嗣经全权改作付款时镑价。现拟仍按银数交付，本系照约并葛使照会办理，自应仍由全权与商，方为正办。今部电既令该道先与银行婉商，苟能商允，公款裨益实非浅鲜，该道其力图之！

复张宫保并寄外务部袁宫保盛宫保

光绪二十七年十二月二十九日

鄂宥寝、感电均悉。杏翁两个电如未达外务及枢、户，似应由杏翁补电，并请由外务部，此后凡议约之电均抄送枢垣，关财政者并抄送户部，既简便，又得互相商酌。此次议加税，大约非尽免全厘，断不能允，加税能议至抽十五，亦万不能再增。既免厘加税，除常税乡约捐，此外凡欲在货物上收钱，恐其势亦不能允。如房税、地税、营业税、进项税、印花税，凡不关货物、又为外国向有办法，中国如仿办，外人当亦不能阻。惟中国须自体择，不能悉如外国一律创收耳。厘全免，税加十五，万不敷抵。查各省报部厘收，照廿二至廿四年，岁约一千七百万。进口税照贸易册，十九至廿一年，岁收六百馀万，至廿六年岁约七百馀万，独廿五年八百馀万，是年各税皆特增，不能作为定数，从宽当以七百万为则。是税厘并计，岁共二千四百万。现抽足五及向免税者，收税两共所增只能约作二百万，新旧并计，岁收进口税不过九百万，抽十五计增两倍，共可收二千七百万。除抵向有进口税及报部厘金外，所馀岁仅三百万。杏翁系将原收进口税作八百万，加抽足五及免税收税增二百万，故抽十五有三千万之说，然不能作准。各省杂捐报部而不名厘，及外销不报部之厘并地方收用各项，约计决不至此数。矧洋货税加，进口之货必渐减少，视洋药可知。洋药因税厘并征数重，食者多购土药。故税厘并征，初办时厘收岁至五百馀万，近减至岁收三百馀万。现在风气未开，内地制造渐兴，洋货税重价昂，华洋商必更谋在华设厂制造，将来进口之税，亦必如洋药之递减。是免厘加税，仅能作抵向收进口税及报部厘金之数，至此外一切报部杂捐，及不报部外销各项捐厘，均成无着。地方各捐，即以乡约捐作抵，其馀无着，必须另筹。丝茶万不能不减，若减至七五，短收必多，非将土货出口税加至抽十，不能补苴丝茶减税并内外杂销杂捐。以此抵补之外，纵且不敷数，当无多。即以印花房地等税补之，庶有盈无绌。进口税，香帅拟分完，原虑偏重。第货物进口，未必尽属转口，亦万不能禁其在口售卖。若抵口先完一半，在口销售者，俟售卖时再行完足，则偷漏隐射，必致百弊丛生，盖百货断不能如洋药抵口悉数封储也。历来入内地半税，仅及进口正税十分之一，固有厘轻者、完厘不完税之处，然究其短少之巨，实以在口零售漏免为大宗。此时加税，必须一气完纳，方可杜其隐漏，此最切要。

物之不齐，其势使然。将来酌盈剂虚，是在大部之秉公核办也。

寄张宫保光绪二十八年正月初五日

顷接全权密函，必并寄尊处。惟到鄂尚需数日，先择要电达。略谓：俄约四条，磋磨经年，将有碍主权各节，一概删除。各国尚无他说。惟华俄银行议订合同，再四商改，以保权利，较之李文忠原议，亦多删易。大意谓："东三省矿务，中国自办，如交俄办，必须由中国批准，尚不失主权。至所称中、俄商务小事，与各口岸无涉，并于各国工商利益毫无损碍等语。我固力持此义，彼尚未肯遽从，到此地步，已属为难。合同不定，俄约虚悬，三省即不交还。根本久为敌踞，彼方建置经营，不遗馀力，若再延宕，局势已成，返璧无期，转圜乏术，后患何堪设想。此次英人既与尊处提及，美、日两使亦曾来晤，但有阻援之言，并无切实相助办法。两国订约，不应有他国干预。中国能自订为上策，必不得已，请各国调为下策。若如来电请各国评断，恐俄未必就商，即迫于公议，降心相从，事后要索酬报，亦难遍应。合同订后，各国援办索偿利益，不可不防。拟妥定矿路章，将抵押、抽税、分利各节，详细声明，无论华洋商承办，概须遵章办理。将来华俄银行，揽办东省矿务，亦以此为衡。即他国援办，不能出此范围。国家得饷，民亦获工作之利。中国矿产，如能筹资官办，原杜觊觎，而财源枯竭，势不能不为此补苴。似于收地后，如他国效尤争利，尚可隐寓维持。东三省为俄兵力所得，不稍与利益，彼岂肯交还？两害取轻舍此别无办法"云。

查萨使电："中国若画此约，英国索偿利益。"何得谓尚无他说？银行合同，明系予俄专利。矿务既谓归中国自办，又谓"如交俄办"等语，即是许俄开办之据，强弱异势，何患中国不批准。所谓保全权利者安在？但云："如交俄办，他国又岂肯甘心。"商务小事一款，萨已指明为弥缝背约之法，万不可再持此义。能自订约为上，此指寻常而言。此次既有各国牵制，不使闻知，是即予人口实。英美虽无切实相助办法，而日本去秋覆电，语极结实，欲求外援，亦只能到此地步。目下日本方力劝延缓，而我毅然定约，激怒实在意中，各国效尤更不待言，仅恃路矿章程，国弱至此，何能就我范围。若以俄以兵得为言，无异召敌。鄙见此事大不妥，卓见若何？祈速电示，以便电奏力争，保此危局。

复盛宫保并寄外务部张宫保光绪二十八年正月初六日

沪支电悉。第一条所拟传教各节，均本条约章程立论。是条以"不得由传教者干预地方官管理民人之权"一语，最为包括扼要。推其用意，盖恐立意过多，措词过严，彼不能允，故为此含蓄包扫之语。惟近来华民，每因犯事，投教以逃法网，甚且平民受此教之民欺陵，即投彼教，聚众报复，两教仇闹之案，层见迭出。西、皖两省，此风最甚，皆由教士滥收所致。能于条内添入："教士收人入教，必先查明其人平日安分，并未犯事，亦未涉讼，然后再收。"又租地每有盗卖侵占等事，致民教结怨。美约本有"无碍民居，不关方向，方能照租"。能于条内添入，必须查明无侵盗纠葛，方可租买。第二条，"凡华民照例不准行者，英国人民亦应一律遵守"，亦属切要之语。第三条，本于同治八年与英议而未行约内有此。第四条亦佳。应请将以上各节，酌量叙入与商。

寄外务部光绪二十八年正月初七日

中外通商已久，外人于我政治、法律，纤悉必知，我于各国约章、律令，亦必须详加考究，不独遇事因应得有依据，日后编纂商律，尤资考证，此实为目前切要之图。拟请钧处分电各使，各就所驻之国，将该国律例、条约，详加编译，分类成书，寄交钧处核明刊发，以备研究，实较在华搜求译印，事半功倍，务乞照行为祷。

复张宫保并寄外务部盛宫保光绪二十八年正月初九日

鄂阳、霁电悉。十条实皆对证之药，能照办，此后教案必可渐弭。惟上年江、鄂托各使商各外部，日本以未传教，恐招忌为辞，法则艴然。即美于教案较为公平，亦以所拟关教士职分利权，须待细酌，并商教会方能答覆。惟德允电穆使与各使妥商。英澜侯亦云："防范未然，彼此同心"，允转电萨使酌办。统观各国之意，是欲照我拟章必难办到。自上年拳教闹事以来，教士之气焰益盛，地方官之调和愈难。值此修约，若不稍定范围，以后遇事，恐更无从措手。譬如久病之躯，既不能骤进猛剂，不得不先用和平之品，以冀逐渐进步，可收得尺得寸之效。且澜侯既有"防患"，"同心"电萨酌办，此时似宜先与英商，并可以澜侯意告马。一经提出，恐后商办为难。教士非官，不能干预词讼，本载传教谕单，以华教士见官仍与平民一律，教堂不得匿犯，皆事理应尔，均可与商。仍由香帅、杏兄再行详酌，应如何添列商办之处，均请卓裁。

复吕侍郎盛宫保并寄外务部张宫保

光绪二十八年二月二十四日

沪个电悉。银元改重一两，上年政务处电询，曾经江、鄂将窒碍情形先后详陈有案。此次贺、戴两税司复踵前议，在该税司但知化零为整，可以画一，殊不知中国币政不能画一者，在银两平色之参差，不在银元分两之轻重。盖银元自大至小，以次递减，分两成色，本均一律。若能废生银，则银元分两即不改，亦能画一，不能废生银，则银元分两虽改，仍不能画一。若废生银，悉用银元，不独现仅三局万不能应全国所需，纵将存沪机件运京，添设一局，亦无济于事。若待铸集巨数，然后通行，目前实无此财力。若随铸随用，既不足以供各省之用，则现用之纹银、洋元，不能不准兼用，是仍不能画一。若再广购机具，增添多厂，俾所铸务求足用，不独购机建厂需时，即欲遽行筹此巨款以为购办机厂之用，亦恐力有未逮。且银元之制，悉仿洋元，价有洋元可凭，至今尚难一律。改用一两，若准随市作价，高下毫无凭借，若酌定画一价值，商贾利析毫芒，与洋元计重较值，定有盈绌，势必阻格不行，民不信用，亦恐法令有时而穷。马使虽允中、英通行，中国现无金钱，还债须用金镑，彼可暗抬镑价，权操于人，受亏实在意中。在中国自欲变通，有此种种关碍，尚未可轻于尝试，矧圜法本自有之权，一经入约，即自弃其权。万一事有阻格，彼时欲行不得，欲罢不能，岂不更受大累。是以赫德之议，亦谓不必载入约内，实为有见之言，但不肯将入约关碍说破耳。事关国计民生，应由中国自度财力，酌定善法，再行核办，非独不便入约，亦不应遽定办法。且无金钱，徒有银元，亦万不济用。如欲创用钞票，即银元不改，亦属可行，盖银与元尽可各分票也。

复张宫保光绪二十八年二月二十五日

敬电悉。前见沪祃电，有廿五复议存票事，恐其借此遽与马定，是以迫不及待，先就鄙见，昨即电覆，并达尊处暨与外部，想已邀览，请公再单衔切电。惟改重一两，公去年曾切电不可行。此时彼欲入约之际，万不宜允办，免为所持。且作库纹，民间亦决难信从，将来格碍不行，即流弊滋多。铜仙苟能经办得法，获利甚厚，民已信用，不如先行广铸铜仙。闻日本尚有白铜仙一值五十文者，系紫铜与镍合炼，其利尤厚，或即取样先行试仿。至银元此时只能姑仍其旧，俟铜仙广行，再商办法。墨元此时既不能废，则银元外人允用与否，皆无关出入，万不可因此为其所惑。

复吕侍郎盛宫保并寄外务部张宫保

光绪二十八年二月二十五日

沪祃电悉。所谓苏、杭关章第十八款不准给免票，即系由沪转运苏、杭洋货，沪关不发免票，盖恐苏、杭无税可收。现商经筱帅、艺帅皆谓可允，请即照议办理。惟沪为出入货总汇之区，发票三礼拜为期，能否酌展，以免因事冗逾限口实请酌。

再，此次议约，彼索款如可允者，我悉照允。别国来议，又必有允行之条。合而计之，所允必多，即属受亏。现已允马使数款，自应向其索允数款，再与商议彼索之款以为抵制。加税事应如何与商，亦请筹度。苟能将加税、免厘商定，于彼索款中，凡为损我厘务而设者，皆可不驳而自止，不仅迟久难于再与议加已也。想镜翁杏翁必已预计及之。

寄军机处外务部张宫保吕侍郎盛宫保

光绪二十八年二月二十七日

鄂有电，银元改一两，谓可行者，冀外人允作库纹购镑。然外人纵允照办，现在中国无金钱，镑价低昂，权操于彼，官商必兼受其亏，曾详去腊文电。近来每镑价已涨至规银八两二钱有奇。此后赔款，如必须还镑，价必有增无减。若再将九银一铜之银元允作库纹购镑，彼必更抬镑价，不独银元被其抑制，即生银亦为其牵累彼转将售镑所得之银元，作库纹完税，使我处处受亏。反覆思维，不仅圜法自主不应与商已也，万万不可照办入约。

寄军机处外务部张宫保吕侍郎盛宫保

光绪二十八年二月二十八日

鄂寝电所论，极为扼要。此后凡关厘务各款，万不可再与商议。若厘被侵损，彼已如愿而偿，再商加税即万不能成。照约转口土货，一经离口，即逢关纳税，遇卡抽厘。洋货照约本只租界免厘，乃续增烟台约，复载免输洋货厘金，地界须再商酌，是洋货界内免厘彼尚未能满意。土货离口界限，我照洋货以租界为界，屡滋辨论，迄无一定办法。此时洋货免厘界限，不议则已，一经商议，无论如何坚持，其势必须较旧章放宽口岸，洋土各货之厘必致尽失，受亏实大。为今之计，惟有先议加税，苟能有成，不独丝茶减税得有抵补，其馀土货得免厘捐，洋销亦可畅旺，通盘筹计，无逾于此。幸镜翁、杏翁详察为要。

复吕侍郎盛宫保并寄外务部张宫保

光绪二十八年三月初四日

沪、江电悉。关平与库平不同，事不难解，因洋货用司马镑，较库平为重，是以收税亦用司马平，于洋商本无出入。若彼争改税平，则货镑亦应照收，否则即属暗中减税。从前税收平馀，尚系充作外销，今关税拨还洋债，须付关平，若将税银改平，则关解赔款必须另加贴平之银，一出一入，亏甚大。一两重银元，照洋制银九钱、铜一钱。今作纹银九钱，则铜价、工价、火耗经费，均无所出。此等亏蚀，中国财力如何能任。今三局所铸大小银元，随铸随销，并无存积，洋商用与不用，本无所谓受制。若入约许以定一通用银式，则必尽废生银，纯用银元，方有定式。前电业已言明，纵再增机厂广铸，亦非一时所能尽废生银。彼时若执约相诘，势必又生枝节。此事反覆筹思，整齐圜法，诚属要图，然只能由国家自行变计，万不应列入条约，幸镜翁、杏翁详慎为要。

复吕侍郎盛宫保并寄外务部张宫保

光绪二十八年三月初四日

沪江电悉。议约本委曲烦难之事，盖彼意在索取利益，自必多方要求，在我总当权衡利害，与之坚持辩驳，譬诸逆水行舟，求进诚难，然稍松劲，即顺流而下。此次议约，赫德亦谓彼此并无权势相强之处，反系和衷熟商之举，以期求益防损，永远相安，若与何项利益之章，必须俟各国均允，方可施行。并应以我所与者易我所求，不必偏重彼面，随请随允，此实为扼要办法。允彼之事，必俟各国均允，既为预杜各国分索多款之地，亦为向彼索取利益之计。敝处前电即是此意。诚以事关大局，不得不力任其难。现允之款，应否声明，必须各国照允，方能施行。前拟廿一款，均系何事？现外部如何酌改？乞录示。

寄张宫保吕侍郎盛宫保光绪二十八年三月初五日

豪电想达览。此事镜翁、杏翁所以与议者，原虑其只争关平不用银元，有损无益。惟各关收税秤码，照粤关定式，载明约章。关平虽较库平为大，然事系照约办理，彼故借整齐平色，以冀减我税平，其用意可谓巧极。关收平馀，凡一切不能作正开销之项，皆取给于此，无此平馀，各关必多为难，如有必不可少之需，即不能不准动支正项，即于公款受亏。两公曾任海关，当知其详。然此犹就关道言之。今赔款须还关平，即以原收平色照解。若完税改用银元，或酌改平色，则此后关解赔款，亦必须另开加平，统而计之，必成巨款。近因镑贵，还款业已暗增，若再于税平出入兼受其累，则中国财力更何能支？银元外人不用，本不能碍我行使，若欲其一律收用，准完关税，非徒无益，转受种种大亏，则亦何必自弃其权，入约受亏。前电未尽，特再缕陈。幸镜翁、杏翁再加详察，万勿照允为祷。

复吕侍郎盛宫保并寄外务部张宫保

光绪二十八年三月十二日

沪两真电悉。鄂、宁屡电请勿议损厘各款，诚以财匮力殚，原有利源，万万不可再受侵损。各关报单，多无定限。今得照镇章议立限制，看似有益，要知彼似此咄咄相逼，盖必有利于彼，利彼必损我，事理显然。今就所拟，较之镇章亦未尽合。盖镇章，一商只准设两行，一行同地同货只准请十单，惟金针菜、花生单数稍宽。别关所发之单，运货过镇，只准由民船径运给单之关，不准在镇关完税转运。所以处处设法限制者，原虑单多损厘。马使为我设筹，畅销土货，诚属善策。惟中国现受巨债相逼，喘息一刻难纾，若但损厘而无抵补，恐未收土货畅销之利，先受债项愆期之累。两公终日辩论受逼，处地诚属为难，敝处亦同深焦灼。惟查核所索各款，既欲广开口岸，多免租界之厘，又欲推广口岸免厘之界，以冀界内外皆使我无厘可收，复欲推广镇章，修改内河轮章，并欲将内地由此运彼之货免税，及彼埠至此埠之货在一河或分支者、进出均不收税，是又将内地税厘尽欲侵损。诸如此类，若勉允一款，彼必又易一款相逼。加税既无可望，受亏无从抵补，势必不支。为今之计，只可直告以：中国负债过巨，财力已竭，凡偏损于我财源者，无论如何相逼，亦不能允。易地以思，马使明达，当能谅我为难。马使果肯推诚关顾，惟有相商加税，庶几两益，不致偏损。坚忍相持，婉词相答，以冀曲曲有济。务祈两公竭力图之，大局幸甚！

复盛宫保并寄外务部袁宫保张宫保

光绪二十八年三月十七日

沪翰、谏电悉。加税事全赖杏翁一力主持，得能有成，所全于国计民生者实非浅鲜。告马：洋货入华人手，土货未入洋人手，皆须加重抽厘，为还债之用。此为彼最忌，而又坚持不与议碍厘诸款，皆逼彼加税要策。美因北地厘轻，故不愿多加税。然美不多加，英即为其牵掣。自应由慰帅虚张声势，故作欲加洋货落地、土货产地各捐。日本不愿多加，盖亦有取巧处，彼国行销中国之货，以煤斤为大宗，馀即海味、药材、磁器、玻璃、洋绸等物，大都即在口岸折兑，贩运内地多不成件，不完半税，亦鲜有厘可收。惟有告以：此后内地洋货诸铺，亦当估本按月加重缴捐。至所谓坐厘者，即系落地产地两捐，产地散漫，稽征甚难，有行厘，遇漏免尚有验补之法，免行厘，产地被漏，即无从稽考补抽。惟在出产大宗货物之处，劝设牙行，以为收束之计，一面令行代缴，一面派丁巡缉。然捐宜轻减，重则漏多，转难招集。落地捐如在口岸，捐重则尽驱入租界，惟内地城镇等处，操纵由我。然口岸之捐既轻，则内地城镇即不便过于悬殊。按此而论，但抽坐厘，收数必然有限。设局巡查，收捐需费，地方办理一切，又本有动支厘捐者，虽非外人所云之乡约、巡捕等捐，以就地之款，供就地之用，然以有限之坐厘，除开支外，可以供于国用者恐更无几矣。是留坐厘数既甚微，不独进口税抽十五不可再减，即出口税亦不能不增。盖洋商入内地办货，既免行厘，决不领单，则半税无着。自应于出口时，正子并纳，以抵向有进项。改为值百抽十，除原有正半之七五外，仅增二五以为凑抵所免行厘。恐尚不敷，再加丝茶减税所短之款，仍须办印花等税以弥其阙。万一厘不全免，税不允照加，宁可并免坐厘，言明但改抽乡约、警察等捐，为地方之用，仍照增进出口税为得计也。用就管见，以备采择。晤小田切，当照杏翁之意言之。如有议论，容再电闻。

复吕侍郎盛宫保并寄外务部户部袁宫保张宫保光绪二十八年三月二十一日

沪效电悉。此次筹议免厘加税，为中国财源出入极大关键，必得内外通筹，互相稽考，既欲望其事之可成，又须预防亏损。究竟税宜如何加，厘宜如何免，先行商定切实办法，与议方有依据。江、鄂之意，拟加税免厘者，实因彼索款处处谋损厘务，就款与商，无论如何商法，总是有损无益。按照户部廿二、三、四三年出入核计，岁约不敷银一千数百万，今又加以新债二千馀万，年短几及四千万，筹办新政所需不与也。现虽各省于用款竭力裁节，于进项竭力筹增，就各省筹解新摊偿款视之，多系挪移应急。是所节所裁，于新增之赔款尚难敷衍，矧近因镑贵，还款复增无形巨款。按此而论，目前之亏短，必较廿四等年为更甚，不问可知，则原有之进项，何可再受侵削。故不能不以加税为抵制，不仅生民之困重受捐厘之累已也。现查洋货进口税，岁约收银七百万，再加足抽五及免税物收税约二百万，共九百万，抽十五较旧增两倍，约可增收一千八百万，除入内地向有之半税约六十万，实可增收一千七百馀万。土货出口税原收约八百馀万，抽十较旧增一倍，可增收八百馀万，除原有子口半税及复进口税约二百馀万，实可增收六百万。照此进出两税，岁可增银二千三百万，除原有报部厘金一千七百馀万，九厘局用一百数十万，岁尚馀银四百万。外销不报之厘及地方所收善举等项，虽无数可稽，然以所馀相抵，必多不敷。再加丝茶减少税厘，亦须筹抵。向来厘收之数，大约坐厘居十之二。即如苏省，惟苏、宁、镇、沪、清江、盛泽等处，有产地、落地等捐，馀皆抽收行厘。此后如留坐厘，即于大宗出产及销货之城镇，均行改设坐厘，数虽可以稍增，以之抵补丝茶所减税厘及外销不敷之厘，能否无亏，无从悬揣。且访闻沪上洋商，进口税加十五未尝不可，惟厘欲全免，并虑免厘之后，仍有设法收取，因此多欲谋损厘金，听我自为，迨至不了，急而相就，彼得要挟。惟贸易较大各商，仍以免厘加税为然。现在与议进出口税，必须照此商加，万万不可减少。能留坐厘，诚属甚善。若万不得已，坐厘亦须并免，如乡约、警察等捐，系以就地之捐办就地之事，本西国所有，亦为商会筹议所及，纵须议立限制，必当与之商留。增免相抵不敷，惟有照西例，创办印花等税。如此筹计，或可冀其有成。通盘核算，应较旧有进项，可以加增。厘免，物值轻减，不独民困可纾，即土货亦可畅销。谨就管见，用备裁酌，仍乞指示为祷！

复吕侍郎盛宫保并寄外务部张宫保

光绪二十八年三月二十七日

沪宥电悉。漕粮、兵米，皆关国用，与商贩谋利之米迥不相同，马使无论如何要求，自难允其入约。惟议款就苏省情形而论，尚有须辩明者。查光绪十六年间，因苏患灾歉，禁止芜米轮运出口，英使即以只禁轮运，仍准民船贩运，有违定章为言。当将下游宁、镇等处民食，全赖芜米接济，若遇灾歉，不禁芜米轮运，势必尽贩各省，下游之米价必翔贵，民食愈艰，若并民船一体禁止，更属自绝来源，此实地势民食两相维系，不能与从前一律办理，英使遂无异词。此后遇歉，皆系如此办法。今议款有“既禁之后，如准运出口，即为弛禁”。是无论民船、轮船，一体包括，与沿江省分遇歉禁米办法大有格碍。此节应如何与之商明，或款内酌量区别添叙，或另行备文声明“沿江各省，如遇禁米轮运出口，仍准民船上下流通”。事理所在，民食攸关，彼意又非重在禁米，务望两公切商为祷。又各口禁米，如有奸商偷漏私运，只能查办，不能作为弛禁，亦请先与声明。

复吕侍郎盛宫保并寄外务部户部袁宫保张宫保光绪二十八年四月初五日

沪支电悉。此次筹议加税免厘，必须增免足敷，尤必须核计确数，方免以后短绌受亏。足抽五及免税物收税两项并计，现据查覆，汉关增收最多，照原收仅增二分七厘馀或二分有奇，甚有一分零者。其馀如沪、浙等关，以未能核计为言。按旧收进口税，岁约七百万，即通照增数最多之二七计算，亦只岁增一百八十万，况多有不能增收至此数者。是现在增收，较旧不过多收百馀万，较个电所计有绌无盈。土货旧收八百馀万，加二五约增四百馀万，除子口半税十馀万，约计增四百万。土货由此口运彼口，应收之税，即系复进口半税，此外并无别税。照贸易册，每年仅收复进口税一百五六十万。若出口税改七五，复进口半税改三七五，较旧加一二五，照旧收之数，岁可增二十万。今裴云：“除新约估价三百万不计外，照四年货本通扯，抽十二五，可多收一千三百五十万，土货抽七五可多收七百四十五万，复进口多收二百九十万”，相去悬殊。究竟现在关税是否即按货本抽收，实在可增若干，必得考究的确，请再查示。常关收数，能否增至百万，尚不可必。缘近有据覆，除税司经费外，尚不及旧数目。为畅销土货计，诚不宜加重出口税。第中国负债之巨，不独原有进项不能再短，且必须多筹进款，方免贻误。厘已全免，所失既不能全数取偿于进口之税，则不得不加出口之税，以资凑补。厘免，民困既纾，工料之价必廉，物值即因之而减，纵稍加出口之税，较之旧收厘金，实已轻重迥异。且物值廉，将来计值收税，税亦随之而减，则加与不加无异。且鄙意更有鉴于洋药自税厘并征，进口即年逊一年。洋货价昂销滞，进口之货亦恐渐减，税亦随之而绌。照约正子并计，本收七五抽十，仅加二五，所免内地重迭之厘，岂止倍蓰，断不致碍出洋销路。将来进口税绌，犹可望出口税增牵补，如仅抽七五，与进口税相去过巨。纵出口税之短，诚不仅目前赖此以弥其阙。至王、聂所云外销，殆指官中成宗用款而言，若并地方善堂义举及各处一切琐屑捐项并而计之，数必不细。乡约、警察等捐，前者商会曾议及此，如能与商限制，留此一项为地方之用，不独将来省无数为难，亦可借补公项。总之，此事关系甚巨，必须通盘算计。裴言果确，或于进抽十五、出抽十，酌量于二者之间，让去二五，统祈再加详酌。

复吕侍郎盛宫保并寄外务部户部袁宫保张宫保光绪二十八年四月初五日

沪支电四条悉。一切已详微电。出口税似宜照进口之条，先以抽十与商。复进口半税，既不应免，且照另电，更有并计增收之款。现拟四条，既未言及此项复进口半税，第二条抽七五外，又谓“无论经过，远近何处，一切税厘捐款，概不征收”，照此恐与应抽复进口税有碍，应请再行酌量增改商办。至进出加税所增之数，如何核算，并望电示。内地常税亦望预留地步。

复吕侍郎盛宫保并寄户部袁宫保张宫保

光绪二十八年四月初六日

沪两支电，初五十点、十一点始到，以后急商电，务令各局速递免误。微、歌电想达览。合支电细核，所云进口增一千八百万，系估抽照原收七百万增三百万共千万，加倍半，合二千五百万，除原收，始多前数，然约计各关报收，所增至多二成有奇，不满二百万。照裴计估增差百馀万，加倍半，共短二百万有奇。出口增七百四十五万，系估抽照原收八百万增二百三十万，共一千三十万，加半倍①，合一千五百四十五万，除原收，始多前数。前岁议加洋税，由杏翁向赫德考较，据云："出口土货系属银本，估价所增无几，进口货系金镑，照岁收六百六十馀万，可估价三百万"云云，与裴计不符，必须切考，因出入过巨也。又复进口半税，即征诸转口土货，虽有出洋之货在内，实系转售各口、仍分运内地者为多，所以由轮转口者，固求迅便，亦为图免沿途重迭报捐之计。此后厘金裁撤，商人唯利是图，转口之货，若非急待出售，必多改装民船。是后进口半税所云可多二百九十万之说，非特毫无把握，且转恐较前为绌。盖税厘若先后增免互异，则商人之趋向亦复随之变易，不可不预为计虑，虚增尤不可作为实抵。又出口税岁约八百万，论理半税应得四百万。但考历年所收运出半税，至多不过十三五万。议者有谓不完半税必须完厘，但商人无不避重就轻。此项出口之货，虽闻有洋商不便赴内地零星购集，或在口购贩出洋，亦实由华洋商互相隐射，借报单免沿途之厘，

①中华书局版《刘坤一文集》作"倍半"。

将次抵口，又复多方弊混，漏应纳子口之税，观各口领单不缴，即可知矣。现在厘既议免，则出口之货，应纳正子，亦必须照洋货改为报运时一同并缴，不可如旧分征，转致半税丝毫无着，条内应加“并征”字样为要。且出口抽较原约多二五则谓之加，否则正子本照约应纳之税，不过改为同时并征，即不得视为加税。二十年后递年减除之说，尤不可入约，致失操纵之权而贻后日之累。统祈审察裁酌，为祷！

复军机处并寄外务部张宫保光绪二十八年四月初七日

枢鱼电悉。沪两支电，已由微、歌、鱼三电详陈。免全厘，敝处照贸易册载核计，若进口税至十五，出口税至十，增免相抵，相去不远，再办营业、印花等税，必有盈无绌。吕、盛据裴议照估本计，进口税至十二五，出口税至七五，谓增免抵补，可多七百万。细考前岁议加洋税，盛向赫考较，据云“出口货系银本，估价所增无几，进口货系金镑，照岁六百六十万可估加三百万”云云，与裴现计估抽出口税照收可增二百三十万，数实悬殊。进口税裴计估加三百万，虽与赫同，但赫照原收六百六十万，裴照原收七百万，然犹可谓近年镑贵。至复进口半税，以商情事理度之，纵不短绌，亦断无如裴计可增二百九十万者，此等虚拟增数，似不宜作实款相抵。又子口税，照贸易册，统中国各关岁收共三十五万。惟查核沪关结报，照银号实收，每年约可收银二十馀万，缘内有华商补纳丝税，故较税司单开为多。虽仅沪关如此，然合册载各关收数共计，岁须收银三十馀万。又苏省尚有茶厘、木厘，岁约收银三四十万，系供长江水师等饷，归饷册列报，拟在部计各省厘金一千七百万之外，筹议抵补，均当并计。如进出口税，估抽照裴计不爽，抵补子厘及进出子税之外，只多三百馀万。而出口土货，尚有茶叶一项，非但不能增税，且须减税，则减收之数，及土货估本之数均须缩除。现鄂电照减至抽五，计汉关岁须短收七十万，尚有闽、粤、沪、浙、九等关，总计所短当亦不细，统盘牵计，难以有馀。而外销不报，诸厘即无着落，不能不商留产税，或地方乡约、警察等捐，少弥其阙，然后再办营业、印花，亦尚合算。如照裴计，进出货估抽，内除茶叶一项外，尚有参差，或丝税将成亦须议减，则进口税至十五，出口税至十，即使不能照此并加，亦只能于二者之间，酌让二五，或进抽十二五，出抽十，如出抽七五，进抽十五，似尚可行。是此时必当先行考明进出估抽各可实收若干，最为扼要办法。至沪支电第二条所云："一切税厘捐款，概不征收"，系指土货而言，营业、印花、铺户等税，并不抽之于货，本不在内，惟须先行声明。又该条内，须将复进口半税添入，均免以后枝节。总之，免厘出入固极重大，舍此亦实别无办法。英国纵允照加，美、日等国能否均允，尚不可知。惟我若但裁行厘，所免既巨，彼允加税，必不能多，抵补断不能敷，受亏转大，民困仍不能纾，土货亦难畅销。且华洋商办货，于应收产税，必然多方影射图免。若加税不成，必将捐厘诸款，并力向我要求，免一分即受一分之亏，从何筹补？反覆苦思，实乏良策，不能不望此事之有成也。

复吕侍郎盛宫保并寄外务部袁宫保张宫保光绪二十八年四月初八日

沪阳电悉。数月来博访周谘，复征于沪、港等处商会所议，意实全注裁厘、加税，若厘不全裁，加税必非所愿，鄂宁可少加关税、愿留产税者，诚虑利权全为人操。惟加税不成，必仍谋损我厘，当此上下交困之际，既不便再行重取于民，则被损将何所取偿？况目下财用，出入悬殊，谋补未遑，岂可再使受损？利害相形，缓急相权，则不得不舍彼就此，以期保全国用。且免厘加税以后，仍酌办营业、铺户、印花等税，则内地财政之权，仍属己操。惟通盘筹计，现既出入不敷甚巨，已详个电，则以后创办营业、铺户、印花等税，只能留补原来不敷之用，而此项商议加税免厘，必须增免足敷抵补，方为妥善。若恃营业等税，牵计凑补此次增免所阙，则原亏之项从何设筹？是厘拟全免，则进出税应如何加增，必须考究实在，不使稍有短缺，此为命脉所关，无论外人如何刁难，我亦不能迁就。至巡捕、乡约等捐，商会所议，谓“系照西例地方所用与落地捐不同，西商不能干预禁阻，从前与今各董均无异词，惟须立一定数，宣示各省，如有过取者查究”云云。纵免全厘，则此项乡约、巡捕等捐，必当援西例并商会之议与之商明抽取，此亦要着。

复张宫保并寄袁宫保光绪二十八年四月初八日

鄂齐电悉。枢电阳复，并电鄂，尚有复沪齐电，并电保、鄂、外部，想均达览。若必留产税，则加税难成，以后议款更难为计。免厘加税，与洋药并征无异，若不违约妄抽，似不致遽废，彼纵欲废，我亦可复。所虑英允，各国难允。必须核实考较，足敷抵补。营业、铺户、印花等税，沪阳电谓已言明，但再须敦实。惟创收此等税款，必为留补原来不敷之用，不宜凑补增免之阙，乡约、巡捕捐，沪上商会本谓西例应抽，西商不应禁阻者，自须商明照办，以济地方之用。鄙见如此，请再裁酌。

复张宫保并寄外务部袁宫保光绪二十八年四月初八日

鄂麻电悉。洋人揽办熬膏事，关系甚重，一经允许，流弊无穷。鄂电奏，语语切实。上年九月，法员戴文纳尔以此为请，业已力驳。若洋人怂恿公使向外部要求，务祈坚拒勿允，至祷！

复吕侍郎盛宫保并寄外务部张宫保

光绪二十八年四月初十日

沪佳电悉。矿章必须速改颁行。此为内政，只能由我自定章程，若入约准其查勘兴办，一国照允，各国均沾，非特矿路之利尽为所夺，抑且太阿倒持，各国洋人必均以查勘矿路遍布，内政纷扰为难，则内地杂居贸易，更复有词可借。沪电以不入约为是，实一定不易办法。此时应以事属内政，应自定章。且局章本准华洋合股，洋人愿办，尽可自合华商遵章办理。请酌。

复户部吕侍郎盛宫保并寄外务部袁宫保张宫保光绪二十八年四月初十日

户青、沪佳电悉。鄙见已详微、歌、鱼、齐各电。事可求全，诚不能不取其便利者，若势处两难，亦只能求其大端无碍，庶可事期有成。就目前情形，欲留产税，彼既不允商，自难坚执。第彼既非全厘免，不允加税，在我当以议加之数必能足抵所免，方能照办。此为事理应尔，使易地以思，亦不应强我必须受亏。惟进出估本应有若干，足抽之能实收若干，核见确数，然后再定进出各加若干，以抵所免，方免受亏。此事自应由镜翁、杏翁转嘱裴税司等再行确查，并请外部向赫德切实考究，庶与议得有准则，亦可持为辩论之据。至营业等税，须抵原来不敷之用，以免将来无可弥阙。乡约、巡捕捐，本亦为西例应抽，即系沪上现收之码头捐分归英、法工部局所用者。能留此一项，俾将来改设巡察、修筑路灯，地方之用，不致为难，裨益公项，实非浅鲜也。请再察核酌办。

复吕侍郎盛宫保并寄张宫保光绪二十八年四月十五日

沪电悉。现已派朱道之榛即日赴沪禀承筹商。惟昨因议留产税，马使词意决绝，两公用何术仍使复允商留，不胜钦佩，尚乞垂示颠末。且商留产税，或销场税，则进出口两税仍约可各加若干。行厘既免，必须整顿常税，方能保全出口及复进口各税。货在产地，势极散漫，拟留产税，亦须使有归宿，尤须使之抽于未归洋商之先为要，否则仍不免借单隐射，复为洋商坐收包揽之利。销场税宜预将税与厘不同，切实辩明，以杜其扩充口岸免厘之界为免销场之税。用陈管见，以备裁酌。乞将近日商办情形及拟筹办法，电示一二，以慰悬系为盼。

复张宫保并寄外务部袁宫保吕侍郎盛宫保光绪二十八年四月十七日

鄂谏电悉。敝处元电所云加税，本仅指抵报部之厘及进出各半税而言，且加税亦指进出统加，若仅加进口税，正厘且不能抵，更何能兼抵外销诸厘。现估货值足抽五，本须洋土统估。惟土货系银本，照实值估抽，纵能加数必不多，连茶并计，盈绌恐尚难相抵。外人欲民船与轮船收税一律，盖即预杜厘免，货装民船，欲保轮船之利不为民船所夺。土货连洋关收出口税后，抵彼口收一复进口半税，无论经过多关，总是收一正半税而止。常税过一关征一项，姑无论内地添关与杜避无涉，若有洋关之处，向号常关者亦必添设。是常关亦如洋关之栉比，势必凡货皆装轮船，似我转夺民船之利与轮船矣。且此等添设常关，若归税司兼办，其利权均操外人。若由中国自派官员，近来常关需索之弊，甚于捐卡，免厘为民去弊，添关复为民增弊。管见常关似宜就原有整顿，使不致多趋民船，以保洋关出口之税不添常关，为民船仍留生计。纵虑将来辟口日多，内地之货尽装民船绕漏，必不得已，亦只可择要添设一处，总不可随洋关增设。西国于贫民日用所需之物，多不收税，所以轻民累纾民力，并非仅较进口税，专为销畅计。此次议税，即不欲多加出口税，则原有七五之数，必须并计征收断不可舍此切实可靠之数，转于行销内地，设法另收。此系全国之事，不得不就大势统筹也。谨贡其愚，请再详酌。

复吕侍郎盛宫保并寄外务部袁宫保张宫保

光绪二十八年四月二十六日

沪径电悉。请外部商各使，或洋税改纳金圆，或赔款仍照约载以海关银两交还，二者必求一允，此实为目前至要之事。然权衡二者，货税估价，约载虽无增至切实值百抽五，而下文又载“应以一千八百九十七、八、九三年货值牵算”，纵允定纳金，亦不能照目前金价。且历来完税用银，约内更无“金圆”字样，持此与商，理既难以圆足，能成亦获益无多。赔款虽云还金，而金价业已载明约内，保票与条约又均声明照约载诸金钱之价算还。因金钱约内已有定价，照价核银，有数可稽，是以约表均载应还银数，并载明银两平色，不复再载金数，其理至明。照约票所载金价算付，事本照约办理，不仅较照市价易金出入相去悬殊已也。此时外部与商，当以偿款还银为主，而以金完税陪衬。沪电措词甚妥，惟偿款照约应行完银，必须婉为辩明。西报，英员在议院宣言：“中国因派赔款，激成变乱。户部大臣有深愿与各国设法，令各银行妥筹善策，使中国清偿此款，不致过于局促，则乱自敉焉”等语。现在各省因摊赔款多有闹事。若照市价易金付还，中国财力断断不及，地方必更因而多事。与商时，亦必须将此层切实激动。此皆题中要义，万不可少。现据沪道电，比参赞已奉领衔公使核覆，佥谓应照市价计算，月送一百八十二万，不敷归还，向索补足。”请转电坚持与商，免误。现距还期已迫，外部若再不与之切商，各省既无可搜括，势必贻误，别生枝节。且事体过于重大，恐各使亦难遽允。并请一面商各使，一面详晰分电各驻使，令其恳切商各国外务部，请始终顾全。统乞外部钧裁，迅赐施行，大局幸甚，不胜焦急切祷之至！

寄张宫保吕侍郎盛宫保 光绪二十八年四月二十六日

沪径电：“产地散漫，无水卡多漏免。”但细绎语意，所谓销场税者，是亦但抽鄂轸电所谓之十四种及可推广若干种而已。此后口岸必愈辟愈多，凡货物聚集之镇市，将来必多开口岸，不知能否设法与之商明，无论内地口岸，皆听我抽取，抑尚有别法，乞筹示。乡约等捐，已否商过？若犹未也，盍试商之，以为将来自行开埠留充埠费之地。进口抽十二五，出口抽七五，敬电谓马已允。此电复“现拟”云云，究竟已否商定？营业、印花等税，亦须预为约明。各国印花税，无论本国、外国，凡在境内皆照纳。中国将来举办，不识能否照办，亦不妨先为试探，相机与商，亦乞电示。一切果已商妥，届时自当会奏。

电信卷三

复吕侍郎盛宫保并寄军机处外务部直鄂川闽粤各督光绪二十八年五月初二日

沪艳电悉。偿款应照约表所载关平银两，按期付给，坤一自去冬迄今，执约详剖，迭次覆电，商请外部向各使辩明，并沥情电奏。嗣经外部奏覆，亦以坤一所论应按约票所载各国金钱价目算付，不为无据，惟以约载欠款一切事宜，均在上海办理，令由沪道商办。现在沪道与经理偿款之比参赞，一再痛加驳辩，彼诿于公使谓应偿金，且以每月所付一百八十二万，照市价计算，不敷归还，向索补足。其势既不能再与商办，五月二十二还期又转瞬即届，若不速为商妥，届时索补，即无转身之地并无可算之款，必至束手无策。是以昨复切电外部，请一面商各使，一面电我驻使商各外部，又电直、鄂，拟会衔加电我驻使，以期内外协力商办。现在外部究拟作何商办，仍无覆电，徒切焦愁。今详阅沪电，措词用意，均属切要，惟辩别还金一节，鄙见稍有未符。现与各国争辩，其主脑固必须情理兼至，方可期其有济。所谓理者，即系详剖约意，既欲执理以争，必当剖辩确实，使之信而有征。沪电谓各国欲定为金款者，即系公约第六款甲字所载："此四百五十兆两，系照海关银两市价易为金款，此市价按诸国各金钱之价易金如左"两语。鄙见此实为按照约内所载各国金钱价目算还之据，亦即系四百五十兆关平银数，各国欲我照市价易金者，实系照本款下文所载“或按应还日期之市价易金付给”一语。若以甲字下“此四百五十兆，系照海关银两市价易为金款”，即指此为还金之据，则该约只须直捷照还日市价易金付还为言，银数之多寡皆可不计，更何必兼及银两之平色？且下“此市价按诸国各金钱之价易金如左”一语，又作何解？下载各国金钱价目又作何用？再下尚有“或按应还日期之市价易金付给”之语，“或”字系两可之词，如下文系作照市价易金付还，则此语又系如何分解？照此证解，其矛盾可知。鄙见以甲字下所载为还金之据者，盖约文向无赘词。历来洋债借金还金，是以借据、借票均载应还金数。赔款向系由金合银，均照约载银数付还，此本有成案可考。此次赔款公约第六款，即首载中国允定付诸国偿款海关银四百五十兆两，即系各国之赔款总数。约既开载银两，应即照数还银，证诸往事，本属确有可凭。况甲字下所云“此四百五十兆，系照海关银两市价易为金款，此市价按诸国各金钱之价易金如左。”所谓“如左”者，即指下载各国金钱之价值。是此项偿款虽应还金，而金价实已预为订定载明约内，按照市定价核银即系四百五十兆关平银数，故约表均照核定应还之银数平色开载。今照约表所载银数平色归还，即系照约办理，故约内不再载金钱之数。保票亦复声明“此保票，即当四百五十兆海关银两，按以上所述诸国各金钱之价易金，即此为凭”云云，益见保票所保亦系银数，并应照约票各国金钱之价易金算付。葛使照会亦叙明“查照海关银四百五十兆，按中历光绪二十七年二月十三日市价易金，四厘息，即为诸国偿款一定总数”。所谓上年二月十三日市价，即表约所载各国金钱之价值。互证参观，其为应照约载金价算付，其理至明。至该款下文所云“或按应还日期市价易金付给”，极言如不照约载已定金价算还，即照还日市价易金付给，此系第二层变通办法。揣立约之意，当时各国深悉中国财力，是以赔款一再减让，并按旧债每年应还之数分年匀摊，不使财力有为难之处。约内赔款酌定两样还法，如果以后金价较约载定价为廉，俾可照还日市价算付，不以约内预定金价，使中国复受金价之亏。此本各国格外体谅之处，岂有因今日市价较约载增贵，强我舍正办而从变通之法，赔款之后再受金价大累之理。

估税一节，八百既载明应以一千八百九十七、八、九三年货价牵算，其时金价尚未大贵，照每年进口税亦六百馀万。彼族纵允照该三年金价牵算，所增无多。加税能成议否，既不可必，即幸而有成，亦必在一年后方能开办。不独估价税金与赔款还税金与赔款还银，两两比较，得失悬殊，且此一年中易金不敷，赔款亦复从何筹补。

再四思维，争赔款还银出入较大，还期已迫，此时自应先商赔款，将来迫不得已再商完税纳金。似此次第相商，庶缓急出入亦复合拍。沪电请发国书，并由疆臣公电各出使大臣，实为要着。事不宜迟，直、鄂、川、闽如意见相同，请即电示。国书发后，当拟公电照发。此电剖论约意，如杏翁以所见不谬，并请采取解释约意各节，再登新报。统乞裁示，不胜祷切！

复吕侍郎盛宫保并寄张宫保光绪二十八年五月初二日

沪东电悉。马既拟二十四号回国，何以仍能接议内地侨居等款，此无非刁难之意。惟体察情形，进加十二五，出加七五，再留内地销场税，似尚无甚受亏，果能照议办理，似亦可允。惟销场税既云“内地”，是否口岸不在抽税之列，抑指仅收不出洋之土货税而言？祈详示为盼。

复吕侍郎盛宫保光绪二十八年五月初三日

冬电悉。裴昨晤，但言加税免厘事，当答以进抽十二五，出抽七五，仍留销场税，鄙见尚可勉允，馀未说及。今晨濒行，至洋务局始言英仍须议内地侨居及矿路章程，推广口岸利益，当经汪道台告以杂居窒碍为难，彼此有害无利，万不能行。渠谓此系私谈，以后当详筹办法，函请密达敝处云云。裴回可不提，俟其函来，再将万难与议答之。体察裴来，大约仍为己事，兼为马探敝处之意。是否，仍祈密示。

寄吕侍郎盛宫保光绪二十八年五月初三日

查约载海关银两一节，即英之先令，即葛使照会所云"二十七年二月十三日易金市价"，各国赔款约内所载"四百五十兆之银数，即照此市价核定"。按照约票所载，还法亦应照此市价算付，亦即约表所载之各国银数。今因金贵，海关银两不到三先令，是以银行欲强我还日市价算付。尊处勘电谓"银行因甲字下载'照海关银两市价易为金款'，遂持定三先令金价，岁增五百馀万，与附表所载银数不符"云云。鄙见未符，现须争论还银，必须考求实在。是否别有解释，抑系误笔，请电示为盼。

寄袁观察光绪二十八年五月初四日

商定赔款还银一事，因还期将届，万难再延，一再切电外部。兹接覆电，“辩论赔款用银事，本部已切实照会各使转达外部，电各出使大臣向外部切实商，俟覆到再行电达”云。如薛参赞再向该道言及，务须兼持敝处辩论还银，详致吕、盛大臣冬电，该道可向抄阅，务照该电之意以为辩论张本。约票所载银数，因照约票所载金价合成，按照约票所载还法，亦系应照约票所载金价算付。持保票末后声明之语，以为甲字下“此市价按诸国各金钱之价易金如左”等语，则应照约载金价算付，理甚明显。再照葛使照会内所云，“查照海关四百五十兆，应照西一千九百零一年四月初一日，即中历光绪二十七年二月十三日市价易金按四厘息即为诸国偿款一定总数”云云，以证约票所载尤为铁板注脚，照还日市价易金，系第二变通办法，故用或字也。

寄军机处外务部户部直鄂川闽粤各督吕侍郎盛宫保光绪二十八年五月初五日

查各国赔款，有约载易为金款，并用金付给字样，银行遂执还金应照市价付给为言。在我必当将还金二字解释明白。今就管见，再为申辩，并表示各国立约本意，中国财力仅此各缘由，亦即鄂觉电统解为以银折金理喻情求之意，以备采择。闽、粤、川、直、鄂如愿会电出使大臣转商各国，并拟即作公电发寄。请速覆。电曰：

“此次赔款，约载系分两样办法：一系照约内已定金价算付，一系照还日市价算付。盖中国用银，本无金钱可还。所谓还金者，无论照已定之金价，或按还日之金价，均属照价用银算付，亦即系还金办法，此本不待烦言而解。

第一法系正办，即照约载金价算还，照定价核算，即约表所载银数。是以第六款即首载四百五十兆之银数还款表，即照约载银两平色连息并计分摊，亦列明每年应还银数。约表既已按照定价核成银数，照所载银数依期归还，即属照约办理。甲字下所云，'此四百五十兆，系照海关银两市价易为金款。此市价，即按诸国金钱之价易金如左'两语即系解释照定价算还之法。所谓'如左'之市价，即指下载各国金钱之价值而言。所谓照海关银两市价易金，即指应照约载之金价核算，即系约载之关平银数亦即为易金之办法而言。故保票直捷载明，'按以上所述诸国各金钱之价易金'。所谓以上所述金价，即系约票内所载各国金钱之价值。照约载金价核算应还之本银，即系四百五十兆之关平银数，保票亦即系此四百五十兆之关平银数。是以约内所载金价之下复声明，'此四百五十兆，按年息四厘，分三十九年，按后附之表清还'。今照约表银数如期付给，即系照约载金价核算，实与用金付给无异。

再下所云，'或按应还日期之市价易金付给'，系第二法。事属变通，故用或字，极言如不照约载金价算付，或照还日市价算付。若以上一法，即指为照市价还金，则下一法作何解释？何以不载金数，转载银数，更何必并载平色，又何必兼载金价？此亦不待辩而自明。况前定赔款，承诸大国曲谅中国财力有限，将应赔之款尚复一再减让，并细加核算，至多每年只能筹还四十二兆，特将新旧各款并计匀摊，不使每年应还新旧各款有逾前数，以免财力为难。即约内分定两样办法，亦为以后金价如较约定为廉，俾可照还日市价算付，不欲以约内预定金价，使中国于赔款之外复受金价之累，亦系格外体谅厚意。今中国按照约表所载银数付还，各省尚苦难于解足，因另筹新款多有滋事事端，地方为之不靖。盖统全国岁入之款不过八千万。旧债须照市价还金，镑贵已岁增银数百万，深为受累。前三年又须带还赔款首六个月息款。现在新旧并计岁须还银将及五千万，可供全国用度者仅三千万，各大国代为思之，当亦知其为难矣。若再如银行将新赔款照约载第二法还日市价算付，又须岁增四百万，不独国家财力万万不能及此，中国民多穷苦，迥非泰西殷富可比，若再向民间苛敛，民不聊生，必致激成变乱，亦甚非各大国立约定表维持中国之本意。

不能不商各国，务恳始终关顾，仍照约表正办，按所载定价银数算还，万勿任银行迫令照第二变通之法，按还日市价算付，俾中国财力得以勉支还款，得以如期照付。环球幸甚！"

寄袁宫保张宫保许制军光绪二十八年五月初六日

微电想达览。约表虽载银数，不载金数，但中有为金款及本息用金付给句，若不将此节解释明白，虽争无益，故微电分辨着重在此。事不宜迟，尊意谓然，务望迅赐电覆，以便即发。盼切！

寄外务部户部直鄂川闽粤各督光绪二十八年五月初六日

外务致各星使电已发数日，各省公电万难再迟，现已会衔分电各星使。电文即照微电，"此次赔款"，改为"各国赔款"，此本不待烦言而解。下添"惟历来洋债借镑、还镑，是以票据皆载镑数，还亦按照镑数算付。赔款向系由金合银，约内均载银数，还亦照约载银数付。此次约载赔款第一还法系正办，即照约载金价算还照定价核算，即表约所载银数，是以仍照历付赔款办法。第六款即首载应还之四百五十兆银数"。馀俱照原文。至"下一法"，改为"下载之附法"。又，"再如银行照约载附法还日市价算付"下，加"不独于理不合，且又须岁增四百万，财力万万不能及此，缘中国"云云。电文不敢从简，以备各星使据以辩论也。

复盛宫保光绪二十八年五月初八日

庚电悉。川、闽、粤、鄂均见微电后，嘱即速发。敝处因事不宜迟，已由鱼电各星使，此时必已到各使署。按"还日市价易金付给"句，卓见与袁意亦拟作为由金合银，尽表约所载银数算付，不问金数多寡，亦是一法。即请速将尊意代为补电各星使，以备辩论，并请各星使务为坚持婉恳，至比、和、义、奥、日五国，并请兼使一体转商。所有补电一节，仍请分电各省知照，以便接洽。

又现枢齐电："此事经外部照会后，各使照覆，仍执前说，以违约为辞。似辩驳非所愿受，反为无益。计惟有以镑价日涨，财力不支，务请按照定约时金价算付，京外合力婉切磋商，以期就范。卓见谓何如"云。并闻。

复盛宫保并寄张宫保光绪二十八年五月初九日

沪庚电悉。昨先得沪另庚电，示以先后两层，拟金作一解，当答以亦是一法，请杏翁补电各星使，以备辩论，仍请杏翁查照部电补电。盖各星使得公电后，必须多方向各外部辩论，如各国以公电下一解不协，即可据此意续与分辩，于事亦仍无碍也。

复吕侍郎盛宫保并寄张宫保光绪二十八年五月初九日

沪庚电悉。加税原系抵免百货行厘，盐、土本不在百货之列，是以马使前送第十、第二十三两款，亦载明盐、土两卡可留，实为持平办法。今加税免厘，大致已具，似不应别为牵扯，强我为难。是马使屡以中、英谊笃，深愿关顾为言，则遇事必当体谅。盐非就场征课，断不能撤沿江掣验及销盐省分缉私巡卡。盐务进项，均已抵还赔款、洋债，以收抵解，尚时虑延误。此时譬如急喘难纾，如何能骤改办法，致使还款无着，既难即改办法，更何能撤去查盐各卡，致私盐充斥，官销阻滞，有碍还款。土厘，苏省本多由货卡兼收。此后百货行厘议裁，土药销数无多，若设专卡，即多费用。销场处有可收捐者，似亦不愿另设水卡耗费。若非万不得已，每省亦不过酌设一二卡而止。如果货船决不夹带盐、土，似可允其不查。惟此节，在马使既不能保其必无夹带，在各卡似亦难听其弊混。总之，沿江掣验，本不查货，此外盐、土之卡，亦甚寥寥可数。若货船并未带有盐、土，纵然须验，亦一望便了，倘有借端留难需索，不难即予查办。此皆彼此推诚切实商办之法，马使自可不必以此为疑。至留各常关，并整顿税收，亦须商明，免再事后异议。

复张星使光绪二十八年五月十二日

真电已分转各帅。此事关系甚巨，姑无论按约本应还银。且中国财力照约表银数归还，已万分艰窘，各省多因筹款闹事，中外共知。中国商务，英居六七，赔款英实无多，强令还金，英得更微，地方滋乱，于英商务受害实大，务恳英力助还银，至祷！

复张星使光绪二十八年五月十五日

元电悉。伍使电，美廷已允照约还银，并允婉劝各国。今承澜侯允极力设法，甚感！但此事，各驻使必听各政府主裁。现距还期已近，由驻使公同设法，事难遽定，务再切恳澜侯，即允照约还银电萨使，并求代劝各国照办，庶仰仗英、美两国照允商劝，可望各国一体允行，中国财力得以勉支，即于英国商务有益。不胜盼祷！

复张宫保光绪二十八年五月十五日

盐电悉。张使电已达听。顷又电伍使云："英澜侯虽谓中国误会约文，然已允极力设法电萨使与驻京各国公同设法办理，而外部屡商各使，仍皆以违约为言，现还期已届，事须由各政府主裁，归各使公商必难遽定。事迫情切，非仰仗美廷迅赐力劝各国政府照允还银，难得转圜，非赖执事切恳美廷，难得十分助力。务望速商电覆。各国如有覆美回音，亦求电示。祷切"云。

复蔡和甫星使光绪二十八年五月十五日

愿电悉。伍使电，美外部允照约还银，并允婉劝各国。张使电，澜侯虽谓中国误会约文，然已允极力设法。盖按还日市价系第二法，亦指尽约表银数归还言。中、日唇齿相关，中国财力至此已极，英、美已允，日本更当力助。一次照还，后难补救。望再切商，照允还银，并恳转劝各国。祷甚！

寄军机处外务部直鄂川闽粤各督光绪二十八年五月十六日

裕使电："前奉部江电，当返覆转告法外部。奉鱼电，又详细申论，并交节略，仍告以：'即使如银行说法，各国分摊亦有限，而中国则吃不住，论事论理，皆不宜尔。'彼云：'此事不能即时回答，须应查核。'查用'金暨''或'字两语，本藏有毛病，而洋文语意包括尤甚。传闻当时出义使之谋，致贻此累。若能找清一句，即免流弊。陈语不重提。今令其拒银行之言，而一国出头帮我，固骤难办到，只求不坚持，已属中道。又此事视英国为权衡，英商在沪者，提到钱字，彼头头是道，我步步须防，久曾领教。惟还期已迫，事难即决，违期二字，万作不到。此外有无别法可稍抵制银行之处，公等定已筹及，使臣惟有尽力所能。仍请分转"云。

现覆电使曰："锡电悉。美廷已允照约还银，并允婉劝各国。英澜侯亦允极力设法。中、法交谊不亚英、美，但得法外部照允还银，其事当可转圜。此项赔款，各国一再减让，并与旧债匀摊分还，盖深知中国财力仅此。现金贵，旧债受亏已巨。应还偿款，照约表将应还银数按月交存银行。各省已搜括殆尽，万无馀力再受还金之累。乞再为婉商，切恳允照约表银数归还，俾中国得以勉支。舍此实无他策。不胜盼祷！仍望随时电覆”云。

复吕侍郎盛宫保并寄张宫保光绪二十八年五月十七日

沪两谏电悉。请发国书，沪艳电、敝处冬电皆已沥陈，故鄙见会奏不如条陈，如奏而不发，后难为计，条陈不行，尚可会奏。望杏翁撮叙目前各情，密切电枢为要。

常关水陆皆有，每年收数总计当不在少。苏、皖、西，除已由税司代办外，尚有凤阳关、赣关、淮安关、扬由关，其势均不能裁。陆关如秦、晋、云、贵、陕、陇、豫、粤等省皆有。须请户部查开此等水陆常关与洋商领单运货，实不致有需索留难之虞。边地陆关，更非英商办货经由之处。总之，加税系抵免百货行厘。除抵免外，仍欲将别项收款办法多方阻挠，是强我为难，事非情理。在彼所执以相争者，不过曰免留难而已。在我已许其有留难立予查办，亦足相对。乃必欲概裁而后快，试问彼所加者，能否足抵请裁免各项原有之款乎？中国匮乏已极，负债已巨，一切进项只能筹增，万不能再行受损。彼以整顿律约二十八款为言，殊不知中国每年应还之债，应用之款，不能不取之于商民。若土货未入洋商之手，洋货已归华铺之后，中国向之设法收取税捐，各国断不能阻。马使熟习公理、人情，代为思之，亦知其难。即如产土之处，若不分设巡卡，则税必绕漏无着。现在徐土设立多卡，尚多漏免。此等陆地巡土之卡，亦断不致有留难百货，其事各不相涉。以上各节，务请两公力折以理，再与反覆辩论，总以保留为要。盖彼以归税司兼办即无异词，其意可知矣。

复吕侍郎盛宫保并寄军机处外务部直鄂川闽粤各督光绪二十八年五月十八日

沪霰电悉。柔、伍言皆切要。现致蔡使电曰：

“咸电想达览。伍使，询柔使谓‘各国索款初未开列细数，但众议令索四百五十兆两，由各国自行均派，中国原不管其易作何项金钱’。又云：‘各国定约时，照西四月一号金价合银，原是体谅中国美意。或按还银日期易金者，系听中国之便。用“或”字并未说实’云。查当时领衔葛使照会，本言海关银四百五十兆应按西四月一号市价易金，即系约内甲字下列各国金价照此定价核银，即四百五十兆海关银数，亦即用金付金之办法。英国蓝皮书载萨使去年西七月二十六号电英外部，亦谓‘四百五十兆海关银两，系照西四月一号市价易金算’。柔为原议赔款公使，故其言与约吻合，皆确凿可据。现美廷又电康使，力主此议，并劝各国照办。中、日唇齿，相关尤切，自前岁以来，事事力助。今此事若再承日廷仗义慨诺，并劝各国，即可转圜。执事平日自许报国，目前之事莫大于此，幸力图之，仍望电覆”云。

致蔡电请杏兄代发。

寄军机处外务部盛宫保直鄂川闽粤各督

光绪二十八年五月十八日

顷又得伍使谏电、缉电，想蒙采纳。美甚仗义，柔克义尤关切。彼谓“我坚持定见，不改主义，方有济。各国现尚游移未答，届期不必急，违约在彼，咎不在我，坚执必胜，勿虑决裂”云。此事不独受亏过大，且财力亦万万不及。惟事到吃紧关头，必得拿定主意，不为恫喝所摇，方能有济。柔深谙交涉，所言实确切不易办法，务请外部坚持为要。

现致张使电曰：“咸电想达览。此项赔款，领衔葛使照会本言明‘海关银四百五十兆，按西四月一号市价易金，四厘息，即为诸国偿款一定总数’。所谓西四月一号市价，即约内甲字下所列各国金价当时即照此价由金合银是以约表即载明此价，并均声明按照此价算还，照此定价核算，仍系四百五十兆海关银数，亦即用金付给之办法。英国蓝皮书载萨使去年西七月二十六号电英外部，亦谓‘四百五十兆海关银两，系照西四月一号市价易金算’。又伍使电询柔使，谓‘各国索款初未开列细数，但众议令索四百五十兆两，由各国自行匀摊’等语。柔为原议赔款公使，言更确凿。务望婉为辩明，并切恳澜侯仗义慨诺，兼劝各国，不胜切祷！”

又覆伍使电曰：“缉、谏电悉。美廷及柔使公谊，甚感。现照缉电意电张使。惟各驻使正以违约见责，纵赖康使劝，恐转圜不易。能再设法恳美廷径劝各国政府，再得一二国照允，即有转机。谏电已达外部坚持矣。”

致覆张、伍两使电，请杏翁代发。

复伍秩庸星使光绪二十八年五月十九日

洽电悉。赔款转圜，实惟公是赖，不胜佩仰！现又会电枢部，告以此事命脉，全仗坚定不摇，断不致因此失和，切请主持，事必有济。俄、日使既允转达，倘能乘此再请美廷电驻各国公使谆劝各政府，必得力，再有一二国照允，势即顺。乞速图为祷！

寄军机处外务部光绪二十八年五月十九日

伍使覆商赔款各电，想均邀鉴。美亦有应收赔款，美廷乃亦谓应照约载金价核算还银，一再电康使力主此议，并劝各国照办。柔使为原议赔款公使，更谓“众议令索四百五十兆两，由各国自行均派，中国原不管其易作何项金钱”。是此项赔款，照约载金价核算，即四百五十兆海关银数，照约银数付还，亦即与用金付给无异，皆确凿可据，无用游移。美既为我如此仗义力助，并与柔使一再劝我“坚持必胜，违约在彼，届期不必急”，亦可谓竭诚代谋。现伍使洽电所云俄、日使各情，更可想见。此时在我必当坚忍相持，事必有济。纵各使好胜，届期以违约恫喝，亦断断不可为其摇惑，转致自误。万一各使嬲之不已，即请用国书，动以上年保全之义，怵以财力难受此亏，仍请照约还银，仗义相助，美则谢其主持公道助我之效。各国君主多顾大局，各国阳顾和好，阴则互相猜忌，苟再得一二国照允，即可迎刃而解。此事财用出入甚多，地方安危所系，还期已届，事必吃紧，务求钧处一力坚持，断不致因此失和。至叩！至祷！

又汇丰密向盛大臣云，“如允还金，镑价必贵至二先令，中国必不支矣”。是赔款照约还银，不独本款免受金价大累，此后镑价渐平，旧债亦得轻减之益。总之，此事命脉，全仗钧处握定不摇，伏乞鉴纳，大局幸甚！

寄军机处外务部光绪二十八年五月二十日

皓电想邀鉴。各国赔款，现饬沪道查覆，付过五期各关平一百八十二万，取有银行总收据备案，第六期到期再付云。即第六期，现切电该道，到期仍只照付关平一百八十二万，馀不必问。此时各政府意尚游移，固须尽力商办。纵各驻使以违约恫喝，亦必须放胆坚持，不为所摇。至万不得已，再发国书，事必有济。美国如此仗义力助，谆切劝我坚持。柔使原系议约大臣，其言自必有把握。我转松劲，甘受大亏，不独负美盛意，且似此理直气壮之事，又有友邦协助，尚复不能坚忍相持，以后交涉，各国必更轻侮。况汇丰所云，还金镑价必贵至二先令，实系确情，统计新旧款又须受亏七八百兆，中国亦实无此财力，搜括民间必致激成乱端，大局即不堪设想。日夜焦愁，不安寝馈，惟有沥情叩求钧处，始终坚定力持，不胜叩祷！事急情迫，语多激直，并祈垂谅。

寄军机处外务部袁宫保张宫保盛宫保光绪二十八年五月二十二日

胡参赞愿电："鱼佳电悉。即译洋，面交俄外部，反覆申辩，并告以：'当时已按金价变银，载入约表。是按期还银，即是还金，即是照约。况议约时核算中国财力，定此银数，载明平色，以免误会。若须逐次按照市价，即应声明银数视金之涨落为加减，方合条约措词之法。中国民生已极不支，搜括激变，贻误大局，必非各国所愿。’彼称‘须与户部会商，与各国接洽，不能立即置答’。又告以：‘此系银行为额外之苛求，中国只求合此事之正办。中、俄休戚相关，顾邻好而维大局，端赖贵国主持公道，为他国先。’彼允晤户部再覆。奥外部已备文知会，请分转”云。

现会香帅覆胡电曰：“愿电已分转。向俄辩论，情词恳挚。前伍使电驻美俄使喀希呢，奉本国命来询赔款事，将情节告知，并证以葛使及萨使文电，彼颇动容，已托转达本国云。盖前领衔葛使照会全权文内，言明四百五十兆海关银，系按西四月一号市价易金，年息四厘。又英蓝皮书载萨使去年西七月二十六号电英外部，谓‘四百五十兆海关[①]，系照四月一号市价易金算’。又柔使为原议赔款之人，亦谓‘各国索款初未开细数，但众议令索四百五十兆两，由各国自行均派，中国原不管其易作何项金钱’。我国今年照表还银，是照去年西四月一号金价核算，即与用金无异也。美固一再电康使力主此议，并劝各国照办。英澜侯现亦知我为难，允善待中国，总期与美相待无异。俄为贴邻，相关尤切，务恳仗义，照允力助，不让英、美独擅其美。切祷！”云。

致胡电乞杏兄速代发，为叩！

复袁宫保盛宫保并寄军机处外务部张宫保光绪二十八年五月二十二日

保个电、沪五个电均悉。旁观论极好。还款已由沪道按月交付银行，取有收据。各使不向我言，我亦不必先行照会，转启饶舌。是否，乞酌。

---

①中华书局版《刘坤一文集》作“关银”。

复张宫保光绪二十八年五月二十八日

寝、宥三电均悉。昨先与吕、盛大臣商酌，今日再见马使，当体尊意，坚留在宁商办。惟加税免厘未能遽定三事，即盐、土卡与常关。昨面商常关，甫悉马意须仿洋关税七五，一关征收，再经各关，一律验免，内地关可留，有洋关处可酌添。当以三者皆损我进项，受亏过大，势有所难。吕、盛以马意甚坚，来江、鄂商即尽头办法，能允则定议，不允即罢论。就管见，常关一征馀免，添关徒然增累，原有收数必减少。且完常税之货，再由洋关出口，即可持常税票作抵，免其再纳洋税。其意无论常、洋只允收税一次，洋关每借同类货税，移抵隐射常税，如准抵洋税，此弊必更增甚。譬如经常关征税之货，抵口销售，或在邻近各市镇售去，税票即属无用，如有同类之货，初未经常关完常税者，欲运出口，应完洋税，即可串购前项无用之常税票，持抵洋税。盖同类之货，如各处多有出产者，弊即难杜。吕、盛亦已知之，特虑马意坚执，因此颇为踌躇，谓当向裴再行切考。就三事而论，盐卡不查货，受害最轻，次则土卡，而以常关只准一税，吃亏碍事，受害似乎最重。鄙见常关如不改章，则有洋关处酌添，方有益无损，且盐、土亦得赖常关兼查。能如此，则盐、土卡亦可允彼或裁，或不查货，此节虽尚未说明，然昨已反覆推敲至数时之久。照吕、盛口气，三端，马意大有坚不可改之势，姑俟今日见后再行酌商。尊意若何，乞飞示为盼！

寄张宫保光绪二十八年五月二十九日

昨马来议，竟欲将内地各常关及盐、土卡悉数裁撤，并及掣验。其持论总以碍商为言，留常关只征一税，并准抵洋税，尚未出口，系进一步说法。辨论至数时之久，言急即欲罢议。当答以："如真欲不议，亦只好罢论，盖中国实不能再受此亏。"原约今日午后再议，因日来正发痔疾，昨甚痛，强持，为时过久，今日力不能支，只好稍缓再议。鄙意三者，当以留常关照旧各自征税为最，庶有洋关，处添常关有益无损，万一办不到，或再允裁内地水路各常关。未识卓见如何？请速裁示，为盼！

寄军机处外务部张宫保光绪二十八年五月二十九日

张使沁电："漾电悉。晤澜侯，复与再三婉商。彼云'美廷所议办法，不见妥善。英现愿照表开银数收受赔款，以八年为期。中国政府应将改修商约一事，饬令从速办理，以为酬谢答'等语。请分转"云。

伍使沁电，虽谓美已暂允照英办法，惟不能损我日后之权，已为我预留日后地步。惟照约，若不能还银，美国固不能早允，英亦岂肯前八年照表约还银？且既云照表约还银，更见本应还银，在我固万不能答应八年后照市价还金。然彼许八年还银，我若照允，纵照美云，"不能损我日后之权"，已留地步，究于条外又多一枝节，将来辨论更难挽回。盖国势强弱，既有不同，据理论事，即难一律。今照约本应还银，尚有此意外要求，仅恃"不损日后之权”一语，断难抵制也。反覆筹思，不得不再与磋商。虽美已暂允照英办法，并电康使，而各国尚未定见，拟再会香帅衔，照此意电伍使商美始终力助，以免后累。请香帅酌复。

复张宫保 光绪二十八年六月初一日

俭、勘、艳电悉。昨宴马，因痔疾不能坐，不陪亦不议。但告以两淮盐卡可保不查货船，彼初不信，嗣经两星使诘以南洋担保，岂尚不足取信，彼遂允留，惟须改为两淮报盐公所，以避卡名，馀由两星使电商。各省土卡未允撤留，待尊处裁酌。并告以常关须照旧章，尚未详论。因敝处日内不能议，已于今日偕星使起行，前赴尊处商议。默察此事成败即在此三端，而马意甚坚。三事惟常关为最要，土卡次之。就鄙见，彼若能允常关照旧收税，听我自定，即撤土卡，亦不碍事。从前户部查开二十二年收二百五十馀万，二十三年收二百六十馀万，二十四年收二百七十馀万。三年收数各不相同，必系实收，决非额征。两星使执户部近开之数，岁仅一百八十馀万，必有遗漏，或各关报解盈馀不在其内，亦未可知。且照公约，近年各处之常关均归税司兼办，以后税收悉数归公，必可岁增百馀万。照此核计，常税不改办法，总可岁收三百馀万。若照现议，一关经征，馀关尽免，纵加税亦得不偿失。据裴云，现收常税不过值百抽四。譬如由北来南之货，进出各常关，均应收税，合计进出共收八两，改收七五一次，即短五数，若再经一关，更短收一关之税，经关愈多，短少益甚。又准抵洋税，至口岸转运别口之货，合常、洋已只收一税，不仅出洋已也。且完过常税已售之货，所执税单，并可售抵未完常税之货。由洋关出口之洋税，弊更难杜。一再比较，受亏实大。若照旧章，过一关收一税，添关不止，徒耗经费。若鄂省在宜昌、汉口各添常关，不独可多常关进项，且土药、私盐亦可由常关兼查代征，即撤土卡，亦于事无碍。统全国计算，不但原有常税不致亏损，抑且收数可以加增。惟税则须酌中，不能收七五。但使货物不致多趋民船，而船户生计亦不致尽绝，计无逾于此者。两星使谓重征，当答以口岸华洋商仍可用报单办货，经常关验免。又以马意用报单办货，总有未尽裁撤之卡，殊不知即不用报单，货经常关未收税者，固须收税，即已经完税之货，亦仍须查验。是用报单于洋商无碍，必欲照现议改法，徒于中国收款大损。此事出入既巨，且核计增免亦恐不敷抵补，应请尊处再加详酌，以免后累。户部电两星使，亦收到。此次系裴偕来，似只能挽其调停而已。

复张宫保光绪二十八年六月初二日

东电悉。常税事，复由东电详陈。恤商原是德政，惟目下财用困乏已极，不能不鳃鳃过虑。一征馀免，并准抵洋税，是可实收者，仅运内地之税。若内向外之货，大都皆至口岸，并再转别口，或运出洋，所收常税皆须抵作洋税，虽有如无。且过常关，不到口岸及抵口、不再转运别口各货，其常税均可售与未完常税、由洋关出口之货，以抵洋税。盖过常关之货，或本不至口岸，嗣以销路不合，价值不宜，复运各口，或抵口后再转别口，此为商情常有之事。在该商于过常关之时，尚不能预定货之所至，若后改抵口岸，再转别口，所完常税，其势仍不能不准作抵，货既毫无区别，则税票虽封寄各口，仍不能杜其隐射。反覆思维，总虑有绌难盈。惟敝处不过就其所见，以备采择，至究应如何商办，仍请与两星使商定。

复伍星使光绪二十八年六月初三日

沁电悉。张使电，谓英现愿照表约银数收受赔款，以八年为期云，与尊电至九百十年止，微有不符。承美预留地步，可谓关切之至。十年后固万不能还金，然彼只允八年照表约还银，我若照允纵照美意答以“不能损我日后之权”，届时再争，恐于约外多一枝节，挽回更复不易。盖国有强弱不同，理即为势所绌。明明照约应行还银，今尚有此意外。若彼只允八年，我不再争，恐以中国之力，仅恃“不能损我日后之权”一语，难以抵制。反覆筹思，不能不再切恳美廷始终关顾，仍照全允全款还银，再设法商劝各国。倘得仰赖执事唇舌之妙，为国家省数百兆巨资，功在宗社，当以贤劳上陈。不胜切祷！

复张宫保光绪二十八年六月初四日

觉电悉。常关就管见改章，必较现办见绌。两星使亦云曾询裴，现收税数，合计牵算，大约值百抽四，而粤中常关税则又早改重。惟现议一征馀免，并准抵洋税，两星使与马业有成议，再改诚难。事关国课盈虚，又不得不作万一之想，是以敝处仍与坚持，以待尊处再与磋磨。至究应如何商办，冬电业请与两星使商定。今既体察不变通必决裂，似只合照允。惟致枢、外、户部电内，“较旧额必可多增数百万”，此语应删或作活动语。盖允则迫于事势，而无把握之增数，似不宜遽达于内，万一将来竟无盈馀，此语即蹈不实。又外人欲争内地杂居者，即图制造贸易，盖彼不能与华民争者惟此，在我所以保内地商民生计者亦在此。彼曾向两星使言，如住界外洋人一切税项，皆可与同华人一律。是欲恬以输税微利，夺我内地华民生计。此节本与加税无涉，电内应请删除。马如向议，并千请坚拒，万万勿与商定办法，至祷！尊意谓然，即请酌商会电，迅发见覆，能会两星使衔更妥。请酌。

寄张宫保光绪二十八年六月初四日

小田切致杏翁电，想送阅。敝处亦准小田切电，告现乘各国意见未定，似宜再就理势切商，若一经商定，即难挽回矣。现拟致各使电曰：

“赔款，美允还银，英允九百十年前照表收银，俄、法嘱将进口税收金。查中国岁仅八千万进项，须五千万还债，以二十二行省用度，岂三千万所能济事！另筹新款，各省多有闹事，若再重敛，必至激成变端。还款则刻不可缓，目下各期付款，皆挪移应急。是照约还银，已万不能支。各国亦悉中国财力，故前议赔款，承一再减让。即今美、英、俄、法或允还银，或允税金，用意虽各不同，要皆知还金非中国之力能及。惟既承各国维持厚意，不能不切恳，期其事之能行，中国力所能办。中国商务，英居大宗，税金必非英愿。因税金而还款付金，得失相去亦巨，中国力仍不支。还银即照现在金价，各国分计，每年少得有限。况赔款一定还银，则金价必然渐平，各国收银易金，不独仍不受亏，如能平至三先令，更且转可多易金钱。盖近来金价陡贵，实由各银行意图赔款索金，以为高抬罔利之计。若还金，则金价必须贵至二先令。现在各国商人业洋货者已深受其累。若金价再贵，洋货价必更随之增涨，使中国财竭民穷，于洋货势必无人过问。是还金徒使中国力不能支，于各国库款无补，所利者不过数银行，而商务因此败坏，为各国计亦不合算。此事利弊昭然。各国政府皆图振兴商务，且均熟谙商情，若允照表还银，既免中国重累，且为保商良策。请再各就情势，剀切恳商，并请将此事质于各国议院诸君，商会首事，共评此理”云。

如尊意谓然，请电覆，以便会衔即发。如有未妥处，亦乞裁酌电示，以便照改，为盼！

复张宫保光绪二十八年六月初九日

佳辰电悉。马开二十四条，只有内地侨居贸易，即暗藏制造，洋商所不能与华商争者即此，在我保华商生计者亦在此。允内地制造，而侨居即寓其内，亦与全国开通无异。地方有教堂，治权已为所挠，保护已属为难。然传教尚无与民争利之事，其为难已复如是。若再准洋商在内地制造，直无异自残华民生计，亦恐地方益复多事。是洋商制造，只能照马关约在口岸，断不能允其在内地。坤一万不敢允，还祈公一律坚拒。即两星使亦深知此事万无允理。惟草约稿内虽未言明准在内地，亦无声明只准在于口岸，并请两星使于约内务须声明口岸字样为要。

至厂税，照日文凭，不得比中国人民所纳加多，或有殊异，在我通盘筹计，亦万不可轻。缘加税，如或开办时，进口洋货必以价昂销滞，进口税必渐见短绌，中国地方制造必日见增多，土货虽厘免价轻，而洋货既多在中国制造，土货就近多供厂用，出口亦未必再能增旺，此皆一定不易之理。如准在内地制造，且无出口税可收，不仅厂税轻减，将来于财源受亏已也。两星使所拟草约，厂税定七五，曾与言及过轻，其意加增抽十，并非难事。光绪二十二年译署函论厂税，谓“赫言英商在华制造获利诚厚，然只利于寓华之英商，其本国办货运华者无与焉，故英国断不因此计较”云云。厂税在我既不宜轻拟增，在彼亦尚可允，自应商增，能照进口税最妥，应请裁酌。

华商宜优恤一节，二十二年译署函，曾谓“华商果因成本稍重，实有受亏，不难会商户部就岁收量予津贴，亦可俟定约后，援此密陈酌剂之法”。此时可无虑此节，亦万不可宣露，致为外人借口。

制造用进口货须还进口税一节，论事理，货已收造，本不应退还原税。即如洋货原件退回外洋，必须原色原货毫无折动，方准给还原税。今改造转可退还原税，事非平允。苟能在此与争，亦系畅销土货、保护华商之策。盖税不还，彼用洋货制造成本较重，自必尽用土货矣。如其万难坚持，苟厂税已议加增，原货改制必有折耗，互相牵算，似尚不致倒贴。惟照草约所开十款第二节所云“亦照以上所拟章程办理”，系指免完复进口半税、出口正税而言。其第四节所言还进口税者，专指外洋棉花而言，自应声明其馀制造所用洋料及一切土货，均不得援还进出口税，以示限制。彼族议约，每有相类甚多之事，恐用包括语，因受损较大，不允特指一二列约，俟将来再行援照，使之无词可阻。今彼既仅云花税，我即就此列明限制之语，以杜后来借口之端。又有非厂用之花，保无朦报隐射图还进口之税，则定章不能不严，能于约内先列数语，将来议章稽察，较有根据。

总之，马此来，其意实在盐、土卡。今允其留卡改名，并不查货，已如愿而偿。又向索内地制造，显系得步进步，难逃烛照。惟内地制造，无论如何要求，总求我公坚拒勿允，俾数万万华商生计，不致为人侵夺。大局幸甚！

寄张宫保光绪二十八年六月初十日

佳戌电想达览。马来本谓盐、土卡，常关三事，今乃又强索内地制造，似此要求无已，有何底止！且复查两星使与马私会议准各条，其第十款所载制造，虽未言明只在口岸，但既声明出厂税由洋关征收，是只在口岸，不待言喻，是以吕、盛两公亦谓内地制造万不能允。今马复向尊处坚索，为今计，惟有坚词峻拒，勿与议此事。厂税仍由吕、盛两公商加，并于约内添入“在口岸制造”字样，以免事后争执，或去“华商”，但云“洋商照马关约在中国设厂制造”云云。盖马关约只准在口岸，照马关约即暗藏不准在内地也。纵或厂税提开不入，此约有中、日文凭，将来中国尽可自定华洋厂税，各国欲均沾马关约制造之利，即应照我定厂税办理。

总之，中、日目前定议约，日本要求甚于马凯，及至约成，仍不得逾越泰西各约范围。即制造一事，名虽始于日约，实因各口本有洋厂，并非于向办各约外别有格外利益。今议加税免厘，在我受亏，相让处业已不少，更何能再准内地制造，使商民生计为之尽夺。想公智珠在握，必能力折其非，保兹黎庶，不胜盼切！

复张宫保吕侍郎盛宫保光绪二十八年六月十三日

真、文、轸五电均悉。此事深荩筹，不遗馀力，磋磨就范，佩甚！二轸电，现已照两文电加改电发矣。惟真电谓：“常关只准第一关征二五，抵出口税。”查第八款第三节：“自产处起运到内地第一常关，只准照洋关税则征收”，第七节所载之“出口加税给予凭单”云云，是否征收七五，以五数正税不准抵出口税，但将所加之二五，给凭单抵出口税？果尔，则较原议准其全抵为优多矣。又第五节：“凡所有应缴各种税捐，作一次交纳，即算在该省之内已完清各项税征，给予印花粘贴”云云，是否土药改收产地税，抑系指经过之省应收税项一次完纳而言？又膏捐是否仍可另收？以上各节，请指示。又加税拨还各省抵厘，马索照会附约，诚不便，因此坚争。惟各省均有应解赔款，还款若此项加税必须核明分解，不独事多周折，且加税分布各关，核摊甚难，照会内请酌用活笔，以免后来饶舌。

寄荣中堂 光绪二十八年六月十四日

此次议约，各国意在倾我利权。而厘务，在彼固最恶，必欲尽去而后快，在我利久弊深，亦万不能不急图变计。加税免厘既得保我财源，又得扫除积弊，计无逾此，是以自开议后，即首创此说。数月来商议情形，具详各电。彼先则在沪，继而至秣，现又至鄂，几裂复合。今幸议成，一切均已商至尽头，万难再与磋磨。就事理而论，此次议约苟无亏损，已属万幸。今在我所免者，不过沿途及产地之厘，而销场处仍可抽税。向来洋土货进出半税，有名无实，每年总计不过数十万。今洋货税加七五，土货税加二五，常关非但不裁，且以后创设洋关处转可增设常税，亦增抽至七五，运至洋关出口者，始准以二五抵洋税，其馀税仍不准作抵，出场税现亦议抽十。通盘计算，必可有盈无绌，实非始料所及。且英约成，与各国商议即有依据，英约中变，各国势必协而谋我，关系财政出入，殊非浅鲜。务乞中堂鼎力维持，俾得照议施行，大局幸甚！不胜祷切！

复户部光绪二十八年六月十四日

沁电悉。英商约，已会吕、盛电奏。此约经江、鄂覆议，竭力辨论，无可再争，确已足敷抵补，于中国国计民生实无所损。惟望与枢、外两府请旨定议，免致英国议院一散，必为他国阻挠中变。不胜盼切待命之至！

复张宫保并寄外务部吕侍郎盛宫保光绪二十八年六月十五日

鄂寒电悉。矿务所以不愿入约者，以其事属内政，权应自操。惟现行矿章，本准洋人开办。今与马议，仍由我采取各国矿章自行修改，而各国所定矿章当不肯自损其权，照此入约，既尚无碍，且可杜各国要求，就管见似属可允。

寄张宫保吕侍郎盛宫保光绪二十八年六月二十二日

小轮行驶内河，名为洋商，实皆华商，不过雇一流氓洋人代为顶名。平时不过搭客或拖带搭客民船，惟欲闯关越卡，漏免税厘，始有包揽货船为拖带闯过关卡。自准小轮行驶以来，闯关卡碰民船，滋事端，不一而足，本署案已累累，皆有实事可证。前次马使至宁，正值美商小轮在扬闹事。曾令局员详告，小轮多系华商托洋人出名，水手人等又恃势横行，迨闹出事来，洋商、洋官又多方庇护，致办理掣肘，民怨日深，不独碍中国政治，亦非使华洋商民彼此相安之道，将来议约必须妥筹防范，庶商务地方两有裨益。马使深以为然，且谓："初次至华未悉此等情事，今承告知，必当妥筹。"今议章转行大为推广，更无范围。且既加税免厘，业已定议，而章程仍有完厘各语，是明明因加税条款，须待各国概允，方能照办，行轮之章，意在允后，即为定案，其隐情已可概见。况现在中国并未全国开通，则水路行船仍应照约办理，不能毫无限制。查洋商照约只能由口岸运洋货入内地，并由内地，办土货至口岸，不准在此内地至彼内地任便贸易。又烟台约六处起下货物，载明仍不准在该处居住，开设行栈，马关约亦只准暂租栈房存货。此次如必欲议修小轮之章，只能由口岸径至某内地，仍由该内地回口岸，断不能由此内地至彼内地，任便行驶。盖洋商运洋土货出入内地系如此办法，则小轮亦只能照此，万不能别行推广。运货至内地，亦只能照马关约暂租栈房，断不能久租，亦断不允自造。以上两层，万万不能稍有松劲分毫。又闯关闹事，应从严罚办，水手人等系属华人，应听闹事处地方官拿办，知照就近口岸该管领事派员前往观审，不能阻挠，如因水手提案，船不能行，亦不能别有借口之处。以上各节，亦须列入定章。

总之，洋商办土货，本令华人前往，即售洋货，亦从无洋商自运入内地销卖者。小轮又多系华商托名洋人，更与正经贸易之商人毫无利益。年来内地已因民教不洽，煞费保护调停。近因小轮恃势横行，民多积怨。论通商正办，必当先使华、洋商民辑洽，然后贸易可以兴旺，于商务可获实益。若为流氓洋商多收包揽之费，致使中外商民猜忌日深，实与正经洋商贸易转多窒碍，亦非计之得者，不仅中国过于受损不能允也。非照上意大加删改，不能商议。

复张宫保并寄外务部吕侍郎盛宫保

光绪二十八年六月二十三日

小轮事，于祃电详覆。养晚接鄂发两会效电，询系九江至殷汇三线齐阻，至今不通，由邮寄故迟，今始到。内河行轮，本系予以约外利益。二十四年先后定章，定有限制，只准由口岸至内地，由所至内地回口岸，并非准其内地到处任意行驶。既有定章在先诚难翻异。第事本约外通融，官民已受累不浅，若再不抱定原限，受累更无底止。无论如何要挟，必当万变不离其宗，断不能于原章限制稍有放松。至“内港”二字，照烟台约第三端第四节所论“内地”二字相同，实系定章之初，为赫等欺朦所误，今已无可补救，惟有执定原章行驶为限，庶免再受亏损。此事与正经贸易之英商实无利益，徒使中国受无穷之害，不知马使何以要求及此？即赫议二十四条内，亦谓“小轮章关系不小”。惟所云“察看各省损益，随地议定”，亦非妥善办法，事不可行。幸镜翁、杏翁坚争之际，并切向开解不必代人损我。又，不能以公道之价租得栈房，准其租地自造，尤万万不可。盖租赁民房，租价高下，虽同在一处，亦难有定。我以为公，彼谓不公，必欲自建，即难阻止。若小轮到处可以行驶，所至内地又可建造栈房，直是水乡各处，即与全行开通无异。烟台约，沿江六处上下大轮之货，尚不准其设栈，岂有内地小轮运货转许建栈之理？况小轮从无装运货物，即拖带货船亦复罕有之事。此其意实不在储货乏栈，直注意在到处开通，使我不获开通之益，实受暗为开通之累。如彼定欲议立此款，必当切实声明，只准由口岸至内地，并由该内地处回口岸，断不能由此内地至彼内地任意行驶，并不准自建栈房，此为扼要之着。

至口岸一节，中国通商，始于道光年间。《江宁条约》第二款载明上海等五处港口贸易通商，此为辟口之始。通商之处所以名口岸者，以其在口之滨岸地方，便于泊船、货物上下也，天津约虽有“城口”字样，城口既不能作城内，大凡通商之区，多系近有城邑，所谓城口，即系城外之口之谓，亦指买卖往来而言。至于听便居住，赁屋租地等事，本款下文即载明悉照已通商五口无异。无论英文如何，第既与五口无异，是仍只能在港口居住贸易，尤为铁板注脚。是以烟台约第三端第二节载明“新旧各口岸，除已定有各国租界，应毋庸议，其租界未定各处，应会商各国，将洋人居住处划定界址”云云。中国已开新旧各口租界，无论已定，未定而通商之区要，均在江海河滨岸之地，照烟台约，已划定者固毋庸议，未划定者亦不过将居住地势广狭，酌量商定而已。此不独有各约可证，更有实事可凭。通商开口已数十年，久有成约成法，何能至今日由马使强词争辩，希图翻异。至马关约第六款第一节所云“添设口岸，均照向开通商海口或向开内地镇市一体办理”，此指马关约索添各口，应照已开各口办理而言。日本商约第四款，“已开及日后约开各口岸城镇往来，赁房、租地居住，商业、工艺制作，均照现在及将来给与最优待之国臣民一律无异”，亦系指照各口办法而言。是以添开之四口，亦均在滨江临河之处，仍照各口一律办理，并无别有优异。足见城镇市等字，皆属泛指设譬，实重在“一律无异”四字。故商约解义谓“日约以西约为本，比英、美等约字句虽有不同，施行要归一律。西人应得之利益，日本无不从同，西人未得之利益，日本亦未尝特异。各省解说，当知此意”云云。今马使议款，虽于城镇等字藏而不露，然照所议不独未定租界之处，将来会定必致于城内外任意扩充，即已定之处欲为翻异，亦可执后约争扩，势必将口岸繁盛之处为其并入界内，于口岸事权利权尽失，销场之税亦无可抽收。前岁江宁英领即执“城口”二字，强欲在城内租地通商，并称系奉公使之命。坤一执约力驳，因城外荒凉无屋可租，准领事暂在城内通融租住，商民仍照约在江边通商。今马又执此相争，其意可知。彼如必欲立款，只能照烟台约声明已定有租界者毋庸议，未定有界限者仿已定办法，量商务衰旺，酌定广狭，会商界址，庶得援已定之办法，范未定界限，不致将城镇一并牵入，此皆至要关键，未可稍有退让者。

总之，马使前议加税，必欲中国政府允准，照会该使，方能转送英政府，劝请依办。今又谓须前两款核准，方允将加税一起，电致英廷，得步进步，无非任意要挟。加税以抵免厘，并非别有利益。若与税厘毫无干涉之事，因此牵连强我受亏，实非下私所敢出此。惟在镜翁、杏翁有以力折其非外部主持于内，大局幸甚！

复盛宫保光绪二十八年六月二十五日

敬电悉。第一端所云外国口岸之船、中国口岸之船，不知是否即指华商与洋商之船而言。盖行轮本在中国口岸，无所谓各国口岸也，应请询明见示。至行驶小轮原章，只准由口岸至内地及由所至之内地回口岸，此次定章必须守定此限，以免到处行驶滋事，稽察为难。船上人系华人，应归中国管理，使之有所瞻顾，不致任意妄为。现在既与马使商定加税免厘，小轮定章议妥，亦必须待加税照办，然后方能一体允行。章程内，即有税无厘矣。各口详细办法，虽可各就地方酌定，然亦断不能越统章限制，能如此，方免流弊。细情已详祃养两电，想邀鉴及矣。

复吕侍郎盛宫保并寄张宫保光绪二十八年六月二十六日

沪径电悉。小轮、口岸两款，昨外部转到电旨，本以流弊滋多，尚未照允，鄂与马议，亦本未全定。今马谓加税未能作为应允，何以我本未允者转谓已定，不能再改，实属理不可解。加税之议，在我不过虑及厘捐不如加税，允其免厘，然已多方迁就，将来利益是否实足相抵，此时亦无实在把握。况此款，纵马不再别事要索，尚须待英照允，英无异词，又须与各国商允，若有一不允，仍作罢论。美国沙使昨特为此来言不允之意甚坚，虽经敝处反覆辩论，再三商劝，口气已松，然亦难保非碍于面情，不自径拒，委于美廷。此外各国如何，更难逆料。是加税一事，与马虽有成议，将来能否照办，尚在未定之天。而马先则借以索开各口，汇入该条，谓欲以此慰藉英商，免其阻挠，又复迫我速允，彼欲乘二十以前英未散议院，电达该国政府，惟又须俟续索之行小轮章、推广口岸利益两款允准，方允将加税一款一起电致英廷。今我于前两款本未允准，尚须商议，乃谓已定，不能再改。彼则于已定加税，不能作准，又须待添索米谷一款改定，可望依允。似此语无信实，竟执加税一事以为挟诱之计。

总之，加税我为抵厘，本不能借此别索利益。况该款载明各国一律照样允立此约，不得明暗要求中国给以政治权利，该使更何能自行借此作无厌之求。至前两款，就敝处所见，业于码漾电详陈。若照该使似此要索，统筹兼权，此中利害，出入甚大，断不敢就一己之见，再加论断，惟有请镜翁、杏翁电外部裁夺，为祷！

寄张宫保吕侍郎盛宫保光绪二十八年六月二十六日

沪有电，复加细思，大凡禁米，必米缺价昂，民食维艰，非至万不得已之际，决不愿禁。若须预先一个月通知，则此一月中必已纷纷赶贩出口，迨过一月禁运，则该处之米更必缺乏，价必更涨，民累更必难堪矣。一月之期，应请竭力商减，能减至五日，至多一旬最妙。特再补达。

复吕侍郎盛宫保并寄张宫保光绪二十八年六月二十九日

沪勘电悉。加税本中国应进之款，亦系免厘相抵。用马使照会所索，未免干预过分，亦束缚太紧。纵谓虑及各省原有之厘无着，若不拨补，恐于货物上再有设法抽取。第约载业已万分切实，何必再为此过分之举。即照约载，亦只须备一照会，言明照数拨还各省而已。应请镜翁、杏翁先与婉切商酌，其大致总以不致碍我后来办法，损我自主为要。

复吕侍郎盛宫保张宫保并寄外务部光绪二十八年六月二十九日

沪勘、鄂俭电悉。第十及十一两款，即小轮、口岸两事，鄙见已详祃、漾、俭三电。是在镜翁、杏翁相机磋磨，外部体察情势，分别衡定。至小轮前由镜翁、杏翁交阅约稿，计列五节。第一节，系总纲，今电示删改，法似系将下四节，合两节为一，分前后段。惟第二节前段，系指内港行船伤损堤岸等项赔偿，后段系指英国轮船东租栈房等事。既拟删改约款，妥议章程，专立华船公司，电内所云第二节删前段，是否系删后段之误？乞镜翁、杏翁查示。

复张宫保并寄外务部吕侍郎盛宫保

光绪二十八年七月初一日

鄂二十九及艳电悉。劝马勿徒损中国，以益他国，实情理兼治之法。至“城邑”二字，系马关约第六款第四节所载。若仅就本文论，似乎城邑可任便从事工艺等项。惟条约必须统全约参看。该款第一节既限定日本臣民往来、侨寓，从事商业、工艺制作，均照向开口岸一体办理。又商约第四款后指明，现在已定及将来所定外国人居住地界之内，照给与最优待之国臣民一律无异。约内既有专款立定限制，此外即属泛语，不能据以为实。即如同治四年间，上海有英商欲援津十二款，在各口各地方租房设栈，禀经英国总理衙门批示，谓“本国总理各国事务大臣喇肃意见，以此款必须连上第十一款合看，其十一款既有限定商人只可于通商某某口岸方准沾获此等利益之明文，尔等呈请，实无从得其情理”云云。载在英国蓝皮书，可资考证。日约既已定有限制，则“城邑”二字亦只应如城镇、镇市一体作为泛论，盖辟口之处必近城邑也。往岁苏州辟口，日商即欲居住城内，嗣经辩驳，遂择地盘门之外。已行之约，无从改正，惟就约解释，其义本属如此。故商约解义，亦谓“西人未得之利益，日本亦未尝特异。各省解说，当知此意”云。

复吕侍郎盛宫保并寄外务部张宫保

光绪二十八年七月初四日

沪江电悉。商注内河行轮各节，于英商贸易一面，备臻周妥。马使即不急欲回国，亦应早日就此定议，何苦为他人索此无益英商利源之事，以撤我藩篱。至敝处只准由口岸至内地，并由该内地回口岸，悉照旧章办理，并非凭空臆说。马谓旧章载明任便往来，专作内港贸易，不知旧章第一条任便下有“按照后列之章”六字。兹查后列第三条，载明“在口岸行驶，无须每次赴关呈报，若欲前往内港，于出口、回口时一体报关”。又第五条载明“在各口装货赴内港，核完出口税，由内港装货回本口，一体报关核办”。处处抱定本口，语不离宗。再证以续增之第四条内，载“华洋各轮往来内港，每四个月在挂号之口纳钞一次，民船被轮船拖带者，必须按章完纳船料”等语。小轮往来内港，专资拖带民船，而此项船料又为海关应征，而非内港各处向来应征之项，如非由口岸入内地及内地至口岸，海关何从而征之？岂非此条竟成虚设。据此而论，则旧章所谓任便往来，实指由口岸任便往来内地，而非此内地可到彼内地明甚，何能指为已定之案，更无所谓之更改。马使既以旧章为言，非前后细按不能明晰，仍乞镜翁、杏翁切实剖商定议，再行请旨，否则敝处万不敢允。

复吕侍郎盛宫保张宫保并寄外务部

光绪二十八年七月初六日

沪歌、鄂歌一二电悉。小轮旧章，只准由口岸入内地，及由内地回口岸，香帅解释与敝处支电同。洋文较华文尤详，更为铁板注脚，断难任马异议。汉、湘、赣、淮各内地，本有轮行，先列入约，徐俟察看情形，徐议增广，洵为提倡华商公司基础。至口岸界限，原议甚属含混，鄙见总须考究明晰。如不作租界解说，则英善后约第六款本有各口界限，由海关妥为定界明文，此项界限，即闽海关章第一款"商船赴福州者，行至金牌，即为进福州口"等语，是只须将未经定界各口勘定，于原约所许利权无所损益。倘马意为推广租界起见，则关系较巨。虽经议添外国人民在租界之外居住一条，仍须守定烟台会议三端二节已定有"各国租界应毋庸议"一语，订入约内，庶免将已定界限另有扩充。均请镜翁、杏翁汇核辩商。

再，索添此口至彼口运米一条，未见沪电。彼既指我延宕，何以又节外生枝，香帅驳之甚是。漕米、军米事关内政，不牵涉入约为要。

寄外务部张宫保吕侍郎盛宫保光绪二十八年七月初六日

前接沪江电，先将小轮旧章由支电辨正达览。顷再细察两星使拟改内港行轮新章，原议专归中国轮船行驶，如各国人民欲行小轮，只能与华人议立合股公司，归中国注册，填发关牌，张挂中国旗号，主权较足。今沪江电又另加一条，说明"英商如愿将轮船转归华商公司及挂中国旗号，英政府应可允许"数语。夫曰"英商如愿"，则事权在彼，此条已属空文。且原议华洋合股之轮船一切办法，无须英国允许，则退股专归华商公司，挂中国旗更无须英国允许，毫无疑义。今添此一条，将来不免启洋商置船附名华商，习用华旗，有事英国仍可出为干预之弊，反不如不添较妥。请两星使再告马使，总须得有切实办法，将来方可据以会奏，或将此条核实改正，亦无不可，乞裁酌。

寄汴抚光绪二十八年七月初七日

拨补松沪货厘案内，部拨贵省各款，自二十五年起至本年分止，除解到外，尚有欠解应解银共六十馀万，迭次电催在案。此项拨补，为计授要需，一有短缺，哗溃堪虞。现在各库挪垫一空，专待贵省之款接济，务祈俯念艰窘，迅饬司道筹解大批来宁，以济眉急，共维大局，坤一与江南饥军共拜仁人之赐。迫切电恳，伏希鉴察，并求将数目先赐电示。感切！

复吕侍郎盛宫保并寄张宫保光绪二十八年七月初七日

沪支电悉。中国各省用项，共计三大宗：一系应解京协各饷，一系应还洋债赔款，一系本省用项。入款：地丁、钱漕、关税、盐货课厘。现议加税免厘，虽少厘收一项，尚有销场之税可资抵补，亦尚非丝毫无着。是将来查办抵补，应由各省查明以前每岁实收厘，先由户部于加税内拨补，俟后仍当查明每年征收销场税数，将拨补之款照数核减，此为公平办法。惟各省应还洋债赔款，均须解至上海汇付，若所少厘银，必须照数拨补，仍须由部查明每海关征收之数，分拨解交各省，则一往一来，增无数烦费公牍。论实在办法，只须由户部每年查明各省短少厘银，将向来指拨京协各饷，分摊赔款，照数核减，即与抵补无异，办法亦较直捷简便。今马使必欲将会奏及奉旨日期，一并照会附约，则会奏内固宜分别奏请，免成呆着。惟不得抵借新洋债一节，款为本国进用，应本国自主，非特难以奏请，亦非马使应行干预。究应如何与之商删，并拟如何会奏为妥，应请诸公详酌。如两星使能于商删后先拟一稿见示最好。

复吕侍郎盛宫保并寄外务部张宫保

光绪二十八年七月初七日

沪微电悉。马使屡以所议之约废弃为词，无非意在要求。在我总当统筹权利，不致过受亏损，方能允许，否则何取乎成！

顷由驻宁英领交到马使来函，谓“武昌所定第十条行船章程，敝处不以为然。与中国钦差细心琢磨，以冀有合敝处之意。在华英国商务有振兴之机，本大臣所期望者止此，否则恐商约作废，前功尽弃。因政府与商会于货物增抽一个半一节，极力阻驳，想早详悉。除非中国另给商人加增利便商务之机，定公道行船章程。章程总以中国利益无损、国权无碍表明办法，则庶民兴旺，赋税亦增。未悉敝处之意，欲将以上所商之约改订之，抑或损坏之，请斟酌卓裁”等语。函尾虽亦语藏要求，特其意亦知我权利有损，万不能允，故复以好语饵我。现函覆该使：“武昌所商第十等款，承贵大臣与敝国两钦差商拟，冀合鄙意，具征盛怀。拟订公道行船之章，并示中国利益无损，国权无碍，尤具推诚平允办法，莫名钦佩。本大臣之意，此次筹议商约，亦但求于洋商便宜，仍于中国利权勿失而已。不仅行船一款为然。而近年来小轮行船内地闹事之案，不一而足，不独毫无利益，抑且治权亦复为之牵掣，前承嘱局员代达清听，想贵大臣当能记忆。且详考情事，与正经贸易之英商亦实无甚利益。祈贵大臣再行细察，当知本大臣所言非虚也。至本大臣凡遇交涉，无不竭力维持，当亦为贵大臣所深悉。现在所商之约，更无不愿早日有成，特如尊示，不能将国权利益过受亏损。惟望贵大臣之曲谅和商耳”云云。特闻。

又前承录示与马议定七款内第十一款银式一条，鄙见始终不以为然，历详各电，嗣后亦未经两星使电知与马如何商议情形，此时姑不具论。第以完税之关平与库平相较，每百关平大一两六钱有奇。如加税之约有成，岁收洋税将及五千万，税平改照通用银式，即岁须短收平银将及百万。当此财用如此支绌，岂可到处受其侵削。盖彼明为整齐银式，实则暗减税银，用意可谓巧黠。不能不就管见再行陈明。

寄吕侍郎盛宫保并寄张宫保光绪二十八年七月初八日

沪阳电悉。沪定七款，其二、四两款，敝处因中多窒碍，一则关系国课出入，一则关系商家讼累，迭次详悉电陈，请将银式一款不必入约，合股一事须分别添改①，均有电可查。厥后电两星使如何与马使商议订定，敝处并不知悉。昨今复将前两款先后电请两星使分别商改，想已达览。此时姑无论定议前两款，敝处并不接洽，即照彼此商办情形而论，如第八款早经两国国家允准，现在英廷尚有添改前两款，于我既有万分不妥，又系议而未经公同允定之款，与之商议删改，亦不患无词。两款相较，其银式一条，岁须亏银百万，受害尤甚。务望两星使力任其难，将前两款

①中华书局版《刘坤一遗集》作“收”。

再与分别商改、商删，大局幸甚！

寄外务部张宫保吕侍郎盛宫保光绪二十八年七月初八日

准沪咨马使照会内开，“新约第四款，论及中外股东应得之干系，曾经彼此议允各节，兹特声明：英政府于应允末段之处，虽不援引此约为据，可预留权衡，以便将来因惠通之案，或别等相类之案，任便再动公文，作交涉办理，附洋文一纸”等语。录叙议订原文，咨请查案驳覆。

查华洋合股，中国向不准行。惠通案，华人受亏甚巨，前虽判结，而在英仍视为未结。是以上腊接杏翁霰电告知，“前款末拟加‘从前旧案，经中国曾已判结注销者，于上列各节，无相干涉’数语，英使拟照政府电意致函声明”云云。彼时敝处即虑翻惠通前案，且未知相仿者系如何案情，华商断难受此巨累。即由巧电分达沪、鄂，请杏兄设法将函商销，并将约后拟加之语，改为以前之事不能援照此条办理，免致再借未结为言，别滋异议。嗣后如何商办，未得电示。大凡议订商约宗旨，专为以后取益防损，是所立条款，只能管理订后之事，从前交涉之案断难羼入。今按沪拟该款全文，末段并未改正，款内又有“中国今允认定不论从前、现在、将来，凡中国人民出资附入外国人所办公司等举者，均应视为合例，有利共享，有害共承”云云。所谓从前者，不独关碍惠通之案，且恐各口难保无类于惠通之案，亦必尽为牵连，此实万万不可。况惠通系交涉讼案，亦未便由议约大臣另送一函声明此案。为今之计，惟有请两星使一面将此“不论从前”四字商删，以绝萌芽，并以惠通之事交涉词讼，又经援照美商之案早已断结，更与商约无干，马使不能借议约干预图翻，将送到另函，切实驳覆。

复吕侍郎盛宫保并寄张宫保光绪二十八年七月初九日

沪庚电悉。银式一事，敝处始终只有力阻入约之电，并无允许之语。尊处与之订定，亦未有电知照，此皆有往来电报可覆按也。完税既用关平，较通用诸平特大，此后完税，通用改为一律，无论如何改法，将向来较通用特大之平银无着，即属吃亏。况加税，各国如有一不允，即作罢论。此款将来换约之后，势必逼令照办。是未获加税之益，更受暗减税平之亏矣，尤非鄙见所敢出此。大凡会奏必意见相同，今兹事见解既不相侔，敝处似未便会奏。好在由外部核准，尽可提出由尊处单奏，亦从实办法。

至附股一款，前电奉商，未识卓见如何，并能否设法挽回，来电未蒙示及，统祈再赐详酌。

复张宫保并寄外务部吕侍郎盛宫保

光绪二十八年七月初十日

鄂佳电悉。银式一款，敝处所以未能照允者，实因暗减税平，受亏过巨。马在鄂时，既经香帅询明关税仍照关平照加，然口说无凭，约内必须声明，免致事后异议受亏。应于原议款末“完纳各项税饷及各项之用”句下，酌添“惟银式无论如何改定至完纳关税，仍应按照向来关平大于库平银数比较核算，补足平色”数语，请两星使商添电示。

复吕侍郎盛宫保并寄外务部张宫保

光绪二十八年七月十一日

沪蒸一二电均悉。前电请商减米谷禁限，原虑限期太宽，奸商得以尽力收买，贩运出口，歉收之口愈形其缺、愈形其贵起见，能减少一日即地方受惠不少。敝处既有所见，不得不切陈，以尽我心。至于如何议改，仍请两星使相机力图，可允即允，免彼再说延宕。

惠通控案，经中国以向无准华洋合股之例，驳不准理。而彼并不执此外合股所买之股票不能作算，与我坚持，此即系不认已结之根。合股款末虽声明与曾经控告断结者无涉，但彼既不认惠通案已结，而本款上文又有“不论从前”四字，彼即未尝不可以惠通案亦应视为合例为言。证以马所云，“如果视为不合例，则以前华商所买股票，不能作算”，尤为意在言外。查西例，合股权在公司，未闻有因此公司在彼国控理不直，遂可强令他公司将彼国商人股票不算之理。况惠通案判定在先，彼既以此抵制，何以不早为声明？既先未声明，订款后更不容另有异议，一也。华商现执从前股票，虽未尽可以“现在”二字该之，然订约后再行过户注册，即可享本款利益，毫无阻碍，二也。敝处前请商删，系并杜马使照会所云，“相仿之案，不仅为惠通一案”，非愿以无益之事相扰。且明知磋商不易，庚电曾将二、四两款比较立说，只候两星使权衡轻重，妥商酌定。至马使照会应驳各节，已备公牍咨覆，并闻。

复张宫保吕侍郎盛宫保并寄外务部

光绪二十八年七月十四日

鄂覃、沪元二四电均悉。查税课银两应纳平色，天津条款本已载明，毋须另定。因银式订入条款，又有“一律通用纳税”字样，语意含混，恐为借口减平之端，不得不辩明，自占地步。盖外人往往因旧约一二字迹涉疑似，与我争论，辩正为难。今多此一番推敲，彼虽不允入约，然果照覆备案，别无异词，自可就此了结，以省烦渎。至合股款末，“已经判断完结者无涉”一语，两星使谓凡有类于惠通之案，亦可援照。鄙见此只能指类于惠通而已结者言，若相类而未结者即难援照明甚。原款如不商删，难免一无流弊。今两星使谓尚无损，自必确有见地。容俟马使银式照覆电到，再当汇核电覆。

复张宫保吕侍郎盛宫保并寄外务部

光绪二十八年七月十五日

鄂元、沪元五电均悉。烟台约续增专条，洋人居住地界，虽有须再商酌之语，但未经商定之先，仍应按照原约办理。现议条款若不磋磨妥洽，前约既置无用，嗣执新约商办，即漫无限制，此敝处所以不得不加意慎重。各国争不争，英可不管，中国自能与各国商办。惟马云无扩界之意，若语属由衷，不妨备一照会声明，如其并此不肯，则所谓无扩充意者，无非欺我之词矣。今鄂电意既与鄙见相同，应请两星使再与商酌。但得英能照允，即与各国商议，亦有依据。盖洋人居住之界，须再商酌，出自英约，此时更不能不先就英与之订定也。事关各口界限，即为各口地方利权所关，幸两星使力任其难，受益非浅。

复吕侍郎盛宫保并寄外务部张宫保

光绪二十八年七月十五日

沪元一电悉。内港行轮，英注意全行开通。现议续章第八节“不得由此不通商口岸之内地至彼不通商口岸之内地”，第七节未开“内港如欲行轮、须先报名批准”，均系紧要关键。两星使业经详细订明，俾彼不得任便行驶，实于治权利、权挽回不少。其馀如租给栈房、码头各节，均系题中应有之义，既经明订限制，彼亦不能越我范围，均足补赫章所未及。虽华商公司只准洋商附股一节，尚未办到。第赫章先既准洋轮行驶，此时驳拒，自非易易。第五节所载“英轮愿转归华商公司，英国应许不加禁阻”等语，为日后计较胜于无，似可无须删去。惟一节租给栈房码头及七节开通内港，关系地方利弊，虽有商务大臣主持核办，然该管大吏亦应预闻，两星使如能再商，添入“督抚”字样最好，否则亦应预为声明，随时由商务大臣知会督抚核办，庶几更昭妥洽。此事屡接沪电，马使要挟多端。今兹就商，实赖两星使坚忍之力，即请两公主政会衔奏覆。

复吕侍郎盛宫保并寄外务部张宫保

光绪二十八年七月十五日

沪盐及盐三电悉。英约磋磨至此，荩筹亦良苦矣。事机所在，诚不宜过迟，自应将未定各节赶商，以竟全功。前七款银式一条，应声明仍照关平完税，赶催马使照允见覆，即由两星使先行挈衔电奏。尚有口岸一款，应声明无扩界意。米谷一款，三礼拜禁运，亦望催请照覆，并由两星使接续挈衔奏覆。其馀盐电三款或另奏，或汇全约具奏，统由两星使主稿会核办理，盖事由两星使主政，不仅其中商筹委曲情形便于声叙也。统计全约十七款，大致均已议妥，所未定者只此三端，并非不知缓急，故事推敲，实以出入所关匪细。马如照我所办，与英毫无损。英既如此敦睦关顾，似不值损中益人。七级浮屠已到合尖之际，全仗两星使推诚力商，使之速允定议，大局幸甚！

复张宫保吕侍郎盛宫保光绪二十八年七月十六日

鄂愿咸、沪咸二电悉。合股款，两星使一再商榷，以为不删无损，只合就此了结，已详盐电。香帅拟乘机订入印税一节，如能办到，既杜流弊，亦得一宗进款。至英政府前请在八款第十、第十一节下添改数语，弟即疑为指派洋员张本。今咸二电明言洋员，可见实非过虑。惟办法与我尚无甚碍，昨咸电亦已勉允。只要以允我商改别款，我始允照添改，以期事得其平。香帅谓可照允，以为我添改他款之地，甚合鄙意。均候两星使统筹酌办。

复张宫保吕侍郎盛宫保光绪二十八年七月十六日

鄂盐二、沪咸三、咸四电悉。加税拨补裁厘奏稿妥洽，即请挈衔会奏。米谷禁运限期已允减为二十一日，银式照覆亦到，甚费芪筹。如合股款，香帅毋须磋商，则前七款与米谷一款，均可接续奏覆。惟马使所请到埠尚未装完之米谷，仍准完装出口，与敝处商减运既用意不符，如能商删最妥，否即亦只好照允。总之，事关民食，两大臣有可保全之处，当不至畏难自阻。统候裁定主稿，挈衔会奏，至幸！

寄外务部张宫保吕侍郎盛宫保光绪二十八年七月十七日

准沪文函，裴、贺两税司与各司所订税则，沙使即欲签字。奏奉电旨，着坤一等会同酌定，再行签字等因。遵查此次所订税则，不分进出口名目，并列十七类，约六百五十种，内一百四十种较旧则增收税银由数分至数两不等。丝茶另订专章，不载其内。另有十数种税数稍减，为数既微，亦非大宗货物，无关出入。惟布匹、企呢虽有旧则，因此时货样长短阔狭，后先不同，以致无从比较。其馀各样著名税数，或系旧免新增，或系向来估抽，今始改定画一，或因货虽一种，精粗不一，价值悬殊，仍只载明值百抽五。名目增繁，急切难得统加确数。又税则既照前三年货值扯算，与近日市价亦难强同。裴、贺两税司熟习税务情形，既经再三商榷议订，大致必不离谱，拟请准令签字，以免翻覆。至后附善后章程三款，一系估价征税办法，一系限制洋商用物免税，一系重申食盐、军火禁令，已详会奏，均属有益无损，即请核办。

复吕侍郎盛宫保并寄外务部张宫保

光绪二十八年七月十八日

沪铣二三四电均悉。小轮款一节、七节，请添入“督抚”字样，本系活笔，既属事有为难，不添亦可。口岸一事，马云租界是中国予以格外利益，如果见诸照会，遇事即有根据，又何迟疑。因其徒托空言，是以不得不请其将无扩界意备文照覆。盖已定租界应毋庸议一节，经《烟台续约》载明，再行商酌，遂成具文，再不趁此时商订入约，事机错过，实属可惜。且上海口岸，洋人居住界址未予限制，彼尚屡请拓界，一经定立限制，彼难免协谋推广，更不能不过虑也。总之，订立界址，香帅虑无限制，敝处防其拓界，均无非力杜流弊起见。但使此款订后，他处得受其益，敝处亦不定专为上海一隅坚索照会，至碍大局也。仍乞两星使统筹酌办奏覆。

寄外务部张宫保吕侍郎盛宫保光绪二十八年七月十八日

小轮款谓华商公司准洋商附股一条，系两星使回沪后另订办法。敝处上月俭电，即以为治权稍可挽回。嗣香帅月一电，拟限制华商公司所附洋股不得过十成之五，须挂中国旗。敝处庚电亦谓此等合股各半，船应归中国管辖，庶免碍我治理之权，请两星使切商增入，并无不愿之语。日昨见沪元一电，所订三事十节，于此条绝未议及，即觉诧异。然犹以为两星使必经切商未允，事出无奈。乃顷闻沪上传言，两星使谓敝处不以合股为然，故置不议。此更万无是理。盖商约事关大局，总以国计民生为重，不容一人参私意其间。限制洋轮不得入内地，较准由口岸出入内地主权更足，两星使既经见及，即应速与商定。况此事彼此意见皆同，更不应未商先馁。好在事未先商，此时仍可作为敝处与香帅之意与之商办。英国与我如此关顾，全约亦已大致议定，只此一端，允我入约，与正经英商无损，于中国实大有裨益，马使决不至十分见拒，甘弃前功。务请两星使竭力速商添入，庶后来各国议约不能越此范围，大局幸甚！

再，鄂谏电，丝税经第一常关先纳二五，至出口之关验有曾完二五关单，只抽二五，仍与抽五之议相符，办法亦为平允。此乃常关自抽土货之税，与出洋之丝无关，均请两星使查照商改电覆。

复张宫保并寄外务部吕侍郎盛宫保

光绪二十八年七月十九日

鄂铣、筿一、二电均悉。查银式、小轮两事，敝处早虑及流弊甚多，屡电力争，可以覆按。而银式一条，将来受累尤甚，不仅暗减税平一端，只以两星使先有成议，不得不通融允诺，先设法将关平暗耗争回，再商补救。前阅沪咸二马使照覆电文，"系谅贵国政府必于要紧之区，设立铸局"云云。因"谅"字尚属空泛，致未驳覆。今香帅接电，系属"请"字，文义更加逼紧，一经揭破，我愈无转身之地。自应赶紧将照会退销，只商令将照关平完税一节照覆，其馀毋庸叙入，以免别生枝节。至八款十节"中国政府"四字应改为"本省督抚"，自系不易办法。小轮款一节、七节，应添"督抚"等字，与敝处咸二电意同。此外拖船式样、合股行轮两节，均系利权所关，务请两星使力任其难，查照香帅各电，切商更订，电覆，幸甚！

复吕侍郎盛宫保并寄外务部张宫保

光绪二十八年七月十九日

沪啸一、二电悉。口岸事，第二、三节限制界外洋商，遵守中国章程，界内华民不独免缴税捐，极为有益之事。敝处前请马照会无扩界意，系防流弊，并欲了结。《烟台续约》“再行商酌”一语，然大局所系，不在一隅，业于巧电声明，候两星使相机商办。今马不收我照会，反欲撤删此款，更无是理。鄙意姑予照允，徐俟另商。至禁运米谷，已买未装者改为七日完装出口，较有限制，亦可照准。均请香帅与两星使酌定。

寄张宫保吕侍郎盛宫保 光绪二十八年七月十九日

马使关平完税照覆，干预过甚，必应撤换。效电发后，接香帅啸电，再覆一照会，声明详细章程应由中国政府酌定等语，足补原款所未及，亦较撤换省事。即请两星使查照啸电办理，电覆。至盼！

寄外务部张宫保吕侍郎盛宫保 光绪二十八年七月十九日

效电两论银式一款，想达览。顷又由鄂报房电知请添各节，再三详察，通用银式既非一旦所能尽改，生银一时即难尽废，银圆易银势必仍有市价。此时若完税核定画一之价，与市价必有高下，于课、于商转有出入。盖历来华洋商人完税，本有用洋合银者。假由银号照市价收，事无流弊，现在亦不可先行折定，照会转成呆着。惟铸造银元系国家币政，自应由中国国家酌定专铸，万不能准商附铸。鄂电请添数语应改正，直写“由国家专铸”，所云“应否华洋商人附铸”数字，务请照覆内删除勿用，至要！至祷！

复吕侍郎盛宫保并寄张宫保光绪二十八年七月十九日

沪巧二、四电悉。马使辞行电，至今未到，是以敝处未便径覆，务请两星使转告马使，电尚未到情形，并切商马使暂行展缓荣旋。此次莅华议约，虽历时稍久，然所商定全约十馀款，大致均已议妥，而所定之款，多关两国商民利益。目下尚未见诸施行，商情一时偏见，不足为据，日后彼此得收实效，则马使之公正盛名，当为中外同钦。此时所以尚小有推敲者，亦无非力求将来事无格碍，得以永远彼此恪守，不致因小节而留异日之憾。务请代为挽留，一面并请将小轮条款，照鄂电分别商添、商改。银式一款照覆，声明由国家酌定专铸，或由鄂拟稿，或仍由沪主稿会奏，以竟全功，不胜切盼！

复张宫保吕侍郎盛宫保光绪二十八年七月二十日

鄂效三、四，沪效一、三、四电均悉。小轮款另加一条，洵属有益。十年修改限期，专指税则，亦尚无碍全约。至此众议相同，兹已将前七款电奏，馀款请俟香帅将口岸事核定。外部将小轮拖剥核覆，即由两星使连同米谷款先行主稿覆奏，并接定全约奏稿挈衔会奏，先示电稿。再，银式照覆，前七款内尚未陈明，请与八款十节、十一节添改之语一并附奏。诸费荩筹，感甚！

复张宫保吕侍郎盛宫保光绪二十八年七月二十一日

鄂号、沪智电均悉。马使行期不肯再展，只有一面请两星使赶速定稿，接续电奏，一面由敝处再照香帅意，加电挽留。请译送为感。电稿附下："前接吕、盛两大臣来电，知贵大臣以议款就绪，急欲荣旋，当即切托致意挽留，想达清听。此次贵大臣莅华议约，首将加税免厘在鄂议定，与两国大有裨益，本大臣早深感佩。旋沪续议各款，均承体谅和商，诸臻妥洽，尤征关顾之情。本大臣已赶商两钦差、张制台电奏。惟电奏多起，奉准画押，尚须数日。想贵大臣在华稍久，眷怀家国，原属至情。第所议各款，均关商民利益。全约已具，只待画押，为山九仞，何惜一篑之劳？务请宽留数日，候旨允准，会同画押，以竟全功，实本大臣与张制台同深企望者也。"

复吕侍郎盛宫保并寄张宫保光绪二十八年七月二十一日

沪号五电悉。全约电奏，马使不能久留，自当妥速商定。惟此次议约，时阅数月，因应之难，磋磨之苦，悉赖荩筹，甫获就绪。全约枢纽及斡旋补救，惟镜翁、杏翁胸中综核贯澈，非由沪主稿不能详尽切实，上契宸衷。务请镜翁、杏翁妥酌速办，俟全约核定，即可会衔译发。鄙意亦恐展转商酌致有迟误，非敢推诿。

复吕侍郎盛宫保张宫保并寄外务部

光绪二十八年七月二十一日

沪号一、鄂哿三电均悉。《内港章程》添邮政一款，马改照现在海河轮船之法办理，香帅以为欠妥，所虑极是。不独海河轮船，现代各国递送邮件，正须设法挽回，不宜再添此一大漏卮。请两星使切劝马使仍照原拟添入，倘马只为取赀起见，似不妨由船东等与总局商酌，惟此外总以概不代递为是。鄙见如此，请两星使统筹酌定。

寄外务部张宫保吕侍郎盛宫保光绪二十八年七月二十一日

马使辞行电刻甫到。即言“西八月三十号前允将此约画押，不然，不能担认此干系”云云，前拟覆马使电，请两星使速转，若措词视为稍过，即请酌删转送。一面并请两星使主政，拟办会奏各稿，赶于日内出奏，并另办华洋约稿，俾奉旨即可画押，以防马不展缓行期，有误全约。覆马电曰：

“刻接贵大臣电，悉昨由两星使电，知荣旋在即，即经电请挽留，今日复有电，特致宽留数日，想均达听。贵大臣莅华，虽时日稍久，幸全约告成，是贵大臣此来，已收全效。只因约款较多，赶办奏稿，分办华洋文约稿，核筹抄录，小需时日。在敝处不能不切请贵大臣稍缓行期，在贵大臣此来，既为专议商约，责任重大，今约已定议，只待画押，似亦宜稍缓数日，以竟全功。想贵大臣必能俯鉴鄙怀，务请展缓归期，不汲汲于旦夕也。现奏约各稿，已请两星使尽力赶办矣。”

复外务部张宫保吕侍郎盛宫保光绪二十八年七月二十一日

号六电悉。莫非鸦〔片〕载在税则，自难禁止进口。立条款限令取保给凭，始准贩卖，较为有益，即请汇奏。

复吕侍郎盛宫保并寄外务部张宫保
光绪二十八年七月二十一日

沪号二电悉。前七款，系就原来电文会奏。银式照会一节，已于哿电请俟全约会奏与第八款添改各节一并附奏，想已达听。小轮、口岸两款，今日已遵命勉为拟稿，请香帅与两星使核定电发。馀款及全约会奏稿，必须汇核全案，撮叙要端，并将其中商议为难情形，酌量声叙。马使画押甚急，现虽江、鄂一再电留，恐行期势难展缓。如拟奏延时，或中有遗漏，皆足误事。坤一老而多病，实难办此。事系两星使专政，又复人才济济，自应由两公迅速主稿，挈衔电奏，以期妥速。鄙见电报过长，发电收电，展转翻译，皆延时日。会奏全约，如须将所议条款一并汇奏，约款既定，本无可改，不如先行汇集全约各款，电达外部，请俟电奏到日，汇同进呈，此亦以速补迟之法。是否，并请诸公裁酌。

复张宫保并寄外务部吕侍郎盛宫保

光绪二十八年七月二十二日

鄂个午电悉。沪税则文函，敝处系十三递到，计距沙使请展之期只数日，急迫比较核算，只见其前式增繁，增收者尚多，减收者无几，实无从得其确加之数。且各国已经签字，是以篆电拟准照签。今香帅亦谓势难细核增改，应请即由两星使准予签字定议。惟此次进口税则，内有五十馀种载在出口旧则，今又改定添入者，原奏未经声明，将来应分别洋土货照则办理。篆电谓“不分进口、出口名目”一语，尚嫌浑括，兹再陈明。

寄外务部张宫保吕侍郎盛宫保

光绪二十八年七月二十二日

鄂马电论口岸款，诚有至理。敝处智电，本亦谓删去不值。现为时已迫，马使能否展缓行期，尚不可知，自应即由两星使迅速设法切商马使，照留此款，或照鄂拟添拟改，以慰其意，仍俟商后，速电香帅核定，将会奏稿改妥径发，以免延误。切祷。

复张宫保并寄外务部吕侍郎盛宫保

光绪二十八年七月二十二日

鄂马辰、酉两电悉。口岸事，自应由两星使速再与商。具奏全约，昨亦虑及延时贻误，故有先电约款之语。今香帅指示办理，极为简要。应请两星使一面与马商口岸款，一面查照鄂电，主政速拟电奏稿，请香帅核定电示转发，以免延误。全案至第十及十一两款，电奏稿已个达，请香帅核改发行。

复张宫保光绪二十八年七月二十二日

号电悉。商约有成，实公之力，敝处谨步趋而已。前遵嘱密电荣、王两相云：“商约幸已告成，马使归期甚迫，万难允留，现在赶办电奏，一俟全约奏到，即烦二公请旨照准，电饬画押，以竟全功而杜翻异。至盼！至祷！”得覆奉达。

寄张宫保吕侍郎盛宫保光绪二十八年七月二十二日

枢电：“江鄂四衔效电已进呈，奉旨饬令寄电驳诘。所陈一节，系我内政，何以任听马凯照会，即请明降谕旨！此事与彼何涉，何以要求及此！且商约尚未全定，此时何能先行降旨！上意责成尊处详慎妥酌，再行电覆”云。

又枢养电：“哿电已进呈。所称第八款，英廷尚须酌妥字句另电，是此款尚未全定，何能即行画押！务将各款逐一通筹妥酌，并将所送刷印洋文，由江、鄂、沪三处各详细校筹，再行核定云。

查四衔效电系拨补事，原系内政，第当时因加税迁就，业于第八款第十六节奏明。现在全约已定，似难翻异。细绎电意，须俟全约定后方降旨。惟第八款已定，似不妨仍请先降谕旨，以便赶办。附约之后，应请香帅主稿挈衔奏覆，仍请先行降旨。条约敝处固无洋文底本，恐鄂亦未必齐全，时促不独不及录寄江、鄂，且敝处更无洋文好手堪任其事，此事惟有请两星使责令译员详加核对。惟江、鄂不及再核情形，亦须先行电覆枢垣，并请香帅主稿会电，均不必再商。切祷！

复吕侍郎盛宫保张宫保光绪二十八年七月二十三日

沪养一会奏及鄂养未、祃午戌电均悉。全约本已先后分款电明外部，照外部正月江电，自必随时照录进呈。马使行期已迫，若再电全约，必辗转翻录延时，贻误画押。事关大局，不能不稍为变通，香帅提纲简叙之法甚妥。所有会奏内谨将“核定约文，电呈御览”句，应请改为“议定约款，本已陆续电经外部进呈，谨再撮叙约目会陈”云云。又约文如下句“请删口岸一条”，既尚会商未定，会稿内应先删去。此款仍候两星使迅速商定，允则补奏陈明，亦无妨碍。如此办理，庶不致延误。鄙见如此，仍请香帅酌定核发万勿再商并再推归宁发，以免转折延时。切祷！

复吕侍郎盛宫保并寄外务部张宫保

光绪二十八年七月二十四日

沪养四电悉。马使行期不允展缓，现已请旨传电慰留。惟事机难料，只请香帅将沪拟会奏稿核明速发。如马允留，仍可待校约款。万一慰留不住，即望外部俟电奏到日，迅赐请旨，仍得赶于马使未行前画押，两星使画押所须文凭，亦惟有由外部请降电旨给予画押之权。事已至急，均请速办！

复军机处并寄外务部张宫保吕侍郎盛宫保光绪二十八年七月二十四日

枢两养电到，遵查拨补厘金，本系内政。因马使奉英廷训条，闻各国虑裁厘后各省无款，仍难免厘，故请明降拨补谕旨，附入约后，以安洋商之心，至于如何拨补，并不干预加税免厘。照第八款十六节所载，本须明降谕旨。兹既定议，自宜即行降旨，附约遵守。请即奏明，以慰宸衷。约本以洋文为凭，敝处无洋文好手堪胜校筹之任，应即责成两钦差督率华洋翻译各员，认真检校办理。商约磋商各节，敝处均随时并达外部，想均邀览。全约至此已商办到极顶地步，虽无格外收回，已较历来条约得体。现计全约关键，以加税免厘为胜算。此外虽小有迁就处，然尚无大碍。既有所取，即不得不有所舍。如谓一无流弊，毫无吃亏，坤一不敢言。特以事势至此，统盘核算，实非始料所及，马使人尚朴质，毫无习气，自以令其在沪候旨画押为妥帖，惟行期只两三日，迫不及待，惟有请旨饬外部电传将马使量加褒奖，慰留旬日，一面再由两星使代江、鄂致意，并在江海关拨款酌送土仪，以尽友谊，冀其钦感愿留。万一不行，惟有赶速办妥，庶免后虑。会奏到日，务乞主持迅赐照允，以免马行有误画押，英廷借此悔议。各国所望甚奢，英约有成，与议即有依据，一经翻异，协而谋我，转难收拾。且马回必换萨，萨欠谙中国情形，更虑狡黠。此中委曲情形，亦不敢不为密达。

复吕侍郎盛宫保张宫保光绪二十八年七月二十四日

沪养二五、漾二三、鄂漾辰电均悉。订第十一款，无非为二、三节与我有益。今二节马不允留，而改定三节末句，只声明不得妨碍现行征收地税一项。此外各口租界内向有华人缴款既未能逐一查明载入，将来不免仍有妨碍。鄙见如香帅以此条及一节均应照留，即请两星使务向马切商，于地税下添入"一切"二字，以免流弊。好在本文明言现行办法，添此二字，不过向来准收者依旧照收，向来不准收者自毋虑我抽收也，与马之"有权力在租界抽收"数语，并无出入。全约会奏附奏、及内港、口岸两款，务请香帅核定，径行奏覆，并将日期示知。诸费荩筹，感切！祷切！

复张宫保并寄吕侍郎盛宫保光绪二十八年七月二十四日

鄂漾二电悉。因先接电有各电枢要之说，是以径先电覆，应请香帅另电加劲。第十、十一两款会奏稿，已照鄂漾三电，添改首段，明原委，章程照改作十二节。五节"转归"二字，易作"转卖"，与三字后半段，照划出作第六节，以下递推。第十节邮政，照沪养三电，马允更正之文全叙，所有鄂电内港邮政事云云二十三字删去不用。其篇尾"酌情商准"句下，即照鄂电接叙"除十一款口岸一条"云云，坐衔下用"敬"字。

复吕侍郎盛宫保并寄张宫保光绪二十八年七月二十五日

沪漾五电悉。慎校华洋文，系枢切嘱。论事系两星使专责，早应督饬校筹妥密，无待此时筹商。且敝处本无译员，又无洋文约稿，前已电明枢廷。究竟是否校有把握，应否即行画押，两公自有担当，敝处无从参议。至邮政一节，已照鄂电，请外部核定径覆两公。此外尽可先行排印。

寄外务部光绪二十八年七月二十五日

此次约款，虽马使行期已定，不肯展缓，凡关利益之处，仍不肯稍有放松，力与磋磨，以致会奏不能从速。惟马二十七即行，会奏到，务求迅赐请旨照允，尽二十六电沪，愈速愈妙，并给画押之权，俾得赶为画押，以免马使行后翻异，大局受亏。不胜叩祷！切盼之至！

复张宫保吕侍郎盛宫保光绪二十八年七月二十五日

鄂有辰、沪径午电悉。画押期促，全约会奏等件尚转推宁发，欲速反迟，殊深焦灼，兹已赶转外部。惟会奏稿，照养五电删去议定“至口岸利权”一段，馀未改。又总计十六款下添“其全约文，本列有第十一款，系口岸利权”，因马凯议定复翻，只得照议删除，业于径电会奏陈明。是以剔除不计共四十三字，以免与全约文有碍。又附奏第十一节，自应照准下添。又第十二节，“英国国家若不允照此款全款”各节句，是当日议而未定，恐英国不允，是以如此声叙。今英廷已允此款，应将此句改为“此第八款若不施行”八字，以合体裁。共六十五字，坐衔用一二字。

复张宫保并寄外务部户部吕侍郎盛宫保

光绪二十八年七月二十六日

鄂敬未电悉。进口税则内所列货名有与土货名目相同者五十馀种，名目虽同，货实洋来，税亦较土货旧则为重。敝处养一电，声明将来分别洋、土货照则办理者，盖虑洋货混充土货，避重就轻。此次所定进口税则，除已核定外，馀须估价抽收，即不能如善后条约援照出口之税完纳，则出口之货，似亦不能援进口之税照完。况新约业已载明土货切实值百抽五加二五，现虽未定税则，而洋、土货价既各不同，将来开办新约，进出税数多寡亦复悬殊，似均不致援比暗减。为时已迫，事无窒碍，似可毋庸照会，免稽画押。

寄外务部张宫保吕侍郎盛宫保

光绪二十八年七月二十六日

画押谕旨奉到，已由沪钦遵赶办。惟马尚索第八款拨补谕旨，请速补发，径寄两星使附入约后。至内港小轮款，议添邮政一节，应否删去，亦请速电沪照办。

寄张宫保吕侍郎盛宫保光绪二十八年七月二十六日

全约会奏附奏等件，因内有口岸、行轮两款，香帅尚须斟酌，是以请由鄂核定径发，原期从速，乃因此转致稽迟，万想不到。此次虽幸就绪，惟以后彼此交涉正多，必须预先约明，嗣后责成江、鄂查议之件，系鄂定议，即归鄂主稿，会江衔奏覆，系江议定，即归江主稿，会鄂衔奏覆，如奏报商约等事，即系两星使专政，应由沪主稿，四衔奏覆，各专责成，庶免迟误。

寄吕侍郎盛宫保光绪二十八年七月二十六日

华洋文约想已校正妥善，一经画押，即飞电告慰。至拨补谕旨及邮政事，如两星使已奉到照办最妙，万一久等不到，事机到此，只有先就约画定，以维大局。此外小欠周妥，再图补救，万勿拘泥。并望告马，拨补谕旨，画押后到，仍可增附入约，或另备照会声明，慎毋因此怀疑，彼此两误。至为切祷！

复吕侍郎盛宫保张宫保光绪二十八年七月二十六日

沪宥巳、鄂有电悉。镜翁、杏翁以比核华洋文，须江、鄂另奏请旨，具见慎重。惟为时太促，另奏万来不及。且电奏内已陈明，“逐加校对，意义较原文无出入”等语，四衔会奏，即与江、鄂担当无异。请速遵旨画押，万勿迟回致误。

复吕侍郎盛宫保张宫保光绪二十八年七月二十七日

沪径亥、宥已、午、申，鄂二宥及戌一、二，寝亥电、宥亥及沁晨陆续到，均悉。距午刻画押，时已促迫，电奏万不及，想两星使必已查照江、鄂各电，预筹妥帖。如拨补谕旨未到，如何设法变通，令马画押，不致中变，悉听两星使裁酌。事后会奏陈明，万勿迟误，画押后即飞示。

寄军机处张宫保吕侍郎盛宫保光绪二十八年七月二十七日

沪沁午电拨补事，想已达览。盖马使所虑重在加税挪作别用，及抵押新债，各省用度无出，仍在货上设法抽取，前奏陈明。今既商允。七月十九日会奏请批“着照所请办理”，实较圆融得体。务请枢部照沪电代奏请旨俯允，俾得全约告成，不胜叩祷！

寄张宫保吕侍郎盛宫保光绪二十八年七月二十九日

艳电旨，想已奉到。此事，马意在不准抵新债及挪作别用。照各省再在货物收捐，业已先后奏明。此外似别无流弊，应请两星使遵旨办理可也。

复吕侍郎盛宫保并寄外务部张宫保 光绪二十八年八月初一日

沪艳电悉。日本索议十款，应驳各节，于五月间寒、盐、迴择要电明。统核各款，均已订入英约，洋商沾益不少，断难格外优予利益。如彼尚另有所求，我惟有进一步与之商办，庶将来轻轻放落，恰到英约地步。两星使成竹在胸，操纵得手，无待敝处指陈。嗣后电示商议情形，如有管见，再当随时电达，以备采酌。

复张宫保吕侍郎盛宫保 光绪二十八年八月初三日

鄂沃、沪冬亥电均悉。马使刁难，久稽画押，殊为焦盼。前改内港行轮华文，如第三节“房屋”改“房产”，所包较广，又“管辖人民之权”句，“管辖”上加“向来”二字。将来遇有新立之章，彼必借口阻挠。此外尚多，因彼时急于画押，不及电争。刻下马如节外生枝，更有挑剔更改，于事权利益有碍，务请两星使坚持峻拒。否则敝处亦不能任咎。俟事妥画押后，再四衔覆奏，以期稳妥。

复柯逊庵中丞 光绪二十八年八月初七日

鱼电悉。新订英约，洋货加税，全免各省厘金，凡向在本地行销土货所完之落地捐，可改为销场税，酌量抽收。惟产地统捐，未允照行。部电设法归并各节，系预为开办地步，刻下自应照旧办理。俟商约大臣将中英新约咨送到时，再行详核酌办，庶致稳妥。至裁厘后，各省支解不敷，由各省咨请户部查明，在加税内拨还，已奉谕旨允准，似可毋庸过虑。

尊拟奏留华守办西省农矿各事，暂缓赴任，自较妥协，即请照办。

图书在版编目（CIP）数据

刘坤一奏疏/(清)刘坤一撰;陈代湘等校点.—长沙:岳麓书社,2013.5

ISBN 978-7-5538-0095-0

Ⅰ.①刘… Ⅱ.①刘…②陈… Ⅲ.①刘坤一（1830~1902)—奏议—汇编 Ⅳ.①K827=52②K252.065

中国版本图书馆 CIP 数据核字(2013)第 016912 号

湖湘文库

湖湘文库编辑出版委员会

刘坤一奏疏

据湖南图书馆藏本校点

作　　者 〔清〕刘坤一

校　　点 陈代湘　何超凡　龙泽黯　李　翠

责任编辑 马美著　刘　文

特邀编辑 蔡志斌

整体设计 郭天民

出版发行 岳麓书社

网　　址 http://www.yueluhistory.com

地　　址 湖南省长沙市爱民路47号

邮　　编 410006

电　　话 0731—88885616(邮购)

经　　销 湖南省新华书店

印　　刷 长沙超峰印刷有限公司

版　　次 2013年5月第1版第1次印刷

开　　本 960×640　1/16

印　　张 120.5

字　　数 1458千字

书　　号 ISBN 978-7-5538-0095-0/K·343

定　　价 255.00元

如有印装质量问题,请与承印厂斢换

厂址：长沙金州新区泉州北路 100 号　电话:0731—87878880

邮编:410600

ISBN 978-7-5538-0095-0

9 787553 800950 >

国家出版基金项目

NATIONAL PUBLICATION FOUNDATION

黄仁生　罗建伦　校点

唐宋人寓湘诗文集

㈠

湖湘文库编辑出版委员会
岳麓书社

湖湘文库

出版说明

湖湘文化源远流长，博大精深，是中华文化中独具地域特色的重要一脉。特别是近代以来，一批又一批三湘英杰，以其文韬武略，叱咤风云，谱写了辉煌灿烂的历史篇章，使湖湘文化更为绚丽多彩，影响深远。为弘扬湖湘文化、砥砺湖湘后人，中共湖南省委、湖南省人民政府决定编纂出版《湖湘文库》大型丛书。

《湖湘文库》编辑出版以“整理、传承、研究、创新”为基本方针，分甲、乙两编，其内容涵盖古今，编纂工作繁难复杂，兹将有关事宜略述如次:

一、甲编为湖湘文献，系前人著述。主要为湘籍人士著作和湖南地区的出土文献，同时酌收历代寓湘人物在湘作品，以及晚清至民国时期的部分报刊。

二、乙编为湖湘研究，系今人撰编。包括研究、介绍湖湘人物、历史、风物的学术著作和资料汇编等。

三、乙编中的通史、专题史，下限断至1949年。

四、甲编文献以点校后排印、据原本影印及数据光盘三种方式出版。

五、除少数图书以外，一律采用简体汉字横排。

六、每种图书均由今人撰写前言一篇。甲编图书前言，主要简述原作者生平、该书主要内容、学术文化价值及版本源流、所用底本、参校本等。乙编图书前言，则重在阐释该研究课题的研究视角和主要学术观点等。

七、对文献的整理，只据底本与参校本、参校资料等进行校勘标点，对底本文字的讹、夺、衍、倒作正、补、删、乙，有需要说明的问题，则作出校记，一般不作注释。

八、甲编民国文献中的用语、数字、标点等，除特殊情况外，一般不作改动。乙编图书中的标点、数字用法、参考文献著录规则等均按现行出版有关规定使用和处理。

《湖湘文库》卷帙浩繁，难免出现缺失疏漏，热望社会各界批评指正。

《湖湘文库》编辑出版委员会

前 言

湖南文化源远流长，在上古隶属于楚文化系统，中世以降则成为江南文化的组成部分。作为地域文化中最生动活泼的分支，其文学传统一般是由流寓作家和本土作家共同造就的。而湖南文学最初是由流寓作家屈原、贾谊于战国末年至西汉初年开启的，他们最早将湖南的自然人文之美以辞赋形式表现出来，并传播于世，其源头并不算晚；但其后却长期无闻，直到南朝梁陈时期才在南平郡作唐县（今湖南安乡）出现了阴铿这样一位称得上有文学史影响的本土诗人①。由此可见，唐以前有作品存世的湖南文学是有源而无流，尚处于一种零星偶发的非自觉状态。

相对于中原文学或北方文学而言，湖南文学的发展显得迟滞本不足怪，但较之同属于内陆的相邻地区如江西、湖北乃至地处于西陲的四川等地的文学也有所逊色，难免让人困惑不解。以往有的论者往往侧重于从两个方面剖析原因：一是认为湖南以地处“汇聚四水、吞吐长江”的洞庭湖之南而得名，无论是外地作家还是本土士子，都主要经由湘、资、沅、澧四水和长江而进出湖南，

①按阴铿祖籍武威姑臧（今甘肃武威），自其高祖阴袭于东晋义熙末年随刘裕南迁，就已定居于南平郡（治作唐），至阴铿已历五世，故曾国荃《（光绪）湖南通志》载其祖阴智伯、父阴子春及阴铿本人皆为澧州作唐（今湖南安乡县）人，但现当代出版的各种文学史和工具书，大多称阴铿为甘肃武威人，实际上阴铿及其父子春、祖智伯皆生长于作唐，且先后在南朝任职，都未曾在当时为北朝所占据的武威生活过。

内陆地区的封闭落后和交通不便，长期制约了本土文人的成长及其与外地文人的交流。二是归咎于湖南长期没有一个政治中心，认为其地域往往分别隶属于设在江西、湖北、四川等地的行政机构管辖，这显然不利于本土人才的培养和文学的发展，并由此而甚为看重唐代宗曾于广德二年（764）置湖南观察使，初治衡州，稍后移治潭州（今长沙），始有"湖南"之名和相对独立的政治中心，虽其所辖仅有衡、潭、邵、永、道五州，且随唐亡而不复存在，但在晚唐却出现了李群玉、刘蜕、胡曾、齐己四位有影响的本土作家，这恰好可作为此论的一个反证。二说乍看各有一定道理，但皆非决定性因素，因而不能深究。前者明显有地理环境决定论的倾向，且无法解释为何同样的地理环境长期未变，而不同时期的文学发展却有起伏长消呢？后者也只是一个缺乏充分理论支撑的臆测，如以往秦设长沙郡、黔中郡的政治中心分别在今长沙、沅陵，以及东汉所设荆州，治汉寿（今常德），皆直隶京师；从东晋至宋、齐、梁、陈所设湘州，其政治中心在今长沙，皆直隶建康；这些直辖郡、州的领地往往还要大于中晚唐所设湖南观察使管辖的范围，却未见其政治中心与文学的发展有何关联；又如自清康熙三年（1664）置湖南布政使司，移偏沅巡抚（雍正二年更名湖南巡抚）驻长沙，直隶京师，真正形成了湖南的政治中心和管辖规模，为何其后在相当长的时期内仍然未见湖南文学有飞跃发展呢？显而易见，上述二说都只是从文学演进迟缓的客观方面找原因，而忽视了从文学发展的主体——作家方面做深入探讨。

尽管目前学术界对于地域文学的研究对象尚有争议，一派主张以作家的籍贯为依据，而将其创作的（包括反映本地和异地风土人情的）所有作品皆纳入其中，这是基于其遗传基因和青少年时代的文化熏陶乃至经历认知而立论；一派主张将写于本地和描写本地风土人情的作品皆纳入其中，而不论其为本土作家还是外地作家，这是基于更真实的人地关系而立论，其中外地作家的主体为流寓作家。蒋寅甚至说："流寓文学绝对是本地的文学，真实地联系着特定的自然风土及其所孕育的人文传统。"① 鉴于湖南文学发展迟缓及其特有的自然人文特点，我们综合上述二派的观点，主张对本土作家从宽，即凡出自其笔下者皆纳入研究对象，而对外地作家则从严，即凡作于本地和描写本地风土人情者方纳入研究对象。这既包括他们寓湘期间创作的所谓流寓文学，也包括像《桃源行》、《岳阳楼记》这类虽非作于当地但所写却为湖湘风物传说并且曾在三湘四水广为传播的作品。近期应《湖湘文库》编辑出版委员会之约而完成的《唐宋人寓湘诗文集》就是按后一原则编纂的，而《唐代湘人诗文集》则是按前一原则编纂的。合而观之，就可以清晰了解湖南文学实际上是从唐代才开始连续发展而逐渐形成规模效应的；分而观之，也不难发现，唐宋时期的湖南文学基本上是由寓湘作家主导的，而本土作家则受其熏陶与影响，经过长期的参与和积累，才有所作为。——这种认识也正好可以成为探讨前文所提困惑的重要视角，在唐宋甚至其后不短的历史时期内，流寓作家的水准档次及其在湘创作的数量与质量，不仅直接决定着当时湖南文学的总体走向和成就高低，而且在一定程度上影响到本土作家创作数量与质量的提升。

在地域文学研究逐渐升温的背景下，有的学者曾做出过湖南文学在隋唐五代时期尚处于"步履维艰"阶段，至宋元时期方

①参见蒋寅《一种更真实的人地关系与文学生态——中国古代流寓文学刍论》，《中国文化研究》2012 年第 3 期。

“渐入佳境”的判断[①]，但从上述视角和现存文献来看，我们认为湖南文学应是自唐代“渐入佳境”的，而至宋代却一直在徘徊乃至有所倒退，无论分合来看流寓作家和本土作家的成就，皆不能与唐代相比。

相对而言，如果改称隋至初唐的湖南文学“步履维艰”，倒还合乎实际。虽然由隋入唐的本土作家欧阳询（557—641，潭州临湘人）知名度甚高，但其文名为书名所掩，今仅存3首诗和24篇文；而流寓作家仅有褚遂良、杜易简、骆宾王、杜审言、宋之问、沈佺期、卢藏用等人，且皆为短暂路过，故今存其寓湘诗文甚少，最多也不过10首（宋之问）。盛唐寓湘作家骤然增多，且不乏名家乃至大家，初步奠定了湖南文学发展的基础和格局——从咏歌洞庭湖开始而向描写四水流域的风土人情推进。其开风气之先者乃当时文坛领袖张说（667—730），他以中书令、燕国公之尊于开元三年（715）至五年贬为岳州刺史期间，与亲友和同时流放、贬谪、路经于斯的官员以及原本在湖湘任职的官员经常诗酒唱和——这实为湖南文学史上最早具有一定规模的笔会，其间传世的作品除了张说的61首诗和2篇文以外，还有监察御史赵冬曦诗15首、文1篇，岳州从事尹懋诗4首，潭州刺史梁知微诗1首，潭州都督王熊诗2首，户部尚书王琚诗4首，岳州别驾韦嗣立诗2首，以及妹婿阴行先诗1首，长子张均诗5首，次子张垍诗1首。稍后经张九龄（诗13首）、孟浩然（诗10首）、包融（诗3首）、李颀（诗2首）、王昌龄（诗33首）、常建（诗6首）等人接力，至安史之乱后再兴波澜，其中既有一流大家李白（诗40首，文4篇）和杜甫（诗120首），也有名家张谓（诗12首，文2篇）、张继

①详见陈书良主编《湖南文学史》（古代卷），湖南教育出版社1998年7月出版。

(诗2首)、皇甫冉(诗5首)、贾至(诗24首)、元结(诗29首，文35篇)等，他们留下许多名篇佳句，把湖南文学提升到一个新的水准。中唐仍继续保持这种趋势，如刘长卿(诗61首，文2篇)、郎士元(诗9首)、李嘉祐(诗6首)、皎然(诗9首)、顾况(诗6首)、戴叔伦(诗37首)、李端(诗10首)、戎昱(诗24首，文1篇)、孟郊(诗7首)、韩愈(诗34，文4)、吕温(诗42首，文16篇)、元稹(诗17首)等寓湘期间皆有所作，而尤其值得重视的是刘禹锡(诗98首，文32篇)、柳宗元(诗112首，文242篇)同于永贞元年(805)被贬入湘，分别在朗州、永州深耕细作达十年之久，为湖南文学的发展做出了卓越的贡献。而自盛唐至中唐的本土作家仍然甚少，如前文已提到的阴行先(阴铿玄孙，1首)以及史青(诗1首)、郑德璘(诗3首)、段弘古(诗3首)等人，皆无影响，唯有零陵怀素、衡阳庞蕴二人值得一提。怀素为僧人兼书法家，虽仅存诗2首，但李白、王邕、窦翼、任华、戴少伦、鲁收、朱逵、马云奇等先后各为其作《草书歌》诗以赞，可见其影响之一斑；庞蕴乃禅门居士，有《语录》一卷和《诗偈》二百多首传世，首开以说理为特色的白话诗风气之先。经过流寓作家一百多年的接力式引导，至晚唐终于出现了流寓作家和本土作家桴鼓相应、共襄盛举的局面，尤其是李群玉(诗268首，文1篇)、刘蜕(文60篇，诗1首)、胡曾(诗166首，文5篇)、齐己(诗814首，文3篇，另有诗学理论《风骚旨格》一卷)四位各具特色的本土作家，首次从数量上超过了如许浑(诗11首)、张祜(诗11首)、马戴(诗14首)、温庭筠(诗4首)、杜牧(诗7首)、赵嘏(诗6首)、朱庆余(诗7首)、方干(诗5首)、李商隐(诗10首，文9篇)、周朴(诗6首)、崔橹(诗6首)、贯休(诗7首)、曹松(诗6首)、罗隐(诗9

首）、曹唐（诗7首）、裴说（诗13首）、韦庄（诗3首）、司空图（诗2首）、韩偓（诗34首）、张乔（诗7首）、杜荀鹤（诗19首）、郑谷（诗5首）、居遁（诗偈96首）诸家的寓湘之作。五代的湖南长期由马氏政权控制（907年称楚王，927年称楚国，或称南楚、马楚，以潭州为国都），政局相对较为稳定，初期有影响的作家当推居遁和齐己，中期以后因朝中设天策府十八学士，朝野文人赓倡迭和，文事也颇盛①，但存世作品不多，无须深论。

如果撇开五代不计，赵宋享国比李唐还要长三十年，加之印刷术的发展以及距今天更近，无论是全国还是湖南存世的作品远多于唐代都是客观事实，但就总体成就和发展趋势而言，宋代的湖南文学却一直在徘徊，如果进一步考察其在全国的地位与影响，则在某些方面有所倒退。其中最明显的不足，乃是从北宋到南宋都没有出现像晚唐那样由流寓作家和本土作家同唱共舞的局面，北宋本土作家存世作品较少②，南宋值得一提的也仅有王以宁和乐雷发，前者存诗1首、词32首、文13篇，后者存诗154首、文3篇，但二人影响有限，皆不能与晚唐的李群玉、刘蜕、胡曾、齐己相比，这等于又退回到晚唐以前完全由流寓作家主导湖南文坛的情形。即以流寓文学而论，北宋前期的情形正与初唐相似，值得一提的仅有李昉、张咏、柳开、王禹偁、寇准等名家，其寓湘时所作诗文皆寥寥无几，最多的也仅有12首（张咏）。湖南文坛这种沉寂不振的局面一直延续到仁宗庆历年间才开始转变，事起于庆历四年（1044）春滕宗谅贬谪岳州巴陵郡，他在任内重修岳

①参见杨建宏《马楚国时代长沙诗学述略》，《长沙大学学报》2010年第3期。

②例如《湖南文学史》中提到的路振（957—1014）仅存诗3首，文7篇；又理学家周敦颐（1017—1073）虽有名作《爱莲说》为世传颂，但今存诗仅33首，文（包括学术文字）130篇。

阳楼，同时发出了重振湖南文学的信号。首先，他将古代和当朝名人登临岳阳楼时所作诗歌辞赋搜集起来，刻为石碑，置入楼内南北二壁中，并作《岳阳楼诗集序》叙其原委和意图，认为古今才人巨公登楼之作而“传诵于人口者”，“惟唐相张燕公（说）文字最著”，询之耆旧，则曰：“楼得名，始命于公矣。”——这表明其修楼刻诗实有继武张说之意。其次，他先后写信给当时名家巨匠索诗求记，欧阳修为之作《得滕岳阳书大夸湖山之美郡署怀物甚野其意有恋著之趣作诗一百四十言为寄且警激之》、《偃虹堤记》，范仲淹为之作《岳阳楼记》，后者又由苏舜卿书写、邵竦刻石，立于楼内，供游人观诵，成为脍炙人口的千古名篇①。随后寓湘名家逐渐增多，如梅尧臣（诗22首）、华镇（诗33首）、赵抃（诗26首）、沈辽（诗70首，文30篇）、刘攽（诗22首）、刘挚（诗50首，文11篇）、孔武仲（诗69首）、秦观（诗10首，文1篇，词6首）、韦骧（诗20首）、黄庭坚（诗28首，文1篇）、张舜民（诗33首，文5篇）、阮阅（宣和间作《郴州百咏》）等皆有一定影响，而尤以惠洪寓湘之作（诗399首，文191篇）为两宋之冠。这表明在北宋后期湖南文坛的人气已经恢复，但可惜像王安石（诗8首）、苏轼（诗10首，文1篇）这样居于领袖地位的名家大家寓湘之作较少。靖康之乱后，由于国土面积骤减和文化中心南移，湖南在全国的地位也变得重要起来，因此，南宋寓湘作家相应有所增加，但同时也出现了分化，一类是比较纯粹的文学家，如李纲（诗54首）、陈与义（诗57首）、郑刚中（诗26首）、张孝祥（诗60首，文15篇）、曾协（诗35首）、王庭珪

---

①后世称“滕子京建楼、范希文记、苏子美书、邵竦篆”为“岳阳楼四绝”，参见宫梦仁《读书纪数略》卷十二。

（诗46首，文1篇）、范成大（诗39首）、杨万里（诗66首，文1篇）、项安世（诗84首）、陈傅良（诗50首，文1篇）、王阮（诗27首）、王炎（诗61首）、徐照（诗33首）、曾丰（诗35首）、戴复古（诗55首）、史弥宁（诗35首）、刘克庄（诗64首）、李曾伯（诗82首）、文天祥（诗19首）等，他们的寓湘之作对于振兴湖南文学无疑具有积极意义；一类是理学家，如杨时、胡安国、胡寅、胡宏、张栻、朱熹、林用中、赵蕃、魏了翁等，他们在湖南讲学时，除了撰有学术文字外，也创作了一定数量的诗文，但因其主旨在于说理论道，大多缺少审美价值，甚或对于湖南文学的发展反而具有一定的抑制作用，尤其是不利于本土作家的成长——这也是为何南宋时期寓湘作家作品明显增加，却未能引导本土士子成长为文学史上有重大影响作家的原因之一。

本书在《湖湘文库》的最初拟目中是《唐人寓湘诗文集》二册，直到我们搜齐唐至五代寓湘诗文后发现只能编足为一册时，文库编辑出版委员会才决定调整为《唐宋人寓湘诗文集》，因而其后在补编宋代寓湘作品的过程中，仍遵循原定体例只收诗文而未收词作；又鉴于《湖湘文库》已另设专册分别收录宋代胡安国、胡寅、胡宏、张栻、魏了翁等寓湘理学家的著作，为避免重复，本书不再收录他们的诗文。

本书在编纂整理过程中各位参与者具体承担的工作如下：最初由郑婷博士检索唐代文献，从有关总集和别集中甄选出1000余篇诗文篇目，编制出一份《唐人寓湘诗文集》简目，计有13000余字，中间因其他研究课题告急而退出；其后由罗建伦博士全面检索查阅唐五代两宋文献，先结合作家生平确认其寓湘诗文篇目，然后逐篇录入、编辑、校勘，并撰写作家小传，全书的主体工程都是由罗建伦完成的；黄仁生作为项目负责人，除负责联络、指导和协调以外，实际只承担了确定体例、抽查文稿和撰写前言等具体工作。在全书扫尾阶段，涂谢权博士也参与了部分作品的录入和校勘工作，特此致谢！

目　录

卷二

卷三

卷四

卷五

卷七

卷八

卷九

柳宗元二

卷十

柳宗元三

卷十一

柳宗元四

卷十二

柳宗元五

卷十三

柳宗元六

卷十四

卷十五

卷十六

卷十七

卷十八

卷十九

卷二十

卷二十一

卷二十二

卷二十三

卷二十四

蒋之奇

卷二十五

卷二十六

卷二十七

卷二十八

惠洪二

卷二十九

卷三十

惠洪四

卷三十一

卷三十二

卷三十三

卷三十四

卷三十五

卷三十六

赵蕃

卷三十七

叶适

刘过

刘仙伦

卷三十八

真德秀

卷三十九

刘克庄

卷四十

卷一

褚遂良

褚遂良（596—658），字登善，唐钱塘（今浙江杭州）人，一说阳翟（今河南禹州）人。博学多才，精通文史，隋末时跟随薛举为通事舍人，后在唐朝任谏议大夫、中书令等职，贞观二十三年（649）与长孙无忌同受太宗遗诏辅政；后坚决反对立武则天为后，遭贬潭州都督，武后即位后，转桂州都督，再贬爱州（今越南北境清化）刺史，显庆三年（658）卒。褚遂良工书法，初学虞世南，后取法王羲之，与欧阳询、虞世南、薛稷并称“初唐四大家”。传世墨迹有《孟法师碑》、《雁塔圣教序》、《伊阙佛龛》。

湘潭偶题诗

远山酋萃翠凝烟，烂漫桐花二月天。游遍九衢灯火夜，归来月挂海棠前。

潭府帖

潭府下湿，不可多时。深益愦悴，况兼年暮。诸何足言，疾患有增，医疗无损。朽草枯木，安可嗟乎。自离王畿，亲故阻越，每思宿曩，宁喻于心。承汝立行可籉，出言成轨，迁居要职，擢任雄台。闻之嘉声，增以羡慕，更得汝状，重美吾诚，因奏事间，方便在意，徙居此土，深成要佳汝悉也。五月八日，舅遂良报薛八侍中前。①

杜易简

杜易简（？—约673），唐襄州襄阳（今湖北襄阳）人。杜审言从祖兄。九岁能属文。登进士第，补渭南县尉。高宗咸亨中，历殿中侍御史、司封员外郎，改考功员外郎。因获罪吏部尚书李敬玄，贬为开州司马，寻卒。易简博学有高名，善著述，撰有文集二十卷，已佚。《全唐诗》存诗三首。

湘川新曲二首

昭潭深无底，橘洲浅而浮。本欲凌波去，翻为目成留。愿君稍弭楫，无令贱妾羞。

二八相招携，采菱渡前溪。弱腕随桡起，纤腰向舸低。自解看花笑，憎闻染竹啼。②

骆宾王

骆宾王（约638—?），字观光，唐婺州义乌人（今属浙江）。唐初诗人，与王勃、杨炯、卢照邻合称“初唐四杰”。龙朔初年，骆宾王担任道王李元庆的属官。后来相继担任武功主簿和明堂主簿。唐高

---

①褚遂良诗文辑自《丛书集成续编》本《褚遂良集》，上海书店1994年影印本。
②杜易简诗辑自《全唐诗》，中华书局1960年版。

宗仪凤四年（679），任侍御史。曾经被人诬陷入狱，被赦免后出任临海县丞，所以后人也称他“骆临海”。武则天光宅元年（684），徐敬业起兵讨伐武则天，他起草了著名的《讨武曌檄》。徐敬业兵败后，骆宾王逃亡，不知所终。

春晚从李长史游开道林故山

幽寻极幽壑，春望陟春台。云光栖断树，霞影入仙杯。古藤依格上，野径约山隈。落蕊翻风去，流莺满树来。兴阑荀御动，归路起浮埃。①

杜审言

杜审言（约645—708），字必简，唐襄州襄阳（今湖北襄阳）人，杜甫的祖父。唐高宗咸亨元年（670）擢进士第，为隰城尉。后转洛阳丞。武则天时召审言入京师，因欣赏其诗文，授著作佐郎，官至膳部员外郎。唐中宗时，因事被流放峰州（今越南越池东南）。不久，召回任国子监主簿、修文馆直学士。中宗景龙二年（708）卒，赠著作郎。杜审言是唐代“近体诗”的奠基人之一，其五言律诗，格律谨严。有文集十卷，今已不传，《全唐诗》存诗一卷。

渡湘江

迟日园林悲昔游，今春花鸟作边愁。独怜京国人南窜，不似湘江水北流。②

---

①骆宾王诗辑自《骆临海集笺注》，上海古籍出版社1985年版。
②杜审言诗辑自《唐诗品汇》，上海古籍出版社1988年版。

韦嗣立

韦嗣立（654—719），唐代诗人。字延构，唐郑州阳武（今河南原阳）人。韦思谦子，韦承庆弟。少举进士，初由进士为双流县令，政绩卓著。武则天时任莱芜县令。代为凤阁舍人，深得武则天信任。武后、中宗时，历位凤阁侍郎、兵部尚书、同平章事、参知政事。有定策立睿宗之功。因与万年（今西安市旧城一带）人韦后同姓，曾奉诏附韦后属籍。韦后临朝乱政，为玄宗所杀，韦嗣立为此受到株连，徙往陈州，睿宗时，拜中书令。开元中，谪岳州别驾，迁辰州刺史卒。死后追谥为“孝”。《全唐诗》存诗八首。

奉和张岳州王潭州别诗二首

茂先王佐才，作牧楚江限。登楼正欲赋，复遇仲宣来。黄鹄飞将远，雕龙文为开。宁知昔联事，听曲有余哀。

昔时陪二贤，缨冕会神仙。一去驰江海，相逢共播迁。无因千里驾，忽睹四愁篇。览讽欢何已，欢终徒怆然。①

宋之问

宋之问，（约656—约713），字延清，一名少连，唐汾州（今山西汾阳市）人。一说虢州弘农（今河南灵宝县）人。初唐时期著名诗人。上元二年（675），进士及第，被召分直内文学馆，入崇文馆充学

---

①韦嗣立诗辑自《全唐诗》。

士，迁司礼主簿。神龙初，贬泷州参军。景龙中迁考功员外郎，选修文馆直学士。曾先后谄事张易之和太平公主。后迁越州长史，流钦州，以赦改桂州。先天元年（712）八月，唐玄宗李隆基即位后，宋之问被赐死于徙所。

晚泊湘江

五岭栖惶客，三湘憔悴颜。况复秋雨霁，表里见衡山。路逐鹏南转，心依雁北还。唯余望乡泪，更染竹成班。

谒二妃庙景云元年流钦州途中

还以金屋贵，留兹宝席尊。江凫啸风雨，山鬼泣朝昏。

自湘源至潭州衡山县神龙二年北归途中

浮湘沿迅湍，逗浦凝远盼。渐见江势阔，行嗟水流漫。赤岸杂云霞，绿竹缘溪涧。向背群山转，应接良景晏。沓障连夜猿，平沙覆阳雁。纷吾望阙客，归桡速已惯。中道方溯洄，迟念自兹撰。赖欣衡阳美，持以蠲忧患。

自衡阳至韶州谒能禅师

谪居窜炎壑，孤帆淼不系。别家万里余，流目三春际。猿啼山馆晓，虹饮江皋霁。湘岸竹泉幽，衡峰石囷闭。岭嶂穷攀越，风涛极沿济。吾师在韶阳，欣此得躬诣。洗虑宾空寂，香焚结精誓。愿以有漏躯，聿熏无生惠。物用益冲旷，心源日闲细。伊我获此途，游道回晚计。宗师信舍法，摈落文史艺。坐禅罗浮中，寻异南海裔。何辞御魑魅，自可乘炎疠。回首望旧乡，云林浩亏蔽。不作别离苦，归期多年岁。

洞庭湖

地尽天水合，朝及洞庭湖。初日当中涌，莫辨东西隅。晶耀目何在，滢荧心欲无。灵光晏海若，游气耿天吴。张乐轩皇至，征苗夏禹徂。楚臣悲落叶，尧女泣苍梧。野积九江润，山通五岳图。风恬鱼自跃，云夕雁相呼。独此临泛漾，浩将人代殊。永言洗纷浊，卒岁为清娱。要使功成退，徒劳越大夫。

高山引

攀云窈窕兮上跻悬峰，长路浩浩兮此去何从。水一曲兮肠一曲，山一重兮悲一重。松槚邈已远，友于何日逢。况满室兮童稚，攒众虑于心胸。天高难诉兮远负明德，却望咸京兮挥涕龙钟。[①]

沈佺期

沈佺期（约656—713），字云卿，唐相州内黄（今属河南）人。上元二年（675）进士及第。由协律郎累迁考功员外郎。曾因受贿入狱。出狱后复职，迁给事中。中宗即位，因谄附张易之，被流放驩州（辖境相当今越南演州及安城县一带）。神龙三年（707），召拜起居郎兼修文馆直学士，常侍宫中。后历中书舍人，太子少詹事。沈佺期与宋之问齐名，并称“沈宋”。他们的近体诗格律谨严精密，史论以为是律诗体制定型的代表诗人。《全唐诗》录其诗三卷。

神龙初废逐南荒途出郴口北望苏耽山

少曾读仙史，知有苏耽君。流放来南国，依然会昔闻。泊舟

①宋之问诗辑自《沈佺期宋之问集校注》，中华书局2001年版。

问耆老，遥指孤山云。孤山郴郡北，不与众山群。重沓下萦映，嶛峣上纠纷。碧峰泉对落，红壁树旁分。选地今方尔，升天因可云。不才予窜迹，羽化子遗芬。将览成麟凤，旋惊御鬼文。此中迷出处，含思独氛氲。

从崇山向越常并序

按《九真图》，崇山至越常四十里。杉谷起古崇山，竹溪从道明国来，于崇山北二十五里合。水欹缺，藤竹明昧。有三十峰，夹水直上千余仞，诸仙窟宅在焉。

朝发崇山下，暮坐越常阴。西从杉谷度，北上竹溪深。竹溪道明水，杉谷古崇岑。差池将不合，缭绕复相寻。桂叶藏金屿，藤花闭石林。天窗虚的的，云窦下沉沉。造化功偏厚，真仙迹每临。岂徒探怪异，聊欲缓归心。

自乐昌溯流至白石岭下行入郴州

兹山界夷夏，天险横寥廓。太史漏登探，文命限开凿。北流自南泻，群峰回众壑。驰波如电腾，激石似雷落。崖留盘古树，涧蓄神农药。乳窦何淋漓，苔藓更彩错。娟娟潭里虹，渺渺滩边鹤。岁物应流火，天高云初薄。金风吹绿梢，玉露洗红萚。溯舟始兴廨，登践桂阳郭。匍匐缘修坂，穹窿曳长柞。碍林阻往来，遇堰每前却。救难不遑食，饭毕昏无托。濯溪宁足惧，磴道谁云恶。我行湍险多，山水皆不若。安能独见闻，书此遗京洛。

班竹赞

何二妃之婵娟，毒苍梧之不还。涕沦漪乎碧鲜，寄遐愤乎贞坚。

哭苏眉州崔司业二公

涣汗天中发，伶俜海外旋。长沙遇太守，问旧几人全。国宝亡双杰，天才丧两贤。大名齐弱岁，高德并中年。礼乐羊叔子，文章王仲宣。相看尚玄鬓，相次入黄泉。流放蛮陬阔，乡关帝里偏。亲朋云雾拥，生死岁时传。崔昔挥宸翰，苏尝济巨川。绛衣陪下列，黄阁谬差肩。及此俱冥昧，云谁叙播迁。隼舆怀旧辙，鳣馆想虚筵。家爱方休杵，皇慈更撤县。铭旌西蜀路，骑吹北邙田。陇树应秋矣，江帆故杳然。罢琴明月夜，留剑白云天。涕泗湘潭水，凄凉衡峤烟。古来修短分，神理竟难筌。

别侍御严凝

七泽云梦林，三湘洞庭水。自古传剽俗，有时逋恶子。令君出使车，行迈方靡靡。静言芟枳棘，慎勿伤兰芷。①

王琚

王琚（？—747），唐怀州河内（今河南沁阳）人。神龙初，为驸马王同皎所器，预谋刺武三思。后太平公主谋逆，琚劝明皇先事诛之，荐张说、刘幽求、郭元振等与决议。事平，进户部尚书。眷委特异，参豫大政，封紫微侍郎、赵国公，时号内宰相。后以谗见疏，历典外郡，卒为李林甫所构，贬死。《全唐诗》收其诗四首。

自荆湖入朝至岳阳奉别张燕公

五载朝天子，三湘逢旧僚。扁舟方辍棹，清论遂终朝。远树

①沈佺期诗辑自《沈佺期宋之问集校注》。

烟间没，长江地际摇。帝城驰梦想，归帆满风飙。

游灉湖上寺

春山临远壑，水木自幽清。夙昔怀微尚，兹焉一放情。云间听弄鸟，烟上摘初英。地僻方无闷，逾知道思精。

奉答燕公

郡远途且艰，宜悲良自得。胡为心独尔，惠好在南国。亦既清颜披，冏然良愿克。与君兰时会，群物如藻饰。烟景惜欢赏，云山起翰墨。接艺奇思微，偶谈玄言直。永日不知倦，逾旬犹谓亟。如何酌离尊，移棹巴城侧。浦口劳长望，舟中独太息。疾风吹飞帆，倏忽南与北。目尽不复见，怀哉无终极。唯当衡峰上，遥辨湖水色。①

卢藏用

卢藏用（？—714），字子潜，唐幽州范阳（今河北涿县）人。少以文辞才学著称，举进士，不得调，与兄征明偕隐终南、少室二山，学练气，为辟谷，登衡、庐，彷徉岷、峨。长安（701—704）中召授左拾遗，神龙中，为礼部侍郎，兼昭文馆学士。以托附太平公主，流放岭南。有文集三十卷，《全唐诗》录存其诗八首。

衡岳十八高僧序

夫理存于业，理契则业忘；心宅于形，心寂则形胜。岂不以

①王琚诗辑自《全唐诗》卷九十八。

体会机化，通同我人，驰无役有而吻合，出生入死而无际？古之悬解者，怀挟海岳，提挈天地，掌掷千界，身没一丝。前际后际其非动，无去无来而常乐，岂支离其德，孟浪其言哉？盖同体大非，而物不能自物也。则有泳其洪波，志其小行，指玄源以骧首，扣幽键而少留，亦能捭阖形神，度越兹数，则衡岳思海之列，可得而称矣。衡岳寺者，梁天监三年立。本名善思，暨陈改为大明，有隋号为衡岳，则衡山之心也。

二十八宿，上飞翼、轸之晶；三十六都，下蟠吴、楚之纪。赮駮舒蔚，烁烂炳焕以万殊；松标玉耸，清苍璀错以亿尺。水碧严霜而育粹，云芝伫秀以孕直，幽岫灭气，绝顶无迹。游其质者，则蘧庐清明；挹其静者，则营魄渊澹。信神明之所栖迟也，故异人接踵，于此焉游。灵迹葳蕤，道风绵邈，自鹫岩西闳，象教东流，胜躅虽多，宗玄或替。至于仗智慧剑，坏烦恼军，理以意传，阶惟神遇者，未有斯美之盛也。然而年代攸邈，故老或遗，真诠缅微，后生何述？有沙门惠日，俗姓庆氏，濮阳人也。息心达道，利见观方，自北徂南，爰憩兹岳。入空寂舍，觉今昔常然；到清凉池，知我人非远，备闻众异，祇觌前修。而山间朴略，简篇无次，遂覃思翰墨，博采遗风，事无虚美，务存摭实，自思大师凡一十八人，著之于传。藏用早游斯道，颇涉艺文，承日真之恩奖，闻众公之故事，心存目想，若见期人，倘兹理或存，亦旦暮之斯也。遂怀铜秉翰，序其传焉。①

①卢藏用文辑自《文苑英华》卷七三六，中华书局1966年版。

徐安贞

徐安贞（667—731），初名楚璧，唐信安龙丘（今浙江龙游）人。神龙二年（706）进士，初为武陟尉，补丽正学士。开元时，为中书舍人集贤学士。后授工部侍郎兼集贤院院士。开元十九年（731）升中书侍郎。是时李林甫用事，或谓安贞多所参助。玄宗念其贤，即其家封东流子，卒赠尚书。有诗文多卷，久佚。《全唐诗》收其诗作十一篇。

闻邻家理筝

北斗横天夜欲阑，愁人倚月思无端。忽闻画阁秦筝逸，知是邻家赵女弹。曲成虚忆青蛾敛，调急遥怜玉指寒。银锁重关听未辟，不如眠去梦中看。①

李如璧

李如璧，睿宗朝为御史。生卒年及生平不详。存诗一首。

明月

三五月华流炯光，可怜怀归郢路长。逾江越汉津无梁，遥遥永夜思茫茫。昭君失宠辞上宫，蛾眉婵娟卧毡穹。胡人琵琶弹北风，汉家音信绝南鸿。昭君此时怨画工，可怜明月光朣胧。节既秋兮天向寒，沅有漪兮湘有澜，沅湘纠合淼漫漫。洛阳才子忆长

---

①徐安贞诗辑自《全唐诗》卷一二四。

安，可怜明月复团团。逐臣恋主心愈恪，弃妻思君情不薄。已悲芳岁徒沦落，复恐红颜坐销铄。可怜明月方照灼，向影倾身比葵藿。①

张说

张说（667—730），字道济，一字说之，唐洛阳人。垂拱四年（688），武后策试贤良方正，张说年才弱冠，应诏对策第一，授太子校书，迁左补阙。后又擢任凤阁舍人。因忤旨流配钦州。中宗朝召还，为兵部员外郎，转工部侍郎。睿宗朝进同中书门下平章事。玄宗开元初，因不附太平公主，罢知政事。复拜中书令，封燕国公。后贬相州、岳州等地刺史。开元十一年（723）又召还为兵部尚书、同中书门下三品，迁中书令。后再授尚书右丞相，集贤院学士。开元十八年（730）病卒。赠太师，谥号“文贞”。有文集三十卷，已佚。《全唐诗》存诗五卷，《全唐诗外编》及《全唐诗续拾》补四首。

广州萧都督入朝过岳州宴饯用冬字韵

孤城抱大江，节使往朝宗。果是台中旧，依然水上逢。京华遥比日，疲老飒如冬。窃羡能言鸟，衔恩向九重。

婚礼知无贺，承家欢有辉。亲迎骐子跃，吉兆凤雏飞。温席闭华扇，梁门换婴衣。遥思桃李日，应赋采蘋归。

岳州别姚司马绍之制许归侍

和玉悲无已，长沙宦不成。天从扇枕愿，人遂倚门情。方外

---

①李如璧诗辑自《文苑英华》卷三三一。

怀司马，江东忆步兵。问君栖泊处，空岭夜猿惊。

送岳州李十从军桂州

送客之江上，其人美且才。风波万里阔，故旧十年来。剑拔蛟随断，弓张鸟自摧。阳桥书落落，驿马定先回。

岳州别王十一赵公入朝

昔滥貂蝉长，同承雨露霏。今参鱼鳖守，望美洞庭归。浦树悬秋影，江云烧落辉。离魂似征帆，恒往帝乡飞。

岳州别子均

离筵非燕喜，别酒正销魂。念汝犹童孺，嗟予隔远藩。津亭拔心草，江路断肠猿。他日将何见，愁来独倚门。

岳州山城

山城丰日暇，闭户见天心。东旷迎朝色，西楼引夕阴。书观千载近，学静二毛深。忽有南风至，吹君堂上琴。

和尹懋秋夜游灉湖二首

灉湖佳可游，既近复能幽。林里栖精舍，山间转去舟。雁飞江月冷，猿啸野风秋。不是迷乡路，寻奇处处留。

坐啸人事闲，佳游野情发。出门送落照，湖口升微月。林寻猿狖居，水戏鼋鼍穴。朔风吹飞雁，芳草亦云歇。

与赵冬曦尹懋子均登南楼

危楼泻洞湖，积水照城隅。命驾邀渔火，通家引凤雏。山晴红蕊匝，洲晓绿苗铺。举目思乡县，春光定不殊。

游灉湖上寺

湖上奇峰积，山中芳树春。何知绝世境，来遇赏人心。清旧泉前乐，呦嘤鸟兽驯。静言观听里，万法自成轮。

湘州九日城北亭子

西楚茱萸节，南淮戏马台。宁知沅水上，复有菊花杯。亭帐凭高出，亲朋自远来。短歌将急景，同使兴情催。

翻着葛巾呈赵尹

昔日接篱倒，今我葛巾翻。宿酒何时醒，形骸不复存。忽闻有嘉客，躧步出闲门。桃花春径满，误识武陵源。

四月一日过江赴荆州

春色沅湘尽，三年客始回。夏云随北帆，同日过江来。水漫荆门出，山平郢路开。比肩羊叔子，千载岂无才。

岳州赠广平公宋大夫

亚相本时英，归来复国桢。朝推长孺直，野慕隐之清。传节还闽嶂，皇华入汉京。宁思江上老，岁晏独无成。

岳州守岁

除夜清罇满，寒庭燎火多。舞衣连臂拂，醉坐合欢歌。至乐都忘我，冥心自委和。今年只如此，来岁知如何。

夜风吹醉舞，庭户对酣歌。愁逐前年少，欢迎今岁多。桃枝堪辟恶，竹爆好惊眠。歌舞留今夜，犹言惜旧年。

代书答姜七崔九

婀娜金闺树，离披野田草。虽殊两地荣，幸共三春好。花殊鸟飞处，叶镂虫行道。真心独感人，惆怅令人老。

同赵侍御巴陵早春作

江上春来早可观，巧将春物妒余寒。水苔共绕留乌石，花鸟争开斗鸭栏。佩胜芳辰日渐暖，然灯美夜月初圆。意随北雁云飞去，直待南州蕙草残。

灉湖山寺

空山寂历道心生，虚谷迢遥野鸟声。禅室从来尘外赏，香台岂是世中情。云间东岭千重出，树里南湖一片明。若使巢由同此意，不将萝薜易簪缨。

楚老游山寺，提携观画壁。扬袂指辟支，睩眄相斗阋。险哉透撞儿，千金赌一掷。成败身自受，傍人那叹惜。

耗磨日饮二首

耗磨传兹日，纵横道未宜。但令不忌醉，翻是乐无为。

上月今朝减，流传耗磨辰。还将不事事，同醉俗中人。

岳州看黄叶

白首看黄叶，徂颜复几何。空惭棠树下，不见政成歌。

和尹从事懋泛洞庭

平湖一望上连天，林景千寻下洞泉。忽惊水上光华满，疑是乘舟到日边。

送梁六自洞庭山作

巴陵一望洞庭秋，日见孤峰水上浮。闻道神仙不可接，心随湖水共悠悠。

同赵侍御望归舟

山庭迥迥面长川，江树重重极远烟。形影相追高翥鸟，心肠并断北风船。

代书寄吉十一

一雁雪上飞，值我衡阳道。口衔离别字，远寄当归草。目想春来迟，心惊寒去早。忆乡乘羽翮，慕侣盈怀抱。零落答故人，将随江树老。

游洞庭湖湘二首

平湖晓望分，仙峤气氛氲。鼓枻乘清渚，寻峰弄白云。江寒天一色，日静水重文。树坐参猿啸，沙行入鹭群。缘源斑篠密，罥径绿萝纷。洞穴传虚应，枫林觉自熏。双童有灵药，愿取献明君。

缅邈洞庭岫，葱蒙水雾色。宛在太湖中，可望不可即。剖竹守穷渚，开门对奇域。城池自縈笼，缨绶为徽纆。靡日不思往，经时始愿克。飞棹越溟波，维舟恣攀陟。窈窕入云步，崎岖倚松息。岩坛有鹤过，壁字无人识。滴石香乳溜，垂崖灵草植。玩幽轻雾阻，讨异忘曛逼。寒沙际水平，霜树笼烟直。空宫闻莫睹，地道窥难测。此处学金丹，何人生羽翼。谁传九光要，几拜三仙职。紫气徒想象，清潭长眇默。霓裳若有来，觏我云峰侧。

早霁南楼

山水佳新霁，南楼玩初旭。夜来枝半红，雨后洲全绿。四运相终始，万形纷代续。适临青草湖，再变黄莺曲。地穴穿东武，江流下西蜀。歌闻枉渚邅，舞见长沙促。心陋□□□，神和生自足。白发悲上春，知常谢先欲。

五君咏五首

齐公生人表，向天闻鹤唳。清论早揣摩，玄心晚超诣。入相廊庙静，出军沙漠霁。见深吕禄忧，举后陈平计。甘心除君恶，足以报先帝。

许公信国桢，克美具瞻情。百事资朝问，三章广世程。处高心不有，临节自为名。朱户传新戟，青松拱旧茔。凄凉丞相府，余庆在玄成。

李公实神敏，才华乃天授。睦亲何用心，处贵不忘旧。故事遵台阁，新诗冠宇宙。在人忠所奉，恶我诚将宥。南浦去莫归，嗟嗟蔑孙秀。

代公举鹏翼，悬飞磨海雾。志康天地屯，适与云雷遇。兴丧一言决，安危万心注。大热书王府，窄命沦江路。势倾北夏门，哀靡东平树。

耿公山岳灵，才杰心亦妙。鸷鸟峻标立，哀玉扣清调。协赞休明启，恩华日月照。何意瑶台云，风吹落江徼。湘流下浔阳，洒泪一投吊。

岳州别梁六入朝

远莅长沙渚，欣逢贾谊才。江山疲应接，风日复晴开。江树云间断，湘山水上来。近洲朝鹭集，古戍夜猿哀。岸杼含苍捄，河蒲秀紫台。月余偏地赏，心尽故人杯。自我违京洛，嗟君此溯洄。容华因别老，交旧与年颓。梦见长安陌，朝宗实盛哉。

石门别杨六钦望

燕人同窜越，万里自相哀。影响无期会，江山此地来。暮年伤泛梗，累日慰寒灰。潮水东南落，浮云西北回。俱看石门远，倚棹两悲哉。

岳州城西

水国何辽旷，风波遂极天。西江三纪合，南浦二湖连。危堞临清境，烦忧暂豁然。九围观掌内，万象阅眸前。日去长沙渚，山横云梦田。汀葭变秋色，津树入寒烟。潜穴探灵诡，浮生揖圣仙。至今人不见，迹灭事空传。

对酒行巴陵作

留侯封万户，园令寿千金。本为成王业，初由赋上林。繁荣安足恃，霜露递相寻。鸟哭楚山外，猿啼湘水阴。梦中城阙近，天畔海云深。空对忘忧酒，离忧不去心。

岳州宴姚绍之

杞梓滞江滨，光华向日新。难兄金作友，媚子玉为人。山水含秋兴，池亭借善邻。檐松风送静，院竹鸟来驯。翠斝吹黄菊，雕盘鲙紫鳞。缓歌将醉舞，为拂绣衣尘。

岳州九日宴道观西阁

摇落长年叹，蹉跎远宦心。北风嘶代马，南浦宿阳禽。佳此黄花酌，惟余白首吟。凉云霾楚望，蒙雨蔽荆岑。登眺思清景，谁将眷浊阴。钓歌出江雾，樵唱入山林。鱼以嘉名采，木为美材侵。留为洞庭观，望古意何深。大道由中悟，逍遥匪外寻。参佐多君子，词华妙赏音。

巴丘春作

日出洞庭水，春山挂断霞。江涔相映发，卉木共纷华。湘戍南浮阔，荆关北望赊。湖阴窥魍魉，丘势辨巴蛇。岛户巢为馆，渔人艇作家。自怜心问景，三岁客长沙。

岳州夜坐

炎洲苦三伏，永日卧孤城。赖此闲庭夜，萧条夜月明。独歌还太息，幽感见余声。江边鹤时叫，山深猿屡鸣。息心观有欲，弃知返无名。五十知天命，吾其达此生。

别灉湖

念别灉湖去，浮舟更一临。千峰出浪险，万木抱烟深。南郡延恩渥，东山恋宿心。露花香欲醉，时鸟啭余音。涉趣皆留赏，无奇不遍寻。莫言山水间，幽意在鸣琴。

伯奴边见归田赋因投赵侍御

尔家叹穷鸟，吾族赋归田。莫道荣枯异，同嗟世网牵。黄陵浮汨渚，青草会湘川。去国逾三岁，兹山老二年。寒鸮鸣舍下，昏虎卧篱前。客泪堪斑竹，离忧欲赠荃。放言久无次，触兴感成篇。

闻雨

穷冬万花匝，永夜百忧攒。危戍临江火，空斋入雨寒。断猿知屡别，嘶雁觉虚弹。心对炉灰死，颜随庭树残。旧恩怀未报，倾胆镜中看。

遥同蔡起居偃松篇

清都众木总荣芬，传道孤松最出群。名接天庭长景色，气连宫阙借氛氲。悬池的的停华露，偃盖重重拂瑞云。不借流膏助仙鼎，愿将桢干捧明君。莫比冥灵楚南树，朽老江边代不闻。

赠赵公

湘东股肱守，心与帝乡期。舟楫中途蹇，风波复来思。嘉我常联翼，金貂侍玉墀。迹参前马圣，名缀謍熊师。寒暑一何速，山川远间之。宁知洞庭上，独得平生时。精意微绝简，从权讨妙棋。林壑为予请，纷霭发华滋。流赏忽已散，惊帆杳难追。送君在南浦，侘傺投此词。

赠赵侍御

禄放迹异端，偏荒事同蹇。苟忘风波累，俱会云壑践。险式压西湖，桥庐对南岘。夜楼江月入，朝幌山云卷。山势远涛连，江途斜汉转。坐啸予多暇，行吟子独善。并辔蹁郊郭，方舟玩游演。虚声万籁分，水色千里辨。不知岸阴谢，再见春露泫。绿壤发欣颜，华年助虫篆。上世时难接，古人情可选。泊渚烦为媒，多才恕成褊。长沙鹏作赋，任道可知浅。请从三已心，荣辱两都遣。

岳州作二首

水国生秋草，离居再及瓜。山川临洞穴，风日望长沙。物土南州异，关河北信赊。日昏闻鸺鸟，地热见修蛇。远人梦归路，瘦马嘶去家。正有江潭月，徘徊恋九华。

夜梦云阙间，从容簪履列。朝游洞庭上，缅望京华绝。潦收江未清，火退山更热。重欷视欲醉，懵满气如噎。器留鱼鳖腥，衣点蚊虻血。发白思益壮，心玄用弥拙。冠剑日苔藓，琴书坐废撤。唯有报恩字，刻意长不灭。

岳州行郡竹篱

山郡不沟郭，荒居无翳壅。爱人忠主利，善守闭为勇。苟非小勤瘁，安得期逸宠。版筑恐土疏，襄城嫌役重。藩栅聊可固，筠篁近易奉。差池截浦沙，缭绕缘隈垄。矗似长云亘，森如高戟耸。号绝豺狼忧，知免牛羊恐。闾里宽矫步，榛丛恣踏踵。始果游处心，终日成闲拱。

出湖寄赵冬曦二首

西泛平湖尽，参差入断山。东瞻岳阳郡，汗漫太虚间。窘步同行乐，遒文互屡看。山戍上云桂，江亭临水关。

川途倏忽间，风景依如昨。湘浦未赐环，荆门犹主诺。何时与美人，载酒游宛洛。

石门墨山二山相连有禅堂观天下绝境

困轮江上山，近在华容县。常涉巴丘首，天晴遥可见。佳游屡前诺，芳月愆幽眷。及此符守移，欢言临道便。既携赏心客，复有送行掾。竹径入阴窅，松萝上空蒨。草共林一色，云与峰万变。探窥石门断，缘越沙涧转。两山势争雄，峰巘相顾盼。药妙灵仙宝，境华岩壑游。清都西渊绝，金地东敞宴。池果接园畦，风烟迩台殿。高寻去石顶，旷览天宇遍。千山纷满目，百川錾对面。骑来云气迎，人去鸟声恋。长揖桃源士，举世同企美。

闻雨

多雨绝尘事，寥寥入太玄。城阴疏复合，檐滴断还连。念我劳造化，从来五十年。误将心徇物，近得还自然。闲居草木侍，虚室鬼神怜。有时进美酒，有时泛清弦。声真不世识，心醉岂言诠。

同赵侍御乾湖作

江南湖水咽山川，春江溢入共湖连。气色纷沦横罩海，波涛鼓怒上漫天。鳞宗壳族嬉为府，弋叟罛师利焉聚。欹帆侧柁弄风口，赴险临深绕湾浦。一湾一浦怅邅回，千曲千漨怳迷哉。乍见灵妃含笑往，复闻游女怨歌来。暑来寒往运洄洑，潭生水落移陵谷。云间坠翮散泥沙，波上浮查栖树木。昨暮飞霜下北津，今朝行雁度南滨。处处沟泽清源竭，年年旧苇白头新。天地盈虚尚难保，人间倚伏何须道。秋月皛皛泛澄澜，冬景青青步纤草。念君宿昔观物变，安得踌躕不衰老。

岳州宴别潭州王熊二首

丝管清且哀，一曲倾一杯。气将然诺重，心向友朋开。古木无生意，寒云若死灰。赠君芳杜草，为植建章台。

缙云连省阁，沟水遽西东。然诺心犹在，荣华岁不同。孤城临楚塞，远树入秦宫。谁念三千里，江潭一老翁。

岳州观竞渡

画作飞凫艇，双双竞拂流。炫装山色变，急棹水华浮。土尚三闾俗，江传二女游。齐歌迎孟姥，独舞送阳侯。鼓发南湖溠，标争西驿楼。并驱恒诧速，非畏日光遒。

岳州刺史谢上表

臣说言：伏奉四月十有二日制书，除臣岳州刺史。某月二十七日递书到相州，承恩惶怖，狼狈上道，以月一日至岳州上讫。臣以昔侍金华，过蒙荣宠，负乘招寇，日待谴黜，圣慈迟回，仍委符守。刻肌刻骨，诚札幌报恩私；无术无才，将何克宣风化？夙夜惭惕，胡宁启处。伏以贬官到任，理在速闻，不敢循常，稽缓附使。无任荷恩兢惧之至，谨遣递表陈谢以闻。①

江上愁心赋寄赵子

江上之峻山兮，巋崎峨义而不极，云为峰兮烟为色，欻变态兮心不识。江上之深林兮，杳冥蒙而不已，鸟为花兮猿为子，纷荡漾兮言莫拟。夏云队兮若山，秋水平兮若天，冬沙飞兮淅淅，春草靡兮芊芊。感四节之默运，知造化之潜迁，伴众鸟兮寒渚，望孤帆兮日边。虽欲贯愁肠于巧笔，纺离梦于哀弦，是心也，非模放之所逮，将有言兮是然，将无言兮是然。②

赵冬曦

赵冬曦（677—750），字仲爱，唐定州鼓城（今河北晋县）人。中宗神龙二年（706）进士及第，玄宗先天元年（712）登藻思清华

---

①辑自《全唐文》，中华书局1983年影印本。

②张说诗文辑自《四库唐人文集丛刊·张燕公集》，上海古籍出版社1992年版。

科，授校书郎。历官左拾遗，迁监察御史。因罪流放岳州，常与刺史张说等游宴赋诗。召还复官，兼掌国史。以亲累，贬合州刺史，辗转多地任地方官，复入为国子祭酒，卒。赵冬曦性放达，工诗赋，又工正书。《全唐诗》存诗十九首，《全唐诗外编》补诗一首。

陪张燕公登南楼

宽慰何以欢，阴气亦登望。孤岛轻雾里，行舟白波上。目萦西北云，心醉东南象。昔日青溪子，胡然此无状。

和燕公岳州山城

为吏恩犹旧，投沙惠此蒙。江边悠尔处，泗上宛然同。访道精言合，论经大义通。鸣琴有真气，况已沐清风。

陪燕公游灉湖上寺

江外多山水，招要步马来。琴将天籁合，酒共鸟歌催。岩坐攀红药，溪行爱绿苔。所怀非此地，游望亦徘徊。

答张燕公翻着葛巾见呈之作

美酒值芳春，醒余气益真。降欢时倒履，乘兴偶翻巾。徐榻思方建，庄车理自均。傲然歌一曲，一醉濯缨人。

和张燕公耗磨日饮

春来半月度，俗忌一朝闲。不酌他乡酒，无堪对楚山。

奉酬燕公见归田赋垂赠之作

穷鸟婴笼缀，孤飞任播迁。鹓鹩王佐用，复此挫冲天。楚云何掩郁，湘水亦回邅。怀哉愧木雁，忽尔枉兰荃。愈疾同枚叔，销忧比仲宣。归途书可畏，弱操石犹坚。覆载虽云广，涔阳直块然。

酬燕公出湖见寄

纶綍有成命，旌麾不可攀。湘川朝目断，荆阙夕波还。果枉东瞻唱，兴言夕放闲。携琴仙洞中，置酒灉湖上。芳景恣行乐，谪居忽如忘。聚散本相因，离情自悲怅。鸾翮非常戢，鹏天会昭旷。永怀宛洛游，曾是弹冠望。

奉和张燕公早霁南楼

闲曙跻南楼，凭轩四遐瞩。物华荡暄气，春景媚晴旭。川霁湘山孤，林芳楚郊缛。列岩重叠翠，远岸逶迤绿。风帆摩天垠，艇人散湾曲。鸿归鹤舞送，猿叫莺声续。群动皆熙熙，噫予独羁束。常钦才子意，问鹏伤蜷局。雅向骚人文，怀沙何迫促。未知二贤意，去矣从前欲。

灉湖作

三湖返入两山间，畜作灉湖弯复弯。暑雨奔流潭正满，微霜及潦水初还。水还波卷溪潭涸，绿草芊芊岸崭岩。适来挥棹共洄旋，已复扬鞭恣行乐。道旁耆老步跹跹，楚言兹事不知年。试就湖边披草径，莫疑东海变桑田。君讶今时尽陵陆，我看明岁更沦涟。来今自昔无终始，人事回环恒若是。应思阙下声华日，谁谓江潭旅游子。初真正喜固当然，往蹇来誉宜可俟。盈虚用舍轮舆旋，勿学灵均远问天。

和尹懋秋夜游灉湖二首

政理常多暇，方舟此溯洄。吹笙虚洞答，举楫便风摧。山暗云犹辨，潭幽月稍来。清溪无数曲，未尽莫先回。

烟霭夕微蒙，幽湾尚未穷。舣舟待初月，褰幌招远风。鹤声聒幽浦，人火明暗丛。东山云壑意，不谓尔来同。

奉答燕公

语别意凄凄，零陵湘水西。佳人金谷返，爱子洞庭迷。旧馆逢花发，他山值鸟啼。江天千里望，谁见绿蘋齐。

奉答燕公

谁道零陵守，东过此地游。友僚同省阁，昆弟接荆州。我逐江潭雁，君随海上鸥。屡伤神气阻，久别鬓毛秋。疑岭春应遍，阳台雨欲收。主人情未尽，高驾少淹留。

陪张燕公行郡竹篱

良臣乃国祯，麾守去承明。外户人无闭，浮江兽已行。随来晋盗逸，民化蜀风清。邪郭从彝典，州闾荷德声。小人被天渥，流落巴丘城。所赖中和正，优游凿与耕。

和燕公别灉湖

南湖美泉石，君子玩幽奇。湾澳陪临泛，岩岫共践窥。秋风赪桂晚，春景绿杨垂。郢路委分竹，湘滨拥去麾。枉帆怀胜赏，留景惜差池。水木且不弃，情由良可知。①

谢燕公江上愁心赋

江上之仙鹤兮凤翥而龙跃，气摩青天兮遥横碧落，集洞庭兮乍驻，倏回翔兮寥廓。江上之鸣雁兮违阴以就阳，中霄翻翰兮上带青霜，虽主人兮感会，蹇淹留兮潇湘。湘水兮深深，荆山兮岑岑，荆有玉兮玉为音，湘有芷兮芷为心。我所思兮愔愔，不得见兮沾襟，搦芳札兮援宝瑟，申短章兮吐长吟。草萋萋兮自绿，目征帆兮春水，曲末一望兮空踯躅。望眇眇兮思绵绵，忆都门兮夏云边，邈千里兮无由缘。送凉风兮脱叶，复穷阴兮冒天。缅一日其如岁，矧四运之相迁。离别也？骚愁焉？恶乎然？恶乎不然。②

王熊

王熊，生卒年、籍贯皆不详。官至潭州都督。曾与张说唱和。善画湘中山水，似李思训。《全唐诗》存诗二首。

奉别张岳州说二首

长沙辞旧国，洞庭逢故人。熏兰敦久要，披雾转相亲。岁月空嗟老，江山不惜春。忽闻黄鹤曲，更作白头新。

平生共风月，倏忽间山川。不期交淡水，暂得款忘年。兴逸

①赵冬曦诗辑自《全唐诗》。

②赵冬曦文辑自《文苑英华》卷九一。

方罢钓，帆开欲解船。离心若危旆，朝夕为君悬。①

梁知微

梁知微，武后圣历初进士。玄宗开元初，任潭州刺史，与张说以诗赠答。又曾为苏州刺史、江东采访使。《全唐诗》存诗一首。

奉别燕公

华容佳山水，之子厌承明。符竹纡小郡，江湖被泽声。三年计吏入，路指巴丘城。凫舟才结缆，驺驾已相迎。别离他乡酒，委曲故人情。孤屿早烟泊，长波晚气清。辛勤方远骛，胜赏屡难并。回瞻洞庭浦，日暮愁云生。②

尹懋

尹懋，唐河间（今属河北）人。开元三年（715）至五年，张说为岳州刺史时，懋为从事，有唱和之作。曾官补阙。《全唐诗》存尹懋诗四首。

奉陪张燕公登南楼

君子每垂眷，江山共流眄。水远林外明，岩近雾中见。终日西北望，何处是京县。屡登高春台，徒使泪如霰。

①王熊诗辑自《全唐诗》卷九八。

②梁之知微诗辑自《四库唐人文集丛刊·张燕公集》。

泛洞庭

风光淅沥草中飘，日彩荧荧水上摇。幸奉潇湘云壑意，山旁容与动仙桡。

秋夜陪张丞相赵侍御游灉湖二首并序

燕公以盖司马初到，赵侍御客焉。聿理方舟，嬉游灉壑，览山川之异，采泉石之奇。骋望崇朝，留樽待月，一时之乐，岂不盛欤？赋诗者列之于左，河间尹懋词也。

熊轼巴陵地，鹢舟湘水浔。江山与势远，泉石自幽深。杳霭入茂壑，冥茫见道心。超然无俗事，情宴有空林。

江上饶奇山，巑罗云水间。风秋树色杂，苔古色文斑。巴俗将千漾，灉湖凡几湾。嬉游竟不尽，乘月泛舟还。①

张均

张均，唐河南洛阳人。张说长子。玄宗开元四年（716）进士及第，官吏部员外郎等职，后任中书舍人。父死，居父忧服阕，除户部侍郎，转兵部。袭封燕国公。二十六年（738），坐累贬饶州刺史，移苏州刺史。天宝间累迁户部、兵部侍郎，刑部尚书、大理卿、建安太守。安史乱起，受安禄山伪命为中书令。肃宗立，免死，长流合浦郡。《全唐诗》存诗七首。

---

①尹懋诗辑自《四库唐人文集丛刊·张燕公集》。

和尹懋秋夜游灉湖二首

远水沉西日，寒沙聚夜鸥。平湖乘月满，飞棹接星流。黄叶鸣凄吹，苍葭扫暗洲。愿移沧浦赏，归待颍川游。

湾潭幽意深，杳霭涌寒岑。石痕秋水落，岚气夕阳沉。澄彻天为底，渊玄月作心。青溪非大隐，归弄白云浔。

九日巴丘登高

客心惊暮序，宾雁下沧洲。共赏重阳节，言寻戏马游。湖风扶戍柳，江雨暗山楼。且酌东篱酒，聊祛南国忧。

岳阳晚景

晚景寒鸦集，秋风旅雁归。水光浮日出，霞彩映江飞。洲白芦花吐，园红柿叶稀。长沙卑湿地，九月未成衣。

和尹懋登南楼

客来已两春，更瞻韶光早。花鸟既环合，江山复骈抱。楼形写北潭，堞势凌青岛。白云谢归雁，驰怀洛阳道。①

张垍

张垍，唐河南洛阳人。张说次子。妻玄宗女宁亲公主，拜驸马都尉。开元二十六年（738）以太常少卿入翰林院为学士。为杨国忠所

①张均诗辑自《全唐诗》卷九十。

诬，贬为卢溪郡司马，岁中召还，再迁为太常卿。安史之乱时与张均皆受安禄山伪命，张垍与陈希烈为安禄山宰相，死于军中。一说乱平后长流岭南。《全唐诗》存诗一首，《全唐诗续拾》补诗一首。

奉和岳州山城

郡馆临清赏，开扃坐白云。讼虚棠户曙，观静竹檐曛。悬榻迎宾下，趋庭学礼闻。风传琴上意，遥向日华纷。①

张九龄

张九龄（678—740），一名博物，字子寿，唐韶州曲江（今广东韶关）人。武后神功元年（697），登进士第，授校书郎。后历官司勋员外郎、中书舍人、桂州都督、集贤院学士、中书侍郎等职。开元二十一年（733），被任为中书侍郎、同中书门下平章事，主理朝政。翌年迁中书令，兼修国史。后触怒玄宗，罢相，贬为荆州长史。在州以文史自娱，不戚戚于怀。二十八年（740）病卒。谥号“文献”。工诗能文，有《曲江集》二十卷传世。《全唐诗》存诗三卷，《全唐诗外编》及《全唐诗续拾》补诗四首。

将至岳阳有怀赵二

湘浦多深林，青冥昼结阴。独无谢客赏，况复贾生心。草色虽云发，天光或未临。江潭非所遇，为尔白头吟。

使还湘水

归舟宛何处，正值楚江平。夕逗烟村宿，朝缘浦树行。于役

---

①张垍诗辑自《唐全诗》卷九〇。

已弥岁，言旋今惬情。乡郊尚千里，流目夏云生。

初发道中寄远

日夜乡山远，秋风复此时。旧闻胡马思，今听楚猿悲。念别朝昏苦，怀归岁月迟。壮图空不息，常恐发如丝。

自湘水南行

落日催行舫，逶迤洲渚间。虽云有物役，乘此更休闲。暝色生前浦，清晖发近山。中流澹容与，唯爱鸟飞还。

初入湘中有喜

征鞍穷郢路，归棹入湘流。望鸟唯贪疾，闻猿亦罢愁。两边枫作岸，数处橘为洲。却计从来忆，翻疑梦里游。

赠澧阳韦明府

君有百炼刃，堪断七重犀。谁开太阿匣，持割武城鸡。竟与尚书佩，遥应天子提。何时遇操宰，当使玉如泥。

湘中作

湘流绕南岳，绝目转青青。怀禄未能已，瞻途屡所经。烟屿宜春望，林猿莫夜听。永路日多绪，孤舟天复冥。浮没从此去，嗟嗟劳我形。

南还湘水言怀

掘宦今何有，劳歌念不成。十年乖夙志，一别悔前行。归去田园老，倘来轩冕轻。江间稻正熟，林里桂初荣。鱼意思在藻，鹿心怀食苹。时哉苟不达，取乐遂吾情。

使还都湘东作

仓庚昨归候，阳鸟今去时。感物遽如此，劳生安可思。养真无上格，图进岂前期。甘节往来苦，壮容离别衰。盛明非不遇，弱操自云私。孤楫清川渚，征衣寒露滋。风朝津树落，日夕岭猿悲。牵役而无悔，坐愁只自怡。当须报恩已，终尔谢尘缁。

祭南岳事毕谒司马道士

将命祈灵岳，回策诣真士。绝迹寻一径，异香闻数里。分庭八桂树，肃客两童子。入室希把袖，登床愿启齿。诱我弃智诀，迫兹长生理。吸精反自然，炼药求不死。斯言渺霄汉，顾余婴纷滓。相去九牛毛，惭叹知何已。

九度仙楼

谁断巨鳌足？连山分一股。谁跨海上鹏？压作参差羽。应是女娲辈，化工挥巧斧。掀翻煮石云，大块将天补。渣滓至今在，县瓴分注乳。磊落掷遐荒，龃龉不合土。忙惊日月过，晃漾空中舞。哀益问巨灵，谽谺碍臂武。塞罅制逆流，努力迹骈拇。神禹四载仆，九年梗作雨。纡回杀拗区，澎湃乱飞鼓。漫下祖龙鞭，六丁护舟府。漫发熊绎矢，非石又非虎。数狭不能制，伊谁可再侮。并把蓬莱输，难将此物赌。罗浮亦可移，此物不可取。肋斗出盘山，粗能踞地主。芝田第九层，最上惠生圃。

游洞门题陈氏丹台诗

鸡头西畔洞门开，陈氏丹升劫仞台。轮鬼昔年曾誓否，至今犹说鬼肩栽。①

陈光

陈光，唐梓州射洪人。陈子昂子，登进士第，官太子司议郎、膳部郎，商州刺史等。《全唐诗》存诗三首。《全唐诗续拾》补诗四首。

题桃源僧

桃源有僧舍，跬步异人天。花乱似无主，鹤鸣疑有仙。轩廊明野色，松桧湿春烟。定拟辞尘境，依师过晚年。②

李邕

李邕（678—747），字泰和，广陵江都（今江苏扬州）人。一说江夏（今湖北武昌）人。李邕少年即成名，武后长安初，李峤等荐其词高行直，授左拾遗。中宗时，出为南和令，玄宗开元三年（715），为户部郎中。天宝初，为汲郡、北海太守。世称“李北海”。天宝六年（747）为李林甫所害。代宗时，追赠秘书监。精于书法，行草之名尤著。传世书迹以《岳麓寺碑》、《李思训碑》最为世人重视。有文集七十卷，已佚。《全唐诗》存诗四首，《全唐诗外编》及《全唐诗续拾》补诗七首。

岳麓寺碑

夫天之道也，东仁而首，西义而成，故清泰所居，指于成事

①张九龄诗辑自《张九龄集校注》，中华书局2008年版。
②辑自《全唐诗》卷七二七。

者已；地之德也，川浮而动，岳镇而安，故耆阇以居，取于安定者已。兹寺大柾，厥旨玄同。是以回向度门，缠于郭右，仰止净域，列乎岩巅。宝堂岌嶪于太虚，道树森梢于曾渚。无风而林壑肃穆，不月而相事澄明。化城未真，梵天犹俗，名称殆绝，地位尝高者，不其盛欤？

麓山寺者，晋太始四年之所立也。有若法崇禅师者，振锡江左，除结涧阴，尝与炎汉太宗，长沙清庙，栋宇接近，云雾晦冥，赤豹文狸，女萝薜带。山祇见于法眼，窦后依于佛光，至请旧居，特为新寺。禅师洎翌日弘聚，谋介众表之，明诏行矣。水臬有制，丘墟尽平。太康二载，有若法导禅师，莫知何许人也。默受智印，深入证源。不坏外缘，而见心本，无作真性，而注福河。太起前功，重启灵应，神僧银色，化身丈余，指定全模，标建方面，法物增备，檀供益崇，广以凌云之台，疏以布金之地。有若法愍禅师者，江夏人也，空慧双铨，寂用同辔，慈目相视，净心相续，综核万法，安住一归，注大道经，究上乘理，永托兹岭，克终厥生。逮宋元徽中，尚书令湘州刺史王公讳僧虔，右军之孙也。信尚敬田，作为塔庙，追存宝相，加名宝山。矧乎弓冶笔精，陶甄意匠，留书藏石，缄妙俟时，候法宇之倾阤，斯珍价以兴葺。远虑将久，遗事未彰。梁天监三年，刺史夏侯公讳祥，了义重玄，别构正殿。绍泰二年，刺史王公讳琳，律师法贤，或在家出家，或闻见眼见，建涅槃像，开甘露门。长沙内史萧沆，振起法鼓，弘演梵言，继揵槌于景锺，纳贝叶于曾阁。陈司空吴明彻，随侍中镇南晋安王乐阳王，并佛性森然，国桢秀者，壮回廊以云构，蔚悬居以天覆。

开皇九年，天台大禅师守护法庭，澄清悲海，严幢标耸，智火融明，袭如来堂，坐法华定，四行乐而不取，三贤登而更迁。

有若昙捷法师者，伐林及树，染法与衣，不坠一滴之油，有沾大根之雨。总管大将军齐郡公权，公讳武，福德庄严，喜慧方便，疏写四部，镇重百城。有若智谦法师者，愿广于天，心细于气，诵习山顶，创立花台。有若摩诃衍禅师者，五力圆常，四无清净。以因因而入果果，以灭灭而会如如。有若首楞法师者，文史早通，道释后得，远涉吴会，幽寻天台，法界图于剡中，真诀论于湘上。具究竟戒，敷解说筵。一法开无量之门，一音警无边之众，方等有以复悔，双林有以追远。并建场所，乐为住持。惟慧龙禅师者，迹其武，凭其高，超乎云门，绝彼尘网。深以为性有习，道有因，止于心，返于照，习也者。坐乎树，居乎山，因也者。固习而无因则不住，因而无习则不证。是以沤和正觉，阿若冥搜，想息而精进，甲坚，爱除而烦恼壳散。百川到海，同味于咸，千叶在莲，比色于净。起定不离于平等，发慧但及于慈悲。故能闻者顺其风，观者操其道，牧伯萃心，皇华洊臻，启焚香之上缘，托成佛之嘉愿。

上座惠杲、寺主惠亶、都维那兴哲等，皆静虑演成，妙轮转次。因差别而非法，随品类而得根，去二见而入流，率一心而办事。咸以形胜之会如彼，修行之迹如此，而丰碑未勒，盛业不书，安可默而已哉？将何以发挥颂声，披扬宿志者也？司马西河窦公，名彦澄，硕德高闻，绍贤远识，器守岳厚，检操冰清，属以师长阕官，摄行随手。以家而形于孝友，以己而广于诗书，以重而雅俗自兴，以明而至道丕若。且犹归心净土，膜拜佛乘，摧憍慢之外幢，兴开示之真语，建谋群吏，乃命下寮。顾蛟山之易疲，叹龙宫之难纪。其词曰：

天地有象，圣贤建桥。宴坐中岩，成道西域。后代袭武，前良作则。安乐是依，灵鹫是式。一想冥契，二归愿塞。其一。

金方置庙，衡麓开场。龙象拥锡，人天护香。思神赐土，灵化度堂。重镇牧伯，上游侯王。光昭法侣，大启禅房。其二。

幽谷左豁，崇山右峙。瞰郭万家，带江千里。玉水布飞，石林云起。雷激庭际，月窥窗里。花台随足，天乐盈耳。其三。

人与地灵，心将法灭。既往在此，比明齐哲。佛日环照，牛车结辙。连率顺风，驷骊钦烈。访道追胜，形驰目绝。其四。

碑板莫建，轨物未宏。和合是请，佐贰是膺。政敷大郡，信发广乘。愿言有述，以访无能。惟石可久，与山不崩。其五。①

高力士

高力士（684—762），本名冯元一，唐代著名宦官，祖籍广东高州。圣历元年（698）入宫，武则天令给事左右。高延福收为养子，遂改名高力士，受到武则天的赏识。后因曾助唐玄宗平定韦皇后和太平公主之乱，故深得宠信，知内侍省事，累官骠骑大将军、封齐国公，加开府仪同三司。上元元年（760），被诬流放巫州（今属湖南怀化）。《全唐诗》录存高力士诗一首。

感巫州荠菜

两京作斤卖，五溪无人采。夷夏虽有殊，气味都不改。②

---

①辑自《全唐文》卷二六三，中华书局1983年影印本。

②高力士诗辑自《全唐诗》卷七三二。

孟浩然

孟浩然（689—740），本名不详（一说名浩，字浩然），唐襄州襄阳人，世称“孟襄阳”。早年隐居故乡鹿门山，四十岁时游长安，应进士举不第。后漫游吴越，穷极山水之胜。开元二十五年（737），张九龄为荆州长史，招致幕府。不久归隐故居。后患疽卒。孟浩然为唐代山水诗派之先行者，有集传世，《全唐诗》存诗二卷，《全唐诗外编》及《全唐诗续拾》补二首。

望洞庭湖赠张丞相

八月湖水平，涵虚混太清。气蒸云梦泽，波撼岳阳城。欲济无舟楫，端居耻圣明。坐观垂钓者，空有羡鱼情。

洞庭湖寄阎九

洞庭秋正阔，余欲泛归船。莫辨荆吴地，唯余水共天。渺弥江树没，合沓海潮连。迟尔为舟楫，相将济巨川。

武陵泛舟

武陵川路狭，前棹入花林。莫测幽源里，仙家信几深。水回青嶂合，云度绿溪阴。坐听闲猿啸，弥清尘外心。

夜渡湘水

客舟贪利涉，暗里渡湘川。露气闻芳杜，歌声识采莲。榜人投岸火，渔子宿潭烟。行侣时相问，浔阳何处边。

宿武阳即事

川暗夕阳尽，孤舟泊岸初。岭猿相叫啸，潭嶂似空虚。就枕灭明烛，扣舷闻夜渔。鸡鸣问何处，人物是秦余。

同曹三御史行泛湖归越

秋入诗人意，巴歌和者稀。泛湖同逸旅，吟会是思归。白简徒推荐，沧洲已拂衣。杳冥云外去，谁不羡鸿飞。

南还舟中寄袁太祝

沿溯非便习，风波厌苦辛。忽闻迁谷鸟，来报五陵春。岭北回征帆，巴东问故人。桃源何处是，游子正迷津。

晓入南山

瘴气晓氛氲，南山复水云。鲲飞今始见，鸟坠旧来闻。地接长沙近，江从汨渚分。贾生曾吊屈，予亦痛斯文。

湖中旅泊寄阎九司户防

桂水通百越，扁舟期晓发。荆云蔽三巴，夕望不见家。襄王梦行雨，才子谪长沙。长沙饶瘴疠，胡为苦留滞。久别思款颜，承欢怀接袂。接袂杳无由，徒增旅泊愁。清猿不可听，沿月下湘流。

自浔阳泛舟经明海

大江分九流，淼淼成水乡。舟子乘利涉，往来至浔阳。因之泛五湖，流浪经三湘。观涛壮枚发，吊屈痛沉湘。魏阙心恒在，金门诏不忘。遥怜上林雁，冰泮也回翔。[1]

李颀

李颀（约690—约751），唐赵郡（今河北赵县）人，一说东川（今属四川）人。唐玄宗开元二十三年（735）进士，曾任新乡县尉。后归隐，直至去世。李颀为盛唐著名诗人，《全唐诗》中录存李颀诗三卷，《全唐诗续拾》补诗二首。

二妃庙送裴侍御使桂阳

沅上秋草晚，苍苍尧女祠。无人见精魄，万古寒猿悲。桂水身殁后，椒浆神降时。回云迎赤豹，骤雨飒文狸。受命出炎海，焚香征楚词。乘骢感遗迹，一吊清川湄。

湘夫人

九嶷日已暮，三湘云复愁。窅霭罗袂色，潺湲江水流。佳期来北渚，捐佩在芳洲。[2]

王昌龄

王昌龄（？—约756），字少伯，京兆长安（今陕西西安）人。以曾官江宁（今江苏南京）丞、龙标（今湖南洪江西南）尉，后人因称“王江宁”、“王龙标”。玄宗开元十五年（727）进士。初任秘书

①孟浩然诗辑自《孟浩然集校注》，人民文学出版社1989年版。
②李颀诗辑自《全唐诗》。

省校书郎，二十二年（734）登博学宏词科，授汜水尉，因事贬岭南。开元末返长安，改授江宁丞。史传称后以“不护细行”，又贬龙标尉。安史乱起，昌龄避乱江淮一带，触忤濠州刺史闾丘晓，为晓所杀。王昌龄是唐朝杰出诗人，尤以边塞诗著称。《全唐诗》存诗四卷，《全唐诗外编》及《全唐诗续拾》补四首又四句。

留别武陵袁丞

皇恩暂迁谪，待罪逢知己。从此武陵溪，孤舟二千里。桃花遗古岸，金涧流春水。谁识马将军，忠贞抱生死。

答武陵田太守

仗剑行千里，微躯感一言。曾为大梁客，不负信陵恩。

武陵田太守席送司马卢溪

诸侯分楚郡，饮饯五溪春。山水清晖远，俱怜一逐臣。

送谭八之桂林

客心仍在楚，江馆复临湘。别意猿鸟外，天寒桂水长。

寄穆侍御出幽州

一从恩谴度潇湘，塞北江南万里长。莫道蓟门书信少，雁飞犹得到衡阳。

寄陶副使

闻道将军破海门，如何远谪渡湘沅。春来明主封西岳，自有还君紫绶恩。

西江寄越弟

南浦逢君岭外还，沅溪更远洞庭山。尧时恩泽如春雨，梦里相逢同入关。

龙标野宴

沅溪夏晚足凉风，春酒相携就竹丛。莫道弦歌愁远谪，青山明月不曾空。

听流人水调子

孤舟微月对枫林，分付鸣筝与客心。岭色千重万重雨，断弦收与泪痕深。

武陵龙兴观黄道士房问易因题

斋心问易太阳宫，八卦真形一气中。仙老言余鹤飞去，玉清坛上雨蒙蒙。

送薛大赴安陆

津头云雨暗湘山，迁客离忧楚地颜。遥送扁舟安陆郡，天边何处穆陵关。

巴陵送李十二

摇曳巴陵洲渚分，清江传语便风闻。山长不见秋城色，日暮蒹葭空水云。

留别司马太守

辰阳太守念王孙，远谪沅溪何可论。黄鹤青云当一举，明珠吐著报君恩。

卢溪别人

武陵溪口驻扁舟，溪水随君向北流。行到荆门上三峡，莫将孤月对猿愁。

送程六

冬夜伤离在五溪，青鱼雪落鲙橙荠。武冈前路看斜月，片片舟中云向西。

送柴侍御

沅水通波接武冈，送君不觉有离伤。青山一道同云雨，明月何曾是两乡。

送万大归长沙

桂阳秋水长沙县，楚竹离声为君变。青山隐隐孤舟微，白鹤双飞忽相见。

送吴十九往源陵

沅江流水到辰阳，溪口逢君驿路长。远谪谁知望雷雨，明年春水共还乡。

别皇甫五

溆浦潭阳隔楚山，离樽不用起愁颜。明祠灵响期昭应，天泽俱从此路还。

送崔参军往龙溪

龙溪只在龙标上，秋月孤山两相向。谴谪离心是丈夫，鸿恩共待春江涨。

送姚司法归吴

吴掾留觞楚郡心，洞庭秋雨海门阴。但令意远扁舟近，不道沧江百丈深。

送高三之桂林

留君夜饮对潇湘，从此归舟客梦长。岭上梅花侵雪暗，归时还拂桂花香。

武陵开元观黄炼师院三首

松间白发黄尊师，童子烧香禹步时。欲访桃源入溪路，忽闻鸡犬使人疑。

先贤盛说桃花源，尘忝何堪武陵郡。闻道秦时避地人，至今不与人通问。

山观空虚清静门，从官役吏扰尘喧。暂因问俗到真境，便欲投诚依道源。

为张馈赠阎使臣

哀哀献玉人，楚国同悲辛。泣尽继以血，何由辨其真。赖承琢磨惠，复使光辉新。犹畏谗口疾，弃之如埃尘。

出郴山口至叠石湾野人室中寄张十一

楮柟无冬春，柯叶连峰稠。阴壁下苍黑，烟含清江楼。景开独沿曳，响答随兴酬。旦夕望吾友，如何迅孤舟。叠沙积为岗，崩剥雨露幽。石脉尽横亘，潜潭何时流。既见万古色，颇尽一物由。永与世人远，气还草木收。盈缩理无余，今往何必忧。郴土群山高，耆老如中州。孰云议舛降，岂是娱宦游。阴火昔所伏，丹砂将尔谋。昨临苏耽井，复向衡阳求。同疚来相依，脱身当有筹。数月乃离居，风湍成阻修。野人善竹器，童子能溪讴。寒月波荡漾，羁鸿去悠悠。

岳阳别李十七越宾

相逢楚水寒，舟在洞庭驿。具陈江波事，不异沦弃迹。杉上秋雨声，悲切蒹葭夕。弹琴收余响，来送千里客。平明孤帆心，岁晚济代策。时在身未充，潇湘不盈画。湖山洲渚联，澹淡烟景碧。鱼鳖自有性，龟龙无能易。谴黜同所安，风土任所适。闭门观玄化，携手遗损益。

巴陵别刘处士

刘生隐岳阳，心远洞庭水。偃帆入山郭，一宿楚云里。竹映秋馆深，月寒江风起。烟波桂阳接，日夕数千里。袅袅清夜猿，孤舟坐如此。湘中有来雁，雨雪候音旨。

何九於客舍集

客有住桂阳，亦如巢林鸟。罍觞且终宴，功业曾未了。山月空霁时，江明高楼晓。门前泊舟楫，行次入松筱。此意投赠君，沧波风袅袅。

箜篌引

卢溪郡南夜泊舟，夜闻两岸羌戎讴。其时月黑猿啾啾，微雨沾衣令人愁。有一迁客登高楼，不言不寐弹箜篌。弹作蓟门桑叶秋，风沙飒飒青冢头。将军铁骢汗血流，深入匈奴战未休。黄旗一点兵马收，乱杀胡人积如丘。疮病驱来配边州，仍披漠北羔羊裘。颜色饥枯掩面羞，眼眶泪滴深两眸。思还本乡食牦牛，欲语不得指咽喉。或有强壮能咿嚘，意说被他边将雠。五世属藩汉主留，碧毛毡帐河曲游。橐驼五万部落稠，敕赐飞凤金兜鍪。为君百战如过筹，静扫阴山无鸟投。家藏铁券特承优，黄金千斤不称求。九族分离作楚囚，深溪寂寞弦苦幽。草木悲感声飕飗，仆本东山为国忧。明光殿前论九畴，麓读兵书尽冥搜。为君掌上施权谋，洞晓山川无与俦。紫宸诏发远怀柔，摇笔飞霜如夺钩。鬼神不得知其由，怜爱苍生比蚍蜉。朔河屯兵须渐抽，尽遣降来拜御沟。便令海内休戈矛，何用班超定远侯。史臣书之得已不?

奉赠张荆州

祝融之峰紫云衔，翠如何其雪崭岩。邑西有路缘石壁，我欲从之卧穹嵌。鱼有心兮脱网罟，江无人兮鸣枫杉。王君飞舄仍未去，苏耽宅中意遥缄。

送胡大

荆门不堪别，况乃潇湘秋。何处遥望君，江边明月楼。①

①王昌龄诗辑自《全唐诗》。

卷二

崔国辅

崔国辅，唐吴郡（今江苏苏州）人，一说山阴（今浙江绍兴）人。开元十四年（726）登进士第，历官山阴尉、许昌令、集贤院直学士、礼部员外郎等职。天宝十一年（752），贬晋陵司马。其诗以五绝著称，原集至宋代已佚。《全唐诗》存诗一卷，《全唐诗续拾》补存目三首。

湖南曲

湖南送君去，湖北送君归。湖里鸳鸯鸟，双双他自飞。①

杨浚

杨浚，唐开元中尝作《圣典》三卷。曾官校书郎、礼部侍郎等。《全唐诗》存诗三首。

题武陵草堂

草堂列仙楼，上在青山顶。户外窥数峰，阶前对双井。雨来花尽湿，风度松初冷。登栈行不疲，入溪语弥静。本能去尘服，

①崔国辅诗辑自《全唐诗》卷一一九。

兼欲事金鼎。正直心所存，谄谀长自省。适知幽遁趣，已觉烦虑屏。更爱云林闲，吾将卧南颍。①

齐光义

齐光义，唐开元中官郴州博士，曾任集贤院直学士。

安陵县石记

大唐开元十二年冬十月，刺史赵琕呈奏割郴县北之二千室，置安陵焉，因其江以名县。越十三年秋七月，敕乃可其奏。若乃考传验图，辨方经野，天文当翼轸之分，地理在衡疑之西。《禹贡》别于荆州，此其南郡，项王封于义帝。阙二字上游，代历北朝，年逾千祀。自楚都而析壤，时有贸迁；因桂水而为名，不恒其阙八字皇运勃兴，造有区夏，大司徒所以知土地，职方氏所以掌封畿。万物由庚而得宜，群灵仰阙八字元泽既漫，苍生阜成，此邦之人，既庶而富。下邑颇逾于四甸，属城或过于百里，故可分其域而辨其官，施其职而平其政。朝议大夫守别驾上柱国崔公无诐，博陵人也。伯夷典礼，尚父专征，迁汶阳之两派，分秘书之阙二字。光赫丕业，启迪后人，荷清茂之阙一字孕文明之秀。宏中律度，博艺周求，礼乐以由其躬，忠信以开于物。承涣汗，驭屏星，州将出师，任归别乘。而吴轻楚险，慓悍其风；侮吏强宗，舛悖于理。浮食而田畴自芜，末游而庠塾辍业。公览其颓弊，永叹良图，正其法以肃违，清其身而励下。若到家户，翕从威令，自整纲目，三年于兹。由阙一字之教，确乎无拔。明科禁而奸盗不兴，陈艺极

①杨浚诗辑自《文苑英华》卷三一四。

而程课斯辨，诚德既敷，刑章具举。然后宏恤隐，示轨仪，道变齐鲁，人知俎豆。其施化阙二字仁而恕，其阙六字风阙二字于路衢，义让行于陇亩。虽居刺史之半，已专邦国之功。恭惟睿谟，首阙一字兴建。判官阙十二字奉古殷墟诞裔，那处迁苗，铄前代之风，森殊向之节。资忠履义，学《礼》闻《诗》，栖枳棘以仍留，刷阙一字风而示远。从事不挠，当官而行，澄止水而逾清，禀西霜而自肃。昔晋阳为礼，厥趾修高，手足贻阙二字延于化族。国家既旌善之贷削阙一字之思井阙一字若阙一字孰副天奖。任其谷货，我则司存，贤谓功曹，犹当议事。乃从阙一字履郊甸阙一字险难阙一字京陵鸠发阙十字而考据，爰得兹山，是称爽垲。自初阙一字他所义于阙三十字地亦无余信合阙四字关于思虑挟阙三字仍因阙五十字经始模制阙一字出于二公而费量庀材阙一字令南平县丞向激阙十五字奥闻绿竹之诗产灵无泯。贤材经世滥阙五字途郁遥俟三年之举。从阙二十五字校功徒于阙二字悦以忘劳，人多竞劝，陈版筑阙二十一字相望气雄南极，势，阙三字于是立社稷，置胶庠，令其尽神教以从学建仓廪阙二字交易有无，廨宇星罗以棋布，衢街阙一字平而阙二字其川陆襟带，南驰北走，旌引炎徼，连彼洞庭，兼茯闾閈之众，积以膏腴之壤。万类所产，宁独齐都？四姓名家，岂惟吴国？信一湘之中，一邑之凑也。先是豹江之北，羊山之西，邻莫闻于协比。疆屡移于彼此，及创斯邑，方掩阙二字宜都之峰无化，督邮之石知远。前梧州戎域县令王思谨、吉州永新县令、曹节封州开建县尉赵辨令录事李遂良与曹祐等，并权干楩楠，曜阙一字江郁，舒逸翮于区外，薄浩气于湘江。或相如罢归，旧是文园之令；或符融未达，且历都官之曹。相与聚族而谋曰：昔此未县，同夫野庐。首阙一字崔公草创之阙五字为理众务咸熙，惠恤优畅，规模宏远。輶轩升闻，骤徹于上，积翰所高阙十字图其法述作者所以著其言。岂名冠曩踪，业高前代，使千载之下，所述无闻，故托于石。时县丞文林郎郑侯阙一字、尉文林郎段元勣、仓曹许阙一字开元十五年岁在丁卯七月辛未朔九日己卯，竖此郴州安陵县石记。①

陆善经

陆善经，唐吴郡（今江苏苏州）人。玄宗开元中，萧嵩荐之入集贤院，预修国史及《开元礼》。后迁集贤院直学士，天宝间官至国子司业。

寓汨罗芭蕉寺

寒泉泻破青山腹，青山不改寒泉绿。幽人一派泉石心，倚溪着此数椽屋。窗外飘喷万斛珠，枕边玲珑一片玉。山间金龙啸欲飞，涧底银蟾清可掬。敲磬愁惊晓鹭眠，停经坐看昏鸦浴。香浮茗雪滋肺腑，响入松涛震崖谷。清净耳聆绝弦琴，广长舌相无生曲。客来坐此亦忘归，溪南溪北千竿竹。②

张抃

张抃（？—757），唐滑州（今河南滑县）人。天宝末任丰城令，为张巡属下裨将。安史之乱中从张巡守睢阳，城陷战死。

题衡阳泗州寺

一水悠悠百粤通，片帆无奈信秋风。几层峡浪寒春月，尽日

①辑自《全唐文》卷三五四。
②辑自《平江县志》卷五四，光绪元年刻本。

江天雨打篷。漂泊渐摇青草外，乡关谁念雪园东。未知今夜依何处，一点渔灯出苇丛。①

卢象

卢象，字纬卿，谏议大夫卢鸿之侄。唐汶水（今属山东）人。开元初，由前进士补秘书郎，转右卫仓曹掾，任左补阙、河南府司录、司勋员外郎。后受安禄山伪官，贬为果州长史，后又贬为永州司户参军，移吉州长史。起为主客员外郎，赴任回京路上病卒于武昌。卢象工诗，《全唐诗》存诗一卷，《全唐诗外编》补一首，《全唐诗续拾》补三首。

永城使风

长风起秋色，细雨含落晖。夕鸟向林去，晚帆相逐飞。虫声出乱草，水气薄行衣。一别故乡道，悠悠今始归。②

包融

包融（695—764），唐润州延陵（今江苏省丹阳市）人（一云湖州人）。开元初，与贺知章、张旭、张若虚皆有名，号“吴中四士”。张九龄引为怀州司马，迁集贤直学士、大理司直。子何、佶，世称二包，各有集。包融与孟浩然交谊甚厚，孟有诗叙二人交往。《全唐诗》存诗八首。

---

①辑自《全唐诗》卷一五八。

②辑自《文苑英华》卷一五六。

赋得岸花临水发

笑笑傍溪花，丛丛逐岸斜。朝开川上日，夜发浦中霞。照灼如临镜，丰茸胜浣纱。春来武陵道，几树落仙家。

武陵桃源送人

武陵川径入幽遐，中有鸡犬秦人家。先时见者为谁耶，源水今流桃复花。

桃源行

武陵川径入幽遐，中有鸡犬秦人家，家傍流水多桃花。桃花两边种来久，流水一道何时有？垂条落蕊暗春风，夹岸芳菲至山口。岁岁年年能寂寥，林下青苔日为厚。时有仙鸟来衔花，曾无世人此携手。可怜不知若为名，君任从之多所更。古驿荒桥平路尽，崩湍怪石小溪行。相见维舟登览处，红堤绿岸宛然成。多君此去从仙隐，令人晚节悔营营。①

张谓

张谓（？—约778），字正言，河内（今河南沁阳）人。唐天宝二年（743）登进士第，后入安西节度副大使封常清幕，参预谋划有功。肃宗乾元元年（758）为尚书郎，代宗永泰初，在淮南田神功幕中任军职，大历年间任潭州刺史，后入朝为太子左庶子，任礼部侍郎。张谓工诗。《全唐诗》存诗一卷。

---

①辑自《全唐诗》卷一一四。

寄崔澧州

共幞台郎被，俱褰郡守帷。罚金殊往日，鸣玉幸同时。五马来何晚，双鱼赠已迟。江头望乡月，无夜不相思。

送裴侍御归上都

楚地劳行役，秦城罢鼓鼙。舟移洞庭岸，路出武陵溪。江月随人影，山花趁马蹄。离魂将别梦，先已到关西。

送韦侍御赴上都

天朝辟书下，风宪取才难。更谒麒麟殿，重簪獬豸冠。月明湘水夜，霜重桂林寒。别后头堪白，时时镜里看。

送杜侍御赴上都

避马台中贵，登车岭外遥。还因贡赋礼，来谒大明朝。地入商山路，乡连渭水桥。承恩返南越，尊酒重相邀。

道林寺送莫侍御

何处堪留客，香林隔翠微。薜萝通驿骑，山竹挂朝衣。霜引台乌集，风惊塔雁飞。饮茶胜饮酒，聊以送将归。

同王征君湘中有怀

八月洞庭秋，潇湘水北流。还家万里梦，为客五更愁。不用开书帙，偏宜上酒楼。故人京洛满，何日复同游。

别韦郎中

星轺计日赴岷峨，云树连天阻笑歌。南入洞庭随雁去，西过巫峡听猿多。峥嵘洲上飞黄蝶，滟滪堆边起白波。不醉郎中桑落酒，教人无奈别离何。

杜侍御送贡物戏赠

铜柱朱崖道路难，伏波横海旧登坛。越人自贡珊瑚树，汉使何劳獬豸冠。疲马山中愁日晚，孤舟江上畏春寒。由来此货称难得，多恐君王不忍看。

辰阳即事

青枫落叶正堪悲，黄菊残花欲待谁。水近偏逢寒气早，山深常见日光迟。愁中卜命看周易，病里招魂读楚词。自恨不如湘浦雁，春来即是北归时。

长沙失火后戏题莲花寺

金园宝刹半长沙，烧劫旁延一万家。楼殿纵随烟焰去，火中何处出莲花。

同诸公游云公禅寺

共许寻鸡足，谁能惜马蹄。长空净云雨，斜日半虹霓。檐下千峰转，窗前万木低。看花寻径远，听鸟入林迷。地与喧闻隔，人将物我齐。不知樵客意，何事武陵溪。

邵陵作

尝闻虞帝苦忧人，只为苍生不为身。已道一朝辞北阙，何须五月更南巡。昔时文武皆销铄，今日精灵常寂寞。斑竹年来笋自生，白蘋春尽花空落。遥望零陵见旧丘，苍梧云起至今愁。惟余帝子千行泪，添作潇湘万里流。①

长沙土风碑铭并序

天文长沙一星，在轸四星之侧，上为辰象，下为郡县。《遁甲》所谓沙土之地、云阳之墟，可以长往，可以隐居者焉。其山麓山，其水湘水，其畜宜鸟兽，其谷宜秔稻。厥草惟繇，简杜茎蘅留荑□车出焉；厥木惟乔，椅桐桂柽贞松文梓生焉。筱荡婵娟于原野，碱砆照耀于崖谷。昔熊绎始在此地，番君因此而后定王国焉。汉道凌迟，董卓狼顾，文台以三湘之众，绩著勤王；梁朝覆没，侯景虎视，僧辩以一州之人，勋成定国。桓文之举，亦何加焉？至于致礼旧君，请尸归葬，桓氏之子，可谓忠也；殒身强寇，有死无辱，尹氏之女，可谓贞也。轼邓粲之宅，足以厚儒风；表古初之坟，足以敦素行。齐鲁之俗，其何远哉！巨唐八叶，元圣六载，正言待罪湘东，郡临江湖。大抵卑湿修短，疵疠未违天常，而云家有重腿之人，乡无颁白之老，谈者之过也；地边岭瘴，大抵炎热寒暑，晦明未愆时序，而云秋有爀曦之日，冬无凛冽之气，传者之差也。巴蛇食象，空见于图书；鹏鸟似鸮，但闻于词赋。则知前古之善恶，凡今之毁誉，焉可为信哉？因征故老之言，用纪他山之石。辞曰：

①张谓诗辑自《全唐诗》卷一九七。

舜去黄屋，于焉巡游。禹逢元夷，于焉滞留。五岭南指，三湘北流。邻联沧浪，边遥岣嵝。湘山之下，青青众草。有蕙有兰，在江之岛。烟雨冥冥，波澜浩浩。不采不撷，弃捐远道。湘山之上，青青众木。有栝有松，在岩之麓。风霜凄凄，柯叶沃沃。不榱不栋，老朽空谷。陆有玉璞，水有珠胎。隋侯云亡，卞氏不来。湘云莽苍，湘月徘徊。贞石纪事，层城之隈。

虞帝庙碑铭

尧有天下七十载，将逊于位，久难其人。支伯、许由，全其节而固让；羲仲、龢叔，审其才而固辞。帝德合于天，天命归于帝，帝尽善也，我其试哉！由是宾于四门，纳于百揆，星辰合度，雷雨不迷。尧之二女，釐降于内；尧之九男，服勤于外。受昭华之玉，允洽人神；泥封祀之金，大报天地。五臣皆进，明赏也；四族咸黜，明刑也；先质后文，敦俗也；贵德尚齿，优贤也。于斯之时，君明于上，人化于下。山川鬼神，亦莫不宁；鸟兽鱼鳖，众乎咸若。无为而治，其圣也欤！夫以万乘之尊，一人之贵，多见轶其轨度，少能窒其嗜欲。瑶台琼室，尧舜则茅茨土阶矣；玉食宝衣，尧舜则藜羹皮裘矣。历代多嫔御，尧舜顾礼经，娶一姓矣；自古好征伐，尧舜舞干戚，怀四夷矣。百姓乐，尧舜未尝不乐，百姓忧，尧舜未尝不忧。历数之来，人以位授我；讴歌之去，我以位授人。其来也撄于樊笼，其去也脱于桎梏。形神非吾有，天地之委和；子孙非吾有，天地之委蜕，此其所以禅代也。近日曹丕父子，世为汉贼，当鼎易之时，发荒唐之论，高视前古，大夸群雄，猥以汉魏之间，辄同尧舜之际，此河伯不知于海若，盗跖自方于仲尼也。古人云“尧以义终，舜以勤死”，稽诸祀典，永垂世教。游夏之徒，岂诬也哉！称尧见囚，小儒之虚诞；为禹所放，曲士之穿凿。攻乎异端，斯害也已。九嶷北麓，三湘南滋，帝之遗庙存焉。地僻易芜，徒生荆棘，水深难涉，谁荐蘋蘩？先圣不祀，后贤之过。摄邵阳令前监察御史宇文宣，大树风教，小康黎元。相冈峦，移栋宇，前豁林莽，得爽垲之地焉；下指城隅，见祈祷之人焉。如或宣室言征，閟宫灵降，娥英近侍，稷契旁趋。则歌南风，觐东后，朝众圣。会群臣，则知汤武不敢升堂，自愧于廊庑之下；高光不敢及户，退惭于阃阈之外。成康文景，无所讥焉。谓也无孔氏之祖述，有颜子之希慕，作颂于清芬，勒文于元石。其铭曰：

系自颛顼，家于勾芒。大口奇表，重瞳异相。俗变山中，风移河上。其器不窳，其人皆让。二年成邑，三年成都。惟彼陶唐，禅于有虞。域中交泰，天下昭苏。彩凤听乐，黄龙负图。其德难名，元功不宰。脱屣城阙，遗形江海。陵庙有依，山川无改。象耕未辍，鸟耘犹在。托此岩阿，神心若何？蒸尝昔少，俎豆今多。百越迢遥，九嶷嵯峨。湘云古色，楚水新波。庭罗松桂，森若容卫。檐度风飙，宛如萧韶。黎庶以宁，阴阳以调。凭兹圣娄，祚我皇朝。①

希迁

希迁（700—790），唐代著名禅师，端州高要（今属广东）人。年十余岁至韶州曹溪，从六祖慧能出家学禅。后上下罗浮，往来三峡间。玄宗开元十六年（728）于罗浮受戒，复往吉州青原山，嗣慧能高足行思。行思又命他往参南岳怀让，终悟道体，获师印证。天宝

①张谓文辑自《全唐文》卷三七五。

初，至湖南衡山南寺，结庵于寺东大石上，人称“石头和尚”。希迁和当时师承南岳怀让住江西南康弘化的马祖道一，称“并世二大士”。卒后谥“无际大师”。

参同契

竺土大仙心，东西密相付。人根有利钝，道无南北祖。灵源明皎洁，枝派暗流注。执事元是迷，契理亦非悟。门门一切境，回互不回互。回而更相涉，不尔依位住。色本殊质象，声元异乐苦。暗合上中言，明明清浊句。四大性自复，如子得其母。火热风动摇，水湿地坚固。眼色耳音声，鼻香舌碱醋。然依一一法，依根叶分布。本末须归宗，尊卑用其语。当明中有暗，勿以暗相遇。当暗中有明，勿以明相睹。明暗各相对，比如前后步。万物自有功，当言用及处。事存函盖合，理应箭锋拄。承言须会宗，勿自立规矩。触目不会道，运足焉知路。进步非近远，迷隔山河固。谨白参玄人，光阴莫虚度。

草庵歌

吾结草庵无宝贝，饭了从容图睡快。成时初见茅草新，破后还将茅草盖。住庵人，镇常在，不属中间与内外。世人住处我不住，世人爱处我不爱。庵虽小，含法界，方丈老人相体解。上乘菩萨信无疑，中下闻之必生怪。问此庵，坏不坏？坏与不坏主元在。不居南北与东西，基址坚牢以为最。青林下，明窗内，玉殿朱楼未为对。衲被蒙头万事休，此时山僧都不会。住此庵，休作解，谁夸铺席图人买？回光返照便归来，廓达灵根非向背。遇祖师，亲训诲，结草为庵莫生退。百年抛却任纵横，摆手便行且无罪。千种言，万般解，只要教君长不昧。欲识庵中不死人，岂离而今遮皮袋?①

李白

李白（701—762），字太白，号青莲居士，唐朝诗人，有“诗仙”之称。出生于剑南道之绵州（今四川江油），一说生于西域碎叶城（今吉尔吉斯斯坦托克马克），祖籍陇西郡成纪县（今甘肃平凉市静宁县南）。李白二十五岁出蜀漫游，南到洞庭湘江，东至会稽（绍兴），寓居在安陆（今湖北省安陆市）、应山（今湖北省广水市）。天宝元年（742），因得到唐玄宗的妹妹玉真公主的推荐（一说由道士吴筠引荐），李白供奉翰林。后因不能见容于权贵，在京仅三年，就被赐金放还。安史之乱曾参加了永王李璘的幕府。不幸，永王与肃宗发生了争夺帝位的斗争，兵败之后，李白受牵连，流放夜郎，途中遇赦。晚年漂泊东南，投奔族叔当涂县令李阳冰，不久即病逝，存世诗文千余篇，有《李太白集》传世。《全唐诗》存诗二十五卷，《全唐诗外编》及《全唐诗续拾》补诗三十六首，残句十联。

送长沙陈太守二首

长沙陈太守，逸气凌青松。英主赐五马，本是天池龙。湘水回九曲，衡山望五峰。荣君按节去，不及远相从。

七郡长沙国，南连湘水滨。定王垂舞袖，地窄不回身。莫小二千石，当安远俗人。洞庭乡路远，遥羡锦衣春。

---

①希迁诗辑自《景德传灯录》卷三十，广陵书社 2007 年版。

与夏十二登岳阳楼

楼观岳阳尽，川迥洞庭开。雁引愁心去，山衔好月来。云间连下榻，天上接行杯。醉后凉风起，吹人舞袖回。

与贾至舍人于龙兴寺剪落梧桐枝望灉湖

剪落青梧枝，灉湖坐可窥。雨洗秋山净，林光澹碧滋。水闲明镜转，云绕画屏移。千古风流事，名贤共此时。

至鸭栏驿上白马矶赠裴侍御

侧叠万古石，横为白马矶。乱流若电转，举棹扬珠辉。临驿卷缇幕，升常接绣衣。情亲不避马，为我解霜威。

春滞沅湘有怀山中

沅湘春色还，风暖烟草绿。古之伤心人，于此肠断续。予非怀沙客，但美采菱曲。所愿归东山，寸心于此足。

送别得书字

水色南天远，舟行若在虚。迁人发佳兴，吾子访闲居。日落看归鸟，潭澄羡跃鱼。圣朝思贾谊，应降紫泥书。

陪侍郎叔游洞庭醉后三首

今日竹林宴，我家贤侍郎。三杯容小阮，醉后发清狂。

船上齐桡乐，湖心泛月归。白鸥闲不去，争拂酒筵飞。

划却君山好，平铺湘水流。巴陵无限酒，醉杀洞庭秋。

巴陵赠贾舍人

贾生西望忆京华，湘浦南迁莫怨嗟。圣主恩深汉文帝，怜君不遣到长沙。

陪族叔刑部侍郎晔及中书贾舍人至游洞庭五首

洞庭西望楚江分，水尽南天不见云。日落长沙秋色远，不知何处吊湘君。

南湖秋水夜无烟，耐可乘流直上天。且就洞庭赊月色，将船买酒白云边。

洛阳才子谪湘川，元礼同舟月下仙。记得长安还欲笑，不知何处是西天。

洞庭湖西秋月辉，潇湘江北早鸿飞。醉客满船歌白苎，不知霜露入秋衣。

帝子潇湘去不还，空余秋草洞庭间。淡扫明湖开玉镜，丹青画出是君山。

桃源二首

昔日狂秦事可磋，直驱鸡犬入桃花。至今不出烟溪口，万古潺湲二水斜。

露暗烟浓草色新，一番流水满溪春。可怜渔夫重来访，只见桃花不见人。

咏方广诗

圣寺闲栖睡眼醒，此时何处最幽清。满窗明月天风静，玉磬时闻一两声。

赠卢司户

秋色无远近，出门尽寒山。白云遥相识，待我苍梧间。借问卢耽鹤，西飞几岁还。

赠别舍人弟台卿之江南

去国客行远，还山秋梦长。梧桐落金井，一叶飞银床。觉罢揽明镜，鬓毛飒已霜。良图委蔓草，古貌成枯桑。欲道心下事，时人疑夜光。因为洞庭叶，飘落之潇湘。令弟经济士，谪居我何伤。潜虬隐尺水，著论谈兴亡。客遇王子乔，口传不死方。入洞过天地，登真朝玉皇。吾将抚尔背，挥手遂翱翔。

将游衡岳过汉阳双松亭留别族弟浮屠谈皓

秦欺赵氏璧，却入邯郸宫。本是楚家玉，还来荆山中。丹彩泻沧溟，精辉凌白虹。青蝇一相点，流落此时同。卓绝道门秀，谈玄乃支公。延萝结幽居，剪竹绕芳丛。凉花拂户牖，天籁鸣虚空。忆我初来时，蒲萄开景风。今兹大火落，秋叶黄梧桐。水色梦沅湘，长沙去何穷。寄书访衡峤，但与南飞鸿。

酬裴侍御对雨感时见赠

雨色秋来寒，风严清江爽。孤高绣衣人，潇洒青霞赏。平生多感激，忠义非外奖。祸连积怨生，事及徂川往。楚邦有壮士，鄢郢翻扫荡。申包哭秦庭，泣血将安仰。鞭尸辱已及，堂上罗宿莽。颇似今之人，蟊贼陷忠谠。渺然一水隔，何由税归鞅。日夕听猿怨，怀贤盈梦想。

答裴侍御先行至石头驿以书见招期月满泛洞庭

君至石头驿，寄书黄鹤楼。开缄识远意，速此南行舟。风水无定准，湍波或滞留。忆昨新月生，西檐若琼钩。今来何所似，破镜悬清秋。恨不三五明，平湖泛澄流。此欢竟莫遂，狂杀王子猷。巴陵定遥远，持赠解人忧。

夜泛洞庭寻裴侍御清酌

日晚湘水绿，孤舟无端倪。明湖涨秋月，独泛巴陵西。过憩裴逸人，岩居陵丹梯。抱琴出深竹，为我弹鹍鸡。曲尽酒亦倾，北窗醉如泥。人生且行乐，何必组与珪。

九日登巴陵置酒望洞庭水军时贼逼华容县

九日天气清，登高无秋云。造化辟川岳，了然楚汉分。长风鼓横波，合沓蹙龙文。忆昔传游豫，楼船壮横汾。今兹讨鲸鲵，旌旆何缤纷。白羽落酒樽，洞庭罗三军。黄花不掇手，战鼓遥相闻。剑舞转颓阳，当时日停曛。酣歌激壮士，可以摧妖氛。龌龊东篱下，渊明不足群。

秋登巴陵望洞庭

清晨登巴陵，周览无不极。明湖映天光，彻底见秋色。秋色何苍然，际海俱澄鲜。山青灭远树，水绿无寒烟。来帆出江中，去鸟向日边。风清长沙浦，山空云梦田。瞻光惜颓发，阅水悲徂年。北渚既荡漾，东流自潺湲。郢人唱白雪，越女歌采莲。听此更肠断，凭崖泪如泉。

登巴陵开元寺西阁赠衡岳僧方外

衡岳有阐士，五峰秀真骨。见君万里心，海水照秋月。大臣南溟去，问道皆请谒。洒以甘露言，清凉润肌发。明湖落天镜，香阁凌银阙。登眺餐惠风，新花期启发。

秋夕书怀

北风吹海雁，南渡落寒声。感此潇湘客，凄其流浪情。海怀结沧洲，霞想游赤城。始探蓬壶事，旋觉天地轻。澹然吟高秋，闲卧瞻太清。萝月掩空幕，松霜结前楹。灭见息群动，猎微穷至精。桃花有源水，可以保吾生。

荆州贼平临洞庭言怀作

修蛇横洞庭，吞象临江岛。积骨成巴陵，遗言闻楚老。水穷三苗国，地窄三湘道。岁晏天峥嵘，时危人枯槁。思归阴丧乱，去国伤怀抱。郢路方丘墟，章华亦倾倒。风悲猿啸苦，木落鸿飞早。日隐西赤沙，月明东城草。关河望已绝，氛雾行当扫。长叫天可闻，吾将问苍昊。

酬裴侍御留岫师弹琴见寄

君同鲍明远，邀彼休上人。鼓琴乱白雪，秋变江上春。瑶草绿未衰，攀翻寄情亲。相思两不见，流泪空盈巾。

洞庭醉后送绛州吕使君果流澧州

昔别若梦中，天涯忽相逢。洞庭破秋月，纵酒开愁容。赠剑刻玉字，延平两蛟龙。送君不尽意，书及雁回峰。

留别贾舍人至二首

大梁白云起，飘飖来南洲。裴回苍梧野，十见罗浮秋。鳌抃山海倾，四溟扬洪流。意欲托孤凤，从之摩天游。凤苦道路难，翱翔还昆丘。不肯衔我去，哀鸣惭不周。远客谢主人，明珠难暗投。拂拭倚天剑，西登岳阳楼。长啸万里风，扫清胸中忧。谁念刘越石，化为绕指柔。

秋风吹胡霜，凋此檐下芳。折芳怨岁晚，离别凄以伤。谬攀青琐贤，延我于北堂。君为长沙客，我独之夜郎。劝此一杯酒，岂惟道路长。割珠两分赠，寸心贵不忘。何必儿女仁，相看泪成行。

与诸公送陈郎将归衡阳并序

仲尼旅人，文王明夷。苟非其时？贤圣低眉，况仆之不肖者？而迁逐枯槁，固其宜耶？朝心不开，暮发尽白，而登高送远，使人增愁。陈郎将义风凛然，英思逸发。来下专城之榻，去邀才子之诗。动清兴于中流，横素波而遥去。诸公仰望不及，联章祖之。序惭起予，辄冠名篇之首。作者嗤我，乃为抚掌之资乎？

衡山苍苍入紫冥，下看南极老人星。回飙吹散五峰雪，往往飞花落洞庭。气清岳秀有如此，郎将一家拖金紫。门前食客乱浮云，世人皆比孟尝君。江上送行无白璧，临歧惆怅若为分。

草书歌行

少年上人号怀素，草书天下称独步。墨池飞出北溟鱼，笔锋杀尽中山兔。八月九月天气凉，酒徒词客满高堂。笺麻素绢排数厢，宣州石砚墨色光。吾师醉后倚绳床，须臾扫尽数千张。飘风骤雨惊飒飒，落花飞雪何茫茫。起来向壁不停手，一行数字大如斗。怳怳如闻神鬼惊，时时只见龙蛇走。左盘右蹙如惊电，状同楚汉相攻战。湖南七郡凡几家，家家屏障书题遍。王逸少，张伯英，古来几许浪得名。张颠老死不足数，我师此义不师古。古来万事贵天生，何必要公孙大娘浑脱舞。

门有车马客行

门有车马宾，金鞍曜朱轮。谓从丹霄落，乃是故乡亲。呼儿扫中堂，坐客论悲辛。对酒两不饮，停觞泪盈巾。叹我万里游，飘飘三十春。空谈帝王略，紫绶不挂身。雄剑藏玉匣，阴符生素尘。廓落无所合，流离湘水滨。借问宗党间，多为泉下人。生苦百战役，死托万鬼邻。北风扬胡沙，埋翳周与秦。大运且如此，苍穹宁匪仁。恻怆竟何道，存亡任大钧。

临江王节士歌

洞庭白波木叶稀，燕鸿始入吴云飞。吴云寒，燕鸿苦，风号沙宿潇湘浦，节士感秋泪如雨。白日当天心，照之可以事明主。

壮士愤，雄风生，安得倚天剑，跨海斩长鲸。

鸣雁行

胡雁鸣，辞燕山，昨发委羽朝度关。一一衔芦枝，南飞散落天地间，连行接翼往复还。客居烟波寄湘吴，凌霜触雪毛体枯。畏逢矰缴惊相呼，闻弦虚坠良可吁。君更弹射何为乎。

远别离

远别离，古有皇英之二女，乃在洞庭之南，潇湘之浦。海水直下万里深，谁人不言此离苦？日惨惨兮云冥冥，猩猩啼咽兮鬼啸雨。我纵言之将何补？皇穹窃恐不照余之忠诚，雷凭凭兮欲吼怒。尧舜当之亦禅禹。君失臣兮龙为鱼，权归臣兮鼠变虎。或云尧幽囚，舜野死。九疑联绵皆相似，重瞳孤坟竟何是？帝子泣兮绿云间，随风波兮去无还。恸哭兮远望，见苍梧之深山。苍梧山崩湘水绝，竹上之泪乃可灭。

悲清秋赋

登九疑兮望清川，见三湘之潺湲。水流寒以归海，云横秋而蔽天。余以鸟道计于故乡兮，不知去荆吴之几千。于时西阳半规，映岛欲没；澄湖练明，遥海上月。念佳期之浩荡，渺怀燕而望越。荷花落兮江色秋，风袅袅兮夜悠悠。临穷溟以有羡，思钓鳌于沧洲；无修竿以一举，抚洪波而增忧。归去来兮！人间不可以托此，吾将采药于蓬丘。

泽畔吟序

《泽畔吟》者，逐臣崔公之所作也。公代业文宗，早茂才秀。

起家校书蓬山，再尉开辅中，佐于宪车，因贬湘阴。从宦二十有八载，而官未登于郎署，何遇时而不偶耶？所谓大名难居，硕果不食。流离乎沅湘，摧悴于草莽。同时得罪者数十人，或才长命夭，覆巢荡室。崔公忠愤义烈，形于清辞，恸哭泽畔，哀形翰墨。犹风雅之什，闻之者无罪，睹之者作镜。书所感遇，总二十章，名之曰《泽畔吟》。惧奸臣之猜，常韬之于竹筒；酷吏将至，则藏之于名山。前后数四，蠹伤卷轴。观其逸气顿挫，英风激扬，横波遗流，腾薄万古。至于微而彰，婉而丽，悲不自我，兴成他人，岂不云怨者之流乎？余览之，怆然掩卷，挥涕为之序云。

奉饯十七翁二十四翁寻桃花源序

昔祖龙灭古道，严威刑，煎熬生人，若坠大火，三坟、五典，散为寒灰。筑长城，建阿房，并诸侯，杀豪俊，自谓功高羲皇，国可万世。思欲凌云气，求仙人，登封泰山，风雨暴作。虽五松受职，草木有知，而万象乖度，礼刑将弛，则绮皓不得不遁于南山，鲁连不得不蹈于东海。则桃源之避世者，可谓超升先觉。夫指鹿之俦，连颈而同死，非吾党之谓乎！二翁耽老氏之言，继少卿之作，文以述大雅，道以通至精。卷舒天地之心，脱落神仙之境，武陵遗迹，可得而窥焉。问津利往，水引渔者；花藏仙溪，春风不知。从来落英，何许流出？石洞来入，晨光尽开。有良田名池，竹果森列，三十六洞，别为一天耶？今扁舟而行，笑谢人世，阡陌未改，古人依然。白云何时而归来？青山一去而谁往？诸公赋桃源以美之。

送戴十五归衡岳序

白上探玄古，中观人世，下察交道，海内豪俊，相识如浮云。

自谓德参夷、颜，才亚孔、墨，莫不名由口进，实从事退，而风义可合者，厥惟戴侯。寓居长沙，禀湖岳之气；少长咸、洛，窥霸王之图。精微可以入神，懿重可以崇德，谟猷可以尊主，文藻可以成化。兼以五才，统以四美，何往而不济也？其二三诸昆，皆以才秀擢用，辞翰炳发，升闻天朝。而此君独潜光后世，以期大用，鲲海未跃，鹏霄悠然。不远千里，访余以道。郧国之秀，有廖侯焉，人伦精鉴，天下独立。每延以宴谑，许为通人。独孤有邻及薛诸公，咸亦以为信然矣。属明主未梦，且归衡阳，憩祝融之云峰，弄茱萸之湍水。轩骑纠合，祖于魏公之林亭笙歌鸣秋，剑舞增气。况江叶坠绿，沙鸿冥飞，登高送远，使人心醉。见周、张二子，为论平生。鸡黍之期，当速赴也。[①]

崔成甫

崔成甫（？—758），唐京兆长安（今陕西西安）人。崔沔之子。玄宗开元中进士及第，仕秘书省校书郎，转冯翊县尉。后因事贬黜湘阴，流离沅湘，因作《泽畔吟》二十章。《全唐诗》存诗一首。

赠李十二白

我是潇湘放逐臣，君辞明主汉江滨。天外常求太白老，金陵捉得酒仙人。[②]

---

①李白诗文辑自《李太白全集》，中华书局 1977 年版。

②辑自《李太白全集》卷十七。

常建

常建，字里不详，唐代著名的山水田园诗派诗人。开元十五年(727)与王昌龄同榜进士，曾任盱眙尉。因其性格孤僻耿直，不攀附权贵，导致仕途失意，遂放浪琴酒，往来太白、紫阁诸峰。后与王昌龄、张偾一同隐居在鄂渚（今湖北武昌）西山。《全唐诗》存诗一卷五十七首。

潭州留别

贤达不相识，偶然交已深。宿帆谒郡佐，怅别依禅林。湘水流入海，楚云千里心。望君杉松夜，山月清猿吟。

湖中晚霁

湖广舟自轻，江天欲澄霁。是时清楚望，气色犹霾曀。踟蹰金霞白，波上日初丽。烟虹落镜中，树木生天际。杳杳涯欲辨，蒙蒙云复闭。言乘星汉明，又睹寰瀛势。微兴从此惬，悠然不知岁。试歌沧浪清，遂觉乾坤细。岂念客衣薄，将期永投袂。迟回渔父间，一雁声嘹唳。

古意三首

二妃方访舜，万里南方悬。远道隔江汉，孤舟无岁年。不知苍梧处，气尽呼青天。愁泪变楚竹，蛾眉丧湘川。后人立为庙，累世称其贤。过客设祠祭，狐狸来坐边。怀古未忍还，猿吟彻空山。

明月照高阁，彩女褰罗幕。歌舞临碧云，箫声沸珠箔。青鸾临南海，天上双白鹤。万里齐翼飞，意求君门乐。玉霄九重闭，金锁夜不开。两翅自无力，愁鸣云外来。态深入空贵，世屈无良媒。俯仰顾中禁，东飞白玉台。

楚王竟何去，独自留巫山。偏使世人见，迢迢江汉间。驻舟春溪里，皆愿拜灵颜。㾬瘵见神女，金沙鸣佩环。闲艳绝世姿，令人气力微。含笑竟不语，化作朝云飞。

空灵山应田叟

湖南无村落，山舍多黄茆。淳朴如太古，其人居鸟巢。牧童唱巴歌，野老亦献嘲。泊舟问溪口，言语皆哑咬。土俗不尚农，岂暇论肥硗。莫徭射禽兽，浮客烹鱼鲛。余亦罘罝人，获麋今尚苞。敬君中国来，愿以充其庖。日入闻虎斗，空山满咆哮。怀人虽共安，异域终难交。白水可洗心，采薇可为肴。曳策背落日，江风鸣梢梢。①

杜甫

杜甫（712—770），字子美，自号少陵野老，盛唐时期伟大的现实主义诗人。被后人尊称为“诗圣”，与“诗仙”李白并称“李杜”。祖籍襄阳（今湖北襄樊），自其曾祖时迁居河南巩县（今河南巩义）。杜甫出生于“奉儒守官”之家，其一生正值唐朝由盛而衰之转变时期，杜甫一生经历与创作，与其时代之兴衰密切相联。开元后期，杜

①常建诗辑自《全唐诗》卷一四四。

甫举进士不第，漫游各地。后献赋得官。安史之乱爆发，潼关失守，杜甫把家安置在鄜州，独自去投肃宗，授左拾遗。乾元元年（758）由于忠言直谏，上书为宰相房琯事被贬华州司功参军。后弃官去秦州（今甘肃省天水一带）、同谷（今甘肃成县）。几经辗转，最后到了成都，在剑南节度使严武等人的帮助下，在城西浣花溪畔，建成了一座草堂，世称“杜甫草堂”。严武聘杜甫为节度使署中参谋，又荐为检校工部员外郎。故称杜工部。晚年携家出蜀，辗转漂泊于江湘之间。大历五年（770）冬，诗人病死于由长沙至岳阳之小舟中。有《杜工部集》传世。《全唐诗》编杜甫诗为十九卷，《全唐诗外编》及《全唐诗续拾》补诗二首，残句四联。

泊岳阳城下

江国逾千里，山城近百层。岸风翻夕浪，舟雪洒寒灯。留滞才难尽，艰危气益增。图南未可料，变化有鲲鹏。

缆船苦风戏题四韵奉简郑十三判官泛

楚岸朔风疾，天寒鸧鸹呼。涨沙霾草树，舞雪渡江湖。吹帽时时落，维舟日日孤。因声置驿外，为觅酒家垆。

登岳阳楼

昔闻洞庭水，今上岳阳楼。吴楚东南坼，乾坤日夜浮。亲朋无一字，老病有孤舟。戎马关山北，凭轩涕泗流。

陪裴使君登岳阳楼

湖阔兼云雾，楼孤属晚晴。礼加徐孺子，诗接谢宣城。雪岸丛梅发，春泥百草生。敢违渔父问，从此更南征。

衡州送李大夫七丈勉赴广州

斧钺下青冥，楼船过洞庭。北风随爽气，南斗避文星。日月笼中鸟，乾坤水上萍。王孙丈人行，垂老见飘零。

发白马潭

水生春缆没，日出野船开。宿鸟行犹去，丛花笑不来。人人伤白首，处处接金杯。莫道新知要，南征且未回。

宿青草湖

洞庭犹在目，青草续为名。宿桨依农事，邮签报水程。寒冰争倚薄，云月递微明。湖雁双双起，人来故北征。

宿白沙驿

水宿仍余照，人烟复此亭。驿边沙旧白，湖外草新青。万象皆春气，孤槎自客星。随波无限月，的的近南溟。

湘夫人祠

肃肃湘妃庙，空墙碧水春。虫书玉佩藓，燕舞翠帷尘。晚泊登汀树，微馨借渚苹。苍梧恨不尽，染泪在丛筠。

祠南夕望

百丈牵江色，孤舟泛日斜。兴来犹杖屦，目断更云沙。山鬼迷春竹，湘娥倚暮花。湖南清绝地，万古一长嗟。

入乔口

漠漠旧京远，迟迟归路赊。残年傍水国，落日对春华。树蜜早蜂乱，江泥轻燕斜。贾生骨已朽，凄恻近长沙。

铜官渚守风

不夜楚帆落，避风湘渚间。水耕先浸草，春火更烧山。早泊云物晦，逆行波浪悭。飞来双白鹤，过去杳难攀。

发潭州

夜醉长沙酒，晓行湘水春。岸花飞送客，樯燕语留人。贾傅才未有，褚公书绝伦。名高前后事，回首一伤神。

晚秋长沙蔡五侍御饮筵送殷六参军归澧州觐省

佳士欣相识，慈颜望远游。甘从投辖饮，肯作置书邮。高鸟黄云暮，寒蝉碧树秋。湖南冬不雪，吾病得淹留。

对雪

北雪犯长沙，胡云冷万家。随风且间叶，带雨不成花。金错囊从罄，银壶酒易赊。无人竭浮蚁，有待至昏鸦。

归雁二首

万里衡阳雁，今年又北归。双双瞻客上，一一背人飞。云里相呼疾，沙边自宿稀。系书元浪语，愁寂故山薇。

欲雪违胡地，先花别楚云。却过清渭影，高起洞庭群。塞北春阴暮，江南日色曛。伤弓流落羽，行断不堪闻。

送赵十七明府之县

连城为宝重，茂宰得才新。山雉迎舟楫，江花报邑人。论交翻恨晚，卧病却愁春。惠爱南翁悦，余波及老身。

白马

白马东北来，空鞍贯双箭。可怜马上郎，意气今谁见。近时主将戮，中夜商于战。丧乱死多门，呜呼泪如霰。

江阁对雨有怀行营裴二端公

南纪风涛壮，阴晴屡不分。野流行地日，江入度山云。层阁凭雷殷，长空面水文。雨来铜柱北，应洗伏波军。

江阁卧病走笔寄呈崔卢两侍御

客子庖厨薄，江楼枕席清。衰年病只瘦，长夏想为情。滑忆雕胡饭，香闻锦带羹。溜匙兼暖腹，谁欲致杯罂。

楼上

天地空搔首，频抽白玉簪。皇舆三极北，身事五湖南。恋阙劳肝肺，论材愧杞楠。乱离难自救，终是老湘潭。

暮秋将归秦留别湖南幕府亲友

水阔苍梧野，天高白帝秋。途穷那免哭，身老不禁愁。大府才能会，诸公德业优。北归冲雨雪，谁悯敝貂裘。

舟泛洞庭

蛟室围青草，龙堆拥白沙。护堤盘古木，迎棹舞神鸦。破浪南风正，收樯畏日斜。湖光与天远，直欲泛仙槎。

双枫浦

辍棹青枫浦，双枫旧已摧。自惊衰谢力，不道栋梁材。浪足浮纱帽，皮须截锦苔。江边地有主，暂借上天回。

南征

春岸桃花水，云帆枫树林。偷生长避地，适远更沾襟。老病南征日，君恩北望心。百年歌自苦，未见有知音。

归梦

道路时通塞，江山日寂寥。偷生唯一老，伐叛已三朝。雨急青枫暮，云深黑水遥。梦归归未得，不用楚辞招。

舟中夜雪有怀卢十四侍御弟

朔风吹桂水，大雪夜纷纷。暗度南楼月，寒深北渚云。烛斜初近见，舟重竟无闻。不识山阴道，听鸡更忆君。

野望

纳纳乾坤大，行行郡国遥。云山兼五岭，风壤带三苗。野树侵江阔，春蒲长雪消。扁舟空老去，无补圣明朝。

冬深

花叶唯天意，江溪共石根。早霞随类影，寒水各依痕。易下杨朱泪，难招楚客魂。风涛暮不稳，舍棹宿谁门。

潭州送韦员外迢牧韶州

炎海韶州牧，风流汉署郎。分符先令望，同舍有辉光。白首多年疾，秋天昨夜凉。洞庭无过雁，书疏莫相忘。

奉酬寇十侍御锡见寄四韵复寄寇

往别郇瑕地，于今四十年。来簪御府笔，故泊洞庭船。诗忆伤心处，春深把臂前。南瞻按百越，黄帽待君偏。

奉送韦中丞之晋赴湖南

宠渥征黄渐，权宜借寇频。湖南安背水，峡内忆行春。王室仍多故，苍生倚大臣。还将徐孺榻，处处待高人

地隅

江汉山重阻，风云地一隅。年年非故物，处处是穷途。丧乱秦公子，悲凉楚大夫。平生心已折，行路日荒芜。

酬韦韶州见寄

养拙江湖外，朝廷记忆疏。深惭长者辙，重得故人书。白发丝难理，新诗锦不如。虽无南去雁，看取北来鱼。

江汉

江汉思归客，乾坤一腐儒。片云天共远，永夜月同孤。落日心犹壮，秋风病欲苏。古来存老马，不必取长途。

远游

江阔浮高栋，云长出断山。尘沙连越嶲，风雨暗荆蛮。雁矫衔芦内，猿啼失木间。敝裘苏季子，历国未知还。

赠韦七赞善

乡里衣冠不乏贤，杜陵韦曲未央前。尔家最近魁三象，时论同归尺五天。北走关山开雨雪，南游花柳塞云烟。洞庭春色悲公子，虾菜忘归范蠡船。

燕子来舟中作

湖南为客动经春，燕子衔泥两度新。旧入故园尝识主，如今社日远看人。可怜处处巢君室，何异飘飘托此身。暂语船樯还起去，穿花贴水益沾巾。

小寒食舟中作

佳辰强饮食犹寒，隐几萧条带鹖冠。春水船如天上坐，老年花似雾中看。娟娟戏蝶过闲幔，片片轻鸥下急湍。云白山青万余里，愁看直北是长安。

长沙送李十一衔

与子避地西康州，洞庭相逢十二秋。远愧尚方曾赐履，竟非吾土倦登楼。久存胶漆应难并，一辱泥涂遂晚收。李杜齐名真忝窃，朔云寒菊倍离忧。

酬郭十五判官受

才微岁晚尚虚名，卧病江湖春复生。药裹关心诗总废，花枝照眼句还成。只同燕石能星陨，自得隋珠觉夜明。乔口橘洲风浪足，惊帆何惜片时程。

江南逢李龟年

岐王宅里寻常见，崔九堂前几度闻。正是江南好风景，落花时节又逢君。

过南岳入洞庭湖

洪波忽争道，岸转异江湖。鄂渚分云树，衡山引舳舻。翠牙穿裛桨，碧节吐寒蒲。病渴身何去？春生力更无。壤童犁雨雪，渔屋架泥涂。欹侧风帆满，微冥水驿孤。悠悠回赤壁，浩浩略苍梧。帝子留遗恨，曹公屈壮图。圣朝光御极，残孽驻艰虞。才淑随厮养，名贤隐锻炉。邵平元入汉，张翰后归吴。莫怪啼痕数，危樯逐夜乌。

北风

春生南国瘴，气待北风苏。向晚霾残日，初宵鼓大炉。爽携卑湿地，声拔洞庭湖。万里鱼龙伏，三更鸟兽呼。涤除贪破浪，愁绝付摧枯。执热沉沉在，凌寒往往须。且知宽病肺，不敢恨危途。再宿烦舟子，衰容问仆夫。今晨非盛怒，便道即长驱。隐几看帆席，云山涌坐隅。

哭韦大夫之晋

凄怆郇瑕色，差池弱冠年。丈人叨礼数，文律早周旋。台阁黄图里，簪裾紫盖边。尊荣真不忝，端雅独翛然。贡喜音容间，冯招疾病缠。南过骇仓卒，北思悄联绵。鹏鸟长沙讳，犀牛蜀郡怜。素车犹恸哭，宝剑欲高悬。汉道中兴盛，韦经亚相传。冲融标世业，磊落映时贤。城府深朱夏，江湖眇霁天。绮楼关树顶，飞旐泛堂前。帟幕旋风燕，笳箫咽暮蝉。兴残虚白室，迹断孝廉船。童孺交游尽，喧卑俗事牵。老来多涕泪，情在强诗篇。谁寄方隅理，朝难将帅权。春秋褒贬例，名器重双全。

千秋节有感二首

自罢千秋节，频伤八月来。先朝常宴会，壮观已尘埃。凤纪编生日，龙池堑劫灰。湘川新涕泪，秦树远楼台。宝镜群臣得，金吾万国回。衢尊不重饮，白首独余哀。

御气云楼敞，含风彩仗高。仙人张内乐，王母献宫桃。罗袜红蕖艳，金羁白雪毛。舞阶衔寿酒，走索背秋毫。圣主他年贵，边心此日劳。桂江流向北，满眼送波涛。

重送刘十弟判官

分源豕韦派，别浦雁宾秋。年事推兄忝，人才觉弟优。经过辨丰剑，意气逐吴钩。垂翅徒衰老，先鞭不滞留。本枝凌岁晚，高义豁穷愁。他日临江待，长沙旧驿楼。

湖中送敬十使君适广陵

相见各头白，其如离别何。几年一会面，今日复悲歌。少壮乐难得，岁寒心匪他。气缠霜匣满，冰置玉壶多。遭乱实漂泊，济时曾琢磨。形容吾校老，胆力尔谁过。秋晚岳增翠，风高湖涌波。鶱腾访知己，淮海莫蹉跎。

送卢十四弟侍御护韦尚书灵榇归上都二十韵

素幕渡江远，朱幡登陆微。悲鸣驷马顾，失涕万人挥。参佐哭辞毕，门阑谁送归。从公伏事久，之子俊才稀。长路更执绋，此心犹倒衣。感恩义不小，怀旧礼无违。墓待龙骧诏，台迎獬豸威。深衷见士则，雅论在兵机。戎狄乘妖气，尘沙落禁闱。往年朝谒断，他日扫除非。但促铜壶箭，休添玉帐旗。动询黄阁老，肯虑白登围。万姓疮痍合，群凶嗜欲肥。刺规多谏诤，端拱自光辉。俭约前王体，风流后代希。对扬期特达，衰朽再芳菲。空里愁书字，山中疾采薇。拨杯要忽罢，抱被宿何依。眼冷看征盖，儿扶立钓矶。清霜洞庭叶，故就别时飞。

奉赠卢五丈参谋琚

恭惟同自出，妙选异高标。入幕知孙楚，披襟得郑侨。丈人藉才地，门阀冠云霄。老矣逢迎拙，相于契托饶。赐钱倾府待，争米驻船遥。邻好艰难薄，氓心杼轴焦。客星空伴使，寒水不成潮。素发干垂领，银章破在腰。说诗能累夜，醉酒或连朝。藻翰惟牵率，湖山合动摇。时清非造次，兴尽却萧条。天子多恩泽，苍生转寂寥。休传鹿是马，莫信鹏如鸮。未解依依袂，还斟泛泛瓢。流年疲蟋蟀，体物幸鶺鴒。辜负沧洲趣，谁云晚见招。

冬晚送长孙渐舍人归州

参卿休坐幄，荡子不还乡。南客潇湘外，西戎鄠杜旁。衰年倾盖晚，费日系舟长。会面思来札，销魂逐去樯。云晴鸥更舞，风逆雁无行。匣里雌雄剑，吹毛任选将。

暮冬送苏四郎徯兵曹适桂州

飘飘苏季子，六印佩何迟。早作诸侯客，兼工古体诗。尔贤埋照久，余病长年悲。卢绾须征日，楼兰要斩时。岁阳初盛动，王化久磷缁。为入苍梧庙，看云哭九疑。

奉送二十三舅录事之摄郴州

贤良归盛族，吾舅尽知名。徐庶高交友，刘牢出外甥。泥涂岂珠玉，环堵但柴荆。衰老悲人世，驱驰厌甲兵。气春江上别，泪血渭阳情。舟鹢排风影，林乌反哺声。永嘉多北至，勾漏且南征。必见公侯复，终闻盗贼平。郴州颇凉冷，橘井尚凄清。从事何蛮貊，居官志在行。

送魏二十四司直充岭南掌选崔郎中判官兼寄韦韶州

选曹分五岭，使者历三湘。才美膺推荐，君行佐纪纲。佳声斯共远，雅节在周防。明白山涛鉴，嫌疑陆贾装。故人湖外少，春日岭南长。凭报韶州牧，新诗昨寄将。

同豆卢峰贻主客李员外贤子棐知字韵

炼金欧冶子，喷玉大宛儿。符彩高无敌，聪明达所为。梦兰他日应，折桂早年知。烂漫通经术，光芒刷羽仪。谢庭瞻不远，潘省会于斯。唱和将雏曲，田翁号鹿皮。

奉赠萧十二使君

昔在严公幕，俱为蜀使臣。艰危参大府，前后间清尘。起草鸣先路，乘槎动要津。王凫聊暂出，萧雉只相驯。终始任安义，荒芜孟母邻。联翩匍匐礼，意气死生亲。张老存家事，嵇康有故人。食恩惭卤莽，镂骨抱酸辛。巢许山林志，夔龙廊庙珍。鹏图仍矫翼，熊轼且移轮。磊落衣冠地，苍茫土木身。埙篪鸣自合，金石莹逾新。重忆罗江外，同游锦水滨。结欢随过隙，怀旧益沾巾。旷绝含香舍，稽留伏枕辰。停骖双阙早，回雁五湖春。不达长卿病，从来原宪贫。监河受贷粟，一起辙中鳞。

回棹

宿昔试安命，自私犹畏天。劳生系一物，为客费多年。衡岳江湖大，蒸池疫疠偏。散才婴薄俗，有迹负前贤。巾拂那关眼，瓶罍易满船。火云滋垢腻，冻雨裛沉绵。强饭莼添滑，端居茗续煎。清思汉水上，凉忆岘山巅。顺浪翻堪倚，回帆又省牵。吾家碑不昧，王氏井依然。几杖将衰齿，茅茨寄短椽。灌园曾取适，游寺可终焉。遂性同渔父，成名异鲁连。篙师烦尔送，朱夏及寒泉。

登舟将适汉阳

春宅弃汝去，秋帆催客归。庭蔬犹在眼，浦浪已吹衣。生理飘荡拙，有心迟暮违。中原戎马盛，远道素书稀。塞雁与时集，樯乌终岁飞。鹿门自此往，永息汉阴机。

风疾舟中伏枕书怀三十六韵奉呈湖南亲友

轩辕休制律，虞舜罢弹琴。尚错雄鸣管，犹伤半死心。圣贤名古邈，羁旅病年侵。舟泊常依震，湖平早见参。如闻马融笛，若倚仲宣襟。故国悲寒望，群云惨岁阴。水乡霾白屋，枫岸叠青岑。郁郁冬炎瘴，蒙蒙雨滞淫。鼓迎非祭鬼，弹落似鸮禽。兴尽才无闷，愁来遽不禁。生涯相汨没，时物自萧森。疑惑尊中弩，淹留冠上簪。牵裾惊魏帝，投阁为刘歆。狂走终奚适，微才谢所钦。吾安藜不糁，汝贵玉为琛。乌几重重缚，鹑衣寸寸针。哀伤同庾信，述作异陈琳。十暑岷山葛，三霜楚户砧。叨陪锦帐座，久放白头吟。反朴时难遇，忘机陆易沉。应过数粒食，得近四知金。春草封归恨，源花费独寻。转蓬忧悄悄，行药病涔涔。瘗夭追潘岳，持危觅邓林。蹉跎翻学步，感激在知音。却假苏张舌，高夸周宋镡。纳流迷浩汗，峻址得嵚崟。城府开清旭，松筠起碧浔。披颜争倩倩，逸足竞骎骎。朗鉴存愚直，皇天实照临。公孙仍恃险，侯景未生擒。书信中原阔，干戈北斗深。畏人千里井，问俗九州箴。战血流依旧，军声动至今。葛洪尸定解，许靖力难任。家事丹砂诀，无成涕作霖。

清明二首

朝来新火起新烟，湖色春光净客船。绣羽衔花他自得，红颜骑竹我无缘。胡童结束还难有，楚女腰肢亦可怜。不见定王城旧处，长怀贾傅井依然。虚沾焦举为寒食，实藉严君卖卜钱。钟鼎山林各天性，浊醪粗饭任吾年。

此身飘泊苦西东，右臂偏枯半耳聋。寂寂系舟双下泪，悠悠伏枕左书空。十年蹴踘将雏远，万里秋千习俗同。旅雁上云归紫塞，家人钻火用青枫。秦城楼阁烟花里，汉主山河锦绣中。春水春来洞庭阔，白苹愁杀白头翁。

上水遣怀

我衰太平时，身病戎马后。蹭蹬多拙为，安得不皓首。驱驰四海内，童稚日糊口。但遇新少年，少逢旧亲友。低头下邑地，故人知善诱。后生血气豪，举动见老丑。穷迫挫曩怀，常如中风走。一纪出西蜀，于今向南斗。孤舟乱春华，暮齿依蒲柳。冥冥九疑葬，圣者骨已朽。蹉跎陶唐人，鞭挞日月久。中间屈贾辈，谗毁竟自取。郁悒二悲魂，萧条犹在否。崷崒清湘石，逆行杂林薮。篙工密逞巧，气若酣杯酒。歌讴互激越，回斡明受授。善知应触类，各藉颖脱手。古来经济才，何事独罕有。苍苍众色晚，熊挂玄蛇吼。黄罴在树颠，正为群虎守。羸怀将何适，履险颜益厚。庶与达者论，吞声混瑕垢。

宿凿石浦

早宿宾从劳，仲春江山丽。飘风过无时，舟楫不敢系。回塘澹暮色，日没众星嘒。缺月殊未生，青灯死分翳。穷途多俊异，乱世少恩惠。鄙夫亦放荡，草草频卒岁。斯文忧患余，圣哲垂彖系。

过津口

南岳自兹近，湘流东逝深。和风引桂楫，春日涨云岑。回首过津口，而多枫树林。白鱼困密网，黄鸟喧嘉音。物微限通塞，恻隐仁者心。瓮余不尽酒，膝有无声琴。圣贤两寂寞，眇眇独开襟。

次空灵岸

沄沄逆素浪，落落展清眺。幸有舟楫迟，得尽所历妙。空灵霞石峻，枫栝隐奔峭。青春犹无私，白日亦偏照。可使营吾居，终焉托长啸。毒瘴未足忧，兵戈满边徼。向者留遗恨，耻为达人诮。回帆觊赏延，佳处领其要。

宿花石戍

午辞空灵岑，夕得花石戍。岸疏开辟水，木杂今古树。地蒸南风盛，春热西日暮。四序本平分，气候何回互。茫茫天造间，理乱岂恒数。系舟盘藤轮，策杖古樵路。罢人不在村，野圃泉自注。柴扉虽芜没，农器尚牢固。山东残逆气，吴楚守王度。谁能叩君门，下令减征赋。

次晚洲

参错云石稠，坡陀风涛壮。晚洲适知名，秀色固异状。棹经垂猿把，身在度鸟上。摆浪散帙妨，危沙折花当。羁离暂愉悦，羸老反惆怅。中原未解兵，吾得终疏放。

遣遇

磐折辞主人，开帆驾洪涛。春水满南国，朱崖云日高。舟子废寝食，飘风争所操。我行匪利涉，谢尔从者劳。石间采蕨女，鬻市输官曹。丈夫死百役，暮返空村号。闻见事略同，刻剥及锥刀。贵人岂不仁，视汝如莠蒿。索钱多门户，丧乱纷嗷嗷。奈何黠吏徒，渔夺成逋逃。自喜遂生理，花时甘缊袍。

早行

歌哭俱在晓，行迈有期程。孤舟似昨日，闻见同一声。飞鸟数求食，潜鱼何独惊。前王作网罟，设法害生成。碧藻非不茂，高帆终日征。干戈未揖让，崩迫关其情。

咏怀二首

人生贵是男，丈夫重天机。未达善一身，得志行所为。嗟余竟轗轲，将老逢艰危。胡雏逼神器，逆节同所归。河洛化为血，公侯草间啼。西京复陷没，翠盖蒙尘飞。万姓悲赤子，两宫弃紫微。倏忽向二纪，奸雄多是非。本朝再树立，未及贞观时。日给在军储，上官督有司。高贤迫形势，岂暇相扶持。疲苶苟怀策，栖屑无所施。先王实罪己，愁痛正为兹。岁月不我与，蹉跎病于斯。夜看丰城气，回首蛟龙池。齿发已自料，意深陈苦词。

邦危坏法则，圣远益愁慕。飘飖桂水游，怅望苍梧暮。潜鱼不衔钩，走鹿无反顾。皦皦幽旷心，拳拳异平素。衣食相拘阂，朋知限流寓。风涛上春沙，千里侵江树。逆行少吉日，时节空复度。井灶任尘埃，舟航烦数具。牵缠加老病，琐细隘俗务。万古一生死，胡为足名数。多忧污桃源，拙计泥铜柱。未辞炎瘴毒，摆落跋涉惧。虎狼窥中原，焉得所历住。葛洪及许靖，避世常此路。贤愚诚等差，自爱各驰骛。羸瘠且如何，魄夺针灸屡。拥滞僮仆慵，稽留篙师怒。终当挂帆席，天意难告诉。南为祝融客，勉强亲杖屦。结托老人星，罗浮展衰步。

苏大侍御访江浦赋八韵记异

庞公不浪出，苏氏今有之。再闻诵新作，突破黄初诗。乾坤几反复，扬马宜同时。今晨清镜中，白间生黑丝。余发喜却变，胜食斋房芝。昨夜舟火灭，湘娥帘外悲。百灵未敢散，风波寒江迟。

望岳

南岳配朱鸟，秩礼自百王。欻吸领地灵，鸿洞半炎方。邦家用祀典，在德非馨香。巡狩何寂寥，有虞今则亡。洎吾隘世网，行迈越潇湘。渴日绝壁出，漾舟清光旁。祝融五峰尊，峰峰次低昂。紫盖独不朝，争长嶪相望。恭闻魏夫人，群仙夹翱翔。有时五峰气，散风如飞霜。牵迫限修途，未暇杖崇冈。归来觊命驾，沐浴休玉堂。三叹问府主，曷以赞我皇。牲璧忍衰俗，神其思降祥。

湘江宴饯裴二端公赴道州

白日照舟师，朱旗散广川。群公饯南伯，肃肃秩初筵。鄙人奉末眷，佩服自早年。义均骨肉地，怀抱罄所宣。盛名富事业，无取愧高贤。不以丧乱婴，保爱金石坚。计拙百僚下，气苏君子前。会合苦不久，哀乐本相缠。交游飒向尽，宿昔浩茫然。促觞激百虑，掩抑泪潺湲。热云集曛黑，缺月未生天。白团为我破，华烛蟠长烟。鸹鹖催明星，解袂从此旋。上请减兵甲，下请安井田。永念病渴老，附书远山巅。

别张十三建封

尝读唐实录，国家草昧初。刘裴建首义，龙见尚踌躇。秦王拨乱姿，一剑总兵符。汾晋为丰沛，暴隋竟涤除。宗臣则庙食，后祀何疏芜。彭城英雄种，宜应将相图。尔惟外曾孙，倜傥汗血驹。眼中万少年，用意尽崎岖。相逢长沙亭，乍问绪业余。乃吾故人子，童丱联居诸。挥手洒衰泪，仰看八尺躯。内外名家流，风神荡江湖。范云堪结友，嵇绍自不孤。择材征南幕，潮落回鲸鱼。载感贾生恸，复闻乐毅书。主忧急盗贼，师老荒京都。旧丘岂税驾，大厦倾宜扶。君臣各有分，管葛本时须。虽当霰雪严，未觉栝柏枯。高义在云台，嘶鸣望天衢。羽人扫碧海，功业竟何如。

奉赠李八丈曛判官

我丈时英特，宗枝神尧后。珊瑚市则无，騄骥人得有。早年见标格，秀气冲星斗。事业富清机，官曹贞独守。顷来树嘉政，皆已传众口。艰难体贵安，冗长吾敢取。区区犹历试，炯炯更持久。讨论实解颐，操割纷应手。箧书积讽谏，宫阙限奔走。入幕未展材，秉钧孰为偶。所亲问淹泊，泛爱惜衰朽。垂白辞南翁，委身希北叟。真成穷辙鲋，或似丧家狗。秋枯洞庭石，风飒长沙柳。高兴激荆衡，知音为回首。

幽人

孤云亦群游，神物有所归。麟凤在赤霄，何当一来仪。往与惠荀辈，中年沧洲期。天高无消息，弃我忽若遗。内惧非道流，幽人见瑕疵。洪涛隐语笑，鼓枻蓬莱池。崔嵬扶桑日，照耀珊瑚枝。风帆倚翠盖，暮把东皇衣。咽漱元和津，所思烟霞微。知名未足称，局促商山芝。五湖复浩荡，岁暮有余悲。

奉送魏六丈佑少府之交广

贤豪赞经纶，功成空名垂。子孙不振耀，历代皆有之。郑公四叶孙，长大常苦饥。众中见毛骨，犹是麒麟儿。磊落贞观事，致君朴直词。家声盖六合，行色何其微。遇我苍梧阴，忽惊会面稀。议论有余地，公侯来未迟。虚思黄金贵，自笑青云期。长卿久病渴，武帝元同时。季子黑貂敝，得无妻嫂欺。尚为诸侯客，独屈州县卑。南游炎海甸，浩荡从此辞。穷途仗神道，世乱轻土宜。解帆岁云暮，可与春风归。出入朱门家，华屋刻蛟螭。玉食亚王者，乐张游子悲。侍婢艳倾城，绡绮轻雾霏。掌中琥珀钟，行酒双逶迤。新欢继明烛，梁栋星辰飞。两情顾盼合，珠碧赠于斯。上贵见肝胆，下贵不相疑。心事披写间，气酣达所为。错挥铁如意，莫避珊瑚枝。始兼逸迈兴，终慎宾主仪。戎马暗天宇，呜呼生别离。

客从

客从南溟来，遗我泉客珠。珠中有隐字，欲辨不成书。缄之箧笥久，以俟公家须。开视化为血，哀今征敛无。

送重表侄王砅评事使南海

我之曾老姑，尔之高祖母。尔祖未显时，归为尚书妇。隋朝大业末，房杜俱交友。长者来在门，荒年自糊口。家贫无供给，客位但箕帚。俄顷羞颇珍，寂寥人散后。入怪鬓发空，吁嗟为之久。自陈翦髻鬟，鬻市充杯酒。上云天下乱，宜与英俊厚。向窃窥数公，经纶亦俱有。次问最少年，虬髯十八九。子等成大名，皆因此人手。下云风云合，龙虎一吟吼。愿展丈夫雄，得辞儿女丑。秦王时在坐，真气惊户牖。及乎贞观初，尚书践台斗。夫人常肩舆，上殿称万寿。六宫师柔顺，法则化妃后。至尊均嫂叔，盛事垂不朽。凤雏无凡毛，五色非尔曹。往者胡作逆，乾坤沸嗷嗷。吾客左冯翊，尔家同遁逃。争夺至徒步，块独委蓬蒿。逗留热尔肠，十里却呼号。自下所骑马，右持腰间刀。左牵紫游缰，飞走使我高。苟活到今日，寸心铭佩牢。乱离又聚散，宿昔恨滔滔。水花笑白首，春草随青袍。廷评近要津，节制收英髦。北驱汉阳传，南泛上泷舠。家声肯坠地，利器当秋毫。番禺亲贤领，筹运神功操。大夫出卢宋，宝贝休脂膏。洞主降接武，海胡舶千艘。我欲就丹砂，跋涉觉身劳。安能陷粪土，有志乘鲸鳌。或骖鸾腾天，聊作鹤鸣皋。

入衡州

兵革自久远，兴衰看帝王。汉仪甚照耀，胡马何猖狂。老将一失律，清边生战场。君臣忍瑕垢，河岳空金汤。重镇如割据，轻权绝纪纲。军州体不一，宽猛性所将。嗟彼苦节士，素于圆凿方。寡妻从为郡，兀者安堵墙。凋弊惜邦本，哀矜存事常。旌麾非其任，府库实过防。恕己独在此，多忧增内伤。偏裨限酒肉，卒伍单衣裳。元恶迷是似，聚谋泄康庄。竟流帐下血，大降湖南殃。烈火发中夜，高烟焦上苍。至今分粟帛，杀气吹沅湘。福善理颠倒，明征天莽茫。销魂避飞镝，累足穿豺狼。隐忍枳棘刺，迁延胝趼疮。远归儿侍侧，犹乳女在旁。久客幸脱免，暮年惭激昂。萧条向水陆，汩没随渔商。报主身已老，入朝病见妨。悠悠委薄俗，郁郁回刚肠。参错走洲渚，舂容转林篁。片帆左郴岸，通郭前衡阳。华表云鸟阵，名园花草香。旗亭壮邑屋，烽橹蟠城隍。中有古刺史，盛才冠岩廊。扶颠待柱石，独坐飞风霜。昨者间琼树，高谈随羽觞。无论再缱绻，已是安苍黄。剧孟七国畏，马卿四赋良。门阑苏生在，勇锐白起强。问罪富形势，凯歌悬否臧。氛埃期必扫，蚊蚋焉能当。橘井旧地宅，仙山引舟航。此行厌暑雨，厥土闻清凉。诸舅剖符近，开缄书札光。频繁命屡及，磊落字百行。江总外家养，谢安乘兴长。下流匪珠玉，择木羞鸾皇。我师嵇叔夜，世贤张子房。柴荆寄乐土，鹏路观翱翔。

解忧

减米散同舟，路难思共济。向来云涛盘，众力亦不细。呀坑瞥眼过，飞橹本无蒂。得失瞬息间，致远宜恐泥。百虑视安危，分明曩贤计。兹理庶可广，拳拳期勿替。

早发

有求常百虑，斯文亦吾病。以兹朋故多，穷老驱驰并。早行篙师怠，席挂风不正。昔人戒垂堂，今则奚奔命。涛翻黑蛟跃，日出黄雾映。烦促瘴岂侵，颓倚睡未醒。仆夫问盥栉，暮颜腼青镜。随意簪葛巾，仰惭林花盛。侧闻夜来寇，幸喜囊中净。艰危作远客，干请伤直性。薇蕨饿首阳，粟马资历聘。贱子欲适从，疑误此二柄。

舟中苦热遣怀奉呈阳中丞通简台省诸公

愧为湖外客，看此戎马乱。中夜混黎氓，脱身亦奔窜。平生方寸心，反掌帐下难。呜呼杀贤良，不叱白刃散。吾非丈夫特，没齿埋冰炭。耻以风病辞，胡然泊湘岸。入舟虽苦热，垢腻可溉灌。痛彼道边人，形骸改昏旦。中丞连帅职，封内权得按。身当问罪先，县实诸侯半。士卒既辑睦，启行促精悍。似闻上游兵，稍逼长沙馆。邻好彼克修，天机自明断。南图卷云水，北拱戴霄汉。美名光史臣，长策何壮观。驱驰数公子，咸愿同伐叛。声节哀有余，夫何激衰懦，偏裨表三上，卤莽同一贯。始谋谁其间，回首增愤惋。宗英李端公，守职甚昭焕。变通迫胁地，谋画焉得算。王室不肯微，凶徒略无惮。此流须卒斩，神器资强干。扣寂豁烦襟，皇天照嗟叹。

聂耒阳以仆阻水书致酒肉疗饥荒江诗得代怀兴尽本韵至县呈聂令陆路去方田驿四十里舟行一日时属江涨泊于方田

耒阳驰尺素，见访荒江眇。义士烈女家，风流吾贤绍。昨见狄相孙，许公人伦表。前朝翰林后，屈迹县邑小。知我碍湍涛，半旬获浩渺。麾下杀元戎，湖边有飞旐。孤舟增郁郁，僻路殊悄悄。侧惊猿猱捷，仰羡鹳鹤矫。礼过宰肥羊，愁当置清醥。人非西喻蜀，兴在北坑赵。方行郴岸静，未话长沙扰。崔师乞已至，澧卒用矜少。问罪消息真，开颜憩亭沼。

题衡山县文宣王庙新学堂呈陆宰

旄头彗紫微，无复俎豆事。金甲相排荡，青衿一憔悴。呜呼已十年，儒服敝于地。征夫不遑息，学者沦素志。我行洞庭野，欻得文翁肆。侁侁胄子行，若舞风雩至。周室宜中兴，孔门未应弃。是以资雅才，焕然立新意。衡山虽小邑，首唱恢大义。因见县尹心，根源旧宫閟。讲堂非曩构，大屋加涂塈。下可容万人，墙隅亦深邃。何必三千徒，始压戎马气。林木在庭户，密干叠苍翠。有井朱夏时，辘轳冻阶戺。耳闻读书声，杀伐灾仿佛。故国延归望，衰颜减愁思。南纪改波澜，西河共风味。采诗倦跋涉，载笔尚可记。高歌激宇宙，凡百慎失坠。

别董颋

穷冬急风水，逆浪开帆难。士子甘旨阙，不知道里寒。有求彼乐土，南适小长安。别我舟楫去，觉君衣裳单。素闻赵公节，兼尽宾主欢。已结门闾望，无令霜雪残。老夫缆亦解，脱粟朝未餐。飘荡兵甲际，几时怀抱宽。汉阳颇宁静，岘首试考盘。当念著皂帽，采薇青云端。

逃难

五十白头翁，南北逃世难。疏布缠枯骨，奔走苦不暖。已衰病方入，四海一涂炭。乾坤万里内，莫见容身畔。妻孥复随我，回首共悲叹。故国莽丘墟，邻里各分散。归路从此迷，涕尽湘江岸。

北风

北风破南极，朱凤日威垂。洞庭秋欲雪，鸿雁将安归。十年杀气盛，六合人烟稀。吾慕汉初老，时清犹茹芝。

夜闻觱篥

夜闻觱篥沧江上，衰年侧耳情所向。邻舟一听多感伤，塞曲三更欻悲壮。积雪飞霜此夜寒，孤灯急管复风湍。君知天地干戈满，不见江湖行路难。

岁晏行

岁云暮矣多北风，潇湘洞庭白雪中。渔父天寒网罟冻，莫徭射雁鸣桑弓。去年米贵阙军食，今年米贱太伤农。高马达官厌酒肉，此辈杼柚茅茨空。楚人重鱼不重鸟，汝休枉杀南飞鸿。况闻处处鬻男女，割慈忍爱还租庸。往日用钱捉私铸，今许铅锡和青铜。刻泥为之最易得，好恶不合长相蒙。万国城头吹画角，此曲哀怨何时终。

岳麓山道林二寺行

玉泉之南麓山殊，道林林壑争盘纡。寺门高开洞庭野，殿脚插入赤沙湖。五月寒风冷佛骨，六时天乐朝香炉。地灵步步雪山草，僧宝人人沧海珠。塔劫宫墙壮丽敌，香厨松道清凉俱。莲花交响共命鸟，金榜双回三足乌。方丈涉海费时节，悬圃寻河知有无。暮年且喜经行近，春日兼蒙暄暖扶。飘然斑白身奚适，傍此烟霞茅可诛。桃源人家易制度，橘洲田土仍膏腴。潭府邑中甚淳古，太守庭内不喧呼。昔遭衰世皆晦迹，今幸乐国养微躯。依止老宿亦未晚，富贵功名焉足图。久为野客寻幽惯，细学何颙免兴孤。一重一掩吾肺腑，山鸟山花吾友于。宋公放逐曾题壁，物色分留待老夫。

惜别行送刘仆射判官

闻道南行市骏马，不限匹数军中须。襄阳幕府天下异，主将俭省忧艰虞。只收壮健胜铁甲，岂因格斗求龙驹。而今西北自反胡，骐驎荡尽一匹无。龙媒真种在帝都，子孙永落西南隅。向非戎事备征伐，君肯辛苦越江湖。江湖凡马多憔悴，衣冠往往乘蹇驴。梁公富贵于身疏，号令明白人安居。俸钱时散士子尽，府库不为骄豪虚。以兹报主寸心赤，气却西戎回北狄。罗网群马籍马多，气在驱驰出金帛。刘侯奉使光推择，滔滔才略沧溟窄。杜陵老翁秋系船，扶病相识长沙驿。强梳白发提胡卢，手把菊花路旁摘。九州兵革浩茫茫，三叹聚散临重阳。当杯对客忍流涕，君不觉老夫神内伤。

暮秋枉裴道州手札率尔遣兴寄近呈苏涣侍御

久客多枉友朋书，素书一月凡一束。虚名但蒙寒暄问，泛爱不救沟壑辱。齿落未是无心人，舌存耻作穷途哭。道州手札适复至，纸长要自三过读。盈把那须沧海珠，入怀本倚昆山玉。拨弃潭州百斛酒，芜没潇岸千株菊。使我昼立烦儿孙，令我夜坐费灯烛。忆子初尉永嘉去，红颜白面花映肉。军符侯印取岂迟，紫燕騄耳行甚速。圣朝尚飞战斗尘，济世宜引英俊人。黎元愁痛会苏息，夷狄跋扈徒逡巡。授钺筑坛闻意旨，颓纲漏网期弥纶。郭钦上书见大计，刘毅答诏惊群臣。他日更仆语不浅，明公论兵气益振。倾壶箫管黑白发，舞剑霜雪吹青春。宴筵曾语苏季子，后来杰出云孙比。茅斋定王城郭门，药物楚老渔商市。市北肩舆每联袂，郭南抱瓮亦隐几。无数将军西第成，早作丞相东山起。鸟雀苦肥秋粟菽，蛟龙欲蛰寒沙水。天下鼓角何时休，阵前部曲终日死。附书与裴因示苏，此生已愧须人扶。致君尧舜付公等，早据要路思捐躯。

蚕谷行

天下郡国向万城，无有一城无甲兵。焉得铸甲作农器，一寸荒田牛得耕。牛尽耕，蚕亦成，不劳烈士泪滂沱，男谷女丝行复歌。

白凫行

君不见黄鹄高于五尺童，化为白凫似老翁。故畦遗穗已荡尽，天寒岁暮波涛中。鳞介腥膻素不食，终日忍饥西复东。鲁门鶢鶋亦蹭蹬，闻道如今犹避风。

朱凤行

君不见潇湘之山衡山高，山巅朱凤声嗷嗷。侧身长顾求其曹，翅垂口噤心劳劳。下愍百鸟在罗网，黄雀最小犹难逃。愿分竹实及蝼蚁，尽使鸱枭相怒号。

追酬故高蜀州人日见寄并序

开文书帙中，捡所遗忘，因得故常侍适——往居在成都时，高任蜀州刺史——《人日相忆》见寄诗，泪洒行间，读终篇末。自枉诗，已十余年；莫记存殁，又六七年矣！老病怀旧，生意可知。今海内忘形故人，独汉中王瑀与昭州敬超先在。爱而不见，情见乎辞。大历五年正月二十一日却追酬高公此作，因寄王及敬弟。

自蒙蜀州人日作，不意清诗久廖落。今晨散帙眼复开，迸泪幽吟事如昨。呜呼壮士多慷慨，合沓高名动寥廓。叹我凄凄求友篇，感君郁郁匡时略。锦里春光空烂熳，瑶墀侍臣已冥寞。潇湘水国傍鼋鼍，鄠杜秋天失雕鹗。东西南北更谁论，白首扁舟病独存。遥拱北辰缠寇盗，欲倾东海洗乾坤。边塞西羌最充斥，衣冠南渡多崩奔。鼓瑟至今悲帝子，曳裾何处觅王门。文章曹植波澜阔，服食刘安德业尊。长笛邻家乱愁思，昭州词翰与招魂。

清明

著处繁花矜是日，长沙千人万人出。渡头翠柳艳明眉，争道朱蹄骄啮膝。此都好游湘西寺，诸将亦自军中至。马援征行在眼前，葛强亲近同心事。金镫下山红日晚，牙樯捩舵青楼远。古时丧乱皆可知，人世悲欢暂相遣。弟侄虽存不得书，干戈未息苦离居。逢迎少壮非吾道，况乃今朝更祓除。

风雨看舟前落花戏为新句

江上人家桃树枝，春寒细雨出疏篱。影遭碧水潜勾引，风妒红花却倒吹。吹花困懒傍舟楫，水光风力俱相怯。赤憎轻薄遮入怀，珍重分明不来接。湿久飞迟半欲高，萦沙惹草细于毛。蜜蜂蝴蝶生情性，偷眼蜻蜓避伯劳。①

①杜甫诗辑自《杜诗详注》，中华书局 1979 年版。

卷三

张叔卿

张叔卿，仇兆鳌以为其是“竹溪六逸”之一的张叔明或其兄弟。曾为御史，坐事流桂州。《全唐诗》存诗二首。

空灵岸

寒尽鸿先去，江回客未归。早知名是幻，不敢绣为衣。雾积川原暗，山多郡县稀。今朝下湘岸，更逐鹧鸪飞。①

郭受

郭受，唐代宗大历初于衡阳任湖南观察使判官。《全唐诗》存诗一首。

寄杜员外

新诗海内流传久，旧德朝中属望劳。郡邑地卑饶雾雨，江湖天阔足风涛。松花酒熟傍看醉，莲叶舟轻自学操。春兴不知凡几首，衡阳纸价顿能高。②

①辑自《全唐诗》卷二七二。
②辑自《全唐诗》卷二六一。

韦迢

韦迢，唐京兆（今陕西西安）人，韦建弟，韦夏卿父。曾任员外郎，其后以检校都官郎中，充岭南节度行军司马，卒赠同州刺史。《全唐诗》存诗二首。

潭州留别杜员外院长

江畔长沙驿，相逢缆客船。大名诗独步，小郡海西偏。地湿愁飞鹏，天炎畏跕鸢。去留俱失意，把臂共潸然。

早发湘潭寄杜员外院长

北风昨夜雨，江上早来凉。楚岫千峰翠，湘潭一叶黄。故人湖外客，白首尚为郎。相忆无南雁，何时有报章。①

于邵

于邵（约713—约793），字相门，一作德门，唐京兆万年（今陕西西安）人。天玄宗天宝十四载（755）登进士第，授崇文馆校书郎，入为起居郎，迁比部郎中。代宗大历中为道州刺史，未行，徙巴州平乱。后以谏议大夫知制诰，进礼部侍郎。德宗建中二年（781）贬桂州长史。贞元元年（785）入为原王傅，迁太子宾客，袭常山公。后出为杭州刺史，贬衢州别驾，徙江州，卒。有集传世，《全唐诗》存诗五首。

---

①韦迢诗辑自《杜诗详注》卷二二。

送谭正字之上都序

皇上御宇之明年，布和发号，其在野无遗贤，将以启迪理本。盖古先哲王之前大者，分命十使，周流天下，弓旌一举，涧陆其空。户部侍郎赵君故得谭子于潇湘矣。谭子受荐不拜，赵君当荐不避，朝廷官之不疑，君子悦是三者之备公也者，而至矣哉！况恭懿明允，文为在礼，发言有章，临事不惑，可以入备顾问，出咨典谟。岂止祖述六艺，指归旧史，栖迟龙楼之下，寂寞铅椠之闲哉？仆孤奉盛明，黜佐藩徼，不自意而邂逅相遇，念一老而得之周旋。尝与语言，为我消息。日月之会，时惟季冬，星回于天，岁且更始。晻惨萧索，长年所悲岂堪伊人，告我以去。方将背九嶷之积阻，泛苍梧以连海，经界于分广，合于上都。谒崇明，驰象魏，讲旧于知已，从事于吾党。云霄之外，自此而阶，迁客者何？叙之而已。[①]

岑参

岑参（约715—770），唐代诗人，原籍南阳（今属河南新野），迁居江陵（今湖北荆州）。天宝三载（744），登进士第，授右内率府兵曹参军。十三载，充安西北庭节度使封常清判官。安史乱起，岑参东归勤王，杜甫等推荐他为右补阙。乾元二年（759）改任起居舍人。不满一月，贬谪虢州长史。后又任太子中允，虞部、库部郎中，出为嘉州（今四川乐山）刺史，因此人称“岑嘉州”。罢官后，东归不成，客死成都。岑参以边塞诗名世，为盛唐边塞诗派代表作家之一，与高

---

①辑自《文苑英华》卷七二三。

适并称“高岑”。有集传世。《全唐诗》存岑参诗四卷，《全唐诗续拾》补收二首。

澧头送蒋侯

君住澧水北，我家澧水西。两村辨乔木，五里闻鸣鸡。饮酒溪雨过，弹棋山月低。徒闻蒋生径，尔去谁相携。①

李华

李华（约715—774），字遐叔，唐赵郡赞皇（今属河北）人。开元二十三年（735）进士，天宝二年（743）登博学宏辞科，历仕秘书省校书郎、监察御使、右补阙。安禄山陷长安时，被迫任伪凤阁舍人职。乱后贬为杭州司户参军。肃宗上元二年（761）为左补阙，加司封员外郎。代宗广德二年（764），李岘领选江南，辟华入幕，任检校吏部员外郎，翌年因病弃官，客隐楚州，信奉佛法。唐代宗大历九年（774）病故。为盛唐著名古文家，与萧颖士、颜真卿等共倡古文，开韩、柳古文运动之先河。亦有诗名。有集已佚，后人辑出若干卷。《全唐诗》存诗一卷，《全唐诗外编》及《全唐诗续拾》补诗三首，残句二联。

云母泉诗并序

洞庭湖西玄石山，俗称墨山。山南有佛寺，倚松岭。松岭下有云母泉。泉出石中，引流分渠，周遍庭宇。发源如乳湩，末派如淳浆，烹茶、淅蒸、灌园、漱齿皆用之，大浸不盈，大旱不耗。自墨山西北

---

①辑自《岑嘉州诗集》卷三，商务印书馆1919年影印本。

至石门，东南至东陵，广轮二十里，尽生云母。墙阶道路，炯炯如列星。井泉溪涧，色皆纯白。乡人多寿，考无癖痼疥搔之疾。华深乐之。颍川陈公，天宝中与华同为谏官。公性与道合，忽于权利，方挂冠投簪，顾华以名山之契。乾元初，公贬清江丞，移武陵丞。华贬杭州司功，恩复左补阙。上元中，俱奉诏，征公自清江至武陵。道路多虞，制书不至。华溯江而西，次于岳阳。江山延望，日夕相顾，属思与高贤共饮云母之泉，躬耕墨山之下。敢违朝命，以徇私欲。秋风露寒，洞庭微波，一闻猿声不觉涕下。况支离多病，年齿始衰，愿饵药扶寿，以究无生之学。事乖志负，火爇予心，寄怀此篇，亦以书公之志也。

晨登玄石岭，岭上寒松声。朗日风雨霁，高秋天地清。山门开古寺，石窦含纯精。洞彻净金界，夤缘流玉英。泽药滋畦茂，气染茶瓯馨。饮液尽眉寿，餐和皆体平。琼浆驻容发，甘露莹心灵。岱谷谢巧妙，匡山徒有名。愿言构蓬荜，荷锸引泠泠。访道出人世，招贤依福庭。此心不能已，寤寐见吾兄。曾结颍阳契，穷年无所成。东西同放逐，蛇豕尚纵横。江汉阻携手，天涯万里情。恩光起憔悴，西上谒承明。秋色变江树，相思纷以盈。猿啼巴丘戍，月上武陵城。共恨川路永，无由会友生。云泉不可忘，何日遂躬耕。①

李希仲

李希仲，生卒年不详。赵郡（今河北赵县）人。玄宗天宝初任偃师令，后仕吏部员外郎。安史乱起，携家避难江淮。《全唐诗》存诗

①辑自《李遐叔文集》卷一，台湾商务印书馆1986年版。

三首。

东皇太一祠

吉日初斋戒，灵巫穆上皇。焚香布瑶席，鸣佩奠椒浆。缓舞花飞满，清歌水去长。回波送神曲，云雨满潇湘。①

王邕

王邕，生卒年不详，唐太原晋阳人。玄宗天宝十载（751）登进士第。约代宗大历初任永州刺史。后官至金部郎中。王邕善诗赋，与元结、怀素、戴叔伦有交往。《全唐诗》存诗三首。

湘灵鼓瑟

宝瑟和琴韵，灵妃应乐章。依稀闻促柱，仿佛梦新妆。波外声初发，风前曲正长。凄清和万籁，断续绕三湘。转觉云山迥，空怀杜若芳。诚能传此意，雅会在宫商。②

怀素上人草书歌

衡阳双峡插天峻，青壁巉巉万余仞。此中灵秀众所知，草书独有怀素奇。怀素身长五尺四，嚼汤诵咒吁可畏。铜瓶锡杖倚闲庭，斑管秋毫多逸意。或粉壁，或彩笺，蒲葵绢素何相鲜。忽作风驰如电掣，更点飞花兼散雪。寒猿饮水撼枯藤，壮士拔山伸劲铁。君不见张芝昔日独称贤，君不见近日张旭为若颠。二公绝艺

---

①辑自《唐诗纪事》卷二八。

②辑自《文苑英华》卷一八四。

人所惜，怀素传之得真迹。峥嵘蹙出海上山，突兀状成湖畔石。一纵又一横，一欹又一倾。临江不羡飞帆势，下笔长为骤雨声。我牧此州喜相识，又见草书多慧力。怀素怀素不可得，开卷临池转相忆。①

后浯溪铭

岿然峿台，枕于祈阳。迥然楚方，临于潇湘。孤标一峰，不止百尺。嵯峨巨峻，阙一字洁堪砺。英才别业，雅有儒风。河南元公，高卧其中。位为独坐，人不知贵。兴惬兹地，心间胜事。松花对偃，薜叶交垂。凿巘作逵，因泉涨池。乃葺竹亭，乃葺茅宇。群书当户，灵药映圃。嘉宾驻舟，爱子能文。弄琴对云，酒熟兰熏。何必磻溪，方可学钓。何必衡峤，方可长啸。我牧此郡，契于幽寻。刻铭山岑，敢告烟林。②

窦冀

窦冀，唐代宗大历中官御史，六年（771）前后在永州，与王邕、怀素等过往，有歌诗赞怀素草书。《全唐诗》存诗一首。

怀素上人草书歌

狂僧挥翰狂且逸，独任天机摧格律。龙虎惭因点画生，雷霆却避锋芒疾。鱼笺绢素岂不贵，只嫌局促儿童戏。粉壁长廊数十间，兴来小豁胸襟气。长幼集，贤豪至，枕糟藉麴犹半醉。忽然

①辑自《书苑菁华》卷十七，台湾商务印书馆1986年版。
②辑自光绪《湖南通志》卷一八，岳麓书社2009年版。

绝叫三五声，满壁纵横千万字。吴兴张老尔莫颠，叶县公孙我何谓。如熊如罴不足比，如虺如蛇不足拟。涵物为动鬼神泣，狂风入林花乱起。殊形怪状不易说，就中惊燥尤枯绝。边风杀气同惨烈，崩槎卧木争摧折。塞草遥飞大漠霜，胡天乱下阴山雪。偏有能事转新奇，郡守王公同赋诗。枯藤劲铁愧三舍，骤雨寒猿惊一时。此生绝艺人莫测，假此常为护持力。连城之璧不可量，五百年知草圣当。①

苏涣

苏涣，少为盗，善用白弩，巴蜀商人苦之，号为“白跖”。后折节读书。唐代宗广德二年（764），进士及第，累迁至监察御史。大历四年（769），湖南观察使崔瓘辟为从事。杜甫漂泊至潭州，涣与之交游。《全唐诗》存诗四首。

赠零陵僧

张颠没在二十年，谓言草圣无人传。零陵沙门继其后，新书大字大如斗。兴来走笔如旋风，醉后耳热心更凶。忽如裴旻舞双剑，七星错落缠蛟龙。又如吴生画神鬼，魑魅魍魉惊本身。钩锁相连势不绝，倔强毒蛇争屈铁。西河舞剑气凌云，孤蓬自振唯有君。今日华堂看洒落，四座喧呼叹佳作。回首邀余赋一章，欲令羡价齐钟张。琅诵□句三百字，何似醉僧颠复狂。忽然告我游南溟，言祈亚相求大名。亚相书翰凌献之，见君绝意必深知。南中

①辑自《文苑英华》卷三三八。

纸价当日贵，只恐贪泉成墨池。①

张继

张继（？—约779），字懿孙，唐襄州（今湖北襄阳）人。天宝十二年（753）进士。安史之乱起，张继在吴越游历，后入内为检校祠部员外郎，又提升检校郎中，最后为盐铁判官，分掌财赋于洪州。大历末年病逝，有诗集传世。《全唐诗》收录诗一卷，《全唐诗续拾》补收诗三首。

重经巴丘

昔年高接李膺欢，日泛仙舟醉碧澜。诗句乱随青草落，酒肠俱逐洞庭宽。浮生聚散云相似，往事冥微梦一般。今日片帆城下去，秋风回首泪阑干。

九日巴丘杨公台上宴集

凄凄霜日上高台，水国秋凉客思哀。万叠银山寒浪起，一行斜字早鸿来。谁家捣练孤城暮，何处题衣远信回。江汉路长身不定，菊花三笑旅怀开。②

皇甫冉

皇甫冉（715—768），字茂政，唐丹阳人，先世居甘肃泾州。玄宗天宝十五载（756）登进士第，授无锡尉。代宗大历初，王缙为河

①辑自《文苑英华》卷三三八。

②张继诗辑自《全唐诗》卷二四二。

南节度使，辟为掌书记，官至右补阙。有集。《全唐诗》收诗二卷，补遗七首，《全唐诗外编》及《全唐诗续拾》补诗六首。

归阳羡兼送刘八长卿

湖上孤帆别，江南谪宦归。前程愁更远，临水泪沾衣。云梦春山遍，潇湘过客稀。武陵招我隐，岁晚闭柴扉。

初出沅江夜入湖

放溜出江口，回瞻松栝深。不知舟中月，更引湖间心。

夜发沅江寄李颍川刘侍郎

半夜回舟入楚乡，月明山水共苍苍。孤猿更发秋风里，不是愁人亦断肠。

酬张二仲彝

吴洲见芳草，楚客动归心。屈宋乡山古，荆衡烟雨深。艰难十载别，羁旅四愁侵。澧月通沅水，湘云入桂林。已看生白发，当为乏黄金。江海时相见，唯闻梁甫吟。

江草歌送卢判官

江皋兮春早，江上兮芳草。杂蘼芜兮杜蘅，作丛秀兮欲罗生。被遥隰兮经长衍，雨中深兮烟中浅。目眇眇兮增愁，步迟迟兮堪搴。澧之浦兮湘之滨，思夫君兮送美人。吴洲曲兮楚乡路，远孤城兮依独戍。新月能分裛露时，夕阳照见连天处。问君行迈将何之，淹泊沿洄风日迟。处处汀洲有芳草，王孙讵肯念归期。①

贾至

贾至（718—772），字幼邻。唐代洛阳人（一说长乐人），贾曾之子。玄宗天宝元年（742）擢明经第。天宝初以校书郎为单父尉，天宝末任中书舍人。安史乱起，随玄宗奔四川。乾元元年（758）春，出为汝州刺史，后贬岳州司马。代宗宝应元年（762），复为中书舍人，广德初擢礼部侍郎，代宗大历初年任兵部侍郎。大历中转京兆尹兼御史大夫，累封信都县伯，大历七年（772）卒于右散骑常侍任。赠礼部尚书，谥号为“文”。有集已佚。《全唐诗》存诗一卷，《全唐文》存文三卷。

送夏侯子之江夏

扣楫洞庭上，清风千里来。留欢一杯酒，欲别复裴回。相见楚山下，渔舟忆钓台。羡君还旧里，归念独悠哉。

送陆协律赴端州

越井人南去，湘川水北流。江边数杯酒，海内一孤舟。岭峤同仙客，京华即旧游。春心将别恨，万里共悠悠。

送王员外赴长沙

携手登临处，巴陵天一隅。春生云梦泽，水溢洞庭湖。共叹虞翻枉，同悲阮籍途。长沙旧卑湿，今古不应殊。

---

①皇甫冉诗辑自《全唐诗》卷二四九、二五〇。

送夏侯参军赴广州

闻道衡阳外，由来雁不飞。送君从此去，书信定应稀。云海南溟远，烟波北渚微。勉哉孙楚吏，彩服正光辉。

长沙别李六侍御

月明湘水白，霜落洞庭干。放逐长沙外，相逢路正难。云归帝乡远，雁报朔方寒。此别盈襟泪，雍门不假弹。

岳阳楼宴王员外贬长沙

极浦三春草，高楼万里心。楚山晴霭碧，湘水暮流深。忽与朝中旧，同为泽畔吟。停杯试北望，还欲泪沾襟。

西亭春望

日长风暖柳青青，北雁归飞入窅冥。岳阳城上闻吹笛，能使春心满洞庭。

洞庭送李十二赴零陵

今日相逢落叶前，洞庭秋水远连天。共说金华旧游处，回看北斗欲潸然。

送王道士还京

一片仙云入帝乡，数声秋雁至衡阳。借问清都旧花月，岂知迁客泣潇湘。

巴陵夜别王八员外

柳絮飞时别洛阳，梅花发后到三湘。世情已逐浮云散，离恨空随江水长。

别裴九弟

西江万里向东流，今夜江边驻客舟。月色更添春色好，芦风似胜竹风幽。

送南给事贬崖州

畴昔丹墀与凤池，即今相见两相悲。朱崖云梦三千里，欲别俱为恸哭时。

重别南给事

谪宦三年尚未回，故人今日又重来。闻道崖州一千里，今朝须尽数千杯。

岳阳楼重宴别王八员外贬长沙

江路东连千里潮，青云北望紫微遥。莫道巴陵湖水阔，长沙南畔更萧条。

赠裴九侍御昌江草堂弹琴

朔风吹疏林，积雪在崖巘。鸣琴草堂响，小涧清且浅。沉吟东山意，欲去芳岁晚。怅望黄绮心，白云若在眼。

巴陵早秋寄荆州崔司马吏部阎功曹舍人

谪居潇湘渚，再见洞庭秋。极目连江汉，西南浸斗牛。滔滔荡云梦，澹澹摇巴丘。旷如临渤澥，窅疑造瀛洲。君山丽中波，苍翠长夜浮。帝子去永久，楚词尚悲秋。我同长沙行，时事加百忧。登高望旧国，胡马满东周。宛叶遍蓬蒿，樊邓无良畴。独攀青枫树，泪洒沧江流。故人西掖寮，同扈岐阳搜。差池尽三黜，蹭蹬各南州。相去虽地接，不得从之游。耿耿云阳台，迢迢王粲楼。跂予暮霞里，谁谓无轻舟。

闲居秋怀寄阳翟陆赞府封丘高少府

今日霖雨霁，飒然高馆凉。秋风吹二毛，烈士加慨慷。忆昔皇运初，众宾俱龙骧。解巾佐幕府，脱剑升明堂。郁郁被庆云，昭昭翼太阳。鲸鱼纵大壑，鸑鷟鸣高冈。信矣草创时，泰阶速贤良。一言顿遭逢，片善蒙恩光。我生属圣明，感激窃自强。崎岖郡邑权，连骞翰墨场。天朝富英髦，多士如珪璋。盛才溢下位，蹇步徒猖狂。闭门对群书，几案在我旁。枕席相远游，聊欲浮沧浪。八月白露降，玄蝉号枯桑。舣舟临清川，迢递愁思长。我有同怀友，各在天一方。离披不相见，浩荡隔两乡。平生霞外期，宿昔共行藏。岂无蓬莱树，岁晏空苍苍。

送李侍御

我年四十余，已叹前路短。羁离洞庭上，安得不引满。李侯忘情者，与我同疏懒。孤帆泣潇湘，望远心欲断。

送耿副使归长沙

画舸欲南归，江亭且留宴。日暮湖上云，萧萧若流霰。昨夜相知者，明发不可见。惆怅西北风，高帆为谁扇。

巴陵寄李二户部张十四礼部

江南春草初幂幂，愁杀江南独愁客。秦中杨柳也应新，转忆秦中相忆人。万里莺花不相见，登高一望泪沾巾。

初至巴陵与李十二白裴九同泛洞庭湖三首

江上相逢皆旧游，湘山永望不堪愁。明月秋风洞庭水，孤鸿落叶一扁舟。

枫岸纷纷落叶多，洞庭秋水晚来波。乘兴轻舟无近远，白云明月吊湘娥。

江畔枫叶初带霜，渚边菊花亦已黄。轻舟落日兴不尽，三湘五湖意何长。

君山

湘中老人读黄老，手援紫藟坐碧草。春至不知湖水深，日暮忘却巴陵道。①

---

①贾至诗辑自《全唐诗》。

送于兵曹往江夏序

予谪居洞庭，岁三秋矣。有客自蜀浮舟来者，则河南于侯。能读古人书，辨当世务，年迩四十，犹沉下位。为静者之尚退乎？先达之怠贤乎？与子登丽谯，缘岛屿，一时累月，多情甚欢，忽然挂帆，告我行迈，岂非穷辙不能濡故也？冯翊太守王公，移镇武昌，好贤下士，所以衣缝掖袭艺文者，归之如川，吾子东行，谓得时矣。①

刘长卿

刘长卿（？—约789），字文房。唐宣城（今属安徽）人，郡望河间（今属河北）。唐代著名诗人，擅五律，工五言。玄宗天宝中进士。曾任长洲县尉，因事贬南巴尉。历任转运使判官，知淮西、鄂岳转运留后。再贬睦州司马。后官终随州刺史。世称“刘随州”。有集传世。《全唐诗》编录其诗为五卷，《全唐诗外编》及《全唐诗续拾》补诗二首。

晚泊湘江怀故人

天涯片云去，遥指帝乡忆。惆怅增暮情，潇湘复秋色。扁舟宿何处，落日羡归翼。万里无故人，江鸥不相识。

送李使君贬连州

独过长沙去，谁堪此路愁。秋风散千骑，寒雨泊孤舟。贾谊

---

①辑自《文苑英华》卷七二〇。

辞明主，萧何识故侯。汉廷当自召，湘水但空流。

送蔡侍御赴上都

迟迟立驷马，久客恋潇湘。明日谁同路，新年独到乡。孤烟向驿远，积雪去关长。秦地看春色，南枝不可忘。

题魏万成江亭

萧条方岁晏，牢落对空洲。才出时人右，家贫湘水头。苍山隐暮雪，白鸟没寒流。不是莲花府，冥冥不可求。

岁夜喜魏万成郭夏雪中相寻

新年欲变柳，旧客共沾衣。岁夜犹难尽，乡春又独归。寒灯映虚牖，暮雪掩闲扉。且莫乘船去，平生相访稀。

酬郭夏人日长沙感怀见赠

旧俗欢犹在，怜君恨独深。新年向国泪，今日倚门心。岁去随湘水，春生近桂林。流莺且莫弄，江畔正行吟。

晦日陪辛大夫宴南亭

月晦逢休浣，年光逐宴移。早莺留客醉，春日为人迟。蓂草全无叶，梅花遍压枝。政闲风景好，莫比岘山时。

陪辛大夫西亭宴观妓

歌舞怜迟日，旄麾映早春。莺窥陇西将，花对洛阳人。醉罢知何事，恩深忘此身。任他行雨去，归路裛香尘。

长沙馆中与郭夏对雨

长沙积雨晦，深巷绝人幽。润上春衣冷，声连暮角愁。云横全楚地，树暗古湘洲。杳霭江天外，空堂生百忧。

洞庭驿逢郴州使还寄李汤司马

洞庭秋水阔，南望过衡峰。远客潇湘里，归人何处逢。孤云飞不定，落叶去无踪。莫使沧浪叟，长歌笑尔容。

逢郴州使因寄郑协律

相思楚天外，梦寐楚猿吟。更落淮南叶，难为江上心。衡阳问人远，湘水向君深。欲逐孤帆去，茫茫何处寻。

岳阳馆中望洞庭湖

万古巴丘戍，平湖此望长。问人何淼淼，愁暮更苍苍。叠浪浮元气，中流没太阳。孤舟有归客，早晚达潇湘。

雨中过员稷巴陵山居赠别

怜君洞庭上，白发向人垂。积雨悲幽独，长江对别离。牛羊归故道，猿鸟聚寒枝。明发遥相望，云山不可知。

巡去岳阳却归鄂州使院留别郑洵侍御侍御先曾谪居此州

何事长沙谪，相逢楚水秋。暮帆归夏口，寒雨对巴丘。帝子椒浆奠，骚人木叶愁。惟怜万里外，离别洞庭头。

过湖南羊处士别业

杜门成白首，湖上寄生涯。秋草芜三径，寒塘独一家。鸟归村落尽，水向县城斜。自有东篱菊，年年解作花。

秋杪江亭有作

寂寞江亭下，江枫秋气斑。世情何处澹，湘水向人闲。寒渚一孤雁，夕阳千万山。扁舟如落叶，此去未知还。

送梁侍御巡永州

萧萧江雨暮，客散野亭空。忧国天涯去，思乡岁暮同。到时猿未断，回处水应穷。莫望零陵路，千峰万木中。

春过裴虬郊园

郊原春欲暮，桃杏落纷纷。何处随芳草，留家寄白云。听莺情念友，看竹恨无君。长啸高台上，南风冀尔闻。

送道标上人归南岳

悠然倚孤棹，却忆卧中林。江草将归远，湘山独往深。白云留不住，渌水去无心。衡岳千峰乱，禅房何处寻。

重阳日岳城楼送屈突司直

登高复送远，惆怅洞庭秋。风景同前古，云山满上游。苍苍来暮雨，淼淼逐寒流。今日关中事，萧何共尔忧。

长沙恒王墓下别李纾张南史

长沙千载后，春草独萋萋。流水朝将暮，行人东复西。碑苔几字灭，山木万株齐。伫立伤今古，相看惜解携。

酬李侍御登岳阳见寄

想见孤舟去，无由此路寻。暮帆遥在眼，春色独何心。绿水潇湘阔，青山鄠杜深。谁当北风至，为尔一开襟。

将赴湖南湖上别皇甫曾

此去君何恨，南行我更遥。东西湖淼淼，离别雨潇潇。绿山通春谷，青山过板桥。浔阳如枉棹，千里有归潮。

长沙过贾谊宅

三年谪宦此栖迟，万古惟留楚客悲。秋草独寻人去后，寒林空见日斜时。汉文有道恩犹薄，湘水无情吊岂知。寂寂江山摇落处，怜君何事到天涯。

奉酬辛大夫喜湖南腊月连日降雪见示之作

长沙耆旧拜旌麾，喜见江潭积雪时。柳絮三冬先北地，梅花一夜遍南枝。初开窗阁寒光满，欲掩军城暮色迟。闾里何人不相庆，万家同唱郢中词。

自夏口至鹦鹉洲夕望岳阳寄源中丞

汀洲无浪复无烟，楚客相思益渺然。汉口夕阳斜渡鸟，洞庭秋水远连天。孤城背岭寒吹角，独戍临江夜泊船。贾谊上书忧汉室，长沙谪去古今怜。

送李将军

征西诸将一如君，报德谁能不顾勋。身逐塞鸿来万里，手披荒草看孤坟。擒生绝漠经胡雪，怀旧长沙哭楚云。归去萧条灞陵上，几人看葬李将军。

岳阳楼

行尽清溪日已蹉，云容山影两嵯峨。楼前归客怨秋梦，湖上美人疑夜歌。独坐高高风势急，平湖渺渺月明多。终期一艇载樵去，来往片帆愁白波。

斑竹

苍梧千载后，斑竹对湘沅。欲识湘妃怨，枝枝满泪痕。

逢雪宿芙蓉山主人

日暮苍山远，天寒白屋贫。柴门闻犬吠，风雪夜归人。

送刘宣至道州谒崔大夫

沅水悠悠湘水春，临歧南望一沾巾。信陵门下三千客，君到长沙见几人。

春日宴魏万成湘水亭

何年家住此江滨，几度门前北渚春。白发乱生相顾老，黄莺自语岂知人。

重送道标上人

衡阳千里去人稀，遥逐孤云入翠微。春草青青新覆地，深山无路若为归。

过郑山人所居

一迳人寻谷口村，春山犬吠武陵源。青苔满地无行处，深咲桃花独闭门。

自道林寺西入石路至麓山寺过法崇禅师故居

山僧候谷口，石路拂莓苔。深入泉源去，遥从树杪回。香随青霭散，钟过白云来。野雪空斋掩，山风古殿开。桂寒知自发，松老问谁栽。惆怅湘江水，何人更渡杯。

赠元容州

拥旌临合浦，上印卧长沙。海徼长无戍，湘山独种畬。政传通岁贡，才惜过年华。万里依孤剑，千峰寄一家。累征期旦暮，未起恋烟霞。避世歌芝草，休官醉菊花。旧游如梦里，此别是天涯。何事沧波上，漂漂逐海槎。

长沙早春雪后临湘水呈同游诸子

汀洲暖渐渌，烟景淡相和。举目方如此，归心岂奈何。日华浮野雪，春色染湘波。北渚生芳草，东风变旧柯。江山古思远，猿鸟暮情多。君问渔人意，沧浪自有歌。

湖南使还留辞辛大夫

王师劳近甸，兵食仰诸侯。天子无南顾，元勋在上游。大才生间气，盛业拯横流。风景随摇笔，山川入运筹。羽觞交饯席，旄节对归舟。莺识春深恨，猿知日去愁。别离花寂寂，南北水悠悠。唯有家兼国，终身共所忧。

上湖田馆南楼忆朱宴

漂泊日复日，洞庭今更秋。白云如有意，万里望孤舟。何事爱成别，空令登此楼。天光映波动，月影随江流。鹤唳静寒渚，猿啼深夜洲。归期诚已促，清景仍相留。顷者慕独往，尔来悲远游。风波自此去，桂水空离忧。

南楚怀古

南国久芜没，我来空郁陶。君看章华宫，处处生蓬蒿。但见陵与谷，岂知贤与豪。精魂托古木，宝剑捐江皋。倚棹下晴景，回舟随晚涛。碧云暮寥落，湖上秋天高。往事那堪问，此心徒自劳。独余湘水上，千载闻《离骚》。

晚次湖口有怀

霭然空水合，目极平江暮。南望天无涯，孤帆落何处。顷为衡湘客，颇见湖山趣。朝气和楚云，夕阳映江树。帝乡劳想望，万里心来去。白发生扁舟，沧波满归路。秋风今已至，日夜雁南度。木叶辞洞庭，纷纷落无数。

湘中忆归

终日空理棹，经年犹别家。顷来行已远，弥觉天无涯。白云意自深，沧海梦难隔。迢递万里帆，飘飖一行客。独怜西江外，远寄风波里。平湖流楚天，孤雁渡湘水。湘流澹澹空愁予，猿啼啾啾满南楚。扁舟泊处闻此声，江客相看泪如雨。

入桂渚次砂牛石穴

扁舟傍归路，日暮潇湘深。湘水清见底，楚云淡无心。片帆落桂渚，独夜依枫林。枫林月出猿声苦，桂渚天寒桂花吐。此中无处不堪愁，江客相看泪如雨。

桂阳西州晚泊古桥村住人

洛阳别离久，江上心可得。惆怅增暮情，潇湘复秋色。故山隔何处，落日羡归翼。沧海空自流，白鸥不相识。悲蛩满荆渚，辍棹徒沾臆。行客念寒衣，主人愁夜织。帝乡片云去，遥寄千里忆。南路随天长，征帆杳无极。

初至洞庭怀灞陵别业

长安邈千里，日夕怀双阙。已是洞庭人，犹看灞陵月。谁堪去乡意，亲戚想天末。昨夜梦中归，烟波觉来阔。江皋见芳草，孤客心欲绝。岂讶青春来，但伤经时别。长天不可望，鸟与浮云没。

湘中纪行十首

湘妃庙

荒祠古木暗，寂寂此江濆。未作湘南雨，知为何处云。苔痕断珠履，草色带罗裙。莫唱迎仙曲，空山不可闻。

斑竹岩

苍梧在何处，斑竹自成林。点点留残泪，枝枝寄此心。寒山响易满，秋水影偏深。欲觅樵人路，蒙笼不可寻。

洞山阳

旧日仙成处，荒林客到稀。白云将犬去，芳草任人归。空谷无行径，深山少落晖。桃园几家住，谁为扫荆扉。

云母溪

云母映溪水，溪流知几春。深藏武陵客，时过洞庭人。白发慚皎镜，清光媚奫沦。寥寥古松下，岁晚挂头巾。

赤沙湖

茫茫葭菼外，一望一沾衣。秋水连天阔，涔阳何处归。沙鸥积暮雪，川日动寒晖。楚客来相问，孤舟泊钓矶。

秋云岭

山色无定姿，如烟复如黛。孤峰夕阳后，翠岭秋天外。云起遥蔽亏，江回频向背。不知今远近，到处犹相对。

花石潭

江枫日摇落，转爱寒潭静。水色淡如空，山光复相映。人闲流更慢，鱼戏波难定。楚客往来多，偏知白鸥性。

石围峰

前山带秋色，独往秋江晚。叠嶂入云多，孤峰去人远。夤缘不可到，苍翠空在眼。渡口问渔家，桃源路深浅。

浮石濑

秋月照潇湘，月明闻荡桨。石横晚濑急，水落寒沙广。众岭猿啸重，空江人语响。清晖朝复暮，如待扁舟赏。

横龙渡

空传古岸下，曾见蛟龙去。秋水晚沉沉，犹疑在深处。乱声沙上石，倒影云中树。独见一扁舟，樵人往来渡。

赠湘南渔父

问君何所适，暮暮逢烟水。独与不系舟，往来楚云里。钓鱼非一岁，终日只如此。日落江清桂楫迟，纤鳞百尺深可窥。沉钩垂饵不在得，白首沧浪空自知。

长沙赠衡岳祝融峰般若禅师

般若公，般若公，负钵何时下祝融。归路却看飞鸟外，禅房空掩白云中。桂花寥寥闲自落，流水无心西复东。

九日岳阳待黄遂张涣

别君颇已久，离念与时积。楚水空浮烟，江楼望归客。徘徊正伫想，仿佛如暂觌。心目徒自亲，风波尚相隔。青林泊舟处，猿鸟愁孤驿。遥见郭外山，苍然雨中夕。季鹰久疏旷，叔度早畴昔。反棹来何迟，黄花候君摘。

湖上遇郑田

故人青云器，何意常窘迫。三十犹布衣，怜君头已白。谁言此相见，暂得话畴昔。旧业今已芜，还乡返为客。扁舟伊独往，斗酒君自适。沧洲不可涯，孤帆去无迹。杯中忽复醉，湖上生月魄。湛湛江色寒，蒙蒙水云夕。风波易迢递，千里如咫尺。回首人已遥，南看楚天隔。

杪秋洞庭中怀亡道士谢太虚

漂泊日复日，洞庭今更秋。青枫亦何意，此夜催人愁。惆怅客中月，徘徊江上楼。心知楚天远，目送沧波流。羽客久已殁，微言无处求。空余白云在，容与随孤舟。千里杳难望，一身当独游。故园复何许，江海徒迟留。

湘妃

帝子不可见，秋风来暮思。婵娟湘江月，千载空蛾眉。

湘妃诗序

《山海经》曰："洞庭之山，帝之二女居之。"郭璞云："天帝之女，处江为神，即《列仙传》所谓江妃二女也。"刘向《列女传》曰："帝尧之二女，长曰娥皇，次曰女英。尧以妻舜于妫汭。舜既为天子，娥皇为后，女英为妃。舜死于苍梧，二妃死于江湘之间，俗谓之湘君。"《湘中记》曰："舜之二妃，死为湘水神，故曰湘妃。"韩愈《黄陵庙碑》曰："秦博士对始皇帝云：'湘君者，尧之二女，舜妃者也。'刘向、郑玄亦皆以二妃为湘君，而《离骚·九歌》既有《湘君》，又有《湘夫人》。王逸以为湘君者自其水神而谓，湘夫人乃二妃，璞与逸俱失也。尧之长女娥皇为舜正妃，故曰君，其二女女英自宜降曰夫人也。故《九歌》谓娥皇为君，女英为帝子，各以其盛者推言之也。《礼》有'小君'，明其正，自得称君也。"按《琴操》有《湘妃怨》，又有《湘夫人曲》。

祭崔相公文

维年日月，某乙谨以清酌之奠，敬祭于故道州刺史相国崔公之灵。唯岳降灵，唯公佐时，大国梁栋，中朝羽仪。清迥玉立，峨峨冰姿，秋水见底，寒松无枝。天步艰难，海内崩离，六合恟然，一言安之。帝忧南方，公实载驰，江汉之人，惟公是依。持衡署吏，按节临师。三军感恩，多士如归。何名高而难恃，翻寄重而先疑？旋剖竹于沧海，罢调梅于赤墀。公顷归朝，时逢出震。体道而处，忘机于进。澹然一心，独立千仞。望重元老，恩深顾问。言必至公，行惟周慎。守孤直以见疾，触奸邪而结衅。公之为善，匪近于名；公之在贵，匪贪其荣。人皆畏黜，公犹不惊。飞鸟无迹，白云何情？拜手魏阙，退身楚城。北渚在途，南风掩扃。顾婆娑之树老，歌沧浪之水清。虽优闲而适性，终卑湿而伤生。嗟乎！若以神之辅德，将未丧其正直；若以天之爱人，当复佐于陶钧。弃苍生而不起，留清风以益振。长卿昔忝初秩，公之一顾，谬厕当时之选，敢忘国士之遇。旅榇还乡，危旌启路吊湘水而自波，望长沙而空暮。呜呼！万古兮归舟，千里兮东流。过洞庭而摇落，出夏口而夷犹。月苍苍兮江森森，人不见兮猿独愁。徒仿佛兮如在，竟寂寥而若休。尚飨！①

邹绍先

邹绍先，唐邓州新野人。曾为河南判官，与刘长卿、严维游。工书，笔格坚劲，甚有古风。《全唐诗》存诗一首。

湘夫人

枫叶下秋渚，二妃愁渡湘。疑山空杳蔼，何处望君王。日落水云里，悠悠心自伤。②

谢太虚

谢太虚，唐代道士，和刘长卿有交往。

杪秋洞庭怀王道士

漂泊日复日，洞庭今更秋。青桃亦何意，此夜催人愁。惆怅客中月，裴回江上楼。心知楚天远，目送沧波流。谢客久已灭，微言无处求。空余白云在，客兴随孤舟。千里杳难尽，一身常独游。故园复何许，江汉徒迟留。③

---

①刘长卿诗文辑自《刘长卿集编年校注》，人民文学出版社 1999 年版。

②辑自《全唐诗》卷二一五。

③辑自《全唐诗》卷七七二。

元结

元结（719—772），字次山，号漫叟、聱叟，唐河南鲁山人。少不羁。年十七，乃折节向学，事元德秀。天宝十二载（753）进士及第。经国子司业苏源明荐，擢右金吾兵曹参军，摄监察御史。历水部员外郎、道州刺史、容管经略史，政绩颇丰。大历七年（772）还朝，同年卒于长安。元结诗文兼擅，为中唐古文运动与新乐府运动之先导者。著有《元子》十卷，《文编》十卷，《琦玗子》一卷，已佚。元结所编诗选《箧中集》尚存。《全唐诗》存诗二卷，《全唐诗续拾》补诗三首又二句。

春陵行并序

癸卯岁，漫叟授道州刺史。道州旧四万余户，经贼已来，不满四千，大半不胜赋税。到官未五十日，承诸使征求，符牒二百余封，皆曰："失其限者罪至贬削。"於戏！若悉应其命，则州县破乱，刺史欲焉逃罪？若不应命，又即获罪戾，必不免也。吾将守官，静以安人，待罪而已。此州是春陵故地，故作《春陵行》以达下情。

军国多所需，切责在有司。有司临郡县，刑法竟欲施。供给岂不忧，征敛又可悲。州小经乱亡，遗人实困疲。大乡无十家，大族命单羸。朝飡是草根，暮食是木皮。出言气欲绝，言速行步迟。追呼尚不忍，况乃鞭扑之。邮亭传急符，来往迹相追。更无宽大恩，但有迫促期。欲令鬻儿女，言发恐乱随。悉使索其家，而又无生资。听彼道路言，怨伤谁复知？去冬山贼来，杀夺几无遗。所愿见王官，抚养以惠慈。奈何重驱逐，不使存活为。安人天子命，符节我所持。州县忽乱亡，得罪复是谁？逋缓违诏令，蒙责固所宜。前贤重守分，恶以祸福移。亦云贵守官，不爱能适时。顾惟孱弱者，正直当不亏。何人采国风？吾欲献此辞。

贼退示官吏并序

癸卯岁，西原贼入道州，焚烧杀掠，几尽而去。明年，贼又攻永州，破邵，不犯此州边鄙而退。岂力能制敌与？盖蒙其伤怜而已。诸使何为忍苦征敛？故作诗一篇，以示官吏。

昔岁逢太平，山林二十年。泉源在庭户，洞壑当门前。井税有常期，日晏犹得眠。忽然遭世变，数岁亲戎旃。今来典斯郡，山夷又纷然。城小贼不屠，人贫伤可怜。是以陷邻境，此州独见全。使臣将王命，岂不如贼焉？今彼征敛者，迫之如火煎。谁能绝人命？以作时世贤。思欲委符节，引竿自刺船。将家就鱼麦，归老江海边。

宿无为观

九疑山深几千里，峰谷崎岖人不到。山中旧有仙姥家，十里飞泉绕丹灶。如今道士三四人，茹芝炼玉学轻身。霓裳羽盖傍临壑，飘飘似欲来云鹤。

无为洞口作

无为洞口春水满，无为洞傍春云白。爱此踟蹰不能去，令人悔作衣冠客。洞傍山僧皆学禅，无求无欲亦忘年。欲问其心不能问，我到此中得无闷。

登九疑第二峰

九疑第二峰，其上有仙坛。杉松映飞泉，苍苍在云端。何人居此处，云是鲁女冠。不知几百岁，燕坐饵金丹。相传羽化时，云鹤满峰峦。妇中有高人，相望空长叹。

刘侍御月夜宴会并序

兵兴以来十一年矣，获与同志欢醉达旦，咏歌取适，无一二焉。乙巳岁，彭城刘灵源在衡阳。逢故人或有在者，曰："昔相会，第欢远游，始与诸公待月而笑语，竟与诸公爱月而欢醉，咏歌夜久，赋诗言怀。於戏！文章道丧盖久矣。时之作者，烦杂过多。歌儿舞女，且相喜爱。系之风雅，谁道是耶？诸公尝欲变时俗之淫靡，为后生之规范。今夕岂不能道达情性，成一时之美乎？

我从苍梧来，将耕旧山田。踟蹰为故人，且复停归船。日夕得相从，转觉和乐全。愚爱凉风来，明月正满天。河汉望不见，几星犹粲然。中夜兴欲酣，改坐临清川。未醉恐天旦，更歌促繁弦。欢娱不可逢，请君莫言旋。

题孟中丞茅阁

小山为郡城，随水能萦纡。亭亭最高处，今是西南隅。杉大老犹在，苍苍数十株。垂阴满城上，枝叶何扶疏。乃知四海中，遗事谁谓无？及观茅阁成，始觉形胜殊。凭轩望熊湘，云榭连苍梧。天下正炎热，此然冰雪俱。客有在中坐，颂歌复何如。公欲举遗材，如此佳木欤？公方庇苍生，又如斯阁乎。请达谣颂声，愿公且踟蹰。

别何员外

谁能守清躅，谁能嗣世儒？吾见何君饶，为人有是夫。黜官二十年，未曾暂崎岖。终不病贫贱，寥寥无所拘。忽然逢知己，数月领官符。犹是尚书郎，收赋来江湖。人皆悉苍生，随意极所须。比盗无兵甲，似偷又不如。公能独宽大，使之力自输。吾欲探时谣，为公伏奏书。但恐抵忌讳，未知肯听无。不然且相送，醉欢于坐隅。

送孟校书往南海并序

平昌孟云卿与元次山同州里，以词学相友，几二十年。次山今罢守舂陵，云卿始典校芸阁。於戏！材业，次山不如云卿；词赋，次山不如云卿；通和，次山不如云卿。在次山又诩然求进者也，谁言时命？吾欲听之。次山今且未老，云卿少次山六七岁。云卿声名满天下，知己在朝廷，及次山之年，云卿何事不可至？勿随长风，乘兴蹈海。勿爱罗浮，往而不归。南海幕府有乐安任鸿，与次山最旧，请任公为次山一白府主，趣资装云卿使北归。慎勿令徘徊海上，诸公第作歌作之。

吾闻近南海，乃是魑魅乡。忽见孟夫子，欢然游此方。忽喜海风来，海帆又欲张。漂漂随所去，不念归路长。君有失母儿，爱之似阿阳。始解随人行，不欲离君傍。相劝早旋归，此言慎勿忘。

招陶别驾家阳华作

海内厌兵革，骚骚十二年。阳华洞中人，似不知乱焉。谁能家此地，终老可自全。草堂背岩洞，几峰轩户前。清渠匝庭堂，出门仍灌田。半崖盘石径，高亭临极巅。引望见何处，迻迤陇北川。杉松几万株，苍苍满前山。岩高暖华阳，飞溜何潺潺。洞深迷远近，但觉多洄渊。昼游兴未尽，日暮不欲眠。探烛饮洞中，醉昏漱寒泉。始知天下心，耽爱各有偏。陶家世高逸，公忍不独然。无或毕婚嫁，竟为俗务牵。

宿洄溪翁宅

长松万株绕茅舍，怪石寒泉近檐下。老翁八十犹能行，将领儿孙行拾稼。吾羡老翁居处幽，吾爱老翁无所求。时俗是非何足道，得似老翁吾即休。

说洄溪招退者在州南江华县

长松亭亭满四山，山间乳窦流清泉。洄溪正在此山里，乳水松膏常灌田。松膏乳水田肥良，稻苗如蒲米粒长。糜色如珈玉液酒，酒熟犹闻松节香。溪边老翁年几许，长男头白孙嫁女。问言只食松田米，无药无方向人语。浯溪石下多泉源，盛暑大寒冬大温。屠苏宜在水中石，洄溪一曲自当门。吾今欲作洄溪翁，谁能住我舍西东？勿惮山深与地僻，罗浮尚有葛仙翁。

窊樽诗在道州

巉巉小山石，数峰对窊亭。窊石堪为樽，状类不可名。巡回数尺间，如见小蓬瀛。樽中酒初涨，始有岛屿生。岂无日观峰，直下临沧溟。爱之不觉醉，醉卧还自醒。醒醉在樽畔，始为吾性情。若以形胜论，坐隅临郡城。平湖近阶砌，远山复青青。异木几十株，林条冒檐楹。盘根满石上，皆作龙蛇形。酒堂贮酿器，户牖皆罂瓶。此樽可常满，谁是陶渊明？

朝阳岩下歌

朝阳岩下湘水深，朝阳洞口寒泉清。零陵城郭夹湘岸，岩洞幽奇带郡城。荒芜自古人不见，零陵徒有先贤传。水石为娱安可羡，长歌一曲留相劝。

游石溪劝学者

小溪在城下，形胜堪赏爱。尤宜春水满，水石更殊怪。长山势回合，井邑相萦带。石林绕舜祠，西南正相对。阶庭无争讼，郊境罢守卫。时时溪上来，劝引辞学辈。今谁不务武？儒雅道将废。岂忘二三子，旦夕相勉励。

游漶泉示泉上学者

顾吾漫浪久，不欲有所拘。每到漶泉上，情性可安舒。草堂在山曲，澄澜涵阶除。松竹阴幽径，清源涌坐隅。筑塘列圃畦，引流灌时蔬。复在郊郭外，正堪静者居。惬心则自适，喜尚人或殊。此中若可安，不佩铜虎符。

石鱼湖上作并序

漶泉南上，有独石在水中，状如游鱼。鱼凹处，修之可以贮酒。水涯四匝多奇石相连，石上堪人坐。水能浮小舫载酒，又能绕石鱼洄流，乃命湖曰石鱼湖。镌铭于湖上，显示来者。又作诗以歌之。

吾爱石鱼湖，石鱼在湖里。鱼背有酒樽，绕鱼是湖水。儿童作小舫，载酒胜一杯。座中令酒舫，空去复满来。湖岸多欹石，石下流寒泉。醉中一盥漱，快意无比焉。金玉吾不须，轩冕吾不爱。且欲坐湖畔，石鱼长相对。

宴湖上亭作

广亭盖小湖，湖亭实清旷。轩窗幽水石，怪异尤难状。石樽能寒酒，寒水宜初涨。岸曲坐客稀，杯浮上摇漾。远风入帘幕，淅沥吹酒舫。欲去未回时，飘飘正堪望。酣兴思共醉，促酒更相向。舫去若惊凫，溶瀛满湖浪。朝来暮忘返，暮归独惆怅。谁肯爱林泉？从吾老湖上。

引东泉作

东泉人未知，在我左山东。引之傍山来，垂流落庭中。宿雾含朝光，掩映如残虹。有时散成雨，飘洒随清风。众源发渊窦，殊怪皆不同。此流又高悬，瀎瀎在长空。山林何处无，兹地不可逢。吾欲解缨佩，便为泉上翁。

登白云亭

出门上南山，喜逐松径行。穷高欲极远，始到白云亭。长山绕井邑，登望宜新晴。州渚曲湘水，萦回随郡城。九疑千万峰，嵺嵺天外青。烟云无远近，皆傍林岭生。俯视松竹间，石水何幽清。涵映满轩户，娟娟如镜明。何人病惛浓，积醉且未醒。与我一登临，为君安性情。

漉阳亭作并序

初得漉泉，则为亭于泉上。因开檐霤，又得石渠。泉渠相宜，亭更加好。以亭在泉北，故命之曰漉阳亭。

问吾常宴息，泉上何处好？独有漉阳亭，令人可终老。前轩临漉泉，凭几漱清流。外物自相扰，渊渊还复休。有时出东户，更欲檐下坐。非我意不行，石渠能留我。峰石若鳞次，欹垂复旋回。为我引漉泉，泠泠檐下来。天寒宜泉温，泉寒宜大暑。谁到漉阳亭，其心肯思去？

夜宴石鱼湖作

风霜虽惨然，出游熙天正。登临日暮归，置酒湖上亭。高烛照泉深，光华溢轩楹。如见海底日，曈曈始欲生。夜寒闭窗户，石溜何清泠。若在深洞中，半崖闻水声。醉人疑舫影，呼指递相惊。何故有双鱼，随吾酒舫行。醉昏能诞语，劝醉能忘情。坐无拘忌人，勿限醉与醒。

石鱼湖上醉歌并序

漫叟以公田米酿酒。因休暇，则载酒于湖上，时取一醉。欢醉中，据湖岸，引臂向鱼取酒，使舫载之，遍饮坐者。意疑倚巴丘酌于君山之上，诸子环洞庭而坐，酒舫泛泛然触波涛而往来者。乃作歌以长之。

石鱼湖，似洞庭，夏水欲满君山青。山为樽，水为沼，酒徒历历坐洲岛。长风连日作大浪，不能废人运酒舫。我持长瓢坐巴丘，酌饮四坐以散愁。

宿丹崖翁宅

扁舟欲到泷口湍，春水湍泷上水难。投竿来泊丹崖下，得与崖翁尽一欢。丹崖之亭当石颠，破竹半山引寒泉。泉流掩映在木杪，有若白鸟飞林间。往往随风作雾雨，湿人巾履满庭前。丹崖翁，爱丹崖，弃官几年崖下家。儿孙棹船抱酒瓮，醉里长歌挥钓车。吾将求退与翁游，学翁歌醉在鱼舟。官吏随人往未得，却望丹崖惭复羞。

欸乃曲五首并序

大历丁未中，漫叟以军事诣都使还州。逢春水，舟行不进，作

《欸乃》五曲，舟子唱之，盖欲取适于道路耳。词曰：

偶存名迹在人间，顺俗与时未安闲。来谒大官兼问政，扁舟却入九疑山。

湘江二月春水平，满月和风宜夜行。唱桡欲过平阳戍，守吏相呼问姓名。

千里枫林烟雨深，无朝无暮有猿吟。停桡静听曲中意，好是云山韶濩音。

零陵郡北湘水东，浯溪形胜满湘中。溪口石颠堪自逸，谁能相伴作渔翁。

下泷船似入深渊，上泷船似欲升天。泷南始到九疑郡，应绝高人乘兴船。

问进士

第一

问：天下兴兵，今十二年矣。杀伤劳辱，人似未厌。控强兵，据要害者，外以奉王命为辞，内实理车甲，招宾客，树爪牙。国家亦因其所利，大者王而相之，亚者公侯，尚不满望。今欲散其士卒，使归乡里，收其器械，纳之王府，随其才分，与之禄位。欲临之以威武，则力未能制；欲责之以辞让，则其心未喻。若舍而不问，则未睹太平。秀才通明古今，才识杰异，天下之兵须解，苍生须致仁寿，其策安出？子其昌言。

第二

问：往年天下太平，仕者非累资序，积劳考，二十许年，不离一尉。至于入廊庙，总枢辖，则当时名声籍甚者得至焉。今商贾贱类，台隶下品，数月之闲，大者上污卿监，小者下辱州县，至于廊庙，不无杂人。如专经以求进，主文而望达者，若不困顿于林野，则必凄惶于道路。今日国家行何道，得九流鉴清？作何法，得侥幸路绝？施何令，使人自知耻？设何教，使贤愚自分？

第三

问：开元天宝之中，耕者益力，四海之内，高山绝壑，耒耜亦满，人家粮储，皆及数岁，太仓委积陈腐，不可校量。忽遇凶年，谷犹耗尽。当今三河膏壤，淮泗沃野，皆荆棘。已老则耕，可知太仓空虚，雀鼠犹饿，至于百姓，朝暮不足。而诸道聚兵，百有余万，遭岁不稔，将何为谋？今欲劝人耕种，则丧亡之后，人自贫苦，寒馁不救，岂有生资？今欲罢兵息戍，则又寇盗犹在，尚须防遏。使国家用何策，得人安俗阜，不战无兵？用何谋，使纵遇凶年，亦无灾患？

第四

问：往年粟一斛，估钱四百，犹贵；近年粟一㪷，估钱五百，尚贱。往年帛一匹，估钱五百，犹贵；近年帛一匹，估钱二千，尚贱。今耕夫未尽，织妇犹在，何故往年耕织，计时量力，劳苦忘倦，求免寒馁？何故今日甘心寒馁？惰游而已。於戏！曩时粟帛至贱，衣食至易；今日粟帛至贵，衣食至难。而人心勤惰如此，其何故也？试一商之，欲闻其说。

第五

问：古人识贵精通，学重兼博。不有激发，何以相求？三礼何篇可删？三传何者可废？墨氏非乐，其礼何以？儒家委命，此言当乎？彼天女、天孙，不知何物？彼日兄、月姊，弟妹是谁？驵侩与伧奴宁分？一纯将二精何说？孤竹之君何姓？新城老妇何名？棘竹出自何方？毒铜产于何国？何乡无水可饮？何地卧冰而温？何人恩信过于田横？何人壮勇等于关羽？何人凿坯而遁？何人终日扫门？无浅近之不为，悉说。

大唐中兴颂并序

天宝十四年，安禄山陷洛阳。明年，陷长安，天子幸蜀，太子即位于灵武。明年，皇帝移军凤翔。其年复两京，上皇还京师，於戏！前代帝王有盛德大业者，必见于歌颂。若今歌颂大业，刻之金石，非老于文学，其谁宜为？颂曰：

嘻嘻前朝，孽臣奸骄，为昏为妖。边将骋兵，毒乱国经，群生失宁。大驾南巡，百寮窜身，奉贼称臣。天将昌唐，繄晓我皇，匹马北方。独立一呼，千麾万旗，我卒前驱。我师其东，储皇抚戎，荡攘群凶。复复指朝，曾不逾时，有国无之。事有至难，宗庙再安，二圣重欢。地辟天开，蠲除祆灾，瑞庆大来。凶徒逆俦，涵濡天休，死生堪难。功劳位尊，忠烈名存，泽流子孙。盛德之兴，山高日升，万福是膺。能令大君，声容沄沄，不在斯文。湘江东西，中直浯溪，石崖天齐。可磨可镌，刊此颂焉，何千万年！

县令箴

古今所贵，有土之官。当其选授，何尝不难？为其动静，是人祸福；为其嘘噏，作人寒燠。烦则人怨，猛则人惧。勿以赏罚，因其喜怒。太宽则慢，岂能行令？太简则疏，难与为政，既明且断，直焉无情；清而且惠，果然必行。或曰：“关由上官，事不自我。辞让而去，有何不可？谁欲字人，赠君此箴。岂独书绅？可以铭心。”

阳华岩铭并序

道州江华县东南六七里有回山，南面峻秀，下有大岩。岩当阳端，故以阳华命之。吾游处山林几三十年，所见泉石如阳华殊异而可家者，未也，故作铭称之。县大夫瞿令问艺兼篆籀，俾依石经，刻之岩下。铭曰：

九疑万峰，不如阳华。阳华崭巉，其下可家。洞开为岩，岩当阳端。岩高气清，洞深泉寒。阳华旋回，岑巅如辟。沟塍松竹，辉映水石。尤宜逸民，亦宜退士。吾欲投节，穷老于此。惧人讥我，以官矫时。名迹彰显，丑如此为。於戏阳华，将去思来。前步却望，踟蹰徘徊。

窊樽铭并序

道州城东有左湖，湖东二十步有小石山。山颠有窊石，可以为樽，乃为亭樽上，刻铭为志。铭曰：

片石何状？如兽之踆。其背颇窊，可以为樽。空而临之，长岑深壑。广亭之内，如见山岳。满而临之，曲浦回渊。长瓢之下，江湖在焉。彼成全器，谁为之力？天地开凿，日月拭拭。寒暑琢磨，风雨润色。此器大朴，尤宜直纯。勒铭亭下，以告后人。

朝阳岩铭并序

永泰丙午中，自春陵诣都使计兵。至零陵，爱其郭中有水石之异，泊舟寻之，得岩与洞，此邦之形胜也。自古荒之而无名称，以其东向，遂以朝阳命焉。前刺史独孤愐为吾翦辟榛莽，后摄刺史窦泌为吾剏制茅阁，于是朝阳水石，始有胜绝之名。已而刻铭岩下，将示来世。铭曰：

於戏朝阳！怪异难状。苍苍半山，如在水上。朝阳水石，可谓幽奇。岩下洞口，洞中泉垂。彼高岩绝崖，深洞寒泉。纵僻在幽远，犹宜往焉。况郡城井邑，岩洞相对。无人修赏，竞使芜秽。刻石岩下，问我何为？欲零陵水石，世人有知。

丹崖翁宅铭并序

零陵泷下三十里，得丹崖翁宅。有唐节者，曾为泷水令，去官家于崖下，自称丹崖翁。丹崖，湘中水石之异者，翁，湘中得道之逸者。爱其水石，为之作铭。曰：

泷水未尽，泷山犹峻。忽见渊洄，丹崖千仞。磳磳丹崖，其下谁家？门前断舟，篱上钓车。不知几峰？为其四墉。竹幽石磴，泉飞户中。怪石临渊，硱硱石巅。何得石巅，翁独醉眠？吾欲与翁，东西茅宇。饮啄终老，翁亦悦许。世俗常事，阻人心情。徘徊崖下，遂刻此铭。

七泉铭并序

道州东郭，有泉七穴。或吐于渊窦，或蘩于嵌臼，皆澄流清澈，旋沿相奏。又有蘩石欹缺，为之岛屿，殊怪相异，不可名状。此邦岂世无好事者邪，而令自古荒之？乃修其水木，为休暇之处。每至泉上，便思老焉。於戏！凡人心若清惠，而必忠孝，守方直，终不惑也。故命五泉，其一曰潓泉，次曰涍泉，次曰涍泉，汸泉，淔泉。铭之泉上，欲来者饮漱其流，而有所感发者矣。留一泉命曰漫泉，盖欲自旌漫浪，不厌欢醉者也。一泉出山东，故命之曰东泉，引来垂流，更复殊异。各刻铭以记之。

潓泉铭

於戏潓泉！清不可浊。惠及于物，何时竭涸？将引官吏，盥而饮之。清惠不已，泉乎吾规。

汸泉铭

古之君子，方以全道。吾命汸泉，方以终老。欲令圆者，饮吾汸泉，知圆非君子，能学方恶圆。

淔泉铭

曲而为王，直蒙戮辱。宁戮不王，直而不曲。我颂斯曲，以命淔泉。将戒来世，无忘直焉。

涻泉铭

不为人臣，老死山谷。臣于人者，不就污辱。我命涻泉，劝人事君。来漱泉流，愿为忠臣。

涍泉铭

沄沄涍泉，流清源深。堪劝人子，奉亲之心。时世相薄，而日忘圣教。欲将斯泉，禆助纯孝。

漫泉铭

谁爱漫泉，自成小湖。能浮酒舫，不没石鱼？漫也叟称，名泉何为？旌叟于此，漫欢漫醉。

东泉铭

泉在山东，以东为名。爱其悬流，溶溶在庭。作铭者何？吾意未尽。将告来世，无忘畎引。

五如石铭并序

涍泉之阳，得怪石焉。左右前后及登石颠均有如似，故命之曰五如石。石皆有窦，窦中涌泉，泉诡异于七泉，故命为七胜泉。石有双目，一目命为洞井，井与泉通；一目命为洞樽，樽可贮酒。石尾有穴，有如硫龙者。又如泷者，泉可渟澄，匝石而流，入于硫中，出而为泷。於戏！彼能异于此，安可不称显之？铭曰：

五如之石，何以为名？请悉状之，谁为我听？左如旋龙，低首回顾；右如惊鸿，张翅未去。前如饮虎，饮而蹲焉；后如怒龟，出洞登山。若坐于颠，石则如船；乘彼灵槎，在汉之间。洞井如凿，渊然泉涌；澄澜涵石，波起如动。不旌尤异，焉用为文？刻铭石上，于千万春。

浯溪铭并序

浯溪在湘水之南，北汇于湘。爱其胜异，遂家溪畔。溪，世无名称者也，为自爱之，故命曰浯溪。铭于溪口，铭曰：

湘水一曲，渊洄傍山。山开石门，溪流潺潺。山开如何？巉巉双石。临渊断崖，夹溪绝壁。水实殊怪，石又尤异。吾欲求退，将老兹地。溪古荒溪，芜没盖久。命曰浯溪，旌吾独有。人谁游之，铭在溪口。

峿台铭并序

浯溪东北廿余丈，得怪石焉。周行三四百步，从未申至丑寅。涯壁斗绝，左属回鲜。前有磴道，高八九十尺，下当洄潭。其势硱磳，半出水底，苍然泛泛，若在波上。石颠胜异之处，悉为亭堂。小峰嶔窦，宜间松竹，掩映轩户，毕皆幽奇。於戏！古人有蓄愤闷与病余时俗者，力不能筑高台以瞻眺，则必山颠海畔，伸颈歌吟以自畅达。今取兹石，将为峿台，盖非愁怨，乃所好也。铭曰：

湘渊清深，峿台陗陵。登临长望，无远不尽。谁厌朝市，羁牵局促。借君此台，壹纵心目。阳厓砻琢，如瑾如珉。作铭刻之，彰示后人。

㾶庼铭并序

浯溪之口有异石焉。高六十余丈，周回四十余步。西面在江中，东望峿台，北面临大渊，南枕浯溪。㾶庼当乎石上，异木夹户，疏竹傍檐。瀛洲言无，由此可信。若在庼上，目所厌者远山清川，耳所厌者水声松吹，霜朝厌者寒日，方暑厌者清风。於戏！厌，不厌也，厌犹爱也，命曰㾶庼，旌独有也。铭曰：

功名之伍，贵得茅土。林野之客，所耽水石。年将五十，始有㾶庼。惬心自适，与世忘情。庼傍石上，篆刻此铭。

东崖铭并序

峿台西面，敧岈高迴，在㾶亭为东崖，下可行坐八九人。其为形胜，与石门、石屏，亦犹宫羽之相资也。铭曰：

峿台苍苍，西崖云端。亭午崖下，清阴更寒。可容枕席，何事不安？

寒泉铭并序

湘江西峰直平阳江口，有寒泉出于石穴。峰上有老木寿藤，垂阴泉上。近泉堪戚维大舟，惜其蒙蔽，不可得见。踟蹰行循，其水本无名称也。为其当暑大寒，故命曰寒泉。铭曰：

於戏寒泉，瀛瀛江渚。堪救渴暍，人不之知。时当大暑，江流若汤。寒泉一掬，能清心肠。谁谓仁惠，不在兹水？舟楫尚存，为利未已。

送王及之容州序

乾元中，漫叟浪家于瀼溪之滨，以耕钓自全而已。九江之人，未相喜爱，其意似惧叟衣食之不足耳，叟亦不促促而从之。有王及者，异夫乡人焉，以文学相求，不以羁旅见惧；以相安为意，不以可否自择，及于叟也如是之多。叟在舂陵，及能相从游，岁余而去。将行，规之曰："叟爱及者也，无惑叟言。及方壮，可强艺业，勿以游方为意。人生若不能师表朝廷，即当老死山谷。彼驱驱于财货之末，局局于权势之门，纵得锺鼎，亦胡颜受纳？行矣自爱！耿容州欢于叟者，及到容州，为叟谢主人。闻幕府野次久矣，正宜收择谋夫，引信才士，有如及也，能收引乎？"二三子赋送远之什，以系此云。

送谭山人归云阳序

吾于九疑之下赏爱泉石，今几三年。能扁舟数千里来游者，独云阳谭子。谭子文学，隐名山野。隐身云阳之阿，世如君何？牧犊爱云阳之宰峻公，不出南岳三十年，今得云阳一峰，谭子又在焉，彼真可家之者邪？子去为吾谋于牧犊。近峻公有泉石老树，寿藤萦垂，水可灌田一区，火可烧种菽粟，近泉可为十数间茅舍，所诣才通小船，则吾往而家矣。此邦舜祠之奇怪，阳华之殊异，滮泉之胜绝，见峻公与牧犊，当一一说之。松竹满庭，水石满堂，石鱼负樽，凫舫运觞，醉送谭子，归于云阳。漫叟元次山序。

别崔曼序

漫叟年将五十，与时世不合，垂三十年，爱恶之声，纷纷人间。博陵崔曼惑叟所为，游而辨之，数月未去。会潭州都督张正言荐曼为蜀邑长，将行，叟谓曰：叟异时乃山林一病民耳，宜不相罔，行矣勿惑！吾子有才业，且明辩，又方年少，必能树勋庸，垂名声。若求先达贤异能相拉拭，正在张公。张公往年在西域，主人能用其一言，遂开境千里，威震绝域，宠荣当世。张公往在淮南，逡巡指麾，万夫风从，遭逢猜疑，弛而不为。今海内兵革未息，张公必为时用，吾子勉之。所相规者，所宜缓步富贵，从容谋画，少节酒平气概耳。

文编序

天宝十二年，漫叟以进士获荐，名在礼部。会有司考校旧文，作《文编》纳于有司。当时叟方年少，在显名迹，切耻时人谄邪以取进，奸乱以致身。径欲填陷穽于方正之路，推时人于礼让之庭，不能得之，故优游于林壑，怏恨于当世。是以所为之文，可戒可劝，可安可顺。侍郎杨公见《文编》，叹曰："以上第污元子耳，有司得元子是赖。"叟少师友仲行公，公闻之，谕叟曰："於戏！吾尝恐直道绝而不续，不虞杨公于子相续如缕。"明年，有司于都堂策问群士，叟竟在上第。尔来十五年矣，更经丧乱，所望全活，岂欲迹参戎旅，苟在冠冕，触践危机，以为荣利？盖辞谢不免，未能逃命。故所为之文，多退让者，多激发者，多嗟恨者，多伤闵者。其意必欲劝之忠孝，诱以仁惠，急于公直，守其节分。如此非救时劝俗之所须者欤？叟在此州，今五年矣。地偏事简，得以文史自娱。乃次第近作，合于旧编，凡二百三首，分为十卷，复命曰《文编》，示门人子弟，可传之于筐箧耳。叟之命称，则著于《自释》云，不录。时大历二年丁未中冬也。

茅阁记

乙巳中，平昌孟公镇湖南，将二岁矣。以威惠理戎旅，以简易肃州县，刑政之下，则无挠人。故居方多闲，时与宾客尝欲因高引望，以纾远怀。偶爱古木数株，垂覆城上，遂作茅阁，荫其清阴。长风寥寥，入我轩槛，扇和爽气，满于阁中。世传衡阳暑湿郁蒸，休息于此，何为不然？今天下之人正苦大热，谁似茅阁，荫而庥之？於戏！贤人君子为苍生之庥荫，不如是邪？诸公歌咏以美之，俾茅阁之什，得系嗣于《风》、《雅》者矣。

菊圃记

春陵俗不种菊，前时自远致之，植于前庭墙下。及再来也，菊已无矣。徘徊旧圃，嗟叹久之。谁不知菊也芳华可赏，在药品是良药，为蔬菜是佳蔬。纵须地趋走，犹宜徙植修养，而忍蹂践至尽，不爱惜乎？於戏！贤士君子，自植其身，不可不慎择所处，一旦遭人不爱重，如此菊也，悲伤奈何？于是更为之圃，重畦植之。其地近宴息之堂，吏人不此奔走；近登望之亭，旌麾不此行列。纵参歌妓，菊非可恶之草；使有酒徒，菊为助兴之物。为之作记，以托后人，并录药经，列于记后。

寒亭记

永泰丙午中，巡属县至江华，县大夫瞿令问咨曰：“县南水石相映，望之可爱，相传不可登临。俾求之，得洞穴而入，栈险以通之，始得构茅亭于石上。及亭成也，所以阶槛凭空，下临长江，轩楹云端，上齐绝颠。若旦暮景气，烟霭异色，苍苍石墉，含映水木。欲名斯亭，状类不得，敢请名之，表示来世。”于是休于亭上为商之曰：“今大暑登之，疑天时将寒。炎蒸之地，而清凉可安，不合命之曰寒亭欤。”乃为寒亭作记，刻之亭背。

九疑图记

九疑山方二千余里，四州各近一隅，世称九峰相似，望而疑之，谓之九疑。亦云：舜登九峰，疑禹而悲，从臣有作九疑之歌，因谓之九疑。九峰殊极高大，远望皆可见也，彼如嵩华之峻崎、衡岱之方广。在九峰之下，磊磊然如布棋石者，可以百数。中峰之下，水无鱼鳖，林无鸟兽，时闻声如蝉蝇之类，听之亦无。往往见大谷长川，平田深渊，杉松百围，榕栝并之，青莎白沙，洞穴丹崖，寒泉飞流，异竹杂华。回映之处，似藏人家。实有九水，出于中山。四水流灌于南海；五水北注，合为洞庭。若度其高卑，比洞庭、南海之岸，直上可二三百里。不知海内之山，如九疑者几焉？或曰：“若然者，兹山何不列于五岳？”对曰：“五帝之前，封疆尚隘，衡山作岳，已出荒服。今九疑之南，万里臣妾，国门东望，不见涯际，西行几万里，未尽边陲。当合以九疑为南岳，以昆仑为西岳。衡华之辈，听逸者占为山居，封君表作园囿耳。但苦当世议者拘限常情，牵引古制，不能有所改刱也。如何？故图画九峰，略载山谷，传于好事，以旌异之。如山中之往迹、峰洞之名称，为人所传说者，并随方题记，庶几观者易知。时永泰丙午中也。

右溪记

道州城西百余步，有小溪，南流数十步合营溪。水抵两岸，悉皆怪石，欹嵌盘屈，不可名状。清流触石，洄悬激注，佳木异竹，垂阴相荫。此溪若在山野，则宜逸民退士之所游；处在人间，则可为都邑之胜境、静者之林亭。而置州已来，无人赏爱，徘徊溪上，为之怅然。乃疏凿芜秽，俾为亭宇，植松与桂，兼之香草，以裨形胜。为溪在州右，遂命之曰右溪。刻铭石上，彰示来者。

刺史厅记

天下太平，方千里之内，生植齿类，刺史乃存亡休戚之系。天下兵兴，方千里之内，能保黎庶，能攘患难，在刺史尔。凡刺史若无文武才略，若不清廉肃下，若不明惠公直，则一州生类，皆受其害。於戏！自至此州，见井邑丘墟，生人几尽。试问其故，不觉涕下。前辈刺史或有贪猥惛弱，不分是非，但以衣服饮食为事。数年之间，苍生蒙以私欲侵夺，兼之公家驱迫，非奸恶强富，殆无存者。问之耆老，前后刺史能恤养贫弱，专守法令，有徐公履道、李公廙而已。遍问诸公，善或不及徐、李二公。恶有不堪说者，故为此记，与刺史作戒。自置州以来，诸公改授迁绌年月，则旧记存焉。

与何员外书

月日，次山白何夫子执事：皮弁，时俗废之久矣，非好古君子，谁能存之？忽蒙见赠，惊喜无喻。次山，漫浪者也。苦不爱便事之服、时世之巾。昔年在山野，曾作愚巾、凡裘，异于制度。凡裘，领、缁界、缁缘、缁带，其余皆褐。带联后缝，中腰前系。

愚巾，顶方、带方、垂方，缁葛为之，玄丝为緌。次山自衣带巾裘，虽不为时人大恶，亦尝辱其嗤诮，方欲杂古人衣带以自免辱。赠及皮弁，与凡裘正相宜。若风霜惨然，出行林野，次山则戴皮弁、衣凡裘；若大暑蒸湿，出见宾客，次山则戴愚巾、衣野服。野服，大抵缁褐布葛为之也。腰担为裳，短襟为衣，裳下及屦，衣垂及膝下。不审夫子异时归休，适在山野，能衣戴此者不乎？若以为宜，当各造一副送往。元次山白。

谢上表

臣某言：去年九月敕授道州刺史，属西戎侵轶，至十二月，臣始于鄂州授敕牒，即日赴任。臣州先被西原贼屠陷，节度使已差官摄刺史，兼又闻奏。臣在道路，待恩命者三月，臣以五月二十二日到州上讫。耆老见臣，俯伏而泣；官吏见臣，以无菜色。城池井邑，但生荒草；登高极望，不见人烟。岭南数州，与臣接近，余寇蚁聚，尚未归降。臣见招辑流亡，率劝贫弱，保守城邑，畬种山林，冀望秋后，少可全活。臣愚以为今日刺史，若无武略以制暴乱，若无文才以救疲弊，若不清廉以身率下，若不变通以救时须，一州之人不叛则乱将作矣。岂止一州者乎？臣料今日州县堪征税者无几，已破败者实多；百姓恋坟墓者盖少，思流亡者乃众。则刺史宜精选谨择以委任之，固不可拘限官次，得之货贿，出之权门者也。凡授刺史，特望陛下一年问其流亡归复几何，田畴垦辟几何；二年问畜养比初年几倍，可税比初年几倍；三年计其功过，必行赏罚，则人皆不敢冀望侥幸，苟有所求。臣实孱弱，辱陛下符节。陛下必当谨择，臣固宜废归山野，供给井税。臣不任恳款之至，谨遣某官奉表陈谢以闻。

广德二年贺赦表

臣某言：伏奉某月日赦，宣示百姓讫。伏惟陛下以慈惠驭兆庶，以谦让化天下。凡所赦宥，皆允人望；凡所敦劝，皆合大经。生识之类，不胜大幸。凡方领陛下州县，守陛下符节，不得称庆下位，蹈舞阙庭，不任欢恋之至，谨遣某官奉表陈贺以闻。

永泰元年贺赦表

臣某言：某月日恩赦到州，宣示百姓讫。百姓贫弱者多，劳苦日久，忽蒙惠泽，更相喜贺，欢呼忭跃，不自禁止。伏惟陛下增修典礼，弘正纪度，劳谦慈惠，与人更新。此实兴王之盛烈、明主之至德。戴履天地，谁不庆幸？臣方镇守州县，不得蹈舞阙庭，无任欢忻之至，谨奉表陈贺以闻。

舜祠表

有唐乙巳岁，使持节道州诸军事守道州刺史元结，以虞舜葬于苍梧之九疑之山，在我封内，是故申明前诏，立祠于州西之山南，已而刻石为表。於戏！孔氏作《虞书》，明大舜德及生人之至，则大舜于生人，宜以类乎天地；生人奉大舜，宜万世而不厌。考大舜南巡之年，时已一百一十二岁矣。自中国至苍梧，亦几有万里。苍梧山谷，深险可惧，帝竟入而不回。至今山下之人，不知帝居之宫，帝葬之陵。呜呼！在有虞氏之世，人民可夺其君耶？人民于大舜，能忘而不思耶？何为来而不归？何故死于空山？吾实惑而作表。来者游于此邦，登乎九疑，谁能不惑也欤？

崔潭州表

乙巳岁，潭州刺史崔瓘去官，州人衡州司功参军郑洌为乡人某等请余为崔公作表。公前在澧州，谣颂之声，达于朝廷，褒异之诏，与人为程。及领此州，在今日能使孤寡老弱无悲忧，单贫困穷安其乡，富豪强家无利害，贾人就食之类，各得其业，职役供给不匮人而当于有司。若非清廉而信，正直而仁，则不能至。于观察御史中丞孟公奏课又第一，会国家以犬戎为虞，未即征拜，使苍生正暍而去其庥荫，使苍生正渴而敝其清源。时艰道远，州人等不得诣阙冤诉，且欲刻石立表，以彰盛德。於戏！刺史，有土官也。千里之内，品刑之属，不亦多乎？岂可令凶竖暴类贪夫奸党以货权家而至此官？如崔公有者，岂独真刺史耳？郑洌之为，岂苟媚其君而私于州里耶？盖惧清廉正直之道溺于时俗，君子遗爱之心不显来世，故采其意而已矣。

再谢上表

臣某言：某伏奉某月日敕，再授臣道州刺史，以某月日到州上讫。臣前日在官，虽百姓不至流亡，而归复者十无一二；虽寇盗不犯边鄙，而不能兵救邻州；虽赋敛仅能供给，而有司不无罪状；虽人吏似从教令，而风俗未能移易。臣又多病，不无假故，水旱灾沴，每岁不免，疾疫死伤，臣州尤甚。以臣自讼，合抵刑宪，圣朝宽贷，犹宜夺官。陛下过听，重有授任。伏恐守廉让者以臣为苟安禄位，抱公直者以臣为内怀私僻，有材识者辱臣于台隶之下，用刑法者罪臣于程序之中。臣所以不敢即日辞免，待陛下按验虚实，然后归罪有司。今四方兵革未宁，赋敛未息，百姓流亡转甚，官吏侵克日多，实不合使凶庸贪猥之徒、凡弱下愚之类，以货赂权势而为州县长宫。伏望陛下特加察问，举其功过，必行赏罚，以安苍生。谁不自私？臣实不敢，所言狂直，朝夕待罪。不任恳款之至，谨遣某官奉表陈谢。

让容州表

臣结言：臣伏奉今月二十二日敕，授臣使持节都督容州诸军事，守容州刺史御史中丞，充本管经略守捉使。四月十六日敕到，二十一日发付本道行营。臣实愚弱，谬当寄任，奉诏之日，不胜忧惧。臣结中谢。臣闻孝于家者忠于国，以事君者无所隐，臣有至切，不敢不言。臣实一身，奉养老母，医药饮食，非臣不喜，臣暂违离，则忧悸成疾。臣又多病，近日加剧。前在道州，黾勉六岁，实无政理，多是假名，频请停官，使司不许。今臣所属之州，陷贼岁久，颓城古木，远在炎荒。管内诸州，多未宾伏，行营野次，向十余年。在臣一身，为国展效，死当不避，敢惮艰凶。但以老母念臣疾疹日久，时方大暑，南逾火山，举家漂泊，寄在湖上，单车将命，赴于贼庭。臣将就路，老母悲泣，闻者凄怆，臣心可知。臣欲扶持版舆，南之合浦，则老母气力，艰于远行。臣欲奋不顾家，则母子之情，禽畜犹有；臣欲久辞老母，则又污辱名教；臣欲便不之官，又恐稽违诏命。在臣肝肠，如煎如灼。昔徐庶心乱，先主不逼；令伯陈情，晋武允许。君臣国家，万代为规。伏惟陛下以孝理万姓，慈育生类，在臣情志，实堪矜愍。臣每读前史，见吴起游宦，噬臂不归，温峤奉使，绝裾而去，常恨不逢斯人，使之殊死。臣所以冒犯圣旨，乞停今授，待罪私门，长得奉养，供给井税。臣之恳愿，尘黩天威，不胜惶恐。谨遣某官奉表陈让以闻。

再让容州表

草土臣结言：伏奉四月十二日敕，以臣前在容州殊有理政，使司乞留，以遂人望，起复臣守金吾卫将军、员外置同正员、兼御史中丞、使持节都督容州诸军事、兼容州刺史、充本管经略守捉使，赐紫金鱼袋。忽奉恩诏，心魂惊悸，哀慕悲感，不任忧惧。臣某中谢。臣闻苟伤礼法，妄蒙寄任，古人所畏，臣敢不惧？国家近年切恶薄俗，文官忧免，许终丧制。臣素非战士，曾忝台省，墨缞戎旅，实伤礼法。且容府陷没十二三年，管内诸州，多在贼境。臣前行营，日月甚浅，宣布圣泽，远人未知。有何政能，得在人口，使司过听，误有请留。遂令朝廷隳紊法禁，至使愚弱秽污礼教。臣实不敢践古人可畏之迹，辱圣朝委任之命，敢以死请，乞追恩诏。前者陛下授臣容州，臣正任道州刺史，臣身病母老，不敢辞谢。实为道州地安，数年禄养，容州破陷，不宜辞避，臣以为安食其禄，蹈危不免，此乃人臣之节。其时臣便奉表陈乞，以母老地远，请解职任。陛下察臣恳至，追臣入朝。臣以为不贻忧叹，荣及膝下人子之分。不图恩敕未到，臣丁酷罚，哀号冤恕，无所逭及。今陛下又夺臣情，礼授容州。臣遂行，则亡母旅榇，归葬无日，几筵漂寄，奠祀无主。捧读诏书，不胜悲惧。臣旧患风疾，近转增剧，荒忽迷忘，不自知觉。余生残喘，朝夕殒灭，岂堪金革，能伏叛人？特乞恩慈，允臣所请，收臣新授官诰，令臣终丧制，免生死羞愧，是臣恳愿。臣今寄住永州，请刺史王庭敫为臣进表陈乞以闻。

张处士表

永泰丙午中，处士张秀卒。於戏！吾尝验古人，将老死岩谷、远迹时世者，不必其心皆好山林。若非介直方正，与时世不合，必识高行独，与时世不合。不然，则刚褊傲逸，与时世不合。彼若遭逢不容，则身不足以为祸，将家族以随之，至于伤污毁辱，何足说者！故使之矫然绝世，逃其不容，直为逸民，竟为退士，枕石饮水，终身而已。当时之君，欲以禄位招之；有土之官，欲以厚礼处之。彼惊惧抗绝而去，时之见能如此，所以尤高尚焉。呜呼！处士与时不合者耶？而未能矫然绝世，遭以礼法相检不见容。悲夫！

论舜庙状

右谨按地图，舜陵在九疑之山，舜庙在太阳之溪。舜陵古老以失，太阳溪今不知处。秦汉已来，置庙山下，年代寖远，祠宇不存。每有诏书令州县致祭，奠酹荒野，恭命而已。岂有盛德大业，百王师表，殁于荒裔，陵庙皆无？臣谨遵旧制，于州西山上，已立庙讫。特乞天恩许蠲免近庙一两家，令岁时拂洒，示为恒式。岂独表圣人至德及于万代？实欲彰陛下元泽及于无穷。谨录奏闻。

奏免科率状

当州准敕及租庸等使征率钱物，都计一十三万六千三百八十八贯八百文。

一十三万二千四百八十贯九百文，岭南西原贼未破州已前。

三千九百七贯九百足，贼退后征率。

以前件如前。臣自到州，见庸租等诸使文牒，令征前件钱物送纳。臣当州被西原贼屠陷，贼停留一月余，日焚烧粮储屋宅，俘掠百姓男女，驱杀牛马老少，一州几尽。贼散后，百姓归复，十不存一，资产皆无，人心嗷嗷，未有安者。若依诸使期限，臣恐坐见乱亡，今来未敢征率，伏待进止。又岭南诸州，寇盗未尽。臣州是岭北界，守捉处多，若臣州不安，则湖南皆乱。伏望天恩，自州未破以前，百姓久负租税，及租庸等使所有征率和市杂物，一切放免。自州破以后，除正租、正庸及准格式合进奉征纳者，请据见在户征送，其余科率，并请放免。容其见在百姓产业稍成，逃亡归复，似可存活，即请依常例处分。伏愿陛下以臣所奏，下议有司。苟若臣所见愚僻，不合时政，干乱纪度，事涉虚妄，忝官尸禄，欺上罔下，是臣之罪。合正典刑，谨录奏闻。

奏免科率等状

当州奏永泰元年配供上都钱物，总一十三万二千六百三十三贯三十五文。

四万一千二十六贯四百八十九文，请据见在堪差科征送。

九万一千六百六贯五百四十六文配率，请放免。

以前件如前。臣当州前年陷贼一百余日，百姓被焚烧杀掠几尽，去年又贼逼州界，防捍一百余日。贼攻永州，陷邵州，臣州独全者，为百姓捍贼。今年贼过桂州，又团练六七十日，丁壮在军中，老弱馈粮饷。三年已来，人实疲苦。臣一州当岭南三州之界，守捉四十余处。岭南诸州，不与贼战，每年贼动，臣州是境上之州。若臣州陷破，则湖南为不守之地。在于征赋，稍合优矜。今使司配率钱物，多于去年一倍已上；州县征纳送者，多于去年二分已下。申请矜减，使司未许。伏望陛下以臣所奏，令有司类会诸经贼陷州，据合差科户，臣当州每年除正租、正庸外，更合配率几钱，庶免使司随时加减，庶免百姓每岁不安。其今年轻货及年支米等，臣请准状处分。谨录奏闻。

举处士张季秀状

臣州僻在岭隅，其实边裔，土风贪于货贿，旧俗多习吏事。独季秀能介直自全，退守廉让，文学为业，不求人知。寒馁切身，弥更守分，贵其所尚，愿老山林。臣切以兵兴已来，人皆趋竞，苟利分寸，不愧其心，则如季秀者，不可不加褒异。臣特望天恩，令州县取其稳便，与造草舍十数间，给水田一两顷，免其当户徭役，令得保遂其志。此实圣朝旌退让之道，亦为士庶识廉耻之方。谨录奏闻。

九疑山无为洞题刻

无为洞。广德二年。刺史元结因祭山。名此洞曰无为洞。①

①元结诗文辑自《元次山文集》，上海商务印书馆 1919 年版。

卷四

郎士元

郎士元，字君胄，唐中山（今河北定县）人。天宝十五载（756）登进士第。补渭南尉，擢为拾遗，迁员外郎，复转郎中，德宗建中初出为郢州刺史，并持节治军，卒于官。士元工诗，与钱起齐名，世称“钱郎”。有集，《全唐诗》编存其诗一卷，《全唐诗外编》及《全唐诗续拾》补五首。

送长沙韦明府

秋入长沙县，萧条旅宦心。烟波连桂水，官舍映枫林。云日楚天暮，沙汀白露深。遥知讼堂里，佳政在鸣琴。

五言南岳寺普上人院一首

云深石涧寺，树老远公房。终日风□□，□秋景气凉。醍醐蒙□味，□□□□□。□见无生理，空山坐道场。

送郴县裴明府之任兼充宣慰

白蘋楚水三湘远，芳草秦城二月初。连雁北飞看欲尽，孤舟南去意何如。渡江野老思求瘼，候馆郴人忆下车。别后天涯何所寄，故交惟有袖中书。

送李敖湖南书记

怜君才与阮家同，掌记能资亚相雄。入楚岂忘看泪竹，泊舟应自爱江枫。诚知客梦烟波里，肯厌猿鸣夜雨中。莫信衡湘书不到，年年秋雁过巴东。

夜泊湘江

湘山木落洞庭波，湘水连云秋雁多。寂寞舟中谁借问，月明只自听渔歌。

题刘相公三湘图

昔别醉衡霍，迩来忆南州。今朝平津邸，兼得潇湘游。稍辨郢门树，依然芳杜洲。微明三巴峡，咫尺万里流。飞鸟不知倦，远帆生暮愁。涔阳指天末，北渚空悠悠。枕上见渔父，坐中常狎鸥。谁言魏阙下，自有东山幽。

湘夫人二首

蛾眉对湘水，遥哭苍梧山。万乘既已殁，孤舟谁忍还。至今楚竹上，犹有泪痕斑。

南有涔阳路，渺渺多新愁。桂酒神降时，回风江上秋。彩云忽无处，碧水空安流。

湘夫人

娥眉对湘水，遥哭苍梧间。万乘既已殁，孤舟谁忍还。至今楚山上，犹有泪痕斑。南有涔阳路，渺渺多新愁。昔神降回时，风波江上秋。彩云忽无处，碧水空安流。①

李嘉祐

李嘉祐，字从一，唐赵州（今河北省赵县）人。玄宗天宝七年(748)进士，历秘书正字、监察御史。以罪谪鄱阳，移江阴令后迁台州刺史。大历初入朝为工部员外郎、司勋员外郎，大历中，又为袁州刺史。罢任侨居苏州，约卒于大历末。有集传世，《全唐诗》存诗二卷，《全唐诗续拾》补诗三首。

送岳州司马弟之任

岳阳天水外，念尔一帆过。野墅人烟迥，山城雁影多。有时巫峡色，终日洞庭波。丞相今为郡，应无劳者歌。

裴侍御见赠斑竹杖

骚人夸竹杖，赠我意何深。万点湘妃泪，三年贾谊心。愿持终白首，谁道贵黄金。他日归愚谷，偏宜绿绮琴。

送张观归袁州

羡尔湘东去，烟花尚可亲。绿芳深映鸟，远岫递迎人。饥狖啼初日，残莺惜暮春。遥怜谢客兴，佳句又应新。

送樊兵曹潭州谒韦大夫

塞鸿归欲尽，北客始辞春。零桂虽逢竹，湘川少见人。江花

---

①郎士元诗辑自《全唐诗》卷二四八。

铺浅水，山木暗残春。修刺辕门里，多怜尔为亲。

夜闻江南人家赛神因题即事

南方淫祀古风俗，楚妪解唱迎神曲。锵锵铜鼓芦叶深，寂寂琼筵江水绿。雨过风清洲渚闲，椒浆醉尽迎神还。帝女凌空下湘岸，番君隔浦向尧山。月隐回塘犹自舞，一门依倚神之祜。韩康灵药不复求，扁鹊医方曾莫睹。逐客临江空自悲，月明流水无已时。听此迎神送神曲，携觞欲吊屈原祠。

江上曲

江心澹澹芙蓉花，江口蛾眉独浣纱。可怜应是阳台女，对坐鹭鸶娇不语。掩面羞看北地人，回身忽作空山语。苍梧秋色不堪论，千载依依帝子魂。君看峰上斑斑竹，尽是湘妃泣泪痕。①

钱起

钱起，唐吴兴（今浙江湖州）人，天宝十年（751）进士。初为秘书省校书郎，安史乱起，逃难在外，后入朝任司勋员外郎、考功郎中、翰林学士等。因曾任考功郎中，故世称“钱考功”。钱起诗才清逸，为“大历十才子”之冠。

洞庭张乐赋以八音克谐天地充满为韵

洋洋乎轩辕之作也，陶元化以发生，运神武之不杀；张至乐之淳备，播皇风之块圠。举端于素，得太始之自然；克成于和，

---

①李嘉祐诗辑自《全唐诗》卷二〇六、二〇七。

荡生灵之夭札。何必管声为五，羽数惟八，然后合夫大戛？请言斯乐也，不振而其听博，不眩而其意深；大而不搬，乐而不淫。将使俭者得中和之纪，奢者已醉饱之心。君子曰：是乐也，不朽之德音。于是一偾一起，于彼南国。真声畅，和气塞；其静也洞庭安波，其清也，楚山霁色。百蛮以之神化，六狄由斯仰德。是乐也，乃不朽之德音。于是柔克，可以上享天心，可以蕃屏人则；知武也美而未尽，濩矣犹有惭德。观其妙矣，则天地盛而气不乖，阴阳感而六律谐。惟精惟一，嗤万舞之奕奕，无荒无怠，见钟鼓之喈喈。观其皦矣，则合于自然，施之无边；挥绰发越，行流散迁；事高太古，功偾钧天。其曲直，其音至；饰诸喜以平诸心，极乎天而蟠乎地。率是乐也，何享而不利？原夫乐之契道也，在心而心正，在听而听聪。故至人定和而守一，合爱而流通；必以济刑政之理，行山川之风，岂徒耳目是玩，情性克充而已哉？当是时也，太虚遏云，寒谷生暖；三光昭晰，八极充满。何淳风之泱泱，谅千古之纂纂。吹伶伦之律，惜彼时移，继炎氏之颂，愧兹才短。①

司空曙

司空曙（约720—约790），字文明，或作文初，唐广平（今河北永年县东南）人。卢纶表兄。大历年间举进士，初任洛阳主簿，后入朝为左拾遗。德宗建中年间贬长林县丞。贞元四年（788）前后，在剑南西川节度使韦皋幕中，官检校水部郎中，终于虞部郎中。工诗，为“大历十才子”之一。有《司空文明诗集》二卷。《全唐诗》收诗

①辑自《全唐文》卷三七九。

两卷。

赠衡岳隐禅师

拥褐安居南岳头，白云高寺见衡州。石窗湖水摇寒月，枫树猿声报夜秋。讲席旧逢山鸟至，梵经初向竺僧求。垂垂身老将传法，因下人间遂北游。

送曲山人之衡州

白石先生眉发光，已分甜雪饮红浆。衣巾半染烟霞气，语笑兼和药草香。茅洞玉声流暗水，衡山碧色映朝阳。千年城郭如相问，华表峨峨有夜霜。①

庄若讷

庄若讷，唐密州莒县（今山东莒县）人。玄宗天宝十载（751）进士及第，尝任长安尉簿。《全唐诗》存诗一首。

湘灵鼓瑟

帝子鸣金瑟，余声自抑扬。悲风丝上断，流水曲中长。出没游鱼听，逶迤彩凤翔。微音时扣征，雅韵乍含商。神理诚难测，幽情讵可量。至今闻古调，应恨滞三湘。②

---

①辑自《全唐诗》卷二〇四。

②辑自《文苑英华》卷一八四。

太易

太易，唐荆州公安（今湖北公安）沙门。余皆不详。杜甫经公安时，有《留别公安太易沙门》诗留别。德宗贞元初，司空曙贬长林丞，以《赠司空拾遗》诗赠之。《全唐诗》存诗二首。作大易。

湘夫人祠

灵祠古木合，波扬大江濆。未□湘南雨，知为何处云。苔痕涩珠履，草色妒罗裙。妙鼓彤云瑟，羁臣不可闻。[①]

魏璀

魏璀，唐玄宗天宝十载（751）进士。《全唐诗》存诗一首。

湘灵鼓瑟

瑶瑟多哀怨，朱弦且莫听。扁舟三楚客，丛竹二妃灵。淅沥闻余响，依稀欲辨形。柱间寒水碧，曲里暮山青。良马悲衔草，游鱼思绕萍。知音若相遇，终不滞南溟。[②]

苏师道

苏师道，唐天宝十三年（754）官潭州刺史。体恤民情，不遗

---

①辑自《杜工部草堂诗笺》，道光十年《古逸丛书》本。

②辑自《文苑英华》卷一八四。

余力。

司空山记

司空山者，案梁任彦升《述异记》云，司空姓张名岊，字巴玉，清河郡人也。

齐明帝时，仕至司空。及东昏侯嗣位，政尚烦苛，内不修礼制，外不听臣谏，纵恣秽行，害虐生民。常令宫人作散叛髻，百姓争学之，又作三桥裙，向后总而结之。司空乃兴叹曰："正直不任，而耽女色，齐国亡矣！"遂具奏阙下，挂冠东门请休。诏不许，乃曰："君不任臣，臣今老矣。人生所贵者，在乎适意耳。"

诏乃许，倾朝饯送。司空于是携家去阙，思乐林泉，闻有胜境，虽远千里，未尝不一访寻，盖欲希长生以避世也。自此遍历名山，俱无可乐处。忽一日，有叟至而告曰："潇湘之南有寿山，山有朱陵洞，可以乐隐，何不适此？"司空欣从其说，遂领家入山，操舟沿流，上而造焉。仰瞻峦嶂，俯视流泉，浮屠舍宇，环叠左右。乃叹曰："奉教元皇，身心清净，僻居一涯，杜绝浇竞，安能与世营营乎？"

据闻洞南有麒麟山者，汉代苏隐真人隐此得道，真人白日驾麟车而冲天，以是得名。于是倾家南来，登山四顾，云岫回合，松萝蓊郁，泉源清泠。乃遇神人曰："上帝使吾语汝，止此修真。功行已满，十五日午时，当沐浴俟命。"司空俯伏，神人舞简为谢，乃乘云而去。十四日诘旦，司空呼家僮侍妾语之曰："吾晨当受上帝命。今仙坛在焉，谁可止此为主者？"内有侍女卢琼，言愿止此。司空曰："汝形貌贞烈，可作仙坛主者。"遂取衣一袭以遗之，令徙居山前，仍以手抚其背曰："好住好住！"司空来晨于是登坛，自晨至午，天花交下，彩雾盘空。忽有紫云，直下坛所，见一金童，身穿青衣，头绾髽髻，捧玉册一道，仙衣一通。司空俯伏谢恩，受衣册。倏闻钧天铿尔，鸾鹤翔鸣，司空乃蹑足登云，全家八十余口，白日冲天。后至陈天嘉初，有丹阳章、马二先生来此，语人曰："我二人乃司空弟子也。"同入此山，精修道行。至四年二月十四日功满，亦跨鹤执节昇仙矣。唐天宝十三年，师道始刺潭州。下车案治未期月，适时有旱暵之灾，民不聊生，死者相枕。遂整骑适于六邑，城邑有廪米富民多其蓄积，悉发而赈贫民，自是民间始获甦息。至攸，有司空山者，乃梁朝张司空轻举之地，遂命车而造焉。时有道士钟仙芝从山下见迎，遂与同游，乃询灵迹，得其实，令左右以笔记之。以闻于田曹顾公，喜闻胜事，命予为记，予不敢让，谨案其事而记曰：

湖南攸邑，为地最僻。有司空山，去县四十五里，当南岳之东隅，连云阳之福地，振潇湘之胜境，作郡邑之崇丘。东西广一百二十里，南北一百八十里，高二千六百丈。下有温水源，故名温泉山焉，亦名紫麟峨眉山。及司空隐此得道，遂名司空山焉，中有大观一所，昔唐天宝七年，主上因搜郡国图籍，以司空全家轻举之异，五月十三日敕下，建造祠宇，标额为朱阳观，盖取南岳朱阳洞当此山之南故也。乃度道士焚修，禁止樵采。每遇岁旱，居人祈祷，无不昭应，自是十方归从，纷若云臻。殿砌之前，有古坛三级，方广数丈，故老相传云，司空朝斗之坛也。傍有杉松，开四季不谢之花，松皆偃盖。每清秋景寂，皓月当空，居人过客，静夜之间，往往犹闻步虚杵臼之声。自观远近，司空遗迹，尚可寻访。东南隅有秀峰十三，耸翠卓立，其峰有画屏、青牛、大莲花、小莲花、紫盖、瑞云、洞门、紫麟、远吟、隐真、回龙、白鹤，名称不一。又坛之西二里有真武冈，相传云，真武常出现于此。又名土地垌，盖卢琼徙居止此。为土地主者，故今乡俗以真武土地为一堂而祭之，凡所祈祷，无不感应。司空宅在山之西，去观一十里，今殿宇有像，坛井基图，宛然在焉。宅左有光石山书院，故基尚存。比一里有惠光寺，前有洗药池，池水冬温夏凉，异香袭人，掬饮可以愈病。又十里有菩提寺，寺前有池，方广二十丈，其水亦如药池，岁旱不涸。传云，司空昔常于此水沐浴，今谓之仙池。又去三十五里有隐真崖，是司空炼药时栖止之地。故崖之左右平石之上，有石臼仅二尺许，臼底微红，犹有药气。傍有石池，方广一丈，水清如鉴，中有荷生，芳华甚异，每花开五色相间，传云，司空种荷之池也。於戏！自司空发迹于兹，奇迹遗踪，异址不鲜。若夫志学之士，栖心之人，寻访于此，往往亦有遇焉。今道士钟仙芝，年过九十，而颜貌益少，领徒数十，增修妙行，持香火，而皆清虚道服。非天地储异，江山炳灵，则曷由纂懿流光，若斯之盛者哉？师道幸承余烈，敢刻金石而志之。时则十四年冬十月也。①

石镇

石镇，唐天宝十年（751）进士。

洞庭张乐赋以八音克谐天地充满为韵

昔帝轩出震，用率大夏，三才以贞，万人以察。战蚩尤于涿鹿之墟，登飞龙九五；张《咸池》于洞庭之野，舞元鹤二八。遂使素女缄瑟，昭文辍琴，埙篪协韵，笙磬同音。始铿锵以拊石，终訇隐而拟金，雷出地中，以成奋豫之象；风行水上，油生子谅

①辑自《全唐文》卷三七一。

之心。包混茫之广大，含元气之高深，不知不识，顺帝之则；无视无听，至道之极。三月忘味，思在齐而攸闻；七旬格苗，非得隽而为克。所以事与时并，名与功偕，群方既睦，庶尹允谐。且如硕人衰然，万舞在前，秉翟奕奕，象九奏座次钧天；后夔爰至，三步既次，夹振踸踸，率百兽于厚地。谅人神之在和，何匏竹之足备？况乎皇上降衷，以符德充，理七音于周雅，歌五弦于舜风。仁亲是务，车轨攸同，信敷草木，泽被昆虫。在坑谷而何有？与帱载而齐功，故得万属宅心，四夷修款，音无惉滞，义取观盥。闻正始之颂声，足诫盈以持满，空歌诗以献赋，若窥天之以管。①

蒋至

蒋至，唐天宝十年（751）进士。职秘书郎。

洞庭张乐赋以八音克谐天地充满为韵

聆黄帝之遗音，澹乎至察，天非私覆，称其德以无三；国有元风，应其方以宣八。所以合德枢之幽键，率至人之大戛，当其存乎象用，酌彼钩深，将合之于万籁，故稽之于八音。非剽之以耳，宁听之以心，风师拊石，云将扒金。弃园客之丝，弹为鹤舞；辞羌人之竹，擫以龙吟。虽不击而不考，或习习而愔愔，坐忘斯得，旋归静默。其台也惧，其终也惑，回日月之运行，会鬼神之柔克。凄清广莫之野，曼衍华胥之国，奔夷貊于蟠木之东，耸鳞翰于幽陵之北。和容远被，休气充塞，邦用荣怀，人之克谐。可以鼓灵鼗之坎坎，撞猛簴之喈喈，至乃起于无联，调之自然。张

---

①辑自《全唐文》卷四百七。

洞庭兮听《咸池》，同嶰谷兮合钧天，昭炎氏之作颂，寓庄生之外篇。是则成象者乐之余，希声者乐之器，舞妙有为八佾，悬至和为二肆。观其妙叩以元关，动无方覃于厚地，贯阴阳而不测，庸讵识其纯粹。吾君缵戎，始酌遗风，集端虚于黄屋，攘靡曼于元宫。理代之音兮蹈而不厉，不言而化兮美以能充，今以视昔，实由元同。受灵命之诞敷，窅希夷之自满，考征音于天乐，谢能赋于窥管。①

皎然

皎然，唐代诗僧。俗姓谢，字清昼，吴兴（浙江湖州）人。南朝谢灵运十世孙。玄宗天宝三载（744）前后出家于润州江宁县长干寺，七载登戒于常州福业寺。天宝后期曾漫游各地名山，安史之乱后定居湖州，与历任州县长吏、过往士大夫及江南隐士词客交游唱酬不绝。有集传世，《全唐诗》存诗七卷，另收其所参与联句诗二十二首，《全唐诗续拾》补二首。

湖南草堂读书招李少府

削去僧家事，南池便隐居。为怜松子寿，还卜道家书。药院常无客，茶樽独对余。有时招逸史，来饭野中蔬。

送李季良北归

风吹残柳丝，孤客欲归时。掩抑楚弦绝，离披湘叶衰。前军犹转战，故国杳难期。北望雁门雪，空吟平子诗。

①辑自《全唐文》卷四〇七。

晚春寻桃源观

武陵何处访仙乡，古观云根路已荒。细草拥坛人迹绝，落花沉涧水流香。山深有雨寒犹在，松老无风韵亦长。全觉此身离俗境，玄机亦可照迷方。

湖南兰若示大乘诸公

未到无为岸，空怜不系舟。东山白云意，岁晚尚悠悠。

酬郑判官湖上见赠

岁岁湖南隐已成，如何星使忽知名。沙鸥惯识无心客，今日逢君不解惊。

舟行怀阎士和

二月湖南春草遍，横山渡口花如霰。相思一日在孤舟，空见归云两三片。

与朝阳山人张朝夜集湖亭赋得各言其志

洞庭孤月在，秋色望无边。零露积衰草，寒蛩鸣古田。茫茫区中想，寂寂尘外缘。从此悟浮世，胡为伤暮年。

兵后西日溪行并序

沈羲《仙记》："铜岘地肺，可以逃水。"又《圣桃源记》："天地改，桃源在。"即此地也。此一章灵澈上人可以志之。

一从清气上为天，仙叟何年见乾海。黄河几度浊复清，此水如今未曾改。西寻仙人渚，误入桃花穴。风吹花片使我迷，时时问山惊踏雪。石梁丹灶意更奇，春草不生多故辙。我来隐道非隐身，如今世上无风尘。路是武陵路，人非秦代人。饭松得高侣，濯足偶清津。数片昔贤盘石在，几回并坐戴纶巾。

武源行赠丘卿岑

昔年群盗阻江东，吴山动摇楚泽空。齐人亦戴蜂虿毒，美稷化为荆棘丛。汹汹四顾多窟穴，浮云白波名不同。万人死地当虎口，一旦生涯悬彀中。昨日将军殉死节，悉向生民陷成血。胸中豹略张阵云，握内蛇矛挥白雪。长洲南去接孤城，居人散尽鼓噪惊。三春不见芳草色，四面唯闻刁斗声。此时狂寇纷如市，君当要冲固深垒。纵横计出皆获全，士卒身先每轻死。扫平氛祲望吴门，人间岁美桑柘繁。比屋生全受君赐，连营罢战赖君恩。如何弃置功不录，通籍无名滞江曲。灞亭不重李将军，汉爵犹轻苏属国。荒营寂寂隐山椒，春意空惊故柳条。野战攻城尽如此，即今谁是霍嫖姚。①

清江

清江，生卒年不详，活动于大历、贞元间。会稽（今浙江会稽）人。幼出家，代宗大历初至杭州华严寺，师华严宗僧人守真。归越州开元寺后，又从昙一学《四分律》。大历八年（773）至南阳从慧忠习禅观。大历、贞元间以能诗闻名于江南，与诗人皎然齐名，时称“会稽二清”。与当时诗人交往频繁。晚年住襄州辨觉寺，约卒于宪宗元和间。其诗多送别赠答及行旅抒怀之作。《全唐诗》存诗一卷。

①皎然诗辑自《昼上人集》，四部丛刊本，上海商务印书馆 1919 年版。

湘州怀古

潇湘连汨罗，复对九疑河。浪势屈原冢，竹声渔父歌。地荒征骑少，天暖浴禽多。脉脉东流去，古今同奈何。①

明瓒

明瓒，玄宗时禅僧。开元间至嵩山，师北宗僧普寂。后居衡山，性懒而食残，世称懒瓒和尚、懒残和尚。然出言皆契佛理，时人或以为弥陀佛应身。天宝初，入南岳寺为执役僧。肃宗时，曾预言避居南岳之李泌将领取十年宰相，后果应验。卒谥“大明禅师”。存诗三首。

题像

携筇小步踏苍苔，遥指青山云正开。涧水松风听不绝，又教童子抱琴来。

辞召

三十年来独掩关，使符那得到青山？休将琐末人间事，换我一生林下闲。②

乐道歌

兀然无事无政挽，无事何须论一段。直心无散乱，他事不须断。过去已过去，未来更莫算。兀然无事坐，何曾有人唤？向外

---

①辑自《文苑英华》卷三〇八。
②以上两首辑自《沅湘耆旧集前编》卷十，上海古籍出版社2002年版。

觅功夫，总是痴顽汉。粮不畜一粒，逢饭但知餐。世间多少人，相趁浑不及。我不乐生天，亦不爱福田。饥来吃饭，困来即卧。愚人笑我，智乃知贤。不是痴钝，本体如然。要去即去，要住即住。身被一破衲，脚着娘生袴。多言复多语，由来反相悮。若欲度众生，无过且自度。莫谩求真佛，真佛不可见。妙性及灵台，何曾受熏勋。心是无事心，面是娘生面。劫石可移动，个中难改变。无事本无事，何须读文字？削除人我本，冥合个中意。种种劳筋骨，不如林间睡兀兀。举头见日高，乞饭从头餧。将功用功，展转冥朦。取则不得，不取自通。吾有一言，绝虑忘志缘。巧说不得，只用心传。更有一语，无过直与。细如毫末，大本无方所，本自圆成，不劳机杼。世事悠悠，不如山丘。青松蔽日，碧涧长流卧藤萝下，块石枕头。山云当幕，夜月为钩。不朝天子，岂羡王侯。生死无虑，更须何忧？水月无形，我常只宁。万法皆尔，本自无生。兀然无事坐，春来草自青。①

张翔

张翔（724—779），字子翼，唐安定（今甘肃泾川北）人。天宝初自前斋郎调补济王府参军，历阌乡尉、陕县尉屡辟使府，京兆功曹等，官至殿中侍御史。有集已佚

经罗渊吊屈原

谠言忠谏阻春霄，放逐南荒泽国遥。五梦楚兰香易染，一魂香水淼难招。风声落日心逾壮，鱼腹终天恨未消。却借微香荐苹

①辑自《祖堂集》卷三，中州古籍出版社2001年版。

藻，海门何处问渔樵。①

汪子华

汪子华（？—789），字时美，唐蔡州汝阳（今河南汝阳）人。七八岁通经义，十三岁知天文地理之学。与颜真卿同师白云先生张志和学长生术，再师司马承祯。安史之乱时，举家南游，爱南岳之胜，结庵祝融峰下，修道九年不出。

火师汪真君雷霆奥旨

昔日弃儒学庄老，坐断祝融九春草。忽朝一日遇元君，授我清虚元上道。修持再历四七春，六贼三尸如电扫。身轻体健绿毛生，至此绝无饥渴恼。贞元五年月建寅，玉皇有敕赐飞升。瑶池沐浴锡宴罢，位证火师居雷霆。当时元君真的诀，但恨后世无人传。故将内旨显真奥，往往未免泄真玄。玄机再泄真的诀，庶免后学生疑心。清心静坐致无为，先擦肾脸至华池，次擦涌泉降心火，兜摇丹田左右移。目想心存念真咒，手握雷局无令迟。变神召将一如故，虚书符命下丹基。五星光芒照下垂，照彻五脏如琉璃。全收罡炁在腹内，右取结璘左郁仪。东方青华如翠芝，左有魔蒋应春时。南方赤炁生于离，上运烈壁居丹墀。西方白炁如凝脂，右生赫华当秋期。中运黄云载恶陈，五云混合降黄庭。阳日当克阴当生，各分日辰念青巾。五云叆叇如屯兵，点兵集将入雷城。上入神霄朝帝君，复以都大混其形。夹脊双关入昆仑，衔花白鹿走如云。取花骑鹿踏云去，霍地牛车前面迎。五方将吏九关

①辑自《湘阴县图志》卷四，光绪七年湘阴县志局刻本。

下，金钟玉磬何玲玲。入到泥丸朝元神，即是先天金阙身。须臾帝敕付太乙，各付水火炼其神。如不行持用悬珠，再归天目入虚元。帝旨传官归五藏，黍珠勃勃入无余。却念归雷真叹诀，十二阑干无限月。又如春睡方赠腾，妙处岂容人会得。若能依法去行持，万万之中无一失。

变神咒

晶浇离火赤，三阳现五明。万神闻吾召，分身速现形。天皇真人速降真身。疾。

召使者咒

斩勘雷公，盟威青童。巽宫布令，运神归东。叱叱一怒，山石奔洪。横身鼓舞，四目老访。擒龙掣电，威盖九重。巽宫使者，刚轮运风。太华典者，机先御凶。山雷文通，拔树摧锋。壬癸雷压，斩妖擒龙。土雷陈硕，伐恶威雄。周天大火，炎炎烈烘。何神不伏，何鬼不从。逆吾者死，顺吾者丰。北灵黑历，九丑紫童。风伯雨师，社雷饮虹。太乙符命，万鬼无踪。五方使者，来往如风。速临坛下，大逞神通。闻吾一召，速出巽宫。急急如神霄真王敕太乙元君令。

玉清命令，敕尔众神。雷霆大将，欻火飞神。煞文。五雷猛吏，汉臣威光。丑文。雷公赫冲。寅。风伯道彰。巳。雨师何清。亥。电母文英。申。蛮雷使者，东方魔明。卯。南方烈煞，臣光大神。午。西方赫猛，火堵之精。酉。北方焜电，黑犬之神。子。中央使者，恶轰大神。中。历赫炎烈，□黑倾云。九州社令，大布威灵。飞天火帅，统摄天丁。黑云叆叇，百万步兵。欻承天令，收摄邪精。翻天覆地，雷电轰轰。上彻太极，下至幽冥。神光电目，子细搜寻。千千截首，万万剪形。敢不从命，粉骨碎身。吾奉玉清真王敕摄。

五雷使者号雷公，灵神威猛大英雄。韬藏山林入古庙，或效死而立大功。兴云致雨于顷刻，乘云驾雾斩蛟龙。吾今召汝降坛所，分明报应起雷风。急急如九天雷祖大帝律令。

高元紫阙，中有五神。宝耀敕辉，放光冲门。精气积生，化为老人。青巾素容，赤帔绛裙。左带流铃，右带虎兵。手把天罡，散形飞神。足蹑华盖，吐芒炼身。三景保守，令我修真。养魂制魄，乘飙飞仙。五星开通，六合紫房。回光隐遁，豁落七星。玄文变一，成神生魂。急急如律令。

赤鸦咒

赤鸦赤鸦，风火之车。雷中乌鬼，云外夜叉。受命黑冲，禀令丹霞。速来报应，呼风哑口。霞霞霞霞，丫丫伽伽。屈律巴急，霹雳多呲。眉伽伽华，叉役律巴。瓜瓜哑哑，急急瓜瓜。丫丫哑。一如祖师子华真君所告。

三段咒

唵吽吽。三檀那乾夷敕。亥。兑卦统雄兵。酉。艮宫封鬼户。寅。离宫驾火轮。午。坎水涌波津。子。人门撼地轴。申。震雷霹雳声。卯。狂风摧山岳。巳。诸将护吾身，掐本命诀，连念三声。沈天断鬼神。叱咄飞捷张元伯速降灵。太虚真，太灵真。吾是紫微君，敕召雷部神。神速奔，乘飞云，如康民，雷轰电掣到坛庭。吾是总统大将军，吾奉雷霆上相都司律令。

天清地宁，日月交并。直符使者，速现真形。飞捷那咤，吽咭哩新煞摄。

混合咒

太上符命，降付黄庭。中理五炁，混合万神。元君主算，司命定生。南昌火府，炼魄成形。阳魂离质，飞腾上清。三尸速灭，妖魔灭形。精邪荡散，元亨利贞。吞服符命，道炁常存。五云立运，日月光明。照耀三界，内观其真。急急如太上老君律令。

枢机二台总咒

律令大神，风火之尊。双膊巨翅，飞走乾坤。斩妖吞孽，缚鬼收魂。致雨倏忽，作晴顷分。震风激电，作水搏云。持上帝敕，主火雷君。霹雳一震，万里声闻。雷公电母，黑暗惊奔。左召乌利，右命黑灵。疾速来降，焚灭邪精。随咒所召，急降巽门。急急如神霄玉清真王律令。

鼓动风雷使，飞雷掣电神。祛邪斩精怪，威烈震乾坤。随符速报应，迅轰霹雳鸣。霹雳摄，霹雳灭，急急如神霄玉清真王律令。

天罡咒

天帝释帝，部带天罡。五方凶恶之气，何不伏藏。飞光一吸，万鬼灭亡。天罡欻吸摄，饮吸天罡摄。

日君咒

日魂朱景，照韬绿映。回霞赤童。玄炎飙象。奔风郁仪，赤明炳焕。

月君咒

月魄霭萧，芬滟翳寥。婉虚灵兰，郁华结翘。淳金清莹，艮容台标。

召五方雷神咒

东方雷神，魔明使者，柳星之精。日月分华，助我神威，太上皓伯，阙五龙圭。太乙任使，洞照光辉。玉清敕下，火急奉行。谨召东方蛮雷魔明大神速起。天地水中金，角亢化血生。须臾立便至，随召现峥嵘。急急如东极雷霆都司帝君律令。谨召東方风雷使者蒋刚轮速至。唵嚩□噜呢啼萨婆诃。

南方雷神，烈煞使者，炬火大神。天罡大圣，三炁阳精。玉府上真，炎帝火轮。雷风急鸣，烧鬼灭形。玉清敕下，火急奉行。谨召南方蛮雷烈煞大神速起。

天精地灵，移毒摄精。雷霆敕摄，井鬼柳星。张翼翰诸神来佐助，急速现真形。急急如南极雷霆都司帝君律令。谨召南方火雷使者璧机先速至。唵□嚓哪啰□萨娑诃。

西方雷神，赫猛使者，火猜之精。铜头铁额，五目五睛。横行主界，吞服魔精。九帝节钺，四天游行。神威到处，魔道昏倾。玉清敕下，火急奉行。谨召西方蛮雷赫猛大神速起。

庚辛金炁，戊已真形。奎娄胃昴，毕觜参星。请助我真，急摄邪精。急急如西极雷霆都司帝君律令。谨召西方金雷使者华文通速至。唵□呢□萨嚩诃。

北方雷神，焜电使者，黑犬大神。九天煞炁四极晶英，内缠玄炁，外守帅兵。左威右领，风伐火征。敕斩万怪，馘灭干精。玉清敕下，火急奉行。谨召北方蛮雷焜电大神速起。

壬癸坎水，玄武冥灵。斗牛女虚，危室壁星。雷霆敕摄，速现真形。扶除旱魃，扫灭邪精。兴云致雨，救济群生。急急如北极雷霆都司帝君律令。谨召北方水雷使者雷压速至。唵□□□萨娑诃。

中央雷神，恶轰使者，火堵之精。威刃天魔，四目九丑。□□□□，六目蓬华。井鬼咔宿，咤哩咕□。急急火光，一如律令。谨召中央蛮雷恶轰大神速起。

山海同其纬，五纬全其炁。五行俱合顺，闻呼疾速至。□□□□□□□星，助吾真炁，扫灭妖氛。急急如中央雷霆都司帝君律令。谨召中央土雷使者陈硕速至。唵哦□□萨□娑诃。

五雷混合咒

青帝之巾，甲乙日默念：东方甲乙木，神风雷奴子木郎，降炁入于肝中。存青巾。

赤帝之积，丙丁日默念：南方丙丁火，神火雷奴子荧煌，降炁入于心中。存赤帻。

白帝之衣，庚辛日默念：西方庚辛金，神金雷奴子金胜，降炁入于肺中。存白衣。

黑帝之勒，壬癸日默念：北方壬癸水，神水雷奴子流金，降炁入于肾中。存黑勒。

黄帝之缨，太昊之职。戊己日默念：中央戊己土，神土雷奴子黄极，降炁入于脾中。存雷神黄缨。来自无夷，去自无域。出为风雷，动为霹雳。火急奔驰，电火烜赫。兴云驾雾，摧山挫石。社令推车，岳灵拱揖。鬼哭神愁，天昏地黑。五方之炁，聚而为一。存五色之炁混合。日月薄蚀，阴阳反侧。杳杳冥冥，昏昏默默。金木水火，土星为极。存五星光芒照曜。阴阳之神，生杀万物。吾佩雷印，奉帝之敕。敕召雷神，变化动息。符到奉行，万里急急。一如神霄玉清真王敕太乙元君令。急召五方雷神将吏，速入雷城，点兵集将，不得有违。急急如律令。存雷神俱入心中点视讫。

神霄玉府，雷霆之所。掌握万化，阴阳之主。太玄皓师，降行时雨。上清仙伯，起风运土。韩伯袪电，元君吐雾。使者掌水，龙雷伏固。谢仙举火，木郎排户。卫车将军，玉光童子，六甲将军，六丁玉女，闪烁真威，雾雳大斧。天中牺皇，五雷之祖。令下无边，声振寰宇。青炁腾云，赤炁焦暑。白炁肃霜，黑炁雪聚。中黄之炁，随时而举。太华之神，为吾所使，我上有朱雀，下有玄武，左有青龙，右有白虎。身佩雷印，驱发雷鼓。急急速速，邵阳鼓舞。急急如神霄玉清真王律令。

景中真主，威镇九天。手捧三素，存三天内讳。足蹑九玄。豁落斗也。金虎闭日，飞龙达乾。黄神秉钺，绿齿扬鞭。巩行五斗，平调七元。三天力士，杀鬼万千。敢有魍魉，来现吾前，刀剑合击，火炬交然。万劫昼夜，考伐穷源。鬼形消灭，人寿长年。急急如神霄玉清真王律令。

咒毕，存想诸司将吏入神霄府，面礼真王。讫，蒙真王付以九天心咒辖之。

神霄清微天辖咒又名玉清妙境咒

唵唖吒嚤啊吒敕摄。

紫霄太玄天辖咒又名双关化真宫咒

唵□嚧唖敕摄。

太霄始青天辖咒又名流光素霞宫咒

唵呾嚧□吒敕摄。

青霄青元天辖咒又名元真宝曜宫咒

唵吽咭哩吙咤敕摄。

碧霄始分天辖咒又名灵关侍道宫咒

唵吽嗔咤□咤敕摄。

绛霄太丹天辖咒又名运化道平宫咒

唵吽哆咤咭咤敕摄。

景霄始素天辖咒又名至妙变空宫咒

唵吽□吱咤敕摄。

玉霄太素天辖咒又名成德耀星宫咒

唵吽哩咤哩喧轰火雷大震摄。

琅霄始玄天辖咒又名元关溥济宫咒

唵□□□□喧轰摄。

右皆真王所付心咒，诸司雷神拱手听令。

混合五雷咒

都天雷公，呼雷震风。青雷赤炁，上游上穹。赤雷黄炁，运神归中。黄雷白炁，洞按九宫。白雷黑炁，下游北酆。黑雷青炁，运神归东。与人俱合，与道俱通。

炼度雷神咒

阴灵阴灵，天昏地惊。神通广大，食日吞星。三清炁满，五帝清灵。总领三界，提点雷霆。九州社令，役使搜寻。五湖四海，十二溪真。山川分野，名山洞真。泉源地府，九地九灵。上朝玉帝，下救皇民。三天之下，五岳大神。四渎水府，二呼名。当吾者死，避吾者生。玉帝有敕，炼度雷神。急急如玉皇上帝律令敕。后两句改换云：

除邪辅正，救护群生。平常用。驱除旱魃，大布甘霖。祈雨用。

扫除云翳，拥出日输。祈晴用。箕伯使者，大布风云。起风用。轰天霹雳，万里震惊。起雷用。千千截首，万万剪形。杀伐用。

取太阳真炁密咒

郁离之精，使阳驱阴。玉清有诏，日生火轮。急急如律令。

真王有命，炼度雷霆。以咒为信，敢有不遵。随机应化，立起风云。急急如神霄玉清真王律令。

取太阴真炁密咒

江河淮济，四海倾覆。敢有不遵，八威吐毒。急急如律令。

五雷大神，赫赫震鸣。降炁入腹，助吾威神。叱咄一布，雷霆应声。急急如神霄玉清真王律令。

雷神雷神，受命于帝，卑职于天，风火之祖，雨泽之源。九丑聚集，六波临轩。祈晴云：飞风迅速，急召群仙。祈雨云：倾河倒海，齐召斗仙。下济道法，神印自然。大震霹雳，速至坛前。玉清口敕，存三天内讳。三官急传。五方真炁，雷公速起。急急如律令。

吾奉帝敕，敕召五雷。云奔电掣，助吾行威。诛剪妖孽，摧魔伐非。神光所照，万恶皆摧。流铃急召，雷火轰飞。吽吒咭哩，四目老丑。准令急至，不得违时。急急如神霄玉清真王敕太乙元君令。

归心咒

玉帝降命，炼度雷霆。威震霹雳，邪鬼灭形。金光交射，五炁腾腾。行事既毕，随吸归心。阴阳混合，我得长生，□吒哩唽唵吽吽神。急急如玉皇上帝律令敕。

归身咒

雷穴风锥，乘天演威。左奔赤龙，右控玄龟。惠帝戛天，武卿迅驰。铁城紫洞，煞合坎离。芒角森藏，龙药又持。真炁郁合，阴阳应机。炳仰标转，南北东西。旸谷龙台，火府河魁。真王玄帝，亿万神雷。王音所召，递令急催。急急如玉皇上帝律令。

归雷咒

天雷神将，化身千真。普为天地，扫荡妖氛。回光万里，一吸天津。除邪辅正，其德非轻。上帝有敕，各注仙名。天神归天，地神归地。后召复来，一如故事。

归魂咒

天魂地魄，日月交接。神归绛宫，炁返玉海。一如天罡大圣律令。

收光咒

玉华帝子，太乙真人。灵根握固，与我同生。神光急收，魔道摧倾。急急如太上老君律令。念毕而韬光隐迹焉。

火师遗训

师曰：凡求仙慕道之士，不炼内丹，形还败坏；不积功行，难达玄境；不济疾苦，道果难成；不漱华池，神不清悦。欲求仙道，功行为先。必资治病祛邪，祈晴祷雨，济人利物，广积阴功，精勤香火，正直无私，何虑不获超升。但恐今人未能精思内炼，所学肤浅，符咒不真，诀法谬误，吾甚悯焉。

师曰：夫有道则有法，有法则道必先之。若有道，法必随之。道与法未尝相离也。故行雷法者，人能常清静，天地悉皆归。人能遣其欲而心自静，澄其心而神自清。若人勤而行之，何患不登仙道矣。①

包佶

包佶（？—792），字幼正，唐闰州延陵（今江苏丹阳）人。一说湖州人。玄宗天宝六年（747）进士。大历中历官度支郎中、谏议大夫知制诰，十二年（777）贬岭南。十四年起为江州刺史，德宗建中元年（780）权领转运盐铁使，历江淮水陆运使、汴东水陆运盐铁使。贞元元年（785）入为刑部侍郎，改国子祭酒，二年知贡举。转秘书监，封丹阳郡公。《全唐诗》存诗一卷，《全唐诗外编》补诗一首。

酬于侍郎湖南见寄十四韵

桂岭千崖断，湘流一派通。长沙今贾傅，东海旧于公。章甫经殊俗，离骚继雅风。金闺文作字，玉匣气成虹。翰墨时招侣，丹青夙在公。主恩留左掖，人望积南宫。巧拙循名异，浮沉顾位同。九迁归上略，三已契愚衷。责谢庭中吏，悲宽塞上翁。楚材欣有适，燕石愧无功。山晓重岚外，林春苦雾中。雪花翻海鹤，波影倒江枫。去札频逢信，回帆早挂空。避贤方有日，非敢爱微躬。②

---

①汪子华文辑自《道法会元》卷七六，上海商务印书馆1926年影印。

②辑自《全唐诗》卷二〇五。

顾况

顾况，字逋翁，晚年自号“悲翁”，唐苏州人。至德二年（757）登进士第。大历六年（771），任永嘉监盐官。贞元三年（787）为李泌荐引，入朝任著作佐郎。李泌去世后，因作诗嘲讽得罪权贵，贬饶州司户参军。后返苏州，晚年定居茅山。有集传世，《全唐诗》编录其诗四卷，《全唐诗外编》及《全唐诗续拾》补四首，残句二联。《全唐文》编录其文三卷。

湖南客中春望

鸣雁嗷嗷北向频，渌波何处是通津。风尘海内怜双鬓，涕泪天涯惨一身。故里音书应望绝，异乡景物又更新。便抛印绶从归隐，吴渚香莼漫吐春。

湖中

青草湖边日色低，黄茅嶂里鹧鸪啼。丈夫飘荡今如此，一曲长歌楚水西。

小孤山

古庙枫林江水边，寒鸦接饭雁横天。大孤山远小孤出，月照洞庭归客船。

竹枝曲

帝子苍梧不复归，洞庭叶下荆云飞。巴人夜唱竹枝后，肠断晓猿声渐稀。

汀洲渺渺江篱短，疑是疑非两断肠。巫峡朝云暮不归，洞庭春水晴空满。

谅公洞庭孤橘歌

不种自生一株橘，谁教渠向阶前出，不羡江陵千木奴。下生白蚁子，上生青雀雏。飞花檐卜旃檀香，结实如缀摩尼珠。洞庭橘树笼烟碧，洞庭波月连沙白。待取天公放恩赦，侬家定作湖中客。①

任华

任华，唐青州乐安（今属山东）人。玄宗开元中，任秘书省校书郎、监察御史等职，十九年（731）任桂州刺史参佐。《全唐诗》存诗三首。

怀素上人草书歌

吾尝好奇，古来草圣无不知。岂不知右军与献之，虽有壮丽之骨，恨无狂逸之姿。中间张长史，独放荡而不羁，以颠为名倾荡于当时。张老颠，殊不颠于怀素。怀素颠，乃是颠。人谓尔从江南来，我谓尔从天上来。负颠狂之墨妙，有墨狂之逸才。狂僧前日动京华，朝骑王公大人马，暮宿王公大人家。谁不造素屏？谁不涂粉壁？粉壁摇晴光，素屏凝晓霜，待君挥洒兮不可弥忘。骏马迎来坐堂中，金盆盛酒竹叶香。十杯五杯不解意，百杯已后

①顾况诗辑自《华阳集》，景印清文渊阁四库全书本，台湾商务印书馆1986年版。

始颠狂。一颠一狂多意气，大叫一声起攘臂。挥毫倏忽千万字，有时一字两字长丈二。翕若长鲸泼刺动海岛，欻若长蛇戎律透深草。回环缭绕相拘连，千变万化在眼前。飘风骤雨相击射，速禄飒拉动檐隙。掷华山巨石以为点，掣衡山阵云以为画。兴不尽，势转雄，恐天低而地窄，更有何处最可怜，袅袅枯藤万丈悬。万丈悬，拂秋水，映秋天；或如丝，或如发，风吹欲绝又不绝。锋芒利如欧冶剑，劲直浑是并州铁。时复枯燥何褵褷，忽觉阴山突兀横翠微。中有枯松错落一万丈，倒挂绝壁蹙枯枝。千魑魅兮万魍魉，欲出不可何闪尸。又如翰海日暮愁阴浓，忽然跃出千黑龙。夭矫偃蹇，入乎苍穹。飞沙走石满穷塞，万里飕飕西北风。狂僧有绝艺，非数仞高墙不足以逞其笔势。或逢花笺与绢素，凝神执笔守恒度。别来筋骨多情趣，霏霏微微点长露。三秋月照丹凤楼，二月花开上林树。终恐绊骐骥之足，不得展千里之步。狂僧狂僧，尔虽有绝艺，犹当假良媒。不因礼部张公将尔来，如何得声名一旦喧九垓。①

戴叔伦

戴叔伦（732—789），字幼公（一作次公），唐润州金坛（今属江苏）人。年轻时师事萧颖士，是其出类拔萃的学生。大历元年(766)，戴叔伦得到户部尚书充诸道盐铁使刘晏赏识，在其幕下任职。大历三年，由刘晏推荐，任湖南转运留后。此后，曾任涪州督赋、抚州刺史，以及广西容州刺史，加御史中丞，官至容管经略使。戴叔伦工诗，以文辞著称。《全唐诗》共收戴叔伦诗三百零四首。

---

①辑自《文苑英华》卷二三八。

和尉迟侍御夏杪闻蝉

楚人方苦热，柱史独闻蝉。晴日暮江上，惊风一叶前。荡摇清管杂，幽咽野风传。旅舍闻君听，无由更昼眠。

潭州使院书情寄江夏贺兰副端

云雨一萧散，悠悠关复河。俱从泛舟役，近隔洞庭波。楚水去不尽，秋风今又过。无因得相见，却恨寄书多。

长沙送梁副端归京

奏书归阙下，祖帐出湘东。满座他乡别，何年此会同。藉芳怜岸草，闻笛怨江风。且莫乘流去，心期在醉中。

逢友生言怀

安亲非避地，羁旅十余年。道长时流许，家贫故旧怜。相逢今岁暮，远别一方偏。去住俱难说，江湖正渺然。

暮春游长沙东湖赠辛兖州巢父二首

湘流分曲浦，缭绕古城东。岸转千家合，林开一镜空。人生无事少，心赏几回同。且复忘羁束，悠悠落照中。

回环路不尽，历览意弥新。古木畲田火，澄江荡桨人。缓歌寻极浦，一醉送残春。莫恨长沙远，他年忆此辰。

将巡郴永途中作

行役留三楚，思归又一春。自疑冠下发，聊此镜中人。机息知名误，形衰恨道贫。空将旧泉石，长与梦相亲。

巡诸州渐次空灵戍

寒尽鸿先去，春回客未归。蚕知名是病，不敢绣为衣。雾积川原暗，山多郡县稀。明朝下湘岸，更逐鹧鸪飞。

过郴州

地尽江南戍，山分桂北林。火云三月合，石路九疑深。暗谷随风过，危亭共鸟寻。羁魂愁似绝，不复待猿吟。

留别道州李使君圻

泷路下丹徼，邮童挥画桡。山回千骑隐，云断两乡遥。渔沪拥寒溜，畲田落远烧。维舟更相忆，惆怅坐空宵。

送李审之桂州谒中丞叔

知音不可遇，才子向天涯。远水下山急，孤舟上路赊。乱云收暮雨，杂树落疏花。到日应文会，风流胜阮家。

送柳道时余北还

征役各异路，烟波同旅愁。轻桡上桂水，大艑下扬州。何处成后会，今朝分旧游。离心比杨柳，萧飒不胜秋。

湘中怀古

昔人从逝水，有客吊秋风。何意千年隔，论心一日同。楚亭方作乱，汉律正酬功。倏忽桑田变，谗言亦已空。

过贾谊宅

一谪长沙地，三年叹逐臣。上书忧汉室，作赋吊灵均。旧宅秋荒草，西风客荐苹。凄凉回首处，不见洛阳人。

赴柳州经九疑

地尽江南戍，山分桂北林。火云三月合，石路九疑深。暗谷随风过，危桥共鸟寻。羁魂已愁绝，不复待猿吟。

游道林寺

佳山路不远，俗侣到常稀。及此烟霞暮，相看复欲归。

过三闾庙

沅湘流不尽，屈子怨何深。日暮秋风起，萧萧枫树林。

送裴明州郎中征效南朝体

潇水连湘水，千波万浪中。知郎未得去，惭愧石尤风。

泊湘口

湘山千岭树，桂水九秋波。露重猿声绝，风清月色多。

湘川野望

怀王独与佞人谋，闻道忠臣入乱流。今日登高望不见，楚云湘水各悠悠。

代书寄京洛旧游

今年十月温风起，湘水悠悠生白蘋。欲寄远书还不敢，却愁惊动故乡人。

妻亡后别妻弟

杨柳青青满路垂，赠行惟折古松枝。停舟一对湘江哭，哭罢无言君自知。

麓山寺会送尹秀才

湖上逢君亦不闲，暂将离别到深山。飘蓬惊鸟那自定，强欲相留云树间。

送孙直游郴州

孤舟上水过湘源，桂岭南枝花正繁。行客自知心有托，不闻惊浪与啼猿。

湘南即事

卢橘花开枫叶衰，出门何处望京师。沅湘日夜东流去，不为愁人住少时。

送独孤愧还京

举家相逐还乡去，不向秋风怨别时。湖水两重山万里，定知行尽到京师。

送人游岭南

少别华阳万里游，近南风景不曾秋。红芳绿笋是行路，纵有猿啼听却幽。

别张员外

木叶纷纷湘水滨，此中何事往频频。临风自笑归时晚，更送浮云逐故人。

道州寄李使君

九疑深路绕山回，木落天清猿昼哀。犹隔箫韶一峰在，遥传五马向东来。

再巡道永留别

鬓下初惊白发时，更逢离别助秋悲。从今不学四方事，已共家人海上期。

和河南罗主簿送校书兄归江南

兄弟泣殊方，天涯指故乡。断云无定处，归雁不成行。草莽人烟少，风波水驿长。上虞亲渤澥，东楚隔潇湘。古戍阴传火，寒芜晓带霜。海门潮滟滟，沙岸荻苍苍。京辇辞芸阁，蘅方忆草堂。知君始宁隐，还缉旧荷裳。

同辛兖州巢父卢副端岳相思献酬之作因抒归怀兼呈辛魏二院长杨长宁

暮角发高城，情人坐中起。临觞不及醉，分散秋风里。虽有明日期，离心若千里。前欢反惆怅，后会还如此。焉得夜淹留，一回终宴喜。羁游复牵役，皆去重湖水。早晚泛归舟，吾从数君子。

桂阳北岭偶过野人所居聊书即事呈王永州邕李道州圻

犬吠空山响，林深一径存。隔云寻板屋，渡水到柴门。日昼风烟静，花明草树繁。乍疑秦世客，渐识楚人言。不记逃乡里，居然长子孙。种田烧险谷，汲井凿高原。畦叶藏春雉，庭柯宿旅猿。岭阴无瘴疠，地隙有兰荪。内户均皮席，枯瓢沃野飧。远心知自负，幽赏讵能论。转步重崖合，瞻途落照昏。他时愿携手，莫比武陵源。

下鼻亭泷行八十里聊状艰险寄青苗郑副端朔阳

泷水天际来，鼻山地中坼。盘涡几十处，叠溜皆千尺。直写卷沈沙，惊翻冲绝壁。淙淙振崖谷，汹汹竟朝夕。人语不自闻，日光乱相射。舣舟始摇漾，举棹旋奔激。既下同建瓴，半空方避石。前危苦未尽，后险何其迫。倏闪疾风雷，苍皇荡魂魄。因随伏流出，忽与跳波隔。远想欲回轩，岂兹还泛鹢。云涯多候馆，努力勤登历。

同衮州张秀才过王侍御参谋宅赋十韵柳字

十年官不进，敛迹无怨咎。漂荡海内游，淹留楚乡久。因参戎幕下，寄宅湘川口。翦竹开广庭，瞻山敞虚牖。闲门早春至，陋巷新晴后。覆地落残梅，和风袅轻柳。逢迎车马客，邀结风尘友。意惬时会文，夜长聊饮酒。秉心转孤直，沈照随可否。岂学屈大夫，忧惭对渔叟。

怀素上人草书歌

楚僧怀素工草书，古法尽能新有余。神清骨竦意真率，醉来为我挥健笔。始从破体变风姿，一一花开春景迟。忽为壮丽就枯涩，龙蛇腾盘兽屹立。驰毫骤墨列奔驷，满坐失声看不及。心手相师势转奇，诡形怪状翻合宜。人人欲问此中妙，怀素自言初不知。

柳花歌送客往桂阳

沧浪渡头柳花发，断续因风飞不绝。摇烟拂水积翠间，缀雪含霜谁忍攀。夹岸纷纷送君去，鸣棹孤寻到何处。移家深入桂水源，种柳新成花更繁。定知别后消散尽，却忆今朝伤旅魂。①

李皋

李皋（733—792），字子兰，唐宗室后裔。少补左司御率府兵曹参军，迁秘书少监。上元初，因事贬温州长史。迁衡州刺史、潮州刺史，所至有善政。建中后，历镇湖南、荆南、江西、山南东道，贞元八年卒，年六十。存诗二首。

桃源

当时避地乾坤窄，此地安家日月长。草色几经坛杏改，浪花犹带洞庭香。②

护国

护国，唐江南诗僧。天宝、大历间在世，为玄、肃、代三朝人，

①戴叔伦诗辑自《全唐诗》。
②辑自《舆地纪胜》，中华书局1992年版。原无题名，此依《全唐诗续拾》。

与灵一同时而稍后。工词翰，诗名闻于世。约卒于代宗大历间，张谓有诗哭之。《全唐诗》录存其诗十二首。

访云母山僧

森然古岩里，净行一番僧。松下滤寒水，佛前挑夜灯。莲花国土异，贝叶梵书能。想到空王境，无心问爱憎。

赠张驸马斑竹柱杖

此君与我在云溪，劲节奇文胜杖藜。为有岁寒堪赠远，玉阶行处愿提携。

题醴陵玉仙观歌

王乔一去空仙观，白云至今凝不散。星垣松殿几千秋，往往笙歌下天半。瀑布西行过石桥，黄精采根还采苗。路逢一人擎药碗，松花夜雨风吹满。自言家住在东坡，白犬相随邀我过。南山石上有棋局，曾使樵夫烂斧柯。①

麹信陵

麹信陵，唐吴县包山（今苏州市）人。贞元元年（785）进士及第，复登贤良方正能直言极谏科。六年，为舒州望江令，有惠政。卒于任。有诗一卷，今存六首。

①护国诗辑自《全唐诗》卷八一一。

移居洞庭

重林将叠嶂，此处可逃秦。水隔人间世，花开洞里春。荷锄分地利，纵酒乐天真。万事更何有，吾今已外身。①

鲁收

鲁收，代宗大历中在湖南，与怀素过往，有歌诗赞其草书。余不详。《全唐诗》存诗一首。

怀素上人草书歌

吾观文士多利用，笔精墨妙诚堪重。身上艺能无不通，就中草圣最天纵。有时兴酣发神机，抽毫点墨纵横挥。风声吼烈随手起，龙蛇迸落空壁飞。连拂数行势不绝，藤悬查蹙生奇节。划然放纵惊云涛，或时顿挫萦毫发。自言转腕无所拘，大笑羲之用阵图。狂来纸尽势不尽，投笔抗声连叫呼。信知鬼神助此道，墨池未尽书已好。行路谈君口不容，满堂观者空绝倒。所恨时人多笑声，唯知贱实翻贵名。观尔向来三五字，颠奇何谢张先生。②

阳城

阳城（736—805），字亢宗，唐陕州夏县（今属山西）人，祖籍定州北平（今河北完县）。早年隐于中条山，远近慕其德行，多从其

①辑自《唐诗纪事》卷三五，上海古籍出版社2008年版。

②辑自《文苑英华》卷三三八。

学。李泌闻其名，荐为著作郎，寻迁谏议大夫。后改国子司业，复因事出为道州刺史，甚有政声。

谒赠何国子监司籍坚

久仰高明抱朴忠，倏传马首向城东。锦袍光射三千里，汗史功高百二雄。童稚候门烹雀舌，黎老植杖盼菊松。皇天应欲逸家辅，故遣盘桓醉碧筒。①

韦应物

韦应物（737—791），唐京兆（今陕西西安）人。玄宗时，曾在宫廷中任三卫郎。后应举成进士，代宗广德至德宗贞元间，先后为洛阳丞、京兆府功曹参军、鄠县令、比部员外郎、滁州和江州刺史、左司郎中、苏州刺史。贞元七年退职。世称“韦江州”、“韦左司”或“韦苏州”。有集传世。

夏夜忆卢嵩

霭霭高馆暮，开轩涤烦襟。不知湘雨来，潇洒在幽林。炎月得凉夜，芳樽谁与斟。故人南北居，累月间徽音。人生无闲日，欢会当在今。反侧候天旦，层城苦沉沉。②

卢纶

卢纶（约737—约799），字允言，唐河中蒲（今山西省永济县）

①辑自《道州志》卷十一，光绪三年刻本。
②辑自《全唐诗》卷一九一。

人。大历六年（771），宰相元载举荐，授阌乡尉。后由王缙荐为集贤学士，秘书省校书郎，升监察御史。出为陕府户曹、河南密县令。大历十一年，元载和王缙获罪，遭到牵连。唐德宗建中元年（780），任昭应县令，贞元年间入河中节度使浑瑊幕，任检校户部郎中，后世遂以卢户部称之。有集，《全唐诗》收其诗五卷。

送顾秘书献书后归岳州

黄叶落不尽，苍苔随雨生。当轩置尊酒，送客归江城。竹里闻机杼，舟中见弟兄。岳阳贤太守，应为改乡名。

春江夕望

洞庭芳草遍，楚客莫思归。经难人空老，逢春雁自飞。东西兄弟远，存没友朋稀。独立还垂泪，天南一布衣。①

耿湋

耿湋，字洪源，唐河东（今山西永济）人。宝应二年（763年）进士及第，任周至尉，入朝任左拾遗或右拾遗，后官大理司法。工诗，与钱起、卢纶、司空曙等人齐名，号“大历十才子”。

巴陵逢洛阳邻舍

因君知北事，流浪已忘机。客久多人识，年高众病归。连云湖色远，度雪雁声稀。又说家林尽，凄伤泪满衣。

---

①卢纶诗辑自《全唐诗》卷二七六至二八〇。

送友贬岭南

暮年从远谪，落日别交亲。湖上北飞雁，天涯南去人。梦成湘浦夜，泪尽桂阳春。岁月茫茫意，何时雨露新。

赋得沙上雁

衡阳多道里，弱羽复哀音。还塞知何日，惊弦乱此心。夜阴前侣远，秋冷后湖深。独立汀洲意，宁知霜霰侵。

岳祠送薛近贬官

枯松老柏仙山下，白帝祠堂枕古逵。迁客无辜祝史告，神明有喜女巫知。遥思桂浦人空去，远过衡阳雁不随。度岭梅花翻向北，回看不见树南枝。①

刘商

刘商，字子夏，唐彭城（今江苏徐州）人。大历间进士，官礼部郎中。能文善画，诗以乐府见长。《全唐诗》收诗两卷。

曲水寺枳实

枳实绕僧房，攀枝置药囊。洞庭山上橘，霜落也应黄。

题水洞二首

桃花流出武陵洞，梦想仙家云树春。今看水入洞中去，却是

①辑自《全唐诗》卷二六九。

桃花源里人。

长看岩穴泉流出，忽听悬泉入洞声。莫摘山花抛水上，花浮出洞世人惊。[1]

李端

李端，字正己，唐赵州（今河北赵县）人。大历十才子之一。少居庐山，师诗僧皎然。大历五年（770）进士。曾任秘书省校书郎、杭州司马。晚年辞官隐居湖南衡山，自号衡岳幽人。有集传世。

晚次巴陵

雪后柳条新，巴陵城下人。烹鱼邀水客，载酒奠山神。云去低斑竹，波回动白蘋。不堪逢楚老，日暮正江春。

赠衡岳隐禅师

旧住衡州寺，随缘偶北来。夜禅山雪下，朝汲竹门开。半偈传初尽，群生意未回。唯当与樵者，杖锡入天台。

宿洞庭

白水连天暮，洪波带日流。风高云梦夕，月满洞庭秋。沙上渔人火，烟中贾客舟。西园与南浦，万里共悠悠。

---

①刘商诗辑自《全唐诗》卷三〇四。

江上赛神

疏鼓应繁丝，送神归九疑。苍龙随赤凤，帝子上天时。骤雨归山疾，长江下日迟。独怜游宦子，今夜泊天涯。

江上逢司空曙

共尔髫年故，相逢万里余。新春两行泪，故国一封书。夏口帆初落，涔阳雁正疏。唯当执杯酒，暂食汉江鱼。

江上喜逢司空文明

秦人江上见，握手泪沾巾。落日见秋草，暮年逢故人。非夫长作客，多病浅谋身。台阁旧亲友，谁曾见苦辛。

江上逢柳中庸

旧住衡山曾夜归，见君江客忆荆扉。星沉岭上人行早，月过湖西鹤唳稀。弱竹万株频碍帻，新泉数步一褰衣。今来唯有禅心在，乡路翻成向翠微。

山中寄苗员外

鸟鸣花发空山里，衡岳幽人藉草时。既近浅流安笔砚，还因平石布蓍龟。千寻楚水横琴望。万里秦城带酒思。闻说潘安方寓直，与君相见渐难期。

古别离二首

水国叶黄时，洞庭霜落夜。行舟闻商估，宿在枫林下。此地送君还，茫茫似梦间。后期知几日，前路转多山。巫峡通湘浦，迢迢隔云雨。天晴见海樯，月落闻津鼓。人老自多愁，水深难急流。清宵歌一曲，白首对汀洲。与君桂阳别，令君岳阳待。后事忽差池，前期日空在。

木落雁嗷嗷，洞庭波浪高。远山云似盖，极浦树如毫。朝发能几里，暮来风又起。如何两处愁，皆在孤舟里。昨夜天月明，长川寒且清。菊花开欲尽，荠菜泊来生。下江帆势速，五两遥相逐。欲问去时人，知投何处宿。空令猿啸时，泣对湘篁竹。①

戎昱

戎昱，（744—800），唐荆南人。大历初在荆南节度使卫伯玉幕府中任从事。后流寓湖南，为潭州刺史崔瓘、桂州刺史李昌巎幕僚。后居长安，任侍御史。历辰州、虔州刺史。晚年在湖南零陵任职，流寓桂州而终。《全唐诗》录存其诗编为一卷。

衡阳春日游僧院

曾共刘谘议，同时事道林。与君相掩泪，来客岂知心。阶雪凌春积，炉烟向暝深。依然旧童子，相送出花林。

湖南雪中留别

草草还草草，湖东别离早。何处愁杀人，归鞍雪中道。出门迷辙迹，云水白浩浩。明日武陵西，相思鬓堪老。

---

①李端诗辑自《全唐诗》卷二八四至二八六。

岁暮客怀

异乡三十口，亲老复家贫。无事乾坤内，虚为翰墨人。岁华南去后，愁梦北来频。惆怅江边柳，依依又欲春。

送陆秀才归觐省

武陵何处在，南指楚云阴。花萼连枝近，桃源去路深。啼莺徒寂寂，征马已骎骎。堤上千年柳，条条挂我心。

寄郑炼师

平生金石友，沦落向辰州。已是二年客，那堪终日愁。尺书浑不寄，两鬓计应秋。今夜相思月，情人南海头。

骆家亭子纳凉

江湖思渺然，不离国门前。折苇鱼沈藻，攀藤鸟出烟。生衣宜水竹，小酒入诗篇。莫怪侵星坐，神清不欲眠。

耒阳溪夜行

乘夕棹归舟，缘源二转幽。月明看岭树，风静听溪流。岚气船间入，霜华衣上浮。猿声虽此夜，不是别家愁。

谪官辰州冬至日有怀

去年长至在长安，策杖曾簪獬豸冠。此岁长安逢至日，下阶遥想雪霜寒。梦随行伍朝天去，身寄穷荒报国难。北望南郊消息断，江头唯有泪阑干。

辰州闻大驾还宫

闻道銮舆归魏阙，望云西拜喜成悲。宁知陇水烟销日，再有园林秋荐时。渭水战添亡虏血，秦人生睹旧朝仪。自惭出守辰州畔，不得亲随日月旗。

上湖南崔中丞

山上青松陌上尘，云泥岂合得相亲。举世尽嫌良马瘦，唯君不弃卧龙贫。千金未必能移性，一诺从来许杀身。莫道书生无感激，寸心还是报恩人。

寄梁淑

长忆江头执别时，论文未有不相思。雁过经秋无尺素，人来终日见新诗。心思食檗何由展，家似流萍任所之。悔学秦人南避地，武陵原上又征师。

中秋夜登楼望月寄人

西楼见月似江城，脉脉悠悠倚槛情。万里此情同皎洁，一年今日最分明。初惊桂子从天落，稍误芦花带雪平。知称玉人临水见，可怜光彩有余清。

湖南春日二首

自怜春日客长沙，江上无人转忆家。光景却添乡思苦，檐前数片落梅花。

三湘漂寓若流萍，万里湘乡隔洞庭。羁客春来心欲碎，东风莫遣柳条青。

戏题秋月

秋宵月夜胜春宵，万里天涯静寂寥。近来数夜飞霜重，只畏娑婆树叶凋。

宿湘江

九月湘江水漫流，沙边唯览月华秋。金风浦上吹黄叶，一夜纷纷满客舟。

湘南曲

虞帝南游不复还，翠蛾幽怨水云间。昨夜月明湘浦宿，闺中珂珮度空山。

送零陵妓

宝钿香蛾翡翠裙，装成掩泣欲行云。殷勤好取襄王意，莫向阳台梦使君。

旅次寄湖南张郎中

寒江近户漫流声，竹影临窗乱月明。归梦不知湖水阔，夜来还到洛阳城。

寒食浯阳

寒食浯阳诸小儿，齐歌齐舞带花枝。郡从兵乱年荒后，人似开元天宝时。

辰州建中四年多怀

荒徼辰阳远，穷秋瘴雨深。主恩堪洒血，边宦更何心。海上红旗满，生前白发侵。竹寒宁改节，隼静早因禽。务退门多掩，愁来酒独斟。无涯忧国泪，无日不沾襟。

晚次荆江

孤舟大江水，水涉无昏曙。雨暗迷津时，云生望乡处。渔翁闲自乐，樵客纷多虑。秋色湖上山，归心日边树。徒称竹箭美，未得枫林趣。向夕垂钓还，吾从落潮去。

采莲曲二首

虽听采莲曲，讵识采莲心。漾楫爱花远，回船愁浪深。烟生极浦色，日落半江阴。同侣怜波静，看妆堕玉簪。

涔阳女儿花满头，毵毵同泛木兰舟。秋风日暮南湖里，争唱菱歌不肯休。①

澧州新城颂并序

《诗》曰：“赳赳武夫，公侯干城。”美贤人将帅折冲于未然也。自周建五长，秦制百郡，地非城不安，故分诸侯之符，美专城之称，尚矣！澧州，荆之近庸，国之南屏，水陆吴楚，风俗夷獠，溪蛮好乱，相寇仍梗。澹津之墟尚在，天门之垒可辨。虑危杜渐，非贤孰能。古城之东垣，不盈百仞，地偏而僻署斜向，日正而阴阳气互。遂

①戎昱诗辑自《全唐诗》卷二一、二七〇。

使灾沴屡降，水旱更作。乾元中盗不盈百，即州将失守，间岁徽泸军溃，即郡人涂炭。向使崇堵可固，廪藏是蓄，何蕞尔之寇，得残生人乎！前年春，天子辍伊吕之佐而牧守澧，公行不加惧，布无恩之惠，人和乐而不使。公尝曰："一日必葺其墙宇，而况于城池乎?"遂度木于山，浮木于水，选巧匠于退卒，就畚夫于庸保。人急于利，役无劳焉。因旧址而板筑云集，创新规而雉堞霞映，峭壁屹立，修廊虹亘，讼堂铃阁，从俭制焉。不三四旬，功乃就矣。倚连冈以起伏，面长江以演漾；登观则山川在目，雄镇则黔巫可抗。澧人歌之曰："可怜地上楼，百姓不知修。上有清使君，下有清江流。"虽臧质石城之谣，不是过也。耳目风化，得无颂乎！

攲危江城，榛芜上平。廨宇改卜，垣墉半倾。肇自二纪，凶渠再惊。廪不我食，人不我生。大贤为政，革故鼎新。畚走锸举，樣冲忽陈。俄耸雉堞，如驱鬼神。虽崇洋城，不劳洋人。南楼峨峨，下压澄清。画角晓吹，啼乌夜遇。浦珠自还，野童自歌。我公之祉，如山如河。①

①辑自《全唐文》卷六一九。

卷五

杨凭

杨凭，字虚受，一字嗣仁，虢州弘农（今河南灵宝）人。善诗文，与弟凝、凌并有重名。大历中，俱登第。时称“三杨”。累官湖南、江西观察使。在镇汰侈，性简傲，人多怨之。入拜京兆尹，为御史中丞李夷简所劾，贬临贺尉。俄徙杭州长史，官终太子詹事。《全唐诗》存诗一卷。

晚泊江戍

旅棹依遥戍，清湘急晚流。若为南浦宿，逢此北风秋。云月孤鸿晚，关山几路愁。年年不得意，零落对沧洲。

春中泛舟

仙郎归奏过湘东，正值三湘二月中。惆怅满川桃杏醉，醉看还与曲江同。

寄别

晚烟洲雾并苍苍，河雁惊飞不作行。回旆转舟行数里，歌声犹自逐清湘。

早发湘中

按节鸣笳中贵催，红旌白旆满船开。迎愁溢浦登城望，西见荆门积水来。

春情

暮雨朝云几日归，如丝如雾湿人衣。三湘二月春光早，莫逐狂风缭乱飞。

送客往荆州

巴丘过日又登城，云水湘东一日平。若爱春秋繁露学，正逢元凯镇南荆。

湘江泛舟

湘川洛浦三千里，地角天涯南北遥。除却同倾百壶外，不愁谁奈两魂销。

赠马炼师

心嫌碧落更何从，月帔花冠冰雪容。行雨若迷归处路，近南惟见祝融峰。①

杨凝

杨凝，字懋功，唐文学家。祖籍虢州弘农（今河南灵宝），安史之乱时其家移居苏州。与兄凭、弟凌合称“三杨”。代宗大历十三年（778）登进士第，为状元，授校书郎，后由协律郎三迁侍御史。任司封员外郎时，得罪权贵，改任吏部员外郎，徙右司郎中。贞元十二年

---

①杨凭诗辑自《御览诗》，景印清文渊阁四库全书本，台湾商务印书馆1986年版。

(796)，出任宣武节度判官，代理亳州刺史，兴修水利，颇有政绩。贞元十五年（799），宣武军乱，走还京师，托病闲居三载。贞元十八年（802），起任兵部郎中，贞元十九年病卒。柳宗元为之作墓碣，韩愈赋《哭杨兵部陆歙州》诗。凝工诗善文，原有诗近三百首，文一百四十余篇，其兄杨凭编集为二十卷，权德舆为之作序，原集已佚。《全唐诗》录存其诗三十九首，编为一卷。

别谪者

此地闻犹恶，人言是所之。一家书绝久，孤驿梦成迟。八月三湘道，闻猿冒雨时。不须祠楚相，臣节转堪疑。

初次巴陵

西江浪接洞庭波，积水遥连天上河。乡信为凭谁寄去，汀洲燕雁渐来多。

戏赠友人

湘阴直与地阴连，此日相逢忆醉年。美酒非如平乐贵，十升不用一千钱。①

周渭

周渭（740—805），字兆师，淮阴人。大历十四年（779）进士。先中文榜眼后中武状元。历任汝州襄城尉、长安尉、监察御史、殿中侍御史、膳部员外郎、祠部郎中，授秘书少监致仕。永贞元年（805）

---

①杨凝诗辑自《全唐诗》卷二九〇。

卒，年六十六。《全唐诗》卷二八一收周渭诗二首。

湘妃庙

代变时迁事迹存，见来谁不暗消魂。上程此日湘江过，依旧修篁有旧痕。①

灵澈

灵澈（约746—816），姓汤，字源澄，会稽（今浙江绍兴县）人。他自幼出家为僧，后从严维学诗，与僧皎然游，为时人所重。元和十一年（816）卒。著有《律宗引源》廿一卷。《全唐诗》录存其诗一卷。

归湖南作

山边水边待月明，暂向人间借路行。如今还向山边去，只有湖水无行路。②

李巽

李巽（约747—809），字令叔，赵州赞皇（今河北赞皇）人。以明经调补华州参军，拔萃登科，授鄠县尉。周历台省，由左司郎中出为常州刺史。逾年，召为给事中，出为湖南观察使，锐于为理。贞元五年（789），改江西观察使，加检校散骑常侍、兼御史大夫。顺宗即

①辑自《全唐诗》卷二八一。

②辑自《全唐诗》卷八一〇。

位，入为兵部侍郎。迁兵部尚书，明年改吏部尚书，使任如故。元和四年（809）四月卒，赠尚书左仆射。

请于郴州铸钱奏

得湖南院申，郴州平阳、高亭两县界有平阳冶，及马迹曲木等古铜坑，约二百八十余井，差官校覆，实有铜锡。今请于郴州旧桂阳监置炉两所，采铜铸钱，每日约二十贯，计一年铸成七千贯，有益于人。①

李益

李益（748—829），字君虞，唐代诗人，陕西姑臧（今甘肃武威）人，后迁河南郑州。大历四年（769）进士，初任郑县尉，久不得升迁，建中四年（783）登书判拔萃科。因仕途失意，后弃官在燕赵一带漫游。贞元十三年（797）任幽州节度使刘济从事。元和后入朝，历秘书少监、集贤殿学士、左散骑常侍等职。大和元年（827）礼部尚书，以礼部尚书致仕卒。有集传世，《全唐诗》编诗二卷。

寄赠衡州杨使君

湘竹斑斑湘水春，衡阳太守虎符新。朝来笑向归鸿道，早晚南飞见主人。

山鹧鸪词

湘江斑竹枝，锦翅鹧鸪飞。处处湘云合，郎从何处归。②

---

①辑自《全唐文》卷五二六。

②李益诗辑自《全唐诗》卷二八三。

可频瑜

可频瑜，唐代赋家，《历代赋汇》作“频喻”。生卒年、里居不详。曾在唐德宗建中年间（780—783）担任蓝田尉一职。《全唐文》收录有可频瑜所作赋五篇。

洞庭献新橘赋以湖海清和远人修贡为韵

洞庭之远兮，亘全楚而连巨吴。路悠悠以穷塞，波森森而平湖。远国之奥壤，中华之外区。风土所宜兮四方各异，珍果斯出兮诸夏或无。至于白商谢，元律改。风落瑶林，寒生穷海。枇杷落而将尽，荔枝摘而不待。然后浮香外散，美味中成。照斜晖而金色，带晓润而霜清。圆甚垂珠，琪树方而孰可；味能适口，玉果比而全轻。在禹贡非它，于周制则那。充厥包于林下，发使者于江沱。穰橙不得而杂，楚柚不得而和。所献者皆叹其美，所贵者不以其多。岁峥嵘而已晚，路崎岖而自远。齐万物以坌入，离本枝而不返。其价可重，其味可珍。固绿蒂而未变，施素锦而犹新。若夕发于南国，已朝奉于北辰。匪雕饰以自媚，实羽翼以因人。献芹者既非其匹敌，献桃者何足以等伦。岂比夫江北则枳，江陵则洲。随栌黎而莫遂，备职贡而无由。同硕果而已矣，望君门兮阻修。美哉！植物斯多，结实者众。斯橘也，栽则隔乎淮浦，生则主乎云梦。独专美于当今，及岁时而入贡。①

①辑自《文苑英华》卷一四五。

熊执易

熊执易，豫章（今江西南昌）人。生卒年不详。贞元元年（785）进士，历官户部郎中、右补阙。著《化统》五百卷，执易类九经为书，三十年乃成，未及上，卒于西川。武元衡将为写进，妻薛藏之不许。

武陵郡王马公神道碑

大唐将军，能扶赞神武，斩艾不王者，曰太尉扶风王。薨二十二年，而长子蔚州牧御史大夫武陵王钺，自朔易归葬于万年铜人原。贞元戊寅岁五月六日克窆焉，礼也。呜呼！自代宗末洎今上贞元，二纪之间，所求乎高明昌盛之家，伯仲肯构之力，而能保勋烈于上，继事业于下，包前庆以滋大，食旧德而日新者，蔚州有焉。

公讳某，字某，其先茂陵人。在尧舜揖让之盛，则庭坚作士，而五刑五流克明，伯益作虞，而草木鸟兽咸若。在殷周质文之际，则造父启封而秦始大，宣孟作忠而晋蕃衍。此其泉源之奥焉。洎炎灵反动，伏波为汉室天柱；文教中兴，南郡为孔门木铎。此其祖宗之表焉。在皇朝，松、安、嶲、鄯四府都督，陇右节度，加、鄜、鄘三州刺史，右武、左武二卫大将军，扶风公，食邑千户，赠光禄卿府君讳正会，公之曾祖也；左司御率府兵曹参军赠太子少保府君讳晟，公之皇祖也；四镇、北庭、泾原、郑、颍等节度使开封仪同三司尚书左仆射知省事兼御史大夫扶风郡王赠司徒太尉府君讳璘，公之烈考也。於戏！在玄宗时，太尉仗剑万里，建绩二府，实猎边陲，振扬公阃，七戎六狄，莫敢内侮。盖神贶灵庆，公生伊西，实忠精是感也。在肃宗时，太尉乃唱大义以逾绝域，提一旅以应王师，既清西夏，乃定有洛，功盖郡帅，勋在二京。公与母弟绩，恋于大荒，来宁上国，睹兹盛业，实勋烈有嗣也。在代宗时，太尉乃总大兵，居上将，载云旗，控朔陲，旄头销于异谷，蚁聚遁于虎落，业挥而载，气慑戎旃，火烈其威，金声方革，膻腥不敢迩边者十年。公赏耳目旌门，手足闺壶，万锺之赋，自我以财成，七校之雄，多予以畅遂，实父蛊裕而天宠浃，内行积而公议归也。故公自初命四迁至太子左赞善大夫，历光禄少卿左骁卫将军。从祖司徒节制太原，奏统中军兵马，拜左卫将军武陵王，寻加御史丞。丁内艰，起复右卫将军兼云州刺史大同军使，迁代州刺史石岭镇北兵马使代北军使。为本道所请，复将中军兼御史大夫。迁蔚州刺史横野军使代北都知兵马使。

呜呼！公之致身也，以言乎天性，则挺奇表于劲俗，叶嘉庆于神州，徇国可以彰忠，克家可以明孝；以言乎朝容，则阶贵胄以统环卫，著通籍以履周行，仍朱户可称，赫翼宸居，是谓严重；以言乎邦政，则本慈惠以抚三郡，导滋殖以厚万人，乘塞寝柝，智也，告终罢市，仁也；以言乎戎律，则尽瘁以被乎战阵，戮力以承其师帅，书功在代郊，可不曰勇哉？启手足归全，可不曰果哉？总众美而可覆，恤平昔其如在，方有茂实，谂无愧辞。夫人南阳郡樊氏，故侍御史衢州别驾晁之女，之死之叹，母天莫移。嗣子前汾州平遥尉澹，次泳、湘、渐、汭、深，免丧之哀，心目皆瞿。长女归濮阳吴鲁，次服沙门之教，次归汝南周邕，洎幼女三人，婉稚年以室处。公之令弟皓，右神武军将兼御史中丞，禀天策以警紫垣，统禁旅而环黄屋，贞忠一德，向力帝家，存没永违，茹哀天壤。次晞，前太常寺奉礼郎。次晔，前扬州参军，并擢宏文馆明经。盛矣夫！光禄之威憺西陲，少保之道高齐俗，太尉之神扶圣祚，君侯之惠敷朔郊，将军之忠卫宸极。君子曰："田宗三王，彼可全矣，石氏万石，我何谢焉?"呜呼！非夫人明柔慈爱，孰抚吾室？非爱弟仁厚忠肃，孰昌吾族？而诸孤能承佐先轨，惧陨厥问，周爰叔父之仁旨，载王景行之遗烈。敢稽代绪，以表道周。铭曰：

将星有耀，烛天煌煌。武库多材，我宗最良。在昔光禄，登坛保疆。乃拥节旄，以扼河湟。左衽畏慕，右地雄张。降及司徒，其道大彰。遭德孔艰，致命一匡。既复区夏，乃轨豺狼。彤弓专征，元戎启行。实倡九牧，以定四方。贤哉长嗣，居焉庙堂。庸勋是承，父子皆王。再秉龙韬，中军以扬。出授鱼符，北地周康。古人有言，遏逸前光。令子罔愆，继序不忘。精腾魄复，天望地藏。高坟揭然，丰碑在旁。雨露既濡，松柏苍苍。独有代功，著于缣缃。①

张署

张署（？—约 816），郡望河间鄚县（今河北任丘东北）。德宗贞元二年（786）登进士第，又中博学宏词科，累迁监察御史。十九年因谏宫市贬临武令，累迁京兆府司录参军。宪宗元和二年（807）任凤翔陇右节度判官，四年改三原令，五年拜刑部员外郎。约于六年出为虔州刺史，改澧州刺史，河南令。工诗，与韩愈过从唱酬甚密。《全唐诗》存诗一首，《全唐诗续拾》补诗一句。

赠韩退之

九疑峰畔二江前，恋阙思乡日抵年。白简趋朝曾并命，苍梧

①辑自《文苑英华》卷八九二。

左宧一联翩。鲛人远泛渔舟水，鹏鸟闲飞露里天。涣汗几时流率土，扁舟西下共归田。①

孟郊

孟郊（751—814），字东野，唐代诗人，湖州武康（今浙江德清）人。早年生活贫困，屡试不第。近五十岁始登进士第，任江南溧阳尉，不久弃官。元和初，河南尹郑余庆奏为河南水陆转运从事，试协律郎，定居洛阳。后郑余庆镇守兴元，又奏为参谋、试大理评事。元和九年（814），行至阌乡（今河南灵宝），暴病去世。张籍私谥为"贞曜先生"。与贾岛齐名，人称"郊寒岛瘦"。现存诗歌五百多首，以短篇的五言古诗最多。《全唐诗》编其诗为五卷，《全唐诗外编》补诗一首。

送任载齐古二秀才自洞庭游宣城

洞庭非人境，道路行虚空。二客月中下，一帆天外风。鱼龙波五色，金碧树千丛。闪怪如可惧，在诚无不通。扣奇知浩淼，采异访穹崇。物表即高韵，人间访仙公。宣城文雅地，谢守声闻融。证玉易为力，辨珉谁不同。从兹阮籍泪，且免泣途穷。

游韦七洞庭别业

洞庭如潇湘，叠翠荡浮碧。松桂无赤日，风物饶清激。逍遥展幽韵，参差逗良觌。道胜不知疲，冥搜自无斁。旷然青霞抱，永矣白云适。崆峒非凡乡，蓬瀛在仙籍。无言从远尚，还思君子

①辑自《全唐诗》卷三一四。

识。波涛漱古岸，铿锵辨奇石。灵响非外求，殊音自中积。人皆走烦浊，君能致虚寂。何以祛扰扰，叩调清淅淅。既惧豪华损，誓从诗书益。一举独往姿，再摇飞遁迹。山深有变异，意惬无惊惕。采翠夺日月，照耀迷昼夕。松斋何用扫，萝院自然涤。业峻谢烦芜，文高追古昔。暂遥朱门恋，终立青史绩。物表易淹留，人间重离析。难随洞庭酌，且醉横塘席。

旅次湘沅有怀灵均

分拙多感激，久游遵长途。经过湘水源，怀古方踟蹰。旧称楚灵均，此处殒忠躯。侧聆故老言，遂得旌贤愚。名参君子场，行为小人儒。骚文衒贞亮，体物情崎岖。三黜有愠色，即非贤哲模。五十爵高秩，谬膺从大夫。胸襟积忧愁，容鬓复凋枯。死为不吊鬼，生作猜谤徒。吟泽洁其身，忠节宁见输。怀沙灭其性，孝行焉能俱。且闻善称君，一何善自殊。且闻过称己，一何过不渝。悠哉风土人，角黍投川隅。相传历千祀，哀悼延八区。如今圣明朝，养育无羁孤。君臣逸雍熙，德化盈纷敷。巾车徇前侣，白日犹昆吾。寄君臣子心，戒此真良图。

送豆卢策归别墅

短松鹤不巢，高石云不栖。君今潇湘去，意与云鹤齐。力买奇险地，手开清浅溪。身披薜荔衣，山陟莓苔梯。一卷冰雪文，避俗常自携。

楚竹吟酬卢虔端公见和湘弦怨

握中有新声，楚竹人未闻。识音者谓谁，清夜吹赠君。昔为潇湘引，曾动潇湘云。一叫凤改听，再惊鹤失群。江花匪秋落，山日当昼曛。众浊响杂沓，孤清思氛氲。欲知怨有形，愿向明月分。一掬灵均泪，千年湘水文。

湘妃怨

南巡竟不返，二妃怨逾积。万里丧蛾眉，潇湘水空碧。冥冥荒山下，古庙收贞魄。乔木深青春，清光满瑶席。搴芳徒有荐，灵意殊脉脉。玉佩不可亲，徘徊烟波夕。

湘弦怨

昧者理芳草，蒿兰同一锄。狂飙怒秋林，曲直同一枯。嘉木忌深蠹，哲人悲巧诬。灵均入回流，靳尚为良谟。我愿分众泉，清浊各异渠。我愿分众巢，枭鸾相远居。此志谅难保，此情竟何如。湘弦少知音，孤响空踟蹰。①

惟俨

惟俨，又名药山惟俨。俗姓韩，绛州（在今山西侯马市东北）人。禅宗南宗青原系僧人。初依潮阳西山慧照禅师出家，后从衡山希迁禅师受法。唐贞元初，于澧州药山创慈云寺（俗呼药山寺），宗风大振。

曜日颂

遍身烘烂更何人，卧棘森森一智真。为报你来须体妙，时中

①孟郊诗辑自《孟东野诗集》，上海商务印书馆1919年版。

不拟宛然新。[①]

韦武

韦武（752—806），唐京兆万年（今陕西西安）人。以荫补右千牛，累迁长安丞。德宗幸梁州，韦武委妻子奔行在，除殿中侍御史，历刑部员外郎。后为绛州刺史，凿汾水灌田万余顷。宪宗时，入为京兆尹，护治丰陵，未成而卒。

浯溪题名

建中三年秋八月廿三日。□□□兆韦武记。[②]

张正甫

张正甫（752—834），字践方，南阳（今河南南阳）人。唐德宗贞元二年（786）丙寅科状元及第。登第后曾为襄阳从事、监察御史，为官清正，行事强悍，不为名利所动。后不附权要被诬陷，贬为郴州长史，又拜殿中侍御史，迁任户部郎中，又改任河南尹。在任上，有朝臣推举一人为河南科试解元，遭其拒绝。力主选人公正，任人唯才。后又由同州刺史入朝拜左散骑常侍、工部尚书，大和五年（831）任检校兵部尚书、太子詹事。大和六年以吏部尚书之职告老辞官，赋闲在家，两年后去世。追赠太师。

衡州般若寺观音大师碑铭并序

天宝三载，观音大师终于衡岳，春秋六十八，僧腊四十八。元和

---

①辑自《祖堂集》卷四，中州古籍出版社 2001 年版。
②辑自《湖南通志》卷二六五。

十八年，故大弟子道一之门人曰惟宽、怀晖，感尘劫遽迁，塔树已拱，惧绝故老之口，将贻后学之忧，丕若贻谋，思扬祖德，乃列景行，托于废文，强名无迹，以慰乎罔极之恩。

曰自腾兰演教于此土也，殆将千岁，达摩传心至六叶也，分为二宗。不阶初入，顿入佛惠，曹溪教旨，于是乎传。宏而信之，观音其人也。大师讳怀让，京兆杜氏，其先因家安康，即为郡人。髫年俊发，聪悟绝众，群言所涉，一览无遗。居常而未或好弄，在丑而不可亵近。尝嘿观止水，因而顾影，形仪禺若，宛在镜中。三反厥像，如初沛然。而心乎独得，还步未辍。闻于空中曰："佛法津梁，俟子而大，既应付嘱，尔盍勉之。"乃深割爱缘，亟从剃落。以荆土律藏之微密也，大士智京在焉，摄衣从之，既进而仪法峻整，冠于等辈；以嵩岳禅之泉海也，长安长老在焉，稽首咨之，既授记而身心自在，超出尘垢。厌离文字，思会宗元，周法界以冥搜，指曹溪而遐举。能大师方宏法施，学者如归，涉其藩阃者十一二焉，跻其室堂者又十一焉。师以后学弱龄，分为末席，虚中而若无所受，善闭而惟恐有闻。能公异焉，置之座右。会一音，吹万有，衍方寸，弥大千，同焉而交畅，异焉而吻合。同授秘印，目为宗师。乃陟武当，穷栖十霜，蓬来衡岳，终焉是托。惟般若圣概，有观音道场，宴居斯宇，因以为号。或微言析理，辩士顺风而杜其口；或杖屦将撰，山灵借留而规于梦。远自梁益，近从荆吴，云趋景附，风动川至，灵山圣会，今古一时。至矣哉！未始闻也。一公见性同德，宏教锺陵，郁为名家，再扬木铎，而施及宽晖，继传心灯，共镇国土。乃追琢琬炎，揭于故山，扬其耿光，以示来劫。其受法弟子亦序列于左，式明我教之有开焉。铭曰：

不疾而速，平平南宗。穷行其教，岳岳让公。秀发之英，激于童齿。出尘之像，光于止水。乃趋律会，仪范孔修。乃探密藏，先觉同求。曹溪实归，般若观妙。体是宗极，湛乎反照。一从委顺，六纪于兹。教迹未衰，灵峰岿而。一公丕承，峻其廊庑。宽晖继起，重规叠矩。乃扫尘塔，乃植丰碑。率是教者，兹焉有归。①

杨于陵

杨于陵（753—830），字达夫，弘农（今河南灵宝）人。进士及第，入朝为膳部员外郎，历官吏部郎中、中书舍人、潼关防御、镇国军使、浙东观察使，入为京兆尹，官至户部侍郎。元和四年（809）出任岭南节度使，聘用韦词、李翱为幕僚，为监军许遂振所诬，改授吏部侍郎，为唐邓供军使，高霞寓兵败，贬郴州刺史。复升户部侍郎。穆宗时，迁户部尚书，以左仆射致仕。太和四年（830）卒，赠司空。

郡斋有紫薇双本自朱明接于徂暑其花芳馥数旬犹茂庭宇之内迥无其伦予嘉其美而能久因诗纪述

晏朝受明命，继夏走天衢。逮兹三伏候，息驾万里途。省躬既局蹐，结思多烦纡。簿领幸无事，宴休谁与娱。内斋有嘉树，双植分庭隅。绿叶下成幄，紫花纷若铺。摛霞晚舒艳，凝露朝垂珠。炎沴昼方铄，幽姿闲且都。夭桃固难匹，芍药宁为徒。懿此时节久，讵同光景驱。陶甄试一致，品汇乃散殊。濯质非受彩，无心那夺朱。粤予负羁絷，留赏益踟蹰。通夕靡云倦，西南山月孤。②

---

①辑自《全唐文》卷六一九。

②辑自《文苑英华》卷三二〇。

侍郎寂题名

于陵已纪题于北岩丕，逾主备正月。金丹亦同至此岩，衡山大德诚盈续来，共登。①

陈羽

陈羽，字不详，吴县（今江苏苏州）人。早年曾在镜湖、若耶溪漫游，与诗僧灵一唱和。贞元八年（792）进士及第，官东宫卫佐。有诗集传世。《全唐诗》存诗一卷，其中杂有贾岛、郎士元作品。《全唐诗续拾》补诗三首。

湘妃怨

舜欲省蛮陬，南巡非逸游。九山沉白日，二女泣沧洲。目极楚云断，恨连湘水流。至今闻鼓瑟，咽绝不胜愁。

春园即事

水隔群物远，夜深风起频。霜中千树橘，月下五湖人。听鹤忽忘寝，见山如得邻。明年还到此，共看洞庭春。

送友人及第归江东

五陵春色泛花枝，心醉花前远别离。落羽耻为关右客，成名空羡里中儿。都门雨歇愁分处，山店灯残梦到时。家住洞庭多钓伴，因来相贺话相思。

---

①辑自《湖南通志》卷二六七。

湘君祠

二妃怨处云沉沉，二妃哭处湘水深。商人酒滴庙前草，萧索风生斑竹林。①

杨巨源

杨巨源（755—?），字景山，后改名巨济。河中（治所今山西永济）人。贞元五年（789）进士。初为张弘靖从事，由秘书郎擢太常博士，迁虞部员外郎。出为凤翔少尹，复召授国子司业。长庆四年（824），辞官退休，执政请以为河中少尹，食其禄终身。有集五卷，《全唐诗》辑录其诗一卷。

邵州陪王郎中宴

西塞无尘多玉筵，貔貅鸳鹭俨相连。红茵照水开樽俎，翠幕当云发管弦。歌态晓临团扇静，舞容春映薄衫妍。鲁儒纵使他时有，不似欢娱及少年。

僧院听琴

禅思何妨在玉琴，真僧不见听时心。离声怨调秋堂夕，云向苍梧湘水深。②

---

①陈羽诗辑自《全唐诗》卷三四八。

②杨巨源诗辑自《文苑英华》。

窦常

窦常（？—825），字中行，平陵（今陕西咸阳西北）人。大历十四年（779），登进士第。贞元十四年（798），为淮南节度使杜佑节度参谋，后历泉州府从事，由协律郎迁监察御史里行。元和中，佐薛苹、李众湖南幕，为团练判官、副使。入朝为侍御史、水部员外郎。八年出为朗州刺史，转夔、江、抚三州刺史，后除国子祭酒致仕。诗入《窦氏联珠集》。《全唐诗》存诗二十六首。

谒三闾庙

君非三谏寤，礼许一身逃。自树终天戚，何禅事主劳。众鱼应饵骨，多士尽铺糟。有客椒浆奠，文衰不继骚。

之任武陵寒食日途次松滋渡先寄刘员外禹锡

杏花榆荚晓风前，云际离离上峡船。江转数程淹驿骑，楚曾三户少人烟。看春又过清明节，算老重经癸巳年。幸得柱山当郡舍，在朝长咏卜居篇。

奉寄辰州房使君郎中

汉代文明今盛明，犹将贾傅暂专城。何妨密旨先符竹，莫是除书误姓名。蜗舍喜时春梦去，隼旟行处瘴江清。新年只可三十二，却笑潘郎白发生。①

①辑自《窦氏联珠集》，上海书店出版社 1994 年影印。

刘言史

刘言史（？—812），唐邯郸人，一说赵州人。少尚气节，不举进士。曾漫游金陵、潇湘、广州等地。王武俊任成德军节度使时，颇好文学，为之请官，诏授枣强令，世称“刘枣强”。但他并未就任。山南东道节度使李夷简迎至襄阳，署司功掾。岁余去世。刘言史与孟郊友善，与李翱亦有交往。有诗六卷，《全唐诗》存其诗一卷。

潇湘游

夷女采山蕉，缉纱浸江水。野花满髻妆色新，闲歌欸乃深峡里。欸乃知从何处生，当时泣舜肠断声。翠华寂寞婵娟没，野筱空余红泪情。青烟冥冥覆杉桂，崖壁凌天风雨细。昔人幽恨此地遗，绿芳红艳含怨姿。清猿未尽鼯鼠切，泪水流到湘妃祠。北人莫作潇湘游，九疑云入苍梧愁。①

李吉甫

李吉甫（758—814），字弘宪，赵郡（今河北赵县）人。唐朝政治家、学者。唐代名相李德裕之父。其父李栖筠，代宗时曾任御史大夫。以门荫入仕，德宗时，任驾部员外郎，颇为宰相李泌、窦参推重，后出为郴州刺史。宪宗即位，征为考功员外郎、知制诰。不久，入为翰林学士、中书舍人，得宪宗信任。宪宗元和二年（807）任中书侍郎同平章事，策划讨平镇海节度使李锜叛乱，以功封赞皇县侯，

---

①辑自《唐诗纪事》卷四六。

徙赵国公。后因与窦群等有隙，三年九月转任淮南节度使。六年还朝复相。九年，暴疾死。《全唐诗》存诗四首。

侍郎寏题名

清河□路恕体仁，朝议大夫、前守郴州刺史李吉甫贞元十九年岁次癸未拾月戊寅朔式拾四日辛丑。蒙恩除替，归赴京阙。长男绅、次男缄从行。乡贡进士罗造书。①

武元衡

武元衡（758—815），字伯苍。唐代诗人、政治家。缑氏（今河南偃师东南）人。武则天曾侄孙。建中四年（783），登进士第，累辟使府，至监察御史，后改华原县令。德宗知其才，召授比部员外郎。岁内，三迁至右司郎中，寻擢御史中丞。顺宗立，罢为右庶子。宪宗即位，复前官，进户部侍郎。元和二年（807）正月，拜门下侍郎平章事，兼判户部事。十月封临淮郡公，寻出为剑南节度使。八年召回长安为相，力主削藩。元和十年（815），早朝路上被平卢节度使李师道遣刺客刺死。赠司徒，谥“忠愍”。原有《武元衡集》十卷。今存《临淮诗集》二卷，收于《唐诗百名家全集》中。《全唐诗》录其诗二卷。《全唐文》录其文十篇。

秋思

秋室浩烟雾，风柳怨寒蜩。机杼夜声切，蕙兰芳意消。美人湘水曲，桂楫洞庭遥。常恐时光谢，蹉跎红艳凋。

---

①辑自《湖南通志》卷二六七。

送严侍御

巴檄故人去，苍苍枫树林。云山千里合，雾雨四时阴。峡路猿声断，桃源犬吠深。不须贪胜赏，汉节待南侵。

鄂渚送友

云帆淼淼巴陵渡，烟树苍苍故郢城。江上梅花无数落，送君南浦不胜情。

同苗郎中送严侍御赴黔中因访仙源之事

武陵源在朗江东，流水飞花仙洞中。莫问阮郎千古事，绿杨深处翠霞空。

桃源行送友

武陵川径入幽遐，中有鸡犬秦人家，家傍流水多桃花。桃花两边种来久，流水一通何时有。垂条落蕊暗春风，夹岸芳菲至山口。岁岁年年能寂寥，林下青苔日为厚。时有仙鸟来衔花，曾无世人此携手。可怜不知若为名，君往从之多所更。古驿荒桥平路尽，崩湍怪石小溪行。相见维舟登览处，红堤绿岸宛然成。多君此去从仙隐，令人晚节悔营营。①

权德舆

权德舆（759—818），字载之。天水略阳（今甘肃秦安）人。后

①武元衡诗辑自《唐诗百名家全集》，康熙四十一年刻本。

徙润州丹徒（今江苏镇江）。四岁能诗，七岁随父寓居阳羡（今宜兴），不到二十岁即以文章著称，韩洄、李兼、杜佑、裴胄争先聘请。德宗好文，闻其才，召为太常博士，改左补阙。贞元十年（794）改起居舍人，知制诰；宪宗元和初，历兵部、吏部侍郎，元和五年，自太常卿拜礼部侍郎同中书门下平章事，为政以宽厚为本。八年罢为礼部尚书。历东都留守、刑部尚书等职。十三年卒于山南西道节度使职。赠左仆射，谥曰“文”。后人称为“权文公”。权德舆仕宦显达，并以文章著称，为中唐台阁体的重要作家。《新唐书·艺文志》著录其文集五十卷、《制集》五十卷、《童蒙集》十卷、《元和格敕》三十卷（与刘伯刍等合编）。今传《权载之集》五十卷，杨嗣复为之序。其余并佚。有集传世，《全唐诗》编其诗为十卷，《全唐诗补编·补逸》卷六补诗一首，《续补遗》卷五补七首，《续拾》卷二三补二首。《全唐文》编其文为二十七卷，《唐文拾遗》卷二四补其文一篇。

郴州换印缄遣之际率成三韵因寄李二兄员外使君

缄题桂阳印，持寄朗陵兄。刺举官犹屈，风谣政已成。行看换龟纽，奏最谒承明。

新秋月夜寄故人

客心宜静夜，月色澹新秋。影落三湘水，诗传八咏楼。何穷对酒望，几处卷帘愁。若问相思意，随君万里游。

送湖南李侍御赴本使赋采菱亭诗

旧俗采菱处，津亭风景和。沅江收暮霭，楚女发清歌。曲岸萦湘叶，荒阶上白波。兰桡向莲府，一为枉帆过。

湖南观察使故相国袁公挽歌二首

五驱龙虎节，一入凤凰池。令尹自无喜，羊公人不疑。天归京兆日，叶下洞庭时。湘水秋风至，凄凉吹素旗。

丹旐发江皋，人悲雁亦号。湘南罢亥市，汉上改词曹。表墓双碑立，尊名一字褒。常闻平楚狱，为报里门高。

寄李衡州

片石丛花画不如，庇身三径岂吾庐。主人千骑东方远，唯望衡阳雁足书。

桃源篇

小年尝读桃源记，忽睹良工施绘事。岩径初欣缭绕通，溪风转觉芬芳异。一路鲜云杂彩霞，渔舟远远逐桃花。渐入空蒙迷鸟道，宁知掩映有人家。庞眉秀骨争迎客，凿井耕田人世隔。不知汉代有衣冠，犹说秦家变阡陌。石髓云英甘且香，仙翁留饭出青囊。相逢自是松乔侣，良会应殊刘阮郎。内子闲吟倚瑶瑟，玩此沉沉销永日。忽闻丽曲金玉声，便使老夫思阁笔。

残句一联

耒水波纹细，湘江竹叶轻。

洞庭春溜满赋

湖渺渺兮荡东风以发春，春溜满兮连净绿以无垠。接远色于青草，散晴辉于白蘋。及夫反照安流，烟花明丽，霞生水底，鸟没空际。听棹讴之四起，见片帆之远逝。杳空旷以澄鲜，穷千里于一睇。若乃路转涔阳，波连沅湘。杜蘅秀兮蕙若芳，写云翠兮沉夕阳。月明露下霭苍苍，结遐想于骚人兮，悄目极以心伤。婉婉长离，翩翩彩鹢。远泛桃花之浪，去从莲府之辟。云兮水兮，指前程于空碧。

大唐湖南都团练观察处置等使朝散大夫检校左散骑常侍持节都督潭州诸军事兼潭州刺史御史中丞云骑尉赐紫金鱼袋李公遗爱碑铭并序

皇帝在宥天下十九岁，覆露元元，柬求官师，六服群辟，辩章教化。岁九月，制诏湖南长帅中执法李公巽为江西，申命小宗伯吕公谓为之代。于是循其功善，迹其故实。百城之吏言于郡，伍府之长款于军。乡部侨旧，华颠丱角，一其音词，奔走理下，请镂金石，以为表式。吕公以公之馨香，可覆视而不可诬也；众之咏叹，可论次而不可遏也。悉以列上，实蒙可报，乃类其言而文之云。善为理者，必因其俗而求所以便之，因其便而思所以化之。惠泽被而五教行，财用足而百志成。上下熙熙，臻于洽平。古之循吏，公之报政，皆是道也。

公字令叔，赵郡赞皇人。曾祖知让，皇河南府长水主簿。祖承允，皇任朝散大夫江州别驾。考嶷，皇右武卫录事参军。代名文行，为北州冠族。公始以典学含章，立于清朝。详平宪令，闲练程品。秉直不回，得时浸明。能抗驳论，辄还成命。人之所难，于公为易。惟天爱人，惟圣法天。欲其善利逮下也，故详试公以政事。其初由殿中侍御史为美源令，由刑部员外郎为万年令，由左司郎中为常州刺史。邦圻和宁，京邑肃清，居部考课，为诸侯表率，是皆章章已然之功也。贞元八年冬十二月，由给事中至于是邦。长沙九疑，泽国回远，征令颇繁，物力或屈。岁杪逋负，夫家病之，人未安于里落，程不给于公上。公乃啬其经用，代其赋输，厚旋已责，过于万数，得以赡助，使之均安。又以支郡地征，有系军实，量力调谷，减轻缗钱。经始致用，为之仓庾，时其发敛，而岁无凶荒。以封内馈饷，道路风波，转漕沿洄，僦载烦苦。僝功度木，为之舟楫，程其远迩，而师以足食。以邑里湫隘之不宣也，则辟其涂巷以利之；以室庐苫盖之不固也，则教其陶瓦以易之。讲功虑事，以建长利，如此之备也。稽先师之教，以进儒术。庠塾经明，岁时计偕，出入阡陌，噢咻农里。无告则加其饩，发闻则弛其征，乡无不率教者。修司马之法，以宏其事。器用犀利，赋舆辑睦，拊循以诚，少长有礼。事亲者赒其供养，被病者恤以医药，士无不贾勇者。精力赋政，以之镇静，如此之至也。唯公直而和，肃而宽，缜密而智，温良而能断。秉心砥平，莅事风生，法制定于上，奇衺绝于下。故下车而安，已日而孚，期月而政成，五年而增秩，六年而进律。德风下偃，协气旁达，丕休乎哉！前后与公交代于是邦者，皆以密侍右职，来施美化，裕兹一方，其天意乎？昔弱翁次公，率以郡国理行，入当柄用。然则三湘九江之地，岂得颛受公之赐耶？太师陈诗观风，诸侯言时计功，皆前志也。暨鲁大夫请于周，而史克有《駉》、《駜》之什。今潭人以德舆再拜奉命书，获知懿绩，俾章善颂，永篆乐石。铭曰：

帝命元侯，允厘方州。郁郁李公，此焉辑柔。洞庭南汇，熊湘经介。下为度制，上以藩卫。彤襜淑旂，四牡有辉。授兹介圭，辍自黄扉。吏绝私回，俗无尤违。保惠教顺，乐郊焉依。乃仓乃庾，克敏农穑。乃刳乃剡，利涉不息。乃端径术，乃导埏埴。政成事时，节费宽力。七郡清静，百嘉蕃殖。诚以爱人，滋于树德。今则去我，邻邦是式。祝公伊何？上赞皇极。报公伊何？惟金石刻。载兹声诗，永慰南国。[①]

于頔

于頔（？—818）字允元，唐河南洛阳人。后周太师谨七世孙。鲜卑族。初以门荫入仕，补千牛，自华阴尉累迁侍御史。擢长安令、驾部郎中。后出任湖州刺史。贞元八年（792），调为苏州刺史。后迁大理卿、陕虢观察使。贞元十四年（798），调任襄州刺史、山南东道节度观察使。累迁为检校尚书左仆射、平章事，封燕国公。宪宗即位，拜司空，同中书门下平章事。当年十月，改授他为太子宾客。元和十三年（818）八月卒，赠太保。谥曰历。《全唐诗》存诗二首。

潭州法华院记

长沙郡之安国寺，寺之北偏法华院结构始毕，光明宏敞，依之者其有旨乎？即我湖南伯御史中丞杨公，竭孝思，追大福，报罔极于所恃也。

於戏！万法性离也，言说非法也，然舍言说，无以辩了义、诠实相，繇是经教生焉。佛说九部，《法华》为最。其逗机也，韬灵珠于髻上，指众宝于藏内，药草沐茎叶之雨，诸子悦羊鹿之车。其会真也，以开示误入诱群迷，令得佛知见；以会三归一为上乘，令知法真际。至于如是性，如是相，了缘起，叩寂灭，亿劫诸佛，乃能知之。其余声闻辟支，如稻麻竹苇，不得其微密也。若有受持读诵，勇猛坚固，我为胜因，果亦随之。即扬州龙兴寺阿阇黎灵祐，钻研岁久，深解义趣，常为宝函，以授信心。仍大署其背

---

①权德舆诗文辑自《权载之文集》，上海古籍出版社 1995 年影印。

曰："功满三千，其道乃圆。百福万善，充塞沙界。"

中丞先太夫人荥阳郑氏，以闺门尊重之德，奉西方清净之教，归命道士，且业是经。时有明晦，我无间断。居无几，实盈其数焉。常愿极精虑，罄泉贝，大依佛事，共扬光烈。呜呼！风树之感，霜露之悲，入肺肝者，可胜道耶！今位登方伯。轻千乘之贵，捐万钟之禄，隳心裂胆，虔绍前志，此所不敢一日而忘其亲也。

先是，此地松竹葱蒨，含绝世之异，观者百辈，曾无颂声。公乘时多暇，高步廊庑，密获胜势，其心怏然。因心计手指，付于匠吏，经时而成之，堂殿崔嵬以切云，轩廊窈窱而疏风，皎严净而无尘，若释梵之天宫。大德僧怀远，秀掩珪璧，操陵霜雪，是故启请，为其主张。加之以田产，因之以臧获，受用具足，无遗乏相。尝闻于经曰："造塔庙，建形像，旃檀沉水，彩画装饺，如是功德，福不唐捐。"伏知必有以资窈冥，辟往路，挥斥万有，腾陵三界。巍巍尊识，补贤圣处，信决定矣！其或否者，我教其诬乎？

恭惟先太夫人诚敬斋庄，高明惠和，道可以裨补阴教，礼可以绸缪妇则。早居穆伯之器，有贤子三人，始在童孺，则自教诲，非雅言正味，不道不食，使中和淳粹之气，饱饫其腑脏焉。故中司洎令弟兵部郎中凝、大理评事凌，皆擢进士高第，以清风累德，文学政事，振休声于宇内。议者谓玉昆金友，如三山峙立，三川横流焉。后之君子，非但宝地，睹此志，可以知上有圣谟之美，下有大孝之嗣矣。公永怀恸绝，不忍握管濡墨，以文字自导其意，见托序述。乃惕然而书之。①

①辑自《文苑英华》卷八一七。

窦群

窦群（760—814），字丹列。唐平陵（今陕西咸阳西北）人，兄弟皆擢进士第，独群以处士客于毗陵。京兆尹韦夏卿荐之，为左拾遗，转膳部员外郎，兼侍御史，知杂事。出为唐州刺史，武元衡、李吉甫共引之，召拜吏部郎中。元衡辅政，复荐为中丞。后出为湖南观察使，改黔中，坐事，贬开州刺史。稍迁容管经略观察使，召还朝，至衡州病卒。存诗二十三首。

赠刘大兄院长

万年枝下昔同趋，三事行中半已无。路自长沙忽相见，共惊双鬓别来殊。①

许碏

许碏，唐高阳（今属河北）人。累举进士不第。晚年在王屋山学道，后周游四方，五岳名山，无不遍历。又常游庐江，好持花醉舞而歌。宪宗元和末年，题诗于南岳招仙观壁。《全唐诗》存诗二首。

题南岳招仙观壁上

洪炉烹锻人性命，器用不同分皆定。妖精鬼魅斗神通，只自干邪不干正。黄口小儿初学行，唯知日月东西生。还为万灵威圣力，移月在南日在北。玉为玉兮石是石，蕴弃深泥终不易。邓通饿死严

---

①辑自《窦氏联珠集》。

陵贫，帝王岂是无人力。丈夫未达莫相侵，攀龙附凤捐精神。①

法振

法振（一作震，亦作贞），中唐江南诗僧，以诗名闻于大历、贞元间，性好山水，乐意林泉，喜交文友，应对唱酬。长于五言诗。《全唐诗》存所作十六首。

送友人之上都

玉帛征贤楚客稀，猿啼相送武陵归。湖头望入桃花去，一片春帆带雨飞。②

释泚

释泚，代宗大历间诗僧。《全唐诗》存诗二首。

游元象泊

空水潮色净，澹然湖上心。舳舻轻且进，汀洲如可寻。秋风洄溯险，落日波涛深。寂寞武陵去，中流方至今。③

王仲舒

王仲舒（762—823），字弘中，唐并州祁（今山西太原）人。少

---

①辑自《沅湘耆旧集》卷一四，《续修四库全书》本，上海古籍出版社 2002 年版。
②辑自《万首唐人绝句》卷六四。
③辑自《文苑英华》卷一六四。

好学，工诗文。少客江南，与梁肃、杨凭游，并有文名。贞元十年(794)策试贤良方正能直言极谏等科，登乙第，超拜右拾遗，累转尚书郎。元和初，为职方郎中、知制诰。贬硖州刺史，历任苏州刺史、洪州刺史。穆宗初，为中书舍人。终江南西道观察使。

湖南观察使谢上表

臣某言：臣以某月日到本部上讫。荣如梦中，不敢自信。臣某诚欢诚惧顿首顿首。臣顷备位省官，孤特无与，自坚内志，不近权门。逞憾者以阴计中臣，伺其颠沛，而臣位从惧进，身自危安，陛下之保臣也。陛下开张至道，以福群生，长人之吏，必以岁久，课其能否，定为差等，使无倖人。独臣领常州一年，超居近地，陛下之私臣也。臣当此时，不能称扬隐晦，以纳圣聪，论列奇计，以靖封略，使下有胜臣而未用者，边有战聚而偷生者，是臣负陛下之知也。况今方隅之任，得其人则圣虑安，失其才则众情苦，斯位不细，惟贤者宜之。臣前官已旷，后恩逾重，公议难逭，殒越是忧。谨当日用皇慈，下求利病，镇浮惰之俗，杜奸邪之萌。冀其小康，上简天府。臣之心也，敢有二事！不胜感恩恋阙之至。①

李朝威

李朝威，陇西（今甘肃省定西市）人，约中唐时人。著名传奇作家。与李复言、李公佐合称“陇西三李”。有传奇文《柳毅传》、《柳参军传》等行于世。后代戏曲家多取为题材，他本人也被后来的一些

①辑自《文苑英华》卷五八四。

学者誉之为传奇小说的开山鼻祖。

洞庭灵姻传

唐仪凤中，有儒生柳毅者，应举下第，将还湘滨。念乡人有客于泾阳者，遂往告别。至六七里，鸟起马惊，疾逸道左。又六七里，乃止。

见有妇人，牧羊于道畔。毅怪，视之，乃殊色也。然而蛾脸不舒，巾袖无光，凝听翔立，若有所伺。毅诘之曰："子何苦，而自辱如是？"妇始楚而谢，终泣而对曰："贱妾不幸，今日见辱问于长者。然而恨贯肌骨，亦何能愧避？幸一闻焉。妾洞庭龙君小女也。父母配嫁泾川次子。而夫婿乐逸，为婢仆所惑，日以厌薄。既而将诉于舅姑。舅姑爱其子，不能御。迨诉频切，又得罪舅姑。舅姑毁黜以至此。"言讫，歔欷欲流涕，悲不自胜。又曰："洞庭于兹，相远不知其几多也？长天茫茫，信耗莫通。心目断尽，无所知哀。闻君将还吴，密通洞庭，或以尺书寄托侍者，未卜将以为可乎？"毅曰："吾义夫也。闻子之说，气血俱动，恨无毛羽，不能奋飞，是何可否之谓乎！然而洞庭深水也。吾行尘间，宁可致意耶？惟恐道途显晦，不相通达，致负诚托，又乖恳愿。子有何术可导我邪？"女悲泣且谢，曰："负载珍重，不复言矣。脱获回耗，虽死必谢。君不许，何敢言。既许而问，则洞庭之与京邑，不足为异也。"

毅请闻之。女曰："洞庭之阴，有大橘树焉，乡人谓之社橘。君当解去兹带，束以他物。然后叩树三发，当有应者。因而随之，无有碍矣。幸君子书叙之外，悉以心诚之话倚托，千万无渝！"毅曰："敬闻命矣。"女遂于襦间解书，再拜以进。东望愁位，若不自胜。毅深为之戚，乃致书囊中，因复谓曰："吾不知子之牧羊何所用哉，神岂宰杀乎?”女曰：“非羊也，雨工也。”“何为雨工?”曰：“雷霆之类也。”毅顾视之，则皆矫顾怒步，饮龁甚异，而大小毛角则无别羊焉。毅又曰：“吾为使者，他日归洞庭，幸勿相避。”女曰：“宁止不避，当如亲戚耳。”语竟，引别东去。不数十步，回望女与羊，俱亡所见矣。

其夕，至邑而别其友，月余到乡，还家，乃访友于洞庭。洞庭之阴，果有社橘。遂易带向树，三击而止。俄有武夫出于波间，再拜请曰：“贵客将自何所至也?”毅不告其实，曰：“走谒大王耳。”武夫揭水止路，引毅以进。谓毅曰：“当闭目，数息可达矣。”毅如其言，遂至其宫。始见台阁相向，门户千万，奇草珍木，无所不有. 夫乃止毅，停于大室之隅，曰：“客当居此以俟焉。”毅曰：“此何所也?”夫曰：“此灵虚殿也。”谛视之，则人间珍宝毕尽于此。柱以白璧，砌以青玉，床以珊瑚，帘以水精，雕琉璃于翠楣，饰琥珀于虹栋。奇秀深杳，不可殚言。

然而王久不至。毅谓夫曰：“洞庭君安在哉?”曰：“吾君方幸玄珠阁，与太阳道士讲《火经》，少选当毕。”毅曰：“何谓《火经》?”夫曰：“吾君，龙也。龙以水为神，举一滴可包陵谷。道士，乃人也。人以火为神圣，发一灯可燎阿房。然而灵用不同，玄化各异。太阳道士精于人理，吾君邀以听焉。”语毕而宫门辟，景从云合，而见一人，披紫衣，执青玉。夫跃曰：“此吾君也!”乃至前以告之。君望毅而问曰：“岂非人间之人乎?”对曰：“然。”毅而设拜，君亦拜，命坐于灵虚之下。谓毅曰：“水府幽深，寡人暗昧，夫子不远千里，将有为乎?”毅曰：“毅，大王之乡人也。长于楚，游学于秦。昨下第，闲驱泾水右涘，见大王爱女牧羊于野，风鬟雨鬓，所不忍睹。毅因诘之，谓毅曰：“为夫婿所薄，舅姑不念，以至于此。悲泗淋漓，诚但人心。遂托书于毅。毅许之，今以至此。”因取书进之。洞庭君览毕，以袖俺面而泣曰：“老父之罪，不能鉴听，坐贻聋瞽，使闺窗孺弱，远罹构害。公乃陌上人鞅也，而能急之。幸被齿发，何敢负德！”词毕又哀咤良久。左右皆流涕。时有宦人密视君者，君以书授之，令达宫中。须臾，宫中皆恸哭。君惊，谓左右曰：“疾告宫中，无使有声，恐钱塘所知。”毅曰：“钱塘，何人也？”曰：“寡人之爱弟，昔为钱塘长，今则致政矣。”毅曰：“何故不使知？”曰：“以其勇过人耳。昔尧遭洪水九年者，乃此子一怒也。近与天将失意，塞其五山。上帝以寡人有薄德于古今，遂宽其同气之罪。然犹縻系于此，故钱塘之人日日候焉。”

语未毕，而大声忽发，天拆地裂。宫殿摆簸，云烟沸涌。俄有赤龙长千余尺，电目血舌，朱鳞火鬣，项掣金锁，锁牵玉柱。千雷万霆，激绕其身，霰雪雨雹，一时皆下。乃擘青天而飞去。毅恐蹶仆地。君亲起持之曰：“无惧，故无害。”毅良久稍安，乃获自定。因告辞曰：“愿得生归，以避复来。”君曰：“必不如此。其去则然，其来则不然，幸为少尽缱绻。”因命酌互举，以款人事。俄而祥风庆云，融融怡怡，幢节玲珑，箫韶抱以随。红妆千万，笑语熙熙。中有一人，自然蛾眉，明珰满身，绡縠参差。迫而视之，乃前寄辞者。然若喜若悲，零泪如丝。须臾，红烟蔽其左，紫气舒其右，香气环旋，入于宫中。君笑谓毅曰：“泾水之囚人至矣。”君乃辞归宫中。须臾，又闻怨苦，久而不已。

有顷，君复出，与毅饮食。又有一人，披紫裳，执青玉，貌耸神溢，立于君左。君谓毅曰：“此钱塘也。”毅起，趋拜之。钱塘亦尽礼相接，谓毅曰：“女侄不幸，为顽童所辱。赖明君子信义昭彰，致达远冤。不然者，是为泾陵之土矣。飨德怀恩，词不悉心。”毅扮退辞谢，俯仰唯唯。然后回告兄曰：“向者晨发灵虚，已至泾阳，午战于彼，未还于此。中间驰至九天以告上帝。帝知其冤而看其失。前所遣责，因而获免。然而刚肠激发，不遑辞候，惊扰宫中，复忤宾客。愧惕惭惧，不知所失。”因退而再拜。君曰：“所杀几何?”曰：“六十万。”“伤稼乎?”曰：“八百里。”无情郎安在?”曰：“食之矣。”君怃然曰：“顽童之为是心也，诚不可忍，然汝亦太草草。赖上帝显圣，谅其至冤。不然者，吾何辞焉?从此以去，勿复如是。”钱塘君复再拜。

是夕，遂宿毅于凝光殿。明日，又宴毅于凝碧宫。会友戚，张广乐，具以醪醴，罗以甘洁。初，笳角鼙鼓，旌旗剑戟，舞万夫于其右。中有一夫前曰：“此《钱塘破阵乐》。”旌铓杰气，顾骤悍栗。座客视之，毛发皆竖。复有金石丝竹，罗绮珠翠，舞千女于其左，中有一女前进曰：“此《贵主还宫乐》。”清音宛转，如诉如慕，坐客听下，不觉泪下。二舞既毕，龙君大悦。锡以纨绮，颁于舞人，然后密席贯坐，纵酒极娱。酒酣，洞庭君乃击席而歌曰：“大天苍苍兮大地茫茫，人各有志兮何可思量。狐神鼠圣兮薄社依墙，雷霆一发兮其孰敢当?荷贞人兮信义长，令骨肉兮还故乡。齐言惭愧兮何时忘!”洞庭君歌罢，钱塘君再拜而歌曰：“上天配合兮生死有途，此不当妇兮彼不当夫。腹心辛苦兮泾水之隅，风霜满鬓兮雨雪罗襦。赖明公兮引素书，令骨肉兮家如初。永言珍重兮无时无。”钱塘君歌阕，洞庭君俱起，奉觞于毅。毅踧踖而受爵，饮讫，复以二觞奉二君，乃歌曰：“碧云悠悠兮泾水东流，伤美人兮雨泣花愁。尺书远达兮以解君忧，哀冤果雪兮还处其休。荷和雅兮感甘羞，山家寂寞兮难久留。欲将辞去兮悲绸缪。”歌罢，皆呼万岁。

洞庭君因出碧玉箱，贮以开水犀，钱塘君复出红珀盘，贮以照夜玑，皆起进毅，毅辞谢而受。然后宫中之人，咸以绡彩珠璧投于毅侧。重叠焕赫，须臾埋没前后。毅笑语四顾，愧谢不暇。洎酒阑欢极，毅辞起，复宿于凝光殿。翌日，又宴毅于清光阁。钱塘因酒作色，踞谓毅曰："不闻猛石可裂不可卷，义士可亲不可羞耶？愚有衷曲，欲一陈于公。如可，则俱在云霄；如不可，则皆夷粪壤。足下以为何如哉？"毅曰："请闻之。"钱塘曰："泾阳之妻，则洞庭君之爱女也。淑性茂质，为九姻所重。不幸见辱于匪人，今则绝矣。将欲求托高义，世为亲戚，使受恩者知其所归，怀爱者知其所付，岂不为君子始终之道者？"毅肃然而作，欻然而笑曰："诚不知钱塘君孱困如是！毅始闻夸九州、怀五岳，泄其愤怒；复见断金锁，掣玉柱，赴其急难。毅以为刚决明直，无如君者。盖犯之者不避其死，感之者不爱其生，此真丈夫之志。奈何萧管方洽，亲宾正和，不顾其道，以威加人？岂仆人素望哉！若遇公于洪波之中，玄山之间，鼓以鳞须，被以云雨，将迫毅以死，毅则以禽兽视之，亦何恨哉！今体被衣冠，坐谈礼义，尽五常之志性，负百行怖之微旨，虽人世贤杰，有不如者，况江河灵类乎？而欲以蠢然之躯，悍然之性，乘酒假气，将迫于人，岂近直哉！且毅之质不足以藏王一甲之间。然而敢以不服之心，胜王不道之气。惟王筹之！"钱塘及逡巡致谢曰："寡人生长宫房，不闻正论。向者词述疏狂，妄突高明。退自循顾，戾微不容责。幸君子不为此乖问可也。"其夕，复饮宴，其乐如旧。毅与钱塘遂为知心友。明日，毅辞归。洞庭君夫人别宴毅于潜景殿，男女仆妾等悉出预会。夫人泣谓毅曰："骨肉受君子深恩，恨不得展愧戴，遂至睽别。"使前泾阳女当席拜毅以致谢。夫人又曰："此别岂有复相遇之日乎？"毅其始虽不诺钱塘之请，然当此席，殊有叹恨之色。宴罢，辞别，满宫凄然。赠遗珍宝，怪不可述。毅于是复循途出江岸，见从者十余人，担囊以随，至其家而辞去。

毅因适广陵宝肆，鬻其所得。百未发一，财已盈兆。故淮右富族，咸以为莫如。遂娶于张氏，亡。又娶韩氏。数月，韩氏又亡。徙家金陵。常以鳏旷多感，或谋新匹。有媒氏告之曰："有卢氏女，范阳人也。父名曰浩，尝为清流宰。晚岁好道，独游云泉，今则不知所在矣。母曰郑氏。前年适清河张氏，不幸而张夫早亡。母怜其少，惜其慧美，欲择德以配焉。不识何如？"毅乃卜日就礼。既而男女二姓俱为豪族，法用礼物，尽其丰盛。金陵之士，莫不健仰。居月余，毅因晚入户，视其妻，深觉类于龙女，而艳逸丰厚则又过之。因与话昔事。妻谓毅曰："人世岂有如是之理乎？然君与余有一子。"毅益重之。既产，逾月，乃秾饰换服，召亲戚。

相会之间，笑渭毅曰："君不忆余之于昔也？"毅曰："夙为洞庭君女传书，至今为忆。"妻曰："余即洞庭君之女也。泾川之冤，君使得白。衔君之恩，誓心求报。洎钱塘季父，论亲不从，遂至睽违。天各一方，不能相问。父母欲配嫁于濯锦小儿某。惟以心誓难移，亲命难背。既为君子弃绝，分无见期。而当初之冤，虽得以告诸父母，而誓报不得其志，复欲驰白于君子。值君子累娶，当娶于张，已而又娶于韩。迨张、韩继卒，君卜居于兹，故余之父母乃喜余得遂报君之意。今日获奉君子，咸善终世，死无恨矣。"因呜咽，泣涕交下。对毅曰："始不言者，知君无重色之心。今乃言者，知君有感余之意。妇人匪薄，不足以确厚永心，故因君爱子，以托相生。未知君意如何？愁惧兼心，不能自解。君附书之日，笑谓妾曰：'他日归洞庭，慎无相避。'诚不知当此之际，君岂有意于今日之事乎？其后季父请于君，君固不许。君乃诚将不可邪，抑忿然邪？君其话之。"毅曰："似有命者。仆始见君子长泾之隅，枉抑憔悴，诚有不平之志。然自约其心者，达君之冤，余无及也。以言慎无相避者，偶然耳，岂有意哉。洎钱塘逼迫之际，唯理有不可直，乃激人之怒耳。夫始以义行为之志，宁有杀其婿而纳其妻者邪？一不可也。善素以操真为志尚，宁有屈于己而伏于心者乎？二不可也。且以率肆胸臆，酬酢纷纶，唯直是图，不遑避害。然而将别之日。见子有依然之容，心甚恨之。终以人事扼束，无由报谢。吁，今日，君，卢氏也，又家于人间。则吾始心未为惑矣。从此以往，永奉欢好，心无纤虑也。”妻因深感娇泣，良久不已。

有顷，谓毅曰：“勿以他类遂为无心，固当知报耳。夫龙寿万岁，今与君同之。水陆无往不适。君不以为妄也。”毅嘉之曰：“吾不知国客乃复为神仙之饵！”乃相与觐洞庭。既至，而宾主盛礼，不可具记。后居南海仅四十年，其邸第舆马珍鲜服玩，虽侯伯之室，无以加也。毅之族咸遂濡泽。以其春秋积序，容状不衰。南海之人靡不惊异。洎开元中，上方属意于神仙之事，精索道术。毅不得安，遂相与归洞庭。凡十余岁，莫知其迹。至廿元末，毅之表弟薛嘏为京畿令，谪官东南。经洞庭，晴昼长望，俄见碧山出于远波。舟人皆侧立，曰：“此本无山，恐水怪耳。”指顾之际，山与舟相逼，乃有彩船自山驰来，迎问于嘏。其中有一人呼之曰：“柳公来候耳。”嘏省然记之，乃促至山下，摄衣疾上。山有宫阙如人世，见毅立于宫室之中，前列丝竹，后罗珠翠，物玩之盛，殊倍人间。毅词理益玄，容颜益少。初迎嘏于砌，持嘏手曰：“别来瞬息，而发毛已黄。”嘏笑曰：“兄为神仙，弟为枯骨，命也。”毅因出药五十丸遗嘏，曰：“此药一丸，可增一岁耳。岁满复来，无久居人世间以自苦也。”欢宴毕，嘏乃辞行。自是已后，遂绝影响。嘏常以是事告于人世。殆四纪，嘏亦不知所在。陇西李朝威叙而叹曰：“五虫之长，必以灵者，别斯见矣。人，裸也，移信鳞虫。洞庭含纳大直，钱塘迅疾磊落，宜有承焉。暇咏而不载，独可邻其境。愚义之，为斯文。”①

温造

温造（766—835），字简舆，河内济源（今属河南）人。生于唐代宗大历元年，卒于文宗太和九年，年七十岁。身材魁伟，性嗜典籍。自负节概，不喜为吏，隐居王屋山，以钓鱼为事。徐州节度张建封招礼，奏署参谋。累官侍御史。兴元军乱，杀李绛，授造山南西道节度使，往定其乱。大和七年（833），温造入为御史大夫，九年转礼部尚书，其年六月病卒，赠尚书仆射。有文集八十卷，行于世。

瞿童述

瞿童字柏庭，以字为名，辰州辰溪人也。华眉广额，长准秀目，勤事而寡言。大历四年，西川溃将杨林为沣阳守，不戢部下兵，纵其党贾子华率千人假道武陵，劫五溪。五溪之人逃难四散。时柏庭十四，侍母走武陵，寓居崇义乡乌头里桃源观道士黄山宝偏宫。柏庭因山宝愿师事上清三洞法师黄洞源。山宝引觌，具道柏庭志，洞源辞以柏庭奉母须甘旨。山宝曰：“柏庭母在山宝庐，幸有继给，倘蒙收拾贫贱，所望容纳。”洞源许之，后亦时给柏庭母衣食。仅二周载，六年正月，柏庭丧母。既葬，复勤事洞源不懈。凡事役力办不倦。抛弃恶食，必与爱惜，辞而饭之。

七月，洞源买药至襄阳市。每入市，令柏庭持装橐。柏庭必闭目处众中。洞源让曰：“处众而睡，人夺汝携。”柏庭曰：“非有

①辑自《类说》卷二八，台湾商务印书馆1986年影印。

睡也，闷众之喧喧耳。”九月，洞源南归，行及宜城，去襄阳百余里。洞源遽曰：“香炉捐主人，奈何?”柏庭请复取，白洞源暂休以俟。不时顷持炉还。洞源惊问，答曰：“尊师方在涂，恐留滞，故疾行。”洞源信然。

七年二月，朗州刺史胡叔清招洞源下郡，赴之，留柏庭山中植果药。逾二十日，洞源来，召柏庭一一诘之。答曰：“自尊师去州，只于仙林寻仙穴。”洞源问所行何见，答曰：“见石室、石床、石几。”洞源曰：“石室何许?”曰：“约去一里半。”洞源疑而不穷。

又旬，柏庭于艺圃中得一棋子，捧呈洞源，曰：“秦人棋子”。

洞源异之，曰：“谁谓汝，焉知其然，”复曰：“是诚秦人棋子。”洞源谛视之，状若小龟，光润如玉，遂贮录囊中。后因篆开囊，缄记如旧，亡棋子矣。

夏四月，忽白洞源，愿屈归岩洞，时久霖雨澍，洞源既未决信，竟不果行。八年五月二十七日，始昕。洞源命柏庭河畔视船，往复不二里，及午方回。洞源诃之：“来何迟?”柏庭曰：“观西南十五步许有小桥，桥上遇一老尊负杖挂物，呼令随去，柏庭不敢违，由是晚。”三十早朝，褫常所系布带，以一纸绳束腰，跣足履草屦升尊殿及洞源严修之处，各焚香跪拜，既而辞洞源，又拜。洞源凭几问曰：“汝辞吾安往?”答曰：“归仙洞。”洞源曰：“吾随汝可乎!”曰：“不可。”洞源又曰：“何为不可?”柏庭曰：“前时尊师不决去，乃今不可。”因谕洞源当以时迁栖，洞源曰：“十年易居，昔贤遗旨，吾有志矣。今汝去何时复见?”答曰：“期十八年。”洞源欲留之，不克，即声命同观道士朱灵辩曰：“朱老师看仙人来。”灵辨睆柏庭曰：“童子今日颜色异常光辉。”洞源门人胡清镐、朱神静，童子陈景昕、谭伯琎，偕圜瞩。柏庭服短布衣，乌缯巾，逡巡却行，三移步，忽然不见。洞源与道徒皆愕眙，庭际有一栗树，谓暂旁立，洞源曰："得无映树乎?"求之无踪。即声钟集观户，将遍索林莽。观户至东北林际，遇一大蛇当路而止。

十一年，兄仙信从辰州来。闻弟登仙，至桃源，又师事洞源为道士。岩薜两茂，游嵩山，失所止。

建中元年四月，洞源迁居江州庐山。贞元五年十一月，复迁居润州茅山。十八年春，润州邮檄人于延陵县界，见一少年前行，行如常人。邮者促步期及，竟不能。迭延陵、闯茅山，三十里，邮人望见徐步人山门。是日女道士萧泠然在鹤台，见少年持小漆函，盖贮素书，直未及门，举一足履阈。衿然问曰："汝为谁?"答曰："瞿柏庭"。因问泠然："黄尊师何在?"泠然指示路处，彷佛记有柏庭名，卒然不悟，久之，忽了辨，即摄衣诣洞源，问瞿柏庭来乎。洞源唯唯不明谕，秋八月即朔之旬，洞源谓门弟子曰："吾将蹈沧海，为备装。"或以为未可行为请。逾一年，当年，洞源化真。

造曰：代人传瞿童登仙之迹，皆怪异可惑。予自幼，贬武陵守，至之日，则详询旧老，乃诙诡加甚，值假日，游沅江沧浪合流，闻之于渔人曰："柏庭有同学陈景昕，已五徙居，今复为桃源道士，易名通微，又改正畏，始均执劳，久练行事，传疑百说，不若一见。"予得言忘食，遂命讶之，未获至，若不克见。及期而朝，门吏导景昕前庭，冠青萝冠，衣碧绿衣，冰颜雪肤，皓齿苍眉、端简足迹，肃容陈词。予不知幸之喜之至也，既至休馆，徐徐问所惑。景为具辩，因裂牍直纪，用祛后疑。长庆二年五月三日，主朗州刺史温造述。上清三洞道士陈通微传实。[①]

①辑自《全唐文》卷七三〇。

令狐楚

令狐楚（766—837），字壳士。唐宜州华原（今陕西耀县）人。贞元七年（791）登进士第。宪宗时，擢职方员外郎，知制诰。出为华州刺史，入为中书侍郎，同平章事。宪宗去世，为山陵使，因亲吏赃污事贬衡州刺史。卒于山南西道节度使镇上。谥曰“文”。有集已佚，《全唐文》收其文五卷，《全唐诗》收其诗五十多首。

发潭州寄李宁常侍

君今侍紫垣，我已堕青天。委废从兹日，旋归在几年。心为西靡树，眼是北流泉。更过长沙去，江风满驿船。

夏至日衡阳郡斋书怀

一来江城守，七见江月圆。齿发将六十，乡关越三千。褰帷罕游观，闭合多沉眠。新节还复至，故交尽相捐。何时犴闻阖，上诉高高天。①

为道州许使君谢上表

臣某言：伏奉某月日敕旨，授臣道州刺史，恭承荣命，拜伏宠光，如出井谷，而见日月。臣某中谢。臣闻周室建侯，每先亲旧；汉朝置守，必选循良。臣公才蔑闻，利用无取。自幼及壮，终艰且拙。然而竭诚以许国，必尽力而在公。一辞朝右，累守郡佐。不寒自栗，无水而沉。伏惟陛下颁帝尧分命之典，敷孝宣共

①令狐楚诗辑自《全唐诗》卷三三四。

理之诏。方须俊乂，以辑惸嫠。若臣之伦，何敢望此？不图恩从上降，命自中出，付以金印，委之竹符，立有光耀，坐生羽翼。荷天地之德，戴山为轻。感雨露之仁，测海犹浅。谨以某月日便道到州上讫。誓当佩韦以励志，置水而清心，酌远俗之便宜，节下人之好恶。使豪旧敛手，疲羸息肩。虽不足称陛下慎择眷求之意，其于乾乾忧济，庶分万一。臣守所限，不胜蹈舞天庭。无任。

衡州刺史谢上表

臣某言：去年九月十五日，于宣州伏奉某月日敕旨，贬授臣使持节衡州诸军事守衡州刺史，散官勋赐如故，仍驰驿发遣者。严威成命，忽降自天。战灼飞魂，如临于谷。臣某中谢。臣素以凡品，谬登高位，虽满盈是戒，每刻肺腑；而怨讟所归，难防频舌。属奉陵无状，选吏不精，多偷见缗，连毙枯木。擢臣之发，岂可赎罪；粉臣之骨，不足胜刑。伏惟皇帝陛下德厚于乾坤，明齐于日月，断自深虑，遽置宽科，降受郡符，锡留命服。九重殊渥，再荷生成；万殒残骸，何由报效！以今月十二日到所部上讫。伏以君亲同致，臣子一例，情有思于闻达，理合具而奏陈。今臣官忝颁条，职非奉使，谢上之外，拜章无因。欲隐默而不言，惧中伤而未已。何者？微臣顷蒙朝奖，谬列宰司，诚不曾壅隔贤才，怨臣者至寡；辞京之后，毁臣者则多。今却望朝廷，更无庇援；曲全孤贱，唯托圣明。特乞眷慈，俯鉴哀恳，庶使穷鳞怀跃波之望，幽蛰有闻雷之期。仰天垂涕，伏地流汗。不胜感恩惧罪战栗屏营之至。臣无任。[1]

①令狐楚文辑自《全唐文》卷五四〇。

窦庠

窦庠（766或767—828或829），唐平陵（今陕西咸阳西北）人。尝应辟三佐大府，调奉先令，迁东都留守判官，拜户部员外郎。贞元中，出为婺、登二州刺史。窦叔向之子，家中还有四位兄弟：窦常、窦牟、窦群、窦巩，窦氏一老五小俱以诗驰声当代，诗文俱收入《窦氏联珠集》。《全唐诗》收有其诗作二十一首。

酬韩愈侍郎登岳阳楼见赠

巨浸连空阔，危楼在杳冥。稍分巴子国，欲近老人星。昏旦呈新候，川原按旧经。地图封七泽，天限锁重扃。万象皆归掌，三光岂遁形。月车才碾浪，日御已翻溟。落照金成柱，余霞翠拥屏。夜光疑汉曲，寒韵辨湘灵。山晚云常碧，湖春草遍青。轩黄曾举乐，范蠡几扬舲。有客初留鹢，贪程尚数蓂。自当徐孺榻，不是谢公亭。雅论冰生水，雄材刃发硎。座中琼玉润，名下茝兰馨。假手诚知拙，斋心匪暂宁。每惭公府粟，却忆故山苓。苦调当三叹，知音愿一听。自悲由也瑟，敢坠孔悝铭。野杏初成雪，松醪正满瓶。莫辞今日醉，长恨古人醒。①

元友让

元友让（767—?），号浯溪山客，汝州鲁山（今河南鲁山）人，三岁时随父元结居祁阳浯溪，宪宗元和中任宝鼎尉。十三年（818）

---

①辑自《窦氏联珠集》。

摄道州长史，以资请祁阳令豆卢氏修复其父旧居。敬宗宝历元年（825）闲居浯溪。《全唐诗》存诗一首。

复游浯溪

昔到才三岁，今来鬓已苍。剥苔看篆字，薙草觅书堂。引客登台上，呼童扫树旁。石渠疏拥水，门径劚丛篁。田地潜更主，林园尽废荒。悲凉问耆耋，疆界指垂杨。①

张籍

张籍（约767—约830），字文昌，唐和州乌江（今安徽和县）人。世称“张水部”、“张司业”。张籍的乐府诗与王建齐名，并称“张王乐府”。贞元初，与王建同在魏州学诗，后回和州。贞元十四年（798），张籍北游，经孟郊介绍，在汴州认识韩愈。韩愈为汴州进士考官，荐张籍，贞元十五年在长安进士及第。元和元年（806）调补太常寺太祝，与白居易相识。元和十一年，转国子监助教，后迁秘书郎。长庆元年（821），受韩愈荐为国子博士，迁水部员外郎，又迁主客郎中。大和二年（828）迁国子司业。有集传世。

冬夕

寒蛩独罢织，湘雁犹能鸣。月色当窗入，乡心半夜生。不成高枕梦，复作绕阶行。回首嗟淹泊，城头北斗横。

岳州晚景

晚景寒鸦集，秋声远雁归。水光浮日去，霞彩映江飞。洲白

①辑自《全唐诗》卷二五八。

芦花吐，园红柿叶稀。长沙卑湿地，九月未成衣。

寄远曲

美人来去春江暖，江头无人湘水满。浣纱石上水禽栖，江南路长春日短。兰舟桂楫常渡江，无因重寄双琼珰。

湘江曲

湘江无潮秋水阔，湘中月落行人发。行人发，送人归，白蘋茫茫鹧鸪飞。

湖南曲

潇湘多别离，风起芙蓉洲。江上人已远，夕阳满中流。鸳鸯东南飞，飞上青山头。

行路难

湘东行人长叹息，十年离家归未得。弊裘羸马苦难行，僮仆饥寒少筋力。君不见，床头黄金尽，壮士无颜色。龙蟠泥中未有云，不能生彼升天翼。①

王建

王建（约767—约831后），字仲初，颍川（今河南许昌）人。家贫，早岁即离家寓居魏州乡间。元和八年（813）前后任昭应县丞。长庆元年（821），迁太府寺丞，转秘书郎。在长安时，与张籍、韩

①张籍诗辑自《张司业诗集》，《四部丛刊》本，上海商务印书馆1919年版。

愈、白居易、刘禹锡、杨巨源等均有往来。大和初，再迁太常寺丞。约在大和三年（829）出为陕州司马。世称“王司马”。大和五年，为光州刺史，贾岛曾往见赠诗。此后行迹不详。有集传世。

武陵春日

寻春何事却悲凉，春到他乡忆故乡。秦女洞桃欹涧碧，楚王堤柳舞烟黄。波涛入梦家山远，名利关身客路长。不似冥心叩尘寂，玉编金轴有仙方。

江南杂体二首

江上风翛翛，竹间湘水流。日夜桂花落，行人去悠悠。复见离别处，虫声阴雨秋。

处处江草绿，行人发潇湘。潇湘回雁多，日夜思故乡。春梦不知数，空山兰蕙芳。

寄远曲

美人别来无处所，巫山月明湘江雨。千回相见不分明，井底看星梦中语。两心相对尚难知，何况万里不相疑。①

①王建诗辑自《王司马集》，景印清文渊阁四库全书本，台湾商务印书馆1986年版。

卷六

韩愈

韩愈（768—824），字退之，唐河内河阳（今河南孟县）人。自谓郡望昌黎，世称韩昌黎。晚年任吏部侍郎，又称韩吏部。唐代古文运动的倡导者，与柳宗元并称“韩柳”。早孤，由兄嫂抚养，刻苦自学。贞元八年（792）中进士。后至京师，官四门博士。后任监察御史，因事被贬为阳山令。宪宗即位，获赦北还，为国子博士。改河南令，迁职方员外郎，历官至太子右庶子，迁为吏部侍郎。后因上表谏迎佛骨而触怒宪宗，被贬为潮州刺史。移袁州。不久回朝，历官国子祭酒、兵部侍郎、吏部侍郎、京兆尹等显职。长庆四年（824）病逝于长安，终年五十七岁。谥号“文”，故又称韩文公。有集传世。

郴州祈雨

乞雨女郎魂，炰羞洁且繁。庙开鼯鼠叫，神降越巫言。旱气期销荡，阴官想骏奔。行看五马入，萧飒已随轩。

潭州泊船呈诸公

夜寒眠半觉，鼓笛闹嘈嘈。暗浪舂楼堞，惊风破竹篙。主人看使范，客子读离骚。闻道松醪贱，何须吝错刀。

晚泊江口

郡城朝解缆，江岸暮依村。二女竹上泪，孤臣水底魂。双双归蛰燕，一一叫群猿。回首那闻语，空看别袖翻。

木芙蓉

新开寒露丛，远比水间红。艳色宁相妒，嘉名偶自同。采江官渡晚，搴木古祠空。愿得勤来看，无令便逐风。

望日台

望极沧溟见此台，日轮不见惜空来。泉分石窦春常满，仙去岩扉昼不开。雾霭崇朝应偶尔，云融薄暮亦奇哉。临风长揖青山去，登陟何嫌更几回。

湘中

猿愁鱼踊水翻波，自古流传是汨罗。苹藻满盘无处奠，空闻渔父叩舷歌。

湘中酬张十一功曹

休垂绝徼千行泪，共泛清湘一叶舟。今日岭猿兼越鸟，可怜同听不知愁。

郴口又赠二首

山作剑攒江写镜，扁舟斗转疾于飞。回头笑向张公子，终日思归此日归。

雪飐霜翻看不分，雷惊电激语难闻。沿涯宛转到深处，何限青天无片云。

题木居士二首

火透波穿不计春，根如头面干如身。偶然题作木居士，便有无穷求福人。

为神讵比沟中断，遇赏还同爨下余。朽蠹不胜刀锯力，匠人虽巧欲何如？

题张十一署官舍三首

榴花

五月榴花照银明，枝间时见子初成。可怜此地无车马，颠倒青苔落绛英。

井

贾谊宅中今始见，葛洪山下昔曾窥。寒泉百尺空看影，正是行人渴死时。

葡萄

新茎未遍半犹枯，高架支离倒复扶。若欲满盘堆马乳，莫辞添竹引龙须。

叉鱼招张功曹署

叉鱼春岸阔，此兴在中宵。大炬然如昼，长船缚似桥。深窥沙可数，静搒水无摇。刃下那能脱，波间或自跳。中鳞怜锦碎，当目讶珠销。迷火逃翻近，惊人去暂遥。竞多心转细，得隽语时器。潭罄知存寡，舷平觉获饶。交头疑凑饵，骈首类同条。濡沫情虽密，登门事已辽。盈车欺故事，饲犬验今朝。血浪凝犹沸，腥风远更飘。盖江烟幂幂，拂棹影寥寥。獭去愁无食，龙移惧见烧。如棠名既误，钓渭日徒消。文客惊先赋，篙工喜尽谣。脍成思我友，观乐忆吾僚。自可捐忧累，何须强问鸮。

杂诗四首

朝蝇不须驱，暮蚊不可拍。蝇蚊满八区，可尽与相格。得时能几时，与汝恣啖咋。凉风九月到，扫不见踪迹。

鹊鸣声楂楂，乌噪声护护。争斗庭宇间，持身博弹射。黄鹄能忍饥，两翅久不擘。苍苍云海路，岁晚将无获。

截橑为欂栌，斫楹以为椽。束蒿以代之，小大不相权。虽无风雨灾，得不覆且颠。解辔弃骐骥，蹇驴鞭使前。昆仑高万里，岁尽道苦邅。停车卧轮下，绝意于神仙。

雀鸣朝营食，鸠鸣暮觅群。独有知时鹤，虽鸣不缘身。喑蝉终不鸣，有抱不列陈。蛙黾鸣无谓，合合只乱人。

谴疟鬼

屑屑水帝魂，谢谢无余辉。如何不肖子，尚奋疟鬼威？乘秋作寒热，翁妪所骂讥。求食欧泄间，不知臭秽非。医师加百毒，熏灌无停机；灸师施艾炷，酷若猎火围；诅师毒口牙，舌作霹雳飞；符师弄刀笔，丹墨交横挥。咨汝之胄出，门户何巍巍？祖轩而父顼，未沫于前徽。不修其操行，贱薄似汝稀。岂不忝厥祖，腼然不知归。湛湛江水清，归居安汝妃。清波为裳衣，白石为门几。呼吸明月光，手掉芙蓉旗。降集随九歌，饮芳而食菲。赠汝以好辞，咄汝去莫违。

题合江亭寄刺史邹君

红亭枕湘江，蒸水会其左。瞰临眇空阔，绿净不可唾。维昔经营初，邦君实王佐。翦林迁神祠，买地费家货。梁栋宏可爱，结构丽匪过。伊人去轩腾，兹宇遂颓挫。老郎来何暮？高唱久乃和。树兰盈九畹，栽竹逾万个。长绠汲沧浪，幽蹊下坎坷。波涛夜俯听，云树朝对卧。初如遗宦情，终乃最郡课。人生诚无几，事往悲岂奈。萧条绵岁时，契阔继庸懦。胜事谁复论，丑声日已播。中丞黜凶邪，天子闵穷饿。君侯至之初，闾里自相贺。淹滞乐闲旷，勤苦劝慵惰。为余扫尘阶，命乐醉众座。穷秋感平分，新月怜半破。愿书岩上石，勿使泥尘涴。

赴江陵途中寄赠王二十补阙李十一拾遗李二十七员外翰林三学士

孤臣昔放逐，血泣追愆尤。汗漫不省识，恍如乘桴浮。或自疑上疏，上疏岂其由？是年京师旱，田亩少所收，上怜民无食，征赋半已休。有司恤经费，未免烦征求。富者既云急，贫者固已流。传闻闾里间，赤子弃渠沟。持男易斗粟，掉臂莫肯酬。我时出衢路，饿者何其稠！亲逢道边死，伫立久咿嚘。归舍不能食，有如鱼中钩。适会除御史，诚当得言秋，拜疏移合门，为忠宁自谋？上陈人疾苦，无令绝其喉；下言畿甸内，根本理宜优。积雪验丰熟，幸宽待蚕麰。天子恻然感，司空叹绸缪。谓言即施设，乃反迁炎州。同官尽才俊，偏善柳与刘。或虑语言泄，传之落冤雠。二子不宜尔，将疑断还不。中使临门遣，顷刻不得留。病妹卧床褥，分知隔明幽，悲啼乞就别，百请不颔头。弱妻抱稚子，出拜忘惭羞。黾勉不回顾，行行诣连州。朝为青云士，暮作白首囚。商山季冬月，冰冻绝行辀。春风洞庭浪，出没惊孤舟。逾岭到所任，低颜奉君侯。酸寒何足道，随事生疮疣。远地触途异，吏民似猨猴。生狞多忿很，辞舌纷嘲啁。白日屋檐下，双鸣斗鸺鹠。有蛇类两首，有蛊群飞游。穷冬或摇扇，盛夏或重裘。飓起最可畏，訇哮簸陵丘。雷霆助光怪，气象难比侔。疠疫忽潜遘，十家无一瘳。猜嫌动置毒，对案辄怀愁。前日遇恩赦，私心喜还忧。果然又羁絷，不得归锄耰。此府雄且大，腾凌尽戈矛。栖栖法曹掾，何处事卑陬？生平企仁义，所学皆孔周。早知大理官，不列三后俦。何况亲犴狱，敲搒发奸偷。悬知失事势，恐自罹罝罘。湘水清且急，凉风日修修。胡为首归路，旅泊尚夷犹？昨者京使至，嗣皇传冕旒。赫然下明诏，首罪诛共吺。复闻颠夭辈，峨冠进鸿畴。班行再肃穆，璜佩鸣琅璆。伫继贞观烈，边封脱兜鍪。三贤推侍从，卓荦倾枚邹。高议参造化，清文焕皇猷。协心辅齐圣，致理同毛輶。小雅咏鹿鸣，食苹贵呦呦。遗风邈不嗣，岂忆尝同裯。失志早衰换，前期拟蜉蝣。自从齿牙缺，始慕舌为柔。因疾鼻又塞，渐能等熏莸。深思罢官去，毕命依松楸。空怀焉能果？但见岁已遒。殷汤闵禽兽，解网祝蛛蝥。雷焕掘宝剑，冤氛消斗牛。兹道诚可尚，谁能借前筹？殷勤答吾友，明月非暗投。

陪杜侍御游湘西两寺独宿有题一首因献杨常侍

长沙千里平，胜地犹在险。况当江阔处，斗起势匪渐。深林高玲珑，青山上琬琰。路穷台殿辟，佛事焕且俨。剖竹走泉源，开廊架崖广。是时秋之残，暑气尚未敛。群行忘后先，朋息弃拘检。客堂喜空凉，华榻有清簟。涧蔬煮蒿芹，水果剥菱芡。伊余夙所慕，陪赏亦云忝。幸逢车马归，独宿门不掩。山楼黑无月，渔火灿星点。夜风一何喧，杉桧屡磨飐。犹疑在波涛，怵惕梦成魇。静思屈原沉，远忆贾谊贬。椒兰争妒忌，绛灌共谗谄。谁令悲生肠？坐使泪盈脸。翻飞乏羽翼，指摘困瑕玷。珥貂藩维重，政化类分陕。礼贤道何优，奉己事苦俭。大厦栋方隆，巨川楫行剡。经营诚少暇，游宴固已歉。旅程愧淹留，徂岁嗟荏苒。平生每多感，柔翰遇频染。展转岭猿鸣，曙灯青睒睒。

洞庭湖阻风赠张十一署

十月阴气盛，北风无时休。苍茫洞庭岸，与子维双舟。雾雨晦争泄，波涛怒相投。犬鸡断四听，粮绝谁与谋？相去不容步，险如碍山丘。清谈可以饱，梦想接无由。男女喧左右，饥啼但啾啾。非怀北归兴，何用胜羁愁？云外有白日，寒光自悠悠。能令暂开霁，过是吾无求。

岳阳楼别窦司直

洞庭九州间，厥大谁与让？南汇群崖水，北注何奔放。潴为七百里，吞纳各殊状。自古澄不清，环混无归向。炎风日搜搅，幽怪多冗长。轩然大波起，宇宙隘而妨。巍峨拔嵩华，腾踔较健壮。声音一何宏，轰辐车万两。犹疑帝轩辕，张乐就空旷。蛟螭露笋簴，缟练吹组帐。鬼神非人世，节奏颇跌踼。阳施见夸丽，阴闭感凄怆。朝过宜春口，极北缺堤障。夜缆巴陵洲，丛芮才可傍。星河尽涵泳，俯仰迷下上。余澜怒不已，喧聒鸣瓮盎。明登岳阳楼，辉焕朝日亮。飞廉戢其威，清晏息纤纩。泓澄湛凝绿，物影巧相况。江豚时出戏，惊波忽荡漾。时当冬之孟，隙窍缩寒涨。前临指近岸，侧坐眇难望。涤濯神魂醒，幽怀舒以畅。主人孩童旧，握手乍忻怅。怜我窜逐归，相见得无恙。开筵交履舄，烂漫倒家酿。杯行无留停，高柱送清唱。中盘进橙栗，投掷倾脯酱。欢穷悲心生，婉娈不能忘。念昔始读书，志欲干霸王。屠龙破千金，为艺亦云亢。爱才不择行，触事得谗谤。前年出官由，此祸最无妄。公卿采虚名，擢拜识天仗。奸猜畏弹射，斥逐恣欺诳。新恩移府庭，逼侧厕诸将。于嗟苦驽缓，但惧失宜当。追思南渡时，鱼腹甘所葬。严程迫风帆，劈箭入高浪。颠沉在须臾，忠鲠谁复谅？生还真可喜，克己自惩创。庶从今日后，粗识得与丧。事多改前好，趣有获新尚。誓耕十亩田，不取万乘相。细君知蚕织，稚子已能饷。行当挂其冠，生死君一访。

东方半明

东方半明大星没，独有太白配残月。嗟尔残月勿相疑，同光共影须臾期。残月晖晖，太白睒睒。鸡三号，更五点。

八月十五夜赠张功曹

纤云四卷天无河，清风吹空月舒波。沙平水息声影绝，一杯相属君当歌。君歌声酸辞且苦，不能听终泪如雨。洞庭连天九疑高，蛟龙出没猩鼯号。十生九死到官所，幽居默默如藏逃。下床畏蛇食畏药，海气湿蛰熏腥臊。昨者州前捶大鼓，嗣皇继圣登夔皋。赦书一日行万里，罪从大辟皆除死。迁者追回流者还，涤瑕荡垢清朝班。州家申名使家抑，坎轲只得移荆蛮。判司卑官不堪说，未免捶楚尘埃间。同时辈流多上道，天路幽险难追攀。君歌且休听我歌，我歌今与君殊科。一年明月今宵多，人生由命非由他，有酒不饮奈明何！

谒衡岳庙遂宿岳寺题门楼

五岳祭秩皆三公，四方环镇嵩当中。火维地荒足妖怪，天假神柄专其雄。喷云泄雾藏半腹，虽有绝顶谁能穷？我来正逢秋雨节，阴气晦昧无清风。潜心默祷若有应，岂非正直能感通。须臾静扫众峰出，仰见突兀撑青空。紫盖连延接天柱，石廪腾掷堆祝融。森然魄动下马拜，松柏一径趋灵宫。粉墙丹柱动光彩，鬼物图画填青红。升阶伛偻荐脯酒，欲以菲薄明其衷。庙令老人识神意，睢盱侦伺能鞠躬。手持杯珓导我掷，云此最吉余难同。窜逐蛮荒幸不死，衣食才足甘长终。侯王将相望久绝，神纵欲福难为功。夜投佛寺上高阁，星月掩映云朣胧。猿鸣钟动不知曙，杲杲寒日生于东。

岣嵝山

岣嵝山尖神禹碑，字青石赤形摹奇。科斗拳身薤倒披，鸾飘凤泊拏虎螭。事严迹秘鬼莫窥，道人独上偶见之，我来咨嗟涕涟洏。千搜万索何处有？森森绿树猿猱悲。

别盈上人

山僧爱山出无期，俗士牵俗来何时？祝融峰下一回首，即是此生长别离。

桃源图

神仙有无何渺茫，桃源之说诚荒唐。流水盘回山百转，生绡数幅垂中堂。武陵太守好事者，题封远寄南宫下。南宫先生忻得之，波涛入笔驱文辞。文工画妙各臻极，异境恍惚移于斯。架岩凿谷开宫室，接屋连墙千万日。嬴颠刘蹶了不闻，地坼天分非所恤。种桃处处惟开花，川原近远蒸红霞。初来犹自念乡邑，岁久此地还成家。渔舟之子来何所，物色相猜更问语。大蛇中断丧前王，群马南渡开新主。听终辞绝共凄然，自说经今六百年。当时万事皆眼见，不知几许犹流传。争持酒食来相馈，礼数不同樽俎异。月明伴宿玉堂空，骨冷魂清无梦寐。夜半金鸡啁哳鸣，火轮飞出客心惊。人间有累不可住，依然离别难为情。船开棹进一回顾，万里苍苍烟水暮。世俗宁知伪与真，至今传者武陵人。

游祝融峰

祝融万丈拔地起，欲见不见轻烟里。山翁爱山不肯归，爱山醉眠山根底。山童寻着不敢惊，沉吟为怕山翁嗔。梦回抖擞下山去，一径萝月松风清。

贞女峡

江盘峡束春湍豪，风雷战斗鱼龙逃。悬流轰轰射水府，一泻百里翻云涛。漂船摆石万瓦裂，咫尺性命轻鸿毛。

题杜工部坟

何人凿开混沌壳，二气由来有清浊。孕其清者为圣贤，钟其浊者成愚朴。英豪虽没名犹嘉，不肖虚死如蓬麻。荣华一旦世俗眼，忠孝万古贤人芽。有唐文物盛复全，名书史册俱才贤。中间诗笔谁清新？屈指都无四五人。独有工部称全美，当日诗人无拟伦。笔追清风洗俗耳，心夺造化回阳春。天光晴射洞庭秋，寒玉万顷清光流。我常爱慕如饥渴，不见其面生闲愁。今春偶客耒阳路，凄惨去寻江上墓。召朋特地踏烟雾，路入溪村数百步。招手借问骑牛儿，牧儿指我祠堂路。入门古屋三四间，草茅缘砌生无数。寒竹珊珊摇晚风，野蔓层层缠庭户。升堂再拜心恻然，心欲虔启不成语。一堆空土烟芜里，虚使诗人叹悲起。怨声千古寄西风，寒骨一夜沉秋水。当时处处多白酒，牛肉如今家家有。饮酒食肉今如此，何故常人无饱死？子美当日称才贤，聂侯见待诚非喜。洎乎圣意再搜求，奸臣以此欺天子。捉月走入千丈波，忠谏便沉汨罗底。固知天意有所存，三贤所归同一水。过客留诗千百人，佳词绣句虚相美。坟空饫死已传闻，千古丑声竟谁洗？明时好古疾恶人，应以我意知终始。

黄陵庙碑

湘旁有庙曰黄陵，自前古立以祠尧之二女舜二妃者。庭有石碑，断裂分散在地，其文剥缺，考《图记》，言“汉荆州牧刘表景升之立”，题曰《湘夫人碑》。今验其文，乃晋太康九年，又题其额曰《虞帝二妃之碑》，非景升立者。

秦博士对始皇帝云：“湘君者，尧之二女舜妃者也。”刘向、郑元亦皆以二妃为湘君，而《离骚》《九歌》既有《湘君》，又有《湘夫人》。王逸之解，以为湘君者，自其水神；而谓湘夫人乃二妃也，从舜南征三苗不反，道死沅湘之间。《山海经》曰：“洞庭之山，帝之二女居之。”郭璞疑二女者帝舜之后，不当降小水为其夫人，因以二女为天帝之女。以余考之，璞与王逸俱失也。尧之长女娥皇，为舜正妃，故曰“君”，其二女女英，自宜降曰“夫人”也。故《九歌》辞谓娥皇为“君”，谓女英为“帝子”，各以其盛者推言之也。《礼》有“小君君母”，明其正自得称君也。《书》曰“舜陟方乃死”，《传》谓“舜升道南方以死”，或又曰：

“舜死葬苍梧，二妃从之不及，溺死沅湘之间。”余谓《竹书纪年》帝王之没皆曰“陟”，“陟”，升也，谓升天也。《书》曰“殷礼陟配天”，言以道终，其德协天也。《书》纪舜之没云“陟”者，与《竹书》《周书》同文也。其下言“方乃死”者，所以释“陟”为“死”也。地之势东南下，如言舜南巡而死，宜言“下方”，不得言“陟方”也。以此谓舜死葬苍梧，于时二妃从之不及而溺死者，皆不可信。二妃既曰以谋语舜，脱舜之厄，成舜之圣，尧死而舜有天下，为天子，二妃之力。宜常为神，食民之祭。今之渡湘江者，莫敢不进礼庙下。

元和十四年春，余以言事得罪，黜为潮州刺史。其地于汉南海之揭阳，疠毒所聚，惧不得脱死，过庙而祷之。其冬，移袁州刺史，明年九月，拜国子祭酒。使以私钱十万抵岳州，愿易庙之圮桷腐瓦于刺史王堪。长庆元年，刺史张愉自京师往，余与愉故善，因谓曰：“丐我一碑石，载二妃庙事，且令后世知有子名。”愉曰：“诺”。既至州，报曰：“碑谨具。”遂篆其事，俾刻之。

送廖道士序

五岳于中州，衡山最远。南方之山，巍然高而大者以百数，独衡为宗。最远而独为宗，其神必灵。衡之南八九百里，地益高，山益峻，水清而益驶，其最高而横绝南北者岭。郴之为州，在岭之上，测其高下，得三之二焉，中州清淑之气，于是焉穷。气之所穷，盛而不过，必蜿蟺扶舆磅礴而郁积。衡山之神既灵，而郴之为州，又当中州清淑之气，蜿蟺扶舆磅礴而郁积，其水土之所生，神气之所感，白金、水银、丹砂、石英、钟乳，橘柚之包，竹箭之美，千寻之名材，不能独当也。意必有魁奇、忠信、材德之民生其间，而吾又未见也。其无乃迷惑溺没于佛老之学而不出耶？廖师郴民，而学于衡山，气专而容寂，多艺而善游，岂吾所谓魁奇而迷溺者耶？廖师善知人，若不在其身，必在其所与游。访之而不吾告，何也？于其别，申以问之。

送孟秀才序

今年秋，见孟氏子琯于郴，年甚少，礼甚度，手其文一编甚巨。退披其编以读之，尽其书无有不能，吾固心存而目识之矣。其十月，吾道于衡潭以之荆，累累见孟氏子焉，其所与偕，尽善人长者，吾益以奇之。今将去是而随举于京师，虽不有请，犹将强而授之，以就其志，况其请之烦耶？京师之进士以千数，其人靡所不有，吾常折肱焉，其要在详择而固交之。善虽不吾与，吾将强而附；不善虽不吾恶，吾将强而拒。苟如是，其于高爵犹阶而升堂，又况其细者耶？

送陈秀才彤序

读书以为学，缵言以为文，非以夸多而斗靡也，盖学所以为道，文所以为理耳。苟行事得其宜，出言适其要，虽不吾面，吾将信其富于文学也。颍川陈彤，始吾见之杨湖南门下，颀然其长，熏然其和。吾目其貌，耳其言，因以得其为人；及其久也，果若不可及。夫湖南之于人，不轻以事接；争名者之于艺，不可以虚屈。吾见湖南之礼有加，而同进之士交誉也，又以信吾信之不失也。如是而又问焉以质其学，策焉以考其文，则何信之有？故吾不征于陈，而陈亦不出于我，此岂非古人所谓“可为智者道，难与俗人言”者类耶？凡吾从事于斯也久，未见举进士有如陈生而不如志者。于其行，姑以是赠之。①

庄南杰

庄南杰，唐越中人。举进士及第。与贾岛同时，曾从受学。工乐府杂歌，著有诗集二卷。《全唐诗》存诗九首。

湘弦曲

楚云铮铮戛秋露，巫云峡雨飞朝暮。古磬高敲百尺楼，孤猿夜哭千丈树。云轩碾火声珑珑，连山卷尽长江空。莺啼寂寞花枝雨，鬼啸荒郊松柏风。满堂怨咽悲相续，苦调中含古离曲。繁弦响绝楚魂遥，湘江水碧湘山绿。②

王鲁复

王鲁复，字梦周，唐连江（今福建连江）人。文宗大和中为宰相王涯、李固言所知，献诗于朝，授邕管从事。《全唐诗》存其诗四首，《全唐诗逸》补诗一首。

吊灵均

万古汨罗深，骚人道不沉。明明唐日月，应见楚臣心。③

---

①韩愈诗文辑自《韩昌黎诗系年集释》，上海古籍出版社1984年版。
②辑自《全唐诗》卷四七〇。
③辑自《万首唐人绝句》卷二五。

柳公绰

柳公绰（763—832），字宽，又字起之，唐京兆华原（今陕西铜川）人。举贤良方正，直言极谏。武元衡节度剑南，与裴度俱为判官。召为吏部郎中。元和初，进太医箴，迁御史中丞。宪宗时为鄂岳观察史，讨吴元济有功，拜京兆尹。后迁河东节度使户部尚书，检校左仆射。唐文宗太和六年（832）卒，赠太子太保，谥号曰“元”。

赠毛仙翁

桃源千里远，花洞四时春。中有含真客，长为不死人。松高枝叶茂，鹤老羽毛新。莫遣同篱槿，朝荣暮化尘。①

沈传师

沈传师（769—827），字子言，唐吴县（今江苏苏州）人，唐书法家。唐德宗贞元二十一年（805）进士，登制科乙第。元和十二年（817）为翰林学士、中书舍人、湖南观察使等职，宝历元年（825）官至尚书右丞、吏部侍郎。

次潭州酬唐侍御姚员外游道林岳麓寺题示

承明年老辄自论，乞得湘守东南奔。为闻楚国富山水，青嶂逦迤僧家园。含香珥笔皆眷旧，谦抑自忘台省尊。不令执简候亭馆，直许携手游山樊。忽惊列岫晓来逼，朔雪洗尽烟岚昏。碧波

①辑自《全唐诗》卷三一八。

回屿三山转，丹槛缭郭千艘屯。华镳躞蹀绚砂步，大旆彩错辉松门。樛枝竞骛龙蛇势，折干不灭风霆痕。相重古殿倚岩腹，别引新径萦云根。目伤平楚虞帝魂，情多思远聊开樽。危弦细管逐歌飘，画鼓绣靴随节翻。锵金七言凌老杜，入木八法蟠高轩。嗟余潦倒久不利，忍复感激论元元。①

崔护

崔护，字殷功，唐博陵（今河北定州）人。贞元十二年（796）登第。大和三年（829）为京兆尹，同年为御史大夫，终官岭南节度使。《全唐诗》存诗六首。

三月五日陪裴大夫泛长沙东湖

上巳余风景，芳辰集远坰。彩舟浮泛荡，绣毂下娉婷。林树回葱蒨，笙歌入杳冥。湖光迷翡翠，草色醉蜻蜓。鸟弄桐花日，鱼翻谷雨萍。从今留胜会，谁看画兰亭。②

吕温

吕温（772—811），字和叔，又字化光，唐河中（今山西永济）人。德宗贞元十四年（798）进士，次年又中博学宏词科，授集贤殿校书郎。贞元十九年（803），得王叔文推荐任左拾遗。贞元二十年夏，以侍御史为入蕃副使，在吐蕃滞留经年。永贞元年（805）秋使

①辑自《全唐诗》卷三六八。

②辑自《石仓历代诗选》卷一一九，台湾商务印书馆1986年版。

还，转户部员外郎。历司封员外郎、刑部郎中。元和三年（808）秋，因与宰相李吉甫有隙贬道州刺史，后徙衡州，甚有政声，世称“吕衡州”。有集传世，《全唐诗》收其诗二卷百余首。

和舍弟让笼中鹰

未用且求安，无猜也不残。九天飞势在，六月目睛寒。动触樊笼倦，闲消肉食难。主人憎恶鸟，试待一呼看。

道州感兴

当代知文字，先皇记姓名。七年天下立，万里海西行。苦节终难辨，劳生竟自轻。今朝流落处，啸水绕孤城。

道州南楼换柱

鸿灾起无朕，有见非前知。蚁入不足恤，柱倾何可追。良工操斤斧，沉吟方在斯。殚材事朽废，曷若新宏规。

道州城北楼观李花

夜疑关山月，晓似沙场雪。曾使西域来，幽情望超越。将念浩无际，欲言忘所说。岂是花感人，自怜抱孤节。

道州秋夜南楼即事

谁念独坐愁，日暮此南楼。云去舜祠闭，月明潇水流。猿声何处晓，枫叶满山秋。不分匣中镜，少年看白头。

衡州岁前游合江亭见樱蕊未坼因赋含彩悕惊春

山樱先春发，红蕊满霜枝。幽处竟谁见，芳心空自知。似夺朝日照，疑畏暖风吹。欲问含彩意，恐惊轻薄儿。

喜俭北至送宗礼南行

洞庭舟始泊，桂江帆又开。魂从会处断，愁向笑中来。惝恍看残景，殷勤祝此杯。衡阳刷羽待，成取一行回。

衡州送李十一兵曹赴浙东

慷慨视别剑，凄清泛离琴。前程楚塞断，此恨洞庭深。文字已久废，循良非所任。期君碧云上，千里一扬音。

道州弘道县主簿知县三年颇著廉慎秩满县阙申使请留将赴衡州题其厅事

为理赖同力，陟明非所任。废田方垦草，新柘未成阴。术浅功难就，人疲感易深。烦君驻归棹，与慰不欺心。

道州夏日早访荀参军林园敬酬见赠

高眠日出始开门，竹径旁通到后园。陶亮横琴空有意，任棠置水竟无言。松窗宿翠含风薄，槿援朝花带露繁。山郡本来车马少，更容相访莫辞喧。

道州敬酬何处士书情见赠

意气曾倾四国豪，偶来幽寺息尘劳。严陵钓处江初满，梁甫吟时月正高。新识几人知杞梓，故园何岁长蓬蒿。期君自致青云上，不用伤心叹二毛。

同恭夏日题寻真观李宽中秀才书院

闭院开轩笑语阑，江山并入一壶宽。微风但觉杉香满，烈日方知竹气寒。披卷最宜生白室，吟诗好就步虚坛。愿君此地攻文字，如炼仙家九转丹。

和恭听晓笼中山雀

掩抑中天意，凄怆触笼音。惊晓一闻处，伤春千里心。

道州郡斋卧疾寄东馆诸贤

东池送客醉年华，闻道风流胜习家。独卧郡斋寥落意，隔帘微雨湿梨花。

道州夜后把火看花留客

红芳暗落碧池头，把火遥看且少留。半夜忽然风更起，明朝不复上南楼。

夜后把火看花南园招李十一兵曹不至呈座上诸公

夭桃红烛正相鲜，傲吏闲斋困独眠。应是梦中飞作蝶，悠扬只在此花前。

道州送戴简处士往贺州谒杨侍郎

羸马孤童鸟道微，三千客散独南归。山公念旧偏知我，今日因君泪满衣。

道州酬送何山人之容州

匣有青萍筒有书，何门不可曳长裾。应须定取真知者，遣对明君说子虚。

初发道州答崔三连州题海阳亭见赠绝句

吏中习隐好跻攀，不扰疲人便自闲。闻说殷勤海阳事，令人转忆舜祠山。

答段秀才

尽日看花君不来，江城半夜与君开。楼中共指南园火，红烬随花落碧苔。

宗礼欲往桂州苦雨因以戏赠

农人辛苦绿苗齐，正爱梅天水满堤。知汝使车行意速，但令骢马着鄣泥。

道州寄襄阳裴相公

悠悠世路自浮沉，岂问仁贤待物心。最忆过时留宴处，艳歌催酒后亭深。

自江华之衡阳途中作

孤棹迟迟怅有违，沿湘数日逗晴晖。人生随分为忧喜，回雁峰南是北归。

道州敬酬何处士怀郡楼月夜之作

清质悠悠素彩融，长川迥陆合为空。佳人甚近山城闭，夏夜相望水镜中。

道州将赴衡州酬别江华毛令

布帛精粗任土宜，疲人识信每先期。明朝别后无他嘱，虽是蒲鞭也莫施。

道州夏日郡内北桥新亭书怀赠何元二处士

结构池梁上，登临日几回。晴空交密叶，阴岸积苍苔。爽气中央满，清风四面来。振衣生羽翰，高枕出尘埃。齐物鱼何乐，忘机鸟不猜。闲销炎昼静，选胜火云开。僻远宜孱性，优游赖废材。愿为长泛梗，莫作重然灰。守道穷非过，先时动是灾。寄言徐孺子，宾榻且徘徊。

道州途中即事

零桂佳山水，荥阳旧自同。经途看不暇，遇境说难穷。叠嶂青时合，澄湘漫处空。舟移明镜里，路入画屏中。岩壑千家接，松萝一径通。渔烟生缥缈，犬吠隔笼葱。戏鸟留余翠，幽花吝晚红。光翻沙濑日，香散橘园风。信美非吾土，分忧属贱躬。守愚资地僻，恤隐望年丰。且保心能静，那求政必工。课终如免戾，归养洛城东。

岳阳怀古

晨飙发荆州，落日到巴丘。方知刳剡利，可接鬼神游。二湖豁南浸，九派驶东流。襟带三千里，尽在岳阳楼。忆昔斗群雄，此焉争上游。吴昌屯虎旅，晋盛骛龙舟。宋齐纷祸难，梁陈成寇雠。钟鼓长震耀，鱼龙不得休。风雪一萧散，功业忽如浮。今日时无事，空江满白鸥。

奉敕祭南岳十四韵

皇家礼赤帝，谬获司风域。致斋紫盖下，宿设祝融侧。鸣涧惊宵寐，清猿递时刻。澡洁事夙兴，簪佩思尽饰。危坛象岳趾，秘殿翘翚翼。登拜不遑愿，酌献皆累息。赞道仪匪繁，祝史词甚直。忽觉心魂悸，如有精灵逼。漠漠云气生，森森杉柏黑。风吹虚箫韵，露洗寒玉色。寂寞有至公，馨香在明德。礼成谢邑吏，驾言归郡职。憩桑访蚕事，遵畴课农力。所愿风雨时，回首瞻南极。

送段九秀才归澧州

湘南孤白芷，幽托在清浔。岂有馨香发，空劳知处深。摧贤路已隔，赈乏力不任。惭我一言分，贞君千里心。寸义薄联组，片诚敌兼金。方期践冰雪，无使弱思侵。

衡州登楼望南馆临水花呈房戴段会李诸公

夭桃临方塘，暮色堪秋思。托根岂求润，照影非自媚。罥挂青柳丝，零落绿钱地。佳期竟何许，时有幽禽至。

合江亭槛前多高竹不见远岸花客命翦之感而成咏

吉凶岂前卜，人事何翻覆。缘看数日花，却翦凌霜竹。常言契君操，今乃妨众目。自古病当门，谁言出幽独。

道州春游欧阳家林亭

道州城北欧阳家，去郭一里占烟霞。主人虽朴甚有思，解留满地红桃花。桃花成泥不须扫，明朝更访桃源老。政成兴足告即归，门前便是家山道。

衡州早春偶黄溪口号

偶寻黄溪日欲没，早梅未尽山樱发。无事江城闭此身，不得坐待花间月。

道州北池放鹅

我非好鹅癖，尔乏鸣雁姿。安得免沸鼎，澹然游清池。见生不忍食，深情固在斯。能自远飞去，无念稻粱为。

道州观野火

南风吹烈火，焰焰烧楚泽。阳景当昼迟，阴天半夜赤。过处若彗扫，来时如电激。岂复辨萧兰，焉能分玉石。虫蛇尽烁烂，虎兕出奔迫。积秽皆荡除，和气始融液。尧时既敬授，禹稼斯肇迹。遍生合颖禾，大秀两岐麦。家有京坻咏，人无沟壑戚。乃悟焚如功，来岁终受益。

衡州早春二首

碧水何逶迤，东风吹沙草。烟波千万曲，不辨嵩阳道。

病肺不饮酒，伤心不看花。惟惊望乡处，犹自隔长沙。

偶然作二首

栖栖复汲汲，忽觉年四十。今朝满衣泪，不是伤春泣。

中夜兀然坐，无言空涕洟。丈夫志气事，儿女安得知。

道州月叹

别馆月，犁牛冰河金山雪。道州月，霜树子规啼是血。壮心感此孤剑鸣，沉火在灰殊未灭。

风叹

青海风，飞沙射面随惊蓬。洞庭风，危墙欲折身若空。西驰南走有何事，会须一决百年中。

由鹿赋并序

贞元丁卯岁，予南出襄樊之间。遇野人絷鹿而至者，问之，答曰："此为由鹿，由此鹿以诱致群鹿也。"备言其状，且曰："此鹿每有所致，辙鸣嗥不饮食者累日。"予喟然叹曰："虞之即鹿也，必以其类致之；人之即人也，亦必以其友致之。实繁有徒，古之然矣。嗟乎！鹿无情而犹知痛伤，人之与谋宴安残酷者，彼何人斯！彼何人斯！"物微感深，遂作赋曰：

鹿之生兮，亦秉亭毒。备齿角以无竞，循性情而自牧。姑有味于行止，尚焉知乎倚伏。舍尔崇林，轻游近麓。偶巧网之生致，蒙主人之全育。饮以滐并，饲于芳庭。寝卧荃柔，腾倚兰馨。露往霜来，日安月宁。虽矫性而非乐，终感恩而不惊。曾不知养非玩物，用有深意。命曰由鹿，俾陷其类。凉秋八月，爽景清气。羁致山阿，縻于蹊遂。设伏以待，翳丛而伺。同气相求，诱之孔易。将必慕侣，岂云贪饵。呦呦和鸣，麌麌狎至。彼泯虑于猜信，此无情于诚伪。孰是仓猝，祸生所忽。毒緻以星贯，潜机划其电发。或洞胸而达腋，或折足而碎骨。望林峦兮非远，顾町疃兮未灭。风嗥泽而北迅，日掩山而西没。走骇侣于岩烟，叫饥麛于涧月。苟行路之闻者，孰不心摧而思绝。相尔由矣，野心而仁。望纯束兮惊惋，顾获车兮逡巡。视鼎中之消烂，观机上之剖分。忽哀鸣以感类，若沉痛之在身。虽复处之密迩，享以丰珍。比槛猿之骇跃，同海鸟之愁辛。敢择音而后死，思走险其何因。痛无知以相陷，含惋毒而莫伸。客有感而言曰：物诚有诸，人亦宜乎。摭事或比，原心则殊。借如淮阴构祸，冤在神理。通说且拒，豨谋宁起。堂堂萧公，实曰知己。给致钟室，胡宁忍此。吕禄之难，谁非汉臣。交则不义，卖亦不仁。彼美郦生，既为交亲。诱袭军印，岂无他人。於戏！微兽伤类，如不自容。忍人卖友，而享其功。灭交道兮坠义风，曾麋鹿之不若，何仁信之可宗。已焉哉！谅此世之茫茫，吾未见其始终。

道州律令要录序

某顷累忝官尚书省、御史台，遍观诸曹，多书令、式、格、律于其屋壁。苟非以宦游为情而奉其职者，皆得日夕省览，卧起出入，目存心悟，累累然如贯珠，如循环，吏无以欺，临事不惑，决繁滞，举枉直，而协于大中。中人以上，固可驯致，吾不知其谁首之，何前贤处心恤事之周也。若州县者，卑而近于人，达而切于得失，动有悬人命，关风俗。而惰者委成于一吏，望空而署；勤者检阅而山积，神愦气沮，卒无所归。致政之弊，不亦宜乎？此州法吏何洛庭，良吏也，与之撮其要，讲其义，书于厅事之左。某不深于法，犹虑未尽，后来君子，其究成之，此长人者之所急。

裴氏海昏集序

《海昏集》者，有唐文行之臣故度支郎中专判度支事赠尚书左仆射正平郡公裴氏讳某字某考地毓德，会友辅仁，气志如神，英华发外之所由作也。

初公违河洛之难，以其族行，攀大别，浮彭蠡，望洞庭，徘徊乎溢流，眄仰乎海昏。有欧山之奇，修江之清，阳溪之邃，汤泉之灵，竹洞花坞，仙坛僧舍，鸡犬钟梵，相闻于青岚白云中，数百里不绝。时也，俗以远而未扰，地以偏而获宁，开元之遗老尽在，犹歌咏乎太平。公悠然乐之，遂与我外王父故屯田郎中集贤殿学士河东柳公讳某、外叔故祖相国宜城伯讳浑，洎故太常卿兰陵萧公定、故秘书少监范阳卢公虚舟、故左庶子陇西李公勋为尘外之交，极心期之赏，唯故给事中汝南袁公高、故将作监河南元公亘以后进预焉。江左搢绅诸生，望之如神仙，邈不可及。每赋一泉，题一石，毫墨未干，传咏已遍，其为物情所注慕如此。无何，朝廷命公盈虚东南，漕引吴楚。中原百万之众，仰食于公，人不堪烦，我若无事。往往佩联印，拥大旉，枉道而过旧山。林壑之间，琴诗不废，心计颐指，而军国饫赡，其大雅之全才者欤。於戏！太尉、侍中，勤劳王家，惠于生人，至公再世，又以盛德屈于年运。庆如壅川，其决必大，由是焜燿之烈，重集于我郇公。郇公始以大孝闻，中以大用显，次以大忠升，藩屏三朝，出入二揆，述先职而掌邦赋，修祖德而践台衡。理荆之政，篆在乐石；定蜀之武，藏在册府；汉南之化，方洽于人谣。加以优游艺文，惇悦经术，身被华衮，门全素风，不畏强御，不侮孤贱，久要皆当代长者，推毂必一时俊杰，海内士大夫，如鳞羽之归龙凤。君子曰：“宪公、忠献公之勋德，节公之雅道，为不亡矣。”

郇公以霜露之感，泣编遗文，思所以垂诸不朽。以为节公消息出处之道，始于海昏，遂于正集外，别次当时唱和、游览、饯劳之作，凡九十六篇，勒为《海昏集》上下卷。不远三千里，授简于小生，俾酌归趣，而为序引。某尝备中台之属，实辱至公之遇，闻命已哀，敬不敢文，为姑陈古义，用赞风训。

昔者三代陈诗，以观民风，诈、信、淫、义、躁、静、刚、柔于是乎取之，喜、怒、哀、乐、吉、凶、存、亡于是乎观之，兆于此必应于彼，成乎终必见乎始。诗不可以为伪，魏公子为南皮之游，以浮华相高，故其诗傲荡骄志，胜而专，勤而不安；晋名士为金谷之燕，以邪侈相扇，故其诗滥溺淫志，冶而缓，往而不返。正平公为海昏之会，以礼义相诲，故其诗恬淡退志，庄直立志。退以独全其道，立以兼济于时。立而不矜，退而不怨，适而不放，乐而不荒，亲而不比，数而不黩。如切如磋，婉而有直体；曰比曰兴，近而有深致。仁者见之，遁世而无忧；知者见之，爱身而有待。暖乎若冬阳之煦，油乎若春泽之浸。其诱人也易，其感人也深，卒不知其所以然也。夫如是，则观南皮之诗，应、刘焉得不夭，魏祚焉得不短；观金谷之诗，潘、石焉得不诛，晋室焉得不乱；观海昏之诗，裴氏焉得不兴，我唐焉得不理？诗之时义大矣哉。天人家国之际，其至矣哉。为节公、郇公之子孙者，其无忘哉。

南岳大师远公塔铭记

原夫法起于无，色生于妄，求离于色者，未得皆空，徇念于无者，斯为有著也。是以至人心无所念，念无所求，利未动而谁安，本不然而何灭？然而利根难植，顿诣罕闻，不有舟梁，孰宏济度，匪因陛级，莫践堂涂，必在极力以持其善心，惠念以夺其浮想。不以身率，谁为教先，谁能宏之，则南岳大师其人也。

师讳承远，汉州绵竹县谢氏之子。积修妙性，宿起冥因，乘报现身，应期宏道。自天钟美，因地禀灵，七尺全躯，峨岷与瞻敬之状，九漏悬解，江汉资清净之源，殊相夙成，隐照潜发。甫志学，始游乡校，惊《礼》《乐》之陷阱，觉《诗》《书》之桎梏，忽忽不乐，未知所逃。俄有信士，以尊胜真言，质疑于学，怡然耸听，宛若前闻，识契心冥，神动意往，遂涕诀慈顾，行徇幽缘。初事蜀郡唐禅师。禅师学于资州诜公，诜公得于东山宏忍，坚林不尽，秘键相传。师乃委质僮役，服勤星岁，旁窥奥旨，密悟真乘。既壮游方，沿峡东下。开元二十三年，至荆州玉泉寺，谒兰若真和尚，荆蛮所奉，龙象斯存。历劫方契其幽求，一言悬会于灵受，爰从剃毁，始备缁锡，昂然古貌，森映高松。真公南指衡山，俾分法派。越洞庭，浮湘沅，息于天柱之阳，从通相先师受声闻具戒。三乘之经教，四分之纪律，八正之伦要，六度之根源，莫不更赞神机，递归心术。闻京师有慈敏三藏，出在广州，乃不远重阻，星言睹谒。学如不足，求所未尽，一通心照，两舍言筌。敏公曰："如来付受吾徒，用宏拯救。超然独善，岂曰能仁？"俾依无量受经，而修念佛三昧，树功德劫，以济群生。由是顿息诸缘，专归一念。天宝初岁，还于旧山。山之西南，别立精舍，号弥陀台焉。薙草编茅，仅蔽经像，居靡童侍，室无斗储，一食不遇，则茹草而过，敝衲莫完，而岁寒自若。奉持赞叹，苦剧精至，恒于真际，静见大身，花座踊于意田，宝月悬于眼界。

永泰中，有高僧法照者，越自东吴，求于庐阜，尊远公教迹，结西方道场，入观积旬，至想傍达，见弥陀座下，有老比邱焉，启问何人，答曰："南岳承远。愿告吾土，胜缘既结，真影来现。"照公退而惊慕，径涉衡峰，一披云外之尘，宛契定中之见，因缘昭晰，悲喜流涕。遂执抠衣之敬，愿承入室之顾。大师德因感著，道以证光，远近聆风，归依载路。于是大建法宇，以从人欲，轮奂云起，丹刻化成。走檀信于十方，尽庄严于五会，香花交散，钟梵相宣，火宅之烟焰皆虚，欲海之波澜自定。加以宝装秘偈，建幢台前；玉篆真文，揭碑于路左；施随求之印，以广销业累；造轮转之藏，以大备教典；劝念则编榜于崖谷，励学则兼述于缣缃。其欲人如身，慈惠恳至，皆此类也。大师峰栖木下六十余年，苦节真修，老而弥笃。夙开户牖，久启津途，法界之尊重在焉，天人之瞻仰如是。常陋处方丈，志行平等，食不重味，寒不兼衣。王公之珍服盈厢，甿庶之金钱布地，莫不回修佛事，赡养孤老，凡言施者，以是报之。期颐将及，志力无法替，早钟会食，到必先众，夕磬虔念，居恒达晨。其克己练心，慎终如始，皆此类也。

大历末，门人法照辞谒五台，北辕有声，承诏入觐，坛场内殿，领袖京邑。托法云之远荫，自感初因；分慧日之余光，宁忘本照？奏陈师德，乞降皇恩，由是道场有般若之号。贞元岁，其获分朝寄，廉问湘中，近照德辉，获探众妙。况灵岳直午，先皇本命，宜有上士，斯焉护持。表求兴崇，诏允诚愿，台虽旧号，其命维新，寺由是有弥陀之额，度生二七，会供千人。中贵巡香，守臣视馔，瑶图花捧，宝字烟开，宠降九天，晖映三界。师亦建不坏之塔，以寿君亲；修无边之功，以福邦国。梵王之能事毕矣，法门之荣观备矣。

贞元十八年，孟秋既望，顾命弟子，申明教戒，扫室趺座，恬然化灭，报龄九十有一，僧腊六十有五。先是忽告门人曰："国土空旷，各宜勉力。"数月而灾火焚寺，周岁而吾师解形，此盖宝去山枯，龙移水涸，"空旷"之旨，乃明前知。法众崩恸，若坏梁木，邦人号赴，如失舟航。以其年九月七日，还神于寺之南冈，即安灵塔，教也。前后受法弟子百有余人，而全得戒珠密传心印者，盖亦无几。比邱惠诠、知明、道侦、超然等，皆奥室之秀者，以瞻奉将远，经行坐芜，永怀于极，见托碑纪。移有道于物外，真无愧词；比遗爱于人间，诚当堕泪。铭曰：

浩浩清尘，茫茫逝川。大雄作矣，救物为先。能明大教，非师有缘。不宰功立，忘机智全。谁其宏之，南岳命代。习识虚受，应身圆对。理则归空，教惟不昧。末摇本静，行苦神泰。云迹一灭，天星六周。热恼就濯，童蒙来求。摄以尊念，驱之力修。我法有户，谁能不由？甘露晨稀，香云夕卷。彼岸方济，慈舟忽远。炉烟如在，塔树勿翦。刊勒丰碑，永想正眼。

道州祭百姓邓助费念文

维元和五年岁次庚寅五月庚子朔七日景午，刺史吕某，遣衙前虞候蒋沼，以酒脯之奠，告邓助、费念之灵。使君受命牧汝，不能庇护，使贼孟鸾等敢作不道，酷加杀害，是用疚心疾首，万计讨擒。廉使仁明，不贷凶恶，穷泉冤痛，今日方申。惭念无及，潸然泣下。故令于汝殁处，陈贼之尸，魂而有知，歆此告酹。呜呼哀哉！

祭侯官十七房叔文

维元和五年岁次庚寅九月戊戌朔三日庚子，堂侄男朝议郎使持节衡州诸军事守衡州刺史上骑都尉赐绯鱼袋某、乡贡进士让，致祭十七房叔侯官府君之灵。私门薄佑，终鲜诸父，堂从之内，唯叔一人。少小相依，笔砚同学，永言素契，情实兼常。早表诚言，见托身事，官孤力薄，卒用无成，惭负幽明，兴言痛咽。叔无允嗣，后效何伸？河中大茔，礼合葬祔。十五房尚寓淮甸，时力未并。且于江陵，谨议权厝，终期通岁，异壤同归。皦日在天，誓无二事。呜呼哀哉！五湖三湘，前岁共入，孤舟单旐，今日何之？恸决江津，倍增摧慕，式具祖奠，伏惟尚飨。

衡州祭者里渡溺死百姓文

维元和五年岁次庚寅十月戊辰朔十七日甲申，刺史吕某，遣故衙前虞候何防，以豚酒蔬果，致祭苏昇、陈演、李宽泰、陈甫、鲁余之灵。尔等五人，感余诚信，力输公税，争赴先期。溪山阻深，潦水暴至，不忍欺我，忘其险艰。州令未明，津渡不谨，致此沦逝，咎由使君。兴言涕流，痛念何及，聊伸薄酹，兼致微赠。代纳残税，皆余俸钱，魂而有知，谅此深意。尚飨。

道州刺史厅后记

壁记非古也。若冠绶命秩之差，则有格令在；山川风物之辨，则有图牒在。所以为之记者，岂不欲述理道、列贤不肖以训于后，庶中人以上得化其心焉？代之作者，率异于是，或夸学名数，或务工为文，居其官而自记者则媚己，不居其官而代人记者则媚人，《春秋》之旨，盖委地矣。贤二千石河南元结字次山，自作《道州刺史厅事记》，既彰善而不党，亦指恶而不诬，直举胸臆，用为鉴戒。昭昭吏师，长在屋壁，后之贪虐放肆以生人为戏者，独不愧于心乎？予自幼时读《古循吏传》，慕其为人，以为士大夫立名于代，无以高此。前年冬，由尚书刑部郎中出为此州，虽履剧自课，而未能逮其意也。往刺史有许子良者，辄移元次山《记》于北牖下，而以其文代之。后亦有时号君子之清者莅此，熟视焉而莫之改。岂是非之际，如是其难乎？予也鲁，安知其它，则命圬而书之，俾复其旧，且为后记，以广次山之志云。

湖南都团练副使厅壁记

湘中七郡，罗压上游，右振牂蛮，左驰瓯越，控交、广之户牖，扼吴、蜀之咽喉，翼张四隅，襟束万里，半天下之安危系焉。圣唐理虽偃革，制不去备，消息变化，必惟其时。由是部分荆、衡，复古南镇，轻其兵徒而重其统帅，易其将校而难其参佐，所以显仁藏用，明道晦权，成师于礼乐之中，讲武于文章之内。雍容易简，四十余年，名迹风流，冠于当代。始则裴谏议虬，以逸材奇略，傲视而静荒寇；次则赵相公璟，以高标雅望，郁起而为国桢；其余冯郎中嶷之硕重，房容州孺复之英达，郑评事洌、张著作季文之美秀，洎张和州惟俭、卢侍御□佐、我先大夫宣慈明允，实有成绩，是皆焯于朝论，清在人谣者矣。元和三年冬，天子命御史中丞陇西李公，以永嘉之清政、京兆之懿则，廷赐大旆，俾绥衡湘。威如秋霜无私凋，惠如冬阳无私煦，用人如止水无私鉴。始下车，表前副使殿中侍御史扶风窦君常字中行以本官复职，于是监察御史河南穆君寂、河内司马君纾、范阳卢君璠、太常寺协律郎河东薛君存庆、前咸阳县尉吴郡顾君师闵、前太子正字陇西李君础、前太常寺奉礼郎京兆杜君周士、前延陵县尉同郡杜君宝，群材响附，各以类至。文雅器用，岁余大备。错金碧于晴壑，绛孔翠于春林，遐迩翕然，称为盛府。中行感会知己，竭其诚能。黄钟音韵，调于嶰谷之竹；太阿锋铓，拭以华山之土。其吟鸾凤，断犀兕，不足怪也。窦氏伯季，同时七人，一居方伯，二列华省，四在诸侯之馆。名教之乐，搢绅慕焉。以温近守支郡，且知故实，得请连帅，俾书公堂。愧于不文，安敢坚让。元和五年七月五日，东平吕温记。

唐故福建观察巡官前侯官县尉东平吕府君权殡记

府君讳沅，字君梦，河东人。祖崇嗣，高尚丘园，不应征辟。考从之，皇朝左替善大夫。府君性重厚寡言，志于文学而炫耀，尤好神景化之事，虽迫亲故，时或从人，而焚香炼气，常澹如也。与从子某，少同游处，有疏阮之契。洎某出守湘中，府君以山水之乐，远来依憩。不幸遇暴疾，元和五年七月二十二日，终于衡州官舍。於戏！知命之年，未娶无嗣，家童护奠，旅榇单归。追怀平昔，何可胜痛！以其年十月某日，权厝江陵城北某原，以须通岁，归祔松槚，姑具时日，记与此石云。

道州刺史谢上表

臣某言：臣去年十月十七日蒙恩授使持节道州诸军事守道州刺史。奉命星驰，不敢遑息，以今月七日到州上讫。祗宠自天，战跼无地。臣某诚兢诚感顿首顿首。臣谬以孱庸，早参朝序，再尘宪府，三践文昌，竟不能著称弥纶，赞肃纲纪。合行殿黜，翻蒙奖任。共至公之理，分子物之忧，自古审官，莫斯为重。臣才乏吏用，识昧政经，将何以克副圣心，抚宁遐俗？唯当勤宣皇化，虔奉彝章，苦节励精，少酬万一。臣无任受恩感激之至，谨奉表陈谢以闻。

衡州刺史谢上表

臣某言：伏奉五月一日恩制，授臣使持节衡州诸军事守衡州刺史，散官勋赐如故。谨以七月十五日到本州上讫。恭承宠命，循顾庸虚，感忭失图，战跼无地。臣某诚感诚惧顿首顿首。臣闻三载陟明，《虞书》盛典，六条举最，汉制宏规。必在上允帝俞，俯谐师锡。臣谬领郡务，素无吏能，虔守国章，布宣皇化，匪宁夙夜，再换炎凉。仰奉陛下忧勤，以恤远人凋瘵。虽检身肃下，不敢愧于神明，而阜俗移风，竟未彰于绩用，将何以特膺睿奖，简在宸心，当恺悌之旁求，副循良之慎选？省躬增愧，殒首知惭。

谨当恪励精诚，策磨朽钝，冀立日新之效，少酬天覆之恩。实望圣慈，照臣肝胆。臣无任感跃屏营之至，谨差某官乙奉表陈谢以闻。

代郑南海谢上表

臣某言：臣自远离阙庭，晨夜奔涉，祗承宠命，不敢遑宁，谨以某月某日到所部上讫。仰宣圣旨，亲谕远人，酬恩之效未期，恋主之诚已积。臣某诚恐诚惧顿首顿首。臣本章句诸生，器用无取，徒以小心畏敬，谬为先圣所知，趋奏禁闱，浸逾星纪。属内外危疑之际，是非剖判之初，实以艰贞自持，中立无倚。天高听近，愚款获申，神幽鉴明，昌运斯属，遂蒙陛下擢于侍从，超冠等伦，用其忧国之寸心，委以代天之重务。俯偻三命，炎凉五周，登车奉“驭朽”之怀，假寐感“宵衣”之志，徒耗神用，莫能将明。箧盈谤而方赐駃騠，鼎折足而未忘簪履，竟以陈乞，遂其优容。无绮季夏黄之德，而猥当调护；无窦融、贾复之劳，而获奉朝请。以此没齿，犹为负恩。岂意曾未逾年，忽蒙抽奖，庙授铁钺，廷赐旌旗，俾臣懦夫，当此大任，节制五岭，幅员万里。伏波之铜柱犹在，永谢奇功；士燮之鼓吹日闻，弥惭武干。将何以宣美皇化，振扬国威，洗愆责于千龄，答生成于再造。唯当举章修法，苦节清心，抚犷俗以思柔，酌贪泉而无惧，庶几万一，仰副忧勤。但以白日在天，长安不见，丹涯限地，溟海方深，顾蒲柳之前衰，奉轩墀而尚远。无任感恋屏营之至，谨差某官某奉表陈谢以闻。

简获隐户奏

当州旧额户一万八千四百七，除贫穷死绝老幼单孤不支济等外，堪差科户八千二百五十七。臣到后团定户税，次简责出所由隐藏不输税户一万六千七百。伏缘圣恩录臣在道州微效，擢授大郡，令抚伤残。臣昨寻旧案，询问闾里，承前征税，并无等第，又二十余年，都不定户，存亡孰察，贫富不均。臣不敢因循，设法团定，简获隐户，数约万余。州县虽不增征科，所由已私自率敛，与其潜资于奸吏，岂若均助于疲人。臣请作此方圆，以救凋瘵，庶得下免偏苦，上不阙供。

代李中丞荐道州刺史吕温状

右，臣伏以前件官操履有恒，吏事精举，处繁简肃，折狱详明，尤于抚绥，实著效绩。今道州赋税毕集，流亡尽归，虔奉公程，日至清净，委心于理，古人不如。衡州凋敝累年，常积逋欠，实籍财用，以安疲黎。伏望除衡州刺史。臣职当廉察，上奉诏条，观善荐能，臣合竭节，七州之事，敢不精详？前件官小心理务，夙夜奉公，才识出人，效绩尤著。况道州风俗犷猾，前后难为缉绥，自温条理已来，疲人尽皆苏息。观其能政，堪为表仪。臣辄举所职，上达圣聪，伏望天恩，允臣所请。

请立舜庙奏

右，臣谨案地图，舜陵在九嶷之山，舜庙在太阳之溪。舜陵古者已失，太阳溪今不知处。秦汉以来，置庙山下，年代浸远，祠宇不存。每有诏书令州县致祭，奠酬荒野，恭命而已。岂有盛德大业，百王师表，没投荒裔，陵庙皆无？臣谨遵旧制，于州西山上已立庙讫。特望天恩许蠲免近庙三五家，令岁时埽洒，以为恒式。岂独表圣人至德及于万代，实欲彰陛下元泽被于无穷。谨录奏闻。①

何元上

何元上，一作何玄之。自称峨眉山人，元和四年（809），尝居道州。《全唐诗》存诗一首。

所居寺院凉夜书情呈上吕和叔温郎中

庾公念病宜清暑，遣向僧家占上方。月光似水衣裳湿，松气如秋枕簟冷。幸以薄才当客次，无因弱羽逐鸾翔。何由一示云霄路，肠断星星两鬓霜。②

灵祐

灵祐（771—853），唐福州长溪（今福建霞浦县南）人。俗姓赵，唐大历六年生（771）。年十五在城东建善寺出家，二十三岁云游江西，随高僧百丈怀海学佛。元和初年（806），怀海派灵祐去湖南大沩山传教。后建同庆寺受相国裴休尊案。灵祐弘扬佛教四十余年，所创沩仰宗成为中国佛教五大禅宗之一。卒谥“大圆禅师”。著有《沩山警策》、《潭洲沩山灵祐禅师语录》各一卷。存诗一首。

偈

不是沩山不是牛，一身两号实难酬。离却两头应须道，如何

---

①吕温诗文辑自《吕衡州文集》，上海古籍出版社 1993 年版。

②辑自《吕衡州文集》卷一，商务印书馆 1934 年版。

道德出常流。①

警策文

夫业系受身，未免形累，禀父母之遗体，假众缘而共成。虽乃四大扶持，常相违背，无常老病，不与人期。朝存夕亡，刹那异世，譬如春霜晓露，倏忽即无，岸树井藤，岂能长久？念念迅速，一刹那间，转息即是来生，何乃晏然空过？父母不供甘旨，六亲固以弃离，不能安国治邦，家业顿捐继嗣。缅离乡党，剃发禀师，内勤克念之功，外宏不诤之德，迥脱尘世，冀期出离。何乃才登戒品，便言我是比丘？檀越所须，吃用常住，不解忖思来处，谓言法尔合供。吃了聚头喧喧，但说人间杂语，然则一期趁乐，不知乐是苦因。曩劫徇尘，未尝返省，时光淹没，岁月蹉跎。受用殷繁，施利浓厚，动经年载，不拟弃离，积聚滋多，保持幼质。导师有敕，戒勖比丘，进道严身，三常不足。人多于此，耽味不休，日往月来，飒然白首。后学未闻旨趣，应须博问先知。将谓出家，贵求衣食。佛先制律，启创发蒙，轨则威仪，静如冰雪。止持作犯，束敛初心，微细条章，革诸猥弊。毗尼法席，曾未叨陪；了义上乘，岂能甄别？可惜一生空过，后悔难追，教理未尝措怀，元道无因契悟。及至年高腊长，空腹高心，不肯亲附良友，惟知倨傲，未谙法律，戢敛全无。或大语高声，出言无度，不敬上中下座婆罗门，聚会无殊。碗钵作声，食毕先起，去就乖角，僧体全无。起坐忪诸，动他心念，不存些些轨则，小小威仪。将何束敛？后昆新学，无因仿效，才相觉察，便言我是山僧，未闻佛教行持，一向情存粗糙。如斯之见，盖为初心慵惰，饕餮因

①辑自《五灯会元》卷九，中华书局 1984 年版。

循，荏苒人间，遂成疏野。不觉跳踵老朽，触事面墙。后学咨询，无言接引，纵有谈说，不涉典章。或被轻言，便责后生无礼，瞋忿起，言语骇人。一朝卧疾在床，众苦萦缠逼迫，晚夕思忖，心里恛惶，前路茫茫，未知何往？从兹始知悔过，临渴掘井，奚为自恨，早不预修？年晚多诸过咎，临行挥霍，怕怖慞惶。縠穿雀飞，识心随业，如人负债，强者先牵。心绪多端，重处偏坠，无常杀鬼，念念不停。命不可延，时不可待，人天三有，应未免之。如是受身，非论劫数，感伤叹讶，哀哉切心，岂可缄言，递相警策。所恨同生像季，去圣时遥，佛法生疏，人多懈怠，略伸管见，以晓后来。若不蠲矜，诚难轮道。

夫出家者，发足超方，心形异俗。绍隆圣种，震慑魔军，用报四答，拔济三有。若不如此，滥厕僧论，言行荒疏，虚霑信施。昔年行处，寸步不移，恍惚一生，将何凭恃，况乃堂堂僧相，容貌可观。皆是宿植善根，感斯异报，便拟端然拱手，不负寸阴。事业不勤，功果无因克就，岂可一生空过，抑亦来业无裨。辞亲决志披缁，意欲等超何所？晓夕思忖，岂可迁延过时。心期佛法栋梁，用作后来龟镜，常以如此，未能少分相应。出言须涉于典章，谈说乃傍于稽古，形仪挺特，意气高闲。远行要假良朋，数数清于耳目；住止必须择伴，时时闻于未闻。故云生我者父母，成我者朋友。亲附善者，如雾露中行，虽不湿衣，时时有润。狎习恶者长恶知，见晓夕造恶，即目交报，殁后沉沦。一失人身，万劫不复，忠言逆耳，岂不铭心者哉？便能澡心育德，晦迹韬名，蕴素精神，喧嚣止绝。若欲参禅学道，顿超方便之门，心契元津，研几精妙，决择深奥，启悟真源，博问先知，亲近善友。此宗难得其妙，切须仔细用心，可中顿悟正因，便是出尘阶渐。此则破三界二十五有，内外诸法，尽知不实。从心变起，悉是假名，不用将心凑泊。但情不附物，物岂碍人？任他法性周流，莫断莫续。闻声见色，盖是寻常，者边那边，应用不阙。如斯行止，实不枉披法服，亦乃酬报四恩，拔济三有。生生若龙不退，佛阶决定可期，往来三界之宾，出没为他作则。

此之一学，最妙最元，但办肯心，必不相赚。若有中流之士，未能顿超，且于教法留心，温寻贝叶，精搜义理，传唱敷扬，接引后来，报佛恩德。时光亦不虚弃，必须以此扶持。住止威仪，便是僧中法器。岂不见倚松之葛，上耸千寻，附托胜因，方能广益。恳修斋戒，莫谩亏逾，世世生生，殊妙因果，不可等闲过日，兀兀度时。可惜光阴，不求升进，徒消十方信施，亦乃辜负四恩，积累转深，心尘易壅，触途成滞，人所轻欺。古云：彼既丈夫我亦尔，不应自轻而退屈。若不如此，徒在缁门，荏苒一生，殊无所益。伏望兴决烈之志，开特达之怀，举措看他上流，莫擅随于庸鄙，今生便须决断，想料不由别人。息意忘缘，不与诸尘作对；心空镜寂，只为久滞不通。熟览斯文，时时警策，强作主宰，莫徇人情。业果所牵，诚难逃避，声和向顺，形直影端。因果历然，岂无忧惧？故经云："假使百千劫，所作业不亡。因缘会遇时，果报还自受。"故知三界刑罚，萦绊杀人，努力勤修，莫空过日。深知过患，方乃相劝行持。愿百动千生，处处同为法侣。乃为铭曰：

幻身梦宅，空中物色。前际无穷，后际宁克。出此没彼，升沉疲极。未免三轮，何时休息？贪恋世间，阴缘成质。从生至老，一无所得。根本无明，因兹被惑。光阴可惜，刹那不测。今生空过，来生窒塞。从迷至迷，皆因六贼。六道往还，三界匍匐。早访明师，亲近高德。决择身心，去其荆棘。世自浮虚，众缘岂逼。研穷法理，以悟为则。心境俱捐，莫记莫忆。六根怡然，行住寂默。一心不生，万法俱息。①

窦巩

窦巩（772或773—831或832），字友封，唐平陵（今陕西咸阳西北）人。窦庠之弟。状貌魁伟。少博览，无所不通。性宏放，好谈古今。门多长者车辙。诸兄均先贵达，巩于元和二年（807）始举进士。袁滋镇滑州，辟为从事。入朝，拜侍御史，历司勋员外刑部郎中。元稹观察浙东，奏为副使，检校秘书少监，兼御史中丞。稹移镇武昌，巩为副使。

哭吕衡州八郎中

今朝血泪问苍苍，不分先悲旅馆丧。人送剑来归陇上，雁飞书去叫衡阳。还家路远儿童小，埋玉泉深昼夜长。望尽素车秋草外，欲将身赎返魂香。②

唐扶

唐扶（？—839），字云翔，唐并州晋阳（今山西太原）人。元和五年（810），登进士第，入朝为监察御史、屯田郎中，十五年充山南道宣抚使，转司勋郎中。迁弘文馆学士，判院事。转职方郎中，权知中书舍人事。开成初，授福州刺史、御史中丞、福建团练观察使。四年（839）卒。存诗二首。

---

①辑自《全唐文》卷九一九。

②辑自《窦氏联珠集》。

使南海道长沙题道林岳麓寺

道林岳麓仲与昆，卓荦请从先后论。松根踏云二千步，始见大屋开三门。泉清或戏蛟龙窟，殿豁数尽高帆掀。即今异鸟声不断，闻道看花春更繁。从容一衲分若有，萧瑟两鬓吾能髡。逢迎侯伯转觉贵，膜拜佛像心加尊。稍揖皇英颒浓泪，试与屈贾招清魂。荒唐大树悉楠桂，细碎枯草多兰荪，沙弥去学五印字，静女来悬千尺幡。主人念我尘眼昏，半夜号令期至暾。迟回虽得上白舫，羁泄不敢言绿尊。两祠物色采拾尽，壁间杜甫真少恩。晚来光彩更腾射，笔锋正健如可吞。[①]

董侹

董侹，字庶中。唐宪宗元和中任荆州从事。之后寓居武陵。刘禹锡被贬朗州后，与其交往颇深。有《武陵集》。

修阳山庙碑

古武陵封壤所至，湘、岳、辰、澧附庸皆之部，《楚辞》载涔阳罗江，即其证也。今俗豪家多嗜书知敬，殆黔中遗风不绝者欤。东汉光武二十五年，驸马都尉梁君松平五溪名郡，廨置汉寿城，即荆州刺史所治地。有阳山神祠，直上千仞，横衮三峰，红崖青壁，赭若彩缋。日月回薄，仙驭往来，沉沉洞宫，孰详突奥？昔王郎《新志》谓云梦之神，夏首献鱼，讫于秋分鱼潮之初，群汇各异，网罛虽设，无能获者。至今洞庭艅艎，若遭迅风，靡不印

①辑自《湖南通志》卷二三八。

首求请，多获利济。顶上有池，下漻山麓，即《书》沱潜之源，验在兹矣。故此邦之人，是依是凭，用介景福。

余尝以楚山为天下绝，若阳山者，又此无伦。亭亭孤标，迥出天外，彰善瘅恶，犹影响焉。永贞元年，沅水泛溢，坏及庐舍，几盈千室，生人禽畜，随流逝止。明年，云汉为厉，稼穑之土，敛为负租。三年旱弥深，郡牧遍走无诉。俗不可以终否，故良牧宇文公得以肆力焉。公名宿，字元明，始至之日，巷鲜居人，有兽奔禽骇之势。公感愤激衷，誓拯焚溺，请于廉使，条白上闻，诏使臣锡以廪粟。公申布圣泽，遍问里闾，逮斑白稚齿，延颈仰给，皆联联鼓舞，喜得生活。公乃询于众曰："山泽之神，利及物者安在，合祷祈之。矧岩岩阳山，此地之望，某虽寡德，敢不先谒焉？"乃沐浴致斋，敛咎荐诚，再拜而后祝曰："惟人，神之本，今人若坠冰谷，时欤事欤？曷不可欤？今凋丧殆尽，而神不恤，使清湊全州，鞠为茂草，岂独予之辜？抑神之耻？宿谬当朝廷分忧之寄，尝惧凡恳不达，以速官谤。惟神降鉴，明听予言：余或不虔不恪，余将励精励志，勤以劝人，敢徼肹蠁之福。"音动左右，礼无愧词。

自时厥后，一晴一雨，皆符郡人小大之望，财若天雨，流庸半还，食菽饮水，室家相保，穜稑所产，集为有年。乃聚族谟曰："良牧之仁，通于神明，无有穷已。噫！《诗》不云乎：'恺悌君子，人之父母。'仁远乎哉！且又神祇昭答如此，而不思有以报乎？"乃相与缮修祠屋，整顿睟容，想象如在，共旌阴骘之感，庶展麾县之敬。愿公寿考，禔福穰穰，庶渤海颍川，异时为并驾齐驱云。

阎贞范先生碑

先生名寀，天水人。蝉联戚属，才为时选，再登宪府，三领大郡，不乐进取机密，求出为武陵相。闻桃源有黄君瞿童之事，甘心而请学焉。黄君欣然留公。秋分中夜，授以洞神正一券云：“苍崖沉沉，如交杳冥。羽节缤纷，往来无声。”黄悚异，命公为记。时淮将跋扈，朝议以正人莅之，可使迁善，传召公为申州刺史。公将命始至，敷陈王纲，诱谕忠节，然察其恶稔，亦以上闻。渠凶愈怒，凿空构祸，初贬韶陵，怒犹未厌，逗遛不遣，再贬韶州司户参军，获脱虎口矣。于是忠贤失志，长蛇肆毒。天子念公之勤，重惟险阻，诏还，恩降造膝，面拜汝州刺史，录前效也。为节将挟忿奏替，改授澧州刺史。澧人熙熙，如蒙春阳，星岁七稔，里俗丕变。公将偿宿心，方图别墅，居无何，转吉州刺史，公乃叹曰：“夙奉道牙，志期修进，而流年不待，齿发将暮，湛恩稠叠，恐遂无报。”乃上言乞以皇帝诞庆之辰，度为武陵桃源观道士，永焚香火，庶竭涓埃之力，少酬亭育之报。优诏褒美，赐号遗荣，仍宣付史馆，以尚贤也。朝右词臣，歌诗颂德者，凡百余首。尝试论之，太上有立德立功之道，是使君子步骤而不敢懈，五秉之粟，七钟之禄，亦固争之，安有视青绶苍玉为泥土，指丹霄白云为枕席者乎？噫！心愿已谐，而降年不永，谢安石所以长太息于舟中矣。以贞元七年十一月三日，顺化于钟陵宗华观，甲子三百九十有八。天下向道之士，无不泫然出涕，佥云：“圣唐敷道德之教，垂二百年，能以进退出处消息无累者，惟稽山贺君、桃源阎君两人而已。汉庭二疏，不至于道，乌足云云。”乃相与谥为贞范先生，从古义也。赞曰：

大道既隐，百氏纷昏。爰有黄庭，孰知其门？于惟先生，金华玉英。解绶乞身，誓游三清。上惜其才，难夺其诚。乃宠嘉号，是曰遗荣。苍苍桃源，烟岩盘盘。上有洞宫，下有星坛。醮火既明，羽旆珊珊。跪授玉书，列为真官。东海三秀，西山五色。老莱近名，嵇康寡识。曷若先生，临炉自得。阳巡阴转，三十有六。賸魂遗形，古仙同域。浮山旧侣，梗概微德。①

符载

符载，字厚之，唐武都（今四川绵竹）人。早年与杨衡等隐居于四川青城山。贞元中李巽为江西观察使时，荐其才，为南昌军副使。后为四川节度使韦皋掌书记。又为江陵赵宗儒记室，官终监察御史。元和中卒。

黄仙师瞿童记

郎州桃源桃花观，南岳黄洞元居焉。有弟子姓瞿字柏庭，年十四，太和未散，嗜欲不入，傲然怀厌世之志。大历四年庚寅岁，自辰溪来，稽首宇下，愿荫道域，厕役隶之末。仙师以慈物轸虑，遂许之。虽处童孺，给侍甚谨，在丑不弄，率性恭默。每旦暮仙师，修朝拜之礼，摄斋庄之色，焚香搥磬，叩头擎跽，如临君父，如是者积一二岁不衰矣。或往往独行，入溪洞中，根究深处，信宿方返。仙师让之，辄云："偶造佳地，遭遇神圣，耳汇气、草木、屋宇、饮食，使人澹然忘情，不乐故处。"因求愿偕往。仙师曰："灵仙之府，必在左右，然尚幼小，谓所至之地，不即尔也。"无何，有丹砂之役，领至襄阳市。阛阓之下，齐人浩扰，则瞑目

①董侹文辑自《全唐文》卷六八四。

不视，神气醉泥，返至逆旅，通宵而后醒。问其故，捧手对曰："太朴散坏者久矣，今之人圆冠方屦，以诈相尚，以利相市，余所不堪。"方大骇其说，不敢以常仆仆之。其后数以前事请，仙师亦有意将逝，属暑雨坏道，不得果去。

八年癸丑夏五月甲辰晦，正衣服拜诀于户外，自言灵期逼近，难可留止，请自是往，至日月合于鹑首，复近于兹地焉。仙师少加抚爱，未即听遣。室有同学道士朱灵辨者，恐童子精神慑懦，为妖邪所攻，将欲载丹笔符而御之。童不怿，且多傲词，云他辰之相见，岁在降娄矣。庭际有大栗树，远人不过数仞，遂背行冉冉，从树旁灭没化去，有声隆然，如风飘雷震。众以为事出言妄，怪愕失次，驰告邻落，共四围而索之，千崖沉沉，漠然无声。洞西行一二里，有巨蛇，威猛甚盛，自道中拖腹横据，势不得近。次至于东隅，见右足八指，罗印于地上，折弱篠八枝，纵横插植，若志冥验之数，余不复睹。

先是未潜景之日，割芝圃间，获珉石，圆大如五铢钱，朗莹可爱，跪而授师曰："此秦客所弃棋子也，幸加秘护，后有符契。"仙师、灵辨状之不昧，惜向时之无断，俛然发箧，复睹故物，其惭愧慕望者，可胜言哉！后经时，曾白昼假寝，辄幻罔而至，备申抠衣之敬，诊其容态，但以承事尊上为疲耳，至于日者之约无替焉。

仙师以建中元年自武陵卜居于庐山紫霄峰下，古坛石室，高驾颢气。载弱岁慕道，数获践履其域，话精微之际，得与闻此。太息良久，自感悟曰：神远人乎哉？道远人乎哉？夫瞿氏之子，受天之气，生人之世，百骸六脏，非有卓然异色也，以一诚之志，唯岩洞是慕，彼秦人之宅，尚得而往。况仙师遁迹空山，垂二十年，根之以浑元，守之以太和，遗肢体，冥耳目，息归于踵，神舍于素，窈窈冥冥，中含至精，方将入天地之门，游化初之原，磅礴万物，不见其朕，岂迟鸾鹤之驭而满其道欤？门人先往，而师资尚淹留尘世，天其意者以时人溺于膻腥，汩乱正气，多札瘥夭昏之患，使布阴德，大拯生命，符三千之数耶？弟子风波之民，不能自拔泥淖，继芳金籍，徒以区区文字，纪其糟粕，不亦悲夫。然庶示于好事者，共为起予之地耳。贞元元年八月二十日，符载记。

长沙东池记

诸侯之封茅受土，荷天子心膂之寄者，有旌旗车服之盛，有生杀赏罚之重，宜有以鼓钟池榭而张大之，况长沙大郡也。江山亘千里，道途控百越，有主人焉，有大宾焉，浑浑四来，击楫摩轩。主人苟不以享宴观游而礼之者，即诗人以为褊，故我有东池之制焉。

壬午岁，皇帝命御史中丞杨公领湖南七郡之地。公方厚简重，气岸恢大，以文章礼乐、藻绩德义，践右史，历文昌，登少常伯，朝廷之休声茂绩沛然也。以素望膺盛拜，故捧诏之日公卿贺，登车之日道路喜，下车之日童老庆。期月而苛细去，周岁而兵食足，三年而风俗清。既观游池沼之作，出于余力矣。

先是佛庙之旁有泉址焉，阴流沮洳，不能措杯于其上，加以隙田数百亩，硗瘠渗漏，不产嘉谷，莞莎蒲稗，狼藉纽织。公以重价偿僧而求之，僧满志也。于是相地形，凿水路，掘卑壤，筑高岸，尽东其势，渟深注浅。公以羡利僦民而营之，民悦随也。居是累月，池成。大水既潴，长江□□，平澄无颠，天空境明。一来窥临，百骸以清，江湖思远，著人襟灵。右有青莲梵宇，岩岩万构，朱甍宝刹，错落青画。左有灌木丛林，阴蔼芊眠，不究幽深，四时苍然，柯叶吟风，声若哀弦。自北徂南，复邈悠悠，鹳鹭凫鹭，差池淹流；太阳晨曦，金波瞑浮，气象诡怪，恍惚瀛洲。湘西有山，黛色沉沉，或时无风，影堕池心。中间乃背城闱之局束，追风物之遐旷。盛啸宾客，泛舟而游。驻彩旌，动兰桡，逍遥远去，兴随趣往。萦潆绕屿，不记沿溯，晤言始欢，间以壶觞。丝桐缘云以凄切，罗绮从风而翠灿。有美一人，蛾眉婵娟，绮袖自障，清歌《采莲》，声发波中，宛宛神仙。当是时，忧者泰，褊者旷，劳者逸，惛者爽。豁七情之底滞，荡百灵之疴恙。岂比夫高阳习家之醉，同年而语哉？何长沙之卑湿，贻搢绅君子之虑也。

夫贤达之蕴才智也，不得其时，则腾陵宇宙，鼓铸万物。且兹地也，朝为蹄涔，夕为蓬壶，茫茫平地，波澜在我。识者睹公之为事也，量细以度大，详近以征远，伏知异日必能成天下之务，利天下之物，斡运元化，燮调正气。致君雍熙，与咎夔为徒者，于此而见之矣。

载顷年庐岳，尝辱公颜闵之顾，贺荣拜宠。自旧山而来，拂拭孱弱，屡陪游泛，睹盛美而不书，君子或以为阙也。乃抉谀才，颂贤能，以耀乎将来者也。

浔阳岁暮送徐十九景威游潞府序

道旧者，同志之至欢乎；送远者，有情之至悲乎？二者激人中肠，我独何为钟此怀抱。始余与徐君识面，余独一言道合，遂相顾揽，载即亟往候太傅夫人起居。他年，余及杨郎中偕诣梓潼依李太傅，生亦相从，其于讲道艺，攻阙漏，时上下郪中诸山，赋诗举酒，吟啸风月，每至忘形骸也。尔后鸟飞云散，南北四去，邈邈悠悠，凡十余年。昨余被命召为江西从事，生乃枉道顾访。

病劣不任，罢归浔阳，生亦策马相随。余有茅居在郡南西岭下，前有芙蓉菱芡，后有高梧大竹，家贫无他具，日为徐君舂黄粱，□龠园蔬，□居□肃数器，相顾下箸，颓然檐下，快然偃仰。至宵夜，即燎薪火，觞白酒，引满之际，更语曩事，襟期浩然，如太古时，人间万累，无非糠秕，斯一何为乐之甚也。徐君侨寓成都日久，常欲扶持尊老，归家洛阳，寒气绵薄，不与意会。有泽潞从事尚书郎郄君士美，生之姑之子也，长材端操，敦好中外，将自兹始，裂裳而从之。开颜未熟，执袂相送。岁暮风雪，独游万里，会面寄书，杳杳何期，又一何愁慕之深也。徐君方厚，有志气，履得醇固，善为文，匿华为晦，叩之乃应，加以身长七尺，声如笙簧，能饮酒斗余，谈语眄睐，自有标韵，所至之地，方伯牧守洎贤士大夫，莫不为子前席倒屣，即士道其几乎丧矣。况山东望雄，诸侯贤明，举才携隽，树勋当世，豫章之干，宁逃于班输之目乎？厚自珍重，无患知己。崔君行先、齐君照，予之旧友也，郄君士美、卢君顼，予得之友人萧易简也，此数君子，皆以宏才宾画幕中。寒暑推谢，为余问其无恙否耶？复以是便代双鲤。

奉送良郢上人游罗浮山序

良郢法师多闻强学，风表端净，拔乎出萃者也。始童子剃落，转持麈尾，讲《仁王经》，白黑赞叹，生希有想。既进具，酷自砥砺，加之以聪明迅发，至于修多罗、毗尼、达摩书，杂如是若干种法，上人悉知解。以佛门言之，文学则游夏也，以法将则韩、彭也，异日必能破魔军，阐元风，当来像教，不坠于地矣。甲申岁夏六月，中丞杨公下车长沙之三年也，余自故山，扁舟一叶，主人舍我于东馆，师荷簦振策，惠然相顾。始见其青莲眼目，水田衣裳，其心则欢如也。次闻纵论，云涌波委，甚严如也。居累日，报余以罗浮之行，云心不定，稍欲引去。噫！沙门释子，弃捐万臣，携三衣钵，乞食自给，晦宿聚落，朝行乱山，心明境界，何乐如此！悲夫尘劳之士，校名利溺爱，缚区区于寻尺之内，宁复拱怀于方外之游哉？尝闻说者云：有蓬莱一岛浮至，与罗山合并，因命曰罗浮，风烟草树，木有异态。余未尝践履，其心技痒。师到日为我殷勤手疏，寄北来檀越也。①

潘滔

潘滔，唐宪宗元和时人。

文公祠记

按《邵阳图经》，公姓文讳斤。晋咸康中为高平令，隐于此山，得道羽化，故名文仙山。又据《湘川记》云：山上有石床，长一丈有四尺，丛竹蒙密，随风飘扬，委于床侧。每遇亢阳，祈祷有应。洎唐贞元十年，上天愆旸，旱魃为虐，草木黄落，如惔如焚。于时州伯太原王公高县宰昌黎韩公谨辉至诚恳请曰："如神降临，膏雨雾霈，即为刻石记事。"当时响应，云行两施，年谷既登，仓廪充实。夫神灵无方，感而遂通。昔太公治灌坛，风雨不敢犯，刘昆牧宏农，猛虎为之去，岂非以德化所布，飘风鸷兽不敢侵界焉？以此观之，实由政之所及，德之所致，鬼神为之福祐，神功为之降泽。若乃德之不修，政之苛刻，而妖由此作，灾由此起。吉凶报应，如影随形，信矣夫！噫，人物迁变，未达诚愿。至元和三年，岁在戊子，灾患荐臻，旱又甚矣。州牧济阳丁公立

①辑自《文苑英华》卷七二七、八二二、八二八。

邑君冯翊庄公齐命官启告，酬愿立碑，遂两洒四溟，润泽九谷。山川鬼神，亦莫不宁，上凭神休之恩，下赖牧宰之政。野老荷蓑与笠，相对伫锸而歌曰："我圣君兮德巍巍，择良牧兮治边陲。感神功兮云雨施，稼穑如梁兮又如茨。无阶达天真兮，咸愿立乎丰碑。"合境耆老，稽颡告余，皆愿修文，以神圣德，刻之贞石，永传芳休。既无绝妙之词，难传至贞之迹，铭曰：

飞丹涸济冰雪溶，道成羽化神仙宫。几乘白鹤归旧峰，城郭是兮人不同。霓裳缥缈随天风，紫烟散尽祠堂空。山寂寞兮花木隆，石床空山留仙踪。微飙骚屑摇条丛，邑人祈祷清庙中。神功应化无不通，天旱□兮云从龙，洒膏雨兮九谷丰。黎庶歌兮乐时雍，愿立碑兮表圣功。勒文字于坚石，与天地兮无穷。①

梁褒先

梁褒先，生卒年及生平不详。宪宗元和二年（807）任郴州刺史。

侍郎窾题名

朝散大夫使持节郴州诸军事守郴州刺史赐绯鱼袋梁褒先。因行春经此石室。续勒修镌。元和五年五月十日。先记。②

李翱

李翱（772—841），字习之，唐陇西成纪（今甘肃秦安县东）人，

---

①辑自《全唐文》卷七一三。

②辑自《湖南通志》卷二六七。

一说为赵郡（今河北赵县）人。贞元十四年（798）中进士第，初任授书郎，后三迁至京兆府司录参军。宪宗元和中，历国子博士、史馆修撰、考功员外郎。后降任朗州刺史，召为礼部郎中。后任庐州刺史。文宗大和初年，入朝担任谏议大夫、知制诰，改中书舍人。不久，又出任郑州刺史，改任桂州刺史、御史中丞、桂管都防御使、谭州刺史、湖南观察使等职。大和八年（834），被征召为刑部侍郎，后转为户部侍郎，检校户郡尚书、襄州刺史、充山南东道节度使。武宗会昌元年（841）卒。谥为“文”，世称“李文公”。著有《李文公集》，《全唐诗》存诗七首。

偈

炼得身形似鹤形，千株松下两函经。我来相问无余说，云在青天水在瓶。

与翰林李舍人书

翱思逃后祸，所冀存身，惟能休罢，最惬私志，从此永已矣，更无健羡之怀，况乞得余年，退修至道，上可以追赤松子房之风，岂止于比二疏、尚平子而已。但举世好爵禄权柄，具写此心以告人，人无有少信之者，皆为不诚之言也。王拾遗是桂州旧僚，颇知此志，若与往来，伏望问之，可知其旨。但以常情见待，岂知失时，还有偏尚之士哉？又近日来，两施子粗得其说，未及就正，当此时使获长往，亦足以不愧宗门，不负朋友。尝慕张公以不能取容当世，故终身不仕况向前仕宦，亦以多矣，幸免刑戮，方尔退修，与致令名，年已六十有一，比之诸叔父兄弟，为得年矣。且不知余年几何，意愿乞取残年，以修所知之道，如或有成，是万世一遇，纵使无成，且能早知止足，高静与三老死于林薮之下，比终日矻矻，耽乐富贵，而大功德不及于海内，而卒于位者，所失得，伏计舍人必以辨之矣。以舍人比他见知，故尽其意焉，若非至诚，亦何苦而强发斯言乎？

拜禹言

贞元十五年六月二十九日，陇西李翱敬载拜於禹之堂下，自宾阶升，北面立，弗敢叹，弗敢祝，弗敢祈，退降复敬，再拜哭而归。且歌曰："惟天地之无穷兮，哀生人之常勤。往者吾弗及兮，来者吾弗闻。已而已而。"

复性书

复性书上

人之所以为圣人者性也，人之所以惑其性者情也。喜怒哀惧爱恶欲，七者皆情之所为也。情既昏，性斯匿矣。非性之过也，七者循环而交来，故性不能充也。水之浑也，其流不清，火之烟也，其光不明，非水火清明之过，沙不浑，流斯清矣，烟不郁，光斯明矣。情不作，性斯充矣，性与情不相无也。

虽然，无性则情无所生矣。是情由性而生，情不自情，因性而情，性不自性，由情以明。性者天之命也，圣人得之而不惑者也；情者性之动也，百姓溺之而不能知其本者也。圣人者岂其无情耶？圣人者，寂然不动，不往而到，不言而神，不耀而光，制作参乎天地，变化合乎阴阳，虽有情也，未尝有情也。然则百姓者，岂其无性耶？百姓之性与圣人之性弗差也，虽然，情之所昏，交相攻伐，未始有穷，故虽终身而不自睹其性焉。火之潜于山石林木之中，非不火也；江河淮济之未流而潜于山，非不泉也。石不敲，木不磨，则不能烧其山林而燥万物；泉之源弗疏，则不能为江为河，为淮为济，东汇大壑，浩浩荡荡，为弗测之深。情之动静弗息，则不能复其性而烛天地，为不极之明。

故圣人者，人之先觉者也。觉则明，否则惑，惑则昏，明与昏谓之不同。明与昏性本无有，则同与不同二皆离矣。夫明者所以对昏，昏既灭，则明亦不立矣。是故诚者，圣人性之也，寂然不动，广大清明，照乎天地，感而遂通天下之故，行止语默，无不处于极也。复其性者贤人，循之而不已者也，不已则能归其源矣。《易》曰："夫圣人者，与天地合其德，日月合其明，四时合其序，鬼神合其吉凶，先天而天不违，后天而奉天时。天且勿违，而况于人乎？况于鬼神乎？"此非自外得者也，能尽其性而已矣。子思曰："惟天下至诚为能尽其性。能尽其性，则能尽人之性。能尽人之性，则能尽物之性。能尽物之性，则可以赞天地之化育。可以赞天地之化育，则可以与天地参矣。其次致曲，曲能有诚，诚则形，形则著，著则明，明则动，动则变，变则化，唯天下至诚为能化。"圣人知人之性皆善，可以循之不息而至于圣也，故制礼以节之，作乐以和之。安于和乐，乐之本也；动而中礼，礼之本也。故在车则闻鸾和之声，行步则闻佩玉之音，无故不废琴瑟，视听言行，循礼法而动，所以教人忘嗜欲而归性命之道也。道者至诚而不息者也，至诚而不息则虚，虚而不息则明，明而不息则照天地而无遗，非他也，此尽性命之道也。哀哉！人皆可以及乎此，莫之止而不为也，不亦惑耶？

昔者圣人以之传于颜子，颜子得之，拳拳不失，不远而复其心，三月不违仁。子曰："回也其庶乎屡空。"其所以未到于圣人者一息耳，非力不能也，短命而死故也。其余升堂者，盖皆传也，一气之所养，一雨之所膏，而得之者各有浅深，不必均也。子路之死也，石乞盂黡敌子路。以戈击之，断缨，子路曰："君子死，冠不免。"结缨而死。由非好勇而无惧也，其心寂然不动故也。曾子之死也，曰："吾何求焉，吾得正而毙焉，斯已矣。"此正性命之言也。子思仲尼之孙，得其祖之道，述《中庸》四十七篇，以传于孟轲。轲曰"我四十不动心"，轲之门人达者公孙丑、万章之徒，盖传之矣。遭秦灭书，《中庸》之不焚者，一篇存焉。于是此道废缺，其教授者，惟节文、章句、威仪、击剑之术相师焉，性命之源，则吾弗能知其所传矣。

道之极于剥也必复，吾岂复之时耶？吾自六岁读书，但为词句之学，志于道者四年矣，与人言之，未尝有是我者也。南观涛江入于越，而吴郡陆修存焉，与之言之，陆修曰："子之言，尼父之心也。东方如有圣人焉，不出乎此也，南方如有圣人焉，亦不出乎此也。惟子行之不息而已矣。"於戏！性命之书虽存，学者莫能明，是故皆入于庄、列、老、释。不知者谓夫子之徒不足以穷性命之道，信之者皆是也。有问于我，我以吾之所知而传焉，遂书于书，以开诚明之源，而缺绝废弃不扬之道，几可以传于时，命曰《复性书》，以理其心，以传乎其人。於戏！夫子复生，不废吾言矣。

复性书中

或问曰："人之昏也久矣，将复其性者，必有渐也，敢问其方。"

曰："弗虑弗思，情则不生，情既不生，乃为正思。正思者，无虑无思也。《易》曰：'天下何思何虑。'又曰：'闲邪存其诚。'《诗》曰：'思无邪。'"

曰："已矣乎？"

曰："未也，此斋戒其心者也，犹未离于静焉。有静必有动，有动必有静，动静不息，是乃情也。《易》曰：'吉凶悔吝，生于动者也。'焉能复其性耶？"

曰："如之何？"

曰："方静之时，知心无思者，是斋戒也。知本无有思，动静皆离，寂然不动者，是至诚也。《中庸》曰：'诚则明矣。'《易》曰：'天下之动，贞夫一者也。'"

问曰："不虑不思之时，物格于外，情应于内，如之何而可止也？以情止情，其可乎。"

曰："情者性之邪也，知其为邪，邪本无有。心寂然不动，邪思自息。惟性明照，邪何所生？如以情止情，是乃大情也，情互相止，其有已乎？《易》曰：'颜氏之子，其殆庶几乎？有不善未尝不知，知之未尝复行也。'《易》曰：'不远复，无讲明谫悔，元吉。'"

问曰："本无有思，动静皆离。然则声之来也，其不闻乎？物之形也，其不见乎？"

曰："不睹不闻，是非人也，视听昭昭而不起于见闻者，斯可矣。无不知也，无弗为也。其心寂然，光照天地，是诚之明也。《大学》曰：'致知在格物。'《易》曰：'易无思也，无为也，寂然不动，感而遂通天下之故。非天下之至神，其孰能与于此？'"

曰："敢问'致知在格物'何谓也？"

曰："物者万物也，格者来也，至也。物至之时，其心昭昭然明辨焉，而不应于物者，是致知也，是知之至也。知至故意诚，意诚故心正，心正故身修，身修而家齐，家齐而国理，国理而天下平。此所以能参天地者也。《易》曰：'与天地相似，故不违；知周乎万物，而道济天下，故不过；旁行而不流，乐天知命，故不忧；安土敦乎仁，故能爱；范围天地之化而不过，曲成万物而不遗，通乎昼夜之道而知，故神无方而易无体。一阴一阳之谓道。’此之谓也。”

曰：“生为我说《中庸》。”

曰：“不出乎前矣。”

曰：“我未明也，敢问何谓‘天命之谓性’？”

曰：“人生而静，天之性也，性者天之命也。”

“‘率性之谓道’何谓也？”

曰：“率，循也，循其源而反其性者，道也。道也者，至诚也。至诚者，天之道也。诚者定也，不动也。”

“‘修道之谓教’何谓也？”

故曰：“诚之者，人之道也。诚之者，择善而固执之者也。修是道而归其本者明也。教也者，则可以教天下矣，颜子其人也。‘道也者，不可须臾离也，可离非道也。’说者曰：其心不可须臾动焉故也。动则远矣，非道也。变化无方，未始离于不动故也。‘是故君子戒慎乎其所不睹，恐惧乎其所不闻，莫见乎隐，莫显乎微，故君子慎其独也。’说者曰：不睹之睹，见莫大焉，不闻之闻，闻莫甚焉。其心一动，是不睹之睹，不闻之闻也，其复之不远矣。故君子慎其独，慎其独者，守其中也。”

问曰：“昔之注解《中庸》者，与生之言皆不同，何也？”

曰：“彼以事解者也，我以心通者也。”

曰：“彼亦通于心乎？”

曰：“吾不知也。”

曰：“如生之言，修之一日，则可以至于圣人乎？”

曰：“十年扰之，一日止之，而求至焉，是孟子所谓以杯水而救一车薪之火也。甚哉！止而不息必诚，诚而不息则明，明与诚终岁不违，则能终身矣。造次必于是，颠沛必于是，则可以希于至矣。故《中庸》曰：‘至诚无息，不息则久，久则徵，徵则悠远，悠远则博厚，博厚则高明。博厚所以载物也，高明所以覆物也，悠久所以成物也。博厚配地，高明配天，悠久无疆。如此者，不见而章，不动而变，无为而成，天地之道，可一言而尽也。’”

问曰：“凡人之性，犹圣人之性欤？”

曰：“桀纣之性，犹尧舜之性也。其所以不睹其性者，嗜欲好恶之所昏也，非性之罪也。”

曰：“为不善者非性耶？”

曰：“非也，乃情所为也。情有善有不善，而性无不善焉。孟子曰：‘人无有不善，水无有不下。夫水，搏而跃之，可使过颡，激而行之，可使在山。是岂水之性哉，其所以导引之者然也。人之性皆善，其不善亦犹是也。’”

问曰：“尧舜岂不有情耶？”

曰：“圣人至诚而已矣。尧舜之举十六相，非喜也。流共工，放瞑兜，殛鲧，窜三苗，非怒也。中于节而已矣。其所以皆中节者，设教于天下故也。《易》曰：‘知变化之道者，其知神之所为乎？’《中庸》曰：‘喜怒哀乐之未发谓之中，发而皆中节谓之和。中也者，天下之大本也。和也者，天下之达道也。致中和，天地位焉，万物育焉。’《易》曰：‘唯深也，故能通天下之志；唯几也，故能成天下之务；唯神也，故不疾而速，不行而至。’圣人之谓也。”

问曰：“人之性犹圣人之性，嗜欲爱憎之心，何因而生也？”

曰：“情者妄也，邪也。邪与妄则无所因矣。妄情灭息，本性清明，周流六虚，所以谓之能复其性也。《易》曰：‘乾道变化，各正性命。’《论语》曰：‘朝闻道，夕死可矣。’能正性命故也。”

问曰："情之所昏，性即灭矣，何以谓之犹圣人之性也？"

曰："水之性情澈，其浑之者沙泥也。方其浑也，性岂遂无有耶？久而不动，沙泥自沉。清明之性，鉴于天地，非自外来也。故其浑也，性本勿失，及其复也，性亦不生。人之性，亦犹水之性也。"

问曰："人之性本皆善，而邪情昏焉，敢问圣人之性，将复为嗜欲所浑乎？"

曰："不复浑矣。情本邪也，妄也，邪妄无因，人不能复。圣人既复其性矣，知情之为邪，邪既为明所觉矣，觉则无邪，邪何由生也？伊尹曰：'天之道，以先知觉后知，先觉觉后觉者也。予天民之先觉者也，予将以此道觉此民也，非予觉之而谁也？'如将复为嗜欲所浑，是尚不自觉者也，而况能觉后人乎？"

曰："敢问死何所之耶？"

曰："圣人之所明书于策者也，《易》曰'原始反终'，故知死生之说，'精气为物，游魂为变'，是故知鬼神之情状，斯尽之矣。子曰：'未知生，焉知死？'然则原其始而反其终，则可以尽其生之道。生之道既尽，则死之说不学而自通矣。此非所急也，子修之不息，其自知之，吾不可以章章然言且书矣。"

复性书下

昼而作，夕而休者，凡人也。作乎作者，与万物皆作；休乎休者，与万物皆休，吾则不类于凡人，昼无所作，夕无所休。作非吾作也，作有物；休非吾休也，休有物。作耶休耶？二者皆离而不存。予之所存者，终不亡且离矣。人之不力于道者，昏不思也。天地之间，万物生焉，人之于万物，一物也，其所以异于禽兽虫鱼者，岂非道德之性全乎哉？受一气而成形，一为物而一为人，得之甚难也。生乎世，又非深长之年也。以非深长之年，行甚难得之身，而不专专于大道，肆其心之所为，则其所以自异于禽兽虫鱼者亡几矣。昏而不思，其昏也终不明矣。吾之生二十有九年矣，思十九年时如朝日也，思九年时亦如朝日也。人之受命，其长者不过七十、八十年、九十年，百年者则稀矣。当百年之时，而视乎九年时也，与吾此日之思于前也，远近其能大相悬耶？其又能远于朝日之时耶？然则人之生也，虽享百年，若雷电之惊相激也，若风之飘而旋也，可知矣。况千百人而无一及百年之年者哉！故吾之终日志于道德，犹惧未及也。彼肆其心之所为者，独何人耶！①

白居易

白居易（772—846），字乐天，号“香山居士”。祖籍山西太原，出生于新郑（今河南新郑）。贞元十六年（800）进士，授秘书省校书郎。元和初，登“才识兼茂明于体用科”，授县尉。后授翰林学士，任左拾遗，改京兆府户曹参军。元和十年（816），因率先上书请急捕刺杀武元衡凶手，被贬江州（今江西九江）司马。元和十三年改忠州刺史，十五年还京，累迁中书舍人。长庆二年（822）请求外放，先后为杭州、苏州刺史，颇得民心。文宗大和元年（827），拜秘书监，明年转刑部侍郎，四年，定居洛阳。后历太子宾客、河南尹、太子少傅等职。会昌二年（842）以刑部尚书致仕。有集传世，《全唐诗》编诗三十九首。

①李翱诗文辑自《李文公集》，台湾商务印书馆 1986 年版。

题岳阳楼

岳阳城下水漫漫，独上危楼倚曲栏。春岸绿时连梦泽，夕波红处近长安。猿攀树立啼何苦，雁点湖飞渡亦难。此地唯堪画图障，华堂张与贵人看。

题南岳横龙寺

月射冷光新殿宇，风敲清韵古杉松。问师宝额因何立，笑指横溪有卧龙。

自蜀江至洞庭湖口有感而作

江从西南来，浩浩无旦夕。长波逐若泻，连山凿如劈。千年不壅溃，万姓无垫溺。不尔民为鱼，大哉禹之绩。导岷既艰远，距海无咫尺。胡为不讫功，余水斯委积。洞庭与青草，大小两相敌。混合万丈深，淼茫千里白。每岁秋夏时，浩大吞七泽。水族窟穴多，农人土地窄。我今尚嗟叹，禹岂不爱惜。邈未究其由，想古观遗迹。疑此苗人顽，恃险不终役。帝亦无奈何，留患与今昔。水流天地内，如身有血脉。滞则为疽疣，治之在针石。安得禹复生，为唐水官伯。手提倚天剑，重来亲指画。疏河似翦纸，决壅同裂帛。渗作膏腴田，蹋平鱼鳖宅。龙宫变闾里，水府生禾麦。坐添百万户，书我司徒籍。

道州民——美臣遇明主也

道州民，多侏儒，长者不过三尺余。市作矮奴年进送，号为道州任土贡。任土贡，宁若斯？不闻使人生别离，老翁哭孙母哭儿。一自阳城来守郡，不进矮奴频诏问。城云臣按《六典书》，任土贡有不贡无。道州水土所生者，只有矮民无矮奴。吾君感悟玺书下，岁贡矮奴宜悉罢。道州民，老者幼者何欣欣！父兄子弟始相保，从此得作良人身。道州民，民到于今受其赐，欲说使君先下泪。仍恐儿孙忘使君，生男多以阳为字。①

李绅

李绅（772—846），字公垂，唐亳州（今属安徽）人，生于乌程（今浙江湖州）。元和元年（806）进士，补国子监助教。元和十五年任翰林学士，卷入朋党之争，为李党重要人物，任御史中丞、户部侍郎等要职。后被贬为端州（今广东肇庆）司马。太和七年（833），任浙东观察使。开成元年（836）任河南尹（管理东都洛阳的长官），旋又任汴州刺史、宣武军节度使、宋亳汴颖观察使、淮南节度使，后入京拜相，任中书郎、同中书门下平章事，继又晋升为尚书右仆射门下侍郎，封赵国公。会昌六年（846）病逝于扬州，终年七十四岁。赠太尉，谥“文肃”。有《追昔游集》三卷、《杂诗》一卷，《全唐诗》编诗四卷。

至潭州闻猿

昔陪天上三清客，今作端州万里人。湘浦更闻猿夜啸，断肠无泪可沾巾。

涉沅潇

屈原死处潇湘阴，沧浪淼淼云沉沉。蛟龙常怒虎长啸，山木翛

---

①白居易诗辑自《白氏长庆集》，文学古籍刊行社影印宋绍兴本。

倐波浪深。烟横日落惊鸿起，山映余霞森千里。鸿叫离离入暮天，霞消漠漠深云水。水灵江暗扬波涛，鼋鼍动荡风骚骚。行人愁望待明月，星汉沉浮魃鬼号。屈原尔为怀忠没，水府通天化灵物。何不驱雷击电除奸邪，可怜空作沉泉骨。举杯沥酒招尔魂，月彩混漾开乾坤。波门水黑山隐见，汨罗之上遥昏昏。风帆候晓看五两，戍鼓咚咚远山响。潮满江津猿鸟啼，荆夫楚语飞蛮桨。潇湘岛浦无人居，风惊水暗惟鲛鱼。行来击棹独长叹，问尔精魄何所如。

逾岭峤止荒陬抵高要

天将南北分寒燠，北被羔裘南卉服。寒气凝为戎虏骄，炎蒸结作虫虺毒。周王止化惟荆蛮，汉武凿远通孱颜。南摽铜柱限荒徼，五岭从兹穷险艰。衡山截断炎方北，回雁峰南瘴烟黑。万壑奔伤溢作泷，湍飞浪激如绳直。千崖傍耸猿啸悲，丹蛇玄虺潜蜲蛇。泷夫拟楫劈高浪，瞥忽沉浮如电随。岭头刺竹蒙笼密，火折红蕉焰烧日。岭上泉分南北流，行人照水愁肠骨。阴森石路盘萦纡，雨寒日燠常斯须。瘴云暂卷火山外，苍茫海气穷番禺。鹧鸪猿鸟声相续，椎髻哓呼同戚促。百处溪滩异雨晴，四时雷电迷昏旭。鱼肠雁足望缄封，地远三江岭万重。鱼跃岂通清遂峡，雁飞难渡漳江东。云蒸地热无霜霰，桃李冬华匪时变。天际长垂饮涧虹，檐前不去衔泥燕。幸逢雷雨荡妖昏，提挈悲欢出海门。西日眼明看少长，北风身醒辨寒温。贾生谪去因前席，痛哭书成竟何益。物忌忠良表是非，朝驱绛灌为仇敌。明皇圣德异文皇，不使无辜困鬼方。汉日傅臣终委弃，如今衰叟重辉光。高明白日恩深海，齿发虽残壮心在。空愧驽骀异一毛，无令朽骨惭千载。[①]

①李绅诗辑自《全唐诗》卷四八〇至四八三，中华书局1960年版。

卷七

刘禹锡

刘禹锡（772—842），字梦得，彭城人（今江苏徐州），祖籍洛阳，唐代中晚期著名诗人，有“诗豪”之称。曾任太子宾客，世称刘宾客。贞元九年擢进士第，登博学宏词科，从事淮南幕府，入为监察御史。王叔文用事，引入禁中，与之图议，言无不从，是王叔文派政治革新活动的中心人物之一。转屯田员外郎，判度支盐铁案。叔文败，坐贬朗州刺史。再贬朗州司马。居十年，召还。将置之郎署，以作玄都观看花诗涉讥忿，执政不悦，复出刺播州。裴度以母老为言，改连州，徙夔、和二州。久之，征入为主客郎中。又以作重游玄都观诗，出分司东都。度仍荐为礼部郎中，集贤直学士。度罢，出刺苏州，徙汝、同二州，迁太子宾客分司。会昌时，加检校礼部尚书。卒年七十二，赠户部尚书。有集传世。

闻董评事疾因以书赠

繁露传家学，青莲译梵书。火风乖四大，文字废三余。欹枕昼眠静，折巾秋鬓疏。武皇思视草，谁许茂陵居。

送如智法师游辰州兼寄许评事

前日过萧寺，看师上讲筵。都上礼白足，施者散金钱。方便无非教，经行不废禅。还知习居士，发论待弥天。

遥伤丘中丞

邺下杀才子，苍茫冤气凝。枯杨映漳水，野火上西陵。马鬣今无所，龙门昔共登。何人为吊客，唯是有青蝇。

秋日过鸿举法师寺院便送归江陵并引

梵言沙门，犹华言去欲也，能离欲则方寸地虚，虚而万景入，入必有所泄，乃形乎词。词妙而深者，必依于声律。故自近古而降，释子以诗名闻于世者相踵焉。因定而得境，故翛然以清；由慧而遣词，故粹然以丽，信禅林之花萼而戒河之珠玑耳。初，鸿举学诗于荆郢间，私试窃咏，发于余习，盖榛楛之翠羽，弋者未之眄焉。今年至武陵，二千石始奇之，有“起予”之叹，以方袍亲绛纱者十又余旬，繇是名稍闻而艺益变。闰八月，余步出城东门，谒仁祠，而鸿举在焉，与之言移时。因告以将去，且曰：“贫道雅闻东诸侯之工为诗者莫若武陵，今幸承其话言，如得法印，宝山之下宜有所持，岂徒衣裓之中众花而已。”余闻是说，乃叩商而吟，成一章，章八句。郡守以坐啸余咏，激清徵而应之。师其行乎，足以资一时中之学矣。

看画长廊遍，寻僧一径幽。小池兼鹤净，古木带蝉秋。客至茶烟起，禽归讲席收。浮杯明日去，相望水悠悠。

读张曲江集作并引

世称张曲江为相，建言放臣不宜与善地，多徙五溪不毛之乡。及今读其文，自内职牧始安，有瘴疠之叹，自退相守荆门，有拘囚之思，托讽禽鸟，寄词草树，郁然与骚人同风。嗟夫，身出于遐陬，一失意而不能堪，矧华人士族，而必致丑地然后快意哉！议者以曲江为良臣，识胡雏有反相，羞凡器与同列，密启廷争，虽古哲人不及，而燕翼无似，终为馁魂。岂忮心失恕，阴谪最大，虽二美莫赎邪？不然，何袁公一言明楚狱而钟祉四叶？以是相较，神可诬乎！予读其文，因为诗以吊。

圣言贵忠恕，至道重观身。法在何所恨，色相斯为仁。良时难久恃，阴谪岂无因。寂寞韶阳庙，魂归不见人。

赠澧州高大夫司马霞寓

前年牧锦城，马蹋血泥行。千里追戎首，三军许勇名。残兵疑鹤唳，空垒辩乌声。一误云中级，南游湘水清。

宿诚禅师山房题赠二首

宴坐白云端，清江直下看。来人望金刹，讲席绕香坛。虎啸夜林动，鼍鸣秋涧寒。众音徒起灭，心在净中观。

不出孤峰上，人间四十秋。视身如传舍，阅世似东流。法为因缘立，心从次第修。中宵问真偈，有住是吾忧。

步出武陵东亭临江寓望

鹰至感风候，霜余变林麓。孤帆带日来，寒江转沙曲。戍摇旗影动，津晚橹声促。月上彩霞收，渔歌远相续。

秋日送客至潜水驿

候吏立沙际，田家连竹溪。枫林社日鼓，茅屋午时鸡。鹊噪晚禾地，蝶飞秋草畦。驿楼宫树近，疲马再三嘶。

团扇歌

团扇复团扇，奉君清暑殿。秋风入庭树，从此不相见。上有乘鸾女，苍苍虫网遍。明年入怀袖，别是机中练。

蛮子歌

蛮语钩辀音，蛮衣斑斓布。熏狸掘沙鼠，时节祠盘瓠。忽逢乘马客，恍若惊麏顾。腰斧上高山，意行无旧路。

赠别君素上人并引

曩予习《礼》之《中庸》，至“不勉而中，不思而得”，悚然知圣人之德，学以至于无学。然而斯言也，犹示行者以室庐之奥耳，求其径术而布武，未易得也。晚读佛书，见大雄念物之普，级宝山而梯之，高揭慧火，巧镕恶见，广疏便门，旁束斜径，其所证入，如舟沿川，未始念于前而日远矣，夫何勉而思之邪？是余之宊奥于《中庸》，启键关于内典，会而归之，犹初心也。不知予者，诮予困而后援佛，谓道有二焉。夫悟不因人，在心而已。其证也，犹喑人之享太牢，信知其味而不能形于言，以闻于耳也。口耳之间兼寸耳，尚不可使闻，他人之不吾知，宜矣。开士君素，偶得予于所亲，一麻栖草，千里来访。素以道眼视予，予以所视视之，不由陛级，携手智地。居数日，告有得而行，乃为诗已见志云。

穷巷唯秋草，高僧独扣门。相欢如旧识，问法到无言。水为风生浪，珠非尘可昏。去来皆是道，此别不销魂。

送深法师游南岳

师在白云乡，名登善法堂。十方传句偈，八部会坛场。飞锡无定所，宝书留旧房。唯应衔果雁，相送至衡阳。

湖南观察使故相国袁公挽歌三首

五驱龙虎节，一入凤凰池。令尹自无喜，羊公人不疑。天归京兆日，叶下洞庭时。湘水秋风至，凄凉吹素旗。

丹旐发江皋，人悲雁亦号。湘南罢亥市，汉上改词曹。表墓双碑立，尊名一字褒。尝闻平楚狱，为报里门高。

返葬三千里，荆衡达帝畿。逢人即故吏，拜奠尽沾衣。地得青乌相，宾惊白鹤飞。五公碑尚在，今日亦同归。

阳山庙观赛神

汉家都尉旧征蛮，血食如今配此山。曲盖幽深苍桧下，洞箫愁绝翠屏间。荆巫脉脉传神语，野老娑娑起醉颜。日落风生庙门外，几人连蹋竹歌还。

览董评事思归之什因以诗赠

几年油幕佐征东，却泛沧浪狎钓童。欹枕醉眠成戏蝶，抱琴闲望送归鸿。文儒自袭胶西相，倚伏能齐塞上翁。更说扁舟动乡思，青菰已熟奈秋风。

酬元九侍御赠壁竹鞭长句

碧玉孤根生在林，美人相赠比双金。初开郢客缄封后，想见巴山冰雪深。多节本怀端直性，露青犹有岁寒心。何时策马同归去，关树扶疏敲镫吟。

江陵严司空见示与成都武相公唱和因命同作

南荆西蜀大行台，幕府旌门相对开。名重三司平水土，威雄八阵役风雷。彩云朝望青城起，锦浪秋经白帝来。不是郢中清唱发，谁当丞相揽天才。

哭吕衡州时予方谪居

一夜霜风凋玉芝，苍生望绝士林悲。空怀济世安人略，不见男婚女嫁时。遗草一函归太史，旅坟三尺近要离。朔方徙岁行当满，欲为君刊第二碑。

送僧元暠南游并引

予策名二十年，百虑而无一得。然后知世所谓道，无非畏途，唯出世间法，可尽心耳。繇是在席砚者多旁行四句之书，备将应者皆赤髭白足之侣。深入智地，静通还源，客尘观尽，妙气来宅，内视胸中，犹煎炼然。开士元暠，姓陶氏，本丹阳名家，世有人爵，不籍其资。于毗尼禅那极细牢之义，于初中后日习总持之门，妙音奋迅，愿力昭答。雅闻予事佛而佞，亟来相从。或问师隳形之自，对曰："少失怙恃，推棘心以求上乘，积四十年有羸，老将至而不懈。始悲浚泉之有冽，今痛防墓之未迁。涂刍莫备，薪火恐灭，诸相皆离，此心长悬。虽万姓归佛，尽为释种，如河入海，无复水名，然具一切智者岂遗百行？求无量义者宁容断思？今闻南诸侯雅多大士，思扣以苦调而希其末光，无容至前，有足悲者。"予闻是说已，力不足而悲有余，因为诗以送之，庶乎践霜露者聆之有恻。

宝书翻译学初成，振锡如飞白足轻。彭泽因家凡几世？灵山预会是前生。传灯已瘖无为理，濡露犹怀罔极情。从此多逢大居士，何人不愿解珠璎。

寄杨八拾遗

闻君前日独庭争，汉帝偏知白马生。忽领簿书游太学，宁劳侍从厌承明。洛阳本自宜才子，海内而今有直声。为谢同僚老博士，范云来岁即公卿。

酬窦员外使君寒食日途次松滋渡先寄示四韵

楚乡寒食橘花时，野渡临风驻彩旗。草色连云人去住，水纹如縠燕差池。朱轮尚忆群飞雉，青绶初县左顾龟。非是湓城旧司马，水曹何事与新诗。

酬窦员外郡斋宴客偶命柘枝因见寄兼呈张十一院长元九侍御

分忧余刃又从公，白羽胡床啸咏中。彩笔谕戎矜倚马，华堂留客看惊鸿。渚宫油幕方高步，澧浦甘棠有几丛。若问骚人何处所，门临寒水落江枫。

早春对雪奉寄澧州元郎中

新赐鱼书墨未干，贤人暂出远人安。朝驱旌旆行时令，夜见星辰忆旧官。梅蕊覆阶铃阁暖，雪峰当户戟枝寒。宁知楚客思公子，北望长吟澧有兰。

朗州窦员外见示与澧州元郎中郡斋赠答长句二篇因以继和

鸳鹭差池出建章，彩旗朱户蔚相望。新恩共理犬牙地，昨日同含鸡舌香。白芷江边分驿路，山桃蹊外接甘棠。应怜一罢金闺籍，枉渚逢春十度伤。

酬窦员外旬休早凉见示诗

新秋十日浣朱衣，铃阁无声公吏归。风韵渐高梧叶动，露光初重槿花稀。四时苒苒催容鬓，三爵油油忘是非。更报明朝池上酌，人知太守字玄晖。

窦朗州见示与澧州元郎中早秋赠答命同作

邻境诸侯同舍郎，芷江兰浦恨无梁。秋风门外旌旗动，晓露庭中橘柚香。玉簟微凉宜白昼，金笳入暮应清商，骚人昨夜闻鶗鴂，不叹流年惜众芳。

衢州徐员外使君遗以缟纻兼竹书箱因成一篇用答佳贶

烂柯山下旧仙郎，列宿来添婺女光。远放歌声分白纻，知传家学与青箱。水朝沧海何时去，兰在幽林亦自芳。闻说天台有遗爱，人将琪树比甘棠。

汉寿城春望

汉寿城边野草春，荒祠古墓对荆榛。田中牧竖烧刍狗，陌上行人看石麟。华表半空经霹雳，碑文才见满埃尘。不知何日东瀛变，此地还成要路津。

送慧则法师归上都因呈广宣上人并引

佛示灭后，大弟子演圣言而成经，传心印曰法，承法而能专曰宗，由宗而分教曰支。坐而摄化者，胜义皆空之宗也；行而宣教者，摧破邪山之支也。释子慧则，生于像季，思济劫浊，乃学于一支，开彼群迷。以为尽妙理者莫如法门，变凡夫者莫如佛士，悟无染者莫如散花，故业于《净名》，深达实相。自京师，涉汉沔，历鄢郢，登熊湘，听徒百千，耳感心化。法无住，道行而归。顾予有社内之因，故言别之日，爱缘瞥起。时也秋尽，咏江淹《杂拟》以送之。前见宣上人，为我多谢。

昨日东林看讲时，都人象马蹋琉璃。雪山童子应前世，金粟如来是本师。一锡言归九城路，三衣曾拂万年枝。休公久别如相问，楚客逢秋心更悲。

再授连州至衡阳酬柳柳州赠别

去国十年同赴召，渡湘千里又分岐。重临事异黄丞相，三黜名惭柳士师。归目并随回雁尽，愁肠正遇断猿时。桂江东过连山下，相望长吟有所思。

君山怀古

属车八十一，此地阻长风。千载威灵尽，赭山寒水中。

吕八见寄郡内书怀因而戏和

文苑振金声，循良冠百城。不知今史氏，何处列君名。

敬酬微公见寄二首

凄凉沃州僧，憔悴柴桑宰。别来二十年，唯余两心在。

越江千里镜，越岭四时雪。中有逍遥人，夜深观水月。

遥伤段右丞

江海多豪气，朝廷有直声。何言马蹄下，一旦是佳城。

九日登高

世路山河险，君门烟雾深。年年上高处，未省不伤心。

答柳子厚

年方伯玉早，恨比四愁多。会待休车骑，相随出罻罗。

闻道士弹思归引

仙公一奏思归引，逐客初闻自泫然。莫怪殷勤悲此曲，越声长苦已三年。

酬元九院长自江陵见寄

无事寻花至仙境，等闲栽树比封君。金门通籍真多士，黄纸除书每日闻。

赠元九侍御文石枕以诗奖之

文章似锦气如虹，宜荐华簪绿殿中。纵使凉飙生旦夕，犹堪拂拭愈头风。

重送鸿举师赴江陵谒马逢侍御

西北秋风凋蕙兰，洞庭波上碧云寒。茂陵才子江陵住，乞取新诗合掌看。

堤上行三首

酒旗相望大堤头，堤下连樯堤上楼。日暮行人争渡急，桨声幽轧满中流。

江南江北望烟波，入夜行人相应歌。桃叶传情竹枝怨，水流无限月明多。

春堤缭绕水徘徊，酒舍旗亭次第开。日晚上楼招估客，轲峨大艑落帆来。

踏歌词四首

春江月出大堤平，堤上女郎连袂行。唱尽新词欢不见，红霞映树鹧鸪鸣。

桃蹊柳陌好经过，灯下妆成月下歌。为是襄王故宫地，至今犹自细腰多。

新词宛转递相传，振袖倾鬟风露前。月落乌啼云雨散，游童陌上拾花钿。

日暮江头闻竹枝，南人行乐北人悲。自从雪里唱新曲，直到三春花尽时。

伤桃源薛道士

坛边松在鹤巢空，白鹿闲行旧径中。手植红桃千树发，满山无主任春风。

喜康将军见访

谪居愁寂似幽栖，百草当门茅舍低。夜猎将军忽相访，鹧鸪惊起绕篱啼。

尝茶

生拍芳丛鹰觜芽，老郎封寄谪仙家。今宵更有湘江月，照出菲菲满碗花。

梁国祠

梁国三郎威德尊，女巫箫鼓走乡村。万家长见空山上，雨气苍茫生庙门。

赠长沙赞头陀

外道邪山千万重，真言一发尽摧峰。有时明月无人夜，独向昭潭制恶龙。

重答柳柳州

弱冠同怀长者忧，临岐回想尽悠悠。耦耕若便遗身老，黄发相看万事休。

望洞庭

湖光秋月两相和，潭面无风镜未磨。遥望洞庭山水翠，白银盘里一青螺。

武陵书怀五十韵并引

按《天官书》，武陵当翼、轸之分。其在春秋及战国时，皆楚地，后为秦惠王所并，置黔中郡。汉兴，更名曰武陵，东徙于今治所。常林《义陵记》云："初，项籍杀义帝于郴，武陵人曰：'天下怜楚而兴，今吾王何罪乃见杀?'郡民缟素哭于招屈亭，高祖闻而义之，故亦曰义陵。”今郡城东南亭舍，其所也。晋、宋、齐、梁间，皆以分王子弟，事存于其书。永贞元年，余始以尚书外郎出补连山守，道贬为是郡司马。至则以方志所载而质诸其人民，顾山川风物皆骚人所赋，乃具所闻见而成是诗，因自述其出处之所以然，故用“书怀”为目云。

西汉开支郡，南朝号戚藩。四封当列宿，百雉俯清沅。高岸朝霞合，惊湍激箭奔。积阴春暗度，将霁雾先昏。俗尚东皇祀，谣传义帝冤。桃花迷隐迹，楝叶慰忠魂。户算资渔猎，乡豪恃子孙。照山畲火动，踏月俚歌喧。拥楫舟为市，连甍竹覆轩。披沙金粟见，拾羽翠翘翻。茗折苍溪秀，苹生枉渚暄。禽惊格磔起，鱼戏唅喁繁。沉约台榭故，李衡墟落存。湘灵悲鼓瑟，泉客泣酬恩。露变蒹葭浦，星悬橘柚村。虎咆空野震，鼍作满川浑。邻里皆迁客，儿童习左言。炎天无冽井，霜月见芳荪。清白家传远，诗书志所敦。列科叨甲乙，从宦出丘樊。结友心多契，驰声气尚吞。士安曾重赋，元礼许登门。草檄嫖姚幕，巡兵戊己屯。筑台先自隗，送客独留髡。遂结王畿绶，来观衢室樽。鸢飞入鹰隼，鱼目俪玙璠。晓烛罗驰道，朝阳辟帝阍。王正会夷夏，月朔盛旗幡。独立当瑶阙，传呵步紫垣。按章清犴狱，视祭洁苹蘩。御历昌期远，传家宝祚蕃。繇文光夏启，神教畏轩辕。内禅因天性，雄图授化元。继明悬日月，出震统乾坤。大孝三朝备，洪恩九族惇。百川宗渤澥，五岳辅昆仑。何幸逢休运，微班识至尊。校缗资管榷，复土奉山园。一失贵人意，徒闻太学论。直庐辞锦帐，远守愧朱幡。巢幕方犹燕，抢榆尚笑鲲。邅回过荆楚，流落感凉温。旅望花无色，愁心醉不惛。春江千里草，暮雨一声猿。问卜安冥数，看方理病源。带赊衣改制，尘涩剑成痕。三秀悲中散，二毛伤虎贲。来忧御魑魅，归愿牧鸡豚。就日秦京远，临风楚奏烦。南登无灞岸，旦夕上高原。

奉和淮南李相公早秋即事寄成都武相公

八柱共承天，东西别隐然。远夷争慕化，真相故临边。并进夔龙位，仍齐龟鹤年。同心舟已济，造膝璧常联。对领专征寄，遥持造物权。斗牛添气色，井络静氛烟。献可通三略，分甘出万钱。汉南趋节制，赵北赐山川。玉帐观渝舞，虹旌猎楚田。步嫌双绶重，梦入九城偏。秋雨离情动，新诗乐府传。聆音还窃抃，不觉抚么弦。

和李六侍御文宣王庙释奠作

叹息鲁先师，生逢周室卑。有心律天道，无位救陵夷。历聘不能用，领徒空尔为。儒风正礼乐，旅象入蓍龟。西狩非其应，中都安足施。世衰由我贱，泣下为人悲。遗教光文德，兴王叶梦期。土田封后胤，冕服饰虚仪。钟鼓胶庠荐，牲牢郡邑祠。闻君喟然叹，偏在上丁时。

元和癸巳岁仲秋诏发江陵偏师问罪蛮徼后命宣慰释兵归降凯旋之辰率尔成咏寄荆南严司空

蛮水阻朝宗，兵符下渚宫。前筹得上策，无战已成功。汉使星飞入，夷心草偃同。歌谣开竹栈，拜舞戢桑弓。就日知冰释，投人念鸟穷。网罗三面解，章奏九门通。卉服联操袂，雕题尽鞠躬。降幡秋练白，驿骑昼尘红。火号休传警，机桥罢亘空。登山不见虏，振旆自生风。江远烟波静，军回气色雄。伫看闻喜后，金石赐元戎。

经伏波神祠

蒙蒙篁竹下，有路上壶头。汉垒麏鼯斗，蛮溪雾雨愁。怀人敬遗像，阅世指东流。自负霸王略，安知恩泽侯。乡园辞石柱，筋力尽炎洲。一以功名累，翻思马少游。

武陵观火诗

楚乡祝融分，炎火常为虞。是时直突烟，发自晨炊徒。盲风扇其威，白昼曛阳乌。操绠不暇汲，循墙还避逾。怒如列缺光，迅与芬轮俱。联延掩四远，赫奕成洪炉。汹疑云涛翻，飒若鬼神趋。当前迎焮赩，是物同膏腴。金乌入梵天，赤龙游玄都。腾烟透窗户，飞焰生栾栌。火山摧半空，星雨洒中衢。瑶坛被髹漆，宝树攒珊瑚。光县与琴焦，旗亭无酒濡。市人委百货，邑令遗双凫。余势下隈隩，长熛烘舳舻。吹焚照水府，炙浪愁天吴。灾罢云日晚，心惊视听殊。高灰辨廪庾，黑土连阛阇。众烬合星罗，游氛铄人肤。厚地藏宿热，遥林呈骤枯。火德资生人，庸可一日无。御之失其道，敲石弥天隅。晋库走龙剑，吴宫伤燕雏。五行有沴气，先哲垂吁谟。宋郑同日起，时当贤大夫。无苛自可乐，弭患非所图。贤守恤人瘼，临烟驻骊驹。吊场色惨忸，颜失词劬愉。下令蠲里布，指期轻市租。闬垣适未立，苫盖自相娱。山木行剪伐，江泥宜墐途。邑臣不必曾，何用征越巫。

送韦秀才道冲赴制举

惊禽一辞巢，栖息无少安。秋扇一离手，流尘蔽霜纨。故侣不可追，凉风日已寒。远逢杜陵士，别尽平生欢。逐客无印绶，楚江多芷兰。因居暇时游，长铗不复弹。阅书南轩霁，緪瑟清夜阑。万境身外寂，一杯腹中宽。伊昔玄宗朝，冬卿冠鸳鸾。肃穆升内殿，从容领儒冠。游夏无措词，阳秋垂不刊。至今群玉府，学者空纵观。世人希德门，揭若攀峰峦。之子尚明训，锵如振琅玕。一旦西上书，斑衣拂征鞍。荆台宿暮雨，汉水浮春澜。君门起天中，多士如星攒。烟霞覆双阙，抃舞罗千官。清漏滴铜壶，仙厨下雕盘。荧煌仰金榜，错落濡飞翰。古来长策人，所叹遭时难。一鸣从此始，相望青云端。

咏古二首有所寄

车音想辚辚，不见綦下尘。可怜平阳第，歌舞娇青春。金屋容色在，文园词赋新。一朝复得幸，应知失意人。

寂寥照镜台，遗基古南阳。真人昔来游，翠凤相随翔。目成在桑野，志遂贮椒房。岂无三千女，初心不可忘。

和董庶中古散调词赠尹果毅

昔听东武吟，壮年心已悲。如何今濩落，闻君辛苦辞。言有穷巷士，弱龄颇尚奇。读得玄女符，生当事边时。借名游侠窟，结客幽并儿。往来长楸间，能带双鞬驰。崩腾天宝末，尘暗燕南垂。爟火入咸阳，诏征神武师。是时占军幕，插羽扬金羁。万夫列辕门，观射中戟支。誓当雪国雠，亲爱从此辞。中宵倚长剑，起视蚩尤旗。介马晨萧萧，阵云竟天涯。阴风猎白草，旗槊光参差。勇气贯中肠，视身忽如遗。生擒白马将，虏骑不敢追。贵臣上战功，名姓随意移。终岁肌骨苦，他人印累累。谒者既清宫，诸侯各罢戏。上将赐甲第，门戟不可窥。眦血下沾襟，天高问无期。却寻故乡路，孤影空相随。行逢里中旧，扑檄昔所嗤。一言合侯王，腰佩黄金龟。问我何自苦，可怜真数奇。迟回顾徒御，得色悬双眉。翻然悟世途，抚己昧所宜。田园已芜没，流浪江海湄。鸷禽毛翮摧，不见翔云姿。衰容蔽逸气，孑孑无人知。寂寞草玄徒，长吟下书帷。为君发哀韵，若扣瑶林枝。有客识其真，潺湲涕交颐。饮尔一杯酒，陶然足自怡。

卧病闻常山旋师策勋宥过王泽大洽因寄李六侍郎

寂寂重寂寂，病夫卧秋斋。夜蛩思幽壁，槁叶鸣空阶。南国异气候，火旻尚昏霾。瘴烟跕飞羽，沴气伤百骸。昨闻凯歌旋，饮至酒如淮。无战陋丹水，垂仁轻槁街。清庙既策勋，圆丘俟燔柴。车书一以混，幽远靡不怀。逐客憔悴久，故乡云雨乖。禽鱼各有化，予欲问齐谐。

送李策秀才还湖南因寄幕中亲故兼简衡州吕八郎中

深春风日净，昼长幽鸟鸣。仆夫前致词，门有白面生。摄衣相问讯，解带坐南荣。端志见眉睫，苦言发精诚。因出怀中文，调孤词亦清。悄如促柱弦，掩抑多不平。乃言本蜀士，世降岷山灵。前人秉艺文，高视来上京。曳绥司徒府，所从信国桢。析薪委宝林，善响继家声。何处翳附郭，几人思郈成。云天望乔木，风水悲流萍。前与计吏西，始列贡士名。森然就笔札，从试春官卿。帝城岐路多，万足伺晨星。茫茫风尘中，工拙同有营。寒女劳夜织，山苗荣寸茎。侯门方击钟，衣褐谁将迎。弱羽果摧颓，壮心郁怦怦。谅无蟠木容，聊复蓬累行。昨日讯灵龟，繇言利艰贞。当求舍拔中，必在审己明。誓将息薄游，焦思穷笔精。莳兰在幽渚，安得扬芬馨。曰余摧落者，散质负华缨。一聆苦辛词，再动伊郁情。身弃言不动，爱才心尚惊。恨无羊角风，使尔化北溟。论罢情益亲，涉旬忘归程。日携邑中客，闲眺江上城。昼憩命金罍，宵谈转璇衡。熏风香麈尾，月露濡桃笙。忽被戒羸骖，薄言事南征。火云蔚千里，旅思浩已盈。湘江含碧虚，衡岭浮翠晶。岂伊山水异，适与人事并。油幕侣昆丘，粲然叠瑶琼。庾楼见清月，孔坐多绿醽。复有衡山守，本自云龙庭。抗志在灵府，发越侔咸英。一挥出荥阳，惠彼嗤嗤氓。隼旟辞灞水，居者皆涕零。惟昔与伊人，交欢经宿龄。一从云雨散，滋我鄙吝萌。北渚不堪愁，南音谁复听。离忧若去水，浩漾无时停。尝闻祝融峰，上有神禹铭。古石琅玕姿，秘文螭虎形。圣功奠远服，神物拥休祯。贤人在其下，仿佛疑蓬瀛。君行历郡斋，大袂拂双旌。饰容遇朗鉴，肝鬲可以呈。昔日马相如，临邛坐尽倾。勉君刷羽翰，蚤取凌青冥。

谪居悼往二首

悒悒何悒悒，长沙地卑湿。楼上见春多，花前恨风急。猿愁肠断叫，鹤病翘趾立。牛衣独自眠，谁哀仲卿泣。

郁郁何郁郁，长安远如日。终日念乡关，燕来鸿复还。潘岳岁寒思，屈平憔悴颜。殷勤望归路，无雨即登山。

送湘阳熊判官孺登府罢归钟陵因寄呈江西裴中丞二十三兄

射策志未就，从事岁云除。箧留马卿赋，袖有刘弘书。忽见夏木深，怅然忆吾庐。复持州民刺，归谒专城居。君家诚易知，胜绝倾里闾。人言北郭生，门有卿相舆。钟陵霭千里，带郭西江水。朱槛照河宫，旗亭绿云里。前年初缺守，慎简由宸扆。临轩弄郡章，得人方付此。是时左冯翊，天下第一理。贵臣持牙璋，优诏发青纸。迎风奸吏免，先令疲人喜。何武劾腐儒，陈蕃礼高士。昔升君子堂，腰下绶犹黄。汾阴有宝气，赤堇多奇铓。束简下曲台，佩鞬来历阳。绮筵陪一笑，兰室袭余芳。风水忽异势，江湖遂相忘。因君倘借问，为话老沧浪。

和窦中丞晚入容江作

汉郡三十六，郁林东南遥。人伦选清臣，天外颁诏条。桂水步秋浪，火山凌雾朝。分圻辨风物，入境闻讴谣。莎岸见长亭，烟林隔丽谯。日落舟益驶，川平旗自飘。珠浦远明灭，金沙晴动摇。一吟道中作，离思悬层霄。

送华阴尉张苕赴邕府使幕

昔忝南宫郎，往来东观频。尝披燕公传，耸若窥三辰。翊圣崇国本，像贤正朝伦。高视缅今古，清风夐无邻。兰锜照通衢，一家十朱轮。鄭国嗣侯绝，韦卿世业贫。夫子承大名，少年振芳尘。青袍仙掌下，矫首凌烟旻。公冶本非罪，潘郎一为民。风霜苦摇落，坚白无缁磷。一旦逢良时，天光烛幽沦。重为长裾客，佐彼观风臣。分野穷禹画，人烟过虞巡。不言此行远，所乐相知新。雨起巫山阳，鸟鸣湘水滨。离筵出苍莽，别曲多悲辛。今朝一杯酒，明日千里人。从此孤舟去，悠悠天海春。

庭梅咏寄人

早花常犯寒，繁实常苦酸。何事上春日，坐令芳意阑。夭桃定相笑，游妓肯回看。君问调金鼎，方知正味难。

登司马错故城

将军将秦师，西南奠遐服。故垒清江上，苍烟晦乔木。登临直萧辰，周览壮前躅。堑平陈叶满，墉高秋蔓绿。废井抽寒菜，毁台生鲁谷。耕人得古器，宿雨多遗镞。楚塞郁重叠，蛮溪纷诘曲。留此数仞基，几人伤远目。

谒枉山会禅师

我本山东人，平生多感慨。弱冠游咸京，上书金马外。结交当世贤，驰声溢四塞。勉修贵及早，狃捷不知退。锱铢扬芬馨，寻尺招瑕颣。淹留郢南都，摧颓羽翰碎。安能咎往事，且欲去沉痗。吾师得真如，寄在人寰内。哀我堕名网，有如翾飞辈。曈曈揭智烛，照使出昏昧。静见玄关启，歆然初心会。夙尚一何微，今得信可大。觉路明证入，便门通忏悔。悟理言自忘，处屯道犹泰。色身岂吾宝，慧性非形碍。思此灵山期，未卜何年载。

善卷坛下作

先生见尧心，相与去九有。斯民既已治，我得安林薮。道为自然贵，名是无穷寿。瑶坛在此山，识者常回首。

游桃源一百韵

沅江清悠悠，连山郁岑寂。回流抱绝巘，皎镜含虚碧。昏旦递明媚，烟岚分委积。香蔓垂绿潭，暴龙照孤碛。渊明著前志，子骥思远跖。寂寂无何乡，密尔天地隔。金行太元岁，渔者偶探赜。寻花得幽踪，窥洞穿暗隙。依微闻鸡犬，豁达值阡陌。居人互将迎，笑语如平昔。广乐虽交奏，海禽心不怿。挥手一来归，故溪无处觅。绵绵五百载，市朝几迁革。有路在壶中，无人知地脉。皇家感至道，圣祚自天锡。金阙传本枝，玉函留宝历。禁山开秘宇，复户洁灵宅。蕊检香氛氲，醮坛烟幂幂。我来尘外躅，莹若朝星析。崖转对翠屏，水穷留画鹢。三休俯乔木，千级扳峭壁。旭日闻撞钟，彩云迎蹑屐。遂登最高顶，纵目还楚泽。平湖见草青，远岸连霞赤。幽寻如梦想，绵思属空阒。夤缘且忘疲，耽玩近成癖。清猿伺晓发，瑶草凌寒坼。祥禽舞葱茏，珠树摇玓瓅。羽人顾我笑，劝我税归轭。霓裳何飘飖，童颜洁白皙。重岩是藩屏，驯鹿受羁靮。楼居弥清霄，萝茑成翠帟。仙翁遗竹杖，王母留桃核。姹女飞丹砂，青童护金液。宝气浮鼎耳，神光生剑脊。虚无天乐来，僁窣鬼兵役。丹丘肃朝礼，玉札工细绎。枕中淮南方，床下阜乡舄。明灯坐遥夜，幽籁听淅沥。因话近世仙，耸然心神惕。乃言瞿氏子，骨状非凡格。往事黄先生，群儿多侮剧。謷然不屑意，元气贮肝膈。往往游不归，洞中观博弈。言高未易信，犹复加诃责。一旦前致辞，自云仙期迫。言师有道骨，前事常被谪。如今三山上，名字在真籍。悠然谢主人，后岁当来觌。言毕依庭树，如烟去无迹。观者皆失次，惊追纷络绎。日暮山径穷，松风自萧槭。适逢修蛇见，瞋目光激射。如严三清居，不使恣搜索。唯余步纲势，八趾在沙砾。至今东北隅，表以坛上石。列仙徒有名，世人非目击。如何庭庑际，白日振飞翮。洞天岂幽远，得道如咫尺。一气无死生，三光自迁易。因思人间世，前路何狭窄。瞥然此生中，善祝期满百。大方播群类，秀气肖翕辟。性静本同和，物牵成阻厄。是非斗方寸，荤血昏精魄。遂令多夭伤，犹喜见斑白。喧喧车马驰，苒苒桑榆夕。共安缇绣荣，不悟泥途适。纷吾本孤贱，世叶在逢掖。九流宗指归，百氏旁捃摭。公卿偶慰荐，乡曲缪推择。居安白社贫，志傲玄纁辟。功名希自取，簪组俟扬历。书府蚤怀铅，射宫曾发的。起草香生帐，坐曹乌集柏。赐燕聆箫韶，侍祠阅琮璧。尝闻履忠信，可以行蛮貊。自述希古心，忘恃干时画。巧言忽成锦，苦志徒食蘖。平地生峰峦，深心有矛戟。层波一震荡，弱植忽沦溺。北渚吊灵均，长岑思亭伯。祸来昧几兆，事去空叹息。尘累与时深，流年随漏滴。才能疑木雁，报施迷夷跖。楚奏絷钟仪，商歌劳宁戚。禀生非悬解，对镜方感激。自从婴网罗，每事问龟策。王正降雷雨，环玦赐迁斥。倘伏夷平人，誓将依羽客。买山构精舍，领徒开讲席。冀无身外忧，自有闲中益。道芽期日就，尘虑乃冰释。且欲遗姓名，安能慕竹帛。长生尚学致，一溉岂虚掷。芝朮资糇粮，烟霞拂巾帻。黄石履看堕，洪崖肩可拍。聊复嗟蜉蝣，何烦哀虺蜴。青囊既深味，琼葩亦屡摘。纵无西山资，犹免长戚戚。

晚岁登武陵城顾望水陆怅然有作

星象承乌翼，蛮陬想犬牙。俚人祠竹节，仙洞闭桃花。城基历汉魏，江源自賨巴。华表廖王墓，菜地黄琼家。霜轻菊秀晚，石浅水纹斜。樵音绕故垒，汲路明寒沙。清风稍改叶，卢橘始含葩。野桥过驿骑，丛祠发迥笳。跳鳞避举网，倦鸟寄行楂。路尘高出树，山火远连霞。夕曛转赤岸，浮霭起苍葭。轧轧渡水桨，连连赴林鸦。叫阍道非远，赐环期自赊。孤臣本危涕，乔木在天涯。

视刀环歌

常恨言语浅，不如人意深。今朝两相视，脉脉万重心。

秋风引

何处秋风至，萧萧送雁群。朝来入庭树，孤客最先闻。

望衡山

东南倚盖卑，维岳资柱石。前当祝融居，上拂朱鸟翮。青冥结精气，磅礴宣地脉。还闻肤寸阴，能致弥天泽。

重至衡阳伤柳仪曹并引

忆昨与故人，湘江岸头别。我马映林嘶，君帆转山灭。马嘶循古道，帆灭如流电。千里江蓠春，故人今不见。

八月十五日夜桃源玩月

尘中见月心亦闲，况是清秋仙府间。凝光悠悠寒露坠，此时立在最高山。碧虚无云风不起，山上长松山下水。群动翛然一顾中，天高地平千万里。少君引我升玉坛，礼空遥请真仙官。云軿欲下星斗动，天乐一声肌骨寒。金霞昕昕渐东上，轮欹影促犹频望。绝景良时难再并，他年此夕应惆怅。

翰林白二十二学士见寄诗一百篇因以答贶

吟君遗我百篇诗，使我独坐形神驰。玉琴清夜人不语，琪树春朝风正吹。郢人斤斫无痕迹，仙人衣裳弃刀尺。世人方内欲相寻，行尽四维无处觅。

伤秦姝行并引

河南房开士，前为虞部郎中，为余话曰："我得善筝人于长安怀远里。”其后，开士为赤县，牧容州，求国工而诲之，艺工而夭。今年，开士遗予新诗，有悼佳人之目，顾予知所自也。惜其有良伎，获所从而不克久，乃为伤词，以贻开士。

长安二月花满城，插花女儿弹银筝。南宫仙郎下朝晚，曲头驻马闻新声。马蹄逶迟心荡漾，高楼已远犹频望。此时意重千金轻，鸟传消息绀轮迎。芳筵银烛一相见，浅笑低鬟初目成。蜀弦铮摐指如玉，皇帝弟子韦家曲。青牛文梓赤金簧，玫瑰宝柱秋雁行。敛蛾收袂凝清光，抽弦缓调怨且长。八鸾锵锵渡银汉，九雏威凤鸣朝阳。曲终韵尽意不足，余思悄绝愁空堂。从郎镇南别城阙，楼船理曲潇湘月。冯夷蹁跹舞渌波，鲛人出听停绡梭。北池含烟瑶草短，万松亭下清风满。秦声一曲此时闻，岭泉呜咽南云断。来自长陵小市东，蕣华零落瘴江风。侍儿掩泣收银甲，鹦鹉不言愁玉笼。博山炉中香自灭，镜奁尘暗同心结。从此东山非昔游，长嗟人与弦俱绝。

泰娘歌并引

泰娘本韦尚书家主讴者，初，尚书为吴郡，得之，命乐工诲之琵琶，使之歌且舞，无几何，尽得其术。居一二岁，携之以归京师。京师多新声善工，于是又捐去故技，以新声度曲。而泰娘名字往往见称于贵游之间。元和初，尚书薨于东京，泰娘出居民间。久之，为蕲州刺史张愻所得。其后愻坐事谪居武陵郡。愻卒，泰娘无所归，地荒且远，无有能知其容与艺者，故日抱乐器而哭，其音燋杀以悲。雒客闻之，为歌其事，以足于乐府云。

泰娘家本阊门西，门前绿水环金堤。有时妆成好天气，走上皋桥折花戏。风流太守韦尚书，路傍忽见停隼旟。斗量明珠鸟传意，绀幰迎入专城居。长鬟如云衣似雾，锦茵罗荐承轻步。舞学惊鸿水榭春，歌传上客兰堂暮。从郎西入帝城中，贵游簪组香帘栊。低鬟缓视抱明月，纤指破拨生胡风。繁华一旦有消歇，题剑无光履声绝。洛阳旧宅生草莱，杜陵萧萧松柏哀。妆奁虫网厚如茧，博山炉侧倾寒灰。蕲州刺史张公子，白马新到铜驼里。自言买笑掷黄金，月堕云中从此始。安知鹏鸟座隅飞，寂寞旅魂招不归。秦嘉镜有前时结，韩寿香销故箧衣。山城少人江水碧，断雁哀猿风雨夕。朱弦已绝为知音，云鬟未秋私自惜。举目风烟非旧时，梦寻归路多参差。如何将此千行泪，更洒湘江斑竹枝。

竞渡曲

沅江五月平堤流，邑人相将浮彩舟。灵均何年歌已矣，哀谣振楫从此起。杨桴击节雷阗阗，乱流齐进声轰然。蛟龙得雨鬐鬣动，螮蝀饮河形影联。刺史临流褰翠帏，揭竿命爵分雄雌。先鸣余勇争鼓舞，未至衔枚颜色沮。百胜本自有前期，一飞由来无定所。风俗如狂重此时，纵观云委江之湄。彩旗夹岸照蛟室，罗袜凌波呈水嬉。曲终人散空愁暮，招屈亭前水东注。

采菱行

白马湖平秋日光，紫菱如锦彩鸳翔。荡舟游女满中央，采菱不顾马上郎。争多逐胜纷相向，时转兰桡破轻浪。长鬟弱袂动参差，钗影钏文浮荡漾。笑语哇咬顾晚晖，蓼花缘岸扣舷归。归来共到市桥步，野蔓系船萍满衣。家家竹楼临广陌，下有连樯多估客。携觞荐芰夜经过，醉踏大堤相应歌。屈平祠下沅江水，月照寒波白烟起。一曲南音此地闻，长安北望三千里。

洞庭秋月行

洞庭秋月生湖心，层波万顷如镕金。孤轮徐转光不定，游气蒙蒙隔寒镜。是时白露三秋中，湖平月上天地空。岳阳楼头暮角绝，荡漾已过君山东。山城苍苍夜寂寂，水月逶迤绕城白。荡桨巴童歌竹枝，连樯估客吹羌笛。势高夜久阴力全，金气肃肃开清躔。浮云野马归四裔，遥望星斗当中天。天鸡相呼曙霞出，敛影含光让朝日。日出喧喧人不闲，夜来清景非人间。

龙阳县歌

县门白日无尘土，百姓县前挽鱼罟。主人引客登大堤，小儿纵观黄犬怒。鹧鸪惊鸣绕篱落，橘柚垂芳照窗户。沙平草绿见吏稀，寂历斜阳照县鼓。

潇湘神二首

湘水流，湘水流，九疑云物至今愁。君问二妃何处所，零陵香草露中秋。

斑竹枝，斑竹枝，泪痕点点寄相思。楚客欲闻瑶瑟怨，潇湘深夜月明时。

送僧仲剬东游兼寄呈灵澈上人

释子道成神气闲，住持曾上清凉山。晴空礼拜见真像，金毛五髻卿云间。西游长安隶僧籍，本寺门前曲江碧。松间白月照宝书，竹下香泉洒瑶席。前时学得经论成，奔驰象马开禅扃。高筵谈柄一麈拂，讲下门徒如醉醒。旧闻南方多长老，次第来入荆门道。荆州本自重弥天，南朝塔庙犹依然。宴坐东阳枯树下，经行居止故台边。忽忆遗民社中客，为我衡阳驻飞锡。讲罢同寻相鹤经，闲来共蜡登山屐。一旦扬眉望沃州，自言王谢许同游。凭将杂拟三十首，寄与江南汤慧休。

桃源行

渔舟何招招，浮在武陵水。拖纶掷饵信流去，误入桃源行数里。清源寻尽花绵绵，踏花觅径至洞前。洞门苍黑烟雾生，暗行数步逢虚明。俗人毛骨惊仙子，争来致词何至此。须臾皆破冰雪颜，笑言委曲问人间。因嗟隐身来种玉，不知人世如风烛。筵羞石髓劝客餐，灯爇松脂留客宿。鸡声犬声遥相闻，晓色葱笼开五云。渔人振衣起出户，满庭无路花纷纷。翻然恐失乡县处，一息不肯桃源住。桃花满溪水似镜，尘心如垢洗不去。仙家一出寻无踪，至今流水山重重。

砥石赋并引

南方气泄而雨淫，地慝而伤物。媪神噫湿，渝色坏味。虽金之坚，亦失恒性。始予有佩刀甚良，至是涩不可拔。剖其室乃出。溯阳眇眡，傅刃蒙脊，鳞然如痏痂，如黑子，如青蝇之恶。锐气中锢，犹人被病然。客有闻焉，裒密石以遗予。沃之草腴，杂以乌膏，切劘下上，真质焯见。踌躇四顾，逌尔谢客："微子之贻，几丧吾宝。"客曰："吾闻诸梅福曰：'爵禄者，天下之砥石也。高皇帝所以砺世磨钝。'有是邪！"予退感其言，作《砥石赋》。

我有利金兮，以利为佩。遭土卑而慝作兮，雄铓为之潜晦。如景昏而蚀既兮，与肌漆而为厉。顾秋蓬之不可劘兮，尚何游乎髋髀之外。利物蒙蔽，材人惆怅。悼百汰之至精，蟠一检而多恙。

岂害气之独然兮，将久不试而然。彼屠者之刀兮，猎者之诞。不灌不淬兮糅错衔铅。日鼓月挥兮刲腴击鲜。睨燿熸以耀芒，翕淫夷而腾膻。岂不以涉暑而蒙沴兮，鼎用之而成妍？

有客自东，遗于越砥。圭形石质，苍色腻理。郭其鳞皴，滑以滫瀡。如衣浣垢，如鼎出否。雾尽披天，萍开见水。拭寒焰以破眦，击清音而振耳。故态复还，宝心再起。即赋形而终用，一蒙垢焉何耻？感利钝之有时兮，寄雄心于瞪视。

嗟乎！石以砥焉，化钝为利。法以砥焉，化愚为智。武王得之，商俗以厚。高帝得之，杰才以奏。得既有自，失岂无因？汉氏已还，三光景分。随道阔狭，用之得人。五百余年，唐风始振。悬此大砥，以砻兆民。播生在天，成器在君。天为物天，君为人天。安有执砺世之具，而患乎无贤欤！

楚望赋并引

予既谪于武陵，其它故郢之裔邑，与夜郎诸夷错杂。系乎天者，阴伏阳骄；系乎人者，风巫气窳。是以嚣雰浮浮，利于楼居。城之丽谯，实邻所舍。四垂无蔽，万景坌入。因道其远迩所得为《楚望赋》云。

翼轸之野，祝融所司。阴迫而专，专实生沴。天濡而雾，土泄而泥。气罕淑清兮淫氛噎噎，中人体支兮为痗为瘵。以旷涤烦兮，利居高于物外。我卜我居，于城之隅。宛在藩落，丽谯渠渠。四阿垂空，洞户发枢。眸子不运，坐陵虚无。岁更周流，时极惨舒。万象起灭，森来觃予。棂轩之外，群山宠苁。冈陵靡陁，势若相拱。出云见怪，窃蔚森耸。露夕霞朝，望如飞动。檐庑之下，大江澒洞。支流合输，泄入云梦。羲和望舒，出没两涯。涵泳之族，聱耴𣢃呀。秋水灌盈，漩石飘沙。流柹轩昂，舞于盘涡。逮及收潦，澹如绿醽。白石磷磷，倒影罗生。蘋末风起，有文无声。悠远烟绵，与空苍然。

湘沅之春，先令而行。腊月寒尽，温风发荣。土膏如濡，言鸟嘤嘤。三星嘒其晓中，植物飒以飘英。云归高唐，草蔽洞庭。目与天尽，神将化并。圆方相函，游气杳冥。熙熙蔼蔼，藻饰群形。枏树童丘，积空凝青。环洲曲塘，含景曜明。恢台之气，发于春季。涉夏如铄，逮秋愈炽。土山焦熬，止水瀵沸。翔禽跕堕，呀喙垂翅。曦赫敲蒸，阳极召阴。二仪交精，下上相歆。云兴天际，欻若车盖。凝胪未瞬，弥漫霴霼。惊雷出火，乔木糜碎。殷地爇空，万夫皆废。悬霤緪縋，日中见昧。移晷而收，野无完块。

少阴之中，景物澄鲜。丹叶星房，烛耀川原。夕月既望，曜于丹泉。上镜下冰，湔尘濯烟。宿丽潜芒，独行高躔。皓一气之悠悠，洁有形而溢清玄。杳微明以斐亹，想游目于化先。夜无朕以徂征，金霞晕乎海壖。明星方扬，斜汉西悬。璇柄如堕，半沉层澜。鸡啁哳而晨鸣兮，日荏苒以腾晶。动植瞭兮已分，山川郁乎不平。复人寰之喧卑，汹浩浩以营营。追向时之景光，不可骤得以再更。意华胥之梦还，犹仿像而驰精。日次于房，天未降霜。百卉犹泽，水泉收脉。故道朘削，衍为广斥。水禽嬉戏，引吭伸翮。纷惊鸣而决起，拾彩翠于砂砾。于时北风，振槁扬埃。萧条边声，与雁俱来。寒氛委积，万窍交激。楚云改容，飞雨凝滴。洒林递响，淅沥梢槭。飞电照雪以腾光，柔蔬傲霜而透坼。

躔次殊气，川谷异宜。民生其间，俗鬼言夷。招三闾以成谣，德伏波而构祠。投粔籹以鼓楫，豢鳣祇鲂而如牺。蟠木靓深，孽妖凭之。祈年去厉，蠲敬祇威。击鼓肆筵，河旁水湄。荐诚致祝，却略躨尼。渚居鲜食，大掩水物。罟张饵啖，不可遁伏。显举潜縋，昼撞夜触。设机沉深，如拾于陆。彼游修之琐类，咸跳脱于窘束。虽三趾与六眸，时或加乎一目。亦有轻舟，轩轾泛浮。拖纶往复，驯鸥相逐。暮夜澄寂，啸歌群族。伧音俚态，幽怨委曲。逗疏柝于江城，引哀猿于山木。巢山之徒，抨木开田。灼龟伺泽，兆食而蟠。郁攸起于岩阿，腾绛气而蔽天。熏歇雨濡，颖垂林颠。盗天和而藉地势，谅无劳而有年。罢士闲人，逸为末作。求金渚涘，淘汰瀺灂。流注濆沱，繁光熠爚。贪贾来贸，发于怀握。无翼而飞，润于丰屋。哂耘耕之悒悒，徒胼胝以自鞠。

我处层轩，日星回环。阅天数而视民风，百态变见乎其间。非耳剽以臆说兮，固幽求而纵观。观物之余，遂观我生。何广覆与厚载，岂有形而无情？高莫高兮九阁，远莫远兮故园。舟有楫兮车有辖，江山坐兮不可越。吾又安知其所如？怳临高以观物。

伤往赋并引

人之所以取贵于蜚走者，情也，而诞者以遣情为智，岂至言耶？予授室九年而鳏，痛若人之夭阏弗遂也，作赋以伤之，冀夫览者有以增伉俪之重云。

叹独处之悒悒兮，愤伊人之我遗。情可杀而犹毒，境当欢而复悲。人或朝叹而暮息，夫何越月而逾时。太极运乎三辰，转寒暑而下驰。有归于无兮，盛夏于衰。犹昧爽之必暮，又安得而怨咨？我今怨夫若人兮，曾旭旦而潜晖。飘零日及之萼，倏忽蜉蝣之衣。川走下而不还，露迎阳而易晞。恩已甚兮难绝，见无期兮永思。

我行其野，农民桑者，举案来馌鞶，亦在林下。我观于途，裨版之夫，同荷均挈，荆钗布襦。羽毛之蕃，鳞介之微，和鸣灌丛，双泳涟漪。薨薨伊虫，蠢蠢伊豸，游空穴深，两两相比。何动类之万殊，必雄雌而与俱。物莫失俪以孤处，我方踽踽而焉如。

我复虚室，目凄凉兮心伊郁，心伊郁兮将语谁？坐匡床兮抚婴儿，何所丐沐兮，何从仰饴？襦裤在身兮，昔围蹉跌；鞶囊附臂兮，余馥葳蕤。诚天性之潜感，顾童心兮如疑。哓然有难继之慕，漠然减好弄之姿。指遗袿兮能认，溯空帷兮欲归。

我入寝宫，痛人亡兮物改其容。宝瑟僵兮弦柱绝，瑶台倾兮镜奁空。寒炉委灰，虚幌多风。隙驹晨转，窗蟾夜通。步摇昏兮网粘翡翠，芳褥掩兮尘化蛩蛩。阅刀尺之余泽，见巾箱之故封。玩服俨兮犹具，繁华谢兮焉从。想翩仙于是非，求僁窣与冥蒙。信奇术之可致，嗟此生兮不逢。徒注视以寂听，恍神疲而目穷。还抱影以独出，纷百哀而攻中。

系曰：龙门风霜苦，别鹤哀鸣夜衔羽。吴江波浪深，雌剑一去无遗音。悲之来兮愦予心，汹如行波洊浸淫。怅缘情而莫极，思执礼以自箴。已焉哉！苒苒生死，悠悠古今。乘彼一气兮，聚散相寻。或鼓而兴，或罢而沉。以无涯之情爱，悼不驻之光阴。谅自迷其有分，徒终怨于匪忱。彼蒙庄兮何人，予独累叹而长吟。

何卜赋

余既幼惑力命之说兮，身久放而愈疑。心回穴其莫晓兮，将取质夫秉龟。楚人俗巫而好术兮，叟有鬻卜而来思。乃招而讯之曰："嘻！人莫不塞，有时而通，伊我兮久而愈穷；人莫不病，有时而闲，伊我兮久而滋蔓。吾闻人肖五行，动止有则。四时转续，变于所极。一岁之旱，人斯具舟；三月之热，人斯具裘。极必反焉，其犹合符。子首圆而足方，子腹阴而背阳。胡形象之有肖，而变化之殊常？经曰'剥极则贲'，居贲而未尝剥者其谁？'否极受泰'，居否而未尝泰者又其谁？鹤朗不截，凫胡不裨？夔何罚而踸踔，蚿何功而扶持？纷纭恣睢，交作舛驰。似予似夺，似信似欺。孰主张之？问于子龟。”

卜者曰：“招我以粗，问我以微。有天下之是非，有人人之是非。在此为美兮，在彼为嗤。或昔而成，或今而亏。君问曷由，主张其时。时乎时乎，去不可邀，来不可逃。淹淹兮孰舍孰操？豕喙之毒堇，鸡首之贱毛，各于其时，而伯其曹。屠龙之伎，非曰不伟，时无所用，莫若履豨；作俑之工，非曰可珍，时有所用，贵于斲轮。络首縻足兮，骥不能逾跬。前无所阻兮，跛鳖千里。同涉于川，其时在风，沿者之吉，溯者之凶；同艺于野，其时在泽，伊穜之利，乃穋之厄。故曰，是耶非耶？主者时耶？谅淑恶之同出兮，顾所丁之若何。夫如是，得非我美，失非我耻。其去曷思，其来曷期。姑蹈常而俟之，夫何卜为？”言讫，执龟而起。予退而作《何卜赋》。于是蹈道之心一，而俟时之志坚。内视群疑，犹冰释然。

谪九年赋

古称思妇，已历九秋。未必有是，举为深愁。莫高者天，莫浚者泉。推以极数，无逾九年。伊我之谪，至于数极。长沙之悲，三倍其时。廷尉不调，行当跋而。天有寒暑，闰余三变。朝有考绩，明幽三见。顾尧之民兮，亦昏垫而有叹。叹息兮倘佯，登高高兮望苍苍。突弁之夫，我来始黄。合抱之木，我来犹芒。山增昔容，水改故坊。童者郁郁兮，涸者洋洋。天覆地生，翕兮无伤。彼族而居，向之投荒。彼轩而游，昨日桁杨。信及泽濡，俄然复常。稽天道与人纪，咸一偾而一起。去无久而不还，棼无久而不理。何吾道之一穷兮，贯九年而犹尔。噫！不可得而知，庸讵得而悲。苟变化之莫及兮，又安用夫宵天地之形为？

望赋

邈不语兮临风，境自外兮感从中。晦明转续兮，八极鸿蒙。上下交气兮，群生异容。发孤照于寸眸，骛遐情乎太空。物乘化兮多象，人遇时兮不同。嗟乎！有目者必骋望以尽意，当望者必缘情而感时。有待者瞿瞿，忘怀者熙熙。虑深者瞠然若丧，乐极者冲然无违。外徙倚其如一，中纠纷兮若斯。

望如何其望最乐，睎希庆霄兮溯阿阁。如云兮天颜咫尺，如草兮臣心踊跃。扇交翟兮葳蕤，旗升龙兮蝼略。日转黄道，天开碧落。凝瑞景于庭树，掬非烟于殿幕。

望如何其望且欢，登灞岸兮见长安。纷扰扰兮红尘合，郁葱葱兮佳气盘。池象汉兮昭回，城依斗兮阑干。避御史之骢马，逐幸臣之金丸。

望如何其望攸好，宗万灵兮越四隩。汉帝仙台兮，秦皇海峤。霓裳踊于河上，马迹穷乎越徼。紫气度关而斐亹，神光属天而照耀。睆眷眷以驰精，耸专专而观妙。

望如何其望有形，视蠢蠢兮穷冥冥。楚塞氛恶兮，萧关燧明。晕笼孤月兮，角奋长庚。沙多似雪，碛有疑城。烟云非女子之气，草木尽王者之兵。审曳柴之虚警，破来骑之先声。信有得于风鸟，示无言于旆旌。

望如何其望且慕，恩意隔兮年光度。雕辇已辞兮，金屋何处？长信草生兮，长门日暮。徯翠华之傥来，仰玄天以自诉。况复湘水无还，漳河空注。泪染枝叶，香余纨素。风萧萧兮北渚波，烟漠漠兮西陵树。夫不归兮江上石，子可见兮秦原墓。拍琴翻朔塞之音，挟瑟指邯郸之路。

望如何其望最伤，俟环玦兮思帝乡。龙门不见兮，云雾苍苍。

乔木何许兮，山高水长。春之气兮悦万族，独含颦兮千里目。秋之景兮悬清光，偏结愤兮九回肠。羡环拱于白榆，借驰晖于落棠。谅冲斗兮谁见，伊戴盆兮何望？岂止苏武在胡，管宁浮海。送飞鸿之灭没，附阴火之光彩。鹤颈长引，乌头未改。恨已极兮平原空，起何时兮东山在。

永望如何，伤怀孔多。降将有依风之感，宫人成亿月之歌。歌曰：张衡侧身愁思久，王粲登楼日回首。不作渭滨垂钓臣，羞为洛阳拜尘友。

伤我马词

马乾类，盖健而善驰，君子之所宜求。为兽也，故法求于力，或逸而喜骇；法求于和，或干而易仆。由德称者鲜焉。

曩予知善马之难遭也，不求于肆而于其乡。一旦，果得阴山之阿，蠖略其形，萧萧其鸣，长顾远视，顺而能力。顾其躯非骞然而伟也，虽士得以乘之。始予被皂衣于朝，朝之人多四三其牡以迭驭，予无兼焉。水辙之淋漓，淖途之汪洋。结为确荦，融为坳堂。前有偾辀，后有濡裳。我策垂空，我镳方扬。振鬣轩昂，矫如飞翔。翘翘其雄也，非力而何？烈火之具举，钩膺之叠舞。一蹊千趾，骈比龃龉。疹者斯挤，悍者斯怒。我鞍如山，我辔如组。弭毛容与，宛若孤处。靡靡其柔也，非慧而何？日予之获谴于阙下，背商颜，趣昭邱，日中而逾舍。修门之南，非骑所宜。夷则沮洳，高则嵚巇。虎咆空林，蜮斗荒馗。风雨孤征，简书之威。俾予弗颠，我马焉依。屑屑其劳也，非德而何？

予至武陵，居沅水傍。或逾月未尝跨焉，以故莫得伸其所长。踢踏顾望兮顿其锁缰。饮龁日削兮精耗神伤。寒枥骚骚兮瘁毛苍凉。路闻躞蹀兮逸气腾骧。朔云深分边草远，意欲往兮声不扬。

陨然自不得其所而死，故其嗟也兼常。

初，玄宗羁大宛而尽有名马，命典牧以时起居。洎西幸蜀，往往民间得其种而蕃焉。故良毛色者，率非中土类也。稽是毛物，岂祖于宛欤。汉之歌曰：龙为友。武陵有水曰龙泉，遂归骨于是川。且吊之曰：生于碛砺善驰走，万里南来困丘阜。青菰寒菽非适口，病闻北风犹举首。金台已平骨空朽，投之龙渊从尔友。

辩易九六论

乾之爻皆九而坤六，何也？世之儒曰：吾闻诸孔颖达云：阳尊复兼乎阴，阴不能兼乎阳也。他日，余与董生言及《易》，生曰：吾闻诸毕中和云：举老而称也。请征诸揲蓍。夫端策者，一变而遇少，与归奇而为五；再变而遇少，与归奇而为四；三变如之：是老阳之数。分措于指间者十有三策焉。其余三十有六，四四而运，得九是已。故《易·系》注云："乾一爻三十六策也。"一变而遇多，与归奇而为九；再变而遇多，与归奇而为八；三变如之：是老阴之数。分措于指间者二十有五策焉。其余二十有四，四四而运，得六是已。故《易系注》云："坤一爻二十四策也。"借如一变而遇少，再变三变而遇多，是少阳之数。分措于指间者二十有一策。其余二十有八，四四而运得七。一变而遇多，再变三变而遇少，是少阴之数。分措于指间者十有七策。其余三十有二，四四而运得八。故九与六为老，老为变爻；七与八为少，少为定位。故曰举老而称，亦曰尚变而称。

且夫筮为乾者常遇七，斯乾矣；常遇九，斯得坤矣。筮为坤者，常遇八，斯坤矣，常遇六，斯得乾矣。在左氏《国语》有之。晋公子亲筮之曰："尚有晋国。"得贞、屯、悔、豫皆八。八非变爻，故不曰有所之。案"坎"二世而为"屯"、"屯"之六二为世爻；“震”一世而为“豫”、“豫”之初六为世爻。“屯”之二、“豫”之初，皆少阴不变，斯非八乎？卦由老数而举曰六，筮由蓍数故斥曰八。在《左氏春秋传》有之，曰：“穆姜薨于东宫，始往而筮之，遇‘艮’之八。史曰：是谓‘艮’之‘随’。”夫“艮”艮下，艮上。之“随”震下，兑上。唯二不动，斯遇八也。余五位皆九六，故反焉。筮法以少为卦主，变者五而定者一，故以八为占。《艮》之六二曰：艮其腓，不拯其随，其心不快。史以为东宫实幽也，遇此为不利。故从变爻而占，苟以说于姜也。何则？卦以少为主，若定者五而变者一，即宜曰之某卦，“观之否”、“师之临”类是也。变与定均，即决以内外。今变者五，定者一，宜从少占，惧不吉而更之，故曰“是谓艮之随”。“是谓”之云者，苟以说也。故穆姜终死于东宫，与“艮”会耳。而杜元凯于此注，以为杂用三《易》，故有“遇八”之云，非臻极之理也。

刘子曰：余与董生言九六之义，信与理会，为不诬矣。余又于左氏二书参焉，若合形影然。而世人往往攘臂于其间曰：生之名孰与颖达著邪？而材孰与元凯贤邪？历载旷日，未尝有闻人明是说者。虽余愤然用口舌争，持貌从者什一二焉。嗟乎！由数立文，所如皆合，昭昭乎若观三辰，其不晦也如此。然犹贵听而贱视，断断然莫可更也。矧无形之理、不可见之道邪！余独悲而志之，以俟夫后学。初董生言本毕中和，中和本其师，师之学本一行云。

第一指余一益三，余二益二，余三益一，余四益四。

第二指余一益二，余二益一，余三益四，余四益三。

第三指与第二指同。

右揲蓍数。挂从下起，指亦自下始。第一指法地，故益成偶。第二法天，故益成奇。第三人极法天，故同。

第一指遇一益三，并挂一为五。遇三遇二，并谓之少，与一同。

第二指遇一益二，并挂一为四。

第三指遇一益二，并挂一为四。

右三指俱遇少，通计十三策。其余三十六策，四四运之得九，为老阳。故《易·系》云："乾之策二百一十有六。"注云："阳爻九。一爻三十六策，六爻二百一十有六。"

第一指遇四益四，与挂一为九。

第二指遇四益三，与挂一为八。遇三亦同。

第三指遇四益三，与挂一为八。遇三亦同。

右三指俱遇多，通计二十五策。其余二十四策，四四运之得六，为老阴。故《易·系》云："坤之策百四十有四。"谓"阴爻六。一爻二十四策，六爻一百四十有四。"

第一指遇一益三，并挂一为五。

第二指遇四益三，并挂一为八。

第三指遇四益三，并挂一为八。

右初指少，第二、第三指多，以少为主。通计二十一策。其余二十八策，四四运之，得七，为少阳。

第一指遇四益四，并挂一为九。

第二指遇一益二，并挂一为四。

第三指遇一益二，并挂一为四。

右初指多，第二、第三指少，以多为主。通计一十七策。其余三十二策，四四通之，得八，为少阴。

第一指遇少，谓一二也。并止于五。

第二指遇多，谓三四也。并止于八。

第三指又遇少，谓一二也。并止于四。

右初指少，第二指多，第三指又少，以多为主。通计一十七策，其余三十二策，四四运之，得八，为少阴。

第一指遇多，谓四也。止于九。

第二指又遇多，谓三四也。止于八。

第三指遇少，谓一二也，止于四。

右初指第二指并多，第三指独少，以少为主。通计二十一策。其余二十八策，四四运之，得七，为少阳。

第一指遇少，止于五。

第二指又遇少，止于四。

第三指遇多，止于八。

右初指二指并少，三指独多，以多为主。通计一十七策。其余三十二策，四四运之，得八，为少阴。

“穆姜薨于东宫。始往而筮之，遇艮之八。史曰：是谓‘艮’之‘随’。”夫“艮”艮下，艮上。之“随”震下，兑上。唯六二爻不动，余五尽变。变者遇九六也，二不动者遇八也。

晋公子亲筮之曰：“尚有晋国。”得贞、屯、悔、豫，皆八。夫“屯”震下，坎上。六位尽，不遇六九，故不动。既无所之，即以世爻为占。按“屯”是“坎”宫二世卦，故以六二为占，则遇八。夫“豫”坤下，震上。是震宫一世卦，以初六为占，亦遇八。韦昭于此注云：“内曰贞，外曰悔，‘震’下‘坎’上为‘屯’，‘坤’下‘震’上为‘豫’。言得此两卦，‘震’在‘屯’为贞，在‘豫’为悔。八为‘震’两阴爻，在贞在悔皆不动。”所以筮史占之，谓“闭而不通者，爻无为也”。乾之策，二百一十有六。谓阳爻九，一爻三十六策，六爻当二百一十六。言三十六者，举老阳也。坤之策，一百四十有四。谓阴爻六。一爻二十四策，六爻当百四十有四。言二十四者举老阴也。凡三百有六十，当期之日。二篇之策万有一千五百二十，当万物之数。

六十四卦都三百六十四爻，阴阳相半，各一百九十二爻。阳爻一爻三十六策，合为六千九百一十二。阴爻一爻二十四策，合为四千六百八。

右六九之数

一行《大衍论》云："三变皆刚，太阳之象也。三变皆柔，太阴之象也。一刚二柔，少阳之象也。一柔二刚，少阴之象也。少阳之刚有始、有牡、有究，少阴之柔有始、有牡、有究。因综四象之变，而成八象焉。八象之位，而八卦之本列矣。"注云："太阳始动，施于太阴而生震象之七。谓少阳之七，为震初九。再动于牡而生坎象之七。谓再索而得男也。三动于究而生艮象之七。谓三索而得男也。太阴始动，施于太阳而生巽象之八。谓少阴之八，为巽初六。再动于牡而生离象之八。谓再索而得女也。三动于究而生兑象之八。谓三索而得女也。是以九六七八分为八象。"

右《大衍论》

《国语》又云："董因迎公于河，公问焉，曰：'吾其济乎？'对曰：'臣筮之，得泰之八，曰是谓天地配亨，小往大来，今及之矣。何不济之有！'"韦昭云："泰三至五震象为侯，阴爻不动，其数皆八，与贞屯悔豫义同。"刘子曰：昭此说，用互体有震。按董因之言，天地配亨，是六五"帝乙归妹，以祉元吉"之爻。夫泰，乾坤体全，内外位正，内为身，外为事。卜得国事也，以外卦为占。六五居尊位，故统论卦下辞曰："小往大来。"爻遇归妹，故曰天地配亨，何必取互体也？

右与董生言《易》

天论上

世之言天者二道焉。拘于昭昭者则曰："天与人实影响：祸必以罪降，福必以善徕，穷厄而呼必可闻，隐痛而祈必可答，如有物的然以宰者。”故阴骘之说胜焉。泥于冥冥者则曰：“天与人实剌异：霆震于畜木，未尝在罪；春滋乎堇荼，未尝择善。跖、蹻焉而遂，孔、颜焉而厄，是茫乎无有宰者。”故自然之说胜焉。余之友河东解人柳子厚作《天说》以折韩退之之言，文信美矣，盖有激而云，非所以尽天人之际。故余作《天论》以极其辩云。

大凡入形器者，皆有能有不能。天，有形之大者也；人，动物之尤者也。天之能，人固不能也；人之能，天亦有所不能也。故余曰：天与人交相胜耳。其说曰：天之道在生植，其用在强弱；人之道在法制，其用在是非。阳而阜生，阴而肃杀；水火伤物，木坚金利；壮而武健，老而耗眊；气雄相君，力雄相长：天之能也。阳而艺树，阴而揫敛；防害用濡，禁焚用光；斩材窾坚，液矿硎铓；义制强讦，礼分长幼；右贤尚功，建极闲邪，人之能也。人能胜乎天者，法也。法大行，则是为公是，非为公非。天下之人，蹈道必赏，违之必罚。当其赏，虽三族之贵，万锺之禄，处之咸曰宜。何也？为善而然也。当其罚，虽族属之夷，刀锯之惨，处之咸曰宜。何也？为恶而然也。故其人曰：“天何预乃人事耶？惟告虔报本、肆类授时之礼，曰天而已矣。福兮可以善取，祸兮可以恶招，奚预乎天耶？”法小弛，则是非驳。赏不必尽善，罚不必尽恶。或贤而尊显，时以不肖参焉；或过而僇辱，时以不辜参焉。故其人曰：“彼宜然而信然，理也。彼不当然而固然，岂理耶？天也。福或可以诈取，而祸亦可以苟免。”人道驳，故天命之说亦驳焉。法大弛，则是非易位。赏恒在佞，而罚恒在直。义不足以制其强，刑不足以胜其非。人之能胜天之具尽丧矣。夫实已丧而名徒存，彼昧者方挈挈然提无实之名，欲抗乎言天者，斯数穷矣。

故曰：天之所能者，生万物也；人之所能者，治万物也。法大行，则其人曰："天何预人耶？我蹈道而已。"法大弛，则其人曰："道竟何为耶？任人而已。"法小弛，则天人之论驳焉。今人以一已之穷通，而欲质天之有无，惑矣！余曰：天恒执其所能以临乎下，非有预乎治乱云尔；人恒执其所能以仰乎天，非有预乎寒暑云尔。生乎治者，人道明，咸知其所自，故德与怨不归乎天；生乎乱者，人道昧，不可知，故由人者举归乎天。非天预乎人尔！

天论中

或曰：子之言天与人交相胜，其理微，庸使户晓，盍取诸譬焉。刘子曰：若知旅乎？夫旅者，群适乎莽苍，求休乎茂木，饮乎水泉，必强有力者先焉；否则，虽圣且贤，莫能竞也。斯非天胜乎？群次乎邑郛，求荫于华榱，饱于饩牵，必圣且贤者先焉；否则，强有力莫能竞也。斯非人胜乎？苟道乎虞、芮，虽莽苍，犹郛邑然；苟由乎匡、宋，虽郛邑，犹莽苍然。是一日之途，天与人交相胜矣。吾固曰：是非存焉，虽在野，人理胜也；是非亡焉，虽在邦，天理胜也。然则天非务胜乎人者也。何哉？人不宰则归乎天也。人诚务胜乎天者也。何哉？天无私，故人可务乎胜也。吾于一日之途而明乎天人，取诸近也已。

或者曰：若是言之，则天之不相乎人也，信矣。古之人曷引天为？答曰：若知操舟乎？夫舟行乎潍、淄、伊、洛者，疾徐存乎人，次舍存乎人。风之怒号，不能鼓为涛也；流之溯洄，不能峭为魁也。适有迅而安，亦人也；适有覆而胶，亦人也。舟中之人未尝有言天者，何哉？理明故也。彼行乎江河淮海者，疾徐不可得而知也，次舍不可得而必也。鸣条之风可以沃日，车盖之云可以见怪。恬然济，亦天也；黯然沉，亦天也；阽危而仅存，亦天也。舟中之人未尝有言人者，何哉？理昧故也。

问者曰：吾见其骈焉而济者，风水等耳，而有沈有不沈，非天曷司欤？答曰：水与舟，二物也。夫物之合并，必有数存乎其间焉。数存，然后势行乎其间焉。一以沈，一以济，适当其数，乘其势耳。彼势之附乎物而生，犹影响也。本乎徐者其势缓，故人得以晓也；本乎疾者其势遽，故难得以晓也。彼江海之覆，犹伊淄之覆也。势有疾徐，故有不晓耳。

问者曰：子之言数存而势生，非天也，天果狭于势耶？答曰：天形恒圆而色恒青，周回可以度得，昼夜可以表候，非数之存乎？恒高而不卑，恒动而不已，非势之乘乎？今夫苍苍然者一受其形于高大而不能自还于卑小，一乘其气于动用而不能自休于俄顷，又恶能逃乎数而越乎势耶？吾故曰：万物之所以为无穷者，交相胜而已矣，还相用而已矣。天与人，万物之尤者耳。

问者曰：天果以有形而不能逃乎数，彼无形者，子安所寓其数耶？答曰：若所谓无形者，非空乎？空者，形之希微者也。为体也不妨乎物，而为用也恒资乎有，必依于物而后形焉。今为室庐，而高厚之形藏乎内也；为器用，而规矩之形起乎内也。音之作也有大小，而响不能逾；表之立也有曲直，而影不能逾。非空之数欤？夫目之视，非能有光也，必因日月火炎而后光存焉。所谓晦而幽者，目有所不烛耳。彼狸狌犬鼠之目，庸谓晦而幽耶？吾固曰：以目而视，得形之粗者也；以智而视，得形之微者也。乌有天地之内有无形者耶？古所谓无形，盖无常形耳，必因物而后见耳。乌能逃乎数耶？

天论下

或曰：古之言天之历象有宣夜、浑天、《周髀》之书，言天之高远卓诡有《邹子》。今子之言有自乎？答曰：吾非斯人之徒也。大凡入乎数者，由小而推大必合，由人而推天亦合。以理揆之，万物一贯也。今夫人之有颜目耳鼻、齿毛颐口，百骸之粹美者也，然而其本在乎肾肠心腹。天之有三光悬寓，万象之神明者也，然而其本在乎山川五行。浊为清母，重为轻始。两位既仪，还相为庸，嘘为雨露，噫为雷风。乘气而生，群分汇从，植类曰生，动类曰虫。倮虫之长，为智最大，能执人理，与天交胜，用天之利，立人之纪。纪纲或坏，复归其始。尧、舜之书，首曰"稽古"，不曰稽天；幽厉之诗，首曰"上帝"，不言人事。在舜之庭，元、凯举焉，曰"舜用之"，不曰天授；在殷中宗，袭乱而兴，心知说贤，乃曰"帝赉"。尧民之余，难以神诬；商俗已讹，引天而驱。由是而言，天预人乎？

袁州萍乡县杨岐山故广禅师碑

天生人而不能使情欲有节，君牧人而不能去威势以理。至有乘天工之隙以补其化，释王者之位以迁其人。则素王立中枢之教，懋建大中；慈氏起西方之教，习登正觉。至哉！乾坤定位，而圣人之道参行乎其中。亦犹水火异气，成味也同德；辕轮异象，至远也同功。然则儒以中道御群生，罕言性命，故世衰而浸息；佛以大慈救诸苦，广起因业，故劫浊而益尊。自白马东来，而人知像教；佛衣始传，而人知心法。宏以权实，示其摄修。味真实者，即清净以观空；存相好者，布威神而迁善。厚于求者，植因以觊福；罹于苦者，证业以销冤。革盗心于冥昧之间，泯爱缘于死生之际。阴助教化，总持人天。所谓生成之外，别有陶冶；刑政不及，曲为调柔。其方可言。其旨不可得而言也。惟四海之大，群伦之富，必有以得其门而会其宗者，为世导师焉。

禅师讳乘广，其生容州，姓张氏。七岁尚儒，以俎豆为戏；十三慕道，遵怀削之仪。至衡阳，依天柱想公以启初地；至洛阳，依荷泽会公以契真乘。洪钟蕴声，扣之斯应；阳燧含焰，晞之乃明。始由见性，终得自在。常谓机有浅深，法无高下。分二宗者，众生存顿渐之见；说三乘者，如来开方便之门。名自外得，故生分别；道由内证，则无异同。遂以摄化为心，经行不倦。愍彼南裔，不闻佛经。由是结庐此山，心与境寂。应念以起教，随方而立因。居涉旬而善根者知归，逮周月而带缚者惭悟。以月倍日，以年倍时，暗蒙洞开，荒憬潜革。邑中长者，十方善众，咸发信愿，大其藩垣。法堂四阿，复引僧舍。身心恒寂，象马交驰。随其去来，皆得利益。逾岭之北，涉湘而南。仰兹高山，知道有所在。此地缘尽，翛然化俱。神归佛境，悲结人世。自趺坐而灭，至于荼毗，三百有六旬矣。爪发加长，容泽差衰。真子号呼，围绕薪火，得舍利如珠玑者数十百焉。於戏！肖圆方之形，故寂灭以示尽；入菩提之位，故殊相以现灵。亦犹凤毛成字，麟角生肉，必有以异，不知其然。于是服勤闻法之上首曰甄升，乃率其徒圆寂、道宏、如亮、如海等，相与抆泪具役，建塔于禅室之右端，从众也。初，广公始生之辰，岁在丁巳，当元宗之中元也。生三十而受具，更腊五十二而终。终之夕，岁直戊寅，当德宗之后元三月既望之又十日也。后九年，其门人还源以为崇塔以存神，与建铭以垂休，皆凭像寄怀，不可以阙一。缪谓予为习于文者，故茧足千里，以诚相投。大惧其先师德音与时浸远，且曰："白月中黑，东川无还，飏于金石，传信百劫。彼堕泪之感，岂儒者流专之?"敬酬斯言，铭示真俗。文曰：

如来说法，遍满大千。得胜义者，强名为禅。至道不二，至言无辩。心法东行，群迷丕变。七叶无嗣，四魔潜扇。佛衣生尘，佛法如线。吾师觉者，冥极道枢。承受密印，端如贯珠。一室寥然，高山之隅。为法来者，千百人俱。裔民嗤嗤，户有犀渠。摄以方便，家藏佛书。愿力既普，度门斯盛。合为一乘，散为万行。即动求静，故能常定。绝缘离觉，乃得究竟。生非我乐，死非我病。现灭者身，常圆者性。本无言说，付属其谁。等空无碍，后觉得之。像闳灵塔，迹留仁祠。十方四辈，瞻礼于斯。

唐故衡岳律大师湘潭唐兴寺俨公碑

佛法在九州间，随其方而化。中夏之人汩于荣，破荣莫若妙觉，故言禅寂者宗嵩山；北方之人锐以武力，摄武莫若示现，故言神通者宗清凉山；南方之人剽而轻，制轻莫若威仪，故言律藏者宗衡山。是三名山为庄严国，必有达者，与山比崇。南岳律门以津公为上首，津之后云峰证公承之，证公之后湘潭俨公承之。星月丽天，珠玑同贯。由其门者，为正法焉。

公号智俨，曹氏子，世为柳之右姓。兆形在孕，母不嗜荤；成童在侣，独不嗜戏。其夙植固厚者欤！生九年，乐为僧，父不能夺其志。抱经笥入岣嵝山，从名师执业，凡进品受具，闻经传印，皆当时大长老。我入名门，不住诸乘；我得觉路，径入智地。居室方丈，名闻大千。护法大臣，多所宾礼。嗣曹王皋之镇湖南，请为人师。自是登坛莅事三十有八载，由我得度者万有余人。人持宝衣、解璎珞为礼，公色受之。谓门弟子曰："彼以有相求我，我以有应之。"凡建宝幢，修废寺，饰大像，皆极其工，应物故也。

元和十三年九月二十七日中夜，具汤沐、剃颐顶，与门人告别，既即寂，而视身与色无有坏相。呜呼！岂生能全吾真，故死不速朽，将有愿力耶？予不得而知也。问年八十二，问腊六十一。

葬于寺东北隅。传律弟子中巽、道准，传经弟子圆皎、贞璨，与其徒圆静、文外、惠荣、明素、存政等，欲其师之道光且远，故咨予乞辞。乃作长句，以偈铭之曰：

祝融灵山禹所治，非夫有道不可止。中有毗尼出尘士，以律视俨犹孙子。登坛人师四十纪，南方学徒宗奥旨。幼无童心至儿齿，识灭形全异凡死。长沙潭西逾五里，陶侃故居石头寺，门前一带湘江水。吁嗟律席之名兮，与湘流而不已。

故荆南节度推官董府君墓志

元和七年夏四月某日，前荆州部从事董府君以疾终于故府私第，年若干。其孤泣书前人之爵里耿光，求我以铭于幽，且先志也，故重为之。

董姓出于豢龙氏，至辛有而分，在晋为良史，在赵佐简子为能臣。项羽主盟，为翟王，高皇帝举兵汉中，劫其兵众，不克其土，后裔遂为陇西人。凡称字不称名，不待事而彰也。始予谪于武陵，人多中之贤有董生，为守令客。既而以士相见之礼成，与之言，能言坟、典、数，旁捃百氏之学。弱年嗜属诗，工奕棋，用是索合于贵游，多所慰荐。中年奉浮图，说三乘，用是贡诚于清贤，多被辟书。脱巾为宏文馆校书郎，再选至大理评事。咸视真秩，而不累其章，职系于外是也。晚节尚道，故投劾于幕府。治扁舟，浮江沱，泛洞庭，登熊耳，访浮邱以探异，赋枉渚以寄傲。居数岁，投老于南荆。迷邦纵性，委和从化。逮夫寝巨室也，自含襚至于卜窆，皆仁人之赙焉。是岁五月十二日，卜葬于龙山之某冈，外姻至矣。

君名侹，字庶中。大父曰思简，位至汝南太守。父承祖，殁于试守太子舍人。始为君求妇于郑之里，生嗣子夏卿、殷卿，既立而夭，今未之从。其后又娶于阎氏，生二子曰周卿、云卿。嫠也，繐裳髽首，有正家之道。呜呼！道愈富而室愈贫，志甚修而知甚寡。士以陇西为贵，将在令名与！铭曰：

学待问而文藻身，艺不试兮名孰闻？大道甚夷兮非我辰，何生不茂兮非我春。修门之达兮连冈膴膴。蔓草如茵兮新坟若斧。吁嗟董生兮于焉终古。

绝编生墓表

顾象，吴郡人，食力于武陵沅水上，以读《易》闻。病且死，饬其子曰："吾年十有五而受《易》于师，积六十三年于兹，未尝一日不吟乎《系》《象》。里中儿从吾读其文多矣。死则必葬吾于党庠之侧，尚其有知，且闻吾书。"君子曰：若象者，可谓志笃于学矣。因以绝编生谥之，且表其墓。后之读功令者或采焉。

予既谪居是邦，始至之日，问能道古语可与言者，邑子以生为对。既而执贽请见之，生危冠大袂，阔视雅拜，及门知让，候肃而后入，又肃而跻阶，心存圣言，润彻眉睫，有野态而无苟容。问其所执，曰："幼学《易》，老而尤嗜。"问安学，曰："始闻于师，晚熟于心。自尼父兼三才，紬八索，系辞焉以通微言，与伏羲、文王并行，犹天三辰，同丽太极。秦脱大患，完文显行。汉之田、丁、京、刘，而东京有马、郑，魏之何、荀、两王，而吴有韦、陆。前者导源，后者浚之，沨融混合，百派奔凑。唐兴，沙门一行方泄天机以探古人，神友造物，智斟人事，制动也有柅，变道也无方。向之支流，委输于我，其它紬绎祖述三十有余家。朱蓝之，朴斫之，为羽翼，为鼓吹，畴咨天人之际，旁魄上下，骛精于捃摭，匮巧于穿凿。犹制氏之于乐，铿锵而已；除氏之于礼，善容而已。然而前修之尽心也，得以味腴搴芳焉。手胝于运管，目矆于临烛，而气耗于咏呻。家居亡訾，不能与计偕；地偏且远，亡有能晤语者。心愈苦而迹愈卑，寒肤嗛腹，以至于耋老。微夫子之问，持是安施乎？”

它日，予造其室庐，瓢箪在左，□□在右。有龟枵然，有荚甚泽。予乢蓍指骨而讯之曰：“是亹亹者曾不予欺乎？”生攸尔而对云：“古先圣人知道之妙，不可抟而得也，故设象以致意，梯有以取亡。取当其粗，用当其精。夫权衡所以揣轻重，不为捶钩者设也；寻尺所以商远迩，不为运斤者设也；龟筴所以决群疑，不为知几者设也。几存乎人，是则以天时为卦体，以地理为爻位，外附人事以象焉，内取诸身以象焉。得枢于寰中，迎数于象外。自然之理，不知其然，虽欲强名，措说亡地。彼枯茎朽壳，安能与于此乎？今夫揲之以至刓，灼之以殆尽，徒与夫蚩蚩者问歉穰、占态瘛、起讼需食、亡羊丧牛之间耳。资其握粟以糊予口，乌足为夫子道哉！”予以斯言邃于《易》，故书。

噫！国有大学，学有馆以延颛门。若生者，苦形役志，如是其颛也。茹经于腹，湮灭粪壤，壁水汤汤，不闻其声，摧藏朴遬，与山木同朽，岂地远然耶？彼文甲绛毛、剽筋寿革、岭峤之华实，炎溟之蜃虾，飞苞驿篚，所至而贵，夫岂贵迩也哉？悦者众故也。生之死，在元和七年秋七月。由死之日，推而上求，直治生之辰，得四百有七十甲子。葬在枉渚西石矶上，其坟可隐东望里塾，尚行其志云。

救沉志

贞元季年夏，大水，熊、武五溪斗决于沅，突旧防，毁民家，跻高望之，溟涬葩华，山腹为坻，林端如莎。湍道驶悍，不风而怒。崱嶷前迈，浸淫旁掩。柔者靡之，固者脱之。规者旋环之，矩者颠倒之。轻而泛浮者硠礚之，重而高大者前却之。生者力音，殪者弛形。蔽流而东，若木柹然。有僧愀焉誓于路曰："浮屠之慈悲，救生最大。能援彼于溺，我当为魁。"里中儿愿从三四辈，皆狎川勇游者，相与乘坚舟，挟善器，维以修筰，杙于崇邱。水当洄洑，人易寘力。凝胪执用，俟可而拯。大凡室处之类，穴居之汇，在牧之群，在豢之驯，上罗黔首，下逮毛物，拔乎洪澜，致诸生地者，数十百焉。

适有挚兽如鸱夷而前，攫持流柹，首用不陷，隅目旁睨，其姿弭然，甚如六扰之附人者。其徒将取焉，僧趣诃之曰："第无济是为！"目之可里所，而不能有所持矣。舟中之人曰："吾闻浮图之教贵空，空生普，普生慈。不求报施之谓空，不择善恶之谓普，不逆穷困之谓慈。向也生必救，而今也穷见废，无乃计善恶而忘普与慈乎！"僧曰："甚矣，问之迷且妄也！吾之教，恶乎无善恶哉？六尘者，在身之不善也，佛以贼视之。末伽声闻者，在彼之未痞也，佛以邪目之。佛恶乎无善恶耶？吾向也所援而出死地者众矣。形乾气还，各复本状。蹄者踯躅然，羽者翘萧然，而言者诐诐然。随其所之，吾不尸其施也。不德吾则已，乌能害为？彼形之乾，鬐鬋之姿也；彼气之还，暴悖之用也。心足反噬，而齿甘最灵。必肉吾属矣。庸能踯躅诐诐之比欤？夫虎之不可使知恩，犹人之不可使为虎也。非吾自遗患焉尔，且将遗患于众多，吾罪大矣。

子刘子曰：余闻善人在患，不救不祥。恶人在位，不去亦不祥。僧之言远矣，故志之。

口兵戒

余读蒙庄书曰："兵莫惨于志，莫邪为下。"缺然知志士之伤夫生也。他日，读远祖中垒校尉书曰："口者，兵也。"䨻然知言之为兵，又惨乎志。因博考前载，极其两端。夫志兵之薄人，激烈抗愤，不过无从容于世耳。口兵之起，其形渥焉。繇是知吾祖之言为急，作诫以书于盘盂。

五刃之伤，药之可平。一言成疴，智不能明。人或罹兵，道途奔救。投方效技，思恐其后。人或罹谮，比肩狐疑。借有纷解，毁辄随之。故曰：舌端之孽，惨乎楚铁。夷灶诚谋，执戈以驱。掩人诚智，折笄以詈。贤者诲子，信其有旨。发言之难，往古犹尔。辩为诈媒，默为德基。玉椟不启，焉能瑕疵。□麇深居，孰谓可嗤。我诫于口，惟心之门。无为我兵，当为我藩。以慎为键，以忍为阍。可以多食，勿以多言。

董氏武陵集纪

片言可以明百意，坐驰可以役万景，工于诗者能之。《风》《雅》体变而兴同，古今调殊而理冥，达于诗者能之。工生于才，达生于明，二者还相为用，而后诗道备矣。余尝执斯评为公是，且衡而度之。诚悬乎心，默揣群才，钧铢寻尺，随限而尽。如是所阅者百态。一旦得董生之词，杳如抟翠屏，浮层澜，视听所遇，非风尘间物。亦犹明金竫羽，得于遐裔，虽欲勿宝，可乎？

生名侹，字庶中。幼嗜属诗，晚而不衰。心源为炭。笔端为炭，锻炼元本，雕砻群形。纠纷舛错，逐意奔走。因故沿浊，协为新声。尝所与游，皆青云之士，闻名如卢、杜，高韵如包、李。迭以章句扬于当时，末路寡徒，值余欢甚。因相谓曰："间者身以廷尉属为荆州从事，移疾罢去，幽卧于武陵，迨今四年。言未信于世，道不施于人。寓其性怀，播为吟咏，时复发笥，纷然盈前。凡五十篇，因地为目。吾子常号知我，盍表而志之，为生羽翼？"

余不得让而著于篇，因系之曰：

诗者，其文章之蕴邪！义得而言丧，故微而难能。境生于象外，故精而寡和。千里之缪，不容秋毫。非有的然之姿，可使户晓。必俟知者，然后鼓行于时。自建安距永明已还，词人比肩，唱和相发。有以“朔风”、“零雨”高视天下，“蝉噪”、“鸟鸣”蔚在史策。国朝因之，粲然复兴。由篇章以跻贵仕者相踵而起。兵兴已还，右武尚功。公卿大夫以忧济为任，不暇器人于文什之间，故其风寖息。乐府协律不能足新音以度曲，夜讽之职，寂寥无纪。则董生之贫卧于裔土也，其不得于时者欤！其不试故艺者欤！

观市

由命士以上不入于市，《周礼》有焉。由今观之，盖有因也。元和二年，沅南不雨，自季春至于六月，毛泽将尽。郡守有志于民，诚信而雩，遂遍山川、方社。又不雨，遂迁市于城门之逵。余得自丽谯而俯焉。

肇下令之日，布市籍者咸至，夹轨道而分次焉。其左右前后，班间错跱，如在阛之制。其列题区别榜，揭价名物，参外夷之货。马牛有牵，私属有闲。在巾笥者织文及素焉，在几阁者雕彤及质焉，在筐筥者白黑巨细焉。业于饔者列饔饎、陈饼饵而苾然，业于酒者举酒旗、涤杯盂而泽然，鼓刀之人设膏俎、解豕羊而赫然。华实之毛，畋鱼之生，交蜚走，错水陆，群状伙名，人隧而分。韫藏而待价者，负挚而求沽者，乘射其时者，奇赢以游者，坐贾禺禺，行贾遑遑，利心中惊，贪目不瞬。于是质剂之曹，较固之伦，合彼此而腾跃之。冒良苦于巧言，敎量衡于险手。杪忽之差，鼓舌伧佇；诋欺相高，诡态横出。鼓嚣哗，坌烟埃，奋膻腥，叠巾履，啮而合之，异致同归。鸡鸣而争赴，日午而骈阗。万足一心，恐人我先。交易而退，阳光西徂。幅员不移，径术如初。中无求隙地俱，唯守犬鸟乌，乐得腐余。

是日，倚衡而阅之三，感其盈虚之相寻也速，故着于篇云。

复荆门县记

直故郢北走之道，其聚邑曰荆门。揭起重关，殿于乐都。名视县内之制；居殷形束之要，故吏师重焉。通外夷之底贡，会南藩之述职，故宾礼繁焉。其肇允经营，实王孙昌夔居荆以表之，命行名建，而缔构之弗暇。无几何，有由勇爵而授赤社于兹者，徼驰名于省啬，谓相沿为非智，因请罢去其号，发践更以董之。有司不能端究事本，循空言而可其奏。繇是分地征以归它邑，野之人有回远之叹；废文吏而颛戍督，行之旅有谁何之艰。是利之不及下也，黎民病之。自鄢而南，斯为画疆，抵郡之路，贯其七舍，持瑞节而衔急宣之使盖阴相交，遂使服缦胡者备问俗之对，执刀匕者申饩牵之礼。是敬之不及宾也，君子病之。如是几二十岁。

距永贞元年，江陵尹裴公政成上游，德及矜人，大建长利，俾无遗害。乃外济群欲，内张全模。周图经制，条白于状。昌言既从，公议攸同。忘劳之徒，乐用之工，载大其门，载高其墉。径术脉分，阛闾架空。然后析便地以肥之，建具官以司之。縻羡财以偿其力役，汰冗食以资其秩稍。田里不闻于征令，县官无减于岁入。越某月，既成而落之。官修其方，人乐其居。将迎犒饫之仪展，厩置符繻之事举。戍夫有伍，公吏有职。由汇而分，率无逾闲。入其封者，可以知教。

元和元年，四海会同。天子命公师长南宫。三年，公以介圭入覲，途出斯邑。邑人之华皓幼童，咸须于道周，距跃而谣曰：“起我堙废而完之。”徕我荡析而安之。昔室于墟，风摇雨濡。自公优柔，郛闬盈兮。昔饮于洿，夏涸冬枯。自公感通，觱沸生兮。淑旂之华兮，四牡之骓。傒公之还兮，觞以祝之。”却略蹁跹，百形一音。公为驻错衡而劳之。有以文从公者纪事于牍，且曰：“民可怀也，盍命夫学旧史之事以志焉！”公不得让而从之，走是以有授简之辱。

初，公以县之之便闻于上也，禹锡方以郎位贴职于计曹，章下之日，得以省事。逮今以迁人获宥于善部，工休之日，得以践履。故于拜命无牢让，于传信无愧词。以为古之创物建庸、宜于人民而得其时者，则必歌其事功，为后代法。《雅》有营谢，美召伯也；《传》称城沂，贤蔿敖也。赋水泉原隰之状，志虑事命日之规，当书而咏之，细亦弗可略也。是用谨其本始而存乎篇，俾后之视今者，知楚郊之令典云。

机汲记

濒江之俗，不饮于凿而皆饮之流。余谪居之明年，主人授馆于百雉之内。江水沄沄，周墉间之。一旦，有工爰来，思以技自贾，且曰：“观今之室庐及江之涯，间不容亩，顾积块峙焉而前耳。请用机以汲，俾矗然之状莫我遏已。”余方异其说，且命之饬力焉。

工也储思环视，相面势而经营之。由是比竹以为畚，寘于流中，中植数尺之臬，辇石以壮其趾，如建标焉。索绹以为缅，縻于标垂，上属数仞之端，亘空以峻其势，如张弦焉。锻铁为器，外廉如鼎耳，内键如乐鼓，牝牡相函，转于两端，走于索上，且受汲具。及泉而修绠下缒，盈器而圆轴上引，其往有建瓴之驶，其来有推毂之易，瓶繘不羸，如搏而升。枝长澜，出高岸，拂林杪，逾峻防。刳蟠木以承澍，贯修筠以达脉，走下潺潺，声寒空中。通洞环折，唯用所在。周除百沃盥以蠲，入爨而锜釜以盈。饪馀之余，移用于汤沐；涑浣之末，泄注于圃畦。虽瀵涌于庭，莫尚其霈洽也。

昔予尝登陴，惘然念悬流之莫可遽挹，方勉保庸，督臧获，剩而挈之，至于裂肩龟手，然犹家人视水如酒醪之贵。今也一任人之智，又从而信之，机发于冥冥而形于用物。浩漾东流，赴海为期，斡而迁焉，逐我颐指。□之所谓阻且艰者，莫能高其高而深其深也。观夫流水之应物，植木之善建，绳以柔而有立，金以刚而无固，轴卷而能舒，竹圆而能通。合而同功，斯所以然也。今之工咸盗其古先工之遗法，故能成之，不能知所以为我也。智尽于一端，功止于一名而已。噫，彼经始者其取诸《小过》欤！

武陵北亭记

郡北有短亭，繇旧也。亭孤其名，地藏其胜。前此二千石全然见之，建言而莫践，去之日率遗恨焉。七年冬，诏书以竹使符授尚书水曹外郎窦公常曰："命尔为武陵守。"莅止三月，以硕画佐元侯，平裔夷，降渠魁。又三月，以顺令率蒸民增水坊，表火道。是岁大穰，明年政成。农缘亩以勇劝，工执技以思贾。因民之余力，乘日之多暇，乃顾其属曰："郊道有候亭，示宾以不慁也。虽闻兹地，韬美未发，岂有待邪？自吾之治于斯也，购徒庀材，大起堙废。未尝植私庭，葺燕寝。役必先公，人不余瑕。调赋幸均矣，城池幸完矣，而重浃辰之役，掠苟简之问，卒使胜躅冒没，犹璞而不攻。惧换符之日，还复赍恨，无乃遗诮于来者乎！"言得其宜，智愚同赞。

于是，撤故材以移用，相便地而居要。去凡木以显珍茂，汰污池以通沦涟。自天而胜者列于骋望，由我而美者生于颐指。箕张筵楹，股引房栊。斧斤息响，风物异态。大道出乎左藩，澄湖浸乎前垠，仙舟祖軷，繇是区处。九月壬午，工告休，亭长受成。赤车威迟，于以落之。肃宾而入，圜视有适。沈水北澳，阳山南麓。黑亢焉蘧蘧，雄展郊隅。前轩舒阳，朱槛环之。舞衣回旋，乐簴参差。北庑延阴，外阿旁注。芊眠清泚，罗入洞户。初筵修平，雕俎静嘉。林风天籁，与金奏合。

亦既醉止，州从事举白而言曰："室成于私，古有发焉。矧成于公，庸敢无词？观乎棼楣有严，丹雘相宣，象公之文律煜然而光也。望之宏深，即之坦夷，象公之酒德温然而达也。庭芳万本，跗萼交映，如公之家肥炽而昌也。门辟户阖，连机弛张，似公之政经便而通也。因高而基，因下而池。跻其高，可以广吾视；泳其清，可以濯吾缨。俯于逵，惟行旅讴吟是采；瞰于野，惟稼穑艰难是知。云山多状，昏旦异候。百壶先韦之饯迎，退食私辰之宴嬉。观民风于啸咏之际，展宸恋于天云之末。动合于谊，匪惟写忧。"公曰："夫言之必可书者，公言也。从事不以私视予，余从而让之，是自远也，其可乎？"乃授简于放臣，俾书以示后。后之思公者，虽灌丛萋草，尚勿翦拜，矧翚飞之革然，石刻之隐然欤！

含晖洞述

河东薛公景晦，以文无害，为尚书刑部郎中；以讪，为道州刺史。居郡大理，至于无事，清机羡溢，尽付山水。一旦以书来，夸曰："吾得异境于近郊：自城西门并南山，俯江水，有石穹然如夏屋；其左右前后，又如回廊曲房，藻绣雕彤之象。云生日入，怪状迭发，水石卉木，杳非人寰。意其当为食霞御气者之所游息，委蜕而去。不知其几千百年，逮今得诸黄冠野夫。及请而往，因名其地曰含晖洞，盖诗家流所谓‘山水含清晖’者是已。吾子尝以辞雄于世，盍为我志焉?”

愚得书，退而深维：若薛公者，少居江湖，闲游名山，东探禹穴，历四明、勾曲、金华、阳羡，南过九江，薄匡庐，以涉彭蠡。天下山水之籍，存乎胸中，第其高下，铢两不失，及是而口呿不能名，顾谓奇信矣！若江华者，九嶷三湘之佳丽地也。前此二千石御史执法河南元次山、谏议大夫北平阳亢宗、司刑大夫东平吕和叔，皆硕人也，考盘招隐之致，恒汲汲然，卒使兹境贵于异日，岂地爱其宝，有时而发邪？顾谓异信矣！夫物之有作，俟言而远，故述焉而书于洞阴，曰：营阳郁郁，山水第一。洞有含晖，游人忘归。忘归孔乐，请言其朔。先是斯境，翳于榛薄。天姿孤绝，凡目所忽。闷其清光，有待而发。公之来思，探幽玩奇。茇野憩林，而民悦之。既悦其至，益知所嗜。扪陉历岘，来适公志。偶得奇绝，聿来告公。驾言从之，谷岸溟蒙。有石如门，又如垣墉。樛蔓交木，似纶似组。乃芟乃治，乃可布武。伸头掉臂，空洞无阻。左右回环，俨若廊庑。飞泉出窦，练缒花吐，触石吹沙，佩摇弦抚。侧径夤缘，豁然见天，有石如堂，度之五筵。东西二门，与日明昏，奥者如室，宣者如轩。因其高下，爰构台榭，匠生于心，随指如化。开山剪木，役以私属。途构堲茨，子来熙熙，无事而就，邦人不知。淑清之辰，休浣之时，雅步幅巾，琴壶以随。前无俗人，与白云期。耳目尽适，形神不羁。元气颢然，观吾朵颐。遵渚之鸿，有时而飞。石门之下，可以栖迟。此谷而盈，彼丘而夷。维公之揄，迹永在斯。

上杜司徒书

月日，故吏守朗州司马员外置同正员刘某，谨斋沐致诚，命仆夫持书，敢献于司徒相公阁下：昔称韩非善著书，而《说难》、《孤愤》尤为激切。故司马子长深悲之，为着于篇，显白其事。夫以非之书，可谓善言人情，使逢时遇合之士观之，固无以异于它书矣。而独深悲之者，岂非遭罹世故，益感其言之至邪？

小人受性颛蒙，涉道未至，末学见浅，少年气粗。常谓尽诚可以绝嫌猜，徇公可以弭谗诉；谓慎独防微为近隘，谓艰贞用晦为废忠。刍狗已陈，刻舟徒识，罟获随足，怅然无知。事去凝想，时时自笑。然后知韩非之善说，司马子长之深悲，迹符理会，千古相见，虽欲勿悲可乎？大凡恒人之所以灵于庶类，以其能群以胜物也。烈士之所以异于恒人，以其仗节以死谊也。然则交相丧者世与道，难合并者机与时。是以有死谊之心，而卒不获其所者，世人悲之。获其所矣，而一旦如不得终焉者，.君子悲之。世人之悲，悲其不遇，无成而亏，故其感也近；君子之悲，悲其不幸，既得而丧，故其感也深。其悲则同，其所以为悲则异。若小人者，其不幸欤！

间者昧于藩身，推致危地。始以飞谤生衅，终成公议抵刑。旬朔之间，再投裔土。外黩相公知人之鉴，内贻慈亲非疾之忧。常恐恩义两乖，家国同负。寒心销志，以生为惭。虽欲沥血以自明，吁天以自诉，适足来众多之诮，岂复有特达见知者耶？遂用诅盟于心，不获自白。以内咎为弭谤之具，以吞声为窒隙之媒，庶乎日月至焉，而是非乃辨。

会友人江陵法曹掾韩愈以不幸相悲，且曰：“相国扶风公之遇子也厚，非独余知之，天下之人皆知之矣。余闻初子之横为口语所中，独相国深明之。及不得已而退，则为之流涕以诀，又不得已而谴，则为之择地以居。求之于今，难与侔矣。抑余又闻曩子之介于司徒府，奉诚敬于山园，上公亟称于人，以为不懈于位。今则有修仪以赞其诏相者，有备物以赞其容卫者。七月礼毕，一朝庆行。诰言扬之，授以显秩。子独足趾一跌，而前劳并捐。祝网之辰，动絓疏目。可封之代，乃为穷人。斯常情之所悲，矧知子之厚者？夫踣者思起，必呼而求拯；疾者思愈，必呻而求医。子宜呼于有力而呻于有术。如何以箝口自绝为智，以甘心受诬为贤，嗛然自咎，求知于默？彼李斯逐焉而为上卿，邹阳囚焉而为上客。二子者，岂默以求知者邪！若可诉而不言，则陷于畏；可言而不辩，则邻于怨。畏与怨，君子之所不处。子其处之哉！”

韩生之言未及竟，而小人不知感从中来，始赧然以愧，又缺然以栗，终悄然以悲。悲斯叹，叹斯愤，愤必有泄，故见乎词。敢闻左右，投所闵也。嗟夫！人之至信者心目也。天惟者父子也，不惑者圣贤也。然而，于窃铁而知心目之可乱，于掇蜂而知父子之可间，于拾煤而知圣贤之可疑。况乎道谢孔、颜，恩异天性。是非之际，爱恶相攻。争先利途，虞相轧则衅起；希合贵意，虽无嫌而谤生。鲁酒致邯郸之围，飞鸢生博者之祸，伯仁之杀由偶对，伯奢之冤以器声。动罹险中，皆出意表。虽欲周防，亦难曲施。加以吠声者多，辨实者寡。飞语一发，胪言四驰。萌芽始奋，枝叶俄茂。方谓语怪，终成祸梯。

呜呼！人必求知，不能自达。何投分效节，有积尘之难？何谮行爱弛，有决防之易？何将进之日，必自见其可而后亲？何将退之时？乃人言其否而遂弃？良由邪人必微，邪谋必阴。阴则难明，微则易信。罔极大甚，古今同途。是以前修鉴其若此，姑以推心取信，不以循迹生嫌。由是求忠臣于孝子，求良妇于骂已。

食子，尽节也，推其忍可以疑心；放麛，违命也，推其仁可以属国。若谓其孝于亲未必能忠，专于夫未必能贞，忍于子未必能忍于其它，仁于兽未必能仁于其类，则是天下之人尽不可信，而尽可诬，固不然也。

凡人之行已，必恒于所安。苟非狂易，不能甚异。小人自居门下，仅逾十年，未尝信宿而不侍坐。率性所履，固无遁逃。言行之间，足见真态。伏惟推心以明其迹，追往以鉴于今。苟谓其尝掩人以自售矣，尝近名以冒进矣，尝欺谩于言说矣，尝沓贪于求售矣，尝狎比其琐细矣，尝媒孽其僚友矣，尝矫激以买直矣，尝沾谖以取容矣，尝漏言于咨诹矣，尝败务以簿书矣。有一于此，虽人谓其贤，我得而刑也，岂止于弃乎？苟或反是，虽人谓其盗，我得而任也，庸可而弃乎？由是而言，小人之善否，不在众人。所以受谴已还，行及半岁，当食而叹，闻弦尚惊。不以众人之善为是非，唯以相公之意为衡准。

自违间左右，亟蒙简书，慰诲勤勤，穷悴增感。伏想仁念，必思有以拯之。况礼道贵终，人情尚旧，尝尽其力，必加以仁。于犬马之微，有帷盖之报。顾异于是，岂无庶几？傥浮言可以事久而明，众嗤可以时久而息，宏我大信，以祛群疑，使茕茕微志，无已矣之叹。觊乎异日，得夷平民，然后裹足西向，谢恩有所，复以尘缨黧貌，称故吏于相门。此言朝遂，可以夕死。何则？复于变者其义重，拯于危者其感深。睽而后合，示终不可睽也；否而后泰，示终不及否也。获宝于已丧，得途于既迷，与夫平居不为艰故所激者，其味异矣。

伏以大君继明，元宰柄用。鸿钧播平分之气，悬象廓无私之照。涣汗大号，与人惟新。昭回汪濊，旁下郡国。投荒为民者，咸释拲梏，遂还里闾。系于稍食，犹在羁绊。伏读赦令，许移近郊。今武陵距京师，赢二千者无几。小人祖先壤树在京、索间，瘠田可耕，陋室未毁。濡露增感，临风永怀。伏希闵其至诚，而少加推恕。命东曹补吏，置籍于荥阳伍中，得奉安舆而西，拜先人松槚，誓当赍志没齿，尽力于井臼之间，斯遂心之愿也。如或官谤未塞，私欲未从，虽为裔民，乃有善地，则北距沣浦，资宿舂而可行，无道途之勤，蠲仆赁之费；重以镇南，用和辅理，扇仁风于上游，霁严施惠，得以自遂，斯便家之愿也。伏惟降意详察，择可行者处之。乞恩于指顾之间，为惠有生成之重。虽百谷之仰膏雨，岂喻其急焉。

嗟哉！小生仕逢圣日，岂曰不辰？知有相居，岂曰不遇？而乘运钟否，俾躬罹灾，同生无手足之助，终岁有病贫之厄。孰不求达，而独招嫌？孰不求安，而独乖次？赋令如此，虽悔可追。湘、沅之滨，寒暑一候。阳雁才到，华言罕闻。猿哀鸟思，啁啾响异。莫夜之后，并来愁肠。怀乡倦越吟之苦，举目多似人之喜。俯视遗体，仰安高堂。悲愁惴栗，常集方寸。尽意之具，固不在言。身远与寡，舍兹何托？是以因言以见意，恃旧以求哀。敢希末光，下烛幽蛰。孤志多感，重恩难忘。顾瞻门馆，惭恋交会。伏纸流涕，不知所云。禹锡惶悚再拜。

答柳子厚书

禹锡白：零陵守以函置足下书爰来，屑末三幅，小章书仅千言，申申亹亹，茂勉甚悉。相思之苦怀，胶结赘聚，至是泮然以销，所不如晤言者亡几。书竟获新文二篇，且戏予曰：将子为巨衡，以揣其钧石铢黍。余吟而绎之，顾其词甚约，而味薾然以长，气为干，文为支。跨跞古今，鼓行乘空。附离不以凿枘，咀嚼不有文字。端而曼，苦而腴。佶然以生，癯然以清。余之衡诚悬于心，其揣也如是。子之戏子，果何如哉！夫矢发乎羿彀，而中微存乎它人。子无曰必我之师而后我衡，苟然，则誉羿者皆羿也，可乎？索居三岁，理言芜而不治，临书轧轧，不具。禹锡白。

答饶州元使君书

传使至，蒙致书一函，辱示政事与治兵之要。明体以及用，通经以知权。视阴阳惨舒之节，取震虩泽濡之象。知天而不泥于神怪，知人而不遗于委琐。先乡社之治以浃于举郡，首队伍之法以及于成师。犹言数者起一而至万，操律者本黄钟以极八音，诚通人之说，章章必可行者也。鄙生涉吏日浅，尝耳剽老成人之言熟矣。今研核至论，渊乎有味，非游言架空之徒，喜未尝不至抃也。故杨榷所见，以累下执事云。

盖丰荒异政，系乎时也。夷夏殊法，牵乎俗也。因时在乎善相，因俗在乎便安。不知发敛重轻之道，虽岁有顺成，犹水旱也。不知日用乐成之义，虽俗方阜安，犹荡析也。徙木之信必行，则民不惑，此政之先也。置水之清必励，则人知敬，此政之本也。缿筒之机或行，则奸不敢欺，此政之助也。则有以其弛张雄雌，唯变所适。古之贤而治者，称谓各异。非至当有二也，顾遭时不同耳。夫民足则怀安，安则自重而畏法。乏则思滥，滥则迫利而轻禁。故文景之民厚其生，为吏者率以仁恕显；武宣之民亟于役，为吏者率以武健称。其宽猛迭用，犹质文循环，必稽其弊而矫之，是宜审其救夺耳。太史公云：身修者官未尝乱也。然则修身而不能及治者有矣，未有不自己而能及民者。今之号为有志于治者，咸能知民困于杼柚，罢于征徭，则曰：司牧之道，莫先于简廉奉法而已。其或材拘于局促，智限于罢懦，不能斟酌盈虚，使人不倦。以不知事为简，以清一身为廉，以守旧弊为奉法。是心清于椳阑之内，而柄移衣胥吏之手。岁登事简，偷可理也；岁札理丛，则溃然携矣。故曰：身修而不及理者有矣。

若执事之言政，诣理切情，斥去迂缓，简而通，和而毅。其修整非正乎一身，必将及物也。其程督非务乎一切，必将经远也。坊民之理甚周，而不至皎察；字民之方甚裕，而不使侵牟。知革故之有悔，审料民之多挠。厚发奸之赏，峻欺下之诛。调赋之权，不关于猾吏；逋亡之责，不迁于丰室。因有年之利以补败，汰不急之用以啬财。为邦之要，深切著明，若此其悉也。推是言、桉是理而笃行之，乌有不及治耶？古称言之必可行，非乐垂空文耳。有人民社稷，固可践其言也。溆江之郡，饶为大。履番君之故地，渐瓯越之遗俗。余干有亩钟之地，武林有千章之材。其民牟利斗力，狃于轻悍，故用暴虐闻。重以山茂樌苦、金丰镣铣。齐民往往投镃錤而即铲铸，损丝枲而工搴撷。乘时诡求，其息倍称。间闻主分土者，尽笼其利而斡之。坐簿书舛错，为中执法所劾。事下三府，以受赇论，其刑甚渥。于今列郡不寒而栗。彼邦人聆其风声，固曰：彼浚民者，上罪之若此，其念民也至矣。今二千石以前失职非其罪，执事者即人心而用之，彼邦人是必翘然须其至而安矣。以思治之民，遇习治之守，欲不至于富庶，得乎？

昌黎韩宣英，好实蹈中之士也。前为司封郎，以余刃钊剧于计曹，号无逋事。能承其家法而绍明之，庭坚、仲容之族也。坐事为彼郡司马，更闰余者再焉。是必能知风俗之良窳，采寮之善否，盍尝问焉？足为群疑之宝龟也。至于否臧文律，戢玩之戒，均权以制动，函隶以稔勇，平居使不堕，萃聚使不哗，坐作疾徐，心和气振，诚纤悉于所示也。故置之以须执事异日承进律之命，握兽符而驾寅车，然后贡其瞽言，重晓左右耳。

答容州窦中丞书

健步刘子良至，猥奉书教，以愚为希儒之徒。重言一发，华衮非贵。世之服儒衣冠、道古语居学官者为不鲜矣。求其知所以然者几何人？借曰有之，未必不诟病耳。今夫挟弓注矢溯空而发者，人自以为皆羿可矣。移之于泽宫，则噤而不敢言。何哉？有的不可欺故也。今夫儒者函矢相攻，蜩螗相喧，不啻于彀弓射空矢者，孰为其的哉？异日兄道大行，则言益重，使儒者之的悬于舌端，不得让也。由是知辱教之喜，可胜既乎？间承得一二易生，列侍绛帐，荒服之外，持经鼎来，争捐珠玑，以易编简。不疾而速，其君子之德风欤！而裔憬俗已丕变矣。顾其风候，非民和可移，地泄恒燠，冬无严气。其在啬神以佐药，兼味以御祲。所谓养贤以及万民，颐之时义，不可不顺。苟以有待及物为心，则养已与养民，非二道也，矧群情之颙颙乎！禹锡再拜。

上淮南李相公启

某启：某间以昧于周身，措足危地。骇机一发，浮谤如川。巧言奇中，别白无路。祝网之日，漏恩者三。咋舌兢魂，分终裔壤。岂意天未剿绝，仁人登庸。施一阳于剥极之际，拔众溺于坎深之下。南箕播物，不胜昌言。危心杀翮，繇是自保。阴施之德已然，乃闻受恩同人，盟以死答。私感窃抃，积于穷年。化权礼绝，孤志莫展。今幸伍中牵复，司存宇下。伏虑因是记其姓名，谨献诗二篇，敢闻左右。古之所以导下情而通比兴者，必文其言以表之。虽甿谣俚音，可俪风什。伏惟降意详择，斯大幸也。谨因杨子程留后行，谨奉启不宣。谨启。

上杜司徒启

某启：一自谪居，七悲秋气。越声长苦，听者谁哀？汤网虽疏，久而犹挂。失意多病，衰不待年。心如寒灰，头有白发。惕厉之日，利于退藏。是以弥年不敢奏记。近本州徐使君至，奉手笔一函，称谓不移，问讯加剧。重复点窜，一无客言。忽疑此身，犹在门下。收纸长想，欣然感生。寻省遭罹，万重不幸。方寸之地，自不能言。求人见谅，岂复容易？伏蒙远示，且曰浮谤渐消。况承庆宥，期以振刷。方今圣贤合德，朝野多欢。泽柔异类，仁及行苇。万族咸悦，独为穷人。四时平分，未变寒谷。自同类牵复，又已三年。侧闻众情，或似哀叹。某才略无取，废锢是宜。若非旧恩，孰肯留念？六翮方铩，思重托于扶摇；孤桐半焦，冀见收于爨烬。伏纸流涕，不知所言。谨启。

上门下武相公启

某启：去年本州吏人自蜀还，伏奉示问，兼赐衣服缯彩等。云水路遥，缄縢觇厚。恭承惠下之旨，重以念旧之怀。熙如阳和，列在缃简。苦心多感，危涕自零。惊神驿思，若侍颖杖。伏以圣上注意理本，锐求国桢，念外台报政之功，追宣室前席之事。重下丹诏，再升黄枢。群情合符，和气来应。况八柄所在，三人同心。叶台座之精，膺俊杰之数。谈笑於规随之际，从容于陶冶之间。物皆由仪，人识所措。

某久罹宪网，兀若枯株。当万类咸悦之辰，抱穷终恸之苦。清朝无绛、灌之列，至理绝椒、兰之嫌。此时不遇，可以言命。嗟乎！一身主祀，万里望枌榆之乡；高堂有亲，九年居蛮貊之地。从坐之典，固有等差；同类之中，又寻牵复。顷在台日，获奉准绳。指吏途于桉谳，遵文律於章奏。藻鉴之下，难逃陋容；炎凉载移，足见真态。自违间左右，沉沦遐荒，岁月滋深，艰贞弥厉。缅想受谴之始，他人不知。属山园事繁，孱懦力竭。本使有内嬖之吏，供司有恃宠之臣。言涉猜嫌，动碍关束。城社之势，函矢纷然。弥缝其间，崎岖备尽。始虑罪因事阙，宁虞谤逐！迹生智乏周身，又谁咎也？

伏以赵国公顷承顾遇之重，高邑公夙荷见知之深。虽提挈不忘，而显白无自。盖以永贞之际，皆在外方。虽得传闻，莫详本末。特哀党锢，亟形话言。自前岁振淹，命行中止。或闻舆论，亦愍重伤。伏遇相公秉钧，辄已自贺。傥重言一发，清议攸同。使圣朝无锢人，大冶无废物。自新之路既广，好生之德远形。群蛰应南山之雷，穷鳞得西江之水。指顾之内，生成可期。伏惟发肤寸之阴，成弥天之泽；回一瞬之念，致再造之恩。诚无补于多事之时，庶有助於阴施之德。无任恳悃之至。谨启。

上中书李相公启

某启：去年国子主簿杨归厚致书相庆。伏承相公言及废锢，愍色甚深。哀仲翔之久谪，恕元直之方寸。思振淹之道，广锡类之仁。远聆一言，如受华衮。

伏自不窥墙仞，九年于兹。高卑邈殊，礼数悬绝。虽身居废地，而心恃至公。伏以相公久以纡谟，参于宥密。材既为时而出，道以得君而专。令发于流水之源，化行犹偃草之易。习强伉者自纳于轨物，困杼轴者咸跻于仁寿。六辔在手，平衡居心。运思于陶冶之间，宣猷于鱼水之际。然能轸念废物，远哀穷途。嗟哉小生，有足悲者。内无手足之助，外乏强近之亲。为学苦心，本求荣养。得罪由已，翻乃贻忧。扪躬自劾，愧入肌骨。祸起飞语，刑极沧胥。心因病怯，气以愁耗。

近者否运将泰，仁人持衡。伏惟推曾、闵之怀，怜乌鸟之志；处夔、龙之位，伤屈、贾之心。沛然垂光，昭振幽蛰。言出口吻，泽濡寰区。昔者行苇勿伤，枯骼犹掩。哀老以出弊，愍穷而开怀。无情异类，尚或婴虑。顾惟江干逐客，曾是相府故人。言念材能，诚无所取。譬诸飞走，庸或知恩。呜呼！以不驻之光阴，抱无涯之忧悔；当可封之至理，为永废之穷人。闻弦尚惊，危心不定。垂耳斯久，长鸣孔悲。肠回泪尽，言不宣意。谨启。

为容州窦中丞谢上表

臣某言：伏特奉某月日制书，授臣容州刺史兼御史中丞，充本管经略招讨等使。臣发开州日，已差某官某乙奉表陈谢。伏以道途遐阻，水陆萦纡，臣以今月某日，到本任上讫。谨宣圣旨，慰谕远人。臣某中谢。臣本书生，素无吏术。顷因多幸，贲自邱园。累沐圣慈，骤居清贯。识昧通变，动乖事宜。惭无善状，以塞公责。伏惟睿圣文武皇帝陛下，凝旒穆清，洞照寰海。推共理之义，分寄股肱；念蒸人之勤，溥沾遐迩。察臣前任事实，恕臣本性朴愚。赐以恩辉，拔于废弃。远辞偏郡，重委方隅。捧印绶以为荣，望阙庭而增恋。虽到官之始，惠未及人；而率下之诚，务先克已。凡施政教，皆禀诏条。参以土宜，遂其物性。可行必守，有弊必除。使蛮夷生梗之风，慕臣子尽忠之道。力诚不足，心实在兹。伏乞圣明，俯赐昭鉴。无任感戴屏营之至。元和八年。

谢中使送上表

臣某言：中使吐突仕晓至，奉宣圣旨慰谕，并送臣至本任者。深山远郡，忽降王人。跪受恩荣，仰瞻宸极。伏以发自巴峡，至于南荒。涉水陆湍险之途，当炎夏郁蒸之候。山川萦转，晨夜奔驰。幸无他疾，得至本管。九重结恋，遥倾捧日之心；万里获安，皆荷自天之佑。无任感戴屏营之至。

祭柳员外文

维元和十五年，岁次庚子，正月戊戌朔日，孤子刘禹锡衔哀扶力，谨遣所使黄孟苌具清酌庶羞之奠，敬祭于亡友柳君之灵。呜呼子厚！我有一言，君其闻否？惟君平昔，聪明绝人。今虽化去，夫岂无物！意君所死，乃形质耳。魂气何托，听余哀词。呜呼痛哉！

嗟余不天，甫遭闵凶。未离所部，三使来吊。忧我衰病，谕以苦言。情深礼至，款密重复。期以中路，更申愿言。途次衡阳，云有柳使。谓复前约，忽承讣书。惊号大叫，如得狂病。良久问故，百哀攻中。涕洟迸落，魂魄震越。伸纸穷竟，得君遗书。绝弦之音，凄怆彻骨。初托遗嗣，知其不孤。末言归輤，从袝先域。凡此数事，职在吾徒。永言素交，索居多远。鄂渚差近，表臣分深。想其闻讣，必勇于义。已命所使，持书径行。友道尚终，当必加厚。退之承命，改牧宜阳。亦驰一函，候于便道。勒石垂后，属于伊人。安平宣英，会有还使。悉已如礼，形于其书。

呜呼子厚！此是何事？朋友凋落，从古所悲，不图此言，乃为君发，自君失意，沉伏远郡，近遇国士，方伸眉头，亦见遗草，恭辞旧府。志气相感，必逾常伦。顾予负衅，营奉方重。犹冀前路，望君铭旌。古之达人，朋友则服。今有所厌，其礼莫申。朝晡临后，出就别次。南望桂水，哭我故人。孰云宿草，此恸何极！呜呼子厚，卿真死矣！终我此生，无相见矣！何人不达，使君终否！何人不老，使君夭死！皇天后土，胡宁忍此！知悲无益，奈恨无已。君之不闻，余心不理。含酸执笔，辄复中止，誓使周六，同于己子。魂兮来思，知我深旨。呜呼哀哉！尚飨。[1]

①刘禹锡诗文辑自《刘禹锡全集编年校注》，岳麓书社 2003 年版。

卷八

柳宗元一

柳宗元（773—819），字子厚，唐代河东郡（今山西运城）人，著名文学家、思想家，“唐宋八大家”之一。因为他是河东人，人称“柳河东”，又因终于柳州刺史任上，又称“柳柳州”。柳宗元与韩愈同为中唐古文运动的领导人物，并称“韩柳”。贞元九年（793）中进士，十四年登博学鸿词科，授集贤殿正字。一度为蓝田尉，后入朝为官，积极参与王叔文集团政治革新，迁礼部员外郎。永贞元年（805）九月，革新失败，贬邵州刺史，十一月柳宗元加贬永州司马（任所在今湖南省永州市零陵区）。元和十年（815）春回京师，不久再次被贬为柳州刺史。他在柳州四年，有许多善政。有《柳河东集》传世。

溪居

久为簪组累，幸此南夷谪。闲依农圃邻，偶似山林客。晓耕翻露草，夜榜响溪石。来往不逢人，长歌楚天碧。

旦携谢山人至愚池

新沐换轻帻，晓池风露清。自谐尘外意，况与幽人行。霞散众山迥，天高数雁鸣。机心付当路，聊适羲皇情。

送元暠师诗

侯门辞必服，忍位取悲增。去鲁心犹在，从周力未能。家山余五柳，人世遍千灯。莫让金钱施，无生道自弘。

零陵春望

平野春草绿，晓莺啼远林。日晴潇湘渚，云断岣嵝岑。仙驾不可望，世途非所任。凝情空景慕，万里苍梧阴。

梅雨

梅实迎时雨，苍茫值晚春。愁深楚猿夜，梦断越鸡晨。海雾连南极，江云暗北津。素衣今尽化，非为帝京尘。

郊居岁暮

屏居负山郭，岁暮惊离索。野迥樵唱来，庭空烧烬落。世纷因事远，心赏随年薄。默默谅何为，徒成今与昨。

秋晓行南谷经荒村

杪秋霜露重，晨起行幽谷。黄叶覆溪桥，荒村唯古木。寒花疏寂历，幽泉微断续。机心久已忘，何事惊麋鹿。

红蕉

晚英值穷节，绿润含朱光。以兹正阳色，窈窕凌清霜。远物世所重，旅人心独伤。回晖眺林际，摵摵无遗芳。

衡阳与梦得分路赠别

十年憔悴到秦京，谁料翻为岭外行。伏波故道风烟在，翁仲遗墟草树平。直以慵疏招物议，休将文字占时名。今朝不用临河别，垂泪千行便濯缨。

奉和周二十二丈酬郴州侍郎衡江夜泊得韶州书并附当州生黄茶一封率然成篇代意之作

丘山仰德耀，天路下征骓。梦喜三刀近，书嫌五载违。凝情江月落，属思岭云飞。会入司徒府，还邀周掾归。

同刘二十八哭吕衡州兼寄江陵李元二侍御

衡岳新摧天柱峰，士林憔悴泣相逢。只令文字传青简，不使功名上景钟。三亩空留悬磬室，九原犹寄若堂封。遥想荆州人物论，几回中夜惜元龙。

从崔中丞过卢少尹郊居

寓居湘岸四无邻，世网难婴每自珍。莳药闲庭延国老，开樽虚室值贤人。泉回浅石依高柳，径转垂藤闲绿筠。闻道偏为五禽戏，出门鸥鸟更相亲。

朗州窦员外见示与澧州元郎中郡斋赠答长句二篇，因以继和

鸳鹭差池出建章，彩旗朱户蔚相望。新恩共理犬牙地，昨日同含鸡舌香。白芷江边分驿路，山桃蹊外接甘棠。应怜一罢金闺籍，枉渚逢春十度伤。

零陵早春

问春从此去，几日到秦原。凭寄还乡梦，殷勤入故园。

春怀故园

九扈鸣已晚，楚乡农事春。悠悠故池水，空待灌园人。

江雪

千山鸟飞绝，万径人踪灭。孤舟蓑笠翁，独钓寒江雪。

长沙驿前南楼感旧

海鹤一为别，存亡三十秋。今来数行泪，独上驿南楼。

三赠刘员外

信书成自误，经事渐知非。今日临岐别，何年待汝归。

再上湘江

好在湘江水，今朝又上来。不知从此去，更遣几年回。

入黄溪闻猿

溪路千里曲，哀猿何处鸣。孤臣泪已尽，虚作断肠声。

闻籍田有感

天田不日降皇舆，留滞长沙岁又除。宣室无由问厘事，周南何处托成书。

雨晴至江渡

江雨初晴思远步，日西独向愚溪渡。渡头水落村径成，撩乱浮槎在高树。

段九秀才处见亡友吕衡州书迹

交侣平生意最亲，衡阳往事似分身。袖中忽见三行字，拭泪相看是故人。

始见白发题所植海石榴

几年封植爱芳丛，韵艳朱颜竟不同。从此休论上春事，看成古木对衰翁。

夏昼偶作

南州溽暑醉如酒，隐几熟眠开北牖。日午独觉无余声，山童隔竹敲茶臼。

离觞不醉至驿却寄相送诸公

无限居人送独醒，可怜寂寞到长亭。荆州不遇高阳侣，一夜春寒满下厅。

诏追赴都回寄零陵亲故

每忆纤鳞游尺泽，翻愁弱羽上丹霄。岸傍古堠应无数，次第行看别路遥。

过衡山见新花开却寄弟

故国名园久别离，今朝楚树发南枝。晴天归路好相逐，正是峰前回雁时。

汨罗遇风

南来不作楚臣悲，重入修门自有期。为报春风汨罗道，莫将波浪枉明时。

重别梦得

二十年来万事同，今朝岐路忽西东。皇恩若许归田去，晚岁当为邻舍翁。

酬韶州裴曹长使君寄道州吕八大使因以见示二十韵一首并序

韶州幸以诗见及，往复奇丽，邈不可慕，用韵尤为高绝。余因拾其余韵酬焉。凡为韶州所用者置不取，其声律言数如之。

金马尝齐入，铜鱼亦共颁。疑山看积翠，浈水想澄湾。标榜同惊俗，清明两照奸。乘轺参孔仅，按节服侯狦。贾傅辞宁切，虞童发未斑。秉心方的的，腾口任噸噸。圣理高悬象，爰书降罚锾。德风流海外，和气满人寰。御魅恩犹贷，思贤泪自潸。在亡均寂寞，零落间惸鳏。夙志随忧尽，残肌触瘴痛。月光摇浅濑，风韵碎枯菅。海俗衣犹卉，山夷髻不鬟。泥沙潜虺蜮，榛莽斗豺獌。循省诚知惧，安排只自憪。食贫甘莽卤，被褐谢斓斒。远物裁青罽，时珍馔白鹇。长捐楚客珮，未赐大夫环。异政徒云仰，高踪不可攀。空劳慰憔悴，妍唱剧妖娴。

酬娄秀才寓居开元寺，早秋月夜病中见寄

客有故园思，潇湘生夜愁。病依居士室，梦绕羽人丘。味道怜知止，遗名得自求。壁空残月曙，门掩候虫秋。谬委双金重，

难征杂佩酬。碧霄无枉路，徒此助离忧。

酬娄秀才将之淮南见赠之什

远弃甘幽独，谁言值故人。好音怜铩羽，濡沫慰穷鳞。困志情惟旧，相知乐更新。浪游轻费日，醉舞讵伤春。风月欢宁间，星霜分益亲。已将名是患，还用道为邻。机事齐飘瓦，嫌猜比拾尘。高冠余肯赋，长铗子忘贫。畹晚惊移律，睽携忽此辰。开颜时不再，绊足去何因。海上销魂别，天边吊影身。只应西涧水，寂寞但垂纶。

弘农公以硕德伟材屈于诬枉左官三岁复为大僚天监昭明人心感悦宗元窜伏湘浦拜贺末由谨献诗五十韵以毕微志

知命儒为贵，时中圣所臧。处心齐宠辱，遇物任行藏。关识新安地，封传临晋乡。挺生推豹蔚，遐步仰龙骧。干有千寻竦，精闻百炼钢。茂功期舜禹，高韵状羲黄。足逸诗书囿，锋摇翰墨场。雅歌张仲德，颂祝鲁侯昌。宪府初腾价，神州转耀铓。右言盈简策，左辖备条纲。响切晨趋佩，烟浓近侍香。司仪六礼洽，论将七兵扬。合乐来仪凤，尊祠重饩羊。卿材优柱石，公器擅岩廊。峻节临衡峤，和风满豫章。人归父母育，郡得股肱良。细故谁留念，烦言肯过防。璧非真盗客，金有误持郎。龟虎休前寄，貂蝉冠旧行。训刑方命吕，理剧复推张。直用明销恶，还将道胜刚。敬逾齐国社，恩比召南棠。希怨犹逢怒，多容竟忤强。火炎侵琬琰，鹰击谬鸾凰。刻木终难对，焚芝未改芳。远迁逾桂岭，中徙滞余杭。顾土虽怀赵，知天讵畏匡。论嫌齐物诞，骚爱远游伤。丽泽周群品，重明照万方。斗间收紫气，台上挂清光。福为深仁集，妖从盛德禳。秦民啼畎亩，周士舞康庄。采绶还垂艾，华簪更截肪。高居迁鼎邑，遥傅好书王。碧树环金谷，丹霞映上阳。留欢唱容与，要醉对清凉。故友仍同里，常僚每合堂。渊龙过许劭，冰鲤吊王祥。玉漏天门静，铜驼御路荒。涧瀍秋潋滟，嵩少暮微茫。遵渚徒云乐，冲天自不遑。降神终入辅，种德会明扬。独弃伧人国，难窥夫子墙。通家殊孔李，旧好即潘杨。世议排张挚，时情弃仲翔。不言缧绁枉，徒恨纆牵长。贾赋愁单阏，邹书怯大梁。炯心那自是，昭世懒佯狂。鸣玉机全息，怀沙事不忘。恋恩何敢死，垂泪对清湘。

奉和杨尚书郴州追和故李中书夏日登北楼十韵之作依本诗韵次用

郡楼有遗唱，新和敌南金。境以道情得，人期幽梦寻。层轩隔炎暑，迥野恣窥临。凤去徽音续，芝焚芳意深。游鳞出陷浦，唳鹤绕仙岑。风起三湘浪，云生万里阴。宏规齐德宇，丽藻竞词林。静契分忧术，闲同迟客心。骅骝当远步，鶗鴂莫相侵。今日登高处，还闻梁父吟。

韦使君黄溪祈雨见召从行至祠下口号

骄阳愆岁事，良牧念菑畬。列骑低残月，鸣笳度碧虚。稍穷樵客路，遥驻野人居。谷口寒流净，丛祠古木疏。焚香秋雾湿，奠玉晓光初。肸蚃巫言报，精诚礼物余。惠风仍偃草，灵雨会随车。俟罪非真吏，翻惭奉简书。

法华寺石门精舍三十韵

拘情病幽郁，旷志寄高爽。愿言怀名缁，东峰旦夕仰。始欣云雨霁，尤悦草木长。道同有爱弟，披拂恣心赏。松溪窈窕入，石栈夤缘上。萝葛绵层甍，莓苔侵标榜。密林互对耸，绝壁俨双敞。堑峭出蒙笼，墟崄临滉瀁。稍疑地脉断，悠若天梯往。结构罩群崖，回环驱万象。小劫不逾瞬，大千若在掌。体空得化元，观有遗细想。喧烦困蠛蠓，跼蹐疲魍魉。寸进谅何营，寻直非所枉。探奇极遥瞩，穷妙闷清响。理会方在今，神开庶殊曩。兹游苟不嗣，浩气竟谁养。道异诚所希，名宾匪余仗。超摅藉外奖，俯默有内朗。鉴尔揖古风，终焉乃吾党。潜躯委缰锁，高步谢尘坱。蓄志徒为劳，追踪将焉仿。淹留值颓暮，眷恋睇遐壤。映日雁联轩，翻云波泱漭。殊风纷已萃，乡路悠且广。羁木畏漂浮，离旌倦摇荡。昔人叹违志，出处今已两。何用期所归，浮图有遗像。幽蹊不盈尺，虚室有函丈。微言信可传，申旦稽吾颡。

构法华寺西亭

窜身楚南极，山水穷险艰。步登最高寺，萧散任疏顽。西垂下斗绝，欲似窥人寰。反如在幽谷，榛翳不可攀。命童恣披翦，葺宇横断山。割如判清浊，飘若升云间。远岫攒众顶，澄江抱清湾。夕照临轩堕，栖鸟当我还。菡萏溢嘉色，筼筜遗清斑。神舒屏羁锁，志适忘幽潺。弃逐久枯槁，迨今始开颜。赏心难久留，离念来相关。北望间亲爱，南瞻杂夷蛮。置之勿复道，且寄须臾闲。

感遇二首

西陆动凉气，惊乌号北林。栖息岂殊性，集枯安可任。鸿鹄去不返，勾吴阻且深。徒嗟日沉湎，丸鼓骛奇音。东海久摇荡，南风已骎骎。坐使青天暮，小星愁太阴。众情嗜奸利，居货捐千金。危根一以振，齐斧来相寻。揽衣中夜起，感物涕盈襟。微霜众所践，谁念岁寒心。

旭日照寒野，鸒斯起蒿莱。啁啾有余乐，飞舞西陵隈。回风旦夕至，零叶委陈荄。所栖不足恃，鹰隼纵横来。

哭连州凌员外司马

废逐人所弃，遂为鬼神欺。才难不其然，卒与大患期。凌人古受氏，吴世夸雄姿。寂寞富春水，英气方在斯。六学诚一贯，精义穷发挥。著书逾十年，幽颐靡不推。天庭掞高文，万字若波驰。记室征西府，宏谋耀其奇。辎轩下东越，列郡苏疲羸。宛宛凌江羽，来栖翰林枝。孝文留弓剑，中外方危疑。抗声促遗诏，定命由陈辞。徒隶肃曹官，征赋参有司。出守乌江浒，老迁湟水湄。高堂倾故国，葬祭限囚羁。仲叔继幽沦，狂叫唯童儿。一门既无主，焉用徒生为。举声但呼天，孰知神者谁。泣尽目无见，肾伤足不持。溘死委炎荒，臧获守灵帷。平生负国谴，骸骨非敢私。盖棺未塞责，孤旐凝寒飔。念昔始相遇，腑肠为君知。进身齐选择，失路同瑕疵。本期济仁义，今为众所嗤。灭名竟不试，世义安可支。恬死百忧尽，苟生万虑滋。顾余九逝魂，与子各何之。我歌诚自恸，非独为君悲。

酬巽上人以竹间自采新茶见赠

芳丛翳湘竹，零露凝清华。复此雪山客，晨朝掇灵芽。蒸烟俯石濑，咫尺凌丹崖。圆方丽奇色，圭璧无纤瑕。呼儿爨金鼎，余馥延幽遐。涤虑发真照，还源荡昏邪。犹同甘露饭，佛事熏毗耶。咄此蓬瀛侣，无乃贵流霞。

巽公院五咏

净土堂

结习自无始，沦溺穷苦源。流形及兹世，始悟三空门。华堂开净域，图像焕且繁。清冷焚众香，微妙歌法言。稽首愧导师，超遥谢尘昏。

曲讲堂

寂灭本非断，文字安可离。曲堂何为设，高士方在斯。圣默寄言宣，分别乃无知。趣中即空假，名相谁与期。愿言绝闻得，忘意聊思惟。

禅堂

发地结菁茆，团团抱虚白。山花落幽户，中有忘机客。涉有本非取，照空不待析。万籁俱缘生，窅然喧中寂。心境本同如，鸟飞无遗迹。

芙蓉亭

新亭俯朱槛，嘉木开芙蓉。清香晨风远，溽彩寒露浓。潇洒出人世，低昂多异容。尝闻色空喻，造物谁为工。留连秋月晏，迢递来山钟。

苦竹桥

危桥属幽径，缭绕穿疏林。迸箨分苦节，轻筠抱虚心。俯瞰涓涓流，仰聆萧萧吟。差池下烟日，嘲哳鸣山禽。谅无要津用，栖息有余阴。

法华寺西亭夜饮

祇树夕阳亭，共倾三昧酒。雾暗水连阶，月明花覆牖。莫厌樽前醉，相看未白首。

初秋夜坐赠吴武陵

稍稍雨侵竹，翻翻鹊惊丛。美人隔湘浦，一夕生秋风。积雾杳难极，沧波浩无穷。相思岂云远，即席莫与同。若人抱奇音，朱弦緪枯桐。清商激西颢，泛滟凌长空。自得本无作，天成谅非功。希声闷大朴，聋俗何由聪。

零陵赠李卿元侍御简吴武陵

理世固轻士，弃捐湘之湄。阳光竟四溟，敲石安所施。铩羽集枯干，低昂互鸣悲。朔云吐风寒，寂历穷秋时。君子尚容与，小人守兢危。惨凄日相视，离忧坐自滋。尊酒聊可酌，放歌谅徒为。惜无协律者，窈眇弦吾诗。

游南亭夜还叙志七十韵

夙抱丘壑尚，率性恣游遨。中为吏役牵，十祀空悁劳。外曲徇尘辙，私心寄英髦。进乏廓庙器，退非乡曲豪。天命斯不易，鬼责将安逃。屯难果见凌，剥丧宜所遭。神明固浩浩，众口徒嗷嗷。投迹山水地，放情咏离骚。再怀曩岁期，容与驰轻舠。虚馆背山郭，前轩面江皋。重叠间浦溆，逦迤驱岩嶅。积翠浮澹艳，始疑负灵鳌。丛林留冲飙，石砾迎飞涛。旷朗天景霁，樵苏远相号。澄潭涌沉鸥，半壁跳悬猱。鹿鸣验食野，鱼乐知观濠。孤赏诚所悼，暂欣良足褒。留连俯棂槛，注我壶中醪。朵颐进芰实，擢手持蟹螯。炊稻视爨鼎，脍鲜闻操刀。野蔬盈倾筐，颇杂池沼芼。缅慕鼓枻翁，啸咏哺其糟。退想于陵子，三咽资李螬。斯道难为偕，沉忧安所韬。曲渚怨鸿鹄，环洲雕兰皋。暮景回西岑，北流逝滔滔。徘徊遂昏黑，远火明连艘。木落寒山静，江空秋月高。敛袂戒还徒，善游矜所操。趣浅戢长枻，乘深屏轻篙。旷望援深竿，哀歌叩鸣艚。中川恣超忽，漫若翔且翱。淹泊遂所止，野风自飚飚。涧急惊鳞奔，蹊荒饥兽嗥。入门守拘絷，凄戚增郁陶。慕士情未忘，怀人首徒搔。内顾乃无有，德輶甚鸿毛。名窃久自欺，食浮固云叨。问牛悲衅钟，说彘惊临牢。永遁刀笔吏，宁期簿书曹。中兴遂群物，裂壤分韃櫜。岷凶既云捕，吴虏亦已鏖。扞御盛方虎，谟明富伊咎。披山穷木禾，驾海逾蟠桃。重来越裳雉，再返西旅獒。左右抗槐棘，纵横罗雁羔。三辟咸肆宥，众生均覆焘。安得奉皇灵，在宥解天弢。归诚慰松梓，陈力开蓬蒿。卜室有鄠杜，名田占沣涝。磻溪近余基，阿城连故濠。螟蛑愿亲燎，荼堇甘自薅。饥食期农耕，寒衣俟蚕缲。及骭足为温，满腹宁复饕。安将蒯及菅，谁慕粱与膏。弋林驱雀鷃，渔泽从鳅魛。观象嘉素履，陈诗谢干旄。方托麋鹿群，敢同骐骥槽。处贱无溷浊，固穷匪淫慆。踉跄辞束缚，悦怿换煎熬。登年徒负版，兴役趋代鼛。目眩绝浑浑，耳喧息嘈嘈。兹焉毕余命，富贵非吾曹。长沙哀纠缨，汉阴嗤桔槔。苟伸击壤情，机事息秋豪。海雾多蓊郁，越风饶腥臊。宁唯迫魑魅，所惧齐焄蒿。知罃怀褚中，范叔恋绨袍。伊人不可期，慷慨徒忉忉。

自衡阳移桂十余本植零陵所住精舍

谪官去南裔，清湘绕灵岳。晨登蒹葭岸，霜景霁纷浊。离披得幽桂，芳本欣盈握。火耕困烟烬，薪采久摧剥。道旁且不愿，岑岭况悠邈。倾筐壅故壤，栖息期鸾鷟。路远清凉宫，一雨悟无学。南人始珍重，微我谁先觉。芳意不可传，丹心徒自渥。

湘岸移木芙蓉植龙兴精舍

有美不自蔽，安能守孤根。盈盈湘西岸，秋至风露繁。丽影别寒水，秾芳委前轩。芰荷谅难杂，反此生高原。

茆檐下始栽竹

瘴茆葺为宇，溽暑恒侵肌。适有重膇疾，蒸郁宁所宜。东邻幸导我，树竹邀凉飔。欣然惬吾志，荷锸西岩垂。楚壤多怪石，垦凿力已疲。江风忽云暮，舆曳还相追。萧瑟过极浦，旖旎附幽墀。贞根期永固，贻尔寒泉滋。夜窗遂不掩，羽扇宁复持。清泠集浓露，枕簟凄已知。网虫依密叶，晓禽栖迥枝。岂伊纷嚣间，重以心虑怡。嘉尔亭亭质，自远弃幽期。不见野蔓草，蓊蔚有华姿。谅无凌寒色，岂与青山辞。

觉衰

久知老会至，不谓便见侵。今年宜未衰，稍已来相寻。齿疏发就种，奔走力不任。咄此可奈何，未必伤我心。彭聃安在哉，周孔亦已沉。古称寿圣人，曾不留至今。但愿得美酒，朋友常共斟。是时春向暮，桃李生繁阴。日照天正绿，杳杳归鸿吟。出门呼所亲，扶杖登西林。高歌足自快，商颂有遗音。

湘口馆潇湘二水所会

九疑浚倾奔，临源委萦回。会合属空旷，泓澄停风雷。高馆轩霞表，危楼临山隈。兹辰始澄霁，纤云尽褰开。天秋日正中，水碧无尘埃。杳杳渔父吟，叫叫羁鸿哀。境胜岂不豫，虑分固难裁。升高欲自舒，弥使远念来。归流驶且广，泛舟绝沿洄。

登蒲州石矶望横江口潭岛深迥斜对香零山

隐忧倦永夜，凌雾临江津。猿鸣稍已疏，登石娱清沦。日出洲渚静，澄明晶无垠。浮晖翻高禽，沉景照文鳞。双江汇西奔，诡怪潜坤珍。孤山乃北峙，森爽栖灵神。洄潭或动容，岛屿疑摇振。陶埴兹择土，蒲鱼相与邻。信美非所安，羁心屡逡巡。纠结良可解，纡郁亦已伸。高歌返故室，自罔諆非所欣。

游石角过小岭至长乌村

志适不期贵，道存岂偷生。久忘上封事，复笑升天行。窜逐宦湘浦，摇心剧悬旌。始惊陷世议，终欲逃天刑。岁月杀忧栗，慵疏寡将迎。追游疑所爱，且复舒吾情。石角恣幽步，长乌遂遐征。磴回茂树断，景晏寒川明。旷望少行人，时闻田鹳鸣。风篁冒水远，霜稻侵山平。稍与人事间，益知身世轻。为农信可乐，居宠真虚荣。乔木余故国，愿言果丹诚。四支反田亩，释志东皋耕。

游朝阳岩遂登西亭二十韵

谪弃殊隐沦，登陟非远郊。所怀缓伊郁，讵欲肩夷巢。高岩瞰清江，幽窟潜神蛟。开旷延阳景，回薄攒林梢。西亭构其巅，反宇临呀庨。背瞻星辰兴，下见云雨交。惜非吾乡土，得以荫菁茆。羁贯去江介，世仕尚函崤。故墅即沣川，数亩均肥硗。台馆葺荒丘，池塘疏沉坳。会有圭组恋，遂贻山林嘲。薄躯信无庸，琐屑剧斗筲。囚居固其宜，厚羞久已包。庭除植蓬艾，隟牖悬蠨蛸。所赖山水客，扁舟柱长梢。挹流敌清觞，掇野代嘉肴。适道有高言，取乐非弦匏。逍遥屏幽昧，淡薄辞喧呶。晨鸡不余欺，风雨闻嘐嘐。再期永日闲，提挈移中庖。

种仙灵毗

穷陋阙自养，疠气剧嚣烦。隆冬乏霜霰，日夕南风温。杖藜下庭际，曳踵不及门。门有野田吏，慰我飘零魂。及言有灵药，近在湘西原。服之不盈旬，蹩躠皆腾骞。笑忭前即吏，为我擢其根。蔚蔚遂充庭，英翘忽已繁。晨起自采曝，杵臼通夜喧。灵和理内藏，攻疾贵自源。壅覆逃积雾，伸舒委余暄。奇功苟可征，宁复资兰荪。我闻畸人术，一气中夜存。能令深深息，呼吸还归跟。疏放固难效，且以药饵论。痿者不忘起，穷者宁复言。神哉辅吾足，幸及儿女奔。

植灵寿木

白华鉴寒水，怡我适野情。前趋问长老，重复欣嘉名。蹇连易衰朽，方刚谢经营。敢期齿杖赐，聊且移孤茎。丛萼中竞秀，分房外舒英。柔条乍反植，劲节常对生。循玩足忘疲，稍觉步武轻。安能事翦伐，持用资徒行。

种术

守闲事服饵，采术东山阿。东山幽且阻，疲茶烦经过。戒徒劚灵根，封植閟天和。违尔涧底石，彻我庭中莎。土膏滋玄液，松露坠繁柯。南东自成亩，缭绕纷相罗。晨步佳色媚，夜眠幽气多。离忧苟可怡，孰能知其它。爨竹茹芳叶，宁虑瘵与瘥。留连树蕙辞，婉娩采薇歌。悟拙甘自足，激清愧同波。单豹且理内，高门复如何。

读书

幽沉谢世事，俯默窥唐虞。上下观古今，起伏千万途。遇欣或自笑，感戚亦以吁。缥帙各舒散，前后互相逾。瘴痾扰灵府，日与往昔殊。临文乍了了，彻卷兀若无。竟夕谁与言，但与竹素俱。倦极更倒卧，熟寐乃一苏。欠伸展肢体，吟咏心自愉。得意适其适，非愿为世儒。道尽即闭口，萧散捐囚拘。巧者为我拙，智者为我愚。书史足自悦，安用勤与劬。贵尔六尺躯，勿为名所驱。

咏史

燕有黄金台，远致望诸君。嗛嗛事强怨，三岁有奇勋。悠哉辟疆理，东海漫浮云。宁知世情异，嘉谷坐熇焚。致令委金石，谁顾蠢蠕群。风波欻潜构，遗恨意纷纭。岂不善图后，交私非所闻。为忠不内顾，晏子亦垂文。

咏三良

束带值明后，顾盼流辉光。一心在陈力，鼎列夸四方。款款效忠信，恩义皎如霜。生时亮同体，死没宁分张。壮躯闭幽隧，猛志填黄肠。殉死礼所非，况乃用其良。霸基弊不振，晋楚更张皇。疾病命固乱，魏氏言有章。从邪陷厥父，吾欲讨彼狂。

咏荆轲

燕秦不两立，太子已为虞。千金奉短计，匕首荆卿趋。穷年徇所欲，兵势且见屠。微言激幽愤，怒目辞燕都。朔风动易水，挥爵前长驱。函首致宿怨，献田开版图。炯然耀电光，掌握罔正夫。造端何其锐，临事竟趑趄。长虹吐白日，仓卒反受诛。按剑赫凭怒，风雷助号呼。慈父断子首，狂走无容躯。夷城芟七族，台观皆焚污。始期忧患弭，卒动灾祸枢。秦皇本诈力，事与桓公殊。奈何效曹子，实谓勇且愚。世传故多谬，太史征无且。

杨白花

杨白花，风吹渡江水。坐令宫树无颜色，摇荡春光千万里。茫茫晓日下长秋，哀歌未断城鸦起。

冉溪

少时陈力希公侯，许国不复为身谋。风波一跌逝万里，壮心瓦解空缧囚。缧囚终老无余事，愿卜湘西冉溪地。却学寿张樊敬侯，种漆南园待成器。

夏初雨后寻愚溪

悠悠雨初霁，独绕清溪曲。引杖试荒泉，解带围新竹。沉吟亦何事，寂寞固所欲。幸此息营营，啸歌静炎燠。

雨后晓行独至愚溪北池

宿云散洲渚，晓日明村坞。高树临清池，风惊夜来雨。予心适无事，偶此成宾主。

与崔策登西山

鹤鸣楚山静，露白秋江晓。连袂度危桥，萦回出林杪。西岑极远目，毫末皆可了。重叠九疑高，微茫洞庭小。迥穷两仪际，高出万象表。驰景泛颓波，遥风递寒篠。谪居安所习，稍厌从纷扰。生同胥靡遗，寿等彭铿夭。蹇连困颠踣，愚蒙怯幽眇。非令亲爱疏，谁使心神悄。偶兹遁山水，得以观鱼鸟。吾子幸淹留，缓我愁肠绕。

南涧中题

秋气集南涧，独游亭午时。回风一萧瑟，林影久参差。始至若有得，稍深遂忘疲。羁禽响幽谷，寒藻舞沦漪。去国魂已远，怀人泪空垂。孤生易为感，失路少所宜。索寞竟何事，徘徊只自知。谁为后来者，当与此心期。

同刘二十八院长述旧言怀感时书事奉寄澧州张员外使君五十二韵之作其韵增至八十通赠二君子

弱岁游玄圃，先容幸弃瑕。名劳长者记，文许后生夸。鹓翼尝披隼，蓬心类倚麻。继酬天禄署，俱尉甸侯家。宪府初收迹，丹墀共拜嘉。分行参瑞兽，传点乱宫鸦。执简宁循枉，持书每去邪。鸾凰摽魏阙，熊武负崇牙。辨色宜相顾，倾心自不哗。金炉仄流月，紫殿启晨霞。未竟迁乔乐，俄成失路嗟。还如渡辽水，更似谪长沙。别怨秦城暮，途穷越岭斜。讼庭闲枳棘，候吏逐麏麚。三载皇恩畅，千年圣历遐。朝宗延驾海，师役罢梁溠。京邑搜贞干，南宫步渥洼。世惟材是梓，人仰骥中骅。欻刺苗入地，仍逾赣石崖。礼容垂琫□，戍备响钲铘。宠即郎官旧，威从太守加。建旟翻鸷鸟，负弩绕文蛇。册府荣八命，中闱盛六珈。肯随胡质矫，方恶马融奢。褒德符新换，怀仁道并遮。俗嫌龙节晚，朝讶介圭赊。禹贡输苞匦，周官赋秉秅。雄风吞七泽，异产控三巴。即事观农稼，因时展物华。秋原被兰叶，春渚涨桃花。令肃军无扰，程悬市禁贳。不应虞竭泽，宁复叹栖苴。蹀躞驺先驾，笼铜鼓报衙。染毫东国素，濡印锦溪砂。货积舟难泊，人归山倍畬。吴歈工折柳，楚舞旧传芭。隐几松为曲，倾樽石作污。寒初荣橘柚，夏首荐枇杷。祀变荆巫祷，风移鲁妇髽。已闻施恺悌，还睹正奇邪。慕友惭连璧，言姻喜附葭。沉埋全死地，流落半生涯。入郡腰恒折，逢人手尽叉。敢辞亲耻污，唯恐长疵瘕。善幻迷冰火，齐谐笑柏涂。东门牛屡饭，中散虱空爬。逸戏看猿斗，殊音辨马挝。渚行狐作孽，林宿鸟为殝。同病忧能老，新声厉似娒。岂知千仞坠，只为一毫差。守道甘长绝，明心欲自剄。贮愁听夜雨，隔泪数残葩。枭族音常聒，豺群喙竞呀。岸芦翻毒蜃，溪竹斗狂麐。野鹜行看弋，江鱼或共叉。瘴氛恒积润，讹火亟生煆。耳静烦喧蚁，魂惊怯怒蛙。风枝散陈叶，霜蔓綖寒瓜。雾密前山桂，冰枯曲沼蘧。思乡比庄舄，遁世遇眭夸。渔舍茨荒草，村桥卧古槎。御寒衾用罽，挹水勺仍椰。窗蠹惟潜蝎，甍涎竞缀蜗。引泉开故窦，护药插新笆。树怪花因槲，虫怜目待虾。骤歌喉易嗄，饶醉鼻成齇。曳捶牵羸马，垂蓑牧艾猳。已看能类鳖，犹讶雉为𬸘。谁采中原菽，徒巾下泽车。俚儿供苦笋，伧父馈酸楂。劝策扶危杖，邀持当酒茶。道流征裋褐，禅客会袈裟。香饭舂菰米，珍蔬折五茄。方期饮甘露，更欲吸流霞。屋鼠从穿穴，林狙任攫拏。春衫裁白纻，朝帽挂乌纱。屡叹恢恢网，频摇肃肃罝。衰荣因蓂荚，盈缺几虾蟆。路识沟边柳，城闻陇上笳。共思捐珮处，千骑拥青緺。

晨诣超师院读禅经

汲井漱寒齿，清心拂尘服。闲持贝叶书，步出东斋读。真源了无取，妄迹世所逐。遗言冀可冥，缮性何由熟。道人庭宇静，苔色连深竹。日出雾露余，青松如膏沐。澹然离言说，悟悦心自足。

赠江华长老

老僧道机熟，默语心皆寂。去岁别春陵，沿流此投迹。室空无侍者，巾屦唯挂壁。一饭不愿余，跏趺便终夕。风窗疏竹响，露井寒松滴。偶地即安居，满庭芳草积。

首春逢耕者

南楚春候早，余寒已滋荣。土膏释原野，百蛰竞所营。缀景未及郊，穑人先偶耕。园林幽鸟啭，渚泽新泉清。农事诚素务，羁囚阻平生。故池想芜没，遗亩当榛荆。慕隐既有系，图功遂无成。聊从田父言，款曲陈此情。眷然抚耒耜，回首烟云横。

中夜起望西园值月上

觉闻繁露坠，开户临西园。寒月上东岭，泠泠疏竹根。石泉远逾响，山鸟时一喧。倚楹遂至旦，寂寞将何言。

种白蘘荷

血虫化为疠，夷俗多所神。衔猜每腊毒，谋富不为仁。蔬果自远至，杯酒盈肆陈。言甘中必苦，何用知其真。华洁事外饰，尤病中州人。钱刀恐贾害，饥至益逡巡。窜伏常战栗，怀故逾悲辛。庶氏有嘉草，攻禬事久泯。炎帝垂灵编，言此殊足珍。崎岖乃有得，托以全余身。纷敷碧树阴，眄睐心所亲。

新植海石榴

弱植不盈尺，远意驻蓬瀛。月寒空阶曙，幽梦彩云生。粪壤擢珠树，莓苔插琼英。芳根閟颜色，徂岁为谁荣。

戏题阶前芍药

凡卉与时谢，妍华丽兹晨。欹红醉浓露，窈窕留余春。孤赏白日暮，暄风动摇频。夜窗蔼芳气，幽卧知相亲。愿致溱洧赠，悠悠南国人。

早梅

早梅发高树，迥映楚天碧。朔吹飘夜香，繁霜滋晓白。欲为万里赠，杳杳山水隔。寒英坐销落，何用慰远客。

南中荣橘柚

橘柚怀贞质，受命此炎方。密林耀朱绿，晚岁有余芳。殊风限清汉，飞雪滞故乡。攀条何所叹，北望熊与湘。

田家三首

蓐食徇所务，驱牛向东阡。鸡鸣村巷白，夜色归暮田。札札耒耜声，飞飞来乌鸢。竭兹筋力事，持用穷岁年。尽输助徭役，聊就空自眠。子孙日已长，世世还复然。

篱落隔烟火，农谈四邻夕。庭际秋虫鸣，疏麻方寂历。蚕丝尽输税，机杼空倚壁。里胥夜经过，鸡黍事筵席。各言官长峻，文字多督责。东乡后租期，车毂陷泥泽。公门少推恕，鞭朴恣狼藉。努力慎经营，肌肤真可惜。迎新在此岁，唯恐踵前迹。

古道饶蒺藜，萦回古城曲。蓼花被堤岸，陂水寒更渌。是时收获竟，落日多樵牧。风高榆柳疏，霜重梨枣熟。行人迷去住，野鸟竞栖宿。田翁笑相念，昏黑慎原陆。今年幸少丰，无厌馇与粥。

饮酒

今旦少愉乐，起坐开清樽。举觞酹先酒，为我驱忧烦。须臾心自殊，顿觉天地暄。连山变幽晦，绿水函晏温。蔼蔼南郭门，树木一何繁。清阴可自庇，竟夕闻佳言。尽醉无复辞，偃卧有芳荪。彼哉晋楚富，此道未必存。

掩役夫张进骸

生死悠悠尔，一气聚散之。偶来纷喜怒，奄忽已复辞。为役孰贱辱，为贵非神奇。一朝纩息定，枯朽无妍媸。生平勤皂枥，锉秣不告疲。既死给槥椟，葬之东山基。奈何值崩湍，荡析临路垂。髐然暴百骸，散乱不复支。从者幸告余，眷之涓然悲。猫虎获迎祭，犬马有盖帷。伫立唁尔魂，岂复识此为。畚锸载埋瘗，沟渎护其危。我心得所安，不谓尔有知。掩骼著春令，兹焉适其时。及物非吾事，聊且顾尔私。

夏夜苦热登西楼

苦热中夜起，登楼独褰衣。山泽凝暑气，星汉湛光辉。火晶燥露滋，野静停风威。探汤汲阴井，炀灶开重扉。凭阑久彷徨，流汗不可挥。莫辩亭毒意，仰诉璇与玑。谅非姑射子，静胜安能希。

独觉

觉来窗牖空，寥落雨声晓。良游怨迟暮，末事惊纷扰。为问经世心，古人谁尽了。

界围岩水帘

界围汇湘曲，青壁环澄流。悬泉粲成帘，罗注无时休。韵磬叩凝碧，锵锵彻岩幽。丹霞冠其巅，想像凌虚游。灵境不可状，鬼工谅难求。忽如朝玉皇，天冕垂前旒。楚臣昔南逐，有意仍丹丘。今我始北旋，新诏释缧囚。采真诚眷恋，许国无淹留。再来寄幽梦，遗贮催行舟。

再至界围岩水帘遂宿岩下

发春念长违，中夏欣再睹。是时植物秀，杳若临悬圃。歊阳讶垂冰，白日惊雷雨。笙簧潭际起，鹳鹤云间舞。古苔凝青枝，阴草湿翠羽。蔽空素彩列，激浪寒光聚。的皪沉珠渊，锵鸣捐佩浦。幽岩画屏倚，新月玉钩吐。夜凉星满川，忽疑眠洞府。

跂乌词

城上日出群乌飞，鸦鸦争赴朝阳枝。刷毛伸翼和且乐，尔独落魄今何为。无乃慕高近白日，三足妒尔令尔疾。无乃饥啼走路旁，贪鲜攫肉人所伤。翘肖独足下丛薄，口衔低枝始能跃。还顾泥涂备蝼蚁，仰看栋梁防燕雀。左右六翮利如刀，踊身失势不得高。支离无趾犹自免，努力低飞逃后患。

笼鹰词

凄风淅沥飞严霜，苍鹰上击翻曙光。云披雾裂虹霓断，霹雳掣电捎平冈。砉然劲翮翦荆棘，下攫狐兔腾苍茫。爪毛吻血百鸟逝，独立四顾时激昂。炎风溽暑忽然至，羽翼脱落自摧藏。草中狸鼠足为患，一夕十顾惊且伤。但愿清商复为假，拔去万累云间翔。

行路难三首

君不见夸父逐日窥虞渊，跳踉北海超昆仑。披霄决汉出沆漭，瞥裂左右遗星辰。须臾力尽道渴死，狐鼠蜂蚁争噬吞。北方竫人长九寸，开口抵掌更笑喧。啾啾饮食滴与粒，生死亦足终天年。睢盱大志少成遂，坐使儿女相悲怜。

虞衡斤斧罗千山，工命采斫杙与椽。深林土翦十取一，百牛连鞅摧双辕。万围千寻妨道路，东西蹶倒山火焚。遗余毫末不见保，躏跞涧壑何当存。群材未成质已夭，突兀崒嵂空岩峦。柏梁天灾武库火，匠石狼顾相愁冤。君不见南山栋梁益稀少，爱材养育谁复论。

飞雪断道冰成梁，侯家炽炭雕玉房。蟠龙吐耀虎喙张，熊蹲豹踯争低昂。攒峦丛崿射朱光，丹霞翠雾飘奇香。美人四向回明珰，雪山冰谷晞太阳。星躔奔走不得止，奄忽双燕栖虹梁。风台露榭生光饰，死灰弃置参与商。盛时一去贵反贱，桃笙葵扇安可当。

戏题石门长老东轩

石门长老身如梦，旃檀成林手所种。坐来念念非昔人，万遍莲花为谁用。如今七十自忘机，贪爱都忘筋力微。莫向东轩春野望，花开日出雉皆飞。

放鹧鸪词

楚越有鸟甘且腴，嘲嘲自名为鹧鸪。徇媒得食不复虑，机械潜发罹罝罦。羽毛摧折触笼籞，烟火煽赫惊庖厨。鼎前芍药调五味，膳夫攘腕左右视。齐王不忍觳觫牛，简子亦放邯郸鸠。二子得意犹念此，况我万里为孤囚。破笼展翅当远去，同类相呼莫相顾。

闻黄鹂

倦闻子规朝暮声，不意忽有黄鹂鸣。一声梦断楚江曲，满眼故园春意生。目极千里无山河，麦芒际天摇青波。王畿优本少赋役，务闲酒熟饶经过。此时晴烟最深处，舍南巷北遥相语。翻日迥度昆明飞，凌风邪看细柳翥。我今误落千万山，身同伧人不思还。乡禽何事亦来此，令我生心忆桑梓。闭声回翅归务速，西林紫椹行当熟。

渔翁

渔翁夜傍西岩宿，晓汲清湘燃楚竹。烟销日出不见人，欸乃一声山水绿。回看天际下中流，岩上无心云相逐。

唐铙歌鼓吹曲十二篇并序

负罪臣宗元言：臣幸以罪居永州，受食府廪，窃活性命，得视息，无治事，时恐惧。小闲，又盗取古书文句，聊以自娱。

伏惟汉、魏以来，代有铙歌鼓吹词，唯唐独无有。臣为郎时，以太常联礼部，尝闻鼓吹署有戎乐，词独不列。今又考汉曲十二篇、魏曲十四篇、晋曲十六篇，汉歌词不明纪功德，魏、晋歌功德具。今臣窃取魏、晋义，用汉篇数，为唐铙歌鼓吹曲十二篇，纪高祖、太宗功能之神奇，因以知取天下之勤劳，命将用帅之艰难。每有戎事，治兵振旅，幸歌臣词以为容，且得大戒，宜敬而不害。臣沦弃即死，言与不言，其罪等耳。犹冀能言，有益国事。不敢效怨怼默已，谨冒死上。

隋乱既极，唐师起晋阳，平奸豪，为生人义主，以仁兴武。为《晋阳武》第一。

晋阳武，夺义威。炀之渝，德焉归？氓毕屠，绥者谁？皇烈烈，专天机。号以仁，扬其旗。日之升，九土晞。斥田圻，流洪辉。有其二，翼余隋。斫枭骜，连熊螭。枯以肉，勍者羸。后土荡，玄穹弥。合之育，莽然施。惟德辅，庆无期。

右《晋阳武》二十六句

唐既受命，李密自败来归，以开黎阳，斥东土。为《兽之穷》第二。

兽之穷，奔大麓。天厚黄德，狙犷服。甲之櫜，弓弭矢箙。皇旅靖，敌逾蹙。自亡其徒，匪予戮。屈赘猛，虔栗栗。縻以尺组，啖以秩。黎之阳，土茫茫。富兵戎，盈仓箱。乏者德，莫能享。驱豺兕，授我疆。

右《兽之穷》二十二句

太宗师讨王充，建德助逆。师奋击武劳下，擒之，遂降充。为《战武牢》第三。

战武牢，动河朔。逆之助，图掎角。怒㲉麛，抗乔岳。翘萌牙，傲霜雹。王谋内定，申掌握。铺施芟夷，二主缚。惮华戎，廓封略。命之曹，卑以斫。归有德，唯先觉。

右《战武牢》十八句

薛举据泾以死，子仁杲尤勇以暴，师平之。为《泾水黄》第四。

泾水黄，陇野茫。负太白，腾天狼。有鸟鸷立，羽翼张。钩喙决前，巨趯傍。怒飞饥啸，翾不可当。老雄死，子复良。巢岐饮渭，肆翱翔。顿地纮，提天纲。列缺掉帜，招摇耀铓。鬼神来助，梦嘉祥。脑涂原野，魄飞扬。星辰复，恢一方。

右《泾水黄》二十四句

辅氏凭江、淮，竞东海，命将平之。为《奔鲸沛》第五。

奔鲸沛，荡海垠。吐霓翳日，腥浮云。帝怒下顾，哀垫昏。授以神柄，推元臣。手援天矛，截修鳞。披攘蒙雾，开海门。地平水静，浮天根。羲和显耀，乘清氛。赫炎溥畅，融大钧。

右《奔鲸沛》十八句

梁之余，保荆、衡、巴、巫，穷南越，良将取之不以师。为《苞枿》第六。

苞枿黮矣，惟恨之蟠。弥巴蔽荆，负南极以安。闩我旧梁氏，缉绥艰难。江汉之阻，都邑固以完。圣人作，神武用。有臣勇智，奋不以众。投迹死地，谋猷纵。化敌为家，虑则中。浩浩海裔，不威而同。系缧降王。定厥功。澶漫万里，宣唐风。蛮夷九译，咸来从。凯还金奏，象形容。震赫万国，罔不龚。

右《苞枿》二十八句

李轨保河右，师临之不克，变，或执以降。为《河右平》第七。

河右澶漫，顽为之魁。王师如雷震，昆仑以颓。上聋下聪，骜不可回。助仇抗有德，惟人之灾。乃溃乃奋，执缚归厥命。万室蒙其仁，一夫则病。濡以鸿泽，皇之圣。威畏德怀，功以定。顺之于理，物咸遂厥性。

右《河右平》十八句

突厥之大，古夷狄莫强焉。师大破之，降其国，告于庙。为《铁山碎》第八。

铁山碎，大漠舒。二虏劲，连穹庐。背北海，专坤隅。岁来侵边。或傅于都。天子命元帅，奋其雄图。破定襄，降魁渠。穷竟窟宅，斥余吾。百蛮破胆，边氓苏。威武辉耀，明鬼区。利泽弥万祀，功不可逾。官臣拜手，惟帝之谟。

右《铁山碎》二十二句

刘武周败裴寂，咸有晋地，太宗灭之。为《靖本邦》第九。

本邦伊晋，惟时不靖。根柢之摇，枯叶攸病。守臣不任，勚于神圣。惟钺之兴，翦焉则定。洪惟我理，式和以敬。群顽既夷，庶绩咸正。皇谟载大，惟人之庆。

右《靖本邦》十四句

李靖灭吐谷浑西海上。为《吐谷浑》第十。

吐谷浑盛强，背西海以夸。岁侵扰我疆，退匿险且遐。帝谓神武师，往征靖皇家。烈烈旆其旗，熊虎杂龙蛇。王旅千万人，衔枚默无哗。束刃逾山徼，张翼纵漠沙。一举刈膻腥，尸骸积如麻。除恶务本根，况敢遗萌芽。洋洋西海水，威命穷天涯。系虏来王都，犒乐穷休嘉。登高望还师，竟野如春华。行者靡不归，亲戚欢要遮。凯旋献清庙，万国思无邪。

右《吐谷浑》二十六句

李靖灭高昌。为《高昌》第十一。

麹氏雄西北，别绝臣外区。既恃远且险，纵傲不我虞。烈烈王者师，熊螭以为徒。龙旗溶海浪，驲骑驰坤隅。贲育搏婴儿，一扫不复余。平沙际天极，但见黄云驱。臣靖执长缨，智勇伏囚拘。文皇南面坐，夷狄千群趋。咸称天子神，往古不得俱。献号天可汗，以覆我国都。兵戎不交害，各保性与躯。

右《高昌》二十二句

既克东蛮，群臣请图蛮夷状，如周书王会。为《东蛮》第十二。

东蛮有谢氏，冠带理海中。自言我异世，虽圣莫能通。王卒如飞翰，鹏骞骇群龙。轰然自天坠，乃信神武功。系虏君臣人，累累来自东。无思不服从，唐业如山崇。百辟拜稽首，咸愿图形容。如周王会书，永永传无穷。睢盱万状乖，咿嗢九译重。广轮抚四海，浩浩知皇风。歌诗铙鼓间，以壮我元戎。

右《东蛮》二十二句

贞符并序

负罪臣宗元。惶恐言：臣所贬州流人吴武陵。为臣言："董仲舒对三代受命之符，诚然非耶？"臣曰："非也。何独仲舒尔。自司马相如、刘向、扬雄、班彪、彪子固，皆沿袭嗤嗤，推古瑞物以配受命。其言类淫巫瞽史，诳乱后代，不足以知圣人立极之本，显至德，扬大功，甚失厥趣。"

臣为尚书郎时，尝著《贞符》，言唐家正德受命于生人之意，累积厚久，宜享年无极之义，本末闳阔。会贬逐中辍，不克备究。武陵即叩头邀臣："此大事，不宜以辱故休缺，使圣王之典不立，无以抑诡类，拔正道，表核万代。”臣不胜奋激，即具为书。念终泯没蛮夷，不闻于时，犹不为也。苟一明大道，施于人代，死无所憾，用是自决。臣宗元稽首拜手以闻。曰：

孰称古初朴蒙倥侗而无争，厥流以讹，越乃奋夺斗怒震动，专肆为淫威？曰：是不知道。惟人之初，总总而生，林林而群。雪霜风雨雷雹暴其外，于是乃知架巢空穴，挽草木，取皮革；饥渴牝牡之欲欧其内，于是乃知噬禽兽，咀果谷，合偶而居。交焉而争，睽焉而斗，力大者搏，齿利者啮，爪刚者决，群众者轧，兵良者杀，披披藉藉，草野涂血。然后强有力者出而治之。往往为曹于险阻，用号令起，而君臣什伍之法立。德绍者嗣，道怠者夺。于是有圣人焉曰黄帝，游其兵革，交贯乎其内，一统类，齐制量，然犹大公之道不克建。于是有圣人焉曰尧，置州牧四岳，持而纲之。立有德有功有能者参而维之，运臂率指，屈伸把握，莫不统率。尧年老，举圣人而禅焉，大公乃克建。由是观之，厥初罔匪极乱，而后稍可为也。非德不树，故仲尼叙《书》，于尧曰“克明俊德”，于舜曰“浚哲文明”，于禹曰“文命祗承于帝”，于汤曰“克宽克仁，彰信兆民”，于武王曰“有道曾孙”。稽揆典誓，贞哉！惟兹德实受命之符，以奠永祀。

后之妖淫嚚昏。好怪之徒，乃始陈大电、大虹、玄鸟、巨迹、白狼、白鱼、流火之乌以为符。斯皆诡谲阔诞。其可羞也，而莫知本于厥贞。汉用大度，克怀于有氓，登能庸贤，濯痍煦寒，以瘳以熙，兹其为符也。而其妄臣乃下取虺蛇，上引天光，推类号休，用夸诬于无知之氓。增以骀虞神鼎，胁驱纵臾，俾东之泰山石闾，作大号，谓之封禅。皆《尚书》所无有。莽述承效，卒奋鷙逆。其后有贤帝曰光武，克绥天下，复承旧物，犹崇赤伏，以玷厥德。魏、晋而下，尨乱钩裂，厥符不贞，邦用不靖，亦罔克久，驳乎无以议为也。积大乱至于隋氏，环四海以为鼎，跨九垠以为炉，爨以毒燎，煽以虐焰。其人沸涌灼烂，号呼腾蹈，莫有救止。

于是大圣乃起，丕降霖雨，浚涤荡沃，蒸为清氛，疏为泠风。人乃漻然休然，相晞以生，相持以成，相弥以宁。琢斫屠剔，膏流节离之祸不作，而人乃克完平舒愉，尸其肌肤，以达于夷途。焚坼抵掎，奔走转死之害不起，而人乃克鸠类集族，歌舞悦怿，用祇于元德。徒奋袒呼，犒迎义旅，欢动六合，至于麾下。大盗豪据，阻命遏德。义威殄戮，咸坠厥绪，无刘于虐。人乃并受休嘉，去隋氏，克归于唐。踯躅讴歌，灏灏和宁。帝庸威栗，惟人之为。敬奠厥赋，积藏于下，是谓丰国。乡为义廪，敛发谨饬，岁丁大祲，人以有年。简于厥刑，不残而惩，是谓严威。小属而支，大生而孥，恺悌祇敬，用底于理，凡其所欲，不谒而获；凡其所恶，不祈而息。四夷稽服，不作兵革，不竭货力。丕扬于后嗣，用垂于帝式。十圣济厥里，孝仁平宽，惟祖之则。泽久而愈深，仁增而益高。人之戴唐，永永无穷。是故受命不于天，于其人；休符不于祥，于其仁。惟人之仁，匪祥于天；匪祥于天，兹惟贞符哉！未有丧仁而久者也，未有恃祥而寿者也。商之王以桑谷昌，以雉雊大，宋之君以法星寿；郑以龙衰，鲁以麟弱，白雉亡汉，黄犀死莽，恶在其为符也？不胜唐德之代，光绍明浚，深鸿庬大，保人斯无疆。宜荐于郊庙，文之雅诗，祇告于德之休。

帝曰："谌哉！"乃黜休祥之奏，究贞符之奥，思德之所未大，求仁之所未备，以极于邦理，以敬于人事。

其诗曰：于穆敬德，黎人皇之。惟贞厥符，浩浩将之。仁函于肤，刃莫毕屠。泽熯于爨，沸炎以澣。殄厥凶德，乃驱乃夷。懿其休风，是煦是吹。父子熙熙，相宁以嬉。赋彻而藏，厚我糗粻。刑轻以清，我肌靡伤。贻我子孙，百代是康。十圣嗣于理，仁后之子，子思孝父，易患于己。拱之戴之，神具尔宜。载扬于雅，承天之嘏。天之诚神，宜鉴于仁。神之曷依？宜仁之归。濮沿于北，祝栗于南。幅员西东，祇一乃心。祝唐之纪，后天罔坠。祝皇之寿，与地咸久。曷徒祝之，心诚笃之。神协人同，道以告之。俾尔亿万年，不震不危，我代之延，永永毗之。仁增以崇，曷不尔思。有号于天，佥曰呜呼。咨尔皇灵，无替厥符。

佩韦赋并序

柳子读古书，睹直道守节者则壮之，盖有激也。恒惧过而失中庸之义，慕西门氏佩韦以戒，故作是赋。其辞曰：

邈予生此下都兮，块天质之悫醇。日月迭而化升兮，寖遁初而枉神。雕大素而生华兮，汩末流以丧真。睎往躅而周章兮，懵倚伏其无垠。世既夺予之太和兮，眷授予以经常。循圣人之通途兮，郁纵臾而不扬。犹悉力而究陈兮，获贞则于典章。嫉时以奋节兮，悯己以抑志。登嵩丘而垂目兮，瞰中区之疆理。横万里而极海兮，颓风浩其四起。悯惊恒而踯躅兮，恶浮诈之相诡。思贡忠于明后兮，振教导乎遐轨。纷吾守此狂狷兮，惧执竞而不柔。探先哲之奥谟兮，攀往列之洪休。曰沉潜而刚克兮，固说人之嘉猷。嗟行行而踬踣兮，信往古之所仇。彼穹壤之廓殊兮，寒与暑而交修。执中而俟命兮，固仁圣之善谋。

吾祖士师之直道兮，亦愀然于伐国。尼父戮齐而诛卯兮，本柔仁以作极。蔺竦颜以诮秦兮，入降廉犹臣仆。吉优繇而布和兮，残萑蒲以屏匿。刜拔刃于霸侯兮，退匔匔而畏服。宽与猛其相济兮，孰不颂兹之盛德。克明哲而保躬兮，恢大雅之所勖。

阳宅身以执刚兮，卒易师而蒙辜。羽愎心以鳌志兮，首身离而不惩。云岳岳而专强兮，果黜志而乖图。咸触屏以拒训兮，肆殒越而就陵。冶讦谏于昏朝兮，名崩弛而陷诛。苟纵直而不羁兮，乃变罹而祸仍。历九折而直奔兮，固摧辕而失途。遵大路而曲辙兮，又求达而不能。广守柔以允塞兮，抵暴梁而坏节。家执谦而温美兮，胁子公而丧哲。义师仁而恶狠兮，遂溃腾而灭裂。斯委懦以从邪兮，悼上蔡其何补！徐偃柔以屏义兮，倏邦离而身虏。桑宏和而却武兮，涣宗覆而国举。设任柔而自处兮，蒙大戮而不悟。故曰：纯柔纯弱兮，必削必薄。纯刚纯强兮，必丧必亡。韬义于中，服和于躬。和以义宣，刚以柔通。守而不迁兮，变而无穷。交得其宜兮，乃获其终。姑佩兹韦兮，考古齐同。

乱曰：韦之申申，佩于躬兮。本正生和，探厥中兮。哲人交修，乐有终兮。庶寡其过，追古风兮。

瓶赋

昔有智人，善学鸱夷。鸱夷蒙鸿，罍罂相追。谄诱吉士，喜悦依随。开喙倒腹，斟酌更持。味不苦口，昏至莫知。颓然纵傲，与乱为期。视白成黑，颠倒妍媸。己虽自售，人或以危。败众亡国，流连不归。谁主斯罪？鸱夷之为。

不如为瓶，居井之眉。钩深挹洁，淡泊是师。和齐五味，宁除渴饥。不甘不坏，久而莫遗。清白可鉴，终不媚私。利泽广大，孰能去之？绠绝身破，何足怨咨！功成事遂，复于土泥。归根反初，无虑无思。何必巧曲，徼觊一时。子无我愚，我智如斯。

牛赋

若知牛乎？牛之为物，魁形巨首。垂耳抱角，毛革疏厚。牟然而鸣，黄钟满脰。抵触隆曦，日耕百亩。往来修直，植乃禾黍。

自种自敛，服箱以走。输入官仓，已不适口。富穷饱饥，功用不有。陷泥蹶块，常在草野。人不惭愧，利满天下。皮角见用，肩尻莫保。或穿缄縢，或实俎豆。由是观之，物无逾者。

不如羸驴，服逐驽马。曲意随势，不择处所。不耕不驾，藿菽自与。腾踏康庄，出入轻举。喜则齐鼻，怒则奋踯。当道长鸣，闻者惊辟。善识门户，终身不惕。

牛虽有功，于己何益？命有好丑，非若能力。慎勿怨尤，以受多福。

解祟赋并序

柳子既谪，犹惧不胜其口，筮以《玄》，遇《干》之八，其赞曰："赤舌烧城，吐水于瓶。"其测曰："君子解祟也。"喜而为之赋。

胡赫炎薰熇之烈火兮，而生夫人之齿牙。上殚飞而莫遁，旁穷走而逾加。九泉焦枯而四海渗涸兮，纷挥霍而要遮。风雷唬唬以为橐籥兮，回禄煽怒而喊呀。炖堪舆为甗镦兮，爇云汉而成霞。邓林大椿不足以充于燎兮，倒扶桑落棠胶辖而相叉。膏摇唇而增炽兮，焰掉舌而弥葩。沃无瓶兮扑无篲，金流玉铄兮，曾不自比于尘沙。独凄已而燠物，愈腾沸而骹齣。

吾惧夫灼烂灰灭之为祸，往搜乎《太玄》之奥。讼众正，诉群邪。曰：去尔中躁与外挠，姑务清为室而静为家。苟能是，则始也汝迩，今也汝遐。凉汝者进，烈汝者赊。譬之犹豁天渊而覆原燎，夫何长喙之纷拏。今汝不知清已之虑，而恶人之哗；不知静之为胜，而动焉是嘉。徒遑遑乎狂奔而西傃，盛气而长嗟。不亦辽乎！

于是释然自得，以冷风濯热，以清源涤瑕。履仁之实，去盗之夸。冠太清之元冕，佩至道之瑶华。铺冲虚以为席，驾恬泊以为车，浏乎以游于万物者。始彼狙雌倏施而以崇为利者，夫何为耶?

惩咎赋

惩咎愆以本始兮，孰非予心之所求。处卑污以闵世兮，固前志之为尤。始予学而观古兮，怪今昔之异谋。惟聪明为可考兮，追骏步而遐游。洁诚之既信直兮，仁友蔼而萃之。日施陈以系縻兮，邀尧舜与之为师。上睢盱而混茫兮，下驳诡而怀私。旁罗列以交贯兮，求大中之所宜。曰道有象兮，而无其形。推变乘时兮，与志相迎。不及则殆兮，过则失贞。谨守而中兮，与时偕行。万类芸芸兮，率由以宁。刚柔弛张兮，出入纶经。登能抑枉兮，白黑浊清。蹈乎大方兮，物莫能婴。

奉讦谟以植内兮，欣余志之有获。再征信乎策书兮，谓炯然而不惑。愚者果于自用兮，惟惧夫诚之不一。不顾虑以周图兮，专兹道以为服。谗妒构而不戒兮，犹断断于所执。哀吾党之不淑兮，遭任遇之卒迫。势危疑而多诈兮，逢天地之否隔。欲图退而保己兮，悼乖期乎曩昔。欲操术以致忠兮，众呀然而互吓。进与退吾无归兮，甘脂润乎鼎镬。幸皇鉴之明宥兮，累郡印而南适。惟罪大而宠厚兮，宜夫重仍乎祸谪。既明慎乎天讨兮，又幽栗乎鬼责。惶惶乎夜寤而昼骇兮，类麏麆秬之不息。

凌洞庭之洋洋兮，溯湘流之沄沄。飘风击以扬波兮，舟摧抑而回邅。日霾曀以昧幽兮，黝云涌而上屯。暮屑窣以淫雨兮，听嗷嗷之哀猨。众鸟萃而啾号兮，沸洲渚以连山。漂遥逐其讵止兮，逝莫属余之形魂。攒峦奔以纡委兮，束汹涌之崩湍。畔尺进而寻退兮，荡洄汩乎沦涟。际穷冬而止居兮，羁累梦以萦缠。

哀吾生之孔艰兮，循《凯风》之悲诗。罪通天而降酷兮，不殛死而生为。逾再岁之寒暑兮，犹贸贸而自持。将沉渊而陨命兮，讵蔽罪以塞祸！惟灭身而无后兮，顾前志犹未可。进路呀以划绝兮，退伏匿又不果。为孤囚以终世兮，长拘挛而辖轲。曩予志之修蹇兮，今何为此戾也？夫岂贪食而盗名兮，不混同于世也。将显身以直遂兮，众之所宜蔽也。不择言以危肆兮，固群祸之际也。御长辕之无桡兮，行九折之峨峨。却惊棹以横江兮，溯凌天之腾波。幸余死之已缓兮，完形躯之既多。苟余齿之有惩兮，蹈前烈而不颇。死蛮夷固吾所兮，虽显宠其焉加？配大中以为偶兮，谅天命之谓何！

闵生赋

闵吾生之险阨兮，纷丧志以逢尤。气沉郁以杳渺兮，涕浪浪而尝流。膏液竭而枯居兮，魄离散而远游。言不信而莫余白兮，虽遑遑欲焉求？合喙而隐志兮，幽默以待尽。为与世而斥谬兮，固离披以颠陨。骐骥之弃辱兮，驽骀以为骋。元虬蹶泥兮，畏避蛙黾。行不容之峥嵘兮，质魁垒而无所隐。鳞介槁以横陆兮，鸱啸群而厉吻。心沉抑以不舒兮，形低摧而自愍。

肆余目于湘流兮，望九嶷之垠垠。波淫溢以不返兮，苍梧郁其蜚云。重华幽而野死兮，世莫得其伪真。屈子之悁微兮，抗危辞以赴渊。古固有此极愤兮，矧吾生之藐艰。列往则以考己兮，指斗极以自陈，登高岩而企踵兮，瞻故邦之殷辚。山水浩以蔽亏兮，路蓊勃以扬氛。空庐颓而不理兮，翳丘木之榛榛。块穷老以沦放兮，匪魑魅吾谁邻。

仲尼之不惑兮，有垂训之谟言。孟轲四十乃始持心兮，犹希勇乎黝贲。顾余质愚而齿减兮，宜触祸以阽身。知徙善而革非兮，又何惧乎今之人。

噫！禹绩之勤备兮，曾莫理夫兹川。殷周之廓大兮，南不尽夫衡山。余囚楚越之交极兮，邈离绝乎中原。壤污潦以坟洳兮，蒸沸热而恒昏。戏凫鹳乎中庭兮，蒹葭生于堂筵。雄虺蓄形于木杪兮，短狐伺景于深渊。仰矜危而俯栗兮，弭日夜之拳挛。虑吾生之莫保兮，忝代德之元醇。孰眇躯之敢爱兮，窃有继乎古先。明神之不欺余兮，庶激烈而有闻。冀后害之无辱兮，匪徒盖乎曩愆。

梦归赋

罹摈斥以窘束兮，予惟梦之为归。精气注以凝沍兮，循旧乡而顾怀。夕予寐于荒陬兮，心慊慊而莫违。质舒解以自恣兮，息愔翳而愈微。欻腾踊而上浮兮，俄滉瀁之无依。圆方混而不形兮，颢醇白之霏霏。上茫茫而无星辰兮，下不见夫水陆。若有钬余以往路兮，驭儗儗以回复。浮云纵以直度兮，云济予乎西北。风缅缅以经耳兮，类行舟迅而不息。洞然于以弥漫兮，虹霓罗列而倾侧。横冲飙以荡击兮，忽中断而迷惑。灵幽漠以沛汩兮，进怊怅而不得。白日邈其中出兮，阴霾披离以泮释。施岳渎以定位兮，互参差之白黑。忽崩骞上下兮，聊按行而自抑。指故都以委坠兮，瞰乡闾之修直。原田芜秽兮，峥嵘棒棘。乔木摧解兮，垣庐不饰。山嵎嵎以岩立兮，水汩汩以漂激。魂恍惘若有亡兮，涕汪浪以陨轼。类曛黄之黯漠兮，欲周流而无所极。纷若喜而佁儗兮，心回互以壅塞。钟鼓喤以戒旦兮，陶去幽而开寤。罾蔚蒙其复体兮，孰云桎梏之不固。精诚之不可再兮，予无蹈夫归路。

伟仲尼之圣德兮，谓九夷之可居。惟道大而无所入兮，犹流游乎旷野。老聃遁而适戎兮，指淳茫以纵步。蒙庄之恢怪兮，寓大鹏之远去。苟远适之若兹兮，胡为故国之为慕？

首丘之仁类兮，斯君子之所誉。鸟兽之鸣号兮，有动心而曲顾。胶予衷之莫能舍兮，虽判折而不悟。列兹梦以三复兮，极明昏而告诉。

囚山赋

楚越之郊环万山兮，势腾踊夫波涛。纷对回合仰伏以离迾兮，若重墉之相褒。争生角逐上轶旁出兮，其下坼裂而为壕。欣下颓以就顺兮，曾不亩平而又高。沓云雨而渍厚土兮，蒸郁勃其腥臊泺。阳不舒以拥隔兮，群阴冴而为曹。侧耕危获苟以食兮，哀斯民之增劳。积林麓以为丛棘兮，虎豹咆㘎代狴牢之吠嗥。予胡井眢以管视兮，穷坎险其焉逃。顾幽昧之罪加兮，虽圣犹病夫嗷嗷。匪兕吾为柙兮，匪豕吾为牢。积十年莫吾省者兮，增蔽吾以蓬蒿。圣日以理兮贤日以进，谁使吾山之囚吾兮滔滔？

封建论

天地果无初乎？吾不得而知之也。生人果有初乎？吾不得而知之也。然则孰为近？曰：有初为近。孰明之？由封建而明之也。彼封建者，更古圣王尧舜、禹汤、文武而莫能去之。盖非不欲去之也，势不可也。势之来，其生人之初乎？不初，无以有封建。封建，非圣人意也。

彼其初与万物皆生，草木榛榛，鹿豕狉狉，人不能搏噬，而且无毛羽，莫克自奉自卫。荀卿有言：必将假物以为用者也。夫假物者必争，争而不已，必就其能断曲直者而听命焉。其智而明者，所伏必众；告之以直而不改，必痛之而后畏；由是君长刑政生焉。故近者聚而为群。群之分，其争必大，大而后有兵有德。又有大者，众群之长又就而听命焉，以安其属，于是有诸侯之列。

则其争又有大者焉。德又大者，诸侯之列又就而听命焉，以安其封，于是有方伯、连帅之类。则其争又有大者焉。德又大者，方伯、连帅之类又就而听命焉，以安其人，然后天下会于一。是故有里前而后有县大夫，有县大夫而后有诸侯，有诸侯而后有方伯、连帅，有方伯、连帅而后有天子。自天于至于里胥，其德在人者，死必求其嗣而奉之。故封建非圣人意也，势也。

夫尧舜禹汤之事远矣，及有周而甚详。周有天下，裂土田而瓜分之，设五等，邦群后，布履星罗，四周子天下，轮运而辐集；合为朝觐会同，离为守臣扞城。然而降于夷王，害礼伤尊，下堂而迎觐者，历于宣王，挟中兴复古之德，雄南征北伐之威，卒不能定鲁侯之嗣。陵夷迄于幽、厉，王室东徙，而自列为诸侯。厥后问鼎之轻重者有之，射王中肩者有之，代凡伯、诛苌宏者有之。天下乖盭，无君君之心。余以为周之丧久矣，徒建空名于公侯之上耳！得非诸侯之盛强，末大不掉之咎欤？遂判为十二，合为七国，威分于陪臣之邦，国殄于后封之秦。则周之败端，其在乎此矣。

秦有天下，裂都会而为之郡邑，废侯卫而为之守宰，据天下之雄图，都六合之上游，摄制四海，运于掌握之内，此其所以为得也。不数载而天下大坏，其有由矣：亟役万人，暴其威刑，竭其货贿。负锄梃谪戍之徒，圜视而合从，大呼而成群。时则有叛人，而无叛吏，人怨于下，而吏畏于上，天下相合，杀守劫令而并起。咎在人怨，非郡邑之制失也。

汉有天下，矫秦之枉，徇周之制，剖海内而立宗子，封功臣。数年之间，奔命扶伤而不暇。困平城，病流矢，陵迟不救者三代；后乃谋臣献画，而离削自守矣。然而封建之始，郡国居半，时则有叛国而无叛郡。秦制之得，亦以明矣。继汉而帝者，虽百代可知也。

唐兴，制州邑，立守宰，此其所以为宜也。然犹桀猾时起，虐害方域者，失不在于州，而在于兵，时则有叛将，而无叛州。州县之设，固不可革也。

或者曰："封建者，必私其土，子其人，适其俗，修其理，施化易也。守宰者，苟其心，思迁其秩而已，何能理乎？"余又非之。周之事迹，断可见矣：列侯骄盈，黩货事戎，大凡乱国多，理国寡；侯伯不得变其政，天子不得变其君。私土于人者，百不有一。失在于制，不在于政，周事然也。秦之事迹，亦断可见矣：有理人之制，而不委郡邑，是矣；有理人之臣，而不使守宰，是矣；郡邑不得正其制，守宰不得行其理；酷刑苦役，而万人侧目。失在于政，不在于制，秦事然也。汉兴，天子之政行于郡，不行于国；制其守宰，不制其侯王。侯王虽乱，不可变也；国人虽病，不可除也。及夫大逆不道，然后掩捕而迁之，勒兵而夷之耳。大逆未彰，奸利浚财，怙势作威，大刻于民者，无如之何。及夫郡邑，可谓理且安矣。何以言之？且汉知孟舒于田叔，得魏尚于冯唐，闻黄霸之明审，睹汲黯之简靖，拜之可也，复其位可也，卧而委之以辑一方可也。有罪得以黜，有能得以赏。朝拜而不道，夕斥之矣；夕受而不法，朝斥之矣。设使汉室尽城邑而侯王之，纵令其乱人，戚之而已。孟舒、魏尚之术莫得而施，黄霸、汲黯之化，莫得而行。明谴而导之，拜受而退已违矣；下令而削之，缔交合从之谋，周于同列，则相顾裂眦，勃然而起。幸而不起，则削其半。削其半，民犹瘁矣，曷若举而移之以全其人乎？汉事然也。今国家尽制郡邑，连置守宰，其不可变也固矣。善制兵，谨择守，则理平矣。

或者又曰："夏、商、周、汉封建而延，秦郡邑而促。"尤非所谓知理者也。魏之承汉也，封爵犹建。晋之承魏也，因循不革；而二姓陵替，不闻延祚。今矫而变之，垂二百祀，大业弥固，何系于诸侯哉！

或者又以为殷、周圣王也，而不革其制，固不当复议也。是大不然。夫殷、周之不革者，是不得已也。盖以诸侯归殷者三千焉，资以黜夏，汤不得而废；归周者八百焉，资以胜殷，武王不得而易。徇之以为安，仍之以为俗，汤、武之所不得已也。夫不得已，非公之大者也，私其力于己也，私其卫于子孙也。秦之所以革之者，其为制，公之大者也，其情，私也，私其一己之威也，私其尽臣畜于我也。然而公天下之端自秦始。

夫天下之道，理安，斯得人者也。使贤者居上，不肖者居下，而后可以理安。今夫封建者，继世而理。继世而理者，上果贤乎？下果不肖乎？则生人之理乱，未可知也。将欲利其社稷，以一其人之视听，则又有世大夫世食禄邑，以尽其封略。圣贤生于其时，亦无以立于天下，封建者为之也。岂圣人之制使至于是乎？吾固曰："非圣人之意也，势也。"

四维论

《管子》以礼义廉耻为四维，吾疑非管子之言也。

彼所谓廉者，曰"不蔽恶也"；世人之命廉者，日不苟得也。所谓耻者，曰"不从枉"也，世人之命耻者，曰羞为非也。然则二者果义欤，非欤？吾见其有二维，未见其所以为四也。

夫不蔽恶者，岂不以蔽恶为不义而去之乎？夫不苟得者，岂不以苟得为不义而不为乎？虽不从枉，与羞为非，皆然。然则廉与耻，义之小节也，不得与义抗而为维。圣人之所以立天下，曰仁义。仁主恩，义立断。恩者亲之，断者宜之，而理道毕矣。蹈之斯为道，得之斯为德，履之斯为礼，诚之斯为信，皆由其所之而异名。今管氏所以为维者，殆非圣人之所立乎？

又曰："一维绝则倾，二维绝则危，三维绝则覆，四维绝则灭。"若义之绝，则廉与耻其果存乎？廉与耻存，则义果绝乎？人既蔽恶矣，苟得矣，从枉矣，为非而无羞矣，则义果存乎？

使管子庸人也，则为此言；管子而少知理道，则四维者非管子之言也。

天爵论

柳子曰：仁义忠信，先儒名以为天爵，未之尽也。夫天之贵斯人也，则付刚健、纯粹于其躬，倬为至灵，大者圣神，其次贤能，所谓贵也。刚健之气，钟于人也为志，得之者，运行而可大，悠久而不息，拳拳于得善，孜孜于嗜学，则志者其一端耳。纯粹之气，注于人也为明，得之者，爽达而先觉，鉴照而无隐，盹盹于独见，渊渊于默识，则明者又其一端耳。明离为天之用，恒久为天之道，举斯二者，人伦之要尽是焉。故善言天爵者，不必在道德忠信，明与志而已矣。

道德之于人，犹阴阳之于天也；仁义忠信，犹春秋冬夏也。举明离之用，运恒久之道，所以成四时而行阴阳也。宣无隐之明，著不息之志，所以备四美而富道德也。故人有好学不倦，而迷其道挠其志者，明之不至耳；有照物无遗，而荡其性脱其守者，志之不至耳。明以鉴之，志以取之，役用其道德之本，舒布其五常之质，充之而弥六合，播之而奋百代，圣贤之事也。

然则圣贤之异愚也，职此而已。使仲尼之志之明，可得而夺，则庸夫矣；授之于庸夫，则仲尼矣。若乃明之远迩，志之恒久，庸非天爵之有级哉？故圣人曰"敏以求之"，明之谓也；"为之不厌”，志之谓也。道德与五常，存乎人者也；克明而有恒，受于天者也。呜呼！后之学者，尽力于所及焉。

或曰：“子所谓天付之者，若开府库焉，量而与之耶?”曰：否。其各合乎气者也。庄周言天曰自然，吾取之。

守道论

或问曰：“守道不如守官，何如?”对曰：是非圣人之言，传之者误也。官也者，道之器也，离之非也。未有守官而失道，守道而失官之事者。是固非圣人之言，乃传之者误也。

夫皮冠者，是虞人之物也。物者，道之准也。守其物，由其准，而后其道存焉。苟舍之，是失道也。凡圣人之所以为经纪，为名物，无非道者。命之曰官，官是以行吾道云尔。是故立之君臣、官府、衣裳、舆马、章绶之数，会朝、表著、周旋、行列之等，是道之所存也。则又示之典命、书制、符玺、奏复之文，参伍、殷辅、陪台之役，是道之所由也。则又劝之以爵禄、庆赏之美，惩之以黜远、鞭扑、梏拲、斩杀之惨，是道之所行也。故自天子至于庶民，咸守其经分，而无有失道者，和之至也。失其物，去其准，道从而丧矣。易其小者，而大者亦从而丧矣。古者居其位思死其官，可易而失之哉?《礼记》曰：“道合则服从，不可则去。”孟子曰：“有官夺者，不得其职则去。”然则失其道而居其官者，古之人不与也。是故在上不为抗，在下不为损，矢人者不为不仁，函人者不为仁，率其职，司其局，交相致以全其工也。易位而处，各安其分，而道达于天下矣。

且夫官所以行道也，而曰守道不如守官，盖亦丧其本矣。未有守官而失道，守道而失官者也。是非圣人之言，传之者误也，果矣。

时令论上

《吕氏春秋》十二纪，汉儒论以为《月令》，措诸《礼》以为大法焉。其言有十二月七十有二候，迎日步气，以追寒暑之序，类其物宜而逆为之备，圣人之作也。然而圣人之道，不穷异以为神，不引天以为高，利于人，备于事，如斯而已矣。观《月令》之说，苟以合五事，配五行，而施其政令，离圣人之道，不亦远乎？

凡政令之作，有俟时而行之者，有不俟时而行之者。是故孟春修封疆，端径术，相土宜，无聚大众。仲春利堤防，达沟渎，止田猎，备蚕器。季春合牛马，百工无悖于时。孟夏无起土功，无发大众，劝农勉人。仲夏班马政，聚百药。季夏行水杀草，粪田畴，美土疆，土功、兵事不作。孟秋纳材苇。仲秋劝人种麦。李秋休百工，人皆入室，具衣裘；举五谷之要，合秩刍，养牺牲；趋人牧敛，务蓄菜，伐薪为炭。孟冬筑城郭，穿窦窖，修囷仓，谨盖藏，劳农以休息之，收水泽之赋。仲冬伐木，取竹箭。季冬讲武，习射御；出五谷种，计耦耕，具田器；合诸侯，制百县轻重之法，贡赋之数。斯固俟时而行之，所谓敬授人时者也。其余郊庙百祀，亦古之遗典，不可以废。

诚使古之为政者，非春无以布德和令，行庆施惠，养幼少，省囹圄，赐贫穷，礼贤者；非夏无以赞杰俊，遂贤良，举长大，行爵出禄，断薄刑，决小罪，节嗜欲，静百官；非秋无以选士励兵，任有功，诛暴慢，明好恶，修法制，养衰老，申严百刑，斩杀必当；非冬无以赏死事，恤孤寡，举阿党，易关市，来商旅，审门闾，正贵戚近习，罢官之无事者，去器之无用者。则其阙政亦以繁矣，斯固不俟时而行之者也。变天之道，绝地之理，乱人之纪，舍孟春则可以有事乎？作淫巧以荡上心，舍季春则可以为之者乎？夫如是，内不可以纳于君心，外不可以施于人事，勿书之可也。

又曰："反时令，则有飘风、暴雨、霜雪、水潦、大旱、沉阴、氛雾、寒暖之气，大疫、风欬、鼽嚏、疟寒、疥疠之疾，螟蝗、五谷、瓜瓠、果实不成、蓬蒿、藜莠并兴之异，女灾、胎夭伤、水火之讹，寇戎来入相掠、兵革并起、道路不通、边境不宁、土地分裂、四鄙入堡、流亡迁徙之变。"若是者，特瞽史之语，非出于圣人者也。然则夏后、周公之典逸矣。

时令论下

或者曰："月令之所作，以为君人者法也。盖非为聪明睿智者为之，将虑后代有昏昧傲诞而肆于人上，忽先王之典，举而废之，近而取之，若陈、隋之季是也。故取仁义礼智信之事，附于时令，俾时至而有以发之也。不为之，将因循放荡，而皆无其意焉尔。于是又为之言五行之反戾、相荡相摩妖灾之说，以震动于厥心，古之所以防昏乱之术也。今子发而扬之，使前人之奥秘，布露显明，则后之人而又何惮耶？"

曰：圣人之为教，立中道以示于后。曰仁、曰义、曰礼、曰智、曰信，谓之五常，言可以常行者也。防昏乱之术，为之勤勤然书于方册，兴亡治乱之致，永守是而不去也。未闻其威之以怪，而使之时而为善，所以滋其怠傲而忘理也。语怪而威之，所以炽其昏邪淫惑，而为祷禳、厌胜、鬼怪之事，以大乱于人也。且吾子以为畏册书之多，孰与畏人之言？使谔谔者言仁义利害，焯乎列于其前而犹不悟，奚暇顾《月令》哉！是故圣人为大经以存其直道，将以遗后世之君臣，必言其中正而去其奇邪。其有嚚然而不顾者，虽圣人复生，无如之何，又何册书之有？

若陈、隋之季，暴戾淫放，则无不为矣。求之二史，岂复有行《月令》之事者乎？然而其臣有劲悍者，争而与之言先王之道，犹十百而一遂焉。然则《月令》之无益于陈、隋，亦固矣。立大中，去大惑，舍是而曰圣人之道，吾未之信也。用吾子之说罪我者，虽穷万世，吾无憾焉尔。

卷九

柳宗元二

断刑论上文阙

断刑论下

余既为《断刑论》，或者以《释刑》复于余，其辞云云。余不得已而为之一言焉。

夫圣人之为赏罚者非他，所以惩劝者也。赏务速而后有劝，罚务速而后有惩。必曰赏以春夏，而刑以秋冬，而谓之至理者，伪也。使秋冬为善者，必俟春夏而后赏，则为善者必怠；春夏为不善者，必俟秋冬而后罚，则为不善者必懈。为善者怠，为不善者懈，是殴天下之人而入于罪也。殴天下之人入于罪，又缓而慢之，以滋其懈怠，此刑之所以不措也。必使为善者不越月逾时而得其赏，则人勇而有劝焉；为不善者不越月逾时而得其罚，则人惧而有惩焉。为善者日以有劝，为不善者月以有惩，是殴天下之人而从善远罪也。殴天下之人而从善远罪，是刑之所以措，而化之所以成也。

或者务言天而不言人，是惑于道者也。胡不谋之人心，以熟吾道？吾道之尽，而人化矣。是知苍苍者焉能与吾事，而暇知之哉？果以为天时之可得顺，大和之可得致，则全吾道而得之矣。

全吾道而不得者，非所谓天也，非所谓大和也，是亦必无而已矣。又何必枉吾之道，曲顺其时，以谄是物哉？吾固知顺时之得天，不如顺人顺道之得天也。何也？使犯死者自春而穷其辞，欲死不可得。贯三木，加连锁，而致之狱吏，大暑者数月，痒不得搔，痺不得摇，痛不得摩，饥不得时而食，渴不得时而饮，目不得瞑，支不得舒，怨号之声，闻于里人，如是而太和之不伤，天时之不逆，是亦必无而已矣。彼其所宜得者，死而已也，又若是焉，何哉？

或者乃以为雪霜者天之经也，雷霆者天之权也，非常之罪不时可以杀，人之权也；当刑者必顺时而杀，人之经也。是又不然：夫雷霆雪霜者，特一气耳，非有心于物者也；圣人有心于物者也。春夏之有雷霆也，或发而震，破巨石，裂大木，木石岂为非常之罪也哉？秋冬之有霜雪也，举草木而残之，草木岂有非常之罪也哉？彼岂有惩于物也哉？彼无所惩，则效之者惑也。

果以为仁必知经，智必知权，是又未尽于经权之道也。何也？经也者，常也；权也者，达经者也。皆仁智之事也。离之，滋惑矣。经非权则泥，权非经则悖。是二者，强名也。曰当，斯尽之矣。当也者，大中之道也。离而为名者，大中之器用也。知经而不知权，不知经者也；知权而不知经，不知权者也。偏知而谓之智，不智者也；偏守而谓之仁，不仁者也。知经者不以异物害吾道，知权者不以常人佛吾虑。合之于一而不疑者，信于道而已者也。

且古之所以言天者，盖以愚蚩蚩者耳，非为聪明睿智者设也。或者之未达，不思之甚也。

六逆论

《春秋左氏》言卫州吁之事，因载六逆之说曰："贱妨贵，少陵长，远间亲，新间旧，小加大，淫破义，六者。乱之本也。"余谓"少陵长，小加大，淫破义"，是三者。固诚为乱矣。然其所谓"贱妨贵，远间亲，新间旧"，虽为理之本可也，何必曰乱？

夫所谓"贱妨贵"者，盖斥言择嗣之道，子以母贵者也。若贵而愚，贱而圣且贤，以是而妨之，其为理本大矣，而可舍之以从斯言乎？此其不可固也。夫所谓"远间亲，新间旧"者，盖言任用者之道也。使亲而旧者愚，远而新者圣且贤，以是而间之，其为理本亦大矣，又可舍之以从斯言乎？必从斯言而乱天下，谓之师古训可乎？此又不可者也。

呜呼！是三者，择君置臣之事，天下理乱之大本也。为书者，执斯言，著一定之论，以遗后代，上智之人固不惑于是矣；自中人而降，守是为大，据而以致败乱者，固不乏焉。晋厉死而悼公入，乃理；宋襄嗣而子鱼退，乃乱；贵不足尚也。秦用张禄而黜穰侯，乃安；魏相成璜而疏吴起，乃危；亲不足与也。苻氏进王猛而杀樊世，乃兴；胡亥任赵高而族李斯，乃亡；旧不足恃也。顾所信何如尔！然则斯言殆可以废矣。

噫！古之言理者，罕能尽其说。建一言，立一辞，则戆喍而不安，谓之是可也，谓之非亦可也，混然而已。教于后世，莫知其所以去就。明者慨然将定其是非，则拘儒瞽生相与群而咻之，以为狂为怪，而欲世之多有知者可乎？夫人可知及化者，天下为不少矣，然而罕有知圣人之道，则固为书者之罪也。

晋文公问守原议

晋文公既受原于王，难其守。问寺人教鞮，以畀赵衰。余谓守原，政之大者也，所以承天子，树霸功，致命诸侯，不宜谋及媟近，以忝王命。而晋君择大任，不公议于朝，而私议于宫；不博谋于卿相，而独谋于寺人。虽或衰之贤足以守，国之政不为败，而贼贤失政之端，由是滋矣。况当其时不乏言议之臣乎？狐偃为谋臣，先轸将中军，晋君疏而不咨，外而不求，乃卒定于内竖，其可以为法乎？且晋君将袭齐桓之业，以翼天子，乃大志也。然而齐桓任管仲以兴，进竖刁以败。则获原启疆，适其始政，所以观视诸侯也，而乃背其所以兴，迹其所以败。然而能霸诸侯者，以土则大，以力则强，以义则天子之册也。诚畏之矣，乌能得其心服哉！其后景监得以相卫鞅，弘、石得以杀望之，误之者晋文公也。

呜呼！得贤臣以守大邑，则问非失举也，盖失问也。然犹羞当时。陷后代若此，况于问与举又两失者，其何以救之哉？余故著晋君之罪，以附《春秋》许世子止、赵盾之义。

桐叶封弟辩

古之传者有言，成王以桐叶与小弱弟，戏曰："以封汝。"周公入贺。王曰："戏也。"周公曰："天子不可戏。"乃封小弱弟于唐。

吾意不然：王之弟当封耶？周公宜以时言于王，不待其戏而贺以成之也；不当封耶？周公乃成其不中之戏，以地以人与小弱弟者为之主，其得为圣乎？且周公以王之言，不可苟焉而已，必从而成之耶？设有不幸，王以桐叶戏妇寺，亦将举而从之乎？凡王者之德，在行之何若。设未得其当，虽十易之不为病；要于其当，不可使易也，而况以其戏乎？若戏而必行之，是周公教王遂过也。

吾意周公辅成王，宜以道，从容优乐，要归之大中而已，必不逢其失而为之辞。又不当束缚之，驰骤之，使若牛马然，急则败矣。且家人父子尚不能以此自克，况号为君臣者耶？是直小丈夫觖觖者之事，非周公所宜用，故不可信。

或曰：封唐叔，史佚成之。

辩列子

刘向古称博极群书，然其录《列子》，独曰郑穆公时人。穆公在孔子前几百岁，《列子》书言郑国，皆云子产、邓析，不知向何以言之如此？

《史记》：郑繻公二十四年，楚悼王四年围郑，郑杀其相驷子阳。子阳正与列子同时。是岁周安王三年，秦惠公、韩烈侯、赵武侯二年，魏文侯二十七年，燕厘公五年，齐康公七年，宋悼公六年，鲁穆公十年。不知向言鲁穆公时逐误为郑耶？不然，何乖错至如是？

其后张湛徒知怪《列子》书言穆公后事，亦不能推知其时。然其书亦多增窜，非其实。要之，庄周为放依其辞，其称夏棘、狙公、纪渻子、季咸等，皆出《列子》，不可尽纪。虽不概于孔子道，然其虚泊寥阔，居乱世，远于利，祸不得逮于身，而其心不穷。《易》之“遁世无闷”者，其近是欤？予故取焉。

其文辞类《庄子》，而尤质厚，少为作，好文者可废耶？其《杨朱》、《力命》，疑其杨子书。其言魏牟、孔穿皆出列子后，不可信。然观其辞，亦足通知古之多异术也，读焉者慎取之而已矣。

辩文子

《文子》书十二篇，其传曰老子弟子。其辞时有若可取，其指意皆本老子。然考其书，盖驳书也。其浑而类者少，窃取他书以合之者多。凡孟、管辈数家，皆见剽窃，峣然而出其类。其意绪文辞叉牙相抵而不合，不知人之增益之欤？或者众为聚敛以成其书欤？然观其往往有可立者，又颇惜之，悯其为之也劳。今刊去谬恶乱杂者，取其似是者，又颇为发其意，藏于家。

论语辩二篇

上篇

或问曰："儒者称《论语》孔子弟子所记，信乎？"曰：未然也。孔子弟子，曾参最少，少孔子四十六岁。曾子老而死。是书记曾子之死，则去孔子也远矣。曾子之死，孔子弟子略无存者矣。吾意曾子弟子之为之也。何哉？且是书载弟子必以字，独曾子、有子不然。由是言之，弟子之号之也。

"然则有子何以称子？"曰：孔子之殁也，诸弟子以有子为似夫子，立而师之。其后不能对诸子之间，乃叱避而退，则固尝有师之号矣。今所记独曾子最后死，余是以知之。盖乐正子春、子思之徒，与为之尔。或曰：孔子弟子尝杂记其言，然而卒成其书者，曾氏之徒也。

下篇

尧曰："咨，尔舜：天之历数在尔躬，四海困穷，天禄永终。"舜亦以命禹："余小子履，敢用玄牡，敢昭告于皇天后土，有罪不敢赦。万方有罪，罪在朕躬。联躬有罪，无以尔万方。”

或问之曰：《论语》书记问对之辞尔，今卒篇之首，章然有是，何也？

柳先生曰：《论语》之大，莫大乎是也。是乃孔子常常讽道之辞云尔。彼孔子者，覆生人之器者也。上之尧、舜之不遭，而禅不及已；下之无汤之势，而已不得为天吏。生人无以泽其德，日视闻其劳死怨呼，而已之德涸然无所依而施，故于常常讽道云尔而止也。此圣人之大志也，无容问对于其间。弟子或知之，或疑之不能明，相与传之。故于其为书也，卒篇之首，严而立之。

辩鬼谷子

元冀好读古书，然甚贤《鬼谷子》，为其《指要》几千言。

《鬼谷子》要为无取，汉时刘向、班固录书无《鬼谷子》。《鬼谷子》后出，而险盭峭薄，恐其妄言乱世，难信，学者宜其不道。而世之言纵横者，时葆其书。尤者，晚乃益出七术，怪谬异甚，不可考校，其言益奇，而道益狭，使人狙狂失守，而易于陷坠。幸矣，人之葆之者少。今元子又文之以《指要》，呜呼，其为好术也过矣！

辩晏子春秋

司马迁读《晏子春秋》，高之，而莫知其所以为书。或曰晏子为之，而人接焉；或曰晏子之后为之，皆非也。吾疑其墨子之徒有齐人者为之。

墨好俭，晏子以俭名于世，故墨子之徒尊著其事，以增高为己术者。且其旨多尚同、兼爱、非乐、节用、非厚葬久丧者，是皆出墨子。又非孔子，好言鬼事、非儒、明鬼，又出墨子。其言问枣及古冶子等，尤怪诞；又往往言墨子闻其道而称之，此甚显白者。

自刘向、歆、班彪、固父子，皆录之儒家中。甚矣，数子之不详也。盖非齐人不能具其事，非墨子之徒则其言不若是。后之录诸子书者，宜列之墨家。非晏子为墨也，为是书者，墨之道也。

辩亢仓子

太史公为《庄周列传》，称其为书，《畏累》、《亢桑子》，皆空言无事实。今世有《亢桑子》书，其首篇出《庄子》，而益以庸言。盖周所云者尚不能有事实，又况取其语而益之者，其为空言尤也。刘向、班固录书无《亢仓子》，而今之为术者，乃始为之传注，以教于世，不亦惑乎！

辩鹖冠子

余读贾谊《鹏赋》，嘉其辞，而学者以为尽出《鹖冠子》。予往来京师，求《鹖冠子》，无所见。至长沙，始得其书。读之，尽鄙浅言也，唯谊所引用为美，余无可者。吾意好事者伪为其书，反用《鹏赋》以文饰之，非谊有所取之，决也。

太史公《伯夷列传》称贾子曰："贪夫殉财，烈士殉名，夸者死权。"不称《鹖冠子》。迁号为博极群书，假令当时有其书，迁岂不见耶？假令真有《鹖冠子》书，亦必不取《鹏赋》以充入之者。何以知其然耶？曰：不类。

道州文宣王庙碑

谨案某年月日，儒师河东薛公伯高由尚书刑部郎中为道州。明年二月丁亥，公用牲币祭于先圣文宣王之庙。夜漏未尽三刻，公玄冕以入，就位于庭，惕焉深惟。夫子之祀，爰自京师太学，遍于州邑，遐阔僻陋，咸用斯时致奠展诚。宿燎设悬，樽俎旂章，粲穆布列，周天之下。呜呼！夫子之道闳肆尊显，二帝三王其无以侔大也。然其堂庭庳陋，椽栋毁坠，曾不及浮图外说，克壮厥居。水潦仍至，岁加荡沃。公蹙然不宁，若罔获承。

既祭而出，登墉以望。爰得美地，丰衍端夷。水环以流，有泮宫之制。是日树表列位，由礼考宜，然后节用以制货财，乘时以僦功役，逾年而克有成。庙舍峻整，阶序廓大。讲肆之位，师儒之室。立廪以周食，圃畦以毓蔬。权其子母，赢且不竭。由是邑里之秀民，感道怀和，更来门下，咸愿服儒衣冠，由公训程。公摄衣登席，亲释经旨，丕谕本统。父庆其子，长励其幼，化用兴行，人无争讼。

公又曰：夫子称门弟子颜回为庶几，其后从于陈、蔡，亦各有号。言出一时，非尽其徒也。于后失厥所谓，妄异科第，坐祀十人以为哲，岂夫子志哉？余案《月令》，则曰：释奠于先圣先师，国之故也。乃立夫子像，配以颜氏。笾豆既嘉，笙镛既成，九年八月丁未，公祭于新庙。退考疑义，合以燕飨，万民翼翼，观礼识古。

于是《春秋》师晋陵蒋坚、《易》师沙门凝辩、助教某、学生某等来告，愿刻金石，明夫子之道及公之勤。惟夫子极于化初，冥于道先，群儒咸称，六籍具存。苟赞其道，若誉天地之大，褒日月之明，非愚则惑，不可犯也。惟公探夫子之志。考有国之制，光施彝典，革正道本，俾是荒服，移为阙里。在周则鲁侯申能修泮宫，《诗》有其歌；在汉蜀守文翁能首儒学，史有其赞。今公法古之大，同于鲁；化人之难，侔于蜀。盍铭兹德，以告于史氏而刊之兹碑。铭曰：

荆楚之阳，厥服惟荒。民鲜由仁，帝降其良。振振薛公，惟德之造。赤旂金节，来莅于道。师儒咸会，嘉有攸告。吉日丁亥，献于泮宫。庭燎伊煌，有焕其容。公升于位，心莫不恭。爰念圣祀，遍于海邦。服冕陈器，州邑攸同。感忻以歃，思报圣功。卜迁于嘉，惟吉之逢。畇畇其原，既夷且大。涣涣其流，实环于外。作庙有严，昭祀显配。洁兹器用，观礼斯会。布筵依位，作麖伊秩。以丰其仪，以壮其室。新宫既成，崇报孔明，于古有经，公粹厥诚。邦民之良，弁服是缨。公躬讲论，虔默以听。公降酬酢，进退齐平。柔肌浛体，莫不充盈。归欢于心，父子弟兄。钦惟圣王，厥道无涯。世有颂辞，益疚其多。公斯考礼，民感休嘉。从于鲁风，只以咏歌。公锡于天，眉寿来加。公赉于王，休命是荷。师于辟雍，大邦以和。侑酳申申，王道式讹。诸儒作诗，思继泮水。丕扬厥声，以告太史。

湘源二妃庙碑

元和九年八月二十日，湘源二妃庙灾。司功掾守令彭城刘知刚，主簿安邑卫之武，告于州刺史御史中丞清河崔公能。祗栗厥戒，会群吏洎众工，发开元诏书，惧废守祀。搜考羸羡，均节委积。咸执牍聿，至于祠下。稽度既备，佣役惟时。斩木于上游，陶埴于水涯，乃桴乃载，工逸事遂。作貌显严，粲然而威。十有一月庚辰，陈奠荐辞，立石于庙门之宇下。惟父子夫妇，人道之大。大哉二神，咸极其会。为子而父尧，为妇而夫舜。齐圣并明，弼成授受。内若嚚瞽，上承辉光。克艰以乂，德罔不至。帝既野死，神亦不返。食于兹川，古有常典。驱祓戾孽，恢宣淑灵。敢或失职，以奸天刑。有翼其恭，有苾其馨。沉牲爰告，即石是铭。铭曰：

渊懿承圣，舜妻尧女。德刑妫汭，神位湘浒。揆兹有初，克硕厥宇。唐命秩祀，兹邑攸主。毛牷既龊，椒馨爰稰。胤于万年，期保伊祜。潜火煽孽，炖于融风。神用播迁，时罔克龚。邑令群吏，告于郡公。廉用积余，以就尔功。桴木负埴，载流于江。既夷以成，崇宇峻墉。洁严清闲，左右率从。神乐来归，徒御雍雍。神既安止，邦人载喜。奉其吉玉，以对嘉祉。南风湑湑，湘水如舞。将子无欢，神听钟鼓。丰其交报，邦邑是与。刻此乐歌，以极终古。

饶娥碑

饶娥，饶人，饶姓娥名，世渔鄱水。娥为室女，渊懿靖专，虽小家，未尝出游。治絺葛，供女事循整，乡闾敬式。娥父醉渔，风卒起，不能舟，遂以溺死。求尸不得。娥闻父死，走哭水上，三日不食，耳鼻流血，气尽伏死。明日尸出，鼋鱼鼍蛟浮死万数，塞川下流。鄱旁小民悲感怨号，以为神奇。县人乡人会钱具仪，葬娥鄱水西横道上。追思不足，相与作石，以诒后世。其辞曰：

生德无类，气灵而休。嗟兹孝娥，惟行之周。渊懿含贞，好靖不游。纤葛絺纻，克供以修。蒸蒸在家，其父世渔。饮酒不节，死乎风涛。匍匐来哭，号天以呼。颜目耳鼻，膏血交流。三日顿踣，气竭形枯。父尸既出，孝质已殂。龟鳖鼋鼍，有蛟洎鱼。充流溢岸，旁出仰浮。见怪形异，适与我谋。鄱民哀号，或以颂歌。齐女色忧，伤槐罢诛。赵姬完父，操棹爰讴。肉刑不施，汉美淳于。烈烈曹娥，水死上虞。娥之至德，实与为俦。恒久有言，惟教是图。懿兹德女，家世不儒。奇行特出，神道莫酬。穷哀罔泄，终古以留。乡人好礼，爰立兹丘。建铭当道，过者下车。

唐故特进赠开府仪同三司扬州大都督南府君睢阳庙碑并序

急病让夷，义之先；图国忘死，贞之大。利合而动，乃市贾之相求；恩加而感，则报施之常道。睢阳所以不阶王命，横绝凶威，超千祀而挺生，奋百代而特立者也。

时惟南公，天与拳勇，神资机智，艺穷百中，豪出千人。不遇兴词，郁龙眉之都尉；数奇见惜，挫猿臂之将军。

天宝末，寇剧凭陵，隳突河华。天旋亏斗极之位，地圮积狐狸之穴。亲贤在庭，子骏陈谟以佐命；元老用武，夷甫委师而劝进。惟公与南阳张公巡、高阳许公远，义气悬合，讦谋大同。誓鸠武旅，以遏横溃。裂裳而千里来应，左袒而一呼皆至。柱厉不知而死难，狼瞫覃见黜而奔师。忠谋朗然，万夫齐力。公以推让，且专奋击，为马军兵马使。出战则群校同强，入守而百雉齐固。初据雍丘，谓非要害。将保江、淮之臣庶，通南北之奏复，拔我义类，扼于睢阳。前后捕斩要遮，凶气连阻。汉兵已绝，守疏勒而弥坚；虏骑虽强，顿盱眙而不进。

贼徒乃弃疾于我，悉众合围。技虽穷于九攻，志益专于三板。偪阳悬布之劲，洴城凿穴之奇。息意牵羊，羞郑师之大临；甘心易子，鄙宋臣之病告。诸侯环顾而莫救，国命阻绝而无归。以有尽之疲人。敌无已之强寇。公乃跃马溃围，驰出万众，抵贺兰进明乞师。进明乃张乐侑食，以好聘待之。公曰："敝邑父子相食，而君辱以燕礼，独何心欤?"乃自噬其指曰："啖此足矣!"遂恸哭而返，即死孤城。首碎秦庭，终懵《无衣》之赋；身离楚野，徒伤带剑之辞。至德二年十月，城陷遇害。无傅燮之叹息，有周苛之慷慨。闻义能徙，果其初心。烈士抗词，痛臧洪之同日；直臣致愤，惜蔡恭于累旬。

朝廷加赠特进扬州大都督，定功为第一等，与张氏、许氏并立庙睢阳，岁时致祭。男在襁褓，皆受显秩，赐之土田。葬刻鲍信之形，陵图庞德之状。纳官其子，见勾践之心；羽林字孤，知孝武之志。举门关于周典，征印绶于汉仪。王猷以光，宠锡斯备。

於戏！睢阳之事，不惟以能死为勇，善守为功；所以出奇以耻敌，立懂以怒寇，俾其专力于东南，而去备于西北，力专则坚城必陷，备去则天讨可行。是故即城陷之辰，为克敌之日。世徒知力保于江、淮，而不知功靖乎丑虏。论者或未之思欤！

公讳霁云，字某，范阳人。有子曰承嗣，七岁为婺州别驾，赐绯鱼袋，历刺施、涪二州，服忠思孝，无替负荷。惧祠宇久远，德音不形，愿斫坚石，假辞纪美。惟公信以许其友，刚以固其志，仁以残其肌，勇以振其气，忠以摧其敌，烈以死其事，出乎内者合于贞，行乎外者贯于义，是其所以奋百代而超千祀者矣。其志不亦宜乎！庙貌斯存，碑表攸记。洛阳城下，思乡之梦傥来；麒麟阁中，即图之词可继。铭曰：

贞以图国，义惟急病。临难忘身，见危致命。汉宠死事，周崇死政。烈烈南公，忠出其性。控扼地利，奋扬兵柄。东护吴楚，西临周郑。婪婪群凶，害气弥盛。长蛇封豕，踊跃不定。屹彼睢阳，制其要领。横溃不流，疾风斯劲。梯冲外舞，缶穴中偵。铃马非艰，析骸犹竞。浩浩列士，不闻济师。兵食歼焉，守逾三时。公奋其勇，单车载驰。投躯无告，噬指而归。力穷就执，犹抗其辞。圭璧可碎，坚贞不亏。寇力东尽，凶威西恧。孤城既拔，渠魁受戮。雷霆之诛，由我而速。巢穴之固，由我而覆。江汉淮湖，群生咸育。倬焉勋烈，孰与齐躅。天子震悼，陟是元功。旌褒有加，命秩斯崇。位尊九牧，礼视三公。建兹祠宇，式是形容。牲牢伊硕，黍稷伊丰。虔虔孝嗣，望慕无穷。刊碑河浒，万古英风。

南岳弥陀和尚碑

在代宗时，有僧法照，为国师，乃言其师南岳大长老有异德，天子南向而礼焉。度其道不可征，乃名其居曰般舟道场，用尊其位。

公始居山西南岩石之下，人遗之食则食；不遗，则食土泥，茹草木。其取衣类是。南极海裔，北自幽都，来求厥道。或值之崖谷，羸形垢面，躬负薪樵，以为仆役而媟之，乃公也。凡化人，立中道而教之权，俾得以疾至。故示专念、书涂巷、刻溪谷，丕勤诱掖，以援于下。不求而道备，不言而物成。人皆负布帛、斩木石，委之岩户，不拒不营。祠宇既具，以洎于德宗，申诏褒立，是为弥陀寺。施之余则与饿疾者，不尸其功。

公始学成都唐公，次资川诜公，诜公学于东山忍公，皆有道。至荆州，进学玉泉真公。真公授公以衡山，俾为教魁，人从而化者以万计。初，法照居庐山，由正定趣安乐国，见蒙恶衣侍佛者。佛告曰："此衡山承远也。"出而求之，肖焉，乃从而学。传教天下，由公之训。

公为僧凡五十六年，其寿九十一，贞元十八年七月十九日，终于寺。葬于寺之南冈，刻石于寺大门之右。铭曰：

一气回薄茫无穷，其上无初下无终。离而为合蔽而通，始末或异今焉同。虚无混冥道乃融，圣神无迹示教功。公之率众峻以容，公之立诚教其中。服庇草木蔽穹隆，仰攀俯取食以充。形游无极交大雄，天子稽首师顺风。四方奔走云之从，经始寻尺成灵宫。始自蜀道至临洪，咨谋往复穷真宗。弟子传教国师公，化流万亿代所崇。奉公寓形于南冈，幼曰宏愿惟孝恭，立之兹石书元踪。

岳州圣安寺无姓和尚碑

维某年月日，岳州大和尚终于圣安寺。凡为僧若干年，年若干。有名无姓，世莫知其闾里宗族。所设施者有问焉，而以告曰："性，吾姓也。其原无初，其胄无终，承于释师，以系道本，吾无姓耶？法剑云者，我名也。实且不有，名恶乎存？吾有名耶？性海，吾乡也。法界，吾宇也。戒为之墉，惠为之户，以守则固，以居则安。吾闾里不具乎？度门道品，其数无极；菩萨大士，其众无涯。吾与之戚而不吾异也，吾宗族不大乎？"其道可闻者如此而止。读《法华经》、《金刚般若经》，数逾千万，或讥以有为，曰："吾未尝作。"呜呼！佛道逾远，异端竞起，唯天台大师为得其说。和尚绍承本统，以顺中道，凡受教者不失其宗。生物流动，趋向混乱，惟极乐正路为得其归。和尚勤求端悫，以成至愿，凡听信者，不惑其道。或讥以有迹，曰："吾未尝行。"

始居房州龙兴寺中，徙居是州，作道场于楞伽北峰，不越阃者五十祀。和尚凡所严事，皆世高德。始出家，事而依者曰卓然师，居南阳立山，卒葬岳州。就受戒者曰道颖师，居荆州。弟子之首曰怀远师，居长沙安国寺，为南岳戒法。岁来侍师，会其终，遂以某月日葬于卓然师塔东若干步。铭曰：

道本于一，离为异门。以性为姓，乃归其根。无名而名，师教是尊。假以示物，非吾所存。大乡不居，大族不亲。渊懿内朗，冲虚外仁。圣有遗言，是究是勤。惟动惟默，逝如浮云。教久益微，世罕究陈。爰有大智，出其真门。师以显示，俾民惟新。情动生变，物由湮沦。爰授乐国，参乎化源。师以诱导，俾民不昏。道用不作，神行无迹。晦明俱如，生死偕寂。法付后学，施之无敎。葬从我师，无忘真宅。荐是昭铭，刻兹贞石。

碑阴记

无姓和尚既居是山，曰：“凡吾之求，非在外也，吾不动矣。”宏农杨公炎自道州以宰相征，过焉。以为宜居京师，强以行，不可。将以闻，曰：“愿间岁乃往。”明年，杨去相位，窜谪南海上，终如其志。赵郡李萼，辩博人也。为岳州，盛气欲屈其道，闻一言服为弟子。河东裴藏之举族受教。京兆尹宏农杨公某，以其隐地为道场，奉和州刺史张惟俭，买西峰广其居。凡以货利委堂下者，不可选纪，受之亦无言。将终，命其大弟子怀远，授以道妙，终不告其姓。或曰周人也。信州刺史李某为之传，长沙谢楚为行状，博陵崔行俭为《性守》一篇。凡以大辞道和尚功德者，不可悉数。弘农公自余杭命以行状来，怀远师自长沙以传来，使予为碑。既书其辞，故又假其阴以记。

龙安海禅师碑

佛之生也，远中国仅二万里；其没也，距今兹仅二千岁。故传道益微，而言禅最病。拘则泥乎物，诞则离乎真，真离而诞益胜。故今之空愚失惑纵傲自我者，皆诬禅以乱其教，冒于嚣昏，放于淫荒。其异是者，长沙之南曰龙安师。

师之言曰：“由迦叶至师子，二十二世而离，离而为达摩。由达摩至忍，五世而益离，离而为秀为能。南北相訾，反戾斗狠，其道遂隐。呜呼！吾将合焉。且世之传书者，皆马鸣、龙树道也。二师之道，其书具存。征其书，合于志，可以不慁。”于是北学于惠隐，南求于马素，咸黜其异，以蹈乎中，乖离而愈同，空洞而益实，作《安禅》、《通明论》。推一而适万，则事无非真；混万而归一，则真无非事。推而未尝推，故无适；混而未尝混，故无归。块然趣定，至于旬时，是之谓施用；茫然同俗，极乎流动，是之谓真常。

居长沙，在定十四日，人即其处而成室宇，遂为宝应寺。去于湘之西，人又从之，负大木、砻密石，以益其居，又为龙安寺焉。尚书裴公某、李公某，侍郎吕公某、杨公某，御史中丞房公某，咸尊师之道，执弟子礼。凡年八十一，为僧五十三期，元和三年二月九日而没。

其弟子玄觉洎怀直、浩初等，状其师之行，谒余为碑。曰：师，周姓；如海，名也。世为士。父曰择交，同州录事参军。叔曰择从，尚书礼部侍郎。师始为释，其父夺之志，使仕，至成都主簿，不乐也。天宝之乱，复其初心。尝居京师西明寺，又居岣嵝山，终龙安寺，葬其原。铭曰：

浮图之修，其奥为禅。殊区异世，谁得其传？遁隐乖离，浮游散迁。莫征旁行，徒听诬言。空有互斗，南北相残。谁其会之，楚有龙安。龙安之德，惟觉是则。苞并绝异，表正失惑。貌昧形静，功流无极。动言有为，弥寂而默。祠庙之严，我居不饰；贵贱之来，我道无得。逝耶匪追，至耶谁抑？惟世之几，惟道之微，既陈而明，乃去而归。象物徒设，真源无依。后学谁师？呜呼兹碑！

南岳云峰寺和尚碑

乾元元年某月日，皇帝曰："予欲俾慈仁怡愉洽于生人，惟浮图道允迪。"乃命五岳求厥元德，以仪于下。惟兹岳上于尚书，其首曰云峰大师法证，凡莅事五十年，贞元十七年乃没。其徒曰诠，曰远，曰振，曰巽，曰素，凡三千余人。其长老咸来言曰："吾师轨行峻特，器宇宏大。有来受律者，吾师示之以为尊严整齐，明列义类，而人知其所不为；有来求道者，吾师示之以为高广通达，一其空有，而人知其所必至。元臣硕老，稽首受教；髫童毁齿，踊跃执役。故从吾师之命而度者，凡五万人。吾师冬不燠裘，饥不丰食。每岁会其类，读群经，俾圣言毕出，有以见其大；又率其件，伐木辇土，作佛塔庙洎经典，俾像法益广，有以见其用。将没，告门人曰：'吾自始学至去世，未尝有作焉，然后知其动无不虚，静无不为，生而未始来，殁而未始往也。'其道备矣。愿刻山石，知教之所以大。"其词曰：

师之教，尊严有耀，恭天子之诏，维大中以告，后学是效。师之德，简峻渊默，柔惠以直，涣焉而不积，同焉而皆得，兹道惟则。师之功，勤劳以庸，维奥秘必通，以兴祠宫，遐迩攸从。师之族，由虢而郭，世德有奕，从佛于释。师之寿，七十有八，惟终始罔缺，丕冒遗烈。厥徒蒸蒸，维大教是膺，维宪言是征。溥溥恢宏，如川之增，如云之兴，如岳之不崩。终古其承之。

南岳云峰和尚塔铭

云峰和尚，族郭氏，号法证。为竺乾道五十有七年，年七十有八，贞元十七年九月十七日终，十月二十七日葬。凡度学者五万人，为弟子者三千人。色厉而仁，行峻而周，道广而不尤，功高而不有。毅然居山之北峰，以为仪表。世之所谓贤人大臣者，至南方，咸所严事。由其内者，闻大师之言律义，莫不震动悼惧，如听誓命。由其外者，闻大师之称道要，莫不凄欷欣踊，如获肆宥。故时推人师，则专其首；诏求教宗，则冠其位。披山伐木，崇构法宇，则地得其胜；捐衣去食，广阅群经，则理得其深。其道实勤，而其心无求。自大师化去，教亦随丧。

呜呼！大师之葬，门人慕号，长老愁痛，遂相与以为兹塔。砻石峻整，植木蓊茂，凡衡山无与为比者。然而未有能纪其事。余既与大乘师重巽游，巽，其徒也，亟为余言，故为其铭。铭曰：

苞元极兮韬大方，威而仁兮幽以光。行峻洁兮貌齐庄，气混溟兮德洋洋。演大律兮离毫芒，度群有兮耀柔刚。栋宇立兮像法彰，文字阐兮圣言扬。诏褒列兮宅南方，道之广兮用其常。后是式兮宜久长，闷灵室兮记崇冈。即玄石兮垂文章，学者慕兮哀无疆。

南岳般舟和尚第二碑

佛法至于衡山，及津大师始修起律教。由其坛场而出者，为得正法。其大弟子曰日悟和尚，尽得师之道，次补其处，为浮图者宗。世家于零陵，蒋姓也。和尚心大而行密，体卑而道尊。以为由定发慧，必用毗尼为之室宇，遂执业于东林恩大师，究观秘义，乃归传教。不视文字，悬判深微。登坛莅事，度比丘众，凡岁千人者三十有七，而道不愿。以为去凡即圣，必以三昧为之轨道，遂服勤于紫霄远大师。修明要奥，得以观佛，浩入性海，洞开真源。道场专精，长跪右绕，不衡不倚，凡七日者百有二十，而志不衰。

初，开元中诏定制度，师乃居本郡龙兴寺。肃宗制天下名山，置大德七人，兹岳尤重，推择居首。师乃即崇岭，是作精室。辟林莽，刳岩峦，殿舍宏大，廊庑修直，不命而献力，不祈而荐货。凡南方人颛念佛三昧者，必由于是，命曰般舟台焉。和尚生十三年而始出家，又九年而受具戒，又十年而处坛场，又三十七年而当贞元二十年正月十七日，化于兹室。

呜呼！无德而修，故念为实相；不取于法，故律为大乘。坏衣不饰，揣食不味。覆荐服役，凡出于生物者，摈而勿用，不自知其慈；摄取调御，凡归于正真者，动而成群，不自知其教。万行方厉，一性恒如，寂用之涯，不可得也。有弟子曰景秀，嗣居法会。欲广其师之德，延于罔极。故申明陈辞，俾刊之兹碑。铭曰：

像教南被，及津而尊。威仪有严，载辟其门。吾师是嗣，增浚道源。度众逾广，大明群昏。乃兴毗尼，微密是论。八万总结，彰于一言。声闻熙熙，遐迩来奔。如木既拔，有植其根。乃法般舟，奥妙斯存。百亿冥会，观于化元。同道祁祁，功庸以敦。如水斯壅，流之无垠。帝求人师，登我先觉。赫矣明命，表兹灵岳。于彼南阜，斋宫爰作。负揭致货，时靡要约。袒奋程力，不呼而诺。是刈是凿，既涂既斫。层构孔硕，以延后学。出不牛马，服不絮帛。匪安其躬，亦菲其食。勤而不劳，在用恒寂。纵而不傲，在舍恒得。洪融混合，孰究其迹？懿兹遗光，式是嘉则。容貌往矣，轨仪无极。其徒追思，赓荐兹石。

南岳大明寺律和尚碑

儒以礼立仁义，无之则坏；佛以律持定慧，去之则丧。是故离礼于仁义者，不可与言儒；异律于定慧者，不可与言佛。达是道者，惟大明师。师姓欧阳氏，号曰惠开。唐开元二十一年始生，天宝十一载始为浮图，大历十一年始登坛为大律师，贞元十三年十一月十一日卒。元和九年正月，其弟子怀信、道嵩、尼无染等，命高道僧灵屿为行状，列其行事，愿刊之兹碑。

宗元今掇其大者言曰：师先因官，世家潭州，为大族，有勋烈爵位，今不言，大浮图也。凡浮图之道衰，其徒必小律而去经，大明恐焉。于是从峻洎侃，以究戒律，而大法以立。又从秀洎昱，以通经教，而奥义以修。由是二道，出入隐显。后学以不惑，来求以有得。广德二年，始立大明寺于衡山，诏选居寺僧二十一人，师为之首。乾元元年，又命衡山立毗尼藏，诏选讲律僧七人，师应其数。凡其衣服器用，动有师法；言语行止，皆为物轨。执巾匜、奉杖屦，为侍者数百；剪发髦、被教戒，为学者数万。得众若独，居尊若卑。晦而光，介而大，灏灏焉无以加也。其塔在祝融峰西趾下，碑在塔东。其辞曰：

儒以礼行，觉以律兴。一归真源，无大小乘。大明之律，是定是慧。丕穷经教，为法出世。化人无疆，垂裕无际。诏尊硕德，威仪有继。道遍大州，徽音勿替。祝融西麓，洞庭南裔。金石刻辞，弥亿千岁。

碑阴

凡葬大浮图无窾穴，其于用碑不宜。然昔之公室，礼得用碑以葬。其后子孙因宜不去，遂铭德行，用图久于世。及秦刻山石，号其功德，亦谓之碑，而其用遂行。然则虽浮图亦宜也。

凡葬大浮图，其徒广则能为碑，晋、宋尚法，故为碑者多法。梁尚禅，故碑多禅。法不周施，禅不大行，而律存焉，故近世碑多律。凡葬大浮图，未尝有比丘尼主碑事，今惟无染实来，涕泪以求，其志益坚，又能言其师他德尤备，故书之碑阴。

师凡主戒事二十二年，宰相齐公映、李公泌、赵公憬，尚书曹王皋、裴公胄，侍郎令狐公峘，或师或友，齐亲执经受大义为弟子。又言师始为童时，梦大人缟冠素舄。来告曰："居南岳大吾道者，必尔也。"已而信然。将终，夜有光明，笙磬之音，众咸见闻。若是类甚众。以儒者所不道，而无染勤以为请，故末传焉。无染，韦氏女，世显贵，今主衡山戒法。

衡山中院大律师塔铭

衡山中院大律师曰希操，没年五十七。既没二十七年，其大弟子诫盈奉公之遗事，愿铭塔石。公昝姓，凡去儒为释者三十一祀，掌律度众者二十六会。南尼戒法，坏而复正，由公而大兴；衡岳佛寺，毁而再成，由公而丕变。故当世之士，若李丞相泌，道未尝屈，睹公而稽首，尊之不名；出世之士若石廪瓒公，言未尝形，遇公而叹息，推以护法。是以建功之始，则震雷大风示其兆；灭迹之际，则陨星黑祲告其期。斯为神怪，不可度已。故其与物大同，终站无争，受学之众，他莫能偕也。凡所受教，若华严照公、兰若真公、荆州至公、律公，皆大士；凡所授教，若惟瑗、道郢、灵干、惟正、惠常、诫盈，皆闻人。呜呼！始终哉。为之铭曰：

首有承兮卒有传，革大讹兮持法权。众之至兮志益虔，雷发兆兮功已宣。星告妖兮寿不延，灵变化兮迎大仙。砻兹石兮垂万年，世有坏兮德无迁。

段太尉逸事状

太尉始为泾州刺史时，汾阳王以副元帅居蒲。王子晞为尚书，领行营节度使，寓军邠州，纵士卒无赖。邠人偷嗜暴恶者，率以货窜名军伍中，则肆志，吏不得问。日群行丐取于市，不嗛，辄奋击折人手足，椎釜鬲瓮盎盈道上，袒臂徐去，至撞杀孕妇人。邠宁节度使白孝德以王故，戚不敢言。

太尉自州以状白府，愿计事。至则曰："天子以生人付公理，公见人被暴害，因恬然；且大乱，若何?"孝德曰："愿奉教。"太尉曰："某为泾州，甚适，少事；今不忍人无寇暴死，以乱天子边事。公诚以都虞候命某者，能为公已乱，使公之人不得害。”孝德曰：“幸甚！”如太尉请。

既署一月，晞军士十七人入市取酒，又以刃刺酒翁，坏酿器，酒流沟中。太尉列卒取十七人，皆断头注槊上，植市门外。晞一营大噪，尽甲。孝德震恐，召太尉曰：“将奈何？”太尉曰：“无伤也！请辞于军。”孝德使数十人从太尉，太尉尽辞去。解佩刀，选老躄者一人持马，至晞门下。甲者出，太尉笑且入曰：“杀一老卒，何甲也？吾戴吾头来矣。”甲者愕。因谕曰：“尚书固负若属耶？副元帅固负若属耶？奈何欲以乱败郭氏？为白尚书，出听我言。”

晞出见太尉。太尉曰：“副元帅勋塞天地，当务始终。今尚书恣卒为暴，暴且乱，乱天子边，欲谁归罪？罪且及副元帅。今邠人恶子弟以货窜名军籍中，杀害人，如是不止，几日不大乱？大乱由尚书出，人皆曰尚书倚副元帅，不戢士。然则郭氏功名，其与存者几何？”言未毕，晞再拜曰：“公幸教晞以道，恩甚大，愿奉军以从。”顾叱左右曰：“皆解甲，散还火伍中，敢哗者死！”太尉曰：“吾未晡食，请假设草具。”既食，曰：“吾疾作，愿留宿门下。”命持马者去，明旦来。遂卧军中，晞不解衣，戒候卒击柝卫太尉。旦，俱至孝德所，谢不能，请改过。邠州由是无祸。

先是，太尉在泾州，为营田官。泾大将焦令谌取人田，自占数十顷，给与农，曰：“且熟，归我半。”是岁大旱，野无草，农以告谌。谌曰：“我知入数而已，不知旱也。”督责益急，农且饥死，无以偿，即告太尉。太尉判状辞甚巽，使人来谕谌。谌盛怒，召农者曰：“我畏段某耶？何敢言我！”取判铺背上，以大杖击二十，垂死，舆来庭中。太尉大泣曰：“乃我困汝。”即自取水洗去血，裂裳衣疮，手注善药，旦夕自哺农者，然后食。取骑马卖，市谷代偿，便勿知。

淮西寓军帅少尹荣，刚直士也。入见谌，大骂曰："汝诚人耶？泾州野如赭，人且饥死；而必得谷，又用大杖击无罪者。段公，仁信大人也，而汝不知敬。今段公惟一马，贱卖市谷入汝，汝取之不耻。凡为人傲天灾、犯大人、击无罪者，又取仁者谷，使主人出无马，汝将何以视天地，尚不愧奴隶耶！"谌虽暴抗，然闻言则大愧流汗，不能食，曰："吾终不可以见段公。"一夕，自恨死。

及太尉自泾州以司农征，戒其族："过岐，朱泚幸致货币，慎勿纳。"及过，泚固致大绫三百匹。太尉婿韦晤坚拒，不得命。至都，太尉怒曰："果不用吾言！"晤谢曰："处贱，无以拒也。"太尉曰："然终不以在吾第。"以如司农治事堂，栖之梁木上。泚反，太尉终，吏以告泚，泚取视，其故封识具存。

太尉逸事如右

元和九年月日，永州司马员外置同正员柳宗元谨上史馆。今之称太尉大节者出入，以为武人一时奋不虑死，以取名天下，不知太尉之所立如是。宗元尝出入岐、周、邠、斄间，过真定，北上马岭，历亭鄣堡戍，窃好问老校退卒，能言其事。太尉为人姁姁，常低首拱手行步，言气卑弱，未尝以色待物；人视之，儒者也。遇不可，必达其志，决非偶然者。会州刺史崔公来，言信行直，备得太尉遗事，覆校无疑，或恐尚逸坠，未集太史氏，敢以状私于执事。谨状。

唐相国房公德铭之阴

天子之三公称公，王者之后称公，诸侯之入为王卿士，亦曰公。有土封，其臣称之曰公。尊其道而师之，称曰公。楚之僭，凡为县者皆曰公。古之人通谓年之长老曰公。故言三公若周公、召公，王者之后若宋公，为王卿士若卫武公、虢文公、郑桓公。其臣称之，则列国皆然。师之尊若太公。楚之为县者，若叶公、白公。年之长老，若毛公、申培公。而大臣罕能以姓配公者，虽近有之，然不能著也。唐之大臣以姓配公最著者，曰房公。

房公相玄宗，有劳于蜀，人咸服其节；相肃宗，作训于岐，人咸尊其道。惟正直慈爱，以成于德。用是进退，所居而事理辩，所去而人哀号。理袁人，袁人不胜其怀。为文士赵郡李华铭公之德。乱故不克立。

今刺史太原王涯嘉公之道，犹在乎人，袁人不忘公之道，为之刻石。且曰："州之南有亭曰需宴亭，公之为也，人之思也。"乃增饰栋宇，即而立焉。州人大悦，咸会陨涕，言曰："昔公以周、召之德，微子之仁，有土封以为卿士，道为三公，德为国师，年为元老。尝为县，县怀其化；至于州，州濡其泽。凡我子孙，罔不戴慕。"盛德之词，文而不刻。更刺史数十，莫克兴起，乃卒归于王公。王公尝以机密匡天子于禁中，遵公之道，刺于我邦，承公之理；又能尊公之德，起遗文以昭前烈。则其入为卿士三公也，孰曰不宜？吾惧其去我也遽，愿书于铭之阴，用永表于邦之良政。

唐故给事中皇太子侍读陆文通先生墓表

孔子作《春秋》千五百年，以名为传者五家，今用其三焉。秉觚牍，焦思虑，以为论注疏说者百千人矣。攻讦很怒，以词气相击排冒没者，其为书，处则充栋宇，出则汗牛马，或合而隐，或乖而显。后之学者，穷老尽气，左视右顾，莫得而本。则专其所学以訾其所异，党枯竹，护朽骨，以至于父子伤夷。君臣诋悖者，前世多有之。甚矣圣人之难知也！

有吴郡人陆先生质，与其师友天水啖助洎赵匡，能知圣人之旨。故《春秋》之言及是而光明。使庸人小童，皆可积学以入圣人之道，传圣人之教，是其德岂不侈大矣哉！

先生字某，既读书，得制作之本，而获其师友。于是合古今，散同异，联之以言，累之以文。盖讲道者二十年，书而志之者又十余年，其事大备，为《春秋集注》十篇，《辩疑》七篇，《微指》二篇。明章大中，发露公器。其道以生人为主，以尧舜为的，包罗旁魄，胶轕下上，而不出于正。其法以文武为首，以周公为翼，揖让升降，好恶喜怒，而不过乎物。既成，以授世之聪明之士，使陈而明之，故其书出焉，而先生为巨儒。用是为天子争臣，尚书郎、国子博士、给事中、皇太子侍读，皆得其道。刺二州，守人知仁。永贞年，侍东宫，言其所学，为《古君臣图》以献，而道达乎上。是岁，嗣天子践阼而理，尊优师儒，先生以疾闻，临问加礼。某月日，终于京师，某月日，葬于某郡某里。

呜呼！先生道之存也以书，不及施于政；道之行也以言，不及睹其理。门人世儒，是以增恸。将葬，以先生为能文圣人之书通于后世，遂相与谥曰文通先生。后若干祀，有学其书者过其墓，哀其道之所由，乃作石以表碣。

唐故衡州刺史东平吕君诔

维唐元和六年八月日，衡州刺史东平吕君卒。爰用十月二十四日，藁葬于江陵之野。呜呼！君有智勇孝仁，惟其能，可用康天下；惟其志，可用经百世。不克而死，世亦无由知焉。君由道州。以陟为衡州。君之卒，二州之人哭者逾月。湖南人重社乡饮酒，是月上戊，不酒去乐，会哭于神所而归。

余居永州，在二州中，闻其哀声交于南北，舟船之下上，必呱呱然，盖尝闻于古而睹于今也。君之志与能不施于生人，知之者又不过十人。世徒读君之文章，歌君之理行，不知二者之于君其末也。呜呼！君之文章，宜传于百世，今其存者，非君之极言也，独其词耳；君之理行，宜及于天下，今其闻者，非君之尽力也，独其迹耳。万不试而一出焉，犹为当世甚重。若使幸得出其什二三，巍然为伟人，与世无穷，其可涯也？君所居官为第三品，宜得谥于太常。余惧州吏之逸其辞也，私为之诔，以志其行。其词曰：

麟死鲁郊，其灵不施。濯濯夫子，故洁其仪。冠仁服义，干橹《书》《诗》。忠贞继佩，智勇承綦。跨腾商、周，尧、舜是师。道不胜祸，天固余欺。鬼神齐怒，妖孽咸疑。何付之德，而夺其时。呜呼哀哉！

命姓惟吕，勤唐以力。辅宁万邦，受胙尔国。维师元圣，周以降德。世征五侯，伊祖之则。嗣济厥武，前书是式。至于化光，爰耀其特。《春秋》之元，儒者咸惑。君达其道，卓焉孔直。圣人有心，由我而得。敷施变化，动无不克。推理惟公，舒文以翼。宣于事业，与古同极。

道不苟用，资仕乃扬。进于礼司，奋藻含章。决科联中，休问用张。署雠百氏，错综逾光。超都谏列，屡皂其囊。帝殊尔能，人服其智。戎悔厥祸，款边求侍。盛选邦良，难乎始使。君登御史，赞命承事。风动海壖，皇威以致。来总征赋，甲兹郎吏。制用经邦，时推重器。诸臣之复，周官匪易。汉课笺奏，鲜云能备。君自他曹，载出其技。笔削自任，群儒革议。正郎司刑，邦宪为贰。纠佞肃邪，谄谀具畏。

迁理于道，民服休嘉。恩疏若昵，惕迩如遐。实闭其閤，而抚于家。载其愉乐，申以舞歌。赋无吏迫，威不刑加。浩然顺风，从令无哗。繇蚕外邑，我茧盈车。杂耕邻邦，我黍之华。既字其畜，亦艺其麻。鼛鼓斯屏，人喜则多。始富中教，兴良废邪。考绩既成，王用兴嗟。陟于岳滨，言进其律。号呼南竭，讴谣北溢。欺吏悍民，先声如失。逋租匿役，归诚自出。兼并既息，罢羸乃逸。惟昔举善，盗奔于邻。今我兴仁，化为齐人。惟昔富人，或赈之粟。今我厚生，不竭而足。邦思其弼，人戴惟父。善胡召灾，仁胡罹咎。俾民伊祜，而君不寿。矫矫贪凌，乃康乃茂。呜呼哀哉！

廪不余食，藏无积帛。内厚族姻，外赒宾客。恒是悬罄，逮兹易箦。僮无凶服，葬非旧陌。呜呼哀哉！

君昔与余，讲德讨儒。时中之奥，希圣为徒。志存致君，笑咏唐虞。揭兹日月，以耀群愚。疑生所怪，怒起特殊。齿舌嗷嗷，雷动风驱。良辰不偶，卒与祸俱。直道莫试，嘉言罔敷。佐王之器，穷以郡符。秩在三品，宜谥王都。诸生群吏，尚拥良图。故友咨怀，累行陈谟。是旌是告，永永不渝。呜呼哀哉！

唐故朝散大夫永州刺史崔公墓志

维元和五年九月十五日壬子，永州刺史崔公薨于位，享年六十八。己未，殡于路寝。景寅，迁神于舟。以某年某月日，归葬于某县某原，祔于皇考吏部侍郎赠户部尚书府君之墓。尚书讳漪，玄宗南巡，内禅圣嗣，府君以谋画定命，起一旅以复天下，厥功载焉。尚书之先，曰贵乡丞赠太常少卿府君，讳子美。太常之先，曰扬州江都丞府君，讳道祯。行高位卑，华冠士族。

公讳某，字某。承世德之清源，浚之以蠲洁，以端其志；采群言之枝叶，植之以茂实，以修其能。始由右千牛备身佐环卫，更盩厔、三原、蓝田尉，仍有大故，三徙同位。继授许州临颍、汝州龙兴令，推以直道，二邑齐风。哥舒曜尹河南，鲸寇猾骜，黎人播越。表公尉河南，糗粮刍茭，戎备毕给，版图田洫，民事时乂。迁扬州录事参军，实吴楚之大都会也。政令烦拏，贡奉丛沓。一日不葺，镌谯四至，公为之优游有裕。长史司徒杜公与之揖让，异于宾僚。入为太子司议郎，拜归州刺史。岩险湍悍，人类鸟兽，古号难理。公克有声，迁永州刺史朝散大夫。惟是南楚，风浮俗鬼，户为胥徒，家有禳禋。大者虐鳏孤以盗邦赋，殴愚蒙以神讹言。悖于政经，莫有禁御。公于是修整部吏，黜侵凌牟渔者数百人，以付信于下，而征贡用集；擒戮妖师，毁焄蒿淫昏者千余室，以举正群枉，而田闾克和。宽以容物，直以率下。邦人方安其理，缙神犹郁其望。体魄遽降，哀何有穷？呜呼！

公前夫人徐州参军荥阳郑钜女，有子曰义和，早夭。后夫人万年尉范阳卢彤女，嘉淑之德，继闻宗族。有子曰贻哲、贻俭，克承于家。洎公之兄子曰励曰礼，诚愿志于墓，无忘公之德。铭曰：

孰为德门？清河浚源，其流沄沄。世有显懿，扬其清芬。焕炳增华，昭于后昆。惟魴与鲤，旧史是尊。孰为茂功？尚书清风，蔼其有融。勃焉而兴，披草从龙。布令诸夏，敷和六戎。赫矣太阳，克升于中。孰为惠政？公嗣余庆，形于谣咏。小程其功，大遂其性。黠吏是省，妖风以正。于邑于邦，克扬休命。孰为遗爱？公去昭代，邦人斯痗。始焉是赖，今也何戴！孰葬我公？于洛之会。何以铭之？徽音不昧。

故永州刺史流配州崔君权厝志

博陵崔君，由进士入山南西道节度府，始掌书记。至府留后，凡五徙职。六增官，至刑部员外郎。出刺连、水两州。未至永，而连之人诉君。御史案章具狱，坐流驩州。幼弟讼诸朝。天子黜连帅，罢御史，小吏咸死，投之荒外，而君不克夏。元和七年正月二十六日卒。孤处道洎守讷，奉君之丧，逾海水，不幸遇暴风，二孤溺死。七月某日，柩至于永州。八月甲子，藁葬于社壝之北四百步。

崔氏世嗣文章，君又益工。博知古今事，给数敏辨。善谋画，南败蜀虏，西遏戎师，其虑皆君之自出。后饵五石，病疡且乱。故不承于初。今尚有五丈夫子。夫人河东柳氏，德硕行淑，先崔君十年卒。其葬在长安东南少陵北，君以窜没，家又有海锅，力不克祔。三年，将复故葬也。徒志其一二大者云。

鲵为祖，鼂为父。世文儒，积弥厚。简其名，子敬字。年五十，增以二。葬湘滋，非其地。后三年，辞当备。

唐故中散大夫检校国子祭酒兼安南都护御史中丞充安南本管经略招讨处置等使上柱国武城县开国男食邑三百户张公墓志铭并序

汉光中兴，马援雄绝域之志；晋武一统，陶璜布殊俗之恩。理随德成，功与时并。今皇帝载新景命，丕冒海隅。时惟公祇复厥绩，交阯之理。续于前人。

公讳某，字某，某郡人也。曾祖彦师，朝散大夫、尚书驾部郎中。祖瑾，怀州武德县令。考清，朝议郎、试大理寺丞，赠右赞善大夫。咸有懿美，积为余庆。公以忠肃循其中，以文术昭于外，推经旨以饰吏事，本法理以平人心。始命蕲州蕲春主簿，句会敏给，厥声显扬。仍以左领军卫兵曹为安南经略巡官，申固捍卫，有闻彰彻。转金吾卫判官。三历御史，绩用宏大，扬于天庭。加检校尚书礼部员外郎，换山南东道节度判官。复转郎中，为安南副部护，赐紫金鱼袋，充经略副使。迁检校太子右庶子，兼安南都护、御史中丞，充本管经略、招讨、处置等使。

公自为吏，习于海邦，凡其比较勤劳，利泽长久。去之则夷獠称乱，复至而寇攘顺化。及受命专征，得陈嘉谟，誓拔祸本，纳于夷轨。乃命一其贡奉，平其敛施。牧人尽区处之方，制国备刑体之法。道阻而通百货，地偏而具五人。储偫委积，师旅无庚癸之呼；缮完板榦，控带兼戊己之位。文单环王，怙力背义，公于是陆联长毂，海合艨艟，再举而克殄其徒，廓地数圻，以归于我理；乌蛮首帅，负险蔑德，公于是外申皇威，旁达明信，一动而悉朝其长，取州二十，以被于华风。易皮弁以冠带，化奸宄为诚敬，皆用周礼，率由汉仪。公患浮海之役，可济可覆，而无所恃，乃刳连乌，以辟坦途。鬼工来并，人力罕用，沃日之大，束成通沟；摩霄之阻，砻为高岸，而终古蒙利。公患疆场之制，一彼一此，而不可常，乃夏铜柱，为正制。鼓铸既施，精坚是立。固圉之下，明若白黑，易野之守，险逾丘陵，而万世无虞。奇琛良货，溢于玉府；殊俗异类，盈于藁街。优诏累旌其忠良，太史嗣书其功烈。就加国子祭酒，封武城男，食邑三百户。凡再策勋，至上柱国，三增秩至中散大夫。其年月薨于位，年若干。天子震悼，伤辞有加。明年，其孤某官与宗人号奉裳帷，率其家老，咨子叔父延唐令某，卜宅于潭州某原。葬用某月某日，人谋皆从，龟兆袭吉。乃刻兹石，著公之阀，以志于丘窴，以告于幽明。铭曰：

周限荆、衡，秦开百粤。交州之治，炎刘是设。德大来服，道消自绝。伏彼南征，汉威载烈。宛陵北附，晋政爰发。我唐流泽，光于有截。皇帝中兴，武城授钺。肃肃武城，惟夫之哲。更历毗赞，显扬彰彻。既受休命，秉兹峻节。度其谋猷，守以廉洁。厚农薄征，匪貂匪桀。通商平货，有来胥悦。践山跨海，坚其鹤列。制器足兵，溃兹蚁结。乌蛮屈服，文单剪灭。柔远开疆，会朝天阙。铜注乃复，环山以砦。海无遘迮，贼罔逾越。琛赆之献，周于穷发。帝嘉成德，载旌茂阀。增秩策勋，土封斯裂。位厄元侯，年亏大耋。邦人号呼，夷裔凄咽。卜葬长沙，连冈启穴。书铭荐辞，德音罔缺。

唐故邕管招讨副使试大理司直兼贵州刺史邓君墓志铭并序

君讳某，字某，南阳人，汉司徒禹之后也。曾祖倚，皇建州普城令。祖少立，皇沧州司马。考邕，皇左武卫兵曹参军。惟君敏给以御下，廉忠以承上，干蛊之称，洽于诸侯；信谨之迹，彰于所莅。故自始仕以至没世，示尝无闻焉。初以试太常寺奉礼郎，更职于剑南、湖南、江西。前后连帅咸器其能，以柄于事。于剑南，则亭拟阅实，以循官刑，尽哀敬之情，致淑问之颂，宽猛之适，克合于中。于湖南则外案属城。内专平准，莅丱人锡石之地，参凫氏鼓铸之功。滥山告祥，国用益赡，吏无并缘以巧法，人无怨讟以苦役，凡处斯职，莫能加焉。于江西，则旁缉传置，下绳支郡，俾无有异政，以一于诏条，财赋之重，待君而理。

无何，邕州经略使路公恕，奏署试大理评事兼贵州刺史。参帷幕之任，董龟虎之威，夷俗敬爱，革面受事。朝廷将以武定南服，命安南大校御史中丞赵良金为邕州，复以君兼招讨判官。录其导能，奏加司直，升招讨副使兼统横、廉、贵三州事。龙茸之下，直道有立，犷悍之内，义威必行。赋增而不扰，法一而无憾。然以忧栗间于多虞，卒成耳目之塞，遂致齿牙之猾。元和五年五月二十一日，疾卒于公馆，年五十五。明年某月日，返葬于潭州某原。夫人陇西李氏，大理评事练之女，年三十三，贞元十六年终于郴州。有子四人，曰贽，曰某。贽十三年矣，哀礼具焉。

京兆尹宏农公始由湖南为江西，再以君为从事，知之最厚。痛君之能不施于剧任，惜君之志见屈于群疑，且以志授宗元，使备其阙。古者观其所使，而知在上之德；今也观其所使，而知在下之诚。呜呼！可无辞乎！铭曰：

曼姓之裔，司徒隆汉。惟君是承，有植其干。始属奉常，出参藩翰。议谳西蜀，平其狴犴。巡视南楚，总兹条贯。贸迁化居，货殖攸赞。改煎镕范，贡输增筭。既饬财赋，亦专传馆。去牧荒陬，肃其听断。敚斁以息，暴戾斯逭。行非选事，进不避难。始赖其宁，终闻见惮。疾与忧积，志随魄散。年极中身，葬兹高岸。才耶命耶，君子兴叹。

吕侍御恭墓志

吕氏世居河东，至延之始大，以御史大夫为浙东道节度大使。延之生渭，为中书舍人、尚书礼部侍郎，刺湖南七州。生四子，温、恭、俭、让。以温为尚书郎，再赠至右仆射。

恭字敬叔，他名曰宗礼，或以为字，实惟吕氏宗子。尚气节，有勇略，不事小谨。读纵横书，理《阴符》、《握机》、《孙子》之术，曰："我师尚父胄也。大父洎先人，咸统方岳。今天下将理，平蔡、兖、冀、幽，洎戎犹负命。"蚤夜呼愤，以为宜得任爪牙，毕力通天子命，作文章咸道其志云。又曰："由吾兄而上三世，世为进士。吾为文不坠教戒，独武事未克缵厥绪。"因弃去。从山南西道节度府掌书记，预谋画，不甚合，以试守军卫佐加协律郎，入荐为长安主簿。复出，以监察御史参江南西道都团练军事。府表进殿中侍御史，为桂管部防御副使。元和八年去桂州，相国尚书郑公遮留，假岭南道节度判官。至广州，病痎疟加㾓，六月二十八日卒。妻裴氏，户部尚书延龄女。有丈夫子三人：曰爽，曰瑰，曰特；女子三人：曰环，曰鸾，曰倩，皆幼。行于道而倩又死，遂以柩如洛阳，祔葬于大墓，款志。

吕氏世仕至大官，皆有道，宜兴于世。温洎恭名为豪杰，知者以为是必立王功、活生人。不幸温刺衡州，年四十卒。恭未及理人，年三十七又卒。世固有有其具而不及其用若温、恭者耶！恭貌奇壮，有大志，信善容物，宜寿考硕大而又不克。吕氏之道恶乎兴！铭曰：

沨沨之风兮不可追，有志之大乎今安归？吕君去我死乎吾谁依！

故连州员外司马凌君权厝志

年月日，尚书都官员外郎、和州刺史、连州司马、富春凌君讳准，卒于桂阳佛寺。先是六月，告于州刺史博陵崔君曰：“余尝学《黄帝书》，切脉视病，今余肝伏以濇，肾浮以代，将不腊而死，审矣。凡余之学孔氏，为忠孝礼信，而事固大谬，卒不能有立乎世者，命也。臣道无以明乎国，子道无以成乎家。下之得罪于人，以谪徙丑地；上之得罚于天，以降被罪疾。余无以御也。敢以鬼事为累。”又告为老氏者某曰：“余生于辰，今而寓乎戌，辰、戌冲也，吾命与脉叶，其死矣乎！吾罪大，惧不克归柩于吾乡，是州之南，有大冈不食，吾甚乐焉，子其以是葬吾。”及是，咸如其言云。孤夷仲、求仲，以其先人之善余也，勤以志为请。

呜呼！君字宗一，以孝悌闻于其乡。杭州刺史常召君以训于下。读书为文章，著《汉后春秋》二十余万言。又著《六经解围人文集》，未就。有谋略，尚气节，赒人之急，出货力犹弃粃粺。年二十，以书干丞相。丞相以闻，试其文，日万言，擢为崇文馆校书郎。又以金吾兵曹为邠宁节度掌书记。泚泾之乱，以谋画佐元戎，常有大功，累加大理评事御史，赐绯鱼袋。换节度判官，转殿中侍御史，府丧罢职。后迁侍御史，为浙东廉使判官，抚循罢人，按验污吏。吏人敬爱，厥绩以懋，粹然而光，声闻于上，召以为翰林学士。德宗崩，迩臣议秘三日乃下遗诏，君独抗危词，以语同列王伾，画其不可者十六七，乃以旦日发丧，六师万姓安其分。遂入为尚书郎，仍以文章侍从，由本官参度支，调发出纳，奸吏衰止。以连累出和州，降连州。居母丧，不得归，而二弟继死。不食哭泣，遂丧其明以没。盖君之行事如此，其报应如此。

夫人高氏，在越。孤四人，南仲、殷仲在夫人所，未至。执友河东柳宗元，哀君有道而不明白于天下，离愍逢尤夭其生，且又同过，故哭以为志，其辞哀焉。铭曰：

噫凌君，生不淑，学孔氏，扬芬郁。好谋谟，富天禄，雠禁书，赞推毂。观灵龟，获贞卜。徙东越，翊明牧。罢人苏，污吏覆。升侍从，躬启沃。匡危疑，兴大福。吏尚书，徒隶肃。佐经邦，财用足。道之蹶，身则辱。乌江垂，九疑麓。仍祸凶，遘兹酷。能知命，无怨毒。罪不泯，死犹僇。何以葬，南岭曲。魂有灵，故乡复。封兹壤，归骨肉。为之铭，志陵谷。

故连州员外司马凌君墓后志

元和某年月日，立太子，赦下。尝有非其罪，柩得返葬。凌氏孤夷仲、求仲，自连、桂阳举其先人之柩，龟筮吉利，某年月归于杭之新城，祔于其墓。刻《前志》志其行，益以《后志》志其时，立碣于坟东南隅，申志于外。噫，亦勤矣！以其先人之行，宜克大于后，以其孤之志，宜克承于初。艰其躬以延于无穷，承而大宜哉！

故大理评事柳君墓志

晋之乱，柳氏始分，曰耆，为汝南守，居河东。又五世曰庆，相魏。貌相之嗣曰旦，仕隋为黄门侍郎。其小宗曰楷，至于唐，刺济、房、兰、廓四州。楷生夏县令府君讳绎。绎生司议郎府君讳遗爱。皆葬长安少陵原。遗爱生御史府君讳开，葬南阳。其嗣曰宽，字存谅，读其世书，扬于文词，南方之人，多讽其什。颇学礼而善为容，修吏事。始仕家令主簿，进左骁卫兵曹，试大理评事，为岭南节度推官、荆南永安军判官。府罢，为游士，出桂阳，下广州，中厉气呕泄，卒于公馆，元和六年八月七日也，年四十七。前娶琅琊王拱子。拱，国子祭酒。后娶河东裴陵子。陵，告成令。裴氏之出曰裴七。

君之从弟以君之丧归，过零陵，哭且告于宗元曰："吾伯兄从事岭南，其地多货，其民轻乱，能以简惠和柔，匡弼所奉，假守支郡，海隅以宁，斗狠仇怨，敦谕克顺。从公于荆，绥戎永安，仍专郡治，政用休阜。是时蜀寇始灭，邦人疮痍，怀君之泽，咸忘其痛。其理也惠，而不施之于大；其行也和，而不至于年；其言也文，而不显其声。今将以某月日祔葬，苟又不得令辞而志焉，是无以盖前人之大痛，敢固以请。"呜呼！予惧辞之不令以为神羞，余曷敢不诺。铭曰：

柳族之分，在北为高。充于史氏，世相重侯。中书之世，实曰兰州。夏县政良，司议德优。营营御史，乃佐元侯。惟君是嗣，其政克修。储闱补吏，环卫分曹。南越之庬，从事以宁。永安披攘，荐仍于兵。是董是经，既柔且平。浩浩呻呼，革为和声。胡不使寿，而夺之龄。柩于海壖，圹于邓邦。厥弟孔哀，惟行之恭。呱呱小子，缞而不庐。充充令妻，髽首而居。鸟兽号鸣，助我踟蹰。刻此悲辞，藏之奥隅。

东明张先生墓志

东明先生张氏曰因，尝有以文荐于天子，天子策试甚高，以为长安尉。一年，投去印绶，愿为黄老术，诏许之。居东明观三十余年，受毕法道行峻异，得众真秘书诀箓，聚经籍图史，侔于麟阁。以弟回降秩封州，先生曰："吾老矣，支体不可解也。"遂从以去。明年，回之子袭死，哭之恸，遂病。既亟，以命回曰："吾生天宝讫贞元乙酉岁十月，今死于汝之手，盈吾志矣。京师，吾生也，毕原，先人之归也，必以返葬。"乃自为志而卒。明年正月某日，葬如其言。弟子某等为碑以志于墓。辞曰：

匪禄而康，匪爵而荣。漠焉以虚，充焉以盈。言而不为华，光而不为名，介洁而周流，苞涵而清宁。幽观其形，与化为冥。寂寞以成其道，是以勿婴。世皆狂狂，奔利死名。我独浩浩，端一以生。或曰："先生友悌以遁，慈幼以死，若不能忘情者何耶？"吾曰："道去友耶，去慈耶，从容以求，其得之耶？荡莽很悖，道之非耶？且夫亏恩坏礼，枯槁憔悴。隳圣图寿，离中就异。欻然与神鬼为偶，顽然以木石为类。倥侗而不实。穷老而无死。先生之道，固知异夫此也。"乃书于石以纪。

覃季子墓铭

覃季子，其人生爱书，贫甚，尤介特，不苟受施。读经传言其说数家，推太史公、班固书下到今，横竖钩贯，又且数十家，通为书，号《覃子史纂》。又取《鬻》、《老》、《管》、《庄》、《子思》、《晏》、《孟》下到今，其术自儒、墨、名、法，至于狗彘草木，凡是益于世者，为《子纂》又百有若干家。笃于闻，不以仕为事。黜陟使取其书以氏名闻，除太子校书。某年月日死永州祁阳县某乡。将死，叹曰："宁有闻而穷乎，将无闻而丰乎？宇介而踬乎，将溷而遂乎？"葬其乡。后若干年，柳先生来永州，戚其文不大于世，求其墓以石铭。铭曰：

困其独，丰其辱。

续荥泽尉崔君墓志

太傅公既志荥泽君之葬，明年，为中书侍郎同中书门下平章事以卒。荥泽君之嗣曰膺，备物具货入于汴，汴陷于戎，丧焉不果行。会世难，不幸膺亦死。膺之亚曰太素，仕至云阳令，求其志，将行，谪南海上。元和九年，移信州，犹有累，不克如其乡。大惧缓慢滋久，哭命其子某，以某月日启君之丧，至于某，葬用某月甲子，志用太傅公之辞。又命河东柳某书缓故，且志终事之年月日。

先侍御史府君神道表

呜呼！先君之墓，仲父殿中君志焉。孤宗元不敢称道先德，然而无以昭于外者，用敢悉取仲父之所陈而系其辞，刻兹石表。

先君讳镇，字某。六代祖讳庆，后魏侍中平齐公。五代祖讳旦，周中书侍郎济阴公。高祖讳楷，隋刺济、房、兰、廓四州。曾伯祖讳奭，字子燕，唐中书令。曾祖讳子夏，徐州长史。祖讳从裕，沧州清池令。皇考讳察躬，湖州德清令。世德廉孝，飏于河浒，士之称家风者归焉。

先君之道，得《诗》之群，《书》之政，《易》之直方大，《春秋》之惩劝，以植于内而文于外，垂声当时。天宝末，经术高第。遇乱，奉德清君夫人载家书隐王屋山。间行以求食，深处以修业，作《避暑赋》。合群从弟子侄，讲《春秋左氏》、《易王氏》，衎衎无倦，以忘其忧。德清君喜曰："兹谓遁世无闷矣。"乱有间，举族如吴，无以为食。先君独乘驴无僮御以出，求仁者，冀以给食。尝经山涧，水卒至，流抵大壑，得以无苦。被濡涂以行无愠容，观者哀悼而致礼加焉。季王父六合君忤贵臣，死于吏舍，犹鞠其状。先君改服徒行，逾四千里，告于上，由是贷其问。

既而以为天子平大难，发大号，且致太平。人罹兵戎，农去耒耜，宜以时兴太学，劝耦耕，作《三老五更议》、《籍田书》，斋沐以献。道不果用。授左卫率府兵曹参军。尚父汾阳王居朔方，备礼延望，授左金吾卫仓曹参军，为节度推官，专掌书奏，进大理评事。以为刑法者，军旅之桢干，斥候者边鄙之视听，不可以不具。作《晋文公三罪议》、《守边论》，议事确直，势不能容。表为晋州录事参军。晋之守，故将也，少文而悍，酣嗜杀戮，吏莫敢与之争。先君独抗以理，无辜将死，常以身扞笞箠，拒不受命。守大怒，投几折簀，而无以夺焉。以为自下绳上，其势将殆，作《泉竭木摧诗》。终秉直以免于耻，调长安主簿。

居德清君之丧，哀有过而礼不逾，为士者咸服。服既除，常吏部命为太常博士。先君固曰："有尊老孤弱在吴，愿为宣城令。"三辞而后获，徒为宣城。四年，作阌乡令。考绩皆最，吏人怀思，立石颂德。迁殿中侍御史，为鄂岳沔都团练判官。元戎大攘狡虏，增地进律，作《夏口破虏颂》。后数年，登朝为真，会宰相与宪府比周，诬陷正士，以校私仇。有击登闻鼓以闻于上，上命先君总三司以听理，至则平反之。为相者不敢恃威以济欲，为长者不敢怀私以请间，群冤获宥，邪党侧目，封章密献，归命天子，遂莫敢言。逾年，卒中以他事，贬夔州司马。作《鹰鹯诗》。居三年，丑类就殛，拜侍御史。制书曰："守正为心，疾恶不惧。"先君捧以流涕，曰："吾惟一子，爱甚，方谪去至蓝田，诀曰：'吾目无涕。'今而不知衣之濡也，抑有当我哉！"作《喜霁之歌》。副职持宪，以正经纪。

贞元九年，宗元得进士第。上问有司曰："得无以朝士子冒进者乎？"有司以闻。上曰："是故抗奸臣窦参者耶！吾知其不为子求举矣。"是岁五月十七日，终于亲仁里第，享年五十五。七月某日，葬于万年县栖凤原。后十一年，宗元由御史为尚书郎。天子行庆于下，申命崇赠，而有司草创颇缓。会宗元得罪，遂寝不行。

太夫人范阳卢氏，某官某之女，实有全德，为九族宗师。用柔明勤俭以行其志，用图史箴诫以施其教，故二女之归他姓，咸为表式。太夫人既授封河东县太君，会册太上皇后于兴庆宫。既乃宗元贬秩为永州司马，奉侍温凊，未尝见忧。元和元年五月十五日，终于州之佛寺，享年六十八。

呜呼！宗元不谨先君之教以陷大祸，幸而缓于死。既不克成先君之宠赠，又无以宁太夫人之饮食，天殛荐酷，名在刑书。不得手开元堂以奉安祔，罪恶益大，世无所容。尚顾嗣续，不敢即死。支缀气息，以严邦刑。大惧祭祀之无主，以忝盛德。敢用特牲昭告神道，号叫万里，以毕其辞云。

先君石表阴先友记

袁高，河南人。以给事中敢谏争。贞直忠謇，举无与比。能使所居官大，再赠至礼部尚书。

姜公辅，为内学士，以奇策取相位。好谏诤，免。后以罪贬为复州刺史，卒。

齐映，南阳人。为相。以文敏显用。

严郢，河南人。刚厉好杀，号忠能。为京兆河南尹，御史大夫。善举职，为邪险构扇，以贬死。

元全柔，河南人。气象甚伟，好以德报怨，恢然者也。为大官，有土地，入为太子宾客。

杜黄裳，京兆人，宏大人也，善言体要，为相，有墙仞不佞，以谋克蜀，加司空，出为河中节度。

刘公济，河间人。厚宽硕大，与物无忤。为渭北节度，入为工部尚书，卒。

杨氏兄弟者，宏农人。皆孝友，有文章。凭，由江南西道入为散骑常侍。凝，以兵部郎中卒。凌，以大理评事卒，最善文。

穆氏兄弟者，河南人。皆强毅仁孝。赞，为御史中丞。提佞幸得贬。后至宣池歙处置使，卒。质，为尚书郎。以侍御史内供奉卒。最善文。

皇甫政，河南人。有威仪。由浙东廉使为太子宾客。

裴枢，同郡人。为御史。天子以隐罪诛吏，枢顿首愿白其状，以故贬。后为尚书郎。

李舟，陇西人。有文学，俊辨，高志气。以尚书郎使危疑反侧者再，不辱命。其道大显。被谗妒，出为刺史，废痼卒。

李鄘，江夏人。果检自负，嶷然善为官。为御史中丞、京兆尹、凤翔节度。

梁肃，安定人。最能为文，以补阙修史。侍皇太子。卒赠礼部郎中。

陈京，泗上人。始为谏官，数谏诤。有内行，文多诂训。为给事中。上方以为相，会惑疾，自刃，发痼卒。

韩会，昌黎人。善清言，有文章，名最高。然以故多谤。至起居郎，贬官，卒。弟愈，文益奇。

许孟容，吴人。读书为文口辩。为给事中，尝论事。由太常少卿为刑部侍郎。

李觌，陇西人。行义甚修。至刑部郎中，卒。故与先君为三司者也。其大理者曰杨瑀。瑀无可言，犹以狱直为御史。

宇文邈，河南人。有文，谨悫人也。为御史中丞，龊龊自守。然以直免官，复为刺史，卒。

袁滋，陈郡人。善篆书，文敏不竞。为相，出使辱命，贬刺史。复为义成军节度，卒。

卢群，范阳人。杂博，多所许与。使反侧之地，天子以为任事。为义成军节度，卒。

崔损，清河人。畏慎，为相，无所发明。然不害物。天子独爱幸，以损为长者。

郑余庆，荥阳人。再为相。始天下皆以为长者，及为大官，名益少。今为尚书、河南尹，无恙。

郑利用，余庆从父兄也。真长者。由大理少卿为御史中丞，复由中丞为大理少卿。

李益，陇西姑臧人。风流有文词。少有癖疾，以故不得用。年老常望仕，非其志，复为尚书郎。

王纾，其弟绍，太原人。绍得幸德宗，为尚书，在宰相之右。今为徐泗节度。纾有学术，鲁直为尚书郎。

路泌，河南人。以尚书郎使西戎。留戎中，度今已年八十余。既和戎，十五年不得归，无为言者。

虞当，会稽人。为郭尚父从事，终沔州刺史。以信闻。

贾弇，长乐人。善士也。为校书郎，卒。弟全，至御史中丞。

赵需，天水人。哻哻儒士也，有名。至兵部郎中，卒。

张式，南阳人。

张莒，常山人。

张惟俭，宣城当涂人。皆善言谑。式至河南尹。莒，邓州刺史。惟俭，和州刺史。

奚陟，江都人。柔敏。至吏部侍郎。世谓陟善宦。然其智足以自处也。

卢景亮，涿人。有志义，多所激发。为谏官，奏书如水赴壑。坐贬，废弃甚久。至顺宗时，为尚书郎，升中书舍人，卒。

杨于陵，宏农人。善吏，敏秀者也。为中书舍人、京兆尹。

张因，某人。举诏策为长安尉。愿去官为道士，甚有名。以其弟回降封州，曰："吾老矣，必死。"回也哭而行。遂死封州。

高郢，渤海人。有文章规矩自立者，不干贵幸。以太常为相，罢居尚书。

唐次，北海人。有文章学行义甚高。以尚书郎出为刺史，屏弃。永贞中，召以为中书舍人。道病，去长安七十里，死传舍。

苗拯，上党人。有学术，峭直。以谏议大夫漏泄省中语，贬万州，卒。

柳氏兄弟者，先君族兄弟也。最大并，字百存。为文学，至御史。病瞽，遂废。次中庸、中行，皆名有文。咸为官，早死。

柳登、柳冕者，族子也。自其父芳，善文史，与冕并居集贤书府，冕文学益健，颇躁。自吏部郎中出为刺史。至福建廉使，卒。登晚仕至尚书郎、秘书少监。

薛丹，同郡人。至尚书郎。

吕牧，东平人。由尚书郎刺泽州，卒。

崔镇，清河人。至检校郎官。子群，为右补阙，赠给事中。

房启，河南人。善清言。由万年令为容州经略。

于申，河南人。至尚书郎。

常仲孺，河南人。今为谏议大夫。

苏弁，武功人。好聚书，至三万卷。与先君通书。以户部侍郎贬，复为刺史。

崔芃，博陵人。善言名理。为御史尚书郎。

郑元均，荥阳人。强抗，少所推让，然以此多怨，困不得仕。

辛恽，陇西人。有史学。

韩衡，昌黎人。善士。

陈众甫，梓潼人。高志气。

薛伯高，同郡人。好读书，号为长者。后至尚书，卒。

张宣力，清河人。儒善。后表其名去“力”，但为宣。自元均至宣力，皆没没无显仕者。

孤宗元曰：先君之所与友，凡天下善士举集焉。信让而大显，道博而无杂。今之世言交者以为端。敢悉书所尤厚者，附兹石以铭于背如右。

先太夫人河东县太君归祔志

先夫人姓卢氏，讳某，世家涿郡。寿止六十有八。元和元年，岁次丙戌，五月十五日，弃代于永州零陵佛寺。明年某月日，安祔于京兆万年栖凤原先侍御史府君之墓。其孤有罪，衔哀待刑，不得归奉丧事以尽其志，侄洎太夫人兄之子宏礼承事焉。呜呼天乎！太夫人有子不令而陷于大僇，徙播疠土，医巫药膳之不具，以速天祸，非天降之酷，将不幸而有恶子以及是也。又今无适主以葬，天地有穷，此冤无穷。既举葬纼，犹以不孝之辞，拟述先德，且志其酷焉。

尝逮事伯舅，闻其称太夫人之行以教曰："汝宜知之，七岁通《毛诗》及刘氏《列女传》，斟酌而行，不坠其旨。汝宗大家也，既事舅姑，周睦姻族，柳氏之孝仁益闻。岁恶少食，不自足而饱孤幼，是良难也。"又尝侍先君，有闻如舅氏之谓，且曰："吾所读旧史及诸子书，夫人闻而尽知之无遗者。"某始四岁，居京城西田庐中，先君在吴，家无书，太夫人教古赋十四首，皆讽传之。以诗礼图史及剪制缕结授诸女，及长，皆为名妇。

先君之仕也，伯母叔母姑姊妹子侄虽远在数千里之外，必奉迎以来。太夫人之承之也，尊己者，敬之如臣事君；下己者，慈之如母畜子；敌己者，友之如兄弟。无不得志者也。诸姑之有归，必废寝食，礼既备，尝有劳疾。先君将改葬王父母，太夫人泣以莅事。事既具，而大故及焉，不得成礼。

既得命于朝，祗奉教曰："汝忘大事乎？吾冢妇也，今也宜老，而唯是则不敢暇，抑将任焉。若有日，吾其行也。"及命为邵州，又喜曰："吾愿得矣。"竟不至官而及于罪。是岁之初，天子加恩群臣，以宗元任御史尚书郎，封太夫人河东县太君。八月，会册太上皇后于兴庆宫，礼无违者。既至永州，又奉教曰："汝唯不恭宪度，既获戾矣，今将大儆于后，以盖前恶，敬惧而已。苟能是，吾何恨哉！明者不悼往事，吾未尝有戚戚也。"而卒以无孝道，不能有报焉。

丧主子妇。七岁，而不果娶。窜穷徼，人多疾殃，炎暑熇蒸，其下卑湿，非所以养也。诊视无所问，药石无所求，祷祠无所实，苍黄叫呼，遂遘大罚。天乎神乎，其忍是乎！而独生者谁也？为祸为逆，又顽很而不得死，逾月逾时，以至于今。灵车远去，而身独止；玄堂暂开，而目不见。孤囚穷縶，魄逝心坏。苍天苍天，有如是耶，有如是耶！而犹言犹食者，何如人耶？已矣已矣！穷天下之声，无以舒其哀矣。尽天下之辞，无以传其酷矣。刻之坚石，措之幽阴，终天而止矣。

下殇女子墓砖记

下殇女子生长安善和里，其始名和娘。既得病，乃曰："佛，我依也，愿以为役。"更名佛婢。既病，求去发为尼，号之为初心。元和五年四月三日死永州，凡十岁。其母微也，故为父子晚。性柔惠，类可以为成人者，然卒夭。敛用缁褐，铭用砖甓，葬零陵东郭门外第二岗之西隅。铭曰：

孰致也而生？孰召也而死？焉从而来，焉往而止？魂气无不之也，骨肉归复于此。

小侄女子墓砖记

字为雅，氏为柳。生甲申，死己丑。日十二，月在九。是日葬，东岗首。生而惠，命则夭。始也无，今何有。质之微，当速朽。铭兹瓦，期永久。

马室女雷五葬志

马室女雷五，父曰师儒，业进士。雷五生巧慧异甚，凡事丝纩文绣，不类人所为者，余睹之甚骇。家贫，岁不易衣，而天姿洁清修严，恒若簪珠玑，衣纨縠，寥然不易为尘垢杂。年十五，病死。后二日，葬永州东郭东里。以其姨母为妓于余也，将死，曰："吾闻柳公尝巧我慧我，今不幸死矣，安得公之文志我于墓？"其父母不敢以云。葬之日，余乃闻焉，既而闵焉，以攻石之后也，遂为砂书玄砖，追而纳诸墓。

赵秀才群墓志

婴、臼死信孤乃立，王侯世家天水邑。群字容成系是袭，祖某父某仕相及。嗟然秀才胡伋伋，体貌之恭艺始习。娶于赤水礼犹执，南浮合浦遽远集。元和庚寅神永戢，问年二纪益以十。仆夫返柩当启蛰，潇湘之交瘗原隰。稚妻号叫幼女泣，和者凄欷行路悒。追初悯夭铭兹什。

太府李卿外妇马淑志

氏曰马，字曰淑，生广陵。母曰刘，客倡也。淑之父曰总，既孕而卒，故淑为南康讴者。李君为睦州，诋狂寇见诬，左官为循州录，过而慕焉，纳为外妇，偕窜南海上。及移永州，州之骚人多李之旧，日载酒往焉。闻其操鸣弦为新声，抚节而歌，莫不感动其音，美其容，以忘其居之远而名之辱，方幸其若是也。元和五年五月十九日，积疾卒于湘水之东，葬东冈之北垂，年二十四。铭曰：

容之丰兮艺之功，隐忧以舒和乐雍。佳冶凋殒逝安穷。谐鼓瑟兮湘之浒，嗣灵音兮永终古。

处士段弘古墓志并序

段处士宏古，读纵横书，刚峭少合，尤濩落，不事产。人或交之，度非义，辄去。以故年五十，不就禄。常以法家言，抵御史大夫何士干，延以上座。将用之，会士干死。闻襄阳节度使于頔爱人大言，遂干以兵画，一见喜甚，居月余，视頔终不可与立功，又遁去。陇西李景俭、东平吕温，高气节，尚道义，闻其名，求见，大欢。留门下，或一岁，或半岁，与言，不知日出。温卒，景俭逐，前右拾遗张宿与然诺，南见中山刘禹锡、河东柳宗元，二人者言于御史中丞崔公。公时降治永州，知其信贤，徼其去。又南抵好义容州扶风窦群，途过桂，桂守旧知君，拒不为礼。君愤怒，发病，不肯治，曰：“平生见大人，未尝相下。今穷于此，年加老，接接无所容入也，益困于俗笑，吾安用生为？埋道边耳！”居六月，死逆旅中。崔公为出涕，命特赠赙，致其丧来永州，哭为祭之。与丧具道里费，归葬澧州安乡县黄山南麓上。

君之死，元和九年八月十六日，后某月日葬。祖某官，父某官。妻彭城刘氏。子知微、知章，皆未冠。铭曰：

廉不贪，直不倚。困者吾之，通者不以。不惩其踬，卒以亢死。观游非类，有贱非鄙。何以葬之？黄山南趾。

永州司功参军谭随亡母毛氏志文

毛氏夫人，父曰仪禹，丰州别驾。祖宏义，济州户曹。夫人归谭氏，曰损，为邓州司仓参军。损父昌，为常州录事参军。祖曰元爱，为左羽林大将军、宏农男。惟谭洎毛氏，于周咸为诸侯，谭入于莒，毛及魏为后族，千岁复合。

夫人生丈夫子曰随。随谨愿好礼。始克于裴、柳为姻。随娶裴氏，今中书舍人次元之族弟也。女子嫁柳氏，曰从肇，曰余族兄也。余早承族兄之教，闻夫人之德。且曰随之所以能立，洎吾嫂之所以令，皆夫人之训。则宜有以文其声诗，刻而措诸墓。夫人讳某，寿若干，某年月日终，某月日祔于此。志曰：

周之列国，谭子、毛伯。合是二姓，从其匹敌。夫人有训，乃策厥族。惟时善良，不享丰福。懿厥子姓，追号宪德。内言不出，孰表贞节。愿垂休铭，永志幽谷。

卷十

柳宗元三

设渔者对智伯

智氏既灭范、中行，志益大，合韩、魏围赵，水晋阳。智伯瑶乘舟以临赵，且又往来观水之所自，务速取焉。

群渔者有一人坐渔，智伯怪之，问焉。曰："若渔几何？"曰："臣始渔于河中，今渔于海，今主大兹水，臣是以来。"曰："若之渔何如？"曰："臣幼而好渔。始臣之渔于河，有鲂、鲔、鳣、鳐者，不能自食，以好臣之饵，日收者百焉。臣以为小，去而之龙门之下，伺大鲔焉。夫鲔之来也，从鲂鲤数万，垂涎流沫，后者得食焉。然其饥也，亦返吞其后。愈肆其力，逆流而上，慕为螭龙。及夫抵大石，乱飞涛，折鳍秃翼，颠倒顿踣，顺流而下，宛委冒懵，环坻溆而不能出。向之从鱼之大者，幸而啄食之，臣亦徒手得焉。犹以为小。闻古之渔有任公子者，其得益大。于是去而之海上，北浮于碣石，求大鲸焉。臣之具未及施，见大鲸驱群鲛，逐肥鱼于渤澥之尾，震动大海，簸掉巨岛，一啜而食若舟者数十，勇而未已，贪而不能止，北蹙于碣石，槁焉。向之为食者，反相与食之，臣亦徒手得焉。犹以为小。闻古之渔有太公者，其得益大，钓而得文王。于是舍而来。"

智伯曰："今若遇我也如何？"渔者曰："向者臣已言其端矣。

始晋之侈家，若栾氏、祁氏、郤氏、羊舌氏以十数，不能自保，以贪晋国之利，而不见其害，主之家与五卿，尝裂而食之矣，是无异鲂、鲔、鳣、鳀也。脑流骨腐于主之故鼎，可以惩矣，然而犹不肯寤。又有大者焉，若范氏、中行氏，贪人之土田，侵人之势力，慕为诸侯而不见其害。主与三卿又裂而食之矣，脱其鳞，脍其肉，刳其肠，断其首而弃之，鲲鲕遗胤，莫不备俎豆，是无异夫大鲔也。可以惩矣，然而犹不肯寤。又有大者焉，吞范、中行以益其肥，犹以为不足，力愈大而求食愈无厌，驱韩、魏以为群鲛，以逐赵之肥鱼，而不见其害。贪肥之势，将不止于赵，臣见韩、魏惧其将及也，亦幸王之蹙于晋阳。其目动矣，而主乃傲然，以为咸在机俎之上，方磨其舌。抑臣有恐焉，今辅果舍族而退，不肯同祸，段规怨深而造谋，主之不寤，臣恐主为大鲸，首解于邯郸，鬣摧于安邑，胸披于上党，尾断于中山之外，而肠流于大陆，为鲜薨以充三家子孙之腹。臣所以大惧。不然，主之勇力强大，于文王何有？”

智伯不悦，然终以不寤。于是韩、魏与赵合灭智氏，其地三分。

愚溪对

柳子名愚溪而居。五日，溪之神夜见梦曰：“子何辱予，使予为愚耶？有其实者，名固从之，今予固若是耶？予闻闽有水，生毒雾厉气，中之者，温屯沤泄，藏石走濑，连舻糜解；有鱼焉，锯齿锋尾而兽蹄，是食人，必断而跃之，乃仰噬焉。故其名曰恶溪。西海有水，散涣而无力，不能负芥，投之则委靡垫没，及底而后止，故其名曰弱水。秦有水，掎汩泥淖，挠混沙砾，视之分寸，眙若睨壁，浅深险易，昧昧不觌，乃合泾渭，以自彰秽迹，故其名曰浊泾。雍之西有水，幽险若漆，不知其所出，故其名曰黑水。夫恶弱，六极也；浊黑，贱名也。彼得之而不辞，穷万世而不变者，有其实也。今予甚清与美，为子所喜，而又功可以及圃畦，力可以载方舟，朝夕者济焉。子幸择而居予，而辱以无实之名以为愚，卒不见德而肆其诬，岂终不可革耶？”

柳子对曰：“汝诚无其实，然以吾之愚而独好汝，汝恶得避是名耶！且汝不见贪泉乎？有饮而南者，见交趾宝货之多，光溢于目，思以两手左右攫而怀之，岂泉之实耶？过而往贪焉，犹以为名，今汝独招愚者居焉，久留而不去，虽欲革其名不可得矣。夫明王之时，智者用，愚者伏。用者宜迩，伏者宜远。今汝之托也，远王都三千余里，侧僻回隐，蒸郁之与曹，螺蚌之与居，唯触罪摈辱愚陋黜伏者，日侵侵以游汝，闯闯以守汝。汝欲为智乎？胡不呼今之聪明皎厉握天子有司之柄以生育天下者，使一经于汝，而唯我独处？汝既不能得彼而见获于我，是则汝之实也。当汝为愚而犹以为诬，宁有说耶？”

曰：“是则然矣。敢问子之愚何如而可以及我？”柳子曰：“汝欲穷我之愚说耶？虽极汝之所往，不足以申吾喙；涸汝之所流，不足以濡吾翰。姑示子其略：吾茫洋乎无知，冰雪之交，众裘我絺；溽暑之铄，众从之风，而我从之火。吾荡而趋，不知太行之异乎九衢，以败吾车；吾放而游，不知吕梁之异乎安流，以没吾舟。吾足蹈坎井，头抵木石，冲冒榛棘，僵仆虺蜴，而不知怵惕。何丧何得，进不为盈，退不为抑，荒凉昏默，卒不自克。此其大凡者也。愿以是汙汝可乎？”

于是溪神深思而叹：“嘻！有余矣，是及我也。因俯而羞，仰而吁，涕泣交流，举手而辞。一晦一明，觉而莫知所之。遂书其对。

对贺者

柳子以罪贬永州，有自京师来者，既见，曰：“予闻于坐事斥逐，予适将唁子。今予视子之貌，浩浩然也，能是达矣，余无以唁矣，敢更以为贺。”

柳子曰：“子诚以貌乎。则可也，然吾岂若是而无志者耶！姑以戚戚为无益乎道，故若是而已耳。吾之罪大，会主上以宽理人，用和天下，故吾得在此。凡吾之贬斥，幸矣，而又戚戚焉何哉？夫为天子尚书郎，谋画无所陈，而群比以为名，蒙耻遇僇，以待不测之诛。苟人尔，有不汗栗危厉偲偲然者哉！吾尝静处以思，独行以求，自以上不得自列于圣朝，下无以奉宗祀，近丘墓，徒欲苟生幸存，庶几似续之不废。是以傥荡其心，倡佯其形，茫乎若升高以望，溃乎若乘海而无所往，故其容貌如是。子诚以浩浩而贺我，其孰承之乎？嘻笑之怒，甚乎裂眦；长歌之哀，过乎恸哭。庸讵知吾之浩浩，非戚戚之尤者乎？子休矣！”

杜兼对

或问曰：“朝廷以公且明，进善退不肖，未尝不当。然否有一疑焉，愿有闻于子以释予也。”曰：“何哉？”曰：“杜兼为濠州，幸兵之乱，杀无罪士二人。蓄货足欲，吾以为唐梼杌、饕餮者亡以异。然而卒入为郎中、给事中，出由商至河南尹，乃死。夫何取于兼者若是幸也？”

曰：“若子之言，兼之罪，吾虽不睹乎目，然闻之熟，宜废而不用久矣。然而吾有一取焉。吾闻兼在濠州，有钟离令卢某者，宰相戚也，而谗且谀，日状其僚之过恣以致于兼，且曰：‘是过是恣，我独无有。’其僚因惴恐，以俟谪怒于上，令日施施自负，曰：‘州君将我陟也。’兼得之，乃大怒，罚令，使僚也咸得自达，以进乎善，因摈令终不得面焉。人由是不苟免，而谗谀之道大息。朝廷进兼，于内则给事中，于外则至河南尹。盖知兼有是善也欤？诚然，不为公且明耶？”或者曰：“兼，凶狡人也。恣杀以充己，其为过章章者，凡天下儿童，（后阙）。

天对

问曰：遂古之初，谁传道之？上下未形，何由考之？冥昭瞢暗，谁能极之？冯翼惟像，何以识之？明明暗暗，惟时何为？

对曰：本始之茫，诞者传焉。鸿灵幽纷，曷可言焉！曶黑晰眇，往来屯屯，庬昧革化，惟元气存，而何为焉！

问：阴阳三合，何本何化？

对：合焉者三，一以统同。吁炎吹冷，交错而功。

问：圜则九重，孰营度之？

对：无营以成，沓阳而九。转輠浑沦，蒙以圜号。

问：惟兹何功，孰初作之？

对：冥凝玄厘，无功无作。

问：斡维焉系？天极焉加？

对：乌徯系维，乃麋身位。无极之极，漭弥非垠。或形之加，孰取大焉！

问：八柱何当，东南何亏？

对：皇熙亹亹，胡栋胡宇。宏离不属，焉恃夫八柱！

问：九天之际，安放安属？

对：无青无黄，无赤无黑。无中无旁，乌际乎天则。

问：隅隈多有，谁知其数？

对：巧欺淫诳，幽阳以别。无限无隅，曷懵厥列。

问：天何所沓？十二焉分？

对：折篿剡筵，午施旁竖，鞠明究曛，自取十二。非予之为，焉以告汝！

问：日月安属？列星安陈？

对：规毁魄渊，太虚是属。棋布万荧，咸是焉托。

问：出自汤谷，次于蒙汜？

对：辐旋南昼，轴奠于北。轨彼有出次，惟汝方之侧。平施旁运，恶有谷、汜！

问：自明及晦，所行几里？

对：当焉为明，不逮为晦。度引久穷，不可以里。

问：夜光何德，死则又育？

对：毁炎莫俪，渊迫而魄，遐违乃专，何以死育！

问：厥利维何，而顾菟在腹？

对：玄阴多缺，爰感厥兔，不形之形，惟神是类。

问：女歧无合，夫焉取九子？

对：阳健阴淫，降施蒸摩，歧灵而子，焉以夫为！

问：伯强何处？惠气安在？

对：怪弥冥更，伯强乃阳。顺和调度，应气出行。时届时缩，何有处乡！

问：何阖而晦？何开而明？

对：明焉非辟，晦兮非藏。

问：角宿未旦，曜灵安藏？

对：孰旦孰幽，缪躔于经。苍龙之寓，而廷彼角亢。

问：不任汩鸿，师何以尚之？佥曰何忧，何不课而行之？

对：惟鲧谗谗，邻圣而孽。恒师庬蒙，乃尚其圯。后惟师之难，瞑颏使试。

问：鸱龟曳衔，鲧何听焉？顺欲成功，帝何刑焉？永遏在羽山，夫何三年不施？

对：盗堙息壤，招帝震怒。赋刑在下，而投弃于羽。方陟元子，以胤功定地。胡离厥考，而鸱龟肆喙！

问：伯禹腹鲧，夫何以变化？纂就前绪，遂成考功。何续初继业，而厥谋不同？

对：气孽宜害，而嗣续得圣，汙涂而蕖，夫固不可以类。胝躬躄步，桥楯勚踣。厥十有三载，乃盖考丑。宜仪刑九畴，受是玄宝。昏成厥孽，昭生于德。惟氏之继，夫孰谋之式！

问：洪泉极深，何以填之？

对：行鸿下隤，厥丘乃降。焉填绝渊，然后夷于土！

问：地方九则，何以坟之？

对：从民之宜，乃九于野。坟厥贡艺，而有上中下。

问：应龙何画？河海何历？

对：胡圣为不足，反谋龙智？畚锸究勤，而欺画厥尾！

问：鲧何所营？禹何所成？康回冯怒，地何故以东南倾？

对：圜焘廓大，厥立不植。地之东南，亦已西北。彼回小子，胡颠陨尔力！夫谁骇汝为此，而以恩天极？

问：九州何错？川谷何洿？

对：州错富媪，爰定于趾。躁川静谷，形有高庳。

问：东流不溢，孰知其故？

对：东穷归墟，又环西盈。脉穴土区，而浊浊清清。坟垆燥疏，渗渴而升。充融有余，泄漏复行。器运漱漱，又何溢为！

问：东西南北，其修孰多？

对：东西南北，其极无方。夫何鸿洞，而课校修长！

问：南北顺椭，其衍几何？

对：茫忽不准，孰衍孰穷！
问：昆仑县圃，其凥安在？
对：积高于乾，昆仑攸居。蓬首虎齿，爰处爰都。
问：增城九重，其高几里？
对：增城之高，万有三千。
问：四方之门，其谁从焉？
对：清温燠寒，迭出于时。时之丕革，由是而门。
问：西北辟启，何气通焉？
对：辟启以通，兹气之元。
问：日安所到？烛龙何照？
对：修龙口燎，爰北其首，九阴极冥，厥朔以炳。
问：羲和之未扬，若华何光？
对：惟若之华，禀羲以耀。
问：何所冬暖？何所夏寒？
对：狂山凝凝，冰于北至。爰有炎洲，司寒不得以试。
问：焉有石林？有兽能言？
对：石胡不林？往视西极。兽言嘐嘐，人名是达。
问：焉有虬龙，负熊以游？
对：有虬螓蛇，不角不鳞，嬉夫玄熊，相待以神。
问：雄虺九首，倏忽焉在？
对：南有怪虺，罗首以噬。倏、忽之居，帝南、北海。
问：何所不死，长人何守？
对：员丘之国，身民后死。封、嵎之守，其横九里。
问：靡萍九衢，枲华安居？
对：有萍九歧，厥图以诡。浮山孰产？赤华伊枲。
问：灵蛇吞象，厥骨何如？

对：巴蛇腹象，足觌厥大。三岁遗骨，其修已号。

问：黑水、玄趾，三危安在？

对：黑水淫淫，穷于不姜。玄趾则北，三危则南。

问：延年不死，寿何所止？

对：仙者幽幽，寿焉孰慕！短长不齐，咸各有止。胡纷华漫汗，而潜谓不死！

问：鲮鱼何所？鬿堆焉处？

对：鲮鱼人貌，迩列姑射。鬿雀峙北号，惟人是食。

问：羿焉弹日？乌焉解羽？

对：焉有十日，其火百物！羿宜炭赫厥体，胡庸以枝屈！大泽千里。群乌是解。

问：禹之力献功，降省下土四方。焉得彼嵞山女，而通之于台桑？闵妃配合，厥身是继。胡维嗜欲不同味，而快鼌饱？

对：禹惩于续，嵞妇亟合。胈离厥肤，三门以不眠。呱呱之不盡，而孰图厥味！卒燥中野，民攸宇攸暨。

问：启代益作后，卒然离蠥？

对：彼呱克臧，俾姒作夏。献后益于帝，谆谆以不命。复为叟耆，曷戚曷孽！

问：何启惟忧，而能拘是达？皆归射鞠，而无害厥躬？

对：呱勤于德，民以乳活。扈仇厥正，帝授柄以挞凶穷。圣庸夫孰克害！

问：何后益作革，而禹播降？

对：益革民艰，咸粲厥粒。惟禹授以土，爰稼万亿。违溺践垍，休居以康食。姑不失圣，天胡往不道！

问：启棘宾商，《九辩》、《九歌》。

对：启达厥声，堪舆以呻。辨同容之序，帝以贸嫔。

问：何勤子屠母，而死分竟坠？

对：禹母产圣，何副厥旅！彼淫言乱嘱，聪聩以不处。

问：帝降夷羿，革孽夏民。

对：夷羿滔淫，割更后相。夫孰作厥孽，而诬帝以降！

问：胡羿射夫河伯，而妻彼雒嫔？

对：震鶮厥鳞，集矢于晥。肆叫帝不谌，失位滋嫚。有洛之嫮，焉妻于狡！

问：冯珧利决，封豨是射。何献蒸肉之膏，而后帝不若？

对：夸夫快杀，鼎豨以虑饱。馨膏腴帝，叛德恣力。胡肥台舌喉，而滥厥福！

问：浞娶纯狐，眩妻爰谋。何羿之射革，而交吞揆之？

对：寒谗妇谋，后夷卒戕。荒弃于野，俾奸民是臧。举土作仇，徒怙身弧！

问：阻穷西征，岩何越焉？化为黄熊，巫何活焉？

对：鲸殛羽岩，化黄而渊。

问：咸播秬黍，莆雚是营？

对：子宜播稙稚，于丘于川。维莞维蒲，维菰维芦。丕彻以图，民以欢以都。

问：何由并投，而鮌疾修盈？

对：尧酷厥父，厥子激以功，克硕厥祀，后世是郊。

问：白蜺婴茀，胡为此堂？安得夫良药，不能固臧？天式从横，阳离爰死。大鸟何鸣，夫焉丧厥体？

对：王子怪骇，蜺形茀裳。衣褫操戈，犹懵夫药良。终鸟号以游，奋厥篚筐。督漠莫谋，形胡在胡亡。

问：蓱号起雨，何以兴之？

对：阳潜而爨，阴蒸而雨。蓱凭以兴，厥号爰所。

问：撰体协胁，鹿何膺之？

对：气怪以神，爰有奇躯。胁属支偶，尸帝之隅。

问：鳌戴山抃，何以安之？

对：宅灵之丘，掉焉不危，鳌厥首而恒以恬夷？

问：释舟陵行，何以迁之？

对：要释而陵，殆或谪之。龙伯负骨，帝尚窄之！

问：惟浇在户，何求于嫂？何少康逐犬，而颠陨厥首？

对：浇嫪以力，兄麀聚之。康假于田，肆克宇之。

问：女歧缝裳，而馆同爰止。何颠易厥首，而亲以逢殆？

对：既裳既舍，宜咸坠厥首。

问：汤谋易旅，何以厚之？

对：汤奋癸旅，爰以伛拊。载厥德于葛，以诘仇饷。

问：覆舟斟寻，何道取之？

对：康复旧物，寻焉保之。覆舟喻易，尚或艰之。

问：桀伐蒙山，何所得焉？妹嬉何肆，汤何殛焉？

对：惟桀嗜色，戎得蒙昧，淫处暴娱，以大启厥伐。

问：舜闵在家，父何以鳏？尧不姚告，二女何亲？

对：瞽父仇舜，鳏以不俪。尧专以女，兹俾胤厥世。惟蒸蒸翼翼，于妫之汭。

问：厥萌在初，何所意焉？璜台十成，谁所极焉？

对：纣台于璜，箕克兆之。

问：登立为帝，孰道尚之？

对：惟德登帝，师以首之。

问：女娲有体，孰制匠之？

对：娲躯虺号，占以类之。胡曰化七十，工获诡之！

问：舜服厥弟，终然为害。何肆犬体，而厥身不危败？

对：舜弟眂厥仇，毕屠水火。夫固优游以圣，而孰殆厥祸！犬断于德，终不克以噬。昆庸致爱，邑鼻以赋富。

问：吴获迄古，南岳是止。孰期去斯，得两男子？

对：嗟伯之仁，逊季旅岳。雍同度厥义，以嘉吴国。

问：缘鹄饰玉，后帝是飨。何承谋夏，桀终以灭丧？

对：空桑鼎殷，谄羹厥鸽。惟轲知言，晌焉以为不。仁易愚危，夫曷揆曷谋。咸逃丛渊，虐后以刘。

问：帝乃降观，下逢伊挚。何条放致罚，而黎伏大说？

对：降厥观于下，匪挚孰承！条伐巢放，民用溃厥疣，以夷于肤，夫曷不谣！

问：简狄在台，喾何宜？元鸟致贻，女何喜？

对：喾狄祷禖，契形于胞。胡乙鷇之食，而怪焉以嘉！

问：该秉季德，厥父是臧。

对：该德胤考，蓐收于西。爪虎手钺，尸刑以司慝。

问：胡终弊于有扈，牧夫牛羊？

对：牧正矜矜，浇扈爰踣。

问：干协时舞，何以怀之？

对：阶干以娱，苗革而格。不迫以死，夫胡狃厥贼！

问：平胁曼肤，何以肥之？

对：辛后骇狂，无忧以肥。肆荡弛厥体，而充膏于肌。啬宝被躬，焚以旗之。

问：有扈牧竖，云何而逢？击床先出，其命何从？

对：扈释于牧，力使后之。民仇焉寓，启床以斮。

问：恒秉季德，焉得夫朴牛？何往营班禄，不但还来？

对：殷武踵德，爰获牛之朴！夫唯陋民是冒，而丕号以瑞。卒营而班，民心是市。

问：昏微循迹，有狄不宁。何繁鸟萃棘，负子肆情？

对：解父狄淫，遭憝以赧。彼中之不目，而徒以色视。

问：眩弟并淫，危害厥兄。何变化以作诈，后嗣而逢长？

对：象不兄龚，而奋以谋。盖圣孰凶怒，嗣用绍厥爱？

问：成汤东巡，有莘爰极。何乞彼小臣，而吉妃是得？

对：莘有玉女，汤巡爰获。既内克厥合，而外弼于德。伊知非妃，伊之知臣，曷以不识！

问：水滨之木，得彼小子。夫何恶之媵，有莘之妇？

对：胡木化于母，以蝎厥圣！喙鸣不良，谩以诡正。尽邑以垫，孰译彼梦！

问：汤出重泉，夫何罪尤？不胜心伐帝，夫谁使挑之？

对：汤行不类，重泉是囚。违虐立辟，实罪德之由。师凭怒以割，癸挑而仇。

问：会晁争盟，何践吾期？苍鸟群飞，孰使萃之？

对：胶鬲比豢，雨行践期。捧盎救灼，仁兴以毕随。鹰之咸同，得使萃之。

问：到击纣躬，叔旦不嘉。何亲揆发，足周之命以咨嗟？

对：颈纣黄钺，旦孰喜之！民父有厘，嗟以美之。

问：授殷天下，其位安施？反成乃亡，其罪伊何？

对：位庸庇民，仁克莅之。纣淫以害，师殛圮之。

问：争遣伐器，何以行之？并驱击翼，何以将之？

对：咸逌厥死，争徂器之。冀鼓颠御，让舞靡之。

问：昭后成游，南土爰底。厥利惟何，而逢彼白雉？

对：水滨玩昭，荆陷弑之。缪迓越裳，畴肯雉之。

问：穆王巧梅，夫何为周流？环理天下，夫何索求？

对：穆懵《祈招》，猖洋以游。轮行九野，惟怪之谋。胡给娱载胜之兽，觞瑶池以迭谣！

问：妖夫曳衒，河号乎市？周幽谁诛，焉得夫褒姒？

对：孺贼厥诜，爰檿其弧。幽祸挐以夸，惮褒以渔。淫嗜蕿杀，谏尸謗屠。孰鳞漦以征，而化鼋是辜！

问：天命反侧，何罚何佑？

对：天邈以蒙，人厶以离。胡克合厥道，而诘彼尤违。

问：齐桓九会，卒然身杀？

对：桓号其大，任属以傲。幸良以九合，逮孽而坏。

问：彼王纣之躬，孰使乱惑？何恶辅弼，谗谄是服？

对：纣无谁使惑，惟志为首。逆图倒视，辅谗以僇宠。

问：比干何逆，而抑沉之？雷开何顺，而赐封之？

对：干异召死，雷济克后。

问：何圣人之一德，卒其异方？梅伯受醢，箕子佯狂？

对：文德迈以被，芮鞫顺道。醢梅奴箕，忠咸丧以丑厚。

问：稷惟元子，帝何笃之？投之于冰上，鸟何燠之？

对：弃灵而功，笃胡爽焉。翼冰以炎，盍崇长焉。

问：何冯弓挟矢，殊能将之？既惊帝切激，何逢长之？

对：既歧既嶷，宜庸将焉。纣凶以启，武绍尚焉。

问：伯昌号衰，秉鞭作牧。何令彻彼岐社，命有殷之国？

对：伯鞭于西，化江、汉浒。易岐社以太，国之命以祚武。

问：迁藏就岐，何能依？

对：逾梁橐囊，膻仁蚁萃。

问：妲有惑妇，何所讥？

对：妲灭淫商，痡民以亟去。

问：受赐兹醢，西伯上告。何亲授上帝罚，殷之命以不救？

对：肉梅以颁，乌不台诉！孰盈癸恶，兵躬殄祀！

问：师望在肆，昌何志？鼓刀扬声，后何喜？

对：牙伏牛渔，积内以外萌。歧目厥心，瞭眂显光。奋力屠国，以髀髋厥商。

问：武发杀殷，何所悒？载尸集战，何所急？

对：发杀曷逞，寒民于烹。惟栗厥文考，而虔予以徂征。

问：伯林雉经，维其何故？何感天抑坠，夫谁畏惧？

对：中谮不列，恭君以雉。胡螾讼蛲贼，而以变天地。

问：皇天集命，惟何戒之？受礼天下，又使至代之？

对：天集厥命，惟德受之。胤怠以弃，天又祐之。

问：初汤臣挚，后兹承辅。何卒官汤，尊食宗绪？

对：汤、挚之合，祚以久食。昧始以昭末，克庸成绩。

问：勋阖、梦生，少离散亡。何壮武厉，能流厥严？

对：光征梦祖，憾离以厉。仿惶激覆，而勇益德迈。

问：彭铿斟雉，帝何飨？受寿永多，夫何久长？

对：铿羹于帝，圣孰嗜味！夫死自暮，而谁飨以俾寿！

问：中央共牧，后何怒？蜂蚁微命，力何固？

对：虺啮已毒，不以外肆。细腰群螯，夫何足病！

问：惊女采薇，鹿何祐？北至回水，萃何喜？

对：萃回偶昌，鹿曷祐以女！

问：兄有噬犬，弟何欲？易之以百两，卒无禄？

对：鍼欲兄爱，以快侈富。愈多厥车，卒逐以旅。

问：薄暮雷电，归何忧？厥严不奉，帝何求？伏匿穴处，爰何云？荆勋作师，夫何长先？悟过改更，我又何言？

对：咨吟于野，胡若之很！严坠谊殄丁厥任，合行违匿，固若所咿嚘。忿毒意谁与？丑齐徂秦，啗厥诈谗，登狡庸咈以施。甘恬祸凶亟鋤夷。愎不可化徒若罢。

问：吴光争国，久予是胜？

对：阖绰厥武，滋以侈颓。

问：何环穿自闾社丘陵，爰出子文？

对：于菟不可以作，怠焉庸归。

问：吾告堵敖以不长？

对：款吾敖之阙以旅尸。

问：何试上自予，忠名弥彰？

对：诚若名不尚，曷极而辞。

晋问

吴子问于柳先生曰："先生晋人也，晋之故宜知之。"曰："然。""然则吾愿闻之可乎？"曰："可。晋之故封，太行掎之，首阳起之，黄河迤之，大陆靡之。或巍而高，或呀而渊。景霍、汾、浍，以经其壖。若化若迁，钩婴蝉联，然后融为平川，而侯之都居，大夫之邑建焉。其高壮，则腾突撑拒，聱岈郁怒，若熊罴之咆、虎豹之嗥，终古而不去；攫秦搏齐，当者失据，燕狄惴怯，若卵就压，振振业业，觑关蹀户，惕若仆妾。其按衍则平盈旋缘，纡徐夷延，若飞鸢之翔舞，洄水之容与。以稼则硕，以植则茂，以牧则蕃，以畜则庶，而人用是富，而邦以之阜。其河则浚源昆仑，入于天渊，出乎无门，行乎无垠，自匈奴而南，以介西鄙。冲奔太华，运肘东指；混溃后土，渍浊麋沸，鼋鼍诡怪，于于汩汩，腾倒骈越，委泊涯涘，呀呷欲纳，摧杂失坠。其所荡激，则连山参差，广野坏裂，轰雷怒风，撼鹄于嶼；崩石之所转跃，大木之所擢拔，濑泙洞踏者，弥数千里，若万夫之斩伐。而其轴轳之所负，橦樯之所御，鳞川林壑，熛云遁雨，瞬目而下者，榛榛沄沄，百舍一赴。若是何如？"

吴子曰："先生之言，丰厚险固，诚晋之美矣。然晋人之言表里山河者，备败而已，非以为荣观显大也。吴起所谓'在德不在险'，此晋人之籍也。愿闻其它。"

先生曰："太卤之金，棠溪之工，火化水淬，器备以充。为棘，为矛，为铩，为钩，为镝，为镞，为槊，为鍭。出太白，征蓐收，召招摇，伏蚩尤，肃肃褷褷，合众灵而成之。博者，狭者，曲者，直者，歧者，劲者，长者，短者，攒之如星，奋之如霆，运之如萦。浩浩奕奕，淋淋涤涤，荧荧的的，若雪山冰谷之积。观者胆掉，目出寒液。当空发耀，英精互绕，晃荡洞射，天气尽白，日规为小，铄云破霄，跕坠飞鸟。弓人之弓，函人之甲，胶角百选，犀兕七属。乃使跟超掖夹之伦，服而持之，南瞰诸华，北詟群夷，技击节制，闻于天下，是为善师。延目而望之，固以拳拘喘汗，免胄肉袒，进不敢降，退不敢窜。若是何如?"

吴子曰："夫兵之用，由德则吉，由暴则凶，是又不可为美观也。先轸曰'师直为壮，曲为老'，况徒以坚甲利刃之为上哉!"

先生曰："晋国多马，屈焉是产。土寒气劲，崖拆谷裂，草木短缩，鸟兽坠匿，而马蕃焉。师师兟兟，溶溶纭纭，辐辐辚辚，或赤或黄，或玄或苍，或醇或駹，黮然而阴，炳然而阳，若旌旃旗帜之煌煌。乍进乍止，乍伏乍起，乍奔乍蹶，若江汉之水，疾风驱涛，击山荡壑，云沸而不止。群饮源槁，回食野赭，浴川蹙浪，喷震播洒，溃溃焉，若海神驾雪而来下。观其四散惝怳，开合万状，喜者鹊厉，怒者人搏，决然坌跃，千里相角。风骙雾鬣，劚山抉壑，耳摇层云，腹捎众木，寂寥远游，不久而复。攫地跳梁，坚骨兰筋，交颈互啮，斗目相驯，聚溲更嘘。昂首张断。其小者则连牵缴绕，仰乳俯龁，蚁杂螽集，啾啾潗潗，旅走丛立。其材之可者，收敛攻教，掉手飞縻，指毛命物，百步就羁。牵以苟息，御以王良，超以范鞅，轩以栾针，以佃以戎，兽获敌摧。若是何如?”

吴子曰：“‘恃险与马’者，子不闻乎？故曰‘冀之北土，马之所生’，‘是不一姓’。请置此而新其说。”

先生曰：“晋之北山有异材，梓匠工师之为宫室求大木者，天下皆归焉。仲冬既至，寒气凝成，外凋内贞，沉液不行，乃坚乃良。万工举斧以入，必求诸岩崖之欹倾，涧壑之纡萦，凌巑岏之杪颠，漱泉源之淦瀯，根绞怪石，不土而植，千寻百围，与石同色。罗列而伐者，头抗河汉，刃披虹霓，声振连峦，秭填层溪。丁丁登登，硠硠稜稜，若兵车之乘凌。其响之所应，则溃溃渊渊，汹汹薨薨，若骞若崩，若螭龙之斗，风霆相腾。其殊而下者，札巙捎杀，摧崒坱圠，霞披电裂，又似共工触不周而天柱折。鹍鹳鹙鸧，号鸣飞翔，貙豻虎兕，奔触砻栗，伏无所入，遁无所脱。然后断度收罗，捎危颠，芟繁柯，乘水潦之波，以入于河而流焉。荡突硉兀，转腾冒没，类秦神驱石以梁大海；抵曲鳞蹙，汇流雷解，前者汩越，后者追隘，乃下夫龙门之悬水。摺拉颓踏，捽首轩尾，澒入重渊，不知其几百里也。涛波之旋，滔山触天，既渟既平，弥望悠焉。良久，乃始昂屹涌溢，挺拔而出，林立峰崪，穿云蔽日，涣然自挠，复就行列，浑浑而去，以至其所。唯良工之指顾，丛台、阿房，长乐、未央，建章、昭阳之隆丽诡特，皆是之自出。若是何如?”

吴子曰：“吾闻君子患无德，不患无土；患无土，不患无人；患无人，不患无宫室；患无宫室，不患材之不已有。先生之所陈，四累之下也。且虒祁既成，诸侯叛之。”

先生曰：“河鱼之大，上迎涛波，罗瓮津涯，千里雷驰，重马轻车，遂以君命，矢而纵观焉。大罟断流，修网亘山，罩罶罜麗，织纴其间，巨舟轩昂，仡仡回环，水师更呼，声裂商颜。于是鼓噪沓集而从之，扼龙吭，拔鲸鳍，戮白鼋，逐毒螭，叱冯夷，立水湄。搜搅流离，掬缩推移，梁会网蹙，腾天弥围，掉蹙拥踊，以登夫历山之垂。如川之归，如山之摧，如云之披。其有乘化会神，振拔涟沦，摛奇文，出怪鳞，腾飞涛而上逸，生电雷于龙门者，犹仰伦飞缴，顿踣而取之，莫不脱角裂翼，呀咻匍匐，复就脔切，莫保龙籍，具糅五味，布列雕俎，风云失势，沮散远去。若夫鲂、鲿、鲔、鲤，鰋、鳢、鲂、鲂之琐屑蔑裂者，夫固不足悉数，漏脱绂目，养之水府，而三河之人，则已填溢餍饫，腥膏舄卤，闻鲙炙之美，则掩鼻蹙颏，贱甚粪土而莫顾者也。若是何如?”

吴子曰：“一时之观，不足以夸后世；口舌之味，不足以利百姓。姑欲闻其上者。”

先生曰：“猗氏之盐，晋宝之大也，人之赖之与谷同，化若神造，非人力之功也。但至其所，则见沟塍畦畹之交错轮囷，若稼若圃，敞兮匀匀，涣兮鳞鳞，逦弥纷属，不知其垠。俄然决源酾流，交灌互澍，若枝若股，委屈延布，脉写膏浸，潗湿滑汩，弥高掩庳，漫垅冒块，决决没没，远近混会，抵值堤防，瀯瀛霈濊，偃然成渊，漭然成川。观之者徒见浩浩之水，而莫知其以及。神液阴漉，甘卤密起，孕灵富媪，不爱其美。无声无形，熛结迅诡，回眸一瞬，积雪百里。皛皛幂幂，奋偾离析，锻圭椎璧，眩转的皪。乍似陨星及地，明灭相射，冰裂雹碎，巃嵸增益。大者印累，小者珠剖，涌者如坻，坳者如缶，日晶熠煜，萤骇电走，亘步盈车，方尺数斗。于是裒敛合集，举而堆之，皓皓乎悬圃之巍巍，皦乎溔乎，狂山太白之淋漓。骇化变之神奇，卒不可推也。然后驴骡牛马之运，西出秦、陇，南过樊、邓，北极燕、代，东逾周、宋，家获作咸之利，人被六气之用，和钧兵食，以征以贡。其赉天下也，与海分功，可谓有济矣。若是何如?”

吴子曰:“魏绛之言曰‘近宝则公室乃贫’，岂谓是耶? 虽然，此可以利民矣，而未为民利也。”

先生曰:“愿闻民利。”

吴子曰:“安其常而得所欲，服其教而便于己，百货通行而不知所自来，老幼亲戚相保而无德之者，不苦兵刑，不疾赋力。所谓民利，民自利者是也。”

先生曰:“文公之霸也，援秦破楚，囊括齐宋，曹卫解裂，鲁郑震恐，定周于温，奉册受锡，夹辅纠逖，以为侯伯，并盟践土，低昂玉帛。天子恃焉，以有诸侯；诸侯恃焉，以有其国；百姓恃焉，以有其妻子而食其力。叛者力取，附者仁抚；推德义，立信让；示必行，明所向；达禁止，一好尚。《春秋》之事，公侯大夫策文马，驰轩车，出入环连，贯于国都，则有五筵之堂，九凡之室，大小定位，左右有秩，禽牢饩馈，交错文质，飨有嘉乐，宴有庭实，登降好赋，牺象毕出，犒劳赠贿，率礼无失。六卿理兵，大戎小戎，钟鼓丁宁，以讨不恭。车埒万乘，卒半天下，鼓之则震，旆之则畏。其号令之动，若水之源，若轮之旋，莫不如志。当此之时，咸能欢娱以奉其上，故其民至于今，好义而任力。此以民力自固，假仁义而用天下，其遗风尚有存者。若是可以为民利也乎?”

吴子曰:“近之矣，然犹未也。彼霸者之为心也，引大利以自向，而搂他人之力以自为固，而民乃后焉。非不知而化，不令而一，异乎吾向之陈者，故曰近之矣，犹未也。”

先生曰:“三河古帝王之更都焉，而平阳，尧之所理也，有茅茨、采椽、土型之度，故其人至于今俭啬；有温恭、克让之德，故其人至于今善让；有师锡、佥曰、畴咨之道，故其人至于今好谋而深；有百兽率舞、凤凰来仪、于变时雍之美，故其人至于今和而不怒；有昌言、儆戒之训，故其人至于今忧思而畏祸；有无为、不言、垂衣裳之化，故其人至于今恬以愉，此尧之遗风也。愿以闻于子，何如？”

吴子离席而立，拱而言曰：“美矣善矣，其蔑有加矣。此固吾之所欲闻也。夫俭则人用足而不淫；让则遵分而进善，其道不斗；谋则通于远而周于事；和则仁之质；戒则义之实；恬以愉则安而久于其道也。至乎哉！今主上方致太平，动以尧为准，先生之言，道之奥者，若果有贡于上，则吾知其易易焉也。举晋国之风以一诸天下，如斯而已矣。敬再拜受赐。”

答问

有问柳先生者曰：“先生貌类学古者，然遭有道，不能奋厥志，独被罪辜，废斥伏匿。交游解散，羞与为戚，生平向慕，毁书灭迹。他人有恶，指诱增益，身居下流，为谤薮泽。骂先生者不忌，陵先生者无谪。遇揖目动，闻言心惕，时行草野，不知何适。独何劣耶？观今之贤智，莫不舒翘扬英，推类援朋，叠足天庭，魁全恢张，群驱连行。奇谋高论，左右抗声，出入翕忽，拥门填扃，一言出口，流光垂荣。岂非伟耶？先生虽读古人书，自谓知理道、识事机，而其施为若是其悖也。狼狈摈僇，何以自表于今之世乎？”

先生答曰：“敬闻命。然客言仆知理道、识事机，过矣。仆懵夫屈伸去就，触罪受辱，幸得联肢体、完肌肤，犹食人之食，衣人之衣，用人之货，无耕织居贩，然而活给羞愧恐栗之不暇，今客又推当世贤智以深致诮责，吾缧囚也，逃山林入江海无路，其何以容吾躯乎？愿客少假声气，使得详其心次其论。”

客曰：“何取？”先生曰：“仆少尝学问，不根师说，心信古书，以为凡事皆易，不折之以当世急务，徒知开口而言，闭目而息，挺而行，踬而伏，不穷喜怒，不究曲直，冲罗陷阱，不知颠踣，愚惷狂悖，若是甚矣。又何以恭客之教而承厚德哉？今之世工拙不欺，贤不肖明白。其显进者，语其德，则皆茫洋深闳，端贞鲠亮，苞并涵养，与道俱往。而仆乃蹇浅窄僻，跳浮嚄唶，抵瑕陷厄，固不足以趑趄批捩而追其迹。举其理，则皆谟明渊沉，剖微究深，劈析是非，校度古今。而仆乃缄钳默塞，耗眊窒惑，抉异探怪，起幽作匿，攸攸恤恤，卒自祸贼，固不足以睢盱激昂而效其则。言其学，则皆总揽罗络，横竖杂博，天旋地缩，鬼神交错。而仆乃单庸撇莩，离疏空虚，窃听道涂，颛嚣蒙愚，不知所如，固不足以抗颜摇舌而与之俱。称其文，则皆汗漫辉煌，呼嘘阴阳，轇轕三光，陶熔帝皇。而仆乃朴鄙艰涩，培塿潗湁，毫联缕缉，尘出块入，固不足以摅摛踊跃而涉其级。兹四者悬判，虽庸童小女，皆知其不及，而又裹以罪恶，缠以羁絷，客从而挤之，不亦忍乎？且夫白羲、骎耳之得康庄也，逐奔星，先飘风，而跛驴不出泥滓。黄钟、元间之登清庙也，铿天地，动神祇，而呜呜咬哇，不入里耳。西子、毛嫱之蹈后宫也，皦朝日，焕浮云，而无盐逐于乡里。蛟龙之腾于天渊也，弥六合，泽万物，而虾与蛭不离尺水。卓诡倜傥之士之遇明世也，用智能，显功烈，而么眇连蹇，颠顿披靡，固其所也。客又何怪哉？且夫一涉险阨厄惩而不再者，烈士之志也；知其不可而速已者，君子之事也。吾将窃取之以没吾世，不亦可乎？”乃歌曰：

尧舜之修兮，禹益之忧兮，能者任而患者休兮。跹跹蓬藋，乐吾囚兮。文墨之彬彬，足以舒吾愁兮。已乎已乎，曷之求乎！

客乃笑而去。

起废答

柳先生既会州刺史，即治事，还，游于愚溪之上。溪上聚黧老壮齿，十有一人，谡足以进，列植以庆。卒事，相顾加进而言曰：“今兹是州，起废者二焉，先生其闻而知之欤?”答曰：“谁也?”曰：“东祠躄浮图，中厩病颡之驹。”

曰：“若是何哉?”曰：“凡为浮图道者，都邑之会必有师，师善为律，以敕戒始学者与女释者，甚尊严，且优游。躄浮图有师道，少而病躄，日愈以剧，居东祠十年，扶服舆曳，未尝及人，仄匿愧恐殊甚。今年，他有师道者悉以故去，始学者与女释者伥伥无所师，遂相与出躄浮图以为师，盥濯之，扶持之，壮者执舆，幼者前驱，被以其衣，导以其旗，怵惕疾视，引且翼之。躄浮图不得已，凡师数百生。日馈饮食，时献巾帨，洋洋也，举莫敢逾其制。中厩病颡之驹，颡之病亦且十年，色玄不厖，无异技，硁然大耳。然以其病，不得齿他马。食斥弃异皂，恒少食，屏立摈辱，掣顿异甚，垂首披耳，悬涎属地，凡厩之马，无肯为伍。会今刺史以御史中丞来莅吾邦，屏弃群驷，舟以溯江，将至，无以为乘。厩人咸曰：‘病颡驹大而不厖，可秣饰焉；他马巴、僰庳狭，无可当吾刺史者。’于是众牵驹上燥土大庑下，荐之席，縻之丝，浴剔蚤鬋，刮恶除洟；莝以雕胡，秣以香萁；错贝鳞缨，凿金文羁；络以和铃，缨以朱绥；或膏其鬣，或劘其脽；御夫尽饰，然后敢持。除道履石，立之水涯；幢旆前罗，杠盖后随；千夫翼卫，当道上驰；抗首出臆，震奋遨嬉。当是时，若有知也，岂不曰宜乎?”

先生曰：“是则然矣，叟将何以教我?”黧老进曰：“今先生来吾州亦十年，足轶疾风，鼻如膻香。腹溢儒书，口盈宪章。包今统古，进退齐良。然而一废不复，曾不若躄足涎颡之犹有遭也。朽人不识，敢以其惑，愿质之先生。”先生笑且答曰：“叟过矣！彼之病，病乎足与颡也；吾之病，病乎德也。又彼之遭，遭其无耳。今朝廷洎四方，豪杰林立，谋猷川行。群谈角智，列坐争英。披华发辉，挥喝雷霆。老者育德，少者驰声。卯角羁贯，排厕鳞征。一位暂缺，百事交并。骈倚悬足，曾不得逞。不若是州之乏释师大马也。而吾以德病伏焉，岂躄足涎颡之可望哉？叟之言过昭昭矣，无重吾罪！”于是黧老壮齿，相视以喜，且吁曰：“谕之矣！”拱揖而旋，为先生病焉。

鹘说

有鸷曰鹘者，穴于长安荐福浮图有年矣。浮图之人，室宇于其下者，伺之甚熟，为余说之曰：“冬日之夕，是鹘也，必取鸟之盈握者完而致之，以燠其爪掌，左右而易之。旦则执而上浮图之跂焉，纵之，延其首以望，极其所如往，必背而去焉。苟东矣，则是日也不东逐，南北西亦然。

呜呼！孰谓爪吻毛翮之物而不为仁义器耶？是固无号位爵禄之欲，里闾亲戚朋友之爱也，出乎鷇卵，而知攫食决裂之事尔，不为其它。凡食类之饥，唯旦为甚，今忍而释之，以有报也。是不亦卓然有立者乎？用其力而爱其死，以忘其饥，又远而违之，非仁义之道耶？恒其道，一其志，不欺其心，斯固世之所难得也。

余又疾夫今之说曰：以煦煦而嘿，徐徐而俯者，善之徒；以翘翘而厉、炳炳而白者，暴之徒。今夫枭鸺，晦于昼而神于夜；鼠不穴寝庙，循墙而走，是不近于煦煦者耶？今夫鹘，其立趯然，其动砉然，其视的然，其鸣革然，是不近于翘翘者耶？由是而观其所为，则今之说为未得也。孰若鹘者，吾愿从之。毛耶翮耶，胡不我施？寂寥太清，乐以忘饥。

捕蛇者说

永州之野产异蛇，黑质而白章，触草木尽死，以啮人，无御之者。然得而腊之以为饵，可以已大风、挛踠、瘘、疠，去死肌，杀三虫。其始，大医以王命聚之，岁赋其二，募有能捕之者，当其租入，永之人争奔走焉。

有蒋氏者，专其利三世矣。问之，则曰："吾祖死于是，吾父死于是，今吾嗣为之十二年，几死者数矣。"言之，貌若甚戚者。余悲之，且曰："若毒之乎？予将告于莅事者，更若役，复若赋，则何如？"

蒋氏大戚，汪然出涕曰："君将哀而生之乎？则吾斯役之不幸，未若复吾赋不幸之甚也。向吾不为斯役，则久已病矣。自吾氏三世居是乡，积于今六十岁矣，而乡邻之生日蹙。殚其地之出，竭其庐之入，号呼而转徙，饥渴而顿踣，触风雨，犯寒暑，呼嘘毒疠，往往而死者相藉也。曩与吾祖居者，今其室十无一焉；与吾父居者，今其室十无二三焉；与吾居十二年者，今其室十无四五焉，非死则徙尔。而吾以捕蛇独存。悍吏之吾乡，叫嚣乎东西，隳突乎南北，哗然而骇者，虽鸡狗不得宁焉。吾恂恂而起，视其缶，而吾蛇尚存，则弛然而卧。谨食之，时而献焉。退而甘食其土之有，以尽吾齿。盖一岁之犯死者二焉，其余则熙熙而乐，岂若吾乡邻之旦旦有是哉！今虽死乎此，比吾乡邻之则已后矣，又安敢毒耶？"

余闻而愈悲。孔子曰："苛政猛于虎也。"吾尝疑乎是，今以蒋氏观之犹信。呜呼！孰知赋敛之毒，有甚是蛇者乎！故为之说，以俟夫观人风者得焉。

乘桴说

子曰："道不行，乘桴浮于海，从我者其由与！"子路闻之喜。子曰："由也，好勇过我，无所取材。"说曰：海与桴与材，皆喻也。海者，圣人至道之本，所以浩然而游息者也。桴者，所以游息之具也。材者，所以为桴者也。《易》曰："复其见天地之心乎？"则天地之心者，圣人之海也。复者，圣人之桴也。所以复者，桴之材也。孔子自以拯生人之道，不得行乎其时，将复守至道而游息焉。谓由也勇于闻义，果于避世，故许其从之也。其终曰："无所取材"云者，言子路徒勇于闻义，果于避世，而未得所以为复者也。此以退子路兼人之气，而明复之难耳。然则有其材以为其桴，而游息于海，其圣人乎？子谓颜渊曰："用之则行，舍之则藏，唯我与尔有是夫！"由是而言，以此追庶几之说，则回近得矣。而曰"其由也与"者，当是叹也回死矣夫。

或问曰："子必圣人之云尔乎？"曰："吾何敢？吾以广异闻，且使遁世者得吾言以为学，其于无闷也，揵焉而已矣。"

说车赠杨诲之

杨诲之将行，柳子起而送之门，有车过焉，指焉而告之曰："若知是之所以任重而行于世乎？材良而器攻，圆其外而方其中然也。材而不良，则速坏。工之为功也，不攻则速败。中不方则不能以载，外不圆则窒拒而滞。方之所谓者箱也，圆之所谓者轮也。匪箱不居，匪轮不涂。吾子其务法焉者乎！"曰："然。"

曰："是一车之说也，非众车之说也，吾将告子乎众车之说。泽而杼，山而侔，上而轾，下而轩且曳。祥而旷左，革而长毂以戟，巢焉而以望，安以爱老，辎以蔽内，垂绥而以畋，载十二旒，而以庙以郊，以陈于庭，其类众也。然而其要，存乎材良而器攻，圆其外而方其中也。是故任而安之者箱，达而行之者轮，恒中者轴，揭而固老蚤，长而挠，进不罪乎马，退不罪乎人者辕，却暑与雨者盖，敬而可伏者轼，服而制者马若牛，然后众车之用具。

今杨氏，仁义之林也，其产材良。诲之学古道，为古辞，冲然而有光，其为工也攻。果能恢其置若箱，周而通之若轮，守大中以动乎外而不变乎内若轴，摄之以刚健若蚤，引焉而且御乎物若辕，高以远乎污若盖，下以成乎礼若轼，险而安，易而利，动而法，则庶乎车之全也。《诗》之言曰："四牡騑騑，六辔如琴。"孔氏语曰："左为六官，右为执法。此其以达于大政也。凡人之质不良，莫能方且恒。质良矣，用不周，莫能以圆遂。孔子于乡党，恂恂如也，遇阳货必曰诺，而其在夹谷也，视叱齐侯类蓄狗，不震乎其内。后之学孔子者，不志于是，则吾无望焉耳矣。"

诲之，吾戚也，长而益良，方其中矣。吾固欲其任重而行于世，惧圆其外者未至，故说车以赠。

谪龙说

扶风马孺子言：年十五六时，在泽州，与群儿戏郊亭上。顷然有奇女坠地，有光晔然，被缬裘白纹之里，首步摇之冠。贵游年少骇且悦之，稍狎焉。奇女頩尔怒曰："不可。吾故居钧天帝宫，下上星辰，呼嘘阴阳，薄蓬莱，羞昆仑，而不即者。帝以吾心侈大，怒而谪来，七日当复。今吾虽辱尘土中，非若俪也。吾复，且害若。"众恐而退。遂入居佛寺讲室焉。及期，进取杯水饮之，嘘成云气，五色翛翛也。因取裘反之，化为白龙，徊翔登天，莫知其所终。亦怪甚矣。

鸣呼！非其类而狎其谪不可哉！孺子不妄人也，故记其说。

罴说

鹿畏貙，貙畏虎，虎畏罴。罴之状，被发人立，绝有力而甚害人焉。楚之南有猎者，能吹竹为百兽之音。昔云持弓矢罂火，而即之山，为鹿鸣以感其类，伺其至，发火而射之。貙闻其鹿也，趋而至。其人恐，因为虎而骇之。貙走而虎至，愈恐。则又为罴，虎亦亡去。罴闻而求其类，至则人也。捽搏挽裂而食之。

今夫不善内而恃外者，未有不为罴之食也。

观八骏图说

古之书有记周穆王驰八骏升昆仑之墟者，后之好事者为之图，宋、齐以下传之。观其状甚怪，咸若骞若翔，若龙凤麒麟，若螳螂然。其书尤不经，世多有，然不足采。世闻其骏也。因以异形求之。则其言圣人者，亦类是矣。故传伏羲曰牛首，女娲曰其形类蛇，孔子如亻其头，若是者甚众。孟子曰："何以异于人哉？尧舜与人同耳！"

今夫马者，驾而乘之，或一里而汗，或十里而汗，或数十里百里而不汗才者，视之，毛物尾鬣，四足而蹄，龁草饮水，一也。推是而至于骏，亦类也。今夫人，有不足为负贩者，有不足为吏者，有不足为士大夫者，有足为者，视之圆首横目，食谷而饱肉，絺而清，裘而燠，一也，推是而至于圣，亦类也。然则伏羲氏、女娲氏、孔子氏，是亦人而已矣。骅骝、白羲、山子之类，若果有之，是亦马而已矣。又乌得为牛，为蛇，为倛头，为龙、凤、麒麟、螳螂然也哉！

然而世之慕骏者，不求之马，而必是图之似，故终不能有得于骏也。慕圣人者，不求之人，而必若牛、若蛇、若倛头之问，故终不能有得于圣人也。诚是天下有是图者，举而焚之，则骏马与圣人出矣。

天说

韩愈谓柳子曰："若知天之说乎？吾为子言天之说。今夫人有疾痛、倦辱、饥寒甚者，因仰而呼天曰：'残民者昌，佑民者殃！'又仰而呼天曰：'何为使至此极戾也？'若是者，举不能知天，夫果蓏饮食既坏，虫生之；人之血气败逆壅底，为痈疡、疣赘、瘘痔，虫生之；木朽而蝎中，草腐而萤飞，是岂不以坏而后出耶？物坏，虫由之生；元气阴阳之坏，人由之生。虫之生而物益坏，食啮之，攻穴之，虫之祸物也滋甚。其有能去之者，有功于物者也；繁而息之者，物之仇也。人之坏元气阴阳也亦滋甚：垦原田，伐山林，凿泉以井饮，窾墓以送死，而又穴为郾溲，筑为墙垣、城郭、台榭、观游，疏为川渎、沟洫、陂池，燧木以燔，革金以熔，陶甄琢磨，悴然使天地万物不得其情，幸幸冲冲，攻残败挠而未尝息。其为祸元气阴阳也，不甚于虫之所为乎？吾意有能残斯人，使日薄岁削，祸元气阴阳者滋少，是则有功于天地者也；蓄而息之者，天地之仇也。今夫人举不能知天，故为是呼且怨也。吾意天闻其呼且怨，则有功者受赏必大矣，其祸焉者受罚亦大矣。子以吾言为何如？"

柳子曰："子诚有激而为是耶？则信辩且美矣。吾能终其说。彼上而玄者，世谓之天；下而黄者，世谓之地；浑然而中处者，世谓之元气；寒而暑者，世谓之阴阳。是虽大，无异果蓏、痈痔、草木也。假而有能去其攻穴者，是物也，其能有报乎？蕃而息之者，其能有怒乎？天地，大果蓏也；元气，大痈痔也；阴阳，大草木也，其乌能赏功而罚祸乎？功者自功，祸者自祸，欲望其赏罚者，大谬矣；呼而怨，欲望其哀且仁者，愈大谬矣。子而信子之仁义以游其内，生而死尔，乌置存亡得丧于果蓏、痈痔、草木耶？”

复吴子松说

子之疑木肤有怪文，与人之贤不肖、寿夭、贵贱，果气之寓欤？为物者裁而为之欤？予固以为寓也。子不见夫云之始作乎？勃怒冲涌，击石薄木，而肆乎空中，偃然为人，拳然为禽，敷舒为林木，嵑嶫为宫室，谁其搏而斫之者？风出洞窟，流离百物，经清触浊，呼召窍穴，与夫草木之俪偶纷罗，雕葩剡芒，臭朽馨香，采色之赤碧白黄，皆寓也，无裁而为之者。又何独疑兹肤之奇诡，与人之贤不肖、寿夭、贵贱，参差不齐者哉？是固无情，不足穷也。

然有可恨也，人或权褒贬黜陟为天子求士者，皆学于圣人之道，皆又以仁义为的，皆曰我知人我知人。披辞窥貌，逐其声而核其所蹈者，以升而降。其所升，恒多蒙瞀祸贼僻邪，罔人以自利者；其所降，率多清明冲淳，不为害者。彼非无情物也，非不欲得其升降也，然犹反戾若此。逾千百年，乃一二人，幸不出于此者。征之，犹无以为告。今子不是病，而木肤之问为物者有无之疑，子胡横讯过诘，扰扰焉如此哉？

宋清传

宋清，长安西部药市人也。居善药。有自山泽来者，必归宋清氏，清优主之。长安医工得清药辅其方，辄易雠，咸誉清。疾病疕疡者，亦毕乐就清求药，冀速已。清皆乐然响应，虽不持钱者，皆与善药，积券如山，未尝诣取直。或不识遥与券，清不为辞。岁终，度不能报，辄焚券，终不复言。市人以其异，皆笑之，曰："清，蚩妄人也。"或曰："清其有道者欤？"清闻之曰："清逐利以活妻子耳，非有道也，然谓我蚩妄者亦谬。"

清居药四十年，所焚券者百数十人，或至大官，或连数州，受俸博，其馈遗清者，相属于户。虽不能立报而以赊死者千百，不害清之为富也。清之取利远，远故大，岂若小市人哉？一不得直，则怫然怒，再则骂而仇耳。彼之为利，不亦翦翦乎！吾见蚩之有在也。清诚以是得大利，又不为妄，执其道不废，卒以富。求者益众，其应益广。或斥弃沉废，亲与交视之落然者，清不以怠，遇其人，必与善药如故。一旦复柄用，益厚报清。其远取利皆类此。

吾观今之交乎人者，炎而附，寒而弃，鲜有能类清之为者。世之言徒曰"市道交"。呜呼！清，市人也，今之交有能望报如清之远者乎？幸而庶几，则天下之穷困废辱得不死亡者众矣，"市道交"岂可以少耶？或曰："清，非市道人也。"柳先生曰：清居市不为市之道，然而居朝廷、居官府、居庠塾乡党以士大夫自名者，反争为之不已，悲夫！然则清非独异于市人也。

李赤传

李赤，江湖浪人也。尝曰："吾善为歌诗，诗类李白。"故自号曰李赤。游宣州，州人馆之。其友与俱游者有姻焉。间累日，乃从之馆。赤方与妇人言，其友戏之。赤曰："是媒我也，吾将娶乎是。"友大骇，曰："足下妻固无恙，太夫人在堂，安得有是？岂狂易病惑耶？"取绛雪饵之，赤不肯。有间，妇人至，又与赤言。即取巾经其脰，赤两手助之，舌尽出。其友号而救之，妇人解其巾走去。赤怒曰："法无道，吾将从吾妻，汝何为者？"赤乃就牖间为书，辗而圆封之。又为书，博而封之。讫，如厕久，其友从之，见赤轩厕抱瓮诡笑而侧视，势且下。入乃倒曳得之。又大怒曰："吾已升堂面吾妻。吾妻之容，世固无有，堂宇之饰，宏大富丽，椒兰之气，油然而起。顾视汝之世犹溷厕也，而吾妻之居，与帝居钧天、清都无以异，若何苦余至此哉？"然后其友知赤之所遭，乃厕鬼也。聚仆谋曰："亟去是厕。"遂行宿三十里。夜，赤又如厕久，从之，且复入矣。持出，洗其污，众环之以至旦。去抵他县，县之吏方宴，赤拜揖跪起无异者。酒行，友未及言，已饮而顾赤，则已去矣。走从之，赤入厕，举其床捍门，门坚不可入，其友叫且言之。众发墙以入，赤之面陷不洁者半矣。又出洗之。县之吏更召巫师善咒术者守赤，赤自若也。夜半，守者怠，皆睡。及觉，更呼而求之，见其足于厕外，赤死久矣，独得尸归其家。取其所封书读之，盖与其母妻诀，其言辞犹人也。

柳先生曰：李赤之传不诬矣。是其病心而为是耶？抑故有厕鬼也？赤之名闻江湖间，其始为士，无以异于人也。一惑于怪，而所为若是，乃反以世为溷，溷为帝居清都，其属意明白。今世皆知笑赤之惑也，及至是非取与向背决不为赤者，几何人耶？反修而身，无以欲利好恶迁其神而不返，则幸耳，又何暇赤之笑哉？

蝜蝂传

蝜蝂者，善负小虫也。行遇物，辄持取，昂其首负之。背愈重，虽困剧不止也。其背甚涩，物积因不散，卒踬仆不能起。人或怜之，为去其负。苟能行，又持取如故。又好上高，极其力不已，至坠地死。

今世之嗜取者，遇货不避，以厚其室，不知为己累也，唯恐其不积。及其怠而踬也，黜弃之，迁徙之，亦已病矣。苟能起，又不艾。日思高其位，大其禄，而贪取滋甚，以近于危坠，观前之死亡不知戒。虽其形魁然大者也，其名人也，而智则小虫也。亦足哀夫！

童区寄传

柳先生曰：越人少恩，生男女，必货视之。自毁齿以上，父兄鬻卖，以觊其利。不足，则盗取他室，束缚钳梏之。至有须鬣者，力不胜，皆屈为僮，当道相贼杀以为俗。幸得壮大，则缚取幺弱者。汉官因以为己利，苟得僮，恣所为不问。以是越中户口滋耗。少得自脱，惟童区寄以十一岁胜，斯亦奇矣。桂部从事杜周士，为余言之。

童寄者，郴州荛牧儿也。行牧且荛，二豪贼劫持反接，布囊其口，去逾四十里之虚所卖之。寄伪儿啼，恐慄为儿恒状。贼易之，对饮，酒醉。一人去为市，一人卧，植刃道上。童微伺其睡，以缚背刃，力下上，得绝，因取刃杀之。逃未及远，市者还，得童大骇。将杀童，遽曰："为两郎僮，孰若为一郎僮耶？彼不我恩也。郎诚见完与恩，无所不可。"市者良久计曰："与其杀是童，孰若卖之；与其卖而分，孰若吾得专焉。幸而杀彼，甚善。"即藏其尸，持童抵主人所，愈束缚牢甚。夜半，童自转以缚即炉火，烧绝之，虽疮手勿惮，复取刃杀市者。因大号，一虚皆惊。童曰："我区氏儿也，不当为僮。贼二人得我，我幸皆杀之矣，愿以闻于官。"

虚吏白州，州白大府，大府召视儿，幼愿耳。刺史颜证奇之，留为小吏，不肯。与衣裳，吏护还之乡。乡之行劫缚者，侧目莫敢过其门。皆曰："是儿少秦武阳二岁，而讨杀二豪，岂可近耶！"

河间传

河间，淫妇人也，不欲言其姓，故以邑称。始妇人居戚里，有贤操。自未嫁，固已恶群戚之乱尨，羞与为类，独深居为翦制缕结。既嫁，不及其舅，独养姑，谨甚，未尝言门外事。又礼敬夫宾友之相与为肺腑者。

其族类丑行者谋曰："若河间何?"其甚者曰："必坏之。"乃谋以车众造门，邀之遨嬉，且美其辞曰："自吾里有河间，戚里之人日夜为饬厉，一有小不善，唯恐闻焉。今欲更其故，以相效为礼节，愿朝夕望若仪状以自惕也。"河间固谢不欲。姑怒曰："今人好辞来，以一接新妇来为得师，何拒之坚也?"辞曰："闻妇人之道，以贞顺静专为礼。若夫矜车服，耀首饰，族出欢闹，以饮食观游，非妇人宜也。"姑强之，乃从之游。过市，或曰：市少南入浮图，有国工吴叟始图东南壁，甚怪。可使奚官先壁道乃入观。观已，延及客位，具食帷床之侧。闻男子欬者，河间惊，跣走出，召从者驰车归。泣数日，愈自闭，不与众戚通。戚里乃更来谢曰："河间之遽也，犹以前故，得无罪吾属耶？向之欬者，为膳奴耳。"曰："数人笑于门，如是何耶?"群戚闻且退。

期年，乃敢复召，邀于姑，必致之，与偕行，遂入隑州西浮图两池间。叩槛出鱼鳖食之，河间为一笑，众乃欢。俄而，又引至食所，空无帷幕，廊庑廓然，河间乃肯入。先，壁群恶少于北牖下，降帘，使女子为秦声，倨坐观之。有顷，壁者出宿选貌美阴大者主河间。乃便抱持河间。河间号且泣，婢夹持之，或谕以利，或骂且笑之。河间窃顾视持己者甚美，左右为不善者已更得适意，鼻息咈然，意不能无动，力稍纵，主者幸一遂焉。因拥致之房，河间收泣甚适，自庆未始得也。至日仄，食具，类呼之食。

曰:“吾不食矣。”且暮，驾车相戒归，河间曰:“吾不归矣，必与是人俱死。”群戚反大闷，不得已，俱宿焉。夫骑来迎，莫得见，左右力制，明日乃肯归。持淫夫大泣，啮臂相与盟而后就车。

既归，不忍视其夫，闭目曰:“吾病。”与之百物，卒不食。饵以善药，挥去。心怦怦，恒若危柱之弦。夫来，辄大骂，终不一开目，愈益恶之，夫不胜其忧。数日，乃曰:“吾病且死，非药饵能已，为吾召鬼解除之，然必以夜。”其夫自河间病，言如狂人，思所以悦其心，度无不为。时上恶夜祠甚，夫无所避，既张具，河间命邑臣告其夫召鬼祝诅，上下吏讯验，笞杀之。将死，犹曰:“吾负夫人！吾负夫人！”河间大喜，不为服，辟门召所与淫者，倮逐为荒淫。

居一岁，所淫者衰，益厌，乃出之。召长安无赖男子，晨夜交于门，犹不慊。又为酒垆西南隅，己居楼上，微观之，凿小门，以女侍饵焉。凡来饮酒，大鼻者，少且壮者，美颜色者，善为酒戏者，皆上与合。且合且窥，恐失一男子也，犹日呻呼懵懵以为不足。积十余年，病髓竭而死。自是虽戚里为邪行者，闻河间之名，则掩鼻蹙頞皆不欲道也。

柳先生曰：天下之士为修洁者，有如河间之始为妻妇者乎？天下之言朋友相慕望，有如河间与其夫之切密者乎？河间一自败于强暴，诚服其利，归敌其夫犹盗贼仇雠，不忍一视其面，卒计以杀之，无须臾之戚。则凡以怀爱相恋结者，得不有邪利之猾其中耶？亦足知恩之难恃矣！朋友固如此，况君臣之际，尤可畏哉！余故私自列云。

乞巧文

柳子夜归自外庭，有设祠者，馆饵馨香，蔬果交罗，插竹垂绥，剖瓜犬牙，且拜且祈。怪而问焉。女隶进曰："今兹秋孟七夕，天女之孙将嫔于河鼓。邀而祠者，幸而与之巧，驱去蹇拙，手目开利，组纴缝制，将无滞于心焉。为是祷也。"

柳子曰："苟然欤？吾亦有所大拙，傥可因是以求去之。"乃缨弁束衽，促武缩气，旁趋曲折，伛偻将事，再拜稽首，称臣而进曰："下土之臣，窃闻天孙，专巧于天，轇轕璇玑，经纬星辰，能成文章，黼黻帝躬，以临下民。钦圣灵、仰光耀之日久矣。今闻天孙不乐其独得，贞卜于元龟，将蹈石梁，款天津，俪于神夫，于汉之滨。两旗开张，中星耀芒。灵气翕欻，兹辰之良。幸而弭节，薄游民间。临臣之庭，曲听臣言：臣有大拙，智所不化，医所不攻，威不能迁，宽不能容。乾坤之量，包含海岳，臣身甚微，无所投足。蚁适于垤，蜗休于壳，龟鼋螺蚌，皆有所伏。臣物之灵，进退唯辱。仿佯为狂，局束为谄，吁吁为诈，坦坦为忝。他人有身，动必得宜，周旋获笑，颠倒逢嘻。己所尊昵，人或怒之。变情徇势，射利抵巇。中心甚憎，为彼所奇。忍仇佯喜，悦誉迁随。胡执臣心，常使不移？反人是己，曾不惧疑。贬名绝命，不负所知。抃嘲似傲，贵者启齿。臣旁震惊，彼且不耻。叫稽匍匐，言语谲诡。令臣缩恧，彼则大喜。臣若效之，瞋怒丛已。彼诚大巧，臣拙无比。王侯之门，狂吠狴犴。臣到百步，喉喘颠汗。睢盱逆走，魄遁神叛。欣欣巧夫，徐入纵诞。毛群掉尾，百怒一散。世途昏险，拟步如漆。左低右昂，斗冒冲突。鬼神恐悸，圣智危栗。泯焉直透，所至如一。是独何工，纵横不恤。非天所假，彼智焉出。独啬于臣，恒使玷黜。沓沓骞骞，恣口所言。迎知喜恶，默测憎怜。摇唇一发，径中心原。胶加钳夹，誓死无迁。探心扼胆，踊跃拘牵。彼虽佯退，胡可得旃。独结臣舌，喑抑衔冤。擘眦流血，一辞莫宣。胡为赋授，有此奇偏。眩耀为文，琐碎排偶。

抽黄对白，啽哢飞走。骈四俪六，锦心绣口。宫沉羽振，笙簧触手。观者舞悦，夸谈雷吼。独溺臣心，使甘老丑。嚚昏莽卤，朴钝枯朽。不期一时，以俟悠久。旁罗万金，不鬻弊帚。跪呈豪杰，投弃不有。眉矉颎蹙，喙唾胸呕。大赧而归，填恨低首。天孙司巧，而穷臣若是，卒不余畀，独何酷欤？敢愿圣灵悔祸，矜臣独艰。付与姿媚，易臣顽颜。凿臣方心，规以大圆。拔去呐舌，纳以工言。文词婉软，步武轻便。齿牙饶美，眉睫增妍。突梯卷脔，为世所贤。公侯卿士，五属十连。彼独何人，长享终天！”言讫，又再拜稽首，俯伏以俟。

至夜半，不得命，疲极而睡，见有青袖朱裳，手持绛节，而来告曰：“天孙告汝，汝词良苦，凡汝之言，吾所极知。汝择而行，嫉彼不为。汝之所欲，汝自可期。胡不为之，而诳我为。汝唯知耻，谄貌淫辞。宁辱不贵，自适其宜。中心已定，胡妄而祈。坚汝之心，密汝所持。得之为大，失不污卑。凡吾所有，不敢汝施。致命而升，汝慎勿疑。”呜呼！天之所命，不可中革。泣拜欣受，初悲后怿。抱拙终身，以死谁惕！

骂尸虫文

有道士言：“人皆有尸虫三，处腹中，伺人隐微失误，辄籍记。日庚申，幸其人之昏睡，出谗于帝以求飨。以是人多谪过、疾疠、夭死。”柳子特不信，曰：“吾闻聪明正直者为神。帝，神之尤者，其为聪明正直宜大也。安有下比阴秽小虫，纵其狙诡，延其变诈，以害于物，而又悦之以飨？其为不宜也殊甚！吾意斯虫若果为是，则帝必将怒而戮之，投于下土，以殄其类，俾夫人咸得安其性命，而苛慝不作，然后为帝也。”余既处卑，不得质之于帝，而嫉斯虫之说，为文而骂之。

来，尸虫！汝曷不自形其形？阴幽诡仄而寓乎人，以贼厥灵。膏肓是处兮，不择秽卑。潜觑默听兮，导人为非。冥持札牍兮，摇动祸机。卑陬拳缩兮，宅体险微。以曲为形，以邪为质。以仁为凶，以僭为吉。以淫谀诬为族类，以中正和平为罪疾。以通行直遂为颠蹶，以逆施反斗为安佚。谮下谩上，恒其心术。妒人之能，幸人之先。利昏伺睡，旁睨窃出。走谗于帝，透入自屈。幂然无声，其意乃毕。求味己口，胡人之恤！彼修蛔恙心，短蛲穴胃。外搜疥病，下索疥痔。侵人肌肤，为己得味。世皆祸之，则惟汝类。良医刮杀，聚毒攻饵。旋死无余，乃行正气。汝虽巧能，未必为利。帝之聪明，宜好正直。宁悬嘉飨，答汝谗慝。叱付九关，贻虎豹食。下民舞蹈，荷帝之力。是则宜然，何利之得！速收汝之生，速灭汝之精。蓐收震怒，将敕雷霆。击汝酆都，糜烂纵横。俟帝之命，乃施于刑。群邪殄夷，大道显明。害气永革，厚人之生。岂不圣且神欤！

祝曰：尸虫逐，祸无所伏，下民百禄。惟帝之功，以受景福。尸虫诛，祸无所庐，下民其苏。惟帝之德，万福来符。臣拜稽首，敢告于玄都。

斩曲几文

后皇植物，所贵乎直。圣主取焉，以建家国。亘为栋楹，齐为阃阈。外隅平端，中室谨饬。度焉以几，维量之则。君子凭之，以辅其德。

末代淫巧，不师古式。断兹揉木，以限肘腋。欹形诡状，曲程诈力。制类奇邪，用绝绳墨。勾身陋狭，危足僻侧。支不得舒，胁不遑息。余胡斯蓄，以乱人极。追咎厥始，惟物之残。享气失中，遭生不完。托地峣埆，反时燠寒。郁闷结涩，癃蹇艰难。不可以遂，遂亏其端。离奇诘屈，缩恧巑岏。含蝎孕蠹，外邪中乾。或因先容，以售其皤。病夫甘焉，制器以安。彼风毒败形，阴诊迁魄。祸气侵骨，淫神化脉。体仄筋倦，荣乖卫逆。乃喜兹物，以为己适。器之不祥，莫是为敌。乌可昵近，以招祸癖。且人道甚恶，推曲为先。在心为贼，在口为愆。在肩为偻，在膝为挛。威施跨跤，匍匐拘拳。古皆斥远，莫致于前。问谁其类，恶水盗泉。朝歌回车，简犊载焉。昭王市骨，乐毅归燕。今我斩此，以希古贤。谄谀宜惕，正直宜宣。道焉是达，法焉是专。咨尔君子，曷不乾乾。既和且平，获祐于天。去恶在微，慎保其传。

宥蝮蛇文

家有僮，善执蛇。晨持一蛇来谒曰："是为蝮蛇。犯于人，死不治。又善伺人，闻人咳喘步骤，辄不胜其毒，捷取巧噬肆其害。然或慊不得于人，则愈怒，反啮草木，草木立死。后人来触死茎，犹堕指、挛腕、肿足，为废病。必杀之，是不可留。"余曰："汝恶得之？"曰："得之榛中。"曰："榛中若是者可既乎？"曰："不可，其类甚博。"余谓僮曰："彼居榛中，汝居宫内，彼不汝即，而汝即彼，犯而斗死以执而谒者，汝实健且险，以轻近是物。然而杀之，汝益暴矣。彼耕获者，求薪苏者，皆土其乡，知防而入焉，执耒、操鞭、持芟扑以远其害。汝今非有求于棒者也，密汝居，易汝庭，不凌奥，不步暗，是恶能得而害汝？且彼非乐为此态也，造物者赋之形，阴与阳命之气，形甚怪僻，气甚祸贼，虽欲不为是不可得也。是独可悲怜者，又孰能罪而加怒焉？汝勿杀也。"余悲其不得已而所为若是，叩其脊，谕而宥之。其辞曰：

吾悲乎天形汝躯，绝翼去足，无以自扶。曲膂屈胁，惟行之纡。目兼蜂虿，色混泥涂。其颈蹙恧，其腹次且。褰鼻钩牙，穴出榛居。蓄怒而蟠，衔毒而趋。志蕲害物，阴妒潜狙。汝之禀受若是，虽欲为蛙为螺，焉可得已？凡汝之为恶，非乐乎此。缘形役性，不可自止。草摇风动，百毒齐起。首拳脊努，呐舌摇尾。不逞其凶，若病乎已。世皆寒心，我独悲尔。吾将薙吾庭，葺吾槛，窖吾垣，严吾扃，俾奥草不植，而穴隙不萌，与汝异途，不相交争。虽汝之恶，焉得而行？

嘻，造物者胡甚不仁，而巧成汝质。既禀乎此，能无危物？贼害无辜，惟汝之实。阴阳为戾，假汝忿疾。余胡汝尤，是戮是抶。宥汝于野，自求终吉。彼樵竖持芟，农夫执耒，不幸而遇，将除其害，余力一挥，应手糜碎。我虽汝活，其惠实大。他人异心，谁释汝罪？形既不化，中焉能悔？呜呼悲乎！汝必死乎！毒而不知，反讼其内。今虽宽焉，后则谁赍？阴阳尔，造化尔，道乌乎在？可不悲欤！

憎王孙文

猿、王孙居异山，德异性，不能相容。猿之德静以恒，类仁让孝慈。居相爱，食相先，行有列，饮有序。不幸乖离，则其鸣哀。有难，则内其柔弱者。不践稼蔬，木实未熟，相与视之谨；既熟，啸呼群萃，然后食，衎衎焉。山之小草木，必坏而行遂其植。故猿之居山恒郁然。王孙之德躁以嚣，勃泽号呶，唶唶强强，虽群不相善也。食相噬啮，行无列，饮无序。乖离而不思。有难，推其柔弱者以免。好践稼蔬，所过狼藉披攘。木实未熟，辄龁咬投注。窃取人食，皆知自实其嗛。山之小草木，必凌挫折挽，使之瘁然后已。故王孙之居山恒蒿然。以是猴群众则逐王孙，王孙群众亦龁猿。猿奔去，终不与抗。然则物之甚可憎，莫王孙若也。余弃山间久，见其趣如是，作《憎王孙》云：

湘水之澂澂兮，其上群山。胡兹郁而彼瘁兮，善恶异居其间。恶者王孙兮善者猿，环行遂植兮，止暴残。王孙兮甚可憎！

噫，山之灵兮，胡不贼旃。跳踉叫嚣兮，冲目宣龂。外以败物兮，内以争群。排斗善类兮，哗骇披纷。盗取民食兮，私己不分。充嗛果腹兮，骄傲欢欣。嘉华美木兮硕而繁，群披竞啮兮枯株根。毁成败实兮更怒喧，居民厌苦兮号穹旻。王孙兮甚可憎！

噫，山之灵兮，胡独不闻。猿之仁兮，受逐不校。退优游兮，惟德是效。廉来同兮圣囚，禹稷合兮凶诛。群小遂兮君子违，大人聚兮孽无余。善与恶不同乡兮，否泰既兆其盈虚。伊细大之固然兮，乃祸福之攸趋。王孙兮甚可憎！

噫，山之灵兮，胡逸而居？

逐毕方文并序

永州元和七年夏，多火灾。日夜数十发，少尚五六发，过三月乃止。八年夏，又如之。人咸无安处，老弱燔死，晨不爨，暝不烛，皆列坐屋上，左右视，罢不得休。盖类物为之者。讹言相惊，云有怪鸟，莫实其状。《山海经》云："章义之山，有鸟如鹤，一足，赤文白喙，其名曰毕方，见则其邑有讹火。"若今火者，其可谓讹欤？而人有以鸟传者，其毕方欤？遂邑中壮而图之，禳而磔之，为之文而逐之。

后皇庇人兮，敬授群材。大施栋宇兮，小蔽草莱。各有攸宅兮，时阖而开。火炎为用兮，化食生财。胡今兹之怪戾兮，日十载而穷灾。朝储清以联邃兮，夕荡覆而为灰。焚伤羸老兮，炭死童孩。叫号隳突兮，户骇人哀。祖夫在走兮，倏忽往来。郁攸孽暴兮，混合恢台。民气不舒兮，僵踣颠颓。休炊息燎兮，灭伏煨煤。门甍晦黑兮，启伺奸回。若坠之天兮，若生之鬼。令行不讹兮，国恐盍已。问之禹书，毕方是祟。嗟尔毕方兮，胡肆其志。皇亶聪明兮，念此下地。灾皇所爱兮，僇死无贰。幽形扇毒兮，阴险诡异。法令不惩兮，众骤咸至。皇斯震怒兮，殄绝汝类。祝融惨祸兮，回禄屏气。太阳施威兮，元冥行事。汝虽赤其文，只其趾。逞工炫巧，莫救汝死。黠知亟去兮，愚乃止此。高飞兮翱翔，远伏兮无伤。海之南兮天之裔，汝优游兮可卒岁。皇不怒兮永汝世，日之良兮今速逝。急急如律令。

辨伏神文并序

余病痞且悸，谒医视之。曰："唯伏神为宜。"明日，买诸市，烹而饵之，病加甚。召医而尤其故，医求观其滓。曰："吁！尽老芋也。彼鬻药者欺子而获售。子之懵也，而反尤于余，不以过乎？"余戍然惭，忾然忧。推是类也以往，则世之以芋自售而病乎人者众矣，又谁辨焉！申以词云：

伏神之神兮，惟饵之良。愉心舒肝兮，魂平志康。殴开滞结兮，调护柔刚。和宁悦修兮，复彼恒常。休嘉折合兮，邪怪遁藏。君子食之兮，其乐扬扬。

余殆于理兮，荣卫蹇极。伏杯积块兮，悸不得息。有医道余兮，求是以食。往沽之市兮，欣焉有得。涤濯爨烹兮，专恃尔力。反增余疾兮，昏愦冯塞。余骇其状兮，往尤于医。征滓以观兮，既笑而嘻。曰子胡昧愚兮，兹谓蹲鸱。处身猥大兮，善植圩卑。受气顽昏兮，阴僻欹危。累积星纪兮，以老为奇。潜苞水土兮，混杂蝝蚳。不幸充腹兮，唯痼之宜。野夫忮害兮，假是以欺。刮肌刻貌兮，观者匆疑。中虚以脆兮，外泽而夷。误而为饵兮，命或殆而。今无以追兮，后慎观之。

呜呼！物固多伪兮，知者盖寡。考之不良兮，求福得祸。书而为词兮，愿寤来者。

诉螭文并序

零陵城西有螭，室于江。法曹史唐登浴其涯，螭牵以入。一夕，浮水上。吾闻凡山川必有神司之，抑有是耶？于是作《诉螭》，投之江曰：

天明地幽，孰主之兮？寿善夭殇，终何为兮？堆山酾江，司者谁兮？突然为人，使有知兮。畏危虑害，趋走祗兮。父母孔爱，妻子嬉兮。出入公门，不获非兮。潎潎湘流，清且微兮。阴幽洞石，蓄怪螭兮。胡濯兹热，卒无归兮。亲戚叫号，闾里思兮。魂其安游，觐湘累兮。嗟尔怪螭，害江湄兮。涎泳重渊，物莫威兮。蟉形决目，潜伺窥兮。膏血是利，私自肥兮。岁既大旱，泽莫施兮。妖猾下民，使颠危兮。充心饱腹，肆敖嬉兮。洋洋往复，流逶迤兮。惟神高明，胡纵斯兮？蔑弃无辜，逞怪姿兮。胡不降罚，肃川坻兮。舟者欣欣，游者熙兮。蒲鱼浸用，吉无疑兮。牲牷玉帛，人是依兮。匪神之诉，将安期兮！神之有亡，于是推兮。投之北流，心孔悲兮。

哀溺文并序

永之氓咸善游。一日，水暴甚，有五六氓乘小船绝湘水。中济，船破，皆游。其一氓尽力而不能寻常。其侣曰："汝善游最也，今何后为？"曰："吾腰千钱，重，是以后。"曰："何不去之？"不应，摇其首。有顷，益怠。已济者立岸上，呼且号曰："汝愚之甚！蔽之甚！身且死，何以货为？"又摇其首，遂溺死。吾哀之。且若是，得不有大货之溺大氓者乎？于是作《哀溺》。

吾哀溺者之死货兮，惟大氓之为忧。世涛鼓以风涌兮，浩滉荡而无舟。不让禄以辞富兮，又旁窥而诡求。手足乱而无如兮，负重逾乎崇丘。既浮颐而灭膂兮，不忍释利而离尤。呼号者之莫救兮，愈摇首以沉流。发披鬟以舞澜兮，魂伥伥而焉游？龟鼋互进以争食兮，鱼鲔族而为羞。始贪赢以啬厚兮，终负祸而怀仇。前既没而后不知惩兮，更揽取而无时休。哀兹氓之蔽愚兮，反贼己而从仇。不量多以自诛兮，姑指幸者而为谋。

夫人固灵于鸟鱼兮，胡昧屑而蒙钩！大者死大兮，小者死小。善游虽最兮，卒以道夭。与害偕行兮，以死自绕。推今而鉴古兮，鲜克以保其生。衣宝焚纣兮，专利灭荣。豺狼死而犹饿兮，牛腹尸而不盈。民既贸贸而无知兮，故与彼咸谥为氓。死者不足哀兮，冀中人为余再更。噫！

招海贾文

咨海贾兮，君胡以利易生而卒离其形？大海荡泊兮，颠倒日月。龙鱼倾侧兮，神怪隳突。沧茫无形兮，往来遽卒。阴阳开阖兮，气雾滃渤。君不返兮逝怳惚。舟航轩昂兮，下上飘鼓。腾趠硗嵲兮，万里一睹。崒入泓坳兮，视天若亩。奔螭出抃兮，翔鹏振舞。天吴九首兮，更笑迭怒。垂涎闪舌兮，挥霍旁午。君不返兮终为虏。黑齿戢彭鳞文肌，三角骈列耳离披。反断叉牙踔嵚崖，蛇首豨鬣虎豹皮。群没互出欢遨嬉，臭腥百里雾雨弥。君不返兮以充饥，弱水蓄缩，其下不极。投之必沉，负羽无力。鲸鲵疑畏，淫淫嶷嶷。君不返兮卒自贼。怪石森立涵重渊，高下迥置滔危颠，崩涛搜疏剡戈铤。君不返兮砉沉颠。其外大泊昆崙沦，终古回薄旋天垠，八方易位更错陈。君不返兮乱星辰。东极倾海流不属，泯泯超忽纷荡沃。殆而一跌兮，沸入汤谷，舳舻霏解梢若木。君不返兮魂焉薄？海若啬货号风雷，巨鳌颔首丘山颓，猖狂震虩翻九垓。君不返兮糜以摧。

咨海贾兮君胡乐，出幽险而疾平夷？惆骇愁苦，而以忘其归。上党易野恬以舒，蹈蹂厚土坚无虞。歧路脉布弥九区，出无入有百货俱。周游傲睨神自如，撞钟击鲜恣欢娱。君不返兮欲谁须？胶鬲得圣捐盐鱼，范子去相安陶朱，吕氏行贾南面孤，弘羊心计登谋谟，煮盐大冶九卿居。禄秩山委收国租，贤智走诸争下车，逍遥纵傲世所趋。君不返兮谥为愚。

咨海贾兮，贾尚不可为，而又海是图。死为险魄兮，生为贪夫。亦独何乐哉？归来兮，宁君躯。

吊屈原文

后先生盖千祀兮，余再逐而浮湘。求先生之汨罗兮，揽蘅若以荐芳。愿荒忽之顾怀兮，冀陈辞而有光。

先生之不从世兮，惟道是就。支离抢攘兮，遭世孔疚。华虫荐壤兮，进御羔褏。牝鸡咿嚘兮，孤雄束咮。哇咬环观兮，蒙耳大吕。堇喙以为羞兮，焚弃稷黍。犴狱之不知避兮，宫庭之不处。陷涂藉秽兮，荣若绣黼。榱折火烈兮，娱娱笑舞。谗巧之哓哓兮，惑以为《咸池》。便媚鞠恧兮，美逾西施。谓谟言之怪诞兮，反置瑱而远违。匿重痼以讳避兮，进俞缓之不可为。

何先生之凛凛兮，厉针石而从之。但仲尼之去鲁兮，曰吾行之迟迟。柳下惠之直道兮，又焉往而可施。今夫世之议夫子兮，曰胡隐忍而怀斯。惟达人之卓轨兮，固僻陋之所疑。委故都以从利兮，吾知先生之不忍。立而视其覆坠兮，又非先生之所志。穷与达固不渝兮，夫惟服道以守义。矧先生之悃愊兮，蹈大故而不贰。沉璜瘗佩兮，孰幽而不光。荃蕙蔽匿兮，胡久而不芳。

先生之貌不可得兮，犹仿佛其文章。托遗编而叹喟兮，涣余涕之盈眶。呵星辰而驱诡怪兮，夫孰救于崩亡。何挥霍夫雷电兮，苟为是之荒茫。耀姱夸辞之曭朗兮，世果以是之为狂。哀余衷之坎坎兮，独蕴愤而增伤。谅先生之不言兮，后之人又何望。忠诚之既内激兮，抑衔忍而不长。芈为屈之几何兮，胡独焚其中肠。

吾哀今之为仕兮，庸有虑时之否臧。食君之禄畏不厚兮，悼得位之不昌。退自服以默默兮，曰吾言之不行。既媮风之不可去兮，怀先生之可忘。

伊尹五就桀赞

伊尹五就桀。或疑曰："汤之仁闻且见矣，继之不仁闻且见矣，夫胡去就之亟也?"柳子曰："恶，是吾所以见伊尹之大者也！彼伊尹，圣人也。圣人出于天下，不夏商其心，心平生民而已。曰：孰能由吾言？由吾言者为尧舜，而吾生人尧舜人矣。退而思曰：汤诚仁，其功迟；桀诚不仁，朝吾从而暮及于天下可也。于是就桀。桀果不可得，反而从汤。既而又思曰：尚可十一乎？使斯人蚤被其泽也。又往就桀，桀不可，而又从汤。以至于百一、千一、万一，卒不可，乃相汤伐桀。俾汤为尧舜，而人为尧舜之人，是吾所以见伊尹之大者也。仁至于汤矣，四去之；不仁至于桀矣，五就之，大人之欲速其功如此。不然，汤桀之辨，一恒人尽之矣，又奚以憧憧圣人之足观乎？吾观圣人之急生人，莫若伊尹；伊尹之大，莫若于五就桀"作《伊尹五就桀赞》：

圣有伊尹，思德于民。往归汤之仁，曰仁则仁矣，非久不亲。退思其速之道，宜夏是因。就焉不可，复反亳殷。犹不忍其迟，亟往以观。庶狂作圣，一日胜残。至千万冀一，卒无其端。五往不疲，其心乃安。遂升自陑，黜桀尊汤，遗民以完。大人无形，与道为偶。道之为大，为人父母。大矣伊尹，惟圣之首。既得其仁，犹病其久。恒人所疑，我之所大。呜呼远哉！志以为诲。

梁邱据赞

齐景有嬖，曰梁邱子。同君不争，古号媚士。君悲亦悲，君喜亦喜。曷贤不赞？卒赞于此。媚余所仇，激赞有以。梁邱之媚，顺心狎耳。终不挠厥政，不嫉反已。晏子躬相，梁邱不毁。焘其为政，政实允理。时睹晏子食，寡肉缺味。爱其不饱，告君使赐。中心乐焉，国用不坠。后之嬖君，罕或师是。导君以谀，闻正则忌。谗贤协恶，民蠹国记。呜呼！岂惟贤不逮古，嬖亦莫类。梁邱可思，又况晏氏。激赞梁邱，心焉孔瘁。

卷十一

柳宗元四

霹雳琴赞引

霹雳琴者，零陵湘水西震余枯桐之为也。始枯桐生石上，说者言有蛟龙伏其窾。一夕暴震，为火之焚，至旦乃已，其余硿然，倒卧道上。震旁之民，稍柴薪之。超道人闻之，取以为三琴。琴莫良于桐，桐之良，莫良于生石上，石上之枯，又加良焉，火之余，又加良焉，震之于火为异。是琴也，既良且异，合为二美，天下将不可载焉。微道人，天下之美几丧。余作赞辞，识其越之左与右，以著其事，又益以序，而为他传。辞曰：

惟湘之涯，惟石之危。龙伏之灵，震焚之奇。既良而异，爰合其美。超实为之，赞者柳子。

尊胜幢赞并序

以佛之为尊而尊是法，严之于顶，其为最胜宜也。既尊而胜矣，其为拔济尤大。尘飞而灾去，影及而福至，睦州于是，诚焉不疑。砻石六觚，其长半寻，乃篆乃刻，立之为福，马孺人之墓。孺人之生，奉佛道未尝敢怠。今既没，睦州又成其志，择最胜且尊之道，文之于石，以延其休。则其生佛，所得佛道，宜无疑也。赞曰：

世所尊兮又尊道，胜无上兮以为宝。拔大苦兮升至真，灵合赞兮神而神。驾元气兮济直津，谁为友兮上品人。德无已兮石无磷，延永世兮奠坤垠。灵受福兮公之勤。

诚惧箴

人不知惧，恶可有为？知之为美，莫若去之。非曰童昏，昧昧勿思。祸至后惧，是诚不知。君子之惧，惧乎未始。儿动乎微，事迁乎理。将言以思，将行以止。中决道符，乃顺而起。起而获祸，君子不耻。非道之愆，非中之诡。惧而为惧，虽惧焉如。君子不惧，为惧之初。

忧箴

忧可无乎？无谁以宁。子如不忧，忧日以生。忧不可常，常则谁怿？子常其忧，乃小人戚。敢问忧方，吾将告子。有闻不行，有过不徙；宜言不言，不宜而烦；宜退而勇，不宜而恐。中之诚悬，过又不及。忧之大方，唯是焉急。内不自得，甚泰为忧。省而不疚，虽死优游。所忧在道，不在乎祸。吉之先见，乃可无过。告子如斯，守之勿堕。

师友箴并序

今之世，为人师者众笑之，举世不师，故道益离；为人友者，不以道而以利，举世无友，故道益弃。呜呼！生于是病矣，歌以为箴。既以儆己，又以诫人。

不师如之何？吾何以成！不友如之何？吾何以增。吾欲从师，可从者谁？借有可从，举世笑之。吾欲取友，谁可取者？借有可取，中道或舍。仲尼不生，牙也久死。二人可作，惧吾不似。中焉可师，耻焉可友。谨是二物，用惕尔后。道苟在焉，佣丐为偶。

道之反是，公侯以走。内考诸古，外考诸物。师乎友乎，敬尔毋忽！

敌戒

皆知敌之仇，而不知为益之尤；皆知敌之害，而不知为利之大。秦有六国，兢兢以强。六国既除，訑訑乃亡。晋败楚鄢，范文为患。厉之不图，举国造怨。孟孙恶臧，孟死臧恤。药石去矣，吾亡无日。智能知之，犹卒以危。矧今之人，曾不是思。敌存而俱，敌去而舞。废备自盈，祇益为愈。敌存灭祸，敌去召过。有能知此，道大名播。惩病克寿，矜壮死暴。纵欲不戒，匪愚伊耄。我作戒诗，思者无咎。

三戒并序

吾恒恶世之人，不知推己之本，而乘物以逞，或依势以干非其类，出技以怒强，窃时以肆暴，然卒迨于祸。有客谈麋、驴、鼠三物，似其事，作《三戒》。

临江之麋

临江之人，畋得麋麑，畜之。入门，群犬垂涎，扬尾皆来。其人怒，怛之。自是日抱就犬，习示之，使勿动，稍使麋与之戏。积久，犬皆如人意。麋麑稍大，忘己之麋也，以为犬良我友，抵触偃仆，益狎。犬畏主人，与之俯仰甚善，然时啖其舌。三年，麋出门，见外犬在道甚众，走欲与为戏。外犬见而喜且怒，共杀食之，狼藉道上。麋至死不悟。

黔之驴

黔无驴，有好事者船载以入。至则无可用，放之山下。虎见之，庞然大物也，以为神。蔽林间窥之，稍出近之，慭慭然莫相知。他日，驴一鸣，虎大骇，远遁，以为且噬己也，甚恐。然往来视之，觉无异能者。益习其声，又近出前后，终不敢搏。稍近，益狎，荡倚冲冒，驴不胜怒，蹄之。虎因喜，计之曰："技止此耳！"因跳踉大㘎，断其喉，尽其肉，乃去。噫！形之庞也类有德，声之宏也类有能。向不出其技，虎虽猛，疑畏，卒不敢取。今若是焉，悲夫！

永某氏之鼠

永有某氏者，畏日，拘忌异甚。以为己生岁直子，鼠，子神也。因爱鼠，不畜猫犬，禁僮勿击鼠。仓廪庖厨，悉以恣鼠不问。由是鼠相告，皆来某氏，饱食而无祸。某氏室无完器，椸无完衣，饮食大率鼠之余也。昼累累与人兼行，夜则窃啮斗暴，其声万状，不可以寝，终不厌。数岁，某氏徙居他州。后人来居，鼠为态如故。其人曰："是阴类恶物也，盗暴尤甚，且何以至是乎哉！"假五六猫，阖门撤瓦，灌穴，购僮罗捕之。杀鼠如丘，弃之隐处，臭数月乃已。呜呼！彼以其饱食无祸为可恒也哉！

剑门铭并序

惟蜀都重险多货，混同戎蛮，人龙俗剽，嗜为寇乱。皇帝元年八月，帅丧众暴，群疑不制，妖孽煽行。估恃富强，滔天阻兵，攻陷他部，北包剑门，凭负丘陵，以张鸷猛，坚利锋镝，以拒大顺，谓雷霆之诛莫己加也。

惟梁守臣礼部尚书严公，以国害为私仇，以天讨为己任。推仁仗信，不待司死，而人致其命；立义抗愤，不待喋血，而士一其心。悉师出次，祇俟明诏。凡诸侯之师，必出于是。储偫飨赉，取其丰穰。

乃遣前军严秦，奉扬王诛，诞告南土。十一月，右师逾利州，蹈寇地，乘山斩虏，以遏奔冲。左师出于剑门，大攘顽嚚，谕引劫胁，蚁溃鼠骇，险无以固，收夺利地，以须王师。刳肾肠，振拔根柢，俾无以肆毒，用集我勋力。鼙鼓一振，元戎启行，取其渠魁，以为大戮。由公忠勇愤排，授任坚明，谋猷弘长，用能启辟险阨，夷为大涂，衰沮害气，对乎天意。帝用休嘉，议功居首，增秩师长，进为大藩，宅是南服。将校群吏，愿刊山石，昭著公之功，垂号无穷。铭曰：

井络坤垠，时惟外区。界山为门，环于蜀都。丛险积货，混并羌、髳。狂猾窥隙，狺狺啸呼。凭据势胜，厚其凶徒。皇帝之仁，宥而不诛。暴非德驯，害及巴渝。乃出王旅，乃咨列岳。牧臣司梁，当其要束。器备攸积，糗粮是蓄。人无增赋，师以饶足。喋血誓士，元机在握。分命貔貅，陈为掎角。右逾岷山，左直剑门。攻出九地，上披重云。攀天蹈空，夷视阻艰。破裂层垒，殄歼群顽。内获固圉，外临平原。天兵徐驱，卒乘啴啴。大憝囚戮，戎夏咸欢。帝图厥功，惟梁是先。开国进位，南服于藩。邦之清夷，人以完安。铭功鉴乱，永代是观。

武冈铭并序

元和七年四月，黔巫东鄙，蛮獠杂扰，盗弄库兵，贼胁守帅，南钩牂牁，外诱西原，置魁立帅，杀牲盟誓，洞窟林麓，啸呼成群。皇帝下铜兽符，发庸、蜀、荆、汉、南越、东瓯之师，四面讨问。畏罪凭阻，逭逃不即诛。时惟潭部戎帅御史中丞柳公绰，练立将校，提卒五百，屯于武冈。不震不骞，如山如林，告天子威命，明白信顺。乱人大恐，视公之师如百万，视公之令如风雷，怨号呻吟，喜有攸诉，投刃顿伏，愿完父子，卒为忠信，奉职输赋，进比华人，无敢不龚。

母弟生婿，继来于潭，咸致天庭。皇帝休嘉，式新厥命。凶渠同恶，革面向化，如醉之醒，如狂之宁。公为药石，俾复其性。诏书显异，进临江汉，益兵三倍，为时硕臣，殿于大邦。文儒申申，有此武功。

于是夷人始复。闻公之去，相与高蹈涕呼，若寒去裘。昔公不夸首级为己能力，专务教诲，俾邦斯平。我老洎幼，由公之仁，小不为虺蜮，大不为鲸鲵，恩重事特，不迩而远，莫可追已。愿铭武冈首，以慰我思，以昭我邻，以示我子孙。弥亿万年，俾我奉国，如今之诚。邻之我怀，如公之勤。其辞曰：

黔山之巑，巫水之磻，鱼骇而离，兽犯而残。户恐谷窜，披攘仍乱，王师来诛，期死以缓。公明不疑，公信不欺，援师定命，俾邦克正。皇仁天施，我反其性。我涂四阖，公示之门；我愚抵死，公示之恩。既骨而完，既亡而存。奉公之训，贻我子孙。我始蝥贼，由公而仁；我始寇仇，由公而亲。山畋泽獻，输赋于都，陶穴刊木，室我姻族。烹牲是祀，公受介福。揲蓍以占，公宜百禄。皇懋公功，陟于大邦。远哉去我，谁嗣其良。有穴之丹，有犀之颠，匪曰余固，公不可赂。祝邻之德，恒遵公则；勖余之世，永谨邦制。南夷作诗，刻示来裔。

舜禹之事

魏公子丕，由其父得汉禅。还自南郊，谓其人曰："舜、禹之事，吾知之矣。"由丕以来皆笑之。

柳先生曰：丕之言若是可也。向者丕若曰："舜、禹之道，吾知之矣。"丕罪也。其事则信。吾见笑者之不知言，未见丕之可笑者也。

凡易姓授位，公与私，仁与强，其道不同；而前者忘，后者系，其事同。使以尧之圣，一日得舜而与之天下，能乎？吾见小争于朝，大争于野，其为乱，尧无以已之。何也？尧未忘于人，舜未系于人也。尧之得于舜也以圣，舜之得于尧也以圣，两圣独得于天下之上，奈愚人何？其立于朝者，放齐犹曰“朱启明”，而况在野者乎？尧知其道不可，退而自忘；舜知尧之忘已而系舜于人也，进而自系。舜举十六族，去四凶族，使天下咸得其人；命二十二人，兴五教，立礼刑，使天下咸得其理；合时月，正历数，齐律、度、量、权衡，使天下咸得其用。积十余年，人曰：“明我者舜也，齐我者舜也，资我者舜也。”天下之在位者，皆舜之人也。而尧隤然，聋其聪，昏其明，愚其圣。人曰：“往之所谓尧者，果乌在哉？”或曰“耄矣”，曰“匿矣”。又十余年，其思而问者加少矣。至于尧死，天下曰：“久矣，舜之君我也。”夫然后能揖让受终于文祖。舜之与禹也亦然。禹旁行天下，功系于人者多，而自忘也晚。益之自系犹是也，而启贤闻于人，故不能。夫其始系于人也厚，则其忘之也迟。不然，反是。

汉之失德久矣，其不系而忘也甚矣。宦、董、袁、陶之贼生人盈矣，丕之父攘祸以立强，积三十余年，天下之主，曹氏而已，无汉之思也。丕嗣而禅，天下得之以为晚，何以异夫舜、禹之事耶？然则汉非能自忘也，其事自忘也；曹氏非能自系也，其事自系也。公与私，仁与强，其道不同，其忘而系者，无以异也。尧、舜之忘，不使如汉，不能授舜、禹；舜、禹之系，不使如曹氏，不能受之尧、舜。然而世徒探其情而笑之，故曰：笑其言者非也。

问者曰：尧崩，天下若丧考妣，四海遏密八音三载。子之言忘若甚然，是可不可欤？”曰：是舜归德于尧，史尊尧之德之辞者也。尧之老更一世矣，德乎尧者，盖已死矣，其幼而存者，尧不使之思也。不若是，不能与人天下。

谤誉

凡人之获谤誉于人者，亦各有道。君子在下位则多谤，在上位则多誉；小人在下位则多誉，在上位则多谤。何也？君子宜于上不宜于下，小人宜于下不宜于上，得其宜则誉至，不得其宜则谤亦至。此其凡也。然而君子遭乱世，不得已而在于上位，则道必合于君，而利必及于人，由是谤行于上而不及于下，故可杀可辱，而人犹誉之。小人遭乱世而后得居于上位，则道必合于君，而害必及于人，由是誉行于上而不及于下，故可宠可富，而人犹谤之。君子之誉，非所谓誉也，其善显焉尔。小人之谤，非所谓谤也，其不善彰焉尔。然则在下而多谤者，岂尽愚而狡也哉？在上而多誉者，岂尽仁而智也哉？其谤且誉者，岂尽明而善褒贬也哉？然而世之人闻而大惑，出一庸人之口，则群而邮之，且置于远迩，莫不以为信也。岂惟不能褒贬而已，则又蔽于好恶，夺于利害，吾又何从而得之耶？孔子曰："不如乡人之善者好之，其不善者恶之。"善人者之难见也，则其谤君子者为不少矣，其谤孔子者亦为不少矣。传之记者，叔孙武叔，时之贵显者也。其不可记者又不少矣。是以在下而必困也。及乎遭时得君而处乎人上，功利及于天下，天下之人皆欢而戴之，向之谤之者，今从而誉之矣。是以在上而必彰也。

或曰："然则闻谤誉于上者，反而求之，可乎？"曰："是恶可，无亦征其所自而已矣！其所自善人也，则信之；不善人也，则勿信之矣。苟吾不能分于善不善也，则已耳。如有谤誉乎人者，吾必征其所自，未敢以其言之多而举且信之也。其有及乎我者，未敢以其言之多而荣且惧也。苟不知我而谓我盗跖，吾又安取惧焉？苟不知我而谓我仲尼，吾又安取荣焉？知我者之善不善，非吾果能明之也，要必自善而已矣。”

咸宜

兴王之臣，多起污贱，人曰“幸也”；亡王之臣，多死寇盗，人曰“祸也”。余咸宜之。当两汉氏之始，屠贩徒隶出以为公侯卿相，无他焉，彼固公侯卿相器也。遭时之非是以诎，独其始之不幸，非遭高、光而以为幸也。汉、晋之末，公侯卿相劫戮困饿伏墙壁间以死，无他焉，彼固劫戮困饿器也。遭时之非是以出，独其始之幸，非遭卓、曜而为祸也。彼困于错乱，伏志气，屈身体，以下奴虏，平难泽物之德不施于人，一得适其傃，其进晚尔，而人犹幸之。彼伸于昏乱，抗志气，肆身体，以傲豪杰，残民兴乱之技行于天下，一得适其傃，其死后耳，而人犹祸之。悲夫！余是以咸宜之。

鞭贾

市之鬻鞭者，人问之，其贾宜五十，必曰五万。复之以五十，则伏而笑；以五百，则小怒；五千，则大怒；必以五万而后可。有富者子，适市买鞭，出五万，持以夸余。视其首，则拳蹙而不遂；视其握，则蹇仄而不植；其行水者，一去一来不相承；其节朽墨而无文，掐之灭爪，而不得其所穷；举之翲然若挥虚焉。余曰：“子何取于是而不爱五万？”曰：“吾爱其黄而泽。且贾者云。”余乃召僮爚汤以濯之。则遬然枯，苍然白，向之黄者栀也，泽者蜡也。富者不悦。然犹持之三年。后出东郊，争道长乐坂下，马相踶，因大击，鞭折而为五六。马踶不已，坠于地，伤焉。视其内则空空然，其理若粪壤，无所赖者。

今之栀其貌，蜡其言，以求贾技于朝，当其分则善。一误而过其分，则喜；当其分，则反怒，曰："余曷不至于公卿？"然而至焉者亦良多矣。居无事，虽过三年不害。当其有事，驱之于陈力之列以御乎物，以夫空空之内，粪壤之理，而责其大击之效，恶有不折其用而获坠伤之患者乎？

吏商

吏而商也，污吏之为商，不若廉吏之商，其为利也博。污吏以货商，资同恶与之为曹，大率多减耗，役佣工，费舟车，射时有得失，取货有苦良，盗贼水火敚焚溺之为患，幸而得利，不能什一二，身败禄敚，大者死，次贬废，小者恶，终不遂。污吏恶能商矣哉？廉吏以行商，不役佣工，不费舟车，无资同恶减耗，时无得失，货无良苦，盗贼不得杀敚，水火不得焚溺，利愈多，名愈尊，身富而家强，子孙葆光。是故廉吏之商博也。苟修严洁白以理政，由小吏得为县，由小县得大县，由大县得刺小州，其利月益各倍。其行不改，又由小州得大州，其利月益三之一。其行又不改，又由大州得廉一道，其利月益之三倍，不胜富矣。苟其行又不改，则其为得也，夫可量哉？虽赭山以为章，涸海以为盐，未有利大能若是者。然而举世争为货商，以故贬吏相逐于道，百不能一遂。人之知谋，好迩富而近祸如此，悲夫！

或曰："君子谋道不谋富，子见孟子之对宋牼乎，何以利为也。"柳子曰：君子有二道，诚而明者，不可教以利；明而诚者，利进而害退焉。吾为是言，为利而为之者设也。或安而行之，或利而行之，及其成功，一也。吾哀夫没于利者，以乱人而自败也，姑设是，庶由利之小大登进其志，幸而不挠乎下，以成其政，交得其大利。吾言不得已尔，何暇从容若孟子乎？孟子好道而无情，其功缓以疏，未若孔子之急民也。

东海若

东海若陆游，登孟猪之阿，得二瓠焉，刳而振其犀以嬉，取海水杂粪壤蛲蛔而实之，臭不可当也。窒以密石，举而投之海。逾时焉而过之，曰："是故弃粪耶？"其一彻声而呼曰："我大海也。"东海若呀然笑曰："怪矣，今夫大海，其东无东，其西无西，其北无北，其南无南，旦则浴日而出之，夜则滔列星、涵太阴、扬阴火珠宝之光以为明，其尘霾之杂不处也，必泊之西澨，故其大也深也洁也光明也，无我若者。今汝海之弃滴也，而与粪壤同体，臭朽之与曹，蛲蛔之与居，其狭咫也，又冥暗若是，而同之海，不亦羞而可怜哉！子欲之乎？吾将为汝抉石破瓠，荡群秽于大荒之岛，而同子于向之所陈者可乎？"粪水泊然不悦曰："我固同矣，吾又何求于若？吾之性也，亦若是而已矣。秽者自秽，不足以害吾洁；狭者自狭，不足以害吾广；幽者自幽，不足以害吾明。而秽亦海也，狭亦海也，幽亦海也，突然而往，于然而来，孰非海者？子去矣，无乱我。"其一闻若之言，号而祈曰："吾毒是久矣！吾以为是固然不可异也。今子告我以海之大，又目我以故海之弃粪也，吾愈急焉。涌吾沫不足以发其窒，旋吾波不足以穴瓠之腹也，就能之，穷岁月耳，愿若幸而哀我哉！"东海若乃抉石破瓠，投之孟猪之陆，荡其秽于大荒之岛，而水复于海，尽得向之所陈者焉。而向之一者，终与臭腐处而不变也。

今有为佛者二人，同出于毗卢遮那之海，而汩于五浊之粪，而幽于三有之瓠，而窒于无明之石，而杂于十二类之蛲蚘。人有问焉，其一人曰："我佛也，毗卢遮那、五浊、三有、无明、十二类，皆空也，一也，无善无恶，无因无果，无修无证，无佛无众生，皆无焉，吾何求也！"问者曰："子之所言性也，有事焉。夫性与事，一而二、二而一者也，子守而一定，大患者至矣。”其人曰：“子去矣，无乱我。”其一人曰：“嘻，吾毒之久矣！吾尽吾力而不足以去无明，穷吾智而不足以超三有、离五浊，而异夫十二类也。就能之，其大小劫之多不可知也，若之何？”问者乃为陈西方之事，使修念佛三昧一空有之说。于是圣人怜之，接而致之极乐之境，而得以去群恶，集万行，居圣者之地，同佛知见矣。向之一人者，终与十二类同而不变也。夫二人之相远也，不若二瓠之水哉！今不知去一而取一，甚矣。

读韩愈所著毛颖传后题

自吾居夷，不与中州人通书。有来南者，时言韩愈为《毛颖传》，不能举其辞，而独大笑以为怪，而吾久不克见。杨子诲之来，始持其书，索而读之，若捕龙蛇、搏虎豹，急与之角而力不敢暇，信韩子之怪于文也。世之模拟窜窃，取青媲白，肥皮厚肉，柔筋脆骨，而以为辞者之读之也，其大笑固宜。

且世人笑之也，不以其俳乎？而俳又非圣人之所弃者。《诗》曰：“善戏谑兮，不为虐兮。”《太史公书》有《滑稽列传》，皆取乎有益于世者也。故学者终日讨说答问，呻吟习复，应对进退，掬溜播洒，则罢惫而废乱，故有“息焉游焉”之说。不学操缦，不能安玄。有所拘者，有所纵也。大羹玄酒，味之至者。而又设以奇异小虫、水草、樝梨、橘柚，苦咸酸辛，虽蜇吻裂鼻，缩舌涩齿，而咸有笃好之者。文王之昌蒲菹，屈到之芰，曾皙之羊枣，然后尽天下之味以足于口。独文异乎？韩子之为也，亦将弛焉而不为虐欤！息焉游焉而有所纵欤！尽六艺之奇味以足其口欤！而不若是，则韩子之辞，若壅大川焉，其必决而放诸陆，不可以不陈也。且凡古今是非六艺百家，大细穿穴用而不遗者，毛颖之功也。韩子穷古书，好斯文，嘉颖之能尽其意，故奋而为之传，以发其郁积，而学者得之励，其有益于世欤！是其言也，固与异世者语，而贪常嗜琐者，犹呫呫然动其喙。彼亦甚劳矣乎！

裴瑾崇丰二陵集礼后序

传曰：《诗》、《书》执礼，礼不执，则不行。自开元制礼，大臣讳避，去《国恤》章，而山陵之礼遂无所执。世之不学者，乃妄取豫凶事之说，而大典阙焉。由是累圣山陵，皆摭拾残缺，附比伦类，已乃斥去，其后莫能征。永贞、元和间，天祸仍遘，自崇陵至于丰陵，不能周岁。司空杜公，由太常相天子，连为礼仪使，择其僚以备损益，于是河东裴墐，以太常丞，陇西辛秘以博士用焉。内之则攒涂秘器，象物之宜；外之则复土斥上，因山之制。上之则顾命典册，与文物以受方国；下之则制服节文，颁宪则以示四方。由其肃恭，礼无不备。且苞并总统，千载之盈缩；罗络旁午，百氏之异同。搜扬翦截，而毕得其中；顾问关决，而不悖于事。议者以为司空公得其人，而邦典不坠。裴氏乃悉取其所刊定，及奏复于上，辨列于下，联百执事之仪，以为《崇丰二陵集礼》，藏之于太常书阁，君子以为爱礼而近古焉者。昔韦孟以《诗》、《礼》傅楚，而郊庙之制，卒正于玄成；郑玄以笺注师汉，而禅代之仪，卒集于小同。贾谊以经术起，而嘉最好学；卢植以儒学用，而谌为祭法，旧史咸以为荣。今裴氏太尉公，以礼匡义，嗣侍中公以礼议封禅，祠部公以礼承大事，大理公以礼辅东宫，而墐也以礼奉二陵，又能成书以充其阙，其为爱礼而近古也，源远乎哉！

墐字封叔，其伯仲咸以文学显于世。大理之兄正平节公，以仪范成家道，以文雅经邦政，今相国郇公，其宗子也。郇公以孝友勤劳扬于家邦，游其门若闻《韶》、《頀》，入其庙如至邹、鲁。恩溢乎九族，礼仪乎他门。则封叔之习礼也，其出于孝悌欤？成书也，其本于忠敬欤？由于家而达于邦国，其取荣于史氏也果矣！

柳宗直西汉文类序

左右史混久矣，言事驳乱，《尚书》、《春秋》之旨不立。自左丘明传孔氏，太史公述历古今，合而为史。迄于今交错相纠，莫能离其说。独《左氏》、《国语》纪言，不参于事。《战国策》、《春秋后语》，颇本右史《尚书》之制。然无古人蔚然之道，大抵促数耗矣，而后之文者宠之。文之近古而尤壮丽，莫若汉之《西京》。班固书传之，吾尝病其畔散不属，无以考其变。欲采比义，会年长疾作，驽堕愈日甚，未能胜也。幸吾弟宗直，爱古书，乐而成之。搜讨磔裂，捃摭融结，离而同之，与类推移，不易时月，而咸得从其条贯。森然炳然，若开群玉之府。指挥联累，圭璋琮璜之状，各有列位，不失其序，虽第其价可也。以文观之，则赋、颂、诗、歌、书、奏、诏、策、议、论之辞毕具。以语观之，则右史记言，《尚书》、《战国策》成败兴坏之说大备，无不苞也。噫，是可以为学者之端耶！

始吾少时，有路子者，自赞为是书，吾嘉而叙其意，而其书终莫能具，卒俟宗直也。故删取其叙，系于左，以为《西汉文类》首纪。殷周之前，其文简而野，魏晋以降，则荡而靡，得其中者汉氏。汉氏之东，则既衰矣。当文帝时，始得贾生明儒术，武帝尤好焉。而公孙弘、董仲舒、司马迁、相如之徒作，风雅益盛，敷施天下，自天子至公卿大夫士庶人咸通焉。于是宣于诏策，达于奏议，讽于辞赋，传于歌谣，由高帝迄于哀、平，王莽之诛，四方之文章盖烂然矣。史臣班孟坚修其书，拔其尤者，充于简册，则二百三十年间，列辟之达道，名臣之大范，贤能之志业，黔黎之风美列焉。若乃合其英精，离其变通，论次其叙位，必俟学古者兴行之。唐兴，用文理。贞元间，文章特盛。本之三代，浃于汉氏，与之相准。于是有能者，取孟坚书，类其文，次其先后，为四十卷。

濮阳吴君文集序

博陵崔成务，尝为信州从事。为余言：邑有闻人濮阳吴君，弱龄长鬣而广颡，好学而善文。居乡党，未尝不以信义交于物；教子弟，未尝不以忠孝端其本。以是卿相贤士，率与亢礼。余尝闻而志乎心。会其子偘，更名武陵，升进士，得罪来永州，因奉其先人文集十卷，再拜请余以文冠其首，余得遍观焉。其为词赋，有戒苟冒陵僭之志；其为诗歌，有交王公大人之义；其为诔志吊祭，有孝恭慈仁之诚。而多举六经圣人之大旨，发言成章，有可观者。

古之司徒，必求秀士，由乡而升之天官。古之太史，必求人风，陈诗以献于法宫。然后材不遗而志可见。近世之居位者，或未能尽用古道，故吴君之行不昭，而其辞不荐，虽一命于王，而终伏其志。呜呼，有可惜哉！

武陵又论次志传三卷继于末，其官氏及他才行甚具云。

同吴武陵送前桂州杜留后诗序

观室者，观其隅。隅之巍然，直方以固，则其中必端庄宏达可居者也。人孰异夫是？今若杜君之隅可观，而中可居，居之者德也。赞南方之理，理是以大；总留府之政，政是以光。其道不挠，好古书百家言，洋洋满车，行则与俱，止则相对，积为义府，溢为高文。悫而和，肆而信，岂《诗》所谓“抑抑威仪，惟德之隅”者耶？今往也，有以其道闻于天子。天子唯士之求为急，杜君欲辞争臣侍从之位，其可得乎？濮阳吴武陵，直而甚文，乐杜君之道，作诗以言。余犹吴也，故于是乎序焉。

送李判官往桂州序

士之习为吏者，恒病于少文。故给而不肆；饰于华者，尝病于无断，故放而不制。今李生学于诗有年矣，吟咏风赋，颇闻于人。至于是州，惟州之牧咨焉。以赞戎事而纠群吏，甚直且武，岂所谓吏而华者耶？以府丧罢去，择而之乎有礼之邦。推是道也以往，然而不际于礼，则吾不知也。

送赵大秀才往江陵谒赵尚书序

士之知感激许与，常欲以有报为志者，则凡志乎道者，咸愿为之。如赵生，庶乎哉！来谓余曰：“宗人尚书以硕德崇功，由交、广临荆州，仁我若子姓，恩礼重厚。有贤子为御史，好学而甚文，友我若同生，欢欣交通，我诚乐为之用，甚不辞也。不幸遭重痼，六旬而后知人。方其急也，大惧不克报尚书公之恩，又惧无以当御史君之心以没。每念于是，未尝不蠹然内伤，若受锋刃。自是而后，调药石，时饮食，生血补气，强筋植骨，荣卫之和，膂力之刚，迨今兹始全。然为人舒干抗首，文翰端丽，材足以用，敢辞而往，以效於戏下。”其言云尔。

自吾窜永州三年，赵生亟见。视其状，恭谨愿悫；观其迹，温密简静；闻其言，径直端诚。自尚书之为荆州，异政日至。至则赵生喜抃起立，伸目四顾，不啻若自己而为之者。诚宜有报知己之道，又诚宜有大贤而为之知也。是行也，赵生其将奋六翮，翔千里，以为辕门大府之重。增羽仪之盛，其道美矣。故余继之以辞。

同吴武陵赠李睦州诗序

润之盗锜，窃货财，聚徒党，为反谋十年。今天子即位三年，大立制度。于是盗恐且奋，将遂其不善。视部中良守不为己用者，诬陷去之，睦州由是得罪。天子使御史按问，馆于睦。自门及堂，皆其私卒为卫。天子之卫不得摇手，辞卒致具。有间，盗遂作。而庭臣犹用其文，斥睦州南海上。既上道，盗以徒百人遮于楚、越之郊，战且走，乃得完为左官吏。无几，盗就擒，斩之于社垣之外。论者谓宜还睦州，以明其诬。既更大赦，始移永州，去长安尚四千里，睦州未尝自言。

吴武陵，刚健士也。怀不能忍，于是踊跃其诚，铿锵其声，出而为之诗，然后慊于内。余固知睦州之道也熟，衔匿而未发且久，闻吴之先焉者。激于心，若钟鼓之考，不知声之发也，遂系之而重以序。

送南涪州量移澧州序

越有纳官之令以胜大敌，汉有羽林之制以威四夷。国家宠先中丞，迈古人之烈，故君自未成童，品常第四，人犹曰于古为薄。汉北地都尉卬，以不胜任陷匈奴，而子单侯于瓶。济北相韩千秋以匹夫之谅，奋触南越，而子延年侯于成安。君之土田之锡，犹挫于有司之手，始由施州为涪州，扞蜀道勍寇，昼不释刃，夜不释甲，曰："我忠烈胤也，期死待敌。"敌亦曰："彼忠烈胤也，尽力致命，是不可犯。"然而笔削之吏，以簿书校讨赢缩，受谴兹郡，凡二岁。

朝廷建大本，贞万邦，庆泽之濡，洗濯生植。又况涪州家声之大，裕蛊之志，宜尤被显宠者也。自汉而南，州之美者十七八，莫若澧。澧之佐理，莫逾于长史。以是进秩，人犹曰且有后命。永州多谪吏，而君侯惠和温良，故其欢愉异于他部。优诏既至，而君适雠于文。其往也独，故凡羡慕之辞，无不加等。

噫，以君承荷之重，恭肃之美，四方之求忠壮义烈者，将于君是观。凡君子之志，欲其优柔而益固，愤悱而不忘，以增太史世家之籍，用是为贶，则拱璧大鼎，乌可以言重乎？

送薛存义之任序

河东薛存义将行，柳子载肉于俎，崇酒于觞，追而送之江之浒，饮食之。且告曰："凡吏于土者，若知其职乎？盖民之役，非以役民而已也。凡民之食于土者，出其十一佣乎吏，使司平干我也。今我受其直怠其事者，天下皆然。岂唯怠之，又从而盗之。向使佣一夫于家，受若直，怠若事，又盗若货器，则必甚怒而黜罚矣。以今天下多类此，而民莫敢肆其怒与黜罚，何哉？势不同也。势不同而理同，如吾民何？有达于理者，得不恐而畏乎！"

存义假令零陵二年矣。蚤作而夜思，勤力而劳心，讼者平，赋者均，老弱无怀诈暴憎，其为不虚取直也的矣，其知恐而畏也审矣。吾贱且辱，不得与考绩幽明之说，于其往也，故赏以酒肉，而重之以辞。

送薛判官量移序

仕于世，有劳而见罪，凡人处是，鲜不怨怼忿愤，列于上，诉于下，此恒状也。异于恒者，其道宜显。薛生司货贿于军兴之际，兵乱不去，然得以不犯，由太行以东皆传道之，可以为劳矣。

而竟连大狱，以致于放，不戚于貌，不悱于心，乐以自肥，而未尝尤于物，其有异于恒矣哉。

朝廷旋恩泽，凡受谪者，罪得而未薄，乃命以近壤。薛君去连而吏于朗，是其渐于显欤？君子学以植其志，信以笃其道，有异于恒者，充而大之。苟推是以往，虽欲辞显难矣。

送崔子符罢举诗序

世有病进士科者，思易以孝悌经术兵农，曰："庶几厚于俗，而国得以为理乎？"柳子曰："否。以今世尚进士，故凡天下家推其良，公卿大夫之名子弟、国之秀民举归之。且而更其科，以为得异人乎？无也。唯其所尚文学，移而从之，尚之以孝悌，孝悌犹是人也；尚之以经术，经术犹是人也。虽兵与农皆然。"曰："然则宜如之何？"曰："即其辞，观其行，考其智，以为可化人及物者，隆之。文胜质，行无观，智无考者，下之。俗其以厚，国其以理，科不俟易也。"

今有博陵崔策子符者，少读经书，为文辞，本于孝悌，理道多容，以善别时，刚以知柔。进于有司，六选而不获。家有冤连，伏阙下者累月不解。仕将晚矣，而戚其幼孤，往复不惮万里，再岁不就选。世皆曰孝悌人也。如是且不见隆，虽百易科，其可厚而理乎？今夫天下已理，民风已厚，欲继之于无穷，其在慎是而已。朝廷未命有司，既命而果得有道者，则是术也宜用。崔子之仕，又何晚乎？

仆智不足而独为文，故始见进而卒以废。居草野八年，丽泽之益，镞砺之事，空于耳而荒于心。崔子幸来而亲余，读其书，听其言，发余始志，若寤而言梦，醒而问醉。未及悉，而告余以行。余惧其悼时之往而不得于内也，献之酒，赋之诗而歌之，坐者从而和之，既和而叙之。

送从弟谋归江陵序

吾与谋，由高祖王父而异。谋少吾二岁，往时在长安，居相迩也。与谋皆甚少，独见谋在众少言，好经书，心异之。其后吾为京兆从事，谋来举进士，复相得，益知谋盛为文词，通外家书。一再不胜，惧禄养之缓，弃去，为广州从事。复佐邕州，连得荐举至御史，后以智免，归家江陵。有宅一区，环之以桑，有僮指三百，有田五百亩，树之谷，艺之麻，养有牲，出有车，无求于人。日率诸弟具滑甘丰柔，视寒燠之宜，其隙则读书，讲古人所谓求其道之至者以相励也。过永州，为吾留信次。具道其所为者。

凡士人居家孝悌恭俭，为吏祗肃。出则信，入则厚。足其家，不以非道；进其身，不以苟得。时退则退，尊老无井臼之劳。和安而益寿，兄弟衎衎以相友。不谋食而食给，不谋道而道显。则谋之去进士为从事于远，始也吾疑焉，今也吾是焉。别九岁而会于此，视其貌益伟，问其业益习，叩其志益坚。於戏！吾宗不振久矣。识者曰：今之世稍有人焉。若谋之出处，庸非所谓人欤？或问管仲，孔子曰："人也。"谋虽不识于管仲，其为道无悖，亦可以有是名也。抑又闻圣人之道，学焉而必至，谋之业良矣，而又增焉；志专矣，而又若不足焉。孔子之门，不道管、晏，则谋之为人也，其可度哉！

吾不智，触罪摈越、楚间六年，筑室茨草，为圃乎湘之西，穿池可以渔，种黍可以酒，甘终为永州民，又恨徒费禄食而无所答，下愧农夫，上惭王官。追计往时咎过，日夜反覆，无一食而安于口平于心。若是者，岂不以少好名誉，嗜味得毒，而至于是耶！用是愈贤谋之去进士为从事以足其家，终始孝悌，今虽欲羡之，岂复可得？谋在南方有令名，其所为日闻于人，吾恐谋不幸又为吾之所悔者，将已之而不能得，可若何？然谋以信厚少言，蓄其志以周于事，虽履吾迹，将不至乎吾之祸，则谋何悔之有？苟能是，虽至于大富贵，又何栗耶？振吾宗者，其惟望乎尔！

送澥序

人咸言吾宗宜硕大，有积德焉。在高宗时，并居尚书省二十二人。遭诸武，以故衰耗。武氏败，犹不能兴。为尚书吏者，间十数岁乃一人。永贞年，吾与族兄登并为礼部属。吾黜，而季父公绰更为刑部郎，则加稠焉。又观宗中为文雅者，炳炳然以十数，仁义固其素也。意者其复兴乎？

自吾为僇人，居南乡，后之颖然出者，吾不见之也。其在道路幸而过余者，独得澥。澥质厚不谄，敦朴有裕，若器焉，必隆然大而后可以有受，择所以入之者而已矣。其文蓄积甚富，好慕甚正，若墙焉，必基之广而后可以有蔽，择其所以出之者而已矣。勤圣人之道，辅以孝悌，复向时之美，吾于澥焉是望。汝往哉，见诸宗人，为我谢而勉焉。无若太山之麓，止而不得升也，其唯川之不已乎！吾去子，终老于夷矣！

送内弟卢遵游桂州序

外氏之世德，存乎古史，扬乎人言，其敦大朴厚，尤异乎他族。由遵而上，五世为大儒，兄弟三人咸为帝者师。其风之流者，皆好学而质重。

遵，余弟也。广而不肆，巽而不慑。孝敬忠信之道，拳拳然，未尝去乎其中，盖由其中出者也。浸润以《诗》、《易》，动摇以文采。以余弃于南服，来从余居五年矣。未尝见其行有悖乎义，言有异乎行者。则余之弃也，适累斯人焉。以爱余而慰其忧思，故不为京师游，以取名当世。以桂之迩也，而中丞之道光大，多容贤者，故洋洋焉乐附而趋，以出其中之有。夫如是，则宜奋翼鳞，乘风波，以游乎无倪。往哉，其渐乎是行也！

送表弟吕让将仕进序

吾观古豪贤士，能知生人艰饥羸寒、蒙难抵暴、摔抑无告，以吁而怜者，皆饱穷厄，恒孤危，诡诡忡忡，东西南北无所归，然后至于此也。今有吕氏子名让，生而食肉，厌粱稻，欺纨縠，幼专靖，不好游，不践郊牧垧野，不目小民农夫耕筑之倦苦，不耳呼怨，而独粹然怜天下之穷甿。坐而言，未尝不至焉。此孰告之而孰示之耶？积于中，得于诚，往而复，咸在其内者也。彼告而后知，示而后哀，由外以铄己，因物以激志者也。中之积，诚之得，其为贤也莫尚焉。吕氏子得贤人之上资，增以嗜儒书，多文辞，上下古今，左绳右准，以为直道，其于远且大，若稼而谷，圃而蔬，不丐买而有也。

今来言曰："道不可特出，功不可徒成，必由仕以登，假辞以通，然后及乎物也。吾将通其辞，干于仕，庶施吾道，愿一决其可不可于子，何如？"余曰："志存焉，学不至焉，不可也；学存焉，辞不至焉，不可也；辞存焉，时不至焉，不可也。今以子之志，且学而文之，又当主上兴太平，贤士大夫为宰相卿士，吾子以其道从容以行，由于下，达于上，旁施其事业，若健者之升梯，举足愈多，身愈高，人愈仰之耳。道不误矣，勤而不忘，斯可也；怠而忘，斯不可也。舍是，吾无以为决。子其行焉。"

陪永州崔使君游宴南池序

零陵城南，环以群山，延以林麓。其崖谷之委会，则泓然为池，湾然为溪。其上多枫楠竹箭、哀鸣之禽，其下多芡芰蒲蕖、腾波之鱼，韬涵太虚，澹滟里闾，诚游观之佳丽者已。

崔公既来，其政宽以肆，其风和以廉，既乐其人，又乐其身。于暮之春，征贤合姻，登舟于兹水之津。连山倒垂，万象在下，浮空泛景，荡若无外。横碧落以中贯，陵太虚而径度。羽觞飞翔，匏竹激越。熙然而歌，婆然而舞，持颐而笑，瞪目而倨，不知日之将暮，则于向之物者可谓无负矣。

昔之人知乐之不可常，会之不可必也，当欢而悲者有之。况公之理行，宜去受厚锡，而席之贤者，率皆左官蒙泽，方将脱鳞介，生羽翮，夫岂趑趄湘中为憔悴客耶？余既委废于世，恒得与是山水为伍，而悼兹会不可再也，故为文志之。

愚溪诗序

灌水之阳有溪焉，东流入于潇水。或曰：冉氏尝居也，故姓是溪为冉溪。或曰：可以染也，名之以其能，故谓之染溪。余以愚触罪，谪潇水上，爱是溪，入二三里，得其尤绝者家焉。古有愚公谷，今予家是溪，而名莫能定，土之居者犹龂龂然。不可以不更也，故更之为愚溪。

愚溪之上，买小丘为愚丘。自愚丘东北行六十步，得泉焉，又买居之为愚泉。愚泉凡六穴，皆出山下平地，盖上出也。合流屈曲而南，为愚沟。遂负土累石，塞其隘为愚池。愚池之东为愚堂。其南为愚亭。池之中为愚岛。嘉木异石错置，皆山水之奇者，以余故，咸以愚辱焉。

夫水，智者乐也。今是溪独见辱于愚，何哉？盖其流甚下，不可以溉灌；又峻急，多坻石，大舟不可入也；幽邃浅狭，蛟龙不屑，不能兴云雨。无以利世，而适类于余，然则虽辱而愚之，可也。宁武子“邦无道则愚”，智而为愚者也；颜子“终日不违如愚”，睿而为愚者也，皆不得为真愚。今余遭有道而违于理，悖于事，故凡为愚者，莫我若也。夫然，则天下莫能争是溪，余专得而名焉。

溪虽莫利于世，而善鉴万类，清莹秀澈，锵鸣金石，能使愚者喜笑眷慕，乐而不能去也。余虽不合于俗，亦颇以文墨自慰，漱涤万物，牢笼百态，而无所避之。以愚辞歌愚溪，则茫然而不违，昏然而同归，超鸿蒙、混希夷，寂寥而莫我知也。于是作《八愚诗》，纪于溪石上。

娄二十四秀才花下对酒唱和诗序

君子遭世之理，则呻呼踊跃以求知于世，而遁隐之志息焉。于是感激愤悱，思奋其志略以效于当世。必形于文字，伸于歌咏，是故有其具而未得行其道者之为也。

娄君志乎道，而遭乎理之世，其道宜行，而其术未用，故为文而歌之，有求知之辞。以余弟同志而偕未达，故为赠诗，以悼时之往也。余既困辱，不得预睹世之光明，而幽乎楚越之间，故合文士以申其致，将俟夫木铎以间于金石。大凡编辞于斯者，皆太平之不遇人也。

法华寺西亭夜饮赋诗序

予既谪永州，以法华浮图之西临陂池丘陵，大江连山，其高可以上，其远可以望，遂伐木为亭，以临风雨，观物初。而游乎颢气之始。间岁，元克己由柱下史亦谪焉而来。无几何，以文从予者多萃焉。是夜，会兹亭者凡八人。既醉，克己欲志是会以贻于后，咸命为诗，而授予序。

昔赵孟至于郑，赋七子以观郑志，克己其慕赵者欤？卜子夏为《诗序》，使后世知风雅之道，予其慕卜者欤？诚使斯文也而传于世，庶乎其近于古矣。

序饮

买小丘，一日锄理，二日洗涤，遂置酒溪石上。向之为记所谓牛马之饮者，离坐其背。实觞而流之，接取以饮。乃置监史而令曰：当饮者举筹之十寸者三，逆而投之，能不洄于洑。不止于坻，不沉于底者，过不饮。而洄而止而沉者，饮如筹之数。既或投之，则旋眩滑汩。若舞若跃，速者迟者，去者住者，众皆据石注视，欢抃以助其势。突然而逝，乃得无事。于是或一饮，或再饮。客有娄生图南者，其投之也，一洄一止一沉，独三饮，众乃大笑欢甚。余病痞，不能食酒，至是醉焉。遂损益其令，以穷日夜而不知归。

吾闻昔之饮酒者，有揖让酬酢百拜以为礼者，有叫号屡舞如沸如羹以为极者，有裸裎袒裼以为达者，有资丝竹金石之乐以为和者，有以促数纠逖而为密者，今则举异是焉。故舍百拜而礼，无叫号而极，不袒裼而达，非金石而和，去纠逖而密。简而同，肆而恭，衎衎而从容，于以合山水之乐，成君子之心，宜也。作《序饮》以贻后之人。

序棋

房生直温与予二弟游，皆好学。予病其确也，思所以休息之者。得木局，隆其中而规焉，其下方以直，置棋二十有四。贵者半，贱者半，贵曰上，贱曰下，咸自第一至十二，下者二乃敌一，用朱墨以别焉。房于是取二毫，如其第书之。既而抵戏者二人，则视其贱者而贱之，贵者而贵之。其使之击触也，必先贱者，不得已而使贵者，则皆慄焉惛焉，亦鲜克以中。其获也，得朱焉则若有余，得墨焉则若不足。

余谛睨之，以思其始，则皆类也，房子一书之而轻重若是。适近其手而先焉，非能择者其善而朱之，否而墨之也。然而上焉而上，下焉而下，贵焉而贵，贱焉而贱，其易彼而敬此，遂以远焉。然则若世之所以贵贱人者，有异房之贵贱兹棋者欤？无亦近而先之耳！有果能择其善否者欤？其敬而易者，亦从而动心矣，有敢议其善否者欤？其得于贵者，有不气扬而志荡者欤？其得于贱者，有不貌慢而心肆者欤？其所谓贵者，有敢轻而使之者欤？其所谓贱者，有敢避其使之击触者欤？彼朱而墨者，相去千万不啻，有敢以二敌其一者欤？余墨者徒也，观其始与末，有似棋者，故叙。

送娄图南秀才游淮南将入道序

仆未冠，求进士，闻娄君名甚熟。其所为歌诗，传咏都中。通数经及群书。当时为文章，若崔比部、于卫尉，相与称其文。众皆曰纳言曾孙也。而又有是，咸推让为先登。后十余年，仆自尚书郎谪来零陵，觏娄君，犹为白衣，居无室宇，出无僮御。仆深异而讯之，乃曰："今夫取科者，交贵势，倚亲戚，合则插羽翮，生风涛，沛焉而有余，吾无有也。不则餍饮食，驰坚良，以欢于朋徒，相贸为资，相易为名，有不诺者，以气排之，吾无有也。不则多筋力，善造请，朝夕屈折于恒人之前，走高门，邀大车，矫笑而伪言，卑陬而姁媮。偷一旦之容以售其伎，吾无有也。自度卒不能堪其劳，故舍之而游，逾湖、江，出豫章，至南海，复由桂而下也。少好道士言，饵药为寿，未尽其术，故往且求之。”仆闻而愈疑。往时观得进士者，不必若娄君之言，又少能类娄君之文学，又无纳言之大德以为之祖，无比部、卫尉以为之知，而升名者百数十人。今娄君非不足也，顾不乐而遁耳。因为余留三年。他日，又曰：“吾所以求于心者未克，今其行也。”余既异其遁于名，而又德其久留于我也，故为之言。

夫君子之出，以行道也；其处，以独善其身也。今天下理平，主上亟下求士之诏，娄君智可以任职用事，文可以宣风歌德，行于世，必有合其道而进荐之者。遽而为处士，吾以为非时。将曰老而就休耶？则甚少且锐；羸而自养耶？则甚硕且武。问其所以处，咸无名焉。若苟焉以图寿为道，又非吾之所谓道也。夫形躯之寓于土，非吾能私之。幸而好求尧、舜、孔子之志，唯恐不得；幸而遇行尧、舜、孔子之道，唯恐不慊，若是而寿可也。求之而得，行之而慊，虽夭其谁悲？今将以呼嘘为食，咀嚼为神，无事为闲，不死为生，则深山之木石，大泽之龟蛇，皆老而久，其于道何如也？

仆尝学于儒，持之不得，以陷于是。以出则穷，以处则乖，其不宜言道也审矣。以吾子见私于仆，而又重其去，故窃言而书之而密授焉。

送易师杨君序

世之学《易》者，率不能穷究师说，本承孔氏，而妄意乎物表，争伉乎理外，务新以为名，纵辩以为高，离其原，振其末，故羲、文、周、孔之奥，诋冒混乱，人罕由而通焉。不违古师以入道妙，若宏农杨君者其鲜矣。御史中丞崔公，博而守儒，达而好礼，故杨君之来也，馆于燕堂，馈之侯食，日命合邦之学者，论说辩问，贯穿上下，挥散而咸同，幽昏而大明。言若诞而不乖于圣，理若肆而不失其正。不为他奇以立名氏，姑务达其旨而已。古人谓驾孔子之说者，杨君固其徒欤？

宗元以为太学立儒官，传儒业，宜求专而通、新而一者，以为胄子师。昔尝游焉，而未得其人。今天下外多贤连帅、方伯，朝廷立槐棘之下，皆用儒先，而杨君之道，未列于博士，则谁咎欤？无乃隐其声，含其美，以自穷欤？

夫以退让自穷于丰富之世，以贻有位者羞，是习《易》之说而废其道也。于将行而问以言，敢以变君之志。

送徐从事北游序

读《诗》、《礼》、《春秋》，莫能言说，其容貌充充然，而声名不闻传于世，岂天下广大多儒而使然欤？将晦其说，讳其读，不使世得闻传其名欤？抑处于远，仕于远，不与通都大邑豪杰角其伎而至于是欤？不然，无显者为之倡，以振动其声欤？今之世，不能多儒可以盖生者，观生亦非晦其说讳其读者，然则余二者为之决矣。

生北游，必至通都大邑，通都大邑，必有显者，由是其果闻传于世欤？苟闻传必得位，得位而以《诗》、《礼》、《春秋》之道施于事，及于物，思不负孔子之笔舌。能如是，然后可以为儒。儒可以说读为哉！

送诗人廖有方序

交州多南金、珠玑、玳瑁、象犀，其产皆奇怪，至于草木亦殊异。吾尝怪阳德之炳耀，独发于粉葩瑰丽，而罕钟乎人。

今廖生刚健重厚，孝悌信让，以质乎中而文乎外。为唐诗有大雅之道，夫固钟于阳德者邪？是世之所罕也。今之世，恒人其于粉葩瑰丽，则凡知贵之矣，其亦有贵廖生者耶？果能是，则吾不谓之恒人也，实亦世之所罕也。

送元十八山人南游序

太史公尝言，世之学孔氏者，则黜老子，学老子者，则黜孔氏，道不同不相为谋。余观老子，亦孔氏之异流也，不得以相抗，又况杨、墨、申、商，刑名纵横之说，其迭相訾毁、抵捂而不合者，可胜言耶？然皆有以佐世。太史公没，其后有释氏，固学者之所怪骇舛逆其尤者也。

今有河南元生者，其人闳旷而质直，物无以挫其志；其为学恢博而贯统，数无以蹶其道。悉取向之所以异者，通而同之，搜择融液，与道大适，咸伸其所长，而黜其奇邪，要之与孔子同道，皆有以会其趣，而其器足以守之，其气足以行之。不以是道求合于世，常有意乎古之"守雌"者。

及至是邦，以余道穷多忧，而尝好斯文，留三旬有六日，陈其大方，勤以为谕，余始得其为人。今又将去余而南，历营道，观九疑，下漓水，穷南越，以临大海，则吾未知其还也。黄鹄一去，青冥无极，安得不冯丰隆、诉蜚廉，以寄声于寥廓耶！

送巽上人赴中丞叔父召序

或问宗元曰：悉矣！子之得于巽上人也，其道果何如哉？对曰：吾自幼好佛，求其道，积三十年。世之言者罕能通其说，于零陵，吾独有得焉。且佛之言，吾不可得而闻之矣。其存于世者，独遗其书。不于其书而求之，则无以得其言。言且不可得，况其意乎？今是上人穷其书，得其言，论其意。推而大之，逾万言而不烦；总而括之，立片辞而不遗。与夫世之析章句，征文字，言至虚之极则荡而失守，辩群有之夥则泥而皆存者，其不以远乎？

以吾所闻知，凡世之善言佛者，于吴则惠诚师，荆则海云师，楚之南则重巽师。师之言存，则佛之道不远矣。惠诚师已死，今之言佛者加少。其由儒而通者，郑中书洎孟常州。中书见上人，执经而师受，且曰："于中道吾得以益达。"常州之言曰："从佛法生，得佛法分。"皆以师友命之。今连帅中丞公，具舟来迎，饰馆而俟，欲其道之行于远也，夫岂徒然哉！以中丞公之直清严重，中书之辩博，常州之敏达，且犹宗重其道，况若吾之昧昧者乎！

夫众人之和，由大人之倡。洞庭之南，竟南海，其士汪汪也，求道者多半天下。一唱而大行于远者，是行有之，则和焉者，将若群蛰之有雷，不可止也。于是书以为《巽上人赴中丞叔父召序》。

送僧浩初序

儒者韩退之与余善，尝病余嗜浮图言，訾余与浮图游。近陇西李生础自东都来，且曰："见《送元生序》，不斥浮图。"浮图诚有不可斥者，往往与《易》、《论语》合，诚乐之，其于性情奭然，不与孔子异道。退之好儒，未能过扬子，扬子之书于庄、墨、申、韩皆有取焉。浮图者，反不及庄、墨、申、韩之怪僻险贼耶？曰："以其夷也。"果不信道而斥焉以夷，则将友恶来、盗跖，而贱季札、由余乎？非所谓去名求实者矣。吾之所取者与《易》、《论语》合，虽圣人复生，不可得而斥也。

退之所罪者其迹也，曰："髡而缁，无夫妇父子，不为耕农蚕桑而活乎人。”若是，虽吾亦不乐也。退之忿其外而遗其中，是知石而不知韫玉也。吾之所以嗜浮图之言以此。与其人游者，未必能通其言也。且凡为其道者，不爱官，不争能，乐山水而嗜闲安者为多。吾病世之逐逐然唯印组为务以相轧也，则舍是其焉从？吾之好与浮图游以此。

今浩初闲其性，安其情，读其书，通《易》、《论语》，唯山水之乐，有文而文之；又父子咸为其道，以养而居，泊焉而无求，则其贤于为庄、墨、申、韩之言，而逐逐然唯印组为务以相轧者，其亦远矣。李生础与浩初又善，今之往也，以吾言示之。因北人寓退之，视何如也。

送元暠师序

中山刘禹锡，明信人也。不知人之实，未尝言，言未尝不雠。元暠师居武陵有年数矣。与刘游久且昵。持其诗与引而来，余视之，申申其言，勤勤其思，其为知而言也信矣。

余观世之为释者，或不知其道，则去孝以为达，遗情以贵虚。今元暠衣粗而食菲，病心而墨貌。以其先人之葬未返其土，无族属以移其哀，行求仁者，以冀终其心。勤而为逸，远而为近，斯盖释之知道者欤？释之书有《大报恩》七篇，咸言由孝而极其业。世之荡诞慢诡者。虽为其道而好违其书，于元暠师，吾见其不违且与儒合也。

元暠陶氏子。其上为通侯，为高士，为儒先生。资其儒，故不敢忘孝；迹其高，故为释；承其侯，故能与达者游。其来而从吾也，观其为人，益见刘之明且信，故又与之言，重叙其事。

送琛上人南游序

佛之迹，去乎世久矣，其留而存者，佛之言也。言之著者为经，翼而成之者为论，其流而来者，百不能一焉，然而其道则备矣。法之至莫尚乎“般若”，经之大莫极乎“涅槃”。世之上士，将欲由是以入者，非取乎经论则悖矣。而今之言禅者，有流荡舛误，迭相师用，妄取空语，而脱略方便，颠倒真实，以陷乎已，而又陷乎人。又有能言体而不及用者，不知二者之不可斯须离也。离之外矣，是世之所大患也。

吾琛则不然，观经得“般若”之义，读论悦“三观”之理，昼夜服习而身行之。有来求者，则为讲说。从而化者，皆知佛之为大，法之为广，菩萨大士之为雄，修而行者之为空，荡而无者之为碍。夫然，则与夫增上慢者异矣。异乎是而免斯名者，吾无有也。将以广其道而被于远，故好游。自京师而来，又南出乎桂林，未知其极也。吾病世之傲逸者，嗜乎彼而不求乎此，故为之言。

送文郁师序

柳氏以文雅高于前代，近岁颇乏其人，百年间无为书命者。登礼部科，数年乃一人。后学小童，以文儒自业者又益寡。今有文郁师者，读孔氏书，为诗歌逾百篇，其为有意乎文儒事矣。又遁而之释，背笈箧，怀笔牍，挟海溯江，独行山水间。翛翛然模状物态，搜伺隐隙。登高远望，凄怆超忽，游其心以求胜语，若有程督之者。已则被缁艾，茹蒿芹，志终其驱。吾诚怪而讥焉。对曰：“力不任奔竞，志不任烦挐。苟以其所好，行而求之而已尔。”终不可变化。

吾思当世以文儒取名声，为显官，入朝受憎娼讪黜摧伏，不得守其土者，十恒八九。若师者，其可讪而黜耶？用是不复讥其行，返退而自讥。于其辞而去也，则书以畀之。

送玄举归幽泉寺序

佛之道，大而多容，凡有志乎物外而耻制于世者，则思入焉。故有貌而不心，名而异行，刚狷以离偶，纡舒以纵独，其状类不一，而皆童发毁服以游于世，其孰能知之！

今所谓玄举者，其视瞻容体，未必尽思迹佛，而持诗句以来求余，夫岂耻制于世而有志乎物外者耶？夫道独而迹狎则怨，志远而形羁则泥。幽泉山，山之幽也。闲其志而由其道，以遁而乐，足以去二患，舍是又何为耶？既曰为予来，故于其去，不可以不告也。

岭南节度飨军堂记

唐制，岭南为五府，府部州以十数。其大小之戎，号令之用，则听于节度使焉。其外大海多蛮夷，由流求、诃陵，西抵大夏、康居，环水而国以百数，则统于押蕃舶使焉。内之幅员万里，以执秩拱稽，时听教命；外之羁属数万里，以译言贽宝，岁帅贡职。合二使之重，以治于广州，故宾军之事，宜无与校大。且宾有牲牢饔饩，嘉乐好礼，以同远合疏；军有犒馈宴飨，劳旋勤归，以群力一心。于是治也，闬闳阶序，不可与他邦类，必厚栋大梁，夷庭高门，然后可以上充于揖让，下周于步武。

今御史大夫扶风公廉广州，且专二使，增德以来远人，申威以修戎政。大飨宴合乐，从其丰盈。先是为堂于治城西北陬，其位，公北向，宾众南向，奏部伎于其西，视泉池于其东。隅奥庳仄，庭庑下陋，日未及晡，则赫炎当目，汗眩更起，而礼莫克终。故凡大宴飨、大宾旅，则寓于外垒，仪型不称。公于是始斥其制，为堂南面，横八楹，纵十楹，飨宴之位，化为东序，西又如之。其外更衣之次，膳食之宇，列观以游目，偶亭以展声，弥望极顾，莫究其往。泉池之旧，增浚益植，以暇以息，如在林壑。问工焉取，则师舆是供；问役焉取，则蛮隶是征；问材焉取，则隙宇是迁。或益其阙，伐山浮海，农贾拱手，张目视具。

乃十月甲子克成，公命飨于新堂。幢牙茸纛，金节析羽，旆旗鸩隧，咸饰于下。鼓以蕻晋，金以铎铙。公与监军使肃上宾，延群僚，将校士吏，咸次于位。卉裳罽衣，胡夷蜑蛮，睢盱就列者，千人以上。铏鼎体节，燔炮胾炙，羽鳞狸互之物，沉泛醍盎之齐，均饫于卒士。兴王之舞，服夷之伎，楔击吹鼓之音，飞腾幻怪之容，寰观于远还迩。礼成乐遍，以叙而贺，且曰："是邦临护之大，五人合之，非是堂之制不可以备物，非公之德不可以容众。旷于往初，肇自今兹，太和有人，以观远方，古之戎政，其曷用加此！"

华元，名大夫也，杀羊而御者不及；霍去病，良将军也，余肉而士有饥色。犹克称能，以垂到今。矧兹具美，其道不废，愿勒于金石，以水示后祀。遂相与来告，且乞辞。某让不获，乃刻于兹石云。

全义县复北门记

贤者之兴，而愚者之废，废而复之为是，循而习之为非。恒人犹且知之，不足乎列也。然而复其事必由乎贤者，推是类以从于政，其事可少哉？

贤莫大于成功，愚莫大于吝且诬。桂之中岭而邑者曰全义，卫公城之，南越以平。卢遵为全义，视其城，塞北门，凿他雉以出。问之，其门人曰：“余百年矣。或曰：‘巫言是不利于令，故塞之。’或曰：‘以宾旅之多，有惧竭其饩馈者，欲回其途，故塞之。’”遵曰：“是非吝且诬欤？贤者之作，思利乎人。反是，罪也。余其复之。”

询于群吏，吏叶厥谋；上于大府，大府以俞；邑人便焉，欢舞里闾。居者思正其家，行者乐出其途。由道废邪，用贤弃愚，推以革物，宜民之苏。若是而不列，殆非孔子徒也。为之记云。

潭州杨中丞作东池戴氏堂记

宏农公刺潭三年，因东泉为池，环之九里。丘陵林麓距其涯，坻岛渚洲交其中。其岸之突而出者，水萦之若玦焉。池之胜，于是为最。公曰：“是非离世乐道者不宜有此。”卒授宾客之选者谯国戴氏曰简，为堂而居之。堂成而胜益奇，望之若连舻縻舰，与波上下。就之颠倒万物，辽廓眇忽。树之松柏杉槠，被之菱荥芙渠，郁然而阴，粲然而荣。凡观望浮游之美，专于戴氏矣。

戴氏尝以文行累为连率所宾礼，贡之泽宫，而忘不愿仕。与人交，取其退让，受诸侯之宠，不以自大，其离世欤？好孔氏书，旁及《庄》、《文》，莫不总统。以至虚为极，得受益之道，其乐道欤？贤者之举也必以类。当宏农公之选而专兹地之胜，岂易而得哉！地虽胜，得人焉而居之，则山若增而高，水若辟而广，堂不待饰而已奂矣。戴氏以泉池为宅居，以云物为朋徒，摅幽发粹，日与之娱，则行宜益高，文宜益峻，道宜益懋，交相赞者也。既硕其内，又扬于时，吾惧其离世之志不果矣。

君子谓宏农公刺潭得其政，为东地得其胜，授之得其人，岂非动而时中者欤？于戴氏堂也，见公之德，不可以不记。

永州韦使君新堂记

将为穹谷嵁岩渊池于郊邑之中，则必辇山石，沟涧壑，凌绝峰阻，疲极人力，乃可以有为也。然而求天作地生之状，咸无得焉。逸其人，因其地，全其天，昔之所难，今于是乎在。

永州实惟九疑之麓，其始度土者，环山为城。有石焉，翳于奥草；有泉焉，伏于土涂。蛇虺之所蟠，狸鼠之所游，茂树恶木，嘉葩毒卉，乱杂而争植，号为秽墟。韦公之来既逾月，理甚无事，望其它，且异之。始命芟其芜，行其涂，积之丘如，蠲之浏如。既焚既酾，奇势迭出，清浊辨质，美恶异位。视其植，则清秀敷舒；视其蓄，则溶漾纡余。怪石森然，周于四隅，或列或跪，或立或仆，窍穴逶邃，堆阜突怒。乃作栋宇，以为观游。凡其物类，无不合形辅势，效伎于堂庑之下。外之连山高原，林麓之崖，间厕隐显。迩延野绿，远混天碧，咸会于谯门之外。

已乃延客入观，继以宴娱。或赞且贺曰："见公之作，知公之志。公之因土而得胜，岂不欲因俗以成化？公之择恶而取美，岂不欲除残而佑仁？公之蠲浊而流清，岂不欲废贪而立廉？公之居高以望远，岂不欲家抚而户晓？夫然，则是堂也，岂独草木土石水泉之适欤？山原林麓之观欤？将使继公之理者，视其细，知其大也。"宗元请志诸石，措诸屋漏，以为二千石楷法。

永州崔中丞万石亭记

御史中丞清河男崔公，来莅永州。闲日，登城北墉，临于荒野藂翳之隙，见怪石特出，度其下必有殊胜。步自西门，以求其墟。伐竹披奥，欹侧以入。绵谷跨溪，皆大石林立，涣若奔云，错若置棋，怒者虎斗，企者鸟厉。抉其穴则鼻口相呀，搜其根则踦股交峙，环行卒愕，疑若搏噬。于是刳辟朽壤，翦焚榛秽，决浍沟，导伏流，散为疏林，洄为清池。寥廓泓渟，若造物者始判清浊，效奇于兹地，非人力也。乃立游亭，以宅厥中。直亭之西，石若掖分，可以眺望。其上青壁斗绝，沉于渊源，莫究其极。自下而望，则合乎攒峦，与山无穷。

明日，州邑耋老，杂然而至，曰："吾侪生是州，蓺是野，眉厖齿鲵。未尝知此。岂天坠地出，设兹神物，以彰我公之德欤?"既贺而请名。公曰："是石之数，不可知也。以其多，而命之曰万石亭。"耋老又言曰："懿夫公之名亭也，岂专状物而已哉！公尝六为二千石，既盈其数。然而有道之士，咸恨公之嘉绩未洽于人。敢颂休声，祝于明神。汉之三公，秩号万石，我公之德，宜受兹锡。汉有礼臣，惟万石君。我公之化，始于闺门。道合于古，佑之自天。野夫献辞，公寿万年！"

宗元尝以笺奏隶尚书，敢专笔削，以附零陵故事。时元和十年正月五日记。

零陵三亭记

邑之有观游，或者以为非政，是大不然。夫气愤则虑乱，视壅则志滞。君子必有游息之物，高明之具，使之情宁平夷，恒若有余，然后理达而事成。

零陵县东有山麓，泉出石中，沮洳污涂，群畜食焉，墙藩以蔽之，为县者积数十人，莫知发视。河东薛存义，以吏能闻荆楚间，潭部举之，假湘源令。会零陵政厖赋扰，民讼于牧，推能济弊，来莅兹邑。遁逃复还，愁痛笑歌，逋租匿役，期月辨理。宿蠹藏奸，披露首服。民既卒税，相与欢归道途，迎贺里闾。门不施胥交之席，耳不闻鼙鼓之音。鸡豚糗醑，得及宗族。州牧尚焉，旁邑仿焉。然而未尝以剧自挠，山水鸟鱼之乐，淡然自若也。乃发墙藩，驱群畜，决疏沮洳，搜剔山麓，万石如林，积拗为池。爰有嘉木美卉，垂水嘉峰，珑玲萧条，清风自生，翠烟自留，不植而遂。鱼乐广闲，鸟慕静深，别孕巢穴，沉浮啸萃，不蓄而富。伐木坠江，流于邑门；陶土以埴，亦在署侧；人无劳力，工得以利。乃作三亭，陡降晦明，高者冠山巅，下者俯清池。更衣膳饔，列置备具，宾以燕好，旅以馆舍。高明游息之道，具于是邑，由薛为首。

在昔裨湛谋野而获，宓子弹琴而理。乱虑滞志，无所容入。则夫观游者，果为政之具欤？薛之志，其果出于是欤？及其弊也，则以玩替政，以荒去理。使继是者咸有薛之志，则邑民之福，其可既乎？余爱其始，而欲久其道，乃撰其事以书于石。薛拜子曰："吾志也。"遂刻之。

零陵郡复乳穴记

石钟乳，饵之最良者也。楚越之山多产焉，于连于韶者，独名于世。连之人告尽焉者五载矣，以贡，则买诸他部。今刺史崔公至，逾月，穴人来以乳复告。邦人悦是祥也，杂然谣曰："甿之熙熙，崔公之来。公化所彻，土石蒙烈。以为不信，起视乳穴。"穴人笑之曰："是恶知所谓祥也？向吾以刺史之贪戾嗜利，徒吾役而不吾货也，吾是以病而绐焉。今吾刺史令明而志洁，先赖而后力，欺诬屏息，信顺休治，吾以是诚告焉。且夫乳穴必在深山穷林，冰雪之所储，豺虎之所庐。由而入者，触昏雾，扞龙蛇，束火以知其物，縻绳以志其返。其勤若是，出又不得吾直，吾用是安得不以尽告？今令人而乃诚，吾告故也。何祥之为！"

士闻之曰："谣者之祥也，乃其所谓怪者也；笑者之非祥也，乃其所谓真祥者也。君子之祥也，以政不以怪，诚乎物而信乎道，人乐用命，熙熙然以效其力。斯其为政也，而独非祥也欤！”

道州毁鼻亭神记

鼻亭神，象祠也。不知何自始立，因而勿除，完而恒新，相传且千岁。

元和九年，河东薛公由刑部郎中刺道州，除秽革邪，敷和于下。州之罢人，去乱即治，变呻为谣，若痿而起，若矇而瞭，腾踊相视，欢爱克顺。既底于理，公乃考民风，披地图，得是祠。骇曰：“象之道，以为子则傲，以为弟则贼，君有鼻而天子之吏实理。以恶德专世祀，殆非化吾人之意哉！”命亟去之。于是撤其屋，墟其地，沉其主于江。公又惧楚俗之尚鬼而难谕也，乃遍告于人曰：“吾闻‘鬼神不歆非类’，又曰‘淫祀无福’。凡天子命刺史于下，非以专土疆、督货贿而已也。盖将教孝弟，去奇邪，俾斯人敦忠睦友，祗肃信让，以顺于道。吾之斥是祠也，以明教也。苟离于正，虽千载之违，吾得而更之，况今兹乎？苟有不善，虽异代之鬼，吾得而攘之，况斯人乎？”州民既谕，相与歌曰；“我有苟老，公燠其肌。我有病癃，公起其羸。髫童之嚚，公实智之。鳏孤孔艰，公实遂之。孰尊恶德？远矣自古。孰羡淫昏？俾我斯瞽。千岁之冥，公辟其户。我子洎孙，延世有慕。”

宗元时谪永州，迩公之邦。闻其歌诗，以为古道罕用，赖公而存，斥一祠而二教兴焉。明罚行于鬼神，恺悌达于蛮夷，不惟禁淫祀、黜非类而已。愿为记以刻山石，俾知教之首。

永州龙兴寺息壤记

永州龙兴寺东北陬有堂，堂之地隆然负砖甓而起者，广四步，高一尺五寸。始之为堂也，夷之而又高，凡持插者尽死。永州居楚越间，其人鬼且禨。由是寺之人皆神之，人莫敢夷。

《史记·天官书》及《汉志》有地长之占，而亡其说。甘茂盟息壤，盖其地有是类也。昔之异书，有记洪水滔天，鲧窃帝之息壤以湮洪水，帝乃令祝融杀鲧于羽郊，其言不经见。今是土也，夷之者不幸而死，岂帝之所爱耶？南方多疫，劳者先死，则彼持锸者，其死于劳且疫也，土乌能神？

予恐学者之至于斯，征是言，而唯异书之信，故记于堂上。

永州龙兴寺东丘记

游之适大率有二：旷如也，奥如也，如斯而已。其地之陵阻峭，出幽郁，寥廓悠长，则于旷宜；抵丘垤，伏灌莽，迫遽回合，则于奥宜。因其旷，虽增以崇台延阁，回环日星，临瞰风雨，不可病其敞也；因其奥，虽增以茂树丛石，穹若洞谷，蓊若林麓，不可病其邃也。

今所谓东丘者，奥之宜者也。其始龛之外弃地，予得而合焉，以属于堂之壮陲。凡坳洼低岸之状，无废其故。屏以密竹，联以曲梁。桂桧松杉楩柟楠之植，几三百本，嘉卉美石，又经纬之。俯入绿缛，幽荫荟蔚。步武错迂，不知所出。温风不烁，清气自至。水亭狭室，曲有奥趣。然而至焉者，往往以邃为病。

噫！龙兴，水之佳寺也。登高殿可以望南极，辟大门可以瞰湘流，若是其旷也。而于是小丘，又将披而攘之。则吾所谓游有二者，无乃阙焉而丧其地之宜乎？丘之幽幽，可以处休。丘之窅窅，可以观妙。溽暑遁去，兹丘之下。太和不迁，兹丘之巅。奥乎兹丘，孰从我游？予无召公之德，惧翦伐之及也，故书以祈后之君子。

永州法华寺新作西亭记

法华寺居永州，地最高。有僧曰觉照，照居寺西庑下。庑之外有大竹数万，又其外山形下绝。然而薪蒸篠簜，蒙杂拥蔽，吾意伐而除之，必将有见焉。照谓余曰："是其下有陂池芙蕖，申以湘水之流，众山之会，果去是，其见远矣。"遂命仆人持刀斧，群而翦焉。丛莽下颓，万类皆出，旷焉茫焉，天为之益高，地为之加辟，丘陵山谷之峻，江湖池泽之大，咸若有增广之者。夫其地之奇，必以遗乎后，不可旷也。余时谪为州司马，官外乎常员，而心得无事。乃取官之禄秩，以为其亭，其高且广，盖方丈者二焉。

或异照之居于斯，而不蚤为是也。余谓昔之上人者，不起宴坐，足以观于空色之实，而游乎物之终始。其照也逾寂，其觉也逾有，然则向之碍之者为果碍耶？今之辟之者为果辟耶？彼所谓觉而照者，吾讵知其不由是道也？岂若吾族之挈挈于通塞有无之方以自狭耶？或曰，然则宜书之。乃书于石。

永州龙兴寺西轩记

永贞年，余名在党人，不容于尚书省。出为邵州，道贬永州司马。至则无以为居，居龙兴寺西序之下。予知释氏之道且久，固所愿也。然予所庇之屋甚隐蔽，其户北向，居昧昧也。寺之居，于是州为高。西序之西，属当大江之流；江之外，山谷林麓甚众。于是凿西墉以为户，户之外为轩，以临群木之杪，无不瞩焉。不徙席，不运几，而得大观。

夫室，向者之室也；席与几，向者之处也。向也昧，而今也显，岂异物耶？因悟夫佛之道，可以转惑见为真智，即群迷为正觉，舍大暗为光明。夫性岂异物耶？孰能为予凿大昏之墉，辟灵照之户，广应物之轩者，吾将与为徒。遂书为二：其一志诸户外，其一以贻巽上人焉。

永州龙兴寺修净土院记

中国之西数万里，有国曰身毒，释迦牟尼如来示现之地。彼佛言曰："西方过十万亿佛土，有世界曰极乐，佛号无量寿如来。其国无有三恶八难，众宝以为饰；其人无有十缠九恼，群圣以为友。有能诚心大愿归心是土者，苟念力具足，则往生彼国，然后出三界之外。其于佛道无退转者，其言无所欺也。"晋时庐山远法师作《念佛三昧咏》，大劝于时。其后天台顗，大师著《释净土十疑论》，弘宣其教，周密微妙，迷者咸赖焉，盖其留异迹而去者甚众。

永州龙兴寺，前刺史李承晊至及僧法林，置净土堂于寺之东偏，常奉斯事。逮今余二十年，廉隅毁顿，图像崩坠。会巽上人居其宇下，始复理焉。上人者，修最上乘，解第一义。无体空折色之迹，而造乎真源，通假有借无之名，而入于实相。境与智合，事与理并。故虽往生之因，亦相用不舍。誓葺兹宇，以开后学。有信士图为佛像，法相甚具焉。今刺史冯公作大门以表其位，余遂周延四阿，环以廊庑，缋二大士之像，缯盖幢幡，以成就之。呜呼！有能求无生之生者，知舟筏之存乎是。遂以《天台十疑论》书于墙宇，使观者起信焉。

永州铁炉步志

江之浒，凡舟可縻而上下者曰步。永州北郭有步，曰铁炉步。余乘舟来，居九年，往来求其所以为铁炉者无有。问之人，曰：

“盖尝有锻者居，其人去而炉毁者不知年矣，独有其号冒而存。”余曰：“嘻！世固有事去名存而冒焉若是耶？”

步之人曰：“子何独怪是？今世有负其姓而立于天下者，曰：‘吾门大，他不我敌也。’问其位与德，曰：‘久矣其先也。’然而彼犹曰‘我大’，世亦曰‘某氏大’。其冒于号有以异于兹步者乎？向使有闻兹步之号，而不足釜锜、钱镈、刀铁者，怀价而来，能有得其欲乎？则求位与德于彼，其不可得亦犹是也。位存焉而德无有，犹不足大其门，然世且乐为之下。子胡不怪彼而独怪于是？大者桀冒禹，纣冒汤，幽、厉冒文、武，以傲天下。由不知推其本而姑大其故号，以至于败，为世笑僇，斯可以甚惧。若求兹步之实，而不得釜锜、钱镈、刀铁者，则去而之他，又何害乎？子之惊于是，末矣。”

余以为古有太史，观民风，采民言。若是者，则有得矣。嘉其言可采，书以为志。

游黄溪记

北之晋，西适豳，东极吴，南至楚越之交，其间名山水而州者以百数，永最善。环永之治百里，北至于浯溪，西至于湘之源，南至于泷泉，东至于黄溪东屯，其间名山水而村者以百数，黄溪最善。

黄溪距州治七十里，由东屯南行六百步，至黄神祠。祠之上，两山墙立，如丹碧之华叶骈植，与山升降。其缺者为崖峭岩窟，水之中，皆小石平布。黄神之上，揭水八十步，至初潭，最奇丽，殆不可状。其略若剖大瓮，侧立千尺，溪水积焉。黛蓄膏渟，来若白虹，沉沉无声，有鱼数百尾，方来会石下。南去又行百步，至第二潭。石皆巍然，临峻流，若颏颔断腭。其下大石杂列，可坐饮食。有鸟赤首乌翼，大如鹄，方东向立。自是又南数里，地告一状，树益壮，石益瘦，水鸣皆锵然。又南一里，至大冥之川，山舒水缓，有土田。始黄神为人时，居其地。

传者曰："黄神王姓，莽之世也。莽既死，神更号黄氏，逃来，择其深峭者潜焉。"始莽尝曰："余黄虞之后也，"故号其女曰黄皇室主。"黄"与"王"声相迩，而又有本，其所以传言者益验。神既居是，民咸安焉。以为有道，死乃俎豆之，为立祠。后稍徙近乎民，今祠在山阴溪水上。元和八年五月十六日，既归为记，以启后之好游者。

始得西山宴游记

自余为僇人，居是州，恒惴慄。其隙也，则施施而行，漫漫而游。日与其徒上高山，入深林，穷回溪，幽泉怪石，无远不到。到则披草而坐，倾壶而醉。醉则更相枕以卧，卧而梦。意有所极，梦亦同趣。觉而起，起而归。以为凡是州之山水有异态者，皆我有也，而未始知西山之怪特。

今年九月二十八日，因坐法华西亭，望西山，始指异之。遂命仆人过湘江，缘染溪，斫榛莽，焚茅茷。穷山之高而止。攀援而登，箕踞而遨。则凡数州之土壤，皆在衽席之下。其高下之势，岈然洼然，若垤若穴，尺寸千里，攒蹙累积，莫得遁隐。萦青缭白，外与天际，四望如一。然后知是山之特立，不与培塿为类，悠悠乎与颢气俱，而莫得其涯；洋洋乎与造物者游，而不知其所穷。引觞满酌，颓然就醉，不知日之入。苍然暮色，自远而至，至无所见，而犹不欲归。心凝形释，与万化冥合。然后知吾向之未始游，游于是乎始，故为之文以志。是岁，元和四年也。

钴锅潭记

钴锅潭在西山西，其始盖冉水自南奔注，抵山石，屈折东流，其颠委势峻，荡击益暴，啮其涯，故旁广而中深，毕至石乃止，流沫成轮，然后徐行，其清而平者且十亩余，有树环焉，有泉悬焉。

其上有居者，以予之亟游也，一旦款门来告曰："不胜官租私券之委积，既芟山而更居，愿以潭上田贸财以缓祸。"予乐而如其言。则崇其台，延其槛，行其泉于高者而坠之潭，有声潀然。尤与中秋观月为宜，于以见天之高，气之迥。

孰使予乐居夷而忘故土者，非兹潭也欤！

钴锅潭西小丘记

得西山后八日，寻山口西北道二百步，又得钴锅潭。潭西二十五步，当湍而浚者为鱼梁。梁之上有丘焉，生竹树。其石之突怒偃蹇，负土而出，争为奇状者，殆不可数。其嵚然相累而下者，若牛马之饮于溪；其冲然角列而上者，若熊罴之登于山。丘之小不能一亩，可以笼而有之。

问其主，曰："唐氏之弃地，货而不售。"问其价，曰："止四百。"余怜而售之。李深源、元克己时同游，皆大喜，出自意外。即更取器用，铲刈秽草。伐去恶木，烈火而焚之。嘉木立，美竹露，奇石显。由其中以望，则山之高，云之浮，溪之流，鸟兽之遨游，举熙熙然回巧献技，以效兹丘之下。枕席而卧，则清泠之状与目谋，潜潜之声与耳谋，悠然而虚者与神谋，渊然而静者与心谋。不匝旬而得异地者二，虽古好事之士，或未能至焉。

噫！以兹丘之胜，致之沣、镐、鄠、杜，则贵游之士争买者，日增千金而愈不可得。今弃是州也，农夫渔父过而陋之，贾四百，连岁不能售。而我与深源、克己独喜得之，是其果有遭乎！书于石，所以贺兹丘之遭也。

至小丘西小石潭记

从小丘西行百二十步，隔篁竹，闻水声，如鸣珮环，心乐之。伐竹取道，下见小潭，水尤清冽。全石以为底，近岸卷石底以出，为坻为屿，为嵁为岩。青树翠蔓，蒙络摇缀，参差披拂。

潭中鱼可百许头，皆若空游无所依。日光下澈，影布石上，佁然不动；俶尔远逝，往来翕忽，似与游者相乐。

潭西南而望，斗折蛇行，明灭可见。其岸势犬牙差互，不可知其源。坐潭上，四面竹树环合，寂寥无人，凄神寒骨，悄怆幽邃。以其境过清，不可久居，乃记之而去。

同游者，吴武陵、龚古，余弟宗玄。隶而从者，崔氏二小生，曰恕己，曰奉壹。

袁家渴记

由冉溪西南水行十里，山水之可取者五，莫若钴鉧潭。由溪口而西，陆行，可取者八九，莫若西山。由朝阳岩东南水行，至芜江，可取者三，莫若袁家渴。皆永中幽丽奇处也。

楚、越之间方言，谓水之支流者为“渴”。音若“衣褐”之“褐”，渴上与南馆高嶂合，下与百家濑合。其中重洲小溪，澄潭浅渚，间厕曲折，平者深墨，峻者沸白。舟行若穷，忽又无际。有小山出水中，山皆美石，上生青丛，冬夏常蔚然。其旁多岩洞，其下多白砾，其树多枫柟石楠，楩槠樟柚，草则兰芷。又有异卉，类合欢而蔓生，轇轕水石。每风自四山而下，振动大木，掩苒众草，纷红骇绿，蓊葧香气。冲涛旋濑，退贮溪谷，摇飏葳蕤，与时推移。其大都如此，余无以穷其状。

永之人未尝游焉，余得之，不敢专也，出而传于世。其地主袁氏，故以名焉。

石渠记

自渴西南行，不能百步，得石渠，民桥其上。有泉幽幽然，其鸣乍大乍细。渠之广，或咫尺，或倍尺，其长可十许步。其流抵大石，伏出其下。逾石而往，有石泓，昌蒲被之，青鲜环周。又折西行，旁陷岩石下，北堕小潭。潭幅员减百尺，清深多鲦鱼。又北曲行纡余，睨若无穷，然卒入于渴。其侧皆诡石怪木，奇卉美箭，可列坐而庥焉。风摇其巅，韵动崖谷。视之既静，其听始远。

予从州牧得之，揽去翳朽，决疏土石，既崇而焚，既酾而盈。惜其未始有传焉者，故累记其所属，遗之其人，书之其阳，俾后好事者求之得以易。元和七年正月八日，蠲渠至大石。十月十九日，逾石得石泓小潭。渠之美，于是始穷也。

石涧记

石渠之事既穷，上由桥西北，下土山之阴，民又桥焉。其水之大，倍石渠三之一。亘石为底，达于两涯。若床若堂，若陈筵席，若限阃奥。水平布其上，流若织文，响若操琴。揭跣而往，折竹箭，扫陈叶，排腐木，可罗胡床十八九居之。交络之流，触激之音，皆在床下；翠羽之木，龙鳞之石，均荫其上。古之人其有乐乎此耶？后之来者，有能追予之践履耶？得意之日，与石渠同。

由渴而来者，先石渠，后石涧；由百家濑上而来者，先石涧，后石渠。涧之可穷者，皆出石城村东南，其间可乐者数焉。其上深山幽林，逾峭险，道狭不可穷也。

小石城山记

自西山道口径北，逾黄茅岭而下，有二道：其一西出，寻之无所得；其一少北而东，不过四十丈，土断而川分，有积石横当其垠。其上为睥睨梁欐之形，其旁出堡坞，有若门焉。窥之正黑，投以小石，洞然有水声，其响之激越，良久乃已。环之可上，望甚远，无土壤而生嘉树美箭，益奇而坚，其疏数偃仰，类智者所施设也。

噫！吾疑造物者之有无久矣。及是，愈以为诚有。又怪其不为之中州，而列是夷狄，更千百年不得一售其伎，是固劳而无用，神者倘不宜如是，则其果无乎？或曰："以慰夫贤而辱于此者。"或曰："其气之灵不为伟人，而独为是物，故楚之南少人而多石。"是二者，余未信之。

卷十二

柳宗元五

寄许京兆孟容书

宗元再拜五丈座前：伏蒙赐书诲谕，微悉重厚，欣跃恍惚，疑若梦寐，捧书叩头，悸不自定。伏念得罪来五年，未尝有故旧大臣肯以书见及者。何则？罪谤交积，群疑当道，诚可怪而畏也。以是兀兀忘行，尤负重忧，残骸余魂，百病所集，痞结伏积，不食自饱。或时寒热，水火互至，内消肌骨，非独瘴疠为也。忽捧教命，乃知幸为大君子所宥，欲使膏肓沉没，复起为人。夫何素望，敢以及此。

宗元早岁，与负罪者亲善，始奇其能，谓可以共立仁义，裨教化。过不自料，勤勤勉励，唯以中正信义为志，以兴尧、舜、孔子之道，利安元元为务，不知愚陋，不可力强，其素意如此也。末路孤危，阨塞臲卼，凡事壅隔，很忤贵近，狂疏缪戾，蹈不测之辜，群言沸腾，鬼神交怒。加以素卑贱，暴起领事，人所不信。射利求进者，填门排户，百不一得，一旦快意，更造怨讟。以此大罪之外，诋诃万端，旁午构扇，尽为敌仇，协心同攻，外连强暴失职者以致其事。此皆丈人所闻见，不敢为他人道说。怀不能已，复载简牍。此人虽万被诛戮，不足塞责，而岂有赏哉？今其党与，幸获宽贷，各得善地，无分毫事，坐食俸禄，明德至渥也，尚何敢更俟除弃废痼，以希望外之泽哉？年少气盛，不谡几微，不知当否，但欲一心直遂，果陷刑法，皆自所求取得之，又何怪也！

宗元于众党人中，罪状最甚。神理降罚，又不能即死。犹对人言语，求食自活，迷不知耻，日复一日。然亦有大故。自以得姓来二千五百年，代为冢嗣。今抱非常之罪，居夷獠之乡，卑湿昏雾，恐一日填委沟壑，旷坠先绪，以是怛然痛恨，心肠沸热。茕茕孤立，未有子息。荒陬中少士人女子，无与为婚，世亦不肯与罪大者亲昵，以是嗣续之重，不绝如缕。每当春秋时飨，孑立捧奠，顾眄无后继者，懔懔然欷歔惴惕，恐此事便已，摧心伤骨，若受锋刃。此诚丈人所共悯惜也。先墓所在城南，无异子弟为主，独托村邻。自谴逐来，消息存亡不一至乡闾，主守者固以益怠。昼夜哀愤，惧便毁伤松柏，刍牧不禁，以成大戾。近世礼重拜扫，今已阙者四年矣。每遇寒食，则北向长号，以首顿地。想田野道路，士女遍满，皂隶佣丐，皆得上父母丘墓，马医夏畦之鬼，无不受子孙追养者。然此已息望，又何以云哉！城西有数顷田，树果数百株，多先人手自封植，今已荒秽，恐便斩伐，无复爱惜。家有赐书三千卷，尚在善和里旧宅，宅今已三易主，书存亡不可知。皆付受所重，常系心腑，然无可为者。立身一败，万事瓦裂，身残家破，为世大僇。复何敢更望大君子抚慰收恤，尚置人数中耶！是以当食不知辛咸节适，洗沐盥漱，动逾岁时，一搔皮肤，尘垢满爪。诚忧恐悲伤，无所告诉，以至此也。

自古贤人才士，秉志遵分，被谤议不能自明者，仅以百数。故有无兄盗嫂，娶孤女云挝妇翁者；然赖当世豪杰，分别辨别，卒光史籍。管仲遇盗，升为功臣；匡章被不孝之名，孟子礼之。今已无古人之实，而有其诟，欲望世人之明己，不可得也。直不疑买金以偿同舍；刘宽下车，归牛乡人。此诚知疑似之不可辩，非口舌所能胜也。郑詹束缚於晋，终以无死；钟仪南音，卒获反国；叔向囚虏，自期必免；范痤骑危，以生易死；蒯通据鼎耳，为齐上客；张苍、韩信伏斧锧，终取将相；邹阳狱中，以书自活；贾生斥逐，复召宣室；倪宽摈死，后至御史大夫；董仲舒、刘向下狱当诛，为汉儒宗。此皆瑰伟传辩奇壮之士，能自解脱。今以恇怯淟涊，又婴恐惧痼病，虽欲慷慨攘臂，自同昔人，愈疏阔矣！

贤者不得志于今，必取贵于后，古之著书者皆是也。宗元近欲务此，然力薄才劣，无异能解，虽欲秉笔覙缕，神志荒耗，前后遗忘，终不能成章。往时读书，自以不至抵滞，今皆顽然无复省录。每读古人一传，数纸已后，则再三伸卷，复观姓氏，旋又废失。假令万一除刑部囚籍，复为士列，亦不堪当世用矣！伏惟兴哀无用之地，垂德于不报之所，但以通家宗祀为念，有可动心者，操之勿失。虽不敢望归扫茔域，退托先人之庐，以尽余齿，姑遂少北，益轻瘴疠，就婚娶，求胤嗣，有可付托，即冥然长辞，如得甘寝，无复恨矣！书辞繁委，无以自道。然即文以求其志，君子固得其肺肝焉。无任恳恋之至！不宣。宗元再拜。

与杨京兆凭书

月日，宗元再拜献书丈人座前：役人胡要返命，奉教诲，壮厉感发，铺陈广大。上言推延贤隽之道，难于今之世，次及文章，末以愚蒙剥丧顿瘁，无以守宗族复田亩为念，忧悯备极。不惟其亲密故旧是与，复有公言显赏，许其素尚，而激其忠诚者。用是踊跃敬惧，类向时所被简续，万万有加焉。故敢悉其愚以献左右。

大凡荐举之道，古人之所谓难者，其难非苟一而已也。知之难，言之难，听信之难。夫人有有之而耻言之者，有有之而乐言之者，有无之而工言之者，有无之而不言似有之者。有之而耻言之者，上也。虽舜犹难于知之。孔子亦曰“失之子羽”。下斯而言知而不失者，妄矣。有之而言之者，次也。德如汉光武，冯衍不用；才如王景略，以尹纬为令史。是皆终日号呜大咤，而卒莫之省。无之而工言之者，贼也。赵括得以代廉颇，马谡得以惑孔明也。今之若此类者，不乏于世。将相大臣闻其言而必能辨之者，亦妄矣。无之而不言者，土木类也。周仁以重臣为二千石，许靖以人誉而致三公。近世尤好此类，以为长者，最得荐宠。夫言朴愚无害者，其于田野乡闾为匹夫，虽称为长者可也。自抱关击柝以往，则必敬其事，愈上则及物者愈大，何事无用之朴哉？今之言曰：“某子长者，可以为大官，”类非古之所谓长者也，则必土木而已矣。

夫捧土揭木而致之岩廊之上，蒙以绂冕，翼以徒隶，而趋走其左右，岂有补于万民之劳苦哉！圣人之道不益于世用，凡以此也，故曰知之难。孔子曰：“仁者其言也讱，”“孟子病未同而言。”然则彼未吾信，而吾告之以士，必有三间。是将曰：“彼诚知士欤？知文欤？”疑之而未重，一间也。又曰：“彼无乃私好欤？交以利欤？”二间也。又曰：“彼不足我，而惎我哉？兹咈弗吾事。”三间也。畏是而不言，故曰言之难。言而有是患，故曰听信之难。唯明者为能得其所以荐，得其所以听，一不至，则不可冀矣。然而君子不以言听之难而不务取士。士，理之本也。苟有司之不我信，吾知之而不舍，其必有信吾者矣。苟知之，虽无有司，而士可以显，则吾一旦操用人之柄，其必有施矣。故公卿之大任，莫若索士。士不预备而熟讲之，卒然有问焉，宰相有咨焉，有司有求焉，其无以应之，则大臣之道或阙，故不可惮烦。

今之世言士者先文章。文章，士之末也。然立言存乎其中，即末而操其本，可十七八，未易忽也。自古文士之多莫如今，今之后生为文，希屈、马者，可得数人；希王褒、刘向之徒者，又可得十人；至陆机、潘岳之比，累累相望。若皆为之不已。则文章之大盛，古未有也。后代乃可知之。今之俗耳庸目，无所取信，杰然特异者，乃见此耳。丈人以文律通流当世，叔仲鼎列，天下号为文章家。今又生敬之。敬之，希屈、马者之一也。天下方理平，今之文士咸能先理。理不一，断于古书，老生直趋尧舜大道、孔氏之志，明而出之，又古之所难有也。然则文章未必为士之末，独采取何如耳！

宗元自小学为文章，中间幸联得甲乙科第，至尚书郎，专百官章奏，然未能究知为文之道。自贬官来无事，读百家书，上下驰骋，乃少得知文章利病。去年吴武陵来，美其齿少，才气壮健，可以兴西汉之文章，日与之言，因为之出数十篇书。庶几铿锵陶冶，时时得见古人情状。然彼古人亦人耳，夫何远哉？凡人可以言古，不可以言今。桓谭亦云："亲见扬子云容貌不能动人，安肯传其书？诚使博如庄周，哀如屈原，奥如孟轲，壮如李斯，峻如马迁，富如相如，明如贾谊，专如扬雄，犹为今之人，则世之高者至少矣。由此观之，古之人未必不薄于当世，而荣于后世也。若吴子之文，非丈人无以知之。独恐世人之才高者，不肯久学，无以尽训诂风雅之道，以为一世甚盛。若宗元者，才力缺败，不能远骋高厉，与诸生摩九霄、抚四海，夸耀于后之人矣。何也？凡为文以神志为主。自遭责逐，继以大故，荒乱耗竭，又常积忧，恐神志少矣，所读书随又遗忘。一二年来，痞气尤甚，加以众疾，动作不常。眊眊然骚扰内生，霾雾填拥惨沮，虽有意穷文章，而病夺其志矣。每闻人大言，则蹶气震怖，抚心案胆，不能自止。又永州多火灾，五年之间，四为天火所迫。徒跣走出，坏墙穴牖，仅免燔灼。书籍散乱毁裂，不知所往。一遇火恐，累日茫洋，不能出言，又安能尽意于笔砚，矻矻自苦，以伤危败之魂哉？

中心之悃愊郁结，具载所献《许京兆丈人书》，不能重烦于陈列。凡人之黜弃，皆望望思得效用，而宗元独以无有是念。自以罪大不可解，才质无所入，苟焉以叙忧栗为幸，敢有他志？伏以先君禀孝德，秉直道，高于天下。仕再登朝，至六品官。宗元无似，亦尝再登朝至六品矣！何以堪此？且柳氏号为大族，五六从以来，无为朝士者，岂愚蒙独出数百人右哉？以是自忖，官已过矣，宠已厚矣。夫知足与知止异，宗元知足矣。若便止不受禄位，亦所未能。今复得好官，犹不辞让，何也？以人望人，尚足自进。如其不至，则故无憾，进取之志息矣。身世孑然，无可以为家，虽甚崇宠之，孰与为荣？独恨不幸获托姻好，而早凋落，寡居十余年。尝有一男子，然无一日之命，至今无以托嗣续，恨痛常在心目。孟子称“不孝有三，无后为大”。今之汲汲于世者，唯惧此而已矣！天若不弃先君之德，使有世嗣，或者犹望延寿命，以及大宥，得归乡闾，立家室，则子道毕矣。夫是而犹竞于宠利者，天厌之！天厌之！丈人旦夕归朝廷，复为大僚，伏惟以此为念。流涕顿颡，布之座右。不胜感激之至。宗元再拜。

与裴埙书

应叔十四兄足下：比得书示，勤勤不以仆罪过为大故，有动止相悯者。仆望已矣，世所共弃，唯应叔辈一二公独未耳。仆未之罪，在年少好事，进而不能止。俦辈恨怒，以先得官。又不幸早尝与游者居权衡之地，十荐贤幸乃一售，不得者诪张排报，仆可出而辨之哉！性又倨野，不能摧折，以故名益恶，势益险，有喙有耳者，相邮传作丑语耳，不知其卒云何。中心之愆尤，若此而已。既受禁锢，而不能即死者，以为久当自明。今亦久矣，而嗔骂者尚不肯已，坚然相白者无数人。

圣上日兴太平之理，不贡不王者悉以诛讨，而制度大立，长使仆辈为匪人耶？其终无以见明，而不得击壤鼓腹，乐尧舜之道耶？且天下熙熙，而独呻吟者四五人，何其优裕者博，而局束者寡，其为不一征也何哉？太和蒸物，燕谷不被其煦，一邹子尚能耻之，今若应叔辈知我，岂下邹子哉！然而不耻者何也？河北之师，当已平奚虏，闻吉语矣。然若仆者，承大庆之后，必有殊泽，流言飞文之罪，或者其可以已乎？幸致数百里之地，使天下之人，不谓仆为明时异物，死不恨矣。

金州考绩已久，独蔑然不迁者何耶？十二兄宜当更转右职。十四兄尝得数书，无恙。兄顾惟仆之穷途，得无意乎？比当大寒，人愈平和，推楚南极海，元冥所不统，炎昏多疾，气力益劣，昧然人事百不记一，舍忧栗，则怠而睡耳。偶书如此，不宣。宗元再拜。

与萧翰林俛书

思谦兄足下：昨祁县王师范过永州，为仆言得张左司书，道思谦蹇然有当官之心，乃诚助太平者也。仆闻之喜甚，然微王生之说，仆岂不素知耶？所喜者耳与心叶，果于不谬焉尔。

仆不幸，向者进当觝軏不安之势，平居闭门，口舌无数，况又有久与游者，乃岌岌而造其门哉。其求进而退者，皆聚为仇怨，造作粉饰，蔓延益肆。非的然昭晰，自断于内，则孰能了仆于冥冥之间哉？然仆当时年三十三，甚少，自御史里行得礼部员外郎，超取显美，欲免世之求进者怪怒媢嫉，其可得乎？凡人皆欲自达，仆先得显处，才不能逾同列，声不能压当世，世之怒仆宜也。与罪人交十年，官又以是进，辱在附会。圣朝宏大，贬黜甚薄，不能塞众人之怒，谤语转侈，嚣嚣嗷嗷，渐成怪民。饰智求仕者，更詈仆以悦仇人之心，日为新奇，务相喜可，自以速援引之路。而仆辈坐益困辱，万罪横生，不知其端。伏自思念，过大恩甚，乃心致此。悲夫！人生少得六七十者，今已三十七矣。长来觉日月益促，岁岁更甚，大都不过数十寒暑，则无此身矣。是非荣辱，又何足道！云云不已，只益为罪。兄知之，勿为他人言也。

居蛮夷中久，惯习炎毒，昏眊重膇，意以为常。忽遇北风晨起，薄寒中体，则肌革惨懔，毛发萧条，瞿然注视，怵惕以为异候，意绪殆非中国人。楚越间声音特异，鴂舌啅噪，今听之怡然不怪，已与为类矣。家生小童，皆自然哓哓，昼夜满耳，闻北人言，则啼呼走匿，虽病夫亦怛然骇之。出门见适州闾市井者，其十有八九，杖而后兴。自料居此尚复几何，岂可更不知止，言说长短，重为一世非笑哉？读《周易·困卦》至“有言不信，尚口乃穷”也，往复益喜曰：“嗟乎！余虽家置一喙以自称道，诟益甚耳。”用是更乐喑默，思与木石为徒，不复致意。

今天子兴教化，定邪正，海内皆欣欣怡愉，而仆与四五子者独沦陷如此，岂非命欤？命乃天也，非云云者所制，余又何恨？独喜思谦之徒，遭时言道。道之行，物得其利。仆诚有罪，然岂不在一物之数耶？身被之，目睹之，足矣。何必攘袂用力，而矜自我出耶？果矜之，又非道也。事诚如此。然居理平之世，终身为顽人之类，犹有少耻，未能尽忘，傥因贼平庆赏之际，得以见白，使受天泽余润，虽朽枿腐败，不能生植，犹足蒸出艺菌，以为瑞物。一释废锢，移数县之地，则世必曰罪稍解矣。然后收召魂魄，买土一廛为耕甿，朝夕歌谣，使成文章。庶木铎者采取，献之法宫，增圣唐大雅之什，虽不得位，亦不虚为太平之人矣。

此在望外，然终欲为兄一言焉。宗元再拜。

与李翰林建书

杓直足下：州传递至，得足下书，又于梦得处得足下前次一书，意皆勤厚。庄周言，逃蓬藋者，闻人足音，则跫然喜。仆在蛮夷中，比得足下二书，及致药饵，喜复何言！仆自去年八月来，痞疾稍已。往时间一二日作，今一月乃二三作。用南人槟榔余甘，破决壅隔大过，阴邪虽败，已伤正气。行则膝颤，坐则髀痹。所欲者补气丰血，强筋骨，辅心力，有与此宜者，更致数物。忽得良方偕至，益善。

永州于楚为最南，状与越相类。仆闷即出游，游复多恐。涉野则有蝮虺大蜂，仰空视地，寸步劳倦；近水即畏射工沙虱，含怒窃发，中人形影，动成疮痏。时到幽树好石，暂得一笑，已复不乐。何者？譬如囚拘圜土，一遇和景，负墙搔摩，伸展支体，当此之时，亦以为适，然顾地窥天，不过寻丈，终不得出，岂复能久为舒畅哉？明时百姓，皆获欢乐；仆士人，颇识古今理道，独怆怆如此。诚不足为理世下执事，至比愚夫愚妇，又不可得，窃自悼也。

仆曩时所犯，足下适在禁中，备观本末，不复一一言之。今仆瘥残顽鄙，不死幸甚。苟为尧人，不必立事程功，唯欲为量移官，差轻罪累，即便耕田艺麻，取老农女为妻，生男育孙，以共力役，时时作文，以咏太平。推伤之余，气力可想，假令病尽已，身复壮，悠悠人世，越不过为三十年客耳。前过三十七年，与瞬息无异。复所得者，其不足把玩，亦已审矣。杓直以为诚然乎？

仆近求得经史诸子数百卷，尝候战悸稍定，时即伏读，颇见圣人用心、贤士君子立志之分。著书亦数十篇，心病言少次第，不足远寄，但用自释。贫者士之常，今仆虽羸馁，亦甘如饴矣。

足下言已白常州煦仆，仆岂敢众人待常州耶！若众人，即不复煦仆矣。然常州未尝有书遗仆，仆安敢先焉？裴应叔、萧思谦各有书，足下求取观之，相戒勿示人。敦诗在近地，简人事，今不能致书，足下默以此书见之。勉尽志虑，铺成一王之法，以宥罪戾。不悉。宗元白。

与顾十郎书

四月五日，门生守永州司马员外置同正员柳宗元，谨致书十郎执事：凡号门生而不知恩之所自者，非人也。缨冠束衽而趋以进者，咸曰我知恩。知恩则恶乎辨？然而辨之亦非难也。大抵当隆赫柄用，而蜂附蚁合，煦煦趄趄，便僻匍匐，以非乎人而售乎已。若是者，一旦势异，则电灭飚逝，不为门下用矣。其或少知耻惧，恐世人之非已也，则矫于中以貌于外，其实亦莫能至焉。然则当其时而确固自守，蓄力秉志，不为向者之态，则于势之异也固有望焉。

大凡以文出门下，由庶士而登司徒者，七十有九人。执事试追状其态，则果能效用者出矣。然而中间招众口飞语，哗然诪张者，岂他人耶？夫固出自门下。赖中山刘禹锡等，遑遑惕忧，无日不在信臣之门，以务白大德。顺宗时，显增荣谥，扬于天官，敷于天下，以为亲戚门生光宠。不意璅璅者，复以病执事，此诚私心痛之，堙郁汹涌，不知所发，常以自憾。在朝不能有奇节宏议，以立于当世，卒就废逐，居穷飚厄，又不能著书断往古、明圣法，以致无穷之名。进退无以异于众人，不克显明门下得士之大。今抱德厚，蓄愤悱，思有以效于前者，则既乖谬于时，离散摈抑，而无所施用。长为孤囚，不能自明。恐执事终于不知其始偃蹇退匿者，将以有为也，犹流于向时求进者之言，而下情无以通，盛德无以酬，用为大恨，固尝不欲言之。今惧老死瘴土，而他人无以辨其志，故为执事一出之。古之人耻躬之不逮，傥或万万有一可冀，复得处人间，则斯言几乎践矣。因言感激，浪然出涕，书不能既。宗元谨再拜。

与韩愈论史官书

正月二十一日，某顿首十八丈退之侍者：前获书言史事，云具《与刘秀才书》，及今乃见书稿，私心甚不喜，与退之往年言史事甚大谬。

若书中言，退之不宜一日在馆下，安有探宰相意，以为苟以史荣一韩退之耶？若果尔，退之岂宜虚受宰相荣已，而冒居馆下，近密地，食奉养，役使掌故，利纸笔为私书，取以供子弟费？古之志于道者，不宜若是。

且退之以为纪录者有刑祸，避不肯就，尤非也。史以名为褒贬，犹且恐惧不敢为；设使退之为御史中丞大夫，其褒贬成败人愈益显，其宜恐惧尤大也，则又将扬扬入台府，美食安坐，行呼唱于朝廷而已耶？在御史犹尔，设使退之为宰相，生杀出入升黜天下士，其敌益众，则又将扬扬入政事堂，美食安坐，行呼唱于内庭外衢而已耶？又何以异不为史而荣其号、利其禄也？

又言："不有人祸，则有天刑。"若以罪夫前古之为史者，然亦甚惑。凡居其位，思直其道。道苟直，虽死不可回也；如回也，莫若亟去其位。孔子之困于鲁、卫、陈、宋、蔡、齐、楚者，其时暗，诸侯不能行也。其不遇而死，不以作《春秋》故也。当其时，虽不作《春秋》，孔子犹不遇而死也。若周公、史佚，虽纪言书事，犹遇且显也。又不得以《春秋》为孔子累。范晔悖乱，虽不为史，其宗族亦诛。司马迁触天子喜怒，班固不检下，崔浩沽其直以斗暴虏，皆非中道。左丘明以疾盲，出于不幸。子夏不为史亦盲，不可以是为戒。其余皆不出此。是退之宜守中道，不忘其直，无以他事自恐。退之之恐，唯在不直、不得中道，刑祸非所恐也。

凡言二百年文武事多有诚如此者。今退之曰：我一人也，何能明？则同职者又所云若是，后来继今者又所云若者，人人皆曰我一人，则卒谁能纪传之耶？如退之但以所闻知孜孜不敢怠，同职者及后来继今者，亦各以所闻知孜孜不敢怠，则庶几不坠，使卒有明也。不然，徒信人口语，每每异辞，日以滋多，则所云“磊磊轩天地”者决必沉没，且乱杂无可考，非有志者所忍恣也。果有志，岂当待人督责迫蹙然后为官守耶？

又凡鬼神事，渺茫荒惑无可准，明者所不道。退之之智，而犹惧于此。今学如退之，辞如退之，好议论如退之，慷慨自谓正直行行焉如退之，犹所云若是，则唐之史述其卒无可托乎？明天子贤宰相得史才如此，而又不果，甚可痛哉！退之宜更思，可为速为；果卒以为恐惧不敢，则一日可引去，又何以云“行且谋”也？今当为而不为，又诱馆中他人及后生者，此大惑已。不勉已而欲勉人，难矣哉！

与史官韩愈致段秀实太尉逸事书

退之馆下：前者书进退之力史事，奉答诚中吾病，若疑不得实未即籍者，诚是也。退之平生不以不信见遇。窃自冠好游边上，问故老卒吏，得段太尉事最详。今所趋走州刺吏崔公，时赐言事，又具得太尉实迹，参案备具。太尉大节，古固无有。然人以为偶一奋，遂名无穷，今大不然。太尉自有难在军中，其处心未尝亏侧，其莅事无不可纪，会在下名未达，以故不闻，非直以一时取笏为谅也。

太史迁死，退之复以史道在职，宜不苟过时日。昔与退之期为史，志甚壮，今孤囚废锢，连遭瘴疠羸顿，朝夕就死，无能为也。第不能竟其业，若太尉者，宜使勿坠，太史迁言荆轲征夏无且。言大将军征苏建，言留侯征画容貌。今孤囚贱辱。虽不及无且、建等，然比画工传容貌尚差胜。《春秋传》所谓传信传著，虽孔子亦犹是也。窃自以为信且著。其逸事有状。

与刘禹锡论周易九六书

见与董生论《周易》九六义，取老而变，以为毕中和承一行僧得此说，异孔颖达《疏》，而以为新奇。彼毕子、董子，何肤末于学而遽云云也？都不知一行僧承韩氏、孔氏说，而果以为新奇，不亦可笑矣哉！

韩氏注："《乾》之策二百一十有六，"曰"《乾》一爻三十有六策"，则是取其过揲四分而九也。"《坤）之策一百四十有四"，曰"《坤》一爻二十四策"，则是取其过揲四分而六也。孔颖达等作《正义》，论云：九六有二义，其一者曰"阳得兼阴，阴不得兼阳"；其二者曰"老阳数九也，老阴数六也。二者皆变，《周易》以变者占"。郑玄注《易》，亦称以变者占，故云九六也。所以老阳九、老阴六者，九过揲得老阳，六过揲得老阴。此具在《正义·乾篇》中。周简子之说亦若此，而又详备。何毕子、董子之不视其书，而妄以口承之也？君子之学，将有以异也，必先究穷其书，究穷而不得焉，乃可以立正也。今二子尚未能读韩氏《注》、孔氏《正义》，是见其道听而途说者，又何能知所谓《易》者哉？足下取二家言观之，则见毕子、董子肤末于学而遽云云也。

足下所为书，非元凯兼三《易》者则诺。若曰孰与颖达著，则此说乃颖达也，非一行僧、毕子、童子能有异说者也。无乃即其谬而承之者欤？观足下出入筮数，考校《左氏》，今之世罕有如足下求《易》之悉者也。然务先穷昔人书，有不可者而后革之，则大善。谨之勿遽。宗元白。

答刘禹锡天论书

宗元白：发书得《天论》三篇，以仆所为《天说》为未究，欲毕其言。始得之，大喜，谓有以开明吾志虑。及详读五六日，求其所以异吾说，卒不可得。其归要曰：非天预乎人也。凡子之论，乃吾《天说》传疏耳，无异道焉。谆谆佐吾言，而曰有以异，不识何以为异也。

子之所以为异者，岂不以赞天之能生植也欤？夫天之能生植久矣，不待赞而显。且子以天之生植也，为天耶？为人耶？抑自生而植乎？若以为为人，则吾愈不识也。若果以为自生而植，则彼自生而植耳，何以异夫果蓏之自为果蓏，痈痔之自为痈痔，草木之自为草木耶？是非为虫谋明矣，犹天之不谋乎人也。彼不我谋，而我何为务胜之耶？子所谓交胜者，若天恒为恶，人恒为善，人胜天则善者行。是又过德乎人，过罪乎天也。又曰：天之能者生植也，人之能者法制也。是判天与人为四而言之者也。余则曰：生植与灾荒，皆天也；法制与悖乱，皆人也，二之而已。其事各行不相预，而凶丰理乱出焉，究之矣。凡子之辞，枝叶甚美，而根不直，取以遂焉。

又子之喻乎旅者，皆人也，而一曰天胜焉，一曰人胜焉，何哉？莽苍之先者，力胜也；邑郛之先者，智胜也。虞、芮，力穷也，匡、宋，智穷也。是非存亡，皆未见其可以喻乎天者。若子之说，要以乱为天理、理为人理耶？谬矣。若操舟之言人与天者，愚民恒说耳；幽、厉之云为上帝者，无所归怨之辞尔，皆不足喻乎道。子其熟之，无羡言侈论以益其枝叶，姑务本之为得，不亦裕乎？独所谓无形为无常形者甚善。宗元白。

答元饶州论春秋书

辱复书，教以《披张生书》及《答衢州书》言《春秋》，此诚世所希闻，兄之学为不负孔氏矣。

往年曾记裴封叔宅，闻兄与裴太常言晋人及姜戎败秦师于殽一义，尝讽习之。又闻韩宣英及亡友吕和叔辈言他义，知《春秋》之道久隐，而近乃出焉。京中于韩安平处始得《微指》，和叔处始见《集注》，恒愿扫于陆先生之门。及先生为给事中，与宗元入尚书同日，居又与先生同巷，始得执弟子礼。未及讲讨，会先生病，时闻要论，常以易教诲见宠。不幸先生疾弥甚，宗元又出邵州，乃大乖谬，不克卒业。复于亡友凌生处尽得《宗指》、《辨疑》、《集注》等一通。伏而读之，于“纪侯大去其国”，见圣人之道与尧舜合，不惟文王、周公之志，独取其法耳；于“夫人姜氏会齐侯于禚”，见圣人立孝经之大端，所以明其分也；于楚人“杀陈夏征舒，丁亥，楚子入陈，纳公孙宁、仪行父于陈”，见圣人褒贬与夺，唯当之所在，所谓瑕瑜不掩也。反复甚喜。若吾生前距此数十年，则不得是学矣。今适后之，不为不遇也。

兄书中所陈，皆孔氏大趣，无得逾焉。其言书荀息，贬立卓之意也。顷尝怪荀息奉君之邪心以立孽子，不务正义，弃重耳于外而专其宠，孔子同于仇牧、孔父为之辞。

今兄言贬息大善。息固当贬也，然则《春秋》与仇、孔辞不异，仇、孔亦有贬欤？宗元尝著《非国语》六十余篇，其一篇为息发也，今录以往，可如愚之所谓者乎？《微指》中明“郑人来渝平”，量力而退，告而后绝，固先同后异者也。今检此前无与郑同之文，后无与郑异之据，独疑此一义，理甚精而事有不合，兄亦当指而教焉。往年又闻和叔言兄论楚商臣一义，虽啖、赵、陆氏，皆所未及，请具录，当疏《微指》下，以传末学。萧、张前书，亦请见及。至之日，勒为一卷，以垂将来。

宗元始至是州，作《陆先生墓表》，今以奉献，与宣英读之。《春秋》之道如日月；不可赞也；若赞焉，必同于孔、路优劣之说，故举其一二，不宣。宗元再拜。

与吕道州温论非国语书

四月三日，宗元白化光足下：近世之言理道者众矣，率由大中而出者咸无焉。其言本儒术，则迂回茫洋，而不知其适；其或切于事，则苛峭刻核，不能从容，卒泥乎大道。甚者好怪而妄言，推天引神，以为灵奇，恍惚若化，而终不可逐。故道不明于天下，而学者之至少也。

吾自得友君子，而后知中庸之门户阶室，渐染砥砺，几乎道真。然而常欲立言垂文，则恐而不敢。今动作悖谬，以为僇于世，身编夷人，名列囚籍。以道之穷也，而施乎事者无日，故乃挽引，强为小书，以志乎中之所得焉。

尝读《国语》，病其文胜而言尨，好诡以反伦，其道舛逆。而学者以其文也，咸嗜焉，伏膺呻吟者，至比六经，则溺其文，必信其实，是圣人之道翳也。余勇不自制，以当后世之讪怒，辄乃黜其不臧，究世之谬。凡为六十七篇，命之曰《非国语》。既就，累日怏怏然不喜，以道之难明，而习俗之不可变也。如其知我者果谁欤？凡今之及道者，果可知也已。后之来者，则吾未之见，其可忽耶？故思欲尽其瑕颣，以别白中正。度成吾书者，非化光而谁？辄令往一通，惟少留视役虑，以卒相之也。

往时致用作《孟子评》，有韦词者告余曰："吾以致用书示路子，路子曰：'善则善矣，然昔之为书者，岂若是摭前人耶？'"韦子贤斯言也。余曰："致用之志以明道也，非以摭《孟子》，盖求诸中而表乎世焉尔。"今余为是书，非左氏尤甚。若二子者，固世之好言者也，而犹出乎是，况不及是者滋众，则余之望乎世也愈狭矣。卒如之何？苟不悖于圣道，而有以启明者之虑，则用是罪余者，虽累百世滋不憾而恧焉！于化光何如哉？激乎中必厉乎外，想不思而得也。宗元白。

答吴武陵论非国语书

濮阳吴君足下：仆之为文久矣，然心少之，不务也，以为是特博奕之雄耳。故在长安时，不以是取名誉，意欲施之事实，以辅时及物为道。自为罪人，舍恐惧则闲无事，故聊复为之。然而辅时及物之道，不可陈于今，则直垂于后。言而不文则泥，然则文者固不可少耶。

拘囚以来，无所发明，蒙覆幽独，会足下至，然后有助我之道。一观其文，心朗目舒，炯若深井之下仰视白日之正中也。足下以超轶如此之才，每以师道命仆，仆滋不敢。仆每为一书，足下必大光耀以明之，固又非仆之所安处也。若《非国语》之说，仆病之久，尝难言于世俗。今因其闲也而书之，恒恐后世之知言者用是诟病，狐疑犹豫，伏而不出者累月，方示足下。足下乃以为当，仆然后敢自是也。吕道州善言道，亦若吾子之言，意者斯文殆可取乎？夫为一书，务富文采，不顾事实，而益之以诬怪，张之以阔诞，以炳然诱后生，而终之以僻，是犹用文锦覆陷阱也。

不明而出之，则颠者众矣。仆故为之标表，以告夫游乎中道者焉。

仆无闻而甚陋，又在黜辱，居泥涂若螾蛭然，虽鸣其声音，谁为听之？独赖世之知言者为准，其不知言而罪我者，吾不有也。仆又安敢期如汉时列官以立学，故为天下笑耶？是足下爱我厚，始言之也。前一通如来言以污箧椟，此在明圣人之道，微足下，仆又何讬焉？宗元顿首。

与吕恭论墓中石书书

宗无白：元生至，得弟书，甚善，诸所称道具之。元生又持部中庐父墓者所得石书，模其文示余，曰若将闻于上，余故恐而疑焉。仆蚤好观古书家，所蓄晋魏时尺牍甚具；又二十年来，遍观长安贵人好事有所蓄，殆无遗焉。以是善知书，虽未尝见名氏，亦望而识其时也。又文章之形状，古今特异。弟之精敏通达，夫岂不究于此！今视石之署其年曰“永嘉”，其书则今田野人所作也。虽支离其字，尤不能近古。为其“永”字等颇效王氏变法，皆永嘉所未有。辞尤鄙近，若今所谓律诗者，晋时盖未尝为此声。大谬妄矣！又言植松乌擢之怪，而掘其土得石，尤不经难信。或者得无奸为之乎？

且古之言“葬者，藏也”。“壤树之”，而君子以为议。况庐而居者，其足尚之哉？圣人有制度，有法令，过则为辟。故立大中者不尚异，教人者欲其诚。是故恶夫饰且伪也。过制而不除丧，宜庐于庭；而矫于墓者，大中之罪人也。况又出怪物，诡神道，以奸大法，而因以为利乎？夫伪孝以奸利，诚仁者不忍擿过，恐伤于教也。然使伪可为而利可冒，则教益坏。若然者，勿与知焉可也，伏而不出之可也。

以大夫之政良，而吾子赞焉，固无阙遗矣。作东郛，改市鄽，去比竹茨草之室，而埴土、大木、陶甄、梓匠之工备，孽火不得作；化堕窳之俗，绝偷浮之源，而条桑、浴种、深耕、易耨之力用，宽徭、啬货、均赋之政起，其道美矣！于斯也，虑善善之过而莫之省，诚悫之道少损，故敢私言之。夫以淮济之清，有玷焉若秋毫，固不为病；然万一离娄子眇然睨之，不若无之者之快也。想默已其事，无出所置书，幸甚。宗元白。

与友人论为文书

古今号文章为难，足下知其所以难乎？非谓比兴之不足，恢拓之不远，钻砺之不工，颇颣之不除也。得之为难，知之愈难耳。苟或得其高朗，探其深赜，虽有芜败，则为日月之蚀也，大圭之瑕也，曷足伤其明、黜其宝哉？

且自孔氏以来，兹道大阐。家修人励，刓精竭虑者，几千年矣。其间耗费简札，役用心神者，其可数乎？登文章之箓，波及后代，越不过数十人耳。其余谁不欲争裂绮绣，互攀日月，高视于万物之中，雄峙于百代之下乎？率皆纵臾而不克，踯躅而不进，力蹙势穷，吞志而没。故曰得之为难。

嗟乎！道之显晦，幸不幸系焉；谈之辩讷，升降系焉；鉴之颇正，好恶系焉；交之广狭，屈伸系焉。则彼卓然自得以奋其间者，合乎否乎？是未可知也。而又荣古虐今者，比肩叠迹。大抵生则不遇，死而垂声者众焉。扬雄没而《法言》大兴，马迁生而《史记》未振。彼之二才，犹且若是，况乎未甚闻者哉！固有文不传于后祀，声遂绝于天下者矣。故曰知之愈难。而为文之士，亦多渔猎前作，戕贼文史，抉其意，抽其华，置齿牙间，遇事蜂起，金声玉耀，诳聋瞽之人，徼一时之声。虽终沦弃，而其夺朱乱雅，为害已甚。是其所以难也。

间闻足下欲观仆文章，退发囊笥，编其芜秽，心悸气动，交于胸中，未知孰胜，故久滞而不往也。今往仆所著赋颂碑碣文记议论书序之文，凡四十八篇，合为一通，想令治书苍头吟讽之也。击辕拊缶，必有所择，顾鉴视何如耳，还以一字示褒贬焉。

答元饶州论政理书

奉书，辱示以政理之说及刘梦得书，往复甚善。类非今之长人者之志，不惟充赋税养禄秩足已而已，独以富庶且教为大任。甚盛甚盛！

孔子曰："吾与回言终日，不违如愚。"然则蒙者固难晓，必劳申谕，乃得悦服。用是尚有一疑焉。兄所言免贫病者而不益富者税，此诚当也。乘理政之后，固非若此不可；不幸乘弊政之后，其可尔耶？夫弊政之大，莫若贿赂行而征赋乱。苟然，则贫者无赀以求于吏，所谓有贫之实，而不得贫之名；富者操其赢以市于吏，则无富之名，而有富之实。贫者愈困饿死亡而莫之省，富者愈恣横侈泰而无所忌。兄若所遇如是，则将信其故乎？是不可惧挠人而终不问也，固必问其实。问其实，则贫者固免，而富者固增赋矣，安得持一定之论哉？若曰止免贫者而富者不问，则侥幸者众，皆挟重利以邀，贫者犹若不免焉。若曰检富者惧不得实，而不可增焉，则贫者亦不得实，不可免矣。若皆得实，而故纵以为不均，何哉？孔子曰："不患寡而患不均，不患贫而患不安。"今富者税益少，贫者不免于捃拾以输县官，其为不均大矣。然非唯此而已，必将服役而奴使之，多与之田而取其半，或乃出其一而收其二三。主上思人之劳苦，或减除其税，则富者以户独免，而贫者以受役，卒输其二三与半焉。是泽不下流，而人无所告诉，其为不安亦大矣。夫如是，不一定经界、核名实，而姑重改作，其可理乎？

夫富室，贫之母也，诚不可破坏。然使其太幸而役于下，则又不可。兄云惧富人流为工商浮窳，盖甚急而不均，则有此尔。若富者虽益赋，而其实输当其十一，犹足安其堵，虽驱之不肯易也。检之逾精，则下逾巧。诚如兄之言。管子亦不欲以民产为征，故有“杀畜伐木”之说。今若非市井之征，则舍其产而唯丁田之问，推以诚质，示以恩惠，严责吏以法，如所陈一社一村之制，递以信相考，安有不得其实？不得其实，则一社一村之制亦不可行矣。是故乘弊政必须一定制，而后兄之说乃得行焉。蒙之所见，及此而已。永州以僻隅，少知人事。兄之所代者谁耶？理欤，弊欤？理，则其说行矣；若其弊也，蒙之说其在可用之数乎？

因南人来，重晓之。其它皆善，愚不足以议，愿同梦得之云者。兄通《春秋》，得圣人大中之法以为理。饶之理，小也，不足费其虑。无所论刺，故独举均赋之事，以求往复而除其惑焉。不习吏职而强言之，宜为长者所笑弄。然不如是，则无以来至当之言，盖明而教之，君子所以开后学也。

又闻兄之莅政三日，举韩宣英以代己。宣英达识多闻而习于事，宜当贤者类举。今负罪屏弃，凡人不敢称道其善，况又闻于大君以二千石荐之哉！是乃希世拔俗，果于直道，斯古人之所难，而兄行之。宗元与宣英同罪，皆世所背驰者也，兄一举而德皆及焉。祁大夫不见叔向，今而预知斯举，下走之大过矣。书虽多，言不足导意，故止于此。不宣。宗元再拜。

与崔饶州论石钟乳书

宗元白：前以所致石钟乳非良，闻子敬所饵与此类，又闻子敬时愦闷动作，宜以为未得其中粹美，而为粗矿惨悍所中，惧伤子敬醇懿，仍习谬误，故勤以为告也。再获书辞，辱征引地理证验，多过数百言，以为土之所出乃良，无不可者。是将不然。夫言土之出者，固多良而少不可，不谓其咸无不可也。草木之生也依于土，然即其类也，而有居山之阴阳，或近于水，或附于石，其性移焉。又况钟乳直产于石，石之精粗疏密，寻尺特异。而穴之上下，土之薄厚，石之高下不可知，则其依而产者，固不一性。然由其精密而出者，则油然而清，炯然而辉，其窍滑以夷，其肌廉以微。食之使人荣华温柔，其气宣流，生胃通肠，寿善康宁，心平意舒，其乐愉愉。由其粗疏而下者，则奔突结涩，乍大乍小，色如枯骨，或类死灰，淹悴不发，丛齿积类，重浊顽朴。食之使人偃蹇壅郁，泄火生风，戟喉痒肺，幽关不聪，心烦喜怒，肝举气刚，不能和平。故君子慎焉。取其色之美，而不必唯土之信，以求其至精，凡为此也。幸子敬饵之近不至于是，故可止御也。

必若土之出无不可者，则东南之竹箭，虽旁岐揉曲，皆可以贯犀革；北山之木，虽离奇液蹒，空立中枯者，皆可以梁百尺之观，航千切之渊；冀之北上，马之所生，凡其大耳短脰，拘挛婉跌，薄蹄而曳者，皆可以胜百钧，驰千里；雍之块璞，皆可以备砥砺；徐之粪壤，皆可以封大社；荆之茅，皆可以缩酒；九江之元龟，皆可以卜；泗滨之石，皆可以击考，若是而不大谬者少矣。其在人也，则鲁之晨饮其羊，关毂而锞轮者，皆可以为师儒；卢之沽名者，皆可以为太医；西子之里，恶而颦者，皆可以当侯王；山西之冒没轻儳，沓贪而忍者，皆可以凿凶门，制阃外；山东之稚騃朴鄙，力农桑，啖枣栗者，皆可以谋谟于庙堂之上。若是则反伦悖道者甚矣，何以异于是物哉？

是故《经》中言丹砂者，以类芙蓉而有光；言当归者，以类马尾蚕首；言人参者，似人形；黄芩似腐肠，附子八角，甘遂赤肤，类不可悉数。若果土宜乃善，则云生某所，不当又云某者良也。又《经》注曰：始兴为上，次乃广、连。则不必服，正为始兴也。今再三为言者，唯欲得其英精，以固子敬之寿，非以知药石、角技能也。若以服饵不必利己，姑务胜人而夸辩博，素不望此于子敬，其不然明矣，故毕其说。宗元再拜。

答周君巢饵药久寿书

奉二月九日书，所以抚教甚具，无以加焉。丈人用文雅，从知己，日以悖大府之政，甚适。东西来者，皆曰："海上多君子，周为倡焉。"敢再拜称贺。

宗元以罪大摈废，居小州，与囚徒为朋，行则若带缠索，处则若关桎梏，彳亍而无所趋，拳拘而不能肆，槁焉若枿，隤焉若璞。其形固若是，则其中者可得矣，然犹未尝肯道鬼神等事。今丈人乃盛誉山泽之臞者以为寿且神，其道若与尧舜、孔子似不相类焉，何哉？又曰：饵药可以久寿，将分以见与，固小子之所不欲得也。尝以君子之道，处焉则外愚而内益智，外讷而内益辩，外柔而内益刚；出焉则内外若一，而时动以取其宜当，而生人之性得以安，圣人之道得以光。获是而中，虽不至耇老，其道寿矣。今夫山泽之臞，于我无有焉。视世之乱若理，视人之害若利，视道之悖若义；我寿而生，彼夭而死，固无能动其肺肝焉。昧昧而趋，屯屯而居，浩然若有余，掘草烹石，以私其筋骨，而日以益愚，他人莫利，己独以愉。若是者愈千百年，滋所谓夭也，又何以为高明之图哉？

宗元始者讲道不笃，以蒙世显利，动获大僇，用是奔窜禁锢，为世之所诟病。凡所设施，皆以为戾，从而吠者成群。已不能明，而况人乎？然苟守先圣之道，由大中以出，虽万受摈弃，不更乎其内。大都类往时京城西与丈人言者，愚不能改。亦欲丈人固往时所执，推而大之，不为方士所惑。仕虽未达，无忘生人之患，则圣人之道幸甚，其必有陈矣。不宣。宗元再拜。

与李睦州论服气书

二十六日，宗元再拜。前四五日，与邑中可与游者游愚溪上池西小丘，坐柳下，酒行甚欢。坐者咸望兄不能俱，以为兄由服气以来，貌加老而心少欢愉，不若前去年时。是时既言，皆沮然眄睐，思有以已兄用斯术，而未得路。间一日，濮阳吴武陵最轻健，先作书，道天地、日月、黄帝等，下及列仙、方士昏死状。出千余字，颇甚快辩。伏睹兄貌笑口顺而神不偕来，及食时，窃睨和糅燥湿，与啖饮多寡犹自若。是兄阳德其言，而阴黜其忠也。若古之强大诸侯然，负固恃力，敌至则诺，去则肆，是不可变之尤者也。攻之不得，则直济师，今吴子之师，已遭诺而退矣。愚敢厉锐擐坚，鸣钟鼓以进决于城下，惟兄明听之。

凡服气之大不可者，吴子已悉陈矣。悉陈而不变者无他，以服气书多美言，以为得恒久大利，则又安得弃吾美言大利而从他人之苦言哉？今愚甚呐，不能多言。大凡服气之可不死欤，不可欤？寿欤，夭欤？康宁欤，疾病欤？若是者愚皆不言。但以世之两事已所经见者类之，以明兄所信书必无可用。愚幼时尝嗜音，见有学操琴者，不能得硕师，而偶传其谱，读其声，以布其爪指。蚤起则嘐嘐譊譊以逮夜，又增以脂烛，烛不足则讽而鼓诸席。如是十年，以为极工。出至大都邑，操于众人之座，则皆得大笑曰：“嘻！何清浊之乱，而疾舒之乖欤？”卒大惭而归。及年已长，则嗜书，又见有学书者，亦不能得硕书，独得国故书，伏而攻之，其勤若向之为琴者，而年又倍焉。出曰：“吾书之工，能为若是。”

知书者又大笑曰："是形纵而理逆。"卒为天下弃，又大惭而归。是二者，皆极工而反弃者，何哉？无所师而徒状其文也。其所不可传者，卒不能得，故虽穷日夜、弊岁纪，愈远而不近也。

今兄之所以为服气者，果谁师耶？始者独见兄传得气书于卢遵所，伏读三两日，遂用之；其次得气诀于李计所，又参取而大施行焉。是书是诀，遵与计皆不能知，然则兄之所以学者，无硕师矣，是与向之两事者无毫末差矣。宋人有得遗契者，密数其齿曰："吾富可待矣。"兄之术，或者其类是欤？

兄之不信，今使号于天下曰："孰为李睦州友者？今欲已睦州气术者左袒，不欲者右袒。"则凡兄之友，皆左袒矣；则又号曰："孰为李睦州客者？今欲已睦州气术者左袒，不欲者右袒。"则凡兄之客，皆左袒矣；则又以是号于兄之宗族，皆左袒矣；号姻娅，则左袒矣；入而号之闺门之内子姓亲昵，则子姓亲昵皆左袒矣；下之号于臧获仆妾，则臧获仆妾皆左袒矣；出而号于素为将率胥吏者，则将率肯吏皆左袒矣；则又之天下号曰："孰为李睦州仇者？今欲已睦州气术者左袒，不欲者右袒。"凡兄之仇者，皆右袒矣。然则利害之源，不可知也。友者欲久存其道，客者欲久存其利，宗族姻娅欲久存其戚，闺门之内子姓亲昵欲久存其恩，臧获仆妾欲久存其主，将率胥吏欲久存其势，仇欲速去其害。兄之为是术，凡今天下欲兄久存者皆惧，而欲兄速去者独喜。兄为而不已，则是背亲而与价仇。背亲而与仇，不及中人者皆知其为大戾，而兄安焉，固小子之所懔懔也。

兄其有意乎卓然自更，使仇者失望而栗，亲者得欲而忭。则愚愿椎肥牛、击大豕、刲群羊以为兄饩，穷陇西之麦、殚江南之稻以为兄寿。盐东海之水以为咸，醯敖仓之粟以为酸，极五味之适，致五藏之安，心恬而志逸，貌美而身胖，醉饱讴歌，愉怿欣欢，流声誉于无穷，垂功烈而不刊，不亦旨哉！孰与去味以即淡，去乐以即愁，悴悴焉肤日皱，肌日虚，守无所师之术，尊不可传之书，悲所爱而庆所憎。徒曰我能坚壁拒境，以为强大，是岂所谓强而大也哉？无任疑惧之甚。谨再拜。

与杨诲之书

足下幼时，未有以异于众童，仆未始知足下。及至潭州，乃见足下气益和，业益专，端重而少言，私心乃喜，知舜之陶器不苦窳为信然。而舜之德可以及土泥，而不化其子何哉？是又不可信也。则足下本有异质，而开发之不早耳。然开发之要在陶煦，然后不失其道。则足下亦教谕之至，固其进如此也。自今者再见足下，文益奇，艺益工，而气质不更于潭州时，乃信知其良也。中之正不惑于外，君子之道也。然则显然翘然，秉其正以抗于世，世必为敌仇，何也？善人少，不善人多，故爱足下者少，而害足下者多。吾固欲其方其中，圆其外，今为足下作《说车》，可详观之。车之说，其有益乎行于世也。

足下所持韩生《毛颖传》来，仆甚奇其书，恐世人非之，今作数百言，知前圣不必罪俳也。及贺州所未有者文又三篇。此言皆不欲出于世者，足下默观之，藏焉，无或传焉，吾望之至也。

今日有北人来，示将籍田敕。是举数十年之坠典，必有大恩泽。丈人之冤闻于朝，今是举也，必复大任，丑正者莫敢肆其吻矣。甚贺甚贺！仆罪大，不得与于恩泽，然其喜不减于足下者，何也？喜圣朝举数十年坠典，太平之路果辟，则吾之昧昧之罪，亦将有时而明也。方筑愚溪东南为室，耕野田，圃堂下，以咏至理，吾有足乐也。足下过今年，当侍从北下，仆得归溪上，设肴酒以俟趋拜。足下发南州，当先示仆，得与猎夫渔老，上下水陆，择味以给膳羞，虽不得久，亦一时之大愿也。过是无可道。

福来辞行急，不可留。言不尽所发，不具。某顿首。

与杨诲之第二书

张操来，致足下四月十八日书，始复去年十一月书，言《说车》之说及亲戚相知之道。是二者，吾于足下固具焉不疑，又何逾岁时而乃克也？徒亲戚，不过欲其勤读书，决科求仕，不为大过，如斯已矣。告之而不更则忧，忧则思复之；复之而又不更则悲，悲则怜之。何也？戚也。安有以尧舜孔子所传者而往责焉者哉？徒相知，则思责以尧舜孔子所传者，就其道，施于物，斯已矣。告之而不更则疑，疑则思复之；复之而又不更则去之。何也？外也。安有以忧悲且怜之之志而强役焉者哉？吾于足下固具是二道，虽百复之亦将不已，况一二，敢怠于言乎？

仆之言车也，以内可以守，外可以行其道。今子之说曰“柔外刚中”，子何取于车之疏耶？果为车，柔外刚中则未必不为弊车；果为人，柔外刚中则未必不为恒人。夫刚柔无常位，皆宜存乎中，有召焉者在外，则出应之。应之咸宜，谓之时中，然后得名为君子。必曰外恒柔，则遭夹谷武子之台。及为蹇蹇匪躬，以革君心之非。庄以莅乎人，君子其不克欤？中恒刚，则当下气怡色，济济切切。袁矜、淑问之事，君子其卒病欤？吾以为刚柔同体，应变若化，然后能志乎道也。今子之意近是也，其号非也。内可以守，外可以行其道，吾以为至矣，而子不欲焉，是吾所以愓愓然忧且疑也。

今将申告子以古圣人之道：《书》之言尧曰“允恭克让”；言舜曰“温恭允塞”；禹闻善言则拜；汤乃改过不吝；高宗曰“启乃心，沃朕心”；惟此文王，小心翼翼，日昃不暇食，坐以待旦；武王引天下诛纣而代之位，其意宜肆，而曰“予小子，不敢荒宁”；周公践天子之位，握发吐哺。孔子曰：“言忠信，行笃敬，”其弟子言曰：“夫子温良恭俭让以得之。”今吾子曰：“自度不可能也。”然则自尧舜以下，与子果异类耶？乐放弛而愁检局，虽圣人与子同。圣人能求诸中以厉乎己，久则安乐之矣，子则肆之。其所以异乎圣者，在是决也。若果以圣与我异类，则自尧舜以下，皆宜纵目卬鼻，四手八足，鳞毛羽鬣，飞走变化，然后乃可。苟不为是，则亦人耳，而子举将外之耶？若然者，圣自圣，贤自贤，众人自众人，咸任其意，又何以作言语、生道理，千百年天下传道之？是皆无益于世，独遗好事者藻缋文字，以矜世取誉，圣人不足重也。故曰：“中人以上，可以语上，唯上智与下愚不移。”吾以子近上智，今其言曰“自度不可能也”，则子果不能为中人以上耶？吾之忧且疑者以此。

凡儒者之所取，大莫尚孔子。孔子七十而纵心。彼其纵之也，度不逾矩而后纵之。今子年有几？自度果能不逾矩乎？而遽乐于纵也！传说曰：“惟狂克念作圣。”今夫狙猴之处山，叫呼跳梁，其轻躁狼戾异甚，然得而絷之，未半日，则定坐求食，唯人之为制。其或优人得之，加鞭棰，狎而扰焉，跪起趋走，咸能为人所为者。未有一焉，狂奔掣顿，踣弊自绝。故吾信夫狂之为圣也。今子有贤人之资，反不肯为狂之克念者，而曰“我不能”。舍子其孰能乎？是孟子之所谓不为也，非不能也。

凡吾之致书、为《说车》，皆圣道也。今子曰：“我不能为车之说，但当则法圣道而内无愧，乃可长久。”呜呼！吾车之说，果不为圣道耶？吾以内可以守，外可以行其道告子。今子曰：“我不能翦翦拘拘以同世取荣。”吾岂教子为翦翦拘拘者哉？子何考吾说车之不详也？吾之所云者，其道自尧、舜、禹、汤、高宗、文武、周公、孔子皆由之，而子不谓圣道，抑以吾为与世同波，工为蒴蒴拘拘者，以是教己，固迷吾文，而悬定吾意，甚不然也。圣人不以人废言。吾虽少时与世同波，然未尝蒴蒴拘拘也。又子自言“处众中偪侧扰攘，欲弃去不敢，犹勉强与之居。”苟能是，何以不克为车之说耶？忍污杂嚣哗，尚可恭其体貌，逊其言辞，何故不可吾之说？吾未尝为佞且伪，其旨在恭宽退让，以售圣人之道及乎人，如斯而已矣。尧舜之让，禹、汤、高宗之戒，文王之小心，武王之不敢荒宁，周公之吐握，孔子之六十九未尝纵心，彼七八圣人者所为若是，岂恒愧于心乎？慢其貌，肆其志，茫洋而后言，偃蹇而后行，道人是非，不顾齿类，人皆心非之，曰“是礼不足者”，甚且见骂。如是而心反不愧耶？圣人之礼让，其且为伪乎？为佞乎？

今子又以行险为车之罪。夫车之为道，岂乐行于险耶？度不得已而至乎险，期勿败而已耳。夫君子亦然，不求险而利也，故曰“危邦不入，乱邦不居”。“国无道，其默足以容。”不幸而及于危乱，期勿祸而已耳。且子以及物行道为是耶，非耶？伊尹以生人为己任，管仲衅浴以伯济天下，孔子仁之。凡君子为道，舍是宜无以为大者也。今子书数千言，皆未及此，则学古道、为古辞，尨然而措于世，其卒果何为乎？是之不为，而甘罗、终军以为慕，弃大而录小，贱本而贵末，夸世而钓奇，苟求之于后世，以圣人之道为不若二子，仆以为过矣。彼甘罗者，左右反复，得利弃信，使秦背燕之亲己而反与赵合，以致危于燕。天下是以益知秦无礼不信，视函谷关若虎豹之窟，罗之徒实使然也。子而慕之，非夸世欤？彼终军者，诞谲险薄，不能以道匡汉主好战之志，视天下之劳，若观蚁之移穴，玩而不戚；人之死于胡越者，赫然千里，不能谏而又纵臾之；已则决起奋怒，掉强越、挟淫夫，以媒老妇，欲蛊夺人之国，智不能断，而俱死焉。是无异卢狗之遇嗾，呀呀而走，不顾险阻，唯嗾者之从，何无已之心也？子而慕之，非钓奇欤？二小子之道，吾不欲吾子言之。孔子曰："是闻也，非达也。"使二小子及孔子氏，曾不得与琴张、牧皮狂者之列，是固不宜以为的也。

且吾子之要于世者，处耶，出耶？主上以圣明，进有道，兴大化，枯槁伏匿缧锢之士，皆思踊跃洗沐，期辅尧舜。万一有所不及，丈人方用德艺达于邦家，为大官以立于天下。吾子虽欲为处，何可得也？则固出而已矣。将出于世而仕，未二十而任其心，吾为子不取也。冯妇好搏虎，卒为善士；周处狂横，一旦改节，皆老而自克。今子素善士，年又甚少，血气未定，而忽欲为阮咸、嵇康之所为，守而不化，不肯入尧舜之道，此甚未可也。

吾意足下所以云云者，恶佞之尤，而不悦于恭耳。观过而知仁，弥见吾子之方其中也，其乏者独外之圆耳。屈子曰："惩于羹者而吹齑。"吾子其类是欤？佞之恶而恭反得罪。圣人所贵乎中者，能时其时也。苟不适其道，则肆与佞同。山虽高，水虽下，其为险而害也，要之不异。足下当取吾《说车》申而复之，非为佞而利于险也明矣。吾子恶乎佞，而恭且不欲，今吾又以圆告子，则圆之为号，固子之所宜甚恶。方于恭也，又将千百焉。然吾所谓圆者，不如世之突梯苟冒，以务利乎己者也。固若轮焉：非特于可进也，锐而不滞；亦将于可退也，安而不挫；欲如循环之无穷，不欲如转丸之走下也。乾健而运，离丽而行，夫岂不以圆克乎？而恶之也？

吾年十七求进士，四年乃得举。二十四求博学宏词科，二年乃得仕。其间与常人为群辈数十百人。当时志气类足下，时遭讪骂诟辱，不为之面，则为之背。积八九年，日思摧其形，锄其气，虽甚自挫折，然已得号为狂疏人矣。及为蓝田尉，留府庭，旦暮走谒于大官堂下，与卒伍无别。居曹则俗吏满前，更说买卖，商算赢缩。又二年为此，度不能去，益学《老子》“和其光，同其尘”。虽自以为得，然已得号为轻薄人矣。及为御史郎官，自以登朝廷，利害益大，愈恐惧，思欲不失色于人。虽戒砺加切，然卒不免为连累废逐。犹以前时遭狂疏轻薄之号，既闻于人，为恭让未洽，故罪至而无所明之。到永州七年矣，蚤夜惶惶，追思咎过，往来甚熟，讲尧舜、孔子之道亦熟，益知出于世者之难自任也。今足下未为仆向所陈者，宜乎欲任己之志，此与仆少时何异？然循吾向所陈者而由之，然后知难耳。今吾先尽陈者，不欲足下如吾更讪辱，被称号，已不信于世，而后知慕中道，费力而多害，故勤勤焉云尔而不已也。子其详之熟之，无徒为烦言往复，幸甚！

又所言书意有不可者，令仆专专为掩匿覆盖之，慎勿与不知者道，此又非也。凡吾与子往复，皆为言道。道固公物，非可私而有。假令子之言非是，则子当自求暴扬之，使人皆得刺列，卒采其可者以正乎己，然后道可显达也。今乃专欲覆盖掩匿，是固自任其志，而不求益者之为也。士传言，庶人谤于道，子产之乡校不毁，独何如哉？君子之过，如日月之蚀，又何盖乎？是事吾不能奉子之教矣。幸悉之。

足下所为书，言文章极正，其辞奥雅，后来之驰于是道者，吾子且以为蒲捎、駃騠，何可当也？其说韩愈处甚好。其它但用《庄子》《国语》文字太多，反累正气，果能遗是，则大善矣。

忧闵废锢，悼籍田之罢，意思恳恳，诚爱我厚者。吾自度罪大，敢以是为欣且戚耶？但当把锄荷锸，决溪泉为圃以给茹，其隙则浚沟池，艺树木，行歌坐钓，望青天白云，以此为适，亦足老死无戚戚者。时时读书，不忘圣人之道，已不能用，有我信者，则以告之。朝廷更宰相来，政事益修。丈人日夕还北阙，吾待子郭南亭上，期口言不久矣。至是，当尽吾说。今因道人行，粗道大旨如此。宗元白。

贺进士王参元失火书

得杨八书，知足下遇火灾，家无余储。仆始闻而骇，中而疑，终乃大喜，盖将吊而更以贺也。道远言略，犹未能究知其状，若果荡焉泯焉，而悉无有，乃吾所以尤贺者也。

足下勤奉养，乐朝夕，惟恬安无事是望也。今乃有焚炀赫烈之虞，以震骇左右，而脂膏滫瀡之具，或以不给，吾是以始而骇也。凡人之言，皆曰盈虚倚伏，去来之不可常。或将大有为也，乃始厄困震悸，于是有水火之孽，有群小之愠，劳苦变动，而后能光明，古之人皆然。斯道辽阔诞漫，虽圣人不能以是必信，是故中而疑也。以足下读古人书，为文章，善小学，其为多能若是，而进不能出群士之上以取显贵者，盖无他焉。京城人多言足下家有积货，士之好廉名者，皆畏忌不敢道足下之善，独自得之，心蓄之，衔忍而不出诸口，以公道之难明，而世之多嫌也。一出口，则嗤嗤者以为得重赂。

仆自贞元十五年见足下之文章，蓄之者盖六七年未尝言。是仆私一身而负公道久矣，非特负足下也。及为御史尚书郎，自以幸为天子近臣，得奋其舌，思以发明足下之郁塞。然时称道于行列，犹有顾视而窃笑者，仆良恨修己之不亮，素誉之不立，而为世嫌之所加，常与孟几道言而痛之。乃今幸为天火之所涤荡，凡众之疑虑，举为灰埃。黔其庐，赭其垣，以示其无有，而足下之才能乃可显白而不污。其实出矣，是祝融、回禄之相吾子也。则仆与几道十年之相知，不若兹火一夕之为足下誉也。宥而彰之，使夫蓄于心者，咸得开其喙，发策决科者，授于而不栗，虽欲如向之蓄缩受侮，其可得乎？于兹吾有望于尔！是以终乃大喜也。古者列国有灾，同位皆相吊，许不吊灾，君子恶之。今吾之所陈若是，有以异乎古，故将吊而更以贺也。颜、曾之养，其为乐也大矣，又何阙焉？

足下前要仆文章古书，极不忘，候得数十幅，乃并往耳。吴二十一武陵来，言足下为《醉赋》及《对问》，大善，可寄一本。仆近亦好作文，与在京城时颇异。思与足下辈言之，桎梏甚固，未可得也。因人南来，致书访死生。不悉。宗元白。

答韦中立论师道书

二十一日，宗元白：辱书云欲相师，仆道不笃，业甚浅近，环顾其中，未见可师者。虽尝好言论，为文章，甚不自是也。不意吾子自京师来蛮夷间，乃幸见取。仆自卜固无取，假令有取，亦不敢为人师。为众人师且不敢，况敢为吾子师乎？

孟子称“人之患，在好为人师”。由魏晋氏以下，人益不事师。今之世不闻有师，有辄哗笑之，以为狂人。独韩愈奋不顾流俗，犯笑侮，收召后学，作《师说》，因抗颜而为师。世果群怪聚骂，指目牵引，而增与为言辞。愈以是得狂名，居长安，炊不暇熟，又挈挈而东，如是者数矣。屈子赋曰：“邑犬群吠，吠所怪也。”仆往闻庸蜀之南，恒雨少日，日出则犬吠，余以为过言。前六七年，仆来南，二年冬，幸大雪，逾岭被南越中数州，数州之犬，皆苍黄吠噬，狂走者累日。至无雪乃已．然后始信前所闻者。今韩愈既自以为蜀之日，而吾子又欲使吾为越之雪，不以病乎？非独见病，亦以病吾子。然雪与日岂有过哉？顾吠者犬耳。度今天下不吠者几人，而谁敢衒怪于群目，以召闹取怒乎？

仆自谪过以来，益少志虑。居南中九年，增脚气病，渐不喜闹，岂可使呶呶者早暮咈吾耳、骚吾心？则固僵仆烦愦，逾不可过矣。平居望外，遭齿舌不少，独欠为人师耳。

抑又闻之，古者重冠礼，将以责成人之道，是圣人所尤用心者也。数百年来，人不复行。近有孙昌允者，独发愤行之。既成礼，明日造朝，至外廷，荐笏言于卿士曰："某子冠毕。"应之者咸怃然。京兆尹郑叔则怫然曳笏却立，曰："何预我耶？"廷中皆大笑。天下不以非郑尹而怪孙子，何哉？独为所不为也。今之命师者大类此。

吾子行厚而辞深，凡所作，皆恢恢然有古人形貌，虽仆敢为师，亦何所增加也？假而以仆年先吾子，闻道著书之日不后，诚欲往来言所闻，则仆固愿悉陈中所得者。吾子苟自择之，取某事，去某事，则可矣。若定是非以教吾子，仆才不足，而又畏前所陈者，其为不敢也决矣。吾子前所欲见吾文，既悉以陈之，非以耀明于子，聊欲以观子气色，诚好恶何如也。今书来，言者皆大过。吾子诚非佞誉诬谀之徒，直见爱甚故然耳。

始吾幼且少，为文章，以辞为工。及长，乃知文者以明道，是故不苟为炳炳烺烺，务采色、夸声音而以为能也。凡我所陈，皆自谓近道，而不知道之果近乎，远乎？吾子好道而可吾文，或者其于道不远矣。故吾每为文章，未尝敢以轻心掉之，惧其剽而不留也；未尝敢以怠心易之，惧其弛而不严也；未尝敢以昏气出之，惧其昧没而杂也；未尝敢以矜气作之，惧其偃蹇而骄也。抑之欲其奥，扬之欲其明，疏之欲其通，廉之欲其节，激而发之欲其清，固而存之欲其重，此吾所以羽翼夫道也。本之《书》以求其质，本之《诗》以求其恒，本之《礼》以求其宜，本之《春秋》以求其断，本之《易》以求其动，此吾所以取道之原也。参之穀梁氏以厉其气，参之《孟》、《荀》以畅其支，参之《庄》、《老》以肆其端，参之《国语》以博其趣，参之《离骚》以致其幽，参之太史公以著其洁，此吾所以旁推交通而以为之文也。凡若此者，果是耶，非耶？有取乎，抑其无取乎？吾子幸观焉，择焉，有余以告焉。苟亟来以广是道，子不有得焉，则我得矣，又何以师云尔哉？取其实而去其名，无招越、蜀吠怪，而为外廷所笑，则幸矣。宗元复白。

答严厚舆秀才论为师道书

二十五日某白，冯翊严生足下：得生书，言为师之说，怪仆所作《师友箴》与《答韦中立书》，欲变仆不为师之志，而屈己为弟子。凡仆所为二文，其卒果不异。仆之所避者名也，所忧者其实也，实不可一日忘。仆聊歌以为箴，行且求中以益己，栗栗不敢暇，又不敢自谓有可师于人者耳。若乃名者，方为薄世笑骂，仆脆怯，尤不足当也。内不足为，外不足当众口，虽恳恳见迫，其若吾子何？实之要，二文中皆是也，吾子其详读之，仆见解不出此。

吾子所云仲尼之说，岂易耶？仲尼可学，不可为也。学之至，斯则仲尼矣；未至而欲行仲尼之事，若宋襄公好霸而败国，卒中矢而死。仲尼岂易言耶？马融、郑元者，二子独章句师耳。今世固不少章句师，仆幸非其人。吾子欲之，其有乐而望吾子者矣。言道、讲古、穷文辞以为师，则固吾属事。仆才能勇敢不如韩退之，故又不为人师。人之所见有同异，吾子无以韩责我。若曰仆拒千百人，又非也。仆之所拒，拒为师弟子名，而不敢当其礼者也。若言道、讲古、穷文辞，有来问我者，吾岂尝瞋目闭口耶？

敬叔吾所信爱，今不得见其人，又不敢废其言。吾子文甚畅远，恢恢乎其辟大路将疾驰也。攻其车，肥其马，长其策，调其六辔，中道之行大都，舍是又奚师欤？亟谋于知道者而考诸古，师不乏矣。幸而亟来，终日与吾子言，不敢倦，不敢爱，不敢肆。苟去其名，全其实，以其余易其不足，亦可交以为师矣。如此，无世俗累而有益乎已，古今未有好道而避是者。宗元白。

报袁君陈秀才避师名书

秀才足下：仆避师名久矣。往在京都，后学之士到仆门，日或数十人，仆不敢虚其来意，有长必出之，有不至必惎之。虽若是，当时无师弟子之说。其所不乐为者，非以师为非，弟子为罪也。有两事，故不能：自视以为不足为，一也；世久无师弟子，决为之，且见非，且见罪，惧而不为，二也。其大说具《答韦中立书》，今以往，可观之。

秀才貌甚坚，辞甚强，仆自始觌，固奇秀才，及见两文，愈益奇。虽在京都，日数十人到门者，谁出秀才右耶？前已必秀才可为成人，仆之心固虚矣，又何鲲鹏互乡于尺牍哉！秋风益高，暑气益衰，可偶居卒谈。秀才时见咨，仆有诸内者不敢爱惜。

大都文以行为本，在先诚其中。其外者当先读六经，次《论语》、孟轲书，皆经言。《左氏》、《国语》、庄周、屈原之辞，稍采取之，穀梁子、太史公甚峻洁，可以出入，余书俟文成，异日讨也。其归在不出孔子，此其古人贤士所懔懔者。求孔子之道，不于异书。秀才志于道，慎勿怪、勿杂、勿务速显。道苟成，则勃然尔，久则蔚然尔。源而流者，岁旱不涸，蓄谷者不病凶年，蓄珠玉者不虞殍死矣。然则成而久者，其术可见。虽孔子在，为秀才计，未必过此。不具。宗元白。

答韦珩示韩愈相推以文墨事书

足下所封示退之书，云欲推避仆以文墨事，且以励足下。若退之之才，过仆数等，尚不宜推避于仆，非其实可知，固相假借为之词耳。退之所敬者，司马迁、扬雄。迁于退之，固相上下。若雄者，如《太玄》、《法言》及《四愁赋》，退之独未作耳，决作之，加恢奇，至他文过扬雄远甚。雄之遣言措意，颇短局滞涩，不若退之猖狂恣睢、肆意有所作。若然者，使雄来尚不宜推避，而况仆耶？彼好奖人善，以为不屈己，善不可奖，故慊慊云尔也。足下幸勿信之。

且足下志气高，好读南北史书，通国朝事，穿穴古今，后来无能和。而仆稚騃，卒无所为，但趑趄文墨笔砚浅事。今退之不以吾子励仆，而反以仆励吾子，愈非所宜。然卒篇欲足下自挫抑，合当世事以固当，虽仆亦知无出此。吾子年甚少，知己者如麻，不患不显，患道不立耳。此仆以自励，亦以佐退之励足下。不宣。宗元顿首再拜。

答贡士廖有方论文书

三日，宗元白：自得秀才书，知欲仆为序。然吾为文，非苟然易也。于秀才，则吾不敢爱。吾在京都时，好以文宠后辈，后辈由吾文知名者，亦为不少焉。自遭斥逐禁锢，益为轻薄小儿哗嚣，群朋增饰无状，当途人率谓仆垢污重厚，举将去而远之。

今不自料而序秀才，秀才无乃未得向时之益，而受后事之累，吾是以惧。洁然盛服而与负涂者处，而又何赖焉？然观秀才勤恳，意甚久远，不为顷刻私利，欲以就文雅，则吾曷敢以让？当为秀才言之。然而无显出于今之世，视不为流俗所扇动者，乃以示之。

既无以累秀才，亦不增仆之诟骂也，计无宜于此。若果能是，则吾之荒言出矣。宗元白。

报崔黯秀才论为文书

崔生足下：辱书及文章，辞意良高，所向慕不凡近，诚有意乎圣人之言。然圣人之言，期以明道，学者务求诸道而遗其辞。辞之传于世者，必由于书。道假辞而明，辞假书而传，要之之道而已耳。道之及，及乎物而已耳，斯取道之内者也。今世因贵辞而矜书，粉泽以为工，遒密以为能，不亦外乎？吾子之所言道，匪辞而书，其所望于仆，亦匪辞而书，是不亦去及物之道愈以远乎？仆尝学圣人之道，身虽穷，志求之不已，庶几可以语于古。恨与吾子不同州部，闭口无所发明。观吾子文章，自秀士可通圣人之说。今吾子求于道也外，而望于予也愈外，是其可惜欤！吾且不言，是负吾子数千里不弃朽废者之意，故复云尔也。

凡人好辞工书者，皆病癖也。吾不幸蚤得二病。学道以来，日思砭针攻熨，卒不能去，缠结心腑牢甚，愿斯须忘之而不克，窃尝自毒。今吾子乃始钦钦思易吾病，不亦惑乎！斯固有潜块积瘕，中子之内藏，恬而不悟，可怜哉！其卒与我何异？均之二病，书字益下，而子之意又益下，则子之病又益笃。甚矣，子癖于伎也！

吾尝见病心腹人，有思啗土炭、嗜酸咸者，不得则大戚。其亲爱之者不忍其戚，因探而与之。观吾子之意，亦已戚矣。吾虽未得亲爱吾子，然亦重来意之勤，有不忍矣。诚欲分吾土炭酸咸，吾不敢爱，但远言其证不可也，俟面乃悉陈吾状。未相见，且试求良医为方已之。苟能已，大善，则及物之道，专而易通。若积结既定，医无所能已，幸期相见时，吾决分子其啗嗜者。不具。

宗元白。

答吴秀才谢示新文书

某白：向得秀才书及文章，类前时所辱远甚，多贺多贺。秀才志为文章，又在族父处，蚤夜孜孜，何畏不日日新又日新也。虽间不奉对，苟文益日新，则若亟见矣。

夫观文章，宜若悬衡然，增之铢两则俯，反是则仰，无可私者。秀才诚欲令吾俯乎？则莫若增重其文。今观秀才所增益者，不啻铢两，吾固伏膺而俯矣。愈重，则吾俯滋甚，秀才其懋焉！苟增而不已，则吾首惧至地耳，又何间疏之患乎？还答不悉。宗元白。

上广州赵宗儒尚书陈情启

某启：某天罚深重，余息苟存，沉窜俟罪，朝不图夕，伏谒无路，不任荒恋之诚。伏念宗元初授御史之日，尚书与杜司空先赐临顾，光耀里闾，下情至今尚增惶惕。顷以党与进退，投窜零陵，囚系所迫，不得归奉松槚。哀荒穷毒，人理所极，亲故遗忘，况于他人。朝夕之急，馇粥难继，宗祀所重，不敢死亡，偷视累息，已逾岁月。

伏以尚书德量宏纳，义风远扬，收抚之恩，始于枯朽，敢以余喘，上累深仁。伏惟恻然见哀，使得存济，悽悽荒恳，叩额南望。窃以动心于无情之地，施惠于不报之人，古烈尚难，况在今日？而率然干冒，决不自疑者，盖以闻风之日久，向德之诚至，振高义于流俗之外，合大度于古人之中，独有望于阁下而已，非敢以寻常祈向之礼，当大贤匍匐之仁。夙夜忖度，果于自卜，方在困辱，不敢多言。伏纸惶恐，不胜战越。谨启。

上西川武元衡相公谢抚问启

某启：某愚陋狂简，不知周防，先于夷途，陷在大罪，伏匿岭下，于今七年。追念往愆，寒心飞魄，幸蒙在宥，得自循省。岂敢彻闻于廊庙之上，见志于樽俎之际，以求必于万一者哉！

相公以含宏光大之德，广博渊泉之量，不遗垢污，先赐荣示。捧读流涕，以惧以悲，屏营舞跃，不敢宁处。是将收孟明于三败，责曹沫于一举。俾折胁膑脚之伦，得自拂饰，以期效命于鞭策之下，此诚大君子并容广览、弃瑕录用之道也。自顾孱钝，无以克堪，祇受大赐，岂任负戴？精诚之至，炯然如日。拜伏无路，不胜惶惕。轻冒威重，战汗交深。

谢襄阳李夷简尚书委曲抚问启

某启：当州员外司马李幼清传示尚书委曲，特赐记忆，过蒙存问。奉读喜惧，浪然涕流，庆幸之深，出自望外。

伏惟尚书鹗立朝端，风行天下，入统邦宪，出分主忧，控此上游，式是南服。凡海内奔走之士，思欲修容于辕门之外，跼履于油幢之前，譬之涉蓬瀛，登昆阆，不可得而进也。

某负罪沦伏，声销迹灭，固世俗之所弃，亲友之所遗，敢希大贤，曲见存念。是以展转歔欷，昼咏宵兴，愿为厮役，以报恩遇。瞻仰霄汉，邈然无由。网罗未解，纵羽翼而何施？囊槛方坚，虽虎豹其焉往？不任踊跃恳恋之至。谨奉启起居，轻黩威严，倍增战越。

谢李中丞安抚崔简戚属启

某启：伏见四月六日敕，刺史崔简以前任赃罪，决一百，长流驩州。伏奉去月二十三日牒，崔简家口牒州安存，并借官宅什器，差人与驱使。

伏惟中丞以直清去败政，以恻隐抚穷人。罪迹暴著，则案之以至公；家属流离，则施之以大惠。各由其道，咸适于中。威怀并行，仁义齐正。绳愆纠缪，列郡肃澄清之风；匡困资无，阖境知噢咻之德。凡在巡属，庆惧交深。

伏见崔简儿女十人，皆柳氏所出，简之所犯，首末知之。盖以风毒所加，渐成狂易，不知畏法，坐自抵刑。名为赃贿，卒无储蓄，得罪之日，百口嗷然，叫号羸顿，不知所赴。傥非至仁厚德，深加悯恤，则流散转死，期在须臾。某幸被缧囚，久沐恩造，至于骨肉，又荷哀矜，循念始终，感惧无地。谨勒祗承人沉澹，奉启陈谢，下情轻黩。

上湖南李中丞干廪食启

某启：某尝读《列子》书，有言于郑子阳者，则曰："列御寇，盖有道之士也。居君之地而穷，若不好士使之然乎？"子阳于是以君命输粟于列子，列子不受。固尝高其志。又读《孟子》书，言诸侯之于士曰：使之穷于吾地则赒之，赒之亦可受也。又怪孟子以希圣之才，命代而出，不卓然自异，以洁白其德，取食于诸侯，不以为非。断而言之，则列子独任之士，唯己一毛之为爱，故遁以自免；孟子兼爱之士，唯利万物之为谋，故当而不辞。

今宗元处则无列子之道，出则无孟子之谋，穷则去让而自求，至则捧受而无惭，斯固为贪凌苟冒人矣。董生曰："明明求财利，唯恐困乏者，庶人之事也。"是皆诟耻之大者，而无所避之，何也？以为士则黜辱，为农则斥远，无伎不可以为工，无赀不可以为商。抱大罪，处穷徼，以当恶岁而无廪食，又不自列于阁下，则非所以待君子之意也。伏惟览子阳、孟子之说，以垂德惠，无使惶惶然控于他邦，重为董生所笑，则缧囚之幸大矣。

上桂州李中丞荐卢遵启

凡士之当显宠贵剧，则其受赐于人也无德心焉。何也？彼将曰：吾势能得之。是其所出者大，而其报也必细。居穷厄困辱，则感慨捧戴，万万有加焉。是其所出者小，而其报也必巨，审矣。故凡明智之君子，务其巨以遗其细，则功业光乎当时，声名流乎无穷，其所以激之于中者异也。

若宗元者，可谓穷厄困辱者矣。世皆背去，憔悴旷野，独赖大君子以明智垂仁，问讯如平生，光耀囚锢，若被文绣。呜呼！世之知止足者鲜矣。既受厚遇，则又有不已之求，以黩阁下之严威，然而亦欲出其感慨捧戴而效其巨者。伏惟阁下留意裁择，幸甚幸甚！

伏以外族积德儒厚，以为家风。周、齐之间，兄弟三人，咸为帝者师，孝仁之誉，高于他们。伯舅叔仲，咸以孝德通于鬼神，为文士所纪述。相国彭城公尝号于天下，名其孝以求其类，则其后咸宜硕大光宠，以充神明之心。今乃凋丧沦落，莫有达者，岂与善之道无可取耶？独内弟卢遵，其行类诸父，静专温雅，好礼而信，饰以文墨，达于政事。今所以闻于阁下者，无怍于心，无愧于色焉。以宗元弃逐枯槁，故不求远仕、务显名，而又难乎其进也。窃高阁下之举贤容众，故愿委心焉。则施泽于遵，过于厚赐小人也远矣。以今日之形势，而不废其言，使遵也有籍名于天官，获禄食以奉养，用成其志，一举而有知恩之士二焉，可不务其巨者乎？伏惟试详择焉，言而无实，罪也。其敢逃大谴？进退恐惧，不知所裁。不宣。谨启。

上扬州李吉甫相公献所著文启

宗元启：始阁下为尚书郎，荐宠下辈，士之显于门阋者以十数，而某尚幼，不得与于厮役。及阁下遭谗妒，在外十余年，又不得效薄伎于前，以希一字之褒贬。公道之行也，阁下乃始为赞书训辞，擅文雅于朝，以宗天下。而某又以此时去表著之位，受放逐之罚，荐仍囚锢，视日请命。进退违背，思欲一日伏在门下而不可得，常恐抱斯志以没，卒无以知于门下，冥冥长怀，魂魄幽愤，故敢及其能言，贡书编文，冒昧严威，以毕其志，伏惟览观焉。幸甚幸甚。

阁下相天子，致太平，用之郊报，则天神降、地祇出；用之经邦，则百货殖、万物成；用之文教，则经术兴行；用之武事，则暴乱翦灭。依倚而冒荣者尽去，幽隐而怀道者毕出，然后中分主忧，以临东诸侯，而天下无患。盛德大业，光明如此，而又有周公接下之道，斯宗元所以废锢滨死，而犹欲致其志焉。阁下倘以一言而扬举之，则毕命荒裔，固不恨矣。谨以杂文十首上献。缧囚而干丞相，大罪也。宁为有闻而死，不为无闻而生。去就乖野，不胜大惧。谨启。

谢李吉甫相公示手札启

宗元启：六月二十九日，衡州刺史吕温道过永州，辱示相公手札，省录狂瞽，收抚羁缧，沐以含宏之仁，忘其进越之罪。感深益惧，喜极增悲，五情交战，不知所措。

宗元性质庸塞，行能无取，著书每成于废疾，进德且乏其馨香。常愿操篲医门，掬溜兰室，良辰不与，夙志多违。昨者踊跃残魂，奋扬蓄念，激以死灰之气，陈其弊帚之词，致之烟霄，分绝流眄。今则垂露在手，清风入怀，华衮滥褒于赭衣，龙门俯收于坎井。藻镜洞开，而秋毫在照；文律傍畅，而寒谷生辉。化幽郁之志，若觌清明；换兢危之心，如承抚荐。非常之幸，岂独此生？伏以淮海剧九天之遥，潇湘参百越之俗。倾心积念，长悬星汉之上；流形委骨，永沦魑魅之群。何以报恩？唯当结草。无任喜惧感恋之至。

上江陵赵相公寄所著文启

宗元启：宗元往者尝侍坐于崔比部，闻其言曰："今之为文，莫有居赵司勋右者。"自是恒欲饰其所论著，荐之阁下，病其未就，将进且退者，殆十数焉。幸以废逐伏匿，获伸其业，类于向者，若有可观。然又以罪恶显大，甘死荒野，不能出其固陋，以求知于阁下，则固昧昧徒生于世矣。

谨献杂文十首。倘还以数字定其是非，使得存于世，则虽生与黄夷居，魂与魑魅游，所不辞也。轻渎威重，伏增战惧。谨启。

上严东川寄剑门铭启

宗元启：伏惟仆射以仁厚蓄生人，以勇义平国难，而剑门用兵之事，最为天下倡首。取其险固，为我要冲，王师得以由其门而入，彷徉布濩，遂无留滞。是阁下之勋力，宜著于万祀而不已也。

宗元负罪俟命，晷刻观望，道里深远，不得悉闻当时之威声。然而窃以累受顾念，踊跃盛德，恐没身炎瘴，卒无以少报于阁下。是以昼夜恟恟，不克自宁。今身虽败弃，庶几其文犹或传于世，又焉知非因阁下之功烈，所以为不朽之一端也。敢默默而已乎？

谨撰《剑门铭》一首，惶恐献上。诚无以称宏大之略，亦足以发平生之心。不胜惭惧战越之至。

上江陵严司空献所著文启

宗元启：伏念往岁司空由尚书郎出贰太原，宗元获于天长专用候谒，优蒙叙以世旧，许造门阑。自后司空累膺宠荣，位极公辅。宗元得罪朝列，窜身湘南。霄汉益高，泥尘永弃，瞻仰辽绝，陈露无由。司空统临旧荆，控制南服，道路非远，德化所覃，是敢奋起幽沦，仰希光耀。

伏惟悯怜孤贱，特赐抚存，则缧绁之辱，有望蠲除；鸣吠之能，犹希效用。谨献杂文七首，伏惟以一字走其褒贬，终身之幸，无以加焉。轻渎威严，伏增战越。

上岭南郑相公献所著文启

宗元启：伏见与当州韦使君书，猥赐存问，惊怍悼惧，交动于中。循念竟日，若无容措。幸甚幸甚！宗元素乏智能，复阙周慎，一自得罪，八年于今。兢愧吊影，追咎无往，自以终身沉废，无迹自明，不意相国垂愍，特记名姓。守突奥者，忽仰睎于白日；负泥涂者，遂自濯于清源。快心畅目，不知所喻。

伏以圣人之道，与其进也不保其往，故敢藻饰文字，洗涤心神，致之门下，祗俟严命。伏惟收抚奖励，以成其终，谨献杂文三十六首，冒昧上黩。无任踊跃惶恐之至。

上李中丞献所著文启

宗元启：宗元无异能，独好为文章，始用此以进，终用此以退。今者畏罪悔咎，伏匿惴栗，犹未能去之。时时举首，长吟哀歌，舒泄幽郁，因取笔以书，纫韦而编，略成数卷。

伏念阁下以文章升大僚，统方隅，而宗元幸缘罪辜，得与编人齿于部内，不以此时露其所为，以希大君子顾视，则为陋劣而自弃也。敢饰近文，及在京师官命所草者凡三卷，合四十三篇，不敢繁故也。傥或以为有可采者，当缮录其余，以增几席之污。去就鄙野，伏用兢惶。谨启。

上河阳乌尚书重允欲献文启

宗元启：伏以尚书以硕德伟才，代著勋烈。两河定乱，三城建功，鼎彝竹帛，未足云纪。进临汝上，控制东方，隐然长城，朝野倚赖。宗元虽屏弃遐壤，而饱闻德声。所恨不获亲执鞭弭，以备戎伍，夙夜踊跃，不克宁居。

伏以威棱所加，狂狡已震，莫大之绩，重复增崇。小子久以文字进身，尝好古人事业，专当具笔札，拂缣缃，赞扬大功，垂之不朽。瞻望霄汉，恋慕交深。冒黩威严，伏增战越。

卷十三

柳宗元六

代韦中丞贺元和大赦表

臣某言：伏奉正月二日制书，大赦天下，永贞二年宜改为元和元年者。太阳既升，煦育资始，霈泽斯降，膏润无遗。臣某诚庆诚贺，顿首顿首。

伏惟皇帝陛下仁化旁流，孝理弘阐，纪元示布和之令，肆眚见恤人之心。旷然涤瑕，得以迁善，涣发大号，申明旧章。农有薄征，市无强贾，勋勤是录，爵秩以班。宠宁间于幽明，泽必周于夷夏，近甸轻榷酤之人，远人忘水旱之灾。既行庆于官僚，亦推恩于天属，诸生喜黉塾之广，庶老加絮帛之优。量入所以备凶，兴廉期于变俗。爰褒有客，尊贤之典惟新；载奉素王，宗子之道斯在。纶言一降，庶政毕行，怀生之伦，感悦无量。臣某等守在遐远，亲奉诏条，踊跃之诚，倍百恒品。无任感恩抃舞屏营之至。

代柳公绰谢上任表

肃恭休命，晨夜趋程，祗荷宠私，不遑寝食，以月日到所部上讫。臣闻古之制爵禄者，爵以居有德，禄以养有功。臣本书生，官不期达，值某皇帝，文明抚运，大阐玄猷，搜采众才，幸忝甄录。历践中外，星霜屡移，曾无涓尘，上答鸿造。忘其薄陋，委以雄藩。顾无绥驭之能，谬忝澄清之寄。将何以敷宣皇泽，普谕天慈？唯当察慝以为防，视俗而为教，蠲除细故，务安黎献，庶几清静无扰，以慰远人。臣不胜忝冒荷恩之至。

代韦永州谢上表

臣某言：伏奉月日制书，除臣永州刺史，以月日到州上讫。受命若惊，临职弥惧。

臣以无能，累更事任，神州赤县，实所备尝，过量逾涯，每深兢惕。不谓圣恩推择，滥驾朱轮。禄秩徒增，讵施乳哺之惠；服命虚受，宁兴襦袴之谣？况此州地极三湘，俗参百越，左衽居椎髻之半，可垦乃石田之余。旷牧守于再秋，弥骄犷俗；代征赋于三郡，重困疲人。分灾本出于一时，积弊遂逾于十稔。抚安未易，知法出而奸生；子育诚难，惧力劳而功寡。夙夜忧切，不敢遑宁。庶当宣布天慈，奉扬神化。以日系月，傥或有成，少裨恺悌之风，用答生成之造。无任感恩陨越之至。

为薛中丞浙东奏五色云状

右臣得管内台州奏，月日五色云见者。一州官吏僧道耆老悉皆瞻睹，已具奏闻，并写图奉进者。

伏以景云上瑞，王者祉符，焕彩彰之在天，知圣德之昭感。伏惟陛下化孚有截，道洽无垠；承天地之贞明，导阴阳之和气。纷纷郁郁，自东而徂西；若烟非烟，一旬而再至。征诸古谍，事罕前闻。伏乞宣付史官，以昭简册。

为南承嗣请从军状

故某官赠某官南霁云男某官承嗣

右臣亡父至德之岁，死节睢阳，陛下每降鸿恩，必加褒宠。

臣自七岁，即忝班荣，垂五十年。常居禄秩，再守遐郡，绩用无成，终贻官谤，甘就严谴。无以负荷先志，报效殊私，以惭以惧，陨越无地。

伏见某月日敕，以王承宗负恩干纪，命将徂征，雷霆所加，殄灭在近。臣窃不自揆，思竭忠诚，愿预一卒之任，以答百生之幸。庶得摧锋触刃，搴垒搴旗，冀获尽于微诚，傥不坠于遗烈。踊跃之至，夙夜不宁。敢希皇明，俯鉴丹恳。

臣闻周官考艺，国子置车甲之司；汉道推恩，孤儿备羽林之用。千秋思奋于事越，仲孺期死于奔吴，义激君亲，名高竹帛。臣虽无似，有慕昔人，虽身涂草野，死而不朽。披肝沥血，昧死上陈。无任恳迫忠愤之至。谨录奏闻，伏候敕旨。

上户部状

右伏以左降官是受责之人，都不厘务，户部钱是准敕收贮，不合别支。又所授员外官，亦非旧制。宗元在永州日，见百姓庄宅公验，有司户李邕判给处，足明皆是正官。今请悉依故事为准，并废员外所置。凡在贬黜，授以正员，责其成功，俾无虚授。贮钱既免，支用加数，足应军须，实冀货不滥分，官无旷职。谨状。

为南承嗣上中书门下乞两河效用状

右伏以越败夫差，多会稽纳官之子；赵摧栗腹，即长平死事之孤。何者？义烈之余，色气猛厉，上将效于国用，下欲济其家声，所以愤激凄怆，常思致命者也。

某先父死难睢阳，事在简册，累降优诏，荣及子孙。爰自襁褓，超升品秩，肉食廪给，未尝暂停。顷守涪州，属西蜀遘逆，将致死命，以尽夙心。寝戈尝胆，志愿未究。会刀笔之吏，置以深文，首级之差，今复谁辩？薏苡之谤，不能自明，犹赖旧勋，谪居乐土。食人力之粟，守无事之官，拳拳血诚，无所陈露。伏见明制兴师，讨伐恒、冀，蕞尔小丑，尚欲逋诛。某材非古人，志慕前烈，愿得身当一队，效死戎行。竭平生之忠恳，申幽明之冤痛，抚剑心往，发言涕零。

尝闻汉法，有奋击匈奴者，诸侯不得拥遏。又况丞相总军国之重，定廊庙之谋，固当弘奖，无所弃捐。伏乞哀悯收抚，以成其心。无任恳迫惶恐之至。

祭吕衡州温文

维元和六年，岁次辛卯，九月癸巳朔某日，友人守永州司马员外置同正员柳宗元，谨遣书吏同曹、家人襄儿，奉清酌庶羞之奠，敬祭于吕八兄化光之灵：

呜呼天乎！君子何厉？天实仇之。生人何罪？天实仇之。聪明正直，行为君子，天则必速其死。道德仁义，志存生人，天则必夭其身。吾固知苍苍之无信，漠漠之无神。今于化光之殁，悲逾深而毒逾甚。故复呼天以云云。

天乎痛哉！尧舜之道，至大以简。仲尼之文，至幽以默。千载纷争，或失或得。倬乎吾兄，独取其直。贯于化始，与道咸极。推而下之，法度不忒。旁而肆之，中和允塞。道大艺备，斯为全德。而官止刺一州，年不逾四十。佐王之志，没而不立。岂非修正直以召灾，好仁义以速咎者耶？

宗元幼虽好学，晚未闻道，洎乎获友君子，乃知适于中庸，削去邪杂，显陈直正，而为道不谬，兄实使然。呜呼！积乎中不必施于外，裕乎古不必谐于今，二事相兼，从古至少，至于化光，最为太甚。理行第一，尚非所长，文章过人，略而不有，夙志所蓄，巍然可知。贪愚皆贵，险很皆老，则化光之夭厄，反不荣欤？所恸者志不得行，功不得施，蚩蚩之民，不被化光之德；庸庸之俗，不知化光之心。斯言一出，内若焚裂。海内甚广，知音几人？自友朋凋丧，志业殆绝，惟望化光伸其宏略，震耀昌大，兴行于时，使斯人徒，知我所立。今复往矣，吾道息矣！虽其存者，志亦死矣！临江大哭，万事已矣！穷天之英，贯古之识。一朝去此，终复何适。

鸣呼化光！今复何为乎？止乎行乎？昧乎明乎？岂荡为太空与化无穷乎？将结为光耀以助临照乎？岂为雨为露以泽下土乎？将为雷为霆以泄怨怒乎？岂为凤为麟、为景星为卿云以寓其神乎？将为金为锡、为圭为璧以栖其魄乎？岂复为贤人以续其志乎？将奋为神明以遂其义乎？不然，是昭昭者其得已乎，其不得已乎？抑有知乎，其无知乎？彼且有知，其可使吾知之乎？幽明茫然，一恸肠绝。鸣呼化光！庶或听之。

为安南杨侍御祭张都护文

维年月日，故吏某职官某，敬祭于故都护、御史中丞张公之灵：

交州之大，南极天际。禹绩无施，秦强莫制。或宾或叛，越自汉世。圣唐宣风，初鲜宁岁。稍臣卉服，渐化椎髻。卒为华人，流我恺悌。士燮之理，惟公克继。勤劳远图，敷赞嘉惠。铜柱南表，前功载修。空道北出，式遏蛮陬。梯航连连，旌旆悠悠。辐辏都会，皇威以流。方荷天宠，宜公宜侯。声驰帝乡，魄降炎州。鸣呼哀哉！

公昔试吏，时推清能。公昔乘轺，人知准绳。鳏嫠以安，征赋用登。柱史稍迁，郎曹继升。程功佐理，海裔斯澄。乃纪南方，专任是凭。礼分五玉，恩锡百朋。开府辟掾，群英攸属。顾兹陋微，敢厕甄录。既受筐篚，载加命服。赐有楚冠，用㨻豸角。星言赴命，注望帷幄。视险如夷，瞻程非邈。伯氏左宦，爰滞中途。流连隐忧，言念涕濡。子姓莫在，使命顿殊。兢魂吊影，敢废斯须。情留江徼，梦结天隅。恩切有裕，义乖从役。顾慕长恸，展转增惕。膂力犹在，中肠屡激。方俟消忧，永期投迹。谦德不福，法星降灾。庭悬遽彻，驲讣爰来。抚躬益恨，循顾增哀。瞻容莫及，报德何阶。辅车北辕，申奠克谐。望拜徒至，音尘永乖。南州斗酒，庶写幽怀。

祭吕敬叔文

维年月日朔，友人从内兄守永州司马员外置同正员柳宗元，敬以酒肉之奠，致祭于亡友吕敬叔之魂：

呜呼！鞠躬历聘，或以不答，屠渔乖离，夫何克合？大或不容，小或见遗。往来逢迎，今古参差。惟子之中，忠勇充之。以诚与物，退受其疵。智谋宏长，辨论恢奇。岩峨博大，与世异姿。何付之器，而踬于时。常日余武，王功是期。誓耆其力，以达皇威。边鄙不靖，俾供舆师。诸侯顺道，戎貊咸宜。今其殁矣，哀志之违。知之无补，世又罕知。呜呼哀哉！

昔与子游，尚疑其志。及观其长，诚任其事。日异其能，岁增其智。进如川行，浩浩而遂。天乎有亡，中道是弃。余慎取友，惟心之虔。周游人间，余二十年。摈辱非耻，升扬非贤。一贯于道，无四五焉。子之我知，不以事迁。言而见信，貌阻心传。我黜终世，子夭于前。徒称子志，谁信我言。与子俱已，孰云后先。惟子之兄，志同义比。官刺一州，四十而死。子仕方初，百年有几。如何默默，去我遄已。有稚之妻，有弱之子。海壖东周，号哭万里。葬纼之行，获出于此。

爰陈酒肉，式嘉且旨。读兹哀辞，以奠而诔。呜呼敬叔，吾道已矣。尚飨。

祭崔君敏文

夫产昆仑者难为玉，植邓林者难为木。公以令望，显于华族。艺邃六书，学该七录。耽此黄老，恬于宠辱。入补黑衣，出参甸服。纪纲淮海，政令惟肃。宰制岳滨，周于仁育。储闱典议，直清攸属。久次推能，二州继牧。至于是邦，率由旧俗。和易勿亟，优游自足。既有少吏，勤于庶狱。妖巫殄除，淫祠翦覆。出令三岁，人无怨讟。进律未行，归神何速。某咸以罪戾，谪兹炎方。公垂惠和，枯槁以光。鸣銮适野，泛鹢沿湘。广筵命乐，华烛飞觞。高歌屡舞，终以无荒。纷虑斯屏，忧怀暂忘。良时不再，斯乐难常。今其奈何，顾慕感伤。呜呼！室有迭去，川无息流。追怀曩辰，恍若梦游。奠彻中寝，魂迁乘舟。邦人永思，匍匐隐忧。况我怀德，心焉若抽。洁诚可鉴，蘋藻非羞。

祭段弘古文

世病乎直，人悦其和。行而不容，虽圣奈何。提其信义，谁与同波？硁硁以终，坚不可磨。游得其仁，友择其益。始如可进，终会于厄。精诚介然，将贯金石。追恩怀旧，兴词愤激。

君昔来辱，备闻嘉言。宵会北堂，昼宴南轩。去适于越，不日其旋。载除我居，望尔北辕。今者之来，丹旐有翩。閟兹英志，限此中年。呜呼哀哉！

居实斯贫，有子而幼。孰云履信，惟天所祐。道途之资，敢废于旧。志君之行，铭石斯授。有洁其觞，有楚其豆。庶鉴于诚，临兹飨侑。

哭张后余词

后余常山张氏，孝其家，忠其友，为经术甚邃而文。少余七年，颇弟畜之。与之居，终日冲然，忘其有，人与之言，铿尔而厉，辩而归乎中。凡人有道而不显于世，则曰非其世也；道而得乎世，然犹不显，则曰命。命之微不可知，知而索乎外者，曰性与貌，后余之性可谓良矣，其貌可谓肃矣。博实弘裕，宜为大官耇老，求其所以夭贱，无可得焉。既得进士，明年，疽发髀卒。

后余之死，人咸痛之，曰“天之祐善人而杀是子，何也？”激者曰：“天之杀，恒在善人而祐不肖。庄周之说，以为人之君子，天之小人，张君岂天所谓小人者耶？”是二者又非论之适也。吾谓善与恶、夭与寿、贵与践，异道而出者也，无取喜怒于其中。道之出者多，其合焉者固少，是以君子之难贵且寿也。后余母者而丧良子，东西行者助之哭焉，况其知者耶？然后余不与谄冒者同贵，不与悖乱者同寿，归洁乎身，闻道而死，虽勿哭焉可也。呜呼！向更使既闻道而且贵且寿，则其显庸也远矣，又乌能勿痛乎？遂哭之以辞：

嗟嗟张君，善不必寿。惟道之闻，一日为老，人皆反是，百稔犹幼。子之优游，是亦黄耇。嗟嗟张君，宠不必贵。尊严为仁，早服高位。淫谀肆欲，银艾沦弃。子之崇高，无愧三事。吾见皤皤而童，赫赫而辱。进襦袴于几杖，负泥涂于冕服。己虽有余，人视不足。子之迹不混乎其间者幸也，宜贺而吊，宜歌而哭，吾其过乎？与其宠而加贵，善而加寿，道施于人，庆及于母，从容邦家，乐我朋友，岂不光裕显大欤？而不克也，则吊而哭者，其无过乎？呜呼！

祭李中明文

致祭于亡友中明之灵：

夫子之道，邈以恒兮。夫子之志，励以兢兮。求中慊末，如履冰兮。敦仁以孝，实烝烝兮。唯毁死亏礼，其他莫惩兮，秉端守一，信厥明兮。月逾岁长，行若登兮。外温其颜，内类直绳兮。谩言来加，不遽陵兮。举世群非，自视弘兮。庶优游于道，大赉是承兮。掩冤舒抑，与类升兮。胡茫茫其不信，卒以祸仍兮。岂韬忠衰信，鬼所憎兮。将教言吾欺，终不可征兮。吾方期子于暮，冀有兴兮。今而弃余，志若崩兮。若将援而上，丧厥肱兮。怛其陨心，交背膺兮。

水之绵绵，山万层兮。又淫以雨雪，纡委硐磳兮。鸮鸺夜啼，群瞑凝兮。魂鬼以行，中道殇殇兮。魑魅抝呵，曷可凭兮。聊致吾慎，斯言孰称兮。

杨氏子承之哀辞并序

杨氏子承之，既冠，有成人之道。其明年四月，不幸而夭。其外姻解人柳宗元，为之恸且出涕。噫！是子也，气淳以愿，志专以勤，确然而直方，吾未知其止也。作辞赋书论，其言甚伟，余方爱之，谓可以为器者。故不知恸且出涕，况其亲戚者乎！凡天之生物也，不类，精粗纷厖，贤愚混同，或远而合，或亲而殊，然则虽人亲戚，亦将有不克知其美者。若杨氏子者，其亲戚皆贤，咸得知之者也。使知之，徒以增其悲愁怨号之声，无为也。用是为之辞，以相其哀焉：

葆醇熙兮承贞则。懿文章兮好循直。诚耿介兮又绰宽。学之勤兮行弥专。质圭璋兮文虎豹。超凌厉兮驰圣道。力未具兮志求通。道之远兮足先穷。有母嗷嗷兮有弟哀号。世父孔悲兮湘水滔滔。去昭旷兮沉幽寞。魂冥冥兮竟难托。死者静兮生者愁。子之淑兮徒增忧。志甚良兮命甚蹙。子之生兮又何欲。悲吾耳兮动吾神。谁使子兮淑且仁。呜呼已乎不可追。终怨苦兮徒何为!

舜庙祈晴文

年月日，某官某，敢用牲牢之奠，昭祭于虞帝之神：

帝入大麓，雷雨不迷。帝在璇玑，七政以齐。九泽既陂，锡禹玄圭。至德神化，后谁与稽。勤事南巡，祀典以跻。此焉告终，宜福遗黎。庙貌如在，精诚不睽。

今阳德愆候，有滂凄凄。降是水潦，混为涂泥。岸有善崩，流或断堤。泛滥畴陇，陂陁圃畦。恒雨获戾，循咎增凄。忍兹嘉生，均彼蓬藜。敢望诛黑螟，抶阴蜺。式乾后土，以廓天倪。粢盛不害，余粮可栖。或簸或溲，为酒为醯。鎗鎗笙镛，坎坎鼓鼙。百忙祀德，屹心不携。岂独蘋藻，征诸涧溪。帝其听之，无作神羞!

禜门文

禜于城门之神：

惟神配阴含德，司其翕辟。能收水沴，以佑成绩。淫雨斯降，害于穧麦。野夫兴忧，官守增惕。诸阴既闭，休征未获。敬用瓢齐，以展周索。纳其云气，复我川泽。惟神是依，式伫来格。

祭从兄文

呜呼！我姓婵嫣，由古而蕃。钟鼎世绍，圭茅并分。至于有国，爵列加尊。联事尚书，十有八人。中遭诸武，抑压仇冤。踣弊不振，数逾百年。近者纷纷，稍出能贤。族属旍耀，期复于前。

君修其辞，楚越犹传。从事诸侯，假乎郡藩。人谣吏畏，威惠咸宣。神乎我欺，命返不延。兴起之望，是越是愆。

岁首去我，将滨海堧。留游欢娱，涉月弥旬。夜爇膏炬，昼凌风烟。理策岖嵚，縻舟潺湲。将辞又醉，既往而旋。今者之来，徒御凄然，垂帷襜襜，飞旐翻翻。升拜无形，合哭谁闻？逝归从祔，于邓之原。铭墓有词，发我狂言，祇陈其悲，匪暇于文。觞有旨酒，豆有豚肩，伊奠之菲，而诚孔繁。灵耶罔邪？有涕涟涟。

祭姊夫崔使君简文

永州刺史博陵崔公之灵：

天之生人，或哲或愚。君取其英，爰曜于初。誉动京邑，施于方隅。密勿书奏，元侯是俞。蜀寇内侮，祸联羌髳，君出显画，披攘其徒。南平剑门，西获戎俘。超受刑曹，留总南都。移刺连州，下民其苏。道不可常，病惑中途。悍石是饵，元精以渝。雷谤爰兴，案验增诬。始虽进律，终以论辜。溟海浩浩，而君是逾。嵩山茫茫，而君是居。厥弟抗愤，叫于康衢。天子悯焉，讯以文书。御史既斥，连帅是除。期复中壤，遽沦别区。丧还大浸，又溺二孤。痛毒荐仍，振古所无。何谪于天，降此剪屠。柩不及归，寓葬荒圩。将葺将就，誓还里闾。呜呼哀哉！

君之子姓，惟自我出。母仪先亏，父训又失。茕茕相视，抚悼增恤，咸冀其才，以大家室。惟昔与君，年殊志匹。昼咨夕计，期正文律。实契师友，岂伊亲昵。谁谓斯人，变易成疾。良志莫践，乖离永诀。呜呼哀哉！

永山之西，湘水之东。殡绋以出，斧屋爰封。神非久留，息驾于中。书石为志，世德斯崇。手薽以酹，涕出焉穷！

又祭崔简旅榇归上都文

嘻乎崔公之柩：

嘻乎崔公，楚之南，其土不可以室。或坋而颓，或确而崒。阴流泄漏，瀸没渝溢。硕鼠大蚁，傍穿侧出，亏疏脆薄，久乃自窒。不如君之乡，式坚且密。嘻乎崔公，楚之南，其鬼不可与友。躁戾佻险，睒眒欺苟。脞贱暗旸，轻嚣妄走。不思己类，好是群丑。不如君之乡，式和且偶。

日月甚良，子姓甚勤。具是舟舆，宁君之神。去尔夷方，返尔故邻。奕奕其归，宜乐且欣。君死而还，我生而留。远矣殊世，曷从之游。酹觞于座，与涕俱流。

祭崔氏外甥文

年月日，八舅、十舅以酒肉之奠，敬祭外甥韦六、小卿之魂：

呜呼！生有孝姿，淑且茂兮。谓吉其终，道克就兮。胡典而丧，离厥咎兮。蹈道而违，死谁祐兮。岂汝之昧，不能究兮。将夺之鉴，使昏霿兮。反复搅予，哀何救兮。骨肉无从，魂焉觏兮。庶几来归，馂以侑兮。酒实于觞，肉盈豆兮。岂伊异人，余所授兮。来耶否耶，歆气臭兮。

非国语序

左氏《国语》，其文深闳杰异，固世之所耽嗜而不已也。而其说多诬淫，不概于圣。余惧世之学者溺其文采而沦于是非，是不得由中庸以入尧、舜之道。本诸理，作《非国语》。

非国语上

灭密

恭王游于泾上，密康公从，有三女奔之。其母曰："必致之王。众以美物归汝，何德以堪之？小丑备物，终必亡。"康公不献。一年，王灭密。

非曰：康公之母诚贤耶？则宜以淫荒失度命其子，焉用惧之以数？且以德大而后堪，则纳三女之奔者，德果何如？若曰"勿受之"，则可矣。教子而媚王以女，非正也。左氏以灭密征之，无足取者。

不藉

宣王不藉千亩，虢文公谏曰："将何以求福用人？"王不听。三十九年，战于千亩，王师败绩于姜氏之戎。

非曰：古之必藉千亩者，礼之饰也。其道若曰：吾犹耕云尔。又曰：吾以奉天地宗庙。则存其礼诚善矣。然而存其礼之为劝乎农也，则未若时使而不夺其力，节用而不殚其财，通其有无，和其乡闾，则食固人之大急，不劝而劝矣。启蛰也得其耕，时雨也得其种，苗之猥大也得其耘，实之坚好也得其获，京庾得其贮，老幼得其养，取之也均以薄，藏之也优以固，则三推之道存乎亡乎，皆可以为国矣。彼之不图，而曰我特以是劝，则固不可。今为书者曰："将何以求福用人？"夫福之求，不若行吾言之大德也；人之用，不若行吾言之和乐以死也。败于戎而引是以合焉，夫何怪而不属也？又曰"战于千亩"者，吾益羞之。

三川震

幽王二年，西周三川皆震。伯阳父曰：“周将亡矣！夫天地之气，不失其序；若过其序，民乱之也。阳伏而不能出，阴迫而不能蒸，于是有地震。今三川实震，是阳失其所而镇阴也。阳失而在阴，源必塞。源塞，国必亡。若国亡，不过十年，数之纪也。夫天之所弃，不过其纪。”是岁也，三川竭，岐山崩，幽王乃灭，周乃东迁。

非曰：山川者，特天地之物也。阴与阳者，气而游乎其间者也。自动自休，自峙自流，是恶乎与我谋？自斗自竭，自崩自缺，是恶乎为我设？彼固有所逼引，而认之者不塞则惑。夫釜鬲而爨者，必涌溢蒸郁以糜百物；畦汲而灌者，必冲荡渍激以败土石。是特老圃者之为也，犹足动乎物，又况天地之无倪，阴阳之无穷，以澒洞轇轕乎其中，或会或离，或吸或吹，如轮如机，其孰能知之？且曰：“源塞，国必亡。”“人乏财用，不亡何待？”则又吾所不识也。且所谓者天事乎？抑人事乎？若曰天者，则吾既陈于前矣；人也，则乏财用而取亡者，不有他术乎？而曰是川之为尤！又曰“天之所弃，不过其纪”，愈甚乎哉！吾无取乎尔也。

料民

宣王料民于太原，仲山父谏曰：“民不可料也。夫古者不料民而知其少多。王治农于藉，搜于农隙，耨获亦于藉，狝于既蒸，狩于毕时，是皆习民数也，又何料焉！不谓其少而大料之，是示少而恶事也，临政示少，诸侯避之。治民恶事，无以赋令。且无故而料民，天之所恶也，害于政而妨于嗣。”王卒料之，及幽王，乃废灭。

非曰：吾尝言圣人之道，不穷异以为神，不引天以为高，故孔子不语怪与神。君子之谏其君也，以道不以诬，务明其君，非务愚其君也。诬以愚其君，则不臣。仲山氏果以职有所协，不待料而具，而料之者政之尨也，姑云尔而已矣，又何以示少恶事为哉？况为大妄以诿乎后嗣！惑于神怪愚诬之说，而以是征幽之废灭，则是幽之悖乱不足以取灭，而料民者以祸之也。仲山氏其至于是乎？盖左氏之嗜诬斯人也已！何取乎尔也？

神降于莘

周惠王十五年，有神降于莘。王问于内史过曰："今是何神也？"对曰："昔昭王娶于房，曰房后，实有爽德，协于丹朱。丹朱冯身以仪之，生穆王焉。实临周之子孙而祸福之。夫神壹，不远徙迁。若由是观之，其丹朱之神乎？"王曰："其谁受之？"对曰："在虢土。"王曰："然则何为？"对曰："臣闻之，道而得神，是谓逢福；淫而得神，是谓贪祸。今虢少荒，其亡乎！"王曰："吾其若之何？"对曰："使太宰以祝史帅狸姓，奉牺牲粢盛玉帛往献焉，无有祈也。"王曰："虢其几何？"对曰："昔尧临民以五。今其胄见，神之见也，不过其物。若由是观之，不过五年。"

非曰：力足者取乎人，力不足者取乎神。所谓足，足乎道之谓也，尧、舜是矣。周之始，固以神矣，况其征乎？彼鸣乎莘者，以焄蒿凄怆。妖之浅者也。天子以是问，卿以是言，则固已陋矣。而其甚者，乃妄取时日，莽浪无状，而寓之丹朱。则又以房后之恶德与丹朱协，而凭以生穆王，而降于虢，以临周之子孙，于是遂师丹朱之裔以奉祠焉。又曰尧临人以五，今其胄见，虢之亡，不过五年。斯其为书也，不待片言而迂诞彰矣！

聘鲁

定王八年，使刘康公聘于鲁。发币于大夫，季文子、孟献子皆俭，叔孙宣子、东门子家皆侈。归，王问鲁大夫孰贤？对曰："季、孟其长处鲁乎？叔孙、东门其亡乎？若家不亡，身必不免。"王曰："几何？"对曰："东门之位不若叔孙而泰侈焉，不可以事二君。叔孙之位不若季孟而亦泰侈焉，不可以事三君。若皆早世，犹可，若登年以载其毒，必亡。"

非曰：泰侈之德恶矣，其死亡也有之矣，而孰能必其时之早暮耶？设令时之可必，又孰能必其君之寿夭耶？若二君而寿，三君而夭，则登年载毒之数，如之何而准？

叔孙侨如

简王八年，鲁成公来朝，使叔孙侨如先聘且告。见王孙说，与之语。说言于王曰："鲁叔孙之来也，必有异焉。其享觐之币薄而言谄，殆请之也。若请之，必欲赐也。鲁执政唯强，故不欢焉，而后遣之。且其状方上而锐下，宜触冒人，王其勿赐。若贪陵之人来，而盈其愿，是不赏善也。"

非曰：诸侯之来，王有赐予，非以货其人也，以礼其国也。苟叔孙之来，不度于礼，不仪于物，则罪也。王而刑之，谁曰不可？若力之不能而姑勿赐，未足以惩夫贪陵者也，不若与之。今使王逆诈诸侯而蔑其卿，苟兴怨于鲁，未必周之福也。且夫恶叔孙者，泰侈贪陵则可矣，方上而锐下，非所以得罪于天子。

郄至

晋既克楚于鄢，使郄至告庆于周。未将事，王叔简公饮之酒，相说也。明日，王叔子誉诸朝。郄至见邵桓公，与之语。邵公以告单襄公曰："王叔子誉温季，以为必相晋国，相晋国必大得诸侯，劝二三君子必先导焉，可以树。"襄公曰："人有言曰'兵在其颈'，其郄至之谓乎！君子不自称也。在《太誓》曰：'民之所欲，天必从之。'王叔欲郄至，能勿从乎？"郄至归，明年死难。及伯舆之狱，王叔陈生出奔晋。

非曰：单子罪郄至之伐当矣。因以列数舍郑伯、下楚子、逐楚卒，咸以为奸，则是后之人乘其败追合之也。左氏在《晋语》言免胄之事，则曰："勇以知礼。"于此焉而异，吾何取乎？郄氏诚良大夫，不幸其宗侈而亢，兄弟之不令，而智不能周，强不能制，遭晋厉之淫暴，谗嬖窃构以利其室，卒及于祸。吾尝怜焉。今夫执笔者以其及也，而必求其恶以播于后世，然则有大恶幸而得终者，则固掩矣。世俗之情固然耶？其终曰："王叔欲郄至，能勿从乎？"斯固不足讥也已。

柯陵之会

柯陵之会，单襄公见晋厉公视远步高。晋郄锜见，其语犯；郄犨见，其语迂；郄至见，其语伐；齐国佐见，其语尽。鲁成公见，言及晋难及郄犨之谮。单子曰："晋将有乱，其君与三郄其当之乎？"鲁侯曰："敢问天道乎，抑人故也？"对曰："夫合诸侯，民之大事也。其君在会，步言视听必皆无谪，则可以知德矣。晋侯爽二，吾是以云。今郄伯之语犯，叔迂，季伐。犯则陵人，迂则诬人，伐则掩人，其谁能忍之？虽齐国子亦将与焉。立于淫乱之国，而好尽言以招人过，怨之本也。"简王十二年，晋杀三郄。十三年，晋侯弑。齐人杀国武子。

非曰：是五子者，虽皆见杀，非单子之所宜必也。而曰："合诸侯，人之大事”，于是乎观存亡。若是，则单子果巫史矣。视远步高、犯、迂、伐、尽者，皆必乎死也，则宜死者众矣！夫以语之迂而曰宜死，则单子之语，迂之大者，独无谪邪？

晋孙周

晋孙谈之子周适周。单襄公以告顷公曰：“必善晋周，将得晋国。其行也文，能文则得天地。天地所祚，小而后国。夫敬，文之恭也；忠，文之实也；信，文之孚也；仁，文之爱也；义，文之制也；智，文之舆也；勇，文之帅也；教，文之施也；孝，文之本也；惠，文之慈也；让，文之材也。此十一者，夫子皆有焉。天六地五，数之常也。成公之归也，吾闻晋之筮之也，遇《乾》之《否》，曰‘配而不终’。君三出焉。一既往矣，后之不知，其次必此。且成公之生也，其母梦神规其臀以黑，曰：‘使有晋国，三而畀驩之孙。’故名之曰黑臀。于今再矣。晋襄公曰驩，此其孙也，而令德孝恭，非此而谁？必早善晋子，其当之也。”顷公许诺。

非曰：单子数晋周之德十一，而曰合天地之数，岂德义之言耶，又征卦、梦以附合之，皆不足取也。

谷洛斗

灵王二十二年，谷、洛斗，将毁王宫。王欲壅之，太子晋谏。王卒壅之。及景王，多宠人，乱于是乎始生。景王崩，王室大乱。及定王，王室遂卑。

非曰：谷、洛之说，与三川震同。天将毁王宫而勿壅，则王罪大矣，奚以守先王之国？壅之诚是也。彼小子之譊譊者，又足记耶？王室之乱且卑，在德，而又奚谷、洛之斗而征之也？

大钱

景王将铸大钱，单穆公曰："不可。可先而不备，谓之怠；可后而先之，谓之召灾。"

非曰：古今之言泉币者多矣。是不可一贯，以其时之升降轻重也。币轻则物价腾踊，物价腾踊则农无所售，皆害也。就而言之，孰为利？曰：币重则利。曰：奈害农何？曰：赋不以钱，而制其布帛之数，则农不害；以钱，则多出布帛而贾，则害矣。今夫病大钱者，吾不知周之时何如哉？其曰"召灾"，则未之闻也。左氏又于《内传》曰"王其心疾死乎？"其为书皆类此矣。

无射

王将铸无射，单襄公曰："不可。"

非曰：钟之大不和于律，乐之所无用，则王妄作矣。单子词曰："口内味，耳内声，声味生气。气在口为言，在目为明。言以信名，明以时动。名以成政，动以殖生。政成生殖，乐之至也。若视听不和，而有震眩，则味入不精。不精则气佚，气佚则不和。于是有狂悖之言，有眩惑之明，有转易之名，有过慝之度。出令不信，刑政放纷。"而伶州鸠又曰："乐以殖财。"又曰："离人怒神。"呜呼！是何取于钟之备也？吾以是怪而不信。或曰：移风易俗则何如？曰：圣人既理定，知风俗和恒而由吾教，于是乎作乐以象之。后之学者述焉，则移风易俗之象可见，非乐能移风易俗也。曰：乐之不能化人也，则圣人何作焉？曰：乐之来，由人情出者也。其始非圣人作也，圣人以为人情之所不能免，因而象政令之美，使之存乎其中，是圣人饰乎乐也。所以明乎物无非道，而政之不可忘耳。孟子曰："今之乐犹古之乐也。""与人同乐，则王矣。”吾独以孟子为知乐。

律

王问律于伶州鸠，对曰：云云。

非曰：律者，乐之本也，而气达乎物，凡音之起者本焉。而州鸠之辞曰：“律吕不易，无奸物也。和平则久，久固则纯，纯明则终，终复则乐，所以成政。”吾无取乎尔。又曰：“姬氏出自天鼋，大姜之侄所凭神也。岁在周之分野。月在农祥，后稷之所经纬也。武王欲合是而用之。”斯为诬圣人亦大矣。又曰：“王以夷则毕陈，黄钟布戎，太蔟布令，无射布宪，施舍于百姓。”吾知其来之自矣，是《大武》之声也。州鸠之愚，信其传，而以为武用律也。孔子语宾牟贾之言《大武》也，曰：“《武》始自北出，再成而灭商，三成而南，四成而南国是疆，五成而分周公左、召公右，六成复缀，以崇天子，夹振之而四伐，盛威于中国。”则是《大武》之象也。“致右宪左”，“久立于缀”，皆《大武》之形也。夷则、黄钟、太蔟、无射，《大武》之律变也。

城成周

刘文公与苌弘欲城成周，告晋。魏献子为政，将合诸侯。卫彪傒见单穆公曰：“苌弘其不没乎！苌叔必速及，魏子亦将及焉。若得天福，其当身乎?，若刘氏，则子孙实有祸。”是岁，魏献子焚死。二十八年，杀苌弘。及定王，刘氏亡。

非曰：彪傒天所坏之说，吾友化光铭城周，其后牛思黯作《颂忠》，苌弘之忠悉矣，学者求焉。若夫“当身”“速及”之说，巫之无恒者之言也，追为之耳。

问战

长勺之役，曹刿问所以战于严公。公曰："小大之狱，必以情断之。"刿曰："可以一战。"

非曰：刿之问洎严公之对，皆庶乎知战之本矣。而曰夫"神求优裕于飨"，"不优，神不福也"。是大不可。方斗二国之存亡，以决民命，不务乎实，而神道焉是问，则事机殆矣。既问公之言狱也，则率然曰"可以一战"，亦问略之尤也。苟公之德可怀诸侯，而不事乎战则已耳；既至于战矣，徒以断狱为战之具，则吾未之信也。刿之辞宜曰：君之臣谋而可制敌者谁也？将而死国难者几何人？士卒之熟练者众寡？器械之坚利者何若？趋地形得上游以延敌者何所？然后可以言战。若独用公之言而恃以战，则其不误国之社稷无几矣。申包胥之言战得之，语在《吴篇》中。

跻僖公

夏父弗忌为宗，烝，将跻僖公。展禽曰："夏父弗忌必有殃。""若血气强固，将寿宠得没。虽寿而没，不为无殃。"其葬也，焚，烟彻其上。

非曰：由"有殃"以下，非士师所宜云者，诬吾祖矣。

莒仆

莒太子仆杀纪公，以其宝来奔。宣公使仆人以书命季文子，里革遇之而更其书。明日，有司复命，公诘之，仆人以里革对。公执之，里革对曰："毁则者为贼，掩贼者为藏，窃宝者为宄，用宄之财者为奸。使君为藏奸者，不可不去也；臣违君命者，不可不杀也。"公曰："寡人实贪，非子之罪也。"乃舍之。

非曰：里革其直矣！曷若授仆人以入谏之为善？公之舍革也美矣！而仆人将君命以行，遇一夫而受其更，释是而勿诛，则无以行令矣。若君命以道而遇奸臣更之，则何如？

仲孙它

季文子无衣帛之妾，无食粟之马，仲孙它谏。文子以告孟献子，孟献子囚之七日。自是子服之妾，衣不过七升之布，马饩不过稂莠。

非曰：它可谓能改过矣。然而父在焉，而俭侈专乎己，何也？七升之布，大功之缞也，居然而用之，未适乎中庸也已。

羵羊

季桓子穿井，得土缶，中有羊焉。使人问仲尼曰："吾穿井获狗，何也？"仲尼曰："以丘所闻者，羊也。"

非曰：君子于所不知，盖阙如也。孔氏恶能穷物怪之形也？是必诬圣人矣。史之记地坼犬出者有之矣。近世京兆杜济穿井获土缶，中有狗焉，投之于河，化为龙。

骨节专车　楛矢

吴伐越，隳会稽，获骨节专车。吴子使好来聘，且问之仲尼。仲尼曰："丘闻之，昔禹致群臣于会稽之山，防风氏后至，禹杀而戮之。其骨节专车，此为大矣。"仲尼在陈，有隼集于陈侯之庭而死。楛矢贯之，石砮，其长尺有咫。陈惠公使人以隼如仲尼之馆问之，仲尼曰："隼之来也远矣，此肃慎氏之矢也。"

非曰：左氏，鲁人也，或言事孔子，宜乎闻圣人之嘉言，为《鲁语》也，盍亦征其大者，书以为世法？今乃取辩大骨、石砮以为异。其知圣人也亦外矣。言固圣人之耻也，孔子曰："丘少也贱，故多能鄙事。"

轻币

天下诸侯知桓公之非为己动也，是故诸侯归之。桓公知诸侯之归己也，故使轻其币而重其礼。故天下诸侯罢马以为币，缕綦以为奉，鹿皮四个。诸侯之使，垂橐而入，稇载而归。

非曰：桓公之苟能吊天下之败，卫诸侯之地，贪强忌服，戎狄缩匿；君得以有其国，人得以安其堵，虽受赋于诸侯，乐而归之矣，又奚控焉？悉国之货以利交天下，若是耶，则区区齐人，恶足以奉天下？己之人且不堪矣，又奚利天下之能得？若竭其国，劳其人，抗其兵，以市伯名于天下，又奚仁义之有？予以谓桓公之伯不如是之弊也。

卜

献公卜伐骊戎，史苏占之曰："胜而不吉。"

非曰：卜者，世之余伎也，道之所无用也。圣人用之，吾未之敢非。然而圣人之用也，盖以驱陋民也，非恒用而征信矣。尔后之昏邪者神之，恒用而征信焉，反以阻大事。要言，卜史之害于道也多，而益于道也少，虽勿用之可也。左氏惑于巫而尤神怪之，乃始迁就附益以成其说，虽勿信之可也。

郭偃

郭偃曰："夫口，三五之门也。是以谗口之乱，不过三五。"

非曰：举斯言而观之，则愚诬可见矣。

公子申生

申生曰："弃命不敬；作令不孝；间父之爱而嘉其贶，有不忠焉；废人以自成，有不贞焉。"

非曰：申生于是四者咸得焉。昔之儒者，有能明之矣，故予之辞也略。

狐突

公使太子伐东山，狐突御戎。至于稷桑，翟人出逆。申生欲战，狐突谏曰："不可。"申生曰："君之使我非欢也，抑欲测吾心也。不战而反，我罪兹厚；我战虽死，犹有名焉。"果战，败翟于稷桑而反，谗言益起。狐突杜门不出。君子曰："善深谋。"

非曰：古之所谓善深谋，居乎亲戚辅佐之位，则纳君于道；否则继之以死，唯己之义所在莫之失之谓也。今狐突，以位，则戎御也；以亲，则外王父也。申生之出，未尝不从，睹其将败而杜其门，则奸矣！而曰"善深谋"，则无以劝乎事君也已。丕郑曰："君为我心。"里克曰："中立。"晋无良臣，故申生终以不免。

虢梦

虢公梦在庙，有神面白毛、虎爪，执钺立于西阿之下。公觉，且使国人贺梦。舟之侨告诸其族曰："众谓虢不久，吾今知之。"以其族行，适晋。

非曰：虢，小国也而泰，以招大国之怒，政荒人乱，亡夏阳而不惧，而犹用兵穷武以增其仇怨，所谓自拔其本者。亡，孰曰不宜？又恶在乎梦也？舟之侨诚贤者欤？则观其政可以去焉。由梦而去，则吾笑之矣。

童谣

献公问于卜偃曰："攻虢何月也？"对曰："童谣有之，曰丙之辰，云云。"

非曰：童谣无足取者，君子不道也。

宰周公

葵丘之会，献公将如会，遇宰周公，曰："君可无会也。夫齐侯将施惠出责，是之不果，而暇晋是皇。"公乃还。宰孔曰："晋侯将死矣。景霍以为城，而汾、河、涑、浍以为渊，戎狄之民实环之，汪是土也，苟违其违，谁能惧之？"是岁，献公卒。

非曰：凡诸侯之会霸主，小国，则固畏其力而望其庥焉者也；大国，则宜观乎义，义在焉则往，以尊天子，以和百姓。今孔之还晋侯也，曰"而暇晋是皇"，则非吾所陈者矣。又曰："汪是土也，苟违其违，谁能惧之？"则是恃乎力而不务乎义，非中国之道也。假令一失其道以出，而以必其死，为书者又从而征之，其可取乎？

荀息

里克欲杀奚齐，荀息曰："吾有死而已。先君问臣于我，我对以忠贞。"既杀奚齐，荀息将死之，人曰："不如立其弟而辅之。"荀息立卓子。里克又杀卓子，荀息死之。君子曰："不食其言矣。"

非曰：夫"忠"之为言，中也；"贞"之为言，正也。息之所以为者有是夫？间君之惑，排长嗣而拥非正，其于中正也远矣。或曰："夫已死之不爱，死君之不欺也。抑其有是，而子非之耶？"曰："子以自经于沟渎者举为忠贞也欤？"或者："左氏、穀梁子皆以不食其言，然则为信可乎？”曰：“又不可。不得中正而复其言，乱也，恶得为信？”曰：“孔父、仇牧，是二子类耶？”曰：“不类，则如《春秋》何？”曰：“春秋之类也，以激不能死者耳。孔子曰：‘与其进不保其往也。’《春秋》之罪许止也，隐忍焉耳。其类荀息也亦然，皆非圣人之情也。枉许止以惩不子之祸，进荀息以甚苟免之恶，忍之也。吾言《春秋》之情，而子征其文，不亦外乎？故凡得《春秋》者，宜是乎我也。此之谓信道哉！”

非国语下

狐偃

里克既杀卓子，使屠岸夷告重耳曰：“子盍入乎？”舅犯曰：“不可。”云云。秦穆公使公子絷吊重耳曰：“时不可失。”舅犯曰：“不可。”云云。

非曰：狐偃之为重耳谋者，亦迂矣。国虚而不知入，以纵夷吾之昏殆，而社稷几丧。徒为多言，无足采者。且重耳，兄也；夷吾，弟也。重耳，贤也；夷吾，昧也。弟而昧，入犹可终也；兄而贤者，又何栗焉？使晋国不顺而多败，百姓之不蒙福，兄弟为豺狼以相避于天下，由偃之策失也。而重耳乃始依依焉游诸侯，阴蓄重利，以幸其弟死，独何心欤？仅能入，而国以霸，斯福偶然耳，非计之得也。若重耳早从里克、秦伯之言而入，则国可以无向者之祸，而兄弟之爱可全，而有分定焉故也。夫如是，以为诸侯之孝，又何戮笑于天下哉？

舆人诵

惠公入而背内外之赂。舆人诵之曰：“云云。得之而狃，终逢其咎；丧田不惩，祸乱其兴。”既，里、丕死，公陨于韩。郭偃曰：“善哉！夫众口，祸福之门也。”

非曰：惠公、里、丕之为也，则宜咎祸及之矣，又何以神众口哉？其曰“祸福之门”，则愈陋矣。

葬恭世子

惠公出恭世子而改葬之，臭达于外。国人颂之曰：“岁之二七，其靡有征兮。若翟公子，吾是之依兮；安抚国家，为王妃兮。”郭偃曰：“十四年，君之冢嗣其替乎？其数告于人矣。公子重耳其入乎？其魄兆于人矣。若入，必霸于诸侯，其光耿于民矣。”

非曰：众人者言政之善恶，则有可采者，以其利害也，又何以知君嗣二七之数与重耳之伯？是好事者追而为之，未必偃能征之也，况以是故发耶！

杀里克

惠公既杀里克而悔之，曰：“芮也使寡人过杀社稷之镇。”郭偃闻之曰：“不谋而谏者，冀芮也，不图而杀者，君也。不谋而谏不忠，不图而杀不祥。不忠受君之罚，不祥罹天之祸。受君之罚死戮，罹天之祸无后。”

非曰：芮之陷杀克也，其不祥宜大于惠公。而异其辞，以配君罚天祸，皆所谓迁就而附益之者也。

获晋侯

秦穆公归，至于王城，合大夫而谋曰：“杀晋君与逐出之，与以归与复之，孰利？”公子絷曰：“杀之利。”公孙枝曰：“不可。”

公子絷曰："吾将以重耳代之。晋君之无道莫不闻，重耳之仁莫不知。杀无道，立有道，仁也。"公孙枝曰："耻一国之士，又曰'余纳有道以临汝'，无乃不可乎？不若以归，要晋国之成，复其君而质其嫡子，使父子代处秦，国可以无害。"

非曰：秦伯之不霸天下也，以枝之言也。且曰"纳有道以临汝"，何故不可？絷之言杀之也，则果而不仁；其言立重耳，则义而顺。当是时，天下之人君莫能宗周，而能宗周者则大国之霸基也。向使穆公既执晋侯，以告于王曰："晋夷吾之无道莫不闻，重耳之仁莫不知，且又不顺，既讨而执之矣。"于是以王命黜夷吾而立重耳，咸告于诸侯曰："吾讨恶而进仁，既得命于天子矣，吾将达公道于天下。"则天下诸侯无道者畏，有德者莫不皆知严恭欣戴而霸秦矣。周室虽卑，犹是王命，命穆公以为侯伯，则谁敢不服？夫如是，秦之所耻者亦大矣。弃至公之道。而不知求，姑欲离人父子，而要河东之赂。其舍大务小、违义从利也甚矣。霸之不能也以是夫。

庆郑

丁丑，斩庆郑，乃入绛。

非曰：庆郑误止公，罪死可也，而其志有可用者。坐以待刑，而能舍之，则获其用亦大矣。晋君不能由是道也，悲夫！若夷吾者，又何诛焉？

乞食于野人

文公在狄十二年，将适齐，行过五鹿，野人举块以与之。公子怒，欲鞭之。子犯曰："天赐也。人以土服，又何求焉？十有二年，必获此土。有此其以戊申云乎？"

非曰：是非子犯之言也，后之好事者为之。若五鹿之人献块，十二年以有卫土，则涓人畴枕楚子以块，后十二年其复得楚乎？何没而不云也，而独载乎是？戊申之云，尤足怪乎！

怀嬴

秦伯归女五人，怀嬴与焉。

非曰：重耳之受怀嬴，不得已也。其志将以守宗庙社稷，阻焉，则惧其不克也。其取者大，故容为权可也。秦伯以大国行仁义交诸侯，而乃行非礼以强乎人，岂习西戎之遗风欤？

筮

公子亲筮之，曰："尚有晋国。"得贞《屯》、悔《豫》皆八。筮史占之，皆曰："不吉。"司空季子曰："吉"。云云。

非曰：重耳虽在外，晋国固戴而君焉；又况夷吾死，圉也童昏以守内，秦、楚之大以翼之，大夫之强族皆启之，而又筮焉是问，则末矣。季子博而多言，皆不及道者也，又何载焉！

董因

董因迎公于河，公问焉，曰："吾其济乎？"对曰："岁在大梁。"

非曰：晋侯之入，取于人事备矣，因之云可略也。大火、实沈之说，赘矣。

命官

胥、籍、狐、箕、栾、郤、柏、先、羊舌、董、韩，实掌近官。诸姬之良，掌其中官。异姓之能，掌其远官。

非曰：官之命，宜以材耶？抑以姓乎？文公将行霸，而不知变是弊俗，以登天下之士，而举族以命乎远近，则陋矣。若将军、大夫必出旧族，或无可焉，犹用之耶？必不出乎异族，或有可焉，犹弃之耶？则晋国之政可见矣。

仓葛

周襄王避昭叔之难，居于郑地汜。晋文公迎王入于成周，遂定之于郏。王赐公南阳阳樊、温、原、州、陉、绨、鉏、攒茅之田。阳人不服，公围之，将残其民。仓葛呼曰："君补王阙，以顺礼也。阳人未狎君德而未敢承命，君将残之，无乃非礼乎？"公曰："是君子之言也。"乃出阳人。

非曰：于《周语》既言之矣，又辱再告而异其文，抑有异旨耶？其无乎，则耄者乎？

观状

文公诛观状以伐郑。郑人以名宝行成，公弗许。郑人以瞻与晋。晋人将烹之，瞻曰："天降祸郑，使淫观状，弃礼遗亲。"

非曰：观晋侯之状者，曹也。今于郑胡言之，则是多为诬者且耄，故以至乎是。其说者云"郑效曹也"，是乃私为之辞，不足以盖其误。

救饥

晋饥，公问于箕郑曰："救饥何以？"对曰："信。"公曰："安信？"对曰："信于君心，信于名，信于令，信于事。"

非曰：信，政之常，不可须臾去之也，奚独救饥耶？其言则远矣。夫人之困在朝夕之内，而信之行在岁月之外。是道之常，非知变之权也。其曰“藏出如入”则可矣，而致之言若是远焉，何哉？或曰：“时之信未洽，故云以激之也。信之速于置邮，子何远之耶？”曰：“夫大信去令，故曰信如四时恒也，恒固在久。若为一切之信，则所谓未孚者也。彼有激乎则可也，而以为救饥之道，则未尽乎术。”

赵宣子

赵宣子言韩献子于灵公。以为司马。河曲之役，赵孟使人以其乘车干行，献子执而戮之。

非曰：赵宣子不怒韩献子而又褒其能也，诚当。然而使人以其乘车干行，陷而至乎戮，是轻人之死甚矣！彼何罪而获是讨也？孟子曰：“杀一不辜而得天下，君子不为。”是所谓无辜也欤？或曰：“戮，辱也，非必为死。”曰：“虽就为辱，犹不可以为君子之道。舍是其无以观乎？吾惧司马之以死讨也。”

伐宋

宋人杀昭公，赵宣子请师以伐宋。曰：“是反天地而逆民则也，天必诛焉。晋为盟主而不修天罚，将惧及焉。”

非曰：盟主之讨杀君也，宜矣。若乃天者，则吾焉知其好恶而暇征之耶？古之杀夺有大于宋人者，而寿考佚乐不可胜道，天之诛何如也？宣子之事则是矣，而其言无可用者。

鉏麑

灵公虐，赵宣子骤谏。公患之，使鉏麑贼之。晨往，则寝门辟矣，盛服将朝，早而假寐。麑退而叹曰：“赵孟敬哉！夫不忘恭敬，社稷之镇也。贼国之镇不忠，受命而废之不信。”触庭之槐而死。

非曰：麑之死善矣。然而赵宣子为政之良，谏君之直，其为社稷之卫也久矣，麑胡不闻之，乃以假寐为贤耶？不知其大而贤其小欤！使不及其假寐也，则固以杀之矣。是宣子大德不见赦，而以小敬免也。麑固贼之悔过者，贤可书乎？

祈死

及自鄢，范文子请其宗祝曰：“君骄泰而有烈，吾恐及焉。凡吾宗祝为我祈死，先难为免。”七年夏，范文子卒。

非曰：死之长短而在宗祝，则谁不择良宗祝而祈寿焉？文子祈死而得，亦妄之大者。

长鱼矫

长鱼矫既杀三郤，乃胁栾、中行，云云。公曰：“一旦而尸三卿，不可益也。”对曰：“乱在内为宄，在外为奸。御宄以德，御奸以刑。今治政而内乱，不可谓德；除鲠而避强，不可谓刑。德刑不立，奸宄并至。臣脆弱，不能忍俟也。”乃奔狄。三月，厉公杀。

非曰：厉公，乱君也；矫，乱臣也。假如杀栾书、中行偃，则厉公之敌益众，其尤可尽乎？今左氏多为文辞，以著其言而征其效，若曰矫知几者然，则惑甚也。

戮仆

晋悼公四年，会诸侯于鸡丘。魏绛为中军司马。公子扬干乱行于曲梁，魏绛斩其仆。

非曰：仆，禀命者也。乱行之罪在公子。公子贵，不能讨，而禀命者死，非能刑也。使后世多为是以害无罪，问之，则曰魏绛故事，不亦甚乎！然则绛宜奈何？止公子以请君之命。

叔鱼生

叔鱼生，其母视之曰："云云。必以贿死。"杨食我生，叔向之母闻其号也，曰："终灭羊舌氏之宗。"

非曰：君子之于人也，听其言而观其行，犹不足以言其祸福，以其有幸有不幸也。今取赤子之形声，以命其死亡，则何耶？或者以其鬼事知之乎？则知之未必贤也。是不足书以示后世。

逐栾盈

平公六年，箕遗及黄渊、嘉父作乱，不克而死，公遂逐群贼。阳毕曰："君抡贤人之后。有常位于国者而立之；亦抡逞志亏君以乱国者之后而去之"。使祁午、阳毕适曲沃，逐栾盈。

非曰：当其时不能讨，后之人何罪？盈之始，良大夫也，有功焉，而无所获其罪。阳毕以其父杀君而罪其宗，一朝而逐之，激而使至乎乱也。且君将惧祸惩乱耶？则增其德而修其政，贼斯顺矣。反是，顺斯贼矣，况其胤之无罪乎？

新声

平公说新声，师旷曰："公室其将卑乎？君之明兆于衰矣。"

非曰：耳之于声也，犹口之于味也。苟说新味，亦将卑乎？乐之说，吾于《无射》既言之矣。

射鹦

平公射鹦不死，使竖襄搏之，失。公怒，拘将杀之。叔向曰：

“君必杀之。昔吾先君唐叔射兕于徒林，殪，以为大甲。今君嗣吾先君，射鷃不死，搏之不得，是扬吾君之耻者也。君其必速杀之，勿令远闻。”君忸怩于颜，乃趣舍之。

非曰：羊舌子以其君明暗何如哉？若果暗也，则从其言，斯杀人矣。明者固可以理谕，胡乃反征先君以耻之耶？是使平公滋不欲人谏己也。

赵文子

秦后子来奔，赵文子曰：“公子辱于敝邑，必避不道也？”对曰：“有焉。”文子曰：“犹可以久乎？”对曰：“国无道而年谷和熟，鲜不五稔。”文子视日，曰：“朝不及夕，谁能俟五？”后子曰：“赵孟将死矣。怠偷甚矣。非死逮之，必有大咎。”

非曰：死与大咎，非偷之能必乎尔也。偷者自偷，死者自死，若夫大咎者，非有罪恶，则不幸及之，偷不与也。左氏于《内传》曰：“人主偷必死。”亦陋矣。

医和

平公有疾，秦景公使医和视之。赵文子曰：“医及国家乎？”对曰：“上医医国，其次疾人，固医官也。”文子曰：“君其几何？”对曰：“若诸侯服，不过三年；不服，不过十年。过是，晋之殃也。”

非曰：和，妄人也。非诊视攻熨之专，而苟及国家，去其守以施大言，诚不足闻也。其言晋君曰：“诸侯服，不过三年；不服，不过十年。”凡医之所取，在荣卫合脉理也，然则诸侯服，则荣卫离、脉理乱，以速其死；不服，则荣卫和、脉理平，以延其年耶？

黄熊

晋侯梦黄熊入于寝门，子产曰：“鲧殛于羽山，化为黄熊以入于羽渊，实为夏郊。

非曰：鲧之为夏郊也，禹之父也，非为熊也。熊之说，好事者为之。凡人之疾，魄动而气荡，视听离散，于是寐而有怪梦，罔不为也，夫何神奇之有？

韩宣子忧贫

韩宣子忧贫，叔向贺之曰：“栾武子无一卒之田，行刑不疚，以免于难。及桓子骄泰奢侈。宜及于难，而赖武子之德，以没其身。及怀子改桓之行，修武子之德，而离桓子之罪，以亡于楚。

非曰：叔向言贫之可以安，则诚然；其言栾书之德，则悖而不信。以下逆上，亦可谓行刑耶？前之言曰：栾书“杀厉公以厚其家”，今而曰：“无一卒之田”；前之言曰：“栾氏之诬晋国久矣”，用书之罪以逐盈，今而曰：“离桓之罪，以亡于楚”，则吾恶乎信？且人之善恶，咸系其先人，已无可力者，以是存乎简策，是替教也！

围鼓

中行穆子帅师伐翟，围鼓。鼓人或请以城畔，穆子不受，曰：“夫以城来者，必将求利于我。夫守而二心，奸之大者也。”

非曰：城之畔而归己者有三：有逃暴而附德者，有力屈而爱死者，有反常以求利者。逃暴而附德者庥之，曰：德能致之也；力屈而爱死者，与之以不死，曰：力能加之也。皆受之。反常以求利者，德力无及焉，君子不受也。穆子曰：“夫以城来者，必将求利于我。”是焉知非向之二者耶？

具敖

范献子聘于鲁。问具山、敖山，鲁人以其乡对。曰：“不为具、敖乎？”曰：“先君献、武之讳也。”献子归，曰：“人不可以不学。吾适鲁而名其二讳，为笑焉，唯不学也。”

非曰：诸侯之讳，国有数十焉，尚不行于其国，他国之大夫名之，无惭焉可也。鲁有大夫公孙敖，鲁之君臣莫罪而更也，又何鄙野之不云具、敖？

董安于

下邑之役。董安于多。简子赏之，辞曰：“今一旦为狂疾，而曰必赏汝，是以狂疾赏也，不如亡。”趣而出，乃释之。

非曰：功之受赏也，可传继之道也。君子虽不欲，亦必将受之。今乃遁逃以自洁也，则受赏者必耻。受赏者耻，则立功者怠，国斯弱矣。君子之为也，动以谋国。吾固不悦董子之洁也。其言若怼焉，则滋不可。

祝融

史伯曰：“夫黎，为高辛氏火正，以淳耀敦大，天明地德，光照四海，故命之曰祝融。其功大矣！夫成天地之大功者，其子孙未尝不彰，虞、夏、商、周是也。其后皆为王公侯伯。祝融亦能昭显天地之光明，以生柔嘉材者也。其后八姓，于周未有侯伯。佐制物于前代者，昆吾为夏伯矣，大彭、豕韦为商伯矣。当周未有，融之兴者，其在芈姓乎？”

非曰：以虞、舜之至也，又重之以幕，能听协风以成乐物生，而其后卒以殄灭，武王继之以陈，覆坠之不暇。尧之时，祝融无闻焉。祝融之后，昆吾、大彭、豕韦，世伯夏、商。今史伯又曰："于周未有侯伯"，必在楚也。则尧、舜反不足祐耶？故凡言盛之及后嗣者皆勿取。

褒神

桓公曰："周其弊乎？"史伯对曰："殆于必弊者也。今王弃高明昭显，而好谗慝暗昧，恶角犀丰盈，而近顽童穷固。训语有之，曰：'夏之衰也，褒人之神化为二龙，以伺于王庭。天之生此久矣，其为毒也大矣。申、缯、西戎方强，王欲杀太子以成伯服，必求之申，申人弗畀，必伐之。若伐申而缯与西戎会以伐周，周不守矣。

非曰：史伯以幽王弃高明显昭，而好谗慝暗昧，近顽嚚穷固，黜太子以怒西戎、申、缯，于彼以取其必弊焉可也；而言褒神之流祸，是好怪者之为焉，非君子之所宜言也。

嗜芰

屈到嗜芰。将死，戒其宗老曰："苟祭我，必以芰。"及祥，宗老将荐芰，屈建命去之，曰："国君有牛享，大夫有羊馈，士有豚犬之奠，庶人有鱼炙之荐。笾豆脯醢，则上下共之。不羞珍异，不陈庶侈，夫子其以私欲干国之典?"遂不用。

非曰：门内之理恩掩义。父子，恩之至也，而芰之荐不为愆义。屈子以礼之末，忍绝其父将死之言，吾未敢贤乎尔也。苟荐其羊馈，而进芰于笾，是固不为非。《礼》之言斋也，曰："思其所嗜。"屈建曾无思乎？且曰违而道，吾以为逆也。

祀

王曰："祀不可已乎？"对曰："祀所以昭孝、息民、抚国家、定百姓，不可以已。夫民气纵则底，底则滞，滞久不振，生乃不殖。"

非曰：夫祀，先王所以佐教也，未必神之。今其曰"昭孝"焉，则可也；自"息民"以下，咸无足取焉尔。

左史倚相

王孙圉聘于晋，定公飨之。赵简子鸣玉以相，问于王孙圉曰："楚之白珩犹在乎？其为宝也几何矣？"对曰："未尝为宝。楚之所宝者，曰观射父，又有左史倚相，能使上下说于鬼神，顺道其欲恶，使神无有怨痛于楚国。"

非曰：圉之言楚国之宝，使知君子之贵于白珩可矣，而其云倚相之德者则何如哉？诚倚相之道若此，则觋之妄者，又何以为宝？非可以夸于敌国。

伍员

伍员伏剑而死。

非曰：伍子胥者，非吴之昵亲也。其始交阖闾以道，故由其谋。今于嗣君已不合，言见进则谗者胜，国无可救者。于是焉，去之可也。出则以孥累于人，而又入以即死，是固非吾之所知也。然则员者果狠人也欤？

柳先生曰："宋、卫、秦，皆诸侯之豪杰也。左氏忽弃不录其语，其谬耶？吴、越之事无他焉，举一国足以尽之，而反分为二篇，务以相乘，凡其繁芜曼衍者甚众，背理去道，以务富其语。

凡读吾书者，可以类取之也。《越》之下篇尤奇峻，而其事多杂，盖非出于左氏。吾乃今知文之可以行于远也。以彼庸蔽奇怪之语，而黼黻之，金石之，用震曜后世之耳目，而读者莫之或非，反谓之近经，则知文者可不慎耶！呜呼！余黜其不臧，以救世之谬，凡六十七篇。

吾子

曰："吾子来也，以有余而欲及人乎？"曰："然。""若用子而能使竭忠孝乎？"曰："否。夫无忠而忠见，无孝而孝闻，曷若使不见而忠，无闻而孝，肃然已出，熙然已及，夫已也浑然矣乎！"①

①柳宗元诗文辑自《柳河东集》，上海人民出版社 1974 年版。

卷十四

柳宗直

柳宗直，字正夫，唐河东（今山西永济）人。柳宗元从父弟。宪宗元和中进士。著有《西汉文类》一书。

华严岩题名

永州刺史冯叙、永州员外司马柳宗元、永州员外司户参军柴察、进士卢弘礼、进士柳宗直，元和元年三月八日。直题。①

薛巽

薛巽，唐河东（今山西永济西）人。元和初，为河北行营粮料使于皋谟判官。六年（811）五月，坐于赃事贬连州，量移朗州员外司户。《全唐诗续拾》收诗一首。

善卷祠

子长爱奇故不收，况乃著论非许由。先生踪迹重埋没，引舜作证应点头。天下大器尚不欲，万古虚名岂愿留？江北漫空山不

①辑自《金石萃编》卷一百五，陕西人民美术出版社1990年版。

静，说着高风簪可投。①

韦辞

韦辞（773—830），字践之。唐京兆扶风（今陕西西安）人。少以两经擢第，判入等，为秘书省校书郎。元和九年（814），自蓝田令入拜侍御史，以事累出为朗州刺史，再贬江州司马。后累官转吏部郎中，拜中书舍人。又出为潭州刺史、御史中丞、湖南观察使。大和四年（830）卒。

修浯溪记

元公再临道州，有妪伏活乱之恩，封部歌吟，旁浃于永。故去此五十年，而俚俗犹知敬慕。凡琴堂水斋，珍植嘉卉，虽欹倾荒翳，终樵采不及焉。仁声之感物也如此。

今年春，公季子友让，以逊敏知治术，为观察使袁公所厚，用前宝鼎尉假道州长史。路出亭下，维舟感泣，以简书程责之不遑也。乃罄撤资俸，托所部祁阳长豆卢□□□□。

□□归，喜获私尚。会余亦以恩例自道州司马移佐江州，帆风楫流相□□□□□□□毕。宝鼎竦然曰："兹亭创治之始，既铭于崖侧矣。至于水石之秀，赋咏所及，则家集存焉。然自空阒，时余四纪，士林经过，篇翰相属。今圬墁移旧，手笔亡矣，将编于左方，用存此亭故事。既适相会，盍为志焉！"余嘉其损约贫寓，而能以章复旧志为急，思有以白之，故不得以质俚辞命。

元和十三年十二月六日，江州员外司马韦辞记。

---

①辑自《武陵县志》卷四八，同治二年刻本。

修浯溪记附记

余自朗州刺史，以奉法不谨，谪佐于道，去年五月四日，维舟于此。负罪奔迫，不及题记，故于简余书之。①

李景俭

李景俭，字宽中，汉中王李瑀之孙。贞元十五年（799）进士。历迁监察御史、江陵户曹、忠州刺史、澧州刺史、谏议大夫、楚州刺史等职，官终少府少监。

道州春日感兴

始见花满枝，又看花满地。李景俭。且持增气酒，莫滴伤心泪。吕温。深诚长郁结，芳晨自妍媚。吕恭。啸歌聊永日，谁知此时意。李景俭。②

郭通

郭通，生平不详。元和中大匠储卿。

零陵寺井栏偈

此是南山石，将来造井栏。流传千万代，各结佛家缘。尽意修功德，应无朽坏年。同沾胜福者，超于弥勒前。③

---

①辑自《金石萃编》卷一百八。
②辑自《全唐诗》卷七八九。
③辑自《东洲草堂文钞》卷十，上海古籍出版社 1995 年影印本。

姚合

姚合（约775—约855），唐陕州硖石（今河南陕县）人。姚崇曾孙，一说姚崇曾侄孙。元和十一年（816）进士。初授武功主簿，人因称“姚武功”。后为给事中、陕、虢观察使等职。仕终秘书监。著有《姚少监诗集》十卷，《全唐诗》存诗七卷。

蒲萄架

萄藤洞庭头，引叶漾盈摇。皎洁钩高挂，玲珑影落寮。阴烟压幽屋，濛密梦冥苗。清秋青且翠，冬到冻都凋。

裴大夫见过

湖南谯国尽英髦，心事相期节义高。解下佩刀无所惜，新闻天子付三刀。

中秋夜洞庭圆月

素月闲秋景，骚人泛洞庭。沧波正澄霁，凉叶未飘零。练彩凝葭菼，霜容静杳冥。晓栖河畔鹤，宵映渚边萤。圆彩含珠魄，微飚发桂馨。谁怜采蘋客，此夜宿孤汀。

送韩湘赴江西从事

年少登科客，从军诏命新。行装有兵器，祖席尽诗人。细雨湘城暮，微风楚水春。浔阳应足雁，梦泽岂无尘。猿叫来山顶，潮痕在树身。从容多暇日，佳句寄须频。

送陆畅侍御归扬州

故园偏接近，雪水洞庭边。归去知何日，相逢各长年。山川南北路，风雪别离天。楚色穷冬烧，淮声独夜船。从军丞相府，谈笑酒杯前。①

韩泰

韩泰，唐永贞元年（806）任虔州司马，历官郴州刺史、睦州刺史、湖州刺史、常州刺史，卒于常州任上。《金石补正》卷六七。

韩泰题名

朝散大夫守睦州刺史韩泰、子壻乡贡进士裴文、男师仁、男懿文，右泰长庆元年三月，自漳州刺史授郴州。四年六月，转睦州。八月九日，沿流之任。处士严行立同行。②

卢钧

卢钧（约776—约862），字子和，唐京兆蓝田（今陕西蓝田）人。元和四年（809）进士擢第，又中书判拔萃科，调补校书郎，累官至尚书左仆射，以太子太师致仕，咸通初卒。

浯溪题名

户部侍郎卢钧。开成五年十二月十一日，赴阙过此。

---

①姚合诗辑自《全唐诗》卷四九六至五〇二。

②辑自《湖南通志》卷二六七。

又

卢钧子和。开成五年十二月十一，□□同游。[①]、

皇甫湜

皇甫湜（777—835），字持正，唐睦州新安（今浙江建德淳安）人。元和元年（806）进士，历陆浑县尉、工部郎中、东都判官等职。中“贤良方正直言极谏”科，著有《皇甫先生文集》，《全唐诗》存诗三首。

题浯溪石

次山有文章，可惋只在碎。然长于指叙，约洁有余态。心语适相应，出句多分外。于诸作者间，拔戟成一队。中行虽富剧，粹美若可盖。子昂感遇佳，未若君雅裁。退之全而神，上与千载对。李杜才海翻，高下非可概。文与一气间，为物莫与大。先王路不荒，岂不仰吾辈。石屏立衙衙，溪口扬素濑。我思何人知，徙倚如有待。[②]

元稹

元稹（779—831），字微之，别字威明。唐洛阳人。贞元九年（793）以明经擢第。十九年，登书判拔萃科。元和元年（806），登“才识兼茂明于体用”科。授左拾遗，补校书郎。四年（809）为监察

---

①辑自《湖南通志》卷二六五。

②辑自《全唐诗》卷三六九。

御史，后历通州司马、虢州长史。长庆元年（821）迁中书舍人，充翰林院承旨。次年，居相位三月，出为同州刺史、浙东观察使。大和三年（829）为尚书左丞，五年，逝于武昌军节度使任上。元稹诗风平易，与白居易齐名，时称“元白”。著有《元氏长庆集》一百卷，已佚，有后人辑本。《全唐诗》存诗二十八卷。

洞庭湖

人生除泛海，便到洞庭波。驾浪沉西日，吞空接曙河。虞巡竟安在，轩乐讵曾过。唯有君山下，狂风万古多。

湘南登临湘楼

高处望潇湘，花时万井香。雨余怜日嫩，岁闰觉春长。霞刹分危榜，烟波透远光。情知楼上好，不是仲宣乡。

晚宴湘亭

晚日宴清湘，晴空走艳阳。花低愁露醉，絮起觉春狂。舞旋红裙急，歌垂碧袖长。甘心出童羖，须一尽时荒。

鹿角镇

去年湖水满，此地覆行舟。万怪吹高浪，千人死乱流。谁能问帝子，何事宠阳侯。渐恐鲸鲵大，波涛及九州。

奉和窦容州

明公莫讶容州远，一路潇湘景气浓。斑竹初成二妃庙，碧莲遥耸九疑峰。禁林闻道长倾凤，池水那能久滞龙。自叹风波去无极，不知何日又相逢。

陪张湖南宴望岳楼稹为监察御史张中丞知杂事

观象楼前奉末班，绛峰只似殿庭间。今日高楼重陪宴，雨笼衡岳是南山。

岳阳楼

岳阳楼上日衔窗，影到深潭赤玉幢。怅望残春万般意，满棂湖水入西江。

寄庾敬休

小来同在曲江头，不省春时不共游。今日江风好暄暖，可怜春尽古湘州。

花栽二首

买得山花一两栽，离乡别土易摧颓。欲知北客居南意，看取南花北地来。

南花北地种应难，且向船中尽日看。纵使将来眼前死，犹胜抛掷在空栏。

宿石矶

石矶江水夜潺湲，半夜江风引杜鹃。灯暗酒醒颠倒枕，五更斜月入空船。

梦成之

烛暗船风独梦惊，梦君频问向南行。觉来不语到明坐，一夜洞庭湖水声。

斑竹

一枝斑竹渡湘沅，万里行人感别魂。知是娥皇庙前物，远随风雨送啼痕。

遭风二十韵

洞庭弥漫接天回，一点君山似措杯。暝色已笼秋竹树，夕阳犹带旧楼台。湘南贾伴乘风信，夏口篙工厄溯洄。后侣逢滩方拽签，前宗到浦已眠桅。俄惊四面云屏合，坐见千峰雪浪堆。罔象睢盱频逞怪，石尤翻动忽成灾。胜凌岂但河宫溢，坱轧浑忧地轴摧。疑是阴兵致昏黑，果闻灵鼓借喧豗。龙归窟穴深潭漩，蜃作波涛古岸颓。水客暗游烧野火，枫人夜长吼春雷。浸淫沙市儿童乱，汩没汀洲雁鹜哀。自叹生涯看转烛，更悲商旅哭沉财。樯乌斗折头仓掉，水狗斜倾尾缆开。在昔讵惭横海志，此时甘乏济川才。历阳旧事曾为鳖，鲧穴相传有化能。闭目唯愁满空电，冥心真类不然灰。那知否极休征至，渐觉宵分曙气催。怪族潜收湖黯湛，幽妖尽走日崔嵬。紫衣将校临船问，白马君侯傍柳来。唤上驿亭还酩酊，两行红袖拂樽罍。

何满子歌张湖南座为唐有态作

何满能歌能宛转，天宝年中世称罕。婴刑系在囹圄间，水调哀音歌愤懑。梨园弟子奏玄宗，一唱承恩羁网缓。便将何满为曲名，御谱亲题乐府纂。鱼家入内本领绝，叶氏有年声气短。自外徒烦记得词，点拍才成已夸诞。我来湖外拜君侯，正值灰飞仲春琯。广宴江亭为我开，红妆逼坐花枝暖。此时有态蹋华筵，未吐芳词貌夷坦。翠蛾转盼摇雀钗，碧袖歌垂翻鹤卵。定面凝眸一声发，云停尘下何劳算。迢迢击磬远玲玲，一一贯珠匀款款。犯羽含商移调态，留情度意抛弦管。湘妃宝瑟水上来，秦女玉箫空外满。缠绵叠破最殷勤，整顿衣裳颇闲散。冰含远溜咽还通，莺泥晚花啼渐懒。敛黛吞声若自冤，郑袖见捐西子浣。阴山鸣雁晓断行，巫峡哀猿夜呼伴。古者诸侯飨外宾，鹿鸣三奏陈圭瓒。何如有态一曲终，牙筹记令红螺碗。

赛神

楚俗不事事，巫风事妖神。事妖结妖社，不问疏与亲。年年十月暮，珠稻欲垂新。家家不敛获，赛妖无富贫。杀牛贳官酒，椎鼓集顽民。喧阗里闾隘，凶酗日夜频。岁暮雪霜至，稻珠随陇湮。吏来官税迫，求质倍称缗。贫者日消铄，富亦无仓囷。不谓事神苦，自言诚不真。岳阳贤刺史，念此为俗屯。未可一朝去，俾之为等伦。粗许存习俗，不得呼党人。但许一日泽，不得月与旬。吾闻国侨理，三年名乃振。巫风燎原久，未必怜徙薪。我来歌此事，非独歌政仁。此事四邻有，亦欲闻四邻。

竞舟

楚俗不爱力，费力为竞舟。买舟俟一竞，竞敛贫者赇。年年四五月，茧实麦小秋。积水堰堤坏，拔秧蒲稗稠。此时集丁壮，习竞南亩头。朝饮村社酒，暮椎邻舍牛。祭船如祭祖，习竞如习雠。连延数十日，作业不复忧。君侯馔良吉，会客陈膳羞。画鹢四来合，大竞长江流。建标明取舍，胜负死生求。一时欢呼罢，三月农事休。岳阳贤刺史，念此为俗疣。习俗难尽去，聊用去其尤。百船不留一，一竞不滞留。自为里中戏，我亦不寓游。吾闻管仲教，沐树惩堕游。节此淫竞俗，得为良政不。我来歌此事，非独歌此州。此事数州有，亦欲闻数州。[①]

贾岛

贾岛（779—843），字浪仙，一作阆山，唐幽州范阳县（今河北涿州市）人。早年出家为僧，号无本。后还俗应举，开成三年（837），任长江主簿，故被称为“贾长江”。五年迁普州司仓参军。会昌三年（843）卒于任。贾岛工诗、长于五律，有《长江集》十卷。《全唐诗》存诗四卷。

赴南巴留别苏台知已

人过梅岭上，岁岁北风寒。落日孤舟去，青山万里看。猿声湘水静，草色洞庭宽。已料生涯事，只应持钓竿。

投元郎中

心在潇湘归未期，卷中多是得名诗。高台聊望清秋色，片水堪留白鹭鸶。省宿有时闻急雨，朝回尽日伴禅师。旧文去岁曾将献，蒙与人来说始知。

夏夜登南楼

水岸寒楼带月跻，夏林初见岳阳溪。一点新萤报秋信，不知何处是菩提。[②]

---

①元稹诗辑自《元稹集》，中华书局1982年版。
②贾岛诗辑自《全唐诗》卷五七一至五七四。

无可

无可，俗姓贾，唐范阳（今河北涿州）人。贾岛从弟。少年时出家为僧，尝与贾岛同居青龙寺，后云游越州、湖湘、庐山等地。大和年间，为白阁寺僧。无可工诗，多五言。

送沅江宋明府即开府璟之孙

初闻从事日，鄂渚动芳菲。一遂钧衡荐，今为长吏归。人临沅水望，雁映楚山飞。唯有传声政，家风重发挥。

送契公自桂阳赴南海

南行登岭首，与俗洗烦埃。磬罢孤舟发，禅移积瘴开。中餐湘鸟下，朝讲海人来。莫便将经卷，炎方去不回。①

周贺

周贺，字南乡，一作南卿，唐东洛人（今四川广元西北）。工近体诗，格调清雅，有集。

杪秋登江楼

平楚起寒色，长沙犹未还。世情何处淡，湘水向人闲。空翠隐高鸟，夕阳归远山。孤云万余里，惆怅洞庭间。

①无可诗辑自《石仓历代诗选》卷一百六。

秋宿洞庭

洞庭初叶下，旅客不胜愁。明月天涯夜，青山江上秋。一官成白首，万里寄沧洲。只被浮名系，宁无愧海鸥。

旅情

黄叶下阶频，徐徐起病身。残秋萤出尽，独夜雁来新。别业去千里，旧乡空四邻。孤舟寻几度，又识岳阳人。

湘汉旅怀翁杰

一宿空江听急流，仍同贾客坐归舟。远书来隔巴陵雨，衰鬓去经彭蠡秋。不拟为身谋旧业，终期断谷隐高丘。吾宗尚作无憀者，中夜闲吟生旅愁。

送宗禅师

衡阳到却十三春，行脚同来有几人。老大又思归岳里，当时来漆祖师身。①

殷尧藩

殷尧藩（780—855），浙江嘉兴人。元和九年（814）进士，初官协律郎，迁浙西节度判官，后历永乐县令、福州从事，官至侍御史，有政绩。大和七、八年（833、834）以侍御史为湖南观察使李翱从事。《全唐诗》存诗一卷。

---

①周贺诗辑自《全唐诗》卷五〇三。

潭州独步

鹤发垂肩懒著巾，晚凉独步楚江滨。一帆暝色鸥边雨，数尺筇枝物外身。习巧未逢医拙手，闻歌先识采莲人。笑看斥鷃飞翔去，乐处蓬莱便有春。

夜过洞庭

笙歌只解闹花天，谁是敲冰掉小船。为觅潇湘幽隐处，夜深载月听鸣泉。

潭州席上赠舞柘枝妓

姑苏太守青娥女，流落长沙舞柘枝。坐满绣衣皆不识，可怜红脸泪双垂。①

施肩吾

施肩吾（780—861），字希圣，号东斋，入道后称栖真子。唐睦州（今浙江桐庐）人。元和十五年（820）进士及第，钦点为状元。后学仙。有集，《全唐诗》收入其诗作一卷，《全唐诗外编》及《全唐诗续拾》补诗十首，《全唐文》收其《养生辨疑诀》等。

湘川怀古

湘水终日流，湘妃昔时哭。美色已成尘，泪痕犹在竹。

①尹尧藩诗辑自《全唐诗》卷四九二。

湘竹词

万古湘江竹，无穷奈怨何。年年长春笋，只是泪痕多。

桃源词二首

夭夭花里千家住，总为当时隐暴秦。归去不论无旧识，子孙今亦是他人。

秦世老翁归汉世，还同白鹤返辽城。纵令记得山川路，莫问当时州县名。①

沈亚之

沈亚之（781—832），字下贤，唐吴兴（今浙江湖州）人。元和十年（815）进士，累迁至殿中丞御史内供奉，后终官郢州司户参军。著有《沈下贤集》十卷。

湘中怨解

《湘中怨》者，事本怪媚，为学者未尝有述。然而淫溺之人，往往不寤。今欲概其论，以著诫而已。从生韦敖，善撰乐府，故牵而广之，以应其咏。

垂拱年中，驾在上阳宫。太学进士郑生，晨发铜驼里，乘晓月度洛桥。闻桥下有哭，甚哀。生下马，循声索之。见其艳女，翳然蒙袖曰："我孤，养于兄。嫂恶，常苦我。今欲赴水，故留哀

①施肩吾诗辑自《万首唐人绝句》卷十。

须臾。”生曰：“能遂我归之乎?”应曰：“婢御无悔。”遂与居，号曰汜人。能诵楚人《九歌》、《招魂》、《九辩》之书，亦尝拟其调，赋为怨句，其词丽绝，世莫有属者。因撰《风光词》曰：“隆佳秀兮昭盛时，播熏绿兮淑华归。顾室荑与处萼兮，潜重房以饰姿。见稚态之韶羞兮，蒙长霭以为帏。醉融光兮渺弥弥，迷千里兮涵洇湄。晨陶陶兮暮熙熙。舞婑娜之秾条兮，骋盈盈以披迟。酡游颜兮倡蔓卉，縠流旧电兮石发髓旋。”生居贫，汜人尝解箧，出轻缯一端，与卖，胡人酬之千金。

居数岁，生游长安。是夕，谓生曰：“我湘中蛟宫之娣也，谪而从君。今岁满，无以久留君所，欲为诀耳。”即相持啼泣。生留之，不能，竟去。后十余年，生之兄为岳州刺史。会上巳日，与家徒登岳阳楼，望鄂渚，张宴。乐酣，生愁吟曰：“情无垠兮荡洋洋，怀佳期兮属三湘。”声未终，有画舻浮漾而来。中为彩楼，高百余尺，其上施帏帐，栏笼画饰。帷褰，有弹弦鼓吹者，皆神仙蛾眉，被服烟霓，裙袖皆广长。其中一人起舞，含嚬凄怨，形类汜人，舞而歌曰：“溯青山兮江之隅，拖湘波兮袅绿裾。荷拳拳兮情未舒，匪同归兮将焉如!”舞毕，敛袖，翔然凝望。楼中纵观方怡，须臾风涛崩怒，遂迷所往。元和十三年，余闻之于朋中，因悉补其词，题之曰《湘中怨》，盖欲使南昭嗣《烟中之志》，为偶倡也。①

舞柘枝女

舞柘枝女，唐代韦应物爱姬所生，流落潭州，委身为乐妓。李翱

---

①辑自《沈下贤集》，上海书店出版社 1994 年影印本。

见而怜之，乃于宾僚中选士人配之。

献李观察

湘江舞罢忽成悲，便脱蛮靴出绛帷。谁是蔡邕琴酒客，魏公怀旧嫁文姬。①

蒋防

蒋防，字子徵，一作子微，又字如城，唐义兴（今江苏宜兴）人。官右拾遗。元和中，以司封郎知制诰，进翰林学士。长庆末，贬汀州、连州刺史。有集一卷，《全唐诗》录存其诗十二首，《全唐文》收其赋及杂文一卷。

灵岩洞

一湾溪水出岩泉，前洞沉沉后洞连。可惜秦人不曾到，空留名迹在桃川。②

湘妃泣竹赋

昔帝舜之南巡不回，繄二妃兮心伤已摧。对三湘之遥兮，积水无际；望九疑之疑兮，愁云不开。郁丹诚而饮恨，攀绿篆以兴哀。泪浪浪而千垂堕睫，竹冉冉而万点凝苔。敛蛾之怨盈臆，如狸之斑变色。落红脸而珠影争圆，染碧纤兮缬文交织。夭绍婵娟，呜咽潸然。沥青简兮丹书粲粲，洒绿枝兮白露涟涟。所以精神达

---

①辑自《全唐诗》卷八〇二。

②辑自《古今图书集成·职方典》卷一二六二《常德府部》，上海中华书局1934年影印本。

而理归其著，悲哀集而物谢其坚。想夫万里迎秋，重江向夕。引苍翠以歔欷，忽阑干而委积。仗拳然之手，两点垂丝；挥密尔之丛，众痕凝碧。是知至哀必感，有怨必通。竹无情而发外，泪有感而从中。慷慨成行，乍洗龙吟之管；斓斒绕节，如交凤食之丛。宁类夫声伯再怀其梦想，杨朱徒叹其西东。岂无芳菲，渝其霜霰；岂无浩淼，忘其顾眄。是以委檀栾，寄葱蒨。来非鼓瑟玉箸之滴沥双流，去乃望夫粉箨之淋漓一变。懿乎！岩峦满目，今古含情。事虽迁于岁月，理不昧于坚贞。或剪修竿，对潭中而锦落；或成长簟，施堂上而霞腾。岂不以拂水捎云，逾千越万。庶夫知我者，谓我点点而成文；不知我者，徒曰青青而怀怨。

汨罗庙记

噫！日月明而忠贤生，日月翳而忠贤毙。明翳其天耶非耶？其数耶非耶？将适然耶非耶？且自昔抱大忠而生，抱大忠而死者，亦何可胜言。虽天倾地摇，山拆川竭，犹可得而评论焉。及至轩辕氏之天，以道为日月，无明翳之变，故风后力牧得适其材焉。帝尧氏之天，以德为日月，无生毙之数，故羲和氏百工之徒得信其用焉。帝舜氏之天，以仁为日月，无亏盈之节，故十六族得宏其理焉。大禹氏之天，以公为日月，无氛霭之蔽，故皋陶稷契之臣得专其任焉。殷汤氏之天，以信为日月，不皦不昧，故伊尹得符其志焉。文王氏之天，以心为日月，无薄蚀之变，故周召之伦得张其化焉。我大唐氏之天，以政为日月，故房杜魏征得尽其讦谟焉。其余上自列国，下逮周隋，或以耳目为日月，或以左右为日月，一明一翳，非天之所为也，非地之所为也。故苌宏辟，伍员枭，范蠡鲁连去，徐衍负石，三闾怀沙。良可痛哉！然三闾者，以大忠而揭大义，沉吟楚泽，哀郁自赞，爰兴褒贬，六《经》同风。至宋玉景差，皆弟子也，况吾党哉！

唐文宗太和二年春，防奉命宜春抵湘阴，歇帆西渚。邑宰马搏谓予曰："三闾之坟，有碑无文，岂前贤缺欤?"又曰："俗以三闾投汨水而殒，所葬者招魂也，常所惑焉。"按《图经》，汨冬水二尺，夏九尺，则为大水也。古之与今，其汨不甚异也。又楚人惜三闾之才，悯三闾之死，舟驰楫骤，至今为俗。安有寻常之水，而失其遗骸哉？安有不睹其骸，而知其怀沙哉？但以楚辞有大小《招魂》，后人凭而穿凿，不足征也。愚则以为三闾魂归于泉，尸归于坟，灵归于祠，为其实。郡守东海徐希仁洎马搏，以予尝学古道，熟君臣至理之义，请述始终符契，以广忠贤之业云。於戏！后代知予者以此，罪予者以此。文曰：屈碑立兮，谗人泣兮。屈碑推兮，谗人咍兮。碑兮碑兮，汨之隗兮。天高地阔，孤魂魄兮。①

张又新

张又新，字孔昭，唐深州陆泽（今河北深县）人，工部侍郎张荐子。初为京兆解头，元和九年（814）进士及第为状头，十二年举博学宏词科为敕头，时号"张三头"。历左、右补阙、广陵从事，贬汀州刺史、申州刺史。终官左司郎。工诗，《全唐诗》存诗十七首，《全唐诗外编》及《全唐诗续拾》补诗六首。

三月五日陪大夫泛长沙东湖

上巳余风景，芳辰集远坰。彩舟浮泛荡，绣毂下娉婷。栖树

①辑自《全唐文》卷七一九。

回葱蒨，笙歌转杳冥。湖光迷翡翠，草色醉蜻蜓。鸟弄桐花日，鱼翻谷雨萍。从今留胜会，谁看画兰亭。①

鲍溶

鲍溶，字德源，元和四年（809）进士，是中唐时期的重要诗人。《全唐诗》存其诗三卷一百九十六首，《全唐诗补编》补诗一首。

周先生画洞庭歌

江南客，水为乡，舟为宅，能以笔锋知地脉。闲分楚水入丹青，不下此堂临洞庭。水文不浪烟不动，木末棱棱山碧重。帝子应哀窈窕云，客人似得婵娟梦。六月火光衣上生，斋心寂听潺湲声。林冰摇镜水拂簟，尽日独卧秋风清。因游洞庭不出户，疑君如有长生路。玉壶先生在何处？

悲湘灵

山上凉云收，日斜川风止。娥皇五十弦，秋深汉江水。初因无象外，牵感百忧里。霜露结瑶华，烟波劳玉指。将随落叶去，又绕疏苹起。哀响云合来，清余桐半死。女颜万岁后，岂复婵娟子。不道神无悲，那能久如此。魂魄无不之，九山徒相似。没没竟不从，唯伤远人耳。斑斑泪篁下，空有学瑟鬼。②

①辑自《全唐诗》卷四七九。

②鲍溶诗辑自《全唐诗》卷四八五至四八七。

李行修

李行修，唐长庆中官殿中侍御史、左司员外郎。历任刑部员外郎、广州刺史。

浯溪题名

前广州刺史李行修、掌书记施肱、巡官李党，大中三年四月十一日，赴阙过此。①

韦乾度

韦乾度，元和中官吏部郎中，守江州刺史，又为武陵郡守，长庆二年（822）拜国子祭酒。

桃源观石坛记

大唐元和二十祀睿圣文武皇帝御宇之十有四载，戡宁淮蔡之前年，余出为武陵郡守之去岁也。江壤秾秀，草木繁翠，深流有沅湘七泽，鼋鼍息焉；巨兽有犀虎貙象，金碧生焉。余尝默眙，由有所自，盖以密迩灵囿，仙源在中，验方志秦人获天爵之所，稽近圣玄宗皇帝树火枣之乡，风流好尚，事见方俗。

观有道流，姓陈氏，字通微，夙禀命范，师资于是。师没道存，复嗣守焉。耽虚乐静，志愿斯毕。时因暇日，俨然造余曰："灵山瑞相，莫可胜载，观有祠坛，土级三成，每冻雨霖洒，常多

---

①辑自《湖南通志》卷二六五。

圮缺。修建斋录，展敬无所。今有微愿，欲改创石坛。窃惟少假余光，冀遂成立。”余即时回向，谨奉仁敬。乘流者众，而果有所成。遂徙钟簴于玄官，奏鸿音于象帝。洞壑皆满，灵风肃然，陈君道友曰：“志言，姓王氏，研精守一，协力赞功，志同之人，乐此荣观。”

乃为谣曰：灵坛肇址兮何代留？秦人唱道兮因避仇。我唐六叶兮天子圣，金虬玉检兮遥申敬。封山表地兮持采旄，真官陪云兮五帝游，山藏瑞霭兮非所求，偶见桃花兮随水流。猛簴嗥风兮栖洞楼，停酸苦兮畅六幽。中有道士兮飞金液，泉澄日照兮抱虚寂。化神坛兮断珉石，齐天壤兮焕琳碧。我唐圣祚兮千亿载；随师控驾兮方诸会。①

裴浰

裴浰，唐文宗大和间历任蓬州、衡州刺史。

石鼓山题名

衡州刺史裴浰、监察御史陈越石、郡从事阎斯、琴客张赀，大和九年九月十日同游。②

马植

马植，唐扶风（今陕西凤翔）人。元和十四年（819）进士擢第，

---

①辑自《全唐文》卷七二四。

②辑自《湖南通志》卷二六三。

再登制科，授寿州团练副使，三迁为饶州刺史。会昌年间，入朝为大理卿。后升任宰相，迁中书侍郎，兼礼部尚书。大中五年（851）被罢相，出为天平军节度使。大中末年，迁任汴州刺史，宣武军节度观察使。卒于任。《全唐诗》存诗一首。

浯溪题名

黔州刺史马植，赴任黔中，后户部九日过此。①

熊孺登

熊孺登，唐钟陵（今江西省进贤县）人。元和年间登进士第，为西川藩镇从事，历湘阴判官，元和十三年（818）罢归钟陵。《全唐诗》存诗一卷。

祗役遇风谢湘中春色

水生风熟布帆新，只见公程不见春。应被百花撩乱笑，比来天地一闲人。

湘江夜泛

江流如箭月如弓，行尽三湘数夜中。无那子规知向蜀，一声声似怨春风。

甘子堂陪宴上韦大夫

武陵楼上春长早，甘子堂前花落迟。楚乐怪来声竞起，新歌

---

①辑自《湖南通志》卷二六五。

尽是大夫词。①

李涉

李涉，自号清溪子，唐河南洛阳人。宪宗时，曾任太子通事舍人。不久，贬为硖州司仓参军，后大和中，任国子博士，世称“李博士”。《全唐诗》存诗一卷，《全唐诗外编》及《全唐诗续拾》补诗四首。

湘妃庙

斑竹林边有古祠，鸟啼花发尽堪悲。当时惆怅同今日，南北行人可得知。

寄赵准乞湘川山居

闲说班超有旧居，山横水曲占商於。知君不用磻溪石，乞取终年独钓鱼。

题苏仙宅枯松

几年苍翠在仙家，一旦枝枯类海槎。不如酸涩棠梨树，却占高城独放花。

赠廖道士

膏已明煎信矣哉，二年人世不归来。庭前为报仙桃树，今岁花时好好开。

---

①熊孺登诗辑自《万首唐人绝句》。

岳阳别张祜

十年蹭蹬为逐臣，鬓毛白尽巴江春。鹿鸣猿啸虽寂寞，水蛟山魅多精神。山疟困中闻有赦，死灰不望光阴借。半夜州符唤牧童，虚教衰病生惊怕。巫峡洞庭千里余，蛮陬水国何亲疏。由来真宰不宰我，徒劳叹者怀吹嘘。霸桥昔与张生别，万变桑田何处说。龙蛇纵在没泥涂，长衢却为驽骀设。爱君气坚风骨峭，文章真把江淹笑。洛下诸生惧刺先，乌鸢不得齐鹰鹞。岳阳西南湖上寺，水阁松房遍文字。新钉张生一首诗，自余吟著皆无味。策马前途须努力，莫学龙钟虚叹息。

却归巴陵途中走笔寄唐知言

去年腊月来夏口，黑风白浪打头吼。橹声轧轧摇不前，看他撩乱张帆走。逾月始到鹦鹉洲，呜呜暮角喧城头。逡巡未得见官长，梦寝但觉生愁忧。军中贤倅李监察，人马晓来兼手札。教令参谒礼数全，头头要处相称挈。唐氏一门今五龙，声华殷殷皆如钟。就中十一最年少，别有俊气横心胸。巧缀五言才刮骨，却怕柱天身硉矹。后辈无劳续出头，坳塘不合窥溟渤。君家三兄旧山侣，方寸久来常许与。不觉淹留两月余，风光漫烂生洲渚。宇文文学儒家子，竹绕书斋花映水。醉舞狂歌此地多，有时酩酊扶还起。猥蒙方伯怜饥贫，假名许得陪诸宾。酒家债负有填日，恣意颇敢排青缗。余瞿二家同爱客，园蔬任遣奴人摘。野狐泉头银叶方，一别十年今再觌。更有风流歙奴子，能将盘帕来欺尔。白马青袍豁眼明，许他真是查郎髓。良会芳时难再来，隙光电影长相催。扁舟惆怅人南去，目断江天凡几回。

鹧鸪词

湘江烟水深，沙岸隔枫林。何处鹧鸪飞，日斜斑竹阴。二女空垂泪，三闾枉自沉。惟有鹧鸪啼，独伤行客心。①

李谅

李谅，字复言，唐苏州人。贞元年间登进士第，王叔文荐为度支盐铁巡官。大和中由大理卿迁京兆尹，后出为桂管观察使，转岭南节度使，卒。《全唐诗》及《全唐诗外编》各存其诗一首。

湘中纪行

江水永州路，水碧山崒兀。古木暗鱼潭，阴云起龙窟。峻屏夹澄澈，怪石生溪渤。巨舰时邅回，轻舠已超忽。疾如奔羽翼，清可鉴毛发。寂寞棹渔舟，逶迤逗商筏。我行十月杪，猿啸中夜发。枫叶寒始丹，菊花冬未歇。凝流绿可染，积翠浮堪撷。峭蒨每惊新，幽奇信夸绝。稠峰叠玉嶂，浅浪翻残雪。石燕雨中飞，霜鸿云外别。溯洄已劳苦，览玩还愉悦。鹤岭访胎仙，浯亭仰文哲。川间有渔钓，山上多薇蕨。无以佐雍熙，何如养疵拙。安人苟有绩，抚己行将耋。此路好乘桴，吾其谢羁绁。②

孙会

孙会（？—849），开元二十九年（741）官郴州太守，历任郴、

---

①李涉诗辑自《全唐诗》卷四七七、八八三。

②辑自《湖南通志》卷二六五。

温、庐、宣、常五州刺史。

苏仙碑铭

惟前汉苏耽者，长自郴邑，禀之秀异。幼则适野，初因牧牛桂阳之丘，每游虞芮之畔，遂因有闲原之田，县人王怀步田间，值群鹤。乃跪白其母潘氏曰：“忝在仙箓，又逢真侣，迫以骐骥之便，切以庭闱之恋。咒橘井愈疾，为取给之资；药苗蔬畦，为调膳之费。有阙就养，将升上清。”遂留连堂户，出涕如雨，耸身而去，莫知其所。挥城郭以谢世，乘羽翼于无际。且五云之路，缥缈难追；而一郡之人，瞻望何及？皆相谓曰：“苏公以金骨迈俗，琼浆缮性，能养其正，不失其命。亦犹梅子真之去仙，非关市卒；成武丁之轻举，元由乡人。传其盛名，布在方册，盖殊伦矣。及潘氏怛化之后，仙公全以孝行，栖于东山烟雾之中，号哭不绝，啼猿为之酸切，流水为之呜咽。至若系白马于树，执慈母三年之丧，所以竭哀戚之情也；化赤龙为桥，感太守一吊之礼，所以重桑梓之敬也。”当此之时，近睹之，难可得而见；远察之，才可得而辨。岂不以贞气有异，嚣尘无杂也？且人之立身者，一善则纪之，一行则称之，犹与美谈，绰有余裕，况列仙是纪，旷古莫俦。将归紫府之中，相与赤松为交，向非餐霞契道，外物全真，其孰能至于此矣？巨唐开元二十九年也，特有明诏，追论偓佺，俾发挥声华，严饰祠宅。皎洁遗像，似逢姑射之人；氛氲晚花，何异武陵之境？深院风洒，松声为之淅沥；古坛烟横，苔色为之彬碧。邑中耆艾禺然曰：“仙公之旧宅，仙公之灵迹，华表犹在，空山相对。今荷皇恩远及，祀典克明，请考盛事，皆愿刊石。”时郴州太守乐安孙会，文房之士也，遂为之铭，其词曰：

灵启道融，降生仙公。无宗无上，冥感幽通，至者不学，学者不至。莫知其然，蓄践神异。孝悌是惇，州壤是尊。自藏于畔，孰是其根？襄城之野，仙公牧马。桂阳之丘，仙公牧牛。千古一致，比德同俦。上清有命，升元克日。永言孝思，敬授灵术。既超世而离人，复轸慕而哀亲。近贤者之喻梦，表斯道之通神。独蕴殊行，高标众真。至哉仙公，邃古无伦。符守故国，载思载慕。龙桥不留，马岭如故。徘徊尘迹，仿佛云步。①

李德裕

李德裕（787—849），字文饶，唐真定赞皇（今河北赞皇县）人。历任翰林学士、浙西观察使、西川节度使、兵部尚书、左仆射等职。并在大和七年（833）和开成五年（840）两度为相。后出为荆南节度使，贬潮州司马。大中二年（848）再贬为崖州司户参军，次年卒于贬所。追封为太子少保、卫国公，赠尚书左仆射。著有《会昌一品集》等。《全唐诗》存诗一卷，《全唐诗外编》及《全唐诗续拾》补诗九首。

尊师是桃源黄先生传法弟子常见尊师称先师灵迹今重赋此诗兼寄题黄先生旧馆

后学方成市，吾师又上宾。洞天应不夜，源树只如春。棋客留童子，山精避直神。无因握石髓，及与养生人。

汨罗

远谪南荒一病身，停舟暂吊汨罗人。都缘靳尚图专国，岂是

①辑自《全唐文》卷三六二。

怀王厌直臣。万里碧潭秋景静，四时愁色野花新。不劳渔父重相问，自有招魂拭泪巾。①

韦瓘

韦瓘（789—?），字茂弘，唐京兆万年（今陕西西安）人。一说桂林人。元和四年（809），登进士第，为状元，授左拾遗，迁司勋郎中，中书舍人，后贬康州，移明州长史。大中间太子宾客，分司东都，到任后病故。《全唐诗》存诗一首。

浯溪题名

太仆卿分司东都韦瓘。大中二年十二月七日过此。余大和中以中书舍人谪官康州。逮今十六年。去冬罢楚州刺史。□次泗上□□□□今年二月有桂林之命。□□□□绕一千余□□□□□□□桂阳。才经数月□□无□。又蒙除替。行次灵川。闻改此官。分司优闲。诚为忝幸。宦途蹇薄。分亦可知。因吟作官不了却归来，还是杜陵一男子，余洛川弊庐，在崇善里。有竹千杆。有池一亩。罢郡之日，携猿一双，越鸟一双，石数片。将归洛中，方与猿鸟为伍。得丧之际，岂足介怀？大中二年十二月七日。②

李贺

李贺（790—816），字长吉。郡望陇西成纪，家居福昌之昌谷，

①李德裕诗辑自《李文饶集》。

②辑自《湖南通志》卷二六五。

后人因称李昌谷。唐宗室郑王李亮后裔。元和初，往来于洛阳、长安间，曾以歌诗谒韩愈，大得赏誉。在京任奉礼郎，三年（808）以病辞官，十一年（816）病卒。李贺是中唐浪漫主义诗人的代表，著有《昌谷集》等，《全唐诗》存诗五卷。

湘妃

筠竹千年老不死，长伴秦娥盖湘水。蛮娘吟弄满寒空，九山静绿泪花红。离鸾别凤烟梧中，巫云蜀雨遥相通。幽愁秋气上青枫，凉夜波间吟古龙。①

舒元舆

舒元舆（791—835），字升远，唐江州（今江西九江）人。宪宗元和八年（813）进士。授鄠县尉，后召为左司郎中，升御史中丞，以本官兼刑、兵两部侍郎，同平章事。“甘露之变”时被宦官仇士良腰斩，家人遭族诛。有集已佚，《全唐诗》收诗六首，《全唐文》录存其文十六篇，《唐文拾遗》存文一篇。

录桃源画记

四明山道士叶沈，囊出古画，画有桃源图。图上有溪，溪名武陵之源。案仙记，分灵洞三十六之一支。其水趣流，势与江河同。有深而渌，浅而白，白者激石，渌者落镜。溪南北有山，山如屏形，接连而去，峰竖不险，翠秾不浮。其夹岸有树木千万本，列立如揖，丹色鲜如霞，擢举欲动，灿若舒颜。山铺水底，草散

---

①辑自《全唐诗》卷三九〇。

茵毯。有鸾青其衿，有鹤丹其顶，有鸡玉其羽，有狗金其色。毛傞傞亭亭，间而立者十有八九。岸而北有曲深岩门，细露室宇，霞槛缭转，云磴五色，雪冰肌颜，服身衣裳，皆负星月文章。岸而南有五人，服貌肖虹玉，左右有书童玉女，角发而侍立者十二。视其意况，皆逍遥飞动。若云十许片，油焉而生，忽焉而往。其高处有坛，层级沓玉冰，坛面俄起炉灶。灶口含火，上有云气，具备五色。中有溪，艇泛，上一人雪华鬓眉，身着秦时衣服。手鼓短枻，意状深远。合而视之，大略山势高，水容深，人貌魁奇，鹤情闲暇，烟岚草木，如带香气。熟得详玩，自觉骨戛清玉，如身入镜中，不似在人寰间，眇然有高谢之志从中来。坐少选，道士卷画而藏之，若身形却落尘土中。视向所张壁上，又疑有顽石化出，塞断道路。某见画物不甚寡，如此图未尝到眼，是知工之精而有如是者邪！叶君且自珍重，无路得请，遂染笔录其名数，将所以备异日写画之不谬也。①

雍陶

雍陶，字国钧，唐成都人。大和八年（834）进士及第，后授国子毛诗博士，后任简州、雅州刺史。有《唐志集》五卷，今传。《全唐诗》存诗一卷，《全唐诗外编》及《全唐诗续拾》补收诗三首。

岳阳晚景

汉阳无远寺，见说过汾城。云雨经春客，江山几日程。终随鸥鸟去，只在海潮生。前路逢渔父，多愁问姓名。

①辑自《唐文粹》卷七七，台湾商务印书馆1986年版。

送宜春裴明府之任

南行春已满，路半水茫然。楚望花当渡，湘阴橘满川。山横湖色上，帆出鸟行前。此任无辞远，亲人贵用还。

送契玄上人南游

红叶落湘川，枫明映水天。寻钟过楚寺，拥锡上泷船。病客思留药，迷人待说禅。南中多古迹，应访虎溪泉。

送徐使君赴岳州

渺渺楚江上，风旗摇去舟。马归云梦晚，猿叫洞庭秋。别思满南渡，乡心生北楼。巴陵山水郡，应称谢公游。

题君山

风波不动影沉沉，翠色全微碧色深。应是水仙梳洗处，一螺青黛镜中心。

城西访友人别墅

澧水桥西小路斜，日高犹未到君家。村园门巷多相似，处处春风枳壳花。①

许浑

许浑（约791—约858），字用晦，一作仲晦。祖籍安州安陆，寓

①雍陶诗辑自《全唐诗》卷五一八。

居润州（今江苏镇江）。武后朝宰相许圉师六世孙。大和六年（832）进士及第。先后任当涂、太平令，历虞部员外郎，转睦、郢二州刺史。有《丁卯集》。《全唐诗》存诗为十一卷。

舟次武陵寄天竺僧无昼

溪长山几重，十里万株松。秋日下丹槛，暮云归碧峰。树栖新放鹤，潭隐旧降龙。还在孤舟宿，卧闻初夜钟。

别表兄军倅

卢橘花香拂钓矶，佳人犹舞越罗衣。三洲水浅鱼来少，五岭山高雁到稀。客路晚依红树宿，乡关朝望白云归。交亲不念征南吏，昨夜风帆去似飞。

送卢先辈自衡岳赴复州嘉礼二首

名振金闺步玉京，暂留沧海见高情。众花尽处松千尺，群鸟喧时鹤一声。朱阁簟凉疏雨过，碧溪船动早潮生。离心不异西江水，直送征帆万里行。

湘南诗客海中行，鹏翅垂云不自矜。秋水静磨金镜土，夜风寒结玉壶冰。万重岭峤辞衡岳，千里山陂问竟陵。醉倚西楼人已远，柳溪无浪月澄澄。

卢山人自巴蜀由湘潭归茅山因赠

太乙灵方炼紫荷，紫荷飞尽发皤皤。猿啼巫峡晓云薄，雁宿洞庭秋月多。导引岂如桃叶舞，步虚宁比竹枝歌。华阳旧隐莫归去，水没芝田生绿莎。

别刘秀才

三献无功玉有瑕，更携书剑客天涯。孤帆夜别潇湘雨，广陌春期鄠杜花。灯照水萤千点灭，棹惊滩雁一行斜。关河万里秋风急，望见乡山不到家。

湖南徐明府余之南邻久不还家因题林馆

湘南官罢不归来，高阁经年掩绿苔。鱼溢池塘秋雨过，鸟还洲岛暮潮回。阶前石稳棋终局，窗外山寒酒满杯。借问先生独何处，一篱疏菊又花开。

过湘妃庙

古木苍山掩翠娥，月明南浦起微波。九疑望断几千载，斑竹泪痕今更多。

秋思

琪树西风枕簟秋，楚云湘水忆同游。高歌一曲掩明镜，昨日少年今白头。

寄郴州李相公

高楼王与谢，逸韵比南金。不遇销忧日，埃尘谁复寻。旷怀澹得丧，失意纵登临。彩槛浮云迥，绮窗明月深。虬龙压沧海，鸳鸯思邓林。青云伤国器，白发轸乡心。功高恩自洽，道直谤徒侵。应笑灵均恨，江畔独行吟。

送从兄别驾归蜀

闻与湘南令，童年侍玉墀。家留秦塞曲，官谪瘴溪湄。道直奸臣屏，冤深圣主知。逝川东去疾，霈泽北来迟。青汉龙髯绝，苍岑马鬣移。风凄闻笛处，月惨罢琴时。客路黄公庙，乡关白帝祠。已称鹦鹉赋，宁诵鹡鸰诗。远道书难达，长亭酒莫持。当凭蜀江水，万里寄相思。①

裴休

裴休（791—864），字公美，唐孟州济源（今河南济源县）人，一作河东闻喜（今山西闻喜县）人。长庆年间进士，大和二年（828）复中贤良方正能直言极谏科。任监察御史、右补阙、中书舍人等职，后出为江西观察使，转镇湖南。后以礼部侍郎知贡举，改户、兵二部侍郎。大中六年（852），以礼部尚书同中书门下平章事、判诸道盐铁转运使。晚年退居湖南宁乡沩山卒后于夫人同葬于沩山。善文章，工书，《全唐诗》存诗二首，《全唐诗外编》及《全唐诗续拾》补诗六首。

题泐潭

泐潭形胜地，祖塔在云湄。浩劫有穷日，真风无坠时。岁华空自老，消息竟谁知。到此轻尘虑，功名自可遗。②

---

①许浑诗辑自《丁卯集》，丛书集成续编本，上海书店出版社1994年影印。

②辑自《彦周诗话》，影印清文渊阁四库全书本，台湾商务印书馆1986年版。

白水洞飞泉

灵泉何太高，北斗想可挹。凌日五色云，直逼千仞急。白虹下饮涧，寒剑倚天立。闪电不得瞬，长雷无敢蛰。万丈石崖坼，一道林峦湿。险逼飞泻坠，冷心山鬼泣。须当截海去，浊浪不相入。①

张祜

张祜（约792—约853），字承吉，唐清河（今邢台清河）人，一说南阳（今河南邓县）人。举进士不第。元和中，赴许州投忠武军节度使李光颜幕，既而游于淮海、姑苏等地。与白居易、杜甫交游，一生沉浮人间，多在江湖。有《张承吉文集》，《全唐诗》收诗二卷。

将之衡阳道中作

万里南方去，扁舟泛自身。长年无爱物，深话少情人。醉卧襟长散，闲书字不真。衡阳路犹远，独与雁为宾。

洞庭南馆

一径逗霜林，朱栏绕碧岑。地盘云梦角，山镇洞庭心。树白看烟起，沙红见日沉。还因此悲屈，惆怅又行吟。

送韦整尉长沙

远远长沙去，怜君屈一官。风帆彭蠡疾，云水洞庭宽。木客提蔬束，江乌接饭丸。莫言卑湿地，未必乏新欢。

---

①辑自《湖南通志》卷十四。

湘中行

南去长沙又几程，二妃来死我来行。人归五岭暮天碧，日下三湘寒水清。远地毒蛇冬不蛰，深山古木夜为精。伤心灵迹在何处，斑竹庙前风雨声。

将离岳州留献徐员外

高斋长对酒，下客亦沾鱼。不为江南去，还来郡北居。

听岳州徐员外弹琴

玉律潜符一古琴，哲人心见圣人心。尽日南风似遗意，九疑猿鸟满山吟。

赠李修源

岳阳新尉晓衙参，却是傍人意未甘。昨夜与君思贾谊，长沙犹在洞庭南。

伊山

晋代衣冠梦一场，精蓝往是读书堂。桓伊曾弄柯亭笛，吹落梅花万点香。

题岳州徐员外云梦新亭十韵

古地标图籍，新亭建梓材。水从三峡涨，人自九江来。宿涵曹推远，停骖谢喜陪。山形连岳去，草色尽天回。晚槛高墙出，晴郊古戍开。阳精动金矿，暗魄孕珠胎。竹换经冬叶，松移带雨栽。夜深南浦雁，春老北枝梅。岘岭功初毕，汀洲咏几裁。仙游只斯在，何用便蓬莱。

和岳州徐员外云梦新亭二十韵

泽国连荒徼，津亭揭上游。飞栏控干马，却住压坤牛。滉漭吞何处？青苍别几州？黑天三伏里，红日五更头。树失湘潭发，山明楚塞沤。舜巡初此去，禹凿向南休。白气都为晓，清光别是秋。雨行神女过，云降帝妃游。接鉴凌星斗，褰帘就月钩。草烟凝夜思，花露滴春愁。近渚延沙湿，中壖小岛浮。竹寻诸洞遍，石占一泉幽。日复上山顶，波连归客舟。招魂宋余恨，吊死屈何投。臣子悲迁斥，王孙念去留。林当藏汉道，兵昔益巴丘。缚将高皇策，烧舡太祖羞。星霜人自变，江汉事长流。胜景离方绝，功符坎德优。还因望京意，歌咏为皇猷。

旅次岳州呈徐员外

襄汉止薄游，登舟舍赢策。浮名乃闲事，且作山水客。远持屠龙伎，南访贾谊迹。连岗黯云树，斜日半赤壁。青水去悠悠，青山来历历。囊无一金备，不省为计画。村旗牙夸酒，味薄升斗窄。提笔厌班超，把诗怜阮籍。徐公岳阳守，遇我心的的。湖鲜为我脍，湖藻为我摘。得吟多高楼，得语多末席。平生负微志，不独诗酒溺。终怀咸谷泥，定刻燕然石。会公饶迎饯，微恳私已识。逢时鲁连辈，一局如博弈。忧来独求醉，兀兀临大泽。屈原诚褊人，自死终何益。南湖雪晴夜，星月林槭槭。君山洞门叟，相语鹤两只。风松座翘睐，向月吹玉笛。笑命诗思苦，莫信狂李白。于狂是空疏，于仙是遐谪。寄言徐太守，人在无金液。①

①张祜诗辑自《张承吉文集》，上海古籍出版社 1979 年影印。

卷十五

卢仝

卢仝（约795—835），自号玉川子。祖籍范阳，生于河南济源。刻苦读书，博览经史，不愿仕进。甘露之变时，因留宿宰相兼领江南榷茶使王涯家，与王涯同时被宦官所害。卢仝工诗，为韩孟诗派重要人物之一。著有《玉川子诗集》，《全唐诗》存诗三卷，《全唐诗外编》及《全唐诗续拾》补一首。

有所思

当时我醉美人家，美人颜色娇如花。今日美人弃我去，青楼珠箔天之涯。天涯娟娟姮娥月，三五二八盈又缺。翠眉蝉鬓生别离，一望不见心断绝。心断绝，几千里。梦中醉卧巫山云，觉来泪滴湘江水。湘江两岸花木深，美人不见愁人心。含愁更奏绿绮琴，调高弦绝无知音。美人兮美人，不知为暮雨兮为朝云。相思一夜梅花发，忽到窗前疑是君。

秋梦行

客行一夜秋风起，客梦南游渡湘水。湘水泠泠彻底清，二妃怨处无限情。娥皇不语启娇靥，女英目成转心惬。长眉入鬓何连娟，肌肤白玉秀且鲜。裴回共咏东方日，沉吟再理南风弦。声断续，思绵绵，中含幽意两不宣。殷勤纤手惊破梦，中宵寂寞心凄然。心凄然，肠亦绝。寐不寐兮玉枕寒，夜深夜兮霜似雪。镜中不见双翠眉，台前空挂纤纤月。纤纤月，盈复缺，娟娟似眉意难诀。愿此眉兮如此月，千里万里光不灭。①

马戴

马戴（约799—约869），字虞臣，唐定州曲阳（今江苏省东海县）人。早年屡试落第，四处客游。直至会昌四年（844）方与项斯、赵嘏同榜登第。大中元年（847）为太原幕府掌书记，贬龙阳（今湖南汉寿县）尉，后得赦还京。咸通七年（867）擢国子太常博士，卒于任。著有《马戴集》一卷，《补遗》一卷。

送从叔赴南海幕

洞庭秋色起，哀狖更难闻。身往海边郡，帆悬天际云。炎州罗翠鸟，瘴岭控蛮军。信息来非易，堪悲此路分。

夜下湘中

洞庭人夜别，孤棹下湘中。露洗寒山遍，波摇楚月空。密林飞暗狖，广泽发鸣鸿。行值扬帆者，江分又不同。

赠别江客

湘中有岑穴，君去挂帆过。露细蒹葭广，潮回岛屿多。汀洲延夕照，枫叶坠寒波。应使同渔者，生涯许钓歌。

①卢仝诗辑自《玉川子诗集》，上海古籍出版社1995年影印。

江亭赠别

长亭晚送君，秋色渡江溃。衰柳风难定，寒涛雪不分。猿声离楚峡，帆影入湘云。独泛扁舟夜，山钟可卧闻。

寄剡中友人

故人今在剡，秋草意如何。岭暮云霞杂，潮回岛屿多。沃洲僧几访，天姥客谁过。岁晚偏相忆，风生隔楚波。

送柳秀才往连州看弟

离人非逆旅，有弟谪连州。楚雨沾猿暮，湘云拂雁秋。蒹葭行广泽，星月棹寒流。何处江关锁，风涛阻客愁。

送客南游

拟卜何山隐，高秋指岳阳。苇干云梦色，橘熟洞庭香。疏雨残虹影，回云背鸟行。灵均如可问，一为哭清湘。

楚江怀古三首

露气寒光集，微阳下楚丘。猿啼洞庭树，人在木兰舟。广泽生明月，苍山夹乱流。云中君不降，竟夕自悲秋。

惊鸟去无际，寒蛩鸣我傍。芦洲生早雾，兰隰下微霜。列宿分穷野，空流注大荒。看山候明月，聊自整云装。

野风吹蕙带，骤雨滴兰桡。屈宋魂冥寞，江山思寂寥。阴霓侵晚景，海树入回潮。欲折寒芳荐，明神讵可招。

湘川吊舜

伊予生好古，吊舜苍梧间。白日坐将没，游波凝不还。九疑云动影，旷野竹成斑。雁集蒹葭渚，猿啼雾露山。南风吹早恨，瑶瑟怨长闲。元化谁能问，天门恨久关。

寄广州杨参军

南方春景好，念子缓归心。身方脱野服，冠未系朝簪。足恣平生赏，无虞外役侵。汀洲观鸟戏，向月和猿吟。税驾楚山广，扬帆湘水深。采奇搜石穴，怀胜即枫林。怅望极霞际，流情堕海阴。前朝杳难问，叹息洒鸣琴。

送韩校书江西从事

出关寒色尽，云梦草生新。雁背岳阳雨，客行江上春。遥程随水阔，枉路倒帆频。夕照临孤馆，朝霞发广津。湖山潮半隔，郡壁岸斜邻。自此钟陵道，裁书有故人。

送武陵王将军

河外今无事，将军有战名。艰难长剑缺，功业少年成。晓仗亲云陛，寒宵突禁营。朱旗身外色，玉漏耳边声。开合谈宾至，调弓过雁惊。为儒多不达，见学请长缨。①

①马戴诗辑自《全唐诗》卷五五五、五五六。

温庭筠

温庭筠（约801—约866），本名岐，字飞卿。唐太原祁（今山西祁县东南）人。恃才不羁，好讥刺权贵，故屡举进士不第，长被贬抑。宣宗朝试宏辞，因扰乱科场，贬为隋县尉。后于襄阳刺史署为巡官，授检校员外郎，懿宗时曾任方城尉，官终国子助教。工诗，与李商隐齐名，时称“温李”。又工词，其成就在晚唐诸词人之上，为“花间派”首要词人，对词的发展影响较大。有集已佚，现存诗三百余首。

寄岳州李外郎远

含苹不语坐持颐，天远楼高宋玉悲。湖上残棋人散后，岳阳微雨鸟来迟。早梅犹得回歌扇，春水还应理钓丝。独有袁宏正憔悴，一樽惆怅落花时。

敬答李先生

七里滩声舜庙前，杏花初盛草芊芊。绿昏晴气春风岸，红漾轻轮野水天。不为伤离成极望，更因行乐惜流年。一瓢无事麛裘暖，手弄溪波坐钓船。

瑶瑟怨

冰簟银床梦不成，碧天如水夜云轻。雁声远过潇湘去，十二楼中月自明。

湘东宴曲

湘东夜宴金貂人，楚女含情娇翠嚬。玉管将吹插钿带，锦囊斜拂双麒麟。重城漏断孤帆去，唯恐琼签报天曙。万户沉沉碧树圆，云飞雨散知何处。欲上香车俱脉脉，清歌响断银屏隔。堤外红尘蜡炬归，楼前澹月连江白。①

杜牧

杜牧（803—约852年），字牧之，号樊川居士，唐京兆万年（今陕西西安）人。与李商隐并称“小李杜”。因晚年居长安南樊川别墅，故后世称“杜樊川”。大和二年（828）进士，授弘文馆校书郎。历任史馆修撰，膳部、比部、司勋员外郎，黄州、池州、睦州刺史等职，终官中书舍人。有《樊川文集》传世，《全唐诗》收诗八卷。

春日寄许浑先辈

蓟北雁初去，湘南春又归。水流沧海急，人到白头稀。塞路尽何处，我愁当落晖。终须接鸳鹭，霄汉共高飞。

寄澧州张舍人笛

发匀肉好生春岭，截玉钻星寄使君。檀的染时痕半月，落梅飘处响穿云。楼中威凤倾冠听，沙上惊鸿掠水分。遥想紫泥封诏罢，夜深应隔禁墙闻。

湖南正初招李郢秀才

行乐及时时已晚，对酒当歌歌不成。千里暮山重叠翠，一溪寒水浅深清。高人以饮为忙事，浮世除诗尽强名。看著白蘋芽欲

---

①温庭筠诗辑自《温飞卿诗集笺注》，上海古籍出版社1980年版。

吐，雪舟相访胜闲行。

送李群玉赴举

故人别来面如雪，一榻拂云秋影中。玉白花红三百首，五陵谁唱与春风。

斑竹筒簟

血染斑斑成锦纹，昔年遗恨至今存。分明知是湘妃泣，何忍将身卧泪痕。

登澧州驿楼寄京兆韦尹

一话涔阳旧使君，郡人回首望青云。政声长与江声在，自到津楼日夜闻。

早春寄岳州李使君李善棋爱酒情地闲雅

城高倚峭巘，地胜足楼台。朔漠暖鸿去，潇湘春水来。萦盈几多思，掩抑若为裁。返照三声角，寒香一树梅。乌林芳草远，赤壁健帆开。往事空遗恨，东流岂不回。分符颍川政，吊屈洛阳才。拂匣调珠柱，磨铅勘玉杯。棋翻小窟势，垆拨冻醪醅。此兴予非薄，何时得奉陪。①

善会

善会（804—881），俗姓廖，汉广岘亭（今湖北襄阳）人。九岁

①杜牧诗辑自《全唐诗》卷五二〇至五二七。

于潭州龙牙山出家，后师华亭德诚。咸通十一年（870）卜居澧州夹山，世称夹山和尚。卒谥“传明大师”。

临终偈

大江沉尽小江现，明月高峰法自流。石牛水上卧，影落孤峰头。荒田闻我语，始同不系舟。①

颂

明明无悟法，悟法却迷人。长舒两脚睡，无伪亦无真。

劳持生死法，唯向佛边求。目前迷正理，拨火觅浮沤。②

段成式

段成式（约803—约863），字柯古。唐临淄邹平（今山东邹平县）人。其父段文昌，曾任宰相，封邹平郡公，工诗，有文名。初以父荫出仕，任职集贤院，后出为吉州、处州、江州刺史，入为太常卿。有诗集已佚，小说集《酉阳杂俎》传世。《全唐诗》存诗一卷。

桃源僧舍看花

前年帝里探春时，寺寺名花我尽知。今日长安已灰烬，忍能南国对芳枝。③

---

①辑自《祖堂集》卷七，中州古籍出版社2001年版。
②辑自《景德传灯录》卷十五，广陵书社2007年版。
③辑自《全唐诗》卷五八四。

赵嘏

赵嘏（806—853），字承佑，唐楚州山阳（今江苏省淮安市楚州区）人。会昌四年（844）进士及第，一年后东归。大中六年（852）左右，入仕为渭南尉，世称赵渭南。《渭南诗集》二卷，补遗一卷。《全唐诗》存诗二卷，《全唐诗外编》及《全唐诗续拾》补收诗五首。

王先生不别而去

仙翁归袖拂烟霓，一卷素书还独携。斸药满囊身不病，抱琴何处鹤同栖。沾衣尽日看山坐，搔首残春向路迷。树树白云幽径绝，短船空倚武陵溪。

洞庭寄所思

日断兰台空望归，锦衾香冷梦来稀。书中自报刀头约，天上三看破镜飞。孤浪漫疑红脸笑，轻云忽似舞罗衣。遥知不语坐相忆，寂寞洞房寒烛微。

江上与兄别

楚国湘江两渺弥，暖川晴雁背帆飞。人间离别尽堪哭，何况不知何日归。

代人听琴二首

抱琴花夜不胜春，独奏相思泪满巾。第五指中心最恨，数声呜咽为何人。

湘娥不葬九疑云，楚水连天坐忆君。惟有啼乌旧名在，忍教呜咽夜长闻。

江上逢许逸人

是非处处生尘埃，唯君襟抱无嫌猜。收帆依雁湓浦宿，带雨别僧衡岳回。芳樽稍驻落日唱，醉袖更拂长云开。清秋华发好相似，却把钓竿归去来。①

李坦

李坦，赵郡（今属河北）人。闽尉李溉之子。唐文宗开成五年（840）官永州刺史。

永州华严岩题名

永州刺史李坦、衡州员外司马韩益，开成五年九月二十九日。

朝阳岩题名

永州刺史李坦会昌元年三月五日题。②

朱庆馀

朱庆馀，名可久，以字行。唐越州（今浙江绍兴）人，敬宗宝历二年（826）进士，官至秘书省校书郎。《全唐诗》存诗二卷。

---

①赵嘏诗辑自《全唐诗》卷五四九、五五〇。

②辑自《湖南通志》卷二六四。

湖中闲夜遣兴

钓艇同琴酒，良宵背水滨。风波不起处，星月尽随身。浦迴湘烟卷，林香岳气春。谁知此中兴，宁羡五湖人。

望九疑

浮生犹役役，未得便寻真。白日如无路，青山岂有人。烟收遥岫小，雨过晚川新。倚杖何凝望，中宵梦往频。

过洞庭

帆挂狂风起，茫茫既往时。波涛如未息，舟楫亦堪疑。旅雁投孤岛，长天下四维。前程有平处，谁敢与心期。

夏末留别洞庭知己

清秋时节近，分袂独凄然。此地折高柳，何门听暮蝉。浪摇湖外日，山背楚南天。空感迢迢事，荣归在几年。

题娥皇庙

娥皇挥涕处，东望九疑天。往事难重问，孤峰尚惨然。夜深寒峒响，秋近碧萝鲜。未省明君意，遗踪万古传。

与庞复言携酒望洞庭

南湖春色通平远，贪记诗情忘酒杯。帆自巴陵山下过，雨从神女峡边来。青蒲映水疏还密，白鸟翻空去复回。尽日与君同看望，了然胜见画屏开。

舜井

碧甃磷磷不记年，青萝锁在小山颠。向来下视千山水，疑是苍梧万里天。①

王轩

王轩，字公远，文宗大和间登进士第，曾为幕府从事。《全唐诗》存诗三首。

浯溪题名

王轩、王轲、李严，大和五年五月廿四日。②

李远

李远（？—约860），字求古，一作承古，唐夔州云安（今重庆云阳县）人。大和五年（831）进士。历司门员外郎，司勋员外郎，杭州、忠州、岳州、江州刺史，御史中丞等职。著有《李远诗集》一卷。《全唐诗》存诗一卷，《全唐诗外编》补入一首。

赠南岳僧

曾住衡阳岳寺边，门开江水与云连。数州城郭藏寒树，一片风帆著远天。猿啸不离行道处，客来皆到卧床前。今朝惆怅红尘

①朱庆馀诗辑自《全唐诗》卷七一五。

②辑自《湖南通志》卷二六五。

里，惟忆闲陪尽日眠。①

隐山和尚

隐山和尚，嗣马祖，与良价（807—869）同时。因烧庵，不知所之，故人称隐山和尚。有诗二首。

示洞山偈

青山白云父，白云青山儿。白云终日依，青山都不知。欲知此中意，寸步不相离。②

留壁

三间茅屋从来住，一道神光万境闲。莫把事非来辨我，浮生穿凿不相关。

一池荷叶衣无尽，满地松花食有余。刚被世人知住处，又移茅屋入深居。③

韦蟾

韦蟾，字隐圭，唐下杜（今陕西西安东南）人。大中七年（853）登进士第。初为山南东道节度使徐商幕掌书记，累官职方郎中。后充翰林学士，又迁工部侍郎，加承旨学士，旋政御史中丞、兼刑部侍

①辑自《全唐诗》卷五一九。
②辑自《祖堂集》卷二十。
③辑自《石仓历代诗选》卷一一一。

郎。后出为鄂岳观察使，终官尚书左丞。工诗，《全唐诗》存诗十首。

岳麓道林寺

石门迥接苍梧野，愁色阴深二妃寡。广殿崔嵬万壑间，长廊诘曲千岩下。静听林飞念佛鸟，细看壁画驮经马。暖日斜明螮蝀梁，湿烟散幂鸳鸯瓦。北方部落檀香塑，西国文书贝叶写。坏栏迸竹醉好题，窄路垂藤困堪把。沈裴笔力斗雄壮，宋杜词源两风雅。他方居士来施斋，彼岸上人投结夏。悲我未离扰扰徒，劝我休学悠悠者。何时得与刘遗民，同入东林远公社。①

来鹄

来鹄（？—883），唐豫章（今江西南昌市）人。家贫，工诗，《全唐诗》存其诗二十九首。

洞庭隐

高卧洞庭三十春，芰荷香里独垂纶。莫嫌无事闲销日，有事始怜无事人。②

方干

方干（809—888），字雄飞，号玄英，唐睦州青溪（今浙江淳安）人。为人质野，有诗才。著《方干诗集》传世，《全唐诗》存诗六卷。

---

①辑自《全唐诗》卷五六六。
②辑自《全唐诗》卷六四二。

早发洞庭

长天接广泽，二气共含秋。举目无平地，何心恋直钩。孤钟鸣大岸，片月落中流。却忆鸱夷子，当时此泛舟。

湖南使院遣情送江夏贺侍郎

云雨一消散，悠悠关复河。俱从泛舟役，遂隔洞庭波。楚水去不尽，秋风今更过。无由得相见，却恨寄书多。

书法华寺上方禅壁

砌下松巅有鹤栖，孤猿亦在鹤边啼。卧闻雷雨归岩早，坐见星辰去地低。一径穿缘应就郭，千花掩映似无溪。是非生死多忧恼，此日蒙师为破迷。

题君山

曾于方外见麻姑，闻说君山自古无。元是昆仑山顶石，海风吹落洞庭湖。

过李群玉故居

讦直上书难遇主，衔冤下世未成翁。琴樽剑鹤谁将去，惟锁山斋一树风。①

①方干诗辑自《全唐诗》卷六四八至六五三。

郑史

郑史，字惟直，唐宜春（今江西宜春）人。开成元年（836）举进士第，授国子博士，懿宗咸通三年（862）任永州刺史。《全唐诗》存诗三首。

永州送侄归宜春

宋玉正秋悲，那堪更别离。从来襟上泪，尽作鬓边丝。永水清如此，袁江色可知。到家黄菊坼，亦莫怪归迟。

秋日零陵与幕下诸宾游河夜饮

湘月苹风乍畅襟，烛前江水练千寻。新秋宋玉能为赋，永夕袁安好共吟。辇下翠蛾须强展，尊中绿蚁且徐斟。汀沙渐有珠凝露，缓棹兰桡任夜深。①

牛丛

牛丛，字表龄，唐狄道（今甘肃临洮）人。牛僧孺子。开成二年（837）登进士第。补为幕府从事，迁司勋员外郎，后出为睦州刺史。僖宗时，拜太常卿、吏部尚书。能诗，有史才，曾与卢耽、蒋偕等共撰《文宗实录》四十卷。《全唐诗》存诗一首。

①郑史诗辑自《江西诗征》卷二，上海古籍出版社 1995 年影印本。

题朝阳岩

蹑石攀萝路不迷，晓天风好浪花低。洞名独占朝阳号，应有梧桐待凤栖。①

李商隐

李商隐（812—858），字义山，号玉谿生、樊南生，或樊南子。祖籍怀州河内（今河南省沁阳市），生于河南荥阳（今郑州荥阳）。大和三年（829）谒令狐楚于洛阳，引为天平节度使巡官。开成二年（837）登进士第，入泾原节度使王茂元幕，辟为书记，为侍御史。后补盩厔尉，摄京兆参军，典章奏。又佐卢弘止徐州幕，为判官。府罢，入朝夕太学博士。后还朝任盐铁推官。著述多佚，有《李义山诗集》六卷及后人所辑《樊南文集》、《樊南文集补编》行世。《全唐诗》存诗三卷，《全唐诗外编》及《全唐诗续拾》补诗四首。

洞庭鱼

洞庭鱼可拾，不假更垂罾。闹若雨前蚁，多于秋后蝇。岂思鳞作簟，仍计腹为灯。浩荡天池路，翱翔欲化鹏。

潭州

潭州官舍暮楼空，今古无端入望中。湘泪浅深滋竹色，楚歌重叠怨兰丛。陶公战舰空滩雨，贾傅承尘破庙风。目断故园人不至，松醪一醉与谁同。

---

①辑自《诗话总龟》增修卷十六，《四部丛刊》初编本。

赠刘司户蕡

江风扬浪动云根，重碇危樯白日昏。已断燕鸿初起势，更惊骚客后归魂。汉廷急诏谁先入，楚路高歌自欲翻。万里相逢欢复泣，凤巢西隔九重门。

楚宫

湘波如泪色漻漻，楚厉迷魂逐恨遥。枫树夜猿愁自断，女萝山鬼语相邀。空归腐败犹难复，更困腥臊岂易招？但使故乡三户在，彩丝谁惜惧长蛟。

岳阳楼

欲为平生一散愁，洞庭湖上岳阳楼。可怜万里堪乘兴，枉是蛟龙解覆舟。

岳阳楼

汉水方城带百蛮，四邻谁道乱周班。如何一梦高唐雨，自此无心入武关。

寄成都高苗二从事

红莲幕下紫梨新，命断湘南病渴人。今日问君能寄否，二江风水接天津。

梦泽

梦泽悲风动白茅，楚王葬尽满城娇。未知歌舞能多少，虚减宫厨为细腰。

七月二十八日夜与王郑二秀才听雨后梦作

初梦龙宫宝焰然，瑞霞明丽满晴天。旋成醉倚蓬莱树，有个仙人拍我肩。少顷远闻吹细管，闻声不见隔飞烟。逡巡又过潇湘雨，雨打湘灵五十弦。瞥见冯夷殊怅望，鲛绡休卖海为田。亦逢毛女无憀极，龙伯擎将华岳莲。恍惚无倪明又暗，低迷不已断还连。觉来正是平阶雨，独背寒灯枕手眠。

河阳诗

黄河摇溶天上来，玉楼影近中天台。龙头泻酒客寿杯，主人浅笑红玫瑰。梓泽东来七十里，长沟复堑埋云子。可惜秋眸一脔光，汉陵走马黄尘起。南浦老鱼腥古涎，真珠密字芙蓉篇。湘中寄到梦不到，衰容自去抛凉天。忆得蛟丝裁小卓，蛱蝶飞回木绵薄。绿绣笙囊不见人，一口红霞夜深嚼。幽兰泣露新香死，画图浅缥松溪水。楚丝微觉竹枝高，半曲新辞写绵纸。巴西夜市红守宫，后房点臂斑斑红。堤南渴雁自飞久，芦花一夜吹西风。晓帘串断蜻蜓翼，罗屏但有空青色。玉湾不钓三千年，莲房暗被蛟龙惜。湿银注镜井口平，鸾钗映月寒铮铮。不知桂树在何处，仙人不下双金茎。百尺相风插重屋，侧近嫣红伴柔绿。百劳不识对月郎，湘竹千条为一束。

为中丞荥阳公赴桂州至湖南敕书慰谕表

臣某言：今月八日，宣告使某官某至湖南观察府，赍赐臣敕书一通，并慰谕臣所部将吏僧道耆老等。乾文昭锡，兑泽旁流。虽闻讣以衔哀，亦感恩而窃忭。臣某中谢。臣伏闻积庆太后爰初遘疾，皇帝陛下即不视朝。虑切宸襟，时连辉暑。载想大庭之养，实悬方国之心。乃运属归真，书留具位。陛下又能咨宰辅酌中之请，禀圣贤推远之怀。始率义以致忧，终据经而顺变。获情理兼修之旨，成古今莫易之文。伏读纶言，实荣藩守。伏以时逢积水，行滞长沙。拥皂盖而久留，载青旌而莫济。未获宣传童艾，号召蛮夷。谨具当时宣示所将兵吏及迎候将校讫。唯冀下车已后，食蘖自规。仰凭垂露之文，粗守宣风之职。臣与将吏等无任感恩望阙屏营之至。

为荥阳公至湖南贺听政表

臣某言：臣得本道进奏院状报，月日，宰臣某等悬悃上言，请从听断。特降优旨，俯赐依从。普天率土，莫不庆幸。臣某中谢。臣闻道唯应变，合变则道昭；礼贵酌情，逾情则礼废。苟非至德，曷取大中？伏惟皇帝陛下孝德兼跻，圣猷允塞，日兄禀义，丘嫂更延恩。始自爽和，遂停庶政，绝臣僚之陛见，奉药膳于宫朝。及真宅言归，寝园将袝，丧纪既闻于约礼，克奉已布于成规。遵大臣陈义之方，得王者自家之化。臣方叨廉问，犹在道涂，虽清揽辔之心，且阻执圭之觐。湘波附奏，岭峤含诚，敢思琐闼之前荣，实慕金闺之旧籍。无任望阙瞻天结恋屏营之至。

为荥阳公进贺寿昌节银零陵香麝靴竹靴状

右，臣伏闻烈山神井，开农皇降圣之时；南顿嘉禾，茂汉后诞祥之日。伏惟皇帝陛下，系传太素，瑞掩前朝。资南讹致育之功，演北极居尊之庆。臣方叨廉察，已去班行，莫阶贡重之仪，徒切维祺之礼。前件物等，或洁凝圭锡，芳厕兰芜，可传御器之间，傥助薰风之末。其余则攻皮合巧，截竹呈能。岂纳职于屦人，愿永康于天步。干冒陈进，兢越无任。

为荥阳公上集贤韦相公状

某行役，以今月二十八日达潭州讫。囊装简薄，宾御单轻。但承霖雨之功，免值风波之阻。计涂非远，到任有期。方积惧于贪叨，岂暇怀于启处。当道适临遐徼，奉远宸居。辄亦导以简书，颁之诏旨。省迎新之费，谋即旧而安。匪务先声，实行素志。其于脂膏有戒，冰蘖自规。不惟禀以庙谋，固欲誓于神道。冀倾驽蹇，用副恩怜，苟渝斯言，是不能享。伏惟终赐恩察。俯扬征棹，仰望台庭，敢阶开阁之宾，唯羡吐茵之吏。下情无任结恋感激之至。

为荥阳公上弘文崔相公状

某行役，以今月二十八日达潭州讫。波恬风止，帆驶舟轻。远承殷楫之余，利济熊湘之水。况兹乐土，尝扇仁风。式访颠毛，兼询憩树。吏皆攀辕之士，民皆遮道之人。绵以岁时，深在肌骨。何武以兖州之政，黄霸以颍川之能。或入作尹京，或登为国相。向若非相公清门重德，士范词宗，则安能侔兖颍之佳声，兼何黄之盛拜？况运当惟睿，听属虚襟，仰赞治平，固在期月。伏惟善保尊体，以副沃心。某实乏异能，叨当问俗。未识褰帷之后，何酬大冶之恩？唯当务以躬亲，蠲其疾瘼，颁宣诏旨，咨禀庙谟，冀免尤违，庶可避辟。伏惟远赐恩察。

为荥阳公上史馆白相公状

某行役，以今月二十八日达潭州讫。轻帆直渡，长楫横飞。仰承金铉之恩辉，幸免石邮之留滞。但以素无勋效，谬奉宠荣。俯忧揽辔之时，有辱洪炉之赐。然亦欲简惠以临杂俗，诚明以待远人。禀王符曲鼓之规，略王霸米盐之政。使疲羸措手，顽梗革心。伏见恩制，伏承相公因缘新座，恳让兼荣，仰读纶言，实光鼎味。凡在生植，孰不欢呼。昔齐氏主盟，亦分三鼓；晋人兴让，遂立五军。彼皆列国之僚，尚焕素臣之史。岂若相公显夫睿哲，克致升平。当注意于作相之时，尽同心于官僚之事。况典册之任，古今所难。系百代之观瞻，垂一王之楷法。固在专修凡例，谨授诸儒。则兽殿删仪，瀛洲集论。校其轻重，良有等夷。将令能业其官，必在各司其局。某早蒙荣顾，遥奉休声，徒勤仗节之心，未有望尘之路。抃贺之外，结恋伏增。

为荥阳公上门下李相公状

某行李今月二十八日已达潭州讫。某曾无材术，谬忝恩荣。虽曰小藩，且兼杂俗。虑物斯至，抚躬不任，昨者迎迓之初，粗停浮费；至止之後，务扇仁风。苟或满假为心，堕偷在念，岂为显责，当逭幽诛，伏计亦赐信察。南郡旬时，方集水潦，重湖吞吐，实亚沧溟。未济之间，临深是惧，及扬帆鼓枻，则浪静风和，不吟行路之难，乃仗济川之便。傥闻见之下，指教所存，苟可轻其悔尤，敢不耸於咨禀。伏惟特赐留念。

为湖南座主陇西公贺马相公登庸启

伏见某月日恩制，相公登庸，凡在藩方，莫不称庆。相公恢弘广度，疏越正声。君子卷舒，不违于仁义；丈夫忧乐，唯系于邦家。吴汉之不离公门，袁安之每念王室。今果明台纳谏，武帐陈谟，宁劳梦卜之资，自契盐梅之望。况圣上储精垂思，保大定功，推轩后师臣之规，得周成畏相之道。三古之英华未远，百王之损益可知。仗乎元臣，伫启休运，以不愆不忘贞百度，以无偏无党定九流。仁远乎哉，古犹今也。斯固祖宗降意，华夏同诚。

某忝恩光，今当谴责。思昔时之叨位，愧汗仍流；贺今日之登贤，欢心莫寄。矧复系通属籍，任处藩条，至於驰诚，实倍常品。伏惟鉴察。

赛舜庙文

年月日，昭赛虞舜之祠。伏以帝狩南荒，神留下土。翠华莫返，积怨慕于他年；大麓不迷，烜威灵于终古。比忧嘉种，少冒愆阳。抗简陈词，洁樽引咎。果蒙凭离掣电，跨巽扬风。布沾渥于九皋，起焦枯于一瞬。敢陈瑶席，辄事兰羞。帝其罢奏南琴，停吹西琯。使东皇太乙，兼预于灵游；俾山鬼江婓，无藏于沴气。庶将善政，以奉明辉。①

喻凫

喻凫，唐毗陵（今江苏常州一带）人。开成五年（840）登进士第，官终乌程县令。有诗名，《全唐诗》存诗六十五首，《全唐诗逸》存残句三联，《全唐诗续拾》补诗二句。

寄刘录事

城西青岛寺，累夏漱寒泉。今在提纲所，应难扫石眠。风沙榆塞迥，波浪橘洲偏。重整潇湘棹，心期更几年。

酬王檀见寄

驰心栖杳冥，何物比清泠。夜月照巫峡，秋风吹洞庭。酬难

①李商隐诗文辑自《李义山文集笺注》，台湾商务印书馆 1986 年影印。

尘鬓皓，坐久壁灯青。竟晚苍山咏，乔枝有鹤听。

寺居秋日对雨有怀

修修复霙霙，黄叶此时飞。隐几客吟断，邻房僧话稀。鸽寒栖树定，萤湿在窗微。即事潇湘渚，渔翁披草衣。

答刘录事夜月怀湘西友人见寄

相逢仍朔漠，相问即波涛。江思苇花折，笛声关月高。簿书君阅倦，章句我吟劳。竟夕空凭阁，长河濛石壕。①

卢献卿

卢献卿（？—约855），字著明，唐幽州范阳（今河北涿州）人，游湖南，病死于郴州。《全唐诗》存诗一首。

游衡湘至郴州而病梦人赠诗

卜筑郊原古，青山无四邻。扶疏绕屋树，寂寞独归人。②

李善夷

李善夷，唐末人，官至尚书。乾宁、光化间谪为澧阳县宰。《全唐诗》存诗二首，《全唐文》存文两篇。

---

①喻凫诗辑自《全唐诗》卷五四三。

②辑自《全唐诗》卷八六八。

重修伍员庙

伍相公员也，庙在澧江之渚。自为寇之扰，为兵火所焚，为野火所燎，为风雨所坏，为江浪所侵。垂二十年，向为墟矣。虽有锺山蒋侯之验，其神亦无所依止。澧守欲重建庙宇，里人曰“不可。员，楚之仇也，鞭我死君，其过也甚。”又曰：“员，孝于父者，其庙废之则无以旌其孝，建之则无以劝其忠。”太守不决。一日问余，愚曰：“太守不知伍员非不忠于君者。楚平王非员之君也。《书》曰‘普天之下，莫非王土。率土之滨，莫非王臣。’楚之君即非天子也。当平王之时，君上乃周景王也。楚子实天子之臣，员即楚之陪臣，吴楚之君乃五等封。以其国迫近蛮夷，地虽广，不得为侯伯而为子男。故仲尼修《春秋》，吴越楚虽大而不称王，止称吴子、越子、楚子而已。王乃彼之自僭，则欺天。欺天则安得其下不逆？夫覆载之内，天子为君上，固不可异二。诸侯赐弓矢然后征，赐斧钺然后杀。楚子诸子，观兵灭国，无代无之。子胥，周之臣也，君在上，不欺天者忠也，复父仇者孝也。忠孝既备，安得无馨香之祀乎？”①

曹邺

曹邺（816—约875），字邺之，唐桂林阳朔（今广西阳朔）人。大中四年（850）进士，任齐州推事、天平节度使幕府掌书记等职。咸通初，为太常博士，寻擢祠部郎中，又升吏部郎中，为官有直声。九年（868）辞归，寓居桂林以终。《全唐诗》存诗二卷，《全唐诗续

①辑自《全唐文》卷八二九。

拾》补诗三首。

送郑谷归宜春

无成归故国，上马亦高歌。况是飞鸣后，殊为喜庆多。暑销嵩岳雨，凉吹洞庭波。莫便闲吟去，须期接盛科。

旅次岳阳寄京中亲友

君山南面浪连天，一客愁心两处悬。身逐片帆归楚泽，魂随流水向秦川。月回浦北千寻雪，树出湖东几点烟。更欲登楼向西望，北风催上洞庭船。

送曾德迈归宁宜春

湘东山水有清辉，袁水词人得意归。几府争驰毛义檄，一乡看侍老莱衣。筵开灞岸临清浅，路去蓝关入翠微。想到宜阳更无事，并将欢庆奉庭闱。

登岳阳楼有怀寄座主相公

南登岳阳楼，北眺长安道。不见升平里，千山树如草。骨肉在南楚，沉忧起常早。白社愁成空，秋芜待谁扫。常闻诗人语，西子不宜老。赖识丹元君，时来语蓬岛。①

杨收

杨收（816—869），字藏之，唐同州冯翊（今陕西大荔）人。会

---

①曹邺诗辑自《曹祠部集》，台湾商务印书馆1986年影印版。

昌元年（841）进士，受辟使府，累官迁兵部侍郎，兼知制诰。咸通四年（863）以本官同中书门下平章事。《全唐诗》存诗三首。

入洞庭望岳阳

飞鸥撒浪三千里，暮草摇风一万畦。黛色浅深山远近，碧烟浓淡树高低。①

李频

李频（818—876），字德新，唐寿昌长林西山（今属浙江建德）人。大中八年（854）进士，授校书郎，为南陵县主簿。升侍御史，调都官员外郎。乾符年间上表自荐，请任建州刺史。三年（876），频病死任内。《全唐诗》存诗三卷，《全唐诗外编》及《全唐诗续拾》补诗三首。

南游过湘汉即事寄友人

南去远驱逐，三湘五月行。巴山雪水下，楚泽火云生。向野聊中饭，乘凉探暮程。离怀不可说，已迫峡猿声。

湘口送友人

中流欲暮见湘烟，苇岸无穷接楚田。去雁远冲云梦雪，离人独上洞庭船。风波尽日依山转，星汉通霄向水连。零落梅花过残腊，故园归醉及新年。②

①辑自《全唐诗》卷九〇一。

②李频诗辑自《全唐诗》卷五八八、五八九。

周朴

周朴（？—878），字见素，一作太朴，唐福州长乐（今属福建）人。一作吴兴（今湖州）人。工于诗，无功名之念，隐居嵩山，寄食寺庙中当居士。黄巢陷闽，欲用之。不从，遂为巢所杀。《全唐诗》存诗一卷，《全唐诗外编》及《全唐诗续拾》补诗五首。

赠大沩和尚

大沩清复深，万象影沉沉。有客衣多毳，空门偈胜金。王侯皆作礼，陆子只来吟。我问师心处，师言无处心。

喜贺拔先辈衡阳除正字

黄纸晴空坠一缄，圣朝恩泽洗冤谗。李膺门客为闲客，梅福官衔改旧衔。名自石渠书典籍，香从芸阁着衣衫。寰中不用忧天旱，霖雨看看属傅岩。

天门灵泉院

华亭参后最幽玄，一句能教万古传。猿抱子归青嶂后，鸟衔花落碧崖前。虽知物理无穷际，却恐沧溟有尽年。为报五湖云外客，何妨来此老林泉。

南楼

春山到处喜相从，又是天门十六峰。翠壁深深回鹳鹤，青峰矗矗隐芙蓉。乍疑日出同吴观，只少金泥拟汉封。愿借仙人杖九节，临风直欲舞双龙。

徙倚高楼夜色残，故人聊得罄交欢。千林日落晴偏雨，五月云深暑亦寒。诘曲断岩飞鸟度，参差倒影过江看。惭予浪著登山屐，酒罢豪吟兴未阑。

吊李群玉

群玉诗名冠李唐，投诗换得校书郎。吟魂醉魄知何处，空有幽兰隔岸香。①

卢肇

卢肇（约818—约882），字子发，江西宜春人。会昌三年（843）以状元登进士第。为鄂岳卢商从事、著作郎，后入为秘书省著作郎，充集贤院直学士，后在歙州、宣州等地任刺史。著作甚多，多佚。《全唐诗》存卢肇诗一卷又一首，《全唐诗外编》及《全唐诗续拾》补收诗七首。

登祝融寺兰若

祝融绝顶万余层，策杖攀萝步步登。行到月宫霞外寺，白云相伴两三僧。②

湖南观双柘枝舞赋

潇湘二姬，桃花玉姿。献柘枝之妙舞，佐清宴于良时。始其

①周朴诗辑自《全唐诗》卷六七三。

②辑自《全唐诗》卷五五一。

金罍欲陈，象筵宿设。考清音于弦管之部，选丽质于绮罗之列。何彼姝之婉娈，媚戎服之豪侠。司乐以鱼符发咏，侍儿以兰膏荐洁。华灯张，翠被彻。听铜壶之刻漏，瞻银汉之明灭。伫新词以潜习，隐含具而才阅。恐急节之将差，抚柔荑而不绝。及夫阳乌浴彩，寒鸡早晨。登妆台而鸾凤比翼，对宝镜而菡萏争春。袿裳馥以彩翠，玉指皓以嶙峋。互饰铅华，畏浓淡之殊态；共听金管，恐高低之不均。须臾饔正奉羞，司尊举酌。左肴兮右胾，兕觥兮玉爵。朱题艳以垂虹，素幕翩以腾鹤。罗异果之芬芳，映雕盘之错落。时也群工合奏，弦悲管清。升歌阕，宾礼成。于是乎擂鼍鼓，啾凤笙。云骈四座，花芬两楹。舞师巧诲于蹈厉，谐优饰辨以纵横。且曰不巾不栉，匪铎匪舌。古也郅支之伎，今也柘枝之名。因清角之繁奏，见韶华之并荣。佳人乃整金蝉，收玉燕。袭舞衫，突舞弁。珠彩荧煌，钤光炫转。外宝带以连玉，中丹裾而叠倩。则有鞶鉴逶迤，琼瑰四垂。靴瑞锦以云匝，袍蹙金而雁欹。将翱将翔，惟鸳惟鸯。稍随缓节，步出东厢。始再拜以离立，俄侧身而相望。思东南之美兮清风甚长，凝情顷刻兮静对铿锵。再抚华裾，巧蹑修袂。将匀玉颜，若抗琼瑀。怀要妙以盈心，望深思而满背。彼工也以初奏迎，我舞也以次旅呈。乍折旋以赴节，复宛约而含情。突如其来，翼尔而进。每当节而必改，乍惨舒而复振。惊顾兮若严，进退兮若慎。或迎兮如流，即避兮如吝。傍睨兮如慵，俯视兮如引。风袅兮弱柳，烟幂兮春松。缥缈兮翔凤，婉转兮游龙。相迩兮如借，相远兮如谢。忽抗足而相跐，复和容而若射。势虽窘于趋走，态终守乎闲暇。飞飙忽旋，鸾鹤联翩。撼帝子之瑶佩，触仙池之玉莲。拥惊波与急雪，卷祥云及瑞烟。词方重陈，鼓亦再歇。俄举袂以容曳，忽吐音而清越。一曲曲兮春恨深，一声声兮边思发。伤心兮陇首秋云，断肠兮戍楼孤月。

歌扇兮才敛，鸣鼙兮更催。将腾跃之激电，赴迅疾之惊雷。忽如厌乎挥霍，戢余势以徘徊。屹而立，若双鸾之窥石镜；专而望，似孤云之驻蓬莱。轻攒翠蛾，稍拂香汗。暂尔安逸，复骋陵乱。抽轧轧于蕙心，耀纤纤之玉腕。踌躇旷望，若恋虞以南驰；俯偻回旋，非为刘而左袒。拾华衽以双举，露轻裾之一半。花灼灼，鼓逢逢。帽莹随蛇，熠熠芝兰之露；裾翻庄蝶，翩翩猎蕙之风。来复来兮飞燕，去复去兮惊鸿。善睐睢盱，偃师之招周伎。轻躯动荡，蔡姬之詟齐公。则有拂菻妖姿，西河别部。自与乎金石丝竹之声，成文乎云韶咸夏之数。然后能使燕赵惭妍，威嫱掩嫮。我之服也，非妹喜之牝鸡；我之容也，非木兰之雄兔。既多妙以多能，亦再羞而再顾。鼓绝而曲既终，倏云朝而雨暮。①

郑愚

郑愚，番禺（今属广东）人。生年不详。开成二年（837）进士，初任秘书省校书郎。咸通初年（860）授桂营观察史，咸通二年，岭南西道节度使蔡京苛政，官逼民反，朝廷命郑愚代之，任邕州刺史兼御史大夫。入为礼部侍郎。约乾符三年、四年间（876—877），升为中书门下平章事。出镇南海。中和元年（881）黄巢起义，临危受命，被召回京，在任三年，病故于任上，终尚书左仆射。《全唐诗》存诗四首，《全唐诗外编》补诗一首。《全唐文》存文一篇。

潭州大沩山同庆寺大圆禅师碑铭并序

天下之言道术者多矣，各用所宗为是。而五常教化人事，不外于

①卢肇诗文辑自《全唐文》卷七六八。

性命精神之际。史氏以为道家之言，故老庄之类是也。其书具存，然至于荡情累，外生死，出于有无之间，熨然独得。言象不可以拟议，胜妙不可以意况。则浮屠氏之言禅者，庶几乎尽也。有口无所用其辩，巧历无所用其数。愈得者愈失，愈是者愈非。我则我矣，不知我者谁氏。知则知矣，不知知者何以。无其无不能尽，空其空不能了。是者无所不是，得者无所不得。山林不必寂，城市不必喧。无春夏秋冬四时之行，无得失是非去来之迹。非尽无也，冥于顺也。遇所即而安，故不介于时。当其处无必，故不局于物。其大旨如此。其徒虽千百，得者无一二。近代言之者必有宗，宗必有师，师必有传，然非聪明瑰宏杰达之器，不能得其传。当其传，皆是时之鸿庞伟绝之度也。

今长沙郡西北有山名大沩，蟠林穹谷，不知其岚几千百重。为熊豹虎兕之封，虺蜮蚺蟒之宅。虽夷人射猎，虞迹樵旿，不敢田从也。师始僧号灵祐，福州人。笠首屩足，背闽来游。庵于翳荟，非食时不出。凄凄风雨，默坐而已。恬然昼夕，物不能害。非夫外生死，忘忧患，冥顺天和者，孰能与于是哉？昔孔门殆庶之士，以箪瓢乐陋巷，夫子犹称咏之不足，言人不堪其忧，以其有生之厚也。且死生于人，得丧之大者也。既无得于生，必无得于死。既无得于得，必无得于失。故于其间得失是非，所不容措，委化而已。其为道术，天下之能事毕矣。皆涉语是非之端，辩之益惑。无补于学者，今不论也。师既以兹为事，其徒稍稍从之。则与之结构庐室，与之伐去阴黑。以至于千有余人，自为饮食纲纪，而于师言，无所是非。其有问者，随语而答，不强所不能也。数十年言佛者，天下以为称首。武宗毁寺逐僧，遂空其所。师遽裹首为民，惟恐出蚩蚩之辈，有职者益贵重之矣。后湖南观察使故相国裴公休酷好佛事，值宣宗释武宗之禁，固请迎而出之。乘之以己舆，亲为其徒列。又议重削其须发。师始不欲，戏其徒曰："尔以须发为佛耶？"其徒愈强之，不得已又笑而从之。复到其所居为同庆寺而归之。诸徒复来，其事如初。师皆幻视，无所为意。忽一二日，笑报其徒，示若有疾。以大中七年正月九日，终于同庆精庐。年八十三，僧腊五十五，即窆于大沩之南阜。其徒言将终之日，水泉旱竭，禽鸟号鸣，草树皆白。虽有其事，语且不经。又非师所得之意，故不书。

师始闻法于江西百丈怀海禅师，谥曰大智。其传付宗系，僧牒甚明，此不复出。师亡后十一年，共徒有以师之道上闻，始诏加谥号及坟塔，以厚其终。岂达者所为耶？噫！人生万类之最灵者，而以精神为本。自童孺至老白首，始于饮食，渐于功名利养。是非嫉妒，得失忧喜，昼夜缠缚。又共念虑未尝，时饷历息，煎熬形器，起如冤仇。行坐则思想，偃卧则魂梦。以耽沉之利欲，投老朽之筋骸。餐饭既耗，齿发已弊。又拔白饵药，以从其事。外以夸人，内以欺己。曾不知息形休影，捐虑安神，自求须臾之暇，以至溘然而尽。亲交不啻如行路，利养悉委之他人。愧负积于神明，辱殆流于后嗣。淫渝汗漫，不能自止。斯皆自心而发，不可不制以道术。道术之妙，莫有及此，佛经之说，益以神性。然其归趣，悉臻无有。僧事千百，不可梗概。各言宗教，自号矛盾。故褐衣髡首，未必皆是。若予者，少抱幽忧之疾，长多羁旅之役，形彫气乏，尝不逮人。行年五十，已极迟暮。既无妻子之恋，思近田间之乐。非敢强也，恨不能也。况洗心于是，逾三十载。适师之徒有审虔者，以师之图形自大沩来，知予学佛，求为赞说。观其图状，果前所谓鸿庞伟绝之度者也。则报之曰："师之形实无可赞，心或可言。心又无体，自忘吾说。"审虔不信，益欲赞之云云。既与其赞，则又曰："吾从居大沩者尚多，感师之开悟者不一。相与伐石，欲碑师之道于精庐之前，欲其文辞近吾师之侧。"谓予又不得不为也。予笑不应。后十来予门，益坚其说。且思文字之空，与碑之妄，空妄既等，则又何虞？咸通六年岁在乙酉，草创其事。会予有疾，明年二月，始迄其铭。又因其说，以自警触。故立其意，不专以褒大沩之事云尔。铭曰：

湖之南，湘之西，山大沩，深无蹊。虎日啸，猿又啼。雨槭槭，风凄凄。高入云，不可梯。虽欲去，谁与携。彼上人，忘其身。一晏坐，千余旬。去无疏，来无亲。夷积阻，构嶙峋。栋宇成，供养陈。我不知，徒自勤。物之生，孰无情。识好恶，知宠惊。真物藏，百虑陈。随婉转，任峥嵘。云糊天，月不明。金在矿，火收荧。我不知，天地先。无首尾，功用全。六度备，万行圆。常自随，在畔边。要即用，长目前。非艰难，不幽元。哀世徒，苦驰驱。觅作佛，何其愚。算海沙，登迷庐。眼喘喘，心区区。见得失，系荣枯。弃知觉，求形模。近似远，易复难。但无事，心即安。少思虑，简悲欢。净荡荡，圆团团。更无物，不劳看。听他语，被人谩。生必死，理之常。荣必悴，非改张。造众罪，欺心王。作少福，须天堂。善恶报，正身当。自结裹，无人将。心作恶，口说空。欺木石，吓盲聋。牛阿房，鬼五通。专觑捕，见西东。禁定住，阳朦胧。与作为，事不同。最上乘，有想基。无结净，本无为。人不见，自心知。动便是，莫狐疑。其下说，没文词。识此意，见吾师。①

房鲁

房鲁，字咏归，生卒年及生平不详。房玄龄裔孙，武宗会昌（841—846）中在世。

浯溪题名

房鲁，□昌五中冬六日来阙过此。②

---

①辑自《全唐文》卷八二〇。

②辑自《湖南通志》卷二六五。

崔珏

崔珏，生卒年不详。字梦之，郡望清河东武城（今山东武城西北）人。尝寄居荆州（今属湖北）。登大中进士第，曾为崔铉幕僚，被荐入朝，任校书郎。出为淇县令，有惠政，官至侍御。与李商隐以诗交，诗风亦旖旎工丽。又与赵光远、孙棨唱和。以赋鸳鸯著称，时号“崔鸳鸯”。《全唐诗》存诗十五首。

岳阳楼晚望

乾坤千里水云间，钓艇如萍去复还。楼上北风斜卷席，湖中西日倒衔山。怀沙有恨骚人往，鼓瑟无声帝子闲。何事黄昏尚凝睇，数行烟树接荆蛮。

道林寺

临湘之滨麓之隅，西有松寺东岸无。松风千里摆不断，竹泉泻入于僧厨。宏梁大栋何足贵，山寺难有山泉俱。四时唯夏不敢入，烛龙安敢停斯须？远公池上种何物，碧罗扇底红鳞鱼。香阁朝鸣大法鼓，天宫夜转三乘书。野花市井栽不着，山鸡饮啄声相呼。金槛僧回步步影，石盆水溅联联珠。北临高处日正午，举手欲摸黄金乌。遥江大船小于叶，远村杂树齐如蔬。潭州城郭在何处，东边一片青模糊。今来古往人满地，劳生未了归丘墟。长卿之门久寂寞，五言七字夸规模。我吟杜诗清入骨，灌顶何必须醍醐。白日不照耒阳县，皇天厄死饥寒躯。明珠大贝采欲尽，蚌蛤空满赤沙湖。今我题诗亦无味，怀贤览古成长吁。不如兴罢过江去，已有好月明归途。①

崔橹

崔橹，生卒年不详，荆南武宁驿（今湖北荆门北）人。宣宗大中时举进士（一作僖宗广明中进士），仕为棣州司马。著有《无机集》四卷，佚。《全唐诗》存诗十五首。

岳阳云梦亭看莲花

似醉如慵一水心，斜阳欲暝彩云深。清明月照羞无语，凉冷风吹势不禁。曾向楚台和雨看，只于吴苑弄船寻。当时为汝题诗遍，此地依前泥苦吟。

春晚岳阳言怀二首

烟花零落过清明，异国光阴老客情。云梦夕阳愁里色，洞庭春浪坐来声。天边一与旧山别，江上几看芳草生。独倚阑干意难写，暮笳呜咽调孤城。

翠烟如钿柳如环，晴倚南楼独看山。江国草花三月暮，帝城尘梦一年间。虚舟尚叹萦难解，飞鸟空惭倦未还。何以不羁詹父伴，睡烟歌月老潺潺。

别君山

点空夸黛妒愁眉，何必浮来结梦思。惭愧二年青翠色，惹窗

①崔珏诗辑自《全唐诗》卷五九一。

粘枕伴吟诗。

题云梦亭

薄烟如梦雨如尘，霜景晴来却胜春。好住池西红叶树，何年今日伴何人。

新柳

无情柔态任春催，似不胜风倚古台。多少去年今日恨，御沟颜色洞庭来。①

李节

李节，生卒年及里居不详。唐宣宗大中年间进士，曾任河东节度使卢钧的巡官。后累官户部郎中。僖宗乾符三年（876）转驾部郎中。尝有慨于武宗毁佛，作《饯潭州疏言禅师诣太原求藏经诗序》。《全唐诗》存诗一首。《全唐诗续拾》补一首。

过耒江吊子美

耒阳浦口系扁舟，红蓼滩头宿白鸥。半夜青灯千里客，数声寒雁一天秋。蛩吟隔岸情如诉，斗柄横江势欲流。惆怅杜陵老诗伯，断碑古木绕荒丘。②

---

①崔橹诗辑自《全唐诗》卷五六七、八八四。

②辑自《湖南通志》卷十五。

高骈

高骈（821—887），字千里，幽州（今北京西南）人。南平郡王崇文孙。初事朱叔明为司马，后历右神策军都虞候、秦州刺史，加同中书门下平章事，迁剑南西川节度，进检校司徒，僖宗乾符四年（877），封燕国公。广明初，封渤海郡王。光启中为部将毕师铎所害。存诗一卷，已佚。《全唐诗》存诗五首。

和王昭符进士赠洞庭赵先生

为爱君山景最灵，角冠秋礼一坛星。药将鸡犬云间试，琴许鱼龙月下听。自要乘风随羽客，谁同种玉验仙经。烟霞淡泊无人到，唯有渔翁过洞庭。

湘妃庙

帝舜南巡去不还，二妃幽怨水云间。当时珠泪垂多少，直到如今竹尚斑。①

许棠

许棠（822—?），字文化。宣州泾县（今属安徽）人。工诗文，性僻难与人合。以作洞庭诗著名，时号“许洞庭”。咸通十二年（871），进士及第，授泾县尉。乾符六年（879）前后任江宁丞。后辞官，潦倒以终。著有诗集，《全唐诗》存诗二卷。

---

①辑自《全唐诗》卷五九八。

过洞庭湖

惊波常不定，半日鬓堪斑。四顾疑无地，中流忽有山。鸟高恒畏坠，帆远却如闲。渔父闲相引，时歌浩渺间。

洞庭湖

空江浩荡景萧然，尽日菰蒲泊钓船。青草浪高三月渡，绿杨花扑一溪烟。情多莫举伤春目，愁极兼无买酒钱。犹有渔人数家住，不成村落夕阳边。①

李洞

李洞（？—约 897），字才江。京兆（今陕西西安）人。家贫，喜苦吟，至废寝食。慕贾岛为诗，铸其像，事之如神。时人但诮其僻涩，而不能贵其奇峭，唯吴融称之。乾符中，举进士不第。光启初，往游梓州。龙纪元年（889）冬，自蜀赴京应试，因误试期，复不第。遂失意游蜀而卒。有诗集三卷。《全唐诗》存诗三卷。

寄南岳僧

新秋日后晒书天，白日当松影却圆。五字句求方寸佛，一条街擘两行蝉。不曾著事于机内，长合教山在眼前。花落俦公房外石，调猿弄虎叹无缘。

闻杜鹃

万古潇湘波上云，化为流血杜鹃身。长疑啄破青山色，只恐

---

①辑自《全唐诗》卷六〇三、六〇四。

啼穿白日轮。花落玄宗回蜀道，雨收工部宿江津。声声犹得到君耳，不见千秋一甑尘。①

唐彦谦

唐彦谦（？—约893），字茂业，号鹿门先生，并州晋阳（今山西太原）人。应试十余年不中。乾符末年，兵乱，避地汉南。中和中期，王重荣镇守河中，聘为从事，累迁节度副使，晋、绛二州刺史。官至兴元（今陕西汉中）节度副使、阆州（今四川阆中）、壁州（今四川通江）刺史。晚年隐居鹿门山，专事著述。有《鹿门先生集》三卷传世。《全唐诗》收诗二卷又十一首，《全唐诗续拾》补诗一首。

湘妃庙

刘表荒碑断水滨，庙前幽草闭残春。已将愁泪留斑竹，又感悲风入白蘋。八族未来谁北拱，四凶犹在莫南巡。九峰相似堪疑处，望见苍梧不见人。②

①李洞诗辑自《全唐诗》卷七二一至七二三。

②辑自《全唐诗》卷六七二。

卷十六

贯休

贯休（823—912），俗姓姜，字德隐，唐婺州兰谿（今浙江兰溪）人，著名画僧、诗僧。曾往南岳隐居。有《禅月集》二十五卷存世，《全唐诗》编为十二卷，《全唐诗外编》及《全唐诗续拾》补诗十七首。

怀南岳隐士二首

千峰映碧湘，真隐此中藏。饼不煮石吃，眉应似发长。风梩支酒瓮，鹤虱落琴床。虽教忘机者，斯人尚未忘。

见说祝融峰，擎天势似腾。藏千寻瀑布，出十八高僧。古路无人迹，新霞出石棱。终期将尔叟，一一月中登。

晚泊湘江作

烟浪漾秋色，高吟似有邻。一轮湘渚月，万古独醒人。岸湿穿花远，风香祷庙频。只应谀佞者，到此不伤神。

春送禅师归闽中

春色满三湘，送师还故乡。穿霞逢黑虮，乞食得红姜。大化宗门辟，孤禅海树凉。傥为新句偈，寄我亦何妨。

送僧之湖外

去旨趣非常，春风尔莫狂。惟擎一铁钵，旧亦讲金刚。午饭孤烟里，宵禅大石旁。羡师终不及，湘浪渌茫茫。

中秋十五夜月

噀雪喷霜满碧虚，王孙公子玩相呼。从来天匠为轮足，自是人心此夜余。静入万家危露滴，清埋众象叫鸿孤。坐来惟觉情无极，何况三湘与五湖。

读离骚经

湘江滨，湘江滨，兰红芷白波如银，终须一去呼湘君。问湘神，云中君，不知何以交灵均。我恐湘江之鱼兮，死后尽为人。曾食灵均之肉兮，个个为忠臣。又想灵均之骨兮终不曲。千年波底色如玉，谁能入水少取得，香沐函题贡上国。贡上国，即全胜和璞悬璃，垂棘结绿。①

玄泰

玄泰，嗣石霜庆诸禅师，住南岳七宝台寺，与贯休、齐己为友。存诗三首。

畬山谣

畬山儿，畬山儿，无所知，年年斫断青山嵋。就中最好衡岳

---

①贯休诗辑自《禅月集》，景印清文渊阁四库全书本，台湾商务印书馆1986年版。

色，杉松利斧摧贞枝。灵禽野鹤无因依，白云回避青烟飞。猿猱路绝岩崖出，芝朮失根茅草肥，年年斫罢仍再锄，千秋终是难复初。又道今年种不多，来年更斫当阳坡。国家寿岳尚如此，不知此理如之何。

临化偈

今年六十五，四大将离主。其道自玄玄，个中无佛祖。不用剃头，不用澡浴。一堆猛火，千足万足。[①]

罗隐

罗隐（833—909），字昭谏，唐新城（今浙江富阳）人。大中十三年（859）底至京师，应进士试，十余年不第。咸通十一年（870）始为衡阳主簿。广明中黄巢起义后，避乱隐居九华山。光启三年（887），归乡依吴越王钱镠，历任钱塘令、司勋郎中、给事中等职。后梁开平三年（909）病卒。著有诗集《甲乙集》十卷、散文名著《谗书》五卷、思想著作《两同书》两卷、小说《广陵妖乱志》《中元传》等。《全唐诗》存诗十一卷，《全唐文》存有书启碑记等杂著约四十篇。

郴江迁客

不是逢清世，何由见皂囊。事虽危虎尾，名胜泊鹓行。毒雾郴江阔，愁云楚驿长。归时有诗赋，一为吊沉湘。

---

①玄泰诗辑自《五灯会元》卷六。

衡阳泊木居士庙下作

乌噪残阳草满庭，此中枯木似人形。只应神物长为主，未必浮槎即有灵。八月风波飘不去，四时黍稷荐惟馨。南朝庾信无因赋，牢落祠前水气腥。

早春巴陵道中

远雪亭亭望未销，岳阳春浅似相饶。短芦冒土初生笋，高柳偷风已弄条。波泛洞庭猵獭健，谷连荆楚鬼神妖。中流菱唱泊何处，一只画船兰作桡。

春日湘中题岳麓寺僧舍

蟾宫虎穴两皆休，来凭危栏送远愁。多事林莺还谩语，薄情边雁不回头。春融只待乾坤醉，水阔深知世界浮。欲共高僧话心迹，野花芳草奈相尤。

湘中见进士乔诩

吴公台下别经秋，破虏城边暂驻留。一笑有情堪解梦，数年无故不同游。云牵楚思横鱼艇，柳送乡心入酒楼。且酌松醪依旧醉，谁能相见向春愁。

湘中赠范郧

丹桂无心彼此谙，二年疏懒共江潭。愁知酒盏终难舍，老觉人情转不堪。云外鸳鸯非故旧，眼前胶漆似烟岚。劳歌一曲霜风暮，击折湘妃白玉簪。

湘妃庙

刘表荒碑断水滨，庙前幽草闭残春。已将怨泪流斑竹，又感悲风入白苹。八族未来谁北拱，四凶犹在莫南巡。九峰相似堪疑处，望见苍梧不见人。

经耒阳杜工部墓

紫菊馨香覆楚醪，奠君江畔雨萧骚。旅魂自是才相累，闲骨何妨冢更高。騄骥丧来空蹇蹶，芝兰衰后长蓬蒿。屈原宋玉邻君处，几驾青螭缓郁陶。

湘南春日怀古

晴江春暖兰蕙熏，凫鹥苒苒鸥着群。洛阳贾谊自无命，少陵杜甫兼有文。空阔远帆遮落日，苍茫野树碍归云。松醪酒好昭潭静，闲过中流一吊君。①

湘南应用集序

隐大中末即在贡籍中，命薄地卑，自己卯至庚寅，一十二年看人变化。去年冬，河南公按察长沙郡，隐因请事笔砚，以资甘旨。明年，隐得衡阳县主簿。时硖州卢侍御自龙城至，右司张员外游曲江回，皆谓隐不宜佐属邑。於戏！隐自卜也审，江表一白丁耳。安有空将卷轴，与公相子弟争名。幸而知非，得以减过。冬十月，乞假归觐。阻风于洞庭青草间，因思湘南文书，十不一二。盖以失落余马上军前故也。今分为三卷，而举牒祠祭者亦与

①罗隐诗辑自《全唐诗》卷六五五至六六五。

焉。某月二十四日序。

投湖南王大夫启

某启：某闻元亮苦贫，姑求彭泽。戴颙多病，遂乞海虞。苟物役之是牵，亦人情而斯见。某族惟单贱，品在下中。三箧亡书，幸无遗漏。一枝仙桂，尝欲觊觎。十年恸哭于秦庭，八举摧风于宋野。近者以调甘轸虑，负米撄心。毛义前贤，尚犹奉檄。鲰生何者，焉可守株。勒气马以徐回，解藩羊而适愿。

前使常侍，遽怜此志。遂以奏官，藉俸入于衡阳，专表章于使府。虽元瑜书记，不足愈风。而处士衣裘，未尝换雪。斯亦冤鸟尚思于衔石，愚公犹锐于移山。寻遇大夫，辄梦轩宫，吹喧楚峤。手中扇在，何必袁宏。天上才高，宁惟公辅。间者龙门掌贡，马帐搜遗。众客号啕，只忧宝尽。地灵惆怅，不觉山空。而某适限徐兵，远留吴会。不得少将鳞鬣，侧望风雷。指函谷以驰诚，遥知气紫。上苏台而送目，空羡河清。今者辄奉危心，来干画戟。大夫或俯回赵印，下煦韩灰。更于茶药之中，重假勾留之便。所冀犹縻禄食，远救朝昏。迹稍免于屡空，心尚期于妄动。

百生可卜，式占郭泰之龟。一字为褒，全系宣尼之笔。谨启。

投湖南于常侍启

某启：某闻淮王炼迹于真仙，含灵尽去。邹衍移暄于寒谷，众卉皆芳。岂羽毛可从于霓旌，岂凋枿尽关于葭律，盖以至道无遗于一物，殊私必及于群生。某尝佩斯言，请陈丹恳。

间者豹藏不稳，鱼跃无成。浼山公启事之书，累王衍雌黄之口。扪天莫及，局地兴渐。向浮世以伤怀，拊劳生而自喟。光阴不驻，齿发渐高。当家贫亲老之时，是失路亡羊之日。泪将欲尽，口不敢开。直以非汉代之簪裾，困晋朝之流品。物汇虽逃于刍狗，孤寒竟陷于虫沙。所以仰蟾桂之高高，恐无仙骨。睹鱼鬐之敛敛，忽有痴心。

窃希常侍从来许与之言，作此改张之计。俾其七郡，与奏一官。致之于髯参短簿之间，责之以驽马铅刀之用。所冀内资骨肉，外罄筋骸。但系受恩，何须及第。必若终怜薄伎，尚悯前途。则科号三篇，判称六部，早尝留意，颇亦逼人。将今晨祷祝之词，为异目觊觎之路。情虽可恕，僭亦堪诛。对胶柱以轸怀，愿漆身而在此。谨启。

谢湖南于常侍启

某启：某今月十九日，已至界首。回望旌棨，涕泣不任。

某庄栎粗疏，庾膏昏钝。不能量力，尝欲干名。随贡部以凄惶，将邻十上。看时人之颜色，岂止一朝。进则刺灭许都，退则歌终汉垒。地虽至广，人莫相容。凭执爨以无由，假邻光而不得。常侍独于此际，降以深仁。奏仇览之官资，近陈遵之尺牍。福由无妄，荣亦何酬。近者以江表岁饥，吴中力困。旨甘既阙，晨夕萦怀。常侍不顾人言，将逾事例：给使府留州之物，代衡阳计岁之资。俾以东归，救其栖旅。蔡泽北游之日，瓶甑不存。陆生南返之年，橐装皆满。聊将自衒，粗可讳穷。但以感切违梁，情深去鲁。辞画戟而心犹似醉，上孤舟而泪始如流。盖以非故旧之由缘，无强近之慰荐。只因奖善，便与致身。

如某之孤贱者则多，似某之遭逢者则少。以兹自誓，安可暂忘。今则尚有回期，犹宽旅思。石尤风定，桥口浪衰。展片席以高飞，指重湖而直过。地名北渚，长牵楚客之心；水到东吴，敢忘湘江之色。谨启。[1]

皮日休

皮日休（约834—883），字袭美，一字逸少。居鹿门山，自号“鹿门”，唐襄阳之竟陵（今属湖北天门）人。咸通八年进士及第，在苏州刺史崔璞幕下做郡从事，后入京任太常博士。僖宗乾符中出为毗陵副使。后参加黄巢起义军，任翰林学士。巢败，不知所终。皮日休为晚唐著名诗人、散文家，与陆龟蒙并称“皮陆”。著有《皮子文薮》十卷。《全唐诗》存诗九卷，《全唐诗外编》及《全唐诗续拾》补诗九首。

秋晚自洞庭湖别业寄穆秀才

破村寥落过重阳，独自撄宁葺草房。风撦红蕉仍换叶，雨淋黄菊不成香。野猿偷栗重窥户，落雁疑人更绕塘。他日若修耆旧传，为予添取此书堂。

九讽系述并序

在昔屈平既放，作《离骚》经，正诡俗而为《九歌》，辨穷愁而为《九章》。是后词人摭而为之，皆所以嗜其丽辞，撢其逸藻者也。至若宋玉之《九辨》，王褒之《九怀》，刘向之《九叹》，王逸之《九思》，其为清怨素艳，幽抉古秀，皆得芝兰之芬芳，鸾凤之毛羽也。然自屈原以降，继而作者，皆相去数百祀。足知其文难述，其词罕继者矣。大凡有文人不择难易，皆出于毫端者，乃大作者也。杨雄之

①罗隐文辑自《全唐文》卷八九四、八九五。

文，丘轲乎，而有《广骚》也。梁竦之词，班马乎，而有《悼骚》也。又不知王逸奚罪其文，不以二家之述，为《离骚》之两派也。昔者圣贤不偶命，必著书以见志，况斯文之怨抑欤？噫！吾之道不为不明，吾之命未为未偶，而见志于斯文者，吾惧来世任臣之君，因谤而去贤，持禄之士，以猜而远德，故复嗣数贤之作，以九为数，命之曰《九讽》焉。呜乎？百世之下，复有修离骚章句者乎？则吾之文未过，不为乎《广骚》《悼骚》也。

正俗

粤勾亶之薄俗兮，其风狡而且苦。吾欲以直道揠其邪心兮，皆骋容而莫顾。前诲行兮后止，高谕仰兮下俯。咸谓吾之儇为愚兮，并以吾之䨴为伛。羌灵修之乃吾知兮，先职我而为辅。奈其臣之狺狺兮，乃不知吾之所抚。吾欲以明喆之性辨君臣之分兮，定文物之数。吾欲以正讦之道兮，进忠贤而退奸竖。吾欲以醇醲之化兮，反当今而为往古。吾欲以忖度之志兮，定觚圆而反规矩。念儓核之在位兮，若枭羊之当路。内灼怛以如儚兮，复何知其所诉。乃指天而郁悠兮，将天夺乎国之祜。永惄惄以何言兮，将求知于吾祖。

遇谤

有肪兮墨，而谓之不洁。有泉兮壅，而谓之不决。有茝兮辅，而谓之不芳。有轴兮锲，而谓之不辙。声咺唏以无音兮，气郁悒而空噎。既惄惄以憎惧兮，又谩谩而不诀。诬彭祖以为孺兮，谲殇子以为耋。夥众人之难信兮，持夸者之不悦。佞为赘兮何去，奸为庞兮莫劀。譪为辔兮莫御，谤为玉兮何切。龛既臁而必烹兮，木方蔓兮必折。心轪轪以似车兮，思绵绵而如飏。手欲动兮似拱，足将行兮如继。既不辨于颜跖兮，遂一贯于尧桀。吾哀生之不逢兮，奚至死而懰懰。念帝座之不晄兮，胡交光于卷舌。既何路以自辨兮，遂没齿而痨剌。

见逐

靳尚之言兮美于嬴，子兰之气兮酴于酲。既怒睩以相向兮，遂裹足而南征。面愜愜以奚色兮，心楪楪而何情。耳方聪兮忽聧，目正视兮忽盲。日当午兮便昃，天方昼兮不明。欲泣兮有血，将啼兮失声。望灵修兮似失，出国门兮若惊。轫识怨兮欲缓，驷知愁兮复鸣。既倘佯兮夏水，复眷恋兮南荆。嗟予夙秉于大训兮，涵渍骨之忠贞。既贸者之莫余容兮，向重苍而自盟。既林仁以凭义兮，遂钰信而搬诚。将真宰之不仁兮，胡为役余以此生。彼鸒斯之蝨贼兮，固不能容乎鸽鹏。彼茨菉之丛秽兮，固不能让乎杜蘅。已矣乎！国无人兮莫我留，将诉帝于玉京。

悲游

荷为裯兮芰为襬，荃为裾兮薜为禕。弭吾棹兮沣之浦，驻吾楫兮湘之湄。悲莫悲兮新去国，怨莫怨兮新相思。幽篁萧兮静晚，清漪澹兮去迟。湘君欲出兮风水急，帝子不来兮烟雨微。芷既老兮白药，日将暮兮红蒌。朝浮乎鹘蹄，夕叫乎羁雌。檥漾漾兮不止，濆悠悠兮何之。日出没兮北渚，云依稀兮九疑。既无人以辨余兮，又何心而怨咨。退不解其侘傺兮，进不知其忸怩。寒蜩怨而无声兮，古木凄其寡枝。嗟吾魄之不返兮，千秋万岁湘中驰。

悯邪

慨天道之不明兮，何独生此大佞。若猰貐之能冠兮，当一国而持柄。见乱臣之反诈兮，信其主以不竞。辙已覆而又遵兮，仡将翻而不整。不思心腹之疾兮，又玩膏肓之病。竟客死于咸阳兮，终不作毒王之幸。既养虎以遗患兮，遂倒鈃而授柄。将谀臣之肆祸兮，岂上天之付命。粤吾大以为不可兮，彼以灾而为庆。倘灵修之魄有知兮，刷吾耻于下瞑。

端忧

有一美人兮端忧，千喑万愁兮曾不得以少休。肠结多以莫回兮，泪啼剧而不流。王孙何处兮碧草极目，公子不来兮清湘满眸。汀边月色兮晓将晓，浦上芦花兮秋复秋。天泬寥以似滓兮，峰巉崒以如抽。篔筜飒兮雨岸，杜若死兮霜洲。遗余程兮沣之侧，整余陌兮湘之幽。望女媭兮秭归梦，怀宋玉兮荆门愁。欲向天以号咷兮，寸晷不可以少留。又不知吾魂之所处兮，永寂寞以悠悠。

纪祀

山之巅兮水之涘，桂为祠兮兰为位。执玉桴兮扣雷鼓，奠金樝兮滴浮蚁。荐琼芳兮望暮云，献椒醑兮拜寒水。祝肸蚃以怪谈兮，巫妖冶而魅醉。波闪倏兮湘君，竹萧疏兮帝子。日将暮兮河伯，秋正深兮山鬼。神之化兮何方，人之艰兮至此。胡不化其邪而为正兮，胡不返其戾而为义。胡不转其亡而为兴兮，胡不易其乱而为治。但血食于下国兮，曾不少裨于有位。吾将乘青螭而驾白虬兮，将谒帝而诉神之累。谓天弧发镞兮，天棓行箠。神速悔尤兮，俾吾灵修而易知。

舍慕

粤吾秉志兮，洁于瑾瑜。芬其德而芳其道兮，荣于蘼芜。将兴国以见罪兮，拟佐王而蒙辜。彼群小之茸茸兮，如慕臭之鳖蜉。以大鹏为爵兮，以康瓠为甂。以衮衣为褋兮，以黎丘为墟。以郑姬为丑兮，以子产为愚。以鲍焦为贪兮，以孔圣为诬。吾将奋鳞于大空兮，奚独慕此江湖。吾将发荣于蟠桃兮，奚独守此蒿蒌。吾将荡其魄兮，骖风轫与轧车。谒帝于冥冥之天兮，秉其生杀之枢。将飘飘以高逝兮，亦何必怀此奸邪之故都。

洁死

尧死兮舜灭，禹殄兮汤绝。似玉兮将沉，如金兮永没。行以仁兮止以义，生以贞兮死以洁。念余曾不足以蹈圣阃兮，亦慕兹而自悦。湘浦兮烟深，沅江兮风切。顾影兮自怜，抚躬兮永诀。鬼惨兮天愁，雨泣兮泉咽。竟汨没以淪沦兮，永幽忧而怫郁。湘之山兮未尽，湘之流兮不竭。千秋兮愁云，万古兮明月。灵均之冤兮孰能销其气，灵均之愁兮孰能释其结。来者之自鉴兮，无致位于牙孽。①

裴铏

裴铏，咸通中，为静海军节度使高骈掌书记，加侍御史内供奉。乾符五年（878），以御史大夫为成都节度副使。《太平广记》存其《传奇》四则，《全唐诗》存诗一首。

郑德璘

贞元中，湘潭尉郑德璘，家居长沙。有亲表居江夏，每岁一

①皮日休诗文辑自《皮日休文薮》，上海书店 1994 年影印《丛书集成初编》本。

往省焉。中间涉洞庭，历湘潭，多遇老叟棹舟而鬻菱芡，虽白发而有少容。德璘与语，多及玄解。诘曰："舟无糗粮，何以为食?"叟曰："菱芡耳。"德璘好酒，长挈松醪春过江夏，遇叟无不饮之，叟饮亦不甚愧荷。

德璘抵江夏，将返长沙。驻舟于黄鹤楼下，傍有鹾贾韦生者，乘巨舟，亦抵于湘潭。其夜与邻舟告别饮酒。韦生有女，居于舟之舵橹。邻舟女亦来访别。二女同处笑语。夜将半，闻江中有秀才吟诗曰："物触轻舟心自知，风恬浪静月光微。夜深江上解愁思，拾得红蕖香惹衣。"邻舟女善笔札，因睹韦氏妆奁中，有红笺一幅，取而题所闻之句。亦吟哦良久，然莫晓谁人所制也。及旦，东西而去。

德璘舟与韦氏舟同离鄂渚信宿，及暮又同宿。至洞庭之畔，与韦生舟楫，颇以相近。韦氏美而艳，琼英腻云，莲蕊莹波，露濯蕣姿，月鲜珠彩，于水窗中垂钩。德璘因窥见之，甚悦。遂以红绡一尺，上题诗曰："纤手垂钩对水窗，红蕖秋色艳长江。既能解珮投交甫，更有明珠乞一双。"强以红绡惹其钩，女因收得，吟玩久之。然虽讽读，却不能晓其义。女不工刀札，又耻无所报，遂以钩丝而投夜来邻舟女所题红笺者。德璘谓女所制，凝思颇悦，喜畅可知。然莫晓诗之意义，亦无计遂其款曲。由是女以所得红绡系臂，自爱惜之。明月清风，韦舟遽张帆而去。风势将紧，波涛恐人。德璘小舟，不敢同越。然意殊恨恨。

将暮，有渔人语德璘曰："向者贾客巨舟，已全家殁于洞庭耳。"德璘大骇。神思恍惚，悲惋久之，不能排抑。将夜，为《吊江姝》诗二首曰："湖面狂风且莫吹，浪花初绽月光微。沉潜暗想横波泪，得共鲛人相对垂。"又曰："洞庭风软荻花秋，新没青娥细浪愁。泪滴白蘋君不见，月明江上有轻鸥。"诗成，酹而投之。

精贯神祇，至诚感应，遂感水神，持诣水府，府君览之，召溺者数辈曰："谁是郑生所爱?"而韦氏亦不能晓其来由。有主者搜臂，见红绡而语府君，曰："德璘异日是吾邑之明宰，况曩有义相及，不可不曲活尔命。"因召主者，携韦氏送郑生。韦氏视府君，乃一老叟也，逐主者疾趋而无所碍。道将尽，睹一大池，碧水汪然，遂为主者推堕其中。或沉或浮，亦甚困苦。时已三更，德璘未寝，但吟红笺之诗，悲而益苦。忽觉有物触舟。然舟人已寝，德璘遂秉炬照之，见衣服彩绣似是人物。惊而拯之，乃韦氏也，系臂红绡尚在。德璘喜骤。良久，女苏息。及晓，方能言。乃说府君感君而活我命。德璘曰："府君何人也?"终不省悟。遂纳为室，感其异也，将归长沙。

后三年，德璘常调选，欲谋醴陵令。韦氏曰："不过作巴陵耳。"德璘曰："子何以知?"韦氏曰："向者水府君言，是吾邑之明宰，洞庭乃属巴陵，此可验矣。"德璘志之。选果得巴陵令。及至巴陵县，使人迎韦氏。舟楫至洞庭侧，值逆风不进。德璘使佣篙工者五人而迎之，内一老叟，挽舟若不为意，韦氏怒而唾之。叟回顾曰："我昔水府活汝性命，不以为德，今反生怒。"韦氏乃悟，恐悸，召叟登舟，拜而进酒果，叩头曰："吾之父母，当在水府，可省觐否?"曰："可。"须臾，舟楫似没于波，然无所苦。俄到往时之水府，大小倚舟号恸。访其父母，父母居止俨然，第舍与人世无异。韦氏询其所须，父母曰："所溺之物，皆能至此。但无火化，所食唯菱芡耳。"持白金器数事而遗女曰："吾此无用处，可以赠尔，不得久停。"促其相别。韦氏遂哀恸别其父母。叟以笔大书韦氏巾曰："昔日江头菱芡人，蒙君数饮松醪春。活君家室以为报，珍重长沙郑德璘。"书讫，叟遂为仆侍数百辈，自舟迎归府舍。俄顷，舟却出于湖畔。一舟之人，咸有所睹。德璘详诗意，方悟水府老叟乃昔日鬻菱芡者。

岁余，有秀才崔希周投诗卷于德璘，内有《江上夜拾得芙蓉》诗，即韦氏所投德璘红笺诗也。德璘疑诗，乃诘希周。对曰："数年前，泊轻舟于鄂渚，江上月明，时当未寝，有微物触舟，芳馨袭鼻。取而视之，乃一束芙蓉也，因而制诗。既成，讽咏良久。敢以实对。"德璘叹曰："命也。"然后不敢越洞庭。德璘官至刺史。①

于邺②

于邺，字武陵，以字行。杜曲（今陕西西安市长安区东少陵原）人。大中时，尝举进士，不称意，携琴书往来商洛、巴蜀间。尝南至潇湘，爱河洲芳草，欲卜居，未果。后终老于嵩阳别墅。著有诗集一卷，传于世。

南游有感

杜陵无厚业，不得驻车轮。重到曾游处，多非旧主人。东风千岭树，西日一洲苹。又渡湘江去，湘江水复春。

夜泊湘江

北风吹楚树，此地独先秋。何事屈原恨，不随湘水流。凉天生片月，竟夕伴孤舟。一作南行客，无成空白头。

---

①辑自《太平广记》卷一五二，中华书局1961年版。

②他书均以于邺、于武陵为二人，如《新唐书·艺文志》既录于武陵诗一卷，又有于邺诗一卷，《全唐诗》以于武陵为会昌时人，复以于邺为唐末人。此从《唐才子传》。

客中

楚人歌竹枝，游子泪沾衣。异国久为客，寒宵频梦归。一封书未返，千树叶皆飞。南过洞庭水，更应消息稀。

秋夕闻雁

星汉欲沉尽，谁家砧未休。忽闻凉雁至，如报杜陵秋。千树又黄叶，几人新白头。洞庭今夜客，一半却登舟。①

曹唐

曹唐，字尧宾，桂州（今广西桂林）人。初为道士，咸通中，为使府从事。以游仙诗著称，有《曹从事诗集》一卷。《全唐诗》存诗二卷，《全唐诗续拾》补诗一首。

赠南岳冯处士二首

白石溪边自结庐，风泉满院称幽居。鸟啼深树劚灵药，花落闲窗看道书。烟岚晚过鹿裘湿，水月夜明山舍虚。支颐冷笑缘名出，终日王门强曳裾。

寂寥深木闭烟霞，洞里相知有几家。笑看潭鱼吹水沫，醉嗔溪鹿吃蕉花。穿厨历历泉声细，绕屋悠悠树影斜。夜静著灰封釜灶，自添文武养丹砂。

①于邺诗辑自《石仓历代诗选》。

题武陵洞五首

此生终使此身闲，不是春时且要还。寄语桃花与流水，莫辞相送到人间。

溪口回舟日已昏，却听鸡犬隔前村。殷勤重与秦人别，莫使桃花闭洞门。

却恐重来路不通，殷勤回首谢春风。白鸡黄犬不将去，且寄桃花深洞中。

桃花夹岸杳何之，花满春山水去迟。三宿武陵溪上月，始知人世有秦时。

渡水傍山寻绝壁，白云飞处洞天开。仙人来往无行迹，石径春风长绿苔。①

章碣

章碣（836—905），字丽山，钱塘（今浙江杭州）人，章孝标之子。乾符三年（876）进士。颇著诗名，有《章碣集》一卷传世。《全唐诗》存诗二十六首，《全唐诗续拾》补残句一联。

---

①曹唐诗辑自《全唐诗》卷六四〇、六四一。

桃源

绝壁相欹是洞门，昔人从此入仙源。数株花下逢珠翠，半曲歌中老子孙。别后自疑园吏梦，归来谁信钓翁言。山前空有无情水，犹绕当时碧树村。①

孙偓

孙偓，字龙光，武邑人。第进士，为状元，累官至京兆尹。于昭宗乾宁三年（896）拜相，任户部侍郎同中书门下平章事。后为凤翔四面行营都统，兼礼部尚书。封安东郡侯。乾宁四年（897）免相，贬为衡州司马，死于任上。《全唐诗》载其诗三首，《全唐诗外编》有补诗一首。

赠南岳僧全玭

窠居过后更何人，传得如来法印真。昨日祝融峰下见，草衣便是雪山身。

致李深之

南行忽见李深之，手舞如蜚令不疑。任尔风流兼蕴藉，天生不似郑都知。②

①辑自《全唐诗》卷六六九。

②孙偓诗辑自《全唐诗》卷六八八。

裴说

裴说，桂州（今广西桂林）人。唐哀帝天祐三年（906），以状元及第。曾任补阙、礼部员外郎，后携眷南下，于湖南石首一地约住半年，又因战火波及，再向家乡逃难，卒于途中。著有《裴说诗》一卷。《全唐诗》存其诗一卷，《全唐诗外编》及《全唐诗续拾》补诗四首。

道林寺

独立凭危阑，高低落照间。寺分一派水，僧锁半房山。对面浮世隔，垂帘到老闲。烟云与尘土，寸步不相关。

般若寺

南岳古般若，自来天下知。翠笼无价寺，光射有名诗。一水涌兽迹，五峰排凤仪。高僧引闲步，昼出夕阳归。

题岳州僧舍

喜到重湖北，孤州横晚烟。鹭衔鱼入寺，鸦接饭随船。松桧君山迥，菰蒲梦泽连。与师吟论处，秋水浸遥天。

过洞庭湖

浪高风力大，挂席亦言迟。及到堪忧处，争如未济时。鱼龙侵莫测，雷雨动须疑。此际情无赖，何门寄所思。

旅中作

妄动远抛山，其如馁与寒。投人言去易，开口说贫难。泽国云千片，湘江竹一竿。时明未忍别，犹待计穷看。

旅次衡阳

欲往几经年，今来意豁然。江风长借客，岳雨不因天。戏鹭飞轻雪，惊鸿叫乱烟。晚秋红藕里，十宿寄渔船。

湖外寄处宾上人

怪得意相亲，高携一轴新。能搜大雅句，不似小乘人。岳麓擎枯桧，潇湘吐白蘋。他年遇同道，为我话风尘。

湖外送何崇入朝

因诗相识久，忽此告临途。便是有船发，也须容市沽。精吟五个字，稳泛两重湖。长短逢公道，清名振帝都。

赠衡山令

君吟十二载，辛苦必能官。造化犹难隐，生灵岂易谩。猿跳高岳静，鱼摆大江宽。与我为同道，相留夜话阑。

经杜工部坟

骚人久不出，安得国风清。拟掘孤坟破，重教大雅生。皇天高莫问，白酒恨难平。悒怏寒江上，谁人知此情。

岳阳兵火后题僧舍

十年兵火真多事，再到禅扉却破颜。唯有两般烧不得，洞庭湖水老僧闲。

游洞庭湖

楚云团翠八百里，澧兰吹香堕春水。白头渔子摇苍烟，鸂鶒眠沙晓惊起。沙头龙叟夜叹忧，铁笛未响春风羞。露寒紫藟结新愁，城角泣断关河秋。谪仙欲识雷斧手，划却古今愁共丑。鲸游碧落杳无踪，作诗三叹君知否。瀛洲一棹何时还，满江宫锦看湖山。

怀素台歌

我呼古人名，鬼神侧耳听：杜甫李白与怀素，文星酒星草书星。永州东郭有奇怪，笔冢墨池遗迹在。笔冢低低高如山，墨池浅浅深如海。我来恨不已，争得青天化为一张纸，高声唤起怀素书，搦管研朱点湘水。欲归家，重叹嗟。眼前有，三个字：枯树槎。乌梢蛇，墨老鸦。①

上岳守

入郭宽万里，岳阳堪画图。及窥贤太守，不见洞庭湖。②

韦庄

韦庄（约836—910），字端己。杜陵（今陕西省西安市附近）人。韦应物的四代孙。乾宁元年（894）登进士第，授校书郎。改任左补阙。唐亡后，力劝王建称帝，王建为前蜀皇帝后，任命他为宰

①以上诗辑自《全唐诗》卷七二〇。

②辑自《舆地纪胜》卷六九《岳州》，中华书局1992年版。

相，蜀之开国制度多出其手。后终身仕蜀，官至吏部侍郎兼平章事。卒谥“文靖”。韦庄著述颇丰，多佚，《全唐诗》存诗五卷。

湘中作

千重烟树万重波，因便何妨吊汨罗。楚地不知秦地乱，南人空怪北人多。臣心未肯教迁鼎，天道还应欲止戈。否去泰来终可待，夜寒休唱饭牛歌。

耒阳县浮山神庙

一郡皆传此庙灵，庙前松桂古今青。山曾尧代浮洪水，地有唐臣奠绿醽。绕坐香风吹宝盖，傍檐烟雨湿岩扃。为霖自可成农岁，何用兴师远伐邢。

合欢莲花

虞舜南巡去不归，二妃相誓死江湄。空留万古香魂在，结作双葩合一枝。①

司空图

司空图（837—908），字表圣，自号知非子，又号耐辱居士。祖籍临淮（今安徽泗县东南），自幼随家迁居河中虞乡（今山西永济）。唐懿宗咸通十年（869）应试，擢进士上第。任殿中侍御史，知制诰、中书舍人、礼部尚书，后梁开平二年（908），唐哀帝被弑，司空图绝食而死。其成就主要在诗论，《二十四诗品》为不朽之作。《全唐诗》

①韦庄诗辑自《全唐诗》卷六九五至七〇〇。

收诗三卷。

武陵路

橘岸舟间罾网挂，茶坡日暖鹧鸪啼。女郎指点行人笑，知向花间路已迷。

涔阳渡

楚田人立带残晖，驿迥村幽客路微。两岸芦花正肃飒，渚烟深处白牛归。①

黄滔

黄滔（840—911），字文江。莆田城内前埭（今福建莆田荔城区东里巷）人。屡试不第，直到唐乾宁二年（895）才考中进士。光化二年（899），被授予四门博士的闲职。著有《黄滔集》十五卷，又集唐闽人诗为《泉山秀句集》三十卷，均佚。宋人辑有《莆田黄御史集》十卷行世，《全唐诗》存诗三卷。

湘中赠张逸人

羽衣零落帽攲斜，不自孤峰即海沙。曾为蜀山成寓迹，又因湘水拟营家。鸣琴坐见燕鸿没，曳履吟忘野径赊。更爱扁舟宿寒夜，独听风雨过芦花。

送二友游湘中

千里楚江新雨晴，同征肯恨迹如萍。孤舟泊处联诗句，八月

---

①司空图诗辑自《全唐诗》卷六三二至六三四。

中旬宿洞庭。为客早悲烟草绿，移家晚失岳峰青。今来无计相从去，归日汀洲乞画屏。

雁

楚岸花晴塞柳衰，年年南北去来期。江城日暮见飞处，旅馆月明闻过时。万里风霜休更恨，满川烟草且须疑。洞庭云水潇湘雨，好把寒更一一知。

灵均

莫问灵均昔日游，江篱春尽岸枫秋。至今此事何人雪，月照楚山湘水流。①

韩偓

韩偓（842—923），字致光，号致尧，晚年又号玉樵山人。陕西万年（今樊川）人。龙纪元年（889），登进士第，初在河中镇节度使幕府任职，后入朝历任左拾遗、左谏议大夫、度支副使、翰林学士等职。晚年在南安葵山山麓的报恩寺旁建房舍，以为定居之地，时称“韩寓”。有《韩偓诗》一卷、《香奁集》一卷、《金銮密记》五卷，今存《香奁集》。后人辑有《玉山樵人集》行世。《全唐诗》存诗四卷。

早玩雪梅有怀亲属

北陆候才变，南枝花已开。无人同怅望，把酒独裴回。冻白

①黄滔诗辑自《黄御史集》，景印清文渊阁四库全书本，台湾商务印书馆1986年版。

雪为伴，寒香风是媒。何因逢越使，肠断谪仙才。

访同年虞部李郎中

策蹇相寻犯雪泥，厨烟未动日平西。门庭野水褵褷鹭，邻里短墙咿喔鸡。未入庆霄君择肉，畏逢华毂我吹齑。地炉贳酒成狂醉，更觉襟怀得丧齐。

赠渔者

个依居处近诛茅，枳棘篱兼用荻梢。尽日风扉从自掩，无人筒钓是谁抛。城方四百墙阴直，江阔中心水脉坳。我亦好闲求老伴，莫嫌迂客且论交。

奉和峡州孙舍人肇荆南重围中寄诸朝士二篇时李常侍洵严谏议龟李起居殷衡李郎中冉皆有继和余久有是债今至湖南方暇牵课

敏手何妨误汰金，敢怀私愤教羊斟。直应宣室还三接，未必丰城便陆沉。炽炭一炉真玉性，浓霜千涧老松心。私恩尚有捐躯誓，况是君恩万倍深。

征途安敢更迁延，冒入重围势使然。众果却应存苦李，五瓶惟恐竭甘泉。多端莫撼三珠树，密策寻遗七宝鞭。黄篾舫中梅雨里，野人无事日高眠。

雪中过重湖信笔偶题

道方时险拟如何，谪去甘心隐薜萝。青草湖将天暗合，白头浪与雪相和。旗亭腊酎逾年熟，水国春寒向晚多。处困不忙仍不怨，醉来唯是欲傞傞。

寄湖南从事

索寞襟怀酒半醒，无人一为解余酲。岸头柳色春将尽，船背雨声天欲明。去国正悲同旅雁，隔江何忍更啼莺。莲花幕下风流客，试与温存谴逐情。

玩水禽在古南醴陵县作

两两珍禽渺渺溪，翠衿红掌净无泥。向阳眠处莎成毯，蹋水飞时浪作梯。依倚雕梁轻社燕，抑扬金距笑晨鸡。劝君细认渔翁意，莫遣缅罗误稳栖。

欲明

欲明篱被风吹倒，过午门因客到开。忍苦可能遭鬼笑，息机应免致鸥猜。岳僧互乞新诗去，酒保频征旧债来。唯有狂吟与沉饮，时时犹自触灵台。

梅花

梅花不肯傍春光，自向深冬着艳阳。龙笛远吹胡地月，燕钗初试汉宫妆。风虽强暴翻添思，雪欲侵凌更助香。应笑暂时桃李树，盗天和气作年芳。

小隐

借得茅斋岳麓西，拟将身世老锄犁。清晨向市烟含郭，寒夜归村月照溪。炉为窗明僧偶坐，松因雪折鸟惊啼。灵椿朝菌由来事，却笑庄生始欲齐。

病中初闻复官二首

抽毫连夜侍明光，执靮三年从省方。烧玉谩劳曾历试，铄金宁为欠周防。也知恩泽招谗口，还痛神祇误直肠。闻道复官翻涕泗，属车何在水茫茫。

又挂朝衣一自惊，始知天意重推诚。青云有路通还去，白发无私健亦生。曾避暖池将浴凤，却同寒谷乍迁莺。宦途巇崄终难测，稳泊渔舟隐姓名。

湖南梅花一冬再发偶题于花援

湘浦梅花两度开，直应天意别栽培。玉为通体依稀见，香号返魂容易回。寒气与君霜里退，阳和为尔腊前来。夭桃莫倚东风势，调鼎何曾用不材。

即目二首

万古离怀憎物色，几生愁绪溺风光。废城沃土肥春草，野渡空船荡夕阳。倚道向人多脉脉，为情因酒易伥伥。宦途弃掷须甘分，回避红尘是所长。

动非求进静非禅，咋舌吞声过十年。溪涨浪花如积石，雨晴云叶似连钱。干戈岁久谙戎事，枕簟秋凉减夜眠。攻苦惯来无不可，寸心如水但澄鲜。

避地

西山爽气生襟袖，南浦离愁入梦魂。人泊孤舟青草岸，鸟鸣高树夕阳村。偷生亦似符天意，未死深疑负国恩。白面儿郎犹巧宦，不知谁与正乾坤。

息兵

渐觉人心望息兵，老儒希觊见澄清。正当困辱殊轻死，已过艰危却恋生。多难始应彰劲节，至公安肯为虚名。暂时胯下何须耻，自有苍苍鉴赤诚。

湖南绝少含桃 偶有人以新摘者见惠感事伤怀因成四韵

时节虽同气候殊，不积堪荐寝园无。合充凤食留三岛，谁许莺偷过五湖。苦笋恐难同象匕，酪浆无复莹蠙珠。金銮岁岁长宣赐，忍泪看天忆帝都。

赠湖南李思齐处士

两板船头浊酒壶，七丝琴畔白髭须。三春日日黄梅雨，孤客年年青草湖。燕侠冰霜难狎近，楚狂锋刃触凡愚。知余绝粒窥仙事，许到名山看药炉。

乱后却至近甸有感

狂童容易犯金门，比屋齐人作旅魂。夜户不扃生茂草，春渠自溢浸荒园。关中忽见屯边卒，塞外翻闻有汉村。堪恨无情清渭水，渺茫依旧绕秦原。

同年前虞部李郎中自长沙 赴行在余以紫石砚赠之赋诗代书

斧柯新样胜珠玑，堪赞星郎染翰时。不向东垣修直疏，即须西掖草妍词。紫光称近丹青笔，声韵宜裁锦绣诗。蓬岛侍臣今放逐，羡君回去逼龙墀。

甲子岁夏五月自长沙抵醴陵贵就深僻以便疏慵由道林之南步步胜绝去绿口分东入南小江山水益秀村篱之次忽见紫薇花因思玉堂及西掖厅前皆植是花遂赋诗四韵聊寄知心

职在内庭宫阙下，厅前皆种紫薇花。眼明忽傍渔家见，魂断方惊魏阙赊。浅色晕成宫里锦，浓香染着洞中霞。此行若遇支机石，又被君平验海槎。

洞庭玩月

洞庭湖上清秋月，月皎湖宽万顷霜。玉碗深沉潭底白，金杯细碎浪头光。寒惊乌鹊离巢噪，冷射蛟螭换窟藏。更忆瑶台逢此夜，水晶宫殿挹琼浆。

花时与钱尊师同醉因成二十字

桥下浅深水，竹间红白花。酒仙同避世，何用厌长沙。

晓日

天际霞光入水中，水中天际一时红。直须日观三更后，首送金乌上碧空。

醉著

万里清江万里天，一村桑柘一村烟。渔翁醉著无人唤，过午醒来雪满船。

家书后批二十八字在醴陵时闻家在登州

四序风光总是愁，鬓毛衰飒涕横流。此书未到心先到，想在孤城海岸头。

净兴寺杜鹃一枝繁艳无比

一园红艳醉坡陀，自地连梢簇蒨罗。蜀魄未归长滴血，只应偏滴此丛多。

翠碧鸟

天长水远网罗稀，保得重重翠碧衣。挟弹小儿多害物，劝君莫近市朝飞。

早起五言三韵

万树绿杨垂，千般黄鸟语。庭花风雨余，岑寂如村坞。依依官渡头，晴阳照行旅。

春阴独酌寄同年虞部李郎中

春阴漠漠土脉润，春寒微微风意和。闲嗤入甲奔竞态，醉唱落调渔樵歌。诗道揣量疑可进，宦情刓缺转无多。酒酣狂兴依然在，其奈千茎鬓雪何。

曛黑

古木侵天日已沉，露华凉冷润衣襟。江城曛黑人行绝，唯有啼乌伴夜砧。

柳

一笼金线拂弯桥，几被儿童损细腰。无奈灵和标格在，春来依旧袅长条。①

李令

李令，江陵（今湖北荆州）人。喜为诗干谒时贵。《全唐诗》存诗一首。

寄女

有人教我向衡阳，一度思归欲断肠。为报艳妻兼少女，与吾觅取朗州场。②

孟迟

孟迟，字迟之，平昌（今山东德州）人。登会昌五年（845）进士第。著有诗集一卷，《新唐书·艺文志》传于世。

闺情

山上有山归不得，湘江暮雨鹧鸪飞。蘼芜亦是王孙草，莫送春香入客衣。③

---

①韩偓诗辑自《全唐诗》卷六八〇—六八三。
②辑自《全唐诗》卷八七〇。
③辑自《三体唐诗》卷一，景印清文渊阁四库全书本，台湾商务印书馆1986年版。

欧阳玭

欧阳玭，福州闽县（今福建闽侯）人，侍御史欧阳衮子。生卒年不详。咸通十年登进士第，后终于幕府掌书记任。《全唐诗》存诗五首，《全唐文》存文一篇。

巴陵

孤城向夕原，春入景初暄。绿树低官舍，青山在县门。楼台疑结蜃，枕席更闻猿。客路何曾定，栖迟欲断魂。①

张泌

张泌，字子澄，南阳郡泌阳县人（今河南驻马店），唐末时曾登进士第。今存曲子词二十八首，诗十九首，小说两篇，即《韦安道传》和《妆楼记》。张泌生平前人多与五代南唐张佖相混，《全唐诗》小传亦错误。

洞庭阻风

空江浩荡景萧然，尽日菰蒲泊钓船。青草浪高三月渡，绿杨花扑一溪烟。情多莫举伤春目，愁极兼无买酒钱。犹有渔人数家住，不成村落夕阳边。

晚次湘源县

烟郭遥闻向晚鸡，水平舟静浪声齐。高林带雨杨梅熟，曲岸

①辑自《全唐诗》卷六〇〇。

笼云谢豹啼。二女庙荒汀树老，九疑山碧楚天低。湘南自古多离怨，莫动哀吟易惨凄。

秋晚过洞庭

征帆初挂酒初酣，暮景离情两不堪。千里晚霞云梦北，一洲霜橘洞庭南。溪风送雨过秋寺，涧石惊龙落夜潭。莫把羁魂吊湘魄，九疑愁绝锁烟岚。①

张乔

张乔，字伯迁，池州（今安徽贵池）人。咸通中进士，当时与许棠、郑谷、张宾等东南才子称“咸通十哲”。著有《张乔诗集》二卷。《全唐诗》存诗二卷，《全唐诗续拾》补诗一首。

岳阳即事

远色岳阳楼，湘帆数片愁。竹风山上路，沙月水中洲。力学桑田废，思归鬓发秋。功名如不立，岂易狎汀鸥。

寻桃源

武林春草齐，花影隔澄溪。路远无人去，山空有鸟啼。水垂青霭断，松偃绿萝低。世上迷途客，经兹尽不迷。

游南岳

入岩仙境清，行尽复重行。若得闲无事，长来寄此生。涧松

①张泌诗辑自《全五代诗》，中华书局 1985 年版。

闲易老，笼烛晚生明。一宿泉声里，思乡梦不成。

听琴

清月转瑶轸，弄中湘水寒。能令坐来客，不语自相看。静恐鬼神出，急疑风雨残。几时归岭峤，更过洞庭弹。

将离江上作

白衣归树下，青草恋江边。三楚足深隐，五陵多少年。寂寥闻蜀魄，清绝怨湘弦。岐路在何处，西行心渺然。

无题

九霄无诏下，何事触清尘。宅带松萝僻，身惟猿鸟亲。吟看仙掌月，期有洞庭人。莫问烟霞句，悬知见岳神。

赠别李山人

分合老西秦，年年梦白蘋。曾为洞庭客，还送洞庭人。语别惜残夜，思归愁见春。遥知泊舟处，沙月自相亲。①

张为

张为，字不详，闽（今福建）人。尝举进士不第。大中十二年（858）曾游长沙。工诗，与周朴齐名，著有诗集一卷，今佚。善品评，著有《诗人主客图》。《全唐诗》存诗三首，《全唐诗外编》补诗一首。

---

①张乔诗辑自《全唐诗》卷六三八、六三九。

谢别毛仙翁

羸形感神药，削骨生丰肌。兰炷飘灵烟，妖怪立诛夷。重睹日月光，何报父母慈。黄河浊衮衮，别泪流澌澌。黄河清有时，别泪无收期。①

惠实

惠实，生卒年及生平不详。

蠡山庙碑记

越相蠡与大夫种，左右勾践，竟成霸业，乃谋自全之道，轻赍闲行，浮海适齐，自称鸱夷子。或云平吴之后，潜遁之五湖，故今之赤山，即洞庭湖之鄙也。五湖之说不同，愚谓后人所在慕德而祀焉耳。庙在六国后置，靡穷厥始。至皇朝天宝六载，有敕封表其山，亦尝为塞胡祠。会昌年废之，而庙亦随歇。有武夷山人陈庶，慕止学业，诱化村坊，捐金帛而创之，以其祈祷无不应也。《史记》曰："荆人鬼而越人禨。"其来尚矣。庶因进士贾纁，请愚为记。若其地形峭绝，山川向背，即备于陈庶之状云。②

刘沧

刘沧，字蕴灵，汶阳（今山东宁阳）人。大中八年（854），与李

---

①辑自《全唐诗话》卷五，《丛书集成初编》本。

②辑自《全唐文》卷八一六。

频同榜登进士第。调华原尉，迁龙门令。善七律，诗作拗峭，诚为晚唐律体之变。著有诗集一卷，《新唐书·艺文志》传于世。《全唐诗》存诗一卷。

题桃源处士山居留寄

白云深处葺茅庐，退隐衡门与俗疏。一洞晓烟留水上，满庭春露落花初。闲看竹屿吟新月，特酌山醪读古书。穷达尽为身外事，浩然元气乐樵渔。

江行夜泊

白浪连空极渺漫，孤舟此夜泊中滩。岳阳秋霁寺钟远，渡口月明渔火残。绿绮韵高湘女怨，青葭色映水禽寒。乡遥楚国生归思，欲曙山光上木兰。

深愁喜友人至

不避驱羸道路长，青山同喜惜年光。灯前话旧阶草夜，月下醉吟溪树霜。落叶已经寒烧尽，衡门犹对古城荒。此身未遂归休计，一半生涯寄岳阳。

赠道者

真趣淡然居物外，忘机多是隐天台。停灯深夜看仙箓，拂石高秋坐钓台。卖药故人湘水别，入檐栖鸟旧山来。无因朝市知名姓，地僻衡门对岳开。

江楼月夜闻笛

南浦蒹葭疏雨后，寂寥横笛怨江楼。思飘明月浪花白，声入碧云枫叶秋。河汉夜阑孤雁度，潇湘水阔二妃愁。发寒衣湿曲初罢，露色河光生钓舟。①

杜荀鹤

杜荀鹤（846—904），字彦之，号九华山人。池州石埭（今安徽石台）人。早有才名，屡试不第。昭宗时，年近五秩，始中进士。以世乱旋归山。后朱温以其才，表授翰林学士，主客员外郎、知制诰。有《唐风集》三卷，存诗三百多首，通行有明汲古阁刊本。《全唐诗》存诗四卷，《全唐诗续拾》补诗四首。

别衡州牧

朝别使君门，暮投江上村。从来无旧分，临去望何恩。行计自不定，此心谁与论。秋猿叫寒月，只欲断人魂。

题岳麓寺

一簇楚江山，江山胜此难。觅人来画取，到处得吟看。鹤隐松声尽，鱼沉槛影寒。自知心未了，闲话亦多端。

湘中秋日呈所知

四海无寸土，一生惟苦吟。虚垂异乡泪，不滴别人心。雨色凋湘树，滩声下塞禽。求归归未得，不是掷光阴。

冬末投长沙裴侍郎

欲露尘中事，其如不易言。家山一离别，草树匝春暄。吹梦

①刘沧诗辑自《全唐诗》卷五八六。

风天角，啼愁雪岳猿。伫思心觉满，何以远门轩。

将游湘湖有作

一家相别意，不得不潸然。远作南方客，初登上水船。岳钟思冷梦，湘月少残篇。便有归来计，风波亦隔年。

题唐兴寺小松

虽小天然别，难将众木同。侵僧半窗月，向客满襟风。枝拂行苔鹤，声分叫砌虫。如今未堪看，须是雪霜中。

霁后登唐兴寺水阁

一雨三秋色，萧条古寺间。无端登水阁，有处似家山。白日生新事，何时得暂闲。将知老僧意，未必恋松关。

献长沙王侍郎

文星渐见射台星，皆仰为霖沃众情。天泽逼来逢圣主，辞林盛去得书生。云妆岳色供吟景，月浩湘流递政声。美化事多难讽诵，未如耕钓口分明。

投长沙裴侍郎

此身虽贱道长存，非谒朱门谒孔门。只望至公将卷读，不求朝士致书论。垂纶雨结渔乡思，吹木风传雁夜魂。男子受恩须有地，平生不受等闲恩。

冬末同友人泛潇湘

残腊泛舟何处好，最多吟兴是潇湘。就船买得鱼偏美，踏雪沽来酒倍香。猿到夜深啼岳麓，雁知春近别衡阳。与君剩采江山景，裁取新诗入帝乡。

冬末自长沙游桂岭留献所知

家隔重湖归未期，更堪南去别深知。前程笑到山多处，上马愁逢岁尽时。四海内无容足地，一生中有苦心诗。朱门只见朱门事，独把孤寒问阿谁。

秋日湖外书事

十五年来笔砚功，只今犹在苦贫中。三秋客路湖光外，万里乡关楚邑东。鸟径杖藜山翳雨，猿林欹枕树摇风。朱门处处若相似，此命到头通不通。

题衡阳隐士山居

闲居不问世如何，云起山门日已斜。放鹤去寻三岛客，任人来看四时花。松醪腊酝安神酒，布水宵煎觅句茶。毕竟金多也头白，算来争得似君家。

献郑给事

化行邦域二年春，樵唱渔歌日日新。未降诏书酬善政，不知天泽答何人。秋登岳寺云随步，夜宴江楼月满身。他日朱门恐难扫，沙堤新筑必无尘。

湘江秋夕

三湘月色三湘水，浸骨寒光似练铺。一夜塞鸿来不住，故乡书信半年无。

将过湖南经马当山庙因书三绝

人说马当波浪险，我经波浪似通衢。大凡君子行藏是，自有龙神卫过湖。

贪残官吏虔诚谒，毒害商人沥胆过。只怕马当山下水，不知平地有风波。

九江连海一般深，未必船经庙下沉。头上苍苍没瞒处，不如平取一生心。[①]

①杜荀鹤诗辑自《杜荀鹤文集》，上海古籍出版社 1981 年影印本。

卷十七

曹松

曹松（约848—约903），字梦徵，唐舒州（今安徽桐城）人。光化四年（901）中进士，年已七十余，特敕授官，得校书郎。有《曹松诗集》三卷，《全唐诗》存诗二卷，《全唐诗外编》补诗一首。

题湖南岳麓寺

海云山上寺，每到每开襟。万木长不住，细泉听更深。蜩沾高雨断，鸟遇夕岚沉。此地良宵月，秋怀隔楚砧。

赠衡山廪明府

为县潇湘水，门前树配苔。晚吟公籍少，春醉积林开。涤砚松香起，擎茶岳影来。任官当此境，更莫梦天台。

岳阳晚泊

轻帆下阔流，便泊此沙洲。湖影撼山朵，日阳烧野愁。白波争起倒，青屿或沉浮。是际船中望，东南仞仞秋。

陪湖南李中丞宴隐溪

竹林啼鸟不知休，罗列飞桥水乱流。触散柳丝回玉勒，约开莲叶上兰舟。酒边旧侣真何逊，云里新声是莫愁。若值主人嫌昼短，应陪秉烛夜深游。

洞庭湖

东西南北各连空，波上唯留小朵峰。长与岳阳翻鼓角，不离云梦转鱼龙。吸回日月过千顷，铺尽星河剩一重。直到劫余还作陆，是时应有羽人逢。

将入关行次湘阴

背顾秦城在何处，图书作伴过湘东。神鸦乱噪黄陵近，候雁斜沉梦泽空。打桨天连晴水白，烧田云隔夜山红。也知渐老岩栖稳，争奈文闱有至公。①

郑巢

郑巢，钱塘（今浙江杭州）人。大中间举进士。不仕而终。著有诗一卷，《唐才子传》传于世。《全唐诗》存诗一卷。

送衡州薛从事

吟去望双旌，沧洲晚气清。遥分高岳色，乱出远蝉声。楚霁云连寺，湘寒浪浸城。孤猿不可听，一听白髭生。

送李式

潇湘路杳然，清兴起秋前。去寺多随磬，看山半在船。绿云

①曹松诗辑自《全唐诗》卷七一六、七一七。

天外鹤，红树雨中蝉。莫使游华顶，逍遥更过年。①

李咸用

李咸用，郡望陇西（今甘肃临洮）人。应举不第。尝应辟为推官。与修睦、来鹏等有交谊，时有唱酬。咸用工诗，尤擅乐府、律诗。著有《披沙集》六卷，《文献通考》传于世。《全唐诗》存诗三卷。

江行

潇湘无事后，征棹复呕哑。高岫留斜照，归鸿背落霞。鱼残沙岸草，蝶寄洑流槎。共说干戈苦，汀洲减钓家。

湘浦有怀

鸿雁哀哀背朔方，余霞倒影画潇湘。长汀细草愁春浪，古渡寒花倚夕阳。鬼树夜分千炬火，渔舟朝卷一蓬霜。侬家本是持竿者，为爱明时入帝乡。

和人湘中作

湘川湘岸两荒凉，孤雁号空动旅肠。一棹寒波思范蠡，满尊醇酒忆陶唐。年华蒲柳雕衰鬓，身迹萍蓬滞别乡。不及东流趋广汉，臣心日夜与天长。

夏日别余秀才

岳麓云深麦雨秋，满倾杯酒对湘流。沙边细柳牵行色，水面

---

①郑巢诗辑自《全唐诗》卷五〇四。

轻烟画别愁。敢待傅岩成好梦，任从磻石挂纤钩。镜机冲漠非吾事，自要青云识五侯。

送黄宾于赴举

秋风昨夜满潇湘，衰柳残蝉思客肠。早是乱来无胜事，更堪江上揖离觞。澄潭跃鲤摇轻浪，落日飞凫趁远樯。渔父不须探去意，一枝春臬月中央。

送河南韦主簿归京

岩风爱日泪阑干，去住情途各万端。世乱敢言离别易，时清犹道路行难。舟维晚雨湘川暗，袖拂晴岚岘首寒。见说满朝亲友在，肯教憔悴出长安。①

刘松

刘松，字嵇美，袁州人。进士，与李咸用有过往。尝集其诗四百七十篇为《宜阳集》。《全唐诗》无刘松诗。

题九疑山

灵山登暂歇，欲别忍携筇。却上云房后，翻思尘世慵。坛铺秋月静，竹挂晓烟浓。稽首壶中客，仙方愿指踪。②

---

①李咸用诗辑自《唐李推官披沙集》，《四部丛刊》本，上海商务印书馆 1919 年版。
②辑自《萍乡县志》卷六，清同治十一年刊本。

王棨

王棨，字辅之，福清（今属福建）人。咸通三年（862），登进士第。官至水部郎中。黄巢乱后，不知所终。著有《麟角集》一卷。《全唐诗》未收其诗，《全唐诗外编》存诗二十一首。《全唐文》有文两卷。

回雁峰赋以色峙晴空回翔此际为韵

衡岳云开，见一峰兮，秀出崔嵬。彼群雁以遥翥，抵重峦而尽回。岂非渐木有程，宜从兹而北向；随阳既远，不过此以南来。观夫苍翠遐标，嵚崟孤峙。轻岚侵碧落之色，斜影染晴江之水。彼则俟时而动，渺塞外以爰来；此惟无得而逾，望岩前而载止。拂此穹崇，归心忽同。遇瀑布而如惊飞缴，映垂藤而若避虚弓。绝顶千仞，悬崖半空。遥观增逝之姿，似随风退；潜究知还之意，不为途穷。盖以应候无差，来宾有则。敛飘飘之云翰，阻岩岩之黛色。亦犹鸲鹆，逾清济以无因；何异鹧鸪，度澄江而不得。于时洞庭木落，云梦霜晴。肃肃方临于鸟道，嗈嗈俄背于猿声。稍类乎王子乘舟，已尽山阴之兴；曾参命驾，因闻胜母之名。若夫壁立天南，屏开空际。信紫阁以难匹，何香炉之可媲。徒见其似恨山堑，如悲迢递。遽旋遵渚之心，倏别参云之势。殊不知识其分而不越，守其心而有常。若戢藻以咀菱，可居彭蠡；若浮深而越广，自有潇湘。志在养毛羽，违雪霜。何集九疑而栖息，历五岭以翱翔。大鹏闻而笑之曰：余北海而来，南溟是徙。高飞而万里倏忽，下视而千岭逦迤。嗟乎！衔芦违漠之群，年年至此。

芙蓉峰赋以峰势孤异前望似之为韵

叠翠重重，数千仞兮。峭若芙蓉，非华岳之高掌，是衡山之一峰。朝日耀而争鲜，岚光欲拆；秋风击而不落，秀色长浓。懿乎嶷若削成，端然杰起。虽千寻之直上，犹一朵之孤峙。耸碧空而出水无别，倚斜汉而凌波酷似。吐荣发秀，非因沼沚之中；固蒂深根，已在乾坤之里。徒观夫壁立茎直，霞临彩鲜。上下逦迤而九疑失翠，旁侧参差而五岭迷烟。秋夜弥高，宛在金波之侧；晴光半露，遥当玉叶之前。似吐江南，如开空际。高低斗紫盖之色，向背异香炉之势。剑虽合质，匪三尺之微茫；石纵同规，殊一拳之琐细。况乎高列五岳，光留四时。名芳熊耳，影秀峨眉。然而只可登也，诚难采之。几处楼中，送目有池塘之景；谁家林表，凝情忘草树之姿。帐号既同，冠形无异。对夏云而竞峭，映花岩而增媚。遂使娥皇晓望，潜怜覆水之规；虞帝南巡，暗起涉江之思。由是楚泽阴远，湘流影孤。挺烟萝之葱翠，写菡萏之形模。本不崩而不骞，谁人欲拔；若无冬而无夏，何代能枯。余尝迥野遥眄，晴天远望。见《国风》隰有之体，嘉《离骚》木末之状。乃曰：亦可以献君王之寿，助山河之状。夸娥二子胡不移来，与莲峰而相向。①

李密思

李密思，生卒年及生平不详。《全唐文》存文一篇。

①王棨文辑自《全唐文》卷七七〇。

湘君庙记

洞庭山，盖神仙洞府之一也。以其洞府之庭，故以是称。湖名因山，自上古而然矣。昔人有立湘君祠于此山，因复谓之君山。其庙宇为秦皇毁废，后亦久无构葺者。是山去郡郭二十里，而近人未尝敢居其中。按《图经》，此山不受秽恶，无猛兽。愚以为海有圆峤、蓬岛之类，人可望而不可至。兹山垤堄波心，云水四周，人可至而不可居，宁非圆峤、蓬岛之亚欤？固为神灵之所凭依，宜矣！旧俗邦人祷禜水旱，尝于此山。且患庙貌靡存，无展敬之所者久矣。密思以咸通二年，谬宰巴陵。其年六月，因时雨不降，遂洁斋躬祷于山。将涉，逆波触舟，众以为不可渡，乃皆请止。予谓骄阳害稼，虑困吾民，岂可偷安哉？因命速棹去岸。俄而长飚东来，委波顺送，帆席半挂，已及山址。于是祷拜既毕，舣棹将归。则赫日掩光，玄云四集。向者东风爰息，西风又兴。舟子皆拥棹闲笑，倏至邑步。及县署，则甘泽溥降，一夕而涨陂溢塍。里巷欢呼，相以为贺。众尤异者，自卯及申，一往一复，转风徇意，如用迎送。则知非至神无以动阴阳，非至诚无以感灵应。昭昭显验，诚可嘉之。密思由是默度于心，将建祠宇。会有阻而逾年未克。及我使君濮阳公之来也，抚此疲氓，一振仁风。俾俗安物泰，于是得以为请。因蒙敦勉之，遂成兹宇。其堂室图塑，皆洁而无华，约而且备。不悖于俗，不役于民。袭千古之遗迹，葺一时之坠典。人皆悦矣，神必据之。所期福我黎元，寿我疆土。疫疠灾荒，绝于境内。雪霜风雨，咸顺其时。永久无疆，愿显莫忘。此非独纪建庙之微绩，且欲旌神灵之有征，带砺山河，唯兹乎不泯。有唐咸通四年癸未五月十八日己卯，朝请郎岳州巴陵县令李密思撰。①

吕岩

吕岩，一名岩客，字洞宾（即吕洞宾），号纯阳子，自称回道人。世称吕祖或纯阳祖师，为民间神话故事八仙之一。河中永乐人。② 咸通初中第，两调县令。《全唐诗》存诗四卷。

真人行巴陵市太守怒其不避使案吏具其罪真人曰须酒醒耳顷忽失之但留诗曰

暂别蓬莱海上游，偶逢太守问根由。身居北斗星杓下，剑挂南宫月角头。道我醉来真个醉，不知愁是怎生愁。相逢何事不相认，却驾白云归去休。

朗州戏笔二首

贾墨遨游到朗州，无端太守问因由。家居北斗星辰下，剑挂南山月角头。朝觐玉皇登宝殿，暮随王母宴琼楼。知君相见不相识，回首白云归去休。

数年不到鼎城游，反掌俄经八十秋。刘氏宅为张氏宅，谢家楼作李家楼。千金公子皆空手，三岁孩儿尽白头。惟有两般依旧在，青山长秀水长流。

---

①辑自《全唐文》卷八〇二。

②较早的宋代记载，称他为“关中逸人”或“关右人”。元代以后比较一致的说法，则为河中府蒲坂县永乐镇人，或称世传为东平人。《唐才子传》作京兆人。此从《全唐诗》。

赠滕宗谅

华州回道人，来到岳阳城。别我游何处，秋空一剑横。

潭州鹤会

这回相见不无缘，满院风光小洞天。一剑当空又飞去，洞庭惊起老龙眠。

洞庭湖君山颂

午夜君山玩月回，西邻小圃碧莲开。天香风露苍华冷，云在青霄鹤未来。

与潭州智度寺慧觉诗并引

余游韶、郴，东下湘江。今见觉公，观其禅学精明，性源淳洁，促膝静坐，收光内照。一衲之外无余衣，一钵之外无余食。达生死岸，破烦恼彀。方今佛衣寂寂兮无传，禅理悬悬兮几绝。扶而兴者，其在吾师乎？

达者推心兼济物，圣贤传法不离真。请师开说西来意，七祖如今未有人。

崔中举进士游岳阳遇真人录沁园春词诘其姓名荐之李守排户而入惟见留诗于壁

腹内婴儿养已成，且居廛市暂娱情。无端措大刚饶舌，却入白云深处行。

绝句

朝游北越暮苍梧，袖里青蛇胆气粗。三入岳阳人不识，朗吟飞过洞庭湖。

闲题

独自行来独自坐，无限世人不识我。惟有城南老树精，分明知道神仙过。①

汪遵

汪遵，一作江遵，一作王道，一作王遵。宣州泾县人。咸通七年(866)，擢进士第。遵诗有集，《唐才子传》传于世。《全唐诗》存其诗一卷，共六十一首。《全唐诗外编》作江遵，补诗二首。

三闾庙

为嫌朝野尽陶陶，不觉官高怨亦高。憔悴莫酬渔父笑，浪交千载咏离骚。

招屈亭

三闾溺处杀怀王，感得荆人尽缟裳。招屈亭边两重恨，远天秋色暮苍苍。

屈祠

不肯迂回入醉乡，乍吞忠梗没沧浪。至今祠畔猿啼月，了了犹疑恨楚王。

---

①吕岩诗辑自《全唐诗》卷八五六至九〇〇。

斑竹祠

九处烟霞九处昏，一回延首一销魂。因凭直节流红泪，图得千秋见血痕。①

李屿

李屿，字鲁珍，长安（今陕西西安）人，生于南海。光启三年（887），登进士第。《全唐诗》存诗一首。

过洞庭

浩渺注横流，千潭合万湫。半洪侵楚翼，一汉属吴头。动轴当新霁，漫空正仲秋。势翻荆口迮，声拥岳阳浮。远脉滋衡岳，微凉散橘洲。星辰连影动，岚翠逐隅收。渐落分行雁，旋添趁伴舟。升腾人莫测，安稳路何忧。气与尘中别，言堪象外搜。此身如粗了，来把一竿休。②

吴融

吴融，字子华，越州山阴（今浙江绍兴）人。龙纪元年（889），登进士第。曾随宰相韦昭度出讨西川，任掌书记，累迁侍御史。翰林学士承旨。有《唐英歌诗》三卷，明汲古阁刊本。《全唐诗》存诗四卷。

---

①汪樽诗辑自《全唐诗》卷六〇二。
②辑自《唐诗纪事》卷七一。

子规

举国繁华委逝川，羽毛飘荡一年年。他山叫处花成血，旧苑春来草似烟。雨暗不离浓绿树，月斜长吊欲明天。湘江日暮声凄切，愁杀行人归去船。①

徐夤

徐夤，字昭梦，莆田（今属福建）人。登乾宁进士第，授秘书省正字。依王审知，礼待简略，遂拂衣去，归隐延寿溪。著有《探龙》、《钓矶》二集，存诗二百六十五首。《全唐诗》收诗四卷。

岳州端午日送人游郴连

五月巴陵值积阴，送君千里客于郴。北风吹雨黄梅落，西日过湖青草深。竞渡岸傍人挂锦，采芳城上女遗簪。九嶷云阔苍梧暗，与说重华旧德音。

览柳浑汀洲采白蘋之什因成一章

采尽汀蘋恨别离，鸳鸯鸂鶒总双飞。月明南浦梦初断，花落洞庭人未归。天远有书随驿使，夜长无烛照寒机。年来泣泪知多少，重叠成痕在绣衣。

泪

发事牵情不自由，偶然惆怅即难收。已闻抱玉沾衣湿，见说

---

①辑自《全唐诗》卷六八六。

迷途满目流。滴尽绮筵红烛暗，坠残妆阁晓花羞。世间何处偏留得，万点分明湘水头。①

郑启

郑启，袁州宜春（今江西宜春）人，郑谷之兄。《全唐诗》存诗三首。

九疑山

天放烟晴绕四围，九峰高处彩云飞。仙坛丹灶灵犹在，鹤驾青霄去不归。晋末几迁风景别，尘中空换子孙非。松花落尽无消息，夜半疏钟彻翠微。②

郑谷

郑谷（约851—910），字守愚，江西宜春市袁州区人。光启三年(887)，登进士第。曾授京兆鄠县尉，迁右拾遗补阙。官终都官郎中，又以《鹧鸪诗》得名，人称“郑鹧鸪”。有《云台编》三卷、《宜阳集》三卷、《国风正诀》一卷。《全唐诗》存诗四卷。

赠别

南游曾共游，相别倍相留。行色回灯晓，离声满竹秋。稳眠彭蠡浪，好醉岳阳楼。明日逢佳景，为君成白头。

---

①徐夤诗辑自《全唐诗》卷六八六。
②辑自《萍乡县志》卷五，乾隆四十九年刻本。

南游

凄凉怀古意，湘浦吊灵均。故国经新岁，扁舟寄病身。山城多晓瘴，泽国少晴春。渐远无相识，青梅独向人。

望湘亭

湘水似伊水，湘人非故人。登临独无语，风柳自摇春。

浯溪

湛湛清江叠叠山，白云白鸟在其间。渔翁醉睡又醒睡，谁道皇天最惜闲。

远游

江湖犹足事，食宿戍鼙喧。久客秋风起，孤舟夜浪翻。乡音离楚水，庙貌入湘源。岸阔凫鹭小，林垂橘柚繁。津官来有意，渔者笑无言。早晚酬僧约，中条有药园。[①]

许彬

许彬，一作郴，亦作琳。睦州（今浙江建德）人。与郑谷同时。举进士屡不第。长于五律，其诗多送别题咏之作。《全唐诗》存诗一卷。

---

①郑谷诗辑自《全唐诗》卷六七四至六七七。

湘江

孤舟方此去，嘉景称于闻。烟尽九峰雪，雨生诸派云。沙寒鸿鹄聚，底极龟鱼分。异日谁为侣，逍遥耕钓群。①

袁皓

袁皓（？—890），字退山，自称碧池处士，袁州府宜春（今江西宜春县）人。咸通六年（865）进士。《全唐诗》存诗四首。

寄岳阳严使君

得意东归过岳阳，桂枝香惹蕊珠香。也知暮雨生巫峡，争奈朝云属楚王。万恨只凭期克手，寸心唯系别离肠。南亭宴罢笙歌散，回首烟波路渺茫。②

尚颜

尚颜，俗姓薛，字茂圣，汾州人。唐末五代诗僧。出家荆门，又曾居庐山、潭州、峡州等地。工五言诗。著有《荆门集》五卷，已佚。《全唐诗》存诗一卷。

秋夜吟

梧桐雨畔夜愁吟，抖擞衣裾藓色侵。枉道一生无系着，湘南

①辑自《全唐诗》卷六七八。

②辑自《唐诗纪事》卷六七。

山水别人寻。①

李当

李当，曾任义阳守，历中书舍人、户部侍郎，咸通十四年官湖南观察使。

题朝阳洞

江上朝阳洞，无人肯暂过。今来惬心赏，回首恋烟萝。②

修睦

修睦（？—918），号楚湘，唐末五代诗僧。光化中（899），为洪州僧正。著有《东林集》一卷，已佚。《全唐诗》存诗二十七首。

宿岳阳开元寺

竟夕凭虚槛，何当兴叹频。往来人自老，今古月常新。风逆沉鱼唱，松疏露鹤身。无眠钟又动，几客在迷津。

岳阳对柳

谁此种秋色，令人看莫穷。正垂云梦雨，不奈洞庭风。昔出长安道，独游隋苑东。当时今日思，须信苦相同。

---

①辑自《万首唐人绝句》卷六四。
②辑自《朝阳岩集》，嘉靖黄氏刻本。

题虎掊泉

一自虎掊得，清声四远流。众人怜尔处，长夜洗心头。出谷花随去，背岩猿下偷。林边落江徼，风起两翛翛。

僧院泉

澄澈照人胆，深山只一般。来难穷处所，心去助波澜。砌曲夜声苦，窗虚客梦阑。无心谁肯爱，时有老僧看。

岳上作

始好步青苔，蝉声且莫催。辛勤来到此，容易便言回。远水月未上，四方云正开。更堪逢道侣，特地话天台。

望西山

积翠异诸岳，令人看莫休。有时经暮雨，独得倚高楼。云外僧应老，林间水正秋。到头归隐处，岂在问嵩丘。

题僧院泉

何处云根新布得，归仍半日在烟萝。莫轻竹引经窗小，须信更深入耳多。绕砌虽然清自别，出门长恐浊相和。从此无心恋沧海，沧海无风亦起波。①

①修睦诗辑自《全唐诗》卷八四九、八八八。

谭意歌

谭意歌，后名文婉，小字英奴。生于英州（今广东省英德县）。晚唐名士谭从道的女儿。谭从道客死长沙，家道末落，流落长沙乐籍，为官妓丁婉卿收养。

游岳麓

真仙去后已千载，此构危亭四望赊。灵迹几迷三岛路，凭高空想五云车。清猿啸月千岩晓，古木吟风一径斜。鹤驾何时还故里，江城应少旧人家。①

马殷

马殷（852—930），字霸图，许州鄢陵（今属河南）人。五代十国时楚国的建立者。唐朝时历仕潭州刺史、湖南节度使。后梁时称臣。开平元年（907）封楚王，次年后唐封他为楚国王。在位期间，大力发展经济，使楚国强盛一时。

求致仕表

臣已营衡麓之间，为菟裘之地。愿上印绶，以保余龄。②

①辑自《青琐高议》别集卷之二，清红药山房钞本。
②辑自《资治通鉴》卷二七四，中华书局1956年版。

沈彬

沈彬（864—961），字子文，一作子美。筠州高安（今江西高安市）人。唐末应举不第。曾南游湖湘，寻仙访道。擅长诗，与僧虚中、齐己为诗友。著有《沈彬书集》一卷，已佚。《全唐诗》存诗十九首。

题苏仙山

眼穿林罅见郴州，井里交连侧局楸。味道不来闲处坐，劳生更欲几时休。苏仙宅古烟霞老，义帝坟荒草木愁。千古是非无处问，夕阳西去水东流。

献马殷颂德

金翅动身摩日月，银河转浪洗乾坤。

题法华寺

地隈一水巡城转，天约群山附郭来。

湘江行

数家鱼网疏云外，一岸残阳细雨中。①

崔涂

崔涂（854—?），字礼山，江南（今浙江省富春江一带）人。光

①辑自《全唐诗》卷七四三。

启四年（888）中进士。终生飘泊，曾漫游巴蜀、吴楚等地，故其诗多以飘泊生活为题材，情调苍凉。《全唐诗》存其诗一卷。

湘中秋怀迁客

兰杜晓香薄，汀洲夕露繁。并闻燕塞雁，独立楚人村。雾散孤城上，滩回曙枕喧。不堪逢贾傅，还欲吊湘沅。

湖外送友人游边

我泛潇湘浦，君行指塞云。两乡天外隔，一径渡头分。雨暗江花老，笳愁陇月曛。不堪来去雁，迢递思离群。

屈原庙

谗胜祸难防，沉冤信可伤。本图安楚国，不是怨怀王。庙古碑无字，洲晴蕙有香。独醒人尚笑，谁与奠椒浆？

送道士于千龄游南岳

物外与谁期，人间又别离。四方多事日，高岳独游时。猿狖潇湘树，烟波屈宋祠。无因陪此去，空惜鬓将衰。

孤雁

湘浦离应晚，边城去已孤。如何万里计，只在一枝芦。迥起波摇楚，寒栖月映蒲。不知天畔侣，何处下平芜。

几行归去尽，片影独何之。暮雨相呼失，寒塘独下迟。渚云低暗度，关月冷遥随。未必逢矰缴，孤飞自可疑。

过二妃庙

残阳楚水畔，独吊舜时人。不及庙前草，至今江上春。

湘中弦

苍山遥遥江潾潾，路傍老尽没闲人。王孙不见草空绿，惆怅渡头春复春。

烟愁雨细云冥冥，杜兰香老三湘清。故山望断不知处，鶗鴂隔花时一声。

题授阳镇路

越鸟巢边溪路断，秦人耕处洞门开。小桃花发春风起，千里江山一梦回。①

谭用之

谭用之，字藏用，五代人，入宋。善为诗而官不达。著有《谭藏用诗》一卷，《全唐诗》存诗一卷。

秋宿湘江遇雨

江上阴云锁梦魂，江边深夜舞刘琨。秋风万里芙蓉国，暮雨千家薜荔村。乡思不堪悲橘柚，旅游谁肯重王孙。渔人相见不相

---

①崔涂诗辑自《全唐诗》卷六七九。

问，长笛一声归岛门。①

钱珝

钱珝，字瑞文，吴兴（今属浙江）人，钱起的曾孙。乾符六年（879）进士，一说广明元年（880）进士。官中书舍人。后贬抚州司马。著有《舟中录》二十卷，已佚。《全唐诗》存诗一卷。

裴侍郎湘川回以青竹筒相遗因而赠之

楚竹青玉润，从来湘水阴。缄书取直节，君子知虚心。入用随宪简，积文不受金。体将丹凤直，色映秋霜深。宁肯假伶伦，谬为龙凤吟。唯将翰院客，昔秘瑶华音。长跪捧嘉贶，岁寒惭所钦。

居遁

居遁（835—923），俗姓郭，抚州南城（今江西抚州）人。世称龙牙居遁。十四岁于吉州（江西）满田寺出家，复往嵩岳受戒。策杖游方，遍参禅席。初投翠微无学与临济义玄曾受湖南马氏之邀请，住龙牙山妙济寺，号“证空大师”。龙德三年（923）卒。所作歌行偈颂，颇行于世。存诗九十六首。《全唐诗》无居遁诗。

龙牙和尚偈颂

夫人学道莫贪求，万事无心道合头。无心体得无心道，体得

①辑自《唐诗归》卷三五，上海古籍出版社影印本。

无心道也休。

学道先须且学贫，学贫贫后道方亲。一朝体得成贫道，道用还如贫底人。

学道蒙师指却闲，无中有路隐人间。直饶讲得千经论，一句临机下口难。

学道先须立自身，直教行处不生尘。僧真不假居岩室，到处无心即在人。

学道先须有悟由，还如曾斗快龙舟。虽然旧阁闲田地，一度赢来方始休。

学道先须息万机，将机学道转生疑。此门广大无遮障，学者虽多达者稀。

一得无心便道情，六门休歇不劳形。有缘不是余朋友，无用双眉却弟兄。

一得无心便豁空，只因先圣祖门通。个中若向三乘学，万劫无因得遇逢。

自体如如任运常，因兹行歇在三湘。双眉无用是毫相，说处无分舌广长。

自小从师学祖宗，闲华犹似缠人蜂。僧真不假栖云外，得后无心色亦空。

得圣超凡不作声，卧龙长怖碧潭清。人生若得长如此，大地那能留一名。

得道还同未得人，心无胜负自安神。从前古德称贫道，向此门中能几人？

心空不及道空安，道与心空状一般。参玄不是道空士，一乍相逢不易看。

此生不息息何时，息在今生共要知。心息仙因无妄想，妄空心息是休时。

劫火曾将无气吹，不劳心力当时萎。人天不见风尘起，怖息无招各自归。

人若无心称道情，觑见无明道已明。人能弘道道能显，道在人中人自宁。

何事朝愁与暮愁，少年不学老还羞。骊珠不是骊龙惜，自是时人不解求。

了得心源处处安，何须终日对林峦。玉向火中烧转润，莲华在水叶长干。

扫地煎茶及针把，更无余事可留心。山门有路人皆到，我户无门那畔寻？

或居城郭或居山，得道无心在处闲。实似小儿归父母，身衣随分补遮寒。

道情六用如眉用，用处如眉始可观。人见道时如寂寞，人情全是道情安。

拟学论情实苦哉，疑心不断妄难摧。未了携囊须且去，得闲无事却回来。

四气吹成物不虚，可怜青叶下垂珠。虽然种得无心宝，一任傍人恣意须。

世人无心不能治，致祸愁生累及眉。一朝体得心无事，眉放毫光自不知。

僧房阒寂夏修持，闭户疏人怪亦知。侬家自有同风事，千里无来却肯伊。

临窗不觉寸阴移，火急修行早是迟。白日只陪人事过，园林那得道成时。

缘觉声闻未尽空，人天来往访真宗。争如佛是无疑士，端坐无心只么通。

顶相拟求终不见，应缘同谷不违方。此门别处无寻路，只有休心更断当。

三事无忧乐道情，且陪云水不求名。任渠更作千般解，体自无暇不染青。

将心除妄妄难忘，不体玄微事转忙。未了只言如来秘，觉后方知不覆藏。

道者无端学画龙，元来未得笔头踪。一朝体得真龙后，始觉平生枉用功。

凡有含生共一尘，先圣精勤早出伦。彼既丈夫我亦尔，谁遣他春我不春。

毫厘有差千里隔，刹那一悟祖师齐。玄微须向玄中体，道用还教道者知。

参玄道者莫因循，学处须教皂白分。千圣从来无异路，妄缘机智有多门。

向前吴氏学丹青，不体僧繇事不精。画马不成驴亦失，时人尽笑枉平生。

粉壁朱门事岂繁，高墙扃户住如山。莫言城郭无休士，人若无心在处闲。

俭用贵图延日月，补衣还免到人间。无心道者方如此，未得无心也大难。

冷月霜天道者孤，一堂禅侣守寒炉。衲衣穿处冰侵骨，夜坐更深炭也无。

万般施设不如常，又不惊人又久长。如常恰似秋风至，无意凉人人自凉。

膝袴斑阑火炙成，浑身破碎不能惊。山房独坐观极乐，豁然无事畅人情。

一室一床居物外，一瓶一钵寄生涯。门前纵有通村路，是我何曾识一家。

昔生未了今须了，此生度取累生身。古佛未悟同今者，悟了今人即古人。

木食草衣心似月，一生无念复无涯。时人若问居何处，渌水青山是我家。

朝看花开满树红，暮观花落树还空。若将华比人间事，花与人间事一同。

柳色含烟山花笑，莺啼林下几人知？后生正好寻玄路，莫弃光阴虚度时。

志慕空门誓不休，莫将闲事挂心头。白云便是修行伴，从听时光去不留。

知身是幻不求名，浮沤出没几时生。借问云山学道者，此去修行早晚成。

在梦那知梦是虚，觉来方觉梦中无。迷时恰似梦中士，悟后还同睡起夫。

迷人未了劝盲聋，土上加泥更一重。了人有意如迷意，只在迷中迷不逢。

人情浓厚道情微，道用人情世岂知。空有人情无道用，人情能得几多时？

成佛人稀念佛多，念来岁久却成魔。君今欲得易成佛，无念之心不较多。

家具纵纵一老翁，眉间长发白匆匆。心休意息从何有，只为心头万事空。

二时粥饭随长短，三界休求也大精。世间大有多求者，直至无常不称情。

未了及时亲遍礼，不须端坐守清贫。直似罗睺罗密行，争如迦叶不闻闻。

若教求道似求名，世上无人道不成。心静道场何曾到，世间尘路等闲行。

杉松直拔映峰峦，一色长青道者看。四气盛衰无变异，岂同凡木有多般。

就中慈母感儿情，失便哀啼处处惊。门市人多非是母，虽然观瞩泪还盈。母来寻见儿还见，当下回颜不作声。

眉间豪相焰光身，事见争如理见亲。事有只因于理有，理慈方便化天人。一朝大悟俱消却，方得名为无事人。

沙门莫苦远只桓，身四威仪且自观。蓬若出麻终不直，僧离清众太无端。从前上古诸先德，尽向丛林里获安。

人天须假像行持，无像无形世岂知？空生体得岩中坐，华雨由来责见迟。三乘欲学如斯事，直似空生方始知。

一切名山到因脚，辛苦年深与袜著。如今年老不能行，手里把个破木杓。破木杓，俵与众生甘露药。众生吃了尽惺惺，一切昏迷皆失却。

无端遣向墨池边，染得身衣黑似烟。却去上流清处洗，身心用尽亦如然。令教脱却重披素，不免依前著净缘。染净二途俱不了，到头须得自心玄。

拟住城隍守不非，见云生处又思归。三间茅舍喜犹在，九带青萝尚绕围。松柏近栽方始盛，槿花秋首未尝萎。山云叆叇虽垂布，承揽不知谁复谁?

自从知始觉无明，一衲随缘只么行。被人骂辱无心诤，见说无为上拟争。只合守愚居暗室，又缘缁素要分明。为报往来参学者，得师无意始无生。

微微细雨下多时，百卉抽枝长不知。正化叵兴民自赡，叵兴民赡亦如斯。天观万物如刍狗，有覆无心更望伊。不因无事在林在，争觉王侯有此资。

备米柴茶是事殷，茅茨蓬户不惊人。晨朝有粥斋时饭，资我如常任运身。冬至息心随分过，春来量力事须勤。支持若得今生度，来世还如无事人。

学道如钻火，逢烟且莫休。直待金星现，归家始到头。

阎浮有大宝，见少得人稀。若人将献我，成佛一饷时。

悟则一饷时，能了万劫疑。若人万劫疑，不了一饷时。

不了万劫疑，古德岂论之。为报参玄士，须怀悔底时。

寻牛须访迹，学道访无心。迹在牛还在，无心道易寻。

夜寒宜向火，护众到天明。日出身温暖，心惺思更惺。

岂是无干意，多求失道情。我见多求者，年高事不成。

老似临江树，风摇枝必危。岸崩随水去，入海勿人追。

道死如枯木，波涛岂更违。时人虽不顾，能歇海盲龟。

新创三间舍，多泥虑有风。门前无贵客，拙意懒迎逢。

饭吃随时食，心穿独自缝。若人来问我，招手报伊聋。

十月夜明深，山寒冷彻心。弃缘求大道，一衲更无衾。

体得如来意，知无寒暑侵。悟无成佛者，一一尽无心。

破布裹闲身，无言可示人。居山山得乐，住郭郭还欣。

体得无生意，朝朝近古人。若也更不会，虽乐苦临身。

唯念深秋扇，临冬转就闲。银装将物裹，箧作插檐间。

只为因无用，方能伴住山。不因无用后，伴我住应难。

柱杖行低道，逢溪澡漱多。平田偏乐坐，人命可经过。

守道身心息，资缘岂挠他。除非僧次外，归寺补袈裟。

觉倦烧炉火，安铛便煮茶。就中无一事，唯有野僧家。

一念心清净，莲华处处开。一华一净土，一土一如来。

头戴朝生菌，身披补破衣。见贫人可可，同道乃方知。

龙牙山里龙，形非世间色。世上画龙人，巧巧描不得。

唯有识龙人，一见便心息。

西来意未明，徒学诸知见。不识本真性，契道即悬远。

若能明实相，岂用陈知见。一念了自心，开佛诸知见。

寄语诸仁者，复以何为怀。达道见自性，自性即如来。

天真元具足，修证转差回。弃本却逐末，只守一场呆。

唯念门前树，能容鸟泊栖。来者无心唤，腾身不慕归。若人心似树，与道不相违。①

君若随缘得似风，吹沙走石不劳功。但于事上通无事，见色闻声不用聋。②

吴涵虚

吴涵虚（？—935），字含灵，江西人。五代时道士。居南岳六七年。好睡，经旬不饮食，俗呼为吴猱。素不攻文，偶作诗，甚奇绝。清泰二年（935），白日升天。《全唐诗》存诗一首。

上升歌

玉皇有诏登仙职，龙吐云兮凤著力。眼前蓦地见楼台，异草奇花不可识。我向大罗观世界，世界即如指掌大。当时不为上升忙，一时提向瀛洲卖。③

廖匡齐

廖匡齐，虔州虔化（今江西赣县）人。“天策府十八学士”廖匡图之弟。后晋天福四年（939）八月，楚王马希范命刘勍、廖匡齐领五千衡山兵讨彭士愁。彭士愁败，弃城保山寨。后廖匡齐在进攻中战死。存诗一首。

---

①辑自《禅门诸祖师偈颂》卷上之上，《景德传灯录》卷二九。
②辑自《僧宝传》卷九，台湾商务印书馆 1986 年版。
③辑自《三洞群仙录》卷十九，齐鲁书社影印本。

游零陵见父题壁感而成诗

下马连声叩竹门，主人何事感遗恩。回头泣向儿童道，重见甘棠旧子孙。①

郑遨

郑遨（866—939），字云叟，滑州白马（今河南滑县）人。隐居不仕，种田自给。著有《拟峰集》二十卷，已佚。《全唐诗》存诗十七首。

宿洞庭

月到君山酒半醒，朗吟疑有水仙听。无人识我真闲事，赢得高秋看洞庭。②

李建勋

李建勋（约872—952），字致尧，广陵人，一作陇西人。仁南唐为丞相。少好学能属文，尤工诗。自号“钟山公”。著有《钟山集》二十卷，《唐才子传》传于世。《全唐诗》存诗一卷。

孤雁

欲食不敢食，合栖犹未栖。闻风亦惊过，避缴恨飞低。水阔

①辑自《五代诗话》卷七，人民文学出版社1998年版。
②辑自《唐诗纪事》卷七二。

缘湘困，云寒过碛迷。悲鸣感人意，不见夜乌啼。

寺居陆处士相访感怀却寄二三友人

湘寺闲居亦半年，就中昨夜好潸然。人归远岫疏钟后，雪打高杉古屋前。投足正逢他国乱，冥心未解祖师禅。炉烟向冷孤灯下，唯有寒吟到曙天。

道林寺

虽向钟峰数寺连，就中奇胜出其间。不教幽树妨闲地，别著高窗向远山。莲沼水从双涧入，客堂僧自九华还。无因得结香灯社，空向王门玷玉班。①

王贞白

王贞白（874—940），字有道，号灵溪，信州永丰（今江西广丰）人。五代著名诗人。乾宁二年（895）中进士，七年后授职校书郎。工诗，尝与罗隐、方干、贯休唱和。著有《灵溪集》七卷，已佚。《全唐诗》存诗七十八首。

湘妃怨

舜欲省蛮陬，南巡非逸游。九江沉白日，二女泣沧洲。目极楚云断，恨深湘水流。至今闻鼓瑟，咽绝不胜愁。②

---

①李建勋诗辑自《全唐诗》卷七三九。

②辑自《文苑英华》卷二百五。

李存勖

李存勖（885—926），李克用长子，五代时期后唐政权的建立者。923 年 4 月在魏州（河北大名府）称帝，国号“唐”，史称后唐，是为后唐庄宗。后唐同光四年（926），死于兵变。存词四首，载《尊前集》。

题南岳山七言

融峰绝顶九霄边，独立孤峦势近天。北眺洞庭千里浪，南观石磏万坡烟。云藏碧涧泉声远，僧迫金乌耳伴喧。唯有此山侵上界，姮娥吹瑟古松前。①

孟宾于

孟宾于，字国仪，号玉峰叟，连州（今属广东）人。后晋天福九年（944）进士。因世乱还乡。后辟为永州军事判官，历阳山县令后归南唐，授水部员外郎。《全唐诗》存诗八首。

耒阳杜工部墓②

南游何感思，更甚叶缤纷。一夜耒江雨，百年工部文。青山当日见，白酒至今闻。惟有为诗者，经过时吊君。

---

①辑自《全唐诗补编·续拾》卷四一，中华书局 1992 年版。
②一作耒阳杜工部祠堂。

湘江亭

独宿大中年里寺，樊笼得出事无心。寒山梦觉一声磬，霜叶满林秋正深。

永州法华寺高轩

匝地人家凭槛见，远山秋色卷帘看。①

廖融

廖融，字元素，江西宁都人。性高洁，擅诗文。一生未曾仕进，耽于山水。《全唐诗》存诗六首。

谢翁宏以诗百篇见示

高奇一百篇，造化见工全。积思游沧海，冥搜入洞天。神珠迷罔象，端玉匪雕镌。休叹不得力，离骚千古传。

赠天台逸人

移桧托禅子，携家上赤城。拂琴天籁寂，攲枕海涛生。云白寒峰晚，鸟歌春谷晴。又闻求桂楫，载月十洲行。

古桧

何人见植初，老树梵王居。山鬼暗栖托，樵夫难破除。声高

①孟宾于诗辑自《全唐诗》卷七四〇。

秋汉迥，影倒月潭虚。尽日无僧倚，清风长有余。

题伍彬屋壁

圆塘绿水平，鱼跃紫莼生。要路贫无力，深村老退耕。犊随原草远，蛙傍堑篱鸣。拨棹茶川去，初逢谷雨晴。

赠王正己

吟高鄙俗流，傲逸访巢由。古寺寻僧饭，寒岩衣鹿裘。园桃山鼠啮，崖蜜猎人偷。遂这个清性，浮生不苟求。

赠狄涣

高卧白云乡，崖泉对阁凉。守贫无属道，多病数求方。耕犊惊雷駥，寒芜入圃荒。如何帝未梦，吟若顶铺霜。

梦仙谣

琪木扶疏系辟邪，麻姑夜宴紫皇家。银河旌节摇波影，珠阁笙箫吸月华。翠凤引游三岛路，赤龙齐驾五云车。星稀犹倚虹桥立，拟就张骞搭汉槎。

退宫妓

神仙风格本难俦，曾从前皇翠辇游。红踯躅繁金殿暖，碧芙蓉笑水宫秋。宝筝钿剥阴尘覆，锦帐香消画烛幽。一旦色衰归故里，月明犹梦按梁州。①

①廖融诗辑自《全唐诗》卷七六二；《诗话总龟》卷二八，《四部丛刊初编》本。

王元

王元，字文元，桂林人。隐居不仕，存诗五首。

登祝融峰

草叠到孤顶，身齐高鸟翔。势疑撞翼轸，翠欲滴潇湘。云湿幽崖滑，风梳古木香。晴空聊纵目，杳杳极穷荒。①

翁宏

翁宏，字大举，桂州（今广西桂林）人，一说桂岭（广西贺县东北）人。隐居不仕。宋开宝间，与王元、廖融等交游唱和。《全唐诗》存诗三首。

送廖融处士南游

病卧瘴云间，莓苔渍竹关。孤吟牛渚月，老忆洞庭山。壮志潜消尽，淳风竟未还。今朝忽相遇，执手一开颜。

秋残

又是秋残也，无聊意若何。客程江外远，归思夜深多。岘首飞黄叶，湘湄走白波。仍闻汉都护，今岁合休戈。

---

①辑自《诗薮》杂编四，上海古籍出版社 1958 年版。

湘江吟句

风回山火断，潮落岸冰高。①

江为

江为，本为宋州考城（今河南商丘）人，避乱家建阳（今福建建阳市）。累试不第。后因投越事发被诛。著有诗集一卷，已佚。《全唐诗》存诗八首。

岳阳楼

倚楼高望极，展转念前途。晚叶红残楚，秋江碧入吴。云中来雁急，天末去帆孤。明月谁同我，悠悠上帝都。

江行

越信隔年稀，孤舟几梦归。月寒花露重，江晚水烟微。峰直帆相望，沙空鸟自飞。何时洞庭上，春雨满蓑衣。②

---

①翁宏诗辑自《全唐诗》卷七六二。

②江为诗辑自《全唐诗》卷七四一。

车大任　车以遵　车万育等　撰
易孟醇　校点

邵阳车氏一家集

（二）

湖湘文库编辑出版委员会
岳麓书社

車教授集

李鐸題

车教授集卷一

车教授泌书传略子万备、万有、万藻，孙鼎立、鼎铨、鼎篆，曾孙闲

泌书，字香涵，号龙江，原名以蘧。省府志，号及原名均失载，兹从车氏谱补入。父大敬，字衷一。自少所学，一轨于正，规行矩步，无寒暑，衣冠竟日不寝不释，至性友爱。兄大同，仕滇南，大敬鬻己产以壮其行。虽八口不赡，弗恤也。性阔达，不治产业。与人交，和易而能守礼。里中有恶少，见之辟易，卒感动改行，人以为有彦方风。崇祯己卯，年七十七，始补廪贡。教学四十馀年，一时后进，皆以及其门为幸。年五十，未有子，人或虑之。大敬怡然曰："车衷一何至无后耶?"已而生子泌书，其孙曾均以学行科名显于时。卒年八十有二。著有《书经解》及《医说》各若干卷。

泌书自幼读书最敏，不以才自负，恣情诗酒山水间，三吴七闽，乘兴便往。虽雅尚通脱，而笃内行。明末遭乱，负父逃避山泽中，流离转徙，甘旨不缺。及父卒，丧殓尽礼。母范，偶病，汤药必亲，跬步弗左右离。弟洛书，早丧。二孤茕茕，适唐氏妹，家中落，泌书抚育教迪，逾于己子。迎妹氏一门于家，以慰母心。督学者重其行，檄署常德府学教授，时年已六十。子万备、万育，同捷癸卯乡试。万育成进士，官户垣矣。附录：南州黎元宽博庵、西泠顾豹文季蔚、睢阳王震生、临皋杨大鲲陶云、仁和顾龙友、西安杨雍建、封给谏公六十寿诗如下：黎元宽诗云："耆英社集广斓斑，人自金华殿上还。此日读书留美种，当年庄

吏历名山。下生孙子皆多福，仰视君亲匪异颜。忠孝一门犹一致，何劳用力转移官。”顾豹文诗云：“荆南紫气郁高霞，资水东流落雁沙。中有校人飞白凤，时移作者握灵蛇。鲁僖寿母萱堂乐，荀令佳儿兰苑夸。北极新须麟角杖，知君游履满天涯。”杨大鲲诗云：“壮游此日比龙门，武子声名裕后昆。膝下已看臣视草，堂前尤快母登轩。风高不羡闲居赋。春永偏宜万寿尊。会见国门崇异典，国恩家庆并盈门。”顾龙友诗云：“彩衣新自上方裁，承露金茎介寿杯。夙向孔庭娴鲤训，早看天驷架龙媒。浮湘仗剑千秋志，入洛题诗万里才。遥附华封同拜祝，德星辉映聚三台。”杨雍建诗云：“先生乐易推乡国，览胜常从万里游。洛下诗名齐供奉，中原誉望识荆州。庭看衣彩犹孺慕，教就传经到凤楼。丝竹东山能贶性，潇湘千顷足风流。”王震生诗云：“桃花洞口飞花香，桃花源水流汤汤。中有名贤耽高卧，鸾停鹄峙发其光。手探秘笈丹九转，玉颜碧发歌声长。族望清华溯武子，壮年肆力攻文章。由来孝友称至性，誉周党闾非寻常。一经遗子期远大，不愧王氏传青箱。珠树三枝依膝下，云霄双凤先翱翔。孝廉船傍茱萸岸，太史赋奏凌云杨。砖影花移陪侍从，藜精夜照翻缥缃。藜精砖影人争艳，天书五色纷辉煌。锦旋暂返龙山侧，正逢紫气盈门墙。宫衣喜看莱子舞，掌露携来玉案觞。受得一卮还侑母，此时壸范有高堂。高堂百岁诚希觏，令子贤孙福履康。我闻桃花洞即武陵地，花开花落迷仙乡。公也清风常啸傲，紫虬白鹤聊倘佯。麟脯麻姑擘，巨枣安期尝。更有岁星窃得长生方，岁岁年年乐未央。”滇藩之变，匿县南高霞山中，悲愤而卒。年六十有九。与其父大敬并祀乡贤。附录：湖广总都绥远将军蔡毓荣祭车封公文略云：“先生潇湘名士，以孝友为政，通国称之。叔子黄门，文章气节动天下。而先生优游林泉，不求不□，讵意长鲸鼓沫，震荡洞庭。而衡岳以南，尽沦胥于滔天之白浪。其时黄门在朝，先生在野，先生以念子之故，□于一日数惊之郊，遂不能待黄门之归，而蝉蜕于人间世矣。呜呼，哀哉！毓荣待罪行间，冲冒湖波，凡八阅月。迨岳城克复，拮据于武陵，虽时向南来官吏询先生林下风味，然无有人能言之者。忽于七月接黄门讣告，及所撰先生行状，始知伯子仲子衰绖已除，而黄门之苫块方始。此在路人犹将出涕，况纯孝如黄门，其将何以为情哉！虽然，古人有言，人莫不有一死，死或重于泰山，或轻于鸿毛。方滇逆之入楚也，介胄之士，望风解甲，而大小有司，迎降恐后，至于绅士之流，亦莫不蝇趋蚁赴，惟恐坐失时机。而先生独能匿隐深山，保身幽壑，戒子侄勿入城市，以避逆焰。昔人所谓全而生之、全而归之者，非先生之谓与！今国家方以节孝风厉天下，先生孝行既著，而晚节弥坚，将必有采风者为先生表扬潜德之幽光，先生亦可含笑于莲池蓬岛之间，而无憾矣。请酌卮酒，为先生慰。尚飨！高阳相国李文勤公祭车封公文云：

"呜呼！公其长逝不返耶！余髫龄时，从楚牍中读公文，窃叹曰，三湘七泽之秀，其钟于是乎！是楚风之雄也，何超轶英特乃尔！尔时固已藏之胸中矣。甲辰典礼闱，得车子敏州卷，榜后知为公令嗣，乃得聆其家学芳躅甚悉。余因自喜曰：可读其文，未谂其人，今而后知其文行之兼备如是也。嗣是，敏州读书禄阁，迁谏垣退食之暇，周旋谈宴间，每以迎养为言。余复自庆，以为向读其文，既谂其行，未觌其人，今而后紫芝眉宇，可相接于上京矣。亡何，洞庭烽烟起，燕楚迴隔，而敏州遥念白云，假归鄂渚，方期沅湘澄清之后，天亲聚首，孝养有日。岂意大师克复，敏州踉跄旋里，而少微星陨，公已先丙辰而赴玉楼之召乎！蓼莪罔极，嗟嗟敏州，能不悲哉！虽然，以公之生平孝友敦笃，修诣纯备如此，且年登古稀，紫诰荣锡。而令嗣给谏及孝廉明经诸子，文章赫弈宇内，孙枝盈庭，凡公之德业经济，未竟之于其身者，子若孙起而光大之，公亦可以无遗憾也。而余之所以不能已于公者，以数十年来，读公之文，谂公之行，而终未觌其人，为戚戚耳。南望江天，遥将清苾，搦管抒情，亦聊以志始终之慨慕而已。曹溶封给谏公墓志铭略云：楚给谏车君万育，自状其先君龙江公，以请铭于余，词特哀。盖甲寅之岁，湖南七郡，猝陷逆节中，给谏方在朝，念切庭闱，亟请假归觐，疾驰至鄂，迫寇垒不得进。淹三年，日夜南向涕泣。岁己未，王师克潭岳，馀郡以次收复，给谏始得从大军过家展省，而公已闲关戎马，先期下世矣。给谏痛不得视含敛，呼抢不欲生。呜呼！是诚可哀也已！余安忍不铭。按状，公讳泌书，字香涵，号龙江，邵阳人。考衷一公，讳大敬，由明经得荐，有析居让产诸懿行，详载郡邑志。公自幼负才，补邑诸生，试辄高等。闲游闽越，所至以笔墨随，合之为《心光堂》集。然雅不自恃，文采恂恂，孺子慕终其身。当衷一公殁时，产中□，妣范夫人持家严，既丧其仲弟雒书，又唐氏妹家贫，范夫人常不乐。公先意承志，迎唐之夫妇及其子女养于家。雒书遗弱息一，抚之若己出，为课读婚娶迄用成立。范夫人欢然菽水间，忘其为寒士母也。已，给谏显于朝，两昆用文学联翩起乡贡，人谓衷一公忠厚之风，至此始食其报。然公不以贵盛为喜，不舆不盖，不广□傔从，只以老亲在堂怡颜将顺，良辰胜景彩舞相娱。出则谦谨接物，持盈益虚。惟忠孝大义贻书给谏长安中，给谏之初读中秘书也。乞归里舍，从公进斝范夫人堂上，白发慈亲，顾而乐之。岁丁未，公寿届六十，给谏兄弟以次上寿，公则跪进母夫人而后敢一酬。朝野争赋诗，荣其事。给谏当假满目，恋恋修子职，不肯就道。公正色诫之曰："此身属君父，而儿女子□。"及改谏官，所以警厉者有加，常取欧阳文忠公天下事宰相能言谏官能言，韩魏公谏必主理胜而以至诚将之诸格言□法。人徒见公厚于宗族，困乏必周，地方大利弊，慷慨陈当事前。又常为人解纷难，有谢则叱使去，群称之乐易先生，为行德于乡者。而不知其留心国家事，欲给谏极言悟人主，无沽名，无恂私，有古名贤所莫及者也。癸丑秋，范夫人寿九十有五，病急。公虔祷愿身代，卒不得，哭尽哀，丧葬中仪法，观者称之。寇警，首挈家避深山中，禁子侄无得入城市。公方茹荼枕块，给谏又在远方，自感疾至易箦，无一语及私，可谓洞彻死生之际矣。公生万历戊申，卒康熙丙辰，享年六十有九。原署教授，以给谏敕封文林郎户部给事中加一级。原配杨孺人，名家女。内德克娴，淑行载邓邑志。继娶史孺人，皆以覃恩得赠封太孺人。子四人，长万备，癸卯举人，候选知县。次万有，壬子选拔，考授教习。次即给谏君，甲辰进士，选庶吉士，改今官，杨太孺人出。次万藻，邑庠生，史太孺人出，后公一年卒。孙男九人，鼎铉、鼎铨、鼎彝、鼎篆、鼎调、鼎晋、鼎丰、鼎贲、鼎升，孙女六人。考公生平，纯明端洁，厚德植躬，乃啬于一遇不获展所蕴。故其爱给谏谆谆国事，不使常居膝下，而给谏之爱亲，有旦夕不去于心者。察其徘徊江浒，南向涕泣，而哀思孺慕之诚，固数年如一日也。今给谏以抗直著风节，方大显于时，呜呼，公真有子矣！是宜铭。铭曰："修士大美振国维，悬忠闾阖身所贻。以身为鹄淳不隳，坦坦观化忘险巇。湖湘幽室清如漪，妖氛永息安南陲。后嗣作式视此词。"著有《心光堂集》。子万备、万有、万育、万藻。

万备，字我皆，号晓山，号从车氏谱补。与弟万育齐名。康熙二年，与万育同举湖广乡试。俗以乡试第一名为解元，第二名为亚元。万备名次二，故当时有车亚元之称。谒选得沭阳县知县，居官无赫赫声，而兴革必以实。沭阳邑小而瘠，万备因俗为政。在任清积欠，修学宫，又相度地宜，创建桥渡八，以便民，沭人感之。丁继母忧归，不复出，年八十卒。著有《怡斋文稿》。

万有，字涵夫，号只山，与兄万备、弟万育齐名，时称三车。万有于诸车中，质最鲁，而好学不倦。康熙壬子拔贡，卒年六十三。著有《借园》、《得得园》、《西湖吟》诸稿。西湖吟，车氏谱载，已刊行。万育自有集。

万藻，县学生，著有《渚居》稿。孙鼎立、鼎铨、鼎篆。鼎立，字直亭，号懦夫。鼎铨，字衡伯，号幼渚。拔贡生，桂东教谕。鼎篆，字文彦，号秋水，附贡生，候补县丞。曾孙闲，字存斋，一字用行，以例贡充郑志管局。

诗

西园偶述以下三首见《沅湘耆旧集》

髫年耽嬉戏，游览涉琴书。中年多儿女，衣食烦踌躇。晚年颇好道，抱吟常索居。家有四男儿，仕学远驰驱。诸孙甫就塾，嬉笑浑皇初。课罢理花木，心目欣翳如。佳节从西来，策杖候茅庐。酷暑亦渐退，新凉起庭除。静读少陵诗，学钓子陵鱼。敢曰慕肥豚[①]，实缘性萧疏。寄语劳劳者，俯仰姑徐徐。

白云岩

最高峰上白云边，稽首皈依古佛前。岂为幽人同泛泛，还将心意托戋戋。香花几处迷芳草，好鸟一声飞远天。是石是云皆可拜，愿从胎蕊发青莲。

慈寿寺

次第行经古寺门，游云时带乱烟痕。有僧来说山中话，此地能清客子魂。凄远梵声生别院，稀微松色在前村。几人分坐闲闲看，碧草苔花卧石根。

春暮登双清亭见《宝庆府志》

携琴呼渡到山头，遍踏春山不待秋。石倩异人闲点缀，泽消红影见清流。棠阴未翦周南国，莲沼常清宋邵州。乘舆再来邀好

---

① “豚”，原作“遯”。

月，何须载酒庾公楼。

酬孝思月下见怀之作以下二首见车氏谱

吾家双白发，不与众情同。皎洁水边月，清凉江上风。贫居愁坐满，古韵惜囊空。贻我惊人句，开缄见杜公。

喜得有男赴京消息

历尽艰辛亦有年，一经兄弟更相传。科名三异都惊俗，启事分门为汝贤。尤拔一时非赐第，读书廿载出林泉。长安有路通消息，童仆声闻得偶然。

附录

车万备诗五首

双清亭春望以下三首均见府志

一城春照万家岚，劫后楼台坏不堪。已快神龙生尺木，只今何事卧沉潭。

北塔江上看月

步屧从流水，孤光称野情。江村分夜霁，城郭散钟声。沙带芦花湿，按："湿"，志作"失"。误。舟摇兔影清。几人惆怅意，不觉漏初更。

慈寿寺

客从幽径入，寺在半山头。修竹沿峰遍，遥天接水流。既超尘世外，即是采真游。登眺心无静，振衣兴未休。

谒刘默庵先生忠孝祠见《忠孝录》

读圣贤书认已真，此身端只为君亲。孤忠百折惟存郑，大义千秋不帝秦。尽有文章惊海内，高悬棨戟尽王臣。请从祠下瞻生气，一拜欷歔泪满巾。

天乎人事此中州，斗大鄮城谁与筹。垂死衣冠犹北拜，临危血泪向南收。骚魂有意沉江底，正气何人坐小楼。大节烺然光信史，清清溱水共千秋。

车万有诗二十三首

辛酉初冬岳麓漫成见《岳麓志》

洞庭之南山矗矗，中有一峰名岳麓。崖苍石老不知年，云岚常养千章木。忆昔朱张讲学时，能为此山开面目。来寻蝌蚪禹王碑，斑剥藓蚀字忽忽。曾传四绝诗与书，续为编记蒋颖叔。我向墨光溯其神，其神可即不可复。更仰高风邹道乡，却劳元晦将台筑。军持汲取法华泉，烹饷紫茸香馥馥。当前城郭古长沙，万家烟霭时在瞩。岳色湖光荡我胸，寥廓襟怀何日足。且括奇句问青天，应肯诸天与仙佛。带得云归古渡头，舟子游人群逐逐。

铨男甫应试遇雨以下六首见《沅湘耆旧集》

天雨犹无已，行人若个怡。儿无轻所试，农亦重其资。学愧囊萤火，光分太乙藜。乘时须努力，莫遣俗流嗤。

村居怀三弟忆别自真定

忆别时当大佛前，燕云楚水北南天。挥来蜀魄声中泪，思去湘鱼梦里笺。姜被几同黄阁夜，莱衣空恋白头年。可知国事如家事，说到高堂莫泫然。

西湖吟

桃叶桃根总未谐，终朝绣佛但清斋。而今叩寂人何处，零落幽香散草荄。

穷巷重门扃不开，全凭杨柳识春台。画眉人在深深处，好倩鹦哥报客来。

十锦塘中数往还，笙歌未许四时闲。欲穷里外湖边胜，一棹轻移两岸山。

楚响山空夜气扃，悄然人立冷泉亭。万缘到此浑无着，月下松阴散满庭。

登双清亭次大参伯祖韵以下六首见府志《匾里记》

双清亭峙古城东，无数风光四望同。一塔影眠寒水碧，两江波撼夕阳红。楼台半出沙汀外，烟月常浮几席中。落尽闲花秋更好，萧萧声听过归鸿。

三渡水阁

由来泽畔起行吟，况复崖悬一水沉。劚竹当年成畏路，凭栏此日尚惊心。曾看乌鬼吞鱼浪，且听黄莺啭豹林。过客往还齐少憩，谁于就里觅高深。

棋盘岭岭在城南五里。相传诸葛武侯经此，与客对弈。石盘广六尺，黑白子宛然。原注。

岭上棋盘迹宛然，曾闻丞相偶流连。千秋胜负人何在，一日淹留地竟传。春草茫茫铺局外，浮云冉冉起枰边。即今黑白犹堪辨，拥护山灵不记年。

游桃花洞

到来恍似武陵游，想见桃花逐水流。六月空崖身偶入，一时趺藓气如秋。人皆瘦向云根咏，我独香从石髓求。山顶虽开天日小，尘凡安得此中幽。

无念阁

月来亦无念，秋光便可人。客心惊气爽，僧意会时新。松透钟声亮，塔空潭影真。大江流不去，还向佛边亲。

板桥寺

水山奇绝处，自昔以人传。雨逐循良驾，云开梵刹天。过桥寻佛谛，到岸结僧缘。绳得子韶祖，尝参妙喜禅。

五弟为儿辈师以下九首见车氏谱

诗书本世业，外此复何为。东北浮家日，春秋废学时。喜无他子弟，幸不类人师。勤怠晨昏课，渊源实所宜。

大兄小筑落成以诗

处处浮家辟草莱，兄成小筑弟频来。方池不禁红生浪，曲径何妨绿满苔。金凤且能偕雾隐，囊萤聊自寄山限。好将图史消晨夕，涧竹篱梅听剪裁。金凤，山名。堂在其下。原注。

五十初度

不难称五十，岂易说知非。事业随鸥鸟，声闻付翠微。六儿婚嫁少，五岳壮心违。游学非吾志，荀卿莫我幾。

礼居感怀

点日浮浮奈寸云，只因停请谏亭云。广陵八月涛如旧，故里那堪风木闻。

悼亡康熙辛酉，还白门侨寓作。原注。六首存五。

卿性由来剧孝慈，家人巨细浑相宜。夭桃未许春光满，零落芬芳怨不时。

床头诗思苦吟哦，辄说猖狂又入魔。忆昔猖狂今恁说，伤心罢作夜来歌。

恨渠情性太从容，惹起愁肠泪不穷。漫道多情方奉倩，休将举案等梁鸿。

礼法能如钟郝亲，中庭相向哭皆真。小儿未解哭何事，转觉情伤惨杀人。

尘尘梦梦总无边，事事看来石火然。三十年间偕甲帐，彩鸾何事独飞仙。

车万藻诗二首

集仲兄只山得得园限韵以下二首见车氏谱

寻乐消长夏，惟诗端可群。荷团千点露，雨散一池云。随意行觞政，何妨坐夕曛。弟兄归聚好，宁让古三君。

喜丽上侄馆选

直上蓬莱到木天，曾经万选见青钱。老成自昔推端士，前席于今早待贤。雁阵深惭随玉马，萤窗重见撤金莲。联飞并立寻常事，须信专勤趁少年。

车鼎立文一首诗二首

按：车氏谱，直亭出生时，其父亚元公年已七十矣，生十一岁而孤。志称，其居丧如成人，长则锐志于古，不以科举为念。年未四十殁。人以为惜。其从兄秋水贰尹哭之以诗，有云："质性清刚自异常，惟凭泉石寄幽狂。"可以知其人矣。附录：胡兆璜、周郃生赠寄各作。胡兆璜《送车直亭归楚》云："双桐招作送行诗，笑我持笺落笔迟。此去湖湘秋水阔，好将诚敬涉波危。"周郃生《夏夜宿雷塘应纪梦一首寄车直亭》云："主人席次颇清幽，展卷沉吟方寸收。入寝偶将高士梦，长谈直到五更头。"又五古一首云："寄宿雷塘应，夜梦车直亭。直亭谦好问，出语不犹人。问我人志气，冬月胡较清。我亦何知识，谬以所见陈。阴阳有大分，阴暗而阳明。冬月阳主内，群阴不敢侵。是以长流水，夏沸而冬澄。人生小天地，明暗相与伦。惟彼圣无欲，冬夏有何分。我辈为气役，未免任浮沉。所贵君子学，勉以义理胜。动静皆主敬，终始以存诚。反复持此论，忽惊鸡既鸣。呼童供笔砚，录以寄直亭。”按，此诗作于丙午夏仲，直亭即于是年冬下世。阴暗冬澄之言竟验，亦异矣哉！直亭著述毁于火，其书法视鹤田太史雄健过之。今存者，仅谱载文诗数首，又非当日经意之作。法书亦惟县治东山古刹“管领湖山”榜书四字，未署井巷僻人。馀惟草书立幅七绝一首，气韵颇似宋人。字尤险劲拔俗，今藏余内兄朱宽济家。惟未审诗是否直亭作也，姑录此待考。五峰钝公达武识。

移家见朱氏所藏立幅

负郭倚山一径深，万竿如束翠沉沉。从来爱物都成癖，辛苦移家为此邻。

族侄补旃先生八十寿言见车氏谱

今天下有一至宝，而出于某家焉。有司者闻之，必报于朝廷，朝廷必下诏而征之。既得，则必隆重之，器用之，以大广益于天下，而为天下之公宝，则彼一家人尚安得而私诸户庭，秘之数十年，以私自从容而独取益也哉！予因慨思夫三代以上，论士选贤，野无遗漏，而凡学明德，尊足为师表者，或进而为司徒，为保傅，为三老五更。则如我笃志好学，材良行修之补旃翁者，必早已延聘敦遣，至于京师，以适其用矣。先生安得而抑遏终穷，仅一明经老，吾曹安得而私诸户庭，秘之数十年，以从容而取益也哉！而如其不然，圣天子推访恒殷，庸有司奉行不实，虽特诏旁求，亦辄因诡嚣而壅蔽其真，则此一宝者，既不获为席上之珍，我宁犹视为他山之玉，而不一拾取相攻，以私便其身图耶？先生文行粹备，为师于乡党，固已久而多徒矣。予不尽知其所以，师先生之意，与得益于先生者几何。惟予为先生族叔父行，后先生而生，年少一倍，乡城各居，未尝亲受业于门，而窃以师事之焉。间亦接教，亦即于其偶尔入市，斋留数日中，促膝长谈，达心爽口，以决疑而定论，遂能了了于予心。其一言一动，固多资所仿效，即（恢）〔诙〕①谐绪论，亦无不饶有旨趣，耐人咀嚼，玩味感发。予少刚愎，而辨先生切切有箴，或面折不悟，则别后致札，常累千百言，旋亦幸悟于精详。凡所以口道笔书，与不言而喻者，莫不有以渐摩成就，而因以少变予浮躁浅露之习，谬妄恣睢之迷，殆非惟词章记诵之请益而已也。盖德薄而化我以厚，质轻而规我以重，气戾而导我以和，性迫而勖我以缓，微先生厚重和缓，以药我偏蹇之万一，几何其不坠深渊，以至于莫可救援乎！今虽不齿于君子之列，犹或未流为小人之归，虽甚不理于小人之评，而偏多辱契于君子之类，是果伊谁之益，而幸获致此耶？门以内光珠白璧，什袭笥之，炫家藏为希世，其孰与此叔季典型之可宝也哉？客曰：闻子言，为子惧。民间拥古彝重器，私藏而不自首报者，犹有律。即以今皇上御极以来，至德所感，致山陬海澨，咸搜集嘉禾祥凤，异瑞休征，以为盛世之庆。子之家，有此一人，可以达尊三擅，顾不及时以上闻，则不敬莫大乎是！子罪将焉逃？余曰：然。顾君不见夫目前盛典方举，行乡饮酒礼，适古养老，乞言遗意乎？试问我邵仪宾，何人偏置先生于不问夫，岂无耳而目之者久矣夫？鸣瓦釜而弃黄钟，纳碔砆而掷璠玙，盖大率如是耳，君何惧焉。请直以私诸户庭，即再秘八十年，而从容以取益焉，亦曾无过而问焉者。曾无呼而罪我者，君何虑焉。客大笑，倾觞，请即以是言为吾

①据文义改。

补翁先生今八旬寿。更长短数韵以为歌。歌曰：期颐耄耋兮世多翁，几皤然老者学益充。自少迄今兮卷未释，于文见道兮笔有功。啸歌睥睨兮饮辄醉，蹒跚木石兮杖一筇。抱残编兮严辨，太皎皎以莫容。某滨某水复奚遇，久不出兮泥湾中。无负岁月兮天何厌，必多假年兮尚从容。冀益我以馀绪兮，我庶乎不愧夫同宗。

车鼎铨诗六首

棋盘岭以下二首见府志

诸葛当年此手谈，只今遗迹寄城南。子罗几阵图成八，局画全区势肯三。残著尚能扶正气，灵旗犹觉卷晴岚。淝江徒窃持筹意，屐折矜情已不堪。

游东湖寺

江上禅关路曲通，法幢高建袅金风。到来一片清悠地，图在丹山碧水中。

重新先君子监修大湾山桥竣工，有感

三首存二。以下四首见车氏谱馀

百折溪环万叠山，大湾桥锁水云间。当年石壁留题处，此日空寻翰墨斑。

十五男儿五十人，追随犹记此溪滨。垂岩古树阴危石，坐理云屏理钓纶。

祠庙落成志喜

西汉田千秋，起家高寝郎。一言寤主意，爰立相垂裳。富民迎善气，天人祐助常。年高特诏赐，乘车入明光。时称车丞相，因之姓氏扬。递传至东晋，武子产南方。清操有馀勤，夜读资萤囊。守正沮谗谀，天官肃纪纲。坐无公不乐，风流冬日旸。芳迹到今存，丰碑澧渚旁。分支及西粤，先明景泰皇。别驾公官楚，访亲来邵阳。是为邵始祖，嗣续渐炽昌。迨至五六世，高曾早发祥。科甲蝉联起，参藩莅名邦。诸叔翔翰苑，联镳振琳琅。吾父未显达，抱负重珪璋。孝友睦宗族，谱祠恒心藏。未竟常叮嘱，不肖矢承当。谱同补旃侄，订刊已十霜。维兹奉祀所，力绵久未遑。经营众共谘，群策用其长。二载乃告成，颇亦费徬徨。庚子岁长至，牲醴供苾芳。黎明虔告祝，三献首祼将。铨也代主祭，族人咸趋跄。敢云如礼仪，庶几慰凄怆。从兹岁两祀，明禋永无疆。

口占

嗟予七十一微躬，无与疑年绛老同。悠忽驰驱过隙影，优游随遇信天翁。才无可展非关老，诗岂能工只解穷。衰病经年知莫补，乘真吾欲返苍穹。

车鼎篆诗五首

须上弟以祠庙之役，自宁来邵，旋以岁暮，情殷归省，书此送别以下五首，见车氏谱

相聚无多日，言归意黯然。烝尝频在念，祠宇动经年。暮景

催游子，深情托短篇，行行晴雨隔，珍重岁华筵。

和江南萤照堂春正宴集韵时会稽同宗

弟士寰、萼辉二子在座。自注。

圣主当阳初纪元，恩纶锡类厚于坤。三山何处归蓬岛，千里吾家出白门。柏酒唱酬联好句，樽花香馥到清樽。序来吴越兄兼弟，萤照堂前月一痕。

哭直亭弟

质地清刚自异常，惟凭泉石寄幽狂。魂飞顿绝超然处，魄落那堪乐坐堂。雏影看儿堪学语，龙钟有母念难忘。西河馀泪今悲弟，滴滴怆神独断肠。

病噎辟谷

几夕金风苦玉芝，桂花香馥问归期。自裁宁顺关头破，岂效悲酸儿女痴。未报劬劳千载痛，难酬书债百年思。丈夫自有崚嶒骨，撒手悬岩百了时。

四百三十甲子日，经旬二竖苦相缠。功名未遂生前志，人事休留死后牵。莫作文人招慧业，愿随野老钓云烟。保身自有安常诀，辟谷于今且学仙。

车闲诗一首文一首

濂溪书院落成见府志

召伯留遗爱，甘棠咏千古。元公存雅化，后学宗规矩。仁不少其名，义不陋其土。随地布良泽，历历真堪数。何缘得我公，杜母继召父。蔀屋阜农桑，文苑极循拊。黉宫复旧迹，丹雘辉栋宇。洙泗溯源流，濂溪接步武。相度契前贤，元机造化补。灵爽既式凭，尤思振惰窳。扩充书院基，揆势开廊庑。高敞望无涯，汪洋双江睹。曾一转移间，裋褐易端甫。容可百十人，还计赡修脯。移旌各就试，为士节资斧。转为膏火资，遑恤星韶苦。用足敛不苛，功成势无阻。芸局满牙签，鳣堂挥玉麈。谆谆乐石箴，霏霏玉屑吐。总缘经术深，耘锄开艺圃。六经图说在，精研浚灵府。熊轓每亲按，倾听塞环堵。常熏座上风，咸沐随车雨。一方岂能私，四序倚台辅。沛泽期广被，饮河足鼷鼠。终愿长回照，恩勤卒哺乳。

张观察甄斋诗集序见《湖南文征》

闲囊阅程墨，读昭潭观察张公文，阐发经书，义蕴不仅为举业师程，知有本之学自是不同，心极景慕而蜩莺莫能随鹏翼，虽居邻绿野，不隔千里，识荆无由，深以为憾。甲戌，公适闲居，郡守聘公来邵，主濂溪书院席。闲瓣香伊迩，朝夕得以就正，固遂生平素愿也。公亦不我鄙夷，晋接既久，道契弥深。一日偶谈及诗，因出其《篷窗忆旧》，暨《岳云闲草》稿，曰："余不知诗，惟追慕先人遗风，有所感触，亦不能已于吟。今乘闲汇集旧作，将校诸梓，而缮写非出一手，其中恐不能无亥豕之讹，子其为吾较订。"闲受读数过，虽不深晓，而词调清雅，气格冲和，咏赋景物，不事雕镂，而自然天机流露。评论古人，不持己见，而别有卓识定断。至《纪感》一篇，则正《曲江归燕》诗所谓无心与物竞鹰隼，莫相猜者也。盖公品骨清高，胸中极其潇洒。出仕虽久，而未尝以吏事废诗文。故所历燕京、大江左右，及会稽、关中诸名山大川，随地随时或独自吟咏，或与人唱和，长歌短句，皆能畅其高旷之怀、飘逸之志。古人所谓得山川之助，信不诬也。严沧浪云，诗有别材，非关书也；诗有别趣，非关理也。然非多读书，多穷理，则不能造其极。然则公之诗，又岂徒修饰枝叶，不培植根本者所能哉？论诗者，往往舍三百篇，举唐而抑宋，如杨诚斋、陆放翁者，又何不可于黄初、建安间，高踞一席也。

車都諫集

啟霖署

车都谏集卷一

车都谏万育传略女梦馀

万育，字与三，号鹤田，又号敏州。省府志作“字与三，一字鹤田”。兹从熊赐履所为墓志。父泌书，自有传。万育儿时有成人之量，家贫，偕兄万备、万有，攻苦为学，互相师友。康熙二年，与万备同举湖广乡试。明年成进士，选庶吉士，散馆授户科给事中。万育有卓识，念报国以言，当务其大且急者。首上河工一劳永逸疏，复上运道机宜六事。有旨差同各大臣督理河工事，将行，以滇藩蠢动中止。

万育性至孝，既值滇变，父泌书留邵阳原籍，湖南道不通，朝夕涕泣，亟请假随王师南下，崎岖艰险，急谋定省。及邵阳开复，访其家，则父已前卒，痛不欲生，哀毁骨立。老四亲王怜之曰：“此孝子也。”金陵胡士著车封公诔章序云：吾夫子行在《孝经》，其垂教也，首之以立身扬名，而推至于尽忠补过，将顺匡救。士大夫自束发受书，诚能无愧于圣人之言，夫乃可以为人子矣。余同年生车敏州黄门，自入谏垣，侃侃正色，其敷陈国是，一如俞跗仓扁之洞视隔膜，剔解症结，为海内所宗仰者，固已有年。自甲寅之岁，寇扰荆南邵、永、零、桂之间，偶阻声教，黄门入则抒谠议于丹陛，出则瞻子舍于白云。余每过从握手，见其系心君父，几于寸发皆断，斛血可量，五年如一日。噫！臣子之心至此，亦良苦矣。迄己未，妖氛荡涤，五岭晏然。黄门请假归省，至则太翁年伯已先期即世，黄门抢地呼天，毁幾灭性，鸡骨难支，对之神瘁。然后知向者之噬指痛心，默若相感者。于是江东南楚，两地亲知，或哭寝门之外，或修絮酒之仪，祭诔哀词，四方纚至。凡所以表扬嘉言懿行，亦既垂诸不朽，黄门所为行道以显父母，不已当之无歉矣乎！益知平昔进思尽忠，退思补过者，悉得力于孝经之精义，不徒循诵习传已也。兹黄门裒辑诸谏章以授梓，而命士著为之序。著读之而不禁泫然也，著自请养归里，忽罹大故，先君子有隐德而未能表彰也。先慈画获授书，而色养已不逮存也。上无补于国，下不可以为人子，著诚鲜民也哉。是月也，春风寒食，墟墓思哀，读黄门是编，益不禁血渍棠梨，愧汗浃背也。嗟乎！余年来志益惫，力益衰，荒落之馀，无以报国。闻之《孝经》之训曰："夙夜匪懈，以事一人。"此卿大夫之孝也。勉哉，黄门！余惟拭目以观厥成而已。服除，补兵科，升掌印。于时中宫虚位，皇太子春秋十一矣。万育念国家大事莫急于此，上疏请册立中宫及东宫出阁读书，上是其言。即日皇太子出阁读书，举朝额手称庆。继又有肃朝仪及抚臣规避，直陈朝政得失三疏，每疏累六七千言。一日，朝入奏面对，上虚己垂听，昼漏下二十刻未休。或以烦渎为惧，万育曰："吾以言为职，未遑他恤也。"既掌登闻鼓，雪中州弱女之冤。会推大吏，直诋某监司之秽迹，复力争朝审同罪异罚之非。有某夜怀金嘱以事，万育唾其面曰："尔不闻世间有车鹤田耶！"会有议稿已定，当画诺，万育偶以疾未至，或倩同官某甲代画，甲曰："他人画或可代，车都谏不可代也。"其为时所严惮如此。当是时，万育直声震天下，上亦骎骎向之。会丁内艰，服除。有中尼之者，忽奉旨以原官调用。万育时年已六十，遂归，不复为时用矣。

先是，万育丁父艰后，以原籍屡经兵燹，因奉继母及兄弟百口迁居江宁，名其居曰怀园云。既去官十三年，其子鼎晋对大廷，上览策称善。廷臣以万育之子对，上曰："何久不见车万育耶？朕犹记其状貌尔尔。"又三年，仁（朝）〔庙〕①南巡阅河，召见行在，问治河方策。殁后，复召其子编修鼎晋问疾卒状，谕令即

①据文义改。

葬江宁。其为上所眷顾如此。

万育至性肫笃，学问赅博，善书法，所藏明代墨迹最富，有《萤照堂明代法帖》十卷、有目录、小序，见本集文类。《泼墨斋历代法帖》十卷、《历代君臣交警录》一百卷、奏疏四卷、集李诗八卷、集杜诗八卷、集唐诗二卷、金陵何采省斋集李诗序云："诗可集乎？代殊风气，人异性情，三唐之盛，蕴为李杜，而风气一振，杜以律胜，李以才胜，其相赠答诗，一曰"年来作诗苦"，一曰"重与细论文"。即二子性情，亦微有别也。小生浅识，妄谓互涉讥评，不啻呓语耳。吾友敏州车先生，芸阁香名，梧垣劲节，薄海内外，奉为楷模。出其绪馀，播为声诗，挺太白之才，严子美之律，比来复工集句，自成一家。集杜诗已行世，今又集李诗若干篇，借古人性情，用摅己意，挽斯世风气，直接唐音，如剖璞必藉玉人施磨砻而后润，范金必待良冶加锤炼而始精。解牛化蝶，物我两忘，观止矣。先生既夺太白之长，而长于太白者，更不专于此。太白被召金銮，备极荣遇，清平四调，无当于颂百飘一之旨。先生则敷陈奏议，咸有裨于君德政本焉。太白之文，惟《春夜宴桃李园》、《送人隐仙城山寻桃花源》及《郎官湖九子山》诸序耳。其书惟石刻泰山游诗，酒楼题字，皆署名篆体之下，此外不概见。先生则欧澜苏潮，溯源班马，颜筋柳骨，伐髓钟王，虽伯玉千轴，长源万签，逸少九万笺，无以逾是。其视谪仙人又何如也。太白诗本于骚，怀海霞想，寄托游仙，以极其香草神巫之变。先生章联句贯，运用一心，约奇就平，敛华归实，悉底于忠孝节义而后止。孰谓非太白功臣哉！仆寝疾菇芦中四十年，无户外之屦，举世诧哂，比于爰居，先生独排众议，相订平生，且属缀一言于简末。闻之者皆哑然曰："车公凝重高简，不妄交游，名公钜卿，皆愿附三都以不朽，奚取乎菇芦中人为哉！昔任华寄太白诗云："但访任华有人识。"仆之不为人识久矣。《怀园杂著诗文》三十四卷、《春秋易简》、《全史一脔》、《祈岳游草》、《读馀集》各若干卷。《历代君臣交儆录》、奏疏、《春秋易简》、《集李诗》、《集杜诗》、《集唐诗》、《读馀集》、《怀园杂著诗文》等，车氏谱称已刻行，而《萤照堂明代法帖》十卷石刻。卒年七十有四。附录：熊文端公赐履都谏敏州车公墓志云：故兵科掌印给事中车君敏州，以今年二月卒。刻金陵讣至京师，余哭之失声。曰，噫！此古之遗直也。往余承乏掌翰林院事，教习庶常，君方在馆读国书，执弟子礼。及君为谏官，与余同朝者三年。又与余先后卜居金陵，而君之次子鼎晋，又余丁丑所拔士。两世交好，知君最深。其卒也，诸孤缄状乞余文，铭隧道之石。噫！非余其谁宜铭君者。君姓车氏，讳万育，字与三，号鹤田，又号敏州，世为湖广宝庆邵阳人。王考讳大敬，膺岁荐不仕。考讳泌书，由明经除常德府学教授。皆有行谊，具《湖广通志》，祀乡贤。教授以君贵，封文林郎户科给事中加一级，君教授之第三子也。儿时不苟訾笑，屹若成人。家贫，偕兄万备、万有奋力于学。冬无絮，夏无帷，昼耕夜读，互相师友。为诸生，太守某闻君名，厚币迎致。君恶其贪，拒弗往。癸卯，与伯兄同举于乡。明年，成进士，选庶常。高阳李文勤公国士目之，同馆悉敬服曰：车公他日不为相，必为谏官也。散馆授户科给事中，君念报国以言，当务其大者急者。首具河工一劳永逸之疏，有旨该部确议。既逾月，复上运道机宜六事，特旨差同各大臣督理河工事务。行有日，以逆藩蠢动中止。旋具疏论漕运冗费，论督抚迁转激劝之法，论招抚，论关课侵欺缺额，皆人所难言者。丙辰会试，充同考官，所得皆一时宿学。寻以病请假。丁外艰。服除，补兵科，升掌印。于时中宫虚位六年，皇太子春秋十一矣。君念国家大事，莫急于此。特上疏，请册立中宫及皇太子出阁读书。上谕册立事，俟太皇太后懿旨举行。皇太子即日出阁读书，举朝欢然，额手称庆，以为此朝阳之鸣凤也。君又有肃朝仪一疏，有抚臣规避一疏，又直陈时政得失，共十疏，累六七千言。一朝入奏面对，昼漏下二十刻，上虚己垂听，同列以烦渎为君惧。君曰："吾以言为职，敢不尽乎？吾竭吾诚耳，遑恤其他。"呜呼！君之尽忠，天子之受尽言，何必古人，此非传之所谓主圣臣直者乎，何其盛也！君掌登闻鼓，雪中州弱女之冤。会推大吏，直诋某监司之秽迹，朝审有同罪异罚者，君力争得归于一。某夜怀金嘱以事，君唾其面曰："尔不闻世间有车某耶？"会议某稿，早已定，当署名，君偶疾未至，或倩同官某代署。某曰："他人署或可代，车都谏署不可代。"其为人所严惮如此。君凡两侍经筵，四充殿试掌卷官，数陪祀郊庙，朝有大政，君必与焉。当是时，君直声震天下，上亦骎骎向之，而或有从中尼之者。会君丁内艰，服除赴阙，忽奉旨照原品级调用，而君亦年垂耳顺，旧疾频作，竟从此赋遂初矣。君通籍三十年，历俸仅五载，难进易退，天下韪之。当吴逆之乱，教授公留邵阳，湖南道不通，君思亲，泪常盈睫。既请假，随王师而南，崎岖艰险，急谋定省。及邵阳开复，访其家。则教授公已前卒矣。君痛不欲生，哀毁骨立。老四亲王怜之曰："孝子也。"因奉继母史太君暨兄弟百馀口，同迁江宁，迨邵宁干止而后复焉。初，君母杨太君病，思食鱼不得。太君殁，君终身不食鱼。及事史太君，左右无违，四十年如一日，人不知其为继母也。三世四丧，亟谋窀穸，家人惑青鸟之说，君排众议，以瓣香告神曰："凡有殃咎，皆归某身。"于是大事始举。平居，事兄如父，畜侄如子，闺门之内，如对宾客，教子孙以耕读，痛除纨袴习。自少至老，内外无间言，世言家法者，推车氏。君去位十三年，鼎晋对大廷，上览策称善，廷臣以君之子对。上曰：“何久不见车万育耶？朕犹记其状貌尔尔。”又三年，上南巡阅河，君力疾朝行在。上识之曰：“车万育向两论河工，今可条议来上。”君奏河势迁徙不常，臣年老，不能躬履其地，不敢妄奏。因退而感泣，以二十年前小臣刍荛之议，尚烦圣虑也。今年六飞驻江宁，君已即世，上特召鼎晋问君病卒状，天颜悯恻。又诏安葬江宁，鼎晋涕泣受命。呜呼！天子眷旧臣，垂思身后，凡在知识，孰不涕零，而君之忠诚，足以给主知而邀宸眷，犹能使千载下感慕激发，如亲见其人，亲遇其事。呜呼！君可谓生荣死哀者矣。君天怀坦白，与人交有终始。尝指田间老农，示诸子曰：“此皆父执也。”居金陵，辟怀园自怡。日与二三老友，吟风弄月，余题其斋曰“寻乐所”。著有《历代君臣交儆录》一百卷，镌明代法书于石十卷，杂著诗文若干卷。君嘉言懿行，更仆不能数。而余特纪其立朝行己之大节，以见君之略，亦君之志也。君生于崇祯壬申年九月初十日子时，终于康熙乙酉年二月初五日未时，得年七十有四。康熙十四年十二月，恭遇覃恩，敕授文林郎加一级，元配范氏赠孺人，继娶李氏封孺人。子四，鼎锡，范孺人出，早殇，君命孙敦本为之后。鼎晋，丁丑进士，翰林院编修。鼎丰，国学生。鼎贲，邑庠生。俱李孺人出。女五，一适训导唐青莲，一适学正吴伯夔，俱范生。一适庠生张天孙，一字国学生胡期悌，卒，俱李出。一幼未字，侧室马氏出。孙五人，东早殇，敏来、敦本、未、耒。诸孤以是年十月初五日，葬君于上元县东贾墅之新阡。奉君命，礼也。铭曰：嶷嶷车公，邦之司直。一德不回，谠言正色。帝曰念哉，功在社稷。既去而思，殁而犹恻。有子绳武，如圭如璧。惟帝其命，金陵卜宅。新宫岿然，兆惟墨食。后千斯年，忠孝之则。

子鼎晋、鼎丰、鼎贲，均自有集。女子梦馀。

鹤田都谏，于清康熙时以气节文章名天下。归老林泉，著述等身。当时刊行者，无虑十馀种。乃以次子双亭昆季富于种族革命思想，同罹吕晚村书案之祸，而冢子丽上督学，亦以忧死。其家举所有藏稿及刊行者，悉收购毁碎无存。故二百年来，湘中公私记述，略不叙及。问之耆宿，至有不能举其姓字者。昔罗隐谓湘南文书，十不一二，盖吾湘名贤著作湮放不彰者，自唐以来然矣。兹虽搜录为集，零缣断璧，不足以重都谏也。钝公刘达武识。

诗一古近体十五首

胜水庵以下九首见《沅湘耆旧集》

冲云过前岭，指点寻初地。中有吾乡僧，能会住山意。门前辟一壑，瀑倒横桥翠。小与石争胜，是一还是二。古树照浮图，声光炯高寄。楚人善楚声，空以缁素异。我当一再来，与之分半偈。

香水庵放歌

春郊雾拥迷朝暮，溪流曲曲看成路。我来踏断草桥烟，小艇参差横古渡。帆开远浦棹清歌，两岸垂杨牵芰荷。新绿到江澄万顷，日光落水翻千波。大香水海圆且慧，禅关隐隐云封闭。法藏参来一字无，莫与山僧分半偈。登楼目送晚天霞，烟火鳞鳞几万家。一望蒸湘双练出，合江亭上夕阳斜。夕阳树里山留照，不尽游人来往眺。竹阴深处如有声，耳边疑是苏门啸。熏风南来殿阁香，听遍前廊与后廊。搴得众芳盈两袖，归途灯火杂萤光。

春暮李郡伯招同诸公游桃花洞

晴郊初试马，亦似为春忙。不及桃花发，犹馀洞口香。苔含昨夜雨，莺啭隔林簧。到处吟应遍，诗逋未易偿。

瞻屺亭

小有藏书室，平泉醉石园。穷山那办此，僻地自成村。王母扶鸠至，诸孙戏彩翻。旅尘今洗尽，课读亦忘喧。

日涉多成趣，都无津可迷。古堂疏豁意，茅屋澹如斯。俭德循先训，勋名与世期。江湖心魏阙，家食敢言怡。

数武沿溪磴，过亭亦有桥。怀新看禾黍，寄远几鹪鹩。濠濮蒙庄乐，瀼西杜子招。时随邻叟去，不觉路迢迢。

道路从兄弟，家园娱老亲。欣言百岁健，惮作四方人。野处良真率，清时便隐沦。谁知释褐日，未解布衣贫。

怀园秋兴

爱与吾庐近，开扉步即舒。傍云朝选石，趁月夜摊书。深树鸣蝉处，高楼过雨初。悲秋人已往，痛饮说三闾。

怡园秋兴

金粟香新瓮，餐英伴晚茶。三湾流活水，一灶煮秋花。

秋夜，吴茂孙、江白初、简方侯、大兄我皆游桃花洞以下二首见郡志

桃花洞口几来游，载酒今番值好秋。石髓溅衣香不散，云根照眼势如浮。枰惊落子疑仙去，曲引飞觞唤鹤留。试问迷津人去后，花源日夜为谁流。

赠古灯禅师入石隐

石径闲云扫，无人款棘扉。当年风尚在，此日锡遥飞。远水看分合，秋山识瘦肥。欲知众外法，是是与非非。

谒刘默庵先生忠孝祠见刘氏《忠孝编》

承平养士三百年，纷纷累若冠进贤。坐啸不闻兵革事，忠孝高谈何懔然。天中之数穷阳九，可怜白昼虎狼吼。所学尽读圣贤书，明哲上计惟知走。我公振臂奋义声，郑城斗大一木撑。市人巷战民皆卒，堕地排墙死复生。赤子呼天曷有极，幕府知公难再得。强起一呼创者兴，力亡厉鬼尤杀贼。誓死不思故乡莼，猛念高堂白发亲。片纸血书遥拜别，可知孝子即忠臣。须臾千万拥铁骑，叱咤风雷天地易。慷慨不为沟渎谋，颜舌严头伸大义。守身恂恂处子伦，真孝廉誉满乡邻。平居昂首骧眉者，杀身若个亦成仁。郑邦山水真奇美，代有令人崇畏垒。悉索敝赋在春秋，能使郑重惟东里。裴王欧阳仕盛朝，流鸿树骏业干霄。孤臣况值艰危日，青史丹心应特操。去年我过中州道，桐乡有泪洒父老。为言使君靖节事，西风夜夜悲芳草。忻逢旷典此重新，骏奔小大有尊亲。明禋共拜忠祠下，维桑荣观快国人。伏腊烝尝永不朽，名贤在处称良友。浩然正气聚一堂，天上人间得未有。

峭壁山见孙氏谱

此身才自玉京回，宦海经残志未灰。挥洒青云犹有笔，赓歌白云好倾杯。孤峰力障江流转，浩气遥冲岳色开。峭壁山头舒一览，万重苍翠上楼来。

偕李蔚文、唐十泉游岳麓见《岳麓山志》

挟客登高接胜缘，到来意气欲腾骞。奔趋九面奇相引，缥缈三江碧尽连。山鸟乍窥潭府客，雨香多落橘洲田。寻幽更向双松坐，酌取芳清第一泉。按：右诗当是都谏归隐后，掌教岳麓书院时作。

丁未春，同余西厓、唐十泉、曾苏门、兄只山饮合江亭，步昌黎先生韵见衡阳石鼓书院摩崖诗刊

石鼓砥蒸湘，双流出右左。孤亭瞰一潭，俯仰慎咳唾。昔者昌黎公，才高罕俦佐。诗碣峙古今，长存即信货。山川经品题，范围而不过。精灵感鬼神，护惜防折挫。矧托张子书，千秋付谁荷。逝水去年年，汀鸥闲个个。人生能忘机，何必叹坎坷。绻波南阳叟，频顾翻龙卧。曾兹督千艘，挥羽饶粮课。两朝只此心，三分志岂那。临水吊忠贞，闻风起顽懦。一塔横江来，江光相荡播。洋洋乎大观，可以乐饥饿。我幸际清晏，赋作升平贺。丈夫怀四方，匪敢耽放惰。酌酒且同人，拾将春满座。醉后发狂歌，鱼龙惊浪破。岸柳自舒容，翛然绝尘涴。

诗二集唐八首。按：《通志·艺文类》称，都谏有集李诗八卷，集杜诗八卷，集唐诗二卷，皆已分体编印，今均不见。惟《耆旧集》录其集唐诗八首，车氏谱录其有关宗谊者，集李、集杜诗十八首而已。迨本集付印时，老友瑞阶又邮到搜获《怀园集》杜诗残本五卷，起五言律，讫七言绝句，共诗三百四十首，并《耆旧集》车氏谱所录都三百六十六首。即以集唐、集李各诗，分列于前，而以集杜各诗依原刊本，按体例后。因全集均已排印，此集句诗，虽多至数百首，不复再分卷数，阅者谅之。钝公识。

金陵忆家园三十首之八。以下八首见《沅湘耆旧集》

寿命天教过七旬，老心多感又临春。枉逢花木无新思，自喜

烟霄足故人。直以疏慵招物议，每劳存问愧交亲。客来吴地星霜久，楚外千峰入梦频。

行乐三分减二分，烟郊四望夕阳曛。门前学种先生柳，岭上犹多处士云。幽贱粗能分菽麦，子孙相约事耕耘。落花寂寞黄昏甬，静夜名香手自焚。

昔年心事共谁论，未荐高词直掖垣。浅薄将何称献纳，荣枯安敢问乾坤。窗中早月当琴榻，崖上馀花落酒樽。衮职曾无一字补，闲歌圣代和儿孙。自注：次儿鼎晋有纪恩诗，余用其韵。

强移栖息一枝安，湿气偏添半夜寒。旅梦远依湘水阔，酒肠俱逐洞庭宽。闲登钟阜林泉晓，闻道金陵龙虎盘。惆怅春归留不得，湖南山色卷帘看。

二顷湖田一半荒，生涯万事有苍苍。溪浮箬叶添杯绿，秋飒梧桐覆井黄。归去水云无阻隔，老来亲友半凋伤。弟兄婴散云边雁，犹是音书滞一乡。

眼前尘上渐无情，林下茅斋已半倾。细水浮花归别涧，凉风吹雨滴寒更。向平嫁娶贫中毕，庾信文章老更成。枕上酒容和睡醒，鸟临窗语报天晴。

落落孤松何处寻，囊萤曾此寄烟岑。三千木落半年客，一夜月明千里心。药圃池连山色近，草堂门掩海涛深。登科未足酬多学，酒满芳樽泪满襟。

心地忘机酒半酣，春风无事傍渔潭。诗称国手徒为尔，老觉人情转不堪。树影悠悠花悄悄，晴烟漠漠柳毵毵。疲牛舐犊心犹切，世路风波子细谙。

诗三集李七首

寄大兄晓山以下七首见车氏谱

故山有松月，为我结茅茨。邈与苍岭对，茫茫绿云垂。览云测变化，远为千载期。坐月观宝书，名贤共此时。托兴每不浅，岂独虑安危。置酒延落景，雁行忝肩随。人生且行乐，酩酊安所知。

哭仲兄只山四首

泪向南云满，遥愁白帝猿。琴存人已别，迹屈道弥敦。永与世人别，宛然林壑存。看花饮美酒，此意与谁伦。

天长音信短，叹我远移根。白骨空相吊，青天若可扪。两乡心已断，千载迹犹存。念此杳如梦，哀哉难重陈。

吴山对楚岸，兄寒弟不知。祖席留丹景，吾家称白眉。山将落日去，云绕画屏移。泣尽继以血，烟萝欲暝时。

昨夜狂风度，噫然大块吹。酒酣欲起舞，肠断忆连枝。野竹分青霭，疏杨挂绿丝。炎凉几度改，应有四愁诗。

寄从弟石门

木落鸿飞早，题诗与惠连。通力堪远大，骏马不劳鞭。

寄幼渚侄秋试武昌

欲折月中桂，吾家白额驹。时哉苟不会，犹可骋中衢。

诗四集杜三百五十一首

冬夜示儿子晋升丰贲以下十一首见车氏谱

行迈有期程，征夫不遑息。志士惜白日，迟暮身何得。前圣畏后生，贤者贵为德。识字要心苦，书卷忘寝食。日暮拾流萤，谁并百代则。身贵不足论，丈夫誓许国。且如今年冬，仓廪慰飘蓬。不是无膏火，长夜始堪终。检书烧烛短，初看浴日红。追琢山岳锐，安可辞固穷。时来展才力，能无尺寸功。

往者十四五，栖遑分半菽。实惟亲弟昆，琴书散明烛。十载老坟典，耕田秋雨足。汝曹催我老，飞电常在目。感激时将晚，此身仗儿仆。由来积德门，麒麟带好儿。物情有报复，贤愚诚等差。劝郎勤六经，气酣达所为。寒天催日短，流年壮士悲。伫鸣南岳凤，光芒刷羽仪。

寄示铨彝诸侄、补旃侄孙

嗣宗诸子侄，熊与驽骀异。流传必绝伦，洼水出骐骥。萤光悬日月，名高前后事。悠悠见汝曹，何当摆俗累。保爱金石坚，惨淡苦士志。即事须尝胆，俊杰思自致。应念早升堂，大屋加涂塈。宗族忍相遗，义均骨肉地。家声与令闻，凡百慎失坠。

怀园自遣

乾坤一腐儒，杖藜风尘际。举头向苍天，局促老一世。清旷喜荆扉，浩荡想幽蓟。由来原宪贫，缔衣挂萝薜。飘零为客久，宁免黑貂敝。未肯羡轻肥，不劳朱户闭。饱食复何心，草草频卒岁。

得得园同家昆晓山、只山限韵

春台引细风，日脚下平地。敞豁当清川，江渚翻鸥戏。双影漫飘匕，飞鸣还接翅。草堂乱玄圃，策杖门阑邃。养拙异考槃，勤勉防纵恣。野凉侵闭户，隔沼连香芰。花边行自迟，稠叠多幽事。夜深坐南轩，涣然立新意。含笑看吴钩，百年浑得醉。无以洗心胸，世情只益睡。庶几憩息欢，萧疏外声利。男儿生世间，奈何迫物累。

怀园四首

春光日自浓，杂花分户映。霏匕红素轻，云霞歘奔命。草碧水通池，池水观为政。渚秀芦笋绿，明涵客衣净。娇燕入檐回，隔巢黄鸟并。清旦步北林，仰惭林花尽。柳卧自生枝，浊酒寻陶令。无富贵亦足，醍醐长发性。计拙无衣食，吾老甘贫病。书从稚子擎，毕娶何时竟。

四月熟黄梅，老树空庭得。千章夏木清，长林偃风色。风门飒踏开，夏日出东北。荷芰逐花低，暑雨留蒸湿。永日不可暮，赤霄有真骨。低垂气不苏，恨无抱瓮力。辨眼工小字，临池真尽墨。夜宿敞云楼，天河元自白。

洒落惟清秋，好静心迹素。天涯正寂寥，游子慎驰骛。茫茫何所关，他乡阅迟暮。为客无时了，多为才名悟。幽色幸秀发，洞门尽徐步。双崖壮此门，木石乃无数。日暮还灌畦，野圃泉自注。云逐度溪风，细荡林影趣。归林鸟却回，故绕池边树。书签映隙曛，词人取佳句。白首望霜天，月明垂叶露。

岁暮远为客，头白灯明里。风磴吹阴雪，辘轳冻阶戺。方冬变所为，腊破思端绮。归休寒色深，敝裘苏季子。引客看扫除，呼童对经始。细泉兼轻冰，明年下春水。椒盘已颂花，几杖将衰齿。追欢筋力异，恕已独在此。

得得园纳凉

大江动我前，早霞随类影。岸转异江湖，远色有诸岭。雨洒石壁来，爽合风襟静。千畦碧泉乱，幽独移佳境。开轩纳微凉，秋风楚竹冷。霜露在草根，鸣螀随泛梗。高咏宝剑篇，篇终语清省。蕴真协所遇，接要心已领。高枕形神清，斯人亦何幸。苍生起谢安，未遑等箕颖。

写怀

皦皦幽旷心，大哉乾坤内。寒城菊自花，万方气一概。吟诗坐回首，豪俊人谁在。磊落字百行，词章倾后辈。生别古所嗟，久客不无泪。迟迟归路赊，谁云行不逮。浊醪有妙理，人情见分类。三日一共筵，群公苍玉佩。衰谢身何补，貌赤愧相对。还同宾客欢，常时任显晦。醉操云峤篇，脱身无所爱。形骸痛饮申，无复能拘碍。

掖垣侯宴以下见《怀园集》杜诗残本

元日到人日，清朝宴贺人。激扬音韵彻，歌舞岁时新。阁道通丹地，衣冠拜紫宸。此生遭圣代，礼异见群臣。

立春前一日作

寒花开已尽，传语故乡春。时物集遐想，微躯忝近臣。勿矜千载后，有愧百年身。炯炯一心在，观图忆古人。

送远

男儿行处是，远带玉绳稀。赤管随王命，朱幡登陆微。山危一境尽，岁晚寸心违。去远留诗别，听歌泪满衣。

送远秋风落，云端各异方。赋诗分气象，祖席倍辉光。山晚半天赤，峡乾南日黄。临岐意颇切，丘壑道难忘。

山豁何时断，天寒沙水清。君听鸿雁响，远作苦辛行。俯仰悲身世，波澜独老成。相逢难衮衮，江海送君情。

郊外饯别友人归越

行迈日悄悄，高随海上槎。贤良归盛族，游子出京华。野寺隐乔木，茅檐覆地花。舟车半天下，乘兴即为家。

月下赠友

十五男儿志，由来席上珍。风流散金石，文雅见天伦。对月那无酒，乘时各有人。庾公兴不浅，亲切露华新。

把酒

独醒时所嫉，把酒意茫然。牢落乾坤大，荣枯雨露偏。美花多映竹，逝水竟同年。王国称多士，明公各勉旃。

梅影

谁怜一片影，永夜月同孤。重露成涓滴，寒空半有无。森罗移地轴，冰雪曜天衢。对酒都疑梦，吟诗信杖扶。

雨后赏桂

赏月延秋桂，愁多任酒醺。十觞亦不醉，四序本平分。快意风云会，新晴锦绣文。当歌欲一放，应得夜深闻。

闻雁

九秋惊雁序，万事益酸辛。高枕翻星月，虚怀任屈伸。穷愁但有骨，诗兴不无神。衡岳江湖大，飘飘愧此身。

熊蔚怀司马见过，对弈秋亭，偶及东坡因病得闲之句，感慨系之

客愁殊未已，多病也身轻。失学从愚子，途穷仗友生。揄扬非造次，黑白太分明。摇落关山思，怜君如弟兄。

送王醇叔归养

客子中夜发，高悬列宿稀。艰难随老母，出处各天机。明月生长好，浮云薄未归。应须饱经术，还见五云飞。

病起同人茶话

不才同补衮，短发愧簪缨。病减诗仍拙，楼高月迥明。清时非造次，高枕笑平生。醉舞梁园夜，人传世上情。

高楼归思

落景闻寒杵，自怜犹不归。江湖多白鸟，事业富清机。楚隔乾坤远，楼高雨雪微。几时杯重把，回首意多违。

程梓园、严方贻诸子过饮小斋

丈夫贵知己，重肯款柴扉。霄汉瞻佳士，天隅把绣衣。异方同宴赏，端拱自光辉。天子多恩泽，吾侪醉不归。

忆别

寂寂春将晚，其如离别何。昔曾如意舞，谁忆大风歌。江动月移石，岁寒心匪他。平生感意气，风雨亦来过。

汤天若、于左书见过，信宿，有赠

论交翻恨晚，款曲动经旬。雅量涵高远，浮生有屈伸。宽容存性拙，感激异天真。高视收人表，苍然独出尘。

首春诸子小集即事

春城回北斗，一气转洪钧。物色兼生意，光辉忝席珍。建标天地阔，意气死生亲。座对贤人酒，泥涂任此身。

送友人游潭州，便入粤东幕

丈夫四方志，感此气扬扬。努力输肝胆，增寒抱雪霜。长沙才子远，半岭暮云长。向晚寻征路，迢迢滞远方。

留别长安诸子

渐喜交游绝，畏人嫌我真。文章憎命达，绣锦夺袍新。守道不封己，临危莫爱身。别离同雨散，恋阙浩酸辛。

旅次书怀

羁旅知交态，哀歌欲和谁。名贤慎出处，此道未磷淄。已拨形骸累，生逢酒赋欺。论文或不愧，得失寸心知。

舟次，张秋同、范小仲、王颁侯、岳翁止亭登岸眺远

万里乾坤眼，轻舟进所如。落霞浮绿绮，平野入青徐。楚塞难为路，荆门好附书。济江元自阔，及此问吾庐。

春江晚眺

万里清江上，无村眺望赊。寒风疏草木，落日对春华。宿鸟行犹去，浮云薄渐遮。风期终破浪，细细酌流霞。

送别任思庵太守

人生五马贵，逸足竞骎骎。鄂渚分云树，官桥带柳阴。天高云去尽，山迴日初沉。不作临岐恨，乃知君子心。

题江楼壁

江雨飒长夏，乾坤到十洲。笑时花近眼，残夜水明楼。白发千茎雪，陂塘五月秋。道消诗发兴，庶用慰沉浮。

阳九前一日送人归楚

江湖飘短褐，天地一沙鸥。送子清秋暮，游人晚兴留。如闻马融笛，应在仲宣楼。明日重阳酒，随时成献酬。

过新喻访吴茂孙

凉风新过雁，举翮唳孤亭。雪岭界天白，高山拥县青。此郊千树橘，一别五秋萤。晚着华堂醉，乾坤水上萍。

秋斋同王颁侯夜话

山雨水仍在，寒江落桂林。清风左右至，苦调短长吟。素幔随流水，新诗近玉琴。夜阑接软语，若倚仲宣襟。

赠别通家子谢生

一代风流尽，郎君玉树高。名园依绿水，汀草乱青袍。衣上见新月，林间踏凤毛。冲融标世业，别酒寄江涛。

同年方蒙章明府招饮秦淮舟中有感

故人官就此，才格出寻常。长日容杯酒，高谈随羽觞。英雄馀事业，栋宇自齐梁。忍待江山丽，扁舟意不忘。

同胡璞崖伯仲、家兄晓山登雨花台

江烟轻冉冉，迢递起层阴。南极风涛壮，春城草木深。友于皆挺拔，时物正萧森。通籍微班忝，君恩北望心。

江干送友人之蜀，时余留滞白门

野树侵江阔，归期未敢论。岸花飞送客，小径曲通村。似尔官仍贵，吾知拙养尊。相看万里别，长啸下荆门。

怀园杂咏

柴荆寄乐土，胜概忆桃源。用拙存吾道，随春入故园。风轻蛱蝶喜，花暖蜜蜂喧。应接本非性，从儿具绿樽。

高风下木叶，过去杳难攀。倚杖看孤石，开林出远山。绿尊须尽日，白首寄人间。万壑树声满，尝新破旅颜。

浊醪与脱粟，自适固其常。丘壑时忘返，英雄徒自强。夕阳熏细草，云水照方塘。简易高人意，于今出处妨。

城郭终何事，无人碧草芳。劳心依憩息，痛饮信行藏。寒日经檐短，山林引兴长。雪篱梅可折，故国耿难忘。

回塘淡暮色，景晏步修廊。久露晴初湿，留门月复光。灯花散远近，沙草得微茫。侧想美人意，新诗昨寄将。

老骥思千里，三年歉此心。非无江海志，虚费短长吟。雨洗平沙净，恩加四海深。致君时已晚，莫受二毛侵。

物情无巨细，各有稻粱谋。霄汉愁高鸟，茅斋慰远游。采花香泛泛，渔艇息悠悠。白露谁能数，青天江海流。

春来常早起，复作掩荆扉。蓬鬓稀疏久，风花高下飞。清闻树杪磬，愁寂故山薇。隐儿看帆席，飘零何处归。

平生耽胜事，迹有但羁栖。养拙江湖外，子规昼夜啼。莺花随世界，才子辱提携。更想幽奇处，浮云亦有梯。

江水东流去，茅堂石笋西。文章千古事，儒术大名齐。幽事供高卧，清风独杖藜。无人觉来往，终日子规啼。

何处莺啼切，江皋已仲春。他乡饶梦寐，薄宦走风尘。惟见林花落，长令宇宙新。忘机对芳草，疏快颇宜人。

懒慢头时栉，呼儿正葛巾。敢辞茅苇漏，直取性情真。书乱谁能帙，诗成觉有神。数篇吟可老，幸各对松筠。

潇洒送日月，因风想玉珂。星随平野阔，月傍九霄多。客礼容疏放，深江净绮罗。永怀江左逸，吾醉亦长歌。

百年嗟已半，衰白远来过。石乱上云气，亭深到芰荷。江流大自在，佳句法如何。诗尽人间兴，才名贾谊多。

眼前今古意，惟共水东流。沧海先迎日，行藏独倚楼。江城含变态，春气渐和柔。空里愁书字，风帘自上钩。

昔年有狂客，飘泊到如今。故国风云气，江楼延赏心。幽花欹满树，白鹤久同林。客散层城暮，空留一院阴。

诗是吾家事，安贫亦士常。乱离生有别，疏懒意何长。吏隐通情性，家才足稻粱。蹉跎翻学步，养拙更何伤。

怀园秋兴

我圃日苍翠，孤云自往来。野桥分仔细，水鹤去低回。少壮乐难得，秋山响易哀。兴来不暇懒，随意坐莓苔。

自有烟霞质，幽居近物情。阅书百氏尽，恋主寸心明。野鹤清晨出，浮云终日行。形骸原土木，深觉负平生。

王谢风流远，飞栖假一枝。深惭长者辙，一学楚人为。江汉终吾老，名声岂浪垂。草堂尊酒在，不是傲当时。

关山随地阔，久客惜人情。绝岸风威动，人间月影清。秋窗犹曙色，虚阁自松声。拙被林泉滞，渔樵寄此生。

忆别唐十翁

故人持雅论，醉别仲宣楼。宴引春壶满，江喧水气浮。乱离又聚散，来往亦风流。唤起搔头急，天寒奈九秋。

雨止候月

江村意自放，况挹酒如渑。雨急青枫暮，簪稀白帽棱。竹高鸣翡翠，丹极上鹍鹏。暗渡南楼月，缘空一镜升。

句曲道中望茅山

狂歌遇形胜，白首映辉光。红入桃花嫩，青悬薜荔长。鸟栖知故道，春色是他乡。行路难如此，追踪恨渺茫。

雨花台晚眺

落日邀双鸟，高云薄未还。苍苍众色晚，莽莽万重山。城郭轻阴外，春畦乱水间。月明游子静，更益鬓毛斑。

除夕守岁示诸儿

今夕复何夕，少留改岁年。灯花何太喜，白发竟谁怜。久客慎相触，钩帘独未眠。休为贫士叹，志在必腾骞。

元日同诸子园林赏雪

万象皆春气，招寻令节同。晨光映远岫，急雪舞回风。白发须多酒，清樽幸不空。形容劳宇宙，忧国愿年丰。

栖霞千佛岭茶集，偶及同官，一时晨星落落，怆然于怀

野寺江天阔，樵歌稍出村。层巅馀落日，绝壁上朝暾。坐接春杯气，常怀禁掖垣。长安若个伴，今日几人存。

对钟山

翠屏宜晚对，酒绿更相亲。风物悲游子，关山信月轮。悠悠委薄俗，处处待高人。炼骨调情性，穷愁怪此辰。

江上送别家仲兄只山，兼怀月村兄十先、石仓、石门诸弟

苍茫风尘际，念此别惊神。天地空搔首，文章实致身。百年歌自苦，一字买堪贫。不是无兄弟，秋江思杀人。

金陵呈王昊翁先生

天边同客舍，良会惜清晨。落日心犹壮，交情老更亲。浩歌绿水曲，愁杀白头人。精理通谈笑，他山自有春。

即事

理生那免俗，还入故林栖。古镇峰峦集，田家树木低。草深迷市井，沙僻舞鹍鸡。策杖时能出，登楼望欲迷。

登假我台，同范小仲、王颁侯、四侄夏仲，时余初度后一日也

地僻秋将尽，登临意惘然。层轩皆面水，乔木且参天。时见

文章士，空摧犬马年。我生性放诞，早觉仲容贤。

忆游

杖行洞庭野，回首一伤神。水有远湖树，山归万古春。高萝成帷幄，枯木半龙麟。竹我交头拄，深潜托所亲。

客中对客

逍遥展良觌，主客多欢娱。嵌石欹山树，清秋大海隅。片云天共远，心息酒为徒。浩荡风烟外，衡阳雁影徂。

月夜有怀

关山同一照，衰白已光辉。秋色凋春草，寒江动夜扉。流霞分片片，竹露夕微微。南客潇湘外，今年强作归。

静者心多妙，山高夜不归。半扉开竹影，万里共清辉。不在相逢早，勿惊会面稀。朋知苦聚散，白首壮心违。

访楚云禅师于栖霞

苒苒谷中寺，华亭入翠微。锡飞常近鹤，云细不成衣。孤月当楼满，秋帆催客归。愿闻第一义，他日扫除非。

龙潭道中感怀，时重九前一日

我行山川异，人马同疲劳。九日明朝是，千崖秋气高。薄衣临积水，满眼送波涛。久客宜旌旆，归心折大刀。

理园

入门高兴发，未敢息微躬。觅句知新律，诛茆问老翁。甘从千日醉，耻与万人同。易识浮生理，飘零似转蓬。

一丘藏曲折，高卧负微躯。林木在庭户，云山涌坐隅。埙篪鸣自合，嵇阮逸相须。薄劣惭真隐，栖枝把翠梧。

紫竹林后阁

上方重阁晚，四顾俯层巅。酒醒微风入，庭幽过雨沾。云溪花淡淡，石濑月涓涓。更欲投何处，虚空不住天。

天放阁纳凉，同唐十翁、胡湘草、家兄晓山、只山诸子

响下清虚里，飘风争所操。高才见物理，文雅涉风骚。暗水流花径，斜晖转树腰。密云虽聚散，凉气晚萧萧。

怀友

乾坤虽宽大，远道素书稀。湛湛长江水，轻轻花絮飞。挥金应物理，拥别惜光辉。头白灯明里，艰难带解围。

过王昊翁先生书斋

高斋非一处，万籁真笙竽。书籍终相与，文章敢自诬。在今最磊落，怀古视平芜。永日不可暮，追随迹未拘。

将归南楚，有怀二兄只山新筑得得园，赋诗其中，陶然自乐

天地身何往，归山买薄田。素琴将暇日，佳句染华笺。树密早蜂乱，疏篱野蔓悬。高歌激宇宙，端雅独翛然。

舟雨

破浪南风正，啾啾栖鸟过。片云天共远，江雨夜闻多。朋酒入欢会，舟人自楚歌。迢迢万馀里，最奈客愁何。

秋兴

地阔平沙岸，寒砧昨夜声。衣裳判白露，饮啄愧残生。风色萧萧暮，渔舟个个轻。故人入我梦，万里正含情。

斜日当轩盖，山扉花竹幽。藏书闻禹穴，高枕对南楼。郁郁流年度，萧萧荆楚秋。晚来声不绝，控带莽悠悠。

别离惊节换，秋至试清砧。穷老驱驰并，平生方寸心。听歌惊白鬓，久客藉黄金。淅淅风生砌，宜人独桂林。

孤屿亭何处，婆娑一院香。古墙犹竹色，今夕复秋光。尽醉抒怀抱，长歌激屋梁。年华纷已矣，词客未能忘。

自闻茅屋趣，迥立向苍苍。落杵光辉白，吟诗秋叶黄。花萝封蛱蝶，江槛俯鸳鸯。未负幽栖志，摊书解满床。

平生憩息地，且复过炎凉。月出山更静，秋来兴甚长。青云犹契阔，白日到羲皇。洒落富清制，同时待菊黄。

今日知消息，秋天昨夜凉。野云低度水，老树饱经霜。兴趣江湖迥，提携日月长。平生飞动意，似恼鬓毛苍。

登高欲有往，不是故离群。水色含群动，晴天卷片云。文章开窔奥，秋兴坐氤氲。欹枕江湖客，听诗静夜分。

休作狂歌老，秋风吹若何。蝉声集古寺，落月出清波。绝岛容烟雾，通林带女萝。登临多物色，且得慰蹉跎。

天畔登楼眼，秋风已飒然。计疏疑翰墨，情在强诗篇。山晓浮云合，江鸣夜雨悬。客愁全为减，潇洒共安禅。

江上遇友同归湖南

束装逐徒旅，同是一浮萍。江水流城郭，风帆数驿亭。晚来山更碧，相见眼终青。解我忧思结，楼船过洞庭。

月夜与范小仲话别

平生江海兴，况乃露华凝。倒影垂澹濑，忘形向友朋。别筵花欲暮，割爱酒如渑。见酒须相忆，知名未足称。

晚登园阁

泄云高不去，留眼共登临。（瞑）〔暝〕[①]色延山径，泉声带

①据文义改。

玉琴。竹凉侵卧内，月彩近高深。所向无空阔，萧然净客心。

暮

百丈牵江色，江猿应独吟。乱云低薄暮，狴火著高林，檐影微微落，春流岸岸深。平生懒拙意，隐几亦无心。

晴

今朝好晴景，日气射江深。沙暖低风蝶，窗虚交茂林。逍遥有能事，感激在知音。春色浮山外，桃源自可寻。

丁卯立春日，喜晴，同范小仲、熊敏存、王颁侯诸子侄小饮怀园，时王子将归华阳

绝知春意早，抟酒重相看。天宇清霜净，他乡意绪宽。淡交随聚散，豁达露心肝。欢喜每倾倒，何曾夜色阑。

阊阖开黄道，超然侔壮观。阴阳相主客，歌笑轻波澜。醉把青荷叶，登于白玉盘。佳声期共远，九万一朝抟。

归路

乔木村墟古，归来散马蹄。偷生常避地，褊性合幽栖。叠壁排霜剑，长林卷雾齐。开怀慰枯槁，衰白意都迷。

小孤舟中同汪子牧阶

欹侧风帆满，秋深复远行。看君多道气，顾我非公卿。每恨陶彭泽，宜忧阮步兵。经过倦俗态，一望九江城。

舟次彭蠡，寄怀熊蔚怀

一川何绮丽，高枕远江声。磊落衣冠地，云霞过客情。老年常道路，夫子独声名。豪俊贵勋业，殊恩且列卿。

舟过黄州，有怀杨典谟年丈高卧不出，楗户读书，同人无能望其声光，感寄以诗

物性固莫夺，含情空激扬。日斜鱼更食，风逆雁无行。赤壁浮春暮，青霄近笛床。竹深留客处，拂黛石萝长。

武昌送别朱明府

远送从此别，还家尚黑头。荆门留美化，江汉失清秋。风乱平沙树，书归故国楼。天涯喜相见，行止各云浮。

舟中感怀

游子方迢递，三霜楚户砧。江城带素月，风岸叠青岑。浩荡长安醉，驱驰魏阙心。家声肯坠地，感动一沉吟。

大雅何寥阔，孤舟泛日斜。丹心老未折，幽树晚多花。开卷得佳句，吟诗解叹嗟。天涯故人少，归到忽春华。

白云阁后茶集

楼光去日远，展席俯长流。天意高难问，江鱼美可求。所居秋草静，归路晚山稠。冷眼看征盖，孤城笛起愁。

春季送别汪枚阶归蒲潭

令我怀抱尽，胡为君远行。黄莺度结构，白马出江城。归路村非远，春风草又生。晓看红湿处，万里逼清明。

岳阳道中

艰难归故里，景物洞庭傍。水阔苍梧野，名惭白首郎。骅骝开道路，沙岸绕微茫。咄咄宁书字，过逢类楚狂。

湖南诸执友，不数年先后零落殆尽，抚今伤昔，情见乎词

江上亦秋色，青梧日夜凋。哀歌时自短，染翰欲无聊。人事伤蓬转，湖山合动摇。素交零落尽，沾洒望青霄。

旧好堪肠断，斯人已寂寥。如听万室哭，不用楚词招。流水生涯尽，相于契托饶。才高心不展，回首向风飙。

舟望

燕外晴丝卷，平台访古游。人烟生处僻，山木抱云稠。身世双蓬鬓，平生一钓舟。江喧长少睡，熟醉为身谋。

岳麓山代赠友

南岳自兹近，新窥楚水清。雪云虚点缀，词气浩纵横。且用慰迟莫，真堪托死生。诸公不相弃，长啸一含情。

将抵里门

挂帆远色外，江汉一归舟。取醉他乡客，还同海上鸥。情穷造化理，月涌大江流。骨肉恩书重，吾还访旧丘。

同诸子过独山访唐十翁

春日涨云亭，云帆枫树林。暂酬知己分，久放白头吟。径石相萦带，源花费独寻。杖藜复恣意，扣寂豁烦襟。

春庄杂感

疏懒为名误，长贫任妇愁。恍然顺所适，回首得无忧。川路风尘接，乾坤日夜浮。啭枝黄鸟近，吾得及春游。

忆园

湖南清绝地，回首一茫茫。云气生虚壁，春星带草堂。酒酣托末契，地僻懒衣裳。莫问东流水，终朝有底忙。

偶成

江湖春欲暮，宇宙此生浮。黄卷真如律，青枫远自愁。柴扉临野碓，意气逐吴钩。却立苍苔大，检身非苟求。

崇冈相枕带，竹细野池幽。不肯委行役，焉能守旧丘？何乡为乐土，吾道付沧洲。于事少滞碍，川云自去留。

村行即事

入村樵径引，有竹颇修修。泛爱容霜鬓，欢娱恨白头。我衰更懒拙，心折此淹留。洗杓传新醖，炯然忘外求。

送友人下资江将游芙蓉

临风独挥手，适远更沾襟。花动朱楼雪，江连白帝深。收帆下急水，挽葛上崎崟。誓欲随君往，淹留冠上簪。

秋林闲步

幽人有高步，渺渺独开襟。不识南塘路，而多枫树林。山花相映发，梯径绕幽深。不敢要佳句，愁来梁父吟。

舟访陈甥百是于石人江

碧溪摇艇阔，落日渭阳情。杂蕊红相对，断云疏复行。方期拾瑶草，何得尚浮名。择木知幽鸟，投林羽翮轻。

醉后行吟

群书一万卷，吾道竟如何。春草何曾歇，江风亦自波。翠眉萦度曲，朱袖拂云和。三月桃花浪，谁怜醉后歌。

家园诸友话旧

乱后嗟吾在，含凄话苦辛。野人宁得所，我辈本长贫。道为诗书重，交非倾盖新。别来头并白，披豁对吾真。

客村漫兴

季子黑貂敝，寒灯亦闭门。客愁连蟋蟀，旭日散鸡豚。西岭纡村北，南星落故园。神交作赋客，风雅蔼孤骞。

野兴

西南万壑注，目断更云沙。有客过茅宇，无钱对菊花。白鸥缘水宿，轻燕受风斜。野兴每难尽，将诗待物华。

野日荒荒白，山园细路高。每蒙天一笑，聊作鹤鸣皋。名岂文章著，贫嗟出入劳。人生意气阔，步屐到蓬蒿。

月

浩天出华月，几地别林庐。落落展清眺，溶溶满太虚。兴来犹杖屦，客至罢琴书。茅屋还堪赋，他乡且旧居。

倚杖

幽寻岂一路，倚杖更随人。闻说江山好，终嗟风雨频。文章差底病，儒术岂谋身。生理何颜面，驱驰丧我真。

偶感

俯仰八极外，朋来有醉泥。地卑荒野大，山远道途迷。方丈浑连水，村船逆上溪。云台终日画，着处觅丹梯。

秋霁

晚照斜初彻，忘归步月台。古人称逝矣，川陆日悠哉。秋水清无底，连山雨未开。弹琴视天壤，携子卧苍苔。

寄省试诸子

日晚烟花乱，江楼枕席清。人情逐鲜美，冰雪净聪明。谁是青云器，永怀丹凤城。此时同一醉，莫作后功名。

送谢瞻在入都兼寄同学诸子

月傍关山几处明，秋风袅袅动高旌。谢安舟楫风犹壮，庾信文章老更成。此别应须各努力，诸君何以答升平。苑中万物生颜色，银汉遥应接凤城。

登楼

楼下长江百丈清，澹云疏雨过高城。水光风力俱相怯，落絮游丝亦有情。厚禄故人书断绝，凌云健笔意纵横。二仪清浊还高下，客至从嗔不出迎。

送友十人潼关兼有所寄

愁对闲云雪满山，来游此地不知还。习池未觉风流尽，诗卷常留天地间。一去紫台连朔漠，几回青琐点朝班。浮云不负青春色，万丈丹梯尚可攀。

春日寄怀胡念蒿先生

乡里衣冠不乏贤，中间消息两茫然。古来材大难为用，老去新诗谁与传。蛱蝶飞来黄鹂语，晴窗检点白云篇。因知贫病人须弃，自断此生休问天。

同吴茂孙小饮松下，时茂孙以中翰改补建始

把臂开樽饮我酒，平分苍翠拂波涛。新松恨不高千尺，游子空嗟垂二毛。万里秋风吹锦水，九重春色醉仙桃。凤凰池上应回首，懒惰无心作解嘲。

花间小酌

不问绿李与黄梅，嫩蕊商量细细开。花径不曾缘客扫，悲风为我从天来。明年此会知谁健，渐老逢春能几回。身到花间沾湿好，教儿且覆掌中杯。

小至怀人

柴门不正逐江开，但见群鸥日日来。万里伤心严遣日，百年多病独登台。美人娟娟隔秋水，万竹青青送客杯。一卧沧江惊岁晚，吹葭六琯动浮灰。

柬友

忆昨欢娱常见招，却教江汉客魂消。天涯春色催迟暮，人事音书漫寂寥。但使闾阎还揖让，便应黄发老渔樵。酒阑却忆十年事，翠管银罂下九霄。

书怀

柴门密掩断人行，阶面青苔先自生。细柳新蒲为谁绿，投壶散帙有馀清。渔翁暝踏孤舟立，新月犹悬双杵鸣。传语风光共流转，才微岁老尚虚名。

偶感

兴在骊驹白玉珂，黄金台贮俊贤多。涧道馀寒历冰雪，洞口经春长薜萝。天下风尘儿亦得，古人成败子如何。百年未见欢娱毕，况乃山高水有波。

老夫平生好奇古，老马为驹总不虚。衮职曾无一字补，男儿须读五车书。杨雄更有河东赋，阮籍焉知礼法疏。语尽还成开口笑，浪翻江黑雨飞初。

行步攲危实怕春，长开箧笥拟心神。孤城此日堪肠断，户牖凭高发兴新。年过半百不称意，才倾一盏便醺人。多才依旧能潦倒，何用浮名绊此身。

回首扶桑铜柱标，中天积翠玉台遥。徒然咨嗟抚遗迹，未有涓埃答圣朝。织女机丝虚夜月，秋鹰整翮当云霄。论交何必先同调，京兆田郎早见招。

醉歌

抱病江天白首郎，诗成吟咏转凄凉。烟绵碧草萋萋长，雨浥红（渠）〔蕖〕[①]冉冉香。天马长鸣待驾驭，疏松隔水奏笙簧。急觞为缓忧心捣，暂醉佳人锦瑟傍。

江上哀吟

处处清江带白蘋，风飘万点正愁人。杖藜强起依童仆，箫鼓哀吟感鬼神。老去诗篇浑漫兴，天涯风俗自相亲。泪痕血点垂胸臆，羞见黄花无数新。

秋日同何省斋先生出游南郊有感

城阙秋生画角哀，先生早赋归去来。为人性僻耽佳句，尊酒

①据文义改。

家贫只旧醅。独鹤不知何事舞，菊花从此不须开。惟君最爱清狂客，并马今朝未拟回。

游王昊庐先生新构园亭感赋二首

芝草琅玗日应长，先生有道出羲皇。秋花锦石谁能数，高栋层轩已自凉。钟鼎山林各天性，感时抚事增惋伤。逢迎少壮非吾道，自笑狂夫老更狂。

寄谢悠悠世上儿，白头吟望苦低垂。细推物理须行乐，独立苍茫自咏诗。浩落古今同一体，风流儒雅亦吾师。飘然班白身奚适，强拟晴天理钓丝。

王担人诸子过小园话旧

茫□底事遣人猜，怀抱何时得好开。菱叶荷花静如拭，天时人事日相催。更为后会知何地，且尽生前有限杯。诗酒尚堪驱使在，须成一醉习池回。

与唐十翁诸子怀园话别，兼寄仲兄只山

举觞白眼望青天，触忤愁人到酒边。爱客满堂尽豪杰，断肠分手各风烟。事殊兴极忧思集，复道重楼锦绣悬。纵饮久拚人共弃，浊胶粗饭任吾年。

朝来新火起新烟，忽漫相逢是别筵。旅雁上云归紫塞，点溪荷叶叠青钱。且将款曲终今夕，更取椒花媚远天。风水春来洞庭阔，封书寄与汨潺湲。

园居闻同里诸君考选之息志喜

堂上书生空白头，春风回首仲宣楼。不知明月为谁好，更有澄江消客愁。绝壁过云开锦绣，石门斜日到林丘。诸公衮衮登台省，消息真传解我忧。

舟过淮阴，省家伯兄，适单予思年丈移尊旅舍，欢然道故，夜分乃别

江县红梅已放春，一官羁绊实藏身。他乡就我生春色，锦里逢迎有主人。故国三年一消息，舟中无日不沙尘。使君高义驱今古，相送柴门月色新。

江畔行吟

近身药裹酒长携，明日看云还杖藜。紫燕绿耳行甚速，白沙青石洗无泥。穿花蛱蝶深深见，自在娇莺怯怯啼。江上今朝寒雨歇，我曹鞴马听晨鸡。

江楼秋燕

东流江水西飞燕，不惜奇毛恣远游。旧入故园常识主，境非吾土倦登楼。斯须改变如苍狗，朝夕催人自白头。痛饮狂歌空度日，微躯此外更何求。

秋江漫兴

天生流水向东流，高视乾坤又可愁。岂有文章惊海内，还如何逊在扬州。三年奔走空皮骨，万里风烟接素秋。看弄渔舟移白日，浴凫飞鹭晚悠悠。

还村

草阁柴扉星散居，香炉峰色隐晴湖。舍南舍北皆春水，山鸟山花吾友于。莫度清秋吟蟋蟀，强梳白发提葫芦。百壶且试开怀抱，缓步仍须竹杖扶。

拂水低回舞袖翻，白头惟有赤心存。深山大泽龙蛇远，古木苍藤日月昏。乘兴杳然迷出处，呼儿自在掩柴门。庭前甘菊移时晚，共醉终同卧竹根。

家园即事

且尽芳尊恋物华，山楼粉堞隐悲笳。桃溪李径年虽改，弟劝兄酬何怨嗟。更有红颜生羽翰，应须美酒送生涯。莫愁野外无供给，来岁还舒满眼花。

得得园同仲兄只山作

长夏江村事事幽，孤城西北起高楼。楚江巫峡半云雨，天入沧浪一钓舟。两个黄鹂鸣翠柳，一双鸂鶒对沉浮。知君苦思缘诗瘦，语不惊人死不休。

秋日有怀吴茂孙于夔州却寄

回首风尘甘息机，即看燕子入山扉。黄泥野岸天鸡舞，白马江寒树影稀。天下朋友皆胶漆，故园池台今是非。无边落木萧萧下，来岁如今归未归。

移居酬胡湘草陈百是

五月江声草阁寒，强移栖息一枝安。久为野客寻幽惯，信有人间行路难。穷巷悄然车马绝，谁家数去酒杯宽。此心炯炯君应识，乘兴还来看药栏。

郊游即事

曳裾终日盛文儒，物色分留与老夫。纵使卢王操翰墨，远开山岳散江湖。枫林橘树丹青合，栀子红椒艳色殊。跨马出郊时极目，敢论松竹久荒芜。

秋感

老去悲秋强自宽，匣琴流水自须弹。谁能载酒开金盏，竹里行厨洗玉盘。过雁归鸦错回首，孤灯急管复风湍。吏情更觉沧州远，漫向江头把钓竿。

每日江头尽醉归，五陵衣马自轻肥。十年蹴踘将雏远，老去亲知见面稀。晴浴狎鸥分处处，清秋燕子故飞飞。高山之外皆培塿，叹息人间万事非。

秋江同人小集

一谈一笑俗相看，百遍相过意未阑。自古圣贤多薄命，漫劳车马驻江干。鱼龙寂寞秋江冷，关塞萧条行路难。白首放歌须纵酒，兴来今日尽君欢。

溪行有赠

清江一曲抱村流，伐木丁丁山更幽。岁暮阴阳催短景，春来花鸟莫深愁。侵凌雪争还萱草，轻薄桃花逐水流。顾我老非题柱客，似君须向古人求。

无题

送客逢春可自由，尊前还有锦缠头。残花烂熳开何益，妙舞逶迤夜未休。束带发狂欲大叫，杖藜徐步立芳洲。东行万里堪乘兴，禹凿寒江正隐流。

挽一庵上人

形神寂寞甘辛苦，文彩风流今尚存。飞锡去年啼邑子，曳裾何处觅王门。白沙翠竹江村暮，碧水春风野外昏。无路从容陪笑语，南方实有未招魂。

郊外喜遇友人留饮信宿，见示近句

闾阎缭绕接山巅，湖色春光净客船。万国城头吹画角，一行白鹭上青天。未将梅蕊惊愁眼，唤取佳人舞绣筵。万里相逢贪握手，清诗句句尽堪传。

江上送客

野老篱边江岸回，沙头忽见眼相猜。留连戏蝶时时舞，不尽长江滚滚来。竟日淹留佳客坐，风生洲渚锦帆开。相逢苦觉人情好，皂盖能忘折野梅。

旅夜有怀

赤叶枫林百舌鸣，空山独夜旅魂惊。主恩前后三持节，江汉风流万古情。绣羽冲花他自得，花枝照眼句还成。可怜怀抱向人尽，遮莫邻鸡下五更。

龙岗里

涧水空山道，山光见鸟情。泉声闻复息，寂寞壮心惊。百顷青云杪，栽桃烂熳红。焉知二十载，已作白头翁。

探梅

湖南冬不雪，江路野梅香。把酒宜深酌，人扶报夕阳。

得故人书

离别人谁在，开缄书札光。来书语绝妙，引古借兴亡。

怡斋

高斋常见野，卧病一秋强。幸近幽人屋，安时歌吉祥。

答唐十翁

白首甘契阔，非君谁与论。儒衣山鸟怪，归老任乾坤。

花下

故园花自发，老去愿春迟。气候何回互，低回风雨枝。

避暑

色借潇湘阔，云江月上轩。老身须付托，避暑得名园。

遣闷

翠柏深留景，寒花只暂香。白头搔更短，看剑引杯长。

雪岸丛梅发，微风韵可听。故园不可见，湖外草新青。

风尘苦未极，涨水望云亭。回首追谈笑，抛书示鹡鸰。

雄剑鸣开匣，论文笑自知。忧来藉草坐，江迴月来迟。

怀人

故人日已远，疏放忆途穷。惭惜容颜老，交亲气概中。

茅斋依橘柚，幽处欲生云。秋月仍圆夜，听鸡更忆君。

门径丛榛草，阶前树拂云。故人从此远，不复更论文。

闻子心甚壮，古人谁复过。群鸡正乱叫，数问夜如何。

凉夜

雨洗平沙净，天虚风物清。高秋苏肺气，江月满江城。

秋怀

众蟄生寒早，丹枫不为霜。北风黄叶下，真宰意茫茫。

爽气金天豁，清深隔远关。晴飞半岭鹤，幸不碍云山。

荻岸如秋水，层波白日中。即今蓬鬓改，忍对百花丛。

清秋望不极，时菊碎榛丛。富贵空回首，陶潜避俗翁。

行色秋将晚，鷦鷯在一枝。流年疲蟋蟀，深负鹡鸰诗。

风听九皋唳，天高白帝秋。穷庐莽牢落，日夜向沧洲。

鼎湖瞻望远，不寄一行书。鸿雁几时到，人生亦有初。

秋虫声不去，移时独未休。客愁那听此，渐拟放扁舟。

出郭

开襟野堂豁，春郭水泠泠。旅食惊双燕，扁舟系此亭。

得兴不暇懒，清晨步前林。杖藜还客拜，草见踏青心。

策杖入春泥，白日移远岫。风榭柳微舒，纷披为谁秀。

早晴

春日无人境，莺啼送客闻。出门搔白首，红见海东云。

晚归

江东日暮云，暝色带远客。舍舟复深山，归号故松柏。

双清亭

江度寒山阁，人烟时有无。天云浮绝壁，空翠扑肌肤。

暇日从时饮，人今亦故亭。秋风吹几杖，甘作老人星。

江阔浮高楝，青云亦卷舒。岸风翻夕浪，落月动沙虚。

寻菊

高岑殊缓步，采采黄金花。此意陶潜解，清尊日复斜。

村望

雨后过畦涧，江村八九家。缚柴门窄窄，细麦落轻花。

野人半巢居，径转山田熟。鸡犬亦忘归，牛羊识童仆。

九日

客醉挥金碗，酣歌泪欲垂。异方乘此兴，摇荡菊花期。

如今九日至，匹马逐秋风。缀席茱萸好，浮云世事空。

天际秋云薄，重岩细菊斑。晚酣留客醉，缓步有跻攀。

题画

策杖古桥路，津流脉脉斜。远山回白首，秋竹隐疏花。

旅夜

栖托难高卧，江山非故园。晚来横吹好，无梦寄归魂。

夜宿山寺

兰若山高处，疏篱带晚花。夜阑更秉烛，客泪堕清笳。

题隐士庐

万木云深隐，魂来枫树青。看君用幽意，接叶制茆亭。

舟中

落日放船好，微风燕子斜。晚来高兴尽，得醉即为家。

江上日多雨，波涛乱远峰。扁舟轻袅缆，逝水自朝宗。

柔橹轻鸥外，江湖万里开。行行逆素浪，艳艳待香梅。

迟日江山丽，春船正好行。风涛怒犹蓄，漂转任浮生。

舟望

多病秋风落，寒江旧路声。愁窥高鸟过，万里故乡情。

湖中

飘荡云天阔，沙青延日华。洞庭无过雁，迎棹舞神鸦。

小孤

何得立突兀，贪看绝岛孤。江流石不转，飞鸟不能逾。

孤石隐如马，悬崖置屋牢。会当凌绝顶，隐几望波涛。

怀园

进退委行色，忧端问彼苍。经心石镜月，每夜吐光芒。

柳影含云幕，黄鹂不露身。浩歌声变转，白发好禁春。

长夏无所为，情忘发兴奇。卷帘惟白水，荷净纳凉时。

发兴自林泉，茆斋八九椽。飞来双白鹤，一拟向高天。

物色岁将晏，梅花年后多。丽春应最胜，客至欲如何。

晨光稍朦胧，雷雨蔚含蓄。春草满空堂，客居课奴仆。

飕飕林响交，连笮动袅娜。乔木易高风，上天无偏颇。

庭春入眼浓，形象丹青逼。花蕊亚林红，掉头纱帽侧。

日有习池醉，扁舟任往来。眼前无俗物，红绽雨肥梅。

骤雨清秋夜，飘零酒一杯。气冲看剑匣，但愧菊花开。

春归客未还，时节空复度。乱石闭门高，花娇迎杂树。

投杖出门去，天清木叶闻。不知几百步，随意岭头云。

江楼

层轩俯江壁，高柳半天青。竟日留欢乐，孤槎自客星。

忆旧

旧识难为态，飘然思不群。野畦连蛱蝶，蔓草见罗裙。

舟夜读丁雁水新刻

江月辞风缆，长空面水文。新诗句句好，俊逸鲍参军。

雨卧驿楼边，把君诗过日。高城烟雾开，明月照我膝。

放舟

群水从西下，衡山引舳舻。风帆倚翠盖，春近岳阳湖。

雨中迟客

楼阁临风迥，山篱带白云。相邀愧泥泞，应共尔为群。

咏物

昔我游锦城，杜鹃暮春至。沾衣皓首啼，壮士血相视。

时哉高飞燕，八月自知归。十载江湖客，东西消息稀。

清晨步前林，百舌来何处。未见有知音，每欲孤飞去。

鹦鹉含愁思，长歌意无极。为态何喧喧，动静随所激。

绝域望馀春，冥冥子规叫。高入浮云端，终焉托长啸。

朝回欲聚萤，自我一家则。名与日月悬，何时有终极。

琐细不足名，休牵众眼惊。峡中都似火，亦上赤霄行。

南归自广州，罏峰生转盼。哀多如更闻，肠断江城雁。

望尽似犹见，高高正北飞。系书无浪语，似有故园归。

河间双白鸥，却思翻玉羽。飘飘桂水游，地僻无网罟。

山猿树树悬，袅袅啼虚壁。挥弄滑且柔，风骚共摧激。

蟋蟀近中堂，晚来声不绝。遥悲水国秋，如闻泣幽咽。

偶占

将老斯游最，佳人上客前。早花随处发，偷眼艳阳天。

金山

潇洒到江心，江清心可莹。乾坤日夜浮，冈峦相经亘。

天涯水气中，日出黄霞映。楼阁倚山巅，委波金不定。

茫茫天造开，愁破崖寺古。峿崒增光辉，至今劳圣主。

得得园

远林暑气薄，云月递微明。浊酒禁愁得，幽居不用名。

畏入成小筑，花屿读书床。问子能来宿，江风借夕凉。

稼穑分诗兴，吟多意有馀。风扉掩不定，过雨乱红蕖。

绝句

野外平家远，连空岸脚青。天风随断柳，惨淡飞云汀。

沉吟屈蟠树，君子意如何。却寄双愁眼，青看雨露柯。

寒水光难定，山青花欲燃。地晴丝冉冉，春色泪痕边。

高壁抵嵚岑，嵌空太始雪。濠梁同见招，晚照斜初彻。

系马林花动，杯饶旅思宽。往来杂坐卧，独鸟怪人看。

雾隐平郊树，孤城山谷间。舟航烦数具，岸断更青山。

身远宿云端，风送蛟龙雨。肃肃有异声，馀润通药圃。

耳激洞门飙，侧惊猿猱捷。远川通曲流，舟子候利涉。

哭陈介眉

经书满腹中，欲语羞雷同。念子善师事，岂非吾道东。

子岁经济才，郁郁苦未展。斯人已云亡，吾与谁游衍。

出朝

花覆千官淑景移，碧梧栖老凤凰枝。衣冠是日朝天子，退食从容出每迟。

咏古

拖玉腰金报主身，数通和好止烟尘。尚书勋业超千古，圣寿宜过一万春。

淡扫蛾眉朝至尊，面妆首饰杂啼痕。紫禁正耐烟花绕，环佩空归月夜魂。

江上草堂巢翡翠，英雄割据非天意。萧条异代不同时，寂寂系舟双下泪。

洞庭

潇湘洞庭白云中，万斛之舟行若风。欹岸侧岛秋毫末，江湖满地一渔翁。

江上

秋来相顾尚飘蓬，未掣鲸鱼碧海中。今日江天云雾里，白蘋愁杀白头翁。

所见

声价歘然来向东，飞扬跋扈为谁雄。佳人拾翠春相问，万里秋千习俗同。

春怀

雨映行宫辱赠诗，两乡千里梦相思。颠狂柳絮随风舞，却忆年年人醉时。

春游

院里长条风乍稀，崭新花蕊未应飞。谢安不倦登临费，日日江楼坐翠微。

山头落日半轮明，朱拱浮云细细轻。肯与邻翁相对饮，残尊下马复同倾。

问柳寻花到野亭，春深逐客一浮萍。杖藜不睡谁能那，知子松根长茯苓。

落花

一片花飞减却春，知吾班鬓总如银。三年饥走荒山道，何异飘飘托此身。

燕蹴飞花落舞筵，生憎柳絮白于绵。城南思妇愁多梦，楚女腰肢亦可怜。

花近高楼伤客心，新诗改罢自长吟。繁枝容易纷纷落，隔叶黄鹂空好音。

客至

青枫隐映石逶迤，清簟疏帘看弈棋。客子入门月皎皎，呼儿觅纸一题诗。

黄帽青鞋归去来，生前相遇且衔杯。酒酣击剑蛟龙吼，白屋寒多暖始开。

喜晤王□□明府

片云何意傍琴台，旧国霜前白雁来。夙昔传闻思一见，蓬门今始为君开。

赠人

征君晚节旁风尘，圣哲为心小一身。怅望千秋一洒泪，未须料理白头人。

遣兴

茅斋寄在少城隈，白白江鱼入馔来。肯藉荒庭春草色，隔篱呼取尽馀杯。

懒慢无堪不出村，堂西长笋别开门。新添水槛供垂钓，白首扁舟病独存。

南游花柳塞风烟，日短江湖白发前。多病独愁常阒寂，将诗不必万人传。

石凹古渡

江心磻石生桃竹，人到于今歌出牧。百丈谁家上濑船，孤灯自照归帆宿。

山居

野老墙低还是家，五株桃树亦从遮。映阶碧草自春色，多事红花映白花。

润州江阁

窈窕丹青户牖空，岸高瀼滑限西东。朱樱此日垂朱实，可爱深红爱浅红。千家山郭静朝晖，黄鸟时兼白鸟飞。爱日恩光蒙借贷，暂时相赏莫相违。

江村

小径升堂旧不斜，江村竹静两三家。孤城返照红将敛，已映洲前芦荻花。

秋感

昨夜欢娱乐更无，篱边秀色尽屏纡。美人胡为隔秋水，旁此烟霞茅可诛。

人间不解重骅骝，每见秋瓜忆故丘。心折此时无一寸，风江飒飒乱帆秋。

诗罢能吟不复听，穷途阮籍几时醒。数茎白发那抛得，怅望秋天虚翠屏。

到天松骨见来枯，富贵功名焉足图。永夜角声悲自语，几回书札待潜夫。

所思

南国浮云水上多，几时回首一高歌。指挥能事回天地，方驾曹刘不啻过。

天寒远放雁为伴，玉垒题书心绪乱。故国平居有所思，秋风袅袅吹江汉。

故国移居见客心，许身愧比双南金。会将白发倚亭树，日暮聊为梁父吟。

即事

天晴宫柳暗长春，忽忽穷愁泥杀人。自去自来梁上燕，穿花落水益沾巾。

上巳

燕子衔泥两度新，稠花乱蕊裹江滨。开筵上日思芳草，裘马谁为感激人。

归兴

青春欲尽急还乡，漫卷诗书喜欲狂。昼引老妻乘小艇，百花潭水即沧浪。

白帝寒城驻锦袍，江湖天阔足风涛。一声何处送书雁，秋宿霜溪素月高。

望家书

弟侄虽存不得书，草茅无径欲教锄。不贪夜识金银气，盈抱那须沧海珠。

细雨何孤白帝城，北书不至雁无情。艰难苦恨繁霜鬓，何得愁中却尽生。

偶成

元冬几夜宿阳台，咫尺佳期后命催。雪岭独看西日落，邻鸡还过短墙来。

舌存耻作穷途哭，棋局动随幽涧竹。词客哀时且未还，征君已去独松菊。

娟娟戏蝶过闲幔，短短桃花临水岸。二月已破三月来，春花不愁不烂熳。

石势参差乌鹊桥，天涯涕泪一身遥。百年地僻柴门迥，漏泄春光有柳条。

题袁密山小像

英雄见事若通神，故独写真传世人。秋水为神玉为骨，已知仙客意相亲。

不露文章世已惊，侧身注目长风生。雄姿逸态何嶲崒，转见千秋万古情。

挽汪蛟门

淮海维扬一俊人，清词丽句必为邻。名垂万古知何用，白水青山空复春。

寄友

斗酒新诗终自疏，从来不奉一行书。故人情味晚谁似，秋水浮阶溜决渠。

懒性从来水竹居，冯唐已老听吹嘘。天寒白鹤归华表，麾下郎官安稳无。

寄芙蓉古梅和尚

不见旻公三十年，长怀贾傅井依然。致身福地何萧爽，时论同归尺五天。

能者操舟疾若风，凡今谁是出群雄。寺门高开洞庭野，日落青龙见水中。

送友人入觐

童稚情亲四十年，高才仰望足离筵。看君宜着王乔屣，急送茅斋也可怜。

寄十先弟

忆弟看云白日眠，皎如玉树临风前。南游早鼓潇湘柁，唯待吹嘘送上天。

简王云壑

不见高人王右丞，山阴野雪兴难乘。至今梦想仍犹佐，对食暂餐还不能。

太向交游万事慵，悠悠伏枕左书空。最传秀句寰区满，休道秦关百二重。

病起视园

药饵扶吾随所之，树枝有鸟乱啼时。林香出实乘将尽，红颗酸甜只自知。

清溪曲

提携别扫清溪曲，江鹳巧当幽径浴。吹笛秋山风月清，篱边老却陶潜菊。

三年笛里关山月，往往陂陀纵超越。早晚孤帆他夜归，凫鹭散乱棹歌发。

哀壑无光独户庭，地分南北任孤萍。苑云亲切歌声上，他日杖藜来细听。

湖堤

扬鞭忽是过湖城，湖上风林相与清。倏忽东西无不可，醉于马上往来轻。

同熊蔚怀胡璞崖游牛首

支离东北风尘际，贤者是兄愚者弟。多暇日陪骢马游，含风翠壁孤云细。

饱闻桤木三年大，着叶满枝翠羽盖。色过棕亭入草亭，诸天合在藤萝外。

悼友

苍苔浊酒林中静，复有楼台含暮景。不道故人无素书，年多物化空形影。

忆上西陵故驿楼，知君已是十年流。桃花一簇开无主，肠断春江欲尽头。

口号

马上谁家白面郎，有时颠倒着衣裳。粗豪且逐风尘起，真赐还疑出上方。

车中

每依北斗望京华，天下车书正一家。今日时清两京道，鸡鹊鸂鶒满晴沙。

附录：郭金台送车鹤田太史还朝诗二首，云：“莱衣舞罢彩袍新，簇仗齐驱拂袖尘。拜就潘舆安祖母，堂开绿野慰严亲。承恩已见双扶杖，重赠还看两老身。妙选词英归秘阁，燃藜应照孝思真。蓬莱人自泛仙槎，那计桃源是旧家。酾酒衡峰诗百首，维风湖上鼓三挝。秋山红树迎青雀，天际烟舟接晚霞。自是长安瞻日近，竭来儿女看春花。”唐世徵喜车鹤田太史同令兄涵夫、唐十泉、陈百是过访，兼送之西湖诗二首，云：“执手玉峰前，秋阴澹菊天。荒灯僧榻共，明月院墙连。为吏销清兴，依君欲羽仙。向来湘上别，重会定何年。清眺沿危巘，幽深荡小舟。得碑皆可读，临水最宜秋。风日勤相守，禽鱼自解留。桥南多胜事，琴酒载高流。”按：金台，字幼隗。世徵，字魏子。均湘潭人，为明末弃官高隐者，而魏子诗当是官玉山时作也。又陈公禄一《方园集》有郑圣来具舟载酒同唐十泉、车涵夫、鹤田太史、郑秀子游冰溪五律云：“溪绕双流合，山环百里封。霞烘高下树，玉立两三峰。江岸云为路，人家水作舂。夕阳归棹里，隔岸武安钟。”又郭金台《石村诗集》前题云：“怀玉饶仙宰，花城百里封。山藏黄谷寺，云幂武安峰。竹树迷村屋，江扉聚水舂。还看纤月落，天半下疏钟。”

车都谏集卷二

迈吟序见《湖南通志》

周子令公自乡里来都门，以其行役之诗，曰《迈吟》者示余。夫三湘七泽，洞庭衡岳，吾楚之胜境，天下之巨观也。生其地者，足不越疆，而山川云物，早涤荡其心胸，又何必行迈他乡，谓以兴怀触境哉？虽然，司马周览，其文益豪，则得力于游者，又似不少。令公所至有作，所作必工，岂非以平日之所得于乡者为未足欤？炎云在天，夏日正烈。披诵之下，不觉忘挥汗之劳，而清风徐来，拂人襟袖也。

萤照堂明代法帖序以下八首见本帖

书法晋、唐，尚矣！宋元以还，代有作者，率皆人刻一石，家秘一帖。明三百年，自帝王下逮隐逸，不乏名笔，然未睹全刻也。余少好笔墨，读书之暇，时一摹弄古帖。至明代诸家真迹，吉光片羽，亦为购取。积数十年，所藏遂多。不揣鄙陋，效颦勒石，公之同志，但时地既远，网罗实难，兹虽集腋成裘，不免挂一漏万，尚望同志君子，广为搜补，以全一代之盛。庾肩吾书，以九例赅众贤；评论精核，犹俟学者更随点曝。后之览者，幸有以教我。

附录：《宝庆府志·艺文金石类》云：“《萤照堂明代法帖》十

卷，邵阳车万育辑，凡十卷。第一卷明太祖行书一，谕徐达、冯胜、汤和手札。次宣宗楷书一，论书法。次宣宗法书一，此宣宗行书，志漏载。次庄烈章草书二，一为“道通天地有形外，思入风云变态中”十四字。天地志误作“天道有形”，志误作“有无”。一为“知仁圣义，中和孝友，睦姻任恤”十二字。次楚王英熠行书，次益王震寰道人行书，次筠溪王长源道人楷书，“筠溪王”志误作“筠谷王”。次高唐王岱翁篆书，次宗室朱钢镰草书，次浦阳王钢镰草书二，次朱烟黎行书，此烟黎行书，志漏载。兹据帖补正。后有万育跋语。此句，志漏载。亦据帖补正。自太祖而下至诸王，凡八人。其第十八幅，称朱钢镰则浦阳未嗣王时书也。第二卷，首刘基楷书一，行书一。次宋濂楷书一，草书一，后有徐渭跋。次解缙草书一，次高启楷书一，次张羽楷书一，次杨维祯行书一，有吴郡宋克楷书跋二，草书跋一。次宋广楷书一，次宋璲草书一，次方孝孺行书一，次杨溥行书一，次曾棨楷书一，次陈文东草书一，次蒋晖草书一，次王达行书一，次王芾行书一，次沈度行书一，自蒋晖以下四人，志均漏载。兹据帖补入。凡十七人，志作“凡十二人”。后有万育跋。志亦漏载。第三卷，首凌晏如楷书一，行书一。次李应祯草书一，李东阳草书尺牍六，草书七绝一，后有万育跋。次罗伦隶书一，次吴馀庆草书一，次吴宽行书三，次杨一清尺牍一，次王鏊草书尺牍一，次邵宝行书三，次乔宇行书尺牍一，次张弼草书二，次沈周行书一，“沈周”之“周”，志讹作“局”。凡十二人。志讹作“十人”。第四卷，首徐有贞行书一，次聂大年草书一，次刘珏草书一，本卷自徐有贞以下三人，志均漏载。兹据帖补入。次陆琛草书一，次王守仁草书二，次湛若水草书一，次顾璘草书一，次王韦草书一，次吴汝讷行书一，“吴汝讷”，志讹作“吴江女讷”。次祝允明行书二，草书一，又行书和陶诗八首并跋，后有万育跋。次唐寅行书一，次金琮草书《和登牛首山》诗并记，后有文彭跋。次陈沂草书二，顾璩草书一。凡十四人。志误作“十一人”。第五卷，首王宠楷书一，草书一，万育有跋。次徐霖草书二，夏言草书一，罗洪先行书一，草书一，唐顺之草书一，王问草书一，汪道昆草书一，陆师道草书一，王同祖草书一，袁尊尼草书二，凡十人。第六卷，首文徵明隶书一，楷书一，有自跋及黄姬水跋，草书一，有万育跋。次许初行书一，次王谷祥行书一，草书三，次陈鎏草书二，次文彭草书二，次文嘉草书二，次于鉴三草书一，次陈元素草书二，凡八人。第七卷，首黄姬水行书一、草书一，次陈芹行书二、草书一，次张凤翼草书一，次莫是龙草书二，次王稚草书三，次居节行书一，次彭年楷书一、草书一、行书一，次周天球行书一，次陈淳草书二，次钱谷草书一，次俞允文行书一，次康从理楷书一，次杜大绶楷书一，“杜大绶”，志作“杜大受”。凡十三人。第八卷，皆董其昌法书，后有万育跋，凡一人。第九卷，首邢侗草书三，次邹元标草书一，次高攀龙楷书一，次焦竑行书一，次王肯堂行书二，次詹景凤草书一，次黄辉草书三，次朱蕃楷书一，次王思任草书一，次米万钟草书三，次顾起元行书一，次屠龙草书一，次黄汝亨草书二，次韩敬草书一，次钟惺行书一，次邹之麟草书一，次洪宽楷书一，次宋珏楷书一、草书一，次陈鼎新楷书一，凡十九人，第十卷，首熊廷弼草书一，次左光斗楷书一、草书一，次杨涟行书一，次魏大中楷书一，次何其宠草书一，次钱士升行书一，次文震孟行书一、草书一，次黄道周行书尺牍二、谭元春草书一，次刘若宰草书一，次杨廷鉴楷书一、行书一，次万寿祺楷书一、行书一，次黄周星楷书一、草书一，次周叔宗行书一，次范允临行书一，次于在镕行书一，次车大敬楷书一，于在镕、车大敬二人，志均漏载。兹据帖补入。凡十七人。志作“十五人”。康熙三十二年癸酉夏五月，邵阳车氏萤照堂摹勒上石，金陵刘文焕镌。前有车万育自序，称少好笔墨，读书之暇，时一摹弄古帖，至明诸家真迹，吉光片（语）〔羽〕，亦为购取。积数十年，所藏遂多，为勒石，公之同志云云。

附录：邓显鹤跋郡志《金石略》云：车氏世以书名，此帖颇精妙，石今藏金陵车氏祠，以其刻自国朝，故附明代金石之末云。

车赓跋云：《萤照堂明代法〔帖〕》十卷，为我都谏公所集刻。吾家自遭吕祸，版片无存，此系海内孤本。鸿胪公在秋部时，用重金购得。咸丰间，中宪公携游鄂幕，安陆、天门，发军两次陷城，他物弃如敝屣，惟将此帖分交家属，怀之出走。至资政公临终时，犹谆谆三致意焉。赓书绅未敢刻忘，且以此叮嘱妇稚。故革军北伐，武昌闭城四十馀日，衣履书籍几无一存，赖继室傅氏携以出险。厥后汉上大水为灾，又得次妇蒋氏于洪涛骇浪之中，将帖贮之屋顶，卒得保全。呜呼！希世之珍，传家之宝，处处皆祖宗神灵呵护也。民国二十一年元日赓恭识。按，跋称鸿胪公者，名瀛。清道光癸丑进士。历官内阁侍读学士、鸿胪寺少卿，为赓祧祖。中宪公者，名涛。咸丰中，胡文忠公抚鄂，涛为其幕僚。以子贵，封中宪大夫，为赓本生祖。资政公者，名玉襄，为赓之父。有《别驾集》，见后。赓字伯夔，都谏公七世孙也。五峰钝公识。

明代帝王法书跋

明帝王真墨，落人间者绝少，人亦罕得见之。太祖世宗，天纵神圣，不必规模古法，自然合格。宣宗书纯乎钟、王，故当奉为第一。若神宗则秀润圆劲，笔笔中锋，但只十六字耳。庄烈二迹，皆大书，所谓烟花落纸将动，风彩带字欲飞者。余以缩小法摹之，虽未得其神化，亦庶几优孟衣冠矣。至诸藩王称能品者不少，概见以时地之隔，仅获数人，正各擅其长也。

刘基、宋濂、宋克、宋广、宋璲、方孝孺、陈文东诸人法书跋

刘青田，未有书名，而四箴六牍，端劲有法，居然成家。宋

金华道德文章，为有明称首，书尤可珍者也。茅康伯谓明三宋，实开一代书法之祖。三宋者，仲温、昌裔、仲珩也。限于时地，各收数行，可见名下自无虚士矣。方正学书以人重，陈判官人以书传。凡诸帙所摹刻，皆具龙跳虎卧，凤舞鸾惊之致。固无俟一一为评陟。然诸公不列官谥，直以书名，亦取君前臣名之义，观者亮之。

李东阳法书跋此跋亦见《湖南文征》

吾楚胜国时，大湖南北，以书名家者不一人。鼎革来，皆散失无可购求。文正公文章事业，照耀千秋，书特其绪馀耳。今观楷法严正入古，行草峭拔有神，篆书人称独步，惜不多见也。公以神童掇巍科，累官馆阁历事四朝。予告居家，购请诗文书篆者，填塞户限，颇资以给朝夕。一日，夫人方展纸砥墨，公有倦色。夫人笑曰："今日方设客，可使案无鱼菜乎？"遂忻然命笔，其风操如此，此亦可以想见公之生平矣。

祝允明法书跋

屠赤水曰：国朝书法，当以祝允明为上。令之人家临池，而人染翰，然无敢与希哲抗衡也。人亦有谓枝山书，上逼羲、献，下兼蔡、米，而自出新意，种种臻妙，所谓集大成者与！余所摹数帖，诸体悉备，皆极得意书法，严韵逸手，快笔圆微，独有明诸家所不易。及即置之晋、唐、宋、元中，亦当高踞一席。昔人之言，应非溢美也。

文徵明法书跋

文待诏书，以法胜，实以品胜。当在翰苑，凡诸显达，耻与附离。谢病归，筑一室，啸傲其中。四方求请者沓至，绝不与通。故有亲藩中贵及外国人，遗以隋珠赵璧，欲得片纸只字，必不应。生平雅慕赵文敏书，亦约略似之。隶楷精妙，人多师法，大书更为杰出。世传先生每旦写千文一卷，功工既至，形势诸圆。此其所以名重当时，声称后世欤！

董其昌法书跋

董文敏为一代书豪，尝言曰：“余十七学书，今五十七八矣。有谬称许者，颇不似米颠，非欺人语。”又云：“行间茂密，千字一同，吾不如赵。若临仿历代，赵得其十一，吾得其十七。赵书因熟得俗态，吾书因生得秀色。赵书无不作意，吾书往往率意。当其作意，赵书亦输一筹。”则文敏之自负可知矣。今世所传刻本各种，久已纸贵，人争脍炙。但学士家藏墨迹，率皆真赝相半，而学文敏，即以累文敏。兹所收，原不足以尽文敏之能，而大书则罕有入石者，特为摹出，以见文敏之为文敏，鲜秀圆劲，自有真也。胡汲仲谓子昂书，上下三百年，纵横一万里，举无此书。余于文敏亦云。

先大父法书跋此跋亦见《湖南文征》

余家世学书，先君尤善章草。兵燹后，一无存者。余于敝簏残帙中，得先祖父遗墨数行，亟摩入石。倘获附以行远，岂非厚幸乎？祖砚尚存，父书堪读，为吾后者可以观矣。按：罗汝怀《湖南文征》跋云："此从《萤照堂明代法帖》中录出，未得全本，故所录止此。先君者，名泌书。先祖父者，名大敬。均祀乡贤。"

右车都谏鹤田先生《萤照堂明代法帖》序跋也，帖为卷十，起洪武帝，讫车大敬，凡一百二十九人。自帝王以及朝贵儒宿隐逸之墨妙，莫不毕在。各体俱备，洋洋大观，类皆他帖所未有。于有明一代朝章政事、学风艺术之得失，多可以资读史者之考证，固不仅为书家所宝也。通志又载先生刊有《泼墨斋历代法帖》十卷，今已不传。而此帖自其子双亭以书案罹祸，厥后朝野人士，莫敢藏弆，世遂无有知之者。新化邓湘皋氏《宝庆府志》，称其集刊精妙。然观其所列目录于金石者，讹误脱漏，指不胜屈。湘潭罗研生氏《湖南文征》，亦仅录李文正及其大父两跋。盖皆得之传钞，未睹全豹也。而论书法者，惟宁乡刘子寿氏《红豆山斋法帖跋》，内有邵阳车氏《萤照堂帖》，海内欣赏一语，亦不知其曾见之否也。及编都谏集时，其七世孙伯夔大令自鄂寓书，称家藏有此，已历三世，固未敢以告人。今国体变更，当谋所以流传云云。然后知广陵一曲，犹在人间，为之狂喜者累日。既而，伯夔携之来湘，相与舒玩，为述其兼祧祖鸿胪公春川在秋部时，以重金付太原友人于某收藏家，责以温伯后村之谊，始获贮之秘匣。前年革军北伐，武昌闭城四十馀日，赖其傅夫人出之于枪林弹雨中。越五年，汉上大水为灾，又得其如夫人蒋氏携立屋顶，水已没踝，卒得保全。伯夔具言至此，心摹足蹈，声在喉间。其惊喜之状，大有赵子固中流出险，黄庭在此之概。且拜嘱曰："吾行年六十，老病相寻。先人手泽，惟此戋戋。吾子既为先大夫编次所著，流传之重，仍以为请。"予敬诺之。而不意此一夕话，竟为伯夔与予诀别语也。回忆邵城晤聚，曾与伯夔有建墨妙亭于六岭之议，盖欲搜集邑中诸先达之法书，萃镌亭壁，以为吾邵捧祖砚读父书者之矜式。曾几何时，伯夔遽尔下世，沧桑浩汗，对此海内孤本，能不惓惓于吾伯夔之言。达武谨跋。时民国二十二年冬十一月也。

鹤田先生于清康熙间，父子相继入词林，官给谏，直声震天下。以丁艰归，遂不复出。肆力著述，研精书法，以娱晚景。乃以吕祸，数百年来，翰墨流传，散见于今日者，就所闻见，墨迹仅三纸。一为友人郭玉山所藏，草书立幅；一为赵振甫横披；一为赵陶庵行书长卷，卷为先生晚年所书。书读书十六观，为行八十有七。前幅尤精采，于刚健端庄之中，显婀娜流丽之致，是由海岳而入晋人之室者，末有邑人魏选廷君跋语。陶庵，绩学士。此卷为其曾祖父树三广文官绥宁时，所得于某巨室者。振甫所藏，闻之陶庵，近为何人篡去。玉山藏者，字不过二十馀，逸迈之势，上淩苏、黄，与陶庵之卷均完整。末有玉堂青琐之章，甚可宝也。其碑拓自萤照堂帖一序七跋外，亦仅三见。曰《岳麓自卑亭记》，乃先生投䌽后掌教岳麓书院时所书者。此为先生得意书，法严韵逸，弓燥手柔，深得南宫三昧。先生谓董文敏书，鲜秀圆劲，别自有真。余于此碑亦云，曰《船山诗刊》，草书如杯大，奋然似龙蛇之起陆，矫然似秋隼之盘空，广陵之潮，斫阵之骏，其喷薄蹴踊，盖有似也。曰《大江东去》，词字之夭矫，与《船山诗刊》相近。特枣镌失真，以不见原刻为恨。其他榜书，则有吾邑周子祠之“超然会太极”，双清亭之“远色有诸岭”，转龙寺之“正法眼藏”，衡阳之“绿净不可唾”，耒阳之双蹲书院，衡、耒诸迹，为擘窠大书，笔势雄伟，无馆阁气。馀亦径尺或二尺有奇，尤以双清者为超绝一世。因述帖始末，故并及之。达武又识。

宝庆府志序康熙癸卯传志。以下二首见《湖南文征》。

国家命官，莫重史职，宰相入辅，必兼殿阁学士。盖以稽谋自天，而燮理寅亮，非精贯三才，无以匡佐致治。故内有史，相臣领之；郡国有志，太守裁之。而循史必取材于郡志，凡以天下者，郡国之积也。一郡有星躔，有形势，有田赋，有户口，有风俗，有物产，有官师人物，其间礼祥险易，肥瘠登耗，丰俭淳漓，贤否贞淫，皆得而稽察焉。上之当宁，使情形万里，如在眉睫，庶几因地建官，以为奠治绥猷之要。而太守固将习典故，考文献，达民情，时为举废修坠，不致荒缺，则郡志之修，固不重哉！至于综故实，精考核，义例体，裁必典必确，训词深厚，文章尔雅，非深吏治、具史才，曷克胜任而愉快！

予翁老公祖，治郡三年，政和化洽，庭清事简，谓旧志之略而不详也，脱而不完也，质而不文也，义例无所折衷也，体裁无所区别也，欲厘正而一新之，谋诸都人士。佥曰："非公弗任。"公曰："顾可。当吾莅兹，而使大典弗光，不克比于潭、衡、永、阳诸乘，实愧甚。"于是开局延寓贤，谘郡彦以从事焉。而先征言于予不佞，不佞闻之，而喜可知也。

予请得而言之，邵陵固楚僻小地，山类蚕丛，水视巫峡，土瘠民劳，难几富庶，苗瑶杂处，未易敉宁。然旧志称事简而民淳，士大夫多介简，似亦尹斯土者可卧而理也。然何以在土田，昔锦而今石；在输赋，昔易而今难；在物产，昔丰而今俭；在风俗，昔淳而今漓；在官师，昔顺导而今费斡旋？自公之莅治也，石而日就锦也，难而日就易也，耗而日就登也，俭而日就丰也，漓而日就淳也，衰而日就盛也，斡旋而日就顺导也。抑将鉴于昔之循良，有效于斯土者，以为旬宣欤？抑得于宁一不扰之旨，以为敉辑欤？则今日之志，亦志公之所理者而已。虽然，政令及于一时，教化流于永世，予复得而赘言之，可乎？志天文矣，天冥漠而不可知，然何以和风甘雨，必取信于诚求？故谓星次之无关于一隅，妄也，则考验宜精。志地理矣，地非大而难理，然何以昔县今郡，时分合于汉、宋之间？故谓形势不必泥者，非也，则申画宜谨。志建置矣，择可劳而劳之，然何以书城中城而不书修泮？故谓公旬之不必拘者，诬也，则时使宜慎。志山川矣，似无系于理乱之数，然何以不骞不竭取乎于休盛之时？故谓仅资登高临深之眺羡者，谬也，则流峙宜察。志学校矣，圣教遍于天下，然何以礼崩乐坏，无可征考于方册？故谓郡邑皆同，而无事繁言者，舛也，则仪礼宜详。志秩官矣，一时之抚虐入于人心，一路之嘻嗃难于旦夕，可谓远无从稽，代不必考乎？则秩官宜备。志田赋矣，民间之粒食，国家之正供系焉什一，何以生全取盈，无以卒岁，可谓全书已悉，不必详之图史乎？则纤悉宜具。志选举矣，天不择地而生材，国亦无方以取士，可谓拔茅之仅在科目乎？则人文宜悉志惠政矣。一事之害，百方去之，而不能一时之误，百年厘之而不足，得无谓小利小害，不甚关民生欤？志祀典、物产、灾异、古迹、园墓矣，国依乎社，民依乎神，鲜粒懋迁之必资，水旱眚灾之足惧，得无巫鬼可听，而凭吊何事欤？志武备矣，有文事者有武备，谋桑土者先未雨，得无谓无事可撤备，而樽俎可折冲欤？志名宦矣，保厘不遗于一隅，孔迩实望于守令，则宅师绥众以生聚我妇子者，伊谁之赐也？志人物矣，表扬固重于忠贞，阐幽宜及于微贱，则尚德不媚贵，敦行不重文，以励风化于忠厚者，谁氏之直也？至于艺文将以为末乎，然柳颂、韩铭，以昭武功，周文朱记，以宏文治，推此选言皆教也，则词乌可已哉？二氏之流，收之所以辟之也。志馀之录，详之所以慎之也。此皆公之调燮以致祥，恃德以制险，农隙以使民，明伦以谨教，省工以率属，用一以阜财，储才以待举，去害以兴利，谨祀以感神，纪循良而身为传，表忠贤以示之型，综德功以立言，辟邪说以闲道。公之治，即公之志也。则详略轻重之间，于以见公之志，即可以晓然于公之治。若夫训词深厚，文章尔雅，公才饶为之，而义例体裁，典核精要，公家学具在。昔日者柏台之采，不但为通志所凭，将为国史是藉。则天人之贯，正弼之资亮也。余不佞，又不仅观成于兹志也夫！

宝庆府志序康熙甲子梁志

闻之经以载道，史以纪事，人每重言经而轻言史，不知经未尝离事以言道，史未尝离道以著事，即如郡邑之志近乎史；其言山川政教，必本之《尚书》；机祥占验，必本之《周易》；风土人情，本之十五国之风诗；礼明乐备，原于戴记；是非褒贬，衷于春秋。莫非事也，莫非道也。独是郡邑之志，等于陈诗纳贾之义，不敢言史，况敢言经，是在簪笔者，识必晰乎理道之要，学必详夫国计民瘼之巨，才必周夫大小轻重之条贯，嘉谋不厌于周详，疾苦无嫌于胪列，阐扬必及于幽微，是非必轨于至正，而浮靡之文词，骚墨之题咏，无关治理者，不滥及焉。其慎其公，宜详宜略，文不伤绮，质不近陋，亦庶几可与作者之林矣。

宝之有志，明时朴略，固不足观；己卯陶志，文献渐启；癸卯傅志，既乏体裁，更多挂漏。至癸丑志，似称完美。亡何付之劫灰，即藏在士大夫家者，少缺略不全，以致文献失征者数年。

梁园梁老公祖，慨然于大典之不宜久缺也。甲子之春，束帛敦延宿硕刘前辈，开局纂修，得其人矣。而辟陈子、简子、家仲氏为之参考，凡五阅月而稿成，邮函征余为序。余闻是志体裁仿之班史，作纪、表、志、传而终以艺文。夫今古之言史者，顾有出于班、马之上者乎？其为纪也，春秋之编年也；其为表也，周官之命吏也；其为志也，犹谟诰之因事陈谟也；其为传也，亦春秋之善善从长之公且直也。如是以成志，则井条不淆，详略易见，原委具悉，前可考镜，从足励劝，此非体裁义例之良者乎？梁公取此法以立体，诸君子守此体以论列，余知是书之可传也。矧我皇上，方命儒臣纂修大典，征取省郡志乘。而郡之志山川也，必本水经；志天文也，必详象纬；志田赋也，必遵王朝之经制；志学校也，必详历代所由来；志武备也，必衷今时之经略，而因及先世之边防。其于民情之甘苦，兴革之缓急，或如郑侠之绘图，或如郇模之六事，皆可得而剂量焉。嘉谋嘉猷，惟我后之人告其于一方，不宁有造也乎？余以是知公用意之勤，悯民之切，而静一不扰，臻兹治理者，宜其著之鸿论，洋洋洒洒，若不啻休命之拜扬，而祈寒暑雨之必述也。夫为政有体，太守尊居表率，不取赫赫声，不违道以干誉。此平阳之所以治齐，而汲长孺之所以卧护淮阳也。立德者，必有言，言之而为利溥者，即其功也。若使市小惠，而徒取悦乎人人，又岂政之平哉？余乃知公之赈荒劝农，止（颂）〔讼〕①除奸，严以驭下，宽以抚民，而予一方以宁静之福，即古所称神君慈父，曷以加兹，而今更庆其征文考献，垂此千百年之掌故，以教郡之人，其惠施又宁有已耶？此又不待读其全书，而知可以明经，可以翼史，当不仅为一郡之志云尔。按：刘前辈谓应祁，陈子谓宪道，家仲氏谓鼎黄也。

重建青龙桥记见《宝庆府志》

国家致治平，海宇享清晏之福，四十馀年矣。偶因滇逆不靖，

①据文义改。

蹂我湖湘，凶锋所触，邵当其冲，罹其剽掠最惨。皇上赫然震怒，命将出师，禁旅进捣邵。值孔道瘁于转输，邵独当其疲，即城关一桥，日为千万趾往来，屡遭毁废，岁糜宫功，其他可知也。顾桥虽屡造取办，一时未暇，选材伐石，不三四年，风雨飘摇，势若累卵，人咸忧之。甲子五月，会为大水漂去。家兄万有暨荐绅，为请于郡伯梁公。公慨然捐金四百两为倡，委县佐赵勉周督理，简绅耆之诚朴者，市大木于西延，伐巨石于林壑，募工匠，给廪食，灰铁瓦甓，无物不具。宽时日，课工作，补旧墩之颓缺而加崇，视旧制之崔拱而增固，重檐鳞甍，平道叠级，洞门广厚，高朗巩坚。工始于甲子仲秋，讫于乙丑孟夏，日省时程，家兄与有劳焉。告成之日，荐绅邮函索记，以志公功。余乃叹曰：郡厄方除，民气未复，一桥之建，虽费千金，苟无关于民瘼，不足侈也。而此不然，郡之人居廛市，皆在于东，米薪之入，四方之会，城关血脉，恃此一桥，如人之有咽喉，不可一日壅也。但不选材石，严覆盖，高坚是图，曷有赖焉。今也，墩加崇，崔加高，木加良，亭加固，一时之劳，百年之逸，千金之费，百年之利，无岁岁趋事之扰，无日日履险之惧。而况财出自上也，工出自募也，公之功德，得不谓之有关于民瘼者乎？且公之功之德，不仅此也。闻其倡修六学，积累逾千，崇文教也；糜粥救荒，布给牛种，哀民生也；水火之厄，按户给镪，恤民灾也；止（颂）〔讼〕[①]息争，刑错不用，省民财、惜民命也；敦延儒绅，纂修郡志，征文献也。所举者，皆关治体；所禁者，皆全吾生，又岂独一桥之足以志公之功之德也哉？余尝叹世之喜事功者，以综核苛察市赫赫声，以发摘钩致邀神明誉，使民日聚讼于庭，逞无情以陷良善，因狱讼

---

①据文义改。

以肥胥徒，即有门如市、心如水之称，其破民家，损民财，殒民命者不少，彼卧护淮阳，门可罗雀，又何以推焉！公六载静镇，豪无扰于民，一镪不入，万室咸宁。民之感之，正在于此，而谓一方之不戴，岂人情也哉！则戴安静之福，致一桥之成，无所取于里甲，无所责以公旬，即一桥可类推已。使后之人，因桥而思公之功德者，商贾氓萌也；不仅因桥而思公之功德，可以复致治平者，荐绅士类也。噫嘻！是亦足以记已。

郡伯梁公，名碧海，河南兰阳人。郡司马张名文达，正蓝旗人。郡司农余名启腾，浙江绍兴人。协镇李名云，河南人。邵阳令张名起鹍，承德人。刘名久元，大兴人。武冈守罗名守疆，雒南人。新化令王名国玉，辽阳人。新宁令牟名国镇，镶白旗人。城步令王名谦，永年人。郡博士杜士英，黄冈人。邓上元，荆州人。邑博士陈士暐，茶陵人。吴宏初，黄安人。府幕胡士达，绍兴人。裴成章，陕西人。司狱唐命都，富平人。邵捕张禹锡，宛平人。咸捐俸有差，终始总理。勤劳则县丞赵勉周，奉新人也。至督工乡耆，萧中正、范大绅、屈遵，协力襄事，例得备纪。时康熙二十四年六月六日也。

武冈改复大学碑记以下二首见《湖南文征》

皇帝御极之三十有一年，至治诞敷，深仁翔洽。崇教化，广励人材，薄海内外，蒸蒸丕变。而武冈于是年夏，亦得改复大学。猗欤，休哉！千古作人之盛，无逾于此。是诚圣天子右文之至意，而又重以名公卿之鼓吹休明，以逮贤守令，委曲建白，与一二师儒，左右赞襄于以成兹盛举，而宏教泽于无疆也。粤稽武冈造士之制，始于东晋，陶士行为令营，度学宫中间兴废频仍。至宋崇宁间，始建有学。历元而明科不乏，代有文人。从前取士之例，咸以大学著，但武冈僻在南徼，国朝定鼎，枫门洞口，尚属胜国之遗。顺治十四年，督学使者刘公，校士湘中，武冈人士不能间关应试，乃邵邑诸童，假借投诚，学使意主招徕，概锡泮游，缘人数寥落，遂用中学报部。至次年，武冈始隶版图，刘学使随临郡，补行岁试，阅武冈人文，始悔前此中学之误，然终未能题复。自是而后，虽陈于学使及诸有司，总以部例已定，未可纷更，厄抑潦倒者，三十馀年。州守任侯每于月课之暇，偕学博两君言及此，未尝不愍焉伤之。岁辛未，大中丞王公以清节俊望，持节钺来镇楚南。任侯闻之，欣然喜曰："我武冈大学之复，其在斯乎!"因于请谒之始，首以是为言，公颔之。侯返署，集文武诸生，宣明德意。随有生员张硕鹏、许谦、朱万钟、彭泽、谢灿等赴辕门言状，大中丞王公亲赐明问。翼日，下督学确议，督学复以其事由府而州，递下之学，遂又条陈本末以上大中丞。公得状，具以请，欣蒙俞允，武冈学着改为大学。岂非辟门吁俊之风，无远弗届，振古铄今者乎？武冈之士，莫不加额曰："是不可无记。"爰是乞言于予。予既记其事如右，窃念犹是武冈也，纵观文献之旧，金石之藏，柳柳州之铭，文文山之记，其扬厉者数矣。人物如诸先达，常卓卓可称道。云山葱郁，济水澄渟，岂钟灵孕秀，偏普如此时耶！毋亦人材之盛衰，视气化为隆替。今日者，圣天子崇儒右文，广励教化者如此。而名公巨卿，所以保厘宣化，以及守令师儒之造就者，复如此。讵非昌隆之一会也耶？为武冈之士者，夫亦可奋然勃然，群起而应休明之运矣。

大中丞王公，名樑，奉天人。督学邱公名园卜，睢宁人。前郡伯刘公名光业，奉天宁远人。署府事马公名云从，辽阳人。郡伯沈公名联镳，大兴人。州守任公名进孝，沈阳人。学正高君名俊，武昌人。司训梅君名弈庭，广济人。例得备书。

重建长沙县治碑记

尝考长沙之为郡，自西汉始也。长沙之为邑，自隋大业始也。前乎此，曰临湘，后乎此，曰龙喜、曰常丰，代有更置，而以隋所称名者近是，故元与明皆因之。古来县治，东西累迁。洪武初，建于北城之内，寻移于北城之外。是郡自郡，而邑自邑也。皇哉！世运隆平，疆宇清晏，虽作邑于郊，而人不诫，古道有然。阅二百馀年，吏恪职而民乐生，闾里无叹息之声，比屋有可封之俗，至今父老谈天宝遗事，犹足令人耳热焉。无何，隆万而下，风渐嚣陵，人无固志。尔时，吏政亦遂有难为者矣。万历乙巳，洛阳赵公彬惊心时事，请于潮宗门内便民仓址，而营邑焉，今即其处也。迨崇祯癸未，不四十年，流贼张献忠由秦、豫至。斯时也，徭赋增而人心怨，藩孽作而内衅生，遂令瓦解，而邑治毁者四十年，伊可叹耶，亦可鉴也。天祚皇清一统，中外惟湖南不靖，复若而年，滇重祸生，西山蠢动，几番征调，蕞尔长沙，无一得免，民力衰竭，所固然也。官兹土者，类如传舍，或僦居藩邸，或赁贷民房，社稷无依，地灵罔叶。无他，官不知爱养，则物力绌，民不亲长上，则携贰生。有坐视其废坠焉尔。爰及癸亥，序易上元，识者谓否将倾矣。恭逢邑侯朱公前诒，江南名阀且名士也，深心大力学道，爱人者有年，分符莅邑，甫下车，而慨念曰："有是哉！邑无官廨，令宰鸡栖，奚以为政乎？然劳民力而耗民财，吾不忍也。"于焉自倾资斧矣，日割餐钱矣，除供忆之常数，汰买办之漏卮矣。且也，比较宽而手足得暇，追呼省而愁怨日纾。癸亥之秋，因相其旧区，披荆榛，涤瓦砾，度形规胜而鼎建之。

凡军民席其基者，还以价，而木石采于里者，给以钱。万姓欢呼，踊跃趋事，无旦夕焉。公乃戒曰："勿亟，且有待然。"其士民乐效，急欲观成，皇皇如也。经四阅月而工竣，请公择吉居之，则十二月八日也。是日也，绅士与民，无远近皆至，簇拥鼓歌，公升堂而乐焉。僚属贺曰："经四十年，阅十六官，而莫能兴复，我公毅然任之。莅治甫半载，鸠工不数月，而告成功，非爱养情深，民心推戴，不至于此，以巩千百载之苞桑，肇亿万人之乐利，建国本而奠民生，皆我公再造之长沙，弈世戴德，曷敢忘乎？"最异者，公乔迁犹未竟日，其先所僦民舍，几被邻灾。公得以无怨，驰往载拜，而风反火灭，谓天之报施循良，如此行见。公之身登紫闼，公之家大驷门，与今县治叶吉同作是观，乌可不勒石以示后人哉？邑之人，征言于余。余家邵陵，距长沙三百馀里。德政锡光，照邻甚迩，虽备员垣中，闻之志喜，得采风而为之记。

重建忠孝祠记见刘氏《忠孝编》

以天下之大势，视一邑之孤危，其利害不在一邑，明也；以一人之竭节，抗百万之剧寇，其维系不在一人，明也。然以一邑之令长，而抗百万之剧寇，使其势不得不为之跋疐，而于此一邑一令，亦似有为之恫疑虚喝，而不能不龃龉回顾于其间，安得谓维系之不在一人一邑也哉？曾南丰谓，颜真卿以区区之平原，抗贼而折其锋，四方闻之，争奋而起，使贼不敢（真）〔直〕窥潼关，由公与杲卿分其势也。乃张巡一真源令耳，起兵讨贼，力竭而不能守，则死之，死尚愿为厉鬼以灭贼。彼亦知贼之不可抗，而不以成败生死易其虑者乎？汴为九州咽喉，闯贼之枭张也，何有于汴！而新郑其属邑也，去汴数舍地且极冲，以贼视之，直可踏平耳。同邑刘默庵先生以龙阳〔教〕谕之迁令新郑也，于时为如何耶？明知其邑之不可为，时之不可为，而公必为之，亦知其事之为之无裨，而必以死殉之。设使犹人之言，候凭少待，亦不与于难矣。而公必为之者，所谓知可及，而愚不可及也。方闯贼之困汴也，两河巨镇，拥兵数十万，环视而不敢救，郡邑数十城，无不失守。公以一丸之邑，激疲残之民，效死弗去。贼来则御之，贼去而蹑之，力持于四十日之间，使贼瞻顾而不敢逼汴者，谁之功也！及公死，而汴旋亡，公之为智为愚而不可及者，岂仅啮血骂贼，奋臂争死之为烈也哉！

郑既请祀于邑庠矣，而犹怀思不忘。又请于当路，合五贤而庙祀焉。五贤者，周郑国侨、唐裴度、宋王曾、欧阳修暨公也。康熙甲辰春，育兄弟会试，道经其地，而郑人述其事甚详。而邵之乡人，以公之旧有特祠也，先奉宋、陈、何、李诸大中丞，后先汇题赐建，而朱侍郎为之记矣。祠在爱莲池上，而今毁，不可问，独不可度地而更新之欤？则倡率而呈言于郡伯傅公为宜，卜地于濂溪书院。既得请矣，而督学王公适至，诸人士又以专祠必有专祭，王公慨然捐学租若干，为每岁春秋永祀费。傅公复补其遗事于郡志中，皆好德之秉彝，而乡邦之盛事也。会育从史局乞假还里，而长君征育记事。《湖南文征》“长君”误作“长言”。育少闻公死节事，心窃伟之。“伟”，《湖南文征》误作“韪”。父兄每为育言，公固文弱不胜衣，言若不出诸口者，而于大节烈烈若此，而因感当是时，邑之不皆如新郑，人之不皆如新郑令也。乃稽郑之五贤，侨固东里惠人也，度与曾修墓阡，前后辉映茨山洧水间。而公赴义时，亦以附骨侨庙侧，为郑人告，岂非生不同时，行不同事，而忠惠不异者耶？即今祠邻于濂溪也，不又有如朱晦庵、张无垢、陆子寿之并俎豆于其中耶？我知公之神，出则依依于遗爱之乡，而归则栖游于道学之林者也。虽然，特祠者，将以教忠也，亦公之不幸也，不幸而止于一邑一令，其志之不克展也，犹幸而未几巨逆歼灭，以复际清晏也。今上御宇，以显忠阐幽为亟，方命礼臣采访启、祯间事，以补纂修。育又知公之事状，必赫赫国史中矣。兹督学与郡诸大夫、邑茂宰之乐成是役也，其亦有念简书，而行古之道乎？则是祠也，可以观人心，而识政事矣。

公讳孔晖，号默庵，中天启辛酉科乡试，初仕龙阳教谕。崇祯己卯，聘考滇南省闱，得士十人，成进士者二。其孝友懿行，与节烈始末，详之家谱及楚豫郡邑志中，而龙阳亦请列之名宦，而育独记特祠之所由来云。时则督学王公，讳自新，江南句容人。守藩朱公讳廷□，辽东人。郡伯傅公，讳鸾祥，河南汝阳人。郡丞金公，讳星贲，江南安东人。别驾白公，讳美玉，铁岭人。司理颜公，讳象龙，江西安福人。邵阳令蒋公，讳其昌，江南临淮人。于例得备书。诗曰：

瞻彼庐陵，文信国公。君其乡人，用蹇匪躬。黄巾滔天，雷邑何封。匪师匪徒，无廪无墉。亦既固圉，亦既屡攻。生则不可，死则人从。郑人向义，大节可风。登之明堂，四贤与同。惟郑四贤，事业昭融。公之配之，乃以孤忠。某丘某水，桑梓敬恭。乃建特祠，濂溪之东。四瑚八琏，焄蒿恪共。有司明享，表章之功。史氏作记，比于考钟。千亿万年，锡类无终。

附：梦馀女士诗一首、绝笔二则

梦馀，为乡先达车鹤田都谏子，《双亭集》中《节孝记》所称四姊是也。记谓节孝既死，检其遗箧，得诗绝句十首、律一首、诗馀二首。又谓自幼至长，卒未见姊著述，惟时承问某字作何用，某语作何解尔。矜慎不传，死而后露，用心良苦云云。盖梦馀虽生长金闺，而忧患之馀，芳龄不永，所为诗词，又矜慎不以示人，故止此十馀首而已。而《沅湘集》梦馀小传，称其有诗数百首者，殆撰传者想当然之词。乃至道光中修郡志时，并此十馀首者，亦漂没而无存。向非默深魏先生当日录存所作，则道蕴清芬，不几只字莫传耶！然有此怀园一咏，车氏女中郎，又将驾咏絮者而上之矣，梦馀固不仅以节孝显也。达武粹叔甫识。

怀园夜咏

耽月上帘钩，明河半入楼。草垂千露重，萤共一星流。蕉响风中雨，梧阴夏夜秋。还从林缺处，倚槛睇牵牛。

绝笔二则

凡此所作，非以云诗，聊发悲声耳。见者勿哂也。按，已上十八字，系梦馀自题所作诗词后，即《双亭集》中所谓遗墨之一也。

我死众勿骇痛，我原暗约不过四十，今其时也。但望吾兄弟竭力奉养母亲，吾瞑目矣。按，车鼎贲适张氏姊，《节孝记》称姊梦馀，年三十，赘句容张受百于家。既而，受百病危，梦馀曰："君如不讳，吾即以死报君。"受百殁，以母防视不得死，于是孝养备至，朔望必焚香祷神，愿父母寿康，而祈己年勿过四十，以示不食言。及临殁，年果未四十。故有暗约云云。

車飲賔集

楊碧梧

楊碧梧印

车饮宾集卷一

车饮宾万期传略

万期，字朋百，一字月村，按：郡志《儒宿传》，字漏载。兹从车氏谱补入。号竹眉，又号村中人。均见《雨石斋遗稿》。父以遵，有传，见《逸民集》。万期性坦率，胸无畛域，而好为诗。时时从田父欢饮，都人士宴集。咸曰："坐无车，公不乐。"郡守沈联镳，以乡饮大宾敦请，强应之，非所乐也。家贫甚，虽啼饥号寒，而吟啸自若。或卖文偶得数金，旋即挥去，不以介意。万期以名父之子，生长乱离中，每语及先世手泽，家门兴替，未尝不泫然泣下。以康熙二十四年贡。著有《雨石斋诗集》六卷。郡志《艺文略》作十卷。自序云："蛙居水涧，夜至能呼.蝉噪秋旻，露凝愈聒。畅怀欲吐，漫云言志和声。触景生情，不过行吟泽畔。雕虫小技，壮夫弗为。残月晓风，女郎佳致。才非长吉，溷内可以勿投；寒似孟郊，濑上悠然有得。三百后多作者，代述传人，五十始效为之。唐称高士，六朝华过于实，汉魏质浮于文，取法固当上宗。论诗慎莫轻道，第俗见易俗。或父兄善咏，辄谓捌管者之润色，似倩人来，抑玄赏云亡。尚师友娴吟，遂诋染翰者之文采。罔从已出，以性情之真境，致猜忌之钩途。余也资秉椎鲁，学秉高曾，承清白之遗；萧条四壁，恪行素之守。羞涩一囊，屡困棘围，生惭雾隐，久淹胶序，难待云翔。村居疏漏，听松风之晚奏，可代鸣琴；树影参差，挹桐露之晨流，足供盥砚。兴思暂托，偶沉韵贮于筲间；题赠率成，致杜撰舒于井底。以风以雨，夫岂徒然！一咏一觞，良匪诬也。或讶家君不第，咸称穷在声诗。讵知大父成名，早已吟敷吴越。绍闻靡远，怙训攸严，蒲轮贞晚节之香。关心风雅，比赋竟无虚日，鹤书邀国士之知。遁迹烟霞，诵读自饶岁寒。敢诩衣钵相承，仅冀弓裘勿替。篇章间有，筐箧多留。小巫莫辞，大乘宁悟。醉来泼墨，聊当灯下虫鸣。乐此忘疲，尚俟渠成水到，曲终江上。昔人神助偏工，雪和郢中，吾侪趋庭偶尔。空山清寂，樵歌麦陇时闻；小子穷愁，俚句篱边恰叶。如鉴之牝牡骊黄之外，进横王、杨、卢、骆之傍。喜斯陶兮，瞠乎后矣。”卒年七十有四。

饮宾《雨石斋诗集》十卷，见《宝庆府志·艺文略》。载其自序一首，其诗散见于志内者十八首。而资江、沅湘两《耆旧集》，当日于大湖以南老辈诗著，搜罗略备，独不见此老名氏。则雨石斋诗，至邓氏修志时，始采访得之，所谓喜得五车诗稿是也。及编本集，瑞阶老友复以其先德所收藏之遗稿并家谱寄至，诗凡三百三十六首，不分卷帙。首载序言，与志同。末署“康熙壬子，重九村中人车万期自序”十四字。字有漫漶，尤多脱讹，盖后人传钞本也。诗虽瑕瑜互见，而五律老境独得之处，往往伯仲复斋、南屏诸老，诚可宝哉！乃车氏谱所标家人著述书目，此集亦未著录。数典而忘，尤可慨矣。又，《谒刘烈愍祠》，诗见刘氏《忠孝录》；赠《补旃侄孙贵诏新宁》，诗见《故宁县志》。二诗均为遗稿所未载，知此老当日所作，尚多遗珠。此老赠山樗上人，有“搬柴运水寻常事，拾得家珍好自培”之句。余尝致函瑞阶，录此戏赠。盖谓先人著述，为之后者，玩味之，保存之，尤贵有以流传之也。昔燕岩先生尝欲集其族先辈所各著述为一编，名以《车氏世珍集》，诚有见于此哉！惜乎，有志而未逮也。余既选录七十三首，以入《湖南诗征》，仍编遗稿并他见者为六卷，以入本集云。刘达武识。

诗一五言古

种树

早暮岭头云，往来村上下。我庐居其间，几经冬与夏。种树计百年，枫柳植旷野。何如一株松，种之不盈把。合抱待他时，谡谡清风惹。

赋草屋八九间

我住此村中，把茅胜岩穴。村人知予懒，相见无礼节。破屋任欹斜，旁柱相扶挈。视之恐欲倾，我意犹泄泄。积草荒庭除，嗟彼西风冽。山雨淡芙蓉，衰柳噪虫舌。大风欺敝庐，动摇浑似折。愿风勿作威，修葺当自竭。

寿香翁叔父六十

□□□□□，蓬莱会此辰。道书云，十二月群仙会于蓬莱。原注。□□□□□，□□□□□。时有长庚客，隐德格苍旻。□□□孝友，有子悉祥麟。一经连璧□，世泽自天申。泥金首叔子，锦夺曲江春。芸局收英俊，青年著作臣。伯也勤攻苦，龙标指日宾。仲季推都雅，玉笋自彬彬。尤怜爱弟□，惜若掌中珍。善承慈母意，不厌笑言频。□□□□□，□□□□□。百岁犹难老，八千寿□椿。从子扬言颂，百拜□□尘。

送我皆大兄北上

□□□生日，驱车北上时。虎头予有梦，染柳为君期。策就三千字，平□□□□。□□□□□，欢看到里居。释褐酬初志，题名续弟碑。鹤田弟，前大兄甲辰捷。原注。

早起迓客不至

晨起霜未收，却寒迎晓日。邻家屋角烟，前岭风萧瑟。良晤若为难，聚谈真莫必。他山往未归，老仆步徒劼。

月坐

山上初更月，青光我共寒。寂寂应人笑，栖栖处世难。微云无点缀，秋色静中残。

和大父耕田乐行以下七言古

耕田乐，耕田乐，先和稼穑艰难作。暇日长吟老父前，一字一句饶磊落。忆昔神宗全盛时，我祖释褐游京洛。偶尔兴怀发啸歌，应是宦情甘淡泊。休官未及年六旬，胸襟豪爽重然诺。清白相遗意更幽，矫矫独立鸡群鹤。嗟予小子病贫兼，适遭世运矜轻薄。八十严亲善养违，负米忧惭筋力弱。数斛多收田舍翁，逢人便说来年恶。斗米千钱安足论，况值兵荒□□托。邻家日夜苦奔驰，土锉无烟悲寂寞。有士同病仗谁怜，整理耒耜田负郭。力穑还须问老农，播种及时得厚获。非其种者锄去之，载耔载耘防水涸。风雨和调大有年，含哺而游酒堪酌。三间茆屋野趣长，纳凉池柳看鱼跃。讵似从前担石藏，往时饥饿浑忘却。来春杜宇唤春归，种粳种秫随时度。人定胜天理自然，耕者所获犹颁爵。君不见前村富翁亦寻常，千万石积由升勺。勉矣耕田莫习闲，肯使求人负愧怍。

园中白芍频年盛开，去春来一二花而外，寂然寥落，不禁今昔之感，诗以询之

吁嗟天道不可测，仰视穹窿苍苍色。时行物生关至理，耕田种圃食其力。因天乘时相地宜，我圃爰在屋之侧。朝朝暮暮用人工，负畚粪积沃土中。老人频频勤刈割，播种耰锄菜蓊葱。偶于隙地栽花卉，中有白芍萋且斐。矫矫晚出独殿春，玉盘皎洁真奇

伟。几年花蕊灿然开，南禅资福同支类。敷荣簇簇繁有徒，浩态狂香群花避。昔也诗向花边吟，村醪常自为君斟。胡为一旦甘惨淡，条柔叶脆负光阴。回思其中必有故，岂是风雨常不足。抑亦荣枯各有时，□□□□天罔顾。我忆好生莫如天，仁爱岂仅草芊芊。天之降才不尔殊，尔自弃置长养缘。今我责汝汝不安，再为分晰问其端。灌溉失候人也罪，霜露曾无百宝阑。主人于花可奈何，及时培养莫蹉跎。花与主人两相洽，从此森森应更多。翻然而改主人喜，复为酌酒放高歌。歌罢更向花前嘱，切莫从前仍改柯。天乎天乎信好还，转移只在刹那间。

山梅早开，因忆家黄门植梅家园，以诗索和，别久思长，作此见怀按：黄门，谓万育也。

山中梅花竞早开，枝枝蕊绽望春来。年年对我颜如笑，令我心绪多徘徊。忆昔伊人都门出，搜囊买得数间地。身无长物可萦怀，遍觅梅花闲处植。梅花灿烂分高咏，吹埙吹篪相迭更。吟成白雪和者难，冰肌玉骨天成性。江南自古说繁华，像寓如君有几家。好水好山侪胜友，楚天一望路途赊。伫想何日锦樯发，归来饱看旧梅花。

人日子振弟、补旃侄孙见过按：此首亦见车氏谱。

元日倏尔到人日，有客翩翩来我室。梅花影映色苍然，细认方知弟与侄。入门相见礼从容，昭穆森森拜揖重。愧无彩胜熏天饼，日荡晴光入酒钟。坐中老弟须发白，相视而笑寄赏适。但言耕凿须乘时，度地一易及再易。同来宴坐有昆孙，天才高迈结云骞。继述从来由素志，多文为富溯渊源。大宗小宗礼所传，君也主祭首群贤。堂构先人志未遂，笾豆何以肃奉先。平居常诵同庄记，共谁领略买新阡。抱此凄怆久自持，嗟来研墨索君诗。吾家物也君多得，俊逸清新质赋奇。伫看槐萼秋日黄，文章光焰几许长。灯传自祖孙及子，绍闻衣德实家常。畅怀且莫辞卮酒，男儿立志期不朽。千事万事在经营，是究是图烦虚受。临风别去夕阳山，春初桃李未开颜。似我坚顽少所宜，不知天地意何艰。

雪怀补旃侄孙赍诏新宁

天子神武由天定，称戈比干得善胜。赉功大飨喜宸衷，大哉王言倾视听。光烈方行天下中，纷纷邮置播仁风。众选通儒充天使，轻裘肥马度昭融。行行至止来莳竹，邑长郊迎肃拜祝。嵩呼诵讫九重书，一揖嘉宾勤躬鞠。高贤适馆布琼筵，盘飧急馈沃芳鲜。稔知名下无虚士，意气文章孰与先。杖头百钱何必有，良友时招同醉酒。高谈雄辩细论文，欣然喜共瞻韩斗。霏霏六出漫天雪，梅花香馥遭风折。携来鹤氅在筲间，茶烟不湿添佳设。功德迢遥忆本源，如星云仍丽天繁。卓哉昆孙后居上，蹇劣如予落钝根。呵冻茆檐涤砚忙，率尔吟成志不忘。相逢笑语春正月，献岁春醪百福将。

车饮宾集卷二

诗二五言排律　五言律之一

寿叔祖母范大君九十五言排律

春首瑶池宴，笙歌列几行。乔松临晓日，凌雪傲秋霜。莱子趋跄拜，文孙次第觞。云娥供寿酒，金母浥仙浆。宠命来长乐，恩纶出建章。鳌灯光灿烂，藜火照辉煌。期忝从孙列，欢声蔼一堂。

次家君新正过蒋村见示韵以下五言律

肩舆山里径，春逐鸟声知。天道循环久，儿痴教诲迟。传觞喧坐处，善气蔼庭时。罗拜诸孙列，高春灿一枝。

村野春多遍，山花辨有无。桃符沿岁立，泥□望行蹰。家泽由来永，园名旧是劬。父昔造劬园于石人江上。原注。父严频顾问，蓝尾酒斯须。

雨风连日夕，能得几晴明。魂梦劳山泽，灯光满市城。天寒云自冷，春早草知名。野色荒无尽，泉声涧底生。

父书惭未读，砚净笔行稀。劝稼期年熟，谋生为岁饥。山容看似笑，草色细沾衣。淡荡韶光媚，啼鸠麦陇飞。

壬子除夕次大父戊戌、己亥、庚子三除夕韵

一夜分迎送，寥寥望远情。乔高馀荫子，梓仰庆新庚。烛映瓶梅色，杯传笑语声。儿童喧不睡，强坐俟天明。

高堂虚母侍，三度腊终天。夜永思添火，鸡鸣别旧年。肠回风雨后，梦到杼机前。明日春盘献，烹茶岭上泉。

春来将半月，风响一窗虚。节序催人老，贫根何日除。宵分新旧岁，筵列弟兄蔬。远矣予祖德，思将大里闾。

秋日山居

山前枫叶醉，摇落树痕秋。地僻人来少，天高雁渡浮。漱泉添露冷，枕石看云流。独坐虫声细，凉风欲白头。

次汝南李铨部秋贫韵

夏雨虽时至，其如瓶垒攻。升沉千古事，贫病一钱空。山老人同静，林寒鸟怯风。蝉声催晓日，一枕破尘红。

舟次长沙，次朱能者韵

水急孤城峻，征帆落照间。轻雷疑雨过，远岸落鸥还。湘芷迎秋馥，江光泛醉颜。昭山青一望，树影下波间。

送秋

秋光九十日，节序更来新。叶落霜痕重，风生雨意真。无衣寒入梦，有酒熟经旬。泽畔行吟懒，黄花喜共邻。

喜晤黄冈杨典穆鹤田弟甲辰同籍。原注。

科第人矜重，于君见素心。敝庐依水渚，裋褐旧时襟。声气同云汉，文章自古今。向来鸡黍约，倚玉愧难禁。

夜望

远烟连复断，晚照入林幽。天黑鸦归急，云残月出浮。人声黄叶里，树色绿窗留。梵宇钟初发，千山曙色收。

江饮

到城犹是客，雁卸夕阳边。破庙留烟地，枫林带碧天。我穿山里屐，人闹渡头船。馀醉沾衰草，风高霜莫传。

初冬早起看园菊分韵得肴字

露冷衣沾湿，晨烟几处交。径荒征士宅，风落野乌巢。紫芍生香早，黄花待晚饶。劲霜成傲骨，清味逼兰肴。

寒雨寄弟

横塘茆屋里，野鸟集檐间。岚重牛归早，风严雨势蛮。良朋违远地，狂士住宜山。有弟频相过，怡然共此间。

弟兄期俗外，相望雨风天。落叶敲门扇，低云暗岭泉。煮蔬延客后，煨酒待儿先。褐短依薪火，寒烟断不连。

村妇

结伴寻春早，山花逐晓生。风和迟睡起，日照翠眉轻。顾影频簪髻，佯羞假听莺。昨宵多好梦，芳草燕双横。

春日过扫月幢，访枢禅师不值，用壁间憨太师韵时三弟同往。原注。按：此首亦见《宝庆府志·疆里记》。

登陟爰同弟，层峦路不迷。到门殊寂寂，茸草正萋萋。坐倚林依石，行携杖是藜。春禽多丽色，吐绶看山鸡。

喜鹤田弟成进士

壮年欣释褐，清美侍臣新。烛液宵更永，花砖日影匀。山川来秀气，头角见嶙峋。弈世蒙恩泽，丝纶拜紫宸。

怀涵夫兄读书塔院此首亦见府志

一塔横江碧，长松映日斜。灯光留静夜，滩响落残霞。两岸啼莺早，千峰到眼赊。会心忘怀处，齑饭共僧加。

次大父庄居韵

紫翠环村野，谋生在力耕。营书堪却扫，有酒可忘名。霜月横峰影，禽鱼见性情。遗安思祖德，积厚待人明。

岳阳夜泊

吹笛何年事，临波感慨生。浮云迷两岸，衰草满孤城。雁影来天外，风声匝地鸣。巴陵秋夜月，不寐到深更。

胡湘草至，一宿而去

君来曾未忆，相见几经年。喜共江楼月，寒同午夜天。快谈从酒后，拥被据床先。才觉东方白，披衣破爨烟。

陈百是读书东山寺

齑饭分香积，春江柳拂烟。读书诠理窟，得句悟诗禅。窗影环山翠，钟声破晓天。不嫌明镜照，学半有心传。

月夜怀唐羽先武昌秋试

武昌今夜月，秋色伴书声。漏促啼鸡早，风传画角横。梦花文制就，吐墨句新成。遇合逢知己，遥思咏鹿鸣。

同友人夜坐

暮霭虚堂静，山环月到迟。虫鸣惊露冷，更静觉肠饥。举世怀锋镝，与君话别离。相忘深夜倦，衰草对凄其。

天洁禅师结制集福林

插竿卜新地，高坐佛威仪。龙象看云集，人天护法持。一言穷浩劫，四大尽空时。相对冥诸有，传灯最上师。

天枢、应之、鼎建诸禅友，同参天洁禅师

皈依心即佛，参透弟同兄。拟议疑生悟，机锋辨复明。胜因超境象，妙理绝逢迎。勉力生安稳，登偕大化城。

寓碧澜轩赠王芳生

不尽寒江色，书帷近市廛。夕阳留水上，滩响落灯前。兀坐听丝管，长宵易醉眠。居停殊未厌，主客自悠然。

偶吟十首存五

屋破惊风雨，窗凭绿树阴。一池春水足，四壁夏云深。尘釜因无米，单衣拥敝衾。纵心千古外，兀兀对高岑。

离乱严亲老，泥途一杖随。干戈曾未息，风鹤遍如斯。负米儿肩弱，平田涧水浉。桃源何处是，应有鬼神司。时避乱也。原注。

断续村烟合，林空落照多。喜无人迹到，频听鸟声过。冷砌摇青竹，疏窗蔓绿萝。月明宁不睡，早起奈愁何。

少不当人惠，萧然寄一生。柴门终日闭，蒿径抱塘横。思瘦吟何益，愁多酒易醒。十年弗字意，谁与问枯荣。

临别秋风里，迢迢望远情。一官喉舌寄，千里梦魂迎。清署宸霄近，孤怀夜月生。乡关非昨日，人事几纷更。怀鹤田弟。自注。

中秋

阴晴同此日，端正月中分。冷露零青草，高天拥白云。稻香深夜静，虫语向人云。酒莫嫌沽少，驱愁赖少醺。

过湛也禅师再来庵约友不至限韵

把茆青嶂里，清寂坐禅僧。蝉噎承宵露，蛛丝绊佛灯。邻钟声隔树，秋月色如冰。有客淹城市，斯乎忆友朋。

喜山公远归见过

看山频望雨，忽到远归僧。杖破深苔露，衣传续佛灯。晤言知别久，共对感怀增。步履烦登涉，黄花动客簦。

寓江上草舍

风光江上好，别有一亭凉。水涨鸥如叶，人愁梦满床。新莺啼湿岸，小竹绕回廊。几日风兼雨，相看晚渡忙。

村获

旱后收残粒，枯苗败壳多。素飧非我责，白眼奈人何。不向乌程乞，还思曾子歌。尚馀升斗惠，秋尽应催科。

偶题

花落连朝雨，春光几日留。闭门蒿满径，夹岸麦成秋。啜茗肠仍饿，浓云眼际浮。独怜山上翠，无力倩人收。

睡起

长日抄书苦，庭间一枕凉。禾锄香入梦，蝶舞意如狂。雨过留残照，霞高侵暮光。无聊听说鬼，酷吏亦寻常。

黄鹤楼怀古

溯洄江汉水，楼敞众山留。城堞帆樯过，波光日影浮。鹤归云岛静，塔共楚宫秋。不尽晴川树，台荒涌月流。

村涨

朝夕空濛雨，山高涧水漫。纡洄陇径没，漂泊稻茎残。野望天低合，凉生暑觉宽。牧儿牛背渡，戴笠入风团。

独坐

春晴如作客，花信几番风。远岫云生早，深林雨到濛。心闲窗对静，泉响涧流通。我自逢迎拙，陶然一室中。

春月

春月迢迢夜，山间气倍清。星疏云点缀，花散影纵横。翠色来千嶂，蛙声到五更。空明天尽处，预卜几朝晴。

感怀

天道真难问，如予感愧深。病因愁里得，贫怯酒资寻。数日炊无米，百年事到心。石泉终岁住，可不负山林。

次古灯禅师茗谈韵

架屋空山里，樵歌听亦常。草茆通一径，瓜豆望盈场。鹂择高枝隐，人归夕照行。共聆挥麈偈，竹接水香光。

赠扫月幢天枢禅师

习禅卜清寂，竹与树为邻。眼阔千峰小，心空万法匀。家贫常喜客，石怪欲欺人。珍重幽居者，虚无道自亲。

胡湘草往再来庵，兼寄湛禅师此首亦见府志

客居宁梵刹，去住少逢迎。信信花宫梦，萧萧树叶声。虎溪高士迹，庐墓古人情。庵侧建古灯禅师塔。自注。静息空山里，安禅得友生。

枕上偶成

露重蛙声湿，山空月色明。照残馀雨迹，映彻一窗明。不寐思何事，无端愁自生。鸡鸣林树隐，起看晓星横。

雪夜同湘草芳生家弟炉坐

愧予兄弟贱，长夜拨炉灰。雪下寒双璧，风严速早梅。柴添因敝絮，剪韭侑残杯。稳卧空山馆，邻烟傍晓开。

候我皆涵夫两兄寓无念阁

雨后烟云合，盈盈眼望浓。埙篪江上曲，朝暮塔边松。分被思凉共，连床见影重。携筇劳过从，愧我只疏慵。

同余次万家四弟过六岭雷杏村馆按：此首亦见府志《形胜记》。

高人同岭峻，泉响暗流通。馆在龙泉之侧，自注。不速来诸客，相忘纳远风。翠微堪入画，帐绛切磨砻。幽处茗香永，喧尘映日红。

怀友

百里殊非远，临风别思长。落花村寂寂，皓月影荒荒。冬暮人归去，天边雁过忙。迟君相晤日，醉酒话行藏。

春涨早渡

水漫连朝雨，岚烟到渡头。同看青草岸，共载绿蓑舟。淡冶山如笑，萧疏柳似秋。轻鸥惊浪急，去被早钟留。

次家君喜胡湘草至韵

高人排闼入，远道似孤僧。久别劳魂梦，深谈费夜灯。村烟看欲断，泥雨力难胜。鸣剑寻常事，炎凉世所凭。

有怀时家君住祁阳深田。原注。

途遥五十里，音问往来人。两月身如寄，千峰眼到匀。干戈传未息，风鹤听来频。负米瓶无积，怜儿生计贫。

次山樗禅师见怀韵

方外交三世，一庵风雨时。青莲生胜果，柏（枝）〔子〕[①]长新枝。师传法为西山邃和尚之孙，庵名柏子。自注。选佛真如性，怀人绝妙诗。宁知两载别，相见各苍眉。

赠福山匪石不二两上人

地僻幽清处，山门杂树编。谷深虎睡熟，龛静佛光圆。日暮

①据文义改。

经声歇，泉流石隙悬。同居安稳意，悟世等浮烟。

松石庵茗坐以下三首亦见府志

峰翠晴添色，茗香一座中。共谈心未厌，相对意无穷。煨豆供清赏，听松觉韵工。疏慵忘竟日，归载落花风。

望万松林

忆昔曾游陟，今看望里赊。长天横落日，古木下栖鸦。仙梵涵空谷，溪流映晚霞。钟声听不见，徐步宿山家。

寄象山慈上人

上方游憩久，廿载别何长。静住知身老，机忘觉世忙。屋悬千嶂碧，叶引一溪黄。他日扪萝入，相逢古寺傍。

赠七带岭敏参上人此首亦见府志

盘旋山上路，庵隐竹千竿。雨足云根静，泉流涧底寒。叩门僧出揖，拨火饭初飧。离乱容投止，栖栖择所安。

午日以俗客见过，未省父膝

天中午日节，褦襶倏相期。思往趋庭训，强留酌客卮。蒲悬沿比户，粽解弃缠丝。严父虚眸望，来携杖受笞。

丁巳家君八秩，敬次大父八秩韵恭祝

世泽从忠厚，长庚代有人。潘舆临子舍，薇省共王春。阮啸声闻远，陶赓率性真。趋庭诗未学，敢谓律通神。

仕隐道无二，科名羡早年。遂为霖雨用，遥指少微天。勇退慈终养，辞招母望悬。青厢留手泽，绿野课耕田。

行役连双璧，云程快独飞。舟车游鼎水，朝暮起开扉。上寿情同切，征诗和不希。十年重盛事，八秩共瞻依。

里巷称仁寿，高曾世不忘。昔传文绣盛，今觉彩衣香。自歉贫无养，敢言时未遑。显扬诚大孝，令邑见冠裳。

送友渡江宿无念阁

旅宿依僧刹，河流镇日寒。波纹侵岸树，风响落前滩。钟暗城烟湿，灯间佛殿宽。避人宁独往，别去笑声残。

双板桥此首亦见府志

溪水流无尽，桥横接岭烟。人家青竹里，日影白云边。乘兴沽村酒，微醺向树眠。深林迷蔓草，雨后几声蝉。

送唐十翁北上

风尘燕楚阔，别我叹声频。宾主欣相得，关山望里新。离家非荡子，甪里未称臣。台有黄金在，登临忆昔人。

送友人之吴

未别言先晤，行时眼只瞠。迢迢分袂处，肃肃早霜迎。风雅推吴士，繁华说石城。待归新句夥，携读慰离情。

塘上梅

暗香茅屋里，性不厌贫家。池水留清照，晴光绚素华。环林多落叶，映雪远寒鸦。尔我同枯寂，相看韵自奢。

晤友人归自江宁

作客钟山久，还家我晤迟。故园欢旧约，开匣见新诗。悄露衰秋草，衔杯出月时。为儒双鬓老，愁共两心知。

饮石门五弟渚居醉归

江天迎露早，初月映波浮。渔火才收钓，宵更未下筹。酒醇惭独醉，桥影噎横流。煨笋餐来晚，归添醒后愁。

山居，闻山樗禅师赴西山祖庭之请，诗以饯之

住村君远去，既去属传闻。柏子添孙茂，山田植杖耘。同侪欣得侣，入室岂离群。未别惭无饯，诗成日暮云。

漫兴

眼放青天小，神闲白日长。摊书消午饭，细雨过前冈。酒怯瓶罍罄，禾枯桔槔忙。森森阴众树，散发纳风凉。

鹤田诸子游白云岩，诗以寄之

名山原相价，高士意相关。览胜群峰上，寻幽一壑间。云多看阵阵，径仄步闲闲。力倦权呼酒，村沽解佩环。

除夕次鹤田韵

梅开知岁暮，谁识早春关。淑气凭空易，衰颜不觉间。莫嫌残腊去，犹得此宵闲。强饮喧男女，炉边坐影环。

元旦仍用除夕韵

晴云临首祚，拜跪礼相关。窗色空濛里，鸡声错落间。屠苏先自酌，献岁最宜闲。老与春同至，行添白发环。

车饮宾集卷三

诗三五言律之二

次只山兄来韵

结园多绮丽，胜概集同群。亭敞千丝柳，杯传一瓮云。香来花自远，客散醉馀醺。一座因公乐，何劳咏五君。

城寓重九

自得超然意，登临岂在高。丰年糕应食，彭泽菊盈操。作赋才仍拙，擎杯兴自豪。荒城喧杂少，风雨暗江皋。

冬日，同胡湘草、家文彦侄过五台，访卉禅师按：此首亦见府志《噩里记》。

朔风衰草岸，数里到鸡园。垂裕思先哲，恢弘见后昆。登堂闻妙谛，入室悟无言。苦茗来香积，频斟涤钝根。

同吴典韶家文彦侄野饮

揽胜临江上，同来饮是醵。荒厨来片腐，到案几根蔬。白眼青天小，千愁一醉除。夕阳人影散，归步月光初。

忆梦

可怪春多梦，非非想入无。帝天临咫尺，蓬岛到须臾。魂涉身何寄，思应幻处娱。东方朝日白，庭树过啼乌。

次陈百是菊花开迟韵

迎霜非傲骨，香晚故来迟。隐逸情堪寄，幽闲性自宜。颓龄张子赋，老圃魏公诗。岂恨陶彭泽，无钱致失期。

晚步

晚烟横不上，风断了无痕。日入山容淡，花残鸟语喧。虎蹄留陌路，野水乱柴门。心目超超著，归厨饱麦飧。

次卉禅师见怀韵

江上新秋色，人来廿里村。相携无玉带，应愧到山门。望夙师资重，怀虚友道敦。和迟惭下调，晤对细为论。

秋日怀唐十翁

老成犹有在，尚赖典型存。始信秋云薄，方知吾道尊。未思云室远，相见觉言繁。百里东南路，何时酒共温。

次只山兄中秋小酌得得园韵

名园今夕月，万里快同侔。露濯千峰净，光分四座收。霓裳天上乐，觞政主人优。皎皎冰壶里，相将达曙留。

八月十四夜月

更望来宵月，阴晴造化关。体亏差一线，影落照山间。预见冰如色，先期笑解颜。莫孤今夕意，入海早东还。

八月十六夜月

二八犹能满，清辉宛昨宵。中秋待明岁，减影说今朝。把酒重相对，乘风慰寂寥。常圆缘恨少，云去碧天遥。

雨中漫兴

好雨连旬落，新苗满望青。神功成寂若，农事庆馀馨。雾气来凉早，鹃声几夜停。泉流喧涧下，偶漱到前汀。

久立闻人语，荷锄陌上行。艰难逢岁歉，贫乏觉身轻。漫道无生计，应思竭力耕。北风吹绿野，霔霤濯枝声。

出岫云连树，前山雨又过。三秋殊有望，一饱快如何。泪积湘妃竹，颜怡处士柯。命随时共薄，五噫不妨歌。

一亩荒塘上，萧然处士家。田耕妇子食，荆灿弟兄花。野水连云渡，长虹映地斜。饭牛归薄暮，青草乱鸣蛙。

三农频望雨，夏雨兆年丰。蝶隐嫌沾湿，莺藏怯远风。置身天地外，生意有无中。梦觉千峰晓，颓然愧老癃。

山径穿云出，禾花过雨香。妻儿衣短褐，鸡犬哺馀粮。岁熟贫愁少，风凉睡味长。俗中知不免，清浊问沧浪。

庭阴留积雨，绕砌绿苔匀。岑寂荒三径，蹉跎老一身。乱流通石隙，众响入云根。赖有诗颐性，吟多减却贫。

寄天洁禅师时住西山。原注。

渊源知有自，祖意在西山。席绕千僧指，堂开古佛颜。传心无剩语，了义不逾闲。别觉经年久，何时卓锡还。

城寓值补旃侄孙初度小饮

清淑芳菲节，长庚灿市廛。絮飞三月雨，风乱万家烟。洗腆甥兼舅，原注：时其舅氏高子敏兄弟在坐。期颐祖荫玄。南山翔紫气，鹤渡夕阳天。

元旦喜晴

欲卜丰年兆，无如元旦晴。儿呼传柏酒，犬吠到田更。晓霁严寒散，云开淑气迎。岁新愁似旧，可与物咸亨。

晨星犹未落，鸟语和如赓。竹覆庭烟矮，窗明树影横。风光春色早，人事岁华更。首祚欢今日，蔬筵设豆羹。

月夜

月好当门入，堂虚夜不昏。清空千里皓，皎洁一轮尊。相对心同冷，遥思影共存。光摇池水上，绿净映柴门。

赠僧

偶尔山间饮，闲情步上方。逢僧衣破衲，密树渡斜阳。冥坐绳床稳，经行草径荒。道场真实意，无贪道味长。原注：素不行乞。

村夜

落日照林外，人家几处烟。鸟栖青树里，蛙噪绿池边。岭上云归早，村孤月到先。清虚万籁静，徙倚问苍天。

苇庵上人来住荆山

嗣续圆通脉，来承洞上宗。登堂除蔓草，入室露机锋。初地昭真果，谈空柄执松。休言山寂静，早暮有鸣钟。

喜雨

雨慰农人望，欢声陌上来。油油禾意畅，渐渐水添隈。云漫生新态，庭除长绿苔。其苏还后望，秋获预先猜。

次王丽兼雨中见怀

不远盘山径，倚闾远望生。思关三日别，雨集百川盈。泥湿巢梁燕，风幡树杪莺。伊人歌白雪，妙句破愁城。

寿王丽兼

桂馥秋中月，申生届此时。阿翁依玉树，快婿就琼枝。云净清沧海，筹添祝介眉。西风鹏翅健，彩映九霞卮。

庚午喜丽上侄秋捷

科名关世泽，祥发在英年。玉树非凡器，瑶篇制锦鲜。桂香花早茂，春杏萼芳妍。喜暂歌鸣鹿，曲江宴待筵。

与丽上久坐

兰芽芳自幼，番觉别来奇。晤值寒梅候，携来集李诗。清谈惟念旧，高致令心怡。安得频相过，曰归日暮时。

上巳王丽兼招饮

晨起开君札，相邀上巳中。不来留客雨，还怯落花风。云渡天虚碧，杯擎酒映红。春烟凝远树，归伴斛斯融。

颓然成独醉，婪尾几飞觥。相对师兼友，何如弟与兄。当筵惭武子，坦腹说王生。池水一为禊，蛙声涤早醒。

王丽兼同家七弟读书云石峰

云石峰高处，书声午夜忙。星稀天曙早，雾隐豹成章。丹鸟光前业，青箱裕后长。趣同心志合，瓜葛岂寻常。

九日对菊

两鬓年年薄，重阳节序催。经营荒圃茁，补缀破衣裁。露饱孤蝉去，时将片雨来。茱萸可不设，煮茗胜传杯。

雪后得月

清光来雪后，不避九霄寒。凝望山根白，吟思酒力阑。长空星皙皙，容照夜团团。坐寂思横卧，幽寻好梦难。

寿静甫王亲家七十

姓超东北海，名寿灿青箱。愧缔朱陈好，惭悭币帛将。环庭饶玉树，护法说金汤。鹤氅神仙望，期颐后历长。

贺粟伯珍亲家荣选，兼祝五十初度

皇都宫阙壮，咫尺俨天威。策献云烟扫，筹添海鹤飞。参军才俊逸，畅月照芳菲。庆溢知非日，寒门仗德辉。

次补旃侄孙东祠小年夜韵

小年偶作客，无酒莫言鲜。寂寂神祠里，萧萧老衲然。梅趋残腊绽，鬓逐早霜传。梦怕来长夜，钟声破晓眠。

再次灯花韵

春信先灯萼，相看久□鲜。照勺金粟彻，光满玉虫然。太喜曾经咏，休征托此传。摄衣谁问夜，坐永觉忘眠。

无题

百里环山邑，相看制锦鲜。催科非旧政，抚字有新传。令促三更月，租征二月天。易于徒尔尔，了不异人贤。

杂诗十首

泉流涧水合，燕子到春分。腹饿思飧蕨，衣单想卧云。日斜山外落，蛩语夜深闻。老至同衰草，腓腓何处分。

计拙谋生懒，陶然发浩歌。微风翔粉蝶，细雨湿渔簑。岁月愁中积，烟岚岭上多。柴门终日闭，稳卧旧山阿。

世事秋风里，何妨任转移。雾轻来日早，云薄出山迟。莫学陶朱策，高吟泌水诗。力田勤稼穑，肯令富人嗤。

清晨菇作爨，烟晓入晴空。短发同霜白，衰颜见酒红。自惭多类狗，母德忆丸熊。幼负趋庭训，徒伤老大穷。

僻居人不到，自是少师承。野色开晴日，山空住老僧。云繁星避影，帐破扇痴绳。泛泛浮生意，情孤月可凭。

日见云痕黑，溟濛到夏初。亭亭窗外竹，落落镜中庐。老健因贫得，繁华入梦疏。村荒酒伴少，市远莫言醻。

三秋多爽气，阶砌长青苔。风拥闲云去，星稀好月来。古人书未读，田舍酒经醅。自得栖迟意，疏慵笔砚埃。

塘上山连屋，欹斜破见天。田园陶令乐，婚嫁向平缘。白发悲秋草，青荷待夏圆。静观何所得，端坐是痴禅。

独向空山住，年华春复冬。应须人事薄，莫效世情浓。谷口藏朝雾，山腰到暮钟。初晴风雨后，苍翠几株松。

比邻人见过，生计共艰辛。纵令唐衢哭，何关原宪贫。交情休道旧，处世只怜新。共酌携来酒，偷闲一日身。

次王丽兼雨中见怀韵

寒雨东风劲，天高不禁何。鸡鸣迷晓色，岚气带云拖。好句挥毫出，驱愁载酒过。饮醇无以报，里和敢云歌。

雨止王丽兼至舍

君来呵犬吠，今旧雨才停。户外云开处，晴初翠积庭。山花看远树，涧水落前汀。寂寞厨荒久，无嫌酒共瓶。

访若虚上人住荆山

荆山闲静地，禅寂住高僧。殿敞留馀照，龛平蔼一灯。池光凝竹影，春色入云蒸。此日初良会，欣然笑语凭。

秋日过三弟山庄

心关兄弟爱，闲步叩柴扉。池水经绵雨，山居映翠微。径苔原客碇，梧叶向秋飞。手泽欣相较，衣言待后挥。

秋来庭气肃，兰玉喜绵联。雨裛禾香远，晴开鹭到先。加飧占老健，煮茗待儿传。须发悲同白，穷愁莫问年。

次补旃侄孙见萤喜丽上馆选

相业千秋远，冬馀灿夜光。家传饶诵读，楚服贡琳琅。藜阁题名再，花砖继步昂。九重垂顾问，稽拜肃冠裳。

雪坐

荒村一夜雪，积玉满庭前。驱冻无如酒，奇温莫若绵。纸窗留晚照，茆屋湿茶烟。围坐山柴火，宵兰老力愆。

早起

贫家宜早起，雪后复来霜。梦醒惊微亮，窗虚惭觉光。解颐无卯酒，暴背待朝阳。残月留西角，晨星几耀芒。

荆山榴花

移来安石种，供佛即旃檀。拈得成微笑，分携好细看。绿情随叶秘，红意怯花残。莫学黄杨闰，禅参百尺竿。

若虚上人临别，约余过访

分手先为约，丁宁草路间。零云生远涧，落日渡前山。岂是攒眉去，无嫌皱面还。频来禅味共，餐破得心闲。

诚上人住静虎岩

三间茆屋里，清净悟真禅。得意看云起，忘言对石眠。饥炊飧一钵，渴饮汲山泉。枯水悬岩上，相依静者缘。

薄暮从焕石归，望前溪石桥一带山色

欲穷倚徙望，桥渡夕阳西。远翠归云暗，孤烟傍晚低。人家溪上住，天际眼中迷。四顾宽闲野，芒鞋踏浅泥。

偶步

偶然乘兴往，独步可无奚。放眼青天外，沉思绿草低。云孤来后脚，雨足涨前溪。不碍携筇处，招提隔岭西。

焕石小饮

石好留人坐，疏苔点客衣。三生云有约，一醉卧相依。风细花香冉，林深日映微。知君闲适意，凤举待时飞。

月坐

夜静天如洗，光浮月照寒。星疏风细细，草湿露漙漙。酒酩成眠易，山空久坐难。庾公楼上好，我对觉形单。

重九前五日，丽兼王倩约家弟同过山房看菊

秋来喜得闰，未九菊花开。先得篱边采，何妨酒后来。弟难殊不俗，倩润自多才。雨细归时晚，题糕后日裁。

寿康治野六十

节变秋方尽，长庚焕小春。逍遥殊自得，坦率有谁伦。游宦蛮方地，怀归邵水滨。佳儿劝洗腆，甲子祝重新。

梦笔堂雪夜兼勉诸子原注：堂为王丽兼别业。

彤云来密雪，堂静寂无尘。冻合传梅信，轻明入夜新。坐围炉自暖，醉觉酒弥醇。莫效袁安卧，当思映读人。

病吟

一生应负病，学道未能行。致泽未关术，穷通有定程。此身谁得似，壮志自难平。坐对青山好，烦痾困老伧。

服田冀秋获，勤力叹敷菑。雨向他村去，云从此地移。一隅何独苦，八口恐难支。生意无穷极，空劳老病时。

七十虽云寿，多衰疾病连。无闻非一日，见恶已多年。赖有诗书泽，仍将祖砚传。悬岩松树老，幽映草庐前。

怀补旃侄孙宿梦笔堂

想应归途便，高踪一宿时。清谈忘夜永，浅酌看云移。寒气凝霜早，深怀觉寐迟。老衰闻齿及，厚道笃同支。

次家君寿理中侄韵，祝补旃侄孙

期颐由弈叶，寿域自天申。不觉朱颜老，将为白发人。兰培阶际长，桃献岁来新。彩舞欢今日，生原岳降神。

辛巳除夕先一夜

先为除夕咏，来夜看人忙。团饮添尊酒，承欢坐草堂。此生谁似苦，到老自如狂。不尽有明日，何妨再涤觞。

初春过扫月幢

春初闲纵步，独往诣禅扉。山径经行熟，钟声远听微。既来忘坐久，相见莫言希。去去看归鸟，轻风下夕晖。

环山堂雨坐原注：堂为王丽兼别业。

久雨留人住，天连岭上云。赏心多快语，握卷细论文。柳弱风无定，花飞瓣自分。几宵酣睡醒，银竹仍纷纷。

送范介眉之京

去家虽偶尔，北往近枫宸。上国文章重，英年意气真。晴帆随夕照，霜月蔼江滨。别后须攻苦，鹏飞早致身。

古鼎长沙文庙，古五鼎巍然森列。惜年代无稽，敬赋一章，以致欣仰。原注。

中天昭圣道，鼎峙实斯文。列数同皇极，斑纹等庆云。沧桑容不改，年代浑无分。神护超尘劫，氤氲气上闻。

寓金字山，胡宾上数邀过饭

有酒频邀惠，相逢只率真。既无岩处士，应少素心人。白眼看鸿渡，青山笑我贫。斟多君自饮，独醉莫怜宾。

中源禅友过访

锡飞来夏雨，相晤此番重。路向千峰出，心空万法镕。荒村人迹少，野水涧流淙。策杖仍言去，何时觏道容。

壬午小年夜，忆前壬午小夜

在昔小年夜，余时十二龄。老思全盛日，幼未学趋庭。物换梅舒白，春年草自青。七旬重得遇，往事等浮萍。

壬午除夕示两儿

时序关天运，年年夕有除。穷居闲一老，奋志在三馀。稼穑秋来望，经营计莫疏。男儿须自立，勿令笑前车。

过访木石居原注：为补旃侄孙别业。

日长闲策杖，数里敞名园。诵读思先泽，诗书裕后昆。梅青生意足，草绿道心存。明镜无嫌照，春风蔼一垣。

车饮宾集卷四

诗四七言律之一

喜王稚潜先生从吴中携先大中萤囊阁诗集残编归授志感以诗

一卷依然手泽存，归来千里慰诸孙。宦情当日云烟薄，祖砚还期弓冶敦。历劫难消金石韵，千秋可并德功论。怜才古谊同彝好，藏隐名山道气尊。

喜雨

时雨溟濛镇日来，愁看虹见响轻雷。天边云阵清晨合，陌上禾花傍午开。薄暮风凉蝉语急，新秋露早雁行回。远山又见添银竹，预酌丰年酒一杯。

怀山阴徐润生

风雨怀人系所思，别离忆在暮冬时。长征马上旌旗逐，久望书来岁月移。万里壮游名遇遍，一官微寄锦归迟。湖湘不碍滇云路，何日逢君泛酒卮。

夜饮濂溪书院，时鹤田弟予假还里按：此首亦见《宝庆府志·疆里记》。

侍臣早得圣恩长，好赋归来昼锦装。偶以还山停草制，仍期立鹄贮天香。钟声击向寒江月，风劲频催半夜霜。剧饮纵谈贫贱事，濂溪光霁此中偿。

村寒

破屋风来处处寒，野柴拾得纵横安。持杯不及离骚读，抱膝徒惭败絮难。残雪未消连树冻，前山堆集乱云攒。忘机岂是因人热，怀古情深笑语单。

晨起夫彝放生阁赠一念老僧

晨流清露晓风轻，高阁参差石半擎。日出山城门未启，人喧沙岸渡初迎。前村几处（吹）〔炊〕①烟合，弱柳千条落絮匀。僧老心闲朝睡足，草青河畔听啼莺。

过石松庵

四月轻寒病里身，鹃声犹自惜归春。柴门雾合迷来燕，野径香迎媚远人。巨石门前青草障，长松雨后绿涛新。夕阳钟磬千峰下，杖履携来晚眺亲。

庚戌元旦次家君试笔韵

元日先来半月春，梅花酒熟入杯新。石泉冻合茗初汲，山树寒分落叶频。小有砚田思稔岁，不如笙宴乐嘉宾。相依怙恃兄兼

---

①据文义改。

弟，上寿双柑即此句。

高平夜宿

茆屋风高冻月明，霜浓难寐到三更。夜泉流向行人语，溪水寒侵过客情。远寺钟声来涧外，环山烟影落桥横。明晨不尽漫漫路，起看东边定雨晴。

夜过周又大江馆小饮

冥冥江山雨风催，两岸渔歌静夜回。塔影高从窗外出，涛声激向望中来。床书怯对孤城读，斗酒还将梦鹤猜。似我饥驱淹市上，愁心谁与共徘徊。

端午次三弟怀胡湘草韵

奇峰天上夏云颜，望处凝思独往还。我未读书因舌强，君能得句自神闲。榴花觞酌愁难遣，竞渡魂招眼莫删。筋骨既舒堪不饭，肯移屐到旧时山。

重九邻人招饮

年年风雨说重阳，丛菊篱边韵自芳。云集前山当户隐，杯传此日醉邻傍。野蔬酌胜茱萸饮，旅雁驱来衰草长。岂是白衣相过赠，归时稳卧听秋凉。

读家君来诗

两村寒冽想同然，冰结偏浓晚节天。迟到春光来有日，相依霜鬓庆长年。喜看膝下儿孙聚，呵冻书成字句妍。白首何人能解食，临风裋褐雪中跹。

寿慧林老衲

老卜幽栖石与松，长年趺坐倦携筇。华年经诵闲栽菜，贝叶书翻制毒龙。衲破秋云堪比薄，山深春雨觉偏浓。心空悟得无生法，不羡人间甲子重。

次三弟春晴韵

春半杨花傍晓飞，东风零落故枝违。烟消几点晴光丽，雾散空山草色微。门设有时开复闭，月来长夜是邪非。乱离自昔经身老，绕树无由问所依。

江楼忆旧游

江楼此日暑全收，极目云烟忆旧游。人去夜台应寂寞，年来景物任沉浮。归鸿急羽迷荒草，傍晚残霞散落鸥。杨柳渡头秋色老，当年张绪想风流。

萤芝堂梅花

几年植得傲霜枝，何必名园百卉奇。素魄堪依高士致，淡妆恰与野人宜。应怜村寂香魂瘦，还惜山深夜雪欺。岁暮赖君花信早，肯将冷艳破愁痴。

喜鹤田弟给谏之报按：此首亦见车氏谱。

云拥长安帝阙遥，近臣恩遇异群僚。谏垣退食封章就，远塞沉戈羽檄消。佩玉声和趋殿上，朝天身集御香飘。留心民瘼迎宸听，寄我鸿篇慰寂寥。

社日

满村桃李逐风开，此日欣逢社雨来。击鼓将思祈岁稼，携豚共劝治聋杯。醉人远望斜阳里，乳燕初惊薄暮回。陌上青青春半草，王修抱恨恸难灰。

送侄孙檀省试

薪传自祖灿元灯，薇省流风世泽凭。严父偕行胥教训，良朋益集□□□。前矛久已声名著，大业犹期姓字升。匣内剑光呼即出，高秋伫候迅飞鹏。

同诸子愚斋看月

秋深萧瑟一村凉，碧海沉沉皓影长。云淡不留光四面，人归漫说渡三湘。草庐今夕多情月，烟树前山对茗觞。静掩松门飘白露，篝车喜说稼登场。

舟泊龙潭按：此首亦见《宝庆府志·疆里记》。

愁绪萧然寄一潭，横江暮色蔼山岚。远灯到眼光前岸，短发临风醉后簪。渔艇频添深夜火，石崖高结老僧庵。冻云不尽波心黑，水急寒流雁渡南。

小年夜

村俗欢传庆小年，贫家事事费周旋。梅花依旧临霜发，夜雾还迷远树连。架上残书尘迹满，杯中浊酒醉时咽。晨炊那得如殷子，兀坐高吟韩愈篇。

萤芝堂落成，是日为家大人祝寿

大椿原寿八千年，洗腆欢逢瑞雪天。骀背岁依南极永，老人星并北堂前。趋庭双白同云汉，满屋丹黄代砚田。膝下曾玄竞舞彩，好裁诗赋志新椽。

次三弟同家侄及予过朱倩兄弟山庄

村路漫漫兴未阑，到门绿映夕阳残。弟兄雅共壶飧乐，阮氏同过大小欢。檐外草深缘砌冷，山前花落惜春寒。论交好忆当年事，下塌曾为信宿安。

步吴岩子明妃梦还汉宫韵

汉庭无计贮阿娇，马上新妆塞上凋。落落关山同此月，珊珊环珮渡寒宵。归来辇道行经熟，醒去昭阳别仍遥。梦里分明曾记忆，入宫犹折旧时腰。

去时颜色画中娇，岂为封侯出塞凋。纵使有情欢毳帐，其如无意耐霜宵。相思梦到因相忆，不识身归竟不遥。依旧笳声惊早起，风寒瘦尽柳枝腰。

秋来

庭梧高卷火云收，忽听西风一叶投。淡荡从今悲细草，萧条自此肃初秋。问天搔首通呼吸，处世忘形笑劝酬。山晓晴空生早露，夏衣堪典制冬裘。

舟泊汉口，邻舟女郎度曲

棹倚晴川水一方，月来云净柳丝凉。江中曲串声翻细，灯下烟迷晚罢妆。不抱琵琶伤老大，只将檀板发渔阳。关心似我悲秋草，仗剑谁怜别恨长。

深夜独酌

无奈秋寒夜漏长，三杯竟醉影荒唐。繁华难入愁人梦，冷露频将落叶忙。山静不留群雁过，囊空仅可一钱藏。钟声远到云为渡，点点星浮侵晓光。

送胡湘草归里

住久何妨去亦来，倚门此日想徘徊。绿声夜月啼猿冷，原注：“绿声”，唐袖石园名，湘草寄寓。红叶前山宿鸟回。离别莫添今日泪，相逢同看岭头梅。原注：湘草约十二月来村。初阳云满霜天路，茅店鸡声句好裁。

洞庭立秋

水到秋来势若平，君山尽处见朝晴。蓬窗客意凉生早，满岸蝉声暑退鸣。极目巴陵云影乱，关心衰草露华迎。梦魂几夜惊帆急，信宿何堪远望情。

洞庭七夕

欢逢此会自年年，渺矣相思水一川。机杼暂停今夜泪，云车重整旧时軿。银河不隔湘江渡，绮节依稀兔月迁。浊浪排空高百尺，来朝又是别离天。

秋雨

凉生向夕雨风催，心绪难驱枕上来。有梦未成惊漏屋，无灯还自拨残灰。溟濛午夜怜荒草，寂寞秋园淡碧苔。山色空明鸡唱促，披衣起看晓星开。

唐山衣见过

山际浓阴绿树浮，飞飞花落咽云流。暮春荒草莺声滑，暖日和风燕语稠。门扫青苔原客至，庭间好句待君酬。描摩既就三冬足，原注：山衣以应试过村。脱颖还期莫久留。

我皆大兄以庚戌不第拣选得上等

紫京献策留淹苦，不尽愁思对酒浮。志奋尚须迟一战，才长抱负续千秋。满囊夜炬萤光照，抱璞荆山凤翅收。自应铨衡居上等，花封他日治行优。

赋得谁念为儒逢世难

抱膝频年说读书，困穷似我独何如。莫因马齿悲迟暮，好忆人情看密疏。满目干戈惊有梦，凄怀沧海处无居。纵吟梁父俦相问，竟岁蹉跎愧不除。

送三弟赴徐方来家塾

渊源还溯旧家声，几束藏书绛帐呈。明镜物无疲屡照，光风人自乐裁成。千山翠叠供樽酒，百里情萦忆弟兄。晋室谈经推武子，绍闻不远续宗盟。

怀刘澹山内兄按：刘应祁，字澹庵，烈愍公孔晖之子。

一书邮寄出雄溪，凝望江云渭树低。欲拾梦花看不寄，无由缩地路行迷。待来同玩青萝翠，好去还培白社泥。署冷久能甘素食，清名应共鹤山齐。

理中侄从祁归，喜晤家大人，草堂小饮

偶然避地住三吾，云去峰高觉坐孤。出户全凭筇杖力，穿林几听子规呼。到家踪迹浑难定，此日租庸较昔殊。相对欢斟杯上酒，且娱老父午中铺。

偶成

四月无丝望莫舒，分秧何似雨来徐。征呼不尽三湘水，供给宁穷七泽鱼。负郭荒荒耕几亩，空庭寂寂读残书。北窗置我羲皇上，梦好须臾到碧虚。

寿理中大侄六十

文名久自振家声，五色云迷卷乙呈。自注：大侄壬午乙榜。避世早甘称处士，限年厌听说诸生。柴桑晚节庐山社，待诏他年伏氏经。子述雅能弘祖绪，玄灯续好见嶒崃。按：此首亦见车氏谱。

八十诗赓□祖韵，原注：先大中八十时，自吟四首，大侄先次，以祝家君八十。迟君廿载即齐年。四时次共孙兼祖，五世同看曾与玄。经济那能持不朽，文章差可自周旋。如宾白首偕眉寿，膝下琼枝快并联。

除夕怀家大人寓龙乡

村荒愈觉此宵荒，岁尽那堪思转长。风鹤易惊趋避地，人情

难住说他乡。遥思台背康而色，近看灯花喜欲狂。膝下善迎新更旧，屠苏来日弟斟觞。

园植芍药三枝并放，次三弟来韵

花信频催兴未阑，纵舒金带似无干。淡妆迟放三葩秀，拥絮谁怜四月寒。白发新生欢有伴，素丝圆结覆如团。轻柔不耐连朝雨，难括零香御史官。

次家大人韵

题云：期启来候，各以诗就正，深叹此道之致穷，而余父子为之未有已也。

诗学从分大小乘，肯原人爱与人憎。不才应是功名薄，既隐何祈姓字升。音节还淳关累世，雅言爰自续传灯。由来秋老云痕淡，山月无嫌即好朋。

车饮宾集卷五

诗五七言律之二

山居诗平韵三十首

郭外迢遥驿道东，敢云避世说王公。把茆一室依山麓，明月孤村隐树中。空腹古人书易贮，轻身当路剌难通。翔鸿与境相冥漠，健翮还须晚节丰。

赖有趋庭教诲（攻）〔功〕①。不惭儿女觉差容。澄清谁肯推麟士，邂逅何人识建封。垒石栽花来细雨，焚香兀坐倦扶筇。残书抱向长宵诵，与我周旋得自慵。

思构茆庐依大江，杜蘅汀草映寒窗。波涛影碎千峰翠，渔火光连午夜釭。泛水浮鸥来个个，高秋过雁字双双。晚风挂楫消沉醉，岸上钟声出法幢。

粱父高吟抱膝时，不求闻达复何之。沿篱犬吠新来月，隔陇鸡声早觅埘。种豆又经过谷雨，残羹早爨饷痴儿。问天莫讶乘除事，吹彻东风叫子规。

---

①据文义改。

年年潦倒叹无衣，且抱琴樽对落晖。龟筴有书天渺渺，山空当户月依依。从军浪子餐梁肉，馌亩农夫饱蕨薇。倚剑仗谁能授术，道书读罢学禅机。

厨静茶烟一缕舒，误书寻味得来徐。青天可问惊人句，绿柳傍依处士居。霜雪山中思重絮，风波江上钓无鱼。此心原自同麋鹿，肯向侯门强曳裾。

归鸦队队隔林呼，三匝高飞绕碧梧。门外不来长者辙，田间应与老农俱。酒酣得句忘工拙，烟避寒宵乍有无。坐掩茅斋全太古，离离远树觉天孤。

蛸蟏网织就窗低，细细团丝老目迷。贫病消磨闲去住，雨风旋转任东西。羽书镇日供兵甲，烽戍何年罢鼓鼙。几亩芳菲饶景致，落花溪上草萋萋。

不将尘事忆同侪，此地偏能遂远怀。砌下牛衣权聂坐，梁边燕垒傍春喈。功名漫道皆身外，世事从前与数乖。莫怪山中无所有，烹茶日取满炉柴。

破屋烟云四壁来，柴门无事懒为开。敝书不卖消长日，多病何如泛酒杯。绕座晴光青密竹，环庭苔色绿高槐。沧桑几度乾坤老，戎马因思应劫灰。

适意何妨此日贫，村居相望弟兄邻。莫悲清寂身闲老，长忆疏慵道未亲。涧底牛羊归夕照，床头风雨到初春。欲裁尺牍难知己，质素由来只率真。

身隐那须复用文，索居岂是叹离群。应知富贵他人合，还笑炎凉自我分。湿础气征天上雨，叱牛声破岭头云。偶来城纳公家赋，不解何由述所闻。

安流何处问湘沅，浊浪横空任意翻。饥饿有时难出户，征呼无刻不临门。人情旧日非今日，风鹤南村过北村。迂阔年年生计拙，看山对酒度黄昏。

我独衡门兴莫残，几经枯茂霭前峦。喜无檄挂平原树，好制裁成笋箨冠。新发易从梳处落，衰颜难向镜中宽。扫除乱草堆荒径，呼月为三影不单。

汗漫宁知岁序间，微云生处旧时山。浮家住久三湘上，泛宅途遥七泽间。豹隐深岩忘露冷，鸟啼薄暮入巢闲。常思娄护能为客，富贵交游见一斑。

积雨初晴碧草芊，松株突兀老犹坚。竹林避影逃张鹰，酒肆耽杯诧浩然。白石磷磷堪漱齿，笑人寂寂有啼鹃。洛阳负郭田难买，明月深山别一天。

村远纡回渡小桥，几家烟火束山腰。鹂歌绵密樵歌歇，野色莽苍曙色遥。衣湿清晨岚气重，荷香白昼午风调。阴符惭未从师学，辰象天边任动摇。

隐遁由来达者嘲，居卑应可谷为巢。休将尘世悲秋早，却指闲云认故交。稚子牵衣行送客，村人祀社醉分肴。馀音思畅还山泽，百啭流莺绕树梢。

食兼并日觉形劳，不尽荒凉满目蒿。路转巉岩寒落照，月临秋水彻江皋。寂寥杨子居偏稳，懒慢嵇康意自豪。三石头边鱼莫钓，纵遗亲戚等鸿毛。

一室清闲静里多，时危尚赖有吟哦。腹馁量可餐松术，衣敝容堪度薜萝。相见忘形交最好，嘐然长啸韵难和。庭前细草春争发，欲效农家织雨蓑。

偶看芍药过邻家，茆屋疏篱望里赊。扫叶相迎深揖客，汲泉共烹一铛茶。穿林蝶舞沾花露，匿影松声聒晚霞。香气满庭风习习，主人款语醉行斜。

生平任意爱疏狂，登涉思将入大荒。竹榻梦回惊语燕，北窗风破漏斜阳。篱无酒送人衣白，日暴秋成晚稻黄。大小何山高尚处，澄怀切莫负三湘。

薄田租尽责全征，有士贫穷悔不耕。邻屋乱烟铺野水，环村濛雨望朝晴。铛无馀粒儿啼聒，盆剩残齑鼠噬横。称得闲情安朽质，衡茆竟日少逢迎。

来去无心水上萍，深山老我日停停。贫疑蓬户春难暖，酒到愁人醉易醒。池柳丝残三月絮，园蔬味胜五侯鲭。如今多少繁华事，试看孤云万仞青。

横塘月上碧烟层，叶尽村孤怯夜灯。自拥止期书万卷，陶然何必酒三升。学疏岂是时难待，亲老多惭养未曾。离乱心伤如梦里，人呼随便马牛应。

风凉早暮火云收，掷却炎蒸寄水流。鸡唱频催旸谷日，雁声又渡洞庭秋。学书筋骨先藏意，思画山川当卧游。户外青山松几树，难寻白堕醉闲愁。

元卿偕隐得同心，二仲风流自古今。鹤倦忘机栖一涧，云间出岫暗前林。镜怜白发愁中见，蜂借花香雨后沉。却病何如亲笔砚，书函莫使蠹鱼侵。

相逢田叟过村南，叉手迎劳率尔谈。祝社豚蹄祈岁熟，前庵钟鼓破山岚。夭桃雨湿花容白，远涧晴光水色蓝。地僻不来同父马，独依惆怅与谁堪。

结庐人境树齐檐，掩映山光一院沾。八口相依殊不厌，几年孑处可无嫌。烹鲜任取林边笋，食淡多忘海上盐。蔓衍藤萝沿上壁，倾斜每怯雨风兼。

渠通涧水出前岩，麦陇青青早雾函。趋世莫将身一试，逢人宁效口三缄。云浓日暮春情蔼，花信风多鸟语谗。小隐栖迟容膝久，他年馀荫待松杉。

赠妙光山古宾法师

岭上蝉声送夕阳，逢君丰度异寻常。静中会意窗迎翠，教外忘言坐处香。室敞云高低万树，谷寒风急冷山房。离家百里殊非远，望里苍茫似故乡。

次家大人归萤芝堂，得高字

塈茨由来作室劳，谁怜一径满蓬蒿。松摇翠入茆檐下，云净寒空夜月高。巢父早能机外隐，柴桑自是酒中豪。松闲鹤老饶佳况，歧路何从悼所遭。

偶寓三溪，次童性天先生赏梅韵

岭上浮云整日来，漫天寒冻逐梅开。无多情绪关饥饿，只此芬芳独往回。皋北风光毡不冷，折枝书信梦中猜。三杯耳热须同白，傲尽冰霜点石台。

怀家君住中乡按：此首亦见府志《蜃里记》。

残冬风雪忆行程，不尽依瞻早夜生。就食何人能念老，羽书此日渐消兵。原注：时辰沅俱已恢复矣。路遥时有趋庭梦，地远难宽望子情。诸弟恂恂勤问视，呼天惟有叹怀声。

负米无能养所生，徘徊百里雨风横。由来怙恃恩难报，漫道声名学后成。住寄远乡愁日永，饥驱出户觉身轻。加餐珍摄春时候，柳暗花明几处莺。

怀三弟

今年生计苦无资，甥馆萧条借一枝。山径迢遥书莫到，肠回曲折望难支。轻雷忽过前村雨，老骥宁忘伏枥时。作客久知身似寄，谁怜单影独吹篪篪。

送晓山大兄北上候选

天上调风雪后开，安流稳作济川推。大贤百里原初寄，小试中牟见异才。不尽别离愁岁暮，还思寒冽逐春回。他时如践临行约，远映潘花计日来。

送涵夫二兄之江宁

昨夜灯前序别离，清晨税驾傍霜驰。三冬风雪湘江冽，几岸芦汀楚地移。舟向秣陵惊破浪，尊开好友醉扶卮。原注：谓胡湘草。故园归应桃花后，回看吴山望处疑。

送给谏鹤田弟还朝

束装江上一舟轻，澄静樯帆水道平。入侍紫宸新草就，遥瞻白简旧时名。蓬窗谈笑兄兼友，驿树迷离雪后晴。易别不□难聚首，相逢莫厌老儒生。

只山兄归自金陵

金陵自古说繁华，久客那堪不忆家。五载萍踪原世异，一行雁影各天涯。原注：兄归日，晓山兄令沭阳，鹤田弟以给谏还朝。片帆风顺催归棹，残日云连映晚霞。沿路承颜欢母养，吴江楚水似乘槎。

送晓山兄出宰沐阳按：此首亦见车氏谱。

雷封百里膺新符，抱负文章政事敷。一棹轻装临护岸，双凫应绕自天衢。花阴香馥清琴韵，庭静神闲伫鹤娱。他日建陵山顶石，绩成上考勒嘉谟。

早春

天上春来才一月，环村桃李遍芳菲。水田漫漫和烟霭，粉蝶徐徐逐队飞。千嶂青浮荫野岸，满园绿影侵庭帏。东风吹彻如丝雨，又听樵歌入翠微。

次得得园韵

栽花种竹结林园，架上藏书任讨论。好恶从人随习尚，周旋自我绝攀援。横塘倒接峰来影，高士无嫌屦满门。心与白云闲去住，阶前玉树伴晨昏。

只山兄构得得园，广征同人次韵，予既诗以答矣，而余茆屋将倾，因戏次其韵以自慰

天地为庐岂必园，庄生方外有奇论。不辞寥寂甘单陋，好效踽凉绝引援。一径蓬生青砌石，小池翠漾绿柴门。拥书未读缘多累，几历风霜度晓昏。

去冬，唐十泉先生从吴燕归，今春月夜同颐园夜坐，云又有厚丘之往

南北经年想快游，载归清况满车舟。燕山纵望悲商鼎，吴水

平看踞石头。久客相忘为客倦，逢君翻作别君愁。风风雨雨连床话，不记宵更漏几筹。

怀友

高馆幽闲旅思清，乍晴江上燕双横。楼台晚映春云黯，钟鼓时惊晓月生。怨别岂伤千日久，论交何啻十年情。居停佳况诗兼酒，莫为吟多又病酲。

赠五台卉庵禅师按：此首亦见《宝庆府志·畺里记》。

承宗岂是一枝横，规范于今见老成。总为孙谋能接武，更关祖道待其行。空居莫厌家萧索，拄杖还须眼倍明。郢曲先来琼未报，欣看此地种华生。

望雨

黑云几日度墙低，南北溟濛望里迷。不到难分今旧雨，惊看忽倏白青霓。禳田遍祝沿村庙，抱瓮无由灌夏畦。莫道携持他处好，恐离乡贱悔噬脐。

山樗禅师复主五台法席此首亦见府志

掷锡重过法宇开，一江澄静待君回。西来有意庭前树，祖述何人起劫灰。潦倒几番徒塞责，经营此后赖多才。搬柴运水寻常事，拾得家珍好自培。

怀山樗禅师住西山法席

本支百世快承宗，祖意西山不露锋。月映花宫清梵远，晴开柏子紫云封。两家嗣续原非易，一枝横挑任自重。何日过溪还共笑，庭松东向问归踪。

夜酌胡伯飏寓

髫年共学一窗闲，六岭春光咫尺间。别久沧桑容易老，晤来须发笑同班。清斋久坐忘宵永，尘市云开待月还。席上嘉宾人似玉，联翩句就醉中删。

题石门弟渚居

数峰江上快槐堂，汀草青青渡野航。绿柳春深沿岸远，春流日与惠风长。层城遥望丹楼隔，曲径宁无车马行。第五骠骑名不减，濯缨何必问沧浪。

次余次万元旦韵

节序年年旧自更，欢来元日一朝晴。老人含笑持椒酒，稚子朦胧啜早羹。聚首比邻酬酢少，炼形尔室梦魂清。只因句好迟为和，读罢堪移丘壑情。

病中怀只山兄

秋风秋雨病沉疴，寂寂寥寥梦也多。搔首问天天不对，抚心责我我如何。难听聒耳寒虫语，好寄愁怀伏枕哦。记得元方亲爱笃，相怜贫病使频过。

秋月独坐

杪秋明月入空林，未免伤神贫病侵。露冷凄凄零弱草，风凉习习动寒砧。痴儿坐懒宁先睡，独夜魂消强自吟。那得云庵闲去住，萧然谁复问升沉。

次胡湘草来韵

贫馁何来粟有馀，长林花木几茎舒。梦残倏忽惊风雨，想入虚无觐帝居。剪韭侑酤调宿脯，野田积水落春锄。应知白雪歌难和，寄我瑶篇胜异书。

山月

闲庭月出倍为清，细细凉风树底生。玉宇轻寒凝夜露，群儿仰视卜阴晴。光芒不碍千峰上，空寂应消万籁平。既见莫分今与古，怆怀坐久任参横。

自嘲

幽栖岁久住山南，老病残书漫几函。俯仰莫知多涧恨，浮沉岂独抱林惭。同心何在偕张八，皎月频来对影三。年少窥人殊尔尔，周旋自我得清酣。

再咏得得园牡丹

春阳三月雨风寒，又值名园放牡丹。富贵应来天眷顾，管弦散恰夜光团。花迎早气香凝湿，叶映苍苔露未干。不独幽居高士赏，愿分琼岛众同看。

次惠风阁韵

阁里频看上下舟，一桥横渡跨城头。澄江如练供清赏，抱膝高吟即胜游。返照绿杨来倒影，吹烟万户快长秋。会心不仅惊人句，宛在伊人梦寐求。

九月廿日为园菊催妆

秋林落叶乱飞鸦，丛菊篱边尚未花。佳色既堪殊众卉，迎霜端自异凡葩。乘时要早乘风发，应节还思望眼赊。好忆柴桑重九日，白衣恰值到陶家。

答人

从来生计等漫漫，自是啼饥与号寒。有酒纵能驱夜寐，高歌暂假隔邻欢。儿痴莫读柴桑咏，命薄还同行路难。独有梅花开岭上，年年岁岁雪中看。

得得园赏牡丹

晴日樽开富贵筵，看花似自有花缘。年年岁岁娇殊胜，叶叶枝枝媚更鲜。园敞春风沃坐客，窗虚翠色滴瑶篇。沉香亭畔清平调，飞燕新妆幸比肩。

春日

饥肠腹里燥成雷，又听莺声雨后来。茆屋依山环绿树，荒阶无客长苍苔。读书似我如蕉鹿，摹字教儿觅灶煤。播谷村中春昼永，相遗清白愧田莱。

立春后三日同丽兼王倩小饮

春来三日雨风翔，陌上青青细草芒。幽谷兰生芳自远，寒梅花褪干留香。韶光倏忽年新易，淡荡阳和日渐长。善饮不须推赘婿，尚馀柏酒快同觞。

茅屋前池大如斗，莲花茂发，偶占

初发芙蕖忆去年，植培蓊郁胜从前。岂缘周子情同爱，可似昌宗色更妍。直上亭亭泥不染，虚中历历水澄鲜。蜂房子结心原苦，秋雨秋风听自然。

不雨

分秧望雨日徘徊，雨落前村又不来。昧昧山边黄雾塞，蒙蒙天上黑云堆。乖龙难慰农人望，杜宇空烦彻夜催。旧涧新流无点滴，东西水旱寿阳猜。

久雪

雪积连旬冻不开，天门云拥势崔嵬。寥寥杨子居何陋，寂寂袁安梦几回。只有梅花颜不改，休将冰树意同猜。御寒差可谋诸妇，有酒何防出旧醅。

春日，同杨木绳父子赴王思兼伯仲招饮，诗寄木绳

竹叶杯传一座春，招来良友快同伦。昔年几共如泥醉，此日还思若饮醇。席有宁馨关世阀，筵无褦襶话天真。酣归可不烦投辖，伯氏怀高季雅驯。

偶病王丽兼见过

病里何由得所亲，避寒卧听犬声频。到门喜晤乘龙客，闭户烦疴羡鸟伸。荒岁几家馀积蓄，衰年独自饱艰辛。清言涤我胜良药，浊酒无嫌愧我贫。

对梅志感

三十馀年手植梅，几经开落几经培。迎寒那畏风霜劲，吐艳还随雨雪徊。后此李桃春正好，先持冰玉月除来。交无陆范情何托，多少山中老自颓。

谒忠孝祠吊刘默庵先生

此首自刘氏《忠孝录》补入。按：默庵，名孔晖，明季为河南新郑令，守城殉难，通谥烈愍。见《明史·刘振之传》，乃万期妻父也。

庙貌新严耀鼎钟，生平仰止丈人峰。郑多遗爱留碑碣，楚有孤臣挺柏松。明德惟馨宜俎豆，臣心似水逝从容。魂归华表应如鹤，共见维桑此敬恭。

车饮宾集卷六

诗六五、六、七言绝句

新烟次吴冰仙韵八首存三。以下五言绝句。

一线斜阳里，徘徊出树迟。前山云气合，断续月来时。

新蝶

寻香竞早出，逐梦到书帷。粉色才成艳，翩翩乍学飞。

新柳

几丝随雨长，絮落点春池。留得风流意，浓阴夏日时。

夜坐

溽暑堪宜醉，山烟晚到横。萤光零乱落，不尽望中生。

齐安谒子瞻像

谪居良亦苦，眉目若飘然。此地魂应在，江风夜雨天。

信宿木石居，集唐

苍茫平野外，动即到君家。静里层层石，茅檐覆地花。

野树苍烟断，游禽几处回。与君同露坐，白日忽相催。

惟寻向山路，不怕去人稀。送远秋风落，淹留未忍归。

闻王丽兼读书诗以勖之以下六言绝句

领略红桃绿柳，优游摘句寻章。会心不剪窗草，好梦何必池塘。

园映绿竹几条，席添青毡一幅。山山花落花开，夜夜时歌时读。

独饮

有酒何妨独飧，无人酌则谁先。三杯兀然竟醉，一枕夕阳高眠。

春雪连日时家大人将出市以下七言绝句

几日春风共雪来，拥炉那得却寒杯。遥天黯淡前村路，入市云为处士开。

新正朔八夜闻雁声

春来半月雪初旸，想为炎凉逐队忙。膝下秋分离母后，音书难托寄泉乡。

示人

柴扉日对旧时山，恰得新年几日闲。独醉清风明月里，残书慵读句难删。

齐安郡伯罗笃公招饮步雪堂

清味何须上客来，城荒不禁漏声催。十年别久谈惟旧，露滴新桐月影裁。

别罗笃公

江柳依依草色凄，轻鸥惊起浪东西。夕阳别去人千里，清俸分来意转迷。

闺怨四时

二月鸠声唤雨忙，偶依绣阁理残妆。山前阵阵云痕黑，柳絮风吹蝶翅狂。

池上新荷出水圆，幽香时到雨风天。帘垂苔长深闺润，静对炉烟伴昼眠。

雁阵天边字若何，深秋初定大湖波。归帆此际风应顺，对面翻忘别恨多。

严寒水结冻云连，睡觉钟声梦后传。长夜愁多难得寐，却愁明日雪风天。

毛宝放龟处黄州赤壁下。原注。

灵龟亦自有生缘，得报何暇忆昔年。童子仁心虽偶尔，渡江方觉事茫然。

江泛

春江泛泛逐沙鸥，岸倚汀兰任去留。不是秦淮桃叶渡，孤寒千里杜蘅洲。

过岷王故宫此首亦见府志《形胜记》

至今谁赋黍离诗，独有黄鹂唤一枝。□□山河犹未改，铜驼应亦悔迁移。

送春为村中女郎作

九十春光去不回，杜鹃啼罢雨声催。愁心镇日怜芳草，树上红残乳燕来。

梦度前山与后山，骤寒深夜水潺潺。觉来不尽非非想，情绪牵人未易删。

忆友

廿年别后总无音，离乱□□□□今。却怪杜鹃春有约，怆怀徒自托孤吟。

偶题

读罢离骚兴欲狂，柴门烟锁觉村荒。风声天半疑山雨，紫燕飞来绕屋梁。

次位中和尚山居韵

游说何须问舌存，谁人倚剑谒侯门。儒冠世久相轻贱，悔不耕田老一村。

贺新婚

佳梦从今已十霜，十年前，家君梦其人完取。原注。良缘本不是寻常。月轮有意圆□定，好向兰陵觅彩凰。

偶坐何思皇江馆

遥天斜日映庭虚，架上残编自卷舒。把袂醉行江上路，炊烟点点入风徐。

闲行

倚杖闲行问紫虚，由来性僻叹居居。村边古木藏栖鸟，落日牛羊下故墟。

午日三弟见过暨王倩丽兼小饮

也效邻家艾叶悬，一池疏影倍清圆。荒厨野蔌无烹鹜，客去深林叫杜鹃。

次大侄美赤来韵

年来病里莫趋庭，不药何如善炼形。膝下诸儿能养志，籧然自得眼中青。

鹧鸪

三春将去可如何，相唤相呼早夜多。世事不妨来不得，烦君镇日叫哥哥。

春日

初春渐渐草芽青，节序催人早办耕。桐树含英枝上见，种秧时候趁清明。

哭只山兄

记得髫年离乱时，往来朝夕共怡怡。艰难同历还同慰，直到于今六十期。

元日

老病空山事事违，梅花昨岁献芳菲。一年此日难多得，却喜春光到处肥。

冬晴漫兴

山居萧寂喜冬晴，缓步携儿率意行。望望招提黄叶路，到门恰值老僧迎。

重阳前三日，补旃侄孙见过

重阳未到雨先催，冒雨徒行念老来。不醉莫愁村路滑，前山云去为君开。

偶成

楚国难居□□□，山深稳卧岂无人。梅花摇落知多少，馀萼还留半待春。

寄怀梦笔堂红梅

未花常得到花前，却忆花时雨雪天。只恐妆浓吹易落，无人共倚到栏边。

車隱君集

顏嘉惠

惠

车隐君集卷一

车隐君鼎黄传略

鼎黄，字理中，号匪莪，晚号乳弇道者。参政大任之曾孙也。祖以达，明万历庚子副榜。父万合，天启辛酉湖广乡试第一。两世皆负才早卒。鼎黄以崇祯壬午副榜充贡，未赴廷试。旋罹国变，入前清，高隐不出。著有《还雅堂诗集》四卷、按：省、府志，均作“变雅堂”，误。黄师宪当湖《还雅堂诗集》序云：余于车子理中，素交也。车子先大人抡吾楚辛酉之元，余幼读鸿章，夙钦元钵矣。及余玷壬午乡闱，车子冠副车，益心仪之。比今癸卯，儿子辈复与君家阿大中郎、亚元太史两君缔年谱。而余亦稍迁邵陵学博，获与诸谢游。初接孝思先生，继接车子，则快慰平生矣。晋接既久，道契弥深。名山古刹之间，酒罢茗馀，入理弥淡。其识远，则澄渊；其学博，则五总；其词锋绚烂，则蜀锦齐纨。余牛涔马渤，望洋而返。以车子之学之识之文，何难先诸阮，鸣镝中原也。乃以春秋方富之年，而婆娑崎岖于陶径张蓬之下，亦足以詹车子之人矣。且车子王大父官浙藩，聚书万卷，沧桑以来，焚如弃如，荡然无遗。车子顺时安遇，乐今之无忘昔之有，非中有所得而能然乎？时披裘曳履，作名山游，不屑伛偻磬折，奔走时好，以故雨户风床，烟萝夕月，称心为好，治生苦拙也。车子喜饮而不能多，然常断辛荤，与老衲生终日为佛者之谈。虽非先生之正，然其风期后远，直以寄其所怀。昔王摩诘风雅擅一世，而长斋绣佛，车子得毋似乎！陶五柳杯尽壶倾，饮酒不辍，而慧远遗康乐招靖节，是必旷怀高风，有以动远公者，莫谓虎溪无识也，则车子之于名衲，思过半矣。车子出其还雅堂诗示余，余浅不知诗，但闻谈者，贱雕琢，贵自然，下藻绘，尚平淡，以为纳被补衲，不如天才独任。何者？贵其真也。余读车子诗盈帙，大约缔忠孝之至情，写方外之高想，一切应酬赠答，概不可得。而落笔幽隽蕴藉自如，无狂楚怨悱之习，余以为幽隽者，王摩诘仿佛之效。而绛云在霄，舒卷自如者，陶靖节亦不能独擅其美。然则车子之人之行之文，得无陶类乎？诗曰："惟其有之，是以似之。"余既以是识车子之诗，则以是识车子焉！《邵陵风雅集》十卷。按：是集，郡志《艺文略》失载，即间或引及，亦不言卷数，兹从车氏谱家人著述书目补入。鼎黄名家子，少负异才，博闻强识。丧乱以来，凡故家旧族，遗文逸事，搜罗粹辑，言之娓娓，郡中推为"掌故"。当事重其名，聘修《湖广通志》，屡举乡饮大宾，皆辞不就。子无畧，自有集。

乳鉾隐君以名家子，当乱离之后，以一身肩文献之重，甘管宁、陶潜之贫贱，而无悔吝。故金堡赠以句云：“由他新贵鳞鳞甚，名世文章总壮观。”陈公禄云：“人称文献堪征信，身历沧桑祇故常。”王嗣翰云：“笑人徒欲杀，君可慰生平。”此可以詹其人矣。而其诗落笔幽隽，蕴藉自如，无狂楚怨悱之习。黄当湖序《还雅堂集》，称其缔忠孝之至情，写方外之高想，其幽隽者，王摩诘佞佛之效，而绛云在霄，舒卷自如者，陶靖节亦未能独擅其美。其所以推重者至矣！今录诗文，仅存五十馀首，因不禁为之婵媛太息也。达武识。

诗五五十六首

王稚潜自吉州搜得先大夫《萤囊阁草》残编见示，志感一章

按：稚潜，名嗣乾，与其兄嗣翰齐名，为隐君里人，相与友善。明亡，遂隐居不出，著有《黄雪园集》。以下九首见《沅湘耆旧集》。

先人爱著书，涉笔无休暇。枣梨悬国门，萤火照秋夜。东海与京山，七子之流亚。唱和尽名流，玄晏增声价。去仅四十年，乱离悲物化。六丁杳莫追，百身罪难赦。思之重思之，鬼神或可迓。何幸文献邦，吉羽留邺架。精神劫火馀，事业名山罅。颇疑前哲灵，光怪九天下。何以报君德，弈世中心写。按：此诗与车氏谱录多有异同，当是公自所点窜。兹录于下云：“先人爱著书，涉笔无休暇。枣梨悬国门，萤火照秋夜。东海与京山，七子之流亚。唱和尽名流，玄黄增声价。心血良在兹，流传其谁假。去仅四十年，乌衣愧王谢。况复逢离乱，家珍同物化。一字未能收，不孝罪难赦。为子愧称宗，影泪皆成怕。思之重思之，鬼神或可迓。何幸文献邦，吉羽藏邺架。精神劫火馀，千里如命口。相遇有心人，持示真堪诧。肃受拜而读，字字墨光泻。在我后之人，手录名山罅。何以报君德，君德垂天下。”

慧山和尚卓锡五台庵

狮弦悲未法，毒鼓自东来。地僻僧如石，天童捧若雷。五台灯灿灿，万佛阁巍巍。不假威神力，羼提重首回。按：慧山和尚名知海，福建人。得心印于沩山僧养拙，养拙受法于五峰学。学，天童之弟子也。慧山从养拙居衡山，养拙卒，慧山继主席。有释斋者，即宏觉国师天童之弟子也。清世祖尝召之入京，率王公以下礼拜听讲，赐以金襕袈裟，忞以慧山有道德，自以为弗及，以袈裟遗之，移住邵阳。故诗有"天童捧若雷"之句。

癸亥冬，同刘子澹山卧病僧舍，辞修通志之聘，上诸当事刘澹山，见《遗民集》。

听尽钟烟与磬霜，相扶二老卧匡床。何当檄自中书省，为采名登国史堂。壮日未能穷八索，衰年谁复问三长。使君成命烦收取，年少书生遍洛阳。

六十自寿

已甘贫病苦为生，谁复营营理俗情。数甲人谁疑绛老，添丁窃幸比徐卿。三秋爽气山如画，七月豳风诗现成。迟我十年如健在，卧游亦学赵州行。

双清亭次彭禹峰先生留别韵

沧桑变后漫称觞，往事休谈白面郎。峭壁倚阑惊地尽，新诗搔首问天荒。韩陵碑老珍孤石，秋色香无憾海棠。自注：时亭畔海棠盛开。此日黔滇皆乐土，莫忘雁字滞三湘。按：禹峰，名而述，字子籛，邓州人，明崇祯朝进士。仕清，官至云南布政使。鼎革之际，往来武邵，为寓公最久。吟咏颇多，与隐君、逸民及武冈潘章辰诸先生交好唱和，有《留别双清亭》、《三至武冈过岷藩旧邸》诸诗。今砥柱矶诗碑，即双清亭留别原唱。诗云："双清阁上醉飞觞，记得驱车入夜郎。异国谁人怜白首，此身何事独南荒。往来争似衡阳雁，剪伐空惭召伯棠。”又作“昆明池上客，好裁别赋寄。潇湘诗既雄，浑字尤遒劲。”禹峰身长修髯，声若洪钟。《渔阳诗话》称其“豪雄磊落，为陈同父一流，人权奇倜傥，真拨乱之异才也”。

甲子春正辞请乡饮

圣主当阳雨露偏，上庠养老为尊贤。自维处士甘泉石，敢辱嘉宾荐几筵。鸠杖固知能化噎，龙钟岂可任擎拳。鹿鸣三唱非吾分，愿听南熏奏舜弦。

儿子檀新婚旬月，手录先大夫萤囊阁草成书，原本自其外家得也按：檀后改名旡咎，字补旃。

家珍劫火总寒灰，喜尔于归书亦回。莫读汉书烦外舅，还将博议效东莱。

书亡三箧向谁论，呵冻濡毫片羽存。立德言功思祖父，惜精神气在儿孙。

流萤收入百篇中，金石琅琅念祖翁。再拜名山珍护好，手书功与枣梨同。

石室兰台念职存，遗文传述赖诸昆。先灵如尚堪凭藉，早遣全书到国门。自注：家太史北上，携檀儿钞本以往。

马上望白云高平一带以下三十二首见省府志

咫尺山川西北分，峰峰相敌势氤氲。日逢岩罅难为照，天到深山总是云。

重重云护山之顶，片片日飞山下田。田雨有时山且霁，此中晴雨别为天。

城南棋盘岭志称诸葛遗迹按：棋盘岭，志称诸葛犒师其地，故又名祭旗坡。

残棋终古此山阿，烂尽人间多少柯。可信至人经理处，仙家岁月较偏多。

汉魏于今局未收，瞿塘八阵共千秋。虽然未见丁丁响，也胜荒图乱石浮。

望云山

仙灵仰止六十年，今来扶杖到山前。秦时鸡犬非凡种，晋代衣冠自昔传。福到人间皆海岛，大从世界见三千。未曾过庙神先肃，何用惊人语问天。按：读《易窗杂记》，望云山，即首望山，在邵北百里。宋景定时人卢慧栖真于此。《水经注》：高平水出武陵郡，沅陵县首望山，西南流高平县南。今高平水固出首望山麓，用是知山即首望。北魏时，固属武陵郡也。其山高耸，盘踞雄跨数邑，山顶有石室，室旁有石横亘层岩下，临虚渺，为慧礼斗处，尸解不腐，今存岩中，因名卢真岩。康熙梁志乃谓秦卢生隐于此，以西望武冈，侯生所隐之云山，山因以名，故俗又讹慧为卢生也。时贤歌咏，遂竞言秦事，不复知有宋景定时人矣。此诗用“秦时鸡犬”字，或疑隐君失考，不知下句以“晋代衣冠”属对，则此二句不过为卢慧当日写照。先正所言，固未可轻议也。

五岳由来说向平，名山咫尺未经行。从知刹刹金为地，此日霏霏玉作京。道大自能超劫火，山高时听步虚声。登临得遂瞻依愿，不必飞腾骨已轻。

季春介如招游望云山天门寺，祝乃翁诞日

望望云山如在掌，冰崖雪巘空存想。卬须招我陟其颠，载阳春日何高敞。呼吸帝座如觌面，百里烟霞一览遍。藐尔诸峰嶂嵝然，万顷畦田只一线。振衣欲发苏门啸，奇情难与俗人料。即今嵇阮是何人，道存不言相视笑。多情明月更相怜，伴有清风夜不眠。老僧只怯衲被冷，烘烘炉火相煎然。须臾云雾堂中起，霏霏缕缕穿窗纸。一时气候不能齐，好将白云持赠尔。祖龙为求不死药，卢生当日乃高托。武冈山上有侯生，来往云兴与云落。洞门千载云自蔽，瞻礼遗容存古寺。布金长者问前因，应自当年亲授记。丹鼎熊熊古洞前，再来人往七十年。紫松苍耳山中满，食之鸡犬皆神仙。地因人重固有之，有仙则灵复何疑。宏慈造尽人间福，枯木顽石欲何为。

同百是父子避兵小滩山按：陈百是，隐君甥也。

小滩山称险，穷猿借一枝。溪声闻见惯，龛火梦魂宜。甑破知何惜，家全但忍饥。痴聋吾老矣，吠吠者奚为。

春初，挈家走东乡，滩高舟小，困苦久之，因舍而陆，荷平山慈公注存，时大雪解制也

斗大妻孥聚，蹲跧气不舒。无聊思舍筏，何幸得师居。不是庞家侣，得餐香钵馀。天花知解制，一夜满庭除。

乍别阿毗苦，如登舍卫城。三年频负约，一棹宛相迎。芋火身亲授，苍藤步履亲。西来原有意，倘可悟销兵。

龙山浮云寺僧谈瀑布日成五色光怀之

瀑布庐山天下奇，不闻五色挂琉璃。蜃能变幻空中阁，花吐奇光七宝池。绿字赤文神禹迹，白豪绀目佛威仪。秋来好践游山约，坐共高僧对几时。

东山看自惺老和尚袈裟有作

法华台倚大江流，又听钟声台上头。讲处双鱼应再现，礼时诸佛惬同游。禅关秋晚凭谁补，花雨春深满地裯。此佛向称无量寿，念珠的的再来不。

游桃花洞

幽岩自古神仙践，佳名何假渔郎擅。我闻一溪春雨时，霏霏泻出桃花片。谽谺一望摇心魂，旦旦常留宿雨痕。天凿高窗收漏月，云浮老石挂当门。云根颓然势欲仆，斑驳犹存唐宋句。拜石宾峰旧主人，往往若与神仙遇。风萧萧兮铁马鸣，桃花不见洞犹名。十年屐齿封苔藓，孤负离离树影横。

春日过石人江，问陈氏妹恙，慰百是甥

寒雨乱春江，风细雨如织。斜屋似漏舟，濛濛水云塞。室内有呻吟，堂前少欢色。总关骨肉情，宁顾身逼仄。缅念鞠子哀，繄我慈母力。日往之女家，无违以为职。少小作羹汤，垂白无休息。辛苦勖佳儿，熊胆终日饬。恐伤诵读心，和丸先自食。母病不易瘳，子怀空郁抑。读子祀灶篇，字字填胸臆。天高而听卑，积诚端可陟。我愿勿药时，须老亦何惜。

酬家叔祖见怀赋得禹庙空山里之作

禹庙空山里，轻舟并鸟飞。乘风冲巨浪，爱日恋清晖。书到儿童喜，诗成雅颂归。澄清端有日，鳞羽莫交稀。

辛丑清明日纪事按《志》，是日大雨雹。

赤飚涛磷薄暮天，杜陵茅屋几家穿。雹雷久诧春冬异，铁血频惊太史篇。土灶生波甘熟食，浊流弥野乱新泉。王兮惟岁卿惟月，山野空劳泣杜鹃。

满天风雹一时过，几月倾盆涌浩波。纪事春秋疲鲁史，填空兵仗快修罗。摊书盼断扶桑影，折屐惊看拔木多。却叹璠间仆仆者，凄风苦雨竟如何。

东桥毁于火，有怀汝南傅使君淑岩

邵陵城东第一桥，穷年车马走昏朝。有唐创始乾宁日，宋人垒石畏漂摇。古今兴废事不一，经营固自有得失。规为直欲驾前人，壮矣河干雄崒嵂。长虹一望倍高坚，毂击肩摩不记年。行李载途四方至，市门璀璨五色鲜。自昔只忧水怪啼，慑伏商羊赖铁犀。甍飞复道人烟集，一朝失戒火龙嘶。星飞电掣雷声鼓，城隍倒影填江浒。波光十里尽摇红，地厚天高难自主。五申三令岂不先，十年心事付云烟。望洋叹息皆焦首，人去桥空总默然。文人有笔舆人口，立功德言皆不朽。乘舆济人今无贤，沾沾小惠亦何有。不如犀也蚩蚩眠安磊，成不居功毁无罪。阅尽成败几英雄，惟有江流依旧在。

念振告诸当事

去年火云飞，乃在月五六。螟贼复乘之，百里同焚戮。斗米十数钱，向售何由速。即令价不高，民穷日以蹙。何以疗饥疮，割麦不待熟。相饱亦无几，须臾还枵腹。赖有长官贤，捐俸设饩粥。食者贸贸来，郊关十里渥。远人筋力疲，况又值播谷。肯以一朝餐，易此终年蓄。听说公门开，发我大仓粟。市儿争骛趋，点鬼相更仆。不信奇瑞人，庸以资脯曲。山中乍闻知，十日劳奔逐。胥吏尽羸馀，野老吞声哭。我独非苍生，不为皇天育。雨旸已若兹，今岁谁穆卜。天意果奈何，日殆不可复。

登南城寻镇边堂旧址

按：明《一统志》称宋嘉定十二年，知邵州刘保建镇边楼于南城上，毛宪为之记。元末圮，天顺中重修，改曰镇南。此云镇边堂，与旧志异。

吾乡富山水，楼阁亦崔嵬。六岭峙城南，雉堞壮边陲。宋人爱登眺，一一亭其眉。画栋接飞梁，春色古今奇。上有镇边堂，六亭左右之。遥望石门翠，二水清涟漪。骚人题咏满，碑版光陆离。明叶忧祖龙，扃作武库司。兜鍪若山积，层楼无寸遗。器腐虽勿用，郑重谁敢窥。巡方临绣斧，监司列旌麾。黄金万户侯，割牲拜而祠。执簿一省视，去后复何知。东观翔白鹤，南岭凿天池。迤逦三里间，清绝远尘茨。庵庵响幽磬，夜夜彻书帷。书声与磬声，迭相为鼓吹。时汲石泉水，甘香沁诗脾。先人敝庐在，少长游以嬉。同人常夜半，问字或浮卮。雅歌复雅谑，乐此不为疲。时复一登临，神同八极驰。相将用是老，廿载劳梦思。儿童成三世，此日偶追随。世界异桃源，顿使渔父疑。禅关鞠茂草，书堂长蒺藜。方塘见麦秀，绣岭水流澌。巍巍镇南楼，一切尽芟夷。空谷闻人音，五方各异辞。问我伊何人，措答难为词。今耶抑古耶，恍忽听如痴。何必千岁鹤，怅怅立城陴。叹息时曾几，沧桑已在兹。不朽者何物，正赖文章垂。可怜吾庐作，遂成万古诗。

寄檀课业奇峰庵

何事谋生好，曰惟诵读馀。晨昏违子舍，山水名庵居。真笑东城拙，休嗤高凤疏。君王闻有诏，不税腹中书。

再来庵忆能者

亭亭窣堵立新庵，尚想诗禅静夜参。师若肯来君早至，莫将愿力负瞿昙。

几载盂兰度有情，招魂夜半梵音清。何堪君亦亡人数，记取阶前秋月明。

冬夜，宿岍园，能者、湘草约次日走再来庵，不果远送，望古公塔尖而别

按：朱能者，胡湘草，均隐君里人。

咫尺祇园地，登临亦有缘。霜高千嶂冷，塔老一灯悬。送远溪能笑，归忙步不前。昨宵米汁苦，安敢学逃禅。

迁避中乡，湘草投赠二章，感答其意

蓬茅亦可栖，何事歌维谷。想子咄咄时，诗以代痛哭。平生多知己，所贵在忠告。我爱山中友，日对春花簇。我本避秦人，僦居向林麓。爱竹除蔓草，种蕉栖野鹿。日读渊明诗，八九间草屋。偶跻小云山，孤峰亦奇矗。老僧邀客座，相饱惟薄粥。我欲

往从之，同行归火速。

乙卯寓中乡，元夕雪

照夕非灯月，皛然一气中。洁能生大地，香不逐春风。闭户投人少，煎茶待水融。似予斋绣佛，一任酒杯空。

两至中乡，未得过绿声园，袖翁有诗见招，阻雨，次意

按：绿声园，唐袖石读书处也。

幽居空在望，两度未经行。久听蓬蒿里，悠然金石声。蒸湘齐九水，霪雨历三更。咫尺邪姜岭，探源问郦生。

亦知亟一晤，积雨不成行。顿令夏无职，如闻秋有声。筵开悬武子，句就想唐庚。纵有前期在，其如归思生。

送潘章辰归威溪，兼怀令弟梦白

章辰、梦白，详《逸民集》。

十行一目敏无逾，读遍离骚忆卜居。选部人犹传启事，名山何处不藏书。仕经百折身还在，念到千秋笔亦疏。归去西窗连二妙，相将叹息夜灯馀。

冬杪，客梅邑，阳洞如、柯邓生携具就饮，有感

当年问字已蹉跎，扬子翻怜载酒过。杯到不愁客况冷，途穷聊喜故人多。猪肝一片谁堪语，布缕三征奈若何。雪霁窗前春日近，知君自有鲁阳戈。

书柯母节孝卷后按：节母为新化廪贡柯大林之妻。明末戊子之乱，母与大林同被执，至上渡江，母指资水泣曰："君为妾抚儿，妾为君完节。"遂赴水死。其子教谕廷熛泣传其事，遍求名人题咏焉。见《宝庆府志·列女传》。

黑雾遮天乌夜奔，飞飞哑哑噪何门。可怜大地皆巾帼，翻愧须眉阃内存。白骨如山野堆血，环珮锦丝甘断绝。良人为我抚孤儿，我为良人完大节。两语仓皇金石坚，一身慷慨怀沙烈。酸风苦雨撇孤鸳，至今江水空悲咽。遗子辛勤书有香，阶前玉树总琳琅。南州竹箭贡王国，北阙丝纶下庙堂。频年载笔惭惇史，列传扬徽有日矣。登堂一拜转凄然，问古人中谁与比。

谒忠孝祠，吊刘默庵先生见刘氏《忠孝编》

我读古人书，想见古人志。束发对圣贤，所学果何事。世贵在科名，何以堪不愧。忆昔辛酉秋，贤书开楚试。吾邑得三人，先子空群骥。亦有盘根李，南宫旋拔帜。何事绛衣人，修文召连辔。自此上公车，我公策单骑。乙榜辞不就，一毡出载贽。冰鉴映昆池，金闺捷首次。六馆不翱翔，百里命忽寄。烽烟满中原，明哲咸辟易。跪而告老亲，身唯君所使。亲曰尔能忠，是即孝之至。叱驭而奋螳，鞠躬思尽瘁。一死谢君亲，从容赴大义。以兹酬科名，文章真勇智。中道推中州，月旦高清议。粤稽古贤达，遗爱留郑地。侨也裴欧王，及公成五位。正气聚一堂，馨香同祀类。异人天所生，山川钟其瑞。渊源本庐陵，诞此濂溪治。忠爱虽天良，兴起当有自。吴楚共明禋，群贤笑相视。赫赫耀来兹，典册相敷贲。至今过郑邦，尽下岘山泪。世谊犹子行，闻之深叹息。可见至性人，今昔无二致。好读古人书，识取忠孝字。

家太史鹤田叔游吴越名山，为祖母范太君祈祷也，送之二首以下十四首见车氏谱

暂别家传莱子衣，湖山满目正芳菲。高人作赋千秋重，太史行云五色飞。总为百龄资景福，浑忘六月触炎威。普陀双径欢迎久，名胜欣然两袖归。

残碑岘首到今存，每忆桐乡古道敦。失学大都羞鹄鹜，采风何幸得輶轩。七年藩臬留西浙，半职威仪在白门。此去遗迹烦一吊，应知大业付诸昆。原注：先大夫由南仪曹藩臬两浙，兹游，多旧地也。

郭孺伯自都门寄到先子元墨三策

元气悲弓治，遗书仅见闻。欧阳推子固，陈实鉴长文。字易国门重，珠还合浦芬。收逢郭隗氏，骏骨不辞勤。按：郡志、《耆旧传·儒宿上》柯凤翙传，又载乳弇隐君《喜邓生以先世所传先子元墨录见示》诗，有“手泽未忘君与我，文章交好世无涯”之句。邓生，新化柯大林字也。隐君此诗全首不见，故附断句于此。

仲冬二十四日，同朋百、十先诸叔弟侄，拜家叔祖徵君公七十八岁寿，值雪

寒云叆叆带朝烟，一杖泥涂最我先。顷刻华堂森玉树，天然雪藕荐宾筵。喜符同甲推耆会，文潞公年七十八时，与程中散司马、朝请席司封作同甲会。潞公诗云：“四人三十二百岁。”原注。却忆冠军慰耋年。辛酉岁，光子冠楚，先大夫年正七十八。原注。此日称觞皆种种，真形应向画图传。

闻家给谏叔且至按：给谏，谓万育也。

夕郎高誉垂青锁，彩笔依然重玉堂。燕翼收来皆骏骨，丝纶赍处见龙章。八年桑梓忧弥切，百世松楸念更长。满眼疮痍群待起，采风何以慰垂裳。

家徵君叔祖八旬，和先曾祖八旬四诗，见示奉赓呈叔祖

不必哆生申，神仙中有人。传来六叶远，犹见八旬春。笔老才何尽，龄增梦亦真。后先相耀处，诗思并通神。

尚记称觞日，我生才八年。岵瞻仁寿里，客满聚星天。手泽山河老，高文日月悬。曾孙能笃庆，愿乞砚边田。仁寿里，祖旧第也。为监司潘公手题，时先子携黄罗拜其中。

金石琅琅重，萤光灿灿飞。海尘趋岁月，今昔异庭扉。酌斝欢声动，称诗逋客稀。岿然今白首，莫问旧乌衣。

六月浑忘暑，羲皇在处凉。感时衷倍苦，得句笔犹香。文字惟行远，期颐多未遑。重翻赓唱日，转日绣衣裳。

部檄以修明史，广征遗书，开载先大夫集名，次列李本宁、陈玉叔、郭明龙三先生伯仲间

一代文章国史专，名山自昔有藏篇。岂知三箧亡书早，尚自千金易字悬。白雪当年推古调，青云弈世在时贤。独惭失学由来

久，陶令儿孙昧所传。

儿以母榇未得即归，陈介翁仍留课业，慰而勉之

母亡有子身莫赎，四者曰鳏首孤独。老眼荒荒泪久枯，何堪日夜闻儿哭。有泪无声意惨然，纵不我闻刺我腹。母榇俄已半年馀，九上三登时仆仆。知己恻然为招致，翩翩负笈来萧寺。五经百雉等闲看，为母乞佛无二视。因材设教凭全力，子弟关心托匪易。读礼先熟檀弓篇，何书不详忠孝事。读书但使识字真，报亲只此明大意。父老扶筇强饭在，稚子呱呱亦可爱。显扬之说妄矣哉，了取荒年馆谷债。

次只山叔得得园小集韵按：只山，隐君叔父万有号也。

独宽觞政外，应为老人怜。如雪如花夜，荷风荷雨天。早来消暑气，忘却在秋前。屈指今宵乐，江南已四年。

病中，听音、普两孙读书声，与莳田歌声相间

情怡要只在情真，何必阳春曲调新。耕读同声差不恶，砚田有岁定逢辰。豳风诵罢农夫喜，陶令诗成枣栗匀。肯播未几还肯获，不知何病复何贫。

病中示儿子无咎

家声尚忆昔囊萤，清白传来是一经。欲绍箕裘先绍德，莫将诗礼负趋庭。

文四首

龙山赋引以下文二首见《湖南文征》

邵城八十里，高齐南岳，壤接三湘。邵城虽处万山中，此尤杰出，若以为一邑之镇，则百里山川，罔非附庸耳。古德耆宿卜静者多知名，仅得数人。年来诸山丛林鼎兴，高人辈出，佳事胜迹，历历可纪。余一以龙山统之，盖欲使隐山一灯遥遥相续，终不敢强所不知以诬山灵也。

龙山赋自跋

湘潭县西百里，有龙王山，亦称古龙山地。余按，龙王山自以雨禅师祈祷得名，非谓隐山也。夫洞山开法西禅，龙象云涌，高贤咫尺，何俟拨草而后知之？考邵旧志载，隐山焚庵而后去之湘中，则龙王王西禅之间，腰包偶至，固当有之，若以流叶名桥，则后人附会之词耳。况邵古亦潭州属，而今龙山在湘、邵接壤之间，其名自隐古未改，后隐山而至者，踵接不足复疑。

族谱跋见车氏谱

古者建国亲侯，其子孙多以国为姓，卿大夫或以其采地为姓。故凡古之有姓者，皆帝王之裔也。三代以下，李唐最重氏族。氏族以其谱上之司徒号为家乘，专官掌之婚姻以稽焉。至以门第为取士之一途，何其重也？

吾车氏之得姓，始于西汉田千秋，宜不得与上世诸世族埒，然田、陈而上，皆有虞氏之后也。使天下凡本于有虞者，皆为一姓，则凡天下之以车为姓者，应为一家矣。吾家旧谱，肇东晋车武子。传至南宋，得二十六世。自明初迄今，得十二世。中间所阙有元八九十年耳。计三十年为一世，大抵不过三四世。是由今上溯武子，仅四十馀世。其应合天下之车为一家也，不信然哉！

吾谱未修者八十年，虽代有闻人，皆有志而未逮。岁辛酉，家黄门敏州公以补官北上，不肖送之东郊，下车执余言曰："子年届古稀，多识往事，谱牒夙所留心。若不及时成书，后将谁诿？"余哽不能答。今年，其伯氏晓山公新捧沐阳之檄，远札相遗，复殷殷以谱事为嘱。未几，而仲氏只山公江南还矣，甫解缆，即言及此事。嗣是而耳提面命，无虚日。余不肖，分最卑，以为虚糜岁月则有之，多识往事则未也。幸月村、石门两大阮，雅有同心，欢然从事。于是于土润金流之馀，挥汗濡毫，殚数月之力，而全书始成。

两叔谓不肖当缀言末简，不肖何言哉？然尝窃闻之矣。昔人云：作史难，作史中之志尤难。余以作谱亦难也。夫告家人，无取三长之才；述祖德，何事五车之富。卢陵眉山，千古作者，犹不免以多所阙亡，不及味道，开后人訾议之端。况其他乎？且今世之作谱者，溺其指矣。谈阀阅，则广列名贤；叙世系，则缕陈上古。识者非之，杨用修至以为谑谈。殊不知古人作谱之意，要在联亲疏，讲姻睦耳，无取文饰为也。昔司马迁作《史记》，列孔子于世家，岂谓孔子弈世为有土之诸侯乎？亦以其德胜耳。然则世家所重，在此不在彼明矣。试观我谱所列，始明初，不敢上扳也；著邵陵，不暇远引也。亲亲贤贤，其于古人之意，庶几有合乎！吾族之人，读是谱者，共念出一人之身，休戚相关，不同胡越之视，发奋有为，必无偏枯之理。上则期为君子，次亦不失为寡过。夫君子与寡过，族党之所共推谅，亦祖宗之所默相也。语曰，宗族称孝焉，乡党称弟焉，进而求之。又曰，在邦无怨，在家无怨。审如是，岂惟祖宗之所默相，即天地生人之能事毕矣。愿吾族勉乎哉！如徒视为具文，藉为谭柄，则非作谱之本意也。余不肖，挥汗濡毫，所以述祖德者在是，所以复诸大阮者亦在是矣。若曰质傣无文，铺叙无式，余总承受。区区微志，其敢以扳附，有失实也哉！

先大父侧室刘氏家传见车氏谱

刘氏，金陵人。以其姊适于邵，因偕居焉。年十三，事先大父湘湖公。赋性贞静，先大母李太君妹畜之。逾年，李太君已诞解元公，氏襁褓惟谨。辛丑，随宦于浙。先大父旅卒，李太君痛不欲生。王太恭人婉譬之，太君忍死育孤。或谓氏曰："汝青年，又未有出，终身事奈何?"氏曰："分有嫡庶，节义均也。嫡可育孤，我独不可相助为理乎?"乃誓同死守。十年而李太君卒，氏独肩家政，内言不出其孤。解元公以辛酉举于乡，为第一人，庶几茹荼和胆之效。而孰意其又溘逝也，氏复大恸。然幸有孙复以佐嫡育子者，佐妇育孙，则其力苦，而心更悲矣。卒年六十有四。世异人微，既不敢邀旌闾之典，即郡邑志数行特笔，犹然有待，则其故难言也。姑表之家谱，以俟后之采风者。

車督學集

唐希抃

车督学集卷一

车督学鼎晋传略子敏来

鼎晋，字丽上，一字平岳，都谏万育子。幼敏悟，器宇深沉。清康熙丁丑进士，改庶吉士，习国书，散馆授编修，典粤西试。复命后，以父病乞假归省。都谏卒。值圣祖南巡，开局扬州，选江浙在籍词臣校修《全唐诗》，以鼎晋居金陵，特召与焉。乃受命赴行在，传试《和御制回舟至常州是夜甘霖大沛原韵》，诗成，拔置第一。越日回銮，上命随辇侧，问其父万育病卒状，且令安葬金陵。《全唐诗》成，在局诸臣，得邀叙资擢，鼎晋以居忧辞。帝俯成其志，而嘉宠倍至。除视学福建，崇正学，黜异端，请增祀朱子门人黄干、陈淳于两庑，请增各邑学额，而以朱子诞生之尤溪为先。又檄毁林三教祠，并斧其书板。闽人大悦，为立生祠。漳州蔡世远督学《车公造士碑记》：魏、晋以来，重词章而遗经义。胡安定尝以为患，其教授生徒，必本六经，而周、程、张、朱，表章圣学，尤于六经详为阐发。盖人心之正，风化之移，莫先明理。国家以经义帖括取士，用斯意也。然世之学者，务趋捷获。徒剽窃乎词章之馀，其雅号通经者，亦仅能记诵，而无融贯自得之功。故著为经义，庸者浮弱，巧者险谲，而品行罔克树立，又与经义大相牴牾。此士之过，抑衡士者之过也？督学操风厉之权，诚以一方教化是念，则词章可转为经术。夫文以明理也，论必本乎六经，则其气醇，其法谨，风格峻整，无浮弱陋习，无险谲阴智。吾见其人多君子，取士得文风变，行习亦变。为一方振作，为当世羽仪，岂不伟哉！圣天子崇经重学，湛深于宋儒理籍，欲以周、程、张、朱之遗化，溥被天下，先慎选儒臣督学校。于是邵陵太史车公，由累试优异，受命入闽，闽固子朱子过化处也。公至，下条约以立身制行为本，以穷经明理为先。初按兴泉，所录文皆清遒典泽，绝去浮弱险谲。比至吾郡，诸生童不下数万卷，品骘甄拔，率当众心。至遗弃之士，亦佩服无敢异言，洵为司衡先后莫及也。公律己端方，鉴物朗彻，远于同在史馆时已知之。今闻其学政，不少回乎势利，而表章六经，崇尚理学，以副圣天子化隆至意，岂特吾漳一郡私之哉！公家学渊源，其尊翁敏州先生，甲辰名进士，官给谏，一日十疏，直声振朝野。公之来吾闽也，太夫人命之曰："公而明，学臣职也。然有进于是者，尔勉为之。"公今之学政卓为世冠，果更进乎公与明矣。公性严肃而和厚，老病之士，每委曲矜全之。不率教者，谆复警觉之。书所谓直温宽栗，不是过也。昔韩昌黎乐出陆宣公门下，今吾乡人，亦幸以公为师，而丐远文以达之。远因论其有关于经学世教之大者，而其欢欣报德之私，欲且俟试毕□□后，再为表扬，以镌于石云。闽人黎致远《车公书院记》：天下之治平，文运开之，文运之光华，朝廷启之。我皇上钦明性生，文思天纵，阐前圣之精蕴，抉诸贤之藩篱，以子朱子为尼山功臣，位之十哲，示天下津梁。又特简衡文之臣，为直省师表，以陶铸天下士。今薄海内外，沐浴圣化，束身饰行，比于珪璋，发为文章者，炳炳烺烺，争鸣国家之盛，况闽为子朱子过化之地哉。甲午冬，楚邵车公，奉命视学吾闽。余忝中秘，得亲芝宇。其中宏深，其外肃括，知必大有展布。继闻公果著异绩，每按郡，列诸生讲明子朱子全书，文惟其是，以翼圣学。膺一颜者，皆负名士。又以临汀子朱子无专祠，卜于云骧阁，更新葺旧，以奉俎豆，簪笔纪事，手授汀学博石川蔡君，寿诸砥，快哉盛举也！子云曰：一哄之市，不胜异意；一卷之书，不胜异说。故一哄之市，必立之平；一卷之书，必立之师。夫学臣为士子模范，所以一其趋者也。人情鼓则张，息则弛，故放勋立教，使自得之，又必振德之，凡以勤宣德意，渐渍而熏陶之。今公崇紫阳以昭圣学，是亦子朱子之功臣矣。汀郡士仰公德造，皆为诗歌、古文，以昭朝廷得人之盛。爰择云骧左偏，创书院一区，奉公之教为朝夕讲贯会文地，快哉！以胜境奉真儒与紫阳于无穷，甚盛举也。昔人谓立德、立功、立言为三不朽，余欣徇吾郡士大夫之请，庶几附公以不朽云。试毕，有浚河之命。闽士知其贫，争输金以助。抚臣上其事，有旨即赐鼎晋清逋负，偿工值。工竣，乞假归，奉母不出。既遭母丧，毁甚。会其弟鼎丰、鼎贲以书案牵连被害，忧愤，旋卒。哀文挽诗附录于下。安邑张屺祭督学车公文云：呜呼！衡岳钟英，湘流毓秀。文章国华，早看颖悟之奇；诗礼传家，夙著老成之望。两世掌丝纶之美，叶叶金貂；一门扬兰桂之芬，枝枝玉树。作士林之矜式，共仰地灵；养宇内之淳庞，宜称人瑞。岂意骑鲸忽上，驾鹤遥升。虽令德之未湮，实芳型之难再。有不溯渊源而流涕，望山斗而伤心者乎！于惟我公，诞长名宗，不尚轻肥之习；只承旧学，非徒雕镂之工。髫年即号空群，名流第一；弱冠遂能拔帜，国士无双。绣口锦心，独对丹墀之上；银钩铁画，追随紫禁之中。诗歌则写意陶情，不数庾新鲍逸；纂录则搜奇摘奥，漫夸苏海韩潮。秉玉尺而平衡，人才蔚起；登金门而待诏，帝眷优隆。莲炬辉生，叠锡龙章之灿烂；薇池影动，还邀凤藻之缤纷。此诚一代之文星，而千秋之武库也。至如孝思克永，孺慕何哀。廿载椿摇，飒飒悲风之泣；八旬萱茂，依依爱日之诚。痛荆树之非荣，岂惟让枣；念瓜绵之同本，实以蕃椒。且处贵而不骄，亦履丰而如约，坐琴樽而弄月。酌酒无多，卧山水以娱年。拥书不释，阶前凤绕，无非清白之遗；天上鹏搏，尤切义方之诫。兰荪吐秀，竞闻黄绢辞工；桂子飘香，伫看红绫宴集。是以鸿猷之著，固为无忝所生；而燕翼之谋，亦且克开厥后。若我夫子者，军需尽瘁，民事多劳，驱车而到处倾心。佩绶而频年鞅掌，持玉斧以作士。参苓不弃，皆供笼底之储，出金针以度人。樗栎何能，乃获竿头之进，凡兹报国之殊猷，孰非过庭之严训哉？屺等溯回无自，仰止维殷，忆昔年声价登龙，曾亲丰采，乃今日梦魂逐蝶，徒想音容。匏系山城，莫作青蝇之吊；浮沉河畔，难为白马之临。藉歌薤以申悲，因束刍而增喟。物非成享，神或居歆。

会稽孙蒙鉴哀车公文云：呜呼！天何夺先生之速耶！先生之凶问至，士大夫知与不知，莫不闻而欷歔者。大都叹哲人之云亡，思典型之难再。而某等独于先生生平之遭逢，重有感焉。先生少陟清华，持文柄为朝廷得人。文章政治，天下翕然宗之。宜乎佩金紫，绾银青，黑头为三公，而何以阶不过郎官，职不过侍从？年五十而退处于林泉乎？先生虽出其绪馀，蔚为国华，而其蕴蓄之宏以深者，卒不得大吐胸中欲吐之奇。人之为先生惜，而因以为天下惜者久之。岂天之于先生，丰于德而故啬于遇哉！迹先生之生平，通仕籍者四十载，其间乞假者几何年，告归者几何年，先生亦岂故为是难进易退之节以高于天下哉？先生之初乞假也，则以太翁都谏公之卧病也。先生曰："吾年尚未强仕，事父之日短，事君之日正长耳。"其后之告归也，则以李太君之春秋已高也。先生曰："吾子理剧邑，经营尽瘁，为国宣猷效力。吾奉北堂，歌咏太平焉可也。"是则先生于事君事亲之大节两无憾，而仕止之动合乎义者如此。迨李太君丧制已终，东山之望日已重，令天假先生以年，则蒲轮之召，几杖之迎，霖雨苍生，会有期耳。而何以易箦之日，又不及悬车之岁乎？某等附葭莩，托桑梓，髫龄时即知有先生。继而与次君望亭游，知先生甚悉。及往来金陵，得见先生风度端严，终日若垂绅正笏者。论人高下，事后当成败，虽烛照数计，诚不是过。某等亦私相谓当世公辅，非先生其谁属？而乃夺先生如此之速，则信乎天之难测，理之不可推，而寿之不可知也夫。先生生为贵公子，已乃自致青云之上，诸子复相继通显，又宜乎怡然乐志以自善其养生。而人事不齐，所遭多舛，居常忽忽，莫与谁语，感其心，劳其形，所谓有动而必摇其精者，是以外强中干，寝疾不数日而殁也。噫！其可悲也乎。虽然，积之愈厚，则流之愈光。先生之子若孙，森森玉立，将必有光大先生之业者，即酌卮酒以为先生慰也亦可。呜呼哀哉，尚飨！保德姜廷炜祭车公文云：去天下有哲人云谢，而数千里外，曾一亲其丰采者，俱为之欷歔，感泣于靡涯，非独流风馀韵之所及足系人思，抑亦为之后者，有以承其德意，惠我生民，而属在宇下，必溯其所由来，此岂作而致其情哉？我太翁之赴修文也，讣至而士民靡弗生悲，盖诚念太翁之泽，其因我侯以潜被于邑人者，为可思而难忘也。夫太翁之家派源流，立朝经济，远近所共瞻，兹不具述。即我侯奉太翁之教，以治粤之古冈、吾乡之安昌者，亦不具述。惟述其见于吾保德者，壶餐之不受也，干请之悉绝也，军需之无扰也，听讼之持平也，劝农课桑之不惮其劳也，为民请命于天，则祈祷之必虔也，为民请命于监司，则借粜兼施以济泛食者，不待允而行也。歌功诵德，究亦不能殚述。盖莫非奉太翁之教者，而于人文加意奖掖，即豚儿亦获启其蒙，此虽时雨无私，而栽培岂忘所自乎？且太翁性恬淡，我侯历官二十载，太翁未尝至子署。壬子春，再三敦请，始一至，居数月即归。夫子为大夫，即优游官舍，坐享禄养，谁曰不宜。乃甘于家食，惟恐以滫瀡少累清德，则平日之所以教我侯者可知矣。非我侯莅治兹土，何以知有太翁？非太翁庭训有素，何以获遇神君？幸我侯之覆庇，而惟祝太翁之康宁，使长者为吾侪所倚赖，此邑人之愿也。乃遗泽犹新，而音容不可复接，岂不悲哉！炜不能文，爰述里言，以达哀悃，太翁其鉴之。按，督学子敏来，时官保德。故文云云。金陵王蓍挽平岳老先生诗三首云："世好心知古道敦，纷纷轻薄不须论。文章科第钟南楚，孝友谦和重白门。翰苑才华被中外，谏垣家学溯根源。朋樽髹碗曾相赠，饮馔犹思故物存。结庐敛迹乐承颜，种竹藏书静且闲。勇退急流师若水，矫情高卧笑东山。不耽丝竹营棋墅，能避尘嚣近市关。自此终焉无憾事，科名接武列朝班。已叹人亡若逝川，更看祖载送松阡。家庭自适开三径，甲子从新又六年。故友晨星悲落落，哀歌薤露泪涓涓。八旬知我言怀句，此日追思愈惨然。"会稽车家锦挽平岳宗叔诗云："萤囊文学启吾宗，名世声华媲玉峰。册府提衡征作士，角巾结社养高踪。惊闻仙召当初夏，叹隔音徽忆去冬。执绋郊圻瞻兆域，鹤归云影锁深松。"会稽车如英诗云："金陵数载奉仪型，德语良箴亦细论。曾是同源偏近溯，却于异地得垂青。飘然箕尾归云汉，宛尔申灵化日星。试问留琴谁作志，川流山峙共冥冥。"著有《天竹山房诗集》十卷，《杂著》十三卷。按，郡志《艺文略》作“十二卷”，今从车氏谱。今尤精书法，笔力超峻，人争宝之。《耆旧传》略云：鼎晋诗宗法甚正，惜散佚。车氏世擅书名，鼎晋笔力尤超绝，人以比大令之于右军。鼎晋，名父之子，以气节自负，晚遭家难，遂不复起。乡曲讹传，致为可笑。余于《资江耆旧集》中，既备录漳浦、安溪两公造士碑文，复申论于此，俾后生小子，勿轻议前辈云。节录龙眠张廷玉车督学平岳先生墓志铭云：平岳车先生，吴楚间伟人也。先文端公典礼闱得先生，先生读国书，先文端公掌院事。每语廷玉兄弟曰：“车都谏吾所敬惮。其子棱棱有父风，汝曹谨事之。”余后得同馆职，先生子敏来，余又有一日长，悉先生生平。呜呼，先生真伟人也！然而官不过编修，年不及七十。知者惜之，今敏来以志铭属，余何能辞？先生本南楚邵阳，世耕读，科第不绝。曾祖衷一公，岁荐未仕。祖龙江公，常德教授，封给事中，俱祀于乡。父敏州公，由庶常改户垣，迁掌兵垣，始居金陵，直声大节，载熊文端所撰墓志中。子四。伯鼎锡，范太安人出。仲为先生，叔道南，季世南，皆李太安人出。先生讳鼎晋，字丽上，号平岳。生而颖异，八岁能为文，十岁能诗，康熙庚午举乡魁。丁丑成进士，选庶吉士。庚辰授编修，壬午典广西乡试。癸巳，圣祖六旬万寿，覃恩加一级，敕授儒林郎。是夏，典顺天武乡试。甲午，督学福建。告归，十馀年终于家。先生身长七尺，亭亭直立，目光如岩下电，声发若洪钟，望之凛凛然。而相接和蔼可亲，其为人精明刚正，浩然而气盛，穆然而神凝。守礼而能通，远虑而能断，发言不苟，处事若无，智在幾先，情以豫立，安居思惧，镇变如常。抗怀独立，而善体人情，雅量能容，而不畏强御。与人交，情深意坦，君子乐其直，小人惮其严。有知人鉴，一见能定其生平。然未尝轻恶一人，扶奖多在孤危，询谋不遗臧获。故智者愚者，皆乐为用。其为学务求实践，崇实用，不取性命空谈。居史职，究心当世之务，考古准今，灿有条理。廷臣有疑难大政，时就咨焉。剖决多出人意表，而抚心自下，旷然若虚，群以大用期之。初授职，试《皇太后万寿无疆赋》，赐御书一。假扫祖茔人补，赐御书一。典试得卿悦等，百粤风气一开。中途假归省亲，赐文绮二，使人赍至家，盖圣天子教孝之恩也。乙酉，都谏公即世。是年，圣祖南巡，开局扬州，选江浙在籍词臣校修《全唐诗》。先生楚籍也，圣祖知其居金陵，召与焉。先生义不敢辞，趋迎行在。传试《恭和御制回舟至常州是夜甘霖大沛原韵》，天语褒嘉良久，拔置第一。更洒宸翰，宠之。越日，回銮召随辇侧，问都谏公病卒状甚悉，天颜悯恻，特谕安葬江宁。呜呼，圣主念旧臣，垂恩身后，而都谏之忠诚，先生之笃孝，足以上感宸眷者，岂其微哉！由是为金陵车氏。《全唐诗》成，在局者序资擢，先生以居忧从事，不忍迁秩，固辞，圣祖俯成其志。由是政治典训、治河方略、玉牒诸馆职，莫不与。壬辰，赐绿松花石研一，因以研名孙曰："俾世世子孙志勿忘。"武闱得人最盛，李维塞都皆出是科，八旗会状于是始。其视学八闽也，特赐《佩文韵府》、《周易折衷》、《清文明心宝鉴》。先生声望素高，始至，名诸生皆惧甚，然终任无废弃者。凡所识拔，今多为闻人。汀州简生年七十矣，生徒掇高科者，比肩立，而不获青其衿，不应试廿年矣。试牍出，跃起曰："吾兹当一试。"果首取。漳庠陈衍，宿学也，试辄抑，见试牍喜曰："今当冠一军。"已而果然，他若此者不胜纪。呜呼，司文衡者皆若此，岂有夜光暗投之叹哉！试某郡，某有请不应。绝薪水，诸生闻之，醵钱市米蔬，且赁舟待，先生亟谕止。而诸生争自负米担柴，杂沓掷舟中，舟几覆。先生登舟解缆，犹争行泥淖中，不忍别。某悔且惧，先生意无怫，其容人为人所难。又以学使之责，校文末也，必崇正学，黜异学，疏请增朱子门人黄干、陈淳于两府。请增各邑学额，而以尤溪为先，朱子诞毓地也。明嘉靖间，有林三教者，布衣讲学，自号夏午尼。祠像侮慢，书尤诞。饬郡邑除之，斧其板。或曰："是尊信久，恐失闽人心。"先生曰："此从闽人心也。"果悦服。呜呼！异端乱正，有识者多知之，特不当其权，或既当其权，而又多所顾忌也，先生可谓泰山岩岩矣。以故闽人士之德先生也，所在立祠，元旦群集肃拜，诞辰亦如之，至于今不废。复命修浚河工，闽人士闻竞输以助，铢积分累，倏忽数千金。抚军吕公上之，圣祖嘉其意，即赐先生，德不望报，而德无不报，先生暨闽人士两得之。竣工归，奉李太安人晨昏，未尝适百里外。曰："不从王事，忍一日去老母侧耶？"太安人寿登八十有四，先生亦六十有二，遭丧哀毁如孺子。伯氏早卒，先生甫八岁，哭之逾时，而哀藏其手迹数十年。出授嗣子敦本，犹饮泣失声，天性然也。于叔季颇严而无间。呜呼！世俗言友爱者，让产让财，已为仅事，其在先生，末节耳。诗云："凡今之人，莫如兄弟。"先生孔怀之思，深矣！邵阳相距三千里，立宗祠，修家谱，子弟多成就之，不忘所自也。故旧亲知相缓急，或代完公帑，或经理旅榇，或收恤孤嫠，或焚券而不言。金陵诸义举，多先生始之。议有成，即敛身退，不欲以善先人。家居端坐竟日，阒若无人，而门庭肃然。屋数椽，颜曰"天竹山房"。笔研外，不求精良。文爱陆宣公、欧阳文忠公，诗宗老杜，间出入义山、放翁间。或以梓请，笑曰："吾岂求身后名哉。"精书法，索者无虚日，犹手录五经为日课。自处极淡泊，爱习劳，至老不更。曰："无失我耕读家风。"自都谏公立朝以气节，治家以礼法，持躬以勤俭，居乡以忠厚，先生继之，一如都谏公。以故吴楚间称义门者，必曰车氏云。先生在闽时，敏来已成进士，御试第一。授新会令。圣主询知先生子，喜顾诸臣曰："朕固知为一家人。"厥后敏来宰安邑，擢保德，荷世宗恩纶，赐貂赐食，称循吏焉，先生教也。先生讣至保，上官引例留。敏来力请终制，乃允。今天子登极，诏终制者一体封赠，诰赠奉直大夫。呜呼，先生惓惓报国之思，自少至老如一日，复沐特恩于身后，宜哉！先生蕴经世之才，负举朝之望，虽未得大用，而生有荣遇，殁有荣施，楚水吴山，典型常在，真不愧一代之伟人矣。呜呼！岁癸丑，余假归。先生来谒文端公祠，晤谈间，精神炯炯，不异昔年在馆时，握手未几而哭之。余其如之何哉，用是挥泪南向而为之铭。铭曰：先生父父，先生子子。世德作求，忠孝而已。父也作之，子也述之。夙夜一人，式毂似之。有德有言，言斯不朽。多士景从，泰山北斗。灵兮徜徉，回首资江。长发其祥，金陵之乡。

子敏来、敦本。敏来字逊躬，按：省府志作"逊公"，兹从车氏谱。一字望亭。性厚重，儿时已充然有成人之量。既成进士后，留充教习。特旨与选入诗经馆纂修，期满，御试第一。以广东新会令引见，圣祖问祖父官阶邑里，顾诸臣曰："朕固知为一家人。"时鼎晋方视学闽中也。既抵新会，治行甚卓。新会濒海多盗，敏来迹其魁，严治之，盗风顿息。上吏察其能，委以铜事。铜隔大洋，向承办有迟至十馀年者，敏来不二年运至京。时雍正改元春，世宗特召至榻前，训勉特至，赐貂皮克食，寻补安邑令。安邑有盐池，为三省利薮。敏来至，尽革陋规。盐政某以势临之，不顾也。在安七年，多异政，以最迁保德州牧。保德据万山巅，边地寒冷，土瘠民稀。向例，学臣按试，不至州治，所属士子，调取附试他郡，士以为苦。敏来出已资修试院，备供亿，申请督学按临考，而保德遂蔚然为大州，有名人，敏来力也。近河曲黄宅中权守宝庆，河曲故隶保德，为言其先世艰于一衿，自学使按临州治，免调取奔涉之苦，而后其高祖金贵，始得隶弟子员，至今感始事之德于不已。履任后，求得车氏祠堂而谒拜之。会车氏以祭田牵讼，为悉心清理。曰："吾以报车公也。"其久而令人思如此。敏来以父忧去官，服阕，改补隰州。隰在万山麓，瘠苦更甚于保。敏来孑身之任，不以家累自随。春秋日，单骑诣各山庄，询士俗，课农事。深山灌木，火为薪，垦其土，谷产日广，民用以饶。又以其闲择诸生守课，依依如师弟子。州不乡举者三十年，至是始有以科名显者。敏来历两省二县二州，居官不名一钱，所至之处，大书其（听）〔厅〕①事曰："勿作子孙计，是为父母官。"好读书，亦喜吟咏。家居静坐，披卷课孙，有"养我精神老读书"之句。寿六十有二。著有《偶然草堂诗文集》若干卷，按：郡志《艺文略》作"偶然草"，今从孙文定公刺史车公墓志。佚。孙嘉淦刺史望亭车公慕志铭云：望亭车公卒于襄垣，其仲子宰邑也。两孤扶柩返金陵，吾乡父老子弟被公德者，哭失声，且走千里送。余时官都下，闻乡人之哭公而触余悲也。阅数月，两孤缄状至请为志。呜呼！余与公癸巳同谱，垂四十年。公宰禹都，余司盐法为同官。公牧保，吾兴故隶保，志合而迹不疏，无如余与公，得志公生平，吾志也。公讳敏来，字逊躬，号望亭，世居邵阳，为楚南名族。王考敏州公，始居金陵。敏州公甲辰庶常，累官掌兵垣，直声震朝野。熊文端公志其墓曰："古之遗直，考平岳公。"丁丑编修，督学闽中，公明为一时冠，闽人祠祀焉。前母彭太宜人，母顾太宜人，皆以贤孝称。兄东，彭太宜人出，早卒。公顾太宜人出，行居仲，实家嗣也。弟敦本，出嗣季父。公生而厚重，都谏公抚顶喜曰："真吾家孙。"入家塾读书，日千言攻苦矻矻，从白下诸老宿游。康熙癸巳，万寿开科，举于乡，联捷成进士。留京教习。万寿盛典开馆，特旨取充纂修，旋兼校诗经馆教习，期满御试第一，授粤东新会令。圣祖询问祖若父，喜顾诸臣曰："朕固知为一家人。"时督学公在闽，都谏公殁已十馀年，犹眷顾于宸衷，喜厥后之克肖也。呜呼！圣主念直臣，深情如结，高爵厚禄，何以方兹。而公于奏对之间，上动天鉴，其忠悃肫肫，溢于意象，盖可想见已。新会故海区多盗，公至缉其魁，逾年萑苻绝。上吏察其能，以铜事属。铜隔大洋，往者或十年不得。公经理有方，不两年运至京。李敏达公为户部郎，拍案曰："安得为朝廷办事，皆如车某者乎？"诸公，吾山右贤抚军也，请简员，铨部以公应。世宗召至御榻前，谆谆训谕，赐貂皮克食。公退，念小臣乃荷殊恩，感激涕零，力矢报效。甫至，题授安邑令。八年迁保德牧。三年以父忧去，起补隰州。又四月，致政归。公在山右久，所至多善政，有古循吏风。安邑学宫久且圮，公谒庙，瞿然曰："是吾责也。"捐官俸，鸠集众工，邑人以我公故，咸乐助。始殿府，终

①据文义改。

斋舍，修葺以次，丹垩一新。凡屋百十有奇，三年而成，立石记其事。于是考文献，修邑乘，置书舍，厚膏火，邑人士感公意，益向学。丙午分校，得张屺辈七人。吾乡为公庆得士，有魏伦者，荐未售，公留之署中，勤举子业。保德赵士聪贫甚，几废学，季课得之，奇其才，给薪水赡其家，俾专于业。壬子大比，两人同举于乡。保试调他郡，士苦之。公建试院，请学使者至，士子至今称便。隰不乡举者三十年，公招诸生课，手自评骘，遂有决科者。其重学校，而爱养人才如此。时议恳，察邑无隙土，不报。或惧得罪，公曰："无恳而报，吾罪滋甚。"具实陈，得报罢。初至，值洊荒，后安集复业，七年皆大稔。邑耆老以为异，岁制衣捧酒以献曰："报我公之赐。"保苦籴贵，察其故，膏腴悉种烟草，民觊厚利，官实渔之。乃劝令改种谷，籴减半，农获利转倍。阖郡中每饭必祝曰："生我者车公。"隰深岩丛木，多虎害，公单骑历万山颠，令投火焚之，薪其木，垦其土，产谷日广，民用渐饶。其重力田，而爱养民力如此。邑盐籍有力役，司事者议以银代，善政也。远村人妄谓不便，相率千人赴县，群情汹汹，吏白闭门勿纳。叱退之，升堂启门，乃稍自敛去。入门仅百馀人，呼使前环跽，剀切谕之，皆欢然行，且泣曰："非我公惠百姓，几误掷数十命也。"泽州有大狱，牵邑著姓六七家，宪司飞檄取之。公廉其冤，曰："此皆善良。使往与奸民质，恐不能自白。"止不发，以状陈得免，皆谓车公活我，其镇定息事如此。初，盐政势赫赫，公以常礼事之，有不便民，执法与争，旁观多为公危。未几，其人败，而公乃超然独显。有怨公不附己者，加横逆，且中以祸。会事败，公治其狱，惧必报。公以礼见，体恤出意表。其人死，哭之甚哀。前官亏帑去，法宜籍。公奉檄往，见其旅舍萧条，执手一恸。遂请以养廉代偿，其人得还职。同官中独立无党，遇盘错则极力营护之，保全者数十人。其守正不阿，而慈厚有容如此。解池，利薮也，五方杂居，多为清白累。公严杜苞苴，革陋规，勒诸石，无敢以私干者。两为牧，除弊务尽。待属吏以宽，有难事辄代理之。然未尝接其杯水，尝谓当官三事，必以清为本，离此一字，则勤慎都无是处。初入仕，自署堂联云："勿作子孙计，是为父母官。"故历仕三十年，进退后，不名一钱。儿辈授徒以供菽水，泊如也，其清节自励始终一辙如此。然竟以刚直忤，时几得祸，民间齐口称冤，当事者力白之。寻复职，而公亦自是赋遂初矣。去之日，隰士民徒步送六七十里外，及逾界，强之返，乃挥泪别。呜呼，非有深爱在人，曷克致此！督学公之卒也，遗命曰："移孝作忠。"时军兴，多夺情视事。公以军需最，故擢保，保尤孔道也。讣闻，上游多慰留者，更陈情请。适大军凯旋，得允。恭逢今天子登极，特予终制者封，人以为纯孝宜受特恩也。予尝与公会食，食有鱼，公不食，泪盈睫。叩其故，盖顾太宜人病笃时，思食而不能下箸者。兄弟中居最长，艰难事率身先之。或有不当，必正色谈，少顷则怡怡。待子侄宽而有制，每以覆坠为惧。自都谏公时，世言家法者，推车氏，凡三世矣。公生江宁，督学公奉旨占籍时，公已以楚籍试，故籍仕为邵阳。尝归故里，省高曾以上墓，出清俸入宗祠修宗谱。邵有祖居，邑人卜迁文庙，致书以价购。公偕诸弟曰：吾子孙虽不复返故土，奈何以祖宗丘墓所在，而自外乎？因捐宅，今之新庙是也。公自少敝衣粝食，至老不殊。然性好施予，俸禄偶有馀，则曰："君恩也，不可私也。"散布后，自居窘迫，意豁然安之。施德多于不报，曰："度其可报而后施，善事亦利心也。"多隐德，戒其子勿言，其居家居乡如此。公为人谦谨浑厚，语呐呐，遇事当可否，直言无所忌，善措处大事，粥粥若无能。与人交，意浓而貌淡。接后进如先达，待下吏如上官。念故旧，重然诺。力敦古处，不牵时好。家居闭户，不与当事一面。日读书，课子弟，所著《偶然草堂诗文》若干卷。常以受恩深重，报国之思，惓惓勿释。归休五年，仲子硕官山右，公往教督之，以循良著。越两载，公卒，遗命子弟无忘移孝作忠，语不及家事。呜呼！公忠诚出于性生，原于家教，仕三朝，皆有殊遇，竟以州牧归老，殆有数存乎其间耶？公生于康熙二十七年戊辰十月三十日午时，终于乾隆十四年己巳十二月三十日亥时，年六十有二。雍正十三年十月，恭遇特恩，诰授奉直大夫。配余氏，诰封宜人。子男二，研、硕，女二。孙五，隽、维、雅、耀、熣。孙女四。以庚午年十月二十六日葬公于上元县慈乡聚卿山新阡。呜呼，岁丙辰，予典试江南，叩公门，得一执手，十馀年矣，遂成永诀。悲哉！公殁矣，志其不可没者，是吾志也。铭曰："直声震朝，金陵始造。厥生伟人，八闽敷教。维公主器，克绳克肖。喜动天颜，风清海徼。爰过太行，雨随车到。帝训是承，清以为要。家学有源，曰维移孝。鞅掌风尘，独留古道。旷典荣膺，歌齐杜召。去而益思，俎豆用报。慈仁之乡，安兹宅兆。子子孙孙，永世有耀。"附录：邑人周郜生祭刺史车公文云：士君子乘时奋发，得志则为宰职、为台谏，不得志则为郡县。位虽不同，其有裨于民，一也。若夫处则以天下为己任，出则以国计民生为己忧，即身退名成，犹眷眷于故园之积弱，不惜捐先世数千金之产，思有以振之，如我原任隰州牧望翁车先生，则文正以后一人，而龚、黄、卓、鲁，又不足计矣。先生内翰督学八闽，平岳车公之子，而都谏公敏州先生之孙也。簪缨两世，统绪相承，先生犹以文章显。癸巳，举孝廉，捷南宫。尹新会，则有声于新会。任安邑，则有声于安邑。用以能行能擢朔州刺史，朔处边陲，其民犷悍难驯。先生以施新安者施之，卒亦无有梗其治者。盖其化民成俗，一本之躬行，而大纲小纪，得之视膳问安之馀者为多也。未几，以忧去。服阕，补隰州。以微疵落职，不终所志。则隰民之不幸，非先生之不幸。先是，先生以忧归里，念邵为楚南望邑，人才之盛，科第之雄，甲于他郡，迩来亦少衰矣。求其故而不得，因纵观诸名胜，至邑学，慨然曰："是非所以妥圣灵也。"共谋所以新之，盖邵学僻城东西向，又寄居四维，非独不得正南面而已也。尔时，虽高先生之谊，而力有未逮。甲子春，郡伯王公闻先生之言，遂帅都人而有事于此。择地城邑，惟先生旧宅为最吉，乃以书致请，然私心究未敢必也。不谓先生竟能以文正自处，而诸昆季，亦能以先生之心为心，而坐甲朝庚之黉宫，一转而南，上有以遂尼父不正不坐之素履，下有以培吾邵后先鹊起之子衿，较之文正其志同，而其功犹倍也。今学成，而是科之登贤书者，不一而足。此固素王在天之灵，其感应之速有如此者。而先生之为功于郜邑也，岂浅鲜哉！郜等既高先生之谊，又载先生之德，于其殁也，不能忘情，于是乎有言。尚享！

敦本，字一是。康熙举人，建平知县，亦有声。敏来子硕，襄垣知县。孙廷隽，郾城知县。

按，《郡志·艺文略》载：先生有《天竹山房诗集》十卷。张文和廷玉称其文爱陆忠宣、欧阳文忠，诗宗老杜，出入义山、放翁间，而邓湘皋氏亦称其宗法甚正。及检资江、沅湘两耆旧集，存诗仅八首。其小传，谓从车氏谱搜得。内二首，则为邑人魏默深中翰幼时目见先生所手书者。载检车氏谱，诗亦八首，与《耆旧集》同者仅五首。而《喜二儿发补安邑》及《寿母》二诗，未见收录。是岂车氏续修家谱时，复有增损乎？兹并录之。志称先生七岁能诗，有“虫鸣声在土”句，闻者异之。及贵，诗以日多，或请梓之。先生笑曰：“吾岂求身后名哉!”盖先生名父之子，以文章气节自负，精明刚正，为学务求实践，崇实用，不取性命空谈。居史职，究心当世事，群以大用期之。晚遭家庭变故，稿遂散佚，殊足惜已。先生尝与修《全唐诗》，以家藏胡秋田《咏史》诗百三十馀首进呈，秋田诗乃得著录四库全书中。是秋田身后名，阅千馀年，晦而复显，实先生有以名之也。今辑先生诗，仅得十一于千百，虽先生之名，不藉诗以传，而余后学以视先生之所以名秋田者，为滋愧矣。达武识。

诗

家书至以下八首见《沅湘耆旧集》

人生莫浪游，游子岁月费。忽忽已二载，千里凭寤寐。双鱼自南来，一月凡两至。知子莫如父，一字一行泪。不忧才闿明，所冀德真粹。君子慎交游，肝胆良不易。丈夫志四方，盘根别利器。长安游侠多，云物翻手异。春风拂面消，寒霜骨如刺。窗虚好月来，壁立严飙至。愿言苦饥寒，勿使家声坠。按，车氏谱，此诗甚有异同，兹录如下。诗云：“人生莫浪游，游子岁月费。忽忽已二载，千里凭寤寐。双鱼自南来，一月凡两至。开函读数行，一字一拜赐。知子莫如父，语语忧儿智。闿才明过人，所不及真粹。澹泊汝所甘，宁静远可致。君子慎交游，肝胆良不易。丈夫志四方，盘根别利器。而汝何能为，画虎恐狗类。世受国恩深，勿使家声坠。闻之泪欲潸，亲心奚以慰。长安多游侠，云物即时异。春风拂面消，寒霜骨如刺。事亲先守身，焉能不惴惴。虚窗受月多，壁立随风吹。愿言苦饥寒，休逐弹丸戏。”

秋夜寄怀两弟四首，末首并嘱其归试

记得芸窗苦，频年细论文。“频年”，车氏谱作“十年”。前程欣有路，回首怅离群。车氏谱作“虽然鹏有路，毕竟雁离群”。风景殊南北，韶光惜寸分。遥望千里外，寄语倍殷勤。

最是怀人候，更残月一庭。相思常入梦，顾影独怜形。露湿轻团白，天空远送青。故园花萼下，应有几囊萤。

堂上双垂白，秋风思黯然。如何游宦日，不异铺儿年。奉职愁无状，车氏谱作“奉职频多诫”。倚门私自怜。“私”，谱作“祇”。君亲恩并重，努力共仔肩。谱作“努力任吾天”。

三山秋色好，可似故乡无？黄鹄摩霄汉，晴川展画图。车氏谱作“黄鹤摩霄汉，青云任卷舒”。风偏吾楚大，才亦及时需。谱作“才偏吾楚壮，名亦自天如”。休恋秦淮水，归缗湘上鱼。谱作“建业悠悠水，武昌食有鱼”。

游北塔寺

出郊忽数里，流水渐潺湲。似入山阴道，恍非人世间。幽林时鸟语，古陌半花殷。尚忆东峰寺，离离云抱环。

试院口占按：车氏谱，误作“十八滩偶占二十九首之一”。

锁院风清淡碧天，一般辛苦记当年。主恩拔向穅秕后，自注：鼎晋名颇后，蒙恩越次典试。家训严于鼎镬前。自注：老父手谕以身誓。月引红灯临绝顶，云供青眼出层巅。自注：棘院后即独秀峰。菲才人地相宜好，赋不能迷五色篇。

失题

玉箸篆文古，银钩楷法精。得知千载下，时有打碑声。

喜二儿发补山西安邑以下二首见车氏谱

惭无实学补当时，百里重蒙圣主知。讵有牛刀堪宰割，却怜马服妄驱驰。具员他日羞花县，报最何年奏玉墀。旧是禹都勤俭地，好留清白作官宜。

寿母

拜舞萱庭寿八旬，荆南又见比灵椿。鸾章曾入天朝诰，鸠杖今为大耋人。三世华簪邀厚眷，一卮桂酒进慈亲。孙曾绕膝无多祝，愿守家规学致身。

文

哭四妹张节妇文见《宝庆府志》

康熙五十一年壬辰二月朔，二兄鼎晋闻四妹张节妇之讣，悲甚。翌日，谨以清酌庶羞，设位于寓之西隅，而哭之曰：呜呼，四妹逝矣！痛哉！吾母生男女子十馀人，而成立者，男子吾兄弟三人，女子惟吾妹一人。妹幼而聪慧国，比长，通书史，明大义，双亲最所钟爱。择婿十年，不可得，迟至廿有三岁，乃以适张氏受百，嗟乎，命也！夫受百初娶孔，卒，即求吾妹继其室。老父拒拂允，曰："受百非载福人也。毋苦吾女。"受百更续娶于吴，又卒，仍敦求者再遂字焉。嗟乎，命也！夫天下岂少磊落英才之士，又岂少循循诗礼少年而老成者，偏不使吾父一遇士大夫，往往欲缔二姓之好，而皆因循不果，独于短折之受百。既已决其生平矣，而卒以吾妹归焉。是不可解也，命固如是，其一定而莫以易欤？妹之嫁己亥四月，予适归楚，弗获睹施衿结帨之仪。迨冬返金陵，而妹已撮髻为髽矣。盖是年九月，即罹翁鹿床先生之变也。服才阕，而受百之生母随殁，翁逾古稀，姑亦周甲，虽遭惨变，犹云寿终。奈何两丧除，而受百旋相继而夭亡耶？呜呼，吾妹为张氏妇，六七年间，朝不暇食，夜不安寝，手不离汤药，身不去衰绖，哭至无声，泪至无血。闻者心恻然伤，见者涕潸然下。嗟乎，命也夫！当受百卒时，妹自经，老母奔救，得不死，既而翻然曰："薄命女贻父母戚，亦多矣，岂忍复令见女不受命而死。今张氏之事既毕，女当事父母十年，然后从张郎于地下耳。"于是殡受百毕，大归，视甘旨修温清服，劳无倦，父见背，后母与女相依为命。女今已矣，母痛何极！

妹在日，每朔望晨起，具瓣香虔祷，不知所祷何事。后乃知祷己年勿过四十。予悲苦妹之志，而窃意神听之必不灵也。以吾妹之孝翁姑如彼，孝父母如此，而天佑善类，讵有节孝而吝其报者！天于吾妹，既无富贵之荣其身，又无福泽之昌其后，计惟有增益寿算，俾享遐龄。孰知新正之十一日，而溘然逝耶？今年四月下浣，值吾妹四旬之辰，竟先三月而早逝。其祷神矣，神其忍乎哉？荣枯，命也；修短，亦命也。人世之祈长年者，何限而漠然百无一应，独至于吾妹祷十年以死，则其应若影之于形，响之于答，曷故耶？噫！吾知之矣。吾妹之精诚足以感泣鬼神，而天故成其十年事亲之愿，以表节妇之不食言也。不益可伤哉！节妇年逾五十，始敕建坊旌其门。吾妹三十而寡，年不过四十，格于成例，是不得上邀旌节之恩矣。几何不湮没而久无传乎？不宁惟是，受百前两娶及吾妹皆无出，五服内惟存再从子一人，年长而支分不可嗣，是张氏之血食斩然绝矣。呜呼！吾妹魂于何栖，祭于何袝？生无以为生，死无以为死，于归七载，再共三年之大丧，苦节十年，徒抱穷民之隐痛。造物虽仁，命也如何？母垂老，泪检汝含殓，三弟、四弟营汝合葬，吾妹有知，知必无恨。但嗟兄以薄宦京师，涕泗横流，而心缺然，殓不抚其棺，瘗不绕其圹，万感交集，其能安乎？呜呼，四妹！家祠则灰冷香消，墓墟则荒烟蔓草，悲矣，无穷期矣！终兄之身，当寒食、重阳之候春秋变节，别具时馐，致享于汝，必不使妹为馁鬼。同怀之情，如斯而已。呜呼，痛哉！

侧室王氏墓志铭见车氏谱

侧室王氏，金陵之上元人。年十七归余，余中馈已缺，家政皆赖若操持，早夜辛勤，复时时卑抑自下，衣无帛饰，无珠翠，绝不敢以正室久虚，而稍逾其分也。余家法防匹嫡待妾素严，以故王氏事余十五年，随宦内外，小心如一日。儿女成行，淡薄仍无异臧婢。且有臧婢所不堪者，而王氏安焉。呜呼，为妾如王氏者，可以为难矣！生于康熙壬申，卒于康熙壬寅，得年三十有一。男子二，敕政、策，女子二，兹、卜。雍正二年甲辰三月，葬上元县李墅石角嘴新阡。铭曰：

命兮不犹，呜呼！命兮不犹夫何尤。青山头兮安其幽，惟尔懿柔兮垂厥庥。

附录

车敏来诗一首

车望亭刺史，自幼颖敏异常。儿初就傅，日诵千言不自辍。师曰："此子殆所谓敏而好学者。"原名来，因以敏字命之。自其祖鹤田都谏以来，三世以进士及第，皆以清洁著。望亭成进士后，历牧令三十载，官退不名一钱。尝谓当官三事，清为本，离此一字，则勤慎都无是处。为文最得力一"洁"字，举少作才气肆溢者焚之。谓经始《易》，史始司马。记曰："易之教，洁净精微。"柳州曰："参之太史以著其洁，文章第一义也。"诗取陶写性情，曰："眼前各有境地，苟无寄托，赋物虽工，于我何与？"观此，刺史所为文、诗，当必有与其祖若父相先后者。顾郡志《艺文略》称其所著《偶然草》，散佚不传，仅《沅湘集》载其应制七律一首，录之以志其概。又车氏家传，载其子硕，后官襄垣，迎养县廨，尝作《示儿》诗，有"官署清闲贫不问，儒餐粗粝老能堪"之句。可以考见其学行矣。五峰钝公识。

赋得暖日亭皋物色繁

曈昽佳气日初晴，送暖春风槛外生。轻絮铺毡方有蝶，繁华簇绣不离莺。桑云霭布青畴阔，麦浪翻开绿野明。自是物华涵圣泽，讴歌到处太平声。

車雙亭集

何鵬翔

车双亭集卷一

车双亭鼎丰传略弟鼎贲

鼎丰，一名道南，按：省府志《文学传》，称名道南，而《艺文类》于所撰著，则称鼎丰。殊嫌歧异，兹从资江、沅湘两《耆旧集》，定称原名，鼎贲亦同。字迈上，别号双亭，兵科给事中万育子也。与兄鼎晋、弟鼎贲齐名。中清康熙戊子乡试副榜，寄居金陵，就教职未选。鼎丰名家子，天才奇特，内行纯笃，著述甚富。有《四书条辨精解》、《四书大全精解》，各若干卷，《四书文评正编》四十二卷，馀编八卷，《五车寸轨》十卷，车氏谱称均已刻行。重订《宋诗钞》百二十卷，《晚闻轩诗文集》十二卷。其《教学绳墨》一书，盛行于时，为东南学者所宗。尤专力于宋五子书，有《朱子文语纂编》十四卷，《中庸辑略或问合订》二卷。谱载，亦均刊行。于吕留良种族思想之说，多所暗契。雍正初，楚浙狱起，一时知名士，率牵引之。鼎丰与弟鼎贲遂同时被系，在狱五年，诵读不辍，著有《语类衷圣录》若干卷。按：郡志《艺文类》单称《衷圣录》，兹从车氏谱补正。事已白矣，卒以曾刊《吕氏评语》罹祸，时雍正十一年十一月二十六日也。其平时著述均被毁。附录：桐城方策《双亭先生夫妇合葬墓志铭》略云：忆年十六七，读教学绳墨书，知邵陵有双亭、南东两车先生，而未之见。既至金陵，时先生方与南东营新第，奉母李太安人以居。而兄平岳先生视学闽中归，居天竹山房。质明，先生偕南东衣冠，问安人安否。德配胡孺人衿缨率其娣侍安人盥栉、食饮毕，先生命诸子侄以次诣太安人前，而自出厅事。兄至，复偕入省，退即自执业，率为常。先生之业，专用力于四书，深恶诸家之多失其意，而误来学也。潜玩朱注数百通，然后以诸子百家语参之，异同疑似之辨，不使有毫厘差，乃录于帖。友人有辨难，反复再四，务求其至于是。即自涂改，或已脱稿。后所见益精进，数易之不惮烦。如是者几四十年，部中夹缝，丹黄常满，此先生一生最得力处。闻人著作有佳者，辄讽吟不置。询其里居年甲言貌曰："安得从之游乎？"偶其人来，先生遽先往，具道某时见所为文若诗，而谆谆期以达到。或径延至家，则孺人已命童仆供具如宿戒。盖先生虚己好士，与人为善之心，出于其性。而孺人又有以相之者类如此，故一时极朋友讲习之乐，而先生家固全盛也。楚浙狱起，词连先生及南东，而先生遂以没。呜呼！人生几何，生死何有，独先生之行谊著述，为不随死俱尽。而其子麓世业其家，不坠先生之绪，信贤达之有后，是则天道之足凭者也。铭曰："兄于弟喁，唱宋儒书。物于其躬，型于其家。而及此夫，天乎人欤。龙臂山陬，妇从其夫。安尔幽居，勒石铭诸。怆予子车。

鼎贲，字须上，号（东南）〔南东〕[①]，别署双桐村学究。以例监更名世南。性孝友，笃志经术，自为诸生时，即不喜末俗剽窃之学，广求儒先理学诸书读之，油然自得。尝谓士子穷经，专从科第起见，便是自欺，纵使六经四子字字贯串，亦不过鹦鹉能言，于身心豪无补益。尤熟三《礼》，以朱子于戴记无成书，裒集《说礼》诸书，欲勒成一编，而以朱子为折衷，凡遇婚丧祭祀，必仿古遗规，必诚必敬以行之。或有议其迂者，则正色曰："圣学不外求仁，求仁之方，曰克己复礼。礼即仁也，仁体事而无不在视听言动，斯须不离，故不曰理而曰礼，理微妙不可执，礼则自然有节可循。故圣人雅言执礼，而颜氏子有得，亦曰夫子约我以礼。吾儒之学，所以异于二氏者在此。以此范身，以此齐家，正己率物，一以贯之。若以此为迂，则夫子儆伯鱼曰'不学礼，无以立。'圣人乃以迂道误其子耶？"给谏卒，哀毁三年，独居蔬食如一日。妻孙氏没，伤悼不逾制。因念终天大故，人子犹或自致其情，至斯功以下，厚薄从心，失其宜者多矣。因采古人所论期

①据文义改。

功以下条议，校辑成编，以示末俗，命曰《惜宝录》。尝诫诸子："汝曹当自立，智愚才否，天质不齐，要须自食其力。先儒谓儒者不能治生，便有仰仗于人之意，人品渐不可问矣。"明季吕留良、张履祥等发明程、朱之学，明亡后，著书多涉民族思想。鼎贲深契其说，与兄鼎丰同志趣，誓不仕清室，所居曰"双桐书屋"。因念宋儒有"打破名利关，便是小歇处"语，遂更榜曰"小歇处"。日常闭户著述，卒以书案与兄鼎丰同日被害。临危之日，其子来请所欲言。鼎贲瞋目曰："吾上不愧天，中不辱祖，更何言！若归，告汝兄弟，书不可不读，善不可不为，祸福听之，不可因噎而废食也，汝曹勉之。"所著有《正正字通》、《双桐书屋韵正》、《老庄定论》、《近思录录注析微》、按，府志《艺文略》，误作"近思录折微"。《识字瓿》、《小歇处残稿》、《自课方轮集》、《日记故事》、及《松山堂印谱》、《篆汇摘钞》、《续千字文》、《重订千家诗》、《小四书集注》、《广三字经》、《集古三字经》，按：《小四书集注》一名《四字经》。以上三种，并《老庄定论》，府志《艺文略》均误作其兄鼎丰撰。各若干卷。其《老庄定论》、《近思录录注析微》，则狱中所纂述也。按：府志《文学传》，谓《惜宝录》、《近思录》、《识字瓿》三书，为狱中作。有李震生所作墓志则云，公患难时，纂述《老庄定论》、《近思录录注析微》，未及付梓云云。考震生于鼎贲为中表兄弟，当日目击其事，所述当不误也。年四十有二。附录：金沙李震生车南东墓志略云：呜呼，不见吾南东者，十七年矣。规言而矩行，开心而洞胸，不规规于摹效古人，而其志自不屑为今人，此于世道人心不为无补。而天夺之酷，苍苍者其果有知耶？虽然，君子之论，不问其不可知，而论其所可知。南东之所以为南东者，自在也。南东与余为中表兄弟，南东之齿少于余，而学问行谊，余所心折。南东于昆季为殿，而自少风格殊异，意志不犹人。龆年读书，塾师训说章句，必穷究理窟，务悉其所以然，不为渺茫似是之说所惑。成童时，即通经义，附学县庠，有鸡群鹤立之概。后援例成均，便就乡试，皆为门第使然，实非南东本志也。平生履绳蹈矩，非其人不交，非礼之地弗践。自处俭约，而养亲甘旨，必竭其诚。四时荐祭，先期斋肃，临事恪恭，偻见忾闻不虚也。尝返故乡省祖茔，倡建祖祠，置祭田，设立宗法。丁外艰，服阕。李太安人年已六十，奉侍弥谨。时仲兄太史公补官于朝，惟以养亲教子为事，早暮与叔兄双亭候伺慈颜，切摩道义，造就子侄，各因其材，皆本先辈成法。本行为重，文艺次之。故子侄恂恂尚遵礼法，读书胸有卓见。史籍中疑案，前人所未决者，一经往复，泾渭了然，撷扑不易。明敏果决，义所当为，百折必遂。叔兄双亭尝言，使吾弟居官，正色立朝，侃侃谔谔，丰采不减古人，惜以书生老也。嗟乎！以南东之才之学，出而持世，足以植纲常而扶名教，顾乃谨身寡过，晦迹于环堵之中，得毋少隘，而全躯远祸，则有馀矣。乃事顾相反，天人莫测。戊申之冬，楚浙狱起，牵引仕籍中子弟十馀，南东与叔兄双亭陷焉。时承审大吏，亦讯知公等清白自守，例从省释。而事变莫解，党锢日沉，遂致系狱五年，卒于重典。呜呼，痛哉！自古圣贤豪杰，守正而不免于刑祸者，史传中指不胜屈。然迹其生平出处，必有与祸机相触之处。如曾参杀人，理则无是。而名姓相同，传者固有因也。若吾南东者，名不列于朝，利不争于市，孑然自好，禁足键户以养其亲，以教其子，而魑魅及之，将何以解？而观于临危诏子之言，诚可谓自信不惑者矣。乙卯春，旅榇南旋，亲知吊哭者，远近咸集。有老人者哭之尤哀，曰："吾非哭南东也，南东已死，不复言。吾恐后之欲为南东者，视此以为戒。则善类孤，而世道将不可言矣。"

双亭、双桐两车先生，为鹤田都谏子，平岳督学介弟。秉其家学，研求理经。闭户著述，于五子书，多所发明，而尤醉心吕晚村、黄梨洲、王船山之为人。兄弟偕老，誓不仕清室，所著多种族革命思想语，卒同日死楚浙文字之狱。其纂著凡三十馀种，均毁散莫传。至编本集时，乡先辈苍石老人，为言北平旧教育部图书馆有双桐先生残著数卷，盖民国成立后所出本也，即寓书双桐裔孙伯夔大令觅钞，卒不可得。仅于湘中纪载及车氏谱，获读文、诗数首而已。双亭《饮季弟扇阁》有云："判从百岁后，高筑处士坟。乘除观妙理，夕晦知晨曛。"双桐《夜读有感》云："上下千古事，俯仰寸心里。苟不负天地，朝闻夕可死。"呜呼！观此可以知两先生之志趣矣。又尝闻之故老，双桐尝饮友人家，有蚊蠛飞入酒尊，醉而挥之曰："何物么麽，乃阑入中原耶！"又《咏紫牡丹》句云："夺朱非正色，异种烂称王。"《曝书》云："清风不识字，无故乱翻书。"无胡音同，《捕鼠》云："毁我衣冠皆尔辈，扫渠巢穴待明朝。"朝亦读驰遥切。又《饮酒》云："大明天子重相见，且把壶儿搁一边。"壶胡亦音同，时酒卮盖明弘治时制也。而戴金沙为之识墓，谓迹其生平出处，必有祸机相触之处。彼又乌知其祸机相触之处，即其所以为吾国今日最宝贵、最光荣之革命种子欤！呜呼，劬园祖孙，高隐于异族入关之时。双亭兄弟，扬灰于明社既屋之后，何车氏之多贤乎？独惜其著述，不获与明夷黄书并传也。余既以两先生者纂入《湖南先正传》，并为之赞。赞曰：种豆遗书而杨恽戕，上梁成文而高启死。清之初叶，钳缚士夫言论，书案之繁酷，过于汉、唐远甚。而两先生者，以楚浙系狱，雍容圜扉，五更星霜，研求性理之微，而著述弗辍，何其行洁而神定也！虽志趣有异其父若兄，而各行其是，嗣响前修，西山有侣，虽与日月争光可也。而杂钞文诗为一卷，以存先烈之吉光片羽云尔。亭，从其志也。民国二十二年春三月达武识于茶陵军次。

集饮季弟扇阁，用昌黎醉赠张秘书韵以下四首，见《沅湘耆旧集》

多怪由少见，孤陋或寡闻。不识天下士，空作夜郎君。玉屏挺雄才，胸罗星斗文。晚晴溢真趣，卷舒看闲云。卓荦有孙子，众英挹馨芬。驽骀妄尾附，骐骥骇凡群。舌澜江海翻，齿慧千人分。下笔藐勍敌，竞欲张三军。旋以酒浇之，渴极悭半醺。沉酣到华胥，凝烟独氤氲。古人不可及，大笑云亦云。嗟哉凡几辈，碌碌逐世纷。吾曹得野饮，敢嫌韭薤荤。鹅何必四掌，鳖何必两裙。空庭喧暮雀，抱瓮吟秋蚊。往来寻臭味，聊免莸杂薰。判从百岁后，高筑处士坟。苟全良匪易，道在穷耕耘。按，车氏谱作“道在躬耕耘”。偶耕亦千载，奚有竹帛勋。乘除观妙理，夕晦知晨曛。

叠前韵，短述阁中胜概

尘外构小阁，忽以便面闻。方圆信手凿，杜撰无逾君。松蟠柏撑柱，皴理篆籀文。蠛蠓绕其颠，聚散等烟云。穷冬色逾好，参天迸烈芬。结根穿地轴，潜半蛰龙群。而况北窗竹，摇翠淇泉分。霜风飒清夜，衔枚走千军。玉人不善饮，默坐意已醺。披襟纳万象，一室自春氲。吾但从吾好，岂愿俗所云。宾朋偶然集，颇不厌嚣纷。中厨办咄嗟，脱粟斥腥荤。呼酒期烂醉，漉巾兼涴裙。白眼看世上，何啻虱与蚊。图史杂彝鼎，醇气恣蒸熏。襞积古锦囊，崔嵬退笔坟。读书不知道，石田空垦耕。泰山沧海观，当面树其勋。卧游即得之，远征惭朝曛。

五十初度自嘲

木榻闲消五十年，名山事业剩华颠。琴横剑倚谁相惜，茗苦香清我自便。老母依然勤夜绩，稚儿随分课陈编。椿帏宴笑莱衣舞，且卷图书阁半边。

夏夜梦于一字楼读书口占

睡起澄怀对古人，楼头晓月白于银。书窗阖辟才三月，管领湖山多少春。

重修双清亭序见《宝庆府志·薑里记》

天下山水可观者，不可胜数，而必以有天然奇致，不假人为造作者为佳。夫佳山水，本有奇致可观，而好事者或从而台榭之，楼阁之，加以桂观浮屠，酒炉茶肆，装饰金碧，巧丽百端，此正如美女之施朱铅黛绿，而真色反为之掩。岂若淡扫蛾眉之足贵也哉！予所历者，如苏之海涌，润之浮玉，鄂渚之黄鹄矶，临安之明圣湖，是也。然而近城附郭，偶得一壑一丘，为都人士嬉游休憩之地，而无屋宇以供坐卧，晴无以蔽烈日，雨无以避沾湿，则登临之兴易倦，而揽胜之怀难抒，即有层峰叠嶂、水波浩渺之奇观，皆不能以暇豫而得之。则是剪茅盖瓦，略为数椽之点缀，自不可阙，但无事于雕刻耳。此吾郡之双清亭所以既废，而不可不兴也。

郡城东北有双清矶，为资江砥柱，斗然屹立于万丈深潭之上。登斯矶者，一郡山水之胜，皆可挹于眉睫间。旧建二亭，对峙于其巅。忆予童子时，随先君子旋里，犹及见之。壬午岁归，则存其一。戊子再归，则其一又不存矣。予既寓居金陵，不能久恋乡土，莫由倡重修之议。而予弟直亭独蓄斯志，以兹阅八九年，而工鸠木庀，卒能毋侈前人，毋废后观。亦可谓有志者，事竟成也。

顾予于金陵佳山水，身到处无放过者，每值一奇，未尝不念故土，感旧游，徘徊久之。盖吾郡山水虽不及金陵之宏壮，而其幽深秀拔，实有过焉者。而所谓双清者，离城不数武，人迹易臻，不啻金陵之雨花长干也。而今之雨花长干，亦觉暗淡寂寥，不似昔人所言之盛。何也？昔欧阳子谓都会之地，兼有山水之美者，首金陵。而又叹其颓垣废址，荒烟野草，过而览者，莫不踌躕而凄怆。岂今昔固有同慨耶？虽然，山水在城郭，每至装饰太甚，而反掩其真。金陵人物，邑居之华极矣。山水之趣，正以今日之暗淡，寂寥不甚装饰为佳，未尝不较胜于海涌、浮玉、黄鹄、明圣也。则是金陵之山水，犹有天然奇致，适与吾郡之荒僻者，不相径庭。此又予之所以乐乎此，而更思乎彼者也。抑吾闻雨花最胜处，有木末亭，废已数十年，而不能复兴，金陵之人，其亦有志如吾弟直亭者乎？噫！废兴固理数之常，而以数十年而废，又以数十年而后兴，人生有几数十年耶？而况乎其更有一废，而不能兴者耶？予固窃幸双清之能兴，而乐为之记，并以志予仲宣作赋之意云尔。

附录

车鼎贲诗七首、文六首

夜读有感以下五首见《沅湘耆旧集》

天地有精英，漏泄在文字。吾闻苍颉时，鬼夜哭不止。六经义浩渺，四子奥其旨。不得已而言，如陶冶耒耜。奈何枝叶烦，累牍徒为尔。能文少不幸，识字忧患始。语皆有为发，善会方无疵。切已益良多，糟粕宁堪拟。澌灭殆难尽，晦盲不终否。上下千古事，俯仰寸心里。学成非无用，焚馀研重洗。苟不负天地，朝闻夕可死。

示儿辈

美成须在久，休计迟与速。眼孔早放开，勿为尺寸局。百炼金有真，九转丹自熟。鹡鸰视斯迈，蜾蠃诲式谷。传家天爵尊，何惊于宠辱。填寡亦可哀，出卜频握粟。克定靡弗胜，天理信宜笃。茶饭只家常，迥然异流俗。此中语云云，难为外人告。度世有良规，斯篇宜三复。

游白水洞不果

生为离乡人，还乡之难如上天。举足三千里，回头十七年。

十七年时一何速，三千里路亦非遥。所嗟人异昔，山川增寂寥。吾楚山川甲六合，邵陵尤为楚之甲。惜乎韩柳迹不到，致令嵯峨磊落不能供吐纳。群言白水洞，旧隐今始显。天台只尘凡，桃源较犹浅。我闻奋欲飞，诸昆共起舞。杖履已登途，冰雪当头阻。雪兮雪兮何太虐，使我不能出门阁。映书不耐观，烹茗难疗渴。明朝踏冻上东山，千岩万壑皆琅玕。树里江光一片白，隔岸塔影落危湍。探幽索奇知者多，寻常美景每蹉跎。要知人定天能胜，但身到处休放过。归来拥火倾家酿，一壶一盏交相让。歌呼啸傲乐称狂，何必绝巘穷谷始足相颉（顽）〔颃〕[①]。奈何乐尽悲生不暂停，吴头楚尾泪仍倾。有聚即有散，似醉还似醒。屈指还乡之日才四旬，黯然仍作离乡人。

别邵阳诸兄弟二首

地北天南雁影忙，他乡还望是家乡。檐前冰雪炉中火，何异彭城话对床。

树怜零落冰成泪，山学龙钟雪满颠。一度别离逾一纪，百年几度别离天。

邵里偕兄弟至太冲二首见车氏谱

冒雨冲寒认故丘，先人庐舍宿重投。绸缪夜半联床话，欢笑频随泪并流。

夜闻纺绩与书声，始信田园乐事真。城市轻儇应愧阻，依稀

①据文义改。

矩矱想高曾。按：谱讹作“高曾想”。

怀园记

按：此车氏谱作《怀园遗诗残篇序》。今观其文，专记怀园之胜，而未序及遗诗，故改署之。其《遗诗残篇序》，当另有一文，惜不传耳。以下六首，均见车氏谱。

先君子之卜居金陵，适为予未生之前一年戊午。而其辟怀园也，则在予既生之后十年戊辰。盖信美非吾土，而日涉以成趣，则亦几自待以不系之舟矣。乃其后十八年乙酉，而先君子捐馆舍。后又五十六年，而予兄弟遂弃此而播迁于他所。呜呼，悕矣！

方其始至也，先君子尚宦于朝，毋暇以田园为乐。迨赋遂初矣，齿未周甲，而欲营菟裘，以为娱老之具。然后寓意于此，而又任达不拘寓意，而不为留意。惟故乡之思不能忘，故园以怀为名焉。忆予童子时，随侍嬉戏，窃听先君子之命工人曰：“汝止为吾作二十年计，勿过求坚久为也。”工皆笑而不答，予亦不知其何谓也，今乃悟其言之有物。盖逆知予兄弟之不肖，莫克终守，而又以见世之凡深谋而远虑者，尽出于痴愚鄙吝，虽以是为取乐地，而适足以重其忧虑焉，故不欲为是恋恋者耳。

顾是园也，广不逾三亩，而所以供耳目之玩者，咸得其具体而微。有台榭，有楼阁，有堂，有室，有舫斋，有回廊，有茅亭草亭。其敞者，可以旷观；其崇者，可以遐眺。此屋宇之不碍云山者也。有假山，有曲池，有土窟，有水洞，有石桥板桥，有松有桂，有竹有梅，有数围之大树，不一而足，有佳花异卉之植于四时，此山林之见于城市者也。有丹灶，有禅床，有棋枰，有壶矢，有藏书可读，有古帖可临，有名人图画可卧游，有酒可酌，有诗可歌，有鱼跃，有鸟呼，有蝉噪，有鹤舞，而独无车马之喧，此地偏之由于心远者也。

夫以先君子二十年，盘桓啸傲于其间，而予兄弟一旦使其废若荒墟，且不旋踵而竟易其主也，悲恨亦宁有涯邪！然此既为盛衰之常理，而又值乎先见之素明，犹可以寓意不留意解之。独是遗音在耳，手泽如新，而诸胜景之所以名额者，几失其半。是则为可伤，而可咎之甚也。今若不有以追叙其故，则后嗣子孙茫然于其怀园之所以为怀园者，将并前人之一段奇情逸致，而胥失之矣。其为罪戾也，不滋多乎！故予饮泣而书之如此，庶可因此以识其名胜之所存也。

祠堂说

近代祠堂之制，与前古之立庙者异。古者大夫三适，士二，皆有门堂、寝室，然后合而为一宫。惟大夫之苍楹斫桷，士不能为耳。然即是而力，亦有所难办矣。迨至于后，则力不足者，止群聚其主于一龛，或洁治一屋，而别以数龛而已。其力之有馀者，则又崇宏其度，可致大厦千楹，阔地数十亩，极僭侈而人不以为非，无所辨于大夫士，而亦卒无门堂、寝室之合，与夫左昭右穆之仪者，此其所以为古今之异也。乃更有异焉者，祖宗亲尽，则祧所不祧者，惟始祖，此古法也。今则自祖始而下，毋论十世、百世，皆入其主而不祧，虽旁支亦无不得入者，殊混杂而无统纪，此其故由于宗法之不行也。顾宗法非有周之世禄不可行，无世禄则虽行而不能久，终归于无宗而后已。先儒之论，亦详矣，兹不复云。虽然，就近代之事而言之，亦当有因势利导之术。盖祠堂之建，必缘始祖，此为百世不祧之主。嗣后则须以功德为准，无功德者，亲尽而祧之，不问其子孙之强弱也。所谓功德者，何也？或品行足以垂楷范也，或著述有以启愚蒙也，或事业有以济艰虞也，或文才有以致声誉也，或禄位足以增宠荣也，或货财有以助经费也。此皆光前裕后，大有禆益于族人，不祧其俎豆，宜矣。其间亦不免于高下等差，则赖夫族中之高明者，与众共举而无敢阿其所爱焉。至其主事之人，则以分也，以齿也，以爵也。而素行劣者，则虽有是三者，而不得与焉。此即所以因其势而利导之者矣。是法也，本支百世，共享瓞绵，有尚贤重义之美，而无乏嗣继统之弊，较之宗法，似为尤公，而可以悠远传之于无穷也。不亦善乎！抑吾观近代之祠堂，有规矩严密者，往往能补古礼之所未备，又未可以其异而少之也。人家根基久远，族属众盛，于时祭之外，设科条，登簿籍，以示劝惩，则作善者可以赏，作恶者可以罚。婚丧不给者，周之；鳏寡孤独废疾者，思有以活之。男入泮者，贺女贞烈者，旌有养老之珍，有月会之宴。如此者，皆古之所未尝议及者也。苟择人以为理处，得其当，遵行不坠，则俨然为一家之政矣。亦何必今之弃，而惟古之泥乎哉？且力有馀者，即尽心于祠堂之公，而更私立庙，以奉其先人，仿宗法而为之，夫孰得而禁之哉？世之人，每于园圃别业，辟之不嫌其广，桥涂佛舍，施之不厌其烦，独至此等，则吝惜特甚，可谓颠倒之至者矣！倘有贤达而裕于资者，得吾说而酌用之，则祖父创造于其前，子孙嗣续修葺于其后，乡里化而风俗不患其不醇，人心日厚，家道日肥，而使天下皆知有所慕效也。三代隆古之气象，不有可翘足而待者乎！

绳远堂记

绳远之义，无所由来，特以先君子为人书额，而剩此二字，因合而镌之耳。绳某远某，不复记忆，择其相称者，已攫去。而此二字，古茂遒劲，结构精严，又颇似一气呵成者。适值贲新屋落成，遂以是悬于其寝之楔焉。虽然，勿谓无义之可思也，绳取其直也，远取其悠以久也。惟其直，所以能悠且久也。夫直之反曰枉，天下之枉者，可悠且久乎？故圣人曰："举直错诸枉。"又直之对曰罔，天下之罔者，可悠且久乎？故圣人曰："人之生也直，罔之生也幸而免。"他如曲则必折，横则必决，皆直之反对，而皆不可以为悠久也。则直之悠久，复何疑耶？顾欲期直，则莫过于绳。凡人有愆必绳之，而后归于正。此犹木之从绳，则正理之不可易者也。且绳之为物，能经能纬，体柔而用刚，多维系之情，寓缠绵之致，又缓急盈缩，巨细方圆，惟其所使。上古结绳而治，优于书契，良有以也。牵而贯之，引而续之，其长者至于百丈千寻，而不可穷极，此岂非远之明效大验乎？然则绳远二字之义，亦云粹矣。安得谓其无所由来而遽忽之哉？吾恐后昆之不识所以名堂之故，故为叙其事，而伸其理，令其少置思焉。抑《螽斯》之诗，有曰绳绳者，则又子孙绵远不绝之意也。服先畴而食旧德，继继承承，毋坠先人之遗训，吾将为处是堂者祝之。

适张氏姊节孝记按：鼎贲姊，名梦馀。有传附见《都谏集》。

余第四姊，为句曲张鹿床先生子受百之继室。年二十三而归张氏，三十而寡，无子。大归于余家，至四十而卒。呜呼，哀哉！予有女兄弟四人，姊贤淑聪慧，在诸兄弟上。先君子与老母所最钟爱，欲为择一快婿，而年长未字，竟难其人。既而赘受百于家，则朝夕教课，与予兄弟一例，冀其有成。而受百素负羸疾，不幸夭亡。盖受百为人猜忌，临危疑姊有他志。姊曰："吾命如此，尚何言！君如不讳，吾即以死报君。"受百殁，姊欲自经。老母昼夜防视，不得死。姊难伤老人意，乃曰："吾当事母十年，然后死尔。"于是长依母侧，孝养备至，朔望必晨起焚香祷告神祇，愿父母寿康，且祈己年勿过四十，以示不食言。先君子见背之时，姊哀毁甚常，恨不以身代。其侍老母，凡寝膳盥颒以及笔札针黹，极琐细之事，无不服勤尽善，周密安详，有为子若媳所不能到者。今年正三日，忽感寒疾，因嘱余三嫂胡氏曰："我期尽矣，疾必不起。汝为我料理含殓事，勿致绝于男子之手也。"遂寝疾七日而瞑目以逝。逝之前二日，余兄弟适在外庭，老母暨胡氏嫂亦偶不值。姊命侍婢取奁内一帖子，就灯下焚之。帖长数幅，皆蝇头细字，后有印记，卒不知其为何语。呜呼，何其惨痛也！自姊为张氏妇，家徒四壁。姊执妇道唯谨，仅四越月，而罹鹿床先生之变。其服既阕，而受百之生母陆氏亦终天年。服阕，又不逾时而丧受百焉。历年七八，汤药不离于手，衰绖不去其身，悲苦颠连，莫有甚如此者。受百元配孔氏，续配吴氏，皆名门女。每遇时祭，受百未尝祔此两主。姊曰："前后妻，一也。君不可忘，必并列祀品，不阙其食。"张氏族虽繁，而受百五服内亲，惟存再从子二人，弱冠尚寄食于外家芜湖芮氏。姊数谏受百，招来抚恤之，而受百迁延未果。及此，子来奔受百丧，姊命其扶榇阡葬句容。凡张氏所遗书籍、衣服、器物，悉检付携归。又为之娶室，以祖先祀事属焉。姊之在余宅也，奉母之暇，惟读书不辍。其于诗、画、文字皆通，然不敢漫作以遗于世。曩曾出一冻石，令余镌"梦馀"二字，今亦不见此石所在。常乐与余兄弟讲明经，书大义，及论说前代兴亡故事。外此如仙佛邪教与荣利俗谈，则皆不欲闻也。无事，每静坐空房，帘帷紧密。寡言笑，不施膏沐，粝餐素服，以俟死而已。予二兄宦京邸，莫由抚棺一恸。而三兄复抱病不能出，时痧症盛行，子侄卧床者大半，执绋乏人。予既泣送灵辆，痛悼不已，又不忍湮没其生平节孝之行，故拭泪搦管，序次如此，以著其命之薄，运之蹇，而志之苦，心之贞，亦近今之所罕见也。

室人孙氏圹志

余亡室姓孙氏，名积。祖籍自虞山迁长洲，耕读相传，代有隐德。父树峰公，始举进士，仕至少宗伯，诰授通议大夫。母同邑沈氏，长于外家。又姓徐氏，诰封淑人，生亡室，行五，年十七，归余于燕邸，偕来金陵。孝谨和顺，人无间言。其嫁时，奁物未携者半，井臼亲操，无绮纨习气。先府君命余兄弟析爨，怜余幼弱，田宅或给以稍便者，亡室愧歉，若背负芒刺。居舅丧，悉如礼制。舅殁姑老，奉养尤笃。治家无私畜，每罄所有，以设供具，不继则解簪珥，讫不令余知之。儿辈就塾，必属余延学圣人之师，勿趋为举业而已。暇则自训课，因藉以娴习小学家礼等书，有疑义，辄以问余。余为讲解，颇明晓，无滞碍。性不喜异教，不崇淫祀，凡仙释邪诞妖妄之说，不能一动其心。其诫子女婢媵，皆然。又于世俗荣利事，视之淡如。余就试楚乡，下第归，无愠色。但曰："穷达有命，奈何舍甘旨而仆仆道途乎？"故余忘情游宦，而得常侍慈闱，亦闺中良友之助也。向尝以书劝父归老田里，而父竟卒于官。讣至，恸几绝。及灵榇还苏郡，急买棹奔丧，且宁母氏。见母氏忧毁哀瘠，触目酸楚，遂郁郁反江宁三阅月。乃以产后罹伤寒症而亡。亡之日，虽娣姒别室诸女亲闻之，无不哭于其家者。呜呼，痛哉！生子男三，长未十一岁，次耒九岁，次朱三岁，俱未聘。女三，长蓉，十四岁，字江南庚辰进士、见任陕西临潼县知县张遇隆长子道安。次无名，六岁，未字。次即卒前十七日所生，今余三兄双亭抚为己女，命名若英。亡室以康熙庚申年九月二十一日丑时生，以己丑年十二月初一日申时卒。以庚寅年二月二十二日辰时卜葬于江南上元县贾墅之大田山丑山未向，余既拔泪而藏之，复不忍殁其善，窃识诸圹中。呜呼，痛哉！铭曰：呜呼！余赍乃安厥宅，尽余馀年，与汝同穴。

适张氏姊遗墨书后

癸巳之春，余北行。后三兄检姊遗箧，得诗绝句十首、律一首、诗馀二首，自署其尾曰："凡此所作，非以云诗，聊发悲声尔，见者勿哂也。"又有别幅曰："我死众勿骇痛，我原暗约，不过四十，今其时也。但望吾兄弟竭力奉养母亲，吾瞑目矣。"余归读之血泪涔滴。然则吾姊之死，岂徒然哉。余自幼至长，卒未见姊所著，惟时承问某字作何用，某语作何解尔。噫！此岂即其命笔之时耶？矜慎不传，死而后露，用心良苦矣。绝命之辞，又何其贞以孝哉！嗟嗟吾姊，余之生也，不几愧汝之死乎哉！

車貢士集

蒲焕组署

東皋子集

簡莊題

车贡士集卷一

车贡士无咎传略

无咎通志作"无咎"。字补旃，号燕岩，见车氏谱。隐君鼎黄子也。鼎黄年四十，未有子，避地永州，生无咎于浯溪。小字浯生，初名檀，字汝旃。姿禀和粹，自幼即以圣贤自待，最为时人所称。后改名字，盖深有所咎，以志补过意也。事亲纯孝，自少至壮，虽有室，无日不在膝下。尝依依作小儿态，后扶母柩过资江清溪滩，遭风，挽断，舟转侧触石，将沉，号哭誓以身殉。须臾风止舟定，乃得全。父丧时，应试武昌，未视含，哀毁终身。以康熙四十六年贡。无咎研深经术，文行粹然。与邑人王元复，有车、王之称。龙山杂识，潘宗洛视学楚南，评其文云："王子较大，车子较精。"时宜兴储大文襄校幕中，试毕，访之于旅舍中，郑重订交而去。又偕王元复、衡阳王敔、攸县陈之驱，为楚南四家。既又与王元复、新化谭绍程、谢毅裁同称，有资、邵四子之目。晚与王元复，及善化李文照、宁乡张鸣珂，同倡正学于湖湘间，一时学者翕然宗之。附录：王元复《宿补旃木石居》诗云："久从少壮号通儒，自愧明经我不如。木石有缘堪共老，胸襟无俗任安居。磻溪石上钩难曲，茂叔庭前草不除。眼底流光今老矣，青山冉冉爱吾庐。"长沙吴宁谔《送补旃先生还邵阳》云："月岩挥岳麓，吾道已归南。大义谁能晰，微言君独探。生平天际想，此日个中谈。星聚一杯酒，鹤云驾远骖。"汝宁傅世垚《接补旃手书有感·调寄沁园春》云："梦寐怀人，岁月逡巡，将三十年。忆官衙灯火，浑如隔世，清斋谈笑，宛在当前。回首茫茫，都无凭据，俯仰沧海徒惘然。朝夕里，望南天千里，明月空悬。何期一雁云边，早接得，潇湘半纸笺。写情悰种种，于中有泪，襟期恋恋，此外无言，反复封题，交生悲喜，感慨相思各一天。问何日，向斜阳树下，共话缠绵。”著有《尚书口义》八卷、《辨类编》三卷、按，车氏谱载，已刊行。周郃生自稷序云：丙午春，余谒选都门录燕岩先生《辨类编》以行。固将时备观省，以为检束身心之资。亦谓筮仕后，或清俸稍馀，谋付梓以公同好也。夫君子小人之辨，前人之论备矣。然皆散见于经传史集之中，学者每不能遍观而尽识之。其尽观焉者，亦多随口记诵，未必实反诸己也。先生独取其对勘互论者，萃而集之，凡其心术之纯伪险易，事业之公私纯驳，以及家国天下之治乱得失，莫不灿然眉目之不可倒而易，冰炭之不可并而处。采择备而序次精，规模宏而条理密，在先生固以为自治之书，以识类之所由辨，而惧为君子之弃，小人之归，以自端其趋矣。且并以知凡读书之法，皆宜如先生之切实体验，而不仅以供言语文字之用，为笔墨摭拾之资矣。是则先生之所以教人者，固即于先生之所以自治者而寓之矣。故私窃以为功不在《近思录》下，非仅可班居业读书二录也。余少为先生所许可，比中岁犹漫无知识，妄于洪河率试苇杭，几遭簸荡。幸于是编反复上下，遂亦若忘其风之烈，而浪之横也。则先生之益我多矣。家又似弟省余于豫章旅次，先生札命为序。序，所未敢也。谨缀数语于编末，以志益云。欧阳淶序云：余少读先生四书文，见其浑厚朴茂，恳切精明，不少作含糊影响语，已心仪其为君子人矣。及得见语默动静，皆有体度端方之概，望而生敬，益心慕其为人。后余寓阿阮直亭家，先生在焉，因得朝夕讲解经义。每说一书，必令切身体认，见之躬行。虽琐语闲谈，亦根理要，出于肺腑之诚，然后知先生以实行发为至文，而非徒掇拾于言语之间也。于是益加敬慕。先生亦若以余为可与语者，示《辨类》一编相示，曰：“此余旧时所辑，今稍为次第增益。生平志行，尽在此书。”余初疑君子小人，对举互勘，见于经传之文者多矣，无用是编为也。及受而卒业，始知是书规模之宏远，自小子至成人，自一身至国家天下，言无不包，旨无不究，而节目之精详，则上册所编经传语，大都辨析义利公私，诚伪敬肆之分，使人确然知下手用功所在。中册所编宋五子语，大都言阴阳消长之理，持身涉世应事接物之道，皆吃紧为人处。下册所编历代名贤语，大都详性情心术之异，志趣品行之殊，正邪之胜负，国家之用舍黜陟，以示法戒。采之精而收之博，序之当而订之详。呜呼！先生于君子小人之间，辨之如此其严，守之如此其笃，宜其光明正大，疏畅洞达，彻底君子，非复人所能及也，而余窃有感焉。君子小人，人之大分，孰不慕为君子，耻为小人。独怪世之所为君子者，每以声音笑貌为之，色取行违，为类不一，其甚者如乡原之德贼，老庄之智巧，一切奸雄作用，居然自以为君子，适以售其欺世罔人之术。而世之无识者，亦群目为君子不可及之人，于是此种学问，流传天壤，而人品之混杂失真，至此极矣。每一念及，不胜痛恨。苟得先生是书而读之，无徒以为观人之法，而必反求诸己。究其义利公私之辨，于凡立心制行之际，务实用其力焉，或不至终于小人之归也。因与车子用行共谋诸梓，以公世云。周序见《宝庆府志》。欧序见《湖南通志》。《韵书论略》二卷、谱载已刊。《切己录》、《老圃杂说》各若干卷，《承雅堂文集》十卷、通志作“肃雅堂”。诗集六卷、亦名历岁稿。《家鉴》三卷、《三言经口义》二卷。卒年八十有二，而四库存目所收《皇极经世》、《洪范内篇》诸书，则无咎与王元复所共订者也。

子音，以岁贡官辰州凤凰厅训导。

志称贡士湛深经术，文行粹然。晚年与同邑王先生元复、善化李先生文照、宁乡张先生鸣珂，同倡正学于湖湘间，一时学者翕然宗之。及卒，刘先生节诒哭以诗云：“理学何由得续传，江天明月思无边。云横野水悲梁木，雨过春山叫杜鹃。入海无舟曾到岸，成河有泪复经天。伯牙去后怜同调，为数晨星几个悬。”陈先生所迪句云：“回思霄月光风度，曷胜晨星落日悲。”观此可以想见其生平矣。其所撰《类辨编》，周先生部生谓其功不在《近思录》下。今既无传，而《承雅堂文诗集》十六卷，亦仅于流风歇绝之后，共得十馀首，录为此编，以略存先辈典型云尔。粹叔甫刘达武识。

诗十二首

侍大人宿灵乌道院，有怀母氏见《沅湘耆旧集》

一灯悬斗室，父子宿馀明。古壁沉沉夜，高堂寂寂情。何来风雨急，应共滴滴声。远愧温衾士，能无忝所生。

壬戌三月三日纪事有序。以下十首见车氏谱。

余扶先慈柩，自隆回乡，经半山，入洋溪，舟行出大洋江，溯江上，过新化，入小滩。凌晨至清溪滩，雾不见岸，水激如雷。舟人尽登岸牵缆，舟中惟一柁工及余，与柩在上，滩将半，缆急舟侧，水入如注，呼岸上人缓之，不闻。舟中水没胫，余计无出，即水中遥拜，辞家严，伏柩哭，俟沉没。须臾，舟中缆断，顺流下退，顷刻数里，趁洄入北隈，定止树间。岸上人见缆断舟流，怆惶转走而至舟中，水已数寸，而棺动矣。急斛出水，棺正，倩篙师六人夹撑上，并上铜柱滩，讫系舟平处，谢遣篙师。雾收日出，惊魂始苏。呜呼，痛哉！儿以不谨，几为母祸，万死莫赎。终赖母灵，得以再生，展拜柩前，血泪四迸。哀哀馀息，转生庆幸。呜呼，痛哉！哭成一律，用慰慈灵，并以遗诫后之人焉“入小滩”之“滩”，谱讹作“难”。“舟中缆断”谱讹作“缆中舟断”。

揪沥衰裳拜母恩，母棺无恙子身存。云间重见团圞日，峡里犹惊失木猿。儿罪弥天无可说，母慈厚地总难论。倚闾计日严亲在，母尚平安返故园。

甲子放归，舟次城陵矶，听陈畴五读离骚

弥天烟雨蔽江头，大地风云拥岸流。浊淖渐离巫峡水，澄清端泛洞庭秋。文章事自关千古，卧病亲方念远游。莫袖离骚江上读，客心不系似虚舟。此诗作于八月二十九日，岂知先君已见背廿馀日矣。罪大莫逭，此憾终天。呜呼，痛哉！乙丑九月。原注。

见萤火作为丽上叔馆选志喜也

自是吾家物，飞飞书案光。不须添个个，已自诵琅琅。中秘重辉映，前军倍激昂。长安夜来信，晨起集衣裳。

书木石居书橱扉上

鳏夫何所有，一榻伴斋居。永夜清光彻，霜天林木疏。门开仍对尔，书束未看渠。暂喜儿童到，分甘传食馀。

湘中忆木石居

高斋临野遍秋禾，叠翠南山当户多。一自湘江留去棹，饱闻笙管醉颜酡。

木石丛中老子行，堑篱深处鸟嘤嘤。何来日对湘江水，鼓荡从风浊复清。

今朝常并坐中堂，洗酌从儿分两行。惭愧湘江来只影，月明霜霰白寒塘。十月十三为丙子生辰，是夜作。原注。

雪中示如柏族弟

新业还当守，新诗不禁吟。坐中尊素满，门外迹何深。有客非今日，无肴探果林。颓唐兄欲老，莫惜屡过寻。“素满”之“素”，谱讹作“索”。

谢李十千明府首拔时儿

寒窗一卷送居诸，常自教儿到岁除。敢望龙标高彩鹢，才馀萤火照残书。楼头沈宋冰壶在，笼里参苓金匮储。小草已惭私雨露，阳春天上待吹嘘。

幼渚叔膺桂东之选，意不自得，赋此送行，兼以奉广

膏粱久饫苜蓿清，华屋邃窅矮屋迎。静中灿灿起行旌，家人乐事歌复赓。今者乘时更一鸣，皇祖来年景泰庚。承家华胄起南荆，荣茂枝枝弟与兄。族小颇谓多簪缨，吾叔孝友令德成。拔尤早岁归文名，官卑所职原不轻。桂岭清高皇路平，林森八面鸟嘤嘤。逶迤如云官马行，山腰吹角敞新晴。盘磴风回翠帜萦，皋比南面走群英。莫嫌盘中惟水晶，日可旰食夜不惊。三鳣自昔升先生，百里于今多迁莺。清时儒术且公卿，侄能扶杖瞻云程。煌煌祖德增新荣，承家继继增家声。桂有八面山，道经其上。原注。

二十四句示儿辈见车氏谱

圣人至德曰中庸，前后胡广窃号同。泄泄沓沓成何事，庸庸厚福位三公。亦有跅弛托狂狷，所宗任侠水浒传。文则史迁俚耐庵，悍然那识斐然面。儿曹画虎莫画狗，何方之依为可久。恒心须傍恒产立，共治犁锄结耕耦。魏征冢嗣已在田，茅容树下逢师友。秋来禾黍颗颗香，我亦荐芬得藉手。祖有田庐遗子孙，抱志可能忘饱温。俯身尽力事西村，循墙远侮睦诸昆。犹得为庶为清门，水各泉源木各根。常思祖训即人存，读书大义还别论。“茅容”之“容”，谱讹作“蓉”。

文六首

崇正编序以下二首见《湖南文征》

天下之道，是与非而已矣。是者正，非者邪。是者真，非者妄。欲得其是，必辨其非。程子曰正路之榛芜，圣门之蔽塞，辟之而后可以入道。故是非明，为入道之路。入道而后是非之极致，愈益较著，而不可混，是非之差数，愈益微细，而不可道也。孟子于先圣王之道，必曰闲之，曰守之，而不辞好辨之名。盖异端既起，方暗侮吾道，而显为敌御侮捍敌，而无壁立万仞，真积不可回之力，原始要终，灼知不可惑之，识不谋利不计功之心，则终必依违掩沓，谊不可得正，道不可得明也。虽检点积□自营，固有本务注存，内反自不暇于外攻。然辨与学问，思行相发以为功，而教固学之半。今异说之中人，久入膏（盲）〔肓〕[①]，在上者尝划除之矣。旋而复盛，在下者大声疾呼，聋聩者觉矣。旋而并其人诬之，入室以涂人耳目，使还聋聩，黠猾至于如此。言之发竖，又乌得而默焉？

吾友简全子先生，素以辟邪崇正为己任，宴谈恒语，每辄及之。会郡邑奉上谕，黜异端以崇正学，月吉讲读，半属胥（史）〔吏〕[②]，无能有所发明。先生作为集注，原本孔、孟、程、朱之言，演以先儒之说，质以法律之条，而特揭朱子白鹿洞学规，为正学准则。梓行既有日矣，兹复镂板为书，并汇其平日所著论说辨各若干篇，合为一编，名曰"崇正"。盖先生于邪正真妄之际，晰之极精，考之极核，言之极辨，于诞妄所由起，洞若观火，无遁情使承诞踵妄，纷纷授之以惑人者，无所复得开其口，摇其唇，快哉！此书凡所指切，未尝非先儒所已言，亦有言所未言，然畅论之较诸绪言，合比之较诸散见，功斯伟矣！士不由乎平素无其心，无其识，无其力，而偶激发于一时一意一篇一语之间，其能确切简明，足以觉人如此书，鲜哉！昔人诗云："重陈刍狗衣文绣。"又云："伽蓝位下讲昌黎。"此书出，犹有文绣、刍狗而伽蓝、昌黎者乎？无是非之心者也，非人也，人也而有不晓然畅然，而仍还聋聩者乎？愿与入道者共读之。

书六先生从祀乡贤录后

国家典祀，以报有功，崇有德。自先贤先儒从祀圣庙，天下郡县硕德懿行，苟有其实者，皆得援典礼，以各举于其乡，而祔食于先贤先儒之后。典斯重矣！故夫乡人之举之，可以观公义，

---

①②据文义改。

子孙之为之，可以观孝思。然晚近以来，得与斯典者，率多由子孙之有势有力者。盖仁贤之后多昌隆，潜德之光有际会，此所以可尊可歆，而往往难之也。然君子犹不以为难，乃若为子孙者，初非有得为之势与力，乡邦之人，亦初无所为，而共发于懿德之好之同，然请乎上，斯获乎上，视积岁累月，竭力往复，才几几一成者，独不烦营措而得之，岂非天哉！非实盛德，其能然乎？余庄诵五家六先生，从祀乡贤录，不觉身为悚起矣。先伯父廉孝至性，矢志君父，一第早终，钦其德者，固不独在余一家。馀五先生，或仕学优优，度越当世；或抱贞守素，高蹈衡门；或乃心故国，遁迹自甘。虽先后不同时，凡皆有必发必显不可泯没之至行，乃今一旦齐举，而俎豆圣人之门，何其盛哉！使六先生硕德懿行，有非其实必不能风行响应如此也。然则昌隆赫弈，以大发先德之光，又可为五家子若孙必矣。诗云："孝子不匮，永锡尔类。"锡类之仁，余将踵在上者之门而称谢矣。嗟乎，人苦不自立，观于六先生，可以兴夫，可以勉夫！

浯孩自传以下二首见《宝庆府志》

浯孩者，浯溪孩儿也。浯溪，溪名。在永之祁阳县。孩儿父副榜公，母高孺人，年皆近四十，而未有子，覥闵不少矣。顺治癸巳之岁，避地浯溪，生孩儿，字以浯生。少长，就外傅，命名檀，字汝栴。副榜公教之以《四书》、《小学》、《尚书》、《左氏春秋传》诸古文，高孺人时佐公教所不逮。孩儿自少及壮，有室有子，长髭须，未尝一日不在膝下，晨昏或跪榻下，以首依褥席，作小儿恋恋。日中匍附坐席，亦然。每归自书斋，未尝不如此。戊午岁，为不孝事，副榜公阻之不得。事后忧闷逾年，孩儿自咎，乃改名旡咎，字补旃，以志违亲之罪，而图自新。补与汝声相近，旂与栴音相同也。因小字自号浯孩，志本也。时又避处隆回乡，母卒，扶柩舟归，至青溪滩，天雾，舟人登岸牵舟，舟侧，水入柩动。孩儿自分执柩以没，即水中遥拜辞父，以俟沉。须臾，缆忽中断，舟定止石间。雾霁，人登舟得全。以诗纪事云："溃按："溃"当是"渍"之讹。车氏谱作"揪"。沥衰裳拜母恩，母棺无恙子身存。云间重见团（团）〔圞〕[①]日，峡里犹惊失木猿。儿罪弥天无可说，母慈厚地总难论。倚闾计日严亲在，母尚平安返故园。"时壬戌三月三日也。甲子，逐队武昌。父卒于家，后事赖内子王氏力。孩儿始以违亲志，重亲忧，而志补赎，既又不孝，罪大如此，何自补也。然孩儿之心，则未尝敢有一日不在膝下，而亦终何补也？孩儿学于经，常欲集朱子所说《四书章句集注》、《或问辑略》、《精义指要》、《考异》及《语类》诸书，合编为一，名以大宗。又欲集合本族先后辈所各著书为一编，名以《车氏世珍》，皆有志而尚未逮。孩儿为文章，不敢背朱子义。孩儿业教读，岁有及门者，不敢不尽所知以语之。以此长岁月，以此赡生计云。

哭王能愚文

呜呼！吾不能哭先生以文也。先生宗匠无当，于先生而奚以为，抑子既往而奚忍为也。又不能具仪备物，将寸心致酹奠也。贫之病，夙与先生同，而相知稔，相怜素，相与盛，相与衰，一同也。近且益甚，不可说也。呜呼！诔无词，奠无仪。平生亲切第一人乃若斯。先生于吾以戚属，则妇叔也，以道则师也，以文章廉隅相砥砺，同方合志不相见，而闻言不信，则友也。吾于先生长，则四岁矣。才之相后，无虑十倍，本非等匹也。而自郡邑

①据文义改。

人士及大湖南北、长江东西，推称先生者，往往相连见及，而齿及无咎者，亦往往必推附先生。后若将肩并焉者，岂知吾之北面先生也。自丙辰之岁，到于今四十六年矣。四十六年中，凡所见闻，有不自先生来者，亦鲜矣。间有窥焉，非得先生印可，不敢信。时或不惬，久之而终不能易先生之所云也。

念祖篇以下二首见车氏谱

《孝经》曰："大雅云，'无念尔祖，聿修厥德'。是知念祖者，修德之本矣。"凡人无学者，任其性，有学者，执所见。凭心造行，而未尝侧身惕意，体父母志行，思祖德源流。如此者，纵才能超迈，卓有表见，外美亢宗，亦内于仁孝之心不足也。夫身者，父母之身也。奉身行世，行父母之身也。父母生之膝下，起居呼吸无间矣。父母之志事，知之熟矣；父母之诲言，闻之悉矣。出门同人而轻忘之，孤哀当室而轻背之，非天性之薄欤？幼孤者，少长，抚手口之泽，犹追慕如见，或形诸梦寐，况鞠育成人者乎？人生至亲者，父亲。父故亲祖，曾祖父之祖高祖，祖之祖，亲极祖之祖，故丧服及四时之祭，极于高祖。此为四代亲近不远风声，气息不相隔。寿考而子孙早生者，犹或及见之。由高祖之父而上至二世，皆为先祖，一世为始祖，或以始封，或以始迁，群先祖之祭于立春，始祖特祭于冬至，以追远而报本也。上自始祖考妣，下至父母，一脉相承。其生卒年月、居址、坟墓、所值时世、所履境地、言行事迹、性情气象，幸有在历世传述中者，岂可忘之？即缺传述，犹当从亲近历溯而上，而意想像之，庶或著存焉。尝因是而思古远源派，不可晓矣。虽有一二传说，亦不可据援矣。然其间要必世有绵绵瓜瓞之泽，乃至今日而有我宗。自有我宗以来，则所历几何年，所传几何世，所分几何支，创业继绪、微显起伏之迹几何事，历历分明，身承其后，得不有负重荷大之惧乎？故怀仁孝之心者，常念身为父之子，祖之孙，为曾之曾，为高之玄，为累世之裔。先世德业，必无敢违失，先世风尚，必无相背远，偏缺之处，必勤相补济。时异事易，必有所禀受，可还质白，可蒙鉴佑，动辄顾念，秉心塞渊，元气根荄，保护不失，使有可以发荣滋长之理，而不敢有侥幸浮薄之心。行事务可久，发言务有馀，宁钝无锐，宁介无通，崇实不崇华，处厚不处薄，居谦不居盈，施让不施争，其所顾畏深矣。此衍先泽，裕后昆，自求多福者之所为也。若乃轻于废旧，勇于从己，非万不得已之事，无凄怆变旧之情，任性执见，无所顾忌，家训谆谆，视之漠漠，虽所执者，是犹为不仁不孝，况其非是而愚很自用，岂非大败类者哉！且古来成效，自帝王享有天下，下至士庶之家，以不念祖而隳坠者多矣，以念祖而延福庆者，往往是矣，如出一辙。然博观载籍，良可畏念，此天道之明征可以知为人者，处心积行，大本必由乎此也。《易》曰："天之所助者，顺也。"《礼》曰："万物本乎天，人本乎祖。"又曰："福者，百顺之名也。"无所不顺者之为福，念祖敦本之思，顺德也。故为天之所佑而有百顺之福人，恒不忘其本。家人兄弟之间，油然交勉，各思成立，以继其先秀者，读书而明理，朴者土爱而心藏，日有事于本分之中，不敢惰废而骛乎分。外常惧违天理，招祸患，辱先人，累后嗣。处约不敢滥，而可以久处乐；不敢淫，而可以长则约，亦为福。而况于乐，此所谓能守其祭祀，能保其宗庙者，此之为福不亦厚而远乎！德顺，故无所不顺，祖考康之，子孙赖之矣。苟茫然不念其本，碌碌悠悠以生以长，孺慕既移，则百恶各因其质性之偏以生，弊皆种种不可殚悉总之心。无祖父，何有于祖父之遗？或懒惰不事事，而坐失祖业，无所痛惜，至且藉口远大以自文，或利巧机谋，施之同气，损父母之子孙以利己之子孙，弱者失之，而不能自生活，强者得之，而失亦不旋踵。是在家在邦，皆为怨境，贫贱富贵，皆为祸阶。一言以蔽之曰，逆而已。夫人生各有本分，当前境地，即本分也。此本分者，天之所与，祖之所与，无问有无多寡大小厚薄之数，惟视人心之顺逆者也。顺受而自力其间，无者可使有也，少者可使多也，薄者可使厚也，小者可使大也。其增益者，皆本分也。何也？出于天祖之所佑者也。不循本分而逆之，而外求，则不惟无所得益，又必并其本有而失之。即幸获一时，而天定终胜。故凡外益之数，皆莫致莫为，总不宜以有心与其间，欲以有心与其间，此自古至今不念祖，不知天者之所以自即于颠倒错乱，迄无一就者也。居易俟命，所以为君子；行险侥幸，所以为小人。然则念祖之心，即畏天之心。仁孝之会，诸福之归，生人之本行矣。故曰，永言配命，自求多福，务本之行也。又，母党，吾身之自出，外祖父母，实生吾母，舅与姨，吾母之同气，比之宗族之众，虽同姓而或疏，此虽异姓而实亲矣。情宜与祖父母伯叔姑等，礼服虽殊，情由已致。凡此皆本行，君子务之！

负郭辞

负郭之村，狮跑之陵。草堂之下，有美一人。爱兹广阜，晨夕登临。席地啜茗，抱膝长吟。其辞曰：高洁兮无尘，和霭兮春云。绵绵兮护护，阴阴兮大椿。朝旭升兮众鸟鸣，夕月中兮百虫声。或啸歌乎虚室兮，或独对乎灯檠。较往迹之治乱，衷前圣之遗经。婉季女之未字，属草莽兮为庶人。启柴扉兮却立，引半帚兮麾尘。敬恭对兮柔声，周复折兮约两肱。知安节兮心悦，既出兮未敢以语人。朝不逸兮存存，夜不逸兮惺惺。聆謦咳兮知未寐，思人静兮宵深。顾此身兮肤发，爱今日兮光阴。食兮食兮采青芹，居兮居兮远青蝇。式好兮兄弟，无尤兮家人。羌一姊兮男女别，顾堂上兮我同生。同生兮同生，和怡怡兮爱深。深亲兮爱兮病莫愈，粥熟须燃兮亦何憎？入燕食兮安笑，接颜色兮有人。与悠悠兮中夜，无已太康兮夙兴。戒之兮姻睦，勉之兮调羹。乐莫乐兮高堂，幸莫幸兮神晨昏。仰时命之遥遥兮，且相与为勤。勤避腥膻兮，去望望掇芳。蕙兮与为朋，会文罢兮茗酌。促膝兮深谈心，谈心兮复谈心，友示余曰断金。亹亹兮玉屑，牵余袂兮披襟。步阑跚兮各归去，翠微接兮秋云。惟人生兮百行，翳五纪之宜敦。从诗书之宿好，中心藏之兮繄何人。乱曰：风萧萧兮袭余衿，云薄薄兮渺余心。山花溪水兮粲无声，无人兮门不扃。夕阳下兮东明，生时兮时兮不可侦。勉兮勉兮葆吾真，啜吾茗兮清且馨。按：公为此文，年才十九。时方完昏，故有“燕室夙兴”等句。

車孝廉集

莫丙燊

车孝廉集卷一

车孝廉照传略子钟衡飞

照，字萤庄。性孝友，平生无激言遽色。光绪戊子，为恩科举人。交游中有通显者，招聘之。照曰："亲老家贫，吾可违晨昏，谋升斗乎？"卒不就。于是以教学自给，意泊如也。老而笃学，不以偃蹇稍懈。学宗宋五子，书法南宫，而于鹤田都谏《自卑亭记》，尤能神似，见者称其有祖风焉。卒年七十有八，著有《听雨楼文诗集》，稿藏于家，多为虫鱼蚀损。

子钟衡、飞。钟衡，一名涤凡，字仙桥。为人诚扑力学，困顿名场。年四十卒。

飞字瑞阶，钟衡异母弟也。钟衡督课之，严而有恩。既而兄弟互相师友，承其家学，勉以宋儒性理相切劘。飞以廪贡为今国军六十三师军法处长，有《任园文诗稿》。子继先。

与友人登东塔

邵东塔踞山之巅，塔上呼吸通帝天。检点屐齿上更上，齐州九点渺云烟。我闻商山皓有四，又说星峰数纪五。转意若非神仙人，如何恍到神仙府。与君一曲谱霓裳，把袂珠宫载歌舞。

甲辰九日游扫月幢

我爱扫月幢，清奇凌二酉。下地镇林谷，上天扪星斗。先人留手泽，诗笔龙蛇走。游人快登临，胜景储万有。怪石拜峰前，潭江绕其右。黄叶下滩头，白云封谷口。壮哉历奇观，此游殊非偶。上山复下山，令人长回首。

哭仲兄惠直

嗟我含愁日，苍茫欲问天。惊寒孤雁影，怕咏鹡鸰篇。往迹空成泣，来生冀结缘。终朝七星望，鹤返是何年。兄与父墓，同在七星岭畔。自注。

双清亭晚眺

不必黄鹤楼，如泛洞庭舟。诸峰回远色，人意澹于秋。

孝思公赞

趣同陶谢，社倡湖湘。《耆旧集》序倡社，湖湘则邵陵一老。自注。高霞堂古，公著有《高霞堂集》百卷。自注。镜花墨香。又著有《镜花阁填词》二卷。自注。文章千载焕光芒，不投时好庸何伤。高节海内重琳琅，两却征书令闻彰。予小子兮，后明德而敢忘。

养机篇

机之为物也，根乎理而不涩，运乎气而不泄。其始也默默然不可测，其继也斤斤然有所得。其蕴于中也，对圣贤豪俊为之动魄；其发于外也，即天地万物为之生色。太固则滞，太放则竭。过信者鲜所获，过疑者滋其惑。仿佛兮若飞鸿之戏海，雄健兮若猛兽之搏物。飘飖兮若微风之滚雪，清皎兮若淡云之笼月。是盖存乎神，触乎物，按乎理，切乎脉。心以之而纯，道以之而得。经济范我驰驱，文章足以华国。世不以仆为（妾）〔妄〕[①]谈，仆用对世人而直白。

励志篇

盖闻大鹏振翚，程必经乎九万；良骥展足，途直达乎三千。非微物而妄图远大也，实大才而不安小就也。今以亭毒寥廓之际，而翱翔者而容与自适焉。山林关河之险，而驰骋者而奔踶不倚焉。物乎物乎，有不动人遐想者乎？仆以鸴鸠陋质，驽骀凡材。愿奋身而远举，景前型而步趋。虽或俗物羁人，难云抱负在己。然丈夫恢我宏猷，宁以身穷，不以遇阻；宁以时乖，不以道卑。其鉴乎鹏欤？凌厉清浮，为凡禽之表率；其鉴乎骥欤？奔驰海甸，具上驷之英姿。而于是有卓卓人群之望，岂不幸甚！否则，安小就而忘大器，得近功而忽远图，误矣！

---

①据文义改。

附录

车钟衡诗一首

五台山寺纳凉

瑶琴何处奏，古寺坐清风。气入楼台爽，香回殿宇融。松涛惊户外，荷盖乱池中。日暮闻清梵，禅心一磬空。

车飞诗文

赠龙山杨孝子

要道惟孝友，孝友德之基。美德本庸行，自问谁无亏。龙山滃奇气，匹夫堪人师。昔闻刘氏子，拚命拯兄危。今见杨孝子，孺慕系人思。世业耕与读，门内酿春熙。至性笃内行，孝养老弗疲。庐墓经三载，人竞颂以诗。孝子与悌弟，同地并同时。名山钟间气，于世垂芳规。颓风伊谁挽，砥柱幸有斯。愿将乌私意，警彼枭獍儿。

刘理卿中散自金陵归次韵奉赠

吴楚三千里，忻闻客远回。风尘因避地，笑语且衔杯。河朔伊谁定，江南我亦哀。园亭怀旧主，嘉卉尽成材。

怀夏贞立先生

灵峰为父更为师，况有精金粹玉姿。作述家风绵坠绪，海天想望总神驰。

和罗泽荫秋夜不寐四首之一

半生书剑老风尘，奔走犹然不厌频。乱世几人存夜气，中原遥望泪沾巾。

耕读堂记

邵城之东北，资邵合流，有田江渡焉。距渡半里许，飞之祖茔在焉。余八世祖孝思公，尝筑墓庐于此，曰劬园，诵读其中。顺治时，三膺征聘不就，为当世高士。飞尝往来其地，见其山明水秀，波流潆洄，辄低回流连者久之。以为莘野渭滨，南阳隆中，当不是过也。士君子不得发舒怀抱，佐天子以理天下，而欲修身以见于世，舍兹土其安往乎？

有禹亭刘先生者，自其尊甫卜居于兹，历有年矣。不求闻达，颜其堂曰“耕读”。飞之先人有选公者，世之振畸人也。当明末造，天下云扰，亦题其居曰“耕读”。怡志耆年，硕德者流，得毋有同心乎？尊甫今八十馀矣，矍铄异于常人，倘非有怡然自得之怀，超轶尘俗，乌能若是哉？飞以先君子与先生相友善，得问道于先生之庭，先生以“耕读堂”命为之记。飞以末学，安敢厕于作者之林？然以年来之所阅历，确见耕读有不可偏废者。儒素之家，往往年丰而妻啼饥，岁暖而儿号寒。此惟仰屋兴嗟，不肯乞怜于人，而人亦终莫予顾，盖偏于读者之弊也。至于陋乡僻壤，犁云锄雨之家，父不知慈，子不知孝，兄弟不知友恭，饱食暖衣，以与草木同腐，飞又窃为耻之，此偏于耕者之弊也。虽然豪杰有志之士，托名耕读者，则又不然。耕莘野者，乐尧、舜之道，而阿衡于商；钓渭滨者，著韬略之书，而尚父于周；耕南阳者，为梁父之吟，而扶炎汉之统，凡此皆以耕读为藏器待时之计。尊甫以耕读名其堂，无乃类是乎？飞以为先生父子既为吾乡人伦之表，而庭前诸谢，英姿磊落，卓尔弗群，飞实久在下风矣。世而有庞德公其人，恐龙之伏，凤之雏，不获悠游于资邵之滨，长郁郁耕读中也。

東廣文集

鋤雲題

车广文集卷一

车广文字元昺传略子毓春 孙进

元昺，字旭皋，一字雨皋，又字两皋。父文彬，字尔雅。县学生员，家贫授徒，循循以文行为训。清同光间，邑中知名士多出其门，所为文诗多散逸。文彬有和谢筠士司业六十自寿诗二首云："小筑名园傍野垧，门庭似水昼常扃。琼花放后香常满，荷叶圆时雨乍经。到处浑融无滞迹，相逢脱落但忘形。百城坐拥饶清福，镇日披书眼倍青。""时局纷纷戏一枰，沧桑世事叹重更。红羊劫换园仍旧，苍狗云开木向荣。最爱书窗眠塔影，犹惊晓梦听钟声。呼童静扫花间径，布阵闲看蚁斗争。"

元昺性颖异，年十八，为诸生。中清光绪己卯乡试，大挑二等，选攸县训导。在官以教育人才为己任，然中郁郁不自得。旋丁内艰归，卒年五十，其中表弟谢鹤年为之表墓。文云：君讳元昺，字旭皋，舅氏尔雅先生之冢子也。垂髫识字，尽读楹书。甫冠，属文，克娴庭诰，十八补郡学弟子员。鹤年时从舅氏游，犹童子也。窃见西门性急，东方天聪，能挟策其过人，恐着鞭之先我，沉思累日，呕血者数升。构艺一篇，量才可八斗，钟繇对之而笔搁，君苗见之而砚焚。鹤年自成人后，与毕成均士翘、萧农部榘、曾都转廉啸傲江山，何殊康乐，佯狂诗酒，自比樊川，君亦与焉。抑以逸兴霞飞，豪情飙举。丙子秋，碎琴都市，行李萧然，束带寝门，大椿萎矣。齐仁之肉动有日，韦彪之骨立异形。鹤年以李汉蒋系之情，动梁木泰山之恸。君泣相谓曰："刘航有子，隐成父名；欧棐生儿，能为父赋。今其已矣，能勿悲哉！"爰读礼而家居，几逾年而服阕。鸡窗鼓箧，陈庚子之经；鹿野吹笙，中己卯之试。吾家旧物，但有青毡，理学渊源，自区朱陆。其主讲鳌山、资东诸书院也，又有年矣。纵琼林铩羽，虚度春明；而景山抡才，旋充教习。铨选攸县，去作经师。舍孝廉之船，上广文之马，无言桃李，下自成蹊。有威山斗，众所属目。晤羲皇于千古，道有独尊；集鸾凤于一门，官原不冷。然五六年间，对春晖而伤寸草，顾白云而念慈萱。徒怀孟竞鲊之封，莫遂潘舆之养。头衔未解，心痗实深。未几，白柰数簪，倏来噩梦。斑竹一篑，竟易移时。星驾兼程，云旗昼下。劬劳莫报，奄然苫块之馀生；瘠毁难堪，伤哉膏肓之痼疾。凝团内结，痰火上炎，饮食则不时，语言则无次。年来视疾，私窃旁窥。维时闭豫州之门，韭早菘晚；读王莽之传，眦裂髯森。进十枣而无灵，过三爵其犹乐。不来旧雨，为言独处寡欢；痛哭秋风，犹是狂奴故态。奈离骚其未反，何忌鹏之偏来；或召曼卿，为作芙蓉城主。试询杜窔，还充陈芳国宾。呜呼，哀哉！以光绪二十六年庚子十月十一日寅时卒于里第，年五十有四。其子方震。方豫，名毓春，邑庠生。方恒。于光绪二十六年十月十九日申祔葬北郊田江渡之祖茔，距今秋凡十稔。丛菊飞霜，哀蝉落叶，接以形者希逢旧识，交以梦者欢若平生。毓春茂才，知数典其不忘，谋立碑以永寿。嗟嗟！向秀闻笛，感而生哀；伯牙绝弦，弹不成曲。虽然，士衡作叹逝之赋，子山成思旧之铭。幸嵇绍其不孤，留得读书种子；嘉柳玭其裕后，犹存诫子遗篇。梦受丹书，允作郑康成之谶兆；介贞白石，备镌郭有道之生平。著有《星樵诗草》。

子毓春，字子顺，号星岩小樵，府学生。卒年四十九，著有《星岩草》。孙进，字观身，今国军第六十三师书记。

拟王摩诘蓝田石门精舍

暮色苍然至，山水更清幽。流连此间趣，轻风移我舟。遥望云深树，初疑路不侔。谁知续转处，又是前山浮。摄衣登林麓，果无俗尘扰。松下六朝僧，闲坐不知老。寺鼓声初传，山中韵未了。世事托渔樵，道心问花鸟。夕宿白云颠，焚香心独悄。远火明檐端，山月映林表。晨起更登历，重记来时道。笑谢孙兴公，天台终缥缈。

拟杜少陵乐游园歌

乐游名园迎朝旭，秦州方草绿成褥。公子华筵兴最豪，百罚金谷不须赎。鸬鹚古杓是生涯，更调银鞍展骏足。道开青楼十二重，宫启汉苑三十六。芙蓉园里日铸金，夹仗城头飞白玉。舞袖低徊送笑来，欢声奏入羽衣曲。悲哉胜事话年年，年年共醉酒如泉。三万六千觞未足，数茎白发已堪怜。上帝不厄迍邅士，为我别开醉中天。但愿一醉不复醒，浩歌一曲起云烟。

拟李太白望鹦鹉洲怀祢衡

君才造物忌，况遇斗筲者。嗟我一祢衡，□坠网罗下。援笔赋鹦鹉，字字铿金声。起凤拟周翰，蟛蜞梦长卿。海上有孤鸿，不巢三珠树。振翮游冥冥，弋者何所慕。才华须有识，突兀没其身。年年芳洲绿，恼杀荡舟人。

拟孟浩然宿终南山翠微亭

不知翠微里，峰回路欲绝。云深无人径，隐隐疏钟彻。杖策访幽人，幽人室自深。春去莲花净，方知不染心。偶然相娱乐，抚琴助长啸。曲尽两忘言，卧看枫林绕。北斗横天末，入户转长河。泉声落枫槛，月里又渔歌。

秋燕

盼断珠帘未上钩，红襟软弱不禁秋。凉生絮语心应怯，瘦减纤腰舞未休。客思频催乌巷外，归心尚滞玉楼头。来年春社知如约，旧主依然识得不。

秋鸿

排空作字写银钩，归雁声声报早秋。北地风寒先觉冷，南征道远几时休。惊寒结阵衡云顶，带月衔芦楚渡头。怅望故人天一角，可能口续代传不。

秋蝉

天街如水月如钩，汉苑吟残几度秋。满径寒烟鸣尚急，一天疏雨咽难休。应催词客悲青眼，莫促客人感白头。为问砧声凄切处，听馀尚忆玉关不。

秋蝶

沉沉绣幕伛银钩，梦断滕王又是秋。粉坠曾知衣渐减，身狂犹觉舞难休。时寻冷艳依墙角，恼逐飞花遇石头。笑问前朝金粉地，丰神犹是六朝不。

申君如松六十寿序

按：《舆图》曰：吾知天下之道里也。真知之乎？览《风土记读纪游诗》，曰：吾知天下之奇，山水也。真知之乎？熟诵经史，潜窥义蕴，曰：吾知古圣贤之书也。真知之乎？然则申君如松先生可谓知书矣，先生于书未卒业也。幼沉毅，颖悟绝人，诵书日数百言辄解。家故贫，弃去。随父尊贵公业阛阓数年，又弃去。归田，衣褴戴蒲，务力穑，暇必兀兀手一卷不衰。先生于书非欲博一第也，非故冀盛业于名山也，奚拳拳不释欤？余闻先生性孝谨，其自奉必薄。弱冠失恃，事继母赵氏二十馀年如一日。赵于尊贵公无出，及殁，先生于所亲者一体视之，恳恳勤勤，如母氏之尚存。非真知书者能如是乎？夫圣贤教人，必归实践，三代置学，皆以明伦。学术不明，士子久以书为身外物矣。我朝数百年来，明体达用，文章著述，卓然名世，与夫磊落之才，谨厚之士，本末一贯者，固后先踵接。亦间有身不离畎亩，名不列胶庠，而勉勉伦常本原，敦笃式及乡闾者，皆于古圣贤讲学明伦之意有当焉。於戏！不此之求，即谭理澈天人，读书极今古，是何按《舆图》而谈道理？览《风土记读纪游诗》而谈天下名山大川之胜也哉？古之可谓知书者，端木氏求一言终身可行，卜氏于尽伦必谓之学，然则先生可谓真知书者矣。先生有丈夫子八，孙四，士农兼业。伯子香林、仲子泮林，尤轶众材，先生仍不第以科目勖也。余自蓟北归，适先生六十寿辰，其族戚欲得余文寿先生。余不文，无以为先生寿，即先生之行寿之。

王雯书先生行略

先生姓王氏，讳绅，字雯书，配车氏。氏故昺族姑，其次子祖备又昺姊丈也。昺髫龄时，迩先生训时，发固已种种矣。先生性笃厚，无机巧，未尝片言欺人。少失恃，事继母徐以孝闻。异母弟四人，俱友爱无失。当族姑之归先生也，始小康。先生率诸弟佐父治产，足胝手胼虽甚，寒暑不辍。而族姑亦亲操井臼，荆布自厉，克承其志，家用以饶。咸丰己未，发军困城三日始解去，蹂躏殆遍。先生归，窘甚。长子夭，先生又患目疾。后数年，而族姑亦卒。祖备读书颇慧，竟以兄亡、父病不得卒业。嗟夫！先生自处固厚，天之待之者，不其薄哉！寿七十有二。孙八人，曾孙一人。先君子尝言先生负耒而去，击壤而歌，不识不知，洒然自得，古称无怀、葛天之民，殆庶几也。於乎，先生真得天独厚者哉！

王柳溪先生家传

先生讳应，字三锡，柳溪其号也。幼沉静寡言笑，笃好诗书，至老不倦。母黄氏患疯疾，先生侍汤药，逾年无朝夕离。行己以俭，遇事慷慨，尝倡修义塾甚宏敞。其族之读书知道者，咸敬之。先生非庆吊不出里门，督耕课读，绝无他营。呜呼，先生真今之古人哉！寿七十有二。孔子云："仁者静。"惟静故寿。余观先生生平，益信。子祖绶侍先生疾，衣不解带者二年。孙、曾均克执业。

王善诱先生行述

王先生善诱，讳宏循。性谨厚，幼力田。事父母，必曲得其欢心，未尝片言忤。与兄宏衡友爱，虽耋耄不异童稚时。居家宽而有制于人，无疾言遽色，然遇事慷慨。道光中，尝修家乘祠庙，捐钱百馀缗，祭田若干亩以倡。年八十八卒。子五，孙、曾蕃衍皆克继其业，人咸以为厚德之报云。赞曰：曾文正之论世泽，诗书礼让，尤宝稼穑。炅之先大父善公言，先生虽生长田间，卓有士君子风焉。炅尝北过燕齐，每慨蒿莱诗书，尘土礼让。如先生之家政，数传不替，亦以稼穑之泽孔长也。

附录

车毓春诗十三首、文三首

拟杜甫麓山道林二寺行

南州风景绝尘缘，道林麓山两盘旋。羊肠缭绕迷分野，蜂头排闼接远事。平沙千里连鄂堵，鸟宿群飞戾樊川。曲径幽深馀朝露，空斋寂寥挂晚烟。绝顶犹幸腰脚健，闲行不需杖履便。敲门长揖礼古佛，小坐开颜访老禅。乍观杂花香馥馥，时听法鼓响钿钿。南山北山层雾净，前台后台鸟音喧。古壁惟留晋魏字，残碑莫辨汉唐年。举头遥看湘浦岸，转眼忽睹衡岳巅。欲向灵溪掇瑶草，聊从仙谷挹飞泉。昔时干戈争战地，今日农圃耕耘田。发须玄黑已解素，弟妹流离喜复还。回思羌胡肆扰攘，犹记天王苦播迁。古今治乱诚乃尔，稷契功名竟茫然。自此矢志林泉趣，安得驰心俗网缠。落寞身世知音少，倦游愿伴老鹤眠。

哀梧桐

峻绝千寻岭，孤标百尺桐。下临溪谷险，上接云天空。翠叶全被霜，露折老干[①]。柱立苍苍铜，根埋剥落是。蟠龙枝枝高撑傲，金风金风虐兮杀物多，其于此桐孤傲何！忆昔梧桐生于斯，

①此句漏一字。

落落惟俟凤凰栖。凤兮凤兮今已矣，可怜梧桐犹在此。梧桐本是琴瑟材，日日犹盼班匠来。若使此材得人用，妙音妙曲发悠哉。悠哉悠哉梧桐志，而今谁把梧桐试？朝阳黄雾移，梧桐空自思。风雪最凛烈，梧桐不敢辞。古往今来今复古，古今梧桐终不腐。玉骨苍颜挂生烟，寥落人间深院雨。千里萧条繁华尽，梧桐独立甘凄楚。

祝王训导杏荪先生七十寿

亭亭岭上松，特立何所与。矫矫云中鹤，翻飞无俦侣。（褷）〔褷〕[1]襶贱子身，偃息星岩里。一梦五十年，万事东流水。沉醉何与人间世，眼中之人先生耳。先生有道屈贾徒，雄长坛坫走名都。言亲苜蓿崇珍惜，官冷欢与家君俱。卞和才识千金宝，烽烟旋逐汴梁道。河阳花枝锦未成，彭泽归田兴已老。挂冠不问买山钱，囊空虚载洞庭烟。闭关嘉遁无人见，梅生大隐仙乎仙。自昔风尘冰雪姿，而今骀背黄发垂。筵前樽酒为君绿，日暮吟成合与谁。绕膝芝兰供迟暮，独倚槛玕独赋诗。吁嗟乎，秋风枭枭兮，满目荆榛。世路崄巇兮，豺虎咬人。大哉乾坤今已死，可怜胜国几遗民？但愿长天兮今古月，照护庭槐三千春。

蔗园谢筠孙六十生日

贱子好醉醉复歌，感怀身世怨情多。尝怪天矮六合隘，君今花甲乐如何。君心皎洁秋阳暴，君志抑郁老林谷。君才博大栋梁资，君身只在稻香屋。屋端诗句偏题留，楼头风月犹可掬。五松龙蟠馀音长，况多篱前同盟菊。休忆当年金粉地，世事茫茫乌过

①据文义改。

目。石崇豪富何足论，张蔡佩符终死狱。五侯之家今安存？七贵之门问谁续？古人达观重秉烛，人生何必苦缚束。天官天暗不须言，日日诗酒亦云足。君不见西陵之秦吉了，夜夜哀号到天晓。苦时常多闲时少，羽仪催落秋风早。又不见长林矗立千寻石，嶙峋鬼怪认禹迹。饱历风霜标古格，年年仍随春草碧。造物自古好忌才，牡丹芍药岂常开。算到六十已称寿，今不行乐胡为哉！

祝谢鲁生先生六十寿

天下大老东山叟，霜雪拂须卧林薮。间与时鸟相狎狃，酒在尊中诗在口。养云楼前弄花柳，松菊梅兰友其友。未尝献赋长门走，何曾眼挂青紫绶。自云且作群芳守，富贵于我亦何有。避世楚狂千载耦，安贫原宪信不苟。资江水色清浏浏，老公襟期与之丑。我家姻好三世久，我父与公常携手。卧共床榻读共牖，春餐落英秋煎韭。我父胡为归林阜，我公犹然称寿耇。父执曾有几人否，向秀思旧心如剖。曰余蹭蹬不世偶，自怜老大空含垢。囊括无誉或无咎，行危终惧祸生肘。犹幸登潭勤拜首，开颜心契长者厚。示我周行循循诱，访之大道两端扣。年登古稀道貌黝，筵开里第逢重九。宾朋歌啸齐击缶，菊香天气真不负。此境此乐公消受，更喜康乐才八斗。新诗遗来作琼玖，大雅正声期不朽。吁嗟王纲已解纽，麟凤伏处豺狼吼。义焉系兮仁焉掊，神州陆沉遍蹦蹂，天留有道栖陇亩。祝公醉饮菊花酒，炽而昌兮南山寿。

祝赵节母八十寿辰

两间正气曰浩然，横绝今古塞天渊。谁壮山河气凌烟，赵家节母芳如荃。卓哉赵家姥，莲心独自苦。常怀大家风，所蹈班氏矩。得母巾帼雄，堪作世道补。忆昔入充名公嫔，翻身便作未亡人。红妆洗尽玉颜悴，锦衾裂破泪痕频。吁嗟乎，自从时局变乱来，天经地义等秦灰。鸡鸣狗盗雄矣哉，尘沙雾障蔽不开。东陵叟，西山魂，凛凛生意总犹存。安得人人如赵母，共擅亮节撑乾坤。

和唐晴江二首之一

高人与友意殷勤，佳句推敲不可群。春去兵荒怜我在，今年春，兵临城下，君去我留。自注。秋来菊色约君分。君种菊数百本，种时约与平分。自注。愁添杜老聊耽酒，病苦相如莫弄文。世事沧桑同旦暮，芷兰何处避尘氛。

久病初起

卅载尘途苦，捐躯鹭羽轻。劳劳身世事，悄悄梦魂惊。雾收空江净，天高皓月明。随时悟化境，不必学长生。

闲居八首之四

旷野栖寒（免）〔兔〕①，平沙隐洁凫。琴书添逸兴，疾病掩顽躯。浩气诗千首，高歌酒一壶。披襟怀旧雨，灭迹见真吾。流水何时返，妍花有日枯。池鱼知此意，觅底不依庐。

冷气冰人耳，轻寒切我肤。山山含落日，叶叶供清厨。病仰绮襦暖，贫甘粝食粗。庭除巢燕雀，户牖网蜘蛛。蔬剪枝枝秀，柑垂颗颗朱。乾坤今老矣，寥落此癯夫。

---

①据文义改。

已过荒慊岁，频逢雨露濡。鸡豚充客宴，耕凿给官租。曾是茅檐落，犹欣地僻腴。峰尖双排闼，径曲几盘纡。日短蜉蝣立，更深蟋蟀喁。年来酷嗜醉，忘却定羌胡。

种竹时犹待，锄园雪预敷。多情嗟鼠饮，失意感虫嚅。乐屈聊偕蝬，忘甘不觅荼。怀人边塞思，策马故山驱。密密尘缘纲，恢恢造化炉。酿成梅鹤梦，今昔两林逋。

游点石庵三首之一

资邵双双去不回，林深白昼月华猜。地含暖谷隐春燕，天垂低云护古槐。壁角留题仙子字，楼头劝倒游人杯。相传佛法饶真趣，坐破蒲团戏九垓。

养生篇

固知柱下漆园之齐死生于一致，等彭殇为大同者之妄也，亦深怪籧篨斗筲，竞羽毛之轻，钻刀锯之末，以自陷于枯亡者之谬。人非各有生机哉？具于心，附于形，周贯乎古今，弥纶乎宇宙，事业功名，文章著述，生机之发见也。康宁寿考，耄耋期颐，生机之凝聚也。其所以凝之为康宁寿考、耄耋期颐者，默而察焉，非天有安排之力也，非命有限制之能也，亦视乎斯人之所以自养者为何如耳。草木之生于原濕也，有气无血，较之羽毛鳞介之类，偏尤甚也。当其初生，雨以润之，日以暄之，风以扇之，天之所以生之者，一任其自然鼓铸，而非有彼此荣枯之意存也。然蕣华何以不终朝，桃李何以不久荣？而松柏何以饱经霜雪，屹立千秋而不朽？蕣华善花，桃李多实，而松柏不花不实故也。鳞介羽毛之生于山泽也，气虽足而理不全，较之人类亦独偏也。当其初生，聚五行之精，受五谷之食，天之所以生之者，亦任其自然鼓铸，而无彼此存亡之意存也。然何以闻有千岁之龟，不闻有百年之虎？闻有千龄之鹤，不闻有十载之秦吉了？龟缩头而虎扬威，鹤善眠而秦吉了好鸣故也。物之荣枯久暂，得失存亡，皆关其所以自处，而毫茫寡忒有如是耶？矧伊人也，何独不然？

余年四十有八，齿落过半，两鬓几霜，耳聋足软者，垂十馀年。浮生若梦，为欢几何？宁有鲁阳之能乎？回思数十年前，振衣千仞，睥睨一世，饱历风尘而不惊，纵谈时事而不倦，寄迹江湖，驱车庐霍，曾不知老境为何若，非不谓壮也。胡为乎齿摇摇，发苍苍，而善病一至此耶？数十年前，得毋善花乎？多实乎？喜扬威而不知缩头乎？常好鸣而不知善眠乎？向之所以自处者，得乎自误，而不知所以养之者乎？夫物朕于宁，而利于贞，穷于盛，而屈于盈，况人非金石，六疾伺前，五刑随后，攻夺居左，利害居右，外之所以熬煎锻灼者，千条万路，已有汲汲不可永朝永夕之势，而顾内歧重开，侈情于花与实，喜常鸣而扬威，何为哉？观夫陈文范、陶靖节之流，身居浊世，蝉蜕嚣尘，获康宁之乐，享耄耋之年，其所以自处者，总不出戒慎无欲之心。盖既称知机知止之哲，又具改过不吝之勇，可谓善所养矣。高山仰止，景行行止，因作《养生篇》焉。以日进于戒慎无欲，而登诸康宁寿考、耄耋期颐之域，不亦可乎？而嵇中散所谓养生者，则非余所敢望也。

星岩小樵自寿序

自古文章无寿文。明季以来，词章者流，创始寿序。然皆人寿之，而自寿则无闻。余不敏，寄身宇内，与有生并生，寿不寿，亦复何关？精星命者，谓余年难半百，余颇不以为然。何则？天生我才必有用。天既生我，不能成我，余何敢不以寿居？孔子云："假我数年，卒以学易。"又曰："朝闻道，夕死可矣。"宁不闻乎？此余所以敢于自寿，而不烦戚族之琐琐为也。夫所谓寿者，岂第老而耋，耋而耄，耄而期颐云乎哉？大抵别有所在也。七尺躯何与焉，功烈弥宇宙者寿，文章传来世者寿，德泽加生灵者寿。故曰太上有立德，其次有立功，其次有立言，是之谓流传，是之谓不朽。下此则奇节芳行，高谊胜概，矫首忠孝之林，翘足信义之圃，王侯不能眩其目，冠带不能动其心，祸福不能撄其怀，生死不能夺其志，奋乎百世之上。百世之下，闻者莫不兴起，千秋万岁，生气凛凛，虽非中行，亦云寿矣。过此而论，但见其羁绊浮名，丧胆权贵，役志利禄，低眉生死，蹶足行役，断肠儿女，虽老而耄，耄而耋，耋而期颐，等篯铿之八百，类容成以不死，亦行尸耳，偶人耳。彼其人诩诩然，自云寿矣乎？而不知虽耳能听，目能视，口能言，足能行，一块血肉，已与落叶秋蓬飘零中道，残垢污秽，遐弃倾池，同归于沤朽腐化之一途，寿云乎哉？盖自无极生太极，生两仪，以致生人生物，形质著焉，莫不各有所终，故曰形而上者谓之道，形而下者谓之器，道可常存，器难持久。人之形体，气也，庸可保乎？聃、周齐生死于一致，谓倚伏皆自然，非无见也。是故唐挚寿矣，虞鳏寿矣，而八彩之眉不足采，重瞳之目不足言。商君寿矣，姬文寿矣，而九尺之躯不足论，十尺之躬不足道。何者？彼固有所以寿者。是故孤竹子之饿，颜子渊之夭，冉伯牛之亡，贾长沙之逝，郭林宗之死，李长吉之折，皆中道零落，而皆可谓之寿。然则所谓寿者，固在乎可见而不可见，而必称之曰老而耋，耋而耄，耄而期颐，则误矣。固在乎不久而无不久，而必指之曰老而耋，耋而耄，耄而期颐，则妄矣。世之寿人者，莫不曰如月之恒，如日之升，然日中则昃，月盈则缺，可云寿乎？又莫不曰如山常存，如川方至，然太行孟门有时崩，伊洛河汉有时竭，可云寿乎？是但以形质论耳，亦乌知所谓寿？吾甚笑寿人者之固而拙，吾更笑寿人者之狂而背也。嗟夫！所谓寿者，固有在也。七尺躯何与焉？余生同治之壬申岁，于兹四十有五春秋。总角以前，童心不化。弱冠而后，游戏靡成。偃蹇悠忽，以迄于今。卌馀年间，渺若一瞬。迩乃悲感交集，忧病相寻，每当间窗疏雨，残夜孤灯，对只影而独疚，抚清樽以自分，未尝不叹乎立德、立功、立言之不复言也。即求其所谓奇节芳行，高谊胜概，亦渺焉无所表见。几死矣，遑云寿？犹幸彼苍屈我以涂泥，老我以布衣。警我以祸患，范我以忧疾。足不履权贵之门，身不挂青紫之饰，竟使草泽匹夫，高翮遐举，孑立人间，流俗不伍。矩矱常尊，衣冠古处，行无所倚，言无所侮。出处无所干，动静无所阻。以故昆季兄弟天伦不斁，姻娅故旧至性恒足，党里乡邻良莠可录，亦余之所以不死欤！若夫弄我媚孙忘俗，缘于乌有频倾斗酒。认明月于前身，脱身苦海。奋翰愁城，黄卷不释，白简终身。闲睸飞鸟，默契潜鳞。莫非至性，到处天尊。灵台弗扰，天君肃清，较诸行尸偶人，不差胜一筹哉！然而道难常凝，德贵时崇。嗜欲潜至，茅塞乃胸。一篑不进，废坠厥躬。受天明命，伊谁云终。所贵丈夫志士，振衣千仞。拔迹清流，仰圣贤为基趾，握仁义为楫舟，循诗书为径路，呼豪杰为朋俦，用是以往遮景天休。倘其不然，不啻丛林之朽木，人身之赘疣。即或名漏鬼箓，木石成俦，以至老而耋，耋而耄，耄而期颐，天壤间亦乌贵乎余身之常留哉？得毋不真死乎？遑云寿。嗟夫，所谓寿者，固有在也。七尺躯何与焉？余不以星命家为然者，恒惧虽生亦死，惟望虽死亦生，从古星士之说，未必皆验也。爰自祝曰：微机奚阔，茅端宜锄。践形尽性，惟德之舆。集义养气，切勿舍诸。耿耿夙夜，永保令誉。又祝曰：萌绪既成，萎遗朕始，觉者特达守焉已耳。别具千秋，何必乐之？苟或不谖，于斯得矣。

朱星庵先生七十寿序

鲁论：仁者寿。《说文》：寿，酬也。以仁者纯全天理，固以寿酬之。先生，仁者也。幼善读，读唐虞三代及秦汉以后书，遇暴裂目，遇仁倾心。姻大父庭训公钟爱之，尝曰："此子状貌丰伟，禀性慈和，仁人也，庶几光我门第。"姻大母杨太君患目疾，俗医弗能治。先生乃研究医学，积数年苦力，遂以医名。姻大母疾，卒赖以愈。而地方之赖以再生者，指不胜屈，又不拘拘于报酬，鬼神亦且慑服。岁辛丑，南乡大疫，袁氏子染之。先生往治，闻有鬼语庭曰："某先生来，曷避去！"而疾遂痊。事闻于上，褒以匾额，暴其名欤？表其仁术也。居乡数十年，处理地方事，无袒无贪，于故旧友朋，尤白头如新，倘所谓学道爱人之仁者，非欤？

有丈夫子五，皆卓尔不群，恂恂有儒者气象，家道日昌大焉，岂幸获哉？殆仁之征也。今岁九月之吉，为先生七十初度。亲属制锦称觞，以祝釐之，词嘱毓春。窃维自子开丑辟以来，历史相传，有仁声仁闻者，虽不必尽享大年，而能享大年者，未必不根于仁，以仁者爱人，爱人者人爱之，天亦爱之。天爱之，灾不侵；人爱之，福必迓。优游陆地，静养丹田，由是而耄，而耋，而期颐。仁者必寿，夫复何疑？遂本先生之行谊，以为冈陵之颂祷云。

附录

车进诗一首

江行

转眼春光老，江头水接天。云收千嶂雨，花扑一溪烟。草长王孙恨，情怀祖逖鞭。我思应有托，感叹意绵绵。

東雙秀集

朱興栗

興栗

车双秀集卷一

车君望湖，字湘亭。与从弟寅庆，均以循谨见称。家贫力学，而皆以诸生终，故题之曰双秀云。望湖著有《养晦山房稿》。寅庆，字瑞庭。附以柄离、新寅断句，仿全唐诗例也。五峰钝公刘达武识。

望湖诗三十八首

雨后晚眺

晚霁郊原净，行吟绕陌阡。泉流声激触，山静鸟回旋。碧暗门前柳，轻拖野外烟。四围图画列，新月上峰巅。

春日忆嵩青兄弟

记得离居后，柴门不忍过。每逢斜照候，无奈断肠何。日落烟生树，情随水逐波。寄书常不便，况乃雨声多。

归山馆

篱落风光好，菊花开正多。愁来邀座客，闲去听樵歌。缥缈相思恨，惊惶满地戈。空斋孤榻伴，箕踞坐松萝。

晚步

野阔秋无际，萧萧落木风。疏芦横水白，老树着霜红。雁落沙明处，鸦飞夕照中。归来天欲晚，新月上帘栊。

落叶

西风萧瑟甚，摇落万触愁。日冷沉空谷，林疏露画楼。影横湘浦雁，波泛洞庭秋。听雨寒更静，萧萧古渡头。

寄怀嵩青侄

碧天空靡际，秋色老枫林。不有龙文感，何来鹤别吟。南州程路渺，祖道寄情深。惆怅西风里，怆怀泪不禁。

征途班马去，渺渺望疏林。未得传家报，聊将抱膝吟。烟消红树远，日暮白云深。话别无多日，愁肠已不禁。

偕峻青侄游青山寺

古刹游曾未，阮偕得赏音。门开青嶂抱，寺锁白云深。地僻林还密，峰环尘不侵。殿中诸佛寂，感慨寄遥心。

舟中望飞钟寺

古寺依危石，孤高不可攀。白云封殿瓦，红日照禅关。地僻人稀到，林深鸟自还。片帆归去后，风景近城阛。

游月英庵

闲游步上石层梯，恍似蓬莱仙子栖。户外春残花满地，峰前树绕影横蹊。昂头远见江回抱，对面频开岫不迷。寂寞空山天欲晚，寒鸦飞破夕阳西。

潭江道中

红树荒村冷翠微，长途怅触愿多违。心伤世局千秋感，身带寒烟九月归。满地榛荆忙客屐，一天风雨湿征衣。霜经两鬓催人老，今日何妨独掩扉。

感秋

芦花催白雁行单，摇落荒郊已岁寒。时局云翻吾辈感，园林景黯夕阳残。流风转瞬成今古，尘世何年卜治安？久住林泉甘寂寂，有谁共醉酒杯宽。

春日二首之一

天各一方隔故庐，小楼寄托若仙居。春光撩眼莺花媚，淑气迎人蝶梦蘧。读画山头游心惬，弹琴曲里逸情舒。闲来自了关心事，督课诸孙懒看书。

寄怀谢筠孙

云天遥望隔江城，亭下五松正向荣。愧我头衔成老丑，羡君杖履乐馀生。同窗砚席当年感，满目榛荆触处惊。屈指知交今有几，稻花香里渺书声。

便意亭

孤亭何年建，休息便人意。来纳晚时凉，钟响烟中寺。

田心亭

行人断复连，长亭落照边。秋风无限感，黄云满稻田。

过余家硚

稻亩遍黄云，平畴接矮屋。桥下水无声，一路凉风逐。

稻田

骤雨落平田，水流过山麓。秋风生晚凉，陇头看禾熟。

落日

落日满山中，流露接彩虹。飘飘斜照里，摇落楚江枫。

江行

散步江流处，晴云淡一天。橹声来别浦，摇碎渡头烟。

种蕉

生平好种蕉，蕉多颇不俗。临风半欹斜，色上纱窗绿。

山馆即事

矮矮山房傍水居，蓬蓬生意满阶除。春风催送香盈座，卷上芦帘好读书。

消夏四首之二

闲来悄步野人家，茅屋风光望眼赊。却爱山房无个事，午风凉处煎新茶。

寻凉独立绿杨堤，远树迷离夕照低。却看山头新月上，瓜棚处处叫莎鸡。

立秋二首之一

风光暗里早凉归，好上高楼卷薄帏。俯瞰西郊无限感，抱琴不语对斜晖。

秋日

凄凄秋日雁南飞，零落山丘动感欷。珍重故人相忆处，梧桐冈上夕阳微。

秋日杂咏二首之一

容易风光又一年，黄花开放遍篱边。霜风吹冷吟怀触，惆怅魂销薄暮天。

月夜忆内

两三个月尚勾留，夜半鸡声促客愁。枕畔思卿卿在否，一弯新月上帘钩。

送别

野店荒村地，柳条映日暖。莺声落酒杯，离肠客易断。

寒食

时逢令节卖香饧，三月风光到处明。小笠轻衫芳草地，一犁新雨看春耕。

寂寞梨花半落时，石泉槐火景新奇。故乡有梦频谁寄，杜宇声中系客思。

题划

松风吹动草参差，把钓悠闲日下迟。已嘱小童休饶舌，怕人来觅帝王师。

山馆偶吟

地僻山深绿柳斜，白云深处即吾家。时闻鸟语春风暖，门外何人扫落花。

秋田村

云飞薄暮夕阳低，一路香风快马蹄。行过小桥荒涧转，乱烟拥处又闻鸡。

庙石小桥

古庙飘摇阅几霜，一溪环绕水流长。小桥横跨半轮月，堤外烟生锁绿杨。

永靖庵夕望

破寺残钟销客魂，山含落月淡孤村。荒烟迷漫僧归晚，剥啄声敲月下门。

附录

车寅庆诗六首

睡起

已醒槐南梦，楼头日影沉。诗书舒老眼，山水助清音。写恨聊斟酒，感时且抱琴。夕阳闲散步，细数鸟归林。

秋日登捧指岭游云隐庵三首之一

云霞万里望中收，振策巉岩最上头。诗料频添黄叶落，画图难绘碧烟稠。风光黯淡一时老，山势峥嵘万古留。寄语世间迂拙子，如何不学杖钱游。

晚归

梵钟隔巷传，宿鸟逐林响。入户未然灯，楼头月已上。

闲居二首之一

寂寞幽斋酌酒频，闲来无事养天真。停琴高卧西窗下，自号羲皇以上人。

从捧指岭归途中口占四首之一

上山容易下山难，石径崎岖仔细看。几辈蹉跎几折足，有人闲笑碧云端。

飞来石晚眺三首之一

归云拥树夕阳天，几处残烟断复连。更喜桥头秋色好，丹枫几树系渔船。

车柄离诗

断句

野花稀似客，远树秃如僧。登高庙纳凉，遇雨。

又

樯燕有情留客住，布帆无恙送人归。湘潭舟中。

车新寅诗

断句

雨洗前溪净，山来破户青。山居。

東别駕集

伍嶽

伍嶽

東坡詩集

车别驾集卷一

车别驾玉襄传略子赓

玉襄，字小舲，号莼村。其先世于清康、雍间，富于革命性思想。楚浙文字之狱，流血北平。其九世祖鹤田给谏，十世祖丽上督学，均为清室逐臣，自邵避地江宁，再迁赣水，遂寄籍南昌。

玉襄龆年颖悟，读书过目成诵。伯父春川鸿胪，致仕家居，课以诗、古文辞，执笔即成家数。咸丰中，洪、杨扰攘东南，道梗不得归里。父麟轩资政，时佐胡文忠林翼戎幕。按，麟轩资政亦有诗著，兹录其同张晓峰都转登晴川阁七律一首云："连朝风雨尚馀寒，高阁登临共倚栏。滚滚波涛无限险，苍苍云树十分宽。古来词赋几人在，如此江山下笔艰。何日鹤楼重把盏，高歌应向九霄抟。"晓峰，开霁字，凤凰人，诗人世准父也。玉襄投笔从戎，积功叙州判，洊升通判。需次湘中廿馀年，鬻书画以自给。书法苏、董，梅宗金冬心，兰仿郑所南、钱箨石。环堵萧然，偃仰自得。人不知玉襄，玉襄亦不求人知也。后以决疑狱，受湘抚陈佑铭之知，令署江华，真除永桂理瑶通判。在任几十年，一钱莫名。玉襄自幼喜吟咏，居官则致力于抚字兴革诸大端，绝口不谈诗事。其宰江华，建书院，兴水利，平匪患，举路政。有桥当粤、桂孔道，玉襄倡捐巨廉。桥成，江人以西佛名之，盖取西来生佛之意，至今犹呼为车公桥云。在永桂任，变瑶俗，创义学，以启民智，政绩均载郡邑志。玉襄平居则为诗人，从政则为循吏，人以是多之。尝诫其子曰："书画为闲人陶情之具，若膺民社，仍乐此不疲。庶政之丛脞立见，汝异日宜切戒之。"卒年六十有六。著有《梅隐庵诗集》四卷，馀姚邬同寿、侯官赖承裕为之序。邬同寿序云：昌黎韩氏，谓物不得其平则鸣，人于言亦然。歌有思，哭有怀，凡出口为声，皆有弗平者。旨哉，言乎！小舲车君，余文字交也。抱不羁才，貌魁梧奇古，而性仁厚戆直。试吏于湘，浮沉二十馀年，不求人知，人亦鲜知之者。义宁陈公抚湘，激扬淹滞，檄委江华，君已自伤迟暮矣。在官有声，补本郡别驾。未几，陈公去，有迂阔者嫉而挤之，当事虽不为勤，而从此投闲，不能复有所展施。久居少人多石之乡，郁郁感疾而卒。君好为诗歌，类多顿挫苍凉。盖一生遭逢如此，固不能强忧戚为欢愉也。所谓不得其平则鸣者，非欤？今人事代谢，朝市已非，其子伯夔出遗稿相示，读之黯然神伤。君为诗，不屑描摹蹈袭，惟自鸣天真，不能斌媚谐时，于兹已见。然仁者必有后，尤望伯夔之善鸣也。赖承裕序云：车小舲先生，余四十年前旧交也。性简亢，好为沉深刻苦之学，而尤长于诗。一官落拓，无所交接，惟与余及新会黄君炳堃、□海梁君元□、金溪陈君佳蕙、汉阳易君念祖、阳湖汪君亮卿，为文酒之会。风雨晨宵，过从颇适。酒酣耳热，往往豪语屈其座人。时伯夔高才等案，扶床窥客，不知嗢噱谐谑之为何语。壬申癸酉间，泾县朱秬泉丈开诗坛于鲁殿寓庐，一时名宿，如杨海琴、冯此山诸老，迭为宾主。余与小舲亦得时闻绪论。小舲惊才速藻，刻烛立就。每一篇出，未尝不为击节叹赏。秬丈裒集众制，将有湘上题襟集之刻，人事牵率，未及卒业，而遽归道山。余又倅郡西上，飞潜异趣，此事中辍。庚寅，继见小舲诗稿，已逾寸许。暇日把读，和平安雅，一绝悲凉骚屑之习，进德之猛，方谓可以针砭愚顽，起我废疾。宦辙分驰，又各困于簿书，忽忽不见，遂十馀年。劳人草草，殆欲前此之一官落拓，过从文酒之会，为不可得也。甲辰，余再入湘，伯夔已以县令听鼓省门，文采风流，声华藉甚。寻访旧游，昔日唱和诸君，无一存者。而小舲之墓，亦有宿草。嗟夫！人生悲欢离合，瞥眼不可复追。每于蠹简破簏中，拾得赠答篇章，不啻珍同拱璧。丧乱以还，儽然罕匹，非惟朋从觞咏，渺不可得。即区区一二断句零篇，亦皆化为灰烬。苍梧云散，谁开河朔之尊？庚子日斜，时听山阳之笛。韩子有云：人欲长年而久观于世，又胡为者？今伯夔解衡阳县篆，来谒云："将校刊先集，愿为弁首。"髦老馀光，学殖荒废，测蠡梃撞之未能，余又何足以序小舲之诗？但念四十年来，名场蝼落，大抵相同。小舲编辑著述，早有专集。余则垂老无成，闻道苦晚，时一较量，未免赧愧。而伯夔珍重手泽，皇皇焉惟恐片言只字之失坠，崎岖戎马，谋付梓人。后嗣继起之贤不肖，又岂可以道里计欤？元冲之后复见浚仲，盖既喜吾先友之有后，而衰年怀旧之情，并得藉以稍慰。其为愉快，又当何如！爰次当年论交始末，以谂伯夔，追念先型，知亦不无今昔感慨，诗序云乎哉。黄庆来跋云：天下皆诗境也，惟善鸣者能鸣之，而非钩心斗角剪翠偎红之谓也。《国风》三百篇，大半农夫红女之词，信口讴吟，独得性情之正，圣人取焉。盖诗人之旨，固如是也。小舲通守，胸次洒落，不与俗偶。以贫故，弃举子业，出谋升斗。而酬应疏拙，以故不获大显于时。每当酒酣耳热，牢愁抑郁，恒寄意于诗，伸纸疾书。书法亦得唐人三昧。今春出所著《舟车剩闲草》见示，喜其自出机杼，纯写性灵，不拘拘于格律，而自然合拍，所谓自鸣天籁者，非耶？而怨而不怒，尤得诗人忠厚之旨，使由此而上之，异日洊荐显要，献清庙明堂诸什，和声以鸣国家之盛，与李赞皇辈后先辉映，又岂仅为不平之鸣已哉！时春雨初霁，盆兰怒开，展诵一过，觉香墨花气，并沁心脾，令我有旷然怡然之乐，因书数语以志其后。豫山跋云：湘中循例多诗人。若唐之张燕公、元道州，皆若治绩，不徒以文藻名世。其芳臭气泽，留遗至今，人以诗传，诗亦以人传也。小舲君喜为诗，复官于湘，必有以继轨前修，而使湖山生色者。刘善泽跋云：车君伯夔，以其尊人莼村先生诗数卷见示。先生宦湘数十载，举所历一寓之于诗。读集中“年来戢尽江湖影，谁识芦中尚有人”，又“乞米每惭行脚衲，误人不耐折腰官”之句，其襟怀古澹，胸次超越，为何如耶！宜乎伯夔君训绍过庭，才工制锦，历典大郡，令名世泽，广被于三湘七泽间也。□耆古居士跋云：莼村先生以卓绝之才，困于下吏，而牢愁抑郁，皆于诗歌乎发之中，此得乎性情之正者也。其雄丽似杜樊川，真淡似陆剑南，风韵似王渔洋，灵空似张船山，杂诗尤探原十九首，间邻陶、谢。此虽不名一家，而能镕铸各家之长，适成为莼村先生之诗也。以观世之句摹字拟，貌袭古人，或未得古人之似，而即刻意求奇者，相去盖天渊矣。陈右铭中丞，乃先从父鲁芗中丞之盟弟，习闻曾文正之说，敦品励学，礼贤好士，宜乎先生得以才见知也。下此而为大吏者，率皆徇私树党，快意恩怨，赏罚黜陟，不由乎理，乌知所谓学术，又乌知所谓人才？此贤能之士，所以沉沦于下，而卒不克自振拔，独先生也哉！虽然，先生屈于当时，必将伸于后世。欧阳子所谓良金美玉，终不能掩其精光者也。况有嗣君克继其美，先生之诗，固必传而无疑矣。

子赓，字伯夔。清光绪中，以副贡知道州南县事。入民国，历衡阳、永顺、新化等县县知事，有声。著有《归石轩诗集》、《獭祭编骈文》，各若干卷。卒年六十二。子鹤年，现湖北无线电队科员。

诗一

读范雎传

相见赠绨袍，犹念故人在。从此论交情，莫轻须贾辈。

题渊明采菊图

采得菊盈筐，自怡还自喜。征士此生涯，胜求五斗米。

拟徐幹室思

鸿雁向南飞，终有北归时。阳时莫可定，人生远别离。谁识别离苦，空房泪暗垂。妾肠已将断，君归未有期。君非轻薄子，胡为久见遗。自君之出矣，不复理素丝。思君如明月，深夜照罗帏。

丝珠词

锦帐炫富四十里，石崇藏娇金屋里。沉檀作柱玳瑁梁，齐云高楼空中起。逞尽豪华重丽色，尤物从来生棘荆。不堪如梦繁华场，瞬息变成悲忧域。君为妾，头可切。妾报君，身可裂。昔时楼台颜如玉，而今空馀阶前血。金谷园中豪华景，景中犹留婵娟影。苦雨凄风乌夜啼，身冷千年情未冷。

雪行用东坡聚星堂韵

昨宵风紧催黄叶，破晓天际忽飞雪。地炉无复蟹眼生，长

（途）〔空〕[1]旅雁声凄绝。涧底时闻戛玉鸣，道旁时听松枝折。笄笴舆终日拥敝裘，鸟道羊肠境全灭。间呵茗铛冰已坚，偶□酒盏肘疑掣。自笑年来彻骨贫，那得奇温生紫缬。瓦檐冰凝落脆音，墙阴风定犹飞屑。风雪年年事远游，倦鸟欲归羽漂瞥。天涯风味苦难尽，家园乐事无从说。山妻应亦念征人，古驿停装衾似铁。

过武陵县

树杪剩残星，征舆过武陵。鸡鸣茅店梦，犬吠竹篱灯。寒雨欲成雪，泞泥半结冰。简书能不畏，辛苦记吾曾。

晚宿界亭，驿卒以纸索画，为写墨梅一帧，系之以诗

茅舍倾残浊酒杯，马头终日裹尘埃。诗情画意俱抛却，剩有梅花入梦来。

雪后晓行

雪霁乱峰横，遄行景倍清。宵深孤烛短，风紧敝裘轻。薄宦苦行役，浮名误此身。那堪今夜月，相望渺含情。

折柳歌别殷小湖

折柳歌，歌慨慷，分手临歧大道旁。功名我辈何偃蹇，襆被年年走四方。君今薄宦羁骥足，我今又复远行役。同是天涯落拓人，此别相见知何夕。别我兮，河之缺，阳关请君欺三叠。

折柳歌，歌缠绵，湘云汉树各一天。风鹤时传音问绝，应愧

---

①据文义改。

当年弧矢悬，妻孥冻馁愁难保。别君兮河之浒，执手酸辛不成语。

折柳歌，歌呜咽，送我临歧愁更结。我马行兮君马嘶，我仆亦与君仆别。我未成行君不归，欲行不行情依依。我既行，君努力，有书好趁雁南飞。别君兮山之隈，月落屋梁心肝摧。

读桃花扇传奇

破碎山河半壁开，美人谁遣入宫来。东林底事关兴废，马阮当年是祸胎。

乌集枯枝燕幕巢，中原逐鹿正联镳。君臣已奏中兴乐，暂进春灯破寂寥。

四镇宁南万马屯，庙廊谁任折冲臣。枕戈甘为君王死，白发孤臣只一人。

柳老弹词托业非，昆生歌吹更寒微。不逢乱世援知己，寂寥优伶两布衣。

豪华一梦忍回头，软水温山次第收。秋老秣陵肠更绝，南朝天子例无愁。

金钱浪费买胭脂，书剑飘零事亦奇。圆海一闻妆碎却，青楼诚可愧须眉。

倚红偎翠太匆匆，别鹄离鸾匝月中。复党祸生君远客，桃花血溅扇头红。

匪石依心不转移，楼头目断总情痴。怪他好事杨龙友，又教田公聘侍儿。

阅尽繁华眼界空，流离入道类飘蓬。怜他痴绝侯公子，枉受桃花扇底风。

繁华金粉梦南朝，戎马馀生浩劫销。山古云深存野史，空留风月话渔樵。

残腊

残腊愁偏积，萧然独倚栏。敝裘聊自拥，长铗向谁弹。身世嗟飘泊，风尘历苦酸。朱公绝交论，把卷几回看。

感怀王芸孙太守韵

生计频年托抱关，天教愚钝转能闲。友非道义交频谢，境到清贫俗更删。囊米无灵聊用乞，归耕无地可言还。浮云岭畔无今古，底事悠悠总出山。

天末良朋半荷戈，难降壮志可如何。如云世态探尝遍，似水年华索寞过。骨肉几人团聚少，诗篇成帖感怀多。升沉自古原无定，满酌黄醪且放歌。

蛩

凄切欲何诉，长吟薄暮时。荆棘虽自托，怀抱复谁知。调古知音少，身微见世迟。那堪入床下，萧瑟动愁思。

病鹤

鷦鷯巢一枝，栖息皆有托。谁念皋泽间，氋氃有病鹤。毛羽既凋零，艰难饮与啄。四野动凉风，失侣悲离索。引颈发哀鸣，高（泪）〔唳〕①震林壑。鷦鷯相顾笑，群起矜独乐。鷦鷯尔毋笑，大小难比若。困亨会有时，否泰讵可度。岂长卧青林，终当奋碧落。

病马

任重赖大力，道远须捷足。古之昂昂驹，食尽恒斗粟。今有超轶材，难保刍一束。束刍既不饱，盐车苦驰逐。致令麒骥姿，毛骨成老秃。吁嗟此老马，不如下驷福。下驷饰连钱，骏马无完肉。世少九方皋，焉能识骅騄。

与易幼舫夜话感赠

桃李自成蹊，兰芷各宜地。自顾樗栎材，难荷春风被。壮志君难降，牢愁予增喟。偈促如辕驹，因人始成事。家室如磬悬，飘零等萍寄。菽水谋未能，升斗求讵易。性既寡世营，身复撄众忌。忆昔忝兰交，相期骋长辔。肝膈语互倾，壶觞期共醉。论古助高吟，探奇发异议。桐恐爨下焦，污血请夸冀。材固闲散宜，志为浮名累。浩然来日忧，悄尔中宵泪。惟君共此心，语俗必大异。挑灯情转亲，相顾色弥悴。庶几冷落交，得吐曩昔意。何术生理全，获令初服遂。君去漏已残，气塞不成寐。落叶如助愁，萧瑟打齿坠。

---

①据文义改。

勘灾巴丘，途遇周稚威明府，荷赠以诗，口占奉酬

襆被萧萧出郭门，相逢古渡话寒温。剪灯官驿曾三宿，把酒深宵共一樽。路有鱼虾成小市，室无鸡犬剩荒村。此行郑侠图应绘，岂仅鸿泥即爪痕。

过新墙，闻野老语，纪事

傍午过村店，停舆上草堂。野老起肃客，张罗酒与浆。且言恶草具，味薄不堪尝。入夏潜蛟蛰，水没田园荒。不见嗷嗷民，徬徨在路旁。大府恤哀鸿，遣吏察流亡。议缓赋与租，恩泽布编氓。饥溺为己怀，所求民阜康。那知缓逋檄，竟若雪沃汤。飞洒由书役，乾没私充囊。穷檐困苦情，焉能诉九阊。野草已霜杀，安问稻与粱。藜藿得勉备，相劝且进觞。致辞劝野老，相率为善良。西陲未罢兵，人命饱豺狼。此乡虽困厄，犹胜遭□枪。疾苦当有尽，否泰理所当。明岁占鼓腹，相庆乐丰穰。睹此荡析情，恻恻中心伤。寄语贤有司，灾当察其详。

岁暮述怀，倒叠恩小农刺史原韵

梅向仙源误问津，鸾飘凤泊总前因。债无台避逢残腊，瓶有梅花报早春。自觉杜门深岁月，敢言薄宦困风尘。眉痕深浅空描画，不及趋时入样新。

潦倒天涯旧酒徒，羊裘频典唤提壶。吃诗差幸豪情在，涉世深惭眉骨无。悔弃寒毡仍故我，感垂青眼识今吾。何时得遂荷衣愿，拟掉扁舟泛五湖。

不放浇愁酒盏空，寒宵每博醉颜红。难将奇技蛇神奏，耻借佳篇狗监通。得失功名原各异，牢骚心绪若相同。悲歌斫地徐长剑，怪底疏檽瑟瑟风。

韶光虚度卅年华，宦味真同镜里花。落拓一官谋菽水，飘零八口寄天涯。泥鸿留爪终难定，枥马临风愿每赊。自笑磨驴频转迹，故乡何处可言家。

岁暮短歌行，赠易子言

腊鼓吹人岁序急，穷交潦倒百端集。握手各自言憔悴，结交深鄙盟车笠。咄咄易君面白皙，三十才过未四十。风尘颜色暗青衫，忽已鬑鬑须两颊。连年故里作栖迟，秋深又鼓湘江楫。自顾家无担石储，但载图史满笥箧。胡事彼苍亦困人，举酒兴歌倩君答。

君如被狐貉温厚之轻裘，君如饮葡萄郁金之美酒。但见庸庸鄙猥流，蝇逐蚁附笑口开。买臣未遇嗟困穷，夷光失恩亦粗丑。鸡虫得失数难知，腐鼠饥鸢事何有。汀边病鹤警清霜，毵毵毛羽形彷徨。自言既失云霄路，垂头合让鹨雀翔。

君昔东登太岱巅，又复北走幽燕道。关山岌嶪归眼底，时托诗歌写怀抱。我亦辕辙苦奔驰，风尘那不令人老。冷官局促如辕驹，臣朔之饥何由饱。君不见床头金尽囊无钱，摇尾琐琐乞人怜。丈夫行止岂类此，况我与君皆少年。

春尽日送汪筼谷之扬州

离筵风又雨，已值饯春过。况送故人去，其如别绪何。心随白下远，愁比绿阴多。遥忆泊舟处，摊书听棹歌。

题王西源参军诗

才遇无兼美，文章贵本质。挹彼以注兹，才丰而遇厄。读君琳琅篇，性情流露发。舒卷如春云，朗澈似秋水。偶涉香奁体，通辞托罗袜。陌桑歌犹艳，子夜深未歇。论古出雄谈，曾无憾毫发。槃槃八斗才，吟咏谢雕锲。十年博卑官，一身馀傲骨。负米走天涯，南辕复北辙。同为击柝吏，经获亲贤哲。鲰生亦偃蹇，浪游计真失。终日事吟咏，宦况人呼拙。煮字难充肠，书空徒咄咄。沅澧多芷兰，同君共采撷。

秋雨病中述怀

短榻卧呻吟，秋风病易侵。长病馀傲骨，薄酒助雄心。八口家如寄，中宵感不禁。乱蛩还唧唧，相映隔墙砧。

竟夕萧萧雨，秋深枕簟寒。□岩悲世险，潦倒叹交难。壮志羞弹铗，幽思咏纫兰。病怀愁不寐，寂坐到更阑。

游岳麓，观飞来钟纪事

片帆轻渡湘江水，岳麓岿然隔数里。拾级搴裳晚景边，辉煌梵宇白云里。千年老桧参天末，灵根盘曲虬枝簇。更传天外飞来钟，相依此树镇山谷。追蠡剥落蛟龙驯，偃卧日与蛙螾亲。结构嵌崁谢雕琢，天然面目全其真。搜奇不辞披荆棘，几度摩挲等铜狄。欻忽长愁霹雳鸣，深宵每听风霆击。鸿文铸字留前朝，几阅沧桑未曾蚀。乃知神物有灵奇，飞腾不藉风吹力。当门道士肃客恭，探奇欲债鸣神钟。为语游踪倘未倦，归途重抚六朝松。

三闾大夫庙

惧殒鬻熊祀，三闾寄慨长。身捐难悟主，志苦境沉湘。披发同箕子，行吟类楚狂。拳拳宗国意，千载憾弥茫。

不仅离骚在，荒祠剩水滨。芳兰空结佩，鸩鸟自媒人。未睹荷衣古，空酬桂糈新。水仙弹古操，佳曲奏迎神。

和朱秬泉观察秋怀原韵

间中寂静掩重门，萧瑟秋容易断魂。月落霜清愁索寞，晨钟暮鼓辨朝昏。抒怀惟藉诗频叠，排闷聊凭酒满樽。十载浪游差自慰，迂儒面目幸犹存。

苍狗浮云几变更，萧森天气杂阴晴。官卑难觅蜗庐隐，世险方知鸟道平。敢望烟霞容啸傲，岂真福命误聪明。闲居寥落多愁思，况听寒□断雁声。

自愧阑珊逼壮年，流光荏苒近华颠。棕榈叶颤凉风外，蟋蟀声喧细雨前。宦海升沉原似梦，塞翁得失岂关天。中宵起舞他人事，为语邻鸡莫搅眠。

霜高木落强登楼，城上凭临楚塞秋。荒戍山深闲战马，斜阳地僻下耕牛。岭头红树依霞映，槛外浮云似水流。独依危栏频望远，低徊不尽古今愁。

远水长天不断流，凭临眺尽荻芦洲。秋声近郭风前杵，灯影回塘柳外舟。寄迹经营输社燕，狎波去住羡沙鸥。此生驰逐堪惆怅，敢冀功名趁黑头。

青灯掩映夜添膏，彩笔凌秋气倍豪。金错琼瑶思寄托，美人香草补离骚。悲凉身世凭诗写，抑郁衷情仗酒淘。欲问西来缘未果，蓬飞无计首频搔。

曾经访菊路三乂，惆怅西风感岁华。薄宦生涯同断梗，冷光气味似寒花。丁年壮志悲秋笛，午夜乡思托暮笳。老大亦如商妇感，欲将哀怨诉琵琶。

西堂伴侣感寥寥，清浅银河夜漏迢。江上青峰增暮霭，望中红蓼映寒潮。怀人落月思春树，送客维舟忆板桥。天末故人书断绝，谁从雁使寄迢遥。

舒卷浮云薄似罗，秋风缩瑟减春和。霜凝老圃留黄蝶，雨洗秋山染翠螺。奇气幸馀诗跌宕，壮怀空被墨销磨。行踪偃蹇犹如此，似水流光奈若何。

九月凉秋夜雨霜，莼鲈风味客思乡。怅怀故国家千里，洄溯伊人水一方。异地羁栖思骨肉，频年沦落滞潇湘。辕驹局促缘何事，转累浮生未敢狂。

落叶萧疏响院庭，频浇薄酒苦难醒。惊回远梦风前柝，挂住秋思树杪星。阮籍清狂情尚昔，河阳惆怅鬓犹青。而今始识愁消息，宵梵晨钟总怕听。

那堪憔悴授衣时，秋老年华感鬓丝。残蝶跹蹁来小苑，乱蛩凄绝咽疏篱。官〔闲〕敢说家为累，贫极真无地立锥。顾影长歌缘底事，西风沉醉酒盈卮。

繁华过眼本云烟，溷坠茵飘各有缘。策蹇登场同傀儡，蠹鱼食字误神仙。接篱马上醉拚倒，如意樽前舞欲颠。自笑抚时感摇落，秋风容易又经年。

斫地临风且放歌，十年落拓感如何。画眉不及新妆巧，掩袖终惭善舞多。海市未逢鲛泪泣，门庭亦在雀张罗。何时得遂尘寰隐，归向西江理钓簑。

遥望嶷山最上层，何时登眺兴飞腾。艰难菽水惭为子，寂寞生涯冷似僧。羸马敝裘今日感，短衣长剑昔年曾。狂歌歌罢当年问，愁绝鸿濛唤不膺。

霜天愁听雁双双，潦倒频年气未降。柚橘原难同北地，芙蓉空自采秋江。酒阑惝恍愁如织，梦里惺忪月上窗。子夜哀思沉笛里，谁家断续谱新腔。

萧斋琴寂觅开襟，节近重阳欢强寻。远岫树繁云外隐，满天秋色望中深。黄花对酒怀人意，紫燕思归故国心。恰喜游行驱款段，来时风雨满山岑。

怕窥凉月上栏干，飒飒西风意兴阑。欲破愁心凭酒阵，未除结习建诗坛。乱怀历落同原草，臭味差池咏畹兰。消受风尘闲岁月，何须惆怅发长叹。

大帅西征靖岛蛮，年年长此盼刀环。离人凄绝深闺泣，壮士摧残远戍颜。雨湿旌旗秋出塞，风吹戈甲夜临关。疮痍满目真堪恤，忍使黔黎血泪潸。

傲霜篱菊正初开，水国轻寒顾影来。觅句联吟诗互叠，游山杖履获叨陪。感时寄兴吟红叶，怀古题名扫绿苔。俗吏放材同樗栎，惭无佳句意低徊。

折杨柳歌

长堤遥曳杨柳枝，情短情长千万丝。攀条送客春三月，容颜易老芳华歇。天涯游子澹忘归，妆台思妇情依依。君来尽把长条折，莫待他时送君别。

舟行杂咏

打桨扁舟日又斜，今年秋兴负黄花。蓬窗闲立浑无赖，残照垂杨数暮鸦。

呼群小鸟掠平沙，岸畔黄坭屋几家。堤架败椽人语杂，水腥河市卖鱼虾。

沿河摇落柳丝丝，暮趁风帆系缆迟。恰忆江乡红稻熟，萧疏霜信雁来时。

忆内

枫落江乡霜满林，琴书短棹溯湖浔。十年宦味尝来薄，永夕离思别后深。南国刀镮劳极目，西风砧杵倍关心。遥知曲苑疏篱畔，翠袖单寒感不禁。

长沙解缆北行感赋

马背船唇始，辞家值暮秋。寄身同客燕，涉世愧闲鸥。亲老伤离别，名微感去留。遥知闺里梦，从此盼凝眸。

暮秋洞庭遇雨

浩渺渡洞庭，一雨凉飔发。湖水漾微波，山寺残钟歇。萧瑟惜流光，客心苦离别。横笛起邻舟，推蓬见寒月。

晓发

烟重沿河岸，迷濛柳影疏。鸡声催晓梦，人语辨荒墟。残柝惊寒犬，疏灯炽夜渔。壮怀增旅思，终夕感离居。

题女士图十首

堪笑夫差霸业粗，捧心谗口竟亡吴。美人不受功臣赏，竟伴鸱夷泛五湖。

四散军声奈若何，重瞳辟易莫兴歌。汉宫戚后悲人彘，不及虞兮慷慨多。

一曲琵琶付朔风，愁颜瘦损汉宫红。寄声长信虚恩者，好把黄金赂画工。

断肠悲笳草不春，年华十二困胡尘。千金遣使蛾眉赎，到底阿瞒重故人。

荆棘丛生锦帐春，枉教金谷好藏身。妾身愿拚君前碎，不负情多石季伦。

犊鼻裈成傍酒垆，锦江新酿唤提壶。白头哀怨长门赋，能挽才人幸薄无。

托身歌舞寄侯门，馀气尸居枉自尊。国士能邀青眼识，怜才原不等淫奔。

飞腾峻宇复重门，院落残妆夜色昏。能使奇缘偕密约，豪奴我愿得昆仑。

人间天上意缠绵，殿号长生誓并肩。鼓起渔阳魂不返，深宫悔赐洗儿钱。

两载离思苦系怀，李郎薄幸梦弓鞋。怪他多事黄衫客，不使伤心紫玉钗。

汉川晓发

寒星历历挂征帆，柔橹声中睡正酣。为语荒鸡休妒客，好教归梦到湘南。

舟行晚眺

七年离鄂渚，九目泛轻航。远树压秋水，征帆挂夕阳。村垆新酒熟，渔饭野蔬香。风味潇湘好，羁人又异乡。

薄暮寒塘路，秋从望里生。霞残孤雁迴，木落远山横。荻苇平畴乱，凫鹭隔浦鸣。离思怅行役，长动五湖情。

夜雨不寐

归梦惊回戍鼓中，驱愁聊使醉颜红。离怀剪尽三更烛，坐听萧萧雨打蓬。

南阳道中，见易幼舫题壁，漫成一律

客怀难遣夜如年，破晓冲寒又着鞭。旅壁题名皆旧雨，天涯证迹总前缘。浮名寥落同鸡肋，生计驰驱怯马鞯。底事劳生愧行役，离人月又几回圆。

渡黄河

林端纷落木，风紧冻澌流。宿雾濛朝日，寒风透客裘。仆痡惟觅睡，酒薄不驱愁。无限飘蓬感，奔驰怅远游。

汝坟桥题壁

苦从宦海问迷津，憔悴天涯又早春。此际条梅犹未发，深闺应念远游人。

抵都志感

绵绵千里道，此日抵长安。骨肉羁三地，奔驰感百端。长途难遣病，薄酒不生欢。欲作潇湘梦，关山夜月寒。

都门寄家书书后

岁暮长安客，栖迟拥敝裘。年华悲断梗，风雪滞归舟。愁思灯前雁，浮踪水上鸥。书成情脉脉，何日抵潭州。

泰安除夕

今夕复何夕，蹉跎叹隙驹。瓦瓯沽竹叶，茅店换桃符。京国春霜重，关山旅雁无。高堂念游子，客邸乏屠苏。

仆夫皆叹息，禁我不凄然。风雪怜长道，云泥判各天。客心寒独夜，灯火了残年。遥忆横波目，空床画烛前。

出都志感，即柬钱少如通守周雅堂铨部

半肩行橐客萧然，短褐疲驴去日边。绿酒红灯怜昨夜，黄尘白雪逼残年。天涯新雨添离思，客路春愁绕暮烟。好寄双鱼慰离索，临歧愧说祖生鞭。

友人以美人团扇索题，秋风起矣，将近弃捐迟暮之感填膺于胸臆间，因成一绝

新梳螺髻让人妍，无限痴情转黯然。妾命竟同团扇薄，秋风捐弃自年年。

七夕，柬和春桥、昆生、碧仙诸君子

洗车凉雨竟宵闻，难向空庭曝旧芸。却笑郝隆夸腹笥，只堪蛮语作参军。

今夕双星说渡河，鹊桥风定水无波。嫦娥莫叹离情苦，思妇劳人苦更多。

悭吝天公类市廛，盈盈长使两情牵。神仙也为青蚨累，悔少腰缠十万钱。

秋日遣兴

身世茫茫欲问天，琴书跌宕正丁年。如抽巢茧丝难尽，似抚棋枰局未全。梁燕已同秋气别，栏花偏带雨声妍。肯缘节序悲萧索，啖粥哦诗自在眠。

豪竹哀丝付酒樽，飘零何处觅萍根。分题屡剪华筵烛，谢客常关陋巷门。诗有别肠诚至语，文能憎命岂常论。凉宵检点秋衫看，犹渍燕南旧酒痕。

寒蛩啼老雨声酸，江上烟生白露团。秋气爽人殊可喜，愁心无那强寻欢。巉岩世岂谋生易，潦倒歌成行路难。转盼黄花开烂熳，招邀酒盏隔篱看。

陬生何事苦穷愁，骨傲难成绕指柔。半世羁栖同过梦，一年摇落又逢秋。夏虫未可将冰语，寒雁犹知为食谋。故里莼鲈秋正好，季鹰无计放归舟。

偶仿少陵七歌体

高堂高堂白发多，七十橐笔阻关河。晨昏定省时犹缺，菽水侍奉今如何。南辕北辙离膝下，频年历落苦奔波。呜呼一歌兮歌初起，亲未能养愧人子。

薄宦薄宦生计微，凉飙萧瑟愁无衣。索居独坐思往事，昔者未是今更非。手版倒特苦局促，仰天无路效雄飞。呜呼二歌兮碎唾壶，顽铁岂尽有珊瑚。

有弟有弟雁行单，十年分袂思漫漫。池塘频有春草梦，鸿雁怕听秋风寒。诗书勉力继祖德，和颜愉色承亲欢。呜呼三歌兮离思悲，长枕大被将同谁。

有子有子年犹稚，觅枣剖梨初识字。书诵千言瓶水倾，头角峥嵘解人意。铜臭卑官误此生，干蛊望汝求科第。呜呼四歌兮勉儿郎，从事呫哔绍书香。

提瓮出汲德与工，十年庑案伴梁鸿。薄宦炊烟时断绝，井臼半寄贫病中。牛衣对泣犹勉慰，岂有夫子常困穷。呜呼五歌兮声转咽，寒灯无焰愁百结。

故人厚禄经书函，出门登车看舟航。浮沉同是乘风客，来顺往逆判仙凡。朝为天日肺肝誓，暮作谷风阴雨谗。呜呼六歌兮知音少，管鲍雷陈交已杳。

英雄用情同儿女，淮阴一饭感千古。眼中几见歇繁华，舞榭歌台成黄土。辕驹过隙浪少年，折腰悔作曳裾舞。呜呼七歌兮歌终篇，茫茫何处结因缘。

金陵阻风，读南疆绎史书后

半壁谁从策治安，金陵王气久凋残。空闻按曲栖危幕，无复投鞭断送澜。瓜步羽书驰络绎，椒房金粉梦阑珊。不堪廊庙中兴计，营却春灯力已殚。

选舞征歌乐部收，君欢臣乐那知愁。无情烽火来京口，有恨寒湖打石头。禁苑金莲才学步，隔江琼树已先秋。但凭涉险夸天堑，击楫谁澄万里流。

繁华迷眼迹荒凉，尚剩青山未改常。废苑银牌驱麋鹿，颓垣铜获卧牛羊。难逢狎客遗簪会，莫觅诸伶度曲场。只有秦淮呜咽水，兴亡流遍阅沧桑。

残局支撑又建都，情忘故剑事全殊。旧陵衰草埋金碗，荒径斜阳噪暮乌。宰辅筹边空北伐，将军卷甲枉南图。只今剩有钟山月，照澈天涯客梦孤。

杂感

弹指西风又一年，琐窗残月兴萧然。疗愁难觅千丸药，归隐惭无二顷田。寂寞甘为桐爨泣，炎凉只觉锦衣贤。不才自合安时命，谁冀当途国士怜。

青山憔悴误浮名，学画双蛾总未成。磨蝎牢愁空浪迹，辕驹局促负平生。每惭八口频呼癸，不值分文枉识丁。四壁虫鸣增客感，凉音一片作秋声。

自愧年来百不如，南驰北逐苦舟车。惭深最拙惟谋食，贫极伤怀是卖书。世路惊心疑有虎，穷途敢叹食无鱼。何当重作幽燕会，洒酒临风吊望诸。

风尘澒洞叹蹉跎，不饮其如长夜何。贫困鲍生知我少，功名邓禹笑人多。翻云覆雨间中觉，青鬓朱颜镜里过。耳热酒酣长剑在，夜阑斫地独高歌。

昆生别驾以“花褪残红”四字命题，偶成二律

倚栏憔悴惜芳时，尚剩馀葩恋故枝。冷雨迷乱饥削玉，晓烟笼映脸销姿。直从炫烂归平淡，各有荣枯悟早迟。花到将离留别意，伤怀怕赋落花诗。

灵丹难觅驻颜红，寂寂无言晓露中。弃置已拚随绿草，韶光空自惜青骢。描摹甘让胭脂巧，留恋终怜色相空。太息繁华痴绝甚，愿花长好乞天工。

雨夜有怀

香尽帘栊春事深，黄昏庭院雨沉沉。挑灯欹枕愁无奈，谁信天涯共此心。

车别驾集卷二

诗二

除夕

三十三除夕，今宵倍黯然。关河馀此日，冰雪逼残年。对镜怜双鬓，看囊愧一钱。怆凄风木泪，洒不到重泉。

家人告余粟尽戏成自遣

十载沉浮客，迂拘百不宜。官须求导引，身愧此须眉。习字怜蕉瘦，寻芳到菊迟。且看臣朔传，囊粟为谁遗。

拙宦

空负昂藏七尺身，十年拙宦溷风尘。杜门不出甘求己，乞食无方敢怨人。性懒尽供奴仆怨，家贫几见友朋亲。零烟碎雨极天表，身世茫茫莫问津。

送仆

我仆颜忸怩，折腰辞主人。问仆何所苦，问仆何所瞋。自言无瞋苦，下悃且容陈。自从充仆役，相随三年春。去秋赴京国，冰雪走风尘。今春随转湘，听鼓历艰辛。主运既偃蹇，仆志苦难伸。晨炊必过午，缊袍敝不新。交游但文字，当道鲜与亲。况主性冷落，不善通要津。某官善趋奉，执贽谒权门。某官才倍之，豪绅缔婚姻。握篆既连年，差委复频频。庖厨餍粱肉，仆从号司阍。愿主易旧辙，毋再事因循。冀主□富贵，还来酬主恩。我听言未终，刺刺无多论。好自择新主，慎勿与吾贫。

冬夜杂感

薄宦悲生计，寒宵百感侵。凄凉奴仆色，冷暖故人心。贫人交多绝，愁工道转深。世途情险巇，何处哭黄金。

凛凛岁云暮，寒灯倍黯然。疏狂难入世，位置且由天。菽水欢何日，流光惜少年。括囊空自笑，愧乏阮郎钱。

丝竹中年感，襟怀习未除。闲临乞米帖，懒作绝交书。欲泣惭无玉，探怀信有珠。纸窗风正紧，烁火读阴符。

搔首乾坤内，茫茫著此身。排愁虽有酒，知己岂无人。云雨情何幻，冰霜气倍真。漫漫此长夜，寥落数星辰。

事过

事过方知误，栖迟守故吾。书空成咄咄，天惯靳区区。结客悲金尽，怜奴说米无。自惭生计拙，合号古之愚。

自遣

卅载年华瞥眼过，豪情奇气半销磨。调难谐俗知音少，诗为工愁寄慨多。末路浮名同处虱，人间幻变总笼鹅。敝裘破帽支离甚，合把闲情写衍波。

斗室生寒气不春，头衔端合署闲民。逢场作戏宜缄口，对酒当歌易损神。有砚能磨惭旧业，无衣可典觉新贫。年来悟澈盈虚理，花面逢迎饱看人。

徐守和明府索画梅幅，荷赠以诗，步韵奉酬

闲居落寞守吾真，宦海无从觅旧因。臣朔空囊饥欲死，深惭冰雪卅年身。

年来清况寄寒葩，腊鼓声中感岁华。灯火小窗亲笔砚，涂鸦画蚓绾秋蛇。

驿路迢迢寄一枝，怀人风雪岁阑时。唐花灿烂矜颜色，冷落篱边少故知。

典去绨袍兴索然，萧条门巷酷寒天。自知怀抱嶙嶒甚，热岂因人愧昔贤。

寒夜

天公玉戏影毵毵，兀坐寒生酒半酣。恰喜娇儿勤夜读，小窗灯火诵周南。

雪霁早起见瓶梅已放数花喜而有作

昨夜寒生气凛冽，胆瓶冰□冻欲裂。披裘早起惊朝暾，暖日烘窗光映雪。亭亭忽见罗浮姿，凝香嫩蕊点轻脂。冰雪酥融透消

息，风日清佳影斜欹。去年北征未见梅，蹇驴破帽腊矢催。今喜知己慰离索，忍寒先教数花开。冷宦襟怀强自嗤，幽栖只合梅花知。此恨对景诗宜赋，莫待溪桥雪霁时。

岁暮咏怀

人生事衣食，胡能无所营。如蚁旋大磨，盘旋迹不停。冷官居陋巷，愁逢岁律更。灶每无烟起，腹惟饱菜羹。无台可避债，噪耳索逋声。出见逢时辈，顾盼气纵横。长衢买锦绣，夹巷市花灯。庖厨餍粱肉，暖阁坐调筝。顾彼缠头资，一笑千金轻。拙宦寂寂居，只眼谁为青。归来语妻子，妻子笑不膺。谓予冰雪怀，何以世俗撄。席丰与履厚，天道有虚盈。丈夫具须眉，不朽在立名。嗟彼豪华辈，朝荣夕落英。听此意良慰，薄酒频频倾。食蘖惟味苦，饮冰但茹清。守此岁寒节，庶不负生平。

岁暮怀人绝句六首

廉吏偏饶下士风，每垂青眼慰途穷。蚕丛蜀道人千里，何处音书觅塞鸿。

春婆短梦叹沉沦，谁识归田乐事真。愧我盐车犹困厄，贺山无计结芳邻。

霜露同悲血泪摧，飘零无计慰泉台。遥知风木皋鱼恸，一样伤心赋述哀。

凛冽寒风夜撼窗，岭梅已破陇头香。旧游心绪凭谁诉，极目相思欲断肠。

颓唐风味近如何，犹忆牵衣问字多。墨耨笔耕缘底事，那堪老泪恸西河。

桃花潭上苦分襟，十载离怀感不禁。犹忆小阑清昼永，饧箫声里赋春阴。

行路难

被褐出门千里独，前歌未已后歌续。茫茫宇宙谁托足，去既徬徨来踯躅。登山涉海壮士心，山陬海澨深复深。饥来驱我息不得，侧身抚臆殊难任。那知险阻不在此，滟滪瞿塘满城市。那见桑间拯饿人，谁向芦中渡穷士。亦知失意古所有，落落风尘难自偶。覆雨翻云本世情，莫恃相逢一杯酒。我有血人三尺剑，难敌藏刀笑颜面。试看羊肠鸟道危，未抵谷风阴雨变。精卫海，愚公山。填不尽，移何难。海枯山崩亦已细，安得尔我无违言。行路难，中心酸。

春闺怨

冬杪得郎书，郎约同春返。今又荼蘼开，愁绝春光晚。

午夜梦郎来，郎来亦何暮。凄惋诉离情，鸡鸣向天曙。

寒食日，墙外红白桃花盛开感赋

几日春初来，夭桃弄春色。含睇复宜笑，嫣然间红白。浮踪等萍泛，天涯又寒食。明岁花再开，谁为花下客。

醉司命日，作长歌以代迎神之曲

蔗饧堆盈盘，红烛光掩映。小除薄暮具衣冠，年例家家醉司命。祭品愧乏黄羊供，神其恕我不丰盛。诚虔进酌酒一卮，今夕聊为白驹咏。抚今追昔傀儡生，斗胆哆口将神问。天公名官必核实，司命应权造化职。善恶应有理，胡为乎盗跖享大年，颜回夭折死？吉凶谅有数，胡为乎绛灌膺厚禄，贾谊嗟不遇天公？懵懂何茫茫，九阍渺冥将谁诉？神闻此语笑且怒，君论过激近谬误。堕地哭声何能移，予角靳齿彼早注。失水蛟龙，不如泳沼之鲤鲂。鸱得腐鼠，反吓在□之凤凰。贫贱忧戚安其常，玉汝于成庸何伤。我闻数言惭恧复欢喜，除夕恭迓具壶觞，相期共醉为佳耳。

除夕

爆竹惊心岁又除，偶翻残箧竟无馀。恶声聒耳多逋索，良友通□少报书。涉世愧争鸡鹜食，浮生惭曳马牛裾。吹竽南郭原无术，谁荐雄文赋子虚。

杂诗

嵯峨荆山高，惟石毓美玉。卞和持以献，怀疑两刖足。在璞处深山，精华久韬伏。不愿作珪璋，自甘藏韫椟。嗟尔刖足人，何为具□目。璞琢终自亏，形残复谁续。藉玉以希荣，毒玉还自毒。

燕昭称爱才，崇台接地起。以利缚匕人，胡能得真士？霸国方腥毡，香饵引蝼蚁。吾闻德服人，多利何为尔！萧萧易水寒，台荒馀故址。草莱吹西风，陈迹斜阳里。

珊瑚托根深，婀娜七尺树。静夜生光茫，精灵暗呵护。我欲往觅之，长波渺烟雾。茫茫海水宽，铁网知何处。

我有古瑶琴，悠然鸾凤音。节奏舒以缓，怀思中自深。静理结遐契，远意劳虚寻。太初若可见，亦足空人心。

渥羊产异材，天马行千里。世无伯乐顾，低首长如此。日月去何疾，伏枥老我齿。房星晦夜光，汗血犹强起。谁怜神骏姿，惨淡盐车底。

盈盈秾李花，花开艳如雪。皎皎贞松心，心坚立如铁。抱璞当独全，冶容勿为悦。鉴此励吾志，孤标岁寒节。

美人隔秋水，欲寄长相思。迢迢川路长，何以陈其词。我昔有齐纨，自君曾见之。因致绻缱情，刺为连理枝。连枝十二盘，花叶何离离。花花缀珊瑚，叶叶围珠玑。感君绸缪意，中心常自持。一持与君别，各在天一涯。今日看齐纨，颜色自知非。我心虽不改，君意奚复疑。

束发受经史，自待良不薄。忽忽三十年，诗书趣沦落。凉风吹虚帷，寒月照高阁。顾影增徬徨，支离病如鹤。旷观古之人，得失恒自若。被褐还读书，悠然得天爵。

七夕歌

去年七夕深闭门，秋风秋雨何昏昏。中庭儿女向空拜，谓宜乞巧惟天孙。今年七夕天涯走，娟娟凉月窥窗牖。清簟疏帘且卧看，旧事思量重回首。一水盈盈隔远波，两情脉脉停金梭。灵药无灵将奈何，别离自古伤心多。虚幌荧荧照清泪，休为牵衣动归思。神仙犹是误金钱，何况人间逐征利。

七夕作家书书后

凉月如钩夜气清，家书一纸乍催成。银河无限迢迢影，新雁才闻第一声。

佳节良宵别思添，客怀愁看月纤纤。知卿此夕遥相忆，愁对银缸不卷帘。

倦游

又作天涯落拓身，蓬飘梗泛涸风尘。秋花着雨饶生意，社燕将归不避人。久贱始知交谊薄，忤时每恨性情真。半生寂寞堪惆怅，俯仰茫茫倍怆神。

忆家

孤馆愁中夜，寒衾梦里家。闺人应怅望，倦客尚天涯。雨后梧添润，秋深桂自花。离情感时节，无计惜年华。

独望

秋色莽天地，山川气郁蟠。断云迷远树，孤棹激危湍。久客栖迟倦，因人去住难。寂寥身世感，望远一凭阑。

风雪归舟长沙漫感

阑珊岁暮饶归兴，短棹攲斜倦莫支。摇落生涯残劫似，飘零身世逆风知。维舟村店沽新酿，画壁旗亭忆旧诗。行李一（扇）〔肩〕[①]帆五两，鸿泥空见雪深时。

归程杂诗

襆被空怜岁暮深，仙源无路问前津。宁知露宿风餐客，犹是名缰利锁人。

湖楼高峙夕阳红，蓬背寒光笛里风。自是江山能爱客，不教明灭乱流中。

薄被青绫怯晓寒，模糊烟水路漫漫。舟行未敢贪昏睡，骇浪惊波仔细看。

寄家书感赋

搦管不能下，行间泪已盈。宁忘薪米计，易感别离情。有病同原宪，无心遂向平。对书频反复，深恐未分明。

夜雨寄舍弟书书后

西风萧瑟甚，凄断故乡心。何日音书达，重湖烟水深。雨荒残叶渍，灯炧乱虫吟。已自难成遣，何堪秋气侵。

寒雨响萧萧，愁心镇寂寥。连床千里梦，襆被九嶷遥。别已

①据文义改。

成经岁，归应逐暮潮。家贫易为客，踪迹各蓬飘。

秋雨即事

冷雨连江岸，怀归独倚楼。潇湘黄叶路，多半是离愁。

寄衣曲

关山迢递寄征衣，衣短衣长侬自知。胡风砭肌慎眠食，幸得君身宽带围。寒闺刀尺声声作，妆台粉泪双双落。手持钴锅熨啼痕，恐君见之不忍着。

生日杂感

不信驹光速，蹉跎忽至今。吟情因病减，酒债与年深。作书探微旨，临池悟养心。顺时寻自适，何必觅知音。

潇湘惭薄宦，十稔历风尘。十载言辞拙，虞翻骨相真。按：“真”，当是“屯”之误，“屯”即“迍”之省。因原长守己，热岂肯因人。弧矢当年志，飘蓬愧此身。

自昔悲风木，空留血泪痕。吾生荷微命，何以报亲恩。望眼怀乡树，伤心哭墓门。原注：先大夫尚未归窆。天涯当此日，寥落益销魂。

秋郊

郊原纵目又残秋，黄叶萧疏逐乱流。剩有垂杨知客意，丝丝犹自绾离愁。

鹦鹉

本自依山性，胡为入网禽。无端炫文采，复此发清音。红豆惠良重，雕笼恩亦深。思乡如我诉，为咏陇头吟。

早春发陆城，雨雪载途，舟行迟滞，拉杂得诗五首

险阻曾频历，行程倚柁师。早春群岭秀，斜日片帆迟。泪竹湘君庙，神鸦柳毅祠。江光如画里，风景系人思。

春雪林皋积，孤衾料峭天。短檠深夕暗，寒月此宵圆。薄宦身仍贱，持家妇可怜。离情殊脉脉，双泪落尊前。

儿女牵衣别，朝来离恨赊。痴顽频问讯，底事又天涯。夜阁弟摊卷，晨窗姊刺纱。归期难预卜，知否忆阿爷。

湖草青袍绿，扁舟逸兴多。闲占春社酒，卧听洞庭波。日暮千樯集，天空一雁过。长途来往数，汗漫感蹉跎。

云水连天碧，江空匹练澄。晚钟沉远寺，渔火杂疏星。客苦诗无稿，天寒被似冰。残笳和断笛，凄切不堪听。

别绪

别绪同飞絮，东风不定飘。长林烟漠漠，远岸水迢迢。生计怜漂泊，关河叹寂寥。无情芳草色，依旧似裙腰。

过洞庭湖

旭日初升雨乍停，君山隐约雾中青。无情最是春江水，惯送离人过洞庭。

江泊感兴

湘随帆九转，曲折比愁心。日暮程途远，江寒烟水深。袍惭芳草色，诗发鹧鸪吟。萧瑟孤怀寂，湖天又夕阴。

月夜忆内子

望月应添忆远心，米盐琐碎病愁侵。春寒料峭难禁受，莫数更筹坐夜深。

春莫偶成

穿帘双燕受风斜，细雨江城客忆家。正是离人惆怅处，落花飞絮满天涯。

春寒连日雨丝丝，花为浓阴发较迟。残梦乍醒庭院静，杜鹃啼过海棠枝。

寄怀丁大云伯

故人八载别，远隔荆山岑。韶华盼庭柯，春光渺难寻。桃李争艳阳，松柏何萧森。岁月驹过隙，载驰复载骎。抚兹伊郁怀，当户理瑶琴。一弹再三叹，谁识焦桐音。流水见双鱼，致书明素心。上言离居阔，下道相思深。鸿鹄困林薄，哀怨思长吟。长吟日已远，白发行复侵。努力崇明德，共惜分寸阴。

闲寓

寒雨敲窗百感侵，九秋天气倍萧森。苍茫易醒游仙梦，慷慨难销壮士心。末路文章遭白眼，世途交谊重黄金。知音未遇中郎识，寂寞谁从爨底寻。

新晴

昨宵寒雨湿窗纱，破晓曦光景物华。倦蝶自知双翅软，随风吹上杜鹃花。

惜花

几日风兼雨，韶光委逝波。闲愁春昼永，短梦落花多。对镜怜蓬鬓，吟诗寄薜萝。羁栖惊序节，一为感蹉跎。

落花

憔悴繁华识化工，吹开吹落总东风。影随飞絮犹含艳，光映斜阳转恋红。冷雨乱翻千缕外，轻尘软棕一痕中。懊侬寒食清明过，色相从今始悟空。

断蕊零英遍水涯，狂风骤雨洗铅华。短篱新绿依修竹，小阁残红映晚霞。逝水年光人惜别，轻寒池馆客思家。踏青款段行吟地，几片低飞破帽斜。

蝶倦蜂慵负好春，艳阳如许正愁人。当门桃李谁成荫，一岁莺花已易新。酒醒旗亭思往事，身从泥絮悟前因。裁红晕碧悲凉甚，纵染丹青亦不匀。

〔姹〕紫嫣红满上林，那堪密叶渐成阴。盛衰早识荣枯理，摇落难窥造化心。如梦闲愁随去住，无情流水任浮沉。飘零自是花轻薄，敢怨风姨妒甚深。

残春连日雨凄凄，极目园林望已迷。有恨情怀贪结子，无言惆怅自成蹊。离魂应许荼蘼续，别绪空教杜宇啼。无限凄凉满庭院，怜香不忍涴香泥。

回首繁华唱恼公，香魂底事别匆匆。有丹难驻颜常好，无力能回水赴东。照眼前朝帘影外，关心昨夜雨声中。可怜滴粉搓酥质，零乱风前见几丛。

园林极目倍消魂，十万金铃事莫论。荏苒韶华春易去，飘摇风雨质犹存。从兹茵溷皆由命，如此吹嘘不算恩。记得青帘沽酒处，杏林依旧是前村。

玉颜惨淡怅惆残，雨雨风风怯晓寒。乍放如逢经岁别，再开又是隔年看。绿云葱蒨成林易，红粉飘零续命难。愁绝庾郎新病减，伤春寂寂倚阑干。

长相思

长相思，春昼长，桃花零落李花香。韶华迟暮，思妇凄凄空断肠，断肠。抚此芳华景，含情愁看鸳帏影。一自送君行，花钿螺黛为君屏。忆昔结褵时，结誓由深情。自君役名利，离别年年轻。人生好景易飘忽，昨日青丝今白发。书成鱼雁空往还，愁见春花又秋月。长相思，春已暮，芳草依然满归路。杜宇飞来枝上啼，何事征人不归去。

闻雁

城寂秋易深，嘹泪雁初度。羁旅渺含愁，凉风起庭树。恍若驾扁舟，菇蒲雨声暮。

朅来

朅来奇气半消磨，酒醒更阑唤奈何。艳语莫翻啰唝曲，离情应和懊侬歌。炎凉每悟秋闺扇，荣悴常随春梦婆。苍狗浮云多变幻，忍将身世付蹉跎。

陆城秋感

凉风吹雨满江城，索寞秋容暗自惊。牛鬼蛇神堪想像，伯劳飞燕拟平生。清寒骨相非奇福，磊落襟怀负薄名。永夜羁情更惆怅，不能容易度残更。

频年秋老总天涯，凤泊鸾飘亦可嗟。被冷始知身作客，夜长聊藉梦还家。青霜点染来枫叶，红雨摧残入豆花。极目莼湖烟水岸，数声渔笛出蒹葭。

乾坤无恙且长吟，剩有孤怀感去今。幽咽荒篱蛩语急，萧骚老树叶□沉。诗多苦语从人诉，情到中年似海深。昨夜月明江露冷，隔墙敲断女媭砧。

滔滔江水下东流，未抵羁人万斛愁。黄叶雨摧人惜别，丹枫霜老客悲秋。稻粱有食争鸡鹜，身世凭谁唤马牛。欲采芙蓉思远道，西风吹送木兰舟。

秋蟹春鹇迹渺茫，眼前几换小沧桑。翻云交谊原知幻，逝水光阴太觉忙。块垒有心浇绿酒，欢华无梦醒黄粱。残羹冷炙饶滋味，且欲临风醉一觞。

岁月匆匆驹隙驰，画梁秋冷夜先知。重湖水阔迷归梦，双管花残感鬓丝。易转肠轮同汲井，不平心局是弹棋。忘机甘自侪鸥鹭，一任西风作底吹。

戢影蓬蒿境屡迁，空囊羞看阮郎钱。闲官政治蒲鞭外，倦客家人角枕边。旅馆凄凉灯对影，渴怀枯索茗为缘，鸡□得失浑无定，只有青山似去年。

如墨顽云拨不开，荒凉秋色罢登台。金眸玉爪苍鹰下，紫塞黄云白雁来。十载饥驱空襆被，百年笑口几衔杯。兰芳菊秀嗟摇落，况有山阳邻笛哀。原注：昨闻丁芸伯之讣。

一夜

一夜离怀展转生，小楼灯火夜深明。空廊落叶沙沙响，不是风声是雨声。

明月

明月团圞好，秋来倍可怜。烟笼如映雪，云滑似流天。砧杵闺情重，刀环客梦悬。不知衣露湿，翻道泪涓涓。

风雨遣闷

冷雨严风秋又残，拥衾无意到槐安。半身噩梦愁张热，一领深情惜范寒。原注：时已秋尽，同事中尚有未着棉者。乞米每惭行脚侣，误人不耐折腰官。年来悟澈南华理，鼷鼠鹪鹩静处看。

春莫书怀

伤春连日雨霏霏，寂寞闲庭静掩扉。梁燕覆雏芳事晚，篱桃结子艳容非。闲官忧世知无补，旅梦还家暂当归。输与持竿垂钓客，白头常守绿杨矶。

写闷

阑珊春事故园心，醒便看花醉便吟。欲典春衫还自惜，离人襟上泪痕深。

昭君曲

紫台青冢共黄昏，山上胭脂塞外魂。莫向穹庐悲薄命，汉宫纨扇亦君恩。

吴梅村祭酒集中有咏物小品，偶仿其体，得诗六首

世业何年废，惟馀旧简编。兔园悲学究，蠹食误神仙。鲁亥疑难辨，虫鱼画半全。风轮与线帖，断落转凄然。蠹简

白玉鹿卢剑，光芒射斗牛。回文淬秋水，重价埒吴钩。锈隐霜锋敛，痕残血晕留。愿逢豪侠士，持赠快恩仇。旧剑

无复波明影，空为金在镕。形应逃魍魉，兆已失芙蓉。不减古时月，曾窥绝代容。遵时知养晦，于物自相容。尘镜

几卷倦黄画，残山剩水兼。花南留片羽，研北剩零缣。墨迹蝇头误，尘痕蠹尾粘。若邀真鉴定，赝本辨精严。残画

十载佣书误，聊凭砚作田。因凹留墨久，得质比金坚。剥蚀何时断，摧残独尔怜。欲焚殊未忍，长此待磨穿。破砚

剥落残碑在，欹斜积藓痕。卧云荒陇断，蚀雨犹螭存。勋业空山古，头衔故鬼尊。扪时揩倦眼，磷火夕阳昏。断碑

莼湖闲步

几家渔艇听鸣榔，倦客寻秋底许忙。瑟瑟芦花今又白，深愁添作鬓边霜。

点缀笭箵并钓纶，得鱼换酒爨烟新。年来戢尽江湖影，谁识芦中尚有人。

虚馆

虚馆无聊夜，疏窗滴雨时。漏长灯易烬，秋冷客先知。招隐歌丛桂，怀人续楚词。愁心眠不稳，迢递曙钟迟。

挽丁芸伯八首

咄咄平生憾，于今竟哭君。情深悲旧雨，命薄等秋云。笔已

江花尽，原注：芸伯频年书至，词翰大减曩日。歌难薤露闻。遥天搔首望，黄叶落纷纷。

潭州曾泛棹，相送汉江滨。八载犹生别，重泉已故人。有名何蹭蹬，无命太酸辛。风雨床联夕，回思梦亦真。

音问经年断，重逢后日虚。寒云空酹酒，清泪自沾裾。剪烛悲邻笛，开函检故书。荆台悬□帐，一望一欷歔。

身竟骑鲸去，神应化鹤飞。我生无一是，君死未全非。运蹇天难问，才奇愿每违。遗骸悲两世，能否故乡归。

楚些招魂远，凄然感万端。浮生原草露，赍恨满松峦。碧落千秋怨，苍茫旧日欢。高山流水曲，从此不须弹。

磨蝎悲身世，君真厄闰杨。皋鱼空泣尽，原注：芸伯迭奉讳。奉倩已神伤。原注：芸伯两次断弦。叹逝嗟朝露，悲存感夕阳。临风空抆泪，天道总茫茫。

噩梦频相惊，由知与世辞。性狂难耦俗，病剧枉通医。原注：芸伯素通医理。生少班荆日，悲深易箦时。白杨磷火暗，萧瑟起寒飔。

和泪千行字，将情一束刍。虽馀通子在，其奈卓锥无。行道吁嗟遍，遍观感叹俱。前盟结车笠，何况托葭莩。

挽丁芸伯诗脱稿后，意觉未尽，偶检前岁遗函，悲悼之情不能自已，复哭以七律四章

我欲招魂续九歌，检君遗墨涕滂沱。材同焦爨知音少，城主芙蓉抱恨多。词赋性灵今已矣，荣华生命复如何。伤心诔稿初成后，空为斯人哭逝波。

搔首云天接大荒，更于修短恸彭殇。半生萍邸常孤馆，三寸桐棺尚异乡。薄宦也应悲局促，微名终自厄文章。夜台从此遨游遍，好趁灵风哭愤王。

一纸哀音百感侵，枫林魂梦远难寻。方期鸾凤翔初起，讵料人琴恨已深。黄绶未酬从政愿，青山空负报亲心。原注：芸伯拟明春归里葬亲。虞渊日薄寒风下，渍酒荒阡痛不禁。跨鹤仙踪旧令威，人民城郭意先违。原注：芸伯奉公安迁城之檄，抱疴回荆州而殁。萧闲世路甘长寂，寥落天涯陨少微。赖有亲朋频致赙，那堪昆季各分飞。哀词迭述情难尽，和泪书成寄缌帏。

初寒

迢递初寒夜，萧骚风在林。衾单乡梦短，灯暗客怀深。止饮谙禅理，息交多戒心。那堪霜叶坠，窗外和愁吟。

九月廿九日，丁直卿上舍招作展重阳会，复以风雨不果，诗以达之

故人情挚甚，招我展重阳。愧少登临兴，愁深块垒肠。圃场登岁晚，风雨送秋忙。闻尔东篱菊，花时尚耐霜。

纸鸢

飘然轻举出墙东，一线因依便御风。莫便飞扬矜得势，夕阳天外有冥鸿。

长昼

长昼一无事，萧然深闭门。梁巢栖燕子，竹箨解龙孙。排闷摊诗卷，驱愁仗酒樽。幽栖徒郁郁，怀抱与谁论。

车别驾集卷三

诗三

秋柳四首

汉南秋老水迢迢，为有离情未易销。春色昔曾愁陌路，霜枝今已飒风飙。尚馀残绿临官道，无复飞绵扑画桡。子野伤怀感摇落，不堪攀折短长条。

已自萧疏对晚霞，更怜轻影趁风斜。柔丝未许牵桃叶，飞絮从教认荻花。万缕青葱曾驻马，几株摇曳不胜鸦。何人再过章台路，行遍山庄复水涯。

姿容濯濯赋惊鸿，眉谱经霜画不工。疏落尚能笼晓月，起眠犹肯任西风。丰神我自愁张绪，消瘦卿应怨楚宫。记得离亭曾赠语，莫嫌踪迹等飞蓬。

朱楼画阁碧千寻，蝉咽疏枝感不禁。拂马难留征客骑，染衣空负少年心。微茫雨色迷荒径，萧瑟秋光满旧林。待到阳和回大地，永丰坊角嫩摇金。

首夏即事

首夏偏逢永昼阴，一庭凉雨画檐深。食贫有味真长计，遣闷无方自短吟。飞絮随风难觅影，闲云恋岫岂初心。寂寥天际思归客，独立苍茫百感侵。

闻笛

暮雨残缸短榻横，遥闻幽咽断肠声。天涯正有思归客，无限离情耳畔生。

重阳风雨不止，感赋四律

水落霜高鸿雁号，一庭凉雨阻登高。天涯浪迹馀皮骨，老大惊心看鬓毛。

狂过参军差落帽，才惭宾客敢题糕。闲吟冷醉瞢腾甚，竟夕餐英续楚骚。

蓬梗浮生寄薜萝，频年重九客中过。含商暗觉飙金气，叩角难赓白石歌。

佳节盍簪朋旧少，新篇留稿感怀多。江城又负登临兴，手把茱萸怅若何。

秋暮遣兴

败叶丛丛满径铺，欹烟侧雨自江湖。蝶知花老情犹恋，虫到秋声语断疏。久客始谙禅寂灭，耽吟每误睡工夫。何人玉虎牵丝汲，一任清声下鹿卢。

十月十一夜对月感怀

明月碧云端，闲庭倦客看。江湖冬尚涨，风露夜添寒。身贱交非易，时危直更难。流辉何皎洁，应照古长安。

岁晚，风雪交作，将往华容，感赋二律，留别昆生、子言两通守

壶觞共结岁寒交，寥落心情各解嘲。炼骨几生能嚼雪，致身如此亦悬匏。连夕作消寒之集，笑饮颇欢。鸿留旧爪成陈迹，燕觅新泥过别巢。我为稻粱谋不易，椒盘柏酒等闲抛。

风帆雪棹费支持，草草离家岁暮时。惜别预倾春瓮酒，怀人难寄陇头枝。闲看浪迹同新剧，为压征装捡旧诗。破帽敝裘舟一叶，漫漫云水倍相思。

舟发华容，杂感四首

匝月还家住，萧然又此行。捡装惭黯淡，话别怕分明。僵冻怜童仆，殷拳念友生。原注：昆生、子言力劝正初就道。年来身世感，都付断鸿声。

踪迹原歧路，悲欢杂别筵。原注：连夕诸友多为作饯。离怀增岁晚，客思在春先。薄酒难朝醉，轻舟易昼眠。蓬窗听（款）〔欸〕①乃，寒峭暮江天。

①据文义改。

澒洞乾坤际，真成玉宇看。峰峦如海上，渔艇落江干。积雪和愁重，残冰戛梦寒。几家茆舍底，偎影话团圞。

忧患中年集，奔驰只自嗟。有书儿废读，无米妇持家。宦海踪难定，名山愿未赊。岁阑风雪里，辛苦又天涯。

老马

伏枥谁夸骥，斜阳老树阴。千金留死骨，百战剩雄心。刍豆恩弥重，疮痕老愈深。笨车犹自驾，为尔发哀吟。

雨中江楼闲眺

客况已萧索，登楼愁倍深。江声奔夏口，雨意逗秋心。断梗怜身世，浮云空古今。那堪一行雁，嘹唳助商音。

送春

繁华九十又消磨，晕碧裁红委逝波。节序莫留青帝旆，光阴难挽鲁阳戈。饯春作客情怀减，成事因人感慨多。旧恨新愁浑不管，闲庭冷雨闭烟萝。

几日迎春又送春，客情如水水如人。回波不忍残红涴，软浪犹怜湿翠新。雨后池塘声聒聒，风前庭苑影鳞鳞。生涯漂泊知无着，每为临流一怆神。

子夜夏歌

郎有新齐纨，侬欲持作扇。团圞明月心，皎皎常相见。门外杨柳枝，浓荫已成阴。留取待郎归，系郎紫骝住。

七夕

斜月隐林际，良宵秋思多。丁丁听玉漏，耿耿望银河。蛛网□黄叶，虫声寻绿莎。桃笙凉似水，迢递夜如何。

江楼晚眺

江水碧纹流，江曲翠霭浮。闲花初过雨，老树渐成秋。景物凭诗写，烟岚借画收。客怀渺天末，帆影望归舟。

新秋述怀

密云淡朝日，烟岚空际浮。凉风吹我襟，涓涓池水流。客心苦岑寂，览物怀深忧。时序改朱夏，流光催素秋。守贞贵适志，汲古期前修。岁月亦已暮，抚躬良自尤。

题杨妃出浴图

唐宫新纳寿王妃，诸姨次第皆光辉。金珠照耀斗奢靡，人民不肥妃子肥。忆昔温泉初赐浴，恩泽新承看不足。三千粉黛尽无颜，略许虢姨画娥绿。芙蕖出水娇欲酥，芍药笼烟不胜扶。凝脂冰滑无人见，偷写盈盈出浴图。鼙鼓鼕鼕渔阳起，断送香魂佛堂里。可怜三尺薄鲛绡，旧日承恩今赐死。剑阁闻铃泪沾衣，曲江金鉴照已迟。遥知南内凄凉夜，瘦过韩休作相时。

薄病

频年孤客惯，薄病转思归。啖味无甘蔗，浮生啜苦薇。青灯看鬓影，红豆减腰围。调护由童仆，殷拳念总非。

乔口晚泊

风紧暮凉生，扁舟小市横。岁丰增酒价，墟晚上灯声。计拙贫何补，官闲世共轻。十年湖海梦，飘泊误浮名。

夏日遣兴

长夏一无事，萧然静息机。新蝉方弄语，雏燕渐知归。林密凉生早，苔深客到稀。汀州逢柳恽，团扇写云飞。

一枕蘧蘧觉，南华静里看。官闲薄纨绮，地僻少盘餐。棋局消清昼，浮生悟急湍。晚来幽兴剧，斜月上阑干。

书苏秦传后

刺股诵阴符，志在博温饱。貂敝已自惭，遑问妻与嫂。

野泊

野泊夕停舟，长河正急流。蓼花滩际月，帆影水边楼。独客难为夜，离心易感秋。闺人应不寐，辛苦盼刀头。

采莲曲二首

素手荡扁舟，采莲临深渚。欢爱藕丝长，妾解莲辛苦。

莲根生泥中，莲叶浮水面。连理情最亲，盈盈不相见。

寄崔昆生

归梦重湖隔，怀君数寄书。已难炊数米，那计食无鱼。凉雨秋衫薄，西风短鬓疏。故人在天末，相见渺愁予。

高秋

寥阔高秋晚，微霜下夕阴。凉风吹客鬓，落叶碎秋心。宇宙孤鸿影，关河画角吟。无聊嗟旅寄，飘泊感难禁。

感事

碌碌因人生计微，飘零早识一官非。栈羁老骥雄心减，牢早亡羊重咎归。八口预谋明日米，廿年空负故山薇。世途矰缴原无定，病鹊惊弓又退飞。

悔作飘蓬泛梗身，强颜□□向风尘。处心无愧还真宰，欲杀原难禁世人。樵戟渔戈空后惜，琴焚鹤煮岂前因。莫将贾傅悲宣室，依旧迷茫问鬼神。

压檐霪雨兴瞢腾，住事今愁感发兴。戊己营巢输紫燕，雌黄止棘畏青蝇。小姑谣诼难为妇，上乘能参转愧僧。世事漫劳龟瓦卜，塞翁得失本无凭。

螳黠蝉痴态各殊，年来饱历世崎岖。文章依样葫芦画，萋菲难明薏苡珠。暮雨朝云人反复，残羹冷炙鬼揶揄。何当重作幽燕客，肝胆缔交到狗屠。

寄内三首

伉俪中年感索居，奔驰尘壒叹何如。功名去住搬姜鼠，身世纡回转磨驴。骨肉伤离秋又老，才华难敛计原疏。愁心长夜浑谁遣，玄发朝来落满梳。

又见亭皋木叶飞，旅衾无梦到鸳帏。黄花簪鬓添离思，红豆惊心减带围。篝火替人添嫁线，拔钗为我赎征衣。鱼书稠叠情何限，寒到天边客未归。

聚首欢娱两不知，暂时小别即相思。客途冷暖关心切，情绪缠绵入骨痴。儿女黠顽劳护惜，米盐琐碎费支持。低徊薄宦萧条况，愁绝更阑梦觉时。

春柳

春来离恨渺难攀，袅娜临风弹翠鬟。骢勒谁停楼外骑，蛾眉人画镜中山。姿容濯濯同张绪，腰瘦纤纤笑小蛮。少妇凝妆莫愁思，封侯终入玉门关。

鹅黄几日影参差，瞥眼长堤绿万丝。碧玉年华终薄命，黄金难铸是相思。曾经官道亲移植，忍与章台付折枝。却羡柴桑老居士，门前五柳只供诗。

雨中楼阁昼冥冥，新曲黄骢劝客听。粗服乱头眉黛绿，啼烟泣露眼痕青。十年汉上人空老，三叠阳关酒未醒。安得融泥沾絮影，莫教轻薄化浮萍。

一望临歧碧未收，感春情绪似悲秋。柔条易醉离人酒，冶叶难遮荡妇楼。青琐骂声催曙色，绿波帆影送行舟。年光十五江潭老，那禁凄凄绾别愁。

春暮遣兴

镇日雨浓浓，闲居陋巷中。人情量燕雀，得失悟鸡虫。读史能蠲忿，谭诗不讳穷。春光太潦草，又到楝花风。

默数幽兰朵，开除第几枝。残春中酒后，小病惜花时。咒笋穿斜径，撩萍过别池。兰成本萧瑟，况值雨如丝。

嶙峋

门已可罗雀，交游渐不亲。无言谀债主，乏术媚钱神。懒散奴贪睡，揶揄鬼笑人。穷途抚傲骨，何事太嶙峋。

春暮即事

渐觉韶光老，匆匆又饯春。落花犹入户，归燕自依人。读史常疑古，交朋不救贫。何为惜迟暮，往事太因循。

烧笋年光过，犹馀料峭寒。绿蕉初映日，红药渐翻阑。才退安时命，身闲耻素餐。头衔书吏隐，尘梦已阑珊。

秋怀杂述七首

明河耿檐际，蟋蟀鸣唧唧。岁月寸心惊，愁思起终夕。病起衣带缓，忧同苔藓积。遣怀藉文史，往事慨陈迹。长夜何寂寥，残灯照虚壁。

秋声风雨急，落叶声何粗。仰天翻健鹘，嘹唳向空呼。壮志未肯灭，所嗟岁易徂。长贫已成基，饵贵无捷涂。涉世不合宜，今吾仍故吾。愿披短后衣，射虎南山隅。

缥缃消日永，把卷就枕眠。栩栩庄化蝶，尚复手一编。下帷等修绠，味永乐陶然。万念可寂灭，此志期复前。积古事咿唔，策行无缓鞭。不见昌黎子，矻矻犹穷年。

薄云卷高宇，寥廓清气浮。万类气何肃，浩然天地秋。隐几当窗坐，风竹何修修。下有涓涓池，映我襟带流。须眉生古碧，闲意淡如□。苦为尘鞅羁，抚躬良自尤。

瑶琴挂虚壁，尘生渺古欢。西风透窗来，音胜十指弹。抚兹幽旷怀，长发迟暮叹。丛兰色憔悴，湛湛白露团。菊色吐黄华，含芳隐篱端。落英尚堪撷，聊佐骚人餐。

狂歌复痛饮，中心生遐思。披衣出庭际，光芒星四垂。喔喔鸡声恶，嘹嘹雁唳悲。夜搅愁耳烦，秋迫壮心危。匣剑作龙吟，此心知者谁。

庭前有奇树，绿荫翳鸿濛。节候倏变更，乱叶下寒空。荣瘁固有时，胡为怨飘风。繁枝巢春禽，败叶覆秋虫。禽虫相代谢，默化运潜功。即此悟至理，达观辨穷通。

白菊

姹紫嫣红何处寻，幽香掩映占园林。闲官品诣能全素，老女姿容不卖金。佳色可无施粉手，孤标原有傲霜心。落英采供新霜后，郢客高歌细细吟。原注：李义山有“郢客新餐白雪英”之句。

逸韵天然分外香，开迟屡为展重阳。幽姿与月分三面，丽质和云侵一房。绚烂尚存真色相，欹斜欲斗俭梳妆。年来怀抱同花淡，且向花前醉一觞。

自是寒香品格奇，缟衣送酒恰相宜。不争秾李夭桃艳，独占霜清月白时。皎洁已空千百辈，萧疏犹剩两三枝。晚花何物堪同调，只许罗浮倩女知。

雪夜

掩阁听积雪，迢迢夜漏沉。典裘伤岁暮，禁酒觉悲深。竹叶平安信，梅花冷淡心。拥炉寒峭甚，聊作画灰吟。

题晚香玉便面

晚香比玉斗丰姿，篱落秋虫寄一枝。此景闲庭曾领略，夕阳雨过月明时。

闻雁

寒雁鸣何事，霜天如此悲。栖迟芦荻伴，身世稻粱知。客枕眠难稳，愁怀无已时。虚堂风雨夕，为尔鬓添丝。

秋日感怀

临风顾影感蹉跎，银汉虚抛织女梭。好景每从愁里度，少年浑似梦中过。谗言射影工成锦，世态看云薄似罗。欲采芙蓉前路远，凉飙吹送暮寒多。

闭户萧然晤昨非，香炉茗碗静禅机。鹤凫聊自争长短，环燕凭人评瘦肥。落溷飘茵天早定，朝三暮四客何依。无端棖触闲身世，又送雕梁燕子归。

岁月匆匆驹隙忙，几番凉雨老秋光。仙源迷路津难问，云影因风态不常。土木降灵施祸福，骅骝觉道失康庄。东邻丝管繁华甚，一样秋宵有短长。

歧路茫茫百感侵，唾壶击缺自狂吟。补牢暂释亡羊虑，按剑难忘斩马心。伸纸有书皆乞米，烧丹无石可成金。闲愁万斛谁为遣，骂鬼诗篇寄寓深。

画竹

长昼垂帘午睡清，书摊几案笔纵横。年来旅况食无肉，卧听新篁解箨声。

画兰

采采江篱渺渺愁，美人香草托离忧。定知憔悴婵娟意，独向西风怨蹇修。

感物三首

庭柯何菁葱，春夏拥浓翠。凉飙从西来，乱叶何萎坠。造化本无心，荣枯随气类。独有岭头松，浓荫鹤巢睡。

幽兰未作花，弃置众草傍。当秋吐香气，百卉避芬芳。岂无丹桂枝，低首王者香。纫佩遗所思，瑶璠远寄将。

凉雨暑气残，蝉鸣隐高树。未肯慕腥膻，不平向谁诉。洁处众所猜，声烦众所恶。好隐碧树丛，怀清饱风露。

病中秋日

伏枕过赢夏，萧然又早秋。花残寒蝶恋，树老晚蝉幽。小雨凉生簟，微云影入楼。自怜新病骨，偏动旧时愁。

大院收残暑，疏櫺透晚飔。病深纨扇弃，秋味短檠知。竹簟惊寒早，罗帏苦曙迟。东阳人瘦尽，双鬓渐成丝。

题崔昆生潇湘送别图

离筵勤送酒，雅会惜湔裙。风雨潇湘棹，相思岭峤云。觞飞金缕黯，人倚玉壶醺。红药翻阶砌，花时每忆君。

独秀峰前过，停桡霁色开。匡床联棣馆，洁膳视兰陔。山水留诗稿，关河老霸才。报秋梧叶落，计上赵王台。

钦子能高蹈，惭予尚滞流。已伤狐射影，还见蜃成楼。市骨多凡马，飘缨半沐猴。临歧无缟纻，含笑解吴钩。

聚散原萍鸟，转装粤水东。每思临别语，深感慰途穷。春树孤帆远，江亭一笛风。鸣榔怅回首，无限夕阳中。

柳絮

婀娜临风糁麹尘，几番入砚更沾巾。菁葱树杪空留叶，寥落芦中尚有人。莫叹萍踪难后合，好从兰讯问前因。高飞不作沾泥态，且作飘茵过一春。

曲栏西畔画楼东，得傍游丝也御风。荏苒年华惊落絮，飘零身世感飞蓬。三春逝水流难挽，万缕柔情悟转空。莫向漫天留幻迹，撩人诗思夕阳中。

才吐青青又作花，吹霜扑粉遍天涯。美人对影多伤别，荡子临风却忆家。吴苑搓挼抛白纻，玉关惨淡绕黄沙。愁心似尔无拘束，安得齐奴锦遮遮。

舞罢纤腰又几时，那堪绿鬓点成丝。浮踪散漫浑同我，别绪缠绵却寄谁。香店吴姬工压酒，闲庭谢女解吟诗。茵飘溷堕原无定，懊恼江城细雨时。

清明道中口占

荒村啼遍子规声，冶叶倡条惹恨生。正是离人惆怅处，那堪风雨又清明。

过邯郸卢生祠，和壁间原韵

富贵神仙本夙因，梦中说梦语陈陈。青磁枕醒卢生后，几见先生再借人。

廿年奔走笑无端，名利驱人解脱难。自愧生平无好梦，强睁倦眼过邯郸。

早间从邯郸道上来，宿临洺关，槐阴参天，颇堪小憩，即事缀以小诗

槐阴匝地气清和，策马邯郸醒眼过。自笑尘缘等蝼蚁，愿扶好梦到南柯。

题周筱冈司马松庄忆读图

幽人结茆山之颠，绕屋黛色松参天。周侯持图索题句，为言感旧忆丁年。松庄本属渭阳宅，皋比坐拥传经席。早识宅相非凡材，晨夕铅椠授典籍。是时戎马正仓皇，不因避寇讲学荒。书声迎风戛松韵，松影和月照书堂。使君学业日益富，秋风吹上扶摇路。礼闱未攀及第花，循良岂藉科名故。乔舄仙凫溯南湘，西州华屋每感伤。好将幼学壮行志，潇湘随地树甘棠。贱子览图心恻恻，桐阴读课缅先德。原注：先大夫有桐阴课子图。闲官偪促如辕驹，倒持手版少颜色。

落花八首

小园坠紫复飘红，到此方知色相空。无可奈何连日雨，最难消受五更风。姿容绝世原招妒，依傍全疏任转蓬。拟奏绿章留暂驻，痴情我欲诉天工。

绿渐成阴夕照残，金铃莫护晚风寒。旧盟悔订三生约，好景难留十日欢。青帝吝施续命缕，红颜合倩返魂丹。怜伊贴地情犹恋，尚倚东风扑画阑。

临风如怨复如嗔，惋惜群芳命不辰。燕子画楼悲盼盼，美人

黄土唤真真。空馀陶菊能强项，不信隋杨也效颦。未必飘茵能自主，几番吹送属何人。

虽觉神丹驻玉颜，况他雾鬓与云鬟。已嗟环佩沉湘水，空羡蘼芜恋故山。小院魂销猿骨篴，深苔痕衬鹿胎斑。凭君寄语司香尉，好趁含苞日往还。

骤雨狂风不自由，嫩红浅紫一齐收。愿迎流水渔人棹，莫上行云荡妇楼。鹤色褪翾甘退让，身轻飞燕恐难留。东皇有意摧残甚，那管芳园一段愁。

拟向花丛谱怨歌，落红如雨下庭柯。阴晴月色同圆缺，冷暖天心太折磨。绝代容华悲虏嫁，一年芳信委铜驼。琼枝玉蕊须珍重，子满香销可奈何。

乱飘乱落乍高低，懊恼群芳践作泥。瞥眼韶华蝴蝶梦，惊心风雨鹧鸪啼。悲吟锦瑟人何在，再觅仙源路已迷。绕屋浓阴桃李树，飘零空自下成蹊。

憔悴山庄复水涯，流觞无路引胡麻。客愁道士栽桃观，魂断清明卖酒家。有泪涓涓污粉黛，无言默默惜年华。愿君留取长条在，依旧明春缀锦葩。

天马行题画马便面

渥洼产异材，天龙化为马。腾骧绛紫庭，汗血色流赭。八尺龙文五色迷，神骏英姿难摹写。是龙是马辨无方，焉能道逢伯乐者。伯乐惊为异物来，按图不合徒悲哀。下驷得路步徘徊，连钱和铃声喈喈。临风相马犹相人，驽骀岂得同翔麟。徒论形势舍毛骨，如此鉴赏安得真。此马束刍不得食，此马沟勺不得饮。槽枥伏卧长哀鸣，天衢蹄趺未得骋。仰观房驷光熊熊，骖虬驾螭鞚飞龙。马兮马兮将放尔，阆苑之辅。昆仑之宫，超群轶类生长风。慎毋羁縻栈豆间，溷迹盐车中，坐使骥群为尔空。

游粮署宜园，得观亭沼花木之盛，即柬李小园幕宾、夏毓峰公子

别墅依官廨，从游乐有馀。使君行政暇，公子过庭初。帘卷松阴入，风摇柳影疏。坐风忘溽暑，荫暍愿非虚。

叠石云根古，沿墙书带生。兰充骚客佩，蕉附美人名。一幅天然画，千章夏木声。稻花临水馥，民事系春耕。

雅集联吟侣，招邀翰墨缘。树迎风独早，池受月常先。客有濠梁兴，宾传宴乐篇。原注：园有驯鹿嫩凉生葛纻，香送藕花筵。

大厦频年庇，名园许放歌。书传缥简富，诗压锦囊多。小雨凉生牖，微风飐薜萝。小山丛桂发，载酒复来歌。

荷花生日，夏芝岑方伯招集同人雅集澄怀园，用东坡泛舟城南韵，依次奉和

银塘暑退酒生鳞，葛纻含风引白蘋。佛界悬弧开雅社，香城选韵聚词人。散衙无事官胥静，临水忘机鸥鹭惊。但愿人如花寿永，年年池馆祝长生。

寮属宾朋列次阶，借花酬酢敞高斋。素心馥郁饶风韵，碧宇空澄扫雾霾。爱士殷勤歌夏屋，名醪芳冽胜清淮。夜深花亦同棠睡，红烛高烧映砌阶。

此花得地生兹土，姹紫嫣红何足数。荫暍繇知荷叶深，回甘已试莲心苦。延龄天与露千屋，长命日回丝万缕。水榭风来公宴馀，使君应问萍乡鼓。

礼教浑忘醉已厌，沉沉官漏月窥檐。碧筒引露倾瑶席，翠盖擎风入画帘。南国从来尊召杜，北窗何必等羲炎。心香无量君应遍，长共名花不受痁。

移菊

连日西风透骨凉，望秋蒲柳早零霜。关心却为小园菊，频促痴奴移上床。

萧疏人与菊同龛，冷雨严霜未饱谙。毕竟不辞冰雪苦，也应护惜等优昙。

已送秋归强醉颜，寒花相对鬓花班。灯前相较秋容淡，一种清癯让菊闲。

腌菜

雪虐风饕不出檐，屐声未断雀声添。西廊一瓮冰齑菜，乐府新歌昔昔盐。

画兰寄崔昆生

廿载兰言结契深，循陔君去故山岑。年来泽畔行吟久，采得江篱寄素心。

秋草

凉飙掠地卷黄尘，非复青青陌上春。嘶马有情悲往事，化萤何处认前身。寻芳已乱迷香径，斗草空馀拾翠人。回首梨花飘暮雨，红栏一抹绿成茵。

纵目郊原亦黯然，不堪寥落对花钿。极思南浦多情侣，倍感西堂薄暮天。花事已完春潦草，离怀无奈恨缠绵。香车油壁今何在，蛩语幽凄古道边。

几行衰草卧斜阳，野火燎原尚吐光。江令赋成空寂寞，少卿书到倍悲凉。紫台客去沙如雪，青冢人归泪结霜。探得隔年芳讯早，王孙重衬锦鞭扬。

平芜眺尽路迢遥，虫语荒寒诉寂寥。待渡绿波春冉冉，打门黄叶雨潇潇。空庭白露风前落，废苑烧痕画里抽。艳说谢家诗梦破，含情犹剩柳千条。

秋柳用渔洋韵

送别离亭动旅魂，衰枝依旧拂柴门。如何一夜催霜信，半是长条醮雨痕。古道斜阳原上路，乱鸦疏影水边村。江潭摇落桓司马，愁绪凄凄莫漫论。

千丝半压晓来霜，悴憔芙蓉共野塘。金缕春风闻怨笛，玉关雨雪滞行箱。丰神绰约空怀绪，姿态轻盈昔拟王。同是离情消不尽，悲秋莫过永丰坊。

春早盈盈糁绿衣，回思旧事已全非。辞官彭泽年初暮，望远关河音信稀。冒雨寒蝉声尚咽，恋巢归燕影初飞。翠楼少妇封侯志，终岁相思与愿违。

淡扫蛾眉瘦可怜，几株摇曳尚含烟。捧心西子腰如许，回首东风恨转绵。青眼冶游悲旧事，黄骢送客惜流年。婆娑探得春消息，又在莺花二月边。

人日寄兴

已发花前思，履端肇始时。辛年初换律，壬岁更编诗。世味冰齑共，闲愁爆竹知。瓶梅春意早，幽梦影参差。

贺客踪初断，荒斋且昼眠。送穷文脱稿，嫁鼠禳抛钱。庭冷空燃烛，厨荒似禁烟。近来情绪杂，端不类新年。

摄口题壁

齐赘偕归数里程，那堪捧檄又遄征。三年花鸟烟云换，廿载萍逢去住轻。耕馌未谋归隐计，鸿泥易惹别离情。销磨轮铁朱颜改，婚宦劳人易半生。

耒阳杜工部墓

饭颗山头客，荒凉此盖棺。诗歌忧国易，兵火着身难。遗集秦川路，招魂楚水端。惟馀芳草色，依旧墓门寒。

残腊

残腊一无事，闭门聊息氛。鸦声寒在树，井气暖成云。已祭诗签束，书同酒券焚。水仙何太洁，磁斗妙香熏。

车别驾集卷四

诗四

秋日闲居杂述

陋巷侨居曲几重，匡床隐卧日高春。奴骄每促听衙鼓，僧懒不闻敲寺钟。遮眼晴窗惟拥卷，侧身麓黛欲支筇。花南研北消清昼，宦味何如野兴浓。

冷官何异寄烟萝，八口犹虞食指多。入彀文章关福慧，随缘得失付禅那。盘餐清约鱼无食，庭户萧条雀可罗。儿女长成婚嫁逼，向平心事尚蹉跎。

卑器赁庑敢求宽，世事如棋付达观。归隐莫求田二顷，寄怀空画竹千竿。力同鸡肋抛何惜，貌纵鸢肩待亦难。不是侈谈高尚志，浮生强半误微官。

冷淡朋侪有数人，叩门握手倍情亲。卷携诗画供吟赏，坐紊东西杂主宾。此日菊开逢旧雨，何年茆结共芳邻。图书诗卷消闲福，也算无怀一幸民。

迂拘成性合人憎，雌伏栖迟日饮冰。不敢言劳甘下走，亦云可使畏良朋。乘轩颇类颓唐鹤，钻纸真同痴冻蝇。恰迁蜗居苦烦热，凉风连夕扫炎蒸。

研缘歌并序

研为高南阜故物。南阜工书画，尤善草隶。素嗜研，著有《研史》。以胶州秀才荐举为海陵督坝工长，毕生坎坷，身后此研不知流传何所矣。辛巳腊日，阮保之大令于市头见之，以卒岁资购藏之。适沈秋莼通守过，亟相称赏。保之即以持赠，不少吝也。秋莼境贫嗜酒，落拓不羁。除夕，风雪压檐，逋索毕集，乃篝灯携研，摸拓题咏，饮酒狂吟，直与户外屐齿声相断续，冷曹颓唐，风趣盖可见矣。嗟乎！尺布斗粟，古时伦纪尚然赠绨分金，今日交游罕事。余既钦保之持赠无吝色，又美秋莼相交无怍容，交情郑重，皆当于古人中求之也。爰作研缘歌，以纪其事。

世态浮云变苍狗，朝热暮冰无挚友。纪事为作研缘歌，研与交兮同不朽。研质紫澄泥，旧属西园叟。名锡五石瓠，宝贵逾琼玖。才人毕生困卑官，箕裘谁能世相守。吉光片羽人共珍，研则沉沦同瓦缶。沧桑几劫幸犹存，完然欣归步兵手。休文嗜古求之坚，一言脱赠吝何有。响泉韵磬应共希，交情把玩情弥厚。岂同尘俗小丈夫，一钱硁硁较与受。维时朔雪正飞扬，街鼓鼞鼞闹腊九。两君静结金石缘，从此磨销墨几斗。除夕抚兹一块石，送穷祭诗更置酒。摸拓濡染何淋漓，贱子藏图缘非偶。研兮研兮若有知，冷官闲趣同慨否。

题陈守愚麓云仙馆图

潇湘江畔岳山麓，百尺长松满山谷。山畔烟霞映掩间，中有结茆数椽屋。奇花异草自开谢，明月清风相往复。披襟山顶吟，把卷山崖读。乘兴山径行，倦游山窗宿。图成山馆以仙名，自是君身抱仙骨。愧我廿载熊湘游，鹿鹿抗尘复走俗。既无买山钱，又少读书福。竭来与书日益远，旧书百读亦难熟。披图羡君兼妒君，山水不廉让□独。

听雨

半是忘机半是禅，潇湘宦隐且随缘。一灯秋老瞢腾坐，似上菰蒲听雨船。

人日，沈秋莼为作探梅图，即柬

人日忆草堂，久负梅花约。欲访姑射姿，苦为尘鞅缚。清游难惬怀，冷官愧行脚。昔年探邓尉，支筇更蹑屩。遥遥已十年，斯景在意度。佳晨春渐深，风饕兼雪虐。即有幽径寻，花事叹零落。我友沈东阳，尘海同落拓。交等金石坚，胸具烟霞托。拈毫辟园林，疏影繁枝作。仿佛入孤山，冰姿门雪魄。又如入罗浮，天寒守有鹤。人生适襟期，何事玩官阁。秉烛荐春盘，且倒瓮头酌。

自遣

凉雨敲窗对一灯，那堪瘦骨影棱棱。春江花月怀张籍，茅屋秋风感杜陵。得失鸡虫原有数，奔驰蝇蚋岂无凭。一官沦落长饥饿，深愧黄虀退院僧。

一年摇落暮秋时，堪叹浮生暂寓诗。冒雨迟花容黯淡，辞巢归燕影参差。吴棉欲试征衣典，天气初寒病骨知。犹幸杜门能避俗，冷吟闲醉与支持。

秋暮

风雨昼沉沉，微茫下夕阴。客怀同黯淡，秋味太萧森。骏骨原难市，峨眉嫉已深。横流沧海水，难泻不平心。

尘海嗟谁合，浮生只自怜。有书皆骂鬼，无术可求仙。贫贱才何补，离忧鬓易颠。难期归隐计，姜蔗问湖田。

中秋无月

去年中秋纤云无，碧天明月可招呼。寒光倒浸露眉须，朗如玉树悬冰壶。良朋三五相欢娱，酒既旨兮肴且腴。分曹射覆聚日晡，卜夜不惜倾百觚。今年此夕天模糊，满庭凉雨如贯珠。桂失疏影疑枝枯，蟾乏清辉似逃逋。况复卧病意不愉，陋巷僻居真荒芜。灯前对影貌更癯，无复故态存狂奴。夜深风冷露欲濡，举杯邀月留须臾。明年此夕事难虞，安知不与今宵殊。

秋扇

天涯凉意到，纨扇赋初成。身世嗟同调，行藏意自平。影偕云月掩，质共纻罗轻。莫更因人热，聊随风露清。

水仙

磁斗深培岁暮忙，窗明几净逗春光。通词空剩微波影，解语犹留半面妆。黄里绿衣难比拟，清泉白石悟行藏。朝暾初上瓶笙沸，鼻观频闻一缕香。

绰约丰神里翠偎，不禁冰雪故迟开。轻盈微步遗罗袜，婀娜新词选玉台。高士襟期迈轴远，美人环珮水云来。芦帘乍卷春如许，皑皑相依映碧苔。

青娥素女斗婵娟，圆月香灯分外妍。见许湘皋劳解佩，忍教尘梦阻游仙。轻黄出浴乍横水，惨绿淩波欲化烟。绝似佳人薄脂粉，道冠初整却花钿。

并蒂身轻掌上擎，黄磁绮石最关情。摹成粉本香难烈，谱入琴操韵更清。江上湘灵愁独立，淡中蛾绿宠谁争。传神正合幽闺伴，照彻檀奴眼倍明。

途中杂感

怕瞥长途柳万丝，无聊懒作饯春词。花因寒重开仍晚，马为泥泞步转迟。宝剑难逢欧冶识，征衣空怆孟郊诗。家书每作违心语，强说餐眠胜别时。

廿年宦味等寒灰，心境颓唐岁月催。人为饥驱磨健骨，天留华朊养庸才。奔驰敢厌风尘扰，傲岸难逢吏道媒。传舍频更感寥落，茆柴不惜醉千杯。

南船北马苦蹉跎，髀肉难生慨蝎磨。揽镜每惊颜易老，闻鸡频问夜如何。灯昏古驿惊残角，花落横塘悟逝波。酒醒青衫浑欲湿，感怀泪比别离多。

行李无多厌细鞍，简书催促又长安。沿门托钵同残衲，短褐疲驴笑冷官。千里离情悲道远，一年芳事到春阑。临风拟把青衫试，吹雨东风作嫩寒。

岁暮饮酒杂诗八首

积雪空庭冷不支，声声腊鼓岁阑时。性难谐俗因耽酒，境到奇穷欲戒诗。慧业他生休自卜，名场此日有谁知。拈毫自写颓唐语，蓬梗天风任所之。

揽镜惊看鬓已华，浮沉尘海正无涯。廿年冷宦身孤立，长日闲吟手自叉。市雅每赊春瓮酒，乡愁频梦故园花。终南有客夸涂捷，笑我犹驱笨伯车。

几案揩摩净绝尘，虀盐身世味津津。飞扬积雪终归壑，烘托唐花别有春。已典敝裘酬债主，每燃残蜡祭诗神。炼丹漫诩长生术，安得恒沙当酒缗。

研北花南静一斋，收罗画稿选诗牌。立锥无地馀真气，饮酒观天慰好怀。瞥眼繁华同泡幻，切身经济论形骸。伯伦荷锸终非达，既醉何须更问埋。

浮生销尽酒千壶，谁识今吾尚故吾。蔗尾纵甘皆老境，蓬心易转怯前途。襟裾漫是呼牛马，长短从人辨鹤凫。不是糟丘容托足，眼前风月总模糊。

千钱不惜买壶觞，底用朱门刺谒忙。风雪满天留画本，江湖长物剩诗囊。积愁在眼将成海，太醉埋头便是乡。遮莫巡檐畏寒缩，梅花消息待平章。

尘海茫茫杂素襟，无聊聊借酒杯寻。嵚崎历尽名心淡，忧患频经道味深。塞马漫凭参得失，蓍龟何用卜升沉。年来小学安禅法，茗碗香炉耐苦吟。

雪压茆檐对一灯，看书尚觉古人膺。闲愁萌茁春来草，宦味颓唐腊后冰。厌世无心求证佛，沿门深愧不如僧。城南酒伴如相问，为道迂拘百不能。

辛巳除夕，沈秋莼为绘祭诗图装池成轴，藏之已一年矣，咚咚腊鼓，又届岁阑，身世冬烘，依然故我，勉成三绝以纾闷怀

又是蚁浮腊尾时，街头谁买有情痴。冷官馈岁无长物，赢得编年纪事诗。

似水流年岁月侵，壮怀空付短长吟。一年心血终须补，酒脯相劳寄慰深。

老屋荒寒欲雪天，东阳泼墨又经年。从今半幅鹅溪绢，且当宜春彩胜悬。

梅花

寒卧绳床冻欲僵，暗传庾岭漏春光。睽违一载花无恙，掩映疏櫺纸亦香。密蕊和烟欹老屋，斜枝依月过邻墙。迢遥驿使知何处，折寄临风空断肠。

茗碗棋灯妙品论，夜寒索笑卧云根。绛纱笼出癯仙影，缟素招来倩女魂。曳杖新晴探邓尉，嗅香暝款薄柴门。名花合共高人赏，料理前轩倒绿樽。

几株破萼隐寒林，鹤氅奚囊蹈雪寻。友竹友松高士传，枝南枝北故园心。巡檐每负黄绸被，弄影宜横绿绮琴。历尽冰霜人不识，盘根错节碧苔深。

遍向萧疏冷处开，仙姿只合贮瑶台。空山明月皎复皎，洛浦佳人来未来。酒醉乍醒正惆怅，手寒欲折重徘徊。遭逢鼐鼎山林异，一样东皇雨露栽。

孤荒寥落自精神，天许幽姿放早春。傲骨嶙峋还我失，淡交沦落更谁亲。小池清浅影横水，老干扶疏香近人。自是花身抱仙骨，那知浮世有红尘。

芳讯东探倒玉壶，软红隔断白云铺。天寒雪意分浓淡，日暮烟痕半有无。立品闲中惟自觉，寄怀冷处与人殊。诗家合倩倪迂画，好画襄阳策蹇图。

琼楼玉宇隔清溪，寻到山桥野店西。梦醒梨云迷曲径，赋成铁石写新题。疏林问讯红妆冷，短竹欹斜翠袖低。却怪逋仙多逸兴，标梅又聘海棠妻。

雪地冰天冷不支，墙阴芜没半开时。香浓纸帐幽禽唤，影过雕廊睡鹤知。点染岁寒真有色，斡旋造化本无私。成阴自诩和羹用，玉笛江城莫浪吹。

题易子言秋风听雁图

西风萧瑟甚，吹动友于心。梁苑关山远，潇湘岁月深。埙篪怀旧调，坡颖记联吟。怅望南飞羽，音书久滞淫。

离绪一灯知，楼空雁过时。欢虚姜氏被，草忆谢家池。薄宦同无据，饥驱百不宜。鱼函如寄远，为我达相思。

题云树怀人图

临风搔首赋停云，树色苍茫映夕曛。出谷莺声求友意，模天雁字写离群。古苔尚印墙阴屐，旧札重翻匣底芸。绵邈深情托毫素，江东渭北忆夫君。

投辖班荆更脱骖，旧游如梦记谁堪。临流叹逝班骓骑，倒屣曾聆麈尾谭。杨柳新丰怀蓟北，杏花春雨忆江南。故人何日重携手，樽酒论文兴倍酣。

抗尘走俗遍遐陬，琴剑飘零感昔游。灯影寒荒邻短榻，酒痕狼籍记高楼。无穷旧绪传黄耳，未践前盟证白鸥。不只云山遮望眼，画中添个剡溪舟。

自题举杯邀月图小影

大丈夫既不能纡青拖紫，奉诏承明征著作。又不能长剑大戟，立功绘像麒麟阁。粗官末路年复年，环堵萧然殊寥落。少小头角颇峥嵘，刚日读史柔日经。父执抚顶交勉慰，早掇科第登公卿。那知岁月等闲过，米贱如泥长饥饿。饮啄随人鸟在筱，南北奔驰马旋磨。年已见恶逼羁愁，送人作郡春复秋。岂因识字始忧患，得无嗜蟹有监州。我友耐庵真好事，图写老丑容憔悴。愧无虎头燕颔奇，传神阿堵供游戏。君言皮相天下毋，乃迂子羽貌寝称圣徒。但期襟怀落落复浩浩，世事如云任卷舒。写君貌，饮君酒。广寒月色有缺圆，人间何物能不朽。朝晖夕阴象万千，眼前白衣成苍狗。安得结邻傍糟丘，日日一杯常在手。

题董正斋望云图

董侯示我望云图，精诚满纸云模糊。为言髫年苦如荼，父罹国难痛捐躯。茕茕母子相携扶，三迁母教勤菑畬。勿为奇炫效时趋，勿守章句成小儒。慈训恪遵毋敢渝，戎轩投笔且弃繻。恤章褒恤达天衢，前年西江舄飞凫。偏亲甘旨尝官厨，方期爱日博欢娱。不宁风木痛切肤，朅来形影日益孤。昊天罔极血泪枯，白云滃滃天一隅。瞻依难报亲劳劬，鲰生含泪徒操觚。蓼莪早废同悲吁，交勉令名与俗殊，天上白云无时无。

过岳阳楼

又见君山一点青，频年五度此重经。莺啼草长花生树，酒尽囊空水在瓶。帝子云旗天际降，鱼龙张乐曲中听。重登百尺高楼表，愧乏新诗写洞庭。

秋夜书怀和曾子鹤原韵

秋似蕉心未展舒，因人碌碌竟何如。猪肝累友情难遣，燕幕空营计亦疏。得失久看同塞马，尘寰何处有蘧庐。知心只剩虫鸣砌，和我虚窗夜读书。

团扇

皎洁齐纨比月圆，香含众绿漾风前。乞来翰墨成三绝，阅历炎凉又一年。障面纪凭尘烈日，扑萤好趁雨馀天。试参用舍行藏理，谁道经秋是弃捐。

樊辛甫参军以赏菊诗见遗，依韵奉和

流光又喜经重九，菊绽篱东续旧游。今日远携千里笔，西风小别一年秋。芳华未许时人赏，佳境须从淡处求。傲骨凌霜矜晚节，天涯迟暮未应愁。

祠灶

比户有司命，终岁善恶录。天高听以卑，按籍俾戬谷。除夕妇孺忙，东除罗拜肃。祭乏黄羊丰，吉语喃喃祝。贱子不平鸣，敢陈胸铲镳。一官滞潇湘，廿载因劳碌。北马与南船，尘马徙逐逐。抱关坐终朝，击柝难夜伏。敝袍犹在典，粗粝无隔宿。半生尝苦辛，伏腊无休沐。当途多达宦，席丰膺厚禄。绶若且印累，峨冠炫章服。姬妾曳绮罗，傔从糜粱肉。东衢购貂狐，西市买纨縠。颐指气使间，嗟咄从所欲。胡为虮虱臣，穷境日益蹙。年丰女啼饥，冬暖儿寒缩。室有交谪声，遇人胡不淑。造化太弄人，偏颇匪民独。哆口且问神，神其为予告。神云毋琑璪，君当自怨讟。赋性直如弦，难为绕指曲。四壁罗诗书，饥来不果腹。无路据要津，乏才媚当轴。虽历冠盖场，足音若空谷。出逢遭时辈，避之恐不速。不肆假周旋，惟留真面目。似此逼仄行，不黜亦云福。予角靳以齿，天道有倚伏。驽骀饰连钱，骐骥受鞭朴。梓楠遭斧戕，樗樗称寿木。贵者嗜好殊，还珠空留椟。富人所尚异，黄里而衣绿。盗跖享天年，箪瓢命难续。灌绛厚爵膺，长沙悲赋鹏。即此眼前理，君当思之熟。处世留有馀，知足常不辱。任运姑委怀，胡事哓哓渎。景已入新年，爆竹喧老屋。相对且尽觞，满饮椒花馥。

寄研澧阳，忽忽两月矣，拉杂成诗四首

移宫换羽愧栖迟，暂许鹪鹩寄一枝。感恋垂杨青眼在，交深流水古琴知。雪消江浦留泥爪，春老天涯剩鬓丝。寄研漫云叨厦庇，欢颜重诵少陵诗。

频闻羽檄促征西，海国烽烟入望迷。壮志未甘同屈蠖，深宵起舞听鸣鸡。依人长物馀书剑，忧杞雄心厌鼓鼙。闻道边陲新系虏，扶桑弓影挂天低。

不歌长铗叹无鱼，又向兰津赁庑居。入世虚舟同泛泛，侧身夏屋亦渠渠。阴浓子满花残后，帘卷泥香燕乳初。湖海寓公且机息，归心何必忆蓬庐。

潦倒名场阅历真，关河回首叹劳薪。漆园蕉鹿同残梦，安邑猪肝累故人。婚嫁每添中岁感，离怀难遣客途身。花开婪尾流光暮，且买新醅饯晚春。

雁字

咄咄青天畔，苍忙雁阵书。稻粱江海阔，关塞夕阳馀。波磔谁能辨，文章愧不如。人生忧患始，翘首独踟蹰。

于役辰州途中杂感

路近仙源境，纡回石径斜。藤萝缠旧碣，鸡犬认仙家。日暮寒云合，城荒小市哗。重游身世感，廿载愧霜华。

节序逢摇落，天涯又此时。酒怀霜蟹熟，宦味野鸥知。奔走空皮骨，骎驰抚鬓丝。篱花开烂熳，应笑客归迟。

偃蹇成无闷，浮生亦可咍。秋随落日尽，愁共雨声来。佳色馀枫叶，新寒恋酒杯。劳人渐草草，荏苒岁华催。

危磴层霄近，悬岩积雨阴。饥鹰盘大野，疲马卧荒岑。远道频年役，悲秋独客心。时平弛守卫，废垒暮云深。

秋风鸣淅沥，窗外即深山。宵柝侵孤枕，雄关控百蛮。灯昏饥鼠出，雨过蛰龙还。一夜五溪水，愁怀泪点斑。

送春日雨中遣闷

独坐易成感，流光委逝波。双丸今不住，连日雨如何。爽气消缃帙，窗阴静薜萝。暗中滋蔓甚，生意愧婆娑。

昭君怨

绝塞看明月，荧荧照泪痕。婵娟羞自献，远嫁亦君恩。鸾珮辞金殿，鹍弦度玉门。但能靖强虏，妾命不须论。

题柏斯台司马钟馗携妓夜游图

豪竹哀丝杂错陈，终南图画又翻新。老馗亦抱信陵恨，醇酒何妨近妇人。

天中节届晚风柔，箫鼓喧阗一叶舟。低唱浅斟如此乐，悔将纱帽误笼头。

碧水沦漪柳覆池，虬须坦腹受凉飔。梨娲夹侍情无限，胜听秋坟鬼唱诗。

酒盏歌喉入醉乡，此公亦解少年狂。侍儿颜比红榴艳，消受温柔好梦长。

对菊

西风寥落首重回，隔岁孤荒今又开。一卷离骚香继续，十分秋色兴低徊。翠微枝插参军帽，青女霜邀傲吏杯。灯下餐英吾未忍，好留残蕊伴寒梅。

听雨

春至从无三日晴，晴未崇朝雨又倾。如此韶光大辜负，挑灯孤坐到天明。

唐朗云明府斋中，素心兰放，命酒招赏，诗以纪事

秋风袅袅度帘隙，溽暑初收早凉入。美人挹露下空山，玉袂

罗裳剪寒碧。唐君爱酒兼爱兰，命酒赏花延佳客。出尘心迹湛冰壶，绝世芳华韵词笔。冷淡原宜君子交，臭味如居善人室。宇宙清气托灵根，相对无言可终日。况当宝婺明高秋，原注：朗云太夫人寿辰，兰适盛开。膳洁兰陔乐晨夕。花亦并蒂呈瑞征，璇闺静好调琴瑟。人生适意有如此，何必河阳种始得。一枝相赠胜琼琚，许我幽香梦中挹。归来凉月上罘罳，碧玉明珠斗丰格。身世能无迟暮愁，年华偏向尘鞅惜。漫将孤魂托离骚，且嗅芳馨怀楚泽。

题谢云士学博稻香书屋七景，各系一诗

高具拏云势，古心与之同。鳞甲怒飞动，夭矫回长风。五株凛岁寒，不受祖龙封。五松篠

平生畏风波，见舟如桎梏。蒙庄譬虚言，天机解相触。安得室如船，贮书供果腹。船室

诗思动天籁，凌虚豁登眺。愿采芙蓉裳，秋光净逾缟。修竹风飕飕，双禽起斜照。吟秋亭

出岫本无心，幽闲宜供养。沙鸟与风帆，凭阑收一览。不作霖雨施，岭头自来往。养云楼

十亩分畦畛，紫门临水馥。稆穊乐登场，春耕秋又熟。自愧尘鞅羁，未预农书读。稻香书屋

养云既命楼，抱云复名洞。销尽烂楸枰，丘壑烟霞共。小桥芰荷香，冉冉清风送。抱云洞

何来补天馀，离奇复透瘦。莓苔集其间，袍笏拜恐后。展卷前致辞，主人如石寿。独秀峰

放歌自遣

浮生佩乏铜虎符，文章笔烂银鼠须。男儿不将复不相，辕驹局促岂良图。昨夜老妻饮我酒，说我今年四十九。奇穷不死运当亨，功名五十会稽守。对镜沦落伤白头，趑趄嗫嚅心烦忧。大醉狂击唾壶碎，我辈岂屑翁子流。

早寒

误尽平生是一官，原注：用吴梅村句。长沙不易似长安。疗愁莫觅三年艾，处世真成八节滩。友为长贫交渐绝，衣经久典赎尤难。于卿甚事胡相逼，帘外西风送早寒。

放歌行祝沈咏荪通守五十初度

沈侯系自休文出，翩翩才调世无匹。挥毫落纸生云烟，荆浩关同俱避席。廿载之官到潇湘，片言相许成胶漆。迩时相顾各少年，飞扬意气共蹁跹。吟诗作画供新赏，秋月春花踵夙缘。自是阳春和者寡，文不疗饥同忧煎。双丸跳掷流光逝，忽忽真如昨日事。岂真才人合数奇，倒持手版悔为吏。叩阙难陈同父书，骂座时露祢衡气。五十知非嗟何及，记君悬弧是今夕。既不能水陆杂错筵开五侯鲭，又不能珠履喧阗门集三千客。环堵嗟徒室悬磬，粗官空负髯如戟。沈侯沈侯且尽金，叵罗唾壶击碎为君歌。人生识字始忧患，君不见大贾持筹，俗吏握篆腰金多。苍狗浮云涂如漆，君今不饮将如何。

夜雨竟夕，不能成寐，言愁欲愁，亦如苦者不能言甘也，偶成四律，姑录存之

凉风吹影感蹉跎，话到惊心可奈何。末路浮名成画虎，人间幻态尽笼鹅。抽眉不及新妆巧，长袖终输善舞多。耳热酒酣长剑在，夜阑斫地独哀歌。

流水高山渺子期，疏狂终不合时宜。郎当学舞输垂手，梳洗随时懒画眉。当户兰荃甘避艾，成蹊桃李不如葵。故山无计侪猿鹤，一任西风狼籍吹。

重阳买醉强登楼，凉雨萧骚动客愁。黄叶打窗人卧病，丹枫横岭客悲秋。稻粱无地同凫雁，身世凭人唤马牛。倚遍阑干更回首，夕阳天际有归舟。

愤掷牙琴碎七弦，声名原不望人传。马非求骨宁知骏，鼠到拖肠悔羡仙。怪事岂终书咄咄，穷途空自泪溅溅。不才只合安时命，肯冀悠悠国士怜。

咏蝉

经秋抱叶隐深林，嘒嘒吟声感不禁。高洁自甘忘远举，栖风饮露已清心。

有何清怨暗声吞，高柳深藏绿浸门。无限秋风迟暮客，年年听尔倍销魂。

宦况

宦况蹉跎只自嗟，春鹃秋蟀负年华。座无热客奴容懒，出不参衙睡未加。莫挽光阴间咒笋，无聊身世感抟沙。惟馀结习除难尽，堆案新涂满纸鸦。

赓儿旋里秋试濒行，诗以勖之

送尔征轺发，槐花又踏黄。传家承祖泽，报国重文章。亲老休萦念，途长慎自将。官衙吾健饭，行矣莫神伤。

尔系长沙棹，栖迟暂卜居。杂宾呼仆谢，长日带经锄。涉世宜从恕，资师更贵虚。倚闾何慰藉，时寄数行书。

里乏一椽托，辞家卅六春。原注：庚申年，予返里营先太宜人葬，迄今卅六易寒暑矣。松楸虔展拜，亲旧细咨询。上舍怀先泽，原注：先伯比部公以上舍捷。道光壬午，贤书揭晓后，闱中各艺，争相抄诵，有文坛飞将之誉。癸巳始通籍，屡掌东湖友教讲席。文坛步后尘。桂枝期稳掇，好慰白头人。原注：是岁丁酉副车。

沈咏荪见过，纵谭半晌，别后，灯下偶成一律，即简

萧然宦海几知音，况味同君辨浅深。避俗难除名士气，缔交真具古人心。世争索画思焚研，贫到无衣更典琴。却笑休文休不了，瞢腾醉墨满尘襟。

人日遣兴

人日惟寒雨，荒衙寂坐时。椒盘随旧俗，彩燕入新诗。排闷摊书卷，疗愁仗酒卮。梅花消息断，谁寄陇头枝。

岩邑治无术，惭称惠及民。惊心供蛮触，掩鼻视陈人。讲廨菁莪盛，虚堂鼠雀驯。小园新柳色，摇曳已含春。

观剧

万石笙歌八部开，倾城众目瞩春台。如何袍笏登场后，又见盘铃傀儡来。

赴永桂任留别沱江

移柳依依绾送迎，三年滞迹领专城。殊无治术求民隐，愧乏涓埃报圣明。菇菜鲈鱼牵客梦，雪泥鸿爪写离情。冰心一片云溪水，前渡沧浪可濯缨。

下车刊布劝民歌，为我闾阎鼓太和。怀瑾未亲高士传，考盘偏咏硕人迈。诗书遗泽怜才少，邻里干糇起衅多。郑重临歧相励语，汉廷孝弟力田科。

讲堂新构屋渠渠，蕉绿横窗月影疏。插架娜嬛编万卷，焚膏学业继三馀。资郎我亦栽桃李，俗吏庭还结珮琚。我本文章憎命达，也曾萤火夜观书。

未能粉饰说承平，河上经年不解兵。误入萑苻怜赤子，凭谁衽席奠苍生。春冰虎尾心常懔，秋水鱼肠匣欲鸣。为祝后来贤令尹，四郊烽燧永无惊。

北辙南辕感旧游，卅年宦海慨沉浮。豸山有石归须载，驷马题桥志未酬。行脚人生几两屐，侧身天地一扁舟。感怀知己同摇落，惆怅西风怨蹇修。原注：沈归安、陈义宁两中丞皆蒙知遇。

检点琴书物外身，帘垂窗草又如茵。荒衙湫隘巢蚊睫，故里迢遥滞鲤鳞。坐困名场书误我，未偿笔债墨磨人。庭花夜雨红零落，却自伤春敢怨春。

客去旗亭唱鹧鸪，雨丝烟柳影模糊。一肩书剑飘零惯，满眼疮痍补救无。薄宦羁栖分五马，劳形案牍息双凫。好将西佛桥边景，添入沱江送别图。原注：县治西河，春夏盛涨，扁舟竞渡，每蹈不测。前岁倡建石桥，资费巨万，因予籍隶豫章，故名西佛当之，殊深惭汗。

阮囊尚涩买山资，幸许鷦鹩寄一枝。黄被贪眠衙放早，青袍依旧位居卑。浦生春草怀江笔，佩撷秋兰续楚辞。原注：九仲产兰，芬馥可爱。且署头衔瑶峒长，蛮花犵鸟入新诗。

邬小亭太守枉书存问，寄此代简

穷阳凝闭剖双鱼，郑重琅函慰索居。待雪预斟明日酒，挑灯重读故人书。五年离别情弥挚，一卷琳琅锦不如。愧我白头且衰病，临风无句报琼琚。

朅来承乏监荒州，憔悴闲官等赘疣。曲突徙薪思泽渺，原注：前岁宰沱江，值萑苻窃发，消患未萌，大府见录微劳将荐剡，为谗慝所沮。危波叠石姓名留。原注：倡建江华城外石桥，落成后，绅民以西佛名，盖志予惠。短长任世评凫鹤，俯仰凭人唤马牛。一自沱江安匕鬯，尚留舆诵溯前侯。

经秋厄闰比黄杨，疗渴难寻肘后方。贞疾岂真无患子，更生幸有返魂香。庸医轻付同飘瓦，噩梦惊回许乞浆。原注：闰秋，病濒于危，疾剧中，似有人告以须投清润之剂，服之果瘳。自笑尘埃缘未了，牵丝竿木又逢场。

时局盱衡感慨多，横流无计挽颓波。烟霞待践高人约，矰缴何虞弋者罗。燕北阵云偏惨澹，淮南丛桂共消磨。问津倘有仙源在，把臂印须理钓簑。

文

陈燕青诗序

每览子桓之论，日月逝于上，体貌衰于下，忽然与万物迁化，未尝不掩卷而叹也。方三五少年时，意气趟厉，自谓可致不朽，因循焉，卤莽焉，大者不能诚其身，又不能有所成就，以求表见于当世。卒之杨、朱歧路，断送平生，阮籍穷途，辄滋太息，可胜叹哉！仆少不慧，尝惧无以自立，孜孜者垂二十年。终军之缨一请，君苗之砚再磨。然而秦晋提戈，莫宣劳于秋戌；幽燕揽辔，屡徒恼于冬烘。

近自海外归，掩关谢客，日手一卷书，以自陶遣。凉蝉昼唱，寒螿夜啼，不知百感何以集也。同里陈君燕青，病甚于仆。日者，挟其所为诗以示，且告曰：“余少失学，壮岁荡游四方，所如不合，偃蹇至此，日就衰老，无解于没世不称之忧。樊鸟不忘飞，涸鳞不忘跃。子其为序我诗，将以留我姓字，差胜于蔓草荒烟中竖一片残碣也。”噫！人生七尺身，何者不可为？王含豹尾，刘琨鸡声。傅介弃繻，立功异域。陶侃运甓，致力中原。此皆幾动事先，名垂身后，岂少汗青幅纸哉！然而，有志者抱负也，偃蹇者时命也，天之欲玉成斯人，必先困厄斯人，不知困厄之，实玉成之也。陈君有感于是，是则仆所同慨，而不敢终自暴弃者。若夫声音之道，非所能通矣。是为序。

嫠妇募资引

今夫隗妻守义，必资青瓮之金；巴女怀清，恒擅丹穴之利。未有贫如饥鼠，空慨纬萧，惨对孤鸾，能坚操柏者也。况孙叔有负薪之子，彦升唯衣葛之儿。牧豕归来，欲立锥而无地；质羊就养，每炊灶之因人。斯诚孤者易伤，嫠也可恤者也。□□□篋满葡萄，早擅通都之誉；歌传杨柳，争钦绮岁之名。缥缃特富其芸储，青紫不难于芥拾。顾乃选诸生于鲁国，屡为贴月之飞；让进士于唐宫，徒有凌云之赋。家唯四壁，业剩一毡。识字而集烦忧，卖文而资生活。吞残白纸，剧怜釜只，生鱼晒到，黄绵转觉。裈难处虱，问头衔二字；合署黔娄，假寿算十年。空谈蔡泽，讵信炎趋；陋巷竟教，饿死儒冠。苏公枯砚之旁，别无长物；徐孺生刍之外，谁更推财。嗟乎！坎壈半生，孤寒八口。陶罂似鹄，味更苦于茹荼；童子如鸿，情实伤于采梠。所望素封旧契，范巨卿古道照人；紫商名贤，黄承事深仁及物。金能布地，愿修给孤之园；钱可盈船，分赐景让之宅。救牛蹄而决海，集狐腋以成裘。冥漠有灵，定誓白环之报；功德无量，请删青麦之谣。是为引。

复园题跋

惠琴贤阮，于居室之侧，疏沼叠石，葺书舍数椽，以檐额属题。爰思遗书可读，世泽孔长，遂拟“抱经”二字颜之。异日，芝兰玉树，继武先人，即以此额为充闾之券。

覆邬小亭太守手札

屋梁月落，衡岳云停。怅良友之索居，寄秋心如何处。鳞书将达，驿使忽来。玉珰一缄，珠玑百斛。执事春长谖阁，乐奉母之晨昏；日静莲斋，多著书之岁月。横飞词笔，净涤吟心空倚傍，自成杼机托比兴，眷怀君国。倦弹长铗，变酣歌击筑之声；志切中原，抱赋诗横槊之慨。落落乎逸响，洋洋乎古音矣。如仆者，半通黄绶，空驰笨伯之车；一卧沧江，将续杜陵之咏。寄尘缘于药垆茶灶，遭谗口于贝锦菲萋。古语云：“志不行，顾禄位如锱铢；道不同，视富贵如土芥。”冥鸿之举，窃有遐心。况海宇之多氛，问仙源于何地。云出岫而难合，泉在山而始清。倘得买田阳羡，返棹江南，出入壶中，寂寞人外，采兰十步，蕴怀古香，寒菜一畦，别饶滋味。期与之子，联此同声，服返遂初，愿偿何日。无如鸿泥爪印，尚莫定乎萍踪；鲈脍莼羹，各萦怀于梓里。爰传尺素，绘此寸心；天各一方，思而不见。灯残漏永，酒醒天寒。先展诗篇，聊当晤对而已。

附录

车赓诗二十七首

溪州秋感八首之四

长笛横来一倚楼，西风吹老白蘋洲。千秋铜柱标雄楚，八月银涛滞鹢舟。沧海狂澜谁可挽，江湖诗思只悲秋。匹夫负有兴亡责，先后何人识乐忧。

凉露涓涓冷画屏，秋花红褪渐飘零。天边帆影浮瓯白，枕上山光洗眼青。远岸湿云浓似墨，挂檐残月淡于星。蹇修莫作灵均怨，却有幽兰自在馨。永顺城治，四面皆山，二联纪实之作也。瑶山多产兰。自注。

微霜凉夜透庭柯，促织惊寒诉薜萝。吴下秋来鲈味美，衡阳书到雁声多。考槃尚有高人咏，击楫偏无壮士歌。满目疮痍仍未复，欲将弦诵化干戈。

南云西雨问归程，身自闲鸥去住轻。栗里有田供秫酒，竹窗昨夜报秋声。泉流清浊原无定，峰列高低不识名。我是江潭摇落柳，萧疏曾送几公卿。

琵琶行书后

商人那得解琵琶，惯向浮梁去买茶。赢有青衫红粉泪，夜深和叶洒芦花。

江水无情波复波，知音不遇唤侬何。天涯多少伤心事，辜负浔阳此夜多。

雨霁，步月黄鹤楼，感事题壁，适得汪大剑萍寄怀诗，即步其原韵答之

笛声吹断大江流，爽气西来挹素秋。襟带湖光凉月涌，罗环山翠湿云收。天边一雁音书到，匣底双龙剑气浮。我欲乘风横海立，隔江鹦鹉唤回头。原注：鹦鹉洲，在汉阳晴川阁下。有祢正平墓。

南阳诸葛草庐东，聚散无端类转蓬。自注：前年，与剑萍同居南阳建国军幕府。靡定闲云随野鹤，偶然泥雪印征鸿。窗添竹屿涓涓露，旆飏杨堤故故风。弹指光阴如逝水，微霜吹鬓已成翁。

赤眉猖獗说筹边，叱咤风云态万千。十牧九羊徒固圉，卖刀买犊更何年。冯唐老去犹持戟，陶令归来尚服田。秋月恋人人恋月，乘槎争欲步张骞。自注：赤党横行，所过为墟。西北兵不能编遣，某巨子放洋欲相率而去者众，大局骚然。

汉阳树指暮云晴，秋水长天混太清。仙去楼空黄鹤杳，机忘心可白鸥盟。扁舟芦苇飘零惯，长物琴书负担轻。读罢哀江南一赋，年来萧瑟庾兰成。

游赤壁谒东坡像壬戌七月既望，湖广新报征赤壁诗。此为代某当道作，后颇受知遇。原注。

十年作客惯江湖，又向黄州酒待酤。一叶泛舟天地窄，两游作赋古今无。文章构祸庸非福，笠履传神尚有图。江上清风明月在，迟来何处访髯苏。

辛酉秋夜登黄鹤楼

十年兵燹再登楼，襟带江湖写素秋。胜地无端悲浩劫，自注：五月武昌兵变。大江不尽尚东流。梦回丹灶留仙迹，自注：楼有吕纯阳卧像。指点青门半故侯。何处邻家夜吹笛，梅花扶月上帘钩。

山居漫兴

霜林绕屋尚扶疏，种竹莳花手自锄。最好白云红树里，鸦啼犊返日斜初。

杂诗

少壮不如人，荏苒复已老。中年苦婚宦，百事多草草。况值世纷纭，生涯愈潦倒。中庭有双梧，经霜渐枯槁。落叶满空阶，仆散呼儿扫。寒菜种半畦，粗粒舂一饱。村酒醉且眠，醒来天欲晓。

邻叟笑我拙，自谋太矇眬。言彼要津人，应世何其工。夕游百花村，朝醉玉楼东。印累复绶若，食禄且万钟。君甘卧衡茆，吟诗作秋虫。含笑谢邻叟，赋性安愚庸。不义富且贵，于我马牛风。振衣千仞冈，盘桓抚孤松。

幽兰生空谷，垂杨植当路。樵采或攀折，亦各随所遇。春兰如美人，有时伤迟暮。杨柳送行舟，摇落斜阳渡。静躁虽不同，无私坠霜露。作絮化浮萍，飘零无定处。国香应自珍，蹇裳盍思去。

翳彼大樗木，葱郁亦参天。卷曲与拥肿，得以终天年。匠工运用奇，栋梁反弃捐。樗散支大厦，规矩毁方圆。良木生山林，形神竟独全。人生有代谢，世道多变迁。

题老少年菊花便面

秋容镇日绕疏栏，不比春花开便残。天为诗人留晚节，老年还作少年看。

画兰赠友人

空谷生兰茝，清流楚客魂。驱车驰鲁卫，芳躅寄湘沅。临水品尤洁，出山香自存。樵夫太多事，灌溉植林园。

画露根兰

国香无人知，骚客感寥落。借问君采兰，灵根何处托。

秋日金陵旅居杂感

黄叶江南旧有村，红羊劫后已无存。先人碧血留青史，酹酒欷歔拜墓门。

似水流光又到秋，浮名久已薄封侯。匹夫岂有兴亡责，只向卢家访莫愁。

琴剑飘零漫所之，青枫江上雁来迟。家书惯作违心语，强语餐眠胜别时。

呜咽秦淮剩旧潮，铜驼翁仲委蓬蒿。霸图一瞬都消歇，只有诗人吊六朝。

自沅陵归长沙寄怀翟大楚森

如丝密雨浣征衣，绕屋扶疏未夕晖。樯燕有情留客住，杜鹃无奈送春归。绿杨画里帆如荠，红豆闺中带减围。从此蘧庐容抱膝，不骑款段出柴扉。

重九登溪州观音岩

共有登临兴，招呼访碧岑。茱萸添鬓影，松菊动归心。杰阁云遮幔，疏钟月出林。寒潭秋水白，堪证去来今。

烟水五溪曲，仙源何处寻。丹枫开画本，黄叶淡诗心。崖耸疑无路，天低别有林。一山丛桂窟，香冷到于今。

邵阳车氏一家集末卷

补录

本集编印即竣，又时时从其他文诗集中，发见与参政、逸民各集有关者，辄录于此，以为本集之末卷云。刘达武识。

《萤囊阁集》序言 吴郡顾起元

原夫文章之用，大矣！玄黄之剖，规摛乾坤；述作之风，宙合今古。响均人籁，吹比天倪。纬杼柚之遥情，橐苽蔚之玄妙。或触机而内颖，或鼓籥以旁通，或扶理而泓渟，或沿情以昳丽。方之削鐻，讵穷斤斧之功；譬似绘形，无关槃礴之趣。是以秘境演于人区，大音聆于帝始。神圣既雕，元声遂郁。沟犹之子，迷河汉以无津；溪刻之夫，饰形骸而更远。靥星黄月，空竞侈于工颦；楮叶缬花，讵挺姿于委艳？性情之理，殆不其然？盛衰之繇，厥有以也。爰及皇明，绍庥茂绪。辟天统，则长沙北地擅其宗；穆皇风，则历下琅琊穷其致。瞻歧路之愈纷，惧流风之渐贳。不有代兴，畴维绝纽！乃今则有邵阳车子仁先生焉。

先生含姿玉润，比德金声。岁亚鸠车，郁凤毛之五色；名高龙厩，跃骏价之千金。天授既奇，人工复错。瑶绳玉检，二酉之抉不遗；锦赙绣褫，三仓之藏弥富。冰壶自映，水镜不挠。占兴废于骊辰，剖希微于鸿乙。固已声飞九囿，业满千秋矣。及夫绾绶登朝，横琴宰邑，署开棘寺，班依兰省。褰帷蓟北，想驺乐之馀风；凭轼江南，庶齐梁之遐韵。眇然凝睇，则神靡滞思；倏尔挥毫，则手无停缀。业起鸿都，共讶青箱之记；风传菟郡，争购黑水之碑。挂纤纩于行间，跃明鹢于字底。观其言也，综练朝典，提纬人伦。裁悉悉以树规，宏炎炎而随训。鼓吹休明，扬扢风雅。东观谢其淹通，西河惭其轨辙。若夫境偶激衷，时多抽绪，追琢性灵之致，篆刻天地之才。万象之变靡潜，四时之气都备。高词迥映，朱陵之峰刺天；叠意回纾，赤峤之标隐日。片言润金石，只字挟风霜。动枯管以乞灵，顾馀缣而动色。兼以澄思凌而莫罄，德音秩而不乖。天然靓质，摇初日之芙蓉；馥若贞芳，韧回风之兰茝。无言不达，有境必穷。将寻踪者邈邈山河；入门者琅琅篁篁。信艺圃之琳瑜，士林之昆邓也。

且太上立德，其次立言。道域兼长，士封一曲。擅人群之隽，神厉九霄；秉作者之权，气纮四海。评盈月旦，笔惨戈矛。景彼前修，未莹斯垦。先生望负龙门，赏符狗监。深逊心于往代，雅折节于来今。一言耀帙，箪吐陆摛之花；片撰升堂，麈拂张机之玉。细何捐于枭绕，虚匪摈于藿囊。兼以长才被九州，俊德茂三宅。身在贵而抱冲，识迈伦而善下。人称国器，动作家箴。今方际昌辰，逢明主，将使黼扆之圣，宏庇珪璋，缨绥之贤，曲资埏埴。岂直礼乐皆专美于季长，风流不坠赏于江敩已哉！起元识守瓮天，学穷牖日，接通家于北海，垂虚榻于南州。时顾文园尽披，武库言深。至乎移晷道合，遂以忘年。命以前矛，授之末简。嗟乎！创体固难，赏音未易。云螭月驷，必显价于甄庭；里柘霞桑，必聑墨于匠石。自细视大者不尽，以寸度尺者必差。论成光禄，犹尽咨于会稽；赋就太冲，必纸腾于安定。顾兹品目，何取刍荛？虽然，赤鹖之翼，假而数仞。白俄之尾，附以万里。非丽无穷之业，谁施不朽之声？是故执岩处而企青云，操里音而程白雪。五车之方可纪，千载之遇在兹。取适膺言，无惭目论。斯序也，虽非尚书辨赋之奇，固是中郎与名之意也。

王母寿言序姜夔　按：王母为参政之太夫人

姜生曰：余读王母寿言，而叹吾师车先生仁孝，且为文人解嘲也。先生二十上公车，三十而成进士。文章词赋，早岁知名。不肖夔，生也晚，又处江汉之末流，无由摄屐事先生。然每闻学士荐绅，称说先生以为子仁，子仁名塞耳矣。顾吾谓先生，文人也。即诵其诗，读其书，亦犹谓先生文人也。甲午之役，夔避难金陵。时先生郎春官，与六七大夫声诗相属，名藉甚。夔摄敝衣冠，及门请谒先生。一见而折节，劳苦相讯。已而，竿牍肆出，所为排难解纷者甚力。当是时，吾犹谓先生文章节侠人也。明年，夔还下里，有事浮湘，道邵阳，先生桑梓在焉。闻之其里人云："先生事太公、太母，天性孝谨。自其为儿时，以至为郎，无间于乡党昆弟。"吾犹谓先生沾沾阿母目下人也。乃今又十年，先生两拜二千石，又观兵海上。不肖夔，风尘趑趄，暌违间隔。亦既十年，以为先生文章政事人也。吾乃今伏读其所辑太恭人寿言，而后知先生仁孝人也。姜夔于是作而起曰："于都乎美哉！车先生真吾师矣！夫夫世所称寿亲者，馐山错海，为甘旨奉尔。不然越罗蜀绮，为温毳容尔。又不然，吹竽鼓瑟，舞彩斑斓，为耳目观尔。孰有萃东南之巨丽，揽宇宙之文明，所至将母，以经国大业为荣亲，盛事乎？本之先生，饶才情，故才士响应；永孝思，故孝思云蒸。夫佳言妙语，世何尝乏？彼荣亲者，何寥寥也！吾故曰，先生仁孝人也。

车子仁方伯别传节录车氏藏稿

方伯公字子仁，一字仁夫，春涵其号也。自晋布政使司左参政，分藩温处三载，考绩推右。辖巡抚甘公方欲题留本藩，而公念太恭人年高，曰："仕宦有止，安可以一官系老母？"遂告请终养。两院数谕留之，公不可。乃为题请，得俞旨，给照回籍。四年而太恭人卒。遂誓墓不出，两媵荐剡不起。泰昌天起元年，叠奉恩诏，晋阶布政使，当道为起方岳，第公与同年刘太常共作林下游。年逾八十岁时，一出人望，为奇瑞。监司潘公表所居曰"仁寿里"。卒，祀乡贤，闽、浙皆祀名宦。公所著《萤囊阁草初集》二十卷，梓之檇李者，陈玉叔文烛、屠赤水隆、陈子有所蕴、顾太初起元、曹能始学佺、张秣陵鼎思、佘宗汉翔乐、石帆元声、王开乾三阳、郑淡明振先、陈孟器于廷诸公序之。续集十卷，梓之瓯括者，樊致虚良枢序之。《归田集》十卷，未梓。所辑《述古今喻言》一书，亦未梓。昔征辟公为公小传，载公幼时事，不下十馀则。公七八岁时，占对立就。有试以"卓尔双颜回"者，意含讥讽。公即以"人哉一孔子"应，一座共惊。又里塾刘先生，安成人也，训小学，独公不凡，诸蒙不若者，辄令拜公，公掖强受之，不得起，诸主人怒撤席。公口占《送刘先生返赣》诗，有"来年春浴偕童冠，点也何曾问舞雩"之句。又公偶对巷口溺，主人出捉其裾，曰："何无礼也？"公揖之，主人曰："一揖不足赎。若以此事为题，作一破，吾释若。"公破曰："事急不择地，而施理屈，不择人而揖。"主人笑释之。《宝庆府志》、《嘉兴仁文书院志》、《湖广通志》皆有传。

解元公万合，字造甫，方伯公长孙也。九岁自浙归应童子试。既得隽，与族叔某同谒广文先生，忘委质，先生诘以对云："我为其礼，大车无，小车无。”公对曰：“教必以正，求诸人，非诸人。”先生改容谢曰：“为戏耳。”以上补《参政集》。

车徵君别传节录车氏藏稿

车徵君孝思，方伯公季子也。诞时，有文鸟入楼之异。弱冠，即有诗名。时钟伯敬谭友、夏树帜竟陵公与之交欢，而雅不为其诗。宁乡陶密庵、湘潭周伯孔、王山长、岳阳严平子辈，皆南湖之隽，而皆首推公。崇祯丙子，诏保举人才，方伯张公、郡侯袁公，以公名应，以母忧不就。张献忠陷郡，有传大索名下士者，将及公，公乃投缳以谢。壬午，膺岁荐，大中丞李公首疏其名于朝，得俞旨，未仕。后总督于公、宗伯张公，欲以撰文中书具题，公复力辞。所著《高霞堂诗集》，在明时已五刻，入我朝，皆散失，无一存者。而著述益富，家益贫，不能梓。虽赖当事略为刊行，才百之一耳。年八十馀，吟咏弗辍。全集不下万馀首，若悉以问副墨，新都琅琊诸公不足多也。其初刻，嘉鱼任淡公序之云：“君之于诗，毫发无遗恨矣。更欲至何所者，意如尼父所云，过此以往，未之或知者耶。”近序云：“每读一篇，使人意远当下，不复可迹。盖于诸家之长，无所不有，无所不化，直足树三百年海内词坛赤帜。”此为善名状公诗者。公书法苍劲，类张芝。三修郡邑志，又著《召乘胪句》，同邑蒋大年序之。早交释颛愚，有《贝叶集》，颛愚序之。子七人，以文学世其家。

沅湘耆旧传节录三则

车孝思，尝与刘澹庵、蒋弥劭、王稚潜、唐袖石、舒若讷诸君修郡志，博雅简洁，非后人所及。节《遗民传》。

唐懋载，字袖石，邵阳人。博洽工诗，与从兄懋思齐名。所居，在大云山麓。时同县车孝思、宁乡陶密庵二人，皆以诗雄湖湘者也，交口推袖石无异词。孝思题其集，有“似君长吉亦卑之，三十六体皆可废”之句。袖石著有《绿声亭集》节《文学传》。

钱邦芑，字开少，丹徒人。南渡后，官佥都御史。戊己以后，播迁于黔，为孙可望囚絷，胁以伪职。邦芑髡发为僧，号大错和尚，卜隐衡山。尝往来资邵间，与邵人车孝思、刘澹庵、王稚潜辈相友善。时湘潭郭些庵亦客邵陵，邦芑尝邀同孝思、稚潜及些庵雨中游白云山，开少作记，诸人皆有诗。康熙癸丑，宝庆知府李公延纂府志，稿未半而疾卒。澹庵、孝思踵成之。节《迁客传》。

南村诗话节录

吾郡鼎革之际，最多诗人遗老。邵阳则车氏门才最盛，而孝思先生以遵为之倡，一时耆彦，则有王侍臣、王稚潜、唐袖石、车理中、宁六擎、唐十泉、车雨石、车子明、胡湘草。在新化，则有李一峰、张元白、杨太素、张九畴、张定远、晏湘芷、柯邓生、柯伯徽、邓卉生。武冈则有邓子禹、潘章辰、潘梦白、许天章、唐钦子、郭宜章。新宁则有刘安城、谢公辅、吴明瞻、雷昆山、李和生、蒋士会、林春开诸人。大抵皆以泉石为性命，形容憔悴，泽畔行吟之侣。其飞黄腾（踏）〔达〕[①]，致身当代者，不与焉。每欲仿《谷音集》，合为一编。其遁世无闷之怀，隐然见于言外，而郡人士至不能举其名姓，可叹也。

陶文毅公文集节录

胜国末年，楚南当兵燹之冲。一时文章之士，率以节义自持，

---

①据文义改。

埋没不彰者，多矣。如吴见可、张子畴、车孝思、潘章辰诸人，卓有才名，皆节义文士也。二百年来，吉光片羽，所存无几，可慨也。

弹赦老人手札

粹叔仁兄阁前：不通书，又一年。顷奉手教，及车集，足见网罗文献之盛心，邓南村不得专美于前矣。命撰序，会有采薪之疾，无能握笔。请俟过腊春融，再行报命，非妄委卸也。借前贤之遗墨，壮下走之文言，俾姓字亦附尾千秋，何惮而不即为哉？车集孝思各作，独往独来，时滃奇气，其有千秋也无疑。又集各自为序，毋乃近琐。拙见不如并作一序，专从刻集人入手，较不雷同，又枝叶当否，乞示。附赠词集一册。即叩道安。原书附缴。弟恭亨顿首。

附钝公随笔二则

高霞山，高可百仞，后枕四明，前襟霞水，洞窟灵异，梵宇幽杳。读《易窗杂记》，称为邵南第一名山。刘孝诒《高霞晚眺》诗，有“蓝毵袍色湖边草，断续琴声树底蝉”之句，可以想其幽邃。山为唐李洞明飞升处，旧存显庆二年碑志，称明万历间，霞水涸，见石上有唐尚书周源访高霞李洞明诗刊，今皆不存。明清鼎革时，县人车孝思、刘默庵、蒋弥劭诸老，同读书其中，而孝思著述多成于此。滇藩之乱，并终老山寺焉。弥劭以南霞自号，默庵以霞屏为书屋名，孝思名其堂曰“高霞”，又以名集。集凡百卷，在明末已五刻。其说经注子之书，渺不一见。今惟文、诗散见于志乘中。每怪黄梨洲辑《明文海》、朱竹垞辑《明诗综》，其收明季诸作家，号大备，独于此集不一收入，又安得起沐氏子一与重编沧海遗珠乎？

余世居高霞山麓。童时每九日，必逐队屐游。见山寺前，有罗汉古松一本，幢幢如盖，大可十围。树为明遗民车孝思先生读书山寺时所手植。而其父春涵参政，自浙致仕携归者也。余《怀古诗》故有“先正留手泽，剪伐禁樵牧”之句。当时与孝思同砚席者，为里人蒋弥劭、刘默庵两先生。默庵殉节新郑，清谥烈愍。弥劭虽不获，以遗逸终。而孝思晚年所纂之《召乘胪句》，弥劭为之序。孝思每称诵于人，即此可以想其文行之美。余先世敕祀忠义，讳源澄者，弥劭外孙也。尝从读山寺，孝思有赠诗二章，闻之先兄，稿藏族子柳堂家。迨余归自滇，兄与柳堂先后物故，柳堂家又式微特甚，孝思先生之作，又不知尚在人间否也？为之慨然。

无念阁同车孝思作郭金台

按：金台，字幼隗，湘潭人。隆武时登乡试，督师何文烈公荐授职方郎中，再起监司佥事，皆以母老辞。及卒，自题其阡曰：“遗民郭金台之墓。”有代古诗六卷，见传是楼书目。金台晚隐衡山，著书授徒以自给，与孝思相友善。无念阁，在邵阳县治，诗盖访孝思时作也。

舟游日将夕，息念临兹山。同游四五人，散落有馀闲。仰瞻浮图巅，力弱倦跻攀。梵呗忽出阁，叩之门常关。岂伊得静理，亦畏撄尘寰。坐定不遑起，萧然凄我颜。竹风吹细香，如在松树间。吾家备此景，释累何时还。

次车孝思先生见怀原韵郭金台

陶公门馆肃高秋，下士闻声不可求。惟岳几人成老宿，环湘万里逼清流。欲携缥缈栖莲社，径访沧浪系钓舟。自笑白头归计晚，青山回首独登楼。

同钱开少、车孝思、郭幼隗诸君游白云崖王嗣乾

按：《耆旧传》，嗣乾，字稚潜，幼与其兄嗣翰齐名。南都立，兄弟同举丙戌乡试，旋弃去。著有《黄雪园集》。稚潜性豪迈，与武冈潘章辰、同里车孝思、湘潭郭幼隗诸老先友善，皆前朝遗老也。

同来五六人，携兴恣吟眺。攀跻有时疲，轻疾羡猿鸟。闻有挂崖籐，与石相缭绕。剪伐憾庸僧，龙蛇失夭矫。一时在口诵，吟赏出意表。片碑觅旧处，幽映但萝茑。不知已绝顶，平临看木杪。眼光豁然开，予怀兹浩渺。以上补逸民集

车选拔万有别传节录车氏藏稿

选拔公，号只山。性至孝，家贫力学。母杨孺人疾笃，思鱼鲜，公徒步数十里觅致，而母已不能食。既卒，而与兄弟终身不食鱼。后喜游览，如衡岳、匡庐、九华、西湖、鼎鉴诸胜，皆有足迹。为诗极蕴藉有致，而觅句甚苦。尝澡身于盆则忘起，吟哦虽步入泥淖中，亦不自觉。自为得得园联云：“满架书陈，今古已曾明白过；当门山好，晓昏常自泼青来。”以孙果贵，赠明威将军。

车直亭先生别传节录车氏藏稿

先生稍长，知程、朱大义，谓此中有向上事，遂不以科举为意。游江南，得交东南知名士，所学益高。书法豪劲，醉中挥洒，有龙跳天门，虎卧凤阙之势。与人交，憎为脂韦之态。然遇所钦契，商榷义理，则恂恂请益如弟子。雍正初，总制杨公劝行社仓。先生欣然曰：“此朱子小试一节，吾力不及远，此可谢乎？”遂捐

谷为郡邑倡。授职州同，平居萧然。晚为联语自警曰：“一个僻中无限累，几番错了却因忙。”其反躬自克，不自宽假之处，盖老而弗倦云。以上补《教授集》。

保赤堂记刘应祁

按：应祁，字澹庵，亦字澹山，邵阳人，烈愍公孔晖子也。以父殉难新郑，徒跣三千里，负骨归葬，哀感行路。当事为建忠孝祠，应祁辑其哀挽之文为《忠孝录》。志称，应祁贡士，为一郡掌故文献所寄，风义隐然，非后人所及。与车以遵、蒋大年、王嗣乾、车鼎黄、唐懋载诸人交好。前后聘修志乘者六，典赡详备，而述造多散佚。此记，郡志误作《育婴堂记》。

士人穷居伏处，领诚正之旨，识治平之要，固已得成己成物，体用之全矣。至读己立己达己溺己饥，不忍恻隐诸篇，未有不谓异日倘得志焉，有可以济人利物，当无不为此。其居心立志，似亦人人所共矢。逮身跻通显，遂漠然置之者，此无他，声色货利纷于心，功名子孙劳于虑，而初念顿失，此亦人人之所共蹈，而不可望之一二人。余友太史鹤田车公，少负异才，长列庠序，早有自任天下之重之志。及夫联掇巍科，致身翰苑，历省院二十馀年，家居日少。辛酉，读礼归里。庐居哀慕，严一介之操，惟以一方之疾苦，请命于当事，不啻披发缨冠，惟恐不及，一时闾里咸赖之。见贫民有不能育子女者，每弃之途，时为恻然。因筑室于衢东，为堂三间，颜曰“保赤”。复楹三间，守以老衲。前门一间，门列榻，覆以亭，招民不能乳子女者，录其生年月日，时付儿怀，置门外亭榻，次晨收付乳母。家岁募乳母若干人，视送儿之多寡，月廪给之，资以银帛。贫民有妇能乳者，皆得利之以治生。于是夜送弃儿者，踵相接。公罄其租产之所入，以为育婴费。

属其姻范大绅主其事，而以乡耆萧中正、萧启贵、老衲传衣佐之。是岁，即吉还朝，补兵垣。八月，擢掌科甲子，复掌鼓厅事。计公立朝正色，职司封骏，夙夜在公，义不暇内顾。而家报时邮，无复他及，只以此事为兄侄、戚友致嘱，惟惧一稚失养，一夫失所。此何等居心乎！由兹以推，则在朝之日，凡可以恤民之嘉猷，无不讲求，凡可以安民之嘉猷，无不入告，以赞皇上好生之德，符于重华如伤之隐，轶于文考可知也。尝叹士大夫身受子惠，小民之寄不肯，即痌瘝于乃身，勤疾苦于拯救，力所得为而不为，分所当为而亦不为而为之，仅见于公也。公纯孝立身，忠贞矢志，身无重裘之饰，家无百亩之增。其于一切声色货利，视之若浼。守功名于难进，课儿侄以一经。宜其诚正治平，得全于体用。而恻怛不忍先发，于乡闾异时，入参卿贰，佐公燮理，出抚名藩，日宏衣被。此又不待余言，而可为公量者也。余老矣，欣睹斯举，伸纸疚心，吮墨颜甲，谬述其事，止以为乡人劝。至于记公之堂，永公之泽，尚俟大人先生能文章者簪笔焉。公名万育，字与三，一字鹤田，敏州其别号也。时康熙甲子冬至日。

声律启蒙序蒋允焄

自骈偶之体兴，而著述家多捃摭故实，俪白妃黄，以为□□□。《编珠岁华丽记》之类，洵为征引宏博，穷讨四库矣。邵阳车鹤田太史，尝取对偶，自一二字，以至十馀字，叶以上下平三十韵。所用故实，多取习见。且详为评注凡二卷，命曰《声律启蒙撮要》。余偶得写本，见其切近，易于记诵，思付手民，遍授童蒙。且今功令，凡小大试，以及考课馆阁，莫不以声律为殿最。是书也，非仅为幼学切要之图，且可俾操觚之士，即此习见故实，进而求之，因以穷讨四库，备极宏博，用谐声律，以鸣当代之盛。

岂不休哉！则即以是书为《编珠岁华丽记》之羽翼，殆无不可。书成，用弁数语于其端。蒋允焄识于郡署存朴斋。

同车鹤田都谏游东台山次韵龙孔蒸

《南窗漫记》称季霞与王山长岱夜话诗云："窃听谁窗外。琅然动壁琴。"盖季霞欲与湖上作者，矫竟陵纤弱之习，追踪大雅。而有志无时，与伯修同时遇害。悲夫！按：季霞，孔蒸字。伯修，洪业嘉字，均湘乡人。孔蒸著有《类吟自删存草》。明末，溃兵掠湘乡，携家避石桥山中，以护母故，遂及于难，故漫记云云。诗为《次鹤田都谏韵》，而都谏原作不见，以是知都谏诗所遗不少也。

新梦取次蹑云攀，碧嶂相看一破颜。自笑衰年逢上巳，也随游屐赏东山。梳翎燕子清江外，溅玉泉声古树间。清朗恰添韶日好，兰亭兴句未须删。以上补都谏集

车乳牟先生别传节录车氏藏稿

先生鼎革后，不就征聘，优游林泉，淡然无所营。惟语及有明一代史事，则津津不倦。其指陈二百七十馀年治乱本末，人物贤否，兴废沿革，纪载异同，无不灿如睹掌。所为诗文，直道所得，不事追琢，蕴藉淡远，时与缁流唱和。故序其集者，有陶元亮、王摩诘之目。盖先生大节与性情多似陶，而好佛似摩诘，皆的评也。尝论文病，不真本温饱也，而好作穷语本趋骛也。而托赋泉石，本藉其力而排讦之，以自别本忌，其得而颂誉之，以示厚。又述先德者，多虚美，撰国论者，任好恶，皆为诬而已矣。余不惟不敢，亦不能，观此，即先生生平文行可知。所著《还雅堂诗文》各二卷，又编《邵陵风雅集》凡百数十家，人为之传，俱未刊。子旡咎藏稿于家。

车理中以壬午乙榜赴禀贡资，口占志感二首金堡

莫恨秋风得意难，也须装点杏花坛。由他新贵鳞鳞甚，名世文章亦壮观。

青袍鸡肋总怜渠，兵火崎岖走蠹鱼。切莫早登壬午榜，而今何必不贤书。新科特恩正副榜，并上春官。原注。按：金堡，字道隐，浙江人。明末桂王时，官给事中。刚直敢言，以党事被杖。右诗盖其避地湘、桂时作也。卒为庐山僧，自号澹归。

安城里居寄车理中亲家王嗣翰

老去难求友，常怀旧弟兄。不知牢落后，更垂结交情。久客身如寄，孤衷恩易明。笑人徒欲杀，君可慰平生。按：嗣翰，字价公，号岚叟。随宦读书白下，与海内名流结识。著有《六声亭草》、《延喜堂集》。甲申变后，与弟嗣乾中丙戌乡试。两以词林司马征召，不应。放浪山水间，以陶靖节自比。读右诗，可以想见其人矣。

哭舅氏车理中先生二首陈公禄

岂但伤心念渭阳，斯人亡矣典型亡。胸储文献堪征信，身历沧桑只故常。墨沉淋漓犹昨日，莲花开落杳何乡。眼前便是人天隔，千里魂归梦一场。

少小追随共乱离，爱予谬自许神奇。稍能问字能知对，便与论文与说诗。风味敢云甥可似，渊源夙愿母同仪。从今斗酒谁相劳，白首孤儿只泪垂。按：公禄，字百是，邵阳人。有盛名于时。康熙中，与修《湖广通志》，著有《方园集》。此诗，郡志所载，与车氏谱互异。兹从郡志。已上补隐君集。

留别燕岩侄车鼎丰

事业文章举世空，吾家幸有老雕虫。雪窗同砚时无几，徒逐江流拜下风。按：此诗见《燕岩先生别传》中，亟录之，以补《双亭集》之遗。考是时燕岩方有修谱建祠之役，鼎丰委重燕岩，将还金陵，以诗留别。故云。

车燕岩先生别传节车氏藏稿

先生居常静坐，默识所存，夜分不息，至老如一日。尝论圣学始终一“敬”，然“敬”字浑全不如“慎”字，说得零星，警惕于初学分上尤切。为文字斟句酌，皆体验自得之言。惟不喜作诗，谓诗以自适兴会，不徒以雕词琢句为工。故偶有吟咏，皆出自然，深得温厚和平之旨。其书法遒劲，别成一家，人争宝之。补《贡士集》。

编修车平岳先生墓志铭王文清

先生讳鼎晋，字丽上，号平岳。先世江南润州人，后有别驾于楚者，过邵阳，耽其山水，遂家焉。至高曾祖大敬，膺岁荐不仕。曾祖泌书，由明经教授常德府，事载《楚通志》中。迄万育公，力学益勤，以松脂代膏火，取康熙甲辰进士，拔庶常，官至兵科掌印给事。前后抗疏数十，直声动朝野。子四人，长鼎锡，叔道南，季世南，而则仲则先生也。给谏之志，在移孝以作忠；先生之志，则以尽忠而成孝。幼通帖括，能诗，成童，冠国子诸生。庚午，举乡魁。丁丑，捷南宫，拔庶常，亦如给谏。壬午，典粤西，试得卿君悦等名俊，百粤风气遂变。时给谏退居金陵，先生就养病，则衣不解带，丧则哀毁骨立，恸范太安人早逝，孺慕终身。圣祖南巡，命在籍词臣编校《全唐诗录》，先生与焉。入觐行在，上问给谏卒葬期甚悉。先生退而流涕曰："凡我子孙，宜永佩天语，勿忘也。"后因分献太学，燔肉不至，大声力争，当事以识大体嘉之。嗣是，三朝政治典训、治河方略、玉牒馆诸职，靡不恪襄其事。癸巳，典顺天武闱，李维塞都辈出其门。八旗会状，于是始视学闽中。于简、陈二生之孤寒，则录之；于夏午尼之邪说，则火之；于考亭墓碣宰禾，则葺之；于黄幹、陈淳之从祀，则请之。在官则扁舟萧然，士子负米输薪，舟几为之覆。去后，则踊跃乐输，代清逋负者，至二千馀金。计先生入官凡六转，其间受御书三，文绮一，绿松石砚一，《佩文韵府》一，《周易折衷》一，《明心宝鉴》一。进呈《锄经堂志》一，奉和御制甘霖诗一，而荷宠日隆，自牧愈谨。令嗣敏来、敦本，由科甲牧民，所至皆守先生教。呜呼！给谏移孝作忠之训，先生贵不负也哉。车氏自其曾祖、祖若父，三世皆祀于乡贤。先娶彭太安人，早卒。继娶顾太安人。男子子六人。长东，早殇，彭恭人出。次敏来，进士，官州牧。次敦本，孝廉，官县令。次述，次速，俱国学生，王氏出。次陳，幼，杨氏出。女子子四人。孙男三人，孙女二人。曾孙女三人。生于楚邵阳，没于江宁郡下。葬于前山之阳。为之铭曰：

先生之家，父父子子，世德作求，忠孝而已。父也作之，子也嗣之。夙夜匪懈，式谷似之。灵风徜徉，瞻望故乡。重湖之上，召国之阳。按：文清，字廷鉴，号九溪，宁乡人。清雍正中进士，举博学鸿词。充三礼馆纂修，迁宗人府主事，考取御史。著述甚富，是文盖其为宝庆府学教授时作也。补《督学集》

钝公随笔

明季，新化李一峰天任，字子将，以辰溪训导放归，优游林泉以终。著有《弗荳居近稿》四卷。五言，如“野态难为量，秋光不可终”，七言，如“烟霞有处逢知己，风雨无端哭古人”，颇得唐人三昧。车孝思先生赠以七律云：“过眼莺花不数春，独吟江岸总无邻。若非玄晏无能序，自是青莲有后身。久客已忘江上老，思君欲作画中人。何须芳草迷前路，自觉椒兰气逼真。”其所以推挹者甚至，而两先生气谊，亦可想见。

自五台庵至北塔同车孝思作王岱　按：

岱，字山长，湘潭人。清初荐举博学鸿词科，著述甚富。孝思与岱同游之作，见《逸民集》之二。其末联云：“痴禅与痴庵，气合毋参差。”又自注云：“予字痴禅君，亦有痴庵。”此二号可补《耆旧传》之阙。

耑公寂后五台荒，云水依栖选佛场。第一义今谁荐取，最初机已落微茫。翻江急浪悲船子，枯木寒灰冷石霜。独有春风浑无意，山头依旧百花香。

和车孝思先生寄古灯和尚唐时邻　按：

时邻，字钦子，邵阳人，官荆门训导。有《云归草》、《雪中吟》等集。

高僧如韵士，未见欲开扉。迟我溪三笑，移君锡一飞。花须留菊看，人自食芝肥。闻道镫镫续，何云今古非。

有行脚僧饯汪枚楷回汉阳诗，同孝思先生漫和

暑去无多日，微风吹我凉。砧声分雨响，客况近秋场。醉看庭花落，归思曙色光。朗湖三径在，料亦计腴荒。

次韵答车孝思先生

释旋偡　按：旋偡字山樗，《沅湘耆旧传》称与先生交好。诗境老到，殆亦有托而逃，非常僧也。先生有《怀山樗白门度岁》、旋偡有《访车孝思先生宿楞严庵》诗，均见《逸民集》之四。

荜门风雨剩馀寒，总为花经夜雨残。绿点苔痕缘地湿，青添树色减天宽。掉头不肯因人热，唾面何妨只自干。隔岭听钟知是寺，几能来话寺钟安。以上补《逸民集》。

跋

吾家历世著述，不下六七十种，为卷千馀。其刊于明末者，燹于流寇；刊于清初者，燹于滇兵；刊于前清中叶者，则燹于洪杨之役。此文字之劫，有莫可如何者。今国体既更二十有馀载矣，礼教陵夷，内讧外侮，又纷沓而至。余于铁岭归来，厕足戎幕，每念及先世之坠绪，怒焉心伤。顾以衣食奔走，未能兼顾。壬申冬，老友刘君粹叔，相晤长沙旅次，谓余曰："吾子先世，代有传人，其著述尚有存焉者乎?"余惭应之曰："断简残篇，不过十一于千百，完本则绝无存者。"既而复以书抵余曰："赤焰方炽，世事沧桑，傥弗辑刊，文献何征?况君家元著，散见公私记载者，不可以一二数。吾欲为子搜罗，而成为一家之书，以存其概，使海内人士，知近古以来，门才之盛，不仅王氏七世人人有集，不愈于抱残守缺乎?"嗟嗟！余上不能为晁子健，编祖集之嵩山，近不能如巴陵费氏子，校遗集于三世。而吾老友，有此阐发幽潜之心，是真云天高谊，吾车氏世世且不朽矣，爰举所搜藏者而拜属之。乃吾粹叔即竭数月之力，编之为十三集。且谬以拙作数则，附诸简末。余于惭感交集之下，回忆去冬编辑未半，偶尔取观，居停失慎，稿毁于火。今秋付印时，族子伯夔归自武昌，以校雠自任，余则专致力于措资。乃不两月，伯夔又忽病故。吾家文字之劫，固于是哉！今幸工竣，特谨述其始末于此，以志感云。癸酉立冬后十日，飞跋。

图书在版编目(CIP)数据

邵阳车氏一家集/(明)车大任等撰.—长沙:岳麓书社,2009

ISBN 978-7-80761-145-5

Ⅰ.邵… Ⅱ.车… Ⅲ.①古典诗歌—作品集—中国—明清时代②古典散文—作品集—中国—明清时代 Ⅳ.I214.01

中国版本图书馆 CIP 数据核字(2009)第 001964 号

湖湘文库

湖湘文库编辑出版委员会

邵阳车氏一家集(一、二)

据湖南图书馆藏本校点

著　　者　车大任　车以遵　车万育等
点 校 者　易孟醇
责任编辑　马美著
特邀编辑　蔡志斌
整体设计　郭天民

出版发行　岳麓书社
地　　址　湖南省长沙市爱民路 47 号
电　　话　0731—8885616(邮购)
邮　　编　410006
网　　址　www.yueluhistory.com

印　　刷　长沙化勘印刷有限公司
装　　订　长沙化勘印刷有限公司
版　　次　2008 年 12 月第 1 版第 1 次印刷
开　　本　960×640　1/16
印　　张　52.75
字　　数　614 千字
书　　号　ISBN978-7-80761-145-5/G·685
定　　价　152.00 元

ISBN 978-7-80761-145-5

9 787807 611455 >

国家出版基金项目

NATIONAL PUBLICATION FOUNDATION

王文清集（一）

[清]王文清 撰
黄守红 校点

湖湘文库编辑出版委员会
岳麓书社

湖湘文库

出版说明

湖湘文化源远流长，博大精深，是中华文化中独具地域特色的重要一脉。特别是近代以来，一批又一批三湘英杰，以其文韬武略，叱咤风云，谱写了辉煌灿烂的历史篇章，使湖湘文化更为绚丽多彩，影响深远。为弘扬湖湘文化、砥砺湖湘后人，中共湖南省委、湖南省人民政府决定编纂出版《湖湘文库》大型丛书。

《湖湘文库》编辑出版以“整理、传承、研究、创新”为基本方针，分甲、乙两编，其内容涵盖古今，编纂工作繁难复杂，兹将有关事宜略述如次：

一、甲编为湖湘文献，系前人著述。主要为湘籍人士著作和湖南地区的出土文献，同时酌收历代寓湘人物在湘作品，以及晚清至民国时期的部分报刊。

二、乙编为湖湘研究，系今人撰编。包括研究、介绍湖湘人物、历史、风物的学术著作和资料汇编等。

三、乙编中的通史、专题史，下限断至1949年。

四、甲编文献以点校后排印、据原本影印及数据光盘三种方式出版。

五、除少数图书以外，一律采用简体汉字横排。

六、每种图书均由今人撰写前言一篇。甲编图书前言，主要简述原作者生平、该书主要内容、学术文化价值及版本源流、所用底本、参校本等。乙编图书前言，则重在阐释该研究课题的研究视角和主要学术观点等。

七、对文献的整理，只据底本与参校本、参校资料等进行校勘标点，对底本文字的讹、夺、衍、倒作正、补、删、乙，有需要说明的问题，则作出校记，一般不作注释。

八、甲编民国文献中的用语、数字、标点等，除特殊情况外，一般不作改动。乙编图书中的标点、数字用法、参考文献著录规则等均按现行出版有关规定使用和处理。

《湖湘文库》卷帙浩繁，难免出现缺失疏漏，热望社会各界批评指正。

《湖湘文库》编辑出版委员会

前　言

一

王文清（1688—1779 年），字廷鉴，号九溪，湖南宁乡县（今属长沙市）铜瓦桥人，与王夫之、王闿运、王先谦并称清代湖南“四王”，集文学家、经学家、教育家、诗人于一身，是清康乾时期湖湘学派的一块丰碑。王文清早年以科举进入仕途，致仕后曾先后两次出任岳麓书院山长，多有建树，是岳麓书院最具声望的山长之一。《长沙府志》称“文章德行，望重乡国者，咸为足下首屈一指”。

王文清祖居江西庐陵，明永乐二年（1401），其先王贵与子辅征云南，因功授怀远将军。永乐四年（1403），成祖下诏屯田，王辅奉旨屯于长沙卫中舍（即今宁乡县铜瓦桥），遂举家迁湘，成为当地右族，其后人奉王贵为始祖，王辅为二世祖。王辅第十代孙王元槿，字敷荣，号继山。王元槿子文忠，字宾吾，被老虎咬死，其子王国林身材魁梧，勇猛有力，闻讯，夺父遗骸于虎口，折虎一齿，他自己也被虎抓伤，脏器外流。国林裹腹葬父，从此弃文习武。一日，国林发现一虎少一齿，认定是噬父之虎，于是斗杀此虎，刳其心奠父。人称王国林“杀虎行孝，德泽悠长”，事载《宁乡县志·王孝子传》。王国林之子礼准，字有章，号赤舄，敕封承德郎，晋封奉政大夫。娶妻彭氏，生六子，文清、文沼、文洁、文鸿、文灏、文澜。

王文清五岁入私塾，十岁能文，赴县应童子试。十二岁，被学政潘宗洛取为县学生。康熙五十二年（1713），举湖广乡试。雍正二年（1724），进士及第。雍正六年（1728），调任九溪卫学正（今湖南慈利县），始有“九溪”之号。雍正七年（1729），出谷339石赈饥，全活甚众。雍正九年（1731），改任岳州府教授。乾隆元年（1736），经大学士鄂尔泰上奏，奉调中央三礼馆任纂修。乾隆二年（1737），兼任宝庆府教授。后又荐为内阁中书兼律吕正义馆纂修，参与修撰《律吕正义》。乾隆五年（1740），兼任经史馆校勘，参与校勘《五代史》。不久，改任三礼馆副总裁。乾隆八年（1743），奉旨重校《五代史》。乾隆十一年（1746），诸馆书成，铨叙第一。不久，考取御史一等第三名。王文清学识渊博，时京城有俚语云：“记不明，问文清；解不真，问维新。”（维新者，彭维新也，湖南茶陵人，时任刑部尚书。）众望所归，名动天下。是年，五十九岁的王文清以父老乞请终养。乾隆四十四年（1779）卒于乡，终年九十一岁。

回乡后，王文清曾一度主讲宁乡县玉潭书院，并撰修《玉潭书院志》。时湖南巡抚陈宏谋，在其老家屋前勒石立碑曰“经学之乡”，并作《经学之乡碑跋》，至今碑刻犹存。

二

王文清晚年曾两次入主岳麓书院。岳麓书院是宋代以来湖湘储才造士的最高学府，延至清代，因年久失修，“遂鞠为茅草焉”。时任长沙太守吕肃高对正在修《长沙府志》的王文清说：“吾守此郡，而不能复岳麓书院，吾不能见先人矣！”于是带头捐俸，将岳麓书院修葺一新，并请王文清出任岳麓书院院长，王文清始“以终善固辞”。吕肃高又派鲍司马、魏县尹和明经朱槛登门敦请。乾隆十三年（1748），王文清首次出任岳麓书院山长。

王文清主持岳麓书院期间，除认真训迪生徒外，还为书院办了四件实事。据王文清《岳麓书院四公德政纪略》碑记载，一是解决了办学经费，二是添修了学生宿舍，三是采取了安全卫校措施，四是重修矫正了书院的座向。王文清亲手制订了《岳麓书院学规》，由其受业门人曹盛朝、王如绅等人将其勒石嵌于讲堂左壁，略云：“时常省问父母，朔望恭谒圣贤。气习各矫偏处，举止整齐严肃。服食宜从俭素，外事毫不可干。行坐必依齿序，痛戒讦短毁长。损友必须拒绝，不可闲谈废时。日讲经书三起，日看纲目数项。通晓时务物理，参读古文诗赋。读书必须过笔，会课按刻早完。夜读仍戒晏起，疑误定要力争。”学规分为两个部分，一部分是道德修养，另一部分是学习态度和方法。在道德上，要求生徒孝顺父母，尊师重道，崇尚俭朴，谨言慎行。在学习态度和方法上则要求生徒黾勉勤奋，力辩疑误，并对学习目的，每日功课等都作了明确规定。

学规强调“通晓时务物理”，体现了湖湘学派经世致用的传统教育理念。宋代著名学人胡宏曾说：“得其体必得其用，有体而无用，与异端何异。”强调学以致用，将所学知识与国计民生相结合。著名学者张栻亦主张“留心经济之学”，是以湖湘学派在南宋衰亡之际，涌现了一大批以振兴国家为己任的中兴名臣。明末清初王船山“器中求道”的思想，魏源的“通经致用”，以及王文清的“通晓时务物理”，都是这种教育理念的传承与发扬。

乾隆十四年（1749），王文清入主岳麓书院仅一年，即以居丧请辞。直至乾隆二十九年（1764）秋，巡抚光烈聘请其重主岳麓书院，六年满届后，再由巡抚冯钤题留，掌教两年。期间，王文清曾为《岳麓书院学箴九首》，作为《岳麓书院学规》的补充。由受业门人黄明闲、胡朝仑等勒石嵌于讲堂后壁左侧，用以训勉诸生，人物“诗教”。

此外，王文清还为习读经史者各制订了六法，成为当时受业诸生和学者治学的不二法门。所谓读经六法：一正义，二通义，三余义，四疑义，五异义，六辨义。所谓读史六法：一记事实，二玩书法，三原治乱，四考时势，五论心术，六取议论。

乾隆三十七年（1772），王文清已届耄耋之年，遂以老迈请辞。他先后主持岳麓书院九年，使之声誉再起，“读书士子争束行李渡江”，“书院遂以从此中兴矣”。

三

王文清熟悉各种典籍，通晓华夏文化，于经学、史学、考据学、诗歌皆有很高的成就。早年，王文清崇尚理学，主张经世致用，致力于经学研究，尤其精于《三礼》。大学士鄂尔泰闻其名，荐为内阁中书兼律吕正义馆撰修，撰成《律吕正义》。后又任三礼馆副总裁，注疏校定《三礼》。其史学成就则集中体现在任经史馆校勘时所校定的《五代史》。王文清一生阅历丰富，给后人留下大量脍炙人口的诗篇，其内容主要为纪事、游历、箴规、与友人唱和等。其诗大率古朴自然，简约清丽，意蕴深厚，真挚感人。现存《锄经馀草》、《锄经续草》，代表王文清文学上的成就。

王文清的学术成就，以考据学为最。当清乾隆年间，乾嘉学派的兴起已现端倪，王文清与当时著名学者，同样擅长考据学的方苞等人过从甚密，深受其影响，又慨于“渔猎古典制诸书，窃叹其卷帙浩繁，东藏西库，百宝在前，而不能荟萃归一，缁撷甚劳”（《考古源流自序》）。于是殚精竭虑，旁征博引，著成《考古源流》一书，“为门二十，为卷二十有八，合《三通》、《学海》、《玉海》、《元龟》、《考索》、《衍义》、《典汇》、《裨编》诸本校之，则卷帙不必全收而要义已具是矣”（《考古源流自序》）。王文清的考据学以典章制度为主，所关注的是如何经世致用，与只注重文字训话与经义、名物，脱离社会现实的纯粹考据学有本质的区别。

王文清一生笔耕不辍，著述宏富，有《周礼会要》六卷，《仪礼分节句读》四卷，乾隆年间湖南学使吴嗣富及长沙太守吕肃高主持刊行。《考古原始》六卷，《宋儒理学考》一卷，《读史纪略》四卷，《九溪家训》一卷，收入《宁乡王氏族谱》。《锄经文略》六卷，《锄经寄生草》一卷，《锄经风烛吟》四卷，《海内嘤鸣集》六卷，为王文清与当时海内名士赠答之诗。《天禄赋草》二卷，《四书短篇稿》若干卷，《考古略》八卷，收入《四库全书总目提要子部类书类存目三》。《考古略补》六卷，《锄经馀草》十六卷，《锄经诗略》六卷，版本与《文略》同。以上诸书，多刊行于乾隆年间。王文清逝世后，书版由其子孙藏于铜瓦桥故居，同治初元毁于火。1934 年，王赓猷曾于宁乡县扩大行政会议上，提议刊印先生遗书，未果，只好自行将《锄经馀草》十六卷，《锄经续草》六卷，《考古略》八卷合为一书付梓。未刊行的著作有《三礼图》，《丧服解》十卷，《祭礼解》十卷，《乐制考》十卷，《乐律问对》四卷，《周易中旨》八卷。《五代史考》，一作《五代史考证》，又作《校定五代史》，一卷。《考古源流》六百二十八卷，《行己便记》四卷，《随手杂录》二十卷，《谚语省心录》四卷，《治生要术》四卷，《医方小录》八卷，《阴符经发微》一卷，《寿世丛书》

四卷，《历代诗汇》五十卷，《笔瓒》若干卷。《典制大义考》一百四十卷，此书与《考古源流》同为王文清生平力作。《古今梓玉》十卷，《诗文馀话》八卷。

据王赓猷《重印九溪遗书第一辑跋》所云，王文清未刊行的著作，还有《史事》四卷，《三礼图说》三卷，《经义文便录》若干卷，《文事日记》若干卷，《随便脞录》八卷，《姜氏注解三字经》一卷，《诗文话》六卷，《观其录》若干卷，《四六偶存》若干卷，《地理抄录》八卷，《分类三字经》一卷，《朱子性理吟》一卷，《麓山书院学约》一卷，《短篇宦稿》若干卷等。此外，王文清还曾参与修撰地方志乘，主要有《长沙府志》五十卷，《宁乡县志》十卷首一卷。王文清著述凡五十馀种，约千馀卷，所著尚有选入其他丛编者，如《湘水记》，见于《小方壶斋舆地丛书》。可谓著作等身，洋洋大观。

王文清著述颇具学术价值和人文价值，整理出版王文清遗著，对于弘扬传统文化不无裨益。然王文清著述卷帙浩繁，且多散佚，今仅以民国二十三年（1934）宁乡王赓猷所刊《锄经馀草》、《锄经续草》和《考古源流》节本《考古略》为底本，加以编辑整理，裒为一书，题名为《王文清集》。由于是书文辞古奥深僻，加以时间仓促，错讹间或有之，敬请方家指正。

目　录

锄经馀草

锄经馀草卷之二

锄经馀草卷之三

锄经馀草卷之四

锄经馀草卷之五

锄经馀草卷之六

锄经馀草卷之七

锄经馀草卷之八

锄经馀草卷之九

锄经馀草卷之十

锄经馀草卷之十一

锄经馀草卷之十二

锄经馀草卷之十三

锄经馀草卷之十四

锄经馀草卷之十五

锄经馀草卷之十六

锄经续草

锄经续草卷之一

锄经续草卷之二

锄经续草卷之三

锄经续草卷之四

考古略

考古略卷之一

考古略卷之二

考古略卷之三

考古略卷之四

考古略卷之五

考古略卷之六

考古略卷之七

考古略卷之八

锄经馀草

九溪先生遗像六世孙堃猷谨绘并镌

右九溪先生遗像也。考王氏家谱，先生年六十馀，雕木象自随，每晨起，盥沐毕，必以气呵之，数十年如一日，至今神采奕奕，状貌如生。今岁之夏，先生六世孙赓猷校印《锄经诗草》毕，其弟堃猷乃奉先生遗像，摹诸卷首。如是，则后之学者，得所瞻仰而感发兴起焉。

中华民国三十年七月，后学秦熏陶谨识于耒阳。

叙

宁乡王九溪先生，没于乾隆四十四年己亥正月二十三日，春秋九十有二。越今民国三十年辛巳之岁，已历百六十一年。其六世孙赓猷编辑遗书，先出《锄经馀草》、《续草》二种。先生学业及著述要目，略见李元度《先正事略》、吕泰《十学薪传叙》及罗汝怀《湖南文征》。予昔跋先生遗令，叙述颇详。诗歌特其馀事。然先生生清盛时，被举鸿博，与修《三礼》，纂修《律吕正义》，所与游多当世英贤，往来倡和，今存《海内嘤鸣集》。归，主岳麓书院，手书学约，训迪生徒，于吾楚诸儒，最为老师。今其诂经考史之书，虽多灰灭，而学者先睹是编，怀乡国之风流，景康、雍之耆献，必有流连慨慕兴感于无已者。赓猷家世清贫，丁兹世乱，乃能刊行先集以永其传，予以是幸名贤之有后，而望故家子姓，闻而知效也。

中华民国三十年辛巳闰六月，长沙后学李肖聃叙于湖南大学辰溪分校。

叙

宁乡自北宋置县以来，其时风气未开，承学之士大都习于浅陋，虽诗文小道，未有能为之者，遑论经史有用之学。自易尚书山斋，以经学著称，始有撰述。然其书不尽传后，仅于《永乐大典》中得《周礼总义》一书。吾宁经学自《尚书》始，前未之闻也。明清之际，工诗文者稍有传人，而专精经术者绝少。康熙时，有王先生九溪，独治朴学，淹贯群籍，卓然为一代鸿儒。晚年主讲岳麓书院，以群经教授诸子，阐发先儒性道心传，梯航后进不少。吾湘学蔀为之一开。如是，大湖南北，莫不知九溪先生之名。先生初以进士举鸿博，充三礼馆撰修，兼律吕正义馆协修，当时已为桐城方望溪先生所推重。湘抚陈公宏谋，表其里门曰“经学之乡”，其倾服有如此者。先生著书凡千馀卷，不戒于火，板尽毁。今先生六世孙赓猷，广为搜集，得十馀种。恐其散佚，先出《锄经馀草》及《续草》二种，为之排印，以永其传。夫诗固学之馀也，不足为先生重，而先生自名之曰《锄经馀草》，亦未尝以此自重。而其诗温厚和平，情深体正，不矜使才气而才气自昌，是又为经生家所不能及。高沙夏公之蓉，称其“包孕宏富，如泰山华岳”，洵不诬也。然当世竟无诗名，特为他学之名所掩耳。书既成，赓猷属为之序。夫先生之文章学问，固已名当时而传后世矣，奚待予言？且以棫之肤浅，亦不能赞其高深也。惟是赓猷厚其先人之心，在今日尤不可得，是即先生遗嘱中所谓“克家之子，象贤之胄”，无愧也。兹谨叙赓猷重刊是书始末，为之序以归之。

中华民国三十年辛巳闰六月，同里后学廖基棫谨撰，时年八十有一。

叙

古来文学并称，而文实与学异。司马相如、邹阳、枚皋之宏丽，左思、潘岳之华茂，非不冠绝前后，然可以谓之文人，而不可谓之学者。其所谓有学之士，必如应奉、张安世、邢劭、夏侯荣其人，而后足以当之。近世庐陵、眉山两公，并以文章享赫赫名，而考其所学，曾不及沈存中、刘贡父什之四五，当世以此为嗛焉。况乎刻划虫鱼，雕镌风月，磨精耗神，日以精研声律为事，而其他一无所长，如沈、宋、岑、孟之属，尤其卑卑不足道者。夫诗，固学之馀，而文之一端也。吾同年九溪先生，谢纂修之役，布衣疏食，杜门穷山中，绝意轩冕，啸歌自得，盎然有邵尧夫、陈公甫之遗趣，其诗故皆可传者。然泰山华岳，包孕深富，其必不但以一草一木见奇也，审矣。昔者司马文正公作《资治通鉴》，上下千三百六十二年，其中顾无一文人姓氏，藉非“出师未捷”二语为王叔文所诵，则虽能诗如杜子美，亦将湮没而不彰。九溪辑《考古源流》一书，骎骎乎有囊括百代之学识以之追配前哲，何多让焉？诗也云乎哉！

乾隆己巳仲夏月，高沙年眷弟夏之蓉撰。

清史《儒林传》

王文清，字廷鉴，湖南宁乡人，雍正二年进士，授九溪卫学正，转岳州府教授，以忧归。乾隆元年，举博学鸿词报罢。十四年，大学士史贻直、阿克敦，侍郎梅瑴成，俱以潜心经学荐，诏分修三礼。逾年，选宝庆府教授。大学士朱轼奏留，改中书科中书，分修《律吕正义》，迁宗人府主事，寻乞养归。十七年，再举经学，以父丧不赴。文清淹贯经籍，尤深于《礼》，在三礼馆时，为桐城方苞所推挹。尝著《周礼会要》六卷，约括注疏诸说，疏通字义。又著《仪礼分节句读》，以句读为主，略有笺注，不欲其繁，皆便读者。又著《考古源流》六百二十八卷，为门二十，自序称合《三通》、《学海》、《玉海》、《元龟》、《考索》、《衍义》、《典汇》、《稗编》诸本校之，卷帙不必全收而要义具足，折衷间出鄙见而臆说则无，凡肆力三十馀年，以力绵未能付梓，乃先择其浅近切要者为《考古略》八卷。他著又有《三礼图》五卷，《丧服解》十卷，《乐制考》十卷，《乐律问对》四卷，《周易中旨》、《阴符经发微》。校定《五代史行己录》、《家训治生要术》、《锄经馀草》、《诗文略》等书。文清归后，布衣疏食，杜门穷山中。桂林陈宏谋抚楚，敕碑所居曰“经学之乡”，聘主岳麓书院，成就者四百馀人。年九十二卒。

九溪先生论诗法十则

一、诗发乎性情，则精神自畅。“三百篇”所以动人者，此也。否则，不乐而强笑，终不解颐矣；不哀而强悲，终不下涕矣。

一、诗贵有气骨。诗之气骨，人之气骨为之也。其人刚介磊落，诗必似之；若靡靡然随波逐流，则不免作脂韦态矣。昔人干进乞怜诸诗，贻诮至今，亦气骨不劲耳。

一、文章必以理胜。诗赋乃有韵之文，六经谈义理极细，诸史分善败最详，闻此道者，自议论纵横，滚滚不竭，倘胸无根柢，而徒取材艺林中，纵极工致，然风骨不凝，寻味甚短，亦潘、陆牢笼中物耳，于曹、陶、杜、韩诸家之旨未之闻矣。

一、立言必关世教。或自写襟怀，或酬答往来，或感物而赋，皆必不诡乎正道，方不悖古人立教之旨。故小物亦可寄情，艳词亦可遣兴，但其归宿之处，必有劝戒，言方可传。

一、声调必称体裁。诗各有体，而声调随之，如五七律，自当按绳格，古诗自可任纵横体也。或见昔人有变此者，遂效之以为别径，往往以律诗而聱牙佶屈，以古诗而直率说尽，于体合乎？且学古人而拾其偶一为之者，可谓善学乎？

一、诗有结句、煞句，乃一诗结构，或收拾通首，或另寻去路，总不可苟且了局。昔之大家亦有犯此者，虽无损其本事，然苍苍莽莽而来，至结则强弩之末，不穿鲁缟，神致索然，遂令通首雄健处亦为减色。可不戒乎？

一、取法必向乎上。诗如宋、金、元、明，尽多佳作，竟有冲突前贤者，然唐音独自矜贵，汉魏更觉古淡，后来许多播弄，许多渲染，皆不能脱其包孕。其故难言，学者自得之。觉土饼尘羹，空足饱人，不耐咀嚼矣。

一、用事全贵能化。大家未尝不用事，但用之而不见饾饤之迹，大抵质用不若借用，明用不若暗用，正用不若翻用，整用不若拆用，顺用不若逆用，直用不若横用。腐者新之，板者活之，生者熟之，直者揉之，散者拃之。以我用事而不为事所用，此用事之法，亦诗家之一助。

一、诗贵风雅宜人。彼以腐烂帖括为诗者鄙，已然又有储材颇富而亦词不成章者，饾饤之弊与空疏等耳。此处见博洽之功，尤可验陶铸之力。

一、诗贵慎言。古人咏歌时事，皆立意忠厚，出语严庄，诵之令人起敬。后世轻薄子，或不遇而生怨望，或不合而刺当涂，往往以文字贾祸，则何益矣？吾辈值此盛世，惟宜值松风桂月，斗酒良朋，歌咏太平耳，或因时观物，偶有规讽之作，要不可有一毫出位之意存乎其间，此士夫安身立命之一节，不可不知。

吾师论诗法甚详，今特撮其要旨，为十则于右。

受业德保谨录。

锄经馀草卷之一

甲申冬书怀

伟哉古之人，垂髫抱大器。我年已成童，百不逮一二。簪花出泮宫，童心殊未弃。六籍窥其郛，难逆古人志。鼮鼠及傒囊，岂预经纬事。问寝逢重庆，无忝尤不易。帷闼十步中，慎哉根本地。迢迢程万里，理轫从此始。

初夏山庄

春归曾几日，物态换山庄。出水鱼吹浪，环巢燕语梁。雨蒸梅子熟，风卖杜鹃香。好趁天长昼，田家事事忙。

题雪屋高枕图

柴门封入绿云堆，一榻萧然扫处开。鸡鹊月深无梦到，灞桥风冷少人来。卧中香沁梅花骨，醒后寒销竹叶杯。莫问黄粱曾熟否，玉山不夜是蓬莱。

洞庭五首

淼淼浮空碧，秋来九道漫。波平云自涌，风静日生寒。天际君山出，湖心磊石蟠。何人怀利涉，且莫问渔竿。

扫尽秋空浪，溶溶月满湖。帆迎清露湿，城宿野天孤。帝子陵何处，骚人迹在无。乾坤悲日夜，飞渡只须臾。

柁楼频怯望，南北影漫漫。野浪兼天白，湖风带月寒。纤毫孤屿在，一发远山残。空阔穷飞鸟，何从息羽翰。

此中千古恨，洒酒吊当年。湘泪斑犹湿，秦灰树不燃。晓云横楚泽，秋水泻吴天。欲度江峰曲，何人为我传。

八百重湖水，飘然一叶东。不须浮海去，已自洗天空。吴蜀浮沉外，江湘混沌中。老蛟归旧壑，未肯试长风。

五岳图歌

元气淋漓浑似水，凝而为山何俊傀。中有五岳冠其方，一览万山丘垤比。巍哉岱宗拔海邦，天门日观苍茫里。好乘明月种桃花，洞口水帘卷不起。石壁崭崭削难成，苍龙飞舞盘山址。巨灵鬼斧凿何代，仙掌一伸聊运指。祝融九面绕潇湘，三十八泉何弥弥。烟霞峰下吊山人，衡云一开八百里。孤峰飞自浑源西，太元泉窦流苍紫。神草虚传十九种，采采几人曾不死。岧峣伊阙镇中州，陆浑山头瞻洛涘。今日如闻万岁声，学舍嵩阳森杞梓。古来巡狩重华肇，律度必同还协纪。五礼五玉百灵朝，周道重修尚如砥。秦封汉禅何为者，有德之君歌戾止。与山同寿奠安长，维岳降神产多士。幅员绣错神京卫，尺天寸地皆同轨。此图珍重贡明堂，万国山川归掌底。

诵古诗荣名为宝句有感

可怪昔人语，为宝在荣名。荣名非不贵，却恐愧平生。古者修天爵，万物于斯托。所宝只在兹，声光何寥廓。

题醉石道人小像

莫求勾漏令，即此便神仙。乌几书随读，青山石好眠。壶中移小日，花里度长天。开眼看桑海，偷闲正少年。

家元伯至

寸心同得失，匹马遂匆匆。袖重垂鞭雨，花骄拂面风。纸窗凉入夜，池水净于空。谈剧翻无语，高天月正中。

高堂

作客四千里，晨昏一载违。倚门人渐老，捧檄我何为。未识归时路，空牵梦里衣。楚山春寂寂，不见白云飞。

送客

深云迷去路，落照送岐途。莫厌江村冷，还来玩野鸥。

送友从戎

壮尔能投笔，雄材不久贫。封侯诚有命，贯札又何人。

雨中忆山斋

云深封野径，水涨失山桥。薪木亭亭绿，新枝发几条。

旅中思亲

漫道英雄未白头，高堂日月倩谁留。壮心岂为谋微禄，膂力空能事远游。梦里关山同早晚，天涯寒暑各春秋。书来齿发还无恙，寄语行装且莫收。

客至

寒夜青灯笑，开门客抱琴。为君听一曲，风雪亦知音。

癸巳榜发恭纪

岁干在昭阳，支曰大荒落。圣主盛春秋，甲子苞堇萼。宇宙溢太和，万物游咸若。夔龙晋大章，寿考人文作。帝命采兰芷，秋香春绰约。是岁以春二月开乡科。微臣甫弱冠，忝备笼中药。错薪抡翘楚，九皋引鸣鹤。同谱多耆宿癸巳一榜得人最盛，桃李公门托。敬听鹿鸣歌，侍宴承三爵。侧席自岩廊，书生行释褐。报国事如何，赤手虎难缚。百拜祝天子，纯嘏齐衡霍。

虚舟道人夜谈

此调如今久不弹，对君犹见古衣冠。童颜未觉须眉改，深夜翻教骨髓酸。墨有淡香流石窍，笔沾清露点金丹。道人独作青山主，相送前溪月色寒。

舟中晚兴

棹歌迟落日，趺坐信溪流。浪静鱼龙伏，云空星斗浮。野花香扑扇，江树影随舟。千里多情月，依依入舵楼。

馌女

布裙分草色，款款慰良人。衣食供多口，耕耘累一身。酒香知味老，语少为情真。陌上怜新绿，山花满路春。

稻秧

春深嘉种苗，百亩片畦中。清浅平池水，轻和四月风。花飞明绿野，鸟下点青丛。布谷知人意，催农早拨工。

春游

春到江天外，行吟尽日忙。林深云共暖，花落径留香。

春农

雨收蓑未脱，月上犊方眠。稼穑君王重，图书下九天。时颁《耕织图》。

赠内兄廖殿飏

相顾馀筋骨，雄心可奈何。青山招客少，白发负人多。马革沙场梦，牛衣石烂歌。晚成惟大器，迟暮勿蹉跎。

目病

闭门深似谷，独坐静于山。不见人间事，浮云意往还。

解馆示诸生

去矣离吾党，他山鹤又鸣。槃阿谁独宿，岐路尔孤行。天尽飞云乱，林空落日横。倚门人望久，方寸自怦怦。

惊马桥成赠欧阳老人

补地红尘断，横天绿水春。纷纷联辔客，题柱属何人。

辰龙关

南国承平久，关门空钥鱼。辰龙天堑险，何必赋攻车。

馌女

弓袜沾泥湿，山花插鬓香。辛勤相劝语，九月索官粮。

游洪鹤千竹林二首

绿阴迎小睡，幂幂午云生。谁唤先生起，风来竹有声。

好风开醉眼，不放手中杯。漫道天将暮，林梢碎月来。

竹

独抱区区节，不冷亦不热。能生六月风，还耐三冬雪。

春风示学徒

小苑春风至，花心怒自开。化工虽巧甚，无术点枯梅。

观剧

一番宇宙一番新，装点须眉独入神。大笑浮生同此意，可怜当局失其真。九原歌哭空酸鼻，千古英雄尽蹩躠。休恨史臣编未到，非非是是问斯民。

不雨

望望密云生，炎威殊未歇。满耳桔槔声，江皋残月没。

秋雨

云锁高天未肯开，萧萧风雨正相催。晚山径滑流黄叶，浅水池通出紫苔。梁父独吟思孝子，金公何窍问婴孩。莫愁霁后斜阳短，海角清光早上来。梁父歌乃曾子作。

猫

老猫常苦饥，厨下空如扫。翻谢鼠多情，啮馀分一饱。

月下感怀

素琴短剑晚风前，弹指光阴廿七年。壮志若何聊问月，清时如此敢悲天。松林谡谡涛侵枕，草露垂垂冷入毡。击节高歌还自笑，书生无梦到凌烟。

旅夜

萧萧众籁总凄清，独有离人梦不成。何处江乡秋万里，遥天湖海月三更。波翻云影知鱼跃，露湿丹砂动鹤鸣。壁上绨衣凉正好，长亭晓色又前征。

晚兴

不着羊裘不鹖冠，晚风迎我傍阑干。疏疏烟火穿林出，隐隐星河浸水寒。壮骨自经秋气老，雄心为读楚辞酸。有人步月寻何处，白石溪头竹万竿。

读昌黎《送穷文》

不信昌黎亦送穷，送归何处问秋风。丈夫岂作逢年计，吾道原非卒岁功。春草芃芃帘外绿，晚霞片片岭头红。一从宰相书三上，潮鳄衡云事欲空。

同雪村老人登舟

点点征帆影，飘然下洞庭。老龙吹雪浪，飞虎望江亭。日落孤峰碧，风翻两岸青。巴陵千斛酒，偏醉少微星。

早行

莫为天寒怯早程，迢迢长道此先征。驿灯送影人犹梦，秋草嘶风马独行。暗里不知岐路辙，耳中空得好山名。歌喉舞袖休相顾，肮脏男儿别有情。

桐庐道中

又作钱塘客，潮来枕未安。海风吹面黑，江月照心寒。事业浮名累，乾坤大梦残。富春人万古，烟景问渔竿。

偶成

自古程士品，往往后文艺。八代事靡靡，世教遂沦替。唐宋诸先儒，张拳救其敝。六经十七史，光焰照天地。慨自帖括兴，滥觞成典制。簪笏此津梁，刍狗而利器。三村达辟雍，白首无馀事。经史且高阁，遑问诸子义。故纸任乞灵，肉碑元没字。束发我鼓箧，岂无逢年意。只恐饰虚车，销此少壮志。恭读古人书，枘凿凭人世。

山庄即事

一辞阛阓入山林，独寐吾庐万古心。十亩不锄春草茂，小亭闲锁断桥深。风敲松子填苔径，露湿蛛丝罥竹阴。为语痴人休咄咄，乾坤许大尽行吟。

题画

潜虬孤壑冷，老凤一枝清。长啸何人发，虬吟凤亦鸣。

洞庭口号

凉风何处起，吹乱夏秋天。为觅君山影，蒙蒙入晚烟。

友访不值

儿童晏起闭吾庐，岂意匆匆度使车。瓮底月沉他日酒，案头云掩几行书。十年心事寻蕉鹿，万里关河笑磨驴。曾是深秋风雨伴，燕来雁去竟何如。

有忆

斯人久不见，望望倚阑干。柳色秋江老，芦花夜月寒。梦中同醉醒，灯下各悲欢。应念孤征客，霜貂旧已残。

和东坡咏雪

北来风力正森严，未许尘埃着一纤。落日偏留长昼色，连天竟失乱山尖。好披鹤氅频沽酒，独对梅花不卷帘。翻羡烹茶闲学士，竹炉汤尽有人添。

随风飞舞故斜斜，野色翛然透碧纱。有客乘舟溪入兴，无人和曲手空乂。但看天地连朝合，不受云山万叠遮。今日尽堪开孔眼，胸中那复着微瑕。

早行即事

鸡声嘹亮唤重关，驿次残灯照客颜。晓露浓浓凝宿雨，宵烟漠漠欲吞山。旧袍带断寻绳续，瘦马鞭多就镫顽。却羡路西茅屋里，有人鼾睡野云间。

蛙鸣

井畔池边草色青，呶呶何事故叮咛。春深夜静偏簧鼓，搅乱书声不可听。

寄同门周芾斯

关西分一席，此谊竟连枝。春入他山里，秋深在水涯。文章先我老，肝胆只君知。莫负殷勤意，英雄各自期。

远归二首

去时池上柳，春色正亭亭。此际逢摇落，谁知眼尚青。

云树休相笑，江湖路正多。归来人未老，那得谢风波。

友人客淮浦寄讯

衡阳几度送征鸿，矫首依依向祝融。冰性岂随炎世热，天文不爱画山工。人栖海国云千里，梦入淮城月满空。问我别来何处住，沩峰万仞小溪东。

牧马

千里思劳尔，宁徒栈豆供。长林丰草外，任牧五更风。

田家社日

田家无礼数，长跪谢勾龙。酒老开新瓮，村深召午饔。衣巾扶白发，蓑笠挂青松。醉倒桑榆下，山云密密封。

夏日

寂寂南窗下，翛然酷暑清。竹阴随日转，松韵受风鸣。高枕羲皇梦，空山鹿豕情。几番车马过，不问野人名。

送别

游子上扁舟，去去丹阳路。挥手旧酒徒，望入寒江树。

舟暮

倦鸟下沙汀，孤舟依古渡。好月欲衔山，寂寂江村暮。

瓶鱼为刘十又赋

区区鳞甲拥光辉，分得龙门水一围。羞向泥沙聊曳尾，肯惊雷雨试高飞。移来丙穴窥天小，跃入冰壶具体微。几度羡鱼辞钓客，不寻香饵不身肥。

读史

酒酣按剑为何人，夏鼎迁馀故事频。七制未终犹有汉，六王才毕已无秦。龙飞顿觉风云起，虎变偏教草木春。千古英雄休跃马，乾坤定位是君臣。

洋画赠刘十又

纤毫落纸任纵横，素壁磷磷照眼明。咫尺山川成幻境，微茫云树起秋声。天西怪物飞来贡，海外奇文写不成。坐卧须臾游万里，仙槎焉用泛蓬瀛。

下第和唐人岸同年

下第寻常事，文章莫浪传。有人千载后，为我问苍天。问一作哭。

悼学徒秦槐

自失秦槐久，临岐忆暮天。可怜曾一别，相见是何年。赎尔予无策，亡之命固然。毁妆人正少，好续柏舟篇。后槐妻胡氏守节抚孤，予为采入郡邑志。

春郊

山色围荒野，春深一望中。牛衔新草绿，马踏乱花红。曲曲平桥水，轻轻短笛风。石边谁醉卧，藤杖白头翁。

辰龙关

雄岩南国壮，绝壁倚天孤。锁钥司夷夏，风云乍有无。清笳今已静，白骨古曾枯。万丈金汤地，当关只一夫。

辰江明月阁

山阁层层锐，江流脉脉遥。一拳顶上屋，孤灯半空桥。秋早天寒热，风高石动摇。划然长啸起，万木正萧萧。

水心寨

寒潭围四面，一寨水中央。壁立星河动，亭孤雾雨香。桃花浮峡口寨与桃源接境，明月射山房在明月阁下。莫怪先秋冷，棱棱石上霜。

野望寄扶南老人

落落长空外，人居第几峰。寒花清露滴，茅屋白云封。

七月望日即事

七月十五日，俗传中元节。家家接其先，虔恭不敢亵。古来无此典，知是衰世设。我向嗤其妄，今意殊凄切。哀哀霜露情，至此肝肠裂。黄泉又隔年，魂归共泣血。茶酒趁时供，纸钱千张爇。妇女奠且拜，逡巡候饮啜。祈梦冀相逢，梦醒纷呜咽。夜闻步履声，謦咳直欲活。毛发为之竖，九原气未绝。吁嗟蚩蚩氓，追远事疏阔。秋到数归期，赤子心如揭。豺獭念区区，力为暂时竭。此法堪教孝，可守不可灭。辽家岐树下，生日事全别。同此报本心，典礼何曾戾。

中元示诸子弟

令节教野人，天心资感触。君子不谓然，孺慕终身笃。孟子期扩充，子思教致曲。尽兹赤子心，至孝胡不足。风树何时静，空负仁人粟。春露亘秋霜，日夜中元续。

旅中口占

欲觅家山梦，湖平月上时。月斜潮又到，归梦尚迟迟。

不寐

挑灯寻短梦，梦断五更头。蕉雨鸣风急，寒天日夜秋。

酒后口号

节序逢摇落，飘然大海东。哀蝉何意绪，偏在月明中。

春桂花

寒山落后老毵毵，独与纷纷紫翠参。移种可曾由月窟，飘香何必出淮南。莫言花友徒居一，已觉春光得占三。却怪八公来太晚，幽芳早发不知探。

即事寄看云道人

僻地年来学荷锄，中间一径为新畲。门前不剪齐腰草，几畔常摊便手书。春到偶寻花鸟伴，山深莫讶友朋疏。知君岭上看云足，出岫何心问太虚。

惜春

我在春中不觉春，春残空作负春身。溪山无恙莺花老，为谢楼头歌舞人。

月下小集

晚天如洗一轮高，莫遣清光照二毛。吾辈岂须团鹿豕，而曹偏肯到蓬蒿。杯添菊圃三更露，醉听松林十丈涛。童子何知惊末坐，尊前愿解吕虔刀。

野渡

芦叶丛中一艇横，渡头荒寂不知名。双双鸂鶒浮寒月，片片沙鸥浴晚晴。

赠徐一序东

落拓年年怨路难，天涯风色任漫漫。相逢谁进王孙饭，此去空愁范叔寒。聚散独怜湖海伴，行藏不碍水云宽。旗亭一盏伤春酒，长剑铿然为汝弹。

饮村酒

不费招呼过短墙，野云疏雨共襄羊。老农席绕衣冠古，村酒杯流秫稻香。聊向豆棚偷暇日，漫惊蟋蟀入中堂。醉来忘却升平福，只觉田家岁月长。

盆石

巉岩元是丈人尊，偶为分身贮一盆。方寸移来开雾眼，半拳凿得动云根。青苔漠漠随春老，寒月团团入水浑。寄语谢公休蹑屐，只从几上俯昆仑。

怀洪孝廉同年

青鞋久不到山庄，一榻萧然对晚凉。西郭堂开天寂寂，南华卷掩月苍苍。雨敲梅子填花坡，风落松脂满石床。却对故垆思酒伴，竹林犹带墨池香。

灯罩

短檠何术拥圆光，裁得山窗纸一方。独敛精华天隐隐，长笼星斗月茫茫。蛾飞未许撩书烛，风起焉能乱草堂。信尔立身清白甚，夜来犹不混毫芒。

老人

老人九十尚童颜，大笑浮生几日闲。棋局已残忘楚汉，酒瓢长伴醉江山。泠泠石髓和泉出，菽菽松花引鹤还。偶枕双肱寻小睡，乌皮几在白云间。

老友过访

午云封处失柴关，曲曲寻来水一湾。十载梦君长似旧，岂知双鬓已斑斑。

隐者

不拖朱绂不乘轩，把钓聊依浅水村。姓字何须传宇宙，行藏无复问儿孙。蛟潜幽壑和云卧，鹤饮清泉带月吞。有客抱琴逢醉后，醒闻长啸出苏门。

漫兴三绝句

诗情怜贾岛，茶味忆卢仝。清魂犹未死，寒夜雨声中。

多情惟夜雨，无赖是秋风。芳草年年老，送尽白头翁。

昨夜梦登舟，瞬息归千里。君山一点青，茫茫洞庭水。

桃花寺

洞门深锁自重重，人到寒山第几峰。古路直随清涧转，香台常被晓云封。猿呼野鹿衔新草，鹤引邻鸡宿老松。莫向武陵渔子问，桃花何处不相逢。

灯花

肯与芳丛斗早迟，热心怒处是开期。四时无改春宵色，长夜偏垂月窟枝。岂有风霜侵晚艳，未须雨露润天姿。纷纷蜂蝶争飞去，自扑痴蛾独不知。

运艘

舳舻滚滚接黄河，天下输将尽此过。岂是太仓陈粟少，自来下国正供多。吴江水满三千里，海口潮迎十万舸。玉箸有恩分赤子时有截留之命，圣朝食货惠如何。

游山示同人二首

诸君何事歇山腰，我向峰头举手招。为语后来防路险，行行须似度危桥。

可怪同游唤转身，翠微深处未曾亲。举头又羡他峰好，领略青山合少人。

辛丑三月十八日恭祝万寿二十韵

纯嘏弥先古，恩波渐八荒。瑶图春浩浩，宝鼎日煌煌。扫尽欃枪影，同游福履乡。鹓行争济济，兽舞共跄跄。阁道通行跸，离宫出建章。高嵩呼井牧，重译会梯航。露滴铜盘白，醪流玉瓒黄。金炉欺月艳，银烛吐星光。彩织天孙锦，羹调帝子浆。韶箫吹翙羽，仙曲奏霓裳。斯乐公寰宇，蒸黎媚我皇。云门迎紫气，花萼满清香。士女环阛阓，旄倪识帝王。太仓颁月米，法酒酌宗潢。锡类前何烈，贻谋后又昌。璇玑周少昊，蓂叶续陶唐。千亿于今始，来牟自昔康。华封传北里，臣朔是东方。敢逐齐民队，借称万寿觞。耄勤常不倦，持此祝当阳。

长沙忆草堂

几轴遗书一茆堂，江头西望只微茫。未浇瓶水花容瘦，谁扫春庭草带长。寒日薄来峰隐隐，野云封处树苍苍。家园百里犹搔首，况是登楼在异乡。

闱中和黄实庵同年，时实庵年六十有四

刻烛登坛五十年，文章曾许万人传。狂澜无砥知何似，老树生花独不然。斗北劲风回紫极，溟南健翮负苍天。龙头此会看成局，肯让时髦一着先。

礼闱呈同号诸君

海宇各风烟，萍逢不偶然。乡音初未识，臭味自相怜。待旦窥残月，寻春趁早天。向来曾共此，一别又三年。

戊戌出都

莫叹驰驱又一春，磨砺无恙百年身。莺花老尽山中景，风月平分路上人。亦有舌存羞挟策，久知金尽不忧贫。鸡声早唤南归伴，汉水湘江免问津。

披衣

披衣欲出门，到门步还止。门外荆棘多，霜露正弥弥。回身独掩扉，懒逐浪游子。须臾清风至，习习乌皮几。与汝成故人，往复秋光里。

榜后送家观楼同年归潜江

莫须众里独嫌身，清浅潜江水自春。行矣不须论笋橘，归与尚及饱鲈莼。羲农以上无他梦，箕颍之中得几人。漫羡洛阳花下客，十年我亦共征尘。

下第和夏观川太史

压头何物敢悲天，曾读南华第一篇。花鸟多情春老尽，江湖有兴月凄然。东关又见终生去，广武空教竖子怜。不信清时徒白首，夜来还梦赋甘泉。

和朱序五下第归衡山

霭霭暮云深，归途何处寻。不挥千古泪，别有十年心。诗酒还空谷，莺花自上林。祝融秋正爽，此去好披襟。

大风辛丑

何物洪炉鼓噫气，石走沙飞如喷嚏。毁窗抉屋撼重门，大有神人驰铁骑。出门闭眼亦生花，咫尺鲸钟失鼓吹。黄尘漫漫改须眉，乾坤簸荡三光悸。白发萧萧痴老子，搔首顿足愁天坠。可怜百卉正芳菲，秋风未到先憔悴。吁嗟乎深山猛虎凭其威，百兽窜伏将何依。浮沉鱼鳖波中泣，蛟螭得势欲高飞。幸逢圣主敬天天息怒，五日一风十日雨。不破块兮不鸣条，浩浩元气还太古。

从军行送陈讱叔御史

有客自负樽俎略，当年曾笑乘轩鹤。食君之禄任其事，万里宁辞备锁钥。鸡肋腰间弓箭横，铠甲为衣毡为幕。仆从授鞭扶上马，按辔徐徐不敢下。金戈夜枕卧春冰，铁衣枝撑无冬夏。衔枚肃肃悄无声，残月苍凉空四野。邂逅道旁询戍卒，青海沙中堆白骨。行行回首指乡关，望尽南天飞鸟没。大将军中令最严，尚方有剑宝光铦。军中安用谈文墨，指挥玉帐掀长髯。梦中出塞交锋亟，矢贯兜鍪戟交臂。一声刁斗惊觉时，汗液浑身沾襆被。未知何日凯歌旋，桐酒芦笙聊一醉。吁嗟忠孝大义霜日明，楼兰齿剑是书生。平生久羡百夫长，莫使毛锥恨不平。

送陈沧洲先生视河二首

轺星昨夜带芒寒，持节匆匆上锦鞍。闭阁十年思补过，扬帆何计可安澜。梯航西北劳民易，保障东南报国难。此去鱼龙应抃舞，长孺今日起为官。

长堤蚁穴久难寻，防口如斯自古箴。老去肯忘天下溺，春来还念岁寒侵。一人宵旰其鱼痛，万里澄清揽辔心。行矣大川期作楫，平成从此赞高深。

农家即事二首

莫令黄犊饥，为割青青草。犊长力任耕，三秋一家饱。

官租须早送，莫惹吏胥催。松火烧新酒，只唤比邻来。

水中雁字四首

偶然草草学临池，未是文章未是诗。直借洞庭为一纸，白描不用墨些须。

莫讶涂鸦混太清，空中点画倍分明。可怜苍古人难织，段段龙文勒水晶。

壑底潜蛟是蠹鱼，几回吞吐古图书。漫言鸟迹人间少，欲借衡峰作石渠。

笔阵横斜过五湖，蘸将寒露出冰壶。十分秋色年年写，写尽江天意思无。

月月红

绝无摇落意，长在艳阳中。花信番番换，天工节节同。非秋偏好月，何日不春风。十二芙蓉面，朝朝为尔红。

旅怀

萧萧桑柘外，十亩绝风尘。丘壑荒游子，烟霞念故人。如何千里梦，劳此百年身。独爱南来鸟，还催道上春。

送武太守丁艰归

鲁山咫尺出嶙峋，空谷迢迢谢后尘。自有和风吹烈火，由来孝子锡仁人。秋凋萱草横江白，雨濯棠花满路春。竹马再迎何日事，湖光澹荡石粼粼。

山中夜示穿窬三首

不须惊犬吠，尔入亦徒然。衣典三春酒，琴焚五夜弦。萧条曾自笑，落拓应相怜。欲报辛勤意，残书有数肩。

饿死寻常事，胡为觍尔颜。老生空牖下，君子在梁间。村僻鸡声静，家贫犬睡闲。青毡怜久敝，霜露满深山。

志士能沟壑，如何辱此躬。知君非得已，恨我亦奇穷。心怯银灯影，魂惊铁马风。市朝人暮夜，那处不相逢。

白兔

皎皎天然色，罝间尚纵横。中林才欲脱，三窟已空营。八月游无影，抽毫染不成。草间馀种在，猎犬莫旋烹。

仲夏初日即事

才近端阳候，浑如长夏天。冰心难免热，葛屦厚于棉。扇破风无力，金流日不怜。晚行清露下，新草正芊芊。

赠吴宥函太史二首

贱卖文章四十年，知君回首转愀然。卷舒淮海陂千顷，照澈吴江月满川。事业尽从华发补，声名岂待秘书传。百朋一字劳相锡，古色斑斓映楚天。时序予稿。

右持酒具左持螯，此愿多违首独搔。落日西风悲老将，残更秋雨诵离骚。梦骑燕北千金马，心醉江南八月涛。却喜文章存定价，白头君尚得宫袍。

都门留别陈琼田文学

万里公车客，先君着一鞭。长安成北道，回首指南天。逐队三千字，扪心二十年。所生谁敢忝，吾道岂徒然。铸砚宁须铁，藏刀只似铅。贤书惭国士，舟侣望神仙。雪染须眉白，霜侵手足卷。叶龙曾浪画，荀马几回牵。痛哭时逢汉，悲歌俗在燕。石粗攻璞玉，丝乱斩龙泉。河洛图中见，玑衡掌上旋。倚门人忽病，陟岵眼频穿。卜易占和兑，歌诗佃甫田。李桃需雨露，鱼兔待蹄筌。行矣明朝别，怀哉各勉旃。云程知远近，月夜记留连。梁父吟何事，长杨赋必传。乡情君动否，湘水正潺湲。

偶兴

此意论千古，摇头可问谁。三春花发后，半夜月明时。

不寐

倦极凭高枕，翻令百感侵。残灯虫唧唧，斜月漏沉沉。万事无成局，三更一片心。两亲如在眼，远梦不须寻。

乙未榜前一夜

意气元龙肯自怜，偶从蛮触学张拳。诸君成败分今夜，一日升沉拼十年。东阁正多投赋客，北山曾有待招贤。谁能料得行藏事，此会人人梦八天。

方顺桥夏叟书屋读严宝成夫子遗咏

心丧久阕恨犹吞，绝笔惊看落野村。南国风和君楚产，北方雪尽冷程门。自惭未受中郎籍，何处堪陈孺子尊。解组白云虚有约，石桥深锁百年魂。遗咏有“何时解组白云边”之句。

乙未出都

帝里春光度瓮中，出郊始觉气芃芃。杨花乱点征衣雪，麦浪轻翻驿路风。归梦已先南去燕，乡书转畏北来鸿。行行遥指天边影，家在湖湘一水东。

中原怀古

自从楚马饮黄河，四面曾经百战过。千古必争惟此地，一人有道敢谁何。江山长共乾坤老，城郭空馀壁垒多。可叹离离原上草，斜阳只起牧童歌。

南阳怀古

荆益规模定草莱，耕夫下睹雾旋开。鞠躬岂为功名计，王佐全从澹静来。白帝天崩擎炼石，赤符焰尽拨寒灰。一时鱼水逢千载，顾命犹推十倍才。

汝坟怀古

在昔忧王室，人歌孔迩来。可怜劳赤尾，犹自赋条枚。南国还江汉，周原几草莱。潺潺馀汝水，长咽楚云哀。

叶县怀古

何处寻仙吏，飞凫自碧空。神通千里外，游戏一官中。蜕尽人间骨，轻生舄底风。玉棺辞宦海，世世出樊龙。

荷蓧故处

衡门新有客，筇杖旧随身。鸡黍天然味，耕芸世外人。一家存父子，四海自君臣。姓字何须著，田间万古春。

司马德操故里

水镜悬方寸，名贤指掌空。点睛龙破壁，吹管凤栖桐。名在宗臣外，勋归汉鼎中。澄清千尺底，犹见古人风。

赠南阳李山人

欲学巢由伴，此身焉用文。三春犁带雨，十亩稼如云。野渡寒烟锁，深山晚照曛。风尘人过访，洗耳不相闻。

三直六湾口三首

湘水流何急，飘然送客舟。乡关锁不住，曲曲为回头。

去年从此别，钓艇在江干。莫恨归来晚，渔歌唱未阑。

萧萧一艇归，野水合云态。两岸改春光，秋容长自在。

阻风

三老为我语，秋至北风多。我来七月末，秋色染青蓑。胡为似长夏，熏风舞鼋鼍。南舟疾如箭，北者守危坡。逆挽势倍难，人力奈天何。始知彼苍意，变幻难揣摩。焉知转睫间，不扬顺风波。风即终难顺，人事莫蹉跎。为语行路子，无为怨坎坷。

初夏

莫将盏酒谢春天，送尽东风更可怜。花为怨残开转怒，鸟因诉老语尤颠。山泉汤沸飞晴雪，石砚香生起湿烟。何处偷闲寻乐地，竹竿聊上小渔船。

寄守中先生二首

掉头亟赋遂初篇，城市何曾异洞天。岳色渡江来晓阁，龙潭吹浪蘸前川。其中松菊为宾主，此外轩裳付海田。头上花枝闲对酒，汉家疏广足馀年。

漫嗤岁晚猎心生，诗律从来晚更精。况是君身仙骨好，朗如人上玉山行。论文多属忘年友，下笔何殊月旦评。一望金城知老将，佻佻白面敢谈兵。

凉夜

炎氛突火牛，聊为晚凉收。事静书能忆，心闲梦亦幽。露华横草白，雾雨滴山秋。坐久惊衣薄，思披五月裘。

饮城西水楼二首

三伏炎蒸气，须臾对此消。倒风楼底入，斜幌浪中飘。翻恐青衫薄，何劳百羽摇。纷纷尘市里，片地独逍遥。

澜翻江上水，泪下坐中人。不信英雄老，空游浩荡春。青山埋姓字，皓首愧君亲。一啸鱼龙走，乾坤寄此身。

守一老翁集唐句四绝寄我，集杜和之

子知出处必须经，天畔群山孤草亭。花径不曾缘客扫，何人道有少微星。

彩笔昔曾干气象，暮年诗赋动江关。眼中之人吾老矣，愁对寒云雪满山。

老年花似雾中看，五月江深草阁寒。念我能书数字至，匣琴流水自须弹。

相送柴门月色新，柴门空闭锁松筠。莫嫌野外无供给，处处清江带白蘋。

送人还乡

同作江南客，归舟独送君。锁开淮浦月，帆卷洞庭云。空谷花应笑，芳园酒欲醺。高堂人健否，乡信记相闻。

舟夜偶成

杖策弹冠事莫论，危樯独夜傍荒村。一天海月寒鱼雁，万里江云锁梦魂。古道临岐谁折柳，孤灯对影劝开樽。书生不恨英雄老，漫掷毛锥问玉门。

忧旱

千里江乡尽日晴，忧深畎亩一书生。泉枯无处分馀润，天杳何由绘下情。龙不行云知未化，羊如碍雨莫须烹。清时自有为霖者，赤子毋庸泪纵横。

送友北上

吾曹年未老，相顾各精神。人为才多忌，交从淡处真。黄金游子橐，宝剑丈夫身。若问幽栖事，遗经正苦辛。

过庆都帝尧庙

运辟中天此帝乡，巍巍荡荡启洪荒。两间有憾神功补，万姓无名化日长。蓂荚不知更历数，土阶偏自寿陶唐。浮云一点飞空际，事业何心冠百王。

赠陈生伯仲

君家兄弟建干旌，结袜犹能为老生。架上遗书鱼未蠹，眼中吾道盖还倾。花因秋去同人冷，月破云来照席明。我欲采芝招小隐，前村归径石梁横。

中秋

天气平分已半秋，秋空澹澹月当楼。满山红紫归何处，一榻清凉为我留。沙苑风高侵马革，江干雾重湿羊裘。人情只羡春光好，只负团圞在上头。

赠何山人

流水桥边乱石横，乌皮几上一先生。朱磨晓露书间点，枕碎春雷梦未惊。老至懒闻天下事，交深不问故人情。此身更出烟霞外，莫傍巢由记姓名。

雪

亦倾斗酒敌寒威，冲尽奇兵未解围。半夜无声千树老，晓天同色暮云飞。山中稚子烧松火，塞外将军卧铁衣。那得洪炉镕大块，暖风疏雨自霏微。

故园

故山风物思腾腾，屡束归装病未能。薄暮月凉催短笛，深秋雨滴送残灯。文章上国存知己，车乘平生畏友朋。回首白云丛竹里，小桥曲处有鱼罾。

袁浦官园花树

北风飘飘催暮雨，池畔花神频诉苦。两载主人去不归，惨淡蟾光空三五。忆昔倚栏恣赏时，红罗贴地行迟迟。清香飞上盘云髻，纤纤忍折并头枝。鸾肝豹髓空狼籍，酒船千斛何淋漓。窥人水鸟熏馀醉，差池有羽纷低垂。况是春宵喧羯鼓，玉萧金管随歌儿。吴山衔日淮天曙，烧残高烛光罘罳。胡为一去阻云海，白白青青颜色改。新来长官宴乐稀，寂寞园林如破垒。莲房露滴子离离，小艇沉波谁复采。嫩枝老干总炊薪，园丁跣足供樵采。主人他日得归来，回首传舍今何在。当年误想作菟裘，对此离披复何悔。

壬寅冬月恭挽景陵诗

五夜忧劳彻八埏，耄期犹自日乾乾。山河式廓三千幅，草木涵春七十年。日落长安焦海水，风悲穷谷冷秋烟。去时黄雾诗犹在，辛丑放榜，御制黄雾诗。一读西清一怆然。

送友之官

袖得牛刀二十年，翛然懒听武城弦。东山忽起潜夫卧，北海应停钓客船。一路劲风扶弱草，满空霖雨洒秋天。使君行李知何似，点检图书只数肩。

拜岳武穆祠

不是金牌下九阍，燕云唾手况中原。千秋大狱成三字，全宋精忠聚一门。狩北两宫悲断梦，向南孤木自招魂岳墓树枝向南。蜡书夜月西风冷，背上空留旧涅痕。

美人风筝和黄实庵太史韵二首

环珮轻盈落九天，化身何处自凌烟。清风扇薄摇云际，玉露盘空捧日边。袖舞霓裳容澹澹，花簪月窟影娟娟。最怜一缕通消息，忽见琼台谪下仙。

凌空缥缈俯重城，一线春风足底生。欲向楼中乘彩凤，懒从枝上打黄莺。飘飘玉珮云端影，袅袅笙歌月里声。独向万夫头顶立，痴人翘首枉多情。

湖西怀张兰雅

扁舟来独夜，寒气五更侵。雨滴黄陵泪，风吹青草心。空江无雁字，幽壑有龙吟。西望蒹葭里，苍茫水正深。

吊杜拾遗

每对遗编吊苊臣，北征南望字酸辛。岂将花鸟鸣多病，直为心肝奉一人。骨肉飘零秋夜梦，友朋寥落暮江春。文贞有谥来何晚，露肘麻鞋转蹙颦。

归途

春树飞花送客航，萧萧风叶又秋凉。举头望见君山影，明日湖天入岳阳。

题冉叟小像二首

自怜华胄甚遥遥，搔首乾坤鬓已凋。铁马西风嘶未了，铜驼秋雨泪难消。平原猎后多毚兔，强弩藏馀忆射雕。望帝不须频叫唤，一枝久矣学鹪鹩。

蚁在南柯鹿在蕉，区区怀抱付渔樵。懒心偶学僧行脚，玩世差因米折腰。孙为弄勤翻似累，客从来惯不烦招。一壶醉倒花阴卧，惊觉园丁吹洞箫。

晚景

落霞然断岭，疏雨滴晴天。何处流萤起，微茫点夕烟。

村酌醉归

十年迟一醉，醉倒竟忘归。坐对春山晚，残红片片飞。

披衣徐上马，马上倩人扶。一路村歌远，醒时记得无。

旅舍中秋

万里秋风驿路长，小山花老不闻香。鱼吞尺素沉寒雾，雁掠飘蓬报早霜。烈士从来悲岁月，书生未肯怨文章。故园白发团圞夜，独念儿身泪几行。

灯花

容光羞好月，靥靥出红轮。岂谢三更雨，偏逢长夜春。怒开心自火，笑吐蕊如银。不许狂蜂蝶，来窥独赏人。

闻学徒入泮寄示

自惭一日长诸君，环堵频年细论文。千里风霜劳入梦，三春歌泣怅离群。囊萤耿耿争寒月，薪木苍苍拂午云。闻说初硎今正发，相期久已在河汾。

客中三首

何处秋风起，萧萧刺骨寒。高堂身暖否，莫念客衣单。

清风掠面来，已带深秋气。不识故园中，枫叶红也未。

忽记篱边约，违期手自乂。月中边雁过，寄语谢黄花。

西江纪梦

梦中飞上旧鱼矶，罢钓归来鸡乱啼。正欲烹鱼尝柿酒，不知身在大江西。

仓鼠

贪食主人谷，满仓饱汝腹。老猫蒙虎皮，鼾睡懒相逐。

和张莪村太史，时方左迁

太史游闲局，花砖日过时。门荒桃李树，人去凤凰池。地轴舆图贡，天孙锦字丝。莪村分纂《地里》、《字锦》二书。论交从不苟，松柏岁寒知。

□□

去年兹会上长安，枕上三更梦已残。裘缝霜花犹未扫，萧萧易水渡春寒。

锄经馀草卷之二

旅中筮易

瓣香长跪告乌私，子舍何堪一载离。门倚夕阳头欲白，梦回斜月路偏岐。家书强报形容健，游宦空嗟禄养迟。稍喜爻中还得吉，飞云片片绕卮匜。

送来生归，时年饥，生失偶

日边我亦共飘蓬，况是君偏聚五穷。笔洒千行天欲雨，谈惊四座舌生风。野方无草悲悬罄，归已亡家怕入宫。匣里有书能卖否，相逢期在射湖中。

赠同舟

同是长安拓落人，一舟风雨总孤身。自惭鲍叔金先尽，更有谁知管仲贫。

邓生丹青引生为吾故人学徒

惨淡经营古画师，笔之所到不自知。书卷为根气为骨，匠心岂在挥毫时。一自国工工在笔，纷纷丹墨空淋漓。邓生祝融罗胸臆，万斛波涛涌笔力。扬鬐掉尾出浪鲸，丛竹秋风摇雾色。吁嗟乎尔师文章人劲敌，出没鬼神何可测。纸落长安笑覆瓿，故无脂粉供人识。劝君容易休点睛，此事直撄造物忌。尔师之文是前车，尔尚鉴之藏利器。

舟月

良夜偏消万里愁，寒沙净渚傍浮鸥。望迷汉北山山影，老尽湘南树树秋。歌引好风来水面，酒招凉月上船头。醉馀眼白君应笑，已自凭人唤马牛。

舟夜

秋光澹澹水溶溶，莫笑痴人事事慵。对月一尊摇海岳，呼风长啸骇鱼龙。身因负米思微禄，库有藏书已素封。寄语家僮休问讯，归帆已度孟城峰。

有感

波澜自古叹人情，剑在床头夜有声。怪马不妨多肿背，烹羊何事少分羹。舟中空老鸱夷子，瓮底曾埋阮步兵。独信此心冰炭尽，芦花两岸月三更。

对友口号

万态风云一局棋，行行长忆剪灯时。后来携手人何似，湖海茫茫两不知。

舟夜即事

船头趺坐任西东，万里黄淮势欲通。水底有天秋浩荡，江心无浪月玲珑。棹沾柳叶垂垂露，帆起蘋花袅袅风。遥望楚山惟片影，洞庭何日度归鸿。

闸河

舟趁潮头取势斜，落时惊似走龙蛇。可怜一舰军储重，直抵中人产百家。

讯友人疾

青山无数伴，多病独怜君。诗瘦何年骨，人离十载群。遥天书不到，短梦袂旋分。珍重加餐好，知予待论文。

寄颠客

万里云霄志，皇天负尔多。能文工蹭蹬，力疾补蹉跎。莫问红绫饼，愁听白玉珂。行行还执手，归后定如何。

河决东昌

不知谁负汉臣薪，万顷桑田入海湄。饿久蛟螭难掠食，漂馀鸡犬望投人。村墟月冷沉烟火，墓木霜枯泣鬼神。李守即今来已暮，石屏早晚起鱼民。

废宅

烟雨蒙蒙掩败扉，兽头如望主人归。楼边细管声何在，台下高轩迹久稀。残菊已荒秋后径，苍苔元衬舞时衣。可怜新去侯家燕，曾傍梁间款款飞。

闸河书事

束装上吴航，为借北风力。楚山如在眼，千里归瞬息。岂意接舳舻，漕储运如织。旗帜树龙文，号令天家勒。官鼓咚咚发，万艘不敢逼。橹楫触其锋，军民齐变色。况复扼关梁，冲激未可测。咫尺不得渡，画鹢无羽翼。蓼花风扬沙，对面难相识。客衣慈母缝，针线俱崩泐。翻羡驱蹇驴，裹粮期所适。半夜忽还家，高堂慰离逖。入帷视荆钗，甫停灯下绩。梦断戍楼角，残月栖芦荻。

客中哭学徒李文濬

三冬寒雪五更风，十载精神事事空。书正读残人早瘦，病当数尽志才穷。更同笔砚期何日，偶忆行踪只梦中。万里秦淮云水隔，难将抔土托飞鸿。

江泊

为恋莼鲈棹转东，小航独宿月明中。芦花濯露横江白，枫叶摇秋拂水红。

金山寺

扬子中流锁汗漫，一拳孤立树旃檀。灰馀南国千秋劫，亭卷长江万里湍。水殿龙归云气湿，海门潮涌月光寒。谁知北固峰头望，只作区区片石看。

早泊鄱阳

天教出险促归程，人渡鄱阳正五更。庐岳气蒸三楚雨，钟山云罨九江城。轻帆点水飞何处，叠浪骄风怒未平。独喜波臣能奠定，长年舟子不须惊。

客中即事

漭沆乾坤里，飘然一叶微。身为文字役，梦逐水云飞。白鹭秋江小，青枫远树稀。驿楼高百尺，何处望庭闱。

凉棚歌

烈日虫虫长夏午，清风不敢入牖户。区区竹柏垂荫稀，石砚冰焦如沸釜。匠心制此能架空，撑去炎威天不怒。卷舒终日随阴晴，赤脚荒庭厂大宇。举头且莫窥青天，此中盎郁藏风雨。

寄陈沧洲先生三首

马革沙场愿未酬，长安诗酒托风流。补天事远心如醉，忧国年深鬓早秋。竿木若曹元泡影，浮云吾道一虚舟。今逢揽辔澄清日，盘错纷纷刃始游。

为砥狂澜自负薪，万牛回首事艰辛。天家亦有三千士，此席偏虚二十春。今日蒸民存直道，古来清议在全人。从兹好缵平江绪，射尽潮头鼓浪神。

昨夜星光动北辰，遥知涕泪洒河滨。鞠躬何日忘先帝，报国于今属世臣。趋走梦中新黻冕，殷勤诏下旧丝纶。当年天眷丘山重，努力加餐岂为身。

袁浦示学徒陈树葵、树蓍、树莱

闻鸡应起舞，年少各精神。事业思先世，文章爱古人。难酬惟盛世，易度是青春。清议名家重，相期在析薪。

淮上送罗生归楚

一枝聊借且同栖，无奈罗含竟解携。楚水入江天不断，春风舞雪路多迷。青龙关送金陵杳，黄鹤栖危赤壁低。万里归舟君独上，南园草色正萋萋。

客中赠何五申兼寄胡苍崖同年

当年有剑吼床头，虎气于今未肯收。独为英雄留本色，岂将老病减风流。布帆雨湿寒江浪，玉笛风飘落月楼。湘浦同袍凭寄语，仲宣无复更依刘。

袁浦别友二首

倾盖方新拟白头，河干底事上孤舟。五千客路同零雨，半载征衣典敝裘。黄鹄矶寒江月晓，青莲亭醉楚山秋。知君别后重游梦，湘水悠悠日夜流。

君来原岂为鲈鱼，好友相招数寄书。望子台孤魂不返，春池草长梦何如。贤劳千里桃花涨，急难中原雁影疏。归去未须愁（阒）〔阒〕寂，风和月朗旧樵渔。时友子丧，弟病。

芭蕉

疏疏阔阔药栏边，一叶堪裁十幅笺。群卉莫嫌遮雨露，绿阴许尔避炎天。

送陈学田赴星期

汝年方少已魁梧，眉宇棱棱自丈夫。谈及儿女面发赤，警枕未肯寻珊瑚。举头堂上淮之渚，茫茫海雾迷吴楚。采蘋愁累白头人，宗室牖前待季女。即今湘里马如云，锦带雕鞍醉氤氲。砚匣笔床攒竹笥，刻日思成博议文。我闻杂珮闺中事，英雄立脚由床第。明星有烂好翱翔，梦到虫飞觇所志。

癸卯元日二首

仍游浩荡醉长春，我亦天家草莽臣。衮冕一人传九鼎，车书万国睹重轮。云中鸡犬何年返，雨后桑麻映日新。黼黻太平儒者事，低头自问宰官身。

宾馆休怀食有鱼，十年弹指意何如。惊闻上厩收天马，早为长途觅蹇驴。三尺雪寒千里梦，五更烛点一囊书。洞庭南去青山下，白发从兹又倚闾。时赴恩闱。

挽陈恪勤先生

长恨寒泉膏久屯，河干聊洗十年尘。市空何意频逢虎，母在深知弗杀人。鼎畔哭攀天上驾，宣房力负病时薪。有恩未报悲遗表，痛入淮南草不春。

都中端阳

蒲花艳艳照清尊，滴酒何堪问九原。病未七年姑采药，生非五日漫齐门。燕台空放飞云眼，湘水谁招故国魂。料得沩滨茅舍里，有人屈指问儿孙。

都中送唐人岸同年归衡州三首

那堪万里剪飞翰，归去思歌行路难。渺渺楚天南斗近，萧萧易水北风寒。刀藏大璞光尤闷，匣锁孤弦调不弹。我欲访君秋月下，藕花深处一渔竿。

可奈高堂老病侵，行行遥指白云深。浮名焉用谋温饱，吾道何能枉尺寻。欲趁馀年颐白发，且邀微禄抵黄金。归时杖履应多喜，换尽须眉未改心。人岸思就广文。

他山有伴亦飘萍，佩剑悲风不可听。五夜醉馀天欲白，穷途哭后眼还青。魂消蓟北连云树，梦入湘南望日亭。才力即今强健甚，柴门岑寂莫长扃。

铜瓦溪

有溪跨山桥，一泓三五曲。回流出稻花，垂柳侵潭绿。柳下有沙鸥，飞向晚晴浴。牧童牵犊饮，解衣洗烦溽。予亦过桥西，石上濯吾足。

酬黄际飞太史二首

心血斑斑着数行，每于只字费商量太史选本名商。后先作者狐千腋，月旦评来鉴一方。自向此中分臭味，肯从吾道染丹黄。缫丝倍惜同盆茧，元晏文成转自伤。太史序予稿。

深山我在洞庭边，曾抱遗经二十年。湖海茫茫秋水梦，风光黯黯暮云天。自惭花样随时剪，何物金针敢浪传。此事只愁商不尽，后来那处觅蹄筌。

江行

吴楚由来一棹通，天涯矫首白云空。布帆飞浪侵南斗，石壁当江斗北风。寺有烟霞笼衲子，竿馀水月恋渔翁。何时渡处逢舟楫，揽辔澄清大海东。

归舟

顿使高堂解蹙颦，六千里外有归人。未知强健今奚似，且喜团圞梦已真。鸡犬反惊新到主，儿童如讶远来宾。青山笑我还何晚，请看乌皮几上尘。

中秋客中即事

两度中秋月，离人各自看。常山冲斗出，汉水入天寒。三径青松老，孤城画角残。深宵儿女辈，正在倚阑干。

望庐山

天香下何处，江上是香炉。楚水时吞吐，吴云半有无。瀑添东海涨，峰堕小山孤。万古濂溪月，分明太极图。

送陈曦田星期葵后其叔

别有烝尝事，潸然手泽流。寒灰知有焰，良冶贵能裘。岂作天台梦，聊从月窟游。东方犹未白，机火照蝇头。

赴袁浦不果

欲鼓淮天楫，迟回又一春。行藏元有主，吴楚漫通津。厚禄辞朋友，蔬馔恋老亲。青山谁作伴，坎坎伐檀人。

舟发长沙

卷取诗书付小舟，停桡还上酒家楼。望迷山市成苍狗，醉杀湖天问白鸥。千里布帆淮海暮，重阳鲈鲙楚江秋。岳阳亭子频回首，云锁沅湘一片愁。

舟兴

石溪孤柳立，钓艇一蓑间。莫系轻舟缆，浮云共往还。

洞庭湖

茫茫秋水失中边，隐现青山断复连。南北平分全楚地，古今吞入九江天。微波已坠英雄胆，落月犹停赋客船。我醉欲听湘女瑟，可怜擘破十三弦。

持敬寺前散步

曳履出禅房，从容对夕阳。低枝风宛转，小径月苍凉。石古和山翠，花浮带水香。晚来蝴蝶意，栩栩共襄羊。

赠元少弟

拔剑斫地气如虹，蛟螭尾掉泥沙中。如今欲学孔巢父，科头赤脚吟松风。我闻古昔烟霞客，四时代谢为成功。旋乾转坤海水立，扁舟方向五湖东。烈士暮年心未已，轩轩尚欲凌长空。怪君少壮颜如渥，千秋事业日曈曈。缨方可请繻可弃，手挝鼍鼓正逢逢。胡为豪气敛太早，南华一卷依梧桐。万事尽掷虚舟外，五弦历乱送秋鸿。勉哉矫变成男子，乌巾留罩白头翁。小山我亦怀泉石，拂衣何日毋匆匆。

淮海

淮海飘飘一野鸥，行行又上仲宣楼。水如难别连山转，江不辞行尽日流。缭绕晓风杨柳陌，微茫秋雨木兰舟。书生亦有凌烟分，谁羡人间万户侯。

长安归途二首

见猎雄心未肯灰，不从宰相上书回。朝廷自下求贤诏，草莽元非入彀才。漠漠晴沙笼紫陌，蒙蒙晓雾失金台。笑人只有芦沟月，底事匆匆惯往来。

仆夫悄语起迟迟，正是寒天不晓时。卯酒独酣呼日出，秋衣未换耐霜欺。梦依斗北人偏远，家在湖东路欲迷。莫使高堂添白发，归来带笑捧卮匜。

别中湘秦伟士

百里相知气未亲，公车忽得共残春。洞庭天阔原依楚，淮海风高自属秦。十载驰驱存故我，一编辛苦共何人。伟士有《存人编》属予参订。青门回首来时路，岱雨嵩云为洗尘。

握爪穿龈二十年，祝曾说项总徒然。仓皇班马衔霜草，颠倒征衣障晓烟。老友望深堪变色，名山事重敢挑肩。昨宵同作还乡梦，挥手依依日暮天。

洞庭舟中书所见

白龙含气象，鳞甲宁久藏。雷电湖天合，流膏沛八方。回首泥蟠处，尺水成汪洋。旁有小蛟子，起舞学翱翔。云雨不肯从，空自早飞扬。何不守幽壑，珍重护潜光。

郭外有感

高冢累累傍故城，可怜樵牧任纵横。无声公子芳春老，挟弹王孙暮雨晴。莫笑触蛮频胜负，请看陵谷自亏盈。九泉一滴人何去，牛马空教累此生。

春游

载得篮舆酒一罂，江村空阔任闲行。茫茫野水湔衣湿，猎猎春风拂剑鸣。空谷莺花时烂漫，长安裘马故肥轻。倾壶石上休沉醉，薄暮须防路不平。

猛虎行

深林白昼寒，其中穴猛虎。未曾奋厥威，草木已震怒。猿兔争悲鸣，急于避网罟。亦有鹰与犬，莫敢犯其武。樵童尔何物，相逢薄暮时。手颤斧柯坠，胆破气如丝。耽耽眼孔大，区区匪所思。不足供一饱，岂屑张乃颐。脱走折其股，瘈疭语还迟。伤哉垂死人，再生长似梦。怨天畀爪牙，未可以力哄。焉得冯妇来，攘臂随手控。食肉寝其皮，长令猛兽恐。

秋怀

不着襕衫着皂袍，行行犹未谢蓬蒿。书生敢借岩廊箸，壮士思横塞上刀。沧海望迷千里月，江天梦断五更涛。清泉白石从吾好，为嘱秋风莫怒号。

旅情

亦怀铅椠几堪投，万里沧洲羡野鸥。萍水十年谁结袜，关山随处且登楼。题桥客去秋江晚，戴笠人逢落日愁。八月芙蓉开未了，梦中时上木兰舟。

偶成

薄命岂关人，天遣招人忌。玉容误妾身，何不先憔悴。

袁浦即事

此地元传舍，痴伯为菟裘。池台千顷地，足耐十旬游。歌管闻天上，人卧小瀛洲。水禽声唼呷，荷风吹飕飕。河伯自安澜，毋抱杞人忧。

池鹤

尔自巢松顶，深夜看梅花。厥声闻九天，馀响落流霞。铩羽来池上，引吭若有嗟。露寒频自警，池心月又斜。他时返辽东，人代改春华。寄谢乘轩侣，殊荣未可夸。

春雨

暖云衔雨出层峦，峦影全从雾里看。翠滴溶溶松叶滑，红飞片片杏花寒。

除夕忆张晓山同年

年光伴我剩残宵，此际思君共寂寥。新历又传更甲乙，陈人还自混渔樵。风霜林老千章木，湖海春生万里潮。烛影沉沉知守岁，帝车相望转东杓。

闻鹤千不赴公车有寄

两眼生花半榻穿，误君头白是青毡。名场歌哭三千字，豪气消磨五十年。酒盏浓浓浮月露，墨池冉冉荡云烟。掉头不逐英雄队，修竹丛中别有天。

题画

读罢南华酒一卮，微醺不语独支颐。小童染得烟霞气，亦在横琴冷笑时。

秋日山行

入径寻幽处，行行过小桥。泉声生树杪，秋色锁山腰。白日无拘束，青天共寂寥。神仙不可遇，吾亦笑王乔。

早发

客梦惊天白，行行尚半宵。疏星摇树尾，残月下山腰。铃铎何嘈杂，人烟正寂寥。莫愁前路黑，晓色到霜桥。

酒佣

尽日殷勤奉酒杯，强逢豪客笑颜开。鞭笞莫贱顽皮肉，曾踞胡床使气来。

中州九日

欲插茱萸又复收，寥天风落正飕飕。白衣断送花光老，青眼无情柳色秋。短发客吹何处帽，登高人上别乡楼。四山极目中州阔，一线黄河万古流。

大道

大道浑如掌，披衣及早行。驿亭灯欲灭，驴背梦频惊。晓月横东海，秋霜冷北平。未央前殿里，此会听鸾声。

黄河

委蛇百折势如何，时借秋风走巨舸。星宿迢迢穿地轴，龙门滚滚泄天河。焚舟士马平沙骨，冲岸蛟螭大海波。只愿狂澜安万里，吾山瓠子不须歌。

马上

仿佛前山影，徐看转斗车。薄裘添露重，乌帽得风斜。店有炉边酒，人思梦里家。举头瞻日近，策马向天涯。

过张山人别业

山人未费买山钱，锄径诛茅不计年。亭坐池心长吸月，花来洞口别浮天。母能偕隐羞微禄，儿为承颜种薄田。此地看云还洗耳，肯将萝薜易貂蝉。

早征

宵柝鸣何急，征人枕未安。正酣残夜酒，旋理五更鞍。慵起衾堪恋，贪程卧转难。仆夫相促甚，寒月尚团团。

许由挂瓢处

尔瓢焉用挂，长挂为逃名。虚此陶唐世，谁云日月明。乾坤何所托，草木自无情。作俑从君始，狂歌又耦耕。

老骡

一轮残月万山陲，千里盐车未敢辞。才得家肥身已老，主人谁记执鞭时。

阴

长空如未晓，行路转漫漫。薄日输风劲，深霜助雪寒。手龟愁出袖，脚冻怯登鞍。仆仆黄沙面，相逢失笑看。

长安道中即事

大河南北是平原，车骑偏喧冷落村。人入秋林收败叶，马逢霜草恋残根。金貂但博朱颜醉，锦瑟空怜玉指温。我独不胜凭吊意，悲歌燕赵向谁论。

晓行

萧萧班马去，谯鼓正敲残。望日心先暖，冲风面耐寒。烟沉迷野渡，叶落送秋鞍。榆粥招呼急，何人择豆箪。

到家时举次子

游踪不问有家无，偶息征车剩故吾。自种池鱼堪入馔，手栽园树未成株。杖来减力知亲老，火下看儿似我愚。回首关山风雨外，转怜昨日客身孤。

和惜别

闻说关河险，三年一度归。锦衾犹未暖，又促补征衣。

送罗一殿召入川试用

盛世明堂策众英，翩翩年少已声名。水深汧渭乘风渡，路入蚕丛按辔行。自古秀才思大任，知君学道在平生。倚门不为千钟粟，但愿天书慰九京。罗母守节。

张孝廉湘江渔隐图

云水苍茫时住去，闻是张君行乐处。奔流白眼付湘江，岂为细鳞谋下箸。偶然乘兴操渔船，携得河渔不换钱。酒瓢唱入旗亭侧，归来踏破白云天。把盏淋漓忽大叫，赤脚科头君莫笑。不闻人世翻风涛，醉倒沙汀江月照。黄童老妇尽蘧蘧，石桥南畔小茅庐。野树寒山皆入网，何须定定是湘鱼。

破甑歌

有客有客不须速，主人炊黍佐粱肉。淅之叟叟烝浮浮，滑欲流匙手盈掬。蓦地一声如碎斗，火烈水乾连釜覆。汁浆泻地空淋漓，一坐拍手愁枵腹。为语坐中失箸人，鼎足折时能覆餗。何如见火早抽薪，从容烹得千钟粟。

题谢近光小影三首

修竹只数竿，孤松势千尺。下有科头人，翘足倚拳石。

石上有流泉，可以濯双足。濯罢倒芒鞋，苔藓侵衣绿。

此腰无复折，满径晚花开。寄语风尘客，篱边趁早回。

和人旅病三首

忽减登高兴，茎茎白发新。惊疑惟老友，慰籍亦涂人。仆为扶持倦，囊先药饵贫。谁云秋尚热，炉火已相亲。

病久谋粱肉，良医戒不同。味从平日淡，腹向昨时空。倚槛防宵露，开窗怯晓风。多情床下日，伴我大江东。

还乡曾有伴，未敢报迍邅。堂上人将老，闺中病在先。音书翻说健，骨肉不知怜。料得团圞日，惊看失少年。

送张复庵同年

人烟分楚越，并马到燕台。上国存知己，明时正爱才。江湖秋气老，风雨暮天开。万里看雕鹗，横空任往来。

秋月

月迥千山净，天清万里空。如何游子泪，岁岁洒秋风。

寄徐文静同年二首

天马行空际，人间不可羁。五湖微雨后，大海涌潮时。蝴蝶飞飞梦，琵琶瑟瑟诗。青门挥手别，老去念追随。

岂意重逢日，黄梅细雨中。江干看乳燕，海外有归鸿。按剑谈何事，闻鸡志略同。鸣珂今又去，犹说古英雄。

秋思

翠竹幽窗雨，黄花小径风。老亲应有梦，飞渡五湖东。

偶成

入彀逢今日，齐名忆古人。如何空唾手，负此百年身。

闻蝉

秋声何处寻，白露滴空林。听到斜阳后，凄其万里心。

遣兴赠少年

丈夫珍一剑，有怒不轻鸣。翻向长歌处，摩空恨未平。

长安书怀

枝上鷦鹩如不如，乾坤纳纳共蜗居。未闻王绩能逃酒，敢笑扬雄错读书。北斗有浆何处挹，南山无豆莫须锄。灯残忽作江乡梦，云满疏帘月满庐。

倚门早晚望何如，投足茫茫漫卜居。半面岂无投辖客，十年忍作绝交书。春来云子飞泉煮，种得梅花带月锄。车乘莫劳频见问，而今吾亦爱吾庐。

过沙河县

取道恒河里，行人欲白头。有沙来朔漠，无路出中州。树远群山乱，天空四野秋。尺推还寸挽，终日汗羸牛。

邯郸道上

大梦寻何处，黄粱此是因。山林无老友，风雪一孤身。力定能逃数，名成耻救贫。仙家虽有枕，难度不眠人。

题陈介如血书兜肚手迹二首

羡尔佳儿独守身，直将尺布代书绅。可怜世上狂奴子，那顾黄泉未瞑人。

托孤犹见古人情，一盏寒灯共五更。此道即今成土饼，九泉下拜泪先倾。

寄陈生

一日惭吾长，三冬共汝寒。科头人已惯，不敢浪弹冠。

田家即事三首

小人食其力，君子亦治生。自分学老农，及时闻仓庚。隔宿商亚旅，群起当五更。驱牛前村去，反手关柴荆。割草饱牛力，山田赖尔耕。

百草夺良苗，蔓引聚其族。良苗不敢争，田祖为之哭。薄言诉社方，社方足踧踖。上天雨露偏，滋恶一何速。老农顾之叹，顿足还捧腹。非种尽锄之，无令祸根伏。

田畔有清泉，可以濯吾足。田家有村酒，可以招近局。足濯趿芒鞋，近局不须促。漉酒满瓦瓶，田歌纷相续。一斗复一升，夜至薪为烛。瓶中尚有馀，淋漓犒田仆。

春日冬衣竹枝词

败絮粗棉着体宜，相需正在岁寒时。春来纵有纤纤手，裁得新衣事已迟。

初夏

已送悲春酒，临阶盏未空唐句：临阶一盏悲春酒。直须愁夏日，谁复恋东风。莺向清阴外，人忙绿野中。韶光吾亦老，吐气尚如虹。

客中得家书

万里长为客，湖湘忆敝庐。卧中闻邸报，枕上拆家书。岁稔犹饘粥，人繁去比闾。山妻携小子，尚喜耐贫居。

苦雨五首

叆叇寒烟久未披，出门咫尺亦天涯。东风破牖西风紧，大雨翻盆小雨丝。千柳鬖松莺唤老，百花零落燕归迟。卷帘只望高空霁，月朗星辉是几时。

夜两如秋晓未曦，厨烟不散湿侵帷。扪将心上无穷事，正在阶头碎滴时。湘浦浪深人去少，玉山云重雁来迟。听残忽作还乡梦，千里晴光任所之。

乡村泥泞断人行，独为田家卜太平。四海祈年均望楚，三春足雨好深耕。犁锄渥后千郊润，黍稌沾多万宝成。遥羡老农蓑笠惯，沉滲未肯祝晴明。

独立苍凉有所思，行藏卌载故差池。屠龙自笑心徒用，履虎谁怜事两岐。魏晋空谈五教废，申韩多效九经衰。千秋袖手长桥舌，苦雨凄风夜坐时。

叹尔虞翻骨相屯，吹台独上我逡巡。山鸣铜鼓三千里，川入龙溪二十春。灶底有蛙供客馔，碑残无帖赠行人。楚天不断霏微雨，何处登楼望北辰。怀谪黔老友

有赠

巫山无梦到，冉冉为谁来。半笑朱唇动，桃花不敢开。

好月逢今夜，良期待几时。琴心送消息，不遣侍儿知。

自怜绿分浅，好会却嫌迟。欲结天台约，须卿未嫁时。

还卿玉条脱，劳卿一片心。使君还有妇，不作白头吟。

偶兴

绿柳朱樱灿烂时，翛然掩卷对乌皮。懒从梦得寻三癖，却爱荀卿戒五綦。馀子纷纷成别解，遗经字字是吾师。便便腹笥思何用，陆海潘江只一卮。

安南入贡

罗城铜柱壮南陲，牛鼻关头望拜时。文字漫劳重译语，冠裳犹带汉官仪。始知中夏乾坤大，共沐高天雨露私。却马焚裘今日

事，远人不许献珍奇。

鸦巢

鸦巢柳树颠，树根蝼蚁断。风摇鸦未知，伏卵还晏晏。

客兴

乾坤到处是浮鸥，一夕应消万里愁。妙舞只怜花乱眼，娇歌不用锦缠头。却忧桂玉酬薪米，无奈风霜累马牛。翻喜云山遮远目，免教明日上高楼。

高楼一望水茫茫，八月湖天万顷荒。客子魂销倾国艳，王孙曲奏满庭芳。画船兰桨摇风软，银烛金杯挹酒香。只恐飞乌啼月落，人稀歌冷又他乡。

古别离五首

郎去马行迟，一步一回顾。最恨是青山，遮断回头路。

不须招我魂，一任随郎去。今夜月明中，知郎宿何处。

忽闻夜读声，寒寂何人共。起为剔灯花，翻身惊一梦。

塞外百草枯，匹马交河道。祝郎万里侯，侯封人又老。

老去始归来，天涯芳草歇。负此少年时，春花又秋月。

锄经馀草卷之三

甲辰登第纪恩诗七首

几番有梦到蓬丘，领得春光榜上浮。姓字自惭归吕袋，品题不羡下唐楼。深山独夜三千卷，晓月公车十二秋。此际庭帏应色喜，萧萧华发已盈头。

江都三策古之师，敷奏明廷俶此时。试草纵横光玉版，天书焕烂下彤墀。毫垂赤管联床出，饼裹红绫满袖携时赐笔二管及梨饼、羊炙等食。对罢日斜还点检，廿年心事莫差池。

天门高启为传胪，此会人文聚九州。日映龙鳞仙仗簇，云依象辇御香浮。玉街直度金桥水，钧乐轻吹彩凤楼。自愧不才名忝列，让他宁止是鳌头。

臣等由来韦褐群，何期宫锦赐殷勤。缫馀风戾三盆手，织就天孙五色云。大被任裁丝缱绻，斑衣好制气氤氲。漫将尺度论长短，一缕君恩抵万分。

南宫万丈焕奎光，入彀人来跨彩梁。酒挹西清浮玉盏，花簪上苑吐天香。平生有志羞温饱，千古同心为显扬。结队从容游紫陌，探春何必马蹄忙。

巍巍数仞是宫墙，再拜同升太学堂。义道十年怀畎亩，经纶何日答岩廊。万方共集桥门彦，一瓣常飘俎豆香。芹藻荐馀三爵后，敢云报国有文章。

草茅焉敢望天威，咫尺于今愿不违。日月自依鸾凤采，河山环绕衮龙衣。一人有道冠裳萃，万国同文剑舄辉。稽首大庭温语近，对扬先见五云飞。

过滏阳桥

漠漠霜天晓，归途是也非。滏阳桥上望，一线楚山微。

梦与某联句醒而足之

行路难如此，孤云马首齐。乾坤惟尔我，湖海任东西。千古人何在，三山路未迷。王孙如有兴，芳草正萋萋。

道中即事答友

马上劳君问苦辛，昂藏如我肯忧贫。山川无语偏催客，花鸟何知解恋人。霜点征衣深似雪，酒冲寒阵暖于春。行行渐见家山影，早指归期报老亲。

远归二首

去时池上柳，春色正亭亭。此际逢摇落，何当眼尚青。

云树休相笑，江湖有别离。倦游人未老，还是旧须眉。

旅雁

夜半芦花渚，南飞得几程。那堪为客久，忽听唤群声。归计成何事，秋心乱五更。可怜前浦月，偏为照长征。

春兴

九十韶光兴不孤，千金一刻肯枝梧。歌成烂石山同老，人度蓬壶海欲枯。午醉正眠莺早唤，春游有伴鸟相呼。未知藤杖寻芳客，领得东风到手无。

高堂

夜游秉烛为谁欢，天与高堂晚岁安。秫酒杯添能共醉，菜羹味薄亦加餐。手栽松柏多连抱，马踏林皋不据鞍。每见江村春水绿，小孙携得钓鱼竿。

春日郊行

骀宕晴光二月天，出门休挂杖头钱。春风吹绿溪头草，野水浮青渚际烟。为听莺歌芳树底，偶探花信午栏边。田家一醉忘归去，欲借黄牛背上眠。

目病登楼

目随心血瘁，楼上亦茫茫。何处寻星岳，空知日月光。

听漳河老人谈旧时曹家事为之作歌

大块茫茫载万物，不捐尺地埋奸骨。当年自护计何奇，鬼神偏瞰蛟龙窟。阿瞒不臣屋汉社，夜半寝园闻鬼哭。火攻水战血苍生，处处青苔封白肉。天逸恶人首领全，漳滨为宅锁重渊。玉床九尺栖身稳，殉者美人夹枕眠。早费机心伏兵械，防彼仇雠施狡狯。冯夷不平空涌涛，石椁铁城何日坏。老天留鉴示后人，牧竖撄之若有神。毁乃宅兮斫乃觜，牛溲马渤共埃尘。飘入浊漳漳为沸，流入东海海水秽。翩翩鲂鲤不肯噬，只合鲸鳄饱肠胃。君不见蜀汉君臣骨亦朽，遗祠道左争稽首。姓字千秋俎豆香，抔土何人忍盗取。哀哉九锡据中原，难禁樵苏潴墓门。岂无累累七十二高坟音粉，漏网千年终畲粉。

桃花源

鸡犬云中亦浪传，柴桑记后便为仙。桃花无意随流水，渔子何时系烂船。壑断自凭岚气补，祠封空见石岩悬。秦人一别无消息，终古苍茫绝境天。

梅花

那畏严冬节序摧，古心古貌在荒台。香收红紫千山冷，花笑冰霜一树开。天上行春寒信早，林梢破腊晓风催。自知肌骨成金铁，领得群芳次第来。

放歌

白云深锁种桑田，一曲歌残午梦天。怪杀儿童呼不醒，清尊石枕傍花眠。

秋兴

不知宋玉为何嗟，秋气萧然老物华。一叶井梧迎露下，几行边雁逐风斜。白衣那送重阳酒，碧海谁乘八月槎。却爱晚天凉雨后，远山淡淡衬红霞。

七夕

银河无浪亦无洲，此夕渟渟不肯流。云送天孙过鹊背，月迎仙佩下琼楼。更期后会来年事，偶得相逢一夜秋。为语女郎休乞巧，空牵万古别离愁。

示诸学徒

伐木深山寂历天，耻从章句问薪传。歌敲白石从三叠，闰厄黄杨又一年岁闰。谈虎有时君变色，铸人无术我何权。可怜过眼光阴速，虫梦鸡鸣尚慎旃。

浮萍

圆圆碎碎若无根，遮断中间月一盆。漫怪逐风时上下，生来从不染泥痕。

怀人

君为谋生别故丘，英雄失路是谁羞。春秋无计联鸿燕，心事惟堪任马牛。花老半山慵扫径，云封远浦独登楼。好开怀抱期何处，日夜沩溪水自流。

即事

亦有关山曲，临风不敢吹。寒江秋雨暗，何处问归期。

秋日寄友

黄花瘦尽晚秋天，坐对西风思悄然。千古可能欺一字，寸阴何计补穷年。室因贫惯无交谪，友纵情多不受怜。借问子期琴在否，月明为我好挥弦。

秋夜旅怀，时闻潜翁凶问

香然乌几静烟生，直到香消睡未成。何处疏钟敲夜月，几家清瑟对残更。江湖岂碍深山事，天地空怜爱日情。痛杀仲宣先我死，白杨黄土不留名。

客中偶成

争道青春驻黑头，风光流转又深秋。梦中洗足书封事，千里关山一马周。

壬辰除夕

秉烛拳拳谢彼苍，又添一岁付高堂。形容总为儿孙老，心事翻先节序忙。偶捧金花簪子舍，旋烹菽水饭家常。今宵预办屠苏酒，犹喜团圞得共尝。

元日

茅屋暖生春，山家未觉贫。宿粮酿斗酒，小径扫嘉宾。风格存吾旧，冠裳阅世新。数竿苍翠竹，犹伴去年人。

春雪

莫道严威令已宽，霏霏洒处未曾阑。忽消此日三分暖，不减先冬一倍寒。老去梅梢元傲骨，吟残驴背旧征鞍。踏春尚恐墙阴湿，惟望阳和散汗漫。

插田

四更鸟语已催农，忙启柴扉一二重。蓑笠早披山雨色，犁锄常带月华容。肩头移得千畦绿，指下分来百亩秾。处处豚蹄争击鼓，只将甘澍祝潜龙。

题云舫书屋

云舫飞从碧海东，此身如在十洲中。梧桐露滴新秋月，杨柳花狂近午风。白石行歌频扣角，苍天难问任张弓。柴关剥啄年来少，画虎屠龙事总空。

长安道中过诸先正墓下

九原不复问雌黄，今古悠悠一剧场。青史千秋如在眼，白杨三寸已成行。山川翻借英雄色，邑里犹分姓字光。指点路人寻下拜，浮云天际共苍茫。

维扬柬友人

惊逢如有约，斗酒坐更深。半面通吴楚，须臾共古今。海天游子梦，江月故人心。一送柴门后，凄然梁父吟。

送同年张、刘、陶、唐诸兄出宰

洞庭万顷波，何必慕三岛时有未留馆者。十载赴公车，壮志几潦倒。大木在深山，风雨成连抱。盛世正用材，熊熊希世宝。前贤愿亲民，一官宁草草。何以答生成，君亲等大造。白日正中天，江流长浩浩。努力趁青春，宦海催人老。

送客归豫章

文章潦倒意纵横，一叶吴舟万里行。贫病岂曾忘素志，英雄自不盗浮名。三秋云水怜人老，几岁渔樵寄此生。归去未须谈海外，匡庐顶上即蓬瀛。

报潘邑侯二首

山阴又见种花翁，花绽沩滨满路红。深处有琴弹夜月，无边飞舄舞春风。为忧赤子身多病，不杀顽夫狱自空。酒漉千家耕化雨，但看绿野统芳丛。

非公不至是澹台，愧我公时亦草莱。畎亩十年争一介，云雷何处动三台。菊然幽径横秋出，梅老寒山殿雪开。底事篮舆过小阁，此行只为看花来。

旅中

为问天边雁，可从乡国来。小园桃李树，曾见几枝开。

送刘孝廉春闱二首

绿野青云自草莱，春光浩荡万山开。忽闻折柳歌三叠，强约寻梅酒一杯。海上几年曾浪迹，天涯何处不怜才。明朝款乃重湖去，可信东风唤得来。

匆匆驱马望金台，一路春光取次开。上苑天芬堪染袖，曲江琼液好衔杯。真儒自古羞逢世，明主于今正爱才。我亦玉皇香案吏，鸾坡早晚待谁来。

有寄

巢鹤分飞后，差池近若何。浮名元泡沫，吾道未江河。一日惭吾长，深山负尔多。春光消息好，花柳漫婆娑。

舟发湘潭

风雨无家有剑镡，飘然一叶发江潭。人因薄粟轻千里，酒到长亭只半酣。晓树远依云梦北，晚霞回绕洞庭南。自怜游子逢迟暮，屺岵频登两不堪。

溪行

绕溪行数日，犹在故山边。水峻滩横出，崖空石倒悬。远林吞去路，幽壑放馀天。鼓棹频回首，何时又系船。

溪行见桃花

好花溪上发，似笑远行人。处处惊新艳，年年负早春。红妆贪照水，碧叶乱成茵。谁是寻源客，相将共隐沦。

滩行时有越游

去去滩何险，游人莫浪催。舟穿山罅出，水破石门来。峭壁仙能削，平林雾欲霾。世途多类此，掉臂向天台。

道中书所见

风雨声中诉子规，凄凉几代已累累。荒山犹有千年骨，断砼曾无半字碑。自古青编元不朽，当时石椁亦何为。可怜逆旅蜉蝣羽，野草闲花到处悲。

舟中苦雨

秋深十日雨，不敢问苍天。独夜寒山下，孤舟乱石边。雾封千嶂影，云湿满溪烟。回首潇湘景，分明在眼前。

游兴

高堂头已白，游子尚何之。击楫长征日，牵裾下泪时。关河今正险，风浪故相欺。早晚天涯去，音书莫爽期。

萍乡道中水涨

昨夜潜蛟吼，茫茫失巨艘。楚江流豫穴，春水喷秋涛。滩涨孤洲立，风惊怪石号。仙槎如可泛，万里肯辞劳。

蛙鸣

一听青郊百啄生，阗阗有鼓为谁鸣。不平世事知多少，总对春风诉不清。

袁州

已作袁州客，回头见楚关。乡音随处改，旅梦偶然还。桥锁芦溪水，岩飞石室山。昌黎祠下拜，原道在人间。

西江谒房师李方伯

岩岩碣石树精神，不作皇都第二人公中榜首。天近玉堂何焕烂，霜清紫禁有丝纶。上林桃李先春绿，南浦云山入案新。久望龙门惊万丈，一逢元礼故相亲。不敢轻投是夜光，偏逢雪夜到程墙。梁公入手皆成药，陆氏无心为置庄。知己半生惭道义，端人何日共行藏。朝来欲上滕王阁，昨遣天风送马当。

拜徐孺子祠

肯傍陈卢树一名，南州风格此铮铮。懒摩虎尾牙空猾，不探骊珠睡莫惊。汉室未倾人自祸，榻前多难道偏清。西江秋老生刍少，愿泛湘滨采杜蘅。

钓翁二首

一丝风月好相依，露湿青蓑尚未归。堪笑蟠溪心未冷，晚年别却旧鱼矶。

尔自贪微饵，非关我不仁。寒潭深处去，谁复枉垂纶。

滕王阁

楼台终寂寞，不朽是文章。童子偏能此，先后树三王。秋风如有怨，春草为谁芳。独羡西江月，曾窥作赋郎。

金华八咏二首楼为沈约咏诗处

载得兰溪酒一瓯，临风浇尽古今愁。金华城浣双溪水，宝婺星寒八咏楼。翠湿远山晴亦雨，光摇新月夏能秋。何人放胆抒怀抱，漫怕休文在上头。

从古才人行转污，沈郎有舌得存无。赤章不掩千秋眼，青史难逃一字诛。孝义独传同爨里，烟波偏付钓鱼徒。高风此地频频续，空笑雕虫小丈夫。

八咏楼咏古

攘臂才人早下车，齐梁之际尔何如。梦中难避君王剑，悔上当年劝进书。

金华即事

老人遥指暮云边，往事依稀在眼前。城北乱山堆白骨，桥西孤塔出寒烟。金汤直壮三千士，兵火频哀五百年。今日车书同两越，愿留衰朽度尧天。

购书口号

无益从人笑，殷勤积若丘。平生同蜡屐，他日此菟裘。古色厨间见，清香几上浮。囊倾都市内，留得看钱不。

听歌二首

轻敲檀板整罗衣，长袖飘然玉一围。听到夜深人静后，红尘犹绕白云飞。

惹得轻烟入舞衣，歌声才罢雪霏霏。江东犹月周郎在，莫向旁人问是非。

暑中示友

酷执须臾事，休悲行路难。海风平地起，六月亦生寒。

风荷

闲云湖上去，片片傍游人。飞入风荷院，翩翻绿满身。

客中即事

江声云外沸，山色雨中秋。吴楚人千里，乾坤酒一瓯。

严滩怀古

富春山下是严滩，滩上羊裘送急湍。偶为故人伸一足，不将谏议换长竿。石潭窥月千岩净，萝薜牵风万木寒。冠盖当年江畔去，攀龙附凤汝平安。

余干道中即事

考槃此地硕人宽，有鸟飞飞戢羽翰。一窍流来成巨浸，万山平处耸孤峦。老农招客尝春酒，野叟呼孙挟钓竿。我欲与君成好友，结庐何日傍江干。

豫章怀谢叠山、胡敬斋，兼望象山、龙虎山二胜

牛斗星光射晚晖，此中人物古来稀。孤身宋室无周粟，千里江干一布衣。几见风雷生上界，但闻龙虎有馀威。象山鹿洞岿然在，吾道于今是也非。

京江阻风

不怨石尤恶，惟愁乏羽翰。天高云气远，江阔浪声寒。击楫心徒壮，觇风枕未安。青青横北固，空对夕阳残。

京江怀人

千里浮云客，飘飘一苇中。人贪泛月酒，船避扫江风。吴楚家何在，湖山事不同。多情空谷友，片纸到天东。

渡扬子江

遨头细雨正涔涔，对此茫茫万古心。吴楚流通天浩荡，海山望尽影浮沉。风摇甘露连江湿，潮涌留云入郭深。我上金焦询大块，何时开凿到于今。

留云亭

甘露何年降，孤云不可留。六朝人未死，与汝一登楼。

舟夜

五更催晓梦，傍晚泊还迟。远浦横渔网，扁舟系柳丝。烟迷沽酒处，月上看山时。夜半鱼龙静，微风任所之。

客中偶成

十年成底事，水国路漫漫。野露先秋湿，江飙六月寒。不知游屐折，遑念客衾单。寄语金门侣，诗徒已筑坛。

过鄱阳

滕王阁下雨冥冥，九叠危峰古画屏。南海伏流何处泄，西江元气此中渟。波平月满连天白，云尽山围一线青。指点昔人鏖战迹，康郎有庙亦浮萍。

南昌拜澹台子墓

貌如夫子不须飏，百世祠中俎豆香。岂以孤情医积俗，自将危行树幽芳。东山天立岩千尺，南浦秋深水一方。公室从来成捷径，趦趄谁弗愿登堂。

十八滩二首

若守垂堂戒，危滩奈尔何。冥鸿云际宿，无处可张罗。

险滩止十八，人心险更多。到此能无恐，平生事若何。

屏风关

越岫如奔马，吴西此鞚收。山腰中处断，天险大关头。万里无烽火，三更静戍楼。泥丸销已久，南服古神州。

常玉山担夫二绝句

何必渔樵计始安，一肩挑月送征鞍。探囊买醉馀钱少，刚与妻孥作晚餐。

日日摩肩不救穷，朱门莫笑担头空。几家泉货如山积，送尽寒霜晓月中。

湖上登高

万里秋高客路长，官衙四壁有鸣蛩。登台一洒英雄泪，歌舞湖中亦断肠。

和旅病韵

一病淹三月，炎天亦怯寒。可怜南去信，犹自报平安。

秋兴

客有悲秋句，登台不敢歌。乾坤同寂寞，岁月各蹉跎。海气横青霭，湖风卷白波。蒹葭纷老尽，我友近如何。

同张复庵书卢仝《月蚀歌评注》后

唐家日月弛纲纽，卢君大放谈天口。推鞠刑赏何分明，骂尽星辰饶北斗。洋洋洒洒二千字，控蛟螭兮舞蝌蚪。后来评注凡几家，固哉为诗多高叟。可怜玉川一片心，何人肯将心窍剖。当年我曾得一间，风雨深宵难释手。此意寥寥更告谁，满饮十觥大叫走。老天不复秘宝光，吴兴江上逢我友。我友好古在神骨，寒夜相将搜索久。字字精神互揣摩，篇终天白雷霆吼。我逢今日忝阶平，独嗟玉川遘阳九。书生空抱杞人忧，岂料诗成传不朽。我闻才子精魂长不没，明月清风来户牖。玉川可是在人间，知己千秋应肯首。寄语苦心著作人，莫愁述者难为后。

十亩

十亩闲闲地，横桥水一隈。游人昨夜梦，犹绕故山来。

蛟

罗帐动秋风，纷纷钻刺亟。东方忽白时，去去全无迹。

无寐

如何七尺身，动念天地窄。抚枕一惆怅，小窗凉月白。秋风侵我肌，似促久游客。八百洞庭南，故有五亩宅。岣嵝石径深，好蜡苍苔屐。河清海晏太平人，莫念沙场裹马革。

游兴

且放登高眼，亭亭百尺楼。东南天万里，只在槛前收。

客中

秋草苍苍望楚天，行行独上广陵船。江湖有梦三千里，风雨无家十五年。薄禄未供亲渐老，遗经在笥子当传。明朝若返长沙棹，买得青山不费钱。

苕水九日

暮秋明日又盈旬，笑逐秋光去住频。海市云烟家万里，湖天风雨客孤身。山低不放登高眼，花老休劳送酒人。好报归期西上雁，倚门早免累双亲。

杭州留别同门车宜年司马二首

斜挂孤帆出越城，行行回首故人情。文章自昔同肝胆，朋友于今补弟兄。长白山高天咫尺，洞庭水涌月分明。青衫欲湿惟司马，漫讶床头剑有声。

骅骝开路此先声，策蹇何当并辔行。独饮冷泉知味永，偶栖乔木得风清时游冷泉亭及乔木山。十年同学羞干禄，千古成名耻过情。翘首东南交努力，圣朝难报是升平。

题画

小艇如拳水一篙，朝朝春色醉葡萄。槎头何处来仙子，脱却罗衫着道袍。

舟发钱塘

西湖好作十年游，无奈青山笑白头。明月送人还故里，钱塘江上有轻舟。

晓发

月落鸡鸣正放船，邻舟解缆我争先。莫愁水气迷江路，隐隐苍山出晓天。

客中即事

饥来驱我别江村，却喜沿途未叩门。山色湖光收拾好，东风犹许醉平原。

余杭与友人夜话

故人且莫笑莱芜，傀儡场中有定无。历事方惭平日拙，居官顿觉此身孤。为防民口觇心病，能畏天知始丈夫。回首半生应变色，可因升斗浪驰驱。

旅怀

足下茫茫路几多，偶因负米滞关河。白云欺我乡心钝，先到家山绕薜萝。

同航

相逢不相识，瓜步少桥东。渺渺沙汀月，扁舟一宿同。

舟夜闻雁

尔声何断续，此际正三更。秋在芦花岸，归飞趁月明。

题林君复放鹤亭

西湖歌舞散，亭子是林家。野鹤飞何处，长空有暮霞。

西泠留别

湖头好唤片帆风，前浦茫茫度晓空。行色渐离天尽处，歌声犹恋月明中。小桥十二留游屐，归路三千送断鸿。不信暮云终杳渺，吴山只在大江东。

望月怀人

海角多情月，清光应早生。秋风曾有信，待尔度江城。

舟夜

松下飞雨来，滴滴孤蓬碎。三更月欲生，湿光摇霡霂。

赵山人像赞

数竿修竹一茅庐，流水潺潺遇石渠。风动竹鸣天欲午，渠边濯足意何如。

太仓东园

娄江东岸是天台，绕砌阑干水一隈。石上云生晴处湿，桥心烟袅锁还开。老翁曾揖先朝客，万乘亲登百尺台。薄暮乌栖游屐散，四山苍翠朔风来。

丁未春日即事

春风劝客着征衣，行道迟迟为钓矶。杖策幸遭明主会，弹冠敢谓故人非。从来处士声难副，屈指雄才事转违。试看群芳争笑日，苍松偏自带寒威。

归自江东

作客归来晚，青山莫笑人。他乡桃李月，亦似故园春。

春草江东绿，河桥酒半酣。孤帆发何处，人到洞庭南。

分宜道中

权贵三春梦，西江水自东。可怜骨已朽，有客骂秋风。

即事

文章驱我走天涯，辜负春风树树花。归到故园芳未歇，莺歌莫遣夕阳斜。

醉中走笔赠李文学岸常

刍青饭白是山家，莫怨春风落晚花。我醉倩君扶上马，一鞭归去月初斜。

江南留别

且趁时光返洞庭，湖边草色正青青。故人莫折江南柳，只带春风到野亭。

湖上

淡淡眉钿薄薄纱，野云深处是谁家。多情只爱林和靖，不采西湖别样花。

题画美人携桃

忽到玄都破绿苔，春花不问几时开。袖中携得天台种，好倩仙郎手一栽。

钱塘别友

楚江有路出兰苕，握手须臾后会遥。却爱风帆天不断，梦中还听浙西潮。

送友之官

不爱山枢与隰榆，行行我欲发吴趋。题崔久已能惊李，生亮何期早见瑜。万里海涛风飒飒，满空天籁响于于。古来美锦称难制，机杼于今学得无。

嵇山人小像

科头赤脚短衫斜，林壑萧然便是家。读倦抛书秋正晚，篱边呼酒送黄花。

三月初旬见梅花始放

肯向孤山趁早妍，几枝偏放落花天。幽芳不恨三春老，古貌羞争百卉先。雨露有心寒尽发，山川成骨晚尤坚。鼎鼐相待愁来晚，一日开时抵十年。

丁未纪岁四首

尽将乐岁祝湖南，无奈秋先涝未堪。千顷稻花漂水国，万区田舍入江潭。空瞻出日人思捧，翻恨为霖食不甘。来惯年年飞燕子，旧巢何处可呢喃。

千家幸见几家存，一望凄然早断魂。食乞遍郊无冷炙，烟炊何灶有荒村。先畴易主谁论价，爱子贪生不恋恩。却喜轻身挥手去，免教胥吏夜敲门。

翻恨儒冠误乃躬，谁将大厦作帡幪。立身天地宁求饱，济世文章不救穷。陶令叩门辞自拙，颜公索米釜频空。麻衣欲上流民状，万里阶前路未通。

承平三世卷戎衣，忍见哀鸿去未归。自昔谋生忧不赡，几人饿死耻为非。天家玉粒千仓满，长吏朱书一纸飞。从此雨旸调燮好，寡妻稚子莫啼饥。

山庄即事

天地元空廓，悲歌自不情。六经知我拙，十亩有人耕。野鸟能呼友，山花莫问名。江湖无梦到，风浪那相惊。

同梅庄夜泛

扣舷歌发信舟行，千顷湖山那问名。照我欲寒芦月白，吹人未老藕风清。中宵酒渴流堪漱，小睡波平梦不惊。泛泛夜深秋气合，微霜莫遣鬓边生。

旅怀

征衣密密缝，儿向何方去。一望万山横，况当山尽处。

维扬次赵丈念翁七旬自寿韵

七十年来发久髡，东南耆旧几人存。曾悲屈乘充虞厩，不见铜驼返汉门。澜倒千江回海国，云裁五色织天孙。而今难用秋毫目，只合悠悠白昼昏。

十年薇蕨故园违，萧寺孤栖掩竹扉。老兴偶随花月露，乡心时逐水云飞。绮黄结伴能招饮，淮海为家不计归。闲上吴山峰顶望，酒船游屐尚依稀。

五湖游遍兴还浓，欲买轻舟去万重。浣我俗肠惟夜雨，唤人痴梦有晨钟。半篱霜老秋岩菊，千尺涛喧石径松。偶渡京江寻北固，金焦犹整六朝容。

我亦浮云共此身，忘年相对倍相亲。三洲芳草无乡信，万里江干一故人。偶向广陵分妙曲，迟来仙圃醉馀春予后到。片帆肯逐东风便，沩水星沙旧比邻。

题念昔正巾图

肯随岸帻共欹斜，又笑貂蝉水上花。对镜不惊新白发，掉头还爱旧乌纱。好携北海盈尊酒，归啖东陵五色瓜。回首百年巢燕处，入云高第是谁家。

舟发长沙

寸心曾许国，此去学从王。疏阔怜花鸟，流连为梓桑。微臣惭制锦，明主正垂裳。出处今观我，临行意渺茫。

寿刘封翁双寿

并蒂花深十丈逾，鞙鞙锦帨系桑弧。岂资捧檄方将母，不惮升堂念乳姑。天上石麟原有角，冈头彩凤又多雏。紫纶并锡头俱黑，肯为君羹就养无。

舟行阻雨

重湖连日雨，野泊有孤舟。白浪摇江树，凄风响戍楼。渔蓑迷出没，雁字半沉浮。多谢东皋侣，何人共九秋。

阻风彭泽

栗里人难吊，维舠只晏眠。心忙惊日月，兴懒厌山川。吼浪奔彭泽，排江断楚天。东风如可借，瞬息石城边。

赠吴让三

与子神交久，惊逢盖遂倾。风流存古道，文字薄浮名。黄鹤翔空际，青山送远程。临行劳折柳，回首汉阳城。

君山

万顷中流处，嶙峋影欲迷。云生风日冷，浪蹴野天低。秋草春申墓，寒花帝子啼。秦皇空一怒，山木自萋萋。

登舟口号

才脱征衣慰二亲，棹歌又别故园春。出山流水忙如我，拂面和风冷笑人。荒岁盗多劳击柝，寒江翁瘦独垂纶。丈夫难向蓬蒿老，堂上殷勤属此身。

达摩亭望水涨亭即摘苇渡江处

十里寒江一叶芦，当年飞渡只须臾。苍生几处为鱼鳖，能作慈航济得无。

石头怀古

彼苍若不纵奸雄，百战能逃一火攻。岂意中原羁北伐，徒令万甲烬东风。石头浪涌江天外，赤壁烽寒楚水中。片片降幡终未免，虚将筹策瘁臣躬。

祭风台

东风安可祭，天数固如斯。大智能愚众，千秋总不知。孤台摇剑戟，猛浪溅旌旗。江上秋声怒，犹闻纵火时。

黄州留别彭衡陬进士

风波宦海意何如，吏隐知君德未孤。苜蓿盘中存至味，青毡座上有鸿儒。畏招车乘还空谷，不受牛羊免牧刍。赤壁亭前酾酒别，几时共煮此江鲈。

樊口得句寄衡陬

雪堂辞已远，一上舵楼看。草树和云湿，星河入水寒。微风惊小浪，落月恋孤峦。惆怅黄州客，曾弹十载冠。

长安道上早行

一鞭忙上马，北斗未低时。前路知何处，征人任所之。薄衫迎露湿，破帽受风欺。野店残灯远，星星望欲迷。

旅中重阳

万里重阳酒，孤尊不尽欢。清风催菊老，白露染枫丹。天迥中州出，秋深北地寒。登高兄弟远，两处各心酸。

客中书所见

不管门前雪子飞，炉头儿女自相依。行人漫羡团圞乐，只耐青蓑共缟衣。

客中清明时有酒戒

年年此会奠清尊，寂寞于今忆墓门。一滴自怜人断酒，九泉应念客招魂。暮春山意霾残雨，新火邻家冷旧村。独喜高堂能健饭，儿曹犹得奉鸡豚。

几年

几年为客负春风，老伴惟携象鼻筒。花鸟亦愁行役久，山川漫笑著书穷。雀巢动处知樵路，牛背歌来有牧童。奔走自怜皮骨在，莫从天际望翔鸿。

南昌书怀

一对西江欲曳轮，西江难洗是征尘。奔流日夜趋东海，故郡星垣拱北辰。千里月归何夕梦，孤舟雨滴五更春。如今不问天边信，鸣玉鹓行自有人。

豫章道中

飘飘鱼鸟旧同游，南浦西山又一秋。危磴直窥仙子洞，中流横锁状元洲。千年铁柱沉江右，万壑鄱阳浸石头。过眼风烟何浩落，悠悠吴楚总虚舟。

袁州口号

此州学记旧文章，试读残碑字字光。流水石桥横晚渡，江船渔火射危樯。菜桃绿野和芳味，舟过青山染乱香。一到宜春台上望，龙鳞古木正苍苍。

漫兴

一枝翻自羡鷦鹩，髀肉年来渐欲消。迹遍江湖人落落，身经风雨橐萧萧。三山断岸谁浮海，八月弯弓敢射潮。闻说故园烟景在，顿教游子忆渔樵。

长安答友

八行书自大江滨，念我浮沉半此身。岂谓文章曾问世，不辞驱策为娱亲。断桥旧有寻梅约，寒夜应思泛雪人。巢父掉头谁是伴，笑看投足向风尘。

丁未四十初度

辛苦平生事，须臾四十年。名成亲已老，酒断语还颠。时命谁先觉，文章耻浪传。灯前闻诏下，圣主正求贤。

忆昔

客傍京华久，襄羊忆去年。友朋三岛外，花柳六桥边。坐啸风生浦，行吟月满川。梦中还恋此，频上五湖船。

家书

儿曹努力勿徘徊，尔父风尘独往来。归梦未忘前日别，征程料得几时回。家常寒素何如昔，身自平安不用猜。定省殷勤聊代我，老年莫空掌中杯。

偶成

北地栖南客，冬残气更凝。雪顽宁避日，风劲不开冰。谷口封萝薜，江干问友朋。郎官星正朗，揽辔让先登。

丁未除夕

南北同逢节序新，踟蹰此会两伤神。庭帏路杳劳归梦，老病心多系远人。今夜椒花明岁酒，故山桃李异乡春。长沙驿使还何日，凭报平安解蹙颦。

病起

莫愁伏枕素心违，夜仰江天见少微。久矣升沉凭造化，年来调摄为庭帏。青青芳草寻乡梦，白白风花点客衣。几度故人书未报，知君何日息劳机。

酬唐赤子同年时赤子久寓广陵

漫劳老友折云笺，病体支离亦偶然。对酒偏当残夜月，看花已近暮春天。侯门左右三千客，国士遭逢二十年。闻说勾留游屐处，雷塘风雨广陵烟。

花时

何处清香至，纷纷袭客衣。风光新物候，烂漫故山扉。自共三春老，宁辞一片飞。王孙惆怅久，芳草望人归。

和岳阳黄侍御实庵韵

乾坤日月洞庭水，中有神鱼拔浪起。实庵长啸岳阳颠，凤凰黄鹤成鼎峙。驰骋文场六十春，几辈铸成名下士。年来铁笔扫风霜，十万师难移一纸。彼苍福善善者昌，凤有毛兮麟有趾。不须老友祝加餐，豪气暮年长若此。

寄友

几度挑灯意悄然，缄书寄与孝廉船。瓶封薄酒勤招客，人惯无家不怨天。流水虚舟随去住，浮云残局任方圆。寸心别有千秋事，为语吾曹莫浪传。

忆花

韶光应笑我，春色负天工。岁岁花时节，频频客路中。晓风翻嫩绿，夜雨滴深红。留得残枝在，归来又满丛。

残花二首

细雨添新湿，轻风送晚寒。游人须秉烛，堪恋是春残。

绿阴红树下，酌酒谢花神。片片飞光去，东风又一春。

客中端阳

彩丝系处异乡同，煎得兰汤浴晚风。蒲酒偶思家酝绿，石榴愁见别山红。初阴应节天方午，长夏如年日正中。欲采杜蘅聊一吊，青虬明月楚江东。

得广文自赋兼送陈、朱二孝廉归里二首

此去无长别，江乡计日还。圣朝知我拙，天意许谁间。官冷宁充隐，身安不买山。遗编多少事，好闭十年关。

宦海帆初挂，苍苍逸此身。乃心惭许国，吾道在明伦。卓鲁输时辈，苏湖忆古人。闻君归去早，凭报白头亲。

集唐二绝赠方顺桥老叟夏柱石

草衣水食轻王侯，篱外涓涓涧水流。七色花虬一声鹤，人间亦自有舟丘。吕洞宾、窦巩、谭用之、韩翃。

白石先生眉发光，静消心火梦魂凉。苍苔古道行应遍，流水桃花满涧香。司空曙、谭用之、郎士元、宋邕。

钝骡二首

万里南天路若河，千鞭百扑任君磨。主人莫恨顽如铁，世路迍邅似我多。

难随捷足效驰驱，栈豆枯刍老牧奴。世上几人如我钝，千金重任到长途。

戊申长安道上和韵

化衣三载挤蹉跎，壮士低头意若何。晓月一鞭归去好，春山秋水故园多。

赵州柳堤二首

一带青云路，炎蒸暂此遮。清风来习习，胜饮赵州茶。

垂杨树底行人歇，共爱清阴十里中。争似家园桃李下，竹床茶灶又轻风。

长安道中

铁镫银鞍久未收，此身今得傍沙鸥。谁云画虎偏成狗，不信屠龙只解牛。三径荒馀锄晚圃，九溪深处漾虚舟。灞陵醉尉徒轻薄，李广何妨老不侯。

孝昌别张复庵

与君联辔指江乡，马上宁知归路长。鸿燕偶然同饮啄，参商从此各光芒。古人可作惭今日，吾道何如付彼苍。黑白自怜争未了，楚山峦峦水泱泱。来诗有“吾道有人争黑白”之句。

集杜和复庵惜别

忆弟看云白日眠，将诗不必万人传。更为后会知何地，虾菜忘归范蠡船。

晓行

披衣侵晓月，马首重行行。雾罨空林水，沙围故堞城。风期存古道，福命任苍生。回指家何处，青山万里程。

途中骤雨

飞来骤雨湿行装，客子踟蹰正路旁。不为浮名宁有此，偶依大厦是他乡。山峦雾涌连天暗，寺宇风生满院凉。马足直愁平地滑，漫云官道尽康庄。

喜晴

连日愁泥泞，行人古道稀。鸠来收雨脚，马上晒征衣。风柳垂残滴，云山出四围。莫愁前路滑，从此计程归。

早行阻水

空从灯下束征袍，野渡无人水一篙。行客不须贪早发，先鞭我着亦徒劳。

再别复庵二律

此别应何似，悠悠汉水东。勿忘今夜雨，相对古人风。车笠从教异，哀桃自略同。笑他痴阮籍，无故泣途穷。

醉杀春江酒，无为梁父吟。一官明主意，十载故人心。萝薜从空谷，弓旌谢好音。山中饶脱粟，千里待招寻。

马上即事

行行垂橐且开颜，为博官场一席间。老我风尘元白面，笑人牛马是青山。几年斗望文章伯，千里云封武胜关。闻说九溪湖水接，片帆飞去复飞还。

广水早行

肯为崎岖晏着鞭，四更天气月犹悬。马蹄凿石生寒火，雁翅惊风破晓烟。驿次关开还击柝，山家门闭正酣眠。行行识得前村路，此地驰驱二十年。

晨征

羊肠百折怯加鞭，一路心旌及晓悬。云树低迷昨夜雨，星河明灭五更天。窥鱼月下临流坐，歇马山腰枕石眠。望里江乡归渐近，重来揽辔是何年。

中湘张和五、易倒扒名湘帆索句为唱

飘然一叶泛江乡，去去常浮杜若香。短棹逐波探岣嵝，片帆斜影点潇湘。载来明月千溪满，驾得秋风万里长。任是吴艘和蜀舶，般般同作海天航。

偶见和梅庄二首

伶俜小胆怯微波，无奈春风舞棹何。荡到岸边惊未定，参差蝉鬓手摩挲。

轻摇环珮月玲珑，人向江南面向东。岸上小郎馋着眼，天教送远起仙风。

赠道人姚尚贤二首

孔孟乡中汗漫游，懒从尘世看蜗牛。兴来欲坐天桥上，闲送飞鸿听水流。

偶与他人作嫁裳，却从离坎学颠狂。床头留得珊瑚枕，不配金公不下床。

寿曾泰翁七十

七十年来在水湄，元珠藏处许谁知。不争尺地扬眉早，自分千金待贾迟。楼上月高（廉）〔帘〕① 卷后，篱边花老酒香时。彩衣莫绽寻常锦，欲剪云中五色丝。

舟月

月夺湖光色，清冷入碧空。萧萧芦荻上，夜半起秋风。

偶成有赠三首

半卷纱窗露半身，怜卿相避却相亲。十年守得身如玉，耻作临邛市酒人。

多情种子是书生，争怪巫山梦未成。曾诵罗敷佳句否，使君有妇不卿卿。

①据文意改。

园林深锁自翛然，花不飞香蝶不怜。自笑风情何太薄，未知销恨是何年。

赵抚军奉太夫人自蜀移此

帝咨岳牧附遐陬，恩与长江水共流。甘旨每颁香玉粒，彩衣曾赐翠云裘。风行剑阁三千里，日映湖天万顷秋。十郡桑田歌乐岁，于今南顾更何忧。

寿杨方伯

洞庭醖酒汲千钟，万姓尊开紫盖峰。天为南方生岳牧，帝虚前席待夔龙。风摇棨戟含霜冷，日射桑麻带露浓。药笼从来无弃物，楚材谁不受陶镕。

嘉鱼赠李文学

熏风来好友，旧雨别嘉鱼。文字羞花样，行藏寄草庐。气横三尺剑，人老一床书。屈指谈吾辈，雕零近不如。

秋兴

谁云日月只循环，但看长江去不还。云隐白鸥寒野水，霜深黄叶染秋山。一人有道开金马，国士无功梦玉关。自笑百年穷杜甫，强从诗酒学偷闲。

箧中检故人手札

十口驱人别故居，游魂才士意何如。可怜万卷埋黄土，留得贫交片纸书。

古意

夫婿去天边，寒夜理杼轴。芳心独自持，不为春风逐。德音念古惧，宝刀耀戎服。云雨有聚散，金石无反覆。

舟泊嘉鱼忆故友

可怜宿草竟芊芊，不渡长江已十年。昨夜见君还步月，落星池畔酒楼前。

阅史偶书

残灯四壁起秋虫，偶展青编事未终。南内何人悲夜雨，中山有子爱晨风。可怜晋用材皆楚，谁料秦征济不东。一自陶唐鞭日月，长江太岳总成空。

锄经馀草卷之四

初席九溪即事

席冷存吾道，官孤匪异乡。漫鸣堂上鼓，且傍圣人墙。夜静滩声吼，天空野色荒。一枝聊借此，书剑正光芒。

邓、吴两生投诗夜访赋答

一望宫墙就地开，好登堂奥莫徘徊。晚骄秋雨存寒菊，先得春风是早梅。月到半轩留客坐，雪深三尺为谁来。而今觅得并州剪，五色云章取次裁。

赠年侄张生

一肩行李尔驱驰，不见阿翁执手时。有子故人今不死，后来作者属伊谁。十年曾倒中郎屣，上国虚传幼妇词。我向九溪深处去，何当风雨再追随。

石门道中二首时檄查社仓

手把残经日正长，忽传飞檄到零阳。私田足雨占高廪，圣主忧民积乃仓。不忍登鞍怜马力，全凭（挂）〔拄〕[①] 杖度羊肠。野

①据文意改。

人鸡酒休相劝，麦饭藜羹我愧尝。

一辞子舍已经春，屺岵才登泪下频。俸薄未供华黍味，名成翻累白头人。鸦飞啁哳空衔哺，鸟道崎岖敢惜身。羡杀田家儿女辈，只鸡秫酒奉双亲。

赠郴州老友

清绝湖南地，君家最上头。老天迟大任，吾道付虚舟。人醉风生院，诗成月满楼。阿谁能领此，许汝共千秋。

酬马明府孝升三首

当年行道故迟迟，白首弹冠正及时。造化直将文字补，经纶自有帝王知。崇山振古成岩邑，迎刃于今斩乱丝。万里玉阶元咫尺，平生怀抱此相期。

不从肉食斗蜗牛，芒履从容问旧游。宋石隋珠论制草，吴山越水忆名流。惊秋江上来朱雁，步月沙汀起白鸥。执手故人谈未了，金龟换酒再登楼。

几年云树望依依，吏隐知予傍钓矶。僧舍何人供脱粟，酒家无处典秋衣。梦惊午夜滩声急，马度寒山曙色微。莫怪广文官舍冷，阑干日上露初晞。

漫兴

四十如飞度，空惭念惜阴。鹿蕉文字梦，鸡肋宦游心。浩荡风云老，磨砻日月深。不才难寸补，羞听说南金。

偶成

浪迹江湖久，田园半就荒。妻孥惊我瘦，松菊笑人忙。日静图书古，山深药裹香。升平何以报，济济有龚黄。

洞庭湖即事

洞庭风信不可测，南舟愿南北愿北。一月我来频上下，来时南风今未熄。舟人苦守怨苍天，真宰闻之应太息。茫茫大造无私覆，不任怨兮不任德。黄金驱客如膻芗，九天怒吹罡风黑。烹莼炙酒横江卧，醒来苍翠君山色。

舟行

吁嗟古之人，立功在垂老。壮士空白头，念此心如捣。秋上汉阳船，大江流浩浩。不送弗弗风，南熏日杲杲。篙师尺寸推，艨艟愁潦倒。蟞躄后来舟，乘风疾如扫。波山高百丈，披靡同携稿。遥指洞庭边，须臾已青草。始知争先发，空自贻懊恼。悠悠苍天心，不许争迟早。

归舟

千里归帆一夜风，青山黄鹤晓烟中。回头试望秋江外，落叶萧萧雁影空。

江行

晓月江干映荻花，茫茫秋水浸长沙。举头一望青山里，烟树依稀是我家。

寿澹涟韩瞻南老人

少微星射北窗人，眼底沧桑不记旬。裁竹行行招凤翙，种松树树起龙鳞。一泓澹水霜前净，千仞浮山雨后春。肯到醉乡寻老友，掉头我欲出风尘。

小至书怀

敢为官闲拜舞迟，微臣心曲瓣香知。那期寒谷风生候，正是阳春气动时。车马锵锵摇玉珮，夔龙济济集彤墀。明光起草何人事，北望京华有所思。

赠张明府同年

闻君堕地已孤身，三十年来独苦辛。如此奇才婴造物，可知大任属斯人。上林莺啭曾同听，岩邑花深早报春。何处江干堪一酌，东阳潭下石粼粼。

赠李明府之江南

诸公衮衮向金台，我亦邯郸学步来。岂畏埃尘思独寐，自逢盘错愧无才。疏林月上携琴去，山艇风轻载酒回。东望故人三十里，江南可带一枝梅。

寄郭既於亲家

云雾江乡有钓矶，如君心迹未相违。古人孝友先为政，早岁功名独息机。梦里白华簪彩服，悲馀血泪渍麻衣。苍天老眼分明甚，千里神驹逐日飞。

赠叶士一年侄

小松才三尺，迎风得早春。深山酣雨露，日夜长龙鳞。

在闻张令后庵被议

莫笑疏狂任转蓬，一官谁解付秋风。如君正自难多得，此意犹然未尽同。迁客有天呼角马，弋人何处篡飞鸿篡作慕非。九重雨露非涓滴，漫向尸乡问老翁。

读书吟

读书三十年，未敢辄开口。闽洛未之窥，安问邹鲁叟。纷纷聪明子，捷径无先后。汉唐训故详，何暇一触手。闭门攻帖括，青白取骈偶。高科如拾芥，朱绂十八九。侈口发雄谈，五车并二酉。大笑治经人，低头事墨守。

湾河

游子天边无住处，江干挥手何匆遽。争如流水尚多情，卅六湾环不肯去。

寄友人

不见论文友，山房闭至今。锦衣游子兴，白首故人心。风雨清秋暗，江湖落日阴。何时同一醉，两地各沉吟。

洞庭湖

茫茫何处孕乾坤，灏气迎秋势若骞。收拾九江归布袋，浣淘磊石出铜盆。鱼龙蹴浪连天转，云雾横空带日昏。万斛艨艟方自大，岂知一叶不堪吞。

留别九溪诸友人六首

云暗庭帏望渺茫，梦中觅路向三湘。但逢春酒祈多寿，每对臣羹忍独尝。姜被夜寒空蕙帐，荆钗人病卷流黄。还山今有团圞信，点检图书舞欲狂。

冷官门外亦登龙，吾道方南向辟雍。长尔风期才一日，论心雪夜正三冬。前王法物存彝鼎，大雅遗音扣鼓钟。堂上有经留手迹，香烟缥缈五云封。时予葺学宫成手书圣经于庙壁。

隰有荷华山有桑，谁云兹地只天荒。素餐岂肯羞吾党，绝学惟思树此方。玉笋行行生竹箭，金针处处度鸳鸯。盛时屡下抡才诏，野鹿呦呦报鼓簧。

年来行乐失春愁，茶具诗筒忆共游。溇水溅寒滩自吼，铜山崩尽响空流。冈梧萋萋招鸣凤，原草萧萧老卧牛。收拾烟云归一橐，吾庐依旧问菟裘。

苜蓿花开映旧丘，东西湖水日悠悠。何时走卒传司马，多愧神工刺棘猴。此去可知平日事，临行屡为故人留诸生请留不得。近来笔墨匆匆甚，绢尽鹅溪尚未收。

更知何日共开襟，山自高高水自深。白璧有瑕因尺枉，黄金无价是分阴。千岩霜雪寒松节，万里云霄老鹤心。挥手故人同此意，光风霁月记相寻。

忆女

望断家书一载中，相将尔婿伴床东。慰情久已怜元亮，娇女由来系太冲。母鬓欲斑劳举案，儿身无恙免飞蓬。不知杂佩今何似，敬听鸡鸣自古同。

泸溪

行行回首楚城隈，旧雨邮亭安在哉。涧水似蛇穿穴出，乱山如马逐群来。客逢小市争投宿，舟过危滩敢浪开。自愧五湖头欲白，又乘馀兴上春台。

枫叶

满山落叶染霜红，摇落吴江万里空。秋色可怜成暮景，客心何处诉西风。

观梅有感

折来相忆在西湖，林下依然剩一株。骨在即今还瘦甚，花时比旧减香无。百年处士心同老，空谷神仙梦亦孤。最喜主人能共笑，好从雪夜酌冰壶。

重过江夏

一从取道赴金台，堤柳如针眼见栽。黄鹄矶存人已去，白云诗在客重来。无情劫火晴川沸，多事神仙铁笛哀。为访故交无恙否，至今信宿大江隈。

邓氏贞节诗

闺阈权舆王化事，扶植此道凭文字。一从彤管失其真，遂令幽芳澌且欧。我乡独有未亡人，三十馀年守不二。息壤之盟不肯寒，顾影孤栖愁代匮。九回缓死为藐孤，撤尽妆台不再试。三冬机火燃榾柮，刀尺盈箱羞滞穗。虩虩雷鸣百里惊，遗砚一区偏未坠。邓林翘楚挺千尺，济济成均争鼓吹。圣朝有道阐徽音，丹书焕烂光霞帔。往来冠盖日缤纷，仰瞻穹版识天意。酹酒开颜慰九泉，回首平生翻迸泪。而今国乘登实录，汉广条枚传盛治。吁嗟乎士子事君女事夫，女受醮兮士委质。存亡无改岁寒心，心如一兮身乃致。

元旦

光阴昨去又初还，四十年馀鬓欲斑。花样自惭浮海内，草书屡遣落人间。传言天上凭青鸟，矫首沧洲羡白鹇。更喜芳园偏待我，春风未到已开颜。

寄陶毅斋亲家二首

吏隐三年梦不惊，空山伐木鸟嘤嘤。行藏谁作粗官计，彼此安知薄宦情。公道即今存赤子，虚声从古盗书生。请君为雪千秋耻，韩范中间补一名。

矮人只合闳江乡，那复身随竿木场。三丈偶然眠晓日，一毡聊自蔽秋霜。看棋不问樵柯烂，折臂何妨塞马亡。闻说五湖风浪恶，早知元亮忆柴桑。

吊岳阳楼故址

此间风景旧如何，八百湖光卷一窝。不信楼台随物化，可怜名胜阅人多。凄锵铁笛沉寒月，苍翠君山冷白波。大观文章留得在声去观，万千气象未消磨。

和陶石夫同年兼送其北上二首

一椽聊傍碧云宫，肯为区区忽热中。东望久无催雨客，南来偶挹故人风。盛唐文字窥司业，大汉贤劳问左雄。吾道升沉原有命，白驹空谷莫匆匆。

命干懒叩李虚中，多事长杨奏汉宫。隐吏但占榆豆雨，微名元付马牛风。心输小敌逢人怯，指屈同年半鬼雄。君独昂藏天上去，晨鸡暮柝正匆匆。

岳阳即事

搔首何年揽大荒，栖迟自笑鬓成霜。燕公一去楼空锁，方朔重来酒欲香。秋水淼茫浉雁影，东风澹荡起湖光。微官不缚山人性，消受清闲得草堂。

赠君山一如上人

不与神仙共岳阳，一龛独在水中央。偶因菊绽知秋老，曾为莲开觉性香。衲破只裁云叶补，厨空聊煮石花尝。黄金掷向东流去，笑问东流底事忙。上人曾还遗金千金。

赠江南湖总戎

锦带翩翩玉鹿卢，太平无事只三驱。文章翻倒书生库，方略曾分禁卫符。壮士捧筹频饮羽，雅歌立马为投壶。惊闻难弟吟春草，愿寄江南柳一株。

胡明府席上

欲卧东山去，苍生可奈何。偶携丝与竹，帘外野云多。

为李守戎悼亡姬五首

卢家空剩郁金堂，月夕花晨事已荒。枕臂捋须留语后，至今犹带口脂香。

一夜英雄欲白头，此生谁复愿封侯。伤心潜制倾盆泪，激得银河水倒流。

香魂无梦岂无因，亦是依稀亦是真。昨夜分明环珮响，开窗空见月窥人。

莫念痴心执戟郎，殷勤去伴杜兰香。西风海色今何似，仙驾云鬟正渺茫。

风灯晓露苦难留，万劫修残不到头。那得业缘还未断，他生鱼鸟再同游。

送崔文学归里

紫卮绿酒载长亭，客子匆匆犯晓星。岂借玉珂光道左，惊看仙鹤下云汀。鞭挥豪气驱天岳，囊贮清风满洞庭。闻说梧桐秋色好，便从丹穴养长翎。

赠岳州崔季协太守二首

锁钥湖湘第一城，九重南顾简诸卿。世臣岂但成循吏，孝子应思继盛名。召得天和弥泽国，嘘来云气护苍生。四夔二献传家久，浩荡江风更有声。

明光起草羡清郎，五马骈骈贲岳阳。此地疮痍经十载，而今黍稌问千仓。荡胸豪气吞云梦，漱齿寒泉带酒香。莫怪汉南争引领，多时人望在岩廊。

酬张秋谷老友

井上摩挲百尺桐，飘然病叶剪秋风。传经事远羞求饱，卖赋年荒不救穷。马老几人分赭白，鸟飞何处辨雌雄。我来敢作湖山主，把酒东陵送去鸿。

答黄庭光文学

屈指通家十九年，看君头角自娟妍。橐驼爱种千章树，苏过能分万斛泉。老去丈夫思马革，倦来心事付羊鞭。五陵才俊今何似，懒寄音书向日边。

黄在中文学共话

不费招呼到席前，风光淡淡趁湖天。桐冈滴碎三秋雨，菜鼎烹成五色烟。绣虎队中寻子建，蜗牛庐内有焦先。羡君侍饮黄山曲，白发添杯问圣贤。

答李经原文学

茸茸庭草不曾除，相对宁殊水竹居。醉杀夕阳三昧酒，检残晓月一床书。枕流有伴呼孙楚，作赋何人笑子虚。天上石麟惊白眼，佩刀忙解意如如。

中秋岳阳即事

不知此地月，分外为谁明。露草浮光满，秋烟入夜清。折腰馋五斗，浃背汗三更。天岳微茫里，君山一叶青。

此日

此日双亲发，遥知白几茎。家书前月断，野水满湖生。十口翻添累，千秋敢盗名。山妻能酿酒，葵菽应先烹。

送张明府

衮衮诸公响玉珂，行厨野外惯经过。每谈旧雨惊蕉鹿，为制秋衣采芰荷。酒渴几思吞碧海，词翻直欲泻银河。望君如岁吾乡事，掉臂言归奈尔何。

江总戎归自武昌索赠

坐纛全军捧，行旌十日收。北门凭锁钥，南斗簇貔貅。鹤去云千里，川晴月满楼。无边江汉景，卷入一囊秋。

中秋后一日小集岳阳官舍

剩有昨宵兴，秋光照眼明。气蒸千嶂色，风挟九江声。鸡黍人同约，林泉梦不成。莓苔惊坐冷，天际暮云横。

赋得岳阳楼上闻吹笛

颁仙有曲尽教偷，响遏重湖水不流。落尽梅花江月冷，折残杨柳楚山秋。行云缥缈能穿石，飞鹤翩跹学倚楼。争得知音能洗耳，踏歌携手上丹丘。

寄曹𢠵庵明经二首

冥鸿只许鹤为群，飞渡重湖叫暮云。此事苦心能共我，何人昂首肯如君。少年裘马输同学，晚岁光阴惜几分。可放铁枪驰突否，曹彬自是老将军。

衡阳声断奈离群，把酒频论梦里文。空谷五更能念我，平湖八月早思君。花残小圃荒三径，雪压危楼冷十分。大雅江河应太息，风流谁似魏将军。

赠关中陈别驾

扶风冯翊罗关中，岩岩天府九州雄。万仞终南连地肺，滔滔丰水潆城东。精气所钟伟人立，元龙雏凤堪长揖。十年调古拚知希，窦默长吁霸王泣。偶逢小试非百里，兄官司马弟司李。期年民誉喧湖东，春雷迸涌洞庭水。鞅掌有事独贤劳，玉粒累累攒万艘。星霜一载筹军国，不暇游观八月涛。愧我平生历落怀管鄘，三寸不律羞驰骋。赤脚大叫岳阳楼，豪气欲震祝融顶。君今乘兴如无官，爱来雪夜分春寒。酒钱不累苏司业，几回下箸敲空盘。放谈夜半黄河倒，千倾汪汪流浩浩。旁人瞪目浑不识，明公莫浪倾怀抱。

蜀中胡守中臬宪诗赠赋答

云帆飞下岳阳滨，棨戟煌煌补衮新。与众怀刑惟不杀，有书弼教在成人公著《成人集》。源倾峡水千江涌，风入湖天寸草春。闻说两斋家学在，伊谁敢步后车尘。

答黄侍御四首

孤亭野鹤大江滨，回首当年旧有因。北斗几倾同舍酒，天涯曾共异乡春。轻肥队外看公子，云雨交中忆古人。闻说山林风景好，药栏花径绝无尘。

飞鸿久断岳阳滨，一榻重修香火因。北海偶思流水调，苍松耻竞野花春。同年齿发搜全楚，屈指文章剩几人。古驿城头车马客，忽忽尽日在风尘。

橘老莼香楚泽滨，掉头归去岂无因。偶烹雪水方知腊，行过花丛别有春。倒屣为迎芒履伴，肩舆偏坐绣衣人。驿亭冠盖纷如许，愿挽澄波一洗尘。

闻说清尊倒水滨，顿教十二了缘因。百年志在分阴业，万古愁销一刻春。秦国莫争东道主，羲皇谁伴北窗人。辘轳愿汲如泉酒，浇尽平生肺腑尘。

送醒翁还越

苦死留君君不住，三年只问东归路。翻怪时人死不休，拂衣独向镜湖去。不计行囊金尽无，扁舟右史兼左图。遥忆吴山云雾里，风雨连床旧酒徒。君家海上寻三岛，片帆谠挂扁舟小。烟波万顷洞庭秋，卷起橐中出云表。自哂官舍依湖西，打头老屋宁嫌低。拍手一啸鱼龙走，收拾山川归品题。我叹是翁胡独醒，眼底醉人空炳炳。清尊几度倾平生，飘然天半孤鸿影。悠悠此去短长亭，分手须臾发半星。翻身跳上青牛背，百年相见期沧溟。翁将入道。

洞庭湖石台即事

传闻飞檄议澄清，海外驱来一岛横。地可补天人壮胆，山移磐石水成城。满湖星斗宵能定，四面风波昼不惊。却愿负薪民力健，好将鼛鼓杂涛声。

岳州黄文璨、黄文理、方桂、方鹍、方鹏、李时勉、钟灵、萧期琇、张孚远、程烈章诸徒先后获隽有作

我上巴丘望友朋，早知吾道自烝烝。鳞游湘浦惊雷雨，材出君山中准绳。鹿洞几时能再集，龙门此去好同登。莫愁雪满长安路，槐市犹看不夜灯。

和南湖元夕观灯二首

楼头钟鼓报新晴，画戟团花瑞气腾。春色醉深千日酒，湖光照彻万家灯。星桥车马连宵转，玉笛栏干带睡凭。此夜金吾犹不

禁，将军楫客兴堪乘。

选胜邯郸忆昔年，夭桃秾李艳春天。楼头玉管吹晴雪，马上香风袅暮烟。剑戟寒生光历历，鱼龙化尽影翩翩。即今乐事浑如梦，回首韶华在眼前。

吊岳阳楼故址

不见危楼跨鹤汀，临流几度问湘灵。浮天野浪鳞鳞白，矗地遥山漠漠青。故垒暮云霾战骨，仙房衰草点秋萤。台前俯仰悲今古，(款)〔欸〕[①] 乃渔歌满洞庭。

春日小集酬黄学蘧孝廉

榾柮烧残酒暖时，一尊小集称时宜。九皋白鹤摩天叫，十丈青松耐雪欺。秘阁旧传云里字，辋川那续画中诗。寻春有伴探花早，自怪先鞭马独迟。

再酬学蘧

公子奇才际盛时，何当似我近三宜。一轮日月销诸妄，三字平生学不欺。北海坐中辞浊酒，东山屐下睹新诗。庖丁此去凭游刃，十载藏刀莫厌迟。

和张生解嘲诗

未觉风光转，山花烂漫开。王孙思旧去，游子趁春来。文富饥多口，时清老不才。五陵年少客，衮衮上金台。

---

①据文意改。

和陈守戎雁字诗二首

摩空挥洒势难停，个个丁丁向晚汀。兴入天池双眼碧，吟成江上几峰青。龙宫飞舞师颠史，鸟迹苍茫祖石经。万里烟波随结构，债君摹写翠云屏。

钟王谁遣作元戎，野鹜家鸡总不同。汉帛遗文传海上，岘山古碣勒云中。字披繁露悬秋色，笔蘸银河点化工。漫对雕虫论此意，天长水阔任书空。

《救火行》为高别驾赋

我闻古之人，吉凶患同民。苍生婴急难，分痛切其身。岳阳城南万户缀，一炬秋云何烈烈。焰光迸射湖水红，凉夜须臾成酷热。可怜士女徒呼号，何人冒险争扑灭。平时亦有救焚心，对此炎威空咋舌。我公当此为遄驰，两足颠蹶气如丝。须髯可焦发可燎，解衣脱帽救其危。掀拳翻倒洞庭水，郁攸所至燃其眉。老天鉴此一腔血，北风收焰不敢吹。吁嗟此事良可怪，为民舍身身不坏。万家安堵子而孙，每饭岂忘酬一拜。

送胡明府归里

同趁清时拜冕旒，恢恢君久冠南州。酣歌吼动青龙气，咳唾捶残黄鹤楼。十载铅丹曾有伴，一官敝屣复何求。拨开重雾天能见，砥柱狂澜水自流。眼底鸡虫齐得失，沙边鸥鹭自沉浮。行矣短亭吹铁笛，归与长揖上仙舟。不知此后相思意，镜水吴江约梦游。

春兴

三竿春日晏，暖色动渔樵。柳线风抽软，梅妆雪点娇。原头金马勒，楼上玉人箫。有伴登仙阁，凭栏四望遥。

酬会稽陈生长句

元龙百尺楼头卧，眼底区区楼下坐。忆从沅澧吟（兼）〔蒹〕①葭，秋水伊人望落霞。江天雪下深三尺，低头那管蜗庐窄。手龟脚冻焉知寒，衣衫乱点须眉白。与君呵冻赋千言，君鼻喷火莲生舌。何人浪说古战场，至今有肱空二折。枕戈如我曾先鞭，一榻凄风坐十年。只有行云知野性，同君白首凌秋烟。我思才人撼天枢，翻地轴鬼母，闻之连夜哭。如君胆大落笔惊苍苍，可愁折尽平生福。五陵衣马多年少，时时发狂思大叫。我辈亦作蓬蒿人，天低不敢轻长啸。君家海上浮云封，徐福安期时一逢。相期并驾游仙岛，莫将匡庐云梦横心胸。

赠南湖江参府

将军不好武，重游来老杜。至今诵此言，照人颜色古。先生健韬略，谈笑揖邹鲁。十载出禁庭，申命简南土。倾盖惟恨晚，雪月忘宾主。每从训练馀，笔墨助歌舞。寸管化游龙，赤手擒生虎。风流分将佐，诗曹勒部伍。书生尔何物，孰敢当旗鼓。丈夫重意气，工事元靡盬。儒将知谁继，云霄射毛羽。

①据文意改。

暂归

去家方一载，归日已伤神。疾痛多新鬼，流离有故人。薄田还种秫，脱粟尚留宾。桑梓休相讶，官卑耻救贫。

岳阳公出归署，旋往录遗

秋犯重湖险，归来拜老亲。皇天宽岁月，多病减精神。养薄惭官冷，衣单念子贫。明朝旋捧檄，一叶又孤身。

和曹醒翁明经韵

平生荏苒任睢盱，赚作长沙一腐儒。湖海望残楼蜃气，溪山割与钓鱼徒。语颠不信英雄老，酒醒何劳子侄扶。执手壮心无恙否，漫从江左访夷吾。

送江镇将之邵阳

九重南顾绥南土，御屏中人开帅府。万丈剑光寒似雪，不为承平忘阅武。箭如鸱叫月随弓，有马如龙卒如虎。兴来邀我游赋苑，缤纷花雨天香吐。磨盾千言泼墨成，自顾馀勇犹堪贾。架上苍鹰海国来，开笼亦复调鹦鹉。雅歌缓带闲投壶，浏漓浑脱公孙舞。几曲笙歌天不夜，夜时红烛光林坞。清霜明月轻车回，尔军尔民共安堵。圣主屏间记将才，推毂元臣天尺五。茫茫酉水环辰山，召伯憩馀风正古。努力盛世为干城，北也天山南铜柱。他时莫笑磨盾学从戎，缥缈塞云长绕潇湘树。

春游巴亭

莫听枝头噪暮鸦，山孤亭小径尤斜。野人沽酒非因客，游女探春不为花。风送暖云归远树，月邀残照到平沙。韶光如此谁能驻，赊与东皋旧主家。

送黄孝廉伯仲北上

万里长安道，应知山谷名。通家成老友，国士有难兄。海阔开鹏翼，天高下鹤鸣。明光期起草，文字在西京。

七夕得归期喜赋，时老亲先已还家

一官原不为轻肥，莫谓传经心事违。此夕无须悬犊鼻，明朝新欲制斑衣。但看好月迎征马，自有秋风扫钓矶。三径晚天松桂发，摩挲应待主人归。

岳阳即事

尽日登临户不扃，山光引我到郊坰。梅愁腊去先春老，柳趁风催入夜青。饮鹤井枯犹有甃，还丹人醉可曾醒。行歌缓步归来意，只许城西问洞庭。

壬子除夕

五斗何如水一卮，此情惟有老亲知。问安人去心先到，健饭书来意转疑。元日拟斟千岁酒，上林还发万年枝。今宵不守离乡岁，魂梦依稀定省时。

偶成

亦有犹人处，孤行意自多。名山吾岂敢，此道竟如何。野雾迷樵路，江春入钓蓑。黄庭曾浪写，不是爱笼鹅。

除夕感怀

弹指今宵付马牛，不须老病始思休。自知一篑才平地，无奈双亲已白头。手拆家书心转怯，梦回子舍醒添忧。此身愿得生长翼，飞度重湖到橘洲。

春夜月下小酌

小酌狂歌不记巡，酒钱那复顾官贫。莫嫌白蜡非佳客，犹有青山作主人。柳眼又窥新月色，梅魂还恋去年春。尊前点检千秋事，愿为诸贤扫后尘。

癸丑元宵

千金一刻此年芳，漏水应添十倍长。万卉尽垂新雨露，元宵还赛旧风光。鱼龙吐火连天曙，桃李偷春满路香。怪煞娇莺才学语，明朝出谷为谁忙。

元日

令节逢兹日，焚香叩玉京。山河天子寿，箫鼓太平声。西望烽烟静，东来珮玉鸣。书生兼吏隐，礼乐有群英。

锄经馀草卷之五

省耕诗排律二十韵湖南钟抚军、吴学院、张藩台、王臬司会荐博学鸿词作

圣主勤民事，春深亟省耕。载阳观秉耒，率育课编氓。南顾心何切，东郊气久迎。龙鳞浮赤羽，銮辂指青旌。路扫钩陈肃，尘驱霜骑清。紫微临甸服，绣陌起歌声。帝里韶光早，田间阁道平。村村蓑笠舞，处处小云横。雨好能知节，醪香正满罂。柔桑携馌筥，野菜醮和羹。播种忙三月，催农唤五更。犁边新柳拂，牛背落花盈。晓树撑苍盖，晴川绕错衡。溪风吹蔼蔼，谷鸟语嘤嘤。嘹亮传蛙鼓，依稀杂凤笙。一人颜有喜，元化德难名。共醉天厨酒，分颁尚食鲭。千家因地利，万岁动山鸣。瑞麦应双穗，嘉禾完六茎。只乘时令出，岂为物华行。

金茎露学院试鸿博诗二首

汉主调元濯玉罂，瀼瀼有液下金茎。异香流出凉飔润，五色浮来晓日明。云入铜盘天自湿，气收沆瀣夜无声。人间岂少垂珠象，未得寒空一盏倾。

和云和雾故盈盈，仙掌孤擎出凤城。自是天膏能润物，岂因玉乳觅长生。寒光滴沥垂千尺，元气淋漓在五更。盛世即今饶湛露，好分万斛与调羹。

拟谢朓直中书省拟齐梁体各宪会荐鸿博诗

清丽凤凰池，寂静丝纶阁。自昔典夔夷，千秋传礼乐。顾我荷嘉命，匪躬于此托。仙香染紫薇，禁宇翻红药。风来玉珂动，中夜听铃索。人傍九霄寒，天高月色薄。出纳代王言，喉舌司金钥。何以答九重，亮采求民（莫）〔瘼〕①。

友至

闭关杖策两无功，回首蜗牛总梦中。把酒共听今夜雨，披衣好对暮春风。

淮上

天上倒黄河，万里曲复曲。一叶下淮南，茫茫海水绿。

寿黄学博二绝

那须河上泛灵槎，天酒淋漓咽紫霞。醉向庭前摩玉树，不知老干尚生花。

白鹿主人长习静，儿曹大（爵）〔嚼〕②红绫饼。即今朱履满阶除，不信广文官独冷。

李叟双寿二首

白云封处冷柴关，修竹千竿水一湾。猿鹤十年成老伴，漫招车马到深山。

---

①②据文意改。

结发如今共白头，星光良夜照衾裯。合欢花映长春酒，又(析)〔折〕① 花枝当酒筹。

吴中遇应举者

卷帆韬戈二十年，腐儒无复说凌烟。心因见猎还生喜，灶有残灰竟欲然。秋老广陵桥廿四，月明楚泽路三千。滔滔潮水来何急，踢倒钟山问太玄。

别友人二首

榴花如火照离筵，十日平原只偶然。望望片帆江上去，江云欲断又流连。

当时花样已戋戋，流落人间是几年。去此若何聊执手，斜风细雨晚梅天。

秋怀

一与春山别，秋深惜岁华。离心怜鹿豕，舟次伴鱼虾。野阔风何冷，江空月未斜。白衣人忆我，三径问谁家。

荻港中秋

今夜团团月，飘然到荻洲。清歌来画舫，纨扇簇歌楼。饼夺红绫色，花迎紫菊秋。江峰高万丈，倒影入中流。

---

①据文意改。

旅怀

三更湖海客，独立倚栏时。风急椿先老，霜凋竹不慈。愧承明主召时召试鸿博，畏受故人知。十载逢今日，低头有所思。

金山

何处飞来海上山，一拳孤立水中间。悬崖空有藤千尺，万古无人举手攀。

乙卯秋召试入都，至金陵闻世宗哀诏，恭挽四首

哀声沸沸搅西风，考妣深悲万国同。斗北天崩龙驭杳，江南日落凤台空。泪澌流水粼粼石，血染秋山树树枫。倘使百身犹可代，臣民谁忍惜微躬。

十三年内瘁龙颜，端拱何曾一息间。保赤有忧深似海，在天成命重于山。同文焕烂垂千古，传檄从容定百蛮。今日宫车留不住，髯飘云际总难攀。

霎时寰海素衣冠，士女仓皇泪不干。万里有君同痛痒，九重无路问平安。悲生草木清秋老，哭动云霄白昼寒。独喜重光天上照，玉阶仍绕旧千官。

跪爇心香叩九关，北辰殿角杳茫间。曾烧龙尾沾天宠，偶傍螭头识圣颜。虮虱有臣悲楚泽，云风变色拥桥山。自惭未效刍荛力，空负求贤诏屡颁。

伏闻皇上登极，恭纪四首

诏书新下海隅知，楚泽禽鱼忭舞时。五位龙飞今出震，九天日丽又重离。河山万里归垂拱，礼乐千秋肃羽仪。喉舌何人司岳牧，虞廷济济有端揆。

祖宗功德浃臣民，大宝绳绳又圣人。五色龙文浮八表，九秋天气暖三春。霏霏云雾开黄道，炯炯星垣护紫宸。陟降在庭知有喜，几前明训属重轮。

鼍鼓鲸钟匝地鸣，炉烟瑞彩自盈盈。翠华驭日鸾声静，宝扇摇风雉影明。雨露洒来银汉涌，雷霆动处玉关清。太平有道新天子，鱼藻歌成又鹿苹。

凤在朝阳鹤在阴，元良际会又逢今。从龙从虎微臣愿，为楫为霖圣主心。天上六符联北斗，荆州三品贡南金。升平黼黻由兹始，万国车书庆盍簪。

泰山三首

燔柴来古帝，配位冠三公。日出浮山动，云开薄海空。龟凫分一体，麟凤得高风。天下何曾小，苍茫灏气中。

下方秋热甚，到此顿寒侵。岩喷晴天雨，云生皦日阴。香烟宵畠畠，钟鼓昼沉沉。铁索何人力，金绳万古心。

千嶂奔乔岳，逶迤半整斜。昂昂腾猛虎，曲曲走生蛇。石溜何年雨，峰攒薄暮霞。中阿云宿处，茅屋野人家。

长安道中

马蹄疲廿载，此去又骎骎。盛世求贤诏，元臣荐士心。登车知道远，击楫畏江深。回首飞云白，家山何处寻。

有赠

清歌一曲已销魂，况复花前酒一尊。却念缟衣聊乐我，掉头无复出东门。

十亩

十亩幽栖处，斜桥护短篱。云深人迹少，山迴鸟飞迟。菊采醪香日，莼烹饭熟时。醉馀寻午梦，此乐是谁知。

驿邸逢衍圣公及颜、曾、闵、孟、端、仲、言、颛、孙诸贤裔共话喜赋

邹鲁渊源未易探，驿亭何幸共停骖。司天应奏诸星聚，倾盖先知此道南。孔壁馀音还袅袅，泰山终古自岩岩。圣朝宠遇殊恩礼，十日纶音下再三。

某留寓江南因寄

不到江南久，音书两不知。同年谁得意，岐路更何之。白发能无恙，青山会有期。团圞花月夜，正是倚门时。

夜泛秦淮

清波短棹趁轻风，俯仰悲来六代中。云影乱垂天衬碧，灯光

倒射水摇红。金陵气尽人何去，玉树歌残曲未终。一望暮烟寒色远，钟山还踞大江东。

至都次刘五应时韵

搔首湘天日几回，春云秋雁漫相猜。名成广武人何处，客到平津阁又开。屈指九原多宿草，伤心一炬着寒灰。看残硕果悲头白，风雨深宵独往来。

酬周十辰远伯仲二首

老向人家羡后昆，峥嵘竞秀只君门。光摇玉树风生坐，兴入寒山雪满园。百里岂甘营薄禄，廿年前已赋高轩。天涯晨夕偏能共，夜半敲推未厌烦。

待聘元惭席上珍，征车万里忽身亲。为遭北阙风云会，分得南宫雨露春。伏皂自知疲马老，发硎惊见宝刀新。丈夫意气倾年少，海内何人不比邻。

送张庶常赴襄阳司马任

襄阳司马得张骞，旗鼓文章四十年。檄捧一官犹未老，人归三楚拟登仙。兰台月送宫袍色，雪夜香寒玉署天。此去可知明主意，风光莫恋习池边。

送易公仙管浙，公仙先客慎邸

天厨分酒洒旗亭，人共江乡醉未醒。千古东平能乐善，十年刘向爱传经。水衡有政波堪煮，管钥无私夜不扃。行矣海邦增气色，蛟龙吼处是青萍。

送易大有尉松门二首

前门芳草忽萋萋，晓色芦沟送马蹄。檄捧毛生亲正老，官羁工部首常低。湖西花柳供晨夕，海上文章入滑稽。我独劝君勤运甓，英雄自古出涂泥。

酒酣拔剑老王郎，亦束江乡万里装。两世由来同臭味，平生未解问关梁。春归上苑莺花好，人入天台草树香。莫作永嘉山水癖，五陵裘马任清狂。

寄睢州刘五肇唐

闻君出牧大河滨，回首当年是比（鄰）〔邻〕①。斗北深秋同作客，淮南暮雪共何人。弹冠自笑书生老，叱驭惊逢帝座新。此地梅花开最晚，寄枝须待上林春。

乙卯除夕

迢递京华路四千，思亲此夕倍凄然。心悲寸草空三载，日爱高堂又一年。不信倚门人竟去，可知扶杖眼频穿。帝城春色惊相逼，夜半云深尺五天。

安用

安用（挪）〔揶〕② 揄笑此行，廿年放浪一浮名。青毡旧说吾家物，白发新从何处生。晓日云开成五色，高天月冷正三更。挑

①据文意改。

②据文意改。

灯朗诵春温诏，迟暮空惭负太平。

乙卯除夕即事和韵

拳拳秉烛叩空虚，谁遣匆匆岁又除。吾道取争千古事，名山悔欠十年书。殷勤天语来仙殿，灿烂文光聚帝车。出震正从明日始，未央今夜问何如。

李培园容部小像

科头老子谁缚束，一榻空山野水曲。偷得郎官半日间，隐儿横书漱寒玉。高林谡谡听涛声，竹色绕窗人面绿。翛然携杖祓芒鞋，小童侍立颜如沃。手中一编字何古，六十年来看未足。松不厌高兮溪不厌深，云霄万里兮沧海一粟。

丙辰元宵和佥都李伦元先生

遏密于今遍九围，香车宝马事全非。丹山凤去归何穴，沧海龙还竟不飞。陌上管弦心半死，楼头歌舞泪先挥。万家哭向桥陵送，无复鳌灯照玉衣。

寿周孺人八十

无成代终坤之道，酒食是议鬼是抱。周家有母独不然，作父作师成大造。赤手劳心六十载，长念九京人去早。有赢不贮床头金，窗下咿唔俱襁褓。此中奚啻粟万钟，田庐急为焦君扫孺人为其子师置田宅。不报于子报于孙，大福迟迟人难老。袖中携饼裹红绫，一矢双雕如穿缟。万里无须念老身，晚来健步齿力好。寝畔曾元难记名，家常茶饭烹芹藻。天南祝嘏乐如何，凤味龙宾罗异宝。

送友召试后任浙西

风流休说汉家郎，才解天涯马上装。照羽锦鸡思泽畔，忘机雌雉忆山梁。曾充隐吏须眉老，晚坐征车姓字香。路绕缙云应叱驭，弹冠何必待王阳。

赋得所乐在人和

帝德昭偕乐，民心叶太和。九重能位育，万国静讴歌。湛露宵犹醉，熏风海不波。安恬忘日暖，浩荡得春多。牧笛吹黄犊，渔竿褂绿蓑。耕夫同秉耒，织女未停梭。鲤跃知人卧，鸡鸣问寝过。看花扶杖稳，进酒笑颜酡。豹饰英三粲，羔裘素五纶。儿童游泮水，君子蔚菁莪。肃肃罝皆兔，逢逢鼓是鼍。夔龙陈礼乐，貔虎靖干戈。菶菶桐垂荫，雝雝凤在阿。醴泉频滉漾，芝草任猗傩。白雉来殊域，苍麟掌大罗。天威今有喜，瑞霭满山河。

寿秦孝廉母七十

枌榆原共新康里，我奉征书先到此。孝廉挟策赴金门，好着宫袍寿母氏。闻君兄弟方孤时，小者匍匐大殿齿。贤哉有母何秖觥，生之成之兼怙恃。独操家政四十年，遗书几卷教孙子。公车人探上林春，云叶金花从兹始。我悲三载摇风木，回首白云空陟屺。自怜啮指何人同，羡君寝门蘪福履。遣儿代晋流霞杯，杯中不尽湘江水。

江陵萧孝廉母贞节诗

不死只缘一块肉，九原何日能瞑目。寒烬星星万丈光，亦父亦师慈母独。忍泪和丸四十年，满箧残书有子读。鹿鸣歌报涕如雨，清酒一尊文一轴。墓前百拜酬同心，藐孤堪受天家禄。瞥见墓中人大笑，谁知早逝翻成福。泥金焕烂照楚江，愿补楚风光岳渎。

同里周老丈双寿诗

平生懒逐城市状，野壑荒山供放岩。糟糠自喜得同心，秋为剥枣春为酿。岂期同里之顽仙，先得我心如千年。遗书早附儿孙读，万里何心促看鞭。松有好风梧有月，掉头那复闻腥膻。庑下有人勤举案，当年夜视明星烂。即今偕老仍如宾，朱履桃笺何璀璨。惭余迟暮羁日边，长欠绿水青山缘。痴心愿作忘年友，携手笑入冰壶天。

敷教协天工应制

司徒敷圣教，上宰代天工。木铎行春令，文光薄海风。日昕先祭菜，时夏久櫜弓。钟磬悬庠右，诗书在序东。彝伦元化肃，象魏八荒通。提命申臣子，殷勤作孝忠。刚柔交克处，戒董不言中。六德兴宾出，三年大比同。埙篪和牖迪，夏楚寓磨砻。沃土毋忘善，童牛免击蒙。露雷陶万象，云汉倬长空。默默成材意，迟迟造物功。鸾旗频筏筏，鼍鼓自逢逢。五品敦亲逊，千秋启瞶聋。

赋得中得天地心

圣学涵参赞，三才贯一中。经纶弥大造，根柢运无终。羲禹精神合，图畴十五空。两仪归橐籥，六子入帡幪。直出乾坤表，谁司水火宫。风雷何处起，山泽自然通。万象罏锤里，太虚枢纽同。此心含易简，元始受成功。

送许渭符召试后领汴洲河务

男儿读书期实用，区区文藻空传诵。千里贤劳能负薪，岂羡明堂宣雅颂。知君幼负不羁材，获书锦字明寒灰。一行作吏河之浒，上官独荐子云才。天子临轩人赑屃，纵横独对三千字。螭头授简争徐陈，时渭符与陈以刚、徐本先俱以外员先试。此外风尘谁并辔。盛朝已溺思安澜，星轺明发春风寒。板舆左右能将母，锵锵和鸣凤与鸾。独思保障觇经略，况复漕渠藉疏瀹。玉箸金盘此土供，夙夜臣心河水若。玄圭待锡地中行，此行揽辔期澄清。北堂萱草秋犹绿，归捧紫诰字晶晶。

赋得宫樱早夏催

风光催首夏，上苑报新樱。百果谁先熟，三春及早成。近天枝烂漫，得地色晶莹。蔼蔼熏风拂，浓浓晓露迎。赤丸垂粲粲，朱颗缀盈盈。汉殿金盘荐，含残听晓莺。

赋得日华

扶桑来万里，灼烁发朱英。炯炯晨光焕，熊熊晓色明。辉煌初旭出，灿烂五云生。火照林花赤，霞标露气清。曝时晴冉冉，就处暖盈盈。川上流珠媚，天门射榜赪。临池浮掌动，倚槛得葵倾。疑似金莲炬，瀛台分外莹。

丙辰午日

令值离宫倍艳阳，珂鸣紫陌正锵锵。酒倾芳草瀛洲绿，花入熏风上苑香。金马门开逢汉诏，玉龙标夺忆仙郎。自怜廿载山栖客，犹得重观帝里光。

电

潜龙方出壑，光焰自随身。闪烁浑无定，飞腾若有神。疾雷驱万里，霖雨沃三春。夜半重宵里，分明五色鳞。

眼镜

岂是秦宫物，偏能辨渺茫。浮云开远色，长夜敛清光。日月扶双眼，乾坤入一囊。全牛曾见否，流览大文章。

中秋即事酬杨利侯

燕山有树可曾花，独坐清宵对月华。岁晚高堂频入梦，秋深薄宦尚无家。浮名虚忝传三绝，韵事徒堪赋八乂。剩得江乡同学在，便思携手泛星槎。

丙辰秋奉命充三礼纂修官，恭纪二十韵

天子当阳日，朝廷议礼时。元公留制作，万世整纲维。文质权周统，车书会百司。奄中经自寿，河间学能师。十七篇何古，三千义可知。曲台纷有纪，卜氏传长垂。术为刘王误，疏存孔贾疑。四科谁荟萃，六典递差池。律度逢明主，睢麟树道揆。白麻传玉铉，金匮出彤墀。秩叙垂昭代，皋夔集众思。龙宾光灿烂，兔颖字葳蕤。禄米分高廪，星庐直右螭。官常归管辖，文武定规为。贞宪裁成备，前民损益宜。考工安用补，月令不须移。丧祭仪加续，冠昏士广推。家邦同矩矱，上下洽神祇。大造归陶铸，先儒佐鼓吹。惇庸钦帝敕，奕（禩）〔祀〕肇昌期。

秋夜偶成

莫因迟暮怨飘蓬，回首光阴廿载中。八月雁来榆塞北，长沙人在风城东。天家制作归周礼，南国文章阙楚风。闻说子云思执戟，夔龙应集未央宫。

答某少年

岂因老至懒驰驱，四库翻多性转愚。人笑乌衣成短发，手摩赤子已长须。残霞风送秋江远，落照天回绝壁孤。好谢飞鸿劳寄讯，春温犹自及桑榆。

问雁

为问南来雁，湖天事若何。芦花秋水外，不复犯风波。

偶惑

久灰慈母线，谁念客衣单。昨夜秋风起，萧萧刺骨寒。

季秋送张十一和五之粤西任

霜老长天酒满卮，翩翩主路始驱驰。成均曾有三千士，特达偏膺百里司。此去毋忘先世事，相期正在壮行时。凤城高处空翘首，桂水湘山绕梦思。

漫兴

岁晚免歌行路难，家书还自劝加餐。九重日近炉烟暖，十月霜深布被寒。好爵尔縻虚退食，高堂稍喜报平安。数行紫诰从天下，五色云封仔细看。

怀桃源周广文

十年搔首野云深，欲倩飞鸿送远音。曾屣千钟成吏隐，难灰一线是名心。掉头不信青衫老，对镜方知白发侵。时向桃花窥洞口，秦人何处可招寻。

夜坐有感

雪深三尺正残更，落尽灯花梦不成。膂力岂能回岁月，文章未肯就功名。青春自笑风流在，白发非关老病生。坐久那知天欲晓，喜听钟鼓报新晴。

京邸对雪

浩落心胸冷淡神，乾坤且喜静缁尘。九衢不断冲寒马，半夜曾无访旧人。雁影迷茫寻北渚，梅花寂寞待阳春。袁安痴绝空高卧，领略风光付比邻。

都中同友人对雪，时友将返蜀

未是梁园客，寒衣对五更。飞来如欲舞，落处竟无声。人影迷还见，天街扫不平。峨眉峰顶去，眼孔顿教清。

旅怀同刘少尹

长路仓皇孰问津，马蹄又欲踏征尘。寸心得失知千（舌）〔古〕[1]，万里晨昏念二人。日月忽成残岁局，莺花先报故山春。同床更有刘琨在，喝动寒空按剑频。

---

①据文意改。

送刘二芳九还蜀署二首

长才当别用，不遣入闲曹。词赋元无益，驰驱莫惮劳。深山横豹雾，百里展牛刀。醉拔王郎剑，萧萧已二毛。

佩印时宰蜀来京国，还吟蜀道歌。微名天亦忌，千古意如何。年力君偏富，英雄事正多。马蹄三尺雪，行矣莫蹉跎。

客中移寓示陈学田

侧身天地有家无，卷取琴书似辘轳。再到岂能寻旧舍，相亲犹喜剩吾徒。病蛟无力辞幽壑，老凤何心借碧梧。回想瓣香谁祝我，可怜宿草落啼乌。学田之兄琼田曾有“瓣香何处祝，人在九溪东”之句寄我。

送周十辰远南旋

自谢公车后，迢迢尔独来。相逢忘我老，所抱待谁开。日月依重庆，风云接上台。韶光原迅速，揽辔莫徘徊。

辰远取道江南，临行再索赠句

浪着先鞭二十春，即今同作宦游人。洞庭风月须张主，更待何时结比邻。

腐儒曾受故人知，天禄书多去较迟。南望白云劳寄语，周郎来日我归时。

江南花月入归舟，老客翻从梦里游。一宿凤凰台上去，空囊卷尽五湖秋。

酬陶八毅斋

莫问千秋事几多，寸阴文字枉消磨。年来有梦还三径，松菊依依奈尔何。

可奈扳车赤子何，西江遗爱只君多。从今起草明光近，还理当年旧业么。

丙辰召试后送沈确士还南

鸣凤朝阳日，林莺出谷时。如君犹故我，此去更何之。造化宁无意，行藏各自知。深山吾亦老，吴楚正相思。

送人还长沙

岳麓青青色，归与正及春。皇天犹有眼，如尔岂长贫。

送家元侄归里二首

可但工文字，久过诗礼庭。右军输瘦硬，曹霸卷丹青。威凤栖南岳，神鱼穴北溟。四门今尚辟，再发亦新硎。

送子先归去，湖湘尚有人。剑花依白首，柳眼待青春。万里云霄路，空山雪月邻。独惭吾渐老，犹未谢风尘。

丙辰除夕同毅斋

一岁馀今夕，斯须未可留。七旬人已老，五十鬓先秋。乡语逢僧舍，长歌出酒楼。帝城春色暖，好到凤池游。

寿李伦元先生

一第先登久，名山补十年。先生乙未登第，读书十年方殿试。斯文扶正脉，吾道有宗传。子美能忧国，尧夫自乐天。甘棠在南土，垂荫洞庭边。

屈悔翁七十索赠

纷纷人面拂尘土，贱者蚁蝇贵簪组。老人悔翁独掉头，纳纳乾坤儒自腐。上而汉魏下三唐，便便腹笥恣吞吐。自许风骚作主张，何物经生空训诂。我亦登坛四十年，寸心谁许共千古。江之永矣不可方，九歌去后谁能补。君今七十惯无家，飘泊即今行踽踽。春色酡颜忽烂漫，笑看仙花着老树。浮云万事一虚舟，胸中自辟丹丘圃。箧中何物可赠君，愿返江乡采蘅杜。

寿徐坛长侍读

扶杖从容入紫庭，手摩宫树尚青青。曾司海内文章命，不写山阴道士经。汉席三重劳顾问，周家六典作仪刑时坛长共修三礼。忘年把臂吹藜火，五夜相将校丙丁。

锄经馀草卷之六

丁巳余得补宝庆教授，大学士朱、鄂诸公奏留备纂修三礼之员，蒙旨俞允，遂以中书科补用，谢恩恭纪

微臣沐浴拜彤墀，橐笔趋跄俶此时。岁月愧从湖海暮，文章忝受帝王知。手持纶綍归鸾掖，身共夔龙立凤池。翘首五云天尺五，书生何以答恩私。

挽孝昌李东谷征士

教君潦倒是科名，万里燕山落照横。老去尚能鏖大战，病时犹自整疲兵。鹤书缥缈衔何处，凤沼迷离梦不成。若到玉楼劳一问，文昌曾否有权衡。

次吴阆存郎中韵

凤阙岧峣亘玉沙，仙才不许别京华。日长始觉年方闰，老至犹然眼未花。蔼蔼祝融曾拄杖，迢迢星宿久乘槎君由衡州至河工。三司五马身经遍，同列如今剩几家。

喜故人胡苍崖嗣君师孟登第

曲江春酒照琼枝，应念趋庭泪转垂。一卷遗经传去后，半生残事付伊谁。即今令子成名日，正尔先人破涕时。我叹苍崖空宿

草，不留醒眼看佳儿。

次张云沙封君韵

万里望江乡，迷茫失云树。焉得素心人，唱答日回互。有客自南来，大河一苇渡。驱马吊邺下，再拜徐陈墓。不见屠狗人，默默空四顾。风悲易水寒，侠骨生遗慕。旧雨老王郎，惊问来何处。肮脏忆少年，羞嗟士不遇。别来如昨日，看花已似雾。输君富流览，偏多济胜具。山川辑大文云沙集名山诗，夜夜白虹吐。牖下老斯人，谁敢伤迟暮。有子代之鸣，德星终日聚。此愿我偏虚，白首翻章句。盛世定周官，侧闻古制度。纵横郑王侣，昔人如可晤。岂敢争黑白，寸心多谬误。挑灯语故人，区区为此惧。

送殷步公赴广文

君今司铎去，我是过来人。风化先多士，精神在五伦。官闲储事业，禄薄耐清贫。曾说苏湖迹，应思步后尘。

月下友人小集

仲宣今老去，谁复问登坛。对酒心先醉，论文胆欲寒。坐深嫌烛暗，仆倦报更阑。说到平生事，相将按剑看。

寄内

三十馀年共此身，惟卿如我耐艰辛。钗环典尽扶生计，衣袜缝多寄远人。好弄有儿愁业废，问安无恙忘去声家贫。弱躯可是常犹昔，莫似中书白发新。

赠李穆堂先生长句，因送其奉祭禹陵，便道归省

西南间气何久秘，天文人文发为贲。纵横开阖不可方，尺璧寸阴行素位。读书不读秦汉后，沧江碣石罗胸次。韩欧而外皆无讥，但许圭斋树一帜。荟萃先贤十五篇，志学小编综要义。朱陆纷纷争枘凿，一从考订何同异。宿儒闻之变色作，孰知万物我皆备。三朝掌故在秘书，独探其源文献萃。先帝日咨予股肱，邦畿千里于予治。抗疏有策转天庾，国计民瘼交受庇。磨砻百折简在心，畀我新君勷盛治。晚年奉诏定周官，文武之道斯未坠。书生执简恣所取，水于方诸火于燧。皇哉六夏明德远，公以精诚将祀事。起居就赋白华篇，麟脯豹胎天上赐。桃李芳园乐事多，惠连又复携群季。回思畴昔出山诗，四十年来能不愧。殷勤子舍莫淹留，至尊前席迟公至。

攸水刘其淑孝行诗

参三才者孝之道，赤子有心谁克葆。闻君未遂显扬心，白首慕亲犹襁褓。九族之间锡厥类，西邻任扑堂前枣。过庭诗礼今如何，立言不在传世早。如君全受还全归，有子自能光厥考。

得宝庆广文不果，赴以京职留

日边有札报知音，人别南天岳麓阴。制作幸逢明主事，去留频系老臣心。鸡豚恋恋馀年养，猿鹤萧萧彻夜吟。大雅鼓钟元响应，此行犹未入山深。

安溪吴太宜人烈行诗

予生后文贞，有面未及北。闻公刑其家，巾帼万夫特。海疆

有小蠢，揭竿纷作贼。囚絷良家子，欲飞无羽翼。白玉真无瑕，可望不可即。环玟质明神，神功扶正直。壮穆何其灵，凭依原在德。至今大湖边，犹表呵护力。皇天亦辅之，尔后蕃而实。国士竟有双，襜褕云五色。

题易五公申征士庐墓图三首

寂寂松楸暮雨天，手中可是蓼莪篇。年来梦断荒山里，犹有飞鸟绕墓边。

我亦飞云望楚天，倚门人去四三年。何时补结空山屋，重续怀中未了缘。

泣血孤庐不问天，此情难写是青编。旁观不解伤心处，误作人间韵事传。

和赠胡庶常浩南

饼裹红绫满案堆，那堪喜至辅增哀。匣中携得残编在，手泽犹新不忍开。

名家有子似韦贤，昨日亲瞻尺五天。始叹故人元未死，清魂含笑在黄泉。

寿黄太夫人九十

科名十四辈太夫人子孙十四科，甲乙列辉煌。玉树亭亭出，金莲夜夜光。夔龙争鼓吹，台鼎奏笙簧。大寿黄钟叶，天书作报章。

答刘应时征士

手札传来念我深，连朝无奈雨淫淫。天风莫说吹尘梦，造物何当拥鼻吟。燕国作书能举烛，汉家买赋正悬金。喈喈有凤梧桐老，漫听新莺噪上林。

和应时卖剑诗

十年我亦佩吴钩，总值长贫肯别售。顾影顿教神鬼泣，凌空惊见日星流。霜花片片千金锷，锦带翩翩五色缑。莫念封侯频浪吼，吼时先问郅支头。

丁巳九月中书省即事

空谷如何返较迟，周官品节我微窥。广文自分闲曹老，画省惊逢国士知。颠倒半生蕉鹿梦，峥嵘五色凤凰池。家书欲报翻惆怅，万里高堂白发时。

泾阳胡氏贞节诗，时乡族请旌氏，不许

圣朝褒节义，独不爱殊荣。但了同心事，非求万古名。孤身扶两世，苦胆答平生。青史他年补，泾流彻夜清。

送周震五下第还

楚楚名家子，临岐独黯然。相期仍万里，此别不三年。嫩菊经霜冷，新松待雪坚。莫愁知己少，老眼是青天。

秋天葡萄架为赠主人

午凉阴正缘，秋色到西园。莫待清霜重，殷勤护本根。

旅病口号二绝

客为离乡病，家人念我无。旅魂飞不到，万里楚天孤。

楚天时有雁，万里不须愁。无奈高堂鬓，萧萧廿载秋。

赠儒医陈虞奕

儒门经济手，偶向杏林过。囊底藏多智，壶中鼓太和。此心医国久，数指活人多。造化犹能补，无为念坎坷。

中书即事

一官才小试，赚得此身闲。游子悲亲老，高堂念客还。风流浮绿蚁，魂梦在青山。尺五丝纶阁，岧峣未可攀。

秋兴次阮生韵

不辞行役久，又上洞庭船。舟楫三千里，风波廿五年。据鞍人尽老，拊髀我犹怜。今岁秋光好，团圞映碧天。

轻风生太液，好泛晚秋船。仙侣知何处，佳期忆昔年。溪山和我老，花柳向谁怜。倘解微名缚，重湖万里天。

送李旂山同年任黔司马

紫陌寻春忆十年，别来两鬓各皤然。曾从夹袋名中出，欲借邻家瓮底眠。南顾即今怜赤子，殊方此去饮清泉。近闻黔地疮痍甚，司马仁风自日边。

柬石二颙若明府

长亭挥手后，独上岳阳船。秦塞孤千里，吴江冷十年。晨星何处聚，旧雨至今怜。盛世需才亟，英雄在九边。

刘溪亭封君双寿

君家溪上自回环，多福相寻只等闲。衣剪宫绫来玉府，养迎骢马出花间。一官秋水人偕隐，三拜天书鬓未斑。此日共周双甲子，九重春色映童颜。

送武陵刘庶常归娶

笑逐桃花入故乡，花源有信待刘郎。金莲烛下传金盏，玉镜台前梦玉堂。博议好挥彤管笔，罗衣应染御炉香。寸阴尺璧前贤志，机火遥分阁上光。

酬同馆姜夹斋韵

泥涂自分已多时，惭愧征书下玉墀。礼乐几人窥绝学，汉唐从古重专师。风高熏入明光殿，秋老晴生太液池。馀勇与君同秉烛，花砖日影莫教移。

薇省晓起

岂徒明发念腾腾，直自宵分睡未曾。露冷三秋思就日，霜深九月已成冰。凤凰正戢摩天翼，鸩鹊犹残不夜灯。手捧丝纶勤染输，怀中有饼是红绫。

送严宪使擢楚臬自台湾擢来

龙文濯自锦江新，雉尾骢花耀紫宸。海上鲸鳌收巨浪，洞庭草树报先春。明刑振古能司命，学道于今正爱人。夜看南天空贯索，玺书飞下大湖滨。

送同馆李栗侯太史归里

惟天生民民有欲，圣人以礼防其触。煌煌三礼绘天心，如何视之同桎梏。天子有道饬周官，大搜文献开玉局。太史家学传榕村，名流辈辈由公门。曾携玉尺量南国，万品南金受轾轩。学礼平生心独苦，统之有宗会有元。奉命入直司纂订，虚车未肯饰轮辕。我亦备员同事此，汉注唐疏共细论。每逢筑舍何轇轕，徘徊中夜难温吞。正欲与君勤往复，岂意白驹向空谷。制彼芰荷褰薜萝，掉头不愿縻天禄。自云少小早终天，四十年馀悲空木。茕茕在疚心疾成，匪猜蛇影匪忧鹏。行哉金玉今遐心分辐，何由共一毂相期。大业卒名山会见，献之大庭文郁郁。

禁中

铿锵剑珮省垣知，退食臣工出委蛇。铁凤自悬三殿角，宫鸦飞绕万年枝。丝纶阁锁天书秘，子午圭移日影迟。漫向金台寻旧迹，于今正是辟门时。

送石二颙若还靖远四首

仲宣送远赋登楼，易水汤汤尽日流。西望故人才见面，北来行李莫旋收。角因戍冷吹残月，菊为香寒恋晚秋。高唱阳关谁和武，嘶风征马骕骦裘。

万仞燕台落照悬，平原十日且留连。金鱼偷换如泉酒时严酒禁，银烛高烧不夜天。听说风波空变色，梦回歌舞是何年。行行执手河梁上，霜满芦沟月满川。

壮士昂昂挽日车，雄心那复听边笳。此身许国遑将母，十载从戎不问家。铁甲千层随虎帐，霜蹄万里踏龙沙。而今一返江乡路，捧得纶音字五花。

此去征车向陇西，秋风扫路马频嘶。圣朝有道威弧矢，异域称臣息鼓鼙。竹帛几人垂故国，馃粮十载念穷黎。九溪老友今翘首，青史应将姓字题。

寄陶嵇山同年

廿五年前我少时，与君兄弟结连枝。中间消息风烟断，此意苍茫鬓发知。人去江东枫落早，书封塞北雁来迟。独馀季氏偕晨夕谓予与毅斋，剪烛僧寮北斗移。

集唐送颙若赴秦任，请假还里

曾事刘琨雁塞空，由来勋业属英雄。灞桥车马垂杨里，秦地山川似镜中。闻道仙郎歌白雪，仍过旧里揖秋风。关西亲友如相问，浴日馀波锡诏同。

迎驾纪事

风雨前驱夙驾时，应门稽首肃朝仪。五更漏静传金钥，万烛光浮绕玉（琿）〔墀〕[①]。彩仗骑龙天上转，宝瓶乘象月中移。六飞只为勤民出，满路欢声傍鼓吹。

菊散一丛金

谁移冶氏入房栊，历乱霜容缀几丛。大地布残归晚圃，西方成后殿秋风。耐寒岂羡千斤聘，延寿何须百炼功。好为二疏供饮具，篱边约与故人同。

秋月十景和李是子韵

山间月

照彻秋山薄暮天，岩阿无障岫无烟。梧桐叶落孤枝冷，薜荔亭空四壁穿。樵子夜归知小径，牧童晚唱过平川。松间正好琴三弄，望断钟期又绝弦。

平湖月

洲前石上迥苍苍，为到秋来分外光。雁字影开鱼鸟阵，渔人夜曝薜萝裳。四围山色归孤岛，万顷湖天入野航。买酒白云忘卧去，坐看海角涌扶桑。

楼台月

神仙何处可招寻，携手抠衣此共临。欲摘星辰陪小饮，恐惊帝座莫豪吟。烟横远浦千层白，影入中流百尺阴。老子兴来还不浅，五更霜露敢相侵。

---

①据文意改。

花阴月

花影重重晚更幽，春光几日又深秋。扫残薄艳偏怜淡，闭尽芳心自解羞。紫菊带霜和我冷，芙蓉滴露学人愁。好风不向园亭度，何处清香入夜浮。

筵前月

正恼黄昏索寞时，天将好景入清卮。免烧银烛悬高座，偏厂琼筵纳晚飔。昨夜同行疑是梦，及今不醉笑谁痴。却怜歌舞东方白，又惹人间恨酒池。

疏林月

分得山光到夕晖，疏林点缀不成围。烟横小径知秋老，人在空林顾影稀。竹叶风轻摇晚色，松梢露重濯清辉。自从零落年芳静，花片何由得照衣。

书窗月

窗内流辉窗外圆，乌皮几净早秋天。那堪皓首依残榻，犹耐寒光射旧毡。匝树不惊乌鹊梦，晚晴好检白云篇。漫劳乘夜来相访，闭户先生正草亙。

妆台月

妆台懒扫又黄昏，皎皎多情忍闭门。玉露初浓波入户，巫山昨梦雨翻盆。空浮奁幔新香匳，莫照罗衫旧泪痕。望拜嫦娥犹顾影，镜中不似昔温存。

禅房月

不用传灯接上林，清莹如许证禅心。云飞天外山山冷，秋老庭空树树阴。顽石知机能点眼，游鱼习静亦听琴。雨花乱坠无人见，岩际依稀出梵音。

旅店月

团圆似笑客身孤，况复风尘失壮夫。万里依人忘雨雪，廿年何地不江湖。悲秋无伴花应老，对影成三酒正沽。二十五弦弹未了，关山马上照驰驱。

送黄诚倩舍人归内黄

不许风霜晚岁侵，掉头大笑好投簪。同官才把三秋袂，招隐空怀万里心。元豹去时山雾湿，潜蛟归后海云深。仲宣送罢登楼望，亦有吾庐在故林。

都中对雪书怀

万里寒天迥，高堂入望劳。火应烧榾柮，酒可醉村醪。子舍抛三载，家书讳二毛。关山封积雪，犹梦涉江涛。

丁巳冬月十五日，上诣泰陵释服，是日大雪，恭纪

汉文遗诏后，典礼几朝存。大孝追先古，馀哀恸至尊。下方纾遏密，上帝鉴晨昏。六出飞无响，三年谅不言。严寒凝雨露，积素满乾坤。从此天心见，祥光护紫垣。

寓直

阴移左掖散千官，题柱星郎独倚栏。高阁夜深人语静，洞门月迥漏声寒。地分清禁三垣绕，手掌黄麻五色攒。坐久不知天欲曙，紫薇花上露团团。

禁中对雪

不知瑞色上阑干，对此方惊玉宇宽。万里同云天不夜，九重深锁月增寒。龙依晓洞盘鳞甲，凤向高冈戢羽翰。好为苍生书大有，六花先遣报农官。

题同馆姜夹斋小照

纷纷朝市鸡鸣起，老人起时日出矣。一轮初射千山红，觉后不知秋睡美。残阳掩映荻花丛，中有渔人系艇子。沙边宿雁归何处，漠漠江天惟野水。夜来蕉雨沾梧桐，纸帐馀寒侵骨髓。为问梧桐正茂时，曾有凤凰鸣且止。褰帷披衣微一笑，高天秋色光如洗。羲皇上人意若何，渔翁在江雁在沚。

姜夹斋见访不值，留赠赋答

门外何人看竹来，凌晨早被漏声催。高轩那得先期到，羸马空从薄暮回。为捧黄麻留紫禁，却怜白首傍金台。少微昨夜光如炬，气象还应接上台。

赠盗

风冷霜深紫塞秋，劳君独夜暗相求。恨无长物堪持赠，剩得空囊莫用搜。挂杖钱消馀鹤膝，征衣毛落有羊裘。何时康济能如愿，道上遗金尔不收。

五十初度毅斋以诗招饮次和

牛马风中各一身，天涯喜对旧情亲。却愁聚首无多岁，只愿高堂共晚春予久思归养。盛世光阴空讳老，丈夫肝胆不羞贫。君家故有篱东酒，浮白长歌约两人。

早朝

鸡人初报九重春，待漏匆匆向紫宸。万户月寒天欲晓，六街露湿地无尘。香飘雉尾炉烟暖，色闪龙鳞彩仗新。染翰却惭空鹄立，朝簪如雪鬓如银。

闻杨春山夫子后事，集唐寄诸同门

世情谁是旧雷陈，自叹虞翻骨相屯。登第往年同座主，更怜杨氏子孙贫。

集唐寄李山人

远别悠悠白发新，三年踏尽化衣尘。眼穿长讶双鱼断，一卧烟霞四十春。

春夜宿直

丁丁宫漏最分明，题柱仙郎在汉京。字卷龙文霞五色，花香薇省月三更。春回天上心先暖，身宿云端梦亦清。独恨几年离寝舍，鸡鸣空想奉君羹。

长安立春

青旗早发指东郊，昨夜阳和气已交。新雨浇深金柳色，暖风吹上玉兰梢。嘤嘤幽谷知莺出，嶦嶦梧桐待凤巢。争上春台观万乘，喤喤奏鼓又歌铙。

春日小饮集句

流年依旧物华新，莫使风光冷笑人。亟接郎中评事饮，绿杨红杏满城春。

春日同人小酌

屡有同人约，其如退食稀。偷闲逢日午，难负是春晖。座入风光转，帘开雪色微。明朝公事早，漏尽放君归。

早春张栗夫、李是子、黄位百见过小饮

昨夜文星聚，过从愿不违。客能催斗酒，我正典春衣。乡味先时到，行厨作馔微。官闲谋一醉，剪烛莫言归。

春日即事

恼人春色上金台，烂漫时光日夜催。十丈香尘从北起，一鞭宝马自南来。朱帘卷户邀风入，红烛当楼趁月开。几度醉眠浑不晓，只疑身世在蓬莱。

戊午元日赐宴，恭纪十六韵

凤翙贻谋远，龙光宠遇新。履元逢复旦，献岁正开春。万国衣冠会，千官黼黻陈。宫花衔露湿，御柳醉风醇。温语宣青琐，

华筵布紫宸。三重银作案，五色锦为茵。果摘蟠桃种，茗烹月桂薪。爇香知石髓，鱼丽剖江鳞。庭奏钧天乐，歌翻四译人。武功扬破阵，文德服来宾。镇定司门虎，峥嵘画阁麟。吹笙劳北斗，叩缶陋西秦。大酌优元老，馀波及小臣。金瓯传誉处，玉烛卜调匀。袖出青丝笼，归尝白发亲。升平无以报，此乐愿同民。

集陈笋湄宅中检牙牌字赋侍宴

曙色三阳启，莺声百辟传。露浓添法酒，风软入琼筵。人聚兰台史，诗赓凤翙篇。忧勤舒此日，暖动碧梧烟。

和法原旃悼侧室作

不须洒泪出青门，望断香车落照昏。孤枕那堪寻旧梦，荒原无处吊迷魂。凤离轸畔瑶琴冷，龙吼床前宝剑存。春柳风花元幻影，英雄挥手莫重论。

戊午二月廿五日诸同年公集宴会

曲江宴罢到于今，十五年来梦不禁。紫陌探花寻往事，白头把臂问初心。三春天气风云暖，两世君恩雨露深。此会德星应有奏，卷阿同矢凤凰音。

送张四栗夫主政归省

京华不恋恋江乡，万里争看画省郎。岂是劳臣耽小隐，从来孝子慕高堂。麻颁紫诰传天语，饼献红绫带御香。我亦望云归思切，行行那及使车忙。

寿周孺人二首

孱孱弱息晚相依，垂死高堂志不违。三告总无投杼意，漫劳邻女费心机。

三世重丧涕泪频，老身留住一家春。黄麻飞下褒慈孝，后起何人不凤麟。

寿闽中陈太宜人八十

八十年间坐板舆，儿孙四世共牵裾。袖中供得红绫饼，天上颁来赤绂书。宝树行行垂雨露，青衫楚楚佩琼琚。当时伯仲成犹子，逮奉君羹我不如。

谢监司自西域起用，得请就养吾楚，临行索赠

星日煌煌忠孝字，吾辈读书学何事。事其事者两得之，厚禄美官如敝屣。先生产自粤之西，湘水硥岩灵气萃。自成进士宫司谏，白笔一扫风霜至。涕泣请剑诛凶人，手触龙鳞凶胆坠。甘御魑魅投沙场，磨厉孰窥先帝意。劳其筋骨挫其锐，别为今皇储利器。今皇即位召之还，补汝衮职行汝志。赤心独受两朝恩，万里皂雕尤展翅。为今离母二十年，倚门望断心如刺。及时正欲供君羹，瞻天难割君臣义。上书迫切陈其情，区区愿作江乡吏。江乡家近能将母，力辞尊富求卑位。至诚自动帝天心，况值仁君能锡类。重湖以南七十城，高牙大纛为监司。沿流迎养遂初心，寝帷可问膳可视。鼎烹天禄逮亲存，高厚有恩衔梦寐。吁嗟乎吾乡蔀户百万家，尸饔有母多憔悴。即今南顾正忧劳，帛肉古来难遍赐。此行期在能推恩，老老及人施不匮。洞庭浩荡扬恩波，孝子忠臣

归一致。

读谢监司《西北域记》兼送其行

铁冠偶自理储胥，收拾山川载满车。天遣辒轩传绝域，人从逸史谱穹庐。聊同蒙叟观濠意，不是齐谐志怪书。此去中原文献地，盛朝风物又何如。

阅石屏张月槎家乘

煌煌冠履在蒸民，岂必委质为君臣。老天未肯负节义，报以孙子旌其人。我朝龙兴何桓拨，版图万里穷天末。蠢尔么么割据秋，衣冠狐兔求生活。节士张公独不然，负母深山种薄田。七辟三征掉头去，寸心谁达九重天。岂知天上德星聚，后昆从此长垂裕。玉韫于石珠沉渊，清光早有山川护。弓裘五世欢同堂，令名伯仲能齐芳。霜枝铁干三冬老，肯随红紫争春香。太史月槎才挺出，追风逸足谁为匹。制科诏下上征车，黄金榜射天门日。我闻节义为骨文羽毛，骨之不植徒弁髦。君家先世世忠孝，青史招揭匪荣褒。吁嗟乎牂牁古郡今邹鲁，天南云物恣吞吐。三岛九曲存昆明，掀腾池上异龙舞。

中湘曾子厚六十，其婿胡庶常为之征诗

管鲍去后陈雷泣，床头锱铢朽什袭。何人上义挥千金，古道古心毛发立。吾乡子厚人中豪，平生不解藏钱刀。横江义举为援溺，江神不忍鸣波涛。百里之内无暴骨，沟壑几人含笑没。炊人冷灶卵人孤，羞权子母营三窟。苍崖胡氏君所婚，理其家政婴其门。生则药饵死含敛，四千里外招征魂。东床有婿一何快，金马银鳞随虎拜。三十年来一片心，玉润冰清同潇洒。闻君读书只喜

读纲目，学书学得兰亭熟。矫首古人思为徒，安用引觞介尔福。

寿衡阳丁孺人二首

当年曾是未亡人，一线寒灰寄此身。手植小松千尺干，上林雨露浥龙鳞。

及时桂子放新香，正值霞流玉女觞。四十馀年秋半月，年年不夜待清霜。

寿甘大司马封翁岐山先生

昆仑有流泉，渊渊自无极。流通万里外，章亥不能测。东南作江河，其沚犹湜湜。变化物鱼龙，潮汐如吹息。伟哉大司马，文武万邦式，谁知根柢深，只自趋庭得。嗟吁岐山颠，可望不可即。苦心六十载，万卷归胸臆。文字有准绳，遇合任通塞。翻笑项王痴，有泪洒窦默。副车初中时，司马未匍匐。晚岁及子孙，云衢同鼓翼。紫诰已重绾，据鞍犹战色。岂为重科名，先人念孔亟。孝思真不匮，光彩昭潜德。春秋今八旬，强健馀才力。何人问起居，职方罗百国。

上虞黄孺人贞节诗

宇宙大纲三，夫妇居其一。胡为忧无裳，不自顾其匹。河梁时有狐，千载污舌笔。卓哉黄氏母，检身独如律。静好方五年，我仪悲相失。寸心直可剖，岂惟指天日。犹子续烝尝，九原歆芬苾。篝灯教子时，手抚残书帙。夜分还轧轧，织素必成匹。堪愧士大夫，二心十之七。何如弱女子，一诺坚胶漆。天书今下逮，烂漫光蓬荜。史官存直道，无令千秋逸。

鱼台刘孺人节孝诗

孤儿未六尺，何敢便捐生。况复孱姑舅，由来鲜弟兄。一身三世事，半死百年情。寂寞鱼台畔，悠悠万古名。

浙水陶贞女诗

士夫轻文章，所重元在德。闺阁亦复然，容华徒艳色。我叹临邛妇，浪作白头吟。胡笳亦有曲，遗秽匪自今。贞哉陶氏女，柔肠何激楚。脉脉迟银河，天孙空自许。宝镜未分明，孤鸾早不鸣。南山连理树，冢畔思同生。衰疾怜母氏，含泪缓一死。修竹和梅花，孤瘦差堪比女自况梅竹。岂无柳絮才，离曲徒增哀。三更猿鹤叫，声苦成寒灰。明月照中土，幽人空三五。大父真知人，奇福在千古。女大父常谓女静默必有奇福。

陈笋湄晚举幼子赋赠

万物媚芳姿，春实百不一。精神团结时，秋成何栗栗。笋湄湖海士，巍科掇甲乙。廷对纾天颜，屏风缀御笔。静女来淮南，窈窕亚其匹。明月蚌中生，征兰梦已实。生儿才匝月，岐嶷早有识。耳大口如河，双瞳若点漆。乳虎气能吞，万牛将战栗。我亦有幼子，亦举自侧室。顽钝还似我，安能拟骏轶。尔我曲江别，参商久相失。笑予头白早，抱儿置我膝。安得若曹并辔驰骋时，尔我须发尚能如今日。

家书用震五韵

倚门人怯寝常扃，子舍三更梦对庭。病后善忘心转系，老来怯醉眼空醒。鸡鸣紫陌霜花冷，雁度清湘月色冥。松菊可怜相待久，池塘春草正青青。

寿大司马甘公

天保重赓福孔多，老臣分得亦山河。九边风肃烟俱静，万里秋澄海不波。玉树亭亭花烂漫，彩衣艳艳舞婆娑。我惭国士逢知己，黼黻休明事若何。

义妇刘氏诗

造物不偶然，无独必有对。吾乡刘孝子，义妇为之配。义举出慈心，好施捐杂佩。阴善及里社，而无壸飧态。叹彼痴男子，终日劳阛阓。粟红贯亦朽，百岁翻遗秽。输彼巾帼中，毅然成慷慨。

送法祁原[①]告病归里三首

残菊何当折一枝，赠君况是雪初时。八行书在人千里，空忆春宵共酒卮。

悠悠空际问浮云，可是潜夫可是君。归去东山头未白，好携丝竹对斜曛。一作买微醺。

天南我亦恋渔樵，可奈秋山四望遥。忽到长亭倾别酒，晓风残月马萧萧。

①第 159 页有《和法原旂悼侧室作》，此处疑为一人而名误。

即事

忽从草野入明光，博得云霄白首郎。每寄家书增壮语，不将贫况恼高堂。紫薇花笑三更月，红药阶凝九月霜。温饱平生羞自许，妻孥何事问衣粮。

赠上湘灵岩和尚

灵岩老佛子，飞锡到京华。三藏来何处，多罗载满车。溪边怀虎伴，海底拨龙沙。归去湘江曲，山门涌雪花。

和山居韵

懒卜青云梦，悠然到草茅。涧寒龙不到，林密鸟能巢。当露劳贤辅，飞书讯故交。移文谁复作，琴鹤莫相嘲。

方镜次杭大宗编修韵

秋老空青此一方，妍媸各自现毫芒。直从勾股垂天表，肯向圆灵借水光。玉露有珠悬宝扇，金风无浪入银塘。不须更琢圭璋器，四角盘中万象张。

郑樗园索赠二绝

曾是翩翩公子身，掉头早去岸乌巾。问君几许清闲福，云暖花香七十春。

从来大隐不须招，赤壁霜封别浦遥。我亦楚江云水伴，结邻何日共渔樵。

寿路长君封翁七十

卢水深深卢岭高，古来此地有卢敖。只今老人年七十，竹杖芒鞋鹤氅袍。

九重诏下自迟迟，正是林花大放时。尽日杖藜看未了，野心无梦到彤墀。

送马倩仙太守赴任长沙

十年不调未嫌迟，早有声名圣主知。彩凤久收千仞羽，飞乌犹绕万年枝。即今五马驰驱日，还见长沙灿烂时分野星名长沙。可奈迩来空望岁，鲜衣美宅总疮痍。

送张淡音使安南

皇华暂卷白云篇，人是春官署里仙。万里声光来北极，九重敕使下南天。瘴开粤岭金符节，雪舞江风锦缆船。此去覃宣文德远，珊瑚入贡自争先。

送周辰远令桐庐二首

单车出宰赴严州，此地当年我惯游。七里滩声随月涌，一江烟水接云浮。钓鱼台古山春富，采药庐香海气秋。年少鸣琴君好去，采风应上浙西楼。

风流初作吏，远向浙之滨。桐水来天目，潮声入富春。星亭曾是客，钓濑更何人。此去期无愧，严祠万古新。

送学徒方氏兄弟归巴陵二首

雪深三尺拥阑干，犹见当年一席寒。吾党惓惓劳去雁，好从天岳报平安。

风雨难忘几字师，君家兄弟寸心知。鸣驺张盖纷纷是，学道亲民更属谁。

戊午除夕

得傍云霄又一年，故庐今夜转凄然。君羹月冷三秋釜，子舍云飞万里天。弟妹别来知我老，田园荒久待人还。此情遥共山妻语，白首郎官眼欲穿。

除夕即事

轩车紫陌尚匆匆，为趁残年此夕中。银烛烧馀消晚冻，玉楼开处待春风。一人问夜焦劳息，万国来朝拜舞同。独有日边游子泪，又从陟岵洒湖东。

除夕得家书

书传老父近龙钟，七十年馀万事慵。脚病已愁行未稳，颜衰无复醉时容。空因仰禄怀千里，遥谢褒书下九重。今夜长安儿守岁，思亲那得梦相逢。

除夕柬陶毅斋

京华依此夕，坐听漏声残。亲故成垂老，风霜耐晚寒。高堂知梦断，游子各心酸。金阙钟闻早，朝天并锦鞍。

补裘口号

赢得羊裘在，寒风四面飘。缝从昨岁裂，毛为早霜凋。密密劳纤手，层层护折腰。远惭台鼎客，补衮圣明朝。

家得一宅中小集

春光怜老至，风色上华筵。又过三千日，依稀廿七年。绮园花欲绽，红烛盏初传。尚有柴桑伴毅斋在坐，乡人一酌先。

春日同乡小酌

久不闻乡语，乡心正杳茫。一尊逢令节，万里共飞觞。人为风霜老，天留日月长。莫须惊暮色，银烛补春光。

毅斋款桂、栻两儿，侑以诗和谢

春风来小苑，低燕试新雏。游戏怜儿辈，郎当笑老夫。清香流竹叶，冷味饱松腴。父执深期许，他年记得无。

再和毅斋韵

万牛回首处，一匹可胜雏。伏虎成前事，雕虫笑壮夫。春风七尺杖，道味十年腴。莫怪霞光铄，胸藏几斛珠。

李孝廉光祀像赞

青门握别三年矣，今年示我图一纸。正冠危坐栖吾庐，一编手着乌皮几。维山之幽桂满丛，猗兰自芳空谷里。手抚瑶琴思一弹，为待知音还缩指。问君所把为何书，可是六经可是史。闻君诗爱读杜陵，八哀七歌洗其髓。牙签玉轴空纷纷，月露风云何者是。此来正及上林春，玉尺天家量杞梓。燕台万里聊挥弦，声落南天洞庭水。

书怀

畎亩微忱向日葵，却因明发动乌私。自怜凤阙朝天会，正是鸡鸣问寝时。晓箭早惊青琐梦，归心还与白云期。故山菽水知何似，行道迟迟有所思。

寄衡阳刘广文

暮山分手大江西，梦里相寻路总迷。弹指十年同画虎，痴心午夜独闻鸡。欲从湘水浮三岛，带得衡云过五溪。桃李不争春色好，如何树下亦成蹊。

寿陈母九十

黾勉同君子，如今七十年。帐开灯焰火，客问孝廉船。毛檄人争捧，温裾手不牵。上林花信到，献岁及春天。

和友人悼亡姬诗三首

朝云去后梦何长，落月霜天送晓凉。我读回文诗一遍，可怜口齿尚留香。

笛声吹落早梅花，知在山颠是水涯。昨夜望君千里月，香风何处度窗纱。

才子于今尚未归，香魂岁晚莫相违。雪天孤枕寒如水，犹梦怀中玉一围。

次鄂西林相国六十自寿韵二首

为问勋名竟若何，黑头宰相十年过。两朝顾命宣纶阁，万里干城肃雅歌。霖雨作时膏穗麦，春风鼓处茁菁莪。西园东壁今回首，仰答升平事几多。

三朝元老意如何，一点浮云空际过。朱履共传朱鹭曲，白衣分诵白华歌。身依温树怀棠棣，宴侍披香梦蓼莪。孝友从来能报国，平生事业寸心多。

古风寿鄂西林相国

祖宗简在元臣宅，左右一人式百辟。尚学尚识不尚才，学正识高才自适。相国读书穷其源，蝌蚪龙威讨幽赜。弱冠已受九重知，飞槊军中应手获。利器从兹盘错多，文武为宪昭平格。大藩出典江之南，南土黎献归量尺公有江左《黎献集》。储胥带甲专西征，万马无声度沙碛。五溪六诏扬声灵，天上霜花寒棨戟。畴咨作相熙天工，端揆姓字传重译。车书六合纷梯航，相府曾无长粟帛。圣主继离衮职修，东阁宏开四门辟。召兼中枢司九法，指挥骁勇善驱策。马若云屯粟若山，烟火万里偃兵革。盛朝郁郁订官礼，三百三千恣考核。我本长沙一腐儒，顾此蚕丛愁未剔。特达明廷辱荐剡，白虎观中分一席。春风烂漫嘘琼筵，酒送大官盛琥珀。值公初度读公诗，棠棣蓼莪流肝膈。始知忠孝由性成，挥之霍之随阖辟。我歌此曲来迟迟，祝其难老惟无斁。毕公弼亮方壮猷，之屏之翰为磐石。

寿罗江瞿孺人

泥金焕烂下彤墀，种种艰辛忆昔时。堂上白头姑善病，膝前黄口子何知。莱羹汤沸金茎露，机火光寒太乙吹。八十年来心倦否，白华朱鹭转凄其。

题常宁李振南小像

自古英雄羞趢趗，一踋三百犹未足。往往折节能文章，本根之地偏纯笃。此图所标人之豪，吾乡振南鹤九皋。肮脏风雅不可测，独为母氏酬劬劳。母也父只教翼子，岂期宁馨独奇傀。呼卢掉臂扨金场，赤手捕蛇深壑里。母惟顿足嚼穿龈，手提其耳哀先人。旁有奉书泣请者，净洗粉黛泪綦巾。猛省男儿长跪谢，篝火从兹天不夜。贤书入贡登公车，万里倚门望未罢。爱踞高峰看水流，云深林密辞交游。一编默诵谁听得，惟有山灵暗点头。况复寸心誓如矢，枉尺直寻犹窃耻。至今时忆母氏言，杖痕在身言在耳。吁嗟乎愧我少时殊莽卤，亦曾小杖劳慈母。即今君有杖泣我独无，一阅斯图泪如雨。

同馆姜夹斋举一孙一重孙索句

满籝岂复问黄金，重叠缥缃有嗣音。老去元无青琐梦，书来不作白头吟。芳兰爱日移春色，茂树迎风得早阴。孙与佳儿同抱子，归时点额喜谁禁。

夹斋归江南以诗留别赋和二首

白虎遗经积若丘，传经人老禁梧秋。谁从只字争同异，独许千家入校雠。去日风生莼菜渚，到时月冷雨花洲。忘年有伴登楼送，野鹤寒鸥亦自愁。

每依北极望南州，瞥见川原掌上浮。衡岳树连全楚色，洞庭波拥大江流。云霄万里开黄阁，典礼千秋共白头。挥手故人空谷去，好音还寄仲宣楼。

中秋

举杯问月月先愁，天气偏凉玉露流。予舍关山仍万里，老年节序又中秋。羊肠世路频来往，鸡肋官身半去留。眼见春风花烂漫，只今唯有桂香浮。

送聂咸有进士归衡山

天植奇才有所属，不许优游文字局。衡山聂子高飞鹄，万里摩空犹趢趗。童时已树三军纛，自成进士笋如玉。同年对策子彳亍，磨砻功补三年足。倚马金闺小蛮触，苍苍有意靳所欲。假手厮奴施点辱时咸有试卷为校尉所污，奇文遂免受绳束。吁嗟乎区区浮名如转烛，古人事去今人续。天应谁补日谁浴，聂子归与趁自勖，长忆王郎拔剑斫地为谁告。

送丁澹筠庶常归省

似班何事别西园，无奈关山念倚门。石阁书翻愁亥豕，板舆人老趁鸡豚。便寻春草江南梦君兄官江左，应恋金莲极北恩。我亦白云愁望久，羡君归去及冬温。

送□三壹修宰建平

吴楚江湖满路花，为官三世树清华。又从诸葛城边去，闲煮鸦山雨后芽。入境不劳新问俗，还乡就便好移家壹修家江宁。与君昆季相期久，试听琴声绕暮霞。

和伍更斋容部《满城风雨近重阳》

满城风雨近重阳，愿返东皋问醉乡。天到日斜开暮景，花从秋老出残香。高台独上人何处，短发横吹兴尚狂。惊说故交归棹发，朔云燕树绕湖湘。

用更斋韵和邓碧玉征士

满城风雨近重阳，羡尔新来自故乡。锦字可成蝌蚪色，紫囊还带杜蘅香。当年知遇殊难报，自古英雄未尽狂。黄菊正逢秋气老，登台莫便望三湘。

重阳和韵

上林芳树不曾秋，莫为重阳动远愁。壮士双雕频贯矢，老兄五凤未成楼。鹿蕉与汝谈新梦，裘马何人识旧游。万里云霄呼野鹤，翩翩肯作稻粱谋。

向一彬两少予二岁，自黔入都，须发尽白，予为黯然有作

萧萧白发者何人，裘马光生总不春。十五年前才壮士，七千里外足征尘。紫霄峰起云迷路，红药秋深月满轮。莫讶须眉还故我，寒松淡竹我心神。

《白发行》赠彬两出都门

吁嗟乎向子之发种种白，回首依稀年少客。一别须臾十五年，

不信光阴真过隙。十五年中我寂寥，无才不敢冲尘嚣。九溪洞庭风色好，吹我直上依云霄。惊看君发老翁似，楼上仲宣可知矣。望君珍重上黔南，莫令风霜侵骨髓。

比干墓

肯输胜国有龙逢，心窍偏多合剖胸。名字独题先圣笔，墓门忍受下车封。空怜祭器归何处，剩得狂奴卒不容。彼黍离离周亦尔，此郊千古属殷宗。

雪诗和丰令姚耻斋二首

氤氲气到自融融，却在严寒寂历中。南望江楼无去鹤，北迷沙碛断征鸿。莫愁华发连天老，早为苍生报岁丰。仙吏携琴应有曲，六花舞字总凌空。

退食明光四望同，此身如在太虚中。岩阿落落无栖凤，沙苑冥冥有去鸿。一夜希声寒万里，旧村何处换新丰。阑干独倚开心目，卷尽尘氛六字空。

雪中遣怀

高卧先生起自迟，萧萧行乐更何其。周天色入同云里，长夜光成复旦时。茶沸懒赊醽醁酒，棉重焉用鹔鹴皮。却愁子舍三年别，南北寒温两不知。

送友之江南

醉里犹难别，醒时更可知。梅花开尚早，不怪折来迟。

攸水文孺人节寿诗

母失所天时，年方二十九。今逾五十秋，靡他吟白首。息壤有盟言，终身不敢负。此事在巾帼，纲维藉不朽。夫亡舅独存，弱息供瀡滫。力竭抚诸孤，遗笥常在手。先世绾黄麻，来许难为后。五夜机杼声，轧轧杂杵臼。身不习绮罗，粗粝自适口。匍匐救穷乏，逝梁还发笱。亦匪事姑息，植苗去其莠。苦节自生甘，式谷遂孔厚。孙子七十人，良材富薪槱。鸾旗亲色笑，鼓钟随所扣。健者尤先鸣，连饮宾兴酒。策马试长扬，鼻息惊雷吼。未亡人无恙，顾此心快否。翻然涕泗流，君子去已久。纶綍光其间，字字盘蚴蟉。五世一堂春，大福原非偶。

答桃源广文

翛翛香案吏，远报郑虔安。颖在何劳脱，冠存懒自弹。漏听金钥迥，人傍玉阶寒。空作桃源梦，神仙是冷官。

客怀

南天北斗两暌违，脱却朝衣独掩扉。一事未成人莫懒，浮名何补计全非。恩深薄禄愁亲老，岁暮斜阳望子归。久待家书书不到，此身愿逐楚云飞。

书怀

五陵何处不轻肥，三十年来意总违。耳畔每惊新曲变，坐中时怪故人稀。茸茸柳带垂千缕，短短松苗大几围。闻说朝廷方吁俊，始知吾道未全非。

己未除夕

劳劳回首自春初，一瞬今宵岁已除。百岁无情空介马，九衢此会暂停车。朝天待漏身犹健，钓月樵风事不如。凤诏明朝应试笔，五云还绕紫纶书。

除夕书怀

七尺昂藏白首馀，年年此夜问何如。亦知才拙难供职，赢得官闲好读书。鸦带晚寒迎岁早，花辞残腊入春初。六经心事还依旧，肯向人间赋子虚。

守岁

不劳更鼓下谯楼，手自挑灯谢百忧。苜蓿十年催白发，云霄万里梦丹丘。祭诗穷夜怜同学，馈岁乡风忆旧游。只有东邻春烂漫，竞随儿女笑藏阄。

新春即事

曙光冉冉退朝馀，九陌纷纷淑气舒。剪彩作花芦作树，游龙为马水为车。春风暖入蓬莱殿，香雪寒消太液渠。自笑行年过半百，翩跹游兴正何如。

庚申元日敕免朝贺和韵

鹓鹭行行列玉墀，免劳稽首是恩私。声呼万岁微臣愿，杖拥千官圣主知。天地自成交泰运，风云岂在拜飏时。炉烟杳霭祥光远，侧耳金镛静鼓吹。

送岁

相送依依问返期，岁华此去返何时。百年已伴书生老，十载空惭国士知。东海波臣皆欲活，南山季女莫愁饥。晨鸡一唱新春到，欲把青皇诉别离。时慰同舍愁人。

元日朝回

东风初起带寒威，朝罢如何独掩扉。曹省回环疏井里，宫廷拜舞冷庭帏。岂无椒酒心先醉，屡有鱼鸿客未归。自问一官应恋否，亲年已是古来稀。

购书口号

搜索先民问五车，倾囊入市莫踌躇。亦知薄俸无长物，借得兼金博异书。卅载名山功未了，千秋吾道事何如。漫云心血焦枯久，万卷丛中老蠹鱼。

自与斯文性命俱，万楼四库费踟蹰。敢贪业富身能润，不畏官贫债久逋。老去壮心犹未已，客逢善价可须沽。异时欲付儿曹读，料得儿曹似我无。

元宵即事四首

太平春满乐陶陶，帝里风光集此宵。万户丛中喧角觝，九重深处奏箫韶。灯然桂屑烘云暖，花艳琼林赛月娇。珍重千金争一刻，匆匆车马爱尘嚣。

公车旧伴竞相邀，破帽疲驴阅市朝。三十年馀还独脚，五旬岁晚又元宵。花街槐里频移换，月色星桥未寂寥。自笑垂垂霜鬓客，尚思秉烛听笙箫。

倍因佳节梦高堂，可奈醒时又渺茫。爱日岂能留好景，看灯但愿借馀光。金炉频续香偏永，玉漏停催夜未央。却怪家书连月断，笙歌队里亦凄凉。

凤城风物夜来新，裘马翩翩十丈尘。玉珮相逢敲月响，金吾亦作玩灯人。可怜秾李空争艳，岂识寒梅别有春。但看六鳌天上照，圣朝同乐及斯民。

夜读口占

童心空悔少年痴，偷得馀闲事已迟。万籁无声人定后，一家熟睡夜深时。几回掩卷寻何处，独坐停披有所思。自笑腐儒筋力瘁，三更篝火燎须眉。

答姬人

人皆怜粉黛，我独忆糟糠。况复痴儿女，犹能念老娘。烹茶消酒渴，绩月伴灯光。杂佩今犹在，嗟予两鬓霜。

春日同乡小集

共作天边侍从臣，风光好趁凤城新。百花香入千钟酒，三楚人同万里春。画省偶从宽剑佩，江乡且莫话鲈莼。故山滋味家常饭，促膝何劳叙主宾。

偶成

春风杨柳尽猗猗，正是王郎白发时。马革沙场空自许，鸡鸣枕上已嫌迟。千秋有眼人何在，五十无成事可知。曾向古松岩下望，霜条雪干未离披。

寿粤西程若水七十

七十年来老布衣，桂江齿齿钓鱼矶。卖文到处羞糊口，借箸逢人笑解园。独有寸心知造化，孰怜同学尽轻肥。天教令子宗能亢，五色祥云拥少微。

关楼眺望

河山万里拱神京，一眺楼头百感生。四海鱼龙千日窟，二更鼓角九边声。英雄鹿鹿空尘土，车马劳劳自送迎。闻说天南烽火静，关前赤羽莫相惊。

题画

白眼科头短布袍，鼠虫底事肯劳劳。手中挥霍知何物，万里云霄是羽毛。

身坐天台第几桥，清香何处送兰茗。高冈摇落秋风冷，吩咐花奴及早浇。

笑友西征

燕山风雨正深秋，二十馀年忆旧游。绿酒红亭何日事，西秦南楚夕阳愁。从戎人渡居延海，策马功铭古夏州。总角相期今白首，长歌万里说刀头。

程孺人节孝诗

花谢青春日早西，玉楼人去望终迷。梦中久自甘冰蘖，堂上犹勤剥枣梨。此会羽毛杨凤翅，当年风雨听乌（蹄）〔啼〕[①]。滔滔汉水流千古，为洗贞心过沔溪。

寿李封翁

当年各自恋庭闱，我为征车别钓矶。可奈孤云迷子舍，何如寸草得春晖。每呼绫饼分甘旨，笑着宫袍作彩衣。梦入重湖歌此曲，海鸥万里向南飞。

屋破

漂摇邸寓屡移床，为语家僮总不妨。但看流民长露处，自知补漏是天堂。身依北斗垣为舍，梦返东皋醉作乡。广厦万间何处得，杜陵对此却悲凉。

早期

五夜丁丁漏尽时，朝天人出急驱驰。泥深七尺驴先瘦，辙到三岐仆亦迷。鳷鹊楼红寒月照，凤凰池碧晓风吹。夔龙催起明光草，染翰朝朝傍玉墀。

送友之西域

凉风昨夜起边声，白发王生意早惊。伊昔荷戈争许国，几人

①据文意改。

脱剑敢谈兵。河湟自壮三秋色，江汉空存万古情。君到玉关相念否，萧萧班马向西鸣。

送学徒杜生还里

送尔南归去，燕台立马看。晚年同学少，吾道读书难。野日天弥迥，秋风雪未寒。洞庭八百里，飞渡莫盘桓。

题曾万楼《听松问月图》

听松松无声，问月月不语。万楼松月心，悠悠自千古。

戊午元夕

十丈鳌山五色霞，龙为走马水为车。一从丝竹焚三载时遏密后，才听笙歌出万家。灯艳不邀楼上月，春寒偏放火中花。书生待诏金门久，彻夜文光射碧纱。

元夜有感

普天同此夜，不信有愁人。独恨风霜客，偏离老病亲。月催长乐酒，花报上林春。欲负神仓米，飘飘万里身。

锄经馀草卷之七

冬至

八能愁日短，为报一阳生。律逐天心转，人先物候惊。馀光添几线，寒气斗三更。谁珥登台管，书云纪太平。

长至宿直

剑佩萧森紫禁清，葭灰飞舞九重城。周天瑞色中星转，万象元阳子夜生。宫漏丁东迟半箭，圜丘圭璧捧三更。独怜白发桑榆晚，穷日犹增返照明。

寿赵念翁八十

大江日夜奔流水，东南老成行尽矣。少微偏在长沙明，硕果经霜岩谷里。棹头早岁辞梁园，家有遗书传内史。扬旗勒鼓下江东，三十年来争牛耳。故人空赠买山资，芳草江干嗟万里。转瞬何堪十五稔，风霜萧萧馀发齿。公之孙子从我游，昔也垂髫今壮士。遥为祝嘏向天南，湘水长绿楚山紫。兴来拟上罗洋颠，江水茫茫在眼底。闻今八十如四十，乘槎沧海从兹始。

寿易孺人

五色祥云射板舆，天南此会乐何如。不催毛氏斗升檄，劝读枚家父子书。长史日边浮醴酒，征君海上驾公车。缄开万里长无恙，肯向游人说倚闾。

和同寅赵东里七绝句

几年伴食老中书，凤阁鸾台事总虚。昨夜紫微垣畔宿，人间尘梦尽消除。

不学昌黎苦上书，空惭国士席频虚。挑灯自问平生事，弹指光阴岁又除。

老去勤翻四库书，曲台淹里字无虚。藜光几夜劳吹火，尚恐荆榛未尽除。

退食犹摊半部书，屠龙壮志不妨虚。吟风弄月开怀抱，庭草青青懒自除。

一自江乡捧诏书，久怜松菊主人虚。流莺唤客寻三径，寄语园丁代扫除。

我亦曾窥漆字书，霞封金鼎事宁虚。十年空作游仙梦，只为贪痴念未除。

几回欲作绝文书，胶漆金兰事事虚。杯酒只堪浇地下，胸中块磊待谁除。

偶成柬友人

扣角惊闻夜半歌，与君同病意如何。挑灯渐觉精神减，捧腹那堪日月过。梧叶落残秋色苑，梅根瘦尽古香窝。微官一缚江天远，梦返林皋罥薜萝。

重游

燕歌赵舞忆楼头，转瞬萧然只故丘。风物不殊人自老，山川无恙客重游。啼乌夜滴三年泪，鸣雁心惊万里秋。寄语道中车马客，古来天地一虚舟。

知君

知君万里宦游空，极目天南晚照红。搔首华亭今古鹤，关心燕市往来鸿。故人曾有林泉约，吾辈相怜月旦同。袖里残书灯下酒，可堪铁马响丁东。

偶成

乾坤长纳纳，何事避风尘。儿女催人老，僮奴笑主贫。深山时落叶，芳草又生春。孤雁天边去，关河共苦辛。

秋夜

故山离几载，兀坐起秋思。明月空千里，清光独此时。风尘机未息，今古梦同痴。蒹葭应老尽，寒路莫凄其。

晚兴

渐觉劳机息，苍苍薄暮天。秋深三殿雨，月冷万家烟。老着游山屐，闲思抱瓮眠。偶然招小隐，拄杖古城边。

客过

客从何处去，遇此洗征尘。浊酒呼邻叟，高歌对故人。白云朝袖湿，红树晚山春。风浪年来恶，江湖莫问津。

秋日送别

衮衮征尘赋壮游，临岐还为一登楼。辞家有客依刘表，行路何人问马周。落日中原横古渡，寒涛千尺送孤舟。黄花历乱枫林冷，去去那堪两地秋。

有感

潜夫何事浪弹冠，鸡肋从来去住难。万里老亲劳远梦，五年游子恋微官。林皋秋到青天迥，城阙春阴白日寒。独羡故人菘韭外，江村处处试渔竿。

野望

城头矫首野天长，又上危楼北斗旁。日冷幽州黄薄薄，风翻瀚海白荒荒。秋江万里辞鱼鳖，衰草空林静虎狼。不向金门寻旧侣，萧然隐几梦沧浪。

有忆

老去怀人恶，江湖一客星。云空天渺渺，秋澹水渟渟。古树吟红叶，轻鸥下晚汀。望君君不到，尽日倚长亭。

远眺

槛边习习午风轻，吹散浮云眼倍明。万里家山楼外得，三春芳树雨中生。隍间有鹿蕉何在，津畔无龙剑独鸣。可怪斜阳荒碛外，黄沙衮衮见人行。

晚望

晚天小立望沙洲，飞去飞还羡野鸥。带雨片帆来极浦，迎风一叶下初秋。上书贾谊空流涕，作赋江淹惯别愁。今古旗亭长送客，几多人倚夕阳楼。

城楼

倚杖徘徊夕照边，汉营城郭古山川。万家岛屿浮秋水，千尺亭台出晚烟。箫鼓朱门华烛夜，绮罗紫陌雨香天。清时有道消烽火，铙角无声已百年。

送友之台湾

天上长风海国遥，丈夫自不老渔樵。剑磨闽岛三秋雨，人渡澎湖万里潮。唤夜可怜劳鹖旦，营巢容易足鹪鹩。即今汉室论边事，大集良才是贾晁。

有怀

一听孤雁一沾巾，尔别湖湘几度春。秋老晚山知落叶，烟生爨火识劳薪。流光半百成今古，长路三千问楚秦。独自悲歌寻尚友，九原可作念何人。

秋思

偶为停云勒马迟，秋光去去欲何之。晚山霜落丹枫醉，曲渚沙寒白雁知。破甑几人能不顾，染丝如我亦同悲。登高作赋当年事，楚畹吴江有所思。

酬谢南庄监司

移孝为忠自读书，十年游子意何如。不辞捧檄因将母，长盼飞云为倚闾。浔水鱼肥羞奉鲊，潘园花发好扶舆。星槎奉使频回顾，太息前贤忍绝裾。

漫兴

浩歌弹剑亦何为，天地无情我自知。画角戍楼高处急，秋风驿路晚来悲。读书事久翻生碍，学古年深不肯奇。为惜馀光分秉烛，青春已到白头时。

沈节女诗

有女盈盈薄花钿，才上鹊桥云片片。银河风浪拍天起，牛女脉脉不相见。可怜望断妆台空，有泪无声长缱绻。郎君虽死女能存，伤心未识郎君面。姑嫜拜后空分明，羹汤尽日出钗钏。妻耶妇耶一身全，处子寸心终不变。吁嗟乎我观自古丘园待聘人，未经传贽未为臣。一旦岁寒悲板荡，乞丐樵夫偏致身。长乐老人不解此，遂令巾帼笑人耳。千秋青史天地间，维士与女皆如是。

密云

密云偏不雨，粒米竟为珠。天意开汤网时有省刑之命，人思绘郑图。秋成难半饱，冬至旧无襦。丝管纷纷处，侯门正喝卢。

登台

舜华荣落不须哀，汉武秦皇安在哉。万里长空开醉眼，千秋大梦入荒台。洞庭霜带征鸿去，江浦云随野鹤来。廿载驰驱吾独老，金门年少有邹枚。

有感

雕龙绣虎总成尘，回首深山万古春。老马力残空识路，寒鸡宵半已思晨。天边送客多芳草，海内论文少故人。昨夜九原偏有梦，须臾执手道吾真。

山寺

飞来怪石自嶙峋，翠藓苍藤几度春。客见巢欹知鸟卧，僧栽树老起龙鳞。亭亭古塔能孤立，漠漠寒山绝四邻。忽有晚钟催月上，禅关不用锁松筠。

祫祭迎驾恭纪二首

阊阖霜寒拥六飞，照天红烛起光辉。一人九庙申斋祓，万象三辰护紫微。玉瓒黄流同湛湛，金茎红药送霏霏。欢心五服勤奔走，臣下能无水木思。

潭潭清庙接蓬莱，银烛金钟玉钥开。头白夔龙齐下拜，五云捧得衮衣来。

元夜和陈笋湄韵

廿四年前共此游，何期良会至今留。笑从龙烛竿头望，惊见鳌山海畔浮。半夜天花开玉树，十分春色醉琼楼。夭桃秾李知何似，达曙笙歌未肯收。

登台口号

乾坤浩荡有孤台，万事从教付劫灰。晓月上时凉气合，暮云收处乱山开。花溪书自韦郎绝，雪夜船辞剡水回。游子不须谈管鲍，故人早已位三台。

送张澹宁入蜀幕

妨音怀我自周京，李杜穷交意倍亲。南北故园皆万里，川原芳草又三春。龟年有曲兼弹楚，贾谊成书独过秦澹宁著《卮倪集》。此去高吟登剑阁，恐令豪气犯星辰。

不妨策蹇向西川，犹有知音在日边。韬略十年藏虎气，雪霜千里护龙泉。登楼独送仍王粲，解佩相将是吕虔。闻说蜀江波浪恶，莫从滟滪放风船。

辛酉五月十四日举第五子有作四首

求火相看夜尽时，乃翁两鬓已垂丝。百年强半乾坤老，五十馀三日月迟。自忆平生惊故我，每谈朋旧羡佳儿。即令才听呱呱泣，弧矢何如未可知。

尔祖频年肺病深，殷勤老眼望而今。池塘有梦环群季，桃李迎风绽上林。孙自晚来尤点额，书因远报更宽心。分甘不问盘中果，添购遗经抵橐金。

举尔丁添第五名，尔兄头角尽峥嵘。琢钩有伴心方弄，抱子多时学未成。是养是收谁料得，不麟不凤亦空生。休将老蚌翻相羡，鱼目何当抵夜明。

贻谋无术任哓哓，蒙卦偏筮第二爻。十亩薄田聊种秫，一区穷巷只诛茅。凤毛底事胎凡鸟，燕翼何堪补旧巢。直撞烟楼非所望，独怜世业未容抛。

孝行诗为攸水文德和赋

惟孝达三才，惇行匪求祜。有穀诒孙子，传重率厥祖。心在厕牏中，敢云干其虫。灵芝偏吐瑞，棣萼光照户。况逢孝治昌，锡类成千古。谁能为此行，洋洋攸水浦。

看剑

宝刀含雪色，六月亦生寒。况是秋霜后，何人耐冷看。

柬刘肇唐

三十年前友，论文更忆谁。青毡人尚在，朱绂子多时。各有行藏事，而无老病思。斋寒难久坐，触热欲何之。

送临淮令董万镒调望江

不随健吏竞高名，老去从容爱此行。留得太和还造化，每闻烈火念苍生。卧冰池在人何处，安石书传阁有声。好向望江楼上立，浔阳水注洞庭清。

爱日堂小酌即事

芒鞋自悔别清溪，不记南华物论齐。座上肯题鹦鹉赋，江东时忆鹧鸪啼。人依玉树谈如屑，曲满芳庭醉似泥。独羡少年能爱日，祥云五色望中迷。

喜毅斋移居近寓二首

不定浮云意，东西处处家。剪灯焚谏草，带露踏宫花。百岁人将半，中天日未斜。山龙资补衮，岂独咏皇华。

家园晨夕好，送酒到南村。岂意停骖处，依稀共里门。入朝联马首，退食索盘飧。天上长沙子，光芒对晚轩。

自别

自别家山后，年年赋伐檀。书能消老景，天独健贫官。花落春还暖，松孤岁不寒。白云飞尽处，一望一盘桓。

寄山中老友

挥手经三载，怜君独寤歌。云山知己少，贫贱故人多。淡月寒萝薜，秋风老芰荷。相期分秉烛，暮景莫蹉跎。

直庐

金钥重扃玉宇清，彩云凝处佩声轻。宫壶漏晓鸦先报，辇路春深草尽生。万国车书同制作，百年礼乐正修明。微臣素食惭何补，燃得藜光到五更。

题彭二湘南窃比图小照

大盗窃天机，小盗窃名字。此老意如何，侦探典坟笥。身与主人翁，是一俄成二。妙窍开肺腑，藉手穿窬事。莫触榻边琴，琴心通天地。莫令惊鹤鸣，鹤知主人意。莫畏门户键，摘钥发其秘。莫留斧凿痕，混沌仍自闷。主人更是谁，兀然敛神智。双身跳出门，万古供游戏。

上林

宫池围四面，高阁水中央。风静花能寿，云深鸟不翔。下帘听玉漏，拂袖染天香。亦是人间世，偏教日月长。

阙下中秋

玉阶如水好凭栏，露湿宫袍景未阑。万里关山天不夜，九重阊阖气生寒。独愁短发逢秋半，肯许清光报漏残。堪笑娇痴儿女辈，纷纷瓜果坐团圞。

偶成

懒学蚩蚩事稻粱，一觞一咏故襄羊。可怜阮籍何曾醉，始信祢衡不是狂。云入竹林浮野色，春归兰谷韫清香。侧身天地空搔首，蛮触纷纷自短长。

旅怀

老去殷勤在敝庐，那堪七载苦离居。殊方骨肉交相忆，两处团圞各不如。墓树空瞻云外影，儿曹频授梦中书。归时惭对间松菊，犹记当年读遂初。

漫兴

高秋伏枕梦初成，嘹唳孤鸿若有情。世事炎凉论酒友，儿童啼笑乱书声。筝弹邻月丝难断，剑吼边风匣不平。回首卅年人老去，拈须抱膝到三更。

读蜀志

西川吾未到，展卷抵登临。云雨空朝暮，山溪自古今。地偏归正统，天险动雄心。读罢出师表，如闻梁父吟。

不知

不知底事菊花残，秋老长安独倚栏。万里天空霜信早，九衢人静月光寒。文章岂为沽微禄，菽水何当藉一官。昨夜家书曾梦到，乌衣白发正团圞。

咏怀

老鹤苍虬别有神，官场我亦博闲身。无车只合常安步，下马空教累故人。力为劳多翻得健，家因费省不知贫。明光起草成何事，软软尘中竹叶春。

题庐州司马李凤山小照海天图

长江滥觞金沙沚，滚滚滔滔来万里。东南尽处朝其宗，回头渺若涔蹄水。凤山见惯蜀江深，飞身海上俯渗淫。浮天荡地六龙掣，风雷呼吸旋浮沉。珠贝市楼发光怪，万状卷舒同一芥。鲸鳌无事古今闲，白鸥野鹤忘机械。三岛十洲有耶无，沧桑变幻只须臾。空阔乾坤看不厌，西望昆仑卷石孤。

和粟觉斯进士

淡水交情忆昔人，霜天炉火独情亲。吾乡风月年年在，帝里衣冠日日新。湖海论心怜缟带，乾坤搔首笑乌巾。相看莫负行藏意，朝市山林处处春。

答零陵汤文学

天上昨宵聚德星，乡心倒尽酒盈瓶。闻歌易水千秋白，回首湘山万仞青。残菊自经秋雨老，孤松不避早霜零。康成去后遗经在，吾辈相将问典型。

有叹

万事浮沉亦偶然，书生难负是苍天。壮心岂独成今日，豪气空教悔少年。诗到晚来知细律，经从疑后得真诠。春云野鹤吾游好，不为馀闲学醉眠。

东海友人见问赋答

折得梅花寄海东，开怀那许故交同。可怜烈士悲心壮，不信明时赋道穷。戴笠有盟人未死，生刍谁束谷还空。九溪老子劳相问，两眼昏昏耳欲聋。

除夜同陶毅斋、张潄渠

不须东壁借馀光，争笑年年傀儡场。厨下作羹劳健妇，汉宫题柱问仙郎。枌榆地远同杯酒，瓜葛人稀共瓣香。南望江乡虔拜手，椒馨明日又新尝。

辛酉除夕答三礼、律吕两馆同人

十年牛马笑浮名，转瞬王春只五更。旷代有时兴礼乐，书生何物与修明。简搜粉蠹归三古，手扣宫商溯九成。稍喜老亲犹健饭，儿曹盛事说神京。

元日早期值雪同沈侍御

同云霭霭拥王畿，那用金莲照绣衣。春自去年来瑞色，光从午夜入熹微。天风洒落花三殿，仙仗空明簇六飞。万里简书怀使节，皇华四牡正骈骈。

辛酉元日口占

劳劳车马又新年，三径何如意悄然。素食自无筹箸策，空囊笑问买山钱。书生老矣逢明主，游子归与忆薄田。五凤楼头飞晓雪，玉珂鸣处听钧天。

刘生索题山水图二绝

石龙峰顶问胡麻，寂寂春山小径斜。为扫荒亭弹一曲，满溪桃李尽生花。

闻说君家兄弟好，四千里外论诗草。几回搁笔待重论，只恐相逢吾已老。

送周赞五令当阳

忆从总角已相亲，四十馀年只两人。禄养何迟嗟孝子，驰驱未老正劳臣。云来直北随车雨，日丽当阳满路春。回首半生期许事，苍松千尺宰官身。

壬戌三月三日同人小集得句

自愧浮名只浪传，文章事业两茫然。谁人不对三千字，一第空先二十年。科目每惊才俊盛，死亡长为故交怜。如今白首萧骚客，虎观谈经日几篇。

寿史封翁七十

我读君陈传孝友，施于有政流光久。一从裂碎忍字图，家家诟谇生箕帚。浦江以后惟君家，食指纷纷六百口。寝门之内如朝廷，网也在纲绳在纽。曾玄五世罗一堂，服尽缌麻同井臼。簪笏行行介寿时，杯借南山文北斗。民曹才俊予同年，为述家风知八九。安得图之献至尊，颁示烝藜垂不朽。

和吴方来编修韵

盛朝馆阁倚天开，我自青毡席上来。但送夔龙闲退食，敢谈官礼拨寒灰。吹竽空厕千人队，珥笔难勤乙夜裁。幸有江东耆硕在，深宵风雨共徘徊。

答同馆姜上均

峥嵘巨典百年开，我自田间应召来。华国文章惭韎线，传经心事在兰台。记藏王禹空能读，议待姜夔取次裁。独羡九皋栖老鹤，云中飞去月中回。

诸襄七编修典试八闽，以闽游图索赋

八闽百越纷相参，山环西北海东南。硗确地多百谷少，郑监图后多空谈。鸿儒奉使操玉尺，六辔维骐车有奭。輶轩到处恣壮观，指掌山溪纡擘画。揽其风土凭吊生，若讽若箴心奕奕。皇华万里申舆情，岂独贤书贡珙璧。我闻神禹象形铸鼎九，川泽山林罗九有。土训诵训陈周官，地俗地求归巡守。先忧后乐士夫心，职方远服如户牖。停车珥笔岂徒然，海上闽中此枢纽。

赠李叟

独抱山林意，蓬门久不开。风尘空冉冉，此地有谁来。

暑中万岁山前散步归律吕馆

风池退食此逍遥，热客袪残百虑销。新月鸟还过水面，夕阳人倦立山腰。柳贪野色围花坞，荷送清香出画桥。万里云霄今尺五，书生犹得听箫韶。

壬戌中秋即事九首

楼头搔首望云飞，梓树秋深客未归。滫瀡岂能炰赐饼，斑斓时愿剪朝衣。老来笑语随年减，病后音书累月稀。说到显扬惭不了，中天此夜空清辉。

秋风秋雨宦游身，萱草雕零越十春。山下已无沾树泪，墓边谁是结庐人。三年弟妹偏多恙，万里儿孙耐旧贫。只喜君恩能锡类，鸾台两次降丝纶。

无烟无树月盈时，正欲开尊一问之。自古英雄谁不死，只今老病更何为。人从虎尾招冯妇，我笑龙钟学健儿。此夜秋光殊澹荡，肯因摇落顿生悲。

重重金匮出青编，色色祥云护素弦。月好正当逢望夜，秋风不许报霜天。岩廊著述成千古，草莽精神费十年。老眼深更翻四库，书生珥笔问薪传。

京洛驰驱又几秋，岂知华发已盈头。才庸不恨微官缚，心小翻消百事忧。黄纸片麻时在手，白云丛桂为谁留。藕花风起湘江曲，梦返矶边掉叶舟。

闲曹壮岁互消磨，三十年来意若何。屈指独怜同辈少，扪心自笑过时多。薄田百亩谋粳稻，野水平池足芰荷。直向云霄挥手去，不须安乐亦成窝。

鸡鸣晓月素秋晨，户外方来问字人。吾道岂堪型后学，平生空自爱前民。舞雩歌啸三春暮，陋巷风光万古新。领取此中真意思，白云丹桂好相亲。

晨夕何曾有异闻，经年侍侧未离群。心花怒逐灯花发，诗草思和谏草焚。碧绿青黄同此意，风云月露总浮文。他时各自成千古，秋水蒹葭记忆勤。

绣屏开处闪罘罳，搦笔郎官正在兹。御水秋深千尺涧，景山春到万年枝。雷鸣桥畔金鳌动，乐奏云中彩凤吹。跪展祖宗遗制读，高深寸管总难窥。谓《律吕正义》前编。

读汉唐二书有感

帝王运谢自先秦，此后何当问鬼神。有道偏难容直节，负心多半是才人。六经注疏去声垂遗泽，八代文章起积薪。七制三宗犹不免，只因缺处在彝伦。

答友人

行藏千里八行书，十顷粳田一草庐。心热岂能辞雨雪，身闲何必事樵渔。云霄梦幻人将老，裘马光生我不如。焉得故山明月下，与君结伴带经锄。

重阳忆西江故人

且上高台送落晖，不因风雨闭柴扉。紫萸囊结思乌帽，黄菊香寒断白衣。天尽雁回庐阜远，秋深舟入赣江微。莫从酩酊轻开口，万里苍茫一钓矶。

重阳漫兴时有能琴者

城中风雨莫相侵，有客携樽问素琴。青史难埋惟直道，白头不死是名心。千山落叶消红紫，万里秋江自古今。逸调已随流水去，更从何处觅知音。

次周问郯韵因送其出宰

周子风流号半颠，毫端落纸声铿然。丹青信手如雕镌，粗枝阔叶生苍烟。雄谈骂坐何翩翩，纷纷白刃张空拳。兴酣喝月凌高天，靴尖踢倒泰华巅。噫嘻！周子颠半不颠全，即今百里行烹鲜。操刀不肯割腥膻，为斩乱丝磨龙泉。循良自古垂青编，容容处士声虚传。请君雪耻酬前贤，讼庭花落鸣清弦。羔羊朋酒罗堂前，始叹君家再见颠中仙。

闻江南水灾有感

漫问安澜事若何，负薪臣力欲消磨。鱼龙滚滚来城市，禾黍离离没芰荷。天转洪荒邻壑尽，风飘落叶积尸多。大君减膳频南顾，云汉忧劳日夜歌。

即事

自笑痴心尚未灰，高冠束带傍金台。熏莸何必非同臭，木雁中间爱不才。范我驰驱终弗改，逼人富贵几时来。涓涘莫答升平事，池鸟林花望客回。

偶怀

江湖无处不风波，一褂天帆坠胆多。笔底买山寻水石，杖头挑月问烟萝。为探紫笋占春早，欲采黄精奈雪何。邻父隔篱呼钓伴，昨宵补得旧青蓑。

答天和子

漫叩颐生事若何，元无异术学天和。自通素问辞医药，曾读丹经免按摩。血气衰因三戒晚，精神耗为六经多。几时得返重湖棹，杜若香残又芰荷。

友至喜赋

梦君君竟至，旧犬不相惊。关塞三千里，风波几十程。剪灯秋夜雨，脱粟故乡情。莫说文章事，平生畏盛名。

得晤老友

一见惊君老，相思十五春。那能长落拓，尚不染风尘。文字羞谋食，王侯敢傲贫。大名谁得忌，直道在斯民。

友生讯我诗以报之

漫问千秋业，朋来忆断金。文章吾辈事，注疏昔人心。自惜遭逢晚，宁辞老病侵。深山何处是，笑指大沩阴。

壬戌十二月初度述怀五首

云函玉玺荷天荣，百拜翻令百感生。望我岂甘图小就，爱身不敢博浮名。甫邀微禄亲先老，正喜高年梦已惊。惭愧古人供子职，三公未肯易三牲。

腊时天气冻云封，瘦尽苍根涧畔松。薄禄尚能糊八口，无才正欲补三冬。官因事简门庭静，心为闲多世故慵。此会冲寒燃活火，蚁尊初沸茗初浓。

寸心敢与昔人争，兀守遗经白发生。周室文章逢岁晚，汉庭著述属时清。讲参虎观光天禄，书探龙威问水精。月照玉堂催起草，踌躇一字到三更。

一别乡关七度秋，几回趑趄尚淹留。少年同学成萍水，老友多情亦马牛。指屈曹吴惊鬼录，涎垂李郭望仙舟。征鸿好寄青山语，菊雨松风是旧游。

久过半百鬓成斑，蜗角区区尔触蛮。志士谁怜挥日剑，痴人直欲倚冰山。学残善技愁龟手，盗得虚声不厚颜。自笑平生孤立处，巉岩万仞水潺湲。

喜雨应制

盛世调元日，甘霖应节时。云从天际起，风向窍间吹。万姓方翘首，千官共展眉。稻花村里湿，麦浪陇头披。神马行空遍，飞龙解泽垂。西成看万宝，雨我颂无私。

上阳居士招饮

不见山中旧鹖冠，书传空谷月光寒。岐门投足争人兽，清夜扪心笑豆箪。为问九原谁接踵，尚存一息敢偷安。兴来许共篱边醉，老圃秋花正未残。

梅花

根移南国后，东阁动清吟。雪剪孤山冷，霜浮庾岭深。淡香熏老友，古色定春心。不许寻芳客，冲寒问上林。

奉和御制《喜雨》诗应制

高冈云意湿梧桐，甘雨祁祁自上穹。奉简百灵通帝座，焚香五夜鞠皇躬。平畴有浪怀新麦，大地流膏润夏虫。百里随车惭未遍，作霖期与此时同。

日月无私荷照临，同云一布匪斯今。八方渥遍苍生福，万国沾多圣主心。红杏青蒲横亩色，金茎玉露自天斟。微臣共效公田祝，滚滚恩波似海深。

予自乙卯膺荐至京，违亲九载。癸亥季秋，亟请归养，时履邸因见三礼、律吕、经史诸馆交留，不令长归，惟请旨给假四月，故有是命

焚香对阙意拳拳，谁达乌私黼座前。陟岵目穷千里外，陈情人在五云边。盛朝锡类分尧日，帝子推恩下楚天。始信区区明发念，君王心事总同然。

予独行省觐，忽五弟自赵至，偕归喜赋

路分燕赵梦中寻，万里何期把臂吟。鸿雁飞来元有序，鹡鸰原上敢相侵。风霜共壮山川色，痌痒同关父母心。每得良朋经十载，不如兄弟自凡今。

早行

满天星未落，游子便何之。秋老风霜急，途遥日月迟。行人贪色养，圣主照乌私。愿缩江乡地，须臾慰所思。

早起口占

行李零星倦未收，谯楼又报五更筹。一帘晓月千山冷，半夜西风万木秋。客路关河游子梦，儿身雨雪老人忧。却怜揽辔同予季，说尽家园十载愁。

晓行

自步芦沟月，朝朝趁早行。离人谁稳卧，同伴我先征。北望光生曙，南还冷渐轻。郎官驴背瘦，尚欲走兼程。

途中闻陶嵇山毅斋伯仲丁内艰

仙班双进酒，仙母已飞身。予亦伤心者，同为失恃人。瘴烟寒右粤，黄土卧长春。麦饭遥相奠，临风泪满巾。

旅怀

忆自鸾坡借一枝，至今空羡白华诗。山川别久怜人倦，筋骨劳多上马迟。秋月送残千里梦，北风吹尽少年时。光阴只逐浮生去，莫怪高堂鬓尽丝。

薄暮

薄暮投何处，邮亭欲闭关。水光明灭际，峰影浅深间。道上奔车息，枝头倦鸟还。征衣吾亦解，偷得半宵闲。

出都道中书所见

沟壑馀生总断蓬，纷纷转徙任西东。千村鸡犬孤村在，十室桑麻九室空。草泽何人熏硕鼠，朝廷有诏集哀鸿。从来良牧司民命，痛痒今当一体同。

登程

鸡声频唤我，逐伴亟登程。雾拥村庄暗，亭孤戍火明。人谈昨夜梦，天爱五更晴。早晚庭闱里，悠悠爱日情。

归心

少小屠龙事未空，即今鞍马逐飘蓬。精神亦觉随年减，顾盼何当到老雄。上苑宫花沾晓露，道旁残柳泣秋风。归心先向三湘水，渺渺天边问去鸿。

漫兴

一别椿庭又九年，为邀微禄此迁延。河间故物昭芸阁，乌巷新衣映楚天。襆被单骑程早定，秋风晓月客先鞭。行行似见家山影，仔细看来是晚烟。

道旁残柳词四首

青眼窥人是几时，纷纷过客任驱驰。可怜春色归何处，不问秋风更问谁。

青青万缕道旁垂，欲为行人系鬓丝。眼见往来人尽老，似依摇落九秋时。

暗谢春光总不知，深秋霜下自离披。繁华公子休相笑，世上风流得几时。

春情披拂总无边，九十韶光去又旋。才识苍天真有意，秋风秋雨半年前。

中州即事

冷眼中州地，停鞭一怆神。墓田耕白骨，鬼火照青磷。碑仆官才去，楼存主又新一作楼成主已贫。大河流万古，偏不洗风尘。

感旧

十六年前此地归，重来问旧事全非。花栽别墅残何日，柳种官堤长数围。近市楼台频易主，巢堂燕雀久分飞。劳人自望沧洲远，彩服思更薜荔衣。

旅中口号

仆夫展驾报三更，屈指关山第几程。七宝美人香辇度，五陵公子玉珂鸣。望云只欲当楼立，爱日何妨带夜行。忙促马蹄堤上去，柳风梧月正凄清。

忆先慈有恸

风扫园林树树秋，可怜空抱十年忧。母因肺病先黄土，儿为心劳早白头。遥祭岂能沾口泽，荒（莹）〔茔〕[①] 无计伴松楸。羡他具庆谁家子，扶得潘舆缓缓游。

柏乡道中过金鸡店

沙尘滚滚路难平，策蹇遥遥怯问程。旷野行人愁日落，空囊游宦得官清。渔樵旧伴山中老，鹓鹭新行辇下更。鼓角楼头吹不断，宵筹闲数到天明。

途中咏怀

弹指秋光道上过，晚年日月更蹉跎。马蹄偶失愁倾跌，人意才疲引睡魔。运甓工程元未了，传经心事正如何。加鞭莫恋邮亭好，楚北燕南路几多。

---

①据文意改。

见旅邸壁间有为四时闺怨者，几于淫矣，因次其韵而正之

好花香也未，懒去上春台。绣户重重闭，东风莫浪开。

何人身许国，夫婿在辽西。羞学梁间燕，双双一处栖。

落叶满空庭，良人在何处。年年织女星，不渡银河去。

妾貌淡于梅，妾心白于雪。梅花冷处香，雪色空中洁。

过磁州沈令柳渠

引得流膏入柳屯，始知循吏补乾坤。北来地利开临水，南望汗莱尽稻村。二甽夹堤通万亩，千秋旧德食中原。诸梁名姓穹碑在，滚滚泉源自滏洹。

晓发

家园菽水可曾荒，十载归心一日忙。夜宿岂能安枕簟，早行元不避风霜。纵横车辙多岐路，来往人音近故乡。马上莫愁天尚暗，朝暾渐渐拥扶桑。

美人扫枫叶

叶丹枫半老，风落树难留。误妾年年扫，伤心又一秋。

北地

北地平如掌，行行缓者鞭。疏林疑水积，叠嶂与云连。叶扫

秋山碧，粱炊大梦仙。酒家招去客，频索沈郎钱。

淇邑道中怀古

勒马商郊望，黄河自右旋。有君六七作，此患四千年。竹剪园何处，相凋瑟不传。独馀淇水绿，终古听潺湲。

鞭夫忽长跪索诗，赠之二首

执鞭者谁子，乡贯白山西。家计回牛首，生涯逐马蹄。霜飞千里雁，月落五更鸡。莫怨奔波甚，苍苍命不齐。

到处堪寻乐，天边并海涯。水云心不系，风月路为家。小曲歌儿唱，盈瓶酒伴赊。道旁春柳绿，岁岁自飞花。

客怀

烹葵剥枣念家常，那畏关山故阻长。驿路每因迟起远，马蹄偏为早归忙。肯从雨后辞泥泞，却向晴时备雪霜。屈指匆匆争几日，昨宵魂梦已还乡。

黄河

千里奔腾一泻中，天将九曲洗鸿蒙。山川有戒成南北，今古同流入混融。大地劈从星宿里，长淮汇自楚江东。贾公去后无良策，遥望桑麻两岸空。

中州怀古

南北长驱古豫过，英雄事迹此间多。宅中亦爱三川好，地利其如四战何。不见周师来洛水，频闻汉马祭黄河。却怜当日图王会，风雨曾教万国和。

客中即事答同行者

自起燃灯自束装，征袍倒着五更忙。四围晓雾笼中岳，万片重云避太阳。愿得行间长矫健，免教堂上怨风霜。十年曾许身如王，烈火坑边过不妨。

断碑叹

勒石当年为邑侯，今来无处问阳秋。勋庸正史谁循吏，风雨残碑自古丘。倘有甘棠遗召伯，应教慈竹长雷州。如何雕琢痕犹昨，漫灭多时入偃溲。

可惜

可惜玉颜子，未得贮金屋。拾叶聚为薪，麦饭不果腹。吁嗟命如何，遇人偏不淑。望月下一拜，姮娥为之哭。但看东施妇，绣阁厌（梁）〔粱〕① 肉。岂其娉婷姿，遂折平生福。

信阳怀古

遂从申国吊中州，楚塞关山落日愁。桐柏苍凉空见影，淮流清浅不胜舟。神生嵩岳人何在，命缵南邦事已休。西望谢城同茂草，漫吟扬水问东周。

李家寨

旧（壘）〔垒〕②何年造，连营万丈悬。山深寒白日，云出涌青

---

①②据文意改。

天。倦马和鞍卧，疲人枕石眠。太平枹鼓静，寨上绝烽烟。

江汉即事

吾楚乡关在水涯，征尘满面此停车。白云何事能招隐，黄鹤无情不恋家。禹绩千秋沉四载，江流万里洗三巴。十年未到晴川阁，石壁苍崖涌乱沙。

重到岳阳，予自解铎去此十二年矣

含凄一别暮江烟，老去重来路四千。俎豆尝司思往事，衣冠同学会何年。风高天岳云连渚，水落灉湖月满川。冷眼枯僧犹识得，先生白发已盈颠。

游重建岳阳楼

大名天不坠，此地又重新。楼势横三楚，湖光汲八垠。乾坤流太古，忧乐共何人。滚滚东陵水，悠然范老情。

癸亥除夕宿保定三首，时归省后还朝

三十馀年客，悲歌笑此身。风尘还似旧，日月又成新。北去家何在，南来信未真。五更逢甲子，不用守庚申。

圣主乘乾日，驰驱有小臣。遭时宁恨晚，献岁正逢春。礼乐还稽古，文章不敢新。林泉应笑我，老去尚垂绅。

何事劳鞍马，匆匆为老亲。还家逢卒岁，行路及初春。白发曾相劳，清时不厌贫。焚香朝北斗，稽首祝灵椿。

宿直纪事

清庙申元祀，斋宫驻六飞。迎春知晓箭，守岁着朝衣。风动三珠树，云开五色扉。凤池桥上度，冠剑有光辉。

答万川原明经

书到知君念我勤，蓟门烟树共氤氲。苍松老去偏多媚，野鹤翛然独不群。万石奉亲惭石建，七经课子学刘殷。星沙一醉醇醪后，直到于今尚未醺。

寄子婿彭坊孝廉

江干送我自齐安，十载风烟见面难。黄土故人惊大梦，青毡居士絷微官。上林花谢三春老，岳顶云深六月寒。莫恨追随何太晚，莼鲈烹处及秋残。

题宗室穆熙庵素位书屋

不须世外事樵渔，安乐窝中一卷书。玉叶天边原有种，金台市上岂无庐。珠生老蚌连川媚，药杂雕胡带月锄。我亦半生行素容，问君此意独何如。

挽旧编修金阿

文星坠自掖垣边，曾照坛场四十年。箧内有书来虎观，花间无事爇龙涎。家馀环堵三秋屋，人度穷荒万里天。吾道未非休努目，光风霁月在重泉。

答学徒李溥二首

喜尔频游蜀，殷勤辨鲁鱼。水寻三峡远，人访四贤馀。仙酒椿根暖，春风棣萼舒。浣花堂在否，万里为踌躇。

白头存故我，赢得一毡青。吾道中天日，斯文万古型。风霜惊落叶，湖海任飘萍。瓣瓣心香在，无劳赋采苓。

胡静园给事索赠

书生七尺立岩廊，利剑偏能请尚方。吾楚万家呼日月，直臣一纸挟风霜。人骑骢马询民疾，身着宫袍带御香。何事掉头留不住，为斟法酒向萱堂。

眼镜

自怜狂瞽甚，氛翳故相侵。分得青铜色，扶持白眼心。神从圆处敛，明在静中深。长短灯檠在，千金是寸阴。

锄经馀草卷之八

甲子除夕十五首

良夜清香手自拈，官场事静且安恬。门封此会停车马，岁卒通盘计米盐。晓漏更阑仍旧转，残灯膏尽又新添。太平有道重逢日，风虎云龙不用占。

剑佩光寒映晓空，玉阶雉尾拂和风。万方春到天初旦，五色云开日正中。山势盘旋皆拱北，川流萦绕只朝东。书生染翰归藜阁，捧得黄麻出紫宫。

去年此夜着征衣，人渡黄河马力微。处处停车瞻子舍，行行回首恋庭闱。一宵又卒今春岁，万里仍看落日晖。手奉椒馨遥跪祝，梦魂还绕驿亭飞。

伤心失恃十三年，墓左樊黄亦枉然。树上有乌啼半夜，穴中何凤翥长天。风波地下应无恙，骨肉人间渐不全。翻羡慈亲双眼闭，免看世事泪涟涟。

少小连枝得六人，几回离别各酸辛。鹡鸰声急愁多难，棠棣花香好及春。零落田庐劳世守，家常茶饭共清贫。阿兄今夜遥相羡，争酌屠苏献老亲。

结发亲情四十年，不须簪剑识前缘。老来对镜怜同病，客里调琴忆旧弦。儿女每添嫁婚累，酒浆时典钏钗钱。今宵各守离人岁，魂梦依稀会日边。

少小期儿为学耕，如何长大尚无成。我羁薄宦荒三径，梦把遗书课五更。文选不须论故物，宁馨那复羡佳名。吾家愿得长清白，棠棣荆花树树荣。

乃祖年来发半星，尔曹随父学趋庭。虚传汗带飞龙血，漫道毛生老凤翎。堂上几人能接武，床头何物只遗经。吾宗他日知谁亢，双眼从今望发硎。

总角相依竟白头，迢迢万里念同俦。歌残白石知谁烂，握得明珠肯暗投。秋水潭清渔泛泛，春山草发鹿呦呦。故人十载尝鸡肋，莫怪朝簪久未抽。

故人别我路三千，一去泉台又几年。地下论心空泪眼，世间翻手问苍天。暮云远浦沙成浪，春雨寒山草带烟。不饮醇醪争得醉，丹鸡白犬总徒然。

斗北天南久索居，诸生翘首意踌躇。曾教飞卫锋头矢，谁受中郎架上书。槐市萧疏多落叶，龙门孤峭少登鱼。春风只醉狂公子，裘马翩翩尔不如。

江山老去倍流连，况复睽违已十年。何日醉登天柱顶，昨宵梦上洞庭船。涧边古树横斜立，渚畔沙鸥自在眠。独我念归归未得，春风春雨故绵绵。

逢场傀儡尽依稀，愧我平生事事非。万古有人供笑骂，五陵何处不轻肥。孤松冷暖经千岁，乳燕高低学独飞。莫并熏莸论臭味，春宵各自掩寒扉。

清茗三杯酒一卮，今宵聊祭自家诗。呕多心血谁教瘦，拈断髭髯我独痴。牧笛渔歌成好友，落花啼鸟亦吾师。此情又趁春风动，日下笙箫助鼓吹。

周官字字问前贤，况复奄中十七篇。敢为郑王添注脚，几时孔贾许随肩。上珍有聘惭虚席，北面何人愿执鞭。自到石渠头白尽，光阴弹指又明年。

移居

纷纷城市里，独自绝风尘。何处开三径，休劳卜四邻。琴书重出箧，鸡犬旧随人。却喜无馀物，浮云任此身。

答东皋老人

不浮沧海不游山，赢得官身日小闲。丹灶岂能销六识，黄庭吾欲守三关。春花粲粲先秋老，好鸟飞飞带月还。深羡东皋沉醉客，晚年未放鬓毛斑。

石湖居士问近状赋答

闻君裹足断征鞍，先向蓬蒿息羽翰。老去有时歌五噫，兴来未肯避三端。不鸣野鹤谁惊箭，逐臭蜣螂爱转丸。我学传经逢盛世，却惭岁晚恋微官。

漫兴

出山今几载，回首问湘沅。升斗仁人粟，驰驱国士恩。扶摇风不竞，云梦气空吞。纳纳乾坤意，行藏未可论。

宗府堂司缺出拣升，蒙旨允用，谢恩恭纪

天揖郎官敕正除，微臣夙夜事何如。职司盟府宗潢目，手典皇家世本书。染翰黄麻曾五载，论经白虎借三馀。东平河间追随近，自愿平生未曳裾。

春兴

久从吏隐学遗民，偶作藜然阁里人。池上有云笼凤尾，田间向日转蒲轮。读残方策三千轴，消受风光九十春。岳麓峰青湘水绿，当年曾已结芳邻。

一切

一切浮云意，悠悠物自春。鸿飞非避弋，龙性不须驯。进退怀初服，陶镕付大钧。茫茫今古事，浇酒问何人。

题张永斋同年小照

清泉来自碧溪中，茗正浓时得晓风。松下主人知味否，莫将七碗让卢同。

流水潺潺入野丛，桃花能绿柳能红。不知头上苍龙起，引得

云霄万丈风。

内庭馆阁即事二首

韶光过眼苦难追，把卷从教两鬓丝。明主百年成此会，儒生万事更何为。微文同异传三古，绝学源流守一师。老我蠹鱼天有意，殷勤秉烛夜深时。

太平制度是周官，十七篇中传尚残。典礼灰寒秦劫火，汉唐人近古衣冠。莫惊谶纬言多怪，自是高堂义不刊。杨氏图空黄氏去，始知此道续真难。

寄山中老友

染翰朝朝已十年，故山小径起秋烟。野心只羡科头客，萝月松风在眼前。

早凉二首

慵卧人谁起，翛然受早凉。晓催山月落，静得露华香。帘卷虫争出，园关蝶未狂。流光惊暗转，分寸莫相忘。

为爱荷风好，溪桥纳晓凉。归来人未起，残月在西廊。

遣兴八首

燕台叶落乱山秋，遥羡江乡渚上鸥。薄俗只防惊虎尾，痴心自笑老龙头。中央水远知何处，空谷驹还未可留。一入名场三十载，如今愿遂白云游。

回首南天路未赊，山之衡麓水之涯。三更冷积江干雪，五色晴横日暮霞。脱粟村醪稀马迹，野桥断石有人家。昨宵梦到归来好，才说耕田又艺麻。

几辈儿曹队里人，如何头角忽嶙峋。惊逢同学垂垂老，略叙通家世世因。别后市朝知我冷，年来风月独相亲。深山旧伴今奚似，柳岸花溪一钓轮。

百岁蜉蝣故有涯，儿孙远债那须赊。谁知廉吏成金穴，肯信书生作夜（乂）〔叉〕。愁阵早攻篱下酒，睡魔应避雨前茶。耳边惊听不平事，短发冲冠剑吐花。阅邸抄劾迹。

乡书潜报苦烝黎，东作先荒莫望西。亦有豚蹄何处祝，岂无饷黍为谁携。同云影散瞻银汉，画戟台高舞白题。菽水盘中和野菜，晨昏只是累山妻。

堪笑痴人路自迷，萧萧疲马只频嘶。懒钻虎穴摩牙爪，空傍龙门望品题。北海无情神色变，南溟何处斗山低。壮夫偏作雕虫计，不饮醍醐亦似泥。

自顾凡才愧省郎，高天容得老夫狂。敢谈礼乐争千古，犹有经书贮一囊。藜杖几然深夜火，兔毫曾饱十年霜。散人不被微官缚，亦与而曹计稻粱。

清光潋滟射宫袍，顿觉樊笼一醉逃。沸釜抽薪还定定，奔车息驾免劳劳。每怜谈笑逢衷甲，何事周旋已属櫜。此会举杯聊问月，平生可是照秋毫。

咏怀八首答李耳述仍用遣兴韵

自上公车四十秋，初怀冉冉只浮鸥。垂涎不羡烹龙鲊，掇笔空教拍虎头。北海虚舟元汗漫，东风春草长扶留。如今短发痴心在，与子相将物外游。

千金书债我空赊，不信吾生亦有涯。上苑春花飞旧雨，秋天晚酌送流霞。身才小病先惊老，人过中年倍恋家。好趁馀光勤秉烛，相逢何必问胡麻。

我亦寰中揽胜人，空劳友伴说嶙峋。诸天各出贪痴劫，一粒偏存自在因。碣石沧江游子意，周情孔思素心亲。灯前好作西山梦，何必朝冠易白纶。是日约游西山不果。

山有巉岩海有涯，区区诗债不劳赊。儿时事拙来三唾，老去才疏让八叉。晚食案羞东郭肉，清香味永故国茶。岭头红紫争春色，幽涧青松未着花。

墨是糜隃杖是藜，榛苓不望美人西。藻鱼苹鹿恩常及，风虎云龙侣共携。太史书成天上奏，仙郎柱在汉宫题。衙砖影散金炉烬，赢得朱樱遗小妻。

五色文章目半迷，追风何物亦长嘶。选归崔亮停年格，名入山公启事题。但信身言凭去取，况逢门地有高低。可怜广武英雄老，莫怪渔人欲掘泥。

哀歌斫地是王郎，得遇时清不敢狂。万里山川归老眼，五湖风月入秋囊。明光起草然宵杖，紫陌朝天踏晓霜。幽仄故人劳问讯，肯将藜藿易膏粱。

不须轻奏郁轮袍，命到英雄独可逃。岂为数奔惭大国，莫因垂翅弃成劳。七擒有智藏馀勇，四叠何弓肯载櫜。此去未当悲久别，好磨霜剑试秋毫。

恭和御制《落花》诗六首

造物荣枯岂自由，繁华那复久相留。清香习习随风散，嫩蕊飞飞逐水流。梅报早春曾破腊，菊香老圃不知秋。如今落叶同萧瑟，汉苑吴江一样愁。

看他浅绿共深红，转盼何期满径空。国色岂堪从坠叶，天葩且莫笑飘蓬。无情正是催诗雨，多事偏来送月风。九十韶光今老去，悲春一盏绣丛中。

成色成空现在心，雨花台下宿缘深。从教楼阁围芳草，莫怪池塘亚绿阴。舞鹤径迷云已散，调琴石冷梦难寻。秋山万里悲摇落，羌笛轻吹飒飒音。

三春芳意正魁殊，秉烛游看动百须。何事相逢悲夜雨，别时空欲赠文无。梦中世态寻蕉鹿，年少流光叹织乌。却喜江头摇落后，秋容晚圃尚成株。

不知芳信问谁何，小苑残红阵阵多。梅子雨深金谷草，藕花风蹴洞庭波。人间浮艳空朝露，天上探春已烂柯。且看御沟流片片，可能有路返银河。

华林惨淡正惊秋，总有芳菲不免愁。长笛短箫催落木，千红万紫付虚舟。王孙处处悲风雨，仙子年年送阮刘。今古荣枯谁料得，一开一谢逐浮鸥。

明八达岭殉难余守备诗

余守殉难，事不传。今百馀年，有老人为周司马容斋详（迷）〔述〕[①] 之，司马为之作传，因索予诗，共表之。

丹心黯黯青编绝，守死孤臣何日雪。天教野老讼沉魂，百年忽沥关城血。将军苦胆丁阽危，区区偏裨隶北陲。输平官贼同谋久，几上肉馀孤健儿。万丈雄关皆破竹，羸军况复寒而饥。火具一声如霹雳，黄金满斗焉用为。贿降诱贼计已定，擒王射马劳心机。岂料刀头逸贼子，不杀渠魁杀校士。孑身突撄乱刃锋，断头将军力战死。死时壁立不可摧，自掷头颅如脱屣。英魂飒爽将何之，为护龙驭扬前旗。天上若令司壁垒，积卒从兹免积尸。可怜此事亡国有，如何不落史臣手。白头来说须髯张，乾坤震荡空搔首。河西司马为欷歔，传成忠节其姓余。勒就雄关一片石，览者如搜董（孤）〔狐〕[②] 书。三古直道今未息，谁云大义沦荆棘。秋原磷火喷潜光，始信蒸民好懿德。吁嗟乎神京吭背依居庸，八达横云何峻极。早将锁钥付斯人，何处飞来关外贼。骨封金镞阵云销，浩气不磨长充塞。我欲采此成遗编，万古守臣皆动色。

---

①②据文意改。

送任宗伯告致归里

天语春温出九重，青山绿野许从容。老臣昨夜犹焚草，大礼当年是秩宗。桃李深深滋雨露，江天浩浩狎鱼龙。少微星在知归处，无奈闲云密密封。

送张阁部告致归桐城

从容稽首别丹宸，杖履逍遥是老臣。江上去寻抹月侣，日边犹有补天人。小桥柳密堪销夏，三径花深好送春。世事波涛无梦到，笔床茶灶出风尘。

和张栗夫新筑落成四首

在世尝存广厦心，万牛梁栋是谁任。冰壶曾置风前玉，绛帻应呼壁下金。坐拥百城邀雪入，楼开三径落花深。不须浪作新宫颂，胡考椒馨匪自今。

如何回首念江村，岂为东皋百亩存。雉献殊方知海宴，瘰忧三月怪霜繁。但披彩服时温清，焉用黄金误子孙。勇退后来先一着，白云司外送归轩。

问我初怀总不如，逢场傀儡计全疏。六经事冗疲心力，八口家荒耐扫除。落日屡惊生死梦，浮云应笑往来居。盛朝自有盈庭士，豢养臞儒十载馀。

万顷湖光爱濯缨，自惭归计久难成。到今鸡肋知何味，寄语菟裘及早营。云里望亲迷故舍，雨中遣子学春耕。明年好结东乡伴，来听新斋夜读声。

有生

有生何营营，机械日相索。对此空怃然，古人不可作。茫茫大海中，何事争一勺。焉得三山上，矫首游冥漠。

苦热行

身在红炉中，何由出其外。团扇破纷纷，盈旬不冠带。焉得青松下，飕飗来竽籁。爽气开心颜，始知天地大。

和傅龙翰座师致政韵二首

所宝维何是不贪，几回天上赐传柑。老臣手典三朝政，远略名教万国谙。镐洛遭逢深燕笑，皋夔事业耻空谈。中书稀到身将隐，五色云深浥露甘。

杖履春风我却贪，席边袖得洞庭柑。丝成黑白何劳辨，臭入熏莸各自谙。潞国身亲今日事，羲皇梦与昔人谈。拂衣还恨追随晚，愿饮龙池一勺甘。

赠儒医王德清

寿世吾虚愿，贤宗事独馀。孙卢无别巧，灵素有传书。为续斯民命，难停片刻车。香甜池上水，饮我意何如。

采石矶怀古和韵宋虞允文捷处

官兵星散更何为，敌骑纵横欲渡时。元帅未曾临幕府，书生偏敢犒王师。阵中独抚将军背，山后谁悬溃亦旗。天堑长江标采石，堂倾一木尚能支。

端午

薄宦消长夏，窗前庶草君。读书无甚解，饮酒但微醺。虎观谈天白，龙华会日曛。灵均何处吊，为诵涉江文。

乙丑春同邑周监殷、周式廓、朱冠周、张瑞九诸君小集邸舍，各成一绝得人字

十年羁绊宰官身，长向山中问故人。闻说秋风鲈鲙好，一尊早约及良辰。

镜中世事瓮中春，把臂天边得几人。砍地王郎今老去，风光还欲趁东邻。

偶作风尘局外身，小轩恰受两三人。可怜童稚相依客，白首惊逢别几春。

愿作田间自在身，耦耕焉用读书人。闲来一醉江村酒，野鸟山花尽比邻。

招李蔚中饮

五斗醇醪价十千，东皋欲作醉乡篇。停杯更待何人到，万古同销是谪仙。

寿姜夹斋学长

君自莼鲈恋洞庭，那闻人世有侯鲭。精神到老归三古，孙子

趋庭问六经。馀勇岂知双鬓白，残更犹爱一灯青。年来宦海风涛急，高卧深山总不听。

上湘陈氏节孝诗

方寸冰心月共明，一家两世责谁成。蓬飞不对青春镜，荼苦偏调白发羹。断杼声寒鸣卒岁，孤灯膏尽照三更。五云捧得天边诏，玉树兰茁竞自荣。

送李朗山下第归南二首

花蕊飞飞又斩新，何堪别酒送长春。寸心得失曾磨镜，一日丹黄莫效颦。径长孤松原磊砢，山深丛桂自轮囷。独怜十载谈经客，空拂天边几上尘。

冷去残灰偶一然，时时回首对南天。世情于我风牛马，老友何人酒圣贤。斗北魂销云里树，湖东心送月明船。他年到此知谁伴，自向君家问八砖。

萧居士松下弹琴图

嚼得龙涎意欲醺，清风吹下绿天云。几人洗耳从旁听，松韵琴声总不分。

送张邑侯之任

牛刀雪色划长空，一见应知出处同。人自中洲浮汴水，琴横沩顶鼓熏风。好乘麦浪连天碧，去种桃花满路红。赤子壶觞迎马首，万家从此托帡幪。

寿黄太孺人七十兼送其孙介山归里

思斋有教是家传，三世声光在眼前。莲烛独随仙客马，雁行齐泛孝廉船。餐来红饼分天上，缝得青衫向日边。闻说辅轩怀故里，陈情应为恋馀年。

寿张明府

青门白首对支颐，肝胆相知谁更有。岳顶漫游云懒后，湘洲烂醉橘香时。洗心海日人何壮，学步邯郸我独迟。次向阆山呼伴侣，为君携手晋霞池。

题赵广文致仕行乐图

四九年前及壮时，鹿鸣歌罢吼灵夔。酒倾夜雨翻今古，手抱遗经佐鼓吹。十上焚书曾自笑，三馀秉烛不知疲。苍松翠柏寒岩里，肯作春山妩媚姿。

题张觉斋静廉斋静廉二字集朱子书

紫阳笔下蛟龙舞，字作静廉垂教溥。蛟螭攫拿浙之浦，如何至宝落尘土。仓颉夜哭天公怒，先生手战心为抚。毅然直作斯文主，泥沙可洗石可补。悬之清斋映环堵，纷纷耳目开聋瞽。狼子贪夫不敢睹，嗣居珍之继厥父。南天半壁两字拄，吁嗟兮此物何殊周石鼓，焉得昌黎参训诂。

觉生寺大钟歌钟有二，南一北一。今北出南沉，故赋此为兆，兆南之亦将北也

万物纷纷大块中，无独有对如雌雄。出没不一随遭逢，后先

相望应类从。震雷出地摩长空，小者镩于大者钟。先王制之悬辟雍，佐以磬管鼓逢逢。唐后声哑难为功，渺然细响何喁喁。有明文皇穷兵戎，燕吴万里交烟烽。两凉流血川为红，落日战鬼成沙虫。道衍铸此压厥凶，南一北一清虚宫。佛书全部罗其胸，龙象威力凌苍穹。陆行无象水无龙，蒲牢直发千尺桐。轰然怒号万壑松，屋瓦震动啼儿童。厉鬼惊闻缩厥躬，一鸣百拜心憧憧。佛说鬼闻幽鸣钟，即合掌下拜。燕山才吼应江东，一呼一应声势通。岂期物数殊春冬，明之季世听不聪。黍也离离狐也芃，铜驼先入荆棘丛。两物均为秋草封，百年无复叩春容。南北鲁卫兄弟穷，圣人当璧世朝宗。赫然虡业俱维枞，煌煌东序列大镛。冰霜不剥自然铜，神物卧久不肯慵。矗起长含玉宇风，城西觉世寺宠炭。敕移此物归帡幪，乃命司空董厥工。千人变色力难佣，万牛回首若艨艟。一鼓作气喊声詌，汗如雨下状氄毦。百工奔走发皆鬔，久之殿宇吐成虹。有耳闻之三日聋，百岁昭洗还玲珑。回望南钟尚蒿蓬，吁嗟造物心至公。岂有同道分污隆，体同用同运不同。闻说南钟亦郁葱，身沦茂草光彩融。每迎风雨涌金峰，卜应同升蹑奇踪。延津剑会山水重，朝阳鸣凤喈且雝。两美必合蔼冲冲，即看辇致登华丰。相助觉世醒懵懵，九天云外湿蒙蒙，物情天道齐初终。

秋兴

春草正萋萋，好风吹未了。何处已秋风，满径纷衰草。芳意眼前过，莫怪青山老。

署中即事

少小习勤劳，老大坚所志。如何守一官，素餐长自愧。苍头持牒来，明朝有公事。假寐夜不遑，侵晨驱车出。府门尚未辟，下车立还跂。良久吏延入，砖榻尘土蔽。振袂旋扫除，杂处舆隶类。唤吏索文书，仓皇检敝笥。故事但奉行，纸尾押名字。公事已勾当，门者先瞌睡。日晷报亭午，长官还车未。

送张栗夫亲家终养，分得雨字

昨夜潇湘偏不雨，薄云才出雨师怒。朝中孝子正归来，不许沾滴迟飞橹。洞庭月色迎轻帆，层次彩衣成队舞。舞罢天为洗征尘，风雷倏忽暗湘浦。吁嗟乎倚门扶杖是何人，争恋区区忘屺岵。独君明发动天心，高官闻之色如土。

买饼叹

饼软如酥馅粱肉，卖者一枚盈一匊。儿童围绕投之钱，且啖且买犹不足。后先争索纷相嗔，啖者自啖哭者哭。扶鸠一老市中过，群儿招之声相续。老翁顾之掉头去，自云此物非所欲。七十年来半死身，只凭节食存风烛。一箪一瓢栖南窗，不为饮河求满腹。此物甘肥可人口，却恐过餐亦非福。尔曹父母期尔长成人，勿以须臾一饱伤后禄。群儿闻之拍掌笑，憨痴此翁殊彳亍。大烹何日张灵龟，粒我烝民天下祝。

花窖行

卖花翁家娇花性，不许元冥行冬令。万卉凋残冰雪中，洞里阳春延花命。万花不敢藏春色，何况韭黄与葱白。始信人巧夺天工，真宰何权灵气索。

书怀

眼看苍狗态，可奈白衣何。裘马输同学，金兰善倒戈。浮名元泡沫，吾道自江河。只合深山去，披襟傍薜萝。

郭璞墓金山石穴

生时著葬经，死不营寸土。风水大江心，郭公墓千古。

《三礼》书成进，得旨议叙，部议清列首名，加衔一级，谢恩恭纪

宫花传插进贤冠，金匮盈签度玉栏。十载儒臣依汉署，九天宰相上周官。紫薇垣内翻红叶，丹凤楼边簇锦鞍。圣主纪勋名第一，书生稽首殿光寒。

《律吕正义》后编书成进呈，有旨议叙，清叨纪录，谢恩恭纪

西山传后几家谱，牛铎书生玉尺参。岂是循环寻隔八，如何损益定分三。太和流入旋宫谱，元气凭将寸管探。一自中声成累黍，箫韶舞罢又周南。先是，上颁圣祖所制中声律管为式。

清直经史馆校勘，当事以《五代史》属清考证，事竣进呈，蒙旨议叙纪录，谢恩恭纪

白虎陈经史，校雠功匪易。十载曲台徒，又复与其事。煌煌五代史，直树班马帜。呜呼衰世书，独禀春秋意。七十馀卷中，特书惟五例。较彼薛卢作，词减而事备。所恨传记内，见闻辞颇二。涑水与紫阳，往往殊所记。本末辑建安，胡氏考所异。列朝馀实录，参差悉荟萃。我摘三十条，拾遗原琐细。大义纵不乖，区区亦小戾。何如有调人，更令纯而粹。补缺阙其疑，旁通归一致。书成裁乙夜，制可垂中秘。良史有劳臣，微功惭上议。欧公不复起，以此质万世。

归思

亦有青云志，难为白发情。衰年思骨肉，穿眼问归程。禄刈东皋粟，厨烹野菜羹。一尊春酒熟，不羡五侯鲭。

自箴二首

枢机不慎，灾及其身。古之愚直，诈者今人。三缄尔口，交必饮醇。浩浩荡荡，无怀之民。

烈士有心，暮年犹壮。自顾无成，能不悲宕。静气敛神，气充神旺。尺璧寸阴，桑榆在望。

丙寅中秋三首

月色逢今夜，低头未忍看。老亲应对此，含泪念郎官。露冷侵帘湿，风清掠鬓寒。可怜游子意，不是为衣单。

山妻经病瘦，莫忆宦游人。十口劳家计，斯饥谅我贫。羹汤心自切，婚嫁事何频。独羡今宵月，儿孙绕一轮。

不作悲秋赋，秋风欲笑人。素餐官事少，薄酒布衣亲。客有归与兴，乡生梦里春。洞庭湖上月，处处好垂纶。

奉答留行诸长官

君陈传孝友，此愿久难酬。知己来何晚，书生不可留。高堂今八十，爱日又三秋。菽水天家赐，从今息远游。

锄经馀草卷之九

丙寅九月初一，得请归觐，遂以终养。初十出都门口占，并寄都中诸同人三首

匆匆驱马出郊原，长戴君恩到寝门。三十四年无寸补，五千馀里返荒村。谁云烈士心难暮，自笑郎官发半髡。独喜逮存争岁月，朝冠脱却奉鸡豚。

料得何时再论文，长亭系马谢诸君。身从北阙辞青琐，梦到南天绕白云。倦鸟还山声寂历，乡人别酒味氤氲。今宵舟次豪吟处，只许沙鸥野雁闻。

行行落日近黄昏，晚见秋山象故园。此去风尘应渐少，旧来泉石料犹存。文章忝窃传廊庙，诗礼从容付子孙。回首故人天上望，约将鸡黍寄修门。

漕河即事

玉粒来南土，绳绳百万艘。寸流通国脉，抔土护民膏。号令官船肃，风霜戍卒劳。彼苍怜赤子，巨浪莫天滔。

道中书所见

嘉禾新有颂，彼黍旧无苗。村冷人何去，堤崩柳半凋。满天

飞雀鼠，几处集鹈鹕。圣主忧殊切，恩膏沛九霄。

泊天津即事

万国朝宗地，天津日夜流。引河无上策，望海有危楼。锁钥今雄镇，关梁古渡头。往来随逝水，逐队莫停舟。

登望海楼

万里层楼上，飘然一望中。燕云来自北，涞易故朝东。海阔鱼龙舞，天低草树空。盛时清晏久，六服此攸同。

风舟

兀坐长淮久，须臾眼忽迷。帆风吹燕起，樯月落乌啼。岸走涛声怒，船飞树影低。飘飘随棹去，不复问东西。

重到天津

三十年前客，重来一怆神。圣朝无战伐，海国自风尘。游子惊新老，郎官照旧贫。不知桥畔石，冷眼看何人。

怀都中同人

有梦时相见，昨宵又论文。遥天青积水，寒树绿团云。酒断樽先破，吟孤稿半焚。南鸿何日返，我欲寄香芹。

舟中即事

长剑韬光久未磨，漫从壮士和悲歌。偶谈往事交欢少，偷看闲书惹恨多。河上蚁穿空土木，海中鲸动带风波。沙鸥浩荡随来往，总有机心奈两何。

和丹徒张秋渚韵二首

一见何期握手殷，早愁舟次袂难分。好乘江上秋残月，共指天边日暮云。酒向千金台畔醉，花从五色梦中熏。此行多少相思友，倾盖知音最是君。

金焦两点锁中流，砥柱从来是润州。牡志欲移三岛去，书生浪作五湖游。谁云小草偏高卧，自许寒花出晚秋。万里长江波总阔，片帆飞渡一浮鸥。

贺怀宁杨风翼韵

皖江篙水接三湘，吴楚东南总故乡。落木野烟逢好友，清风淡月一轻装。肯从世外江湖老，不羡天边侍从郎。莫作寻常公子看，家存白简带寒霜。

泊头行

泊头江皋日杲杲，我在泊头逢野老。草笠芦杖皮骨存，怕杀秋风吹欲倒。自云此地徒土满，年年忧旱复忧潦。旷野无人艺稻粱，荒园有棘杂梨枣。几多丁壮空嬉游，可怜遍地无青草。我思水利盛东南，如何西壮行不早。当年沈令溉磁州，至今黄茂歌坚好。乌得遂人匠人来，沟洫纵横调湿燥。四时蓄泄因天时，地力不亏成万宝。老人长跪呼苍天，此福更待何年造。余尝谓北方水利可行，附咏于此。

读书答

有鬼窥人拍双掌，笑杀书生头已白。穷思尽日何能为，挦得郎官同执戟。不见国门侠少年，酒酌葡萄钟琥珀。醉倒春风卷懒开，百万黄金供一掷。嗟余闻此为惆怅，为语明言休嚄唶。古今运（瓮）〔甓〕[①] 事如何，珍重寸阴抵尺璧。亦聿既髦慎威仪，小子自呼儆朝夕。有时杖策从君王，借箸力能参擘画。雷雨苍生起蛰龙，匹夫匹妇蒙其泽。自惭早岁失东隅，不信桑榆堪塞责。即今秉烛争馀光，缅想古人先变色。况复文字侈空谈，躬行不逮亦何益。平生原不羡温饱，岂为坎坷愁跼蹐。汝去汝去莫浪笑，万丈文光迸霹雳。小鬼咋舌大鬼哭，可怜万古五更心铁石。正襟危坐读吾书，窗月浩浩江天碧。

舟中梦故人

三十年来别旧游，可怜消息久沉浮。故人忽入深秋梦，吾道飘然一苇舟。风送白云归岱亩，雨催黄叶下芦沟。停桡为访巢居地，宿草萧萧土半丘。

山左道中示同舟

落日风声壮，舟人怯薄寒。敢从诗胆大，不教酒肠宽时予断酒。小圃松三径，深溪竹万竿。南飞劳雁足，为我报平安。

河柳行

秋风飒飒河边柳，冷眼看人岁月久。几度东南失意人，忽过此间骄童叟。长旗大舰武士呵，胥卒纷纷迎马首。长安亦有轻肥客，无端似我逢秋后。萧然一叶浮行装，万钟那复存升斗。朝朝暮暮此婆娑，笑骂悲歌无不有。北风怨凉南风热，覆雨翻云十九

①据文意改。

八。东西两岸相亏盈，日日沙流石亦走。芳菲我自受春光，万缕千丝今在否。如何松柏独轮囷，郁郁风霜老山阜。

忆家

江湖逢九月，松菊影漫漫。游子惊身老，高堂念我寒。风涛犹险阻，儿女渐团圞。自笑从前误，年年恋一官。

武城怀古

我过武城城西奠椒酒，古庙古台今已朽。河东亦有庙与台，仿佛昔时将八九。高山流水落人间，习习清风来绿柳。抔土孤城如斗大，一线寒江清且浏。为问后来学道人，曾捉牛刀一试否。请听先师莞尔音，万古同心开笑口。

过子游鸣琴堂

荒台遗响落蓬蒿，闻说先贤手自操。无复弦歌来马首，至今学道佩牛刀。孤城水绕清溪曲，野岸风吹绿柳条。莞尔车前留一笑，戏言千古教吾曹。

寄同学侍御

莫问穷经客，区区辨鲁鱼。故人能谏猎，有诏许牵裾。风雨三秋梦，云山一纸书。五更寒漏下，封事近何如。

税关

几日维舟客，吞声古渡旁。朝廷思御暴，垄断此征商。系柝铜鱼警，浮桥铁锁长。天边飞鸟过，犹欲避关梁。

挂剑台怀古三首

挂剑有台传季子，徐君墓左张秋里。当年相许是初心，宿草终来报知己。累累今存土一丘，三尺剑赙何处是。童童老树两三枝，枝上啼乌纷聒耳。死生虽变心虽违，平时然诺可知矣。大河此地频冲决，庙貌临湍长不圮。可怜覆雨翻云人，过此下拜汗如泚。具眼徐君知爱剑，芳名附之传千祀。后人只作钝铁看，那得英雄肝胆死。千古斯墓光斯台，南表延陵北燕市。纷纷狐兔不敢穴，七宝虬龙呵护此。夜深雷雨喧金精，墓中故人呼欲起。梁山荡荡汶水流，剑气上腾日色紫。

我闻徐君妄图霸，彀鸟称祥何太假。曾来东鲁含君丧，巫先拂柩何其狂。可怪君心空好僭，不爱贤人惟爱剑。到今荒丘汶水边，但借贤人一剑传。

季子佩剑游上国，归来剑挂徐君之墓侧。倜傥季子真英豪，所至倾倒如醇醪。此剑胡不赠伯玉，出入近关防抵触。又不以之赠子产，俾刃父仇凶立剪。又胡不赠晏婴讨崔子，虎门之外空端委。怆然独挂此坟头，何异明珠竟暗投。始叹宝物知希贵，识者相逢售意气。噫嘻！微物相酬尚若此，何况国士报知己。

过微子故里里在戴家湾

太史一误争，殷祀遂朝露。此地属殷家，微子何曾去。三仁商去就，行遁只孤臣。公若奴且死，宗祀付何人。

溪上老人

老人独坐小溪头，牧得牛羊夜不收。一卧柳阴黄叶满，来来去去看行舟。

老人向暄坐，膝间抱小孙。不知溪月上，犹自唤鸡豚。

忆家园和同舟韵二首

遥指江村上小航，挂帆无赖是斜阳。迢迢北阙瞻天远，隐隐南园爱日长。星为夜寒催早曙，月因秋老借馀光。不知修竹平安否，闻说新松又几行。

卷得轻囊上野航，行程早问汉之阳。秋残莫怨天先老，梦短何堪夜转长。济水急流知我意，扬州好月为谁光。洞庭芦荻花如雪，去雁于今宿几行。

剑草，季子挂剑台所生，可医百疾

季子剑挂山东道，精气所钟生剑草。此草亭亭能象形，相传入药争相宝。须知此草医心病，心为二三开万衅。始期管鲍终张陈，犹自人人说廉蔺。此草药之中膏肓，纷纷虞诈症皆平。又有健忘食言者，服此皆可坚心情。吁嗟乎剑不留威反留惠，发此灵苗施后世。我欲多采粉为丸，遍给斯人广其赐。给之不服将如何，忌医讳疾何其多。

酬张秋渚留别韵二首

英流秋渚客，明日到长亭。霞绽波光赤，霜寒剑气青。吉人思凤翙，飞将梦龙庭。老眼王郎在，期君早发硎。

临岐还执手，不问有家无。松菊三秋晚，金焦万仞孤。柴桑村外柳，甘露寺边鲈。漫下英雄泪，知君念老夫。

淮徐道中过珠梅闸即事

亦有安澜志，而无利涉门。远山浮一叶，野水失孤村。鸡犬辞桑窟，蛟龙种子孙。可怜谁底定，禹庙在荒原。

南旺湖即事

滔天悲泽国，平土尽洪河。菱芡留根少，蛇虫漏网多。断桥吞野渡，孤树撼危波。击楫江南去，澄清意若何。

高邮即事

前望扬州路，高邮百里长。盂城如斗大，甓社带珠光。水浅芦花白，霜深柳叶黄。酒家门市上，风送木瓜香。

过扬州忆唐赤子同年用月槎韵

曲江聚散一虚舟，又逐西风汗漫游。何事故人先鬼录，几年旧梦到瀛洲。山阳悲听黄公笛，济上空馀太白楼。廿四桥边徒有约，可怜冷落广陵秋。

扬州早发

系缆平山住几程，布帆一挂正三更。无情最是扬州月，夜夜催人带露行。

燕子矶怀古和张月槎三首

险绝层崖万仞矶，六朝此地亦称畿。江横大海鲸波阔，石锁雄关鸟道微。鹿失嬴刘何处逐，燕辞王谢傍谁飞。龙盘虎踞空千古，铸尽金陵事总非。

千古巉岩七尺矶，偏安从古不王畿。江吞楚水横秋冷，石绕吴都蹈地微。半夜鸡闻空起舞，八州翼在未高飞。卧龙跃马须天险，割据东南事事非。

浮白高歌燕子矶，区区江左号南畿。六朝人物充名世，八达风流召式微。亦有长城偏自坏，尚夸天堑不教飞。可怜狎客空轻薄，玉树琼花事转非。

采石矶怀古三首和张月槎韵

飘飘复瑟瑟，仙风来采石。读书自匡山，还丹迟日月。酒消万古愁，颇似陶彭泽。痛饮此矶头，江山为壮色。一朝长醉便不醒，长夜漫漫江水白。精魂来此喝一声，海月徘徊不敢出。沧洲凌兮五岳摇，自是诗才非酒力。斗酒未能赋百篇，身葬糟丘亦何益。青莲自命酒中仙，奴使力士声何烈。千古仙才寿此山，山不骞兮石不泐。吁嗟乎区区艺文之学尚如此，而况吾道六经何时灭。

士人贵多才，才人贵有识。才多识不逮，多才翻自贼。何物永王璘，白也相依倚。坐此流夜郎，坎坷遂没齿。因既失其亲，所宗可知矣。有唐并传李与杜，杜识何高李不足。汝阳王及汉中王，杜与周旋身不辱。

采石土人向予说，李白死此因捉月。至今遗恨长江边，野叟樵夫纷纷传。我思青莲仙才子，不信痴愚一至此。当年醉赋清平调，飞燕新妆能婉诮。有时自号酒之仙，呼来不上至尊船。如何一夜狂且暗，不知月高与水深。当年或拟清狂态，月可捉兮水可没。岂知庸俗遂传讹，长令仙才受谤多。吟馀忽梦谪仙到，长揖谢予向予笑。江天渺渺月苍苍，宫袍摇曳影微茫。

小孤山怀古

柴桑庐山下，栗里有村传。闲来纪甲子，不题义熙年。偶作花源记，游心汉魏前。吁嗟此道久狂澜，纷纷朝市倚冰山。婢之膝，奴之颜。尾可附，鳞可扳。争如一拳砥柱水潺潺，大江南北此中间。矗起千仞标人寰，我来此山吊元亮。菊月松云天未悭，闲情一赋别寄意。西方美人心所系，此赋空成心事违。长卧羲皇从此逝，昭明不知收闲情，贼故表之。我欲大书归去辞。鞭此山，磨此石，一为处士锓墓碣。

舟泊荻港同张月槎侍御登高晚眺

此身轻于舟，飞到荻花渡。渡头横高冈，一线羊肠路。多少浪游人，踟蹰不肯赴。王郎张侍御，同挟济胜具。落木正萧萧，红叶犹在树。小石如犬眠，大者狮子怒。古树乌鹊巢，飞飞杂鸥鹭。披衣扪萝上，虹霓人气吐。南望长江来，百川尽东注。水气寒烟波，晚起横江雾。参差芦荻中，星星灯火露。童子无能从，老夫犹勇步。俯视尘寰中，已在云深处。

舟夜遇顺风

十日沙边缆，一解连夜起。行路贪遨头，达旦犹不止。晦日月无光，星河沉水底。皖城迄彭泽，茫茫云雾里。古迹知何处，领取大意耳。风急怒涛生，开窗不敢视。樯楫任低昂，操纵仗舟子。假寐只须臾，醒时已百里。晓来如一梦，浩浩秋江水。

归舟遇风

旬日浔阳古渡头，飘然瞬息过黄州。青龙划浪江成路，北斗招风水倒流。帆转如圜低复起，山飞欲活去还留。可怜游子乡心切，梦到昨宵已橘洲。

归来

四十三年染化尘，归来自认梦中身。轩裳不问新除目，风月还怜旧主人。死尽亲朋饶我在，凋残草树笑官贫。天教子舍祥云暖，酒熟羹香满屋春。

归泊黄鹤楼下

游子归来晚，楼头月尚明。白云无住处，黄鹤偶过城。日夜长江水，风流万古情。睡仙今醒否，铁笛正凄清。

古意

设险防多难，当关只一夫。如何三代后，空叹六朝愚。师老邮亭冷，屯荒戍火孤。楼船喧鼓吹，边将撤储胥。

泊大军山登眺

万仞大军山，直锁长江渡。旁有九石矶，日夕吼何怒。陟山此是梯，滑极石头路。解衣登山腰，脚滑不肯住。力到山之椒，冬月汗如雨。俯视大江水，曲曲生蛇赴。万态何苍茫，非烟亦非雾。回首望其北，隐映汉阳树。白云不可乘，黄鹤飞何处。我无羽翰生，一苇焉能度山对岸为达摩一苇渡江处。开拓万古胸，宇宙恣吞吐。自笑济胜资，岂是折腰具。

舟返岳阳二首

此处辞来十四年，湖光山霭尽依然。同官落落如星散，老友匆匆向日边时及门多仕者。仅有文章存后学，尚馀心事念前贤。可怜负米归何晚，馀痛犹呼罔极天。予癸丑丁内艰去此。

回首当年借一枝，寸心遥与故人期。羹烹莼菜风来细，酒醉香山月上迟。自到西园商马郑，空从东观送龙夔。湖天莫笑归何晚，松菊丛中是紫芝。

偶成

昼夜江声远，奔流只向东。有人听梦雨，无语诉颠风。心事千秋后，生涯六籍中。可怜年少客，花月故匆匆。

老人叹

老人长叹意何如，十五年来事事虚。土垦民勤偏不谷，水清网密久无鱼。吏因箝纸教投杼，篋有遗金傲读书。最怪炊烟厨已断，绮罗犹欲坐高车。

江行晓起即事

晓雾迷东西，大江鸿蒙里。霏微寒气深，衣履湿如泚。停舟不敢发，樯帆防触抵。缓棹仿佛中，终朝磨盘蚁。咫尺不相识，只闻语音似。舟侣相招呼，无目但任耳。俯仰失山川，何况城与市。上古混沌时，元气凝若此。如何江湖间，机械生未已。东风习习来，力轻吹不起。曒日当中天，乾坤为一洗。

江行

江行四千里，处处得高原。石脚穿篙眼，山腰勒水痕。秋风吹月老，晓气扑烟昏。不作登楼赋，湘西是故园。

归家即事

出都九十日，长路五千馀。有子频将父，无人再倚闾。予四年两觐家严，而先慈已逝十四载。湖山行役梦，秦晋旧交书。三径残松菊，依依绕旧庐。

江上书所见

彼美谁家子，盈盈意不群。薄妆垂绿鬓，缓步出红裙。江汉风流在，湖湘物色分。相逢各自爱，焉用羡如云。

还山歌五首

我还山兮事我亲，一笑一语兮任天真。奉鸡豚兮日易午，抱重孙兮娱老人。老人烂漫兮半醉，儿往扶兮被嗔。扶杖须臾兮含哺，庭柯岁月兮大椿。回思违子舍兮万里，安得如此兮乐昏晨。

我还山兮耕我田，朝饮黄犊兮涧边，夕濯双足兮清泉。山鸟催农兮春事早，牛羊下山兮月娟娟。稻花飞飞兮香淡，子实栗栗兮大有年。桑麻交拂兮阡陌，村酒盈瓮兮壶天。三径就荒兮归已晚，东皋无恙兮蔼蔼风烟。

我还山兮读我书，黄农邈兮意何如。欹吾案兮卧览，带遗经兮荷锄。梦见古人兮尚友，独歌独啸兮茅庐。不求甚解兮浅浅，自寻至味兮徐徐。风来月上兮小窗，人倦掩卷徜徉兮不上公车。

我还山兮教我子，悔膝前兮曾万里。小儿占毕兮三字经，大儿讽诵兮六艺是。荒远兮不读三坟，艰深兮且置诸子。理帷褥兮黄昏，勤栉縰兮早起。见塾师兮再拜，遇宾长兮敬止。敢期迈种兮贻我令名，无忘根本兮学为子弟。

我还山兮友我乡曲，十载相思兮苦不足。共骑竹马兮总角，倏忽老翁兮踡跼。拊彼襁褓兮人如玉，涕交垂兮问骨肉。相与披衣兮彳亍，手栽桃李兮薪木。种梅杏兮香馥馥，山尚青青兮水犹绿。只鸡斗酒兮围近局，谈夜深兮荆为烛。谢五陵之轻肥兮，聊永矢而弗告。

锄经馀草卷之十

丁卯春郡伯吕南村延修长沙郡志

自辞虎观入山林，典制文章敢再任。良马千旄偏在野，白驹空谷肯遐心。董南人去谁同调，迁固书存待嗣音。愧我三长曾未得，空将玉管鬓边簪。

一从乙丑勒前规，旧志成康熙乙丑。六十三年事久遗。直道始传千古信，平生多阙寸心疑。井中铁里春秋在，头上天空日月知。好谢东垣贤太守，老来敢负圣明时。

志馆即事

血泪弹来溅砚池，贞魂冷落莫教遗。敢云屋漏曾无愧，大有明神不可欺。此事自凭方寸地，他年遥许史臣知。兢兢把笔何珍重，正在踌躇一字时。

志事有感

正史他时问艺林，可知传信字宜斟。丁家不传厨无米，魏氏成书橐有金。事记三千司马法，例标十九考亭心。后生胆大窥银管，斩断棼丝独在今。

志馆同张砺山征君话旧

几度惊闻鹊噪檐，空将比翼羡鹣鹣。计迂各自耘诗礼，音好何曾溉釜鬵。江上逢人春水满，天中回首乱山尖。凭栏莫话金台事，十二年来口欲箝。

和砺山同年韵

正拟天边听麈谈，岂知顽叟竟抽簪。一鞭晚著群空北砺山晚隽，千里长驱道已南。自昔停云依尺五，昨宵对月坐更三。卷帘同上潇湘阁，白是江涛碧是岚。

西宁十景诗

玉潭横秀

玉水流方自古今，茫茫难问逝波心。石潭影抱寒云静，乳窦光凝夜雪深。灞上可怜桥尽圮，汉南那复树成阴。独馀两岸渔家子，一曲年年出苇林。

天马翔空

云鬃雾鬣懒低头，猛气腾腾不可收。自爱长空无絷绊，顿教上厩逸骅骝。昂霄万里归何处，牧野千秋战早休。芳草石溪天共老，追风莫遣蹴神州。

飞凤朝阳

阿阁巢馀久太平，何年飞览到孤城。穴成五色丹山彩，风送千寻翙羽声。自集高冈梧正老，顿教解谷管长清。新雏环绕峰峰似，几度来仪几度鸣。

灵峰夜月胡五峰筑室于此张南轩受学焉

月到空山正悄然，倚峰无语对前贤。危岩乱滴秋江雨，老树寒笼大壑烟。华顶五更清鹤梦，赤城千尺照芝田。皋比坐上传薪后，七百馀年不夜天。

汤泉沸玉

云蒸雾涌乱溪横，翻笑寒泉只浅清。不见素车乘玉女，长流琼液寿苍生。出山冷受鱼龙浴，煮石潜收霹雳声。悟得五行颠倒意，始知水宅火中成。

大沩凌云

大沩顶上辟天门，闻说传灯此地尊。满壑霜飙寒日御，何时石壁长云根。香熏别种禅心戒山下瑶人受僧戒，壤沃千家寺里村。招隐南轩悲落木，山中风物至今存用南轩诗。

石柱书声宋谢学士读书于此

带得遗经去荷锄，清音千载绕吾庐。自无尘世弹冠念，先作山中却聘书。石柱台孤云漠漠，玉潭风定月如如。斯人邈矣馀空谷，我忆遐心赋遂初。

香山钟韵

九天高响坠嵚崟，不借蒲牢发远音。昏晓苍茫惊客梦，阴晴历乱见风心。间云动处山僧静，疏韵浮空石室沉。莫怪清霜催落叶，仙香缥缈下寒林。

楼台晓色

不须笙管下楼台，簇簇青山逐晓开。肯许暮烟霾日色，平分曙景上天台。歌莺喜趁晨光出，警鹤偏惊早露来。戏马迎仙今在否，曈昽长自射崔嵬。

狮顾岚光

狻猊吼罢怒双眸，惊落山光不敢收。为抱清江时顾腹，才辞白石又回头。日从晓后苍烟暖，风送晴来紫气浮。草树纷披争欲滴，雄威辟易乱峰秋。

八曲溪俗名八尺河

帆转湘流清且碧，百里铜官流脉脉。大江奔马贪回头，中有小溪才八尺。此溪逶迤来深山，溯洄往往经予宅。宅之上流一何远，探源直溯匪朝夕溪南至良荐青山桥以上。沿溪两岸开平原，苍苍者山白者石。杨柳春丝带雨青，枫崖秋叶染霜赤。溪流缭绕不肯去，高滩频扼篙师嗌。凌晨尽日操舟行，傍晚棹歌声未隔。小桥几度环其腰，百里堤防为稼穑。木兰轻浆逐烟波，白眼叩舷天亦窄。一蓑秋雨钓徒归，烹得细鳞供枕藉。扁舟不系江之涘，自在中流随所适。我闻善水有潜鳞，此中可独无耆硕。老槃莶涧忘机心，野阔天空谁跼蹐。鱼龙出没随波涛，大江日夜情何迫。岂知一回一折朝东行，小溪亦学九河逆。

嵇峁山三首山为嵇峁真人修炼处

山灵引我解尘纷，秀草幽花尽日熏。碎雨蒙蒙峰宿雾，寒浆滴滴窦穿云。蜿蜒入井龙高卧，鸡犬辞炉灶久焚。为吊真人何处是，玄天观上有遗文。

环借千家壮画屏，几峰奔处几峰渟。潭州水出三分白，磊石岩悬一线青。下有乱山龙战野，空馀古寺虎听经。我随猿鹤成顽友，不作移文不勒铭。

好踞危崖结一椽，拾来松子大如拳。山中自任乾坤老，海上无劳姓字传。梦到虞祠听玉琯，曾携戴记问蓝田予每采吕氏礼说。从今不笑嵇岇幻，云白峰青便可仙。

栗桥坝上口占

幸有先畴在，农人莫惮劳。坝高能灌井，溪窄不容舠。春雨锄山径，秋风裹布袍。时从桥上立，战栗看危涛。

岳麓怀古长句

朱鸟飞翔山之麓，七十二峰此其足。湘转帆随面面看，万丈祝融往而复。洪荒澒洞何滔滔，平地成天奠岳渎。山椒赤石鸟篆文，大禹神功千古独。素王庙貌今岿然，车服虽遥庭庑肃。远绍明德启后贤，吾道天南于兹俶。何人三绝标龙宫，六朝以后传金粟。雷激庭际月窥窗，玉水石林风谡谡。杜陵野老访道林，金榜莲花粲满目。五月风来佛骨冷，沧海雪山如可掬。直臣一谪来长沙，太守不容迁客宿。山僧列炬夜相迓，道乡亭子流芳躅。紫阳讲席挹南轩，赫曦台傍孤峰筑。邹鲁风声动远陬，饮马深池池水缩。偶移帷幌登扁舟，秋水蒹葭人如玉。风清石濑鸣苍筤，习习芳兰在空谷。自卑而上极高明，万古薪传脉相属。即今弦诵传山阿，彻天膏火衔龙烛。我来仰见惜阴心，昔圣昔贤为谁勖。领略风光何处寻，岳色青青湘水绿。

岳麓五首

衡山有麓矗湘滨，一片穹碑寿大文。禹贡不传前古字，句娄空老半天云。玉书金简人谁读，苍水元圭事克勤。四载八年成奠定，日咨声息至今闻。

长沙西岸立崔嵬，南挹衡峰九面开。风到峡边何处去，石从空际忽飞来。翠微湿染深秋雨，云麓孤临万古台。青草白波争滚衮，三洲底事转潆洄。

劲风扶我到峰巅，我爱临风吊昔贤。北海文腾龙象力，南轩席敞赫曦天。孤臣抗疏去声寻兰畹，野客诛茅傍橘田。再拜瓣香徽国在，尼山大业赖公传。

宋室奎光聚五星，南天夜半一灯青。江山入坐成开宝，风月平生是考亭。几部遗经心惨澹，九原吾道语叮咛。烟云宇宙还千古，愿与诸君溯典型。

吊罢先贤尚委蛇，杖藜携客更何之。鹤泉吸得烹金露，蟒洞耕残种紫芝。风过香生兰涧曲，月来人步柳堤迟。归时不作游仙梦，仰止高山是我师。

宿岳麓讲经台坐月

孤月度江来，寒光何寥廓。气清天不夜，素烟封漠漠。月亦恋空山，夜深不肯落。我来试听经，经声偏寂寞。老僧方熟睡，万籁俱未作。忽梦素心人，携手骑黄鹤。鹤飞梦亦回，江天共空阔。

登岳麓绝顶

晴岚卷后俯岧尧，渺渺江天四望遥。碑在上方馀鸟迹，亭当危处立山腰。松涛习习风生谷，沙渚盈盈月满瓢。为听书声寻小径，前村还要度溪桥。

夜泛湘江

晚来水气冷如冰，百里湘天一色澄。十月清香浮橘子，五更明灭乱渔灯。苍梧入楚云横出，青草惊秋浪倒腾。酾酒扣舷歌未了，晓山衔日又东升。

湘江

豪吟下岳麓，飞上碧湘船。断岸生屏嶂，群峰接蜿蜒。野花香谷口，春柳绿江天。不见三闾客，招魂落照边。

湘江怀古

千里清湘水，茫茫不可留。长沙迁客老，落日洞庭秋。地湿何年曝，涛深万古流。洛阳才子去，芳草绿三洲。

桃花寺三首寺亦名桃花洞

闻说桃源何处寻，秦人别墅霭沉沉。寺门小甃流清韵，洞口新松起绿阴。阁上开经龙指竖，桥边僧度虎溪深。不须更问渔郎路，白石寒山自古今。

曾向山窗曲一肱，竹床短几小桥横。三生白石招童子，七尺乌滕送老僧老僧贻予杖。古院尚留前度偈，寒天未灭去年灯。自怜不是寻源客，莫为桃花问武陵。

一度桃花一泪痕，年年过此展先坟予新庄祖茔去此不远。忍吹寒食厨中火，屡断清明路上魂。二百载深乔木老，十馀世后故碑存。往来惊见双（乂）〔叉〕树，歇马焚香望墓门。

铜瓦桥溪上三首

铜雀当年瓦，飞来覆此桥。云霞连浦动，烟火四山遥。春到鱼能化，秋深柳不雕。岂无车马度，何处染尘嚣。

小水通何处，桥边一草堂。有时来濯足，随意好流觞。布帽冲风稳，芒鞋踏月凉。渔郎元未到，那复觅沧浪。

万卷藏书在，千秋识此溪。牖开青字古，楼与白云齐。廊庙知龙肉，天涯策马蹄。襄城存旧辙，七圣未教迷。

双江口

家近双江口，双江古合流。溪光秋不断，岚气午方收。市足鱼盐利，人知管鲍谋。少微星的的，十里到菟裘。

洞庭波万顷，此地上轻舟。沩水浮山市，湘江过浦流。草生云梦雨，树老汉阳秋。回首乡村路，清溪绕十洲。

乌山

石梯危径几人过，引我寻高仗薜萝。日落寒烟归院宇，天空宿雾恋山阿。潺潺峰顶寒泉出，蕤蕤平原沃粟多。极目长沙秋色远，祝融吹叶下湘波。

衡山道中

舟度衡山路，悁悁眼独馋。野云飞古渡，宿雾锁巉岩。石转长沙棹，风随九面帆。雁过人莫恨，今已越峰南。《宋史》：雁已到广南。

青天寨

戎马承平不记年，犹馀孤寨立青天。国殇夜哭深秋雨，剑气朝横薄暮烟。芳草野花迷旧（壨）〔垒〕，断桥流水拾残钿。一夫能用当关力，好为清时镇楚边。

晓起看竹有感

何事太婆娑，因沾雨露多。虚中还有节，焉用附藤萝。

偶成示同馆

两眼看青史，扪心事事违。老天知白首，贤守赋缁衣。一字争轩轾，千秋有是非。丹黄残砚水，点滴起光辉。

莫问平生事，麟经意敢违。廪人能继粟，太史有传衣。直道无今古，浮言半是非。茂先真博雅，与汝共清辉。

晓起联句

晓钟惊断梦张，起坐北窗前王。野马奔元气张，池鱼得小天。老来怜故旧王，游后忆山川。宇宙留吾辈张，风流是昔贤王。

再和偶成韵

此会三千里，中心两不违。天边分薄禄，江上共秋衣。后进元堪畏，先贤未可非。对君开老眼，山月送清辉。

月上联句

月上斜窥户，林深半带烟张。卷帘人未寝，隐几客忘筌王。酒浊邀僧醉，谈高破鸟眠张。马牛全不问，一卧早秋天王。

吊蔡江门先生

纷纷方面尽宵奔，司李婴城独闭门。直以孤身殉百姓，肯因母养负君恩。公拜别太夫人，曰："顾得君恩，顾不得母养。"又语贼曰："宁杀我身，莫杀我百姓。"武臣那顾同官义，武官尹先民以城降。小吏偏依故主魂。公有吏凌国俊等葬公毕自刎。不是岳阳先失守，谁教贼马到湘沅。公先苦请守岳州，巡抚王杨基、王聚奎不从。

饮酒行赠天随子

连日昏昏忘卯酉，踢倒银瓶倾斗酒。几年不见高阳徒，屠市相逢弢匕首。问君万事总掉头，瓮在床头杯在手。磨刀不及宰肥羊，暮雨萧萧剪春韭。饮酣耳热歌乌乌，宝刀横作蛟龙吼。乘醉呼卢掷百万，一声喝退雷霆走。东邻冠盖昔纷纷，白杨风吹骨已朽。从今坚约老陶潜，不饮罚依金谷斗。

拜江门先生墓

死守危城誓不休，武奴降款已先投。君亲两路无兼策，官吏同心共一丘。破灶炊骸旗未仆，重湖失锁水空流。理灵俗作醴陵坡上青青草，万古西风铁马愁。

志馆书怀四首

上天牖斯民，恒性一何直。淳闷无是非，日用饮且食。哀哉雕琢开，天真悉剥蚀。机械日夕生，变态不可测。圣贤丁末季，对之长太息。何以回江河，秉懿原好德。

青史追前业，粉本郡邑志。此际一传讹，遗误遂万世。上之纪天时，下之量地利。人事极纤微，四库归箧笥。如何识不足，浪议千秋事。斯议一何多，掇拾匪正义。侈口谈班马，傀儡恣游戏。

麟经一振笔，至今乱贼惧。惧之以平情，无毁亦无誉。嗟嗟腥膻辈，是非相阿附。陆地起波澜，白日生阴雾。方寸倘可欺，鬼神能无怒。

舜禹大圣人，不掩瞍与鲧。未闻贤子孙，作伪失其本。祖宗受其诬，颜厚心未稳。明神如核实，九泉何处遁。欲盖竟弥彰，尔曹盍自忖。

枢儿入泮即事

纷纷豪富儿，靦颜取青紫。尺寸幸微名，徒为市童鄙。枢儿年弱冠，十载攻书史。成诵为何书，六艺及四子。帖括未熟娴，岂敢思执雉。忝兹弟子员，清夜能无耻。学者尚器识，文艺其次已。勿惮掘其泉，九轫犹弃只。

咏史

建安多才人，颇恨未闻道。纷纷侍宴游，不肯落枯槁。抱膝吟者谁，隆中可终老。

纳凉行

何处救暍人，山寺敞庭院。怀新有良苗，远风来似箭。立此只须臾，已如五两转。顿生清冷心，吹净尘埃面。儿童催午餐，去去还依恋。老僧正熟眠，失却蒲葵扇。

夏日即事

此心故无营，何处生炎熟。赤日正当午，赫赫流金铁。不望清风来，胸中有冰雪。

纳凉

风来山寺凉，风去山寺热。去来自无心，人情何起灭。老憨顾我笑，方寸冷如铁。松林清吹生，石上飞泉咽。对此已飘然，不须烹雀舌。

金鱼池联句

何须游大壑张，即此是江湖。卷石移三岛王，洪涛注一壶。潜时依北溟张，化去待南图。不识培风后王，还思勺水无张。

砺山夜话

驰驱不得意，各自归深山。山中天寂寂，终日扃柴关。柴关有何事，真意寻孔颜。有时思命驾，伊人秋水间。梦中频相访，云水空往还。长沙忽执手，羁绪君鳏鳏。白眼谈天下，大叫惊人寰。伤心问骨肉，泪落衣痕斑。屏营勿高语，世路何其艰。

和砺山瓶莲

洗尽淤泥出小池，折来还带绿云滋。潇湘隐士衣裳冷，欲采秋风叶老时。

砺山浇水注花瓶

手添勺水注瓶中，养得花心自在红。无奈好风吹散漫，安排又破读书工。

答岳麓僧碧朗

芙蓉放后小池然，大乘惊残象外圆。素月盈盈烹石髓，清风习习起茶烟。曾闻猛虎三生偈，笑问痴龙一指禅。好约秋深登绝顶，松涛兰涧涤尘缘。

杨太封翁双寿诗二首

迎得双轩坐鲤庭，眼看南土树仪型。稻花万顷摇风绿，桑叶千村带雨青。烽火远销铜柱界，弦歌飞上翠微亭。义方原本关西训，又见重辉拥寿星。

黄麻几度下彤墀，正是元臣问寝时。万姓扶舆陈鼓吹，中丞持节导旌旗。玉珍调自仙人掌，云锦缫来织女丝。南极北堂偕寿考，好随海鹤晋霞卮。

忧旱二首

文字不可煮，殷勤惟望岁。下之俯仰资，上则供王税。老天匪不仁，胡靳甘霖惠。其雨复杲杲，终风徒有曀。良苗方枯焦，犹作馀生计。及此不来苏，秋雨亦何济。

县官祈雨泽，往往禁屠沽。宪府方宴集，烹宰适所须。勿畏赤日热，舍井添冰壶。梨园柘枝舞，如意敲珊瑚。曲终频下令，国课不许逋。

和张湘门何以销烦暑四首

何以销烦暑，殷勤子舍中。盘餐无长去声物，菽水是家风。问寝声难辨，分甘手不空。笑颜开白发，此乐许谁同。

何以销烦暑，兢兢志传中。长沙秦有郡，广汉楚之风。道溯千秋直，心悬一鉴空。故人休寄讯，知我勿同同。

何以销烦暑，伤心臭味中。暮云停旧雨，宿草冷秋风。时胡苍岩、周乾一、胡祁绪、张贡五诸君皆逝。肮脏人谁在，英雄事已空。九泉无恙否，寥寂可相同。

何以销烦暑，臣时复一中。三秋萝薜月，半枕豆棚风。大梦知谁觉，浮名信我空。读书心尚健，秉烛约君同。

寄张昆石用湘门韵

何以销烦暑，思君落照中。习池馀旧酝，春草得和风。闲笑劳劳者，休书咄咄空。云林吾亦老，此意将无同。

答碧朗

何以销烦暑，萧然四大中。天翻龙藏雨，客啸虎溪风。但说三玄妙，谁知六识空。老生云麓外，孤意肯从同。

何以销烦暑，园林十亩中。花心含细雨，树杪得微风。笑我三生晚，伊人五蕴空。碧天元朗朗，秋兴与君同。

中秋和砺山

二十年前月，今宵分外明。风轻知永夜，雨骤得新晴。古树三秋老，高天万里清。异乡昆弟在，莫动故园情。

再咏湘帆二绝

烟雨蒙蒙帆一片，芙蓉遮却湘君面。舟中不许看湘君，只看祝融青九转。

一叶江天流似线，如何临去多留恋。倒拖云色出潇湘，回首衡峰还九面。

志馆桂花盛发，适予以归省相在。返馆日忽见重开，芳馥异常，砺山呼酒登台，以诗贺我，走笔酬之

玉简青编取次裁，只思三径坐莓苔。兰陔有事忙归去，桂馆

何期得再来。天为重阳香小圃，人从晚节上高台。莫嫌元亮篱边冷，自送秋风两度开。

九日游岳麓六首

十年辞岳麓，九日探秋花。岚气横青霭，江风卷白沙。荒苔游子迹，深树老僧家。不作龙山会，何人笑孟嘉。

篮舆登顶绝，聊憩虎岑堂。神禹功千古，尼山教百王。虬龙蟠老树，蜂蝶恋秋香。回首重来客，儿童鬓已苍。

对岸湘城远，三洲逐水流。山阴开古堞，波底见危楼。烟火千家出，帆樯万里收。莫愁风浪起，飞渡有渔舟。

高僧呵猛虎，报客莫惊慌。昔有虎知报客，名虎岑堂。雀子知茶味，渔翁带橘香。台孤千尺古，秋入四山凉。岩石通人意，藤萝面面苍。

长啸悲风起，空中少足音。文明开自昔，俎豆到于今。茂草生书院，荒烟失道林。书院今分郡治中，道林寺亦久废。九原如可作，欲问古人心。

纷纷今古事，酹酒问山神。城郭知何代，川原久阅人。且开千里眼，莫计百年身。一卧秋江晚，来时是几春。

赠吴郑公学使

捧得天香出九重，风檐视草五云封。百家扫尽无簧鼓，多士惊闻有扣钟。直取楚材储梦卜，不须湘水涤心胸。诸生莫傍龙门望，人在吴山第一峰。

志馆即事和砺山

胸中分泾渭，世上起波澜。一纸书焚后，应教此辈安。

东流何太急，日夜逐狂澜。焚后书多少，针毡可是安。

砺山偶成属和

战杀蜗牛亦枉然，觚从破后已羞圆。天寒莫怪人皆醉，客去应知我欲眠。会朔有时双璧合，德星昨夜五珠联。殷勤秉烛乘馀勇，糠粃纷纷愧在前。

十月见腊梅

断送秋风百卉残，孤山一树出栏干。莫愁霜雪偏侵骨，赊得春光待岁寒。

和砺山词

人到长沙，共学取，春秋直笔。喜老友，相逢异地亲切。一字冰霜挥斧钺，九原肝胆标忠烈。问怎生，撰次比龙门，天心月。

意中人，真豪杰。腹中书，倒筐箧。笑熏莸异器，金兰比列。岳麓僧然山下炬，醴陵草染江门血。看洛阳才子，大文章，纯刚铁。右调《满江红》。

有馈生鱼者转馈砺山

行行何以赠连枝，正值江鱼馈我时。餐到腹中休下泪，此中久不葬湘累。

送黄介山庶常北上三首，时与其两叔偕行

介山吾畏友，别调独高弹。自笑吟诗瘦，何愁行路难。楚天霜气老，燕月剑光寒。鼓吹闻班马，惊从壁上观。

世情何太险，如子独忘机。不动风波念，群知冰炭非。文章曾盖代，心事在重闱。介山中会魁又侍慈颜两世万里从兹始，晴云接帝畿。

多才推阮氏，不作竹林游。各淬双龙剑，交修五凤楼。招舟元共济，上马正同仇。预报高堂喜，宫花欲满头。

赠贺生芷泉歌

湘回九面馀，一溪横绿水。上有涓涓流，其味甘如醴。秋风送远香，郁郁翻芳芷。饮水撷其英，贺生家在此。用吸趁王明，采之贻彼美。拳石芷泉亭，汪汪从此始。

挽汪孝子

倚门空恋断肠多，埋尽残书可奈何。一听哀猿啼夜半，不知血泪满西河。

当年我亦哭亡儿，膝上灯前冷泪垂。偶过资阳悲孝子，伤心还似抚棺时。

赠黄秉直太史，时秉直谪居山长

君子不得志，拂衣归丘园。未肯只独善，设教借立言。明道兼解惑，遇事逢其源。壁立万仞上，顾盼俯乾坤。枉直争寻尺，何处堪温吞。岳麓自巃嵸，日夜湘流奔。吁嗟古之人，师严道自尊。

寿辰州鲍念斋司马

京华邸舍凤城东，乡语殷勤促膝同。岂意江天浮锦缆，直将梓里托帡幪。参军吟处诗偏俊，骢马骑来步最工。人在长沙瞻紫气，丹砂可许入筠笼。

柬吕郡伯辞岳麓山长一席

沩山湘水一般春，菽水家风久惯贫。寄语新安贤太守，可饶痴汉作闲人。

送张砺山同年归洛阳

砺山家洛阳，去我三千里。两地相知名，均如雷灌耳。天子开制科，召试名下士。作赋同上殿，所遇略相似。长啸别修门，一十二年矣。郡伯古之人，为郡纂信史。安车迎君来，于我亦如此。连床七阅月，莫逆心相视。直道扶斯民，非非而是是。天上扬星光，灿烂长沙子。山川掌上看，错绣明疆理。王赋载正供，藻芹香泮水。屈指四千秋，淘汰无渣滓。小草名拾香《砺山集》，几人思御孝。岳麓和湘江，卷入诗囊底。风雨盟他生，恋子成二美。忽报上林春，天闲搜騄駬。挥手登公车，气冲屈贾罍。老成事业多，好酒词人耻。故交如问讯，人在深山里。

丁卯除夕六首

深谷衡门下，颓然一醉翁。迎春正月雨，舞雪半天风。酒暖葡萄绿，炉燃榾柮红。山中忘岁事，车马莫匆匆。

书成还点检，秉烛谢君亲。七十年中事，千秋鉴里人。素心酬尚友，吾道共斯民。今夜偏眠稳，长欧浩荡春。

古人骨已朽，文字是精神。叹尔无知己，跂予作比邻。山川滋物色，臣子绘艰辛。满幅披心血，千秋此问津。郡志选载艺文。

分得天家福，康宁赐老亲。八旬犹善饮，四世见成人。风烛能无恐，霜花自受春。朝朝添岁月，定省及昏晨。

慈乌生九子，何幸及同堂。桑梓先人植，衣冠后起行。过庭瞒我老，搔背趁春光。一盏屠苏酒，翁孙笑共尝。

省郎三径晚，回首五云边。歌舞长安地，繁华侠少年。同官新拜阙，薄海旧朝天。鸡犬无他祝，升平任晏眠。

寄砺山

折柳相迎到雪繁，一餐一榻共寒温。昨宵点检君诗后，风雨萧萧独闭门。

锄经馀草卷之十一

初至岳麓讲席作，时戊辰二月朔日

宋室聚五星，奎光贲南楚。此地拥山灵，江天归院宇。上有文宣殿，仪刑肃万古。嫡脉衍朱张，吾道中天睹。今看饮马池，恍惚过邹鲁。悠悠七百年，几人步其武。小子对羹墙，荒落偭规矩。烟海望六经，何处窥牖户。再拜登斯座，颜厚汗如雨。吁嗟二三子，无忘先哲语。出门筮同人，清浊还自取。良工一片心，芒针磨铁杵。日夜抱区区，老生惭小补。

书院早起即事

东斋有孤柏，枝撑未成列。上有无数鸟，纷纷向我说。所说未可通，毋乃自怡悦。泉清松子肥，可以忘饥渴。巢营高树颠，网罗送空设。往来白云外，焉用避寒热。不为人世玩，长与樊笼绝。

岳麓书院送学徒归应小试二首

凌晨来揖我，橐笔返孤城。天意多风雨，人情恋友朋。科名元墨饭，文字有尘羹。去去频回首，虚斋一老生。

老生非惜别，所惜是分阴。石虎何人射，铜龙彻夜吟。莫忘三足记，可怕二毛侵。学得梁公术，轻轻脑后针。

书院送桂、栻两儿，标、森、楷三侄归试二首

入山才匝月，扶杖送儿曹。野水三春足，江天万里高。遗经收马肆，小子觅牛毛。一笑观蛮触，何人钓六鳌。

斜阳怜尔祖，倚杖问孙归。夜读曾添炬，春游莫减衣。屠龙惊小睡，蜡凤学初飞。记取吾家物，青箱事未非。

黄生呈病怀诗为之即韵

小儿呼造化，何物敢相寻。偶作游仙梦，高歌倚树吟。荒台残炬在，春水曲池深。五色看鳞甲，龙宫借一针。

再用前韵二首

风雩亭上立，好友共招寻。不读牢愁赋，焉知快活吟。荒庭春草茂，小径落花深。稚子从教懒，时敲作钓针。

眼看纤纤柳，何年已十寻。木鸡羞小斗，蟋蟀及秋吟。古字传三绝，闲僧解四深。不须磁石引，百步自穿针。

春宵忆昔

去年兹会上长安，枕畔三更梦已残。裘缝霜花犹未扫，萧萧易水渡春寒。

元夜有感

普天同此夜，不信有愁人。独恨风霜客，偏离老病亲。月催长乐酒，花报上林春。欲负神仓米，飘飘万里身。

学规诗九首示书院同人

告我同侪，学先孝弟。景彼古人，明天察地。随分自尽，殷勤问视。一念之诚，亦可养志。

力学何为，变化气质。气质有偏，好恶斯辟。惩忿窒欲，式砭其疾。严肃整齐，下手要术。

瞬息千里，曰勇曰谦。勇以进取，谦受益焉。匪甲匪胄，何以攻坚。不就规矩，不成方员。

士先有守，壁立万仞。可穷可达，君子所性。相彼腥膻，何如土粪。彼蚩者子，竞以身殉。

攻错维何，慎择其友。岂无良苗，杂彼稂莠。近墨者缁，十有八九。愿得同心，盍簪纳牖。

裘马翩翩，识者所丑。饭可断齑，襟可见肘。并力购书，百城富有。可以乐饥，千秋尚友。

日月不灭，万古六经。囊括万有，韬孕经纶。史书廿二，纲目星陈。如何不学，长夜迷津。

人求多闻，时惟建事。治事有斋，苏湖之制。礼乐兵农，经天纬地。错节盘根，用无不利。

岂无虚车，偶游诗赋。骚耶辨耶，亦李亦杜。维三百篇，风人之祖。勿写佚情，名教是辅。

重游岳麓三首

自爱登峰顶，行行独往回。径深新草合，春老晚花开。灵麓掀云出，长沙入抱来。拂衣寻小憩，扫石坐莓苔。

肯辞岩壁险，深入白云隈。石勒洪荒字，亭销旷劫灰。六朝松不死，九曲水还来。欲问青天意，孤怀此一开。

至人遗像在，仰止忆朱张。院宇成开宝，山川护讲堂。瓣香天不夜，爝火日容光。列炬僧何去，孤台有道乡。

春日于院庠门内手植梧桐四本

中院四梧桐，清阴满窗户。前轩翳独无，墀空三十武。我来手植斯，东西近廊庑。厥数凡四株，绳直方如矩。高才三尺馀，青青干色古。弱枝当春半，方苞已欲吐。雨露正及时，不畏秋风侮。扶杖望干霄，掩映后庭树。此地即高冈，好作凤凰主。

又植小桃二树于新院庠门内

小桃四尺馀，栽向西斋署。两株相对排，枝叶何回互。深泥固其根，灌水补宵露。我老尚未衰，及汝成嘉树。不供郫下饮，不傍天台路。此下但成蹊，引到武陵去。

夜闻江中连覆十馀舟，时桂、栻两儿渡江正在舟中，至次早方知无恙喜赋

昨日风波恶，残须白几茎。亦知天有眼，争奈命多惊。一作

"可怕水无情"。问寝还晨夕，趋庭旧弟兄。老人何所付，一卷愧平生。

小鸟

小鸟不畏人，飞飞依我侧。饭后拾馀粒，鸡群不相贼。儿童习惯久，无复寻罗毕。造物共生成，同游两大域。薄暮我闭门，尔自归桑棘。

深夏

长昼当深夏，风光未肯阑。空怜芳草歇，不放晚花寒。岭上云峰乱，江头雨色残。及时归去好，菽水有馀欢。

于刘氏斋壁得予三十年前旧句有叹，兼寄刘君二首

回首行吟正少年，九千馀日付秋烟。诗犹在壁人空老，自顾须眉独黯然。

我亦萧萧拂袖归，南山修竹北山薇。嘤鸣竟欲辞乔木，难羼犹能逮寝围。云到晚天开霁色，月从残夜吐清晖。碧纱尘土何须问，脑满肠肥事事非。

游水陆洲登拱极楼八首

忽有登楼兴，水陆古名洲。沿途看晚稻，木落正惊秋。涧水流何远，湘山一望收。儿曹随杖履，迎我有沙鸥。昔游人并老，时上湘易公申忽至同游。相对在虚舟。

夹岸如奔马，乱山频上下。借问太初时，谁是驱山者。昂昂

倚江城，东望浑如泻。飞立大江西，荒苔破古瓦。白云出幽壑，日色淡平野。吾欲辞楼去，绝顶一潇洒。

飞阁俯湘流，茫茫悲逝水。青天势欲吞，浮沉有中坻。垂杨五七株，掩映绿波里。中宵雷电急，痴龙睡不起。十丈青莲花，夜夜开潭底。

长沙十万家，鳞次出水郭。香粉小妆楼，歌吹未寂寞。吁嗟锥刀子，阛阓日相索。纷纷走市童，偏头与独脚。我欲招之游，乘云骖白鹤。鹤飞云不驻，江天空寥阔。

楼头一长啸，响应苍筤谷。西望神禹碑，岿然踞岳麓。青字传蝌蚪，万古无人读。至人遗庙貌，仰止心何肃。船斋已浮沉，雨舫听断续。夜静送书声，江上绕丝竹。

虞帝昔南巡，四海天柱圮。愁云暗苍梧，九疑怨相似。凤凰不肯叫，祠旁玉琯死。楼头一瓣香，袅袅秋山紫。湘水日漇漇，花石长齿齿。

帆影下洞庭，湖光亘八百。我欲飞渡之，此身无羽翮。帝子在何处，黄陵空脉脉。赭树有残山，巴丘惟片石。遥拜范希文，忧乐同今昔。

楼下沅湘泪，日夜流不绝。运否岁为寒，赤心万古热。洛阳与三闾，异世心如结。遥遥千年后，来者弥忠烈。李公死斯城，尽室无遗孑。巡按刘公熙祚与司李蔡公道宪，舌断身寸磔。洲前草不生，洲沙蘸碧血。此洲尚可移，英风长不灭。

秋桐

一叶从天下，西风日夜狂。自从移小院，不复占高冈。秋子知空老，春枝已半黄。几株吾手植，珍重护寒霜。

登高明亭

平地面高山，山高我在谷。策杖上兹峰，小山渐俯伏。一步一换形，大山亦已麓。湘江阔十里，一瓢手可掬。江城高尺许，瓦缝何鳞蹙。万川各逶迤，吞吐山之腹。顺风一高呼，秋林惊落木。

鸡栖

编竹作胡床，倦时凭小憩。鸡来就栖息，麾之不肯逝。与尔本无争，一枝成尔计。尔亦忘我形，埘桀将卒岁。好自引其雏，狐狸正摇曳。

九日苦雨不得登岳顶五首

明朝逢九日，秋兴在登高。风雨偏多故，山川亦惮劳。菊丛和我老，竹叶与谁操。不落先生帽，其如已二毛。

有子携诗草，诸徒挈酒觥。老天殊不尔，好事几曾成。山色当门翠，江声入耳清。秋光如在眼，万里见蓬瀛。

欲访名山迹，蒙蒙湿薜萝。只愁扶杖滑，空费裹粮多。白石碑长在，苍松寺若何。诸天欢喜否，龙象已铜驼。

登高西向望，准拟盼庭闱。子舍悬残日，厨烟见早晖。云霾千嶂影，雨暗四山围。酿得黄花酒，晴时抱瓮归。

一别京华久，登高忆昔时。玉虹垂小涧，琼岛折秋枝。万柳清阴圃，微波太液池。同游无恙否，风雨动相思。

馆病

少年曾恃壮，精力渐消磨。况复逢衰老，焉能避痒疴。妻孥休寄讯，药饵不须和。只待秋光好，扶持杖履过。

县志秉笔即事

六十馀年事，书生敢窃闻。是非难一字，疑信阙三分。板荡成清节，山川勒大文。嗟予时已晚，秉笔倍殷勤。

赠刘孔孙明经

孝行光河岳，何人副此名。多君能竭力，无忝在平生。紫诰临门重，金泥照眼新。独予惭负米，那敢步芳声。

九日后重游岳麓四首

新晴天气好，携杖出东轩。犹剩黄花酒，闲过白草原。荒荒惊日月，纳纳任乾坤。泉石堪终老，难忘是国恩。

昔人垂不朽，万世此遗名。禹甸河山在，文宣木铎鸣。奎光前宋席，列炬古僧情。下拜低回久，嗟予独晚生。

信步从容到，空林白日闲。松根穿古石，雨意濯晴山。路有樵夫引，岩从谷口关。行行云尽处，忽听水潺湲。

平生羞佞佛，到老不交僧。独惜青山顶，虚传白日灯。天低楼上月，江涌钵中冰。坐久寻归路，寒云拨几层。

留别岳麓书院诸生六首

风雨而曹若有因，行行回首念何人。前贤瞬息归时习，吾辈磨砻在日新。院有“时习”、“日新”二斋。贪学天龙衔烛火，直将神马转尻轮。不知岁晚湘山老，犹劝同侪趁早春。

云麓高高落叶飞，白头扶杖望儿归。亦知桑梓风烟接，无奈晨昏心事违。鹿脯尚馀和菽水，金鱼犹及缀斑衣。倚闾十载人何在，一半伤神泪暗挥。

帖括消磨几晦冥，可怜刍狗尽伶俜。千秋耳目从三豕，万古精神在六经。自是汉唐成铁板，莫嫌注疏去声不新硎。谁云此意无人识，曾许犁牛小婢听。

吁嗟忠孝畀烝民，两事何堪责一身。自古克家惟争音诤子，从来误国是文人。脚跟八字行方稳，颊上三毫貌未真。行矣吾徒勤记取，此时岐路莫逡巡。

卷取诗书一橐轻，清斋昨夕共灯青。几行薪木应无恙，百啭嘤鸣尚有声。饮马池开澄夜月，猗兰香在媚秋晴。山灵问我重来日，湘水悠悠万古情。

差池臭味总无猜，试看衡阳雁尽回。月冷亭孤空有梦，霜清木落独登台。白云犹恋青山好，苍水应呼紫盖来。相送执鞭还勒马，几时怀抱又同开。

戊辰除夕

微臣何以谢明时，自受深恩自不知。曾刻梁园方寸烛，梦依温室万年枝。太平长得随鸡犬，经略无劳问虎貔。菽水敢忘元日赐，晨昏稽首对盘卮。

己巳春兴四首

自笑乾坤剩腐儒，白衣苍狗任揶揄。始知公道徒充耳，纵有婆心只隔膜。天为晚年留岁月，人从宦海别江湖。松风竹雨吾张主，世事旁看转辘轳。

历遍艰辛未识愁，晚从东作事西畴。茶消七碗风生腋，烛尽三更月上楼。岂有文章贻轼辙，愿携瓢笠问巢由。林花野草还无恙，莫笑春光不肯休。

自锄小圃种胡麻，种得还烹活火茶。何物辽东犹有豕，可怜井底亦生蛙。春深岭上馀晴雪，午后天边起断霞。旧约王孙如肯到，尽教芳草衬残花。

宦海归来水竹居，何须老病始悬车。藩间耻作三都赋，秘阁曾窥万卷书。自是汉家能养虎，谁知黔地亦鸣驴。从容坐对春山晚，湿雾晴烟绕敝庐。

读《明史》李茶陵传

春草绿如何，中书应沐发。至今度湘江，鹧鸪声未歇。

对雪有忆长句二首

大雪何漫漫，飘零忆畴昔。揽辔事公车，手僵失马策。有时度岩关，有时陷大泽。夜阑人影悄，孤灯投古驿。假寐惊鸣鸡，长征无暖席。万里十往还，五弋不获一。微名亦偶遂，几曾垂竹帛。何如田舍翁，无复问逋客。雪子满天飞，青松终不白。

京洛十二载，凤池长染翰。瑞雪出九重，博山然兽炭。载酒呼吾曹，金杯横玉案。一吸十斗干，长夜光如旦。醉里发诗狂，燕雀明珠弹。矫首白虎观，万轴何盈漫。上下数千年，奴仆命史汉。偶及不平事，解衣为流汗。一赋考槃歌，吁嗟广陵散。

子平

子平思了愿，未了更如何。直喜身无恙，谁知事转多。勋名元泡沫，日月旧蹉跎。菽水犹能办，毋为五噫歌。

咏史

夫椒馀一烬，焉敢问强邻。不信吴将沼，何当越请臣。山川含羁气，宗社佑雠民。采葛谁家妇，犹能献苦辛。

即事

西畴方有事，那复出柴关。凿沼迎春水，开窗得远山。心随回雁转，人共野鸥闲。邻叟频招饮，相将酩酊还。

答友

岸着乌巾发倒垂，八行书到问伊谁。月随晓露迎秋早，风送轻阴度岭迟。白昼莫过三虎市，黄金不换五羊皮。北窗卧起浑无事，想逐樵夫去看棋。

藤歌

藤兮藤兮本弱植，却善纠缠亦附直。每倚乔松欲干霄，往往藏头入荆棘。吁嗟尔身自无骨，莫怪迎风软无力。

蛇歌

尔蛇尔蛇曲复曲，不须巧人为添足。闭口潜行伏草中，吞吐箭锋不可触。焉得艾猎带剑来，将尔寸斩莫予毒。

雪霁

红日一轮来，顿使寒威薄。还我老青山，着我旧芒屩。交交林际鸟，喧语意何乐。有客疑柴扉，饼内馀桑落。

江上杂兴

招招舟子漫夷犹，万里劳人久倦游。才了素心寻五岳，却怀旧雨约三游。云深鹤梦迷江浦，风送龙腥下洑流。鼓枻欲随渔者去，桃花津畔烂船洲。

梅花

南国孤芳发，群葩不敢侵。湖山招古梦，霜雪老春心。莫怪含香冷，由来入谷深。参军重念后，摇荡到于今。

春雪

先冬无雨雪，大雪翻在春。月令违其候，燮理有元臣。为我语农家，及早绸缪频。旱潦虽天意，防之力在人。谁谓秋成远，转瞬来兹晨。莫羡羊羔酒，殷勤戒四邻。

老兴

不信斯人老，为欢正未涯。酒肴呼社友，鹅鸭杂邻家。野水吞新月，秋山入暮霞。可怜朝市上，尽日斗龙蛇。

黄鹤楼二绝句

黄鹤南飞后，摩空不可寻。晴川楼上望，云白到于今。

鹤去返何年，闲云归小渚。大江日夜流，空楼自千古。

深山

深山云湿雨霏微，牛马何从辨是非。剧病愿分儿女痛，多情空恸故交稀。秋成秫稻添新种，老去松杉长旧围。一豆一觞微醉后，北窗人坐钓鱼矶。

山中早行

老夫高卧稳，此去为谁行。雾拥深山闷，星垂野水明。荒村鸡唱乱，熟路马蹄轻。待漏当年事，迢遥忆玉京。

雪冻花

亦好斗雪开，莫作梅花看。梅性刚而遒，尔偏柔而懦。托身荆棘中，卑枝生弱干。风骨自绵绵，百折犹难断。

箫鼓

箫鼓催春急，春临不待催。莺花怜我老，风雨为谁开。千里关山梦，盈庭柱石才。一从忘世事，共笑只檐梅。

登楼

放眼上层楼，乾坤一壑收。幽花依浅涧，落叶送行舟。人忆三山远，胸开万古愁。青天聊问问，此意寄沧洲。

偶成

不是悲秋客，秋心且漫腾。晓霜寒破帽，夜雨暗孤灯。木落难辞斧，溪深漫下罾，自知身已老，安用学模棱。

园草

汤药侍几时，园中出青草。草长春不留，物色催人老。

锄经馀草卷之十二

野兴

辞城七十里，住此狎渔樵。路入深山腹，檐齐古树腰。灌花偏不懒，研药未云劳。一啸秋天碧，长空四望遥。

赠友人

牛衣马肆尔忧贫，不见昂藏七尺身。凿齿论成频力疾，永嘉诗就好生春。剑飞白雪追鞭落，箭入寒云猎太嗔。肮脏平居曾自许，弃繻投笔是何人。

晚春

行乐何愁晚，披衣坐小亭。良笛连亩绿，新笋出林青。雨送万山老，风来幽谷馨。杖头犹有物，蓬户不须扃。

喜雨

十旬歌蜥蜴，一夜竟滂沱。先稿嗟无及，怀新正自多。郊原知沛泽，湖海起恩波。为问苍苍意，风云竟若何。

家家蓑笠舞，岂独为三农。天府资经费，苍生急上供。南风长解愠，北运旧朝宗。吾楚梯航便，为霖自九重。

犬

百犬皆浪吠，不如一犬巧。敛伏悄无声，不敢张牙爪。摇尾忽何为，所需惟一饱。一饱亦难营，投骨空相挠。

己巳除夕

萧萧白发送年芳，留得残年一夕光。老尚逮亲怜日短，晚犹抱子得身强。问津不记桃源路，题柱空传汉署郎。独宿槃阿谁是伴，好寻薜荔制衣裳。

弱冠登坛四十年，自怜乳血只涓涓。谁云老至风骚减，只爱归来洞壑全。千古共悲岐路去，寸心难许万人传。纷纷爆竹鸣何处，春色苍苍入晓天。

玉孙

玉孙元是玉，雕琢待何人。诗礼循吾旧，冠裳与世新。池边生茂草，堂上老灵椿诸孙四世重庆。万轴牙签在，从今耐苦辛。

待孙

长孙年十一，已噪出群名。读去遗经熟，书来大字成。可怜吾渐老，那得尔先鸣。山斗惭人望，绳承事不轻。

漫兴

山桥横处小溪斜，茅屋疏篱处士家。昨夜北风吹梦到，省中犹看紫薇花。

春霁

雪消云净出青山，万紫千红各一般。惟有梅花还似旧，不须春色点斑斓。

元宵即事

纷纷歌舞连宵起，不须把火游槐市。儿童顷刻画须眉，粉黛佳人一男子。狮子忽吼凡马惊，何物游龙陆为水。笙箫笳鼓沸天上，回头却在山村里。行歌浅俚不成文，中有至文堪倾耳。太平风物被重熙，虮虱虫鱼皆乐只。我老安能逐队游，但愿乾坤长若此。

雪叹

北风沸沸来，天花随乱坠。一夜悄无声，万卉皆委地。冻雀宿檐下，饥乌自垂翅。忆彼待漏人，五更守朝位。体僵貂不暖，表贺三农瑞。争似懒袁安，高卧无惊悸。

踉跄行路人，溯风亦孔偻。自顾改须眉，寸步皆成碍。日出未有期，寒云偏叆叇。欲饮囊已空，饥来无可贷。偶向朱门过，音乐纷相赛。自分滞泥涂，苍天不可憝。

花灯

羲皇上人农家子，事亲教子事止矣。王春献岁乐如何，山笛村歌聊适耳。豪华公子掷千金，采色缤纷闹如市。装成百戏舞春风，银釭火树天为红。酒肉如山啖不足，歌吹罗绮邀王公。一宵直费中人产，醉中勒马迷西东。可怜终岁耕夫勤动困庾穷，织女篝灯杼轴空，买君一笑何匆匆。

新年

王春有客盈阶墀，款款相贺莫须辞。最贺老人能健步，眼看四世子离离。自怜爱日日偏短，安得长如健步时。安得长如健步时，百岁受贺未为迟。

晚节

晚节吹尘事总虚，征君此日息轺车。懒寻笼内参苓价，爱看前贤种植书。丸转蜣螂空逐臭，物屯蜂蚁不胜梳。林皋风月偏无恙，何必争焚学士鱼。

蛙鸣

喧阗无断续，未识为谁鸣。万籁滋多口，三春诉不平。池边吹草色，窗外乱书声。那许寻残梦，苍茫到五更。

满耳纷纷起，公私两未能。叫多无次第，听久只频仍。天地悲簧鼓，风云助沸腾。蓬蓬青草遍，何处可张罾。

读史

桓公牛耳会，敬仲入齐疆。穷蝉馀一线，飞凤何锵锵。五世及八世，有妫含其光。始信鹰扬烈，何如元德长。

竹林汗漫游，忧勤谢周孔。岂无名教思，时势何倥偬。违心托猖狂，恨不同蠛蠓。彼昏自不知，翻笑公等懵。

王谢功高晋，孰与皋及夔。皋夔国尽斩，江左绥累累。乌衣堂上燕，故故羽差池。

亲老

儿已扶杖行，老翁步犹健。健馀时嬉游，不复知困倦。殷勤为致辞，日暮更何之。喜惧私心集，风独草霜时。回首摩齿发，五朝经岁月。金石有销时，何况皮与骨。

有感

豺獭亦何知，肃然能报本。凄凄霜露情，一祭何恳恳。齿发幸为人，读书闻追远。墓门一滴无，旁人为缱绻。

反哺羡乌乌，羊子知跪乳。青青彼子衿，不识宗若祖。谁非人子孙，许尔共毛土。

小园

小园才半亩，三径待谁开。竹密风徐入，桐疏月早来。有锋藏铁胆，无梦到金台。自许天年得，如今木不材。

咏杜工部草堂

工部去已久，草堂如始作。愿酤郫筒酒，时向锦水酌。叹公成斯堂，奔走何萧索。栖迟才三年，井灶犹寂寞。胡为千载后，此堂传凿凿。山川蒙其光，题咏亦磅礴。从古忠孝人，身家靡所托。工部生多难，至性悲摇落。蒙尘念至尊，行在忧飘泊。一椽席不暖，安得复行乐。吁嗟浣花溪，乾坤为丘壑。

悲旧

总角与尔交，往来忘尔我。剪烛夜谈深，寸心相许可。悲尔四十年，乾坤空负荷。一事竟无成，我为空懡㦬。玉楼若肯爱其才，地下应堪慰轗轲。

遇故人之子有赠

尔考吾旧交，交时尔总角。抚摩在膝间，相期拟鹫鷟。转瞬竟长须，鹑衣襟徒捉。欲宦无羔雁，欲耕无硗确。回首柝薪愿，平地天一握。吁嗟行路难，飞将犹失槊。水行有波涛，山行虎狼数。及早拾行装，四野鸡咿喔。

喜雨

食指各鳞鳞，所资饘与粥。良苗一失水，十已稿五六。击鼓与求巫，拜跪空祷祝。苍天何其仁，时雨如膏沐。须臾盆已翻，滔滔满沟渎。死者生，骨者肉，十亩芃芃百谷足。

梦中纪游四句醒而足之

辽鹤归来世已荒，可怜城郭亦沧桑。游山不作招魂赋，吊冢聊吟薤露章。敢笑九原人碌碌，空悲千古事茫茫。一声长啸江天晓，大梦如何问彼苍。

井蛙

区区三尺窟，作穴此渊源。岂复窥天大，空能搅水浑。鸣时犹得意，藏处总无言。却怪幽寒底，偏堪种子孙。

萤火

漫漫长夜里，迸出小光来。无意辉庭宇，偏能耀草莱。野磷休炫影，爝火只成灰。不照朱门路，飘然独往回。

偶成

富不必满箱庾，贵不必纡簪组。但愿儿孙辑睦笃本支，桑梓青青恋乡土。君不见栾郤之后为隶圉，房杜子孙冷门户。

秋日

坦腹看平野，停杯问化工。万山留晚景，三径落秋风。搔首乾坤老，多情雨露空。独怜双鬓在，尚与昔年同。

哀答

主人问桃李，烂漫为谁开。棘人门久闭，莫入眼中来。桃李答主人，错认春风意。芳林雨露深，只滴哀哀泪。

庚午二月，次中邸报，大学士史、阿二公及都宪梅公交章荐予经学后部文来召，因为感赋，兼答同荐胡、吴、顾、范诸公

一从归畎亩，无复梦风尘。岂意夔龙佐，犹思草莽臣。征书传海内，温语下江滨。自愧微材老，刍荛未敢陈。

亦有荣亲愿，伤心读礼时。承颜今已矣，捧檄更何为。名袋登黄阁，天书降玉墀。自怜方寸乱，难割是乌私。

王阳虽未出，贡禹且弹冠。奇数书生老，无双国士难。天心何浩荡，人望尚盘桓。揽辔休回顾，知君耻素餐。

尚欠名山事，平生浪著书。丹黄还有待，甲乙定何如。恋我烟霞友，留人水竹居。翘翘车乘返，不暇报琼琚。

七月十五日

万鬼归乡井，此事妄耶真。凡民知报本，予正念先人。寝食如有见，依依昏及晨。酒肉罗几筵，剪纸充衣巾。魂来自何处，聊复依其亲。骨肉悲星散，桑梓摧为薪。旧业田庐在，子弟多贱贫。兴衰如转烛，勿复问东邻。聚首在须臾，周视应蹙顰。香烬终寂寞，哀哀独鲜民。

咏史

谁向空中叫不平，孤飞杜宇月三更。都君谟盖宁非弟，孺子流言竟是兄。可怪同根催急步，始知造物忌完名。一腔热血归何处，终信苍天老眼明。

此意

权将块磊付黄昏，此意须知百事根。茂草亦能争十步，诸禽何处辨三门。射因手惯磨牛腹，鬼为心坚筑马垣。世上浮沉堪笑否，晚云新月上前轩。

簏中得故人手札

别后难相见，缄书字尚新。加餐劳劝我，攻玉忆斯人。臭味分同气，龙蛇斗比邻。那堪论古道，泉下亦沾巾。

友人书到论文以治经劝之

抱经辞虎观，无复敢论文。花样裁偏异，楼头选不群。老夫空望望，馀子正纷纷。景运中天日，维持在典坟。

藜藿饭客篇

有客坐朱轮，入门云晋爵。主人素衣出，再拜坚相却。客来路已远，腹饥须馎饦。地僻无兼味，留君饭藜藿。棘人身口惯，上客休错愕。解辔且淹留，与我再咀嚼。咀嚼渐加餐，粱肉翻不若。藜藿匪食禁，藜藿省臐臛。藜藿少芒刺，藜藿无荣落。

客有劝治园亭者赋以解嘲

平生万事慵经心，老去安用营园林。风流有客争相笑，笑我何处开胸襟。君不闻成败如反掌，梓泽为墟金谷莽。纷纷花石委如云，践彼牛羊栖魍魉。何如秋之月春之风，北山植松柏南圃种韭葱。家翁不用学痴聋，偶然一啸动长空。悠悠八荒为我闼，焉用藩篱示禁遏。诸客闻之尽点头，胸次从今亦轩豁。

蚩蚩叹

蚩蚩者氓毛发古，床头有金粟盈庾。日夜奔波长子孙，衣不蔽体兮食不饱肚。黄农以上读何书，儿童安用慕邹鲁。鬼伯无端忽促人，三寸桐棺半丘土。一字不识万钱空，始悔平生徒自苦。

恶鸟叹

有鸟食父又食母，痴父痴母空相守。守将黄口羽翮成，肉果其腹骨亦朽。尔身虽朽尔母怨，当年尔自为戎首。尔子饱去莫飞扬，代有报尔人在后。

反哺叹

读书欲何为，先以供子职。我叹读书人，一字未曾识。百行孝之原，此字已茅塞。嗟嗟反哺有微禽，对之尔能无变色。

扁豆藤叹

尔本纠蔓姿，采之随左右。一自附乔松，夭矫能上走。花实亦离离，枝高难到手。凄凄霜风至，松好尔空朽。尔自爱依高，莫怪采之后。

小松叹

小松才丈许，已负干霄势。不幸惹藤萝，蔓延无不至。初欲附其枝，久之裹根蒂。千丝与万缕，缠绕何密致。岂非正直姿，徐徐为转捩。蝼蚁乘其敝，秋风苦摇曳。拳曲低榆枋，雨露徒沾濡。非种未早锄，场师脐空噬。

读李北海岳麓碑有怀

孔璋奇男子，捐身请代公。所代匪意气，直为道义同。文章照四裔，千有嘘英风。此碑传二绝，岣嵝映玲珑。临摩人络绎，朗诵声摩空。吁嗟青蝇作，北海道斯穷。何人能尚论，只有杜陵翁。

赠白眉叟

闻翁眉未白，齿牙能嚼铁。跨马不用鞍，马踣人未折。自谓真健者，强敌唾手灭。转瞬五十年，两眉垂霜雪。老气正棱棱，壮心还烈烈。万事总无成，仰天空郁结。长夜不能寐，露剑喝寒月。

漫兴

马蹄不问旧山川，安用罏锤造铁船。京洛归来年六十，江湖别后路三千。何当风木催春去，莫倚桑榆望日边。仰视少微星隐隐，飞云犹绕暮秋天。

雪中送别

风雪漫天地，君行何所如。囊空僮仆去，身贱主人疏。杖策存吾道，干时莫上书。晴明应可待，止宿再踌躇。

六十四岁初度四首

莫献南山酒，汪汪泪满尊。双亲何处见，孤子亦徒存。无复鸡豚养，空怀乳哺恩。家人携一滴，长跪奠荒原。

有弟年方壮，先亡已四年。弟名灏，字再梁。雄才能过我，短数不随肩。妻子伶仃在，门庭冷落偏。老兄惭付托，贫病自凄然。

正好填沟壑，儿居又远离。闭门无小伴，秉烛更何为。膝下惟黄口，庭中有白眉。若敖犹未馁，累家莫凄其。

尚为无益事，聊此度馀年。游好遗经在，摩挲众史全。古人和我老，深意许谁传。自爱桑榆景，虹光闪暮天。

庐畔梅腊后不花

三载哀哀念，寒花不忍开。物情如有待，天意几时回。腊尽冰霜足，春迟雨露摧。棘人偏傍汝，莫遣晓风催。

病吟

牛马呼残口欲箝，一瓢一褐自安恬。休官不问黄金策，炼已争劳白玉蟾。岁月无情催短发，儿孙有队捋长髯。年来老瘦风神减，草色如何又入帘。

忆晓松居士

飘然去去似冥鸿，老友人间梦不通。月下是谁追国士，尊前无与论英雄。文光耿耿千秋在，尘雾茫茫一洗空。闻说玉京犹有伴，强于孤寂白头翁。

怀望溪先生

海内声名士，还为问难人。六经作游好，三礼独酣沉。物望滋多口，天聪识苦心。老夫还灌灌，古道在而今。

挽某御史和明人韵

同是乘轩客，忧时儿腐儒。有生牵白马，何路伏青蒲。谁惜台星坼，空愁帝座孤。殉身唯谏草，双目得瞑无。

倚杖

倚杖衡门望夕阳，前村漠漠树苍苍。风来欲问探梅信，雨后旋看种竹方。鹅鸭从教邻室恼，鸡豚惯作小羹尝。故人莫问山中事，甲子谁知瓮里长。

赠友

湖海茫茫兴未阑，匣中时露剑光寒。迅雷不落英雄箸，怒发虚冲壮士冠。饱粟欲羁千里足，高飞肯借一枝安。风尘鹿鹿投铅椠，空叹人间行路难。

辛未除夕

箫鼓传村曲，茕茕我独悲。愁闻山鬼啸，忍诵棘人诗。门掩天寒夜，灯残岁尽时。儿孙空拜跪，那得九泉知。

鲜民方抱痛，早是白头时。负米人空健，椎牛事总迟。雪花寒淅淅，梅蕊倒垂垂。献饭沾唇未，亲魂莫馁而。

忽逢故人雪堂感赋

十五年前别，相逢各白头。且论心下事，漫上酒家楼。桑海惊何处，云泥数旧游。山中安卧稳，不复问春秋。

答科头野叟

不是飞书到，焉知叟尚存。相逢思少壮，一别失寒温。竖子成名久，英雄得数屯。报章千里去，捧腹更何言。

赠姚生

秋水横江白，伊人在一方。饱仓原有鼠，羸角岂无羊。世事偏难测，天心爱自强。征程应万里，此去莫仓皇。

阿立轩少保以老成经学荐予，予素未一见少保，感遇而赋

平生无半面，相国遇何奇。不知谁介绍，竟忝受公知。鲰生方束发，已是授经时。迄今逾甲子，霜雪点须眉。茫茫五十载，回首曾何为。六籍翻烟海，清夜只成疑。彝伦学践履，负疚良在兹。教家家转纷，诚意意多岐。遥愧古之人，示我有馀师。况值终养后，自分老蓬茨。荐书公独上，明廷需鼓吹。何以酬吐握，末力不敢衰。

游仙诗七首问答

一画未开时，浑沦无文字。我乘元气游，三光可以四。水火偶成宅，风雷随所驶。长生本无诀，太虚为根蒂。不读五千言，遑问参同契。答读道书问。

熊经与鸟伸，导引开百窍。我身自金石，呼吸惟二曜。龙亦不敢吟，虎亦不敢啸。挥手无极翁，相视逌然笑。答导引术问。

乘化游寥廓，乾坤一览收。壶泻四海水，五岳缩为丘。朝蹴元圃顶，亭午息瀛洲。云车驾风马，百灵不敢休。下士闭关坐，终日石岩头。答闭关坐功问。

万古一家春，同受清虚福。如何废人伦，孤往成茕独。昔之忠孝人，阖门辞鬼录。祖孙尽天年，鸡犬随人宿。共在太和中，伴侣皆骨肉。答出家伴侣问。

辽鹤去千载，归来成今昔。仙者岂无情，寂寥亦何益。寸心周八荒，我阂何曾隔。万古一沧桑，不朽躯七尺。答尸解问。

至人能变化，辅世救苍生。大道羞黄白，敢用借公卿。孰与炼已术，绝物避功名。一毛犹不拔，何以赞生成。答弃功名问。

鄞鄂秘不传，此意犯天谴。度尽世间人，相许惟片念。凡夫有仙骨，须臾能九转。夜气自清明，平旦霞光闪。满地是金丹，闭目犹能见。答教外秘传问。

偶成

面面青山隔市城，遗经几部日从横。幸无肺病烦高枕，聊有心田耐久耕。狗尾任君随意续，凤毛何物得频生。百年成败谁能料，肯信苍天事不平。

回思

宠辱年来梦不惊，杖藜携酒听春莺。还乡焉用持三节，名子何须按五行。灯下小孙知问字，雨馀老仆记催耕。回思十载江湖事，落日孤舟万里程。

植柏

尺寸从何拔得来，小园植处荫苍苔。好随绝壑风霜劲，自待新春雨露培。梁栋敢云储大用，文章焉事衒奇材。亭亭渐有干霄势，寄语场师莫浪催。

忆岳麓

一从离席后，久不到山门。日落长沙渚，云迷老橘园。大文神禹作，古像仲尼尊。巨石横江在，狂澜莫遣奔。

狗叹

狗兮狗兮守门阀，逾墙垣兮走硉矹。亦能逐兔亦噬人，任发纵兮随指拨。时为睚眦动爪牙，同牢同乳相攻伐。东邻西舍战争频，只索唾馀筵下骨。战残所得亦无多，空令坐闲人咄咄。

鹰叹

善啄者觜攫者爪，飏空劫食一何巧。主人养尔守樊篱，翠掠家禽滋扰扰。比邻不敢畜鹅鸭，儿童喧逐翼矫矫。埘桀一空未肯休，殆知尔腹原难饱。

田家即事五绝句

月落星低起饭牛，茸茸草色满芳洲。骑牛牧向洲边去，惊起溪头两白鸥。

处处农歌烂漫听，山家风月互叮咛。归来才到蓬门外，窗内声传四字经。

不着乌巾不杖藜，瓮头风物问山妻。小村雨到还招饮，白笠青蓑客自携。

陇头折得贵人书，纸笔田家尽不如。欲报琼瑶须异日，此时吾正话樵渔。

无端溪水涨平湾，绿野湖天色一般。浪打波摇偏不动，亭亭终古是青山。

田家妇二首

村妆才罢晓苍苍，盐米厨中事事忙。饭熟莫嗔今白晏，翁姑晨起待羹汤。

满鬓山花顷刻生，手携村酒馌春耕。路沾野水弓鞋湿，晒向园边趁晚晴。

风木

萧萧风木撼孤村，平昔空空念逮存。我愿已难酬菽水，儿曹何事进鸡豚。三春柏叶垂枯泪，二月桐花点墓门。犹喜白头诸弟在，闲依桑梓共寒暄。

寄友

狂夫两鬓久苍苍，空望伊人水一方。剑为许心辞季子，书从识面受中郎。春阴小午花魂动，天暖清宵鸟梦长。知我百年徒冉冉，挥戈无力返残阳。

五日即事

人持续命丝，五彩缠飞凤。无命续双亲，丝好成何用。

龙性难摸捉，波涛几万重。锦标谁夺得，竞说是真龙。

何以蠲烦毒，煎兰作浴汤。平生焉用此，亦自爱清香。

五日采药

已无尝药事，采此更何为。亦有三年病，休吟四牡诗。参苓辞上苑，姜桂抱秋思。五日须臾候，搴拔莫遣迟。

医国平生愿，其如老至何。龙宫同我冷，钩吻误人多。苗隐寻空谷，香深入薜萝。韩康今未死，尚欲溥天和。

示诸弟

灏弟先吾去，同堂只八人。筋骸谁复壮，馇粥总能贫。老马涂空识，芳兰气正春。相呼齐秉烛，风雨趁良辰。

雨后

抛卷才思卧，微凉逼我醒。竹阴侵户绿，树色入池青。夜雨新蔬长，春风百草馨。荷锄过陇上，一路带龙腥。

种竹

移根才数尺，那复盼清阴。岂料垂衰日，犹看及茂林。老天偏有意，雨露此君心。客到何须问，平安报好音。

乳鸡行

万类函天性，属毛而离里。如何怀抱中，秦越纷纷起。乳鸡尔何物，不独子其子。笼有无母雏，卵翼收离仳。见食急相哺，栖宿必怀止。狐鼠莫来窥，爪距殷勤庀。宗子职大君，胞与逮蝼蚁。血气共乾坤，大造无彼此。

漫兴

六十馀生笑此身，乾坤纳纳任劳薪。马家作史年成表，郑氏传经代有人。世外海田元小梦，老来风月自为邻。葛巾竹杖随吾隐，衮衮犹能谢软尘。

忧旱集毛诗五首辛未年夏月

芃芃黍苗，倬彼云汉。以社以方，信誓旦旦。其雨其雨，胡宁瘨我以旱。中谷有蓷，无几相见。

旱既太甚，亦孔之将。有渰萋萋，明星煌煌。无木不萎，何草不黄。六月徂暑，北风其凉。

蕴隆虫虫，宁为荼毒。稼穑卒痒，蔌蔌方有谷。维桑与梓，于何从禄。曰父母且，畜我不卒。

同我妇子，播厥百谷。杲杲出日，民今之无禄。兴雨祁祁，益之以霡霂。为酒为醴，以似以续。

黄鸟黄鸟，不我能畜。民卒流亡，并其臣仆。王曰呜呼，其何能淑。大夫君子，握粟出卜。

偶兴

勋业无须看镜频，陈平何必不长贫。鸣机有母休投杼，曲突谁家信徙薪。聊借一枝知倦鸟，终归沧海是穷鳞。老夫自问行藏意，只梦商山与洛滨。

夏燕

尔巢何独晚，应是北来迟。试听梁间语，衔泥待几时。

莫恨营巢晚，殷勤趁午风。秋来将子去，亦与及春同。

夜坐怀人

别后能无恙，论心是几时。藤梢迷小径，竹尾送清吹。露坐忘衣湿，宵行曳杖迟。白驹消息断，顿起故人思。

感遇

欲问人间事，山深懒出行。诏书昨日到，终养百年情。才拙名空大，官辞任始轻。鹿门闲老子，陇上且躬耕。

旱歌拟敕勒体六章辛未年夏月

风发发，日烈烈，百鸟枝枯巢尽折。

山濯濯，川凿凿，虎欲辞林龙失壑。

雷虢虢，云幂幂，雨到半天无点滴。

星煌煌，月苍苍，明朝红日又东方。

龙跃跃，蛟跻跻，行雨无功鳞甲落。

酒滔滔，肉草草，击鼓师巫空醉饱。

送蔡天资弟归津市

澹浦曾栖饮，吾司铎九溪时尝宿此。辞来十九霜。五湖今始遍，三径旧频荒。宿草人何处，曩从游熊、邓、陈、汪诸生皆逝。蒹葭水一方。韩、张诸生亦老。扁舟吾已买，与子溯沧浪。

藤竹叹

修竹中虽虚，节刚而性直。争奈有藤萝，蔚荟出其侧。委蛇善依附，与竹好相识。竹亦爱其柔，资之为羽翼。久久引蔓多，缠绕何密密。竹渐受束缚，摇曳无气力。枝叶自枯槁，那复青青色。竹死藤亦枯，场师空太息。

涸鱼得雨

活命来灵雨，池中尾不赪。可怜升斗水，直似海波倾。泽国偏难阔，天心自好生。龙门登有日，雷电莫相惊。

秋雨二首

一夜听秋雨，伤心不可题。山空枯叶滴，草尽暮云低。骨肉分残岁，园林恋旧溪。白头馀老弟，时约醉如泥。

醉来翻白眼，捧腹不堪论。雨涨迷荒渡，溪深闭早门。凶年难负米，儿辈皆失收。饿莩莫招魂。寄语亲民吏，疮痍待抚存。

重到夏泥市晤周赞五亲家

李郭重来问旧船，江干回首廿馀年。水流沙去垂杨老，留得粼粼石几拳。

公瑾交情旧饮醇，十年同别故园春。归来莫问浮沉事，尚指青山作主人。

岳麓风吹一片云，飘飘愿与故人分。夜来卷尽湘江色，月冷山高正忆君。

浩荡元同万里鸥，几回犹梦洞庭舟。南风借得秋江便，八百湖光一夜收。

独往

九老今谁伴，香山独往时。应门犹有仆，肯构岂无儿。水长游鱼乐，花深睡蝶知。蜣蜋丸自转，逐自尔何痴。

读史书怀

久矣悬车号四休，那堪犹抱杞人忧。门因避世关金马，力欲澄河镇铁牛。可笑大夫投汉阁，空教孺子冠南州。区区名士争风物，我辈何当第一流。

儿有徙居者诗八首示之

衣冠还旧里，风雨遣儿曹。聚首无多日，趋庭莫惮劳。

青毡堪作被，此别亦何为。尔自亲兄弟，（母）〔毋〕忘共乳时。

六十寻常事，其如去去何。回身看梓泽，荆树落花多。

尚有孤羹在，殷勤忆老人。三年曾乳哺，对饭念劳薪。

薄田逾百亩，底事别东皋。试看梁间燕，依依恋故巢。

聚书来秘阁，方庆百年心王方庆好聚书。故物青箱在，怜予手泽深。

送尔铜溪畔，归来泪独流。岸离船去远，一步一回头。

回头遥致语，得意记还乡。纨袴春天梦，枌榆不可忘。

咏史杂感

江湖独点十年灯，笑对炎虫浪语冰。有客行歌书吕布，几人探璧到姑缯。但知刺史从天降，谁信先生自此升。惯听桃源风景熟，川原红处尽霞蒸。

醉尉何当喝夜行，将军休说旧威名。殿中几士能呼字，陇上谁人自辍耕。但为在兹嗟后死，岂知乌有亦先生。六经长醉河汾老，好向沧浪问濯缨。

挽亡弟立上

一望天边雁，哀哀叫失群。孤茕人莫助弟无嗣，贫病我能分。魂馁知来食，家空犯破军。他年谁伴汝，冢上护寒云。

存时争执手，身后更谁哀。门户冰同冷，田园烬亦灰。人间辞燕雀，泉下问楼台。莫恨行无伴，双亲待汝来。

旅怀

西风残菊后，千里路漫漫。地歉家偏远，衣秋岁已寒。晚年怀老友，独客念加餐。沃若瞻桑梓，遥遥聚首难。

听吕郡伯南村谈心有述十首

七百馀年燕翼谋，吕氏自文穆至今凡七百七十馀年。后来难续是箕裘。昨宵还梦趋庭事，醒去惊心赤汗流。

望朝雨露受偏多，天语琳瑯震玉珂。牢记守臣辞阙日，长沙十万户如何。

痌瘝一体是斯民，忧患原同赤子身。今日疮痍才欲起，漫劳朋酒祝长春。

曾于祠下拜西山，一拜西山一怆颜。春酒长亭遗碣在，他年俎豆可同班。

儒雅风流是楚材，葱葱桃李及时栽。相期不为黄金印，忠孝元从国士来。

纷纷鹬蚌饱渔翁，翻笑当官听不聪。但愿尔从冰上立，免教三窟付秋风。

井中援溺已多时，再为苍天布大慈。但使有生同鞠育，不须部下贾名儿。郡伯尽心于育婴堂事。

酒满湘江不用沽，雅歌才罢且投壶。谁云太守风流减，曾听阳春几曲无。

匝月循行十二城，属车到处断逢迎。只因闾里询休戚，那惜披星露冕行。

七十年来纪载虚，千秋信史事何如。独争一字丘山重，不拆豪家片纸书。

秋江送友

飘风骤雨正思家，独上高楼送远车。此去江皋飞落叶，可堪秋水望长沙。汝心填海年方壮，吾道中天日未斜。指点归程须记取，三叉半步莫教差。

锄经馀草卷之十三

偶兴

索纸无光麦，裁冠不白纶。天扶穷骨健，客恕醉翁嗔。泉石平生癖，风云万态新。桃源随处是，焉用访秦人。

偶成答沧州樵客

久矣萧然息六情，浮名偶尔播沧瀛。蹇驴骨瘦经千里，战马身闲肃五更。朽后不须量玉尺，兴来空梦到金城。多惭岳岳皋夔侣，露简交章荐老成。

深山

未入深山里，焉知日日春。开樽浮蚁色，种树起龙鳞。虎射惊成石，莺娇不畏人。此中堪稳卧，肯逐软红尘。

方外偶谈

不寻铅永不瞿昙，日日青山涌翠岚。肠到洗馀回尚九，肱于枕后折曾三。已知艾艾同声少，岂谓容容我辈堪。方外何人偏解此，且挥麈尾向天谈。

遥和故人早朝韵

几年无梦到神京，遥揣和鸾集禁城。瀛海风轻崇阁暖，明堂烟绕瑞香清。至尊有道垂裳日，百辟来同响珮声。曾点朝班今老去，诸君各自答升平。

游岳麓阻风到山巳星见矣

江楼望望久支颐，藜杖何堪独后期。峰顶入云人到少，渡头起浪我来迟。南天霁处欃（沧）〔枪〕[①] 灭，北极光生帝座垂。共指少微星朗朗，六阶正值太平时。

书怀

谁是寰中不死民，一枝藜杖一渔巾。风云亦欲招狂客，霹雳何曾吓醉人。鸡在已怜栖木久，径空还惜落花春。山邻野叟时来往，赢得乾坤浪荡身。

友人见讯赋和

寄谢朝端旧省郎，潜夫今直恋沧浪。宵行浅草垂朝露，晓折残花带夜霜。客到不曾嗔脱帽，书来何事怪幽装。辋川亦可邀裴迪，敢羡人间昼锦堂。

一从

一从还畎亩，那复缚尘缨。月到花生魄，风来竹有声。高天平野迥，秋色暮山横。偶向邻家去，殷勤旧犬迎。

赠友戍边

行行休作不平鸣，回首朝端旧履声。芳草留香能九死，碧岩

①据文意改。

有梦得三生。流人只合尝思国，明主何曾肯弃卿。寄语夜郎迁客道，上天元气到荒城。

偶成用楷侄韵

秋高何事起层阴，白发犹怜壮士心。市上自多营窟（免）〔兔〕①，枝头容有倦飞禽。捶胸爱日空流转，搔首浮云送古今。绣得鸳鸯曾看久，谁从鼻准下悬针。

山行夜归

行行惟信步，莫辨路高低。山火明松屋，岩泉响竹溪。雾深闻犬吠，林密有禽栖。归到茅檐下，开门唤老妻。

秋林

秋到山家好，园林出桂丛。飞蓬飘夜雨，芒刺卷西风。眼孔随天阔，心胸与镜空。翻嫌春色闹，一望总朦胧。

登岳麓有感

名山亘宇宙，何人共此传。贤达多湮没，悠悠问九泉。朱张鸣铎后，于今七百年。杖履寻何处，馀光在山川。仰看长沙子，夜夜气冲天。

萤火

尔光何太小，亦欲学星芒。五色焉能辨，中宵只自飏。雨来依废圃，风起入回廊。长夜谁家子，区区聚满囊。

---

①据文意改。

焉用

浩荡天风卷劫尘，区区犹自认前身。挥金无术朱家子，送老多情白舍人。几度墓间思刻木，谁怜爨下有劳薪。不妨拥鼻微微醉，紫石丹丘与结邻。

晓起口号

通宵忘所梦，清气晓来滋。亦有关心事，而无出位思。闭门堪稳卧，策杖更何之。箧里遗经在，教儿正及时。

劝农三首

吾侪有田园，地力从不匮。况值太平时，门外无豪吏。如何有冻馁，得无惮劳勚。取木三百廛，稼穑酬所事。百亩如不粪，污莱成废地。周官有草人，土化骨为渍。稻人扬其芟，潴浍通水利。尔曹共勉旃，辛勤安分义。手足耐胼胝，夙兴还夜寐。

治农如治国，人繁心不二。老翁同妇子，馌饷偕依媚。儿童渐长成，各自戒游戏。中田有隙地，瓜蔬及早莳。牛羊下夕阳，依依解人意。灯下读书声，田家知此味。

官粮须早送，焉用吏胥催。一家秋后饱，毛土念从来。何以酬高厚，公堂门未开。草笠遥一拜，相唤上春台。

忽见梅花有赋

一枝才发遂垂垂，春入残冬总不知。澹月寒山如有约，断桥流水正相思。江南消息传来早，岭北风光寄到迟。莫怪卷帘先变色，对君清瘦已侵肌。

忆故人李培园、陈笋湄、李巨州诸君

一见当年旧酒垆，不知嵇院尚存无。风流萧散归何处，须发凋零剩故吾。山为云深藏角里，水因天尽隔方壶。挑灯远作招魂赋，莫在江南听鹧鸪。

磨房牛行

主人豆麦何倥偬，几千百斛归磨硔。数围巨石一羸牛，回首奚啻北山重。磨旋三更犹不歇，春草桃林无短梦。岂无残秸掷皂中，只似罢员予薄俸。自畏鞭笞敢惮劳，皮骨仅存难再用。新来有角真健者，亦知何日辞牵控。焉得神仙驭气来，天风吹磨辚辚动。

画眉鸟行

谁教眉问为此态，天工用粉不用黛。游春公子罗以媒，高栋彩檐风日霭。笼中跳踯啼复歌，饮之啄之唯所爱。不学朝阳老凤声，不如布谷及春鸣。百啭千流何斌媚，主人对此坐移情。野鸟有眉从未画，深山乔木自嘤嘤。

寄南村大夫辞其来访

衡门掩薜萝，往往述出路。小径未教锄，高轩毋我顾。

欲顾待梅花，老枝将吐蕊。冲雪许君来，只趁柴关启。

山鹰行

壮哉神鹰能攫虎，毛血平芜凭一怒。山谷之鹰独不然，徒令鸡鸭无安堵。爪距尤铦眼尤疾，此心只欲饱肠肚。盘旋飞去复飞来，搜括篱边及檐宇。饥时所贪不择肉，无大无小如数罟。可怜山家粒粒哺畜何辛勤，樊笼一空何日能生聚。

腐儒一首答郡伯、县尹二首

腐儒无复受吹嘘，一返衡门已遂初。老爱冬晴聊炙背，病妨夜睡起看书。六经五子人何在，驷马高轩我不如。多谢长官频劝驾，矶边陇上再踌躇。

田祖叹

田祖抚膺屈指数，今岁主非明岁主。自开混沌有此田，亦为沧海亦桑土。主人往往殊情性，或作春虫或斗虎。远者世计近以年，何啻蜉蝣空拂羽。阡陌之间饿莩生，旁人翻羡守钱虏。枉教娄护饱侯鲭，仆仆朝秦与暮楚。君不见砚田一匣直区区，羲皇垦后无莽卤。又不见此心方寸足良田，引尔子孙长得所。

湘南久寓扬州诗促其归

识君忆自淮之浦，连旬促膝守风雨。壮夫偏爱事雕虫，翻笑书生劳训诂。一别惊逢京洛间，回首相思年廿五。荟萃诗家评月旦，寿之梨枣心良苦。何物铮铮有屈生，与君对垒分旗鼓。屈生老病亦无家，先秋落叶归黄土。一枝君借未长栖，龙性难驯如履虎。飘然拂袖出修门，南北浮云无定所。近闻久作扬州客，广陵散绝何从谱。二分月色正流连，未肯掉头问蓬户。吁嗟乎倦游晚岁念首丘，荒原庐墓谁为主。赵馆秦楼总异乡，湘水湘山华表住。

即事答友

钓渭耕莘事不如，聊聊行乐莫踟蹰。闲来爱插无根树，老至犹贪未见书。天上龙媒逃冀野，日边凤诏到蜗庐。清红绿圃风光好，何必庭悬广德车。

再答

一鞭归去后，不复问升沉。蔬圃团花径，茅茨出竹林。山空惊岁晚，水暖识春深。仰看飞飞鸟，黄昏有倦心。

夜吟

小山小水亦成围，不信江村见少微。午后鸟还风在树，夜深人静月临扉。鸡虫得失何须缚，牛马奔波正息机。万卷未灰心未死，此中相赏莫相违。

小梅

一枝才欲发，挺挺出林边。百卉谁相竞，何人不汝怜。精神惟我共，香暖在春前。寄语西湖伴，思君水月天。

霜

何处来寒气，泠泠子夜飞。秋冬俱禀令，冰雪敢争威。顿改青山色，长侵白石矶。老梅偏傲尔，依旧弄春辉。

诸侄毕姻有感二首

凤舞鸾歌事事宜，伤心只有老人知。可怜膝下团圞日，正是泉台冷落时。兰桂即今苞嫩蕊，椿萱无计护残枝。堆盘枣栗空相奠，牖北何曾宴一卮。

佳儿佳妇事寻常，杂佩从今出女郎。豪杰岂曾怜粉黛，风流原不碍文章。鸡声叫破飞虫梦，绩火然争映雪光。卦读家人能记否，关关洲上好成行。

六十五岁初度述怀十二首

泪滴荒茔再见难，伤心何处探平安。云霾椿树三秋暗，风扫萱堂廿载寒。去后儿孙劳顾复，梦中骨肉偶团圞。自怜忠孝成虚愿，六十馀年事未完。

百年手足系亲情，去去何堪掷乃兄。那得在原同急难，徒劳出谷听嘤鸣。棣花愁向风前落，春草空从梦里生。皮骨自怜馀老病，一门家计正纵横。

正是兢兢检过时，斜阳犹欲趁朝曦。盛名从古干天忌，吾道何堪与世移。堤在可忧穿蚁早，寒来只怪补裘迟。翛翛独夜惭衾影，六十馀年我自知。

回首当年念未痴，那教头白事差池。射鼠有机强弩在，雕虫何技壮夫为。免随门下三千客，长作人间一字师。空为苍生祈福命，自惭霖雨竟无时。予未作亲民官。

殷殷千古事相寻，晚岁何能挽寸阴。薄海漫劳祈剪舌，闭门空许结遐心。靡文我自嗤梁选，正学人原出楚音。卌载深山成铁裹，光涵井底任浮沉。予所著书皆未梓。

此翁自笑鬓苍苍，小会犹然索饼汤时举幻子。五岳愿需诸事毕，多男身受一生忙。风尘早岁亏蒙养，老倦残年失义方。进酒尚怜儿女幼，何时髫龀尽成行。

频飞凤诏到江天，深愧书生抱旧编。绝学仅能窥字句，遗经何敢问心传。身逢制举重开日，本朝康熙戊午，以制科召天下鸿博士，迄雍正乙卯重行召试。手奉征书十九年。予自乙卯召试，历礼乐经史三馆，迄告终养后又有经学之召。回首光阴逾迈久，蒲轮野外莫盘旋。

座主恭逢玉殿中，岂知先入狄家笼。二台何处投孙抃，一鹗偏能遇孔融。天子旁求咨牧岳，书生待诏动王公。汉家虽重商山老，不是留侯孰与通。

屈指从游几辈存，当年风雨共江村。岂无车服输同学，独有文章献至尊。他日孰怜任氏子，何人频入翟公门。丈夫千古传朱勃，没齿犹能报马援。

若个奔波总不休，纷纷只为恋蝇头。腰缠未解思骑鹤，薪负何辞遂反裘。初念已为温饱计，暮年无限子孙谋。独馀长醉东皋客，笑摘花枝当酒筹。

奇奇怪怪古今情，莫讶匆匆剑欲鸣。翻手为云覆手雨，苏家说纵张家横。乌头不白天难问，牛耳才寒血又盟。只有希夷心事好，愿教种放得完名。时阅《国策》及《宋史》。

寂寞江村落日斜，举头何处见桑麻。秋山衰尽霜前草，小沼干枯雨后花。道上饿夫填壑内，东邻燕子傍西家。可怜行乞儿童健，不学耕田不种瓜。

晚梅二首

让他羯鼓竞相催，无主春光独我来。寄语百花休趁早，早枝飞尽是谁开。

莫笑孤山只晚香，迟来犹及冠群芳。春风不敢行冬令，翻为疏枝扫雪霜。

除夕四首

征尘辞鞅靽，时序自循环。峰起青千叠，溪回绿一湾。舞风和竹喜，留月爱梅闲。莫恨光阴短，儿孙是几班。

脱屣人间事，萧然万虑空。风霜催老大，岁月羡儿童。爆竹传春信，瓶梅识化工。残年今又毕，海日正初红。

墓门才一拜，彻夜起悲风。父母恩偏短，乾坤事不同。久残怜手足，交病问归芎。稍喜儿身健，家称四世翁。

已甘田舍客，犹梦到周京。虎拜趋中禁，鸳行度集英。微臣荒菽水，圣主正弓旌。寄语征车伴，难当是盛名。

壬申元旦即事

昨日昨年事已过，春风无力起残疴。故山凋后莺花少，旧宅荒馀瓦砾多。鬓改儿童惊客到，杞忧父老奈天何。独逢盛世鸿钧转，万物同归鼎鼐和。

漫兴

自有悲歌意，何须扣角吟。敢争千古事，未了百年心。物态招青眼，春光起绿阴。暮时逢烈士，风烛莫相侵。

春兴

野性怜春去，频抽白玉簪。酒酣随屐齿，诗发动琴心。好雨花争放，和风柳欲阴。韶光今已转，何刻不千金。

不作长杨赋，微躯旧省郎。诗文随我老，花鸟笑人忙。浩荡惊烟海，蹉跎诧醉（卿）〔乡〕①。平生多少事，难补是春光。

春雪六言三首

亦自同云飞下，春来何事先销。不见深山岩畔，先冬雪尚翛翛。

莫怪旋飞旋化，墙阴暖气团团。才识春风一到，林皋扫尽馀寒。

---

①据文意改。

寒威扫去还生，翻讶春风如刺。化来膏雨无多，空阁田家春事。

黄孺人姜氏贞节诗

国家板荡孤忠出，不畏天崩与地裂。巾帼中人事亦然，黄家有母真豪杰。执手呼天长一恸，三岁孤儿方在膝。滇黔烽火彻湖湘，红巾白马成巢穴。况复门庭遭不造，风雨飘摇毁其室。母能镇定只孤身，一弱女子城如铁。老者姑嫜幼稚子，刀边箭下能存活。深山密箐护幽光，纷纷强暴难磨涅。内营窀圹外征徭，馀力犹堪固扃鐍。每逢家难独绸缪，窥伺之徒空咋舌。期功强近有谁亲，牖户自关井自渫。覆巢之下子仍完，一发千钧只手挈。可怜一作未亡人，四十八年如一日。天培节孝报之丰，象贤孙子偏绵缀。芳声烈烈达九重，光其门闾宣郁垒。金书赤字绽黄麻，犹是当年一片血。持兹片血答君子，夜台悲愤从此雪。九溪老人为此歌，介山太史从头说，孤忠万古同昭揭。

挽陶毅斋亲家七首

与君此别遂茫然，回首依稀四十年。文字寸心时把臂，风霜万里惯随肩。圯边三约同悲晚，壁上偕观敢向先。才力方刚翻早去，伤哉莫读屋梁篇。

水流春谢落花天，仙侣空思昔并船。快婿朅来君冢子，难兄老去我同年。读书谁肯亡三箧，报国何曾问九迁。今日不知还记否，两腔心事付啼鹃。

弹指京华聚十春，乡心无复厌风尘。朝天未晓同驱马，醉月何宵不饮醇。几拆家书频送喜，偶闻凶问共沾巾。凤池麟阁今犹在，那见当年待漏人。

高牙大纛亦寻常，伟略偏能镇远疆。两浙即今思岳牧，八闽昨岁入梯航。天边台鼎虚前席，海上碑铭起夜光。独恨行藏成一梦，我吟秋水问苍苍。

客腊相看泪点垂，那堪骨肉久支离。绣襦爱子归何处，弱冠英孙去几时。齿发未凋人自老，官阶方盛气偏衰。慰君尚有探春手，已向先秋折一枝。

救焚援溺意峥嵘，岂谓哀今事未成。桑下饿夫皆赤子，沟中瘠骨总苍生。三牲断后无长物，九府封馀不满籝。对此一同空太息，使君泉路莫怦怦。是岁吾乡大饥。

才遂乌私事未寒，故人虚望我弹冠。拔茅宰辅思连茹，伐辐微臣耻素餐。天上征书云五色，山中高卧日三竿。圣朝莫报同君恨，寄语泉台再出难。

鳝叹

尔自分泥涂，贪人何相索。索索遂盈筐，田父顾而乐。尔性能善入，钻穴如锋锷。能令水利泄，沟浍为之涸。涸尽人不知，空恨坊庸薄。幸遇捕者来，赤手探囊若。拳曲似长蛇，子孙相联络。古人迎猫虎，为驱鼠豖恶。尔种今又除，庶使水安泽。昆虫尽逃匿，无复为民瘼。

赠邑侯徐雯晖四首

湖南处处有流亡，独荷贤侯障此方。美锦制成存本色，春风鼓处带秋霜。桑麻浥露偏垂野，桃李迎熏正出墙。笑我看花南郭外，直将梓里认河阳。

庚午之初已下车，潜夫来晚意何如。只因衰绖三年事，遥挹风神两岁馀。吾辈岂干今日誉，宰官真读古人书。可怜泽雁哀鸣甚，百堵依然是旧庐。

冯夷一怒灌通渠，此去安澜奉简书时侯踏溦阳水灾。邻国岂堪聊作壑，吾民犹喜未为鱼。星即不税三更驾，露冕忙驱百里车。传语溦阳人士道，我侯为尔辑田庐。

畎亩微臣菽水情，岩廊焉用贲弓旌。文章卅载词虚播，礼乐平生学未成。负米事空还耻罍，烹鲜才拙况和羹。请公为谢夔龙意，知在巢由第几名。

弃妇叹二首

结发十五载，相欢无反目。年荒可奈何，有蓷在中谷。计尽遣汝行，情断不能续。儿女正扶床，不得顾骨肉。此别虽已矣，且缓须臾死。败奁无粉黛，新妆已伊迩。善事汝后人，非复贫家子。相见或无期，魂梦还依倚。盛世阜室家，夭桃映秾李。胡忍令仳离，谁当引为耻。

彩舆拥鼓吹，请妇出荜门。此妇殊呜咽，愤愤独有言。怪君情太薄，不念旧时恩。当年誓偕老，至今共寒温。不幸遭凶岁，荼苦甘如荠。糠粃可共饱，沟壑可同逝。我闻昔人言，饿死亦小事。鬼也宁馁而，羞改平生志。举火焚其舆，徒从悄然去。

卖子叹

爷娘生儿勤乳哺，能食能言能学步。时时痛痒耽百忧，心期长大谋生聚。年荒谷尽一䶢难，行乞富家逢彼怒。与儿同作沟中瘠，何如活计卖儿去。卖者何多买者稀，直轻食重主人惧。书其年月图其貌，齿凋发白无违忤。牵衣顿足重行行，行行不得再回顾。拦路呼儿哭一声，主人亦为涕如雨。焉得苍天雨金复，雨粟持金跪向主。人求一赎赎归来，煮粟啖儿恩又续。

饿犬叹

岁岁为君守故庐，入傍筵席出随车。年荒地竭枌榆死，东邻西舍多为墟。主人半菽犹不饱，吾曹安得分其馀。筋骨虽存皮肉瘦，侦防无力眠阶除。无奈年凶多盗贼，纵横狐兔无宁居。强起为君任追逐，宋鹊韩卢尚不如。但祝今年秋成足百谷，粒米狼戾果其腹。日随主人发纵寻山谷，掉尾重环同受耕锄福。

读秦汉事有感

甲乙签开卷未终，阳人聚灭付西风。诗书烈焰烧秦骨，算赋馀缗索汉宫。但谓兵刑能万世，岂知房闼尽三公。若非行夏袪残亥，怎免王春动蛰虫。

寒梅三绝句

雪压霜摧亦自甘，一枝孤立在山南。满身芒刺难沾手，只许游人远远探。

寒阿素影独垂垂，世上风光总不如。一夜清香先透谷，千山万水正凋时。

林外春光到处闲，痴人何事羡孤山。西湖水月窗中意，火岭斜桥总一般。

病中四首

一病何其殆，三生不可知。自怜蒲柳老，莫恨桂苓迟。摄静宁无益，还元应有期。家僮鼾睡久，独是倚床时。

天助年生健，万邪不敢侵。晚来翻耿耿，疾作独沉沉。恃壮行多悔，敦颐力未任。莫须尤运蹇，否泰故相寻。

病时无外事，谁识事汗漫。种树功方半，传经业正残。疮痍怜族里，匍匐念丸丹。多少人同患，膏（盲）〔肓〕[①] 尽起难。

诸君勤我顾，但看个中人。此日谁能料，相期各自珍。利贞君子履，行健宰官身。如许劳生事，嵇康不复论。

蚊

敢以区区物，公然鼓大声。中怀芒刺毒，惯逞中伤情。纸帐天鸡晓，绳床梦不成。玉堂挥麈客，无计杜营营。

---

①据文意改。

盗窃行李独箧中书尚在

行李随君去，残书却尚留。亦知艰苦物，不为货财谋。万古心犹在，（平）平生事未休。五更忙检点，得此更何求。

此物难为用，梁间可奈何。经书催我老，章句误人多。无复思湖海，相携返轴莛。所遗如有意，晚岁敢蹉跎。

赠张一守溪

大节昌其后，君家自此兴。驹生金汁汗，琢出玉壶冰。学海何边岸，他山问友朋。独惭频灌灌，曾是折三肱。

病吟

儿辈休惊愕，长归亦偶然。但令人不朽，漫信寿能延。海内思文献，杯中有圣贤。桃花问渔子，又掉转头船。

同年逾甲子，夭寿两依稀。今古言难立，行藏道未非。所生殊有忝，视死已如归。谁识重云里，光芒起少微。

《龟虽寿》九首，时见市有鬻龟者，借魏武此题赋之

龟虽寿，书何事，满背空文无半字。

龟虽寿，守不足，南亩盘跚食人谷。

龟虽寿，或戕之，主人冉冉其来思。

龟虽寿，舍其居，一失涂泥便可鱼。

龟虽寿，丽乎网，蒲叶稻花空自长。

龟虽寿，不知时，出身容易转身迟。

龟虽寿，甲不灵，一身伸缩且冥冥。

龟虽寿，首先碎，休更导人能服气。

龟虽寿，空莽卤，（蚊）〔蛟〕龙变化能云雨。

蚊虫叹

叹尔赋形何琐屑，全躯未能受一捏。有声学雷鸣，有觜针如铁。有翼惯飞飞，宵来肆咂啮。性避寒兮逐炎热，椎人肤兮吸人血。中人以柔兮锋如锲，织女停机兮下帷功辍，登楼兴尽兮征人梦绝。吾欲诉之飞生兮飞生食蚊，飞生夜深而力歇。又欲诉之明月兮，明月皎而阴性转烈。惟将投之有北兮，沆瀣吹来一夜大降天风雪，尔时亿万成群同烬灭。

伏床三首

伏床连月意何如，埋首休教自荷锄。剥啄客稀心转静，扶持人倦体偏舒。平生不歇三馀力，濒死难抛一卷书。谁识故缘犹未断，明朝重借旧居诸。

万竹千松柳百株，不弹长铗不吹竽。自怜老病馀残岁，坐使风尘失壮夫。心事岂资肴馔补，精神焉用桂苓扶。方家颐养知何益，日月光华在一壶。

甫怜爽健绝风尘，一旦支离笑此身。好向黄泉寻骨肉，漫从青琐恋星辰。遗文谁致千缣序，墓草知生万古春。倚杖逍遥还独坐，仙舟招我是何人。

杖

七尺来何处，寒崖古木精。行藏知我意，颠沛见君情。入水神龙护，登山猛虎惊。纵横吾岂敢，相倚共平生。

偶见

云去山色青，云住山色白。去住云不知，空山自变色。

隐几

隐几本无心，不屠亦不钓。得意时复歌，不然或长啸。古人江湖身，胡为忧廊庙。纳沟耻匹夫，此意谁同调。

闲望

布衫芒履任西东，寥廓江村四望中。野水风高寒浪涌，楚山云卷暮天空。百年宠辱人无定，一息行藏事不同。岁月纵教（觔）〔筋〕力去，衰颜犹仗酒能红。

小斋

荒庭春色好论文，始觉幽居亦有群。室小独悬双屐雨，墙低许看万山云。清泉细石随溪转，野草闲花绕径熏。身世浮鸥聊寄此，风光岂但四邻分。

病中答友

吹台挥手到如今，沴气何堪一日侵。病里难忘垂发友，梦中长恋布衣心。江涵野水兼天远，云拥秋山拂地阴。风独独君劳寄讯，可知为惜广陵琴。

漫吟

但以文章著，吁嗟心事违。穷通存道义，经史念危微。万里金门诏，馀生白板扉。輶轩他日到，山径带寒辉。

答胡身加亲家二绝句

莫论四杰与三豪，骭上谁当易一毛。空阔海天潮万里，如何尚看广陵涛。

宰官揽辔意何如，宦海波涛日未虚。风月满川留醉客，荷衣我亦谢征车。

端午有感三首

五日龙舟竞此时，肉如山积酒如池。纷纷醉饱喧江上，谁向湘累奠一卮。

棱棱角黍为谁哀，传说灵均受祀来。今日堆盘那一荐，可曾有梦报欧回。

神龙出没楚江湄，怒角扬鳞白浪吹。旱岁若无霖雨力，锦标夺得亦何为。

赠郡伯南村吕公

长沙古郡跨西东，湘水滺滺去尽通。人自洛阳携治谱，官从江右带清风。盛朝文献权衡里，南国春秋俎豆中。十二岩城环拱极，七年高枕托帡幪。郡伯中州宦族，先守吉安，后修吾郡志。

再赠南村郡伯

苍苍偏为反东风，丁卯郡城灾，郡伯奋身救火，反风。一念忧民动祝融。独有潘舆行乐处，江鱼竹笋绕萱丛。

七哀诗为亡儿运栻作

厚颐丰颊尔形骸，岂料偏逢半路灾。十八岁中先我去，白头空望不归来。

尔母看儿掌上珍，谁知尔弗恋慈亲。布帷草席犹平昔，不见殷勤问寝人。

怪尔当初性独（雳）〔灵〕，九年成诵十三经。一为异物归何处，手点遗书带血腥。

京洛当年侍我游，竞传聪慧动王侯。纷纷书砚空相赠，携与残文殉一丘。

一读遗文一发星，几回犹梦尔趋庭。昨宵月下吟山鬼，仿佛儿从背后听。

宴尔同牢甫二春，佳儿佳妇慰双亲。何期折翼悲黄鹄，长作霜闺梦里人。

乳下遗雏岁半周，夜台回顾莫须忧。未亡人在孤堪托，湘上清风一柏舟。儿妇黄氏年十七，抚半岁遗孤。

锄经馀草卷之十四

壬申先严服阕，衰谢山居，当事劝以赴部，屡辞不可。至冬暮，促行者踵门，且戒之曰：汝告养事终，例当赴补，况服中两奉明诏，服阕不可迟行。如其难出，亦惟亲奉咨文诣阙下陈辞，然后可长归耳。予闻之悚然，不敢遑处。临行有赋二首

路深三尺雪，何事独长征。为捧当途檄，难容俟驾行。征车辞畎亩，良马卷弓旌。去去还回首，山高水又清。

七载归田客，行行恋敝庐。重逢天子命，三荐大臣书。彩服先春褪，霜貂旧箧馀。驰驱人已老，揽辔再踌躇。

舟发双江，闻陶、周两子婿要我净港喜赋

东床吾爱婿，道左故相要。万里留乡井，孤舟破寂寥。山川犹眷眷，风雨正潇潇。二子能怀我，天涯不恨遥。

亦有天涯恨，匆匆执手时。乾坤人已老，事业我何迟。万里公车路，微材圣主知。对扬如咫尺，不敢订归期。

归期终有准，清绝念吾乡。兰涧流香雨，莲潭涌夜光。明时多俊乂，野性故襄羊。雪子飞飞日，回头别庙廊。

和元日早朝韵

忆昔兹辰拜冕旒，晓钟金阙九重浮。云章烂漫传螭首，天语琳瑯下凤楼。五服粟丝皆贡禹，万方簪绂自官周。八年未与朝元会，草野微臣已白头。

舟泊蔡家榜赠刘生千甲

寂寞江天下，何人倒屣来。扫门迎远客，破瓮取春醅。名字原相识，行藏莫浪猜。别君期策马，计日到釜台。

元宵

献岁辞吾土，元宵节又逢。暖风含小蕊，春色入新丛。万户笙歌满，遥天蜡炬通。故园如在眼，有信问归鸿。

再赠刘生

楚楚名流子，相逢正少年。步趋循后学，俎豆有前贤。老友元难得，遗经莫浪传。棹歌吾已去，揖尔凤楼边。

舟次襄阳，有韩生见访，因邀予至其斋中

离群曾两月，舟次有新知。人是淮阴后，家居汉北湄。一椽迎客处，半午论文时。万里江天远，乘风莫待迟。

重过安陆，忆赤子太史、循逸侍御二同年

不忍停桡问绝弦，西风飞度郢城船。丹墀共对三千字，紫陌

同游廿九年。骢马长鸣鞍委地，花砖在砌影归天。独惭头白长沙客，犹上征车向日边。

重过襄阳有感

襄水中流叩枻歌，卅年游子此重过。风流文采人谁在，尘土英雄事几何。西望山川遗爱久，北来鼓角晚悲多。不知元凯藏碑役，陵谷于今照旧么。

襄阳咏古二首

征车薄暮驻襄阳，洗盏江干奠一觞。导漾神功分汉沔，濯缨乘兴到沧浪。习池人去风犹醉，岘首碑残泪尚香。别有高山诗客在，岂徒李白揖清光。

上游大镇领南方，传舍于今几帝王。陆抗尚存孙不灭，吴璘一去宋因亡。野磷熠熠丛禓鬼，故垒累累剩战场。自古荆山天下险，重教锁钥护金汤。

南阳咏古

南阳道上走风尘，今昔范茫迹已陈。帝座星悬谁钓客南阳子陵故里，耦耕人去有迷津。铜山不救中官饿，滍水空飞战鬼磷。独向卧龙冈下过，云霄万古是宗臣。

新春忆故园四韵

我忆故园里，风光聚小厅。春盘和韭味，腊酒带椒馨。父老筹三谷，儿孙祝百龄。白头千里外，归梦到芳庭。

我忆故园里，嬉游接比邻。鱼龙千烛晓，鸡犬一家春。牧笛村村似，茶歌字字新。吾里儿童结队唱《采茶歌》，吾亦为制新歌十二首。独怜风月下，少此白头人。

我（噫）〔忆〕故园里，东风破寂寥。梅从檐外笑，柳放眼中娇。携酒呼莺语，开帘待燕飘。北来多驿使，好为寄春条。

我忆故园里，儿孙正少年。生逢光被日，节是早春天。经史收遗训，衣冠象昔贤。老夫翘首望，万里莫停鞭。

南阳卧龙冈怀古五首

武侯躬耕处，千秋识草堂。若非龙卧此，寂寞一荒冈。雷雨起巴蜀，江汉为汪洋。遂令季汉空，飞龙腾穹苍。回首泥蟠时，梁父吟凉凉。鬼神护茅庐，丞相在南阳。

汉季延一线，王佐寄躬耕。潜龙见在田，云雨及时行。区区隆中地，万古扬其声。凿齿书正统，大义星日明。瑜彧难为役，徒然分贼名。

将军未三顾，帝胄无一隅。云雾但一拨，轰然起皇图。汉祚延两世，贼视魏与吴。卓哉昭烈帝，身后无他虞。可辅可自取，不必属遗孤。汉家七制主，有此任贤无。

耕者高卧时，腹孕天下计。鱼水一相逢，家国指掌事。荆益定本根，所向无不利。始知抱此膝，气已吞吴魏。老天陨将星，垂成亏一篑。八阵留神奇，识者心胆坠。何以建兹勋，澹静之所致。气象真儒者，管乐翻多愧。

刘璋暗弱人，有险焉能守。豫州失此机，终为他人有。力劝取其地，景升如有后。定变独行权，英雄当借手。竖儒议其诈，九原齿冷否。

汴梁咏古

两戒中分此问津，黄流滚滚大河滨。鸿沟总割终归汉，博浪空锤亦挫秦。人执夷门车下辔，山堆广武战馀尘。焚香独拜仪封里，一见能知木铎真。

重经大梁

河水洋洋日日流，老夫重度古中州。居停细认犹青眼，故友惊逢尽白头。红杏墙空春色谢，朱门人去舞衣收。自怜四十馀年后，叱驭垂鞭事未休。

汴城咏古

玉扆金门赵宋开，完颜盟败遂尘埃。陈桥空作黄袍计，艮岳偏随花石摧。禾黍秋风吹故殿，洿池残月照荒台。两宫北狩儿南徙，汴水东流去不回。

旅思

又负韶光好，关山笑蹇驴。物逢新雨露，人恋旧樵渔。旅梦春灯影，浮名敝屣如。老妻吾羡尔，孙子绕牵裾。

中州道中骤雨即事

风雨三春事，征夫独黯然。疾声摧地转，新瀑自天悬。衣湿身偏重，泥深马不前。须臾云雾扫，万里起晴烟。

彰德咏古

安阳桥上是通衢，洹水滺滺绕旧都。后赵前燕空据此，高齐曹魏总为俘。三峰黄谷山如故，一片韩陵石在无。只有千秋传昼锦，文成永叔字君谟。

偶成绝句九首

九溪回首意何如，屈指光阴岁岁虚。四十二年行路客，手中空把一编书。

自惭忝厥所生多，菽水麻衣事几何。幸遇圣朝频锡类，紫纶二度下岩阿。

故茔先世几荒丘，族属零星恨未收。买得薄田三十亩，蘋蘩从此续春秋。

明诏三征到石渠，盛朝礼乐赞成书。敢云黼黻平生业，只喜文章愿未虚。

万卷藏书付数儿，鸡鸣灯烬授经时。即今九仞才平地，一篑忙忙已恨迟。

点金无术任萧条，白首青山共寂寥。独有一毡成故物，儿孙留得坐清宵。

久矣林泉寄考槃，征书何复下云端。还山分得升平福，鸡犬琴书事事完。

坐花对月一园春，桃李栽多树树新。无数小孙欺我老，挽须曳倒白头人。

深山身后事如何，传播人间计几多。料得千秋知己在，谁云大雅遂江河。

日出

一轮西去又东迴，海色轰轰赤浪开。寒谷阴深春不到，举头先上向阳台。

早程二首

莫恨驾骀缓，披衣着早鞭。月流茅脊露，雾滴树梢烟。马上筹前计，鸳行忆往年。村鸡催曙色，晓日在东边。

问途犹未半，叱驭趁三更。露重侵衣湿，星低点路明。鸟贪枝上宿，人在梦中行。勿谓天边远，兼程只早征。

旅中遇故人

面面风尘色，相逢两不知。形容惊老瘦，岁月笑差池。报国勋名拙，趋朝步履迟。与君同策马，趁此暮春时。

闻诸同人近状为之太息二首

寻春同一日，屈指各悲欢。宿草秋风急，邮亭暮雨寒。几人青琐闼，有客紫金鞍。莫问升沉事，苍天欲诉难。

苍天终有主，我是个中人。亦入青云路，偏悲白首春。谈经来虎观，应召遣龙宾。万里关山阻，何年会剑津。

《行路难》小曲十八首

行路难，衣裳单。燕代风偏冷，秋初早晚寒。

行路难，问资斧。探囊只看钱，英雄色如土。

行路难，亲老矣。夜夜梦关河，倚门望游子。

行路难，轻离别。陌头杨柳青，小胆空房怯。

行路难，言易出。守口如守瓶，瓶开封不住。

行路难，世情薄。山行豺虎多，水去蛟龙恶。

行路难，寒暑侵。长夏汗如雨，三冬雪又深。

行路难，无羽翼。起晚奈程遥，起早天犹黑。

行路难，难尔仆。痴仆主人劳，点又多翻覆。

行路难，人好斗。千里一孤身，急难谁相救。

行路难，黄金勾。花柳惯迷人，金尽人消瘦。

行路难，难在身。宝得身如玉，万里任君行。

行路难，结君子。市交何太浓，君子淡如水。

行路难，坟上草。年年寒食节，何人为君扫。

行路难，曲未了。歌罢烛无光，何如下台早。

行路难，乡心起。美酒郁金香，不似乡中水。

行路难，归去好。谁无骨肉恩，莫向风尘老。

行路难，好歇歇。收尽好湖山，归来对花月。

恭和驾幸中州，过圣祖射柳亭诗韵

圣武桓桓冠古雄，神孙时迈又升中。射郊自可观文德，猛士无劳唱大风。巡岳声灵三世续，朝天车马万邦同。仰瞻手泽思遗训，不为从禽试六弓。

寿吴总戎太母孟氏

将军横剑昔西征，问寝依依寸草情。岳母顿教无内顾，温裾安用缓王程。勋高棨戟人前导，命下丝纶宠弗惊。八十七年犹健饭，白华朱鹭溢歌声。

都门清明三首

凤城艳裔百花妍，莫向清明独悄然。习习好风三月节，阴阴细雨暮春天。上林杏发红连幕，小苑杨垂绿满川。不识播间何处客，昏昏醉饱竞扬鞭。

何处声声叫杜鹃，清明节物忍流连。家悬泽国三千里，路向京华四十年。小苑花魂销夜雨，荒郊草色入寒烟。汉宫带晓传新火，分到羁人近午天。

空把蘋蘩望楚天，伤心宿草久芊芊。垄间一滴人何在，原上三春梦几年。游子白头馀岁月，鲜民清泪寄山川。东风为慰荒茔道，满眼儿孙拜墓前。

送欧由学守金山

驻马京华是几时，泖浔此去展旌旗。中邦屯卫收江左，万里军储贡海陲。治赋馀闲还校猎，投壶才罢又歌诗。北来驿使如相遇，好寄亭梅一两枝。

旅中感遇

不持片纸向朱轮，礼数何当异等伦。自是王公能下士，敢云贫贱可骄人。银床玉局谁频到，野水寒山我故春。为谢当涂劳系念，辋川今有葛天民。

偶成用何氏昆季韵

燕台雁叫不堪闻，总有醇醪只半醺。春尽忽逢昨夜雨，天遥空望乱山云。人从斗北尘中老，路自湘南梦里分。百计何如归去好，漫劳知己惜离群。

晚来笔砚莫须焚，偶坐皋比亦乐群。只信此心同逝水，谁云世事不浮云。百年吐握人犹在，五载春秋席未分。漫羡河汾多弟子，几回门外听论文。

怀归

修门两月又蹉跎，可惜春光瓮里过。往日山川重到少，穷交风雨别来多。青衫曾见翻红药，朱绂何当易绿蓑。八百洞庭秋万顷，归心欲趁岳阳波。

都门留别及门孝廉何廷璋、廷璚、廷琦，选拔廷璠、秀才廷琳、庶常德保、主政观文、太学生荣柱诸生

老向深山息羽翰，临行何事又心酸。十年同学过从易，万里相思再见难。鸾掖风和花信早，凤池水漾月光寒。诸君到此空怀旧，此去潜夫早挂冠。

赠黎孝廉勉旃年侄及其嗣君

通谱君家四十年，芳园乔梓竞参天。谁知科目传三世，正以文章答九泉。清夜毋忘冠剑意，老夫相羡子孙贤。蓬瀛尚在人寰外，好趁仙风驾铁船。

重入都门

下马修门正夕阳，十年回首意苍茫。满城风物多如旧，不似郎官鬓尽霜。

投赠阿立轩相国五首

补衮馀闲振鼓钟，遂教万品受陶镕。清时元老存文献，白发名臣自祖宗。买骏早收骠骑足，储材不剪大夫封。泰山北斗何劳颂，公度休休故有容。

畎亩书生到九重，多惭盛世有遭逢。花寻紫陌春风满，饼裹红绫御署封。虎观十年闻礼乐，凤池六载送夔龙。几回遥望平津阁，玉鉴冰壶未可从。

乞身归里意何如，回首庭帏万事虚。薄禄尚堪谋菽水，棘人空自恋苫庐。所生多忝羞存舌，吾道宁非不曳裾。总有君羹无处用，莫论孟笋与姜鱼。

八载行藏寄陇头，遗经几部是菟裘。己思铁裹期来许，谁梦金门续旧游。知已自天无半面，端人取友此千秋。弓旌孑孑招田舍，老去书生兴未休。

邮亭枕上早鸦闻，揽辔皇都晓色分。鸡鹊观头昨岁雪，凤凰楼上暮春云。岂因五斗怀鸡肋，自笑微斑露豹文。六十馀年逢吐哺，愧无一事报殷勤。

朱石斋六旬举幼子戏赠

闻说君强健，相逢似故吾。盈盈元老蚌，的的又明珠。齿发虽非旧，风流总未殊。娇儿才弄罢，纤指捋霜须。

晓起口号

晓起心如水，披衣独坐时。百年人自苦，万事我何为。筋骨因名役，遭逢有命知。家园桃李树，春雨正垂垂。

归路

犹记来初路，归与莫再迟。湖南芳草地，春暮晚花时。耕读家风在，园林素履宜。浩歌挥手去，笑杀五陵儿。

和友人韵

不随桃李竞馀春，争向修门步软尘。栽竹几番摇凤尾，种松久已带龙鳞。宋资章甫偏游越，贾著新书独过秦。东海楼头还一问，功成长揖是何人。

旅中遣怀二首

浩浩乾坤在，如何守一丘。江山逢故友，风物待重游。惊见童儿大，频闻老病休。皇图天保定，万里再登楼。

不入官场去，重游总不妨。莺花仍绚烂，风月未凄凉。尚有三山兴，犹馀四壁光。夜来聊秉烛，大块笑谁忙。

客中初夏二首

探春才几日，又送暮春归。芳草浮天长，残花傍我飞。日长人小倦，雨熟果先肥。衮衮风尘里，年年心事违。

西畴吾旧侣，四月不须招。酒唤连墙舍，人过断板桥。黄骊歌绿树，白鹭点青苗。万里今如梦，山村共寂寥。

赋得明月松间照

科头行月下，倚仗听松声。谡谡寒光起，阴阴晓色明。金盆和翠湿，玉宇染烟清。独鹤栖三径，虬龙卧五更。林空天不暝，人静物无惊。此乐知何处，秋山夜夜晴。

赠胡孝廉盖三年侄

努力云霄客，如君得几人。好传先世物，不负少年春。矫捷三秋鹗，狰狞独角麟。苍崖多令子，席上又添珍。

赋得池塘生春草

韶光九十到平池，百草抽芽正及时。岂是阳和偏有意，始知造化总无私。风生暖渚青青出，雨浥晴波冉冉滋。自助谢家诗梦后，王孙何处不相思。

虞美人词

自从剑下长歌别，铁须君王心亦铁。一化香魂再姓虞，临风还洒帐中血。

移榻行

我闻昔人语，在世谁非客。居之不自安，动觉天地窄。我年过六十，半生惯行役。弱冠游皇都，中源及蛮貊。江湖何浩荡，俯仰无踌躇。薄宦入凤池，云霄天咫尺。明发念菽水，翻然脱簪舄。风木忽长恸，从兹敛心迹。鸡豚不及养，万钟亦何益。天上鹤书来，九重方侧席。自顾何人斯，卿相交采择。丈夫感知己，凌风翥残翮。帝里度春光，九旬驹过隙。酷暑渐侵人，流金兼铄石。主人请移榻，为我蔽炎赫。居止匪不顺，野性各有适。回思田舍间，清风吹日夕。净扫古松下，裸体无绨绤。锄园偶带经，醉倒随枕藉。醒时山月出，一啸暮天碧。何事软尘中，冠带无时释。此榻虽可移，此心不可易。

喜雨

九重忧赤子，越宿祷皇天。苍璧斋时荐，金钟乐不悬。云从肤寸起，龙向半空拳。帘卷西山树，盆翻太液莲。殷雷生北极，甘雨自公田。沃沃桑条舞，盈盈麦浪颠。千郊浮畎浍，万灶挹流泉。溽暑来秋意，新晴带湿烟。老人扶杖去，稚子种瓜还。草木知馀润，牛羊浴晚川。石渠游化鲤，运道上楼船。早报时和庆，宁惟九赋全。

凉棚歌三首

炎威之势何赫赫，鲜者枯之圆者拆。蒸人人尽在甑中，冰水如汤盆为赤。棚兮棚兮尔何物，独解下方残喘厄。非木非竹非藤萝，不雕不斫不绳尺。生来只在秋江晚，织得芦花一片席。纷纷大木难为用，此物与人成安宅。千章缀就庇高空，犯天之威布其泽。可舒可卷任阴晴，半放半收随朝夕。坐卧其下乘清阴，一区杳与人世别。香茗一壶书一卷，习习清风生两腋。九衢尘土汗成泥，我欲移此招热客。热客掉头不爱凉，我独披衣还岸帻。

人生殊贵贱，贱者十之九。盛暑藏稻粱，纷纷事南亩。面目皆黧黑，少壮成老丑。主人避炎蒸，见此如身受。安得广帡幪，四垂庇千耦。田父就清凉，馀荫及馌妇。茫茫六合遥，此愿能遂否。尧舜其病诸，光天覆九有。

凉棚覆主人，人亦转相覆。本非金石姿，何堪风雨斗。童仆事卤莽，张弛如驰骤。破裂作飘蓬，纷披不可救。须念覆庇功，殷勤相护祐。无为夜露零，无令疾风吼。无乘突上烟，无受檐前溜。开时若布席，合之同辐辏。纵横性不违，弱植亦能寿。棚坚人自安，葆荫传尔后。

答杨风翼农部兼以志别二首

小艇当时载月还，江楼海阁总同攀。只愁风木难为养，其奈麻衣不再斑。几字浮沉吴楚外，八年消息水云间。相逢自笑须眉老，建节英雄正出关。

题柱于今汉署郎，从容起草在明光。秋雕自是凌霄汉，野鹤何心觅稻粱。阙下故人劳执手，省中侍史细焚香。回头老眼殷勤望，万丈扶桑射夕阳。

都中长夏晓起三首

五更漏尽影熹微，尘土忙忙暂息机。方寸正涵清夜气，九衢未启万家扉。燕辞梁月风开剪，蝶出花房露湿衣。独有园葵无别向，亭亭默默待朝挥。

纷纷热客漫相欺，趁此须臾起莫迟。纨扇冰山昨日事，清风明月故人思。园林正是披衣候，牛马犹馀息驾时。白石青松吾自冷，肯从炎世浪驰驱。

署中酷吏教人苦，汗湿葛衫面如雨。尘起恢台十丈高，炎风吹送入庭庑。晓起须臾时令宽，凉飔习习月光残。披衣人在冰壶里，卷帘气得水晶寒。杲杲赤日一何怒，飞飞蝇蝎纷来聚。九衢争路自喧阗，车辙马蹄频倒仆。何人还似晓起时，闲味清心独自知。万柳堂西阴缛缛，太液池心荷放绿。不玩柳兮不看荷，尔只趋炎奈尔何。

挽乐六以正

升堂拜我忆当年，岂料门墙迹杳然。不信身孤人竟死，从来心病药难痊。画眉郎去空脂粉，金谷园封绝管弦。此际黄雄应未散，残书好带到黄泉。

哀词四首为乐六以正作

我是南人君是北，甲子年来侍我侧。尔时倜傥角群英，万态风云吹鼻息。丙寅我为养亲归，送我国门扶我轼。此别何期七八载，见面一朝开胸臆。须臾进酒又烹鲜，殷勤洗我风尘色。期尔万里扇长风，纵横展尔摩天翼。坐中喜极反生悲，一会从兹难再得。洒泪捶床谢老生，他时沟壑谁相恻。师友仓皇一梦中，梦来梦去情何极。

尔年三十有三矣，少壮如斯未举子。只有寡妇无孤儿，红颜恨不先尔死。竹死桐枯凤亦亡，卵欲破时巢已毁。同父茕茕遗一弟，年未及旬才龀齿。抔土何人送墓门，空有琴书谁续起。九泉翘首尔弟早成人，千钧一发脉脉延宗祀。

吾儿运栻尔知己，去年栻入黄泉里。曩者尔闻凶问时，尔泪盈盈流不止。岂期此去惊相会，携手同人应有喜。回首当年从舞雩，建章宫畔燕山址。几回唾手搏蛟螭，春花早谢空泥滓。栻儿若问我颜状，但说精神犹昔耳。文章声价亦如前，自料数年犹不死。愿尔早早翻身出，世间还我读书真种子。

闻尔负债如泥沙，不贷寻常富贵家。内府万金供一掷，王侯为尔深咨嗟。宽大何期逢盛世，逋资贳免直盈车。他生覆载为臣子，图报君恩讵有涯。

和黄介山韵，时介山谒选吏部，抱病颇剧，用宽其意并劝之归二首

丈夫原不畏风霜，早岁驰驱应俶装。年力谁知潘岳壮，文章自许贾生狂。人来瀛岛三山远，棹发春江万里长。吾辈行藏元有主，岂从世上问炎凉。

如何忽说返荒村，为爱茅庐万古存。三径风和迎晓色，一帘雨细送黄昏。枕逢夏夜教谁扇叶去声，被入寒冬正欲温。归去从容还子舍，倚闾望到免销魂。

自咏二首用介山韵

老夫瘦骨久风霜，归去从容解客装。深谷云烟和我懒，五陵裘马任谁狂。飞花不信春无主，秉烛焉知夜正长。掉臂小园松桂下，总教酷暑亦清凉。

六十年馀傍野村，白沙青竹至今存。秋来霁月窗先晓，雾里春花眼半昏。枕为扇多忘夏热，裘从补后得冬温。约君同返莼湖去，免得登楼又断魂。

偶成

千古行藏道义尊，莫听弦管到朱门。曲长花暖宵难晓，风起尘高昼亦昏。厚禄不须寻臭味，无情底事叙寒温。冰山海市知何似，犹有痴人托子孙。

怀介山

自是铮铮独角麟，九牛毛里总无伦。大文已见魁天下，一病宁当瘦此身。斯道千秋怜我老，苍生同患望何人。殷勤为寄卢医语，好护明廷席上珍。

病马行

老马老马疲奔走，筋骨虽存皮肤瘦。一病疮痏溃烂多，攒簇蛆虫迸恶臭。啄来啄去有飞乌，九孔十穿脓血溜。同皂跳荡纷相侮，啼之啮之不与族。主人可复记前功，曾效驰驱西复东。万里戎装从塞外，毛脱蹄穿破锦幪。归来大府酣歌舞，败厩铁衔咆北风。即今溃裂身难近，早夜栈豆升斗空。水草亦难希一饱，长嘶声尚彻苍穹。呜呼！回首当年何壮健，横行空阔君所见。何如驰突早死锋镝中，免教骏骨奄奄到老穷。

留别德慎斋庶常三首

秋鸿叫我着归鞭，回首同游十二年。奇字酒斟檐下月，故人风送晚来天。岁多甲子名三世，家在湖湘路四千。吾道相期从此远，麟台虎观事悠然。

十二霜来别恨多，中间消息近如何。怜君日日思亲赋，似我年年梁父歌。长白劲风催落木，洞庭新雨剪秋萝。从今不叹无知己，名荐皋夔再四过。

归及残生矍铄时，揖君携杖漫迟迟。三千字里科名老，二十年来宰辅知。敝屣一官夫岂敢，考槃有涧更何之。行行秋水湖光绿，两地伊人万里思。

毛锥歌

毛锥毛锥尔何物，毛作裳衣锥作骨。家在中书直金阙，性好文章兴勃勃。滚滚源泉从不竭，大之掌故小碑碣。玉版生光龙尾滑，自从武人侈功伐。大笑书生人不杰，长枪大戟七尺铁。巍巍门户悬节钺，安用管城劳岁月。毛锥闻此气欲结，从容为尔武人说。混沌天开凭一画，万化三才吾补缀。帝典王谟寿史册，谏猎疏成丹槛折。是非不敢混黑白，千秋礼乐何烜赫。露布飞驰马蹄裂，纸书十万师尤烈。一字能取乱贼馘，一语能令覆盆雪。区区偶用成括帖，金榜犹题天咫尺。太平有道我润泽，一日无我乾坤拙。长夜茫茫三光隔，谁能马上作书挥剑戟。尔曹百战空汗血，韬略谁传勋谁揭。始知文字（鸡）〔难〕[①] 磨灭，万古毛锥不可掷。

古意

孤白毛应落，君衣薄不薄。三补旧罗帏，君行归不归。

妾梦到临淄，君心知不知。三年无一纸，莫是不相思。

留别都宪梅循斋先生

部前骢马五更游，露简天寒笔未收。大谏不辞休苦口，至尊从善已如流。殿中白虎司群命，云里霜雕捩晚秋。老去一心惟捧日，何人敢为稻粱谋。

山居久谢凤凰楼，顾我孙阳欲晚收。列坐何期倾沈范，读书未肯拟应刘。汉廷卿相崇经术，天上弓旌下陇头。无奈腐儒空褦襶，朱衣队里莫淹留。

明廷制作忆前修，橐笔书生此旧游。白虎风生还入席，石渠月皎正当楼。光寒藜火三千轴，砚蘸金壶十二秋。玉版勒成归去后，六经吾道在林丘。

不争声价敛青萍，紫气偏冲北斗星。学问从来关气运，人才元为报朝廷。治庖事毕无须代，游刃功成漫发硎。谁道王郎犹斫地，怀中完璧是遗经。

①据文意改。

卅年游子白驹歌，那复天街响玉珂。晓雨送归琼岛月，秋风吹起洞庭波。林花露湿沾衣屦，蟋蟀灯寒挂薜萝。南浦芰荷聊采采，故人万里意如何。

一叶梧桐下晓风，长江落叶正匆匆。几年菽水悲皋木，何物参苓入狄笼。文献东南馀野老，衣冠尹姞故家风。紫莼黄菊迎归客，北望云端万里鸿。

匹马燕关夕照阴，芦沟秋水晚来深。著书莫笑无成局，传世犹馀未死心。古道尚期偕黻佩，九原可作问人琴。时读汤潜庵、陆稼书、于北溟、梅勿庵诸先生遗集。伊谁再结王生袜，搔首重抽白玉簪。

黄鹄寒云不可寻，修门别候正萧森。湘南蓟北遥相许，廊庙江湖共此心。白发掉头归故国，青山洗耳听遗音。嘱公酷暑须珍摄，万柳堂东有绿阴。

癸酉出都门作四首

湖南草绿是归程，安稳轻帆万里行。懒展占书谈梦好，偶看朝报不心惊。马前谁复追元放，坐下何妨揖曲生。千尺潜蛟还大海，烟云淼淼任纵横。

满耳闻谁五噫叶去歌，不期心事亦蹉跎。颜衰渐觉春风冷，身健那堪去日多。醉有故乡侯自在，诗逢晚节律如何。天安门下金桥水，昼夜潆洄起绿波。

桂花香谢月光残，渐渐秋风送客寒。不为功名还学古，岂因老病始休官。蓬门尚有登龙客，泥灶从无伏虎丹。万丈祝融峰上立，偶从南斗望长安。

自别深山山路芜，不知松菊尚存无。名浮万里招仙隐，地僻三村卧腐儒。有客论文难闭口，何人闻道莫胡卢。铜桥溪水元清浅，偶照须眉一老夫。

闻昔人以点茶花下濯足清泉，为杀风景者，为反其意成韵

杀将风景自悠然，不信顽夫亦半仙。花下点茶成美酒，溪边濯足趁清泉。孤云与我闲来往，野鹤随人任后先。五十年来无此乐，鸾坡凤沼莫留连。

古别离

妾在柳阴边，怜君道上热。汗滴欲成珠，为解香罗帕。

又赠别年侄某

年少名流子，横经傍直庐。不寻湖海伴，只读父兄书。七十吾偏老，千秋事未虚。相期程万里，尔意正何如。

照影

对镜须眉何炯炯，浅在盆池深在井。吁嗟九溪一何多，九溪闭门独习静，纷纷只见九溪影。

目病

久困三更火，因迷五色春。闭门姑谢客，横目敢无人。诗酒

连朝减，经书久不亲。寸心聊自忖，净扫十年尘。

都中送黄介山进士扶病登舟还里

行人送行人，一病复一老。老者步方健，病者应自好。子去早登舟，秋风吹百草。拂衣我旋归，好爵非夙抱。玉潭一片石，为倩江云扫。儿孙闻此音，跳掷谋梨枣。

谢主人作

十载昂藏竟挂冠，重游无复尚盘桓。旧交将尽新知少，穷巷偏多华屋残。病里始怜为客苦，老来转忆在家安。故人留我殷勤甚，再为东厨饱一餐。

犹见

缚虎屠龙事不然，赤心还谢九重天。共言东阁收三策，岂悔南华读二篇。身老尚无焚笔意，家贫岂用卖书钱。白驹皎皎嘶空谷，犹见生刍一束鲜。

赠杨风翼农部

台鼎名臣俊，风流笔下新。独无纨裤习，已作老成人。财赋分司久，湖湘待泽频。疮痍犹未起，好煽万家春。吾乡自辛未荒疫后，今犹未起。以风翼分司吾楚，故及之。

闻家弟马色令觐龙擢职至京

卅年兄弟共心期，消息中间路两岐。楚泽杜蘅残暮雨，秦州芳草梦春池。腐儒频受明廷诏，能吏新逢圣主知。蒋干陶潜人尽去，昔陶、蒋诸君相聚论文，今皆逝。论文抵掌记当时。予昔尝评次弟文，今三十载矣。

锄经馀草卷之十五

归心

仲宣那复再登楼，碧海清江有白鸥。老向长途过伏腊，归逢残岁数春秋。出郊无复劳良马，啖粟由来让大牛。挂席似从天外去，直沽堤下水东流。

有以字牌二十八字索绝句者，应以二首

飞鸟还空谷，闲僧倚暮风。野梅行径转，香度碧山中。

梅雨香深径，松风落暮山。坐看飞鸟度，空谷野僧闲。

拟塞上诗

十万貔貅虏幕东，边书日报未央宫。平沙千里宵弓月，远戍长鸣晓角风。春卧铁衣残雪白，秋高猎火野天红。将军帐下先歌舞，麟阁元勋属令公。

老去

不须空读马蹄篇，老至风光自洒然。但愿康衢长击壤，宁烦杞国浪忧天。百年好事浮云里，万里怀人落照边。好羡汀洲南去雁，洞庭秋水正流连。

秋兴绝句二十首

秋意

只恋先春兴，秋来兴转多。繁华偏扫尽，闲澹意如何。

秋风

飞飞红树叶，莫恨五更风。不是秋时落，春来何处红。

秋月

一样藤萝月，如何分外明。寥空长不夜，翻爱片云生。

秋雨

秋云蓦地生，半夜来寒雨。滴滴梧桐声，清阴入庭户。

秋霜

寒威下五更，白帝司其令。枫叶从教染，莫须飞上鬓。

秋声

可怪欧阳子，秋声赋独痴。秋心如不起，秋到亦何悲。

秋花

秋光护瘦容，篱下霜偏薄。不比三春花，朝朝红紫落。

秋树

木落满山空，柳枯桃半死。百尺老梧桐，凤凰犹恋此。

秋山

孤峰经雨洗，洗尽乱山秋。何用登高去，长空汗漫游。

秋江

日夜清江曲，闲闲是野临。风波随上下，消受一天秋。

秋水

伊人何处寻，一望秋江水。江水莫嫌深，寸心能万里。

秋原

寒原百草浅，一望暮云平。挟弹谁家子，横空霹雳声。

秋烟

寒烟何处起，迤逦晚山多。玉露零清晓，低迷入薜萝。

秋潭

高丈亭亭净，凉飔起细纹。岸边枯柳影，错认是孤云。

秋瀑

洒自秋山顶，流空万古心。潺湲悬石壁，冷落下疏林。

秋客

浮生元是客，不上望乡台。昨日家书到，黄花待举杯。

秋闺

捣衣催月落，西风报客寒。边城风更冷，莫令戍衣单。

秋渔

野水寒烟里，从无一字书。秋风谁命驾，莫是为鲈鱼。

秋楼

势孤秋最早，尘土倏然扫。一望一登梯，远山长缥缈。

秋虫

虫声何唧唧，助我读书声。小物知人意，偏从静夜鸣。

何节妇高氏寿诗顺天人

苦尔女流明大义，苦命苦情成苦志。未亡人已四十年，苦自盛年来代匮氏为何继室。君子胸中罗列宿何君为司天博士，玉皇召作司天使。藐兹五尺有遗孤，立毁妆台不再试。苦哉天又忌孤儿，所生所后皆不嗣。默然萧萧两鬓丝，赤日严霜等闲事。漫言苦节不可贞，天欲苦人人不敝。自甘其苦苦亦甘，苦尽甘来贞乃至。锡类司空有叔氏，司空翰如，其叔也。簪缨若若盈门第。相将犹子奉烝尝，问寝捧匜无不备。九重旌之降黄麻，坊表王畿名不替。泉台他日笑颜开，一别至今心不二。完璧于兹七十春，萸酒黄花仙子醉。九溪为作甘节歌，教孝教忠扶赤帜。

偶成

老病不休官，休官非老病。此意与君殊，说来君不信。

赠大瓢道者

久矣辞簪笏，犹在市朝间。古来成大隐，不必入深山。

和郑邦祚送别诗祚字裕昆

燕山楚水此同心，山自高高水自深。但识秦源渔子路，敢施梁国鼻头针。薜萝袅袅封空谷，杞梓芃芃出上林。勒马天涯云尽处，大江南去碧湘浔。

再和邦祚

落拓如君道未穷，青衫绿鬓日方中。十年曾试双雕手，一战应弯六石弓。江蟹正肥思旧雨，布帆无恙及秋风。此情万里犹同席，莫向南天问去鸿。

和何廷璋送别韵璋字士宜

鹿豕常随匪所思，悠悠吾道在今兹。须知忠孝为何事，从古英雄重自期。七十高堂翘白首，三千正字对丹墀。行行此意叮咛语，云树无须惜别离。

和何廷璠送别韵璠字毓东

曾从海上接安期，十二年来念在兹。半席孤灯天不夜，千钧一字石难移。莫愁我老勋名薄，自喜经存宰辅知。留得运斤心法在，春风春雨正当时。

和何廷琦送别韵琦字景韩

秋风落日正南归，回首传经事未违。江上峰留仙子曲，汉阴瓮息丈人机。桃花滚滚翻红浪，柳汁浓浓染绿衣。小艇九溪深处去，蓟云芦月亦依依。

和何廷璠送别韵璠字鲁望

十年几杖再翩跹，无奈秋风又着鞭。红橘自含青草雨，绿波还涌碧湘天。且从世外依桑柘，懒向人间问椠铅。拭目望君程万里，玉箫金管奏琼筵。

赠何约斋司空即此留别

君家著作东海起，宋东海何承天为著作郎。曾以凤凰将九子。元嘉律历定成书，安边有论垂南史。司空后起实嗣之，家学源源复亹亹。边君腹内饱何物，手调音律通心耳。周髀之术通羲和，独为商甄分亥豕。授时乾象集大成，灵台万丈观止矣。天子特命作司空，都水虞衡澄彻底。廿载高官不救贫，颜公书帖常求米。馀闲偶坐论文字，亦能窥见先民髓。.为怜克择术多岐，相佐五行协五纪。定《协极辨方》书。泰西近世异人来，窥天自命保章氏。一见先生怖大巫，始知伎俩原止此。西人不敢再谈天，中国有人焉用彼。东海复起更如何，辉映前人滋佑启。满庭簪笏象贤多，蜡凤骑羊争济济。白头寡嫂尚相依，孝友蔼如家政理。九溪野老与公交，一十二年淡如水。公遣群季从我游，教之尽成佳子弟。我今归去会何年，相送相思相敬止。留语千秋秉笔人，此公岂但入方技。

和张漱渠比部送别韵

八年前赋考槃诗，帆挂深秋计已迟。卧涧幽松和我老，还林倦鸟是吾师。商山早有茹芝伴，栗里空吟采菊辞。廷尉君家先世事，门高驷马望伊谁。

与诸从游友人别

鹿鸣豹隐两茫然，一自从游十五年。但说他山攻玉石，不知同学已貂蝉。晓云落月逢秋日，时雨春风正暮天。去矣长亭挥手别，相思人在洞庭边。

归途秋尽，江柳未凋，为赋绝句十二首

秋风吹汝易成尘，何事青青尚带春。江畔绝无摇落意，不知留眼待何人。

怜卿春色亦寻常，独向深秋傲众芳。袅袅至今江上绿，娇姿偏不畏风霜。

那堪折尔赠行人，折断秋心又欲春。好趁陌头颜色在，章台归路尚如新。

客子悲秋正不堪，丝丝色色尔偏憨。科头此地婆娑久，忘却家园在汉南。

江头日夜望行踪，望断风帆悴旧容。秋老霜深孤月冷，谁留春色到三冬。

纷纷桃李竞芳华，开到于今有几家。冷露莫欺风物老，春来春去送啼鸦。

亭亭不学小蛮腰，怕惹檀郎过断桥。歌舞楼头消散后，水光

月色正萧萧。

不用长丝系陆郎，酒筒茶灶任轻航。莫愁冷落虚青眼，去去回头恋晚芳。

桓郎抚我转心酸，一度摩挲一度寒。悔不藏身深坞里，芳姿空教众人看。

漫劳过客眼馋馋，飞絮曾经送去帆。何似秋先摇落尽，免将白露滴青衫。

一别春光屐齿空，绿阴寂寂小桥东。却怜馀霭偏相识，可是先生爱晚风。

亦知老态在三冬，舞罢西风意已慵。却喜春光来又近，不须江上闭帘栊。

寿南汇叶松亭双寿

翩翩公子迷过庭，闻说风光入画屏。定水棠阴还郁郁松亭曾宰常山，池阳藻色尚青青又铎池州。香奁咏就书彤管，孺人曹氏著《拂珠楼诗集》。巢鹊飞来耀小星。四十馀年同谱客，淞江湘浦涌亭亭。

南归舟中

六千归路水漫漫，山左淮南次第看。自顾本无经世策，何须更戴进贤冠。三更潮涌江声壮，九月风高海气寒。屈指去家刚一载，还时人物有凋残。

示同舟

一苇飘然别帝京，沧洲海畔棹歌声。新知借问通乡贯，故旧惊闻半死生。万里乾坤同过客，遥天云水共归程。深山自分潜夫老，又向诸君说姓名。

苕溪陈氏贞节诗

不到苕溪廿五年，喜闻陈氏璧终全。藁砧去后无馀物，饘粥供残少薄田。苦节独成三世事，贞心已达九重天。克家有子登云路，机火藜光夜夜然。

招远骚体

君逞远志兮四方，妾独居兮南山之阳。瞻彼云山兮两茫茫，闻江湖兮蛟鳄狂。山行兮恣虎狼，翻手覆手兮交不常。临岐迷辙兮顾影徬徨，愿君归来兮与君徜徉。为君搴薜萝兮覆草堂，采芰荷兮制衣裳。擘白石兮支藜床，熏布被兮杜蘅香。琴瑟在御兮杂珮璜，珩左图右史兮稚子成行。剥枣栗兮炊稻粱，愿君归来兮与君徜徉。小山兮翠而苍，碧流兮清且长。春风蔼兮秋月凉凉，召故旧兮飞羽觞。开老瓮兮宰肥羊，点小蔬兮瓜与姜。高歌一曲兮无宫商，守此百年兮乐未央。放君马兮卧君樯，长谢风尘兮寿而康，愿君归来兮与君徜徉。

同舟小集二首，时吴越诸友自北闱南还

燕北淮南路几重，忽从萍水识行踪。我因游倦辞（官）〔宫〕阙，君自成均送鼓钟。逆浪虚舟浮绿蚁，故园三径冷青松。满江柳色知人意，吹转春风绽晚容。

此别相期何处逢，秋山渺渺白云封。清尊欲倒长淮水，旅梦同惊半夜钟。入越入吴原属楚，沿江沿汉总朝宗。前程远近谁能料，万里天涯任客踪。

舟行阻风

逆水又逆风，百里行数日。不肯即辞舟，丈夫为其逆。天风竟不平，终日狂而烈。长空鼓大炉，通宵犹不息。席卷舵楼空，飞浪四山入。船水互低昂，江树迷南北。三老乱号叫，百丈全无力。咫尺如千里，泊岸不可得。一泊喜可知，戢戚慎维系。良久势稍纾，点检旧琴书。衾枕为狼藉，衣物颇沾濡。始知龙宫险，胜于捋虎须。勿以洞庭大，俯视此区区。同舟相慰劳，惊定幸无虞。回首望家山，远在天南隅。家书曾一纸，日夜念微躯。出门人已老，安知常健无。宦场味久薄，关梁何崎岖。猿鹤空山啸，松菊亦荒芜。岁晏霜雪深，归来息驰驱。谁料石尤孽，迟迟阻中途。吁嗟乎我老挂冠辞险仄，仗尔明神扶正直。德薄不足动河伯，(酧)〔酬〕酒默酬大造德。

茗南江图南以湖颖见赠，赋二绝谢之

中书赠我我嫌迟，不及明光起草时。却喜山斋添小友，蓬窗竹几白云池。

文通分与生花管，老树何当又吐花。此物不将题恨赋，梦中还草白黄麻。

阻风

画鹢飞腾折短桡，号咷舟子枉招招。穷秋风老青天怒，万里江空白浪骄。日落征篷横野渡，云迷乡梦绕河桥。晴鸠叫得苍旻转，涛静帆轻趁早潮。

初冬二首

自返蒲轮岁月宽，岂知荏苒已秋阑。天低日短微阳尽，潮落江空万水寒。边地戍孤裘不暖，东篱瓶倒菊先残。谢敷未死须眉老，楚水吴山行路难。

不周节候只匆匆，莫为其凉怨北风。管到应钟知律短，卦当穷上得坤终。寒来水浅鱼龙伏，秋尽山凋草木空。却爱天心元未死，葭灰又出太和中。

舟中月夜

微风细草白沙洲，水底星河天上流。千里寒潮来晚浦，满江秋月入扁舟。南飞有鹊争栖树，北望何人独倚楼。为问九霄听漏客，玉珂金钥几时休。

舟中得月和副车陈昂青韵

那须薄暮故踌躇，牛斗光寒月上初。望去可怜园有棘时有水荒，归来不叹食无鱼。风摧野圃梧阴瘦，霜落江干柳影疏。为问伊人何处是，水声山色自如如。

和明经赵挹青韵

万缕垂杨送客船，扣舷轻度戍楼前。长淮淼淼分三楚，大海茫茫受百川。巨浪自摇波底月，乱霞偏衬晚来天。同君（跌）〔趺〕[①] 坐忘头白，萍水连旬不偶然。

莒南副车陈昂青以诗为贽，依韵答之

长贫其奈尔才何，万里长程努力过。泰岳云从空际起，淮阴月到晚来多。针缝锦绣谁能度，剑斩蛟螭不用磨。馀勇白头还欲贾，况君精锐肯蹉跎。

汶上答莒南沈冠文韵

此地泱泱大海边，中间李郭共归船。瀛洲有约浮三岛，圆月同看落万川。出土青松光傲雪，辞巢黄鹄自摩天。识途老马深相许，一别江亭又黯然。

偶兴

鸥眠幽渚鸟还枝，似笑潜夫返较迟。捧檄恐为长去客，入山正是老来时。白丝不受筐人色，黄绢空碑幼妇辞。六百卷书携在箧，精光夜夜射天池。

沧州舟次即事

棹歌高唱出修门，望望沧洲欲断魂。野艇卖残红柿子，人家深住绿杨村。河从决后沿流浊时河决张秋，海为烟横到晓昏。记得昔

①据文意改。

年曾到此，青春珠履映朝暾。

闸河即事二首

重重版锸定规程，亭长鸣金坐五更。水到积深流始达，舟从险度棹方平。千夫寸挽帆先落，百丈徐牵柁倒行。去住莫嫌留滞久，安安且免旅魂惊。

水到关头苦怒号，当年甃石事何牢。官渠激荡元归海，国脉流通为转漕。点滴皆珍无漏泽，风霜有戍莫辞劳。危樯过此防天险，一粒秋粮万姓膏。

荻花

西风惊瑟瑟，夜雨又淋淋。历乱孤洲影，萧疏别渚阴。江湖开晚色，鱼鸟动秋心动一作乱。千里人何处，中央水自深。

河决铜山张家马路，水涨济宁峄山诸处

癸酉秋及冬，河流忽荡泆。逆涨势漫漫，山东成泽国。吁嗟尔苍生，其鱼何恻恻。万户旧田庐，须臾难复识。一洗鸡犬空，烟火弥萧瑟。菱芡罥柳梢，蛙蝇穴颓室。指点问村墟，微茫馀枣棘。山阜出波心，可望不可即。孑遗逃且散，纷纷图乞食。岂不种辫麦，何处施其力。岂不恋骨肉，离析迷南北。哀鸿日嗷嗷，飞飞谁戢翼。昨日大吏来，对此情默默。亦欲奏至尊，成例不敢忒。秋后不成灾此报灾定例，顿足空太息。圣明无不烛，万里阶前得。指日降温纶，安集令孔亟。河伯不敢违，蛟龙返其宅。成赋仍东南，平土还稼穑。

河决

大河一徙长淮曲，日费斗金犹不足。凿石诛茅斩竹木，总为苍生安蔀屋。划然一决如飞瀑，金堤百尺成沟渎。东南泽国万家哭，苍生多葬江鱼腹。不问田庐及牲畜，河臣望此瞪双目。食不下咽空踯躅，昧死飞章为入告。保障无功臣罪笃，吾民其鱼臣躬赎。河伯有灵安澜速，万井桑麻烟火续，免致一人南顾蹙。

大水泛滥有作

重阴积兮其应水，平治如今胡有此。鱼鳖纷纷赤子多，援溺无功可奈何。帝曰警余由己溺，何以援之兮，顺水之性底可绩。

归路

归路三千楚水湄，从容鼓枻漫嫌迟。十年失马宁非福，再上征车已是痴。自笑鄙夫曾饱肉，何如晚食已忘饥。家人莫讶须眉老，扫轨高眠正及时。

茫茫

茫茫天共水，不复问东西。大胆浮龙穴，昂头望虎溪。旗风吹梦醒，楼月照乡迷。欲趁潮来早，三更听晓鸡。

江南舟次

四十年馀客，三千里外身。浪偏容小艇，潮肯送归人。流览空怀旧，山川亦好新。淮扬朋故尽，何处洗黄尘。

漫兴

一天野水白鸥知，正是披衣独坐时。老兴春残花不谢，病根诗种酒能医。远归身似辽东鹤，行乐人思橘内棋。此意巢由曾解否，赤松林下问吾师。

舟行即事

滔天浪涌尽沾濡，白首游人一艇孤。风到横来无顺逆，水当涨处不江湖时济宁以下接连数百里无岸。柳梢影挂云千片，芦苇声寒月满壶。可痛吾民鱼鳖侣，束薪如桂米如珠。

戏呈同舟诸同人

臣今老矣更何为，聊剩雄心返一枝。文阵谈兵谁请战，诗家有病我知医。百年独醒千秋梦，万事能输几局棋。莫厌莼鲈滋味淡，丘丘壑壑自相宜。

绝句

众流清浊殊，一同归海去。回首望源头，不辨来何处。

乌江过项王庙

力拔青山一臂扛，英雄遗泪洒乌江。百馀战处何曾败，十八骑残未肯降。缟素只因戕义帝，鸿门底事走刘邦。美人帐下能先死，两汉亡时孰与双。

自题观海图小照

石作蒲团亭作舟，一编蝌蚪一茶瓯。荡胸弱水连天涌，濯足洪涛尽日流。圆峤方壶时隐见，白鹇朱鹭自沉浮。蓬莱老子来相访，笑问桑田第几筹。

钱塘江行

钱家塘畔望潮头，潮入寒山怒未休。三浙江迟终到海，西湖水浅不通舟。桑阴蔼蔼藏林薄，柳色青青上画楼。此去桐溪人在否，滩声空自向东流。

富阳

天目逶迤第几湾，严滩到此又重关。四团峰合孤城起，八字形开一水环。潭静白光深见石，江空绿影倒涵山。钱塘百里潮来早，海上须臾不棹还。

桐庐舟中

宿鸟游鱼意共闲，清风濑下响潺湲。江光抱日明秋渚，海气连云失晓山。七里孤台滩宛转，一洲三邑水回环。江心有桐洲，为新城、富阳、桐庐三县地。停舟为吊羊裘老，似我归迟自觍颜。

过钓台

我羡清风万古开，挂冠今亦入山来。却怜松菊荒曾久，不及先生早上台。

富春山下

常山之下水潆洄，关峡重重不肯开。城郭西从烟里出，江帆东自海边来。朝辞斗北龙光远，天望衡阳雁阵催。一到富春先一拜，竿头几尺有蓬莱。

钓台怀古

岂俟功成始挂冠，富春山下水漫漫。江干老子天家客，千古严陵七里滩。长使帝王思故友，几回将相付残竿。往来簪绂应登此，顿觉西风六月寒。

桐江道中

子陵引我傍溪行，一曲溪流一曲泓。两嶂对分青霭合，万峰埋处白云横。樵人逆渡风能送，钓艇迟沽月正明。莫怪前贤耽此地，孤台高节有谁争。

严州即事

严州城在小江边，一棹乘流接海天。定水潭心浮石壁，深山罅里迸人烟。晓初风蹴迎潮浪，夜半雷鸣下濑船。绿竹苍松时点缀，扁舟何必不游仙。

钱塘文学徐以诚以诗四绝句来贽和答

自笑乾坤剩腐儒，老来空自爱吾庐。风流年少知名字，独问潜夫旧著书。

玉皇香案吏原仙，却恋长沙紫橘鲜。一上吴山峰顶望，片帆罥尽五湖烟。

回首江乡黄鹤楼，白云千里莫相留。昨宵已作潇湘梦，不上西湖歌舞舟。

凤翙龙翔际此时，风云何处不相思。在阴鸣鹤声声和，老马谣童总是师。

再报徐生四首仍用其韵

莫向雕龙学小儒，辟开面目有匡庐。九经以外无文字，烟海茫茫万轴书。

漫从三岛觅神仙，瑶草琪花处处鲜。试向天台桥上立，赤城华顶起云烟。

飘然飞下九重楼，流水行云不可留。长啸海天挥手去，沧江万里一归舟。

吾道方东正此时，一方秋水美人思。他山有石能攻玉，雕琢凭君自得师。

归途口号

渺渺衡峰雁影过，潇湘春色近如何。天从北去风偏冷，地入南来气渐和。城上夕阳鸣鼓角，亭边中夜俯星河。牧童似傲长征客，牛背萧然拍手歌。

虎丘即事

不采芙蓉不折梅，花枝偏上虎丘台。行时莫骂春风恶，款款罗裙步自开。

舟兴

击楫非吾愿，其如兴勃然。夕阳孤嶂月，晓气一江烟。食货谈乡物，云山共楚天。停桡寻老友，为问孝廉船。

衢州舟中

舟发常山下，潺湲日夜声。橘林摇水绿，松岛入潭清。溪转峰能走，风微浪不惊。当江何物立，巨石一拳横。

太湖

水到江南潴具区，洞庭名又借东隅。分开泽国归三楚，围得吴天入五湖。夜夜楼台支麓晓，年年烟雨百花枯。苎萝人去风流在，白浪青山古霸都。

姑苏怀古

麋鹿台边吊故都，忍看细柳与新蒲。捧心自分终还越，悬月何期遂沼吴。从古女戎媒霸国，到今烈士恨姑苏。太湖野水千秋绿，谁浣风流一段污。

吴中怀古六首

千年蒙业守勾吴，忽向中华起霸图。一自艾陵偏得意，渐教麋鹿上姑苏。

伍员音运巫臣两大夫，仇雠借手事东吴。可怜家国同灰烬，江汉茫茫送五湖。

始皇多事铸金陵，转使东南王气腾。一凿秦淮通地脉，风流人物至今称。

定鼎从来据上游，吴江天尽水东流。纵然博得偏安业，小小朝廷不到头。

不建江南建北平，英君雄略驾周京。龙蟠虎踞成培塿，辽海西山万里城。

千秋南部炫烟花，璧月琼枝作帝家。夜夜新歌怜国色，天香封满内人斜。

桐江道上得石作砚

尔在桐江曲，何期出世间。半岩浮绿水，片脉带青山。磨涅心能受，巉岩质尚顽。毫端濡一滴，日夜挹潺湲。

扬州怀古

阖庐底事凿邦沟，惹得繁华万古愁。巧胜锦花然彩树，艳魂烟雨湿迷楼。柳堤丝断龙舟去，萤火光销御苑秋。惆怅江都馀好梦，隋家帝子太风流。

广信舟中

马度玉山趁夕晖，行行直信暮江归。舟移水月浑无界，帆转亭林疾若飞。画栋云迷吴岫杳，香炉峰入楚天微。夜来正欲乘流下，可奈滩头簇石矶。

书怀

不分劳劳两鬓霜，尚将心事对斜阳。指挥空借当筹箸，剑佩犹馀染翰香。那得浮家依海岳，自惭报国仅文章。蒲轮返处团圞近，行橐虚糜一岁粮。

鄱阳

白浪彭蠡古巨川，孤山蹴处失中边。章江忽汇吴西泽，星子空垂夜半（夫）〔天〕。春涨湖平无草树，寒潭水落有人烟。先朝气节光青史，一对清流思怆然。

过鄱阳湖口

浪卷西江万顷光，吴头楚尾是鄱阳。烟云杳霭逢神阜，岛屿低迷入大荒。湖口吐时朝北斗，波流转处撼南昌。仰添瀑布如杯水，淘浣洪都下建康。

鄱阳吊淘

彭蠡风雨送扁舟，战鬼湖心哭未休。大难猝过星宿应，替臣死抱衮龙浮。淡洋王气营青鸟，野庙康山吊白鸥。建业武昌同茂草，洪波不洗孝陵愁。

南昌即事

马当有客再登楼，不见传文在上头。闽广梯航人万里，江湖襟带水三秋。云开南斗天光静，月到西山雨气收。芳草王孙终古怨，彭蠡日夜为谁流。

舟阻西江

莫上滕王阁，悲风送暮笳。归舟迟几日，秋梦到长沙。熟识思邻犬，恩勤忆哺鸦。最伤松柏路，片片白云遮。

望乡才百里，过泸溪一山，即楚地。一苇不能过。浪蹴吴天小，云移楚岫多。晨钟传梵呗，晚唱乱渔歌。五两时时候，扁舟事若何。

舟行遇顺风

乾坤三岛外，江汉一杯中。古树旋平野，孤帆没远空。烟生霾岭雨，云送落秋风。莫问前程路，飘然万里通。

早发

系缆争先解，悬帆影不齐。风回辞宿鸟，月晓误鸣鸡。鱼菽虚秋荐，糟糠念老妻。水流花又落，已似故山溪。

梦中得游山二语，醒而足成一绝

千秋名胜待何人，一度游歌一度春。独恨九溪来太晚，山光水色减精神。

袁州舟行

北风吹浪正萧森，翠岭层层锁碧浔。舟下滩头危一线，石钻云表立千寻。疏篁绕涧晴能雨，古树临江昼亦阴。搔首宜春台上望，茫茫吴楚几浮沉。

分宜舟次

千回万曲小溪中，流水潺潺亦向东。驾石桥横舟自出，当江山立棹偏通。一篙滴碎岩松雨，百丈牵翻岸草风。偶与土人询往迹，荒哉仙鬼说鸿蒙。

锦鸡

深林熠耀正青春，顾影溪边彩色新。欲避弋人宁就缚，只怜毛羽不怜身。

萍乡道上

萍实桥边水色寒，回头云外转漫漫。岩深莫辨来时路，流急尤惊过后滩。久客倦游归不易，故山临近到偏难。西江昨夜窗头月，还倚檐前独自看。

寄上湘易公申征君

拱极楼头一话深，中间消息总浮沉。大江秋水年年绿，梦想伊人直到今。

何日重来续旧游，明春三月荡轻舟。我从岳麓峰头望，好上湘帆信水流。

玉郎闻说赴仙京，垂白心伤莫丧明。可是天台原有约，归来旋向赤城行。乃郎先尉天台。

鹤飞不复入鹓群，丹诏空劳下五云。寄语十年松菊伴，白云岭上与平分。

客中得家书知举第八子二首

吾年六十六，举尔亦何迟。客里占多梦，书来报过时。丈夫怜少子，晚景望佳儿。古柏苍崖底，青青出一枝。

琴书虽有主，接踵爱多男。桂向秋深折，梅从岁晚探。传家人欲老，介寿酒添酣。若问箕丧事，抽残旧玉簪。

漫兴

身后浮名未敢贪，儿人虎视正眈眈。雌黄久已公天下，月旦何须问汝南。白石清泉封绝涧，苍藤古木出重岚。年来帷簿无他事，诵罢螽斯又葛覃。

自迷二首

妄念平生少，风波自此安。一官曾鼓吹，万事付芄兰。海内文章在，山中日月宽。天涯游欲遍，行路不知难。

士有闲闲意，胡为怨数奇。朝廷无弃物，畎亩亦恩私。一卧沧江老，千秋碧海知。栏边山月白，正是浩歌时。

忆内兄廖殿飏

可怜君在时，我向官场去。今日我归来，寻君向何处。

汝室已他人，汝弟亦宿草。一喜报君知，汝妹偕予老。

君梦忆当年，玉书联五凤。岂知五十年，万事俱成梦。予十七岁至君家，君梦有老人赠予联云：“五凤楼头客，玉书阁上人。”后予诣文渊阁采索秘书，往来五凤楼者十馀年，颇验其梦。

读书

平生无暇刻，始信读书难。晓色催人急，馀光带夜看。金流还耐暑，雪积不知寒。自顾悾悾老，徒教四库残。

馀光

人多愁老病，我自爱林泉。同学知谁在，完名亦偶然。风流贻后辈，事业愧前贤。日暮思千里，馀光再着鞭。

远归邻叟共话

度阡越陌久相期，笑说先生息驾时。马帐欲收吾渐懒，牛衣对泣彼何痴。斯人不起空山老，尚友微言万古知。鸡黍田间风味在，一觞一篮未为迟。

自迷

不鸣长剑不弹冠，那复悲歌行路难。故友尽销馀我在，壮心未了奈春残。老来儿女周旋惯，林下交游礼数宽。藤杖瓦瓶随褦襶，秋风万里月光寒。

放歌

白石清泉下，乾坤独放歌。三春今又去，百岁已无多。扪虱非吾愿，飞蝇奈尔何。馀年天赐与，行乐莫蹉跎。

述怀

独寐鼾呼只寤言，偶闻往事不堪论。燕犹留幕鹰犹饱，猴亦能冠鹤亦轩。黄纸秘函仙李牒，青山归濯旧爪园。此心付与长江水，滚滚随潮到海门。

偶吟

事去心犹壮，深山一老翁。鸟飞知月冷，花落为春穷。六籍囊无底，千秋月尚中。问年将七十，趁此补隅东。

漫兴

少壮轻离别，衰年恋室家。树巢长宿鸟，园媚续开花。海上流风尽，天空落日斜。故人如见讯，秋水绕蒹葭。

晚岁吟五首

晚岁能高卧，青松绿柳村。劳心平日事，庸福盛朝恩。四世看婚嫁，诸经付子孙。老妻时笑指，庭竹又生荪。

九泉恩罔极，每饭念难忘。公悚聊归养，君羹未口尝。楚茨今艺黍墓田置在包塘，墓表旧焚黄。只恐阡冈上，牛眠事半荒。

缟衣能逮下，侧室各宜男。粉黛从教洗，椒浆旧自谙。征兰人有梦，樛木我何堪。共抱衾裯老，无为赋采蓝。

一为清白吏，肯累马牛身。衣食偏多口，朝廷不负人。故交馀厚禄，野圃自长春。枣剥还烹菽，先冬酒正醇。

七十年来客，回头事未痴。花飞春已减，月上夜犹迟。重理名山业，何当后世师。馀光勤检点，先畏昔贤知。

布衣

小溪铜瓦曲，一片钓鱼矶。湖海新闲客，乾坤老布衣。虚舟何处去，坦腹已忘机。可叹深秋燕，辞巢尚不归。

江头和别陈昂青

江天落叶正纷披，万古胸襟拓此时。乔木莺鸣人得友，他山石在玉之师。痴心怒马成何似，唾手盘龙事未迟。红杏出墙关不住，知君先折最高枝。

江头和别沈冠文

宿雾朝朝手自披，须臾千载别新知。晚年到处思求友，豪杰逢人便得师。从此望云怀李白，不嫌割锦赠邱迟。青宵万里容君去，我向深山寄一枝。

归兴

霜清露白百花凋，岁晚从今免折腰。不为王通悲七世，谁教颜驷负三□。人闲宦海占风色，天上文星应斗杓。吴楚关山犹在眼，赤龙老子莫相邀。

锄经馀草卷之十六

甲戌正月，有粤西之游，时携枢儿同行

甫辞北地卸朝簪，又向南天听越吟。日暮岂堪行万里，身存还欲补分阴。白云红树随人老，瘴雨蛮烟莫我侵。定省却怜儿在侧，九疑风物从登临。

示枢儿

有儿能仰事，垂老不谋生。偶学怀方氏，而为粤道行。卝矿同人今锡贡，铜柱古边城。夜夜疑天漏，长闻瘴雨声。

舟溯道州

六十年来愿，悬滩溯此途。微言传太极，绝学冠先儒。庭草春深久，濂溪月朗无。千秋人已远，一拜有吾徒。

舟行过永州江干石壁

零陵江头石凿凿，开辟以来巨灵削。凌空直欲入云霄，飞飞难上穷雕鹗。悬岩势出压人头，根窟虚无长空廓。两崖日午满江阴，过客仰观雄胆落。下临深渊不可测，但有鱼龙无鲸鳄。古树丛篁罅中老，六月时天雾气泊。吾乡俗不尚游冶，此处不楼亦不阁。女娲补天不汝攻，秦皇塞海不汝索。又不移汝砌长城，空教

关门劳锁（钢）〔钥〕[①]。柳州无识笑石多，尔峙南天终冥寞。腹中苞孕是何者，水水山山归橐籥。乾坤留此万古观，元气苍茫无雕琢。

喜雨

三冬愁不雨，今夜滴溅溅。云暖千郊润，山寒百卉鲜。长沙无赤地，湘水涌春天。听到更残后，江鸣欲倒悬。

东安道中

云雾江天里，无须望少微。滩高知艇小，水浅得鱼稀。奔马山何蹙，搴旗石欲飞。松杉沿岸发，树树已成围。

零陵道中

一鼓零陵棹，探春欲杖藜。天晴寒浦暖，日落远山低。古石青横洞，新松绿掩蹊。为寻营道去，溪口勿教迷。

夜雨

未午惊时晦，初昏似夜阑。雨来风力猛，雷动电光寒。万物涵春满，三农作苦难。更深天怒息，危坐烛花残。

道州吊元次山

寂寞浯溪上，行行吊漫郎。困民愁大吏，忍死守孱乡。退贼诗偏喜，中兴颂转伤。杜陵开醉眼，粲粲为君扬。

---

①据文意改。

粤中舟晚

薄暮停舟处，南天物色幽。野鸥还旧渚，山驿闭孤楼。波伏鱼龙静江上有伏波祠，风清瘴疠收。箫韶如可作，玉琯为淹留玉琯岩在舜祠侧。

茗饮

春风偏澹荡，为尔送清香。沸处云烟薄，澹中滋味长。成经无陆羽，小梦亦羲皇。七碗何人好，壶天得醉乡。

粤行即事

滩水流何急，全劳百丈牵。深岩长蔽日，危石欲参天。波浸莲峰月，风寒桂岭烟。江边馀睡草，铲却莫留连。此草生粤中，令见者欲睡。

全州道中

尺寸偏难挽，空愁众力微。急流悬断岸，漏艇上危矶。客子忙牵缆，舟人汗湿衣。翻思湖海畔，万里片帆飞。

湘行遇风二首

莫愁江路远，五两信长风。石壁连天转，岩云扫地空。纪程迷次第，过眼失西东。楚粤三千里，还将咫尺同。

昨日三湘北，今朝两粤西。风传春令疾，帆挂楚天低。迟速人谁料，安危事不齐。霎时飞棹返，还是故山溪。

兴安舟次

长沙初下马，百粤又登楼。岩溜晴天雨，泉鸣夏夜秋。桂香浮岭表，湘水得源头。白发三千里，扁舟此浪游。

偶题

旨酒欣欣意半酣，自怜肱折我曾三。久知引镜输城北，可信窥天借指南。春水浮花来洞口，秋风落叶下江潭。青青老桂深岩里，万古游人不解探。

斗河

石笋重重裹，岩门面面开。水流丹洞腹，舟出碧山隈。绕廓朝连夕，环桥去复来。计程才十里，尽日此轮回。

舟畔桃花

爱尔烘人面，娇枝印水红。独开寒浦上，亦别故园中。春色年年老，飞香处处同。归时应结子，莫怨五更风。

分水岭在桂林郡海阳地

一棹中分处，穷源自海阳。湘流朝北斗，漓水下南方。同派浑难别，辞山已异乡。长沙如在眼，五岭欲回肠。

初至桂林和学徒荣生作

岭头分处海之涯，桂子林残气自佳。万里车书通百粤，十年云水寄长淮。天高目照芙蓉幕，春老风寒苜蓿斋。回首明光曾起草，樵渔那复梦三阶。

对镜

七十光阴梦里过，对君岂复恨蹉跎。百年岁月心长在，万里风霜事几多。齿发自怜刍狗老，文章争奈木鸡何。长沙西去深山曲，摘得花枝点薜萝。

粤中清明

墓门未拜又经年，万里清明眼欲穿。老去儿孙时聚散，梦中弟妹偶团圞。身衰何日培丘木，禄薄空思广祭田。一滴九泉寒食后，鸡豚草草荐天边予欲廓墓田不得。

伏波岩马援南征过此试剑

此山传是伏波岩，岩下石为试剑石。剑从试后利南征，铜柱至今光史册。我来岩下吊将军，万丈风云生两腋。翻笑将军一何痴，当面错过神仙宅。尔时若肯释剑此岩中，何致区区薏苡生谗隙。

清虚道院歌为韦铁髯道人赋

铁髯独啸清虚院，披衣自把芙蓉扇。我来过此偶遇君，携手同上楼云殿。殿之左右旧丹房，药杵刀圭知久炼。左有一泓右有圃，千树桃花飞片片。芳馡不断四时春，鸟在枝头鱼在漩。画屏面面出青山，洞壑烟云朝夕变。道人八十如四十，捧露吟风沆瀣咽。此地诛茅作钵园，荏苒卅年如流电。一从独抱白云眠，脱屣家人辞钗钏。老来还有活人心，此乡起死曾千万。留得方书度后贤，寿世婆心犹缱绻。可怜铅汞人人足，惟向关元通一线。空潭何月树何根，堇荸纷披人不见。九溪老子对君还自笑，笑我空读参同千万转。金公木母事无缘，云车风马难留恋。与君分道各扬镳，记取韬光休按剑。玉京他日忆知音，天上人间还觌面。

听秋图为铁髯题

秋声沸沸吹霜草，此声入耳教人恼。铁髯何事独听之，一几一瓶花袅袅。不在江上不树间，秋籁茫茫听不了。才识天心总不秋，秋不老人人自老。道人两耳万窍通，秋水秋山听杳渺。有时听到无声处，万古春回天浩浩。

粤西寄内

梦里传家信，平明作报书。老身能健饭，儿子学潜鱼。寒素卿曾惯，团圞我不如。漫劳还系念，宦海已悬车。

粤西怀岳麓四首，效王子安杂体

岳麓辞来五六年，深山草树老啼鹃。即今一望三江水，片片春云江上起。

柳堤兰涧忆同游，饮马池头事未休。拂袖好归苍翠里，举头又隔三千里。

时习斋头说六经，梧桐深院户长扃。一从岭上松风歇，几度寒山空夜月。

名山寂寞少人过，吾道南天事若何。同学再来吾已老，禹碑孔庙深秋草。

粤斋独坐

百岁无劳问大还，枝栖聊自寄疏顽。床头听雨衣裳润，几上看云杖履闲。戍岭事荒馀断石，伏波人去剩空山。可怜一映华胥境，请息尘机独掩关。

粤署闻枢儿夜读示勉

官鼓咚咚睡不惊，忽从帘外送书声。夜来击节因三冢，梦里行吟正五更。万里晨昏知我老，百年心事几时成。儿曹努力思弓冶，转瞬霜毛尔鬓生。

游风洞山又名辰山在桂林城五首

莫愁热客掩秋缸，总有炎蒸到此降。寒送半天来桂岭，波生断屿自漓江。星岩云出阴连壑，月洞风飘冷入窗洞南有七星岩及月洞。阒寂已无入世意，洪钟何处又横撞。

清风习习扇中阿，此意何人领略多。石佛几时耽渴睡，山僧从未拜檀那。偶烹香茗分甘露，不放清泉入爱河。翠篆绿槐如有意，翻教居士忆檠莛。

长官此地沁心脾，瘴雨蛮烟不敢随。竹石岩边停棨戟，薜萝深处卷旌旗。题碑只愿生空树，脱屣何年借一枝。为语游人归去后，清凉长似在山时。

一御凉飙吊渺茫，东瓯南海事全荒。藩封宫殿销流水，帝子园林冷夕阳。铁券铜符随骨朽，玉鱼金碗几家藏。惟馀福地仙风在，万古悠悠阆苑乡。

恺歌何日勒诸天，鬼斧凌空字倒悬。舲扫苍梧通剑阁，勋铭铜柱此燕然。虫沙几变三千士，金镞犹残二百年。逸史不愁风雨剥，伏波往迹共流传。

桂林遣兴

尚惜春光暮，聊偷一刻闲。护花防猛雨，剪树望遥山。文教深全粤，风烟静百蛮。书生经术藐，老兴在边关。

有执诗必穷而后工之说者为解其惑

诗必穷乃工，此言吾未信。工者本性情，工者由学问。纷纷冻馁人，李杜千秋仅。帝王将相多风流，豪士沉酣惟任运。岂有寒饿炼其精，吐词翻令才人震。学者苟闻道，遭遇随其分。大任降几人，安得尽穷困。

浩叹

天地滋百族，圣主赞化育。大法小皆廉，天下无贪黩。如何升平时，物力苦不足。风和雨亦甘，家家釜无粟。妇子中谷叹，农人陇上哭。水陆产俱稀，倍价未肯鬻。土膏匪不生，人满势难续。衣食日益繁，生计日益蹙。鱼稻之乡尚如此，何况他邦尤局促。拟得长歌献至尊，玉烛万方周蔀屋。

早行

夜半鸡声寂，行行簇马蹄。霜深丹叶重，月上玉绳低。故里人惊老，家山路转迷。正思昨夜梦，忽已度前溪。

有以期颐祝我者诗以报之

累累高冢总荒堆，曾见伊谁百岁来。自是神人移造化，可辞凡骨入尘埃。晚花留艳招风雨，宝剑收光起电雷。独仗平生长褦襶，天年（木）〔未〕老属无才。

岳麓书院解馆示同学二三子九首

深霜五夜正从游，残岁何堪讲席收。行橐卷将书万帙，老人归去水三秋。空山寂寂无风树，大海茫茫不系舟。问字若来寻绝壑，松风次上几层楼。

悠悠此去入林烟，彳亍临岐思万千。曾与老妻商就养，予以丙寅终养林下。却无密友劝归田。皋比彻后横渠去，藜杖光馀爝火然。只有读书心未死，数年假否问苍天。

韶光弹指白头翁，回首蜗牛万事空。坐上分明成老瘦，梦中游戏尚孩童。秋山淡淡留残照，丹叶萧萧耐晚风。为语儿孙休料（埋）〔理〕，伯阳契我有参同。

一枝藤杖一乌巾，莫是无怀世上民。自分衰年辞虎坐，敢劳盛世屈蒲轮。先是，抚车奏留此席六年。白云深处茅庐旧，碧水限中陋巷贫。课罢儿曹开药瓮，天和鼓荡养吾真。

手栽松柏几多时，早已成围香满脂。四世乌衣争绕膝，八旬白发笑齐眉。老天戏尔加庸福，大块怜予免百罹。为劝痴翁归去好，百年沟壑有谁知。

一番物色一番新，莫讶南翁面目陈。残腊风霜应谢节，晚春花鸟倍留人。谁云老去精神健，只是穷多骨力真。欲向考亭求印可，悲哉祠宇亦埃尘。时朱张祠皆废。

回头剌剌属诸郎，尚念先贤俎豆香。试看濂溪先北学，岂无楚产道南方。朝廷官爵为谁设，草泽经纶且自量。老眼行行还怅望，风光月霁最悠长。

天禄腾光射紫虚，莫将此道等籧庐。曾闻皓首穷经客，不见中郎立学书。皇古圣人传教后，汉家天子折中馀。吾衰未肯辞游好，梦里招君到石渠。

卓立须如万仞城，诸君心迹爱双清。久矣四知辞暮夜，庶几三戒问平生。泰衡始树东南望，奎壁长垂西北明。八字脚跟曾稳否，莫教人笑盗虚声。

偶兴二首

空谷闲云此息机，绝无朝使款柴扉。老人偶兴窥南极，处士何心问少微。点点孤萤何自炫，飞飞倦鸟不知归。九溪老子心偏懒，二十馀年傍钓矶。

还山廿载未为迟，陆贾金空索倒垂。猿臂不逢乘醉尉，牛车敢步采齐诗。雪深几尺人犹立，风入三春物自知。回首掉头巢父老，一枝未借郑当时。

再示同学诸子二首

生逢盛世好乘时，途不穷兮路不岐。宰相交章天子召，书生薄命棘人悲。经学三征，诏至，适丁艰。一官未展亲民事，垂老空衔报国恩。独有传经无倦色，此心堪许九重知。

腐儒岂易爵红绫，六月恢台腊月冰。歌舞会高潜闭户，奚僮睡熟正挑灯。寸心独愿师千古，只字何当锡百朋。任是龙门声望重，半生未肯一求灯。

七跋。儿曹报《锄经馀草》刻竣，题此自跋

文章原载道，道遂在文章。六经为根柢，子史焕其光。歌吟传闾里，雅颂登明堂。有时预册府，典制随岩廊。岂徒五七字，数墨复寻行。遗文质后起，俎豆流馨香。焜焰千万丈，精神塞苍茫。吁嗟古之人，贱子何敢望。

我生邀天幸，庭帏逮暮年。独恨少壮时，托身在车船。江乡时万里，风雨怅啼鹃。晚年依子舍，鸡豚聊烹鲜。亲去儿亦老，罔极终昊天。子孙奉甘旨，无路献黄泉。墓田营薄禄，五鼎亦徒然。每抚曩时作，冷泪尚涓涓。

天故累贫儒，七子八其女。孙曹亦渐添，四世罗庭户。衣食既纷纷，婚嫁事如许。俸薄田亦硗，用多财自窭。如此三十年，诸事次第举。我自澹荡心，随分安其所。儿曹耕且读，田庐各张主。剩得老夫闲，幼稚争摩抚。春酒共比邻，风月无城府。兴到偶行吟，洒然免自苦。尚有不了事，一卷天未午。来者对此编，

恍惚我眉宇。

性命是友朋，云山不能阻。风雨日凄凄，惨淡念三五。三五时盈阙，不及予与汝。中路半死生，白杨扫黄土。存者亦晨星，硕果无可数。心事沥数言，何暇叙寒暑。湖海茫茫臂者虫肝者鼠，盛馔大房谁设黍。独此相期永令名，吾道悠悠共千古。

我情何多悲，为世不为己。可怜蛮触场，尽日干戈里。虎皮质则羊，虚声盗不耻。安用范驰驱，获多遇由诡。自爱倚冰山，谁复忧履尾。朝菌岂不荣，蜉蝣旦暮耳。吁嗟彼曾不自悲，我为悲之无及矣。

平生多浪游，五湖迹皆到。有时发长歌，赚得旁人笑。古迹或经过，往往相凭吊。海月为我摇，江风为我啸。波涛为我涌，鱼龙为我逃。所遇多英豪，倾盖成久约。迂腐愧老夫，下拜劳年少。到今入梦来，回首还大叫。检彼赠我作，精光纸上嗷。重重收裹付儿曹，他年见此知同调。

作者思传后，所传分石玉。后人议论多，后人眼力毒。我从十五学，吟哦五十年。来无杼柚亦有片纸落江湖，亦有穹碑悬岳渎。自愧浮词流播久，焚者亦已十之六。儿曹好事拾残灰，付之剞劂为卷轴。岂知沟壑只馀生，那复须此汗青竹。况从一发索全身，人间焉得夜行烛。编成好向解人传，无令真宰为夜哭。

车大任　车以遵　车万育等　撰
易孟醇　校点

邵阳车氏一家集

（一）

湖湘文库编辑出版委员会
岳麓书社

出版说明

湖湘文化源远流长，博大精深，是中华文化中独具地域特色的重要一脉。特别是近代以来，一批又一批三湘英杰，以其文韬武略，叱咤风云，谱写了辉煌灿烂的历史篇章，使湖湘文化更为绚丽多彩，影响深远。为弘扬湖湘文化、砥砺湖湘后人，中共湖南省委、湖南省人民政府决定编纂出版《湖湘文库》大型丛书。

《湖湘文库》编辑出版以“整理、传承、研究、创新”为基本方针，分甲、乙两编，其内容涵盖古今，编纂工作繁难复杂，兹将有关事宜略述如次：

一、甲编为湖湘文献，系前人著述。主要为湘籍人士著作和湖南地区的出土文献，同时酌收历代寓湘人物在湘作品，以及晚清至民国时期的部分报刊。

二、乙编为湖湘研究，系今人撰编。包括研究、介绍湖湘人物、历史、风物的学术著作和资料汇编等。

三、乙编中的通史、专题史，下限断至1949年。

四、甲编文献以点校后排印或据原本影印两种方式出版。

五、除少数图书以外，一律采用简体汉字横排。

六、每种图书均由今人撰写前言一篇。甲编图书前言，主要简述原作者生平、该书主要内容、学术文化价值及版本源流、所用底本、参校本等。乙编图书前言，则重在阐释该研究课题的研究视角和主要学术观点等。

七、对文献的整理，只据底本与参校本、参校资料等进行校勘标点，对底本文字的讹、夺、衍、倒作正、补、删、乙，有需要说明的问题，则作出校记，一般不作注释。

八、甲编民国文献中的用语、数字、标点等，除特殊情况外，一般不作改动。乙编图书中的标点、数字用法、参考文献著录规则等均按现行出版有关规定使用和处理。

《湖湘文库》卷帙浩繁，难免出现缺失疏漏，热望社会各界批评指正。

《湖湘文库》编辑出版委员会

前　言

明季以降，车氏乃邵阳望族，世代书香，名人辈出。《邵阳车氏一家集》，辑车大敬、大任兄弟及其后人共十代三十五人的诗文（唯第六代无）。这些诗文的写作年代，上自明神宗万历年间（1573—1619），下至民国二十二年（1933），跨度长达近三百六十年。

《邵阳车氏一家集》，包括车氏的十三部集子，共四十五卷。计：

车大任著《参政集》，并附有其子车以达诗三首，孙车万合诗二首。

车以遵著《逸民集》，并附有其子车万含诗二首、文一篇，子车万启诗十一首。

车泌书著《教授集》，并附有其子车万备诗五首，子车万有诗二十三首，子车万藻诗二首，孙车鼎立诗文各一首，孙车鼎诠诗六首，孙车鼎篆诗五首，曾孙车闲诗文各一首。

车万育著《都谏集》，并附有其女车梦馀诗一首、绝笔辞二则。

车万期著《饮宾集》。

车鼎黄著《隐君集》。

车鼎晋著《督学集》，并附有其子车敏来诗一首。

车鼎丰著《双亭集》，并附有其弟车鼎贲诗七首、文六篇。

车无咎著《贡士集》。

车照著《孝廉集》，并附有其子车钟衡诗一首，子车飞诗四首、文一篇。

车元昺著《广文集》，并附有其子车毓春诗三首、文三篇，孙车进诗一首。

车望湖、车寅庆合著《双秀集》，并附有车柄离、车新寅断句。

车玉襄著《别驾集》，并附有其子车赓诗二十七首。

、

车大任固为众车之祖，诗古文创作，在数量和质量上，亦为众车之冠。

大任，字子任。明万历八年（1580）进士。官至福建布政使司左参议（布政使属官）。明光宗、熹宗当朝，两次诏授大任布政使。均不就。在位有循声。著《囊萤阁集》、《归田集》、《述古今寓言》，辑唐代同邑人胡秋田《咏史》诗二卷。《明诗综》收有其诗若干首。陈所蕴子谓其诗，“自五七言古及近体五七言绝，各臻其妙，直与明卿、玉叔，鼎足而三”。明卿，姓吴。玉叔，陈文烛字。

大任之子以遵，字孝思，号劬园。明崇祯九年（1636）、十五年（1642），两被荐举，均未应试赴召。崇祯十七年（1644），张献忠起义军攻至湖南宝庆时，明桂王朱由榔在广东肇庆新建政权时，诏车以遵赴仕，均不应；入清，屡经荐举，亦不应。故车以遵终身为布衣。著《高霞堂诗文集》、《邵乘胪句》、《声香阁草》、《镜花阁填词》、《贝叶记》等。自述所著诗文，约有百馀卷，但今存者什一二而已。入清后，自视为逸民，故改其诗文集为《逸民集》。其诗，可与竟陵派钟惺、谭元春相抗衡。陶汝鼐谓以遵“才大不遇，而行无纤暇”。又谓，读以遵诗，“不复知有竟陵”。

车泌书，字香涵。车大敬之子，大任之侄，以遵之堂兄弟。终身未仕。年届花甲，方教授于常德府学。故称其集为《教授集》。

车泌书之子万育（1632—1705），字与三，一字双亭，号鹤田。清康熙二年（1663），与兄车万备同登湖广乡试举人。万备为乡试第二名，故人称“车亚元”。后任四川沐阳县知县。车万育则于第二年（康熙三年）成进士，授户科给事中，升兵科掌印。屡上疏陈事，又昭民冤狱，揭官场污秽，颇有直声。著《怀园杂著诗文》、《春秋易简》、《全史一脔》、《祈岳游草》、《读馀集》、《历代君臣交儆录》等。尤喜书法，家藏明代墨迹甚富，刊行《萤照堂明代法帖》、《泼墨斋历代法帖》等。

车万育的堂兄弟车万期，字朋百，一字月村，号竹眉。车以遵之次子。康熙二十四年（1685）贡士。著《雨石斋诗集》。

车鼎黄，字理中，号匪莪，晚号乳弇道者，车大任的曾孙。明崇祯十五年（1642），中贡士副榜，未赴廷试。两年后为清顺治元年（1644），自此隐居不仕。著《还雅堂诗集》、《邵陵风雅集》。故辑其遗稿，称之为《隐君集》。

车鼎晋，字丽上，一字平岳。车泌书之孙，车万育之子。清康熙三十六年（1697）成进士，散馆授编修，典试粤西、顺天，参与《全唐诗》、《政治典训》、《治河方略》等书的编纂。官福建学政时，推崇朱熹理学，又请增加各郡邑生员。奉命疏浚河道。旋丁父艰。因其弟车鼎丰、车鼎贲遭楚浙文字狱，甚为忧愤。旋卒。著《天竹山房诗集》、《天竹山房杂著》，精于书法。张廷玉称赞他“崇实用而不取性命空谈，居史职而究心当世之务”。

车鼎晋的两位弟弟鼎丰、鼎贲，与鼎晋齐名。鼎丰，又名道南，字迈上，号双亭。中康熙四十七年（1708）乡试副榜，未仕。著《晚闻轩诗文集》。于《四书》研求甚勤，著《四书条辨精解》、《四书大全精解》、《四书文评》多种。又肆力宋学，纂《朱子文语纂编》、《中庸辑略或问合订》。其弟鼎贲，又名世南，字须上，号南东，别号双桐。未仕。著《小歇处残稿》、《自课方轮集》、《老庄定论》、《〈近思录〉录注析微》及《正〈正字通〉》、《双桐书屋韵正》、《广三字经》、《集古三字经》、《续千字文》、《重订千家诗》等。

鼎丰、鼎贲兄弟二人，不仕清廷。恰此时理学家吕留良（1629—1683），拒绝康熙帝博学鸿词科的征召，誓不仕清，落发为僧，且著《论夷夏之防》，宣传反清思想，又著《维山录》，对满族多有讥讽。故鼎丰二人，对吕留良甚为心仪。据邵阳地方传闻，车鼎贲有次在友人家饮酒，忽有一蚊虫飞进酒杯，便说："何物么麽，乃阑入中原耶！"明骂满人是"阑入中原"的"么麽"。其《咏紫牡丹》有句云："夺朱非正色，异种烂称王。""夺朱"，指抢夺明王朝朱氏的政权，现今掌权的"异种"，不是"正色"。其《曝书》有句云："清风不识字，无故乱翻书。"这是讽刺清朝廷不懂治国安民之术，在"乱翻书"。"无"与"胡"同音，"胡"即指满清。其《捕鼠》有句云："毁我衣冠皆尔辈，扫渠巢穴待明朝。"又《饮酒》有句云："大明天子重相见，且把壶儿搁一边。"句中"明朝"之"朝"，可读为zhāo，也可读为cháo；"壶"与"胡"同音。四句诗，用谐音法，明明白白地表达了一种强烈的反清思明的情感。

雍正五年（1727），以授徒为生的湖南永兴人曾静（1679—1736），因读过车鼎丰编的《吕子评语》，深受吕留良思想的影响，派其门生衡阳人张熙至陕西，投书川陕总督岳钟琪说，岳钟琪是岳飞的后代，而满人是金人的后代，岳家与金人当是世代怨仇。书信中同时指出了雍正帝胤禛“谋父、逼母、弑兄、屠弟、贪财、好杀、酗酒、淫色、怀疑诛忠、好谀任佞”等十大罪状。因而劝岳钟琪起兵反清。岳钟琪向朝廷告发。曾静被捕下狱，牵连吕留良。此时吕留良已死，清廷下令开棺戮尸，并将吕氏一族或斩首、或充军，妇幼都籍没为奴。这就是清初重大的“曾静投书案”。时随其父车万育住在江苏金陵的鼎丰、鼎贲兄弟，因刊有《吕氏评语》，与其他不少人一样，受曾静案牵连被捕。鼎丰兄弟在狱五年，著述不辍，鼎丰著《语类哀圣录》，鼎贲则著《惜宝录》等。雍正十一年（1733）十一月二十六日，双双被杀害。刑前，儿子问鼎贲有何遗言，他嗔目厉色道：“吾上不愧天，中不辱祖。更何言！若归告汝兄弟，书不可不读，善不可不为，祸福听之。”

车鼎丰、鼎贲兄弟遇难后，他们的著述多被焚毁。今《双亭集》所剩鼎丰诗仅四首，都是从《沅湘耆旧集》中转录而来的，所留文一篇，则转录于《宝庆府志》。鼎贲，今留诗仅七首，其中五首抄自《沅湘耆旧集》，另两首抄自车氏族谱，文六篇，亦抄自车氏族谱。车氏二人一生心血，全部著述，如此毁于文字狱中，实深叹惋！

车敏来（1688—1749），字逊躬，一字望亭。车鼎晋之子。康熙二十五年（1713）进士。历官广东新会、山西安邑知县，迁山西保德知州，改隰州知州。在任，治海监，革盐政陋规，修试院，在在都有政绩。历两省二县二州，不名一钱，常大书对联于大堂：“勿作子孙计；是为父母官。”好读书，闲辄手捧书一卷，谓：“养我精神老读书。”著《偶然草诗文集》，今逸，仅存诗一首。

车无咎，字补旃，号燕岩，是车大任的玄孙，车鼎黄隐君的儿子。康熙四十六年（1707）拔贡生。学政潘宗洛评其文曰：

"王子〔王元复〕较大，车子较深。"有学行，深经术，与同邑王元复、衡阳王敔（王船山之子）、攸县陈之驱，被称为楚南四家。著《承雅堂诗文集》、《尚书口义》、《辨类编》、《切己录》、《老圃杂说》、《家鉴》及《韵书论略》等，又与王元复共同订正《皇极经世》、《洪范内篇》。宝庆知府仿古代分经教士之法，聘境内五人主讲五经，车、王二人俱受聘。同邑人魏源，青年时代读过车、王二人的书，对二人颇景仰，受二人所宣传的理学影响较深。

车照，字萤庄。光绪十四年（1888）举人。授徒为生。著《听雨楼文诗集》，今仅存诗四首、文三篇。

车文彬，字尔雅。县学生员。家贫，以授徒为生。其子车元昺，字旭皋。光绪五年（1879）乡试，得举人。后大排二等，选攸县训导。著《星樵诗草》。车元昺之子车毓春，字子顺，号星岩小樵。著《星岩草》。然今《广文集》中，仅存元昺之诗八首、文四篇，仅存毓春之诗十三首、文三篇。

车望湖，字湘亭。堂弟车寅庆，字瑞庭。二人均家贫，虽力学，却终老为诸生，不售于世。故不免有"满目榛荆触目惊"、"几辈蹉跎几折足"之感。

车玉襄，字小舲，号莼村。车鼎晋之玄孙。其父车麟轩，曾参湖北巡抚胡林翼幕府。玉襄从戎后，积功迁通判（知州的属官），后署湖南江华知县，实授永桂理瑶通判。著《梅隐庵诗集》。今《车氏一家集》中，除车大任参议外，车玉襄为存诗最多者。馀姚人邬同寿谓其诗"顿挫苍凉"，与他一生郁郁不得志有关。

自车鼎丰、鼎贲因文字狱起而遇害后，车氏历代著述六七十种，或被焚，或毁版，或深藏不露，或仅馀残篇。乾隆年间，清朝廷开馆修《四库全书》，多次檄征车大任的《萤囊阁集》和车以遵的《高霞堂集》，都尘埋不可得。为此事，车鼎黄赋诗云："岂知三箧亡书早，尚自千金易字悬。白雪当年推古调，青云弈世在时贤。”到湖南新化人邓显鹤（1777—1851）纂《沅湘耆旧集》时，大力搜求车大任等人作品，也不过得几十首。

至民国初年，刘粹叔在车氏后人的协助下，才编成这部材料仍然很不完整的《邵阳车氏一家集》。刘粹叔，字达武，号纯公，邵阳人。清末就学于濂溪书院。他是个热心于文化积累的人士。在官云南元江时，编辑《马悔斋集》。马悔斋是云南元江人，与昆明人王永斋、昆明人钱澧齐名，号滇南三杰。又编辑了《松坡集》。松坡，为蔡锷的字号。撰《辞源钩摭》。还拟仿效《沅湘耆旧集》的体例，编湖南籍人士的诗词为《湘雅》，或专编邵阳籍人士的诗词为《邵雅》，二书虽未成功，而作为《邵雅》的一部分的《邵阳车氏一家集》，却于民国二十二年编成，经车氏后人、知县车赓校雠一过。

此次校点，即以民国二十二年冬车氏家刻本为底本，参照《沅湘耆旧集》、《湖南文征》等加以校勘。文中所有有“按”字的按语，均为刘粹叔所撰。此次校点中发现的一些疑窦和互见重出处，不得不列出，以校记加以说明。

易孟醇

于二〇〇八年夏六月

目　录

卷首

参政集

卷一

卷二

卷三

卷四

卷五

卷六

卷七

卷八

卷九

卷十

卷十一

卷十二

卷十三

附录

车逸民集

卷一

卷二

梅叶树半已枯，叶从左发，枯荣相间，郁然古姿，不

卷三

卷四

卷五

卷六

附录

卷七

卷八

卷九

卷十

卷十一

附录

车教授集

卷一

附录

车都谏集

卷一

卷二

附录

车饮宾集

卷一

卷二

卷三

卷四

诗四七言律之一

卷五

卷六

车隐君集

卷一

车督学集

卷一

附录

车双亭集

卷一

附录

车贡士集

卷一

车孝廉集

卷一

附录

车广文集

卷一

附录

车双秀集

卷一

附录

车别驾集

卷一

卷二

卷三

卷四

附录

邵阳车氏一家集末卷

卷首

邵阳车氏著述诸人世系甲图

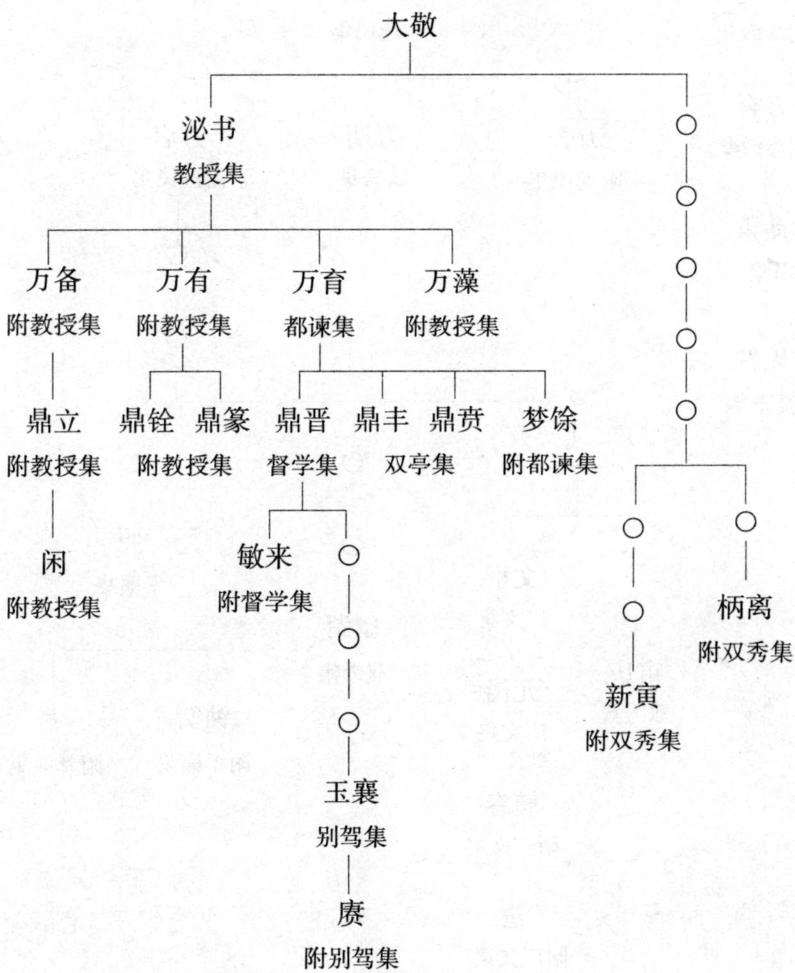

邵阳车氏著述诸人世系乙图

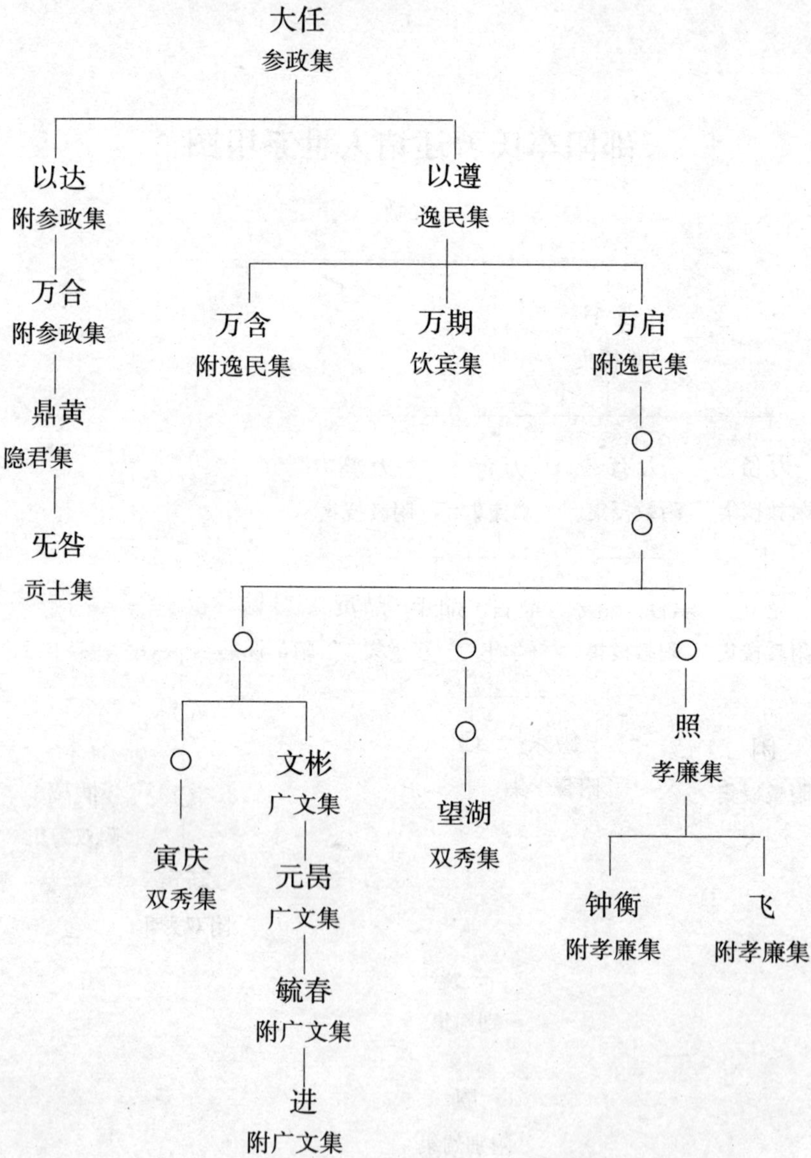

石序

自余为儿时，甫习声律，即读邑先辈车太史《启蒙》一书，晴空晚照，去燕来鸿，上口琅琅，触目无非诗者。弱冠游邑城，于爱莲义塾、双清亭、东山古刹，往往见车氏擘窠横额，盖鹤田都谏暨直亭教授手书，穆然想见兰亭瘦本、圣教遗序之风范焉。负笈麓山，然后知都谏曾长是间。自卑亭题碣朗存，摩挲自喜，以为吾邵先正典型尚有存者。然自平岳督学天竹山房外，未悉知车氏一门文翰之盛也。偶检县志，藉谂高霞堂以诗名一时，远溯秋田，俯视竟陵。廖氏《楚风补》、陶氏《楚诗的》，历称引之。今读其《我思古人》十二章，《来日大难》、《短歌行》诸诗，龙川凤岢，寄兴远游，义不帝秦，彪然大节，把诵回环，未尝不感叹其身世焉。尝怪清初以鹤田、平岳父子科第之盛，其旁支明经孝秀，盖以十数，而劬园乳弃以隐逸鸣，各行其志，何度量相去之远耶？乳弃有《双清亭次彭禹峰先生而述》诗，彭为有故国感者，其诗今镌壁间，读者流连，而乳弃诗识者较稀。先辈尝口传金黄门堡赠乳弃句，有"由他新贵鳞鳞甚，名世文章总壮观"之语，盖乳弃之隐，自隐也，非不能为新贵者。精神劫火，事业名山，霜磬烟钟，盖有不可言之隐焉。

黄门当明清鼎革之交，尝寄迹邵东，与衡阳王而农、邵阳罗养浩至契，劬园、乳弃父子时相过从，其赠诗当在斯时。又陈公禄赠诗有云："重历沧桑只故常"，可以论其世而知其人矣。子补旃，贡士，筑木石居，能世其家，理学宗传，使同时学者兴春山雨过、野水云横之感。县志载其与衡阳王敌虎止游，虎止盖船山先生夫之次子，于此知车氏一家风教，固有自来。而双亭昆季所为，殉义如归，非徒为书案牵牵而然，抑其志也。所惜晚村诗集，板毁犹存，双亭双桐，覆巢之卵，完墨无多，则又不幸中之尤不幸也。考船山遗迹，多在蒸阳，与邵人士结纳为多。车、王之交，当不自虎止始矣。

抑余有感于邵邑诗人，自唐代胡氏咏史诗外，作者寥寥。山川郁勃，城郭嶒嵘，六岭亭前，双流如镜，骚人逸士，题咏宜多。而宋元迄明，落落寡闻，良不知随风云以湮没者何限。即如车氏一家作者，自参政《囊萤阁》始，代有词华，而尘埋二百馀年，至邓湘皋学博乃有五车之集，顾各不十数首。迄今风雅式微，文武道坠之秋，车子瑞阶始慨念前徽，刊以行世。而裒以成集者，为同邑刘子粹叔。余于是为瑞阶喜，而益为粹叔望也。雨石斋诗云："搬柴运米寻常事，珍重家珍好自培。"瑞阶之责也。繄五峰檀江，云蒸霞蔚，山明水媚之间，代产英贤，当更有抗钟谭而起者，吾粹叔宜益有以自励焉。是集也成，资江文献，弈叶有征，非但车氏一家之庆也。然乳鼻之赠王稚潜也，有云："何以报君德，弈世中心写。"以今较古，所存益多，黄雪园不得专美于前矣。凡粹叔所编，合十有三集，皆可诵，不悉论，论其大者。既卒读，属弁其端，爰书此以复之。

时民国癸酉冬月，邑人石广权序于星垣船山学社。

卜序

合集不见于古，吴郡二陆，各有集十卷，未尝合也。阳夏谢氏，朓、庄、灵运、惠连，皆各自为集。而唐王剧、王勔、王勃，杜易简称为三株树者，其集或不尽传。惟窦常与其弟牟、群、庠、巩，有集曰《联珠》。李尚一与其弟乂，有集曰《花萼》，是为古人合集之始。自是以后范文正与其子忠宣合集，眉山苏氏，老泉与东坡栾城合集，而附以苏过斜川。洎乎有清，宁都三魏集之合，则世杰、世傚、俨皆附焉。于是竹垞之集附笛渔，简斋之集附香亭，一循往例矣。

明清之际，邵阳车氏，自参政至别驾，凡七世，以诗文名者若干人，集都若干卷。癸酉之岁刘子粹叔编之，颜之曰《车氏一家集》。浩矣，博哉！古未有也。明季遗老，以华夷大限，上积恨于元，下纡愤于清，辄欲锄以笔舌，剑及履及，情见乎词。而清帝以为各为其主，不如是，不足以对旧君，非显有逆谋，则覆帱而持载之，惟恐不至。以故亭林、黎洲、船山、濑园、晚村诸先哲，遗编坠简，各以次流播人间。即龚自珍之生长太平，沐浴有清恩泽，几世几年，其书往往运以微词，倒戈相向。清帝亦不问，则其他可知矣。车氏有作，亦何所顾忌，而不使早见于世，必沉沦暗黮，至三百年之久，然后一发其光。

当日参政父子，官泰昌、天启间，诗文固未涉有清一字，异代又乌从而议之耶？然一二人者，以此贾祸，其子孙即不得不以此自惩。苟骛一时浮荣，而使先人手泽之遗，付之煨烬，仁人孝子，何以为怀！自古文章之废兴，动关运会，昔之悬为厉禁者，不转瞬皆至理名言，易地而观，义各有托，其中消长盈虚之故，君子盖知之深矣。经籍之光华，生于烈焰之既息。雷霆有时而奋，日月亦有时而昏，古圣贤彝训，与夫文章之事，亦若是焉已矣。然则刘子用心之苦，不仅为车氏一家门户，而实邵阳一县百数十年文献之征。古人合集于承平无事之时，其功易；今人合集于干戈满地之日，其事难，则虽谓驾花萼、眉山而上之可也。

癸酉冬仲，醴陵卜世藩敬序。

颜序

士之怀才负异，郁结不得伸于时者，往往托于诗歌、文辞以自寄，其意非有冀于人之知，有所徼幸于后世不可知之名。而人之知之也，或异地而相思，或千载而仰慕。彼其气类之感，若有物焉为之相引而相吸。此古今文字之灵，所由相续于不敝，而乾坤正气，所以不毁于狂流奔放之会也。

今天下岌岌然矣，国步颠蹶，九法沦夷，民生蹙疾，未知所措。刘君粹叔独亟亟以纂辑先正遗文为务，昔官元江，刊行《马悔斋遗集》；罢官归来，成《蔡松坡集》，今复有《邵阳车氏一家集》之刊。车氏当明清鼎革之会，门才之盛，几与眉山苏氏相埒，而后嗣继美且过之。鹤田都谏之忠直，子仁参政之吏治，双亭昆季之以文字贾祸，狱中著书不辍，与夫隐君、逸民之高尚其志，此皆天地刚正之气，吾华民族精神之所寄也。粹叔搜遗拾坠，显幽阐微，如恐不及，片语单辞，得之惊喜，珍若球图。辑录者三十有五家，为书四十有五卷。呜呼，勤已！此虽车氏一家之学，得粹叔阐扬而光大之，而名益彰。粹叔以表章先代文献为功，不得先贤之遗文，而心不光乐。今观此书之成，裒然大观，乐何如也！吾闻粹叔将继此而有《邵雅》、《湘雅》之辑，意佳哉！扬楚国屈、宋之流风，张左、史倚相之盛业，吾尤翘首企足粹叔之成功也，遂书此以为之券。癸酉冬十一月，湘乡颜昌峣。

夏序

癸酉九月，余自浙来邵。车君瑞阶出其先人著述相示曰：“吾车氏先世遗籍甚多，镌行之本，一燹于明末流寇之祸，再燹于清初滇藩之变，今已无复存者。是集之编，实出于吾友刘君粹叔之手。今正付镌，子其为之序。”

车氏世为邵阳望族，自明初粤西迁居以来，代有名人。参政之吏治，都谏之忠直，劬园、理中之高风亮节，炳耀寰区。其馀文章品行，著名于时者，不可胜数。而督学视学福建，崇正学，黜异端，毁淫祠，升祀勉斋、北溪于两庑，以朱子之教，倡朱子之乡，流风馀韵，至今未已，其有功于世道人心尤大。

自清社既屋，异说纵横，礼教纲常，扫地以尽，孔、孟、程、朱之学，视若土苴。政治日坏，风俗日偷，岌岌有国亡种灭之惧。环顾九州，治兵抚民，有如参政者乎？直言敢谏，一日十疏，有如都谏者乎？避征却聘，怀才高蹈，有如劬园、理中者乎？而掌教训士者，于自由平等，犯上作乱，公妻共产之说，举不惜躬行以为之倡。先圣先贤之教，五千年礼乐衣冠之制，则摧残毁坏，惟恐或后焉。求一如督学之崇正黜邪，提倡程、朱，以转移风气，挽回世运者，渺不可得，则尤使人追慕景仰，而叹贤者之不作也。瑞阶眷怀先世，念曩昔声教文物之盛，思所以继往开来，爰印是集，以示族人，其有闻风兴起者耶！而瑞阶身当乱世，心切救民，虽不得位，忠言谠论，讲学明道，笃志力行，必有可以上继祖先，下为族人取法者，进则为参政都谏、督学，退则为劬园、理中，倡一族以倡一邑一省，予于瑞阶望之矣。此书之印，箴砭当时，昭示后世，有识之士，皆当诵读取法，是又不特车氏一家之集已也。把卷三复，遂不辞而为之序。

孔子生后二千四百八十四年，岁次癸酉九月，富阳夏成吉序于邵阳。

李序

吾邑车氏，自晚明以来，世有文才。顾其著述流布于世者绝少，盖自清雍正五年，楚、浙文字之狱起，双亭先生昆仲皆罹于难不获救。为之后者，或竟销毁以远祸，其幸存者，亦仅珍为祖祢手泽，秘不肯以示人。故负一时重名，如孝思先生之《高霞堂集》，入清以来曾经六刻，而至乾隆间，湘人所刻廖氏《楚风补》，虽尚存诗数十首，已不能举其名氏。

道光中，新化邓湘皋氏纂《沅湘耆旧集》及《宝庆府志》，广求先哲艺文，于车氏一家著述，多所采访。或著录，或存目，不可以一二数。然荆山之璞，丰城之剑，韬光匿采而不显者，亦未可以一二数也。同邑刘君粹叔，稽古好文，与湘皋氏有同癖，游滇宰元江时，于百务丛脞之中，访求《马悔斋文诗》，为遗集刊行之。既归自滇，隐身军幕，一以搜求乡先哲佚文为务，欲继《湖南文征》为《诗征》。以吾邵为湘中人文之所萃，欲先纂《邵雅》，又以邵之人盛于车氏，先为《车氏一家集》，旁搜远征，展转探索，穷年孜孜，夕以继晷，共得三十五人，订为十三集。于车氏一家之作，势固终有未能尽者，然已远多于湘皋氏之所得矣。

集成，以稿示农，并令为之序。昔曾文正尝谓湘皋氏搜讨湖南文献，如饥渴之于饮食，盖以千秋者，人与人相续而成焉者也。人能宏道，无如命何！或碌碌而有声，或覃思孤诣，而终古无人省录。彼各有幸有不幸，后起者为一一掇拾而光大之，是乃长逝者之所托命也。粹叔之用心，盖亦如是。农，湘人，而亦邵人也。今睹《车氏一家集》成，不独为车氏幸，行见《邵雅》与《湖南诗征》相继入世，则吾邵及全湘好文之士，将皆庆幸无量。书此待庆，并以勖吾粹叔。

同学李剑农识。

赵序

吾友刘子粹叔，攻文史。应科目时，已耽著述，尤好搜遗拾坠，穷求先哲旧稿佚文而爬梳之，以著于录。既成马悔斋、蔡松坡二氏遗集矣，又欲继《湖南文征》而为《诗征》。近且以所辑《邵阳车氏一家集》抵余四得斋中，促为序其目。都凡四十五卷，曰《参政集》十三卷，《逸民集》十一卷，《教授集》一卷，《都谏集》二卷，《饮宾集》六卷，隐君、督学、双亭、贡士、孝廉、广文、双秀七先生集各一卷，《别驾集》四卷，《补录》一卷。语其例，有异乎仅出一手之李笠翁一家言；综其量，又溢乎父子兄弟之眉山苏氏集。自来家集之刻，未有若是其宏富，则粹叔之劳可知矣。

夫古之君子，初未尝有意立言，以求称于没世，而其正气之流形天地，恒托诸文字而不朽。顾文之显晦，亦各有时，大抵不触时忌，而其身若子孙又能及时珍惜而校刊者，其文郁然而日章。否则，有待于后之学者之发潜阐幽，世乃得传诵而尊道之。

吾邵地属山邑，人文不显，晚明以来，门才之盛，无过车氏。自子仁参政以迄小舲别驾，凡七世，能以文字成家者三十五人。益以参政君之循良，都谏君之忠鲠，督学君之力崇正学，隐君、逸民两君之高风亮节，其文辞宜若可以照耀寰宇，而传之无穷。乃自清初文字狱兴，双亭昆弟相继遇难，其子若孙不得不绝版以冀远祸。于是车氏一门之忠言谠论，高文鸿烈，遂若仙乐天曲之不复闻于人间。嗣后撰修明史，至数数檄征参政《萤囊阁集》及逸民君《高霞堂集》，而卒不可得。三百年来，惟方志与昆山徐氏传是楼略存其目，此非文亦显晦有时之征耶！今粹叔于三百年后，殚精竭力，使之（裦）〔裒〕然成帙，蔚成一家之言，此不仅车氏先德之光，盖亦吾邵文献之幸事也，故乐为一言以附益之。

癸酉大寒邑人赵恒。

李序

古之人，其心得托于文者，仅矣。而文得传于世者，抑尤仅也。后之人，克见古人所托之心于文者，仅矣，而见古人所托之心于文，必欲尽出其文使无一佚者，抑又仅也。

明清之际，邵阳车氏，或仕或隐，或祸或福，要皆以学问气节相砺。第就文考之，不言之隐，浩浩乎靡尽也。加历乱邅衅，即此已见著述者自有之无，求一二流布未易得，即幸流布一二，而转写变误，末由起古人问之，谓已见古人之心矣，可乎？而况欲自有之无者，一旦复自无之有乎？虽然，好学深思，心知其意，读三代以前之文然，读三代以后之文何遽不然？物聚于所好，而得于有力之强，贵角革珠玉然，贵残篇断简何遽不然？知此则刘子粹叔辑《邵阳车氏一家集》，其事难，其勤实甚可敬也。吾恶知车氏历世诸贤，其心之已托于文者，不即在是耶？吾恶知粹叔所欲尽出使无一佚者，不终遂愿耶？

癸酉小寒日岳阳李澄宇序。

曾序

明清之际，邵阳车氏门才甚盛，几于人人有集，其存目志乘者，无虑数十种。因清初兵燹，版片及藏稿无存。继以楚、浙书案，双亭兄弟同时罹害，于是为之子姓者，悉举所有烧毁之以远祸。故乾隆时，四库开馆，部檄指名征取参政、逸民两先生之书，其家无以应，仅载传是楼书目。呜呼！文字之劫，固如是酷哉！

近者国体变更，其他人所秘藏者，日稍稍出。吾老友粹叔氏始得搜辑三十馀人，编为车氏一家之集，而车氏名瑞阶者从而刊布之，使数百年后，人人得窥其先人绪馀。何车氏之泽长也！余因之重有感矣。唐之胡秋田，邵诗人也，其咏史诗，历宋、元、明，已为海内孤本，清初修《全唐诗》时，得车平岳太史进呈，其诗遂得著录。吾粹叔于人往风微之后，赤焰方炽之秋，既编《胡秋田集》以行世，又访辑诸车之书，其功固不在平岳太史下。而其用心为更苦，用力为更勤矣，何邵人之多贤哉！粹叔与余自幼为畸人学，同执弟子礼于新化李吕伯先生之门。余后东渡，粹叔则宦游南北，足迹几遍中国。归而肆力著述，淡志荣名，而以钝公自命。人方务高，粹叔以钝不自卑；人竞为大，粹叔以钝不自小。日与古人晤对一室，高大于我何加焉！嗟乎！粹叔其真与古为徒之人哉！他日必有传其等身著作，以与其乡先哲后先争辉者，钝云乎哉！

武冈曾沛霖识于湖南大学之通艺斋。

尹序

光绪季年，余与刘君粹叔同学濂溪。君豪迈俊逸，试辄高等，同学皆异之，而余顾落落。民国四年，以县知事分发云南，相遇逆旅，别十馀年矣。初不相识，已而握手大欢。其时同分发者，吾湘有唐君樾森、任君青谷、谢君咏春、周君宣三，皆绩学士也。日相与讲道论文，及民风施政之宜，意气相得，欢甚。或博弈饮酒，声震屋瓦。或并辔郊圻，上苏台，走龙潭，观唐梅、宋柏。登大观楼，煮鱼大嚼。望湖光山色，烟云杳蔼，旷然忘其身之羁旅万里，与其时之风云扰攘也。逾年，余赴澄江，君亦奉檄元江。又逾年，返省。锐意搜罗乡先烈松坡在滇佚文，而遗我以所辑《马悔斋集》。马悔斋者，元江耆宿也，与昆明王永斋、钱南园先后齐名，号滇南三杰。顾子姓式微，遗著散佚，官斯土者，至不能举其姓氏。君既编纂县志，又亟亟搜集成书，于以知君非俗吏也。君以奉讳，未几去滇。余辗转曲靖大关，不相闻问者，又五阅寒暑。十四年，乃得投敝归养。越二年，革命军长驱武汉。余来长沙，则《松坡集》〔裒〕然插架，君方伏首几案，若不知天下之风起云涌者，相与静观而已。既而君参戎机，余(椽)〔掾〕①省府，会合不常。

二十二年，君来自茶陵，为《辞源钩摭》二十馀万言，考核精确，商务印书馆拟以五千金购之。并为余言，将仿《沅湘》《资江耆旧集》之例，搜辑湘、邵古今诗词，为《湘雅》、《邵雅》二书。而先以《邵雅》之车氏一家集见示，为人三十有五，为卷

①据文义改。

四十有六，琳琅璀璨，渊源一门。盛矣哉，古未尝有也！

余束发受读，即闻鹤田父子为吾县名翰林，而未见其著述。乙巳，与车君晖同列县试前茅，亦未询其先世尚有参政、教授诸人。读魏氏书，知默深先生经学时务，为海内宗仰，而不知车氏一家之学，实与之颉颃上下也。夫词章之学，为今学者所不道，然文以载道，无车不可任重，无文讵可行远乎？况逸民、隐君之大节彪炳，足以照耀寰区乎？吾县人士，可以兴矣！

昔汉末造，奸佞擅权，诸附离之者，起家至二千石。而扬子云默然草《太玄》五千言，不惜为官之落拓也。君之穷穷兀兀，与时背驰，将无似之耶？吾甚愿君之《辞源钩摭》成交，以二千金买宅，三千金治生，不奔走于衣食，继悔斋、松坡集之精神，潜心并力，成所谓《湘雅》、《邵雅》者，岂惟发潜德而光湖湘？余亦得朝夕聚首，藉承切劘，不复如昔之聚少而离多也，岂不幸哉！惟在滇诸子，转徙零落，终古不得合并，追思旧游，不能不惓惓于怀也。

民国二十二年冬十月，邑人尹彬。

東条政集

李劍農題

東萊文集

车参政集卷一

车参政大任传略子以达　孙万合

大任，字子仁，一字春涵。其先丹徒人，有官荆州通判名济者，景泰初至宝庆，乐其风土，家焉，遂世为邵阳人。父承道，字子文。性诚朴好学，以岁贡不赴廷试，督学者高之，题请遥授训导，著有《尚书大指》六卷。

大任幼有奇童称，十岁补县学生。登明万历庚辰进士，授南丰知县。邑故有召佃官田，嘉靖流寇之乱，户多逃亡无主，存虚粮困民。大任请得召民便买，报可，檄邻邑仿行。一月获价三万有奇，民称便。大府才之，首登荐剡。而御史某劾其借均田博首荐，旨下革职。会户科条陈虚粮疏上，部议谓大任实有功，由平谷尉稍迁遵化令。遵化，北平右辅，边军多于土著，南人充胥役，并为民害。大任发摘如神，军吏皆慑服。又两随大吏治兵口外，处置得宜，咸倚重，行取历南评事礼部郎中。南都无事，日与邓廷赞、罗洪先、耿定向诸人，讲学契性命之奥。

出为福州知府，时东南方困倭寇，大任练军实，缮城隍，首行常平社仓法。而抚、藩方构衅，事多牴牾。大任言要地多故，宜同心固圉，不宜以私嫌误公事。时抚闽者为金省吾，布政使郭子章也。重大任言，遂欢释，海氛以靖，治行为八闽冠，得优赉。事载《续文献通考》，福人为立生祠。

丁父艰，去官，服阕，久之始赴补。时闽人丁哲初、浙人贺伯阁，同官铨部，丁以大任得福人心，拟注漳州。贺曰："是岂闽人所得私？吾嘉久缺贤守，愿以见让。"遂注嘉兴以上，报可。嘉民久困漕纲两征之苦，而文学为浙最。大任首蠲贷漕纲宿逋，出久系，为均调两征，民得更休，积惫遂苏。复大置学田，择士之秀而贫者，赁舍居之，月给廪禄，而严立程课，善衡鉴，能以尺幅定人终身。门下士致通显、能文章者甚众。

擢按察副使，分巡浙西道，兼整饬嘉湖兵备。嘉地濒海，兵备所辖，率各卫所兵校驻防，坐食日久，为民困。大任守嘉时，稔知之，至是严加管束，悍弁敛迹，军政一肃。又建仁文书院，广集知名士居其中，文教大兴。

晋布政使司左参政，分藩温处。一以治嘉湖者治之，沿海安堵。考满，方留题本藩推巡抚。大任念母老，恳辞归养。母卒，即不复出。

泰昌、天启改元，两奉诏旨，进阶布政使。当道为起方岳第，名所居曰仁孝里。年八十馀卒，祀名宦乡贤。

大任有至性，推诚为治，仕迹多在闽、浙。民神奉之，括苍生至以木肖其像。自少有诗才，乐奖进后学，以此为士论所归，所著有《囊萤阁正续集》四十卷。按：《宝庆府志·耆旧传》作廿卷，《艺文略》作正续集卅卷，今从车氏谱书目，又车氏谱作《萤囊阁草》，与府志异。陈文烛玉叔序云，我朝诗莫盛于宏正之际。吾楚李文正公起长沙，主张骚雅，推毂后进，有平津开阁之风。而一时才俊为之羽翼，若北地信阳，尤表表焉。肃皇帝初年，若茶陵张文邦、蒲圻廖鸣吾、黄冈王梦泽、应山颜唯高、沔阳童士畴，号楚材甲于中原。嘉靖之末，先大夫庚戊榜尤多才子。兴国吴明卿与历下弇州，狎主词盟，而先大夫及蒲圻魏顺甫、京山高伯宗与之唱和，高调翩翩，满宇内矣。嗣予为廷中评，复结诗社。而五子之徒，俱以解散，独明卿偶来京师。见余诗，异之，赋诗为赠。中云："大丘有子能殊众，北海论交不问年。"私心感焉。后予为南廷尉长，邵阳车子仁为廷评，雅有文学，相见欢甚，恨相知晚也。乃明卿偶游白下，见子仁诗，异之，亦赋诗为赠，中云：“灵均感慨追三后，太史凭陵陟九疑。”子仁感焉，是爱子仁不啻爱予也。会予解官西归，始取子仁集阅之。子仁拜而请曰：“愿先生一言以终吴先生之爱。”陈子曰：“予少闻先大夫言诗，自三百篇及汉、魏以至唐人，虽不相沿袭，而实相流贯，大都论境论气。然理在人区谓之境，不由于学非真理也。势凌云表谓之气，不根于素养，非厚气也，诗可易言哉！予观子仁诗，诸体悉备，而温厚和平，得古人之遗，有风致而不伤于境，有才情而不泥于气，真如衡山之阳，春和景明，而朱陵洞口，奇葩烂开。如洞庭木落，君山一点在水云之间。又如湘灵鼓瑟，婀婉萧旷，不似从尘鞅中来也。惟楚有才，子仁当之矣。昔高达夫工于暮年，语时也；杜子美细于晚节，语学也。子仁方壮，假之岁月，所学逾深，琼敷玉藻，大放厥词，为昭代名家，追配吴先生于作者之场。异日张吾楚者，吾知必子仁也，愿与子仁懋哉懋哉。陈所蕴子有序云，诗自三百篇而后，屈大夫原变为离骚，其徒宋玉、景差、唐勒辈，从而昭明之，遂为后世词赋之祖，则皆楚产也。入明以来，远者无论，迩者吴参知明卿、陈廷尉玉叔，皆以旷世逸才，扬于风雅，灿然列于著作之林，高视千古。未几而祠部车君子仁，接踵起矣。君赋才宏博，自为诸生时，即事吟咏。已上公车，荐太常，自喜为诗益甚。出宰江右，以岂弟得民和，鸣琴而不下堂。故其诗优柔平中，舒徐连蜷而有致。徙官北平，为边徼地，时时奉部署檄，往来渔阳上谷间，习其雄风劲气。故其诗蹈厉发扬，悲壮慷慨，能令读者避易而不敢前。量移金陵，纵观陵寝宫阙之富，蹑屐燕矶牛首诸胜，追寻六朝佳丽，故其诗闲雅而都雍容委蛇，有珮玉鸣鸾之度。自五七言古及近体五七言绝，各臻其妙，直与明卿、玉叔鼎足而三。祝融之墟，翼轸之野，执牛耳而狎主齐盟，无能舍词部君矣。夫楚人之娴词赋，盖自天性。吾吴人士亦好称诗，相遇中原，往往托臭味而应声气。故明卿好王元美司寇，玉叔好司寇弟敬美奉常，而祠部亦不弃菅蒯，定交不佞。不佞尝与祠部君论诗，今天下操觚搦管士，岂不彬彬家蛇珠而户和璧，顾率沾沾以近体自多，虽刻意摹古，亦仅仅望黄初、建安之辙而止耳。固未有超乘而上追三百篇之遗，而嗣其响者也。鲁人陟东山，必穷泰岱，吴人泛震泽，必溯沧溟。称诗而不本三百篇，终非正始，期与君子勉矣。祠部君有味乎予言，则愿相与切劘，共图千古。君方富春秋，务进不已，将必止乎其域。语有之：“希骥之马，亦骥之乘。”余且持为祠部君左券，是编所载，特其前矛云尔。屠隆纬真序云诗：难言哉，奇不在不经人道，经人道而人自赏心；妙不在合理在不必合理，而理自元会；工不在极雕镂，要当机而天巧；富不在多使事实，贵触景而神来。不摹古则俗，摹古则袭；不用意则率，用意则苦。余尝持是论，落落难合。今见车子仁先生，可与谭此哉！先生，楚材也。楚六千里大国，衡岳、大别、君山、嵾岭，峥嵘九州；洞庭云梦，潇湘汉沔，吞吐六合。故产为英灵，多雄豪鸿巨，莫可检柙。为诗文，不患才之不纵横，而患少法；不患气之不跌宕，而患少致。好侠者遂以侠为诗，河朔之风下矣；好禅者遂以禅为诗，骚雅之体谓何！余读子仁，妙得诗家所赏，而绝不犯所忌，则冷冷快心矣。其色华而无艳，其音俊而不靡。其调自出而轨于法，其法程古而弥于趣。最称擅场者，品题荆、楚及塞北、江南、闽、越诸山川形胜，雄壮秀朗，足与山灵水伯气势相敌，文采相发也。及读其文，则又取矩度于先哲，运轳辘于胸臆合作哉！人工与天巧并至者也。吾观先生气韵萧疏，体骨峻洁，不以吏事而废诗文，不以雅韵而妨政理，不因显贵而矫为名高，不因毛褐而遗彼下体，迟速不入其府，得失不滑其和，先生此中粹白矣。诗文之所由臻于妙境者，有本哉！何以故，箫籁之与土囊，音雅俗相远也。清明之与郁埻，气清浊亦相远也。夫诗文，心声也。中淳和者，声亦淳和；中驳戾者，声亦驳戾。余尝以此镜古人，无弗然也。读野旷江清语，则知是襄阳之高逸；读水穷云起语，则知是右丞之清虚；读风急天高语，则知是少陵之悲壮；读良宵皓月语，则知是太白之潇洒；读春蚕蜡烛语，则知是义山之柔情；读潭底树边语，则知是无本之苦思。诗文之道，与性灵若此。故余每谓学士大夫，无务养诗文而务养性灵，子仁真可语此矣。夫诗文者，固英雄末节，急功令者所弁髦。子仁方守大郡，簿书如山，而丰意搏心，耽耽此道，必不欲以百年之物，易千秋之名，宜其登峰造巅，称作者哉。余于此道亦耽耽者，今耄及而气衰，且遁而归命竹乾氏，名山之业，视为隔世住因。而子仁犹然以臭味见收，方夜泊舟河干，余赋诗二章投子仁，将发，而子仁二诗适至，并是五更从枕上得，其神情契合若尔。子仁意且以牛耳盟虚左道民，道民愿让子仁为政，悉甲而与子仁争盟者，君乡则有京山、云梦二子在，无虞道民也。静志居诗话，子仁见赏吴明卿。明卿赠诗曰："灵均慷慨追三后，太史凭陵陟九疑。"子仁弥自喜也。诗颇闲放，无局促态。《归田集》十卷、《述古今寓言》十卷。按：车氏谱作《古今喻言》二十卷，今从《宝庆府志》。《胡秋田先生咏史诗》二卷。王志远序略云："唐季诗文，多以小队取胜。时推司空表圣诗最高雅，有承平之风，而乱杂沦落。旧史几不能明其本末。王元之始力为之辨，而后乃知耐辱居士之污。士生斯世，其可悲也已。秋田先生所著《安定集》十卷，载在《唐史·艺文志》，必斐然可观。而仅于车子仁公所得咏史藏本，凡一百四十九首，律诗若干首，梓行。虽曾所主高渤海卒为叛臣，初不可谓无功于唐室。秋田本末，未能详考，然坟茔在里中，羊虎未尽崩褫其为终老于家，不与于从逆较然可知。出处大致，固无愧于表圣者哉！"按：参政所编《胡秋田咏史诗》二卷，《府志·艺文略》及车氏谱所标家人著述目录，均失载。兹从《遗民集》胡秋田祠记中录出。大任著述，兵燹后版毁。明史馆开，部檄指名征取，其家无以应，仅载传是楼书目。车氏门才甚盛，几于人人有集，实自大任发之。子以达、以遴、以遵。

以达字孺上，号湘芙，车氏谱作"湘湖"。中万历庚子副榜，早卒。著有《京兆内外编》省府志《艺文略》及车氏谱，"编"误作"篇"。各二卷。

子万合，字造父，号慕蓼。《沅湘耆旧集》作"慕湘"，今从车氏谱。大任以其父早卒，亲督课之。五龄随宦浙中，所阅奏记，一览无遗。客试之，千言不失一字。汤临川显祖奇之，荐其友钱士升为之师。见《玉茗堂集》。九龄补县学生，为督学董文敏其昌特赏，每占对，必为解颐。万合事母以纯孝闻，举天启辛酉乡试第一，年甫逾冠。考官江阴缪昌期手书致之云："足下今之子固也，欧阳取士，不以苏轼为之先，吾亦类此。"及昌期罹珰祸，报至，万合大痛，为制弟子服服焉。时有以珰祸怵之者，弗恤也。万合以名家子，恂恂如寒素。耽风雅，当道罕见其面。卒祀乡贤，著有《尚书集义》、《静远斋文稿》各若干卷。其子鼎黄，孙无咎，均自有集。

以遴，岁贡生。其子万会，鸿胪寺序班。以遵，亦别有集。

参政《囊萤阁诗文集》四十卷，车氏谱所标家人著述书目，称已刊行，而自经清初兵燹，遂世无传本。故明史开馆时，部檄指名征取，其家无以应，仅载传是楼书目。其曾孙乳弇隐君作诗志愧，所谓"岂知三箧亡书早，尚自千金易字悬"是也。后邑人王稚潜孝廉自吉州觅获残稿归湘，隐君又有诗云："况复逢乱离，家珍同物化。何幸文献邦，吉羽藏邺架。"诚感之也。既而，隐君子补旃贡士，于新婚中抄录此集成帙。隐君亦作诗纪其事，有"莫读汉书烦外舅，还将博议效东莱”之句，盖此集底本来自新妇刘氏外家。刘氏为烈愍公默庵之子，而参政之女孙也。此本乃其奁阁中物，平时秘不以示人者，故诗云然。而参政诗自此两次传抄，于是广陵散犹在人间矣。清康熙中，其族孙鹤田太史携之入都，志称高阳相国李文勤公为之序行，然其本迄未之见。至道光末，新化邓湘皋氏纂《沅湘耆旧集》及郡志时，自谓新得五车遗稿。然观其所录，不过二十馀首，则当日此老对于明代诗家之搜求，不仅于洞庭渔人硕莛园主有遗恨焉。追纂辑本编时，竟获遗稿两巨册，一为其九世孙瑞阶处长从其戚属书箧检出之本，首脱数纸，录诗自五古至五律止，不分卷帙，凡四百三十八。首书法秀劲，纸墨俱老，当是补旃贡士新婚时所手录者。一为其十一世孙观身记室送到其大父旭皋广文所藏之本，题曰《囊萤阁诗集》，仅草书七律二百七十九首，亦不署抄者名氏。合观二册，均未录晚年所作，则皆参政归隐以前诗也。乃复从方志及家谱别记中补录二十二首，并遗稿都七百三十九首，厘为十二卷。又录杂文若干首为一卷，虽佚五七言绝句，未窥其全。而以当时吴兴国先生所称为“灵均慷慨追三后，太史凭陵陟九疑”者，竟于三百年后，得之一旦。手披而目治之，其真文章有灵也夫。编录既竟，为述其始末如此。刘达武识。

诗一五言古

□□

昔游盘山巅，今历钟山址。山上遇异人，颜色如童子。授我金花笺，诲我石室字。

精卫衔木石，填海徒勤苦。女娲欲补天，炼石色成五。海固不易填，天亦不易补。

吹笛关山远，倚剑风霜寒。黄云随黯淡，白草助辛酸。征役无时返，军中行路难。

鱼处水则生，兽处水则死。用本不能通，物各有所止。谁能察其因，君当问无始。

女萝深谷里，乘春繄芳菲。有蔓不自植，藉彼乔木辉。乔木终翦伐，此蔓将谁依。

芝兰发华滋，荆棘挺葳蕤。庆云覆万物，不择荆与芝。大贤虽广容，淑忒当自知。

步上北邙山，陵墓何垒垒。无贱亦无贵，雍门同一悲。庄生诚达人，与世无所为。

琅琅玉珍声，茫茫发天籁。明月照绮疏，清风绝氛霭。虽住人境中，实超人境外。

春发庭中花，秋零阶下草。春秋倏往来，有生以为宝。胡不矢令图，少年易老成。

离离阶下草，灼灼园中花。盈盈座上客，泛泛杯中霞。纷纷乐欢娱，逐逐斗骄奢。缁衣化为素，青鬓俄生华。亦有卓荦人，寂莫自为家。采彼西山薇，种彼东陵瓜。玄草媲兰台，奇字吐天葩。太羹与玄酒，仙饭胜胡麻。高山流水音，不必问伯牙。但自适其适，寸心千古赊。

天地为洪炉，群品属陶铸。凫短与鹤长，一一有成数。得者未足欣，失者匪足怒。俯仰大块中，过眼如寒暑。人生无百年，倏忽同朝露。富贵不可常，皮尽毛安附。游心托玄虚，无为荣名误。

庄生何如人，立言务奇诡。海错入吾唇，吾亦輾然喜。云胡叛典常，尧桀同卑鄙。斧钺未足威，轩冕亦非美。珠玉毁擿之，礼乐赘疣耳。嗟哉是何言，乱世无穷底。无怀宁再逢，结绳绳不理。天子事三推，四方勤秉耜。国无圣智君，大盗胡由止。所以南华经，经世不如是。

匠石持钩绳，征材遍山麓。大用诚有需，拱把犹堪录。有树生曲辕，枝条良馥馥。一中工师抡，翻然斧斤速。何如栎杜树，远处一穷谷。梁栋靡所宜，匠石过不目。好鸟巢其巅，逍遥同寝伏。凡物托处殊，安危可预卜。樗散未为灾，奇文或非福。感此喜终全，愿为不材木。

蓟门道中望盘山

三载栖蓟门，卧游此盘谷。今日过山阿，奇观纷在目。台殿郁参差，峰峦荫平陆。瑶草匝寒泉，山花照新旭。法侣日为群，烟霭相追逐。羡彼双飞鹤，何妨有樵木。我欲往从之，松萝洗凡俗。芙蓉可为裳，薇蕨可充粟。反初贵及时，安能受羁束。羁束可奈何，临道空踯躅。

四时闺怨

梁间栖乳燕，树底驯鸣鸠。相思不相见，一夕盈千忧。千忧何忧剧，杨柳遍芳洲。忽被春风笑，吹泪落箜篌。

夏日一何长，炎飙一何驶。独有相思人，含情在千里。粉汗不成妆，琴曲难为理。采莲泛碧波，同心者谁子。

西风生夜凉，高山吐华月。孤萤自照人，空阶步罗袜。妾貌不常妍，众芳已衰歇。欲寄回文篇，关山阻秦越。

寒来暑已去，君去竟不来。冻云千里结，妾意同徘徊。梅花如索笑，妾意常悲哀。始知神女梦，朝暮在阳台。

旅怀

人生适意难，得失宁足计？何世无钟期，按琴宵流涕。雨雪洒高寒，朔风懔以厉。萧萧逆旅间，中情郁难泄。龙剑惨无光，貂裘今已敝。何以返乡园，悠然对松桂。

石门夜发

日落渔阳西，月生高树巅。不谓夜行苦，而乃驱车前。公车急期会，旷职吾之愆。古人勤戴星，后世称其贤。眇馀寄边令，惭愧武城弦。三载乏寸善，征盖频翩翩。关吏前致辞，仆者且停骖。杯中有清酒，盘中荐芳鲜。愿君食饮之，明星方在天。林间惊栖鸟，谷口响鸣泉。北风生夜凉，远心徒自怜。

征妇词二首

忆昔初嫁君，登堂年十五。自君远行迈，茕茕守蓬户。寒衣屡寄将，寸心诘成缕。男儿自有志，为国逐豺虎。奈何不旋归，弃妾如尘土。万里滞音书，千山隔风雨。欲自到边城，肝胆随君吐。妇人在军中，难以御外侮。君如云中翼，妾如笼中羽。羽翼不相接，沉思徒自苦。

妾欲为君裳，采桑大路傍。君欲勒燕然，妾常守故乡。昔也胶与漆，今也参与商。孰能识其衷，矢之以穹苍。愿为车下尘，与君同低昂。愿为林上雁，与君同翱翔。毂转憾居诸，倏忽成炎凉。灯前频徙倚，织锦难成章。菅蒯不可弃，扊扅不可忘。君亮执高节，深闺徒自伤。

哭长女

忆尔于归时，盛年方十五。予出宰盱江，同尔辞故土。盱江非我乡，骨肉欣欢聚。三载乃言归，愁多别离苦。予更怜尔夫，不惯持门户。读书忘治生，尔翻代干蛊。百劳瘁一身，沉病何由愈。我复隔山川，尔苦向谁诉。千里闻讣音，忽然崩肺腑。尔母肠寸断，尔父心千缕。细检尔生平，痛憾应难数。父子百年情，一旦成今古。孤灯夜半时，恍惚容颜睹。严霜惨户庭，悲风起环堵。仰天一长叹，泪下零如雨。

悼内二首

结褵自髫年，琴瑟共为理。中道胡弃捐，一梦竟不起。况复在他乡，舆榇三千里。载歌薤露篇，泪溢秦淮水。记尔病中言，检尔手中枭。顿使肠寸断，宁知五内毁。猿鹤鸣凄风，哀闻窗户里。泉台夜漫漫，道路殊生死。仰视雉双飞，幽憾曷云已。

恩爱期百年，白头两无忘。仲冬霜雪至，一旦摧兰芳。忆昔贲丘园，鸡犬问糟糠。今我叨斗禄，仍自亲酒浆。奈何箕与帚，化为参与商。朔风终夜号，四顾空茫茫。遗袿犹在壁，罗袜犹存箱。空馀梁鸿案，谁其为孟光。尔魂纪他往，尔室在潇湘。

宁夏平三首

承平日已久，四海不知兵。一变起宁夏，半年犹未平。主帅既已毒，杀戮仍纵横。勾虏为外援，胡笳秋风鸣。贺兰与之共，潼关复震惊。天子赫然怒，赐剑出神京。玩师有严谴，鸣镝始专征。一战驱胡骑，再焚哱氏营。潢池净如洗，汉道长休明。

从军有精武，师徒宁久劳。元戎起将种，文士谙龙韬。期以定王国，宁辞铲贼壕。青天白日照，魑魅欲何逃。（胡）〔朝〕见决黄河，暮见息波涛。戎亭撤鼙鼓，武库藏弓刀。始能诛叛逆，先已遏腥臊。露布还献俘，壮士尽锦袍。天颜生喜色，朝贺明堂高。

昔当元昊时，此地为巢穴。谁令心胆寒，千秋名不灭。讵今数百年，逆党生妖孽。忍与国为仇，甘与虏为结。金帛及子女，一朝滋鼠窃。夜月泣边魂，黄河流战血。烈士征九边，雄兵增两浙。西塞告成功，东方更骚屑。先声已若兹，雷霆信摧折。

咏史十首

方朔隐金门，史迁浮淮湘。远近各有营，中怀不可量。鸿鹄振其羽，翩翩随风扬。斥鷃何为者，终年枪榆枋。

冯唐非不才，白首老郎署。明妃岂乏容，翻作胡人妇。人生安可知，穷达随所遇。是以伶与籍，宁自甘沉醉。沉醉靡所宜，富贵安可慕？俯视葛与裘，仰观星与雾。盈虚消息间，物莫逃此数。玩世学沉冥，二君识真趣。

千秋如一日，一日复千秋。昔年歌舞地，零落成荒丘。不见桃李园，化为沧海流。加飧还自爱，沉湎是吾忧。昼则继以夜，夜还秉烛游。曷不事明德，努力追前修。

吾爱留侯智，独与赤松游。吾爱范蠡贤，五湖泛扁舟。功成不受爵，芳誉垂千秋。情窦日以开，江海日以流。谁为砥柱人，富贵如云浮。

问君何所之，车马亦何驶。争名者于朝，争利者于市。绝无朝市心，独有巢由子。归来乎山中，巢由亦人耳。

寸阴真可惜，尺璧焉足奇。墨子悲丝染，杨子泣路歧。路自分南北，丝亦分素缁。世人聋瞆多，冥冥随所之。

季子六佩印，文公三上书。青云难自致，黄金总空虚。富贵疏亦亲，贫贱亲亦疏。不如友麋鹿，结我中山庐。

虞廷重考课，人人然功罪。鲧殛而禹兴，世胡以不泰。汉去古犹近，得人称蔼蔼。奈何一倪宽，先殿而后最。户口伪增之，初亦蒙赏赉。知人亦何艰，吏道亦何昧。谓乌为凤鸾，谓柏为萧艾。今去汉已遥，吾兹发长慨。

千秋取相位，邂逅惟一言。仲舒不见用，三策犹为繁。有时而蠖屈，有时而鹏骞。贾生傅长沙，作赋吊屈原。亦有种瓜者，优游老青门。用行舍则藏，斯理谁与论。

龙沙嫁玉颜，嫫母贮金屋。烈士死道傍，庸庸多厚福。真伪孰辨之，咄嗟堪痛哭。既憎不鸣雁，又羡不材木。世态竟何如，人情多反复。不特达者心，浮生空碌碌。

李广文、梅参军暨罗子昭、周承明、刘在田、罗葵阳、马献吾及达儿小集，和韵二首

抱膝日长吟，乃愧南阳庐。车马感骈填，烹蔬为欢娱。秋尽冬又临，岁月忽已逾。积雨酿寒威，众草随霜枯。广文情故超，参军亦兴殊。百千期共醉，三五皆吾徒。问客来何方，新安与姑苏。高谈倾四座，何用吹笙竽。今宵已过从，折简还相呼。花筵欣赏处，近在城东隅。

朝夕持手版，来游日已晡。堂帘蔽银烛，北风方号呼。嘉会苦难遇，坎坷悲世途。药石忘良友，言利骄武夫。开矿凿山谷，间架增榷酤。中贵衔天语，豺狼当路衢。矫矫云端红，耻为罗网拘。郁郁涧畔松，岁寒貌独腴。公等济时艰，吾今甘丘隅。浮沉各异路，不醉胡为乎？

登龙广山

龙蟠纪钟山，龙广何郁葱。廨宇依林麓，结伴欢游同。振衣陟其巅，京城四望通。秦淮渺天末，故垒遍江东。缅怀六代人，萧索如霜蓬。是时气始肃，乔木生悲风。登眺快我目，缨冕系我躬。安得素心人，携手归山中。

赠沈封君

岩岩天目山，汤汤苕霅水。中有肥遁人，傲倪存高视。祭酒推耆年，杖朝尊尚齿。膝下舞斑衣，堂下歌流征。儿孙纷献觞，芝兰藉甘旨。留都仰上卿，庙廊方眷倚。缅邈越山云，室远心则迩。凉风自天来，于时绥福履。如冈复如陵，恩纶锡何已。

屠比部之广州

槜李多瑰奇，伊人尤鼎族。南北重铨衡，生平耻雌伏。心迹耿长虹，赐环胡不速。乐事鹅鸠偏，门署绕花竹。一朝动天子，恩纶下钟麓。迢迢五羊城，翩翩借良牧。兹行是何辰，蕤宾正南陆。葵榴照客衣，随车洒膏沐。火米种畬田，五谷尽成熟。鱼书墨尚新，阳春遍溪谷。双幡勿踌躇，勋名肇钧轴。悃款恋同声，骊歌愧貂续。

过大梦山有作山在福州，自注

兹山名大梦，环绕城郭东。我今得其名，契悟如参同。浮生寄天壤，荣悴等枯蓬。奈何方寸间，众欲来相攻。如绳营扰扰，如鸟羁樊笼。所谋匪易遂，烈火热吾衷。昔年黄口儿，变作白头翁。我爱漆园达，逍遥驾天风。我爱曹溪禅，一语破昏蒙。虑淡身己间，心忘境益空。悠悠望霄汉，聊以比冥鸿。

东阿怀古二首

一望谷城山，祠孤草树荒。当年黄石翁，期会张子房。取履更纳履，嘑蹴曾无妨。两人事已往，圯桥水洋洋。安得所授书，读之漱馀芳。

俭德古所填，茅茨无伤财。齐国固在兹，谁筑三归台。当其定霸时，气焰何雄哉。高台成寂寞，全齐亦蒿莱。古今瞬息间，千载令心哀。

赠赵太史我白二章

忆昔宰盱江，鸣琴靡所忧。一念笃缁衣，声气欣相投。余非九方皋，君诚千里骝。纵横落风雨，咳唾生琳球。妙选入中秘，奎璧近宸旒。奄忽司文衡，朋来麟凤俦。兰佩结同心，勋业广以修。济济俱夔龙，余当侣巢由。

名世不虚生，昌运由天开。盱江达蓬瀛，发祥自内台。羡君方妙龄，业挺豫章材。今然汉阁藜，终调商鼎梅。余适离考槃，京国相追陪。摘词聆金石，高谊倾尊罍。嘉会讵能常，预愁车马催。踟蹰歧路侧，落月屋梁隈。

读率真传，羡项涤川氏高风不朽，诗以志之

神龙翔九霄，威凤鸣高冈。咄彼尘俗心，赝幻乃其常。之子产名宗，行谊何慨慷。浑沌元不凿，幽兰终遗芳。韦布借箸筹，百雉完金汤。荏苒空握瑜，山谷甘深藏。苜蓿有至味，清风溢宫

墙。傲睨辞花封，徜徉鸳水傍。荣悴总浮云，倏忽随飘扬。何似率吾真，坚持百炼钢。所以月旦评，价重同珪璋。读罢长叹息，斯人良不亡。

读乐氏家乘，羡忠义之有伸，感云礽之未艾，悠悠鸳湖，流芳并远，爰赋四章以赠

郁郁金陀坊，鄂侯称善作。朊仕归江州，故第几沦落。谁自武林来，堂构重恢拓。处士号乐安，用避胡氛恶。乐耕暨乐闲，遂以姓为乐。嗟哉岳氏忠，后人还隐约。天定自何年，日月同光灼。

芝草自有根，畴能忘其先。长水溯源流，孙子何蝉联。武穆不可作，嘉定还百年。数椽今若昔，羹墙梦寐牵。咫尺望西湖，南枝定杜鹃。所以后来秀，丽藻群翩翩。春花讵云美，松柏节弥坚。请剑于上方，孤情谁与宣。折槛荷优容，天心眷大贤。

雷电启金縢，千秋贵忠节。昔日抑金辽，名姓自弢匿。今幸际昌期，经纶显贤哲。伯氏攀龙鳞，仲氏附凤翼。总是鄂国灵，佑启咸无缺。旦晚绘凌烟，庶以扬光泽。

林震无宁宇，湍惊无纵鳞。吁天为辨诬，烈士多苦辛。世世垂善则，肫肫笃彝伦。赵宋首阳义，金元不可臣。圣代衍箕裘，弈叶殊振振。蛾眉虽召妒，葵心终见新。球琳天下宝，公论满朝绅。吴西传谱牒，宇宙并嶙峋。

陈如冈太史册封鲁藩过家二首

合浦产明珠，照乘价千镒。槜李毓宣公，唐代资良弼。丽藻昭云汉，忠诚贯天日。之子绍前徽，读书入中秘。沆瀣挹为餐，纶綍化为笔。高皇第十子，带砺宏作述。蒴桐衔命下，尼山增崒嵂。汉使谁称贤，周礼今当率。东土瘠而贫，内使虎而翼。采风献宸旒，上以匡王室。

繄余承郡命，惠贶瑶华篇。二千石匪易，百万名斯悬。出入怀袖间，佩之为韦弦。驽蹇不受策，才薄力诚绵。寒暑既以易，报琼胡缺焉。顷复辱覃纶，天语藉敷宣。倏忽持节还，旌旆欣翩翩。凤鸟本在阿，高举薄旻天。神龙本云从，为霖遍八埏。主圣得贤臣，王褒颂万年。

斋中漫兴二首

虚室何所储，满架惟图籍。好鸟鸣高枝，落花堆儿席。况此风日佳，披襟散幽寂。顿觉兴悠然，不问来何客。

虚室何所营，厌彼笙与竽。独此无弦琴，堪与道心俱。我琴清且古，千年调不孤。清以志山水，古以追黄虞。

感兴

花落满庭红，树老空檐绿。白日照湘山，清风歌郢曲。好鸟在枝头，相呼又相续。顿使主人心，淡然还自足。

西湖游后有怀

结发慕西湖，宦游当此日。兴未尽而返，奇观何草率。回首一梦间，恍惚如有失。蓬瀛岂不佳，海外遥难必。咫尺武林城，三岛堪俦匹。浅碧与深青，彩笔难传述。色泽比西施，浓淡二而一。往事已千秋，新欢仍百出。登临得句多，翩翻高鸟逸。憾不家六桥，探梅还种秫。相从白与苏，幽怀良以毕。

渡曹娥江

於越以江名，曹娥以孝死。爪体不当沉，父尸应在此。精诚变天地，区区一女子。碑阴八字题，黄绢虀臼耳。隐奥只四言，解悟三十里。今不见此碑，乃得渡此水。汤汤送晚潮，青青遍兰芷。魂兮不可招，芳闻何日已。

月夜渡钱塘江

驽骥总樊笼，谁能脱羁绁。王程不可停，旅思郁如结。一水汇钱塘，两界东西浙。夜静寂无尘，新月浮瑶阙。是时天气升，闭塞成冬节。征鸟去匆匆，掉歌亦骚屑。寒风绉微波，四顾身单孑。俯仰寄遐思，兴衰问吴越。古今犹旦暮，潮生复潮灭。芥子视须弥，鉴空还朗彻。不用竞纷华，但使我心悦。行矣缔幽盟，潇湘难久别。

刘侍御招游无念阁，同梅参军、李广文舟回纪事

此首亦见《宝庆府志》

凛凛北风生，况在寒江上。星聚此华筵，主宾情各畅。日暮咏而归，方舟远相望。石尤势益狂，中流四飘荡。彩鹢且退飞，

白头翻起浪。榜人倍觉劳，东西旋易向。嘉会不逾时，萍踪增感怆。徘徊歧路间，烟峰叠千状。彼岸半途登，回首遗歌舫。执袂更难分，行行过亭障。秉烛坐茅堂，谈峰转清旷。我心初不动，我游当日壮。雪霁剡溪时，前村问新酿。

过秋田访胡先生墓二首此二首自《沅湘耆旧集》补入，亦见府志

行行邵陵西，秋田君故里。墓碣久凄凉，花竹空如绮。怀古亦何心，踟蹰独不已。诗魂千载存，云我谁何氏。

三唐多伟人，君亦声名早。尺檄破南蛮，岂事空文藻。咏史诗百篇，芳踪犹可考。家还苗裔存，谁为传君草。按：唐胡曾，字秋田。墓在县西三十里秋田村福田寺后。咸通末，有为剑南西川节度使路岩草檄，谕西山八国来朝事。又著有《安定集》十一卷，《咏史诗》三卷。见《唐书·艺文志》，皆散佚。至明万历时，参政公始为辑其诗，王元亭为之序，然其书今亦未见。近者达武又为裒辑其诗文，仅得四卷，题曰《胡秋田集》。盖仍参政公表彰乡先达意也。其檄文，亦载集中。

贺衷一弟移居此五言排律一首，自车氏谱补入

武子起晋代，源流深且长。爰及祖父兴，大雅多洋洋。予忝窃科名，驽骀奉君王。子弟探囊来，萤火映焜煌。青钱历万选，彩笔盈千章。师友爱而敬，吴钩见锋芒。膝下两佳儿，麟趾待翱翔。眷言辟九畹，树兹兰蕙芳。出谷而迁乔，图书萃一堂。矢心博千古，旦暮远飞黄。始知缝掖贤，终充云锦裳。勉矣惜居诸，箕裘慎无忘。

车参政集卷二

诗二七言古之一

赋得衡阳雁送岳华弟还乡

尔不见衡阳雁，南北任迟回。云深孤影断，风急数声哀。怜余薄宦长千里，翻向长干聊送尔。不得同群一处飞，梦魂遥逐潇湘水。按：遗稿脱湘字。

青溪对月

秦淮渺漫水悠悠，源出钟山带郭流。馀波散入青溪里，遥接长江数千里。流绕宫庭与市廛，七桥九曲断仍连。当年小姑今不见，潮涌溪平浮如练。金陵地肺昔曾闻，半出蓬瀛半入云。夜半长空挂皎月，溪水深沉蟾不没。月照青溪分外明，金波玉镜两澄清。古今变态同桑海，惟馀溪月长不改。何如买酒赋新篇，短棹临溪对月眠。

赋塔影牛首山

塔身直上凌穹昊，塔影分明见颠倒。就中差别果无端，妙法惟当清净观。万丈毫光分舍利，千秋象教皈依地。问君此影从何来，白驹一隙暗中开。葳蕤宝树仍围绕，突兀金轮悬八表。返照低垂画不成，层层匝匝俨峥嵘。壮观移来直指掌，只馀铃铎无音响。秾青暗绿杂丹铅，徐看白练却依然。镜花佛日流传久，来观男妇群趋走。我闻四大总归空，区区塔影管窥同。我闻空花常五色，游戏灵通谁见得。好将法眼辨有无，幻生幻灭一浮图。

对酒歌

十年读书书未彻，十年游宦宦愈拙。何如掷简任疏狂，何如披襟栖岩穴。只今世路喜逢迎，吾徒原不求荣名。只今开口逢人忌，吾徒原不合人意。莫将腐鼠吓鹓雏，对酒当歌聊一醉。

游梅花坞漫赋

新春只憾多风雨，风雨妒花花最苦。问君跃马欲何之，给孤园畔梅花坞。皇州春在此中藏，掩映祇垣五色光。何花对酒不可醉，何酒看花不尽觞。自君花下来珠履，素魄芳魂随唤起。不逐繁华暖日中，独占孤标寒雪里。浮香正欲近黄昏，照影偏宜临绿水。此坞应不减罗浮，此花宁远让扬州。堪笑世人桃李眼，不知春色属谁收。可怜世事有荣枯，可怪物情生厚薄。才看春到忽春归，忍见花开又花落。今朝春色为谁开，折取花枝照酒杯。莫待花飞空载酒，逢人虚道看花回。

元旦后一日，同诸曹长宴观象台

元日椒花不尽杯，今日来登观象台。观象台高春色早，都城四面祥云开。寒梅冻柳迎初霁，两叶仙蓂呈次第。旧识周京比白门，喜从尧历占青帝。同曹兄弟俱好奇，星缠能辨浑天仪。前人制度留遗迹，圣代乾坤异昔时。一咏一觞称莫逆，习习和风生两腋。何妨新岁恣新欢，左手持螯右浮白。抚酒临风感慨多，迩岁氛祲奈若何。东倭屡见传烽警，西贼才闻息战戈。太白经天兵象起，四郊多垒臣之耻。君不见台中聚首总贤人，已有德星占太史。请君一为扫欃枪，瑞应虹流岁月长。

观海歌有序

观海亭，在山海关。考之汉、唐、宋，俱弃不守。我高祖始设卫建关，暨成祖，又增所未备。美哉！山河之固，华夷界限存焉。己丑冬，奉役至此，感赋斯篇。

我住洞庭傍，去海五千里。但闻大海名，不识大海水。奉使今从海上过，长风浩淼发白波。将军醉我一杯酒，我为将军发浩歌。滔天浴日连瀛海，沉璧浮金长不改。令人心目顿茫茫，顾彼烟涛长叆叆。乍观蜃气结楼台，又似平铺宝镜开。上有嶓冢山朝宗，下有云中上谷耸。碣石而跨登莱水，水天接处茫无岸。扶桑日涌知为旦，沙湾千万绝渔人。源头谁道通霄汉，旋若玻璃光还疑。骐骥翔坐来，入夜惟瞻斗[①]望断中流没太阳。须臾浊浪排空起。雷奔电激犹难比，鼋鼍尽见蹁跹游。蛟龙听彼鞭箠使，纵是鲛人不敢入。亦有鲲鹏化而徙，大海之奇乃如此。乾坤包纳总无馀，直下从教泄尾闾。精卫欲填那可得，桑田三变总成虚。银宫金阙通瑶圃，蓬莱中有神仙府。弱水三山未可攀，丹桃朱草无由睹。秦皇采药吾谁欺，汉使乘槎亦可疑。却怜姜女坟无恙，独与潮声历岁时。阅唐而宋俱堪咎，弃兹天险不知守。甘作边人饮马场，朝笳暮笛吹杨柳。圣神昭代奠华夷，山作屏藩海作池。雄关咫尺分南北，汉道休明谁敢窥。我今双手披云雾，问津欲去去无路。魏国遗勋在口碑，金汤险阻今如故。但愿将军酌取海水磨剑

①疑此处有衍误。

光，九重尧舜正垂裳。涓涘可助沧溟大，好翊皇图万亿昌。

送寅文林某之南宁郡守

百粤雄吞炎海边，交南溪峒遥相连。拖金纡紫钟山去，使君意气凌青天。奏对公车魁早岁，两邑鸣琴谁与俪。君家阀阅冠闽中，琐闼柏台夸世系。岂知宦海困风尘，要津无意羡他人。兀坐棘亭胆贯索，积薪几载自沉沦。沉沦独喜春无限，且挟图书夜杯盏。我也和衷一署间，感君高谊能青眼。君承纶命下鸾坡，儿童竹马拥欢歌。都忘昔日淹留久，只道专城宠遇多。淹留不憾宠不喜，羡君襟度常如此。此去黄堂日近民，定为苍生惜膏髓。讼庭细雨草新生，扈水潢池犬不惊。汉家天子号综核，早赐黄金出禁城。

下第出张家湾

前月入京来，今日出京去。事业笑蹉跎，行踪太匆遽。长途千里奈春归，梦里莺花始愿违。极目潇湘云水外，绿堤细柳思依依。

三月三十日途中作

九十春光惟此夜，主人醉我落花下。对花作赋欲留春，莫谓阳春和者寡。天时人事急相催，笑我风尘千里来。长安游子无颜色，墨貂裘敝黄金台。忆昔初，去家道上馀衰柳。今朝柳絮逐东风，麦秋梅雨移南斗。一顾谁空冀北群，千金且贳兰陵酒。江上莼鲈亦赏心，梦中蕉鹿空回首。

长门秋怨

御沟花落易黄昏，翠辇经年不见恩。月色秋光空照眼，蛾眉常自怨长门。长门一夜情多少，只凭宫漏知昏晓。漏声杳，星还皎，君不见双飞鸟。

舟行初夏口占

绿树阴初拂，清风午正幽。翩翩双腋举，五月似深秋。楚江极目三千里，来往京尘八度矣。水远山长吾奈何，雕龙倚马寻常尔。

春游即事

城中车马踏游尘，若个能闲百岁身。南陌晴宜垂绿柳，东郊风为起青蘋。青蘋绿柳逐年新，莺声到处欲留人。路入桃花最深处，相逢笑语自生春。尊前花下堪同醉，漉酒还应用葛巾。

遵化邑中，见田家以草代食，感赋

燕蓄苗，何物哉？谁向山中采此来。昨年旱魃苦为虐，赤地千里无蒿莱。新丝尽卖纾危急，旧衣复典供征催。东郊枉传谷雨过，南陆虚望麦秋回。移粟移民谁乐土，网厨尘灶多寒灰。几家老幼为饿殍，几人少壮携妻孩。枵腹攒眉馀涕泪，弃家拚命空徘徊。行行偶入深山里，采采得此愁颜开。柳枝榆皮那再得，此物聊与扶衰颓。我见贵人一朝享，陆珍海错纷成堆。坐喧管弦醉尊酒，谁能分汝羹一杯。燕蓄苗，何物哉？我歌既竟，我心孔哀。民之父母还我辈，我将何德弭天灾。苞苴实抱桑林责，矫制虚称汉吏才。安得救荒有奇策，疮痍尽使登春台。

汤泉歌，示同游彭将军

灵泉曲曲泻崩湍，一气炎蒸霜雪干。楼台倒映碧与丹，先皇曾此驻千官。谁从高处构诗坛，到来且沐且弹冠。傲吏风尘日据鞍，濯缨亭上暂盘桓。将军竹里荐春盘，边关佳会好谁看。何事令人发长叹，此山之外即楼兰。向来南牧息凶残，买牛卖剑罢干戈。频年荒歉无晨飧，十室逃亡九室单。泉之温兮民之寒，我侪醉饱情何安。安得阳春处处欢，痛饮黄龙乐事宽。温语天书飞羽翰，再与将军续大观。

奉役蓟门有作

蓟州门外风萧萧，猎马公然日射雕。大汉天王勤北顾，花骢御史下丹霄。我本优游经史客，生平著述潇湘泽。忽从边令寄干城，谬与将军谈战戟。将军身手自熊罴，六韬夙负胸中奇。锦袍金甲耀白日，列镇雄关十万师。将军宠禄今无比，出门要与同生死。冲锋陷阵赖三军，好把三军视如子。朝令修工暮守营，连宵竟旦不停行。朔风凛冽肝肠碎，落月凄凉骨肉惊。吁嗟三军所倚将，为命循分力役唯。所令壮心已被苦，催残月粮仍复私。吞并死马逃军利，自收全家美食衣轻裘。行边出塞张威势，制胜临戈仰壮猷。忽有羽书中夜报，传说单于兵已□。未曾临阵眼先昏，才接飞尘身欲倒。君不见曹家寨青山口，蓦尔孤城谁与守。又不见腰下剑手中箭，锋锷虽铦谁敢战。吁嗟尔辈受恩久且深，逍遥苟且是何心。沙场烽火谁能料，骤雨惊风那可禁。边庭积弊真危殆，我谓诸君犹可改。翻然变辙就良图，匪里雌雄胆气粗。养兵卫国摅忠义，万里呼韩稽首至。朝廷铸印千黄金，封侯正是君家事。

口外歌

李家谷近喜峰口，将军日夜严刁斗。主兵是北客是南，虏贼杀人谁责守。迩来督抚重边关，五申三令言班班。自是吾侪多背约，岂谓若曹独肆顽。事上乌台大惊诧，犹恐边情多隐诈。监司豸绣远巡行，将军棨戟纷来下。滥竽我亦同过从，巉岩鸟道一重重。碣石北来通紫塞，蓟门西去识尧封。层冈复岭穿遐裔，羌妇襁儿拥椎髻。惊惶汉吏何飞来，匍匐荒原遥睥睨。黄沙漠漠断炊烟，白草茫茫带远天。山彪野兕啼我侧，奔狐飞兔临我前。苜蓿葫芦，将军谓此即其地。纶巾羽扇，使君许我暂盘旋。北负太行南跨海，呼韩空尔祭祁连。休息从今始莫漫，胡笳乱人耳，嫖姚飞将盛。中原六郡三城凭片纸，丈夫立功千里之外常如此。我出喜峰关，目盼燕然山。昆吾宝剑系腰下，纵横杀气生云间。誓欲勤锁钥，自顾惭戎略。临风思古人，安得卫与霍。天山放马净烽烟，归来图画麒麟阁。

秋日郊行

黄叶满前山，凉风入幽谷。匹马事行游，千山禾稼熟。衰草凄迷日易曛，云间新雁又相闻。疏林古道秋多少，烟火家家霭暮云。

听秋歌和苏棠阳大理兼慰不调

西风袅袅动高城，庭前木叶萧萧鸣。暂入游人心即断，才沾旅客泪先倾。蘋白蓼红错如绮，人言秋与春相似。不知何处送清商，愁剧偏于清夜里。飒沓寒蛩枕上来，萧条短笛暗相催。天高月小三更雨，破浪惊涛二月雷。杨柳影疏梧色老，枫落吴江霜信早。残蝉断雁下斜阳，凄凄凉露湿衣裳。悲秋自古人无数，感怀三叹多佳句。君不见六一翁，亦有秋声赋。已将衣钵授眉山，又不见君家跨独步。留滞周南发浩歌，我得闻之感慨多。岂是伤秋有同调，世路羊肠可奈何！羡君词翰真双美，片言能贵洛下纸。南海明珠世所稀，波斯胡贾惊相视。逢人切忌暗中投，对君且醉长千里，秋来秋去寻常尔。

送人之京

看君笔扫千军阵，携向长安新发轫。牛斗遥连剑气雄，风云好趁鸿毛顺。大海初飞万里鹏，高台正买千金骏。不可留孙阳，知遇早相酬。君行握君手，赠君且折庭前柳，劝君更尽杯中酒。君到冠裳集紫宸，能忘萝薜初衣否。

登凭虚阁赠同游

鸡鸣山寺凭虚阁，万仞丹梯横碧落。慈云慧日护禅关，壁水桥门临国学。圣明礼乐追虞唐，六朝绮丽今非昨。已看桃李点芬芳，亦有昙花开寂寞。大地于今满俊英，诸天何处闻铃铎。秋望偏愁北客心，春游好趁南宫约。载酒还因选胜来，挥毫并有登高作。更从此处遗稿脱三字长安，尧封禹迹增寥廓。便欲乘风吹上天，云程万里看鹏鹗。

题邹南皋太平山房

君不见青原之山郁宠岚，锦屏绣谷金芙蓉。又不见朝元之山屹然立，奔流迴壑摩苍穹。名山自有高人主，吉州文献同邹鲁。君家近接太平山，钟来间气高千古。长杨初献对明光，感激生平百炼钢。批鳞直欲扶人纪，请剑还期借上方。我闻彝正先生亦与公同里，封章直斥南阳李。瘴疠炎荒岂足辞，至今赫赫声名起。

谁将砥柱障中流，杞人漆室怀深忧。不独危言忤权贵，还因直节震宸旒。长沙一出召还否，陆沉郎署胡其久。烟霞常梦故山栖，君看富贵真刍狗。何须前席赐环时，朝野倾心瞻北斗。沛为霖雨济苍生，佐运太平如反手。此山从此等匡庐，藉我先生名不朽。

海上仙歌，赠俞羡长山人

我昔阅诗纪，河海信汪洋。载读翏翏吟，雄风压八荒。知君足迹半天下，楚人相见便倾觞。齐驱骐骥康庄驾，并美芝兰大国香。赠我四诗总珠玉，惊传和寡阳春曲。未繇说剑合雌雄，且从投辖斟醍醁。折腰谁谓簿书劳，赏心独对胡山足。梦中焦鹿还真否，白驹过隙时非久。即使屈志位三公，何以畅怀一杯酒。劝君对酒好流连，君是当年海上仙。时人呼君岁百千，玉舄一去不复还。独留姓字托君传，秦皇入海求之不可得。喜今杖屦逐攀援，殷勤相赠如瓜枣。晨昏服食能延年，我今欲赋归来篇。同君一飞冲上天，安能与五斗之辈相周旋。

七夕遵化署宴客

去年七夕侣樵渔，今年七夕还簪裾。作客共羁千里外，为郎已过十年馀。簿书每觉形神扰，俸禄犹堪朝夕饱。天上人间事不齐，拙宦甘心休乞巧。乞巧家家意若何，双星犹憾别离多。君今有酒不肯醉，空负光阴似掷梭。

择妇吟

君不见东家女，貌真婵娟，珠翠平生未有缘。闭门愿学罗敷女，裙布荆钗独可怜。邻姬锦绮浑身丽，蝉鬓蛾眉拥高髻。更是瑶簪白玉珰，日倚春风思伉俪。何如寂寞东家女，辟纑罢仍机杼。

寄语良媒莫误人，百年令德期相许。

宛转歌

君去乡，关河道路长。对月几宵劳梦寐，临风千里寄衣裳。歌宛转，宛转情未休。愿为青丝络，随君控紫骝。

妾忆君，遥望陇山云。泪眼共谁窥破镜，锦心空自织回文。歌宛转，宛转心愈孤。愿为青桂楫，随君泛五湖。

古别离

君不见江上舟，随风逐柁东西流。君不见道上车，转蓬推毂无踌躇。一从夫婿边关去，不见音容只见书。孤灯梦绕千山外，芳草愁牵几岁馀。

苦雨篇

秋七八月时，人人望甘雨。望雨雨不来，坐惜三农苦。入冬枫叶飞萧萧，路傍冻饿群无聊。况是霪霖已弥月，云锁江城犹未歇。夜长檐滴不堪听，朝来道上车辙停。贫家藜藿炊烟断，鹑衣百结徒悲叹。几回纵目望金乌，阴纵阳闭胡为乎。挥毫欲续愁霖赋，墨池阴湿愁无句。谁人壮心能补天，山带晴岚树带烟。谁人妙手能鞭石，留待明年作膏泽。膏泽霪霖转眼中，五风十雨庆年丰。

寄远曲

忆妾深闺未嫁时，罗襦玉珥芙蓉姿。愁将新曲歌桃叶，羞作纤腰斗柳枝。柳枝桃叶难为比，孔雀屏前曾独倚。但随汉代执金吾，不似文君弹绿绮。蛾眉误嫁羽林郎，辞家负戟戍毡乡。河梁相送无多语，功成期早促归装。谁知荡子随军后，妾便空房悲独守。蟋蟀裁衣见苦心，鸯鸳织锦凭纤手。千里经年去不还，出门频上望夫山。白雁不传荒徼信，明珠难记旧人颜。荒徼旧人真断绝，花落莺啼偏不歇。宝镜常迷马邑云，画图不照龙沙月。君当谈笑取封侯，妾自凄凉守故丘。银箭铜壶那度夜，金飙玉露又悲秋。边庭烽火何时息，少妇征人感今昔。梦去魂摇独宿衾，梦回泪湿合欢席。妾今不愿待封侯，可惜芳华难久留。

送谭吏部擢尚宝北上

予质本驽骀，君才高世宙。生共湖之南，仕同江以右。驰逐风尘并一时，君先脱颖步龙墀。宠乘骢马丹霄出，威懔清霜白简驰。输诚抗请丝纶薄，危言遂触貂珰怒。孤城去国人共冤，千里怀君心最苦。圣明诏许复承恩，才子褰帷入白门。直从铨部司群吏，旋入金门奉至尊。至尊此日总无比，凤篆龙章辨鱼豕。君今捧玺作符郎，符郎声价因君起。我托南曹昼日闲，钟陵遥望五云间。一尊相送秦淮上，矫首仙舟杳莫攀。

金猫歌

四体黄金文，双眸宝镜分。吾家从有汝，穿墉无黠鼠。因思南蛮及东倭，安得英雄尽洗戈，愿君努力靖氛妖。君不见吾家猫[①]。

刘在田建阁北塔，予往候之，憾梅参军未至，和在田此首亦见《宝庆府志》

俗眼昏迷谁洞廓，一曲灵光自戕薄。漆园物外任消遥，何物

①此处有脱漏。

空中是楼阁。君从鹫岭静心猿，信矣鸡群异鸾鹤。飞云画栋助嵯峨，聚星珠履欢帘幕。坐中武子喜同声，社里参军反辞癯。倘非觅句彩毫忙，定是悲秋黄叶落。宴客刘君费万钱，好士孟尝夸二镬。片石碑残谁氏坟，一抔土掩前人椁。今古贤愚总不知，冠裳奔走空成缚。不须攘臂取三公，聊尔低头穷八索。昔为少年今老翁，才听晓钟旋夜柝。长安车马料多忧，法界清虚称极乐。钵吐莲花悟涅槃，手持竹叶衔杯杓。出山小草吾所羞，投林共采天台药。

车参政集卷三

诗三七言古之二

哭弟岳华也。原注。　此首亦见车氏谱。按：遗稿及车氏谱《哭弟》下有“歌”字，当是衍文。

寒猿夜夜山窗底，不断哀音满人耳。忽闻叩门声，顿令心胆惊。开门唧唧私相语，问之不答难为情。须臾怀袖出尺素，仓皇相报吾弟讣。初闻欲读读不完，一哭一声泪如注。乍转消息恐难真，开缄再读倍酸辛。寸肠已觉千丝断，骨肉无如此际亲。被冷姜肱那复旧，谢池春草那常遘。鸿雁回翔影自孤，鹡鸰急难伊谁救。昨朝闻尔病，今日闻尔死。白昼昏沉湘浦云，青天惨淡秦淮水。弟生少我不数年，念弟形容俨在前。家庭师友依余久，经史编摩羡尔贤。予羁薄宦游南北，朝劝暮酬何可得。喜从双鲤寄音书，梦向千山觅颜色。金陵忆昨尔来游，握手离情仅一秋。方期献赋黄金殿，岂料修文白玉楼。吁嗟吾家白眉竟如此，生平期望今休矣。怜余薄德天厌之，弟丧妻亡祸所倚。斑衣谁共乐双亲，枯肠空自怀千里，天地为我悲风起。

报传膳部郎

春日照重城，春风吹广陌。断桥杨柳为谁青，深院梅花还自白。嗟予三载客长干，几度春来强自宽。却奉新恩移膳部，仍从故步后祠官。清秩原非偶膳部，素餐知愧否纶音。一旦□□且弹冠，家山千里频回首。我本山林肮脏人，不知今日亦逢春。春来杨柳添风韵，我欲问天还自问。莫将辞拟归去来，君恩犹未报涓涘。莫向光明耽起草，白头之亲谁侍老。不见古时王秘书，请假定省归田庐。欲援令甲图休沐，岂因进退嗟维谷。

客部篇为长沙金司理作

客部人如玉，千里骋骅骝。少年彩笔凌星汉，鸣琴南北尽歌讴。揭来祠部为同舍，与君气谊深相投。寺访梅花坞，台忆凤凰游。翩翩称吏隐，佳丽坐中收。君心直如矢，谗口曲似钩。君迁一幕西江去，阳关握别情悠悠。天怜二人作之合，君来司李潇湘陬。潇湘美人兰与芷，独怜屈贾名千秋。君来吊古登高楼，感时兼抱杞人愁。贤豪何必尽公侯，大都忠直庙廊谋。君言委吏何妨事，平反三尺民绥柔。河润邻封沛泽优，资江之水俱安流。君舣资江棹，予得话绸缪。薏苡君无愧，风木予怀忧。君不见蝴蝶为庄周，又不见乌兔天上浮。东西昼夜无停休，人生踪迹浑难定。荣枯聚散总蜉蝣，劝君且进掌中瓯。按：此句遗稿脱“君”字。君还开匣试吴钩，予为报刘当远引。君当努力奉宸旒，早晚赐环君宠渥，佩玉鸣珂天际头。

张司成母八十

圣代衣冠盛辟雍，讲堂济济生春风。千年丰镐推南国，一代纲常仰上公。上公有母年八十，眉寿逾增福逾集。潘舆坐拥百花香，莱衣并染春云湿。白发萧萧日倚闾，凤冠金诰照琼琚。海上碧桃能荐席，天边青鸟为传书。宜男官舍慈颜悦，承欢直与人间别。何须宝鼎炼丹砂，自有金茎和玉屑。五城遥望五云新，凤诏龙池侍从臣。日日奉陪雕辇赋，时时依恋白头人。云霄官署怀音旨，我得周旋侍鞭弭。君也称觞寿老亲，我谊高堂忝犹子。百拜长倾酒似渑，千秋愿祝月之恒。试看婺光连斗气，焜煌佳色满金陵。

双寿篇为少宗伯刘长公、铨部刘次公作

瀛海殊漭沆，太行亦嵯峨。乾坤何处钟灵最，颛顼城头乐事多。中有仙翁披豸绣，庭前日睹芝兰秀。亦有大家同白头，慈颜经历几春秋。正是悬弧际，柏酒辛盘绕绮丽。南极依然照老人，东风又喜添新岁。设帨并当春盛时，正逢王母宴西池。暖日熏风生瑞色，黄鹂紫燕助歌词。鸠杖看花花气动，鹿车往来华阳洞。孟氏为妻不忝鸿，薛家有子皆称凤。君不见钟峰卿月高无比，黄阁青宫须燮理。又不见山公启事五云边，共羡文章藻镜悬。我歌双寿篇，为君颂繁祉。君家勋业崇，恩光照闾里。三千结实今方始，七十齐眉古谁比。身依天上调台鼎，心向堂前舞彩衣。岁岁金茎沾湛露，重重纶诰下黄扉。

题甘封君若虚精舍

吾闻孔门颜氏实若虚，又闻山上有泽象为咸。今君卜筑在何年，琴水秋山在眼前。想是学颜还读易，高题宜并日星悬。一庭松竹环苍碧，万卷图书盈几席。吟馀无谷不传声，看来有室能生白。手植三槐满树阴，门垂五柳径何深。身如过客随舒卷，目尽浮云变古今。高秋霁月临窗泻，暮春童冠资陶冶。何处凭来似御风，寸心不系真飘瓦。咸虚之受受无穷，生子翩翩气若虹。中秘读书看倚马，西台揽辔看乘骢。春曹此日非留滞，岩廊推毂安危系。窦氏由来擅义方，考槃谁谓非经济。主人还是若虚人，不知

豸绣久加身。但谓菟裘吾老矣，只今南北苦穷兵。之子运筹人罕比，乃知宇宙春藏精舍里。广厦万间无过此，请看南山乔与梓。

山中梦先君在南丰官署觉后代哭以诗

儿不见父经四年，梦常见父来儿前。今宵一梦真奇异，恍惚宦游迎养事。忆昔出宰得嘉禾，一门老幼同相过。其民好义高千古，羔羊朋酒豳风伍。儿得藉此奉朝昏，讵独禄养承天恩。吁嗟世事如流水，俯仰欢娱今已矣。断弦炊臼已酸辛，更复凋残百岁椿。家难如此伊谁致，长江不尽孤儿泪。按：此处遗稿当脱一“啼”字。笑似当年形容隔世旋，梦中不觉梦，梦醒知徒然。欲将往事追欢在，其如风木憾终天。儿罪当诛兮，儿生可捐。安得儿父再见兮，慰儿之拳拳。

问君行

问君何事恋沧州，君言富贵翻多忧。世人更不辨真伪，驽为骐骥薰为莸。君不见一言拜相富民侯，三策天人不见收。凤翔千仞那多见，鷦鹩一枝安所求，百年吾道宜归休。

散兵行

十年边海鲸波动，边人倍得浙兵用。而今羽檄震于邻，鸭绿江头万骑尘。豫为边人增保障，一呼两越兵犹壮。簑衣才脱着戎衣，弓箭腰悬希挟纩。无论万里封侯相，且得饔飧藉兵饷。一朝下令放还乡，卷甲投戈尽东向。众心叱咤负初心，进退踟蹰生觖望。吁嗟哉，倭情未决兵先此处当脱“来”字，倭不果至兵散回。一募一散何仓皇，黄金百万费馁粮。自古谈兵匪容易，运筹帷幄在安详。

君不见

君不见马肝贡自郅支国，服之头白可还黑。秦皇汉武悔来迟，火枣交梨谁觅得。又不见赤日行天水流地，西飞东逝无停辔。溪边鸥鸟久相忘，梦中焦鹿真儿戏。浮生瞬息何可长，茕茕石火电飞光。习池未改当年胜，莫怪山公日举觞。

采矿吟

民穿矿，君有禁。君穿矿，民难禁。民不敢禁民敢怒，问君不知足。按：此句遗稿当有脱字。天地生财只此数，筐篚九州盈道路。五丁开凿力艰辛，锱铢计较浑无度。吾闻宝藏山之精，伤残地脉岂人情。到处中官恃宠幸，扬扬飞檄报神京。道上豺狼真可畏，篱间鸡犬尽皆惊。虚言大工专藉此，实求帑藏充盈耳。我闻财聚民心离，轮台之悔从兹起。君不见唐天子珠玉焚于庭，又不见挥锄弗顾若管宁。匹夫今古扬芳声，公孙当日为鲁相。拔葵去织垂箴铭，九重举动，万世仪型。铸山煮遗稿“煮”误作“翥”。海羞称霸，投珠抵璧圣之经。陈陈红朽终无用，急宜仁俭答生灵。

大工篇

皇极岩廊名正殿，天心仁爱灾氛见。一时鼎建兴大工，萧然烦费帑藏空。度支扼腕难为计，谁教开矿无虚岁。宵人取宠争利权，坐贾行商觅税钱。税增商贾俱称虐，门拥户户还需索。顿令鸡犬不聊生，更教老幼还惊愕。祖宗生养二百年，农桑薄敛民安乐。久知击壤戴尧天，一旦胡然遭朘削。椎肤剥髓尚难输，此生竟向何方托。负女牵男欲窜逃，但恐不久填沟壑。万里呼天天又高，杞人无力首空搔。忍听怨声来满耳，交趾之利尽锥刀。大工如藉此纤毫，堪舆茫茫一羽毛。天乎何时回眷祐，眼前民已竭脂膏。君不见汉文诏蠲租，百姓同君足，桑孔初将武帝舆，轮台后悔几无措。此时安得起田郎，一言顿使君心悟。

答李茂承小歌

古来谁擅惊人笔，能画能诗两超轶。二美千秋更羡君，前身定是王摩诘。十年几度客长干，满袖烟霞墨未干。钟山花鸟闲中赏，泖水莼鲈梦里看。倾盖惭予空敝帚，盘礴赓酬俱敛手。对君六月凉风生，且倾河朔一杯酒。

居仁里，予迁来三十年，其荒旷敝漏，急宜修葺，予随念随止，漫为短歌

六亭山下居仁里，一派龙泉清且泚。我已卜居三十年，南宫甲第从兹起。有时飞舄赴盱江，有时击筑赴燕市。三锡河缘沐宠荣，一廛终自还桑梓。仲尉蓬蒿今尚存，晏平爽垲居难比。西山雨过润偏多，北牖风吹寒不止。风风雨雨可奈何，傍人谓我难堪此。我谓人生百岁等蓬庐，光阴迅速东流水。金谷铜台安在哉，朱帘画栋亦徒耳。聊且因循似旧时，何须仑奂夸新美。昼永开窗读典谟，春深满院栽桃李。情怜知己漫垂青，气迓真人常带紫。植槐吾自愧箕裘，贻谷聊将俟孙子。秽里阙里皆可居，笑予犹得居仁里。

自闽郡还须白，或以染方导之，予笑不从，歌此

十年鞅掌奉彤廷，郡县劳人鬓自青。归来林下须翻白，一自秋霜草木零。我炯双眸横宇宙，吟诗把酒浑如旧。自喜莼鲈滋味

酴，何须铭鼎还依绣。君来惊诧使心伤，来日何短去何长。丹砂宝箓宜冲举，玉阶金阙好趋跄。我闻君言愈自狂，今来古往天茫茫。眼前富贵总粃糠，早矣回头问故乡。风尘世路更无常，石为美玉枭为凰。谁复超然俗虑忘，谁保形骸百炼钢。孔子盗跖尽销亡，神仙之说更荒唐。只宜日进手中觞，莫憾星星两鬓霜。

警悟短歌

朝赋诗，暮沽酒。东风乍送寒，南陆旋移斗。昨岁乐朱颜，今年悲白首。诡遇宁争前，积薪甘在后。丐子与王侯，毕竟同归朽。世间万事转头空，栗里谪仙君愿否。朝赋诗，暮沽酒。

赋得黄鹤楼，送达儿应试，时庚子七月朔

武昌城高黄鹤楼，楼外青青鹦鹉洲。芦叶草花浑似旧，只见长江昼夜流。我生二九气横秋，仗剑携尊到上头。三八丁年始遭遇，铅刀出匣愧吴钩。自幸结交三楚彦，共夸得意少年游。回首今馀三十载，勋业无成双鬓改。宾兴此日际贤书，明珠直欲投沧海。范老忧常在庙廊，治安策好陈洛阳。儿今奏赋游千里，儿父倚门天一方。名成谩说无迟早，时过少壮终悲老。五花蹀躞更追风，扬鞭直上长安道。吾宗积德几千春，皇朝结网罗凤麟。我已衰慵无所报，儿当努力奋昌辰。荆山片玉已三献，世上今多识玉人。

三塔即事

三塔绕红湾，孤僧独来往。旃檀双树飞，钟磬四天响。残碑卧草间，寒泉滴石上。浮生扰扰竟谁依，恍惚令人断尘想。

寿朱上园七秩

新都佳气萃上园，翩翩海鹤来腾骞。斯人斯地春常在，天台不必羡桃源。上园老翁家在此，宋代司空存旧址。千年世德仰兰芬，此日家声扬梓里。上园心但爱园居，甘旨亲闱乐自如。负米一朝思季路，江湖十载效陶朱。汗漫游踪通八极，海阳仍返华胥国。阳月二日初度时，氤氲瑞霭祥烟垂。道是上园年七十，庭阶朱履纷纷集。共庆人间五福全，王槐窦桂泽绵延。君不见上古有大椿八千为春秋，兴来夜读黄庭月。钓罢朝眠紫蓼洲，朱颜绿发人如玉。冬有重裘夏有粟，素封宁与易簪缨。好取长江作醽醁，翁之令坦予之僚。知翁高谊薄云霄，临风为献长生曲。园兮翁兮[①]年年，此人此地同逍遥。

题缪别驾高尚册

丈夫意气凌朝霞，红颜裘马早辞家。垂天之意何时已，南溟直上九万里。翩翩勋誉总堪传，陶潜三径总归田。世人知仕不知隐，徒将宦业期钟鼎。故园松菊久荒芜，北山移文胡为乎。达士大观机在我，流行坎止何不可。朝从海上济群生，暮向湖南飞大舸。不见仙家隐玉壶，乾坤俯仰谁能拘。不见黄冠归贺监，诏下君王赐鉴湖。有官可学阳城拙，有山可采夷齐蕨。直将轩冕等浮云，闲对青天歌皓月。我愧风尘二十年，南游淮甸北游燕。喜今不作长安。按：此下当有脱文。

阅瓿甄洞续稿，因忆吴明卿先生

季子词场早擅名，楚天鹏翼秋风横。曲江走马听春莺，一人

①此处漏一字。

燕台赋二京。碣石谈天不世情，何来七子共持衡。五色雄文咳唾生，高视阔步扬前旌。锁闼还驰抗疏声，执法上殿如虎争。逐臣去国不停轩，鹿洞传经暂濯缨。赐还二千石已荣，汉代吴公称治行。河洛藩垣一芥轻，北山南亩愿躬耕。谁复云霄荐长卿，千年牛耳未寒盟。阳春白云尽瑶琼，廿年邂逅石头城。相逢倾盖若平生，一诗赠我鉴何精。灵均太史相合并，驽蹇欣邀伯乐评。长安声价顿为盈，后来踪迹似萍平。楚乡动即千里程，遗编忽睹眼为惊。宛侍当年几席亲，我惭老大总无成。邕琴已矣不再鸲，遗编手把泪如倾。

见新柳

漏泄春光是此时，一枝两枝渐颦眉。张绪风流仿佛见，烟中雨后更相宜。连朝闭户惭书麓，转眼浑忘寒与燠。世事荣枯顿若斯，君今试看柳条丝。

冬斋封雪

腊月来几时，又经大小雪。盼望瑞丰年，咫尺临春节。散漫琼花满院芳，氤氲佳气照华堂。听得东皋欢宴客，定知南史早书祥。

雪晴

无雪忧岁荒，雪多阴气胜。新晴破小寒，沽酒梅花径。潇潇不雨四檐零，指点南山依旧青。足用三冬文与史，拥炉闭户草玄经。

赋得丰城剑送杨吉甫还西江

朔风动江东，腰悬宝剑雄。庐山章水意难穷，紫电青霜耀碧空。问君何日逢雷焕，早使龙光出匣中。

送喻葛川之黎平太守

西蜀山川信毓奇，美人家世挺琼姿。旧羡鸣琴三楚日，新看奏续两都时。一朝纶命下枫宸，五马此处遗稿脱二字逐征轮。朱幡渐到蛮荒地，皂盖能回雨露春。汉家循吏垂青史，恺悌如君真继美。万里争传化俗名，九重先下褒功玺。

涿州过张翼德祠

风吹古庙沙飞急，传说桓侯桑梓地。桓侯铁面更铁心，义结云长扶帝室。鼎足三分汉业成，至今血食表丹青。连年旱魃人相食，须识天心仁爱深。为民请命取甘霖，人道桓侯定有灵。

梦游都梁之云山，得首二句，醒后足成短歌，柬曹子韶侍御此首亦见府志

海内七十二福地，都梁云山居其一。乡园咫尺未能登，为待向平婚嫁毕。婚嫁毕在何年，不如乘闲策蹇其巅升。投龙洞挟飞凫过，紫霄峰倚白云眠。荡胸决眦何所碍，须臾一览周八埏。日华月华昼夜相吞吐，卢生侯生千载为周旋。追思两生已往名，犹在药炉丹灶生荒烟。我欲吹嘘此遗烬，炼之服食同神仙。奈何日复一日尘士[1]，踟蹰不能往侧身。西望空苍天云山，云山只令百里犹如千万里，使我梦绕而情牵。

①此处疑衍“士”字。

车参政集卷四

诗四五言律之一

泊赤壁

地是乌林旧，名还赤壁留。伤心前代事，极目大江流。风落山樵笛，霜凋野客裘。孤舟今夜梦，明月冷沙鸥。

九江至黄州

河渚千帆合，江黄一水分。小姑亭畔月，大别岭头云。作赋谁为和，开尊自取醺。鹧鸪声不歇，偏怪旅人闻。

发天津

关河临早发，倦客感飞蓬。村树连星白，渔灯照浪红。行装侵晓月，归梦断江风。南北殊疆土，相思寄塞鸿。

朱仙镇二首

祠庙风沙里，精魂宇宙间。最怜三字狱，竟阻二君还。北伐天声断，南迁国步艰。英雄馀涕泪，河水共潺湲。

宋宫馀绿黍，岳庙俨朱仙。若不金牌下，宁容铁马前。西风寒画角，暮雨泣雕鞍。千载忠魂在，悲歌一怆然。

下第次芦沟桥

抱玉荆山里，陵阳泣未逢。幽禽馀故翼，疲马但归踪。渐失新丰树，犹闻长乐钟。匣中存剑气，烨烨跃双龙。

荆门道中吊明妃

有貌充宫掖，无金买画师。可怜出塞日，却是识君时。粉黛闺中泪，琵琶马上词。荆门今夜月，何处照蛾眉。

重新黄鹤楼志感二首

高楼经劫后，又见落成时。风景留新咏，江山识故知。芳洲春草意，黄鹤白云期。从此仙灵护，千秋常若斯。

胜地留仙迹，茫茫世代移。从新丹阁起，依旧碧甍垂。城郭浮云尽，帆樯落日迟。废兴浑似梦，临眺使人悲。

登岳阳楼二首

归路经千里，行行到岳阳。水天同浩渺，山树极微茫。日下衡云影，风前澧芷香。登楼因纵目，信美是吾乡。

山川怜故国，楼阁倚孤城。坐待湖中月，徐闻槛外莺。洞庭春草遍，衡岳暮云平。何处怀明主，凭高见帝京。

舟次滕王阁未登

正有同人约，空怀帝子游。楼台歌舞歇，词赋古今留。孤鹜风中起，长江槛外流。登临复何日，樽酒若为酬。

送心田李君北上

送客长安道，亲交奈别何。楚山青历乱，燕阙碧嵯峨。问路霜乘月，听冰晓渡河。到时知得意，春色禁城多。

人日与朱朴庵、李兰江、缪初阳、蒋质所、彭翌野、李云仍、岳华弟同饮二首

奉酒开人日，华堂聚客星。寒梅馀雪白，冻柳杂烟青。楚璧犹藏璞，吴钩待发硎。欢逢饶意气，直以醉为醒。

早对金花胜，深倾竹叶杯。阴随寒雪尽，晴逐晓风开。彩笔看摛藻，清歌散落梅。一年占候好，四海共春台。

六亭春色以下八首，邵阳景。自注。均见府志。

春信传三楚，晴光漾六亭。浓花随雨发，细柳杂烟青。野色薰人醉，莺声唤客醒。笙歌十万户，应为护山灵。

双江秋月

郭远双津合，天空片月浮。银河通下界，素魄落中流。蟾兔疑沾湿，鱼龙看出游。清光与澄碧，同泻万年秋。

佘湖雪霁

佘山高百仞，翻爱雪霁时。积素兼天远，凝晖映日奇。千林频送色，万壑顿回姿。欲借阳春意，挥成郢客词。

洛阳仙洞

邵阳佳洞壑，何事洛阳名。未必中州胜，能如此地清。门连丹灶寂，坛共白云平。无数金光草，丛丛满径生。

山寺晓钟

际晓疏钟动，空山礼法台。微微梵远和，寂寂定初回。随月馀音落，和云曙色开。路傍头白者，半是此声催。

神滩晚渡

巉岩留返照，古渡集行人。野树邀归鸟，江风转钓纶。滩声喧白石，帆影落青蘋。为语劳劳者，何时罢问津。

石门翠巘

遥空千嶂立，夹岸两峰攒。春雨洗初碧，朝霞染更丹。中流回急溜，乱石走飞湍。险阻如天设，巉岏万古看。

龙桥铁犀

宛转如龙卧，雄蹲更伏犀。飞形连地起，垂影逐虹低。乍睹云虬舞，时闻水怪啼。会须乘驷马，不效长卿题。

桃花洞此首亦见府志

桃发自仙家，春来万树霞。云深津莫辨，世隔路原赊。秦洞曾流水，天台有落花。石窗行窈窕，咫尺可通槎。

观政工部四首存二

筮仕司空署，时艰已切肤。冯夷方困楚，旱魃复忧吴。南岭三军扰，西凉万骨枯。宵衣劳圣主，何以答唐虞。

山环丹穴近，水接玉河深。小鸟翔清汉，新花发上林。万方歌帝力，三尺奉官箴。回首高堂日，空悬寸草心。

南丰命下偶成二首存一

上书来北阙，捧檄赴南丰。文献称江右，山川类楚中。九重瞻晓日，百里借春风。去住何须问，君恩远近同。

寄怀詹东图邑博时奉校书章江

我爱詹河钓，沧溟待巨鳌。名原推世系，才岂藉时髦。雁字秋风断，萤编夜雨劳。相思章水上，云树首重搔。

赠游山人宗谦携其子客益藩

爱子携千里，辞家见二毛。问诗能对鲤，把酒快持螯。短剑游何适，长裾曳未劳。梁园成赋后，为我过江皋。

枫岭送客

枫岭盘回路，皇华日送迎。暂因劳出骑，一得听啼莺。细雨残春酒，浮云薄宦情。溪间有流水，聊以濯尘缨。

县斋

花封空百里，株守已三龄。愁即搜儿课，狂仍对客吟。散衙穷午夜，出郭带残星。亦有求闲意，尘踪笑未停。

迎养二亲

篮笋征程远，斑襕喜气新。膝前如保意，堂下万家春。彭泽酒初熟，中牟雉正驯。讵嫌升斗薄，聊得奉吾亲。

行役西乡游紫霄观

雅有湖山趣，经年始一来。喜当黄菊后，独上紫霄台。地回云霞冷，风高草树催。仙迹杳何处，绝顶独徘徊。

一入元都境，迢遥接紫清。王乔疑御舄，子晋恍吹笙。洞里桃花色，云间鸡犬声。明朝骑马去，回首更悬情。

与南城临川诸同寅入觐

冠裳趋帝阙，阊阖近天威。扇影遥分仗，炉香欲上衣。步随鸣玉散，恩羡赐金归。忝接鹓鸾侣，云霄比翼飞。

邑中寄乡人

神仙堪比令，勾漏有丹砂。谁得长生诀，吾将两鬓华。浮名空黻冕，旧业冷烟霞。欲结餐松侣，深山共寄家。

弋阳喜晴

风雨倦游情，深山媚晓晴。岸花添秀色，野鸟送欢声。立尽千杯酒，行兼两日程。吏人忽相报，已过弋阳城。

弋阳谒谢叠山先生祠

宋室孤城地，千秋姓字芳。荒祠存伏腊，古木带风霜。卖卜依闽市，辞医饿首阳。欲知公轨范，不独是文章。

罢邑四首

山中书满箧，归去卧沧洲。谁欲尘青史，吾将侣白鸥。锄云孤嶂晓，泛月五湖秋。不用离骚赋，孤城怨自休。

世路多荆棘，青山好挂冠。幽情方有遂，谗口岂无端。倦鸟投林密，潜鳞纵壑宽。归来犹觉暮，谁谓罢官难。

投珠吾不择，按剑尔何冤。霖雨辞岩邑，春风到故园。浮名原自薄，往事欲谁言。好卜陶潜宅，曾无车马喧。

升沉无定理，丕复问苍天。挥麈清风至，抛书竟日眠。素心轻组绶，芳鬓向林泉。未有知音者，逢人且罢弦。

旅馆愁雨

旅馆何迢递，长途倍寂寥。酒馀愁转剧，诗罢兴全消。灯暗江村雨，钟沉野岸潮。故园飞梦到，不觉万山遥。

不寐

停骖芳草外，欹枕晚风前。暗壁寒蛩语，残灯冷焰然。独醒翻同醉，永夜却如年。归梦犹难就，萍踪益可怜。

章江泛舟

酷暑真无奈，章江暂出游。言追河朔侣，一上木兰舟。南浦残阳敛，西山片雨收。回桡生飒爽，疑泛洞庭秋。

江楼有感

高阁清江上，凭栏一望乡。尺书凭雁足，寸步困羊肠。宦况浮云尽，年华逝水长。愁来行泽畔，随意和沧浪。

南昌道中

剑倚章江上，浮生客路频。闲心看过雁，屈指数残春。古意花香早，空山雨气新。南州高士去，下榻更何人。

客中端午

萧条逢令节，角黍感年华。道路聊沽酒，葵榴正放花。自随乡□便，“乡”字下当脱“俗”字。谁谓客愁赊。明岁当此日，何方定卜家。

赴京候调四首

闲居情自适，感遇意犹多。欲共巢由老，其如尧舜何。春生云梦泽，雨长洞庭波。纵上长安道，依然梦薜萝。

人非南郭隐，文愧北山移。赤壁重游处，黄河再渡时。尘劳何日断，出处寸心知。但使存初服，宁忘别紫芝。

官拙仍干禄，时清强曳裾。魂销投杼后，恩重赐环馀。斗气摇龙剑，闲心梦鹿车。故园五柳树，好为护吾庐。

此去谁同调，携来绿绮琴。朝端新沐宠，泽畔久行吟。酒问前村远，花看上林深。浮云君自见，出岫本无心。

都门夏日感怀四首

候除来阙下，竟阻洞庭归。已听新莺语，还看乳燕飞。薰风生羽扇，凉雨入缔衣。不觉徘徊久，西山送夕晖。

久客愁如积，低回一黯然。偿金悲往事，辨璧定何年。好雨他乡过，孤云故国悬。所欣残喘在，明主赐半全。

闭门成独坐，忘却在长安。未遇王乔舄，空弹贡禹冠。残红垂日暮，急雨送秋寒。河朔难乘兴，壶觞强自宽。

闲寂谁为侣，攻愁独藉诗。正当逃暑日，况复去家时。伏枕花争放，停杯席遽移。谁能频作客，不动故乡思。

送王华源之灵寿，是时同年数人听补，而左迁者半，且先后聚散，感慨系之矣

都门俱逆旅，去住各沾巾。世路堪朝槿，乡心逐暮蘋。莺声迁谷口，柳色遍城闉。羡尔殊恩宠，先承雨露新。

赋得秋菊含幽姿

秋残依上苑，菊早绽东篱。砌冷因风急，葩繁带露滋。一庭凝秀色，三径媚芳姿。吏隐谁同尔，翻嫌归去迟。

初抵平谷二首

主恩宽逐客，犹得尉盘山。更接云霄近，谁云道路难。边风摇倦翮，陇月对愁颜。称塞才原薄，聊同隐抱关。

小邑临戎塞，微官近帝都。敢言龙蠖曲，直任马牛呼。木落湖天早，风高朔气殊。潇湘千万里，一望片云孤。

九日南楼宴阎、赵二文学，戴、郑二将军

萧条空岁月，樽酒集衣冠。不负三秋节，相邀九日欢。山川连塞回，风雨入楼寒。却羡东篱叟，飘然早罢官。

良期征宴乐，令节坐淹留。抚景能无句，登高况有楼。黄花三径酒，白雁九边秋。何必龙山会，天涯此胜游。

镇边营四首遵化县作

峭壁夸雄镇，华彝限一山。边声孤馆梦，秋色逐臣颜。旗鼓貔貅阵，金汤虎豹关。将军何所事，马上打围还。

曾闻庚戌变，此地尽鲸鲵。老稚千家哭，山河百战疲。羌风吹帐冷，陇月下关迟。王者今无外，边庭请罢师。

城堞苍山古，边疆白日寒。请缨双鬓黑，仗剑寸心丹。国士新参幕，将军旧筑坛。誓令沙塞外，接踵款呼韩。

日落黄沙暗，天寒白草愁。谈兵兼览胜，怀古更悲秋。鸿雁

迷荒碛，冰霜恋敝裘。书生惭薄技，不敢问封侯。

送管宝坻之南夏官、梁遵化之南地官

开岁迎新宠，除书出汉宫。九霄双剑远，二妙一时同。鹏自溟南徙，马原冀北空。燕矶与牛首，词赋古今雄。

遵化邑中感怀二首

漆园真傲吏，予意愧风尘。潦倒功名薄，蹉跎岁月新。半生空薄宦，几载未归人。回首三湘路，吾将访钓纶。

强仕正当时，穷边任所之。孤踪燕国远，幽梦楚山迟。四月无农耜，三边有战旗。人生谁不朽，真负少年期。

春日同陆丰润、叶玉田游盘山四首

高磴盘青嶂，悬岩俯绿畴。几年期独往，今日惬同游。地险金汤固，山深草木柔。清时樽俎会，忘却是边头。

胡骑榆关隔，登临兴可乘。三春逢暇日，四美得良朋。谷鸟声如曲，山岚气似蒸。看碑无尽兴，还欲蹑崚嶒。

绿树穿云洞，苍崖结石坛。忽闻牛背笛，拟着鹿皮冠。雨过泉流细，烽遗稿“烽”误作“峰”。消戍色寒。欲随金谷变，就尔问还丹。

千峰延览尽，处处乱云中。丹灶泥犹在，桃源路可通。羁人怜老马，傲吏羡溟鸿。又别翠微去，栖栖三辅东。

永平道中，望夷齐庙二首

百世清风远，荒祠客到稀。归鸦啼古树，立马送斜晖。遗稿误作“邪晖”。国自称孤竹，歌谁续采薇。世人供伏腊，犹念首阳饥。

二子名犹在，千秋庙貌新。非熊皆羽翼，扣马独君臣。粟已辞周室，师还渡孟津。至今薇与蕨，寂寞故山存。

题张太常万玉山房册子二首

满幅潇湘色，霏霏绿云多。清标连翠柏，幽意称青萝。截杖随龙化，裁箫感凤和。吾庐一水隔，欲就此君过。

退食开三径，萧疏对万竿。异时欣赏意，今日画图间。高节凌霄久，清阴带月寒。年年承湛露，竞秀五云端。

白下重逢盛仰菊

燕市曾同醉，思君十载馀。有文常隐豹，无食尚歌鱼。作客谁青眼，怀人但素书。一樽逢白下，相对慰离居。

棘署漫兴二首

棘署钟山下，瞻依王气多。新烟添柳色，斜日映湖波。渴思金茎露，秋听玉树歌。幸还供八口，人谓冷曹何。

花外乱啼莺，家家丝管鸣。山青湖口树，云白石头城。词赋添新社，官寮冗旧京。空悬三尺在，才薄愧廷评。

与李孔俞山人话旧

迢递梦南台，何期杖屦来。一杯千里共，官舍旅怀开。白发心犹壮，朱弦调自哀。故人无限意，执手重徘徊。

金陵杂咏六首

春入秦淮早，官闲得宴游。山曾开地肺，石尚踞城头。树色云间出，莺声雨后稠。周王镐洛盛，冠盖藉风流。

风流江左旧，吊古亦多情。龙虎称盘踞，沧桑感变更。山花空绣色，宫树只鸦声。喜有盈樽酒，良辰足送迎。

京尘还似旧，客思几回新。鸟语俱成调，芳香自送春。登山宜谢屐，漉酒藉陶巾。野草年年绿，凋凌六代人。

园林开野色，晴日漾江流。芳草乌衣巷，烟花白鹭洲。但期留夜宴，不惜典春裘。处处喧弦管，王孙醉莫愁。

迟日临官廨，游人览帝畿。马蹄踏草遍，蝶翅逐花飞。霁月窥歌扇，晴云散舞衣。衔泥新燕子，双向画堂归。

鸟啼芳树里，客恋早春时。蜂蝶村村趁，壶觞处处随。岁华郊外草，道路鬓边丝。留滞周南客，看花兴独迟。

车参政集卷五

诗五五言律之二

春日游灵谷寺

灵谷郁岧峣，松阴十里遥。弥天春不解，初地早相邀。鸣鹿窥人惯，迁莺隔树娇。白毫光满路，况复月临霄。

赵内相观灯

雕檐金谷起，琼岛彩云流。凤吹调银管，鳌峰列大球。只看花散锦，迷却月当楼。传得宫中乐，无劳羡十洲。

重游燕子矶

旧说乌衣巷，今游燕子矶。林香随断续，霞彩乱芳菲。云里帝城近，烟中客艇微。奇观宁惜再，山水恋清辉。

吴皋倩见访赋赠

倜傥吴公子，朱弦奏白门。柳风朝放棹，花月夜开樽。郢里多高调，杨家有法言。门容罗雀处，闲坐话乡园。

与吴求叔、吴高倩夜坐，分烛字

束带日出门，风尘驱马足。过客经宵坐，分题还刻烛。杯邀夜月明，蕙染春风绿。蒹葭独愧予，双倚人如玉。

题王德载写经处

将军耽净理，一径掩柴扉。八法书方就，三乘悟入微。驮宁烦白马，翻岂藉缁衣。想见临池处，天花绕笔飞。

上巳日棘署言怀

千载兰亭事，游人逐艳阳。微官是何物，佳节竟相妨。绮陌莺空语，金堤草自芳。玄湖无限水，当与一流觞。

衙斋同求叔对月

愁坐倍思亲，同君客里身。如何中夜月，偏照忆家人。伏枕钟山晓，题诗湘水深。寥寥游子意，非尔竟谁陈。

饮胥民园亭二首

别业青溪上，幽栖乐事偏。高林邀去鸟，曲意隐流泉。洗竹钟山雨，笼花御苑烟。衙斋欣咫尺，尊酒几流连。

门外纷车马，茅堂一径斜。山光含曲水，日影绚新花。课子朝开卷，留宾夜煮茶。庞公城市隐，不必入烟霞。

偕李同寅饮灵石阁逢僧有感

联步入招提，春风柳色迷。山中僧旧识，坐上客新携。仄径牵篱蔓，深林系马蹄。官闲乘兴足，吟送夕阳低。

刘介卿见过赋谢

高轩乘兴好，良晤阻追攀。君已题门去，予方策马还。竹香浮径外，花气绕亭间。独对湖山暮，翛然但闭关。

饮王德载、梅子马，各赋席间一物，得酒

不用春衣典，今年种秫丰。浊贤情不薄，欢伯号尤崇。味拟青田水，香凝碧叶筒。载来非问字，吾甚愧杨雄。

同吴求叔读书，得衣字

官闲春又去，良友喜相依。对案无留牍，遗编有绝韦。雨来檐溜急，风定竹声微。四月疑秋到，呼童问授衣。

金陵送萧尉之蜀

共酌秦淮酒，无言蜀道难。与君俱是客，送别且为欢。巫峡扬帆去，巴山挂笏看。鸣琴多善政，好佐宓生弹。

竹窗晚坐，得寒字

秋窗明月上，来就此君看。一种淇园色，能增棘署寒。傍根蛩唧唧，缀叶露溥溥。长日京尘苦，无辞坐夜阑。

赋得秋日楼前柳

袅袅翠当楼，萧萧不耐秋。清霜何处到，长笛一声愁。立马朝难折，闻蝉暮转幽。烟堤春色早，转眼绿阴稠。

杏花村访柳陈父不值

五柳还谁种，三山问尔居。白云随放远，流水映窗虚。户外聊停辙，床头止见书。会心那问主，看竹且踟蹰。

送吴求叔还蒲圻二首

我留君且住，尽日醉春醪。作客羞长铗，归心慰大刀。片帆淮浦远，匹马楚山高。莫负重来约，相思梦寐劳。

谁共千秋业，风流见尔才。几过桃叶渡，时赋凤凰台。秋色催归棹，离情剧举杯。但逢江浦客，须寄尺书来。

送熊惟远还下雉

六朝山水地，君到亦佳游。帝里才倾盖，乡园又买舟。清樽残菊夜，寒雨大江秋。莫唱骊驹曲，声声动客愁。

送袁敛之归楚

闭户从僵卧，袁安不傍人。可堪千里远，犹自一囊贫。听雨挑灯旧，凌云奏赋新。长安俱有路，莫自负青春。

送吴皋倩下第还下雉

诸子联翩起，秋风独送君。如何怀白璧，犹自阻青云。乡梦双闱近，江关九派分。归帆霜雪里，莫更怅离群。

送彭梦池之京

策马金台去，风尘岁暮时。图书绳祖武，兰桂衍孙枝。客路聊长铗，奚囊只旧诗。如君山水调，自是有人知。

赋得春风扇微和

乍暖回青帝，微风转绿蘅。河水千片解，池柳万条萌。渐觉催花信，徐闻变鸟声。薰人真欲醉，况复酒盈樽。

题李元礼太学借树斋

绿树分山馆，青灯寄石城。晴花娇笔意，枫叶乱书声。不厌侵阶密，惟欣入户清。全枝还可借，春自上林生。

闻报改祠部四首

执戟疲杨子，悠悠岁月催。诗题鳷鹊观，酒载凤凰台。萝薜情空切，潇湘首重回。春卿清署里，今许和歌来。《清署遗稿》误作“清暑”。

棘署栖迟久，清风白昼寒。倏闻朝命下，深荷主恩宽。礼乐钦周典，威仪侈汉官。遗稿“官”误作“宫”。还从佳丽地，吟遍旧长安。

鳞集南部日，莺迁上苑春。官移廷尉旧，恩自秩宗新。览鬓惭青镜，弹冠望紫宸。虞廷三礼训，朝夕重惟寅。

礼乐三千地，非才亦滥竽。含香怜宠遇，起草愧讦谟。鸿雁遥传楚，山川旧接吴。钟陵回首处，咫尺片云孤。

恭拟册立皇太子纪贺二章

我皇二十载，寰宇乐平康。少海仙源远，前星帝业昌。鸾旗纷瑞霭，燕翼耀宸章。最是元良重，欢声动八荒。

九五潜龙日，宗祧庆泽遐。君恩歌湛露，天酒酌流霞。珮响千官近，香烟别殿赊。小臣何以祝，稽首颂承华。

车养仁茂才访余白下

吾宗诸派少，之子远相亲。自是萤囊裔，居然雁塔人。匣韬双剑古，赋就两都新。努力青云事，箕裘世代春。

采石三首

画船孤屿里，采石大江边。野渡添秋水，江帆挂夕烟。别离乡梦剧，风雨客愁牵。沽酒难成醉，还将酹谪仙。

为访青莲墓，来游采石江。寒风吹客旆，暮雨洒吴舣。宫锦荣当日，荒祠更此邦。屋梁颜色杳，谁与醉春缸。

供奉佯狂甚，人皆欲杀之。生前多见忌，殁后尚传疑。喜有葭莩托，宁无鱼鳖灾。千年魂寂寂，安问冢累累。原注：按李白晚年依其宗人李阳冰，终于紫极宫，而世皆谓其没于水谬矣。大抵为是说者，非妒忌之心，则传疑之过。即杜拾遗人亦谓其没于酒，墓旦耒阳。恐皆未足信也。予故及之。

汤若士建言，有边吏之谴，诗以赠之

祠部才名重，留都复几年。寸心常恋日，一疏拟回天。野馆留诗草，蛮荒触瘴烟。庙堂微意在，迁客借筹边。

署中饯别三子之京

三吴佳丽地，三子总名流。竟日骊歌发，千山剑气浮。衔杯消溽暑，揽辔趁新秋。咫尺金台上，翩翩赋远游。

送张医

家居桃叶渡，身是杏林人。肘后传方秘，囊中授诀真。十全犹恐误，一视更怜贫。医国谁同尔，疮痍尽得春。

赋得明月照积雪二首

六花犹著地，片影忽当空。霁合龙鳞聚，阴拟兔魄同。舟回剡水夜，身到广寒宫。佳景殊希觏，琼篇合满筒。

雪后看明月，联翩瑞彩腾。农忻三白见，客玩一轮升。皓魄心同彻，彤云兴可乘。普天逢此夜，都坐玉壶冰。

送顾靖父北上二首

和氏原怀璧，终生愿弃繻。萧萧风雪里，把酒问长途。高调谁同郢，新硎自发吴。探春乘兴后，彩笔赋三都。

虎头名久擅，邂逅旧长安。价重昆山玉，香分楚国兰。天人陈汉策，桃李羡春官。咫尺群仙侣，无忘把臂欢。

送陆纂夫还吴

词赋三吴最，谁能似陆玑。倒囊才上国，仗剑复东归。听雨歌声咽，经霜草色腓。萧晨堪送远，临别重依依。

送曹重甫还云间

子建建安才，挥毫藻思催。怀人桃叶渡，吊古雨花台。停调还分韵，离筵数举杯。好音君惠奇，天外雁鸿来。

题渭阳永思卷四首存二

宅相衔恩后，终天洒泪前。舅甥原一脉，禨裉更三年。落月惊新梦，悲风怅绝弦。渭阳千载意，流水共潺湲。

骨肉非言赠，乘黄且路车。受恩原不浅，报本竟何如。邑未辞周翼，人应愧魏舒。永怀因手泽，笥箧有残书。

杨素虚远游白下，为其师何心隐雪冤，诗以赠之

平生存正气，一死视鸿毛。回首师门祸，伤心客路劳。沉冤因雪尽，古谊与云高。赖有招魂些，千秋见楚骚。

送李米山之滇中别驾二首

圣主无忘远，贤人试佩刀。题舆倾盛府，捧檄领清曹。驿路烟霜积，蛮方瘴疠高。严程将峻陂，万里莫辞劳。

明经需用日，领郡建功秋。滇海原名域，西南此壮游。君才优别驾，予意在盟鸥。酌酒无辞醉，寒风古渡头。

送苏子仁之南宁守二首

棘庭同舍久，雅爱子卿诗。此去留棠日，宁如起草时。榕花飘叠鼓，藤树拂春旗。最是乡园近，瞻云慰所思。

朗宁新五马，送远意如何。杂雪杨花下，飞烟草色多。卜鸡时尽泰，驱鳄俗应和。铜柱声名在，君将继伏波。

陆思山宪副自浙至金陵归楚

吾楚耆英社，谁能并陆机。诗游天目就，帆向帝城飞。南岳还堪隐，东篱且便归。剧谈中外事，深感壮心违。

舟泊嘉鱼，望蒲山，有怀吴求叔、谢叔蒙

离心一水逝，回首片帆飞。咫尺蒲山路，故人相见稀。交谁怜季子，诗自忆玄晖。鸿雁方从北，音书愿更违。

富池谒甘公祠

雪浪卷高楼，黄龙拥巨洲。将军生汉魏，俎豆几春秋。一食群鸦喜，孤帆远客愁。冯夷祈助顺，早到楚江头。

蕲州

闻道江心寺，原为龙眼矶。飞腾疑蜃气，镇定似禅机。过客乘风去，孤僧带雨归。沙头看落雁，不憾寄书稀。

赏牡丹，用七言旧韵二首

何物紫还丹，秾华总若干。却疑花解语，能使客多欢。座引

春风入，杯衔秀色餐。高门姚魏上，应到子孙看。

春色泛琼卮，因花席屡移。和风偏舞态，丽日尽浮枝。已自芳菲极，何烦朱纷施。醉馀归路远，应藉短筇持。

江行望蕲州，有怀藩时所刺史二首

远经扬子渡，才到楚人乡。作客愁无尽，思君兴欲狂。帷褰新刺史，花发旧河阳。起草容多让，含香画省郎。

片帆飞暮雨，孤雁度寒云。咫尺仙郎地，相思梦寐勤。三刀推异政，全楚把馀芬。最是潇湘竹，清标一似君。

赠吴氏父子四首并序

吴氏家世罗潭，自两山莘野堂构相承，予从计偕《计偕遗稿》误作“计谐”。时主其家，今二十馀年矣。留都差还过此，因赋赠。

君家真积庆，桥梓共丹丘。寿介三春酒，花香八月秋。山川雄楚甸，风雨助吴钩。我自同乡井，尘踪愧野鸥。

雅有幽人趣，楼台近水乡。梨花堪酿酒，荷叶可为裳。雨入湘流细，山连岳麓长。闲来歌郢曲，聊与答沧浪。

洞庭烟水阔，乐事奉亲闱。夜卧渔矶稳，朝披蠹简辉。江湖一以适，身世两相违。会有风云至，鹍鹏万里飞。

山自分星渚，春多绕画堂。波声连梦泽，雁影下衡阳。斑竹还馀泪，幽兰不断香。孤舟有归客，到此醉为乡。

咏春前雪

阴极春还早，天花六出凝。色将明月减，数比落梅增。高卧门多闭，扁舟兴独乘。预知农父喜，来岁有丰登。

春后雪

三阳才布令，万物尽为春。草木花皆五，天花亦更新。和风吹冻柳，暖日动潜鳞。一曲推高调，还须让郢人。

过徐桥谒聘君亭二首

孺子今何在，徐桥水自流。一时岩壑隐，千岁凤麟俦。谁下陈蕃榻，人怀汉室忧。蘋蘩村社里，犹可荐春秋。

汉家宗室尽，不及聘君亭。高士留遗像，南州仰德星。山花新映绿，溪草远回青。邻近司徒庙，千秋并有灵。

乙未四月阻风，喜有小舟至，始济

几到铜官驿，乘槎复此过。平生贪利涉，今日任风波。漂泊惊心久，颠危触目多。迷津应有渡，乌鹊已填河。

分水关二首

马首旌悬日，肩头树拂云。路从千嶂合，水自半山分。看剑心犹壮，停杯意自醺。驱驰怜绝险，飞鸟似同群。

封疆随地异，花柳一般春。谷口成田久，山腰结屋新。滩声喧昼夜，人语杂江闽。何处瞻云好，停骖忆老亲。

游武夷

瑶台缥缈处，恍接武夷君。曲曲通流水，重重翳白云。蓬莱平地见，钟磬半空闻。欲问还丹诀，谁探玉笈文。

初到芋原驿在侯官

驿路依山畔，州城接海滨。已经三伏日，犹见八闽春。树密含风静，花繁带雨新。颖川如可继，何敢让前人。

金溪苦雨此首亦见《沅湘耆旧集》

咫尺金溪道，年来几度过。邮城千里急，乡梦五更多。雨色迷芳草，风声走浊河。泥涂轩冕意，去住欲如何。

题刘在田无念阁，和彭翼野韵以下二首，亦见《宝庆府志》。

无念无无念，谁标此阁名。白云飞远岫，流水濯尘缨。塔畔金绳路，矶头玉磬声。皈依同将土，何用问三生。

东山寺

听法到东山，高台好闭关。袈裟留古迹，寿佛去无还。月照空庭里，钟闻远树间。分来阿耨派，二水故潺湲。

祷雨有作四首存三

使君车是姓，未见雨随车。旱气蒸朝日，炎氛郁晚霞。何颜询父老，无计长桑麻。更生边鲸海，高城隐暮笳。

皂盖迎春后，苍生拭目初。流移无老稚，涕泪有梨锄。社鼓声声急，村舂处处虚。此时升合水，真可活枯鱼。

昔有愁霖赋，今为苦旱吟。未得民困鲜，空负主恩深。杼轴千家尽，疮痍百病侵。小臣空自罪，回首愧桑林。

冬日感怀四首

独坐意踟躇，年光逼岁除。冻云停户暗，残月落窗疏。金错堪沽酒，银盘得荐鱼。近来刑狱简，正好赋闲居。

岁功成四序，客舍及三冬。风急严城角，霜青野寺钟。频飞故园梦，渐改少时容。欲寄烟霞兴，衡山七十峰。

客幛梅花冷，公庭棘木新。钟山常对雪，汉苑渐逢春。郢曲随时和，韩檠永夜亲。图书盈几上，自不厌官贫。

岁暮乡心切，寒窗昼启扉。楚江流处回，吴岫望中微。雪急青毡敝，阳舒白简辉。塞鸿南去尽，家信近来稀。

车参政集卷六

诗六五言律之三

曹子韶往星沙，约归同上先陇，未果，和得来韵

持觞期共酌，客久忽思归。雁过书封憾，诗来泪湿衣。新秋惊换节，旧约忍睽违。存没通家意，猿啼木叶飞。

和梅子马参军来韵二首

删后求风雅，文章信有神。予诗空慕古，君语向惊人。心以同心结，眉因怨别颦。细论逢杜老，庾鲍许谁伦。

秣陵为客久，湘水对谁深。以我弦中趣，逢君世外心。萤飞清夜梦，蝉送夕阳音。倘负平生约，白头空自吟。

喜雨二首

好雨从人愿，欢声动一方。指已收蝃蝀，占果应商羊。农亩安耕凿，公家足税粮。不须多种秫，自有醉为乡。

窃有痌瘝念，谁扰抚字才。悯农常辍食，喜雨乍衔杯。酷暑

经时去，新凉入座来。晋安十万户，从此乐春台。

赠王汝存有引

余同年王引瞻，始拔汝存于诸生中，而胡正叔、陈玉叔、耿子健相继物色之，皆余楚人也。嗣后知汝存者，遍诸公矣。余初至晋安，访之，因而有赠。

闽中传十子，今复见王生。自有唐人意，谁无郢客情。青云期奋翼，白璧抱连城。努力骚坛业，千秋共结盟。

秋日郡斋杂兴十三首

自公方退食，山色静中看。箕濮情偏胜，烟霞梦未残。虫吟霜月冷，叶堕晚风干。邵水鲈鱼在，吾将问钓竿。

防海缘边郡，频年虑未消。门庭纷外寇，唇齿近东辽。五虎山多恶，群蜂气倍骄。奸人潜向导，帆影趁风潮。

才共谈兵罢，乘闲锁院重。蝉声鸣古树，月影落疏松。静夜浑忘寐，新诗且慢攻。东征诸将士，若个夺先锋。

幕府新持节，将军善御彝。阴风生画角，朔气卷牙旗。拔茹收群策，倾葵此一时。谢安方略在，谈笑靖边陲。遗稿“陲”误作“邮”。

处处悲摇落，闽天花自开。思亲瞻泽国，报主恋燕台。出处关吾道，升沉付酒杯。陈情原有疏，何事苦迟回。

野趣随休沐，悠然对此君。未能东海钓，常爱北山文。草树团青霭，轩窗锁白云。试通喧寂理，随地可同群。

暂释形骸累，闲寻紫翠房。机忘闻鸟韵，风便送荷香。白日心堪见，玄经草自忙。平生文字癖，今喜一秋强。

邺侯书满架，乐此不为疲。刻烛聊乘兴，忘筌更得机。溪山连九曲，烽火息三陲。兀坐无人到，衔杯独酌迟。

百雉拥高城，征鸿送远声。寒仍千叶秀，雨便百花生。白眼看人意，清尊寄宦情。二毛明镜里，渐与日光争。

吏隐从吾适，衙斋昼亦幽。菊花香满径，松色翠当楼。砧杵惊寒雨，蛩蛩急暮秋。不须捐簿领，然后有沧洲。

松筠供宴坐，六月似秋澄。翻讶双旌吏，萧然一野僧。泉香经雨细，峰翠隔云层。漫说淮阳卧，遗风信可凭。

绿藏榕树密，红入荔枝肥。扫径欢常在，抽簪志莫违。山低晴入户，溪近冷侵衣。仿佛并州意，乡园且未归。

郡斋看远岫，吾亦谢玄晖。月落潮初上，天空鸟自飞。素传川上鲤，彩“彩”，遗稿误作“绿”。舞梦中衣。芳草王孙路，明年归未归？

出郭

湖声惊积雨，日影照残虹。卧阁仍天外，褰帷出郭东。野多禾黍绿，家有荔枝红。丰乐亭何在，游人说醉翁。

闽中迎春宴盐司三公及四同寮，时丙申十二月二十后

海国先升日，残冬早遇春。山川回淑气，城郭遍游人。葭管飞灰急，蒿盘荐味新。看来多喜色，一醉主同宾。

新年作柬曹能始佘宗汉

早起独焚香，含情忆故乡。亦知欢彩胜，还自梦沧浪。鲸海烽烟息，龙楼运祚长。牧臣鳏旷甚，闭户检诗囊。按，曹能始名学佺，侯官人。其集中有《别车福州》一律，云："孤舟将北渡，辗转切归心。衣渍他乡泪，琴操故土音。山长催日暮，江暗接秋阴。回首闽南路，思君一水深。"

福清道中十首

朔气临边徼，寒风动海门。客衣知厚薄，游子暗销魂。笋蕨盘中味，鱼虾水上村。疲癃怜父老，相对欲无言。

自昔经倭后，萧条邑里空。今言求淡水，实欲犯闽中。牖户东南异，藩篱锁钥同。长城推卓鲁，千载忆芳踪。

炎海长年暖，今冬倍觉寒。丰年应有兆，农父早相欢。霜间梅容瘦，风林竹韵乾。边烽如久靖，谁复恋微官。

海口风波恶，蛟龙欲趁潮。宦情因病减，乡梦为家遥。渔火迎江岸，滩声下石桥。停骖呼斗酒，词赋百篇饶。

天堑金汤固，重城旧镇东。军民原一体，保障竟同功。贾客帆樯集，彝苗道路通。昔年挑战急，谁与问元戎。指戚将军。原注。

邸报传倭警，皇情震怒多。朝鲜虽受祸，闽越复征戈。战守皆无据，初终憾议和。天津喉舌地，帷幄计如何。

鲸鲵掀浪日，士卒渡辽时。弓箭腰间系，馁粮手内持。亲知悲远别，妻子问归期。最憾石司马，乘封酿祸基。

缓颊东方事，令人瞻自寒。募兵兵未至，制舰舰无完。谁是擒王手，先登拜将坛。忧时频抚剑，脉脉寸心丹。

峡水沧江阔，晴空四望开。湖声惊短梦，海错厌深杯。案牍形骸苦，尘埃岁月催。二毛已屡见，三径好归来。

老树多人寿，浮生感慨重。婆娑深雨露，屈曲作虬龙。汉相庭前柏，秦皇岭上松。七闽山水胜，赖尔慰过从。

自福清往镇东城

海滨新骋目，还到镇东城。蕞尔金汤险，依然百万兵。貔貅同效死，蝼蚁讵偷生。往事堪殷鉴，倭奴胆震惊。

复回福清县

海口才旋旆，空庭坐夜分。路回闽海月，梦入楚江云。潮势兼天下，塞声动地闻。床头横紫电，无以报明君。

灵济宫三首

驿路通玄圃，灵祠枕峡山。松阴疏绕殿，竹色冷摇幢。活鲋垂甘雨，从龙翼旧邦。焚香趋谒罢，顿使俗心降。

兄弟徐卿氏，邦人俎豆思。青山崇庙貌，紫电闪旌旗。神贶还千载，彝氛此一时。枌榆憔悴甚，莫遣罢兵迟。

衮衣分玉陛，宸翰重玄宫。都邑曾看此，闽邦亦复同。烝尝千里合，礼数历朝崇。何处寻仙路，凄凄送晚风。

峡江

才渡钓龙台，峡江再渡来。长空孤鸟没，落日片帆开。蜃气遥连海，惊波乱拥雷。仙人不可见，何处问蓬莱。

无诸庙

萧瑟秋风里，停骖入庙门。山深看过鸟，日落听啼猿。古壁蛩声冷，残碑草色昏。英雄随水逝，何地可招魂。

洪塘即事二首

朔风吹广陌，策马立洪塘。贾客群江右，居人爱海旁。蓟辽新召募，老幼几逃亡。谷口高人宅，忧时漫举觞。

海国兵荒旧，年来更可虞。耕无三岁蓄，税有十年逋。岛外鲸波拥，津头蜃气孤。愧难酬庙算，只合隐江湖。

闽安镇

行春遥出郭，古镇问闽安。到海千山尽，浮舟一叶看。此中空宇宙，何物是衣冠。自笑樊笼鸟，翩翩振羽翰。

城楼览眺

城楼高百尺，楼下枕西湖。地险山屏列，湖平水镜铺。弦歌家自美，邹鲁俗何殊。四野农桑遍，春风万物苏。

同转运周朝采诸公游马司徒园四首

同官游别业，结驷共攀跻。地接鱼虾市，桥通桃李溪。参差分碧水，远近列丹梯。何氏园今在，谁为杜老题。

尚书城市里，大隐远山林。竹树团窗影，花枝覆槛阴。不期簪履客，偏结鸥鹭心。别有谈玄处，还宁载酒寻。

入径贪看竹，何曾问主人。云深晴并雨，冬近暖于春。人语酬鸣鹤，波光动跃鳞。还须倾绿蚁，此地远红尘。

到来机自息，看去兴还幽。萝薜翠微境，烟霞白鹭洲。亭疑空里出，人似镜中游。处处能招隐，怜君是故丘。

送屠田叔转饷北上二首

浙水神交日，延津剑合时。追随花下酒，离别坐中诗。税已锥刀尽，兵仍鼓角驰。知君朝谒罢，借箸及疮痍。

诗草囊仍积，公庭日宴如。盐官从浪迹，海错已成书。客路三千外，军需百万馀。梦君燕市里，莫遣绿尊虚。

谷日喜雪，忆永叔行部海上

此地多无雪，今年定有秋。最难逢谷日，聊以慰炎州。吏散公庭静，诗成客梦幽。盈盈隔沧海，欲泛剡溪舟。

拱辰楼四首

南瞻沧海外，北拱紫宸前。地本藩垣重，人输贡赋偏。铜壶声万户，石柱势千年。不遇衡阳雁，乡书何处传。

暇日延登眺，全闽第一楼。万家山霭合，千里海云收。檐影留残月，钟声送早秋。虽居城市里，高旷坐来幽。

楼台横碧落，高鸟带云过。官署依山海，人家斗绮罗。柳垂青锁遍，花映紫薇多。尘鞅何时解，凭栏一醉歌。

海天空阔处，飞阁倚青苍。风雨侵人冷，壶觞对客长。驱驰双短鬓，徙倚几斜阳。传是无诸国，空遗草树荒。“斜阳”，遗稿误作“邪阳”。

即事二首

终夕不成寐，披衣立小庭。不逢晴作雨，犹望月从星。土瘠惟存赤，苗枯未返青。麟符空尔握，无计答生灵。

蜥蜴成多累，蝗蝻复有灾。雨愁山带解，日畏火云催。饥馑无虚岁，征求既竭才。淮阳吾不薄，矫诏事堪哀。

重过武夷

扁舟寻九曲，回首已三年。攒石藏丹灶，倾岩泻碧川。楼台尘境外，鸾鹤水云边。迷却重来路，桃花绕洞前。

过分水关

三年重到此，紫气故浮关。只有存亡感，能无悲喜颜。啼猿声不断，飞鸟倦思还。咫尺三山地，回头一梦闲。

屡感罗翠萼惠诗再酬二律

郢国多才俊，而今又见君。朱颜人似玉，彩笔赋凌云。未徙图南翮，终空冀北群。阳春同和罢，花气霭氤氲。

风流罗季子，早岁好谈诗。门傍宫墙近，囊馀今古奇。科头常宴坐，把臂对心知。雪夜还乘兴，扁舟莫后期。

庄居

上林无所羡，南亩且躬耕。宅柳新成缕，山花不记名。牛羊窥物性，鸡犬职农情。樵子归何暮，前村趁月明。

早起往庄

枕上听鸡鸣，披衣出郭行。花光含重露，草色媚新晴。老去惟农业，时喧趁耦耕。回思前十载，南北苦相征。

庄上晚归

日入人皆息，吾庐尚隔城。观鱼成久坐，跃马得迟行。月色移新竹，钟声定久晴。心忙忻渐近，稚子笑相迎。

达儿迁居，书示四首并序

余祖居郡垣大街面南，以兄弟三分，遵父命，得后街。余谓室人曰："异日稍沾微禄，当使儿辈复居大街。"四十年来，幸而有此，先室人不及见矣。伤哉！"且念尔父南北宦游，栉沐雨，构此非易，特书示吾儿孙，其慎无忘焉。"按：志载，囊萤阁在府治大道前，郡人车大任读书之处，江陵张同敞有诗。

晏子何嫌市，孟轲亦有迁。儿非忘膝下，父尚倚门前。栉沐嗟微宦，弓裘冀后贤。糟糠成约在，泪罢更凄然。

父子由天合，瞻依岂地分。萤囊宗武子，鲤对奉严君。灯影三冬见，书声五夜闻。上林乔木好，勉力附青云。

赖尔持门户，吾衰隐故乡。藏书千卷少，对客一尊长。荣老今何乐，于公后必昌。但能敦孝友，不负德星堂。

廿载遗稿误作"念载"叨微禄，归来始定居。朝庭恩自渥，祖考庆偏馀。佳胜资山水，喧嚣避里闾。古来王柳训，一一佩琼琚。

戊戌除夕

老大思童稚，韶光一梦虚。春从千里下，腊向此宵除。银烛新浮酒，金盘亦荐蔬。去年途路苦，今得返乡闾。

己亥除夕

柴居今两载，椿慕本终天。荏苒才经腊，萧条不记年。灯辉残雨后，香度晚风前。庭趋追往事，挥泪欲成泉。

庚子除夕

萧萧风雪里，新旧苦多情。人事应旁午，年华几变更。桃符添瑞景，竹爆助欢声。春酒堪为寿，斑衣照眼明。

陈璘总兵衔命剿播州，道经邵陵，供亿倍苦则有之。我邵民乃云，此来欲剿阻税者，良民惑，窜徙死亡，不可数计，纪事四章

君王本明圣，所乏岂筐箱。榷税由中贵，兴戎自远方。前旌倾虎视，左钺总鹰扬。何物么麽者，讹言惑善良。

椎牛因享士，罢市为屯兵。四野鸡豚尽，千家荆棘生。风烟飞羽檄，雨雪促邮程。尔去知谁敌，川南誓廓清。

播首原逮系，众战为何来。夺邑谋真险，操戈念未灰。熊罴清道路，鸡犬莫惊猜。西望欃枪见，伤心滟滪堆。

十万司徒众，言之心胆寒。今求鱼入网，昔放虎归山。黔楚疆虽异，门庭势颇关。壶浆民不惜，国步恐艰难。

贺慕松以诗见惠，用韵为答

年来羁薄宦，近得返柴桑。溪钓苔封径，岩耕云满裳。群书堆几案，千载见羹墙。尊酒论文日，同心聚一方。

赠陈靖衣

吾乡词赋薮，今代有陈琳。星野光芒合，天池岁月深。攒眉闲结社，抱膝几长吟。最是同声侣，相逢愿盍簪。

书缪别驾高尚册四首

海国多佳政，飘然遽拂衣。乾坤随所往，鸥鹭不惊飞。夜雪乘舟去，春云采药归。只馀诗礼意，课子向庭闱。

东莱衔命去，南楚挂冠还。有径堪迎客，无时不看山。琴书经雨润，花鸟共云间。千载陶元亮，高风拟并攀。

甘棠方树绩，厚禄耻干时。静日看黄鸟，深山咏紫芝。鹓雏无腐鼠，柯烂有残棋。世美钟丹穴，翩翩上凤池。

衡门一径深，五马此投簪。萝薜堪裁服，烟霞足赏心。青山邀着屐，黄鸟助鸣琴。暇日同知己，还为郢上吟。

立春喜晴

农夫占岁事，难得立春晴。暄景千山合，寒云四望清。客来多色喜，吾退且躬耕。预撰丰年颂，村醪载满觥。

曾静斋册

山静鸟声寂，山人静得名。青囊田祖授，皓月自心明。倚仗随云去，寻龙到处征。一尊荒陇夜，谈笑话平生。

车参政集卷七

诗七五言律之四　五言排律

达儿初度，与余同日。辱李、黄二广文惠诗，奖诩过情，次韵

贻谷欣传子，悬弧讶共辰。一门弓冶托，九夏岁时新。兔苑时瞻桂，鸥汀独傍椿。相邀文字饮，许我荐溪蘋。

刘在田再举，予时适以内召还台，贺之

嵩高一降神，生甫又生申。双桂真堪瑞，连城总是珍。冠峩新獬豸，业付美麒麟。莫但徐卿比，燕山更发春。

送方广文之普安二首有序

先生寄百里命，擅三异名，多口偶中青蝇，俾连城稍损白璧，蕞尔资邵之区，美哉！苏湖之选，所从来矣。亟拟光复旧物，宠沐新恩，顾再屈以广文殊未惬。夫众愿然公论，久则益定大才，晚更有成。俚语二章，聊以赠之。阳关三唱，是有取尔。

兆应三鳣跃，人期五凤骞。泮泂仍绛帐，花月旧开尊。玄草多藏箧，春风日在门。独怜湘楚士，恋别未忘恩。

旧是神明宰，新为隽彦师。邵陵宣铎日，黔郡转蓬时。长夏

迎征旆，薰风劝酒卮。赐环终不负，飞诏下龙墀。

喜梅参军差归，诗以迟之，遂得六首

问尔今何在，传言过洞庭。题诗投汨渚，鼓瑟到湘灵。旧箧多存草，新踪冀聚萍。怀人逢夜雨，檐溜不堪听。

昔游淮水上，今共楚江西。苦块怜鸡骨，关河忆马蹄。人生真浪迹，君志岂卑栖。洒泪重携手，寒风落木凄。

冷署爱登楼，楼成复远游。藏书空二酉，乘兴就扁舟。岸帻清欢近，挥毫丽句酬。浮名堪瓦砾，何物可千秋！

风尘嗟世路，郡幕枉斯人。志不求温饱，文堪比凤麟。旆摇燕市月，律转楚江春。两载勤王事，凭谁念苦辛。

我已甘林卧，君迁此地来。感时频说剑，话旧且衔杯。短日冰雪剧，浮生岁月催。郊原春渐长，共得好怀开。

读罢王程稿，居然吏隐心。折腰羞五斗，回首数千金。且玩人间世，聊为物外吟。钟期如可作，古调有知音。

送蒋质所秦中邑博四首

关中天府国，今古壮游观。一铎随君去，三鳣拥座看。宫云青暑旆，栈月引朝鞍。会有生平遇，烟霄振羽翰。

河朔宜逃暑，秦山送远旌。骥终腾逸足，璧自擅连城。乍会欢难罄，遥分梦易惊。绨袍非所赠，一见故人情。

少日操铅椠，怜君意气同。年华真逝水，踪迹感飞蓬。故里开三径，新诗羡满筒。逆知重见日，衰鬓两成翁。

南山明汉殿，渭水绕秦台。九夏薰风细，诸生绛帐开。柴门川上棹，花径掌中杯。我已还初服，迟君昼锦回。

访周承明龙泉庵，劝以春游，用诗代柬

词人栖止地，古刹一灯孤。入楚游非倦，依刘遇固殊。君能高郢遗稿“郢”误作“邮”调，谁更擅吴趋。剑气随长住，龙泉向　此呼。

自歌梅花雪，忽醉柳花风。曲为周郎顾，翻令误者工。香厨分旅食，梵语益诗筒。咫尺难为语，因声寄去鸿。

听罢吴侬语，姑苏忆旧游。虎丘千嶂月，震泽片帆秋。新茗供僧寺，清樽此处遗稿脱一字画楼。此中殊不恶，莫动异乡愁。

春光今过半，吴楚隔风烟。华屋新归燕，农夫早力田。云开衡岳树，月满洞庭船。处处娱人意，莺声杂管弦。

梅勉初还宣城

千里亲闱远，三冬客路赊。旆摇衡岭月，帆落洞庭霞。谢氏玉□树，江生笔有花。一枝魁上苑，春色属谁家。

夜梦应试，喜甚，醒后二首，一以勉儿，一以自戒云

绿野悬车日，青萍欲轫秋。如何铅椠习，常系梦魂头。彩散江生笔，群空骥北骝。壮心予未老，儿辈可优游。

梦醒月三更，文场气纵横。不知垂白境，尚喜草玄成。直对天人策，长驱百万兵。誓将焚不律，寂静学无生。

云梦舟行二首

断桥人不渡，何处问兰桡。去住难为计，长安路益迢。涨回惊短梦，风急卷狂涛。杨柳千行绿，愁心自郁陶。

心随风叶乱，日与浪花浮。策马原从陆，愁霖故易舟。前村难问酒，五月欲披裘。回首资江上，逍遥羡野鸥。

道中阻雨

离家三十日，日日苦霪霖。强对尊前酒，聊宽客里心。湍奔千涧水，云合四山阴。总是重裘冷，何时霁景临。

天意谁能测，阴晴顿失常。雨多偏病麦，寒重更防秧。比户愁昏垫，孤怀对渺茫。冲泥应自怯，何处有康庄。

遇晴二首

催诗连夜雨，诗就喜新晴。暖气薰花影，和风洽鸟声。松阴馀润在，溪曲泉流平。尽日褰帷坐，衔杯待月明。

晴日诗尤胜，翩翩逸兴飞。千峰回浊雾，万象吐清辉。坐客倾春酒，征人换夏衣。喜心谁最剧，陇亩便锄犁。

汴城端午述怀

客子贪行速，端阳走汴城。蒲觞难取醉，萱草倍关情。柳拂长河水，花蕃别院莺。莱衣新五彩，欲共雁南征。

五月六日翟家口渡河

黄河今日渡，殊快远游人。剑气迎初日，歌声动远滨。岸回沙柳密，风定浪花轻。助顺伊谁力，虔心谒水神。

过比干墓

世历商周远，山空草木春。心期明七窍，名自并三仁。鸟语催残日，沙痕点细蘋。往来冠盖客，吊古益沾巾。

东平道中

乡心殊自苦，客路岂辞赊。晴日宜桑土，和风荡柳沙。冲疲怜倦马，卑湿遍闻蛙。雷雨交加骤，停骖问酒家。

兖州阻水

风雨怜长夜，泥涂惮远征。舆疑天上坐，人似镜中行。蛙鼓鸣何急，羊肠路未平。新诗随意就，聊以破愁城。

高唐早发

月色满高唐，鸡声促远装。善歌人不见，对酒意空长。驿路云迢递，山村树渺茫。风尘三十载，那不鬓毛霜。

再渡镇江，望金山不及登，口占

插地深千尺，凌空峙一丘。烟霞空里见，楼阁镜中浮。风送征帆急，云飞客路秋。中流还击楫，不尽古今愁。

将至槜李，有怀沈瀛壶诸同年

何缘来槜李，按志问嘉禾。越绝山川胜，吴趋藻丽多。桥头虹近郭，亭下月浮波。此去乘槎便，吾将访戴过。

过钓台

故人恢汉鼎，君只抱渔竿。身岂三公贵，名高七里滩。麟台轩冕尽，钓石古今残。倘遂沧州隐，风尘断马鞍。

古迹传何代，高风忆汉廷。羊裘无衮冕，渔钓有沙汀。郡以严为姓，人知客是星。富春春不老，千载羡山林。

具庆荣寿篇，为陈毅轩二尊人作

花邑弦声畅，槐堂寿域开。紫尊和石髓，绿酒荐金罍。祝以龟龄益，歌宜凤管催。仙郎凫舄便，计日入蓬莱。

祖德齐梁孟，孙枝衍桂兰。庭前清昼永，膝下彩衣欢。弈世箕裘大，三吴阀阅看。见闻还著训，乾惕未遑安。

哭达儿十首

嗟哉予薄德，捧檄出衡门。有子俄成幻，无人为返魂。百年空岁月，一别老乾坤。英气归何处，资山草色昏。

经史藏胸富，风霆纵笔生。食牛空有气，吐凤竟何成。诗是平生好，书传永诀情。天涯供药饵，俯仰总天亲。

闻汝辞湘浦，应期到越都。遥山偏泣玉，大海顿沉珠。偃蹇千秋憾，焦劳七尺躯。从来耽胜赏，卧病问西湖。

只期长住世，顿返大罗天。得寿如颜子，为诗拟谪仙。西飞怜短日，东逝感前川。遗草今方出，镌梨为尔传。

重庆承欢日，趋庭八九雏。讵知斑袖满，独尔白眉无。想像云端凤，徬徨月下乌。耻言身后事，辛苦但遗孤。

予羁长水郡，汝病弋阳城。缩地应无计，呼天空复情。燕山惭有桂，田氏尚遗荆。盛事那堪比，天心或忌盈。

萧瑟风霜里，何言旅榇行。图书应改色，猿鹤总吞声。乍去还疑返，长幽不再明。九泉儿慰母，花诰近沾荣。

白衣苍狗世，万有总归无。尔死茫歌薤，吾衰愧守株。云开衡岳岭，帆挂洞庭湖。尚记宾兴日，逢人赋两都。

季子闻嬴博，卜商空丧明。悲欢俱是幻，聚散若为情。宝剑犹藏匣，朱弦已断声。海门潮易尽，壮士憾难平。

天意安排定，人谋何所施。难将千里约，暂假一旬期。祸福原相倚，乘除不可知。只今当顺受，泣泪更奚为。

壬寅中秋三首

中秋经两度，薄宦阻千山。桂月看浮彩，莱衣庆舞斑。君恩迎日下，吏隐与云间。听得笙歌遍，游人夜未还。

凉风吹北牖，皓月倚南楼。杯酒宜深醉，时光已半秋。浮名谁系恋，新句自赓酬。露下空阶冷，床头有敝裘。

午夜犹忘寝，流波碧海深。庭花滋爽气，园竹弄清阴。蛾入池边影，蛩添草际吟。此中何所有，寂静觉无心。

送客之京，赋得“退朝花底散”、“因风想玉珂”各一首

禁苑花千树，朝回日未曛。枝随仙仗袅，香共御炉分。鱼钥扃三殿，班鹓下五云。臣心葵藿似，长此奉明君。

佩委追随地，鸣珂趁晓风。兹宵方寓直，五位早呼嵩。耳尚闻清漏，心先入紫宫。不知嘶马去，还待日华东。

散衙二首

散衙无别事，灯月坐萧帷。万籁俱归寂，寸心安所希。庄周惊蝶幻，张翰爱鲈肥。谁谓公庭里，蓬蒿任满扉。

片月疏松影，萧萧弄晚晖。诗成因讼简，酒断为宾稀。世网

多羁绁，山林少是非。池塘鸥鸟下，知我久忘机。

七夕宴客

百斗堪留客，双星正在天。灯檠张户里，瓜果列庭前。疏草侵凉露，轻云散暮烟。欢娱须彻夜，会合动经年。

留署风雨中，督试历事诸生

含香官独忝，校艺典偏清。蕉雨空阶滴，松风竟日鸣。积雨连薄暮，深院暗层城。腾跃疑神物，惊雷故作声。

客至

客心黄鸟外，宦迹白云中。市近供仍薄，诗成兴未穷。柳丝侵鬓绿，花幄照颜红。投辖归须醉，高歌送晚风。

立秋前一日，与乡人饮，分得“残”字

高树凉风动，先秋暑气残。共投诗社好，莫放酒杯干。绿竹尘心断，青萍侠气看。异乡因聚首，鸡黍若为欢。

送王德载还秣陵

秣陵为别久，道路与时新。桃渡浑无恙，梅坞尚有春。芳尊为客对，妙语复惊人。莫负他年约，湘江访钓纶。

游虎棠岩四首之二。此二首亦见《宝庆府志》。

虎棠岩自久，蜡屐路还赊。磨灭壁间字，凄凉洞口花。苍藤阴带雨，怪石顺流霞。若使邻城市，游人可当家。

何处一拳石，巉岩四壁赊。翠微深种药，红雨乱浮花。曲径封荒藓，高窗映落霞。待嘘丹灶火，跨鹤访仙家。

长孙万合举子二首以下十三首，自车氏谱补入。

吾孙方廿岁，孙复举男儿。宝树连枝茂，蓝田种玉奇。家声勤展卷，祖德但含饴。末论箕裘事，书香或可期。

颓龄嗟暮景，今日始销愁。川映珠还聚，台成凤自游。兰孙看四世，鼻祖溯千秋。自注：吾车姓始自田千秋。功德邀天幸，涓埃愧未酬。

长孙万合发解，志喜二首

九万鹏程大，吾孙入网罗。风高衡岳岭，水极洞庭波。会有长杨赋，先赓彩凤歌。国恩三世渥，勋业许谁多。

纪元天与子，之启庆吾君。劝驾南宫俊，临轩内殿芬。鹿鸣新彩笔，虎榜旧青云。衰老惭遭遇，欢声到处闻。

八十初度四首

委质方强仕，劳心抚字人。涓埃酬大造，菽水奉长春。学古知三善，循资守一真。许身期寿国，抱璞与存神。

幼捷贤书早，云程四十年。绣衣归故里，金鉴近瞻天。公暇惟开卷，巡郊息倒悬。生平冰蘖意，退食赖于田。

子舍欢乌哺，青云羡鸟飞。楼船观海气，卧阁入山扉。酌斗儿孙寿，张罗褷襶稀。寿萱龄八九，孺慕膝前衣。

闽越家弦诵，白门梦不忘。不殊邹鲁地，岂但绮罗香。庙略储胥切，边城报急遑。自注：壬癸之间，时警不一。敢言初服遂，何以慰垂裳。按，车氏谱载，有湘潭周楷伯孔，中秋夜车子仁先生偕其郎君孝则昆仲、长孙慕蓼解元，移具六亭山馆宴集。时先生年八十矣。七古一章，附录于此，以见公晚景之乐。诗云："良夜得侍君子旁，万籁萧寂气清苍。聚星堂前几席张，先生与月同其光。萤囊阁草声琅琅，笑而徙移环诸郎。自嫌家宴多寻常，雅谑间出为乐方。森森桂树映扶桑，中有一枝争光香。令德不爽天降祥，荣茂秀发何可量。世谊不独犹子行，愿月再明公再觞。"

遵儿业在经术，而酷好诗，以此志戒

赋诗夸靡丽，取士始隋唐。昭代宗东鲁，青襟习紫阳。汝心聊适兴，予意在尊王。载贽从经术，专心夏日长。

永怀终慕诗有序

大任不肖，赖父母而生，赖大母朱孺人而长。廿四叨窃乡书，大母犹及见之。薄宦时，父母叨荷恩纶，大母未沾一命。虽滥竽三品，比及三年，当得受三世封典，而母老且疾，急请终养归，不能待矣。终天之憾，可胜言哉！赋诗四章，用纪永慕云。

予有终身慕，双亲及祖慈。朔风吹晚叶，白露陨秋枝。肠断陈情表，魂招陟屺诗。只馀长夜梦，明月照相思。

婺星嗟错落，予尚守蓬蒿。冠佩无华宠，荻熊空爱劳。未能沾禄养，何敢望纶褒。惭愧真豚犬，谁言是凤毛。

世德宗勤俭，余为子若孙。双亲惟菽水，弈世忝儒门。机杼流风旧，齑盐气味存。箕裘须善继，聊以报深恩。

莱子舞斑袖，狄公望白云。况余当永感，空尔酬孤坟。落日猿声断，深山鹤唳勤。冥灵隔泉壤，哀些可相闻。

梅参军招饮龙泉庵，和韵二十八句此五言排律，自府志《形胜记》补入

寻僧投净社，法界自庄严。香雨迎花落，华筵藉酒淹。潭深忘□辖，夜久问更籤。时事关休咎，天文验步占。杞忧徒尔切，吏隐许谁兼。且杖青筇往，还同彩笔拈。情随山水洽，诗以唱酬添。城影飞千雉，溪光引片蟾。几年欣借寇，五袴总歌廉。扪腹余多愧，攒眉佛不嫌。心尘宜自涤，口给实当箝。对柳思青眼，看松羡紫髯。勤民真急急，礼士倍谦谦。沧海恩波阔，须令涸鲋沾。

车参政集卷八

诗八七言律之一

籍田应部试

天门晓日影曈曈，玉辂金舆出汉宫。圣主籍田千亩遍，公卿祈社一时同。擎来青陆春偏早，念到苍生岁已丰。击壤欢歌忘帝力，小臣何以献豳风。

灵谷寺

龙宫花雨千林遍，鹿苑松阴十里斜。石响琵琶疑梵呗，水分功德见恒沙。高僧此地藏金骨，先帝当年驻翠华。却笑风尘车马客，肯抛簪绂问袈裟。

洞庭湖四首

洞庭秋色楚江开，楚客狂歌击楫来。四顾恍疑空宇宙，中流忽见拥楼台。澧兰旧识骚人赋，湘竹空馀帝子哀。此去长安盈一水，乘槎应得近蓬莱。

云晴遥望岳阳楼，七泽三湘最胜游。隐隐帆樯迎急吹，萧萧芦荻傍残秋。衡阳未返南飞雁，江汉空驰北去舟。最是乡关邻咫尺，烟波日暮不生愁。

澄湖遥隔大江滨，湖上浮云日日新。张乐千家闻帝子，朗吟何处识仙人。白沙遍照湘山月，青草长留楚泽春。满眼风波惊对酒，却惭渔父独垂纶。

巴陵胜迹枕重湖，高槛临江落照孤。湘浦有灵还鼓瑟，汉皋无女更遗珠。东西舟楫分吴楚，八百烟霞入画图。便欲挂帆随所去，不妨踪迹似陶朱。

黄鹤楼新成

章华不见楚王台，百尺飞楼城上开。江阁白云空自去，秋风黄叶待谁来。荒洲草色侵蓬鬓，一笛梅花落酒杯。独倚危栏凭吊古，赋成鹦鹉亦堪哀。

秋日武昌江上

落日长江壮客游，西风短笛动人愁。波光远映千帆月，草色凄迷两岸秋。吊古有怀频载酒，思家无日不登楼。忽闻渔父沧海曲，欲向桃源问钓舟。

游岳麓书院

岸柳江烟碧草纷，危峦飞磴俯江滨。星当翼轸层霄出，山自岣嵝一派分。秋水楼台高楚塞，春风弦诵入湘云。残碑千载留神禹，苔藓年年长绿文。

同宋明麓、甘昆源、曹南麓游双清亭，时明麓将北行

白蘋凉露楚江东，对水看山巾舄同。双棹正怜溪口合，百钱

何惜杖头空。秋生花树葳蕤后，人在楼台紫翠中。明日路歧南北异，不知何处听征鸿。

送李对亭之任广安

柳暗花明出未央，承恩初绾郡侯章。横金早叶三刀梦，拥秀新生五马光。地近剑门雄保障，国名巴子古封疆。向来惠政多遗爱，此去还看召伯棠。

送高轩北上

忆昔壶觞醉秣陵，十年几度笑担簦。川原似识重游客，风雨多逢好事僧。乡路片云迷野艇，江村远火起渔灯。独怜献赋长杨后，剩有名山兴可乘。

春日游燕子矶

燕子楼阁大江头，草长泥融燕子游。万顷波光霞彩动，六朝山色酒杯收。帆樯来往空伤别，花鸟逢迎岂解愁。千载金汤天险在，江南原是帝王州。

九日登雨花台

十日蹉跎九日来，黄花佳序雨花台。金绳宝筏心同净，楚水湘云首重回。鸿雁傍人秋色冷，茱萸对酒客情催。正逢宋玉多愁日，谁擅登高作赋才。

玄武湖

天朝图籍五云齐，六代离宫此地西。灵境何年繁草树，恩波终日浴凫[①]。探珠谁谓龙宫秘，假翼堪从凤沼栖。咫尺顿令仙路回，桃源无路世人迷。

鸡鸣山

隐陵高阁枕山隈，与客乘闲选胜来。绝壁藤萝依静境，层霄钟磬落香台。六朝形胜供词赋，千古豪华付酒杯。斜日满天鸿雁度，寥寥乡思更难裁。

元宵苦雨

接天寒雨滞元宵，夜色溟溟冻不消。遥听风钟来野寺，空传火树照星桥。探钩何处开仙醴，隔浦谁家响洞箫。游子他乡当此夕，藜灯草舍转无聊。

沛县过新河，见民居垫溺，有作

龙走长淮故道摧，白波万里激奔雷。千村茅屋冲涛尽，一夜桑田变海回。却忆锡圭神迹远，何当飘瓦客舟来。眼前鱼鳖恫瘝意，浊酒难倾此日杯。

黄河遇雪二首

大梁城北几蹉跎，冒雪维舟正渡河。农喜早知宜麦兆，客愁无奈转蓬何。鳞疑龙战迷清汉，气似鲸吹卷白波。岁暮凄凉游子意，关山遥隔万重多。

黄河重渡客心劳，飞雪萧萧上布袍。色借遥天鲛室净，光添□浪蜃楼高。歌传郢国凭谁和，赋就梁园转自豪。回首最怜垂钓

①此处缺一字。

者，一囊随意泛渔舠。

丁丑下第还至武昌，旧主人邀饮黄鹤楼，同唐元宇、刘在田分得“楼”字

白云黄鹤正悠悠，江上仙踪万古留。桂籍十年三泣玉，萍踪千里一登楼。主人载酒怜长别，客子题诗感旧游。但使赋成堪再献，不将鹦鹉吊芳洲。

寄曹侍御

按：武冈曹一夔，字双华，官监察御史，与参政同时，颇多赠答之作。此曹侍御，当即双华也。

十年同走洛京尘，细雨疏灯意气亲。不识趋朝天上客，还怜失路梦中人。山川极目无虚日，鸿雁传情正早春。为问都亭持斧者，几回白简动枫宸。

送王太史册封之江西

柳色花香出帝京，天书带砺宠东平。乍辞丹阙春光暮，渐入朱明暑气清。蛟浦遥连彭蠡泽，龙沙长抱豫章城。还朝倘得临轩问，为采风谣答圣明。

赴南丰辞朝

班列千官俨似仙，佩摇双阙暂辞天。郎星纵与中天应，帝座遥瞻北斗悬。此际幸随凫舄后，何时重到玉楼前。小臣不负南熏意，一曲还期奏五弦。

赠王进贤

凫舄飞来章水涯，王乔仙令擅才华。弹琴花县闻佳政，掞藻词坛识大家。满箧旧馀丹洞草，孤标堪拟赤城霞。双龙会合知何地，遥指龙津路不赊。

南丰署中元旦

蓂开一叶报青春，鹭序千官谒紫宸。下邑遥瞻云物晓，他乡又见岁华新。关山不隔怀人梦，齿发差强报主身。微禄已叨饶菽水，椒花何惜酒行频。

赠新城张侍御

埋轮一疏重神京，推毂三朝起盛名。骢马自应行处避，丹心遥向日边倾。夔龙北阙终虚席，鸥鹭西江暂结盟。早见东岩云出岫，欲将霖雨济苍生。

访严省吾先生故居

十年推毂逢知己，此日停车问里门。喜向马融瞻旧德，悲从宋玉赋招魂。萧萧繐帐堪垂泪，恋恋绨袍未报恩。握手诸孤无限憾，夕阳荒草不堪论。

壬午江右锁院漫兴

锁院论文白昼幽，遥天常见彩云浮。词源竞泻三江水，冰镜高悬八月秋。丰剑定从牛斗识，美材多自豫章收。汉廷贾谊原才子，爱主能将国士酬。

秋夜同周鼎石宿滕王阁，阅诸生遗卷

楼台高倚大江寒，并马来游兴未阑。南岸蓼风当槛拂，西山松雨隔帘看。一尊更酌清秋半，三策初收落日残。五色不迷妍丑在，谁云秦镜辨人难。

游虎丘山

给园台榭倚吴关，棹转溪回见此山。客趁柳风携酒至，僧先谷雨采茶还。剑池向晚留云气，讲石经春上藓斑。不是慈航能接引，尘身那得慰跻攀。

游西湖二首

十里重湖何处寻，孤山遥望翠云深。客尊狼籍浮花屿，僧寺参差隔竹林。两崖笙歌春冉冉，六朝烟雨昼阴阴。苏庭岳庙俱陈迹，谁识蜉蝣一古今。

湖外山环望海楼，海门潮上雨初收。采莲时听佳人曲，泛梗浑忘旅客愁。晓磬云随孤塔起，晚槎月带片帆流。偏安莫问前朝事，兴废人生易白头。

钓台

富春遗迹自成村，千载高风傲漆园。身着羊裘烟水阔，心轻龙衮汉庭尊。台荒不共山川变，郡古犹堪姓氏存。我独拂衣归未早，凄迷芳草愧王孙。

甲申三月望日纪事

赋罢归来好卜居，挂冠今去就鲈鱼。烟霞自合耽丘壑，云雾何妨蔽斗墟。膝下双亲欣彩舞，城边三亩足犁锄。看来冬岭青松节，摇落风霜只自如。

客中有感

千山愁见日斜时，疲马风尘怯路歧。敢望一言逢主悟，终因三献感君知。孤城日落猿声急，故国天涯雁字迟。纵是迂疏甘放逐，秋来不赋楚臣辞。

章江别杨吉父、胡冲南、吴三峰三孝廉，皆余本房所取士

南浦西山感别离，雁行萍踪杳难期。乍惊客路遭逢偶，翻忆文场遇合奇。夜雨尊前仍抱膝，春风花下共扬眉。红颜愧我浮名误，南岭惟宜咏紫芝。

燕台客思

满目浮云寄一身，天高难问倍伤神。十年歧路怜游子，千里江湖愧逐臣。自是惊乌栖不定，敢云得鹿梦难真。悲歌燕市①无奈，强对炉头唤酒人。

萧汉冲太史秦藩便道省觐

桐圭奉使荣开国，莱服娱亲醉舞筵。负弩渐看迎汉水，采风先遣到秦川。金茎沆瀣分三殿，玉节琳琅下九天。圣主临轩因计日，石渠视草独君贤。

平谷衙署新成，酬王明府

小结衙斋慰陆沉，题诗况复见同心。继来庖廪供朝夕，借与图书阅古今。边邑有年公事少，孤臣无恙主恩深。一枝已惬鷦鹩

①此处缺一字。

愿，莫羡翻飞向上林。

平谷答客

吏散庭空早闭门，焚香煮茗当开尊。乡书易断衡阳雁，客思难闻楚峡猿。榆塞风沙生白发，草堂烟雨促黄昏。微官牢落心能静，赖尔清吟一晤言。

得家书

十年歧路尚涂泥，日逐车轮与马蹄。门倚白头资水上，书传锦字蓟庭西。冥鸿萧汉谁能碍，鷦鸟林枝自可栖。湘水衡云归便得，野人原只餍羹藜。

上蓟镇塞开府

鹊印龙旗宠命光，长城身许蔽渔阳。烽烟夜静阴山月，刁斗寒生紫塞霜。倚□谁同赓郢曲，登楼常自踞胡床。边关小吏遭逢幸，欲献铙歌佐玉觞。

送李守备之中都留守

涂山南去紫骝驱，腰系并刀臂挽弧。玉帛向归王会地，风云常护帝兴都。龙渊自矢酬恩泽，麟阁人闻起画图。燕额虎头君独擅，封侯骨相自然殊。

送赵丞之振武威幕

行李萧条去雁门，骊歌凄切动征轩。莫嫌入幕仍军事，但捧除书亦主恩。朔雪霏霏连漠塞，湖天渺渺接河源。君才原自优经济，岂向於陵学灌园。

渔阳汤泉

香溜氤氲闭石房，温泉今喜出渔阳。四时长见蒸云气，一勺遥分浴日光。莫遣边人群饮马，只宜词客共流觞。春来不用邹生律，暖意先回黍谷旁。

雨后同倪、谷二将军登喜峰口楼，见边人乞赏，赋此

喜峰峰上雨痕开，一望湖天霁色来。绝域毡裘争款塞，清时尊酒共登台。云沉古垒烽烟净，日落孤城鼓角哀。胜会雅称能缓带，二君俱是折冲才。

沈将军自蜀至蓟镇候调

西川飞将老孙吴，袖里风云八阵图。饮马长城来自蜀，射雕绝域想窥□。直教功勒燕然石，岂谓光阴分虎符。对酒几回横槊赋，月明吹角戍楼孤。

遵化署中答友人见寄

八月燕关天雨霜，临边草木半焜黄。愁中不觉改芳鬓，梦里空怜到故乡。野水千家禾黍没，秋风三径菊松荒。琼瑶未报惭知己，感激因君寄八行。

至山海关，姜将军招饮观海亭，喜赋

碣石云高海气深，将军载酒共长吟。天从险阻分彝夏，地自沧桑变古今。壶峤浮沉鳌不定，楼台明灭蜃常临。直令万里鲸波静，一剑输君报主心。

昌平州谒陵

皇都雄控紫荆关，设险居庸咫尺间。玉垒金河环上国，苍梧翠柏护灵山。瞻依象魏天中起，仿佛龙舆日下还。弓剑万年留此地，常令边塞鼓鼙闲。

宿观音寺望孝陵候谒

庆云高绕似从龙，祖德由来王气钟。玄寝森严传刻漏，春山葱茜削芙蓉。香莲犹似开三藏，禁树还疑隔九重。为祝祇园长护国，十方千界共时雍。

金陵偶述

金陵佳丽帝王州，长铗清樽赋远游。城郭晴连三市色，风烟遥带二陵秋。吟诗高唱山中调，邀客时登水上楼。宫阙六朝何处问，古槐疏柳自生愁。

游元封见过赋赠

廷尉门间雀可罗，故人高驾枉烟萝。趋庭千里闻诗罢，览胜三都作赋过。歧路题书离思苦，风尘倚剑壮怀多。奇游司马雄文在，归去声名奈尔何。

伍少参与税监忤遄归，余壮其行，而窃有慨焉，漫成四律

湖南半载挂冠归，耻与貂珰竞是非。但使鹑衣蠲井税，肯从豸绣恋轻肥。攀援老稚思遗爱，避缴鸳鸿羡远飞。只想英雄心骨冷，人人愿采北山薇。

最是平生铁石肠，肯因世态负行藏。三难始信鲜于侁，一诏终颁汉武皇。自以朴忠酬犬马，谁能怒臂效螳螂。从今中贵惊相视，果有青松傲雪霜。

年来守令苦催残，天听胡然重内官。宦海总知风浪恶，云林须信网罗宽。已知豺虎偏当路，谁似鲇鱼复上竿。纵有海山充贡赋，君王未可解颐看。

一去翩翩不可留，贤豪袖手卧林丘。不知累洽重熙日，更抱城狐社鼠忧。萝薜万家空杼轴，茧丝无计缓诛求。回天愿献郇模字，袜线何由到冕旒。

读李空同集漫书

髫年把读到于今，一读令人一赏心。中岳有山堪比峻，黄河之水不如深。连城片片皆隋璧，寡和章章似郢吟。天禄石渠无路入，早从萋菲卧山林。

送刘显斋守吴兴

帝城五月敞离筵，共羡仙郎出牧年。愿渚花香新浥露，吴山剑气上凌烟。桑蚕家住青郊里，竹马人迎皂盖前。君到尽教枯槁润，恩波不浅在苕川。

车参政集卷九

诗九七言律之二

闻西镇边报

羌胡飞骑入洮州，又据黄河最上游。渠自狼心安有餍，我凭马市果无谋。干戈雪战皋阑夜，鼓角声悲陇水秋。宵旰只今频拊髀，何人能解至尊忧。

上蓟镇王凤山中丞

蓟门形势古今雄，重镇登坛有上公。一自吴钩明晓日，遂令胡马静秋风。据鞍老将欢推毂，挟纩三军总挂弓。幕下最怜恩宠厚，南楼时坐月明中。

由江东门见水战船

楼船叠鼓镇江东，圣祖贻谋满目中。卜世不随淮水尽，留都还傍石城雄。帆开杨柳桥边路，旌拂蓬莱境上宫。南北只今严守卫，千年丰洛与周同。

庚寅九日诸同僚招饮高座寺

菊尊异地还谁赏，棘署同官喜共招。六代山川云漠漠，万家烟树雨潇潇。羁愁欲逐西风起，清梵微传上界遥。尽日高堂迟眺望，夜归灯火照溪桥。

莫愁湖二首

建业山川俨画图，相携重到莫愁湖。舞衣歌扇名空在，柳色花香兴不孤。桥口烟霞随杖屦，水心亭榭引鸥凫。岸傍孙楚楼无恙，日醉高阳旧酒徒。

何代佳人名莫愁，六朝遗迹至今留。烟波直接清溪渡，草树平连白鹭洲。岂有芳魂邀泛月，只令词客重悲秋。尘缨一濯沧浪水，静听渔歌起石头。

元夕客中咏怀

千家梅柳弄春姿，雪净楼台分外奇。香气随风生马足，歌声催月踏峨眉。薰天银烛长烧夜，达曙金吾不禁时。只有寂寥天畔客，一灯青火坐书帏。

送大理王公予告东归

柱石明廷倚大贤，如何称疾罢朝天。总因仙侣期缑岭，故向君王索辋川。海上鸥群依旧渚，山中药草灌青泉。白云偶尔归岩岫，早晚为霖遍八埏。

送陈起吾部饷赴京，便道归省二首

驿路梅花报早春，乘来六博拥江津。载星飞挽浮青雀，计日鸣珂谒紫宸。水旱仓箱三岁竭，东南杼柚万家贫。况逢止辇求言日，好绘流民献圣人。

楼船笳鼓下淮阳，十万军储转朔方。柳拂金门初拜阙，花繁石室暂还乡。法星映节青霄回，彩服开尊白昼长。回首旧游偏寂寞，登临谁共北山堂。

梅子马太学见过不值次答

城隅垂柳匝春阴，门巷萧条草色深。老我积薪淹岁月，多君看竹到园林。篱边双跻留行迹，江上孤鸿寄好音。钟阜玄湖堪选胜，闲曹尊酒待重寻。

送詹吏部秩满北上

仙郎夙擅两都名，参领铨曹化已成。六代山川留翰墨，九天日月望蓬瀛。离筵细听黄鹂语，故国遥牵白岳情。此去南熏逢舜日，赓歌谁佐五弦声。

初夏乡人招游燕子矶

都城车马日尘埃，休沐邀欢偶暂来。爱听黄鹂鸣夏木，喜逢绿蚁试春杯。山头楼阁连天起，江上帆樯带雨开。若使同乡不同醉，空教归骑夕阳催。

闻倭警和张子明

翡翠由来贡越裳，天朝闽粤总金汤。久知烽燧清中土，不谓鲸鲵肆外方。霄汉万年悬日月，熊罴千里净扶桑。欲将前箸筹兵策，翻作铙歌奏建章。

送游宗谦还莆田

对酒歌骊惨不舒，临歧握别意踌躇。闽天路远猿声断，淮浦霜高雁影疏。游子风尘千里外，故人交谊十年馀。别来欲寄相思梦，若个关山是索居。

送陈玉叔大理还沔阳二首

都门供帐雨初晴，望望仙舟向楚行。归到灵均应有赋，游经五岳且逃名。法星暂尔辞天阙，卿月依然照帝城。只我疏狂惭佐史，南楼一望不胜情。

萧瑟西风放棹还，玉沙深处草堂间。总怜宦迹浮沉里，自有才名宇宙间。心似子牟怀北阙，望如谢傅暂东山。即看耆硕征岩穴，曳履重来鬓未斑。

送陆少参分守均州，兼寄兴太和山

机云词赋擅清标，荆楚旬宣简圣朝。寒谷忽惊来使节，名山先为驻仙镳。风烟历落通丹壑，宫殿参差逼紫霄。便欲相随凌绝顶，缭垣复道九阍遥。

邹孚如吏部乞假归里

高名藉藉汉邹枚，故里遥闻乞假回。启事独存丹阙念，摛词谁并锦囊才。楚人自昔能餐菊，驿使逢今好折梅。怪杀嵇康多转事，绝交书不为君裁。

题许山人桥西草堂

郭北桥西结草堂，春风杨柳日苍苍。门连钟阜千峰出，窗远青溪一水长。槲叶尽堪供笔札，芰荷还与制衣裳。许由清节高千古，寂寞何妨隐帝乡。

春日酬胡曹长，苏计部蔡、顾二祠部，何、沈、陈三比部社中见怀之作

春风吴苑雪初残，延赏还闻结旧欢。赤帜无由探武库，彩毫空自忆骚坛。他乡杨柳愁中结，故国梅花梦里看。七子风流今再见，令人真愧和歌难。

酬京山王少泉翁见寄

三朝耆旧鬓垂丝，喜见人间百岁期。每向高山增仰止，忽惊尺素远相遗。经时闭户成玄草，长日开尊茹紫芝。为道汉阴机已息，不须长诵武公诗。

送蒋兰居考绩之京

双旌计日渡黄河，对酒能令别思多。听棘只凭三尺在，积薪其奈十年何。书传北阙承天宠，琴借南薰答圣歌。自是金台须骏足，白门那复共鸣珂。

送沈定庵佥宪江右

秣陵西去泛楼船，才子恩承绣虎年。倚剑丰城新气色，挥毫滕阁旧山川。曾随法署论三尺，喜向骚坛赋百篇。骢马独工千里步，更于何地奉周旋。

送向佥宪之蜀，便道过家

旧都起草为郎日，新宠乘骢建节时。路转滇江迎昼锦，天开巫峡动春旗。云霄蓟北三台望，桑梓湖南百代思。无奈鹓鸾方接翼，骊歌一曲又临歧。

周鼎石督学山东

儒臣优诏下山皋，骢马翩翩意气豪。化雨益增东海大，文星遥傍泰山高。褰帷晓日瞻丹阙，揽辔春风动彩毫。此去知君能报主，到来简拔尽时髦。

顾箴吾曹长考绩北上

看君鸣佩上瑶池，雨雪关河问酒卮。起草共推郎署绩，积薪谁谓宦游迟。虎头芳誉传何代，骥足空飞正此时。南地烽烟行借箸，只令同舍独相思。

赠邵阳旧父母郑公

白发苍颜八十翁，邵阳自昔仰高风。归来不觉餐芝久，老去总思制锦工。缑岭吹笙骑是鹤，渭滨持钓感非熊。芙蓉千朵纷相媚，秋色年年照酒红。

送镜阳胡大理请终养归

廷尉多年执法平，陈情一疏动神京。辞荣去国高名在，扶侍还家喜气生。霄汉自驰怀阙意，斑斓偏慰舞衣情。只今边骑频传警，莫遣沙鸥便结盟。

赠沈曹长擢光禄卿，兼谢招饮

春官并侍凤池头，九列偏君拥绛驺。松菊向裁归去赋，桑榆今见晚来收。持衡望重瞻卿月，曳履声高动帝州。最是大庖仙酝别，肯携同醉复同游。

王水部纳妾有赠

几斛明珠颗自圆，远从棠邑换婵娟。桥填乌鹊堪成侣，枕比鸳鸯不羡仙。桃叶君家添故事，梅花官阁感当年。今欢诗就何郎手，水部才情到处传。

陈子有考绩北上

春风纶诏听迁莺，三载西曹执法平。悬榻故应玄草就，鸣驺遥傍彩云生。一时羽檄传鲸海，千里葵衷答凤城。廊庙只今勤借箸，知君还欲请长缨。

送郝给谏考绩北上

海内曾传谏猎书，夕郎奏绩更谁如。久推南省清华重，始信西川庆泽馀。六传乘春驰驿路，七车候晓觐宸居。悬知委佩承清问，定有封章翼汉储。

金陵逢吴明卿先生自姑苏吊王元美先生还

文名当代仰才名，洞锁甑甄径草生。江上忽闻歌楚些，天涯因喜识韩荆。玉楼寂寂新成记，白马萧萧旧结盟。挂剑独怜吴季子，千秋不负死生情。按：吴明卿，名国伦，号川楼，兴国人。为有明七子之一，著有《甑甄洞稿》，此诗盖参政与其定交之作。《甑甄洞稿》中有《赠车子仁廷评》一律云："谁谓斯文不在兹，赋才自昔楚人私。灵均慷慨追三后，太史凭陵陟九嶷。家住潇湘风未远，官移建业景偏奇。公馀休暇常怀古，句就翻增六代悲。"亦可谓极倾倒矣。及明卿卒，公怀以诗，有云："廿年邂逅石头城，相逢倾盖若平生。一诗赠我鉴何精，灵均太史相合并。驽蹇欣邀伯乐评，长安声价顿为盈。"盖不胜知己之感矣。

寄谢叔蒙侍御

少年簪笔侍承明，千里飞霜浙水清。谁道蛾眉招众妒，难容豸绣拥双旌。东山久系苍生望，西镇新屯紫塞兵。时事更谁资庙略，楚江空有白鸥盟。

广信孙太守招饮一杯亭

寿山不惮客情催，共对高亭酒一杯。语洽忽闻黄鸟啭，坐深不觉白云来。移时五马行春久，落日双凫借月回。喜遇山公心自醉，河桥明发更徘徊。

膳部差还，舒慎吾、王思履、唐元宇见过，次唐韵

十年京国梦郊扉，南北蹉跎始愿违。官似冯唐留滞久，人同司马倦游归。山中腊酒供莱服，江上晴云恋钓矶。匡济岩廊公等事，早看簪笔奉彤闱。

赠顾太守先曾守襄郡。自注。

曾持绣斧羡乘骢，越海高搏九万云。赤陛故应公论定，朱幡依旧主恩崇。岘山旧碣怀羊叔，南国甘棠仰召公。圣代钧衡知侧席，莼鲈未许忆江东。

赠喻蓟州

家乘八座世争辉，郡领三刀梦不违。九里润河清紫塞，两歧麦秀傍皇畿。尊开绿蚁诗仍健，剑倚青萍意欲飞。最是风流能爱客，夜深犹得奉音徽。

刘客部曹长之绍兴守

帝里凉风满院生，喜从秋色送君行。一钱久已知刘宠，五马新闻借越城。禹穴更谁探往路，雷门遥听助欢声。倘怜寂寞春卿署，定有鸿书问旧盟。

题郑成轩招饮园二首

故园何处好回翔，郑谷千秋径未荒。鸟向春风吹作赋，花随流水引飞觞。朝恩钟鼎纶音重，家学箕裘庆泽长。我为裁诗反招隐，知君硕望在岩郎。

招饮园开古遂州，丛生桂树小山幽。避尧亦可知巢父，恋阙还须似子牟。皓月清池偏照夜，苍松翠竹更宜秋。怜余别业同千里，梦里潇湘奈远游。

顾邻初廷试得隽归秣陵时，尊人有吾郡公祖之命二首

燕山淮水总关情，探藻看君赋两京。千载公车逢圣主，一时里选冠诸生。青萍掩映虹霓色，彩笔纵横风雨声。更喜襄阳羊叔子，邵陵今复得专城。

少年词赋擅才雄，白雪争传郢调工。骏马会须空冀北，步兵原自号江东。窦家桂树看长茂，楚国棠阴咏未穷。会羡霜威清海甸，遐方何幸借文翁。

邻初有诗见贻，依韵述怀

题柱惭非汉署才，陪京兰省五云开。蛾眉敢谓宫中妒，骏骨空怜冀北回。恋阙十年肝胆在，思家千里雁鸿来。无能补衮岩廊上，愿著斑衣学老莱。

邻初屡顾不值，依韵为谢

昼省秋高玉露寒，秣陵萧瑟动江干。南游愧我同鸡肋，左顾烦君驻马鞍。看竹移时忘主客，传诗折柬重琅玕。斗间已合双龙气，何事风尘会晤难。

牛首山有银杏古树，相传是唐贞观来者

寺枕名山最上头，寺前老树岁悠悠。枯枝带雨空啼鸟，数亩成阴大蔽牛。百尺松齐陵涧壑，八千椿并老春秋。可怜上苑闲花柳，一夜西风满地愁。

蒋吏部擢尚宝北上

风诏翩翩呈彩色，鹓班肃肃入皇扃。交情白下同肝胆，别酒红亭任醉醒。铨署昔曾推藻镜，玺郎今见应台星。莫论两①鸣珂异，我欲扁舟向洞庭。

①此处缺一字。

许掌科访获祖茔于江宁赠之

汉帝久闻青琐誉，夕郎曾见皂囊封。松楸百世谐初愿，桑梓何年返故踪。琼海由来高片玉，延津原自合双龙。羡君又作钟山主，漫送罗浮四百峰。

差归，和同年曹侍御双华见贻韵

萍踪到处忆维桑，朋旧音书更渺茫。偶尔马卿荣谕蜀，已拚颜驷老为郎。青山霁雪供题赋，黄鸟春风劝举觞。岂谓圣朝罗隐逸，渔竿长自恋潇湘。

姜尔一还蕲阳

岁晚冰霜望故乡，送君何忍对流觞。世间白眼能为妒，匣里青萍自有光。待雨伏龙浠水涸，随阳孤雁楚天长。春来倘泛江东棹，重向钟山问草堂。

慰顾邻初庐居，兼悼令先翁公祖

玄冬雪霰苦纷纷，肠断空庭日又曛。荒陇只今劳陟岵，大行何处更瞻云。虎头远摽千秋技，凤翮新成五色文。泪堕岘山吾正切，甘棠旧咏岂堪闻。

答黄孟威见过，兼柬张孝廉

叔度高轩粉署过，汪汪千顷自为波。开颜乍识青云气，把臂惊闻白雪歌。游遍两都淹旅梦，胪传三唱起贤科。寄声仲蔚逢蒿久，二妙齐驱响玉珂。

徐职方之吾郡守

司马胸藏百万兵，符分虎竹拥专城。千年南国回春色，四野甘棠起颂声。新简福星明主意，旧遭旱魃故乡情。为有童稚纷骑竹，早迓朱幡向楚行。

陈带川侍御擢楚臬

岭南旧识鲍家骢，揽辔新乘万里风。豸绣褰帷才白下，熊幡飞旆又湘中。霜郊落木江声急，云路开尊剑气雄。最喜故园诸父老，会逢霖雨起疲癃。

钱继修内转光禄丞，忽请归养二首

春风送客思依依，唱彻骊驹气似飞。正羡旧京劳启事，俄闻新命出丹闱。柳牵牛渚迎青舫，花发龙楼傍紫薇。最是大庖堪养志，羡君更欲问斑衣。

天曹清简似君稀，入领新恩上帝畿。此去春风迎画舫，还看晓日照征衣。莺迁汉苑恩初渥，马跃金台愿不违。为借调羹明主意，可因甘旨恋庭闱。

送金戴槐暂还休宁

三载春曹望不轻，无端薏苡促行旌。赐环有日趋青琐，按剑何人辨白珩。雨雪山村愁里句，风波江郭官中情。离亭握手心先醉，重与衔杯唱渭城。

车参政集卷十

诗十 七言律之三

乙未仲春，自南膳部闻福州之命，奉寄老亲

五载握兰栖粉署，一朝分竹出彤墀。秣陵花鸟浑无奈，闽海风烟重所思。榕叶绿齐新雨后，荔枝丹熟早秋时。关山不远堪迎侍，待取三山献寿卮。

次分水关，遇督学舍舟而陆，余将买舟赴任，赋此呈之

万壑千岩暑气初，闽南豸绣共驱车。忽惊细雨移舟远，却忆清风入座疏。俗吏风尘随地驾，仙人楼阁接天居。明朝纵有乘槎兴，拟泛星河愧不如。

水口舍舟登陆，望延津作

石磴盘回试一临，马蹄翻畏落花深。济川自愧匡时手，按辔谁知问俗心。路入千山难变色，滩过十里尚闻音。瘴烟毒雾非吾土，对酒聊为剑浦吟。

送翁兆震太史还朝二首

双旌计日发三山，供奉丝纶第一班。藩邸桐圭荣使命，家庭莱彩慰亲颜。从来台宿依天上，此去仙槎入斗间。阊阖若承明主问，为言闽海岁逢艰。

二月韶华到处同，送君征旆出闽中。桃花色映朱旗日，榕树声牵皂盖风。名世才华齐八斗，还期勋业待三公。骊歌欲尽情无尽，应有相思寄去鸿。

九月四日登乌石山

几欲寻幽未得闲，吏情扰扰困尘寰。感时渐近黄花候，乘兴同登乌石山。城堞云晴孤鸟下，海门风急片帆还。喜传夷岛鲸波静，借粜还愁岁事艰。

越王台

铸剑既开霸气雄，钓龙台罢水云空。千秋事业兴亡里，历代河山指顾中。路入武夷随鹤去，溪连沧海有潮通。越王姓字空碑在，衰柳寒鸦绕故宫。

镇海楼

粤王山拥海潮流，山上嵯峨镇海楼。花月平临关路晓，松风长送郡城秋。遥天雁断蒹葭冷，绝岛鲸翻鼓角愁。谁向朝前□借箸，闽南不解杞人忧。

同屠田叔、曹能始、张如愿、王汝存集钟山寺，得遥字

上方钟磬隔迢遥，与客飞觞散寂寥。萍梗一时聊自聚，芝兰何地不相招。阶前明月虫声细，海上长风蜃气骄。词赋似君须满座，喜将清论度中宵。

游武夷，未五曲而返，怅然有怀

武夷山水萃全闽，控鹤何人赋采真。玉女洗妆灵雨细，仙翁煮石彩云新。桃花洞口难逢径，瑶草峰头易得春。便欲振衣探九曲，可堪中路隔风尘。

夜闻余宗汉、王汝存集永叔斋中，予因携具就饮，得何字

风尘傲吏岁蹉跎，落月怀人梦若何。颇怪当年乘雪少，却怜今夕聚星多。尊含春色呼卢醉，烛照寒光倚剑歌。不是探奇客醉酒，谁将二妙共相过。

五月观竞渡二首

白龙江渡彩龙舟，闽俗依稀似楚州。宿雨乍收天向霁，暮潮初定水空流。开筵度曲喧林鸟，倚槛飞觞醉石榴。望里烟波家不见，乘风更上一层楼。

雕龙画桨竞腾骞，风俗流传为屈原。自昔有臣终报主，至今无地不招魂。随人结艾悬丹牖，与客倾蒲劝绿尊。箫鼓满前思转剧，故乡回首隔湘沅。

上大司马吴老师

海国新瞻洛社英，门墙旧列鲁诸生。一辞百粤金章宠，遂结千秋绿野盟。蜡屐登山还系望，玉阶曳履伫闻声。无能趋侍询民瘼，郡吏何从见治平。

答少司马陈先生

命代才名四海知，乘骢南北总驱驰。荆襄千里观风地，邹鲁诸生立雪时。皂帽青溪聊托远，凤毛麟趾兼钟奇。云窝构就仙凡隔，缥缈丹丘是武夷。

奉寄少宰邓定宇先生

黑头清望重朝裾，何事辞荣赋遂初。潘令闲居因奉母，留侯功大在安储。西江春水供垂钓，南浦晴云助著书。为语钧衡明主待，碧山未可便焚鱼。

寄李太清给谏

从容青锁奉车尘，金马曾题第几人。直节忧时常扼腕，孤踪去国自批鳞。江潭未是行吟地，社稷终须献纳臣。闻送赐环将早晚，莫将华发老垂纶。

含香舞彩诗，为程泉州赋

仙郎退食爽鸠司，寿祝慈闱酒满卮。正想趋朝嵩祝日，又看扶侍锦归时。西池阿母贻金箓，南岳夫人荐玉芝。若使梁公同此过，白云那动太行思。

韩万里寄部大父挽诗

考槃当日赋悠哉，曾度人间大耋来。杖履千秋藏夜壑，丝纶五色贲泉台。芹宫尚把遗珠叹，梓里重含绝锷哀。寄语九原堪自慰，兰孙硕望已三台。

林定宇侍御以言谪闽中，得拜其先公祠下

贾谊忧时策治安，长沙翻作逐臣看。止期一疏回天易，岂料孤忠悟主难。海上鱼虾官况薄，城头风雨客裘寒。先公俎豆荒祠在，十载重来泪未干。

衙斋漫兴

海国山川汗漫中，游踪三载类飞蓬。梅花官廨何郎兴，柳树园林靖节风。阶下蛩声时变幻，窗前树影月朦胧。忙将笔研勤公事，乘兴裁诗不问工。

周朝采运长诞生次子，用余宗汉韵和之

君家兄弟羡双龙，秀毓罗浮四百峰。连璧今看生合浦，多男更欲祝华封。诗传客座欢声沸，酒酌官厨瑞气浓。我写弄璋还自误，莫将瓦缶并黄钟。

万敏庵别驾督饷入京

王程肃肃怅离群，耳畔骊歌不可闻。水旱一方民自苦，转输千里事偏勤。潮生海国浮青鹢，路入长安傍紫云。别后朋亭好风月，一堂燕笑更思君。

读施氏昭德编羡二华之父子兄弟，所由来远矣，小诗用庆，莫彰厥美，以俟太史之笔

天目巍峨跨月都，眉山自合产三苏。前人弈叶多龙种，后代连翩起凤雏。簪笏传来家庆旧，丝纶诏下主恩殊。他年国史荣华衮，班重人间不夜珠。

丁酉中秋，偕屠田叔、万敏莽饮林夭迪园二首

名园何处共招寻，咫尺沧洲会远心。不是烟霞能笑傲，谁从城市得山林。风吹帘动高松响，日落窗含古树阴。安石苍生还系望，记应泽畔久行吟。

司农粉署标鸿石，勇退知君世味轻。亭倚青山还近市，关浮紫气更临城。花前日影依楼上，竹里泉声绕涧鸣。客路总怜嘉会少，衔杯直待月华明。

丁酉冬，余当入觐，以台部奏留，万别驾代赋此

三年上计觐枫宸，万国衣冠总见春。我以封疆违魏阙，君还尸祝代庖人。东方仗钺狼烟骤，南国征兵羽檄频。望主从容清问下，勿言边郡有劳臣。

甲午秋，寄罗楚衡、高中阳、唐仲安诸友赴试

黄槐丹桂照玄珠，楚国秋风起北图。一日骅骝开万里，几年词赋标三□。武昌城下鱼还美，大别山头酒漫沽。里党汇征贤俊

在，吾归应得著潜夫。

邓汝高计部典试岭南，自闽还朝，赋赠

岭外抡才简度支，罗浮道路载逶迤。马空冀北知□袅，珠采蕃南见陆离。客指春明还旆日，人看昼锦过家时。自怜卧阁稀同调，把臂欢然慰所思。

自福州还，柬刘在田侍御，并述所怀

髫稚追欢分自投，春风同醉曲江头。彤幨愧我分符远，骢马多君揽辔游。故里有缘还笑傲，新诗题处好赓酬。从前驰逐尘踪苦，何似沧浪引钓舟。

贱辰辱刘在田惠诗次韵

与君释褐幸同年，驽骥何由辨后先。久宦天涯终是幻，并由林下即为仙。残生未报劬劳德，老鬓犹耽翰墨缘。读到蓼莪诗总废，□阳谁继郢中传。

吴求叔寄诗约以秋来远过次韵迟之

金陵携手雨花亭，客里追从眼倍青。每到别离惊折柳，几将踪迹寄浮萍。结庐孤冢肠空断，感逝千秋梦未醒。掩卷蓼莪秋又至，萧萧落叶满空庭。

何受所进士差还北上

彩毫梦罢□初分，白凤□成世共闻。门绕资流钟地秀，匣藏吴剑动星文。题名首出金龟彦，持节新辞玉殿云。此去鹓班陪禁闼，还期麟阁勒奇勋。

贺曹双华年丈见怀韵

小亭秋雨昼还阴，秋色萧条思不禁。游子空从莱服老，故人高卧楚云深。情悬渭北裁新句，雁过衡阳寄远心。把酒迟君君不至，赓酬谁是郢中吟。

高吉轩邀赏牡丹，次刘在田韵二首

自昔花王号牡丹，含情带艳满阑干。何缘少日同心侣，共对春风把臂欢。三径岁时宜纵酒，百年身世更加餐。开来烂漫频相赏，莫待披离悔未看。

潦倒名园共酒卮，那知怀抱为君移。生来富贵浓如锦，占尽风流绿满枝。竟日天香娱上客，千年国色失西施。新诗写就花神在，把读俾人不自持。

金戴怀以长司李枉过庐居赋此

为郎同舍复同心，法曜资湘此借临。我已幽栖甘木石，君还高谊重兰金。卞和屡献荆山玉，钟子终知流水音。吊屈洛阳年少者，汉文前席宠恩深。

和高吉轩红梅诗

似桃似杏别为花，最爱横斜照水涯。素质轻盈含霁色，红妆绰约染朝霞。酒香对尔宜同醉，春暖输谁并吐花。乘兴今宵还未尽，明朝访戴更乘槎。

方明府招同刘侍御、何进士饮双清亭四首

箫歌声声引画船，遨游尽日挟飞仙。高亭鸟影横霄汉，曲槛波光入几筵。座拥谭锋飞玉屑，诗成斗酒忆青莲。年来召父多循政，满耳讴歌古渡前。

磴道岑楼高复深，喜随召父共登临。总皆鹓鹭青霄侣，一听琅玕白雪音。老树霜浓添劲色，清江云净洗烦襟。声传钟磬山常寂，又听沧浪孺子吟。

萍踪聚散逐征鞍，何似云林结所欢。夜剪兰膏仍待月，裘披鹤氅不知寒。一时文酒乘佳兴，千古江山自郁盘。烟树茫茫回钓艇，乾坤输尔水云宽。

剡溪兴尽复扁舟，还对残尊问酒筹。语语烟霞玄赏惬，翩翩杖履白云游。诸峰有意楼台合，二水无情昼夜流。不向此中寻洞府，尘凡何以别丹丘。

阅邸报答人

诸公才具济川舟，时事还须借箸筹。熊虎西陲谁犄角，鲸鲵东国尚浮游。洛阳早望长沙返，少海新瞻瑞气流。但使金瓯无一缺，不妨萝薜卧林丘。

秋日送朱朴庵广文北上

白蘋红蓼入萧晨，把酒那堪别所亲。遥望鹓鸾燕阙里，近随鸿雁楚江滨。凉风冉冉摇征旆，砧杵声声动旅人。谁谓广文甘苜

蓿，门墙到处总皆春。

罗翠萼以诗来答之

君家伯仲总河东，阿季翩翩调益工。人自罗含堪并驾，诗于何逊欲争雄。归来自爱青山隐，老去谁将白社同。独尔少年偏意气，论文当与醉春风。

读刘丈来诗，有充闾等语，因和之，亦祝其多男

凤麟一出瑞当年，莫以龙猪较后先。自是蓝田终产玉，谁知陆地可行仙。香闺纵佩宜男草，汤饼还当醉客筵。刘宠一钱廉吏后，君家青白旧相传。

寄辰州屠田叔

平生词赋满区寰，熊轼朱幡大酉山。铜柱并标循吏传，丹砂新驻使君颜。两岐麦秀逢人颂，五马春风尽日间。不是神龙钟浙水，谁将霖雨泽诸蛮。

书长安史册

圣主宾臣多宠渥，贤王礼士亦勤渠。旧瞻朱履云山上，新赐银钩醴宴馀。客久不须歌短铗，门深自可曳长裾。汉文早晚虚前席，宣室看君近帝居。

北塔二首有引

南国久雄资邵之上，北塔新成隆万之间，创山川所自无，增风气所必有。伟哉！吾乡巨丽鸿观，吉祥善举，继自今绵绵无艾也。愿安

所得此哉？盖高寅阳大夫始之，厥嗣别驾吉轩公继之，近日台阁田庐总之。因塔而备，余不佞随刘侍御在田年丈登临欣跃，黾勉趋成，各赋二诗记焉。

两江倾向邵陵东，一塔高标砥柱雄。水势自环村郭外，山形如列画图中。丹梯回步尘凡隔，碧落遥惊笑语通。绝顶登游还极目，满城佳气霭青葱。

中流浩渺转萦纡，七级巍峨插汉孤。漫倚长空窥法界，直从平地蹑天衢。山标衡岳全横楚，水带湖湘远入吴。从此奎光高北斗，千年功德满枌榆。

堂阴仙驭册为缪别驾初阳题

早年园圃识真诠，晚岁辞荣意更玄。丘壑无心趋巍阙，英雄回首即神仙。一时别驾王祥后，千载高风靖节前。我欲追随返初服，山头黄鹤任翩跹。

故乡深处结茅庵，回首东来几驻骖。良吏芳名腾冀北，真人紫气返湖南。奚囊有癖诗初就，鸥渚无惊梦正酣。不是巢由难结伴，只从方外听清谈。

舒孝廉举子

种玉蓝田久系情，佳儿今喜听啼声。一门春色桑弧见，八月秋香桂子生。应梦熊罴因善积，降神申甫赖天成。家祥更睹泥金报，花衬骅骝柳唱莺。

梅参军荐剡

闻君荐剡喜弹冠，正是云霄振羽翰。几载风流齐画诺，一时才望比琅玕。政成莲幕同声颂，疏入枫宸动色看。旦晚征书临邵水，还从栖枳借祥鸾。

李广文院荐

桥门振铎比笙簧，又见鳣鱼跃讲堂。一疏贤声驰禁阙，诸生喜气满宫墙。马逢伯乐空群久，玉剖荆山价倍常。造士谈经难再借，九霄六馆待高翔。

梅参军擢宁乡三尹

新阳西望阳陵山，只在湖南上下间。本以凤鸾栖枳棘，期将霖雨遍江关。花封最绩君能树，莲幕风流孰可攀。别后故人知有憾，扁舟访戴定空还。宁乡，吴时曰新阳。自注。

追忆福州大梦山言梦梦也

我将大梦□山名，蕉鹿谁能辨假真。蝴蝶竟从何处化，羲皇时有北窗情。漫言巫峡游神女，何用邯郸晤吕生。久矣吾衰无所望，傅岩图画可相惊。

钟山用柳陈父韵

高皇首出御飞龙，定鼎金陵王气钟。一自山河留辇毂，千年玉帛此朝宗。翠华长绕庭间树，紫极平临仗外峰。拜舞几随鹓鹭后，嵩呼声澈五云重。

车参政集卷十一

诗十一 七言律之四

赠郡丞司马永叔

佐郡宁辞六载劳，论才原自五羊高。桑麻日长山城雨，烽燧烟清海国涛。潦倒对花添酒债，风凉倚马是诗豪。与君会合如龙剑，咫尺延津庆所遭。

喜闻曹双华年兄径趋鄂渚，游玄岳毕，始返郡，因赋短章订来约

邸报传君客武昌，不知何日渡昭阳。与谁共泛扁舟雪，使我魂销两鬓霜。鸥鸟双江情自狎，梅花六岭梦难忘。何须太史占星象，自有贤人聚草堂。

故人别后几风烟，尘世浮踪屡变迁。握手乍惊欢午夜，题名追忆共丁年。春来岁序添诗句，老去交游拚酒钱。自笑鸣珂尧日下，何如垂钓楚江边。

鳞稀雁断苦相思，腊尽春初此一时。四十年来称世讲，二千里外订佳期。水南桥畔桃如锦，虚白堂前菊满篱。胜地总然尘境

外，可因游览得归迟。

生平五岳具全孤，南岳吾乡近可呼。君已有缘临绝顶，我从何地访真图。天梯石栈闲来往，瑶草琼花信有无。稍待向平婚嫁毕，便须飞步上清都。

砥柱矶二首

资邵何年砥柱开，婆娑古树隐亭台。碧潭云护龙涎窟，绣壁烟迷乌路苔。蓬岛寻真全楚胜，山阴乘兴故人来。壮图不尽江湖意，惭愧明时济世才。

丹楼百尺瞰城珂，胜地今来始一过。花恋晚春红艳在，树迎新夏绿阴多。云山已许衔杯酒，烟浦还能著钓蓑。更□双亲明月皎，细从石上咏藤萝。

壬午将入计，送别庄广文之宜春

漆园原不傲清时，振铎横经众所师。华发已淹三岁久，青毡仍是一官移。尊开盱水孤舟晚，剑指袁山匹马迟。我亦风尘将北去，苍茫烟树总离思。

癸未觐旋留别彭生洲户部

春风吹绿玉河流，捧檄新辞五凤楼。下吏江南催晓骑，仙郎天上近宸旒。驿亭柳眼窥人度，禁苑莺声为客留。不是新诗怜故旧，尊前那得缓离忧。

赠别余节推之淮安

淮草青青淮水长，仙郎捧檄下明光。独持天上三章法，自少人间六月霜。春满山阳供翰墨，□□清海醉壶觞。悬知驷马先承宠，阴德于公未可量。

送徐子与外甥周太学庆叔还吴兴

赋就新篇满座惊，少年文雅早蜚声。周颙岂忝称词客，徐孺于今有贵甥。归去霅溪芳草色，到来淮浦桂花荣。浮云不碍凌云翮，计日秋风听鹿鸣。

寿上园七十

阀阅君家冠海阳，古稀今日迓祯祥。囊馀子母心无系，秀溢芝兰庆益长。南极中天看照耀，上园百岁好徜徉。湖湘法曜沾馀润，一典同为荐寿觞。

五日偕诸寮幕文学饮陈氏江楼

嘉禾三载暂悬鱼，五日重逢斗草初。长夏风烟怜宦路，高楼尊酒趁公馀。帆□渺渺江云净，山色苍苍浦树疏。共向蒲筵还纪胜，怀沙谁复问三闾。

除日答人

孤□寒灯岁暮时，风尘犹是滞边陲。宦情反复生戈戟，世事沧桑似弈棋。柏酒已拚春共醉，萍踪聊与地相宜。未投万里班生笔，藉尔高吟□所思。

客有问余久不作诗者，漫答

闭门读礼岁时深，不觉冬残春又临。陟岵有怀通梦寐，趋庭无路觅容音。情□爱日翻追悔，泪到终天自湿襟。久矣蓼莪诗总废，据梧何用苦长吟。

送温永叔擢南宁守

海甸栖迟计八年，朗宁新借使君贤。关山渐与羊城近，棨戟遥临越徼偏。鳄静波声知卧阁，雁横秋色惜离筵。汉人事业无多让，铜柱千秋姓字传。

次罗翠萼韵亦贱辰辱惠诗。自注。

凉风送雨正逢辰，岳降何人似甫申。徒以隙驹惊过客，矧从风木忆严亲。百年谁是烟霞主，十载吾惭抚字臣。齿及更劳诗见赠，罗含才调古犹新。

刘在田侍御诏起西台送别四首

法曜重临玉笋班，凉飙初入彩云间。豸衣十载仍天宠，龙衮千秋自圣颜。最是子牟心魏阙，竟令安石起东山。故乡猿鹤浑无恙，为有幽人学闭关。

天门一望隔烟霄，飞入秋风万里雕。雅望不缘尊斗岳，征书那得到渔樵。园中独乐同司马，阶下呼嵩近帝尧。一岁九迁君自有，宵衣长念圣明朝。

骢马翩翩去不留，使臣衔命别沧洲。六亭山水难招饮，四海苍生在选筹。破斧缺斨劳远役，新丝旧谷总深忧。还朝天子如相问，先道湖南困播酋。

紫泥新捧上长安，白简霜飞六月寒。直以肝胆图报称，正怜时事有艰难。千村杼轴愁何解，百货征徭法未宽。补衮回天须妙手，早禅庙算罢中官。

送曾羽楼春试

公车万里早相催，送别那堪浊酒杯。子固向称名世士，圣明今试济时才。曲江游宴随骢马，上苑看花傍柏台。天禄石渠恩宠渥，陇头遥望好音来。时羽楼同其舅侍御公行，故及之。自注。

蔡龙门以廷试第二人赴部铨补，亦同侍御公行，并及其令嗣际瀛

天子临轩策广文，无双国士孰如君。青钱万选人为玉，彩笔千篇思入云。家有凤毛还跨灶，行随骢马定空群。长亭一别关河阻，把酒临歧共醉醺。

和曹侍御韵，赠南丰吴蕴虚

一别河阳岁月侵，过从千里慰知心。篇中彩笔赓酬尽，袖里青山杖履寻。地有主人欣倚玉，时逢残暑尚流金。都梁名胜高天下，载酒陪骢几醉临。

阅邸报有述

中官四出因征税，外寇连年苦用兵。月攘总知同日攘，东征才罢又西征。元良自合归麟趾，蹇谔尤宜听凤鸣。若待轮台方省

悟，眼前赤子已无生。

送秋试诸友

八月资江泛斗槎，如云多士满□□。年来丹桂新成实，秋到黄槐尽吐花。蟾窟天高沾湛露，鹤楼人醉捧流霞。洞庭归路须□早，裘马探春去更赊。

元寿篇为沈明扬郡尊作

天目当年岳降神，岿城五马拥车轮。履端正是悬弧日，甲子长开不老春。爆竹声传初度晓，椒花颂对寿筵新。口碑到处华封祝，为有仁恩遍楚人。

长庚岁岁照华堂，便捧屠苏荐寿觞。一自朱轮临邵水，遂令赤子咏甘棠。江声带雨莺初啭，山色和烟柳渐芳。总是东皇司斗柄，乾坤何处不三阳。

刘在田按闽，喜并州获沾覆露中，故及之

东南何幸主恩偏，揽辔澄清属大贤。自是下车还泣罪，几同上客共谭禅。丹心日月三山远，白简风霜万里传。父老壶浆随郡吏，承宣犹自忆当年。

乘骢直上越王台，海内人人羡楚材。三晋久知恩德遍，八门新迓福星来。荔枝雨后丹齐熟，榕树风前绿尽开。信是刘郎春在手，种桃还问旧蒿莱。

贺刘侍御生子

孤矢新成燕翼谋，谁将兰梦早相投。东风已助欢声沸，春酒还迎瑞色浮。诞在元宵前四日，家传柱史后千秋。香闺并有宜男者，双捧明珠天报刘。

邹持斋北上，以其尊翁宪副令弟春元中，故及之

折柳携尊唱渭城，资江雷雨助蜚音。青萍出匣寒光见，彩笔凌云藻思生。一代斗山还肖父，二难事业应归兄。莺花上苑春风缓，跃马今为得意行。

送沈明扬太守入觐二首

朱幡熊轼古诸侯，治行谁当第一流。家住吴兴苕水上，郡临资邵楚江头。矢心冰雪神明鉴，回首桑麻雨露优。旋转太平公等在，自怜渔父且盟鸥。

燕台遥望五云深，千里轻裘鹤与琴。此去贤声空冀北，年来德政霭棠阴。赐金增秩清朝事，卧辙攀辕赤子心。汉代循良诸内补，遐方虚拟借甘霖。

王思履春试

莺啼燕语杏桃新，跃马看花别是春。匣有双龙宜谢斗，赋成五色自惊人。西江阀阅追先代，中秘丝纶宠近臣。计日皇华荣昼锦，与君同醉楚江滨。

彭明洲春试

六岭双江挺俊英，源流犹共羡安城。到来人是无双士，此去胪传第一人。玉苑春花随宴赏，金台俊马任长行。骊歌未尽心先醉，把酒河干别有情。

周明扬唐尧际同上春官

二妙翩翩意气清，神龙双剑合延津。周颙自是岩廊器，唐介终为社稷臣。燕市千金酬骏马，汉廷三策对天人。豫知春满传胪日，瑞应祥云五色新。

庚子九日朱明府招饮

使君开宴为登高，佳节丰年庆所遭。满县栽花民自乐，东篱对菊兴偏豪。寒风懔懔吹乌帽，阴雨萧萧湿锦袍。豫恐朝天违召杜，茱萸百盏醉香醪。

贺周养吾登科

久怜抱璞住荆山，遇合陵阳十载难。骏足终轻千里道，凤毛初入五云班。名传玉殿承天宠，独赐金莲近帝颜。从此邵陵文运泰，吾衰犹得慰弹冠。

寿曹双华六秩二首

早岁追攀选制科，风尘南北日蹉跎。君今六十乾坤转，我亦寻常半百多。故里久停安石屐，壮心谁问鲁阳戈。山花酿就长春酒，醉向尊前有笑歌。

杖履翩翩俨似仙，云山高枕自何年。雕龙词笔雄三楚，骢马风裁下九天。渭水栖迟闲钓月，汉京勋业待凌烟。只今南极祥光灿，正照初周甲子年。

辛丑夏北行，和曹双华送别韵

菊浦桃溪秋复春，林泉端合有闲人。云霄风起谁能似，湘水龙蟠尔自神。别思万山迷远树，行踪千里叹劳薪。纷纷中贵衔天语，抗批□鳞枉荐绅。

和陈靖衣

乡园对酒意欢如，听罢阳关音信疏。本以一廛供市隐，悔从千里问征书。行装远涉长安道，甘雨行随刺史车。夜夜故人来梦寐，生平麋鹿性难除。

和刘耽野

辞家赴国趁春阳，忍对离筵不尽觞。何地铜符重剖郡，十年粉署旧含香。□羞薄禄归虚橐，但喜新诗去满箱。吟到夜深烧烛短，吾家原自有萤囊。

余北上，拟过南阳，不期遇信阳也，志喜二章

忆昔秦淮酒正香，随君起草汉明光。天教一别无终别，人自南阳遇信阳。三楚诗名惭合璧，百年世谊喜同乡。而今别后空明月，颜色犹疑见屋梁。

千里关河思渺茫，凄风苦雨应端阳。萍踪偶向他乡聚，莲漏那知此夜长。君自云台追汉业，吾当莱彩奉萱堂。兹行奉檄驰恩

后，溆水梅山近买庄。

真保诸郡三年不雨，二麦焦枯，民皆扶老携幼，逃而不返，诗以悯之

三年赤地乱飞沙，千里王畿望眼赊。榆叶柳枝俱作食，兄南弟北孰为家。山中鸿雁歌声惨，道上豺狼税额加。圣主积金蠲赈便，几时甘雨沛京华。

燕京七夕

旅馆凉生玉露偏，喜看牛女夜相怜。桥填乌鹊成双侣，路隔银河又一年。击筑自倾燕市酒，剖符将渡越江船。流水荏苒催蓬鬓，漫学扬雄草太玄。

檇李命下偶成二首

麟符重剖越人乡，凤诏亲瞻魏阙光。夜雨空濛千顷色，月波缭绕万花香。家藏经术同邹鲁，海散陂池长稻粱。酌水烹茶清且泚，公馀还得浣诗肠。

久将吾道付沧洲，岂谓朱幡宠郡侯。檇李山川雄两浙，甘棠循绩慕千秋。还珠亭在清风远，喜雨堂空惠泽留。几向宣公桥上过，忠魂知与绿波流。

和中翰李纯中韵二首

床头巨辟斗牛光，贳酒何妨典骕骦。已幸再麾逢檇李，岂专三尺恃桁杨。池边太守铜鞮醉，道上儿童竹马翔。一自循良归汉代，只今千载定雌黄。

殿前栖树肃神鸦，亲见祥云五色佳。李氏犹龙关自紫，江生有笔彩为花。空群向识燕台骏，乔木今夸楚世家。最是玉皇香案吏，别从仙苑饭胡麻。

七夕后出都门有感

一出春明望眼舒，蒹葭白露正萧疏。心惊驹隙催羁旅，手握灵符下帝都。千里阳春须有脚，万家甘雨待随车。君亲恩重何能报，久向沧江梦钓鱼。

之槜李道中有怀

谁将千骑领东方，自愧驽骀陟太行。财赋西吴多槜李，旬宣南国忆甘棠。鲸波直是防边海，鸥侣无须问故乡。子惠有心天可鉴，拟从琴鹤夜焚香。

雄县欲登舟不果

濠濮生平最有情，烟波入望隐心生。渔人乘涨忙投网，贾客维舟共举觥。裘马兴随青鬓倦，菰蒲秋与绿波萦。江南风景无逾此，安得仙槎快远征。

过鲁，追悔未游泰山，得三首

东岳千秋仰泰山，松杉台殿俯区寰。只今咫尺烟霞里，总自登临梦寐间。倚杖半空高紫气，凭虚何处叩玄关。向平婚嫁知难毕，帝座天梯未可攀。

天鸡夜半静闻声，窈窕芝童跨鹿行。玉简丹书封绝顶，秦松汉柏拥齐楹。上方依旧烟云净，下界翻从雷雨惊。马首东西华发改，振衣应不负心盟。

耳畔鸾箫彻杳冥，眼中图画阅真形。关门气绝偏浮紫，齐鲁迢遥未了青。仙路云深孤鹤下，海潮秋冷片云停。吟成子建惊人句，呼吸无能达帝廷。

游秦座师寄崵园

慧山一望郁嵯峨，日涉园成载酒多。鸟语临风窥碧槛，花香带雨长青萝。窗临古寺禅同静，茶煮清泉客正过。独有棠阴开府地，楚人犹是遍讴歌。

郡斋中秋夜坐有感

吏散夜深蜡炬红，佳辰明月正当空。三千游子亲闱远，九十秋光此夜中。何处笙歌催急漏，几家砧杵度凉风。疮痍满眼惭无补，莫问诗筒更酒筒。

萧萧万籁夜无哗，兀坐停杯玩月华。碧海云深斜度雁，丹枫露冷乱栖鸦。簿书堆积仍为吏，岩壑清奇拟卜家。安石出山成小草，即从篱下觅黄花。

送胡比部守犍为郡

红亭绿酒照征轮，皂盖朱幡宠汉臣。分署三章曾执法，专城五马待行春。蹇帷巫峡风猷壮，建节巴山露泽新。若渡芦川追往事，武侯功业并嶙峋。

车参政集卷十二

诗十二七言律之五　七言排　七言绝句

夜宴湖心亭看月四首之二

吴山木落□寒飔，水满清陂月满卮。西子可方浓与淡，东坡无怪酒还诗。声喧歌鼓游鱼出，影落灯花宿鸟窥。喜到使君湖上醉，夜深犹未问归期。

西湖载酒醉中秋，十九年华感旧游。兴到雄谈堪卜夜，愁来薄宦笑操舟。风生晚径摇青柳，月并寒沙隐白鸥。只此玉壶冰镜里，何须方外觅丹丘。

重九前，宴吴大行乐仪于烟雨楼四首

含香粉署羡容台，持节皇华属俊才。二妙一时同把臂，千秋片语坐衔杯。黄花亭外冲烟放，彩鹢溪头带雨来。不是东南佳丽地，可能图画是天开。

鸳湖深处见禅扉，水色天光兴不违。白雁乍惊时候改，锦帆新映使君衣。亭高月上僧常住，夜静云开客正归。总为骊珠探在握，醉来还望钓鳌矶。

南城一水抱丹丘，莲叶淩花欲上楼。莫以沧桑穷世变，须知昼夜自川流。沙头暑气全消夏，树杪风声久赋秋。到此令人名利尽，倦听弦管送清讴。

郡产嘉禾今古传，桥名丰庆水云边。遥瞻海气还疑雨，忽拟晴光不见烟。四野帆樯天际尽，半空台阁镜中悬。莼鲈纵美非吾土，五斗羁栖自可怜。

沈继山先生见赠，奉和二章

孤忠劲节凛吴干，射斗凌霜气色寒。西水何年开白社，东山一日奉清欢。铜麟荏苒惭刍牧，彩凤云霄羡羽翰。四海苍生谁慰望，蒲轮早晚上长安。

西山卜筑近江干，斗室风生翠竹寒。八咏君家堪继美，千秋苗裔藉交欢。严陵暂尔供垂钓，周室终须赖屏翰。再许叩关谘牧理，淮阳卧阁梦初安。

立春感怀，用柬李、沈二春元卜、项二文学，并答来韵，遂得四首

晓瞻东陆日迟迟，咫尺元宵灯火期。处处笙歌催彩仗，家家罗绮映春旗。连旬淫雨偏愁客，一曲阳春好和谁。但使岁寒心不改，何妨两鬓渐成丝。

孟月青阳气候均，萍踪又见一年新。寒随椒柏千杯尽，暖入闾阎百戏陈。偶以双鱼邀结社，还□五马愧行春。盘□□□民膏

在，愿乞丰亨借拊循。

东皇昨夜驾苍龙，春到人间景不同。烟柳渐芳山色外，冻鳞潜动水声中。李颀诗是三唐冠，沈约名随八咏雄。此日土牛开泰运，年来金马羡奇逢。

南北东郊笑语温，如云词客满衡门。项斯到处逢人说，卜式千秋感汉恩。雨歇顿新窗草色，雪消先动岭梅魂。停骖独立风尘道，彩笔谁从细讨论。

上元后四日，诸乡士大夫召集屠宅观灯

三五才过感岁华，香风彩胜并生花。欢娱早趁千金夜，阀阅无逾八座家。急管娇歌催落日，珠帘绛烛斗明霞。太平风景留人住，露下移觞漏转加。

仲春望后一日宴项宅，因谈襄毅公世济之美

济济冠裳萃一门，杜陵人住浣花村。星回南极瞻黄发，节对中和倒绿樽。槛外柳梅春色半，坐间灯月夜光繁。嘉禾文献谁旗鼓，仰止高山尚可论。

仲春廿五日，乡先生卜起老诸公，召集黄侍御宅观灯二首

高门瑞气郁苕荛，二月春城雨未消。金谷何年开此地，银花随夜有元宵。蟹螯别去还持手，杨柳频来细舞腰。闻道人情贤梦卜，诸公非久恋渔樵。

接天灯火近清和，疑是元宵岁再过。节好追欢忘去久，春深载酒较前多。花枝解妒筵中锦，鸟语还娇院内歌。更是汝南黄叔度，汪汪千顷自成波。

和沈继山司马见赠考绩原韵

仰止耆英洛社贤，十年抗疏力回天。斑衣寿母为春酒，彩笔惊人有大帘。梦觉宫钟犹在枕，游归湖月正随船。惭余自愧阳城拙，敢与龚黄校后先。

常吏部自杭州来游烟雨楼赋赠

西湖烟雨两江分，楚国风流一使君。野水片帆新载酒，园花何处远含芬。青苹旧识双龙策，彩凤还夸五色文。将谓赐环先赋别，月明歌咏再相闻。

首夏召集屠园，和项楚东来韵

瑶台花信几番风，金谷逶迤气郁葱。共以姚黄探国色，谁知元白寄诗筒。筵开锦绣千峰合，楼倚高寒百尺雄。太守但逢山水醉，不知丰乐愧欧公。

一年新夏气清凉，六里街深乐未央。谷雨初收催鸟韵，花风细袅入衣香。径连绝壑迷鸳渚，岸隔横塘架鹊梁。历尽奇观疲应接，每逢看竹便飞觞。

郡中诸孝廉招游真如寺，和陈方石来韵

宝界横桥醉晓烟，归时灯月满宾筵。一从承乏来禾郡，绝似移封到酒泉。塔引黄鹂鸣木末，湖飞青雀绕花前。长杨献赋诸君

事，共以南弦助舜弦。

翁青阳太史自浙还朝二首

太史胪传北斗魁，宠沾宫锦近蓬莱。千秋海岳钟元气，一代夔龙起俊才。梦入晓钟燕阙去，诗成仙舫武夷来。并州回首情何限，烟雨城南漫举杯。

槎浮南斗剑横空，遥望燕云□郁葱。金马故应丹禁里，银鱼新出碧山中。树迎初夏偏舒绿，花恋残春尚放红。道路欢传停税诏，采风远拟达宸聪。

春季试诸生有作

花衔新燕柳藏莺，院宇深沉晓气清。采藻鸳湖春最胜，然藜汉阁夜还明。虹光直射三垣灿，雨色初收万籁鸣。但识洛阳年少者，吴公端有治平名。

夏日奉迎诸先达，和夏莀阳、项楚东韵二首

新荷绿盖满池张，细柳薰风并送凉。片语乍闻惊四座，一杯聊可荐馀香。曲传乐府终难误，书附名山益久藏。何处再期河朔饮，鸳湖楼阁水中央。

鞅掌晨昏簿敛繁，喜攀洛社藉盘桓。客来朱履春光胜，坐引清风午梦寒。水陆珍羞殊自愧，主宾杯酒暂同欢。斜阳鸟语枝头剧，投辖还须带月看。

送李乾修擢计部

看君捧檄出嘉禾，粉署含香听玉珂。六载棠荫遗爱在，九霄凫舄宠光多。喜将昼锦供莱彩，新拥琼花试越罗。时事不堪空杼轴，司农借箸待如何。

饮黄参伯新园，时令伯侍御公，令弟嗣春元茂才同集，赋赠四首

结庐人境世缘轻，钓月餐霞梦亦清。竹里行厨烹海错，花间吹管醉瑶觥。旬宣东鲁多遗爱，山斗终朝仰重名。绿野鸥盟难独乐，麒麟图画待功成。

楼上青云结桂丛，窗间流水入丝桐。寻常鱼鸟三时见，咫尺阑干四坐通。乍到不知来去路，高临如对蕊珠宫。淮淝小阮功成后，安石东山望并崇。

六里千家水抱村，辟疆金谷至今存。孤亭突兀禽声乱，曲槛逶迤草色浑。绣斧千年绳祖武，石渠弈世重皇恩。阶前玉树森森起，独羡簪缨萃一门。

门巷翛然万里途，分明尘世有蓬壶。琴书早暮随居起，楼阁参差俨画图。修竹数竿调凤吹，方塘半亩引鸳湖。彩毫作赋吴超在，亦有高阳旧酒徒。

滤湖泛舟，过王园看花

湖合滤鸳近海涯，几回湖上见新花。画船到户随波转，绿柳

垂檐带阁斜。隐几簿书心不系，登楼烟雨兴还赊。欲将短韵酬清赏，喜有王濛荐客茶。

一入名园与俗违，蕙兰新吐药苗肥。潆洄锦浪风中起，缥缈楼船镜里飞。烟树万家知乐土，雨花双树似禅扉。偶随酒伴留连久，回首潇湘未拂衣。

读长水沈先生赋赠

学士三朝鬓尚黔，银鱼焚罢入山深。本期中秘长供奉，岂谓东方竟陆沉。性爱餐霞人比玉，书成滴露句敲金。依然公辅苍生望，手植庭槐更绿森。

饮冯开之司成宅，兼谢其门生文稿及内典

碧山学士恋西湖，烟雨楼头兴味孤。一代文章归太史，十年踪迹似潜夫。谗成多口空投杼，悟入禅心兀坐蒲。负笈远来邹鲁士，相传咳唾总明珠。

贺伯闇奉母还里，因读其感怀诸作，赋赠四章

天朝硕望重铨臣，冰鉴抡才秉化钧。何事烟霞频入梦，暂从濠濮远栖真。萱花庭户承欢易，春草池边得句新。最是本源敦孝友，顿令薄俗可还淳。

版舆舞袖出金台，恋阙情深首重回。贾谊治安曾痛哭，陶潜词赋拟归来。采风一代皇华使，补衮千秋命世才。旧日批鳞无逆耳，定知凤诏早相催。

荒政曾披八议图，高风久已□菰芦。小臣白简周民瘼，慈母金章宠帝都。水陆缗钱无活计，乾坤整顿有讦谟。季真纵使还乡切，莫把鸳湖比鉴湖。

一自名高□□□，栖迟衡泌已多年。诗如杜甫惟忧主，兴似王维爱向禅。花径无人听鸟语，草堂长日对书眠。惭余未和阳春曲，烟雨追随载酒船。

旧秀水邓环丘有诗百二十句见惠，赋此为答，兼寄南丰诸父老

自君读礼遄归桡，长水盱江两地遥。一雁远天传素札，双凫计日上丹霄。蓼莪有憾肠空断，薏苡无端谤久销。投我新诗惊丽藻，不知何以报琼瑶。

仙郎制锦是通才，遗爱还留浙水隈。召伯棠宜歌勿剪，河阳花更喜重栽。凤毛池上□增价，鸡骨□馀应节哀。我念并州犹故土，暮云千里隔兰台。

屠纬真过槜李，投赠二章，时壬寅重九前四日

不知相见是今年，久有阳春郢上传。家住四明原近海，官从三礼早归田。烟霞到处迎禅榻，龙象时来护法筵。便欲栖真随所往，片帆秋色满芳船。

一自游踪寄五湖，仙居缥渺隔蓬壶。回翔直任云端凤，局促空惭辕下驹。千载牟尼钟赤水，几人象罔索玄珠。欢逢海内多兄弟，且共登高遍插萸。

九日同马在田、傅海麓、黄贞南、赴纬真召登烟雨楼，看演彩毫为纬真制曲，即席赋谢二首

九日登高烟雨楼，四明仙客兴偏投。彩毫新奏梨园曲，白社初开菊径秋。寂寂鱼龙藏远壑，萧萧芦荻傍平洲。烧残蜡炬留欢久，水月空明待去舟。

楼倚重湖酒百巡，振衣结伴趁芳辰。嘉禾尽获田家乐，紫蟹多肥岁事新。却愧主人翻作客，还疑秋色胜于春。登高作赋知谁是，金粟青莲即后身。

纬真次日四诗见惠，余因补答二诗，覆瓿知难报琼，聊尔一笑

当筵搜腹句先成，牛耳鸡坛藉主盟。顾以周郎无误曲，音逢钟子有深情。高城鼓角飞筹剧，短鬓茱萸照眼明。寰海自今添韵事，重阳只合演长庚。

繁弦急管响江滨，白也风流转逼真。倚槛霜还催夜捣，充庖羹更煮秋莼。岘山萧索衣沾泪，鸳水空濛雁自宾。尘世不须论主客，慈航接引是何人。

冬日张衢州庄司理招游柯山和韵

洞天三十六崔巍，姑篾柯山拥翠微。虹影深深摇落日，梵音杳杳入柴扉。岩前碑碣遗唐代，树杪樽罍竞夕晖。名理格言成坐久，瞑馀灯火促人归。

雪中和苏长公韵二首

寒林玉树乱飞鸦，客到蓝关冻满车。还拟因风飘柳絮，正宜踏雪问梅花。扁舟王子还乘兴，高卧袁生不出家。欲向前村沽酒去，开门忘却路三义。

彤云剪下六花纤，尽日寒威阵阵严。坐上便须频唤酒，庭前谁遣乱堆鹽。老梅香细来深谷，柯竹声喧近短檐。四望平原浑莫辨，高林依旧露峰尖。

赠江军门二首，一为播州大捷，一为黔峒专征

夜郎西望阵云空，血长乌江水半红。一自辕门多胜算，遂令边檄立奇功。蜺旌影掣营中月，甲马声闻战后风。图画凌烟知不远，玺书今出大明宫。

西征一举定岷峨，南指双旌杀气多。貔虎有人挥露布，鼠狐无处避干戈。金城方略追充国，铜柱勋名继伏波。密尔潇湘沾泽润，早闻里巷唱铙歌。

书汤水部寿椿册

玉露金茎出汉宫，酿成春酒寄仙翁。传家早种庭前桂，遁世甘同泽畔鸿。恩锡琅函添百顺，情悬彩服媚三冬。楚乡何物堪为祝，老树冥灵气郁葱。

冯杏台携其令嗣访不佞于嘉禾，返自西湖即还楚

西湖佳丽古今夸，来自潇湘泛客槎。杖履千山轻远道，交游

三世见通家。惭予薄宦铜符旧，羡尔雄风彩笔花。宋代大魁存祖武，继看麟凤入金华。

寿曹心薇并及部粮给由事

黄河直节御河流，财赋东南藉运筹。酒熟蟠桃宜宴客，帆开白露正横秋。柏台剡荐三年最，棠荫贤声万口讴。家泽豫章才品重，早陪鸳鸯侍宸旒。

答邑侯

羊肠世路本艰难，林壑归来强作欢。况是萱堂清昼永，可容鸥渚旧盟寒。稔闻仙路邯郸梦，甘老家园笋蕨盘。潘岳河阳春欲遍，置身天地不知宽。

七十初度八首 自车氏谱补入

壮年释褐奉金扉，亲老陈情遂赋归。西母瑶池翔白鹤，北堂莱彩恋斑衣。邺侯架重书千卷，元亮园深菊四围。检点行藏惟老大，漫言七十古来稀。

蒲觞昨日始端阳，倏转温风暑亦凉。报国喜传储位定，悯农愁见岁年荒。故人书札来鸿杳，往事悲欢入梦长。昼永南薰闲钓艇，沙头欧鸟久相忘。

宦游南北几风烟，梓里栖迟意畅然。本以二阴临季月，浑忘三伏是炎天。传来郢曲人如玉，听罢吴歌酒似泉。击壤康衢私帝力，呼嵩长祝圣尧年。

序属朱明景色新，南山佳气转疑春。邀欢酌酒宾朋集，把臂论心契合真。儿女满前催我老，椿萱别后傍谁亲。昊天罔极思难报，犬马徒存七尺身。

世间万事水流东，谁到壶天访葛洪。大隐不离城市里，下帷时寄简编中。快心蝶梦回朝雨，刮耳蝉声送午风。勿论负薪须玉树，且因祝算感苍穹。

百岁光阴一瞬间，素餐曾愧滥朝班。叶中蕉鹿逃真境，江上莼鲈返故山。花绽鹡鸰棠棣惨，镜分鸾凤夙缘悭。总知缺陷难圆满，欲结蒲团学闭关。

断送人生是浊醪，醉临河朔暑堪逃。功名腐鼠非吾意，身世浮云信所遭。燕北餐冰同玉露，闽南啖荔似仙桃。三吴海错寻常味，禄食风尘梦寐劳。

何处金丹去炼砂，长生岁岁弄烟霞。昼披青简移花影，夜诵黄庭玩月华。凡骨强探仙佛理，神游遥泛斗牛槎。只瞻南极新开宴，好向东陵学种瓜。

五台庵七言排律

崔巍杰阁有神通，鹿苑居然仰大雄。自是劳人艰作始，遂令来者易为功。堂中法象惊云集，江上蒲牢远递风。丈六已坚金火力，十方多摄玉豪中。黄花色相何繇累，贝叶闻修回欲空。此地昔曾占插草，独师犹自念飘蓬。天台瀑溅经行湿，南岳云多毳衲重。我向皈心从佛国，今看飞锡厌输攻。逃禅苏晋真嫌醉，解悟王维迴不同。堞绕周遭环万雉，水流功德落双虹。愿言巩固皇图壮，会见增辉佛目瞳。

与临清武双溪以下七言绝句

十载相逢章水滨，与君同醉异乡春。谁知今日清源道，又向天涯别故人。

东山寺，次李继美随嘉无量寿佛袈裟韵

善根无树有枯条，折苇擎杯海上超。丈六金身何处觅，衲衣留付众生描。

禅房花萼换新条，尘梦难将北海超。纵有袈裟谁是佛，山僧空向手中描。

谈经说偈月中明，空里天花落更生。台倚法华瞻北斗，千秋衣钵一肩擎。

钟磬无声灯自明，花开落花话三生。禅衣一袭人千古，山自空濛云自擎。

武昌别岳华弟

八月扁舟黄鹄矶，夜闻鸿雁思依依。尊前纵使成欢别，不及乘春共北飞。

车参政集卷十三

文附以达、万合诗。

邹育斋遗稿序以下五首，见《湖南文征》。

嗟嗟，麟凤在郊，世固知其为祥，旋亦惜其不常有。此吾于邹汝正孝廉而重有感也。汝正髫年，以经术魁三楚。诗非汝正所急，学人舍经术而谈诗，譬之越俎而庖。手与器必不调，惟大雅兼才，于斯二者不相妨，而相为用，承蜩运斤易易耳。汝正端凝沉默，自其天性。仰承庭训，续古治经，馀事复作为诗歌。余以屡世通家，决其远大，乃竟久困南宫，抱才不遇，赍志以没。长公持正孝廉，埙篪感切，池草悲生，为梓遗稿，传诸后人。其他著作不尽传，传其诗足以窥豹一斑。

嗟嗟，汝正居常多中酒而却粒。或谓其失养生之道，汝正心然其言，而酒复如故。左手持螯，右手草五七言数百字，顾其稿不尽留。醒后治经术，泛滥百家，亦复如故，而不意风流顿尽也。

夫山以玉而辉，泽以珠而媚。士人珠玉其材，蕴蓄恒丰，而造物每不尽其材，竟使其泯泯焉，不一得显于后。是玉终无辉，珠终无媚也。嗟嗟，世固有怀才抱德，不及享其成者，顾厚积而又大发之，其终所究竟，往往非人情所可测。此非独其人事然也，盖有天道焉。柱下之言曰：天之道，其犹张弓乎？高者抑之，下者举之，有馀者损之，不足者补之，余今益有味乎其言矣。天之报施善人，谓何由斯以谈。汝正未发之志，不在其身，必在其邹氏之子孙矣。其亦天道然欤！余故以是弁诸简端，而左券于异日。

北塔记

邵陵故楚地，按旧志云，介长沙、零陵之间，有沃饶完萃之美，夙称乐土，盖不诬矣。第往往人苦耕诵，而家鲜厚积、科乏汇征者，则风气之谓何！及检阅图经，知邵城东二里许，资、邵二水会流其间，一折而北，独华表未振。任从为儿时，传闻乡父老言，谓宜鼎建一塔，亭亭直上，未遑也。迨隆庆庚午岁，参藩吴公分守是郡，抚景观风，指示方脉，正与诸父老议合。而郡人高刺史氏及士民数百辈，证据斯言，忻然议决矣。适吴公迁去，佥具呈守道舒公、兵巡卜公、郡伯蔚公、邑侯孙公，咸报可。嗣后，郡伯李公、邑侯陈公，捐金有差，以及郡中士民募助各若干，可谓上下前后一新矣。而聚石伐木，甃砌颇艰。比及数载，不易就绪。岂山川灵淑，亦必待人而后奏有终之绩与！

越万历壬午夏月朔，我郡伯胡公来，政通人和，百废具举，睹塔未竣事，慨然下令于众曰："速鸠我工，缮我器具，我将告厥成功焉。"爰出俸金若干，不两月，塔成而落之。别驾杨公、水公、司理黎公，相与贺于堂，郡士民相与庆于野，谓我邵万年形势，公以一旦有成也。邑侯赵公赞襄德意，谋泐石以志不朽。公谨辞曰："创始者谁，余何功之有！盖予深思天下事，善始而不善终，犹无始也。"乃胡公一成斯塔，而善始善终矣。

记何能辞？今计浮屠七级，高若干丈，石基插地，深若干丈，诚可垂亿万年而不拔者。乃其中可容百人，四面旋拱，八窗玲珑，楼橹江山，悉来献状，固兹塔之形势矣。及乎振衣而上，东眺洞庭，南撼潇湘，西引都梁，北指荆门，人不知其为天之高、地之广也。四时游人，流连杯爵，登双清先过其间，花鸟在麓，声响遥闻，因以纵发其骚人之兴。而砥柱悬崖楼阁耸峙，若与之主宾对立焉。继自今二物效灵，江流镇锁，文运益昌隆，则塔之功效，真大有补于风气矣。虽然，此堪舆家论耳。语有曰：善建者不拔。郡人士乘兹塔之建，各务增修，于德益镇之以无名之朴，则庶几不负，良有司善终之雅意焉。夫胡公是举，捐资于俸，其廉也；不借民力，其惠也；图功攸终，其智也；功成不居，而前人是让，其礼也。一举而数善备，乌可以不书？余固因赵侯之命，而辄记之，以志不朽云。

吴公名兑，卜公名相，浙江人。舒公名应龙，广西人。胡公名梗，滁州人。蔚公名元康，开封人。李公名大吉，仁和人。杨公名沂，四川人。水公名之东，浙江人。黎公名可籽，广西人。赵侯名维绅，罗山人。孙侯名樾，陈侯名一理，皆江西人。例得备书云。

宾日楼记

余少读《尚书·尧典》，首命羲和，氏曰寅宾出日。盖于方为东，于官为春，春分之日，钦若无违，而四时百度，受成于此日，其可忽诸！故严之曰寅宾。宾日，即所以敬天勤民，即所以宾日，厥旨深矣。

按，宝郡墉山为城，自西徂东，约数里许，出朝天门，又稍距一里许，旧故有楼，锁钥郡城。凭高眺远，一方称胜概焉。第屡兴屡坏，父老相传，楼名屡易。一云箭楼者，为姜伯约树的以射，而调弓矢于此也；一云更漏，远及以上助谯楼，故名。乃或云饯以送行为义者，实非箭也。虽其后改为迎恩箭楼，俗称之不易。其后分守金公乃改为宾日，云是则臣子忠君爱国之心，举目常在，不但为一春分之日，及一东方云尔矣。

顾名虽定，而楼竟未修，父老以为关系颇巨。去年夏月，分守王公至，过其遗址，徘徊顾盼，亦若其有待焉。亡何，郡守丁公至，慨议捐金，图复其旧，而郡中士民靡不响应矣。乃邑侯张公闻之，蹙然起曰："吾邑忝附郭，郭楼之修，是诚在我。爰属三尹，顾君协力鸠工，不烦公帑民力。"及功成而落之，当其登斯楼也，长江逶蜒，而嘉树郁苍，云气冉冉，直堕几席中。而命名仍宾日之义，盖余以兹楼之有是名也，因始升而励志于初，因容光而悟道有本，因照鉴而严几于独，因中昃而持盈以谦，因代明而恒一其德，是固有然者矣。不但其方去之日，为不可忽也，矧自邑而郡而监司，凡受一命之寄者，宣上达下，于茅索绹省耕省敛，期以利济元元，所谓化国之日，舒以长者，其在斯乎！其在斯乎！

而或有质于余者曰："日出于旸谷，浴于咸池，升于扶桑，新故相代乎前而无穷者也。以至分阴寸晷，曾不能增减其毫厘，而子欲宾之，岂能以增度数而移漏刻乎？又岂能如后世鲁阳公之挥戈回曜乎？"予应之曰："否，否，不然。今天子敬天勤民之心，昭布于上下，而监司郡邑良有司相与竭蹶，不遑退食。是故夏禹，圣王也，惜阴是急；周文，圣臣也，虽日昃不宁。苟能以日为宾，以我为主，倾葵拱极，忠爱油然，虽日有可得而我主之者。尝观易曰，明出地上晋君子，以自昭明德。而诗曰，'夙夜匪懈，以事一人。'二经者，互相符合，乃古者诸侯朝而辨色，昼而考职，夕省典训，而后即安；卿大夫朝稽其政，昼量其食，夕核其业，而后即安；以及于士，朝而受业，昼而讲贯，夕而习复，而后即安。此孰非以日为宾者乎？惟是，予郡徼天之幸，上下同心，兴举废坠，而张令君经营注厝，任费任劳者为独多，且皆能只承上者之意，而推广之，以俾勿坏。若不佞及郡中士庶，犹然在赵衰爱日中也。故曰，东方未晞，下土是冒，而古之太平，当食不蚀，必有所繇致而然，监司郡邑大夫所称卿尹为日不足者。任不佞，敢因是楼之成，不以颂而以箴献，其又谁以为谀矣！”

城隍庙石坊记

或有问于余曰：“城隍之祀，经籍无闻焉。今遍海宇，无一邑不庙城隍者，何也?”予应之曰：“所以报其保障之功也。是固有仰承帝典，宏赞吏治，而所关系于世风者，不浅鲜矣。”昔在元季，黩祀不经。我高皇帝，首正人心，修明祀典，敕封天下城隍神，自在京暨在外，凡爵级品秩各有差，而俎豆无间，若曰是所为司鉴察于幽冥者也。至于邑都，设官分职，假以南面庆赏之权，亦足俨然临之者矣。而又钦定誓词，颁降仪注，着为令甲，俾各有祀于兹庙。新任有谒，朔望有谒，昭昭乎表里之协赞焉。若曰阴阳互为其用，而善恶速于劝惩，洋洋圣谟，其意固已远矣。今夫明详礼乐，幽资鬼神，此两者，人人能谭之，然礼乐之用，显而易穷，尤不若鬼神之感人，有至难测而至不爽者。今有人于此，或告之曰，某也，善其宗族乡党爱之甚，则有司之旌赏加焉。容有不尽劝者，以神之福歆之，有不劝焉者寡矣。或告之曰，某也，不善其宗族乡党恶之甚，则有司之刑戮加焉。容有不尽惩者，以神之祸惕之，有不惩焉者寡矣。识治君子，明则详于礼乐，幽尤资于鬼神，斯非一时良二千石之选哉。

我郡伯胡公莅邵三年，劝善有录，礼乐率先，尝见其因地置铺，因江为泮，则庠序佩德矣。剧贼必捡，甘霖应祷，则群黎安堵矣。而犹惓惓节爱，削侈抑浮。顾兹所为于城隍者，焕然一新，是故树石于门，表有敬也。坊取诸石，期可久也。额其坊曰“显应”，盖取昭示夫善恶劝惩之机也。且也，堂寝庑壁，宏壮轩豁，大都视昔有加焉。公之用心若是，岂徒对越夫神灵，其真善承高皇帝优崇之典也已。自是我邵之人，无小无大，相与劝善惩恶，祈为神之所福，而不为神之所祸，谓非得公是举，以感激风厉之不可。矧公以彰善瘅恶为政，邵多善人，神必福善将见，雨旸时若，灾沴不生。举吾邵尽在礼乐教化中，而神之显应，于是为至。胡公保障之仁，亦如是乎大哉！

邑侯赵君，善承德意，工竣，问记于予。予生也晚，顷叨役豫章，闻公之伯兄庄肃公开府厥邦，恩威保厘，有功德于豫章甚大。今所在郡邑，无不尸而祝之，俎而豆之。予每过于祠下，辄欷歔艳羡焉。今公既踵家学，以抚辑我邦人，异日者，安知我邵人有不如豫章之尸祝俎豆于我公也乎！任为郡人，宜先闾巷，作为讴颂以报公。兹特著论，以复于赵侯者如此。

佑圣宫碑记

余尝斋沐，读元帝传略，以国王胄肇元教宗，含真悟道，功成八十二化，位列诸天之上。镇靖寰区，福国庇民，厥功伟矣！历代皈崇匪替，自我太祖高皇帝定鼎，肇建崇祀，暨文皇再造，赫然默翊，屡显灵异，敕建金殿于楚之太岳太和峰，六合钦崇，万方景仰云。

郡武冈高沙市，距城六十里，近市龙头村突，有怪石矗起，如人状，夜炯炯若星悬，光亘数里，连丙夜而毫焱愈炽。遐迩老稚，咸惊异之。肖镌元帝圣像，而灵爽钟焉。乡之耆民，举异沙市附大士庵，顶礼敬供之。然而庵创先代，湫隘荒圮，帝为之大阐威光辉奕，金轮明彻幽谷，里父老俯仰踴跽。瞻望象仪，香氛烛光，星雾隐见云冠霞佩芝盖华幡，御气乘风，辉映飙举，聆音觌影，恍惚若光四野。翕然尊崇，万姓斋心顶礼，其或孝隆尊亲，慈怀幼稚，义钟伉俪，爱笃弟昆。灾眚疠苦，旱涝凶荒，祷言甫发，响应旋臻。疠疾顿瘳，菑害随弭，讼争悉释，吉庆频护，昭赫冥契，遐迩桴传，咸元帝威灵之辄应。而彰善瘅恶，豪不差舛。即武当太和金阙，又奚加焉。猗欤！帝庥以神道设教，而大有造于斯于民也。维时岷辞禄南樵宗侯，默契玄宗，诚皈帝德，捐金首倡。郡侯王缙绅士，逮田夫野畯，工贾市竖，凡有血气者，争致金帛，悉倾廪倒囊，非所吝惜，云拥子来，咸乐有助。南樵宗侯，偕乡父老刘继祉、刘圻、汤大受、邓公杨等若而人，殚智竭虑，鸠工程材，鼎构巍伐，辟创巨观。襟带江渚，波流耸矗，市廛表镇，昂射云霄，光摇翼轸，庖湢丹垣，天门贝阙，仑奂瑸纷。焕乎紫霄玉虚，净乐瑶台矣。自肇建以迄工集，凡四年。所嗣是灵应谷响，士民朝夕祇谒蹙赴，峰趋辔骑，巷休舆轿，道息跋涉，瘁劳络绎，载道徼福，冀德殊可更仆数耳。父老以南樵宗侯倡作于始更，积累众以助成功，因索记于任。余尝参元释根，宗长公谙竺乾奥旨，俾书贞石，藏诸名山。乃为词曰：倚欤！帝德道配苍穹，玉虚秉枢，迁较和宫。功无弥上，泽被寰中。云胡分光，阐化村隆。星悬丙夜，遐迩尊崇。显示祸福，斡旋化工。解世劫网，辟世群蒙。御灾捍患，回凶作丰。登民觉路，翊国基鸿。明烛屋漏，惠及昆虫。厥新琳宇，天地攸同。按：佑圣宫，在武冈县东之高沙市。此碑以明万历三十五年刻石，参政撰文，书丹者，为岷藩奉国将军朱禋黎。又郡志载，禋黎所为石隐庵铭，亦古雅可诵。

石隐庵碑记见《宝庆府志》。

自苏子以怪石为供，且自为其文以记，至今禅师皆喜弄石，一木一椽，殆务拣玲珑□空洞之地，而建置之，则其僧必高而且雅。予常以俗人居浊世，虽闲知有清境清福，而概不能。当僧之为物既清矣，即在浊世，而不与俗同，其种花修茗，宜无足为闲者。然今试以一片石，取之怀袖，置于瓶钵之前，尚堪为布施，而彼能信受不郤否。虽然，僧之种花修茗，与弄石者，此皆谓之清客，而非僧之古人者所为也。倚桃花而索悟，击竹响以遥归，当箭拒乂挑包洗钵，此是古人已悟，公案若其始为道者，决无不出一步，门礼一祖塔，与枯坐八年，交游净侣，而乃能决志寻求，使金刚不努目者，复未之有也。今禅和不知儒门有四大部，只自夸其世界无量无边，至吾儒不涉五千四十八藏，但以为佛窃老庄，蚀名教，凡一切经论，皆吾门名人才士为之，此俱隙中之见粗而不精之语。使一切经论皆名人才士所作，是人即已成佛，吾儒所论列，诚一世界中事。然使禅人初不知仁义礼智为何事，君臣父子兄弟朋友为何人，犹然说法利益而止谤息争欤？予郡夙故无禅师，禅师能诗而好静居者，只一文函开士。先年，浮海入吴，游天台，入越，虚去实返，诛茅小构。予曾雨夜月夜各一宿其中，开士起而自为茗为粥，以劳予之诗兴，故予所乐往，而道之者，亦无如其处。今年，阐提试静，争山而居，郡信心居士挺而为直之，必不使开士一面见官府，尤难事也。乃颇因此为念，欲舍之他往。予为警以止之曰：使上人不出此净居，与佛相晤，与吾人相友，且得予一人往来，随书共读，每韵必拈，心有馀闲，种花修茗，即百阐提，何敢干开士静哉！昔沩山住道场，正以骨法相称。予于上人亦云，其庵初名“一枝”，予更为“石隐”，雅俗固别，且以其建置在玲珑空洞之地，尔予能负此石也夫！按：石隐庵在邵阳县治南二里许。碑正书二十二行字，秀拔可爱，末书赐进士第、大中大夫、浙江布政使司、左参政、前礼部郎中、郡人车大任撰文，赐进士第、布政司观政、郡人龚守忠书丹，奉政大夫、两浙都转盐运司、前福建泉州府知府、郡人舒有翼立石。

止恸集题词

嗟嗟，此亡儿以达之诗。若文自题曰京兆外编者，以其外之也，予益有恸于儿之不忘父训焉。盖余平日训儿遵功，令专治博士家言，毋自越俎，而嘐嘐慕古，失先后著也。儿以是凡有著述，不令只字余见之。无论予什九在外无由见，即平年里居，每亲友过从，坐中偶及儿作，儿辄急止之，谩应之曰：此实某某作耳。盖深自藏匿，惟恐拂余意。予亦信而不索见之，不欲阳禁而阴导之也。然儿虽深自匿藏，实技痒不自制，每背予挥洒淋漓，各累成帙，凡若干篇。至其亡殁，予始检之箧笥，拭泪一读，不能终编。中间多率意不足存者，又恸其不能尊生，而雕精镂髓，吐露太尽，自夭天年。欲付之火，已而复念其质美气豪，不由师传，自成一家言，实颇有足观者。天既夺之，俾其赍志以逝，予尚何忍终弃之哉！姑仍其旧，而命工梓之，以示吾孙万合。俾异日稍追见阿翁一（班）〔斑〕[①]，赖有此耳。又录其博士家言数首为内编，并梓之，以别其外。亡儿有知，尚信予之终不以此而易彼也。嗟嗟，以儿生前且背予训，而乃望之死后，予诚过矣，予恸亦可止矣，因题之曰止恸集。时万历辛丑岁仲冬望日，书于槜李郡之澄心堂中。

---

①据文义改。

附录

车以达诗三首

湘芙副车，少有至性，天才横逸，其父参政公常以大器期之，戒勿为诗。尝客坐中有誉其诗者，湘芙则急止之曰：“此非余作。乃某某诗。”盖恐拂其父意也。及殁，参政哭之恸，发其笥，得所著《京兆内外编》各二卷。内编为博士家言，其诗著题曰外编者，只承严训，故外之也。参政悯其赍志早卒，仍为梓其外编，名之曰止恸集，弁以题词。参政集中有吴哭达儿诗，所谓遗草，今方出镌梨，为尔传是也。志称云梦邹观光孚如、南丰赵师圣我白及樊良枢为之序，行其集，久佚，今存诗三首而已。达武识。

白鹤观见《郡志·形胜记》。

可惜王孙草，频来风雨侵。女墙秋后晦，仙笛夜中深。白鹤池为陆，黄冠老自今。人民城郭满，为问几登临。

之闽省亲留别参伍弟以下二首见车氏谱。

骊歌一曲楚云低，马首春风柳色迷。客子惯经千里别，醉看芳草入闽西。

洞庭言怀，示同舟诸兄弟

秋风萧萧吹野树，秋月苍茫挂烟雾。皎兮北斗银河辉，百雉城头珠玉吐。狂来越舞秋夜寒，兀坐堪悲行路难。伏枥漫云千里足，栖林向愧一枝安。侬今坎坷向谁说，浮生纬箫谋多拙。愁来无计慰蹉跎，君前试问苏生舌。诸君才可射长杨，剑气风生匣满霜。何当□□穷途客，倚槛高歌放远航。君不见三十六宫花月艳，无盐亦作才人面；又不见荆人三献泪犹垂，不遇相知按剑归。洞庭空渺旅魂惊，鹤唳猿啼那堪听。人生二顷何足问，寥阔乾坤负此生。

万合诗二首

按：诗题上文明言“万合诗二首”，则二首之外，从此处起所载诗文，非车万合所作，甚明。查《隐君集》，自万合诗及《辛丑清明纪事》以下，至《病中示儿子无咎》各诗，及《龙山赋引》、《龙山赋自跋》二文，均车鼎黄撰，故不录。

无念阁呈耑公以下二首见《沅湘耆旧集》。

一片清凉地，况逢雨乍收。树疏新月满，溪近晚花流。佛不随时好，僧惟事远游。前期未可卜，半榻为君留。

东山寺

为赴春和约，相过祇树林。莲云舒慧眼，花雨洗尘心。证悟宁须法，皈依且问音。老僧深道气，煮茗佐长吟。

車逸民集

戴岳

粤遊小集

车逸民集卷一

车逸民以遵传略子万含　万启

以遵，字孝则，徙字孝思，号劬人，一号劬园，晚又自号禅隐老人，又号痴禅，参政大任子也。弱冠即有诗名，学问淹博，操履端洁。明崇祯丙子，诏举人才，湖广布政使张天鳞以其名应。会丁母艰，不果。壬午，饩满当贡。巡抚李乾德以其名荐，未赴试。张献忠陷宝庆，大索绅士授伪职，以遵投缳以谢，得免。尝取诸史论著将献诸朝，未成而国变。浩歌远引，矫然缯缴之外。桂王时，以撰文中书具题，不应。入满清，屡经荐举，复力辞不出，遂以布衣终身。与同志王嗣翰、刘应祁、王嗣乾结社古桃花园。刘敷仁古桃花园序云：余向阅图经，知邵陵之阳，为古武陵地，窃慕尚焉。因思卢、侯二生，奉始皇命之海上求神仙，乃独弃去，偕匿邵陵，安知昔之避秦人，非即此乎？顾余低徊之而未著其说，以告同人，如嵾岳之显于昭代也。车子孝思，以弓冶之馀，知名当世。十有五年，倾新锐之气，如泉吐，如月生，与其友人王介公、刘澹生、王稚潜辈相切摩，暨门内之芝兰玉树，长发理中，皆为名士。力倡文社，而古桃花之名，始显名于天下。且从春雨中，命一仆过洞庭，怀以示余。余读之起舞，且思山川之号，其听命于高流者亦多矣。如屈子行吟，未知何处，而今皆为屈子之沧浪，凡沧浪所经，不得而争也。赤壁之战，相传白雉以下，而苏子赋于齐安，齐安遂安然有之。又况高霞之旁，资水之上，古桃花洞，实俨踞其间也哉！虽然，车子未尝区区与枉山朗水争此一片仙源之古今也，特以左朗水而右高霞，诸子不受耳，然余更有说焉。昔桃源中人，自云不知有汉，何论魏晋。今四子五经之书，岿然秦火之后，固也。而诸子且降心而为二京，且降心而为六朝，降心而为八大家，抑何其饮天浆遇石髓，而闲游于五都之市也。盖今圣天子在上，即有卢、侯二生，亦曰，我出而仕，诸子之意殆深于尊主，而湛然近道矣。谫陋如余，愿继子骥又问津焉。著有《高霞堂文诗集》四十卷、陶汝鼐密庵序云：尝读古人之诗文，得一二篇佳者，亟起而考其生平，惟恐其才不遇而行有瑕也。然不遇而才，不过如孟襄阳之明主弃耳；若遇而或瑕，则休文梦截其舌，虽才不能自理矣。忆少时与诸良友密谈风雅，辄持此语相勖。距今四十馀年，老而同志者，独孝思先生在焉。孝思，大参公少子。生于闽，长于吴越，才名盛于楚南最早。予两人定交时，年各廿馀，孝思差长三龄耳。其文与人，俱翩翩有凌云气，而操履端雅，如明月不妄映。当世负苏、欧之望者，咸欲得一拔识之以高其鉴。而孝思神益远，思益沈，学古益笃。辛酉，家阮抡元，论者谓孝思所诣，当复胜之矣。无何，屡困场屋，举有司明经，不入对。执政以其名应荐辟，亦不出。意必得大科求观中秘书，而姑取诸正史，先论次之。书将成而乱，于是浩歌远引，矫然缯缴之外。而著述仍不废。年来二千石上下，莫不折节乞长者言，奉为钟吕。振笔辄大小得意，而观者弗能测其首尾。孝思其犹龙乎哉！高霞堂，是平生读书之处。邵陵诸后隽，登者以为龙门。所为集诗文百馀卷，贫不能刻。门人请先刻其诗赋曰《高霞堂集》，示先生之能自全，而堂构至今不衰也。所谓才大不遇而行无纤瑕者，孝思一人而已。然白首相知，诚无过于予。犹忆甲子鄂城，同出诗质钟伯敬，先生甚许之。而后予两人诗皆数变，而孝思道力深，诗力亦深。昔人谓曾南丰文章，要自刘向，若不知有韩愈。予谓孝思诗赋，亦将要自建安，不复知有竟陵。遇不遇，仅目睫之论也。今高霞堂业已传矣，岂俟后世子云哉。虽然，予犹非后世之仅以词赋知孝思也，并序其生平如此。谭元春友夏《高霞堂集初刻序》云：苦无秀逖之士与谈诗者，幸而得之，以愁郁为骚雅，以淫艳为风格，以柴门花鸟之属为幽深，前者步，后者蹑，举秀逖之才而小用之。予窃以为恨，岂独人哉！即予小才，自束发来，二十五年，未尝不寄歌哭眠食于斯，而至今诵汉、魏、盛唐之诗何如哉。友人车孝思，别八年矣。忽一仆冲八百里洞庭，负其诗质余。余快甚。曷快乎？夫孝思真秀逖之才耳。得孝思而余之所以惭汉、魏而逊盛唐者，方有人乎！究之其何肯以秀逖止，陈同父奇人也。然生平不能作诗，观其为□泽卿诗序，有"立意秀稳，造语平熟，不刺人目"之语，则同甫真不知诗矣。诗岂如是之谓耶！郦生论山水曰，峻崿百里，绝日万寻。既造其峰，谓已逾嵩岱，复瞻前岭，又倍过之。我等作诗，直当作如是想。愿与孝思、伯孔切磋究之。伯孔，周圣楷者，孝思友也。唐懋载袖石六刻高霞堂集跋云：余发未燥即知心仪孝思先生，先生所作诗歌、今古文词，时虽不甚解，见辄攫去。然先生亦尝摩顶叹异儿。今先生年七十，而予亦将发种种矣。不克决起奋飞，用副名贤之知遇。

而犹及以私淑之忱，附于编辑跋言之末，不可谓非笔墨之荣誉也。窃以先生诗集，名公巨篇言之详矣。而余特不能忘情于淡公任先生起园之一序也。其己卯之弁先生集也，曰：君之于诗，毫发无遗恨矣，更欲至何所者，意者欲如尼父之过此以往，未之或知者耶！尝心服其人，以为言之不诬。即先生亦谓谭子友夏之知我，不如任子之知我为更深。嗟乎！自己卯距今，将三十年，其间天时人事，迁嬗密移，鱼死星出，谷长陵颓，袁安王室之涕，傅燮身世之悲，凡躬之所历，足之所经，耳目之所炫骇，中怀之所崩摧，一一达之于诗。所谓未知，真有莫知其所以然而然者。夫龙蛇之神用也，一日而五化成，而《易》之言盛德大业也，必归之日新富有。先生性谌赏识，结揽奇秀，于古今书无不读。故其为诗，时而秀月白琼，时而崩云涌雪，时而极玄遥之想，则缑山之凤笙，而九皋之鹤唳。时而写苍郁之怀，则大苏海外之奇观，而子美夔州之诸什也。要以振笔疾书，风雨交发，不论钟鼎大文，款录小识，人所百思而不获者，先生磅礴应之。即数小史，将苦吓踬不继也。往别山雪堂两先生，尝与之击钵斗捷。每叹服曰："其敏可及也。其敏而工不可及也。其敏而工可及也，其深而远不可及也。"呜呼尽之矣。苏子由曰："凡物之异于常物者，其聚天地之气常多。"先生年虽七十，而神用清审，操管弄椠，常如征鸟之使翼，剌剌不休，将数百年扶舆之秀，恣先生奢取之。而所谓龙蛇五化，日新富有，夫岂有幅焉。其靳之也。然则是集也，足以尽先生之奇乎！国门之悬夥颐，名山之藏仍密，其间拉杂于兵燹者十之七，腐溃于风雨者十之五，今暂搜其零玑断璧，以充饥渴耳。舒天地之大文，完绝代之共宝，不能不深望于后之为桓山君者。《沅湘耆旧集》小传略云：劬园著作甚富，然观其所作胡秋田先生祠碑记中，自称兵燹之馀，十失八九，是及身已多散逸。其平时交游最广，负名甚重。明季言诗者，必归钟、谭。先生初与之抗，继乃迥出其上。《高霞堂集》谭友夏、陶密庵、王山长均有序，其所以推重者甚至。今《高霞堂集》，郡人无有能知之者。乾隆间，湘人士所刻廖大隐《楚风补》，即逸其名姓，存诗四十首，但署曰高霞居士。而称其人著述甚富，早年与钟、谭齐名，有《高霞堂集三十卷》。屡经辟举不就，亦玩世逸民也。或以为邵阳宁六擎今不敢直以其人当之，姑本其《高霞堂集》，命曰高霞居士云。今按《高霞堂集》入国朝曾六刻，唐袖石有六刻高霞堂跋。康熙初，车与三太史携入都，高阳李文勤公序之。廖氏所见之三十卷，殆即此本也。廖选成于康熙丙子，距乾隆刻行时，不六十年，已不能举其名姓。然则士生斯世，何所恃而不与草木同腐哉。附镇江钱典读孝思高霞堂集，偶成寄怀诗云："优游玩世著消遥，时事由来梦里蕉。自许才名同管乐，竟甘肥遁老渔樵。交情谁似青松久，诗思堪将白发消。愿访柴桑寻五柳，抱琴有意可相招。"

《召乘胪句》二卷、按：郡《艺文志》及车氏谱，均不载卷数。兹从别记中补出。黄公辅序云：尝观为治者，必悉其地之风气、土俗、物理、人情，然后布令于流水之源，上下相习而不相（跢鳌）〔跖戾〕。古者，采风问俗，樵夫牧竖之歌谣，途妪巷女之咏叹，皆所必及，良有以也。周礼有史官掌邦国四方之事，达四方之志。诸侯各有国史，大事书策，小事简牍，此物此志也。郡邑之有志，非即国之有史乎？韩宣子适鲁，见《易象》与《春秋》，曰周礼尽在鲁。余不佞，庸鄙无状，叨守兹土，得陶郡伯所辑郡志，披而阅之，三才之纪，五事之征，政教之沿革，文武之张弛，幽明之昭格，翰墨之洋洒，仙释之幻冥，靡不毕具。畴昔之规模，近代之法则，犁然眉睫。庶几可镜得失，调民物，而文其庸陋于万一云。虽然，风气转移，土俗人情变迁，月异而岁不同。故志之辑也，赖文人韵士以发皇，不可无博达通雅以表章。车子孝思，家学渊源，于志成后，作召乘胪句，增所未备，剖厥疑似，引而伸之，广而证之，旁搜博采，或断以己意，创建谋画，质诸已往，虑其将来，而邃穆之灵心，有用之经济，俱在楮牍间，令人向往不暇。夫立言为三不朽，何庸易哉！非博极群书，则见以为款启而寡闻；非识见明通，则见以为蠡测而锥指；非力量强劲，则见以为恇怯而窥觇；非秉念虚公，则见以为伯州犁之手。何能言所欲言，信吾心以信众心。故是集非车子之学之识之力之公不能也。曹刿曰："肉食者鄙，未能远谋。"裨谌于野则获，车子获之矣。按朝仪，上传语告下曰"胪"，下告上曰"句"。然则凭是籍以考镜风俗，调悉物情，使一因一革，流通而无（跢鳌）〔跖戾〕，于以辉煌治道，润色猷为，可无负于临莅兹土也。羽翼之功，岂其微哉！车子其付之剞劂，毋自秘也。蒋大年弥劭序云：古者，内史掌记邦内，外史掌四方之记，公侯伯子男之国皆立史，犹今省郡州邑之各有志也。王者欲知里巷谣俗细碎之言，更立稗官，不设忌讳诽谤之禁，亦存野史。小大殊则讽议攸归，即三传之各自为体，而学士服之无斁，期在裨益政教。助宣王化已尔。然而省郡州邑之志，官无专职，代远传讹，秉笔者征言于三老，取信于他籍，附会穿凿之疑多有。且古之里妇胥徒，咸与闻圣贤大旨，诗以寓志，太史陈之，观得失焉。后号良史才，其所是非，犹尚讹谬，况戋戋者欤！昔人称史有三难，余谓不但已也。品必宅于道德仁义，心必植于正大光明，然后可以善施其文章，式昭其轨鉴。余郡七十载，乘记阙如，有志共叹。昔春秋百国，大事布诸策，小事简牍，载以赴告。故一国而列国之事俱书。乃者，一方一邑，环数百里之内，历数十年之间，典故荒落，罔所考稽，其中芳迹馀规，微言孤行，概与虫草同灭。而车子孝思，岳降不迟，适生其际。文不在兹乎，文不在兹乎！戊寅，郡伯陶公紫阆先生走使者，奉币帛，请属载笔焉，可谓得其人矣。方车子之始作志也，虚怀靡及，诹谋度询，必咨于周。虽以年之寡闻，俾董誊缮，既而会逢事故，撤席赴闽，主者裁以己意，假于他手，不无一二遗恨云。呜呼！待之数十年而后有其人，辞之十年而后任其事，任之一日，而又不克尽其才，书之成，岂不难哉！又二岁，车子别为胪句一书，年受而终读。比事连类以见义，依往起论以救时，帙不盈寸许，而以观山川之夷岘，察星日之常变，观兴败之乘除，鉴风谣之美刺，度礼刑之张弛，烛贤奸之消长，不必读全志，而概镜于斯矣。至于搜录佚远，讥切曲中，表幽遂良之意，愤世嫉俗之心，时时从笔舌中传出，其犹《春秋》之志也乎！余观车子夙负经世大志，曩征书迫起，以天子行格外事，勉而应会，当世菲薄名器。车子乃遁之古茱萸江，抱膝读书。余语车子："昔吕文穆公自负，止用人一事能及韩魏公，生平未尝以胆许人，独子差不愧之耳。"一日，单舟独棹，访车子于劬园。默对良久，慨向余曰："子今安所志？"余曰："霜劳柏逸，波攘石安，淡然自足，勿苟时好而已。"车子曰："不然。士生斯世，无问贵显，君父念头，不可一刻放下。居高不能尽命竭才，在下不能明务正业，皆谓空食君粟。我欲表古君臣相得之理，作为史系。附古者进书觉报之义，乌能掷管断舌，自比树块乎？"余听之悚然，窃闻五帝圣神，其臣莫及，三朊代主臣同量，五伯臣过其君，咸不可谓有君而无臣，有君而无臣之叹。近世谀君之词如此。《旻》之五章曰："国虽匪朊，或圣或否，或哲或谋，或肃或艾。"当时所谓无，诗人所谓有也。《荡》之四章曰："不明尔德，时无背无侧，尔德不明，以无陪无卿。"当时所谓有，诗人所谓无也。朝廷观前代君臣，所谓得失，未尝不咨嗟叹美。正恐后之视今，犹今之视昔耳。吾子服仁怀义，积力抚忠，勤思伟略，宏迪新猷，于是拜献天子，光辅中兴，讵丕伟哉！然则胪句一方之书也。贤者览以兴起，不肖者闻之足戒，史系天下之书也，普天率土，莫非王臣，本性情以动之，引议论以伸之，鹿鸣天保之盛，偕子臣而共赓之矣。车子不徒文章著述人也，车子之文章，车子之心术德业也，昔尹吉甫不以文章称，而有《嵩高》、《蒸民》二什。诸葛孔明不以文章称，而有前后《出师表》，亿千载读之，人人有好德愿忠之思。余所以俯仰深寄于是编，而溉釜怀音，若有不能遂已云。《声香阁草》、《镜花阁填词》、以上二种，省府志《艺文略》失载。兹从车氏谱补人。《贝叶记》，释颛愚序：大参自心公子著心经颂，船子偈注天主教辨八识，颂识并诸神辨，合为一帖。目曰《贝叶记》，刻竹林集中。各若干卷。以遵交游最广，负名最重。明季言诗者，多归钟、谭，以遵初与之抗，继乃不复知有竟陵。高霞为邵阳名山，以遵尝读书其中，故取以名堂，集因以名。

摭谈，明史馆开，檄征遗书，索邵阳车大任《囊萤集》，又，车以遵《高霞堂集》，至国朝凡六刻。乾隆间，湘人士刻《楚风补》，至不能举其名姓，而称之曰高霞居士。近《资江耆旧》、《沅湘耆旧》二集出，始广为搜辑，仅得一卷。迨宝庆志局开，又得五车诗稿，甚矣！征文考献之不可无人也。《高霞堂集》，谭元春、陶汝鼐、王岱皆有序。汝鼐称其晚年思益沈，学益大，品益高。当世负欧、苏之望者，莫不折节定交，而弗能测其首尾，孝思其犹龙也哉！今海内耆旧殆尽，求其行无纤尤，老而弥笃，负龙门之望者，孝思一人而已，其推重如此。《南村诗话》：周南，字渭公，有高节，志意蕴愤。遭世乱，慨然有澄清之志。时以伏处里闬，不得交天下豪杰为恨。鼎革后，歌泣空山，行吟哀怨，于一时劳臣节士，不惮流连往复，见之歌咏以寄其哀。亦谢皋羽、郑所南之流亚也。有诗一卷，久佚。今所存仅五首。一首咏金学曾，其四首分咏车以遵、乔汝迁、徐守贤、翁仲碧四人，皆诗史也。其咏车公以遵云。“跋涉昭陵西复东，颇存全局贮胸中。多情独有车公子，信笔能传故老风。”以下附录谭元春诸人赠答之作。竟陵谭元春《园居答车孝则》诗云：“野塘遥岸想神形，一仆囊诗过洞庭。正直寒河新句就，也无人看立茅亭。”湘潭周楷《访车孝思山居》云：“日午君犹门未开，门前春雨长苍苔。一楼山挈全家住，半榻书惟旧友来。读罢莪蓼形自吊，步临芳草气先哀。劳劳终夕无他语，歧路东西失所裁。”邑人王嗣乾《东山书院访车香涵》书云：“佳日逢幽侣，笑谈风雅存。瓯香先谷雨，幔卷入春暾。山水静通梦，烟花飞到门。小舟时可唤，白社引清言。”卒年八十有三。邑人刘应祁澹庵哭以诗云：“囊萤家学旧词坛，遗草岂同封禅看。把臂竟陵齐树帜，运斤工部老挥翰。久闻元亮称征士，早见逢萌易挂冠。摇落真难遗一老，泽湘谁为挽狂澜。”又谢鹤年景皋有《怀车征君孝思》二律云：“翩翩文鸟纪奇征，湖海才名绮岁腾。韩子成诗能荐士，长公行处惹吟僧。论交天下半耆旧，树敌当年小竟陵。屡奉鹤书宜不起，愚斋穷守课儿灯。”“天涯潦倒亦诗穷，世事沧桑感慨中。满地干戈星发白，一生文字劫灰红。眉山父子成家学，康乐弟兄有古风。莫问梅庄荒落甚，晚鸦啼住夕阳空。”

子万含、万期、万启。万含，字章美，号长发。《沅湘耆旧集》以长发为字，而漏载章美。兹从车氏谱补出。年十一附县学籍，负奇姿，一目十行下，有名于时，湖广督学高世泰拔入三楚储材馆。以溃兵之变，遁徭山，悒郁而殁。著有《柿写堂草》。万期自有集。万启，字十先，号鲁云，府学生。

《高霞堂集》，逸民车孝思先生著也。高霞，山名，为先生养晦读书之处，故以名堂，集因以名。山在县南九十里，嵚崎幽邃，与小嵋、云霞诸山，所称为五峰者，余世居其下。童时即闻父老称述先生之为人，及所著述不置。余尝登高怀古，有“高人不可见，空馀王官谷”之句。厥后，获交其裔孙瑞阶处长于邵城，问其著述，概不可得。惟于方志中，散见文诗数十首而已。先生当日交游最广，负名甚重。明季言诗者，必归钟、谭。先生初与之抗，继乃迥出其上。《高霞堂集》，谭友夏、陶密庵、王山长、任淡公诸老均有序。密庵谓其文与人，俱翩翩有凌云气，晚年思益沉，学益大，品益高。当世负苏、欧之望者，莫不折节定交，而弗能测其首尾。又曰，早岁与孝思同出诗质钟伯敬，甚许可，而予两人诗，皆数变。孝思道力深，诗力亦深，不复知有竟陵矣，其推重如此。然观先生作《胡秋田祠记》中，自述所著，可百馀卷。兵燹之馀，十失八九，是及身已多散轶。至清乾隆间，湘人士刻廖氏《楚风补》，即已佚其名氏，存诗四十首，但署曰高霞居士，而称其人著述甚富，早年与钟伯敬齐名，有《高霞堂集》数十卷。屡经辟举不就，亦玩世逸民也云云。道光中，邓湘皋氏纂《沅湘耆旧集》及《宝庆府志》，乃广为搜辑，又从陶氏《楚诗的》及车氏家谱，采辑七十馀首，仅得一卷。是殆所云国门之悬夥颐，名山之藏仍秘者矣。今按此集凡六刻，唐袖石有六刻《高霞堂集跋》。而询之湘中各收藏家，均无其本。则甚矣，乡先生之著述湮没而不存者，固不仅胡秋田之《安定集》咏史诗已也，不可慨乎！余孤陋不自揣，迩来纂辑《湖南诗征》，于大湖以南，历朝诗著，颇有搜罗。前年在浏阳军次，车观身记室为助采访，并告以其大父旭皋广文藏有《高霞堂诗集》遗稿，闻之喜甚。及与瑞阶商榷《车氏一家集》之纂，而此遗稿贲然至前，以三百年后之人，于登高怀古之馀，而一旦得手披其三百年来不传之鸿烈，其忻幸为何如也！稿凡两帙，为卷十，计诗六百三首。首署“邵阳车以遵孝思著，男万期、万启谨录”

十五字，则为当日原编本无疑。载观首尾，都无序跋。字迹又多脱讹，则仍为后人传抄之本。编录方竟，瑞阶又搜寄钞本一束，残缺颇多。末署“昀录”二字，昀，盖先生玄孙，而瑞阶之曾祖也。亟为详加考校，选录四卷，以入《湖南诗征》，并搜辑湘中记载各诗文，都六百二十八首，编之本集，以饷后之欲读先生之《高霞堂集》者。刘达武识。

诗一古体

我思古人十二章

我思古人，进退惟可。鷦鷯巢深，凤凰揽岢。应龙画川，蝘蜓坎坷。许由辞尧，君安用我。君犹日月，朕犹爝火。天下已治，越俎则颇。君自有闻，侧陋在左。

我思古人，明德不愆。大原既修，厥绩用先。服官维勤，亦既九年。贤以与子，严以配天。我所必起，人无间然。

我思古人，廉吏可为。优孟抵掌，庶几似之。寝丘何择，俾以永思。生为廉吏，没念其儿。遗之以安，廉者必慈。子实不类，凄凄葛帔。交不可绝，廉吏可为。

我思古人，左羊入楚。雨雪并衣，饥殒亦苦。我不辞让，知我俦伍。生死是同，无俾而腐。哀既逝矣，为王言之。葬以大夫，友幸勿悲。迨我同穴，翳我独生。如何抔土，邻于荆卿。一朝之忿，九原称兵。不闻梁鸿，要离靡争。荆卿事，见晚唐吴筠经羊角哀墓诗。

原注。

我思古人，报以国士。所报维何，吞炭漆毁。辱莫辱兮，众人等视。乐莫乐兮，斩衣而起。让或再生，中行谁氏。

我思古人，欲蹈东海，轻世肆志，诚不以贿。矢射城中，燕将泣悔。聊城卒屠，为谋□始。义不帝秦，大节千载。

我思古人，黄金筑台，郭隗既往，乐毅乃来。主不信谗，谗乃自灾。小臣受禄，邦之荣怀。弃谋资敌，储君不才。臣死不敢谋燕奴隶，赵曰良哉。燕岂不思，赵亦可怀。

我思古人，著书悬市。乃至千金，不易一字。月令虽佳，匪韦创义。因思贾儿，总膺匪质。窃钩者诛，窃名者世。人知好名，鲜克好实。

我思古人，龙门壮游。蚕室著书，麟兮何求。迁既腐矣，有蔡中郎。胡为一哭，市中身僵。续书不许，援迁不臧。弃既蔑宝，百福用戕。

我思古人，如水如鱼。一言契合，三分略摅。乃髯乃黟，称万人敌。兄弟孔怀，君臣或泥。有如孔明，而思孝直。孝直殂矣，臣竭股肱，永安托孤。有桑八百，南阳草庐。

我思古人，中夜闻鸡。此声不恶，我手子携。虽则起舞，末之剪瓶。河北维谷，平原蒺藜。臣猛虽死，西师勿东。草木皆兵，正朔在中。

我思古人，西蜀间关。饭颗邂逅，吟声满山。房琯已败，严武复还。甫不知人，人知甫艰。瀼西松长，剑阁莫攀。落花寒食，舟在其间。

短歌行

昆仑盖高，日月中行。黄水东流，以溉扶桑。泰山之下，桂实苏疏。青要玉女，不离斯须。包山酉穴，有图有书。自然饮食，博士所居。龙沙真仙，数八百辈。可友可师，救无怠悔。良工造干，四选必臧。日三睹阴，月三睹阳。尼父栖栖，返辙于河。屈原远游，负石于河。忧心行国，听命匪他。敬尔优游，樵苏捃拾。澄怀观道，不出室只。幸甚至哉，歌以言志。

来日大难

来日大难，风何艰辛。平原萧条，野哭无声。

谁言高盖，宠辱相代。不可密疏，匪利勿害。

适以斗酒，无以御冬。昔贤教之，以降忡忡。

仙人一匕，可保金石。嵇康不逢，王烈得食。“一匕”，遗稿及昀录本，均讹作“一七”。

彼日骎骎，黄黑道长。浮浮卿云，龙虬雨襄。“龙虬”，昀录本讹作“龙蛇”。

拓提之行，胡以啸傲。枯我情澜，西方庸棹。

夕梦孔周，贵贱不犹。赤舄吐握，麟也周流。

我劝飞光，力行缓辔。三万六千，修程厥次。

魏王子蓦会群真于武夷山，奏人间可哀之曲，戏为反之

人间真可哀，未若真仙人。海岛三山中，寂绝无与邻。云屋火所搆，何用金与银。又不忘狡狯，骖螭擘紫麟。苏耽已作仙，归来亡与亲。假使千万岁，岂不劳心神。达士安其常，孔释率一真。无生即生理，吐故而纳新。白也颇昭旷，醉饱过千春。徒赚秦汉主，蚩蚩嗟彼氓。“赚”，遗稿讹作“嫌”。

割乳行，为蒲圻童子割乳疗母作

朝泪殒霜，夕泪殒雨。母生儿生，儿乳母乳。一解右挟鸾刀，展转左臂。儿乳不白，赤血频滴。血作水烹，乳作肉食。二解儿母霍然病良已，儿伏在床呼不起，邻人喧喧言孝子。三解仁哉，使君其从如云，亲拭儿乳，远人得闻。四解晋有刘童子，天赐七年粟。何以采风谣，匪儿亦当哭。五解

南山四章章四句

南山有鸟，名曰吉乾。哺不择肉，致子贪残。

维鹊有巢，雄睆其旁。考不作室，子胡肯堂。

伯禽启土，元公立朝。三见三挞，往观梓乔。

厉夜生子，恐其似予。刻鹄不足，为鹜有馀。

禽言此二首亦见《沅湘耆旧集》

古妇死于姑，化鸟名姑恶。我姑岂不慈，姑恶妇所作。姑恶不可扬，扬之即妇过。不闻姑恶声，年年呼如昨。姑恶

鸟鸣寒号虿，曰得过且过。春来羽毛生，凤凰不如我。逢时人尽然，怨命亦不可。已自有身章，九苞亦琐琐。羊质而虎文，皮异质则颇。我实爱其羊，任真百无假。得过且过，按，《沅湘耆旧集》，此作“寒号虫”，误。又“皮异质则颇”之，“颇”，《耆旧集》作“那”。

听秋引长短三十一句

幽人心秋气，烈霜不在天。雨不撇沆瀣，散山山负重。欲得沆瀣山前送，何处钟一击，再击谁从容？我耳纷纭正愁重。庙门木偶立，行且稽首拱。且揖君莫诉，诸神上天云。今之民，生以鲜，哀此茕茕，文星典吏宁烛贤。帝谓尔起丰隆，蓐收将命，惟天子使扫欃抢。荧惑徙鲁阳，戈阳无用拟。诸臣不见帝象，但闻帝音拥。红云光照日，书生吟哦动。四壁虫啾啾，声悠悠。南华非僻书，河西无善讴。不能感邻里，能解老妪不。

乌生八九子

乌生八九子，巢在高树巅。谁云枝叶茂，尚畏风雨偏。飞飞哑哑何翩翩，似是八九子之父与母，得食飞来前。乌云我父我母，

曾不如鸣鸠之用心一且平。叶朝哺自上而下，夕哺自下而上，诚慈贤。虽有八九子，曾不如其子之七兮，在桑在梅，垒乾牖坚。乌母语子，但食莫喧，明同尔翁往啄鲜。

催租吏

生不愿读书识字守丘樊，但愿乘坚策肥入公门。君看公门胥隶亦何尊，伍伯鸱视，阿旁鬼言。似我徒兮实繁，但服尔袢飧尔豚，租可逋兮为尔言。上官明明尔租既逋何用问，不闻鼓吹一部声喧喧。归语妻孥勿复延，但可鬻尔子，切莫鬻我孙。我孙幸少小，无襦相与温。

琴歌二叠此二叠亦见《沅湘耆旧集》

君衣狐白裘，妾钗玳瑁簪。狐裘不寒簪不短，谁为慢声琴去远。与君对坐兮，弹莫缓。

昔在昭阳殿，今居长门宫。长门未秋芳草歇，妾心明明若白雪。我思云和兮，正愁绝。按：“长门”，遗稿作“长明”。

纪梦

夜梦我父，颜色栩栩，曰儿来前，居吾语汝。世变以来，我知儿苦。匪儿不力，命与时忤。沧桑横流，总无安处。我有藏书，庋之得所。子曷往观，庶几服古。遵长跪言，彼富贵人，贱书如土。儿已六十，读之何愈。父幸鉴观，予我稷黍。父笑曰吁，良久而寤。

夜梦我母，色甚不悦。儿罪伊何，曰儿回惑。尝忆母言，自吴适楚。岂不我思，所恃所怙。亦既生子，亦既离里。多凶多危，我命曷以。顾之复之，教之诲之。匪无严父，母实我师。我生好古，南辕北辙。父恒箴之，好竽鼓瑟。人贵我贱，人富我贫。一日之养，无以怡亲。儿罪当诛，上通于天。已不克孝，何企盖愆。已不尊生，何企引年。母幸无怒，从于九泉。大杖不走，小杖亦受。五刑三千，不及禽兽。

游仙二首

仙宫宝婴儿，姹女实其腹。绛府虽遥遥，飙车一何速？冉冉七元升，明景熹朝旭。后天而不凋，爰有苕华水。鸾凤表音声，骖驾往聚窟。三酆极境阴，都缘有六欲。

大道天地生，负阴而抱阳。上和复下降，冲元合中央。“央”，遗稿作“泱”。火龙匹朱鸟，逐逐虚空翔。碧海立金阙，天台瑶草长。淮南见王母，称孤寡不忘。人生胎性浊，梨枣空芬芳。谁生赤松子，即是张子房。

山夜忧谢庄集题。自注。

山夜忧忧何？名不可知心无平。水鸟嗷山君行，鬼啾啾来试听。衣恻恻霜华声，谁为之古今情。“情”《沅湘集》作“心”。忆君昔伤我，今昔为花今为萍。萍浮浮，因复流。春既歇，“歇”《沅湘集》作“竭”。秋以遒。昼疑夜，谁为谋。

采莲曲

采莲塘上风，莲花含睇笑。素腕出娇羞，不惜临波照。婀娜意不然，心为阿谁妍。歌采莲，莲叶何田田。莫教持履欲飞去，仙乎仙乎绝可怜。吴侬摇首胡然天，罗敷自倚使君顾，未及目成按："目成"，遗稿误作"自成"。嗔路边。

后采莲曲

朱华冒缘池，采伴各携持。并照绿池水，何如朱华姿。采花莫伤藕，荷香翻刺子。莲花自有房，苦薏何曾剖。歌采莲，擢声齐起争纤妍。红裾纵湿不复脱，正是巫阳行雨仙，细腰缓步娇无力，不得莲花载满船。

懊侬曲，和唐袖石按：《沅湘耆旧集》

此题作《懊侬曲五首和唐袖石》，遗《拔却花》一首，而以前二首为一首。

发鬟懒自梳，欲待阿侬到。何知阿侬来，背立镜中笑。饮茶侬夜醒，饮酒侬夜醉。亲手制月团，佯嗔碎酒器。道侬来三百六十日，夜里半分开。何用说欢，是女儿身，竟得有时节。"竟事"，《耆旧集》作"晓事"。莫乞相也，曾东涂西抹来，新欢用底旧欢样。拔却花，百花耀侬眼，蝴蝶火纷哗。

五杂组

五杂组，江上云。往复还，云中君。不得已，为情文。

五杂组，九达市。往复还，袍布质。不得已，争刀尺。

再次禽言姑恶二章

姑恶姑恶，姑自不恶。顾我无一可，早起不及炊，暮雨不及荷。婿言无能为，妾身如灯火。去去事严姑，千秋万岁山之左。

姑恶姑恶，姑恶自有。束发为君妇，君心妾不知。云将走四方，送君水之湄。经年亡一字，何以奉寒饥。姑不恶，妾当恶谁！

鸿门行

白日骎矣，清商转激。范增在旁，樊哙排入。醉挝鼓，项庄舞，王有项伯翼之不？许明日谢酒，璧一双。沛公不杀，子婴降。

平原行

河朔尽陷平原邻，二十四郡无忠臣。书生早计能办贼，不识真卿何如人。呧血一言触奸志，奸知饮恨不饮泣。一朝奉诏死贼庭，犹问大唐天子使。尚书大师年已耋，君臣到底不相识。人云死国非死祀，神仙道公八十事。

寿王太君式九母也，赋松乌四章，章四句

维乔有松，维松有乌。兔丝引长，乌亦返哺。一解

苍苍千龄，下有茯苓。王母服之，练气给形。二解

曷高九峻，孝则有感。王毋得之，坐于少广。三解

莫知其终，莫知其始。翟茀方来，祉曷云豸。四解

送傅二吉应汝南乡试

苍然平楚，企而如何。君子行迈，洞庭始波。激水其遐，嵩山嵯峨。膏车秣马，我送我歌。之子行矣，游于巷阿。德音于昭，载翔载驰。叶

车逸民集卷二

诗二五言古

田家四时

四序端有初，天地谨发机。土膏既已谐，震动且及兹。今朝荷锄出，东风吹短衣。春雨讵不寒，足敢辞涂泥。野田生箭镞，百亩半不治。户户黜丁男，既老筋骨衰。陈力虽已劬，得生犹愈饥。

甫春方发煦，渐已及南讹。草木各陶陶，所宝惟嘉禾。幸逢天地仁，雨旸今不颇。耕深而耨易，穑事良孔多。诗书无意气，为儒当若何。不见翳桑人，食半且馀他。尔务尔蚕绩，我耕我啸歌。

孟秋律夷则，落叶大火流。比屋趋收敛，似我岂无求。神仓藏帝籍，胡乃事猕蒐。鹰隼应天气，狐狸始欲愁。人皆荐时食，我独无旨羞。此饥已十年，人饱逾三秋。望望与我远，尔事我不谋。闻言且复去，百虫声悠秋。

百虫皆墐户，有士犹出门。公子玄黄裳，敝裘无奇温。绝食常用□，教儿多苦言。茆檐欢负曝，看人禾稻翻。虽已婚嫁毕，我尚劳心魂。东西在两头，百里赤足奔。偶为官长怜，不觉胥里尊。一食且三叹，此意到子孙。

村历纪录癸卯秋，村居无纸，偶简历书以识时事此首亦见府志

巍巍天心塞，尝在坤北隅。鬼斧所设施，以意为密疏。厥容骋金碧，厥状含芙蕖。八路厂云霞，梯接稻与萸。水石移步趾，磴磴相乘除。声影互开合，久复递崎岖。其或遇一峰，拔起百尺馀。木客倚山水，猿猱而都居。佳处节其要，靖陈变乱初。贼方围长沙，凶问已及途。劳心相忖度，草莽动谓迂。衣袽靡弗预，我觉太守狐。然明立堂下，昌言先日吁。急须遣南八，四郡合兵符。此筹既勿展，此日亦复逋。为公保有家，遵也幸无虞。董子越乡彦，名允芳。定交来孤庐。驰马入粤风，八室脱斯须。我舟下江浒，刘子印诸途。信信谈险要，有如聚米图。苟得一夫守，可敌千夫逾。贼马驰两矛，土人来辍俱。其声如吼虎，谓欲格豚鱼。图穷匕首见，直待孟劳呼。两家各奔窜，惊魄岂问劬。我独为携持，寒霜裂短繻。上岭更下岭，所过不遑徒。裸臂尚相猜，攫食如空乌。野人惠水浆，嗔莫乞粟储。相顾同饥死，但莫充人哺。时闻缚太守，失计二竖疏。土人争索质，假手及魁渠。君父且弑逆，寇盗庸讵愈。空使须发张，赍兹泣血枯。寄命朱与郭，朱家、郭解，谓伍孙诸处。原注。微沾泽枯肤。暂毕幼小啼，似有生全愉。怪哉贼大索，罗织为驱除。一国饮狂泉，灶养为大夫。衣裳饰蜉蝣，旦夕吊蟪蛄。自不请钉炭，何虑五石瓠。道途逢王烈，语我以侯卢。望云山，卢、侯二生避秦隐此。原注。能熊丹鼎光，气被草木殊。黄巾谁乱汉，皇甫则致诛。岳武平洞庭，不漏吞舟鱼。丈人且坐聪，缓行如安车。莫即蹈东海，犹冀收桑榆。按：先生此诗，作于崇祯十五

年。时张献忠自衡阳遣其党陷宝庆，知府李振珽、被执赴衡，不屈，赴湘水死。其弟振珽仆、李六凤等俱殉。先生为护其眷属，展转云。见《宝庆府志·大政纪》。

梅庄十咏

梅叶树半已枯，叶从左发，枯荣相间，郁然古姿，不必其花时也

同条各荣瘁，老梅不我欺。已谢成花日，兹乃结实时。叶垂敷中外，青阴森满枝。有何荣瘁分，而不重本枝。食梅如食蔗，看尔正累累。

辟棘作辟棘作路，以入循塘之上，可数十武

行行牵我袂，棘茨满道周。焚剪不足惜，平日有此不？嘉禾恶稂莠，棘茨乃其俦。好路从兹入，水光相迟留。上有梅花阴，桃李交平畴。厥木方惟乔，何言厥草蘨。

田水声

径涂讲沟洫，畛下出流泉。乍小还复大，音声如佩然。独行欣往复，与水相折旋。引领穗苗升，无乃非其天。念此闲桔槔，钦哉大有年。

麝香路村人事猎麝知来游，每过则路草香遍，余时时闻之

彼麝知前路，犹能顾后群。食香以得香，噬脐尊所闻。椒辛还馥郁，草草亦成芬。盘辟藉佳气，知非蕙与芸。避人焚网猎，报与常芳君。

夜望愚斋灯会稽许子来学，期共筑茅斋，时以期启偶出，与炜夜读，云有虎鸣示之

流水不受雨，雨投溪与塍。夜色山空烟，回抱青罗藤。何知尔诵读，望尔山中灯。虎声差不恶，要与诵读应。鹍之飞以怒，虫之蛰乃兴。下士惟呫哔，不异秋寒蝇。于以望来归，同门曰有朋。

示来僧求憩禅隐庵

鸿爪尚留迹，野鹤无徘徊。前僧一朝去，后者来追陪。我庵自不知，常时从去来。但感师友力，穿凿此一抔。初心鲜拣择，临去始相猜。劝耕不为我，食力少后灾。何食不可乞，彼语良悠哉。尔既知前辙，便拨芋火煨。时理插禾歌，勿使檀信哀。

老农与牛语

饭牛须饭夜，饮牛莫饮浑。农夫日出作，旦旦顾人言。自尔劳筋力，饱德我弗谖。仓庚奈已啼，锄犁各有魂。负重而致远，俯视捷疾奔。勿使耦者怒，空愁宿草根。所以宁戚歌，努力相讨论。是物解人意，牛兮暮入门。

种鱼庄后左右为池，广各数亩，时为蓄泄，利资灌溉，水以为命，种鱼，其一事也

种鱼能致富，吾嗤越大夫。不能忘千金，而曰游五湖。我无范蠡术，尚有濠濮娱。圉圉复洋洋，意致与之俱。监河无用贷，升斗徒自呼。

艺圃圃以植疏，亦周篱落，卫蕉于内，以伫发荣蕉，自良友分树二株，一在愚斋之前

菜不熟曰馑，力与饱食共。老圃既不学，何由知老农。种豆落为萁，采菲兼采葑。疏雨况及时，绿天蕉几重。抱孙又抱瓮，事事起人慵。

石桥村人小立俄白鹭飞集良久，村人不语去，余移时乃归

相逢虽不识，知尔是比邻。流水分相听，为邻即周亲。立谈殊未竟，鹭下何逡巡。容状都闲暇，又不喙紫鳞。有如苍水使，正是白衣人。谁云关五德，而非纯且真。见李白《自鸠拂舞》词。鸥鸟自知机，明旦不能驯。

怀益阳罗直夫宗伯，萸江先生之侄，同交张和仲于长沙。原注。

罗含原有宅，之子岂无家。湘中多琳琅，苗裔其是耶。益水虽无闻，资水亦净嘉。石子如樗蒲，岸岸明朝霞。其声绵邈边，滩滩阻崄岈。九派独资清，晶鲜良以遐。湖心颇泛爱，混混独何涯。尔喜不牵率，视湖独喧哗。与子同饮濯，舟音犹可拏。韩苏同命宫，我汝谅匪他。遥传宗伯誉，斐然良史嗟。子今称脱算，入诸恒河沙。不慕羊鹿乘，而喜白牛车。优昙既示见，金粟讵蕉牙。令德交相勖，艰贞烈纷华。老女幸不嫁，又不传悲笳。

武进潘复礼前直指刘公熙祚客也。原注。

士穷多失智，怀利去就间。气节颇相感，如君事主艰。激谈厥指发，悲歌亦损颜。胡然柔肠牵，贴身双玉鬟。仓卒有妻子，

曰娶胡妇般。贼亦喜倜傥，初闻释诸圉。君义不附贼，一死骨万三。怅其死颇后，同去不同还。白下顷致书，三径无来攀。君家谅未知，只知逐南蛮。何由便风轮，巢枯卵不残。

日复一日行

一日复一日，牵丝不盈匹。三万六千场，眼见有时毕。沧海为桑田，此度已非一。老人念子孙，子孙复见忆。古之大圣贤，各自有苗裔。及乎千百年，莫知所自出。朝兮如是朝，夕兮如是夕。晴雨虽间之，此日亦可惜。胡为劳心魂，卷舒有如席。末四句，《沅湘耆旧集》作“此日未足多，此日已可惜。劳劳百年心，宛转为谁役”。

一日复一日，今人非昔人。芳草夏节枯，何由说冥灵。蟪蛄不及暮，吊者已在门。仙人本长年，见名不见人。寂寥以为乐，无生而得生。以上二首，亦见《沅湘耆旧集》。

劳者必思歌，蹶者不忘起。闲情似落花，人事随流水。平居笑两婴，尔乃胡为此。衰年我未知，顾复谁堪委。人生荠与荼，其命有或使。古井不生澜，磐石安可徙。虽无外家亲，伯仲自循理。他年俱长成，耕读在乎尔。不见苍苍松，初生只盈尺。龙门百尺桐，磊落存根柢。

飞花若浮云，新桐净如沐。散步亦有时，瞪目视新绿。我思住村人，耕耨日已速。春雨似膏油，田间苦不足。我塘数亩馀，以时妙伸缩。卯彼山中泉，水浆贵收蓄。稻禾一登场，尔我共捧腹。为歧如农功，此理亦诵读。但勿卤莽耕，火水而菽粟。

揭来看柳条，忽复疑他树。长条渐觉肥，照地已成绿。前所谓伊人，踏此青阴路。悠然见南山，我梦与同趣。何如再遭逢，便欲谨谈吐。乃思龙豢时，皆以有可欲。

隔别不须遥，此日即千里。窗中不见山，只以隔一纸。童仆本野鹿，入笼心不止。往往睥睨间，主人亦何以。辰入而午出，昔者犹不喜。况此呫哔声，及老重复理。既往还自来，我以笑竖子。

夜坐朱允升寓中，识别兼示唐子

季冬月已寒，晤师兼我友。激昂以大道，何者为不有。我师冰雪心，儒释妙去取。中涂置一尊，挹注偏□□。我友经济闲，真气合林薮。今年理耕桑，自说恶稂莠。固思沮溺流，虽耕快有耦。疆亩讵弗知，我事在苕幕。师言良友教，劝子勿复狃。别去各百年，怀师忽见斗。

上邑明府言荒事

澒洞过一纪，十城九不完。野田遍蒺藜，匹偶成草残。欲耕无人耕，我生久未安。说食皆得饱，君来就我叹。我田自不知，为令良亦难。州符星火下，亦非州所叹。黾勉念王事，相期稼穑宽。安得千黄犊，散人阡陌间。我田念所遗，等亦父母观。厥菑不肯播，子罪摧心肝。念此亦有故，非君谁相关。

送我皆鹤田北上春官此首亦见《沅湘耆旧集》

小春发阳和，肃肃三物敦。两骖适如舞，式在金马门。人事谈祖德，内行重我昆。子弟质有馀，善庆博且惇。一朝夺两帜，江汉声喧喧。恭逢冲圣主，济济来临轩。“来”，遗稿作“夹”。会献银台赋，递奏篪与埙。而我两驽蹇，局促车下辕。云泥非不遥，廓达怀本根。老扶过头杖，问信春花村。

香涵弟过谈族谱宗祠事，作诗示之此诗亦见《沅湘耆旧集》。按：遗稿此题作《香函弟过谈族谱宗祠二事望之》。今从《耆旧集》。

生民敦本原，厥初靡不共。遥遥溯华胄，曷若令德崇。考族与辨物，义与纲目衷。在国为正统，在家为大宗。撰姓别杂花，稽谱类击蒙。“稽谱”，《耆旧集》作“内谱”，盖用唐李守素事。源远而流长，本厚则末丰。古者士立庙，不以时污隆。我父为大夫，有志弗克从。置产慕希文，纂辑欧苏同。伤此族散久，道途逢匆匆。甚乃不知名，彼此如飘蓬。则知在九原，忧心必郁忡。吾弟多哲胤，《耆旧集》作“哲艺”，盖避清帝讳也。八翼翔九重。伯叔既竞爽，通籍金马中。永言宗祖德，“宗”，《耆旧集》作“皇”。孝友声实庞。以是为食报，笃念幽明恫。立庙以萃涣，谱系何总总。条分而缕贯，推始以测终。然后讲亲睦，卑幼咸趋风。昭哉正考父，三命乃益恭。

初入瀛洲言志拟馆课，寄示鹤田庶常侄。原注。

天门四望阙，宝露何盈盈。英华不易竭，梧竹含晶莹。翳此白凤凰，昭昭鹑火精。戴仁而抱义，揽辉充仪庭。扈阁良轩轩，风日穆以清。既可长羽族，讵无归昌鸣。□鸡虽识旦，鸾鹫乃分形。彫缨侧偶席，固非温饱情。致君在讲贯，忠良理合并。有若李长沙，相业尤峥嵘。自不鄙文学，律吕合和声。而彼刘华容，起家顾以令。叶元宰惟论道，茂宰择吾民。禹思日孜孜，皋言惠可行。

饮酒

床头一壶酒，待我已经旬。不能斟酌之，谓酒不如醇。危矣毕吏部，悲哉刘伯伦。朝夕荷一锸，“锸”，遗稿讹作“插”。似是未忘身。此首亦见《沅湘耆旧集》。

饮酒爱人醉，施药望人好。只此无自心，居然偕大道。陶公无候招，招之反不到。何能得似葵，足蹇令人笑。

酒伴真宜用，不然宁劝僧。僧饮虽破戒，端然是老明。意不在酣适，一杯如饮冰。可怜朱陆子，讲学争淄渑。

夏畦

北窗自不卧，早起视南亩。秀实恐无成，残禾正拾取。草心不为人，禾命托于雨。雨不思我禾，又不思我圃。以此无一事，我生何弗苦。邻言岂独贫，贫者十之五。富者得意时，贫者在旁数。仓箱岂不高，翻为争夺府。我与翁虽饥，饥亦天所与。努力听天命，式慎尔谈吐。

雷出为除害，兼之云兴利。莫利于有年，莫害于魃祟。如何殷殷声，只助蟠蛛励。雨过掣电光，反为轻雷拾。风伯亦不仁，送之他山涘。此土独不沾，岂是皇天意。

泰山有浮云，肤寸遍天下。霖雨为何来，多是裨耕稼。嗟哉春雨遍，似不念长夏。邻女提空筐，四望桑叶赭。新丝箔上无，新谷又谁假？所以歌两歧，因之思五袴。

在市厌纷嚣，宁就村枯槁。何意村中人，辛苦事雩祷。播种匪不昔，雨旸乖所好。伤心黍离离，不得如茂草。叩门无与言，岂复问拙巧。虽有五男儿，可为陶公道。

住庵

我初来此庵，亦已经一年。前时双稚子，依依在膝前。近因返室居，赖有阿兄怜。朅来王山长，自比苏子瞻。虽非贾耘老，写赠木石颠。人事多妙合，弄璋忽已传。不入水云乡，载复寝之砖。劳尔且顾复，一饱岂无田。十亩如何治，优孟想当然。

庵石忆溪公

面面开心窍，拳拳可服膺。拜时呼小友，致此亦高僧。高僧既已出，百草蓊郁蒸。无由辨玲珑，不敢恃崚嶒。隐然待我来，拔起恣冯陵。躬往拂拭之，声光犹砼砼。朝来方物色，夕梦郎涉登。乃知似人喜，多为空谷憎。

郡丞宋公解官，送之即事，兼以识感

廉吏尚可为，笑声满一路。王事劳西山，钦哉忘内顾。室中无悬鱼，饔飧几不具。伤我四民心，祷诸祈默护。归亦不言劳，所言仍民愈。堪此供亿疲，岂尽公家赋。因思古圣贤，恫瘝良有故。仙佛在世间，生气于之度。神理福艰贞，此道诵读素。行矣元次山，康庄廓天步。

同王山长游双清亭，便登北塔五台庵

江波立眼前，望望风日嘉。孤舟泛爱心，夷犹生浪花。区区水与山，岂不诚东家。少人而多石，柳子言是耶。君来无前期，到即生清华。并此山中人，卓尔开崯岈。其才且肆应，有若四照花。“花”，遗稿作“葩”。禅伯与画师，中允谅靡他。说我去夫质，导以游无涯。试看塔突兀，窗铃光响遐。痴禅与痴庵，气合毋参差。自注：予近字痴禅君，亦有痴庵。

白铭石先倡别诗，属和四首按：白铭石，江夏人。

秋声既已近，鸿雁亦已翔。与子重行行，同兹明月光。相晤苦不早，言别胡仓忙。譬之日与月，清辉妙相望。

往昔游夏汭，良友谐心期。竟陵不再见，刘子实来仪。刘，济甫也。楚亦有宝乎，白珩良在兹。铭石尊人，仲果先生。周行迪大道，文章与时宜。丧乱轻生死，人谓与我遗。乃有元礼门，宠问下轩墀。永言颜光禄，靖节犹得知。汉阳李文孙大理，询余子庶常侄进谒时。原注。

新息才晚成，子成名尚早。以此练达姿，须眉似张缟。九老无平流，木石等枯槁。闻君喜立言，不如功德好。铭石《老来》诗，有“九老会中元爽寿”之句。原注。

学海溯源源，我念子世世。机云伯仲间，亦为时命制。皋比临九疑，包桑出心计。师儒诘戎兵，名士有关系。至今零陵陬，潇水落人泪。伤时无麦舟，送以南风厉。

对酒

灯下一壶酒，对酌影与形。虽无陶公酣，贵此心迹并。昨者误度陌，乃为俗子轻。俗子言阿翁，何不畏后生。我从后生来，及此老无成。长拜谢俗子，尔知何营营。

仙人戒嗔痴，慈心谐大道。人何所不容，下士自然笑。仲尼为鲁儒，巴曲不名调。欲以强说之，鹓居久不乐。盗跖有名言，彼亦以为道。

生平已及希，见闻十失九。中间颇记忆，二三闽越友。招我不曾游，因风时举首。逝者已无知，生者复何有。念欲登匡庐，中有人上寿。

仙人念子孙，有意幔亭会。坐我红霞帷，饮我绛霜味。自顾无可酙，勤勤犹诏诲。出入慎相逢，虎伥正咆厉。

还村何象三先生惠茗，并呈署诸君子

酒能著胜地，茗柯有实理。见《世说》。原注。古人饮食间，解悟多如此。卫公水递旁，泉脉从之徙。苏子密云龙，择人多彼尔。何似淮海英，来楚四千里。分我数角茶，念我读书侈。归村试点啜，远汲石花髓。涤瓯注山翠，其气异兰芷。舌本了不关，羽翼如欲起。譬之闻思禅，乃以眼为耳。至味通神明，徒知美为美。亟馈亟拜之，乐此不为使。

高庙宋额为康济，近以吴参军奉檄修复识喜

峨峨砥柱矶，意与空潭漾。养晦以俟时，孤峭一来奖。高台既已倾，画舫船已往。不啻损观游，亦复减灵向。起此一朝衰，实藉王公赏。神祇得所依，雨旸何不广。叔子在岘山，时同从事赏。万事感目前，山川忽闲朗。

李咎庵问余于山中，出赠以诗

襄阳列耆旧，珂里声实繁。得知枉渚胜，良藉伯起言。谓杨修翁。鼎水见群龙，滮庄歌吹烦。龙君御年伯庄名。清酒过三升，四座且莫喧。君家诚易知，易知复难谖。忠孝塞不变，磊达开词门。翩然五马来，相离如吐吞。吏隐读书处，独秀山何尊。能不耻下问，云溯濂溪原。壬午，高汇旃督学开濂溪书院，楚名士大集，长男含与君与焉，凡百二十人。原注。老觉西河过，安知逝水奔。嘉宾既奄忽，景升多子孙。赖复存诵读，素风怍与敦。知子之好之，响答闻潺湲。

颜三愓先生孪生二公子，时太公八十馀，喜颂以诗

政事可及物，润身乃以诗。欧文忠语。仁者亶丰后，圣人诚前知。商瞿自有子，乃在四十时。夫子禀清淑，令德靡不宜。始仕为大理，皋陶肩龙夔。刑期于无刑，平反不为疲。时时闻叹息，生路常在兹。灿灿双明珠，肇生骈本枝。麒麟行地上，载路声如驰。仰承太丘欢，弄孙为含饴。下以慰国人，有报复有祈。

双清亭以下六首，自《沅湘耆旧集》补入。

秋日旷何期，秋水宕如涤。以我欲游心，耆年转幽激。登临不厌高，亦量力与敌。奇石砥奔流，日与空明击。草草几亭台，理事关休戚。去之三十年，避喧乃得寂。当时箫鼓音，红妆凭槛觌。数见靡不鲜，情境各取适。客星照江干，人似从大历。纵观九疑眼，俯视独周历。意欲起山川，丹铅为九锡。是日蔬茗闲，微言亦可摘。未夕散孤丹，绵邈声如滴。馀霞沾人衣，山郭明似的。带此潺湲音，悠然在帷壁。

召伯祠

资水既孔殷，邵独以名郡。召伯憩甘棠，传闻难暗汶。我思西伯时，圣贤固细缊。过化渐东南，所至何远近。五月帝南巡，苍梧已明训。轩辕仓颉陵，迄今从可问。分陕召康公，辙迹宁独靳。又不见今人，旬宣载令闻。敷求衣德言，循良回气运。叔子与士行，肤功有留韵。君但数目前，庶几抒烦闷。

夜渡石门滩

谽谺石门高，风急定须渡。妻孥岂好游，生不知前路。寒霜衣上花，野狐沙中步。江水不疗饥，稚子数回漱。虎狼所莫餐，生死必有数。饥寒并一舟，愁重细雨注。幸复与江离，聊寄庑间住。釜熟且相依，但莫致主怒。怒主知此时，劳我双足屦。

无念阁

吴楚虽遥遥，舟车生道路。心期如弗违，亦得讲新故。上客何方来，我觏子之暮。忽如耆社英，少长自可数。坦坦入山阿，粲粲临古渡。高松俄见来，古塔复已露。漱此一江清，众姣从指顾。衰颜酒后红，六博为欢酺。是日天气清，晴江光影溯。容与几峰前，绿净空青护。夕照散晚霞，新月未肥兔。别与避人言，梦各乃同趣。

白鹤观

楼观摄齐升，肆眺得超越。入门无黄冠，遍城见毫发。仙人昔下世，踪迹亦狡黠。一为磨镜人，化鹤以出没。不逢秦汉君，但筑飞廉阙。北斗宿栏杆，笛声久消歇。

灵乌庙

祠典著明禋，非是则为黩。楚俗尚鬼神，不经犹且屋。乃至世衰微，动云以祈福。福未必神为，变置良可恧。有怀伯约英，中原屡驰逐。武侯称之才，偕来计已熟。如何彼林乌，灵爽致肃穆。传疑历千年，居处荐蘋蓼。谛视香火傍，侪偶大非族。惘然者何人，君为淫祠踧。行将告狄公，甄别致亲睦。以报不以祈，明德惟馨馥。

刘默庵先生殉新郑闯难，大府题建忠孝专祠于爱莲池侧，毁于兵，近兴复于濂溪书院之右，郡人士呈准于邵阳县学租内支银为春秋祀费，甚盛事也，敬赋此首亦见府志及《刘氏忠孝录》

生及全盛时，数莫遘阳九。忆昔在开元，金瓯缺未有。如何天步艰，玄黄血高厚。鲸鲵掀豫荆，汹涛萃渊薮。刘公冰雪姿，经术雅抱负。方收滇南材，遂绾郐城绶。凶问载道涂，金甲耀马首。臣义不辞难，拜父循墙走。云当致此身，不得养陇亩。泣别奔瘠邑，残疆为贼蹂。不屈斫其胫，恶詈抉其口。举署成灰烬，鬼伯促前后。此事亦既久，郑人肖维偶。幸逢表忠朝，咸秩百神守。侪也首馨香，裴王祔左右。庐陵文忠公，亦其乡人友。四贤同一堂，倚玉皆琼玖。桐乡先已推，梓里复敦趣。祀事肃烝尝，黍稷期不朽。山斗允捐租，王学宪批允分租。自注。月旦汝阳取。傅郡伯襄祠事。直道在人心，惇史非能诱。要知双庙灵，即是三仁偶。按，刘默庵孔晖殉城事，见《明史·忠义·刘振之传》。默庵以崇祯十二年为云南同考官，擢新郑知县。故诗曰："方收滇南材，遂绾郐城绶。"所谓四贤一堂者，公既殉难，与周郑大夫公孙侨、唐晋公裴度、宋沂公王曾、宋文忠公欧阳修同祀，新郑五贤祠也。又生及全盛时，遗稿误作“生平当盛日”。府志作“生年当盛时”。《忠孝录》亦误作“生全及盛时”。《天步遗稿》作“国步鲸鲵”，“掀豫荆”之“掀”，遗稿作“翔”。“遂绾郤城绶”之“遂”，遗稿误作“逐”。“凶问载道途”之“载”，《忠孝录》误作“适”。“拜父循墙走”句，府志、遗稿均作“捧檄为亲寿”。“泣别奔瘠邑，残疆为贼蹂”，遗稿、府志均作“泣别摧肝肠，及至无完堵”。“不屈斫其胫”，遗稿、府志均作“不跪斫其膝”。“举署”，遗稿、府志均作“举室”。“亦其乡人友”之“亦”，《忠孝录》作“君”。“四贤享一堂”，遗稿、府志均作“以此享一堂”。“桐乡先已推”之“推”遗稿误作“摧”。“祀事肃烝尝”，遗稿、府志均作“启事念烝尝”。“山斗”二句，府志无，“要知”之“要”，遗稿府志作“我”。

车逸民集卷三

诗三七言古

傅母赖大夫人节孝歌

四坐且莫喧，听我歌凤凰。凤兮本自丹山出，凰也并坐来鼓簧。忆昔袺褵方二八，两家门阀天中甲。盈门何啻百两填，渡河早见双星合。夫君磊落正少年，月旦皆言叔度贤。九畹但滋芳洁气，三株之树何翩跹。亡何东流波，仓卒无反复。身骖两赤虬，修文亦太速。上以起居八座之舅姑，下抚数尺襁褓之遗孤。朝朝洗手作羹饭，处处教儿画荻书。大夫伯仲声名起，万石家传奚足拟。晋阳司马楚诸侯，板舆迎养三千里。视膳岂希海陆珍，承欢只饮资河水。资水清以漪，民昔无襦今有衣。三章但约人难犯，泮冰初开士亦归。直指封章推卓异，吴公第一良崔巍。君不见齐贤母，六宫召见丰赉予。又不见崔奉常，脱帽导车入公府。却鲊何须教服廉，和丸久已知甘苦。即今天语尚鲜新，建坊题阐淑且贞。仲为孝子复良臣，叔季行矣对天人。王母戴胜青鸟频，赠以玄霜绀雪之琼英。太君寿与冈陵并，愿以将母还报国，我思作颂副生民。

寿紫岩颜明府

洛陵县古出槐根，亦有青山在县门。移来闽海苍茫气，想见河阳花满村。今之茂宰昔平原，世家忠孝风流传。太丘旧是江都傅，日月峰前屐齿扪。令祖昔为岷藩长吏。原注。文孙词赋长安满，辇上诸君一何款。乍可高轩载酒来，安能过访迟休澣。邑中制锦正青春，堂上鸣琴谱更新。杜母还能兼召父，此间兄事又何人。桩纪千龄原在楚，蓂开六叶已生申。独不闻武夷君，云衵霞褥何鲜新。呼我曾孙真可乐，城头姑射是仙神。

拈须吟有序，见文内。

人生老至百态衰，昨日少年人讵知。郑女犹能工鬒发，丈夫原自贵须眉。忆得仙人两颊红，肌肤冰雪及方瞳。我无大药安得此，亦有微偲岁不同。君不见孟东野，须眉落尽胡为者。数茎断去为耽吟，论髯居然屈下人。又不见半山樵，一生蓬首秃如蒿。鬑鬑不得罗敷数，如戟空怜望者劳。我闻换准复换须，四体变幻事有诸。道间若遇黄眉叟，伐毛洗髓今何如。此首亦见《耆旧集》。遗稿“微腮”作“微偲”。又脱“须眉落尽”之“尽”。

五台庵看盂兰施食，仝秋岩、拙眉、山樗诸上人，及侄孙鼎黄、男万期

刹竿门外立风幡，人言是夕开鬼门。高僧一观便成佛，法喜何尝不是恩。就中面然为统率，观音现身此其一。不见其形如有人，但闻啾啾与唧唧。更有音声遗稿误作“声音”。出白骨，人也鬼也同看月。饱食仍推强者先，国殇未易甘休歇。今年旱魃相呼劳，明岁饥魂犹可悼。法王度死不度生，人间无处堪相告。君不见康济矶头反照明，双清亭下波浪生。一从香饭来香国，昨夜秋原少哭声。

秋云行

秋云欲聚成秋衣，瓜棚豆架形单扉。住村似说未归去，草堂

犹在秋光围。一声虫接数声静，落叶初争几树飞。穲稏西风场事毕，村中尽出来者稀。我独栖栖常住此，悄悄忧心始愿违。市上虎喧因众口，营中马放不乘肥。城楼历历明霞远，鼓角依依片月微。此日郊原犹构武，亦从较猎看分旗。吴侬聚首谈时事，楚缺同声浑众讥。垂老饭牛书挂角，乡人逐兽夜忘归。嗒焉无偶虽终日，郢曲巴渝转是非。

马上薄命词此亦见《沅湘耆旧集》

鸿沟割天判风雨，衔火烛龙照何处。蜗角无端起战争，蚁封自不筹疆土。虎不成兮鼠不取，虾臣鱼媵空知主。长弓大箭不得力，将军卧看虞兮舞。座上何人赋鹦鹉，将台照见鹧鸪语。妾身本非荡子妻，妾意羞与哙等伍。转身作梦梦不来，此心此夜君莫猜。宫前尽节楼难堕，没后陈尸冢或开。君不见息夫人，玉颜自假嚬笑真。又不见昭君怨青草，能生红粉面。犹胜昭阳殿里人，赤凤凰来拥飞燕。遗稿“衔火”误作“御火”，“力”误作“刀”，“将台”误作“粒台”。

春闺薄命词

妾生薄命不须辞，薄命犹如花内丝。春蚕作茧谁能活，鹦鹉归笼便有思。忆昔少年方复额，即今多病欲齐眉。人道双眉会写愁，妾今望望上高楼。俱飞蛱蝶为谁使，乱扑杨花岂自由。杨花蛱蝶可怜中，昨夜桃开露井红。自制竹钗充杂佩，总无膏沐首飞蓬。千金买欢欢不值，一朝失意何从避。枕上君心似辘轳，席前妾意陈胶漆。胶漆应知未可量，夏夜何短冬夜长。但荷皇天知薄命，愿为团扇一秋凉。

估客闺怨词

纱窗宿雨作雾疑，良人会少多别离。曾开匣鉴分鸾去，忆在高楼听马嘶。马嘶只向风尘里，悲欢何限忘初起。鹍鸡弦拨不闻声，双鸳独宿难成绮。昨夜砧声分外悠，今年柳色倍长愁。天边镜破看圆缺，梦里刀环泣不休。此意此生在何处，离情细绾长桥树。江水窥人更浣纱，犹忆君逢桃叶渡。君归但醉在故乡，君餍鱼肉妾糟糠。莫令白头伤两意，世人应知薄命长。

与乡人说雨

数日望雨雨不至，人指山头有雨意。树上微传少女风，山头仍堕青螺翠。此村恃雨不恃泉，旱干塘水是其天。昨者三春连夏雨，既晴复雨何能全。农言不然天不尔，雨晴要从人意使。天之去人咫尺间，天心仁爱终无已。云去不去雨亦来，稻孙已秀禾稼开。少也欲扶长欲立，窗凉忽自溪边入。

雨竟不至，复为乡人解嘲，以见天之不可以一地私，以空言格也

一路哭胜一家哭，天意如此何不淑。不闻汉沔多流移，斗粟千钱作饩粥。此方兵凶十馀载，千家犹有几人在。里胥捧檄作开荒，见有何田曾秉耒。上湘额粮十万石，南公一疏减其七。此邦不盈二万馀，中间报荒十之一。人生岂不愿饱食，奈无耕牛与人力。腐儒垂老方学农，每顾荒田长叹息。内无壁兮外无箪，儿呻女吟各抱膝。敝裘持往向谁质，不见邻人呵且咥。朝一溢米暮一溢，以待高天时雨至。

武陵陈登

上山捷如猱下山，距如兔君茀随我。行慎哉，莫回顾。四语登同万含游龙山诗。原注。尔有胜情兼胜具，五年不洗云乾浴。大啸劬园骇阛人，皆曰兕至儿啼怖。夜撞书钟饮醽醁，不醉不休杯不住。歌我长诗复短诗，常在人前强人读。忽过青楼逢田巧，为余致意频道好。世人但艳武陵春，幽香远向都梁讨。余子传言传亦奇，猰狐窟是生前题。俄然畏贼轻死生，死后犹怜梦不离。前江后江声影奔，君去儿亦不得存。窀穸寂寞无问字，夜台笑语必开尊。

村中送期启两儿省试行此亦见《沅湘耆旧集》

梧桐亭亭日卓午，高风一天走樯橹。慈亲有裾何必割，送子前头出稼圃。我昔献赋气薄云，别有梦寐通明主。鼠虎虽同十二支，梗枬还数六千楚。尔祖南宫浙西东，冰镜照人亦无数。即今甲子天一周，又见诸孙珠玉庑。尔父时命既如斯，以理以数定今古。草鞋着去见试官，笔花夜来照门户。别时一语笑不休，道路咫尺莫愁苦。长安冰霰驴背寒，谁在其间车上儛。遗稿“我昔”误作“我歌”。“十二支”误作“十二文”。“梗枬”误作“梗梗”。又《耆旧集》“梦寐”作“寤寐”，虽同之“同”作“固”，“尔祖”作“皇祖”，“既如斯”作“亦如斯”。

七思歌

我所思兮在武夷，儒释抱送麒麟儿。翩翩异鹊威庄频，燕里凝香垂荔枝。人生苦说前生事，忆得前生复何益。江淹梦见张阳景，才馀数尺锦可惜。呜呼一歌兮歌方来，何怙何恃子不才。遵生于闽福郡署，异鹊说诞也。

我所思兮在括苍，南明万象横石梁。袍笏索得南宫子，周髀算法互可量。县令能诗太守传，庾公胡床与盘薄。管中窥豹见一斑，能吟风定花犹落。呜呼再歌兮歌已往，小时了了何足奖。先大中满温处得才南宫，南明第一小字，太守闽郑心葵，丽水令樊致虚也。

我所思兮在祝融，少年着屐游五峰。飞来船上寻春象，方广寺中说毒龙。天台禅伯能吐纳，为称学义讲不辍。临行赐我一麈尾，何以报之七斤衲。呜呼三歌兮歌采真，会仙有桥无去人。禅伯旋湛也，住天台。

我所思兮在金陵，舅氏既往来何曾。寄书离乱俱未达，死生契阔填胸膺。风景悉从慈母说，岂不怀归惟泣血。大家从儿赋远征，似母生子翻愁绝。呜呼四歌兮歌乌乌，子生七十忘反哺。母舅罗，金陵人。甲子岁省母于邵，后不复音问。

我所思兮在汉阳，良朋云集天一方。黄鹤登楼白云上，春江暮树多苍苍。籍湜僵走为李杜，鸿不依人釜自熟。何人肯念少陵诗，每向百寮头上读。呜呼五歌兮歌已迫，金阊有友招不得。王思履翁招游，时丞苏州。

我所思兮在匡庐，高僧五老来招呼。九江一带翠屏色，南风五两吹大湖。家人催归良友笑，人生无如客日好。卧游不解少文嘲，近欲裹粮奈已老。呜呼六歌兮歌复啼，芒鞋竹杖魂梦携。高僧，谓石门寺复修也。

我所思兮茱萸江，母墓在上风叶泷。乱来邻家伐薪木，古不防墓我则蠢。蓬莱之水有清浅，往作庐园亦何缅。洞庭巴雪自难消，空望湘流与岳转。呜呼七歌兮思无穷，生不逢尧舜禅终。邵水，一名茱萸江。庐园，在石神江上。

冬衣戏题

冬衣火毁不思议，彼火不为衣所惜。若使衣裳无坏时，女红何事年年织。我衣自苦衣自知，几年能得三两丝。乞人人不谅我意，不知杜老是我师。杜老乞米陶乞醉，两者兼之皆可愧。韩公亦云妇孺啼，有如是人堪祖述。拥炉未必拨寒灰，为人读书老眼开。薪如竭力为人奉，岂念桐焦有异材。以此定思日月照，就阴就光从所好。衣毁何妨补缀之，天吴紫凤犹颠倒。

乙巳中秋夜，同江夏白铭石孝廉小集，怀唐钦子于蒋松崖明府署中，及示两儿于村

按：钦子，名时邻，武冈人。官荆门训导，著有《云草璞草雪中诗》、《庐中吟》各一卷。潘应斗为之序，行谓其于王储为近。

江上有光常不夜，江流有声在数舍。今年月看江夏人，明年人看江夏月。村居自好月自殊，时昔照我床头书。绣被同歌山有木，污池未便食无鱼。牛渚吟诗人琐琐，玉马横槊儿实可。并生瑜亮固有为，天下英雄使君我。水何澹澹月何心，月光端照几人吟。香分金粟荀君坐，曲度冰弦宓子琴。戾久候月月未至，清辉肯使虾蟆食。修成八万四千间，七宝合成如皎日。

香涵弟六十初度，寿之诗画，时叔母范太君年九十，而庶常侄得假归省，诚盛事也遗稿脱“六十”两字。“得假归省”，遗稿作“以予假特省”。此亦见《耆旧集》。

金母戴胜临瑶池，鸾歌凤舞来携随。膝前岂独三珠树，盈砌

还森八桂枝。吾叔昔年攸好德，纪龄已自快期颐。元方季方良济美，阮南阮北无分歧。文章见许东瓯伯，先大中赠叔移居，有诗。自注。孝友当为百世师。大族素风期古格，文河膏泽异流澌。叔孙太史窥中秘，蕊榜元气犹陆离。侄中乡试第二。自注。弟今揽揆行六十，我亦分光来杖藜。画中二老相酬酢，旁人止是认须眉。愚者为兄贤者弟，且翻诗案作新诗。遗稿“攸好德”误作“优好德”，“止是”误作“正是”，“愚者”误作“愚老”。

诸葛废鼓，暇与饶景玉、夏镜止言之，郡司马公因取观，叹其废而无用，然亦赏其古也，村中偶赋，兼识感云

声灵诸葛称铜鼓，历数十年方出土。当年考击人不无，公也天威莫敢侮。昭陵旧属零陵都，湘水中分兴霸渡。此中掌记识其故，城南相公树帜处。应知此物自不乏，偶向天都友人说。因缘赏鉴独同心，难与洪炉金火别。人言废质宜陶冶，不知惜意犹胜舍。时人施以铸佛像。不见庙前古柏参天三十围，勿剪勿伐告来者。此鼓无声尚有神，秦庭未遇告急人。髯公超逸嗟绝伦，使君顾盼座上陈。嗟尔老叟用意真，周宣石鼓难问字，哑钟虽废可全身。

方二篇为我作石章，自云有“伯鸾松雪”章意，赠之

书生不得通侯印，手肘之间弄方寸。如是我闲丰考功，寿承少微相辉映。伏波从未事章句，好论篆文稽掌故。峄山遗迹有自来，李斯九字犹收畜。君才磊荦恣幽讨，张镐七尺须眉好。莫嫌此事悔虫雕，赠我数章比鸿宝。苍壁小玑人解爱，即今什袭殊光怪。贫儿跳上真珠船，况与伯鸾松雪对。

沩山云树图，慧山禅师寄观，上有陶仲调戏题

大沩山中古云木，根皮久疏节目具。元和值今千馀年，枯木寒岩亦有故。无端别枝寄生育，爰有树檀下维谷。人言五宗沩仰绝，临济公然薪火续。枯来不问何树花，岂是爽鸠住鹊屋。君不见慧山师，巍巍一间藏万佛。移松不用岳山神，颠倒一茎与丈六。我来无心扫叶书，譬拾橡栗果空腹。洞然劫火不能烧，秦皇尺赭君山树。

述淘河夫口号

淘夫淘夫亦何苦，自云生事在阿堵。未明已在水中央，力尽泥沙与粪土。一勺一抔惟恐失，得之不得尽一日。何尝望气识金银，凡物入手皆有益。销投总恃洪炉功，五金并泻何春融。流湿就燥从其类，似与应求声气同。我见淘夫年复年，旁人为说饶金钱。人生未必皆饥死，竭力循兮想当然。自言也备公家役，岁供洒扫自不复。不见玄真浪迹江湖徒，人来唤作淘河夫。

题袖石绿声集，并慰其近事此亦见《沅湘耆旧集》

江南落尽山雨空，好风真与故人同。况复新诗常在手，哀梨无待蒸食供。元轻白俗世不贵，粤人食榄在回味。似君长吉亦卑之，三十六体皆可废。忆昔坐君绿声亭，秋烟漠漠花冥冥。南源固是岳后户，大云一席山来青。今年出山损怀抱，似望长安向西笑。我辈作事无不然，但可寻秋发秋棹。

唐李治女冠听从叔弹三峡流泉歌和之

巫峡啼猿不可听，何人写入琴中声。一弹再拊幽泠清，奔涛

惊浪无此平。玉屏菡萏□十二，上有雨云神女宅。袅袅多端愁气含，七条冰弦纤指擘。从俗弹为阮仲容，侧耳不是松下风。琵琶对照工音律，七百里连思不穷。女冠无言心魂消，郢里阳春香雪绕。曲笼莺啼嫩莫支，落日哀蝉如咽笑。琵琶，巫小峰名，世称三峡连七百里。自注

不住行

眼底流光叹无数，箧里凉衣看成故。问我来居江上心，此生强半必为人。役人言七十，可食肉猪肝。令尹尚难遇，苾茎招我食伊蒲，却笑眉攒不回护。朝一风兮暮一雨，我尝望江兼望鹭。饮啄何尝不自猜，鹭生多为鱼虾误。良久白鹭亦飞去，相逢鸥鸟似相诉。江上无端出老人，自说澄江如练句。

挽刘默庵先在次田素施韵此首自刘氏《忠孝编》录入

灯火腾踏沙城摧，事在壬午上元日。自注。四十万寇重关开。令尹疾呼人巷战，须臾冲橹从风灰。贼咨令尹公曰已，从容尚异常人死。斫膝分肌了不辞，旁凶咋舌真君子。遗牍报父梦果奇，似知今日沧王师。生平有血未经洒，头颅回望封疆支。承平弛备销兵久，贼来直任州犁手。何难拱揖付他人，偷生那计谁先朽。郡伯悯忠首乐称，诗成风雪吹寒灯。似将史笔酬生气，会见明堂姓字登。

车逸民集卷四

诗四五言律之一

乔口资水分流入洞庭处。杜甫有《入乔口》诗。自注。

白露澄沙气，湖边青草长。漾舟惟浩荡，接岸正微茫。西岭岳同转，南天水亦荒。昔人堪入想，此路异潇湘。

雨居赋诗八首按：此诗有小序，见文类。

天漏无非雨，吟声亦滴肩。独行湘泽畔，谁唤渡头船。飞鸟能支□，为鱼必托渊。陆沉何不可，且莫悔耕田。

谁笑夏披裘，单衣始欲愁。塞翁前失马，大壑夜亡舟。耕是人生事，晴将佛力求。心知无所祷，最苦旱时秋。以下三首见《耆旧集》。

垂老依遗稿作“多”。耕读，及门人亦来。少蔬因劝饭，试茗罢衔杯。月令为农说，年荒与众猜。莫教官长怒，常得卖文回。

吾友常相忆，为言竭力耕。《耆旧集》误作“春”。桑麻如接引，醴酒合逡巡。老断无知己，诗难得替人。况多黄鸟怨，古道不婚姻。

自是盖头雨，能淹行脚僧。纸衣从补缀，蔬食长丰棱。发愿先蔬圃，休心立草棚。如留树下宿，莫掩塔中灯。

西墅徒荒屋，东迁谋筑居。劳人穷未已，厥子昔何如。自道禅为隐，将分灯著书。不妨称乞士，誉我上农夫。

众所知王烈，曾名君子乡。终当传独行，不可失幽光。吟苦为行乐，诗多或补亡。千秋谁自见，亦愈觉荒唐。

何事栖栖楚，人言未出门。屈原宗国意，杜甫入川魂。萱草生吴地，棠阴遍越籓。达游俱不遂，香草自怀村。

忆林惕庵郡伯筑壶隐山房于村，时值雨

三月一旬涝，何人不料晴。犹惊风鹤窜，谁听雨鸠鸣。地僻远求市，村寒未入城。翩飞异双鹊，知为使君迎。

喜社中诸子偶集此首亦见《耆旧集》

怀人三伏后，投我一天凉。同用孤舟力，来闻秋水香。隐惟谭诵读，事不尽行藏。颇羡竹林醉，情多为老妨。

朱其慰从江东至郡，诸子约庵游之作

蘋蓼存声色，君来游览全。寒江分半路，高阁似衰年。九月雁鸿客，六朝眉睫姻。还同寺外立，亦可悟秋天。

夜寒

未了三秋日，同言今夜寒。僧看残竹影，萤照旧衣单。村近便归梦，家饥报减餐。无人知岁暮，霜鬓倚江干。

祠宿此首亦见《耆旧集》

此夜觉冬寒，来希即次安。不随钟漏后，遗稿作“钟后饭”。犹宿十方单。古佛一灯慧，征君晚节难。江干几回眺，病鹤虑波澜。

十八日雪

江天弥浩荡，一雪倍当思。与佛无言处，如人既老时。诛茅居未就，谋食望安之。独可闭门卧，吾衰必有为。

小年夜，示期时启在岳舍，以吉安王侍臣、孝感彭然石书诗寄至，乃知怡山腊梅萎矣

村中小年夜，人说太平时。破屋梅花密，荒厨蔬食迟。东西前路背，晴雪别峰思。未有黄羊祭，当知不可祈。

犹馀数日腊，未了一年思。吴楚声同到，弟兄寒不知。水流风下濑，云立雨遮祠。草木何心事，偶枯人去时。

颜孝叙明府集诸子于寺，校修邑志，偶见新月，诸子属余为诗，限韵

新月凉初夏，旧山同见之。去尘吹马渤，篱薄隐蛾眉。十志谁能续，三长老不宜。阳秋公等在，欧叹亦当思。永叔，《五代史》多首，题“呜呼”二字。自注。

事不关门户，人何独马班。地宽春草坐，夜放笔花删。此月谁能让，百年难料闲。滇南人往矣，思路共谁攀。郡志修于己卯，陶紫阆郡伯今尚存。自注。

夜醒此首亦见《楚诗的》

错料百年事，空令夜半醒。早知身有患，老学道无成。霜结蒹葭实，风干木末声。远钟听自可，叹息为鸡鸣。

庵忆

忆得前春候，经行竹路中。自关人去住，敢料佛穷通。细月一山白，朝霜千叶红。蕊香幢已远，大意可无同。

得忏诗书业，翻来文章憎。征心不在内，杜口又何能。灵隐门横石，康王瀑溅灯。师能容我饮，亦得远公称。

雪夜闻雁声

雁自不知夜，翩然遗数声。一年分去住，几字忽纵横。得照无岐感，虽寒比月明。犹将馀爪认，落处莫纷更。

久矣来宾后，归与整翮前。旬中闻两度，此意亦周旋。相背笑玄鸟，因归远杜鹃。常如今雪夜，岂复远幽燕。

师住荆南曲，兹来或使之。禅心无动静，我相在须眉。阳鸟离居候，弋人无慕时。白蘋红蓼好，归例与秋期。

回雁峰犹近，原非泣路穷。飞飞逾五岭，去去振孤蓬。天上应无雪，山长御北风。羁城东海畔，天子上林中。

夜江

夜江流更急，岸在泊船灯。雨过空山应，晴天高阁凭。此来其作客，不往又虚僧。归去翻粳稻，收时湿未曾。

弈客

澄江有禅意，清合不曾流。杨柳疏风岸，云山近水楼。手谈心莫竞，眼倦客相谋。不得宣城郡，残棋合自收。

看人礼佛此首亦见《楚风补》

知君礼佛意，始愿得无迂。何法为人说，多生不若愚。小窗延夕气，高塔荫沉湖。去向江流问，市中闻蟪蛄。

雨止

似知多取厌，放雨下潇湘。灌木阴无助，春茶晴倍香。雕虫惟弄印，医犊得奇方。野兴殊超忽，劝人为竹房。

江吟所示

弱水犹清浅，寒江无恃心。朔云连日晦，高岭结林阴。晚岁何闻道，曾楼倚醉吟。钟声知未出，多为夜霜沉。

戏题

鬓发不相知，心情每岁欺。青云初未学，白雪复何疑。岸与仙舟对，愁来郭帽攲。此身真自老，能到百年时。

舟夜此亦见《楚风补》

空水何知泛，芦灯复雨多。渔能寻一岸，山不落前波。只我梨云梦，其谁子夜歌。蓬窗声不小，人忆汨湘罗。

寄芙蓉庵主古梅

芙蓉峰峻极，及到悉平畴。回复松杉路，几希鹿豕游。指着青黯处，坐断白云愁。丽藻何须问，应并汤惠休。

武陵龙太常漉园

归棹背湘水，秋风出武陵。不知善卷洞，去问德山僧。杨雀沾花粒，杨脩翁屡招过饮。自注。龙门为李登。厌厌听夜曲，半臂忍寒曾。

江夏杨震伯写园

城居负郭处，我记写园名。北背分甘旨，东轩述宦情。尊人守瑞州。自注。烧丹留道士，问字列门生。时以诸郎来教。自注。定葬江鱼腹，高门义必贞。

湘潭李宗伯忏心寺

练若凡三处，高谈有数朋。时公安李秋实、石首王天庚同在。自注。酒中如避相，岳顶至孤僧。软碧池鱼长，平泉醉石崩。可怜北海宅，空照法王灯。

周伯孔帆园在湘潭楼之上。自注。

虎贲无似者，竖子遂成名。江岸随流水，湘花载笑声。曾招诸名妓共饭。自注。掉头巢父去，书壁郑虔生。著述书多卷，安能补一贞。伯孔为贼胁降，死于蜀中。自注。

雨至望之

阴雷江亦动，风响隔窗凉。寄去山间雨，收来水上光。细寻禾黍径，深隐薜萝床。为望多沾溉，将心听渺茫。

涵夫侄同十泉陈百是夜过

自因明月过，爱此渡头风。问我老开卷，为他良夜空。寺圆钟定后，山立掉声中。去亦不言送，看鱼收夜筒。

有月

路月未圆夜，初光淡众星。岸欹倚古庙，舟小学孤亭。江热气常白，山多眼倦青。灯枯还就梦，旧路不须经。

郡志成，傅郡伯采遗咨遵母补入贤媛传中，遵念与编纂者三矣。可以入而不入者，引嫌也。今入矣，而为补遗者久，则论定从公从众也。作诗四首，感既深矣。叹亦有之

史向多忧患，非韩总不宜。虽无谣啄女，自有捧心疑。奉母千秋事，拜公一字师。数行真未竟，补处后人知。

国史如家传，人何不可为。四旁神鬼质，百世子孙思。不匮君维则，如存宁补遗。虽非善养意，彤管念恩私。吴茂生亦劝人。自注。

纂述谁为政，岂无有母思。特书尼父志，属餍小人私。缓带都忘妒，和丸不使知。离魂吴楚共，鼠泣血徒悲。

不得黄樊诰，何如有道碑。人闻吊鹤至，梭亦化龙疑。名士前华衮，母五十时，楚名士为文及诗。自注。汝南后品题。诸孙祈丽亿，堪想报刘谁。

同祝君凝、许君儒，过濂溪先生爱莲池

不独先生爱，同登君子堂。几能明月到，亦久负宵凉。好气消新暑，长桥接众香。城阴垂柳细，水满觉天苍。

望石门诸山此首亦见《耆旧集》

山阁良堪倚，江流无自心。鸦常先一渡，城偶报疏碪。接待僧扶杖，风烟鸟择林。石门终日在，岚翠暮森森。

秋花入瓶

岭上谁非树，瓶中岂不花。还如伴愁思，亦自异村家。晴气霜能会，秋声露有涯。高风四野起，落日一围斜。

江树

早禾犹弃野，红树已当门。彼有何遗秉，人无不出村。鸦宽前路照，客护一宵魂。溪下众山影，摇摇片月痕。

启归呈其外父稚潜寿予诗

生诚予所欲，二者得兼之。芳草独行路，桃花上寿诗。雕虫

临老悔，鱼磬到僧思。未识身堪患，看君六十时。

晚过愚斋，送子弟之西乡

樵苏生一径，人与夕阳平。涧水涓涓语，瓶花夜夜生。总因负米事，且辍读书声。春柳春烟满，其间绾送迎。

寓中夜坐

读竟展笑息，有声殊不轻。此生信忧患，吾道自神明。钟鼓散愁梦，风烟澹旅情。弟兄先后往，村雨念村耕。

作客又不远，思常泊水涯。每传双稚子，附信在邻家。纸笔还当好，米盐近复赊。那看垂老日，处处有咨嗟。

友于能念我，近事累科名。总是读书债，何时少叹声。旨甘王母养，喜答国人情。性复耽禅寂，舟同几寺行。谓香函弟近事。自注。

同听曾几友，吟咏屡经过。自可贫如客，无妨笑也歌。多生难讳老，好句不辞魔。江上形容似，洞庭秋欲波。

秋村忆别

秋草不让路，秋禾香入门。遂看人饱食，转忆子离村。蜀雪消三伏，湖天界一痕。君山予见好，应许独称尊。

生平寥阔意，放置大湖边。梦梦孤寻雁，秋秋远问天。岳阳春草郭，江夏夜灯船。到日双黄鹄，犹能语昔年。

七夕分咏此首亦见《楚诗的》

秋光如小叶，野色自遗稿“自”作“日”。相沾。秃树危栖鹊，深潭薄写蟾。云扶将老石，风落欲欹檐。今夕云何夕，天河入卷帘。

萤

一萤光祖德，似不为孙谋。草湿空谈化，芸窗忽自投。蠨蛸原异质，白鸟可同流。车渚复何物，篝灯莫远求。澧州有车渚书院，胤囊萤地，人言其萤火异常。自注。

蜘蛛

网罗真可畏，三面幸相宽。结作如能避，群飞且各安。垂丝空赞喜，在户得闲看。莫笑蜘蛛隐，吾惊□豸冠。

纺绩娘

嘉名称纺绩，有意动梭机。每岁无馀布，几年方授衣。虫因寒故蛰，嫠恤纬何讥。幸不谈公事，村灯各守扉。

雨望白鹤观于寓

老有还村梦，居然是远游。城荒孤众岭，风急掩高楼。白鹤夜横月，黄冠笛满秋。谁知伫立意，仙佛杂相投。

检吴楚名人向寄诗集，存者十之一，尔眷视自作，不胜感惜，亦欲知我者之同乎此也

诗有天人命，残篇谨抱持。自将身作古，不必友曾知。张楚君其问，游吴老未思。偏于沦落后，转意激昂时。

约诸子舟泛不至

讵可无孤棹，夜天烟水流。望君如小塔，独我在高楼。戍火如惊眼，凉风欲转头。无人江上看，此意不成秋。

八月初九，诸子申夜泛之约

日游申昨夜，谑浪满行舟。出寺还登寺，寻秋与问秋。吹云辞月窟，面水出灯楼。为语神明宰，亭台若有求。

初夏还村即事，寄呈夏镜止、饶景玉

陂陀春水满，花照与花熏。归路江声上，夜村人语闻。山凉经歇雨，衣重为来云。不学侩牛隐，新镌戒杀文。

隐何分小大，老只信山林。白观悟入骨，清流漱此心。墨香胶粉蝶，掌粒熟施禽。喜听三农说，今年耕耨深。

由来濠濮乐，非我亦非鱼。废学郑虔字，深观叔夜书。树遮黄鸟坐，家接翠微居。江上翻多事，骚魂怨不除。

王维官郢署，为写浩然真。自不求明主，终能托酒民。黍苗方企伯，春树近怀人。感激何须述，公前古道陈。

南郭依人吹，东篱未有邻。狂歌惊鸟下，不语信僧真。桑湛音常好，池塘梦自亲。藏书闻少室，昔往恨逡巡。

使者寻颜阖，乡人指荜门。义无关往役，老不望酬恩。草色连山住，禾心着雨温。何曾为食肉，衣帛愈难论。

车逸民集卷五

诗五五言律之二

忆友

福更轻于羽，人（寄）〔奇〕①祸亦奇。冤亲惟自解，恩怨莫重思。师友遗稿误作“师及”。生前尽，心魂别后危。倘能迟一晤，为尔忍哀羸。

即事后补诗三章

诸稚分中外，同门即有朋。时时争割席，夜夜助挑灯。远虑无如学，躬耕恐未能。豫章材几岁，尺寸已堪凭。

细碎幽花落，香沾萝薜衣。牛医谈秫术，燕垒觉轻微。云尽暮烟出，湖消蜀雪归。卬须知我友，树杪看帆飞。

邻舍邀皆去，得鲜尝不难。自云留腊酒，一说补春盘。举世知君老，斯人劝我餐。莫须临食笑，且喜铗无弹。

①按文义改。

维扬杨揆一使君，为前次羲明府之弟，顷见邵志载遵挽诗一章，因问余，后更有何作，便呈追忆四首示之

小邑君为政，何如烹小鲜，书生践戎马。兜铠出貂蝉，壁垒观名士，诗书隐吏仙。五弦常自抚，终为戴星怜。

数问濂溪迹，四贤何代来。意将阙里辟，力与道林开。捣杌何遗善，离骚诚过哀。似因惇史询，并出雪霜裁。

清节杨夫子，修书董仲舒。声名喧帝里，家世盛江都。子弟自堪教，征徭总未呼。笑须遗芍药，花县莫教芜。

客喜邗沟集，维扬多俊人。公言无去楚，士贱不惟秦。花月情伊昔，云山苍更真。道州沉着句，多是念鲜民。

冬日怀居

那复愁栖泊，寒来自束身。冰霜天地古，风月草虫春。野性淡无际，山声常有人。会须图五岳，绰约藐然亲。按：此首亦见《耆旧集》。“束身”之“束”，遗稿误作“求”。

茗酌殊真率，欢然道素心。跄跁东郭屐，断续嵇康琴。片片轻花落，时时黄竹音。君无辞满酌，门外迹何深。

壁灯传欢景，发短笑长须。自觉全身老，曾年半臂枯。无闻一朝道，已住十年逾。不去种瑶草，天寒数白榆。

莫测樵苏路，临高薄夕曛。倦飞牛背鸟，信宿岭头云。卜筑于茅亟，卖文脱草勤。劳生初未觉，何以出尘纷。

雪似宜东作，山偏受北风。薄云同夕照，鸣涧与泉通。木介知非瑞，条封岁或丰。烟波予夙见，簑笠重渔翁。

仲冬十二日，唐袖石来过，赠诗有“子犹生小袖蓝”之句复之按:“袖蓝”句,当有脱文

友曾遗木石，家实有云蓝。自信能为鹜，谁知苦缚蚕。老真嗟蓼集，长与负薪担。且博哄堂笑，还惊满屋岚。

雨漫有示

漏滴无常处，从人怨一方。于茅君不急，破屋自相当。侧岭看云出，高滩成马航。醉闻吴榜曲，岸岸楚枫香。

净公再至

馀久曾一至，午日复来过。雨歇夏畦满，禾阴曲路多。老禅衰相见，佛喜梵报和。为述鱼山曲，何知邻下歌。

秋霖接续吟霖霪不解，日霁无定，辄因念及，咏所怀来，不觉其多言也

秋霖殊自苦，无益事皆非。愁见鸟头白，多惊石燕飞。收成农过望，征敛使曾稀。坐对寒山叹，冥冥翠色微。

树无花亦好，枯亦不徒然。半面粧何日，消魂别有年。折枝

犹自古，结果似知禅。无复送迎雨，当思霜雪天。谓枯梅也。自注。

谁谓老吾老，余牵孙复孙。桃花旧篱落，塘水近柴门。学揖防宾至，分甘市祖恩。皆能数鹅鸭，还报急流喧。

那得吾庐爱，秋风动卷茆。莫令谈筑舍，在昔有居巢。泥水乞邻力，诗书到老抛。残篇终自惜，市亦使人嘲。

何树非秋色，无时不有霜。冒烟犹肃肃，积气自苍苍。日脚牛羊践，陇头麝草香。似因沾湿久，都阻白云长。

丛菊连村得，暮天人共看。不须三径有，未解落英餐。黄叶纷相照，青枫渐等观。虽无间应接，书问使君安。是日，寄金郡丞书于武攸。自注。

欲将三日醉，已过一旬醒。老看花如雾，人疑客作星。戍楼长夜紫，江郭抱峰青。不共苏门啸，何如半岭听。此首亦见《楚风补》。

风日过河损，滩平泻一潭。石光飞孔雀，浮公安在孔雀滩上。自注。岸影着精蓝。小径幽人出，长松鹤子探。僧房才雨宿，未信少陵贪。

暮鸦飞不尽，去路入风烟。溪与山光接，林从空际悬。无心思白堕，故物亦青毡。即次常如怯，澄江立我前。

雨在江头望，能来势不遥。似凭风跋扈，屡问寺昏朝。百雉高秋草，何虫寄苇苕。向西明未彻，莫指蟏蛸消。此首亦见《楚风补》。“苇萧”，遗稿作“苇苕”。

霜露飞如结，□□若鬼神。寒林既未往，熟醉亦谋身。粪火煨黄犊，洪流委白蘋。谁人倚山阁，秋尽见天真。

秋山不可见，秋水意如趋。两桨迎桃叶，多林啼鹧鸪。明灯招浦溆，衰草上浮图。试与生公说，日中饭有无。忆诸庵禅师。自注。

堕地能行日，吾衰只卧游。生成当不忝，弓冶若为留。唯诺应如响，之无识得不。陶公委天运，自可辍人谋。

老友无前径，逾年未寄书。似将风递去，遥见尔轩渠。结舌江东士，休心阮北居。因君儿子好，门户计全疏。忆将弥邵也。常熟张源子，极喜其为胪句序文。自注。

五铢闻汉制，贻我自铜官。鲁叟虽能赋，沈郎不耐看。吹来榆荚薄，落并柳绵寒。尚有开元铸，神通岂易残。

老是耆年宿，当时亲见师。以嗔作佛事，得渴即补诗。住处一毛许，心于四句离。真倾万年去，声色外威仪。寿草堂六十也。自注。

雨声听自好，似未近人情。便沮印须渡，难为即次行。光消空月满，寒重乱山生。况复伤禾稼，何辜负此耕。

时过不宜雨，偏为惨澹情。近来游子望，老送几人行。旅服苔莓满，新诗墙壁生。占星糠粃见，莫是误春耕。

昨方虞甲子，今已即淹淫。止隔一宵听，相牵终日阴。浪敧鱼徙宅，泥滑鸟啼深。得暴秋阳照，应知后土心。

阴阳不并烛，十日亦徒多。羿射诚非矣，鲁戈其奈何。尽多卬浦水，未有不扬波。河伯几回首，百川今灌河。

朱象乾惠墨石印章，兼小合时谈韩元翁经纬节制之稚，快有同心，以慰望气

闻君常弄石，得自袖中看。呼向芦碕出，来思萧寺寒。云霞仙井灶，伟丽客衣冠。谁识岁星者，应知大隐难。

佛饭随堂日，斋厨莫后钟。戏圆公也。自注。石边窥色相，衣上隐芙蓉。祭酒耆年集，投壶大小从。止戈言自验，几处净消烽。

乙巳庵居

有庵无所住，是隐却非禅。老既少成事，人皆惜大年。雨声雷散去，林影月周旋。不得高僧意，还将作者怜。

侧望火云赤，看禾竟未黄。忘忧思一饱，得意彼千箱。南土流金石，北窗风渺茫。如何葛天氏，展转说耕桑。

夏露频占雨，俄然雨到门。翻嗟飘忽势，只是去来温。竹树禅心满，江湖浪迹存。无因聚不散，话久佛灯昏。

稚子牵来送，外人那得知。愁眉相供接，笑口已常离。衣食公然命，因缘在迩时。临行休唾井，忆得汲来迟。

初度在庵，余年六十八矣。四诗皆以“得与希龄近”为起句①

得与希龄近，予生佛所怜。老徒多日月，报不近人天。强健为何事，冰霜历有年。行歌樵响答，绝似九如篇。

得与希龄近，今人非昔年。浮云思入幻，宝月偈常悬。汗漫游真适，支离影亦偏。闻钟声却去，不学远公禅。

得与希龄近，宾筵抑抑篇。诗书为上寿，哀乐变中年。气傲龙潜德，胎生鹤本仙。子云终晓日，为有法言传。

庵雪此首见《耆旧集》

两年庵内宿，常为雪中留。共送南归雁，皆因遗稿作“回”。不系舟。蘋风吹柳陌，冰柱结危楼。天地无心老，如人自白头。

庵早

山中上课早，鸟一至生台。施食兼无畏，看衣上有苔。鼓钟知佛慧，尊罍为人开。染净何分别，应从得悟来。

西来寻大意，到即与吟诗。有色有声句，如霜如雪时。龙门问烟

①诗题言“四诗”，存三，其一厥如。

禅师“如霜如雪时”如何。自注。竹冠未解箨，荜户碍横枝。三十年来事，生前竟未知。

净公于云居晤刘安期，有诗次之，安期曾和余与净公诗韵

君昔逢元度，单衣雨雪中。生真凭佛力，心自得他通。祖塔天人护，君家忠孝同。昆岚吹不坏，况是石尤风。

赠萧小崀晤即以含归衬相讯，且每示以诗，怀之

往往怀余处，盈盈一水知。蒹葭深老气，芍药重离思。古道君存照，新诗人解颐。如何荀絮辖，名士喑归迟。“辖”，遗稿误作“辖”。

老以病生慧，兼之诗致穷。书空咄怪事，心苦笑良工。减影怜神骏，闻声跃阜螽。白云怡自可，山好敬亭同。

茆屋

茆屋望时好，到常伤此心。同居惟小犊，对坐只春禽。磴路萦回石，风烟明灭林。何人怜尔住，曲涧泻鸣琴。

老农

梅熟知时候，村中有此寒。插禾啼麦鸟，采艾下江干。夏雨桑麻共，豳风稼穑艰。老农真自急，扶杖早来看。

同唐袖石、郭未人、胡香草游，分韵

登舫若无意，秋声且各携。薄云生浪浪，归鸟自提提。木叶月千点，楼台烟一梯。凭高犹可望，寺在夕阳西。

慧即文人福，贫常聚首难。望屠空大嚼，见佛得加餐。晚渚风生急，山城秋入寒。相期小郲子，他日尽敦盘。朱半霞也。自注。

雨居

雨声奔百道，山响似江涛。漏屋破来久，飞泉落处高。负薪常念湿，抱瓮可无劳。江上如今夜，虚舟泊更嚣。

初七夜月

月是知圆缺，难为此夕明。天心多用半，朔望总称平。破镜照来瘦，修眉画后生。所思殊未远，梦里自将迎。

送客还豫章

书探金简使，剑事白猿公。何意安期枣，无谋不自通。风衣吹短后，客意尽杯中。去去九江水，孤蓬夜雨逢。

寄江宁紫竹林妙公林为耑大师创建，朱晓臣至，为言近妙明师主法席甚盛。自注。

丛林闻古格，紫竹荫清流。讲席尊贤首，天花落石头。五千人退席，十八社同游。小洞跏趺影，将同少石留。

未归，柬袖石

农事催耕鸟，因人未即归。风前花信少，市上柳绵飞。劝酒从黄鸟，吟声在翠微。染衣如苦蘖，亦可赋无衣。李长吉有“苦蘖已染衣”之句。自注。

柬湘草

何故不归去，君常如此云。颇闻篱落治，兼有杂花薰。石发蒙茸草，山衣苍白云。几时风雨彻，有处寂堪分。

萤赋四首

微风群树杪，聚散尔何心。小向幽花照，时开曲径阴。愁来秋扇扑，喜并坐衣深。尚有儿童捉，知将腐草寻。

有翼堪称鸟，诗中熠燿行。明星如映带，暑雨盛相翔。深巷犹思入，孤檠转怯光。秋风吹不暖，公子岂无裳。

梁殿何时满，安能点太清。湿生谈变化，露坐解逢迎。冷共絺衣挂，澹忘砧处声。洞房嚬蹙望，偏此寂寥情。

御矢诚何术，方书药集萤为丸，可以御矢。自注。知人归未归。杜句。桃笙窥未定，瓜圃见多飞。不破浮生暗，真愁积水围。细微皆一物，来傍老人扉。

暑雨四章

当暑眠飧减，夜喧白鸟边。不须嘲褦襶，亦可见周旋。磴润知天早，江凉散雨先。还村衣带水，奈是上滩船。

无居避燥湿，何地复沉冥。香满新荷暗，烟多高柳停。愁中同佛坐，意外得山青。只若朝朝雨，如天醉未醒。

稚松应见长，种豆莫为萁。“萁”，遗稿误作“箕”。小摘怜初圃，多愁教学诗。云何妨变幻，山不可逶迤。五噫声真苦，何由到主知。

江舟时个个，江浪日悠悠。不得然犀照，原非洗马愁。无心摇麈尾，生耳怕禾头。免役诗如许，任生犹可俦。

蟋蟀

蟋蟀疏名异，霜深在户宜。渐知床下稳，甘与草根辞。暗雨闻遥夜，明灯避小儿。那能惊懒妇，秋士但增悲。右诗见《沅湘耆旧集》，遗稿与此异，今录如下。诗云：“蟋蟀名常异，联床十月时。自知寒已至，相语夜何其。破屋人来久，驻衣薄以凄。不能惊懒妇，有士只秋悲。”又按：首句误作“蟋蟀名异常”。

题理中侄邵陵龙山赋后

龙山一回望，四面郁青苍。依厂开僧户，穿云置药房。岳平猿鸟共，溪臼雨花香。子赋于今出，人将问锦囊。

檀孙再举子二首之一

太原寄宅相，二子报徐卿。同甲翁齐寿，长庚申又生。传来知笑语，诞已异啼声。得岁源流好，吾家盛弟兄。自注：前丙辰岁，六弟旭如与理中侄孙同月诞，贺客有“生甫又生申”之句。

八十初度，和先大夫韵四首

七年藩臬使，八秩太夫人。俞诰丝纶重，分司雨露春。子孙廉者苦，功德久弥真。俎豆从为令，藐姑射有神。原注：先祖妣王大恭人八十时，就养浙西臬署中，值制下诸大老名士诗文允栋，刻有王母寿言。

八十云中寿，人间近百年。应知先后异，谓隔暑寒天。谢客门如水，辞荣车早悬。似知多食指，梦里劝耕田。原注：先大夫诞以六月二日，遵生于仲冬二十四日。

高阁囊萤照，秋风一鹗飞。催归湖上棹，笑启雪中扉。马齿予惭长，龙文种不稀。远离思往日，唱和各依依。原注：辛酉秋，予同造父侄应试，侄既发解，予下第。石首冯明府招过，便至武陵，龙君衔太常、杨修龄中丞留之园居，先大夫催归以诗，今理中侄孙造父子也。予初度，先后唱和，故及之。

少识藏书意，其如老善忘。浮沉名士刺，飘渺越人香。彀教何时及，求明昃未遑。当年何冉冉，三十舞莱裳。

慈寿寺

寺在半山里，桑门落照红。遥钟声已歇，飞马路如穷。目极长江远，崖深一涧通。老僧禅定后，花雨散松风。

游毗卢阁

飞阁与云通，山光变态中。回岚含暮雨，断峡挂残虹。石怪驱山鬼，诗奇忆谢公。白波明远次，遥听隔江风。

赠曾侄孙檀今名无咎，孙为理中子，省元其祖也。自注。

吾生观世代，一是桂林枝。气象真儒者，源渊自得师。太邱诸祖德，江夏几元期。荀氏人逾八，为龙尚未知。原注：诗第六语，因吾家向有是谶。辛酉，乃祖造父侄虽已应而赍志以殁。癸卯，我皆侄居其亚，吾犹有待也。檀孙来起居老人，赋此赠之。末并及幼子童孙，上下十龄者八九，诚过矣。勉之。

檀孙秋试望之二首

往来芳洲杜，翩翩捷足胜。元从贞下起，孙自祖边绳。国士无双誉，终童第一称。孙童子试皆第一。争看拔赤帜，衣钵与传灯。

场屋从前数，吾家代有人。近来天禄阁，亲掌凤池纶。言必衣先德，家原本不贫。云霄多健翮，秋隼出风尘。原注：时列侯、采山两侄偕行，皆少年赴试。喜之。

车逸民集卷六

诗六七言律之一

宣城张子文九日小集

有客宣城九日边，坐当高处雨风悬。白衣雅念三秋节，吹帽犹将旧事传。三户楚无非战垒，两年君已厌蛮烟。黄花老圃羞人后，杨柳当风喜席前。

次王山长扇头韵

前村欲往户仍扃，岚翠当轩眼倍青。曼倩长安犹索米，漫郎五十始为亭。岸花冉冉知谁客，香草依依欲入经。野老有声吞不尽，牙弦激赏待重听。

题刘杜三诗集按：此亦见《沅湘耆旧集》。

芙蓉出水见君诗，尚及交君年少时。独老形容堪复几，无多须发祝相宜。御风远道神为马，揭斗虚名舌亦箕。湘岸鄂城予自有，为怜江左似光仪。“似”，《耆旧集》作“翠”。

望刘澹山王侍臣归里

一宵分叹两人平，老为交游骨易惊。吴楚似无多道路，山川但有梦经行。自闻海内寻张俭，不见生前念长卿。风叶寒灯萧转瑟，茫茫诸感未皇生。

戊戌十二月廿四日自寿

五岳生平只一探，此中山北与山南。无闻讵止三当惜，多虑应怜七不堪。仲蔚蒿蓬能具屋，元章海岳自成庵。再周六十成何事，白鹤千龄总是耽。

那知末路苦风尘，岳降由来只数申。绛老尚能知甲子，词人谁复述庚寅。当年劬母经三徙，壮日从兄寿七旬。一自椿萱交背后，半生嗟老更忧贫。

杜陵弈世有诗名，爱弟同前寿老兄。偶以对床迟信宿，尚留朋酒约春明。山中忽到称觞客，门下还来善算生。身老何人能致祝，壶飧真荷使君情。

逢人浪说是诗穷，句就亭成咏转工。始见二毛秋作赋，向憎三楚独无风。椿龄在岳犹知岁，松树于秦亦受封。欲种茶山茶数亩，年疵配享得卢仝。

和罗梅居郡丞红梅诗，次来字郡丞济南人，每谈李于麟诸迹。原注。

老向济南寻白雪，早闻东阁咏红梅。珊瑚几树森金谷，玉筋登车到夜来。林下不须明月照，座中犹作晓霞猜。广平铁石心能赋，亲见宅西兰菊开。

月出

月出东山望望圆，圆时事亦喜人天。榆星可数寒如雨，木叶无声意近禅。齐与分灯催夜织，家常拥篲候云軿。独怜膏火犹煎树，照见鹤巢飞远烟。

怀蕲水周君郁及王子云

微官易解无明例，归去何曾是左迁。讲易君常重戴席，论诗予亦愧王前。八年苜蓿餐人士，数月花凫羡吏仙。应为武昌鱼价贱，子云老矣慰周旋。

观董文宰帖有序。见《文类》。

词臣官仍起容台，为玩兰亭花尽开。经写佛函龙象护，书残乐国蠹鱼哀。空薰秘阁芸香草，早识徒洲竹箭材。时向卯金相借看，小昆山下画船来。

赠西域僧

解道东方有圣人，不知近远视星辰。渐稀来侣从他往，偶习唐言与世亲。大地掌观凭佛力，普天膜拜事金神。峨眉朝罢仍归去，犹是西天国内民。

师别毗迦十万千，却来东土说西天。但无色相皆称佛，不断思惟亦是禅。葱岭迷空惟踏雪，铁桥到岸只看烟。应知玄奘摩松事，去国曾经二十年。此首亦见《沅湘耆旧集》。又，“玄奘”，《耆旧集》讹作“玄松”。

送耻莪唐都护之河洲

频年卧鼓不闻声，首夏莺花夹骑行。朔月高悬玄菟塞，楚氛端远白公城。军中铙吹赓宵雅，郊外壶浆送远情。犹有人乘款段马，时时回首伏波营。

新建伯遗像顾游题

开辟良知百世师，书生图画认须眉。功高晁错无遗议，易续王通有僭疑。庑席几番争出入，抑堂多诫慎威仪。龙溪语录傅生面，白虎鹅湖相笑时。

大云山下问唐袖石绿声亭，得晤其乃郎山衣及李太朴、翁棋辰、胡湘草诸子

身在云山作典型，山高堪数各含青。独行黄叶嗟来路，时以经纪五弟身后事。忽到绿声知有亭。不见戴逵宜反棹，恰逢裴迪在温经。幽篁似起弹文意，总为兰香惜杳冥。

岳麓禹碑此亦见《耆旧集》。按：遗稿脱“岳麓”二字。

岳麓岣嵝孰假真，数行深见水精神。辛壬癸甲无多日，橇樏舟车载一身。苍水玄夷曾授简，宣防汉帝但沉薪。黄虞远矣思明德，北海碑前说主臣。“橇樏”，遗稿讹作“泥樏”。又，“苍水玄夷曾授简”，讹作“湘水铉夷曾投简”。

喜启生子

忆子亲迎近十年，恰亲今始弄孙铉。敢云儒释夜抱送，似说

熊罴昨梦先。天朗气清修禊后，楝花榆荚季春前。青厢万点萤如火，自是王家宅相然。

怀山楞白门度岁

岁晚予怀在秣陵，六朝讲寺著高僧。遥开灵谷松风梵，莫看秦淮花月灯。畴昔敦盘人在否，浮沉书札寄来曾？青鞋白足吟游遍，春带归帆水带冰。按，山楞上人名旋湛，邵阳西平孙氏子，博通经藏。清顺治初，参杨州僧铁帆于石塔寺，后移住邵之万松、峣山、青莲、五台诸寺，卒于衡州西山。《隐逸传》称其与县人车以遵、车万育善。著有《西山语录》、《金刚要言》、《心经指》、《宝训合珠》、《摩松堂诗集》、《清矾雪狮子诗》百首，以遵为序行之。山楞有《访车孝思先生宿楞严庵》五律云："离城殊未远，亦自历多村。遥望山寻径，如同饥出门。论诗知杜细，投社见陶遵。饭罢寻庵宿，僧归夕已昏。"按，楞严庵即五台庵楞严堂。

洞庭秋荣木集中和郭些翁题。原注。

四时偏领洞庭秋，咏去乘槎独倚楼。震泽远通吴地道，君山近带橘州浮。几林岸赭谁逢怒，九点青山人出游。却笑尹悉希唱和，都缘萧瑟此中幽。尹悉与燕公同在岳阳唱和，有诗。原注。

长蛇屠尽骨成陵，回首轩辕事不胜。几点雁声冲寒雾，一时渔火暗船灯。何期帝子翛翛下，此际愁予渺渺能。楼上匆匆帆下过，冷然为说御风曾。

累累泽畔亦何悲，正值芙蓉憔悴时。资水自能齐九派，湘流都说有三支。酒香不得仙人醉，胜状能言范老知。我昔往来经十度，明珰横笛是谁时。余十三龄赋湖诗十首，人多忆之。原注。

风鬟云鬓意何如，不及金堂玉女居。试剪滗□吹叶落，才离湘岸觉花疏。湖光洗魄三秋后，岳气回青九转馀。巴雪不须夸汗漫，重湖吞吐自舒徐。

赋感

君招不往识君恩，屡辟三台礼数敦。毛义尔时将母解，曼倩得岁举朋尊。全家不负二千石，破卵犹然伯叔存。我欲拟骚还赋些，溥天之下竭招魂。

名垂齿颊落人间，欲学无言句亦艰。颠癖却携双袖石，傍城曾住一楼山。武夷忆与曾孙宴，醉李私将越绝删。寸许赤心无小大，只将白眼对痴顽。

寒花细数亦曾多，矍铄其如老去何。游侠不逢田岛客，注经偏遇德山婆。痴人尚说床头易，烈士频捶壶口歌。震泽太湖门径在，灵文能禁鬼神呵。此首亦见《沅湘耆旧集》。

陶公足蹇赖蓝舆，道远门人不可呼。自可开尊辞白社，不无选石是吾徒。亭亭过柳云开幄，皎皎当轩月学盂。交尽此生何处觅，偏于歧路泣杨朱。

雪赋八首

按：照眼地僻昨日雪车侯家五首。见《沅湘耆旧集》。

照眼森森白屋寻，卜居山北即山阴。似临易水衣冠素，谁到瑶池辙迹深。杳杳片鸿何惜爪，仙仙孤鹤适来心。颓檐雀噪争馀粒，何似依人意可钦。

地僻柴门雪较多，征君此日意如何。能为姑射消疵疠，得似仙人戏刹那。不觉梅花开屋角，犹闻樵牧响前坡。几年粗粝添儒腐，百首新诗只自歌。

扁舟深夜剡溪寻，落尽梅花亦此心。当日元成翻白凤，一宵梦醒见青禽。即如舞絮犹疑重，纵未封条也觉深。无数暮鸦飞不去，此中山气自萧森。

莫言玄圃与瑶台，落在人间绝点埃。三尺已消炎热势，数章应辨柏梁材。孟郊茆屋清微甚，宋玉幽兰比兴才。信是玉杯寒意少，使君千骑猎场回。

昨日云迷今日晴，诸峰静好复晶明。露盘辞汉仙人泣，莼绿妻逋处士情。过枕天鸡啼不夜，扑窗乾蝶粉如生。溪南溪北踪难定，犹有人将邵子迎。“邵子”，遗稿误作“郡子”。

雪在空山意不阑，流澌得作水潺湲。野樵自伐丁丁木，挥客徒矜采采兰。大白云凝鲜更好，蔚蓝天定久能安。蕊珠宫殿何人住，琼瑰飞飞下鹤鸾。

雪车冰柱肯谁招，群玉山头望不遥。云雾窟僧呼不出，羝羊边伴啮难消。虚无鹤氅行空迹，杳霭霓裳谒帝朝。解冻可高三丈日，江山满地数渔樵。

庶家狐貉不安居，小有诗床邺架书。天到岁寒应宝啬，雪留夜照亦多馀。博山炉火薰衣后，党室诸姬浅酌初。试取凌冰烹瀹茗，似将缓步当安车。

舟中

烟雨芙蓉散一塘，数峰岌削立青苍。离离□素伤心暮，落落寒枫桂目香。石骨莫逢嵇叔夜，焦琴今遇蔡中郎。曾遭拾翠春相问，青翰舟中未可忘。

期启来江上

并带山中声景来，何如江上自衔杯。重窥蓟北鸥风足，又见曲江花盛开。八代文章瞻斗极，千金骏骨市燕台。天哀志气无穷尽，路得阴符简练材。

张全子藏磬石一角此首亦见府志

此日独存磬有心，君边原可托知音。韩陵片石何人语，岘首投碑更不沉。追蠡尚堪寻击拊，桐鱼莫望响高深。茫茫神理成亏数，却笑渔郎误认金。按，《迁客传》，邵陵高庙有石磬，长可数尺，击之声闻数里。己丑裂于兵，宁乡陶之典为诗吊之。所谓“邵陵片石含元音，宝焚玉碎伤如何。空留半璧栖芳草，徒向白云听碧波”是也。而邵人车以遵《高霞堂集》有《张全子藏磬石一角》诗，亦邵陵掌故也。

次维扬游汉叟韵

几逐筳篿问卜居，楚氛未了遍荆舒。翩翩书记争驰檄，渺渺孤臣赋遂初。何以文为皆刻骨，技将尽矣一黔驴。却嫌击楫乘风浪，每为收纶羡夜渔。时赵叔文参藩、朱晋白郡丞俱以挂误解官归里。原注。

寄威溪章辰、梦白按：章辰，潘应斗字；梦白，应斗弟应星字也，武冈人。为明末遗老，均富著述，晚年偕隐威溪，名所居曰俦影堂。此诗自《宝庆府志·遗民传》补入。

阮啸嵇琴可共陈，而今肝胆第求真。同为贫士偏怜我，未读新诗亦卖人。当日着鞭俱悔晚，衰年饮酒即思醇。白香湖满花盈岸，二仲逍遥又一春。

理中从孙同期启两儿拜扫祖茔，示之此自《耆旧集》补入

夜台常似倚门时，候届桐花插柳枝。鱼菽尚非三鼎祭，松楸共结九泉悲。阮无南北俗应免，路远城村梦各知。老眼相看惟涕泣，绵绵神理自当思。

刘默庵先生专祠，近复兴于濂溪书院之右，遵前挽诗二章，纪实也，兹复有感，为赋此诗

虎贲远矣典型成，留得刚风激后生。闽海尚能祀大朴，平原先不识真卿。芳莲昔傍池塘好，荐藻今怜里社情。安得如君真孝子，如椽一一写幽真。

答圆公

惟心那复隔秋豪，拄杖临门未可逃。似我无锥堪卓地，知君有剑足吹毛。几看狮子峰头月，又听松风夜底涛。往复一舟浑不系，莫须岸上手频招。

附：释圆观原作

千华台上白霜毫①，照水分明影不逃。禅隐能令龙望气，集翻多见麈为毛。篱香彭泽三秋菊，赋涌钱塘八月涛。自是毗婆寻旧约，同声风雨不辞招。见《宝庆志》。

送涵夫侄及儿辈秋试

君山极目夏云生，送尔长驱剑亦鸣。鸿雁一行兄弟好，鹍鹏六月北南征。白蘋风起湘灵出，青草帆开夏口迎。早识洛阳年少士，吴公端有治平名。

喜檀孙举子贺其祖理中侄孙

得听啼声孙又孙，如山谁不企昆仑。始观七叶惭卿长，远溯千秋裕后昆。新锡纶音推世美，递传家诫即人既。存生便有充闾望，芝草琅玕照一门。

含肄业濂溪书院，同时诸子近有讯予者，不知含已没矣，感而赋此

此首亦见车氏谱。按，遗稿及谱，题首有“殇”字，“肄业”下，“濂溪”上，有“高汇旃先生”五字。又，“已没”之“没”，遗稿作“往”，车氏谱作“卒”。

渊源空自说濂溪，怪有彭殇事不齐。争向泥涂思执友，独吟云汉叹周黎。心惊庄肘俄生柳，悟解思惟道在稊。草屋果难辞漏湿，却寻僧过石桥西。按，遗稿“稊”误作“梯”，“湿”误作“泾”。

---

①“毫”，原作“豪”。

示溪公

□知北岭复南山，最爱轻舟漾绿潭。翻笑昔人中路棹，自开高衲一期关。琉璃国里知谁到，金石声繁只自删。近到水云询行脚，澧州车渚亦曾攀。

张龙函郡伯招之署中，因忆前熊、陶、林、李诸郡伯饮集于亭

官阁何来信信留，看花能复为花愁。使君雅自知徐孺，作客从人说马周。风月莫谈他政事，山川堪想昔同游。将离会有临歧赠，信我潜鳞爱壑幽。公已升任甘肃宪副。原注。

长沙江汇伯每嘱人过问，近郭幼隗亦致意于某札中，感赋“感”字下，遗稿中无“赋”字，当是脱文。

旗亭高会知何日，二妙风流未可兼。画里尚堪呼郭恕，赋中常似别江淹。草玄皓首工难字，采绿终朝望一襜。岂是无心能下问，愿传素尺比鹣鹣。遗稿误作“鹣鳒”。

彭禹峰先生招集行司应教

使者周爰六辔勤，遍携膏雨散细缊。北门此日严边钥，南诏何年见彩云。怀远不烦金马祀，临高真见祝融君。自思大小诗乘别，缘觉由来所未闻。

中岳嵬然五岳班，亦从埤峡学跻攀。滇南事业韦忠武，开府文章庾子山。律协宫声方见大，楚为风始不曾删。然明阶下虽无语，欲改从前蜀道难。中五六语，公面教者。原注。

赠黄冈汪周臣

才出临皋似有期，轻寒为问旅中宜。飞花乱点麻衣雪，怀刺兼投缟纻诗。作客青春偏伟丽，逢人白首自低垂。迟君归棹湖光里，正值巴山欲涨时。

旧游按：此首《沅湘耆旧集》漏录二三两联，编入七言绝。

行吟无复向江潭，便远来明赤玉坛。频见夜渔烧楚竹，半因湘水堕山岚。百壶忆有三舟约，石塔重开金粟庵。一自悲流填陆海，逢人多唤老南蛮。

长沙胡石江起给谏，逾年反道山矣，念未通问，挽之以诗

往到君边木石寻，皎如玉树立寒林。抽簪既许黄冠问，补牍全虚青锁心。怀抱尽多磨灭刺，移情欲奏海山琴。翟公宾客知何限，不待书门入自深。

江上歌声此亦见《耆旧集》

江上歌声逐水流，枕边留得小梁州。即今不哭何当笑，纵复才闻我欲愁。昨夜尚喧巫峡雨，何年张乐洞庭秋。数峰可见人难见，莫是青凫与白鸥。“纵复”之“纵”，遗稿阙。

忆霄练道人

我昔逢人说来真，公真变幻一时身。何期鸡足山头去，连夕峨眉梦到频。扰扰白驹诚过隙，荒荒黄犊亦愁贫。游仙不得逃于

佛，并作空生寂灭因。

自题集后，时陶仲调寄以荣木堂诗，为王季豹序者

晚圃寒花寄一身，萧萧兰菊比松筠。波澜既老删前作，书札犹频念故人。幸少交游希默鬼，无多道路为从亲。试将身后观当日，应有悲陶吊屈伦。

车逸民集卷七

诗七七言律之二

送子侄秋试[①]

仝启夜读因怀期在武昌

此生未许此身闲，为有离心度远山。玄草既成何事拟，骚经竟好不逢删。宵中读史浮三雅，管外窥人过一斑。新月照村先照柳，凉风拂水倍相还。按，遗稿“此身”误作“此生”。

他山未往夜泉过，此日逢场日已多。到底楚人能辨玉，却惊鲁叟是狂歌。龙门凿石堪通险，鹏路培风可重摩。犹在膝前争出处，武昌新柳意如何。

波微木落雨冥冥，闻说巴山接洞庭。尚有湘灵来鼓瑟，仍看江上数峰青。湖生蔓草帆分路，天合菰芦□摘星。老去旧游吟咏在，澧兰沅芷似重经。

①此诗已见于卷十九。

萧赓九郡丞擢守高州，赋别，并呈以画此首亦见《耆旧集》

三年几度到公前，似为陈蕃榻所牵。遂有九芝趣露冕，更无片石载归船。桓桓骖拥高梁路，曲曲珠收合浦边。向后却谁令感激。“令”，遗稿误作“全”。《耆旧集》作“仝”，今依府志。私将别思写山川。

寄题小孤山

江接浔阳五老来，小姑终日立妆台。修眉不借长天色，翠袜曾将细月裁。羽客忽吹箫远近，湘妃如伴影徘徊。少年经过无成赋，托寄吟声岸数杯。

千尺香奁与镜台，南山北岸有谁来。拟沽桑落洲前酒，遥算松滋江上杯。巴峡岂惟行雨庙，胥门常望夜潮回。乔公二女堪携语，路远还凭赤鲤裁。

送吴茂孙殿试

应对三千字新新，君今往矣慰披陈。从知观乐吴公子，行见校书□老人。秘阁看花砖上影，曲江先策马头尘。雪中久有安排句，况是天留百练身。

邑志竣，诸子言归，离合之感情见乎词，余赋得“天”字

高会今来十九年，人云兹会补从前。鸿文无范龙门史，白首多推洛社贤。村隔东南如异地，月于弦望更分天。与君焚草仍烧

烛，未到临歧即惘然。

资河观涨

钱塘汹涌众灵趋，弩射潮回事不无。旧恨鸱夷□裹草，近闻龙卧已亡珠。湘君祠远滩声立，渔父亭荒石气孤。直下巴陵穷胜状，君山一点正扶疏。“湘君”、“渔父”，见郡志、韩翃诗。郡国志，亦谓夫人当即湘君也。原注。

潭雨空烟合与浮，柳堤映带岸花幽。孤城高结风云垒，芳草回思鼓角秋。江上鄂君持绣被，峰头太乙拥莲舟。洞庭觉远虚无甚，五十三滩春水流。

春雨迷离江水明，云山杳杳众山清。眼看舟楫惠连去，卧听潺湲滟滪生。遂有神鱼吹浪出，更多飞燕逐风行。岸舟炊火非无意，得听山钟半夜声。

江潮野渡事悠然，日有鸥凫下远天。宫锦泛舟从李白，清灯拥髻忆伶元。才分草色迷离雨，欲满楼台去住烟。愚谷未归公莫渡，应知俄顷变桑田。

赠卿在公

去日云何易得生，因君常负病生成。风流那忆杜陵宿，感慨空登广武城。老至茶烟薰夜坐，僧留佛火到钟声。总无情思惟禅思，自庆庵中笑语平。君筑庵龙山，名自庆。原注。

双莲纪瑞为李别驾题

芙蓉出水自天然，犹喜迎风并蒂前。仙掌金茎疑是露，峰头玉井比如船。应知若木能扶日，未数嘉禾独纪年。总是清操能不染，此花君子亦鲜妍。

次年并蒂复开再赋

闻道江南盛采莲，至今疑在若耶边。赵家姊妹同临镜，牛女星辰会隔年。池上影娥原对照，房中结子必双妍。孤亭宛在无涯岸，荷雨荷风亦好天。

哭朱冰岩殡前，便读唐袖石序曾梅薮挽诗四十四首

安得君来读我诗，诗投已是出门时。草生未宿犹堪哭，萝附难寒重可思。灯下若来何敢叱，梦中如是问何之。兰枯玉折天难谌，引得荒猿断雁悲。

月下听邻女浇花刘杜三集题也。自注。按：此首亦见《耆旧集》。又，遗稿“浇花”误作“浣花”。

不迎花露汲初凉，欲出还惊睡蝶翔。膏沐可分新雨绿，园林微度夜风香。自知影好临池出，也怯人听避月光。阿母总多迂阔计，年年催作嫁衣裳。

镜中灯

谁持响卜夜中听，实有银花此内停。光影摄来惟一月，声香无著只疏星。若为萤照分池水，误认蝇生拂画屏。重碧莫嗟偏彩

晕，合离鸡定是青荧。

霄中吴茂孙以彭然石寄诗示余

旅食昌亭忆别离，楚人何日不秋悲。梦能寻友迷歧路，老得馀生此一时。每有朔风呼共往，即如今雪棹仍迟。可怜头白灯明裹，犹为王孙想和诗。

乱来那忍赠将离，哭到无声满腹悲。云梦几年归未老，潇湘此日去皆迟。见君颜色如明月，悟佛声闻在雪时。强健穷愁浑不解，一生多事为题诗。

观郭幼隗所为蔡江门冯限公传此首亦见《耆旧集》

师友当前若返魂，能令后死拜江门。只缘士贱君恩薄，始信人归史道尊。北海碑残芳草合，杜陵舟卧落花温。汨罗最与湘流近，欲往从之吊屈原。按，遗稿脱“后死”之“后”字。

严平子以书至

八月已过湖水浑，萍飘萍聚复何言。惠施雅擅五车富，元美能禁四部繁。此日有生皆不意，当年无佛亦称尊。楚山一步能千里，往拜床前或子孙。

万历庚辰进士题名碑，鹤田侄从长安寄示，感之，兼以志勖

雁塔题过六十年，薪传真羡后来贤。簪缨所见人何限，功德当期世有传。先帝怜才重方岳，遗稿作“方岳承咨干屏翰”。孤臣备海出楼船。独思乌鸟陈情表，不得乘骢使者怜。自注：先大夫请养，誓不出

山。按，此注《耆旧集》漏载。又，遗稿“贤”误作“前”，“表”误作“疏”。

莫倚蒲轮宠昔招，空征璜玉与虔刀。阁中在昔留萤火，池上于今有凤毛。康节偶乘蓝笋出，阿咸已远竹林逃。百年只戴君恩重，望望卿云日月高。以上二首，亦见《耆旧集》。遗稿“留”作“流”。

寄吴六吉州伯公括苍人，惠近纂《武攸志》。原注。

缙云在昔古仙都，我所思兮望不无。几两寻幽康乐屐，一篇求莫监门图。犹闻花乳春寒洞，何处白香风满湖。斗大刀州形利器，知因盘错范驰驱。花乳、白香湖，皆州迹。原注。

傅举翁北还至邵

长安对策出明光，襟带湖风汉水香。恰是红梅成赋日，重来高柳读书堂。一经相业能传韦，万石家声久颂黄。玉粲宅中文藻在，常思叔度为汪洋。翁居即王粲宅井存。原注。

华容蔡汀生，以庚辰年谊见访，兼示严平子全集，次韵

尺书先已到岩阿，若有人兮带女萝。籍近百年知我老，交论三世觉君多。谁知李白披宫锦，安得樵青理钓蓑。尽道澧兰如叶堕，近来频和郢中歌。

次许子和颜孝叙双清亭韵

千尺澄澜几曲亭，最高云树合成青。不愁桑海翻为陆，何必沧浪自可听。岸火照鳏舟点点，天风吹老鬓星星。双凫着去谁临

眺，若问琴声更窈冥。

安成谢自芳序予吊邵战场赋

赋不三都敢激昂，翻从玄晏决行藏。伤心莫问藏舟壑，到眼犹深古战场。忧乐总关安石墅，山川谁表郑公乡。平原碑板浯溪上，不借棠阴字字苍。按，遗稿误作“字苍苍”。

水中雁字

争传堕翮山头异，便觉凌空势欲飞。酉穴校书秦博士，巴山窃读古灵威。牵连阵马分还合，矫若游龙是耶非。幸不浮沉书信在，关西望远忆人归。

酒阑蘸发笑张芝，何事临川有墨池。蝌蚪梦中原不识，风雷天上借来窥。黄庭总贵千年迹，碧落徒怜二字碑。是影是空真莫辨，泰山无字使人疑。

颜其武以书至，索观余集，因怀其方伯云汉祖于家子弟，得以十龄游泮之遇

当时幸舍三千数，尚列囊中十九人。桃李蹊移成失路，苎萝老去亦羞颦。天荒相士无遗贱，若海逃禅未是真。除却昔贤无酒德，竹林之外访沉沦。

简方侯北归

马首西山翠色流，壮观宫阙与皇州。培风不藉三年力，击水还期万里游。举世论交无好老，看君端坐只如秋。科名岂是寻常事，遂使人间念太丘。

吴茂孙招同唐袖石小集，复以他招去，戏柬遗稿“柬”误作“东”

来从秋水溯伊人，并驾方舟二老身。最资笑言无算爵，遥深门巷有苔茵。井丹岂讳求珍食，丞相何曾厌恶宾。却怅主人为客去，重来卜夜饮如醇。

赋得百虫声里坐

一夜庭阶响尺生，百虫于此各求明。鸣时幸少公私问，听去都忘语默情。木叶萧萧寻和者，梵钟隐隐递深更。能知作止皆常候，春鸟寒螀即此声。

午日泛舟赋诗，以熊大司城扇头原韵有序，见《文类》。

长风乘得八窗舲，楚有离骚可入经。午日灵辰江渺渺，孤亭旧路草青青。人欣御李疑仙棹，老独披裘指客星。箫鼓夕阳声不歇，归途灯火杂流萤。

无数轻桡舞画舲，楚风应得补骚经。客来泥坂壁分赤，山在晴川树合青。火史占云应奏聚，荀家少长各居星。不知道士化为鹤，颇叹前人只拾萤。

七夕立秋，同瞿天门、王式九小集

清樽相对月生初，白发无由满一梳。自逐松风成好梦，难名竹简为残书。星因隔岁成离合，秋觉关心有密疏。江上忘机臣已老，总无谬巧悉删除。

曾闻弱水今清浅，又见填河鹊子催。静女贫逾三岁食，诸君多是七襄才。蛛丝小慧工牵缀，桐叶先知落藓苔。尚在都梁拾香草，带将秋气月中回。自注：时李咎庵在武攸。

湘草至，适两儿秋试罢归

如斯破屋也留宾，白水青蔬可乞邻。稆秠既收难罪岁，菊花能淡却因人。客携明月来同梦，士哭秋风不为贫。尚有吟诗半渚隔，蒹葭俱老露霜身。自注：谓唐袖石。

湘草在愚斋寄之此亦见《耆旧集》

光影亭亭过一溪，来为好友照孤栖。半窗似接藤萝色，破壁还窥瞑雀啼。屈子问天终不对，庄生于物实难齐。书声不在虫声外，才著秋霜思转迷。“破壁”，遗稿作“破屋”，“才著”，遗稿误作“练著”。

夏至前日作

谁道山深夏倦人，当前禾黍亦如新。独行荷杖身边立，有梦出村江上频。虫以凝冰难北处，雉尝饮啄信天真。邻扉欲闭愁难闭，苦为征呼不具陈。

虫声按：逸民玄孙昀所录。遗稿此题作《传飞黄言别》，不知何据。

似此虫声不去何，夜阑真感老人多。舞衣长袖香犹著，檀板新声和雪歌。妒女尚憎乌雀渡，巫阳犹带雨云过。茂陵未渴能工赋，却买黄金醉叵罗。

赠朱达公孙若

七十二峰屐齿扪，嫌人当日说王孙。不辞魏武裔为庶，似护灵均骚后魂。山顶药池沉日月，海溢蜃市幻朝昏。欢场乐事知难再，芳草都梁且细论。

和杨子威七夕

明河天上几回清，一叶秋梧管送迎。鸟雀无声争夜渡，黄姑独寤怯宵行。机云一屋奇书满，屈宋同乡苦调平。与子兄交三十载，始知盟不若无盟。

武冈潘章辰至郡，赠以诗 “武冈”，遗稿误作“武陵”。

既隐无言将相才，相逢浊酒且衔杯。同惊老衲山中隐，谁识孤臣海上来。冰雪啮毡存故节，离骚出水见新裁。洞天七十一峰在，欲语卢侯便可哀。按：“山中隐”，遗稿误作“山中郢”。

袁彝公斋头念旱，适张全子北还

客扉全掩是重扃，烟火连天混碧青。露祷几时回乐国，乾封何日禅云亭。君归剩有敲驴句，老至惟携相犊经。闻道催诗应是雨，却将风雨梦中听。按，“云亭”，遗稿误作“云亭”。

夜过含棣前哭之 按：此诗亦见《耆旧集》，而《耆旧集》无末首，遗稿无起首。今并录之。

苦海悲流莫再探，老来多泪为多男。魂招在日人怜屈，羽化归时鹤字耽。久隔山川成畏路，近归咫尺定知庵。通宵欲梦翻无梦，便有鸡声接晓谈。

殇子彭篯并可伤，独怜至性有天良。廿年宿草嗟埋玉，当日登坛总奉璋。不放春归随侍妾，可堪岁俭立孤孀。“可堪”，遗稿作“可怜”。“孤孀”，遗稿误作“孤霜”。苦思遗稿误作“若使”。五十称觞日，膝下新添雁几行。自注：含殁其妾，生子亦相继殁。

那知十七遗稿误作“七十”载方回，应是冰霜道路开。负土有儿真想像，牵舟爱弟自徘徊。如先成佛全凭慧，倘后称人愿不才。我已稀龄何过望，为贪天力耻瓶垒。

萧萧寒雨入篼馀，忆得儿生前读书。麟绂一经疲简练，萤光午夜照居诸。门人载酒奇能问，母氏和丸课亦虚。肯念有孙还有子，可从魂梦寄欷歔。

七十初度，和先大夫韵八首此诗自《楚风补》补入

何年子舍奉亲闱，诏许承欢遄赋归。适越便成章甫服，遂初欣著老莱衣。百城图史儿曾读，一局楸枰客与围。眼底流光身外事，穷愁人似杜陵稀。

流澌腊月气微阳，不似薰风殿阁凉。召树到今思所憩，自注：先大夫守福州、嘉兴，皆有专祠，参藩温处，亦各建祠。陆庄既久自成荒。悬弧已示为弓业，补衮才添绣线长。自注：谓诸侄。铜狄摩挲空旦暮，人生令德实难忘。

山下堆岚积众烟，梦中栩栩复翛然。扶舆携李趋庭日，推毂蒲轮补漏天。小有经书分少室，总无木石愧平泉。蟪蛄何与人间

世，况是泥涂甲子年。

沧桑此日已怀新，畅月无阳见小春。先后作劳朋酒寿，支离健羡丈人真。授图西极惟将母，补咏南陔可养亲。晏子形骸忘七尺，敢辞坎壈日缠身。

弱水难回百折东，安流为渎不为洪。谁传九转升天上，独望三山在海中。金简玉书南岳寿，松涛涧水北窗风。仙人缩地万千里，好向壶天有别穹。

谢毛亲见凤池闲，自注：谓辛酉省元造父侄。窥豹人多许一斑。下玉十围终抱璞，庄舟半夜失藏山。尧辞祝岁为多辱，父与儿龄谅不悭。枯木朽株何足敬，五千道德满函关。

妙理还须觅浊醪，清斋绣佛醉中逃。冥鸿自远弋何慕，获鹿无因梦忽遭。王烈教餐逢石髓，岁星来寿有三桃。未能免俗憎南阮，犊鼻裈陈也太劳。

句曲多言产绛砂，希龄服食拟餐霞。曾闻杨许寻孤岛，近讯卢侯住两华。自注：武冈云山有日华峰、月华峰。课读三冬惟闭户，如期八月自来槎。可知霜雪欺蒲柳，仍课东陵五色瓜。

桃花洞此首自《耆旧集》补入

桃花旧有三千树，乱后迥无一叶存。秦女翩袛翔木杪，仙人惆怅倚云根。天河未惜乘槎过，仇穴应通出谷温。结束青鞋犹牖下，草亭原只一乾坤。

车逸民集卷八

诗八七言律之三

赠卢敬生司教夫彝

偶同第五拜官年，门下何人似郑玄。敢谓知希能自贵，即居君后尚称先。讵怀桑椹音常好，老觉篨篴见不鲜。他日得陈稽古力，执经俱到大师前。

赠贺振翁自注：翁壮游外，久寓于燕，与长沙赵洞门先生善，近归。余第四子，其婿也。

鉴湖春水乐洋洋，久客能无忆故乡。阅世沧桑宁不老，看翁冰雪亦成香。买丝自许平原绣，露颖终离毛遂囊。肯以诗文为白璧，泰山前拜丈人行。

省朱睿公礼居

看君步履有馀哀，曾见天寒吊鹤回。桐竹杖扶还却起，蓼莪诗在自难开。何人门外闻歌哭，忆客垆头拨火煨。淫雨已过二十日，悬知独有子舆来。遗稿，“垆”误作“墟”。

赠杨友琪以示浮公暨其叔会倩

名下将推小陆先，江楼同眼看灯舡。冰霜志在同修史，惨淡诗成似拟玄。元亮篇中思岁月，子长赋里见山川。浮公片石能迟我，人妒何怜总不然。“将推”，遗稿误作“将堆”，“拟玄”，误作“拟铉”。

怀任先孟

濂洛当前共说师，天乎一老不相遗。自注：尊人淡公，以武攸学博成进士。儿知（执）〔挚〕友寻趋步，剑妙干将有舍离。骚赋拟经苗裔在，殷盘作诰吏人知。自注：君守真州，修教特异。汝南月旦何尝定，自觉虫雕悔老时。

怀南陈天耳寄书次其集中一龙吟韵

梦中尝自到江南，自注：苏长公诗。仍有愁思在左担。未识陈平能宰肉，似怜杜老远投柑。自注：杜诗“三寸黄柑也自青。”琼花向日谈仙观，黄叶深秋遍屈潭。不是武陵迷渡口，只缘子骥未重探。

何人萧瑟赋江南，为是愁心不可担。彭泽秋期堪问菊，洞庭霜信却分柑。野云侧见来高岭，风叶倒听流石潭。曾与高僧深夜坐，渊源思致总难探。

鸿雁栖迟北与南，贫难释负可弛担。花源一水犹流叶，远浦千奴只寄柑。张翰风前思莼鲙，杜陵舟到老湘潭。著书那复定强健，老觉穷愁不共探。

赠东安刘长离先生

苍然绮皓望中亲，话到开元事逼真。大小不须分戊子，后先未远共庚寅。自注：公生长予数月。门人中密亲藜火，老友湘罗把钓纶。洛社耆英犹序爵，何如函谷迓真人。

操恬庵示以游桃花洞诗，悔未穷其胜也，慰之

别洞流香自有溪，古云常立夕阳西。一窗欲暗藤萝挂，四壁倒悬蝙蝠栖。门外尽多疑石虎，穴中时似听秦鸡。渔人前度犹生惑，子骥如何津不迷。

杨揆翁从南岳来，呈正以诗喜为余序，感之，兼以识别

天到南湘接岳衡，十年风雨对孤臣。自注：公成进士，特授大郡守，未几解任。江花色净到寒食，林鸟声多急暮春。元晏序成当问世，灵均居处绝无邻。九丘八索诚难读，自注：序中语也。留得五千言度人。

“到寒食”《昀录》本作“过寒食”。

春照堂红梅

开到冰衔地亦宜，繁华要使野人知。嫣然道士研朱易，远矣何郎傅粉姿。自是阳春今和寡，即如风雨亦当思。同心便有如兰契，小草宁当不问时。

不入玄黄别杼机，新妆浓抹未为非。幽香自可施朱粉，坐久还如历翠微。群玉山头窥数数，罗敷梦后转依依。几年东阁容赓唱，清夜西园晏客归。

孤山逋客自曾怜，谁似朝霞带雨妍。婪尾赠人甘处后，陇头逢使却争先。灯前拥髻疑通德，座里留裙即绛仙。同在春风望春日，晴天争看柳三眠。

赠夏镜止

神交那复说无因，静对冰壶署里真。越绝正思溪上女，骚沉还问水边人。新诗昂首期来教，垂老谈心不但贫。闻道黄金铸范蠡，一生孤负五湖身。

赠邓子与

司马文章以壮游，知君诗在一瓢收。南州有士分陈榻，洛水疑仙附遗稿误作“付”。郭舟。交不讳穷偏意气，诗能致妒亦风流。滇南万里惟双屐，筇竹分携慰老不。

过王雅潜山居，池阔十亩，诸小郎森秀故堂以种名

话到君园已几年，老来乘兴似春烟。水香尚与莲花在，密意还将蒲柳怜。满屋图书餐小凤，两家冰玉久蝉联。分柑剪韭奈归去，约任西窗夜雨前。

刘鸾佣书至，寄诗，兼示以公郎画箑，次其来韵

岸上牵舟庑下居，瞻星在罶食无鱼。久知刘向违天禄，自爱郊寒有敝庐。九转岳湘曾共望，百年泡电复谁如。佳儿心孔开丘壑，写寄秋山念老予。

同范宪侯金我有其鹿夜坐，偶听曲声，限韵

柝里山城已二更，吴骚郢雪互相评。由来丝竹何如肉，却笑灯花也恋声。易水变歌移气候，江州落泪太情生。不知今夕云何

夕，名士风流满座成。

安成王仁美捷贵阳后，归寿其母刘太夫人，属以诗

世外优昙劫后开，因思忠孝有根荄。小君岂恃家门盛，陶母能知宾客才。千尺梧桐翔白凤，四方弧矢见斑莱。仙坛近致麻姑酒，上寿牂牁万里回。自注：太君文节公之女孝则，大元姊也。

鼎瑛侄孙以拜正至，许子亦来同宿于愚斋

六年一见衣冠素，话尽家园废与兴。柑节尽酣清圣酒，梅花犹挂上元灯。老惭作祖支离叟，汝患人师讲寺僧。恰是子将来兴到，终宵清话有良朋。自注：侄仕会同学博。

金化先示以岱游湖上诸诗

得忆樊山好友寻，君诗白雪雅同心。世三千岁闻丝竹，梦二十年移古今。登岱自能穷越观，浮湘兴亦似山阴。甑甀旧有唱和句，弈世堂开大雅□。自注：君寓兴国，云吴川楼《甑甀集》重梓行世。

慰潘章辰伯仲以事度岁寓中

欲过真愁春水浑，若歌若哭于桑门。思之自哂伊何泪，至此堪言命有恩。草草劳人多假寐，闲闲十亩别求村。近来颇亦甘离索，且护灵均在日魂。

旅亭作客愁新岁，一屋词人可闭门。地窄实难容我法，天高那复示谁恩。久搴萝薜成神服，除却花源不是村。几许沧桑曾接待，知君无处可消魂。

赠饶景玉

年来犊角几行经，曾到公堂暑气冥。绰约似亲姑射雪，迢遥共指少微星。因谈易水能知黑，如见黄山未了青。欲寄芳馨那可折，蒹葭宛在溯亭亭。

论有潜夫不拟经，手挥目送想沉冥。近来师友连奎璧，政值陈荀奏德星。雪岭高寒思太白，天都缥缈出空青。如何也上花源棹，往咏沧浪问屈亭。

送同学郭嗣公、李允升、韩五建、陈介如秋试

江雨多从望远生，似将秋气与江平。正思积水凉群动，却喜轻雷敛众声。风满洞庭蘋末起，月开宫阙桂花明。茫然欲起观涛兴，共在芙蓉镜里行。

赠周天涛遗稿题作《苍涛》。兹从昀录本。

赋拟三都与两京，争从稽古识桓荣。向知南郢能歌雪，不学西河为达生。路绕梅花名色好，人逢桑苎话泉清。草堂依岸仪型在，红湿亭边句偶成。自注：君赠见谭友夏为予所作诗序。

赠李子将

过眼莺花不数□，独吟江岸总无邻。若非玄宴无能序，自是青莲有后身。久客已忘江上老，思君欲作画中人。何须芳草迷前路，自觉椒兰气逼真。

赠傅子方

红梅花下笑谈香，喜到公筵晤季方。眉宇自真同夏屋，掌文厥□识天章。轩轩尺木明霞举，望望青藜出夜光。野老形容贫不厌，敢言曾到孟公堂。

读书

古庙高江意阔如，年年萤火接鸡初。秋冬射猎未尝学，春夏读书岂问馀。天地大文争气候，丈夫血性感穷居。归来盛事傅中秘，何夜老人窥石渠。

赠竟陵沈天路

昔年声响问寒河，近日都忘啸也歌。玉树喜临风外立，李桃真见狄门多。自注：君为颜惕翁取士，得九人。犹存丘壑虚无甚，欲注虫鱼磊落何。信是倾城天下重，看君月下把云和。

谢公辅见过，忆其家先海盐令谢崑笏，因及流寓刘浣松遗书谢崑笏，遗稿误作“谢山良笏”。

谢草池塘句可分，武原令谱久无闻。有时怡老苍茫画，何处干人怡悦云。酉穴千函秦博士，卯金七略汉遗文。陆庄耐可荒来尽，见说诸姑练帔裙。

周令公、黄文中小集，听公辅度曲，分韵

和寡方知曲调高，闻歌辄唤奈何劳。江烟欲护春寒处，檐雨能遮客思逃。幸舍弹鱼声亦苦，新丰浴酒气能豪。他时更有听琴约，海上成连舟自操。

示人

思路千般与百回，止堪告语是寒灰。春过自不知晴雨，梦好还须问去来。谢巷衣冠争绕燕，平泉木石独遗梅。拂衣径往山南北，近水何人说有台。

慰朱能者下第

春花忆在孝廉船，隔去音声十五年。瘦马素车来欲暮，蓝田白璧合从天。林边任达推遥集，池上能诗即惠连。颇怅秋风不相借，赏音吾已赋朱弦。

虫声

别路秋声唱渭城，遗稿误作“渭阳”。竭来还是看山行。浮湘太史非无赋，张楚何人浪得名。骥展岂能淹百里，虫声空复望西城。买丝若许平原绣，欲向题舆托一生。

阳洞子来寓此首亦见郡志。遗稿“阳”误作“杨”。

多是沧浪是独清，此中秋好不逢迎。到来七夕劳相望，别去孤舟似送行。邓禹笑人为寂寂，班君著论亦平平。东君十八高贤舍，漏刻莲花结老盟。按：阳文烛，字洞子，新化人。郡志文学传称其工诗、古文辞，博洽群书。与弟文熛齐名，时号二难，与邵阳诸车相友善云。

白露

白露初秋已作霜，秋禾犹立夕阳黄。西园宾客轮徐动，东阁公孙被自凉。老与寒花争晚节，病寻本草验医方。雨声偏小虫声急，蛙吹胡然满一塘。

上元次日入庵

遥看古观云霞气，常羡天寒闭户人。上夕书灯方节候，一瓶花影历冬春。行牵稚袖承梨栗，来劝僧耕说果因。夜静雨阑还自笑，安散禅圣实前身。

同吴茂孙进士饭大悲林江白初简方侯孝廉亦过圆公示以邹圣野诗

频到丛林信信回，莫将须发费重猜。佛前细剖三空性，江上欣传二妙来。乡曲衣冠推杜韦，西京词赋盛邹枚。清齐共食伊蒲馔，社树无言才不才。

慰刘友白试归

屋有吟声四壁宽，贫于颜阘巧相安。何人竟岁谋衣褐，独老寒江对鹖冠。山木可歌谁复听，水仙如发佛同看。蛾眉再顾犹堪赏，不信鲛珠泪落残。

饮邹祥止太医

春光已过三十日，尚有银花座上生。湖海人来关意气，山川君自说经行。天随杞菊常供酒，弘景松风别送声。深漏莫嫌频烛跋，好看朱柱挂檐楹。

浮公藏余五十年前翠微庵手书，示杨会倩血书金刚经，感之

柔翰经过五十年，无端再见总茫然。翠微因是空濛色，白首难言剥喙禅。到老观河常自见，知君析血欲谁还。此生便有多生

事，且剔秋灯古佛前。

吴六吉州伯征遗稿误作“微”。望鹤桥诗，时闻擢桂林郡丞

奇禽胎化本青田，望鹤为桥亦偶然。赤壁娱宾曾奏曲，孤山报客且言旋。九盘有择予曾往，八桂如乔已得迁。不是子猷慵访戴，见公愁在雪霜前。

操恬庵过访

江上秋声即草堂，似因苏子忆黄冈。近闻竹箭收南国，遍采遗稿误作“编采”。兰香入陆庄。骚在左徒其问水，游经太史亦浮湘。独怜野叟行歌日，尚约青云有报章。

汪枚阶过访

风到洋洋大国尊，补亡声在即诗存。虽无一日成亲故，未可同年许别论。彼美明珠将杂佩，仙人黄鹤不轩乘，新诗为颂百寮上，想见当时元礼门。自注：君家汉阳，因起居李文孙大理及之。

唐魏子赠吴茂孙扇原韵，茂孙示余次之

笑为阴符与素书，焦桐非复半枯馀。三春未到舟中燕，自注：杜有《燕子来舟中》诗。六月齐飞海上鱼。通籍岂嫌薪积后，弹冠若庆着鞭初。江回岳转梦复梦，湘水湘烟如不如。

朱晓臣至邵，因忆其弟耀臣，兼得朱允翁越游之信

忆得连床有笑言，花风絮语各为痕。何来伯氏人犹伟，为报

诸昆母拜恩。自注：时以诸表弟近事见示。归（掉）〔棹〕[1]几年闲白下，种瓜终日在青门。同心重念朱夫子，吾道非耶席未温。

岳王坟

孤坟古柏结阴青，裹革何时马鬣形。十二金牌摧铁骑，千寻藻井堕银瓶。北人归北要盟苦，南渡终南踏血腥。谁道岳侯神算者，不知身后有精灵。

示甥王子闇

天道何尝必忌盈，尔兄赍志亦难平。不应陈实惭卿长，谁谓牢之有外甥。少日和丸书获字，自注：甥六龄，为先慈教育。当年虹玉告经成。甥同含男肄业，春秋捷丙戌。自注。渭阳未是无心忆，日为贫牵累所生。

赠姚弈苞于邑署

别有琴声在讼庭，和平亦可动神听。（千）〔干〕[2]将拔地知为剑，处士占天亦列星。甬水涟兮楼拱碧，自注：君有《拱碧楼集》。环滁山也县来青。虽非仲叔烦传语，一片猪肝尚可铭。

怀涵夫侄及期启两儿于江夏，时仲秋十八夜

月有馀光不让圆，苍苍山色总非烟。能偷灵药何须悔，别出声闻解悟禅。得遇长风还破浪，如张广乐听钧天。三年好梦仍兄弟，秋驾先从伯叔传。自注：癸卯，大侄捷第二人，三侄同隽联捷。

---

①②据文义改。

车逸民集卷九

诗九五七言排律

寿司李颜三惕先生以下五言排律

斗极诞真日，胪云尚识韩。硎新初试李，名宿起为官。秋宪方陈臬，春乡伫握兰。萍香湘楚路，盐味水晶盘。经术传麟绂，澄清耸豸冠。希文争献牍，许邵确抨弹。敂阙六言谕，激扬二水寒。承欢新子舍，迎养旧无餐。七夕汾阳瑞，三山蓬岛宽。青蒲看夕拜，白简立朝端。地与南床近，才宜东观安。无疆维岳颂，蓂荚恰旬还。

畏苍斋印剩题

肘后知翔贵，篇中自得师。不妨时弄印，绝似卧看碑。金石俄成古，阴阳可使知。意常先落墨，势异逼临池。蝌蚪幻如梦，岣嵝峰可移。帷灯还取影，璞玉已呈姿。程隶徒供割，伏波同决疑。似将燕许笔，来作遗稿误作“作来”。风风诗。既雪壮夫耻，克勤小物时。韩陵犹得语，□带与商彝。

朱允翁请假归省，至郡，征太夫人八秩诗

母佛原非二，贞廉理合符。友干徐克孝，自注：公弟盛符长斋事佛。

经济晋夷吾。保赤推慈训，居官维德隅。振衣翔揽凤，听棘绕啼乌。自注：公先仕郡司李。仁义诚干橹，知兵乃大儒。自注：公奉诏军前。参军愈副度，讲学陆兼朱。自注：郡建公讲堂而祠祀。衡已销尊俎，禅其味酪酥。屐频投练若，书每到菇芦。自注：公寄予书者三。玉瓒黄流在，朱弦疏越殊。宁亲平反事，锡类室家壶。香积分摩诘，祇园布给孤。自注：公复修五台庵。白诗堪入藏，郑绘久陈图。甘旨身违楚，莼鲈思极吴。庞公天眷属，释梵屋笙竽。行笈衣曾典，自注：去郡时事。归舟石且无。临歧看阮籍，遗稿误作“院藉”。掌记托元瑜。多士孙云仍，按，“云仍”之“仍”，如乘切，音成，无仄用者。此句当有错讹。如予老苾刍。一星明宝婺，八水湛牟珠。讵止千龄祝，阿僧劫可逾。何繇附彤管，疏已动青蒲。自注：太夫人在明直指疏题旌表。按：遗稿“直指”误作“直旨”。

萧赓九郡丞述三烈传，赠十二韵

何处操孤鹄，犹惊警夜乌。节俱成鼎立，皎可并冰壶。杂佩闻姝子，遗稿误作“妹子”。断金胜武夫。屏星今赴楚，牵幕昔从吴。甘旨供王母，熊丸弃藐孤。三仁殷季世，一节古罗敷。缓带闺中适，慈航梦里途。名香镌夏玉，血泪化鲛珠。落日移黄屋，清风满帝都。脱簪犹似□，舞镜忽相呼。翟茀朝虚矣，丝纶宠必殊。愿将贞烈意，如矢颂来苏。

梅庄示

野径全宜曲，春塘水自萦。梅枝森太古，泉气落孤清。所恃砚田岁，无忧酒国兵。瓮提劬妇汲，薪负喜孙迎。鸿雁北风集，牛羊夕照生。草香知麝路，林暗出莺声。心小无多事，年高且息营。崔箴常顾座，晏语密书楹。凿石通鱼绕，藩柴辟虎瞠。丹霞仙观在，翠黛岳平横。按，岳平顶，山名。遗稿误作“岳坪”。抱犊朝同起，闻鸡夜就鸣。和谁歌白石，望尔似青萍。栗里石供醉，桃源屦卖名。不知有汉魏，尚欲访蓬瀛。功德称宗祖，艰难勖弟兄。梦长如昨日，衣短适寒更。隐者惟无闷，吾衰达此诚。

兴化张希留、宛陵颜常五过访，别赠以诗

翩翩称记室，落落共参军。同人莲花幕，嗟为萍梗纷。声光投白璧，想像付青云。字拓遗稿误作“塌”。中兴颂，书从下邳分。茗香泉气洁，兰畹坐谈薰。十九人无数，三千客亦殷。石交心坦坦，盾墨檄云云。王粲将成赋，冯唐老守文。离魂劬瘏寐，诗思在细组。老矣夜儿小，皎兮姝子勤。驱维连细柳，蠹走为藏芸。知有弃繻意，弥高出塞勋。

腊月十五日立春，予先还村，赋八韵

郊城殊络绎，知是看春人。绮服妆千胜，泥牛辨一身。邦君矜博洽，故事选尖新。物态生今日，民劳动几旬。纪元天与子，献岁历逢寅。归对梅花笑，思余老自真。

孟春寿内子六秩此首亦见《楚诗的》

白首犹相案，青春忆接褵。舞衣群稚子，荆布一山妻。凫舄从亲仕，扶鸠对老衰。少能推樛木，早已见孙枝。礼佛惟祈慧，生儿未觉痴。善调姑食性，常料客驺饥。见彀遗稿误作“见毂”。求时夜，烹鸡仍扊扅。贫惭夫未达，严觉母堪师。和读鸣机杼，知书辨鼎彝。胡为形役役，业已去迟迟。号坎悲嬴博，牛衣泣乱离。廿年皆此日，六十复何期。即此知难老，大都听命为。倘能昌且炽，自可耄而耆。到野暮烟集，出城欲雨时。嘉禾盈绿野，村妇遗

稿误作“知妇”。唱黄鸡。

古留堂赠言按：古留，皖中金式庵堂名也。

徽烈弥今宙，嘉名仍古留。开堂犹绿野，问穴即稿误作“郢”。丹丘。光禄□前武，司农裕后休。三边雄节钺，八座肃弓裘。泰垤无分土，渊源有合流。濩湖嘘海气，白岳极天浮。老楉观乔木，孙枝遍曲樛。由来多藟庇，原是异萍浮。高士乡同表，辟疆园更幽。齐云沾肤寸，淮水带襟喉。世德阴行善，人文遗稿误作“仁文”。远作求。龟旋遥顾纽，雀化已投钩。遂启南金彦，先同东箭收。起居黄阁下，自注：谓金岂凡师相也，公仕中秘同时。按：“公仕中秘同时”，遗稿误作“公仕中私同持”。纂述石渠游。暂出蓬莱步，兼资保障优。化民归卓鲁，词客即应刘。问政山非远，授书桥在不？甘棠江上渡，萑苻遗稿误作“芄苻”。泽前筹。好士分陈榻，疑仙附郭舟。清华思水木，纶綍宠宸旒。经济治安系，稿误作“击”。乐忧先后谋。赋诗□虎老，时询昉□头。

寿新化于云宾明府

太白如何岳，逢辰亦诞申。榜前题淡墨，绩最遗稿误作“续最”。数黄循。桃李蹊成路，自注：公分闱，得士甚盛。梅花邑返滨。清刚无喜怒，温栗有咨询。驷马家声久，稿误作“夕”。飞凫吏迹神。化将齐闷闷，学已进醇醇。丹水光堪炙，帝台浆可陈。谱成宁独县，河润岂惟邻。单父鸣琴宰，骑郎结袜人。会看兰玉茁，超擢积劳薪。

武陵瞿天门早过，老未即出，以诗报之

倒屣应吾分，真嫌栉沐迟。能来惊梦寐，亟见为心知。花失

秦人洞，江深屈子祠。相携期雨雪，可认在须眉。楚觉三湘远，书怜二酉窥。草颠推内史，高尚附元之。缓辔榕城骑，征轺松路诗。声惟相应好，腹自不相宜。何地征徭少，前津岂重迷。丹砂泉仍在，莫羡橘奴枝。

癸丑春寓水祠，示期启十三韵此首自《耆旧集》补入

春心无定著，江别有寒温。早见风吹岸，多为雨立门。经旬兄弟坐，几处寂寥村。各自思生事，同将业讨论。艰难三十载，讽诵百千言。用拙贫何术，常歌声易吞。何曾尤父老，未暇念曾昆。诗似前车覆，躬将厚道敦。索居惟默识，群处莫竞喧。此即回天意，从非竟日昏。幸逢鸿雁过，不使鹡鸰奔。

韩燕翼宪祖擢琼州观察以下七言排律

齐烟九点青郁葱，北斗天南望更崇。殿阁胪云能识姓，衡山开雾亦知忠。朅来分陕人云召，在昔生申岂独嵩。楚快雄风吹几席，岳推秩号视三公。散将元结旬宣后，轶驾王祥海岱东。白虎通前盐铁议，铜龙署下皂囊功。登仙仍上蓬莱路，体国全令蜀朔空。无不车停呈蔀屋，有时令下掣丰隆。柳营凯奏饶歌曲，棠渡人行反照中。野老自蒙忘帝力，大夫味蹇谒臣功。期年已可谣章甫，九罭咸驰式画熊。河水投巫惩尚鬼，华阳归马会消戎。能升鸡犬分刀匕，稿误作“比”。仰锡彤卢别矢弓。夔府浣花寻杜甫，金城赞像识扬雄。履声早觉趋朝近，台色均联共极同。稚叟盆香争卧辙，腐儒似药欲投笼。若经采采芳洲畔，砚首端然是祝融。

午日呈郡伯傅淑翁

岧峣宪节风飕飕，午日灵符令肃秋。才见行春临绿野，甫能

消夏似丹丘。历仕羔羊惟素质，世家五马悉清修。三台最与天垣近，列传先从汉史收。共信贻谋推祖烈，由知复始必公侯。教忠允得和丸训，使众多因保赤周。金母绀霜驰乌驿，太君翟茀觐龙楼。已贤十万师樽俎，迭进三千士献酬。循吏所居嫌赫赫，诗人敷政颂优优。经时久已忘粗粝，六月居然拥敝裘。公自无私遍有造，予赓子弟与田畴。升朝会有龙渊锡，旧听尚书履上头。自注：尊祖大司马庄毅公有《爱鼎堂集》二十卷。

车逸民集卷十

诗十 五六七言绝句

立春后十日 以下五言绝句

数日皆春日，寒暄颇不齐。但看群动息，枕上听鸣鸡。

数日皆春日，村中年鼓声。祷祈惟薄敛，吉利在消兵。

数日皆春日，春烟冒野田。无人看旧历，知道是新年。

数日皆春日，衡门稚子欢。舞衣无五色，近岁有三餐。

小景

微雨生千浪，青山倒一潭。何如孤塔意，只放晚霞参。

潇湘八景① 有序，见卷之二十四。

岚气不成烟，小市多临水。悬竿在船头，载酒在船尾。山市晴岚

不受湖水浑，山中柳毅井。月郎寄书人，夜夜照斜岭。洞庭秋月

① “潇湘八景”当有八首，今缺一首。

柳风湖港西，夕照一舟中。渔人自无意，良夜未收筒。渔村夕照

归飒一何迟，秋浦一何远。收妾梦中心，不度湖深浅。远浦归帆

晓钟声去来，山寺知远近。为是岳峰僧，予欲从之隐。山寺晓钟

从来说眺望，不及此江天。暮处非关雪，潇湘多古烟。江天霁雪

听此心无限，潇湘雨有魂。泉声半岭落，急似众流奔。潇湘夜雨

秋江二首

鸬鹚亦可数，腥尽一舟人。却笑僧来汲，分江饮太真。

雨落见江深，风落见江浅。风风雨雨心，江上不可选。

庵住

有声敲夜板，无寺不鸣钟。不得夜来梦，愁心积几重。

一江三日涨，雨雨是波涛。飞鸟犹愁渡，渔舟路忽高。

已失（相）〔湘〕[1]妃庙，都迷渔父亭。巉岩摇水上，相对合空青。

①据文义改。

水祠夜示云上人

风打纸窗声，灯气寒于雨。此时佛有思，相对各无语。

只有此楼寒，无人楼上看。短檠明不尽，僧梦向来单。

正月初八日宿愚斋

山中有月意，山下无人声。灯花犹喜读，一夜百花生。

蕉房一展心，绿净不可唾。竹影卷成帷，松月漏成路。

幽鸟忽喧林，池蛙复擎鼓。野风夏似秋，空翠落来雨。

晨起爱山晓，夜宿就山烟。古人兄弟好，风雨对床眠。

四解

乍入空房怯，曾薰几被香。寒天不滴露，合是不成霜。

去住无心忆，今年与去年。渡江须用楫，闲煞渡头船。

茶火频温夜，胆瓶生贮花。此时君不记，语笑落东家。

久忆翻成怒，无心试复羞。从来娇女性，痴绝不须愁。

康济庙前路

潭水碧无际，巉岩树影森。鸟虫声不复，古路自伤心。

口占以下六言绝句

虎渡何如神雀，凤凰岂食蝗虫。功名损于治郡，千载犹说黄龚。

王衍口善雌黄，却云不喜阿堵。绕床塞钱何为，似是妻妾不许。

汉高终不易嫡，鼓瑟以悦妇人。安刘氏者必勃，周昌未是能臣。

仲将晚悔善书，立本亦耻作画。郑虔王维得之，苟全性命自雅。

叔夜未应得道，汉王枉复祈仙。人生根器不净，英雄才子徒然。

昭仪当熊而立，婕妤临辇却辞。要是争妍固宠，丈夫巧宦如之。

王粲状原短小，中郎倒屣以迎。赵壹登堂大哭，如此方得人惊。

瓶中海味定佳，启视原来珍宝。此物奚宜至哉，馈之则受亦巧。

迫胁乃上楼船，白也何曾佐逆。汾阳只是报恩，不暴大节可惜。

王导巧在渡江，谢安事成淝水。自是玉树芝兰，不但青毡麈尾。

所望

有客似吟似啸，意在山间水间。澹澹米家数笔，秋秋凉雨一湾。

野步

闲来不过山阴，唤艇便登野渡。寻声已到石桥，欲去亦愁歧路。

看竹

主人问竹未知，一须筼筜万个。何曾席地幕天，自爱绿沉苔卧。

江醉

何处却知江醉，冥冥雾露行舟。一双鸂鶒飞出，柔舻轻鸥自由。

自有暮花春竹，都无野鬼湘娥。寒江既醉不去，滩头櫂里闻歌。“櫂”，遗稿误作“擢”。

望松竹盛处冬坐其下

苍官尚未知岁，青士亦复含滋。楚楚百竿狐粉，垂垂千尺兔丝。大夫何年遗稿误作“何年大夫”。不让，湘女昨夜致思。水满洞庭飞（度）〔渡〕[①]，酒香亭上醒时。

遣怀八首以下七言绝句

愚斋尝见读书灯，亦有频来挂搭僧。近日溪流无菜叶，独浮黄叶涨秋塍。

维摩多病病如何，震旦由来思虑多。除却我人兼寿者，空花泡电遗稿误作“雪”。亦非他。

高歌亦可缓愁肠，起入疏林送夕阳。人事不许多计较，好风原不待思量。

树影扶疏动北窗，醒来人道熟黄粱。自知不作邯郸梦，不借仙人枕不妨。

素业由来有废兴，此声今听到云仍。谁能写赠苍苍竹，留与添丁长未曾。

豫章七岁知材日，谢氏阶前有数株。自笑暮生偏鲁钝，齐名原自是如愚。自注：谓俞愈两小男。

---

①据文义改。

虎子生来气食牛，既生原望过常流。莫言□祖乘除数，更溯从前有□丘。自注：示炜男禩。

伯鸾德曜两能齐，庑下依亲莫远携。却笑一贫徒卖犬，何如三告听鸣鸡。自注：示李九倩宜。

巫山神女

朝为行雨暮为云，十二峰头月不明。宫里细腰空自妒，梦中无路向细缊。

西施

吴越兴亡事可知，鸱夷原不恨西施。十年生聚都忘却，一日姑苏走鹿麋。

戚夫人

宝瑟瑶钗委厕尘，汉王曾拥戚夫人。乌江自刎虞姬死，谁似重（瞳）〔疃〕[①]宠爱真。

赵飞燕此亦见《楚诗的》

芙蓉并蒂复双开，祸水应知是祸胎。遗稿误作“福胎”。三尺寒泉浸碧玉，宫中犹有遗稿误作“由有”。凤凰来。

张丽华

曾闻掩面诛褒姒，今又挥戈斩丽华。留却倾城与倾国，辽阳

①据文义改。

不遗骨如沙。

绿珠

楼头一死谢官家，族灭身亡事可嗟。赢得珊瑚高数尺，犹憎解语不如花。

苏小小

钱塘江水暮潮深，油壁青骢逐处寻。犹有芳魂松柏下，游人千载结同心。

十月桃花

十月桃花已自开，村人惟讶早春回。几年草木为兵日，如此蓓蕾不重猜。

此月无阳却有春，早开应识是花神。荒村自好犹堪看，莫问玄都观里人。

浪说天台树树霞，也应不及武陵家。春来怕赚渔人入，霜雪枝头有数花。此亦见《耆旧集》。

开落银塘玉井边，寂寥偏许在寒天。山中尚有梅千树，疏影浮香已让先。

南柯梦传奇，若士四梦之一也，宜黄有庙祀公

蚁穴驱车事太长，槐南国里自苍（忙）〔茫〕[①]。宜黄香火今

①据文义改。

何似，湖上清明吊七郎。

看僧种花木

经济山林有别材，林疏路绕是新裁。劝僧莫卷双荷叶，为听数声黄鸟来。

母塘

未报春晖负母塘，总无寸水亦流香。欲从优钵分清露，拟种忘忧草一行。

松关

风雨如山壁立寒，松杉成就意相关。小池升斗如堪贷，写入莲花品内观。

菜圃

谁家菜圃接篱根，想到焦天绿入门。野径近来幽僻好，春寒春雨各留痕。

郤示

似佛无言应客迟，苦吟亦有厌吟诗。人在既贵何足道，试看古人未遇时。

坐看

舟楫趋前向远峰，一僧却起忽鸣钟。归心不似江流急，坐看沙汀月几重。

晤简吉人唐耳臣

同在山中量雨晴，柏园人只见孤行。偶然春草市中过，似为轻舟水上生。

可否清谈与赋诗，能来相晤定何时。为予说到幽深处，一夜山空风雨时。

塘上木芙蓉

轻霜才点木芙蓉，便有朱华绿水供。想是西川无限树，一时红尽锦城峰。

三年移植始分条，颇笑无成只柳焦。几瓣花中分醒醉，梅寒空傲雪霜朝。

塘上蒲生比浸苔，千山红叶照尊罍。秋花亦是春官式，白帝临轩烂漫开。

生在秋江费远思，过塘常说看花归。梦好自成春草句，集裳空补薜萝衣。

湘花当日醉黎涡，能殿东风婪尾多。不待白衣人送酒，朱颜早已醉微酡。

微云疏雨速花风，零落还嗟粉黛同。堪并菊花能不落，枝枝开合胆瓶中。

城南忆过使君鞍，写寄青山入纸寒。云是惠连诗句好，吏人折向后堂看。自注：使君熊如承也。

少年诗卷字朱华，曾得罗含句里夸。自有白鸡工陆笔，可无青史载江花。自注：予朱华白刻，亡友罗万夫序之，近以名附志中。白鸡，其赋也。

理中从上湘寄松茗感赋其事

一札封题细雨频，茶香犹见署中春。谪官客戢如收市，谁肯临危送去人。

托人理园

每将愁处语晴江，才望江流气已降。春水土墙颓塌尽，犹存干竹扫秋窗。

月明山后与山前，幽静无声磬响传。颇笑荒凉还到佛，不知东土异西天。

园荷栽日想成莲，荒草池塘看只烟。为有离人江上去，生憎江水不留船。

竹蒲能遮夕照疏，霜钟为听落何如。烦君周视先篱落，持饷春茶啜有馀。

邯郸梦戏题

一枕高槐道上阴，为他指点亦无心。行人不识醒非梦，偏向卢生梦里寻。

醒梦分明意不妨，何如醒后饭黄粱。仙人狡狯还成拙，肯自将身挥戏场。

浯溪哭陈楚石太宰年伯

青衫白面谒尚书，学易园中纳履初。不及南州徐孺子，总无炙絮与生刍。

云间说有莫云卿，彩笔牙遗稿误作“才”。签尽纵横。闻道遗篇留世上，不禁沦落□诸生。

忆扬修龄中丞席中谈花源

秋舫秋花路不遐，龙门人到说通家。花源似赌谢公墅，亲得中丞乞与他。自注：后汪山人以公书至，云毕竟邵陵为古武陵地也。

舟啸声

几顷烟波着一舟，白衣人亦似羊裘。无端却出篷窗啸，亦有人舟不载愁。

戏题并感李校书事也

渐卷秋衣为夜凉，门前江上即风霜。衾裯尚有当年梦，写授黄庭字数行。

男侠何如女侠真，千金赎籍脱风尘。运筹帷幄惟三策，始信子房是妇人。

余向避地西乡，南安林愓庵郡伯相依至止，两年溘逝，长公来负榇以归，顷至西乡，不胜西门酒垆之痛，赋诗四首

荆扉常为使君开，夜半佯呼里递来。自注：时里递乘乱征派如虎，公每以其来骇余故云。不是田横旧宾客，嘉禾岛上莫徘徊。自注：公家在上海名嘉禾岛。

弈不能高药未尝，好谈弈谱施医方。思乡缩地应无术，想见山高建竹房。自注：公所筑也。按："医方"，遗稿误作"药方"。末句原脱"见山"二字。

闭门犹有及门人，自注：谓诸子阳季也。隐日方知任日贫。每说平原佳气在，即今群从奉丝纶。自注：公每言乡地之佳，今诸侄并隽验矣。

广柳人归木主存，细泉留月与留魂。十年只我东迁去，纵有池塘梦隔村。

真显自青原归，致山公书春浮图集

太和三老话游踪，我昔曾游载酒供。带得青原山上雪，归来同作一缄封。自注：谚云，"太和三老酒豉鸡"。

西山捷歌自注：捷闻汝南“叶皆山偶举杜诗，西山寇盗莫相侵”之句，因成十二章以纪之。按：此诗亦见府志《大政纪》。

西山寇盗莫相侵，杜甫难忘遗稿误作“恣”。北极心。四路兵鏖探虎穴，穷猿失木更无林。皆言四海已为家，一角残棋算不差。自是火牛难再出，军中空唱夜量沙。

一自东征四国皇，公之归矣绣衣裳。“绣”，府志误作“肃”。关中转饷功原最，棠芾车攻补数章。自注：颂参藩朱公。

孙吴卓鲁两兼之，贤守真过十万师。横槊赋诗谁似得，即今惟有傅修期。自注：颂郡伯傅公。

一肩单骑感何人，于役志作“遇变”。遄征叹此贫。尽道功高宜受赏，独怜风雨送孤臣。自注：颂郡丞宋公。

持筹共入莲花幕，借箸还高细柳营。雨雪年馀行役远，清风一道白公城。自注：颂别驾白公。

安得蟆虾石一泓，为君纪事剡溪藤。微官莫自嗟驱使，惨惨劬劳念不胜。自注：幕宾吴许张三君，同在西山。

三年卜遍沅湘居，有姊申申归詈予。惟有骚魂常不散，夜吹燐火照残书。自注：山有屈原诸迹。

生长明妃村是非，谅无青冢忆香溪。宫门一出从沙漠，抱得琵琶杂鼓鼙。自注：香溪，王昭君生处。

瀼西三峡路茫茫，云逼城都杜草堂。楚竹已间门户钥，江陵直上到瞿塘。

唇齿空寒事不成，连营一炬死无名。掀翻彻底鲸鲵志作“鲸鱼”。穴，解散山头草木兵。

几人海岛殉田横，夜夜笙歌是哭声。用尽楚人飞挽力，庙堂原不是穷兵。

车逸民集卷十一

文

颛愚自述长诗序见《湖南文征》

诗有诗之精，如取火于灯，望气于剑，全无往来增减之迹。善作诗者，亦有诗之味，如贪锋铦之蜜，妙在能尝，解虎项之铃，惟在能缚者而已。若以此论僧之诗，则诗有诗之佛，明星一见，动地烛天，悟者自实。诗亦有诗之魔，如错一转语，不止失人身，权向他方亿劫中再尘消息耳。嗟夫！为佛易，为魔难，古人情高绪缈，冀得当一字一句与千言万言，皆不难伤前人之心，刻鬼神之状，亦有不离杀场而作菩提，不必宝所而清凉地狱者乎！余家藏选诗善本，无如钟谭所选《诗归》为最。业已津津好之，故后见钟谭诗，不以为其诗，而以为古人之诗。迨后予为诗，亦不以为我之诗，而以为钟谭之诗已。偶遇颛禅师兰若，出此本相读，偶得一章。禅师喜谓予曰："诗固可长乎？"予笑曰："诗何不可长也。"逾数夕，而自述诗作凡千言。禅师乃复惧曰："诗太长矣，可奈何？"余又笑曰："诗何可太长也。"取而细阅之，乃知禅师半生阅历，自北而南，古刹无不居，名流无不爱，且中间世谛之要，佛法之髓，语言之妙，一一剖以示人。譬之舍利在人身中，必人化而舍利乃见然。彼天眼即其人行住坐卧已知有坚固。

又譬之铁网为珊瑚，盈尺径寸，虬结皆佳，可以敌国，夫此犹禅师半生自道耳。过此，年弥高，世谛弥出，佛法弥沛，语言弥沉，则是诗也，门弟子尚存乎？见少而何多之足云。故予序是诗，而赞曰：是诗也，以法显之记佛国，兼以王子年之志十洲，郦道元之注诸水，幽冥合沓全副，而为吾师自述之诗。知斯三者，可以为长诗已，可以读《诗归》已。

邵陵龙山赋序

见《宝庆府志》。按：龙山，一名岳平顶，俗称十二景之一，岳平云顶者也，为资湘间之干山。

晦山，显禅师住欧笈先生得道处，著《天上云居赋》，结构甚密，铺叙有式，妙在无难字，无僻事，使人通晓，恨不蹇裳赴之，意未可以《文选》中诸体制目之也。吾侄理中仿而为《邵陵龙山赋》，渔猎内外典而概括之，以期于当然，其难有十倍于晦山者。云居名胜，其来已久。历居五十馀祖，尽堪点簿，蜡骚人之屐，解名人之带，可为口实者良多。若邵东北之龙山，向以隐山和尚见郡方外志，而世尚有疑之者，则以流叶桥之载湘中也。余尝思之，隐山焚庵，而后去之湘中，其先在邵，可无疑者。即如明颛愚禅师住邵者，几廿载后去而之青原、云居诸山，使后世之人不知为邵陵之颛山，乌有不疑者乎？吾侄快得此意，而畅言之。至于不主先入，不阻后进，不妄牵附，不乐假借，其识其力，固有大过人者，赋成且有年矣。今秋余偶见之澹宁僧笈中，喜甚，而为之序，劝其授梓，使如桃源之显于大康，龙湫之见于祥符，应真飞锡以来，子骥问津而至，有以是赋为梯导者矣。序已，复系之以诗曰："龙山一回望，四面郁青苍。依厂开僧户，穿云置药房。岳平猿鸟共，溪旧雨花香。子赋于今出，人将问锦囊。"时顺治辛丑闰七夕，禅隐老人以遵题于梅庄之白石草堂。

雨居赋诗小序见《沅湘耆旧集》

余问天不对，度日以诗，既不期夫人知，聊可谓之自遣。盖欢愉难好，穷乏易工，春者无拂乎相贫也，亦是其病。昔鲁参咏而山鸟下，物且依人；若成连鼓而海水翔，情其移我。切闻朋友之诫，可无故不到城闉，但事大夫之贤，或有时得安田里。乃佞佛而佛加庇，癖僧而僧已来。安道室就于郗超，皆从雅尚许询席，虚于支遁，益唱宗风。爰慰锄犁，兼攻铅椠。捷可惊风雨，情当格鬼神。我愁往矣，民庶采之。况顷经弹射，孽尚怯乎虚弦；老出网罗，鹿不系于厨釜。载赓载咏，斯舞斯陶。殊不择言，庶几应节。诗为家物，矩但用之高曾；穷乃人为，律益严于风雅。虽藏山有作，一丘一壑而有馀；悬市无时，长言屡言之不足。如蒙采采，以降忡忡。当想枫落吴江，不惟一语；毋谓偏师秦系，独擅五言。时著雍庵茂之岁蕤，宾月晦日也。

午日泛舟赋诗小序以下五首见遗稿，字句颇有脱讹

乙巳夏五月，黄岐高介容进士、汉阳汪枚阶孝廉，先后至邵。其年，兄弟车我皆经元、车与三太史，予假遄归。届兹令节，期以壶觞，良骖来集，不可谓偶然也。舟既驾，歌复清，游龙翔于前，轻燕逐于后，江干游人，观者夹岸。此亦十馀年未见之快游，赏心之乐事矣。夫自骚沉屈远，裹粽掉舟，何尝不叹息精灵，动关忠孝？乃至数千年而下，结念消魂，固非涕之无从，悲生有故者矣。若在今日，殆不可言，何也？彼自怀君，我欣卬友，尚异汉文绛灌之时，未见上官子兰之属。矧屈失之怼，贾过于伤，识

者悼之。今我已远烽烟，近安岁月。浴兰祓艾，聚芳节以立身；弥冠振衣，盛风云之际会。若两君与两家侄者，彯缨曳组，花悬木天，行将著白虎通为金马，使兹之荐登鹑首，式和埙吹，异地叶星聚之占，在楚亦天涯之合尔。乃举擢绛树，激音鼓吹。政自来思，羽觞若流曲水；三舟可辨，无富贵之气以耀人。一揖便升，惟快文字之饮以自适；既而兴会，聿谐标举更远逸。少自达犹，窃比于金谷之文；阮咸名通，不自远于竹林之列。爰谓古者公卿燕好，必且赋诗；今之名士登临，亦可言志。沃离骚之怨，化作欢心；洗河朔之风，昭其豪举。乃属老子之首倡，俾同人以应和。庶姓名可纪雪堂之客，不谓无人；今古冥投江上数峰，何疑入梦。因之有感，以志大要云：首倡者禅隐老人，同游唐时渊十泉、曾文选苏门也。

拈须吟小序

余少而文弱，老益龙钟。潘岳二毛之见，不待暮年；沈郎解带之宽，多从病日。工而无裨，已知江淹之竭才；忧能伤人，深虑孝章之不免。偶于挥发，试复拈须。丝丝几何，冉冉殆尽。夫百龄期于必老，一叶落而知秋。况事关于体中，岂可置乎度外？而知非十载道尚无闻赋，是千秋终将有俶。斯吟之作，盖有由来焉。

观董元宰帖题诗小序

先生往以词林督楚学校，赠先大中诗字甚侈。三十年前，尚见所书“鱼乐图”三大字，及莲池师为跋，所书《法华》、《金刚》二经也。邑孝廉刘默庵游华亭时，所得字诗，乃在其晚年，犹妙。刘默庵云先生往来，多在陈眉公处，而余侄造父及默庵，皆试时所赏识士也。按：先大中谓参政公，造父则参政之子万合字也。

古留堂赠言小序

郡司马金公式庵，征留堂诗中载其自新安而居淮之安东也，堂名一仍新安之旧。俯仰之间，作述具是矣。楚人遵乃言曰：吾师乎怀挚怀先仁安敦土。昔江南成赋，犹思太乙真人；淮水长流，但表太原佳气。独征言之，欲见鸡犬于桃源，拜衣冠于栗里也。仕不志隐，远不违亲，贻厥子孙，有典有则。务宏范文正散产赡族之风，不第王仲宣登楼洵美之感也。夫阮南阮北，雅俗宁殊；瀍东瀍西，吟眺伊公。以夬坦作吏，求莫缓萌。职业谨修，勤于吐握。乃征言于黄耈，频望舍于白云。遵寄迹高深于心广也，亦不以鞶帨踵事。若乃皋桥韩墅，所在有之，而谢眺青山以诗名世，公将何事于远搜？遵言或窃附于家谱也。

潇湘八景题词小序

何地无景，晓钟夕照。何景不然，而八者特著，以其为潇湘焉尔。陶子云：潇湘二水，合注于潭与洞庭，接罗子而下三百里，皆古长沙地也。江湖吞吐，气象殊绝，故八景尤胜。沿潭水也，昔人作赋云，须于水之左右前后言之，余八咏数作此想，生平屐齿，大半浮湘。试质之仲调，亲切何似也。按：仲调，陶密庵字也。八景题词，见诗八。

族谱序见车氏谱

族必有谱，所以联涣以为聚，从近而溯远，非必其贵盛与众多也。是故凡族皆可作谱，而况其贵盛与众多者乎？虽然，吾见族大者之涣而不聚，近而忘远也，更甚于他族。他族以其单寒，惧不能世守也，于是强附于同姓者，同姓亦以其附我也，而亦概收于谱之列，涣与远弗计焉。天下之谱，可信者几何哉？而矧其贵盛与众多者，人之附之，又当何如耶？遵先大夫之谱族也，严而有法，其自丹徒而之粤临贺，由粤临贺而来邵也。则断自御史公舒为始祖，以下至先大夫为八世，至遵为九世，今又几世，遵之一身上下观者，可六世。数百年生聚教训之艰难，与敦睦退让之风矩，虽不敢望于他郡之贵盛而众多者，要以一字特悬，昭然如星之丽天，岿然如山之拔地，而为他族所不敢望，则未之诬也。先大夫谱刻于括苍之保鳌堂中，兹五十馀年，同族以生聚教训之日盛也。遵长男万含与侄孙鼎黄，于西乡祖庄业已汇之成帙矣。式较昔稍阔，法更较密，要使分者如头目手足之位置，而其精神血气，盎然流通，则人可自认其为身，而又以身视身，头目手足之不异精神血气之往复也。是不已联涣以为聚，从近以溯远者哉！未几，兵燹，失其稿，而长男亦亡于是。香函弟之长男我皆、次男涵夫、叔男鹤田、与遵之次男万期，慨然共谋于侄孙鼎黄。以兵燹之后，人事改观，修复宜急，聚族商之，似有成议，宗谱涣然一新，俟其成而授梓焉。然遵既已叙前此者之所为矣，今犹忆其言，族人之善也。与惩恶也，义无偏重，而欲其有善而无恶也，则又不啻三致意焉。此无论笃族之谊当然，而后之子孙如积薪，后来者居上，多益善耶，出愈奇耶！其亦知所勉也夫！

胡秋田先生祠记见《湖南文征》

邵郡邑志，历代不少概见。明宏治、嘉靖诸属纪载，或有阙文。崇祯己卯，郡守陶公珙征掌故，见旧志多所未备，属遵纂修。因与蒋、舒、王、刘四子共事。篇中有秋田胡曾先生，入人物、艺文各类。中虽仍旧，而微有增损。志成，介刘子邮正于罗萸，江太史极称道之。迨我〔国〕朝癸卯，郡守傅公、邑令颜公，各修郡邑志，载公如前。因忆万历间，监司王公志远序公《咏史》诗曰：唐季诗文，多以小队取胜。时推司空表圣，诗最高雅，有承平之风，而乱杂沦落，旧史几不能明其本末。王元之始力为之辨，而后乃知耐辱居士之污。士生衰世，其可悲也已！秋田先生所著《安定集》十卷，载在《唐史·艺文志》，必斐然可观。而仅于车子仁公所得《咏史》藏本，凡一百四十九首，律诗若干首梓行。虽曾所事高渤海，卒为叛臣，初不可谓无功于唐室。秋田本末，未能详考。然坟茔在里中，羊虎未尽崩褫，其为终老于家，不与于从逆，较然可知。出处大致，固无愧于表圣者哉！遵当修志时，每抚然曰：秋田距今近千载，先大夫辑其诗，王元亭为之序。不独传其诗也，而比于司空表圣，皆忠于唐室，其有功于胡氏如是哉！先大夫《萤照阁草》正续集四十卷，版毁于兵。近以纂修明史，两奉部檄，载名征取，皆无以应。至遵之高霞堂五刻及《编年古文词杂著》，可得百卷，失且八九，传与不传，听之于命。视王先生所云，士生斯世，以诗文见称，可谓不幸，感可知已。按胡氏谱，汉晋以来，世为邵人。因邵前隶于潭，曾因有故园长沙之句。明初以族大人繁编为四粮里子孙，或仕或不仕，不具论。十年前，有字亨宇者来谒余，述秋田遗事，余颔之。今年八十二矣，隐山中，未出城市。而亨宇再过，问其年与余齿近。讶其远来，投杖欲泣。自言某无后，将捐产为先祖秋田建祠立碑于秋田寺左，乞公文以传永。余辞不获，因口授儿辈记之。余向知秋田寺在胡公墓下，实公香火之区。后人徇福田利益之说，改祠为寺，而神明奉之。今亨宇索余文，以为可久之计也。夫以胡氏数万指，而独亨宇耆年，往还百里，可谓志大而心苦矣，乃余更有感焉。士生当世，所遇各殊。然有旷代相感者，不知为何心。

诗文在人不才者，视为可已。而不知才，人赖以传者，千百年如一日，彼以为可已者安在哉？属《文征》误作“授兹”，从《宝庆府志》更正。亨宇以文请，因庆胡氏之遭，且以劝夫世之能为诗文者，第论其工与不工，而得传于千载，皆恃有名贤及箕裘后裔，又不独秋田先生然也。是为记。

邵阳县志跋见《湖南文征》

尚书云：“若射之有志。”志者，的也。肇帨其文，谓之过；椎鲁不文，谓之不及。过与不及，而志或不在焉。奈何？曰，前事之不忘，后事之师乎？遵年逾六十矣，少壮时，尝备郡志葑菲之采，然惧立言之无当也，无足以酬谘询之盛意，因退而为《召乘胪句》，凡二卷，其书具在。往监司东海黄公序而梓之，谓可辅郡志以行远，若春秋之有三传也，今二十四年矣。念邵陵瓯脱地顷，被大清休养者十馀载，鼎革莫甚焉。中间忠孝显微，气义节烈，风俗徭役，业不可比而同之。为与往夙一辙，属以邑大夫紫岩颜公最绩之三载，善政莫可殚述。俨不鄙蕞邑，而谋志事于乡绅人士，遵敢谓某备编纂之末也乎哉！而邑大夫则既以束帛，而物色之矣。因集于古光孝报恩禅寺中，某与诸子，约以邑大夫之不鄙蕞邑，而谋志事于乡绅人士也。罔曰弗克，惟既厥心，抑遵闻之，童牛角焉。不今不古，利用革诸，君子无亦舍旧而新是，图而进教之，以告无罪于邑大夫也。遵实拜嘉诸君子之赐焉。及岁馀，而志告成事。大夫虚衷折节，以诸子之克负荷也，能举善也，能敬恭也，能体国朝休养之泽，而能相兹良书，以具十馀年之故实也。公馀之暇，则笔则削，不主先人之言，不徇已成之牍。凡可以资黼黻利，久远诏来兹者，无一之不悉是志也。大夫固已优为之矣，刻且竣，谓遵宜跋。遵又敢曰，予跋也乎哉？然而窃有闻也，邵于汉为荆州刺史部，又为零陵北部。往事之丽于荆于零陵者，讵悉于邵，无所与邪？若隋解建州而福，唐亦为建州，唐置南梁州，而今为保宁府，亦为南梁州。某既已核之矣。致堂胡寅之记义门金氏也，金说从之问学，而五峰宏之记绍兴州学也，具见志中，往志或以寅出邵州之未至也。乌知湘潭之有文定、致堂、茆堂、五峰之墓，在隐山而真西山奠之有文邪？秦县大于郡邑，名昭陵。后名州邵阳，县志附郭事，纪述多从郡邑之自为志，在明嘉靖间，百馀载矣。沐大清休养者十馀年，鼎革莫甚焉。乃自邑侯杨次羲而外，无齿及者，今大夫以文学政事才兼有之，而为是志也。异日者，天子坐明堂，而辑瑞贡民谣物价以成风，是志实为郡嚆矢。兰台石室之上，有其书焉，殆不减于昔人之收图籍也。而未也王祖桃陵先生著述名海内，江州高白傅之吟都梁香王门之裾，兹志之成于文孙也，武攸洛陵世世咸被膏雨，靡有涯涘。即遵先大中前见家集中，而又采之于邑志。遵感激当为奚似，而邑大夫无私也。惟是胪句一篇，残蚀莫保，虽曾经赏识，而以驱车言迈，遂无从较订，俾翼邑志，以行远也。大夫其抚然曰，余以俟君子也哉！

西祝庵琏和尚塔铭见《宝庆府志》

师讳仁琏，字藏山，世寿六十三岁。僧腊四十九年，寂于康熙丙午。其门人知泽等，先以建塔募疏，见属禅隐居士为之疏，于缁素间乐从者众，余以知师之服人者深矣。今年冬腊，雨雪载涂，其门人踵余村，告以塔工落成，将伐石，以予文镌其上，以示来兹。而无虚信施者之心与力，是以急为请。予亦乐从之。盖予与师未尝谋面，而其行事，脍炙人口，则因其言以核其实，为之铭可也。按师薙发于祝延庵正宗师处，得戒则于紫荆峰无学大师，开建练若者二，以戒授人者二十馀次，教人以净土指归。念佛法门，特为精密。时人浮谈宗语，乃谓无佛可念，无净土可归，师皆以为荒唐，悠谬不足学也。行之益力，信之者益多，谈宗者舌桥而不可下。余闻之于人者皆如此。以此知师诚实人也，故能说此诚实之法。十字标心，六时系念，虽唐之善导大行诸禅师，无以异焉。计其寂时，必有宝地。遥观金台来照者，是亦何容思议哉。独是塔之建立与落成也，将以示来兹，而无虚信施者之心与力，是不可无记，记之碑石可矣。门人知泽等，言塔在金盆山，厥址癸山丁向，高若干，广若干，费值二百馀金，创于本年八月二十日，成于季冬佛成道日。禅隐居士为之铭，则于康熙戊申嘉平月之初三日也。铭曰：匪色不空，既空何相。塔之有无，是真是妄。师归西天，塔留此土。何去何来，视此窣堵。

附录

车万含诗文

双清亭以下二首见《宝庆志》

白公城下总青山，谢客寻幽屐齿间。野兴接秋惟傍水，暑思消夏几回湾。浮湘遍插金声赋，通籍才离玉笋班。赖得山公为地主，尊开北海意相关。

送谭学师归炎陵

资山鄙水白云里，白云处处随夫子。即今归去鄙山限，云随夫子过秋水。惟岳降申及此途，绣斧金挝赴苍梧。桃花洞口仙驭游，东阁西华参武攸。龙泉太阿相为洽，澹怀如许与对榻。共言此地别光风，使我梦游江头月。一宵魂气犹如此，百年变态焉可测。君去南，君去北。霜气骨剑，犹存古色。他年若问此间评，明河炯炯照生平。

双清亭送谭学师归炎陵序见《湖南文征》

资邵二水，合而有亭，亭下楼台阮宇，吾郡之胜。觞于其上者，同人留别。桓部别山张先生赴梧郡，参军怡云傅先生入武攸，而庠师国珍谭夫子给假归炎陵也。两先生与师敦，缟带班荆，与诸门侄附声应气，求诸门侄与师系以函丈，重以父执，曷啻金兰之契。而郡庠师李芳谷与两先生莫逆，与师分则同僚，齿同诸侄也。集此为会，分韵述怀两先生。方欲尼师之归，谓以君道范，经邦楷模，以君宿望，当涂推毂，曷为恋彼东郊之湄哉？故桓部咏曰："末酬佳国恩，忍看山河碎。四郊今多垒，遗辱在我辈。名山集胜友，菊松焉可醉。援翰持转衷，日落烟含翠。"参军咏曰："眉锁湘江浑不流，有情犹自系南舟。琳琅此际均留别，骨懒愧余略唱酬。"师但答云："两先生绣案经纶，应启云雷，咄咄如某，自当放归长林耳。"诸君各出所赠，有末喻旨含乃宣言于众曰："此师宿志也。师自庚辰岁，司训吾庠，癸未秋，献贼重兵压郡时，伪道与师同郡，密招之，遂远匿。已而黎靖署镇恢郡，与师故，知益重之。当路交章汲引，届今为盛。师独受坐，升吾庠司教，而辞显秩，岂非以其围城使无噍类，谓将无贞志而徒残民命耶？其动关国计，而远心不可群也。如此七年，于兹一旦分袂，正如应璩所云："或振翼天衢，或濯鳞清渊，岂可同哉！"于是众咸以为然。芳谷师曰："乐事天壤，不可再也，江上送行，白璧将焉分也。惟子言与咏，为深知师者。曷并为序以记之，镌于亭畔，俾后之览者，嗤含为抚掌之资乎？"含韵曰："资山鄢水白云里，白云处处随夫子。即今归去鄢山限，云随夫子过秋水。惟岳降申及此途，绣斧金挝赴苍梧。桃花洞口仙驭游，东阁西华参武攸。龙泉太阿相为洽，澹怀如许与对榻。共言此地别光风，使我梦游江头月。一宵魂气犹如此，百年变态焉可测。君去南，君去北。霜气骨剑，犹存古色。他年若问此间评，明河炯炯照生平。"桓部会同敞，江陵人。参军讳作霖，武陵人。师讳宗廪，鄢县人。芳谷师讳青莲，黄冈人。诸君瑶篇不及备载。

车万启诗十一首

闻山樗禅师从庐阜还祇树林以下四首见府志

闻从庐阜归，能说庐阜美。泉引到香厨，涧泻悬瀑水。坐看云密疏，行数峰起止。法传得纸衣，肯复滞于此。

宿石隐庵，同湘草世兄、上人三浪刻韵，得阳字

未过三伏乃骄阳，万井香禾侵雁堂。聚石却如禅悟定，远山应接翠微长。僧经劫火头将白，桐入初秋叶渐黄。来宿招提耽逸韵，诗成应共月清凉。

仲兄宿再来庵湛公禅房，诗迟、湘草不至，刻韵得冰字

倏忽经年别，还同乍晤僧。草蛩吟午夜，蟠蝙散千灯。节爽慷当慨，诗成冷似冰。远公开社久，应愧少良朋。

同仲兄登扫月幢，值牡丹盛开

漫游花梵兄兼弟，饱看人间富贵花。供佛留宾邀赏识，柔香紫色到萌芽。回廊久伫时将雨，讲寺欣传天坠葩。自昔慈恩饶胜集，孰从兹际较繁华。

涵夫、鹤田两从兄游会稽归，见示西湖吟绝句以下七首，见车氏谱

出门凛炎蒸，归途戒霜雪。风雅富奚囊，历览疲车辙。所至讵云遥，犹然囿禹穴。仲句饶清真，俊逸迈俦匹。采风太史长，

山川定优劣。即境写以诗，侈将盛事说。适我哀毁时，罢读增哽噎。湖景洵繁华，难以破萧瑟。

城寓初度

侍亲严膝前，恒言讳称老。自惟生也顽，三十犹草草。莫及入宫妍，频将蛾眉扫。回思昨岁时，哭母感行道。浪生真何为，吞声娱文藻。群友介寿觞，心焉惄如捣。焚香礼空王，以祈兼以祷。不得行胸怀，百岁犹然夭。

哀吟有序

哀吟者，泣慈氏之云亡。值岁序之嶰冽，风凛凛而号寒无地，雪霏霏而凝素成山，肠日九回，扪心多痛。抚在堂之椁，形影徒慚；披向日之帷，謦咳莫与。嗟彼昊天，实我生之不淑；悼兹圣善，惟送死以为艰。枕块聊鸣其哀，寝苫徒永其泣。

悠悠岁序几吞声，为惧桩怀愁虑撄。云黑数峰增叹息，水融万壑写哀情。山川有憾空馀雪，风雨无端惨不晴。欲乞比伶妨读礼，多番泣血忍开枰。

雪里惊闻众雀喧，杜门夜夜若啼猿。鼎三致祭伤贫士，阳九逢时叹后昆。此日孙曾堪执绋，他生母子誓徒存。祁寒孰为裁襦裤，寤寐惟思若返魂。

犹记成童绕膝前，围炉校字荻灰边。知儿了了规常切，绳祖谆谆诲独先。别后神思多创钜，挥来涕泪实绵联。小人有母遑将事，滴滴双眸竭涌泉。

宵宵泣冷雨凄风，拨尽灰炉火不红。自是□□将息影，那堪愁绪似飞蓬。卜茔若护惊眠鹿，课读何由得味熊。庐处他时成小筑，溪流一带女墙东。

拜长兄榇前

长揖何从问所之，旋魂已返尚如斯。此生犹忆他生约，逝日还同存日思。沦落庵居嗟十载，浮沉世事听孤儿。夜台应对慈亲泣，予季犹然季女饥。

叶德辉　撰　湖南图书馆　编

湖南近现代藏书家题跋选

（一）

湖湘文库编辑出版委员会
岳麓书社

湖湘文库

出版说明

湖湘文化源远流长，博大精深，是中华文化中独具地域特色的重要一脉。特别是近代以来，一批又一批三湘英杰，以其文韬武略，叱咤风云，谱写了辉煌灿烂的历史篇章，使湖湘文化更为绚丽多彩，影响深远。为弘扬湖湘文化、砥砺湖湘后人，中共湖南省委、湖南省人民政府决定编纂出版《湖湘文库》大型丛书。

《湖湘文库》编辑出版以“整理、传承、研究、创新”为基本方针，分甲、乙两编，其内容涵盖古今，编纂工作繁难复杂，兹将有关事宜略述如次：

一、甲编为湖湘文献，系前人著述。主要为湘籍人士著作和湖南地区的出土文献，同时酌收历代寓湘人物在湘作品，以及晚清至民国时期的部分报刊。

二、乙编为湖湘研究，系今人撰编。包括研究、介绍湖湘人物、历史、风物的学术著作和资料汇编等。

三、乙编中的通史、专题史，下限断至1949年。

四、甲编文献以点校后排印、据原本影印及数据光盘三种方式出版。

五、除少数图书以外，一律采用简体汉字横排。

六、每种图书均由今人撰写前言一篇。甲编图书前言，主要简述原作者生平、该书主要内容、学术文化价值及版本源流、所用底本、参校本等。乙编图书前言，则重在阐释该研究课题的研究视角和主要学术观点等。

七、对文献的整理，只据底本与参校本、参校资料等进行校勘标点，对底本文字的讹、夺、衍、倒作正、补、删、乙，有需要说明的问题，则作出校记，一般不作注释。

八、甲编民国文献中的用语、数字、标点等，除特殊情况外，一般不作改动。乙编图书中的标点、数字用法、参考文献著录规则等均按现行出版有关规定使用和处理。

《湖湘文库》卷帙浩繁，难免出现缺失疏漏，热望社会各界批评指正。

《湖湘文库》编辑出版委员会

总　目

前　言

叶德辉是近代著名的大藏书家。在全国范围内，叶德辉以其丰富的藏书与近代另一大藏书家傅增湘齐名，有“北傅南叶”之称；在湖南，叶德辉的观古堂与道州何绍基的东洲草堂、湘潭袁芳瑛的卧雪庐、岳阳方功惠的碧琳琅馆并称为“湖湘四大藏书楼”。叶德辉的先世已经有些藏书，自己从青年时代起就酷好收藏书籍，到清宣统三年（1911）时，他的观古堂藏书已经多达四千余部、二十万卷左右。其儿子叶启倬描述：“家君每岁归来，必有新刻旧本书多橱，充斥廊庑间，检之弥月不能罄；平生好书之癖，虽流离颠沛，固不易其常度也。”（《观古堂藏书目跋》）估计在他生前可能已有超过三十万卷的巨藏。

叶德辉，字奂彬，号直山，别号郋园，湖南长沙人，生于清同治三年（1864）农历正月十四日。其先世本居江苏吴县洞庭西山，道光末年，祖父叶绍业因避兵乱始携眷入湘，定居长沙。父亲叶雨村，曾捐官候补知州，生子四人，叶德辉居长。他十七岁入岳麓书院就读，二十一岁补湘潭县学附生，因此又称湘潭人。次年中式乡试举人。光绪十八年（1892）登壬辰科进士，分发吏部主事，不久便以侍亲为由请假回乡。

叶德辉回到湖南后，便以提倡经学自任，与岳麓书院院长王先谦（前国子监祭酒）交往密切，很快就成了湖南绅士中较有影响力的一员，活跃于湖南政、商、学各界，成为湖南当地守旧人士的领袖。

宣统二年（1910）长沙发生饥民暴动的抢米风潮及罢市事件，叶德辉和王先谦都受到牵连，王降五级调用，叶则革职永不叙用，并交地方官严加管束。

辛亥革命后，叶德辉曾因嘲谑民国，为湖南当局逮捕，经王闿运等人营救，转赴上海，半年后始获返湘。直至民国四年（1915），他才又被推举为湖南省教育会长，进而又被推任长沙总商会会长。民国十六年（1927）四月，叶德辉终因讽刺如火如荼的湖南农民运动而遭到逮捕公审，并被作为土豪劣绅处以极刑。综观叶德辉的一生，可以用他自己的诗句来概括："九死关头来去惯，一生箕口是非多。"

然而，正是这个叶德辉，他不仅仅是以藏书家名世，还是一个很有造诣的古文史学家、著作家、刻书家、版本目录学家。叶德辉在学术上的成就，正如缪荃孙为其所作《书林清话序》中所说，他"精研经义、字学、舆地、文辞，旁及星命、医术、堪舆、梵夹，无不贯通；凡经籍、金石、书画、陶瓷、钱币，无不罗致"。

今人在整理和研究古代文献的时候，谁都无法避开叶德辉这个名字。其及门弟子李肖聃在《湘学略·郎园学略》中写道："论者谓湘州皕年以来，文儒相望，而甄微广术，孤诣致精，撰集穷乎众流，徒人及于域外，未有若先生者也。"（李肖聃《湘学略》，岳麓书社 1985 年版，218 页）。

另一弟子杨树达评其版本目录学，说他"淹通目录，识别版藏。凡雕刻源流，传本真赝，莫不骈列在胸，指数如画"（杨树达《郎园全书序》，见杨著《积微居诗文钞》，上海古籍出版社，1986，页 83—84）。

谢国桢亦赞誉他“精于目录之学，能于正经正史之外，独具别裁，旁取史料，开后人治学之门径”（谢国桢《丛书刊刻源流考》，见谢著《明清笔记谈丛》，上海古籍出版社，1981，页223）。

张舜徽先生评论叶氏“阅肆日久，藏书素丰，库掌毕生，不妨精熟，故版本之学，最能名世”（《清人文集别录》卷二十一）。张先生又说：“盖其一生所长，仍在辨簿录异同，审聚刻今古，故所撰《郎园读书志》，亦视他作差胜耳。”（《清人文集别录》卷二十二）

叶德辉利用自己丰富的藏书，长期从事目录、版本、考据、辑佚的研究，他的目录学著作，除主要的《藏书十约》、《书林清话》以及《观古堂藏书目》外，至今还屡为学界所称道的传世之作，就要数这部集题跋大成的《郎园读书志》了。

《郎园读书志》是叶德辉对其庋藏书籍所作题跋的总汇，是倾注了他大量的时间和精力的一部著作。该书在体例上援晁公武《郡斋读书志》、陈振孙《直斋书录解题》之例，并采钱曾《读书敏求记》及《四库全书总目提要》之体，全书共十六卷，按经、史、子、集四部排列，计经部96目，史部96目，子部126目，集部别集类192目，集部《乾嘉诗坛点将录》人物著作116目，总集类70目。

叶德辉的每一篇题跋基本上都是对一部书的概略介绍，往往首先注明作者姓名、籍贯、仕宦履历及著书大略，然后叙述作者学术的源流派别及版本缮刻之异同，还夹杂发挥自己对时事、史事的一些看法，鲜明地反映了他的个人观点。

从《郎园读书志》中，我们可以发现，叶德辉的案头随时备有多种书目，使他对各家藏书及各种版本了然于心，故特别精于鉴赏。如《四库全书总目提要》、张之洞的《书目答问》、阮元的《天一阁书目》、毛晋的《汲古阁珍藏秘本书目》、季振宜的《季沧苇藏书目》、孙星衍的《祠堂书目》、张金吾的《爱日精庐藏书目》、汪士钟的《艺芸精舍宋元本书目》、瞿镛的《铁琴铜剑楼藏书目》、陆心源的《皕宋楼藏书目》和丁丙的《善本书室藏书志》等，这些书籍他随时翻阅，如数家珍。据说，一本古书入手，他只要用眼睛瞄一瞄，鼻子嗅三嗅，手指捻三捻，当即就可判别出年代之遐迩，版本之真伪。王先谦、易培基等省垣的硕学名儒，遇有版本学的疑问，想去请教的第一人便是叶德辉。例如他在《郎园读书志》卷七对自己所藏的镇库之宝——北宋胶泥活字印本《韦苏州集》的题跋中写道："字画横竖波磔皆有齿痕，盖由胶泥锻字，不如梨枣受刀之快利也。宋沈括《梦溪笔谈》云：'庆历中，布衣毕昇始为活版，其法用胶泥刻字，字薄如钱，每字为一印，火烧令坚。先设一铁版，其上以松脂和纸灰之类冒之。欲印则以铁范置铁版上，密布字印，满范为一版，就火炀之，稍熔以平其版，按其面则平如砥。'据此，则活字版印书始于北宋，今以此书验之，一一与沈书相合。书半叶九行，行十七字，四周墨阑版中直线细如发丝，不知何时何人以墨笔加重。字行不齐，正可见铁版胶泥印书之迹。前有'嘉祐元年十二月二十二日太原王钦臣记'。庆历、嘉祐，同为仁宗纪元。嘉祐上距庆历十馀年，其时胶泥印本当必盛行……故以此书论，非止北宋本中第一，亦海内藏书第一也。至纸薄如茧而极坚韧，或澄心堂制造。墨色如漆，视之有光，或李廷珪墨所印，皆未可知。明时亦有此种活字印本，但纸、墨远不相逮，一望而知其非出宋印云。"像这类鉴赏版本的文字，在《郎园读书志》中所在皆是，读了确实使人如醍醐灌顶，茅塞顿开。

叶德辉除了精于鉴赏古书外，还长于校勘、考据之学。正如他在另一版本目录学著作《藏书十约》中对校勘总结有“八善”时说：“校勘之功，厥善有八：习静养心，除烦断欲，独居无俚，万虑俱消，一善也；有功古人，津逮后学，奇文独赏，疑窦忽开，二善也；日日翻检，不生潮霉，蠹鱼蛀虫，应手拂去，三善也；校成一书，传之后世，我之名字，附骥以行，四善也；中年善忘，恒苦搜索，一经手校，可阅数年，五善也；典制名物，记问日增，类事撰文，俯拾即是，六善也；长夏破睡，严冬御寒，废寝忘食，难境易过，七善也；校书日多，源流益习，出门采访，如马识途，八善也。”当叶德辉“每得一书”时，“必广求众本，考其异同”，且“比勘之后，必有记述题跋”。如他在《郎园读书志》卷一对明嘉靖用徐氏复宋刻《三礼》本对《仪礼》十七卷的校勘，叶氏在该书题跋中写道：“此为明嘉靖刻《三礼》之一，每半叶八行，行十七字，士礼居曾刻其《周礼》一种，颇多讹舛，因以宋董氏集古堂本为主，更以各种宋本校正之。”叶德辉在这里是以宋本《仪礼》来校勘明嘉靖徐氏复宋刻《三礼》本《仪礼》十七卷。由于士礼居所刻《周礼》一种“颇多讹舛”，乃“以宋董氏集古堂本为主，更以各种宋本校正之”。最后，叶德辉得出结论：“凡此，皆此本胜于严州本之处。暇日当会宋、元以来诸本别为校勘记，以补阮文达《十三经校勘记》、《石经仪礼校勘记》之遗。倘有馀资，将影写重雕，与黄刻《周礼》合为双璧以饷学人，不知此志何日能偿也。”

最难能可贵的是，叶德辉在读书时绝不迷信权威，敢于怀疑，积极求证。如他对张之洞的《书目答问》，亦能从中挑出“刺”来。他在《郎园读书志》卷四《书目答问》跋云：“其书有初刻本，有后刻本，有修改本。盖屡经校补，始克通行。此犹初刻本，故前有提督四川学院关防印。取后刻校勘，有此本有、后刻无者，凡二十八种。有此本小注有、后刻无者，凡五种。有此本无、后刻有者，凡百十三种。有此本小注无、后刻有者，凡九十种。有此本列小注、后刻列正目者，凡十八种。有此本列正目、后刻列小注者，凡四种。有此本与后刻部类不同者，凡十九种。有此本列附录、后刻列正目者，凡四种。有此本列正目、后刻列附录者，凡十一种。余别为校目，附此本后，以便省览。大抵此本，于著述、刊刻、人名多有传闻之失。后经改修，仍有未尽。”凡此种种，在《郎园读书志》中真是不胜枚举，即此亦可窥见当年叶德辉治学之严谨。

值得一提的是：叶德辉不仅重视儒家正统文化、庙堂文化的传承与研究，同时也注重小说、戏剧等民俗文化的收藏与研究。在《郎园读书志》卷六中，经他题跋的就有《京本通俗小说七种》、《影宋京本通俗小说金虏海陵王荒淫》一卷、《青楼集》一卷、《还魂记》二卷等。他在《京本通俗小说七种》的题跋中说：“《碾玉观音》记韩蕲王府中事，可见当时武人豪纵，视人命如鸡犬。”他在《影宋京本通俗小说金虏海陵王荒淫》的题跋中写道：“中国风俗语言，皆随时随地而变。更三代以上，有方言，有文言。其后蛮夷通道，侵入蛮语；五胡乱华，杂以胡言。迨用之日久，不独语言袭之，即行文亦袭之。周、秦诸子，《史》、《汉》以后，至于南北各史，亦皆袭之。唐以来古文义法行，而此等方言俚语遂不见于文人纪载之书。而或时见唐、宋人小说中，然不能详也。详者，惟传奇杂剧及金、元人北曲。”他还写道：“今此书中所引谚语，如‘羊肉不得吃，空惹一身臊’、‘虾蟆躲在阴沟洞里，指望天鹅肉吃’……‘黄花女儿做媒，自身难保’等类，今皆有之。又如：……屈指时光曰‘约摸’、亦曰‘约莫’，称人貌美曰‘标致’，听人戏弄曰‘听人做作’……拔擢人曰‘抬举’，人有邪行曰‘不正气’，设计诱人曰‘圈套’，允诺此事曰‘招架’，作事细致曰‘水磨功夫’，求免曰‘告饶’……舍此处往彼处曰‘跳槽’……器物曰‘家伙’，妇人称男子曰‘活宝’，亦相沿至今，而未改变。其他‘竹夫人’、‘汤婆子’等物名，今皆相同。假使当时此等小说流传尚多，正不知有多少隽语也。”正因为如此，他在《郎园读书志》的题跋中一些民间语言如“买王得羊”、“老娘倒绷”等便信手拈来，笔下饶有生花之趣。

叶氏固工于诗，所以他对《乾嘉诗坛点将录》中诗人的评价也独具只眼，自有指归。如他在《竹啸轩诗钞》的题跋中，认为沈德潜和袁枚各有千秋，“公（指沈德潜）论诗尚格调，于时随园主性灵，两家门弟不免互相訾謷。实则尚格调者失之太拘，主性灵者失之太放。平心论之，尚格调者必以温柔敦厚为教，不失风雅之遗。主性灵者必以恣肆荡跌为能，殊乖比兴之旨。今两家之集具在，袁集独风行于坊肆间，毋亦下里巴人，和之者众耶？然沈亦非阳春白雪之音也”。

又如在《瓯北诗集》的题跋中，他认为袁枚、蒋士铨二人的七律诗都稍逊于赵翼，对赵推崇备至：“瓯北诗，已如前人论定。余则谓集中七律，尤为擅场。其运典如数家珍，而不觉其为排偶之句，此等处似犹胜于袁、蒋二家。盖瓯北负长江大河之才，百怪鱼龙皆为其所包孕。有时一泻千里，奔腾莽荡，骇心怵目，若行乎其所不得不行。瓯北之所长在此，同人之倾倒亦在此，诚我朝卓然一大家也。”

综观全书，其著录图书，详列版本，并精心考订，是本书的主要特色，这对鉴别古籍版本，确实是一部极其有用的参考书。诚如刘肇隅前序所云：“是编之辑，于吾师渊海之学问，不过表见其万一耳。然残膏剩馥，沾溉无穷，其津逮来学之功巨矣，岂仅于藏书家分据一席已哉！”

早在1916年，叶德辉就命其子侄将他收藏各书的题跋次第抄出，开始编撰《郎园读书志》，至1926年即已基本完成。但遭遇1927年的变故，使该书的付印直到1928年，才由其子侄及弟子刘肇隅在上海澹园完成，由活字版排印数百部。

该书面世至今已八十二年，迄未重印，由于时代的变迁，除少数图书馆固有收藏外，士林学界早已难觅其踪影，正如台湾学者苏精先生所言：“台湾地区重印、影印古今各家书目或书志的风气很盛，同一家书目书志甚至有数种印本流传的情形，独有叶德辉的《观古堂藏书目》、《郎园读书志》两部，一直无人青睐给予重印。”（苏精著《近代藏书三十家》，中华书局2009年4月北京第1版，第42页）《湖湘文库》编委会以编辑出版湖湘历代文献为基本方针，有鉴于《郎园读书志》的学术价值，将其列入《湖南近现代藏书家题跋选》第一册，首次予以整理标点、简体横排出版，真是一件嘉惠学林的大好事。

这次整理标点依据的底本，即是1928年上海澹园的活字排印本，是由《湖湘文库》编委会副主任熊治祁先生在当年一批抄来即将被焚毁的“四旧”书中“抢救”出来，悉心保存至今而提供的，亦足见其识珠之慧眼和读书之雅趣了。

在整理标点过程中，由于叶德辉知识广博，在该书中旁征博引的文献极多，因此对古代书名、书目名、古书体例、篇名、缮刻版本、藏书家、藏书楼、古代人名、地域名、字号、别号、职官名、谥号、籍贯、书斋名、朝代、帝号、庙号、纪年等进行了认真的核对；对经史子集四部中的引文、典章制度、人物小传、书目引文等，尽量查阅古文献进行了仔细的复核；对古文字、异体字、通假字、避讳字等也予以了必要的考证，力求其准确。虽然如此，尚未能尽如人意，这是需要读者理解的。此外，对原书中的一些讹、脱、倒、衍等给予了改正，并对一些明显的错误除改正外，还加注说明。但限于学识水平，书中错讹定然不免，尚祈教正。

王杰成

2010 年 12 月于长沙

目 录

郘园读书志卷二

经部

郋园读书志卷三

史部

郎园读书志卷四

史部

郎园读书志卷五

子部

郎园读书志卷六

子部

郘园读书志卷七

集部

郎园读书志卷八

集部

郎园读书志卷九

集部

郎园读书志卷十

集部

郎园读书志卷十一

集部

郎园读书志卷十二

集部

郎园读书志卷十三

集部

郎园读书志卷十四

集部

郎园读书志卷十五

集部

郎园读书志卷十六

集部

郎园读书志

叶德辉　撰

王杰成　校点

郋园读书志序

有清一代，私家藏书之盛，前无比伦。昔阳湖洪先生亮吉《北江诗话》云：“藏书家有数等：得一书必推求本原，是正缺失，是谓考订家，如钱少詹大昕、戴吉士震是也；次则辨其板本，注其错讹，是谓校雠家，如卢学士文弨、翁学士方纲是也；次则搜采异本，上则补石室金匮之遗亡，下则备通人博士之浏览，是谓收藏家，如鄞县范氏天一阁、钱唐吴氏瓶花斋、昆山徐氏传是楼是也；次则第求精本，独嗜宋刻，是谓赏鉴家，如吴门黄主事丕烈、邬镇鲍处士廷博是也；又次则于旧家中落者贱售其所藏，富室嗜书者要求其善价，眼别真赝，心知古今，闽本、蜀本，一不得欺；宋椠、元椠，见而即识，是谓掠贩家，如吴门徐景开、陶五柳、湖州施汉英是也。”然如先生所举各家，必得见其所藏之书及其他著述，而后可定其家数。诸家之中，惟钱大昕有《日记》、卢文弨有《群书拾补》、黄丕烈有《藏书题跋记》，馀则仅凭书目流传，未足以尽窥所学也。虽然，前乎诸家有题记者，钱曾述古堂之《读书敏求记》，《四库全书》存目，《提要》目为赏鉴家；后乎诸家有题记者，钱泰吉《甘泉乡人稿》中之《曝书杂记》，张文襄《书目答问》列之儒家考订之属。《敏求记》专载宋、元旧刻，秘笈精钞，《杂记》多载时刻有用之书，二者宗旨不同，皆为近日藏书家所推重。

吾师叶郋园吏部，承先世之楹书，更竭四十年心力，凡四部要籍无不搜罗宏富，充栋连橱，而别本、重本之多，往往为前此藏书家所未有。肇隅髫年即从吾师游，每登观古堂，倒箧倾筐，任意翻阅，于是者逾廿年。偶检一书，则见前后多有题跋，吾师尝进肇隅教之曰："凡读一书，必知作者意旨之所在。既知其意旨所在矣，如日久未之温习，则必依稀惝恍，日知而月忘。故余于所读之书，必于馀幅笔记数语，或论本书之得失，或辨两刻之异同，故能刻骨铭心，对客澜翻不竭。宋晁公武《郡斋读书志》、陈振孙《直斋书录解题》，异日吾子为余汇辑成书，即可援其例也。"肇隅唯唯听之，时吾师年未及艾也。

辛亥国变，避乱邑之朱亭乡中，以旧编《观古堂藏书目》重加理董，乙卯以活字排印二百部，一时海内外风行。然皆知吾师于群书皆有题跋，未录出也。丙辰长夏，尚农、习斋两世兄属佣书写录，略依《书目》分部，得文若干篇，大抵体近述古《敏求记》，较多考证之资；例本甘泉《杂记》，兼寓抉择之意。远追晁、陈二家《志》、《录》之流别，近补纪、阮二公《提要》之阙书。是固合考订、校雠、收藏、赏鉴为一家言，而不同于何元锡终日为达官搜采旧书、顾广圻毕生为人校刊善本，迹近掠贩，徒耗精神也。

吾师曾著《书林清话》一书，肇隅为之校勘，今此题记写定，仍命肇隅序其缘起。窃惟吾师著作等身，于群经、小学、乙部、百家之书，无不淹贯宏通，发前人未发之蕴；而于目录、版本之学，寝馈数十寒暑，储藏既富，闻见尤多，故于各书一目憭然，偶然随笔所书，动中窾窍。是编之辑，于吾师渊海之学问，不过表见其万一耳。然残膏剩馥，沾溉无穷，其津逮来学之功巨矣，岂仅于藏书家分据一席已哉！

岁在屠维协洽陬月，受业刘肇隅序于上海寓舍。

郘园读书志卷一

经部

汉熹平石经残字乾隆五十三年江西南昌府学重刻本

乾隆五十三年，大兴翁覃谿学士方纲，以詹事府詹事督学江西，合前后所得钱唐黄小松司马易、金匮钱梅溪太史泳及如皋姜氏重模各本《汉熹平石经残字》，重刻石南昌学宫。据学士所撰《石经残字考》此单行刻本，《两汉金石记》三卷全同。云："方纲所得见者一十二段，《尚书·盘庚篇》五行半，二十六字，又半字五；《洪范篇》十行，七十七字，又半字十一；《君奭篇》二行，十一字，又半字三。《鲁诗·魏风》八行，七十一字，又半字九；《唐风》四行，三十二字，又半字二。《仪礼·大射仪》七行，三十五字，又半字五；《聘礼》六行，三十一字。《春秋公羊》隐四年传三行，十八字，又半字二。《论语·为政篇》八行，一百七十二字，又半字四。《论语》篇末识语三行，十八字，又半字四。"① 又云："乾隆丁酉秋八月，钱唐黄秋盦司马易购得《汉石经》残字《尚书·盘庚篇》五行，《论语·为政篇》八行、《尧曰篇》四行，方纲手

①"《尧曰篇》四行"漏刻，故此处只列有十一段。

摹，属海盐张芑堂燕昌勒之石。昔宋乾道中，鄱阳洪文惠以所得《尚书》、《鲁诗》、《仪礼》、《公羊》、《论语》千九百馀字镌之会稽蓬莱阁，凡八石。余今获见此残字三段，敬模重勒，亦名其斋曰‘小蓬莱阁’。而秋盦以其先世贞父先生读书南屏山，有小蓬莱之趣，自号‘小蓬莱阁’，不谋而合，洵一奇也。余因以‘蓬莱宿约’四字题其藏册之首，并为跋与诗，系于后。按：黄长睿《东观馀记》记《汉石经》云：‘张焘龙学家有十版，最多。张氏婿家有五六版，王晋玉家有小块。洛中所有者止此，余皆得其拓本。’而黄氏所著，诸句字间有一二较洪氏或多或少者。至顾亭林《金石文字记》云：‘《熹平石经》，一见于邹平张氏，一见于京师孙氏。《尚书·盘庚》、《论语·为政》《尧曰篇》字，以视洪氏《隶释》，所存不过十之一而已。’吾乡孙退谷砚山斋所藏本，载于《庚子销夏记》者，退谷谓是宋嘉祐时所拓，而何义门云：‘退翁所藏，乃越州石氏摹本，今在华亭王司农家。’然即以亭林所见于张氏、孙氏两家者，皆同是此二经三段。则焉有东汉元本至千数百年后，恰在两家同一文者乎？是其为后人摹本可知矣。今秋盦所得之三段又与此同，其纸墨亦旧，册内有蒙古篆字印一，而无北海孙氏之印，既与张、孙诸家所藏文同，自必非汉石原本矣。至如《尚书·盘庚篇》‘庚’字、《论语·尧曰篇》‘冠’字尚皆微露一二笔，《为政篇》‘女’字具全，而洪皆云阙，则又知其非蓬莱阁重刻之本也。

“余既摹黄氏藏本于斋中，其后三年，门人吴榷堂孝显，于华亭王氏摹写孙退谷砚山斋本，来相参校，《盘庚篇》多出半行‘凶德绥绩’四字，册后有戊戌八月退谷手记、秀水朱竹垞二跋、侯官林佶一跋。按：徐坛长《圭美堂集》载此本云：‘越州石氏刻帖，首末不载年月姓名。曾见华亭司农以三十金质之孙北海。此帖内有《石经》一段，朱锡鬯不察，认为蔡中郎原本。石氏名熙明，见施武子《会稽志》，其碑目则见于《宝刻丛编》。’余按：洪氏《隶释》云：‘稽山石邦哲熙明聚碑颇富，今亡矣。假之其子祖礼，故能成书于越。’据此，则石氏所刻《石经》与洪氏蓬莱阁本，其时当不相远也。但吴生摹写王氏所藏退谷本，而未见其拓迹。又后四年，见如皋姜氏重摹退谷砚山斋本，《盘庚》第六行仅存一‘德’字，盖摹勒偶有详略之不同也。又后三年，始得见金匮钱氏所藏《石经残字》，凡十段，以合于前摹之三段，而《论语·尧曰篇》一段正与前段上下接笋，珠联璧合，于是摹为一十二段。时方纲校士江西，乃勒石于南昌学宫，凡为方石四块，共得六百七十五字。虽未及洪氏所藏之半，亦足以追步张龙图、王晋玉之后尘耳。

“按黄本出自旧拓，钱本则出自双钩，嘉兴钱泰吉《曝书杂记》上《金石萃编》谓‘金匮钱君泳，贻昶重摹双钩本，据云检箧中得之，而不知其所自来。’盖《萃编》所录梅溪居士跋谓：‘乾隆五十年七月，偶得双钩之本于旧簏中，不谓何人所摹也。’戊戌五月，余遇梅溪居士于杭州，得见其《写经楼金石目》记重摹《汉熹平石经残字》云：‘乾隆五十年乙巳，余馆于吴门陆端夫上舍家。七月初二日，天气新凉，偶步至（元）〔玄〕妙观前，见书肆中有明刻《管子》十五卷，批点甚精，卷首有徐树丕名印，乃购以归。次日披阅，书中有零星片纸，皆汉隶双钩，再三寻绎，知是《熹平石经》残字，喜不自胜，取洪景伯《隶释》考之，皆与符合，凡得《尚书·洪范篇》七十八字，《君奭篇》十一字；《鲁诗·魏风》七十三字，《唐风》三十一字；《仪礼·大射仪》三十七字，《聘礼》二十八字；《公羊》隐四年传十八字；《论语·微子篇》百七十字，《尧曰篇》三十九字；又“盍毛包周有无不同之说”及“博士左立姓名”十（八）〔六〕[①]字，合五百馀字。课徒之暇，亲自刻石，三月始成。遂拓三百馀本，寄张芑堂、陆贯夫诸君，从此流传海内。后北平翁阁学方纲摹石于南昌学宫，长白李太守亨特模石于绍兴学宫。而如皋姜氏、吴门刘氏亦有摹本，皆从余家所刻本再模者也。徐树丕，字武子，长洲人，少补诸生，姚公希孟器重之，妻以女。善楷书，兼工八分。国变后避匿不出，自号墙东老人，康熙初尚存。此本或其所藏也。’此记所得《石经》摹本极详，录之以释《金石萃编》所疑。乾隆五十八年，居士又于《管子》中得《石经》残字三十八字，以意连属之，盖《论语·学而篇》也，‘抑与之与’作‘意予之与’，与洪氏所载同。乃更刻石，惜南昌学宫未及补镌。”

按：泳撰《履园丛话·碑帖》《汉熹平石经》下所记，与此略同。中郎妙迹，摧毁于历朝兵燹已千馀年，幸至南宋时犹存《尚书》、《仪礼》、《鲁诗》、《公羊传》、《论语》诸经残字一千九百馀，赖洪文惠重摹于会稽蓬莱阁，不久又散失。至我朝仅存六百馀字，惟凭旧拓及双钩本流传。虽曰虎贲中郎，苟非学士与梅溪先后模刻，存复古之心，士人又安能一睹东京经本以扩见闻乎！乾、嘉诸儒，实事求是，有功典籍，如此信非空谈。讲学之人，所能与之语此者也。

附刻：汉魏晋金石小品十种

一、广都公乘伯乔残题名，文曰：“广都公乘伯乔曹守长郫审村雍。”

一、永初官墼，文曰：“永初十年作官墼。”

---

①此处实列十六字。

一、贞女罗凤墓阙，文曰：“汉贞女罗凤墓。”

一、元康镳斗，文曰：“元康元年，考工医亥缮作府啬夫建，护万年股长当时令长平丞义省，重一斤十四两。”

一、建昭雁足镫，文曰：“建昭三年，考工辅为内者造铜雁足镫，重三斤八两，护建佐博啬夫福掾光主右丞宫令相省盘外周，中宫内者第五故家盘内周，今阳平家画。”

一、“至三阳朔元年赐镫唇后大橱镫趾。”

一、建武泉范，文曰：“建武二年二月丙申，卩〔节〕① 通亝〔齐〕②史仆临掾苍考工凤工周造。”

一、汉安井券，文曰：“汉安二年六月，颍阳里陛〔墮〕③建口〔?〕④ 井，乃作神券‘永无极’，泉深三丈有五。二季长陈正二百，荡阴龚敬臣百，平原鲍亮三百，雒阳吕仲仁百，下丕东高臣百，彭城长邯單〔鄲〕⑤熊宣季五百，豫州宋孟百。”

一、景初帐构铜，文曰：“景初元年五月十日中尚方造，长一丈，广六尺，泽涞平坐，帐上构铜重二斤十两。”

一、砖残字，文曰：“癸〔癸〕⑥，乐未央，宜酒食，长久富。”

按：以上十种，附刻《石经》后，前三种宋洪文惠《隶续》载之，“公乘伯乔残题名”见卷三，“永初官塈”见卷十五，“贞女罗凤墓”见卷二十。“元康镳斗”、“建昭雁足镫”、“建武泉范”、“景初帐构铜”见仪征阮文达《积古斋钟鼎彝器款识》，亦见学士《两汉金石记》。“汉安井券”见《金石记》。“太康釜”⑦见阮《款识》。“砖残字”见张燕昌《金石契》。据阳曲申兆定跋称：“乾隆五十三年戊申冬十有二月，在江西节署与钱唐何梦华订

①②③⑤⑥均按字形考正补。

④无从考正。

⑦刻本《小品十种》无“太康釜”，疑漏刻。

金石交，各出汉魏碑帖相与讨论。梦华以西江无汉刻，因集汉魏及晋金石小品数种，属梦华双钩上石，俾拓《石经》之士连类及之，亦足以稍扩闻见云云。”余以原刻本附《石经》后，故仍之。

汉熹平石经残字石刻拓本八帧乾隆五十七年知绍兴府李亨特重刻本

《汉熹平石经残字》，本十二段，重刻者皆分为六石。此乾隆五十七年，知绍兴府知府、长白李晓园太守亨特重模于绍兴府学者，后于翁刻四年，所据为黄小松司马易、钱梅溪太史泳两家藏本，隶体较翁刻浑朴，均分六帧，加《题记》两帧，共八帧，便于书斋悬挂。此石尚存绍兴府学宫壁，字字完好，经咸丰辛酉粤匪之乱，毫无破损，洵天幸也。此余得自苏城帖估者，审视纸墨，似是一二年新拓，因向帖估询其来历，据云得自同行越估。于是展转托友人往绍兴者考询，始知此石嵌学宫墙壁，久无人过问，近始有一二帖估拓出，遂为余得其一。余亟属帖估多拓，再购十本分贻同好及子侄辈，至是浙人亦知此石尚在，争购拓本宝藏矣。

汉熹平石经序表残石拓本两纸

此《汉熹平石经序表》残石，雒阳新出土者，徐森玉孝廉鸿宝持以赠余，一存字六十四又半字三，一存字亦六十四又半字八。两石裂为四块，皆成三角形，拓本合成两块，亦三角。其一似序文，首行六字存左旁之小半，不可辨识。第二行首两字仅存一两画，第三“郎”字存左旁之“𠃊”，以下“中孙进尚书小夏侯”

八字完好，末一字存左旁之“㫐”，审是“郎”字。第三行首一“雜”字缺右上角，以下“考合异同各随家法是正”五十一字完好，末一字存右上角两画，当是“经”字。第四行“患苦赖蒙”四字完好，以下无字，似是“蒙”字下逢抬头提行处。第五行“艺孜孜匪懂令问不已廑化”十一字完好，末一字存上半“艹”头，右存“ヨ”两画，似是“莫”字。第六行首一字存下右角，审是“因”字，以下“缘生奸无以防绝每徵”九字完好。第七行“学宫选守职畏事”百八字完好，末一字存上右角，似是“户”字。第八行“稽古以大学久废”七字完好。第九行“年六月三府”五字完好。第十行“士率皆”三字完好，末一字存上小半“出”，不可辨识。第十一行直石之尖角处存半字，不可辨识。

其一似表文，字较大，首行直石之尖角处存两字，首一字存下半“贝”字，第二“乾”字完好。第二行“实则虚”三字完好，下一字存半“亻”，似是“俗”字。第三行“与五经博士”五字完好。第四行“字摩灭解落雪脱”七字完好。第五行首一字“載”存半“車”，以下“言考覆纷纷家殊”七字完好，末一字存一画“丿”，似是“人”字。第六行“学猾吏以人事相阴阳或竞”十一字完好。第七行首一字存半“旧”，似是“舊”字，以下“闻留心稽古汲汲泌观校序文”十二字完好。第八行首一字残缺，存“戸”不可辨识，以下“杂与光禄勋刘宽五官中郎将”十二字完好，末二字存左旁，审“棠谿”二字之半，盖“棠或作堂，作棠，本通用。谿”，典也。第九行“实无相”三字存右半，以下“夺论顗下大”五字完好，末一字存大半“司”，审是“司”字。第十一行末二字各存一画，石尽处不可辨识。

中郎墨妙，堙埋于雒阳兵燹、邺都河水之厄将二千年，虽零落遗经，赖宋人及我朝诸儒重模，而展转失真，总不无坐上虎贲之憾。今忽睹此残石一百馀字，字字端委正色，中郎神貌如在目前，是真可以夸眼福矣。

魏三体石经尚书三段、左传三段拓本六纸

《魏三体石经残字》，宋洪文惠《隶续》始著录。《隶续》四云："《魏三体石经》，《左传》遗字古文三百七，篆又二百十七，隶书二百九十五。有一字而《三体》不具者：皇祐癸巳年雒阳苏望氏所刻。苏君言，近于故相王文康家得《左氏传》拓本数纸，其石断剥，字多亡缺，取其存者摹刻之，凡八百一十九，题曰《石经遗字》，即小欧阳《集古目》中所有者。庆历中，夏文庄公集《古四声韵》所载《石经》数十字，盖有此碑所无者。而碑中古文，亦有《韵》所不收者。则沦落之馀，两家所得自不同耳。"按《三体石经遗字》，存于赵宋间者仅此。

嘉庆十一年，阳湖孙星衍辑刻《三体石经遗字考》，即就《隶续》、宋郭忠恕《汗简》、夏竦《古文四声韵》钩稽详审，知《左传》遗字中有《尚书·大诰》《吕刑》《文侯之命》"经"字掺杂在内。经孙氏分析，《大诰》百十五字，《吕刑》七十七字，《文侯之命》百零四字；《春秋左氏》桓公"经"百二十六字，"传"三十四字；庄公"经"五字；宣公"经"百八十五字；襄公"经"百七十三字，共八百一十九字，今《平津馆丛书》所刻者是也。

后二十五年，嘉兴冯登府撰《魏石经考异》，因《孙考》分别《尚书》、《春秋》，文有未尽合者，重为校证。分《尚书》六段，云据武进臧氏琳分段列次，以经文属之，连重文二百九十四；《左传》八段，连重文共四百九十八。又撰《魏石经拾遗》，

录《汗简》所收《魏石经遗字》，注以考证云："古文一百五，与《隶续》合者文廿九，可订正讹缺者文廿六，馀文六十三，足以补洪氏所未及。"冯氏著有《石经补考》，此其中第五、第六两卷也。

孙、冯表章《三体石经》之功，使后学得窥当途经术之崖略，厥功伟矣。然展转移录，不得真形，乃忽于千五六百年后得睹原石遗文，斯真吾人梦想不到者矣。此六段为雒阳新出土者，原系三石，背面均刻字，凡《尚书》三段，《左传》三段。《尚书》其一《多士篇》存字百三十一又半字二；其一《君奭篇》存字四百七十七又半字十五，残缺字五；其一《无逸篇》存字三百五十九又半字一。《左传》其一"僖公二十八年至三十年"存字三百八十三又半字十四；其一"僖公三十一年至文公二年"存字三百五十又半字十；其一"文公九年至十一年"存字九十三又半字二，皆有"经"无"传"。《尚书》中多异文，证以陆德明《经典释文》，盖用马本。王肃难郑，多从贾、马，想见此时王学之盛。然马、王同源异流，均可宝也。

《三体石经》当时似只刻《尚书》《左传》两种，故《隋书·经籍志》《三（字）〔体〕[①] 石经》仅有石经《尚书》九卷、《春秋》三卷。新、旧《唐志》载《三体石经》，《尚书》古篆三卷，《左传》古篆十二卷。据此，则当时只刻此两经无疑也。《太平御览·碑类》引戴延之《西征记》云："国字堂前有刻碑，南北行三十版，表里刻《春秋》《尚书》二部，大篆、隶、科斗字三种。"此云表里刻，与今新出土三石两面刻者正相符合。《西征记》又云："太学前石碑四十版，《尚书》、《周易》、《公羊传》、《礼记》

①刻本讹，据文义改。

四部，石质粗，多崩败。”则恐是别碑，非《三体碑》。果为《三体碑》，《尚书》不应重见也。“经文”传为魏初邯郸淳书。按《晋书·卫恒传》：“汉武时，鲁恭王坏孔子宅，得《尚书》、《春秋》、《论语》、《孝经》，时人已不复知有古文，谓之科斗书。汉世秘藏，希得见之。魏初传古文者邯郸淳。恒祖敬侯凯写淳《尚书》后，以示淳，而淳不别。至正始中立《三（字）〔体〕[①] 石经》，转失淳法，因科斗之名，遂效其形。”据此，则当时刻石者并非淳所书明矣。又，《赵至传》：“年十四，诣雒阳游大学，遇（稽）〔嵇〕[②] 康于学写《石经》，徘徊视之，不能去。”《世说新语·言语类》注引（稽）〔嵇〕[③]绍《赵至叙》：“至入太学，睹先君在学写《石经》文。”是今存遗字为（稽）〔嵇〕[④]康手笔，虽不如淳书，亦买王得羊也。至两经与今本异同，及古文、篆、隶三体因革，余已别为考证，兹不赘述。

唐开成石刻十二经拓本二百十八张，附五经文字、九经字样十张西安学官本

按：一石为一张，无《孟子》，尚是国初时旧拓，后附《五经文字》《九经字样》全。刻经始末，具详新、旧《唐书》《文宗本纪》《郑覃传》。旧《传》言：“覃长于经学，稽古守正，帝尤重之。覃从容奏曰：‘经籍讹谬，博士相沿，难为改正。请召宿儒奥学校定六籍，准后汉故事，勒石于大学，永代作则，以正其阙。’

①刻本讹，据文义改。

②③④刻本讹，应为嵇。

从之。覃奏起居郎周墀、水部员外郎崔球、监察御史张次宗、礼部员外郎孔温业等校定《九经文字》，旋令上石。”而旧《纪》又云：“上令翰林勒字官唐元度复校，字体又乖师法，故《石经》立后数十年，名儒皆不窥之，以为芜累甚矣。”同一旧《书》，《纪》、《传》乃相矛盾。而顾炎武《金石文字记》乃据其言痛相诋斥，谓“刘昫之言为不诬”。殊不知《纪》所谓“芜累”，因“唐元度复校，字体又乖师法”，非谓原刻如此也。

况自开成立石以后，历世时有修补，钱大昕《潜研堂金石〔文〕[①] 跋尾》曰：“右国子学《石经》，《旧唐书》讥其‘字体乖师法’，近儒昆山顾氏尤诋之。予于癸巳岁取石本校勘再三，乃知此经自开成初刻以后，几经后人之手：乾符修改，一也；后梁补阙，二也；北宋人旁注，三也。若明人补刻阙字，则别为一石，不与本文相淆。而世俗装潢者欲‘经文’完具，乃取明刻剪割联缀之，遂不复别识。顾氏所举《石经》之失，大半出于明刻而援为口实，不知其装潢本所误也。”武亿《授堂金石跋》曰：“郑覃创立石壁《九经》，旧史诋其‘芜累’。近顾亭林校此本，亦云‘缪戾非一’。余尝案《金石文字记》，辄即顾氏所摘误，少为推证，使世知《石经》所书，其与今异者，必多得之古《通义》，或亦有晋、宋旧本，非尽可訾也。”又曰：“顾氏惟从监本校勘《石经》，又漫无所旁推，宜其以偏证独断，从而失之也。至云凡经中‘二十’字、‘三十’字，《石经》皆改经文为‘廿’、‘卅’字非，案《汉石经》《论语》‘卅而立’、‘卌而见恶焉’，古本经文已如是。又，《考工记》‘轮人二十分寸之一谓之枝’，郑注云：故书十与上二合而为‘廿’字。此尤见《石经》非无据也。顾氏是正文

①刻本缺“文”字，据湖南图书馆馆藏书目补。

字不为不审，然犹不免有失，而况学顾氏之学者与？书之以志警也。”王鸣盛《蛾术编·说经》曰：“大学石壁《九经》，《旧唐书》谓为‘有乖师法’，诚然。但此必须大有学识之人方能审定。修旧《书》者学识想必不高，而敢为此言，不知于意云何？至于顾氏《金石文字记》所驳，今逐条考之，每有无误而妄驳，使《石经》受其冤诬者。又，补字诚为纰缪，然既别刻小石，不与原文相乱，则听之可也。顾氏所据，乃装裱成册者，因裱匠取村塾中《九经》本案照前后，用后人所补嵌入，装合辐辏，竟如一手拓出者。顾氏久客西安，目击此石乃不加详核，粗疏甚矣。”

案：以上钱、武、王三君驳顾氏之说误者，皆依经文逐句逐字引证辨正，几于顾氏全案皆为推悉，兹以文繁，不及具录。然则郑校《石经》，本自精审，浅人妄事修改，遂蒙“芜累”之讥。今幸经字浩繁，改之不尽，俾六朝以前旧本得托此石以传，斯固治经者之大幸矣！至专考此《石经》文字者，有王朝榘《唐石经考正》、严可均《唐石经校文》、冯登府《石经补考》、魏锡曾《唐石经图考》，彼此是非，皆可借以参证，是在读者好学深思，无蹈顾氏卤莽之习可也。

南宋高宗御书石经拓本八十六张

南宋高宗御书《石经》八十六张，得之苏州帖估。其石今尚在杭州府学宫壁，凡《周易》、《尚书》、《毛诗》、《左传》四经全，绍兴十三年刻，十六年又刻《论语》、《孟子》。至淳熙四年，建光尧石经阁，置碑其中，重勒高宗御笔行书《中庸》、《大学》、《学记》、《儒行》、《经解》五篇，以补《礼记》之阙，语详王应麟《玉海》。今杭学所存《周易》二石，《尚书》七石，《毛诗》十石，《左传》四十八石，《论语》七石，《孟子》十一石，《礼记》存《中庸》一石，馀皆亡佚。今拓本八十六纸，正与石数相合。朱竹垞太史彝尊《经义考》以为八十七石，误也。冯云伯编修撰《南宋石经考异》，序言："绍兴至今六百馀年，碑之漫漶已如此，当时所颁州学者散佚已尽，即宋拓流传，好古者绝不可得。今就所可识者考其异文，间采遗字之见于他书者补之，有足订今本之讹，见宋椠之善，亦世之言《石经》者之一助也。"

案：此八十六纸漫漶处甚少，不知冯氏何所见而云然。意者冯氏所见，多年未拓，尘沙塞满之旧拓耶？余赴杭曾谒学宫，见此《石经》嵌入墙壁，石质完好，间有残损，而字画隐约可辨；阮文达元重模天一阁北宋《石鼓文》，亦嵌壁如故，因并属帖估拓出。窃怪长沙葵园阁学先谦、宗室伯兮祭酒，同官祭酒时重模阮本《石鼓》于国监，跋以为阮本不存，何其见闻之陋也。云伯编修当日若亲至学宫，手拓此经，亦不至有此遗憾。天下事不能凭一方传闻之辞，有如此。

十三经注疏四百一十六卷明嘉靖中福建巡按御史李元阳校刻本

凡《周易兼义》十卷、《尚书正义》二十卷、《毛诗正义》七十卷、《周礼注疏》四十二卷、《仪礼注疏》五十卷、《礼记正义》六十三卷、《春秋左传正义》六十卷、《公羊传注疏》二十八卷、《穀梁传注疏》二十卷、《孝经注疏》九卷、《论语注疏》二十卷、《孟子注疏》十四卷、《尔雅注疏》十卷，共四百一十六卷。先是，南京国子监存有宋、元旧版《注疏》，明正德中递有修补。嘉靖中叶，福建巡按御史李元阳据以重刊，每半叶九行，行廿一字，即此所谓闽刻本是也。南监本阙《仪礼》，嘉靖五年，陈凤梧刻之山东，以板送监，至是李元阳并据以重刊。其后，万历六年至二十一年，北京国子监又据此本再雕，行字如闽本，惟字体狭而长，不及闽本字体横宽之悦目。崇祯庚辰，常熟毛晋汲古阁又刻之，展转传刊，鲁鱼多误，而毛刻《十三经》乃风行海内。由于南、北两监刻本版片日就散佚，乾隆武英殿刻本尚未告成，士人舍此无他本可求，遂为天下重也。

南、北两监本今日流传颇稀，余所藏北监本独完全，闽本仅有数种。此从子康侯兄弟所藏者，《周易》序下有“永瑆之印”四字白文篆书方印，“皇十一子”四字朱文篆书方印，“诒晋斋”三字朱文篆书长方印，盖成邸故物。中缺数种，恰以余所藏本补之。明徐兴公㶿好收残本书，往往无心得之，配合成为完帙，语详所撰《红雨楼题跋记》。近李南涧文藻亦然，载所撰文集中《琉璃厂书肆记》。凡物遇真知笃好之士，则夐求梦卜，在在必有神物护持，况群经为先圣先贤之遗，聚而不散，乃天地正气。此当藏之家祠，俾子孙世世为楹书之守，岂仅以配合之奇，当一时快意事哉！

又一部 明万历二十一年北京国子监刊本

钱大昕《竹汀日记钞》云：“北监《十三经》，有崇（正）〔祯〕六年祭酒吴士元题疏称，‘版一万二千有奇，始刻于万历十三年，成于二十一年，至崇（正）〔祯〕五年冬奉旨重修，每叶十八行，每行二十一字’。汲古阁本行数、字数略同，惟版略小，《天禄琳琅书目》明版经部内著录本同，亦有重修祭酒司业官衔姓名，皆非初印本也。”孙星衍《祠堂书目》皆南、北两监杂配，且缺《书经》，故《平津馆鉴藏书籍记》所载亦不全，可见此本之难得，而初印未经重修者得之尤难。此《十三经》全部整齐，书亦宽大，中无重修人官衔，审是崇祯以前印本，竹汀见以为奇，孙氏藏而未备，余独有其书，不待庚子，将日日陈而拜之矣。

又一部 明崇祯戊寅毛晋汲古阁刻本，宋本校过

《周易正义》十卷、《尚书正义》二十卷、《毛诗正义》七十卷、《周礼注疏》四十二卷、《仪礼注疏》五十卷、《礼记正义》六十三卷、《春秋左传正义》六十卷、《公羊传注疏》二十八卷、《穀梁传注疏》二十卷、《孝经注疏》九卷、《论语注疏》二十卷、《孟子注疏》十四卷、《尔雅注疏》十卷，共四百一十六卷。其中《周易》、《毛诗》、《仪礼》、《礼记》、《左传》、《穀梁》、《孟子》七种，皆经郑乐山德仁、郑粹斋文炤二人以宋本及诸家校本朱校，起乾隆五十三年戊申，至嘉庆二十二年，阅三十寒暑，蝇头细字夹注行间及栏匡，无一笔草率。全书皆朱点句读，每经识语，述明引用旧本及校者姓名，中有称汪岂泉师者，均不详其籍里事迹，暇时当检书考之。未校之六经，余拟为之补阙，牵于人事，获此六七年尚未下笔，益叹前人读书之勤，吾辈万不能及，书此自讼，益增愧恨云。

癸卯清和上弦月夜书，德辉。

又一部三百四十六卷乾隆十二年武英殿刻本

乾隆十一年，武英殿校刻《十三经注疏》，共三百四十六卷。当时，高宗命和硕和亲王弘昼为监理，大学士三等伯鄂尔泰、大学士三等伯张廷玉为总阅，刑部尚书张照、礼部右侍郎李清植、兵部右侍郎王会汾、刑部右侍郎励宗万、国子监祭酒陆宗楷、翰林院侍讲方苞六人为总裁，翰林院侍读学士陈浩、侍读朱良裘、侍讲林蒲封、编修孙人龙四人为提调，詹事府少詹周学健时已任河道总督等二十四人为编校，每卷后皆附诸臣考证，洵古今至精至善之本也。

《十三经注疏》自南宋刻"附释音"十行本后，其版片迄明时尚存南京国子监，但经元、明两朝修补，讹误正自不少。闽刻仍其旧，不求宋十行本初印更正，以后北监、毛晋汲古阁本因之。士人承讹袭缪，不睹善本，盖将百年矣。高宗御制序刻此书云："明南、北监版行，学士家有其书，顾训诂繁则踳驳互见，卷帙重则豕亥易讹，或意晦于一言之舛，或理乖于一字之缪，校雠疏略，疑误滋多，承学之士，无所取正。爰敕词臣重加校正，其于经文误字，以及传、注、笺、疏之未协者，参互以求其是，各为考证，附于卷后，不紊旧观，刊成善本，嘉与海内学者笃志研经，敦崇实学。庶几经义明而儒术正，儒术正而人才昌，恢先王之道，以赞治化而宏远猷，有厚望焉。"是当时校刻此书，不惜广求善本，折衷群言，此和硕和亲王进表所以云"审有舛讹，始为订正，若无确见，仍付阙如"者也。

伏惟我朝经学之盛，超轶汉、唐，上以稽古右文，提倡天下之朴学；下以穷经服古，研求先圣之遗言。康、雍、乾、嘉以来，六艺昌明，儒臣辈出，文章黼黻，歌咏太平。道、咸之间，粤逆倡乱，湘军特起，成戡定之功，其间柄兵大臣如胡文忠、曾文正、左文襄，以及罗忠节、王壮武诸公，皆以理学名儒出膺艰巨。文正兼采汉、宋之学，遂为近代儒宗；文襄博览群书，务为有用之学，其功业皆本原学术。高宗所谕“儒术正而人才昌”者，屡经列圣之栽培，而卒收其效用。是固圣圣相传表章六经，尊崇孔孟之所感应也。制科以来，功令以《四书》、《五经》文取士，而坊刻、私刻之本展转雕版，讹夺无穷，余见乡曲之士，每因场屋误写经题经文被摈者，比比皆是。窃谓一王之制，薄海所当共遵；中秘之书，尽人何能遍读？因思乾隆初元，内府刻有仿宋淳祐大字本《四书》；四十八年，武英殿又翻刻宋岳珂《相台五经》，并此《十三经注疏》。校刻既精，考证尤密，读者欲不为坊本所误，得此可定一尊矣。近世《十三经注疏》，通行江西南昌府学阮文达元刻宋十行本。而不知当时文达未亲与其事，致令校刊草率，与文达初刻《十三经校勘记》矛盾之处极多。是又何如专读此本，参阅考证之为实事求是哉。

又一部 嘉庆二十一年南昌府学刻本

阮文达于嘉庆二十二年江西巡抚任内，刊成《十三经注疏》，后附《校勘记》，世称为善本。据《雷塘庵主弟子记》：“嘉庆十一年丙寅，四十三岁，公居封公湘圃先生忧时，纂刊《十三经注疏校勘记》二百四十三卷成。先是，公弱冠时，以汲古阁本《十三经注疏》多讹谬，曾以《释文》、《唐石经》等书手自校改。督学以后，始以宋十行本为主，参以《开成石经》及元、明旧刻，叶林宗影宋抄本，陆氏《释文》等书。属友人、门弟子分编，而自下铅黄，定其同异，得《易》十卷、《书》二十二卷、《诗》十卷、《礼记》七十一卷、《仪礼》十八卷、《周礼》十四卷、《左传》四十二卷、《公羊》十二卷、《縠梁》十三卷、《尔雅》五卷、《论语》十一卷、《孝经》四卷、《孟子》十五卷，至是刊版始成。又，二十一年丙子，五十三岁，由江西巡抚调补河南巡抚，新抚未至，仍留江西，秋，刻《十三经注疏》成。"即此所谓南昌府学本《十三经注疏》是也，后附《校勘记》，但较前单刻本多节删，去取亦未精审。《记》附公子福按语云："此书尚未刻竣，大人即奉命移抚河南，校书之人不能如大人在江西时细心，其中错字甚多，有监本、毛本不错而今反错者，要在善读参观而得益。《校勘记》亦不尽善，故大人不以此刻本为善也。"

按：公据宋十行本，多元、明间补修，而江西附刊，又不尽从原刻，《孝经》用明正德翻宋十行本。《仪礼》用宋严州刻单疏本，北宋咸平、景德间刻单疏本。《尔雅》用明嘉靖中吴元恭刻单注本、北宋刻单疏本。顾单注单疏本各不同，文字差池，不免凿枘。元、明间修版，沿误尤多。常熟瞿镛《铁琴铜剑楼藏书目录》载有宋十行本附"释音"诸经注疏五种：《周易》、《尚书》、《左传》、《公羊》、《縠梁》。陆心源《皕宋楼藏书志》亦载有十种：《周易》、《尚书》、《毛诗》、《周礼》、《礼记》、《左传》、《公羊》、《縠梁》、《论语》、《孟子》。

《瞿目》《周易》下云："阮氏《校勘记》，南昌府学重刊宋本皆据是书，方盛行于世。顾以是本校之，颇多不同。其不同者，往往与家藏宋单注本、宋八行注疏本及《校勘记》所引岳本、钱本、宋本合。阮本多误，同闽、监、毛本均是十行本，何以违异若此？盖阮本多修版，其误皆由明人臆改；是本修版既少，多可借以是正。”

又，《尚书》下云：“此本与阮氏《校勘记》所引同，惟《尚书》序‘悉以至能者疏，伏生之本，亦壁内古文而合者者’，江西重刊本‘者者’作‘之者’；而卢氏《补校勘记》仍出‘者者’，是阮亦不作‘之者’，盖《校勘记》所改也。汲古毛氏本则作‘者也’。考家藏金刻本，‘者’字不重，则下‘者’字当是衍文，改为‘之者者’也并属无据。又，《益稷》传‘丛脞至申戒疏，庶事万事为一同而文变耳’。单刻《校勘记》引十行本，正与此合；而重刊本改‘一同’为‘义同’，虽据毛刻，实失十行本之真。至《仲虺之诰》疏‘《康诰》、《召诰》之类，二字足以为文’，此本‘二’不误‘一’；而《阮校》及重刊本皆作‘一’，则所据或是修版。”

《左传》下云：“全书无明代修补字，凡遇有模糊处，其笔迹尚可推寻，而修版已为墨钉，或经臆改。尝以阮氏《校勘记》所载庆元间沈中宾刊本核之，往往相符，用是知阮氏所据本乃屡经修改之本，故多讹脱，而间据宋本订补，则无不与是本暗合。南昌府学重刊本虽据《阮校》多所改正，惜其不知十行本原本与宋本本自相同，其未经改正者犹不少，且有一二句中讹字叠见而或改或否，故使文义更有难明。至于补脱，《阮校》并据宋本，而重刊本翻从闽、监、毛三本，阮氏所明斥其误者亦有不顾，遂与所附《校勘记》多不相应。其意盖以闽、监、毛皆出十行本，而不知闽本已仍修版之讹，非出原本也。”

《公羊》下云：“阮氏此经最多疏舛，其所据者仅何氏煌校本，何本系汲古阁本，其与十行本异同，多未之举，反有以何校毛本误为十行本者，不知毛本讹而十行本未讹也。”《穀梁》下云：“以阮氏重刊本对校，误字《瞿目》已逐条举出，别为《校勘记》，兹不具录。”

案：如《瞿目》所称，是有阮氏《校勘记》以明修补版为十行本未经细审者；亦有阮氏《校勘记》本据十行本，而南昌重刻时，主其事者又误以明修补版为十行本未曾复校者。似此前后矛盾纷歧，贻误后学，是不如不刻之为愈矣。余家所藏，自闽九行本以下，如南监、如毛刻、如殿本，皆收藏完备。从子峅甫以为阮本所引宋、元本书，究属博览，在今日且有成为绝本者，是不可不购藏一部以资考索。因出重资求初印者，久乃获此，亦见原本虽存，递经道光、同治两次修补，固不可与此同日语矣。

仿宋岳珂本五经周易十卷、尚书二十卷、诗二十卷、礼记二十卷、春秋左传三十卷乾隆四十八年武英殿刻本

尝怪乾隆开《四库》馆时，馆臣编撰《总目》，往往于内府天禄琳琅之善本书忽不著录，而取外间所进本列入《全书》，已为疏漏；尤可异者，诸经注本，当时内府所藏皆全，而《目》中只有《周易注》一种，为两江总督采进本，其馀天禄之书，若不知有其物者。此南宋岳珂校刻《五经》注本，乾隆四十八年命武英殿校刊，每卷后有考证。《五经》善本，当推此为第一。每卷钤有“乾隆御览之宝”、“古稀天子”、“天禄琳琅”、“天禄继鉴”。前人收藏印记如“晋府李国寿”、“季振宜”等，皆一一摹刻以存其真。后来颁行各省重刻，形式虽存，远不及此精镂矣。礼亲王《啸亭杂录·纯庙鉴赏》下云：“岳氏《五经》，特建《五经》萃室庋之。”可见高宗尊崇经学，爱护典籍之至意，宜乎御宇六十年，文

治之盛，为汉唐所未有也。

通志堂汇刻经解一千八百卷康熙癸巳刻本

通志堂所刻《经解》，《易》类：唐一种，宋二十四种，元十三种，附纳兰性德自撰一种，共三百七卷。《毛诗》类：唐一种，宋七种，元二种，明一种，共一百三十七卷。《书》类：宋九种，元十种，共二百二十四卷。《春秋》类：宋二十二种，元十种，明一种，共四百四十七卷。《孝经》类：宋一种，元三种，共四卷。《论语》类：宋二种，共二十卷。《孟子》类：宋三种，共二十三卷。《四书》类：宋二种，元六种，共一百三十二卷。《三礼》类：宋八种，元三种，附纳兰性德自撰一种，共三百六十三卷。《总经解》：唐一种，宋四种，明二种，共六十三卷，都一千八百卷。本昆山徐乾学所刊，赠其门生纳兰性德。乾隆五十年二月二十九日奉上谕："《四库全书》馆进呈补刊《通志堂经解》一书，朕阅成德性德亦译作成德所作序文，系康熙十二年，计其时，成德年尚幼稚，何以能淹通经术？向闻徐乾学有代成德刻《通志堂经解》之事。兹令军机大臣详查成德出身本末，乃知成德于康熙十一年壬子科中式举人，十二年癸丑科中式进士，年甫十六岁。徐乾学系壬子科顺天乡试副考官，成德由其取中。夫明珠在康熙年间柄用有年，势焰熏灼，招致一时名流如徐乾学等互相交结，植党营私。是以伊子成德年未弱冠，夤缘得取科名，自由关节。乃刻《通志堂经解》，以见其学问渊博。古称皓首穷经，虽在通儒，非义理精熟、毕生讲贯者，尚不能单心阐扬，发明先儒之精蕴。而成德以幼年薄植，即能广搜博采，集经学之大成，有是理乎？更可证为徐乾学所裒辑，令成德出名刊刻，俾借此市名邀誉，为逢迎权贵之具耳。夫徐乾学、成德二人，品行本无足取，而是书荟萃诸家，典赡赅博，实足以表章《六经》。朕不以人废言，故命馆臣将版片之漫漶断烂阙者，补刊齐全，订正讹谬，以臻完善，嘉惠儒林。但徐乾学之阿附权门，成德之滥窃文誉，则不可不抉其隐微，剖析原委，俾定论昭然，以示天下后世。着将此旨录载书首，钦此。”大哉王言，诚为徐乾学、成德二人定谳矣。此全部尚是初印，未经补刊，故书前未载上谕。

宋、元人解经偏于义理，又好发为空论，于群经名物制度、文字训诂，皆无所研求，卷帙至一千八百之多，精者不及十种。且校刊欲速，校者并非通经之儒，何义门于其《目录评议》多致不满之词，信非苛论。且所采诸家，偏于朱子一派，北宋于二苏、南宋于永嘉诸儒之书，皆摈不入选。又如林栗《周易经传集解》三十六卷，浙江采集遗书，《总录》载有秀水曹氏倦圃写本，云“昆山徐氏业已开雕，或以栗尝与朱子为难，遂毁其版”。而姚元之《竹叶亭杂记》云：“《通志堂经解》书中有宋孙莘老《春秋经解》十五卷，而目录中无之。山东朱鸢湖在武英殿提调时，得是本，以外间无此书，用活字版印之。盖以通志堂未曾付刻也。其时校是书者为秦编修敦甫恩复，秦家有通志堂刻本，持以告朱，朱愕然，不知当日目中何以缺此也。秦云，‘据其所见，为目中所无者，尚不止此’。岂是书有续刻欤?”

余案：此即当时刻成之时，复有去取之明证。后来钱仪吉刻《经苑》，凡唐、宋、元、明人说经之书二十五种，所以补通志堂之遗，有目未刻者十八种，屏除门户，阐发幽潜，于是宋、元以来经学源流，可以尽其大概。常熟张金吾原有《诒经堂经解》之辑，拟刻之以续通志堂，编目方成，遽赍志而没，今已散佚，恐无人继起成此巨制矣。

此书全者颇难得，乾、嘉中如孙星衍《祠堂书目》、倪模《江上云林阁书目》分入经部各类，案之皆不得其全。当时《四库》馆本补刊之本已成，印行或不多见，今更百年之久，如此完整而兼初印，岂不重可宝贵乎！甲午三月，今上命南书房翰林检查天禄琳琅藏书，长沙张冶秋、福山王莲生两祭酒皆与其事，据云《书目》前编所载，无一册之存；《续编》经部宋人书，所谓宋版者，往往以白纸初印之通志堂本伪充，当时鉴定诸臣不知何以竟未辨出，亦可知通志堂本之希见，故得鱼目混珠。然则是书全部之在余家，大可为藏书生色矣。安得长此聚而不散，俾读者人人得窥全豹哉！

光绪乙未清和初夏，德辉记。

子夏易传十一卷明高承埏稽古堂刻本

《子夏易传》十一卷，明高承埏稽古堂刻本，大题云“《稽古堂订正子夏易传》卷之几”，下钤“檇李曹氏藏书印”七字朱文椭圆印。又有“曹宗燿印”四字白文方印，“维中”二字朱文方印，盖倦圃先生之子也。是书《四库》著录称内府藏本，疑即通志堂本。此本在通志堂之前，传本极少，高氏有《稽古堂日钞汇刻》，中无是书。黄虞稷《千顷堂书目》载高氏《稽古堂群书秘检》二十二种，此或其中之一。是书一伪再伪，宋以前为张弧伪撰，宋人所见又非张弧伪本，语详《四库全书总目提要》，指证甚确。

子夏为《易》家老师，其传文及故训遗文，载于陆德明《经典释文》、李鼎祚《周易集解》诸书者甚夥。孙冯翼问经堂、张澍二酉堂、马国翰玉函山房均有辑本，余均有之。然窃疑亦非真出于子夏，殆亦唐以前人依托，《唐会要》引刘知幾称：“梁阮孝绪

《七录》，始有《子夏易传》六卷，或云韩婴作，或云丁宽作。”又引司马贞云：“案刘向《七略》有《子夏易传》，但此书不行已久，今所存者，多失真本。”荀勖《中经簿》云：“《子夏传》四卷，或云丁宽。”是则前人已不无疑义，今伪而又伪，岂可据为典要乎？余录而存之者，亦如《提要》所云：“流传既久，姑存以备一家。”而版刻之稀，亦其可存之一也。

己未冬中。

京氏易传三卷、周易略例二卷、关氏易传一卷、周易举正三卷、正易心法一卷、周易古占法二卷、乾坤凿度二卷、乾凿度二卷明范氏天一阁二十种①奇书刻本

《京氏易传》三卷，汉京房撰；《周易略例》二卷，晋王弼撰，唐邢琦注；《关氏易传》一卷，旧题隋关朗撰，唐赵蕤注；《周易举正》三卷，唐郭京撰；《正易心法》一卷，麻衣道者撰，宋陈抟述；《周易古占法》二卷，宋程迥撰；《乾坤凿度》二卷、《乾凿度》二卷，汉郑康成注。皆明嘉靖间范氏天一阁刻奇书二十种之八种也。《四库全书总目提要》皆著录，《京氏易传》入“子部术数类占卜之属”。《周易略例》入“经部易类”，并《周易注》著录。《关氏易传》入“经部易类存目”。《周易举正》入“经部易类”。《正易心法》入“子部术数类数学之属存目”。《周易古占法》入“经部易类”。《乾坤凿度》、《乾凿度》入“经部易类附录”。诸书明以来颇多刻本，而皆在范刻后，故当时以为秘笈，目

①原作“二十一种”，据正文改。

之为奇书也。范氏天一阁，自宋以来，为六百年藏书家，所据宜多善本。然诸书亦刻入程荣《汉魏丛书》、毛晋《津逮秘书》，取校此本，绝无异同，疑两家皆据范本重刻之，由无他本可参校也。

范刻二十种外，尚有陆贾《新语》二卷、罗隐《两同书》二卷，吾并得之，正不知当时二十种之外，尚有几种也。乾、嘉以来，藏书家如黄丕烈《士礼居藏书题跋记》、孙星衍《平津馆鉴藏书籍记》、倪模《江上云林阁》、朱学勤《结一庐》，收藏明刻书颇多，而范本罕见著录，固知流传之绝少也。吾从上海、苏州书肆中陆续收得，本之大小不一，因属坊友重装一律，此《易》类八种为一类，以便检寻。

时在丁巳闰二月下旬夜半残月下弦，挑灯记之。叶德辉书于苏州阊门曹家巷寓舍。

周易本义十二卷 内府仿宋咸淳乙巳吴革本

此内府仿宋咸淳乙巳吴革所刻朱子《本义》十二卷，《四库全书总目》著录称“内府校刊宋本”，《提要》云“此本为咸淳乙巳九江吴革所刊，内府以宋椠摹雕者”，即此本也。每半叶六行，行十五字，精镂精印，较宋椠原本有其过之。聊城杨氏海源阁所藏宋本此书，其后人官京师者携至都门，余曾见之，未若内府此本之精采焕发也。《本义》自元、明以来，因与《程传》合刻，迁就混乱，不见庐山真面已三四百年。欣逢圣祖稽古同天，异书再出，海内承学之士相继重刻，流播士林，是固我朝二百年朴学昌明之肇端；抑亦朱子在天之灵不欲使《汉易》古本泯灭无闻，于冥冥中护持，而使之复显于世耳。此本虽仿宋刻，传世颇稀，得者幸勿以寻常殿本相等夷也。

又一部金陵官书局刻本

朱子《周易本义》十二卷，本依吕祖谦《音训》本为之，其分卷十二：《经》上下、《彖》上下、《象》上下、《系辞》上下、《文言》《说卦》、《序卦》、《杂卦》，与《程传》之用王弼本者不同。宋董楷撰《周易传义附录》、元董真卿撰《周易会通》，始以《程传》为主，附以《本义》，明时官刻坊刻因之，于是《本义》之真面不复可见。国朝乾隆间，内府以所藏宋咸淳吴革刻本翻雕，世间渐见此书原本，然内版珍秘，流传甚希。同时，宝应刘氏参考众说，复朱子十二卷之旧，而以吕氏《音训》附刻书眉，初不知内府宋本尚在也。刻成而缺其《九图》、《筮仪》，故仍不得为完本。

此金陵书局所校刻，事在同治四年。时粤寇平定，曾文正开府江南，首开书局，延聘东南名士如莫友芝、张文虎诸人襄校其事，故所刻书史，校勘极精。此本援据吴革本，参以祝凤喈《周易传义音训》合刻，及宝应刘氏《本义》单刻，而以《音训》散入各卷之末，意以便于童蒙诵习。但今久沿明人《大全》之谬，试官试士，多取《程传》为题；而学官流行《注疏》，久沿王弼之谬。是此本虽刻，不过告朔之饩羊，安见家弦户诵如四子书之广遍也哉！

光绪二十一年乙未十月望前一日记。

又一部八卷、附易学启蒙一卷 咸丰六年祝凤喈刻本

《周易》朱子《本义》前有五赞，极服膺程氏《易传》，故作《本义》，文甚简略，以《程传》已详尽也。然《本义》从吕氏《音训》考定古本，分《经》上下、《十翼》。《程传》用王弼本，《经》、《翼》混淆，又无《系辞》上下传。二氏之书，划然不可强合也。宋董楷撰《周易传义附录》，割裂《本义》以附《程传》，其撰凡例云："程子《易传》依王弼次序，而朱子则用古《易》次序，以《彖传》、大小《象》、《文言》各自为卷。今不敢离析《程传》，又不敢尽失朱子之意，于是仿节斋蔡氏例，以《彖传》、大小《象》、《文言》各下经文一字，使不与正经紊乱；而《程传》及朱子《本义》又下一字；程子、朱子附录又下一字，则其序秩然矣。"当时程、朱之书同为士人所诵习，故董氏强为此调停之说，而转以乱二书之真，元董真卿撰《周易会通》，遂承其谬。明洪武以来，功令以二书取士，至永乐时修《大全》，即援二董之例，以《程传》为主，以《本义》附之。坊估私刻，又去《程传》而单行《本义》，以《程传》之卷第为朱子之原书，其讹舛殆不足辨。然二三学究日读程、朱之书，终不能明其故也。

夫先儒著书，自有手定之本，如《本义》十二卷，世传咸淳乙（丑）〔巳〕[①] 九江吴革所刻真本也。程子《易传》本六卷，宋王偁《东都事略·儒学列传》、陈振孙《直斋书录解题》载，并同世传元至正己丑积德书堂所刻真本也。《程传》无《系辞》上下，

①据前篇《周易本义》十二卷题解径改。

《书录解题》有《系辞精义》二卷，云吕祖谦伯恭集程氏诸家之说，《馆阁书目》以为托祖谦之名，积德书堂并刻于《程传》后者即此。

世行浦城祝氏所刻《周易传义音训》后附朱子《易学启蒙》者，号为善本。然以《传》、《义》合并，蹈历来刻二书者之故辙。使当日《传》、《义》分刻，岂不于二书为有功？惜乎其见不及此也。世有好事者再刻此二书，《本义》当以吴革本，而以仁和宋咸熙校集之《音训》附之；《程传》当以元积德书堂本，仍以《系辞精义》附之。庶几二者合美，而不至于两伤。然则祝氏此刻，固其萌芽也已。

光绪三十有二年岁丙午秋七月处暑，郋园记。

诚斋易传二十卷 明嘉靖壬寅尹耕刻本

宋杨万里《诚斋易传》二十卷，明嘉靖壬寅尹耕刻，即藏书家著录之疗鹤亭本，世以为希见者也。书版有匡阑，无直线，每半叶九行，每行二十字。明嘉靖本颇为世重，此则版式近于坊俗，殊不雅观，或亦物以希见为贵之意耶？据《四库全书总目》著录为江西巡抚采进本，《提要》云："是书大旨本《程传》，而多引史、传以证之。初名《易外传》，后乃改定今名。宋代书肆曾与《程传》并刊以行，谓之《程杨易传》，新安陈栎极非之，以为足以耸文士之观瞻，而不足以服穷经士之心；吴澄作跋，亦有微词。然圣人作《易》，以吉凶悔吝示人事之所从，'箕子之贞''鬼方之伐''帝乙之归妹'，周公明著其人，则三百八十四爻可以例举矣。舍人事而谈天道，正后儒说《易》之病，未可以引史正经病万里也。理宗嘉熙元年，尝给札写藏秘阁，其子长孺进状称：'自草创至脱稿，阅十有七年而后成功。’亦可谓尽平生之精力矣。”

按：《提要》于此书推许至矣，余则以为《易》教广大，人事特其中之一义耳，自《王注》、《程传》行，于说《易》家开一平正易行之达道，于是举汉人爻辰卦气、一切谶纬之说一扫而空之。而其末流，一失于魏、晋之清谈，再失于宋人之禅学，由其所持者，多属空论。人事有限，遂不得不节外生枝，便于空疏者所借口。故论其廓清之力，能使治《易》者少所纷纠；而泛滥无归，亦使治《易》者多所依附。是在学者辨其是非，不（妹妹）〔昧昧〕然守一先生之言，斯于《易》学，自有心得矣。诚斋引史、传，究属于经义无关。使其于六经载籍、三代史事就其切于吉凶悔吝者，如“箕子明夷”“高宗鬼方”“帝乙归妹”之例，援引浩博以发明之，则陈义甚高，所言有物，又谁得而议其后耶？惜乎诚斋，当日未之思也。

周易本义辨证五卷原稿本

吴中经学之盛，亭林顾氏诚有开辟之功。然苟无惠氏一家三世传经，发明古义，则流风馀韵，继起无人，安见流泽孔长，斯文至今不坠耶？予本吴人，先世由洞庭西山避乱来湘，家有楹书，多吴越先贤遗集，端居私淑，师法本异于楚风。此惠定宇先生《周易本义辨证》原稿，蒋氏省吾堂已刊入《经学五种》中，书缝有“红豆斋藏书钞本”字样，书中有朱笔校误，皆先生手迹，尤可宝贵也。二百馀年，屡经东南兵燹水火之劫，犹复流传人间，岂非先生精神所传者远，而手泽因之不泯欤？

宣统二年庚戌夏六月初伏，编甿叶德辉识。

周易传注七卷、筮考一卷道光癸卯刻本

《周易传注》七卷，后附《筮考》一卷，蠡县李塨撰。塨本传颜习斋之学，于理学为旁门，南从毛奇龄受经，故说经尚有根柢。《易》教广大，自汉、宋两家外，又有流于释、道二宗者，惟王弼、程子专明人事，阐发义理，说经家以其平正而无流弊，故能独立千古，不为人所短长。塨之是书，亦就人事立言，而义主观象，并兼取互体之说，为之发明。书中力辟陈抟、刘牧、邵雍诸家《河图》、《皇极》之非，盖本其师毛奇龄之持论，其自序称："弱冠受学于颜习斋先生，不言《易》，惟以人事为教。及壮，游谒毛河右先生。归而玩《易》，一一与习斋所传人事相比，乃知习斋不言《易》而教我以《易》。"至矣，此过于推崇习斋之词。习斋学究村儒，青出于蓝，不必因之增重也。

易笺八卷乾隆三十年家刻本

《易笺》八卷，陈法撰。《四库全书总目》经部著录，《提要》云："法字定斋，贵州安平人，康熙癸巳进士，官至直隶大名道。其书大旨以为《易》专言人事，故《彖爻》之辞，未尝言天地雷风诸象，亦并不言阴阳。考《震》，《彖》言'震惊百里'，即《象》'震雷'诸卦；《彖》言'利涉大川'，即《象》'坎水'。法所云《彖》辞不言《象》者，未为尽合。然其持论之大，则切实不支。"云云。

今按：其书于《程传》、《朱义》多所发明，亦有与之异义者，自序谓"如康成之笺《毛诗》，故名曰'笺'"。据其所言，似是

说经有家法者，及观其全篇，殊不与笺例相合。其于每卦经文，划分四截：首《彖辞》，次《彖传》，次《爻辞》，次《爻传》，而《大象》别为一条于后。《系辞》上下，据《史》、《汉》改为《大传》上下，非郑非王，不汉不宋。其论《杂卦》传，谓"《序卦》，六十四卦皆相连，如绳之贯钱，不能紊。然卦本二卦反对，《序卦》则逐卦相承，如《屯》《蒙》反对，《需》《讼》反对，《蒙》固承《屯》，《讼》固承《需》，而《需》亦承《蒙》，故曰《序卦》。《杂卦》则只以卦反对，言参差其序见义，故曰'杂'，既取反对，则二卦不宜相间隔。自古以《易》为卜筮之书，故其传写多误。古人之文，惟诗歌协韵，《彖传》《爻传》多协韵，亦有不尽协者，不牵文以就韵也。今惟以卦相从，首《乾》《坤》，三十卦而至《咸》《恒》，是卦虽杂，仍不失文王首尾之序。首《乾》《坤》，宜终《坎》《离》；首《咸》《恒》，宜终《既济》《未济》。"陈氏以韵更正后数卦，人多从之，今从文王之序，反为未协乎？

又谓："《困》脱'不'字。'柔遇刚，刚决柔'、'君子道长，小人道忧'乃误添入《彖传》语，非诸卦之例，皆宜删去。若以改经为嫌，如'亲寡旅'，明属'旅寡亲'，亦一字不敢颠倒。《夬》误在后，亦曲为之说，今为一一改正。《序卦》取其义之相贯，《杂卦》取其义之相反，要亦无甚深意，圣人存之，以见反对之义耳。其亦筮人所纂，以便记诵欤？"

按：如法言，则是非颠倒瞀乱，非《序》非《杂》，有意武断，强题就我，蹈宋人妄移经文之恶习，是岂可以为训乎？然其辨"来知德"以伏卦为"错"，反对之卦为"综"，谓"《大传》所云'错综'者，以揲蓍而言，'错综'其七、八、九、六之数，遂定诸卦之《象》。今以'错综'诸卦定《象》，是先'错综'其

《象》也。又以‘错综’言数，是‘错综’其《象》以定数也。先儒虽言卦变，未有易其阴阳刚柔之实，颠倒其上下之位者。今以《乾》为《坤》，以水为火，以上为下，混淆汩没，而《易》《象》反自此亡矣”。其辨至为明快，盖其持论多出心得，于前人说《易》之书，未尝博览而有所择取，故有得有失，不能粹然成一家之言。然黔方僻陋，学无师承，大辂椎轮，途轨赖以先辟。其后郑珍、莫友芝辈接踵而起，卓然为海内大师，则有开必先，不得谓非法提倡之功也。

尚书正义二十卷日本弘化四年仿宋淳熙刻本

《尚书正义》二十卷，日本弘化四年松明复从足利学校所藏宋本影写，而熊本源为之刊行。前有林炜序，称其“书法圆遒，宋代诸讳皆缺笔，其刻在淳熙前后无可疑”云云。每半叶八行，行十九字，小字双行，字数同。白口本，版心上记字数，下记刻工姓名。有细川利和刻此书例言，其第四则云：“足利学校藏《周易》、《礼记正义》，版式、字样与此书如出一手。而其《礼记》，绍熙壬子浙江路茶盐公（事）〔司〕三山黄唐所刻，其自跋云：‘本司旧刻《易》、《书》、《周礼》，正经注疏，萃见一书。’则此本为黄所指‘本司旧刻’明矣。且以宋讳缺笔、刻工名识考之，盖在淳熙前后。阮元谓‘注疏合刻《易》、《书》等，当在北宋之末’。按：山井鼎《左传考文》引《礼记》黄跋，绍熙作绍兴，阮元不知其误，故有是说。明复取黄跋置诸卷尾，盖以证此本为浙江萃刻之祖也，今因而存之。”

按：细川所言，不尽可信。《考文》引《礼记》黄唐跋云：“本司旧刊《易》、《书》、《周礼》，正经注疏，萃见一书，便于披绎。它经独阙。绍兴辛亥，遂取《毛诗》、《礼记疏义》如前三经编汇，精加雠正。乃若《春秋》一经，顾力未暇，姑以贻同志。”而此本正作绍熙，与《考文》引文异，究竟此从他经移来，难免传写之误。日本森立之《经籍访古志》载足利学藏此本，详录黄跋本作绍兴。又《礼记注疏》六十三卷，为足利学藏者，亦明称绍兴壬子刻本，末有三山黄唐跋。森立之，近代人，其所见足利学此书，《礼记》均不作绍熙，是其明证。余谓：此为淳熙间重雕绍兴黄唐本而存其原跋，故避讳缺笔至淳熙止。否则淳熙修版，追改前讳缺笔，绍熙又在淳熙之后，则避讳缺笔当及光宗，安得谓为淳熙前、后刻耶？况前有端拱元年勘官秦翮等进所刊《五经正义》表，此北宋刻最早之单疏，今亦存其原文，则与重刻重修，仍留黄跋何异？故余直断绍兴非绍熙之误，实以山井鼎、森立之一在细川前，一在细川后，不谋而同，则其无可致疑必矣。昔孙星衍《平津馆鉴藏书籍记》，以外藩本别为一类。此如钱曾《读书敏求记》以正平本《论语集解》为高丽本，诧为惊人秘笈者，同一以希为贵。非若今日梯航四至，重译来宾，胡卢中汉书本不足为异本也。录而存之，亦聊备仿宋刻之一种而已。

光绪丁未秋七月廿六日记，郋园。

惠定宇先生尚书考下卷原稿本

惠定宇先生《尚书考》下卷原稿，经篇俱全，惟无上卷《通考》耳。旧刻有乾隆末年读经楼本，以校此稿，此略而彼详，殆后有所增补。阮文达《皇清经解》本亦然。古人著书，必数易其稿，既见下笔之矜慎，又觇劬学之精勤。余藏有戴东原《诗考》初稿，王伯申《经义述闻》、《周秦人名字解诂》初刻，均视阮刻

《经解》本及自刻全书本详略不同，且有通行改易者。《周秦人名字解诂》后更名《春秋名字解诂》，附《经义述闻·春秋》后，考证益见精深。日知其所亡，月毋忘其所能，为学之道，固应如此，读先生诸书，愈以见其家法矣。

宣统庚戌六月伏日，德辉。

尚书释天六卷乾隆甲午山东任城书院刻本

《尚书释天》六卷，秀水盛百二撰，阮文达编刻，《皇清经解》已采入。此为百二主讲任城书院，门下士济宁刘凤翥等所校刊，盖初次刻本也。胡朏明《禹贡锥指》，久为言舆地者所推崇。此则考订天文，足与朏明之书并峙经苑。据刘凤翥乾隆甲午三十年刻书时跋云："先生是书，始于乾隆己巳，成于癸酉。二十年来，得间复以时修改。是其积年累月，精心结撰而成。"此书视朏明八年之加，《禹贡锥指略例》纂于康熙甲戌，刻于辛巳。尤为心殚力尽。著作家一书之传世，非尽天幸，盖有人事焉。观于《锥指》与此书，又何有覆酱瓿之虑哉。

光绪甲辰二月望后一日记。

又一部乾隆甲午广东刻本

秀水盛百二撰《尚书释天》六卷，于乾隆甲午三十年两刻之，一刻于广东，秀水门人李大翰主其事；一刻于山东，济宁门人刘凤翥主其事，皆据手定稿本付刻者也。两本余并蓄之，字句间有增淆，大体全同。此为广东刻本，不载刻书年月，以山东刘凤翥跋云"开雕未半，得李子冠翼大翰岭南来书，云已刊于羊城"之语知之。字体秀健，雅近小欧，当日刻工之精，亦胜于今日倍蓰。此由承平时物力丰阜，百事精研，故能游刃有馀，神采奕奕。百年以后，文物凋零，世谓刻工恶劣，无若广东，岂知当时固有此精椠本耶？此书已刊入阮文达所辑《皇清经解》中，如此单行本尤可宝贵，读者幸勿忽视焉。

宣统已酉清明日记。

古文尚书马郑注十卷、佚文二卷 乾隆乙卯孙氏岱南阁自刻本

孙星衍《古文尚书马郑注》十卷、《佚文》二卷，其成书在《尚书今古文注疏》之前，而刻成于乾隆乙卯。《注疏》则属稿于乾隆甲寅，刻成于嘉庆乙亥，前后凡二十一年，所采旧注，多《大传》、史迁及欧阳、夏侯遗说。此则专采马、郑，以从古文。较《注疏》所采，亦互有异同详略，如《尧典》“若稽古，帝尧”，《注》据《魏志》引《郑注》：“稽古同天，言尧同于天也。”《疏》本则据《释文》引《马郑注》。“上自高祖，下至玄孙，凡九族”，《疏》本则引《古尚书说》：“九族者，从高祖至玄孙。凡九族，皆同姓。”马融、郑康成皆同。《疏》云《古尚书》，见《春秋左氏传》桓六年疏，《马郑注》见《释文》。若此者，以《注》本为分明，以《疏》本少详晰，如《古尚书说》，虽与马、郑同义而字句不同，注中既不详举其辞，疏又不载原文，使读者易了也。

《注》本采集佚文分两卷附后，《疏》本则散入序篇各篇下，以集注与疏义体本不同故也。县人王湘绮丈，昔在成都主讲尊经书院，曾为丁文诚重刻此书，依据旧文，别为勘定，删去《泰誓》

一篇，谓其“不合马氏家法”，以《泰誓正义》引马氏《书序》有“《泰誓》后得，按其文似若浅露”之语，又举五事以明之。然马所疑者，有“火自上复于下，至于王屋，流之为雕，其色赤，其声魄，五至以谷俱来”，此所举五事之一。而《史记·周本纪》裴骃《集解》引《马注》：“王屋，王所居屋。流，行。魄然，安定意也。”《索隐》引《马注》：“雕，鸷鸟也，明武王伐纣。”是马虽疑其文而仍为之注，不得谓马本无《泰誓》矣。湘绮治经粗疏，不足为据。后有理马、郑二家之学者，是书乃其先河也已。

光绪三十年仲春五日记。

逸周书王会解补注一卷宋刊蝴蝶装本

宋王应麟《玉海》后附《逸周书王会解补注》一卷，宋刊蝴蝶装本，每叶二十二行，行二十字。以明监补印元至元本互校，确系出于此本，正文、《孔注》均无异同。尤可证者，此本不屠何青熊注，烂版缺损大字三字，小字二字；东胡黄罴注，烂版缺损二行，每行四字；至元本均缺，留墨版三行。可见至元重刻时，亦未见原刻初印者，故缺损处无从补字也。

近世通行卢文弨抱经堂校刊本，取校此本，正文、《孔注》异处甚多，如书序，卢本总序在后，此本则列本篇之首。序“欲垂法厥后”，此本“后”作“世”。“阴羽”，《注》“以羽饰帐也”，此本无“也”字。“搢珽”，《注》“珽，笏也”，此本作“珽，似笏”。“皆绝亦无繁露”，《注》“故冕亦无旒也”以下凡“也”字，此本多无之，不再举。“弥宗旁之”，此本“旁之”作“之旁”。“为诸侯有疾病者之醫药所居”，此本“醫”作“毉”。“内台西面正北方，应侯、曹叔、伯舅、中舅”，《注》“内台，中台也。应侯，成王弟。曹叔，武王弟。皆国名，为诸侯。二舅，成王之舅姜兄弟也”；卢本附《校注》云：“‘内台西面’下，俗间本有‘者’字，《注》脱‘曹叔’以下二十一字，皆从王本删增。”“方千里之内为比服，方二千里之内为要服”，卢本《校注》云：“俗间本首句‘内’作‘外’，又‘二千’字脱‘二’字，今皆从王本改。”“髭宗”，卢本《校注》云：“‘髭’，俗本作‘巃’。‘巃’字无考，今从王本。”“璧綦”，卢本《校注》云“俗本作‘碧基’，从王本改”。“外台之四隅张赤帟”，《注》，此本“四隅”下有“每隅”二字。《注》：“每角张帟，息者随所近。”此本作“每角帐，息者随所近也”。卢本《校注》云：“正文‘四隅’下，王本有‘每隅’，《注》旧脱‘帟’字，今增。”按：《孔注》以帐释帟，卢误帐为张，故增“帟”字。“谓之母儿”，此本“母”作“毋”。“其守营牆者”，此本“牆”作“牆”。《注》：“方各异。”此本作“名异”。卢本《校注》云“旧作‘各异方’，讹”。“前儿若弥猴”，此本“弥”作“猕”。“炙之霍”，此本“霍”作“藿”。“在子口身人首”，此本“口”作“币”。“发人麃，麃者，若鹿迅走”，此本“麃”作“鹿人”二字，下同。卢本《校注》云：“旧本作两‘鹿’字，王本作‘鹿人’。”“鹿人皆非欧人”，此本“欧”作“瓯”。“比蝉蛇蝉蛇”，此〔本〕[①]“蝉蛇”二字不重。《注》：“欧人也。”此本“欧”作“瓯”。“比交州蛇特多，为上珍也”，此本作“交州蛇为上珍”。“且瓯”，《注》：“且瓯，在越。”此本“越”下有“间”字。“于越，越也”，卢本《校注》云：“旧本正文句首有‘姑’字，因下‘姑妹珍’而衍，又脱注，王本有之。”“区阳以鳖封，鳖封者，若彘”，卢本《校注》云“旧本‘鳖封’不重，今从王

①据文义补。

本补”。“楼烦，北狄地”，此本“狄”作“烦”。“戴仁抱义掖信”，此本“掖”作“抱”。卢本《校注》云：“旧本‘掖信’下衍‘归有德’三字，《注》作‘归有德之君也’，亦衍误，今皆从王本注。”“其形似鸡”，此本“鸡”作“鹤”。“氐羌以鸾鸟”，《注》：“鸾大于凤。”此本“大”作“文”。“其名曰鹈鹕”，此本“名”下无“曰”字。“文翰若皋鸡”，《注》：“谓之泽特也。”下有“皋，一作皇”四字。“卜人以丹沙”，此本“沙”作“砂”，《注》同。“夷用阘木”，《注》：“色黑而光。”此本“色黑”作“黑色”。“康民以桴苡”，此本“民”作“人”。“都郭生生欺羽，生生若黄狗”，此本“生生”皆作“狌狌”，《注》同。“东胡黄罴”，《注》：“东胡，东北夷。”此本“夷”作“西”。“屠州”，《注》：“屠州，狄之别也。”此本“也”作“名”。“驹骔”，《注》：“驹骔，马属。”此本作“马之属”。“大夏兹白牛。兹白牛，野兽也，牛形而象齿”，卢本《校注》云：“旧本正文止‘大夏兹白牛’五字，下十一字误入注中，据洪本增入。”此本无此十一字，注云“大夏，西北戎。兹白牛，野兽也，似白牛形”。“犬戎文马。文马，赤鬣缟身”，此本作“犬戎文马而赤鬣缟身”。“名古黄之乘”，此本作“名吉一作古皇一作黄之乘”，卢本《校注》云：“《海内北经》注引作‘吉黄’，此从旧本作‘古黄’。”“匈奴”，《注》：“匈奴，咸北戎也。”卢本《校注》云：“《注》‘咸’字旧阙，今从王本补。”“玉目”，《注》：“玉目，玉之有光明者。”此本注无“玉目”二字。“白州”，《注》：“水中可居曰州。”此本“州”作“洲”。“南人至，众皆北向”，此本“至”作“致”，“众”下有“者”。

自此以下，卢本接“汤四方献令。《孔氏传》：‘伊尹朝献《商书》’”。此本下接“禹，四海异物。郑氏玄注：‘夏成五服，外薄四海'”云云，七十九字及郑氏注，此非《逸周书》原文，王盖援原书附“汤四方献令”之例增入也。至“汤四方献令”中之异文，此本亦有数处：如“或无马牛之所生”，此本“马牛”作“牛马”。《注》“远求于民”，此本作“远求其民”。“于是为四方令”，此本无“于是”二字。“必易得而不贵”，此本作“易得而必贵”。“九夷十蛮”，《注》“九十者”，此本作“九夷十蛮者”。“请令以鱼皮之鞞”，卢本《校注》云“鱼皮，旧作‘鱼支’，今从洪本”。“□鲗之酱”，卢本《校注》云：“‘□’，疑是‘乌’。”此本无“□”，注：“鲗，鱼名。”“鲗”上亦无字。“以鲛皮作之”，此本无“以”字。“短狗”，此本“短”作“矩”，《注》同。“正北、空同、大夏、莎车、姑他、旦略、豹胡、代翟、匈奴、楼烦、月支、孅犁其龙、东胡”，《注》：“十三者，北狄之别名也，代翟在西北界戎狄之间，国名也。”此本“十三者”作“十二者”，“代翟”作“戎狄”，“戎狄”又作“戎翟”。

卢校为一时名本，前列雠校所据旧本，有元刘廷幹本，明张蘖、程荣、吴琯、卜世昌、何允中、胡文焕、钟惺各家本，然《校注》中混而同之曰俗间本、旧本。其据以校正者多出此本，绝不引及元本，岂元本即已谬误同于俗本，不足据耶？此本“大夏兹白牛”一条，正文窜入注文，究是一失。特佳处甚多，固不必以一短掩其大体，是在好学深思之士，知其择取而已。

毛诗传笺七卷明马应龙、孙开刻本

明刻十六行、行十七字本诸经，大都据宋本重雕。自来藏书家盛种嘉靖《三礼》、吴元恭《尔雅》，其行、字并同。《三礼》中《周礼》，黄丕烈据以重刊入《士礼居丛书》。吴刻《尔雅》，顾广圻亦据以影模行世。可知此类经书，在百年前已为人推重如此。此《毛诗传笺》与《周礼》、《尔雅》同一行格，字体亦同，惟每卷第三行多“马应龙、孙开校”一行。分七卷，《国风》一、二两卷，《小雅》三、四两卷，《大雅》五、六两卷，《颂》七卷，每卷后附音释。明时南、北两监及毛晋汲古阁刻诸经注疏，每多讹误，独此十六行本多佳刻，乾隆诸儒皆以为出自宋本，殆不诬也。南宋以前，经注与疏分行，故传注为传注，义疏为义疏。南宋始以注、疏合刊，故单注单疏文字之异同，反以迁就而增讹谬。《四库》经部，单注仅著录《周易注》十卷，诸经皆无之，正不知何所取义。且当时天禄琳琅《九经》、《三传》单注本尚全，宋岳氏家塾刻《五经》并在。而乃挂一漏万于《周易注》，此外若不知他经尚有单注者，何其疏漏如此耶？此嘉靖中刻本，行、字爽朗，纸墨精洁，视嘉靖中木渎周氏刻本，有其过之矣。

韩诗外传十卷明沈与文野竹斋刻本

《韩诗外传》十卷，明沈与文野竹斋刻本。宋本外，此为第一善本，孙星衍《孙祠书目》著录，其《平津馆鉴藏书籍记》误以为元至正本，不知沈固明人也。同时，吴中苏献可通津草堂刻此书，行、字与此相同，流传颇少，海内藏书家惟见于仁和朱氏结一庐、钱唐丁氏善本书室两《目》。丁氏所藏，已归江南图书馆。曩曾取苏、沈两本相校，乃知沈本即苏氏原版，盖沈得苏版，于印行时补刻亚形木牌记于序后。今沈本较苏本为多者，以其印行在后故也。《丁目》误以通津草堂属之沈氏，实不知版刻一而人则二，然亦见丁氏固审定为一刻本矣。此书自明程荣《汉魏丛书》、毛晋《津逮秘书》相继重刻后，均不免小有讹误。乾、嘉中赵怀玉、周廷宷先后校刻，号称精善，惟据他书搀校，句文不免隔断文气。卢抱经及孙渊如早年校刻之书，均同有此病。顾千里、黄荛圃两家则无是也。

此本字大悦目，前有元至正十五年钱维善序，知其源出宋本，远有端倪，故历来藏书家皆珍为秘笈。张文襄《书目答问》谓“通津草堂、《津逮秘书》、《学津讨原》诸本逊于赵、周二本”，是不知通津草堂为诸刻祖本，彼殆亦未晰其源流耳。书贵原刻，读者宝之。

诗缉三十六卷明味经堂刻本

《诗缉》三十六卷，宋严粲撰。明刻本，无年月，版心上有“味经堂”三字。每半叶九行，行十八字，小字双行，字数同。以版式字体论，盖嘉靖时刻也。是书与吕祖谦《读诗记》并称，而即以《读诗记》为主。其中审定音训疑似，考订名物异同，皆非宋儒空谈六义者所能企及。而通志堂刻宋、元以来《经解》书，吕、严两家均未之采入。因朱子于《吕氏说诗》，晚年多有不合。通志堂乃笃守程、朱之学者，以其派别同异，故牵连严氏此书亦摈而不取。然孤本流传，上登《四库》，至今说《诗》家有不取《朱传》而转取此二书者，毋亦是非之公，不可泯灭欤！

六家诗名物疏五十五卷、提要三卷明万历间刻本

《六家诗名物疏》五十五卷、《提要》三卷，明冯应京撰。六家者：《齐》、《鲁》、《韩》、《毛传》、《郑笺》、《朱传》也。毛、

郑一家之学，何为歧而二之？是亦不考经学师传，而强为之分析矣。然其中征引古书甚为赅博，且语有根据，不类宋、元人《经解》专务空谈。在明人说《诗》之书，足与朱谋㙔《诗故》一编齐驱并驾，非丰坊季本之流，缪撰伪书、托名古本所可同日语也。

前《提要》三卷，分《释天》、《释神》、《释时序》、《释地》、《释国邑》、《释山》、《释水》、《释体》、《释亲属》、《释爵位》、《释饮食》、《释服饰》、《释室》、《释器》、《释布帛》、《释宝玉》、《释礼》、《（礼）〔释〕[①] 乐》、《释兵》、《释舟车》、《释色》、《释艺业》、《释夷》、《释兽》、《释鸟》、《释鳞介》、《释虫》、《释木》、《释草》、《释杂物》三十类，全载引用书目，总经、史、子、集五百八十七部，以明其语有来历，非稗贩也。前有南京吏部侍郎叶向高序，不纪年岁，考陈鼎《东林列传·叶向高传》："二十五年，以左春坊左中允典视南京。明年，升右庶子兼侍读，掌坊事。既，升南京礼部右侍郎，再转吏部。"则此书之刻，当在万历二十六、七年矣。然虽刻在万历年间，字体尚有嘉靖遗意。每半叶九行，行十九字，上阑匡载有音释，下横隔单线再刻正文，不免坊本习气。盖此等版式，沿于南宋末年巾箱本书久矣。

诗经传注八卷道光癸卯刻本

《诗经传注》八卷，李塨撰。塨有《周易传注》，《四库全书总目》已著录。此书据前段金瓯序云："藏稿于家，初未付梓，故馆臣未见，不及采入。"塨之学出于颜习斋，无足深论。惟曾学乐于毛奇龄，故于经学尚有师法。余曾得其《周易传注》及《恕谷

①据上下文例改。

后集》、《年谱》等书，又得其《竟山学乐录》，喜其学虽出于习斋，而实事求是，有冰寒之誉。此《诗经传注》引证前人注解本经之书，及非注解本经之书，皆援据旧文，自注出处，每章先列韵读，足以征考古音。虽本其师毛奇龄之说，而不泛及五声七声之纷纠。盖此就诗韵而言，非考音韵之作也。六经惟《易》、《诗》二经门户太宽，议论不一，埱皆折衷众说，一句一字皆有说明，当时万季野、方望溪咸推重其书，良有以也。

戴震诗考四册精钞稿本

此戴东原《毛郑诗考正》四卷之原稿也，大题《诗经》二字下云“戴氏经考一”。盖当时本拟为群经考，成此一种，故存其原题。后仅成得此种，故遗书中名之为《毛郑诗考正》。其中有与所撰《诗经补注》文义相同者，殆先本一书，而后析为二耳。书中采及宋儒之说，《集传》外，有刘敞、苏辙、吕祖谦、严粲、李樗、黄櫄、谢枋得诸家，文义与《诗考正》、《补注》或同或不同，今《考正》、《补正》于宋儒之说均已删削。

此本震自序为“昭阳作鄂之岁”，为乾隆十八年癸酉。距其生在雍正元年癸卯，至癸酉三十二岁①。乾隆三十八年，奉诏充《四库全书》馆纂修官。四十年，赐同进士出身，授翰林院庶吉士。又二年，卒于官，年五十有五，是撰此书尚在未通籍以前。据王昶撰《墓志》、钱大昕撰《传》、凌廷堪撰《行状》，均言戴从婺源江慎修先生永受学。江先生固笃信朱子，精于汉人《易》数、《三礼》之学者，故戴氏壮年所著书，慎守师承，兼治汉、宋。迨

①实岁三十，虚岁三十一，三十二岁不确。

通籍后，在《四库》馆日从纪文达昀、朱文正珪、秦文恭蕙田游，遂尽变其学，专治两汉诸儒训故文字、名物制度，标榜汉学，其遗书写定，“凡涉于宋人注解，概从削除”。今幸此书尚存，可以推见其一生学业之成就，如仅以名钞善本视之，亦末也。

三家诗稿二册 阮元手稿本

此《三家诗稿》，原系散纸一束，见之都门隆福寺地摊，因首有“阮伯元父”四字朱文篆书方印，余颇留意，知其非寻常破纸也，因购归。于灯下清检，乃知为阮文达元手辑《三家诗》异文之手稿，自首至末，一一完全。因检文达文集及其弟亨《瀛舟笔谈》、公子福门人张鉴所撰《雷塘盦弟子记》寻览一遍，均不言何时公辑有是书。而陈寿祺《三家诗遗说考》，其撰述次第，多与此稿本同。寿祺为文达嘉庆（已）〔己〕未会试总裁所得士，渊源具在，是固有所受之意，其书为文达晚年所辑，未可知也。后检稿中所据《烈女传》，引诗多与他书异，而与宋绘图本相合，据公子福重刊《绘图烈女传》跋云：“是书嘉庆庚辰转入吾家。”以《弟子记》考之，文达是年五十七岁。则余以为文达晚年所辑者，信有明证矣。三家之中，《鲁诗》最多，因西汉《诗》家以申公为老师，诸儒所习所传，大抵《鲁诗》家说，陈寿祺《鲁诗遗说考》叙录推论至详，固可信也。

此稿吾友仪征李洛才大令智俦取付梓人，以寓景仰乡贤之意。余恐其流传未广也，又刻入《观古堂丛书》。此则以其手泽所遗，弥足珍袭耳。

毛诗证读不分卷嘉庆乙丑戚氏自刻本

古无四声之说，《国风》、《雅》、《颂》原各存其方音。《雅》、《颂》虽多出自乐官，然亦视其国都之音以为正则，是亦方音已耳。自沈约辈出，始以南方之音绳北方之韵。至宋吴才老、朱子以为《诗》有叶音，亦异乎毛、郑之所闻矣。此《毛诗证读》为太平戚学标撰，其书不分卷，以《国风》上下、大小《雅》、《颂》为五篇，是分五卷也。学标精于古音之学，著有《汉学谐声》二十二卷，补二卷，以《说文》之字系之以声，各相隶属，本书凡例谓为“读是书之前导”，信不诬矣。凡例又称“遵用先儒读若法，偶有变例，大旨取譬况，其反切间引之，取其于音有合”。又称“韵书取备时用，无关古学。作诗者亦不知其有韵，叶韵尤所不取”。又称“四声亦非古法，但以轻重弇侈消息之”。又称“证音取最古者，间取辞赋杂文、大约在未有韵书之前者”。诸如此例，皆洞见本书之言。书中援据古书，以证音读，既博且精。而于正音记以方圆，转音记以界划，能使读者一展卷，而了然古读之异同。明陈第《毛诗古音考》、顾炎武《诗本音》，视此则有胜蓝寒冰之誉矣。

此书南皮张制军之洞《书目答问》误以为翟灏撰，又不详其卷数，殆未见其书欤？学标所著《汉学谐声》世所罕见，故《书目答问》误作二十卷也。余并得藏之，曷胜愉快！

宣统纪元（已）〔己〕酉二月中和记。

周礼十二卷明嘉靖复宋岳珂本

明仿宋大字本《三礼》有二：一为仿宋岳珂《九经》本，一为嘉靖仿宋本，皆半叶八行，行十七字。岳本附释音，与诸经同。嘉靖本不附释音，每卷末多经注字数，夹行。黄丕烈《士礼居丛书》内刻《周礼》一种，其《仪礼》则据宋严州本重雕。《仪礼》刻于嘉庆甲戌，《周礼》刻于嘉庆戊寅。盖因坊本不善，为家塾课本起见，故先后随刻，未求一律也。据黄刻《周礼札记》序云："向闻万卷堂余氏有单注本在余友顾抱冲家，未及借校。近于同郡故藏书家，见有绍兴间集古堂董氏雕本，后为寿松堂蒋氏收得，遂假归校勘，多所取正。因思刻以传世，奈字体细小，兼多破体，取为家塾课本有所未宜。旧藏嘉靖本字大悦目，末有经注字数，其出宋本无疑。仿此开雕，于经注讹舛之字，悉校宋刻正之，董本为主，参以家藏之岳本、蜀大字本，又借诸家之小字本、互注本按：此南宋坊刻纂图互注本。校余氏本，集腋成裘，以期美备。至于嘉靖本之独胜于各本者，其佳处不敢以他本易之，存其旧也。此刻系校宋本，非复宋本，故改字特多，然必注明以何本改定，非妄作也。"

据此，则黄据明本，不尽与宋本相同。今取明复岳本校之，亦不如岳本之善。兹举首一、二卷黄氏《札记》所载嘉靖本误字互勘，如《序官》《庖人》注"裹肉曰苞"，嘉靖本"裹"误"裏"。《太宰》注"六曰听取予以书契"，嘉靖本"契"误"挈"。又注"周召毛瑚"，"瑚"误"聃"。《膳夫》注"水浆醴醇醫酏"，嘉靖本"醫"误"醟"。《腊人》注"脯非豆实"，嘉靖本"非"误"芈"。又注"主人亦一鱼"下，嘉靖本误空三格。若此类者，明复岳本皆不误也。

亦有《黄札》以不误为误者，《序官》《醢人》注“豆不尽于醢也”，黄云“经用古字当作‘于’，注用今字当作‘於’，本书往往错互。今但更正经文，而注中未及悉行订正”。《太宰》注“系，联缀也”，黄云“‘联’，古字；‘连’，今字。注用今字，当作‘连’。本书注中作‘联’甚多，今悉订正”。殊不知文字由篆、籀而隶、楷，通假甚多，六经刻本如此者，正复不少，安得一一尽还旧观？又《太宰》注“以时入于王府”、《小宰》“经赞王币爵之事”，岳本、嘉靖本均作“王”，“王”即古“玉”字，岳氏《九经三传沿革例》已言之；黄云“岳惑于注中‘助王’之文，而忘《太宰》经文矣，董本作‘玉’，今订正”。若此类者，本非误字，黄氏必执己见以相绳，未免涉于纷扰。吾拟据此本逐条驳正《黄札》之说，今约举三数事言之，俾读是书者，知黄说之不尽可信而已。

嘉靖本虽系八行十七字，卷末有经注字数，究不知所据宋本为何本，或云即据岳本删去释音，是明人依其版式重刻，非别有宋本如此本，理似近之。吾向收有《仪礼》，与黄刻所据《周礼》底本同，而其佳处多与严州本同，且有较严州本更善之处，不知《周礼》何以独有乖舛之字？岂《周礼》所据独非善本欤？然则岳本信可宝也已。

丁巳夏五端阳后二日，叶德辉。

仪礼十七卷 明嘉靖用徐氏复宋刻三礼本

《仪礼》单注本，以宋严州刻小字本为最善，黄丕烈于嘉庆甲戌重模刻于《士礼居丛书》中，后作校录，以张淳《仪礼识误》、李如圭《仪礼集释》二书校勘，多有异同，诚宋刻中之善本也。此为明嘉靖刻《三礼》之一，每半叶八行，行十七字。士礼居曾刻其《周礼》一种，颇多讹舛，因以宋董氏集古堂本为主，更以各种宋本校正之。此《仪礼》乃独胜于《周礼》，其中与严州本十有八九相合，而严州本多讹字，此本无之。今其合者，不必具论，论其严州本讹而此本不讹者，如：

《士冠礼》"侧尊一甒"，注"勺、尊、升，所以㪺酒也"，严州本"㪺"作"㪷"。"委貌周道也"，注"皆有所常服，以行道也"，严州本作"皆所服以行道也"。"公侯之有冠礼也"，注"至其衰末"，严州本"末"作"未"。书中"末"、"未"二字互讹处甚多，举一以例其馀。

《士昏礼》"主人以宾升西面"，注"今文阿为庪"，严州本"文"讹"又"。"尊于室中北墉下，有禁"，注"禁，所以庪甒者"，严州本缺"甒"字。

《乡射礼》"众宾继拾矢，皆如三耦"，注"晌言还当上耦西面"，严州本"西"讹"酉"。"乐正命弟子赞工即位"，注"乐正反自西阶东北面"，严州本缺"北"字。"卒受者以虚觯降奠于篚"，注"及宾觯，大夫之觯"，严州本"夫"讹"大"。"以爵拜者，不徒作"，注"以爵拜，谓拜既爵"，严州本缺"以"字。"旌各以其物"，注"旌，惣名也"，严州本"惣"讹"物"。

《大射仪》"宰戒百官"，注"宰于天子，冢宰，治官卿也"，严州本"冢"讹"家"。又注"戒于百官"，"戒"讹"成"。"幂用锡若絺"，注"今文'锡'或作'緆'"，严州本"緆"讹"锡"。"宾升自西阶，主人从"，注"主人，宰夫也"，严州本"夫"讹"大"。"乃管新宫三终"，注"其篇亡"，严州本"亡"讹"工"。"为政请射"，注"司马政官"，严州本"官"讹"宫"。

"经射者非其侯"，严州本"其"下重衍"其"字。此本"其"下有墨块未刻字，大约原本亦有"其"字未刻。"授获者退立于西方"，注"大侯服不氏，负侯徒一人"，严州本缺"徒"字。"获者左执爵，右祭荐俎，一手祭酒"，注"爵反注为一手，不能正也"，严州本"注"讹"洼"。又"贻女曾孙"，严州本"贻"讹"眙"。"上射揖，司射退反位"，注"后世失之"，严州本"世"讹"出"。"乃荐司正与射人"，注"以齿受献"，严州本"以"下衍，空□。

《聘礼》"上介出，请入告"，注"有其来者"，严州本"者"下重衍"者"字。"经自后右客"，严州本"右"讹"古"。"若有言，则以束帛如享礼"，注"来言汶阳之田"，严州本"汶"讹"文"。"公经皮弁，迎宾于大门内"，"弁"讹"并"。"宾降辞币"，注"不敢当公礼也"，严州本"当"讹"富"。"受币堂中西北面"，注"中央之西"，严州本"央"讹"夫"。"薪刍倍禾"，注"薪从米，刍从禾"，严州本"米"讹"禾"。"宾送于门外，再拜"，注"凡宾客之治令，讶听之"，严州本"令"讹"今"。"礼玉亦如之"，注"士随自后"，严州本"士"讹"土"。"遭夫人、世子之丧"，注"夫人、世子死"，严州本"世"讹"出"。"宵则庶子执烛于阼阶上"，注"烛，燋也"，严州本"燋"讹"憔"。

《公食大夫礼》"上介出，请入告"，注"问所以为来事"，严州本无"为"字。"宰夫设筵，加席几"，注"南面而左几"，严州本"几"讹"凡"。书中"几"、"凡"二字互讹处甚多，兹举其一。"公当楣北向"，注"楣谓之梁"，严州本"梁"讹"（梁）〔粱〕①"。"宰夫设簋于俎西"，注"古文'簋'作'轨'"，严州本"轨"讹"軌"。"经实于镫"，严州本"实"讹"宝"。"经三牲之肺"，严

---

①两个"梁"字相同，原刻本如此。后者应是"粱"。

州本“牲”讹“性”。“旁四列（而）〔西〕[①] 北上”，注“虽加自是一体”，严州本“自”讹“目”。“公辞，宾升再拜稽首”，注“自（问）〔閒〕[②]坐，由两馔之间也”，严州本“自”讹“目”。“上介受宾币”，注“今文曰‘梧受’”，严州本“梧”讹“捂”。

《觐礼》“诸侯觐于天子，为宫方三百步”，注“宫，谓壝土为埒，以象墙壁也”，严州本“宫”讹“官”、“墙”讹“牆”。《丧服》“曾祖父母为士者，如众人”，注“此著不降”，严州本“此著”讹“止者”。《士丧礼》“缀足用燕几”，注“恐其辟戾也”，严州本“辟”讹“辟”。“经唯君命出身，降自西阶”，严州本“西”上衍“阶”字。“士 有冰，用夷槃可也”，注“造冰”，严州本“冰”讹“水”。又注“笫有枕”，严州本“笫”讹“第”。“主人皆出户外北面”，注“象平生沐浴裸裎”，严州本“裎”讹“程”。“乃（杞）〔枇〕[③]载，载两髀于两端，两肩亚，两胉亚”，注“今文‘胉’为‘迫’”，严州本“胉”下重衍“胉”字。此本“胉”下有墨块，未刻字。盖原本已重“胉”字，此未刻。“经君若有赐焉，则视敛”，严州本“敛”作“剑”。“其设于室，豆错俎错”，注“当笾位”，严州本“当”作“常”。

《既夕礼》“抗木横三缩二”，注“抗，御也，所以御止土者”，严州本“土”作“士”。经文“袒，商祝御柩”，注“为将祖变”，严州本经、注“袒”皆讹“租”。“宾奉币，由马西，当前辂，北面致命”，注“参分庭之北”，严州本“北”讹“此”。“主人袒，括髮”，严州本“袒”讹“祖”。“有枇”，注“今文‘枇’作‘柴’”，严州本“柴”讹“柴”。“搬矢一乘，〔骨〕[④] 镞

①②③刻本讹，据《十三经注疏》改。

④刻本漏刻，据《十三经注疏》补。

短卫”，注“凡为矢五分笴长，（两）〔而〕[①] 羽其一”，严州本“笴”作“笥”。

《士虞礼》“献毕未彻，（如）〔乃〕[②]饯”，注“尸旦将始，祔于皇祖”，严州本“旦”讹“且”。“沐浴栉搔翦”，注“今文曰‘沐浴搔翦’，或为‘蚤揃’，‘揃’或为‘鬋’”，严州本“揃”讹“愉”。《特牲馈食礼》“主妇纚笄宵衣立于房中”，注“此衣染之以黑”，严州本“此”讹“比”。“尸答拜，执奠祝飨”，注“圭为孝荐之飨”，严州本“圭”讹“主”。“举肩及兽鱼如初”，注“三者士之礼大成也”，严州本“士”讹“土”。“利洗，散献于尸。酢及祝，如初仪”，注“亦当三也”，严州本“亦”讹“赤”。“筵对席，〔佐食〕[③] 分簋铏”，注“可以观政矣”，严州本“可”讹“司”。《少牢馈食礼》“少牢馈食之礼”，注“礼将祭祀”，严州本“祀”讹“礼”。“既宿尸，反为期于庙门之外”，注“为期肃诸官而皆至”，严州本“官”讹“宫”。“经羊在豆东”，严州本“豆”讹“自”。“敦皆南首”，注“龟有上下甲”，严州本“甲”讹“泗”。“有司彻……羊肉湆”，注“今文‘湆’为‘汁’”，严州本“文”讹“友”。

凡此，皆此本胜于严州本之处。暇日当会宋、元以来诸本别为校勘记，以补阮文达《十三经校勘记》、《石经仪礼校勘记》之遗。倘有馀资，将影写重雕，与黄刻《周礼》合为双璧以饷学人，不知此志何日能偿也。徐氏同时并刻《周礼》、《礼记》，世称徐刻《三礼》，而以《仪礼》为最善。

丙辰秋九月望后二日，叶德辉识于苏城曹家巷寓舍。

---

①②刻本讹，据《十三经注疏》改。

③刻本漏刻，据《十三经注疏》补。

大戴礼践阼篇集解一卷宋刊蝴蝶装本

此宋王应麟《践阼篇集解》，与《逸周书王会解补注》同为宋刻蝴蝶装本，每叶二十二行，行二十（宇）〔字〕。取近人卢见曾雅雨堂刻本校之，如“万世可以为子孙恒者乎”，卢本“恒”作“常”，下“可以为子孙恒者”句同。“于几为铭焉”，卢本“几”作“机”。“于矛为铭焉”句下，卢氏曰：“托于物以自警戒也。”此卢辩注，文卢本脱。“几之铭曰”，卢本“几”作“机”。“口生敬”，卢本无此句。“带之铭”，注“虽夜解息”，卢本“息”作“怠”。“带于寝先释”，卢本“寝”作“寐”。“以地之财”，注“财，贝也”，小注“一作质”，卢本“贝”作“质”。此外小注“一作某”者甚多，皆卢本所无。

《王会解补注》及此篇，皆附刻《玉海》后。元至元中重刊《玉海》全书，仍附入。余家旧藏元本，乃明时南监印者，其源即出此本，故文、注与此本无异同。王氏博洽，开国朝诸儒汉学之先，此虽以《集解》为名，而所采《太公金匮》及“太公阴谋”①诸铭，非博览古书不足以资引证，是固非卢辩注空文所能及者矣。

仪礼集说十七卷元大德辛丑刻本

《仪礼集说》十七卷，元敖继公撰。大题“《仪礼》卷第几”，次行“敖继公集说”。每半叶十二行，行十八字，白口大版，版心上记字数，下记刻工姓名，黑鱼尾下“《仪礼》卷几”，每卷

①疑为《太公阴符经》之误。

末附“正误考辨字句”。此元大德辛丑刊本，《通志堂经解》本即从此出，何焯《评注通志堂目录》于此书下云：“每卷后有一纸最善，惜尚残缺几卷，失记其详，应访求补足。”所云“卷后一纸”，即“正误考辨字句”也。卷一《士冠礼》、卷十一《丧服》、卷十五《特牲馈食礼》，末皆残缺数叶，旧人钞补，故此三卷无后一纸，馀则全存。前敖序残缺半叶，亦钞补，有“季振宜印”四字朱文篆书方印、“沧苇”二字朱文篆书方印，是残缺最早矣。以后每卷有“臣恩复”三字白文篆书方印、“秦伯敦父”四字白文篆书方印，末有“石研斋秦氏印”六字朱文篆书长方印。盖经泰兴季沧苇侍御、江都秦敦夫编修藏过者。又有“绿竹堂藏书”五字白文篆书方印。考“菉竹堂”为先祖昆山文庄公子孙藏书印记，“菉”“绿”字本通，但文庄遗书从未钤有此印，则又别一“绿竹堂”也，姑识以待考。

礼记集说三十卷 明白口九行本

元陈澔《礼记集说》三十卷，明白口本，每半叶九行，行十七字，小字双行，字数同。坊行本作十卷，《四库全书总目》同，《提要》云：“朱彝尊《经义考》作三十卷，今本十卷，坊贾所并也。元延祐间科举之制，《易》、《书》、《诗》、《春秋》皆以宋儒新说与古注疏相参，惟《礼记》则专用古注疏。”澔成书在后，不得参与其列。明初仍延祐之旧，而以陈澔《集说》与《易》程、朱《传》，《书》蔡、沈《集传》，《诗》《朱传》，《春秋》《胡传》定为宋、元《五经》。胡广等修《五经大全》，《礼记》亦主澔《说》。澔《说》浅近而简便，又以其父大猷为朱子婿黄榦之弟子，得借考亭之馀荫，列于学官，《经义考》诋为《兔园册子》之书，诚非刻论。今存其书，以见元、明两朝，朱子之学盛行，而取士之法之陋，亦不能为之讳。

此书上阑匡内重小墨线，以隔音释，盖亦便于童蒙诵习之所为。余见元巾箱本宋儒《五经》亦如此，盖沿用之也。

又一部明嘉靖十一年福建按察司刻本

《礼记集说》三十卷，元陈澔撰。坊本皆十卷，此仍原卷，未经合并者。每半叶九行，行十七字，小字双行，字数同。大黑口版，版心鱼尾下“《礼记集说》卷几”，又下一鱼尾载叶数、刻工姓名，黑地白文，即刻下黑口上。前澔序，馀版刻“嘉靖拾壹年拾贰月，福建等处提刑按察司牒建宁府拘刻书匠户刻”版牒文一道。书中上阑匡遇有经文音读，即将阑匡凸出，以免音读损坏。此为便于诵习计，较宋时刻经注以释文、音义附注下者，较易寻检。

嘉靖刻书，承宋、元之后，往往多出福建，闽本《十三经注疏》亦发源于此。前牒文有“本司看得书传海内，版在闽中，若不精校另刊，以正书（枋）〔坊〕之谬，恐致益误后学”等语，足见当时刻书之风莫盛于福建。此为宋、元人《五经》之一，据牒文“《易经》本用朱子《本义》，新加《程传》。《春秋》只用《胡传》，新加《左传》《公》《穀》”。然则嘉靖以后，取士之制稍与明初不同，读此牒文，可知有明一代科举之沿革矣。

周礼补亡六卷元泰定甲子刻本

《周礼补亡》六卷，元（邱）〔丘〕[①] 葵撰。泰定甲子自刻本，每半叶九行，行十八字。大黑口本，版心“《周礼》”二字，又某《官》上、某《官》下。大题“《周礼》”二字，次行“清源钓矶丘葵吉甫学自序”，略言“《冬官》杂出于五《官》之中，汉儒考古不深，遂以《考工记》补之。至宋淳熙间，临川俞庭椿始著《复古编》，新安朱氏一见，以为《冬官》未亡，考索甚当。嘉熙间，宋嘉王次点又作《周官补遗》，由是《周礼》之六《官》始得为全书矣。葵承二先生讨论之后加之参订，的知《冬官》错见于五《官》中，实未尝亡，而泰平六典浑然无失，欲刊之梓木以广其传”云云。此等谬论，实为变乱古经之罪魁。

俞庭椿《复古（篇）〔编〕》，《四库全书总目》著录，《提要》谓其“凿空臆断，谬妄殆不足辩”。“存其书，著窜乱圣经之始，为学者〔之〕[②] 炯戒焉”。此书则入“存目”，为衍圣公孔昭焕家藏本，《提要》云：“其书世有二本，其一分六卷，题曰《周礼》；其一即此本，不分卷数，而题曰《周礼冬官补亡》。《经义考》又作《周礼全书》，而注曰：一作《周礼补亡》。案此书别无他长，惟补亡是其本志，今即以《补亡》之名著录焉。”今此本题《周礼》，无“冬官补亡”字，用是原本如此，非《四库》所载之本也。

自《冬官》不亡之说一倡，元吴澄《周礼考注》、明何乔新

---

①“邱”，本为避孔丘讳，今据下文改。

②据《四库全书总目提要》补。

《周礼集注》、郝敬《周礼完解》皆袭其缪论，乃至变本加厉，并全经亦纷纷割裂，任意分离，惑古疑经，圣人当厄。宋以来人心之好乱，未始非学术之诡异为之厉阶。展读斯编，不禁为之掩卷三叹也已。

白虎通二卷 明嘉靖元年傅钥刻本

此嘉靖元年傅钥刻《白虎通》二卷。孙星衍《祠堂书目》著录云“仿元十卷校本”，《平津馆鉴藏书籍记》明版书类亦载入。每半叶十行，行十六字。前有大德元年张楷序，嘉靖改元冷宗元序。大题称“《白虎通德论》卷之上”、“卷之下”，二行称“汉玄武司马班固纂集”。卢文弨抱经堂校刻此书，前列雠校各本，列此为第一本。卢刻分四卷，第一卷、第二卷、第三卷、第四卷皆分上下，实为八卷。又前列所据之本，有明何允中本下，注四卷，今本多就此本订正。按：何允中本即《汉魏丛书》本，其分卷不知根据何本？考《隋书·经籍志》、新旧两《唐书》《志》皆作六卷，郑樵《通志·艺文略》亦作六卷。宋《崇文总目》、《中兴书目》、《玉海》引。晁公武《郡斋读书志》、陈振孙《书录解题》、《宋史·艺文志》均作十卷。疑唐以前本原六卷，宋时始分十卷。明时或并为四卷，或并为二卷，皆以意为之，不足信也。元大德本为十卷，惜卢校刻时未得寓目，故不能复其旧第也。相传并刻《风俗通》，颇罕见。此书下卷二十一叶忽搀入一叶，盖当时二《通》本合刻，故装订时误夹入耳。

癸巳三月初四日记。

仪礼图六卷 嘉庆十年原刻本

张皋闻先生一生精于《易》、《礼》，今所传者，《茗柯集》中《易经诸义》。不知其于《三礼》，惟《仪礼》致力尤深。所撰《仪礼图》六卷，先生殁后，阮文达从其女夫董士锡得其稿刊行，时嘉庆十年也。至道光初，阮刻《皇清经解》，先生《易义》各书十采八九，独遗此未采入，由于版式宽大，《图说》或从或横，恐重刻紊其原式也，然原版至为难得。同治初，湖北官书局重刻，将版式缩小，易以楷书，颇有讹误。光绪甲申，王益吾祭酒先谦督学江苏，刻《皇清经解续编》，所据即湖北刻本，并未纠正。余尝以张引原书校勘于湖北本上，日久为门下取去，又无暇晷精力再校一过。而访求阮刻原本，三十年未一见。尝阅南皮张文襄《书目答问》，于此书下注阮刻单行本、湖北缩印本，而不详载刻书年月，似亦未见原刻者。则此刻本之希见，固可知矣。

余喜国朝以来诸儒经义之书，于《经解》正、续两编外，多搜得单行原刻本及诸家全集原书。惟金榜《礼笺》及此本未得原刻，物色久之。前年始获《礼笺》原刻初印，今又获此，可谓从心所欲矣。藏书家习尚，无不侈言宋、元旧钞。不知康、雍、乾、嘉累叶承平，民物丰阜，士大夫优游岁月，其著书甚勇，其刻书至精，不独奴视朱明，直可上追天水。当时精刻精印，一时流播士林，迄今百馀年。承洪、杨兵劫之摧残，又为鸡林贾人之转售，海内图籍，势将荡然靡存，如此佳刻，安得不什袭藏之！书此以告后人，幸勿薄今爱古，以为其书可易获也。

壬子夏六月二十一日，叶德辉题记。

禘祫辨误二卷道光乙酉东山草堂刻本

四明万充宗先生有《论禘祫》四篇，见所撰《学礼质疑》。绵庄此书，即从而引申者也。近儒释禘、祫义者极多，皆以郑氏《礼注》前后不同，愈推愈缪，惟孙氏星衍《问字堂集》《周制配天表》云："郑康成于《易》、《书》、《诗》、《三礼》、《春秋》、《论语》无所不通，皆为之注，合诸经义。考圜丘郊禘之典，明夏、殷、周、鲁之异，而古礼大显，醇乎其蔑以加矣。"得此数语，可以服高密之淹通，破《礼》家之疑案。此书所以辨郑氏之误者，真赘语矣。

光绪十七年壬辰岁二月晦日，叶德辉识。

郋园读书志卷二

经部

春秋左传集解三十卷明仿宋岳珂相台本

乾隆四十八年，纯庙命以内府旧藏宋岳本《五经》模刊，颁行各直省，许地方官及搢绅之家翻雕，故岳本《五经》遂遍行天下。惟《五经》中《易》、《书》、《诗》、《礼》四经为明晋府故物本，缺《左氏春秋》，刻时以季振宜藏宋本《左传》足成之。然字画略瘦，与前四经不同，余颇疑从明仿宋本出，非真宋本，但以无他确证，怀疑久之。明时岳本《九经》《三传》，皆有翻刻，不止《五经》，《左传》亦其一也。从子岍甫得此明翻岳本《左传》，取校内府刻本，行款字体一一相同，乃知余前疑其出自明翻本者，鉴别颇不谬矣。

此本为吴县周香岩旧藏，卷一有"锡瓒"二字白文篆书小方印，即香岩名印也。又有"牧翁"二字白文篆书方印，"绛云楼"三字白文篆书方印，系书估伪作，不足重也。至《经》、《传》各本文字异同，已详内府刻本后附考证，间有不合，则传刻之讹，以无关宏旨，不赘记。

校宋本公羊传注疏二十八卷汲古阁本

校宋本《公羊传注疏》二十八卷，康熙丁酉何仲友名煌，义门先生之弟。以宋椠官本校于毛晋汲古阁刻《注疏》本上。乾隆癸酉，惠松崖征君栋据何校增入曹通政寅所藏宋本、蜀大字本、元版《注疏》本重校一本，其小门生朱邦衡临校之。乾隆癸丑，臧在东镛堂亦临校一部。其年七月，段懋堂玉裁又临一部。江铁君沅复从段临过录此本，以贻其门下士陈硕父奂，奂于咸丰纪元手书其传授于卷端。一书之校，经无数名人经师一再细勘，流传二百馀年之久，非独卷册完好，亦且校字离句，精雅可观。想见老辈好学之勤劬，读经之审慎，信非后生小子信手涂抹、有始无终可比也。书中引校本，今惟余仁仲本。道光中，汪中问礼堂仿刻宋刻，原本犹藏常熟瞿氏，馀则散亡久矣。

嘉庆二十一年，阮文达刻《十三经注疏》于南昌府学，撰《公羊校勘记》，引据单经注疏各本，仅载惠校何本，馀皆闽、监、毛刻诸本。当时余仁仲本在同乡友人家，不知何以未暇借校，且《校勘》序中亦未语及，皆事理之不可解者。《公羊》家说注弊滋多，平时为儿子、从子、诸门弟子授经，必力纠其误。而佞宋成癖，睹此精校善本，重以前贤手泽，不能无所动于中，书友索值四十金，即如其值酬之。今日经学晦盲，舍我殆无有过而问者矣。

戊午首夏望前二日，识于吴门清嘉坊泰仁里寓舍，叶德辉。

春秋繁露十七卷明初黑口本

《春秋繁露》十七卷，明初黑口本，每半叶九行，每行十八字。《四库全书总目提要》云“宋楼钥校定本，原缺‘（二）〔三〕[①] 篇’，明人重刻又缺‘五十五篇’及‘五十六篇’首三百九十八字，‘七十五篇’中一百十九字，‘四十八篇’中二十四字，‘二十五篇’颠倒一叶”者，即此本也。《四库》著录，以《永乐大典》校补武英殿聚珍版活字印行。然明正德丙子锡山华坚兰雪堂活字本，其缺篇亦与明刻诸本同。世无宋本，犹幸有《大典》中之完书，则此等明刻，固宜土苴视之矣。而吾犹以善本例之者，古书日亡一日，如明黑口九行本，犹有宋、元遗风，非万历、天启以下妄改臆补之比也。

《汉书·董仲舒传》但言所撰有《清明》、《竹林》、《玉杯》、《蕃露》等篇，今皆在本书中。《繁露》上冠以《春秋》之名，宋欧阳公、程大昌辈已疑之。自刘逢禄援据以释《公羊》，道、咸以来注者颇众。然孤文剩义，终无西京故书古谊可以互相证明，则存其书以备一家之言，其真伪不必深辨矣。

丁巳夏四月望前一日，叶德辉识。

新刊详增补注东莱先生左氏博议二十五卷 明正德六年郭氏安正堂本

童蒙塾师授读吕东莱先生《左氏博议》，谓是先生新婚中之作，初不知说之所本。稍长，读《四库全书总目提要》亦载有此说，未援所出之本。《提要》据自序及先生《年谱》，力辟其说之谬，流俗传闻之说，固不必持为典要矣。《四库》著录为浙江巡抚采进本，标题称《详注东莱左氏博议》二十五卷，与此本标题称

①据《四库全书总目》改。

《新刊详增补注东莱先生左氏博议》者不同，《提要》云："每题之下附载《左氏传》文，中间征引典故，亦略为注释。是注不知何人作，观其标题、版式，盖麻沙所刊。考《宋史·艺文志》，有祖谦门人张成招标注《左氏博议》目一卷，疑当时书肆以成招标注散入各篇也。"《提要》所云，核之此本，亦正相合。

此本前有题目，目录后有牌记，述刻书原委甚详，末题"皇明正德六年秋，书林刘氏安正堂刊行"。二十五卷后有木牌记云："正德辛未季秋，书林安正堂刊。"又有后序一篇，末题"正德己巳孟秋既望五日，后学江东张伟谨识"。而《提要》云"黄虞稷称有明正德中二十卷刊本，〔今皆〕[①] 未见"，疑即此本，特二十五卷讹作二十卷耳。然则此本虽明时坊刻，在当时固希见矣。坊间通行本只十二卷，不知何人节删。道光己亥，有浙人瞿世瑛刻本，据云"据宋足本刊行"，其标题与《四库》本同，而与此异。盖同为明初刻本，其版式似宋，非真宋本也。

是书《四库》本有董其昌名字印，又有朱彝尊收藏印，谓为旧帙之可宝者。此本则自天一阁中散出，亦系足本旧刊，且为黄虞稷所称许。精刻虽不如宋、元，而椠法古雅，黑口双阑，固犹有元椠遗风者。吾吴自黄荛翁、顾涧薲、孙渊翁诸先辈即重视明本，载之题跋记中。今更百年，古刻日稀，此书更可宝矣。

丁巳夏正四月下旬六日，叶德辉记于阊门寓舍。

周秦人名字解诂二卷 王氏家刻本

此《春秋名字解诂》原本也，盖初题是名，后入《经义述

---

①据《四库全书总目提要》补。

闻》，属之《春秋》。其中文义，详略各有不同，名字亦有出入增删之处。案先生《经义述闻》，一刻于嘉庆二年丁巳，其书凡四册，不分卷，只《五经义》，孙伯渊观察于嘉庆十五年庚午刻《祠堂书目》所收之本是也。一刻于嘉庆二十一年丙子，书分十五卷，前有阮文达序，凡《易》、《书》、《诗》、《周官》、《仪礼》、《大戴礼》、《礼记》、《左传》、《国语》、《公羊》、《穀梁》、《通说》十二类，即江西南昌阮刻《十三经》时，卢旬宣并以付刻之本是也。一刻于道光七年丁亥，增入《春秋名字解诂》、《尔雅》及《尔雅太岁考》，凡三十二卷；道光九年，严杰编《皇清经解》，删并为二十八卷，所据之本是也。是书之成，当在嘉庆丙子以后，道光丁亥以前。就其书之繁简异同，可以见先生学问深浅长进，非独为藏书家未有之本为足珍也。

光绪（亥）〔辛〕丑十月癸巳朔，长沙叶德辉记。

国语韦昭解二十一卷①明万历乙酉吴汝纪刻本，卢抱经以宋本校过

抱经先生手校《国语》，其底本为明万历乙酉吴汝纪刻本，注用吴韦昭解，附宋宋庠补音，其宋本则未经宋庠校定之本。第一卷上方有先生手书小楷云："影宋钞《国语》，乃未经宋公序校正之本，宋指以为俗本者是也，然其中煞有好处。卢文弨识。"案：影宋钞本出自常熟钱遵王藏书，钱撰《读书敏求记》经部《韦昭解国语》二十一卷云："吾家所藏《国语》有二：一从明道二年刻

①此《国语》一部及后面两部、另《战国策》一部，《四库全书总目》著录入"史部杂史类"，《四部备要》及《贩书偶记》著录均入"史部古史类"，不知此刻本何以窜入"经部"？今一仍其旧，不作变动。

本影钞，一是宋公序补音南宋椠本。间以二本参阅，明道本《周语》云‘昔我先王世后稷’，注曰‘后，君也。稷，官也’，则是‘昔我先王世君此稷之官也’，考之《史记·周本纪》亦然；而公序本直云‘昔我先世后稷’。读者习焉不察，几讹为‘周家之后稷’矣。襄王二十四年‘左右皆免胄而下拜’，注曰‘免胄，则不解甲而拜’，盖介胄之士不拜，秦师反是，所谓‘无礼则脱’也；公序本又去‘拜’字，与注文大相违背。微明道本，于何正之？”

今世所行《国语》，皆从公序本翻雕，知二字之亡，由来久矣。卢即据以校勘，与世行黄氏士礼居影刊明道本一一符合，虽一笔一画小有异同，亦必照校。前辈读书心细，下笔不苟，如此可见。卷一上方阑边，上有“抱经堂印”四字朱文篆书方印，下方有“文弨读过”四字朱文篆书方印。卷末吴跋后有“卢文弨”三字白文篆书方印，“绍弓别字矶渔”六字朱文篆书方印。前张一鲲序下亦有“文弨读过”一印，又有“胡氏豫波家藏图书”八字朱文篆书长方印。卷第一阑边外有“胡尔荣印”四字白文篆书方印，“豫波”二字朱文篆书方印。胡为浙之海昌人，道光时学者，著有《破铁网》二卷，上卷记所见古书，下卷记所见书画碑帖、一二古物，盖亦藏书故家也。其馀一二印记，无足重视。从子峤甫购自友人，出以呈览，为考其收藏原委于此，以见珍秘。

又一部 明嘉靖戊子金李泽远堂刻本

钱遵王曾《读书敏求记》称宋明道本《周语》云“昔我先王世后稷”，宋公序直云“昔我先世后稷”。又襄二十四年“秦师将袭郑，过周国门，左右皆免胄而下拜”，公序本又失去“拜”字。钱竹汀大昕为黄氏士礼居影宋刻本作序，于此二事外复得四事：

《周语》“瞽献曲”，注“曲，乐曲也”，今本“曲”作“典”。“高位实疾颠”，今本“颠”作“偾”。《郑语》“依畴历华”，今本“华”作“萃”。《吴语》“王孙雒”，今本“雒”作“雄”。而皆归咎于宋公序补音本误。今此嘉靖刻本亦同明道本，嘉庆五年，黄丕烈士礼居重刊之，已为世重。其馀明刻本皆讹谬相承，不独此本也。

明道本原有汪远孙考异，附所撰《国语发正》、《国语三君注辑存》，谓之《国语》三种，别为刊行。其与此本及他明刻异同，皆已详举，兹不复述。惟此本前序补钞一叶，上钤“刘”字朱文篆书圆印，下钤“燕庭藏书”四字朱文篆书长方印，盖诸城刘方伯喜海旧藏。卷首有“毛晋”二字朱文篆书联方小印，“汲古主人”四字朱文篆书方印。流传有绪，朱泥烂然，知前贤爱惜古书，并不专于佞宋矣。

又一部 明许宗鲁静宜书屋刻本

此明嘉靖中许宗鲁刻《国语韦昭解》二十一卷，全书用《说文》，字为楷书。余藏陆铽刻《吕氏家塾读诗记》，字体亦同。自是一时风气如此，实则无关要义也。前列古文音释，即释古体字。似此词费，又何如不用古字之为愈乎。善乎宋岳珂《刊正九经三传沿革例》论字画云：“所校《字通》之以可识者，谓如‘宜’为‘宜’、‘晉’为‘晋’之类，非若近世眉山李肩吾从周所书《古韵》及文公《考经刊误》，纯用古体也。”是诚明通之论，凡刻书者可引以为师法矣。

战国策三十三卷 明嘉靖戊子吴门龚雷刻本

《战国策》高诱注本首东周，鲍彪校注本首西周，非刘向、曾巩所校原书次第。元吴师道校正鲍注，取刘、曾所校旧第为彪窜改者列存于首，读者始知此书本来面目，信为有功典籍矣。

此为明嘉靖戊子吴门龚雷校刻鲍注本，殊无可取。按其刻书年月及行字大小规模，与金李泽远堂所刻《国语韦昭解》如出一手，殆同时分任校刻者。余旧藏乾隆丙子卢见曾雅雨堂刻高注本，云出宋绍兴十六年剡川姚氏刻本。取校嘉庆五年黄丕烈仿刻姚本，知卢刻于文句可疑者，往往转取此鲍本搀改。是转不如乾隆甲午孔氏诗礼堂专刻吴师道校正鲍注本，不至贻误后学，与人以口实也。此以明刻存之，亦如宣炉成窑，取其为古物之仅存者耳。

论语白文十卷、附札记 日本天文癸巳刻本

日本流传中国《论语》本有二，一为正平集解本，见于钱曾《读书敏求记》，所谓“高丽旧钞本”，展转藏爱日精庐、士礼居，今归皕宋楼，遵义黎莼斋观察得彼国原刻本重刻，汇入《古逸丛书》者是也。一为皇侃义疏本，乾隆时开《四库》馆，歙人鲍廷博得之海舶，浙江巡抚采进，内府翻刻，鲍氏又刻入《知不足斋丛书》者是也。姚子梁观察曾随黎君使日本，屡为余言：此二书皆非彼国之旧，正平本为坊间屡次翻刻，字画仅存肤廓；皇侃本为彼国宽延中根本，伯修依《邢疏》改换章节起止。彼曾于足利学中钞得原帙咨送总署，为章京袁爽秋户部驳阻，至今恨恨。又云：此外刻本，以天文癸巳刻单经本为最善，《经籍访古志》已著

录，彼国亦希见。

余固未至日本，闻之茫然。一日忽于肆中购得此本，披校一过，始知姚君之言未尽得实。《敏求记》称高丽本经文与《石经》、《汉书》合者二事，《四库提要》称皇侃本亦云然。今此本此二事与二本合，而他处十异五六。按二本中如《学而》“与朋友交，言而不信乎”，《八佾》“君子之至于斯者”，《里仁》“盖有之乎？”“民之过也”，《述而》“德之不修也，学之不讲也，闻义不能从也，不善不能改也”，《子罕》“吾自卫反于鲁”，《乡党》“缜絺绤”，《先进》“而谁为痛①”，《卫灵公》“在陈绝粮”，《季氏》“虎兕出柙，龟玉毁椟中”，《阳货》“食夫稻也，衣夫锦也”，《微子》“何德之衰也，往者不可谏也，来者犹可追也”等句，此本皆与今本无异，异者仅百六十馀事。则其源出之本必非甚古。

考日本天文癸巳，当明嘉靖十二年，比之皇侃、正平二本，时代已后，特以彼国旧刻存之耳。暇日，因取《七经孟子考文》所引古文，足利本一本、二本、三本，皆彼国旧钞古本。皇侃本，正平本，黎刻正平本，《札记》所引津藩有造馆本，傅懋元观察重刻唐卷子本校录，与今本异者合得三百馀事，为《札记》一卷，附于后。傅本字多俗省，如“後”之作“缓”，“繼”之作“継”，“黨”之作“豪”，“枉”之作“拄”，“承”之作“羕”，“萬”之作“万”，“國”之作“囶”、又作“圀”，“坫”之误“玷”，“輕”之误“軽”，“叔”之误“舛”、“升”亦误“舛”，“權”之误“摧”，“膚”之误“膚”，显出俗手。

又如《阳货》“恶紫之夺朱也”章，上有“子曰：巧言令色，鲜矣仁”章，《考文》云：“古文足利本无此章，今皇侃、正平二

①据朱熹《四书集注》作“为恸而谁”。

本同。中国《唐石经》旁注增刻此章，亦非原石所有，惟《邢疏》、《朱注》本有之。"又《述而》"三月不知肉味"，"肉"作"完"，此由俗书"肉"作"宍"而误也。"肉"，汉史晨《孔庙后碑》作"宍"，洪氏《隶续》、刘球《隶韵》、娄机《汉隶字源》同。大宋重修《广韵》，入声"肉"下云"俗作'宍'"。丁度《集韵》则云"俗作'宍'"。宋刻《越绝书》"飞土逐宍"始作"宍"，是"宍"字行于宋以后，非唐时字也。即此二事，可知其非唐本之旧矣。今以彼国一本，一并载入至中国宋、元旧本，则以有阮氏《校勘记》在，不复出也。

丁酉三月初十日，长沙叶德辉记。

又

日本天文本单经《论语》，余既就彼国诸本校录异同，为之《札记》矣。复举其合于宋以前诸本者钩稽竟日，分为二科：一曰汉、唐《石经》本，一曰群书引文本，共得如干条。如《为政》"而志乎学"，王充《论衡·实知篇》同。今本"乎"作"于"。《子张》"其不可者距之"，《释文》同。今本"距"作"拒"。"譬诸宫墙"，《白虎通·社稷篇》同。今本"诸"作"之"。《尧曰》"荀在帝心"，今本"荀"作"簡"。又"宽则得众"下无"信则民任焉"。此合于汉刻《石经》者也。

《八佾》"汝爱其羊"，《汉书·律历志》注同。今本"汝"作"尔"。《公冶》"子使漆彫开仕"，《史记·仲尼弟子列传》、《释文》同。"朽（本）〔木〕[①] 不可彫也"，《论衡·问孔篇》、《汉书·董仲舒传》、"策"

①据朱熹《四书集注》改。

同。今本“（雕）〔彫〕”作“（彫）〔雕〕”[①]。“再思，斯可矣”，《唐石经》（但）[②] 无“斯”字。今本作“斯可矣”。《述而》“遊于艺”，今本“遊”作“游”。“我三人行，必得我师焉”，《释文》、《蜀石经》同。《穀梁》僖廿七年传注引上句同，《史记·孔子世家》引下句同。今本作“三人行，必有我师焉”。《子罕》“忽焉在后”，《史记·孔子世家》、《后汉书·黄宪传》、《列子·仲尼篇》、《世说新语》注引典略同。今本“焉”作“然”。《先进》“曰：敢问死”，颜师古《匡缪正俗》同。今本无“曰”字。“冉子、子贡”，今本作“冉有”。《宪问》“告夫二三子”，今本无“二”字。《卫灵公》“可与言而不与言”，《后汉纪·安帝纪》同。今本作“而不与之言”。此合于唐刻《石经》者也。

又如《学而》“未若贫而乐道”，《史记·〔仲尼〕[③] 弟子列传》引同。又见《文选·幽愤诗》注。《为政》“导之以政，导之以德”，《史记》、《汉书·酷吏传》序、又《汉书·刑法志》《董仲舒传》、又见《后汉书·杜林传》《二十八将传》论。王符《潜夫论·德化篇》同。又见《梁书·徐勉传》、《北史·黎景熙传》。“是亦为政也”，《白虎通·五经篇》同。又见《后汉书·郅恽传》、华峤《后汉书·刘平江革传》。《里仁》“焉得智”，《说苑·贵德篇》同。《公冶》“弗可得而闻也已”，《史记·孔子世家》同。惟无“而”字，《汉书·外戚传》注有“而”字。《述而》“子于是日也哭”，《论衡·感类篇》同。《泰伯》“民无得而称焉”，《风俗通·过誉篇》同。又见《释文》、《文选·运命论》注。《子罕》“与衣狐貉者立”，《史记·〔仲尼〕[④]弟子列传》同。《先进》“有棺而无椁”，《潜夫论·浮侈篇》同。又见《史记索隐》兼《明书》。《颜渊》“斯可谓之仁已乎”，《史记·〔仲尼〕[⑤]弟子列传》

①据朱熹《四书集注》改。
②“但”字衍。
③④⑤刻本缺，据《史记》补。

同。惟无“已”字。又“斯可谓君子乎”，《弟子列传》作“斯可谓之君子乎”。“皆为兄弟也”，《盐铁论·和亲篇》同。又见《文选》苏子卿古诗注。“民不信不立”，《吕氏春秋·季秋纪》高诱注作“非信不立”，文义同。“虎豹之鞹”，《说文》“革部”同。“吾岂得而食诸”，《史记·孔子世家》、《汉书·武五子传》同。“子帅而立，孰敢不正”，《仪礼·乡饮酒》注“已帅而正，孰敢不正”文义同。“君子之德，风也；小人之德，草也”，《汉书·董仲舒传》、《说苑·理政篇》同。“忠告而善导之，不则止”，《后汉书》注引蔡邕《正交论》，“忠告善诲之，否则止”，文义同。《（子路）〔宪问〕①》“卑谌草创之”，《群经音辨》引“郑康成曰”同。《汉书·古今人表》作“卑湛”，“卑”字同。《宪问》“君子耻其言之过其行也”，《潜夫论·交际篇》同。惟“也”作“者”。《（灵卫）〔卫灵〕②公》“非道弘人也”，《汉书·董仲舒传》同。《尧曰》“孔子曰：不知命”，《汉书·董仲舒传》亦同。此合于汉人所引者也。

《学而》“患不知人也”，《释文》云：“（本或）〔或本〕③‘患己不知人也’，俗本妄加字。”此本有“己”字，同。《为政》“奚其为为政也”，《释文》云：“一本无一‘为’字。”此本有二“为”字，同。“学而不思则罔”，《释文》云：“（本或）〔或本〕作‘冈’。”此本作“冈”，同。《述而》“饭疏食”，《释文》云：“（本或）〔或本〕作‘蔬’。”此本作“蔬”，同。“君娶于吴”，《释文》云：“（本今）〔今本〕④作‘取’。”此本作“娶”，同。《先进》“宗庙会”同，《释文》云：“（本或）〔或本〕作‘宗庙之事如会’。”同。“非诸侯而何”，《释文》云：“一本作‘诸侯如

①②此篇刻本误，据朱熹《四书集注》改。
③④刻本颠倒误，据文义改。

之何’。”此本与或本、一本同。《颜渊》“博学于文”，《释文》云：“一本作‘君子博学于文’。”此本“君子”二字同。“草尚之风，必偃”，《释文》云：“‘尚’，（本或）〔或本〕作‘上’。”此本作“尚”，同。《宪问》“子言卫灵公之无道也”，《释文》“言”作“曰”，云“一本作‘言’”，此本作“子曰”，同。“之三子告”，《释文》云：“（本或）〔或本〕作‘二三子告’，非也。”此本作“二三子”，同。《子张》“窥见室家之好”，《释文》“窥”作“闚”，此本同又见北宋《石经》。此合于《释文》所引者也。

《为政》“七十而纵心所欲”，柳集与杨晦之疏作“七十而纵心”，此本作“纵心”，同。《述而》“举一隅”，《文选·西京赋》注“隅”下有“而示之”三字，蜀《石经》同。此本有“示之”二字，无“而”字。“又何怨”，《史记·伯夷传》、《索隐》、《左》哀公三年传疏、《文选》江淹《杂体诗》注作“又何怨乎”，此本有“乎”字，同。《子罕》“夫何远之有”，《文心雕龙·风骨篇》引有“哉”字，此本有“哉”字，同。《子路》“兄弟怡怡”，徐坚《初学记》、欧阳询《艺文类聚》、《文选》曹植《求通亲亲表》注“怡怡”下有“如也”二字，此本有“如”字，无“也”字。《宪问》“则为之也难”，《后汉书·皇甫规传》论“则其为之也难”，此本作“则其为之也难也”。《季氏》“政逮于大夫”，《文选·演连珠》注引无“于”字，此本同。《子张》“仲尼，日月也”，《后汉书·孔融传》、《列女传》注引作“仲尼，如日月也”，此本同。此合于六朝、唐人所引者也。

大抵日本自唐以来，与中国同文，其所传经籍，多唐时旧本，故文字异同，非宋椠、宋注二本所能比埒。此外如《为政》“不敬何以别乎”，唐本、津藩本无“乎”字。“孝乎惟孝”，皇侃本、唐本、津藩本、正平本“乎”作“于”。《里仁》“无恶也”，正平本无“也”字，皆与《汉石经》同。《公冶》“不可朽也”，皇侃本“朽”作“圬”，与《史记·〔仲尼〕[①] 弟子列传》同，《汉书·董仲舒传》同。《子罕》“衣敝缊袍”，皇侃本、唐本、正平本“敝”作“弊”，与《说文》同。《乡党》“子路共之”，皇侃本、唐本、津藩本、正平本“共”作“供”，与《释文》同。《先进》“子乐”，皇侃本、唐本“乐”下有“曰”字，与《汉书·叙传》颜师古注同。“如之何其闻斯行之”，皇侃本、唐本、津藩本、正平本“之”下有“也”字，与《白虎通·三纲六纪》同。“莫春者”，皇侃本、唐本、津藩本、正平本“莫”作“暮”，与《论衡·明雩篇》同。又见《释文》。《子路》“子适卫，冉有仆”，皇侃本、唐本、津藩本作“冉子仆”，与《论衡·问孔篇》、《风俗通·十反篇》同。《宪问》“夫子时然后言”、“乐然后笑”、“义然后取”三句，皇侃本、唐本、津藩本、正平本末均有“也”字，与《论衡·儒增篇》同。《卫灵公》“则可卷而怀之”，唐本、津藩本、正平本“之”作“也”，与《唐石经》、《后汉书·周黄徐姜申屠传》序同。“好行小慧”，皇侃本作“惠”，与《释文》引郑本同。《阳货》“子曰：由也，汝闻”，皇侃本、唐本、津藩本“由”下无“也”，与《文选·辨命论》注同。“恶紫之夺朱也”二句，正平本无“也”字，与《汉书·杜钦传》同。《周礼》司市疏、《左》哀十七年传疏同。“食夫稻，衣夫锦”二句，皇侃本、唐本、津藩本末均有“也”字，与《世说新语·规箴类》郭林宗语同。“恶果敢而窒者”，唐本“窒”作“室”，与《释文》引鲁读同。《微子》“何德之衰？往者不可谏，来者犹可追”三句，唐本、津藩本、正平本末均有“也”字，与《史记·孔子世家》、《汉石经》

---

①据《史记》补。

同。"杀鸡"，唐本作"鈂鸡"，与《武梁祠画像残石题字》同。"如之何其废之"，皇侃本、唐本、津藩本、正平本"之"字下有"也"字，与《汉石经》同。《子张》"望之俨然"，皇侃本"俨"作"严"，与《释文》引或本同。皆胜于宋以后诸本倍蓰，因并记其异，以省寓目之劳。其馀古通假字如"弟悌、孙逊、说悦、唯惟、汝女、雕彫、知智、辟避、疏蔬、无毋"等字，不能悉数，则亦略之云耳。

三月望日，德辉又记。

论语集解十卷日本复刻元正平本

日本文化十年，野光彦复刻元正平本《论语集解》，即光绪乙酉驻日黎莼斋星使庶昌刻《古逸丛书》之祖本也。其与今本异同之处，已详黎刻《札记》中。椠法古朴方劲，以复本较之，神气不逮远甚。此本钱曾《读书敏求记》入载，目为高丽古刻，自诩为惊人秘笈者。是时海禁未开，其书当由日本入高丽，展转至中国，钱氏不知其详，故臆度云尔。是书前有"顾广圻印"白文方印，"一云散人"朱文方印，知是思适斋中故物，流传又百馀年。余以番饼金二十圆得之，或者谓其不应如此之贵，余曰："近来黎刻单行本，日本人往往以重值购藏。此其原刻最古之本，何乃不如新刻？况钱氏当日诧为秘笈，岂至今日反以寻常之本例之？区区二十圆饼金，仅折银十四两耳，奚贵之有？"或去，并记其语于此。

按：《思适斋集》十五，跋徐俟斋与杨潜夫手札子云："予家一云先陇门上刻'顾氏墓道'四大字，浑厚淳古，直逼汉、魏，是先生手笔。"据此，则"一云"乃地名也。

论语义疏十卷日本刻本

梁皇侃《论语义疏》十卷，日本宽延庚午，根逊志校刊，乾隆时由海舶流入中国。五十一年，武英殿重刊。五十三年，歙人鲍廷博又刻入《知不足斋丛书》。同治十年，广州又刻入《古经解汇函》。于是，中国有三刻本矣。皇侃疏文与邢昺不同，而此疏全与邢本合。故乾、嘉间学者皆疑其书非皇侃原本，孙志祖《读书脞录》、钮树玉《匪石日记》引江郑堂之言，均以此书为伪作，不可信。余尝询之日本学者，亦不能言其故。丙申还朝，与上海姚子梁观察文栋比邻而居，子梁之弟子让名文枬者，与余同乡举，因是过从颇密。子梁曾随黎莼斋观察庶昌使日本，亲见《皇疏》原书，乃知传入中国者，全为根逊志窜改之本。幸只窜改分段以就《邢疏》，于疏文尚未增损。子梁传钞一本，咨送总理衙门，请下所属刻印，以还其真。时袁爽秋昶为章京，以为武英殿既已刊行，分段小有异同，无伤全体，事遂中止。袁亦有文名之人，其所以不附子梁者，盖恐子梁得名，中实有所忌耳。

此书久不传于中国官私书目，自是不经见之佚书。然明焦弱侯《笔乘》谓"公冶长识鸟语"，又驳杨用修以"匏瓜"为二星名，均只见于此《义疏》，而不见于他处。焦固博览，或明时此书犹有传本与？此本即根逊志改本，以其为殿本、鲍本之祖，故特著录云。

时已亥六月中伏曝书，因记，德辉。

又一部日本刻文明九年雁声旧钞本

《论语皇侃义疏》十卷，自乾隆中由日本传入中国，当时武英殿即以付刊，歙鲍氏又刻入《知不足斋丛书》。《四库全书总目提要》举其与今本异同者，谓其确为古本，不出依托，则以其在日本固流传有绪也。惟殿本、鲍本两本疏中，段落起讫，与邢昺疏本无异，乃据日本根逊志改《皇疏》、从《邢疏》之本，原书不如此也。光绪初，遵义黎莼斋星使使日本时，得原钞本咨送总理衙门，请出公帑刊行，为章京袁郎中昶所驳论者，惜之。余向藏鲍本，后得根逊志本。余门下多日本人，每属以相访，以为《皇疏》淹博，远过《邢疏》，若皇侃真本不传，终无以彰同文之化，彼国学者咸以为然。久之，此本出，则据彼国文明九年雁声旧钞本重刻者也。其书经自《疏》经，注自《疏》注，《集解》所引“某氏曰”，义即分疏其下，条理清晰，豁目爽心。乃知宋人刻疏，标明起讫之例，远不如此之善。今而知皇侃《义疏》之庐山真面，固若是之明了也。

侃事迹具《梁书》本传，各本作“偘”，“偘”、“侃”字同。传称其撰《礼记义》五十卷、《论语义》十卷。今《礼记义》日本尚有《唐卷子》残本，惜无好事者为之刊行，以存一家之学。斯文未丧，或者亦如此书，终有流传之一日与？

孔子家语十卷日本十五年，风月宗智重刊上官国材宅本

《汉书·艺文志》《论语》类有《孔子家语》二十七卷，颜

师古注曰："非今所有《家语》。"《隋书·经籍志》卷数同，注云"王肃解"。《唐志》以后均作十卷。今所传毛晋汲古阁本是也。师古云"非今所有"，谓非当时所行之王肃本也。王肃伪造《家语》以攻郑学，前人论之至详。但自宋以来，王本亦不免为人增窜，其本且残缺，故明正德中何孟春作注，犹云"未见王肃本"。王鏊《震泽长语》亦云："《家语》今本，为近世庸妄所删削，惟有王肃注者今本，所无多具焉也。"瞿镛《铁琴铜剑楼藏书目》影宋钞本《孔子家语》下云："汲古毛氏刻此书，得一宋本，阙开卷首至卷二，凡十六叶。因参用通行本，故注字脱落颠倒。此本完善无讹，足以订正甚多。"又陈子准按：子准名揆，家有稽瑞楼藏书。传录毛斧季毛晋子，名扆。校宋本下云："朱笔从北宋，墨笔从南宋，子晋跋谓'丁卯秋得北宋本，卷二十六叶以前已蠹蚀。继于己卯春复得一本，阙末二卷，合之始全'。盖初得宋本付刻，其阙者仍参以通行本，追续得全本，不及追改矣。"据此，则毛刻亦非尽宋旧也。相传毛所藏宋本，上有东坡居士印，今其本在陆心源皕宋楼，余曾于桐城萧敬孚明经穆处见之，书中"瑗"字阙笔，此宋孝宗皇子时讳名，即此可证其非北宋刻，东坡印亦伪作也。

今毛刻固日稀少，卢抱经校刻之何孟春本虽非王旧，世鲜流传。昔从都门得太宰纯增注本，前有元文元年自序云："据其国博士家所传王注全本，取校毛本，注文简古。"元文当中国乾隆初元，逮今百七十年，其云"博士家传"，必有依据。然既曰增注，犹恐于王注或有节删。怀疑数年，屡托友人于日本求一王注单行本，久不可得。今年春，日本僧水野梅晓还国，重来长沙，出此本见赠，每半叶九行，行十八字，前序目后有"上官国材宅刊"一行，末叶有"宽永十五年戊寅仲秋吉日，二条通观音町风月宗智刊行"二行。审其版式、行格，似北宋时私宅本，风月宗智又翻雕耳。注文与太宰纯注本同。宽永戊寅，当中国前明崇祯十一年，逮今凡二百六十八年，犹是太宰注以前旧本，乃知太宰所云“博士家本”非凿空之谈。且以见毛本虽出宋刻，难免臆改增删，不如海外所传，固是中原古本也。后有得者，珍之宝之。

大清光绪三十有一年乙巳岁中秋前二日，长沙叶德辉记。

又一部明毛氏汲古阁本

明毛晋汲古阁藏书，多善本，而刻书皆恶本，非独《十三经》、《十七史》、《津逮秘书》诸大部已也。即寻常单行各种，往往后缀一跋，不曰据宋本重雕，即谓他本多讹字。及遇毛氏所藏原本校之，竟有大谬不然者，如此《孔子家语》，即其一也。据毛跋自称“如何欲得是书，长跪宣圣像前，誓愿遘止；如何读何燕泉叙，不觉泣涕如雨；如何得北宋本，惜二卷十六叶以前蠹蚀，复向宣圣前焚香叩首，愿窥全豹；如何从锡山酒家复觏一函，冠冕岿然，逸末二卷，倩能书者一补其首，一补其尾，而卒以公之同好为幸”云云。是毛氏之于此书好之笃、求之诚、公之天下之心久而不懈，宜乎根据宋本，不再迷误后学也已。

乃取宋本校之，其改易行款犹为小疵。乃至不通假借，妄改旧文，如改“德”为“得”、“翟”为“狄”、“㥛”为“愆”、“機”为“几”之类，全书无一字之存留，可谓缪甚。王肃注亦多删省窜夺，全书不具举，举其首篇数条言之，如“孔子初仕，为中都宰”，注“中都，鲁邑名”，毛刻删去“名”字。“制为养生送死之节，长幼异食”，注“如礼，五十异粮，六十至九十，食各以渐加异也”，毛刻仅存“如礼，年十五异食也”八字，又误倒“五十”为“十五”。“器不雕饰”，注“不雕画，无文饰，不诈伪。已上养生之节”，毛刻仅存“雕画，无文饰，不诈伪”八字。“为四寸之棺，五寸之椁”，注“以木为之”，毛刻改“以木为椁”，不知“以木为之”乃并释棺椁，若“以木为椁”，是遗棺矣。诸如此类，几如全书不同。

其正文中讹舛之处，如《相鲁篇》“申句须乐颀”，注“音祁”，毛刻误“颀”为“倾”，又删“音祁”二字。《始诛篇》“其居处足以掫徒成党”，注“掫，聚也，侧九反”，毛刻误“掫”为“撮”，又注“撮聚”而删“侧九反”三字。《王言解篇》“布诸天下四方而不窕”，注“窕，薄也”，毛刻误“窕”为“怨”，又删注“薄也”二字。又“乃为稸积资聚焉”，毛刻误为“乃为福积资裘焉”。

其他注文中最要之语，如《相鲁篇》“孔子为鲁大司寇，有公子讼者，夫子同猎执之”，注“猎，狱牢也。猎犴，胡犬也，善守，故以名狱”，毛刻改“猎”为“犴”，注文仅存“犴，狱牢也”四字。“三月不别”，注“谓辨决其子罪”，毛刻删此注。“陵迟故也”，注“陵迟，陂陀也”，毛刻亦删此注。《王言解篇》“非以盈府库也”，注“备人伦，养君子”，毛刻亦删此注。全书类于此者甚多，当别为校勘记著之。

夫此之所指宋本，即毛氏旧藏所谓北宋蜀大字本、有东坡折角玉印者也。今考其书，避宋讳至孝宗“慎”字，其非北宋刻本，断然可知。然则东坡印亦出好事者伪钤，不待辨矣。其尤可怪者，毛扆手写《汲古阁珍藏秘本书目》，于此书下注云：“药酒苦于口而利于病；北宋本如此，并引《盐铁论》文为证。南宋本以下作‘良药苦于口而利于病’。”案：此句见《六本篇》，毛刻仍作“良药”。扆为晋子，是扆知“良药”之非而晋不知。是晋刻之书，即令其子读之，亦将以为谬矣。毛藏宋本，光绪中叶犹在桐城萧敬孚明经穆家。敬孚寓上海方言馆，吾曾假阅之。当时同文书局有石印本，即从之出。后闻以书归湖州陆存斋观察心源，得番饼银四百元。不知何时又归贵池刘氏，今刘氏仿刻之本即萧本也。

伏读《四库全书提要》，略言“《汉书·艺文志》有《孔子家语》二十七卷，颜师古注云‘非今所有《家语》’，《礼乐记》称‘舜（挥）〔弹〕[①] 五弦之琴以歌《南风》’，郑注‘其词未闻’。孔颖达疏载‘肃作《圣证论》’，引《家语》‘阜财解愠’之诗以难康成。又载马昭之说，谓《家语》王肃所增，非郑所见。故王柏《家语考》曰：‘四十四〔篇〕[②] 之《家语》，乃王肃自取《左传》、《国语》、《荀》、《孟》、二《戴记》割裂织成之。孔衍之序，亦王肃自为之。’反复考证，其出于肃手无疑。特其流传（既）〔已〕[③]久，且遗闻轶事，往往多见于〔其〕[④]中，故自唐以来，知其伪而不能废也”。今案《提要》云肃割裂诸书而作，孙志祖《家语疏证》考之最详。又有陈士珂《家语疏证》，反谓《家语》为诸书所本，强词夺理，殆亦毛奇龄《古文尚书》冤词之流。

据宋史绳祖《学斋佔毕》曰：“《大戴》一书，大抵杂取《家语》之书，分析而为篇目，其《公冠篇》载‘成王冠辞’内有‘先帝’及‘陛下’字，周初岂曾有此？《家语》止称‘王’字，当以《家语》为正。”《提要》驳之云：“今考‘陛下离显先帝之光曜’已下，篇内已明云‘考昭冠辞’，绳祖误连为祝雍之言，殊未之考。盖王肃袭取《公冠篇》为《冠颂》，已误合‘考昭冠辞’于成王‘冠辞’，故删去‘先帝陛下’字，窜改王字。《家语》袭《大戴》，非《大戴》袭《家语》，就此一条，亦其明证。”《提要》

---

①③据《四库全书总目提要》改。
②④据《四库全书总目提要》补。

深切著明，可云快论。孙氏《疏证》之作，殆即本《提要》推衍而成。至陈氏《疏证》，更易为之，不过一反其说而已。然《提要》亦自有本，考范家相有《家语证伪》十一卷，其成书在《四库全书》以前，而《四库》未著录，或馆臣见其书而袭其语与？要之《家语》为王肃伪作，则固千秋定谳也。

《提要》又云："其书（自）〔至〕[①]明代，传本颇稀，故何孟春所注《家语》，自云'未见王肃本'，王鏊《震泽长语》亦称'《家语》今本，为近世妄庸所删削，惟有王肃注者，今本所无多具焉'，则亦仅见之也。明代所传凡二本，徐𤊹家本，中缺二十馀叶；海虞毛晋家本稍异，而首尾完全。较之坊刻，犹为近古。"《提要》未见宋本，故误以毛刻为近古，其实毛亦妄庸者流，差强于不刻书之人耳。如此书宋本，幸而晦久复显，有石印、又有刘刻，其庐山真面，尽人得而见之。试取此毛刻校之，段落既非原书，注文尤多删易。假使宋本不再见于世，仅凭毛刻一跋，几不信其书如此之变乱旧文。昔人谓"明人刻一书而书亡"，其不如毛晋者，正复何限！安得好事人，见一宋本即重模刊行，则其表彰载籍之功，不亦德、言不朽哉！

丙辰六月伏中，郎园叶德辉记。

孔丛子七卷 光绪丙子仿宋刻本

此重刊宋本《孔丛子》七卷，原委具详合肥相国序中。是书自《隋志》以降，官私目录均作七卷。近世通行三卷，乃明人所合并也。《四库》著录亦三卷本，阮文达据影宋巾箱本始续，进呈

---

①据《四库全书总目提要》改。

说详《揅经室外集》。即《四库》未收书目。然考《天禄琳琅书目续编》元版子部类，有宋宋咸注七卷本，卷后图记有“季振宜藏书”、“谦牧堂藏书”诸印。是内府原有此书，特《四库》偶遗之，文达又未窥中秘耳。钱遵王《读书敏求记》载有元钞本，但云后附《连丛子》，而未详其胜俗本之处。惟文达云“小尔匹广言俘罚也”，宋本“俘”作“浮”，与《礼记·投壶》正义引同。今案此本，“俘”仍作“俘”，与俗本无异，传钞不可据耶？抑校勘有未善耶？姑志于此，以俟异日考订云。

光绪戊戌初夏小满，长沙叶德辉识。

《孔丛子》七卷，旧帙久无刻本。曩见南皮制军《书目答问》云：“金山钱氏有宋宋咸注七卷本，未刊。”《书目》成于光绪元年乙亥九月，而此书适刊于是年孟春之月，故《书目》后又改刻云“浙江新有影宋刻本”，即此本是也。余求之京师及江浙间，不得一见，怏怏于中者十馀年矣。贵筑黄本甫孝廉富于储藏，此书插架竟有二本，因以其一贻余。取校明刻诸本，时有佳处，不独卷帙存隋、唐《志》之旧，可资考证也。后于京师厂肆获有数部，因携归，分贻诸从子各一部。

德辉再识。

孟子赵注十四卷乾隆辛丑安丘韩岱刻本

《孟子》赵岐注。原有《章指》，南宋邵武士人托孙奭作伪疏，即已删去，自后刻经注遂不能复还其旧，由是五、六百年无人知《赵注》之外有《章指》矣。国朝毛斧季扆，借真定梁相国清标家藏宋本影钞，益都李南涧司马文藻，获其本于京师。李固山左人，故山左人见宋本《孟子赵注》原本最早。南涧本欲校刊传世，不幸赍志以没，书几失传。乾隆壬申，曲阜孔户部继涵刻入《微波榭丛书》。至辛丑，安丘韩岱又刻之，此本是也。但据安丘韩氏跋，竟不知孔氏已刻于前。以同乡共里之人事，止越十年之久，而竟茫然不知，何也？尤奇者，历城马国翰《玉函山房辑佚书》中，列赵岐《孟子章指》二卷，谓本之毛钞，亦竟不知乡先辈有孔、韩二氏刻本者，岂当时两刻本流传甚稀耶？今伪疏每段起首有“此章”云云，即剿袭《章指》为之。初不料真赃为后人发见，其盗窃作伪益有证也。

吾尝言战国诸子蜂起，惟孟子与庄子同为文章家言，其不必借训诂以发明，人固无有不解领者。况《赵注》本不长于训诂，《章指》亦无宏深之言，徒以汉人注刘熙早亡，独《赵注》犹为完好。故世之媚汉学者，莫不欲争先快睹，识真面于庐山，此孔、韩两刻所以为中郎之虎贲也。吾既获藏孔刻，又遇此韩刻，南人求其一而不可得者，吾得列之一插架焉，良足深幸矣。

丁巳嘉平立春，德辉记。

邵晋涵尔雅正义二十卷乾隆乙酉家塾刻本

尔雅正义二十卷，邵晋涵撰。《尔雅》世行郭璞注，邢昺疏。晋人注经，远不如两汉，以汉人《尔雅》注，如犍为文学舍人刘歆、李巡、樊光、孙炎诸家已亡，独《郭注》完好，故邢昺因之作疏。实则邢昺疏只能就注文引申敷衍，毫无裨于经义也。邵氏虽主《郭注》作疏，而疏中采摭两汉刘、李、樊、孙异文故训，不厌求详；亦不拘守疏不破注之例，故与《郭注》时有同异，于经训多所发明，洵不刊之作也。此乾隆戊申初刻初印，目后有

"己酉重校"字者，则后印也。邵氏与郝懿行《尔雅义疏》齐称，郝详于声音训故，其于名物制度，不及邵之精深。或者不察，谓《郝疏》胜于邵氏，真耳食之谈也。

郝懿行尔雅义疏二十卷 道光庚戌沔阳陆氏刻本

郝懿行《尔雅义疏》凡五次刻版：其一道光六年，阮文达刻《皇清经解》本；其一道光三十年，两江总督陆建瀛刻本，序称"《经解》繁重，不能家有其书，因属长洲陈君奂重为校刊"云云；其一咸丰六年，河督杨以增以阮、陆二本均为王引之删本，觅得原稿重刊，未竣，仁和胡珽补刊成之；其一同治四年，家刻进呈足本；其一光绪十三年，湖北官书局本。此三本同出一源，前皆有宋翔凤序。五本之中，杨、胡刻本希见，次则陆刻，此即陆本也。刻成，版庋金陵节署，粤寇之乱，江南城陷，陆出走，旋吞金死，版遂毁于兵火。同时刻有陈奂《诗毛传疏》及金鹗《礼说》诸书，幸未罹劫，故二书至今传本尚多，若此《疏》则不时遇也。

己未夏六月伏中，郎园记。

经典释文三十卷 通志堂本，袁漱六太守校宋钞本

隋陆德明《经典释文》，为六朝以前经文之渊海。南宋刻，附诸经注疏，往往有迁就本书，改易原文之弊，不可信也。国初徐乾学通志堂刻有单行本，当时校者顾伊人湄，疏于经学，校勘不精，何义门焯深讥之。乾隆中，徐姚卢抱经文弨根据钱求赤影宋

钞本，采辑诸家校本作考证重刊，是书至今学者尊之，然亦未尽善也。

大抵此书自唐以来，即展转沿讹，失其真面。以余所知，其不可据者有五：据陆氏叙例自述云："先儒旧音，多不音注。然注既释经，经由注显。若读注不晓，则经义难明。混而音之，寻讨未易。今以墨书经本，朱字辩注，用相分别，使较然可求。"观叙例云云，其原书本朱、墨相间，眉目朗然。今刻本通改墨书，原本次第已乱，此其不可据者一。宋《崇文总目》云："太子中舍陈鄂奉诏刊定。始开宝中，以德明所释乃《古文尚书》，与唐明皇所定《今文》驳异，令鄂删定其文，改从隶书。"盖《今文》自晓者多，则音切弥省，是原书已改《古》为隶，又删省其音，此其不可据者二。叙例又云："旧音皆录经文全句，徒烦翰墨。今则各标篇章于上，摘字为音。虑有相乱，方复具录。唯《孝经》童蒙始学，《老子》众本多乖，是以二书特纪全句。"今此二书一例摘字，与他经无异，而《孝经郑氏解》又以沿用唐明皇御注，其附刻"释音"与郑本不合，读者恒据以就改，大非陆氏之旧，此其不可据者三。宋毛居正撰《六经正误》，讥陆氏偏于土音，辄改他字以易之，后人信其说，往往据以改陆音，此其不可据者四。宋本虽非陆氏旧观，固自胜于新刻。今宋本久已亡佚，存者为钱求赤影宋钞本。宋本出自钱牧翁绛云楼旧藏，先祖石君公亦传写一部，但屡经移录，终不免帝虎鲁鱼，此其不可据者五。然钞本根源宋本，实有卢校所未及者。故卢书出后，考订家颇有责言。乾、嘉诸儒得见钞本者多，如钱竹汀大昕、段懋堂玉裁、臧在东镛堂、江艮庭声皆曾手校此书，而于先祖石君公校者，谓之"叶抄"，推重尤至。

此通志堂本，县人袁漱六太守芳瑛以"叶钞"为主，参用各家校语，以朱、墨、黄三色笔别之于宋本，一点一画小有岐异，均用朱笔细勘。其视卢校，多宋刻本《尚书音义》上卷、顾安道藏宋版《春秋左传音义》六卷。前题四绝句，纪年丁未。时为道光二十七年，先生正官编修也。湘中精版本之学者，必首推先生，所藏两宋、元、明旧椠名钞，皆荟萃南北藏书家，整册残篇而自成一派。身后为不肖子孙鬻卖及献之权贵者，瑶函玉册，贱若泥沙。

此书流落市摊，从子峁甫、定侯兄弟争出重资相购，儿子尚农出而解纷，购而共赏，以其有先祖石君公手泽也。原有庄世骥一跋，以“叶钞”当叶林宗，误也。林宗公亦石君公兄弟行，好藏宋版书，与石君公同癖。此则出自石君公，流传有绪，不独吾辈子孙得知其详矣。

四书章句集注二十六卷内府仿宋淳祐补刻燕山嘉氏宣城本

此内府仿宋淳祐丙午补修燕山嘉氏所刻宣城旧本《四书章句集注》二十六卷，每半叶八行，行十五字。朱子自序后刻有识语，述补修缘由，云“置版泳泽书院”，字大悦目，前无重刻序跋，故不知刻书年岁。《四库全书总目》著录，但云“通行本”，而不择一善本，殊为忽略。据《天禄琳琅书目》宋版类经部有“宋咸淳癸酉，衢州守长沙赵琪刻《四书章句集注》”；明版类有“正统时，官刻《五经》《四书》，必较通行本校刻精美”。不知何以全不检阅？岂当时未奉谕颁出耶？

此本疑刻于国初，各家书目无从考证。惟余见贵筑黄再同编修国瑾家藏此本，上钤“汲古阁”、“毛斧季扆”诸印，且钤以

"宋本"二字朱文篆书椭圆印，不知毛氏戏为之，抑真误以为宋刻？然足见此时，此书已有印本，断非雍、乾以来所仿雕者。嘉庆辛未，吴门吴志忠刻有小字宋本《四书》，未知所据何本？以此视之，彼诚钦（丕）〔鸡〕[①] 之于鸾凤矣。

七经孟子考文补遗周易十卷、尚书二十卷、毛诗二十卷、左传六十卷、礼记六十三卷、论语十卷、古文孝经一卷、孟子十四卷 日本亨保十五年刻本

《四库》著录为汪启淑家藏本。阮文达重写付刊，据文澜阁传钞本，即世行文选楼巾箱本也。乾、嘉诸儒，多喜藏书，穷搜释、道二藏，又求书于海外。当时中朝、日本文轨相通，此书流入江浙间，旋登于秘府。外间所传，仅此阮刻。故嗜奇好博如孙伯渊先生，其《祠堂书目》所载亦仅阮本，无原刻也。陈增《月墀遗稿》题周松霭藏日本人《古梅园墨谱诗》注云："扬州江氏随月读书楼，藏日本国人所著《七经孟子考文补遗》，亦若以是书为极珍贵者。"阮氏重刊序称"所见为江氏随月读书楼所藏，乃日本元版，落纸印本，校阅群经，颇多同异"。则此本真原刊原印之可贵者也。丁酉将出都门，书友持以相质，检点行囊，尚有馀赍，出廿金购之。取校阮氏《十三经校勘记》，异处甚多。即校阮刻此书，阮刻亦时讹误。书贵原刻，可省读者校雠，矧其为经典要部耶？得者幸勿仅以海外奇书目之。

光绪丁酉中秋后三日，长沙叶德辉题记。

---

①钦丕，应为"钦鸡"，见《山海经·西山经》。

经义杂记三十卷嘉庆己未臧庸刻本

国朝经学，凡三变。其始，昆山顾炎武、馀姚黄宗羲痛元、明以来，空谈心性之非，欲以淹贯博通，力矫其失。然或尊朱子，或祖象山，于宋学一途，并无鸿沟之划。故吴县惠氏父子、鄞县万氏兄弟均治朴学。而惠氏为昆山羽翼，万氏为馀姚嫡传。其时说经之书，未尝显标汉帜也。自惠栋递变其家学，全祖望特起于四明，于是前此所谓治朴学者，至是遂纯粹成为汉学。汉学既盛，又分今文、古文。嘉、道之间，刘逢禄得阳湖庄氏之传，以《公羊》倡今文之学，龚自珍、魏源为其门人，咸、同诸儒，遂承其习。二百年间，盖经三变矣。诸家全集及遗书具在，不问时代，可以开卷而得其风气。

此臧琳所撰《经义杂记》三十卷，为其玄堂、镛堂所校刻者。其书全与乾、嘉诸儒所著书相类，桐城方东树《汉学商兑》谓“琳书为镛堂搀乱，阎若璩序亦其伪托”。余则谓其书不仅搀乱，直是镛堂一手改定。阎序不见于《潜丘札记》，附刻诗文内，其为伪托又无可疑。今琳书虽为治汉学者所推崇，恐原书无此精粹也。镛堂改名庸自撰《拜经日记》，亦同时所刊，核其体例，与此如出一手。则谓镛堂归美于其先人，所作亦无不可也。钱泰吉《曝书杂记》极称是书，拟为之重编一目，以便检寻，其例至善。后有重刻是书者，可以采用之。六经一日不废，汉学亦一日不能亡也。

九经古义一册原稿本

惠定宇先生《九经古义》，《述首》一篇一叶，《周易古义》

卷一三叶，《毛诗古义》卷一三叶，《尚书古义》卷一二叶，《仪礼古义》卷一一叶，《公羊古义》卷一一叶，《穀梁古义》卷一一叶，《左传补注》序一叶，《补注》卷一一叶，为先生手书真迹。格纸旁有“红豆斋藏书钞本”字样，书中夹有小朱笺云：“书凡二十卷，每卷钞呈一二叶，殆录稿取证于友人者。”今李文藻《贷园丛书》刻本有二十二卷，以《左传补注》有六卷也。首列序目，题《左传古义》下有小注云：“一名《补注》，总四卷。”另编又有校语云：“文藻按：《左传补注》实六卷。”盖李所据刻者已增为六卷，而此手稿序犹称四卷者，从初稿也。后附《松崖文稿》五篇九叶，均经义考论，殆亦未全。然凤毛麟甲，人皆知其宝贵，不必以多见珍也。

编甿记。

经义述闻四册，不分卷嘉庆二年初刻本

高邮王文简引之所著《经义述闻》一书，久为经神学海。然不知其竭一生之心力，凡数易稿，而始写定刊行，此其初次刻也。书分四册，共四百十七叶，不分卷，不记叶号，孙星衍《祠堂书目》内编经部载之。至嘉庆丙子，刻于江西，有阮文达序者，分为二十八卷。二十年，三刻于家塾，分三十二卷。合前后观之，其修改之详略，考订之疏密，可以知其学问之与年俱进也。余喜藏国朝先儒之书，而经学尤为笃好。此书在冷摊破书堆中，人不措意，惟余知其为《孙目》所著录，乃此书第一次刻。取后来两次重刻者相较，于文简一生有足资考索者。此外，《皇清经解》中亦刻之，只二十八卷，则据阮序江西刻本也。

诗书古训六卷 道光十九年刻本

《诗书古训》六卷，阮元撰。凡《诗》四卷、《书》二卷，谓之“古训”者，取《诗古训》是式之谊也。古训即故训，凡二经之外，如《周礼》、《仪礼》、《大戴礼记》、《小戴礼记》、《春秋》三《传》、《国语》、《国策》、《论语》、《孝经》、《尔雅》、《孟子》，以及周、秦、两汉诸子，《史》、《汉》有可以证明经义者，皆采摭于经文之后，不加案断，使读者实事求是，治一经以通群经，例至善也。书成于道光十六年至十九年，其子福始刊行。咸丰乙卯，南海伍崇曜刻入《粤雅堂丛书》。此原刻本极少见，故张文襄《书目答问》止有粤雅堂本，不载此本，当是未见也。

是书得之上海书肆，卷首有独山莫友芝、莫绳孙父子印，可知前人亦甚宝贵。自辛、壬变法以来，一切经学之书，其值不逮一国朝人诗文集之半。背本逐末，专务浮华，纲常名教之大防，一经溃决，不可收拾。驯至今日，兵戈水火之劫，遍于中原，二、三老儒，求如乾、嘉时人生际太平，以著书为乐者，如钧天之梦，不可复遇矣。此书幸入吾手，雅言执礼，后之子弟，其共保之。

丁巳嘉平小除夕，识于吴门清嘉坊泰仁里寓，郎园叶德辉。

群经字考十卷 嘉庆十二年刻本

《群经字考》十卷，海盐吴东发撰。其书分《易》、《书》、《诗》、《三礼》、《春秋》、《论语》、《孟子》七类。东发深于文字之学，阮文达元《积古斋钟鼎彝器款识》诸释文多引“吴侃叔”云云，“侃叔”，其字也。书中于群经古今通假字，引证经史、周秦诸子，辨其形声，析其同异，间采金石文字，时有新义发明。盖其一生笃好，为金石专家，故触类引申，皆足以资考订。惟余以为，金器非传信之物，石则只可取证汉碑。然猎鼓滋疑，石经聚讼，亦当择善而从。故以经史记言记事之义，以疏证商周古器，未尝无益于多闻。若全信金石遗字，以订正六经，则蹈惑古疑经之弊。近世如吴县潘文勤祖荫、吴尚书大澂、潍县陈部郎介祺，均好以金玉陶器诸文字辨驳群经旧文，余颇与之异趣。此书治经家罕见称引，殆亦以为未足取信与？

十三经音略十二卷 嘉庆七年刻本

周松霭先生《十三经音略》十二卷，此原刻本。张文襄《书目答问》亦未载，《目》载只《粤雅堂丛书》本，吾家所藏亦然。今粤雅版亦散失，此书将成孤本矣。先生是书，既精且博，当时治经者无不推崇。而纠于字母之说，抹杀前人之书，未免勇于自信。字母之说，滥觞于西域神珙、梵夹之文，与仓颉异，彼土之音与中原异。忽以三十六字统摄万音，此理吾所不解。须知古今止有声韵，何谓声？《说文解字》“某从某声”及“读若、读为、读如、读曰”是也；何谓韵？《诗》之叶韵，《易》之本音是也。声韵之用穷而后，不得已而用翻切。然犹以中土之音翻中土之字，《尔雅》“不聿”谓之“笔”，《周礼》“终葵”谓之“椎”，大抵即为翻切之祖，盖即古人读字长言变化也。音则随时随地而变迁，北地重浊，南方轻清。然同一重浊也，山东则亢厉，河南则深沉；同一轻清也，闽、粤多舌头，浙江多舌腹。加以兵戈扰攘，人民播迁，土俗方言，杂糅已甚。若准《说文》之声，《六经》之韵以定群经句读，语尚有根；若以字母正经音，则吾未敢附和也。

时丙辰三伏，叶德辉识。

石经补考十二卷 道光二十八年冯氏原刻本

冯登府《石经补考》十二卷，前有总目，载《国朝石经考异》二卷、《汉石经考异》二卷、《魏石经考异》二卷、《唐石经误字辨》一卷、《后蜀石经考异》一卷、《南宋石经考异》二卷。其书面题“道光二十八年秋续刻”。然其书成有早晚，刻有先后，不尽与总目同。如第一种第一行大题云“《石经补考》卷第一”，二行云“赐进士出身、敕授儒林郎、翰林院庶吉士臣冯登府恭纂”，第三行云“《国朝石经考异》卷二”。第二种第一行大题云“《石经补考》卷一”，第二行云“《汉石经考异》”，第三行云“嘉兴冯登府学”。卷二同前。第三种第一行大题云“《石经补考》卷五”，第二行云“赐进士出身、敕授儒林郎、翰林院庶吉士冯登府纂”，第三行云“《魏石经考异》”。卷六同前，惟第三行云“《魏石经拾遗》”。第四种第一行大题云“《石经补考》卷卷[①]下”七字，乃笔写，第二行云“赐进士出身、敕授儒林郎、翰林院庶吉士冯登府纂”；第三行云“《唐石经误字辨》”。此三行均全用《北宋石经考异》前三行剜补。第五种第一行大题云“《石经补考》卷八”，第二行云“赐进士出身、敕授儒林郎、翰林院庶吉士冯登府纂”，第三行云“《蜀石经考异》”。卷九同前。第六种第一行大题云“《石经补考》卷十”，第二行同前第五种，第三行云“《北宋石经考

①此“卷”字疑为“七”字之误。

异》”。第七种第一行大题云“《石经补考》卷十一”，第二行同〔前〕[①] 第五种，第三行云“《南宋石经考异》”，卷十〔二〕[②]前二行同前，第三行云“《南宋石经遗字》”。其题衔参差不同，盖在官、不在官之别耳。

《汉石经考异》书面下钤“登府手校”白文方印一，“东越修书”白文方印一。《魏石经考异》书面下钤“小谪仙”白文方印一，朱文方印一、字不可识。《唐石经误字辨》书面下钤“登府手校”白文方印一，“甸园小长芦之南暴书亭之北”朱文长方印一。《蜀石经考异》书面下钤“登府手校”白文方印一，“穜芸馆主”朱文方印一。《北宋石经考异》书面下钤“得安登府”朱文小方印一，“得盦”白文方印一。《南宋石经考异》书面下钤“竹垞乡亲”白文长方印一，“石经阁”朱文方印一。盖其家藏初印本，故钤印如此之多。印篆雅近丁龙泓、黄秋盦，亦浙派之铮铮者。书之精博，世固罕有其匹。即此累累印章，足见作者之雅趣，是尤可珍也已。

光绪戊申立秋后一日记。

唐石经考正一卷 嘉庆五年自刻本

王朝榘《唐石经考正》一卷，嘉庆五年自刻本。此《石经》为唐文宗开成二年所刻，在今西安府学。明赵崡《石墨镌华》云：“旧在务本坊，韩建筑新城，弃之于野。朱梁时刘郭用、尹玉羽请，故移唐尚书省之西隅。宋元祐中，汲郡吕公始迁今学。嘉靖乙卯地震，《石经》倒损，西安府学生员王尧惠等，按旧文集其缺

①②均据文义补。

字，别刻小石于碑旁，以便摹补。”据此，则此刻屡经损失，已非唐人之旧。

朱彝尊《经义考》云：“《五经文字》有云：‘十年夏六月，诏委国子儒官勘校经本送尚书省，于“十年”句上增“贞观”二字。’宋陈思《书苑菁华》载张参序，无此二字。而后有‘大历十一年六月七日国子司业张参序’一十六字，可知碑洞石本，非唐人之旧矣。”顾炎武《金石文字记》云：“经中之谬戾，《旧唐书·文宗纪》云：‘开成二年创立《石壁九经》，诸儒校正讹谬。上又令翰林勒字官唐元度复校，字体又乖师法，故《石经》立后数十年，名儒皆不窥之，以为芜累甚矣。’《旧书》之评如此，余初读而疑之，及得其本而详校之，乃知经中之谬戾非一，而刘昫之言不诬也。”顾、朱一代大儒，顾皆诋其讹谬，此由据明嘉靖乙卯以后补刻本而云，然非唐石之旧也。

作者是书创始于乾隆丙午，时在西安藩署，自序云：“暇日游府学，摩挲碑洞《石经》。丁未春去陕北上，购《石经》全拓以行。归里张于座右，遍读而详校之。”是其游辙所经，见闻较确，非他人仅据纸本，逞臆而谈之比也。书中详考经字异同正俗，字梳句栉，胜于顾氏所校勘。后来如严可均《唐石经校文》、冯登府《唐石经辨误》二家，号为精密，究不能出此书之范围，是固可传之作矣。是书原附《十三经拾遗》刻行，余向有《拾遗》而独无此，今幸获而并藏之，是诚延津之剑矣，书此以志幸快。

光绪戊申日长至，叶德辉题记。

郑志三卷、郑记一卷乾隆甲午古俊楼刻北海经学七录本

丁酉春正，得此书于都门琉璃厂肆，值壹金。归检吴寿旸《拜经楼藏书题跋记》，载有此书，因录其题记于右。此书为孔丛伯广林所辑，孙星衍《祠堂书目》亦著录。此外尚有郑氏各种。近山东有重刻本，初刻余仅见此种，或他种未刻，故吴氏所见时亦仅此耶？

仲春上丁日，丽楼主人识。

说文解字三十卷影写宋本，校孙氏平津馆本

金坛段懋堂大令撰。汲古阁《说文订》所据之宋刻本有二：一为青浦王兰泉侍郎昶所藏本，一为吴县周漪塘明经锡瓒所藏本。所据之影钞宋本亦有二：一为吾家中港派族祖石君公讳树莲原名万，又名树廉。所藏本，一为明赵凡夫颐光所藏本。石君公本与王、周两宋本同为小字本，每叶二十行，小字双行，每行二十四、五、六字不等。王本孙渊如观察星衍影写一部，载所撰《平津馆鉴藏书籍记续编》，又仿写刻入《平津馆丛书》。王本后归湖州陆存斋观察心源皕宋楼，今为其子并所藏书售之日本岩崎氏静嘉堂。其书虽与周氏宋本行字相同，实是两刻，且书中误字亦较周本不同。《段订》引两宋本同者，则概之曰“两宋本同”。异者则分别之，曰“王氏宋本作某，周氏宋本作某”。是可知两本不出一时刻矣。至赵钞为影写宋大字本，多与汲古阁所据刻之本同，而与王、周

两宋本及石君公影钞宋本则异。《段订》谓即汲古阁所仿刻之本，是大字、小字在宋刻中固各据一本矣。汲古阁本，为宋以后是书刻本之始，自明季至国朝嘉庆间，百有馀年，学者沿用，而不知其多所窜改，不可为据。

孙刻是书，初属严铁桥孝廉可均校勘，多所改易，今世传《说文校议》一书，即其校刻时之作也。后顾涧薲茂才广圻力争不可，孙卒从顾不改，今世传《说文辨疑》一书，虽寥寥数条，即当时驳严氏校议之残稿也。孙刻源出王本，而以孙刻相校时，有与《段订》所引周氏宋本同者。

影写宋本后归县人袁漱六太守芳瑛卧雪庐，光绪戊子，袁书散出，影写宋本落县人陈梅羹茂才名鼎手中，索值颇贵。余借阅旬日，手校一过，知孙刻即据此本重雕。取二本互勘，其误字同者，如部首“皕”误“百”。《段订》云：“王氏、周氏两宋本皆作‘百’”，误也。玉部“球，玉磬也”，“磬”误“聲”。艸部“蓩，从艸，婺声”，“婺”误“務”。“莙，牛藻也”，“牛”误“井”。“蓍生千岁”，“千”误“十”。口部“嘆，《诗》曰：麀鹿嘆嘆”，“麀”误“麈”。止部“疌，从止，从又”，“从又”误“以又”。走部“趆，前顿也”，“顿”误“颉”。言部“谡，很戾也”，“很”误“眼”。“谰，抵谰也”，“抵”误“悢”。䰜部“鬻，炊声，沸也”，“炊”误“吹”。“鬻，亨也”，“亨”误“孚”。丮部“埶，《诗》曰：我埶黍稷”，“《诗》”误“《书》”。又部“叉，手足甲也，从又，象叉形”，“叉”误“又”。自部“臱，宀宀，不见也”，“宀宀”误“宫”。羽部“翰，文翰，若翚雉”，“文”误“大”。“翦，一曰矢羽”，“矢”误“夭”。“翭，一曰初生羽”，“生”误“三”。乌部“焉，朋者，羽虫之长”，“长”误“属”《段订》云“周氏宋‘长’作‘属’”，误。㝱部“䆪，从㝱，坐声”，“坐”误“生”。《段订》云："按：叶本篆体《说解》皆不误，周氏宋本篆体不误，惟'㞢'声讹作'生'声。"木部"枱，耒耑也"，"耒"误"桼"。"杓，料柄也，从木，从勺"，"从木"上误衍"从"。邑部"郒，从邑，菞省声"，"菞"误"敲"。禾部"穧，重文粢，穧，或从次"，"穧"误"齋"。宀部"宊，从宀，久声"，"久"误"人"。人部"份，文质備也"，"備"误"偺"。"任，㑥也"，"㑥"误"符"。匕部"𠤕，矣，古文矢字"，"矣"误"矢"。衣部"褻，巴郡有褻江县"，"江"误"虹"。兆部"兜，皃象，人头也"，"皃"误"見"。见部"覢，从见，炎声"，误"从炎，见声"。欠部"歍，心有所恶，若吐也"，"吐"误"吋"。宋本误"叶"。"歠，从欠，鳏声"，"鳏"误"稣"。"㱿，从欠，㱿声"，"㱿"误"繫"。页部"颃，顼颃，首骨也"，"顼"误"项"。豕部"豜，肩相及者"，"及"误"反"。鼠部"鼲，皮可作裘"，"裘"误"裏"。黑部"黶，中黑也"，"中"误"申"。"黫，黫姗，下色"，"色"误"哂"。心部"恬，从心，甜省声"，"甜"误"宗"。"惄，从心，叔声"，"从"误"以"。水部"湝，入沔"，"沔"误"海"。"沋，从水，尤声"，"尤"误"光"。"泭，编木以渡也"，"木"误"水"。"瀑，一曰瀑，贯也"，"贯"误"资"。"溓，薄冰也"，"冰"误"水"。"㶊，侧出泉也"，"侧"误"例"。"萍，从水，苹。苹亦声"，"水苹"误"水草"。手部"摽，挈闟牡也"，"闟"误"门"，"牡"误"壮"。女部"娋，小，小，侵也"，"也"误"他"。亡部"望，从亡，朢省声"，"朢"误"望"。匚部"匴，从匚，算声"，"算"误"箕"。瓦部"瓬，瓮，似瓶也"，"瓮"误"兑"。"瓬，冶，橐榦也"，"冶"误"治"。系部"縏，一曰微，幟信也"，"幟"误"憏"。𥿯部"䋣，以丝贯抒也"，"以"误"从"。虫部"蠆，陛也"，"陛"误"階"。"蠵，以胃鸣者"，

"以"误"从"。土部"堀，从土，𡱝省声"，"𡱝"误"屈"。垚部"堯，从垚，在兀上"，"上"误"土"。斤部"新，从斤，亲声"，"亲"误"新"。斗部"斝，从吅，从斗，冂，象形"，"冂"误"曰"。以上孙刻，悉仍宋本之误未改正者，即孙自序所云"即有讹字，不敢妄改，庶存阙疑之义者也"。

而亦有宋本之误为孙刻改正者，如谷部"㐁，古文西，读若三年道服之導"，"道服"为"導服"之误，孙改"導服"。又部"叡又，卑也"，"叡"为"㪥"之误，"叡"改"㪥"。𠂤部"首，从夕"，"夕"为"𠂆"之误，孙改"𠂆"。老部"耈，行才相遠"，"遠"为"逮"之误，孙改"逮"。《段订》云"宋本、叶本作'遠'，讹字也，一宋本作'逮'"。石部"硗，磬，石也"，"磬"为"𨱔"之误，孙改"𨱔"。《段订》云"宋本、叶本皆作'磬'，误字也，周氏宋本不误"。"磬，乐石也，从石，殸象，县虡之形"，"虡"为"虍"之误，孙改"虍"。"虍"亦误。孙刻"虍"下空半字，似改"𠔼"未完。犬部"獡，南楚谓相驽曰獡"，"駑"为"驚"之误，孙改"驚"。《段订》云"宋本、叶本'驚'作'駑'，不成字"。"狐，小前犬后"，"犬"为"大"之误，孙改"大"。毛本作"大"。《段订》云"宋本、叶本'大'作'犬'"。鼠部"鼱，鼩，令鼠"，"鼩"为"鼱"之误，孙改"鼱"。《段订》云"宋本、叶本'鼱'误'鼩'一宋本'令'误'兮'"。心部"怛，矫也"，"矫"为"骄"之误，孙改"骄"。水部"潞，上黨有路县"，"路"为"潞"之误，孙改"潞"。"澺，水出上蔡黑闾间"，"间"为"涧"之误，孙改"涧"。"濽，水津也"，"水"为"小"之误，孙改"小"。

又有不从宋本，别据他本校改者。又部"𠬪，神也"，"神"，孙改"引"。《段订》云"神"是"伸"之误。髟部"髺，髻也"，"髻"，孙改"结"。《段订》云"宋本'结'作'髻'，非也。漪塘所藏宋本此字缺"。手部"扰，读若言，不正曰扰"，孙改"告言，不正曰扰"《段订》云宋本无"告"字。女部"媛，从女，从爰，爰，於也"，"於"，孙改"引"。《段订》云"宋本、叶本作'爰於'也"。糸部"绁，茧滓，絓头也。一曰以囊絮练也"，"曰"，孙改"口"。"一口"不误。原本《玉篇》糸部正作"一口"。以上"曼、稃、抌、媛"系从毛晋汲古阁本改，而"曼、抌、媛"三字，毛本又系从《系传》本改。"绁"下"一口"，孙刻时，原本《玉篇》未出，恐是偶尔相合。然于自序所云"不敢妄改"之言亦甚矛盾。

又有宋本不误，而孙刻误者，言部"谪，谪泄，多言也"，"泄"误"诎"。按："谪"下"诎多言也"，孙据此改，不知"诎泄"通用，不必改。木部"楯，阑槛也"，"槛"误"楯"。禾部"秠，一稃二米"，"一"误"二"。米部"粱，从梁省声"，"梁"误"粱"。网部"羉，从网，从䜌"，"䜌"误"𢍰"。人部"佚，一曰佚，忽也"，"忽"误"怱"。"僔，《诗》曰：僔沓背憎"，"憎"误"僧"。石部"磙，陊也"，"陊"误"陖"。"磬，乐石也，从石，殸象，县虡之形"，"虡"误"虍"。豸部"貜，㺉貜也"，"㺉"误"㹮"。犬部"玃，母猴也"，"猴"误"侯"。㚔部"圉，从㚔，从囗"，"囗"误"曰"。"睪，司视也，从横目，从㚔，令吏将目捕罪人也"，"司视"误"目视"。按："司视"犹"伺视"，如豸部首下"豸，豸然，欲有所司杀"，"司杀"亦"伺杀"也，吏捕罪人，宜伏伺，故云"伺视"。鱼部"鲖，从鱼，同声"，"同"误"冋"。手部"拼，从手，幷声"，"幷"误"井"。女部"姅，见姅变，不得侍祠"，"不"误"又"。戈部"戛，从戈，从百"，"百"误"首"。"戕，殺也"，"殺"误"投"。糸部"綮，緻缯也"，"緻"误"掇"。素部"䋎，白䋎，缟也"，"白䋎"误"白约"。金部"镞，翦羽谓之镞"，"镞"误"镞"。车部"衛，从车，从行，一曰衍省声"，缺"一"字。此类字多系当时刻工之误，孙刻未曾校出也。

据段氏汲古阁《说文订》所称，周氏宋本有与此本不同者，示部“桑，读若春麦为桑之桑”，“春”作“春”。《段订》云：“宋本、叶本、赵本‘春’皆作‘春’，周氏宋本作‘春’。”言部“谯，读若嚁”，“嚁”作“嚼”。《段订》云“王氏宋本、叶本‘嚼’作‘嚁’”黑部“黱，读若饴登字”，“登”作“豋”。《段订》云“他宋本作‘登’，误也”。大部“奰，读若〔《诗》〕[①] 施罟濊濊”，“濊濊”作“（泧泧）〔泧濊〕”[②]。《段订》云：“周氏宋本、叶本皆作‘泧泧’，王氏宋本作‘濊濊’。”今按，此本实作“濊濊”，不作“濊濊”。心部“怚，矫也”，“矫”作“憍”《段订》云：“‘怚，憍也’，宋本、叶本如此，周氏宋本作‘骄’。”水部“湏，水脉，行地中涌湏也”，“涌湏”作“湏湏”，《段订》云：“王氏宋本、叶本作‘涌湏’，周氏宋本作‘湏湏’。”戈部“或，从戈，又从一”作“从戈，以守一”。《段订》云：“宋本、叶本如此，周氏宋本、赵本俱作‘从戈，以守一’，毛本同。”以上诸字，除“春、春”本为形误，“豋、登”系属笔讹，馀各义有可通，不必执一以相校改也。

影写宋本，闻归德化李巡抚明墀，其子盛铎官编修，惜无从再借一校。岩崎所藏，余屡劝日人，怂恿其以新法影本印行，迄未之应。此种孤本流入海东，再若令其失传，则诸家刻本之传讹，更无有与之纠正者。其渎乱许书，贻误来学，岂非文字之大厄哉！

岩崎静嘉堂所藏青浦王氏藏本，近已借印入《续古佚丛书》，取校孙刻，与旧校影写宋本一一相符。从此家有一宋本《说文》，岂非治小学者一大快事。钱遵王述古堂所藏钞本《系传》，近亦同时印出，祁刻、孙刻两祖本，人人得而校之，余所校本已成过眼

①据段玉裁《说文解字注》补。
②据段玉裁《说文解字注》改补。

云烟矣。

又一部光绪壬午山东丁氏刻本

光绪壬午，山东丁氏重刻孙氏平津馆本《说文解字》，诡称得汲古阁旧藏宋本。吴县潘文勤祖荫作序，极称誉之，余取孙本一再互勘，乃知其即据此本重雕，非真宋本也。凡宋本误字及孙刻再误，多半改正。有改之是者，有改之非者，是者如艸部“䅂，从艸，務声”，“務”改“敄”。“莙，井藻也”，“井”改“牛”。“蓍生十岁”，“十”改“千”。口部“嗼，《诗》曰：麀鹿嗼嗼”，“麀”改“麌”。辵部“䞣，前頡也”，“頡”改“顿”。言部“謫，謫詍，多言也”，“詍”改“泄”宋本作“泄”。“詪，眼戾也”，“眼”改“很”。“讕，怟讕也”，“怟”改“抵”。鬲部“鬻，孚也”，“孚”改“亨”。又部“叉，手足甲也，从又，象叉形”，“又形”改“叉形”。自部“𦤀，宫，不见也”，“宫”改宀“宀”。羽部“翦，一曰矢羽”，“矢”改“矢”。“翭，一曰羽，初三皃”，“三”改“生”。木部“枱，黍耑也”，“黍”改“耒”。“杓，料柄也，从从木，从勺”，二“从”字衍，一改空白。“楯，阑楯也”，“楯”改“檻”。宋本作檻。邑部“郼，从邑，敲省声”，“敲”改“蔵”。禾部“穧，重文秶穧，或从次”，“穧”改“穧”。“秠，二稃一米”，“二”改“一”。网部“䍐，从网，从馬，馬亦声”，“馬”改“䍐”。宋本作“䍐”。宀部“宂，从宀，人声”，“人”改“久”。人部“份，文质偺也”，“偺”改“備”。“任，符也”，“符”改“保”。按：“保”当作“㑁”，与“符”形误。“佚，一曰佚，忽也”，“忽”改“忽”。宋本作“忽”。“僔，《诗》曰：僔沓背僧”，“僧”改“憎”。宋本作“憎”。衣部“褎，巴郡有褎虹县”，

“虹”改“江”。见部“覢，从炎，见声”改“从见，炎声”。兆部“兜，見，象人头也”，“見”改“皃”。欠部“心有所恶，若吋也”，“吋”改“吐”。宋本误“叶”。页部“颀，项颀，首骨也”，“项”改“顼”。石部“磙，陖也”，“陖”改“陊”宋本作“陊”。“磬，从石，殸象，县庀之形”，“庀”改“虡”。宋本误“虞”。豕部“豜，三岁豕，肩相反者”，“反”改“及”。豸部“貜，毄貜也”，“毄”改“㹞”宋本作“㹞”。犬部“玃，母侯”，“侯”改“猴”。宋本作“猴”。鼠部“鼲，皮可作裏”，“裏”改“裘”。黑部“黶，申黑也”，“申”改“中”。“黧，黧姗，下哂”，“哂”改“色”。夲部“圉，从夲，从曰”，“曰”改“囗”。宋本作“口”。“睪，目视也”，“目”改“司”。宋本作“司”。心部“恬，从心，宗省声”，“宗”改“甜”。水部“湑，入海”，“海”改“沔”。“泷，从水，光声”，“光”改“尤”。“泭，编水以渡也”，“水”改“木”。“瀑，一曰瀑，资也”，“资”改“賈”。鱼部“鮦，从鱼，同声”，“同”改“同”。宋本作“同”。手部“拼，从手，井声”，“井”改“幵”。宋本作“幵”。抉，从手，夭声”，“夭”改“夬”。宋本作“夬”。“擦，挈门壮也”，“门”改“閵”，“壮”改“牡”。女部“姅，又得侍祠”，“又”改“不”。宋本作“不”。弋部“戛，从戈，从首”，“首”改“百”。宋本作“百”。“戗，投也”，“投”改“殺”。宋本作“殺”。亡部“望，从亡，望省声”，“望省声”改“塱省声”。匚部“匴，从匚，箕声”，“箕”改“算”。瓦部“瓵，治，橐榦也”，“治”改“冶”。“瓵，兑，似瓶也”，“兑”改“瓮”。糸部“縈，揿缯也”，“揿”改“繳”。宋本作“繳”。素部“䋈，白约，缟也”，“约”改“䋈”。宋本作“䋈”。絲部“䌟，从絲贯杼也”，“从”改“以”。虫部“螷，陼也”，“陼”改“陛”。垚部“堯，从垚，在兀土”，“土”改“上”。金部“镞，鏰羽谓之镞”，“镞”改

“鍭”。宋本作“鍭”。斗部“斝，从口，从斗，曰象形”，“曰”改“门”。车部“衛，从车，从行，一曰衍省声”，“曰”上缺“一”字，改补。宋本有“一”字。此改之是者。

非者如中部“首而也”，“而”改“和”。口部“噴，野人言之”，“言之”改“之言”。言部“諈，諉纍也”，“纍”改“累”。“纍”，正文“累”省文。宋本作“纍”。辛部“童，籀文童，中与竊中同，从廿”，“廿”以为古文“疾”字，“竊”改“竊”。丁以“竊”中不加“廿”则字义不明，不知正文是篆体，《说解》是隶体，“竊”为“竊”之隶省，宋本正作“竊”。支部“敽，擊连也”，“擊”改“繫”。宋本作“擊”。目部“看，目睎之”，“之”改“也”。日部“晞，乾也，昔乾肉也，日以晞之”。乾，看声，同睎，睎亦声同。睎之，犹晞之。例本同宋本作“睎之”。禾部“秅，百二十斤也，稻一秅为粟二十外，禾黍一秅为粟十六外大半外”，“外”改“斗”。“外”，隶体斗也，并非升之误。宋本作升，《说解》用隶体也。人部“僘，币也”，“币”改“市”。《段注》云：“即今之兑换，《字故》解作‘市’，非也。宋本作‘币’，孙亦作‘币’，此取‘周币’之义，非‘市’也。”衣部“裼，袒也”，“袒”改“但”。人部“但，裼也，本‘袒’之正字”，《说解》隶作“袒”，宋本孙刻皆作“袒”。欠部“歉，饥虚也”，“飢”改“饑”。宋本作“飢”。豕部“豭，上谷名豬豭”，“豭”改“豭”。宋本作“豭”。马部“駜，马饱也”，“饱”改“肥”。《诗·鲁颂》有“駜”，《毛传》“马肥强貌”，《郑笺》此言“僖公用人，必先致其禄食，禄食而臣莫不尽其忠”，是《郑笺》取饱义，与《传》异。宋本作“饱”。火部“炫也，燿燿上”，“燿”改“烱”。此从毛本，毛从《系传》。按此当于“炫燿”断句，“燿也”又为一句。本书篆体连《说解》为句者正多，宋本作“燿”。夲部“奉，从夲，卉声”，“夲”改“夲”。“[illegible]、暴、奏、皋”等字并改“夲”。宋本皆作“夲”。水部“沄，江水大波谓之薄”，“薄”改“沄”。本部“溥，大也，薄，本溥声”，“薄”、“溥”通用，故江水大波谓之“薄”。“薄、溥”义亦相近。宋本作“薄”。“澱，滓滋也”，“滋”改“垽”。门部“閒，隟也”，“隟”改“隙”。宋本作“隟”。女部“孅兑，细也”，“兑”改“锐”。“兑、锐”通用，宋本作“兑”。“嬾，一曰卧也”，“卧”改“嫛”。此本卧部“嫛，楚谓小儿嬾”。“嫛”改“卧”，不知“卧、嫛”通用，宋本作“卧”。糸部“绊，一口，以囊絮练也”，“口”改“曰”。宋本作“曰”，孙改“口”。按：原本《玉篇》糸部亦作“一口”。“缕，读若捷”，“捷”改“捷”。宋本作“撻”。金部“铫，铫圜也”，“铫圜”改“吪圜”。段《注》作“陀圜”，谓本不圜，变化而圜也。丁本此改“吪”，宋本作“铫”。自部“阬，门也”，“门”改“阆”。“阬”即《诗》“高门有伉”之“伉”，本字故训“门”，宋本作“门”。此改之非者。

又有孙沿宋本之误，而此本未改者，如玉部“球，王聲也”，“聲”为“磬”之误。䰜部“鬻，吹声，沸也”，“吹”为“炊”之误。丮部“埶，从坴，丮持亟穜之，《书》曰：我埶黍稷”，“《书》为《诗》”之误。羽部“翸，一曰矢羽”，“矢”为“矢”之误。匕部“䰣，未定也，从匕。矣，声矢，古文矢字”，上“矢”为“矣”之误。欠部“歔，从欠，稣声”，“稣”为“鳏”之误。心部“怒，以心，叔声”，“以”为“从”之误。水部“濂，薄水也”，“水”为“冰”之误。“㵾，例出泉也”，“例”为“侧”之误。“萍，从水、草，苹亦声”，“草”为“苹”之误。糸部“紧，一曰黴，憸信也”，“憸”为“幟”之误。虫部“蟰，从胃鸣者”，“从”为“以”之误。土部“堀，从土，屈省声”，“屈”为“屖”之误。斤部“新，从斤，新声”，“新”为“亲”之误。

又有孙本不误而此本误者，如艸部“荠，蒺棃”，“棃”误“黎”。𦥑部“首，竦手也，从屮，从又”，“屮”误“夂”。革部“靶，辔革也”，“辔”误“轡”。角部“觤，西河有觤氏县”，“觤氏”误“魄氏”。甘部“甚，从甘，从匹”，“从甘”误“𠂇甘”。竹部“箬，竹末去节”，“末”误“去”。女部“媄，桃之媄媄”，“桃”误“挑”。

又宋本不误，而此沿孙本之误者，如米部“粱，从米，梁省声”，“粱”误“梁”。欠部“歛，監持，意口闭也”，“監”孙误“堅”，此误“堅”。𣏟部“𣏟，一曰役也”，“役”误“伇”。以上皆足为丁翻孙刻之明证。

又有因字之偏傍、增渻、字画缺误而可证者，如艸部“荫，艸阴地”，孙沿宋本作“地”，不误也；而此削去“地”旁之“土”，改为“也”字偏右。止部“疌，疾也，从止，从又，又，手也”，孙沿宋本作“以又”，误也；而此削去“以”中之“丶”，改为“以”字空上。女部“娋，小，小侵也”，孙沿宋本作“他”，误也；而此削去“他”旁之“人”，改为“也”字偏右。欠部“歡，从欠，觳声”，孙沿宋本之误作“繫声”；而此削去“繫”下之“系”，改为“毄”字空下。水部“潞，上党有潞县”，宋本“潞县”误“路县”，孙就“路”旁加“氵”，故“潞”字偏左而略大；而此本亦同。“澺，水出上蔡黑闾涧”，宋本“涧”误“间”，孙就“间”旁加“氵”，故“涧”字偏左而略大；而此本仍作“间”，去“氵”。自部“限，阻也，一曰门榍”，宋本作“一曰”不误，孙误作“门”，此本又就“门”加“一”作“曰”。

凡如此类，以两本互勘，益见丁翻孙刻，无可遁饰，而乃诡托宋本以欺人，潘文勤亦竟不察，信以为实，何也？丁刻印本，世颇罕见，因恐读者误为真出宋本，故以孙本相校，一一指明作伪之处。世不乏明眼人，当不至为所迷惑也。

说文解字注三十二卷 段氏经韵楼家刻本

《说文解字注》三十二卷，金坛段玉裁撰。其三十一、二两卷，即段所撰《六书音韵表》也，为吾家白沙支祖调笙公手校，吴中曹稼生以赠道州何蝯叟者。前序下有“洞庭叶氏藏书之印”八字朱文篆书长方印，篇目下有“叶廷琯印”四字白文篆书方印，“第九洞天中中人”七字朱文篆书方印。一篇上有“何绍基子贞父”六字朱文篆书小长方印，前有题字云：“此书向有三部：一贻阳湖恽子居。一赠昙红阁主人，主人身后为某舍人盗去。此本最善，因有校勘也，今后以此部贻道州何子贞。余交魏默深，因知子贞尝恨不得一见，今先以此书为介，未识子贞亦知东吴有曹稼生其人否？周子坚归京师，索此书转赠子贞，因识数语于此。”凡一百六字。道州名满天下，故为人倾倒如此。

而吾家调笙公，以吴中耆宿，粤寇乱后为金阊鲁灵光，当时与朱楡有二苕之称。朱字苕生，公字调笙，一作苕生，吴人又分别之为红条、绿条，以两人又作条生。公行六，六、绿同音，朱者红也，故曰红条、绿条。公少年见赏于仁和陈云伯大令文述，以女妻之。大令以赋团扇诗为阮文达公元激赏，即以团扇赐之大令，后以为嫁奁中物。余丁（己）〔巳〕寓苏城时，见装成巨册，嘉、道以来名流题咏极多。闻之公孙敬之言：当时公与一张姓同居。公身后，书籍、字画大半为所盗窃，今藏此册者，即张某之孙也。公所著《鸥陂渔话》、《吹网录》书版亦盗出，售于某书坊。今苏城每隔三五年，必有一批新印者流播坊间，故知其版犹在，特不知藏匿何所耳。

公以一身系吴中文献三四十年，所撰《怀旧》、《伤逝》两集，论者比之渔洋《感旧》。《阑泉诗传》，同县潘文勤祖荫为之梓行，并刻公《楙花盦诗集》入《滂喜斋丛书》。公则劝族人分刻宋少保石林公诸遗书，校刊精善。庚申乱后，由沪归吴，犹闭户勘书，孜孜不倦。余己未寓苏城时，见书估某有公手校《避暑录话》一部，密行细字，朱墨烂然，交臂失之，但恍惚记为刻《石林遗书》中底本。公与吴江汾湖派祖洁甫公乃溱，同以表彰先泽为（已）〔己〕任。洁甫公访得先祖姑小鸾仙媛墓，偕吴江县知县王寿迈重修。又手钞天寥公绍袁《甲行日注》、《年谱》等原本传世，卒赖刊行，今浙江刘氏嘉业堂所刻者是也。然刘刻于本朝触忌讳者仍未全刻，底本余为传校，已缮正，未付刻。洁甫公与公为族兄弟行，咸丰间同避乱于沪渎，于同治初元物故。老成凋谢，吾族文物亦渐衰歇矣。展读此书一过，能无感慨系之乎？从子定侯觅得之，其世世子孙永保勿替。

丙寅除夕，郋园。

说文解字义证五十卷咸丰二年灵石杨氏连筠簃刻本

有近人所刻书，以印本流传极少，而藏书不得一遇者，如此桂氏《说文义证》即其一也。当乾、嘉时，海内通《说文》之学者，以江浙为最盛。然能集其大成者，南北只有三家：南则金坛段玉裁之《说文解字注》，北则王筠之《说文解字句读》及《释例》，与桂氏《义证》。此三书者，段、王最风行，桂书至同治九年湖北官书局锓版，南方治小学者始得家置一部。于是段、王、桂如鼎足三分，蔚然成三大国矣。

湖北局本前有学政张文襄之洞叙云：“其书尝为灵石杨氏连筠

原误云簃校刻，刻后未大印行。其家书版皆入质库，故世鲜传本。之洞奉使来湖北，始从布政使香山何君许得见之。会江南、湖北各行省奉诏开局，雕印经典，时武昌书局已刻经史数种，议刻段氏《说文解字注》。之洞语何君曰：段本固善。然闻元版未熸，其完书收入《学海堂经解》中，是不必重复也，宜刻莫如桂氏书。何君谓'然'。乃以此本付书局翻刻。元刻阙第四十卷第四十三纸，领书局永康胡君，求得日照丁秀才艮善所藏写本有此一叶，乃补入之为完书。丁秀才后记有云：'此就未校稿本言之，故不为无弊云云。是此书校刻时，为许、薛、汪、田诸君应时改定多矣。'顾其附说，末两条自述作书本末，命名之指，是首尾固已完具。即中间微引偶有踳讹，或待补正，固非未成之书也。"

余案：文襄当日觅原刻如此之难，则杨氏印本之不多，已可概见。光绪丙申，余重入都中，见厂甸翰文斋插架有其书，索价贰（伯）〔百〕金。鼎革后，甲寅春再至都门，见其书犹在，落价贰（伯）〔百〕圆。余问主人韩姓云，此书插架二十馀年，既无买者，亦不减价，此何理也？主人云："此书元刻本，极难得，余父子业两世，书行厂肆，仅有此一部。在余，可卖不可卖，实无心居奇。不过不得高价，宁留以壮观瞻耳。"余尝私计，吾乡道州何子贞太史素与杨氏往来，其家必有此书，惜不得一见。去冬，何氏藏书散出，从子康侯、定侯兄弟习闻余语，因时时物色，不意新年竟于书友某手得之。狂喜告余，亟取湖北局本相校。湖北局本，前有同治庚午九年日照丁艮善补目附说，盖因元刻本所无，补之以便翻检，实则不补亦无关轻重也。

此书版心下有"连筠簃丛书灵石杨氏刊"十字，两行分列，盖当时本欲编入丛书而未定者。书首题名外云"道（先）〔光〕卅年二月启工，咸丰二年五月讫工，日照后学许瀚校字"。此即湖北官局本丁艮善所云"道光、咸丰间印。林师为灵石杨氏在清江浦校刊，分校者薛君寿、汪君士铎、田君普实，未毕而止。后印林师独任校雠，数年乃成"者也。印林，许瀚字，故刻成后仅记"许瀚校字"一行，从其实也。杨氏既刻《连筠簃丛书》，此外尚刻有《永乐大典目录》、宋李诫《营造式法》，余皆有之。后《营造式法》不知何时失去，今仅存《大典目录》矣。此书元刻初印，视《大典目录》尤难得，安得不重为镇库之宝笈乎！

丁卯人日，郎园老人记。

说文新附考六卷、续考一卷录格钞原稿本

《说文新附考》六卷、《续考》一卷，每半叶十二行，行二十字。此系匪石先生刻时底本，行字与今所刊本同。今本版片存苏州官书局，中有同治中修补之版。自学堂兴，而经费绌，江浙官书局皆裁撤，版亦束之高阁。天下言旧学者，求一新印书不可，而况原版初印者？余旧藏初印本一部，已可宝贵。今又得此原稿本，虽视刻本无异同，存之亦饮水知源之义耳。此本旧为姚氏咫进斋藏，后为萍乡文道羲学士所得，未廿年，散出而归于余。他日又属之何人，真可谓过眼云烟也已。

光绪三十有四年重九后四日，后学叶德辉识。

乾、嘉时，吴门有两布商，一以文学著称，一以藏书得名，其人即钮匪石树玉、汪阆源士钟也。钮精于小学，所著《说文校录》、《说文段注订》及此《说文新附考》，有功许书，久为士林推重。汪则好收宋、元本书，择其尤者翻雕行世，如宋景德本《仪礼单疏》、元泰定本《孝经注疏》、晁公武衢州本《郡斋读书

志》、《鸡峰普济方》，皆世间不传之孤本，赖其重刻，天下后世始得传其书。此皆《货殖传》中异人，不得以贩缯抱布之流而等夷之也。此书为原稿本，前有“吴兴姚伯子觐元鉴藏图籍之印”十三字朱文篆书方印，中有纸色新者二卷，似是姚氏钞配者。知名人手稿，人人皆知珍袭矣。

说文注钞跋二册桂馥手书本

桂未谷先生手钞《说文段氏注》真迹，计上册九十二纸，下册六十纸。注下按语，订正段误甚多，与所作《义证》之例不同。审其字迹，知为《义证》未成以前，钞录备检之册。段书刻成于嘉庆癸酉，其时北省得之不易，故先生钞此以待参稽。足见前人好学之勤，亦吾辈所不及也。余昔于山东泰安书铺，见先生手札三十馀纸，字迹与此同。当时旅食不资，未得购取。近年京师、江浙、湖南珍先生书如（璧拱）〔拱璧〕①，一联一幅，价值数十金或百金。乃叹家有奇珍，不知宝贵。因命书友依原册线装，与阮文达《补三家诗稿》共藏一龛，俾名儒翰墨，因缘一堂相聚。《说文统》系图之作，恐无此快心也。

光绪已亥夏五既望，丽楼主人叶得辉记。

乾、嘉诸儒，仅求金石之学，平日摩挲碑版文字，故下笔多得碑体遗意。以余所见著述家遗翰，若孙伯渊、洪稚存、阮芸台、伊墨卿、陈曼生诸先生，皆同一风气，同一机杼。此册为桂氏未谷手钞之书，亦正与之相类，多见乾、嘉墨迹者，方知余言有据

①应为“拱璧”。

也。是书原有三册，得之都门厂肆，因往他肆观望，为宗室伯兮祭酒持其一册以去，坐索不与。先是，余得元刻陆森《玉灵聚义》，已议值矣，为祭酒强得。又得宋赣州张之纲校刻《文选》七本，祭酒持去二本，余又以全册让之。祭酒嗜古有癖，而不近人情，既得《文选》，以为此二册可以挟持。余恶其夺取无理，因携此二册而归。今祭酒已归道山，闻庚子之乱，家藏诸物半罹劫灰，□□□□□□□欤？书此为吾子孙诫。

释名八卷 明嘉靖三年吕柟重刊宋陈道人本

《释名》八卷，明嘉靖三年，吕柟重刻宋陈道人本，半叶十行，行二十字。以宋陈道人所刻他书证之，此本版式、行字较大，盖重刻而非仿刻者。刘熙自序后，有识语四行云："右《释名》八卷，《馆阁书目》云：'汉征士北海刘熙字成国撰。推揆事原，释名号，致意精微。'《崇文书目》云：'熙即物名以释义，凡二十七目，临安府陈道人书籍铺刊行。'"孙星衍《平津（倌）〔馆〕鉴藏书籍记》宋版书内有此书，识语同，亦半叶十行，行二十字。是此本源出宋版，确有可征。前有嘉靖甲申储良材序，序称"托吕太史仲木校正，付绛守程鸿刊布"。卷末吕柟后序，后有八行云："《释名》今无刊本，兹所校者，又专本无副，正过亦八十馀字，皆以意揆诸义者。故义若可告，即为定改，求而不得，仍存其旧。序中'可谓'二字，《释国》篇'谭首'之'谭'一字，《释姿容》篇'边自'二字，《释言》篇'说日'二字、'操功'之'功'一字，曾疑为切字。'曜啬'之'曜'一字，《释疾》篇'匡一'二字，凡十一字，皆阙未改，俟有他本及知《释名》者。柟又识。"据此，知吕氏校刊此书极其矜慎，故虽版片、行字改大，而行数字与宋本同。在明时人刻书，如此有根柢者，固不多见也。

近来毕沅经训堂刻江声《疏证》本，改作篆文，未免近于好事。不知此书之外，如《方言》、《广雅》之字，皆不与《说文解字》训诂相同，固徒拘守其篆书，殊为凿枘。是亦适形其不通而已矣。

重刻元至正本玉篇三十卷 日本庆长九年刻本

此日本庆长九年，重刻元至正本《大广益会玉篇》也。庆长九年，当明神宗万历三十二年。字画圆劲，与元刻无异。每叶二十四行，每行小字约二十八字。前有《玉篇·广韵指南》一卷，末有长方大木印云“至正丙午良月，南山书院新刊”二行十二字。卷末有（长庆）〔庆长〕九年铁小叟跋。余检森立之《经籍访古志》载有元至正丙午刻《广韵》五卷，行款、字数与此正同，后木记云“至正丙午菊节，南山书院刊行”，盖与此书先后合刻者也。

《钦定天禄琳琅》有元版一部，《续编》有元版二部，不详行式，不知为何刻。此外藏书家，宋、元旧刻最鲜。吴寿旸《拜经楼藏书记》有元刻本，云“每叶二十四行，行二十一字，前有‘朱氏与耕书堂’长墨印”。今归陆心源皕宋楼，《陆目》云“吴兔床旧藏者是也”。陆又云“此明永乐初刊本。相传以为元刻者，误也”。每叶二十四行，每行小字二十八字，核与此本行字相同。盖实从元至正本重雕，故足以混元刻也。杨绍和《楹书隅录》有元刻本，每半叶十二行，行大字二十一字，小字二十七、八字不等。卷末记云“龙集乙卯菊节，圆沙书院新刊”，乃元仁宗延祐刻也。杨又云“许文恪亦藏此本”。

袁芳瑛跋云：“世所行《玉篇》有三：一明内府本，一泽存堂张氏本，一扬州诗[①]局曹氏本。然如张刻野王序‘升崧岱而告平’，‘岱’此作‘岳’。‘进书启耀必无传’，‘耀’此作‘懼’。示部‘秘蜜也’，‘蜜’此作‘密’。玉部‘瑔，绝缘切’下，张刻脱‘贝名’二字。曹刻㫃部，‘㫃，又於，蹇舞皃’，‘於’此作‘㫃’。‘旖，於我切，又於蚁切，旌旗旖旎皃’，此作‘於我、於蚁二切，旖旎，旗皃’。‘旖，於检切’下，曹刻脱‘旗皃’二字。勿部‘㱃，吕至切’下，曹刻脱‘铦也，快也’四字。如此之类，逐卷逐叶皆是，则不独古于诸本，抑亦善乎诸本矣。”以上袁语。今取此本考之，一一与袁跋相同，行字亦复无异。则此南山书院本，与圆沙书院本同出一源，且“匡”字“贞”字缺笔，亦如圆沙本之旧。则此二本，又必同出于宋椠无疑矣。

元人刻书，如西湖、雪窗等书院，皆精舍之通称，非讲学之书院也，此书圆沙、南山皆其例。余家旧藏有明永乐本，又益藩本、张刻本、曹刻本、黎庶昌重刻宋本。所见有明弘治詹氏进德堂本、元至正翠岩精舍本，若合而校列其异文，亦此书之善本也，书此俟诸异日。

丁酉中和，叶德辉志于宣武城南半截胡同浏阳馆寓。

埤雅二十卷明仿宋黑口本

《埤雅》明本甚多，而以此本为最善。孙星衍《平津馆鉴藏书籍记续编》明版类所称黑口版，每叶二十行，行二十字，每卷

①当为“书”字之误。

后皆有音释。别本《释天》后有"后缺"二字，此本无之者。即此本也，《四库全书总目》经部小学类著录为"浙江巡抚采进本"，云"刊本《释天》之末注'后阙'二字。然则并此书亦有脱佚，非完本矣"。是馆臣未见此刻本，故亦不知有音释。近人丁丙《善本书室藏书志》载有重刊《埤雅》二十卷，明刊黑口本。朱学勤《结一庐书目》载有《埤雅》二十卷，明初细字本。瞿镛《铁琴铜剑楼藏书目录》载有《埤雅》二十卷，明刊本。均未详记行字。惟缪太夫子荃孙《艺风堂藏书记》有明仿宋本，云"每半叶十行，行二十字"，与此行字合，殆即一本。今其身后书已散尽，存者惟吾家此部耳。

此本，故友黄再同编修所藏，前序下有"黄国瑾印"四字白文篆书方印，又有"再同"二字朱文篆书方印。卷一阑边外有"黄氏国瑾"四字白文篆书小方印，"祖艾"二字朱文篆书小方印。卷第一下有"惟黄氏子孙世世永保之"十字朱文篆书长条印。可见其珍秘之至。编修为贵筑黄子寿方伯彭年之子，己丑成进士，原籍湖南醴陵，故其家恒居长沙。通籍后，未得一与校士之役，中年咯血而卒，此其家散出者。追忆旧交，弥深凄恻！

又一部康熙庚辰顾棫刻本

宋陆佃《埤雅》二十卷，常熟顾棫刻本。前张序重刻年月，天运"庚"下缺一字，余断为"庚辰"。盖顾氏刻有归有光《震川尺牍》、钱谦益《牧斋尺牍》，序称"康熙己卯"，则此必为庚辰所刻无疑。《天禄琳琅续编》十三明版类载有此本，误以为洪武时刻，此绝可笑事。以字体、椠法论，皆迥然与明刻不同，不知当时何以误识。甚矣，《续编》诸臣之疏漏也。此本源出北宋，余家有金朝刻本，实为希世之珍。全书字仿欧阳望之，颇严饬。惜此刻犹失其真，不能尽美也。

甲寅夏五，郎园。

广韵五卷 康熙初元张弨校刻本

此书世称顾亭林先生所刻。今据陈上年序，实张力臣弨所刻，而先生主校勘耳。江藩《汉学师承记·阎若璩传》云："力臣书法唐贤，世称能品，为炎武写《广韵》及《音学五书》，今世传雕本是也。"潘耒宋本《广韵》序云"先师顾亭林深明音学，表章此书，刻之淮上。然所见乃明内府刊本已经删削者，久而觉其书之不完，作后序以志遗憾"云云，所记盖得其实。今此本首署依宋版重刻，又无后序，则初印本也。又《汉学师承记》云："藩闻之顾君千里云，曾见初印亭林所刊《广韵》，前有校刊姓氏，列受业阎若璩名。则若璩尝执贽昆山门下。然若璩所著书中亦称亭林为师。岂亭林没后，遂背其师耶？"

今按：此本前列正字四人，陈上年、顾炎武、李因笃、张弨，无若璩名。四人皆见陈序中，亦未及若璩。且校刊此书，四人共与，"受业"之称，更属何人？江藩于国初诸儒，不微词诋讽，则假他事诬之，如此类者，不一而足。若以为兰台信史，不亦傎耶？

丙申秋八月廿八日，丽楼记。

此本流传最少，乾、嘉诸儒，惟吴氏《拜经楼藏书题跋记》入载，据云"亦无后序"。孙氏《平津馆鉴藏书籍记》跋明内府本《广韵》云："《永乐大典》引有二本，一曰陆法言《广韵》，一曰宋重修《广韵》。'东'字注引'东不訾事'，重修本作'舜七友’，此本作‘舜之后’。重修本‘二十一欣’，此本作‘二十一殷’。在未避宋讳以前，此即《永乐大典》所称‘陆法言原本’，明内府所刊。朱竹垞谓‘中涓删本’，非也。戴东原见顾亭林刊本去声‘十八队’注‘代废同用’，此本注‘代同用’，‘废’注‘独用’，又与此本不同。”今按：此本“东、殷”二韵，与孙氏之说合。其出于明内府刻本，确无疑义。惟孙氏只引戴东原而不及他事，是孙亦未目睹此本。然则，此本传世之稀，固可知矣。商丘宋氏书散出，此即其中之一种，余以重金得之。异时，冀获明内府本一一考证，则此刻源流，益了然矣。

同日灯下又记。

《纪文达遗集》十一有书明人重刊《广韵》后三则，云“明时内府所刊行，顾亭林重刊于淮安者，即此本也”。文达据卷首弁有孙愐《唐韵》序，及“二十文”、“二十一殷”各注独用，“殷”字不避宋讳，与张士俊刊本为不同，谓此本为《唐韵》之旧，与孙氏之说相合。其言确有根据，可信也。

丁酉新年縠（日）〔旦〕[①] 记。

重续千字文二卷 毛氏汲古阁影宋钞本

三十年前在京师厂甸书肆，得聊城杨致堂河帅以增所刊景宋钞本《三续千字文注》一卷，半叶十行，行大、小二十三字，小字双行，无撰人，后有以增跋云：“宋季江阴葛氏刚正撰。案《梁书·萧子范传》：‘大司马南平王使制《千字文》，其辞甚美，命记

---

①縠日，应为“縠旦”。

室蔡薳注释之。'《周兴嗣传》曰：'次韵王羲之书千字，使兴嗣为文。'《陈书·沈众传》曰：'梁武帝制《千字诗》，众为之注解。'《隋书·经籍志》载：'《千字文》一卷，梁周兴嗣撰。'又载一卷'梁国子祭酒萧子云注'，又载一卷'胡肃注'。《旧唐书》《志》载，撰者姓名与《梁书》同。隋、唐《志》又载有《演千字文》五卷，不著何人作。要之作《千字文》者，唐以前已不独萧、周二人。此本则继周次韵及夫长洲侍其暐①续作分注，合为一编。今所存仅此，例亦不用复字，视前二篇文径，尤纤仄而联缀，皆有典可核，递注厘然。惜合刻之前二篇佚，莫觏也。《江阴县志》载：'葛胜仲，字鲁卿，即注所称"皇祐二年进士，朝散大夫，侍其公暐作墓志"之文康公。'《志》载'葛邲，字楚辅，文康孙，谥文定，即注所称"伯祖"'。而《选举志》无刚正名，《艺文志》亦遂不及此。而吾丘衍《学古编》载'《续千字文》，葛刚正书，字法极好'。其所称者篆书，即注所谓'以备古篆之体'者。此本楷法劲秀，雅近率更，当亦属原刻。爰依旧式，命工重摹付版。其文字点画，偶有缘俗者，正之；注字有俗且讹者，则去泰去甚。间有省笔、袭帖体，及所引书名刊虚白字式，未归一者，可仍则仍之，于义不甚乖重，存其旧也。"

余案：此别一宋刻本。盖当时并周兴嗣《千字文》、侍其暐《续千字文》合刻者，《三续》云者，连周兴嗣、侍其暐而三也。《重续》云者，再续侍其暐之书也，以增子彦合太史绍和撰。《楹书隅录》云"是书先公得于袁浦，咸丰甲寅，命工摹梓"。案：葛氏之书，盖继侍其暐《续千字文》而作，故名《重续》，自注甚明。余藏影宋钞本，即《学古编》所称"篆书"者，标题正同此

①侍其暐，"暐"，或作"玮"。下同。

本，乃改名《三续》，殊失葛氏之旧。当由宋人重刻时，误于“三篇继就”之语，而妄为更易也。每半叶十行，行二十四字。又影宋精钞本《重续千字文》二卷，云“先公得宋椠葛刚正《三续千字文》重刊之，常州心耘胡君珽因以此本寄赠”。盖宋椠乃真书，且易标题为《三续》，均非德卿之旧。

此则吾丘衍《学古编》所谓“字法极好”者也。卷首题《重续千字文》，次题“水云清隐丹阳葛刚正撰并篆注”。书皆篆书，而每行之后，俱以真书释之。又次正文亦篆书，每行四字，每二行之后，复释以真书，并注分卷上、下，视宋椠本迥异。至卷前冠以“淳祐戊申德卿自序”及间有注“某，音某者”，更宋本所无也。案：《汲古阁秘本书目》云：“宋版《重续千字文》世间绝无。并不知有是书，而篆书精好，真奇书也。”此本虽无毛氏印章，然楮墨绝佳，篆法精妙，与予所藏、所见汲古影宋诸书，宛出一手。或即斧季乔梓由宋版过录者，致足珍矣。每叶行数不一，每行正文篆书四字，注真书二十一字，太史于此书宋本，考之甚详。然据《汲古阁秘本书目》有宋本，遂定此影钞宋本出自毛氏。殊不知毛氏当日于宋本外，固有影写极精之副本在，今此本是也。

此为毛氏原装原钉，书根所写书名尚完好如故，书面用蛋壳青冷金笺，毫无破损。流传三百年之久，岂真在处有神物护持耶？前有“淳祐戊申冬至日，丹阳葛刚正序”，大题标篆书《重续千字文》五字，半叶十二行，此五字占三行，次真书《重续千字文》五字，盖释标题篆书书名也。次篆书“水云清隐丹阳葛刚正撰并篆注”，次真书一行，同上，亦释上行篆书也。次本文篆书，四字句，一句一行，占三行。又一句同，合成半叶十二行之数。以下真书释文二句，以下则注文也，每行二十字。卷尾真书“丹阳葛氏篆注《重续千字文》卷上”凡十三字。下卷大题标真书“丹阳葛氏篆注《重续千字文》卷下”，占小行一行，与上卷大题标篆书《重续千字文》五字占三行者，款式迥然不同。在宋版书中如此体例者，实未见之。全书真书体兼欧、柳，字法劲秀；篆书玉箸文，整齐劲挺。在当时必倩工书者影摹，非佣书手笔也。

收藏图记，首叶序下钤“毛氏图史子孙永保之”九字朱文篆书方印；首卷钤“开卷一乐”四字朱文篆书方印，“宋本”二字朱文篆书椭圆印，皆汲古印记。又有“席鉴之印”四字半朱半白篆书方印，又“席氏玉照”四字朱文篆书方印，盖汲古藏书散后，归于洞庭席氏。又有“云龙万宝之轩”六字朱文篆书长方印。卷下末尾有“道州何绍基印”六字白文篆书方印，“子贞”二字朱文篆书方印，则经何蝯叟收藏者也。从子定侯于丙寅岁尽，以重值得之，呈予鉴定，因书其后。

时丁卯春正上弦之四（月）〔日〕，郎园老人识。

隶释二十七卷 明万历戊子王云鹭刻本

宋洪适《隶释》二十七卷。《四库》著录为“两淮盐政采进本”，《提要》云为“王鹭刻”，盖即此本，“王”下脱“云”字耳。世行汪氏楼松书屋刻本，亦甚希见，何况此明刻？末卷尾叶有木牌记云：“余为广陵守，偶得《隶识》一集于真州僧舍，乃写册也。或曰此元人手钞，亡其姓氏。余素未睹此集，询之博雅者，皆云坊肆间并未刊布。余因命工依宋版字梓之，以与同好者共览焉。”此即云鹭识语也，文中误《隶释》为《隶识》，已自可笑，其他校雠未审，不按可知。惟世无宋本传录，则此明刻即为此书之先河。

大男启倬得之市间，持以问余。余考《盘（州）〔洲〕[①] 文集》六十三，载有《隶释》《隶续》三跋，其一为丙申修改《隶释》跋，略云“成书十年，增改千有馀字，除去数版”。其一为池州《隶续》跋，略云：“《隶释》有续，前后二十一卷。乾道戊子，始刻十卷于越。淳熙丁酉，姑苏范至纯增刻四卷于蜀。后二年，霅川李秀叔又增刻五卷于越。明年，锡山尤延之刻二卷于江东仓台，而辇其版于越。今老矣，平生之癖将绝笔于斯焉。庚子十一月。”其一为淳熙《隶释》跋，略云：“右淳熙《隶释》目录五十卷，乾道中书始萌芽，十馀年间拾遗补阙，续卷寖多，鄞江史直翁、苕溪李秀叔一再添刻，兰陵尤延之自秋浦锓版，裨助苏台范至纯，以越本刊于蜀。前后增加，命掾史辑旧版去留，移易首末，整整一新。辛丑六月，盘洲老人洪景伯书。”是今所传《隶释》二十七卷、《隶续》二十一卷，与跋所言同。惟五十卷本不知何时亡失，甚可惜也。洪氏之书，与欧公《集古录》、赵明诚《金石录》鼎足而三，然皆出于传写，绝无宋本可翻。独此，尚得明刻流传，未始非买王得羊之比。至以“释”“识”通用，前序亦然，则其书之可据与否？余仍未敢取信也。

乙卯夏四月朔，德辉记。

小学钩沉二十卷 嘉庆丁丑刻本

任大椿《小学钩沉》二十卷，嘉庆丁丑刻本。其前七卷皆元体字书，八卷至二十卷皆宋体字，撰人题“兴化任大椿学”，校者题“高邮王念孙校正”。十二卷至二十卷但有撰人一行同前，无校

①据《四库全书总目提要》改。

者一行。盖十二卷为王氏所刊未完，后八卷则大椿门人汪廷珍补注者也。汪自有跋，言刻书原委甚详。其版无直阑线，宋、元版无此式，坊行杂书或有之，殊不雅观也。然其书采摭宏富，自汉以后、唐以前诸家散佚之字书，一一收拾残丛，汇为总集。此与余萧客之《古经解钩沉》同为有功甲（簿）〔部〕[①] 之作。大椿又辑刻《字林考逸》八卷，以其存字尚多，故别为辑录也。

字鉴五卷 道光五年海昌许梿刊本

元李文仲《字鉴》五卷，康熙庚寅张士俊泽存堂有精雕本，即《四库全书总目》所载“两淮马裕家藏”之本也。道光辛丑，三韩杨氏又据张本重雕，世所通行者，皆此二本。道光五年，海昌许梿得明人钞本，取校张本，凡张本讹误者，明钞皆不误，因精楷付刊。当时印行不多，故视张本为尤稀有。余三十年前在长沙舒姓人家曾一见之，其后遍游燕、赵、齐、鲁、吴、越间，询之友人好藏书者，均称未见。江阴缪艺风先生，当世号为精于版本者，余曾举许本相告，先生殊惊异。故先生代张文襄撰《书目答问》，仅录张本。盖先生固未之见也。从子启藩兄弟，新从书估得许刻本，持以相告。余属其珍袭，补余藏本之缺。

许氏此外刻有吴玉搢《金石存》、沈彤《释骨》、及朱墨套印《六朝文絜》等，皆楷书精美。道光初元，当累叶承平之时，士大夫风雅好事，犹有乾、嘉流风。其手民技艺之精，亦足征当时物力之殷富。今则民气凋敝，百事（隋）〔惰〕[②] 窳，求如此种精刻

①据《辞源》“甲部”即“经部”。“甲簿”，刻本误。

②应为“惰”，据文义改。

精印之书，几欲与宋、元旧本论价，阅此能无喟然！

六书索隐五卷明杨升庵手书底本

杨升庵先生《六书索隐》，《四库全书》存目，谓其“略而不备”，又“不注所出者十之四五”。此自明时陋习，不足专责先生也。六书之学，昌明于圣朝，乾、嘉诸儒，如段氏玉裁、桂氏馥、孙氏星衍、严氏可均，著书发明，为晋、唐以下所未有。明人因元人旧学，往往摭拾金石遗文，漫无抉择，轻改故书，如先生，固犹近大雅者也。此书五卷，以平仄韵分部，为当时写本。国朝藏宋牧仲家宰荦家，故前有商丘宋氏藏书印记。卷首绫幅标题谓为先生手书，字体绝似小欧，决非假手书佣之作。此种书籍，于小学无甚系属，不过为二百年前古物，存之已耳。

光绪三十有四年戊申岁夏五端阳，后学叶德辉识。

或疑先生工篆书，无所取证。余按：王文简士禛《秦蜀〔驿程〕[①] 后记》下：“武侯祠南有碑三，其一明翰林院修撰、县人杨慎撰。《八阵图记》篆书，皆出升庵笔。”据此，则先生工篆书有明征矣。碑出模刻，此为墨迹，其珍贵当何如？后有得者，当共宝之。

时宣统庚戌七月八夕，德辉再记。

---

①据《四库全书总目》补。

薛尚功钟鼎彝器款识法帖二十卷明万历间朱印本

薛尚功《钟鼎彝器款识法帖》二十卷，明万历中万岳山人刻本。案：此书宋时只石刻本，故有“法帖”之称。其本传世绝少，《四库》著录为“明崇祯间朱谋垔刻本”，孙氏《祠堂书目》、瞿氏《铁琴铜剑楼书目》并同。《钦定天禄琳琅书目》明版经部有朱印本，云“万岳山人，不知何许人。后有‘宣公后裔’之印，则为陆氏可知”。又云“此书序中未及作者之名。宋人诸书目，只载《钟鼎篆韵》七卷，亦无此书。盖亦未有刻本，罕传之书也。书中篆法古雅，竟似从原器中摹拓而出。其模印以朱不以墨，亦别饶古色”云云，竟不知为薛氏书，未知何故。又《续编》亦有朱印本，二部入元版经部，更与前目矛盾。盖前目为于敏中诸臣所编，本非讲求椠刻之士。后目为彭元瑞一人总裁，仅知从《四库全书》钩提而出，亦无精于鉴古者为之襄校，故其疏漏如此。其实为明刻薛书，可开卷而知也。

此本篆文最精，后来朱谋垔本已移换形体，何论他刻？惟每器小字，间有讹误，似不及朱刻之善。故阮氏元重刻此书，极诋此本讹舛。然以渊源论，自有刻本以来，固无有古于此本者。且阮氏所据本，为袁氏五砚楼旧钞，及家藏影宋石刻本，展转钞胥，乌足共信，不如此本尚得旧本真面也。全书蝴蝶装潢，极其古雅，因为跋尾以志鸿爪。

丙申秋九月十七晨起，书于浏阳馆寓斋，德辉。

宋王厚之复斋钟鼎款识一册嘉庆七年阮氏积古斋刻宋册本

阮刻王复斋《钟鼎款识》一册，道光中汉阳叶志诜重刻本。后跋称“原册毁于火，并版片失之。近年杭城书市有新印本，签题‘阮刻王复斋《钟鼎款识》’，版藏上虞某氏”。余取阮刻后印者对校，乃知近日新印，为洗版修补之本，书中题字、图记，及款识、花纹、墨点、缺字、缺笔，丝毫无异。惟字经洗剔，不及原印之丰腴耳。原印最后者第十一叶“周麻城二鼎”下查慎行案语“恐非”之“恐”字已模糊，修本误改为“思”。第三十五叶“是日长洲蒋杲同阅”一行，修本“杲”误为“臬”，“同”误为“司”。皆以原版字画不明，致有此谬。即此二事，足证新印之尚出旧版，叶称“并版片失之”，当是彼时为人窃藏。东南兵燹，后又展转沉晦，如《汉学堂》、《汗筠斋》等丛书之类，版固无恙，而显晦有时也。此本原刻初印，模仿古雅，叶刻所不及也。

光绪丁酉花朝日，叶德辉识于都中宣武城南浏阳馆寓。

附：阮亨瀛舟笔谈[①]一则

宋拓《钟鼎款识》原册计三十叶，宋复斋王氏所集，计五十九器。内有青笺者十五器，为毕良史所收，玩其题跋，皆复斋之笔。嘉庆七年，兄得此册于吴中，陆氏加之考释，锓版以传，诚艺林快事也。

①《瀛舟笔谈》，原误作《瀛州笔谈》。

附：吴寿旸拜经楼藏书题跋记一则

《钟鼎款识》，宋复斋王氏所集，仪征阮公积古斋摹刻。此册为钱唐何梦华上舍借阅，有题识及图记。内“周叔姬鼎”首一字旧疑作“唯”，上舍审定作“孟”，何梦华记云：“元锡审玩，首一字当是“孟”（子）〔字〕，似较“唯”字差近。“萬”字下应有“年”字，为青绿所蚀，故拓本、释文皆未及。并记。”后云“嘉庆庚午□□十三日，胡近、何元锡同观于获经堂之蝶景园。增释一字于前‘周叔姬鼎’文下”。又《汉书》《元嘉刀铭》后云：“宜侯王，侯字反文，予得汉砖文亦类是。此砖已归阮氏琅嬛馆中，漫识于此。”又晋尺云：“予尝欲作历朝尺考，曾属四弟手录一书，不知置处。它日寻得，合之拓本，详论短长，以验周尺、汉尺之旧。惜袁二寿阶，客岁化去，无人共质，为之怅然。”

附：姚元之竹叶亭杂记一则

复斋《钟鼎款识》册，南宋秦氏熺物也。熺为桧子，其门客董良史为之摹绘成册，今归扬州阮制军元刊本传世。此册自宋流传，展转至明，项氏以银二百得之。又展转至扬州，秦编修敦甫欲仍以银二百购之，其人不售。有陆氏者增银二十，乃归陆氏。陆后携至杭州，时阮抚浙，因乞跋。阮欲以原购之数取之，不可。西湖多御碑，一日，陆忽于碑旁镌“内阁中书臣陆某敬观”，守土者以陆大不敬，将置狱。阮以书生无知，乃为解释。陆感德之，献是册以谢，遂归阮。夫熺之为人不足重，而其所宝之器，其犹存人间与否，亦未可知。而乃借是图以至于今，使人按图知古，则敝楮胜于吉金多矣！岂其中亦有神物护持之欤？

郎园读书志卷三

史部

史记正义一百三十卷明嘉靖四年王延喆刻本

此明王延喆重刊宋绍兴三年两浙东路茶盐司本也。同时，金台汪谅为柯维熊校刻此书，版式、行字相同。《索隐》序后有“绍兴三年四月十二日，右修职郎充提举茶盐司干办公事石公宪发刊，至四年十月二十日毕工”三十八字，凡三行。故知王亦翻雕此本也。嘉靖十三年，秦藩亦仿刻之，均半叶十行，行大字十八，小字二十三。王本《史记》二字，在小题《本纪》、《表》、《志》、《列传》之下。“《史记》几”等字，大与《本纪》、《列传》等字同。柯本则直接小题，偏左《史记》二字，墨文作椭圆印形。王本《周本纪》缺二十七叶，柯本《秦本纪》缺三十一叶，以意补缀，注文不全。秦藩本此两叶未缺，所据刻者较为完善。王本《索隐》序后延喆跋云：“工始嘉靖乙酉腊月，迄丁亥之三月。”而王文简《池北偶谈》云：“延喆性豪侈，一（月）〔日〕有持宋椠《史记》求鬻者，索价三百金。延喆绐其人曰：‘姑留此，一月后来取直。’乃鸠工就宋本摹刻，甫一月而毕。其人如期至，绐之曰：‘以原书还汝。’其人不辨真赝，持去。既而复来，曰：‘此亦宋椠，而纸差，不如吾书，岂误耶?’延喆告以故。因取新雕本数十部散置堂上，示之曰：‘君意在获三百金，今如数予君，且为君书幻千万亿化身矣。’其人大善过望。”

按：此不实之言，延喆刻此书二年而成，何止一月？且跋有云：“取旧藏宋刻重加校雠，翻刻于家塾。”则非得之书估可知。文简国初人，与明代相近，何亦信此浮言，不加深考耶？

汉书一百三十卷明德藩最乐轩刻本

《汉书》一百卷，内《纪》、《表》、《志》、《传》中分卷，实一百三十卷。明德藩最乐轩刻，无注本，每半叶十行，行二十一字。版心上有“德藩最乐轩”五字，下有刻工姓名，其刻工有与嘉靖十三年徐焴刻《唐文粹》同者，则是明嘉靖时刻矣。明时各藩府皆喜刻书，德藩所刻仅止此种，且自来藏书家皆未寓目，故官私书目均不载之。取明南监本、汪文盛本、汲古阁本、及乾隆中武英殿刻本互相参校，文字颇有异同。长沙王葵园祭酒撰《汉书补注》，全录以去；江阴缪筱山编修见其名，以为海内孤本。二公为余乙酉座主，福山谢南川师之乡会房师，沆瀣相承，每蒙奖借。缪公尤精目录、版本之学。据云此本彼未见过，则其希有可知矣。

光绪壬寅夏四月小满后五日，德辉记。

班马异同三十五卷明天启甲子闻启祥刻刘辰翁评点本

《班马异同》三十五卷，宋陈振孙《直斋书录解题》云“倪思撰”。自元刘辰翁评本行，或遂误为刘撰。博览如明之杨士奇，其跋此书曰："《班马异同》三十五卷，相传作于刘须溪。观其评泊批点，臻极精妙，信非须溪不能。而《文献通考》载为倪思所撰，岂作于倪而评泊出于须溪耶？"其言殊为可笑。《文献通考》以为"倪思撰"者，明引"陈氏曰"，即《直斋书录解题》也。陈氏先于须溪，使果为须溪之书，《直斋》胡为著录？缘当时须溪评点诸书，风行枋肆，刻是书者但题须溪名，不题撰人名。故士奇未之深考，遂有此两可之词。亦足见须溪议论入人之深，故使读者数典而忘其祖矣。

此明天启甲子闻启（详）〔祥〕，刻刘辰翁批点九种本之一，每半叶九行，行二十字。《四库全书》以此书入正史，而以刘评入存目，实则评点自评点，《异同》自《异同》，两不相溷。不知士奇何以读不了然。此书《文献通考》入史评，是也；《四库全书总目》正史类列《史记》、《汉书》之次，殊为失实。故今从《文献通考》入之史评焉。

史汉方驾三十五卷 明嘉靖甲申徐善循刻本

《史汉方驾》三十五卷，明许相卿撰。嘉靖甲申徐善循刻本，每半叶九行，行二十字。此书即本《班马异同》，稍为厘订，改题此名。但《班马异同》其例，以《史记》作大字书，《汉书》作小字书，文本相连，而以字之广狭为分辨。刻手稍不用意，每易溷淆。是书则以《史》《汉》相同者直书行中，不同者分行夹注。其《史记》有而《汉书》无者，偏列于右；《汉书》有而《史记》无者，偏列于左。条理细密，体例实胜于《异同》。其评语，一本之须溪，而稍有增省，则以二书义同而例不同，不能迁就也。惟《异同》评语，本在简端，此则移入句傍，有如明人评选时文陋习，似不可以为训。后有重刻二书者，各去其短，互取其长，则两美之合也。此书《四库全书总目》正史类存目，实亦当入史评，以其同为论文之作，无关音训考证也。

汉书地理志稽疑六卷是亦居绿格钞本

《汉书地理志稽疑》六卷，全祖望撰。余向有嘉庆九年朱文翰刻本、咸丰癸卯伍崇曜《粤雅堂丛书》刻本。此钞本六卷，为从子峒甫所藏，版心有“是亦居”三字，绿格本，每卷有“海宁陈鳣观”五字朱文篆书长条印，“仲鱼图像”长方印。又阑匡上有“得此书，费辛苦。后之人，其鉴我”十二字白文篆书长方印。吴振棫《杭郡诗辑》：“陈鳣，字仲鱼，号简庄。海宁人，嘉庆丙辰孝廉方正，戊午举人。营别业于硖川之果园，购藏宋雕元槧、及近世罕见本甚夥。”蒋光煦《东湖丛记》：“吾乡陈仲鱼征君向山阁藏书，大半归马二槎上舍。其藏书印记云‘得此书，费辛苦。后之人，其鉴我。’又刻‘仲鱼图像’钤于上。”按：征君晚客吾乡，陶文毅金陵节署文毅藏书，亦钤其图像，风雅好事，薰习同也。

后汉书补注二十四卷嘉庆八年宝山李氏刻本

《后汉书补注》二十四卷，元和惠栋撰。栋初辑《汉事会最》，采摭群书，关于《列传》诸人佚事者，录为上、中、下三册。吾友江建霞太史标督学湖南时，汇刻入《灵鹣阁丛书》，盖即是书底本也。倪模《江上云林阁书目》，及伍崇曜《粤雅堂丛书》重刻本，书名卷帙皆同。而孙星衍《孙祠书目》列惠栋《后汉书训纂》二十六卷，卷数不符，名称亦异，又不知为钞为刻，注未载明。

按：栋注王渔洋《精华录》，亦名《训纂》，与是书同。岂是书原名，而后改为《补注》，又删并其卷为二十四耶？

吴县惠氏，三世皆以经学名家，至今言汉学者，苏州、常州两派，屹然对峙，乃出其馀力。注史笺诗，博引详称，精于抉择，观于此书，可以得其学成之有序矣。此为原刻佳印，粤雅堂本缩作巾箱，不如此之字大悦目为可贵也。

乙卯夏五月夏至，叶德辉记。

两汉博闻十二卷 明嘉靖戊午刻本

宋杨侃《两汉博闻》十二卷，明嘉靖戊午刻本。前有黄鲁曾刻书序。每半叶八行，行十六字。《四库全书总目》史部史钞类著录，即此本。《提要》云："不著撰人名氏。案晁公武《读书志》，乃宋杨侃所编也。"又云"'四皓'条下引颜师古注"，辨论"四皓"无姓名，"诸家皆臆说"一段，为明监本以下《汉书》所无，谓足以"资考证"。今按：毛晋汲古阁刻《前汉书·张良传》，"四皓"下亦无此注。侃，端拱中人，是北宋时《汉书》本未经人节删注文。即此一条，已如零金碎玉，良可宝贵。以视林越《汉隽》之割裂字句，漫无别裁，同一摘钞，识见固迥不相侔矣。

汉隽十卷 元延祐七年庚申刻本

《汉隽》十卷，宋林越撰。《四库全书总目》史部史钞〔类〕存目。《提要》所称"元延祐庚申袁桷序刻本"者也。版心大黑口，每半叶九行，每行大字无整行，小字双行，每行三十字，字皆松雪体，盖有元一朝，风气如此也。此书本供士子场屋选词之用，其视洪迈《史记法语》、《南朝史精语》，同为《兔（册园）〔园册〕子》之类，于史学全无关系。《四库》不收其书，仅存其目，是也。然越当时所据以采摭者，究是《汉书》旧本，其间文字，或与今本异同；所引注文，较今本偶有详略，是皆可资考证，不仅为词人渔猎矣。从子岖甫以番银八十圆得之，持以告余曰："此书前有宋嘉定中刻本，后有明嘉靖时吴氏刻本，此为元刻元印，纸墨精良，虽不能与宋本颉颃，固超乎明刻以上十倍也。"岖甫自跋甚详，余故略记一二于卷尾云。

丙寅冬月，郋园老人记。

三国志[①]辨误一卷 汉阳叶氏钞藏本，结一庐藏书

此书《四库全书》[②] 正史类著录云："不著撰人名氏。"武英殿《聚珍版丛书》已印行。而此钞本，撰人题何焯屺瞻，不知何故。焯著有《义门读书记》，中有所校《三国志》三卷，核与此不相合。《四库全书提要》疑焯弟子陈景云作。然以《义门读书记》比勘，亦断其非景云作。则疑以传疑，固不必强以撰人实之也。

是本旧为汉阳叶氏钞藏，前有叶氏印记。又有"结一庐藏书印"六字朱文方印，则又经仁和朱修伯侍郎收藏过者。又有"周銮诒印"四字白文方印，则永明周惠生编修也。编修早故，其兄笠樵舍人铣诒亦物化，遗书散出，为从子辈所得。一书之聚散，不过三数十年，吾见其收入，又见其卖出，真如云烟过眼，一转

①三国志，原作"三国史"，据《四库全书总目》改。
②原误作《四书全书》。

瞬间事也，可慨已。

癸亥花朝，叶德辉记。

晋书一百三十卷明万历间周氏翻宋刻本

《晋书》一百三十卷，明万历中叶周氏翻雕宋本。每半叶九行，行十六字。每卷后附音义，仍宋本之旧也。近人丁丙《善本书室藏书志》载有《晋书》宋本二：一为宋大字本，每半叶十行，行十九字；一为宋小字本，每半叶十四行，行二十五字。十行本陆心源《皕宋楼藏书志》亦有之，心源撰《仪顾堂续跋》谓："为南宋监本，十四行本为南宋麻沙坊刻。"亦载邵懿辰批注《简明目录》："此九行十六字本，源出南宋绍兴初蜀中刊本。"《皕宋楼藏书志》、《仪顾堂续跋》载有宋蜀大字残本《汉书》，行字与此同，云"宋绍兴初蜀中刊本，而孝宗时修改者"。则此《晋书》必同时所刻矣。

此书初印者，藏书家往往误以为宋本，以其中避讳缺笔谨严，与宋本同，故难于分辨耳。余虽无佞宋之癖，抚此明仿宋本，亦觉慰情，聊胜于无。此与余所藏闻人诠本《旧唐书》，皆乙部中不可多得之善本矣。

旧唐书二百卷明嘉靖十七年闻人诠刻本，先族祖石君公以至乐楼钞本校

《旧唐书》，自来藏书家无宋、元旧刻，故世以明闻人诠校刻本为最善。然其讹脱之处，亦以无他本可校，故读者不知也。此为先世族祖、中巷派石君公以明至乐楼钞本校过，订讹补脱，逐

卷逐叶，丹黄烂然，真至宝也。石君公原讳万，后更树廉，又作树莲，别号南阳毂道人，明诸生。好收藏宋版书，同时与钱遵王、徐健庵、毛子晋往来交契。没后徐为作传，称其手校书为何义门推重，今载《传是楼文集》。

此书一百五十卷下，附叶有石君公校朱笔跋，称"坊间见至乐楼钞本，为钱遵王取去，因得假归对勘"云云，末钤"南阳毂道"四字白文篆书方印。又一墨笔跋，末钤"叶万"二字白文隶书方印，"石君"二字朱文篆书方印，空叶处有"朴学斋"三字朱文篆书方印。每卷末有朱笔校补字一行，云"右文林郎充两浙东路提举茶盐司干办公事霍文昭尚有苏之勘诸人，〔略〕[①]举此例。校勘"，凡二十三字，盖钞本源出宋两浙茶盐司刊也。

至乐楼为明常熟御史陈察藏书处。常熟瞿氏《铁琴铜剑楼藏书目》集部明刊本《道乡集》，卷首有巨印，文曰"苏州常熟虞山精舍、至乐楼主人、河南道御史陈察原习之记"。故知至乐楼为陈氏也。察，《明史》有传，略云："陈察，字元习，常熟人。弘治十五年进士，授南昌推官。正德初，擢南京御史，寻改北。世宗十二年，以佥都御史巡抚南赣，居二年，乞休。既归，敝衣粝食而已。"据此，《本传》但纪政事，未及藏书，得此可以补佚事一则也。瞿氏《书目》史部载有《旧唐书》明刊本，云为陈氏稽瑞楼传录，叶石君校本，末有记云："辛丑岁三月十九日，借得钱遵王所藏至乐楼钞本校起，至九月初五日毕工。叶万记。"今见此真迹，乃知瞿氏所藏，出自传录，不足贵也。

各卷尚有"归来草堂"四字朱文篆书方印，"石君"二字朱文篆书小方印，"树莲"二字白文篆书方印，"玉硐后人"四字朱文

①据文义补。

篆书长方印，皆石君公印记。先人手泽，二百年后复归吾家，诚为快事。卷中间有缺叶，为公手书补钞。纳书楹中，留此青箱秘笈，子孙其永保之。书中《列传》第二十八卷后有“静虚斋图书印”六字朱文篆书长方印，“御史中丞章”五字白文篆书方印。《列传》第十四卷前有“箬豁书院图书之印”八字朱文篆书长方印，似皆出公藏之前，惜无暇日，一一为之考证也。

宋史四百九十六卷元至正五年刊本

《宋史》，元托克托等撰。至正（十）〔五〕[①] 年十月表进，六年咨行浙江行省雕版，当时与辽、金二《史》同雕，号称三《史》。三《史》之中以《宋史》为最罕见。先族祖文庄公《菉竹堂稿》有书三《史》后云：“辽、金、宋三《史》，元时修，起至正三年四月，迄五年十一月，总七百四十六卷。刻版在浙江，毁于兵久矣。辽、金二《史》，御史展毓从代邸假出印本，分手摹得二本，误字不免，若脱行阙版无之。惟《宋史》则沈公礼知府从广州钞本所传，则不止误字矣。”据此，则《宋史》在明正统时，元版难得已如此。

其后，成化间，两广巡抚朱英刊于广州，取其版入南监，是即南监本。其中脱去《孝宗本纪》第八叶，而以第九叶升为第八叶。其第七叶末“四川制置司应”下径接“库钱贴进”，误也。下又以三十三卷之第十一叶为此九叶，遂自“措置”至“九月己酉杨存”止，四百字，复衍于此。神庙补刊者，复改“杨存”二字为“地震”，以泯其迹。卢文弨《群书拾补》已正其误，而附著第

①十年，应为五年之误。

九叶以存其真。盖卢所据，即此元版也。然自明补版本后，迄于乾隆殿本，其脱误此叶，即以下叶衔接，而改“杨存”为“地震”，与卢所言同。苟非经卢氏校补，又谁知诸本之谬误，相沿而莫之正也。

此本系元刻初印，其南监本《孝宗本纪》失去之八叶，完好犹在，是诚可宝矣。元刻，藏书家少著录，从子启藩兄弟得之长沙肆间，喜以告予，为识其后。

时癸亥谷雨，郋园。

十七史详节二百七十三卷明刊白口本

宋吕祖谦《十七史详节》，凡《史记》二十卷，《西汉书》三十卷，《东汉书》三十卷，《三国志》二十卷，《晋书》三十卷，《南史》二十五卷，《北史》二十八卷，《隋书》二十卷，《唐书》六十卷，《五代史》十卷。明刊本，每半叶十行，行二十一字，大题“《东莱先生史记详节》卷之一”，版心鱼尾上题“《史记》卷第一”，鱼尾下分小题，以下诸《史》例同。南宋末年，有建安书坊本。明正德丙子，刘弘毅慎独斋亦刻之。均密行小字，不便流览，且多零册，无此全部者。每卷前有“汪士钟读书”五字朱文篆书小长方印。盖苏州汪阆源艺芸书舍旧藏，余从厂肆得之。由南而北，由北而南，绝无残缺。中有钞配，亦钤汪印，盖原书如此。前后无刻书人序跋，不知刻书年月。审其字体纸墨，是嘉靖时刻本。《天禄琳琅书目》载有宋、元本十馀部，中秘所藏，固自宏富。然恐有明本混杂其间，编纂诸臣，未必人人精于鉴赏也。

元史节要二卷 明洪武丁丑建安书堂刻本

明张美和《元史节要》二卷，洪武丁丑建安书堂刻本。版式、字体犹承元刻之旧，而传本颇少。嘉庆时，黄荛圃以家藏书四种，换书估王征麟知非堂稿钞本，中有此种，载价值十三洋。可知彼时旧书之贵，而此书价亦不廉云。荛圃藏书，皆有手跋。光绪甲申，吴县潘文勤从藏书家搜辑，刻《士礼居题跋记》，此事载卷六《知非堂稿》六卷下。

光绪丁未四月上弦灯下题记，丽楼主人叶德辉。

明张美和以《元史》浩繁，版藏内府，世不易得，仿曾先之《十八史略》，节其要为此编，见前洪武甲子清江刘季鹏题。又自序称："前翰林国史院编修官、临江张美和书。"据刘题称："美和致老而归，所作纲目后有黑地白文长牌记云：'洪武丁丑孟夏，建安书堂新刊。"正卷每半叶十七行，行二十九字。大题《元史节要》下注"上、下"字。下题"临江张美和编"，均占两行。《四库全书总目》史部史钞类存目，称"十四卷"。《提要》云："此书成于洪武间，而《顺帝纪》内，多有称明太祖'高皇帝'者，疑经后人改窜，非原本也。"

今按：此本实上、下二卷，非十四卷。《顺帝纪》内称"大明皇帝"，并不称"太祖高皇帝"。则《四库》所见，非美和原本，幸有此刻，可释读者之疑。美和，《明史》附《宋讷传》云："名九韶，以字行，清江人。能词赋。元末，屡举不仕。洪武三年，以荐为县学教谕，迁国子监助教，改翰林院编修。致仕归，帝亲为文赐之。复与钱宰等，并征修书传。既成，遣归。"明凌迪知

《万姓统谱》云："九韶著有《理学类编》、《群书备数》、《元史续编》。"今《四库》子部儒家类有《理学类编》，类书存目有"《群书拾唾》十二卷，九韶撰"。下重出《群书备数》十二卷。《提要》以为"核其文，与《群书拾唾》一字不异，盖书肆重刊，改新名以炫俗也"。案：《姓谱》已有《群书备数》之名，则《拾唾》乃后坊肆改名。《提要》以不误为误，非也。《元史续编》，官私志目未载其书，当是此《节要》误记。

浴佛日，德辉再跋。

续资治通鉴长编一百八卷旧钞本

《续资治通鉴长编》一百八卷。起太祖建隆元年正月，至英宗治平四年闰三月。每半叶十三行，行二十三字。此李焘乾道四年二次奏进本。元马端临《文献通考·经籍考》载其进表略云："臣准朝旨，取臣所著《续资治通鉴》，自建隆讫元符，令有司缮写投进。今先次写到建隆元年至治平四年闰三月，五朝事迹，共一百八卷投进。先是，隆兴元年具建隆迄开宝十有七年，为十有七卷上进，至是再进。"《宋史》本传云："乾道三年召对，除兵部员外郎，除礼部郎中。四年，上《续通鉴长编》，自建隆至治平，凡一百八卷。淳熙七年，《长编》全书成，凡九百七十八卷，卷第总目五卷。"张栻尝曰："李仁甫如霜松雪柏，无嗜好，无姬侍，不殖产，平生生死文字间。《长编》一书，用力四十年，叶适以为，《春秋》以后才有此书。"

案：《天禄琳琅书目续编》宋版史部："《续资治通鉴长编》六函，五十册，云宋李焘撰。书凡一百八卷。前有乾道四年焘进表，揭衔'左朝散郎、尚书、礼部员外郎、兼国史院编修官'，表内略云五朝事迹，共一百八年，计一百八卷。”谨案：《钦定四库全书总目》云：“《续通鉴长编》自元以来，世鲜传本。康熙初，徐乾学始获其本于泰兴季氏，尝具疏进。”据此，则一百八卷之本，实从宋本传出。后虽从《永乐大典》辑得全书五百二十卷。而此自宋以来单行已久，且系宋刻原书。今两存之，亦足为互相参证之用矣。

又一部五百二十卷 嘉庆己卯昭文张氏活字印本

《续资治通鉴长编》五百二十卷，宋李焘撰。余向藏旧钞本，起太祖，至英宗，五朝，凡一百八卷。卷各分子卷，与《天禄琳琅书目续编》宋版史部所载之本卷数相同，乃焘二次奏进之本，非全书也。据元马端临《文献通考·经籍考》载焘进《长编》奏状，隆兴元年，先具建隆迄开宝十有七年，为十有七卷上进。乾道四年，写刻建隆元年至治平四年闰三月五朝事迹，共一百八卷。淳熙元年，纂辑治平以后至中兴以前六十年事迹。年为一卷，以字之繁略，又均分之，总为二百八十卷。淳熙九年，焘上言：“臣累次进所为《续资治通鉴长编》，今重别写进，共九百八十卷。其修撰事，总为目一十卷。又缘一百六十八年之事，文字繁多，本末颇难立见。今创为建隆至靖康《举要》六十八卷，并卷总目共五卷。以上四种通计一千六十三卷。”

今此本为《四库》馆纂修诸臣从《永乐大典》中辑出，五百二十卷之数，亦《四库》重编。盖原书虽有一千六十三卷之多，而每卷多分子卷。此卷虽只半数，实则合并子卷计之，无短缺也。《提要》云：“自元以来，世鲜传本。康熙初，昆山徐乾学始获其本于泰兴季氏，凡一百七十五卷，尝具疏进之于朝。然所载仅至英宗治平而止。《永乐大典》'宋'字韵中备录斯编，实从来海内所未有。惟徽、钦二《纪》原本不载，又佚去熙宁、绍圣间七年之事，颇为可惜。然以数百年来，名儒硕学所欲见而不得者，一旦顿还旧物，视现行诸本增多几四五倍，斯亦艺林之巨观矣。"

案：《四库》本卷帙繁重，传钞甚难。昭文张月霄金吾，从锡山得活字十万有奇，因排印成功，俾海内快睹秘笈。顾活版印书有限，重以咸丰发逆之乱，东南图籍荡焉靡存。则此书在今日，亦千钧一发之时，安得好古者亟谋刊行，或再排印一次，是亦文苑中人所馨香企祷者欤？

通鉴前编十八卷、举要三卷元天历元年门人许谦刻本

《通鉴前编》十八卷、《举要》（二）〔三〕卷，宋金履祥撰。原书仿《朱子纲目》之体，变《通鉴》之式。故履祥自撰后序谓："既编年表，例须表题，故别为《举要》三卷。凡所引经、传、子、史之文，皆作大书，惟训释及案语，则以小字夹注，附缀于后。"后来浙江重刻本，列《举要》为纲，以经、传、子、史之文为目，而训释仍错出其间，已非原书体例。又，俗本或题《通鉴纲目前编》，殊不知全书并非专仿《纲目》，安得以《纲目》之名加之？

此元天历元年第一次刻本，出自履祥门人许谦所传。而门人御史台都事、汝南郭炯，请于肃政廉访使、平阳郑允中，率僚佐助赀刊行十八卷。末有"门人御史台都事、汝南郭炯校正，门人金华许谦校正"字两行。每叶二十行，每行二十二字，小字双行，字数同。以视浙本之窜乱原书，校勘草率，真自郐以下矣。

履祥在宋末诸儒中，不为语录空谈之学，所著书，皆根柢经史诸子，亦非专尚义理者务为揣测之词。惟其学出于王鲁斋之门，此书所采《书经》，其训释往往求异先儒，好为高论。案之履祥所撰《尚书表注》，大抵互相发明。或谓其作《表注》时与作此书，悉本胡宏《皇王大纪》。参考著书岁月，其说似非无根。《四库全书提要》讥其"勇于改经，不免臆断"，洵定论也。

此书旧为泰兴季氏、曲阜孔氏两家所藏。前有季振宜"藏书御史之章"、"季振宜印"、"沧苇"、"孔继涵印"、"荭谷"等印记。前贤手泽，睹之益深仰止之思，可宝也。

通鉴纪事本末四十二卷宋宝祐五年刻本

此大字本《通鉴纪事本末》四十二卷。宋宝祐五年，严州郡守赵汝筹重刊淳熙二年严州府学本也。淳熙本二百九卷，系小字本。汝筹校正讹夺，合并卷数，成此本。半叶十一行，行十九字。今《天禄琳琅》载"内府藏宋本三，常熟瞿氏铁琴铜剑楼藏宋本一"，皆此本也。宋王应麟《玉海中兴书目》云："淳熙三年十一月，参政龚懋良言枢所编《纪事本末》，有益见闻，诏严州摹印十部，先以缮本上之。"《宋史·袁枢本传》云："孝宗读而嘉叹，以赐东宫及分赐江上诸帅，曰：'治道尽在是矣。'"是当时此书甚负重名，故严州一再雕版。

此版传至前明，尚在南京国子监。此即监中印者，字画清朗，有欧书遗风。可见宋体字书，并非如明以来横轻直重之体也。

通鉴总类二十卷明成化十六年刻本

《通鉴总类》二十卷，宋沈枢以司马温公《资治通鉴》事迹，仿《册府元龟》之例，分为二百七十一门，每门各以事迹标题，依前后为次，间采温公所论附之。宋嘉定中刊版后，元至正中浙江省重刊之。此本前有嘉定、至元二序，盖即从此出也。每半叶十一行，行二十三字。句读旁刻墨圈，尤便诵习。《通鉴》一书，文繁义博，串贯极难，必得《纪事本末》始知一事之原委，必得此《总类》始知前事之法戒。《纪事本末》近有江西南昌官书局本、及汉阳童氏朝宗书屋活字印本。此则明刻，外无他本，读者当共宝之。

吴越备史六卷旧钞本

有寻常旧本书，求之二十年而始得者，如此《吴越备史》是也。昔阅仁和邵氏懿辰批注《四库全书简明目录》，此书注有"学津讨原本，扫叶山房本，皆以时刻，不足珍贵"。窃谓宋、元旧椠，或不可得，岂无明刻旧钞可以插架悦目者？乃竟多年不之遇，岂非大恨事乎？自鼎革以来，闭门索居，谢绝人事，惟二三书友时来周旋。一日，有人携此书求售，审知为影写明刻本。原刻出自武肃越中十九世孙德洪、吴中二十四世孙受征、二十五世孙达道校梓印行。此钞本则为国初时徐电发太史藏弆，卷首有"旧史徐釚"四字白文方印。盖此书在康熙时，明刻已希见，故仅存此影写本也。

据《四库全书总目提要》云："钱曾《读书敏求记》云：'今

本为镠十七世孙德洪嘉靖间刊本’。序称《补遗》为其门人马荩臣所续。序次紊乱，如‘衣锦城建金录醮’，及‘迎释迦’等事，皆失载。今是书于此数事咸备无阙，则非德洪重刊之本。其以《补遗》为马荩臣所续，亦别无证据。荩臣曾撰《吴越世家辨疑》，自序谓‘曾作《备史图表》’，亦不云又续其书。考此《补遗》之首，有序一篇，不题名氏年月，序中有‘家王故事’之语，当即中孚所题，亦云‘不知何人所作’，则不出于荩臣审矣。”案：《四库》著录为四卷本，有《补遗》一卷。而此为六卷本，与之不合。《提要》于目下注云“浙江汪汝瑮家藏本”。检《浙江采集遗书总录》，云“瓶花斋写本”，则吴尺凫焯所藏书也。其书后有吴跋云：“尝得吴越二十四世孙受征刊本，与此校对，其刊本小传颇有删节。”则此钞本为当时林、范原撰，亦未可定。盖是书皆吴越子姓所编，两本均非范坰、林禹之旧，特四卷本较此整齐，故《四库》舍此而存彼耳。

《提要》于引《钱记》“十七世孙德洪”下注云：“案：《吴越世家辨疑》作十九世孙，未详孰是。”不知此本“德洪”乃十九世孙，正不待辨。而馆臣当时并此本原书亦未见之，可见此本之难得。然钱氏《读书记》，余有乾隆乙丑沈尚杰刻本，道光乙酉阮福刻本，均作十九世，不作十七世，则《提要》所见，又《钱记》之误本，徒为费辞也已。

壬子春正月雨水后五日，青水遗民叶德辉记。

吴越春秋十卷 明刻元本

明重刊元大德丙午绍兴路儒学刻徐天祐音注《吴越春秋》十卷，半叶九行，行十七字，小字双行，字数同。与大德九年乙巳刻《白虎通德论》，十一年丁未刻《风俗通义》，行字一一相同。是明刻书中慎守先民矩矱者。《四库全书总目》史部载记，著录为兵部侍郎纪昀家藏。据《提要》所称刊刻年月，校勘官衔，当即此本。

《天禄琳琅书目续编》宋版史部载有此书，系改大德丙午为绍兴丙午，伪充宋本，不知绍兴不值丙午。徐天祐乃南宋末人，音注成于元时，距绍兴年月悬远，编撰诸臣不加详审，殊为疏陋之至矣。况案语云"题识及后衔，此本已佚"，则是明明作伪者弥缝隙罅，先行抽去，使阅者少一左证。乃云"《总目》据元大德十年丙午重刊本"，未窥中秘宋椠，何其信伪本之深耶？

此本藏书家多误以为元刻。孙星衍《平津馆鉴藏书籍记》元版内载有两本，前一本行字与此同。后一本为半叶九行，行十八字。前本莫友芝《郘亭知见传本书目》、丁丙《善本书室藏书志》均有之，皆信以为元本，不知其为明重刊本。张金吾《爱日精庐藏书志》有明初重刻本，未详何时何人所刻。若孙氏《鉴藏书籍记》所载两元本，其行字与此本同者，可断其为明刻本。其行十八字者，则是真元本也。

元本、明本之分，以陆心源《仪顾堂题跋》，参证《孙记》，更为了然。《陆跋》云："元版每页十八行，每行十八字，小字双行，行二十六、七字不等。版心分上、下两卷。"与《孙记》后一本款式、行字同。《孙记》仍称"十卷者，以上、下两卷仍分子卷故也"。陆又云："明覆本，款式及卷末题名同，惟每页十六行，每行十七（宇）〔字〕，版心分十卷。"陆氏虽未详覆本年月及刻者姓名，以其行字推之，盖万历丙戌武林冯念祖重刻元本也。冯本目录后有长方匡记云："万历丙戌之秋，武林冯念祖重梓于龙卧山房。"后其版转鬻于同乡杨尔曾，杨改匡记云："万历辛丑之秋，武林杨尔曾重梓于龙卧山房。”但改甲子、姓名，馀各仍旧。此两本，余与从子峤甫各藏其一，今以此本较之，诚不免小巫见大巫矣。

宋本以嘉定甲申汪纲与《越绝书》合刻，有丁黻跋者为最佳。瞿镛《铁琴铜剑楼藏书志》载有顾涧蘋以明本校宋者云：“每半叶九行，行十八字。”又有元刊本，云明弘治间邝璠所刻，即依此本。余案：邝刻罕见，卢抱经文弨校此书，曾借常州庄葆琛所藏明弘治十四年巡按袁经大伦、授吴县令邝廷瑞重刻大德本，即其本也。元本前有徐氏补注三页，此本亦有之，他本则否。蒋光煦《斠补隅录》有校记录此三页。蒋据者《古今逸史》本，以影宋本及明翻元大德本校。又云：“宋本每半叶九行，行十八字，无注。”然案蒋校引宋本，间亦有注，不知出于何人。若徐天祐音注成于大德丙午，即刻于大德丙午，是可断其必无宋本。《天禄琳琅续编》乃有宋版徐天祐音注本，岂非大笑柄乎！

余因此悟江阴缪筱珊学丞荃孙《艺风堂藏书记》，载有元大德九年刻、九行十七字本《白虎通德论》，及《瞿志》所（藏）〔载〕[①] 元大德丁未刻九行十七字本《风俗通义》，皆与此书同时，前后二、三年中所刻，非元刻也。元刻当亦是九行十八字，缪、瞿二家之书，余皆亲阅。其书纸料、墨色、印工、字体，与此书全无差别。是此书为明刊元本，彼二书亦必明刊元本。明刻自足珍贵，又何必强欲跻之元刻，自欺以欺人耶？蒋校明翻元大德本，即是上、下两卷本。两卷仍分子卷，《斠补隅录》全引其书，可以覆案。然则《孙记》所称十卷者，确是两卷。而《陆跋》所称两卷得蒋校，益可证实其说，不待日见十七字、十八字两本互相勘

①据文义改。

验，而始无疑义也。从子定侯获得此书，因为之跋其后。

时丙寅重九，郋园老人并书。

又一部明万历丙戌冯念祖重刊元大德丙午徐天祐注本

《吴越春秋》十卷，明冯念祖刻本。目录后有长方木牌记字三行云："万历丙戌之秋，武林冯念祖重梓于龙卧山房。"卷十后有字七行，其一云："大德十年，岁在丙午三月音注。"其二云："越六月，书成刊版，十二月毕工。"其三云："前文林郎国子监书库官徐天祐音注。"此行较前二行高二字。其四云："绍兴路儒学学录留聚。"其五云："绍兴路儒学学正陈昺伯。"其六云："绍兴路儒学教授梁相。"以上三行，较前一、二两行低一字。其七云："正议大夫绍兴总管提调学校官刘克昌。"此行顶格，盖从元刻旧式也。

然元本每半叶九行，每行大字十八字，小字二十六、七字不等。此则每半叶八行，每行大小字均十七字。元版版心分上、下二册，此则分十卷。盖不过从元本重刻，非模刻也。明刻又有弘治十四年，吴县令邝廷瑞刻元大德本，亦九行，行字大小均十八字，板心"上、下"亦改"十卷"。《四库全书总目》史部载记，著录十卷。《提要》以为大德十年丙午所刊。但既云十卷，恐是依邝本入录，非真元本也。此本后以版归于杨姓，前木牌记改丙戌为辛丑，冯念祖为杨尔曾。余先所得者，即杨本也。

又一部明万历辛丑杨尔曾刻本

《吴越春秋》十卷。明程荣《汉魏丛书》、吴琯《古今逸史》皆有其书，作六卷。吴寿旸《拜经楼藏书题跋记》二云："右《汉魏丛书》中《吴越春秋》六卷，先子从元刻补钞目录，并徐天祜补注九条。后有大德十年校刊姓氏。题后云：'《吴越春秋》十卷，本元徐天祜音注，刻《汉魏丛书》者削去天祐之名，又并其卷为六，尽失本来面目。明人刻书，往往如此，可叹也。兹从元刻《吴越春秋》补钞序目附钉于前，而大德年中校勘诸人姓名、官阀亦附录于后，庶使读者知旧本之可贵'云。"

曩读《吴记》，恨不得见元刻或吴校，一证其异闻。今得此本，虽非元刻，然系万历辛丑杨尔曾重刊本，仍十卷之旧，前刻序目，后列校刻人官衔，与《吴记》一一符合，固亦善本也。每半叶八行，每行大小十七字。取校余旧藏程、吴两刻本，诚有如《吴记》所云"尽失本来面目"者。明人刻书，如程如吴，尚为世所称善，而亦谬妄如此。是明版书可信者少矣。

从子岣甫，近得明万历丙戌冯念祖重刊元本，取校此本，乃知冯本即系此版初印。冯本目录后有长方匡记云："万历丙戌之秋，武林冯念祖重梓于卧龙山房。"此本长方匡记仍旧，惟改"丙戌"为"辛丑"、"冯念祖"为"杨尔曾"。同一刻版，疑冯版日久未印，转售其版于杨。故藏书家多知为杨，不知为冯也。冯本白绵纸印，书本极宽大，墨色极浓厚，此本则逊之远矣。

越绝书十五卷 明嘉靖三十三年张佳胤仿宋丁黼本

此明嘉靖三十三年张佳胤仿宋丁黼本，每半叶八行，每行十七字。版心有“双柏堂版”四字。前张佳胤序称：“黎阳卢少梗，出孟汝再家藏旧本于予，爰校刻焉。”后有无名氏一跋，宋绍兴庚辰东徐丁黼一跋。陆心源《仪顾堂续跋》以为此本之外，有张佳允本。当是所跋者失（云）〔去〕① 张序，以为别有一本。又版心“双柏堂板”，“板”字不误。《陆跋》以“板”为“校”，殊未细审。

此虽明刻，传本极少。各藏书家《志》、《目》，前如孙星衍《祠堂书目》、张金吾《爱日精庐藏书志》皆不载；近则《陆目》有之，丁丙《善本书室》、朱学勤《结一庐》、瞿镛《铁琴铜剑楼》，均无其书。陆氏所藏，又失去张序，使读者不知刻本原委，亦为遗憾。余前后所得明本，除《汉魏丛书》、《古今逸史》本外，尚有万历冯念祖本，亦为前人所未见者。暇日当取众本校勘之，是必大有异同矣。

又一部 明嘉靖丁未陈垲刻本

《越绝书》十五卷，明嘉靖丁未徐姚陈垲刻本。前有自序，后录无名氏跋；宋绍兴庚辰七月望日东徐丁黼书；嘉定甲申八月旦日新安汪纲书；正德己巳三月甲辰南京兵部主事吴人都穆记；

---

①据文义改。

无年月成都杨盛跋。每半叶十行，行二十二字。陆心源《仪顾堂续跋》，有明仿宋汪纲本，云“前有嘉靖二十四年田汝成序，后有无名氏跋，东徐丁黼跋，新安汪纲跋，都穆跋。每叶十八行，每行十六字。正德己巳，吉水刘恒字以贞者知吴县，以都穆家藏本重刻于吴，田汝成为之序，常熟瞿氏‘以为田汝成刻’者，盖未细绎都跋耳”。

案：陆氏此跋，殊未明晰。都穆跋刘刻此书，时在正德己巳，至嘉靖二十四年，相距三十六年之久，何待田汝成为之序？盖田序者，乃重刻刘本耳。常熟瞿氏《铁琴铜剑楼藏书目录》载有明刊本，不详明刊年月，有无名氏跋，及丁黻、汪纲跋。但称为明刊本，无行字可考，然无“以为田汝成刻”语。不知陆氏何以误记，而不一检《瞿目》也。

此本诸家书目未载，亦明刻中罕见之本。陆氏《续跋》所云卷七“兵强，而不并弱”下缺两叶，卷十三“故天倡而见符地”下缺一叶，皆留空白者，此本皆不缺，则在明版中亦当推为上驷矣。

又一部 明万历丙戌冯念祖刻本

此与冯念祖所刻之《吴越春秋》版式、行字一一相同，盖一时所刻也。惟诸家刻本，《外传》、《本事》皆在首篇，此则在末十五卷。《外传》即作者自叙，如《史》、《汉》自叙之例。则此篇宜于在后，而不宜于冠前。此本只载无名氏一跋，汪、丁两跋均不载，殆别有所据。以理揣之，其原本必宋刻之至佳者。此亦从子峤甫所藏，诸家书目皆未著录。且载《吴越春秋》者，亦未之涉及。则其本之罕见，固可知矣。

弇山堂别集一百卷明万历庚寅刻本

《弇山堂别集》一百卷，明王世贞撰。万历庚寅刻本，每半叶十行，行二十字。前有世贞自序云：“是书出，异日有裨于国史者，十不能二。耆儒掌故，取以考证，十不能三。宾幕酒筵，以资谈谑参之，十或可得四。”其言谦谦如此。实则见闻详洽，纪述具有史才。由其生长世家，早以文章名世。而是集为晚年撰定，以视董复表掇拾世贞《文集》、《碑传》之作编为史料者，一为己所精心结撰，一为人所裒合成书，其得失固不侔矣。

是书凡《盛事述》五卷，《异典述》十卷，《奇事述》四卷，《史乘考误》十一卷，《表》三十四卷，《考》三十六卷，共一百卷。明以后无他本，原有阙卷，余配成全书。

史料前集三十卷、后集七十卷明万历甲寅刻本

《弇州史料前集》三十卷、《后集》七十卷，明董复表撰。辑王世贞《碑传记事》及关于“朝章国故”之作，名曰《弇州史料前集》，皆其所撰明时诸人本传，凡三十卷。《后集》则碑、志、传、表，及《吴中往哲记》其他杂纂之属。又有《国朝丛记》、《弇州笔记》、《觚不觚录》，当时皆有别本单行。而《盛事述》、《异典述》、《奇事述》、《史乘考误》等，则《弇山堂别集》中所有者。

《四库全书总目》史部传记类存目，只载《弇州史料》三十卷。案《提要》云：“是书皆采掇《王世贞文集》说部中有关朝野记载者裒合成书。非集非史，《四库》中无类可归。约略近似，

姑存其目于传记中，实则古无此例也。”据此，则《四库》所收，只《前集》，无《后集》。其书如援《四库》著录《通志》之例，虽当入别史；如援《弇山堂别集》之例，则当入杂史。何谓“无类可归”？盖修纂诸臣未见全书，故有此臆断之语耳。胡维霖《墨池浪语》讥是书谓：“凡请弇州作传志者，虽中材亦得附名。未请作传志者，虽盖代勋名节义，亦所不载。”是竟以为出于世贞手定之书，而忘其为他人编辑之作。信口雌黄，不自知其持论之轻率也。是书万历甲寅杨鹤序刻，每半叶九行，行十八字。乃万历刻本之最精者。

又一部 同上刻本

《弇州史料前集》三十卷、《后集》七十卷。即《明史·艺文志》所载《明野汇》百卷也。《志》注称：“万历中，董复表汇纂诸集为《弇州史料》百卷。”盖其书未刻以前之名耳。近来藏书家目录，如祁氏《淡生堂》，孙氏《祠堂》，倪氏《江上云林阁》，丁氏《持静斋》，皆无其书。即《四库》存目，亦止《前集》三十卷，《提要》并不知有《后集》七十卷也。明人著书之富，无过弇州山人。余既得藏其《四部稿》、《续稿》、《别集》等书，皆历来藏书家罕见著录之本。今又获此《全集》，何快如之。《前集》有“大司成章”四字朱文篆书印，卷一有“王士祯印”四字白文篆书印，“文学侍从之臣”六字朱文印。知经渔洋先生收藏者，迄今又二百馀年，两集尚未分散。吾辈眼福，胜于《四库》诸臣远矣。

壬寅初夏五日。

贞观政要十卷明成化元年刻大字本

《贞观政要》十卷，明成化元年刻大字本。每半叶十行，行二十字，小字双行同。大黑口本。版心“《贞观政要》卷某”前，有成化御制刻书序。《四库全书总目》史部杂史类著录为“内府藏本”，盖即《天禄琳琅书目》明版史部所载者，云“明内府藏本，有‘广运之宝’钤序及卷一之卷三、卷五、卷七、卷九”。核之此本，一一符合。不知何时散出，落于厂肆。余正觅此书，适书友以日本刻本送阅。余疵其有彼国人墨刻，读法殊不雅观。再属其访一扫叶山房刻本，庶几稍旧，可为插架之需。迟之数日，偶过修文堂，见此书正装钉完事，亟询其值，则非三十金不售，谓收入已费廿馀金，加以整理、线装，人工获利无几。余重其为两朝内府藏本，遂如其值取归。其书得失，《四库提要》已详，不赘论也。

庚寅春王正月元夕后四日，德辉。

奉天录四卷钞本

此《奉天录》四卷，为金甸丞太守所赠。余有龙万育敷文阁校刻本，又有秦恩复石研斋刻本。其书原委，已详秦刻本序跋中，此不复赘。此为张石洲家钞本，旧为祁文端所藏。书面题字为石洲手书，中夹文端手跋一纸。名贤手迹，一字千金，后有得此书者，幸珍袭之。

书面题“《奉天录》四卷”，下注“《永乐大典》本”，钤“葬斋”二字朱文篆书椭圆印。内护纸题在《大典》“唐字韵”下，钤“观斋曾读”四字朱文篆书方印。“羿斋”为石洲别号，“观斋”则文端别号也。又“绳拙堂”三字白文篆书方印，“如愿”二字白文篆书方印，“先文端文恪公遗藏经籍书画”十二字朱文篆书方印，“寿阳祁氏子孙永宝用”九字朱文篆书方印。卷四末叶有“寿阳祁氏藏书”六字白文篆书方印，“君依所藏”四字白文篆书方印，“文端公之曾孙”六字朱文篆书方印，“如愿”二字印，“君依读过”四字印，均祁氏印。文恪为文端子，余壬辰座主，讳世长。身后遗书，子孙尚能保守。此不知甸丞从何得之。

又一部龙万育敷文阁校刻本

《奉天录》四卷，唐赵元一撰。纪德宗平朱泚事，《新唐书》本纪及朱泚、李希烈、哥舒曜传，均据其说。《四库全书》不著录，阮文达元《揅经室外集》亦未载。嘉庆末年、道光初元，江都秦恩复石研斋两次校刻；光绪中，江阴缪氏云自在龛又据秦本重刻。秦刻两本有异同，而缪所据本与此合。盖并出自《永乐大典》也。秦刻有顾广圻序称：“得之龙燮堂，龙得之徐星伯家。”此本即龙刻，此书第一刻也。书前有“金匮孙尔准校订，锦星龙万育燮堂校梓”两行，书眉上有校语，即出孙公手。多以新、旧两《唐书》、《通鉴》等互勘，颇足以资考索，秦本所无也。

是书旧藏县人袁漱六太守芳瑛卧雪庐，前有“卧雪园藏书”印记，乃后人所加。太守藏书名“卧雪庐”，不名“园”也。书面题字为太守手书“小说载记，分类未定”，然其书实小说体。《四库全书总目》《新唐书》《提要》谓其“搜及小说，正谓此类书耳”。按此书秦刻本分四卷，此本通连一卷，余前跋误云“四卷”，今举正之。至书中孙校所订所疑之误，秦刻皆不误。余后又得张石洲家钞本，亦不误。张氏行格、字数，与秦刻同。盖同出一钞本。此虽初次刻，已易原钞行款，故误字亦多也。

国榷五册钞本

此残本谈迁《国榷》五册，朱氏潜采堂故物也。按《明史·艺文志》："谈迁《国榷》一百卷。"则此仅百分之五，惜不得竹垞藏书目一考之。竹垞以鸿词入史馆，撰修《明史》。全史体例皆其一手裁成。观《曝书亭集》史馆上，总裁七书，可以知其大略矣。是书盖即其时修撰之史料第二册、第四册。首叶有"朱彝尊印"四字白文方印，又有"秀水朱氏潜采堂图书"九字朱文方印。不知几经厄劫，始得留贻至于今日。书不可贵，手泽可贵。故重加装池以插架，子孙其永宝之。

乙未腊月，叶德辉记。

是书各家书目罕著录，惟丰顺丁氏《持静斋书目》史部编年内有《国榷》二十卷，注云："旧钞本，《明史》载此书一百卷，后失其大半。"丁氏为咸、同年间一藏书家，不以残本见弃，则其书之珍贵可知矣。书友李强之持旧书一单求售，余收得数种，此书亦在内，去大泉四千。是日梓儿入蒙塾，邀粟谷青孝廉掞授句读，内弟劳勉丞解元送入塾，并邀同年汪颂年编修诒书、胡眉寿吉士矩贤、友人郑叔静探花沅在书斋共饮，至二鼓始散，时腊月十九日也。

元朝秘史十卷、续十卷旧钞本

《元朝秘史》十卷、续十卷，大题下双行，注“忙豁仑纽察脱察安”字，盖撰者姓名也。原书每半叶大字五行，旁注译音小字五行。大字每行约二十八字，小字随大字高下，字数无定。道光中，灵石杨氏刻入《连筠簃丛书》，为卷十五，无分正、续。又删去其旁译小字，亦无译文、撰者姓名，真有刻不如刻之叹。然杨本出自《永乐大典》十二，“先、元”字韵删去旁文，则又非杨氏之过矣。

此本出自嘉庆间张太守敦仁影元刻旧钞本，顾广圻《思适斋文集》有跋，言其原委甚详，此已钞附本书末。近顺德李约农侍郎文田为作注，以十五卷为主，而以此本参校。由于旁译之文夹杂，难于分辨，故从其简略者耳。侍郎注文博雅，袁爽秋部郎已刊入《渐西村舍丛书》。

迩者友人中，究心金、元两朝掌故者，胶州柯凤荪编修劭忞，萍乡文芸阁编修廷式，武进屠静山太令寄，皆有撰述。柯君《新元史》已成书，葵园屡索其稿，请以局钱刊行。柯君以缮稿未定，不欲草率成书，未允也。此书柯君亦见之，少所采掇。因李注本已刊成，可以取证。余则以为，此原本终与杨本、李注不同，冀日有好事者付之手民，庶与蒙古源流一书合之，两美矣。

丙午嘉平四日，德辉记。

春明退朝录一卷元刻明印（未）〔本〕

此书所传宋本，只《百川学海》本，无单行者。余从厂肆冷书摊头以壹金购得此本，乃明仿宋刻，首尾无序、跋，以纸墨考之，盖元末明初本也。书凡半叶十二行，每行二十字。与瞿氏铁琴铜剑楼所藏校宋本行款正合。书中遇宋讳，小注某祖讳，某宗讳及嫌名、御名，皆仍宋本之旧。视明仿宋《百川学海》本胜处已多，无论他刻矣。虽为明本，当以宋本视之。

丁酉四月立夏后一日，丽楼主人叶德辉识于都门。

唐摭言十五卷蒋西圃藏钞本

张海鹏刻《摭言》，跋云："《摭言》十五卷，所见钞本，后有嘉定辛未郑昉题识者，最为近古，所称'臼头'本是也。"余案：第十卷蒋凝条臼头，花钿满面，不如徐妃半面。俗本以"臼头"为"白头"，故旧钞以作"臼头"者为最善本。张氏所刻，据云从邵朗仙假得。又云，雅雨堂本亦仍其失。今雅雨堂本实从"臼头"，审是剜补。盖张所见，为初刻时印本耳。雅雨本系从朱竹垞本出，今此本亦钞自竹垞者，独较雅雨本为胜。"臼头"为妄人校改为"白头"，又有校人仍改为"臼头"，将"白"字中画刮断。其实原钞确是"臼"字，字体横宽。"白"字上撇偏左。又原钞墨淡，校改墨浓。皆可取证也。

曩读蒋光煦《斠补隅录》，载有《摭言》校本，系以竹垞本校雅雨本。凡所称引，大致与此本多同。所据雅雨本颇多讹字，今雅雨本不误者，当是后来校改。亦有雅雨误而未及校出者，如卷三“今年及第，明年登科”条：“郭代公十八擢第”，雅雨本“公”讹“云”，蒋校并未摘出。又卷二“得失以道”条：“未到于天人之际耳”，雅雨本作“未到于古人之际耳”。蒋校误以竹垞本列为大字，而小字作“未能到于古之人耳”。是又参以他本，并不注明，使读者不知何者为竹垞本，何者为雅雨本。乃知古书一经后人传校，皆不足信。若不见此本，不知蒋校作何语矣。

此本前录朱竹垞跋，题“戊戌三月，西圃居士手录”。下有白文螭缘印，文曰“觥轼”。又有朱文印，不可识。首叶有“西圃蒋氏”白文方印，目录首叶有“西圃蒋氏手校钞本”长方朱文印。蒋之里贯未详，据印文知名“觥轼”而已。黄丕烈《士礼居题跋记》有《鼓枻稿》一卷云：“旧钞六卷，本卷上有‘西圃蒋氏手校钞本’长方印。”与此正合，知其人藏书必多。家鞠裳编修撰《藏书纪事诗》，竟未录及，亦缺典也。异日当考其人之平生以补载之。

光绪戊戌上元前二日，叶德辉识。

石林燕语辨十卷 德辉以儒学警悟本校，自刻本

《石林燕（误）〔语〕[①] 辨》十卷，余以家刻《石林燕语考异》，校录汪应辰《辨》二百二条。凡无辨者，并原文不录。汪书在《儒学警悟》中，本重在辨，故不录全文也。《儒学警悟》凡七集，宋嘉泰壬戌俞闻中刊行，其第一集，自第一卷至第十卷，即此《辨》，馀皆宋人说部书，如左圭《百川学海》之例，盖丛书之最早者。

①据标题改补。

余昔年刻此书，乃从缪筱珊太夫子借得新钞本，由宗室伯兮祭酒盛昱所藏明蓝格钞本《儒学警悟》过录，颇失原书面目。后祭酒藏书散出，其书卒归缪处，余得而从借校其全。并拟依原式写刊，留此底本，以资覆校。《汪辨》多与宇文绍奕《考异》文同，不同者仅九事。盖绍奕本应辰为四川置制使时所荐士，见应辰《文定集》荐蜀中人才札子。必应辰令撰此书，初名《考异》，及应辰定稿，改名曰《辨》。当时两本同传，故一属应辰，一属绍奕也。

据《四库全书》子部杂家类本书《提要》云："应辰之书，仅《儒学警悟》间引数条，与绍奕《考异》同。"又附注云："案：《儒学警悟》亦南宋之书，不著撰人姓氏。"此由馆臣未见《儒学警悟》原本书，故云尔。实则此书载《永乐大典》"悟字韵"下，特不全耳。先族祖调笙公《吹网录》云："胡心耘在京师诣清秘堂，从《永乐大典》第一万四千八百卷'悟字韵'下，钞得《汪辨》原目二百二条。"果有全文，心耘何以仅录原目？今二人之书并出，借可互相证明，且益见先少保公之书见重士林，不妨有此诤友也。

酌中志略二卷旧钞本

张文襄《书目答问》史目杂史类载有"明吕毖《明宫史》五卷，云学津本。即嘉庆中，张海鹏学津讨原所刻。明刘若愚《酌中志》二十四卷，云海山仙馆本"。道光中，南海潘仕诚刻丛书。按：《四库全书总目提要》史部政书类著录《明宫史》五卷，云"旧题明吕毖校次。其书叙述当时宫殿楼台、服食宴乐及宫闱杂事"。丁日昌《持静斋书目》史部政书类亦载之"系旧钞本五卷"，注云："自《酌中志》抽出而易其名。《四库》政书类之吕毖校本，即此编，故不题撰人也。今《四库》只收《明宫史》，未收《酌中志》，故不知其详。”丁氏于所藏书多过目，故得其实也。

余藏此钞本《酌中志略》二卷已十馀年，曾未取学津本一校。昨从书棚购得新印活字本《明宫史》八卷，因忆丁氏之说，取海山仙馆本校之。乃知《明宫史》八卷，果从《酌中志》十六、十七、十八、十九、二十、二十一、二十二、二十三，一连八卷抽出。钞本《志略》虽仅二卷，内分十五目，实即海山仙馆本。除《明宫史》八卷，所馀之十五卷，其一卷题“黑头爰立始末”，此钞本无之，海山仙馆在末二十四卷下注附字者也。

窃疑《明宫史》、《酌中志》本为一书，经吕毖校次，析八卷，并易其名。故此钞本有《酌中志略》之称。否则《明宫史》、《酌中志》各为一书，后人传钞合并，海山仙馆即据合钞本刻之，未可知也。惟海山仙馆之二十四卷所纪为“涿州冯铨”出身始末，皆暴扬其“阿附客魏，串陷东林”之事。铨本明臣，入仕国朝，官至大学士，其人本不足道。此疑铨已贵显，当时人为之讳，故遂缺此一卷耳。

凡藏书，不当视其卷数之分并多寡，以定其书之完缺。即如此钞本，虽仅二卷，而有刻本十五卷之多。刻本有，而此本无者，则已析出为《明宫史》，亦不得谓钞本之不全。往年获此书，见其名《志略》，偶一翻阅，未暇详审。今得《明宫史》一证，方悟其为全书。《书目答问》分载二目，正与余同一蔽也。

此本钞手精妙，书中遇胜国宫殿、帝上御名等字，皆跳行抬写，犹是原书行款，当据原本过录者。今海山仙馆本则直行到地矣。有明宦官，多识文字、通书理之人，故其窃弄威权，视阁臣为特甚。如若愚此书，叙及“客魏”之事，良足以昭炯戒。固不必以此书出自奄人之手，而以人废言；亦不必以所言得于近侍之亲，而以书为信。文襄列于杂史，当矣。

宣统三年辛亥上巳日记。

明宫史八卷活字印本

《明宫史》八卷，明刘若愚撰。《四库提要》史部政书类著录作“五卷，明吕毖校次，始末未详，盖明季宦官也。其书叙述当时宫殿楼台、服食宴乐及宫闱诸杂事”。以此本叙目推之，当即一书，刘若愚撰之，吕毖校次之。其分卷一作五卷者，则两本分并不同耳。刘若愚亦内奄，别撰《酌中志》二十四卷，南海潘仕诚《海山仙馆丛书》中刻之，其第十七卷“大内规模纪略”，即此第一卷之“内廷宫室琐记”，而文句多有不同，当即吕毖所删润。其第十六卷“内府衙门职掌”，即此第二卷。其第十八卷“内版经书纪略”，即此第三卷。其第十九卷“内臣佩服纪略”，即此第四卷。其第二十卷“饮食好尚纪略”，即此第五卷。其第二十一卷“辽左弃地纪略”，即此第六卷。其第二十二卷“见闻琐事杂记”，即此第七卷。其第二十三卷“累臣自序略节”，即此第八卷。两本对校，此本多有节删，疑出吕毖校次时所改。

余旧藏有钞本《酌中志馀》二卷，上卷“忧危竑议”，“前纪”第二，“恭纪先帝诞生”第三，“恭纪今上瑞征”第四，“三朝典礼之臣纪略”第五，“大审平反纪略”第六，“先监遗事纪略”第七，“两朝椒难纪略”第八，“正监蒙难纪略”第九。下卷“逆贤乱政纪略”第十，“外来线索纪略”第十一，“各家经理纪略”第十二，“本章经手次第”第十三，“客魏始（未）〔末〕纪略”第十四，“逆贤羽翼纪略”第十五。潘刻一目一卷，凡十五卷，合此八卷，共二十三卷。末附“黑头爰立始末”一卷，疑

《明宫史》、《酌中志》各为一书，潘刻始为合并之本也。书此以俟再考。

辛亥上巳记。

宋绍兴十八年题名录一卷、同年录一卷乾隆癸卯谢衮活字印本

《绍兴十八年题名录》二卷。是榜以朱子“五甲进士”之故，流传至今。上卷前载御笔手诏《御试策》一道；次列敕差知贡举、同知贡举、考试官、点检试卷官、御试敕差初考官、复考官、释褐礼纠弹官、笺表官、主管题名小录官、掌仪典客官、掌计官、掌器官、掌膳官、掌酒果官、监门官诸人名衔；次列一甲至五甲诸进士姓名，下载某府某县某乡某里字样，盖即所谓“题名小录”也。下卷首标“附录”二字，诸进士姓名下，详载字号、小名、三代父母、兄弟妻子及具庆、永感下、偏侍下之类，盖即今之所谓“同年齿录”也。

是《录》以明弘治中王鉴之刻本为最旧；次则此本，乃乾隆癸卯谢衮以活字摆印于万县署中者。当时并《宝祐四年登科录》仅印三百本，故世间传本甚稀。朱子小名沈郎，载“附录”下卷。光绪初元，伍绍棠续刻《粤雅堂丛书》亦曾刻入，其后跋云：“朱子小名沈郎，见于南宋《杂事诗注》，不见于是书。”不知彼所刻仅止上卷，朱子小名乃在“附录”卷内也。自明至今，《题名录》由官刻，《同年齿录》则由私刻。其体式与此正同。

余又见明钱谦益、钟惺《进士试卷》刻本，上阑刻父母以上历世祖父母，下阑刻房族、妻子，与今士子乡、会试卷并同。可知数百年科第，沿袭成风，初未有所改变。幸而为朱子，则一榜

之进士，皆得附骥以传；不幸而为钱谦益，则一试卷之存留，亦无好事者保藏翻刻。是则科名以人而重，人固不必借科名而重明矣。是《录》苟无朱子，则此恒河沙数，举子之名姓，不久与草木同腐哉！

壬子小除夕题。

宋宝祐四年登科录一卷、同年录一卷 同上

此《宋宝祐四年登科录》二卷[1]。榜首文天祥，于宋亡殉节，忠义之气，照耀古今。二甲第一人为谢枋得，二十七人为陆秀夫。一榜而得三忠，则有宋一代养士之报也。上卷首载《御试策》题，次载敕差详定官、添差复考官、复考检点试卷官、对读官、封弥官、巡捕官诸人名衔，及谢恩谒圣仪注。各进士名下，止载某府某县某乡某里字样，与《绍兴题名录》同。下卷为"附录"，首载龚开"文天祥、陆秀夫"两传，唐荆川《宋史》本《谢枋得传》。各进士名下，详载别号、小名、三代名讳、妻子兄弟，及具庆、重庆、双侍、偏侍、严侍、慈侍、永感等字，亦与《绍兴题名录》同。（先）〔光〕绪初元，伍绍棠续刻《粤雅堂丛书》亦有此《录》，但止下卷，而无上卷，与绍兴之《题名录》有上卷、无下卷者同一不完。书贵旧刻，岂不以新刻多缪，徒使读者耗费神志耶？

是科复考检点试卷官为王应麟，其弟应凤中一甲第九名进士，当时亲属无回避之例。可见文法之宽，亦可见士风之古。若在近世，则关节请托，靡所不有矣。虽然关节请托，犹未免重视科名。自罢科举、兴学堂，人无进身之阶，士无专门之业。声光电化，

---

①目录为"一卷"，正文为"二卷"，刻本如此。

仍然纸上空谈；平等自由，奉为案头语录。人心既死，国社亦因之覆亡。追原祸始诸人，十馀年来之亲贵、枢府、（彊）〔疆〕臣皆不得辞其咎。至于逊位诏下，举国若狂，不独无文、陆、谢三公之振起纲常，即求如王应麟之高尚其志、不履二庭，亦不数睹。嗟乎！世风日下，廉耻道亡。三复此书，不禁为之欷歔感喟已。

古今列女传三卷明永乐元年刻本

《古今列女传》三卷，明永乐元年成祖敕编付刻者。黑口本，每半叶十二行，行二十二字。《四库全书总目》史部传记类著录。《提要》云："明解缙等奉敕撰。上卷皆历代后妃，中卷诸侯大夫，下卷士庶人妻。时仁孝皇后又作《贞烈事实》，以阐幽显微，诸臣编辑是书，稍为留意，不似《五经四书大全》之潦草。所录事迹，起自有虞，而以明初人附益之。去取颇见审慎。此本为秀水项元汴家藏，犹明内府初刊之版。黄虞稷《千顷堂书目》称此书'成于永乐元年十二月'。今考成祖御制序，实题'九月朔旦'。知虞稷未见原书，仅据传闻著录矣。"余谓"九月""十二月"偶然误记，安知其不见原书？此书版片久在南京，虞稷侨寓上元，尤无不见原书之理。惟据《南雍志·经籍考》云："《古今列女传》三卷，存者一百零四面，失者七面。"《志》为南京国子监祭酒黄佐修，《考》则助教梅鹫撰。时在嘉靖二十二年，故后来印者多补版。此则原版初印，纸墨精良，甚可宝也。

丁酉三月上浣之九日，长沙叶德辉。

按：刘向《列女传》从《汉志》入儒家，此则全本史体，故入史部。

绘图列女传十六卷明汪道昆刻仇十洲绘图本

《列女传》十六卷，明汪道昆撰，仇十洲绘图本。道昆所刻，至国朝乾隆时，其版片尚存，歙人鲍以文廷博购其版印行，详前乾隆四十四年汪庚序。大题下题“仇十洲补图”五字，不具撰人名。每半叶十行，行二十一字。图画精美，剞劂尤工。汪道昆于万历丙戌刻有梁释僧祐《弘明集》十四卷，唐释道宣《广弘明集》三十卷。此虽无刻时序跋，以两叶字体证之，殆亦万历中刻矣。

道昆字伯玉，世贞同年进士，大学士张居正亦其同年生也。父七十寿，道昆文当其意，居正亟称之。世贞笔之《艺苑卮言》曰：“文繁而有法者于鳞，简而有法者伯玉。”道昆由是名大起。晚年官兵部左侍郎，世贞亦尝贰兵部，天下称两司马。事迹具《明史·文苑列传》附《王世贞传》。此书《明史·艺文志》不载，本传亦未言及。惟汪庚序谓为道昆作。道昆，歙人；庚，其乡后进，其言必有据也。

己未词科录十二卷嘉庆十二年刻本

《己未词科录》十二卷，纪康熙鸿博特科大典，及与试诸人传略也。其时主试四人，先族祖文敏公方蔼居其一。公为明文庄公盛七世孙，顺治己亥科以一甲第三人及第，官至礼部侍郎加尚书衔。于时为翰林院掌院学士，圣祖派为读卷大臣，洵异数也。其时吾族祖应荐举者四人，九来公奕苞，敷文公方蔚，皆文敏从兄弟，昆山派二十五世也；副使公灼棠，纪革派二十四世也；中书公崇舒，汾湖派二十六世也。又有黄州工部公封者，先为浙江嘉兴人，王文简《居易录》以为文敏族兄弟，其时亦被荐举与试，未用。可见国初时，吾族儒风之盛。然工部之封翁，实王氏子，抚嗣于吾姓者，仍不得为同族。顾并主试此等大典，吾族已有五人，不必引重异族矣。

其后，乾隆丙辰再举特科，吾族又有二人，其一编修公长扬，支头岭郡城支二十七世也；其一太学公承点，新场派二十八世也。吾族文学以郡城、汾湖、昆山、新场四派为盛，而今皆式微。吾族修谱时，曾采集先祖辈遗闻佚事，为《祖庭典录》一书，颇为详尽。其辨别前人记载失实，如李集《鹤征录》引某说，谓“九来公才名出文敏公上，文敏忌之，抑不入第”是也。当时圣明在上，读卷诸人何敢私及兄弟？如九来公千古传人，岂必以科第见重？固知某说之缪也。是《录》十二卷，成书在李集书之后，记事慎重，不采某说，信有特见，不独援引博洽为足重云。

丁巳秋九月霜降，德辉偶识。

孤儿编二卷 汪氏刻本

此《孤儿编》二、三两卷，为甘泉汪孟慈部郎喜孙，述其父容甫明经中“学行”之作。谓之《孤儿编》者，喜孙生九岁而中没，志哀也。中少负狂名，同时人记载之文，往往言之过甚。喜孙一一辨正之，并皆援引当时人语以相佐证，是亦仁人孝子之用心也矣。是书一卷不知如何，就此存者两卷而论，中事似已完编，惟三卷不知何人裁去七、八两叶，无从钞补耳。

喜孙，名父之子，又与嘉、道间闻人往来，家学师承，皆有根柢。文章尔雅，不愧作者之林。吾向得所撰《从政录》一卷，为元和江建霞太史假阅未归。去年还吴，则江书久散，《从政录》

犹流落冷书摊头，吾急购归，藏之行笥。今又于书肆中无意得此残本，汪氏一家之学，庶几始末可稽。其一卷虽缺其全，疑无记中事者，以二编开首即“先君灵表”可推知也。汪氏遗书中，未列此种，殆遗书刻成后，始有此作耶？

丁巳六月大暑，德辉题。

谢叠山批点陆宣公奏议郎晔注十五卷元刻本，无年月

陆宣公《翰苑集》二十二卷，《四库》入集部，而《奏议》不别著录。阮文达抚浙时，得《郎晔注陆宣公奏议》十五卷进呈。有《提要》载《揅经室外集》云：“卷首载经进《奏议》表，衔题‘迪功郎绍兴府嵊县主簿晔’所注。惟经史为多，从元至正甲午翠岩精舍重刻宋本影钞，于是单行《奏议》始重于世矣。”盖自国初年羹尧刻本以外，翻刻甚多，皆寻常视之，未尝珍重也。

然此书经文达进呈后，世间亦无刻本。近日淮南书局姚觐元咫进斋、陆心源十万卷楼均有重刊。淮南书局本前有莫友芝题记，称为“明嘉靖翻刻”。又云：“见张氏《爱日精庐藏书志》，载有《注陆宣公奏议》十五卷，元至正刊本。此本当即据元刻翻雕”云云。按张本今归陆氏，即十万卷楼所自出。陆刻标题称《注陆宣公奏议》，卷之几下注行款，悉依元式。每半叶十二行，行二十四字。上墨阑外有评语，陆序称“刘须溪评”。前权德舆序，后有“至正甲午，翠岩精舍谨志”八行木记，云“中兴《奏议》，本堂旧刊，盛行于世。近因回禄之变，所幸元收谢叠山先生经进批点正本犹存。于是重新绣梓”等语，则是“评点”明出于谢，不出于刘，不知陆氏何以误说也。暇日因取淮南局本、姚觐元本校之，

一切文注与陆本同。而陆本各篇行间有墨直，为当时批点原有之笔，淮南本、姚本一概删去，行款亦各不同，又无评语。盖明翻本无之，源出二本，故自殊异也。

明本传世已少，惟钱警石先生《曝书杂记》载之，钱云："于吴小书肆见嘉靖乙卯刻《奏议》十五卷，有注。《制诰》十卷，无注。"盖即莫氏所见之本，至元刻，则更稀如星凤矣。

此元刻本十五卷，标题云"叠山先生批点《陆宣公奏议》卷之几"。每半叶九行，行二十字。前有木记，与陆本同。行间墨直及上评语，亦如陆本之式，而注不及陆本之详。因检杨绍和《楹书隅录》考之，中有元本《注陆宣公奏议》十五卷，称"警石丈谓，从邵位西假得翠岩精舍刻，仅有下注"。以此校之，语多节删，几无一全者。凡所引书名、纪月纪日亦皆削去，使郎氏精审之处，尽汩其真。不知是何妄人所为，愈征此本之夐乎上矣。据此，则杨所藏同陆本，警石所见邵藏本即是此本。元刻《郎注》本有详略二本，杨氏一隅之见，亦不足信也。

此书为元时公牍纸所印，纸每叶有朱阑纹，间有元时紫花官印，印文蒙古篆书，不可识别。纸墨斩新，不似五六百年物。此等宝物，殆所谓处处有神物护持者耶？

光绪丁酉春王正月下旬五日，长沙叶德辉，志于都门北半截胡同浏阳馆寓。

李深之文集六卷 旧钞本

此即《四库全书总目》史部传记类之《李相国论事集》，唐史官蒋偕编。前有大中五年蒋偕序。每半叶十行，行二十一字。《四库提要》云："旧本题曰《李深之文集》，唐李绛撰。深之，其字也。今考其书，虽以集名，实魏征谏录之类。偕序称，今中执法夏侯公，授余以公平生所论谏，凡数十事。始自内廷，终于罢相，次成七篇，目为《李相国论事集》，其说甚明。今称《李深之文集》，实不副也。”宋晁公武《郡斋读书志》称《李司空论谏集》七卷云：“平生论谏数十百事，其甥夏侯孜所编，史官蒋偕序。”

按偕序称其书七篇，《晁志》七卷，今佚其一，已非原书。《提要》谓“标题殆后人传写妄改”，其信然欤？宋《陆游文集》有此书跋，称“旧有两本，其一本七卷，无序。其一本一卷，史臣蒋偕作序”。是七卷本无蒋偕序。今此本有序，而序称《李相国论事集》，与《晁志》所云“《李司空论谏集》七卷，蒋偕为序者”名称又不合。《提要》疑“今本为七卷，残本偕序为后人以游跋更正”。则《晁志》所见七卷，已有偕序，是固非后人以游跋更正，断可知矣。

然此书向无刻本，此本每卷皆标“论事”二字，而大题乃称《文集》，其如何改易，无从详知。要其原书，固犹十得七八。当时《魏郑公谏录》、《陆宣公奏议》与此，洵不愧有言责矣。

尽言集十三卷 明隆庆辛未仿宋淳熙刻本

宋刘安世《尽言集》十三卷，实当时奏札之文也。前有石星序，称“是《集》凡三卷”。《四库全书总目》著录，即此本，亦十三卷。《提要》云：“证以《永乐大典》所载，一一相符。殆校雠偶疏‘三’字上脱‘十’字也。”余案：宋陈振孙《直斋书录解题》章奏类载“是《集》本十三卷”，《大典》所采，当即此本。此明隆庆辛未，重刻宋淳熙戊戌括苍郡斋本。每半叶十行，行十八字。自淳熙刻（木）〔本〕以来，仅有此刻本。

安世立朝，不附朋党。当时蜀、洛之徒，互相水火。而安世于苏轼、程子，并有弹劾。朱子撰《名臣言行录》，于王安石、吕惠卿皆有所取，独不录安世，岂非以其诋毁程子之故欤？安世，《宋史》列传称其“少师事司马光。哲宗初，以光荐除秘书省正字”。谓其“忠孝正直似司马光，而刚劲过之。故弹劾权贵，尽言不讳。当时有‘殿上虎’之称”。今观《集》中奏事诸文，无不义正词严，绝无忌避。虽嫉恶太甚，不无过激之辞。要其浩气英光，使千载下人读之，凛凛然犹有生气。涑水渊源，固应有此高第弟子矣。

甲午四月小满后一日，叶德辉记。

赵忠定公奏议一册钞本

宋《赵忠定公奏议》，从明黄淮杨士奇所编《历代名臣奏议》钞出。余逐篇考证，按历官年月先后，编分四卷，附刻余所撰《忠定别录》之后。此其原钞底本，存之以为副墨。

庚戌七月十八日，德辉记。

《赵忠定奏议》，自明以来，官私书目均未载其书。余编刻时，即据此本考其上奏年月，历官前后，分编四卷，以为《忠定奏议》。所存亦幸矣。后见吾邑袁漱六太守芳瑛《藏书草》簿中，有《赵忠定奏议》七本。意此七本，每本必有二卷，其一本则必三卷，以符《直斋书录解题》十五卷之数。急托友人向太守之文孙某访之，残篇蠹简中并无此种。有人谓其文孙以所藏残书售之衡州程氏，恍惚见有此书，惜哉！程氏非知书者，不得尽发所藏一搜剔之也。他日有如余好事者，见而刊之，则快事矣。

是日灯下又记。

太师王端毅公奏议十五卷明正德辛巳刻本

明《王端毅公奏议》十五卷。《四库全书总目》史部著录，卷数与《明史·艺文志》同。又存目有《王介庵奏稿》六卷，盖无《吏部诸奏》九卷，为弘治壬戌所刻。据西亭王孙《万卷堂书目》载，有公《奏议》十五卷，与《四库》本同。则足本也。此为正德辛巳，三原知县王成章刻本，万卷堂所藏者，或即此与？

《明史》称公"扬历中外五十馀年，刚正清严，始终如一"。今观历官诸疏，想见谋国之忠，纳言之善，不愧一代名臣。乃沈德符《顾曲杂言》载："当时邱濬作《五伦全备杂剧》，公谓其'程学大儒，不宜留心词曲'。濬大恨之，谓公'所刻疏稿，凡成化间留中之疏，俱书"不报"，彰先帝拒谏之失'。侍医刘文泰因以此事攻公去位。"小人嫉害君子，至以影射之辞，诬人大节。今书具在，实无"不报"二字。则其事之子虚可知矣。

光绪二十七年岁在辛丑八月秋分前一日，丽楼主人叶德辉记。

昼帘绪论一卷明成化辛卯何氏刻本

宋胡太初撰《昼帘绪论》一卷，左圭《百川学海》中刻之。明弘治十四年，华珵重刻《百川学海》，一仍宋本之旧。《四库全书总目提要》史部职官类官箴之属已著录。其书单行刻本，颇不易得。此为明成化辛卯宜兴令何某所刻，而谢庭桂为之校正。黑口版，每半叶九行，每行二十字。字体颇近元刻，犹有先正典型。

若隆、万、启、祯，无此刻本矣。至其著书大旨，《提要》已详言之，兹不赘述云。

丁巳孟夏芒种，叶德辉记于苏州阊门寓舍。

此书与明顾璘《近言》一卷，均四明范氏天一阁散出之书。其宋、元旧钞，久为京师、上海两地人购去靡遗。吾所得者，皆明本及零星小种，然其中颇有精者。盖先辈藏书，颇具手眼，固非后人贪多务博，徒博收藏之名者也。

郎园越日又记。

郎园读书志卷四

史部

大唐六典三十卷明正德乙亥王鏊序刻本

《唐六典》三十卷，唐明皇御撰，李林甫奉敕注上者也。宋绍兴甲申，温州刻本，题称《大唐六典》。明正德乙亥，王鏊据内阁所藏宋本刻于吴中，仍题《大唐六典》，此本是也。首卷佚去王序。半叶十一行，行二十字，小字双行，字数同。版心上下白口，字体斩方，犹存宋椠遗意。其后嘉靖甲辰，浙江按察司重刻，无此整肃也。

此本极罕见，近如常熟瞿氏《铁琴铜剑楼藏书目》载有此本外，仅仁和丁丙《善本书室藏书志》有嘉靖重刻本。其他如仁和朱氏《结一庐书目》，揭阳丁氏《持静斋书目》，归安陆氏《皕宋楼藏书志》，均并嘉靖本无之。是可知此书之价值矣。从子岓甫以番银八十圆得于长沙，重为修装，抽去衬纸，改钉厚册，呈余鉴定，因识其后。

时丙寅八月中秋，郎园老人德辉并书。

通典二百卷、目录一卷明嘉靖戊戌方献夫序刻本

唐杜佑《通典》，并目录二百一卷，明嘉靖戊戌，巡按广东御史王德溢、提学佥事吴鹏刊行，方献夫为之序。每半叶十行，行二十三字。白口本，版心上刻门类，黑鱼尾下书名，下刻刻工姓名。《四库全书总目》史部政书类著录“内府藏本”。据《天禄琳琅书目续编》所载，即此本也。

此书有元至元丙戌刻，四十二卷黑口本。明嘉靖李元阳刻本，增入宋儒议论。孙星衍《祠堂书目》均载入，《平津馆鉴藏书籍记》谓其“失本书面目，良可惋惜”。莫友芝《郘亭知见传本书目》谓“李元阳本多错字”，甚推此十行、二十三字本之善。则此刻本之可贵，一在留本书原式，一在校刻无讹误。宋本既不易见，当以此为第一善本矣。余从子定侯藏一本同，但为白绵纸印者。此则黄茧纸印，前有“稽古馆图书”五字朱文篆书方印，似是日本人图书。盖曾流入海外，复归中土者。前序文已失去，据定侯藏本，知为此本也。

文献通考三百四十八卷元至元七又五年西湖书院刻本①

《文献通考》，元时西湖书院前后凡两刻：一泰定元年刻者，前有“延祐六年四月，弘文辅道粹德真人王寿衍上书表。至治二

①据正文，“七”字似为衍文。

年六月钞白，‘奉圣旨发下浙江行省儒学缮刊’”指挥一道。其版明时在南京国子监。诸家藏书目，有以为延祐刻者，有以为至治刻者，实则延祐进书，至治发刻，而刻成则在泰定元年也。一至元又五年刻者，前进表钞白同，末有江浙等处儒学提举余谦叙纪，略言“泰定元年，江浙省雕置于西湖书院。越十有一年，余由太史氏出，统学南邦，因莅杭。阅究其文，或讹或逸，版咸有焉。时端临既没，厥婿杨元长教于东湖，乃俾造厥嗣志仁，询取先文，用正斯失。俾儒士叶森董正梓工”云云。

近时常熟瞿氏《铁琴铜剑楼藏书目录》，归安陆氏《皕宋楼藏书志》，均载有此本。瞿云“至正五年，‘至正’系‘至元’之误。且‘又五年’，乃‘后至元’，亦自有别”。陆云“每叶二十六行，每行二十六字，小黑口”。此本前序目已残缺，以行字推之，故知为西湖书院重刻本也。《陆志》有李兆洛一跋，极推此本绝少，谓“当世通行礼部本，讹舛极多。慎独斋本差佳，亦不免脱误”。然则此本之为佳刻，已有定论。吾家所藏五本，一元本，三明本，一武英殿本，终以此为第一矣。

又一部 明正德己卯刘洪慎独斋刻本

明时坊估，以建阳刘洪慎独斋刻书为最多，且皆长编巨集。故自来藏书家如范氏天一阁，孙星衍平津馆，其《目录》皆有刘所刻书。而《天禄琳琅书目后编》竟以所刻《十七史详节》误列宋版。则其书之精镂，盖可知矣。

此所刻《文献通考》，每半叶十二行，行二十五字。前有至大戊申李谦思序，后有长方木牌记“皇明己卯岁慎独斋刊行”十字。目录后有长方木牌记“皇明正德戊寅慎独精舍刊行”十二字。此书以前藏书家罕著于录，近则仁和丁丙《善本书室藏书志》，江阴缪氏《艺风堂藏书记》均有其一。岂前人未尝措意，抑此本流传本少耶？

又一部明嘉靖三年司礼监刻本

此明嘉靖三年，司礼监刻大字本《文献通考》三百四十八卷。每半叶十行，行二十字，黑口本。明宦官刘若愚撰《酌中志》，载内版《经书纪略》云"《文献通考》一百本，一万八百三十六叶"者，即此本也。明嘉靖时刻书，颇为藏书家所珍尚。惟司礼监以内阉主其事，校勘讹误，为士大夫所轻。往时京师书估一言及经厂本书籍，则攒眉摇首，若视坊刻书为尤贱者然。故其书无不字大如钱，且兼白棉纸精印，而列之插架，尘封漏湿，等于废纸残编。乃闻近二、三十年，声价顿增，厂甸列肆中几无一册之存在。询之书友，则云迩来一干部员，相与争购明版白纸印本书，不问有用无用，但求装潢精好，列屋壮观。故昔年极不行之明人书，今皆有俄空之势。缪筱珊学丞尝与余戏言，今日买书人多，读书人少，真咄咄怪事！然则，此书虽为司礼监刻本，余以为康瓠，人且以为宝鼎矣。

明会典二百二十八卷明万历十五年司礼监刻本

《明会典》二百二十八卷，万历十五年司礼监刻本。前有弘治十五年孝宗御制序，正德四年武宗御制序，万历十五年神宗御制序。又有弘治、正德、嘉靖、万历四朝敕谕。弘治纂修凡例，嘉靖续纂凡例，万历四年张居正、吕调阳、张四维等请敕礼部编辑事例送馆札子。万历重修凡例，十五年申时行、许国、王锡爵等进书表，重修诸臣衔名。黑口版，半叶十行，行二十字。《天禄琳琅书目》明版史部所载者，即此本。而《四库全书总目》史部政书类著录为“正德四年校刊”之“弘治十年敕修一百八十卷本”。《提要》云：“其后嘉靖八年，复命阁臣续修《会典》五十三卷。万历四年，又续修《会典》二百二十八卷。今皆未见其本，莫知存佚。殆以嘉靖时祀典太滥，万历时秕政孔多，不足为训，故世不甚传欤？”

按：万历四年续修，至十五年付刻，内府所藏具在，《提要》谓为“莫知存佚”，岂“天禄琳琅”所有之书，诸臣不独未曾搜访，即其《书目》亦并不及寓目耶？是则疏漏之甚矣。

谥法通考十八卷明万历丙申刻本

《谥法通考》十八卷，明王圻撰。万历丙（戌）〔申〕① 刻本，每半叶九行，行二十字。王圻著有《续文献通考》，于《礼考》之末增“谥法”一类，以补马氏《通考》之阙。但只录及前代，未载明朝。此则自上古以至万历丙申，凡有谥之人皆备载其全，足资读史者之考镜。《四库全书总目》史部政书〔类〕存目，而于明鲍应鳌《明臣谥汇考》二卷，采列于政书、典礼之属。前代谥法，未有专书。鲍书仅纪有明一朝，不如此书之详备。而《四库》诸臣，一录、一不录，诚不知其去取之旨，何所见而云然。若谓圻撰《续通考》已增“谥法”一门，则此不必重出。然

①“丙戌”误，应为“丙申”，见正文可证。

二书各自为用，体例亦不相同。《四库全书》如此类应互录之书，多所疏略。殊不知《汉书·艺文志》有两类互见之例，《隋书·经籍志》亦有分载、总载之书。《四库》昧于前事之师，宜其知有二五，不知有十矣。

元和郡县图志四十卷千顷堂藏钞本

前人好藏书之家，于新刻所无之书，不惜重资购求名钞，或雇书生影写宋椠，传录孤本异书，此钞本书所以尤为人所珍秘也。此《元和郡县图志》四十卷，分四厚册装钉。每册前一叶有“千顷堂图书”五字白文篆书方印，“大兴朱氏竹君藏书之印”十字朱文篆书长方印，“好学为福斋藏”六字朱文篆书方印，“慕斋监定”朱文篆书圆印，“宛平王氏家藏”六字白文篆书方印。盖本黄虞稷家中旧藏，传至朱竹君学士家，朱印累累，授受可考也。

此书《四库全书》史部地理类著录，《提要》云：“阙第十九卷、二十卷、二十三卷、二十四卷、二十六卷、三十六卷。其第十八卷则阙其半，二十五卷亦阙二叶。”今此钞本，阙卷阙页相同，知其亡佚久矣。《四库》本合并阙卷，仍为四十卷，以活字印行，即世行武英殿聚珍版也。阳湖孙渊如观察星衍，于嘉庆元年重刊殿本，补《拾遗》二卷，列入《岱南阁丛书》中。光绪辛卯，江阴缪小山学丞荃孙，于《永乐大典》搜得逸文，分三卷刻入《云自在龛丛书》，其阙文已得十之六七。若依原书体例，按郡县排入，庶可稍还旧观。虽然唐元和至今，已及千年，宋、元旧椠久已无传，留此精钞，亦足为连厨生色。故特重加装饰，以待来者宝重焉。

吴郡图经续记三卷明钞本

宋朱长文《吴郡图经续记》三卷，明人旧钞本。每行十八字，与宋本同。惟宋本每半叶九行，此只八行为异。世传张海鹏《学津讨原》本，出于明嘉靖钱縠刻本，两本讹夺相同。咸丰中，仁和胡珽得宋刻本，以活字排印，汇入《琳琅秘室丛书》，后附“校勘记”，于钱、张两本之缪误一一比勘，使读者益知宋本之足贵。其有功于是书，固不少矣。

然其书在《丛书》内，究不如单行本便于检寻。已亥秋间，县人袁氏卧雪庐藏书散出，此册流落市中，余以十金购归，重加装钉。暇取胡氏活字印本相校，乃知此本系据宋本钞出，视胡本尤佳。卷首有“戏鸿堂藏书记”六字白文方印，盖为前明董文敏所藏。又有“楝亭曹氏藏书”六字朱文长方印，则子清通政藏书印也。曹名寅，康熙时官江南织造，曾校刻《全唐诗》，其版后入内府。又自刻《玉篇》、《广韵》、《类篇》、《集韵》、《礼部韵略》，谓之《楝亭五种》。又刻《楝亭十二种》，校刻均极精，为国初之收藏家。又有“长白敷槎氏堇斋昌龄图书印”十二字朱文方印，即印于“戏鸿堂”白文之上。盖小史误印，未经主人指授者。昌龄，满洲人，后官至内阁学士，为楝亭之甥。又有“古潭州袁卧雪庐收藏”九字白文方印，则袁漱六太守芳瑛藏书，其后人印记者。印文颇劣，盖其子孙不知爱惜楹书，亦不知鉴藏雅道，凡有善本，皆遭此佳人黥面之厄矣。卷首自序前，《荐朱文长札子》一道，胡本云：“宋刻无此札，依钱罄室手钞旧本附录。”而此本有之。是胡所据宋本脱去，钱钞尚及见之。钱罄室，明人钱縠，字叔宝，罄室其号也，《明史》附《文征明传》。当时钱刻此书，亦据宋本，不知何以脱误之甚。明刻不为世重，殆亦一朝风气累之耶。

光绪二十七年辛丑四月十一日记。

吴郡志五十卷宋宾王以宋本校汲古阁本

汲古阁刻宋范文穆《吴郡志》，宋宾王以宋本校过，误者改之，缺者补之，可云至精至善之本。六卷后有宋手跋称："康熙辛丑，以映宋《皇朝编年》易得顾苍史所藏《吴都文粹》，纠钱子方尉、顾子夏珍，刻晷分钞，凡十二日而成。拱手相贺，谓将彼此易钞，各有全书也。今雍正己酉十二月十日，复于颛庵相国府借得宋本《吴郡志》一书，复纠钱方尉、浦星躔分较之，六日而完。"

按《吴都文粹》，今藏常熟瞿氏铁琴铜剑楼，瞿编《书目》后附宋宾王跋，称"古吴娄水宋宾王识"。盖太仓人也。瞿书得之吴县黄丕烈士礼居，书后有黄手跋云："书友沈裴云携旧钞《谢龟巢集》求售，云是'宋宾王所校'。余初不知'宾王'为何许人，裴云为余详言之。宾王本贾人，而藏书之富，校书之精，甚读书人不过是。蒋光煦《东湖丛记》，王闻远《金石契言》叙知交七十七人中，言'宋蔚如名宾王，起家市井，性嗜奇书。无力购弆，则百方丐钞。惟以搜罗散逸，访求放失为事。鳏居无子，托权奇以糊口'。据此，则亦汪阆源、钮匪石之流，志乘罕详其行，实甚可叹也。"

余本吴人，每于故乡文献，留心购藏。二十年前，于毛刻诸书，视为寻常，绝不寓目。今则汲古诸刻，已不可得，何况此以宋本校者？曩得旧钞本朱乐圃《吴郡图经续志》，为前明董文敏、及国朝长白堇斋学士旧藏，远出刻本之上，与此可称双璧。北宋、南宋时，吴中掌故，舍二书无从考索矣。

光绪甲辰，吴后学叶德辉记。

水经注笺四十卷明万历乙卯朱氏刻本

《水经注》四十卷，《四库》著录为《永乐大典》本。《提要》云："自明以来，惟朱谋㙔所校盛行于世，而舛谬亦复相仍。今以《永乐大典》所引各条水名逐条参校，凡补其阙漏者二千一百二十八字，删其妄增者一千四百四十八字，正其臆改者二千七百十五字，神明焕然，顿还旧观。"按：此书为戴震一手所校，其中校改多与赵一清注本相同。故世有戴窃赵注之说。赵书当时本已采入《四库》，戴校不得诿为不知。因有《大典》藏身，故世亦无从定其罪案。然戴不仅窃赵，而且窃朱。《朱笺》所引宋本，《大典》大半相同。是戴又确见《朱笺》而掠其美，实无解于人言。且《提要》既称《朱笺》盛行，何以存目并不著录？疑当日馆臣恐其书传世，后人得比勘其是非。故欲其湮没无闻，使他日少得赃证耳。

近时《朱笺》传世更稀，孙星衍校《水经》，仅从康熙时项絪刻本为底本，不知项刻亦本《朱笺》再刻。凡《朱笺》小注引补缺句缺字，项刻皆列为正文。而戴校多以宋本当之，恐不免英雄欺人之语。吾友杨惺吾教授守敬，于此书用功最深，新刻《水经注疏要删》，序称"朱书开辟蚕丛，多挂荆棘"。而庞劬庵中丞鸿书撰《读水经注小识》，王益吾祭酒先谦撰《水经注》，均不知有《朱笺》。盖明时旧刻，无异宋、元本之稀，两人非藏书家，宜其未曾寓目也。

光绪三十二年丙午小暑，德辉记。

三辅黄图六卷明嘉靖癸丑唐氏刻本

右《三辅黄图》六卷，为明嘉靖癸丑刻本。前有谢少南题云："予索善本于少华许先生所，与文谷孔氏同校，霁轩唐公取而刻之，皆著其字而不知其名。"又云："文谷尝刻《西京杂记》，兹得并行。"则是与《西京杂记》合刻矣。白口本，每半叶十一行，行二十字。版心"三辅卷一"，馀卷同。明嘉靖时，刻书颇有宋、元矩矱。故近日嘉靖诸刻，价埒宋、元。此本藏书家目录均不载。即近人见旧本书最多者，为仁和邵懿辰、独山（英）〔莫〕① 友芝。邵注《四库简明目录》，莫著《郘亭知见传本书目》，亦未列其本。盖同一嘉靖时刻，物固以希为贵矣。爰识数语，俾后人知所宝藏云。

又一部明万历乙酉郭子章合刻秦汉图记本

此书与《西京杂记》合刻，前有万历乙酉郭子章合刻序。每叶十八行，行十八字。孙氏《平津馆鉴藏书籍记》二有此本，云"前有原序，不题撰人姓名。又有嘉靖己未刘景韶序，称'旧有华容严公刻本，历岁滋久，字漫漶莫可读，余故重刻之'。卷三后有'以上参校古本诸书，补正四十二字'，卷六后有'以上参校古本诸书，补正九十六字'二行，为别本所无，当即刘氏所校正。末有嘉靖己未江一山跋云：'有万历乙酉郭子章合刻《秦汉图记序》。'"今以此本证之，一一相符。惟首叶有"万历壬寅仲秋，陕

①"英"，是为"莫"之误刻。

西布政司重刊”二行，则是重刊郭本矣。壬寅为万历三十年，距乙酉止十七年，故精妙无异。原本孙于《祠堂书目》下注“刘景韶本”，其实乃郭本，《鉴藏记》可证也。惟无《西京杂记》，尚非完璧。近世藏书之富如瞿、陆，亦未著录，足见二书聚于一处之难也。

此书不用线装，仅以纸捻草钉，上面包过底面。签题《秦汉图记》上，《西京杂记》签题《秦汉图记》下，犹是明装原式。不知三百馀年，何以全未破损，是真可宝也已。

丁酉春正人日，丽楼记。

禁扁五卷旧钞本

元王士点《禁扁》五卷，世所传者，为曹寅《楝亭十二种》本。近日《楝亭》本亦罕遘，何况旧钞。此经秀水朱氏曝书亭旧藏，前有“竹垞藏本”四字朱文篆书长小方印。每半叶十行，行十六字。中有朱笔校改处，审是竹垞翁笔。楝亭从之借刻，此即其原本也。古今宫殿名书《三辅黄图》后，有《历代宫殿名》一卷，载宋陈振孙《直斋书录解题》。其书久已不传，存者惟此书。“禁㮄”二字，出自魏何晏《景福殿赋》“爰有禁㮄，勒分翼张”。李善注引《说文》：“扁，从户册者，署门户也。”“扁”与“㮄”同。许慎序云：“秦书有八体，一曰‘署书’。”徐铉校注：“萧子良云‘署书，汉高六年，萧何所定，以题“苍龙”“白虎”二阙’。”羊欣云：“何殚思累月，然后题之”。“扁署”之称，由来古矣。《隋唐经籍志》载有《洛阳宫殿簿》《汉宫阁簿》，不如此名称之雅也。

光绪癸巳秋初伏末记。

北户录三卷旧钞本

《北户录》三卷，题“万年县尉段公路纂，登仕郎前京兆府参军龟图注”。旧钞本，每半叶十行，行二十四字，小字双行。前有“拾遗内供奉陆希声序”，序下钤“桐城姚伯印氏藏书记”九字朱文篆书长方印，盖姚侍郎元之家藏本也。此书明以来，胡文焕《格致丛书》，曹溶《学海类编》，陆楫《古今说海》皆有刻本，而皆一卷，不全本。《四库全书总目》史部地理类杂记之属著录为“三卷足本”，外间无从传刻。此旧钞三卷足本，非出自阁钞。前陆希声序称“公路为邹平公之孙”。《提要》引《新唐书·艺文志》称“为段文昌之孙”。舍本书序而引《唐志》，似其本无陆希声序者。

本书及注文征引皆博洽，与莫休符《桂林风土记》、刘恂《岭表录异》，均为“地志”中有名之作。今幸三书全存，不可谓非秘笈矣。

光绪己亥春二月清明后二日，德辉。

南岳总胜集三卷南宋刻本

《南岳总胜集》三卷，南宋末刻本。半叶十行，行二十字。《四库》未收书也。嘉庆中，阮文达元影写进呈，语详《揅经室外集提要》。此为浭阳尚书端方公所赠，闻其去白金七十两，得之京师估人。常熟庞劬庵中丞鸿书见而叹赏，助资属余影模刊行。二公稽古尚文，有同好也。

此为阳湖孙渊如观察星衍平津馆旧藏。嘉庆壬戌，善化唐陶山方伯仲冕假得付刊，序称“依照宋刻”，实改易行字为二十一字，又用匠人宋体字书之，殊不可解。

余刻此时，一依宋本旧式。为余摹写者，零陵老友艾作霖。刻成，余以日本茧纸印十许部。宜都杨惺吾校官守敬见之书估，去余前序，给以为宋本，竟获番饼八十元之善价。杨喜告江阴缪筱珊学丞荃孙，不觉大笑，杨殊惊诧。缪述其为余刻，始懊恨而去。然余刻虽精，终不及原本之古香古色。无怪世间好宋版书之人，虽断简残编，亦视为零金碎玉之珍重也。杨每以旧刻伪充宋本售人，此次乃竟为书估所给矣。杨集宋、元、明本书之首叶或序跋，摹为《留真谱》一书，杨固素精版本学者，老娘倒绷，闻者无不开颜。因记于此，以资后人挥麈云。

岳麓书院图志十卷明嘉靖辛丑刻本

《岳麓书院图志》十卷。明正德甲戌，湖广提学庐陵陈凤梧属攸县学生陈论所撰。十一卷附刻《禹碑释文》及诸家辨论之作，则嘉靖辛丑重刻时增入者也。《志》载书院兴废、山水、古迹、艺文，一一綦详。在明人杂地志中，具有条理。

考书院之始设，在宋开宝九年朱洞为郡守时。祥符八年，周奭为教授，真宗赐额，遂与嵩阳、睢阳、白鹿并称天下四大书院。继以朱、张二子讲学之故，流风远被，称小邹鲁者七百年。至光绪戊戌，陈宝箴抚湘，附和翁同和、康有为变祖宪，倡学堂，书院几于中废。幸而反正，苟存者五年。至壬寅，赵尔巽抚湘，悍然铲除矿迹，改建学堂。于是官不知风宪，士不习正经。未及十年，两湖革命，而清社覆亡。追原祸始，诸人未尝不太息痛恨于陈、赵二人之阶之厉也。

余自志学之岁，肄业于斯院者六年。今年始衰，不能守诸先生之道以待后学。追怀旧事，有愧前修。展读斯编，其彷徨于中，意若有所失者，殆累日已。嗟乎！正学陵夷，名山榛莽。愤祠奄冢，近逼宫墙。以十数传名贤聚讲之区，为二三寇盗京观高封之地。余年来幸归丙舍，耳目湛然。否则少年游钓之乡，沦为西山之鬼窟。见闻所接，其将何以为情耶?

戊午中秋前三日。

宋、元以来书院之制，与汉人精舍学堂之立，名异而实同。但使主者得文翁，安定其人，何尝不可造就一世之人才，转移当时之风化。王安石变科举，张江陵废书院，无救于士习，而害又甚焉。光绪中叶，外侮交至，二三新进，诋中学之无用，煽乱明圣，废书院，兴学堂，二十年中，造为异说诐词，酿成今日之大乱。不知学在务实，无古今中外，其理相同。书院习于空文，学堂传以缪种。然书院与学堂，不任其咎也。惟与其为今日学堂之亡国破家，毋宁为旧日书院之守文谈道。此余所以于破书堆中寻得此编，不啻珍重比之宋、元旧志也。先大夫笃守宋儒之学，为乡里矜式者四十年。余虽不肖，未敢逾闲大德，则以读宋儒书而先入为主耳。

大孙一儿，将入家塾，适于吴门购得此书，因寄归授之。俾其流览图画，如良苗之得滋灌溉。他日学成名立，能守先正遗规，使人见而称之曰：此某氏之子弟也，此某某诒谋之善也。岂非先人之令闻哉！一孙勉旃。

中秋前一夕，郎园又记。

万姓统谱一百四十卷明汲古阁本

明凌迪知撰《万姓统谱》一百四十卷。前列《帝王姓系》六卷，后附《氏族博考》十四卷，共一百六十卷。搜求既博，考证亦精。其所援据，大抵先取材于正史，兼泛览乎群书，郡县志乘，名家文集，就其见存者参校，略可得其大凡。乾隆时修《四库全书》，《提要》既采其书入子部类书，而于四部书撰人为史、传、志、乘所不载者，大半引据此书，著其梗概。孙星衍《祠堂书目》列此于内编类书，是其书不仅集姓谱之大成，抑久为通人所推重。

原版为毛晋汲古阁校刻，久已海内风行。坊刻翻雕，讹缪百出，似此原版精印，弥可珍藏。汲古阁在明季国初，刻书最富。自后子孙，展转将书版鬻卖，百无一存。观顾湘《汲古阁校刻书目》所著录者，今日偶有流传，几与宋、元旧刻颉颃左右。若更百年，求此完册，恐亦不易得也。

甲寅夏正九月朔日记。

天寥公年谱二卷、年谱别录一卷近浙江刘承干刻本

汾湖二十四世祖天寥公自撰《年谱》及《甲行日注》，久已为人梦想，而以不得刻本为恨者。《甲行日注》虽刻之《荆驼逸史》中，而讹缪百出，脱句脱字尤多，此刻所据底本是也。吾家兄弟及从子辈，正分刻天寥、横山、分干、学山诸公集，此二种亦拟附刻《天寥集》中。因据家传钞本校补于此本上，以便手（氏）〔民〕照誊也。

此本刘承干跋，不免传闻之讹，缄告缪艺风太夫子，转属更正。此本墨字，即太夫子所代改，而仍以赐环者也。太夫子吴中文献，海内灵光，一字一珠，皆可宝贵。平生流传古籍，如所刻《云自在龛丛书》、《藕香零拾》之类，久已传诵艺林，奉为拱璧。晚遭鼎革，力不能支，则以秘笈分传友人，同时刊布。与吾借瓻之使，终日在途。剩馥残膏，沾溉无尽。每慨往年，宗室伯羲祭酒盛昱、徐梧生师傅坊，酷好异书，力能奔走坊估，而长年闭户，视为犬马声色之娱。迄今人琴俱亡，无异秦火浩劫。以视太夫子高风盛德，不诚有天堂地狱之分耶？

是书先吾家刻成，吾族子孙尤当世世感戴其人，奉以为师，且以自励云尔。

丙辰十月朔日，德辉谨记。

案徐文爵事，见沈彤《吴江县志》五十九《旧事》引《大事记》。然附注云："按《明史·徐达传》，'弘基卒谥庄武，子文爵嗣。'又《南都缙绅录》：'甲申秋，弘基守备南京。'乙酉春，无其名，疑《大事记》所云非弘基事，姑录备考。"德辉又按：《大事记》云："其子年十五，方被围时，登屋发三矢，殪三人。已而被执，亦丛射而死。田陆籍袁家赀，装两巨舰以去。"而《明史》有"子文爵"亦不详其在吴江起义事。则《沈志》识疑，洵为有见。然则此《谱》以为大盗冒名，必真确矣。

丙辰小除夕。

天寥公甲行日注八卷同上刻本

据《家谱》载，公生于明万历己丑十一月二十四日，卒于顺治戊子九月二十七日，享年六十。此记绝笔于二十五日，盖仅隔易箦二日耳。文星欲暗，而神明湛然。生前，妻女同证真灵；没后，其子横山公以循吏兼文苑。《国史》有传，诗钵有传。当时奉为儒宗，后世祀之栾社。其孙元礼公垂虹佳话，恍惚魏晋间人，至今逸事流传，脍炙人口。汾湖灵秀之气，乃独钟毓于吾家。益叹少卿、道卿、石林诸公，流泽孔长，书香继世，代有贤子孙为湖山生色也。至于小子，不肖甚矣。悲夫！

丙辰十月朔日，茅园派裔孙德辉敬记。

雷塘庵主弟子记八卷咸丰二年阮氏家塾刻本

阮文达文学政事，为乾、嘉时一代名臣。道光二十九年薨于里第，时已十一月。次年正月，宣宗龙驭上宾，文宗即位。两朝饰终之典，备极荣哀。于时洪、杨乱始之时，海内惊骇，史馆诸人，纷纷请假旷职，故《国史》无公列传。吾往年刻公《三家诗补遗》，未得悉其撰述年月。遍觅公事传、行述，不见于他书。钱仪吉撰《国朝碑传集》，不及道、咸间人。湘阴李桓辑《国朝耆献汇征》，遣人至京钞《国史传》，遍检不得。后仅据同乡《李元度先生事略》，录其事传，则知《国史》无公传，实因当时未及采修，故日久相忘也。

此《雷塘庵主弟子记》八卷，为公门下张鉴撰一、二两卷，三卷以下则公子常生所编。五卷以下，则公子福所续编。七卷，则公子孔厚编。八卷，则公小门生柳兴恩编。公一生事业，悉具此编。吾向有其书，未在行笥。今于苏城旧书肆中见之，如久别良朋，骤于客途相遇，不觉神飞色喜也。因亟购归，托书友重加装钉。长夏无事，坐卧读之，六十年前君明臣良之盛，不啻目前。

转瞬沧桑，遂成今昔。知公在天之灵，固有戚焉伤心者矣。

公于嘉庆四年充会试副总裁，得人最盛，论者比之博学鸿词。至道光十三年，复充会试副总裁，一榜知名者，仅端木国瑚、许梿等二人，其成就甚小，著述无传。国运之盛衰，视乎人才之消长，虽公亦无如之何。读是编者，试取两榜姓名考之，亦当代得失之林也。

丁巳夏五初伏，后学叶德辉记。

袁州本郡斋读书志四卷、后志二（本）〔卷〕[①]、考异一卷、附志二卷

康熙壬寅海宁陈师曾刻本

此袁州本《郡斋读书志》，为海宁陈氏刊，而《四库》所著录者也。此书为晁氏手编。后有衢州本，则门人姚应绩编。《文献通考》引此《志》，往往与此不合。《四库提要》以为"据衢州本"而云，然与阮文达《揅经室外集》进呈衢州本《提要》语相符。惜不得衢州本读之，一解此惑也。此书于都门厂肆翰文斋得之，他日若得衢州本并藏，则无遗恨矣。

己丑公车偕计，正月廿七日抵都，廿八日过市肆获此，晚归灯下读一过，为志数语。元尚斋主叶德辉。

得此书半月许，忽于厂肆得汪氏艺芸书舍所刊衢州本，取校此本，文多详核。诚如《四库提要》、《揅经室外集》所云，"为《文献考》所采掇也"。但汪跋称此本为海昌陈氏刻，以"海宁"为"海昌"，必是误记。南皮张孝达制军《书目答问》，亦云"海

①"本"为"卷"之误，据《四库全书总目提要》改。

宁陈氏刻本”。然则汪跋所云“海昌”，直可定其为误矣。

己丑二月二十日再识。

衢州本郡斋读书志二十卷嘉庆己卯汪士钟刻本

晁氏《郡斋读书志》，宋时有二本。一袁州本，《四库》著录者也。一衢州本，《四库》未收，即此本也。《提要》疑马端临《文献通考》据衢本采掇。今按此本，信然。据李富孙后跋云：“以顾君涧蘋所钞衢州本属校，若甚引重者。”然而顾氏《思适斋文集》跋此书，乃力言无此事，并摘书中错简纠正于后。同时之人，何踪迹睽异若此，不可解也。至顾氏所指各条，精细详审，实可取信。余故录钞于后，以资考证云。

己丑二月花朝日，长沙叶德辉志，时寓都门长郡馆。

附：顾广圻衢本郡斋读书志考辨跋

衢本《郡斋读书志》二十卷，姚应绩编，世所罕见。乾隆末年，我友瞿君木夫收得旧钞本，予从之写其副，藏诸箧中，未尝示人。其木夫本旋经黄丕烈借去。迨嘉庆己卯，为汪君阆原付梓，乃有嘉兴李富孙跋，谓“以予所钞，属伊校”。不审黄、李孰为此言也。梓成印行，爰发向所钞一读，觉“小学类”中有不可通者。再四寻绎，方知当分六段，自第三段以下皆钞本错简也。第一段起《尔雅》第一，至《方言》第六。第二段起《说文解字》第七，至《经典释文》第十三。第三段起《干禄字书》第十四，至《临池妙诀》第十九。第四段起“右未详撰人”“云云”上接《临池妙诀》三卷一行之下，合之为第十九，至《类篇》第廿四。第五段起《集韵》第廿五，至《唐氏字说解》第卅。第六段起“右皇唐耜撰”，“云云”上接《唐氏字说解》一百二十卷一行之下，合之为第卅。至《切韵指元论四声等第图》第卅九。而卷终焉。依此转移，庶几行所无事。而部居时代，各得其所。否则，可寻之迹遽泯矣。然而，成事不说也。今年木夫枉过敝居，见示《衢志考辨》一册，论袁本之失，明衢本之善，精细详备，诚不可不与本书并行者也。因忆管见，附著于尾，既以奉质，仍望教我。

古今书刻二卷影写明刻本

此《古今书刻》上、下编，二卷，明人周弘祖所撰。《明史·艺文志》不载，我朝《四库全书》亦未著录，盖其书不传于中国久矣。日本岛田翰君著有《古文旧书考》，自隋、唐卷子以及宋、元以后线装书，考核异同，精博无匹。其书后附刻此编上卷，孤本仅存，颇以未得窥见全豹为恨。白岩龙平君为介绍，由彼国邮寄来湘，影写一部，督手民仿雕之，行格、字体与原书无异。从此流播海内，如获分身术，如服返魂丹，遂使四百年来不传之秘书，得以家藏人习。此固岛田君存古之巨功，抑亦白岩君传古之素志。余虽与岛田未获谋面，缟纻论交，而蓬瀛方丈间，固时时令人神往也。

(先)〔光〕绪三十有二年丙午岁闰四月小尽日，丽楼主人叶德辉识于长沙洪家井寓宅之观古堂。

钦定天禄琳琅书目十卷光绪甲申长沙王氏刻本

是编各书，向存昭仁殿后。以殿小不能容贮，移于乾清宫。嘉庆二年十月廿一日，乾清宫灾，珠宝皆被焚，见于姚元之《竹叶亭杂记》。书籍、字画，同时罹劫。光绪甲午三月，今上谕书房翰林清查各书，一部无存。书房诸臣即以嘉庆二年灾对，上叹惋久之。是年新进士朝考，钦命诗题为“天禄琳琅”，进士多有以不得题解见摈者。故是科馆选，多书法劣者云。

叶德辉恭纪。

光绪二十年三月奉上谕，命南书房翰林清查天禄琳琅藏书，吾乡张冶秋祭酒恭与斯役。前《目》所载，因嘉庆二年乾清宫灾，悉毁于火。此《目》所载，凡存昭仁殿者，以朱圈记于上方；散在各殿者，以朱圈记于下方。又据内存钞本《目》校出此本误字凡若干条，原书图记、漏记者，亦据各书补入。余借临此本上，三日而毕。

丁酉四月十八日，叶德辉记。

冶秋丈为余言，此《目》经部中宋版，多有以通志堂本赝充者，未识当时去取之意。因忆丙戌在都见通志堂《三礼图》初印本，卷末后有宋人“刻书缘起”数行，后印本已削去。书估坚持有“刻书缘起”者必是真宋本。余取初印、后印二本，寻其墨阑粗细，字画肥瘦之处比校，其同一刻本，书估大服。丙申在都，又见一部，竟有人以为宋本购去。然则鱼目混珠，在今日尤易惑人矣。

辉又记。

读书敏求记四卷 乾隆十年沈尚杰刻本

此书前后凡四刻：一雍正四年赵孟升刻本，一乾隆十年沈尚杰刻本。沈本多误字，乾隆六十年沈炎修版，剜改印行，即此本也。自后有道光乙酉阮福小琅嬛仙馆本，据严厚民校录遵王手稿本重刻。道光丁未，潘仕诚海山仙馆刻本即从之出，校沈本多二十一条，其他异同、增损之处，不可悉举。

宗室伯羲祭酒，藏有汪阆源旧藏沈刻初印本，中有旧人校补各条。祭酒据《淮南子》八十两之数，定其出于书估钱白堤、陶五柳辈，说详原跋。余借临于此本上，谛视“[illegible]”① 字笔迹，与原校不同，非出一手。书中称“士礼居主人”曰“荛翁”、曰“复翁”，称“小读书堆主人”曰“抱冲”，皆屡见，不系以姓。又于《东家杂记》上注云：“见过汲古钞本《精善考》《士礼居题跋记》。”此时毛钞正在顾抱冲处，按其踪迹，疑出顾千里之手。原本误字不改，用死校法，亦于顾校相近，殆好事者过临。顾本与遵王手稿原本，在丰顺丁氏持静斋。据丁氏目录云：“书中可补赵、阮两刻之遗者，尚十许条。”惜不得一见也。

丁酉年四月望一日记。

又一部 道光五年阮氏刻本

此钱遵王藏书秘记。相传朱竹垞彝尊典试江南，贿其侍史得之，人间遂有无数刻本。最初为雍正四年赵孟升刻，讹谬甚多。乾隆十年，嘉兴沈尚杰逐一校正，因重刻之。其后版又漫漶，至乾隆六十年，钱唐胡重复补刊，然皆同一本也。道光五年，阮福得其师严厚民明经杰所藏钞本，校旧刻多出数十条，因据以重刻，此本是也。但此本视旧刻亦互有溢缺，如旧刻多《易》类十一条，诗文评类六条，均此本所缺。后阮氏于道光十五年，得秦恩复石

①此为用“汉码”记帐八十两的手写体。

研斋藏钞本补刊附后，而初印出者无之。此本即初印无此十数条者，余据一后印本补录于后。可知书有重本，获益不少矣。阮刻后，南海潘仕诚合沈、阮两本刻入《海山仙馆丛书》。时道光二十七年，盖距阮刻时六十馀年，今通行者是也。顾丛书不如单刻之便，故不惜一再购藏之。闻揭（扬）〔阳〕丁日昌持静斋藏有遵王手稿本，视赵刻及此本又多数十条，是必在竹垞先生钞得后所续增者。惜不得取彼本一校补焉，是可恨也。

癸丑元旦日记。

又一部 道光乙酉阮氏文选楼刻本

此《记》，道光乙酉，阮福据严厚民过录黄尧圃所藏遵王原本重刊，跋称“多数十种”。然较此本，经类少《周易》十卷，京氏《易传》三卷，关氏《易传》一卷，《慈湖遗书》二十卷，苏东坡《易传》九卷，《毛诗郑氏笺》二十卷，成伯玙《毛诗指说》一卷，陆淳《春秋微旨》三卷，陈正斋《春秋后传》十二卷，《孟子注疏》十四卷，孙奭《孟子音义》二卷。诗文评类少《后村诗话》二卷，《天厨禁脔》三卷，《学禁脔》一卷，《诗林要话》一卷，《诗注拾英》一卷，《松石轩诗评》一卷。盖两本互有短缺，而终以阮刻为完全。阮本所缺《周易》十卷以上各种，后于道光己未，借江都秦氏石研斋本补刻于后，则更无遗恨矣。

此书相传朱竹垞先生典试江南，赂遵王小史窃出，属藩署廊吏钞得之。以此刻讹误及疑似字推之，似真出于草草钞得，或当时确有其事与？

壬寅初秋处暑记。

绛云楼书目二册不分卷旧钞本

《绛云楼书目》，世所传者详略不同。孙氏《祠堂书目》外编作一册。吴氏《拜经楼藏书题跋记》作不分卷，上、下二册。黄氏《士礼居藏书题跋记》作一卷一册。伍氏粤雅堂刻本有陈景云注者，又作四卷。《黄记》云"《绛云楼书目》有二本，一无倦圃序，不附《静惕堂书目》，诠次亦多不同。似所注宋、元版字样较多"云云。伍刻跋云"陈景云注。注作朱书，蝇头行草"。又载吴翌凤原跋称"癸巳秋日，得少章阅本，爱其博洽，爰钞录于右"云云。据此，则伍刻所据，即详本也。

往读丁禹生中丞《持静斋书目》，有《绛云楼书目》七十四卷。不知卷帙何以如此之多，亦即蓄疑有年矣。今年中丞哲嗣叔雅茂才赍书至都，出以见示。装池雅洁，朱墨烂然，审为陈少章手注原本，即伍刻所自出。所谓七十四卷，亦非多于伍本，特一类一卷，分析言之耳。伍本小注，即此本朱书。伍本间有节删，无关要义。惟此有《补遗》一卷，又《静惕堂书目》二卷，则伍本所无也。牧翁《初学集》有《绛云楼上梁以诗代文》八首，其第三首有句云："曾楼新树绛云题。"自注：紫微夫人诗"秉飙侍衾寝，齐牢携绛云"，故以"绛云"名楼。其第四首有句云："风月重窥新柳眼，海山未老旧花枝。"似指河东君而言。其诗编年在崇祯癸未，去国亡一年耳。

《钦定天禄琳琅书目》宋本《汉书》有钱跋云："庚寅之冬，吾家藏书，尽为六丁下取，此书却在人间。"瞿氏《铁琴铜剑楼书目》明刻《宋史》亦有钱跋云："庚寅十月初三夜，半野堂火，时方雷电交作，大雨倾盆，后楼前堂，片刻灰烬，真异灾也。然则绛云楼建于崇祯癸未，毁于国朝庚寅。八年之间，倾城名士，国破家亡，故宫禾黍之悲，身世沧桑之感，胥于此寄焉。岂仅云烟过眼，供后人之流览也哉。”旧作丁氏持静斋所藏，陈景云批注《绛云楼书目跋》一则。

此《绛云楼书目》二册，为吴枚庵翌凤手录陈少章批本，后有吴跋，谓为“张伯华所藏”。盖即《粤雅堂丛书》据刻之本。余取校二本，大小字无一不同，特彼为张藏本，此为吴录本，传世各异耳。《绛云楼书目》原有详、略二本，一分七十四卷，后附曹倦圃《静惕堂宋元人集书目》，黄荛圃见之，说详《士礼居题跋记》。今揭阳丁氏持静斋有其本，即禹生中丞所得汲古阁本也。世兄叔雅茂才同寓都门，出以见示，余以粤雅本校之，所谓七十四卷，即上、下二卷，甲之七十三类，并非卷帙多于此本。小注宋、元字样及作者姓名，尚不及此之详尽，惟多七十四《补遗》一卷。《静惕堂宋元人集书目》一卷，为粤雅堂本所无。余手录还之，为之跋后，以为世间更无他本相耀矣。顷书友持此册求售，亟取阅之，乃知为吾乡袁漱六先生旧藏，视叔雅藏本，钞手特为工缮。又得袁先生批校，益可见古书源流。因录前为丁氏所撰跋附于卷末，俾见者知私家目录，重本不妨多藏。一则为校勘之资，一则供多识之用，不必《晁志》、《陈录》，而后可入插架也。

余别有《牧斋书目》一册，亦系旧钞，曾为之跋，与此无涉，故不具录云。

光绪二十七年辛丑岁十月廿日夜漏二鼓。

又一部，附静惕堂书目 丁氏持静斋藏钞本

旧钞《绛云楼书目》，书名下有朱笔小注，末附曹溶《静惕堂

宋元人集目》，向藏揭阳丁禹生中丞持静斋。光绪丁酉，中丞世兄叔雅茂才携至都门，邀余品题。据中丞手编《书目》，谓为“陈景云校勘原本”，余不欲拂其意，故前跋云云，其实非也。叔雅物故后，藏书四散。壬子、癸丑间，往往流入沪市，多为估人贩鬻而去。此《目》则归余友孙星如兄。偶出以见示，恍如隔世。

中丞收书，在江苏巡抚任内。于时粤寇初平，江南故家藏书，赖有中丞，与仁和丁松生征君、归安陆存斋运使共相搜访，幸未罹于劫灰。乃甲未一周，重逢兵乱，昔之聚于沪上者，今仍散之沪上。云烟过眼，有若轮回，此书何恋恋于沪渎一隅，乃恒以此为传舍耶？

余亦藏有钞本，为袁氏卧雪庐物，中有朱书小注，与此本同。前有枚庵漫士题记，盖长洲吴翊凤过录陈注手校者也。世行粤中伍氏《粤雅堂丛书》本，曾取以校钞本，知同出一源，无甚出入。绛云藏书，名重海内，当时好事者人钞一册，为按图索骥之资。故传本之多，半出名人手校。此本朱书蝇头小字，行草兼工，虽非景云原书，要非出于门仆、钞胥之手，断可知也。余藏本，时有袁漱六太守朱书手批云“此本在余许”，又云“余藏有宋本或元本”。太守笃好宋、元本书，故每以此为前导。惜其自藏，未编一目，徒于此中见其十之二三，致足慨也。星如为艺风老人高足，他日收拾乡邦文献，决不令其如袁、丁二氏之散亡，故喜而重跋之。

己未七月处暑。

百宋一廛赋注一卷 嘉庆乙丑士礼居刻本

明丰坊为华夏作《真赏斋赋》，叙录所藏书画、书籍、金玉古玩之属，此本前人《大招》、《七发》之意而实之，亦文赋中之变体也。乾、嘉时，吴门黄荛圃主事丕烈喜藏宋本书，因榜其居曰“百宋一廛”，而属顾涧蘋茂才广圻为之赋，盖又本《真赏斋赋》略变其例，而专载宋本书为事者也。黄氏自为之注，手书刻入《士礼居丛书》。此为长洲吴枚庵茂才翊凤旧藏书，前后钤吴印二。吴亦好书有癖者。

苏城悬桥巷“百宋一廛”故居，今为吴县潘氏松麟义庄，即潘文恭世恩建以赡族人之所。是书潘文勤祖荫曾翻刻，模仿不差累黍，几可乱真。余亦有之，列为副册。此则当比于镇库书矣。

丙辰冬小雪前一日，郎园记。

士礼居藏书题跋记六卷 光绪十年

潘氏滂喜斋刻本

潘文勤公刻有《滂喜斋》、《功顺堂》两丛书，外有宋王象之《舆地记碑目》，沈涛《说文古本考》及此书，皆单行本也。己丑夏过都门，公以《说文古本考》见赠。旋于厂肆买得此书，惟《舆地记碑目》未及询访。后于友人寓斋见之，版片较此阔大，不能入丛书也。他日当购之，以存潘刻之全豹。

甲午秋，郎园识。

此书为初印样本，乃洋红所刷。读者幸加爱惜，勿沾水，勿污墨。沾水泛色，污墨灭字，二者皆大忌也。敬告同志，勿渝此约。

甲午秋九月，郎园再识。

丙申三月，客金陵，寓章缦仙庶常家。雨窗无事，因以《楹书隅录》正、续校录一过。望后复有苏、杭之游，遂未辍业。六月初旬入都，积雨不能出门，复理故业，四月功毕。向之据《海源阁书目》影响悬拟者，到此若拨云雾而见青天矣。

六月十六日，丽楼主人又识。

士礼居藏书有入常熟瞿氏铁琴铜剑楼者。案头有瞿氏《书目》，竭一昼夜之力，校录于书之上方，时已立秋三日矣。越日，又以陆氏《仪顾堂集》及《仪顾堂题跋》与此书互证者，逐一录入。夫而后荛圃旧藏之书，一览而得其源委，或亦藏书家之谈助也与?

丙申七月初二日，德辉漫志。

国朝吴中藏书之富，甲于天下，绛云、汲古，其最著也。乾、嘉以后，首黄氏士礼居，大抵其书多钱、毛二家之藏，而他姓名本亦间出焉。同时，张氏金吾、陈氏鳣、顾氏千里、钱氏大昕、孙氏星衍，皆以藏书名，借瓻还瓻，流风馀韵，传为一时佳话。迄今诸家之《目》具存，其踪迹固可考已。士礼居藏书，后半归同县汪氏士钟艺芸书舍。汪书散后，又归聊城杨氏以增海源阁。海源后人能守楹书，尚未十分散佚。其馀宋、元残本，零星旧钞，今又多归陆存斋观察处。陆著有《皕宋楼藏书志》，某家所藏，皆有小注。

甲午九月，养疴斋中，因以各家书目、跋文、日记之属，摘录于此书上方，俾知授受源流，若有鬼神呵护；而宋、元种子，实未绝于人间。线装琐琐，不足云校书，亦不足言读书也。然古书之聚散存亡，亦可得其大略矣。

光绪二十年秋九月，长沙叶德辉跋于元尚斋。

昔在癸巳、甲午之间，手校此书，倏忽十年矣。当时所见海内藏书目四大家者，止陆氏《皕宋楼藏书志》，杨氏海源阁《楹书隅录》二种。顷之得瞿氏《铁琴铜剑楼藏书志》，最后得仁和丁氏《善本书室藏书志》。前后取以校录于此书上方。惟《楹书隅录续编》及《丁志》，尚有黄藏手跋书多种，而此竟未收刻。当文勤刻此时，方官工尚，杨绍和亦官翰林，丁则故家，有往来，不知何以遗录？岂当时诸藏主付钞胥为之，自未暇往亲检耶？荛翁《题跋》，于书目别开一派。既非《直斋》之“解题”，亦非《敏求》之“骨董”。文笔稍多芜累，而溺古佞宋之趣，时流溢于行间。吾友江建霞太史标，于此刻外，续搜得数十篇，刻于长沙学署，版归吴中。余亦再搜得二十馀篇，方拟补刻，因《丁志》尚未补采，又揭阳丁氏持静斋藏书亦有荛翁跋者数册，将并刻之，故不急急也。

癸卯十月廿四日，德辉识。

此《士礼居题跋记》一卷，元和江建霞学使所搜辑续刻者也。版心、行格，一依前式，余为主校勘。刊成，以红本见赠，因合前记装订成册。

时光绪乙未冬十月，德辉识。

毛诗注疏二十卷元刻本

《毛诗注疏》二十卷，元刻大字本。以白金十两，买诸五柳居书籍铺者，偶为友人干没。余从其友人处出钱十千购得之。每叶十六行，行十八字。传、笺、释文及正义夹行，行二十五字。其款识与向藏《周易注疏》符合，匡格亦约略相同。惟此附释文，而夹注字密耳。陈鳣《经籍跋文》。

笠泽丛书七卷

《纪锦裙》一首，兔床先生引吴融诗为证，可破群疑矣。余谓“裙”与“裾”虽各不同，而篇中“曳其裾”者，“裾”字本不误，且“曳裙”未见所出，断非“裾”或为“裙”之误也。兔床借读，附著于此。嘉庆乙丑四月十有九日，荛翁黄丕烈识。吴寿旸《拜经楼藏书题跋记》。

宋提刑洗冤集录五卷元刊本

右《宋提刑洗冤集录》五卷，又圣朝颁降《新例》七叶，盖元刊本也。案《百川书志》法令门有圣朝颁降《洗冤录》一卷，当即此书。是书原装一册，序目后即接圣朝颁降《新例》，病其横亘于中，移置于后。荛翁。张金吾《爱日精庐藏书志》。

三楚新录三卷旧钞本

丁卯夏，借陈简庄新藏吴枚庵手钞本传录，并校其脱误。复翁。陆心源《皕宋楼藏书志》。

右跋文四，本书失载，补录于后。荛翁题跋尚不止此，俟有续得，随时补入。

郎园志。

书目答问不分卷原刻初印本

《书目答问》分“经、史、子、集”四目，外加以“丛书目”、“别录”、“国朝著述姓名略”，凡七类。南皮张孝达制军督学四川，举以训士者也。其书有初刻本，有后刻本，有修改本。盖屡经校补，始克通行。

此犹初刻本，故前有提督四川学院关防印。取后刻校勘，有此本有、后刻无者，凡二十八种①经十，史十三，子三，集三。有此本小注有、后刻无者，凡五种经二，史二，子一。有此本无、后刻有者，凡百十三种经三十七，史三十五，子十六，集二十五。有此本小注无、后刻有者，凡九十种经四十五，史四十一，子一，集三。有此本列小注、后刻列正目者，凡十八种经七，史五，子五，集一。有此本列正目、后刻列小注者，凡四种经三，史一。有此本与后刻部类不同者，凡十九种经六，史十三。有此本列附录、后刻列正目者，凡四种经。有此本列正目、后刻列附录者，凡十一种经。余别为校目，附此本后，以便省览。大抵此本，于著述、刊刻、人名多有传闻之失。后经改修，仍有未尽。其自撰序云："京师藏书，不在行笥，订补俟诸异日。"此亦聊为解嘲之辞。同年友杨叔翘锐为吾言，此《目》出于缪太夫子小山先生荃荪之手，实非南皮己书。其分类与《四库》不同，似略仿孙星衍《孙祠书目》之例。其分正目、附录，亦本《孙目》内编、外编之意，而变易其名称。经主东汉，史部澘去岁时，多以说部子书入之。杂史子部立"古子"一类，以括周、秦间子书。又以杂家书典实者入儒家。儒家分经济、理学、考订三属。集部于汪洋大海中，存历朝名、大家有传本者。其北宋之"西昆"，南宋之"江湖"，但有精华，无不采择。至于明初之"台阁"，晚季之"公安""竟陵"，则概在屏弃之列。又前、后"七子"之声调，去短取长，皆有别白。阅者据此《目》购书，求学不至误入歧途也。

夫恬裕、海源，南北对峙；天禄、天一，朝野同风。寒畯之

---

①据小注计，实二十九种。

所望洋，书林之所裹足。宝山空入，人寿几何？惟此雅便巾箱，别裁书帕，远至朱明之嘉、万，近则断代于同、光。阅肆不惊，探怀可得。固不必如《简明目录》，烦邵位西之手批；《述古》、《敏求》，学朱竹垞之贿得。其有功于士林大矣，讵独川士也哉。

光绪十九年癸巳三月既望，叶德辉。

此《目》吾屡经手校，随校随为友人或门下取去。家有后刻蜀印本，曾校过，付从子峤甫收藏。案头所留，仅光绪间上海蜚英馆石印后刻蜀本耳。既手录一本，付儿辈检存。行笥长随，则光绪乙巳客居湖北花园山所校者。今年夏间，雷民苏优贡恺，于旧书店中觅得此本，仍是初印，上钤“提督四川”关防。知吾时恨失此初印本，因以为赠。初刻多有出入异同，往日曾有校记，幸底稿尚在，冒暑手录一通，附于此本之后。后刻增出小注，则以墨笔过之。长日如年，挥汗如雨，借此消遣，胜于一局棋枰也。

惟前校尚有一二未尽处，如史部郑珍《郑学录》，初刻入谱录，后刻改入传记。校记误以为初刻所无。史部政书类古制之属宋苏洵《谥法》、子部小说家唐赵璘《因话录》，皆初刻所无，后刻有者。校记漏未举列。往日固心粗，今过录又未复校，聊记于此，以补漏遗。儿辈能知读书，方将上溯《汉志》、《隋书》，下通《四部》、两藏，以博考百家之流别，识六艺之指归。区区横通之《目》，固可重，不可重也。

宣统己酉伏末。

又一部

此《目》南皮宫保刻成后，屡经修改增删。凡初次颁发本所列书名，此本间或删去。又有初本未载，而此本补入者。最后又抽换多版，如书名有误，卷数未详者，均约略改刻，挤添字行中。此当是二次改本，上海蜚英馆据以石印，故与初印、后印各本复有异同。其实仍未尽也。

余藏此《目》二十馀年，补阙订讹，时有点窜涂改。以原刻大本，不便巾箱携带，移录此本，聊备遗忘。历年所得之书，以及目睹之本，并以朱笔记录之。暇日取家藏四部书，补注刻者姓名、年月。丛书本则检其序跋年月，添写于旁。其无序跋可证者，以总序年月为断。原书例不载宋、元刻旧钞，惟取明以来国朝诸儒校刻善本，断自光绪乙亥以前，以此《目》成于光绪初元也。

原稿为江阴缪小山太夫子手定，分类与《四库》不同。其分“古子”、“古史”两类，尤为提纲絜要，截断众流。他如《四库》杂家之书，此《目》多宋人儒家，列为考订之属。较之旧《目》，专以空谈语录属之儒家者，实有复古救时之功。隋、唐诸《志》，固不知语录为何物，即晁、陈诸《目》，亦未尝重视道统如今日之甚者也。

光绪乙巳秋九月，记于武昌花园山寓舍。

又一部

南皮张文襄督学四川时，命诸生善书者写刻此《目》，前后屡经删补改刻，故世间传本不同。其底本系出自江阴缪小山先生荃孙，固文襄门下也。虽仍《四部》之旧，与《四库》分类，出入多有异同。大致本之孙星衍《祠堂书目》，参以《隋志》、《崇文总目》，不倍于古，不戾于今，大体最为详慎。惟各书刊刻年月，时有传讹，卷数间多缺略。千虑一失，偶然有之。

余藏此行笥凡三十年，阅肆借人，不离左右。每于旧书摊头得一旧本古书，则以朱笔记于上、下方。或从友人插架，见有精刻善本，亦随录存。先后所录原刻大、小石印本，多为友人传写，往往并原本失去。此册为四弟默庵所藏，暇时取案头校过石印中本，移录一通，以付从子岵甫收览。文襄此书，凡经数次改刻，余亦数次校勘。今人漫言，读书即读书目，亦非易事。得此可以粗知目录、版片之门径，使缪先生见之，或当引余为诤友也。

宣统三年辛亥春王正月下浣七日，叶德辉记。

此《目》有初刻本，再刻本。再刻之后又有剜改本，此本是也。再刻校初刻，正目删去二十馀种，增入百馀种。小注删去三数种，增入六十馀种。余别有校记，附初刻后。

又一部

自来藏书家目，侈录宋本，次则元刻旧钞，明刻又次之。至于近刻，则屏而不录。此洪北江所谓“藏书者之藏书”也。阳湖孙氏《祠堂书目》，间注时刻，略而不详。然其目分十二类，通《汉略》、《隋志》之邮，变《崇文》、《文渊》之例。体近著述，读者不仅以书目重之。道光中，有倪氏《江上云林阁书目》，中依《四库》分类，多收时刻，间有一二宋、元、明钞。洪北江为作《藏书记》，亟称誉焉。同治中，揭阳丁禹生中丞日昌开府江南，兵燹之馀，旧家藏书悉为捆载。归田后，刻《持静斋书目》，亦遵《四库》，分别宋、元、明刻旧钞，兼载近刻，此洪北江所谓“读书者之藏书”也。

自兹以后，如聊城杨致堂河帅以增《海源阁书目》，常熟瞿子雍明经镛《铁琴铜剑楼书目》，归安陆诚斋观察心源《皕宋楼书目》，闽县陈征芝大令兰邻《带经堂书目》，皆以宋、元旧刻、旧钞、孤本、秘笈相矜尚，体例与倪、丁二《目》不同。见者钦其宝，莫名其妙。可谓“只可自怡悦，不堪持赠君”者已。

南皮此《目》，专为士人购书指南，多列乾、嘉以来诸公校刻精本，不列宋、元旧钞，间及明刻之易得者。其实近人精刻单行之书，非寒畯所易购取，又非坊市所易搜求。所载丛书，凡经赭寇扰乱，各省版片，大半散亡。按《目》求书，非一朝一夕之故。且各书下多注“通行本”三字，其为当日通行耶？抑为今日通行耶？藏拙之语，不免英雄欺人。即此，可知时刻，亦不能尽见尽知，何况购置？

余持此《目》几三十年，获有一书，即以朱笔补注。暇日因发家藏四部书，考其刊刻人名、年月，增记于傍。非独拾其遗阙，且以纠其讹误。新年养疴息静，闭户楼居，手录一通，付从子启崟。再录此册，付从子启藩。而以原本付大儿启倬收存。读书种子一日不绝，则余藏书一日不散。于此，以卜家泽之短长，览者幸勿哂其痴也。

宣统三年辛亥二月朔，郎园叶德辉记并书。

又一部

此《目》余为从子定侯校者。时维仲夏，土润溽暑。大雨时行，百物发霉。而研朱尤为涩笔，尽八昼夜之力校完。年逾六旬之人，灯下以朱笔作此蝇头小楷书，老眼尚不昏花，颇自豪也。

文襄此《目》，出自江阴缪筱珊学丞荃孙，在四川学使幕中代撰。风行海内，已四五十年。然其中最为阙典者，一、各书下注载原刻本，或通行本，乃共同之辞。其书究为何时、何人所刊行，不可知也。一、注中偶载元号，又不记年月、岁名，如明之嘉靖、万历，皆享国四十馀年；我朝康熙、乾隆，皆享国六十馀年，其中岁月有初、中、晚之殊，刻本有先后之别。今略而不具，使阅者摸索不得其详，亦一蔽也。凡国朝人著作，及诗文集，有及身自刻者，有友人代刻者，有子孙汇刻者。故有单行本、丛书本之不同。《目》中多未分辨。至集部全不载刻本，或不知其卷之多少，亦似草草成书，随手滥写者，是可怪也。

宋、元旧椠旧钞，及名人手校精本，固藏书家所珍贵，非购书者所易求。至于朱明成、弘以前之书，诚不易见。若成、弘以后，嘉靖、万历刻本甚多，而以嘉靖仿宋本为尤善。在光绪初元、中叶，北京厂肆、南方各省会旧书店，尚时时可以觅得，余所藏且有重复者。今虽汰而售之，可见当时传本不少。使《目》中一一注明，俾求书者易于物色，何至此二三十年，为东、西列国图书馆搜取净尽？此尤可惜者也。

同、光以前，谈版本之学者，京师惟仁和邵位西先生懿辰，盩厔路小洲太史慎庄，县人袁漱六太守芳瑛三君。邵先生官部郎，日游厂甸，书之刻本，一一批注《四库全书简明目录》简端及行间。先生殉粤匪之难，尽亡其遗书。惟此《目》嘉兴钱氏有传钞副本，学丞首先钞得之。故入词馆后，以赏鉴版本之学，独擅时名。盖当时固以为枕中鸿宝。今则邵之嫡孙伯䌹太史章刻之，即标注《四库全书简明目录》〔者〕[①] 是也。

同治中兴，湘乡曾文正国藩督师江南，削平金陵粤寇，独山莫子偲先生友芝客文正戎幕。其时江浙故家巨族，与上海邻近者，

①据文义补。

大都避乱来沪渎。其藏书家亦多散失，流行于沪市中。文正在京师，与邵先生为讲学之友，又为袁太守儿女姻亲，固亦通知版本者。文正门人，揭阳丁禹生中丞日昌巡抚江苏，并酷好旧版书籍。莫先生为二公眼目，所见旧刻、时刻尤多，故随手批注《四库全书简明目录》者，较“邵批”不同，以南北刻本，详略互殊，见闻亦异也。“莫批”为苏州书估侯驼子借钞，流传至京师，遂为厂甸秘笈。坊估妄自增补，借阅者又展转加批，以致袭谬沿讹，失其真面。日本书估田中庆于宣统初得其本，以活字版印行，颇获大利。今沪上、京师已三次复印矣。

学丞兼邵、莫二家闻见之长，由于开创者为其难，踵事者为其易也。余为学丞门下门生，回苏寓吴门，与子偲先生从子楚生太守棠往来甚密，又识伯絅太史。故于三家先德撰述始末，闻之最详。禹生中丞次公子叔雅茂才惠康，亦三十年前旧好，行笥中携有宋、元旧版十数部，均有莫氏题记、印章。中丞《持静斋书目》所载宋、元、明刻本固多，而时刻亦并入载。可知当日子偲先生所见旧刻、新刻，众本兼收，中丞《书目》故沆瀣一气也。沧桑乱后，文物萧条。回首前尘，宛如昨日。诸先生故事，不啻亲见之而亲闻之。异日有好事者，偶录之笔记中，亦书林一重公案云。

岁在丙寅夏至节后七日。

石墨镌华八卷明万历戊午刻本

《石墨镌华》八卷，明赵崡撰，万历戊午原刻本。《四库全书总目》史部目录类著录作六卷，附录二卷。与此原本通作八卷，但于七、八两卷目下注“附录”二字者不同，不知所据何本？考明人《艺圃搜奇续集》及乾隆甲午鲍廷博刻《知不足斋丛书》，均有刻本。殆后人以意分卷，久失原刻次第耶?《提要》称其“每碑目录之下，仿陈思《宝刻丛编》之例，钩勒其文，体例颇为详备。惟所跋详于笔法，略于考证。而所论笔法，于柳公权、梦瑛、苏轼、黄庭坚皆有不满，亦偏于一家之言。然一时题识，语有出入，自《集古录》以下，皆所不免，不能独为巙咎也”。

今按：此本亦未钩勒，其文与《提要》所言不合。而书为初刻原本，不得疑为翻本。有所改移，是则《四库》所收，殆后来传本，非原帙也。书经孙氏收藏，前有“孙氏藏书印”五字朱文小长方隶书印，未知为孙氏平津馆否?但孙星衍藏书，未见用此印。或别一孙氏耳。

光绪己丑冬十月既生霸，书于都门长沙郡馆。

淳化秘阁法帖考正十卷、淳化阁帖释文二卷、淳化秘阁法帖考正附二卷 乾隆三十三年刻本

《淳化秘阁法帖考正》十卷，《淳化秘阁法帖考正附》二卷，王澍撰。《淳化阁帖释文》二卷，宋黄伯思撰。皆沈芥舟先生宗骞手书付刻者。依墨拓本分十卷，前临帖文，低一字小字，即考正。其附者，一卷为《古今法帖考》，二卷为《论书剩语》。芥舟先生工于书法，锓版不差毫厘，洵精本也。此书《四库全书总目》史部目录类著录，注“两江总督采进本”。《提要》云：“初，宋元祐中，米芾作《法帖题跋》，以辨别真赝。特据笔迹以意断之，究未能确指其所以然。大观中，黄伯思作《法帖刊误》，始援据史、传，订其舛迕，昭昭然白黑分矣。国朝何焯更摭姜夔《绛帖平》，

增注其上，而徐葆光又杂采诸书附益之。于是阁帖之得失异同，渐以明备。澍作是编，复研究诸说，衡其当否，以史、传正讹误，以笔迹辨依托。乃依《法帖》原目，分为十卷。又别为《古今法帖考》一卷，溯阁帖之缘起，及诸帖之沿流而作者。自以所得《笔法》一卷，并附其后。"

《提要》所称，一一与此本相合。然此书实有两刻本，一天都汪玉球刻者，前识数语，云"先生书成，属以锓木"。不记年月，似是雍正时刻。其书不录帖文，但标书者姓名。《四库》著录，当是此本。一即此沈临全帖本。以两本相较，自以沈本为优。《四库全书》钞本画一，例不能收沈本也。

澍撰《竹云题跋》、《虚舟题跋》，均芥舟先生书。其精力诚有过人，是亦足以传矣。芥舟先生事传，载冯金伯《墨香居画识》云："沈宗骞，字熙远，号芥舟。居乌程之研山湾，故又号研湾老圃。早岁能书画，补弟子员后，益肆力画山水人物，传神无不精妙。小楷、章草及楹丈大字，皆具古人神致魄力。尝见赏于曹地山、钱辛楣诸巨公，名重一时。生平合作如《汉宫春晓图》，设色工丽，衣纹缥缈，洵属神品。所著有《芥舟学画编》、《淳化阁石刻》。"

余按：《淳化阁石刻》，盖即此书。《画识》不知是临帖，误以为著书。辞意不明，竟似先生有重模《淳化石刻》本者，则误会不少矣。书经汉军杨幼云部郎继振收藏，中有"继振"、"幼云"诸印记。幼云为春宇侍郎宜振之介弟，官内阁，善鉴别图籍、金石、书画，古物收藏颇富。侍郎为道光乙巳恩科进士。同治乙丑，视学江苏，所拔多知名之士。家菊裳读学昌炽，即以童子受知入学者也。

余丙戌偕计入京，其家书帖久已散出。余得此书，并朱竹垞

《曝书亭词稿》，皆朱印累累，想见其手不释卷之乐。书前钤长方宋体字巨印，约二百馀言。无非劝告后人，珍惜藏书之意。乃身殁未久，所藏即已星散。何收藏家子孙之不能永守，古今一辙耶？幼云有知，当亦如武康山中，白昼闻鬼哭矣。

丁酉三月上巳后二日，叶德辉识并书。

竹云题跋四卷 乾隆三十二年丁亥刻本

《竹云题跋》四卷，金坛王澍撰。《四库全书总目》史部目录类著录，《提要》云："皆其临摹碑帖题跋，裒合成编。澍本工书，故精于鉴别。而于源流同异，考核尤详。"又云："其力排郑簠、蒋衡，不免文人相轻之习。"余谓谷口、拙存两人之书，本不及虚舟之大雅。且虚舟学问渊粹，尤非两家所能梦见，固不得以文人相轻讥之也。

此本为乾隆三十二年丁亥钱人龙校刻，与《虚舟题跋》，皆沈芥舟先生宗骞一手所书。《虚舟题跋》十卷，《补原》三卷，刻为乾隆五十二年戊申补刻。是时，《四库全书》久已告成，故未采入。是书名"竹云"者，按余金《熙朝新语》三云："金坛王虚舟澍，精金石、考订之学。尝道经秦邮，泛舟珠湖，仰见天际白云，如竹数百枝，枝叶皆具。下有云片若怪石，俨然图画。因作《竹云题跋》。"此事他书未载，颇足以广异闻。此盖虚舟书法通神，如古人观云悟笔之事，故苍苍者示以灵境，资其开敏之思。然则竹云是虚舟秘记之《笔阵图》也，乌止一时之幻景哉！

丙午五月小暑重装识，德辉。

虚舟题跋十卷、补原三卷乾隆五十二年温纯刻本

《虚舟题跋》并《补原》，亦王澍撰。乾隆三十二年，与《竹云题跋 》同刻，皆沈芥舟先生手书。印本无多，即佚去前三卷。其中版片损失，不能成书。故《四库全书总目》只收《竹云题跋》，而未收此书也。乾隆戊申，吴兴温纯得其残版，重为编订。时芥舟先生健在，乞其补书。故书中字迹大小肥瘦，时或不同，因此故也。此书体例与《竹云题跋》微有异同，《竹云题跋》，乃裒合其临摹碑帖之作排次，或书，此则专为题跋所藏所见之碑帖。间低一字，有“焯按”云云，则何义门先生评识也。且间涉及法书、名画，不全记碑帖，特碑帖居多耳。

我朝考订碑帖，鉴别书画之学，当以孙退谷及虚舟二先生为开山。其后翁覃溪、张叔未之于碑帖，安仪周、陆润之之于书画，皆以毕生精力而成专门名家。兼之者，则毕制军、阮文达、吴荷屋诸公，颇极一时之盛。诚以诸公恭逢圣祖、高宗两圣主，六十年太平长久之祚，削平内寇，戡定边疆，偃武修文，俾士大夫沐浴皇仁，涵濡文治。咸得以端居清暇，讨论艺事，撰述成编。以视周瑾公[①]之过眼云烟，躬逢鼎革；项子京之收藏天籁，生际衰朝，斯诚有幸、有不幸矣。虚舟先生本书家之正法眼，鉴藏之磨兜坚[②]，遭遇圣明，著书得登《四库》，岂非儒生之至荣，而为后人所想望者耶？展读是书，不禁神旺。

---

①周瑾公，当为“周公瑾”。周密，字公瑾，著有《云烟过眼录》。

②原作“摩兜鞬”，据段成式《酉阳杂俎》十一《广知》作“磨兜坚”。

丙午五月小暑重装记，德辉。

无声诗史七卷康熙庚子嘉兴李光映刻本

《无声诗史》七卷，姜绍书撰。所录皆明人至国初画家小传，足与徐沁明《画录》、周亮工《读画录》、张庚《画征录》参考互证，同为有功艺苑之书。是书刻者为嘉兴李光映，书者为光映姊夫王典在，字体秀逸，兼褚河南、赵松雪两家之长。且镂版精工，笔意不差累黍。想见国家全盛时物力之厚，技术之良，非今日所能企及。如此精本，安得不什袭藏之？

光绪丁酉雨水，德辉。

从古堂款识学一卷徐士燕手书本

《从古堂款识学》一卷，嘉兴徐士燕编录其父寿臧先生同柏所释山东潍县陈氏宝簠斋藏器铭字也。寿臧先生为张叔未解元廷济之女夫，于金石之学具有渊源。士燕秉承家教，能读父书。手录是编，传其先泽。字迹亦雅与其父相似，洵善继善述者。后附《毛公鼎释文》，于诸家所释颇有异同。吴县吴愙斋尚书大澂有《毛公鼎释文》，曾引及之，但非全文耳。此则于全鼎铭文一一训释，淹贯经义，穿穴字书。非泽于古者深，恐不能辨其只字。毛公鼎，国之重宝，得徐、吴二家诠释，尤为精确，与《典》、《谟》、《训》、《诰》同不朽矣。

德辉志，时丙寅中秋。

补寰宇访碑录五卷同治三年刊本

天下石刻，非足迹所至，仅凭他人纪载以相稗贩，未有不以讹传讹者。此书成于钞袭，所记碑地，考之未详。石之存亡，亦未得其实在。然助之成书者，皆一时收藏金石名家，何以疏漏如此？则急于成书之过也。书中有墨笔批抹，丑诋作者之为人。据前永明周蕙生编修题语，谓出自樊问青手笔。按：问青，即文卿，前记列为搜访人之一，未必书成后食言？此恐周编修误说。惟李莼客慈铭《越缦堂日记》所记作者逸事，颇亦如此。墨笔评语诋（淇）〔諆〕，云“莼客为作者中表至亲”，所言或有恩怨，然亦可信其半。空穴来风，想亦作者有自取之道也。

古玉图考二册，不分卷光绪乙酉吴氏自刻本

出土古器物，皆有裨于经史考证。三代法物，遭秦灭学，荡焉无存。汉初诸儒，独抱遗经，未遑措意于金石之学。故两汉之际，偶获古鼎，侈为符瑞，改元建号，比于凤麟。吴孙皓时，各方出古玉器，至以为“天发神谶”，勒石纪功。由是时，此等古物，识之者稀。故真伪杂糅，不暇为之详考。终汉之世，惟许叔重能知之，故所作《说文解字》叙云：“郡国亦往往于山川出鼎彝，其铭即前代之古文。”又“竹部”“管”重文“琯”下云：“前零陵文学奚姓，于伶道舜祠下得笙玉琯。夫以玉为音，故神人以和，凤皇来仪也。”自汉以后，逮唐千年，遂为绝学。

宋王黼奉敕撰《宣和博古图》，同时吕大防有《考古图》之作。其言古玉者，则有龙大渊《古玉图谱》一书。《四库全书总目提

要》存目，以前列修书职官舛错，及修书诸人年岁事迹不符，列十二疑，斥为伪撰。此馆臣未见真本也，原本并不如此。于是其学渐以昌明，颇足以资考索，然不若国朝诸儒之精而博也。顾诸儒多究心金石，未及古玉，近日吴愙斋尚书始成此《图考》百四十四叶。其中如圭璋、璧玉之属，一一疏经证史，多可纠正前人之失。如自叙中所列诸事，皆援据精确，无丝毫疑义。又如"蒲璧"为"织蒲文"，"穀璧"为"聚米文"。视向来《六经图》"蒲璧"画蒲草，"穀璧"画禾穗者，实为近理。其他如"璇玑"为"浑天仪"之机轮，"三孔璋"为"搢笏垂绅"之至督，亦确有卓见，不同向壁虚造之言。尚书博洽多闻，于金石有深契。近二十年，为此学者绝矣，读此为之慨然。

丁巳仲冬长至前二日，叶德辉记。

郋园读书志卷五

子部

晏子春秋八卷明活字印本

《晏子春秋》八卷，明活字印本。每半叶九行，行十八字。前有目录，载内、外篇章次第，下接刘向校录文。书分八篇，内篇《谏上》第一，《谏下》第二，《问上》第三，《问下》第四，《杂上》第五，《杂下》第六。外篇《重而异者》第七，《不合经术者》第八。版心不载卷数，惟“晏内”“晏外”等字。孙星衍《祠堂书目》有仿元写本，即以付吴山尊模刻、而顾千里为之跋者。其实即此活字本，因其排印整齐，字近元体，故误以为元刻耳。仁和丁松生八千卷楼藏有元刻本，为马笏斋旧藏，亦即此本。余丙申三月游浙时，曾借观之，不诬也。《汉书·艺文志》诸子略儒家类“《晏子》八篇”。隋、唐《志》加“春秋”二字，作七卷。自后《崇文总目》、晁公武《郡斋读书志》、陈振孙《直斋书录解题》均作十二卷。则此作八篇，盖犹《汉志》之旧也。

《四库全书提要》入史部传记类云：“此明李氏绵眇阁刻本，内篇分《谏上》、《谏下》、《问上》、《问下》、《杂上》、《杂下》，外篇分上、下二篇，与《汉志》八篇之数相合。故仍从此本著录，庶几犹略近古焉。”绵眇阁本，余亦有之，乃万历中刻，在此本之后。此本嘉靖时亦翻雕，世亦罕见。孙星衍于乾隆戊申为毕制军沅刻是书，所据为万历乙酉沈启南本，附著《音义》二卷，并不采及他本。卢文弨《群书拾补》所校《晏子春秋》，亦仅摭拾《音义》未引据者，补勘所遗。而未博考其馀明刻，亦可谓疏漏之甚矣。

丙午上巳，德辉。

光绪戊申三月，余回苏州洞庭展墓，道出江宁，因访陶斋尚书端方公于金陵节署。时方有收买仁和丁氏八千卷楼藏书储之江南图书馆之议，居间媒介者为江阴缪小山太夫子荃孙。所有宋、元旧本均取头本呈送，此《晏子春秋》亦在其内。当时均以为元本，余力证其为明时活字印本，且告以余有藏本，与此无异。陶斋曰："即是明活字印，亦见所未见，能割爱以贻我乎？"余曰："公前年赠余以宋本《南岳总胜集》，余正未有报也，是直可谓抛玉引砖矣。"五月还湘，遂邮寄归之，临封为识数语于后。

时六月天贶，德辉。

纂图互注重言重意荀子杨倞注二十卷

元翻南宋建（安）〔阳〕[1] 书坊刻本

《纂图互注重言重意荀子》二十卷，题"唐大理评事杨倞注"。前有元和十三年杨倞序，并"欹器图"、"大辂图"、"龙旗五斿图"。"互注重言重意"皆黑地白文标识。小黑口本，每半叶十一行，行二十一字，注二十五字。余藏《纂图互注重言重意扬

①据正文补改。

子法言》，版式、行字与此同，盖南宋末年建阳书坊刻本也。惟《扬子》字体较此肥润，故余定此本为元初翻刻，但纸料墨色又复相同，则不可解。

宋刻《荀子》原有监本、建本之分。卢抱经校刻时，引据影钞大字宋本，即近日黎庶昌《古逸丛书》翻刻宋淳熙八年台州本，其源出于北宋治平监本。此《纂图互注》，出于南宋建阳书坊刻本。同时刻有《老子》、《庄子》、《扬子》，谓之四子。《扬子法言》后有牌记云："本宅今将监本四子'纂图互注'附入'重言重意'，精加校正。"此所谓监本者，乃南宋监本，今读者但目为建本。今以两本相校，如《劝学篇》"青取之于蓝"，此作"青出之蓝"。"圣心备焉"，"备"，此作"循"。"无以成江海"，"海"，此作"河"。"蚯螾无爪牙之利"，"螾"上，此无"蚯"字，注有"蚯蚓也"三字。"目不能两视而明，耳不能两听而聪"，两"不"下，此无"能"字。"玉在山而草木润"，"木"上，此无"草"字。"君子如響矣"，"響"，此作"嚮"。"谨慎其身"，"慎"，此作"顺"。

《修身篇》"诗曰'潝潝訿訿'"，此作"噏噏呰呰"。"保利非义"，"非"，此作"弃"。"卑溼重迟"，"溼"，此作"濕"。注"溼，忧也"，此作"濕，优也"。"行而俯项，非击戾也"，注"击戾，犹言了戾也"。"了戾"，此作"孑戾"。按："孑戾"是也。注云"谓项，曲戾，不能仰者也"。《说文》了部"孑"训："无右臂，与俯项义近。"击、孑，音亦相近，取同声相训。"老老而壮者归焉"，注"天下之达老"，"达"，此作"大"。

《不苟篇》"故怀负石而赴河"，此无"故怀"二字。按："怀""负"义同，二字误衍。"扬人之美"，"美"，此作"善"。"举人之过恶"，此无"恶"字。"小心则流淫而倾"，此无"流"字。"故君子不下室堂”，此无“堂”字。

《荣辱篇》“政令法”，此作“政法令”，注有“当为‘政令法’，或曰‘政’当为‘正’”十一字。“俄且僩也”，注“‘僩’与‘憪’同，猛也”。“憪”，此作“撊”。按：《方言》：“晋、魏之间谓‘猛’为‘撊’。”“方知畜鸡狗猪彘”，“知”，此作“多”。“粮食太侈”，“太”，此作“大”，注有“‘大’读为‘太’”四字。

《非相篇》“《汉书·刑法家》有相人二十四篇”，“刑”，此作“形”；“篇”，此作“卷”。按：与《汉志》文相合。“节族久而绝”，注“宗族久则废也”，“宗”，此作“节”。

《非十二子篇》“以澩乱天下”，“澩”，此作“鸮”。“吾语汝学者之嵬容”，此无“容”字。

《儒效篇》“抑亦变化矣”，“抑亦”，此作“仰易”，句末无“矣”字，注有“仰易，反易也”五字。“人之所以道也，君子之所道也”，此作“人之所道也”，下无“君子之所道也”一句。“履天子之籍”，此作“履天下之籍”。“人无师法则隆情矣，有师法则隆性矣”，此作“人无师法则隆性矣，有师法则隆积矣”。注“隆，厚也。厚于情，谓姿其情之欲。厚于性，谓本于善也”。此作“隆，厚也，积习也。厚性，谓姿其本性之欲。厚于积习，谓化为善也”。“积土而为山，积水而成海”，此作“积土谓之山，积水谓之海”。按：下云“旦暮积谓之岁”，以下连用“谓之”，则此两“谓之”是也。

《王制篇》“不待顷而废”，“顷”，此作“须”。“小节非也”，此无“非也”二字。“承强大之敌也，知强大之敌”，上句“敌”下，此无“也”字，又无“知强大之敌”一句。

《富国篇》“徒坏堕落”，“徒”，此作“徙”。“惟民其力懋和而有疾”，“力”，此作“勑”；“而”，此作“若”。按：《书》本作

"粆"作"若"。

《君道篇》"斗斛敦概者"，"斗"，此作"胜"。按："斗"，盖"升"之误。"胜"，古通作"升"。《三辅黄图·御宿图》"出栗，十五枚一胜，大梨如五胜"是也。"百吏乘而后"，"后"下，此有"鄙"字。"而劝上之事"，"劝"，此作"勤"。"敬诎而不苟"，"苟"，此作"悖"。"缘义而有类"，此作"缘类而有义理"。"万变而不疑"，"万"下，此有"物"字。"是狂生者也"，此作"是闻难狂生者也"。"诗曰：价人维藩"，"价"，此作"介"。"圣人财衍以明辨"，"财衍"，此作"则术"。"无流慆也"，"慆"上，此无"流"字，又"慆"作"陷"。"守职循业"，"循"，此作"修"。

《臣道篇》"刑下如景"，"刑"，此作"形"。"大臣父子兄弟"，此无"子"字"弟"字。"故无德之为道也"，"故"下，此无"无"字。

《致士篇》"水深而回，树落则粪"，此作"水深则回，树落粪本"。

《议兵篇》"负服矢五十个"，"负"下，此无"服"字。"其生民也陋阸"，"陋阸"，此作"狭隘"。"成不可必也"，注"不可必，不得必"，此无"不得必"三字。"王公由之，所以得天下也"，"得"，此作"一"。

《强国篇》"视可司间"，注"观其可伐也"，此下有"司，音伺，间隙也"六字。"则有其諰也"，"则"下，此有"甚"字。

《天论篇》"宋子有见于少，无见于多"，注："《下篇》云'宋人以人之情为欲寡，而皆以己之情为欲多为过也'。"此作"宋子以人之情欲寡，而皆以己之情欲多是过也"。按：此与《下篇》文同。

《正论篇》"故鲁人用糖，卫人用柯"，注"《方言》'碗谓之櫂，或谓之柯'"，此作"碗谓之糖，盂谓之柯"。"居则设张容"，注“所以隐见也”，“隐见”，此作“防隐”。

《乐论篇》“从以磬管”，此作“从以箫管”。按：《礼记》同。“美善相乐”，此作“莫善于乐”。“鼓天丽”，“天”，此作“大”。“众积意谔谔乎”，“积”下，此无“意”字。“而众宾皆从之”，“皆”，此作“自”。按：《礼记》作“自”。“不酢而隆，杀之义辨矣”，“隆”上，此有“降”字。按：《礼记》有“降”字。“终于沃者焉”，“沃”下，此有“洗”字。按：《礼记》有“洗”字。“是足以正身安国矣”，此无“是”字。按：《礼记》无“是”字。

《解蔽篇》“死则四海哭”，“四海”，此作“天下”。“辅贤之谓能”，“能”，此作“强”。按：下句“勉之强之，其福必长”，“强、长”为韵，则此作“强”是也。“与不可道之人论道人”，此作“与不道人”，无“可之论道人”五字。“以决粗理矣”，“粗”，此作“庶”。

《正名篇》“以所欲以为可得”，此作“以欲为可得”。

《性恶篇》“然则生而已”，“生”，此作“性”，下句同，故涂之。“人可以为禹”，此下有“未必然也”，涂之“人可以为禹”两句。“其言也谄”，“谄”，此作“谣”。“其举事多悔”，“悔”，此作“侮”。

《成相篇》“高其台榭”，此无“榭”字。按：上句“飞廉知政任恶来”，“来、台”为韵，则无“榭”字是也。

《赋篇》“谓占之五帝”，“五帝”，此作“五泰”，注有“五泰，五帝也”五字。下“五帝占之曰”，“帝”，此亦作“泰”。

《大略篇》“背礼者也”，此作“皆礼也”。“是弃国损身之道也”，“损”，此作“捐”。“祸之所由生也，生有纤纤也”，此作“祸之所由，生自纤纤也”。按：《大戴礼记》“曾子立事”文与此同。

《宥坐篇》“关达逄”，“逄”，此作“逢”。

《子道篇》“言以类使”，“使”，此作“接”。按：“使”为“捷”

之误，捷、接通用，古本当是“捷”字。

《哀公篇》“将焉不至矣”，“焉”下，此有“而”字，按：古通能，“焉而”犹“焉能”。下并同。

《尧问篇》“闻之日，无越逾不见士”，“日”，此作“曰”。按：注“越逾，过一日也”。正文“涉”，注文“曰”字误。

凡此，皆优于台州本者也。明嘉靖中世德堂本即从此纂图互注本出，今藏书家推为善本。殊不知先河后海之义，此固南宋刻本不祢之祖矣。

新语二卷明万历辛卯范大冲校刊本

《新语》二卷，明万历辛卯范大冲天一阁校刊本，每半叶九行，行十八字。大冲，钦子。钦刻天一阁二十种奇书，此在二十种之外。而大冲序有“勉承先志”之语，故撰人下一行，仍称“范钦订”，连“范大冲校刻”为一行。明刻《新语》，多在丛书中。惟弘治壬戌，李仲阳刻本为单行。外此，则此范刻，及天启辛酉朱谋垔重刻李仲阳本。此本最罕见，故藏书家志目均不著录。《四库全书总目》称“内府藏本”，不云何时何人所刻。据《天禄琳琅书目续编》载，程荣《汉魏丛书》中，有陆贾《新语》二卷，则内府所藏，亦丛书本也。阮文达元编《范氏天一阁书目》，内载两本，一李仲阳本，一即大冲校刻本。盖当时大冲或拟于二十种外续刻多种，而仅刻此一种，故流传较二十种为尤少也。

光绪乙巳冬小雪后一日，德辉。

盐铁论十卷明弘治十四年涂祯仿宋刻本

莫友芝《宋元旧本书经眼录》，载有宋本《盐铁论》十卷，云

“每半叶九行，每行十八字。第十卷末叶有‘淳熙改元锦溪张监税宅善本’楷书木记，丰顺丁氏收藏”。按：此即丁禹生中丞日昌《持静斋书目》所载之宋本也。明涂祯翻刻宋嘉泰壬戌刻本，行格与此同，惟无末叶印记。嘉泰壬戌，上距淳熙改元凡二十八年。盖又据张监税宅本重刻耳。

此本即为涂刻，前有弘治十四年吴郡都穆序，行、格与宋本同。桓宽之“桓”，及书中“匡”字，均沿宋讳阙笔，在明人刻书，可谓极有家法者也。世行张古馀敦仁所刻涂本，改易行款。彼据明人重刻别本，故误以为即涂原刻，由于当时涂刻原本不易见耳。每慨东南兵燹以后，旧版书籍稀若隋珠，从京师求张本不可得。回南后，始无意于故书摊中获周氏《欣纷阁丛书》中有此，即系张刻，旋以赠之友人。门下刘校官肇隅影写一部，又获存之。张本初印，乃系单行，其版后归周氏并入丛书。乱后版失，即此亦少传本。

此外所见，明胡维新两京遗编本，亦据涂本重刻。又有张之象注本，讹脱颇甚，为通人所非。卢抱经文弨《群书拾补》谓其“擅改古字音，皆以《永乐大典》、涂刻两本校正之”是也。甲午、乙未之间，元和江建霞编修标督学湖南时，出其所藏元本见示，每半叶十三行，每行二十五字。书中往往脱落大段，字体损俗，殊不耐观。以其为元时旧本，故影写一部，以备参稽。

明时，又有锡山华氏活字本、太元书室本，见杨绍和《楹书隅录续编》。校明钞本后跋，大抵皆在此本之后，不如此之源出宋本，为可依据也。宋刻世固罕见，涂刻不失虎贲中郎，惜涂本又不易睹。故孙渊如星衍《祠堂书目》所载本，尚系影写张刻祖本，卢抱经所见者同。惟近日日本森立之《经籍访古志》载有涂刻本，云“半叶九行，行十八字”者，确系涂刻原本。孤悬海外，未知何日珠还？则余此书，固当与宋本同其珍贵矣。卷首有“玉函山房藏书”六字朱文印记，曾经历城马竹吾国翰收藏。善化有张姓于山东购归，展转为余所有，狂喜不寐，故详记之。

光绪癸卯长至灯下。

又一部明胡维新两京遗编刻本

《盐铁论》为明胡维新《两京遗编》中之一种，半叶九行，行十七字。前弘治十四年，有江阴涂祯刻本，九行十八字，源出宋淳熙改元，锦溪张监税宅本。嘉庆丁卯，张敦仁仿明刻十行本。此嘉靖三十年，倪邦彦重刻涂祯本。顾千里作考证，竟以为涂刻原本，此由未见弘治本耳。此亦重刻涂本，故前有涂序。《两京遗编》传世者颇少。孙星衍《祠堂书目》载有陆贾《新语》、贾谊《新书》、王符《潜夫论》、荀悦《申鉴》、徐干《中论》、应劭《风俗通》六种，均系影写本，并未影写此书，知此书尤为希见也。卷首目录下，卷第一、第三、第四、第六、第八，卷前有“献陵纪氏家藏”六字白文篆书大长方印，“楝亭曹氏藏书”六字朱文篆书长方印。卷第一下有“五砚楼藏”四字白文篆书方印。“纪”为文达公昀，“曹”为子清通政寅，“五砚楼”则袁又恺廷梼也，均藏书家。固知前贤亦视为善本收藏，不亚于宋、元名椠也。

又一部影写元麻沙本

此影写元麻沙本《盐铁论》十卷，余乙未冬间，从江建霞学使灵鹣阁中所藏元刻本传出者也。元本为向来藏书家目录所未载，故乾、嘉老辈如顾千里，仅见明涂祯本。其重刻涂本，谓涂本出于宋刻，其实顾并未见宋本也。

以涂本校此本，《论儒第十一》全脱卷二。《未通第十五》“夫牧民”句下至篇末，脱去四百三十四字卷三。《水旱第三十六》“为善于”下句，自“福应”起至“耨土此”，脱去六百五十一字卷六。《执务第三十九》、《能言第四十》、《盐铁取下第四十一》，三篇全脱。而移《击之第四十二》为《三十九》卷七。《繇役第四十九》“田来”句下，自“久矣”起至篇末止，《险固第五十》自篇首起至“既前”止，共脱三百六十三字，又误合二篇为一卷九。以字数计之，恰当涂本一叶之数。知涂刻与此刻同出一源，留此隙漏，益为证据。此外如《论功第五十二》、《论邹第五十三》、《论菑第五十四》卷九、《刑德第五十五》、《申韩第五十六》卷十，五篇全脱，以视涂本，殆有天渊之别。又其中讹字、俗体，触处皆是。世人耳食宋、元本，岂知元本亦有不可尽据者耶?

余友陈伯商太史鼎，藏有明九行十八字本，为明仿宋刻，伯商秘为宋本，余谓不然。然其本实佳，惜未取以一校。又丰顺丁禹生中丞日昌《持静斋书目》中载，“宋张监税本，半叶十行，行十八字”。余从中丞嗣君叔雅茂才京师行笥见之，乃九行十八字。盖《书目》误作十行，亦未取以相校，至今恨恨。

此册前附师邛跋。“师邛”，即建霞书室名。跋中“丰润”乃“丰顺”笔误字。至谓“以张刻略校，其精胜处甚多”，是则未曾细校，信口欺人之谈，固不值通人一笑也。

丁酉冬至前一日，丽楼主人叶德辉记。

又一部嘉庆丁卯张敦仁刻本

明弘治辛酉，涂祯重刻宋嘉泰《盐铁论》，其原刻每半叶九行，每行十八字，余有其书。此据嘉靖三十年倪邦彦重刻涂本翻雕，每半叶十行，每行二十字。当时顾广圻为张敦仁校刻时，所见即倪本无重刻序者，因留涂祯识，及都穆序，故误以为即弘治原刻耳。宋嘉泰本，乃重刻淳熙改元张监税宅本，莫友芝《宋元旧本书经眼录》所称"丁禹生中丞所藏宋本"是也。莫云"每半叶九行，每行十八字"。而中丞自撰《持静斋书目》误载为"十行十八字"，是又多一重疑案矣。丁书，余于光绪丙申从中丞嗣君叔雅茂才京师行笥见之，每半叶九行，每行十八字。款式与余藏弘治涂刻本同，亦与莫氏所言合。

戊申客江宁，访江阴缪太夫子小山先生于省居颜料坊寓宅，谈及此书，余历举顾、张之误。先生愕然，随于插架检示涂本，谓为顾、张所据，而实则倪本无重刻序者。后检先生《艺风堂藏书记》考之，有云"此为张古馀影刻之祖本，明时刻于江阴，尤为难得"。是则先生所云，亦沿误久矣。

此本为张刻初印本，重刻序以为涂刻，而孰知不然。百馀年疑案，至余而始断之，可云快事。余向有此刻本，曾影写一本，以原本赠友人。后得弘治本，又思有此本一证，而十馀年不一见。今幸重得，又阅沧桑，是当珍重比于明刻，不得以寻常书帕赠人之物例之也。

壬子六月望日，朱亭山民叶德辉记。

刘向新序十卷、说苑二十卷明范氏天一阁二十种奇书刻本

明范氏天一阁所刻书，皆九行十八字，独此刘向《新序》、《说苑》二书为十行十八字，似别有依据。然细按之，与明人他刻本无异，远不如宋本之文句多完全处也。顾湘舟沅《汇刻书目》，列范氏天一阁刻奇书二十种，此二书即在其内。范氏为明代大藏书家，中多宋、元秘笈。乃读所刻书，无一本于宋刻。此与明季毛晋汲古阁刻书蔽同。余尝恨毛氏刻书，不以家藏宋本翻刻，又不据善本校勘。今乃知明人刻书，大都如此，非仅毛氏也。

范刻诸书虽不佳，而流传绝少。近来阁书散出，宋、元旧钞本多为京师、沪上书估搜括一空。此乃残剩之册，缺叶尤多，吾亦收藏及之，聊以存明人版本之一种耳。二书明时尚有楚藩本、何良俊本、程荣《汉魏丛书》本，中以程本为佳，吾并有之，则此不足贵矣。

丁巳小满节，叶德辉题记。

绘图列女传八卷明万历丙辰黄嘉育刻本

刘向《列女传》绘图本，扬州阮氏文选楼模刻宋余氏勤有堂本，谓其"图画出自晋顾恺之"。画甚古拙，但《孟母图》屋舍上题"书院"二字，则可断其出自坊估之手。其云"顾画"者，不足信也。

此明万历丙辰黄嘉育所刻，前有黄序脱去。孙星衍《祠堂书目》内编载有此书，其《平津馆鉴藏书籍记》亦定为明刻，但未

知刻书人姓名，意其本亦脱去黄序耳。吾向从一坊友见其有此书，黄序尚在，故得知之。此本字体有晋人钟、王遗意，其图画似出仇十洲一派人手笔。而其刻本，仍本天水旧椠。书前有王回序，序文各颂其义，图其状，惣为卒篇云云。明刻除黄省曾本外，皆误析“惣”字为“物以”二字。盖“惣”下“心”，草书似“以”，故刻者往往误作二字。近日汪士钟刻宋衢州本晁公武《读书志》，《列女传》引此序，误亦同。惟宋余氏本及《文献通考·经籍考》引《晁志》，并作“惣”字。是此刻之来历，必本于宋椠无疑矣。二、三十年来，藏书家多重明嘉靖本。其视万历本，不啻书帕坊行。岂知万历时固有此佳刻耶？

光绪丙申八月秋分，书于北京北半截胡同浏阳馆寓。

又一部文（撰）〔选〕楼仿宋余氏勤有堂本

此扬州阮氏琅嬛仙馆重刊宋余氏勤有堂图像《列女传》七卷，续一卷。序半叶十一行，行二十一字。目行同序，行十八字。大题《新编古列女传》。目录占双行，大字，第三行题“汉护左都水使者光禄大夫刘向编撰”。四行题“晋大司马参军顾（凯）〔恺〕之图画”。正卷大题《新刊古列女传》卷之一。每叶上半图画，下半传文。行字大小不一，以全叶行字论，多者半叶十六行，行三十字。其次半叶十五行，行二十五字。又其次半叶十四行，行二十二字。又其次半叶十二行，行二十字，或二十三字，或二十五字。少者半叶十一行，行二十字，各视其传文多少，故无一定行字。建安余氏，至元时犹存。观其字体，似元时所刻。其题“顾（凯）〔恺〕之图画”亦无根据。江藩跋称，见“赵文敏临（凯）〔恺〕之《烈女传·仁智图》，其画像、佩服，与刻本一一吻合。

始悟此图乃顾画之缩本”。又，阮公子福跋，引其父文达之言曰：“尝见唐宋人临顾（凯）〔恺〕之《烈女传图》长卷，其中衣冠人物，与此图皆同。其宫室、树石，如《孟母图》中‘书院’之类，或为唐、宋人所增。然即此，尚可见唐、宋人古制。至于人物、灯扇之类，亦绝似虎头画。《洛神赋图》，定为晋人之本无疑。”又云：“又考《米南宫画史》云：‘今士人家收得唐摹顾笔《烈女图》，至刻版、作扇，皆是三寸馀。’此本除去传、颂，但度图之高下，与《米史》所言‘三寸’恰合。然则，余氏盖出于北宋摹刻本，北宋出于唐摹顾虎头本，而缩低为三寸无疑。顾君抱冲跋称，按：此本顾抱冲之逵藏本，后归阮氏。顾有刻本，削去“顾图”，改为宋体字本，后附考证。此即刻本跋也。‘据王回序，则吕缙叔等所见图，止《母仪》《贤明》二传，后并无从更得。今此图盖余氏补绘’，殆未然也。”按：抱冲之说是也，乃反以为未然，则佞宋之过也。

宋本，本明内府藏，国初归常熟钱曾述古堂。曾撰《读书敏求记》载此书传记类，云“鱼山乱后入燕，得于南城废殿。卷末一条云：‘一本，永乐二年七月二十五日，苏敬叔买到。’当时采访书籍，必贴进买人氏名，郑重不苟。如此内府珍藏，流落人间，展转得归于予，不胜百六飙回之感”。《钦定天禄琳琅》宋本类载有此书，按其图章、印记，即钱氏旧藏，不知何时流出民间，由顾而归于阮。文选楼火后，此书当为六丁取去，至今藏书家未见再有著录。留此虎贲中郎，亦足为好古者之清玩。图画虽不尽出于顾氏，其古朴之致，固非俗工所能，宜其为前人所推重也。

明万历丙辰，黄嘉育刻绘图本极精，与此可称伯仲，余并有之。黄刻，图画近仇十洲，字体有晋人风范，疑所据原本亦出宋椠。以校此本，其异于俗本之处，皆与此本合。余本拟重刻，因其图像工致，刻手不得良工，故久未议及云。

又一部嘉庆丙辰顾氏小读书堆刻本

此嘉庆丙辰顾之逵小读书堆刻本。顾氏得此书，为宋余氏勤有堂绘图本，原题“汉左都水使者光禄大夫刘向编撰，晋大司马参军顾（凯）〔恺〕之图画”。因前王回序云：“今直秘阁吕缙叔、集贤校理苏子容、象山令林次中各言，尝见《母仪》《贤明》四卷于江南人家，其画为古佩服，而各题其颂像侧。然《崇文》及三君、北游诸藏书家皆无此本，不知其传果向之颂图欤？抑后好事者据其颂，取古佩服而图之欤？莫得而考已。”于顾画深致疑义，故削去不刊。然既据宋本重雕，自应存其图画。后宋本为阮文达公子福所得，因照原本行格、图画影模刊行，今所传琅嬛仙馆本也。宋本颇有讹字，之逵弟千里为作《考证》附后，校订精审，于读是书者多所裨益。是则胜于阮本者也。

余藏有此书，不知何时失去。在苏州寓中，莫楚生观察来访，偶尔谈及是书刻本之善，惜不再遇。观察云，彼曾藏有二部，可以其一相让，因检此见赠。良友之惠，不可忘也。书记册首，子孙其永宝之。

已未九月既望，郋园书。

纂图互注扬子法言十三卷元翻宋麻沙书坊刻本

元翻宋本《纂图互注四子》，《老》、《庄》、《荀》、《扬》，今只《扬子》一种，每半叶十一行，每行二十一字，小字二十五字。前有“建安书坊”木记，刬去“书坊”名号。与近人杨守敬《留真谱》所载二本行格相同，而字之肥瘦略异。疑《谱》所载为明翻本，非元版也。诸子书，在宋刻中有监本、坊本之别；有《四子》《六子》之殊。此书乃据监本《四子》重雕，秦恩复所刻之治平监本，即此本之初祖。后来坊估于《四子》外，增入《列子》、《文中子》，谓之《六子》，又此本之滥觞。

孙星衍《平津馆鉴藏书籍记》宋版类有此本，行格相同，惟前有《浑仪图》、《五声十二律图》为异。《孙记》云："'重言重意'俱用墨，盖'子'别出，则又与此同。"盖孙所藏本，即此本，审其字画纸墨，确为元翻宋本无疑，特此脱去前两图耳。宋咸序后有木记六行云："本宅今将空一格监本空二格《四一行子纂图互注》附入'重言重二行意'，精加校正，并无讹缪，誊三行作大字刊行，务令学者得四行以参考，互相发明，诚为益五行之大也。建安空三格谨咨六行。"《孙记》云："'得'字以下缺。"陆心源《皕宋楼》、瞿镛《铁琴铜剑楼》两书目所载文全。

瞿云："与宋治平监刻李轨注本有异同，如《学行篇》'以其所以葬'，与上'以其所以养'正同，李本作'以其所葬'，是'所'下脱'以'字矣。《吾子篇》'事辞称则经'，李本误重'事'字。《问明篇》'巢父洒耳'，与《音义》'洒，音洗'合，李本作'洗耳'，当误。《寡见篇》'又从而绣其鞶帨'，李本误重'其'字。《五百篇》'由群婢之故也'，李本作'群谋'。《先知篇》'谨其教化'，李本作'议其'。《重黎篇》'请闻盖天'，李本作'请问盖'，以'天'字混入注中，大误。又'始元之初'，李本作'始六之诏'。《渊骞篇》'翼以扬之'，李本作'巽以'。又'实蛛蝥之靡也'，李本作'劘也'。《君子篇》'人言仙者有诸乎曰吁'，李本'乎'下脱'曰'字。凡此诸条，皆卓然胜于李本者。"

按：今此本亦如瞿本云云，其中如《吾子篇》"事辞称则经"，重“事”字。《寡见篇》“又从而绣其鞶帨”，重“其”字。《重黎篇》“请问盖天”，“天”字误入小注。《渊骞篇》“实蛛蝥之靡也”，“靡”误作“劘”。皆显而易见之处。至“巢父洒耳”改作“洗耳”，则由不知“洒、洗”相通之义。由“群婢之故也”误作“群谋”，则由不考注文引“齐人归女乐”正以解释“群婢”之义。“始元之初”作“始六之诏”，则由不知“始元”为汉昭帝纪年，正与下文“拥少帝之微”，少帝为昭帝之义。而秦刻监本序后附校语，如“事”字、“其”字之重，“洒”之误“洗”，“婢”之误“谋”，“靡”之误“劘”，“谨其教化”之“谨”误“议”，“盖天”之脱“天”字，皆一一举正。独于“以其所以葬”，反谓上文“以其所以养”为衍“以”字。于“始元之初”，反据音义谓当作“始六世之诏”，不知音义原又注“天复”本作“始元之初”。于“巽以扬之”，不知“巽”为“翼”之误，反谓“巽”为衍字。于“人言仙者有诸乎曰吁”，知“吁”上脱“曰”字，乃谓“乎”为“曰”之误。

所谓知二五而不知十，犹非精于校勘者也。大抵秦刻监本所据为修版，或其误字为修版之讹。今得此本，互相证明，益见宋、元旧本，各有可贵。视明世德堂所刻，讹以传讹之本，不诚有金珠瓦砾之别耶？

光绪辛丑冬十一月十二冬至，长沙叶德辉记。

太玄经十卷明嘉靖甲申郝梁复刊宋两浙茶盐司本

《太玄经》十卷、《说玄》五篇、《释文》一卷，经题“晋范望字叔明解”，赞说题“唐宰相王涯字广津纂”，《释文》附卷末，首冠以“陆绩述玄”。每半叶八行，行十七字。小注双行。版心下有“万玉堂”三字。《说玄》后有“右迪功郎充两浙东路提举茶盐司干办公事张寔校勘”一行。明嘉靖甲申郝梁复刊本。按：陆心源《皕宋楼藏书志》：“熙宁二年，两浙东路茶盐司刻《外台秘要》四十卷，亦有张寔校勘衔名。此必同时所刻，则复北宋本也。”《四库全书总目》子部术数类著录，《提要》云“有‘右迪功郎’云云”一行，盖即此本。《释文》一卷，不题撰人，《提要》引郑樵《通志》，谓为“林瑀撰”，必有据也。

世范三卷乾隆戊申吴氏刻本

宋袁采《世范》三卷。《四库》著录为《永乐大典》中宋本，武英殿丛书无排印，故世不多见。明陶宗仪《说郛》本、陈继儒《秘笈类函》本、钟瑞先《唐宋丛书》本，皆非足本。《秘笈》本讹谬尤多，自来藏书家每以不见原帙为憾也。乾隆庚戌，袁廷梼得宋本三卷，后附方昕《集事诗鉴》三十条，以授歙人鲍廷博刻入《知不足斋丛书》。其书非单行，世复不多见。此为乾隆甲寅[①]，大兴吴裕德与善堂刻本，字大悦目，校勘极精，书法吴兴，绝似宋、元旧椠。后附《集事诗鉴》，并袁廷梼跋，知即据袁藏宋本重刊，诚善本也。

此书自宋、元以来，即为齐家至宝。陈振孙《直斋书录解题》、马端临《经籍考》皆著于录。孔行素《至正直记》“年老蓄婢妾”条云：“年老蓄婢妾，最为人之不幸。此袁氏《世范》言之甚详，有家者当深玩之。”可见此书在元时，为士大夫所诵法。

①此处为“甲寅”，而目录与标题均为“戊申”，未审孰是？

《四库全书提要》称其"明白切要，易知易从，为颜氏家训之亚"，不诬也。至后附撰《诗鉴》之方昕，鲍本及此本均不言其里居、事迹，惟第四条："母之于子，当鉴王珪母李氏"，称"本朝苏参政易简"云云，似是宋人语，岂其人后于袁氏不远者欤？

光绪甲辰五月夏至记。

大学衍义补一百六十卷明刻本

明沈德符《野获编》二十五云："真西山《大学衍义》，其讲'修、齐'甚备，而'治、平'则略之。杂引前代宦官旧事，分为二类。其'忠谨''受福'仅八条，而'预政''蒙患'者四十馀条，故中官极憎之，不得时呈一览。宣德七年，御史陈祚劝上读此书，逮祚下狱，并其子姬瑄八、九人长系，英宗登极始释之。成化时，叶文庄盛亦以为请，不报。至邱文庄作《衍义补》进孝宗，遂大荷眷赏，奉旨发刊，未几入相。盖《补义》中独不列'阉宦'一门，内廷德之，而大用。其时议者，即云'修、齐'中已括'治、平'，何必又补？特借此博主知。故入阁后，即撮《补义》要务请上允行，上嘉纳之。皆非无因也。盖宣宗博学，于载籍无所不窥，故疑御史之见讽。孝宗勤学，凡献替必虚心听纳，故喜谏臣之纳忠。然俞咈之由，皆媒于内侍，可叹也。"

又云："癸卯冬，妖书起，上盛怒难解。东厂内臣陈矩虑有株连，以《衍义补》内《慎刑宪》数卷进呈，上意稍解。既而，置皦生光极典，他无滥及。人皆归功于陈珰。陈益大喜，遂于乙巳年奏进《衍义补》二部，请发重刊。时陈以掌印带厂，上即命司礼监翻刻颁行，至上亲洒宸翰弁其首。文庄此书，终始为宦寺推服。殁后百馀年，犹受至尊知遇如此。"

案：此本即初次奉旨发刊之本，纸墨敝损，触手欲碎。因其为明时装钉，不欲易之，以存古式。至其书之得失，《四库全书》已详论之。偶阅沈编，为《提要》所未及。此是书一段公案，足以资遗闻，故详录焉。夫因《慎刑宪》数卷，使悟上不滥杀株连。则其书之裨益圣学，岂谓无功？两次刊发于内官，乃偶然遭遇如此。当时时议谓为“借博主知”，毋乃吹求之论耶？

光绪丙午冬十一月二十日，长沙叶德辉记。

近言一卷明沈辨之刻本

《近言》一卷，明顾璘撰。《四库全书》子部儒家类存目，《提要》云：“是书凡十三篇，而末一篇为序志。其体例仿扬雄《法言》、王符《潜夫论》。其篇名则取之刘勰《文心雕龙》者也。所论皆持身涉世之道，大致平正无疵，而亦无深义。”案《提要》评允矣。明人好学秦、汉人子书，往往以时文、性理空言，强名之为著述。而案其实际，无深文奥义可以动人。如顾氏此书，固其一班之可见者也。

是本为明人沈与文所刻。沈字辨之，刻有《韩诗外传》，世所称沈辨之野竹斋本者是也。是本前王廷相序第三叶第十行下，有“吴人沈与文书”六小字。本书末叶长方“亚”字印内，有“吴郡沈氏繁露堂雕”八篆字。全书方体字，近宋刻。沈固善刻书者，书虽平常，存之以见明时刻本之风气云。

丁巳夏五朔日壬辰，郎园记。

五种遗规十五卷乾隆七年陈氏家刻本

陈文恭公《五种遗规》，久为士林所诵法。然其初，止刻《养正遗规》、《教女遗规》、《训俗遗规》、《从政遗规》四种。其后，乾隆己丑三十四年，始刻《学仕遗规》。据洪洞刘大懿于嘉庆甲戌重刻《四种遗规摘钞》，后附《在官法戒录》。似当时未见《五种》全书，故以《在官法戒录》当《五种》之一也。其时距公刻书时仅七十馀年，而其书之希见如此，况在今日求原刻《五种》全书耶？文恭六世孙绍修大令福荫，与余同举壬辰进士，由户部改官湖南，询及此书原版，据云残失过半，久未印行。

此其藏版之早印者，次儿启慕，人尚循谨，检此付之，并书其首，俾知保守云。

甲寅除夕叶德辉题记。

又一部嘉庆甲戌刘洪洞刻本

此洪洞刘大懿重刻陈文恭《四种遗规摘钞》本，后附《在官法戒录》。文恭原书《五种》，有《学仕遗规》，无《在官法戒录》。此刻少《学仕遗规》，故以《法戒录》足成之。其书刻于嘉庆甲戌，盖大懿令浙江诸暨时。《录》则刻之闽中，是时大懿已陈臬福建矣。坊市通行本多据此本重刊，原书全者固希见，即此《摘钞》本原刻，亦希见。余藏此本，已历多年。今年过夏都门，获原书一部，装订付之次儿启慕；而以此部付之大儿启倬。先

〔君〕[1] 恭惠，律身应世，法守程朱，恨余不肖，则望儿子绳武。倘能精熟是书，于修、齐、治、平之道，胥在是矣。

甲寅除夕，郋园题记。

老子道德经二卷 明天启甲子闻启祥刻刘辰翁批点本

《老》《庄》《列》三子，宋林希逸《鬳斋口义》，《四库全书总目》仅有《庄子口义》一种。明嘉靖乙酉，江汝璧刻《三子口义》，传本甚稀。常熟瞿氏《铁琴铜剑楼藏书目》有《庄子鬳斋口义》十卷，《列子鬳斋口义》二卷，独无《老子》。丁丙《善本书室藏书志》《三子全书》，即明嘉靖刻者，今归江南图书馆。此外藏书家罕有也。此元刘辰翁批点《老》《庄》《列》三子，即用《鬳斋口义》本。明天启甲子，闻启祥校刻，大题《老子道德经》，卷上次行"须溪刘辰翁会孟评点"，不标"口义"，亦不题林希逸名。下卷同前。有刻书凡例云："《老》《庄》《列》三子，须溪原批点《鬳斋口义》。然经刘丹铅，林义每堕。故各称原经，不标林目，须溪不独著语本文，兼评驳林注。因林显刘，故并林注存之。"

《老》《列》善本，授自于御君氏。独《庄》太多，因用徐儆弦删定本。林注不全刻，止存刘语所及者，亦以此书主刘不主林故。然则，此三子之均不题林希逸名，非作者本心，乃刻者私意也。

---

①此处应是漏刻"君"字，据文义补。

列子冲虚真经二卷明天启甲子闻启祥刻刘辰翁评点本

《列子冲虚真经》二卷，为林希逸《鬳斋口义》三子之一，亦刘须溪评点者也。古人注书，或考据事典，或发明义理。此即今汉学、宋学两家之分也。自南宋以后，批点古文之法行，浸淫及于经、史、子部，《春秋透天关》、《班马异同》既开其端，希逸之于三子，虽随文解释，往往标举正文用字之例，反复推求，或兼论其句法、章法、文法。至须溪，则只信手批评，无关本书宏指矣。

庄子成玄英疏三十五卷慎思堂旧钞本

《庄子成玄英疏》三十五卷，蓝格钞本。版心上《南华经注疏》五字，版心下“慎思堂”三字。大题“《南华经注疏》卷之几”，第二行“河南郭象注”，第三行“唐西华法师成玄英疏”，第四行某篇第几，经文顶格，注疏低二字平列。每半叶九行，行二十二字。序下有“黄氏藏书”四字白文篆书方印，“生涯一卷书斋珍藏书画之章”十二字朱文篆书椭圆印，“南昌彭氏”四字白文篆书方印。前附叶有朱笔“知圣道斋评本”一行；“乾隆丙申春南旋舟中评点”一行；“嘉庆丁巳秋删益，芸楣记”一行，盖南昌彭文勤公元瑞旧藏。芸楣，公字也。书中皆有朱笔校改及评论，皆公亲笔。前辈读书，一字不肯放过，洵可师也。

此书玄英自序作三十卷，《唐艺文志》作《注庄子》三十卷，《疏》十二卷。宋晁公武《郡斋读书志》作三十三卷。《宋史·艺文志》作十卷。钱曾《读书敏求记》作二十卷。而阮文达《揅经室外集》即《四库》未收书目《提要》云："依道藏本钞作三十五卷。"与此本卷数相合。光绪甲申，日本钦使黎庶昌刻《古佚丛书》，所据为南宋椠本，只十卷，大题"《南华真经注疏》卷第几"，二行"《庄子》某篇第几"，下接"郭象注"三字为一行，三行"唐西华法师成玄英疏"。经文下注双行，疏以圆圈作大"疏"字。疏仍小字双行，与此本体式迥不相同。当时为黎主校勘者为宜都杨惺吾校官守敬，其果出宋本与否？不敢深信也。

玄英为唐贞观时人，所见六朝以前古本古书，有出陆德明《释文》外者，《疏》于人名每详其字，地名亦必实证其处，是足补郭（法）〔注〕之所略。其于《内篇·养生主》"老聃死，秦失吊之，三号而终"，《疏》称"当周平王时去周，西渡流沙，适之罽宾。而内外经竟无其迹"。《杂篇·外物》"任公子得若鱼，离而腊之，自制河以东，苍梧已北，莫不厌若鱼者"，《疏》称"若鱼，海神也。海神肉多，分为脯腊。自五岭已北，三湘已东，皆厌之"。又《盗跖》"孔子不见母"，《疏》称"孔子滞耽圣迹，历国应聘。其母临终，孔子不见"。又《渔父》"孔子游乎缁帷之林"，《疏》称"缁，黑色。尼父游行天下，读讲诗书。时于江滨，休息林籁。其林郁茂，蔽日阴沉，布叶垂条，又如帷幕。故谓之缁帷之林也"。

此皆他书所未见，颇足以广异闻。若其他异文异字，《疏》所称引，往往有《释文》不载者，是亦可征其所览之博矣。

庄子南华真经三卷明天启甲子闻启祥刻刘辰翁批点本

《庄子南华真经》三卷，每卷百馀叶，大题下及版心不记卷数，各篇相衔接。自《逍遥游》至《应帝王》为一本，自《骈拇枝》至《知北游》为一本，自《庚桑楚》至《天下》为一本。亦据《鬳斋口义》批点。但凡例已言明用徐僦弦删定本，非如《老子》、《列子》录全文也。《鬳斋口义》随文衍解，本无精深之理，可以发明本书之微言。须溪评点，有似宋人评论古文，明人评论时文，殊不足以资考索。乃与《鬳斋》同辞，不满于郭象旧注，是诚所谓"蚍蜉撼大树"，多见其不自量而已。

化书六卷明弘〔治〕甲子刘氏刻本

《化书》六卷，南唐谭峭撰，明弘治甲子刘达刻本。每半叶九行，行二十字。大题"《化书》卷之几"，次行"紫霄真人谭景升撰"。此书本黄、老道家之言，而宋晁公武《郡斋读书志》入之杂家，《四库全书总目》因之，殊为失实，且撰人题"宋齐丘"，亦沿张耒跋语之误。然耒称其"文章高简可喜"，又称其"君子有奇志，天下不亲"之言，虽"圣人出，斯言不废"。元米友仁《研北杂志》称"景升书，世未尝见。他书言其论'书道'，钟、王而下，一人而已"。今"书道"一条，在《仁化篇》，友仁竟未之见，是此书在元时已不甚流传。明代府既刻于前，嘉靖戊戌周藩复刻于后。此本居间为之枢纽，明人之有功是书，诚不小矣。谭峭事迹载沈汾《续仙传》，当钞附于后，以便读者取证云。

推背图一卷 五色绘图本

《推背图》一卷。《宋史·艺文志》五行家著录，而不题撰人。元孔行素《至正直记》四《翰林谶语》条云："方言谶语，皆有应时。固无此理，然有此事。便如今日世传《五公经》、《推背图》书亦然。"据《记》云云，亦不知为何人撰。自后藏书家目录希有其书，惟祁承㸁《淡生堂书目》有之。然作《推背图说》，亦无作者姓氏。迨潘永因辑《宋稗类钞》，始以为李淳风撰。今本书卷末六十像，绘李淳风、袁天罡二人作推背形，故世又以是书为二人同撰。

其书不见于新、旧《唐志》，《唐书·袁天纲传》但称其相法之神，不云有是书。《李淳风传》详载所著书，不著此目。又《传》云："初，太宗之世有《秘记》，云'唐三世之后，有女主武王，代有天下'。太宗召淳风，密以访其事。淳风以为'天之所命，必无禳避之理'。武王，谓武后也。"《传》所云《秘记》，或疑即是书。然其书在淳风以前，则又非淳风所撰明矣。宋陶岳《五代史补》一《太祖应谶》条云："先是，民间传'谶'曰《五公符》，又谓之李淳风《转天歌》。其字有'八牛之年'，识者以'八牛'乃'朱'字，则太祖革命之应焉。"《转天歌》是否为《推背图》，无从臆断。证以"八牛"之谶，则今书所无，是可断其别为一书矣。

《宋稗类钞》载梁宝志《铜牌记》多识未来事，有云："'有一真人在冀州，问口张弓左右边，子子孙孙万万年。'江南名其子曰'弘、冀'〔者〕，吴越钱镠诸子皆连'弘'字，期以应。而宣祖讳正当之也。"宣祖讳弘殷，太祖父。此《铜牌记》不知何书，其词与《推背图》合。故《宋稗类钞》云唐李淳风作《推背图》。五季之乱，王侯崛起，人有幸心，故其学益炽。“问口张弓”之谶，吴越至以遍名其子，而不知兆昭武基，命之列也。

宋兴，受名之符，尤为著明。艺祖即位，始诏禁谶书，惧其惑民志以繁刑辟。然《图》传已数百年，民间多有藏本，不可复收拾，有司患之。一日，赵韩王以开封具狱奏，因言“犯者至众，不可胜诛”。上曰：“不必多禁，正当混之耳。”乃命取旧本自已验之外，皆紊其次而杂书之，凡为百本，使与存者并行。于是传者懵其先后，莫知其孰讹。间有存者，不复验，亦弃无藏矣。以《宋稗类钞》所云，取今本案之，如第四十一《象辞》曰：“此子生身在冀州，开口张弓立左猷。自然穆穆乾坤上，敢将火镜照心头。”下有案语云：“‘冀州’者，地方也。‘开口张弓’者，‘弘’字也。‘火镜照心’者，‘午’字也。以后图象、颂词、仙师隐秘钤记，均未能臆度也。”据《图》乃作一幼主，冠服。冠如今夏季之凉缨，服则开气袍。其人以袖掩面而哭，委弓箭于地，与词不相应。是其书为紊乱以后之本无疑也。

“谶纬”之说，古今有之，“亡秦者胡”，知二世之必灭；“刘氏复起”，应光武之中兴。此皆历数有定，不可以智力相争者也。至其离合文字，若谜若谣，不能绳之以《六书》，更不能求之以古谊。而皆测验奇中，先觉先知。宜其自唐至今二千馀年，此学传衍不绝，儒者求其理而不得，乃辞而辟之，岂非坐井观天之见乎？

丙寅四月小尽日，叶德辉记。

景祐遁甲符应经三卷旧钞本

《景祐遁甲符应经》上、中、下三卷，宋杨惟德撰。《宋史·

艺文志》子部五行类著录。陈振孙《直斋书录解题》阴阳家有“《景祐遁甲玉函符应经》二卷，云‘司天春官杨惟德撰，御制序’”，即此书也。今《四库全书总目提要》未录，阮文达元得影钞旧本进呈，语详《揅经室外集》。阮云“不见于《宋志》，郑樵《通志略》始著录”，则误也。此书钱遵王《读书敏求记》极称之。遵王古董结习，凡书一归其述古堂，则无一而非善本。其实流传之迹，如宋本、元本、旧钞本，诚有惊人秘册，亦有版片模（胡）〔糊〕，钞手草率，核与《记》中所云，名实有不符者。

此类术数书，日久流传，存之所谓小道可观，以备阴阳家之一种。若以为世间之孤本，即为枕中之《鸿宝》，则汉、隋两《志》中，如此类书之失传者已复不少，何乃于此书诧为奇异耶？杨惟德，《宋史·方技传》附《韩显符传》，字、里未详。马端临《文献通考·经籍考》此书作二卷，与陈振孙《直斋书录解题》所载有“玉函”二字之本卷数同。盖书卷分合，偶有异同，不足辨也。

人物志三卷 明胡维新两京遗编本

《人物志》三卷，魏刘邵撰，北魏刘昺注。明胡维新《两京遗编》中之一种，每半叶九行，行十七字。《四库全书总目》子部杂家类存目十一《两京遗编》，《提要》谓“刘邵为魏人，称其文‘似汉而进之’，去取殊无义例”者也。然在全书，固编次失实。而就所刻书论，究不失为善本。孙星衍《祠堂书目》于胡维新所刻两京诸子，多影写其本列于内编，可知其传本之稀少。《四库》杂家著录为“万历甲申，河间刘用霖所刊，盖用隆庆壬申郑旻旧版而修之”。《提要》目之为“古本”。《两京遗编》亦刻于万历年间，是不亚于刘本矣。

墨子十五卷明江藩白贲衲重刻唐尧臣本

《墨子》一书，久无宋、元旧本。黄丕烈《士礼居藏书题跋记》，载有明吴匏庵丛书堂钞本，校明蓝印活字本。跋中因及唐尧臣本、陆稳本，云“陆稳序刻本，与此差后一年。而陆序中有‘前年居京师，幸于友人家得内府本读之’之语，香严按：周锡瓒别字。以为此从内府本者，非无据也。陆序又云‘别驾唐公，以博学闻于世，视郡暇，访余于山堂，得《墨子》原本，将归而梓之’。是又一本矣。余取唐本以勘陆本，殊有不合。知陆所云唐‘得《墨子》原本’者，非即陆本也。陆本出内府本，唐本出道藏本，殆不谬矣。惟陆本无序，唐本有陆之序，后人遂疑唐本出自陆本。其实陆刻先一年，唐刻后一年，实不侔尔”。

吾按：黄说非也。吾于各本，或收藏，或借校，其于唐、陆、活字三本源流，考之最审。所谓唐尧臣本刻于嘉靖壬子，是时印本初出，无自跋，亦无陆序，三城王孙芝城以此本活字印行。其蓝印者，盖初印用靛色印本，黄氏所藏即此。其书后归聊城杨致堂河帅以增海源阁，公孙协卿太史携至京师，吴县潘文勤祖荫向之借失。唐本自序作于嘉靖甲寅，乃刻成之三年。陆稳序作于嘉靖癸丑，乃刻成之二年。前后时有校改，故三本字有异同，实则只一本也。唐本刻于壬子，书初出，芝城即以活字印行。迨第二年癸丑，乃属陆稳作序。第三年甲寅，唐尧臣乃自作序。黄氏不悟，见其字有异同，又不知芝城之出唐本，于是以一本歧而为三。苟非取诸本一一校勘，而仅据《黄跋》揣测推敲，未有不误以一本分为三本者也。

此本为江藩重刻唐本。据前序大题云“重刻《墨子》序”，序末结衔云“江藩七十七翁白贲衲于敕赐孝友楼书”。序中有云：“今年，南昌宪伯贞山唐公，以所刻《墨集》送予男多炘，多炘持告予，遂展读之。读大司马中丞北川陆公序暨公所为序，乃知所以为《墨》者，及所以读《墨子》者。”又末云：“重寿诸梓，以博同志。”其序不载年月，以语意推之，为唐刻《墨子》初成，以送江藩，江藩世子遂据以重刻。其为一年中事，毫无可疑。且于此，益证刻者为唐尧臣，序者为陆稳。《黄记》云“有陆稳刻本”，实为影响之辞。

顷在常熟瞿氏铁琴铜剑楼见所藏明刻《墨子》，与此本同，而无江藩一序。傅沅叔同年为张菊生同年购得一本，前有孙忠愍“祠堂藏书”印记，亦即此本，则并陆序、唐跋而无之。又在苏城莫楚生观察家见所藏者，亦即此本，序、跋俱全。是此书江藩重刻本流传甚多，而唐刻原本则不素见。《黄记》所载，是否唐氏原刻？抑或江藩本去其江藩序，只留陆序、唐跋，改充原刻，均不可知。惟因《黄记》令人致疑，转使余随处留心，得知诸刻原委。自谓眼福过于昔贤不少也。

吾又藏有万历辛卯书坊童思泉刻六卷本，前有茅坤序，杨惺吾、缪小山极推重之。吾细按茅序，即将唐本陆序钞录，一字不移，但易陆稳名为茅坤，有如张冠李戴。杨、缪日从旧书堆中讨生活，乃漫不加察，信口品题，亦何可笑之至耶？此本刻印至精，新若手未触者。缺十三、十四、十五三卷，从莫楚生藏本补钞完全。近来坊估皆知贵重是书，曾于沪市见黄纸印者，一部得值番银八十元。以后传本日稀，当益增重矣。

己未重九，德辉记。

吴匏翁丛书堂钞本，黄荛圃影钞一部，载《士礼居题跋记》。今前五卷藏江南图书馆，盖由仁和丁丙八千卷楼转入者。后十卷在吾友湘乡王佩初许。辛亥湘乱时，得之善化贺耦耕中丞后人。安得有人为之撮合，归于一处，此余所目睹而心赏者。故念兹在兹，以待后来访书之士。

同日又记。

墨子全书跋六卷日本宝历七年刻本

《墨子》无宋、元旧刻，藏书家所推重者，有明刻嘉靖本。一嘉靖壬子芝城馆铜版活字蓝印本，一嘉靖癸丑吴兴陆稳本，一嘉靖甲寅唐尧臣本。然三本实止一本，而分二刻。唐尧臣本即陆稳本，因前一唐尧臣序，一陆稳序。又先后校改，字有异同，故世以为二本。其实陆序明明称唐所刻也。芝城馆本题壬子，实癸丑以后。殆唐刻初出，尚未作序，其书为芝城馆据以排印。故余断其为一本而分二刻。是二刻者，嘉庆时均在黄荛圃主事丕烈家中，而所撰《题跋记》竟误以为三本，则亦未加细考耳。活字蓝印本，咸、同间归聊城杨致堂河帅以增海源阁，公子绍和假之吴县潘文勤祖荫。文勤没，其书散出，遂不可踪迹。据黄《题跋》，三本皆源出内府，与毕刻据道藏本者，皆出于宋刻，未易优劣。

余向止有毕刻，后得此六卷本，乃日本宝历七年，原仪重刻明茅鹿门序别驾刻本。书之上阑引“一本作某”，与《太平御览》及毕刻所校相合。考日本宝历七年，当中国乾隆二十二年，毕刻在乾隆四十九年。是原仪与毕合者，断非毕本可知。但其为何时何人刻本，彼未序明，则亦无可考信。然有此一本，可见毕刻之暗与古合，亦足贵也。茅序题“万历辛巳”。首叶题面上阑一层有识语云：“本坊近得宋本，恳鹿门茅先生斤正，雠加校刻，并无讹赝。书林童思泉识。”而茅序则云：“别驾唐公所刻，并十五卷为六卷。”改陆序题茅名，疑误后人，实为大谬。近宜都杨惺吾守敬《日本访书志》、孙仲容诒让《墨子间诂》自序，均称为“茅本”。以为陆本外别有此本。可见陆序唐本，世不多见，而此本遂独树一帜矣。

余尝言《墨子》一书，止可校，不可注。以其训诂异于儒书，文辞古奥，亦不能据周、秦诸子书彼此勘正。世行张皋文惠言《经说注》、孙氏《间诂》诸书，多从故训古字展转推求，陈义非不甚高，恐于《墨氏》之旨，去之千里。后有读者，当味余言。

光绪戊申三月小尽记。

近日在上海忠厚书局李子东书友处，见一明刻本，八行十七字，系重刻唐本。前有草书序，末题“江藩七十（八）〔七〕[①] 翁白贲衲（校）于敕赐孝友楼书”。“敕赐”二字提行抬写，末有唐尧臣书识，均无年月。益见唐本为当时推重，故诸藩一刻再刻云。

鬼谷子三卷 乾隆五十四年秦恩复刻道藏本

《鬼谷子》三卷。梁陶弘景注。《汉志》无其名，《隋书·经籍志》子部纵横家始著录，云“皇甫谧注”。新、旧两《唐志》云：“鬼谷子二卷，苏秦撰。又三卷，尹知章注。”按：《史记·苏秦列传》：“苏秦东师于斋，而习之于鬼谷先生。”裴骃《集解》

①据上“《墨子》十五卷”篇改。

案《风俗通义》曰："鬼谷先生，六国时纵横家。"刘向《说苑·善说篇》引鬼谷子云云，是其书其人，两汉人书已引称。不得以其不见于《汉志》，遂疑为后人伪托也。《唐志》云"苏秦撰者"，苏秦既师鬼谷，是其弟子为其师编书。因题"苏秦"名，不足异也。

是书为孙渊如先生星衍从《华阴道藏》中录出，秦敦甫先生恩复于乾隆五十四年校刊。前列《篇目考》，后附录逸文。于此书原委存亡，考核详尽。世无宋刻，则《道藏》本亦足为虎贲中郎。孙、秦两先生流传古书之盛心，足令后之人闻风而起，讵独有功于此书也哉！

光绪十九年癸巳十月朔日，德辉书于元尚斋。

又一部嘉庆十年秦恩复重刻钱谦益绛云楼钞宋本

秦氏于乾隆四十五年校刊《道藏》本梁陶弘景《鬼谷子》三卷。越嘉庆十年，用鲍渌饮廷博知不足斋，校钱谦益绛云楼旧藏钞本再刊之。据云《道藏》本讹舛不少，因重付剞劂。余谓《道藏》与宋钞，其原不同，则文字不必相合。秦氏于原书逐句之下，按其异同，详加考订，因便于读者之索解。然即因此，谓宋钞胜于《道藏》，则余不敢苟同。世有好纵横之学者，当究其意义之深微，不必以读经之法，句梳字栉，费有用之精神，于无用之旧籍。近五六十年，儒者喜治《墨子》书，未免同一不知轻重矣。

光绪丙申八月秋分，德辉记。

永嘉八面锋四册明刻巾箱本

《永嘉八面锋》，《四库》著录“十三卷，为浙江鲍士恭家藏本”，浙江采集。《遗书总录》集部类云：“刊本未详刊者年月。”按：《提要》云：“卷末有弘治癸亥都穆跋，谓宋时常有版刻，第云永嘉先生。考陈傅良、叶适，当时皆称永嘉先生。相传此为傅良所撰，或曰叶氏为之。今观其间多傅良平日之语。其为陈氏无疑云云。”据此，则《四库》著录为明刻本矣。

近世通行陈春湖海楼刻本，亦十三卷，后有都穆跋，与《提要》所载合。然《提要》云“其书凡提纲八十有八，每纲又各有子目，皆预拟程试、策问之用”。而陈本实九十有四段，则是《提要》所云，尚非完帙。异书中秘，无由质证，疑莫能明也。

曩见邵懿辰批注《简明目录》，胪载诸本有巾箱本，恒以未得一见为恨。顷书估持来一册，亟以四金购之。因取陈本对勘，其提纲亦九十有四段，惟不分卷。第统标段落，从一段至八段为陈本一卷，九段至十三段为二卷，十四〔段〕至二十段为三卷，二十一段至二十五段为四卷，二十六段至二十九段为五卷，三十段至三十六段为六卷，三十七段至四十五段为七卷，四十六段至五十五段为八卷，五十六段至六十四段为九卷，六十五段至七十段为十卷，七十一段至七十九段为十一卷，八十段至八十八段为十二卷，八十九段至九十四段为十三卷。其馀子目亦正相同。前后亦无序、跋，行款极精，不知何人所刻。喜其便于行笥，重加装池，朝夕抚摩，如读葫芦中异书，致足乐也。至其书之议论得失，《提要》已详言之，兹不复赘。

光绪丙申冬十月二十日，长沙叶德辉跋尾。

吕氏春秋二十六卷明万历庚申凌氏朱墨套印本

《吕氏春秋》，世传元嘉兴路儒学刻本为最古。乾隆中，毕沅校刻此书，前列引据诸本，以元人大字本为第一，按：此即元嘉兴路儒学本。谓其“脱误与近时本无异”。而所列第二本，则为明弘治时李瀚刻本，谓其“篇题尚是古式，今皆仍之”。毕氏此说，殊为未审，不知李瀚即重刻元大字本者，刻于弘治十一年河南巡抚任内，二十六卷，末有“弘治十一年秋河南开封府许州重刻”一行。版心刻大、小字数，本依元本旧式。书估往往割去重刻序，及卷尾末叶，伪充元刻，近人藏书家往往为其所欺。惟仁和丁氏《善本书室藏书志》，于李瀚刻本揭破其伪。

丁藏此书刻本最富，悉皆明刻。李刻外，有明翻元本，云“巡按直隶监察御史陈世宝订正，河南按察司佥事朱东光参补，直隶凤阳知府张登云翻校”，每半叶十行，行二十字。谓弘治刊本，即同此式。有嘉靖七年许宗鲁刻本。有明无年月云间宋邦乂、宋启明父子校刻本。按：此本前有王世贞序，当亦嘉靖时所刻。有明新安汪一鸾刻本。有明皇甫龙、沈兆廷刻本。近时藏书家殆无比其富者。然诸本皆为毕校。所见皇甫龙、沈兆廷本，即毕引之朱梦龙本，其本每引他书之文以改本书，于明刻中为最劣。

又一刘如宠刻本，为万历丙申刻，却出丁藏之外，而皆未见。此万历庚申凌毓枬套印朱评本，盖由此刻传本绝少故也。套印本卷一大题下有朱字二行，一云“宋镜湖遗老陆游评”，一云“明天目逸史凌稚隆批”。稚隆即毓枬之父。当时套印刻本书颇多，至今与闵齐伋所刻之书，同为收藏家所珍贵。顾其识甚暗陋，如“镜湖遗老记”一则，本不署名，以《记文》有“元祐壬申，余卧疾京师”数语证之，知为赋“梅子黄时雨”词之贺铸，即许宗鲁本所云“从贺铸旧校本”出者是也。陆游，庆元间人，上去元祐远矣。“镜湖”，因避宋翼祖嫌名改字，当时或以“鉴”字代“镜”，皆以避敬之故。凌氏不知，题为陆游别号，已是可笑。尤可异者，上阑朱评不称“某曰”，亦不以他色套印，竟不知谁为陆，谁为凌。是又无论为贺铸，为陆游，真是无冤可诉矣。

明嘉、万以后，刻书多不明来历，大都如此。即如许宗鲁之多古体字，亦其所自造，而非出于宋、元。余藏有许刻《国语》，书中字体多以《说文》楷写，全不知篆变为隶，隶变为楷，中间尚隔一墙，如何可以飞渡？殆亦好奇而不知根（抵）〔柢〕者。然此书评、批诚不可据，而圈点、句读，能使读者目快神飞，是固文章家之所取资，知其缪误而不绳以考据可也。

光绪癸卯春三月二十日，叶德辉题记。

又一部乾隆戊辰毕沅经训堂刻本

《吕氏春秋》，为秦吕不韦撰，盖当时门客为之。此与《淮南子》同为杂家最古之书。其源流、篇第数目，《四库全书总目提要》亦已详言，兹不复论。惟《提要》云：“《十二纪》即《礼记》之《月令》。顾以十二月割为十二篇，每篇之后，各间他文四篇。惟《夏令》多言‘乐’，《秋令》多言‘兵’，似乎有义，其馀则绝不可晓。先儒无说，莫之详矣。”按：此诚无“义例”可言。余谓古书多卷子本，卷以帛为之，卷分十二纪，纪有馀幅，故以他文匀钞于后，而以“乐”附《夏令》，“兵”附《秋令》。以此二者，有类可归，故差为区别。馀则视篇幅之长短，或四篇或五篇以均之，实绝无深意也。

余旧藏明嘉靖张登云刻元大字十行本，为毕校此书时所未见，而其脱误较明刻各本同。毕所据以校刻者，为明弘治李瀚重刻元本，而脱误少于元本，殆李刻时校改之，不必别有善本也。毕氏又据李本参以众本，文注赖以完全，实此书时刻之最善本。

然毕刻仍有未尽，则同时有梁玉绳《吕氏春秋校补》二卷，在《清白居士全集》中。此在毕刻后复为《校补》。王念孙《吕览杂志》一卷，在《读书杂志》中。俞樾《吕氏春秋平议》三卷，在《诸子平议》中。皆可取以参校。

此书在古子中，尚非十分艰奥，余并藏。此刻本在毕氏《经训堂丛书》，不便抽阅。偶见此单行本，亟收之，以付金生侄儿，依余言以读此书，则文从字顺，将忘其为周秦诸子矣。

壬子夏六月末伏始日，丽楼主人叶德辉题记。

淮南鸿烈解补注二十八卷 明弘治辛酉刘绩刻本

《淮南鸿烈解》二十八卷。题“汉太尉祭酒许慎记上，后学刘绩补注，后学王溥校刊”。黑口版，每半叶九行，行十七字。《四库全书》著录者为“二十一卷，高诱注”本。宋刻本有两本，二十八卷者为《道藏》本，黄丕烈《士礼居藏书题跋记》所称校宋旧钞本，即从之出者也。二十一卷者为北宋刻，宋晁公武《郡斋读书志》所称之本是也。其一题“许慎记”，一题“高诱注”者，由两家之书各有残缺，传者合而为一，刻者各据所见标名耳。

宋苏颂《魏公文集》六十六载有校《淮南子》题序云：“二家之注，隋、唐目录皆别传行。今校《崇文》旧书与蜀川印本，暨臣某家书凡七部，并题曰《淮南子》。二注相参，不复可辨，惟集贤本卷末有前贤题载，云许标其首皆曰‘间诂’，‘鸿烈’之下谓之‘记上’。高题卷首皆谓之‘鸿烈解经’，‘解经’之下曰‘高氏注’，每篇之下皆曰‘训’。又分数篇为上、下，以此为异。《崇文总目》亦云如此。又谓高氏注详于许氏本，书文句亦有小异。然今此七本皆有高氏训、序，题卷仍各不同，或于‘解经’下云‘许慎记上’，或于‘间诂’上云‘高氏’，或但云‘鸿烈解’，或不言‘高氏注’。非复昔时之体。某据文推次，颇见端绪。高注篇名皆有‘故曰’，日[①]用以题篇之语。其间奇字，并载音读。许（千）〔氏〕篇下粗论大意，卷内或有假借用字，以‘周’为‘舟’，以‘楯’为‘循’，以‘而’为‘如’，以‘恬’为‘惔’，如此非一。又其详略不同，诚如《总目》之说。”

按：魏公此序，分析许、高二本同异，最为著明。今本题下有“故曰”因以题篇者，为《原道》《俶真》《天文》《坠形》《时则》《览冥》《精神》《本经》《主术》《泛论》《说山》《说林》《修务》，凡十三篇。无此句者为《缪称》《齐俗》《道应》《诠言》《兵略》《人间》《泰族》《要略》，凡八篇。十三篇注文详，八篇注文略。证以魏公校序云云，详者为高，略者为许。许名“间诂”，明其注少也。

世行庄逵吉校刊本，序称出自《华阴庙道藏》，其中以臆窜改之处，颇为世儒所讥。嘉庆二十年，高邮王念孙《读书杂志》，《淮南》校订尤多。后序云：“所见诸本，唯《道藏》本为优，明刘绩《补注》次之。”孙星衍《平津馆鉴藏书籍记》亦云：“各家《淮南注》廿一卷，唯金陵朝天宫《道藏》本。”黄荛圃孝廉所藏宋本，俱作廿八卷，与此本同，注文亦无删落。是此本精善，诸家已有定评。刘绩《补注》，与旧注以一圈间隔之，在明人刻书，

①“日”，疑为“因”字之误。

是极有规矩者。至《补注》本之胜于各本，《杂志》已详，兹不赘述云。

论衡三十卷 明通津草堂刻本

《论衡》三十卷，题“王充”二字。明嘉靖乙未，苏献可通津草堂刻本。半叶十行，行二十字。版心下有“通津草堂”四字，后有“周慈写，陆奎刻”。明本中之至佳者。卷一《累害篇》“垤成丘山，污为江河”下缺一叶，约四百字。其他明刻，如程荣《汉魏丛书》本，何镗《汉魏丛书》本，缺叶同。因南监补刊元至元本，早缺此叶，无从校补也。元本为绍兴路儒学刊，余从归安陆存斋心源皕宋楼所藏本钞补之，行字数目与此本恰合。孙星衍《祠堂书目》著录，《平津馆鉴藏书籍记》（记）[①] 亦详载此本版式行字，而不及缺叶，但未细阅耳。

风俗通十卷 明胡维新两京遗编本

前序标题“大德新刊校正《风俗通义》”，目录前题《风俗通义》。正卷题《风俗通义》《皇霸第一》、《正失第二》、《愆礼第三》、《过誉第四》、《十反第五》、《声音第六》、《穷通第七》、《祀典第八》、《怪神第九》、《山泽第十》。每篇均冠以“风俗通义”四字。分五篇为一卷。版心题“《风俗通》卷上”、“《风俗通》卷下”，每卷叶数通连计算。后有“嘉定十三年秋七月庚子东徐丁黼书”识语。盖大德本根据宋本，此又从大德本重雕。其中墨块缺

①“记”字衍。

字，与大德本同。知刻者不似他明人刻书，辄以己意妄改妄补也。《孙祠书目》有影写胡本，知刻本传世甚稀，余并藏有胡刻《白虎通》，合之两美，可宝也。

封氏闻见记[1]十卷 乾隆壬子江都秦黉刻本

《封氏见闻记》[2]十卷，唐封演撰。《四库全书总目提要》子部杂家类四云："此本末有元至正辛丑夏廷芝跋，又有明吴岫、朱良育、孙允伽、陆贻典四跋。良育跋云：'自六卷至十卷，友人唐子畏见借所钞。近又于柳大中借钞前五卷。第七卷中全局俱欠，只存末后一纸耳。'允伽跋称'借秦酉岩本重校'，'意其与朱本小异欤?'"今此为乾隆壬子江都秦黉所刻，夏、吴、朱、孙、陆五跋并列于后，与《四库》本同，盖录卢刻原文也。

先是，乾隆丙子，卢见曾刻《雅雨堂丛书》本，亦与《四库》本同，其书展转传钞，脱简讹文，正自不少。莫友芝《经眼录》云："《封氏闻见记》十卷写本，同治丁卯中秋杭游所收，后一纸记二行云'隆庆戊辰，借梁谿吴氏宋钞本录'。知是明人旧钞，手装以存。"是书元、明以来无刻本，至乾隆中，德州卢氏乃据虞山陆敕先所录孙伏生家本，刊入《雅雨堂丛书》。孙本为吴岫方山旧藏，录于正德戊辰，不言所出。孙氏又假秦酉岩别本校勘。秦本则朱良育依唐子畏、柳大中两本先后各钞五卷者，有至正辛丑夏庭芝跋，盖出于元钞。此本据宋钞，则又两本外之别本。以卢本通校一过，其足补刻本佚脱者，第二卷"石经"条首百六十三字。二卷"制科"条二十二字，"铨曹"条六字。四卷"尊号"条二

①②原误作《封氏见闻记》，据下引莫友芝《宋元旧本书经眼录》改。

十六字，“露布”条八字。五卷“烧尾”条十九字，“图画”条二十四字。外此足补正一二字脱讹各数十计。始知此本远胜方山、西岩所弆。

隆庆戊辰，距今逾三百年，所据宋本，断已无存。海内决无更胜此本之帙，在子部中，直与宋本同其什袭可也。今秦刻此本，“石经”条首补百六十四字，“制科”条补二十二字，“铨曹”条补六字，“尊号”条补二十五字，“露布”条补八字，“烧尾”条补二十字，“图画”条补二十四字。其馀补正一二字脱讹亦各数十处。据秦自序云：“同年丹徒蒋春农有旧钞本，杭州卢抱经又得长塘鲍氏本合校之。”此所谓“旧钞本”，核与莫氏所得本一一相符，小有一二字之多少，恐系误记。则亦与隆庆宋钞本同源，可断言也。惟秦刻此本流传甚稀，故莫氏并不知有此刻。即询之近日藏书家，佥云“知有其书，终未一见”。则此虽近刻，其为罕有之秘笈，固人人所共信者也。

石林避暑录话四卷明嘉兴项德棻宛委堂校刻本

明嘉兴项德棻宛委堂，校刻先祖宋少保公《石林避暑录话》，其书分四卷，与商维濬《稗海》、毛晋《津逮秘书》本作二卷者不同。道光末，家调笙公校刻此书时，所据有黄荛圃藏钞本分四卷者，其中异于商、毛两本之处，悉与此同。盖即据此本传钞，亦可见此本之希遇矣。

以此本与商、毛两本较，条数相同。而商、毛两本有误两条为一条者，此本皆不误，其为善本可知。乃程庭鹭为调笙公作此书刻本序云：“抑闻槜李项氏宛委堂有刊本，得之陈仲醇手钞，与毛本有异同。然卷数不符，疑经仲醇删节，非复宋本之旧。”此程氏耳食之言，彼固未取毛本与此本一校也。

是书傅沅叔同年得之于苏州阊门，卷一首有“石林后裔”白文方印，“光藻”白文方印，末有“洁甫”朱文椭圆小印。卷二首有“石林后裔”白文方印，“淡吟”朱文圆印，卷末有“洁甫藏物”腰圆印。卷三首、末印同。卷一、卷四首有“养性灵”朱文长椭圆印，“石林后裔”白文方印，卷末有“括囊砚主”朱文方印，“洁甫藏物”腰圆中印。洁甫，一名乃溱，光藻其原名，又字戟甫，“括囊砚主”亦其别号，以家藏有此砚也。世系为汾湖派三十一世，与调笙公为族兄弟行，此书乃其旧藏。沅叔不知其为何人，余告之故，始知之。适余有明嘉靖庚戌毗陵蒋氏刻六卷分体本《李义山诗集》，因请以相易，遂以此本归余。先是，张菊生同年亦得此项刻本，方拟影写一部见赠，因余得此本中止。良友之爱，千里相同，记之以示子孙，永矢勿谖也。独山莫楚生观察藏有明弘治中旧钞本，即钱遵王《读书敏求记》中题称《乙卯避暑录》之本也，并拟影写一本藏之。

时己未夏六月大尽日，茅园派裔孙三十八世德辉记并书。

乙卯避暑录话二卷明弘治庚戌秦西岩钞本

此先少保公《避暑录话》二卷，末有“弘治庚戌六月下浣重录，八月十一日校毕”字一行。前序有“安阳洞天秦伯子藏书记”十字朱文方印。又卷上有“虞山钱曾遵王藏书”八字朱文长方印。盖秦西岩家钞本，而经述古堂收藏者也。末题字一行，即秦校笔也。钱氏《述古堂书目》子部小说家类载有此书十卷，“十”字误。当即此本。少保公绍兴五年六月避暑山中，与二子栋公、模公及门生徐惇立问答成此，岁在乙卯，故以名其书。毛氏《津逮秘书》、商氏《稗海》均不题“乙卯”二字，以后诸刻仍之，非原书之式矣。

此本于庙号提行，帝讳缺笔，皆依宋本之旧。半叶十一行，行二十二字。钞手颇拙率，而校者极精。书中讹字皆用铅粉涂去，校改于上，可见前人校书之法。余向刻少保公遗书，此书乃据族祖调笙公刻本，据以参校者毛、商一本。毛、商以后诸刻，以其同源不录。别有明项德棻宛委堂本，及此本，均未得见。异日有刻此书者，当以此为主，而以毛、商、项三本校录，异文别为校记附后。庶宋本真面（籍）〔藉〕以影留，而诸家校勘之功，亦得附于不朽云。是书即莫楚生观察所藏者，余拟假之影钞，观察慨然检以相赠。良友之惠，先泽之遗，他日子孙当共宝之。

岩下放言三卷精钞本

此族祖调笙公刻先少保公遗书之底本，江建霞学使持以赠余。余重刻少保公遗书，即据以付梓。调笙公所刻，如《石林燕语》、《避暑录话》、《建康集》、《石林诗话》、《石林词》，皆在道光末年。咸丰庚申，粤匪陷苏州，版皆毁失，今刻本殊不易得也。此书明商维濬刻入《稗海》，改名《蒙斋笔谈》，撰人题“郑景望”，而删原书之上卷。以下卷为上卷，中卷为下卷。疑商氏得本残帙，明时书估作伪改题，商不知也。《四库全书》子部杂家类著录，《提要》已详辨之，并举多证，定为少保公撰。余按：书中引《论语》“非助我者也”，作“非佐我者也”。此少保公避其父讳改字，尤为公撰之明证，调笙公云“《四库》馆不见吾宗谱乘”是也。调笙公为钱唐陈云伯先生文述女夫，粤匪乱后，为吴中耆献，当时缙绅推为鲁灵光。所著《吹网录》、《鸥陂渔话》尤不刊之作。不独述德诵芬，有功家乘已也。

云麓漫钞十五卷陈仲鱼钞本，录吴兔床、鲍渌饮校

《云麓漫钞》世传旧刻，惟明商维濬《稗海》本，仅止四卷，盖据不全本刻之。道光末年，始有蒋光煦别下斋刻《涉闻梓旧丛书》本，十五卷。蒋刻无序跋，不知据何本重刊。余向藏此二本。曾记宋陈振孙《直斋书录解题》云"此书二十卷，续钞二卷"。窃疑蒋刻亦未必全。后得陈仲鱼鳣藏手校钞本，卷数与蒋刻相同。据陈跋称"借吴兔床骞拜经楼藏钞本传录，又取鲍渌饮廷博知不足斋藏钞本校之，均为十五卷"。则宋以来所传足本，仅此矣。

吾友王佩初孝廉礼培，新得善化贺姓藏书中有此书，为吴尺凫焯绣谷藏书。前有尺凫手录陈造本书序一则，为陈钞与蒋刻所无，因取陈钞、蒋刻对校，两钞本十九相同，似同一祖本。书中遇宋祖宗字及年号，或空格，或（题）〔提〕行。蒋刻于空格往往补以"至、于、及、在、而、则"等字，提行处亦接衔，殊为臆造。又卷第二"世传艺祖登内南门"一则，钞本"世传"二字为一行，"艺祖"提行为一行。蒋刻于"上文潞公"一则末"不若用版为当"句，"当"字下增"则是大观所在，神版之制，宜为当世传用也"十七字。妄于"世传"上下增如许字，此其至缪者。钞本于空格提行，多仍宋本之旧。吴钞于宋讳"恒"、"桓"、"贞"、"徵"、"敬"等，多缺末笔，较陈钞尤可取证。然两钞本同有以二三则连合为一则之误，殆传写失之，宋本不如此也。陈钞卷第一缺"六十四卦准气候"并"天度图"，卷第十一缺"纳

甲图”，卷第十二缺“十二律图”、“四正旁通图”，卷第十四缺“九类洛书图”、“《洪范》九畴图”、“洛书范氏《洪范》图”、“今定洛书本数”、“禹所次图”。余皆据吴钞本影写补全，其他则无所异同。

然吴本讹字亦多，全未动笔校正。陈钞则有兔床朱笔校，考证极精，又有绿笔多所勘正。此不知何人，或录自鲍渌饮，或仲鱼自校，均不能定。然朱笔字迹与绿笔字迹迥然不同，其中间又杂以墨笔，则固非仲鱼一手也。展读一过，心目为开。藏书家争尚书钞，良有以也。

癸丑上元，德辉记。

附：原跋

乙未十二月十二日，得十一卷至十五卷于小山堂，（观）“观”旁点二点，盖误衍也。《李清照启》载十四卷中。观自序，则此书只十五卷，曹所云（者）“者”旁点二点，亦误衍也。二十卷者，恐未足据耳。朱笔按：此录吴跋。

庚子夏日，从渌饮借得《云麓漫钞》十五卷，因为传录，并倩朱君允达校，而藏之拜经楼。按：此书《书录解题》亦作二十卷。又《续钞》二卷，乃《中庸说》及《汉定安公补记》。然藏书家率未闻有，岂不传耶？俟续访之。吴骞。朱笔。

嘉庆十一年夏日，从拜经楼借得是本，携至吴中。今年春始得倩人传钞。甫竟，遂手录渌饮前后三跋，并拜经楼主人所跋所评，细校一过。至吾师朱子，则系“师云”以别之。适渌饮扁舟过吴见访，相与把玩，为之一快。且谓余曰：“此书尚缺图数页，故未刻入《知不足斋丛书》。”渌饮年八十矣，尚健饭，行不扶杖，时携书卷往来杭、湖、嘉、苏数郡间，其好古清兴，正复不异昔日也。

嘉庆十二年四月望日，渤海陈鳣记。“仲鱼”，朱文小长方印。

以上跋在十五卷后。

《云麓漫钞》刻于商氏《稗海》者只四卷，此本传自赵氏小山堂，较商氏所刻已多过半。而《宋诗纪事》及《南宋杂事诗》所引李易安《投翰林学士綦崇礼书》不在焉。然则此尚非全书耶？更当觅善本订正之。

乾隆壬午端午后一日，知不足斋识。

曹彬侯跋《清波杂志》云："《云麓漫钞》二十卷。"则此亦仅有其半耳。

丙戌五月廿有九日，芦渚寓舍书。

以上跋在十卷后。按：此外无跋，不知陈云"渌饮三跋"何故。

癸丑年四月，余避寇上海，有书估从城中购得郁氏宜稼堂后人残书，中有蓝格钞本《云麓漫钞》二十卷，续二卷。卷后记云"皇朝绍熙庚申年九月，麻沙书市刊于建安堂"十八字。前有"绍熙三年通判徽州赵彦卫晏安书序"。其书（碓）〔确〕为明纸直行蓝格钞本，转入粤人邓秋枚之手。一时喧传以为秘笈，久之寂然，皆以为伪。余走访秋枚，索书观之，其书皆摘钞唐、宋人说部、笔记，与曾慥《类说》相似。记其有一卷摘钞吾家六世祖少保公《石林燕语》倍于他种。以《漫钞》之名证之，似以漫钞前人之书为副实。惟仓卒间未能细阅，又不曾检阅续二卷，是否为《中庸说》、《汉定安公补记》。或言之，《云麓漫钞》本赵所撰《拥炉闲话》改换其言，似非无因。余偶询之缪艺风老人，甚言其伪。甲寅至京师，晤董绶经大理，告之，亦云"不可信"，今犹耿耿，未释此疑也。故记于此，以俟再考。

又

此《云麓漫钞》，余向据吴尺凫绣谷亭钞本校补所缺各图矣。惟第十三卷《论星命吉凶神表》，其中颠倒讹误，吴钞及蒋刻并同。盖诸人皆不知命理，故沿误日久，不能为之勘正。余向留意于星命，因取宋、元以来各命书参校互证，于其文字，形近讹舛者校改之，格表上下移易者更正之。原书密行细字，不便丹黄，因别录清本附于卷末。异日有赀付刊，当以此为定本矣。唐李虚中"推命"本用"四柱"，故韩昌黎为作《墓志铭》，有"以人之始生年月日所值日辰，推人利不利"之语。"日辰"即十二时也，《漫钞》"月"下无"日"字，不知原书脱引，亦或钞刻失之。今据韩文补此"日"字，则文义益明矣。

宋人论五行生死，不甚剖别阴阳。如甲木生于亥，乙木生于午，以甲亥、乙午不相值，则以乙亥为木长生。庚金生于巳，辛金生于子，以庚巳、辛子不相值，则以辛巳为金长生。壬水禄于亥，癸水禄于子，以壬亥、癸子不相值，则以壬子、癸亥互用之。丙火死于酉，绝于亥，丁火生于酉，胎于亥，壬水死于卯，绝于巳，癸水生于卯，胎于亥，"干凶神类"生成鬼，以死绝之。火克庚辛金，以死绝之。水克丙丁火，而丙酉、丙亥不相值，则以丁酉之生火，丁亥之胎火借用之。壬卯、壬巳不相值，则以癸卯之生水，癸亥之胎水借用之。又如"纳音"以乙亥为火，乙卯为水。自"生财"下，以己亥木当之。自"旺财"下，则以己卯土当之。以甲巳合化故也。又，此钞及吴钞，"干吉神类"二十条"偏官"下脱下半行，而以二十一条"干神一字"下半行当之。此条则脱上半行"干神一字"四字，惟蒋刻不误，今据以补正。其他各条改正之处，不及枚举，以“数术”之学，有一定成法，非经史、四部，有疑义异同，不能擅改也。

癸丑花朝前一日，德辉再记。

又一部十五卷吴尺凫藏钞本，半叶十行，行廿一字

《云麓漫钞》，世传旧刻惟明商氏《稗海》本，然止四卷，阙佚不全。道光末有蒋光煦刻十五卷本，并入《涉闻梓旧丛书》，与《四库》所收本合，盖明以来所传之足本也。此书据自序，原名《拥炉闲话》十卷，后并刻五卷，则其书本止十五卷。而宋陈振孙《直斋书录解题》乃云“二十卷，续二卷”。元马端临《文献通考·经籍考》所载亦同。但马氏全钞晁公武《郡斋读书志》及陈氏《书录》之文，其言不足依据。而《书录》所载乃浮出七卷之多，不知何故。《四库提要》谓“《经籍考》误十卷为二十卷，误续五卷为二卷”。此不知沿误已久，不足深辨。

余家所藏商、蒋两刻外，有陈仲鱼鳣过录吴兔床骞拜经楼藏本，取校蒋刻，凡书中空格、提行，如祖宗、年号、本朝等处，蒋刻皆以虚字补之，若“而、则、及、至、在、于”之类，殊为臆造。而于第二卷“世传艺祖登南内门”一则，钞本“世传”为一行，“艺祖”抬头为一行。蒋刻以“世传”二字属“上文潞公”一则之末，于上下增改为“则是大观所载，神版之制宜，为当世传用也”十七字，移失原书旧观，尤为无知妄作。其他钞本讹误，经蒋刻改正者固多，而改非所改者亦时有之。蒋刻不言所据之本，殆亦以其非名本，而讳所自来与？

此本为吴尺凫先生钞藏，十九与陈钞相印。但陈钞原书为兔

床校过，又经仲鱼补勘。此本钞而未校，远不相及。然陈钞卷第一缺“六十卦准气候”并“天度图”，第十一缺“纳甲图”，第十二缺“十二律图”、“四正旁通图”，第十四缺“九类洛书图”、“《洪范》九畴图”、“范氏《洪范》图”、“洛书本数图”、“禹所次图”。此本悉有之。余得借以补钞，是亦一快事也。

癸丑夏正正月雨水，丽楼叶德辉记。

演繁露十六卷、续六卷 明万历丁巳邓渼刻本

宋程大昌《演繁露》十六卷、续六卷。世传宋本，惟嘉庆时汪阆源士钟艺芸精舍藏有不全本，仅存前十卷。顾千里广圻取校于明钞本上，其书后归陆存斋心源皕宋楼。存斋殁后，其子尽以所藏售之日本，并此宋本之半亦绝矣。此为明万历丁巳邓渼刻本，世亦希见，惟常熟瞿仲雍镛铁琴铜剑楼、仁和丁崧生丙善本书室两《书目》载之。盖虽明刻，其珍贵无异于宋、元矣。

伏读《四库全书总目提要》云：“大昌所演，虽非董仲舒本意，而名物典故，考证详明，实有资于小学。所引诸书，用李匡乂《资暇集》引《通典》例，多注出某书某卷，亦可为援据之法。”由此观之，今人考据之学，注明原书，其派别原出于宋。不知者动以空疏讥宋人，未免使宋人受屈也。周密《齐东野语》谓程书初成，高文虎尝假观之，称其博赡。文虎子似孙，年尚少，因窃窥之，越日出一帙曰《繁露诘》，多程书未载，而辨证尤详。今其书不传，惟所著《纬略》行世。《提要》云“精博未必胜于大昌”，诚为定论。然亦见宋时风气，士务博通，彼此相持，正未可以枵腹白战也。

壬子小满，叶德辉记。

纬略十二卷影写明沈士龙刻本

宋高似孙《纬略》，最旧本惟此明沈士龙刻本。《四库》据以著录。后来张海鹏《墨海金壶》所刻，重光末年，全书板为火毁，残板归金山钱熙祚守山阁。凡《守山阁丛书》中与《墨海金壶》同者，皆张原板也。及白鹿山房活字排印，其祖本，皆出于此。故近人藏书家目录，罕有言及宋、元版者。嘉庆间，吴县黄丕烈《士礼居藏书题跋记》有旧钞本，为明柳大中校本，亦不云出自宋、元。其本后藏归安陆心源皕宋楼，近为其子以全楼书售之日本去矣。

余向藏有白鹿山房活字本，癸卯购张姓书一单，中有此影钞沈本。卷首有“玉函山房藏书”朱文印记，盖历城马国翰家中物。张姓先人曾宦山东，载归长沙者也。辛亥四月，回江苏洞庭原籍，道出上海，有吴姓书估持明仿宋本，诧为宋刻，索价百金。时余以赍斧不继，嫌其价昂，遂未还减，留一宿去。适行笥此本在手，匆匆翻校，似亦无甚异同，惟首无似孙自序。及十二卷末所阙“金刚石经赞”、“汉令甲”二条，均完好具在。又末多“竹宫甲”、“观画堂”、“八阵图”、“风马牛”四条，余亟草草录出，回湘有间，手书二分，一附活字本后，一附此本后。

偶检宜都杨守敬《日本访书志》中载有宋本，云“半叶十二行，行二十二字”，与余所见明仿宋本行、格相同。又检杨刻《留真谱》中模宋本一叶，似即余所见者。或杨误以明刻为宋本，抑余所见果宋本，非明仿欤？惜非余书，当时不得细校耳。考《杨志》于似孙序及多出之四条、原阙之二条，全附《叙录》之后，惟多颠倒讹脱之文，不可为据。又复载未阙之“笔橐”一条，使后人未见原书者，以不阙为阙，是亦疏于考订矣。且似孙原书，引据虽博，而记忆多疏，即此六条，已有误记误引之处，如“竹宫”条引“武帝祠泰，畤竹宫，望拜神光”，称《汉书·郊祀志》，而《志》无其文。《武帝本纪》有其事，其文句又复不合。殆合并他书，误引及之。然据序云“此书一月而成”，宜乎不及检讨，有此讹误。第南宋人说部书，似此见闻淹洽者，本不多见，故一部、两部，不惜重叠购之，岂惟资乎谈助，亦有待于折衷。一、二微疵，固不能掩其大体矣。

宣统三年辛亥夏六月初伏，叶德辉记。

又一部白鹿山房活（子）〔字〕印本

宋高似孙著有《史略》、《子略》、《纬略》、《骚略》、《集略》，凡五种，此其《纬略》也。《子略》、《骚略》，宋左圭《百川学海》中有之。《史略》久不传，黎莼斋观察庶昌出使日本，得宋本影写，刻入《古逸丛书》。惟《集略》未见传世耳。据周密《齐东野语》云：“程文简著《演繁露》，初成，高文虎炳如尝假观，称其博赡。文虎子似孙续古，时年尚少，因窃窥之。越日，程索回元书。续古因出一帙曰《繁露诘》，其间多文简所未载，而辨证尤详。文简虽盛赏之，而心实不能堪。或议其该洽有馀，而轻薄亦太过也。”然其书究不知何似。续古又著有《剡录》一书，亦有传本。陈思南《宋群贤小集》中有《疏寮小记》一卷，其生平所著述之多，亦可概见。

此书向无宋刻，《四库》著录者为明沈士龙刻本。张海鹏《墨海金壶》据以重刻，即钱熙祚《守山阁丛书》汇印行世者也。两本余皆未有，仅此白鹿山房活字印本，亦源出沈刻，与钱本绝无异同。《宋史》传载高文虎为韩侂胄草诏，逐庆元道学诸人。陈振孙《直斋书录解题》云："似孙为馆职时，上韩侂胄生日诗九首，每首皆暗用'锡'字，寓'九锡'之意，为清议所不容。知处州尤贪酷。父子人品皆无足道。而著书传后，皆亡而复存，岂非有天幸乎?"

光绪二十七年辛丑十月小雪，叶德辉记。

辍耕录三十卷明玉兰草堂刻本

《辍耕录》三十卷，元陶宗仪撰。余旧藏毛晋刻《津逮秘书》本，以其寻常，不甚珍秘。但闻藏书家盛称玉兰草堂刻者，为此书第一善本。官京曹时，求之于厂甸书肆，不可得也。忆明徐兴公㶿《红雨楼题跋记》曾载此书，因检阅之，据云"余家旧藏有《辍耕录》，阙首一册，觅之十数载无从得。友人高景倩偶购杂书，中有此书，仅半部，首册可补余之阙，遂捐见惠。在景倩为无用之物，在余实为完书。版虽少异，何伤乎"。是此书旧刻，在当时已如此之稀，今竟获此全本，足以傲兴公矣。

此书白口本，版心"《辍耕录》卷几"下，"玉兰草堂"四字间，有刻工姓名。大题"《南村辍耕录》卷之几"，次行"天台陶宗仪九成"。半叶十行，行二十一字，书刻皆精美。从子康侯兄弟得之书友，装潢呈览，为识数语，笔之简端。

从子峤甫亦得此书，前有"万历戊寅华亭徐球补版"，引称"友人杨君有是刻，中间缺'杂数'十版，予为之补缉成编，得为不弃物"云云。戊寅为万历六年，是此书之刻必在嘉靖中叶后。惟杨君不著其名字，竟不知为何许人。又卷四于十六叶另起，附刻十七、十八、十九三叶，系补记"杨琏真珈掘发宋陵，及明太祖归葬宋帝旧陵”事，后题“成化已丑中秋日，华亭彭玮识”。此三叶版心下亦有“玉兰草堂”四字，则又似成化刻本矣。成化（已）〔己〕丑为五年，推至万历六年，中隔弘治、正德、嘉靖三朝，凡百馀年，刻者又断非徐球之友可知。且成化刻书，皆黑口本，字亦不似嘉靖时之方整。详记于此，以待考版本者辨焉。

丹铅总录二十七卷 明嘉靖甲寅滇南梁佐刻本

《明史·艺文志》：“杨慎《丹铅总录》二十七卷、《续录》十二卷、《馀录》十七卷、《新录》七卷、《闰录》九卷”，《四库全书总目》同，惟无《新录》、《闰录》，而有《摘录》十二卷。其书为浙江范懋柱家藏本，即《天一阁书目》所载明刻各本也。此本题《丹铅总录》二十七卷，前有嘉靖三十三年，滇南门人梁佐校刻序云：“先生著《丹铅馀录》、《摘录》流传刻本，艺林珍之，惜不多见。戊申秋，佐自司马部奉使归省，先生乃尽以《三录》、《四录》、《别录》、《附录》、《闰录》诸稿授之。佐乃删同校异，析之以类，合而名之曰《总录》，（损）〔捐〕俸以梓。”据此，则《总录》实包括诸《录》，删并异同而为之，诸《录》皆赘刻也。

余向藏陆弼刻本，亦止二十七卷，取校此本，绝无异同。然终不如此本之最旧最善。若世行之李氏函海本，删存十卷，则不足道矣。升庵先生博洽多闻，在明时可与王弇州对垒。近世汉学家动以疏陋讥明人，如杨、王二公，世复有几？士恨不学耳。若戴东原动夸中秘，顾千里专事校勘，而下笔（辙）〔辄〕轻呵古人，岂公道哉！

乙卯端午后二日，叶德辉记。

一木堂外稿十七卷旧钞本

《一木堂外稿》十七卷，国朝黄生撰。其书分《义府》五卷，《论衡》七卷，《识林》五卷。《义府》考订经、史、子、集、金石、碑版。《论衡》则专论史传中人，以自摅其褒贬。《识林》则无所不载，如沈括《笔谈》、洪迈《随笔》之例，博洽多闻，洵为传作。《四库全书》只著录《字诂》一卷，《义府》二卷。而不知其全，且以五卷为二卷，亦不知所据何本。此为原钞稿，而《义府》独缺三、四、五三卷，他日觅得刻本，当钞补之。黄生又有《字诂》二卷，原与《义府》合刻，今亦罕见，何况此全稿耶？

此钞本《一木堂外稿·义府》五卷，《四库全书总目》杂家类著录“二卷，安徽巡抚采进本”。《提要》云：“上卷论经，下卷论诸史、诸子、诸集。附以赵明诚《金石录》、洪适《隶释》、郦道元《水经》所载古碑。陶弘景、周子良《冥通记训诂》以别教之书，缀之卷末，示外之之意焉。”此钞本五卷，卷一、卷二诸经，卷三诸史，卷四诸子群书，卷五金石碑版，似是分卷不同，其文一也。卷一目录下有“汪孟慈藏书画印”七字朱文篆书长方印，“汪喜孙印”四字朱文篆书方印，盖扬州汪氏问礼堂藏本。孟慈，喜孙字，道光中官户部郎中，汪容甫中之子。

潜丘札记六卷乾隆十年家刻本，钱竹汀、梁山舟手校

阎若璩《潜丘札记》六卷，乾隆十年其孙学林刻之家塾者。

《四库全书总目》杂家类著录，《提要》云："记诵之博，考核之精，国初实罕其伦匹。虽以顾炎武之学有本原，《日知录》一书亦颇经其驳正。则其他可勿论也。"按：若璩本与炎武齐称。此书则其散佚之馀，后人掇拾裒合成编者，其淹博不及《日知录》远甚。若璩举康熙己未鸿词，以试不入格落选。今《札记》中犹载其《璇机玉衡赋》、《省耕诗》，雅无过人之处。盖词赋本其所短，六卷全为近体诗，当时不应通联《札记》而刻，则编者之过也。此书经钱大昕、梁同书两家评校，皆用纸条粘附书中。日久必因脱糊散失，宜如何有以保存之。梁本工书，虽随手签题，殊见风致。钱书，余有手钞《南宋馆阁录》，与此笔迹无异，信可宝也。

松崖笔记三卷 道光二年吴兴徐氏刻本

《松崖笔记》三卷，道光二年吴兴徐氏刻本，吴县惠定宇先生栋读书之札记也。惠氏三世传经，至先生乃倡明汉学，所著《周易述》、《易汉学》、《古文尚书考》、《明堂大道录》、《禘说》、《左传补注》、《九经古义》等书，示六艺之指归，绍两京之绝学，当时士林推重，南北皆为镂版印行，其津逮后学之功巨矣。此其随手札记，本注经之绪馀。然其中考证旧闻，记载详赡，书仅三卷，几与顾亭林《日知录》、钱竹汀《养新录》二书齐称。曩时见南皮张文襄《书目答问》，于子部儒家类考订之属列其书。每于坊间物色之，久而不获。近日，友人永明周笠樵舍人铣诒家藏书散出，从子定侯为余购归，命工整理。装订毕，为识于后。

壬戌冬腊，叶德辉记。

竹汀先生日记钞三卷嘉庆十年何元锡刻本

《钱竹汀先生日记钞》三卷，嘉庆十年门人何元锡编刻本。其一卷记所见古书，多黄荛圃百宋一廛物。二卷记所见金石，皆零星小品，见于《潜研堂金石跋》者甚少。三卷策问，疑在苏主讲紫阳书院，课士所拟作。卷末有张叔未先生题字，云“嘉庆十三年六月十九日，赠寿臧徐甥”，下钤“廷济”上白下朱二字联方小印。又一行题云：“同治十一年壬申，徐氏后人以所藏金石书籍出售，友人从禾中携示，因购得之。郑斋书于吴门。”下钤“均初”朱文二字小方印。

按：寿臧，一称籀庄，名同柏，李遇孙《金石学录》云：“徐同柏，张叔未孝廉之甥。好古识奇字，叔未每得款识之难辨者，属其细意融贯，即豁然通解。著《从古堂古金考》、《古履仁乡金石文字记》。”均初，一作韵初，陆心源《金石学录补》云：“沈树镛，字韵初。南汇人。咸丰己未举人，家富于赀。幼好名人书画，不惜重值。尝得董北苑真迹，颜其室曰宝董楼。兵燹之后，家中落，专意碑刻。所藏《刘熊碑》、《汉石经》，皆世间希有之本。近年以来，大江南北收藏碑帖之富，无以比焉。”

观此题记二则，此书两经金石家收藏。仅逾百年，至予已三易其主。云烟过眼，世事沧桑，当时《记》中所载古书金石，今日已大半散亡。予居苏四年，访诸家收藏子孙，亦皆门户雕零，不可踪迹。君子之泽，五世而斩，宜乎徐、沈两家后人之不能世守矣，书此为之喟然。

郎园读书志卷六

子部

艺文类聚一百卷明嘉靖丁亥胡缵宗刻小字本

明嘉靖刻小字本《艺文类聚》初印本，世间绝罕见。其注文完备，胜于明万历大字本十倍。非得大字本校勘一过，不能知其佳处也。南北藏书家间亦有其书，大半印本模（胡）〔糊〕，纸料粗黑。如此白棉纸初印者，百不获一。同县刘雪樵茂才湘琳，曾为余取小字本校出异文极多。因为余言：大字本系从小字模（胡）〔糊〕本重刻，如“一”裂作二画，大字本即改作“二”字之类。盖由不见初印本之故。此外模（胡）〔糊〕破裂之字，因而疑误者尤夥，刘君皆为余校于新翻大字本之上方。余益知小字初印本之难得，在明万历刻大字本时已然。宜乎今日此书珍与宋、元本相等也。

此书明凡四刻，一华氏兰雪堂活字印本。瞿镛《铁琴铜剑楼藏书目》有明活字本，每半叶十四行，行十三字。目后有墨图记云“乙亥冬，锡山兰雪堂华坚允刚活字铜板校正印行”一行。一闻人诠刊本。张金吾《爱日精庐藏书志》冯氏已苍校宋本云：“金吾藏《艺文类聚》凡三本，一小字本，一兰雪堂活字本，一闻人诠刊本。”冯氏已苍据宋刊本手校，即是本也。下列自序、胡缵宗锓梓序、陆采跋、冯氏手跋、又跋、钱求赤跋。按：据此，则闻人〔诠〕[①] 本即胡刻也。一万历王元贞刻大字本。近日成都有刻本，即据此翻雕。一山西平阳府刻小字本。丁丙《善本书室藏书志》明刊本陈子准手校本云：“别有山西巡抚苏祐、黄洪毗、按察司佥事郑光〔溥〕[②]、平阳府知府事张松重刻序”。闻人〔诠〕本出于宋，《张志》、冯已苍手跋云。小字本出于元。陆心源《皕宋楼藏书志》有元宗文堂本云：“每叶二十八行，每行二十八字。明小字本即从此出。”闻人〔诠〕本尤罕见，当俟异日访之。

丙申花朝后二日，叶德辉书。

又

《艺文类聚》，藏书家均以明嘉靖刻小字本为最善。前有胡缵宗序，称“吴郡陆君子玄惜其残剥，为之锓梓”云云。后有陆采跋，云：“是书之刻，可泉胡公实主之。始于丁亥之秋孟，迄于今岁之秋仲，凡岁有一月而成。其费缗钱四百千有奇。而校雠供馈之劳，不知凡几，其成亦云难矣。继公政者，爱民惜费，欲杜往来之求也，命予焚之。予不忍，仅劗其半，以示存羊之意，庶几他日可补，而竟以副胡公博雅好古之志云。是书也，其印止二百本，览者其毋忽诸。嘉靖戊子冬十一月，长州陆采子玄识。”

按：此跋北京图书馆藏本有之，载江阴缪小山学丞荃孙所编《学部图书馆善本书目》。余藏本有胡序，无陆跋，今而知胡、陆同一刻本。胡刻成，而继任者劗其半，陆又补刻之。陆诚有心人也。此本或以为出自宋本，或以为出自元本。以为出自宋本者，张金吾《爱日精庐藏书志》“《艺文类聚》一百卷，冯氏已苍校宋

---

①据前文补字。下同。

②据后跋明嘉靖己酉张松刻小字本补。

本”下云：“金吾藏《艺文类聚》凡三本，一小字本，每叶二十八行，行二十三字。三，盖八之误。二十八行，行二十三字不成款式。一兰雪堂活字本。一闻人诠刊本。”冯氏已苍据宋刊本手校，即是本也。三本中，以是本为最善，下列自序、即欧阳询序。胡缵宗锓梓序、陆采跋。嘉靖戊子。

冯氏手跋曰：“岁丙子，闽人刘履丁赠钱宗伯牧斋以宋刻《艺文类聚》。予从牧翁借校此本，始于丁丑之四月，毕于六月十七日。是年闰五月，盖百日而终卷也。”刘本正是此本之祖，中有模(胡)〔糊〕缺失处，无不因袭。始知陆采劓半之说缪也。卷末有葫芦碧沙印，又“旧学图书”四字方印，未知何家物也。《孱守居士记》又曰：“崇祯丁丑，借钱宗伯牧斋宋本校过，与此本正同，劓半之说妄也。此书似非全书，但宋时已止存此，世无完本矣。冯已苍书。”钱氏手跋曰：“陆采劓其半，以示存羊意。谓胡可泉刻成此书后，俗人欲焚此版，今劓去以示不忍之意。非谓此书之不全也。附记于此，冯先生必以为然。求赤识。”按：求赤名孙保，钱谦贞之子，牧翁从孙。事迹见牧翁所撰《列朝诗集小传》。

据冯校，知此本即出于宋本，非臆断也。且以知邵懿辰《批注四库全书简明目录》、莫友芝《郘亭知见传本书目》均列有明闻人诠刊本者，亦是此本。钱谦益《列朝诗集》丁集“闻人诠，字邦正，馀姚人。嘉靖丙戌进士”。丙戌为丁亥之先一年，或胡刻此书，曾与校刊之役，故世又以为闻人诠刊本也。以为出自元本者，陆心源《仪顾堂续跋》：“《艺文类聚》一百卷。前有询自序，后有无名氏跋。每叶二十八行，行二十八字。明嘉靖陆采本，行款皆同，疑即从此本出。无名氏跋有云：‘今书坊宗文堂购得是书，即便命工刊行。溥传海宇，售播四方。贤哲士夫，以广斯文，幸鉴。’”愚按：元刊《刘静修集》卷一后有墨记云“至顺庚午宗文堂刊”。木记则宗文堂，必元代麻沙书坊，是书亦至顺中刊本也。然则陆氏以为此本出自元本，亦自有据。余谓明出于元，元出于宋。牧翁所藏宋本，有翻于元者，有翻于明者，无足异也。

此本据陆跋，止印二百本，而余幸藏两部。此本有胡序，无陆跋。其一部序、跋均无，却皆早印者。近人钱唐丁丙《善本书室藏书志》载“《艺文类聚》一百卷，明刊本”。陈子准手校，云“每叶二十八行，行二十八字。此吴郡陆子玄刻本，大致与兰雪堂华氏活字印本同。”陈子准以冯已苍校宋本订正讹脱。已苍云：按：书中校记故《张志》，手跋无此语。“八十五至八十七三卷，宋本亦杂乱无绪。”子准云：“似有后人增入处，非率更原书。”按：冯、陈二说，余无旧本考证，不能定其是非。且宋、元本之后，嘉靖本之前，中尚有正德中兰雪〔堂〕① 本后有末记云“乙亥岁”。华氏活字本。《丁志》云“大致陆本与华本相同”，则更无从是正矣。

唐人四大类书，《北堂书钞》为明陈禹谟窜改，有改名之《古唐类范》、《大唐类要》两旧钞本可证。《初学记》为安国窜补，有严可均校元本、陆心源《群书校补》中校补此书可证。《白氏六帖》为宋孔传《续帖》搀乱，有宋乾道丙戌衢州单刻《白帖》三十卷本可证。惟此书尚是原书旧帙。明刻诸本，皆与小字本同一沆瀣，不蹈陈禹谟、安国之陋习。是不必宋、元本，即此本亦可宝贵也已。

丁酉秋重得此本再记，郎园。

---

①“兰雪”为“兰雪堂”之省语。

艺文类聚一百卷 明嘉靖己酉张松刻小字本

《艺文类聚》，余藏有明刻本二。其一为嘉靖丁亥胡缵宗序刻小字本，每半叶十四行，行二十八字。其一为万历丁亥王元贞序刻中字本，每半叶十行，行二十字。小字本出于宋、元，中字本即出小字本。往时，同月生刘雪樵茂才湘琳，为余以小字本校中字本，凡小字本讹误之处，中字本悉仍之。尤奇者，小字本版裂处，如"一"字裂为二细画，中字本即刻作"二"字，校者之疏陋，极为可哂。

此本为嘉靖己酉，知山西平阳府事洛阳张松重刻小字本，行字一如胡刻本，后于胡二十馀年，印本尤为精美。遍考藏书家《志》、《目》，惟江阴缪氏《艺风堂藏书记》有之，馀皆未著录。故或者以为即张氏翻雕胡本。然前有"提督雁门等关兼巡抚山西地方、都察院右副都御史、濮阳苏祐序，巡按山西、监察御史、莆田黄洪毗序"，均不云出自何本。惟"督学山西等处提刑按察司佥事益都郑（先）〔光〕溥序"，称"巡按莆田黄公翠岩，出所得于汾阳文谷氏处《艺文类聚》一部，凡十二册。授知平阳府事、前溪张子松，命工校刻，以永其传"云云。按：文谷者，汾阳孔天胤字。孔当时刻有《文献通考》、《资治通鉴》、《三辅黄图》等书，盖亦藏书家之好刻书者。卷末有张松重刻后序，亦不云所据以校刻者为宋本、为元本，则谓其翻雕胡本，似无可疑。

从子定侯一日自外归，告余曰："在某旧书店见有明刻小字本《艺文类聚》，非胡缵宗所刻者。"余颇疑之，以为明小字本并无两刻，亦不闻当时有人翻雕。惟《艺风堂藏书记》载有三本，一为小字本，每叶二十四行，每行二十四字。此误也。余因行字与小字本不合，亲诣艺风老人见之，实每叶二十八行，行二十八字。一兰雪堂活字印本，每半叶十四行，按：此本每半叶直阑只七行，因每阑双行小字，故为十四行。行十三字，目后有墨图记云："乙亥按：乙亥为正德十年。冬，锡山兰雪堂华坚允刚活字铜版校正印行。"阴文。每卷后有圆记"锡山"二字，长记"兰雪堂华坚活〔字〕① 版印行"十字阳文。收藏有"爱日精庐藏书"朱文方印。一为明山西平阳府刻本，有苏祐序、黄洪毗序、郑光溥序、张松序。余意此三本，惟山西平阳府刻本最希罕，或即此本亦未可知。迟数日，定侯以重值购归，亟取阅之，版式、行字，一一与胡刻小字本同，而书为白棉纸初印，字体较胡刻整齐，果为山西刻本，苏、黄、郑、张诸序具在。故无论其出自宋、元，不出自宋、元；翻雕胡本，非翻雕胡本，在明本书中，固自少见，况嘉靖本乃近日极贵重之本乎！定侯其永保之，留为吾家镇库书也。

丙寅小年，郋园。

又一部明达堂书坊本

此书从明大字本翻刻，讹字亦多，亦由原本非精校故也。家藏明翻元小字本，余甚爱惜，不欲时时翻检。因买此本，属友人刘君雪樵茂才以小字本校对改定，凡四阅月而始竣。刘君与余同游，劬学嗜古，困于一衿，可慨也。

雪樵博极群书，随手勘定，无不精核，非寻常校勘家比也。再三检校，益叹"才难"。顾亭林曰："博问强记，吾不如任臣。"我不能为亭林，尤滋愧矣。

---

①"字"字，据文义补。

明大字本，系从小字本后印者翻印。雪樵所据校本，亦系后印本书，如“一”字，一画裂作二画，皆是后印本之故。余藏有小字初印者，因检出对勘，得知其异同原委。小字初印者，纸墨绝佳，故世恒以充宋本也。

初学记三十卷明嘉靖十年安国刻本

唐徐坚《初学记》三十卷。世称明嘉靖辛卯安国刻本为最善。其后甲午，晋藩即据其本翻雕。而同时沈藩亦有重雕本。又万历丁亥，徐守铭宁寿堂、晋陵杨氏九洲书屋皆刻此书，行款与安刻无二。万历戊戌陈大科刻本，其自序有“南国妄一男子，谬以意损益之，至窜入宋事什二三”云云，似即暗斥安本。然究其刻本，实与安刻伯仲，未见其胜于安也。《四库全书》著录为“内府刊本”。此即古香斋袖珍本十种之一。其原本未知何据，而与明刻诸本绝无异同，殆亦出于安刻。惟陆心源《群书校补》载“宋本与今本，不同之处至数卷之多。其馀各卷文字，出入增涫，逐卷皆有”。是知此书自安刻以来，以讹传讹，均不可信也。

安刻前有秦金序云：“锡义士安国购得善本，谋诸塾宾，相与校雠厘正，遂成完书。选能鸠工缮写，锓梓以传。”是当时安国所得者，实非完书。其与塾宾校雠厘正，似亦全无根据。证以陆氏《群书校补》，情伪尤觉显然。陆校出自严铁桥孝廉，当时号为宋本，实则元刻。曩闻之缪艺风老人云：“严校原本在嘉兴某布政许，匿不示人。借刻借校均不允。”古书遇此等人，可谓冤沉海底。幸陆校其副，使人得见本来面目。不然，则世但知安氏校刻之功，而不知其窜乱之罪矣。

又一部明安国活字印本

明无锡安国刻《初学记》，藏书家咸以善本视之，实则有大谬不然者。据刻本前秦金序称“锡义士安国购得善本，谋诸塾宾，相与校雠厘正，遂成完书。选能鸠工缮写，锓梓以传”云云。彼所谓校雠厘正，所据何本？不可得而知也。曩记安绍杰撰辑《我素先生希范年谱》，叙述先世云：“桂坡公讳国，好蓄古图书。铸活字铜版，印《颜鲁公集》、徐坚《初学记》等书。”余以活字印本，惟《颜鲁公集》时有流传，《初学记》则自来各家藏书目录未见著录。因疑《年谱》云“活字印本”，乃系刻本之传讹。

顷从子启（蕃）〔藩〕自长沙来书，云“收得安氏活字印本《初学记》残本”，余始信此书安氏果有“活字印本”。书中详记缺卷为第七、第十、第二十一至二十五、第三十卷之下半，共八卷半。行款与刻本同。适案头有仁和邵位西先生懿辰《批注四库全书简明目录》载此书，刻本不列安氏活字印本。惟无名人附注云：“安国得宋本，缺二十一、二十二以下数卷。属其师郭某补完刊行。”然则，此书自二十一卷以后，宋本本不完全，安氏始以活字印行，未暇补其缺卷。迨刻时，完本出而活字本废，故活字本至今罕见欤？《颜鲁公集》活字本外，亦有刻本。则此书刻本之先，有活字印本，理固宜然。此书活字本、刻本，皆不与宋、元本合，陆心源《群书校补》已详举之。惟是本以罕而见珍，缺卷亦据刻本钞补完全。故属从子启（蕃）〔藩〕重为装潢，以永其寿，而识其源委于此云。

庚申八月。

又一部明嘉靖甲午晋藩刻本

《初学记》明刻本至多，皆祖锡山安国本。然安本有活字本、刻本之别。活字本在先，刻本在后。大抵从刻本重刻者，版式、行字，及前撰人结衔，皆同一式。惟晋藩据活字本翻刻，故与活字本同而与诸本异。安本不知何据，以严可均校宋本对雠，其书中文句增删，犹其小事，乃至有全卷不合者。恐安氏所据宋本，卷数不全，安氏以臆窜补，如陈禹谟刻《北堂书钞》之弊。后来刻本皆出，安氏则沿讹袭缪，不暇再求宋本，力图完全。此流传至今，所以更无其人一发其覆也。严校宋本，陆心源已载所撰《群书校补》中。其原书则在某许，秘不示人，殊可怪诧。

北堂书钞残本三十四卷光绪己丑归安姚覲元活字印本

《北堂书钞》，明陈禹谟刻本。多窜改臆补，而以五十以下，及七十、八十、九十至百十等卷为尤甚。嘉庆中，孙星衍平津馆得元陶宗仪旧钞藏本，与严可均分校数过，而属江苏粮道南昌胡稷刻之。仅刻陈本窜补尤甚者三十八卷，馀卷未刻，而胡去任，书遂不成。光绪己丑，南海孔广陶十三万卷楼所校刻之全本，即此本也。

此书向无宋刻，自来藏书家皆止旧钞。然书估作伪，往往窜改名目。令人骤遇之不知为何书。如孙藏陶本，本名《古唐类苑》。即季沧苇《目》中所载者，则钱曾《读书敏求记》所云《嘉禾》，收藏家有原书者名亦同。至孙时又改名《大唐类要》。黄丕烈《士礼居藏书题跋续记》所载朱彝尊曝书亭本，彝尊有跋载《曝书亭集》。则又由《大唐类要》改名《古唐苑范》。朱本后归汪远孙振绮堂，顾沅艺海楼藏钞本即从之，仍名《大唐类要》。孙藏后归闽中陈兰徵带经堂，展转归于南海孔氏。钱藏后归张金吾爱日精庐，今藏常熟瞿镛铁琴铜剑楼。后有“明嘉靖丙午六月十二日，五川居士在万卷楼记”，盖从杨梦羽传录也。顾本后归揭阳丁日昌持静斋，丁书近十年始散，不知落于谁氏矣。

此亦光绪己丑集福怀俭斋以活字摆印本，凡五十二至五十四、七十、七十二至七十六、八十、八十四至八十六、八十八至九十四、九十六、九十八至一百十，共三十四卷，乃归安姚彦云观察觐元印。印未毕，而观察物故。活字亦散，书亦不成。仅此三十四卷，亦陈本窜改臆补之甚者。故严、姚先后刻印，皆从此等处入手。惜乎同一不成，为可恨也。孔刻虽本孙藏，于原本注下多阑入孙、严校语，及己所校记，眉目殊为不清。此本则以黑地白文，下阙二字，注其下，较为矜慎。然孔氏未刻以前，或校刊，或摆印，均不能有成。独孔氏刻成全书，使天下后世得见原书面目，不为陈禹谟所欺，是亦此书之功臣矣。

唐人五大类书，一《修文殿御览》，已散入宋太宗敕李昉等撰《太平御览》中，原文不可分辨。一《艺文类聚》，虽有明嘉靖七年陆采仿宋小字本，世误以为元本者。而世行明万历丁亥王元贞序刻大字本，已多节删。《初学记》，世以明锡山安国桂坡馆刻本为最善，而据严可均、陆心源先后取宋本相校，已有十馀卷不同，是其窜补欺人，尤为是书大厄。《白帖》为宋坊估以宋孔传《六帖》合刻，致白书单行本日就湮灭。《书钞》经陈禹谟窜改臆补，若存若亡者几三百年。倘有好事者接踵孔氏，假瞿氏所藏《嘉禾》原书、孔氏所藏孙本、物色揭阳丁氏所藏顾本，及明刻《唐类函》

中所引原文，合以严刻、姚印未完之印本，参稽互考，洗陈刻之疮痍，削孔氏之烦渎，俾宋、元以来不传之秘册，得以拨云雾而见青天，斯真书林中一大功德事，企予望之矣。

时在丁（己）〔巳〕立夏后一日，叶德辉识于苏城阊门寓舍。

太平御览一千卷明万历改元倪炳校刻本

《太平御览》一千卷，明万历改元，倪炳刻本，前有常郡黄正色序。阮文达元为鲍崇城刻此书，序所称"黄正色本"者，即此本也。据黄序称"宋世刻本，俱已湮灭。近世云间朱氏仅存者，亦残缺过半。海内钞本虽多，展转讹舛益甚。吾锡士大夫有好文者，因闽省梓人用活字校刻。始事于隆庆二年，至五年才印其十之一二，闽人散去。于是，浙人倪炳居业于锡，谋于郡邑二三大夫，协力鸠工，锓诸梨枣。三阅寒暑矣，度时量力，再期可成。同年薛宪副应登甲，游心艺文，校得善本，藏诸家塾。其仲庠生名逢者，出所藏本，俾倪氏缮写付刻"云云。

《四库全书总目》子（都）〔部〕类书类著录，《提要》云："此书行世，实有二本。一为活字印本，其版心称'共印五百部'，则正色所云'印十之一二散去者'。其说不确。一即倪氏此本，同出一稿。脱误相类，而校手各别，字句亦小有异同。今以二本参校，并证以他书，正其所可知，而仍其所不可知。古书义奥，与后世多殊阙疑，犹愈于妄改也。"按：《提要》所言库本，是就倪刻本、活字本，两本互相校勘，则知黄正色云云诚为不确。然当时虽有印五百部之说，实止印行百馀部。

余从子康侯兄弟藏有活字本，有苏熟周堂识语，略言"《太平御览》一书，从闽中饶世仁等购得其半，半在锡邑郡伯顾肖严、太学秦虹川家。请于先君，欲合而梓之。未几而先君作古矣。不肖惧先志之未酬，考订厘缉，遂成完书。所得活版，仅百馀部，与顾、秦二氏分而有之。倘好事者借稿，于兹更加精校，锓为不刊之典，是所愿也。时万历甲戌小春吉旦”。末有“闽中饶世仁、游廷桂整摆，锡山赵秉义、刘冠印行”二行。版心间有小字云“宋版校正饶氏全版，活字印行一百馀部”二行。

余在沪市见一活字残本，目后有长方木牌记云“太平兴国八年十二月刊”字二行，而康侯藏本无此木牌记。盖摆印时，或印或无，非必要也。活字本卷第一“李昉等奉敕纂”于大题后占四行，“敕纂”二字提行别为一行。第五行称“皇明顺天解元海虞周光宙重校”。每半叶十一行，行廿二字，与此本同。惟此本官衔、纂人缩作三行，后无“皇明”等字一行，而空白二行。又一白纸印者，空白处是墨块二行，盖初印本也。而前无黄正色一序，殆印时黄尚未作序欤？独怪黄序作于万历改元，周识作于万历甲戌，即二年。同为一郡之人，一时之事，而所言各异。黄即未见活字摆印已成之本，而求之撰序之倪炳，亦岂不详告之？苟非余家两本俱藏，又乌从而知其始末耶？黄荛翁有言，书之重本，不可不置。信然。

太平御览一千卷 日本安政三年活字印本

此日本安政三年活字印本《太平御览》一千卷。前有总目十卷，引用书目一卷。据前大学头林炜序云：“侍医喜多村士栗尝用聚珍版刻《医方类聚》。间者得医官曲直濑氏所藏影宋本《太平御览》，悦之。以官库所藏宋槧本校雠鲁鱼，亦活字刊之，刊成乞余题言。案明黄正色序曰‘太平兴国迄今几六百载，宋世刻本俱已湮灭’。又阅清《琳琅书目》，无载焉。由此观之，宋椠逸于彼，而存于我者，可知矣。士栗既刻大部方书，又刊此书。而手自校订，不唯其志之大，而其气力亦有足称者矣。”按：此书吾国《四库全书总目》著录“侍讲张焘家藏本”。《提要》云：“胡应麟《经籍会通》曰，《御览》向行钞本，十年来始有刻，而讹谬特甚。非老师宿儒，即一篇半简莫能句读。至姓名颠舛，世代鲁鱼，初学之士读之，或取为诗文用，误人不鲜。案：此本前有万历元年黄正色序曰：太平兴国迄今几六百载，宋世刻本俱已湮灭。近世云间朱氏仅存者，亦残阙过半。海内钞本虽多，展转钞写，讹舛益甚。吾锡士大夫有好文者，因闽省梓人用活字校刊。始事于隆庆二年，至五年才印其十之一二，闽人散去。于是浙人倪炳伯文谋于郡邑二三大夫，协力鸠工，锓诸梨枣。孙国子虞允一元力任校雠，忽于隆庆六年捐馆，弗克终事。今复苦于舛讹。薛宪副应登有校得善本，藏诸家塾。其从子[①]名逢者，俾倪氏缮写付梓云云。所言刊本讹谬之故，大概与应麟合。然此书行世，实有二本。一为活字印本，其版心称‘共印五百部’，则正色所云‘印〔十〕[②]之一二散去者’。其说不确。一即倪氏此本。二本同出一稿，脱误相类，而校手各别，字句亦小有异同。今以二本参校，并证以他书，正其所可知，而仍其所不可知。古书义奥，文句与后世多殊，阙疑犹愈于妄改也。”按：《提要》所称二本异同，有《考证》十卷在武英殿聚珍本《四库全书考证》中，时则未见宋本也。

嘉庆丙寅，吴门黄荛圃主事丕烈，从郡城周锡瓒香严书屋得

①上篇云“其仲庠生名逢者”；此处云“从子名逢者”。两处均系引黄正色序。而《四库全书总目提要》则作“仲子”。

②据上篇文义补。

宋刻残本三百六十六卷，见顾广圻《百宋一廛赋注》、《士礼居藏书题跋记》。莫友芝《旧本书经眼录》云："《太平御览》宋本残帙，湖州徐氏藏。每半叶十三行，行二十二字。存三百六十六卷。首叶有'汪士钟藏''黄丕烈印'。"陆心源《仪顾堂文集》宋版《太平御览》跋云："有'文渊阁印'，即《文渊阁书目》所载不全之本也。乾隆间归黄荛圃主事，后归苏州富民汪士钟。今冬余以白金百朋得之，核以黄氏原《目》，又佚五百三十一至五百三十五、五百四十一至五百四十五、七百二十六至七百三十共十五卷。书中'胤、慎、殷、恒、贞'皆缺笔，而'桓'字不缺。则刊印当在仁宗时，为是书刊本之祖。"又《士礼居藏书题跋记》宋残本《太平御览》识云："余于数年前曾蓄三、四部非活字本，即宋字本。最后得一旧钞本，十三行为半叶者，较诸本为佳。然以未见宋刻为憾。"

今此日本活字本，每半叶十三行，行二十二字，与宋残本行字相合。黄云"旧钞本，半叶十三行，较诸本为佳"者，亦必钞自宋本。然则十三行本固宋本之最佳者也。日本森立之《经籍访古志》："《太平御览》一千卷，宋椠本。枫山官库藏，每半版十三行，行二十二字。'玄、徵、匡、恒、敬、慎、殷'等字阙笔。"按：此活字本，即据是本排印，故行字悉依宋本，无所改移。吾家旧藏嘉庆十一年吴门汪昌序活字印本，嘉庆十三年歙鲍崇城刻本，嘉庆十四年昭文张海鹏刻本。汪本前存黄正色序，似是出于明刻本。鲍、张二本，即以宋残本三百六十六卷合以旧钞校刊。然钞本各有异同，不能执为定本。据张序，宋残本外，又有黄荛圃孝廉家明季影宋本五百二十馀卷。鲍本自序，亦据宋残本合扬州阮氏校录宋本付刻。校以此本，往往不合。鲍刻半叶十三行，行二十二字。似守宋本行格，实则远不如此活字本，亦并不如张刻本。而今所以盛行者，以有阮文达序推重也。

明活字本、明刻本，余收藏最先。又有明蓝格钞本，讹谬极多，以与书估交易他书让出。今尚有六部，足以豪矣。况此活字善本，即无异宋本化身。使汪士钟艺芸书舍、黄丕烈百宋一廛犹存，亦安知不推为百城之压架物哉！

事物纪原十卷明正统十二年阎敬刊本

《事物纪原》十卷，无撰人。明正统十二年，南昌阎敬序刻本，每半叶十二行，行二十四字。阎序云“作者佚其姓名”。《四库全书》子部类书类著录者，即此正统本，误作序之“阎敬”为“简敬”，殆校刻之讹。殿本、浙刻本均作“简敬”。《提要》云：“宋赵希弁《读书附志》云‘《事物纪元》十卷，高承撰。承，开封人’。陈振孙《书录解题》亦云‘《中兴书目》作十卷，高承撰。元丰中人。凡二百十七事。今此书多十卷，且多数百事，当是后人广之耳’云云。”是此书在宋时，已非高承之旧。今此本所载，凡一千七百六十五事，较振孙所见已数倍过之。而仍作十卷，盖后人又有增益，是非宋本之旧矣。

前人重宋、元版书，而于明初黑口本亦极珍贵。此书虽有道光中《惜阴轩丛书》本，而不及此本椠刻之古，有宋、元遗风。序前有“古盐张氏”四字白文篆书半长方印，“宗楙”二字白文篆书半长方印，“泳川”二字朱文篆书半长方印。目录前有“古吴潘介祉叔润氏收藏印记”十二字朱文篆书大方印，“古吴潘念慈收藏印记”九字朱文篆书大方印。卷一有“叔润藏书”四字朱文篆书方印，“潘叔润图书记”六字朱文篆书长方印，“潘介祉印”四字白文篆书方印，“玉笋”二字朱文篆书方印。

宗棣，为顺治乙未进士，张螺浮给谏惟赤之第六曾孙字皓亭名腊者之孙。给谏有涉园，擅一时之胜。先族祖横山公与之交好，《己畦文集》载有《涉园记》。时公馆皓亭家旬月，为作是《记》。宗棣字泳川，号思岩，撰有《词林纪事》二十二卷，《附录》三卷。又辑王文简《带经堂诗话》三十卷，《藕村词》一卷。风流文采，馀韵犹存。同年友菊生侍郎元济，即其裔孙也。潘叔润介祉，吴县人，潘文勤祖荫族子，喜藏书，余居苏城数年，恒于书肆见其家散出之书，均有印记。曾在友人莫楚生观察棠案上见所藏《宋濂文粹》、《续文粹》二书，有其藏印，知所藏秘册古本正不少也。比之前哲，犹钱牧翁之遵王乎？

乙丑嘉平月，郎园。

锦绣万花谷前集四十卷、后集四十卷、续集四十卷、别集三十卷 明嘉靖丙申秦汴绣石书堂刻本

《锦绣万花谷前集》、《后集》、《续集》、《别集》，共四集，明秦汴绣石书堂刊本。宋陈振孙《直斋书录解题》作四十卷、《续》四十卷，只两集，无前、后、续、别之分。明黄虞稷《千顷堂书目》载此书为前、后、续、别，与此同。《四库全书总目》子部类书类著录，《提要》云："今案序中明言，自九华之归，粗编成为三集，每集析为四十卷。可知《后集》为陈氏偶遗，《别集》为后人所续增，不在原编之数。故明人刊本，亦只三集也。"

然此秦刻，实有《别集》三十卷。四集版心鱼尾上均刻有"绣石书堂"四字，半叶十二行，行二十一（子）〔字〕。似是翻雕宋本。惟自来藏书家书目，除《千顷堂书目》、王闻远《孝慈堂

书目》四集俱全，馀皆只有三集。如孙星衍《祠堂书目》、常熟瞿镛《铁琴铜剑楼藏书目录》、丁丙《善本书室藏书志》同。丁云"《千顷堂书目》尚有《别集》三十卷，不见自序，当为后人续增，故不为传雕"。瞿云"《别集》不见自序，当出后人续增。故秦氏虽家有其书，而未刻此"。由不见秦刻四集，为此悬揣之辞。但明刻惟此有四集。其他弘治间华燧会通馆活字印本，嘉靖乙未徽藩崇德书院重刻会通馆本，并只三集。则无怪《提要》称"明人刊本，只三集也"。至四集引宋人事，称"国朝"或"本朝"，可见其书出宋人所撰。《提要》以为后人续增，亦误也。

山堂先生群书考索前集六十六卷、后集六十五卷、续集五十六卷、别集二十五卷元延祐庚申圆沙书院刻本

山堂先生《群书考索前集》六十六卷、《后集》六十五卷、《续集》五十六卷、《别集》二十五卷。元延祐庚申圆沙书院刊本，黑口版。每半叶十五行，行二十四字。书名跨两行，题"山堂先生《群书考索》卷之一"，馀卷同。下注黑地白文"前集"二字。馀集同。次行题"山堂宫讲章如愚俊卿编"。书中标题皆黑地白文。明正德戊辰，刘洪慎独斋刻本，不独改易行款，如标题无"山堂先生"四字，撰人题"山堂先生章俊卿编辑"，均非元本之式。而《前集》卷五《中庸》、《大学》经、注皆全，刘本存经删注，尤为大谬。卷八《六经门》、卷三十二《文章门》前后颠倒。《后集》、《续集》、《别集》如此者尚多，不能一一具列。乃知书贵旧刻，益处本多。刘洪，枋肆中人，殊不足责。惜无好事者模仿重雕，使人得见山堂此书真面，为可快也。《前集》下有"子信项元

潮私印”七字朱文篆书小长方印，当是项子京元汴兄弟，当详考其事迹，以为藏书家掌故，姑识而待之。

新笺决科古今源流至论前集十卷、后集十卷、续集十卷、别集十卷元延祐丁巳圆沙书院刻本

新笺决科《古今源流至论前集》十卷、《后集》十卷、《续集》十卷，宋林駉撰。《别集》十卷，宋黄履翁撰。每半叶十二行，行二十二字，小墨口本。《续集》前馀叶有题识四行云：“《源流至论续集》，所载官制沿革等，颇备掌故。惟卷一载《太极图》、《心学》等，殊属不经。宋人积习难除，存之邺架。子孙切勿惑之。五松居士记。”下小注云“甲戌岁正月晦日”。又两行云：“《易》有太极，极之言中。太极函三为一，未有以分阴阳为太极者。谬甚。”又一行云：“既是性，又名气。质之性，甚乖五常所禀。可恨。”此题记为孙伯渊先生星衍笔，盖孙祠藏书，而《孙祠书目》未录。甲戌为嘉庆十九年，《书目》刻于嘉庆庚午十五年。是必在《书目》刊成以后所得。题语极诋“太极”、“心性”等论之非，固汉学家门户之见。然谓为“可恨”，则不免过激之言。

南宋自理宗以后，道学复昌。士人场屋所需，不得不相引重。此本专为决科而作，故人云亦云。山堂先生《群书考索》之后，要以此书为精博矣。揭阳丁氏《持静斋书目》有宋刊本者，即此元刻本。常熟瞿氏《铁琴铜剑楼藏书目录》列为元刊本，不误。

分门琐碎录六卷元刻残本

姚志梁观察得元刻残本《分门琐碎录》六卷，书中间有“知足院常住”五字印记，为长方木印，盖东洋旧藏也。按：陈振孙《直斋书录解题》：“《琐碎录》二十卷、《后录》二十卷，云温革撰，陈晔增广之。《后录》者，书坊增益也。”马端临《文献通考》小说类即引陈说入载。今据此本陈自序云：“《琐碎录》，温公讳革字子皮所作，凡四百馀事。余倅通海，得于兵官赵君善成。自时厥后，每有闻见，效而笔之，名曰《续琐碎录》。”是温与陈各自为书。陈云“陈增广温书者”，非也。此书分三十门，今仅《治己》、《治家》、《莅官》、《农桑》、《种艺》、《牧养》、《饮食》、《起居》、《服饰》、《摄养》、《医药》、《诸疾》十二门，凡六卷。《治己》、《治家》、《莅官》三门，所载宋名臣佳言懿行，不一而足。书中如：田元钧治成都，蜀人号曰“照天蜡烛”；刘随为成都通判，严明通达，人谓之“水晶灯笼”；薛简肃公尹京以严，人谓之“薛出油”；姜枢密遵、鲁肃简公宗道，俱严明，时人号为“姜撒子”，鲁为“鱼头公”等语，颇足以资谈柄。《农桑》、《种艺》、《牧养》诸门，其于农桑、蓄养之法，亦有裨于世用。在宋人说部，固非《搜神》志怪家言所同语也。自宋以来，传本最少。近惟钱牧翁《绛云楼书目》有之，入农家类，而不云卷数，陈景云亦未详注。疑钱氏所载，亦是残本，或存《农桑》以下数门，故入农家耳。

此书破裂剥蚀，用日本茧纸重装，知彼国亦甚珍重。姚君曾使日本，得彼国旧藏书籍颇多，此则得之都门厂肆者。明治维新以后，图书之厄，烈于秦火。得姚君收拾之不遗馀力，殆天之未丧斯文耶？

光绪丁酉上元后二日，长沙叶德辉志。

纯正蒙求三卷明嘉靖己酉胡乔刻本

元胡炳文《纯正蒙求》三卷。明嘉靖己酉裔孙胡乔刻本。按是书《四库全书总目》子部类书类著录。炳文，一桂子，名见《元史·一桂附传》。父子笃守“朱子”之学，一桂著有《易本义附录纂疏》十五卷，《易学启蒙翼传》四卷；炳文著有《周易本义通释》十二卷。《四库》均著录。《本义通释》系题“延祐丙辰”，盖仁宗之三年。《提要》云：“考炳文生于宋理宗淳祐十年。”下推至延祐丙辰，盖六十六岁。《蒙求》前有“丙戌孟夏十有八日，庐山文天佑序”。“丙戌”下空二字，当是前至元丙戌二十三年，世祖临御之二十七年。是时炳文年三十七岁，距宋亡不过八年。故于两宋士大夫嘉言懿行，闻见尤详。非仅裨益童蒙，亦实有资于文献也。明刻书近日颇稀贵，况版印纯净，纸墨古香古色。列之插架，固犹书中上驷。后之览者，幸珍惜焉。

戊午大暑，叶德辉记并书。

联新事备诗学大成三十卷明刻大黑口本

《联新事备诗学大成》三十卷，元建安毛直方撰，三山林桢编集。明刻大黑口本，每半叶八行。行大字无整行，难计字数；小字全行者二十五字。无刊本年月，审其版式纸墨，似是成、弘间刻本。字作赵体书，犹是元版书风气，知非正、嘉以下本也。此属“类书”，全为初学作诗者指示程式，每类“始事类”下接

“散对”，均二字偶对。再下分“起、联、结”等句法，皆五字、七字。后列古体，间有之，不全有，盖真《兔园册子》。作诗由此入门，风斯下矣。

此书《四库》例不收，然亦不入存目，当是未见。近人陆心源皕宋楼、丁丙善本书室两《藏书志》均有元刊本。丁云“每半叶十三行，行二十馀字”。陆撰《仪顾堂题跋》云：“《四库》未收。愚案：直方，字静可，福建建安县人。咸淳中乡荐，入元不仕。授徒讲学，士争趋之。著有《诗宗群玉府》三十卷、《聊复斋稿》二十卷、《冶灵稿》四卷。见《八闽通志》。”《丁志》即录陆。案：陆、丁皆藏书家，但得宋、元、明旧版书，即著之目录，以侈收藏之富，不问书之善不善也。然陆氏之书，为其子售之日本岩崎静嘉堂。丁氏之书，则售于江南第一图书馆。借瓻至难，钞副无用。得此明刻，虽不必用之求诗法，亦可存之备藏书。从子东明从书摊携归，呈余评论。为指正其得失，俾知所抉择云。

丙寅嘉平月望日，郋园记。

《闽志》云直方“著有《诗宗群玉府》”，或即此书原名，故皆三十卷也。

郋园又记。

居家必用事类全集十卷明黑口本

《居家必用事类全集》十卷。以十干计卷，明大黑口本，每半叶九行，行十六字。无刻本书序，亦无撰人。《四库全书总目》杂家类存目七云“内府藏本”。《提要》称：“不著撰人名氏。载历代名贤格训，及居家日用事宜。以十干分集，体例颇为简洁。

辛集中有‘大德五年，吴郡徐元瑞吏学指南序’，圣朝字俱跳行。又《永乐大典》屡引用之，其为元人书无疑。黄虞稷《千顷堂书目》云：‘或谓熊宗立撰。’恐未必然也。”按：集中引前人言行及所著书，吴至《草庐止诚》，如《提要》所云“为元人书”，其各集所载宋赵师侠《拜命历》、孙伟《祭（响）〔飨〕[①] 仪范》、《周书秘奥》、《营造宅经》，皆不传之秘笈。苟非此书全录，其文则亡佚久矣。过而存之，不且有功旧籍哉。

寰海汇编三册 明白口本

此明陈耀文未刻成之《天中记》底本，存乙、丁、戊三册。然大题名为《寰海汇编》，不知何故。且今本《天中记》六十卷，此仅“飞”、“走”两门，而占全书三册。其他分类，不知视《天中记》何如，姑存之以备参校。明时刻书，如陈耀文之流，尚有根据。不似陈禹谟刻《北堂书钞》，擅加改窜也。

甲午春尽日，叶德辉记。

此册六十二叶，“识雀音”一条，引《论语》疏“公冶长辨鸟雀语”云：“‘啃啃啧啧，白莲水边，有车覆粟。车脚沦泥，犊牛折角。收之不尽，相呼共啄。人验之果然。’邢昺云：‘旧说冶长能解禽语，故系之缧绁。’”按：此皇侃《论语义疏》中语，《邢疏》删之。今此书引及，是《皇疏》在明时犹存，故耀文得见之，亦可见其流览之博矣。

---

①“响”，为“飨”（飨）字之误。

唐类函二百卷明万历癸卯俞安期刊本

明沈德符《野获编》二十五云："吴郡郑山人名若庸者，少有隽才，多作犯科事，因斥士籍。避仇中州，赵康王礼之，令汇萃诸书，各分事类，事稍秘者录之。凡二十年而成，名曰《类隽》，王弇州为之序。又二十馀年，吴中俞山人羡长名安期者，集唐人'类书'刻之，名曰《类函》，李云杜为之序。郑书稍涉唐以后事，俞书则止于隋末。郑惟缀本事，俞则旁收诗文。二书俱有功艺苑，亦布衣之豪也。《类隽》全资朱邸以成，故易。《类函》则遍于友人，以及妓女、方外，靡不捐赀助之大力，为时流所厌。俞雅慕郑书，每谓'余以未及见为憾'。余时购得，则《类函》已大行矣。郑工填词，所著《绣襦》、《玉玦》诸记，及小令、大套俱行于世。俞诗自雄浑，近日词人以幽秀胜之，名誉顿减。"

按：沈氏所云，殊不足据。安期颇赀于雄①，焉有刻书求人之理？钱谦益《列朝诗集》丁集十五云："俞安期，字羡长。吴江人，徙阳羡，老于金陵。少客于龙君扬，受国士之遇。君扬被谴，入楚慰之。戍永安，又入豫章送之。与楚人丁元甫为意气之交，元甫没，厚遇其子，海内归义焉。尝以长律一百五十韵投王元美，元美为之倾倒。已而访汪伯玉于新安，访吴明卿（子）〔于〕下雉，皆与结社。因韦布依诸公以起，才气蜂涌。晚亦厌薄其窠臼，而声调时时阑出，不能自禁。"

吴骞《桃谿客语》卷二云："俞安期自松陵徙阳羡，益纵情游览，肆意诗古文。所著《参寥集》初出，深为弇州、甑甄、太函、

①颇赀于雄，当为"颇雄于赀"。

江夏诸公所推奖，而名益噪。足迹半天下，平生尤笃于友谊。尝在金陵鹫峰寺设道场，荐亡友至百七十有奇，凡三月始毕。又续荐二十人于瑜珈道场，皆为位以哭，设馔而祭。”又卷三云：“宜兴故多盗。安期辑《唐类函》初成，尝载百十部以出。中道被掠，他物称是，追捕久无所获。安期乃复印数十部，以红字目录印书侧，鬻之未几，盗书亦出，以无红字诘之，遂首伏。人多其智，好事者争买红字《唐类函》，以此乃大售。今世犹贵红字《唐类函》，其实与墨字无异也。”按：此说亦传闻各异。明李光阳《西湖逸史》卷下云：“万历中，予会俞羡长于唐仲可舟中，剧谈竟日。俞寓我以《参寥集》，迨癸丑遭郁攸之变，竟成灰烬。至今有若失我故人也。俞后刻《唐类函》，将成，而甚苦吴中翻版，乃先出讼牒，谬言新印书若干，载往某处，被盗劫去，乞官为捕之，因出赏格募盗舍贼。由是《类函》盛行，无敢翻者。”

又卷二载其《自题小像诗》云：“偶对相似形，略述平生事。少且鲜奇赀，老复无长计。外若寡合客，中无难测地。能将心赤推，能握肺肝示。典籍恣编搜，文词浪游戏。往昔驰妄心，发挥远游（轡）〔辔〕。秦楚信淹留，燕齐每即次。五岳到已三，九塞历亦四。七年行始休，万变参仍备。道路即多艰，山林庶无愧。逝矣纵遐观，归欤成远志。醪醴过浆家，瓮飧仗书肆。出觏尽良朋，入侍有便嬖。闺秀三少姬，儿曹四童稚。似续计已成，声色意兼遂。”诗句甚长，不具录。盖安期家必素丰，性复豪侈。观钱、吴二先生所纪诸事，及《自题小像诗》，断无刻书遍于朋友，及于伎女、方外之事。即书中凡例，详述辑书大旨，不云求助于人。沈氏与之交游，不应加以诬谤。

且其书裁择精审，所据永兴《北堂书钞》，犹明人旧钞原本，可证陈禹谟刻本臆改妄补之缪。故后来《钦定渊鉴类函》书出，嘉惠士林。而收藏家终以此为大辂椎轮，与陈耀文《天中记》同为明代类书之冠。二十年前，都中琉璃厂肆时一获见，曾见有绵纸初印者，不知是盗掠之物否？此部得之长沙书市，纸本、印手均不甚佳。然经曹子清通政寅、富察堇斋学（土）〔士〕昌龄宝藏，朱印重叠，手泽如新，足见彼时绵纸初印之书亦不易得，故珍重钤记如此。后有得者，幸勿以寻常书帕之本视之也。

光绪三十有三年丁未秋七月八夕，丽楼叶德辉记。

辑本相鹤经一卷钞本

《相鹤经》一卷，《四库全书》未收，亦未存目。然自陶九成《说郛》编刻后，国初藏书家如钱谦益、钱曾诸家《书目》皆有钞本存留。意旧帙相沿，流传有自。及阅宋黄伯思《东观馀论》，中有跋慎汉公所藏《相鹤经》后云："按《唐书·经籍志》、《唐书·艺文志》，《相鹤经》皆一卷，今完书逸矣。特马总《意林》、及李善《文选注》鲍照《舞鹤赋》钞出，今真静陈尊师所书，即此也。而流俗误录著故相国《舒王集》中，且多舛午。今此本既精善，又笔势婉雅，有昔贤风概，殊可珍也。致和六年秋，于山阳从慎汉公借观，并观题后。九月十六日，云林子黄某睿父书。"

又跋陈碧虚所书《相鹤经》后，在政和七年十月十一日，文句与此大同微异。余因此悟《说郛》本，必出于宋钞。特未载明所据及所辑原由，固是《说郛》通病。又，近人言古书散佚，重辑行世，始于宋王伯厚辑《三家诗》。今见黄论，乃知伯厚以前，实有人创为此法。当时若风气大开，士人尽如近儒辑逸之勤，则古书赖以获存者必多。惜乎前只一慎汉，后只一伯厚，大辂椎轮，未尽其功也。

光绪丙午冬，叶德辉记。

齐民要术十卷明人绿格精钞本

《齐民要术》十卷，后魏贾思勰撰。今世通行明毛晋汲古阁《津逮秘书》本。钱曾《读书敏求记》所云："嘉靖甲申，刻于湖湘。首卷简端《周书》曰云云，原系细书夹注。今刊作大字者，乃胡震亨《秘册汇函》本，其版半毁于火。后以版归毛氏，与《津逮秘书》之本，实一本也。"此本颇多讹脱，陆心源皕宋楼藏有不全宋本，曾以校正毛本讹脱，汇刊所撰《群书校补》中。惜乎七卷以下无之，真憾事也。此本钞手精工，却无胜于毛本之处。惟出自道州何氏藏本，书面为蝯叟手题。又世无他本单行，良便检读，农家书未有前于此者。（始）〔姑〕[①] 存之以待他日校勘云。

养民月宜一卷明黑口本

《养民月宜》一卷，分十二月畜牧、种植之事。每月分编，各为起讫，不相衔接。大黑口版，每半叶九行，行二十二字，皆低二格，止二十字。不知撰人，首叶《正月》有"毛晋"二字联方朱文篆书印，"汲古主人"四字朱文篆书方印。盖毛氏汲古阁旧藏也。其书大体以《齐民要术》为滥觞，而较为简要。且其事浅而易举，于家居日用最为相宜。《要术》撰于北人，有为南方所不能行者。此则月月可行，人人可了，诚山家之《清禄》，《农政》之发端。宜乎藏书家等于秘笈收藏，而加之钤记也已。

---

①"始"，当为"姑"字之误，径改。

西京杂记六卷 明嘉靖壬子孔天胤序刻本

二十年前，予得明嘉靖癸丑唐霁轩刻《三辅黄图》六卷，前有谢少南序，知先一年壬子，有孔天胤刻此书。每欲求其书以成配，讫未一遇。顷从子定侯于旧书铺中无意获之。持以告予，共相欣赏。此二书本自希见，故藏书家罕见著录。今双双而至，不亦大快意事乎？全书每半叶十一行，行二十字。白口版，与唐刻《三辅黄图》版式、行字同。盖一时分任，各刻其一故也。余旧藏明万历壬寅，陕西布政司与《三辅黄图》合刻本，总题曰《秦汉图记》。又有明吴琯《古今逸史》本，程荣《汉魏丛书》本，皆号难得。然在此刻之后，未足贵也。

乾隆丙午，卢学士文弨校刻此书，在《抱经堂丛书》中，世称精善。而不言何时何人所刻，则亦未有依据。孙粮储星衍《祠堂书目》著录三本，一程荣刻本，一吴琯刻本，一即抱经堂本。其乾隆甲辰，在毕制军沅陕督署中，为校刻《三辅黄图》入《经训堂丛书》；又嘉庆十九年，自刻《平津馆丛书》，《三辅黄图》均于刻序中未引及。唐、孔合刻二书，知在当时固已流传绝少矣。今更百馀年，屡经兵乱，古书日亡。而近三、四十年，远西海东各国，搜求吾国旧刻古书，皆有黄荛翁一种癖好。梯航捆载，久为漏卮。宜乎明刻书已希如景星卿云，何况此本极不经见者耶？定侯其永宝之。

丙寅冬仲上弦七日，郎园老人书。

又一部明万历壬寅合刊秦汉图记本

此明万历壬寅仲秋，陕西布政司重刊郭子章本也。与《三辅黄图》合刻，盖仍郭本之旧。其书以纸捻装钉，底面以一纸拂过，线装处亦明装旧式，今悉仍之。

丽楼偶记。

世说新语六卷明万历己酉周氏博古堂重刻袁褧本

《世说新语》上、中、下三卷，每卷又分上、下。半叶十行，行廿字。前有嘉靖乙未袁褧序称，“余家藏宋本，是陆放翁校刊本。谢湖躬耕之暇，手披心寄，自谓可观。爰付梓人，传之同好”云云。《四库全书总目》子部小说类著录，《提要》云：“自明以来，世俗所行凡二本，一为王世贞所刊，注文多所节删，殊乖其旧。一为袁褧所刊，盖即从陆游本翻雕者。虽版已刓敝，然犹属完书。”是《四库》本为袁褧本。但称“版已刓敝”，则是袁刻本之后印者。袁本卷末有木牌记云“嘉靖乙未，吴郡袁氏嘉趣堂重雕”，凡十三字。《钦定天禄琳琅书目续编》明版类有之，故《四库总目》下注“内府藏本”，即此本也。余取袁刻与此本比校，知此本即用袁本翻刻，故版式、行字一一相同，惟宋讳多有不缺笔者。嘉靖乙未至万历（已）〔己〕酉，八十馀年，以万历翻嘉靖本，时代犹相接近，宜其无甚差异也。

袁刻翻宋，世有重名。曩时长沙王益吾祭酒校刻此书，余以此本请其依式重雕，乃信其门生不知版本者某言，用周氏欣纷阁本付刻，讹谬百出。刻成悔之，属余纠正，今湖南思贤书局所刊行者是也。不意印成，风行海内，以为善本，余甚愧之。然亦见世间，能知古书刻版源流之少矣。

又一部 明仿宋本

此明翻宋本《世说新语》六卷本。分上、中、下三卷，每卷又分上、下。版式、行字与嘉靖乙未袁褧刻本〔同〕[1]，但袁刻于宋讳缺笔，此不缺笔。前无刻书年月，目录后有“太仓沙溪曹氏重校”一行，审其字体，仍是嘉靖时刻本，殆依袁本翻雕者也。大抵此书，宋本传自陆游，其后袁氏重刻，《四库全书总目提要》称为“完书者也”。实则已经陆游节删，非复原书之旧。考《唐书·艺文志》称“刘义庆《世说》八卷，刘孝标续十卷”。《崇文总目》十卷，晁公武《郡斋读书志》谓“当是孝标续，义庆元本八卷，通成十卷。”又谓“家有详、略二本，迥不相同”。而陈振孙《直斋书录解题》作三卷，与今本合。其三卷又分上、下，则疑陆游分之。近世藏书家，每讥明人刻古书好节删或改窜，其实宋人已开此端。闻德化李木斋编修盛铎在日本时，得其影照本，出自北宋刻。其注文较今本为多，惜皆反书，盖照出尚未付印者。他日当从日本友人访得之，庶几留此书完本于一线耳。

此书前目录下有“长白敷差氏堇斋昌龄图书印”十二字朱文篆书方印，“楝亭曹氏藏书”六字朱文篆书长方印。盖经满洲堇斋学士昌龄、汉军曹子清通政寅二家收藏。堇斋，即通政之甥，殁后尽以所藏归于学士。故凡旧本，皆有两印相连属也。

---

①此处似脱“同”字，据文义补。

唐世说十三卷明王世贞刻本

《大唐新语》十三卷，明王世贞校刊本。明冯梦祯与李垕《续世说》合刊，改题《唐世说》，殊为杜撰。又有商维濬《稗海》刻本，于肃自序中增《世说》二字，皆明人刻书陋习，此本荒缪亦与之同。唯商刻佚卷末《总论》一篇，此独完好，差强人意耳。自临川撰《世说新语》后，仿而作者，代不乏人。李唐承六朝馀风，言语文字，颇得江左习尚。读此书，乃叹典午风流，去人不远。李垕之书，视此又瞠乎后矣。

光绪丙申正月廿八日，丽楼主人叶德辉识。

类说五十卷元钞配明钞本

宋曾慥《类说》五十卷。前十五卷为元人墨格钞本，为钱遵王述古堂物，前有遵王题记，定为元人所钞。下有“钱曾”二字白文篆书方印，又有“遵王”二字朱文篆书方印。卷首有“周氏公瑕”四字白文篆书方印，“六止居士”四字白文篆书方印。是经明周天球藏者。又有“世美堂李氏印”六字朱文篆书长方印。以下至五十卷，皆明绿格钞本。初出元钞时，为善化张姓散出。余稔知张姓官山东，得刘文清、马国翰二家之书最多，属书友访求其旧钞本。一日又持明钞《类说》残本来见，检其残卷，恰是接配前十五卷。因钞本大小不一，彼不知前人已配成全书也。事之奇巧，未有异于此者。此书《四库全书总日》子部杂家类著录“六十卷”，《提要》以为“明人所重刊”。张金吾《爱日精庐藏书志》载有“秦西岩旧钞本五十卷”，与此合。是明时传钞，皆此五十卷本。不得因其卷数不符，疑其短缺也。

宣和遗事四卷汲绠山房刻本

《宣和遗事》为南宋间小说书，旧无撰人名氏，《四库全书》亦未著录。嘉庆十四年己巳，黄荛圃主事丕烈始校宋本付刊，即今《士礼居丛书》本也。此本前题“（修）〔汲〕[①] 绠山房梓”，无刊书年月。按：吾家怀庭先生于乾隆五十六年刻《纳书楹曲谱》，题面称“（修）〔汲〕[②]绠山房发兑”，字迹与此书封面正同，盖同时刻本也。然则此本尚在黄本以前，亦据宋本重梓。乃知天水旧椠，常在人间。有好事者刊布流传，其功德胜于拾遗骸、写佛经矣。前有“阿波国文库”印，由日本人所藏，展转入中国。丁酉六月初旬，将出都门，以二金得之厂肆。归舟展读，信笔书此。

时七月初三，夜泊湘阴书。郋园叶德辉。

京本通俗小说七种近缪氏艺风堂仿宋刻本

此宋人评话七种，中如《错斩崔宁》、《冯玉（梁）〔梅〕[③] 团圆》，元、明人久已编为杂剧。《拗相公》见于翟晴江《通俗编》，是乾隆中其书犹流传也。《碾玉观音》记韩蕲王府中事，可见当时武人豪纵，视人命如鸡犬。史家称其盛德，可见亦因其拒金之功。昔朱子于岳武穆多有不满之词，知当时人必有所见，非尽因南轩交情，为张浚有曲笔也。“尽信书不如无书”，斯言得之矣。

---

①②据目录与标题之小注改。

③此为“梅”字之误，见下篇。

丙辰夏至，德辉记。

影宋京本通俗小说 金虏海陵王荒淫一卷 影宋刻本

此影宋本《通俗小说》，小字本，每叶二十四行，每行十八字。版长工部尺四寸，宽半版三寸弱。卷首标题占小（行）〔字〕三行，云《京本通俗小说》。第廿一卷二行低一格，小字云“金虏海陵王荒淫”。三行、四行低二格，七言绝句引起一首。此《京本通俗小说》中之二十一卷，所叙乃金主亮荒淫之事，一一与《金史·后妃列传》海陵妃嬖诸传相合。当时修史诸人，或据此等记载采入，非甚之之辞也。书中译名多同旧本。《金史》与今武英殿重译者小异，然殿本固注明“原译可复按也”。《京本小说》为虞山钱遵王述古堂藏书，其前《碾玉观音》、《冯玉梅（圑）〔团〕①圆》、《拗相公》、《西山一窟鬼》等七种，已经艺风老人影写刊行。馀此一卷，以秽亵弃之。

吾谓金亮起自戎索，荼毒中原。恃其武威，淫暴无复人理。所谓“罪浮于桀、纣，虐过于政、广”。史臣谓其“戾气感召，身由恶终”，使天下后世称无道主者，以海陵为首，洵不诬也。是书传自金使，译于宋人。非独恨其国仇，亦有族类之感。故一则曰“虏中书”，再则曰“骚挞子”。描写金亮禽兽之行，颇觉酣畅淋漓。其稍异者，此书谓“萧珙与柔妃有染，亮故杀之”。史则谓“妃入宫，非处子。亮疑萧珙，竟致之死”。意史臣为萧珙讳与？

时在丁巳闰二月春分，郋园记。

---

①此为“团”字之误，见上篇。

中国风俗语言，皆随时随地而变。更三代以上，有方言，有文言。其后蛮夷通道，侵入蛮语；五胡乱华，杂以胡言。迨用之日久，不独语言袭之，即行文亦袭之。周、秦诸子，《史》、《汉》以后，至于南北各史，亦皆袭之。唐以来古文义法行，而此等方言俚语遂不见于文人纪载之书。而或时见唐、宋人小说中，然不能详也。详者，惟传奇杂剧及金、元人北曲。按其辞多无意义，且不知其来历也。

今此书中所引谚语，如“鸡踏雄，狗交恋”、“羊肉不得吃，空惹一身臊”、“虾蟆躲在阴沟洞里，指望天鹅肉吃”、“嘻嘻哈哈，不要惹他”、“脸儿很很，一问就肯”、“黄花女儿做媒，自身难保”等类，今皆有之。又如：讥翁奸妇曰“爬灰”，屈指时光曰“约摸”、亦曰“约莫”，称人貌美曰“标致”，听人戏弄曰“听人做作”，男女交合曰“干事”，拔擢人曰“抬举”，人有邪行曰“不正气”，设计诱人曰“圈套”，允诺此事曰“招架”，作事细致曰“水磨功夫”，求免曰“告饶”，此件事曰“这桩事”，舍此处往彼处曰“跳槽”，骂人曰“狗才”，怒仆曰“小底”，获利曰“(撰)〔攒〕钱”，器物曰“家伙”，妇人称男子曰“活宝”，亦相沿至今，而未改变。其他“竹夫人”、“汤婆子”等物名，今皆相同。假使当时此等小说流传尚多，正不知有多少隽语也。

丁巳夏五晦再记。

青楼集一卷钞本

《青楼集》一卷，记有元一代女伶之盛。所载诸脚色，即今“貌儿戏”之滥觞，今之女伶，俗称“猫儿班”，或更其称为“髦儿”，无义可求。余以为是“貌儿”之传讹，谓貌似男儿也。中有“婆惜”、“兽头”等名称。“婆惜”沿宋时俗称，《宣和遗事》所载“阎婆惜”是也。“兽头”似谓蠢材，至今上海妓寮中尚有此语，是可征方言所自来矣。作者身历富贵繁华，丁有元末造。扬州一觉，感慨沧桑。自称“雪蓑”，殆取唐人诗“孤舟蓑笠翁，独钓寒江雪”之意欤？陶九成《说郛》中旧有是书，题“黄雪蓑撰”，与此题“雪蓑渔隐”者不同。当时作者，本以别号自称。因前朱经序，知其姓黄，故《说郛》本径题“黄雪蓑”，非原书题名旧式也。

此从湘潭袁氏卧雪庐藏旧钞本过录，盖《说郛》外单行本。浙江瞿氏《清吟阁书目》亦载有是书，云“元夏伯和撰”，不知所据云何？然朱序明称作者姓黄，不姓夏，则《瞿目》似不足凭。《集》中诸女伶如海市，如昙花，一瞬即灭。当时虽与诸名公巨卿诗歌酬答，而见于诸人《集》者，百无一二存焉。惟李楚仪，屡见乔梦符小令中。当时有“梦符情好甚深，故时时形之歌咏”。毛嫱、西子，未必真有倾城倾国之姿，特经文史品题，遂成千秋佳话耳。不然，是《集》人物亦夥矣，何独一楚仪？天下女伶亦多矣，何独此《集》所有？固知硕人一诗，胜于千百种《北里志》、《南部烟花录》。是《集》乌足为诸书之后劲哉！

光绪戊申八月秋分，丽楼主人题。

武经总要四十卷、行军须知二卷 明正统四年李元凯刻本

《武经总要》四十卷，后附《行军须知》二卷。孙星衍孙祠旧藏，前有星衍朱笔题记，文与陈宗彝所编《廉石居藏书记》所录同，盖即此本也。孙云“此书刻本甚少”，诚哉其言。国初藏书

家，若范氏天一阁、钱氏绛云楼、王氏孝慈堂，藏书目均不载。《四库》著录为“江苏巡抚采进本”，《提要》云：“宋曾公亮、丁度奉敕撰。仁宗御制序。仁宗，守成令主，武事非其所长。公亮等亦但襄赞太平，未娴将略。至于诸番形势，皆出传闻。所言道里山川，以今日考之，亦多剌谬。然前集备一朝之制度，后集具历代之得失。宋一代朝廷讲修武备之书，存者惟此编而已，固宜存与史志相参也。”《提要》所云，诚为定论。

吾藏此书，正以参考有宋兵制，又以孙氏所贵而贵之。原帙虫蚀甚多，吾觅装书人粘补完好，顿还旧观。孙记仍附首卷序前，俾读者知此书收藏原委。序前有“孙氏伯渊”四字白文印，下有“绣衣执法大夫印”七字白文印，当是官山东按察使时所得。咸、同之交，孙祠书散出，多为吾县人袁漱六太守芳瑛所获。孙印上有“古潭州袁卧雪庐收藏”九字白文印，印文粗恶，盖其后人追印者也。

宣统二年庚戌九月记。

虎钤经二十卷明刊白口本

《虎钤经》二十卷，宋许洞撰。明刻本，不知年月，每半叶十行，行二十字。孙星衍《平津馆鉴藏书籍记》影写本类载《虎钤经》二十卷云：“前有许洞上《虎钤经》表，许洞自序称‘创始于辛丑之初，成于甲辰之末’。其书二百十篇，分为廿卷。”今本《老人星》第一百五十七至《鹑尾星》第一百六十八，十二篇，止有图八，而阙其四，又阙《回兵文》。第二百（二）[1] 十篇末，

---

①上句及《四库全书总目提要》均作“二百十篇”，此“二”字似为衍文。

有徐达、沐英等战事不完五叶。是明人所附，核与此本一一相合，知即影写此本者。然则，此刻本之希有可知矣。

明刻尚有范钦天一阁刻“二十种奇书”本，每半叶九行，行十八字，其本今日亦罕见。世行道光刻本、咸丰中《长恩书室丛书》本、《粤雅堂丛书》本，皆不及此刻之古。然《回兵文》均全，可以补此本之阙。余好收重本书，故虽时刻、坊刻亦有可取，正不必侈言宋、元矣。

宋宝祐四年会天具注历一卷影钞宋本

此书原本即出影钞《历经》，朱竹垞、钱竹汀、黄荛圃诸先生跋记。今从仁和丁氏善本书室藏本再摹一过，版式、行格略存宋椠规模，惜不见原刻一饱眼福也。《会天历》源流，已详朱、钱二先生跋。其与明《大统历》及今《时宪书》异者，前跋尚未详尽，兹以《时宪书》互校，如《时宪书》每月一叶，叶三十三行，或三十二行；此则每叶十六行，从正月始，接上造历诸人官衔，蝉联而下，以下逐月皆接联，非一月为一月也。《时宪书》九宫“紫”、“白”等字，在本月下方；此则在上方“月建”下。《时宪书》七十二候，每月六候，均总注“月建”下；此则按节气六日一注。日下《时宪书》无“值日卦气”；此则于二“至”二“分”注“坎、离、震、兑”四卦，每月六日，分注六十卦，及“公辟、侯、大夫、卿五”等。《时宪书》逐日人神所在，总载历后；此则分注日下，又每月日下注“沐浴”、“除手甲”、“除足甲”。“除手足爪”，亦《时宪书》所无者。大抵《时宪书》与明时历无异，而与此《历》则各有同异。正月至二月上旬，下皆残缺，仅存上半叶“日辰、干支、廿八宿、开闭、成收、建除”等字，馀皆无考。然“事宜”及“卦气”“节候”，皆有一定成法可补正也。暇日拟依式缮写一本付刊，俾人人知历书沿革，及古帝王敬授人时之至意云。

己未重九，郎园记。

又一部影钞宋本

宋宝祐四年《会天具注历》一卷。其历法沿革与今时历书异同，已详钱竹汀先生跋。此即从钱本模写，惜前二叶有残缺，无从校补。《竹汀日记钞》一载：“明万历八年《大统历》残本，与今本异者，每月交中气后，又数日而‘日躔’。某次少或六日，多则十一日。称一日、二日、三日，而无‘初’字。‘建除’十二辰，在二十八宿之上，上书上下‘弦’、‘望’，而不书‘合朔’，亦不注时刻。节气有时刻，而无分。又，月内有盈虚日。”按：钱氏云云，余藏有明万历二十年壬辰《大统历》全本，正与之同。今考《会天历》，知《大统历》固有所因。惟《大统历》不载“卦气”，为开今历之先。其逐日人神，所载不注本日下，而总注本历之后。此则《大统历》与今时历同，而与《会天历》独异者。安得更见元时历，一证此出入增渻之故耶？

岁在庚申正月影钞，辛酉元夕跋尾。叶德辉识。

大明万历二十年岁次壬辰大统历一卷明刻本

此明万历壬辰《大统历》，其格式悉与今大清《时宪书》同。稍异者，每月交中气后数日，而“日躔”某星之次，多或十一日，少或六日。其每月上旬只称一日、二日，无“初”字。“建除”十二辰，在二十八宿之上。书上下“弦、望”，而不书“合朔”，亦不注时刻。节气则有时刻，而无分。又，月内有盈虚，字标于书眉阑线内。钱竹汀《日记》所见万历八年《大统历》残本，与此同。盖沿用元郭守敬《授时历》也。

由元历上推至宋历，大致未有变更。《宋史·律历志》云：“南渡以后，继作历者凡八，曰《统元》、《乾道》、《淳熙》、《会元》、《统天》、《开禧》、《会天》、《成天》。”今此八者，惟《会天历》尚传。余见影宋本《大宋宝祐四年丙辰岁会天万年具注历》，其格式，亦与《大明历》及今《时宪书》无异同。惟“七十二候”用汉焦延寿“易分卦值日”之法，分载各候下，则为明以来历书所无。窃谓一代帝王之兴，其改正易服，本大经大法之常。然从俗从宜，必准诸圣人“民可使由”之义。故此六七百年来，风俗习尚，未尝欲有所改移，违民志也。

至本历节气，有时刻无分，又无省分迟速之别。则以推算古疏今密，旧法不能测准，故不敢详晰注明。若十二月、正月置闰，亦与今历不同。盖冬至后日长至，至二月春分，此九十日中，岁气平均积三年。所馀其盈出之零分，不足此二月之数。故此二月有小建而无馀算，钱唐缪之晋《时宪书注》论之甚详。本历后列六十甲子，嘉靖十五年闰十二月，又廿四年闰正月，万历二年又闰十二月。可见明时历注差谬，宜其自成化以来，日食失算者屡也。

又后附百忌“日有丁，不剃头”一语。今《时宪书》、及《会天历》、宋无撰人《三历撮要》引并同。阅者向疑成人剃头出于国制，不知其为小儿剃头之谓。“剃”字，本作“鬀”，《说文解字》髟部“鬀，鬄发也。从髟，弟声。大人曰‘髡’，小人曰‘鬀’，尽及身毛曰‘鬄’。字又借作‘薙’作‘夷’”。《周礼·秋官·大司寇》："薙人。"《郑注》："《书》或作'夷'。玄谓：读如鬌小儿头之'鬌'，或作夷。"此皆剪草也。古者男女未成童以前，皆鬌发。《礼记·内则》："生子三月，择日剪发为鬌，男角女羁，否则男左女右。"《郑注》："鬌，所遗发也。夹囟曰'角'，午达曰'羁'也。"《孔疏》云："夹囟曰'角'者，夹囟两旁当角之处，留发不剪云。午达曰'羁'也者，按《仪礼》云：'度尺而午。'注云一从一横曰'午'，今女剪发，留其顶上纵横各一，相交通达，故云'午达'。不如两角相对，但纵横各一在顶上，故曰'羁'。'羁'者，'只'也。"此足明古时小儿鬌发之义。

宋陈振孙《直斋书录解题》："《百忌历》二卷，唐吕才撰。"是其书在宋必盛行，故《会天历》、《三历撮要》皆引之。古人选日剃头，正与《内则》"择日翦发"皆合，则其俗尚亦甚古矣。(榦枝)〔干支〕二十二字，所忌皆有取证。因此向为人所不解，故论及之。

己未六月既望。

明万历壬辰大统历一卷 影明钞本

此万历《大统历》，为独山莫氏铜井山房藏本。余从楚孙观察借得，属佣书人影钞之。其法式全与今《时宪书》无异，惟上旬十日无"初"字。按宋宝祐四年《会天具注历》亦如此，知有"初"字者，自《时宪书》始也。后列六十甲子纪年，嘉靖十五年闰十二月，二十四年闰正月，万历二年闰十二月。此则今《时宪历》所无。良由推步之术，前人不如后人之精，故乖错如此。钱大昕《竹汀日记钞》载有万历八年《大统历》残本，已极珍异。此乃全帙，故亟钞存之。亦考古之士所当知者也。

大统历注十二卷精钞本

《大统历注》，十二月各为一卷。余从江南图书馆藏明人精钞本影钞。从正月甲子日起，逐月“月建”只用“支辰”，如正月“建寅”、二月“建卯”是也。逐月节气，均注“月建”下，不定日时，盖假设以示准则。以下逐日分三格，上一格花甲，分载“吉、凶神”。中一格载“开闭、收成”及“宝伐、制义”诸目。下一格注“百事宜忌”。盖当时之万年历也。

考《明史·历志》云：“吴元年十一月乙未冬至，太史院使刘基率其属高翼上《戊申大统历》。洪武元年，改院为司天监，又置回回司天监。三年，改监为钦天，设四科，曰‘天文’、曰‘漏刻’、曰‘大统历’、曰‘回回历’。以监令少监统之，岁造《大统民历》、《御览月令历》、《七政躔度历》、《六壬遁甲历》、《四季天象占验历》、《御览天象录》，各以时上。”又前总叙云：“明之《大统历》，实即元之《授时》，承用二百七十馀年，未尝改宪。成化以后，交食往往不合，议改历者纷纷。郑世子载堉撰《律历融通》，进《圣寿万年历》，深得《授时》之意。当事惮于改作，并格而不行。崇祯中，议用西洋新法。阁丞徐光启、光禄卿李天经先后董其事，成历书一百三十馀卷。时布衣魏文魁上疏排之。诏立两局推验，累年校测，新法独密，然亦未及颁行。”

据此，则有明一代，全用《大统历》，未尝有所变更。至我朝圣祖仁皇帝始参用西法，颁行《时宪书》，而历法遂臻完备。则此种旧历已成大辂椎轮，过而存之。不过供历法家讨论沿革之谈助而已。

天文玉历考异赋六卷五色钞本

此书前有序，题“御制朱文公《天文玉历考异赋》序”。书中赋上皆冠以“朱文公曰”。姚元之《竹叶亭杂记》云：“谢峻生云‘武英殿之后，敬思殿窗台上，得书十二本，盖兵书也。无名目，书中画图，按图解说。图皆着色画，画有断尸横阵，将军缺首等像，见之怖。解俱称“朱子曰”，恐系秘本。因进御览，奉旨仍谨藏于殿中。’”按：《姚记》所云即此书也。特殿中藏本图稍详耳。

《浙江采集遗书总录》庚集有“《天元玉历祥异赋》十册”，云其书“考验灾异，各绘图象。下方附朱子及各史志论语，有明洪熙御制序”云云。胡虔刻本，《四库全书存目》有此书。今通行本《四库总目》术数类存目载：“《（解注）〔注解〕[①] 祥异赋》七卷，不著撰人名氏”，云“大致与明仁宗《御制天元玉历祥异赋》相类”。不知何以析此书为二，又不知胡刻存目，何以与通行本不同。考《总目》注解《祥异赋》下注“浙江范懋柱家天一阁藏本”。其七卷之数，与《天一阁进呈书目》及《藏书目》皆合。而《浙目》乃云十册写本，不言卷数，岂别又一本欤？曩见钱曾《读书敏求记》天文类有“《天元玉历璇玑经》七卷”，同年友刘振愚舍人得一旧钞本，亦七卷。复检一过，乃知即此书。但大题作《天文玉历璇玑赋》，小题作《玄黄赋》、《炎光赋》、《玄精赋》、《躔经赋》、《瑞妖赋》、《云象赋》、《飙飏赋》，凡七目。中引史、志，均与此同。惟赋语不题“朱文公曰”，与此析赋语属朱子者异。盖术数家言，传者秘密，语有增窜。故文有异同，亦必然之理也。

---

①据《四库全书总目》改。

余向不喜五行灾异之书，以其托于紫阳，又曾藏秘殿，故略为考证于此。

丁酉二月下旬一日。

弹冠必用集一（一）[①]卷影钞宋本

《弹冠必用集》一卷，宋绍兴丙子周渭撰。共为三十篇，专为上官诹选吉日而作。今俗传“正五九，不上任”，初不知何所取义。今检此书纂出“上官出行凶日”第二十二载：“忌用月，寅午戌。”本朝以火德王，人臣避位，乃知“正五九”即“寅午戌”，非有他忌也。此书《四库》未著录，此从常熟瞿氏铁琴铜剑楼藏本影钞，亦选择书中之秘笈矣。

新编四家注解经进珞琭子三命消息赋六卷影写宋本

《新编四家注解经进珞琭子三命消息赋》六卷，每半叶七行，行十六字，小字双行，行廿一字。书名大题后，注家占小字六行，以中字四行排匀。书之一行“保义郎内香药库门臣王廷光”，二行“宜春李仝”，三行“嘉禾释昙莹”，四行“东海徐子平”。书名大题一行，并卷数字，占十七字。“经进”，“进”上空半字，至卷之一、之二，字又挤写，馀卷款式同。前序称“宣和五年八月初四日，臣谨序”，不书名，盖即领衔之王廷光也。

今《四库全书》著录有两本，一题“《珞琭子三命消息赋》

①原刻衍一“一”字。

上、下二卷"，云"徐子平撰"。一题"《珞琭子赋注》，亦"上、下二卷"，云"宋释昙莹撰"。余以二本参考徐子平本，无王廷光、李仝、释昙莹三家注。昙莹本有王廷光、李同二家注，无徐子平。初疑《四库》本钞自《永乐大典》，误以此书分为二本。及按《提要》，于昙莹注本下云："上卷之中，三家之注并载。下卷则昙莹自序，以李同、郑璘并称，而卷中无璘一语。疑传写脱误，或《永乐大典》有所节删，亦未可定。"则是昙莹注本与四家合注之本别为一书。观其自序及分卷不同，自可推见。术数家书坊本翻刻必夥，彼此分并，各有不同，而皆作二卷。惟此六卷本为经进时原书，则固与坊本异矣。

考《宋史·艺文志》子部术数类，载有"《珞琭子三命消息赋》一卷"，陈振孙《直斋书录解题》子部阴阳家载有"《珞琭子》一卷"，而均无此书。晁公武衢州本《郡斋读书志》有"《珞琭子疏》五卷"，别是一书，余有影宋本，原委详余跋中。绍兴中，秘书省续编到《四库阙书目》子〔部〕[①] 五行卜筮类载有"注本三家，一王下空白，缺人名。《三命消息赋》七卷"。王下空人名，疑即廷光。然数不符，未知是一是二？又有僧俶昕注《珞琭子赋》一卷，杜崇龟注《珞琭子消息赋》一卷。而无昙莹、李仝、王廷光、徐子平四家注本之书，疑王下空人名，确为廷光。故六卷、七卷，虽稍不同，要其卷数之多，必有诸家注在内，特目只载领衔一人，而王下又缺廷光名，致无可证。其实王氏之书，在绍兴间固自在也。今《四库》昙莹注本，"李仝"作"李同"。《提要》云："《读书敏求记》作'仝'，晁公武《郡斋读书志》作'全'，亦莫详孰是。"余按：仝、同通用，术士名称，随俗相呼，

①"部"字，刻本缺，据文义补。

不足为异。惟《晁志》作“全”者，《四库》馆臣所据乃袁州本误“仝”为“全”，其衢州本固作“仝”也。

此本从常熟瞿氏铁琴铜剑楼藏影宋本重模，宋本亦有脱误，当再细勘，不必为之讳也。

己未端午，叶德辉记。

新雕注疏珞琭子三命消息赋三卷、李燕阴阳三命一卷影宋本

新雕《注疏珞琭子三命消息赋》上、中、下三卷。宜春李仝注，东方明疏。半叶十二行，行二十字。小字双行，行二十九字。下卷末半版即接刻“新雕《李燕阴阳三命》上、下”二卷，行字均改换半叶十四行，行三十二字。本为两书，而版本衔接，行格又不一律，此在宋版中固创例矣。《赋》中《三奇妙论篇》“奇者贵也”，注云“卷末例将星”。扶德注云：“卷末有例。”据此，则李燕书在李仝注前，其附刻仝书以行，亦似仝作注后，开雕即如此。然按李燕书中有“李燕三命直如神”及“十中九效李燕言”之句，则其书非李燕自撰可知。且撰成七字歌诀，词意不能畅达。窃疑李燕别有其书，当时术士编成歌诀便记，如《丹元子》、《步天歌》之类。非本人自撰，即用此体也。

《宋史》子部五行类载“《珞琭子》一卷”，注云“不知姓名，宋李企注”。“企”即“仝”之讹。又载“《珞琭子三命消息赋》一卷”，不载此疏。又载“《李燕三命》一卷”，又“《阴阳诗》一卷，《三命九中歌》一卷”。又载“《李蒸三命九中歌》一卷”，“蒸”即“燕”之讹。《三命》、《阴阳》各分一卷，疑即此《阴阳三命》误分为二。其云“九中”者，疑“十中九效”之意。殆一

书而志误析，复重出欤？元托克托修《宋史》，本太祖至宁宗时旧史四种，志则删前后部帙之重复者合为之。语详《艺文志序》。此其重出错杂，势之必然。

绍兴中，秘书省续编到《四库阙书目》子部五行卜筮类载有"《珞琭子赋》注三家，一王下空白，疑是王廷光。《三命消息赋》七卷，一僧俶昕注《珞琭子赋》一卷，一杜崇龟注《珞琭子消息赋》一卷"。又别载《珞琭三命赋》于本类之前，当是无注本。又阴阳类载"东方朔《珞琭赋疏》一卷"。"朔"为"明"之讹。其"李燕书"，亦只载《三命九中歌》。则其书在南宋时，又似离注疏而别行矣。衢州本晁公武《郡斋读书志》子部五行类载"《珞琭子疏》五卷，东方朔撰"，"朔"为"明"之讹。宋人书目，大都沿误。然《疏》无五卷，疑并"李燕书"计之。陈振孙《直斋书录解题》子部阴阳类载"《珞琭子》一卷"云："此书禄命家以为本经。其言鄙俚，闾巷卖卜之所为也。"袁州本《晁志》云："《珞琭子赋》，宣和、建炎之间其书始行。"而此本前有"宋嘉祐四年己亥十二月二十一日，宜春李仝序"，是犹在宣和以前。《四库全书》著录"徐氏《珞琭子赋注》二卷，宋徐子平撰"，系从《永乐大典》辑出。前有楚颐序，谓"《珞琭子》者，陶弘景所自称，其言无稽，未足征信"。余意此书出于五季隐遁之士，故北宋初盛传，谓为陶隐居者固非，谓出于闾巷卖卜之手者，亦似诋之太过。禄命之术，吾尝考之，实为汉《易》学之一派，故流传日久，著述益滋。唐人李虚中《命书》以外，此书其尤著也。

此书宋本近归张菊生同年。余此本则从常熟瞿氏铁琴剑琴楼藏胡心耘斑影宋本重模，其残缺失字处，宋本亦同。夏剑丞观察为余以宋本细勘，可云尽善。宋本原系帖装，首有明唐子畏解元题字一行，末有黄荛圃二跋。今跋亦影钞附后。宋本（即）〔既〕

有讹脱，如欲刊行，尚宜再校正，不必如佞宋翁奉宋椠书如“神箓天书”，一字不可移易也。

己未初夏三伏，德辉记。

五行精纪三十四卷旧钞本

此《五行精纪》三十四卷，旧钞本。前有闻筝楼主人题记，称“《读书敏求记》有此书，则康熙以后矣”。此书陈振孙《直斋书录解题》已入载，云“清江乡贡进士廖中撰。周益公为之序。集诸家‘三命’说，当时必有刊本”。元、明以来，唐顺之《荆川稗编》中引之。国初见钱曾《读书敏求记》，称“所引书五十一种，余所有者，惟《珞琭子》，馀则俱未之见”。则其援引弘富，前人久已解之。钱氏藏本，今归常熟铁琴铜剑楼，其《藏书目录》云“三十二卷”，盖缺其末二卷。此本则缺第三十四卷，又从别一本传录者。康熙《图书集成》收有明人万民育《三命通会》三十四卷，全袭用此书，今《四库全书总目》著录。坊行十二卷之《三命通会》，不能得其详矣。余笃好命理之书，多有宋、元以来孤本未刊行者，此即其中之一。末卷残缺，即可转以《三命通会》补之。以《三命通会》微有增删，而第三十四卷载“起大运小运之法”，无可增删，则犹此书原文耳。《陈录》此书后有《三辰通载》三十四卷，云“嘉禾钱如璧编，集《五星命术》”。《钱记》亦尚与此书并录。今则各家藏书目皆无其书，则著述之存目，信有幸有不幸。此书今尚流传于世，安得有暇为之校订付梓，不胜于俗本《三命通会》万万哉！

万物数十七卷明嘉靖乙丑刊本

《万物数》十七卷，明陈暹撰，皆占事之法。以物有定数，本于河洛，宋儒邵康节先生得其秘妙，故断事灵捷。然其用实据卦象。卦象又按以五行四时、生旺休咎，故百发百中。特心浮体躁之人不能入细，则不效耳。此书明人徐𤊹《红雨楼题跋记》载之，称为“义溪陈闇窗方伯所梓。方伯殁后，斯术莫传，惟有从孙价夫受其要诀。余兄偶得此本，阙者补之，讹者正之，未备者注之”。据徐所云，似所见尚非方伯原刻，殆传钞之本耶？余戊午在沪上书友李子东处得旧书数厨，中有此书，为士礼居旧藏，后有黄荛翁跋，知其书之可贵。因其已为人定售，故遂舍去。归以语从子启藩兄弟，启藩乃出此本呈阅，翻读一过，信为秘笈，因记数语于后。

兵占焦氏易林四卷明嘉（嘉）〔靖〕四年姜氏刻本

明人刻书谬妄，而好为欺人语。如每刻一书，其序文不曰出自宋本，即曰传自阁本。其未见宋本、阁本者无论矣，即见之而妄校妄改、甚或至于节删。于是前一刻本出，其后重刻者沿讹袭缪亦随之而出。经、史古注周、秦、两汉古书，苟非仿宋翻雕，未见有可信之书也。《易林》一书，黄丕烈士礼居刻校宋本未行以前，士人所见者，明何允中《汉魏丛书》本、毛晋《津逮秘书》二本而已。至嘉靖四年，姜恩刻兵占本；万历癸巳，周曰校刻辨疑馆本，藏书家已与宋本同其珍重，而不知二本之谬误与何、毛本同其原。则皆由于成化癸巳，彭华所传之阁本已有窜改也。

宋本之善，黄刻校宋本后序已详言之。此余所录吴枚庵翌凤传校之陆敕先校宋本，与士礼居本同出一源者。先辈校书矜慎，故虽宋本之误字，亦不改正，其俗省之体，悉点画照临，所以昭信也。据黄刻前序云："陆系就嘉靖四年所刻记于上方。"正即此刻。书凡卷之九至卷之十二，四卷。全书其大题云《兵占焦氏易林》，版心上每卷有"兵占"二字，似是兵占书之一种。其九卷以前，或刻有他种。明人刻书臆断，至可笑如此。此书陆心源《皕宋楼藏书志》有之，但误以为十二卷。盖见本书至卷之十二止，以为全书有十二卷之多。自来藏书家书目往往使阅者迷惑，大率因此致误也。余向藏旧刻，于何、毛二本外，有辨疑馆本，此收藏家所目为善本者。其实犹在此刻之后，而缪误则同也。然明本如此字大悦目者，最宜于雨后灯初，不损目力。余故以吴录传写于此，以便翻检。原本误字及俗淆体皆仍之，犹前辈校书法也。

陆校原本乃从钱谦益绛云楼传出者。据云宋本本有全注，未及举录，故并其行字亦未记出。盖既删去小注，则行字移动，非原式也。惟陆校宋本据此刻为底本，今余录陆校，亦据此刻为底本，似前后契合，固有缘者。录毕，因识其原委于此。

时己未上元前一日，是日余生朝也。

青囊经校本一卷活字印本

钦定《四库全书提要》著录此经于子部术数家，而名称《青囊奥语》一卷、《青囊序》一卷，离（折）〔析〕本书为二，又杂入后来术士附益之辞。不知《钦定图书集成》中原本尚在，只云杨筠松《青囊经》也。《四库》编校诸臣曾不一检对，可云疏漏矣。宋陈振孙《直斋书录解题》，有《杨公遗诀曜金歌》，并《三十六图象》为一卷，疑即是书之原名，而郑樵《通志·艺文略》始称《青囊经》，则《图书集成》所收或为宋本矣。

丙午嘉平立春，德辉记。

人伦大统赋一卷影钞元皇庆二年刊本

金张行简《人伦大统赋》一卷，独山莫氏铜井文房藏，元皇庆二年刻本，大题"新刊相法《人伦大统赋解》"次行"金礼部尚书张行简撰"，三行"前王府文学薛延年寿之序"，盖即刻于是年。每半叶十行，每行大小十八字，小字双行。版心上下黑口前有头部《面背图》八，末有《气形图》二十四，分"喜应"、"忧应"日期，"喜忧"二字黑地白书，图刻皆极精细。《四库全书总目提要》子部术数类著录，乃馆臣从《永乐大典》辑出，不列诸图。光绪丁丑，归安陆心源《十万卷楼丛书》中刻者亦《四库》本，非原本也。形法之书，全恃图像为证。有图无说，固不免索解茫然。有说无图，亦不能使读者心目俱快。是本影写一仍其旧，末四叶下半烂损小半，以《大典》本补之，尚能符合。惜陆氏刻此书时不获一见也。

庚申夏五端四日，郎园叶德辉记。

神农本草经三卷日本嘉永七年刻本

自宋以来，政和、大观两次修刻经史，《证类本草》行，而《神农本草》汩没于陶弘景朱墨本《增辑本草》之中，已数百

〔年〕[①] 于兹矣。嘉庆四年，孙星衍、孙冯翼依《证类》本分别原书，陶《增辑》出三卷刻入《问经堂丛书》，于是读者始识《本草》真面。然其叙次全本李时珍《本草纲目》，以序录退居卷末，颇不免于沿误。道光甲辰，顾观光亦有校辑本，分叙录一卷，上、中、下各一卷。顾序谓孙辑"不考本经目录，三品种数，显与名例相违"。是孙本之失，前人已有疵之者。此日本森立之所辑，前有嘉永七年甲寅自序，是在中国咸丰四年。其例以序录冠首，分上、中、下三品为三卷，合四卷。前自序考证本书卷数，分合次第，引证博而且精。后附考异，取校群书，多吾国未有之佚书古本。非独孙辑无此谨严，即顾辑亦无此精确。顾序谓"天之未丧斯文"，惟此足以当之矣。书为茧纸初印，每半叶十行，行二十一字。椠刻精良，想见同文之盛，读者勿以高丽本等夷之。

王氏脉经十卷明成化十年仿元泰定四年刊本（学）

《脉经》十卷，晋王叔和撰。宋晁公武《郡斋读书志》载之。《志》又载《脉诀》一卷，题"晋王叔和撰"。云皆歌诀鄙浅之言，后人依托者，然最行于世。据此，则《脉经》、《脉诀》在宋时固已盛行。今《四库全书总目提要》皆不著录，惟存目有明张世贤《图注脉诀》四卷、附方一卷，《提要》云："《脉诀》出于伪撰。"今《脉经》十卷，尚有明赵邸居敬堂本，然则馆臣并非不见原本《脉经》，何以《四库》并未收入？是可怪也。其后嘉庆间，阮文达影写宋本进呈，见《揅经室外集》。即《四库》未收书目。

①此处似缺"年"字，据文义补。

阮云“从宋嘉定何大任刻本影写，有宋国子博士高保衡尚书、屯田郎孙奇、光禄卿直秘阁林亿等校上序，卷末有熙宁二年进书衔名，又绍圣三年六月，国子监开雕（扎）〔札〕子及各衔名”。

此为明成化十年重刻元泰定四年龙兴路医学本，前熙宁二年进书各官衔，及绍圣三年雕版（扎）〔札〕子犹存，盖元本即依据宋本重刻者。何大任本，明有嘉靖中袁表仿刻，及今光绪癸巳宜都杨氏仿刻，白口版，大字。此则黑口小字。考唐甘伯宗《名医传》云：“叔和《脉经》凡九十七篇。”今刻本篇数正同，可知宋本又出于唐，来历分明，非《脉诀》伪书之比。世间通行为《借月山房》、《守山阁》两丛书本，今已少见，何况明刻乎？

夫明刻之可贵者，贵其出于宋、元也。不独文字校勘，如泰定本谢翁识语所云：“其中疑处，并系元本，不敢辄改。”为其矜慎也。即以版式论，行字疏朗，能使读书爽心豁目。无论白口大字本之出于宋，黑口小字本之出于元，要皆一时瑜、亮，不可得也。吾向有明袁表本、赵府居敬堂本及杨氏仿何本，今又获此小字本，明刻、近刻、善本皆萃于吾架中，日日检校摩挲，可以延年却病，何必更读《养生论》耶？

丙辰仲冬月之既望，南阳叶德辉识。

经效产宝三卷、续编一卷日本仿北宋刻本

《经效产宝》三卷、《续编》一卷，唐昝殷撰。每卷大题后次行题“节度随军昝殷撰”，三行题“相国白敏中家藏善本”。《续编》无此两行。小黑口版，每半叶十一行，行十八字。《四库全书总目》未录，自来藏书家志目亦不列其名。宋晁公武《郡斋读书志》作“《产宝》二卷，云唐昝殷撰。殷，蜀人。大中初，白敏中

守成都，其家有因免乳死者，访问名医，或以殷对。敏中迎之，殷集备验方药二百七十八首以献。其后周颋又作三论附于前”。今此本二百六十一方，续编周颋《救急方论》二十一、《产后论》十八，核与《晁志》稍有异同。医方传钞者多，不必晁氏所见即为定本也。此书新、旧《唐志》均不载，《崇文总目》绍兴续编到《中兴四库阙书目》始著于目，作三卷，无撰人姓名。郑樵《通志》“《产宝》三卷，伪蜀周挺撰”。此误以周续为昝撰，又误“颋”为“挺”。《宋史·艺文志》“《产宝》三卷，昝殷撰”，与《晁志》合，而无《续编》。盖当时所传均非此本，故著录不得其详也。

新刊河间刘守真伤寒直格论方三卷、后集一卷、续集一卷、张子和心镜一卷明嘉靖壬辰刘氏安正堂刊本

谨按：《四库全书总目》子部医家类有《伤寒直格方》三卷、《伤寒标本心法类萃》二卷，通行本，《提要》云：“旧本皆题‘金刘完素撰’。《伤寒直格方》大旨出入于原病式，而于伤寒证治，议论较详。前序一篇，不知何人所撰，马宗素《伤寒医鉴》引平城翟公‘宵行遇灯’之语，与此序正合，殆即翟公所撰欤？《医鉴》又云：‘完素著《六经传变直格》一部，计一万七千零九字。又于《宣明论》中集紧切药方六十道，分六门，亦名《直格》。’此书有方有论，不分门类，不能确定为何种。卷首又题为‘临川葛雍编’，盖经后人窜乱，未必完素之旧矣。《伤寒标本心法类萃》下卷载所用之方，其中传染一条，.称‘双解散’、‘益元散’皆为神方。二方即完素所制，不应自誉至此。考完素《宣明

论》中已有伤寒二卷，则完素治伤寒法已在《宣明论》中，不别为书，二书恐出于依托。然流传已久，姑存之以备参考焉。”

今此书分五卷，为明嘉靖壬辰安正堂刊本，每半叶十行，行二十一字。卷五末有荷叶首、莲花坐木长方牌记，云“嘉靖壬辰仲秋七月安正堂刊”十二字。一卷大题“新刊河间刘守真《伤寒论方》卷之上”，次行题“临川葛雍仲穆编校”。版心“《伤寒直格论》”五字。鱼尾下“一卷”二字。二卷大题“新刊河间刘守真《伤寒直格》卷之二”。似中字改。次行同版心“伤寒直格”四字，鱼尾〔下〕“二卷”二字。三卷大题“新刊河间刘守真《伤寒直格论方》卷之三”，此则本是三字。次行同，版心同二卷。四卷大题“新刊河间刘守真《伤寒直格后集》卷之四”，次行“都梁瑞泉野叟镏洪编辑”，三行“临川华盖山樵葛雝校正”，版心同三卷，鱼尾下“四卷”二字。五卷大题“新刊河间刘守真《伤寒直格续集》卷之五”，次行“平阳马宗素撰述”，三行“临川葛雝校正”，版心同四卷，鱼尾下“五卷”二字。卷末又一行，大题《张子和心镜》，次行“门人镇阳常德仲明编”。核与《四库》本，除前三卷，馀并不同。据黄丕烈《士礼居藏书题跋记》元刊本，大题均同此。则此源出元椠，故仍旧题。

安正堂为明书枋刘宗器牌名，当时刻书甚多，立堂最久。而此书则未经藏书家著录，宜乎《四库全书》仅见坊行窜乱之本，未见此原本也。

丁未仲秋处暑，德辉记。

寿亲养老新书一卷明成化丙申徐礼刻本

《寿亲养老新书》一卷，大题“《寿亲养老新书》卷之始”，次行“敬直老人邹铉续编”，三行“玉窗黄应紫点校”。每半叶十行，行十六字。黑口本，前有“至正壬午中秋范阳张士弘序”，后有“成化丙申孟冬朔旦，龙泉徐礼书于乐阳公馆”。礼书，即刻此书者。又有“成化十四年岁次戊戌春三月朔旦，潼川州乐至县儒学教谕，吉水王敬拜手书”。敬，即补徐刻脱叶者。书中言药饵服食之法，详载经验诸方。《四库全书总目》未收，诸藏书家志目罕见著录。惟宋陈振孙《直斋书录解题》医家有《奉亲养老书》一卷，云“泰州兴化令陈真撰。元丰中人”。此书曰“续编”，曰“新书”，盖续陈书而作。观张士弘序称“余家藏有《养老奉亲书》，其言老人食治之方、医药之法、摄养之道，靡所不载。然岁月既深，编简脱落，思获善本书而新之。至正辛巳夏五，余备员浙东宪使，访诸婺郡庠教授李子贞，得《寿亲养老书》，比余旧本尤加详备，遂命锓于学宫”云。则其为续《奉亲养老书》之作，叙述甚明。钱大昕补《元史·艺文志》，载此书四卷，不知何据？阮文达元编《范氏天一阁书目》，载《寿亲养老书》四册，云“第一卷宋陈直撰，第二卷元至正壬午邹铉续编”。陈真、陈直，未知孰讹？余未见其书，未敢臆断。若邹铉，则明为邹铉之讹，刻本题名具在，不可诬也。

墨池编六卷明万历庚辰李时成刻本

毛晋《汲古阁宋元秘本书目》载有旧钞本《墨池编》八本，云“明朝有刻本，纰缪已极”。毛之所谓明刻，不云何人所刊。余按：明有两刻，一为隆庆间四明薛晨刻本；一为万历庚辰蕲水李时成刻本，今此本是也。李刻即重翻薛本，增损臆改，诚如毛氏所云“纰缪已极”者。且原书本二十卷，乃省并为六卷，更不知其何为。明人刻书，大都如此谬妄，不足议也。独怪《四库全书》所著录者，亦此六卷，注云“浙江巡抚采进本”。考《浙江采集遗书总录》庚集载有二十卷本，不知何以《四库》相歧？岂馆臣所见别一浙江采进本耶？

余别藏康熙甲午五十三年。长洲朱之劢刻二十卷足本，前有雍正癸丑十一年。王澍序。之劢后跋，极诋薛、李两刻之谬，而所据刻云为“家藏书本为鼠残阙，访求全帙，获旧钞一帙足成之”，可见此书传世之稀，明刻合并之不足信。然之劢刻，究在《四库》未开馆以前，而馆臣闻见漏略，竟未采及，且《提要》疑原本当为十二卷，谓此六卷为后人合并，其言亦出臆揣。大抵古书存亡，至明为一大关键。明人习尚，溺于科举制艺，于古书本不措意，幸而有人重刻，不加以评点。则肆意窜改，甚至更易名目，疑误后人，虽博雅如杨升庵、王元美诸人，亦不免蹈其陋习，更无论钟敬伯①、陈眉公之流矣。

《提要》又谓此本“‘碑刻门’末载宋碑九十二通、元碑四十四通、明碑一百十九通，皆明万历中重刊时所增。明人窜乱古书，往往如是，幸其妄相附益，尚有踪迹可寻，今并从删削，以还其旧。至其合并之帙，无关宏旨，亦姑仍之”。是则《四库》之本，不独非宋时二十卷之旧，且非明人六卷本之旧。楚固失矣，齐亦未为得也。是书以饼金十六元得之北京厂肆，时在甲寅春仲，寒气未消，不能装整粘补破叶。秋间南（族）〔旋〕，始觅匠人料理之。纸墨殊有古香，置之几间，可以娱目，又不问其刻本之佳不佳矣。

乙卯二月春分前一日记。

---

①钟敬伯，当为钟伯敬。钟惺，字伯敬。

宝真斋法书赞二十卷 武英殿聚珍本

宋岳珂以所藏历朝墨迹，自晋、唐迄南宋，各系以跋而为之赞。终以鄂国传家，则武穆遗迹也。其书久无传本，乾隆修《四库全书》时，编纂诸臣从《永乐大典》辑出，次为二十八卷。《提要》称其“征人论世，考核精审。其文亦能兼备众长，新颖百变，层出不穷。可谓以赏鉴而兼文章者矣”。又云“其间遗闻佚事，可订史传之是非。短什长篇，可补文集之讹阙。如朱子《储议》一帖，辨论几及万言；许浑《乌阑》百篇，文异殆逾千字。于考证颇为有功”。据此，则是书非独艺苑之奇珍，抑亦乙部之别史矣。

此书《宋史·艺文志》、明《内阁书目》、《文渊阁书目》皆不载，惟焦竑《经籍志》有之，云“六十卷”。则此所编尚未及其半。虽卷帙分并，不得原书一证其异同，惟据《提要》称“文征明停云馆所刻《万岁通天帖》亦有一条，而此本无之”。则《大典》所收，不无遗佚可知矣。

此本经北平翁正三学士、道州何子贞编修先后收藏，均有朱墨两笔评校。书面两层，一为何书，一为翁书，钤有“宫詹学士”四字白文篆书方印，“两江主考”四字朱文篆书方印，“日讲官掌詹事”六字白文篆书方印，“苏斋”二字白文篆书小方印，“道州何氏收藏图书印”九字白文篆书方印。前四印皆学士印。吴修《续疑年录》：“翁正三方纲，年八十六，雍正十一年癸丑生，嘉庆二十三年戊寅卒。”法式善《清秘述闻》学政类：“江西省翁方纲，字正三，大兴人，乾隆壬申进士，五十一年以詹事任。”以生平推之，翁（宫）〔官〕詹事时正五十四岁，此书即其时所得。书中朱墨字极精妙，道州行草批语尤多。二公皆书法名家，持论极正确，读者玩索而有得焉，是固无言之师也，岂止名贤手泽为世珍重哉！

丙寅岁尽，郎园识。

广川书跋十卷 明锡山秦氏雁里草堂钞本

宋董逌《广川书跋》十卷。世通行毛晋汲古阁《津逮秘书》本，乾隆时修《四库全书》，两江总督采进者亦即此本。世无宋、元旧刻，故其讹误窜夺，人皆未知之。从子启藩从长沙故家收得此本，为明锡山秦氏雁里草堂墨格钞本，每半叶十一行，行二十三字。字迹虽似拙劣，审是据善本传移。偶取毛刻本比勘，乃知毛刻本讹误不少，又复臆为窜改，如卷第二《石鼓文辨》，此本前刻《（十）〔石〕[①] 鼓》原文并其异体、音释，后接以文辨。毛刻以《石鼓》附于二卷之末，并窜改其次序，不独失作者援引之本旨，亦使读者多前后翻阅之劳，此其谬也。卷三末《佳城铭》后，此本有《宋公牼钟铭》数行，盖以补前《宋公牼钟铭》所缺之字。毛刻于前缺字未补，后又不载此数行，此亦其谬也。卷第五《谷口铜筒铭》，此本自“本论以大”下缺十二行半，自十三行起云“文学祭酒、典学从事各一人，司仪、主事各一人”，至末句“未尝不移日也”。毛刻以“各一人”之“人”接刻本“论以大”之“大”字，下又误“司”为“同”，改其文云“以大人，同仪、主事各二人”云云，不究原本之残缺，不问文义之贯通，此又其谬也。此本“桥大尉碑”后重出“乔太尉碑”，“桥、乔”固一人，而跋则二，盖前为桥公墓碑，后则庙碑也。毛本存前篇而无后篇，此又其谬也。卷第十“同光四年宣”，此本自“昨以”起，至

---

①“十鼓”，应为“石鼓”之误，径改。

"枢密使张止天子降书命"，以下提行别起，下注"策书"起年月至"是为诫敕"一段，皆双行小字。毛本"天子降书命"与上连文，又误小注升为正文大字，于作书者体例不合，此又其谬也。其他误字尤不可枚举。

毛刻诸书，大都校勘草率如此。幸有此旧钞，可以正误补缺，余拟属诸从子录副刻之。先为校记，未有暇也。此本版心下刻"雁里草堂"四字，据钱曾《读书敏求记》杂家类有《铁围山丛谈》六卷云"类书中刊行者止十之二"。此则嘉靖庚戌雁里草堂旧写本也。是雁里草堂钞本，国初已极重之。常熟瞿镛《铁琴铜剑楼书目》集部类有《禅月集》二十五卷云："明雁里草堂钞本，卷末有'秦柄图书'、'雁里草堂'二朱记。"又子部杂家类有《续谈助》五卷云："姚咨跋云：故友江阴徐子寅殁后，其家人售于秦汝立氏。汝立乃余门人，汝操之弟，储蓄甚富。"又小说类《穆天子传》六卷旧钞本云："冯已苍以锡山秦氏钞本校过，跋云'崇祯已卯，借得锡山秦汝操绣石书堂钞本校读一过。'"按《无锡县志》："秦汴，字思，宋端敏公金仲子。又秦柱，字汝立，金之孙。"又《贡生表》万历五年列"秦柄"名。顾光旭《梁溪诗钞》八小传："秦柄，字汝操，号邗塘，岁贡生，端敏公之孙。"绣石书堂、雁里草堂，乃秦氏一家之名，不属于一人也。

别一明钞本为长洲文衡山先生旧藏，讹夺与毛本相类，惟《宋公轻钟铭》文独完全，《石鼓文》次第亦与此同，而文字稍有异处，当取以互校之。若其他因形近而误之字，望而可知，固甚易于校理也。

又一部明文氏玉兰堂藏钞本

此《广川书跋》十卷，为明人旧钞本，每半叶十一行，行二十四字。卷首钤“江左”二字朱文小长方印，“梅溪精舍”四字白文方印，“辛夷馆印”四字朱文方印，“竹坞”二字朱文小长方印，皆明文衡山征明印记也。又有“季振宜印”四字朱文方印，“沧苇”二字朱文方印，“御史之章”四字白文大方印，则入国朝已入泰兴季氏矣。又有“大兴朱氏竹君藏书印”九字朱文大长方印，竹君先生名筠，别号笥河，朱文正公讳珪之弟。又有“少河”二字朱文小长方印，少河，名锡庚，竹君先生之子。又有“何绍基印”四字白文方印，“子贞”二字朱文方印，则道州何蝯叟也。卷六及卷十后有“安麓村藏书印”六字朱文大长方印，则三韩安岐也。卷七首亦钤“季振宜印”、“沧苇”印、“大兴朱氏竹君藏书印”，又钤“朱锡庚印”四字白文方印。孙从添《藏书纪要》盛称文衡山家钞本。此本又历经南北藏书家鉴赏珍藏，宜乎非寻常钞本可比矣。

从子启藩藏有明锡山秦氏雁里草堂钞本，偶取以勘此本，则此本谬误脱错，几乎不可卒读。如卷二《石鼓文辨》“子信为成王颂”下接“古篆鲁旅同文”云云，《龚伯尊彝铭》“其自诸侯卿大”下接“何前世未有考者”云云，《鲁公尊彝铭》首行起“夫则无金饰也”云云。以秦钞证之，“何前世未有考者”乃“子信为成王颂”下之文。“古篆鲁旅同文”乃《鲁公尊彝铭》首行以下文。“夫则无金饰也”乃《龚伯尊彝铭》“其自诸侯卿大”以下之文。如此颠倒窜乱，几历明末国初诸公收藏，曾未一校。迨乾隆时，始经朱少河先生以汲古阁本勘正，注字于书之上楣，其中误字亦多。据汲古阁本改正，然汲古阁本不如秦钞本之佳，惜朱氏未之见也。

卷三《宋君夫人馀釪鼎》“则糁以相下而但守一物”云云，乃《宋公宝簠铭》“后世不得其制”以下之文。《宝龢钟铭》首行“参为名目以下”云云，乃接“则糁以相”以下之文。亦以秦钞勘出，而朱氏则以汲古阁本勘正，注字于书之上楣。卷五《韩明府碑》首行“穷困而受封”云云，乃《孙叔敖碑》后半之文，《韩明府碑》全文乃误窜在《西岳华山碑》“昔欧阳公谓集灵”之下，“集灵”以下全然脱失。而《孙叔敖碑》“而不可为者，其后躬祖”以下“川汉作湿”云云，乃《郙阁颂》后半之文，而《郙阁颂》前半则与《西岳华山碑》同脱失。此亦经朱氏以汲古阁本校补于书之上楣，殆原本书叶错钉，又有脱叶，钞手不通文法，遂有此谬误耳。

卷六以下别一钞手，尚无十分大谬，然视秦钞则远逊矣。惟卷三《宋公牼钟铭》“其六”以下，秦钞缺文两行半，补录卷末。汲古阁本同缺，而卷末未曾补录。此则全文具在，读之文从字顺，是较秦钞、毛刻为优。若其他小胜小谬之处，当以秦钞为主，别为校记，兹不暇详举矣。后附《法帖刊误》，当析出别为一册。

壬戌闰端午，德辉记。

此本前护叶上有少河先生手跋二行，云：“是编所载，多钟鼎款识及汉唐碑刻，末附宋人数帖，论断考证，多为精核。”下钤“锡庚阅目”白文四字方印。卷一末叶有蝇头小楷一行，云“乾隆甲申九月二日，以汲古阁所刻《津逮秘书》本校一卷讫”。又卷二《石鼓文》上有校云“按汲古本，此文载之卷二之末，次第字句亦多不同，略为校正书其旁”。皆少河先生手迹。此本《石鼓》次第全同秦钞，则知汲古以意改之也。

德辉再记。

梅花喜神谱二卷咸丰乙卯汉阳叶氏刻本

《梅花喜神谱》二卷，宋宋伯仁撰。余向有鲍廷博《知不足斋丛书》本，此则咸丰乙卯汉阳叶志诜仿宋单刻也。南宋《群贤小集》中有伯仁《雪岩吟草》，前引《乌青文献·伯仁传略》："宋伯仁，字器之，号雪岩、苕川。举鸿词，历监淮扬盐课。器之锐意功名，有击楫之慨，而禄位不显。咸、淳以后，事已难为，故语多慷慨。然能出之以和易，自然流迈而无叫嚣之气。自谓随口应声，如败叶翻风，枯荷闹雨，低昂疾徐，因势而出。盖实录云。集中有《张监税新居》七律一首，此即刻桓宽《盐铁论》之张监税也。"世传宋本《盐铁论》后有木记云"淳熙改元，锦溪张监税宅"。明涂祯刻本，即从之出，可见二人风雅好事，为当时刻书投契之人。《盐铁论》经宋、明人一再翻雕，仅存原本匡廓。此则据宋本初次翻者，不止虎贲之貌似也。

志诜之子名琛，官两广总督，英人入城，劫之去印度，死还其榇，至今以为辱国。而此书即在广东督署刊行，犹题"福寿绵长之室"，岂知一场春梦，转不如此书之阅世久长。世有志诜，其人即以刻书为没世之名可乎？

光绪三十二年丙午夏四月浴佛日记。

又一部嘉庆辛未云间沈氏刻本

《梅花喜神谱》宋本，嘉庆中藏黄丕烈百宋一廛。嘉庆辛未，云间沈氏古倪园借以影刊者，即此本也。先一年庚午，借黄氏所藏宋本《唐女郎鱼玄（幾）〔机〕诗》、明万历刻《薛涛诗》、影宋钞本《杨后宫词》，影写合刻为《三妇人集》，余均有之。固知沈氏此书亦有刻本，频年物色不可得，乃无意于冷摊中得之。取校向所藏汉阳叶氏影刻宋本，实同出一源。叶本书法、图画均极精工，似不如此刻之朴厚，盖亦风气为之也。

汇刻唐宋画书九种十一卷 明嘉靖间刻本

南齐谢赫古《画品录》一卷、陈姚最《续画品录》一卷、唐李嗣真《续画品录》一卷、唐释彦悰《后画录》一卷、唐裴孝源《贞观公私画史》一卷、唐王维《山水论》一卷、唐荆浩《山水笔法记》一卷、宋刘道醇《圣朝名画评》三卷、宋沈括《图画歌》一卷，凡九种。除沈括《图画歌》，《四库》皆著录，中惟李嗣真、释彦悰二家入存目，谓其为明人伪托。王维《山水论》作《画学秘诀》，亦入存目，云“出于南宋人依托。明焦竑《国史·经籍志》始著于录，明人收入维集，失考（是也）〔甚矣〕[①]”。此明刻，白口十一行本，行二十字，字体方整，行格疏朗，颇有宋椠矩矱，不知何时何人所刻，大约明嘉（静）〔靖〕前风气为近。

此外尚有唐朱景元《唐朝名画录》一卷、宋刘道醇《五代名画补遗》一卷、宋黄休复《益州名画录》三卷、宋邓椿《画继》十卷、宋董逌《广川画跋》六卷、宋李廌《德隅斋画品》一卷，凡六种，见于各家藏书目及邵懿辰评注《四库全书简明目录》，均不完不备，未见其全。若此九种，固已得全书之大半矣。

---

①据《四库全书总目提要》改。

此书余得之吴门书友杨寿祺肆中，去番饼银十六圆。今日明刻书之贵，几亚于宋、元。然此等有资考订之书，正不得因其价昂而轻放过，盖明时刻书，至嘉靖犹多善本。如此类书，多有丛刻，王世贞《书画苑》、毛晋《津逮秘书》，或草率竟功，或长编巨集，购之不易。未若此种汇刻，专而且精之为善也。后有得者，当益重之。

此九种虽出明时刻本，其翻雕宋本有二证焉：一《圣朝名画评》中，遇帝后庙号空一字抬头，他种则否，若出明人自刻，何必于隔朝之君如此尊敬？一《圣朝名画评》不云“宋朝”，是本朝人称本朝人书之辞，而卷首撰人题“大梁刘道醇纂”，与他种于撰人上冠以朝代名者有异，是皆可断其出自宋版之明证。《四库全书总目》存目云李嗣真、释彦悰二书，出自明人伪托。其指彦悰书之伪，以彦悰，太宗时人，不应有明皇时之李湊之画。其指嗣真书之伪，以嗣真，唐人，不应称梁元帝为“湘东殿下”，皆使作伪者无可置辨。惟审此书字体、行格，较明人刻版不同，疑其书为南宋书坊之所为。书估无学，得嗣真、彦悰书残帙，以意补成之。观元人戴表元《剡源集》题孙过庭《书谱》，云“杭州陈道人印书”。书之疑处，率以己意改令谐顺，殆是书之一厄。则南宋坊本之缪，复何异于明人？世人贱众贵希，一闻宋本之名，遂若帝天之不可议，岂非梦呓哉！

同日灯下再记。

宣和书谱二十卷 明嘉靖庚子杨慎序刻本

《宣和书谱》二十卷，每半叶九行，行十九字。前有明嘉靖庚子杨慎序，称“《博古图》南国子监有刻本，此书虽中秘亦缺。余得于亡友许吉士雅仁，转写一帙，冀传播无绝”云云。首有“孙忠愍侯祠堂藏书记”九字朱文篆书大方印，“臣星衍印”四字白文篆书方印，“五松书屋”四字白文篆书方印，“古潭州袁卧雪庐收藏”九字白文篆书方印。盖本孙渊如观察五松书屋藏书，后移藏孙忠愍祠堂者。粤寇乱后，孙祠书尽散出，为县人袁漱六太守芳瑛所得，故又钤有袁氏印记。据《孙祠书目》内编书画第十一载：“《宣和书谱》二十卷，注宋徽宗御撰，明杨慎序刊本。”即此本也。《平津馆鉴藏书籍记》明版内载之云“每叶十八行，行十九字”，与此合。陈宗彝编次《廉石居藏书记》云：“此本最古，在诸本前。”《天禄琳琅》载一本云：“模印虽精，字画不能工整，其为明代坊间所刻无疑。”即此本，贾人又去其序者。从子定侯新得此书，取较余藏汲古阁《津逮秘书》[①]本，时有胜处，不特字体古致，纸墨精良，读之令人目爽也。

图绘宝鉴五卷、补遗一卷 元刻黑口本

元版《图绘宝鉴》五卷、《补遗》一卷，黄荛翁所称《敏求记》所载五卷本，为得其真者也。自明毛晋刻入《津逮秘书》，合明韩昂所续为六卷，于是五卷原书遂不复行于世，至今日即毛本亦不易得，况元版乎？前辈藏书家，惟孙伯渊《祠堂书目》载有此本，而荛翁所见为吴氏拜经楼藏书，据云“刻已漶漫，似此纸墨精良，字画清朗之本，尤为书中麟凤”。荛翁佞宋，余得此欲佞元矣。

辛丑八月朔，叶德辉记。

---

①《津逮秘书》，原误作《津秘逮书》。径改。

墨缘汇观录六卷近琉璃厂活字印本

《墨缘汇观录》法书二卷、续一卷、名画二卷、续一卷，共六卷。无撰人名，惟自序题“松泉老人”。光绪乙亥，南海伍氏刻入《粤雅堂丛书》。此京师翰文斋于甲寅年以活字排印本，前有“光绪二十六年溲阳尚书忠愍端方序”，虽有“检付手民，以广其传”之语，其实并未刊行也。序称此书为“安麓村所著”，云“麓村给事纳兰太傅家。太傅当国，权势倾朝野，奔走其门者率先以苞苴进。麓村溪壑既盈，则去为鹾商，富甲天下，第宅云连，陈设瑰丽，收藏之富，与士大夫相颉颃”。此说不知来历，盖据传闻之辞。伍刻后跋以汪文端由敦有“松泉老人”之称，又以江宾谷昱亦称“松泉”，不能定此为谁撰。

吾考仁和赵魏竹崦庵《传钞书目》载有此书，云“安仪周撰”，则世传此书为安麓村所著，殊无可疑。钮树玉《匪石日记》云：“书贾钱听默云：‘传是楼藏书，大半归于明珠。其家人安麓村亦多善本。’”周芸皋观察《内自讼斋文集》云：“安仪周，朝鲜人，从贡使入京，偶购得钞本书，乃前人窖金地下，录其数与藏处皆隐语。遍视京师，惟明国公府似之，因见明公，一一指视其处。先后假金数百万，业盐于天津、扬州，息倍之。多富收藏，尽以归国。”其说至为无稽。

黄丕烈《百宋一廛赋注》北宋小字本《孟东野集》云：“又有‘安麓村’一印。安，卖骨董者。”其书后归聊城杨氏海源阁，杨绍和《楹书隅录》云：“每册有‘安岐之印’、‘仪周珍藏’、‘安麓村藏书印’各记。安岐，字仪周，麓村其号也，亦号松泉老人，颜所居曰‘沽水草堂’，学问宏通，极精鉴赏，收藏之富，甲于海内。著《墨缘汇观》，亦一时博雅好古之士。《百宋一廛赋》著录此本，谓麓村'卖骨董者'误矣。"按：此为麓村辨诬，但知其非"卖骨董者"，而不知尚有"明珠家人"一说之缪。据此书自序题"乾隆壬戌"，而序中有"忽忽年及六十，回忆四十年所睹，恍然一梦"等语，是作者当生于康熙二十二年癸亥，明珠当国在二十一年以后，至二十七年为郭琇劾败。作者是时始生五六龄，安有为人家人之理？传者不考，乃至诬此雅人，亦妄甚矣。

至作者踪迹，亦尝奉手名流，与南北故家通声气，今就《录》中语按之：如晋陆机《平复帖》下云："此卷余得见于真定（粱）〔梁〕氏。"按：此当为梁蕉林相国清标。王羲之《袁生帖》下云："余得于松江王氏。"按：此当为王俨斋相国鸿绪。宋林逋《秋深》、《三君》二帖下云："今为吴门徽人汪氏所得。"定武五字损本《兰亭》卷下云："相传维扬徽人藏有赵文敏十三跋定武《禊帖》一本，吴门顾维岳曾见之，云是俞紫芝所临。今见此本，其语诚然。维岳，苏州人，精鉴赏。弱冠与王圆照、恽正叔、王石谷辈游，如季沧苇、高詹事、宋商邱、王司农诸公皆重之，至耄年与石谷相继而逝。彼时精于鉴别者，有都门王济之、江南顾维岳之称。"宋僧巨然《雪图》下云："乃太仓王烟客所藏，后归昆山徐氏。忆甲午岁十二月，余在吴门，时久雪初霁，顾维岳从玉峰携来，与玉峰、石谷同观于吴江舟次。"明陆治《松壑闲屋》卷下云："又一《梅石水仙双鸠图》，水墨、纸本精妙绝伦，为余所收得，张司寇得天见而爱之，遂以为赠。"董其昌《山水方册》下云："为王相国携至都门。相国没，其孙挽人求售。时余有捐工之役，未得一见，至今犹在梦寐。"又《山水方册》下云："外签乃得天张文敏为余所题。"

据其所言，似其人时南时北，而在江南之日居多。王石谷卒于康熙丁酉，年八十六，在吴江舟次与作者观巨然《雪图》时，年已八十三矣。是时作者年三十五岁，苟非博雅好古，诸老何能与之周旋？且《录》中评论书画，具见学有本原。又云“有捐工之役”，亦断其非寒畯之士。但既与张文敏友善，或考《张文敏诗文集》，得知其人，惜《张集》不得一见耳。然向来流传失实，亦可略为剖辨矣。

丁巳嘉平月既望，叶德辉跋于吴门（嘉清）〔清嘉〕坊曹家巷寓舍。

同年友杨子勤太守钟羲《雪桥诗话续编》五云：“安麓村善古诗，鉴赏古迹不爽毫发。倾家收藏项氏、梁氏、氏卡[①]所珍，颇为当代推重，钱文端诗所谓‘高丽流寓抗浪人，姿颜自足多精神。平生然诺重意气，米家书画陶家珍’者也。幼鲁辉按：幼鲁，钱唐符曾字。尝馆于其家，法书、名绘，相对评品，日为抚玩不置，安氏贻以端溪研。自麓村没，所宝尽矣，幼鲁《试砚诗》：‘竹雀丛丛踔夕阳，幽窗启处室生凉。徒教画轴云烟过，泪滴空馀古研香。’‘云林堂峻仿倪迂，彝鼎摩挲今在无。一片秋光上吟屋，萧寥阑外冷双梧。’”观此，益知麓村亦一时雅人，故钱符诸人皆推重之。如为“家人”，诸人岂能与之订交耶？

石渠随笔八卷道光壬寅阮氏文选楼刻本

《石渠随笔》八卷，阮文达官詹事时，与南书房诸臣王杰、董诰、金士松、沈初、彭元瑞、玉保等，于乾隆辛亥奉敕续编《石渠宝笈》，随笔所记，向刻《文选楼丛书》中，此则单印本也。

---

①“氏卡”二字费解，疑为“卞氏”之颠倒误排。

古人左图右史，唐、宋以来设科考画院，必令其分习小经及《尔雅》、小学、《算经》，故所画人物、宫室、舆服，皆有考据折算。盖虽艺术，必与学问相通，非仅以为玩好之物也。自来收藏书画题跋之书，能知此义者甚少。明王世贞《四部稿》各题跋偶一及之，而非专书。国朝孙承泽《庚子消夏记》似稍知之，而意不在此。文达是书，多尚考据，如称宋人摹顾恺之《洛神赋》有“汉石室石阙遗意”，又称“宋人画司马温公《独乐园图》，不依温公集中《独乐园记》画之，为布置大谬”。此自来赏鉴家所不考究之事。画道之江河日下，无怪其然，若准文达之论，忠告世之画家，则继往开来之功为不少矣。

至其鉴别精审，亦不肯人云亦云。如元四家，以倪画最为世重，而此论倪画谓“他人画山水，使真有其地，皆可游玩。倪则枯树一二株，矮屋一二楹，残山剩水写入纸幅，固极萧疏淡远之致，使身入其境，则索然意尽矣”。又谓董文恪邦达山水为“国朝第一手，其山颠多云头，羊毛皴法，屋子皆整齐界画，无作草草茅庐者，盖北宋法也。魄力大而神韵圆足，又有一种士气，非烟客、麓台所能及也”。此皆与历来收藏家持论相反者，然语语直中倪、王二家要害，固足以关其口而夺其气矣。

顾亦有考证疏漏之处，如谓“梁张僧繇《夜月观泉图》上有瘦金书‘唐张僧繇《夜月观泉图》’九墨字，钤‘宣和之宝’，遽神迹也。玉池上王觉斯题跋二段，沿宣和标题之误，以僧繇为唐人。御制诗为辨析为梁人，即《宣和画谱》亦列僧繇于梁代也”按《宣和画谱》既以僧繇为梁人，则此宣和御题误为唐人者，可决其为赝迹无疑。此当是一无名款旧画，伪托宣和御题，文达固未深考也。又卢鸿一《草堂十志图》，自明张丑《清河书画舫》、国朝安岐《墨缘汇观续录》，皆误截去“一”字，为卢鸿，今此书亦未更正。又唐刁光胤《写生花卉册》十"圆幅双钩，暗款在草石上，高江村以为飞白，误也。黄筌师事光胤，以筌《柳塘聚禽图》较之，似有出蓝之胜。第六幅画山猫，乾道御题云：'后村诘与涪翁咏，未及崔公一议高。'御笔识云'诗中用刘克庄诘猫事'。考克庄以淳熙丁未生，上距乾道之元二十二年，此题赝也"。按：此册画、题皆赝，同时彭文勤元瑞《知圣道斋馀笔》记之，云"为伪迹，江村暗于鉴辨，误以为真，今入内府"云云。文达谓黄筌有"出蓝之胜"，不知刁固非真笔也。此亦千虑一失，不足为全书之颣。余为辨正之，以见赏鉴之非易事，博雅如文达，犹有未尽细勘处。豪门浊估，动言收藏，误认朱繇作道元，是尚高人一等者耳。若如吴修《论画绝句》注，载"毕部郎以八百金购翟大坤摹高房山伪迹"者，不诚一时笑柄哉！

光绪癸卯夏四月十有一日，叶德辉。

西清札记四卷 嘉庆乙亥胡氏自刊本

《西清札记》四卷，嘉庆乙亥，《石渠宝笈》三编分纂胡敬与英和、黄钺、姚文田等鉴别懋勤殿书画，退值之私记也。此与阮文达《石渠随笔》记录二编书画者，可以前后相续。惜乎乾隆癸亥张照、梁诗正、励宗万、张若霭、庄有恭、裘曰修、陈邦彦、观保、董邦达诸臣纂初编时，未有为之记录者。是《记》皆《阮笔》所未载，中有"明廖平双钩唐太宗《孝经序》，乃建文四年七月甲午日，从帝出亡吴江，驻史彬家中清远轩所作。后有史疆一跋，叙帝与出亡光景，宛如目见耳"。闻似非出于杜撰，然靖难之事，自以《明史·本纪》"建文阖宫自焚"为信史。顾明臣如王鳌、薛应旂等所记载，亦以建文出亡之事，不尽属于无稽。且万历时，命阁臣录惠帝在滇诗进呈，形诸诏旨。证以此序史跋，似乎姜清《秘史》、程济《从亡随笔》、史仲彬《致身录》所言，不必虚伪。敬于此序按语，亦谓“疑以传疑，其真伪固难确定”。余谓君臣之义，血气所同。成祖以（纂）〔篡〕逆起兵，建文以仁慈逊国。人心不死，宜有故君之思。此序之真伪，经内廷诸臣精鉴尚不可知，则存其一纸，以为劝忠彰善之文章，实有裨于风教。其真其伪，听之后人议论可也。

时光绪乙巳冬中二候，德辉记。

玄玄棋经六册明刻本，以礼乐射御书数分册，首题坐隐斋棋谱

刘筠云国学正钜，于厂肆得元刻《玄玄棋经》六册，惊喜告予，以为可订《四库》本之缺误。余闻之，未措意也。数日亦于厂肆购得一册，系合六册为一者。既分析装订，复取《提要》读之，于是始知筠云之言为不谬。《四库》为《永乐大典》本，分《棋经》、《棋诀》为二书，而不载《图谱》。《提要》引张靖序，有云“围棋之戏，或言是兵法之类，今取生败之数分十三篇”。此本序文同，但不云“张靖撰”。筠云据《提要》引序，定此《经》出于张靖。此本前十三篇目下题“皇祐中学士张拟撰”，筠云则云“拟”非人名，盖拟作也。于理未合，心窃疑之。后于姚志梁观察寓所，见明嘉靖己丑娄东王觉书画本，前多《十略》一则，又多一无名人跋，云“右十三篇，作于清河张公拟。公尝仕宋，为翰林学士”云云，是撰人明为张拟无疑矣。

存目有《秋仙遗谱》十二卷，云“不著撰人名氏，皆奕图也。前冠以马融《围棋赋》、班固《奕旨》、张拟《棋经》、刘仲甫

《棋法》及《围棋十诀》"。盖即以此书为蓝本者。范氏《天一阁书目》有此书，云"明褚克明撰，是明刻。亦相传为张拟，非张靖也"。《钱竹汀日记钞》云："观黄荛圃宋椠《棋谱》，李逸民撰，名曰《忘忧清乐集》，共三卷。前题'棋待诏李逸民重编'，首载徽宗御制诗，有'忘忧清乐在棋枰'之句，则是南宋刻也。"此本今归常熟瞿氏铁琴铜剑楼，《瞿目》云："此书无标题，亦无序跋。首列皇祐中张学士《棋经》十三篇，次列刘仲甫《棋诀》四篇及张靖《论棋要杂说》。后列孙吴至宋旧图若干局，又列棋势若干局。"据此，是张靖只作《论棋要杂说》，与张拟显然二人，故彼析为二事也。宋晁公武《郡斋读书志》："《忘忧集》三卷，皇朝刘仲甫编，载唐韦延祐《棋诀》并古今棋图。"陈振孙《直斋书录解题》："《忘忧清乐集》一卷，棋待诏李逸民撰。"盖即《瞿目》所载者。然据《晁志》云《棋诀》乃韦延祐作，刘仲甫不过重编入彼书中。《四库》《棋经》题"晏天章"、《棋诀》题"刘仲甫"者，均误也。此书为元晏天章编集，实本于李逸民之旧谱。而明《秋仙遗谱》又从此出，故三书体例亦略相同。此本册首载皮日休《原奕》一篇，中有"《兵法》十三篇，《棋经》亦十三篇"之语，箌云以为皮本唐人，不应得见《棋经》，或别一人，否则伪托。余按：此篇为皮子《文薮》中《十原》之一，宋人祝穆《事文类聚》前集技艺部亦载之。《类聚》引班固《奕旨》、皮日休《原奕》、柳宗元《序棋》、马融《围棋赋》，均与此书同。《原奕》，盖"尝论之"以下，《文薮》作"尝试论之"，文句全与此异，亦无"《兵法》十三篇，《棋经》亦十三篇"之语。乃知此篇非袭美原文，全为后人改窜。且此本"尝试论之"下云："棋之为用，初非人间之事。始出于巴之橘穆王之墓，继出于石室，见于商山。"语涉鄙诞，与通篇不类。盖晏本艺士，编书时不别真伪，揉杂采入耳。

今并钞明钞本中无名人跋、及皮子《文薮》原文，附于此册之后，以资校雠。异日笏云或别有所考证，举以告予，是固予所乐闻者矣。

岁在光绪丁酉春正月上元后三日，丽楼主人叶德辉志于都门寓馆。

附：明王觉书画本无名人跋一则

右十三篇作于清河张公拟。公尝仕宋，为一行。翰林学士，其文章、政事固未暇论，而《观光二行。集》称其“英姿卓识，迥然特立于风尘之表”，三行。于是亦可想见其仪形矣。是编虽不能四行。悉公之平生，而其修词命意，傍通曲畅，非五行。深达是道者曷克臻此？尔后作者迭兴，莫六行。不极力模拟，或取远而遗近、舍大而从小，七行。求其能尽奕之情如公者，鲜矣。八行。

附：皮子文薮原奕一则事文类聚引同

问奕之原于或人，或人曰：尧教丹朱征，丹朱之为是。信固有其道焉。皮子曰：夫奕之为艺也，彼谋既失，我谋先之，我智既亏，彼智乘之，害也。欲利其内，必先攻外，欲取其远，必先攻近，诈也。胜之势，不城池而金汤焉；负之势，不兵甲而奔北焉，胜不让负，负不让胜，争也。存此免彼，存彼失此，如苏秦之合从，陈轸之游说，伪也。若然者，不害则败，不诈则亡，不争则失，不伪则乱，是奕之必然也。虽奕秋荐出，必用吾言焉。

尝试论之：夫尧之有仁义礼智信，性也。如生者必能用手足、任耳目者矣，岂区区出其纤谋小智，以著其术，用争胜负哉！尧之世，三苗不服，以尧之仁，苗之慢，尧兵而慑之，由罗人杀鸺鹠，渔人烹鲲鲵者矣。然尧不忍加兵，而以命舜。舜不忍伐，而敷之文德，然后有苗格焉。以有苗之慢，尚不加兵，岂能以害诈之心、争伪之智用为战法，教其子以伐国哉！则奕之始作，必起自战国，有害诈争伪之道，当纵横者流之作矣。岂曰尧哉！岂曰尧哉！

余言此书，本于李逸民《棋谱》。近检钱曾《读书敏求记》，阮福刻本。又得三证，案此书后有无名人跋，云“我朝善奕显名天下者，昔年待诏老刘宗，今日刘仲甫、杨中隐，以至王琓、孙侁、郭范、李百祥辈”云云。《提要》亦云“不著名氏”，而《敏求记》明称“逸民”云，则其蓝本李书，证一。又云：“宋太宗作变棋三势，其一曰‘独飞天鹅’，其二曰‘对面千里’，其三曰‘大海取明珠。’”今此三势，“对面千里”见于书册第三，“大海取明珠”见于数册第卅八，即“明珠出海”，证二。李逸民谱引刘仲甫局势，此书数册第四亦引之，证三。瞿氏藏本，即钱氏旧物。孤本流传，他日犹可一见，目前但从簿录推求，已如此之可信，质之笏云，未知以为然否？《敏求记》又云：“从书肆得《玄玄集》，前有虞道园序，诧为世所鲜有蓄之者。”然则此书当时已可珍贵，更何论今日耶？

四月佛生日又识。

百川学海十册明仿宋本

《百川学海》为丛书之祖，宋刻世不复见，存者惟此明翻宋本，今亦罕见。《四库全书》所收唐、宋人小书，大半析此书分隶各部，各家藏书目往往有单种影钞宋本，亦不外此书残帙，非真有宋刻单行本也。然其书在宋人丛书中，较曾慥《类说》、无名人

《续谈助》诸书，并无删割。即比之俞氏《儒学警悟》，种类亦多，故历代藏书家莫不视为秘笈。书中有"鞠园藏书"四字朱文方印，各卷首有"温陵张氏藏书"六字朱文长方印。初不知为何人，后检黄丕烈《士礼居藏书题跋记》，校影宋钞本《舆地广记》，其跋云："前所校聚珍本，已归庐江张太守。太守名祥云，号鞠园，以养亲乞归，闽晋江人也。丁卯过吴，曾见之，今闻以事下狱，瘐死矣。"其人与荛翁相知，同有好书之癖。其因何事缧绁，惜未言其详。然风雅如此，不得善终，手泽（知）〔如〕[①] 新，展读时为之深慨。

壬寅秋七月中元，叶德辉。

四十家文房小说十册 明嘉靖中顾元庆校刻本

明顾元庆刻《四十家文房小说》，中多唐、宋人说部。其据宋本重刻者，均于各种卷末注明。故虽明本，品与宋、元相埒。其书传本颇少，乾隆时藏书好事如孙星衍、黄丕烈诸人，其藏书目录题跋，均不载其名。黄跋顾刻《开元天宝遗事》一种，深以不得《四十家》之全为恨。近日收藏家，如归安陆心源皕宋楼、丰顺丁日昌持静斋，间收零种，分隶各类，要皆未睹其全。至常熟瞿镛铁琴铜剑楼、江阴缪氏艺风堂不载一种，其为希秘可知。此册《四十家》全帙，乃明金孝章旧藏，前有题签，分十干为十册，为金手书真迹，尤可宝贵。名贤手泽，秘笈全书，此可以傲佞宋主人矣。

宣统元年己酉九月二十六日立冬记。

---

①"知"，为"如"字之误。

甲帙:《开元天宝遗事》,《齐谐记》,《十洲记》,《卓异记》。

乙帙:《葆光录》,《洛阳名园记》,《赵飞燕传》,《高力士〔外〕① 传》。

丙帙:《博异志》,《杨太真外传》,《卧游录》,《山家清事》。

丁帙:《资暇集》,《集异记》,《幽闲鼓吹》,《小尔雅》。

戊帙:《明道杂志》,《宜斋野乘》,《松窗杂录》,《次柳氏旧闻》。

己帙:《钟嵘诗品》,《本事诗》,《德隅斋画品》,《鼎录》。

庚帙:《古今注》,《隋唐佳话》,《周秦行纪》,《魏夫人传》。

辛帙:《嘉话录》,原签"嘉"误"家"。《啸旨》,《唐庚文录》,《深夜隅谈》。

壬帙:《芥隐笔记》,《艾子杂说》,《梅妃传》,《虬髯客传》。

癸帙:《松漠记闻》,《洞冥记》,《白猿传》,《碧云騢》。

按:《四库全书总目》于《四十家》内著录者为《开元天宝遗事》子部小说家类,《续齐谐记》同上,《海内十洲记》同上,《洛阳名园记》史部地理类,《赵飞燕传》小说家类存目,《博异志》同上,"志"作"记",《卧游录》子部杂类存目,《资暇集》杂家类,《集异记》小说家类,《幽闲鼓吹》同上,《小尔雅》经部小学类存目,本从《孔丛子》中析出,《宜斋野乘》杂家存目,《松窗杂录》小说家类,《次柳氏旧闻》小说家类,《钟嵘诗品》集部诗文评类,《本事诗》同上,《德隅斋画品》子部艺术类,《鼎录》子部谱录类,《古今注》杂家类,《隋唐嘉话录》小说家类,《芥隐笔记》杂家类,《松漠记闻》史部杂史类,《洞冥记》小说家类四卷。

①"外"字,据下文补。

凡二十三种，多半采自他本。其馀如《杨太真外传》一题《杨贵妃外传》、《绿珠传》、《白猿传》、《周秦行纪》、《集异记》，见宋晁公武《郡斋读书志》。《高力士外传》、《葆光录》、《艾子杂说》，见宋陈振孙《直斋书录解题》。《碧云騢》见《晁志》，又见《陈录》，皆古小说有来历之书，何以并不载及？且此《四十家小说》全部，《天禄琳琅书目续编》明版子部内已列入，而《四库》所采者只二种，其一《幽闲鼓吹》，《提要》云"末有明顾元庆跋"。其一《资暇集》，《提要》云："此本前有虞山钱遵王氏藏书〔印〕①，盖也是园旧物。末题埭川顾氏家塾梓行，中间'贞'字、'徵'字、'完'字皆阙笔，盖南宋所刊。'殷'字亦尚阙笔，则犹刻于理宗以前，宣庙未祧之时，较近本为善。"此竟不知顾刻为仿宋本，故宋讳阙笔如故。乃误以为理宗以前刻，殊为大谬。然亦见馆臣于内府收藏之书，全未入目，故有此悬揣之词。而此本外间流传之希，益可想见矣。

子汇十二册明万历五年潜庵刻本

《子汇》一册：儒家一《鬻子》唐逢行珪注一卷，儒家二《晏子春秋》二卷。二册：儒家三《孔丛子》三卷。三册：儒家四贾谊《新书》二卷。四册：儒家五陆贾《新语》二卷，儒家六小荀子《申鉴》一卷，儒家七唐皮日休《鹿门子》一卷。五册：道家一《文子》二卷。六册：道家二《关尹子》一卷，道家三唐王士元《亢仓子》一卷。七册：道家四《鹖冠子》陆佃解一卷。八册：道家五《黄石公素书》一卷，道家六唐司马承祯《天隐子》

①"印"字，据《四库全书总目提要》补。

一卷，道家七唐张志和《玄真子》一卷，道家八无撰人《元能子》三卷，道家九《齐邱子》一卷。即谭峭《化书》。九册：名家一《邓析子》一卷，名家二《尹文子》一卷，名家三《公孙龙子》一卷，法家一《慎子》一卷，纵横家一《鬼谷子》一卷。十册：墨家一《墨子》一卷。十一册，杂家一《子华子》二卷。十二册，杂家二刘昼《刘子》二卷。每半叶十行，行二十一字，版心上刻"万历五年刊"五字，间有四（年）〔字〕者。版心下记刻工姓名。各书首尾间有潜庵跋，纪年丁丑。丁丑，万历五年也。

据陆心源《仪顾堂续跋》九云："《子汇》二十馀种，颇为近世好古者所重。《鬻子》、《晏子》、《子华子》、《刘子》、《关尹子》、《亢仓子》、《文子》、《孔丛子》，有丁丑夏日'潜庵子'识语，收藏家无知其人者。按孙继皋《宗伯集》有《吏部侍郎谥文恪儆庵周公行状》：'公名子义，字以方。儆庵，其自号也。嘉靖乙丑进士，改庶吉士。公嗜故书，既入选，则多购求，书穷日夜读不休。隆庆六年，升国子司业摄祭酒事。万历六年，升北祭酒。十一年，晋礼部侍郎改吏部。十四年，年五十六，所订正书梓在南雍者，有《周礼》、《史记》、《五代史》，而《子汇》则所自编辑者也。'则《子汇》为周子义所刊无疑矣。万历五年，正为南京司业摄祭酒时，《行状》不言其又号潜庵，略之也。所据虽多善本，《墨子》、《晏子》有删并移易处，则不免明人习气耳。"陆氏所考至确，故详载其辞。此册本宁波范氏天一阁旧藏，每册首有"天一阁"三字朱文篆书小长方印，"卍古同心之孚"白文科斗书方印，皆范氏印记。光绪己丑，薛福成编《天一阁现存书目》，《子汇》十二册缺道家一册，存十一册。今此册正缺道家一本，盖即天一阁散出者。己丑距今不过二十馀年耳，阁中善本书大半为人窃出，售于苏城、上海两处。此册得自苏城书肆中，因其为范氏天一阁旧藏，亟购归付书友装潢。所缺道家二书，或不难于钞补也。

癸丑四月廿一日，识于上海寓舍。

张应文藏书七种九卷、附三卷明万历丙申刻本

此明张应文所著之书，凡《箪瓢乐》一卷，《老圃一得》二卷，《罗钟斋兰谱》一卷，《彝斋艺菊谱》一卷，《清秘藏》二卷，《山房四友谱》一卷，《清供品》一卷。七种后附《茶经》一卷，《瓶华谱》一卷，《朱砂鱼谱》一卷。《焚香略》一卷，则应文子谦德所撰。谦德后名丑，即撰《清河书画舫》、《真迹日录》两书者也。两书最为鉴赏书画家所引重。

《四库全书总目》子部杂家类著录，《提要》云“鲍士恭家知不足斋所刊。原附丑《真迹日录》后，盖《山谷集》末载《伐檀集》之例”。而杂家存目十一有《张氏（丛）〔藏〕① 书》四卷，为浙江鲍士恭家藏本，《提要》云：“其《清秘藏》尚可资赏鉴考订。别有刊本，附其子丑《清河书画舫》后，已著于录。”名称四卷七种，并附种皆全。但以鲍士恭为知不足斋则误。此本前小传下有“曾在鲍以文处”六字朱文篆书方印，此鲍廷博之印记，《知不足斋丛书》即其所刻者。《清秘藏》、《清河书画舫》、《真迹日录》皆在丛书之外。此本首叶阑匡上有翰林院满汉篆书九叠文大方印，盖进呈时发还翰林院者。《提要》以鲍士恭当之，没其实矣。

万历刻工，远不如嘉靖。此书每半叶九行，行二十字，无直

①据《四库全书总目》改。

线文，其《清秘藏》序题“文从简手书”。文固工书之人，刻手恶劣，全失其意。其中讹字尤多，如开首自序“嘉庆、万历间”云云，“嘉庆”为“嘉靖”之误，竟未校改。鲍本亦沿误未改。其他讹谬，不问可知。特以其为原刻完书，又经鲍氏收藏进呈之本，摩挲洛诵，颇足引人尚古之思，故特志之。

重刻武英殿聚珍版七种 汪汝瑮无年月刻本

右《唐阙史》二卷，《四库全书总目》子部小说类，《提要》云：“旧本题‘唐高彦休撰’。彦休，始末未详。”《曲洧旧闻》十卷，《四库全书》子部杂家类五，《提要》云“宋朱弁撰”。《敬斋古今黈》八卷，《四库》杂家类五，《提要》云“元李冶撰”。《五经算术》二卷，《四库》子部天文算法类，《提要》云“北周甄鸾撰，唐李淳风注”。《蛮书》十卷，《四库全书》史部载记类，《提要》云“唐樊绰撰”。《金石史》二卷，《四库》史部目录类，《提要》云“明郭宗昌撰”。《云谷杂记》四卷，《四库》子部杂（提）〔家〕① 类二，《（家）〔提〕② 要》云“宋张淏撰”。以上七种，武英殿聚珍版已活字印行，此即据以重刻者。惟《蛮书》目录下有一行，云“武英殿聚珍版原本”，馀种无之。半叶十行，行二十一字，无刻书人姓名及年月，亦不知此外尚有何种。其七种次序，系依原写书根本数，书法是道光中馆阁体，似是原书次序本如此也。

从子康侯、定侯兄弟得之旧书肆，持以呈阅，不能定为何时

---

①“提”字，为“家”字之误。
②“家”字，为“提”字之误。

刻本。余忆旧藏汪汝瑮所刻《书苑菁华》，版式似是如此，取以相校，无累黍差，故敢断为汝瑮刻也。此七种为藏书家及谈版本学者所未见，当是印行不多。版为粤匪之乱所毁，故其子孙修补振绮堂所刻书，版亦未述及之，知其毁失久矣。

郎园读书志卷七

集部

楚辞章句十七卷明隆庆辛未豫章夫容馆刻本

明隆庆辛未，王用晦仿宋《楚辞》刻本十七卷，前附《楚辞疑字直音补》一卷。每半叶八行，行十七字，前有王世贞序，篇目后有“隆庆辛未豫章夫容馆宋版重雕”。一行大题“《楚辞》卷之几”，次行“汉刘向编集”，三行“王逸章句”。较之俗本省去“刘向”一行，仅题“王逸章句”者，此为独存原式。书中“弘、殷、胤、敬、惊、贞、项、元、沅、完、玩”等避讳缺笔，“元、沅、完、玩”皆钦宗讳“桓”嫌名，书中于此尤致谨，此当为北宋靖康时刻。屈原著书，原称《离骚》，《汉书·艺文志》称“屈原赋，刘向编撰。别录时，附以弟子宋玉、景差之作，汉贾谊、淮南王、东方朔、严忌、王褒及己作仿骚诸文，始称《楚辞》。王逸作章句，亦附以己作《九思》传，而《楚辞》之名已定”。自后《隋志》以降，官私书目皆称《楚辞》，无变更矣。

此刻本极希见，藏书家目，惟明范氏《天一阁》、朱氏《结一庐》、莫氏《郘亭知见传本书目》、杨守敬《日本访书志》、缪氏《艺风堂藏书续记》载之。据《缪记》云“卷一之末有‘姑苏钱世杰写，章芝刻’双行”，此本无之，盖缪所见乃万历翻刻之本。

万历丙子，凌迪知刻张之象《楚骚绮语》，亦半叶八行，行十七字，版式与此同，其版心有“钱世杰写，王伯才刻”等小字可取证也。后又有朱燮元本，即重刻此本，行字悉同，惟版式字体微较长大。从子启崟有之，缪氏《藏书记》亦著录。日本森立之《经籍访古志》有明代重雕宋本，云“宋讳阙笔”。又有此本，云“宋讳不阙笔”，此当是别一翻雕夫容馆本，盖隆庆本阙笔，翻宋本或未阙笔耳。余旧藏明正德戊寅，苏州知府西蜀高第刻本，黄省曾校，世亦称黄省曾本。此三本皆在余家，诚一时联珠矣。

又一部明万历间朱燮元刻本

此明朱燮元刻《楚辞》十七卷，大题“《楚辞》卷第几”，次行“汉刘向子政编集，王逸叔师章句”，三行“明朱燮元懋和、朱一龙官虞校刻”。半叶八行，行十七字，前附《楚辞疑字直音补》，盖重刻隆庆辛未豫章王氏夫（客）〔容〕[①] 馆重雕宋本，版式、行字微较长大，无刊刻年号，前有“予告大学士申时行序”，序称“郡守朱侯懋和、司理朱侯官虞手自雠校，重付剞劂”，是当时苏州郡守刻本。按《明史·宰辅年表》：“申时行，以万历六年三月吏部左侍郎兼东阁大学士，十一年九月晋少傅兼太子太傅、吏部尚书、建极殿大学士，十九年三月加太傅，是月致仕。”是可证此书为万历刻本矣。

日本森立之《经籍访古志》载有明代重雕宋本，云“每半版八行，行十七字，注双行，‘贞、项、敬、惊、沅、胤’等字并缺末笔”，知是据宋刻重雕，但不记刻行时月。又载有明隆庆辛未重

---

①“客”字，当为“容”字之误，据前篇改。

雕宋本，云“行款体式一与前本同，目录末题‘隆庆辛未岁豫章夫容馆宋版重雕’，宋讳不阙笔”。杨守敬《日本访书志》载有明隆庆辛未刊本，云“首王世贞序，次目录，次本传，次班固序，次刘勰《辨骚》。目录后题‘隆庆辛未岁豫章夫容馆宋版重雕一卷’，后题‘姑苏钱世杰写，章芝刻’。按此本与无名氏翻宋本体式相合，唯彼缺宋讳，此不缺宋讳。又四周双边当为重写，并非影模。然字体方正而清爽，犹与宋刻为近”。杨《志》所载之本，一卷后有“钱世杰写，章芝刻”行字者，缪氏《艺风堂藏书记》有其书，余定为万历中翻雕夫容馆本。其称无名氏刻宋讳缺笔者，当是又一重刻。杨《志》以四周双边定为重写，并非模影，其说是也。此本为从子启崟所藏，装钉整理后，为识此书明刻源流于后。

又一部明正德戊寅黄省曾刻本

此明时《楚辞》第一刻本，大题下第二行题“汉刘向子政编集，王逸叔师章句”，三行“西蜀高第吴郡黄省曾校刻”。每半叶十行，行十八字。前有“正德戊寅王鏊序”，据序云“是书为高第所刻，黄省曾所校。各家书目以为黄省曾刻者，误也”。万历中申时行序郡守朱燮元刻本云“王文恪公刻版郡中，岁久漶漫”云云，可见当时此本之盛行。而范氏天一阁著录竟称为“王文恪刊”，亦误也。此本为初印本，并未漶漫，以为读本，固非坊本之讹谬可比矣。

楚辞辨证二卷高丽仿刻南宋嘉定本

此高丽仿南宋嘉定刻本《楚辞辨证》二卷，书中“桓、匡、贞、顼、让、絙”等字避讳缺笔，“桓”嫌名“完”，“玄”嫌名“县”、“悬”避，“殷”字有避有不避，“让”之嫌名“攘、壤”均不避，岂以已祧之庙故耶？因取黎庶昌刻元翻宋本校之，卷上二叶“则尤刻意楚学者，然其反骚”云云，元本“刻意”下有“於”字，“然”字空白。三叶“以讽谏君也”，元本“讽”作“风”，“洪氏证之”，元本“证”作“正”，“宓妃佚女”，元本作“虙妃佚女”。四叶“更立它义”，元本“它”作“他”。各处同，以后不复出。“它国之人游宦者”，元本“宦”作“宧”。五叶“惟從心者”，元本“從”作“从”，“而倣诗传之例”，元本“倣”作“放”馀同。“古者能拏代叶”，元本“拏”作“拏”。六叶“而又不决其是非也”，元本作“而不能决其是非也”。七叶“是谓零陵香”，元本“（自）〔是〕谓”[①]作“自为”，“大氐古之所谓香草”，元本“大氐”作“大抵”，“以见之不能尽述也”，元本“见”下无“之”字，“述”作“出”。八叶“以男悦女之号”，元本“号”下有“也”字。九叶“则当从喙省”，元本“省”作“耳”，“又深可畏云”，元本“又”上有“此”字。十一叶“则不必论也”，元本“则”作“自”。十二叶“空不应如此重复之甚也”，元本“復”作“複”。十三叶“王逸又论”，元本“论”作“以”。十四叶“上下索处”，元本“索”上有“求”字，“至此游春官处”，元本“官”作“宫”。十六叶“轮已崇则于马终古登迤

---

①“自谓”，为“是谓”之误。据上下句连贯文义改。

也”，元本“崇”作“庳”，“迤”作“池”。十七叶“此亦求之太过”，元本“过”下有“也”字，“升降上下”，元本“升”作“陞”。十八叶“其所感益以深矣”，元本“其”上有“盖”字，“盖不知其几矣”，“几”下有“人”字。十九叶“或以阳主作阴鬼”，元本“主”作“巫”。

卷下二叶“巫支祁”，元本作“无之祈”，“本无稽据”，元本“据”作“據”。四叶“洪引归藏云，羿弹十日”上有“羿焉弹日，乌焉解语”八字，“十日”下再接补注云“只作一事，此析为二”。六叶“从右肋下水腹上出”，元本“水”作“小”。七叶“又何说也”，元本“又”上有“不知”二字。“齐桓九合”，元本“合”作“会”。十叶“为日改则”，元本作“为自变改”。十五叶“则是常使神”，元本“常”作“将”，“卒以蹈于众人”，元本“蹈”作“陷”。十六叶“扬雄《酒赋》”，元本“赋”作“箴”。十七叶“乃随荣字而误解也”，元本句无“而”字，“《说文》乃曰”，元本“曰”作“云”。十七叶“《说文》是也”，元本无此四字。十八叶“白昼而群行”，元本亦无“而”字。二十叶“见山川之迂曲”，元本“迂”作“纡”。其增损异同有如此者。

又卷上十三叶“沈约”条，元本在十二叶“王逸”条后，其次第亦复相歧。盖彼为元人重刊，此为门人初刻，一切皆当以此为定本也。每叶八行，行十九字，字近柳体，与昔年在厂肆所见《资治通鉴》无注本同，盖一时风气为之。但彼为硬黄纸刷印，不及此本细茧纸之精，字迹亦无此明朗。前有“范从楫印”、“清誉堂藏书记”两朱文印，曾藏长沙周侍郎家，侍郎名寿昌，字荇农，晚号自庵老人。近为予得。书估坚持以为宋本，余亦漫应之，然不敢自欺以欺来者，故揭明之。

光绪甲午冬月，郋园主人德辉志。

曹子建集十卷 明万历癸卯郑世豪重刻正德五年田澜本

《曹子建集》十卷，大题"《曹子建集》卷第几"，而版心以十干纪数，云"甲集几卷"。半叶九行，行十八字，前有"正德五年长安田澜序"云："旧本诗在五卷，乐府六卷，颂、赞、铭七卷，章、表、令八卷，文、启、咏、序、书、诔、哀辞九卷。通移九卷乐府，八卷颂、赞、铭，五卷章、表，六卷令，七启九咏。摘移十卷，文、序、书、诔、哀辞七卷，其馀仍旧。《七步诗》散出诸书，《述行赋》附三卷，《七步诗》附九卷。"按田序所谓"旧本"，据云即《通考》所载。宋陈振孙《直斋书录解题》云："今本二十卷，与《唐志》同，其间亦有采取《御览》、《书钞》、《类聚》。诸书所有，意皆后人附益，然则非当时全书也。"余谓汉、魏、六朝诸家集见于宋以后书目者，大都后人从唐、宋人类书采辑而出，其间讹误漏遗，在所不免。如再补辑，但就宋本原编别为附录，方足征信。此本自云"通移""摘移"，仍是明人陋习。惟《七步诗》、《述行赋》既为郑刻附入，则是旧本所无。莫友芝《郘亭知见传本书目》云"《曹集》以无《七步诗》者为善"。可见旧本本无是诗，所据为宋刻之佳者。然则田氏校勘之功，亦足抵其窜改之失矣。

织锦回文诗一卷 明弘治丙午刻本

苏若兰《璇玑图诗》，以本文论入别集，以读法论又似当入总集，《四库》列入别集类，盖亦以本文为重也。此为明人康万民

《读法》一卷，即《四库》所著录者，《提要》据《文心雕龙》云："回文所兴，道原为始。"谓"齐梁之间，尚未见其图。此图及唐则天皇后序，均莫知所从来"。又据《晋书·孝武帝纪》、《列女传》，窦滔未尝镇襄阳，亦无阳台谗毁事。且谓"序文萎弱，不类初唐文体"，考证至为精确。余按：黄山谷诗"千诗织得回文锦，如此阳台暮雨何。只有英灵苏蕙子，更无悔过窦连波"，则其伪撰事迹又在北宋以前明矣。国朝王士祯《居易录》云："苏蕙织锦回文诗，则天记云二百馀首，杨文恭续至五百馀首，明僧起宗乃又分为七图一百四十七段，得三、四、五、六、七言诗至三千七百首，某王府刻之。僧亦异人，而苏氏分寸之图，古今衍之，如无尽藏，亦神矣哉。"

文简所称"某王府"本，余未之见。此本即据起宗读法推衍，成诗增至七千九百五十八首，视原本将倍之。而据后康万民跋称："余偶读苏氏诗，殆过十万册，可盈千卷，行将付梨枣，与词宗共之。"正不知其读法如何，惜不一见，令人益此神智耳。此图本有五彩，安得凌濛初、闵齐伋诸人以套版印行，岂非书林善本乎！

宣统二年岁次庚戌秋九月望后二日，丽楼主人叶德辉识。

附：王士祯《池北偶谈》载朱淑贞《璇玑图》记

辛亥冬，于京师见宋女郎朱淑贞手书《璇玑图》一卷，字法妍妩，有记云："若兰名蕙，姓苏氏，陈留令道质季女也。年十六，归扶风窦滔。滔字连波，仕（符）〔苻〕秦，为安南将军。以若兰才色之美，甚敬爱之。滔有宠姬赵阳台，善歌舞，若兰苦加捶楚，由是阳台积恨，（纔）〔谗〕① 毁交至，滔大恚愤。时诏滔留镇襄阳，若兰不

①"纔"，为"谗"讹。

愿偕行，竟挈阳台之任。若兰悔恨自伤，因织锦字为回文，五彩相宣，莹心眩目，名曰《璇玑图》，亘古以来所未有也。乃命使赍至襄阳，〔滔〕① 感其妙绝，遂送阳台之关中，具舆从迎若兰于汉南，恩好逾初。其著文字五千馀首，世久湮没，独是《图》犹存，唐则天尝序《图》首，今已鲁鱼莫辨矣。

"初，家君宦游浙西，好拾清玩，凡可人意者，虽重购不惜也。一日，家君宴郡倅衙，偶于壁间见是《图》，偿其值，得归遗予。于是坐卧观究，因悟璇玑之理，试以经纬求之，文果流畅。盖璇玑者，天盘也；经纬者，星辰所行之道也；中留一眼者，天心也。极星不动，盖运转不离一度之中，所谓居其所而斡旋之。处中一方，太微垣孔，乃叠字四言诗。其二方，紫微垣也，乃四言回文。二方之外四方，乃五言回文，四维乃四言回文。三方之外四正，乃交首四言诗，其文则不回也。四维乃三言回文。三方之经以至外四经，皆七言回文诗，可周流而读者也。绍定二年春二月望后三日，钱唐幽栖居士朱氏淑真书。"

首有"璇玑变幻"四小篆，后有小朱印。予向见《断肠集》，不载此文，诸家撰闺秀诗笔者，皆未之载。宋桑世昌泽卿、明张玄超之象撰《回文类聚》亦未收。此家考功兄辑《然脂集》三百馀卷，多征奥辟，因录一通归之，后有仇英实父补图四幅，亦极妙。按张萱、周昉、李伯时辈皆有《织锦回文图》，英此图殆有所本也。

陶渊明集十卷 嘉庆戊辰京口鲁铨仿宋刻本

此书自宋刻后，有毛氏汲古阁重刊宋本。从毛本出者，一鲁铨刻本，即此本；一同治癸亥何氏笃庆堂本；一湘潭胡氏刻本；

①"滔"字，据文义补。

一会稽章氏刻本。四本之中，惟此本钩临极似毛本。胡本字体独肥，得苏之真，失毛之旧。何、章则伯仲而已。毛氏旧藏宋椠原本，嘉庆中归吴中黄荛圃士礼居，当时并得汤东磵注本，颜其室曰“陶陶轩”，语详《士礼居藏书题跋记》。今两书均在聊城杨氏海源阁。海源阁者，杨致堂河帅以增藏书处也。秘笈珍藏，世间无二，幸得化身千亿，照耀词林，读者当视为百东坡，而不必目为虎贲中郎也已。前鲁铨跋，字学王梦楼先生书，神采奕奕，如新脱手者，然他日流传久之，亦此刻三绝也。

陶靖节集何孟春注十卷 明正德癸未刻本

《陶靖节集》十卷，明何孟春注。正德癸未刻，白口本，半叶十行，行二十字。《四库全书总目》集部别集类未著录，亦未存目。盖当时馆臣未见，疆吏亦未采进也。此书自来藏书家书目均不载，近惟莫友芝《郘亭知见传本书目》有此本。又有嘉靖癸未刻本。盖前明两次校刻，不知流传何以如此之稀，岂当时印本均不多耶？

孟春，《明史》列传称其“少游李东阳之门，学问该博”。《四库目》史部政书类有《何文简疏议》十卷，子部儒家类存目有其《孔子家语注》八卷，杂家类存目四有其《馀冬序录》六十五卷，而集部无此书。《明史·艺文志》子部杂家类有其《馀冬序录》，集部别集类有其《疏议》，亦不言有此集注本。是不独《四库》馆臣不知有是集，即修《明史》诸臣均不知有是集也。陶诗注本，马端临《通考·经籍考》载有宋汤汉《靖节诗注》四卷，嘉庆间，阮文达元从宋椠本影写进呈，《揅经室外集提要》举其《拟古诗》“田子春”作“田子泰”一条，谓其与《魏志》合。又云“其他佳处，尤不胜指”。而此本亦作“田子春”，馀亦与坊行俗本无异。明人不知版本佳劣，故沿讹袭谬，不能订正其是非，如孟春此注，又无足深辨矣。

陶贞白集二卷明汪士贤刻本

王渔洋《居易录》十三云：“过慈仁寺，阅故书摊，买得《陶隐居集》三卷，嘉靖中赣人黄吏部汪汝霖刊于虔州，宋礼部侍郎王钦臣所集也。有汪及吉郡胡直序，陈侍中尚书令江总元序。”按此本罕见，余曾刊《贞白集》，只见新安汪士贤刻二卷本、道藏本、汲古阁刻道藏本、张溥《汉魏百三家集》本，不知视此本有无删短，安得异日入目重校，书此俟之。此汪本二卷，与诸本无异，惟少《瘗鹤铭》一篇，则以铭文无贞白撰确证，盖慎之云。

乙巳三月十一日，叶德辉偶记。

梁昭明太子文集五卷明辽府宝训堂刻本

《梁昭明太子文集》五卷，明辽府刻本，大题“《梁昭明太子文集》卷第一”，至卷第五同。次行“大明辽国宝训堂重梓”，三行“梁昭明太子撰”，四行“明成都杨慎周蒲”，五行低一字“东吴周复俊、皇甫汸校刊”。半叶八行，行十六字，版心“昭明集”三字，黑鱼尾下“卷十八”三字，通五卷为一卷。内各卷，如卷第一卷剜改，第十八第二剜改，第卅五第三剜改，第十八第四剜改，第十八第五，“第”字下缺，无数目。盖原书附明汪士贤《汉魏二十一名家集》，后坊估得其版，改其卷第并入之，不独版式、行字与《二十一家》不同，梁代去汉、魏已远，何能混合耶？此本后有宋淳熙八年袁说友书后云："池阳郡斋既刻《文选》与《双字》二书，又得《昭明集》五卷而并刊焉。"是出自宋池阳刻本，较明叶绍泰所刻六卷本，为有来历矣。据孙星衍《平津馆鉴藏书籍记》明版类载此本，云"末有嘉靖乙卯周满后序"，今此本后缺蚀"后序"半叶，致文不全，当俟异日访得他本补钞之。

又一部明天启辛酉张燮刊本

《昭明太子集》，隋、唐《志》均称有二十卷，《宋史·艺文志》始止五卷，是五卷本为有刻本最古之本矣。宋淳熙八年，袁说友刻之池阳郡斋者，即五卷本。明嘉靖乙卯，辽国宝训堂据以重刊，惟句中夹有杨慎等校语，似非宋版原文。此亦五卷本，天启元年辛酉张燮校刻，然较辽国本，文颇增多。《四库全书总目》集部别集类"《昭明太子集》六卷"，《提要》云："此本为明叶绍泰所刊，张溥《汉魏百三家集》中亦有此集。以两本互校，此本《七召》一篇，《与东宫官属令》一篇，《谢赉涅槃经讲疏启》一篇，《谢敕赉铜造善觉寺塔露盘启》一篇，《谢（赍）〔赉〕魏国锦》、《赉广州坘》、《赉城边橘》、《赉河南菜》、《赉大菘启》五篇，《与刘孝仪》、《与张缵》、《与晋安王论张新安》三篇，《驳举乐议》一篇，皆溥本所无。溥本《与明山宾令》一篇，《详东宫礼绝傍亲》一篇，《谢敕铸慈觉寺钟启》一篇，亦此本所无。然则是二本者，皆明人所掇拾耳。"

今此本校叶本，亦少《七召》一篇，《与东宫官属令》一篇，《谢赉魏国锦》、《赉广州坘》、《赉城边橘》、《赉河南菜》、《赉大菘启》五篇，《与刘孝仪》、《与晋安王论张新安》、《与张缵书》

（五）〔三〕[1] 篇，《驳举乐议》一篇。盖叶本晚出，又由他书采入补编，故广为六卷也。黄虞稷《千顷堂书目》集部总集类载有张燮《汉魏七十二家集》三百五十一卷，此殆其中一家。据燮自序云："近世梓《昭明集》既多混收，更饶漏目。余为驳出而增入之，羌得五卷。"是此本乃燮所重编，于古今各本皆有去取，适自成其为一家之刻本而已。叶本多出之文，张溥误入《简文帝集》，原出《艺文类聚》、《太平御览》诸书。《七召》为《七契》之误，出《文苑英华》。即宋池阳本亦皆从他书辑录，特其本最古，刻者当依次重雕，于多出者别为一卷附后，不当任意搱入，又不注明所出之书，斯则近于臆造，失传信传疑之意矣。此本前目录下有"敦夙好斋"四字朱文篆书方印，盖出汉阳叶东卿舍人名沣家藏。

分类补注李太白诗二十五卷 明正德庚辰刘氏安正堂刻本

明书估刘宗器安正堂刻书甚多，自来藏书家皆重视其书，著录于四部，初未尝以坊本薄之也。余撰《书林清话》，详考所刻书，按年号先后分载。始弘治甲子，刻《针灸资生经》。终万历辛亥，刻《事文类聚》、《翰墨大全》。计刻书十馀种，阅时近五十年。而前人未见之刻本，及近为余所获见者，如此《李太白集》即其一也。癸丑避乱上海，从友人桂林况夔笙周怡蕙风簃，见所藏《杜诗》，为正德己卯刘氏安正堂刻本，急补录《书林清话》安正堂下。意揣同时必刻《李太白集》，苦于诸藏书目并《杜集》不载，无由得其实证。

---

[1]实只三篇，见上文，故径改。

顷从子启藩兄弟持此见示，果为安正堂刻本，二十五卷，末有牌记二行，云“庚辰岁孟冬月安正书堂新刊，后于杜集一年”。其书每半叶十一行，行二十三字，与《杜集》同。惜《杜集》已归他氏，不能取为合璧也。余在上海王雪岑观察许，阅所藏书中有《淮南鸿烈解》，题“许慎记”本，亦安政堂所刻，诸家书目均未著录。又有《孔丛子》七卷，载王闻远《孝慈堂书目》。宋林亦之《网山集》八卷，载莫友芝《郘亭知见传本书目》。皆足补余《书林清话》之缺。附记于此，以告诸从子留心搜访焉。

九家集注杜诗三十六卷武英殿聚珍版本

《九家集注杜工部诗》三十六卷，《四库全书总目》集部别集类著录，注“内府藏本”。《提要》云：“宋郭知达编。知达，蜀人，前有自序，作于淳熙八年。又有曾噩重刻序，作于宝庆元年。”按：《钦定天禄琳琅书目前编》宋版集部类所载者，即此本。九家者，王洙、宋祁、王安石、黄庭坚、薛梦符、杜田、鲍彪、师尹、赵彦材也。宋陈振孙《直斋书录解题》称此为《杜诗》善本，云：“世有称东坡《杜诗故事》者，盖妄人依托，以欺乱流俗者。书坊辄剿入集注中，此本独削去之。福清曾噩子肃刻版五羊漕司，字大可考，最为善本。”

但自曾噩刻版后，元、明以来无翻刻。世所传宋本，内府所藏外，黄丕烈《百宋一廛赋注》载所藏本同，亦详《百宋一廛书录》，今归常熟瞿氏铁琴铜剑楼。向以无人重刻为恨，初不知武英殿聚珍版固摆印也。武英殿聚珍版丛书内无此种，不知何故，意者馆臣于汇印丛书时，未曾编入耶？《杜诗》旧注善本，无过此《九家》。后来盛称《千家注杜诗》，实则不满百家，其为夸大之辞，不及此之精审简要，断可知矣。

杜工部集笺注二十卷钱氏家刻本

注《杜诗》者，古今无虑数百家，大抵牵涉时事，则不免于傅会；专事评论，则不免于空疏。牧翁此书，号称详赡，注中援引故实，不加案断，合于李善注《文选》之例。故王渔洋所著各书屡称道之，又其《论诗绝句》有“前惟山谷后钱卢”之句，其推重可谓至矣。牧翁入仕国朝，进退无据，此书向在禁毁之列。读者又多以人废言，余所见肆市，及藏书家之书，率皆将姓名剜去，无一完册。迟之十年，未得购置。丁酉仲春，得此本于厂肆，前序、撰人完好无缺，书中“胡夷”等字俱方围无字，盖犹初印本也。

丁酉二月八日，丽楼记。

渔洋《论诗绝句》惠栋注云：“德州卢户部刻《杜诗胥钞》。”又钮琇《觚剩》云：“德州卢世漼营杜亭，设子美像，自称杜亭亭长，著《杜诗胥钞》。”翁方纲《石洲诗话》渔洋《论诗绝句》注云：“卢氏《杜诗胥钞》，其书不甚行于世。昔予在粤晤青州李南磵，语及此。南磵致书卢氏，以初印本见示，始知其非定本。此盖渔洋傅会其乡人之词，不可为据。”又云：“山谷《大雅堂记》自是高识，然不能与后人注杜者并论也。”据此，则山谷、钱、卢三家之中，惟钱注独无异词，是覃溪亦服膺是书矣。牧翁《列朝诗集》，颇以门户之私授人口实，而此书读者咸推服之。亦以见毁誉之无私，而人不可不自信也。

牧翁《初学集》，一百六卷至一百十卷为《读杜小笺》，略云：“德州卢户部德水刻《杜诗胥钞》寄余，俾为其叙。德水，北方之学者，奋起而昌杜氏之业，使三千年后涣然复见古人之总萃，细绎腹笥，漫录若干，则题曰《读杜诗寄卢小笺》，明其因德水而兴起也。”然则牧翁当时亦推重卢书，翁氏谓“渔洋傅会其乡人之词”，转不足据也。集中小笺，有附刻各诗后，有散入各诗注者，详略不同，此初本、定本之异，不足深辨。又后载略例多，一曰“妄系谱牒”一则，凡三百馀字，为注本所无。盖遵王刻书之时删去，非牧翁之旧矣。

三月二十三日，丽楼又记。

杜工部集十八卷钞本

此书钞本《杜工部集》诗十八卷。文二卷，未钞。乃杭堇圃先生世骏手录王士祯、屈复两家评点本。前有手书二行云：“壬戌腊月呵冻，悉仿新城王渔洋原本，评点于金台客社。”并附蒲城金粟老人评。旁钤“堇浦”二字朱文篆书方印，“杭世骏印”四字白文篆书方印。卷之一下钤有“大宗”二字朱文篆书方印。以下各卷前后皆钤者“杭世骏印”、“大宗”、“堇浦”等印，又有钤“道古堂书画印”六字白文篆书长方印者。王渔洋评已刻入张宗柟辑《带经堂诗话》卷末；道光甲午，卢坤刻《五家评杜诗》亦刻之。两刻均在此后，今检校，一一与此符合。

金粟老人，为蒲城屈复，郑方坤《国朝诗钞》小传：“屈复，字悔翁，晚号金粟道人。自其少时，即弃帖括，只身走万里，寓沂、郯间最久。垂老乃之京师，以诗学教授弟子，名公卿多从之游。武陵冢宰杨公奇其才，以鸿博荐，三征不起。寓僧庐，日坐卧土床中。诸贵人以问奇至者，趾相错。年七十馀，重至郯邑，寓其乡人王大令署中。时余为沂州守，见余诗，便欲与订千秋之业，以诗集及所注《楚词》、《义山诗笺》相寄。适余有历城之役，不及晤。比还辕，翁已先期归里。念与余有一日知己之言，为删其全集，得若干首付钞胥云。”杭世骏《词科掌录》：“蒲城屈复见心，号悔翁，布衣。刑部右侍郎武陵杨公所荐，不与试。乙巳、丙午之间来游西湖，居紫阳山道观，以所注渔洋《秋柳诗》遍谒名流，刻《江东瑞草集》，古诗单阑少力，惟律调近熟。晚游京师，弓刀侍卫之徒皆从受业，颇有诗声，遂自尊侈。论诗则诋诃老杜，注骚则掎摭紫阳，每为士夫所鄙。其流传之诗，有不必为之题，如《书中干蝴蝶》、《水中雁字》多至数十首。有不可通之句，金坛史公度曾举其《杨花诗》。予存其可通者。”李富孙《鹤征后录》：“屈复，字见心，号悔翁，陕西蒲城人，布衣，由刑〔部〕侍郎杨超曾荐举。著有《楚词新注》、《李义山诗意》、《江东瑞草集》。悔翁性迂僻，工于诗，兀傲自喜，所注《楚词》，采合旧注，自以新意疏解之，有得骚人言外之旨。《义山诗意》惟在就诗论诗，亦有独得，如《锦瑟》、《碧城》、《无题》诸篇，前人穿凿附会之解，一举而洗之。”

袁枚《随园诗话》四：“丙辰以布衣荐鸿词者，海内四人：一江西赵宁静，一河南车文，一陕西屈复，一嘉禾张庚。车之著作，余未经见。张善画，长于五古，人亦朴诚。独屈叟傲岸，自号悔翁，出必高杖，四童扶持。在京师见客，南面坐，公侯学诗者入拜床下。专改削少陵，訾诋太白，以自夸身分，耳食者抵死奉若神明。山左颜懋伦心不平，独往求见。坐定即问曰：‘足下诗有《书中干蝴蝶》二十首，此委巷小家子题目，李杜集中可曾有否？’屈默然惭，人以为快。”又四云：“方望溪删改《八家文》，屈悔翁改《杜诗》，人以为妄。余以为八家，少陵复生，必有低首俯心而遵其改者，必有反复辨论而不遵其改者。要之抉摘于字之间，虽六经颇有可议处，固无劳二公之舍其田而芸人之田也。”

据此，则随园虽甚不满于悔翁，而于其改削《杜诗》，亦未尝全以为非。是今堇浦先生，亦不满于悔翁者，而手录其评点《杜诗》，至与渔洋相等。足见前辈虚心下气，不以门户意见，没其是非之公。悔翁于《杜诗》用功至深，故能指摘其疵颣，所谓不入虎穴，不得虎子也。他处并无刻本，留此传钞秘迹以饷学者，于五家外又添一家，岂不多增一番眼界乎？然于杭、袁二先生之持论异同，又适成为一重翻案矣。

韦苏州集十卷北宋胶泥活字印本

此北宋胶泥活字印本《韦苏州集》，字画横竖波磔皆有齿痕，盖由胶泥锻字，不如梨枣受刀之快利也。宋沈括《梦溪笔谈》云：“庆历中，布衣毕昇始为活版，其法用胶泥刻字，字薄如钱，每字为一印，火烧令坚。先设一铁版，其上以松脂和纸灰之类冒之。欲印则以铁范置铁版上，密布字印，满范为一版，就火炀之，稍熔以平其版，按其面则平如砥。”据此，则活字版印书始于北宋，今以此书验之，一一与沈书相合。书半叶九行，行十七字，四周墨阑版中直线细如发丝，不知何时何人以墨笔加重。字行不齐，正可见铁版胶泥印书之迹。前有“嘉祐元年十二月二十二日太原王钦臣记”。庆历、嘉祐，同为仁宗纪元。嘉祐上距庆历十馀年，其时胶泥印本当必盛行。今海内藏书家，如山东杨氏海源阁、常熟瞿氏铁琴铜剑楼、浙江陆氏皕宋楼、丰顺丁氏持静斋，收藏号称极富，按其目录，均无此种宋本。故以此书论，非止北宋本中第一，亦海内藏书第一也。至纸薄如茧而极坚韧，或澄心堂制造。墨色如漆，视之有光，或李廷珪墨所印，皆未可知。明时亦有此种活字印本，但纸、墨远不相逮，一望而知其非出宋印云。

光绪甲午十二月二十二日，长沙叶德辉记。

又一部南宋书棚本

此《韦苏州集》十卷，每半叶十行，行十八字，与南宋书棚陈道人所刻唐人诸集行、字相合。虽无陈道人印记一行，据聊城杨绍和《楹书隅录》载此本，称其“与所藏唐山人集一种相合”，故定为书棚本。从子定侯得此书呈阅，细读一过，见其字画斩方，避讳至南宋初二庙帝止，纸薄而质坚密，嗅之有香入鼻，其为宋椠宋印确然无疑。但以无陈氏印记一行，不敢遽信为书棚本耳。后定侯撰一跋，据卢文弨《群书拾补》、《天禄琳琅书目续编》、《楹书隅录》一一考证，余乃释然。旧经福州李鹿山中丞馥、郑人杰明经杰两家收藏，朱印累累，想见前辈珍秘之至。天禄之藏，年久多散失。杨绍和海源阁如《楹书隅录》所载者，无贤子孙保守，大抵闭置高阁，尘封蠹蚀，若存若亡。如此精本精印，恐人间无第二部矣。

唐陆宣公集二十四卷明弘治刻白口本

唐权德舆撰陆宣公《翰苑集》序云：“公有《制诰集》一十卷、《奏草》七卷、《奏议》、《中书奏议》七卷。”今《钦定四库全书总目》集部别集类著录《翰苑集》二十二卷，注“内府藏本”，《提要》云：“案：《唐书·艺文志》载：‘贽《议论表疏集》十二卷，又《翰苑集》十卷，常处厚纂。’宋陈振孙《书录解题》载《陆宣公集》二十二卷，中分《翰苑》、《牓子》为二集，其目亦与史志相同。惟晁公武《读书志》所载，乃只有《奏议》十二卷，且称旧有《牓子集》五卷、《议论集》三卷、《翰苑集》十卷，元祐中苏轼乞校正进呈，改从今名。疑是裒诸集成此书，与史志名目全不相合。考尤袤《遂初堂目》所列，实作《翰苑集》。而钱曾《读书敏求记》所见宋椠大字本二十二卷，亦作《翰苑集》。则自南宋以后，已合《议论表疏》为一集，而总题以《翰苑》之名。公武所见，乃元祐本，恐非全册。而今世刊行贽集，亦有题作《陆宣公奏议》者，则又沿《读书志》而失之者也。”

据此，则宋刻本以下皆二十二卷，《四库》著录“内府藏本”，即《天禄琳琅书目》明版集部之明翻宋本。张金吾《爱日精庐藏书志》，载有元至大辛亥嘉兴路郡守盱眙王子中刻本。莫友芝《郘亭知见传本书目》云：“张藏为黑口本，二十二卷，叶二十二行，行十九字。题《唐陆宣公集》，版心题《翰苑》十卷、《奏〔议〕[①]十二卷。”丁丙《善本书室藏书志》载有明万历刻本二十四卷，云“万历三十五年，吴道南为贽二十七世孙基忠校刊”。又载一明刻本，亦二十四卷，版心有“不负堂”字。陆心源《皕宋楼藏书志》载有明正德本二十二卷，又载明仿宋本二十四卷，分《制诰》十卷、《奏草》七卷、《奏议》七卷。瞿镛《铁琴铜剑楼藏书目录》亦有之，不知为明何时所刻。《郘目》载有弘治十五年陆全忠刻本二十四卷。陆、瞿所称二十四卷者，或即弘治刻欤？

余见明天顺元年延祥刻《唐陆宣公集》，有项忠序，分《制诰》十卷、《奏草》六卷、《奏议》六卷，共二十二卷。前有“宣德三年胡元节重刻，金寔序”，后有“永乐十六年齐政序”，黑口本。此外，嘉靖丁酉刻本有沈伯成序，万历辛巳刻本有叶逢春序，

---

①“议”字，据文义补。

均作二十二卷。盖二十二卷与二十四卷本之别，不过《奏草》、《奏议》，六卷、七卷之分，并无关要旨也。元时至正甲午，翠岩精舍刻宋郎晔注本，分《奏议》十五卷。光绪十一年，淮南官书局仿刻本，后附《制诰》十卷，无注，前有光绪四年陆心源刻书序云："此本十五卷，当合《奏草》及《中书奏议》为一，而又多析一卷耳。"余按：此为注本作者，以注中字数之多少分配成卷，故不必与原卷相应。光绪丙戌，有公善堂刻仿宋大字本，题《唐陆宣公集》，通连计数为二十二卷，题下分《制诰》卷第一至卷第十，大题为卷第一至卷第十。《奏草》卷第一至卷第六，大题为卷第十一至卷第十六。《中书奏议》卷第一至卷第六。大题为卷第十七至卷第二十二。半叶十行，行十七字，前后无序跋，不知据何宋本翻刻？《邵目》载有一大字旧刻本，半叶十行，行十七字者，或即此所据以仿刻者。

此明刻白口本，二十四卷，每半叶十行，行二十字，棉纸精印，前后序跋为书估抽去，伪充宋本。于前苏轼进《读奏议札子》后，刻印"宋元祐八年内府刻"八字一行，又于目录后刻印"元祐八年七月刻"七字一行，字体墨色全与本书不符，不值阅者一噱。然序跋年月既无可取证，则不能定其为何时刻本。以万历三十五年刻本，及不负堂刻本均二十四卷者相校，字体既非万历，版心亦无不负堂字，其非此两本可知。细审似是弘、正间所刻，《陆志》所云"明仿宋本二十四卷"、《邵目》所称"弘治十五年陆全忠刻二十四卷"者，当即此本。《陆志》不详刻本年月，意者其前后重刻，序跋亦必为书估抽撤，故无从指实耳。余家藏《陆集》甚夥，于光绪间仿宋、仿元两刻，号称精善，明刻中当推此为第一矣。

陆宣公集二十二卷康熙六十一年年羹尧刻本

《唐陆宣公集》，宋、元迄明刻本至多，若国朝精校精刻，则当推此本第一。此本为康熙六十一年，年羹尧所刻，逾年，仁庙升遐，世宗即位，改元雍正，前序因进呈本改题“雍正元年”，故前冠以“雍正上谕”。此则未进呈以前印本，可贵也。旧为武陵赵文恪公家藏，年序后有文恪手书识语，卷一下有“鼎文书屋”四字朱文篆书长方印，盖公藏有宋拓鼎帖，取以名其书屋也。文恪，一代名臣，由嘉庆元年进士选庶吉士，授编修，改御史，简放惠潮嘉道，擢任兼圻，政绩卓著。道光二年入觐，成庙有“诚实不欺”之褒谕。知其平生得力于此书者必深，故亦如宣公，上不负所知，下不负所学也。读此为景仰者久之。

丙寅小寒。

权文公文集二十七卷国初刻本

此刻本《权德舆集》，自来罕见。前无刻书年月及刻者序跋、姓名，审其字体、版式，当是康熙时刻本。卷首空字二行，第三行载德舆里贯、仕履小传，以后即衔刻正文。似是汇刻唐人文集未全，而仅成存此一种者。以后逐卷前皆空字二行，大约留以为大题及撰人姓名刻处。版心亦未刻卷数，惟刻叶数。《四库全书》集部“《权文公集》十卷，内府藏本”，《提要》云：“乃明嘉靖二十年杨慎得之滇南，仅存目录及诗赋十卷，刘大谟序而刻之，又删其无书之目录，德舆文集遂不可考。王士祯《居易录》载《权文公集》五十卷，注曰《诗赋》十卷、《文》四十卷、《碑铭》八卷、《论》二卷、《记》二卷、《集序》三卷、《赠送序》四卷、《策问》一卷、《书》二卷、《疏表状》三卷、《祭文》三卷。无锡顾宸藏本，刘体仁之子凡写之以贻士祯者。然则德舆全集康熙中犹存，不知今所存者〔何以〕① 皆杨慎之残本。第士祯所著卷目，以数计之乃七十八卷，与五十卷之数不合，又不知其何故也。"

按：如士祯所云，诚为疑义。嘉庆十一年，大兴朱珪刻本实五十卷，第一卷《诗赋》，第二卷至第十卷《诗》，第十一卷至第十八卷《碑铭》，第十九卷、第廿卷《行状》，第二十一卷至第二十七卷《墓志铭》，第二十八卷《铭赞》，第二十九卷《谥议》，第三十卷《论议》，第三十一卷、第三十二卷《记》，第三十三卷、第三十四卷《集序》，第三十五卷至第（二）〔三〕十九卷《序》，第四十卷《策问》，第四十一卷、第四十二卷《书》，第四十三卷、第四十四卷《表》，第四十五卷、第四十六卷《表状》，第四十七卷《疏》，第四十八卷至第五十卷《祭文》。证以士祯所见，有合有不合。据朱序称，其书得自五柳店陶书估，而不详其为刻为钞。又称，渔洋尚书《居易录》云：《诗赋》十卷，《文集》至《祭文》共四十卷，实五十卷。然王云《诗赋》十卷，《文》四十卷是也；而又云《碑铭》八卷，《论》二卷，《记》二卷，《集序》三卷，《赠送序》四卷，《策问》一卷，《书》二卷，《疏表状》五卷，《祭文》三卷。于诗、赋、文五十卷外，又别记此二十八卷，宜乎《提要》谓为八十卷。若谓此二十八卷即分文类记数，何以又少十卷？此不可解也。

此本第一《赋制》、《策问》，第二、第三《表状》，第四《疏表》，第五《状》，第六《奏状》、《议》、《谥议》，第七《书序》，

---

①"何以"二字，据《四库全书总目提要》补。

第八至第十一《序》，第十二《记》，第十三《论赞》、《铭》、《杂文》，第十四至第十九《碑铭》，第二十至第二十四《墓志铭》，第二十五《传册》、《文告文》、《祭文》，第二十六《祭文》，第二十七《行状》。以校朱本，首多《齐抗平章事制》一篇。疏类多《上陈阙政》一篇、《论裴龄不应复判度支疏》一篇、《奏于董所犯当明刑正罪疏》一篇，《遗表》一篇。序类多《唐使君盛山倡和集序》一篇、《秦征君校书与刘随州唱和诗序》一篇、《吴鲁师华原露仙馆诗序》一篇、《张隐居庄子指要序》一篇。传类多《吴尊师传》一篇，共多十篇。校朱本，表类少《贾相公陈乞表》一篇、《中书门下贺雪表》一篇。书类少《字发》一篇。表状类少《附录敕批》一篇。书类少《附柳福州书》一篇、《张秘监答书》一篇、《崔左司书》一篇、《独孤秀才书》一篇。诗则此本全不载，盖本止刻文故也。

从子康侯、定侯兄弟嗜旧书，尤善搜访异本。此虽近刻，以诸家书目不载，购归呈余鉴定。因取朱刻互勘，著其篇目、卷数异同于此。刻书年月及刻者姓名，或异日有他种再出，得以详考之，是固余所心企者也。

朱文公校昌黎先生集
四十卷、外集十卷、遗文一卷 南宋麻沙书坊刻本

莫友芝《知见传本书目》集部内《别本韩文考异》下云："宋刻《别本韩文考异》，黑口，每叶廿六行，行廿三字，题'晦庵先生考异，留耕先生音释'。目录一卷，题'李汉编'。集前有朱文公序，宝庆三年王伯大序。校刻凡例末有题识，谓今本宅所刻，系将南剑州官本为据，并将音释附正集焉。"今按此本，一一

与莫氏之说合，是莫氏所见即此本也。《四库全书总目》集部别集类载“《别本韩文考异》四十卷、《外集》十卷、《遗文》一卷”，《提要》云：“宋王伯大编。伯大，字幼学，号留耕，福州人。嘉定七年进士，理宗朝官至端明殿学士，拜参知政事，事迹具《宋史》本传。伯大以朱子《韩文考异》于本集之外别为卷帙，不便寻览，乃重为编次。离析《考异》之文，散入本集各句之下，刻于南剑州。又采洪兴祖《年谱辨证》、梦汝霖《年谱注》、孙汝听解、韩醇解、祝充解为之音释，附于各篇之末。厥后麻沙书坊以音释缀于篇末，仍不便检阅，亦取而散诸句下。”

按《提要》所称，亦即此本，盖南宋麻沙书坊本也。国初李光地翻刻宋本《韩文考异》，后跋极诋此本之舛讹遗漏，不一而足。盖屡经诸人编次，迁就所据之本，一再移改，势之必然。而在当时，读者得一本而“考异、音释”皆在其中，自无不乐其简便。故自麻沙本出，而原本几废不行。今则李刻亦罕流传。光绪中，新阳赵氏以李本重为刊行，版亦旋毁于火。是原本之若存若亡，已在千钧一发之顷矣。

增广注释音辩唐柳先生集四十三卷、别集二卷、外集二卷、附录一卷 南宋麻沙书坊刻本

莫友芝《知见传本书目》云：“宋刻本题《增广注释音辩唐柳先生集》四十三卷、《别集》二卷、《外集》二卷、《附录》一卷，黑口，叶二十六行，行二十三字。盖与《韩文考异》黑口同刻，即此本也。”《四库全书》集部著录“内府藏本”，无《别集》、《外集》、《附录》。《提要》云：“题宋童宗说注释，张敦颐音辩，

潘纬音义。宗说，南城人，始末未详。敦颐有《六朝事迹》，已著录。史部地理类三：《六朝事迹类编》二卷，宋张敦颐撰。敦颐，字养正，婺源人。绍兴八年进士，由南剑州教授、历官知舒、衢二州，致仕。是篇自序结衔称“左奉议郎充江南东路安抚司干办公事”，盖登第后曾任是官也。纬，字仲宝，云间人。据乾道三年吴郡陆之渊序称，为‘乙丑年甲科，官灊山广文’，亦不知其终于何官也。之渊序但题《柳文音义》，序中所述，亦仅及韩仿、祝充《韩文音义》，传《柳氏释音》，不及宗说与敦颐。书中所注，各以童云、张云、潘云别之。亦不似纬自撰之体例。盖宗说之注释，敦颐之音辩，本各自为书，坊贾合纬之音义刊为一编，故书首不以《柳文音义》标目，别题曰《增广注释音辩唐柳先生集》也。其本不收王铚伪《龙城录》，尚为谨严。旧有明代刻本，颇多讹字。此本为麻沙小字版，尚不失其真云。”则《四库》著录，亦此本也。此与前《朱文公校昌黎先生集》同出长沙故家，书册大小、装订精雅，如出一手。盖二集久为人所合藏，未尝离析者，斯诚可称双璧矣。

朱文公校昌黎先生集四十卷、外集十卷、补遗一卷明刻本

《朱文公校昌黎先生集》四十卷、《外集》十卷、《补遗》一卷。卷三以下大题上或标以“京本”二字，白口本，版心刻“韩文一至四十”等字。半叶十行，行二十四字，审其字体纸墨，似成、弘以前刻，非嘉靖以后刻也。其本即出于南宋麻沙书坊本，并与《柳集》合刻。《柳集》余见之，亦出麻沙本。惜皆无序跋题识，故不知刊刻年月。集中卷一《元和圣德诗》“恇”作“恇”、注音“匡”，“恒”作“恒”，皆缺笔，似是依据宋本。其中间有

讹字，余于读时以朱笔改之。诸家注释音义，固《韩文》功臣，然不如《考异》之详辨各本文字异同，足资考索。此余于此本，所以不厌百回读也。

韩文四十卷、外集十卷、遗集一卷 明嘉靖丙辰莫如士重刻游居敬本

《韩文》四十卷、《外集》十卷、《遗集》一卷，白文，无注有音。前有嘉靖丙辰，两京国子司业盱江王材序，题“宁国郡重刻韩、柳文序”略言“《韩文》舛误纷出，晦庵朱先生著为《考异》，力加是正。《韩文》后有误者，则沈氏晦为校定焉。今闽、吴二本，皆循朱、沈之旧，惜其又不能无误也。宁国本，前侍御可斋游居敬所刻，兹廿年矣。虽不载《考异》，然雠核颇精，称善本。摹行既广，辄已剷味。沙滨莫君由御史出按南（幾）〔畿〕①宁国，朱守自充以为言，乃重加校梓。明不坠前迹，盖莫氏重刻游本也”。前并载嘉靖丁酉刻韩、柳文序，结衔“明巡按直隶监察御史、前翰林院庶吉士、南平游居敬撰”。序称“丙申冬，奉命按至宁国。暇日，谘于黎守晨洎、宣城知县吴悌，取苏、闽旧刻，稍加参校，命工梓焉。编次遵李、刘二子所集，存旧也。音切存其难解者，利习也。时本间有一二脱讹，取善本厘正焉，崇古也。工起今年春首，凡五阅月告竣。僭题之曰《韩文》、《柳文》云”。此莫、游两刻缘起，皆嘉靖刻最精者也。

此本白口，版心上“韩文”二字，鱼尾下刻卷，下鱼尾下刻叶数。每半叶十一行，每行二十二字。前目录卷下题“门人李汉

①“幾”，应是“畿”之讹，径改。

编"，大题"韩之几"。二行题"明巡按直隶监察御史、新会莫如士重校"。游刻本此行为游居敬衔，馀行式相同。前序下有"胡锡燕印"四字朱文篆书方印，卷之一下有"胡蓟门藏书印"六字朱文篆书长条印，又有"日知斋"三字朱文篆书方印，盖县人胡蓟门先主旧藏。先生，广东同知陈澧高足弟，其二子元仪、元直皆乙酉拔贡，余举贡同年也。藏书散出，多归长沙童姓。童姓又散出，余于估人手得之。一物之聚散，不及五十年而更数主，余亦安能长守乎？特聊以娱目前而已。

柳文四十三卷、别集二卷、外集二卷、附录一卷明嘉靖丙申莫如士重刻游居敬本

此与前《韩文》，同为莫如士重刻游居敬本，版式、行字一一相同。游前总序称"编次遵李、刘二子"，《韩集》李汉编，《柳集》刘禹锡编也。按宋晁公武《郡斋读书志》"《柳柳州文集》四十五卷《外集》二卷"。陈振孙《直斋书录解题》同，云"刘禹锡序言：编次其文为三十二通，退之之《志》若《祭文》，附第一通之末"。今世所行本皆四十五卷，又不附《志》、《文》，非当时本也。或云，沈元用所传穆伯长本。然今游刻及此刻序称用沈晦本，而只四十三卷。沈本果四十五卷，抑四十三卷？则固无从追考。但以为刘禹锡旧编，则大谬也。

唐韩昌黎集四十卷、外集十卷、附录一卷明崇祯癸酉蒋氏合刻本

《唐韩昌黎集》四十卷、《外集》十卷、《附录》一卷，明槜

李蒋之翘辑注，崇祯癸酉家刻本。版心无鱼尾，上题《韩昌黎集》，旁小注卷数，下题“三径藏书”。每半叶九行，每行十七字，小字同。前有陈继儒序，称“韩、柳二集，直从六书八法中来。古文奇字累累，错综于诗文之间。非卓识而大蓄，善记而巧悟，精熟于音韵之学问，未易措手。今檇李蒋君楚稚，崛起诸生，便有尽天下古文奇字之志。凡韩、柳集中师心妄驳，肆手影撰者，皆窜削之。订讹补缺，通计千有馀条。地里如指掌，岁月如贯珠。五易寒暑而后始成。昔六臣之注《文选》，以博胜也。郭象之注《南华》，以玄胜也。郦道元之注《水经》，以韵胜也。刘孝标之注《世说》、裴松之〔之〕注《三国》，以旁出别见胜也。蒋楚稚之注《韩》、《柳》，以精辨胜也”云云，其推许未免太过。然按其全注，虽曰辑注而不及自注之多。自注于前人训诂音义不甚详称，而于古今地里、当时史事，及其往来诸人、交际岁月，皆旁搜博采，不惮其烦。是在注韩、柳诸家，可谓别辟门庭，实则注家应有之义也。陈序云“地里如指掌，岁月如贯珠”二语，可云括其要矣。

此书明季始出，故藏书家多未著录。张南皮制军《书目答问》载有《柳集》，而不知有《韩集》。《韩集》殆以罕见而未寓目欤？

唐柳河东集四十五卷、外集五卷、遗文一卷明崇祯癸酉蒋氏合刻本

《唐柳河东集》四十五卷，内四十四、四十五为《非国语》上、下。《外集》五卷、《遗文》一卷为杂著，一《扬子新注》，一《龙城录》。《龙城录》为宋王铚伪托，乃并录之，是无识也。此亦蒋之翘注，一切与《韩集》同。张南皮《书目答问》载有此本，云“杨廷理刻本，则非原刻也”。又云“宋人《柳文音辩五百

家注》已括此书内”。按南皮云云，似未见其全注，亦不知其辑注之例，略于前人训诂音辩，详于地里史事，与《韩集》同也。前载刘禹锡序，称“编次为四十五通，行于世”。据陈振孙《直斋书录解题》称：“刘禹锡序言，编次其文为三十二通，此改为四十五通，殊为失实。”

之翘事迹载《嘉兴府志》，《志》云：“秀水蒋之翘，字楚稚。实贫，好藏书。明末避盗村居，收罗名人遗集数十种，选有《甲申前后集》。又尝重纂《晋书》，校注《昌黎》、《河东集》。”朱彝尊《静志居诗话》云：“楚稚居射襄城，《楚词》，《晋书》，韩、柳《文集》镂版以行。又尝辑《槜李诗乘》四十卷。晚年无子，书籍散佚无馀，《诗乘》亦亡，可叹也。”陆心源《皕宋楼藏书志》《九灵山房集》后有跋云：“我里蒋之翘，隐廛市间，有藏书之癖。虞山钱宗伯编《国朝诗集》，尝就其家借书。此卷首甲、乙题字，宗伯迹也。壬戌上元前二日，锄菜翁记。”按：锄菜翁，曹倦圃溶别号。蒋著有《天启宫词》，倦圃为刻入《学海汇编》。蒋虽布衣，当时士大夫群相推重，则其人固有足称者矣。

唐李文公集十〔八〕[①]卷 南宋邵武坊刻本

《唐李翱文公集》十八卷，《四库全书总目提要》云：“其集唐《艺文志》作十八卷。赵汸《山东存稿》有书后一篇，称《李文公集》十八卷，百四篇，与《唐志》合。陈振孙《书录解题》则云‘蜀本分二十卷’。近世凡有二本：一为明景泰间河东邢让钞本，国朝徐养元刻之，讹谬最甚。此本为毛晋所刊，仍十八卷。”

①据正文补。

按：《提要》云毛晋刊者，即毛氏汲古阁刻《三唐人集》之一也。明徐𤊹《红雨楼题跋记》云："《李文公集》十八卷，景祐三年欧阳文忠序之，又为之跋。余家藏有旧本，序次稍异，乃邵武郡守冯师虞所梓，版存郡斋。此本首无欧序，而更以玉融何方伯宜序，刻在景泰乙亥。邵武本刻在成化乙未，互有鱼鲁之误，因两存之。"徐氏此语殊不明晰，成化乙未刻者为邵武郡守冯师虞，为之序者何宜。此本前无欧序，后有景泰乙亥河东邢让识略，云"暇日于寅友陈君缉熙所获睹是编，遂躬钞录，以备一家之言"云，似冯系因得邢让钞本付刻者。邢识只云"钞录"，不云"刊行"，其明证也。

冯刻黑口版，半叶十行，行二十字。偶有行十九字者。目录大题《唐李文公集》下隔两字云"总一十八卷，凡一百三首"。二首原阙。次行低二字云"唐山南东道节度使检校户部尚书"。三行平部字起云"李翱字习之"。四行低一字云"第一卷赋三首"。以下逐卷分类目次，正卷大题"李文卷第一"，不再题撰人名。二行低一字云"赋三首"。三行低二字，即赋三首目。版心"一卷、二卷"等字在黑口下，"李文"二字在白鱼尾上。叶数起一号至十八卷末，通联计一百五十四号止。中有补刻，即注补字于版心。徐氏云"藏有旧本，乃邵武郡守冯师虞所梓，版存郡斋"。又云"此本首无欧序，而更以玉融何方伯宜序，刻在景泰"。徐如以旧本为冯刻，则何序即为冯作，明题成化乙未，并非刻在景（恭）〔泰〕乙亥。如以此本云云属第二本，则成化本正无欧序，而有何序者，何得析而为二？然则徐所云旧本"次序稍异"者，究属何时何人所刻，疑莫能明也。

此本大黑口版，半叶十行，行十九字。首为《李翱传》，次为欧文忠《读李翱文》，即徐所谓"有欧序"者。文后即衔接题《唐李文公集》。下一行低四字云“总一十八卷，凡一百三首”。二首原阙。又下一行低一字云“唐山南东道节度使检校户部尚书”。又下一行下云“李翱字习之”。馀同成化本。后有欧文忠跋，与成化本同。正卷大题“李文卷第一”，款亦与成化本同。版心只“李文”二字，不载卷第，叶数起欧序一号至十八卷一百五十三号止。后无景泰邢让跋，前无重刻序。旧为湘乡曾文正公家藏书，有文正题记，称为渔洋八世孙信甫比部家藏，莫子偲定为南宋末年邵武坊本。莫固精于版本之学者，其言为可信。《李翱传》边阑外有“嵩水长”三字朱文篆书小长方印，“住云书屋”四字朱文篆书长方内椭圆印，“信而好古”四字朱文篆书方印，“硕德堂”三字二白一朱文篆书方印，“芳茂山人”四字朱文篆书大长方印。卷第一下有“红豆书屋”四字朱文篆书长方印，阑匡外有“王氏伯钦”四字白文篆书方印。卷第十八末有“啸歌深处”四字白文篆书方印。欧跋后有“信而好古”四字朱文篆书方印，“红豆书屋”印。其馀“玉山布衣”、“青箱世业”、“三槐后裔”等朱文印，又有“家珍奇书”四字白文篆书印。以余所知，“芳茂山人”，阳胡孙星衍也。“红豆书屋”，元和惠士奇也。馀涉王氏，或即渔洋后人之印。又有文正孙广钧印，盖近日从其家散出者。此本字体于古拙中有流动之致，纸薄而有罗纹，莫子偲定为宋本，殆以此为证验耶？

唐欧阳先生集八卷 影写明万历丙午曹学佺序徐𤊹刻本

《唐欧阳行周文集》八卷，《附录》一卷，影钞明万历丙午徐𤊹刻本，前有曹学佺序。此书《四库全书总目》集部别集类著录，题“《欧阳行周集》十卷”。《提要》不云所录何本，考宋晁公武

《郡斋读书志》、陈振孙《直斋书录解题》，均作十卷。明弘治十七年，庄概翻宋本为黑口本，每半叶十行，行廿二字。正德中有重刻，版式略小，行、字相同。又有书坊刘弘毅慎独斋刻本，半叶十行，行二十字，亦十卷本。十卷本分类为赋一卷，杂著即诗二卷、三卷，铭四卷，记五卷，颂六卷论附，杂著述箴、吊文、碑文、册文七卷，书八卷，序九卷、十卷。此本为赋一卷，四言古诗、五言古诗、七言古诗二卷，五言律诗、五言排律、七言律诗、五言绝句、七言绝句三卷，记四卷传附，铭、颂、箴、论五卷，述文、吊文、册文（七）〔六〕卷，序七卷、八卷。两本诗文全，十卷诗不分类。此本赋类多《秋月赋》，诗文题目十卷本多删篇，此本独详，疑十卷本外别有。此本徐氏据以重刊，藏书家又以徐刻罕见，故从而影钞之。旧为历城马国翰玉函山房所藏，附叶中有“玉函山房”四字朱文篆书方印，重装时误为匠人撤去，久而始知，不可觅矣。

孟东野集十卷旧钞本

旧本《孟东野集》十卷，似是旧人校定，将以付刻之本，中引宋刻、元刻、时刻作“某”云云。所谓时刻，多与汲古阁刻本相合。所谓宋、元刻，间有与席刻《百家唐诗》本相合者，亦有不合者。世言席刻多据宋本，不尽然已。序首叶钤有朱文“简斋”方印，此非袁枚之“简斋”印，袁印长方而小，非方印。诗首叶钤有“竹窗”椭圆朱文小印，“竹窗”为高江村士奇别号，此或为其所收藏者。是可定此钞本之出于国初旧钞，非苏、扬间书坊行货也。

光绪癸巳夏六月二十六日立秋节记。

李长吉昌谷集句解定本四卷明天启中茅氏刻本，查声山学士评校

《昌谷集》四卷，明天启中吴兴茅氏刻本，每半叶九行，行二十字。同时刻有《李卫公集》，版式、行字与此相同。此本卷首标题云“《李长吉昌谷集句解定本》卷之一”，馀卷同。次行“辱庵姚佺山期笺阅”。三行“积公丘象升曙戒”。四行“广阳蒋文运玄扈”。“同评”二字跨三、四两行名字下。五行“西贞丘象随季贞辩注”。明季刻书，陋劣殊不足重，惟此本经海宁查声山学士昇用朱笔详校，评点圈句，朱改大题云“《李奉礼诗集》卷第一”，自来刻本无此题称。前有学士识语一段，在目录后，不言所据何本。朱笔改字添字处甚多，惟间一称金本、宋本，“一本”或称“一作”，均不详其出处。文人结习，与谈考据者不同，惜哉。诸本散亡，不能一一遍校耳。卷首弁语下有“读中秘书”四字白文篆书方印，“太史之章”四字朱文篆书大方印，“海宁查声山名升印”八字白文篆书大方印。又有“湘潭黄氏听天命斋藏本”十字朱文篆书长方印，盖近出县人黄姓家者。黄名埴，吾故友黄修原观察笃恭之封翁也。

李昌谷诗集注三卷顾氏秀野草堂刻本

王文简士禛《居易录》云：“顾氏秀野草堂刻有曾益注《李昌谷集》三卷，又《温八乂集》四卷。此二书向不经见，诸藏书目亦鲜著录。”乾隆中，王琦注《昌谷集》，前列评注诸家爵里姓氏考，中有此书。王注行而曾注益晦，宜世人不知之矣。昌谷诗体

奇丽，为古乐府之遗，自来读者不易索解，注家亦然，曾、王特伯仲耳。而其书之传、不传，则有幸、有不幸。即如《温庭筠诗集》，今日通行为顾予咸、顾嗣立父子注本，谁复知予咸先刻有曾益注本，而予咸父子所注，即以此曾注为先河耶？文简与顾氏为同时人，尚云其书"不经见"。从子康侯兄弟先后并得两集，且均为初印，安得不等于镇库之本，什袭藏之？予咸，江苏长洲人，顺治丁亥进士，授宁晋知县，调知山阴，举卓异，擢刑部主事，调吏部，迁考功员外郎，移疾归，殁后里人立祠祀之。子嗣立，字侠君，康熙壬辰进士，选庶吉士，散馆外补未就，归所居秀野草堂，常集四方名士觞咏其中，风流文雅，照耀一时。所选元人诗初、二、三集，注"昌谷、飞卿"二家诗，诗林韶頀，盛行于世。事详乾隆《苏州府志》，盖轻财好义，其家学然也。

温八叉集注四卷同上刻本

《温八叉集》四卷，曾益注，顾予咸秀野草堂刻本，每半叶九行，行廿字。益，字谦，前明山阴人，见所注《昌谷集》。同县王思任序《昌谷集》，结衔一行云"明会稽曾益释"，亦顾氏刻本。此本结衔两行，一行"古吴顾予咸参校"，一行"会稽曾益释"，则已入国朝矣。予咸子嗣立注《温飞卿诗集》，后序称"先考功令山阴时，邑人曾君名益字谦注《温庭筠诗》四卷，曰《八叉集》。先考功谓其用心良苦，特鸠工剞劂，流传一时。后历铨曹归里，葺治雅园，寄情诗酒，间尝翻阅《曾注》，惜其阙佚颇多，援引亦不免穿凿，重为笺注。未毕而先考功殁世，时嗣立甫五岁耳。荏苒迄今，年过三十，濩落一无成就，惴惴焉惟陨越先业是惧，用是键户校勘，荟粹群书，所增者约十之三四。而《曾注》误释讹谬，痛加芟汰，又约计十之五六。凡此皆本先考功之意，不敢妄生臆见”云云，后题“康熙三十六年乙丑正月”。据序，予咸没时，嗣立甫五岁。以三十六年正月上推之，则嗣立为二年生，予咸没于顺治十五年。其由山阴令推升吏部考功，旋即归里，则令山阴当在顺治初年，是此集亦顺治初年刻矣。仁和邵懿辰批注《四库全书简明目录》有“明刻《温八义集》四卷”，盖即此本。以顺治时刻工字体尚沿明末风气，故不能分辨也。此本《天一阁书目》亦载之，可见范氏子孙至国初犹陆续收藏，并不以时本贱之。而范氏藏书世泽，亦于此可见矣。

杜樊川集二十卷明仿宋本

明仿宋《杜樊川集》二十卷，半叶十行，行十八字。钱曾《读书敏求记》云：“《牧之集》，旧人从宋本摹写者新刻，校之无大异，此翻宋雕之佳也。”钱氏所谓“新刻”，盖即此本。刻本今在常熟瞿氏铁琴铜剑楼，据云嘉靖刻本全仿宋本，楮印亦精好，卷首有“钱兴祖印”、“钱孝修图书印”二朱记。兴祖，曾从子，亦富藏书。当时距刻本仅三四十年，已为钱氏推重。今日明本益见寥落，似此仿宋精美，纸幅宽大，安得不等为镇库宝耶！

又一部同上刻本

明仿宋半叶十行、行十八字本《杜樊川集》二十卷，钱曾《读书敏求记》所称“新刻”“翻宋雕之佳者”也。但非初印本，以字画之笔锋，匡线之轻匀，皆远逊初印之精美。从子康侯本藏有初印者，定侯复以重值重购此本，则以其为道州何氏收藏，又经子贞太史句读圈点。太史书名重海内，且工于诗，凡古人集经其批评，可以使后学作诗得无数门径，虽王渔洋之评杜、朱竹垞之评玉谿、纪文达之评苏诗，正不多让也。

书本六册，太史合为两册，书根犹其手书，故略为线装，馀一切皆仍其旧。书面题《樊川集》上、《樊川集》下，总评“出奇无穷”四字。又上册书面题云：“同治庚午正月安下因纸敝缺字，寓庐阅起，廿日登舟，廿三过艹似是”落“字缺损。口此字全缺。氵似是“湖”字，廿四至芜湖，阻风。廿七至繁昌未泊，阅竟。蝯叟记。”下册外集卷尾空行跋云：“庚午正月廿七日，舟过繁昌阅毕。时由皖将往金陵，记动手将十日矣。蝯叟记。”卷中各诗逐句皆有圈点，匡阑上间有评语。想见先辈读书之用心，于古人集全不肯滑口读过，是固可师也已。据太史嗣君伯源孝廉庆涵撰《太史行述》：“太史生于嘉庆四年己未，卒于同治十二年癸酉，年七十五岁。”同治庚午为七十二岁，耄而好学，虽舟车间手不释卷，其精神信有过人者。藏山传人，岂无真实力量者所能企及哉！

丙寅九月望日，郋园叶德辉记。

李义山诗集六卷明嘉靖庚戌毗陵蒋氏刻本

唐《李商隐诗集》，《唐书·艺文志》云“《玉谿生诗》三卷”。《宋史·艺文志》则并文赋分载，而云“《诗集》三卷”。宋衢州本晁公武《读书志》云“《玉谿生诗》三卷”。陈振孙《直斋书录解题》云“《李义山集》三卷”。盖自宋以来，所传皆如此，故毛晋汲古阁刊《八唐人集》、席启寓刊《百家唐诗》皆因之，无异同也。

此明嘉靖庚戌毗陵蒋氏刻《中唐人集十二家》之一，其本分体始五言古，终七言绝，为六卷，半叶十行，行廿字。句中间附小注“一作某”，皆世行本所无。以钱牧翁手校宋钞本证之，往往与之相合，知必有所本矣。自元遗山有“诗家总爱西昆好，可惜无人作郑笺”论诗之作，于是注家纷起，如明释道源、近代朱鹤龄、程梦星、屈复、姚培谦、冯浩诸人，各出手眼，争为义山功臣。其注本有仍三卷本之旧者，有改为编年者，惟白文分类本则未之有，有之仅此本耳。义山诗以獭祭为工，世无李善注《选》之才，终不免失之穿凿。余恒思得一白文善本，一洗尘障，除毛、席二刻外，不获一稍旧之本取便流览。今得此本，可谓如愿相偿矣。书前有长洲龚氏“群玉山房藏书记”朱文中方印，又有“野夫所藏”朱文小方印，盖二百馀年未出苏境。自来苏人如汪阆源艺芸书舍、黄荛翁百宋一廛，收藏旧刻书极多，独未涉及毗陵蒋刻唐诗一种，则其本之希见可知矣。

己未初夏芒种。

李义山文集笺注十卷康熙戊子徐氏刻本

此为《四库》著录之本，说详《提要》。昆山徐氏刻书之精，当时甲于天下。此印本虽稍后，而字画完整，使读者能爽心豁目。注文亦简要有法，不隔断文意，读本中当推此为第一矣。义山文尚不止此，后有钱振伦《樊南文补编注》，皆此本所无，予并购得之。吾家子弟有欲工玉豁体者，可以窥全豹已。

丙申九月下旬之三日，丽楼主人记。

李群玉诗集三卷、后集五卷影宋陈道人书棚本

影宋本《李群玉集》三卷、《后集》五卷，半叶十行，行十八字。《后集》前载群玉《进诗表》、令狐绹《荐群玉状》三叶。第七行有“临安府棚前睦亲坊南、陈宅书籍铺刊行”字一行。卷第五末有“临安府棚北大街睦亲坊南、陈解元书籍铺印”字一行，又有“泰兴季振宜沧苇氏珍藏”字一行。盖宋本为季氏旧藏，故有此一行字也。正集目录下有“小琅嬛福地缮钞珍藏”九字白文篆书大方印，又有“成此书，费辛苦。后之人，其鉴我”十二字朱文篆书大方印。目录后有“江南昭文张燮子和小琅嬛福地藏书记”十六字朱文篆书大长方印，又有“平生减产为收书，三十年来万卷馀。寄语儿孙勤雒诵，莫教弃掷饱蟫鱼。荛友氏识”三十二字朱文篆书大方印。卷上阑边上有“小琅嬛福地”五字朱文篆书横方印，下有“蓉镜私印”四字（四字）① 朱文篆书方印，又有“琴川张〔氏〕② 小琅⊖③福地藏书”十一字朱文篆书方印。阑边外有“姚畹真印”四字白文篆书方印，“芙初女史”朱文篆书方印。卷中阑边外有“芙初女士姚畹真印”八字朱文篆书方印。后集目录后有“琴川张氏小琅⊖福地缮钞秘册记”十四字朱文篆书大长方印，馀印同前。子和，名燮，昭文人，乾隆癸丑进士，官浙江宁绍台道，详庞鸿文《常昭合志·耆旧》，与黄荛圃主事丕烈乡举同年。芙川，其子也，名蓉镜。《士礼居藏书题跋记》题《明秀集》诗：“琉璃厂里两书淫，荛友荛翁是素心。我羡小琅嬛福

①此二字衍。
②此处缺“氏”字，据下文补。
③此处两圆圈相交，代替“嬛”字，下文同。

地，子孙世守到于今。道光四年甲申，荛翁为芙川世讲书于百宋一廛。”又题《永嘉四灵》诗：“昭文同年张子和藏书也。余与子和相得，以彼此藏书故。犹忆癸丑同上春官，邸寓各近琉璃厂，一时有两书淫之目。”盖荛友即子和别号。姚畹真，蓉镜妇也，号芙初女史。此书未经他姓收藏，故止一门印记。末有“宋廛一翁”一跋，又有“道光甲申清和月中浣九日、百宋一廛主人荛夫识”一跋，述藏书及影钞此书原委。

宋本多缺字，钦定《全唐诗》多补之，如《竞渡时在湖外偶为成章》首句留墨块，缺二字，《全唐诗》补“雷奔”二字。《赠方处〔士〕[①]》一首“天池倏”下留墨块，缺一字，《全唐诗》补“飞”字。《感兴四首》第二首“织女了无”下留墨块，缺一字，《全唐诗》补“语”字。《法华微上人》一首“海日天”下留墨块，缺一字，《全唐诗》补“光”，下注“一作风”。卷下《初月二首》第二首“细”下留墨块，缺一字，《全唐诗》补“魄”字。后集卷第一《饭僧》一首“来寻”下留墨块，缺一字，《全唐诗》补“幽”字，下注“一作庞”。卷第二《将之京国》一首“南冠”下留墨块，缺一字，《全唐诗》补“束”字。《始忝四座，奏状闻荐，蒙恩授官》一首“翔泳皆”下留墨块，缺二字，《全唐诗》补“冲融”二字。又“百神俨”下留墨块，缺一字，《全唐诗》补“云”字。卷第三《广州陪凉公从叔越台宴集》一首末句“珠履三千半似”下留墨块，补“泥”字。卷第五《龙安寺佳人阿最歌八首》第七首首句留墨块，缺五字，《全唐诗》补“素腕撩金索”五字。《恼自澄》一首“红芳点”下留墨块，缺一字，《全唐诗》补“袈”字。

---

①据《全唐诗》补。又见下文。

证以席氏刻《百家唐诗》本，《全唐诗》有据〔席〕[①] 本补，有不据席本补者。前集《赠方处士》一首“天池俟”下补“飞”字，后集《龙安寺佳人阿最歌》第七首补“素腕撩金索”句，皆据席本补者。前集《感兴》第二首“织女了无语”，席本作“织女年无别”。《初月》第二首“细魄向娟娟”，席本作“细细”。后集《始忝四座，奏状闻荐，蒙恩授官》一首“百神俨云亭”，席本作“百神俨俨亭”。《广州陪凉公从叔越台宴集》一首“珠履三千半似泥”，席本作“半似齐”。皆不据席本补者。

馀则宋本、席本同缺，《全唐诗》不知据何本所补。席本后集卷五末有“东山席氏悉从宋本刊于琴川书屋”木牌记，是所据亦宋本。而其墨块缺字较此本尤多，不知何故？若宋本缺字，《全唐诗》未补者，如前集《王内人琵琶引》末句七字只存“皓腕翻”三字，下留墨块一行。《大云池泛舟》“古木”下留墨块，缺三字，《全唐诗》于题注云：“第五句缺三字。”其《琵琶引》并不注，全首至“皓腕翻”三字止，似此诗已完者，不知馆臣何以疏忽若此。书棚本以唐人诗集为多，明郎瑛《七修类稿》言“陈道人刻诗，于缺字处多以意补”。今观此集，缺而未补者正多。则郎氏之言，亦有未可全信者矣。

碧云集三卷 影写南宋陈道人书棚本

《碧云集》三卷，与前《李群玉集》，同为常熟张氏小琅嬛福地影宋书棚本。首卷序阑边上有“小琅嬛福地”朱文篆书横方印，下有“小琅嬛福地缮钞珍藏”九字朱文篆书大方印，“成此书，费

---

①原脱“席”字，据上下文义补。

辛苦。后之人，其鉴我”十二字朱文篆书大方印。目录阑边上有“琴川张氏小琅㔳福地藏书”十一字朱文篆书方印，下有“小琅嬛福地张氏藏”八字白文篆书方印，“蓉镜私印”四字朱文篆书方印。卷上阑边外有“秘帙”二字朱文方印，下有“姚畹真印”四字白文篆书方印，“芙初女史”四字朱文篆书方印，又有“琴川望族”四字白文篆书大方印。卷后阑边外有“芙初女士姚畹真印”八字朱文篆书方印。卷中阑边外有“琴川望族”印、“姚畹真印”、“芙初女史”印，内有“张蓉镜印”四字白文篆书方印。卷下末叶后半叶第七行有“泰兴季振宜沧苇氏珍藏”字一行，有“张燮”二字朱文篆书方印，“癸丑词臣”四字白文篆书方印。

此本墨块、缺字绝少，仅卷上《送庐阜僧归山阳》一首题目“庐”下空白一方，据目录是“阜”字。卷下《经古寺》一首“栖鸟”下留墨块，缺一字，据席本是“人”字。又席本《所思》一首末句“独”下缺“立水桥边”四字，又下缺诗八首。席本于《所思》题下注明“《全唐诗》未缺”。馀则席本每卷皆有墨块、缺字一二处。按其卷数、篇次及卷前撰人官衔，似同一宋本。席本初印精本，今亦罕见，不得因有此本而轻视之也。

刘拾遗集不分卷 明崇祯庚辰闵齐伋刻本

此《刘蜕文集》，为明崇祯庚辰闵齐伋刻《大中两俊》之一，首叶书面总题“大中两俊”四字，版心上题《刘拾遗集》四字，无鱼尾，叶数小字刻近下阑匡内。每半叶九行，行十八字。前有闵序，称其“文集十卷，仅见新安吴氏所校本如干篇”云云。按：吴氏即天启甲子吴馡，合刻《刘集》及《孙樵集》二家之人。但吴本称《刘蜕集》前书面题“唐名家文集”五大字，“刘蜕孙樵合刻”六小字，每半叶七行，行十六字。其版式有阑匡无墨线，如支那本佛经无版心。中刻《刘蜕集》一卷至十卷，卷各有目，文即衔接刻。此则全改其版式、行字。明人刻书，喜各出己意，不守旧第，又不独（刻闵）〔闵刻〕如此。《四库全书总目》集部别集类著录《文泉子》一卷，《提要》云：“集十卷，今已不传。此本为崇祯庚辰闽人韩锡所编，仅存一卷，盖从《文苑英华》诸书采出，非其旧帙。”则崇祯庚辰同时有两刻本矣。

孙职方集不分卷 明崇祯庚辰闵齐伋刻本

《孙樵文集》为闵齐伋合刻《大中两俊》本之一，版式、行字与《刘拾遗集》同。目分十卷，而刻本通为一卷。孙樵自序后低二字附闵识云：“家有写本，为吾亡友潘昭度所贻，存箧中久矣。庚辰春，客有示我南都、吴门二刻者，方驾得异同几二百字，文止卅五篇。异同尔许，是亦得失之林，敢就淹雅正焉。乌程闵齐伋。”共字四行。按：闵称“吴门二刻者”，盖指天启甲子吴馡合刻刘、孙二家集本，及毛晋汲古阁刻《三唐人集》本也。《四库全书总目》集部别集类“《孙可之集》十卷”，《提要》云：“《唐书·艺文志》、《通志》、《通考》皆载樵《经纬集》三卷，《书录解题》称‘樵自为序，凡三十五篇’。此本十卷，为毛晋汲古阁刊，王鏊从内阁钞出。”是毛刻亦出传钞，其与齐伋所据之写本多有异同，或别有所本可以考信。当检诸本一合勘之，惜乎牵于人事，未暇握管也。天启吴馡刻本题《唐孙樵集》，与刘合刻，余有之。

笠泽丛书四卷、补遗一卷雍正辛亥

江都陆钟辉仿元至元庚辰陆德原刻本

曩检南皮张文襄之洞《书目答问》集类，《笠泽丛书》载有两本，一本四卷、《补遗》一卷，注“仿宋刊本”，一本七卷、《补遗》一卷、《附考》一卷，注“许梿编刻本”。其云“仿宋刊本”者，当即此仿元本误以为仿宋；其云“许梿编刻本”者，则嘉庆己卯许梿重刊宋樊开七卷本也。两本余皆有之。元本分甲、乙、丙、丁四卷，《补遗》一卷，后有“元至元仍纪元之五年，岁在庚辰七月一日，十一世孙德原跋”，前书面题“碧筠草堂重雕”，然无重刊时序跋，不知何时何人所雕。后见近时姚觐元大叠山房影刊此本，后有雍正辛亥江都陆钟辉跋，乃（之）〔知〕原本为钟辉所刻。余藏本缺此跋，故不得其详耳。

《四库全书简明目录》，仁和邵懿辰批注，列碧筠草堂仿元本云：“吴人王岐所写，不无讹字。”又云“宋刊本只上、下二卷，《补遗》一卷，元刊乃分四卷”。莫友芝《郘亭知见传本书目》列“雍正辛亥，江都陆钟辉覆元至元庚辰本”，又列“碧云堂覆元至元庚辰本”。邵、莫两《目》于陆本外并列许梿本。顷从子庚侯、定侯兄弟从书估获此本，后有陆钟辉跋，但书面非“碧筠草堂重雕”，乃“水云渔屋刊本”六字。初印精绝，取余藏碧筠草堂本校之，乃知同是一版，而水云渔屋印在先，碧筠草堂印在后。虽不知水云渔屋是否为陆氏主名，而碧筠草堂印既在后，则非陆氏初本可知矣。定侯疑水云渔屋为陆氏原题；碧筠草堂，后版片转鬻他人改题，以无他证，未敢遽断。

定侯又藏有吴门顾楗重刊陆本，无年月序跋，惟首叶钤有

"中吴顾楗手校重刊"八字朱文篆书长方印，字画较陆刻肥大，不及陆本之秀逸。楗，字肇声，吴县人，官陕西蒲城县知县，入为中书舍人，所撰诗古文，名《碧云堂集》，详彭启丰《芝庭文集·顾君墓志铭》。《莫目》所称"碧云堂覆元至元庚辰精本"者，即此也。吴寿旸《拜经楼藏书题跋记》载其本云："右中吴顾氏刻本，先君子以诸本校凡五次，并补录小名录序、王益祥跋、陆钟辉跋，及明王良栋、康熙丁卯袭蘅圃、阮善长诸题识。其始末具详《愚谷文存》跋中。"此本记云："甲午秋日，借钱唐郁宣东歊轩旧钞本校，用朱笔。复用拜经楼藏本校，用绿笔。乙未二月，以文又购得林厂山先生钞本，用蓝笔校。丙申秋仲，复从海盐吾太学以方借其照宋本，校正陆氏刊本，用墨笔。并补录小名录序及跋。"又录张文渔征君《书略》言："《笠泽丛书》，余向有碧筠草堂刊本，好友陆白斋又赠何义门先生校本，自喜所藏称善矣。按碧筠本吴人王岐所书，笔讹尤多，先生一一改正。"

又载陆本云："右陆氏刻本，先君子从慈溪毕氏所藏何义门先生校本、乌程严氏所藏何仲子校本勘对。先君子书后云：'乾隆丁酉夏日，鲍君以文为借得慈溪毕氏所藏何义门先生校本，因传录于此。《丛书》舛讹至多，予广求善本雠比，至此凡七本矣。常欲别刊一本，以正江都、吴下二刻之失，未知何时得遂斯愿也。甲寅夏日，乌程严久能茂才又以所藏何仲子小山手校本见借，因复校一过。'"又记义门先生跋后云："毕本后附宋刻《丛书》八卷目录，与予旧钞本略同，故不录。兔床记。"又书卷首云："陈直斋云：'《丛书》为甲、乙、丙、丁者，诗文杂记，政和中朱衮刊之吴江，末有赋用蜀本增入。蜀本七卷，郫人樊开所序。'据陈氏之说，是蜀本刊在朱衮前矣。自元符庚辰至政和辛卯，凡十二年。予旧有钞本七卷《笠泽丛书》，以诸本会勘之，定为蜀本，倘能刊之，当远胜此本矣。”又载一本云：“右亦陆氏刻本，前有甫里先生像，冯君补亭所赠。”

按：吴跋所载诸本，如陆、如顾，皆从元刻翻雕，而顾本尤稀见。若题“水云渔屋刊本”者，藏书家更无有知之者矣。大抵版本之学，审定至难，往往有此人所刻，转售他人，一经改题，而藏书家误以为两人刻本者。就近日所见，如同治甲戌吴门浦氏仿宋小字本《说文解字》，即购得孙星衍平津馆刻原版，于标目后补刻“同治甲戌苏城陶升甫摹刻”十一字，前书面改题“同治甲戌冬月，东吴浦氏校定宋本重刊”十六字篆书牌记。上海书估鲍某，得秦鉴汗筠斋所刻王复辑《郑志》、《驳五经异义》、《箴膏肓》、《起废疾》、《发墨守》，及钱东垣辑宋《崇文总目》，钱大昭撰《后汉书补表》，汇编为《后不知斋丛书》，并不述明缘起，而攘他人刻本为己有。若斯之类，苟非字字比校，并其版匡、墨线逐一细勘，又谁从而发其覆，穷其根也。如此水云渔屋本《笠泽丛书》，即碧筠草堂本《笠泽丛书》，自非目见两本，乌能为之判定明白？康侯兄弟日日搜访旧书，笃好异本、重本，与余同癖。余知其目见耳闻者益扩，其于版本之辨别，必更有进焉者矣。

丙寅九月望日，郎园老人叶德辉记。

又一部碧筠草堂重雕元至元庚辰陆德原刻本

此碧筠草堂仿元至元本《笠泽丛书》四卷、《补遗》一卷，余收藏将四十年，不知何人所刻。据南皮张文襄之洞《书目答问》集类，《笠泽丛书》载有两本：一本四卷、《补遗》一卷，注“仿宋刊本”；一本七卷、《补遗》一卷，注“许梿编刻本”。其称“仿宋刊本”者，既未详刻书年月，亦不注刻书人姓名，余意其所见必此仿元本，误以为仿宋耳。

近代精刻善本书，藏书家多不著于目，惟孙星衍孙忠愍《祠堂书目》并载近刻，揭（扬）〔阳〕丁日昌《持静斋书目》亦新旧杂收。《孙目》词赋第十，于《甫里先生集》后云："又《笠泽丛书》三卷，唐陆龟蒙撰。"不注何时刻本。《丁目》则于书名下注："雍正辛卯，江都陆钟辉复元至元庚辰陆德原本，碧筠草堂复元至元陆德原本。云俱初印精善，而碧筠草堂本究不知为何人刻。"吴寿旸《拜经楼藏书题跋记》有"中吴顾氏本"，又有"陆氏刻本"。顾氏者，顾楗。陆氏者，陆钟辉也。光绪间，姚觐元大叠山房重雕元陆德原本，后有雍正辛卯陆钟辉跋，审其版式、行字，即影刊碧筠草堂本。是时，余以为余所藏碧筠草堂本即陆钟辉本。余本失去陆跋，固不知其详耳。《四库全书简明目录》仁和邵懿辰批注云："碧筠草堂仿元刊本，吴人王岐所写，不无讹字。"莫友芝《郘亭知见传本书目》有"雍正辛亥江都陆钟辉复元至元庚辰陆德原刻本"，又有"碧云堂复元至元庚辰本"。碧云堂，为顾楗所撰诗古文集名，则碧云堂乃顾本也。

余己未春间，在上海书友杨寿祺来青阁见此书，书面题"碧筠草堂重雕"，卷首钤"中吴顾楗手校重刊"八字朱文篆书长方印。又在书友李子东寓所见一部，亦碧筠草堂本，其叙目下钤"碧筠草堂"四字朱文篆书大方印。亟驰书康侯、定侯、东明三人，告以碧筠草堂本为顾楗刻本，以为如此论定矣。乃是年冬尽回湘，康侯持顾楗本与余藏碧筠草堂本相较，则全然是两刻本，陆本字体秀逸，顾本字体肥大。于是始疑上海所见书面题"碧筠草堂重雕"，中有顾楗印者，或书估以顾本无书面，借碧筠草堂本书面配之。既为碧筠草堂本作跋矣，仍将此跋撤去，以其审定未确，贻误后进也。

顷定侯以重值获一陆钟辉本，书面题“水云渔屋刊本”，其书为最初印本，字画之锋芒，匡线之划一，实为至精至美之本。随取碧筠草堂本逐句逐字两相勘证，则两本实出一版，水云渔屋印在先，碧筠草堂印在后，故碧筠草堂本字画已锋芒稍失，匡线亦间多断裂，然皆与顾本不相符合。然则余在上海所见碧筠草堂本钤有顾楗印者，书面岂从他本移来配合者耶？抑顾氏碧云堂之外，别有此碧筠草堂之名耶？要之，水云渔屋本确为陆钟辉版初刻成新印之书，碧筠草堂本似印在百册以外，字画失其锋芒者。至顾楗刻本，行字与水云渔屋、碧筠草堂两本相同，而字较大，又无陆钟辉跋，是径复元至元本，不得以为陆本之重僮矣。

又一部顾楗仿元后至元庚辰陆德原刻本

《笠泽丛书》四卷、《补遗》一卷，与余旧藏碧筠草堂复元至元仍纪元之五年、龟蒙十一世孙德原刻本，版式、行字一一相同。惟此本书法较肥，字亦较大，不及碧筠草堂本字体之秀发，其为重写校刊无疑义也。书前、后无重刻人序跋，不知刻于何时，惟卷首首叶钤有“中吴顾楗手校重刊”八字朱文篆书长方印，则刻者顾楗，确有明证。据彭启丰《芝庭集》十四《文林郎蒲城县知县顾君墓志铭》略言：“顾君讳楗，字肇声，先世自金陵迁苏州。君少力学，涉历经史，兼通术数之书。屡赴省试不第，乃循例谒选吏部，初得直隶盐山令，宪皇帝目之曰：此人风格老成，改福建浦城县，至官屡断疑狱。时方重劝垦之令，浦城故无旷地，前官强民报垦税之，君力请于上官，免其税。期年，以母丧归。乾隆七年服阙，补陕西蒲城县，前官留狱至数百事，君取次审决，半年而狱清。贼杀王之博幼女，前令坐其叔母与人通，致女死，抵死罪者三人。君察，其冤得雪。猾贼阎之发行窃数郡县，君密迹突禽之，蒲城大宁。乃设书院、立义学，教诸生徒，士咸奋于学。遇大计，吏部列一等。君久劳于外，思得就间入赀为中书舍人。既去，蒲城人为立去思碑，扁其听政之堂曰'青天白日'，君致书新任令撤去之。归里不复出，以乾隆三十二年九月二十七日卒，年六十有五。所撰诗古文名《碧云堂集》。"据此，则顾楗通籍在雍正末年，服官中外，安有闲暇为刻书之事？则是书之刻，必在归里以后也。

莫友芝《知见传本书目》载"雍正辛亥，江都陆钟辉复元至元庚辰刻本"，又云"碧云堂复元至元庚辰本精"，即此本也。但此本非重模陆钟辉本，乃仿元重写校刻者。以其字体与陆本绝异，字较陆本肥大，不似元刻他书之流动圆活也。末叶陆德原跋"今清朝右文"云云，"清朝"字陆本不提行，此本提行，则顾氏殆依元版行格重写再刊，故行式同版匡及之大小不同也。陆、顾两刻，吴寿旸《拜经藏书题跋记》均载之，于陆氏刻本下言："先君子书后云：'丛书舛讹至多，予广求善本雠比，至此凡七本矣。常欲别刻一本以正江都、吴下二刻之失，未知何日得遂斯愿也。'"按：江都，谓陆钟辉本；吴下，谓顾刻此本也。嘉庆己卯，许梿校刻樊开七卷本，即由吴发其端，于陆、顾两本多所校正。然大辂椎轮，开山之功固不得不推陆、顾矣。从子康侯、定侯兄弟藏此日久，近始新装，为跋其后。

又一部七卷、补遗一卷、续补遗一卷、附考一卷 嘉庆己卯许梿刻本

此嘉庆己卯，许梿刻《笠泽丛书》七卷、《补遗》一卷、《续

补遗》一卷、《附考》一卷，乃此书至足至精之本。钱泰吉《曝书杂记》称其“用十馀年之力校勘，手写付梓”。字仿欧阳率更，良可悦心。知当时固为通人所推重矣。据许梿自序云：“近日士夫习气，据一宋本而群本概置勿论，明知一字一句之误，无使改易。以为至慎，是可慨已。”此殆为顾千里、黄荛圃一辈人而发然。此二者亦各明一义，不可执为定论也。许氏刻书，都出自手写，幼时喜读其写刻《六朝文絜》一书，几如韦编三绝。又获其所刻吴玉搢《金石存》，亦出自手写，均近刻中妙品。藏书家耳食宋、元，岂知此等书出自名人手书，即宋、元本亦不经见，安得不珍秘之。是书又有碧筠草堂重刻元本，字似松雪，精妙绝伦，与此本可云双璧。

光绪癸卯二月朔日跋。

黄御史集八卷、附录一卷明崇祯十一年裔孙鸣乔等校刻本

《黄御史集》，《四库》著录“十卷、《附录》一卷，浙江汪启淑家藏本”，《提要》云：“是书淳熙初刻，再刻于明正德，三刻于万历，四刻于崇祯。此本即崇祯刻也。”案：《浙江采集遗书总录》云“二册不载卷数”，又云“宋淳熙刻，再刻于明正德。此则万历十二年重刻者”。《四库》即浙江采进，而以为崇祯刻，与《总录》之说不合。邵氏懿辰批注《简明目》云：“一明正德重刊宋本，一明万历曹学佺本，一明崇祯黄氏刻本。”与《提要》之说合，而不云某刻、几卷。嘉庆间，孙氏星衍编《祠堂书目》，载此书八卷、《附录》一卷，云“明曹学佺刻本”，盖即万历本也。朱氏学勤《结一庐书目》亦载此书八卷、《附录》一卷，云“明正

德八年重刊宋本”，则《提要》所谓“正德本”也。

近人瞿氏镛《铁琴铜剑楼书目》有明刻十卷，云是书“淳熙初有刻本，明正德、天启皆有刻本。此则天启年，御史二十三世孙起有所刻也。有杨万里、洪迈、谢谔、曹学佺序”云云，与诸家书目所载不同，而大致与此本相合。此本卷首有杨、洪、谢、曹四序，后有“崇祯十一年，二十二世孙鸣乔、鸣俊，二十三世孙起棉、起有、起雒”。凡例云：“是集九世孙沃刻于宋淳熙丙申，二十世孙希英刻于正德癸酉，十九世孙廷良刻于万历甲申。”后有二十三世孙起有校刊此书跋，又有天启元年二十世孙崇翰所撰《年考》。但瞿云“十卷”，此实八卷；瞿云“天启”，此则崇祯，其非一本，断然可知。岂天启间别有一刻本欤？抑瞿氏所藏为崇祯十卷本，误以天启崇翰所撰《年考》年月，并于起有跋欤？第崇祯十卷本，余未之见。而咸丰癸丑，闽中所刻十卷，与《四库》本合，则崇祯似有十卷、八卷二本，何以此本凡例绝不涉及，岂十卷本又在此刻后欤？近日福山王氏重刊宋庆元本，叙录云：“《四库》著录十卷，‘十’字仍‘八’字传刻之误。”此实臆断，不足为据。他日往杭州西湖借文澜阁本一校，则《四库》之为八卷、十卷，不难了然矣。

丙申八月廿五日，丽楼主人叶德辉识于都门浏阳馆寓斋。

去岁夏五，薄游西湖，曲院新荷，清凉入梦。冬间拟续前游，一官鸡肋，留滞不果，山灵腾笑，不独有负墨（绿）〔缘〕[①] 也。吾友李幼梅观察浙中，适摄鹾篆，因寓书一考此书阁本颠末。月馀得其复书，据云“阁本旧钞已毁于赭寇，近日补钞者据陆氏十

①考文义，当为“缘”字之讹，故径改。

万卷楼藏钞本过录。后佚《附录》一卷，不能定其何本”。因原本每叶十六行，每行廿一字，与阁钞本合，故疑自阁本出。后有嘉庆十五年王学贞跋。然则陆所据者为王氏麟后山房刻本，非旧刻也。至王本，或本出于阁本，则未可知。且其本实十卷，与《四库提要》合。乃知福山王氏新刻本叙录，云“《四库》十卷为八卷之误”，其说不足据矣。

丁酉二月朔，丽楼又记。

附录：丁松生致李幼梅书

幼梅大公祖大人阁下：

前日接读钧谕，并叶吏部函，祇悉种种，辰惟勋祉增绥为颂。弟杜门养疾，畏寒猬缩，衰状可哂。（增）近更增以耳聋，益觉焦闷之至。承询文澜阁钞本《黄御史集》，旧本已毁于兵燹。壬午重钞十卷之本，假之归安陆氏。陆系嘉庆时旧钞本，前有杨万里、谢谔二序，每页十六行，每行廿一字，行款与阁本合，疑即出于阁本，故即据以补钞。惟后《附录》一卷已缺，至今尚待钞配。今详细推求，似乾隆《四库》所著录，是实系十卷本，其《附录》中载滔裔孙名补者遗文一首，见《提要》。今刻八卷卒无之，与《提要》不合，疑崇祯时刻本原有二本也。又欲钞《文澜阁书目》，当年补钞时，分现存、待钞、钞成、待访四类，按册钩稽，钞缮自易为力。今事隔十馀年，昔时承钞之人早已星散。且全书五万馀册，细检分列，非月馀莫办。兹呈上“待访目”一册，除目中所列外，馀书均已案照《四库总目》钞配齐全。倘叶公遇有册中所列“待访”之书，须卷数合符者，尚望代为购钞，至祷至祷！肃复，祇请

钧安。

治下丁丙顿首。

郋园读书志卷八

集部

花蕊夫人诗集一卷明潘是仁刻本

此即《花蕊夫人宫词》也。余旧藏毛晋绿君亭刻《三家宫词》本，朱彝尊刻《十家宫词》本。此明潘是仁刻《宋元名家诗》之一种，从子康侯并朱淑真《断肠集》得之旧书肆中，以毛、朱二本互校，字句间时有异同。世无北宋刻，不能定其是非也。宋晁公武《郡斋读书志》有《花蕊夫人诗》一卷，云“伪蜀孟昶爱姬、青城费氏女，幼能属文，长于诗，宫词尤有思致。蜀平，以俘输织室，后有罪赐死”。是晁氏所见本，尚名《花蕊夫人诗》，不名《宫词》也。

桂苑笔耕集二十卷明高丽活字印本

唐高丽崔致远《桂苑笔耕集》二十卷，余向有番禺潘仕诚刻《海山仙馆丛书》本。后于友人处见有影钞高丽活字印本，知高丽旧有刻本，留心访求，未获见也。书估某持求售书目一纸，中有此书，亟取阅（云）〔之〕，乃知即高丽活字印本，因杂他书，并购取焉。集中以《讨黄巢檄文》最为杰作，盖致远曾为高骈淮南从事，檄即是时作也。据集后附进状，知其年十二入中国观光，六年金名榜尾，是年十八，登唐进士第，中调授宣州溧水县尉。及罢秩，从职淮南高侍中，专委笔砚。军书幅至，竭力抵当，四年用心，万有馀首。是全集几乎尽在淮南时作。状后称“中和六年正月日，前都统巡官承务郎、侍御史内供奉、赐紫金鱼袋臣崔致远”，状奏皆在中国时官衔。中和，为僖宗三次改元，然只四年，无六年。此其回国后所奏进，不知中和六年已为光启二年也。

乖崖集十二卷、附录一卷精钞本

宋张咏《乖崖集》十二卷、《附录》一卷，墨格钞本，每半叶十一行，行二十二字。目录后末叶有题字二行，云“庚寅三月下缺五字。钞盐官马寒中家钞本，谬讹颇多，不敢逞臆改正，恐益失其真也”。又一行云“壬寅七月，京华寓斋西圃居士校正”。下钤“巶轼”二字白文篆书小椭圆印。目录下有“孔鑑涵印”四字白文篆书方印，“荭谷”二字朱文篆书方印。盖本衍圣公府旧藏。又序下有“西圃蒋氏手校钞本”八字朱文篆书长方印。西圃，名恭棐，长洲人，康熙辛丑进士，《江苏府志》有传。集中朱笔校改字甚多，盖其手迹也。余旧藏钞本《唐摭言》，亦蒋氏藏。知其藏书甚多，故一鳞一爪，至今犹有流传。全书出其校正，尤可宝贵。

镡津集二十二卷明永乐三年刻本

北宋释契嵩《镡津集》二十二卷，凡文十九卷，诗二卷，附录《沙门唱和诗》一卷。明天台沙〔门〕原旭募刊，起洪武甲子春，讫永乐三年冬刊成。每卷后有僧、俗人等助刊姓氏，上下黑口版，半叶十行，行十八字。《四库全书总目》集部别集类著录，《提要》云“是编为明弘治己未嘉兴僧如卺所刊，凡文十九卷、诗二卷、附录一卷”。盖即据此本重刻者。《提要》又称其“博通内典，而不自参悟其义谛。乃恃气求胜，哓哓然与儒者争。尝作《原孝论》十馀篇，明儒、释之一贯，以与当时辟佛者抗。又作《非韩》三十篇，以力诋韩愈。又作《论原》四十篇，反复强辨，援儒以入墨。以儒理论之，固为偏驳。即以彼法论之，亦嗔痴之念（大）〔太〕重，非所谓解脱缠缚，空种种人我相者。第就文论，文则笔力雄伟，论端锋起，实能自畅其说，亦缁徒之雄于文者也”。

按《提要》评论契嵩之文，抑扬可云至当。北宋自柳仲涂变唐人偶俪为古文，风气为之一变。契嵩生当仁宗庆历、皇祐间，人文极盛之世，耳濡目染，得师甚多。而又长于辨才，学足以济其笔舌，宜其沙门奉为护法儒者。爱其文章，一集流传，为人珍秘。自此刻以后，弘治、万历一再重刻，以视释惠洪《石门文字禅》，所存仅释藏支部本者，其风行一时可知矣。日本森立之《经籍访古志》载有求古楼藏宋椠本，半版十行，行十八字，界长六寸，幅长四寸二分，与此版式、行字一一相合。然则是本殆翻雕宋本欤？

赵清献集十卷 明嘉靖元年林有年刻本

宋赵抃《清献集》十卷，诗文皆五卷。明嘉靖元年林有年刻本，每半叶十一行，每行二十字。序下各卷均钤有“长白敷槎氏堇斋昌龄图书印”十二字朱文篆书方印，“楝亭曹氏藏书”六字朱文篆书长方印。楝亭，曹子清通政寅别号。堇斋昌龄，则其甥也。

曹书多归堇斋，故二家经藏之书，必有二印相连属也。据《四库全书总目提要》云“前有天台陈仁玉序，乃从宋嘉定中旧本重刊”。此本无此序，余重藏嘉靖二十年重刻本有之，然题“景定元年”，非嘉定也。集中奏疏类，其劾陈执中、王拱宸疏凡七八。上而宋庠、范镇亦不免为所纠弹，可见公正色立朝，不立朋党。而诗情谐婉，殊不类其为人。王文简《居易录》数称集中五律《暖风》一首、《芳草》一首、《杜鹃》一首、《寒食》一首、《观水》一首，谓“掩卷读之，岂复知铁面所为”。然则宋广平之赋梅花，韩内翰之工香奁，其人皆风节凛然，不与文字相类。若清献者，亦风雅之君子矣。

又一部明嘉靖二十年刻本

此明嘉靖二十年重刻《赵清献公集》十卷。前刻旧序，有景定元年天台陈仁玉一序，又有至治首元蒙古晋人僧家奴钧元卿一序，成化七年知衢州府事马嵬阎铎一序，嘉靖壬戌衢州府知府宜兴杨准一序，又衢州府知府莆田林有年一序，盖历来刻本旧序也。此本每半叶九行，每行二十字，与林有年刻本行款、字数皆改易，字亦改宋体，非林刻元体字之古雅。事隔二十年，风气之变如此，迄于万历、启、祯，则江河日下矣。然他人求一明本而不可得，余幸得藏其二，留其一以为镇库物，不亦快事乎？

丹渊集四十卷、拾遗二卷、年谱一卷、附录一卷明万历壬子蒲以怿刻本

新刻石室先生《丹渊集》四十卷、《拾遗》二卷、《年谱》一

卷、《附录》一卷。明万历壬子，知盐亭县事蒲以怿刻本，每半叶十行，每行二十字。元体字，似赵书，万历本之最佳者。按：宋晁公武衢州本《郡斋读书志》、陈振孙《直斋书录解题》，均载文同"《丹渊集》四十卷"。又洪迈《容斋随笔》称"得蜀本石室先生《丹渊集》，盖其遗文也"云云，是今本标题及卷、序，皆宋本之旧。《四库全书总目》"《附录》二卷"，较此多一卷，《提要》云："遗文五十卷，其曾孙鹭编为四十卷。庆元中，曲沃家诚之守邛州，以同尝三仕于邛，多遗迹，因取其集重加厘正，而卷帙则仍其旧。所增《拾遗》二卷及卷首《年谱》、卷末《附录》，司马光、苏轼往来诗，则诚之所编也。"然则，此本尚是根据宋庆元旧刻，未经后人改窜者，是足贵矣。

南丰先生元丰类稿五十一卷 明嘉靖戊申王忬刻本

南丰先生《元丰类稿》五十一卷，其末一卷为附录《南丰先生神道碑》、《行状》、哀挽诗文等，正稿实五十卷。大黑口版，版心题"南丰文集卷几"，每半叶十一行，行二十二字。而每行去上阑空一字，实行二十一字。每卷大题后第二行结衔称"明进士巡按湖广监察御史、后学姑苏王忬校刻"。后有嘉靖甲辰陈克昌识，略云："《元丰类稿》，宜兴有刻，为乐安邹君旦。丰学再刻，为南靖杨君参。予谪盱之再稔，公暇辄留意于斯。而郡斋所存，若《李盱江先生集》、《养生杂纂》、《耕织图》、《和唐诗》，昔所残缺，悉为增定。既，又取是雠校焉，易其敝朽，剔其污漫，更新且半，越三月始就绪。"按：盱即江西建昌府，不属湖广。忬为明南京兵部侍郎倬之子，南京刑部尚书世贞之父，《明史》均有传，

《忬传》称忬"登嘉靖二十年进士，授行人，迁御史，出视河东盐政，以疾归。已，起按湖广，复按顺天"。据世贞《弇州四部稿》中《先考思质府君行状》，称"戊申，府君病间，复为御史，出按湖广。庚戌代还，复按顺天"。戊申为嘉靖二十七年，至庚戌二十九年，则甲辰。陈克昌识系旧本原文，且为修补杨参刻本而作。杨本刻于成化六年，丰城学与此本，时、地均不同。明周弘祖《古今书刻》江西建昌府下列书目有《养生杂纂》、《盱江集》及《南丰文集》，盖即陈克昌识所载者。而湖广所列书目，无《元丰类稿》名，不知何故。

吾友湘乡王佩初孝廉礼培藏有一本，与此同，而无王忬校刻一行。从（字）〔子〕岵甫疑彼为元版，此为王忬补版。予则疑忬因滦河边将失陷城寨，为严嵩倾害；或彼时禁厉，印本削去此行耳。元版载《天禄琳琅书目续编》云："《元丰类稿》二函十二册，宋曾巩撰，书五十卷。"与晁公武《郡斋读书志》所载合。前有元丰八年王震序，后附录《行状》、碑志、哀挽一卷。大德甲辰，丁思敬后序有云"假守是邦，获拜祠墓，得《文集》善本，前邑令黄长沙王氏刻本，王误作黄。斗斋绣梓，后以兵毁。云仍留耕公得所刻善本，此二句据顾崧龄补，原引不全，非。鸠工摹而新之"。又云："是本书法、椠手俱极古雅，麻纸浓墨，摹印精工，为元刻上乘。明成化时，南丰知县杨参重雕，远逊初刊矣。"据天禄藏本称元版者，与此全不相同，则此不得谓为元刻明矣。

余旧藏万历丁酉裔孙敏行、敏才刻本，卷数同此，为岵甫所藏。岵甫云："此本前有南丰先生像，末题'嘉靖癸巳岁，昭潭莫骏、古皖秦潮、锡山邹庶新增'字一行。癸巳为嘉靖十二年，是时忬未通籍，去巡按湖广尤远，可证此为旧版重修。且大黑口为嘉靖以前款式，断非嘉靖时所刻。"言之有证，特信以为补修元刻，则非也。序首叶有“嘉靖丁未状元”六字朱文篆书方印，“石翁”二字朱文篆书方印。《明史·李春芳传》：“春芳，字子实，扬州兴化人。嘉靖二十六年举进士第一，除修撰，简入西苑，撰青词，大被帝眷，官至吏部尚书、太子太保、兼武英殿大学士，累加少师兼太子太师，改中枢殿。卒年七十五，赠太师，谥文定。”二十六年为丁未科，石翁，殆春芳别号欤？

又一部五十三卷康熙丁酉顾崧龄刻本

曾南丰先生《元丰类稿》，余藏有明万历丁酉裔孙敏行等刻本，从子峤甫藏有明嘉（静）〔靖〕戊申王忬刻本。此为康熙五十六年长洲顾崧龄刻本。明本五十一卷，其末一卷附《行状》、碑、志、哀挽诸作。此本同，而附崧龄所辑《集外文》二卷，故较明本多二卷。《四库全书总目》别集类著录为“五十卷”，《提要》云：“巩所作《元丰类稿》本五十卷，见于《郡斋读书志》。韩维撰《神道碑》，又载有《续稿》四十卷、《外集》十卷，《宋史》本传亦同。至南渡后，《续稿》、《外集》已散佚不传。开禧中，达昌郡守赵汝砺始得其本于巩族孙潍，阙误颇多，乃同郡丞陈东合《续稿》、《外集》校定之，而删其伪者，仍编定为四十卷，以符原数。元季兵燹，其本又亡。今所存者，惟此五十卷而已。今世所行，凡有二本：一为明成化六年南丰知县杨参所刊，前有元丰八年王震序，后有大德甲辰东平丁思敬序。又有《年谱》序二篇，无撰人姓名，而《年谱》已佚，已非宋本之旧，其中舛谬尤多。一为国朝康熙中长洲顾崧龄所刊，以宋本参校，补入第七卷中《水西亭书事》诗一首，第四十七卷中《太子宾客陈公神道碑铭》中阙文四百六十八字，颇为清整。然何焯《义门读书记》中有

《校正元丰类稿》五卷，顾本尚未一一改正。今以顾本著录，而以何本所点勘者补正其讹脱，较诸明本，差为完善焉。"

按：《四库》本五十卷，盖除《附录》一卷。而《提要》云"以顾本著录"，是并顾所辑《集外文》去之矣。惟考《天禄琳琅书目》明版集部，有"南丰先生《元丰类稿》五十卷，附行状、碑铭一卷，云每卷标题次行有'南丰后学邵濂校刊'八字，未详邵濂为何如人。而版式、纸质均系明制，无可掩袭，宁可托为宋椠耶"？又《续编》宋版集部，有"南宋建阳刊巾箱本《南丰曾子固先生集》三十四卷，云与大德丁思敬所刊《元丰类稿》序次迥异"。元版集部有《元丰类稿》五十卷，云"后附行状、碑、志、哀挽一卷，大德甲辰丁思敬后序。是本书法、椠手俱极古雅，麻纸浓墨，摹印精工，为元刻上乘。明成化时，南丰知县杨参重雕，远逊初刊矣"。是内府所藏宋、元、明本如此之富，馆臣绝不检校，而仍借重顾刻、何校，弃珠玉而宝碔砆，是则馆臣之陋也。

至《天禄续编》于邵廉所刻不知时代，为此揣定之词，不知顾本前录旧刻序、跋，即有"隆庆五年辛未南丰后学邵濂序"一篇。奉敕续编《书目》之彭元瑞，亦即办理《四库全书》之副总裁，而前后不相照应，此诚可笑也。且既知杨参本为重雕元本，则《四库》何不以大德本著录，再以南宋巾箱本参校，成一完书？乃见不及此，断断于顾、何两本校勘详略之辨，何许子之不惮烦耶？

虽然，宋、元本不可得，顾刻究属精缮精雕，前序下有"古盐张氏"四字白文篆书长方印，"宗橚之印"四字白文篆书方印，"一字思岩"四字朱文篆书方印。宗橚，海盐人，即刻《带经堂诗话》张宗柟之弟也。其先螺浮先生名惟赤者，构涉园，藏书甚富，宗橚，其曾孙也。又有"忠州李芋仙随身书卷"九字朱文篆书方印。芋仙，名士棻，四川忠州人，道光己酉拔贡，以善诗为曾文正公所赏，时与中江李鸿裔、剑州李榕，号四川三李。安庆克复，筮仕得彭泽知县，即抗言军事，论高而阔，文正笑置之。官江西数年，被劾罢，居江西。光绪十一年卒，春秋六十有五，遵义黎庶昌为墓志。此书经其收藏者。然则此书虽近刻，前人固已视为秘笈矣。

文潞公集四十卷 明嘉靖五年吕柟刻本

宋陈振孙《直斋书录解题》载《文潞公集》四十卷、《补遗》一卷，前有先祖宋少保公石林先生一序，序称“公之集藏于家者，散亡无馀。其少子维申稍讨求追辑，犹得二百八十六篇，以类编次为《略集》二十卷”。是陈氏著录，已非初编之旧。今《四库全书总目》著录“四十卷”本，较之《陈录》，少《补遗》一卷。《提要》未载明何时何人所刻，无从详考也。此明嘉靖五年吕柟所刻，每半叶十行，每行二十字。据吕序，系从沁水李司徒叔渊家钞本校刊，亦无《补遗》一卷。则《四库》著录之本，必从此出无疑矣。

潞公诗，风怀婉丽，雅近西昆，文则如先少保公所云：“公未尝有意于为文，而操笔立成，简质重厚。经纬错出，譬之贲鼓镛钟，音节疏缓，杂然并奏于堂上，不害与嘒嘒箫韶，舞百兽而谐八音也。”又云：“韩愈论于頔之文，曰‘变化若雷霆，浩（汉）〔瀚〕若江河，正声谐韶濩，劲气沮金石。’公足当之。”斯为定论矣。

伊川击壤集二十卷元翻宋刻本

《伊川击壤集》二十卷，宋邵子撰。《四库全书目录》著录，云“河南巡抚采进本”，《提要》称“前有治平丙午自序，后有元祐辛卯邢恕序”，所载与此本合。伏读《钦定天禄琳琅书目》元版集部，有“《伊川击壤集》二函十册”，则《四库》所载，是元刻矣。又明版集部，有“《伊川击壤集》一函四册”，云“前明人希古序，次雍自序。后附《集外诗》十三章，并宋邢恕、明异亨二序。此则《浙江采进遗书目》所载之本，同为内府秘笈也”。

此本后附《外集》十一章，而无明人前后两序。初见时，审其纸墨、椠工，定为元刻。后读《琳琅书目》，以为附《集外诗》者是明刻，又定为明刻。近考书中字，于宋、明讳均不避，与元刻他书一例，则是为元本无疑。曾藏新安汪启淑家，前有“新安汪氏”四字朱文印，又有“启淑印信”四字白文印，则固久为名人所鉴赏矣。

光绪二十二年丙申正月廿九日，丽楼主人叶德辉识。

邵子《伊川击壤集》二十卷，宋晁公武《郡斋读书志》、衢州本。陈振孙《直斋书录解题》同。此本大黑口，半叶十行，行二十一字。字画活泼，中有劲秀之致，元版中上驷也。往年得此书，初以为宋本，后又定为明本。再细审纸料墨色，始确定为元本。《晁志》称其“邃于《易》数，歌诗盖其馀事，亦颇切理，盛行于时”。《朱子语录》称其学“骨髓在《皇极经世书》，其花草即是诗”。盖先生之诗天真烂漫，纯任自然，譬如吕岩、寒山子之歌诗，在唐人风气中自成一种别派，正不得以寻常格律相绳也。

壬寅四月下弦，德辉再识。

濂溪集六卷明嘉靖十四年王汝寅序刻本

宋晁公武《郡斋读书志》据袁州本，衢州本不载。有《濂溪大成集》七卷、《濂溪大全集》七卷，云“道守萧一致刻先生遗文，并附录七卷，名曰《大成集》。进士易统又刻于萍乡，名曰《大全集》”。然两本均有差误，今并参校而藏之。陈振孙《直斋书录解题》“《濂溪集》七卷”，云“遗文才数篇，为一卷，馀皆附录也”。又云“又本并《太极图》为一卷，遗事、行状附焉”。此明嘉靖十四年九江郡贰黄敏才校刻本，卷一《年谱》，卷二《太极图说》、《通书》、文、诗，卷三至卷六皆附录。据后新宁林山跋，称“编是集者，周子世孙伦也”。则非宋本之旧矣。版心小黑口，半叶九行，行十七字。今《四库全书总目》集部著录，题“《周元公集》九卷，编修朱筠家藏本”，《提要》云：“陈振孙《直斋书录解题》载有《文集》七卷。遗文编才数篇，为一卷，馀皆附录。则在宋代已勉强缀合，为数无多。今此本亦不知何人所编，凡遗书、杂著二卷，《图谱》二卷。其后五卷，则皆诸儒议论及志、传、祭文，与宋本不甚相合，而大致亦不甚相远。明嘉靖间，漳浦王会曾刊行。康熙中，其裔孙沈珂又校正重镌。先儒著述，学者所宗，固不以其太少而废之。”

按：《元公集》中，如《太极图说》、《通书》已入子部儒家，其馀诗文，寥寥数篇，本不成其为集。当南宋时，道学极盛之时，濂、洛诸儒一再传，门弟子众多。于是好事者掇拾丛残，以伸其景仰。故于本文外，附录诸杂体，随时增益，本不能执一本目为正编。此明人所编，不能与宋人相合；《四库》所编，亦不与明人相合，亦其势之不得不然者也。此书前有“谦牧堂藏书印”六字白文篆书方印，后有“谦牧堂书画记”六字朱文篆书方印，盖满洲文端公揆叙藏书也。《钦定熙朝雅颂集》六：“揆（敏）〔叙〕，字凯功，满洲人，由佐领侍卫累官都御史，谥文端。有《益戒堂诗集》、《后集》、《鸡肋集》。”戴璐《藤阴杂记》：“明太傅自怡园延唐江东、查他山课子揆叙。”据此，则文端于纳兰成德，胞兄弟也。一门风雅，棠棣交辉，干蛊克家，无愧易名之典。《天禄琳琅》收录其藏书甚多，此特其一鳞片甲已耳。

欧阳文忠集一百五十三卷、附录五卷、又年谱一卷明天顺六年吉州府程宗刻本

此明天顺六年，知吉州府事、常熟程宗所刻《宋欧阳文忠集》一百五十三卷，《附录》五卷，又《年谱》一卷。前有云间钱溥序云：“程君得于胡文穆家，盖内出本也。”后有郡后学彭勖后序，亦云“胡文穆公子承肃，持其家藏内阁明本以献程君，遂捐堂食赀购版，募工刻置郡庠之藏书阁”。世或误以此为元版者，以前、后两序往往为书估割去，伪充宋椠故也。目录后接《年谱》，后有庆元二年胡柯记云：“公集一百五十三卷，《居士集》五十卷，公所定也，故置于首。《外集》二十五卷次之。《易童子问》三卷，《诗本义》别行于世。《外制集》三卷，《内制集》八卷，表、奏、书、启、《四六集》七卷，奏议十八卷，杂著述十九卷，《集古录题尾》十卷，又次之《书简》，十卷终焉。别有《附录》五卷。”而陈振孙《直斋书录解题》载“《六一居士集》一百五十二卷，《附录》四卷，《年谱》一卷”，与此小异，殆传刻陈书者之误也。陈云

"公集遍行海内而无善本，周益公解相印归，用诸本编校，定为此本，且为《年谱》，曰《居士集》。《外集》而下，至于《书简》，集凡十名，刻之家塾。其子纶又以所得欧阳氏传家本，乃公之子棐叔弼所编次者，属益公旧客曾三异校正，益完善无遗憾矣"。

《居士集》，公所手定也。今按此本每卷末有"熙宁五年秋七月，男发等编定；绍熙二年春三月，郡人孙谦益校正"二行。《附录》卷五后有副叶，有编定、校正此四字一行诸人衔名八行，云"绍熙二年一行郡人孙谦益字彦抟二行、绍熙三年三行承直郎前桂阳军军学教授丁朝佐字怀忠四行、绍熙四年五行郡人曾三异字无异六行、绍熙五年七行郡人登仕郎胡柯字伯信"八行。又复校此二字一行人十行，云"庆元元年一行州县职事葛潨字德源二行、王伯刍字驹父三行、朱岑字山甫四行、胡柄字谦父五行，庆元二年六行郡人迪功郎新临江军清江县主簿曾焕字文卿七行、郡人乡贡进士胡焕字季亨八行、郡人乡贡进士刘赟字棠仲九行、郡人罗泌字长源"十行。所列诸人名籍，皆吉州郡属。又有周益公必大序，称"郡人孙谦、丁朝佐遍搜旧本，与曾三异互加编校，起绍熙辛亥春，迄庆元丙辰夏，成一百五十三卷，别为《附录》五卷，缮写模印"云云，此皆依益公原本翻刻，故一一存其旧式也。后嘉靖三十四年，铜仁陈珊并成一百三十五卷，失宋、元、明以来递刻之旧次，洵为憾事。幸有此本，得见庐山真面，益可证前辈校订苦心。不然公集虽在，精神亡矣。

《四库全书总目》集部著录为"江西巡抚采进本"，卷数与此同，《提要》云"旧存编校人姓名，亦一一与此符合"，盖即此本也。《天禄琳琅书目》元版集部载有一部，即《提要》所详者，据云"字法规仿鸥波，定属元时所重刻者。书前应有序文，似是书估欲充宋椠，遂妄为割去"。据此，则天禄所藏，即此本割去序文，故就其字体断以为元版。今此本前、后两序具在，可以辨正其误矣。版心大黑口，半叶二十行，行二十字，字字流动，怡情悦目，在明翻宋本书中，本自少见，宜编撰《琳琅书目》诸臣收入元版一类，称其书法深得鸥波之妙也。

临川先生文集一百卷 宋绍兴辛未曾孙珏刻本

宋刻《王荆公集》，今时流传可考者有两本：一、绍兴十年，郡守桐庐詹太和刻本；一、绍兴辛未，二十一年。公曾孙珏编刻本，二本均题《临川先生文集》。王珏本末有题云："比年临川龙舒刊行，尚循旧本。珏家藏不备，复求遗稿于薛公家。是正精确，多以曾大父亲笔石刻为据。其间参用众本，取舍尤详。至于断缺，则以旧本补校足之。凡百卷，庶广其传云。"是时，珏提举两浙西路常平茶盐公事，故亦称两浙茶盐司本。此本盖据龙舒刻本增校重刻者，其版明初犹存北京国子监。永乐十五年，杨士奇曾修版印行，前有识语。其后递有残缺，嘉靖时又修补之。元、明以来，惟詹太和本有嘉靖廿五年丙午临川县知县、象山应云鹫翻刻；又三十九年，江西巡抚何某翻刻。两本均每叶二十四行，每行二十字，与宋詹、王本同，盖源出一本也。此即王刻，中有嘉靖时修版。余检常熟瞿氏《铁琴铜剑楼藏书目录》，载有宋刊本，即此本。己未八月中秋后，往常熟瞿氏访其后人，见良士大令启甲，即刻《书目》者。索其藏本阅之，乃知亦有元时修版，而印于明初者，纸墨印本，与此差同。《瞿目》云："核之詹太和本，卷第皆同，惟挽诗类中少《苏才翁挽词》二首，集句少《离升州》一首，而多《移桃花》一首，其诗不似集句，疑当时误编入也。"据此，知詹本与王本稍有异同者，即经珏编定时有所去取，自题谓"参用众本，取舍尤详"，良不诬也。

仁和丁丙《善本书室藏书志》（志）载有元刊本，前有吴澄序云："金溪危素好古文，慨公之集零落，搜索诸本，增补校定。"此亦王版元修，并非元刻，余在上海一书估处见之，今已归南浔刘氏。藏书家目录，往往各自标举，不考源流，苟非目见原书，未足为定案也。

余所藏为嘉靖三十九年江西翻詹本，经何义门先生评校者。此为从子启藩兄弟收藏，原缺六十五至七十三共九卷，系据宋本补钞；又缺四十九至五十三共五卷，则以嘉靖翻宋刻补之。近来宋椠，稀如凤麟，此虽配有钞宋明翻，要是一脉相承，非百衲本之比。装成，为识其原委于后，俾读者知所宝贵焉。

辛酉正月廿日。

又一部 明嘉靖庚申江西巡抚何迁刻本

此嘉靖庚申，江西巡抚何迁刻《临川先生文集》一百卷，盖据嘉靖丙午临川知县应云鹭仿刻宋绍兴十年詹太和本重刊。前宋黄次山序应本"艺祖"二字抬起提行，此不提行，其馀版式、行字两本相同，皆从宋本之旧。惟稍有异者，宋本挽诗类少《苏才翁挽词》二首，集句少《离升州》一首，多《桃花诗》一首。盖明时，北监所印宋本，为绍兴二十一年辛未，荆公曾孙珏编刻本，与詹太和本不同，其字句亦有异者，因珏据公亲笔及石刻校改也。

此为何义门焯评校，序前有"义门何氏家藏"六字朱文篆书长方印，序后朱笔识九行，末称"义门老民焯记"。下有"何焯之印"四字朱文篆书方印，"峐瞻"二字朱文篆书方印。末应云鹭序后，亦有朱笔识五行，末称"康熙丙戌八月焯记"，下有"何焯之印”。又有朱笔识三行，末称“丁丑七夕，承匡书塾阅毕一过，焯”，下有“何焯之印”、“峐瞻”二印。评语多论文，未据宋、元旧本校过。康熙丙戌系四十五年，丁丑则三十六年，据沈彤《果堂集·义门先生行状》：“生于顺治十八年辛丑，卒于康熙六十一年壬寅，丁丑为三十七岁，丙戌为四十六岁。四十二年由拔贡生特赐举人。试礼部下第，复赐进士，改庶吉士。及散馆，得旨，再教习三年。明年，丁外艰归。”是评校此书，在未通籍以前，于官翰林时卒业。书法秀逸，有晋唐帖意。善本书而加以名贤手泽，可宝也。

又一部明嘉靖丙午应云鸑重刻宋绍兴十年詹太和本

荆公《临川集》，明嘉靖中有两次仿宋绍兴十年詹太和本，一为嘉靖丙午，临川知县应云鸑刻；一为嘉靖庚申，江西巡抚何迁刻。两本皆用詹本翻雕，同一百卷，白口本，每半叶十二行，行二十字。大题“《临川先生文集》卷第几”前有总目，上、下二卷，每卷有子目，文即衔接目下，悉沿宋本之旧。何本似未见宋刻，但从应本重刊。应本绍兴重刊《临川文集序》，黄次山序“艺祖”二字提行顶格，何本不提行，可见何未见宋本，故任意改刻也。

从子康侯兄弟藏有明北监修补宋本，余藏何义门评校嘉靖何刻本。此从子岈甫所藏应刻本，纸白版新，完好无缺。自来藏书家书目，往往知有应本，而又误以何本即应本，不知何本尚是重刊应本，故并刻有应序。非余家藏本俱在，又乌从而分辨之？岈甫命工装订呈阅，为识于首。

东坡集四十卷、后集二十卷、奏议十五卷、内制集十卷附乐语、外制集三卷、续集十二卷、应诏集十卷 明成化四年吉州知府程宗刻本

此明成化四年，江西吉州守、常熟程宗所刻《苏东坡全集》也，凡《东坡集》四十卷，《后集》二十卷，《奏议》十五卷，《内制集》十卷，后附《乐语》、《外制集》三卷，《续集》十二卷，《应诏集》十卷。《钦定天禄琳琅书目》明版集部著录云："后序原署姓名，为书贾割去。补刊一行，则云'乾道九年闰正月望，选德殿赐苏峤'。夫赐书，但赐其书耳，即以年月、姓名标识卷（卷）中，宜出手书，不应刊刻，书贾无知妄作，真不直一噱矣。"按此本，盖书贾补刊此行，欲以伪充宋本者。明时《东坡集》刻本甚多，此即所谓七集本。嘉靖十三年，吉州又重刻，其时《续集》已佚，乃别搜辑其遗诗遗文补之，非程本之旧也。光绪季年，丰润忠愍公端方总督两江时，以江南图书馆所藏成化刻本，属江阴缪小珊学丞荃孙校刊，原多缺卷缺叶，缪以己所藏钱求赤校宋残本及嘉靖本校补完全，并附校记于后。然其《续集》则据嘉靖补本，非成化原刻也。

然则，成化本之虽得，有如此者。实则成化七集本亦非宋刻原本，据晁公武《郡斋读书志》衢州、袁州二本同。云："《苏东坡前集》四十卷，《后集》二十卷，《奏议》十五卷，《内制》十卷，《外制》三卷，《和陶集》四卷，《应诏集》十卷，实一百二卷。"陈振孙《直斋书录解题》同。《天禄琳琅书目》元版集部，载有细书密行巾箱本，分目及卷数并同成化本，前有李绍序，称"仁庙

亦尝命工翻刻，工未毕而上升遐。郡守程侯得宋时曹训所刻旧本，及仁庙所刻未完新本，重加校阅，仍依旧本卷帙。旧本无而新本有者，则为《续集》，并刻之”。是《续集》之名始于成化，前此无有也。

宋本《内制》十卷，成化本后附《乐语》一卷。宋本《和陶集》四卷，成化本去《和陶》而别编《续集》十二卷。嘉靖本因之，又以成化本《续集》已佚，自为搜辑成一《续集》。明人刻书，好窜改删并，即通人不免。即如此《东坡集》，倘一一遵照宋刻，仍入《和陶集》，以还宋本之旧，岂不甚善？或新有搜辑，别为一编附于七集之后，亦不至失却庐山真面。乃不出此，而一意孤行，臆为增窜，世谓明人刻一书而书亡，非苛论也。虽然宋刻本藏书家久不著录，天（录）〔禄〕所藏元版巾箱本，以嘉庆初年乾清宫之灾，同归一烬。故世称《苏集》，佥推成化本为最古。盖成化本仅并《和陶》于《续集》，加《乐语》一卷附《内制》后，馀集固宋本之旧也。

成化、嘉靖两本之异，成化系黑口本，嘉靖系白口本。成化为半叶十行，行十九字至二十一字不等；嘉靖则划一为半叶十行，行二十字。成化本字体仿松雪书，尚存元刻遗意，故常熟瞿氏《铁琴铜剑楼藏书目》竟以此成化本为元刻。近瞿氏后人以所藏宋本、元本书编成《书影》八册，每书影印一二叶，中有《东坡集》称为元本者，取校此本，字画、匡格，及墨线、粗细，一一无丝毫差池。盖彼因失去序文，故不知为明刻。然则此本之古雅精美，概可知已。

东坡集四十卷、后集二十卷、奏议十五卷、内制十卷附乐语、外制三卷、应诏集十卷、续集十二卷明嘉靖十三年江西布政司刻本

此所谓《东坡七集》也。从子峤甫，藏有明成化四年知吉州府程宗所刻黑口本，余为之跋，考证刻本源流甚详。此则嘉靖十三年江西布政司重刻吉州本，为从子定侯所藏，乃白口本，半叶十行，行二十字，与成化本行、字同。惟重刻时，《续集》十二卷版已佚亡，此则搜其逸诗、逸文再编，非成化本之旧也。考公弟文定公辙为撰《墓志》称："所著有《东坡集》四十卷，《后集》二十卷，《奏议》十五卷，《内制》十卷，《外制》三卷，《和陶诗》四卷。"晁公武《郡斋读书志》、陈振孙《直斋书录解题》所载并同，而别增《应诏集》十卷，合为一编，是即七集本所由名也。元马端临《文献通考·经籍考》所载亦同。故《天禄琳琅书目》元版集部，载有元版密行细书《东坡集》一百二卷者，其分集正与晁、陈二家《志》《录》及《通考》相符，知相传旧本，固如此也。

成化本前有郡人李绍序，称"程侯得宋时曹训所刻旧本，及仁庙所刻未完新本，重加校阅，仍依旧本卷帙。旧本无而新本有者，制为《续集》，并刻之"。是《续集》之增，实始于成化。序又称："公大全集，初有杭蜀吉本，及建安麻沙诸本行于世。"而《天禄琳琅》明版《东坡集》按语，引《西江志》名宦、秩官二门："曹训，字子序，自章贡移知袁州。"其名在绍熙各守之后，则曹训所刻，亦即江西本。公宦辙未至江西，而守土之官刻其集

至再至三者，因每刻《欧阳文忠集》，必并刻公集，以公为文忠主试所得进士，沆瀣一气故也。

此集在长沙书估手年馀，从子峤甫以有成化本，亟思得此本以成连璧，而以索价昂贵，置之不问久矣。自后，书估携之至汉、至沪，又以样本寄至京师。时值南北用兵，求售无主，旋又寄回长沙。定侯以番饼银百一十元，并明刻大字本毛直方《诗学大成》三十卷得之。检阅藏书印记，与成化本同为平江张氏藏书，两本始终必欲合聚一处。故展转为书估措取高价，不得其主，卒仍归于余家，此其中殆有天意，固非人谋所能也。宋、元古本，世不多见，故藏书家重明成化本。成化本又不多见，故重嘉靖本。嘉靖本亦不恒见，故光绪末造，丰润尚书忠愍公端方总督两江时所刻本，乃贵至一、二百元一部，且尚无书；独明时两善本皆为吾家政藏，岂非大快事耶？峤甫、定侯其世世子孙永保之，毋鬻毋借。

丙寅十二月既望，郋园老人记。

东坡先生诗集注三十二卷、纪年一卷明茅维孝刻本

此明吴兴茅维孝若芰校刻《苏东坡诗集》。大题“《百家注分类东坡诗集》卷几”，结衔“宋眉山苏轼子瞻撰，宋永嘉王十朋龟龄纂集，明吴兴茅维孝若芰阅”。《四库全书总目》著录，即此本，但无纪年录，当系脱失。《提要》谓“《王注》为坊估伪托，所举王本人序及赵夔序，与当时事实不合”，诚为洞中肯綮之论。但《王注》虽系伪托，而在南宋时，《苏集》为人所重，其时注者原不止一家，今所存数家，坊间利其风行，意必延请士人所纂辑。

注中引用书籍，颇多故书逸闻，此亦如《千家李杜注》《五百家韩柳注》之类，虽明知同出坊估之手，而不能不过而存之，以其有裨考索之处固多也。余旧藏一部，为康熙戊寅朱翠庭、顾嗣立所校刊；此则明棉纸精印，墨香纸色，古意盎然。从子启藩、启勋、启发兄弟得自长沙故家，持以示余，为跋其后。

壬戌七月下浣三日，叶德辉记。

此书前有“伯紫”二字朱文方印，又有“纪映钟印”四字白文方印。按王士祯《感旧集》小传云：“纪映钟，字伯紫，一字伯子，号戆叟，自称钟山遗老。江南上元人，移居仪真，有《真冷堂诗稿》。”又《池北偶谈》云：“纪青，字竺远。能诗，少为诸生，弃去，入天台为僧，复舍去。其子映钟，尤负诗名，尝有句云：‘惆怅天涯头易白，杨花空满阅江楼’，佳句也。”郑方坤《国朝诗钞》小传云：“纪映钟，少与庐江龚宗伯友善。宗伯既贵，招之至京华下榻焉。诗若干卷，宗伯为绣梓以传。”此书印记，则即其人所藏也。

施注苏诗四十二卷、东坡年谱一卷、王注正讹一卷、诗续补遗二卷 康熙乙卯宋荦刻本，纪文达评校

宋施元之《苏诗注》，康熙乙卯，宋荦官江苏巡抚，得宋刻残本，原缺卷一、卷二、卷五、卷六、卷九、卷二十三、卷二十六、卷三十五、卷三十六、卷三十九、卷四十，共十一卷，因属武进邵子湘长蘅补注其缺卷；又摭拾遗诗，为《施注》未收者四百馀首，属钱唐冯景为之注，遂刊行焉。《施注》原卷，尚有

三十九卷之多。宋、邵果为通人，此当一仍其旧，但于缺卷注之，方不失元之面（日）〔目〕。乃竟于原注肆意删窜，无知妄作，厚诬古人甚矣！贵官、山人不足与之语学问也。邵注本无足取，而此为河间纪文达墨笔手校，良足宝贵也。文达原有评点苏诗，道光中，门人涿州卢坤刻于广州，以朱墨套版印行，盛为士林传习。然其评点底本，系据查慎行补注本，与此版刻不同，不知孰先孰后。因取两本勘校，其宗旨议论，大抵相同，而彼此出入，或有或无。有刻本有，此本无者；有此本有，刻本无者，正可互相补苴，以资考索。惟文字之间，两本意义合一，而评点句法、行文迥不相侔；且句中圈点，亦时有歧异。倘有好事者以此本别刊，与卢本并行于世，则文达一生于苏诗致力之处，人人得见其全牛，岂非两美之事乎？余尤祝此本之得遇卢坤，不遇宋荦也。

栾城集五十卷、后集二十四卷、三集十卷、应诏集十二卷明清梦轩刻本

宋苏文定《栾城集》，大题后第二行上“宋西蜀苏辙子由著”，跨行居中下“明东吴王执礼子敬、顾天叙礼初同校”。“东吴”、“同校”字亦跨行，姓名分两行。他卷或著校人名，均移行下平列，卷不一例。目录后有“清梦轩藏版”五字，或卷后有“清梦轩”三字者。每半叶十行，行二十字，版心上题集名，黑鱼尾下卷数，版心下刻字数及刻书人姓名。卷一版心下有小字云“锡山施世名书”，馀卷无之。殆全书为此人所书，故于首叶标记耳。原无序跋，不知刻书时年月。据明万历三年昆山本《归震川集》，每卷有“门人王执礼校字”，而字体则与万历十年赵用贤所刻《管

子》、《韩非子》同体，则可断其为万历初元中刻矣。《四库全书总目》著录，《提要》云："自宋以来，原本相传，未有妄为附益者。特近时重刻甚稀，此本为明代旧刻，尚少讹阙。陆游《老学庵笔记》称辙在绩溪赠同官诗，有'归报仇梅省文字，麦苗含穟欲蚕眠'句，讥均州刻本，辄改作仇香之非。今此仍作仇梅，则所据犹宋时善本矣。"此本亦作仇梅，与《提要》所引陆游语合，知《四库》所谓明时旧刊，必是此本矣。

黄山谷集九十七卷明嘉靖丁亥江西刊本

右《山谷集》六种，附《伐檀集》一种，都九十七卷。明嘉靖丁亥，江西巡抚、御史徐岱，属宁州知州乔迁，续刻前知州叶天爵、从邑人周季凤所得钞内阁本、刻而未完之本。盖天爵以忧去官，阅二十年，至迁知州时，始刻成。卷末有山谷诸孙罃《年谱》序，末题"岁在屠维协洽"，盖己未也。当是庆元六年。按：陈振孙《直斋书录解题》，载"《山谷集》三十卷，《外集》十一卷，《别集》二卷。又《山谷编年诗集》三十卷，《年谱》二卷"云。山谷诗文，其甥洪氏兄弟所编，断自进德堂以后。今《外集》所载数卷，有晚年删去者。故任子渊所注，亦惟取《前集》而已。监丞黄罃子耕者，其诸孙，既会粹《别集》，复尽取其平生诗，以岁月次第编录，且为之谱。今刊版，括苍吉城史容仪甫，近注《外集》者，谓山谷曾欲以前、后，仿《庄子》内、外也。证之此本，并非编年。虽《年谱》罃序云云，其《文集》、《外集》、《别集》，别为一刻本杂凑，即此可知。

因检《宋史·艺文志》，载"《黄庭坚集》三十卷，《乐府》二卷，《外集》十四卷，《简尺》十五卷"。衢州本《郡斋读书志》

载“黄鲁直《豫章集》三十卷，《外集》十四卷”。袁州本《郡斋(议)〔读〕书志》赵希弁《附志》载：“豫章先生《别集》二十卷，《黄文纂异》一卷。”云“右豫章先（王）〔生〕《别集》，乃《前集》、《外集》之未载者，淳熙壬寅，先生诸孙㽦所编也”。元马端临《文献通考·经籍》，引衢州本《晁志》同；而引《陈录》，只豫章《别集》一卷。陈氏曰：“皆集中所遗者，如《承天塔记》、《黄给事行述》、《毁璧》，盖其显显者也，诸孙㽦子耕集而传之。”此条为今本《陈录》所无，未知其审。今本《陈录》辑自《永乐大典》，疑有遗漏。

又检明正统六年杨士奇编《内阁书目》，载“《黄山谷文集》，一部十四册，残缺；一部二十八册，缺；一部十七册，缺；一部十册，缺”。万历三十三年，孙传能、张萱等编《内阁书目》，载“《山谷文集》六册，不全；《诗集》二册；《年谱》四册，不全”。是明时内阁藏书，两《目》具在，《山谷集》皆云残缺。周季凤得此阁钞本在嘉靖六年，果否出自阁钞，尚属疑义。即令阁本完好，以《宋志》，晁、陈诸《目》种类、卷数考之，其非源出宋本，断可知也，惟其本则甚希见。明末、国初，藏书家祁承㸁《澹生堂书目》、王闻远《孝慈堂书目》所著录者，卷数与此同，当即此本。近则瞿镛《铁琴铜剑楼藏书目录》、朱学勤《结一庐书目》、陆心源《皕宋楼藏书志》，皆有之。丁丙《善本书室藏书志》，仅载《伐檀集》、《简尺》两零种。陆书于光绪丁未，售于日本岩崎静嘉堂。朱书后归丰润张氏，侨寓金陵，宣统辛亥兵乱，散失殆尽。惟瞿氏之藏尚存，而印本不如。此尚早诸卷，有“苍岩山人书屋记”朱文长方印，“蕉林藏书”朱文方印。《伐檀集》尾有“苍岩子”朱文圆印，“观其大略”白文方印。盖国初，清苑梁相国清标旧藏，序首有“黄氏藏书”白文方印，“生涯一卷书斋珍藏书画之章”朱文椭圆印，不知何时转入黄左田尚书钺家。然其为前人秘笈，则固可证也。

又考吴焯《绣谷亭薰习录》，载“《山谷集》三十卷，《外集》十四卷，《别集》二十卷，《年谱》十四卷，《后录》一卷”云。案张镃《仕学规范》称：“山谷有《南昌文集》。”则宋时以南昌名其集矣。《外集》嘉定元年钱文子序。《别集》先生之诸孙㽦子耕编，以补《正》、《外》二集所未备，淳熙壬寅跋其后。《通考》题“《别集》一卷”者，误也。赵氏《读书附志》云“《别集》二十卷，《黄文纂异》一卷，《年谱》三十卷”，并㽦所编明南昌刻，始汇集，独无《纂异》，而搀入黄庶《伐檀集》，约《年谱》为十四卷，乃万历陈以文改编。余考《山谷诗注》内外集，皆附《年谱》，盖欲后人因是以求其详，何必改作？据此，知吴氏所藏为万历重刻，此本又复有所窜改。明人刻书，不守师法，如嘉靖刻本，尚有典型，宜其为人重视矣。

余旧藏万历癸卯方沆刻本，《正集》三十卷，其《外集》、《别集》，则万历甲寅李友梅刻成。据李序云：“先是，守方公梓行公集，而《外集》、《别集》缺焉。周太史子仪在燕，属予通梓之，《外》十四卷，《别》二十卷，合《正集》三十卷。”序中并未云刻有《年谱》、《后录》。近莫友芝《知见传本书目》云：“李友梅刻本有《年谱》十五卷，周希令重编与《吴录》所云十四卷，为陈以文改编者。”同一万历刻，而又不同，若云万历有两刻，而余藏有李友梅刻本，集名大题下有题名四行，《外集》一卷，一行：宋太史分宁黄庭坚鲁直著，二行：明后学滇中李友梅素交校，三行：里中周希令子仪，四行：陈以蕴仲宣同校。以下各卷，前三行同，四行下或作“王天发汝楫”，或作“陈其情子文”。《别集》卷一四行同，他卷或作“周希烈子承”，或作“周希点子与”。十八以下三卷多校名，一行为“徐嘉言似之”，又有“周先鳌元龙”，而无留行馀地，似是刻成后挤搀一行。然因此推《吴录》所云“改编《年谱》”之陈以文，或即陈以蕴之声误。《莫目》所云“周希令重编《年谱》十五卷”者，实李刻附《年谱》无疑。李序《外》、《别》两集时，或尚未刻《年谱》，亦未可知。且因此推《吴录》、《莫目》所载，实同一刻本，吴云陈以文，实陈以蕴；莫云周希令，即李友梅刻《外》、《别》两集之人。其《年谱》则周、陈二人同与校编，莫、吴各举其一人耳。吴云十四卷《年谱》，或并《后录》一卷分析言之；莫云十五卷，则并《后录》总数言之。殆与余所藏同一刻本，特余藏本无《年谱》，无从取证也。《年谱》三十卷，《陆志》误作三卷；赵希弁不载《年谱》；《吴录》并《黄文纂异》连引，亦误。

《瞿目》此本外，又有影宋钞本《豫章先生遗文》十二卷，云“嘉定戊辰，曾孙铢编”。后序略言：文集多遗阙，持节东蜀，得之黔僰间，凡若干纸，别而为二，曰《遗文》，曰《刀笔》。是当时《遗文》、《刀笔》本有合刻。《瞿目》又载明刻本《山谷老人刀笔》二十卷，殆亦本于朱刻矣。至任渊注《编年诗》三十卷，史容注《外集》十七卷，史温注《别集》二卷，卷数多少，又自不同。然则宋刻《黄集》之纷歧，诚有不能画一之势。此本或择诸本之善者汇为一集，虽非宋本之旧，其视万历本已先数十年，亦可云第一旧本矣。

辛酉二月花朝。

淮海集四十卷、后集六卷、长短句二卷

明万历戊午李之藻刻本

《淮海集》、《后集》、《长短句》，共四十八卷，宋秦观撰，明万历戊午李之藻刻，每半叶九行，每行二十一字，版心上“淮海集”三字下，有刻工姓名及字数，盖犹仿宋款式也。《四库全书总目》集部著录为“明嘉靖张綖刻本”，此本即从之出。在万历时所刻书，固尚守旧法者。宋晁公武《郡斋读书志》：“秦少游《淮海集》三十卷。”陈振孙《直斋书录解题》：“《淮海集》一卷。”元马端临《文献通考》两引之，前入别集内，后入歌词内。而《宋史·艺文志》作四十卷。近人莫友芝《知见传本书目》载有影宋钞本《淮海集》四十卷，是宋本无《后集》之目。歌词内之《淮海集》一卷，即此《长短句》，宋时分别单行，至明乃合刻耳。道光十七年，高邮王敬之刻本合为十七卷，《后集》合为二卷，又《补遗》一卷。此则全非原刻卷帙，不能存古，不能信今，盖两失之矣。

济北晁先生鸡肋集七十卷明钞宋本

宋晁补之《鸡肋集》七十卷，明钞宋本。宋讳间缺笔，半叶十行，行十八字。宋晁公武《郡斋读书志》本称《鸡肋编》，卷数同。《四库全书总目》集部别集类著录，《提要》云：“此本为明崇祯乙亥，苏州顾凝远依宋版重刊。”昭文张金吾《爱日精庐藏书志》有旧钞本，后有“宋绍兴七年丁巳，从弟谦之权福建判官编次为七十卷，刊于建阳”一跋，此本无之，盖脱钞也。明时顾刻

本，世不多见，故存者皆出传钞。此本前有“汲古主人”四字朱文篆书方印，盖毛晋家藏书。字体出钞胥，非毛钞善本，殆其所收得者耶？郑德楙《汲古阁校刻书目补遗》有“晁无咎[①]《鸡肋集》七十卷”，或即据此钞本重刊。然其书亦罕见，或当时印行不多，如《四唐人集》之版，早经毁灭耳。

石门文字禅三十卷 明万历丁酉径山兴圣万寿寺刻本

《石门文字禅》三十卷，宋释德洪觉范撰，门人觉慈编。明万历丁酉，径山兴圣万寿禅寺刻本，每半叶十行，每行二十字，半叶一墨阑边。版心上刻“支那撰述”四小字，中刻《石门文字禅》，卷数下记叶数。《四库全书总目》著录，《提要》目为“释藏所刊”，是也。宋陈振孙《直斋书录解题》谓“其文俊伟，不类浮屠氏语”。许颉《彦周诗话》称其“著作似文章巨工，仲殊、参寥辈皆不能及”。其为当时人推重至矣。然身本缁徒，好为绮语，吴曾《能改斋漫录》记其《上元宿岳麓寺》诗，至有浪子和尚之目。元方回《瀛奎律髓》亦诋斥之。盖既入空门，则一切文字语言，自当恪守宗风，不失释家本色；而犹逞其才笔，高自标举，不肯落于清净寂灭之中，宜其为识者所讥，更引起吹求者所借口。《提要》谓其“失在求名过急”，洵定论矣。北宋两诗僧：一参寥子道潜，坐苏轼党得罪，返初服；一石门僧惠洪，坐张商英牵连钩党。虽然，商英不得比苏轼，惠洪又岂可比道潜？物以群分，非独在人品，即以诗论，亦不如参寥之高洁远矣，读者试一互

---

①晁无咎，原误作“晁元咎”。晁补之，字无咎。

勘之。

伪本斜川集十卷无刻书年月

此刘过《龙洲》，伪题《苏过集》名，《四库全书》存目之本也。《苏集》久无刻本，据王世贞《弇州题跋》，知以《刘集》充叔党之书，自元季已然。王士祯《香祖笔记》云："康熙乙酉，有书贾以此集求售，索价至二百金有奇，惜未得见。其存佚今不可知。"渔洋所记，不知是刘是苏。以弇州所见推之，未必果是苏集。《四库》存目之本，据云"刘过《龙洲集》中所载之诗，与此正同"，即是此本。又云"其本但有边阑，而不界每行之乌丝。此本染纸作古色，每页补画乌丝，伪镌'虞山汲古阁毛子晋印'印于卷末，盖欲以宋本炫俗也"。余以藏本证之，有边阑而无行线，与"存目"之本一一符合，则同一伪本。而此则真面尚存，视"存目"所据之本，亦觉可贵。苏过真集，乃周永年、法式善先后从《永乐大典》中辑出，乾隆丁未，鲍氏《知不足斋丛(刊)〔书〕》〔刊行〕。道光七年，蜀中祠堂本又附刻于《三苏集》后。阮文达《揅经室外集》未收书目，即据辑本进呈。世得见叔党原书者，周、法之功也。余得此书于长沙玉泉街书肆，展读一过，因述其作伪之由，俾读者不至为所炫惑。而《龙洲遗集》，转得因此而彰，是固不必以伪本而弃之矣。

庚子冬十一月己巳朔冬至记。

辛稼轩集四卷、词四卷、年谱一卷嘉庆十六年，裔孙启泰辑刻永乐大典本

宋辛忠敏弃疾，一代名臣，生平所为奏疏、诗文，久已散佚者。仅宋以来所传《稼轩词》十二卷，而毛晋汲古阁本溷并为四卷，已非原书之旧。一文一字之传，真有不可自恃者矣。此忠敏疏议、札子、论文、启三卷，诗一卷，词四卷，补遗一卷，前附《年谱》一卷，嘉庆中裔孙启泰从《永乐大典》及群书中搜辑而出，分类而成。是编词则仍汲古本之卷第，以新搜得者为补遗一卷。文集中《美芹十论》，尤见公经猷宏远，有古大臣之遗风。数百年来，公以词与集〔并〕文忠齐称，不知公经济文章亦足与文忠抗手。惟因其集世无传本，人莫测其高深，故仅以词著称于今，几使人忘其为伟大之人物。得此辑刻本行世，益令后人兴景仰之思，人固乐有贤子孙如启泰者，可谓不忘祖矣。此本流传颇少，莫友芝《宋元旧本书经眼录》附录载之云："偶思读《辛稼轩词》，适得此本，鼠蛀几无完叶，竭半日之力，挥汗整补重装，亦几玩物丧志矣。"莫氏时，旧书尚多，所获仅此，则《全集》如此之完美者，使莫氏见之，不知如何欣赏也。

龟山先生全集四十二卷明万历辛卯刊本，十行，〔行〕[1] 二十字

宋杨时《龟山集》四十二卷，明万历辛卯，将乐令林熙春刻

①此处脱"行"字。

本，《四库全书总目》集部著录为“顺治庚寅，先生裔孙令所刊”，盖即据此本重雕者也。《四库》开馆时，上距万历辛（闻）[①] 卯不过百八、九十年，而未见此刻，则其本之希见可知。先生卒于宋高宗建炎四年，入南宋时日甚浅。《四库》于《宗忠简集》，并以冠南宋诸集之首，其言曰：“南宋一代之儒风，与一代之朝论，皆传时之绪馀，故冠以宗泽著，其说不用，而偏安之局遂成。次之以时著，其说一行，而讲学之风遂炽。观于二集，以考验当日之形势，可以见世变之大凡矣。”又《提要》云：“时受学程子，传之沙县罗从彦，再传为延平李侗，三传而及朱子，开闽中道学之脉。其东林书院存于无锡，又为明季讲学之宗。”据此，则先生教泽之含弘光大，在有宋诸儒，殆无有驾于先（王）〔生〕之上者已。展读一过，景仰深之。

丙寅嘉平望（月）日，后学叶德辉。

石林居士建康集八卷明钞本

先少保公宋《石林先生文集》一百卷，国初尚载于钱牧翁《绛云楼书目》、曹倦圃《静惕堂书目》，自后诸藏书家则无闻焉。此《建康集》八卷，公再镇建康时作，为黄虞稷千顷堂旧藏本，后有先族祖石君公讳万者一跋，云“钞自毛氏汲古阁”者。石君公原讳万，更讳树莲，又更树廉，于少保公为二十世孙，留心家乘，又酷好宋版书，虽残篇缺帙，亦收拾整理，钞本多手校，何义门极称之。徐健庵司寇乾学为作传，载《憺园文集》。是集幸得公钞传，不然，并百卷本佚亡久矣。

①“闻”字衍。

原缺（三卷）〔卷三〕[1]《书后》内《书唐李弼告后》、《书唐李氏告后》二篇；《论》内《苏秦论》、《范增论》、《续养生论》上、中、下五篇。江阴缪艺风太夫子，为从常熟盛姓藏旧钞本补钞，余即据以付刻。道光时，族中先辈有刊是集者，为族祖调笙公讳廷琯者主校勘，初亦缺此七篇，后始得足本补刻。粤寇之乱，版亦旋毁。此余所以亟亟为之谋梓也。刻本据此，故特识之。

又一部家刻本，傅沅叔以朱竹垞曝书亭藏钞本校

先祖宋少保石林公《建康集》八卷，昔年据以付刻者，为黄虞稷千顷堂藏书钞本，后有公二十世孙讳万者一跋，即石君公也。石君公钞自毛氏汲古阁，原缺卷第三书后类《书唐李弼告后》、《书唐李氏告后》二篇，及论类《苏秦论》、《范增论》、《续养生论》上、中、下五篇，余借常熟盛杏荪宫保藏钞本补此七篇，遂成完璧。然以无他本可校，讹脱之处，无从细勘。辛酉五月，北游都门，傅沅叔同年出所藏朱竹垞曝书亭藏钞本见示，其足校正余刻本者甚多，因属沅叔为之手校一过。原缺七篇，朱本并同，其《书唐李弼告后》仅存二行亦同，盖同出一本也。惟余刻本缺字，（李）〔朱〕本皆有之。余书久已刊行，无从校改，拟作校记附后，俾读者悉其异同云。

①此处据文义应为“卷三”。

太仓稊米集七十卷旧钞本

宋周紫芝《太仓稊米集》七十卷，自宋乾道丙辰襄阳刻本，至淳熙癸卯，陈公绍修改讹字千馀，世称善本。元、明以来，并无复刻。意者，以其当时通籍暮年，乞怜秦桧，世遂薄其人品，故并其集亦唾弃不取欤？此旧钞本，字极草率，讹误甚多，前卷首有“秀水朱氏潜采堂图书”九字朱文篆书方印，下有“檇李”二字白文篆书方印，盖朱竹垞曝书亭旧藏本。半叶十行，行二十一字，不知钞自何本，以行字考之，似是出于宋刻。近时藏书家，惟昭文张金吾《爱日精庐藏书志》载有“旧钞本，七十卷”，云格阑外有“浣香居钞本”五字。仁和朱学勤《结一庐〔书〕目》亦有“旧钞本，七十卷”，注云“璜川吴氏藏书，诸城刘氏藏书”。是此集存于今者，惟此展转传钞之本。安得好事者为之细校，订〔正〕刊行，以存南渡文章之一脉。故虽不能与张纲《华阳集》、王蘋《著作集》以风节见称；论其才藻，亦孙觌《鸿庆集》之流。诚如《四库全书提要》所云：“略其人品，取其词采可矣。”

竹洲文集二十卷明弘治六年十世孙雷亨刻本

《竹洲文集》二十卷，附《棣华杂著》一卷，宋吴儆撰。此书明有三刻：一、十四世孙继良刊本，见吴氏《绣谷亭薰习录》；一、万历甲辰刊本，见丁氏《持静斋书目》；一、弘治刊本，见陆氏《皕宋楼藏书志》，即此本也。《四库全书总目》著录，卷数相同。此书在明刻中最为精善，字画雅近柳体，阅之如对宋椠，坊估往往将弘治六年程敏政序撤去，伪充宋本。此为吾邑旧家藏书，未落估人之手，故前程序犹存，足称完善也。

乙未小除夕，丽楼主人辉记。

又一部十卷、附录一卷明刻本

《竹洲集》，余向藏明弘治六年十世孙雷亨刻本，二十卷，《附录》一（集）〔卷〕，与《四库全书》著录本同。此十四世孙继良刻本，未详刻于何时，以字体、纸墨考之，当是万历时刻本。诗文篇数与弘治本同，惟并二十卷为十卷耳。此本自来藏书家罕著于录，乾隆时，仁和吴尺凫焯《绣谷亭薰习录》载有此本；近则丁丙《善本书室藏书志》有旧钞本，为汪阆源旧藏，乃从此本传录者。故此虽明刻，颇为先辈所珍藏。

集首序前钤"曹溶"二字朱文方印，"槜李曹氏藏书印"七字朱文椭圆印，此曹倦圃先生经藏印记。先生字洁躬，号秋岳，明崇祯丁丑进士，官御史；入国朝，官至户部侍郎，出为广东布政使，左迁山西阳和道；康熙己未，举鸿博，事详李集《鹤征前录》。晚号锄菜翁，筑室范蠡湖滨，曰倦圃，朱彝尊为撰《倦圃图记》，见《曝书亭集》。王文简《池北偶谈》云："其喜收宋、元人文集，宋自柳开《河东集》以下，凡一百八十家；元自耶律楚材《湛然集》以下，凡一百十有五家。"此殆其宋人集之一也。又首卷序上眉有"读易楼秘笈印"六字朱文长方印，卷一目录下有"玉栋之印"四字白文方印。玉栋，字筠圃，满洲人，读易楼即其藏书处，王芑孙《渊雅堂文稿》有《玉筠圃读易楼记》；翁方纲《复初斋诗集》有《题读易楼图》诗，可见其人为名流推重。

此书经二氏藏弆，故至今纸墨如新，从子启崟藏一明本，乃明万历甲辰裔孙吴瀛刻，改题《吴文肃公集》，亦二十卷，诗文多三十馀篇，《附录》多文四篇，已详彼本跋中，兹不具载云。

辛酉二月八日，德辉记。

吴文肃公集二十卷、附录一卷明万历甲辰裔孙吴瀛刻本

宋吴文肃公儆，所著诗文二十卷、《附录》一卷，本名《竹洲集》，此明万历甲辰裔孙瀛刻时所改题。此外有弘治六年，十世孙雷亨刻二十卷本；又有十四世孙继良刻本，并为十卷，皆名《竹洲集》，从原题也。二本诗文篇数相同，惟此本文类启多《贺施佥枢启》、《上史枢密启》、《贺洪枢密除参政启》、《谢郑宪举状启》、《上明州制置启》、《代王侍郎通扬漕启》、《与漕使启》、《贺洪景伯除中书舍人启》、《安仁交代启》、《答雷州冯守启》，共十篇。杂著多《劝学文》一篇。诗类古风多《送吴令君》、《赠吴令君》、《送王国器归宣城》，共三篇。律诗多《和刘守韵》、《送张丞归平江》、《次韵李提点雪中登楼之什》，共三编。绝句多《以乌纱饷客》、《题刘氏幽香亭》、《和张干三公亭》、《说谜三绝》，共六篇。乐府多《念奴娇·寿陈尚书母夫人》、又《寿吴宰》、又《无题》注，《西江月》无题注、又《春题别墅》、又《和前次范石湖韵》、又代作、又《戏陈子长》，《朝中措·代宋仲温上德操》，共九篇。《附录》多《敕奉议郎吴儆通判邕州》、《敕广南西路安抚都监、提举钦廉等州都巡检吴儆》，葛邲《宋竹洲先生吴公传》，赵汝愚《竹洲先生像赞》，共四篇。书内少《上汤丞相论馀姚海贼书》一篇。此则出自刻者增删，非复弘治本之旧。

至其中讹脱之处，如《附录》载先生《行状》，末行撰人程卓官衔“新安郡开国侯、食邑一千三百户、食实封二百户”，“侯”

字以下提行别起。此本脱去此行，至不知《行状》为何人所撰矣。又宝祐五年敕牒后，列官押七行，末行有“尚书阙”三字，全行将三字删去。此虽非正集要处，其校勘之疏陋，即此可知。幸吾家旧藏有十世孙雷亨、十四世孙继良两刻本可以取证，不然，将使读者费考索矣。从子启崟得此于长沙书肆，呈请题识，时余将还苏州，倚装书此。

时辛酉二月中旬，丽楼主人叶德辉记。

晦庵先生朱文公文集一百卷明嘉靖壬辰蒋诏刻本

明时，《朱子全集》有浙、闽两刻：浙本，洪武初取置南京国子监，不知何人所编；闽本，百卷，为公子在所编，嘉靖壬辰巡按御史蒋诏督刻，此本是也。每半叶十二行，行二十二字，大题“晦庵先生《朱文公文集》”，版心“朱子大全”四小字下，刻刻工姓名。康熙戊辰，蔡方炳据以重刊者。《四库全书总目》集部著录，即蔡本，殆当时此明刻亦稀见耶？朱子诗文皆有义法，为南宋之冠。国朝姚姬传先生诗文极似之，世目先生为桐城古文家，不知先生远有所本也。自余创此论，读者咸以谓然。至桐城方望溪侍郎《古文约选》，其钩乙点窜唐、宋人文处，无剩义，无累句，亦得力《朱子文集》为多，姬传先生盖得衣钵真传者矣。

止斋先生文集五十二卷明弘治十八年王瓒序刻本

《止斋先生文集》五十二卷，宋陈傅良撰。明弘治刻，大黑口本，每半叶十三行，每行二十三字。前有“赐进士及第、翰林院编修、经筵国史官、乡后学王瓒序”，略称“瓒近于秘阁录出公集五十二卷。弘治乙丑，御史同年、泽州张君伯纯往巡浙中，于公尤致向慕。瓒遂出示公集，伯纯喜曰：‘请得梓之以传’”。云云。则此为明刻中最早之本。《四库全书总目》集部著录，据《提要》所称，亦即此本。自周行己传程子之学于永嘉，永嘉遂自为一派，而止斋与先祖水心公为之魁首。止斋所为文，不及先祖雄赡奔逸，卓然为一大宗；然粹然儒者之言，亦不愧为同时作者。止斋卒，先祖为作《墓志》，称其“初讲城南茶院，时诸老先生传科举旧学，受教无异辞。公未三十，心思挺出，陈编宿说，披剥溃败，奇意芽申，新语懋长。士苏醒起立，骇未曾有，皆相号召，雷动从之。虽縻他师，亦借名陈氏，由是其文擅于当时。公不自喜，悉谢去”。是止斋之文，本以利于科举而获盛名。晚乃以谙练掌故、通知成败，为时所宗。故集中诸文，颇多切于实用。而其密栗坚峭，自然高雅可观。虽才力较先祖稍觉次之，要其旗鼓中原，固亦同时鲁、卫也。

梅溪先生前集二十卷、后集二十五卷

明正统庚申温州府刻本

宋王十朋《梅溪集》，分前、后二集：《前集》二十卷，《后集》二十五卷，明正统庚申，温州知府何文渊等鸠资刻本。大黑口版，每半叶十一行，行二十一字。版心只“前、后”二字及数目字，缺《廷试策》一卷，《奏议》四卷。《四库全书总目》“《梅溪集》五十四卷”，并《廷试策》、《奏议》全也。《提要》云：“正统五年，温州教授河濮所校，知府刘谦刻之，黄淮为序。”盖即此本，语详何文渊序。《天禄琳琅书目续编》明版类有二部，亦即此本。而《四库》著录为"兵部侍郎纪昀家藏本"，岂不知内府所藏，固为完本，而必以己所家藏者列名《总目》中，毋亦好名之心有所牵扰耶？或《续编》所收，编《四库》时尚未有耶？姑识之，以为此书一重公案。

象山集三十六卷 明嘉靖辛酉何氏刻本

宋陆九渊《象山集》三十六卷，明嘉靖辛酉何氏刻本。朱彝尊《潜采堂书目》著录者，为嘉靖甲午戚贤序刻本，先乎此刻三十馀年，而卷帙相同，则固同出一本也。《宋史·艺文志》、元马氏《文献通考》据陈振孙《直斋书录解题》，均称《象山集》二十八卷，《外集》四卷。当时门人袁燮刊于江西仓司者，凡三十二卷，盖并《外集》计之，卷数正合。《四库全书》集部"《象山集》二十八卷，《外集》四卷，附《语录》四卷"，《提要》云"《语录》四卷，本于集外别行。正德辛巳，抚州守李茂元重刻是集，乃并附集末，以成陆氏全书"。故自李刻以后，皆通连为三十六卷矣。

云庄刘文简公文集十二卷 明正统九年十世孙稔刻本

《云庄刘文简公文集》十二卷，宋刘爚撰。《四库全书》已著录，《提要》云："祁承㸁澹生堂钞本。前有嘉定间李埴序，又附真德秀碑文，乃明天顺间，其十世孙梗所编。又别一本，为其十世孙稳所重刻。较梗所编，少文数首，亦不（戴）〔载〕德秀碑文。”今按《提要》所称“别一本”，盖即此本。前有嘉定李埴序，后有明正统九年十世孙稳序。各卷末间有“正统九年甲子孟冬朔云庄书院刊”木记。近人丁氏《持静斋书目》别集类有《云庄集》十二卷，注云“钞本题《云庄刘文简公文集》”，疑即从此本传钞。又陆氏《皕宋楼藏书志》别集内，有《云庄集》十二卷，注云“明正德间刊本”，未知视此本如何？惜不得彼本一考订也。此书半叶十行，行二十字，字体颇似元椠，盖正统距元不远，故手民犹存古意。新年无事，过旧书店，鉴古斋主人李强之持以相示，因即购归。并有《大唐新语》一册、河南《程子文集》一册、邵子《击壤集》一册、《胡仲子文集》一册、《文断》一册，均明刻善本也。

光绪丙申正月廿八日，德辉漫记。

洪文敏集八卷钞本

宋洪文敏迈有《野处类稿》二卷，《四库全书总目》集部著录。据宋陈振孙《直斋书录解题》所载同，知为宋时旧帙。考《宋史·艺文志》载：“文敏有《野处猥稿》一百四卷、《琼野录》三卷。”明《内阁书目》有“《野处内外集》九册”，不详卷数，或即《猥稿》之残本。即《书录解题》亦云其“全集未见”，是今所传之《野处类稿》，不及其全集之一二。然则，文敏著述，亡佚多矣。此八卷：一诗词，二论，三表，四札子、奏状、书、启、制，五序、疏，六记，七传，墓志、碑、辨、铭，八杂著。为仁和劳季言格辑本，有注明出处者，有未注明者，皆《类稿》以外散见各书之作。旧为吴县潘文勤祖荫藏书，前有“潘祖荫印”四字白文篆书方印，又有“伯寅”二字朱文篆书方印。钞手尚干净，而别字甚多，余以朱笔校改，不能尽也。

范石湖居士诗集三十四卷康熙戊辰长洲顾嗣立刻本

《石湖居士诗集》三十四卷，宋范成大撰。宋陈振孙《直斋书录解题》:“《石湖集》一百三十六卷。”《宋史·艺文志》同。此仅诗三十三卷，赋、楚辞一卷，共三十四卷。又三十五卷，词一卷，下注“续出”，则未刻也。卷目后有“康熙戊辰八月，依园主人识”，略言“《石湖诗集》三十三卷，凡古今各体诗一千九百一十六首，范文穆公手自编定。宋嘉泰间，其子莘等刻以行世。合诗文凡百有三十卷，明时曾已重刻，而流传颇少。又有活版印本，残阙甚多，今藏书家多有钞本，而讹舛异同，鲁鱼错出。吾友金子亦陶所藏，从宋本钞得，更为广集诸家，较勘精密，可称善本。兹先刻其诗集，公诸同好。卷帙前后，悉依原本所编。其间讹字，皆略为改正。所有一二漫漶之处，无从辨证，姑阙之以俟考。外附赋、楚辞一卷，乐府一卷。赋本在诗前，今附于诗后者，集以诗名，从其类也”。

按：《四库全书总目》集部著录者，即此本。《提要》云：“成大在南宋中叶，与尤袤、杨万里、陆游齐名。《袤集》久佚，今所传者，仅尤侗所辑之一卷，篇什寥寥，未足定其优劣。今以杨、陆二《集》相较，其才调之健，不及万里，而亦无万里之粗豪；气象之阔，不及游，而亦无游之窠臼。初年吟咏，实溯中唐，其他则杂长庆之体，为晚唐五代之音。自官新安掾以后，骨力乃以渐而遒，盖追溯苏、黄遗法，而约以婉峭，自为一家，伯仲于杨、陆之间，固亦宜也。”今按“依园所识”，知范诗钞刻之源流。

《提要》所称，知范诗早晚之变化。故并摘录其语，以为读者指导焉。

亦陶，名侃；父俊明，字孝章。父子好藏书，皆手钞本，《苏州府志》有传。朱彝尊《静志居诗话》云："孝章既卒，门人私谥贞孝先生。平生好录异书，靡间寒暑。仲子侃亦陶继之，矮屋数椽，藏书满椟，皆父子手钞本也。"王文简士祯《居易录》云："顾迂客贻所刊《范石湖集》，凡诗三十三卷，楚词、古赋一卷，金侃亦陶写校宋版本也。亦陶，老友孝章之子。"其所钞书，当时为人珍贵如此，宜今日藏书家得其片楮只字，价重连璧也。

揭（扬）〔阳〕丁氏《持静斋书目》载："金侃钞元人诗：《秋声集》四卷、黄镇成，《圭峰集》五卷、卢琦，《清江碧嶂集》一卷、杜本，《傲轩吟稿》一卷、胡乘龙，《揭曼硕诗集》四卷、揭傒斯，《石田集》五卷、马祖常，《所安遗集》一卷、陈泰，《汉泉漫稿》五卷、曹伯启，《金囦集》一卷、元淮，《肃雍集》一卷、郑允端，《桧亭稿》五卷、丁复，《黄文献公集》五卷、黄溍，《南湖诗集》三卷、贡性之，《鹿皮子集》四卷、陈樵，《居竹轩集》四卷、成廷珪，《霞外集》十卷、马臻，《傅与砺诗集》八卷、傅若金，《道园学古录》八卷、虞集，《静思先生集》八卷、郭钰。皆其六十岁后手钞，人品与翰墨，俱足珍宝，不独所选诗超然物外也。"今附记于此，冀有好事如顾氏者为传刻之，庶不负其传钞之苦心耳。

又一部二十卷康熙戊辰婺源黄昌衢刻本

此康熙二十七年，婺源黄昌衢刻《范石湖诗集》二十卷。前有吉水李振裕一序，称"余督学江南，购其全集而不可得，仅得钞本二十卷，谋所以广其传者。黄生康谣适来谒，出以示之。黄生受而卒业，请以付诸剞劂，阅数月告成，丐序于余”云云。此本虽为国初刻本，殊为希见，惟王文简士祯《居易录》载之录：“婺源黄昌衢刻宋《范石湖诗集》二十卷，中多阙文。吴郡门人顾嗣协迂客，亦刻《石湖集》摹宋版，最工。后村云《石湖集》三十四卷，今顾刻正合。”今按：《四库全书总目》别集类著录，即用顾本，而不言及此二十卷本，恐馆臣亦未见也。余旧藏顾刻，并附旧钞《揽辔录》、《骖鸾录》、《吴船录》、《桂海虞衡志》、《田园杂兴诗》五种。此从子岍甫所藏，以其椠刻精美，传本极稀，故表而出之。

揽辔录一卷、骖鸾录一卷、吴船录二卷、桂海虞衡志一卷、田园杂兴诗一卷 明钞本

右宋范成大所撰三《录》、一《志》、一《诗》，共钞本四册。三《录》有嘉靖丁亥卢襄跋，云“予家石湖，与公别业相望。少从提学家兄往来湖上，抚其遗址，思欲有所兴理。比兄为御史在告，特创书院以俎豆公，既手摹公之象，与所书《田园杂兴》刻之石。又手校此三《录》，欲并刻未果。予来京师，每借他本校写，以寄同年项建阳秉仁、夏建安国符，即书坊刻焉”。是三《录》明时原有刻本，而《桂海虞衡志》并附刻以行，《田园杂兴诗》则以有石刻，故未刊行。然此数种，明以来诸丛书中往往刻之。盖其文辞之工，于游记中颇足引人入胜，宜其一刻再刻，风行一时。此钞本出自明人，当亦好事者以其无刻本单行，故汇钞一编，以便流览耳。

渭南文集五十卷明正德八年梁乔刻本

放翁诗文全集，近世通行毛氏汲古阁刻本，凡《渭南文集》五十卷，《逸稿》二卷，《剑南诗稿》八十五卷，《南唐书》十八卷，《家世旧闻》一卷，《斋居纪事》一卷。毛氏刻书，不遵宋本之旧，如此全集，皆以别钞增窜，故为藏书家所不尚。考放翁全集，宋陈振孙《直斋书录解题》载："《渭南集》三十卷，马端临《文献通考》引作二十卷，此据《永乐大典》。《剑南诗稿》、《续稿》八十七卷。"不云何人所编，何时所刻。据毛本原序，知《渭南文集》五十卷，为其子遹所编。《剑南诗》八十卷，为其子虡所编。皆刻于嘉定庚辰年溧阳官署。明弘治壬戌，华氏以活字版印行。据毛刻跋，及近人《皕宋楼藏书志》所称，只有《文集》而无《诗稿》，且讹脱甚多。毛跋称有"绍兴郡刻本，去《入蜀记》，混增诗九卷"，盖即指此本而言。此本前有汪序，并不云据何本重刊。原本残缺十四至十九，六卷，余属佣书者以毛本补完，卷第适相符合。毛刻所云"去《入蜀记》，混增诗九卷"者，因毛刻四十三至四十八，六卷为《入蜀记》；四十九、五十，两卷为词，故与此不合也。

余得此本于长沙故家，喜其为旧刻，间可纠毛本之讹。诗虽非放翁之全，而集本属文，无所缺逸，是固可以宝贵矣。

光绪三十又四年戊申夏至日，叶德辉跋。

姜白石集诗二卷、歌曲四卷乾隆癸亥，鲍氏知不足斋校刻江都陆钟辉本

宋姜尧章撰，集曰《白石道人诗集》二卷、《白石道人歌曲》六卷。宋嘉〔泰〕[①] 壬戌，钱希武刻本卷帙原数，元人陶南村宗仪手钞以传者也。乾隆癸亥，江都陆钟辉据以重刻，乃并《歌曲》为四卷。又改易其行、格，于是宋、元旧本之真全失，今所传此本是也。然阮文达《广陵诗事》五有云："白石诗词，宋版皆旁注笛色。盐官张氏既刑，复辍。松陵汪氏继之，不果。陆南圻司马钟辉刻成之，同时诗人皆有诗识事。"是则宋、元孤本，独赖陆氏以传，其刊播之功，可以掩其擅改之失矣。陆刻以前，尚有雍正丁未、歙人洪陔华正治刻本，凡诗词各一卷，歌曲无旁注笛色。乾隆辛卯又重刻，未知所据何本，余并藏之。《宋史》无姜尧章传，阮文达编《诂经精舍文集》五，有徐养原、严杰诸人补传，于其生平事实，考证最详，可云发潜德之幽光矣。

光绪三十有三年丁未重九前二日，郎园叶德辉记。

姜白石歌曲六卷、别集一卷乾隆己巳张弈枢刻本

此乾隆己巳，云间张弈枢校刻宋姜夔《白石道人歌曲》六卷、《别集》一卷，歌曲旁注工尺。据称，原书为元陶南村手钞本，分六卷，《别集》为一卷。先是，乾隆癸亥，长塘鲍氏知不足斋曾刻

---

①"泰"字原缺，今据"壬戌"查证，只嘉泰二年相合，故补。

此书，据称，亦陶南村钞本，但并六卷为四卷，殊失原钞之旧。此刻悉照原卷，工尺旁注行间，胜于鲍刻远甚。白石词，《四库全书》仅据毛晋刻《六十家词》中一卷本著录，殊为疏陋。鲍氏收藏，多宋、元旧钞，而所刻《知不足斋丛书》，实未精审。此亦如毛子晋之好刻古书，而不根据善本者同一恶习。即如宋王沂孙《碧山乐府》一卷，鲍氏原藏明文钞本在余许，以校鲍刻《丛书》，确系依据钞本，而改题为《花外集》，竟不知其何因。且文钞经秦太史恩复校补，逸词于书楣。鲍刻既补刻卷末，而不言出自秦手，则此之任意合并，又无足怪矣。

断肠集四卷明潘是仁刻本

宋朱淑真《断肠集》四卷，《四库全书总目》集部别集类存目，作二卷，浙江鲍士恭家藏本。《提要》云：“淑真，钱唐女子，自号幽栖居士。嫁为市井民妻，不得志以没。宛陵魏端礼辑其诗为《断肠集》，即此本也。前有田艺衡《纪略》一篇，词颇鄙俚，似出依托。至谓淑真寄居尼庵，日勤再生之请时，亦牵情于才子，尤为诞语。殆因世传淑真《生查子》词附会之，不知其词乃欧阳修作，今在《六一词》中，曷可诬也。”今按：《四库全书》词曲类《断肠词》，《提要》亦详辨其事。此明潘是仁刻《宋元名家诗》之一，仅留此及《花蕊夫人诗集》二种。从子定侯得之旧书肆中，执以询余。时插架有浙人丁丙所刊《武林往哲遗著》中有《新注朱淑真断肠诗集》十卷、《后集》七卷，为钱唐郑元佐注。前有序，题“通判平江军事魏仲恭撰”，即《四库提要》所称之魏端礼也。序称：“其早岁，不幸父母失审，不能择伉俪，乃嫁为市井民家妻。一生抑郁不得志，故诗中多有忧愁怨恨之语。”并无论其不洁之事。田艺衡，明时人，何从而得其详耶?《提要》斥为伪托，诚哉是言。此本不载田艺衡之文，卷数亦与《四库》存目本不同，当是别有所本。古书日少一日，即此明本，亦足珍也。

雪岩诗集[1]三卷明潘是仁刻本

宋陈起所编南宋群贤小集，《四库全书总目》总集类著录。而其中宋伯仁《雪岩吟草》一卷，又于别集类分载，《提要》云："陈起《江湖集》中已列其目，此其单行之本，今亦别著于录焉。"此本作《雪岩诗集》三卷，卷一：五言律诗、附五言绝句、六言绝句；卷二：七言律诗；卷三：七言绝句。明潘是仁刻《宋元名家诗》之一。

以《江湖集》本与此互勘，《吟草》中五律多《嘲不识字》一首，少《寓兴》一首、《寄海安赵路分》一首、《自叹》一首、《寄郑贡父秀才》一首、《曹娥谢赵菊庄相访》一首、《忘机》五绝一首、《水边闻雁》五绝一首。七律多《张监税新居》一首、《春雪不止》一首、《寄楼雪卧》一首、《楮先生午睡》一首、《云云》一首、《中秋月》一首，少《值雨》以下四十七首。七绝多《晚春溪行回文》一首、《别友人集唐句》一首、《客楼戏集唐人句》一首、《小舟晓赏荷花回文》一首、《扇》一首，少《夏日》至《和浙东童仓使》三十三首；内《夏日》三首、《西湖晚归》二首、《和浙东童仓使》三首。又《吟草》五古多《寄征夫》一首。七古多《佳人歌》一首、《丑女歌》一首、《累字戏作解愁吟简旧同寮》一首。两本当各有所据，而以此本为详。《四库》重录

①原误作"雪岩诗诗"，据正文改。

《江湖集》本，而不知有此本，岂当时未经采入，故馆臣未见欤？后有重刻此集者，当以此为正本，而以《江湖集》所多者附刻焉，则庶几成为完璧矣。

谢叠山先生文集五卷明万历甲辰吴氏刻本

宋季文山、叠山两公，忠节之士，不当以诗文家目之，存其集以志景仰云尔。

丙申八月中秋日，以一金购于厂肆，长沙叶德辉敬识。

自堂存稿十三卷宋元明活字参杂本

宋陈杰《自堂存稿》，《四库全书总目》著录云"《永乐大典》本"。《提要》据厉鹗《宋诗纪事》云："杰字寿夫，分宁人，淳祐十年进士，制置司属官，有《自堂存稿》。"今此本十三卷，卷一第二行撰人题"赐进士丰城玗溪陈杰焘甫撰"。据此，则《提要》云"字寿夫"及"分宁人"者，皆误也。又，《大典》本四卷末有《间般记》、《间般赋》[①] 二首，末有"使其子樵书而刻之"。又称"（元）〔延〕祐[②]二年七月十七日记"。《提要》云"元鹿皮子陈樵，实婺州东里人"，里籍不相符。集中四言古诗《春日》、《江永》诸篇，自注云："端平以来，其年当在二十左右。至帝㬎德祐乙亥，凡四十二年。"宋亡时已近六旬。延祐二年乙卯，上距宋亡又四十年，则已在百岁外，时代似不相及。是《记》殆陈樵之父所作，《永乐

①《间般记》、《间般赋》，"间"似当作"闲"。
②"元祐"为"延祐"之误。

大典》误题杰名欤？按：此本不载《记》《赋》，则《提要》云"非杰作"，是也。

杰诗不脱江西习气，而风姿秀挺，视宋末江湖诸家较有格调。是本多于《大典》本过半，尤足以窥全豹。前有宋咸淳甲戌十月望自叙，末有明万历壬辰宾汝功补版跋。书版有宋刻，有元刻，有明刻，又有活字排印者数叶，版式大小不一。盖其版自宋末、元时，讫明，陆续补刊而成，临印时又以活字补其阙叶耳。若其历官，则自序题衔，可以考见大略，题衔云"赐进士第、朝奉大夫、提点江西刑狱兼制阃参谋、前工部郎中玕溪陈杰焘甫识"。《大典》本无此叙，故《提要》不能详，幸有此本，可补《提要》之略，而存《自堂稿》之全。是可与新出之周密《草窗韵语六稿》，并为宋人集中不可得之秘笈矣，冀日当谋刊行之。

岁在癸亥二月清明前一日，郎园叶德辉识。

郎园读书志卷九

集部

元遗山诗文全集四十卷、续夷坚志四卷、新乐府四卷，附凌廷堪撰年谱二卷、施国祁撰年谱一卷、翁方纲撰年谱一卷、附录一卷、补载一卷道光卅年张穆刻本

平定张石舟穆刻《元遗山集》，为遗山集大全之本。其诗文四十卷，从明弘治李叔渊本、康熙华希闵本、毛晋汲古阁本、南昌万廷兰本、乌程施国祁注本勘定讹误，别白是非。各类之后，增补续编。凡遗山诗文佚见他书者，此本悉详载之，可谓留心文献者矣。《续夷坚志》四卷，从余秋室刊本重刻，旧传只写本。《新乐府》五卷，《四库》未收，阮氏元《揅经室外集》著录，此亦从华本再刻。《年谱》三卷，施本从《诗注》本，翁本从《苏斋丛书》本，凌本从汉阳叶氏钞本，皆善本也。同时有李镕经刻本，不及此刻之精，曾于市肆一见，未得购归。然据此书序称“旧缺《御史张君墓表》、《阳曲令周君墓表》、《邓州新仓记》各半叶，叶各三百字，皆补完之”。则李刻亦有可取之处，然不及此之完美矣。

己丑二月初六日，书于都门崇文门内观音胡同小寓，距礼闱仅二日。长沙叶德辉识。

又一部四十卷道光二十七年李镕经刻本

《元遗山集》，明中统严氏所刻，为第一次刻本，今不易得矣。近时南北通行者有两刻本：北本为平定张穆刻，校勘精审，有拾遗补缺之功，而南中希有也；南本为定襄李镕经刻，与张同时，序称“张石舟藏有元人刻本，复取其书，重加校雠，以百金俾坊间，助其费而授之梓”。张刻序则称“近日坊肆有新刻，乃某太守从臾坊贾据华氏本刻之苏州者”，此本是也。

以张本校此本，卷数相同。张本每类多有附益，如卷二，五古《读书山月夕》以下多八首，《继愚轩和党承旨雪诗》四首、《寄英禅师，师住龙门宝应寺》、《梦归》、《郎文炳心远斋》二首、《萧寺僧归横轴》、《祁阳刘器之以墨竹得名，今年春薄游鹿泉，因为予写真，重以小景见饷，凡以求予诗而已，赋二十韵答之》、《答王辅之》、《寄题沁州韩君锡耕读轩》。以上八首，实十二首。卷四，七古《过刘子中新居》以下多四首，《东湖次及之韵》、《赠郝万户》、《王学士熊岳图》、《赠史子桓寻亲之行》。以上四首。卷五，杂言《付阿耽诵》以下多三首，《游承》、《镇悬泉为程孙中卿作》、《寿张复从道》，以上三首。按：又多《唐子达扇图》一首，李本入六言。卷七，五律《乙卯十一月往镇州》以下多五首，《挽赵参谋》二首、《嗣侯大总管哀挽》二首、《答弋唐佐不寐》、《送杨叔能东之相下》。以上五首，实七首。卷十，七律《张村杏花》以下多三十一首，《送仲希廉简大方》、《送郭大方》、《送李辅之官青州》、《答晁公宪世契》二首、《寄史德秀兼呈济上诸交游》、《答吴天益》、《答郭仲通》二首、《兰仲文郎中见过》、《送奉先从军》、《寿赵益之》、《与宗秀才》、《赠冯内翰》二首、《九日午后入府，知曹子凶问，夜不能寐，为作诗二首》、《益甫曹弟见过，挽留三数日，大慰积年倾系之怀。其行也，漫为长句以赠。弟近诗超诣，殆欲度骅骝前，故就其所可至者而勉之》、

《赠李文伯》、《赠玉峰魏丈邦彦》、《赠答赵仁甫》、《同德秀求田燕山，分得同字》、《德秀家儿子》、《赠任丈耀卿》、《贺德卿王太医生子》、《赠麻信之》、《射虎》、《茗饮》、《郁郁》、《秋日载酒光武庙》、《寄刘光甫》、《过皋州寄聂侯》、《病中感寓赠徐威卿，兼简曹益甫、高圣举》、《归潜堂》、《过阳泉冯使君墓》。以上三十一首，实三十四首。卷十四，七绝《留赠丹阳王炼师三章》以下多十六首，《元夕》、《酴醾》、《为檄子醵金》二首、《李子范生子》、《柏乡光武庙》、《和德新丈》、《春日寓兴》、《沧浪图》、《倦绣图》、《雪谷晓行图》、《浩然雪行图》、《岳邦献寿》、《风柳归牛图》、《子和麋鹿图》、《贾氏怡斋》二首、《与西僧伦伯达》二首。以上十六首，实十九首。卷二十二，碑、铭、表、志、碣类，从《金石萃编》补《萧轩杨公墓碑》一首。卷二十七，从《元文类》补《漆水郡侯耶律公墓志铭》一首、《尚书右丞耶律公神道碑》一首。卷三十，从《金石例》补《安肃郝氏先茔碑》一首。卷四十，多《中令耶律公祭先妣国夫人文》一首。总凡多诗六十七首，实七十九首；多文五首，均注有“以下续编”字。盖从他书搜辑而出者。然不注明出处，亦全书之累也。

此本刻工草草，不及张刻之工，而所据华本，尚得明刻面目。且明刻、华刻，旧缺《御史张君墓表》、《阳曲令周君墓表》、《邓州新仓记》各半叶，叶各三百字。此本皆补完之，故张序称“其微劳不可没”。然则南、北两刻，正可以互证得失，参稽同异，而不必强分轩轾矣。予昔只藏北本，后续得汲古本、南昌万廷兰单刻《诗集》本、乌程施国祁注本。今又获此，忻快何如！他日倘得一明椠初刻，则更快矣。

丙申冬十月初三日立冬，丽楼主人叶德辉识。

牧庵集三十六卷武英殿聚珍版本

此书仅此孤本。福建、江西、浙江外，聚珍版均未重刻。余求之十馀年而始得，去值甚昂。都门购书，皆节衣缩食为之，吾辈如此，寒畯可知矣。

丙申冬十二月小除夕题记。

杨仲弘诗集八卷 明嘉靖丙申翁元汇刻本

《杨仲弘诗集》八卷，元杨载撰。余所藏为毛晋汲古阁刻《四元人集》本、及近刻《浦城遗书》本。此明嘉靖丙申，翁元汇刻者，从子定侯所藏，前序下有“孔鑑涵印”四字白文篆书方印，“东家季子”四字白文篆书方印。卷之一有“孔鑑涵印”四字白文方印，“荭谷”二字朱文篆书方印，盖衍圣公府红榈书屋旧藏也。半叶十行，行二十字；诗皆低一格，实行十九字。大题“翰林杨仲弘诗卷之几”，版心题“杨仲弘诗”四字；中白鱼尾下“卷几”二字，字体方整，有宋版遗规。取毛刻校勘，异处不少，正不知毛据何本重刻也。此本藏书家目录罕见著录，惟归安陆心源《皕宋楼藏书志》有之，今已归于日本岩崎静嘉堂，恐海内仅有此孤本矣。

青阳集六卷 明嘉靖戊戌郑锡麒刻本

元余忠宣公阙《青阳集》六卷，明嘉靖戊戌郑锡麒刻本，白口版，半叶十一行，行二十字。后附郑识，略言“公之正集《青阳》，前守海岱张中丞刻之矣，而弗存。维扬张仲刚氏采而成编，附刻之，而复伤于残缺。余公暇，取二集校阅，正集厘为四卷，又以附刻之二卷续诸后，绣梓以行”云云。前有正德辛巳刘瑞序，云“知府张文锦询善本，胡宁国东皋刻焉”。此即郑所称之张中丞也。又有正统十年，高毅重刊此书，引云“先友张君彦刚好古尚贤，尝裒集公之遗文，镂版以传”，此即郑所称之张仲刚也。是此书在前明已经屡刻。今《四库全书总目》别集类只四卷，《提要》不详何本，恐非佳刻。此本大题“青阳先生文集”下，不题撰人姓名，惟目录前有“门人淮西郭奎子章编”一行，殆旧本如此，郑刻仍之耳。公殉节后，其稿煨烬无遗，门人郭奎掇拾得数十篇以传，语详云阳李祁序。《提要》称公“力障东南，与许远、张巡后先争烈。文章为公之馀事，心声所发，识度自殊，亦有足觇其生平者”。今读公是集，信乎光焰万丈，与日月争光，斯文若元气，公足以当之矣。

师山先生文集八卷、遗文五卷、附录一卷、济美录四卷明嘉靖乙未刻本

右元郑玉《师山文集》八卷，《遗文》五卷，《附录》一卷，《济美录》四卷。“济美”云者，以师山先人仕宋、元间，为名宦、称乡贤者，录其政绩、碑志、当时野乘佚闻录为一篇，即“世济其美”之意也。据后裔孙烛跋称“宗老子西翁所裒”，未知子西为何人。

《四库全书》著录，亦无此种。近世藏书家，若瞿氏《铁琴铜剑楼》、陆氏《皕宋楼》所载明刻本，均无此种。朱氏《结一庐书目》载宋、元集部颇多，此书仅旧钞本八卷，且并《遗文》、《附录》而无之。则此集明刻，亦良可珍贵矣。文集初名《馀力稿》，今本称师山先生，殆后人追改，《四库提要》已论及之。先生以文卫道，大节凛然，名虽不逮范、揭、虞、姚诸人，而一集岿然，

可谓争光日月也已。

丙申七月中元后一日志，丽楼。

樵云独唱集六卷旧钞本

《樵云独唱集》六卷，元叶颙撰。颙，金华人，与余先祖元和靖山长同名，且同时。和靖公以元遗民入明，太祖屡征不起。此集有至正甲午自序云："薪桂老而云山高寒，音调古而岩谷绝响，故名《樵云独唱》。"则亦高洁之士。顾嗣立《元诗选》，云其"登洪武中进士，官行人司副，免归"。袁凯《海叟集》载有《樵云独唱》序云："使先生后生数年，际我朝之明盛，与一时俊乂并列庶职，其事业必有可观。惜其不然，而徒于言语文字见其志，不亦可哀乎！"则其未曾仕明，本有明证，嗣立所载，必为传讹。考叶颙同姓名者有四，钱谦益《列朝诗集》载有叶颙诗小传，云"字伯恺，洪武中登进士，官行人司副，免归"。与嗣立合。知嗣立所本，即出于钱，非此叶颙也。余按集中《挽琳上人》诗云："大德庚子春，生我及此公。"是与琳上人同年生。谓为登洪武进士者，国子监元太学题名碑，洪武二十七年甲戌张信榜，有其人。由大德庚子至洪武甲戌，其人已九十四岁。岂年近百岁而始释褐？无此理也。又建文二年庚辰榜，有叶颙，金华县人。此已百岁，更无此理也。其诗多高旷之致，绝不涉及仕宦。嗣立漫无考核，不亦厚诬古人乎。卷一下有"五桥珍藏"四字白文篆书方印，又有"慈溪冯氏醉经阁图籍"九字朱文篆书方印，抄手无讹误，知藏者固精鉴别云。

杨铁崖古乐府十卷、复古诗集六卷明补元刻本

《杨铁崖古乐府》十卷、《复古诗集》六卷，元杨维祯撰。《古乐府》大题云“《铁崖先生古乐府》卷之一”，次行下题“门人富春吴复类编”，至十卷止，题并同。前有至正六年丙戌吴复序。《复古诗集》大题云“《铁崖先生复古诗集》卷一”，下题“古乐府卷之十一”，此在首叶序大题下。次行“太史绍兴杨维祯廉夫著”，三行“太史金华黄溍晋卿评”，四行“门生云间章琬孟文注”。至六卷止，题并同。大题下“古乐府”至卷之十六止。而卷之二至卷之四，无“门生云间章琬孟文注”一行。前有至正二十四年甲辰章琬序。两集版心通题“《铁崖先生古乐府》卷之几”，卷数接连计算，上下黑口。《古乐府》有点句，《复古诗集》有圈点。前有宋濂撰先生（撰）墓志铭，盖明时补刻也。

是集南北藏书家皆著录，常熟瞿氏《铁琴铜剑楼书目》有明刊校本，云“成化己丑，吾邑刘效刻。有刘效跋”，聊城杨氏海源阁《楹书隅录》藏本同。归安陆氏《皕宋楼藏书志》为元刊本，云“每叶二十二行，行二十字”，钱唐丁氏《善本书室藏书志》亦即此本，云“汲古刻本所自出”。江阴缪氏《艺风堂藏书记》云：“明成化己丑，沈鲤翻元刊本。前王益序，后刘效跋。”按吴县黄丕烈《荛圃藏书题识》载元至正刻本，云“前有宋濂所撰墓志铭”。诸家书目均未叙及，惟此本正同，行、字则与《陆志》合。盖诸家所藏，实同一版刻。元刻至明成化时犹存，故修版时增入明人序跋。瞿、缪两家藏本，余皆见之；丁书今归江南图书馆，即荛圃旧藏，所谓“版有模（胡）〔糊〕”者也。此本亦明初所印，无刘效跋，亦无模胡处。殆明书修版，而在成化前者。铁崖

诗奇丽无匹，如此本之古香古色，雅与之称，洵可宝也。

壬戌闰五月十一日。

鼓枻稿不分卷明钞精本

《鼓枻稿》不分卷，共二百八十五题，诗三百八首。又朱笔添补《九日与鹤斋真人饮坚历上东楼次韵》。原失下《宿坚公房咏高丽石琉璃》五律一首，钞本误以此诗为《九日》诗。而《九日》一首脱去。大题下有“元虞堪叔胜甫著”一行。考《四库全书总目》明人集内，《希澹园诗》三卷，《提要》云：“明虞堪撰。堪，字克用，一字胜伯，长洲人。至正中隐居不仕，故其《题赵孟頫画绝句》有曰：‘王孙今代玉堂仙，自画苕溪似辋川。如此青山红树里，可无十亩种瓜田。’深讽其出事二姓。然堪至洪武中，竟起为云南府学教授，卒于官。盖与仇远入元事同一例。原本题曰‘元虞堪’，非其实也。”《提要》此诗，今在集中。《提要》又云：“世又有堪诗别本题曰《鼓枻稿》者，与此集互相检勘，其诗篇数多寡并同。惟前后编次稍异，或即堪之原本，或后人别题以行，均未可定。今附存其目于此，不复录焉。”所指别本，即此本也。

堪集《明史·艺文志》不载。明人藏书，如西亭王孙《万卷堂》、祁承㸁《澹生堂》诸目，均未著录。王鏊《姑苏志》列传、钱谦益《列朝诗集》甲集前编小传，亦不言其诗集何名。黄丕烈《士礼居藏书题跋》有“旧钞本，名《鼓枻稿》”，与此同。今以集中《鼓枻》一首证之，似本张志和泛宅浮家之意，因以为集名，则《鼓枻》实原名也。此本抄手甚精，历经名人收藏印记，目录下有“梅华墅”三字朱文篆书方印。“梅花墅”，明崇祯庚午，长洲举人许元溥字孟宏之父自昌藏书之别业也。自昌刻有《甫里集》二十卷，《四库总目提要》以为松江许自昌，万历乙卯刻本即其人也。“梅花墅”，康熙《苏州府志》、乾隆《苏州府志》许本传均作“梅花墅”，并误。又首叶有“顾嗣立印”四字白文篆书方印，“侠君”二字朱文篆书方印。尾叶有“秀野草堂顾氏臧书印”九字朱文篆书大方印。顾侠君，长洲人，康熙己卯举人，以修书议叙内阁中书，壬辰赐进士，选庶吉士。选有《元诗选》初、二、三集，注韩昌黎、温飞卿二家诗，见《乾隆府志》。所刻书，版心有“秀野草堂”四字，即其藏书处也。首叶又有“喜孙读过”及“汪氏喜孙”两四字朱文篆书方印。喜孙，字孟慈，汪中之子。诸家固视为秘笈也。从子岉甫，得钞本宋、元人小集数种，惟此一种为明钞，故拔出为详记之。

苏平仲文集十六卷明正统壬戌刻本

《苏平仲文集》十六卷：文十四卷、诗一卷、《空同子瞽说》一卷，明苏伯衡撰。正统壬戌，章贡黎谅刊，黑口本，薄皮纸印，每半叶十二行，每行二十四字，大题“《苏平仲文集》卷之几”，二行“处州府推官章贡黎谅校正重刊”，目录大题下第二行则云“迪功郎、蒙阴县主簿、永嘉林与直编集”。《四库全书总目》集部著录，即此本也。按《明史·文苑传》：“伯衡，字平仲，金华人。父友龙，受业许谦之门，官萧山令行省都事。明师下浙东，坐长子仕，谪徙滁州。李善长奏官之，力辞归。伯衡博洽群书，为古文有声。元末贡于乡，太祖置礼贤馆，伯衡与焉。用为国子监学录，迁学正。擢翰林编修，力辞，乞省觐归。学士宋濂致仕，太祖问谁可代者，濂对曰：‘伯衡，臣乡人，学博行修，文辞蔚赡有法。'太祖征之，入见，复以疾辞。二十年，聘主会试，事竣，辞还。寻为处州教授，坐表笺误，下吏死。"按：伯衡学有师承，志节高尚，观其屡征屡起，屡起屡辞，甘为冷官，不乐肮仕。卒不能全身远害，老死田间。文人薄命，固如是耶？集中文多见道之言，入理精深，故吐辞醇正，在洪武时，亦宋、刘之亚也。诗非专家，故只存一卷。然刘基称其诗"辞达而义粹，识不凡而意不诡，明于理而昌于气"。誉之虽不免太过，然学人诗固自有一种家法也。

胡仲子先生信安集十卷明弘治癸亥刻本

《天一阁书目》集类有《胡仲子文集》十卷，云"明胡翰著，宋濂序，序多脱字"。《四库全书总目》别集类著录本同。《提要》云"凡文九卷，诗一卷"，此本只上、下二卷，诗寥寥数章，附于下卷末。据前弘治吾啴序，称"访求于衢之人，得其作凡若干篇。将锓梓以行，谋于佐郡贺公，遂刻之。工甫讫，进士都君玄敬以全集属邦伯广其传。邦伯甚喜，将续刻并行焉"云云。则此二卷非足本也。《天一目》所载为"绵纸蓝丝阑钞本"，《提要》亦云"今印本罕传，惟写本犹存于世"。则十卷本固不易得，得此二卷本，亦略见先生诗文之大概已。

光绪二十二年丙申春正月廿八日，长沙叶德辉记。

大全集十八卷康熙乙亥刻本，张廷济朱墨二笔评注

此明高季迪《大全集》十八卷，为张叔未先生藏书。卷首、

序、卷末尾钤有“嘉兴张廷济字叔未行弌、履仁乡张村里藏经籍金石书画印”二十五字朱文篆书方印。卷一大题下有“张廷济印”四字白文篆书中方印，“张尗未”三字白文篆书中方印。卷八大题下有“张廷济印”四字白文篆书小方印，“张尗未”三字白文篆书小方印。卷十四大题下同此印，馀卷无印。以原分三册装钉，只册首钤印故也。每卷皆经先生朱、墨两笔评校，及圈点直抹，字迹半行楷书。以余旧藏先生嘉庆癸酉、甲戌两年《日记》证之，当是四十以后、五十以前之笔。先生生于乾隆三十三年戊子，至嘉庆甲戌四十七岁，精力目力，迥异常人。所评或论诗法，或注本事，细行密字，全书如一笔写成。今人但以金石家推先生，不知先生诗功如此之深，记问如此之博也。先生晚年书法苍劲，与此微有不同。然体势虽殊，笔意自在。余先得先生手书《日记》，可证其评此集年时。近又得先生所藏《竹汀先生日记钞》，卷末有“识语”两行，云“嘉庆十三年六月十九日，赠寿臧徐甥”，凡十五字，核其笔迹，与此相符。嘉庆十三年，岁值戊辰，先生四十一岁也。

先生《日记》载“顾东川为推星命”，其生年为戊子七月廿三日申时，其四柱为戊子、庚申、戊申、庚申。一岁馀百二十日起运，每逢甲、己年十一月廿三日交换顺行。运借二岁起，于五十七岁寅运，直抹竖画。盖以此运寅、申相冲，有不利也。然考钱椒《补疑年录》：“先生生于乾隆三十三年戊子，卒于道光二十八年戊申。”是时年已八十一，正脱辰运，与申子会水，又为戊土之墓。土以制水，水多则土流，宜其死矣。然七月庚金为食神日，主坐长生，戊土寄生在寅，正生在申。其享高寿、获大名，则以食神得禄，庚为戊土，食神庚禄在申。学堂带秀长生为学堂。故也。此亦先生逸事，因并记之。

解学士诗集十二卷明初刻本

明人《解学士集》，世不多见。《明史·艺文志》载"三十卷，又《春雨集》十卷，《似罗隐集》二卷"。西亭王孙《万卷堂书目》载"《集》三十卷，《似罗隐集》二卷"，而无《春雨集》。祁氏《淡生堂》有《春雨集》十卷，无《集》三十卷及《似罗隐集》二卷。黄氏《千顷堂书目》载"《似罗隐集》一卷，《集》二十卷"。诸《目》所载不同，今皆无传本。传者仅《四库》著录之"十六卷本"也。其本乃其十世孙悦所补辑，未知视明本如何，而实非当日之旧。李东阳《怀麓堂诗话》谓其诗"无全稿，真伪相半"。茶陵去缙时不远，其言如此，然则明刻殆亦无可信者矣。《四库提要》云："缙殁后，天顺间，金城黄谏始辑其遗文为三十卷，后亦渐湮。"今此本卷首标题结衔有"金城黄谏辑编"一行，仅诗十二卷。卷一，颂及四言；卷二，五古；卷三、卷四，七古；卷五，长短句；卷六，五绝；卷七之卷九，七绝；卷十，五律、五排律；卷十一，七律；卷十二，七律、七排律。卷帙完全而不及文，不知《提要》何据而云"三十卷"也。卷首有"南昌彭氏"朱文方印，又"知圣道斋藏书"朱文长方印。知为彭文勤旧藏，椠刻古拙，有元人风味。

缙少负神童之目，委巷所传之诗，如"一上一上又一上，一上直到南山上。举头红日白云低，四海五湖皆一望"一首；又《咏僧人犯奸荷枷》云，"精光顶上着紫光顶①，有情人受一无情棒。出家人反做在家人，小和尚连累大和尚"。均为唐子畏作，前

①紫光顶，疑"紫光项"之误。

一首载明人《蕉窗杂录》，后一首见《风流逸响》。又《二女踏秋千》诗云：“二八娇娥美少年，绿杨影里戏秋千。两双玉臂挽复挽，四只金莲颠倒颠。红粉面看红粉面，玉酥肩并玉酥肩。游春公子摇鞭指，一对飞仙下九天。”亦唐子畏作，载《乌衣佳话》。又有《题半身美人》云：“天姿袅娜十分娇，可惜风流半节腰。却恨化工无见识，动人情处不曾描。”此诗则载《六如居士集》中，世亦以为缙作。盖历代才人，负一世之盛名，流俗往往以不经之谈，附会失实。如唐之罗隐、宋之苏东坡，明之解缙、唐寅，尤为人所脍炙。世传打油之诗，究亦不知谁作，而必托之此数人。虽通人纪载，亦所不免，则甚矣，才名之累人也。此本存真去伪，删汰极严，在明刻中信是足本。惟不知黄谏所编，只诗无文，而《提要》误记，抑此本仅存诗，而失其文？皆无可考，姑从阙疑可也。

光绪壬辰仲夏之十日记。

牡丹百咏一卷 明弘治钞本

《牡丹百咏》一卷，明张淮撰。前有弘治癸亥都穆序，称“吾吴张先生豫源，宴常熟一富人家，坐客有称僧明本《梅花诗》者，先生不为意。时庭下牡丹盛开，客曰：‘子能赋此矣乎？’先生曰：‘是不难。’持觞痛饮，用‘梅韵’咏之，竟成百首。而回文一首继焉，一坐以为神。先生没，无子，稿留其侄工部郎中嘉玉所。工部恐久而散逸，命童录之于本，而俾穆为序”云云。后有其侄玮“书后”，系当时佣钞原稿。余旧藏先石林公《避暑录话》，为弘治钞本，其纸料与此相同，疑当时钞书，皆用此等纸也。前序下有“士礼居臧”四字朱文隶书长方印，序后馀纸上有

“平江黄氏图书”六字朱文方印，首叶有“朱氏（行）〔竹〕[①]垞”四字朱文篆书方印，“曝书亭藏”四字白文篆书方印；又有“黄埴”二字朱文篆书小方印。又“湘潭黄氏听天命斋藏本”十字朱文篆书长方印，钤在“平江黄氏图书”印之右。盖历经国初以来名家收藏，而纸本完好如新，朱圈渥丹炫目。不必论其诗之工不工，即此一韵百篇，已足见其才思之宏

石田先生诗钞十卷 明崇〔祯〕甲申瞿式耜刻本

此明沈周《石田诗钞》，为常熟瞿忠宣式耜所选刻。版心冠以“耕石斋”者，忠宣之斋名也。《四库全书总目》集部著录系分类本，自天文、时令以下，分三十三类，与此本编次不同。此本一卷至八卷为诗及诗馀，九卷文，十卷事略。前有钱谦益序云：“《石田先生诗集》凡十馀本，余与孟阳互为评定，差择其尤者若干卷。稼轩酷爱石翁画，一缣片纸，搜访不遗馀力。名其斋曰‘耕石’，遂刻《诗钞》藏之斋中，并汇其古文若干篇，及余所辑事略附焉。”余按《明史·隐逸·沈周传》云：“年十一，游南都，作百韵诗上巡抚；侍郎崔恭面试《凤凰台赋》，援笔立就，恭大嗟异。及长，书无所不览，文摹左氏，诗拟白居易、苏轼、陆游，字仿黄庭坚，并为世所爱重。尤工于画，评者谓为明世第一。”盖先生本深于诗学，顾元庆《夷白斋诗话》载：“都穆学诗于先生，尝作《节妇诗》，有‘青灯泪眼枯’句，先生以《礼》‘寡妇不夜哭’，议‘灯’字未稳。”可见先生诗律之细。朱彝尊《静志居诗话》称：“石田诗不专仿一家，中晚唐、南北宋，靡所不学，每于

①“行”字误，应为朱竹垞，即清文学家朱彝尊。

平衍中露新警语。人既贞不绝俗，诗亦变而成方，惟七律差少全璧。”

《四库提要》则云：“周以画名一世，诗非其所留意。晚年画境弥高，颓然天放。方圆自造，惟意所如。诗亦挥洒淋漓，自写天趣。盖栖心丘壑者，名利两忘。风月往还，烟云供养，其胸次本无尘累，故所作亦不雕不琢，自然拔俗，而不可加之以绳削。亦可谓教外别传矣。”今此本出自钱牧翁、程孟阳选定，尤其本集之菁华。而体属编年，可觇其诗境之变迁，与其一生之事迹，其视《四库》分类本，殆有过之矣。石田画，赝本百出，黄茅白苇，弥望皆同。诗亦率意流传，罕有去取，幸有此选得留其真，亦石田翁之知己也。

李空同集六十六卷明嘉靖九年黄省曾序刻本

有明一代之诗家，声气之广，气焰之盛，无过前、后七子。而前七子中以李梦阳为魁首。梦阳官户部郎中，以疏劾刘瑾，气节震海内，当时几蹈不测之祸，故遂为物望所归。其讲学，树复古之旗，居恒持论，使天下不读唐以后书。所为诗文，远则宗汉魏，近则取盛唐。陈义既高，士大夫靡然从风，而文体为之一变。其后学者，摹拟太过，剽窃成风。论者追溯根原，群以祸始归狱梦阳。并其所长亦吹求，力加排击。观钱谦益《列朝诗集》，既选其诗，复附录五首，逐句逐字指摘，不遗馀力。则盛名之下，其实难副，古今事大抵类然，又无怪钱之好为疵议矣。且同时何大复景明、薛考功蕙，皆同类中人。而大复反复论诗诸书，断断颇有同异。蕙诗则有俊逸，终怜何大复粗豪，不解李空同之语。则虽契好，不免后言，何论异己者。

虽然，平心论之，梦阳诗才力雄富，足以笼罩一世之人；而貌袭汉、唐，时有食古不化之病。朱彝尊《静志居诗话》云："献吉五古，源本陈王、谢客，初不以杜为师。所云杜体者，乃其摹仿之作，中多生吞语，非其得意诗也。其谓唐以后书不必读，唐以后事不必使，此英雄欺人之谈，如'江湖陆务观'、'司马今年相宋朝'、'宋相何缘怨岳飞'等句，非唐以后事乎？"王士祯古夫《于亭杂录》云："钱牧翁撰《列朝诗》，大旨在尊李西涯，贬李空同、李沧溟。又因空同而及大复，因沧溟而及弇州，索瘢指疵，不遗馀力。夫其驳沧溟《拟古乐府》，'拟古诗是也'。并空同《东山草堂歌》而亦疵之，则妄矣。所录空同诗，亦多泯其杰作，予窃非之。"又《池北偶谈》云："海盐徐丰厓咸《诗谈》云，'本朝诗莫盛于国初，莫衰于宣、正。至弘治，西涯倡之，空同、大复继之，自是作者森起，于今为烈'。"当时前辈之论如此，盖空同、大复皆及西涯之门。牧翁撰《列朝诗》乃力分左右袒，长沙、何李，界若鸿沟。后生小子竟不知源流所自，误后学不浅。若此，则前贤自有公论，足为空同解嘲。

《四库全书总目提要》谓其诗"如武库之兵，利钝杂陈。文则故作聱牙，以艰深文其浅易。明人与其诗并重，未免怵于其盛名。今并录而存之，俾瑕瑜不掩，且以著风会转变之由，门户纷竞之始"云。是则持是非之平允，足为空同信谳矣。此本为嘉靖九年黄省曾序刻，半叶十行，行二十字。一卷至三十六卷为诗，三十七卷至六十六卷为文，为是集第一刻本。其后万历壬寅邓云霄、潘之恒刻本，则远不如是刻之精也。

何大复集三十七卷明嘉靖乙卯陈堂刻本

《何大复集》，明西亭王孙《万卷堂书目》所载只“二十六卷，又《遗稿》一卷”。盖即王廷相序所云“通二十六卷，无遗稿”之本，刻于潞州者也，其刻在先生生前。此三十七卷为先生没后，婿袁璨所刻。于先生没后，为第一刻本，亦为第一全本，《天一阁书目》著录者，即此本也。《四库》所收云“三十八卷”，孙氏星衍《祠堂书目》同。谨案：《四库提要》云：“凡赋三卷，诗二十六卷，文九卷，传、志、行状之属附录于末。王廷相、康海、唐龙、王世贞各为之序。”今检此本，与《提要》同。惟文只八卷，又无王世贞序，则《四库》所收，又别一明刻矣。《天一阁书目》亦不载王序，附志于此，以明非脱叶云。

丙申丽楼记。

万历丁丑，南海陈堂刻本，诗共三十八卷，与《四库》著录本合。文有九卷者，内多《何子》十二篇。又《内篇》二十五篇，在卷之三十及三十一两卷。其实，序类中短去《送王侍御按湖南序》以下十九篇，不解何故？乾隆庚午，五世孙源洙据以重刻者，即此本也。其版后藏南监，见万历本周子义序，明《南雍志·经籍考》亦载之。别有乾隆本，序、跋俱全，故得知其椠刻先后焉。

丽楼主人再志。

康对山先生集四十卷[1] 康熙五十一年马氏刻本

康海《对山集》，《四库全书总目》集部著录十卷本，《提要》云："自明以来凡四刻，一为张太微所选，一为王世懋所选，互有去取。一为国朝康熙中，里人马氏始裒其全集，刻之江宁。此本乃乾隆辛巳，里人编修孙景烈以所藏张太微本，又加删削而刻之，去取谨严，特为完善，已足尽海所长矣。"张太微本十九卷，入存目。然选家各有好尚，即古今诗文家本人及身删定之本，有时亦不能尽惬于读者之心。故余于诗文家，喜收全集、原集，不取选本。盖仁者见仁，智者见智，一展卷各有所得，不能强人以从同也。

此四十五卷足本，为康熙五十一年里人马逸姿编刻，颇为罕见，故自来藏家书目不载，盖不及十卷本之易于流通也。康以救李梦阳，失身刘瑾。瑾败，坐废，遂放浪声伎，不复以诗文为专门之业。王世懋选其诗，谓其五、七言古律多率意之作。某称张太微选本"碱砆燕石，间列杂陈"，则此全集自必视选本芜累尤多。其为才名之累，亦不必为之讳。要其天才放逸，独往独来，视李梦阳辈剽拟成风，殊有天渊之别。今仍存录此本，而以十卷本副之，亦各从所好云尔。

---

①标题"四十卷"疑有误，据跋文载"此四十五卷足本"。

王氏家藏集四十一卷、内台集七卷、慎言集十三卷、杂述二卷、吉礼备纂二卷明嘉靖丙申家刻本

《王氏家藏集》四十一卷，《内台集》七卷，《慎言集》十三卷，《杂述》二卷，《吉礼备纂》二卷，明王（家）〔廷〕相①撰，嘉靖丙申刊行，每半叶十行，每行廿一字。书中漫漶处多，盖出自后印也。明王世贞《艺苑卮言》云："郑郎中善夫，初不识王仪封（家）〔廷〕相，作《漫兴》十首中有云：'海内谈诗王子衡，春风坐遍鲁诸生。'后郑卒，王始知之，为位而哭，走使十里致奠，为经纪其丧，仍刻其遗文。"人之爱名也如此。国初王文简士祯《戏仿元遗山论诗绝句》三十二首，中有一绝云："三代而还尽好名，文人从古善相轻。君看少谷山人死，独有平生王子衡。"注即引此事。文字之感，声气相同。王晫《今世说·豪爽篇》云："计甫草自海陵归，渡江，会大风雪，舟不得发，同行者皆垂首叹惋。计坐舵楼下，手王阮亭诗读之，至《论郑少谷绝句》，哭失声。既乃大笑，拭涕坐雪中，观江涛澎湃，吟啸自乐。"一诗一事之遗闻，其足动人观兴至百年之后。子衡固爱名，然郑少谷负一时重名，其见子衡诗，至托之讴吟。可见子衡诗必有真性情，非如诸子专以剽窃摹拟见长者也。《四库全书总目》集部入存目，亦有意屏抑"七子"与？

①王家相，为"王廷相"之误。据《续碑传集》卷三十四："王家相，清江苏常熟人，嘉庆四年进士，有《茗香堂集》。"此为王廷相。据《明儒学案》卷五十："王廷相，明河南仪封人，字子衡，有《王氏家藏集》。"

渼陂集十六卷、续集三卷明嘉靖癸巳门人王献刻本；续集，嘉靖丙午翁万达刻本

《渼陂集》十六卷，《续集》三卷，明王九思撰。九思亦弘治七子之一，前有自序，称“始为翰林时，诗学靡丽，文体萎弱。其后，德涵、献吉导予易其习。献吉改正余诗稿，今尚在。而文由德涵改正者尤多”。是其平生心悦诚服，惟李梦阳、康海二人，故所为诗文，亦与二人相似。然两相比较，诗固远不如献吉之才力雄富；文则粗莽轻索之处，尤甚于德涵。在前七子中，不过依附李、康，执一时骚坛牛耳，非有自立之长技也。《续集》皆晚年之作，稍具规模，但亦以声调为工，仍不免失之浮响。当时二王：一浚川、一渼陂。渼陂不及浚川多矣。惟乐府乃其特长，却为诸子所未有，是其驰骋坛席，稍足解嘲，亦未始不赖此一体耳。

边华泉集诗八卷、文稿六卷魏允孚刻本，无年月

《边华泉集》诗八卷，《文稿》六卷，明边贡撰。前有魏允孚刻书序，不署年月，审其字体，似嘉靖初元刻本。白棉纸印，每半叶十行，每行二十二字。《四库全书总目》集部著录，即此本。《提要》云：“鲁中立《海岳灵秀集》曰‘华泉之作，虽不逮何、李。然平淡和粹，孝庙以前，海岱之才，无其伦比。’胡应麟《诗薮》曰：‘世人独推李、何为当代第一，余以为空同，关中人，气稍过劲，未免失之怒。（张）〔何〕大复之亮节俊语，出于天性，亦自难到，但工于文句，而乏意外之趣。独华泉兴象飘逸，而语

尤清圆，故当共推此人。’陈子龙《明诗选》曰：‘尚书才情甚富，能于沉稳处见其流丽，声价在昌谷之下、君采之上。’三人所论，当以子龙为持平矣。”

余谓明“前七子”中，如何大复、徐迪功、边华泉三家，皆得风雅之遗，诗均谐婉可诵。国朝王文简士祯《戏仿元遗山论诗绝句》，其论何云：“接迹风人明月篇，何郎妙悟本从天。王杨卢骆当时体，莫逐刀圭误后贤。”徐云：“文章烟月语原卑，一见空同迥自奇。天马行空脱羁勒，更怜谈艺是吾师。”边云：“济南文献百年稀，白雪楼空宿草菲。未及尚书有边习，犹传林雨忽沾衣。”文简于三家，可云推许甚至，于华泉并及其子。则不因三家列名“七子”，而受储胥之恶。是非得失，公论昭然矣。

徐迪功集六卷、附谈艺录一卷 明正德庚辰刻本

《迪功集》六卷、《谈艺录》一卷，明徐祯卿撰，正德庚辰刻本。王文简士祯《居易录》云：“黄庭坚自定其诗为《精华录》，仅三百首。祯卿自定《迪功集》亦三百首。”今以此本核之，共只诗一百八十馀首，殊不足三百首之数，不知文简何所见而云然。迪功诗，意远思深，情文兼至，而音调谐雅，可与何景明抗衡，故在前七子中最为佼佼。诗不及诸家之多，亦最为精选。毛先舒《诗辨坻》曰：“昌谷《迪功集》外，复有《徐迪功外集》，皇甫子安为序刻之。又有《徐氏别稿》五集：曰《鹦鹉编》、《焦桐集》、《花间集》、《野兴集》、《自惭集》。”又曰：“《迪功集》是所自选，风骨最高。而《外集》殊复弈弈。”今各集均散佚不见，仅存此一百八十馀首，窥见一班。以视康对山、王子衡诸家集，卷帙虽多，精华有限，殆不可同日语矣。

雅宜山人集十卷明嘉靖丙申刻本

《雅宜山人集》诗八卷、文二卷，明王宠撰。宠，江苏长洲人，事迹具《明史·文苑·文征明传附传》。宠与征明、祝允明以书法擅名，诗文非其专门。《四库全书总目》集部明人集类存目，《提要》云："诗分体编列，而各以'正德稿'、'嘉靖稿'字系标题之下。盖约略编年之意，以自记所造深浅。"今此集即其本也。《提要》又云："其才力富赡，而抑郁之气激为亢厉，亦往往失之过粗。文则非所留意，（始）〔姑〕附存诗后云尔。"今观其诗，金相玉质，犹元人学温、李之遗。在王、李七子风靡之时，却能拔起异军，不为所习染，可谓能自树立者矣。

其集向罕见，余留心乡邦文献卅年，在厂肆一见之，旋即有人购去。己未寓居吴门，见书肆有黄纸印者，索值甚昂。余踌躇未售，又为一京估所得。问其风行之由，则京师附庸风雅之人，借藏书为名，争尚明嘉靖版。彼不知"雅宜山人"为何物，但以书有嘉靖年号者，即可得善价。余偶以语从子康侯兄弟，因于插架中检出呈阅，审是白纸初印。爰命装潢藏之，为识其所闻见如此。乡贤遗籍，在吾家尤当共相珍袭也。

薛考功集十卷明万历辛卯刻本

《薛考功集》十卷，明薛蕙撰。万历辛卯刻本，每半叶九行，每行十八字，白棉纸印。序匡阑上有"士祯私印"四字朱文篆书方印，下有"池北书库"四字朱文篆书长方印，中有"满（州）〔洲〕正白旗下玉栋印"九字白文篆书方印。盖本国初王文简藏书，嘉庆中归满（州）〔洲〕筠圃大令玉栋。王芑孙《渊雅堂集》中有《读易楼记》云："吾友筠圃玉栋，于今辇下为藏书家，读易楼，其所贮书处也。"翁方纲《复初斋诗集》亦有《题筠圃读易楼》七律诗，知其人藏书亦不少也。目录下有"曾在李鷴堂处"六字朱文篆书方印，则湘阴李文恭仲子、鷴堂中丞钤印也。《四库全书总目》集部著录，当即此本。考功生正、嘉之际，诗体初新，北地、信阳声华正盛。乃独以温雅密丽，周旋坛坫之间。虽力不足与之抗衡，而亦不为所笼络。《列朝诗集》丙集十二小传，载其"尝与杨用修论诗曰：'近日作者，摹拟蹈袭，致有折洗少陵、生吞子美之谑。求近性情，无若古调。'"钱谦益曰："君采之意，尚不肯肩随仲默，何况献吉乎？"又考功与湛若水、严嵩三人同年，严嵩文采早有声称，考功与之唱酬，亦颇亲密。及嵩柄政，乃薄其为人，平时和答之诗，于自定稿中悉行删削，故集内无一字与嵩相关。而若水为《钤山堂集》作序，文称"颂其功，致为清议所不许"。然则，考功不独诗文卓然有以自立；以人品论，亦孤高绝俗之士，在当时罕有其匹也。

苏门集八卷 明万历戊午刻本

《苏门集》八卷，明高叔嗣撰，凡诗四卷，文四卷。万历戊午刻本，每半叶十行，每行二十字。《四库全书总目》集部著录，即此本也。《明史·文苑传》："叔嗣，字子业，祥符人。年十六，作《申情赋》几万言，见者惊异。十八举于乡，第嘉靖二年进士，授工部主事，改吏部稽勋郎中。出为山西左参政，迁湖广按察使，卒官，年三十有七。叔嗣少受知邑人李梦阳，其为诗清新婉约，虽为梦阳所知，而不宗其说。"陈束序《苏门集》，谓"有应物之冲澹，兼曲江之沉雄，体王、孟之清适，具高、岑之悲壮”。王世贞则曰：“子业诗，如高山鼓琴，沉思忽往，木叶尽脱，石气自青。又如卫洗马言愁，憔悴婉笃，令人心折。”而蔡汝楠至推为“本朝第一”云。钱谦益《列朝诗集》丁集一云：“子业少受知于李献吉，弱冠登朝，薛君采一见叹服。诗以清新婉约为宗，未尝登坛树帜，与献吉分别淄、渑，固已深惩折洗之病，而力砭其膏肓矣。其意微见于《读书园稿》序中，按：序即载本集。约之为疏通证明，畅言其脉络。世之君子，堕落北郡云雾中，懵不知返，亦可以爽然而悟矣。”李中麓曰：“何、李虽似大家，去唐却远；苏门虽云小就，去唐却近。蔡白石、王岩潭以苏门为‘我朝第一’，其言虽过，要之未可尽非也。余举羊孚语赞之曰：‘资清以化，乘气以霏。遇象能鲜，即洁成辉。’此四语可以尽子业也。”

“七子”骄横，为世诟病。子业被知（庆）〔梦〕阳独早，而能脱去笼罩，自抒性情，青出于蓝，不可谓非豪杰之士。陈卧子评其诗曰：“沉婉隽永，多独至之言。读之如食谏果，味不能骤得。”李舒章评其诗曰：“子业如疏林清磬，听者振衣。”王文简士祯《池北偶谈》云：“明诗本有古澹一派，如徐昌谷、高苏门、杨梦山、华鸿山辈。自王、李专言格调，清音中绝。”同时王奉常作《艺圃撷馀》，有与其兄及济南异者。如云“诗有必不能废者，虽众体未备，而独擅一家之长。如孟浩然，洮洮易尽，只以五言隽永，千载并称王、孟。有明则徐昌穀、高子业二君，诗不同而皆巧于用短。徐有蝉蜕轩举之风，高有秋闺愁妇之态。更千百年，何、李有时废兴，二君必无绝响”。此真高识迥论，令于鳞、大美早闻此语，当不为后人抨击矣。今按：《四库提要》亦转录其语，以评苏门之诗。知诗家自有正宗，阿好者在一时，而公论则归之千古也。

皇甫少玄集二十六卷明嘉靖辛亥刻本

《皇甫少玄集》二十六卷。一卷至二十卷诗，二十一卷至二十六卷文，明皇甫涍撰，嘉靖辛亥刻本，白棉纸初印，每半叶十行，每行十八字。序前有“玉函山房藏书”六字朱文篆书方印，“宝训堂图书”五字白文篆书长方印。上匡阑外有“经筵讲官”四字朱文篆书方印。目录下有“王士祯印”四字白文篆书方印，“兰台总宪”四字朱文篆书方印。卷一有“安石”二字朱文篆书方印。盖经山左马竹吾国翰、王文简二家藏书，其“经筵讲官”、“兰台总宪”二印，皆文简当时官也。《四库全书总目》集部著录尚有《外集》十卷，《提要》云：“其子枢等裒辑剩稿，得诗八卷，赋及杂文二卷，编为十卷。古文非涍所刻意，诗则宪章汉魏，取材六朝，古体多于近体，五言多于七言。其持论谓‘王、宋反元习之靡，不能不病于声；李、何矫一时之弊，不能不泥其迹’，可谓笃论。盖涍早年亦宗法北地，及造诣既深，乃觉摹拟之失，故其论如此。”王世贞尝谓其诗“如轻缣短幅，不堪裁剪”。陈子龙谓其“无纵横决荡之致，岂非以其取径太狭，故窘于边幅欤”。今按集中诸诗，神思绵邈，词旨婉丽，迪功、苏门两家而外，明人如此清艳之才，殊不易见。若如王、陈所论，则是笙箫笛管，不能与黄钟路鼓同奏八音；龙勺鸡彝，不能与山鼎云罍共登筵席。不取其长，专责其短，岂非一偏之见乎？

鸟鼠山人小集十六卷、后集二卷、拟汉乐府八卷、拟古乐府二卷明嘉靖间刻本

《鸟鼠山人小集》十六卷，卷一至卷四版心题《正德集》，卷

五至卷七版心题《嘉靖集》，卷八至十六版心均题《鸟鼠集》；《后集》二卷，一卷诗，二卷文；《拟汉乐府》八卷，《拟古乐府》二卷。明胡缵宗撰。《四库全书总目》集部存目："《鸟鼠山人集》二十九卷"，《提要》云："是编凡《正德集》四卷，《嘉靖集》七卷，《鸟鼠山人小集》十六卷，《后集》二卷。"卷数与此不合，按：《提要》误也。此本《正德集》四卷，大题仍题《鸟鼠山人小集》《正德集》，古近体全。卷五至卷七，始四言，终七绝，各体亦全。可知五卷上接四卷，集虽分而卷相联也。八卷上接七卷，至十六卷止，亦然。《后集》题《鸟鼠山人后集》，与前例同。《提要》于《嘉靖集》误为七卷，又不知正集八卷以下，乃直接七卷以上计卷，故溢出十卷，以为二十九卷也。当时馆臣草率可笑，有如此者。

缵宗，《明史》附《刘讱传》云："陕西秦安人，正德三年进士，由检讨出为嘉定判官，历山东巡抚，改河南。以阳武知县王联告讦《迎驾诗》、《穆王八骏诗》语为谤毁，下狱。礼部都察院参议严嵩为之解，乃革职。其诗多秦声，不免过于激昂悲壮。论者谓其'无妩媚之态，是其所长；多粗厉之音，是其所短'。"钱谦益《列朝诗集》丙集十六云："缵宗诗案之狱，取狱中杻械之类，作《制狱八景诗》，众争掣其笔。笈曰：'坐诗当死，不作诗得免死耶？'出狱时，谢榛贻之诗云：'白首全生逢圣主，青山何意见骚人。'将八十，病杖创甚，呻吟间，犹口占以谢人。人谓意气殆不减苏长公也。"按：明自弘、正以后，诗坛健者多出关中。山人少负俊才，耽吟咏。《列朝诗集》称其"移守苏州，才敏风流，前后罕俪。觞咏留题，遍满湖山泉石间"。可见其退食馀闲，啸歌自乐。诸集多出故吏门人所编次，其宾客之盛，足见一班。使其久作骚坛主盟，声气何不如前、后七子之盛？无如改官巡抚河南后，一蹶不振，复继以诗狱之兴，偃蹇终身，老死牖下。自山人没，秦声益无替人矣。展诵斯集，为之慨然。

沧溟先生集三十卷明隆庆壬申张佳胤刻本

《李沧溟先生诗文集》，明时有二刻本：一隆庆中王元美编刻，所谓初刻本也；一万历陈抑吾续刻，所谓续刻本也。明刻至为难得，京师厂肆有者，为道光中丁未九世孙献方刻本，而南中亦无之。据献方重刻跋云："经历兵燹，吾乡有者甚鲜。"又云"家藏一函，系弇州所刻原本，纸多断烂"。彼时书籍之富，适承乾、嘉盛时，而其诗文集难得如此，则在今日，固应稀如麟凤矣。余家向藏道光刻本，因献方跋中有云"行款悉依原式，讹字显然者正之。否则裨读者意会，不敢蹈金根之诮"诸语，知其刻书有乾、嘉诸儒宗派，颇加爱惜。昔年长沙张氏湘雨楼重刻《沧（漠）〔溟〕诗》，即据彼本重刻。当时欲求明刻一校，不可得也。丙辰夏寓都门，过厂肆翰文斋家，获见此本，余急购得，以补插架之缺，并述此书椠刻原委，贻之子孙，俾知前人传书之难，而余之得书亦不易。鬻及借人，为不孝。三复此书，当共懔之。

时在光绪丙申秋七月既望，书于宣武门外半截胡同浏阳馆，长沙叶德辉记。

道光刻本多《附录》一卷，录先生《行述》、《墓表》及时贤哀挽诗。《四库》著录为"山东采进本"，亦多此卷，此本殆脱去耳。家有道光刻本，可以互证，虽失固无损云。

灯下又记。

弇州山人四部稿一百七十四卷、续稿一百七卷明万历五年刻本，续稿崇祯中刻本

有明前、后七子，前推李、何为首领，后推李、王为首领，此自来选诗家之定论也。前七子，北人六、南人一；后七子，北人二、南人五。《四库全书总目》集部，前七子不录王（家）〔廷〕相、王九思；后七子不录吴国伦、徐中行、梁有誉。《梁集》存目亦不载，当是未见。窃谓官撰之书，固应别裁伪体。然如前、后七子，自成宗派，自为一时风气。苟略而不备，则其中之迁流变化，又乌从而定其是非？此余于前、后七子集，竭数十年之心力而必求其完备也。

此《弇州山人四部稿》一百七十四卷，《续稿》一百七卷，明王世贞撰。万历五年家塾刊，故版心下有“世经堂刻”四字。《续稿》据《四库全书总目提要》云：“《续稿》，世贞晚年授其少子士骏，至崇祯中，其孙始刊之。”每半叶十行，每行二十字。《续稿》行、字同。弇州一代宗工，博学多闻，在当代罕有其匹。著述之富，亦无与比伦。《提要》谓其“摹秦仿汉，与七子门径相同。而博综典籍，谙习掌故，则后七子不及，前七子亦不及，无论广、续诸子也。惟其早年自命过高，求名太急。虚矫恃气，持论遂至一偏。故其盛也，推尊之者遍天下。及其衰也，攻击之者亦遍天下”。艾南英《天佣子集》有曰：“后生小子，不必读书，不必作文。但架上有前、后《四部稿》，每遇应酬，顷刻裁割，便可成篇。读之无不浓丽鲜华，绚烂夺目。细案之，一腐套耳。”其指陈其弊，可谓深切矣。今按两《稿》，所谓“四部”者，一“赋部”、二“诗部”、三“文部”、四“说部”。“说部”又分七

目：曰《札记内篇》、曰《札记外篇》、曰《左逸》、曰《短长》、曰《艺苑卮言》、曰《卮言附录》、曰《委宛馀编》。《续稿》只赋、诗、文三部，无说部。全《稿》诸体诗，才富学赡，无愧大家。

昔明季陈子龙、宋征舆、李雯三人编《皇明诗选》，陈称“元美天思颖隽，取材赡博，师心独运，而不累其法；拟议众方，而不掩其才。篇什之多，横绝古今，足以总汇前英，津润来者”。又称其“诗如入五都之市，珠玑英瑶，虽西域胡贾，不能尽收。然鲜蔬陈列，亦足使贩夫餍饫”。宋则谓“元美七言胜于五言，近体胜于古体。合而观之，未能与济南伯仲。无已，请以迪功之精锐三千，当其数万”。李则谓“元美诗如会稽山水，不高不深，劳于应接。而含奇吐异，足以沐浴群贤”。是当时选家于其诗，已有定论。宋谓其“不能与济南伯仲”，余亦谓然。济南魄力雄而才气大，弇州实有未及耳。至李、王之文，同一诘屈其词，涂饰其字。貌为艰奥，不免英雄欺人。惟其时无识之夫，靡然从风，争相依附。独归震川谨守唐、宋诸家之集，与二三弟子讲授，毅然与之抗衡，尝诋元美为“庸妄巨子”。元美初亦抵牾，终乃心折。故其《题吴中先哲画像记·归有光赞》曰：“风行水上，涣为文章。风定波息，与水相忘。千载惟公，继韩欧阳。余岂异趣，久而自伤。”此其晚年悔悟之词，故《续稿》诸文，渐归平实。济南则始终一辙，未有进功。是则弇州虚心，沧溟负气，故成就卒不同也。

余于明贤，私淑弇州，于其《四部》，流览数过。知其无书不读，无学不通。大而朝政典章，小而词典书画。谈言微中，足以启人神思。又其忠孝传家，为儒林师表。世徒重其文章，则亦未知其深也已。

王奉常诗集十五卷、文集五十四卷明万历己丑家刻本

《王奉常集》六十九卷，凡赋、诗、词十五卷，文五十四卷。第五十二卷曰《澹思子》；第五十三卷曰《艺圃撷馀》；第五十四卷曰《经子臆解》、《易爻解》，皆杂说笔记。明王世懋撰，每半叶十行，每行二十字。版式与《弇州四部稿》同，万历己丑家刻本。

《四库全书总目》集部入存目，即此本也。《明史·文苑传》附《王世贞传》云："世懋，字敬美。嘉靖三十八年成进士，即遭父忧。父雪，始选南京礼部主事，历陕西、福建提学副使，再迁太常少卿。好学，诗文名亚其兄。世贞力推引之，以为胜己。李攀龙、汪道昆辈因称为少美。"钱谦益《列朝诗集》丁集六："敬美弱冠称诗，李于鳞呼之曰'小美'，贻书元美：'小美思火攻伯仁，奈何不善备之也。'敬美诗名，自于鳞起。"《明史·世贞传》云："世贞始与李攀龙狎，主文盟。攀龙没，独操文柄二十年，才最高，地望最显。声华意气，笼盖海内，一时士大夫及山人词客、衲子羽流，莫不奔走门下，片言褒赏，声价骤起。其持论，文必西汉，诗必盛唐，大历以后书勿读。胡应麟幼能诗，万历四年举于乡，久不第，携诗谒世贞。世贞激赏之，归益自负，所著《诗薮》二十卷，奉世贞《卮言》为律令，其说谓'诗家之有世贞，集大成之尼父也'。其贡谀如此。"而《列朝诗集》云："敬美论诗，本朝独推徐昌穀、高子业二家。以为更千百年，李、何尚有废兴，徐、高必无绝响。其微词奉寄，雅不欲奉历下坛坫。则其于大美，亦可知也。"

《四库书目提要》云："世懋名亚于其兄，而澹于声气，持论

较世贞谨严。厥后《艺苑卮言》为世口实，而《艺圃撷馀》，论者乃无异议。高明、沈潜之别也。但天姿、学力，皆不及世贞，故所作未能相抗。”朱彝尊《静志居诗话》云：“敬美才虽不逮哲昆，习气尚未陷溺。”斯持平之论也。余按敬美诗，各体具有规模，无轻率驰骋、喧呶叫嚣之习。虽不废声调，而一句一字，必有本意。以视七子专尚浮响，徒事剽窃，则敬美超然远矣。《四库全书》于明人集多滥列，乃独以此入存目，去取之旨，余所未解。至其文，卷帙虽多，于当时罕有关系。以言气格，亦适成为明人之文，无足深论也。

宗子相集八卷明嘉靖庚申门生黄中编刻本

明《宗子相集》，《四库》著录“十五卷”，《提要》云：“卷目与《明史·艺文志》合。”此嘉靖三十九年子相殁后，闽之门人黄中等所刊。前有巡按福建监察御史樊献科序，称其“卒年三十有六。门人裒所遗诗文，类次成集，凡诗四卷，文四卷”，与王世贞撰《子相墓志铭》载“门人次生平著述，凡十馀卷梓之”者不合。盖此刻为其没时最初印本，《墓志》言“十馀卷”者，乃传闻之讹。《四库》著录“十五卷”之本，则后人依诗文编类分卷，非所刻有多于此也。周亮工《闽小纪》载：“子相为闽督学，卒于官。僚属、生儒赴吊，于灵几上得遗诗三首云：‘四海相逢尽卧龙，龙江夜夜采芙蓉。我今先跨（睛）〔晴〕虹去，迟尔崆峒第一峰。’又‘一谪人间四十年，青山万里隔苍烟。于今更返华阳洞，千树桃花待举鞭。’又‘长啸一声归去来，玉龙高驾彩云回。独留明月诗千首，万里寒光烛上台’。”此三诗集中未录，其云“一谪人间四十年”，而不云“（州）〔卅〕六年”者，举成数也。子相与李攀龙、徐中行、吴国伦、梁有誉为前五子，后增王弇州、谢茂秦，为嘉靖七子，诗文不脱王、李习气。然“天才婉秀，吐属风流”，《提要》以此八字称之，诚为定论。故《四库》于后七子，但著录王、李、宗、谢四人之集，而以梁、吴、徐入于存目，不得谓之阿好矣。

光绪三十有三年丁未春暮上巳日，叶德辉题记。

青萝馆诗六卷明隆庆辛未汪时元刻本

《青萝馆诗》六卷，明徐中行撰。隆庆辛未，其婿汪时元刻。中行有《天目山人集》二十卷，余本有之。此从子康侯兄弟所藏两本。《四库全书总目》集部别集类入存目，《提要》于前、后七子，皆致不满。故前七子只取空同、大复、华泉、对山、迪功，而去二王；九思、廷相。后七子只取沧溟、弇州、子相、四溟，而去徐中行、梁有誉、吴国伦。实则后七子，中行一人颇学少陵，不尽如诸家习染之深，不能逾其步骤。此集经时元删汰，其少作较全集为菁华，《提要》亦称其“精简”。然又谓其“于北地之学，渐染既深。时元能删其枝蔓，不能变其根（抵）〔柢〕”。此则吹求之论，未足为定评也。

天目先生集二十一卷明万历甲申中行从子咏刻本

《天目先生集》二十卷，《附录》一卷，明徐中行撰。万历甲申家刻本，每半叶九行，行十八字。《附录》一卷，乃其《墓志铭》及同时哀祭文也。先生集颇罕见，光绪中叶间，长沙张雨珊观察领曾文正祠刻书事，拟刻明前、后七子，前刻四家，称《弘正四杰》；后仅刻李沧溟一家，中辍。当时与余同访诸家集，竟不获齐全。后数年，同县黄修原观察出此与《宗子相集》二部见赠，谓雨珊求此不得，可假以成功。后卒以祠款有限，王葵园阁学主事，欲节费刻他书，七子之集，久置勿谈矣。明自前七子倡言复古，谓不读唐以后书，后七子继之，遂成风气。文则高拟秦、汉，诗则断自初唐。在创始一二人，学博才高，又据坛席高位，铜山西崩，洛钟东应。声气所及，靡然向风。纵其人虽有异才，欲与角逐中原，不得不就其轨范。故虚声浮响，不转瞬皆为人攻击之资。陈子龙《皇明诗选》谓“有摹古太似之讥”，胡应麟《诗薮》则谓其“少深沉之致”，皆切中其弊。至王世贞《艺苑卮言》亟称其“左准右绳，靡所不合”，则是党同阿好之见，殊不足为定论也。

甔甀洞稿五十四卷、续稿二十七卷 明万历甲辰家刻本

吴国伦《甔甀洞稿》五十四卷，《续稿》二十七卷，万历甲辰刻本。白棉纸印，每半叶十行，每行二十字，与《弇州四部稿》版式、行、字同。盖正稿为其手定，续稿则其子士骏所校刊。是时《四部稿》已风行，故有意摹仿，是亦见其倾倒弇州至矣。钱谦益《列朝诗集》丁集五：“国伦，字明卿，嘉靖庚戌进士。授中书舍人，迁兵科给事中，左迁南康府推官，调归德，即家。起知建宁、邵武二府，又调高州。三载，擢贵州提学副使，河南参政。大计，以台参罢官。明卿才气纵横，跅跎自负。好客轻财，归田之后，声名籍甚。海内啖名之士，不东走弇山，则西走下雉。晚年入吴，访元美；入苕，吊徐子与。及元美卒，而明卿尤健饭。

在七子、五子之中，最为老寿。有《甔甀洞稿》前后数百卷。”按《明史·文苑》附《李攀龙传》，云其“为杨继盛死，倡众赙送，忤严嵩，假他事谪江西按察司知事。量移南康推官，调归德，居二岁，弃去。嵩败，起建宁同知，累迁河南左参政，大计罢归”。是其行谊，固有足称者。

明卿始与王、李结社，声誉动朝野，四方之士，归之如云。王、李既没，明卿岿然独存。复与歙汪伯玉、侍郎道昆、京山李本宁、尚书维桢振七子馀响，狎主诗盟。于时江陵当国，明卿、本宁均以同乡之故，假其声援。至是厌薄七子，如汤显祖、徐文长者，已渐有人。而七子馀焰犹熊，实明卿之力。国朝朱彝尊《静志居诗话》云：“王、李既没，《甔甀》几与《四部》争富。而海内之为真诗者寡。”前胡应麟《诗薮》亦谓“明卿诗用句多同，一篇而外，不耐多读”。此皆七子之通病，未足专咎明卿一人。《四库全书总目》集部以吴集列入存目，与徐中行比伦，而又有取于宗子相，则有所不解也。

兰汀存稿八卷 近缪氏藕香簃刻本

明梁有誉《兰汀存稿》八卷，江阴缪小山太夫子艺风堂藏本。余读其《艺风堂藏书记》，托其钞副，欣然以此本见贻。艺风藏明前、后七子集，皆不全，而独有此。余则前、后七子集皆全，而独无此。则艺风此书，若为余访得者。《明史·文苑·李攀龙传》：“有誉，嘉靖二十九年进士，授刑部主事。居三年，以念母告归。杜门读书，大吏至，辞不见。卒年三十六。”明陈子龙、李雯、宋征舆辑《皇明诗选》四：“梁有誉，字公实，番禺人。嘉靖庚戌进士，官止主事，夭卒。”钱谦益《列朝诗集》丁集五：“梁有誉，顺德人。嘉靖庚戌进士，授刑部主事。与谢榛、李攀龙辈结社，称五子。以念母，移病归里。与黎民表约游罗浮，观沧海日出。海飓大作，宿田舍者三夕。意尽，赋诗而归。中寒病作，遂不起，年三十六。有誉通籍后，始与王、李结社。其为诗词，意婉约。入社，即移病去。又捐馆舍最早，虽参与五子、七子之列，而于叫嚣剽拟之习，熏染犹未深也。”今《存稿》诸作，诚如钱氏所云。钱氏于前、后七子，好为吹求，独于有誉，推许甚至。得无是非之公，有不可泯者欤？

《梁集》传本最少，《四库全书总目》未著录。国朝陈文藻编《南园后五先生诗》，有誉诗选五卷，题称《兰汀诗钞》。而《明史·艺文志》作《梁有誉比部集》八卷，似即此本追题其官。今以《皇明诗选》、《列朝诗集》丁集、《南园后五先生集》所选诗之次第，与此相校，一一皆同。则知名称虽殊，实则一本也。

丁巳四月晦，郎园。

四溟集十卷 明万历壬子盛以进刻本

《四溟集》十卷，明谢榛撰。万历壬子，临清州知州盛以进据赵藩所刻本重为补订，而以榛所撰《诗家直说》附首二卷。

《四库总目》集部著录者，即此本也。但《四库》本析《诗家直说》二卷入存目，今此本首无此二卷，前有翰林院满汉书文大方印，殆即《四库》底本，未经发还者耶？钱谦益《列朝诗集》丁集五《谢茂秦榛传》云：“榛年十六，作乐府商调，临德间少年皆歌之。已而刻意为诗歌，遂以声律有闻于时。寓居邺下，赵康王宾礼之。嘉靖间游长安，时济南李于鳞、吴郡王元美结社燕市，茂秦以布衣执牛耳。诸作五子诗，咸首茂秦，而于鳞次之。已而于鳞名益盛。茂秦与论，颇相镌责。于鳞遗书绝交，元美诸人咸右于鳞，交口排茂秦，削其名于七子、五子之列。茂秦交游日广，秦、晋诸藩皆延致之，河南、北皆称谢榛先生。诸人虽恶之，不能穷其所往也。当七子结社之始，尚论有唐诸家，茫无适从。茂秦曰：'选李、杜十四家之最者，熟读之以夺神气，歌咏之以求声调，玩味之以裒精华。得此三要，则造乎浑沦，不必塑谪仙而画少陵也。'诸人心师其言。厥后虽争摈茂秦，其称诗之指要，自茂秦发之。茂秦今体，工力深厚，句响而字稳，七子、五子之流皆不及也。"谦益论诗，诋排七子甚力，独于茂秦推许之至，则公道不能泯也。

陈子龙、宋征舆、李雯编《皇明诗选》，陈云"茂秦沉练雄浑，法度森然，真节制之师"。又云："茂秦，于鳞之下，徐、吴之上。元美评其所制最当，而未免以萧、朱之嫌左袒济南，抑之太甚。此文人之交，不足信也。"宋云："四溟五、七律，切实衡当，是其所长。然法律束之，不无微恨。"又云"茂秦近体在元美上，于鳞能以变化胜之"。李云"茂秦诗，神简俊发，如摩天俊鹘，每击必中"。

综诸家评论观之，知茂秦在七子中，本自矫矫不凡，故后人读其诗，无不闻风兴起。今诗集虽不如于鳞、元美之富，而精练之师，一以当百，凤毛麟甲，正不必以多为贵也。明赵彦选《梁园风雅》，谢诗五卷，中有溢出此本外者，安得好事人由此类及，一一搜辑刻之。

张居来集三十五卷明万历丁亥刻本

《张居来集》三十五卷，书牍八卷，诗二十七卷，明张佳胤撰。

万历丁亥，门人张宗载刻本，每半叶九行，每行十六字。白棉纸蓝印，上下黑口，版心“居来山房”四字。序前有“玉函山房藏书”六字朱文篆书方印，盖历城马竹吾国翰家藏书。善化有张姓宦于山东，归装散出，而转为余购得者也。《四库全书总目》集部存目，题“《居来山房集》六十五卷”，《提要》云：“是集赋一卷、诗二十八卷、杂文三十五卷，末一卷附录《行状》、《墓志铭》。后又载同时诸人所作序记等文十一篇。”核与此本卷数，多少不同。按《明史·艺文志》：“张佳胤《奏议》七卷、《居来文集》六十五卷。”是其集本六十五卷。钱谦益《列朝诗集》丁集云“三十馀卷”，是三十五卷亦别本也。《明史·文苑传·王世贞传》：“其所与游，各为标目，后五子，则南昌余曰德、蒲圻魏裳、歙汪道昆、铜梁张佳胤、新蔡张九一也。曰德字德甫、佳胤字肖甫、九一字助甫，世贞所谓‘吾党有三甫也’。”《列朝诗集》又云：“为郎时，与王元美诸人相酬和，七子中三甫之一也。”七子仕宦皆不达，助甫一开府辄踬；元美平进至六卿；而肖甫镇雄边、定大变、入正枢席，以功名始终。节镇之暇，轻裘缓带，宾礼寒素，鼓吹风雅。文士之坎壈者，皆援以为重，高才贵仕，兼而得之，近代所罕见也。诗则才气纵横，而乏深雅之致。其视助甫，亦鲁、卫之政也。

蠛蠓集五卷明万历壬寅濬县知县张其忠刻本

《蠛蠓集》五卷，一卷、二卷文，三卷赋，四卷、五卷诗，明卢楠撰。万历壬寅，知濬县事、济南张其忠刻，每半叶九行，每行十八字。前有万历二年张佳胤序，称“元美宪，为山人刻赋二卷。东明穆敬甫考功、石拱宸符卿，刻山人诗二卷”。卷数不同，前无文，而赋有二卷。又有万历乙亥，魏郡穆文熙重刻，序称

"始刻于吴之太仓州，乃凤洲王公家藏钞本，崌崃张公手自校雠之"。又自叙其刻之始末，"以成兹《集》。《集》传至吾郡，见者转相钞录，日不暇给。余邑窦尹宝泉因谋于余，将重以应求者，乃刻之，两月而完"。刻之字迹，即翻原本，颇不相下。是重刻时悉仍其旧，未尝增窜也。至万历壬寅，又重刻，则未知依据何本。而《四库全书总目》集部《提要》云："是《集》为嘉靖癸卯，柟所自编，凡杂文二卷、赋一卷、诗二卷。"与此本同。然此本前载癸卯自序，并未详其编类及卷数。馆臣并不考实，谓其自编，则谬甚。

《明史·文苑》附《谢榛传》云："柟，字少楩，濬县人。家素封，输资为国学生。博闻强记，落笔数千言。为人跅跑，好使酒骂座。常为具，召邑令，日晏不至，柟大怒彻席，灭炬而卧。令至，柟已大醉，不具宾主礼。会柟役夫被搒，他日墙压死。令即捕柟，论死系狱，破其家。里中儿为狱卒，恨柟，笞之数百，谋以土囊厌杀之，为他卒救解。谢榛入京师，见诸贵人，泣诉其冤状，曰：'生有一卢柟，不能救，乃从千古哀沅而吊湘乎？'平湖陆光祖选得濬令，因榛言，平反其狱。柟出，走谢榛，榛方客赵康所，王立召见，礼为上宾，柟酒酣骂座如故。及光祖为南京礼部郎，柟往访之，遍游吴会，无所遇。益落魄嗜酒，病三日卒。柟骚赋最为王世贞所称，诗亦豪放如其人。"钱谦益《列朝诗集》丁集五，事同《明史》，《明史》盖即据以作传，而微有点窜也。钱云"诗律不如茂秦之细，而才气横放，实可以驱驾七子。幸其早死，不与时贤争名，故诸人皆久而惜之"。《皇明诗选》李雯论其诗曰："少楩如六郡良家，家世豪健。然不能与吴楚奇材角其精技。"陈子龙曰："山人诗排荡自喜，颇有越石清刚之气。"《四库提要》云："柟生当嘉、隆之间，王、李之焰方炽。而一意往还，真气坌涌，绝不染钩棘涂饰之习。盖其人光明磊落，藐玩一时，不与七子争声名，故亦不随七子学步趋。然而榛救之，世贞称之，楠反因是重于世，亦可谓毅然自立，无所而依附者矣。”

按楠以一布衣，当时负盛名。诗文传世仅五卷，与《弇州四部稿》、《居来山房集》之长编巨集并登天府之藏，人贵自立，讵不信哉！

阳明先生文录十四卷明嘉靖癸巳门人黄绾序刻本

右《阳明先生文录》十四卷，为文成没后七年初次刻也。前有嘉靖癸巳礼部右侍郎、门生赤城黄绾序，称“《阳明文集》存者，唯《文录》、《传习录》、《居夷集》，其馀或散亡及传刻讹错。乃与欧崇一、钱洪甫、黄正之编订之，曰《阳明存稿》”云云。是此书应称《存稿》，而大题乃称《文录》，计五卷。又九卷大题下有“外集”二字，其序后边阑有“文录计十四卷”六字，不解何以与序文不应。前五卷皆与人书，别无杂著。后九卷诗、文、记、序、书牍、碑志、杂著，分类编次，而无奏疏、公牍文字。其《居夷集》，即《外集》中小题，又无《传习录》附入。以为全本，则序与书不符。以为不全，则计数只十四卷。

考《四库全书提要》：“《王文成全书》三十八卷。”云“是书首编《语录》三卷，为《传习录》，附以朱子晚年定论。乃守仁在时，门人徐爱辑，而钱德洪删定者。次《文录》五卷，皆杂文。《别录》十卷，为奏疏、公移。《外集》七卷，为诗、杂文。《续编》六卷，则《文录》所遗，搜辑续刊者。皆守仁没后，德洪所编次。后附以《年谱》五卷、《世德记》二卷，亦德洪与王畿等纂集也。其初本各自为书，隆庆壬申，御史新建谢廷杰巡按浙江时合梓，仿《朱子全书》之例以名之”。又《四库全书》存目：“《阳明要书》八卷，《附录》五卷。明叶绍容编于崇祯乙亥，取《守仁全书》撮其要语。又《王阳明集》十六卷，为五世孙贻乐重编。国朝康熙初，贻乐为滕县知县所刻，前有李卓吾所作《年谱》。又《阳明文钞》二十卷，为康熙己巳江都张问达所编。以《传习录》、《大学或问》为首，奏疏、序记、诸讲学书及论说、杂著、赋学、公移次之，而终以《年谱》。又《阳明全集》二十卷，《传习录》一卷，《语录》一卷，康熙中馀姚俞璘所编。删除钱德洪本《正录》、《外录》、《别录》之目，并为一书，更其卷第。首载《年谱》，次以书序、记说诸作，而以《传习录》、《语录》附焉。”

据此，则馆臣编纂全书之时，均未见黄绾此本。而《明史·艺文志》亦但载《王文成全书》三十八卷，盖即《四库》著录之本。又检阮文达所编《范氏天一阁书目》集部二，载“《王阳明先生文录》五卷，《外集》九卷，《别录》十卷，明新安胡宗宪重刊并序”。又“《阳明文录》三卷，万历丙子王畿序”。又“《阳明先生文录》五卷，《外集》十卷”。祁氏《澹生堂书目》集部内载“《王文成公全书》三十八卷，一本作三十七卷。《阳明全集》二十卷”。一本作二十四卷。又“《文集》二十四卷”。又“《文录》十七卷，《居夷集》二卷，《传习录》三卷”。两《目》皆明人藏书，其卷数均与此不合，则亦未见此本也。惟《范目》所载胡宗宪序本，似是据此本重刊，而增补《别录》十卷。然则，此本比于大辂椎轮，虽非全书，固是完帙。前有“长洲海录轩图书”朱文印记，犹吾家先世遗书。“海录轩”者，即校勘《文选》叶讳树藩者之斋名也，手泽如新，尤足珍贵，子孙其永宝之。

甲辰重阳，德辉识。

震川先生文集二十卷明常熟刻本

《震川先生文集》二十卷，明归有光撰。每卷大题后第二行云“玉峰归有光著”，三行“海虞蒋以忠阅”，四行“宗弟道传编次”。每半叶十行，每行二十一字，版心上刻“震川先生〔文集〕[1]”六字。此本最先刻，世所称常熟本者，即此本也。余少时习制举业，塾师授以时文，必曰“学王、唐、归、胡四家”。王者，吴郡王文恪公鏊；唐者，荆川唐顺之；归即有光，胡则德清胡友信也。四家皆工为古文，其时文亦近古文，故为制艺家不祧之祖。余向藏四家时文稿，未读其文集也。官京朝时，始获诸家文集读之，于是知古文、时文，皆非原本经术、精熟义理，不足以名家而传世。有明一代，文章正统，不得不归之荆川、震川。今其集具在，世固无有议之者矣。震川当王、李气焰甚炽之时，独以古文教授生徒，力相抵抗，至目弇州为“庸妄巨子”。弇州闻之，曰“妄诚有之，庸固未敢闻命”。震川曰：“唯妄故庸，未有妄而不庸者也。”弇州晚作《震川画像赞》，有“千载有公，继韩欧阳。余岂异趣，久而自伤”之语。盖已心折其文，而深悔其盛年意气之过也。同时如山阴徐渭、临川汤显祖，亦力诋弇州文，与震川同调。然汤、徐之文，才气纵横，足树一帜，以视王、李之剽窃摹拟，固有真伪之分。若云根柢盘深，得龙门神思脉理，则于震川，固有望尘不及者矣。

---

①“文集”二字，原稿缺，据文义补。

又一部三十二卷明万历三年刻本

《归先生文集》三十二卷，明归有光撰。万历三年刻本，前有门人周诗序，分经术、议书、制诰、奏疏、策问、志、序、记、杂著、行状、墓志铭、墓表、碑、碣、铭、颂、赞、传、说、祭文哀辞、诔附、题跋、寿序、诗，二十三类。大题“归先生文集卷之几”，二行“吴郡归有光著”，三行“门人王执礼校”。半叶十行，行二十字，楷书精刻。版心上“归先生文集”五字，鱼尾下载卷数、分类。版心下“雨金堂”三字，小注“章右之刻”四字。《四库全书总目》集部著录为“家刻四十卷本”，此入存目，《提要》云“是编为其子子祐、子宁所辑，所谓崑山本者是也。其中漏略尚多，故其曾孙玄又裒辑为四十卷，而有光之文始全。相传子宁改窜父书，有光见梦于贾人童姓。其事虽不足信，而字句之讹舛，诚有如庄所指摘者”。按钱谦益《列朝诗集》丁集十二云：“熙甫为文，原本六经。而好太史公书，能得其风神脉理。其于六大家，自谓可肩随欧、曾，临川则不难抗行。其于诗，虽无意求工，滔滔自运，要非流俗可及也。熙甫没，其子子宁辑其遗文，妄加改窜。贾人童姓，梦熙甫趣之曰：‘亟成之，少稽缓，涂乙尽矣。’刻既成，贾人为文祭熙甫，具言所梦。今载集后。”然本集后附录翁良瑜祭文，有“瑜也贾人，敢曰知公？窃仰声华，亦竦于衷。公今则殁，遗稿在笥。僭为镌行，冀开来裔。惟公有神，冯梦谓我。我文子镌，子慎乃可”等语。祭文后有“万历（祭）〔癸〕酉男子子祐、子宁编次”一行，又有“丙子浙人翁良瑜梓行”一行。祭文语极浑涵，当是对其子不便直言其事耳。

第此书为翁良瑜刻，已有明文。而《四库提要》、《钱集》均以为“贾人童姓”，不知何故？且钱既云“祭文载集后”，岂不知祭文为翁良瑜作，又有“翁良瑜梓行”字一行，则童、翁因同声之讹，日久笔误，未及细校，亦未可知。至“章右之刻”四字，仅于目录版心下一见。意者全集为翁氏出赀，承刻者为章右之。章、童形近，故误记章为童欤？今归庄刻四十卷本，后附《列朝诗集》，径改作翁姓，亦非传疑之道。盖本集之为翁刻，毫无可疑。传言偶歧，不置一辨，亦正不必辨也。

又一部三十卷、别集十卷康熙十四年曾孙庄刻本

《震川先生集》三十卷、《别集》十卷，明归有光撰。康熙十四年归庄家刻本。《四库全书总目》集部著录，《提要》云：“旧本有二：一为其族弟道传所刻，凡二十卷，为常熟本；一为其子子祐、子宁所刻，凡三十二卷，为崑山本。去取多不相同。庄以家藏钞本互相校勘，又补入未刻之文，汇为全集，刻于康熙间。前有王崇简、徐乾学二序。庄自作凡例，极言旧刻本之讹，诋斥不遗馀力。然考汪琬《尧峰文集》，有《与庄书》二篇，又反复论其改窜之非，至著《为归文辨诬》以攻之。是庄所辑，亦未为尽善。然旧本文多漏略，得庄掇拾散佚，差为完备。既别无善本，姑从而录之。有光诗格，殊不见长，汪琬乃作笺注，王士祯颇以为讥。今未见传本，殆当时众论不取，即格不行欤？”

按今汪琬《钝翁类稿》无《归文辨诬》及《诗笺注》，惟有《重订归先生文集考异》一种，序称“先生之诗，惟崑山本刻入《外集》，按：刻入未三十二卷无《外集》之名。新本刻入《别集》。而复古堂本、常熟本，举皆无之。故手所考，止于新本而已。窃怪旧刻

诸诗，往往有出入孙愐《唐韵》及吴才老韵者，最为古雅。而新本多从近世所行俗韵，不知何以异同如此？或谓归氏有家藏钞本可订，则又略考其所刻全集，如《归孝子传》、《徐郡丞惠政记》等篇，皆不主钞本，而参用崑山、常熟两本，如《上王都御史书》、《周宪副行状》等篇，则仅仅节略钞本数语之不同者，附注于篇末，固未尝专用钞本，以为据依也。又窃意其家所藏者，未必果出于先生之笔授。而其校雠此钞本之人，亦未必亲事先生，而习见其读书为文者也。昔朱子序《韩文考异》，曰'姑考诸本之同异，而兼存之'。余故私淑朱子，亦有所疏通证明。而自顾学问陋劣，终未敢悻悻然自骋其臆，而妄加笔削于其间也，览者详之"。其书摘取诗句，列崑本、新本异同，逐句考证，多不以新本改古韵、从俗韵为然。间亦注释，似其中有笺注原文。则王士祯所见笺注，或即并入此《考异》，而遂归销灭欤？

抑余尤有说者：震川之文，既为其子改窜于前；震川之诗，复为其曾孙校改于后。子孙非不能文者，而一集之成，不无遗憾，震川何身后之不幸耶！然则，世有著作之士，惟有及身自定其文，手校而亲刻之，庶免后人一番聚讼耳。

王端毅公文集九卷、续二卷 嘉庆、道光两次刻本

明《王端毅文集》九卷、续二卷。《明史·艺文志》、朱氏《万卷堂书目》、《四库全书》存目、孙氏《祠堂书目》，皆无续二卷，疑明时原刻如此。此册封面题称，卷一至卷六为"嘉庆十五年重刻"，卷七至卷九为"道光十八年重刻"。续二卷，一卷古文、二卷时文、诗。不知编者何人，前后亦无重刻序跋。与明刻《奏

议》先后收得，可云珠联璧合矣。

光绪二十有七年岁辛丑八月秋分前一日，丽楼主人叶德辉识。

明刻《奏议》，每半叶十行，行二十字。此与之合，字体亦同，盖翻雕明本也。前有“嘉靖三十一年、太岁在壬子夏六月既望、大梁后学李濂序”，又有“嘉靖三十一年秋七月望日，亚中大夫、河南左参政、乡后学乔世宁撰序”。

徐文长文集三十卷、三集十二卷、逸稿二十四卷明万历甲寅刻本，三集万历庚子刻本，逸稿天启癸亥刻本

明《徐渭诗文全集》二十九卷，载《明史·艺文志》。《四库全书总目》集部存目“《徐文长集》三十卷”，《提要》云：“明徐渭撰。陶望龄作渭小传，载渭尝自言书第一、诗二、文三、画四。今其书画流传者，逸气纵横，片楮尺缣，人以为宝。其诗出于李白、李贺之间，而才高识僻，流为魔趣。选言失雅，纤佻居多。譬之急管幺弦，凄清幽渺，足以感荡心灵。而揆以中声，终为别调。观袁宏道之激赏，知其臭味所近矣。其文源出苏轼，颇胜其诗。故唐顺之、茅坤诸人，皆相推挹。中多代胡宗宪之作，《进白鹿》前、后二赋，尤世所艳称。其代宗宪《谢严嵩启》云云，录之于集，何止白圭之玷。盖渭本俊才，又受业于季本，传姚江纵恣之派。不幸学问未充，声名太早，一为权贵所知，遂侈然不复检束。及乎时移事易，侘傺穷愁，自知决不见用于时，益愤激无聊，放言高论，不复问古人法度为何物。故其诗遂为公安一派之先鞭，而其文亦为金人瑞等滥觞之始。苏轼曰：‘非才之难，处才

之难。'谅矣。渭所著有《文长集》、《阙篇》、《樱桃馆》三种。按：本陶望龄传。钟瑞先合刻之，以成此集。又有商濬所刻，题曰《徐文长三集》者，亦即此本。"又《逸稿》二十四卷，《四库》亦入存目，《提要》云"此本为其乡人张汝霖、王思任所同选。如末卷所载诸偈、灯谜、对联，鄙俚猥杂，岂可入之集中"。

按文长才名，为世所倾倒。所为诗文，纵笔直书，逞其才气，为所欲为，不顾文体之横裂，青年学子喜其恣肆跌荡，群相仿效，靡然从风。明季诗文之日下，未尝非文长阶之厉也。此三种，余先后从长沙收得，因类聚一架。检《四库目》参核，以《提要》持论甚正，故转录之，俾览是书者，不至为所炫惑焉。《三集》刻于万历庚子，在《文长集》之前。然两本互有增删出入，《提要》以《三集》与《文长集》为即一本，则误矣。

袁中郎集四十卷 明崇祯二年陆之选刻本

此《袁中郎集》四十卷，明袁宏道撰。《明史·文苑传》："宏道，公安人。与兄宗道、弟中道并有才名，时称三袁。宏道年十六为诸生，间为诗歌、古文，有声里中。举万历二十年进士，归家读书。选吴县知县，听断敏决，已而解官。起授顺天教授、国子监助教、礼部主事，谢病归。久之，起故官。寻以清望擢吏部主事，移考功员外郎，迁稽勋郎中。谢病归，数月卒。先是，王、李之学盛行，袁氏兄弟独非之。宏道益矫以清新轻俊，学者多舍王、李而从之，目为公安体，空疏者便之。其后，王、李风息，而钟、谭之说大炽。钟、谭者，钟惺、谭元春也。惺，竟陵人。万历三十八年进士，擢福建提学佥事，以父忧归，卒于家。自宏道矫王、李之弊，倡以清真。惺复矫其弊，变而为幽深孤峭，与同里谭元春评选《唐诗归》、《古诗归》，名满天下，谓之竟陵体。然两人学不甚富，识解多僻，为通人所讥。元春，字友夏。天启七年始举乡试第一，惺已前卒矣。”

按：钱谦益《列朝诗集》丁集十二《袁稽勋宏道传》云：“万历中年，王、李之学盛行，黄茅白苇，弥望皆是。文长、义仍，崭然有异。沉痼滋蔓，未克芟夷。中郎出，王、李之云雾一扫，天下之文人才士，始知疏瀹心灵，搜剔慧性，以涤荡摹拟涂泽之病，其功伟矣。机锋侧出，矫枉过正。于是鄙俚风行，风雅扫地。竟陵代起，以凄清幽独矫之，而海内之风气复大变。譬之有病于此，北地、济南，结轖之邪气也；公安泻下之劫药也；竟陵传染之别症也。馀分闰气，其与几何。庆、历以下，诗道三变，而归于陵夷熸熄，岂细故哉。余录中郎诗，取其申写性灵，而不悖于风雅者。学者无或操戈公安，复嘘王、李之烬，斯道其有瘳乎？”钱氏持论，痛斥（二）〔王〕、李①，颇右中郎，余未敢信为定论。

《四库全书总目》集部，《袁集》入存目，《提要》云：“明自三杨倡台阁之体，日就庸肤。李梦阳、何景明起而变之，李攀龙、王世贞继而和之。前、后七子，遂以仿汉摹唐，转移一代之风气。迨其末流，渐成伪体。涂泽字句，钩棘篇章，万喙一音，陈因生厌。于是三袁乘其弊而排抵之。其诗文，变版重为轻巧，变粉饰为本色，天下耳目于一新，又复靡然从之。然七子犹根于学问，三袁则惟恃聪明。学七子者，不过赝古；学三袁者，乃至矜其小慧，破律而坏度。名为救七子之弊，而弊又甚焉。”斯则持平之论矣。

---

①“二李”，指李梦阳、李攀龙。此处据文义似指王世贞、李攀龙，故改。

余藏此集，从未一检。外并有《中郎十集》十七卷，内分《广庄》二卷、《敝箧集》二卷、《桃源咏》一卷、《华嵩游草》二卷、《瓶史》一卷、《觞政》一卷、《破研斋集》三卷、《广陵集》一卷、《狂言》二卷、《狂言别集》二卷，为万历乙巳刻本，在此集之前。考《明史·艺文志》，载"《袁宏道诗文集》五十卷"，与此不合。殆后编总为一集，而略有分并欤？

玉茗堂文集十六卷、赋六卷、诗集十八卷、尺牍六卷 明天启元年刻本

汤显祖《玉茗堂文集》十六卷、《赋》六卷、《诗集》十八卷、《尺牍》六卷，明天启元年韩敬刻本。《明史·艺文志》载"汤显祖《玉茗堂文集》十五卷、《诗》十六卷"，无赋及尺牍。《四库全书总目》集部存目"《玉茗堂集》二十九卷"，《提要》云："是集凡诗十三卷、文十卷、尺牍六卷。"均与此本卷数多少不合。盖刻有先后，编次不同，诸刻当以此为第一足本。纂修《明史》、编修《四库》诸臣，不知何以均未一见，则此本之希有可知。当王、李势盛之时，毅然不肯附和，而力相抗抵者有三人：一归有光，一徐渭，一显祖也。钱谦益《列朝诗集》丁集十二云："义仍志气激昂，风骨遒紧，尝谓我朝文字，以宋学士为宗。李梦阳至琅玡，气力强弱，巨细不同，等赝文尔。万历间，琅玡二美，同仕南都，为敬美太常官属。敬美唱为公宴诗，不应。又简括献吉、于鳞、元美文赋，标其中用事出处，及增减汉史、唐诗字面，流传白下，使元美知之。元美曰：'汤生标涂吾文，异时亦当有标涂汤生者。'自王、李之兴，百有馀岁。义仍当霿雺充塞之时，穿穴其间，力为解驳。归太仆之后，一人而已。"

余按：玉茗之文，非无根柢。而以比于震川，则非其匹。大抵震川才实不逮弇州，而学问深邃，根柢六经，则非弇州之所能及。至于义仍、徐文长之流，才与学皆不及弇州。特以人心有厌恶王、李之机，大声疾呼，矫其弊而纠其失。己所为文，颇有才力。而善自检束，不敢为破坏规律之辞，故当时亦盛为人所称。然卒不能如震川之上继韩、欧，以承斯文正统者，则学力深厚不如震川也。又文长以书画名，玉茗以善曲名，其精神偏于一艺一术之微，于文章功力不能专致，此其所以不能成家欤？

隐秀轩集三十三卷明天启壬戌刻本

《隐秀轩〔集〕》三十三卷，明钟惺撰。版心于集名下分“天地玄黄、宇宙洪荒、日月盈昃、辰宿列张、寒来暑往、秋收冬藏、闰馀成岁、律吕调阳、云”三十三字为卷数，殊为好异。惺，字伯敬，竟陵人，与同里谭元春评选唐人之诗，为《唐诗归》。又评选隋以前诗为《古诗归》。矫王、李之弊，变而为幽深孤峭，名满天下，谓之竟陵体。友夏，名、辈后于惺，以《诗归》故，与齐名。事详《明史·文苑》附《袁宏道传》。又《明史·艺文志》载“钟惺《隐秀堂集》八卷”，《四库全书总目》集部不独此本未著录，即十卷本亦不载，岂当时传本罕见欤？钱谦益《列朝诗集》丁集十二云：“伯敬少负才藻，有声公车间。擢第之后，思别出手眼，以深幽孤峭之宗，驱驾古人之上。同里谭元春为之应和，海内称诗者靡然从之，谓之钟、谭体。譬之春秋之世，天下无王，桓文不作，宋襄徐偃，德凉力薄，起而执会盟之柄，天下莫敢以为非伯也。数年之后，所撰古今《诗归》，盛行于世，承学之士，家置一编。而寡陋无稽，错缪叠出，稍知古学者咸能挟策以攻其短。《诗归》出，而钟、谭之底蕴毕露，沟浍之盈，于是涸然无馀地矣。其所谓深幽孤峭者，如木客之清吟，如幽独君之冥语，如梦而入鼠穴，如幻而之鬼国。三十馀年风移俗易，滔滔不返，以凄声寒魄为致，此鬼趣也；以噍音促节为成，此兵象也。著见于文章，而国运从之，可胜叹哉！可胜悼哉！钟、谭之类，岂亦《五行志》所谓'诗妖者'乎。”按：明季之诗，至钟、谭，扫地尽矣。虽有嘉定四先生力主正声，恪守先典，而江河日下，无能挽既倒之狂澜。亡国之音，哀以思，观于是集，明社之屋有由来矣。

谭友夏合集二十三卷明崇祯癸酉刻本

是集一卷至五卷为《岳归堂新诗》，六卷至十四卷为《鹄湾文草》，十五卷至二十三卷为《岳归堂已刻诗选》，明谭元春撰。元春，字友夏，竟陵人，与钟惺同里。其诗才劣于惺，而诡僻如出一手。钱谦益《列朝诗集》丁集十二云：“钟、谭一出，承学之徒莫不喜其尖新，乐其率易，相与糊心眯目，拍肩而从之，以一言蔽其病曰：'不学而已。'亦以一言蔽从之者之病曰：'便于不说学而已。'天丧斯文，馀分闰位，竟陵之诗与？西国之教，三峰之禅，并为孽于斯世。后有传《洪范》五行者，固将大书特书，著其事应，岂过论哉！”按：友夏诗刻意步趋伯敬，故得依附以成名，竟陵与公安，同一诗中恶魔。《明史》以钟、谭附《袁宏道传》，岂非以竟陵一派，尚不如公安之略有根柢，只得为后起之附庸乎？《明史·艺文志》载“谭元春《岳归草堂集》十卷”。《四库全书总目》集部于此本及《岳归草堂集》存目外，尚有《谭子诗归》十卷，《提要》云：“乃其选本，前有自序，并载诸稿自题之文凡十馀种，盖其诗之别刻者尚多云。”余藏钟、谭二家集，并所选《诗归》，盖以著明末诗派之式微，知一朝风气之转变，非有嗜于彼，而必存其一派也。

松圆浪淘集十八卷明万历庚午谢三宾序刻本

程嘉燧，《明史·文苑》附《唐时升传》云：“时升早登有光之门，文得其传，与（重）〔里〕[①] 人娄坚、和嘉燧并称，曰练川三老。”又云：“娄坚幼好学，其师友皆出有光门，故学有师承，乡里推为大师。四明谢三宾知县事，合时升、嘉燧及李流芳诗刻之，曰《嘉定四先生集》。嘉燧，休宁人，侨居嘉定，工诗善画。常熟钱谦益以侍郎罢归，筑耦耕堂，邀之读书其中，最重其诗，称曰‘松圆诗老’。”谦益《列朝诗集》丁集十三上《松圆诗老程嘉燧传》，称其“少学制科不成，去；学击剑，又不成。乃折节读书，刻意为歌诗。三十而诗大就，在里中兄事唐叔达、娄子柔。（全）〔余〕[②]罢官归里，构耦耕堂于拂水，要与偕隐，晨夕游处，修鹿门、南村之乐。崇祯辛巳春，孟阳将归新安，余先游黄山，访松圆故居，题诗屋壁。归舟抵桐江，推篷夜语，泫然而别。又明年癸未二月，卒于新安，年七十有九。卒之前一月，为余序《初学集》，盖绝笔也。其诗以唐人为宗，熟精李、杜二家，深恶剽贼比拟之缪。七言近体，约而之随州；七言古诗，放而之眉山。晚年尽览中州、遗山、道园及国朝青田、海叟、西涯之诗，抉擿其所由来，发明其所以合辙。于是乎王、李之云雾尽扫，后生之

①②据文义改。

心眼一开，其有功于斯道甚大，世或未之知也。遗山题《中州集》后云：'爱杀溪南辛老子，相从何止十年迟。'余故援中州之例，谥之曰'松圆诗老'。"

按：松圆早列三老之称、晚获四先生之誉。其实所为诗文，才力不逮唐、娄、李三人远甚。朱彝尊《静志居诗话》云："其格调卑卑，才庸气弱，近体多于古风，七律多于五律。如此伎俩，三家村夫子诵百翻《兔园册》即优为之，奚必读书破万卷乎？蒙叟深惩何、李、王、李流派，乃于明三百年中特尊之为诗老，六朝人语云：'欲持荷作柱，荷弱不胜梁；欲持荷作镜，荷暗本无光。'得毋类是与?"《四库全书总目》集部于嘉定四家中，著录娄坚《学古绪言》，李流芳《檀园集》。《提要》于二家推许甚至，谓"嘉燧以依附钱谦益得名，本非端士。核其所作，与唐时升三人如蒹葭倚玉树，未可同称"。然松圆早得盛名，初未依附谦益，不过晚与之昵，彼此不无阿好之词耳。明末文人习气，凡达官田居，必引一布衣与之倡和往来，以炫乡里之耳目，如董宗伯之与陈眉公，亦即其习气。谓其诗不足名家，自是持平之论；谓非端士，毋乃储胥之恶与？

檀园集十二卷 明万历庚午谢三宾刻本

有明诗凡屡变。其始，刘诚意以佐命雄才，丁元末造，遭时不偶，发为歌诗，抯郁忧伤，奇气抑塞，观《覆瓿集》中元时之作，其志固足哀矣。其后遭遇圣明，发扬志意，譬如大块噫气，渢渢乎为开国元音。此其冠冕一代之才，宜乎开有明三百年之风气，欲求与之伦比者，当时固绝无其人焉。迨高启、杨基、张羽、徐贲之徒接起，吴中号称四杰，其诗和平温丽，皆承平雅颂之声。

论有明一代之诗，其时可追初唐盛轨。四杰后先相望，亦信乎拟必于伦。且其时袁海叟凯高唱于华亭，贝清江琼和声于崇德，太平景象，海内同风。缕数名家，蔚然称盛。永、宣以后，作者朋兴，类皆迤演冲融，不知树骨振声，故不觉日趋于柔靡。追原病始，三杨台阁之体，实留不良之种子焉。茶陵李东阳崛起成、弘之间，历官台阁四十馀年，宏奖群英，力追正始。士之出其门下者，文章学术，莫不灿然有成。时当国运休明，茶陵实应时而出，故风流文采，不愧一代正宗。

自李、何七子厌薄老成，倡言复古，其才学足以笼罩一世，其声气足以奔走万夫，浮响虚声，一倡百和。嘉靖间王、李辈五子、七子，声华标榜，轨辙相寻，弇州之名位益高，茶陵之光焰几熄。公安、竟陵乃乘正声销歇之际，潢池盗弄，僭据诗坛。时虽有理茶陵之绪者，众咻一傅，孤掌难鸣。盈天地间皆哀思焦杀之音，而明社亦因之屋矣。崇祯之季，嘉定四先生唐叔达时升、程孟阳嘉燧、娄子柔坚、李檀园流芳，皆与归熙甫有光有渊源，与钱受之谦益为诗友。受之固私淑茶陵者，故四先生文则欲绍震川之传，诗则欲接茶陵之统。而时丁阳九，神州沸腾，几复奄奄，斯文垂绝。所幸流风馀韵，不出娄东，梅村一老，以胜国耆英为兴朝领袖。凡明季达官贵人、山林潜伏之士，至我朝皆和声鸣盛，成归昌贺圣之音。信乎运会之兴衰，诚有与诗文相维系者矣。余藏明人诗集甚多，终以《檀园集》，因举明诗前后变迁之迹，以为论世者考镜之资，是亦一时得失之林也。

归云别集十种七十四卷、外集十种六十七卷明刻本

此《归云全集》明刻本，凡《别集》十种，《外集》十种。

中缺《梦占逸旨》后四卷，原八卷。《五经异文》六卷，原十一卷。《堤疾恒谈》前七卷。原十五卷。按：周亮工《因树屋书影》云："陈心叔先生士元，楚之应城人，所著诗文名《归云集》。外有《类语类考》二十卷，《孟子杂记》四卷，《易象钩解》四卷，《易象汇解》二卷，《五经异文》十一卷，《性汇》四卷，《姓觿》十卷，《名疑》四卷，《古俗字略》七卷，《梦占逸旨》八卷，《堤疾恒谈》十五卷，《楚故略》二十卷，《象教皮编》六卷，《楚绝书》二卷，《荒史》六卷，《世历》四卷，《江汉丛谈》二卷，《俚言解》二卷，《裔语音义》四卷，《岳纪》六卷。卷帙浩繁，未易流播。余旧藏有六、七种，今只存一、二矣。后托家吾昉大令觅其全本，亦不可得。"

据此，书在国初已不易得，今又历二百馀年，更希罕矣。此集虽缺二三种，较之栎园所见，实为完帙。道光癸巳涂氏重刻，但有《别集》十种，而无《外集》，不知何故。《书影》又云："先生揽揆之前一夕，梦一老翁，冠袍款户而入，自称齐卿孟轲，翌日而心叔生，其父遂字曰孟卿。后登嘉靖甲辰进士，刺滦州，己酉三月上丁，有事孔庙，分献于孟子，木主无故自仆，翌爵皆堕地。心叔恶之，遂自免归，称养吾子，息影读书，故著书甚富。"按：此本先生《孟子杂记》自叙，虽不免近于夸诞。然明人著书恶习，评点、删节、杜撰、稗贩先生各种，无一字无来历，无一条无出处，所谓不为风气所囿者。非生有夙根，而能卓然自立如此乎？今先生《论语类考》、《孟子杂记》已刻入陈春《湖海楼丛书》，《梦占逸旨》、《江汉丛谈》已刻入吴省兰《艺海珠尘》，《名疑》已刻入张海鹏《借月山房丛书》，《易象钩解》已刻入钱熙祚《守山阁丛书》。其馀他种，多刻入近日赵尚辅所编《湖北丛书》。近六、七十年，已家有其书，而求旧刻如此者，已如宣炉、成窑，虽与鼎彝并贵可也。是书曾为南汇吴稷堂侍郎省兰所藏，前有印记，所刻二种出此。犹见先辈手泽云。

光绪戊申曝书日，叶德辉题。

适适草一卷影钞明崇祯刻本

沈彤《吴江县志》三十七《别录》：“明光禄寺丞沈璟女大荣，适太仓举人王士騄，能诗文，兼善草书。次妹即倩君季女静专，字曼君，适诸生吴昌逢，遭家坎轲，为诗词多激楚之音。昌逢字适适，故所著名《适适草》。”按：本集自序谓“取庄生‘自适其适’之语以题兹草，非取夫字而名也”。《志》云“昌逢字适适”，恐转因此集相涉而讹。集中有挽宛君姊及昭齐、琼章两甥女诗，为天寥公刻《午梦堂集》中。《鹂吹》、《愁言》、《返生香》附录所未载，足备吾家私乘佚闻之一二。不仅沈氏多才媛，足为玉台增色也已。此集为崑山王严士茂才所藏，以其传本甚少，为照录其副存之。吾方刻《午梦堂集》，拟析宛（宛）君祖妣《鹂吹》合此写刻之。曼君诗不如宛君祖妣之老成，然不得谓非金闺二妙也。

丁巳春正月雨水节，叶德辉识。

郎园读书志卷十

集部

藏山阁存稿偶钞诗十四卷、文六卷、年谱一卷钞本

《藏山阁存稿偶钞》诗十四卷，文六卷，桐城钱澄之撰。澄之著有《田间易学》十二卷，《田间诗学》十二卷，《四库全书总目提要》经部著录，其《诗文集》则未载。《乾隆禁毁书目》军机处奏准《全毁书目》中，有《田间文集》、《诗集》，不载卷数，撰人题钱秉镫。《违碍书目》列应缴违碍书籍各种名目，亦列《田间文集》、《诗集》，不载卷数，撰人题钱澄之。一为原名，一为更名，《集》经禁毁，宜其《四库》并存目无之矣。惟经部《易学》，《提要》载澄之籍里、事迹云："澄之，原名秉镫，字饮光，自号田间老人，桐城人。家世学《易》，又尝问《易》于黄道周云云。"似于澄之始末不甚详悉。今此书附有其次子某所撰《年谱》，知其生于明万历四十年壬子，国变后以诸生奔走国事，间关于闽、赣、粤、桂，参与军谋。在闽以黄道周荐，试授推官。在桂以瞿式耜荐，御试授庶吉士。大兵入桂，南奔，以僧服终。《年谱》于康熙辛亥六十一岁止，《诗集》终于康熙辛卯，盖初编也。吴修《续疑年录》载："澄之，明万历四十年壬子生，康熙三十二年癸

酉卒，年八十二岁。”杜荫《明人诗品》云：“钱幼光原字秉镫，禁罔潜踪，麻鞋间道，或出或处，或嘿或语，屡变而不穷，要其派，深得香山、剑南之神髓而融会之。钱牧斋取其诗入《吾炙集》，盖深好之也。”

今按集中诗，多以才藻见长，其悲楚激昂之音，则由家国伤心，多所感愤而致。观其全体，实不仅出入香山、剑南。其为文，则磊落英[①]，多放笔为直干，论事、纪事诸作，虽无意于文，而详尽简洁，与《戴南山集》中文同一风气。乃知桐城一邑，以文章为二百年海内主盟，其由来者渐矣。文钞中有关朱明文献者，如纪阮大铖事，则《明史》列传所本。纪南都三疑狱，颇致疑于讯案诸人。自来本有弘光非真福王，马、阮拥戴居功之传闻。其于三狱，君臣皆不欲穷究，固非无因。文中所疑，亦即在此。虽然明祚既尽，紫蛙闰位，不必问其真伪是非。而诸臣谋国之忠，与群奸蔽天之罪，公论自在，何所逃于天地之间？如文钞所载，多亲得于见闻。观其于阮大铖，虽以世戚通家，去之若浼；于钱谦益，虽文字深契，且讥其“如此读书，不如不读”。均载《年谱》。生平直道，不肯阿私，纪事诸文，断无曲笔，可信也。

往年上海以活字印诗十三卷，文六卷，较此少行脚诗一卷，又无《年谱》。此出旧人钞本，活字本当是以不全者印行。此本间有夺讹，要可以意审定，特不知视《禁毁书目》所载名《田间集》者，异同详略如何？他日得见而校之，则释然矣。

时在著雍敦牂之岁、圉余之月麦秋，叶德辉识。

①“落英”下似有脱漏。

尊水园集略十二卷顺治庚子家塾刻本

《尊水园集略》十二卷，德州卢世潅撰。一卷至四卷古今体诗，五卷至十二卷文。卢见曾《渔洋感旧集》小传云："卢世潅，字德水，别号紫房，山东德州人。天启乙丑进士，授户部主事。知世将乱，无意仕进，请归养母。母殁，服阕，补礼部，旋改御史，巡视漕运，移疾归。入本朝，即家拜御史，征诣京师，以疾不起。卜居平原，自号南村病叟。有《尊水园》等集。公为余曾祖、赠中大夫公讳世滋之胞弟，光禄公讳宗哲之曾孙也。早负海内文望，与虞山钱宗伯牧斋齐名。诗以老杜为宗，著《读杜私言》、《杜诗胥钞》，牧斋亦云：'余为《读杜笺》，应卢德水之请也。'《精华录》论诗绝句：'杜家笺注太纷拏，虞赵诸贤尽守株。若为南华求向郭，前惟山谷后钱卢。'然与渔洋宗派不同，故所选止一首。程工部正夫《尊水园集》序曰：'公称诗，一遵少陵。顾其诗亦类青莲。'田司农纶霞选公诗为读本，曰'南村若使先生在，小子当为洒扫人'。从曾孙见曾谨识。"按：见曾选《山左诗钞》，不列御史名，以其为前明遗臣也。

余震其名，欲读其诗，而选本寥落，一脔未尝，屡访求其诗文集。《四库全书总目》既不著录，藏书家目亦罕见收藏，萦回于心者四十年。今年入都，偶过厂肆，有此集，亟论价购归。卒读一周，知其诗学杜者十之八九，文亦根源理学，粹然儒者之言。诗文不及牧斋之多，以品节论，高出牧斋之上，是固足以传矣。

御制避暑山庄诗二卷内府刻汉文本

此康熙五十年，圣祖《御制避暑山庄诗》。诗各有图，图绘山水，匡廓皴点，墨分深浅，精镂无比。诗及注皆用朱笔圈，引用之书用长方围记，系朱墨套印。图出当时画院中名手，想见开国时国力丰富，故虽技术之末，足征民气静穆，工艺精良。有清二百〔载〕① 文化开基，实仁庙御宇六十年教泽涵濡之所致也。庄诵一过，不觉神往久之。从子康侯兄弟藏有满洲文本，图刻小有异同，今合并，均改为蝴蝶装，可成双璧矣。

松桂堂集三十七卷、延露词三卷、南注集三卷乾隆八年曾孙载英刻本

国朝康熙己未、乾隆丙辰，两次开博学鸿词特科。己未首举者为少宰彭羡门先生孙遹，其人其文，洵足以黼黻升平，发扬盛美，惊才绝艳，不愧词头之称。当时弁冕群英，固先生才地特高，而实圣主之知人则哲也。少时读王渔洋《诗话》，云"南昌重建滕王阁，名流竞为赋诗，推彭羡门擅长，中联云：'依然极浦生秋水，终古寒潮送夕阳。'余尝喜讽咏之，谓刘文房、郎君胄无以过也。又题湖口句：'湖光尽日依楼堞，山色终朝满县城。'亦是写照。又竹枝词，古称刘梦得、杨廉夫。近羡门尤工此体，如广州竹枝等词最佳"。又云："吾友彭羡门，以丁丑假归。己卯九月，率子姓侄甥辈登秦驻山赋诗云：'平生几緉中郎屐，更不登临奈老何。'明年庚辰重九后遂

①"载"字原缺，据文义补。

下世，殆诗谶也。”如此类诗句，读之令人怦怦然，亟欲窥其全豹。意以渔洋偶举所喜者标举一二，未足以尽之也。

然其集《四库全书总目》虽著录，而坊肆流行极少。余官京曹，留心物色，迄未一遇。南归后，见一故家书散出，中有此集，因以善价获之。原无《延露词》、《南洼集》二种，从子康侯为余从旧书摊中访得，始成完书。按：《四库全书总目提要》云：“孙遹所著《南洼集》、《香奁倡和集》、《金粟词》、《延露词》，俱先有刊本，惟全集未刊。孙遹殁后五十年，至乾隆癸亥，其孙景曾始为开雕，并以旧刊《南洼集》、《延露词》附录于后云。”据此，则《四库》著录即此本也。国朝人集，《四库》著录不多，词科五十人，仅录少宰此集及施闰章、汤斌、汪琬、朱彝尊、毛奇龄、陈其年、潘耒八人。然其中专以诗称者，又仅施与少宰二人。余于诸家集皆先后收藏，独是集最后始得。盖其子孙藏版于家，未落坊肆，印行既少，故绝不易于访购也。

尤西堂集五十一卷康熙甲戌家刻本

《尤西堂全集》，为《年谱图诗》一卷、《小影图赞》一卷、《年谱》二卷、《性理吟》二卷、《续论语诗》一卷、《艮斋倦稿诗集》八卷、《文集》十五卷、《艮斋杂说》十卷、《看鉴偶评》五卷、《明史拟传》六卷，都五十一卷，尤侗撰。侗举康熙己未博学鸿词召试二等，授翰林院检讨。癸未，圣祖南巡，进官侍讲。此书《四库全书总目》不著录，亦未存目。岂以其诗文体近俳谐，摈而不选，抑或当时传本甚少，未及采进耶？总目下有“孙氏伯渊”四字朱文篆书方印，“臣印星衍”四字白文篆书方印，则是平津馆旧藏，而孙忠愍《祠堂书目》未载。意者《书目》编成后始获之，不然何至漏载如此。《年谱》各图，皆当时名手所绘，椠刻亦工。每一展诵，令人仰企无已。

霜红龛集十二卷钞本

《霜红龛集》十二卷，诗八卷、文四卷，傅山撰。余旧藏乾隆丁亥刘赍刻本，分十类，无卷数，与吴雯《莲洋诗钞》合刻，有诗无文。此钞本诗文全，卷一下有“蝯臂翁”三字朱文篆书方印，“道州何氏收藏”六字白文篆书方印，盖贞老藏书也。全祖望《鲒埼亭集·阳曲傅先生事略》云：“先生雅不喜欧公以后之文，曰‘是所谓江南之文’也。今观集中诸文，颇能拔俗自立，而朴野处亦时有之，于欧公粹然儒者之言，似尚不能追步。诸体诗亦乏风骚之韵，比之莲洋，远不如其超妙。惟其高行奇节，足以立懦廉顽。”《事略》又称：“康熙己未大科，给事中李宗孔、刘沛先以先生荐，时年七十有四，固辞不可，遂称疾。有司令役夫舁其床以行，至京师三十里，以死拒，不入城。乃以老病上闻，诏免试放还，特加中书舍人以宠之。强入谢，称疾笃，使人掖之使谢，则仆于地，次日遽归。先生曰：‘自今以还，其脱然无累哉。’既而又曰：‘使后世或妄以刘因辈贤我，且死不瞑目矣。’”钱仪吉《碑传集》刘绍攽《傅先生山传》云：“康熙十八年，诏举鸿博，当事必欲致之，檄邑长踵门，促上道。不得已行，比廷试，称病卧床蓐，不与试。上特重先生，与内阁中书以归。自称曰‘民’。冬夏着一布衣，帽以毡。或曰：君非舍人乎？不应也。盖其耻食周粟，有首阳之风。甲申鼎革后，隐于医，尤精女科。所著《女科》、《调经》、《保产》诸书，至今奉为《千金要方》。张仲景、孙思邈一流，固不必以诗文重矣。”

湛园未定稿六卷初刻印本

姜宸英《湛园未定稿》，初印本，版心墨块，未刻卷数，较印行本少文数十篇。前只秦松龄一序，为王渔洋池北书库旧藏。前馀叶有题记云："朱竹垞之详雅，姜西溟之雄迈，皆近日古文高手。西溟《春秋四大国论晋执政谱》，议论恢阔，尤是创辟文字。康熙二十三年夏五月，阮亭甫书。"共字四行，钤"王阮亭藏书记"六字朱文篆书长方印。后藏历城马竹吾大令国翰家，首叶序阑匡上有"玉函山房藏书"六字朱文篆书方印。大令辑有《玉函山房辑佚书目》、《耕帖》等书，风行一时，道光中山东学者也。湛园文，《四库全书总目》集部著录"《湛园集》八卷"，为黄昆圃侍郎所编刻者，盖在此刻之后矣。

又一部二老阁刻本

姜西溟《湛园未定稿》六卷，前书面有"二老阁藏版"字。二老阁者，慈溪郑大节藏书处也。乾隆开《四库》馆时，进呈书籍最多。其进呈书目附薛福成所编《天一阁现存书目》后，即其人也。无刻书年月，从子康侯有初印未分卷本，前有王文简士禛题语，为康熙二十三年，大约即刻成于是年矣。此为从子定侯、东明所藏，为冯柳东太史登府藏本，前有太史题字在书面上云："有欧之神，有归之气。而微嫌平波，无风翻云起之势。亦时有率处，似逊于尧峰、竹垞。而文气和厚，言情深挚，粹然儒者之言，固我朝名家也。柳东。"字凡三行。又一行云："先生尚有《西溟文钞》未刻。"此从半浦郑小宋乞得之，每卷间有评语。前序有"石经阁”三字朱文篆书方印，即太史印记。太史著有《石经补考》一书，故称石经阁也。太史考据家，论文却门外。湛园文近桐城，本与望溪侍郎交好，竹垞、尧峰自当别论，安得谓逊于二家？此太史一时兴到之言，殊不足为定论。特前贤手迹，可作法书珍藏，不必信其评骘之公，遂以为可与何义门、黄荛翁比美也。

秋影楼诗集九卷康熙癸巳查慎行刻本

《秋影楼诗集》九卷，汪释撰，门人查慎行刊。《四库》未著录，亦未存目，可见当时采访之疏。袁枚《随园诗话》载绎“归计未谋千亩竹，浮生只办十年官”之句，谓绎自登第至卒，恰十年，竟成诗谶。今诗载第六卷中，题为《庚辰胪传后赴顺天府宴，马上得句》云云。归舟试笔，忽忆前语，遂足成八绝，此为第七绝，下二句云：“琼林花草闻斯语，莫哂书生骨相寒。”据前查慎行序云：“特命居家食俸，校刻《全唐诗》。丙戌七月，书局未竣，而公讣忽至。”是庚辰至丙戌，未十年也。若以丁丑成进士时计之，则又未免迂曲。盖传闻失实，随园固未细考耳。集中诗，近律为多，雍容揄扬，自是承平雅颂。在同时诗人中，与怀清、味和同一华贵之作，而劲秀过之。敬业堂虽数倍之多，未见有出蓝之胜。盖虽师弟，实本故交，沆瀣不同，源流自异，正不必以一格相绳矣。绎事迹载《常熟县志》、《苏州府志》，他时当检出，录附集首，以与读是集者共考览焉。

己畦公文集二十二卷

吾家横山公《己畦集》有初刻、再刻二本，初刻止十四卷，再刻增至二十二卷。初刻较再刻少文三分之一，余初不知也。三弟容皆欲刻公集，因取藏本付之。刻方竣工，以丙辰之乱，抢失五卷。信使至苏，从宗人印濂大令借录前五卷寄湘。此五卷前有总目，乃知其分二十二卷。按目检文，此十四卷本文多不载。于是再有信至，云止缺题辞一类，此类即二十二卷本之末卷，抄毕寄湘。得从子启藩兄弟书，始知所缺犹不止此，乃从大令家取全本寄之，得据以补刊，推改卷第，还再刻二十二卷足本之旧。然两刻文句稍有异同，自六卷以下，可取以互校。惟前五卷，更无十四卷之本可见，则其异同不可知矣。此前五卷，即以二十二卷之本补抄，末附二十二卷题辞一类亦然。今刻本已出，不暇全补，惟识其异同如此。以见公文一刻、再刻，皆于吴中文献甚有关系云。至《四库》著录公书，存目惟《文集》二十一卷，原诗四卷，诗集则未载，殆当时采访有遗漏欤？

时在丁巳正月人日，族裔孙茅园派三十八世德辉记。

西陂类稿五十卷 康熙辛卯家刻本

《西陂类稿》，商丘宋荦撰，凡诗二十二卷、词一卷、文十六卷、《迎銮日记》三卷、《筠廊偶笔》四卷、《年谱》四卷，共五十卷。《四库》著录只诗文三十九卷，《筠廊偶笔》入杂家存目。西陂诗与渔洋齐名，当时邵长蘅有王、宋《二家诗钞》之刻。赵秋谷甚有违言，所撰《谈龙录》称“近日只论官阅”。又云“今之自谓学宋人者，皆宋时之优孟云”。皆影射西陂持论耳。大抵西陂诗学东坡，神力虽逊渔洋，置之施、宋、田、查诸人之间，实不愧为作者。秋谷诋之，毋亦门户之见，有激而云乎。余久欲读此书，往来京师十馀年，遍索不获。乙未冬，商丘宋氏之书始散出，一切宋、元旧本皆为有力者持去。余于丙申六月抵都，只收得此本，及所刻王荆公《唐诗百家选》二种，皆初刻家藏者也。此书卷首有“山水方滋”四字朱文方印，卷一有“荦”字朱文小圆印，“牧仲”二字朱文小方印，“天官家宰”四字朱文小方印，“曾经御览”朱文长方印。盖初印至精之本，故自钤图记如此之夥。渔洋《诗话》云：“刘勰《文心雕龙》晋、宋间诗云：‘庄老告退，山水方滋。’余取其语以序宋牧仲太宰诗，牧仲遂镌小印曰‘山水方滋’。”据此，则“山水方滋”亦宋氏印记，即此亦足以资考订也。

丙申冬十月盘古生日，丽楼偶志于宣武城南寓舍。

尹文端公诗集十卷仪征阮氏刻本

《尹文端公诗集》十卷，尹继善撰。《国史·本传》：“尹继善，满洲镶黄旗人，大学士尹泰子。雍正元年进士，改庶吉士，散馆授编修官，至文华殿大学士。年七十卒，谥文端。”王昶《蒲褐山房诗话》云：“文端历任封疆，晚归台阁，扬历五十馀载。承先启后，三代平章，史册所罕觏也。公在江南最久，慈祥恺悌，沾溉闾阎，故民间思而诵之。公入觐诗云：‘九重廑念是江乡，蔀屋年来少盖藏。疾苦未全登疏草，帝心早已切如伤。　多年积潦闵淮徐，元气如今尚未舒。四野螿鸿犹满眼，频谘景象近何如。’直以民隐具陈，寓规于颂，有古大臣风范。性耽吟咏，诗等牛腰。薨后毕中丞沅、严侍读长明选而刻之，仅什之二三尔。文端己未阅朝考卷，题为《因风想玉珂》。钱唐袁枚有句云：‘声疑来禁院，人似隔天河。’诸阅卷以为语涉不庄，将置之（未）〔末〕等。文端力争曰：‘此人肯用心思，必少年有才者，尚

（末）〔未〕解应制体裁耳，此庶吉士所以需教习也。’枚遂得与馆选。其后总督两江，枚已解组居江宁，师弟渊源，酬和尤密。枚诗主性灵，颇为一时风气所尚。文端诗亦不事雕琢，千篇万首，皆若信手拈来。今此集虽出删存，可以见其大概。”

铁保《熙朝雅颂集》称其诗：“沿溯中唐，而以剑南、石湖为圭臬。婉约恬雅，而切近事，情深有思致，可以位置于南施北宋之间。早入词林，多于前辈胜流相倡和，故议论体格，具有渊源。又遭遇殊知，扬历中外，时承恩训，得以明达治体，洞悉物情，所谓和声以鸣盛者，殆无愧焉。”袁枚《随园诗话》云：“公薨时，满榻皆诗草。前一月，命诸公子作送春诗，西席解吉庵句云：‘遗爱只留庭树好，馀晖空托架花鲜。’公动笔加圈，殁后方知是谶。”张维屏《国朝诗人征略》摘其集中佳句，如：“虚心何虑同心少，敬事弥知处事难”、“世间清福输高士，天上明星让老人”、“随寓而安忙亦乐，逢场作戏老犹痴”、“兴来觅句输才子，老去关心望后人”、“每看残卷横陈处，苦忆当年下第时。”《寄内》云：“不言家事知余苦，频寄征衣赖汝贤。”皆儒者近道之言，不似太平宰辅语气。此殆《熙朝雅颂集》所谓“恬雅而切近事，情深有思致”者，庶乎其相近矣。

樊榭山房集十卷、续集十卷、文集八卷、集外诗三卷、词四卷 光绪甲申钱唐汪曾唯新刻足本

《樊榭山房集》十卷，《续集》十卷，《文集》八卷，《集外诗》三卷，词四卷，厉鹗撰。《国史·文苑传》：“厉鹗，浙江钱唐人，康熙五十九年举人。于书无所不窥，所得皆用之于诗，故诗

多异闻轶事。计偕至京，尤见赏于侍郎汤右曾。乾隆元年，浙督程元章荐应博学鸿词科。试日，误写论在诗前，报罢。卒年六十有一。先世本慈溪，徙居钱唐，故仍四明山樊榭名其居。所著《樊榭山房集》二十卷，幽新隽妙，刻琢研炼。五言取法陶、谢及王、孟、韦、柳，而别有自得之趣。兼长诗馀，擅南宋诸家之胜。"又全祖望撰《墓碣铭》："樊榭，姓厉氏，字太鸿，本慈溪县人，今为钱唐县人，康熙庚子举人。所著有《宋诗纪事》百卷，《樊榭山房集》二十卷。"按：《四库全书总目》集部："《樊榭山房集》二十卷。"《提要》云："是集因所居，取唐皮日休句，题曰《樊榭山房》，是以为名。其诗则吐属娴雅，有修洁自喜之致，绝不染南宋江湖末派。虽才力富健，尚未能与朱彝尊等抗行，而恬吟密咏，绰有馀思。视国初西泠十子，则翛然远矣。《前集》八卷，附以词二卷。《续集》亦八卷，而以北乐府一卷、小令一卷附焉。"据此，则《四库》著录之本，其卷数与《国史·本传》、全撰《碣铭》相合，则同一本也。

先是，乾隆戊戌钱唐汪氏振绮堂有刻本，凡《诗集》八卷、《续诗集》十卷、《文集》八卷、词二卷。较之此本，诗少二卷，词少二卷，又不附《集外诗》。《集外诗》即《游仙诗三百首》，向未见有刻本。余屏汪刻而取此者，以其为全集也。樊榭博闻强记，早入扬州马秋玉曰（璐）〔琯〕嶰谷、曰（琯）〔璐〕兄弟[①]小玲珑山馆诗社，尽读所藏秘书。故见之于诗，皆领异标新，令人倾倒。当时学其体者，以獭祭为工，谓之浙派。空疏之士，挟《兔园册子》数册，饾饤挦撦，嚣然号于众曰："吾学樊榭也。"是

①据《清史列传》卷七一、《国朝耆献类征初编》卷四三五：马曰琯，字秋玉，号嶰谷。其弟马曰璐，字佩兮，号半槎。

岂樊榭所及料哉！善夫沈德潜选《国朝诗别裁集》，论樊榭诗曰："樊榭诗品清高，五言在刘昚虚、常建之间。今浙西谈艺家，专以饾饤挦撦为樊榭流派，失樊榭之真矣。"又陶元藻《凫亭诗话》云："樊榭《宝石山》云：'林气暖时濛似雨，湖光空处淡如僧。'"此真善于领略西湖也。其他如《游智果寺》云："竹阴入寺绿无暑，荷叶绕门香胜花。"《元日对雪》云："无人可造真闲日，有雪相娱此老翁。"《山庄即事》云："蔬圃鸟鸣秋境界，竹房人语佛家风。"《南湖秋望》云："横塘秋水明菰叶，老屋斜阳上藓花。"皆佳句也。钱林《文献存征录·厉鹗传》录此数联，以为樊榭七言近体之善者，妙绝时人。皆为樊榭指出真面，末学效颦，岂得引为口实哉？至其为文，本近考据一派，故张文襄《书目》列于考订家。《四库全书》收国朝人集最严，惟《樊榭》与《沈果堂集》并收，可以知其去取之意矣。

刘绳庵内集十六卷、外集八卷乾隆甲午家刻本

《绳庵内集》十六卷，《外集》八卷，刘纶撰。《国史·本传》："刘纶，江苏武进人。乾隆元年由廪生举博学鸿词，试第一，授翰林院编修。官至文渊阁大学士，卒谥文定。"礼亲王《啸亭杂录》云："公受知尹文端，首荐博学鸿词。张文和公喜其文颖锐，既读其诗，至'可能相对语关关'句，曰：'真奇才也。'"汤曾辂《炙砚琐谈》云："刘文定，武进廪生，年二十六，举鸿词科，擢第一。廷试《五六天地之中合赋》，诸征士不解所出，多瞠目缩手，公独挥翰如飞。桐城张文和公故睨公卷，对众朗诵，始共得题。解诗题《山鸡舞镜》有句云：'似拟投林方戢戢，可能对语便

关关。’一时传诵。时吴郡沈归愚宗伯亦以诸生召试，未第，曰：‘吾辈头颅如许，乃不如一白望后生，得不愧死。’”

按：我朝康熙己未、乾隆丙辰，两举大科。己未以海盐彭少宰孙遹第一，丙辰以文定第一。其时值国运休明之日，英才硕彦应运而生。二圣皆享祚六十年，诸臣黼黻鸿猷，际一时之盛。少宰才富学赡，词采清华，馆阁诸篇，尤为瑰伟特绝。文定早参枢密，入赞黄扉，前后二十馀年，受纯庙特知，所处皆政务烦难之地，故诗文集不逮少宰之丰富，而才思文藻，亦较少宰有堂室之分。则以所值之境：一则词馆回翔，可以专事吟咏；一则万机丛脞，于应制以外，不能苦思力索以求工也。然《内集》所载大科应试诸作，清华典丽，根柢宏深。一赋抉经之心，尤为诸艺之冠。其膺词头之选，良非偶然。余藏少宰《松桂堂全集》，讽诵有年；独于文定，知其有《绳庵内外集》，而迄未获见其书。顷过厂肆，购得一册，归而卒读，乃知其诗颇学青丘子，文则本原经史，取法六朝。当时与诸城刘文正墉地望相同，称之者有南刘中堂、东刘中堂之别。然以文采论，东刘不及远矣。

归愚诗文全集六十七卷 乾隆中家刻本

右沈归愚宗伯《诗文全集》，凡《年谱》一卷、《文钞》二十卷、《文钞馀集》六卷、《诗钞》二十卷、《诗钞馀集》七卷、《浙江通志图说》一卷、《矢音集》四卷、《归田集》一卷、《黄山游草》一卷、《台山游草》一卷、《南巡诗》一卷、《八十寿言》一卷、《九十寿言》一卷、《说诗晬语》二卷，都六十七卷。旧为曲阜孔荭谷先生家藏物，《诗钞》首叶有“红榈书屋”图印，盖先生书馆名也。集中所抄细目，系先生手书，良足宝贵。是册予己丑过夏都门时，见于琉璃厂肆，因《文钞》缺十九、二十两卷，未及购取。壬辰偕计入都，仍见于故肆，因复购归。并从友人处假得全集，影钞所缺二卷，遂成完璧。(睛)〔晴〕窗展视，岂不胜于攒眉脱腕，写三馆俗书快心十倍耶?

光绪十八年壬辰岁三月上巳日，长沙叶德辉识于都门湘潭馆寓。

王鹤谿先生文稿四册手抄稿本

此《王鹤谿先生手书文稿》四册，凡一百九十一篇。先生名鸣韶，为西沚光禄鸣盛之介弟，事详钱大昕《潜研堂集》中所载《墓志铭》。是稿首册有钱大昕题记，称“其文之妙处有三：曰不俗，曰不腐，曰有物。较之吾乡四先生，殆有过之无不及也”。又有朱春生题记称“先生之文，长于考据，熟于援(弘)〔引〕①，胎息经史而出之欧阳氏门户。若以吾乡四先生论，边幅较阔大矣”。钱、朱皆以其乡贤四先生比况。四先生者，唐时升、娄坚、李流芳、程嘉燧也。先生之文，根柢经史百家。四先生者，仅擅诗名，似难与先生抗手。从子启藩两次获此稿本，重装为四册，异日拟分类编次，付之手民，庶几与光禄之书联珠(兢)〔竞〕美矣。

味经书屋诗稿十二卷道光十一年家刻本

《味经书屋诗稿》十二卷，张燮撰。据燮子定球、定□述《行

①“援弘”，为“援引”之误。

状》云："府君讳燮，字子和，一字荛夫，居苏州府常熟县之西乡。乾（阴）〔隆〕戊戌，天子上陵，献赋行在，挑列二等，未蒙召试。庚子南巡，复献赋，召试二等，赏大缎二匹。戊申应顺天乡试，中式。五十八年癸丑，会试中式，赐进士出身，点庶吉士。乙卯散馆，改户部。丙辰，补河南司主事。丁巳，选授刑部云南司主事。戊午，钱太夫人弃养，辛酉服除，壬戌抵京，仍在刑部。乙丑，升本部云南司员外郎，十二月京察一等，引见记名，以道府用。次年，简放浙江宁绍台道。戊辰正月履任，三月诣省，以舟次偶中微寒，诊视无效，长逝，享年五十有六。"孙原湘撰《墓志铭》云："君莅任甫一月，卒于官。平生自奉俭约，惟积书数万卷，丹黄杂施。诗境冲和，自少经历蜀道，西上太行，南探禹穴，以及塞外。诸悉被歌咏，著有《味经书屋文集》如干卷，藏于家。"按黄荛圃主事丕烈《士礼居藏书题跋记·永嘉四灵诗跋》云："昭文同年张子和藏。余与子和相得，以彼此藏书故。犹忆癸丑，同上春官，邸寓各近琉璃厂。每于暇日，即遍游书肆，恣览古籍，一时有两书淫之目。"又题《明秀集》诗："琉璃厂里两书淫，荛友荛翁是素心。我羡小琅嬛福地，子孙世守到于今。道光四年甲申，荛翁为芙川世讲书于百宋一廛。"芙川名蓉镜，燮之孙，此诗稿即其校刻者，前有其识语。吾家鞠裳读学昌炽撰《藏书纪事诗》，以为燮之子，误也。燮诗吐属自然，语语若探喉而出。而清转华妙之处，时有真气往来胸中。有数万卷书之人，自非寻常专以诗名者可比。余重其诗，亦以其三世藏书发源在此耳。前有顾莼序，谓其"达于情而不乖于正，循乎性而能化其迹"，二语足以尽之。惜乎一麾出守，天不假年，平生欲仿杨万里一集一官，竟不获偿其志。然吉光片羽，亦足令人想见风雅之高怀，又何必以多为贵哉！

四百三十二峰草堂诗钞十八卷乾隆癸丑刻本

《四百三十二峰草堂诗钞》十八卷，赵希璜撰。张维屏《国朝诗人征略》："希璜，字渭川，广东长宁人。乾隆四十四年举人，官知县，有《四百三十二峰草堂诗钞》。"王昶《湖海诗传》小传云："希璜，字渭川，惠州人。乾隆三十九年举人，官安阳知县，有《四百三十二峰诗钞》。"按：此集即刻于安阳县署者。长宁属惠州，籍本同。前有洪亮吉送其之夏邑新任并题《四百三十二峰草堂集》七古一首，称为"渭川四兄同年"。据《洪亮吉年谱》："乾隆三十九年中副榜。"而希璜亦是年副榜。前龙溪李威序云："希璜，乾隆甲午，以副榜贡生贡入国子监。"甲午，三十九年也。后四十四年己亥恩科，乡试中式举人王昶，误以中副榜之年为中式举人之年，非也。黄培芳《香石诗话》称"赵渭川官安阳，有仙吏之目"。鱼山先生冯敏昌谓"其《罗浮诗》有'羽化不可期，行行已天际'二语，甚高岭南群雅"云。渭川读书罗浮山，嘘吸云烟，故诗无尘土气。《北江诗话》云："赵大令希璜诗，如麋鹿驾车，终难就范。"今观其诗才气奔放，五、七古学东坡，近体学放翁。但工候未到，又牵于吏事，故不能成专门之业耳。顾其天马行空，不可羁勒之概，不独粤人如冯鱼山敏昌、张药房锦芳、宋芷湾湘、黎二樵简望尘不及；即江浙为诗人渊薮，工力自足名家，而清空超拔，扫尽尘氛，恐亦罕有其选也。

莲龛集十六卷雍正乙卯家刻本

《莲龛集》十六卷，李来泰撰。《国史·本传》："李来泰，江西临川人。年十二补诸生，屡试辄冠其曹，有英绝领袖之目。顺治九年成进士，授工部主事。十二年提督江南学政，饬学校十二事，所奖拔多寒畯，士习丕变。十七年授江苏苏松粮储道，除耗羡、申官兑之法，民以为便。顾以漕折不中额夺官，寻起用。康熙五年授分守苏松常道，是年八月缺裁，遂乞免归。十七年以监察御史鞠珣荐，应博学鸿词科试，列二等第一，授侍讲，与修《明史》，迁侍读。二十年，吏部都察院遵论甄别各部院司属官年老不称职者，来泰例应革任，特邀恩免，供职如故。是年秋，充湖广乡试正考官，所取文皆淳雅，不尚诡异，时称得人。归，卒于京师。著有《莲龛集》四十卷，毁于火。后人搜集，仅得其半，今所存者十六卷云。"李集《鹤征录》："李来泰，字仲章，号石台，江西临川人。顺治壬辰进士，兵部观政，授工部主事。出督江南学政，补江南苏常道，参议裁缺候补。由监察御史鞠珣荐举，授侍讲。著有《莲龛集》。"王阮亭亟称先生《璇玑赋》为冠榜之作，予访之数十年，得其全集，始见之。虽波澜靡丽，而较之迦陵，则远逊矣。阮翁并不善四六，故其言失当。

按：秦瀛《己未词科录》云："著有《石台集》十五卷、《莲龛集》四十卷。"又引《江西通志》云："所著有《莲龛集》四十卷，并史馆诸传稿。"而《四库全书总目》别集类存目载"李来泰《莲龛集》十五卷"，均与此卷数不合。此本十六卷，与《国史·本传》合，惟首多《纪年》一卷，乃其自撰《年谱》，始明天启四年甲子，讫康熙十九年辛酉。其卒也，在康熙二十年壬戌，年五十有九。此《诗文全集》卷一为《璇玑玉衡赋》，卷二至卷四为古近体诗，卷五以下则皆文也。此为其子士征、士崑所刻，在雍正十三年乙卯。《四库》著录除此本外，无他刻本，不知卷数何以与此不合？岂馆臣重为编次耶？沈德潜《国朝诗别裁集》云："先生文，穷极雕镂，诗独以平正通达行之，能者固不可测。”据《别裁集》所选诗，不出此本之外。曾燠《江西诗征》所录虽多，亦然。然则此为毁后删存之本，所谓《石台集》十五卷、《莲龛集》四十卷者，殆据原稿记载耳。《四库全书总目》于康熙鸿博诸人集，仅录彭孙遹、毛奇龄、朱彝尊、施闰章、汤斌、汪琬、陈维崧、潘耒。馀或存目，或未收，此亦其一也。然其集不登于天府，而盛传于艺林，如尤侗之《西堂全集》、李良年之《秋锦山房全集》、乔莱之《白田集》、徐釚之《南洲草堂集》、李因笃之《受祺堂集》、严绳孙之《秋水集》，以至今脍炙人口，为学者所推尊。可见作者之精神，足以感动后人，生其景慕，又何必以《四库》著录不著录为轻重也哉。

蔗尾文集二卷、诗集十五卷、却扫斋倡和集二卷乾隆癸酉以后家塾刻本

《蔗尾文集》二卷，《诗集》十五卷，《却扫斋倡和集》二卷，郑方坤撰。《倡和集》则与其兄石幢先生方城同撰也。张维屏《国朝诗人征略》引《东越文苑传》云：“郑方坤，字则厚，号荔乡，福建建安人。雍正元年进士，官（充）〔兖〕① 州知府。方坤知邯郸县，举卓异，擢知景州。调河间同知，迁登州知府。时禁人口出海，抵奉天而未入籍者，悉勒还本土。方坤言于大吏，以为司牧者但当严奸宄之防，不得闭其谋生之路，遂奏请弛禁。调武定府，岁大饥，方坤请移登、莱谷八万石济之。且请发帑银，截留济南、武定等县漕米五万石以备赈。大吏入告，从之。无何，

①据后文“兖州饥，调方坤治之”，则此处当为兖州之讹。

兖州饥，调方坤治之。因释贫民之夺富室谷而诬为盗者百馀人，以足疾自免。方坤博学有才藻，好网罗文献，著《经稗》六卷，《补五代诗话》十卷，《全闽诗话》十二卷，《国朝诗钞小传》二卷，《岭海文编》、《岭海丛编》合近百卷，《蔗尾诗集》十五卷，《文集》二卷。"

按：方坤撰《经稗》六卷、《全闽诗话》十二卷、《补五代诗话》十卷，《四库全书总目》均著录，《提要》称"其考核功深，多资考证"。此《诗文集》，《四库》别集类存目，《提要》云："方坤天分既高，记诵尤广，故其诗下笔不休，有凌厉一切之概。尤力攻严羽《沧浪诗话》'诗不关学'之非。然于涩字险韵，恒数十叠，虽间见层出，波澜不穷。要亦不免于炫博。此又以学富失之，所谓矫枉者必过直也。其诗分十五集，皆古近体诗。曰《青衫词》，则诗馀，附录者也。《文集》二卷，亦大抵俪体居多，其根柢在六朝也。"《提要》于其诗文亦尚少贬词。

余向读其《国朝诗钞小传》，讶其于近人诗集收辑百家之多，知其于诗功力必深，恨不得其诗集一读。从子康侯于旧书肆中购得此集，归以呈予，为之狂喜。盖予求之多年而不得者，一旦忽归予家，于是郑氏所著之书，插架皆为完备。而其兄石幢诗向无他本选录，赖此《却扫斋倡和集》存其梗概，是知难兄难弟，其才不让郊、祁也。石幢以名进士知新繁县，有循声，棠棣之碑，脍炙人口；联珠之集，接迹风人。洵艺苑之雅谈，亦诗家之盛事已。

排山小集八卷、续集十二卷、附青岑遗稿一卷 乾隆甲午刻本

《排山小集》八卷，《续集》十二卷，朱枫撰。附《青岑遗

稿》一卷，则其弟朱椧撰也。吴振棫《杭郡诗续辑》八："朱枫，字近漪，一字排山，钱唐人，有《排山小集》。排山尝游咸宁，秦之阿房、汉之未央诸宫，其地皆在百里之内，诛茅披砾，时有所得，遂刊《秦汉瓦当图记》五卷，盖亦振奇好古之士也。刊诗迄于乾隆甲午，年已八十矣。《府志》入《文苑传》，作仁和人。椧，字岑来，一字青岑，枫弟，钱唐诸生。青岑少时，工诗善琴，能屏去俗韵。三十后志于实学，取四子书，参宋、元以下诸儒之说而折衷之。独居一室，不解衣就寝者三年。汪积山惟宪赠句云：'一榻清于打坐僧。'盖纪实也。年七十一卒，其诗附其兄《排山小集》后。"按：此全本其兄所撰《青岑山人小传》云云，即弁于遗稿前者。《传》又云："以余子家濂成进士，遂绝进取，请于学使，给青衿而老焉。"小集前有陈浩序，称"排山为西泠耆宿，嗣君性之，初宰醴泉。洎来中州，由阌乡、祥符迁开封司马，所至有声绩，人皆知为乃翁之教"。性之即家濂也。

丁申、丁丙《杭郡诗三辑》十："朱家濂，字性之，枫子，钱唐人。乾隆辛未进士，官河南光州知州。性之初宰醴泉，有善政。祖母詹，孝事舅姑，舅病，医云'宜食淡'，烹饪不下盐豉，老人甘之。年二十八而寡，娣妇何以子枫后之，忧劳鞠育，卒成通人。寿至八十，旌表节孝。"据此，知排山幼承母训，又以受于母教者教其子以成名，获禄养，享大年。宜其诗冲淡和平，无丝毫矜才使气之习，则以其所处境地，有以使之然也。排山尚著有《古金录》四卷，见孙星衍《祠堂书目》，今并《秦汉瓦当图记》亦罕见矣。

厚石斋集十二卷原刻本

《厚石斋集》十二卷，汪孟鋗撰。王昶《湖海诗传》："汪孟鋗，字康古，秀水人。乾隆三十一年进士，官至吏部主事。有《厚石斋集》。"《蒲褐山房诗话》："康古曾祖晋贤先生，读书好友，建裘杼楼以贮图史，有华及堂以延宾客，故子孙皆好学能文。而康古与都御史金公德瑛亲戚，得其指教尤多。又与万孝廉光泰、王西曹又曾、钱少宗伯载相劘切，大抵丛书、稗说，考核精详，翘然自异于众。与其仲钫，咸以诗名江浙。仲钫有《桐石草堂集》，横空排奡，取径略与康古同，因先卒，未及与交，故不录。康古又通《内典》，乾隆癸未，上欲删正续《藏经》，诸城刘文正公属予与康古任之。考订去取，俱称上旨。兼精术数，自谓寿命不过五旬，届时而卒。子如藻、如洋，皆从余问业。如藻字念孙，乾隆乙未进士，由翰林官至德州粮储道。如洋（子）〔字〕润民，号云壑，乾隆四十五年，殿试第一名及第，官修撰，有《葆冲书屋集》。"

按：余少时读云壑殿撰制艺，知其为名父之子、难兄之弟，因欲推其家学所自出。闻吏部有《厚石斋集》，迄未一见。顷始购得，乃翻读再四，其诗有傲岸自喜之概，不拘拘于摹唐仿宋，纯乎书卷之气洋溢行间。其造句，有用典处，有不用典处，虽或戛戛独造，一若出之自然。盖其家富藏书，琳琅在腹，故下笔滔滔不止，不啻出其积轴，倾筐倒箧以示人。"读书破万卷，下笔如有神"，如吏部者，当之洵无愧矣。

筠心书屋诗钞十二卷嘉庆丙寅刻本

《筠心书屋诗钞》十二卷，褚庭璋撰。王昶《湖海诗传》："褚廷璋，字左莪，号筠心，长洲人。乾隆二十二年召试，赐内阁中书。二十八年成进士，官至翰林院侍读学士，降六品衔乞归。"礼亲王《啸亭杂录》："褚筠心先生廷璋，长洲人，为沈文悫公弟子。少时与赵舍人文哲、曹学士仁虎等结社，号吴门七子。诗宗盛唐，无宋、元卑靡之习。尝修《西域同文志》，谙习新疆古迹，所作咏古诸诗，音律尤苍凉合格。先恭主曰：'近时不为袁起所惑者，惟筠心一人而已。'性直鲠，和相秉权时，先生以其非科目中人，不以先辈待之，和相嗛然，以考事中之，改官部曹。先生终身不谒铨选，曰'此膝不为权臣屈也'。"王昶《蒲褐山房诗话》云："筠心敏慧绝伦，进词馆，充方略馆纂修，于准夷回部、山川风土最为谙悉，奉敕纂《西域图志》，又纂《西域同文志》，并通等音字母之学。诗初学青丘，既学元、白，旨远词文，卓然大雅。"按：吴中七子，为王昶、王鸣盛、钱大昕、吴泰来、赵文哲、曹仁虎、黄文莲，无廷璋名，《啸亭》盖误记也。

《诗钞》前有门人晋江张祥云叙云："先生未冠游庠，寻由选拔贡成均，廷试第一，授太和教谕。辛未，纯皇帝南巡，召试行在，赐乙科，改授中书。癸未，成进士，入词垣，大考第一，晋侍读学士。中间分校礼闱者五，典试者三，视学者一，率提衡允望，竿牍不行。学贯古今，诗其馀事，然玩其《感怀》云：'温柔有至教，乐职中和赅。'又云：'民物爱无济，吾衰徒慷慨。'则先生之发于诗者，缠绵悱恻，莫非根柢于风雅颂之义，而不屑仅以词章著也。"又云："岁乙丑，以公至邗上，得《筠心书屋诗钞》

二十八卷，王少司寇为之叙。盖先生所手订，因请政于桐城姚姬传先生，就原编更订之，并为十二卷，以付梓人，而叙其颠末如此。”祥云为乾隆癸卯，筠心典试福建取中门生，故为之刊行此集。集中古、近体与青丘相近，雅似唐音，《啸亭》谓其“诗宗盛唐，无宋、元卑靡之习”，则过誉矣。符葆森《寄心庵诗话》云：“褚筠心学士赋《西域诗》，为古人所未有，可补《地志》之缺。”

今按集中《西域》十二首，按图考索，形势憭然。然较之亲至塞外者，终少苍莽悲凉之气。故诗则工矣，以视唐人塞上之作，则实有未逮。余最爱集中《磁州至邯郸道中》七律一首云：“灯马风鸢境宛然，青铜照影已华颠。幻云身世徒縻禄，刻楮文章那值钱。衡雨庐烟游隔世，吴鸿熙虬梦经年。今朝饭熟邯郸道，怕向卢生枕上眠。”想见久历名场，有倦鸟知还之意。宜其于降官以后，绝意仕途，不赴铨选也。

七经楼文钞六卷、春晖阁诗钞六卷 同治八年马氏刻本

《七经楼文钞》六卷，《春晖阁诗钞》六卷，蒋湘南撰。湘南，字子潇，固始人。据前载同里王济宏序称：“子潇，道光乙酉受学使吴巢松慈鹤侍读知，擢拔萃科，贡成均。十四年甲午，以选拔中副榜。又次年乙未，登贤书，数应礼部试不第。至甲辰，大挑二等，选教职，补虞城教谕，不就。自是废吟咏，专心治经。主关中书院讲席，再主讲同州书院。而子潇学益纯，议论益阔大。微特抗衡古人，直破其藩篱，而挟之以升堂入室矣。”《诗钞》前有元和潘筠基序曰：“古经生多不工为诗，其工为诗者，毛西河、朱竹垞、洪北江三先生而已。孙渊如通奉以治经废诗，故其诗传

者绝少。子潇亦以治经废诗，其诗之可选者已三百首，可谓富矣。君自言‘初学三李，后师杜、韩，久乃弃各家而为己之诗’。又言‘古人惟昌黎通训诂，故押韵愈险愈稳。训诂者，治经之本，亦治诗之本也’。今观集中炼字、谐声、通假，纵横澜翻，洵从来未有之奇，不朽之绝构也。”

按：有清一代考据之学，发源于吴中顾氏亭林、惠氏红豆祖孙父子；次则浙江之朱竹垞、毛西河。至乾、嘉两朝，号称极盛。而北方学者，本属寥寥，子潇于极盛难继之时，崛起中州，说经铿铿，直欲夺东南之席。当其以拔贡朝考入京，蒋砺堂相国攸铦，阮云台协揆元，陈硕士侍郎用光，顾南雅学士莼，魏默深源、吴兰雪嵩梁两舍人，龚定庵礼部自珍，一时硕学巨公，莫不倾心推誉，相与商榷议论，辨学术之异同。而座主张椒云方伯集馨，固素所甄拔者，尝言“蒋湘南微特河南所无，即吾江浙中，亦未一二见也”。又述林文忠公之言曰：“吾不意汝竟有此阔门生。”其名重一时如此。此书张文襄之洞《书目答问》列于集部考订家集内，不详卷数，又不载《诗钞》，次于梁玉绳《清白士集》之后，《董方立文甲集》、陈寿祺《左海文集》之前，似是知其名而未见其书者。故不知其为道光中人，应列《左海文集》之下也。噫！博览如文襄，于近人书且多未寓目者，何论三家村陋儒哉。然是集之希见，又可知矣。

刻烛集一卷、炙砚集一卷 乾隆己亥家刻本

《刻烛集》一卷，乾隆甲申至丙戌，曹仁虎与青浦王昶、上海赵文哲、南汇吴省钦、江宁严长明、平湖沈初、上海陆锡熊、歙县程晋芳、山阳阮葵生、海盐董潮、南汇吴省兰、秀水汪孟鋗、

吴江陆耀，在都门各种联句之作也。《炙砚集》一卷，则乾隆庚寅消寒雅集，分题所得各诗，录为一卷也。王昶《湖海诗传》："曹仁虎，字来殷，号习庵，嘉定人。乾隆二十二年召试，赐内阁中书。二十六年成进士，官至侍讲学士。有《咏典》、《秦中》、《刻烛》、《炙砚》诸集。"

钱大昕撰《墓志铭》，称其"博极群书，精于证据。诗宗三唐，而神明变化，一洗粗率佻巧之陋。格律醇雅，酝酿深厚，卓然为一时宗少。时与王鸣盛吴泰来赵文哲诸君唱酬，汇刻其诗，流传海舶，日本国相以饼金购之。在京华，与诸阁馆同好及同年友为诗社，率旬日一集，或分题，或联名，或分体，每一篇出，传诵日下。今所传《刻烛》、《炙砚》二集是也。所著诗有《宛委山房》、《春槃》、《瑶华倡和》、《秦中杂稿》、《辕韶》、《鸣春》诸集。又有《蓉镜堂文稿》、《二十四气七十二（侯）〔候〕考》、《转注古音考》，学优如君，其不谓之真学士也"。王昶撰《传》云："其诗初宗四杰，七言长篇，风华缛丽。壮而浸淫于杜、韩、苏、陆，下逮元好问、高启、何景明，及本朝王士祯、朱彝尊诸人，横空排奡，才力富有，衮衮不能自已。七律尤高华工整，独出冠时。〔时〕诗道杂而多端，黄茅白苇。及仁虎诗出，乃奏金石以破蟀蟋之鸣也。存《咏典斋》、《宛委山房》、《春槃》、《秦中杂稿》、《砖影》、《刻烛》、《炙砚》、《辕韶》、《鸣春》诸集。"又《蒲褐山房诗话》云："时诗道杂而多端，或仿白居易，或仿黄庭坚、杨万里，或至仿袁宏道，信手涂抹，率以流易佻巧为能，如郭舍人之俳谐，郑五之歇后，黄茅白苇，弥望皆是。及来殷诗出，乃奏金石以破蟋蟀之鸣。然其集未行，世人知之者尚少。"

按：曹诗集，全者似未刊行，所刊行者只此二种，而传本最少。此册前有"玉函山房藏书"六字篆书方印，盖历城马竹吾大令国翰旧藏，叶已破口，因衬标重加装订，以其书难遇也。曹诗惟兰泉司寇见其全，故《蒲褐山房诗话》所载七律雄浑之语、情韵之语各十数联，无一非佳句。今兹二集限于范围太狭，不得尽其所长。然尝鼎一脔，终胜于过屠门而大嚼。

绿天书舍存草六卷 嘉庆戊寅阮氏刻本

《绿天书舍存草》六卷，钱楷撰。《国史·本传》："钱楷，浙江嘉兴人。乾隆五十四年进士，改庶吉士。五十五年散馆，改授户部主事，在军机章京上行走。补刑部郎中，以四、五品京堂用。补太常寺卿，升光禄寺卿，授河南布政使。官至安徽巡抚，卒于任。"阮元《安徽巡抚裴山钱公传》云："公姓钱，讳楷，嘉兴人。少时器宇凝重，伯曾祖文端公见之曰：'子其为我宗之范乎。'遂字宗范，后又字裴山。幼秉母教，勤学不倦。年十二，补县学生。乾隆四十二年，选贡成均，充《四库》馆誊录。四十五年，应召试列二等。四十八年癸卯，中顺天乡试举人。《四库》书成，议叙知县，不谒选。五十四年己酉恩科，礼部会试第一，殿试二甲进士第一，选庶吉士。明年散馆，改主事，在军机处行走，补户部福建司，升江南司员外郎，礼部祠祭司郎中。京察一等，以四、五品京堂用，升光禄寺卿，授河南布政使，命巡抚安徽。嘉庆十七年八月，卒于官，年五十三。"

按：中丞早登枢要，职绾丝纶，出领封疆，劬劳鞅掌。公馀退食，本无暇于为诗。然其家世清华，门业本盛，自文端公与沈文悫称诗坛二老，坤一宗伯继之，《萚石斋集》沾溉士林，当时推执为牛耳[①]。中丞濡染家学，幼即工诗。书法以篆、隶擅长，兼精绘事。扬历中外，所交多当世闻人；时际雍熙，所睹皆太平景物。故偶然落笔，盎然诗书之气，温然雅颂之声，亦其遭遇使之然邪。时平督、抚，功业无以异人，留此一帙之诗，使人人传诵而知其姓名，斯固立言不朽之效也。

述学内篇三卷、外篇一卷、补遗一卷、别录一卷 汪喜孙编刻遗书本

此《述学》第五次刻本也。初，汪喜孙刻小字四卷本，字用宋体，王念孙为之序。每叶二十六行，每行三十字。此本依其行款，改为元体，增入《补遗》一卷，《别录》一卷，共六卷。后来扬州局本据以翻雕，伍氏《粤雅堂丛书》又据此重刻，则此本固前、后诸刻一关键也。当时主校刊者，为刘端临、顾千里两君。《别录》初名《文集》，后仍挖改为《述学》。然端临《与毕贵生书》称："每叶二十行，每行二十一字，题目、格式略仿《唐文粹》、《宋文鉴》之例。"今此本行、款，全与《书》词不合，殆拟而未用与？抑更有一刻与？夫汪氏之书，良友搜之于前，贤嗣刻之于后。而五十年来，海内承学之士读汪氏书者，咸交誉之无间言，其文行之美，宜若有定论矣。乃其《论明堂石鼓》，孙氏星衍为之作传，犹以为不合。《释媒氏文》论"奔者不禁，以为著之令，以耻其民"，张氏《穆月斋文集·释媒氏文争议》诋为"失言"。《哀盐船文》，杭大宗序称其"惊心动魄，一字千金"，而曾燠《骈体正宗》、姚燮《骈文类苑》均摈不入选。江藩《汉学师

---

①"推执为牛耳"，当为"推为执牛耳"之误。

承记》云"酷爱其自序文"，吾乡郭侍郎恒言其"局量褊小"，同年友方厚卿舍人诋其"叹老嗟卑"。是则脍炙人口之文，亦有不必尽如人意者。然于此，益叹汪氏之书，又无人不寓目已。

又一部二卷学海堂经解本

汪氏《述学》二卷，阮文达既刻入《文选楼丛书》矣。钱塘严杰复承文达命，刻入学海堂《皇清经解》中编，为二卷。视文选楼本，经义中少《明堂通释》上、中、下初次稿本三篇；又少杂文之无关经义者十数篇；多《释服冕之用》一篇，《荀卿子通论》一篇，《大学平议》一篇，《瞽瞍说》一篇，《嫔于虞》一篇，《讲学释义》一篇，《释夫子》一篇，《释厉字义》一篇，《释郢》一篇，《答人问郊特牲》一篇，《答刘端临书》一篇。案：《学海堂经解》刻成于道光九年，旋因兵燧，版多残缺。至咸丰庚申，劳文毅督两粤复补刊之。《述学》二卷，原版亦毁，此是初印之本，抽出单行。旧藏有文选楼本，其篇目异同于右云。

又一部阮元文选楼刻本

此阮氏文选楼刻本也，刻于嘉庆三年，与其子喜孙刻小字四卷本篇数相同，而无内、外篇之目。自《绎①釁䰉二文》至《周公民东证》为上卷，自《墨子序》至《汉上琴台之铭》为下卷。小字本析为四卷，自《释釁䰉二文》至《女子许嫁而婿死，从死及守志议》为内篇一，自《玎文正》至《周公居东证》为内篇二，

①"绎"字疑误，见下为"释"似较准确。

自《墨子序》至《广陵曲江证》为内篇三，自《京口建浮桥议》至《汉上琴台之铭》为外篇一。文亦全无异同，盖四卷即据二卷分析之耳。孙氏星衍《祠堂书目》、丁氏日昌《持静斋书目》均以此本著录，以当时《文选楼丛书》风行故也，今日亦不易得矣。

丙申九月二十七日，长沙叶德辉识。

又一部三卷 汪氏初刻本

此汪中《述学》自定三卷本，是书第一次刻本也。以阮氏文选楼本校之，少《明堂通释》上、中、下三篇，《女子许嫁而婿死，从死及守志议》一篇，《玎文正》一篇，《释连山》一篇，《表忠祠碑文》一篇，《墓铭》六篇，《黄鹤楼铭》一篇，《汉上琴台之铭》一篇；多《释夫子》一篇，《释厉字义》一篇，《讲学释义》一篇，《瞽瞍解》一篇，《宋世系表》一篇，《修禊序跋尾》一篇，《自序》一篇，《哀盐船文》一篇，《吊黄祖文》一篇，《吊马守贞文》一篇，《狐父之盗颂》一篇。以喜孙刻小字四卷本较之，所多少者亦同。以《学海堂经解》本较之，少《女子许嫁而婿死，从死及守志议》一篇，《玎文正》一篇，《释连山》一篇，《释冕服之用》一篇，《荀卿子通论》一篇，《大学平议》一篇，《嫔于虞》一篇，《释郢》一篇，《答人问郊特牲》一篇，《答刘端临书》一篇；多《石鼓文证》一篇，《广陵曲江证》一篇，《京口建浮桥议》一篇，《广陵对》一篇，《墨子序》一篇，《墨子后序》一篇，《贾谊新书序》附《年表》一篇，《宋世系表序》一篇，《修禊序跋尾》一篇，《自序》一篇，《哀盐船文》一篇，《吊黄祖文》一篇，《吊马守贞文》一篇，《狐父之盗颂》一篇。大抵学海堂本以经义为主，故凡无关经义者，概不入录。文选楼本以网罗散失为主，故《明堂通释》上、中、下三篇为初次稿本，亦附存之。

此本为作者自定，故文选楼本、小字四卷本之《黄鹤楼铭》、《汉上琴台之铭》二篇，均以代毕尚书作，不存集中。又《妇人无主答问》后自注云："方苞侍郎家庙，不为妇人作主，以为礼也。中谨据《礼》正之如此。"而文选楼本、小字四卷本此下有云："夫生则共事宗庙，没乃不沾一食。葬而不祭，既馁其母；祭而不配，又鳏其父。于五刑莫大之罪，盖无所逃焉。其为不学，又不足言矣。"语意过激，此本删之，是也。惟此本传世颇稀，不独近人书目未及著录，即喜孙刻《遗书》序、方濬颐扬州局本跋，均未论及，疑当时均未见也。四月客杭城，得于旧书店中。八月在都中，又得小字四卷本。乃取诸刻本，校其篇目异同，各为跋尾。九原可作，或亦谅我好之之笃，而引为知己乎？

丙申九月初三日，丽楼主人叶德辉识于都门浏阳馆寓。

又一部内篇三卷、外篇一卷汪喜孙初刻宋小字本

汪氏《述学》，余所见本极多：一为大字本，不分内、外篇三卷本，首署"汪氏藏版"，下摹"容甫印"，不载刻书年月，是为中手定本，此第一次刻本也；一为大字，不分内、外篇二卷本，是为阮元叙录文选楼本，刻于嘉庆三年戊午，此第二次刻本也；一为小字，内篇三卷、外篇一卷本，首署"问礼堂藏版"，前有王念孙序，是为其子喜孙编刻本，刻于嘉庆二十年乙亥，此第三次刻本也；一为《学海堂经解》二卷本，严杰就阮本删订，刻于嘉庆二十二、三年，此第四次刻本也；一为喜孙就小字本增入《补遗》、《别录》六卷本，汇编为《汪氏遗书》，字改元体，刻于道

光三年癸未，此第五次刻本也；一为扬州书局重刻元体字本，前有王念孙序，后有方濬颐跋，刻于同治八年己巳，此第六次刻本也；一为伍氏粤雅堂本，亦据元体字六卷本重刻，刻于光绪元年乙亥，此第七次刻本也。诸本以小字四卷本为最精，以《遗书》六卷本为最详。

此本即三次精刻，丙申八月获于都中，后脱《汉上琴台之铭》半篇，因据扬州局本补钞。首脱封面，因假同岁生夏（闺）〔闰〕[①] 枝编修孙桐藏本双钩之，明此为四卷全本也。闰枝藏本后脱《黄鹤楼铭》以下二篇，亦据扬州局本补钞。盖同为初印未完之书，非有所损蚀耳。阮亨《瀛州笔谈》称“中才高迕物，精博绝伦”。翁方纲《复初斋文集·考订论》载其迕蒋苕生事，“高才不遇，其牢骚悲愤，往往于言行间见之。读者未尝不喜其文而悲其遇也”。藏山传人之业，其亦天有以报穷士欤？

光绪丙申九月二十七日，长沙叶德辉识。

从政录不分卷 道光中汪氏自刻本

此书多有经世之言，且有裨于掌故。书中说经之文，亦非章句之儒所能比其精洁，容甫可谓有子矣。《述学》一书，百馀年来学者皆能成诵。孟慈秉承家学，别出机轴，自成一家言，固云善继，实足济美。向读程序伯诗，有云“自古才人如弃妇，从来名士少佳儿”，读此可以为之解嘲，且可为学人下一转语也。

丙申冬十一月上旬第六日，书于都门浏阳馆寓，丽楼主人识。

---

①“闺”当为“闰”，据下文改。

近世文章家，前推汪容甫，后推龚定庵。两君者，皆有文士之子以世其家者也。然定庵文行，务于恢奇；其子效孔，乃益之以诡诞。容甫文行，近于孤峭；其子乃得之为峻洁。弓冶箕裘，择术可不慎耶？

丽楼又识。

此书丙申得之都门。丁酉还湘，为元和江建霞学使借去。戊戌以康有为党案革职，不久物故。世兄孟聪隶予门墙，旋亦夭折。忽忽二十一年，此书不知存亡久矣。今年还吴，寓居苏城五阅月，日从古书摊头搜访故籍。忽于玄妙观书铺得之，合浦珠还，诚为快事。而此二十年之中，更未见世间尚有二部。然则孟慈先生始终于予结此文字因缘，殆亦有数定耶？

丙辰夏正九月二十四日，后学叶德辉记于阊门寓舍。

巢林集四卷 汪氏手写刻本

《国朝画识》："汪士慎，字近人，号巢林，浙江人。流寓扬州，善墨梅，工诗，著《巢林诗集》。"《画征续录》、《扬州画舫录》亦载之，而不详其事实、籍贯。今得此集，乃知其为富春人，浙之桐庐县也。诗亦冲淡，无江湖风尘气色。诗中往来之人，如丁敬身、金冬心之流，皆一时高尚博雅之士，宜其所濡染者不落凡俗，是亦可以观风气矣。乾、嘉间，工画梅者以金冬心、罗两峰、童二树诸家为最著。金、罗沆瀣，畦径相同，而皆以繁密胜。二树则疏枝老干，着花无多。先生则在不疏不密之间，极暗香疏影之妙。近来真迹颇不易见，得者皆知宝藏。若其诗集，传世尤稀。观其字迹，似是先生手书上木者，否则门下士学先生书写之。

不然，何其与真迹相似耶？他时当有所取证，姑识之。

丁巳夏正五月下旬第五日，南阳毂道后人德辉。

青嵝遗稿二卷乾隆辛巳刻本

《盛青嵝遗稿》二卷，长洲盛锦撰。锦，字庭坚，《诗坛点将录》以为清风岭旧头领锦毛虎者也。锦诗当不止此，此为沈文悫德潜评选。沈序云："拣披精择，得五百馀篇，先梓十分之六者。"诗较徐龙友夔《凌雪轩集》为矜炼，近体亦渐近唐音。大约全稿必与沈文悫一气，兹选不越《国朝别裁集》范围，尤可想见平时所濡染。《点将录》中人诗，亦不免于杂凑。如锦者固犹可以自立，不必以入《录》而见重也。戊午三月展上巳之日，得于上海。此原刻本，同治中，其玄孙朝彦以原版修补印行，并附跋云"有《续集》二卷，刻版藏于家"。洪杨之乱，版毁不可得矣。

德辉记。

凌雪轩诗集六卷乾隆甲子刻本

《凌雪轩诗集》六卷，长洲徐夔撰。夔，字龙友，别号西塘，廪膳生，义门何先生入室弟子。同里惠学士半农先生为诗坛老宿，雅推重君，督学粤东，邀君往客岭南，岁馀卒。事具邵泰所撰小传。又，沈文悫德潜序云："年二十三，与徐龙友定交。又十二年，共结城南诗社。"是其师友渊源，皆一时吴中老宿，宜其耳濡目染，必有异于依草附木之人。今观集中诗，仅仅修絜有馀，才力并不充足。《诗坛点将录》列为《水浒》步军协理头领之两头蛇，不知何所取譬？或者当时以重义门、惠、沈者，并重龙友欤？

诗虽平常，而刻本极少。坊友知予喜收《点将录》中人诗集，为余访得之，存之亦足备吴中文献也。

丁巳大雪，叶德辉记。

海门诗选三卷嘉庆五年刻本

《海门诗选》三卷，合浦李载园符清撰，阳城张晋隽三选。据晋序云："载园于役南来，士大夫无论识不与识，莫不愿得先生之集而读之。奈箧中所携无多，命晋仿渔洋《精华录》之例，选其尤精者得诗若干首、文若干首梓于吴门。"是并刻文选，不仅诗也。载园早以诸生受知于翁正三阁学方纲，后官吴中，有循良之绩。其诗颇尚声调，于才、学、力三者兼臻，故研炼独工，脱去粤人粗犷之习，而亦不为江南靡靡之音。《诗坛点将录》比之《水浒》步军协理头领之青眼虎。《录》中粤人惟载园一人，而黎二樵简、张苏房锦芳且在副作之列。虽冯鱼山敏昌、宋芷湾湘两太史亦不入《录》，可知载园诗为江南士大夫倾倒至矣，恨不得其全集一读之也。

丙辰夏正五月端午日，长沙叶德辉记于苏城阊门寓舍。

赵璞庵全集三十六卷乾隆己酉刻本

《娵隅集》十卷，《媕雅堂诗集》十二卷，词四卷，《媕雅堂诗续集》四卷，《别集》六卷，五、六，二卷皆文。上海赵文哲撰。文哲，字损之，号璞庵。乾隆壬午，高宗南巡，献迎銮诗赋，御试一等第二名，钦赐举人。授内阁中书，升户部河南司主事。三十八年，从温福讨金川，次昔岭，失守，与温福同死难，赠光禄寺少卿。少时，与王光禄鸣盛、吴舍人泰来、王考功昶、黄司谕文莲、钱詹事大昕、曹中允仁虎为吴中七子，刻苦吟咏，故所作诗独多。平生游宦，在川、滇西南边塞之区，诗格跌荡清奇，得江山之助。《诗坛点将录》列于马军骠骑旧头领，比之《水浒》天目将，不知品题得似否？然公大节凛然，又不得仅以诗人目之矣。

戊午立夏，德辉。

卷施阁集文甲集中卷稿 洪稚存手书稿本

洪稚存先生手稿，为《卷施阁集中文稿》，凡三册：一册为《意言》二十篇，手书清本，盖即以之付刊者；其一册为《意言初稿》，乃未经缮正者，前附考订史、子者数十条，当是所著《晓读书斋杂录》散条未编定者；其一《贵州水道考》，已刻入集中，前附笔记二十条，皆纪乾、嘉中科名佳话。此则先生全集中所无，不知是何笔记？或者因未成书故，仅存以数叶耶？先生长于地理掌故之学，当时与同县孙渊如观察星衍齐称，均工骈体文，世有孙、洪之目。二公同以一甲进士及第，而不工书。然其《篆法玉箸》，为收藏书画家所珍贵，世亦以孙、洪派相目。此等手迹，虽属草稿，而真气（槃）〔磅〕礴，书味盎然。以视王梦楼、梁山舟诸先生专以法书名家者，亦觉别饶意趣，爰命装潢存之。

刘端临先生遗书四卷 嘉庆前后刻本

《刘端临遗书》刻本有四：一嘉庆十年扬州阮常生刻本，凡三卷，一卷为《论语骈枝》，二卷为《荀子补注》，三卷为《汉学拾遗》；一嘉庆十三年阮常生续刊本，凡四卷，一卷至三卷为《经传小记》，四卷为《文集》，此两刻汇印并行，为《文选楼丛书》

外单行本；一道光十四年阮恩海刻本，凡八卷，首列行状、墓表、《乡贤录》，一卷为《论语骈枝》，二卷为《经传小记》，三卷为《国语校补》，四卷为《荀子校补》，五卷为《淮南子校补》，六卷为《方言校补》，七卷为《经传拾遗》，八卷为《文集》；一《皇清经解》中刻本，凡二卷，此严杰删并之本，视道光刻本仅十之二三。余家所藏皆备，要以道光刻为最全最精。此则嘉庆前、后两刻，刻工草率，不及文选楼他刻之善。然取其为《刘氏遗书》第一刻，大辂椎轮，事从其朔，亦犹汪氏《述学》之存问经堂，大、小字二刻也。

丙申七月初三日，书于宣武门外浏阳馆寓，德辉记。

瓶水斋诗集十七卷、别集二卷 嘉庆乙亥巴氏刻本

舒铁云诗名，（兴）〔与〕彭甘亭相伯仲。龚定庵《杂诗》云："诗人瓶水与谟觞，郁怒清深两擅场。如此高材胜高第，头衔追赠薄三唐。注：郁怒横逸，舒铁云《瓶水斋》之诗也。清深渊雅，彭甘亭《小谟觞馆》之诗也。两君皆死一纪矣。"定庵此诗，真两家定评。余以为嘉、道诗人，如王仲瞿、陈云伯、龚定庵诸人，皆以豪快侧艳之体，推倒一时。似不如舒、彭二家，尚得诗之正声。就二家论之，舒之奇思壮采，生气勃勃，较彭尤为突过，宜其精神之历久，必传如此。此书有近人边保枢重刻，岁久亦渐漫漶。此则初刻印之极早者，因与龚、王、陈、彭诸家集部归一插架，后之读者，庶以得一时风气云。

光绪丙申夏五月下旬二日，志于都门浏阳寓馆。

此跋附重刻本后，今得此初刻原本，移写于此。

己亥六月中伏，郋园记。

秋树读书楼集十六卷道光丙申家刻本

《秋树读书楼遗集》十六卷，吴江史善长仲文撰。《诗坛点将录》于马军骠骑旧头领下列火眼狻猊。张瘦桐埙又云："一作史赤崖。赤崖，善长号也。赤崖为王兰泉司寇高第弟子，诗学具有渊源。"其时，同邑郭频伽麐、袁笛生鸿，皆有诗名于江湖间，且亦《点将录》中人物，而集中无与往来投赠之作。盖缘赤崖客游在外，于镇洋毕公沅幕中之日尤多。毕没，护其丧及子以归。不久亦物故。集中怀人五十馀首，亦以毕公幕中人居多，乡里诗人乃转不相识面。其诗七古才情跌荡，近体亦傲岸不群，盖全不落吴江派者。以张瘦桐《竹素庵集》中诗较之，似难乎其为伯仲矣。

岁在丁巳冬十月十八日，叶德辉记。

渊雅堂全集五十二卷、附五卷嘉庆中先后刻本

《渊雅堂编年诗稿》十六卷，《惕甫未定稿》二十六卷，《编年诗续稿》一卷，《渊雅堂文续稿》一卷，《渊雅堂诗外集》二卷，均赋得诗。《渊雅堂文外集》四卷，《渊雅堂外集瑶想词》一卷，《读赋卮言》一卷，长洲王芑孙撰；《写韵轩小稿》二卷，诗、文各一卷。芑孙妻曹贞秀撰；《坡馀遗稿》一卷，芑孙弟翼孙撰；《附录》二卷，翼孙殉教匪之难于襄阳巡检任，芑孙哀录上谕、公牍，及同时哀挽之作；皆嘉庆初叶刻于家塾者也。芑孙少赋才名，以县学生献赋行在，钦赐举人，考取咸安宫教习。年满引见，奉旨以教职用，选授华亭教谕。平生交游皆当代名流，所为诗文群相

推许。近体学义山而逊其艳，五古学工部而遗其深，七古似元人萨雁门。五律甚少，盖夺于赋得诗也。余少时见坊肆盛行九家试帖诗，《渊雅堂》即其一。芑孙未入馆选，乃以此体擅长，亦足见一时风尚已。至其古文，私淑望溪，本于家学。一时朋好如秦小岘瀛、鲁絜非仕骥、龚海峰瀚，皆以古文辞为海内崇仰，而皆推重芑孙之文。今观集中诸篇，不拘拘于桐城轨辙，而胎息秦汉诸子，兼采魏、晋、六朝之菁华，终归之于韩、柳之朴茂奇崛。以全集论，文似胜于其诗。读集中《读赋卮言》一书，知其寝馈八代之功深矣。《乾嘉诗坛点将录》比于《水浒》之铁面孔目，拟其人与？亦拟其诗文与？要其卓然自树一帜之能，可以概见。张文达《书目答问》采刘嗣绾《尚䌹堂》，而不列芑孙《诗文集》，何哉？

烟霞万古楼文集六卷、诗选二卷、仲瞿诗录一卷、附秋红丈室遗诗一卷文，嘉庆丙子刻；诗，咸丰元年刻本

右《王仲瞿文集》、《诗集》，及其妻、继室金礼嬴《秋红丈室遗诗》。从子峤甫藏本。《文集》六卷，均骈体文，前有无名人题记云："是集嘉庆丙子，梅溪刻于邗江。刷印无多，即遭火厄。以故流传绝少。中缺四叶，屡拟假得完善之本钞补。闻禾中张公束鸣珂藏有是集，作书询之，亦是残帙，较此更缺。前年，震泽管芷湘庭芬以手抄本寄来，属为刊刻，只十馀篇，非全书也，仍归之。则此本之可宝，益征信矣。"凡字七行。卷一下有"上海徐紫珊收藏书画金石书籍印"十四字朱文篆书方印，无名人题记，即紫珊笔也。《诗选》及《诗录》、附《秋红丈室遗诗》，本紫珊

所刻。紫珊，名渭仁，刻有《春晖堂丛书》，此其中之一种。今合并《文集》后，则紫珊旧藏时如此。《文集》书面题“嘉庆二十一年刻，虎山堂藏版”。二十一年，岁次丙子，是此本为初刻初印，前人已称难得，何况今日？光绪辛巳，湖北官书局刻有《袖珍本丛书》，重刻《文集》，较此本中，多《代华顶百五十茅庵乞米启》、《祭光禄大夫素香公文》、《为师禹门刺史送琴师张燮堂道士入东磊山序》，共文三篇。其馀次序，与此不同，殆别有所据。此本残缺之叶，岖甫即依袖珍本手抄配完，惟《告妒妇津神文》后段，袖珍本亦残缺，无他本可补，是则不免遗憾耳。

山木居士外集四卷家刻本

《山木居士外集》四卷，都文七十九篇，江西新城鲁九皋撰。九皋，原名仕骥，字絜非。乾隆三十六年辛卯恩科进士。越十年，选山西夏县，有善政，以劳卒于官。《国史·文苑》附《朱仕琇传》。仕琇，福建建宁人。乾隆十三年戊辰科进士，改庶吉士，散馆以知县用，选山东夏津县。缘足疾，改福宁府学教授。治古文，有《梅崖文集》行世。九皋尝至建宁，从受古文法，故其为文，合于归、方正轨。此名《外集》，乃最初自刻者。外者，自谦之辞，谓其文不足当正集，先刻此《外集》云尔。道光十四年甲午，九皋孙应祥鸠刻《全集》十二卷、《外集》二卷，附《鲁宾之文钞》一卷、《鲁习之文钞》一卷。前有浮梁邓传安序称：“乾隆己酉，传安受知于大兴翁覃溪大鸿胪，为拔贡生，与鲁宾之、习之同年，因得拜见兄尊甫絜非先生。承以已刻之《山木居士外集》见惠，尝旨得味，思慕弥殷。越四十年，守官海外，延先生冢孙应祥为记室，乃得借《全集》抄本而读之。洵哉心平气和，仁义之言蔼如也。”据传安云云，知《外集》初刻本《正集》，非《全集》。后刻之《外集》，所存禀稿、告示、祭神文也。应祥刻本，世不多见。余既获藏之，更留此本，以存初哉之义。近日南皮张制军《书目答问》列《居士集》于不立宗派古文家，而不详其卷数，是并初刻、后刻而未之见也。制军近时学者，见闻何其陋欤？然而是集之以罕见珍，更可知矣。

光绪丙午夏六月十日记。

郎园读书志卷十一

集部

昔陈云伯、舒铁云二人戏撰《乾嘉诗坛点将录》，取乾隆初元迄嘉庆末季百馀年中诗家，配以《水浒》小说之天罡、地煞百有八人，副者四十一人，附额外一人。除隐姓埋名者四人，共得百四十有六人。虽一时游戏之文，颇有资于掌故。余向喜收国朝人诗文集，得乾、嘉间作者，于《点将录》已百有馀家。因拟为《乾嘉诗坛点将录诗征》一书，逐一将各家诗检读一过，每家撰一提要，于作者里贯、仕迹，及其诗之渊源、派别异同，与其人之遗闻轶事，采掇详记。视他书题跋体例稍殊，所以为《诗征》之先声，抑以备异日续修《四库全书》者之采录焉耳。缮稿既定，附于《读书志》之后。虽不类，而类实一例也。时在乙丑仲冬月，养疴斋中，两月成此。

雅雨堂集诗二卷、文四卷 道光庚子曾孙枢刻本

《雅雨堂集》诗二卷，文四卷，卢见曾撰。王昶《湖海诗传》："卢见曾，字抱孙，号雅雨，德州人。康熙六十年进士，官两淮盐运使。有《出塞集》。"《蒲褐山房诗话》："运使短小精悍，有吏才，总督那苏图特荐，谓其'人短而才长，身小而志大'。尝为四川洪雅县令，故以雅雨自号。慕其乡王阮亭尚书风流文采，

故前、后任两淮运使各数年。又值竹西殷富，接纳江浙文人惟恐不及。而是时地主马佩兮曰璐、秋玉曰琯[①]，及张渔川四科、易松滋谐，咸与扶轮承盖。一时文酒，称为极盛。修小秦淮虹桥二十四景及金、焦楼观，以奉辛未、丁丑两次宸游。爱古好事，百馀年来所罕见。”李斗《扬州画舫录》十：“卢见曾，字抱孙，号雅雨山人，山东德州人。工诗文，性度高廓，不拘小节。形貌矮瘦，时人谓之矮卢。官两淮转运使，筑苏堤于使署，日与诗人相酬咏。一时文宴，甲于江南。乾隆乙酉，扬州北郊建二十四景；丁丑，修禊虹桥，作七言律诗四首，其时和者七千[②]馀人，编次得三百馀卷。乙酉后，湖上复增四景。署中文宴，尝书之牙牌，以为侑觞之具，谓之牙牌二十四景。后休致归里，有留别诗。公两经转运，座中皆天下士，而贫而工诗者，无不折节下交。后赵云松观察吊之，有诗云：‘虹桥修禊客题诗，传是扬州极盛时。胜会不常今视昔，我曹应又有人思。’其一时风雅，可想见矣。”

按：公前任两淮运使，以荐高凤翰署仪征，为制府构陷，被逮遣戍。符葆森《正雅集·高凤翰小传》下载公之言曰：“余转运两淮，西园方以县丞委管秦坝，称‘掣历俸满，应升叙矣’。会仪征缺出，荐于两台。制府复书，尚称‘闻其才名’。会有构余于制府者，乃转以结党为余罪，列凤翰款并参。”其《寓泰州》诗云：“几曾（莲）〔连〕茹茅同拔，却为锄兰蕙并伤。”又云：“不妨李固终成党，到底曾参未杀人。”皆实录也。公《文集》四卷，有《上宰相书》，力辨被参之诬，中有“见曾官居三品，曾受两朝拔擢之恩，粗有能名于大江南北。而独蒙不白之咎，横被暧昧之谤。

①马曰琯为兄，马曰璐为弟，见本书卷十《樊榭山房集》校记。

②据袁枚《随园诗话》十二云“和者千馀人”。

幽忧郁抑，死不瞑目。古称白刃可蹈，区区之名节不可辱。被参一十七款，共诬赃银一千六十两，皆参错乖舛，悠谬不根。试思见曾任兼盐关，如其甘为不肖，盈万累千，咄嗟可得。而乃零收书仪茶果，刻减役匠工食。款内从无盐商馈送一钱，则见曾之硁硁自守，亦可知已。今制府已移节滇南，而冤狱已具，倘终不白，则见曾长负累于圣世。而后来盐、榷两务，以见曾为戒，恐与激浊（杨）〔扬〕清之意适相背缪"云云。袁枚《随园诗话》十六："高南阜山人宰歙县时，人诬以赃，卢抱孙转运两淮，营救甚力。有指为党者，并卢谪戍。故山人诗云：'几曾连茹茅同拔，却为锄兰蕙并伤。'卢和云：'不妨李固终成党，到底曾参未杀人。'"

当时公以爱才之故，为人被累，天下冤之。然其再任，豪情好客，不减昔年。《画舫录》附其宾客姓名、事传云："戴震，字东原，休宁人，为汉儒之学，少与江慎修游，得其底蕴，后来扬州，为公座上客，惠栋、沈大成见之，目为奇人。鲍皋，字步江，号海门，丹徒人，以诗见知，举博学鸿词，辞疾不就，公延之署中。惠栋，字定宇，号松厓，元和人，博通今古，公延之校《乾凿度》、《战国策》、《郑氏易》、《郑司农集》、《尚书大传》、《李氏易传》、《匡谬正俗》、《封氏闻见记》、《摭言》、《文昌杂录》、《北梦琐言》、《感旧集》，辑《山左诗钞》诸书。吴玉搢，字山夫，山阳人，精于小学，为公幕友。严长明，字东友，江宁人，召试内阁中书，官侍读。朱稻孙，字稼翁，秀水人。汪棣，字韡怀，号对琴，又号碧溪，仪征廪生，为国子博士，官至刑部员外郎，工诗文，与公为诗友，虹桥之会，凡业鹾者不得与，对琴与之。性好宾客，一时名下士如戴东原、惠定宇、沈学子、王兰泉、钱辛楣、王西庄、吴竹屿、赵损之、钱箨石、谢金圃诸公，往来邗上，为文酒之会。

"易谐，字松滋，歙县人，居扬州，工诗，筑抱山堂以延四方名士，与公为诗友。郑燮，字克柔，号板桥，兴化人，官知县，以报灾忤大吏，罢归，往来扬州，与公唱和甚多。李葂，字啸村，安徽人，能诗画，公之高足。张宗苍，字默存，一字墨岑，号篁村，吴县人，画山水出黄尊古之门，以淮北盐官为公僚属，与之定交。王又仆，字从先，号介山，天津人，为河工县丞，以诗学受知于公，为诗友。高凤翰，字西园，号南村，别号南阜老人，又自称老阜，胶州人，举止端方，为歙县丞，公荐为泰州分司，工诗画，善书法，称三绝，后与公同被逮，抗辞不屈，事因后白，后穷饿死，公哭之诗云：'殷生潇洒谈（元）〔玄〕日，戴掾昂藏对簿词。'祝应瑞，字荔庭，丹徒人，为茫稻河闸官，工诗。张辂，字朴存，江都布衣，工诗，年六十作《落花》诗，江外女子见之而死，时公修禊诗，和者殆遍，惟惠栋（不）与辂不和韵，辂名由是大起。焦五斗，丹徒人，孝然裔孙，尝作《焦山志》，忽失去其子，复得之于郡城骨董铺中，公由是修金、焦二山《志》。吴均，字梅查，歙县人，工诗，公数招之为诗牌之会。沈廷芳，字椒园，仁和人。梁巘，字文山，亳州人，壬午副榜，馆于公署，书法润泽，尺五楼、延山亭额，其手迹也。钱载，字坤一，号箨石，嘉兴人，工画兰竹，举经学，及博学鸿词科，不售，乾隆壬申成进士，授编修，官至工部侍郎，与公友善，居使署一年，多唱和。陈大可，字馀亭，绍兴人，工篆隶，二十四景榜联，多出其手。周榘，字幔亭，江宁人，工诗，善八分书，以'松影入窗无'句受知于公，折节造庐，书德馨堂额赠之，招来扬州。胡裘镎，字西坨，山阴人，工诗，贫甚，上诗于公，公极赏之，遂订交焉。金兆燕，字钟樾，号棕亭，全椒人，幼称神童，与张南华詹事齐名，工诗词，尤精元人小曲，延之使署十年，凡园亭集及大戏词曲，皆出其手，中年以举人为扬州校官，后成进士，选博士，供职三年，归扬州。朱若水，字远仲，号兰石，一号澹泉，泾县人，以诗名，公延之掌两淮国课。张永贵，字静远，号乐斋，广宁人，举于乡，官淮北监掣同知，工诗，公与之多唱和。倪炳，字赤文，善鉴古书，列肆天宁街，额曰'带经堂'，为公刻《雅雨十种》。文山，为静慧寺僧，书学退翁，受知于公，为书苏亭额。汪履之，为董公祠道士，以奕受知于公，值公被逮出塞，汪随之三年，公诗云：'桃花潭上水潺潺，恋客情深诗早传。更有汪翁能远送，八千里外住三年。'后为甘肃主簿，死于长沙。"

自戴震至于汪履之，皆抱孙宾客也，《画舫录》所记如此。然尚有漏者，袁枚《随园诗话》五："乾隆戊寅，卢雅雨转运扬州，一时名士，趋之如云。其时刘映庭榆侍讲掌教书院，生徒则王梦楼、金棕亭、鲍雅堂、王少陵、严冬友诸人，俱极东南之选。不数年，尽入青云矣。"又十云："六安秀才夏宝传，生而任侠，出雅雨卢公门下。卢谪戍军台，僮仆无肯随者，夏奋然曰：'我愿往。'竟策马出塞，三年后，与卢同归。卢再任转运，为捐学正一官，所以报也。乾隆庚子科，以年过八十，钦赐举人，陈古渔赠句云：'八旬乡榜无消息，一纸天书有姓名。'又曰：'三征尚却连城聘，一诺能轻万里行。'"随园亦当日宾客之一，其记载不诬也。又《诗话》十二云："卢雅雨先生转运扬州，以渔洋山人自命，尝赋《虹桥修禊诗》四章，一时和者千馀人，余俱未见。而先生原唱，余亦不甚爱诵也。及其致仕，《留别扬州诗》，竟成绝调。真所谓欢愉之词难工，感怆之言多妙耶。其末章云：'痴愿无多应易遂，杖朝还有引年恩。'呜呼！后公果将杖朝矣，乃竟不得考终，余吊之曰：'潘岳闲居竟不终，褚渊高寿真非福。'《列子》云：'当生而生，福也；当死而死，福也。'"盖公家居，眷遇日衰，卒获严谴，籍没以卒，则命为之也。

是集诗二卷，文四卷，为公曾孙枢刻本，跋称："雅雨公手所自著，诗八集，文十馀卷，惟《塞外诗》有版本。馀虽编定，悉遭回禄，天下惜之。"此集无《塞外诗》，疑刻此时尚有版本行世，今则罕见矣。公前、后两主淮纲，好贤如缁衣，爱才如性命，一时东南方闻之士，无不辐辏于扬州。乃以荐保僚属高凤翰补缺仪征，为大府所诬，目为结党；且列参赃款，撄怒圣明，严谴军台三年。赦归，洊升再任，公益感激奋厉，修复地方名胜以奉宸游。暇则延聘名流，校刊群籍，所刻如《雅雨堂丛书》各种：王士祯《感旧集》、渔洋《精华录训纂》、朱彝尊《经义考》、《金山志》、《焦山志》等书；所编刻者：《山左诗钞》六十卷、《虹桥修禊诗》三百馀卷，皆煌煌巨帙，缮刻精工。今诸书尚自流传，多一朝文献所系。而公文章经济，亦传之不朽，照耀古今。百年以来，士之不遇者，慨想当时风雅道昌，同有生晚之憾。噫！公之丰采，系人思矣；公之姓名，播人口矣。区区一集之存亡，奚足为公轻重哉！

鲒埼亭集三十八卷、外编五十卷嘉庆甲子史梦蛟校刻本

《鲒埼亭集》三十八卷，《外编》五十卷，全祖望撰。李富孙《鹤征后录》："全祖望，字绍衣，号谢山，浙江鄞县人。雍正壬子举人，由户部侍郎赵殿最荐，举乾隆丙辰进士，改庶吉士，散馆以外补假归。著有《经史问答》、《鲒埼亭诗文集》。"鲍钤《稗勺》云："乾隆元年，廷试鸿博，全太史撰《公车征士小录》八卷，中式者十五人，不第者若干人，盖叙其姓氏、里居、世系也。

更撰《词科摭言》。”梁同书《昭代名人尺牍小传》：“绍衣散馆归班，负气迂俗，有风节。其学问渊博无涯涘，于书靡不贯穿，所著书皆有补于文献。有《读易别录》、《孔子弟子姓名表》、《汉书地理志稽疑》、《公车征士录》、《词科摭言》、《续甬上耆旧诗》、《国朝甬上耆旧诗》、《经史问答》、《句馀土音》。”董秉纯撰先生《年谱》：“乾隆元年丙辰，三十二岁，成进士，入庶常馆。先生本以荐举鸿博留部，至是先成进士，入词馆。时相特奏，凡经保举而已成进士、入词林者，不必再与鸿博之试。识者已知先生不能久于馆中矣。是年借《永乐大典》读之。《大典》共二万二千七百七十七卷，取所流传于世者置之。即近世所无，无关大义者亦不录。但取欲见而不可得者，分其例为五：一经、二史、三志乘、四氏族、五艺文，每日各尽二十卷。而以所签分令人抄之，顾力薄不能多蓄写官。至次年，遽罢官，未卒业，然所抄高氏《春秋义宗》、荆公《周礼新义》、曹放斋《诗说》、刘公是《文钞》、唐说斋《文钞》、史真隐《尚书》《周礼》《论语解》、二袁先生《文钞》、袁正献、正肃。《永乐宁波府志》，皆世所绝无，而仅见之《大典》者也。丁巳，三十三岁，左迁外补，遂南归。”

按《年谱》，先生南归后，主蕺山讲席一年。适粤东，就端溪书院山长一年。二十年乙亥，五十一岁，卒。手定文稿五十卷，诗稿十卷，移交马氏丛书楼，后归杭堇浦。索之再三不应，秉纯至京师取残稿，按手定目重钞之。既得大半，请吴鸥亭、马半查谋刻之。即此本也。其非手定之目，则次为《外编》。集中多明末人及近人神道碑铭、墓志铭，皆有裨于掌故。其馀则金石题跋、名人别传，征文考献，无空作者。所著书，以修补南雷《宋儒学案》、七校《水经注》为最精。阮元《全谢山经史问答》序：“经学、史才、词科，三者得一，足以传，而先生兼之。先生举鸿博科已官庶常，不与试，拟进二赋，抉汉、唐《志》之微，与试诸公皆不及精通经史故也。《经史问答》实足与顾亭林《日知录》相埒，吾观象山、慈湖，以空论敌朱子，如海上神山，可见而不可践。全谢山之学，出于梨洲而变之，则如百尺楼台，实从地起，非积年工力不成。是则谢山之学，无复有人遗议矣。”乾隆中叶修《四库全书》，大兴朱竹君学士筠奏请搜辑《永乐大典》中佚书，奉旨允行。当时人皆归美朱公，殊不知先生于入馆时已留心于此，恐朱公尚是本其意也。是集无诗，余所藏先生诗，有《句馀土音》三卷，亦董秉纯所录存者，别为著录，兹不具论云。

句馀土音三卷 嘉庆乙亥董氏刻本

《句馀土音》三卷，全祖望撰，其门人董秉纯编定之本也。据董为先生撰《年谱》：“乾隆六年辛酉秋，至白下，投止承恩寺，遍游朝天宫、报恩寺、燕子矶旧院诸迹，皆有诗。自戊午、己未，接丁内外艰至再。近大祥，从不作吟咏声始为破戒，因题曰《祥琴集》以志过。七年壬戌四月，纠同志陈南皋、钱芍庭、李甘谷、胡君山、先君钝轩先生为率真社，得诗三百馀篇，题曰《句馀土音》，后删定为《句馀唱和集》。八年癸亥正月五日，三十九岁生日，朋好有称祝者，作诗谢之，诗集题曰《虮骨》，用东坡语也。九月出游，有《秋杪江行集》。十月至维扬，有《七峰草堂唱和集》。九年甲子，自题诗稿曰《五甲集》。十年乙丑，续选《甬上耆旧诗集》，是年之诗，即题曰《钞诗集》。十一年丙寅春杪，自苕上至吴门，写陆氏园，有诗曰《吴船集》。夏过维扬，再馆马氏，有《韩江唱和第二集》。十二年丁卯上巳后至金陵，夏返武林，秋过维扬，岁暮归，是年诗有《偷儿弃馀集》、《吴山消夏集》、《漫兴集》。十三年戊辰，主蕺山讲席，是年诗曰《漫兴二集》、曰《望岁采蕺集》。十四年己巳，有诗三集：曰《西笑》，以大金川平定也；四月后曰《双韭山房夏课》；九月至岁底曰《帖经馀事集》。十五年庚午，多病，不作诗。十六年辛未，天子巡幸江浙，撰《皇雅》凡二十四篇。十七年壬申，适粤东，为端溪书院山长。十八年癸酉，归，刻于粤中之诗曰《度岭集》。十九年甲戌，居扬州养疴，戒不作诗。二十年乙亥，五十一岁，卒，于时七月二日寅时也。正月手定文稿，得五十卷。删定诗稿，自辛酉以前尽去之。辛酉以后收其十之六，得十卷。"今此十卷诗不传，岂当时并归杭堇浦，不得出，因而未刻耶？

此《句馀土音》三卷，即壬戌居里中，与同社倡和之作，删定为《句馀倡和集》者。前有是年冬十月先生序，即秉纯所录者。据云"本拟裒诸公作都为一集，诸君多未脱稿。故止编定先生诗，不敢妄有所序，仍以先生原序冠之"。先生学问，长于考据文辞，于诗本不多作。惟游踪所至，每与士大夫唱酬无虚日，所为诗不拘家数，词达而易晓。就《皇雅》及此集论，则胎息于乐府者颇深。是知卷轴在胸，虽偶尔闲吟，无不神与古会。世之断断于唐、宋之界者，徒见其门户之陋而已，乌可与言诗哉。

板桥诗钞四卷、词钞一卷、道情一卷、家书一卷、题画一卷手书刻本，无年月

《板桥诗钞》四卷，《词钞》一卷，《道情》一卷，《家书》一卷，《题画》一卷，郑燮撰。郑方坤《国朝诗钞小传》云："郑燮，字克柔，号板桥。乾隆丙辰登进士第，授范县知县，改调潍县，以疾乞归。少颖悟，绰有文名。家固贫，落拓不羁。壮客燕

市，喜与禅宗尊宿，及期门、羽林诸子弟游。日放言高谈，臧否人物，无所忌讳，坐是得狂名。既得官，慈惠简易，与民休息，人亦习而安之。雅善书法，真、行俱带篆、籀意，如雪柏风松，挺然秀出风尘之表。所画兰草行石，亦峭蒨别致。诗道性情，如其意之所欲出，其自序云：'余诗格卑下，七律尤多放翁习气。好事者促余付梓，自度后来未必能进，姑从谀、背直惭愧汗下。'云云，可谓不自满矣。然其诗流露灵府，荡涤埃壒，视世间无结辖不可解之事，即无梗咽不可道之词。空山雨雪，高人独立。秋林烟散，石骨自青，差足肖之。《寄弟书》数纸，皆老成忠厚之言，大有光禄《庭诰》、颜氏《家训》遗意。"

阮元《淮海英灵集》丙四："板桥以岁饥，为民请赈，忤大吏，罢归。其诗云：'长官好善民已愁，况以不善司民牧。'真至言也。工画兰、竹，书法以隶、楷、行三体相参，古秀独绝。潍县人感其政，宝其书画，多有效其体者。作诗不拘体格，兴至则成，颇近香山、放翁。"按：《诗钞》乃先生自定诗，真所谓老妪能解者。自言"其格卑下"，诚哉其然。然真气勃勃，流露于楮墨间。故其述事言情，往往恻恻动人，得兴观群怨之旨。其题画五、七言绝，更别饶逸趣，能使读者心旷神怡。世有效其体者，不涉于江湖，即近于村野。所谓学我者死，是不可以诬及先生也已。

道古堂文集四十八卷、诗集二十六卷、集外诗一卷、轶事一卷乾隆丙申汪氏振绮堂刻本

《道古堂文集》四十八卷，《诗集》二十六卷，《集外诗》一卷，《轶事》一卷，杭世骏撰。《轶事》则附入者也。李富孙《鹤

征后录》一："杭世骏，字大宗，又字堇浦，浙江仁和人。雍正甲辰举人，由浙江总督程元章荐举，授编修，寻罢职放归。著有《礼记集说》、《金史补》、《史汉北齐疏证》、《前后汉书蒙拾》、《文选课虚》、《续方言》、《词科掌录》、《榕城》、《桂堂》等诗话、《道古堂诗文集》。"王昶《蒲褐山房诗话》云："堇浦先生书拥百城，胸罗四库。入翰林未久，即以言事罢归。沈文悫公送之有句：'邻翁即雨谈墙筑，新妇初昏议灶炊。'盖深惜之也。既归，益肆力于诗古文词，海涵地负，日光玉洁，实足雄长艺林。两浙文人，自黄黎洲先生后，全谢山庶常及先生而已。"袁枚《随园诗话》："堇浦先生诗，以《岭南集》为平生极盛之作。题《陈元孝像》四律，悲凉雄壮，恐非樊榭、宝意所能矣。"按：先生诗文，皆根柢雄厚，同试取用之十五人，实皆不及。然虚襟乐善，于古人不存门户之见，于后进恒多奖掖之辞。《蒲褐山房诗话》又云："乾隆丁丑秋，予至西泠相见，共论古今文章流别，谓予曰：'子毋轻视放翁诗文，至此亦足名家，亦异乎世之放言高论者矣。"《随园诗话》八："堇浦先生曰：'冯钝吟先生右西崑，而黜江西，固已。夫西崑沿于晚唐，江西盛于南宋。今将禁魏、晋之不为齐、梁，禁齐、梁之不为开元、大历，此必不可得之。数风会流传，人声因之，合三千年之人，为一朝之诗，有是理乎？二冯可谓能持诗之正，未可谓遂尽其变者也。"先生持论通达如此，宜其所为诗古文词独往独来，不为宗派所囿，而于法律仍不背也。

洪亮吉书先生轶事云："余年未二十，省从叔邗沟，始识先生。见所拟乐府及古赋，奇赏之，留语数日，曰：'汝后必入翰林，不可不知掌故。'因日举翰林故事十数则告之。余入翰林，先生所言规制已大半不可行。盖不及三十年，风气之变如此。"洪感先生之知遇，亦见先生爱才如命，兼有知人之明。其后洪入翰林，亦以上书仁宗遣戍，随奉旨赦免释回。两人爱国之诚，先后一揆。而圣明在上，曲蒙谅宥，罪止放归，斯则遭逢之特异矣。许宗彦鉴《止水斋集·杭太史别传》云："高宗巡幸塞外，尝天雨新霁，马上吟'迎风苇露清于染，过雨山痕澹入诗'二句，顾谓从臣曰：'此杭世骏诗，惜其没福耳。'"余谓以放弃小臣一联之诗，上契帝心，此即没福之福。奚必高官厚秩，出拥驺从，入耀乡里，浮云富贵，而后谓之有福哉！

宝纶堂文钞八卷、诗六卷 文，嘉庆二年戴殿海刻本；诗，嘉庆十三年刻本

《宝纶堂文钞》八卷，《诗钞》六卷，齐召南撰，其门生戴殿海先后刊行者也。杭世骏撰《墓志铭》云："公名召南，字次风，号琼台，晚号息园。年十六，充博士弟子员。二十三，督学新城，何端简公世瑾选拔入成均。雍正七年己酉科乡试，中副榜。十一年癸丑，诏复词科之制。明年，督臣上蔡程公元章、学臣奉新帅公念祖，以博学鸿词荐。乾隆丙辰召试，钦取二等第八，改翰林院庶吉士。明年散馆，授检讨。八年四月，御试翰詹，列优等，晋中允，旋晋侍读。九年，丁父艰。十一年，服阕入都。十二年二月补原官，晋侍读学士。十三年五月，御试翰詹，以一等一名擢内阁学士兼礼部侍郎，补授右侍郎。十四年四月，直上书房，归澄怀园，马惊，堕触大石，负重伤。特遣蒙古医疗治病，少间，陈恳回籍侍母。上慰留，哀恳，始可其奏。十六年十一月，太夫人弃养。十九年二月服阕，为蕺山书院山长，复主敷文书院，凡十一年。以风痰时发，归里考终，寿六十有六。"

按：公自入词馆，即充《大清一统志》纂修官。散馆授检讨，

充武英殿校勘经史官、《明鉴纲目》馆纂修官。丁艰在籍，谕令前承办《礼记》、《汉书》考证，陆续交武英殿经进。经史馆告成，旋充《大清会典》纂修官、《续文献通考》馆副总裁官。《一统志》河南、山东、江苏、安徽、福建、云南六省皆其编辑；外藩属国，向无底本，则创撰也。《明（史）〔鉴〕纲目》则《前纪》二卷，神、光、熹三朝。武英殿分撰《经史考证》，经则《尚书》、《礼记》、《春秋》三传；史则《史记·功臣侯表》五卷、《汉书》百卷、《后汉书·郡国志》五卷、《隋书·律历天文》五卷、《旧唐书·律历天文》二卷。又言"《水经注》明于西北，暗于东南，且域外水道未详"，撰《水道提纲》三十卷。又有《史汉功臣侯第考》一卷、《历代帝王年表》十三卷、《后汉公卿表》一卷，均详《墓志》。

公著述等身，诗文本其馀事。然根柢既厚，枝叶自荣。诗则瑰伟英奇，多沉博绝丽之语，往往通篇无一用典之句，而经史百家之韵藻，充溢于行间。文则谨守唐、宋宗传，不染词科习气，其《轮进经史札子》，论者以为真西山《大学衍义》，不是过焉。公天才敏捷，九岁至郡，登巾子山，吟五言诗云："江水连天白，人烟满地浮。巾山山上眺，一览小东瓯。"识者以为公辅器。平时为诗文，操笔立就。一篇一什之成，排比铺张，烂若云锦。晚喜集句，李、杜、韩、苏诗，若出一手。读世骏《岭南集》，集七十馀首；读钱司寇《香树续集》，即集十首赠之。官礼部时，上于宁古塔得古镜，以来历问朝臣，莫有对者。公具悉原委、并其款识以对。上大悦，曰"是不愧博学鸿词矣"。天语褒嘉，遂成定论。因读遗集，并摭记之。后之人，庶知公之学有本原，又不独以词科见重矣。

石笥山房文集六卷、补遗一卷、诗集十一卷、词一卷、补遗二卷、续补遗二卷咸丰二年，裔孙鸣泰补刻道光丙午家刻本

《石笥山房文集》六卷，《补遗》一卷，《诗集》十一卷，词一卷，《补遗》二卷，《续补遗》二卷，胡天游撰。《国史·文苑传》："胡天游，浙江山阴人，副贡生。乾隆元年，礼部尚书任兰枝荐举博学鸿词，值持服，未与试。二年，服（阅）〔阕〕，补试。试日，鼻衄大作，遂投卷出。是时，四方文士云集京师，每稠人广坐，天游辄出数千言，落纸如飞，纵横奥博，见者叹服。古文自言学韩愈，涩险处时似唐刘蜕，'元元明善，非其至也'。性耿介，公卿欲招致一见，不可得。十六年，举经学，又报罢。客游山西，卒于蒲州。著《石笥山房文集》。"朱仕琇撰《传》云："方天游者，本姓胡，一名骙，字稚威，浙江山阴人也。少好奇任气，有异才，于书无所不窥。今上即位，诏天下举博学鸿词，天游以乡副首来应诏，主举主任兰枝家。时四方文士云集，每稠人广坐，辄出数千言，落纸如飞，文成博奥，见者叹服。一日赫然，名振京师。同举者皆得显官，而天游以病不能试罢。天游于文，工四六偶俪，得唐燕、许二公之遗。诗亦雄健有气。其古文自言学韩愈，涩险处时似唐刘蜕，'元元明善，非其至也'。然自喜特甚。时桐城方苞，为古文，有重名，天游力诋之。前人如王士祯、朱彝尊诗文，遍摘其疵痏，无完者。士大夫皆重其才，而忌其口。《一统志》成，当进御，鄂、张二相国属表于齐检讨召南，检讨因推天游。鄂相国惊叹其文，为具饮招之。检讨曰：'天游奇士，岂可招耶?'卒不至。其任气不肯轻下如是。天游居京师十馀年，名

日以盛，忌日以深。辛未，举经明行修，卒为忌者中伤而罢。盖天游负才名三十馀年，两举乡贡，皆抑为副。再膺特荐，卒不遇，而天游亦已老矣。尝与田侍郎懋有旧，田家居山西，因往依之。以乾隆二十三年正月十二日病卒于蒲州，年六十三。子元琢，举乾隆庚午顺天乡试。兄骥，亦奇士，遇余京师，以余知天游，丐为传，因书此归之，又赞曰：天游气刚好奇，似唐员半千；自高其才，似萧颖士。尝自比管、乐，诋诃诗文。摘人所行阙失，不避卿相。其沦落不遇，非尽由数之奇也。然使天游穷而易所守，岂足以见天游耶？”

按：先生再举经学，有忌之者，终不遇。据阮葵生《茶馀客话》云：“乾隆辛未，荐举经学，命取生平著述尤异者以闻。后以吴鼎、（粱）〔梁〕锡玙、顾栋高、陈祖范名上，俱授司业。初，浙江胡天游、江南蔡寅斗亦在选中，而胡名尤重，举主凡七人。宣城梅文穆瑴成奏‘二人久居京师，声气广播，恐非真才’，遂不用。胡终于副榜，蔡壬申缢于号舍。”袁枚《哀词》云：“雍正十三年，诏举博学鸿词，礼部尚书任兰枝以君荐。首相西林鄂相公欲见之，不可，强聘焉。雅跪相对，问两戒形峦、九乾躔度、八十一家文墨，口汩汩如倾海，相公惊，扬于朝曰：‘必用胡某，以荣馆阁。’未几试殿上，而稚威鼻衄，血涔涔下，污其卷。相公叹息，延为《三礼》馆纂修，赁长安半椽自居。每试，与常式格格不合，凡两中乙科。乾隆十六年，再荐经学，有忌之者为蜚语。闻上御正殿问‘今年经学中胡天游何如’？众未对。大学士史公贻直奏：‘胡天游宿学有名。’上曰：‘得毋奔竞否？’史免冠顿首曰：‘以臣所闻，太刚，太自爱。’上默然。自后荐举，无敢复言者。”

余谓先生厄虚名于生前，而享盛〔名〕于身后。所为骈体文，选家无不推重。其《石笥山房集》，亦如厉太鸿之《樊榭山房集》，脍炙士林。诗则《随园诗话》谓其“学韩、孟过于涩拗”，录其近人者如《明妃》云：“天低海水西流处，独有琵琶堪解语。断然枯木本无情，犹胜人心百千许。”咏《谏果》云：“苦心众所挥，馀甘几人赏。置蜜昆吾端，或者如舐掌。”《赠某营将》云：“太声当鼓急，片影落枪危。剑血看生瘿，天狼对捋髭。”皆奇句也。亦有风韵独绝者，《晓行》云：“梦阑莺唤穆陵西，驿吏催诗雨拂衣。行客落花心事别，无端俱趁晓风飞。”陶元藻《凫亭诗话》云：“持胸有卷轴，而笔又足以达之。弱冠时为文过于典赡，有士衡才多之病。及抵京师，蕴酿愈深，全以灏气流行，苍莽无涯涘。第恃才嫚骂，人多忌之。余在周青崖斋头见其《诗钞》一本，计一百五十馀首，五言逼似少陵，五古纯乎汉、魏，惟绝句非所长耳。余曾劝其付梓，云持笑曰：‘未能糊八口，何暇镌五言。’盖自伤其贫也。”

顾先生没后，遗集为其子元琢刊行，齐召南为之序，仅诗四卷、文六卷，刻成于嘉庆戊午。其后先生三世孙敬哉大令端书搜辑各本，分文六卷、诗十一卷、诗馀一卷，四世孙秋潮大令学醇刊之山东。至五世孙冠山赞府鸣泰，以所刻未精善，因校而重刊。搜得遗诗，为《补遗》二卷。刻将毕，嘉兴高伯平明经均儒又以家藏稿本互勘，得未刻诗二百七十馀首，为《续补遗》二卷，时在咸丰二年，即此本也。是集先有赵希璜刻本，阮文达元刻本，予均未见。家所藏者，为嘉庆戊午刻本。偶晤先生裔从孙胡滋圃观察德琳，谈及兹集足本，乃举以相赠。滋圃摄衡、永、郴、桂兵备道，有惠政。其人方正而厚重，洵不愧名贤之后，不仅流传先集可敬也。

弱水集二十二卷乾隆壬戌贺克昌刻本

《弱水集》二十二卷，屈复撰。杭世骏《词科掌录》十四："蒲城屈复，字见心，号悔翁，布衣。刑部右侍郎武陵杨公所荐，不与试。乙巳、丙午之间，来游西湖，居紫阳山道观，以所注渔洋《秋柳诗》，遍谒名流。刻《江东瑞草集》，古诗阑单少力，惟律调近熟。晚游京师，弓刀宿卫之徒，皆从受业，颇有诗声。遂自尊侈论，诗则诋诃老杜，注《骚》则掎摭紫阳，每为士夫所鄙。其流传之诗，有不必为之题，如《书中干（蛈）〔蝴〕蝶》、《水中雁字》多至数十篇。有不可通之句，金坛史公度曾举其《杨花》诗。予存其可通者。"又《馀话》云："前己未时，四布衣名动天子。今时所举，亦有布衣四人：南丰赵宁静，余未知其人；秀水张庚、西安车文，诗皆清古可味；蒲城屈复，则年近七十，尚事涂抹如三五少年时，去古远矣。夫布衣之名，为不耕而食者所易托。一介之士，操觚率尔，辄动圣人之旁。求其不得，恕律之审矣。"

袁枚《随园诗话》四："丙辰以布衣荐鸿词者四人：一江西赵宁静，一河南车文，一陕西屈复，一嘉禾张庚。车之著作，余未之见。张善画，长于五古，人亦朴诚。独屈叟傲岸，自号悔翁，出必高杖，四童扶持。在京师，见客，南面坐，公侯学诗者，入拜床下。专改削少陵，訾诋太白，以自夸身分。耳食者抵死奉若神明。山左顾懋伦心不平，独往求见，即问曰：'足下诗，有《书中干蝴蝶》二十首，此委巷小家子题目，李、杜集中，可曾有否？'屈默然惭，人以为快。沈归愚刻《别裁集》，仅录屈《王母庙》一首云：'秦地山河留落日，汉家宫阙见孤灯。如今应是蟠桃熟，寂寞何人荐茂陵。'"

郑方坤《国朝诗钞》小传："屈复，字悔翁，晚号金粟道人。其所见于诗篇，大率多残山剩水之思，麦秀黍离之感。如白首狂夫，歌哭道中，辄向黄河乱流欲渡，令人累增欷歔而不能已已。疑若夏肄周遗之所为作，又或附凤攀龙，与前明有瓜葛者近是。自其少年，即弃帖竿不事，只身走万里，寓沂、郯间最久。既乃之吴、楚，之闽、越，垂老转徙之京师。以诗学教授弟子，名公卿多从之游。武陵冢宰奇其才，以鸿博荐，三征不起。寓僧庐，日坐卧土床中，诸贵人以问奇，至者趾相错。至则与讲论诗文源流、派别，并前史兴亡成迹，以及关河扼塞、兵马漕盐、天文律历，剀切详明。坐而言，可作而行。其论诗，于赋比兴之外，专以寄托为主，谓陶之《饮酒》、郭之《游仙》、谢之《登山》、左之《咏史》，谓彼自有所以伤心之故，而姑借题发抒，必沾沾然执是数者。求之是之，谓买椟而还珠，按图而索骏。今试取《弱水集》读之，繁音促节，词多悠谬。知翁之寄托，固自有出天入地而莫可穷诘者。古之伤心人别有怀抱，不足为外人道也。"李富孙《鹤征后录》："悔翁性迂僻，于诗兀傲自喜。所注《楚词》，采合旧注，自以新意疏解之，有得骚人言外之旨。义山诗意，惟在就诗论诗，亦颇有独得，如《锦瑟》、《碧城》、《无题》诸篇，人穿凿附会之解，一举而洗之。"

按：诸家之于悔翁，杭、袁诋前之甚力；郑、李亦誉之太过。悔翁诗本出于老杜，而兼得义山之长。其逢人讥诃老杜者，正其于老杜用功至深，故知其中甘苦得失耳。符葆森《寄心庵诗话》云："其乐府《咏史》，独开生面，古意盎然。五古词意浑劲朴质，近体直接《浣花》，不尽空响。诵其《春日》、《秋日》、《杂兴》诸作，可谓于神、貌两得者，而其托意亦自不凡。"斯诚持平之论矣。至《书中干蝴蝶》、《水中雁字》等诗，洵有乖于大雅。然偶然游戏，好逞才情，存之集中，见其割爱之难，究不能以此并抹杀其佳处也。惟其人妄自尊大，又故为高论畸行，以震骇俗人。故嫉其名者，鄙夷多出士夫；震其名者，下拜亦有公侯。观《词科馀话》所录《杨花》七律三首，寄托遥深，殆全为讥讽同时应诏诸人而作，是其胸襟超旷，又不得不目之为高人矣。

赐书堂集四卷光绪庚子王氏刻本

《赐书堂集》四卷，翁照撰。王昶《湖海诗传》："翁照，字朗夫，号霁堂，初名玉行，字子静，江阴人。乾隆元年，荐举博学鸿词。十六年，以经学征，有《赐书堂集》。"《蒲褐山房诗话》："霁堂少时，曾奉教于毛西河太史。太史序其诗，盛为推挹。常咏《蓑衣》有'风雨一身秋'之句，从此得名。后在浙幕中，诗亡失大半。今所刊《赐书堂集》，十之三四尔。其为时传讽者，则有：'一抹夕阳连汉苑，二分春色在芜城。''小楼夜半朦胧月，深院秋千澹宕风。''青拂河桥风乍转，绿昏江店雨初来。''春寺烟深闻粥鼓，午塘风软度饧箫。''一声啼鸟破春寂，数点落花生暮寒。''残月半痕巫峡晓，夕阳一片洞庭秋。''关塞梅花愁里曲，池塘芳草梦中诗。''夹岸绿阴垂柳渡，满篷红雨落花天。'沈椒园臬使云：'先生年高，藤杖方袍，须眉朗映。其诗风致盎然，神韵潇洒。'"

沈德潜撰《墓志铭》云："霁堂少工声律、对偶之学，文酒之馀，霁堂句成，众交口服。中岁穷经，学兼汉、魏、唐、宋而参订之，谓汉、魏诸儒博而核，宋儒约而精，不举一家以废诸家也。中有所得，久而成书。雍正乙卯，诏开博学鸿词科，稽文敏荐于朝，遇欧血疾，未应试。乾隆己巳，诏求经学，膺高相国荐。上以所荐过多，询二三大臣举其尤者。大臣无知雩堂学，因不与。乙亥三月之白下，遘疾卒，年七十有九。所著《赐书堂诗文集》若干卷。忆雩堂与予定交皆壮岁，喜予诗，一过目，背诵不忘。予甲午诗，友人取去遗失。雩堂来，一一录出，友人徐龙友笑比之行秘书。”又《国朝别裁集》：“朗夫小心敬慎，虽仆隶，不衣冠不见。事上接下，以诚以礼。稽、高二相国先后以鸿博、经学荐，皆不遇。与予相约为耦耕伴侣，倏焉徂谢。友生为位以哭，多失声者。少年诗专工佳句，后渐臻老境，识力俱高，有虞伯生老吏断狱之目。”

袁枚《随园诗话》五：“江阴翁明经朗夫，馆稽相国家。相国非朗夫唱和不吟诗，人呼为‘诗媒’。乙卯以鸿博荐，朗夫谢诗云：‘此身得遇裴中令，不向香山老一生。’一时传诵。朗夫有《春柳》云：‘千里因依惟夜月，一生消受是东风。迎来桃叶如相识，猜著杨枝是小名。’皆佳句也。平生有谦癖，拜起纡迟。年登八十，犹熏衣饰貌，寸髭不留。余初相见，知其多礼，乃先跪叩头，逾时不起，先生愕然。余告人曰：‘今日谦过朗夫矣。’”袁有题其《三十三山草堂图》云：“四海才名六十春，青鞋布袜软红尘。平生事事谦冲甚，只有青山不让人。　试罢彤庭户不开，谈经重荐伏生才。一时猿鹤惊相顾，花外蒲轮今又来。”

杭世骏《词科掌录》云：“朗夫德性醇谨，笃于气谊。少以所业质萧山毛检讨，检讨序云：‘意充而舒，度远而不拘于隅。其才思纵发，所至开适，质无不足，而文又见其有馀。’其见赏如此。壮岁历游大幕，章奏尤工。钱唐沈埒云：‘岂有后山四六之工，乃无子苍二三之叹。’非虚美也。”按：先生诗仅此四卷，所传佳句俱存集中，似同时诸君所见，即此稿本。此外尚有《文集》六卷，毁于庚申之乱，今传本益少矣。

强恕斋文钞五卷、诗钞四卷 文钞，乾隆丁丑刻本；诗钞，乾隆壬申刻本

《强恕斋诗集》四卷，《文钞》五卷，张庚撰。李富孙《鹤征后录》十一："张庚，字浦山，号瓜田逸史，晚又号弥伽居士，浙江秀水人，布衣。著有《五经臆》、《通鉴纲目释地纠缪补注》、《画征录续录》、《蜀南纪行略》、《短檠琐记》、《强恕斋诗文集》、《瓜田词》。"王昶《蒲褐山房诗话》云："浦山工于山水，世多以翰墨称之，不知学问淹博，如《通鉴释地纠缪补注》，极为精审。古文简朴，五、七言古体诗，颇入古人堂奥。鲁克恭序其诗云：'五古原于三谢，流衍于曹、陆、左、鲍、三张；七古则远宗《浣花》，近袮北地；五律多以古运，七律则纯以清气行，不轨一家也。'"杭世骏《词科掌录馀话》云："浦山以古调自鸣，不工律体。试日弃去，万循初有诗送之云：'山人好咏诗，作古不作律。所法魏以前，作五不作七。'可以知其诗之大概矣。"

余按：瓜田为钱太夫人南楼老人之表侄，少时从受六法，故于山水特工。当时戴文琏、蓝瑛一派盛行，自《画征录》出，画家皆知六法正宗，于是戴、蓝之声价顿减。其自作山水，出入元四家，而希踪于荆、关、董、巨，故其诗文之名，转为画所掩。此《诗文钞》传本极少，曩时于王昶《湖海诗传文传》中见其一二，心最倾倒。今幸获此全集，则得凤一毛，见鳞一甲，不知全体之足贵矣。

竹啸轩诗钞十八卷 雍正二年王汝骧刻本

《竹啸轩诗钞》十八卷，沈德潜撰。《国史·本传》："沈德潜，

江南长洲人。乾隆四年进士，改庶吉士。七年，授编修。八年，迁左中允，累迁侍读左庶子，侍讲学士。九年，迁少詹事。十一年，授内阁学士。十二年，擢礼部右侍郎。十四年，原品休致，谕在籍食俸。二十二年，南巡，加礼部尚书衔。二十[1]年，南巡，晋阶太子太傅。三十四年九月病卒，加恩赠太子太师，谥文悫。四十三年，东台县已故举人徐述夔著《一柱楼集》，诗词悖逆。集内载德潜为作传，称其'品行文章皆可法'，追夺官衔、祠谥，扑其墓碑。"袁枚《神道碑铭》云："公讳德潜，字碻士，自号归愚，长洲人。弱冠补博士弟子员，丙辰荐博学鸿词，廷试报罢。戊午举于乡，己未登进士，入翰林。壬戌，同试殿上，日未昳，两黄门卷帘，上出，赐诸臣坐，问：'谁是沈德潜?'公跪奏：'臣是也。''文成乎?'曰：'未也。'上笑曰：'汝江南老名士，而亦迟迟耶?'其时在廷诸臣，俱知公之简在帝心矣。越翌日，授编修，累和上诗，称旨。迁左中允少詹事，再迁礼部侍郎。戊辰，请老，许之。皇上四巡江南，每一昼接，必加一官，赐一诗，至四十馀首。其他酬和往来，中使肩项相望，不可数纪。尝进呈诗集求序，上手书以赐，比以李、杜、高、王。海外日本、琉球，走驿券索《沈尚书诗集》，盛矣哉，古未尝有也。公卿举时已六十六，必不自意日后恩荣至此。而从来人主之权，能与人爵，未必能与人寿。观公之九十七而薨，然后知苍苍者有意钟美于公，以昌万古诗人之局。而皇上与天合德，公之年与恩俱，亦有莫之为而为者。呜呼，此岂人力哉！公诗专主唐音，以温柔为教，如弦匏笙簧，皆正声也。庚辰进《本朝诗选》，体例舛午，上不悦，命廷臣改正付刊，而待公如初。此虽皇上优老臣，赦小过，而亦见公之朴忠，有以格天之深。"

---

[1]此"二十年"误，应为乾隆三十年，时第四次南巡。

按：公选《国朝诗别裁集》，以钱谦益冠首，又列戴名世名进御，请赐序，允之，而深斥其选次失当，命廷臣精校去留，锓版行世。其后宠眷渐衰，至身后夺秩、追谥、扑碑，未始不因乎此。王昶《蒲褐山房诗话》：“侍郎少游学吴江叶星期燮之门，叶居横山，故阮亭尚书云：‘横山门下，尚有诗人。’”《诗话》止此。公以一言之感，终身不忘。阮亭少时受知于钱谦益，钱赠阮亭诗有“勿以独角麟，俪彼千牛毛”之句。公选《国朝诗》，追溯师友渊源，故以钱居首，初不意以此忤旨也。先是，鄂文端尔泰为江苏布政使，刻《南邦黎献集》，沈时为秀才，得与其选。后此本进呈御览，沈之受知，自此始也。此袁枚《随园诗话》所载，事不诬也。此《诗钞》皆未通籍以前之作，始康熙庚辰，终雍正癸卯，时年五十矣，自分此生终老牖下，留此数卷之诗，以存没世名称之意。初岂意六十六岁晚达，不十年位至春卿。又优游林下二十馀年，寿至期颐而逝，此真千古诗人未有之奇遇也。

公论诗尚格调，于时随园主性灵，两家门弟不免互相訾謷。实则尚格调者失之太拘，主性灵者失之太放。平心论之，尚格调者必以温柔敦厚为教，不失风雅之遗。主性灵者必以恣肆荡（趺）〔跌〕为能，殊乖比兴之旨。今两家之集具在，袁集独风行于坊肆间，毋亦下里巴人，和之者众耶？然沈亦非阳春白雪之音也。

归愚文钞二十卷，馀集六卷，诗钞二十卷，馀集七卷，矢音集四卷，归田集二卷，台山游草、南巡诗、八十寿言、九十寿言共一卷，浙江通志图说一卷，说诗晬语一卷乾隆以来家刻本

沈文悫德潜，未通籍以前刻有《竹啸轩诗钞》十八卷，前有

跋，已详。此各种，皆通籍以后，并前刻《诗钞》重编，陆续刊行者也。公文本学汪尧峰琬，诗学先祖星期公燮。中年皆有变化，文则由尧峰上溯震川，以八家为归宿。诗则古体必宗汉、魏，近体必宗盛唐，于工部、昌黎、义山、东坡、遗山，下至青丘、空同、信阳、卧子、渔洋，兼取其长。纯庙御制公全集序，谓其“远陶铸乎李、杜，近伯仲乎高、王”，知臣莫若君，是足为公诗定论矣。公以诸生晚达，未十年而官至春卿。请老在籍食俸，叠晋宫衔。然皇上能与之以恩，不能与之以寿也。乃得天独厚，优游林下又二十年，寿至期颐，卒谥文悫。当休致回籍，上亲赐“诗坛耆宿”扁额以宠其行。既而改“耆硕”，曰“年老之人，坚固自守，同于硕果，不食以后发，荣滋长也”。二十七年，上南巡，迎驾常州，赐“九（帙）〔秩〕[①] 诗仙”扁额，天眷之隆，洵古今诗人所罕见。其后门下士王光禄鸣盛、钱詹事大昕、王司寇昶、曹侍讲仁虎、赵光禄文哲、吴舍人泰来、黄明府文莲，号吴中七子，承其衣钵，畅衍宗风。同时虽有随园与之异同，而所选《古诗》、《唐诗》、《国朝诗》，几于家弦户诵。诚以前有好文之天子为之褒扬，继有出蓝之门生为之沆瀣。赵秋谷有言：“诗人只论官阀。”毋亦人情势利有如此耶？

凌雪轩集六卷 乾隆甲子刻本

《凌雪轩集》六卷，徐夔撰。沈德潜《国朝诗别裁集》二十七：“徐夔，字龙友，江南长洲人。廪生。著《西堂集》。龙友负才高俊，读者一二遍，终身不忘。与予结诗课时，专学昌黎，芒

①据文义，应为“秩”，原刻本作“帙”误。

角四露。之广东学幕后，醉心义山，谓以男女会合喻君臣，得风骚宗旨，格律又一变矣。年五十，殁于广南，榇归，广南诗散失。兹所收者，皆向年朋旧论文时作。读其诗，犹见其尊酒浇胸气概也。”本集前附邵泰撰《小传》云：“年十四，能文章，不屑屑举子业。研精六籍，博闻强记。力探作者精意，一句一义，少有抵牾，必穿穴古今训诂，疏通证明而后已。专门诗学，笔力雅健，而深思汲古，不为苟作。原本风骚，凌躐汉、魏，出入于三唐，而又非徒觍觍焉摹其色象，仿其音节也。君耻为邯郸之步，而食古而化，有冰寒于水之奇。含毫邈然，风骨高迈。晚年诗律弥细，而蹊径不存，直欲与古人驰骋千载之上。所遗《凌雪轩诗稿》六卷，盖吉光之片羽，其标格略可见矣。君为义门何先生入室弟子，师承有素。为人意气如虹，肝肠如雪。其发为诗文，称心而出，自有真性情行乎其间。所谓惟其有之，是以似之者欤?”

按：龙友诗，实未有过人之处，沈、邵之推尊，未免近于阿好。大抵吴中诗人，多与归愚相近，边幅修洁，声律和平，词句之间不使有半字疵颣。然规矩严而变化少，作者、读者皆觉其无深趣。故长洲一派，时起时伏，不能如随园之逢时利见也。

咏归亭诗钞八卷、在亭丛稿十二卷 乾隆十七年、十八年刻本

《咏归亭诗钞》八卷，《在亭丛稿》十二卷，李果撰。王昶《湖海诗传》：“李果，字硕夫，号客山，长洲人，布衣。有《咏归亭诗钞》。”《蒲褐山房诗话》：“客山艰苦力学，忍饥诵经，衡门两板，竟日翛然。良友至，辄呼小童取一钱，就茶室泼茗共啜之。樵苏不继，怡然自得。巡抚宗室雅公，尝过次山侍御，叩以吴中

隐君子，侍御对以客山及惠松厓公，遂往造焉，避不见。时论两贤之。其后诏征经学，总督黄文襄以松厓荐，亦雅公推毂也。”石韫玉《苏州府志·文苑六》：“李果，字硕夫，号客山，四岁能诵汉、唐诗。八岁病疟，梦有人剖其腹，出肠胃浣诸河，已，纳之，觉而疟如失，自此文思颖发。十二岁而孤。十四岁学为古文辞，应童子试，旋弃去。入官舍佣书，以供养其大母及母。从进士叶燮游，刻苦为诗文，遂有名。长沙陈鹏年令衢之西安，见其诗，大称之，手书招往，不赴。陈擢守江宁，过吴门，访得之，大喜。继守苏州，果不往见。及鹏年讼系京口，果徒步四百里省视。自谓诗学少陵，参以右丞、襄阳、左司，返乎汉、魏。文自庐陵入，归本六经，以希昌黎。其纪事颇纵横宕逸，得司马子长之一体，知言者以为然。雍正、乾隆间，诏求博学鸿词及山林隐逸，总督高其倬、巡抚雅尔哈善先后欲荐之，皆力辞。先是，雅公守苏州，修《郡志》，聘果分纂。书成，果力为多。母卒，大吏请之，不应，日鬻文以自给。卒年七十三。著有《咏归亭诗钞》、《在亭丛稿》若干卷。”

沈德潜《国朝诗别裁集》：“客山诗格苍老，一洗肥腻。有一二字未安，屡改不倦。晚年文誉霭郁，过吴门者争识其面，几以鲁灵光目之。”袁枚《随园诗话补遗》一：“康熙末年，布衣能诗者，金陵有屈思齐景贤、苏州有李客山果，二人俱落落孤高，与朱草衣别一风格。”按：客山早从先族祖横山先生游，与归愚尚书、薛生白征君同学友善。横山公论诗，主“生新深”三字为宗旨。故三人者，虽仕隐各异，而皆力追正始，一洗繁褥之音。客山诗文集流传颇稀，余丙辰以后还吴时，时过阊门书肆访之，积年始获一部，翻读一过，知其烹练功深，无一闲句闲字。其于横山公一派，可云衣钵相承，宜其于康、雍之间，吴门诸子群推为诗坛耆宿也。

青嵝遗稿二卷乾隆辛巳刻本

《青嵝遗稿》二卷，盛锦撰。沈德潜《国朝诗别裁集》三十："盛锦，字庭坚，江南吴县人，诸生。著有《青嵝诗钞》。青嵝诗从大历以下入手，层累而上，风格渐高。至《入蜀诗》，得江山之助，沉雄顿挫，直欲上摩渔洋之垒，以仰窥少陵。盖渔洋诗以《蜀道集》为最胜也。游京师，王公以下多折节下交。以不耐冗杂归，丙子岁殁。是岁周子迂村、朱子木鸢、汪子山樵相次殁，吴下诗坛，黯然无色矣。予告归后，时与青嵝商榷，尤深人琴之感云。"王昶《蒲褐山房诗话》云："青嵝诗，以《入蜀》为第一，世人辄以杜少陵、王新城为比。然不知少陵由秦阶，经桔柏渡而至剑关；新城乃从凤翔、宝鸡，经汉中以至宁羌，陆路不同。青嵝取道归州，穿夔、巫入成都，即吴汉伐公孙述之路，亦即放翁入蜀、新城出蜀之路。其地虽皆属天、彭井络，而山川形势迥殊。放翁虽有'铁马西风大散关'之语，其后封爵渭南，而南北栈实未按辔及之。故诸公摹写山水，各传其胜。论诗者乃并为一谈，宜见笑于通人也。"

按：青嵝诗与归愚尚书同一宗派，故述庵侍郎亦极尊推。遗稿经归愚手评圈点，一一照刻。反复寻绎，所取者皆合乎唐音。当时长洲、随园两派风行，长洲老友及其门弟子，皆主声调，不主性灵。而随园一派则反是。故《随园诗话》十四，于青嵝诗独称其《出门》一联云："检点箧中裘葛具，早知别后寄衣难。"在遗稿中，如此正不多见也。

小仓山房诗集二十七卷、续二卷、文集三十五卷、外集八卷 随园全集本

《小仓山房诗集》二十七卷，续二卷，《文集》三十五卷，《外集》八卷，袁枚撰。李富孙《鹤征后录》八："袁枚，字子才，号简斋，又号随园，浙江仁和人。廪生，由广西巡抚金鋐荐，举乾隆己未进士，改庶吉士。散馆，以外用补江南江宁知县。著有《小仓山房集》、《随园诗话》、《随园随笔》。先生年十二补博士弟子员。丙辰之粤，抚军德山金公试士，以《铜鼓赋》命题，得先生作，击节不已。荐表有云：'本朝鸿博停五十七年，廪生袁枚，裁二十一岁。奇才应运，卓识冠时。臣所特荐，止此一人。'先生有启谢之，旋报罢。联捷入词林，乞恩归娶，一时咸以为荣。散馆，改官县令。历任溧水、江浦、沭阳、江宁等县，引疾归。寻起，赴秦中，以母老，陈情致仕，年仅三十二。侨居金陵随园，颇饶亭榭。水木清华，小仓山色在户牖间。春秋佳丽，弹琴赋诗。当时名公卿，莫不以一至随园为幸。后进有一艺之长，无不揄扬汲引。青衿、红袖，并列门墙。晚好游历，凡武夷、匡庐、罗浮、黄山、天台、雁荡诸胜，游屐殆遍，见者疑为神仙中人。"

王昶《蒲褐山房诗话》："子才少举宏词，旋成进士，散馆出为县令。初任江宁，尹文端绝爱其才。既，丁忧再起，至陕西，与总督黄文襄差池。上书不省，遂乞病归。得废圃于江宁小仓山下，疏泉架石，厘为二十四景，窗牖皆用五色琉璃，游人阗集。时吴越老成凋谢，子才来往江湖，从者如市。太丘道广，无论贵郎、武夫，互相酬唱。又取英俊少年，授以才调等集，挟之游东诸侯。更招士女之能诗画者十三人，绘为《授诗图》，燕钗蝉鬓，

问业于前。而子才白须红舄，悠然自得，亦以此索当道题句。于是人争爱之，所至延为上客。子才又择其精馔，类为《食单》，梓以行世。故三十年中，扫门纳屦，为向来名人所未有。才华既盛，矜新斗捷，不必尽遵轨范。石庵相国在江宁时，闻其荡佚，将访而按之。子才投以二诗，即请相见，顿释前疑，其诗得力于此。然谢世未久，颇有违言。吴君嵩梁谓其诗'人多指摘，今汰淫哇，删芜杂，去纤佻，清新俊逸自无惭于大雅矣'。孙君渊如谓其'神道碑、墓志铭，诸纪事多失实'。予谓岂惟（夫）〔失〕实，并有与诸人家状多不合者。即如朱文端公轼、岳将军钟琪、李阁学绂、裘文达公曰修，其文皆有声有色。然予与岳、裘二家之后俱属同年，而穆堂先生为余房师李少司空友堂之祖；且予两至江西，见文端后裔，询之皆云：'未尝请乞，亦未读其所作。'盖子才游踪所至，偶闻名公卿可喜可愕之事，著为志传，以惊爆时人耳目，初不计信今传后也。"

钱泳《履园丛话·谭诗》："古英雄不得志，辄以醇酒妇人为结局者，不一其人。随园先生入翰林时，年才弱冠，散馆后改为知县，简发江苏。历知沭阳、江宁诸县事，有政声。三十五而致仕，享清福者五十年。著作如山，名满天下。而于好色，不免少累其德。余有吊先生诗云：'英雄事业知难立，花月因缘有自来。'实为先生惜也。"姚鼐撰《墓志铭》云："会开博学鸿词科，时举二百馀人，惟君最少。及试，报罢。中乾隆戊午科顺天乡试举人，次年成进士，改庶吉士。散馆，又改发为江南知县，调江宁知县。尹文端为总督，最知君才。君亦遇事尽其所能，事无不举。既而去职家居。再起，发陕西，遭父丧归。终居江宁，年甫四十，绝意仕宦。尽其才以为文辞歌诗，足迹造东南，山水佳处皆遍。其瑰奇幽渺，一发于文章，以自喜其意。四方名士至江南，必造随园投诗文，无虚日。园馆花竹水石，幽深静丽。至櫺槛器具，皆精好，所以待宾客者甚盛。后进少年，诗文一言之美，君必举其词为人诵焉。君古文、四六体皆能，自发其思，通乎古法。于为诗，尤纵才力所至。世人心所欲出而不能达者，悉为达之，士多效其体。故随园诗文集，上自朝廷公卿，下至市井负贩，皆知贵重之，海外琉球有来求其书者。君仕虽不达，而百馀年来，极山水之乐，获文章之名，盖未有及也。在江宁，尝朝治事，夕召士饮酒赋诗。市中以所判事作歌曲，刻行四方。君以为不足道，绝不欲人述其吏治云。卒于嘉庆二年十一月十七日，年八十二。"

按:《随园诗话》一:"己未朝考题《赋得因风想玉珂》，余欲刻画想字，有'声疑来禁苑，人似隔天河'句，诸总裁以为语涉不庄，将置之孙山。大司寇尹公，与诸公力争曰:'此人肯用心思，必少年有才者，尚未解应制体耳。此庶吉士所以需教习也。倘进呈时，上有驳问，我当独奏。'群议始息。余之得与馆选，受尹公知，自此始。未几，上命公教习庶吉士，余献诗云:'琴爨已成焦尾断，风高重转落花红。'"然壬戌散馆，卒改知县。顾年未三十，作令有声。不久归田，唾弃簪组。随园本为前人废圃，得先生略事修造，遂为白下名园。其人为旷代所无，其才亦无施不可。《时文》沾溉场屋，《食单》脍炙郇厨，又无论诗文之多者、巨者矣。

高宗临御六十年，海宇乂安，四夷宾服。江南为繁富之域，六飞巡幸，膏泽在民。先生应运而生，躬逢其盛。承平雅颂，文藻江山，执骚坛牛耳五十年，享名山耆寿八十岁。平时爱才如命，宏奖后生，凡人一诗一句之佳，称誉不绝于口，如蒋心馀太史士铨、孙伯渊观察星衍、陶篁村贡生元藻、张船山太守问陶，皆以诗见赏未知名之时，故终身有知己之感。而教主既成广大，门客不免杂糅。吴嵩梁《石溪舫诗话》称："乾隆癸丑冬，至金陵，先生即折柬相招，为余题《拜梅图》，推以异才。有门下士讽余执弟子礼者，口占示意云：'修竹生来扫俗氛，锦绷才脱便梢云。让他桃李公门下，玉立亭亭只此君。'盖耻与哙伍，非不肯师事先生也。身后攻之者，太半即其门生故旧。讣至扬州，余与山尊独为位哭之。先生尝以其诗见质，余谓一代作家，而非正宗，欲撷其精华厘为四卷，刊以行世，庶令后贤无可指摘，亦借以报知己于九原也。"梁绍壬《两般秋雨庵随笔》一载赵云松《戏控袁简斋于巴拙堂太守》中有云："结交要路公卿，虎将亦称诗伯；引诱良家子女，娥眉都拜门生。"又云："有百金之赠，辄登《诗话》揄扬；尝一脔之甘，必购《食单》仿造。"

盖先生通脱过甚，虽故交后辈，多有微词。身后百年，诋之者尤众。平心论之，先生诗以七律为擅长，次则七绝，又次则五古。至于七古，才华富赡，奔放有馀，或失之粗浮，或涉于游戏。胆大则手滑，气盛则言庞。学之者易于成章，而横决堤防，流弊亦正无已。其时沈归愚尚书力持声调之说，先（王）〔生〕则借"诗主性灵"一语与之抗争。至今尚书一派寂焉寡闻，坊间盛行者，惟《小仓山房诗文集》、《随园诗话》等书，则以其启人神悟，能使读者意洽情融故也。平生不慊于渔洋之诗，亦不满于桐城之文。故所为文，笔力横强，不拘守义法，顾动与古会，直接庐陵、大苏之传。骈文则一气卷舒，寓单行于偶俪，与吴榖人同工，一以疏爽胜，一以整饬胜。近时张文襄合二家而学之，遂成一时作手。知残膏剩馥，无往而不沾溉后人。彼謷謷而持其短长者，岂非蚍蜉之撼大树耶？

余始学诗，即购得先生《诗文全集》读之，于《诗话》则尤多领悟。后以《诗话》中时诋王渔洋、沈归愚，因又购王、沈二家集，参证其是非。乃知王、沈同为正声，先生诋之过甚。其后为诗，渐知有所归向。然于先生发蒙之功，问心不敢泯没。故考论其行实，及诸家之评骘，俾知门户相争，世无定论。余则惟有心悦诚服，不复更有违言也已。

古愚诗概六卷乾隆庚辰家刻本

《古愚诗概》六卷，陈毅撰。王豫《江苏诗征》："陈毅，字直方，号古愚，上元人。监生，著《古愚诗概》。"又《群雅集》："古愚工诗好友，缟纻尽名士。尹文端督两江，欲延为钟山书院诸生说诗，古愚有'饿夫为将一军惊'之句，议遂寝。选有所知初、二、三集。子三，文富举人，官知县。余有'白下称三凤，希踪吾未能'之句。"

按：古愚与随园交好，《随园诗话》录其诗最多，大抵与随园一派相近。《诗话》一："同征友万柘坡光泰，精于五、七古，程鱼门读之，五体投地。近体学宋人，有晦涩之病。陈古渔专工近体，宗七子，故闻鱼门称万诗，大相抵牾。余为作跋，释两家之憾，且摘柘坡近体之佳者，以晓古渔。"云云。又三："贫士诗有极妙者，如陈古愚'雨昏陋巷烛无焰，风过贫家壁有声。''偶闻诗累吟怀减，偏到荒年饭量加'。令人欲笑。"又六："白门张启人句：'书为重看多折角，诗因待酌暂存双。'陈古渔亦有句云：'却恐好书轻看过，折将馀叶待明朝。'"又七："陈古渔'花阴拂地香方觉，桥影横波动即无'，押'无'字妙。"又八："尹文端和余'飞'字韵云：'鸟入青云倦亦飞。'吟至再三，欷歔不已，想见当局求退之难。古渔有句云：'未游五岳心偏切，便到重霄劫又多。'"又云："诗虽新，似旧才佳。古渔云：'得句浑疑前辈语，登筵初僭少年人。'”又云：“古渔《路上》诗云：‘年来一事真堪笑，只见来船是顺风。'”又十二：“古渔《吊六朝松》云：‘剧怜儿辈不及见，真似古人难再生。’有东坡风味。”又十四云：“黄莘田诗‘老似婴儿防饮食，贫如禁体作文章’，叹其立言之妙，然不老亦不能知。古渔有句云：‘老似名山到始知。'”又云：“讥刺语用比兴体，便不露。陈古渔云：‘无名草长非关雨，得暖虫飞不待春。’皆有所指也。”又十五云：“诗有能令人笑者，必佳。古渔《客邸》云：‘近来翻厌梦，夜夜到家乡。’又《哭陈楚筠》云：‘才可闭门身便死，书生强健要饥寒。'”《补遗》一：“家常语入诗最妙，陈古渔布衣《咏牡丹》云：‘楼高自有红云护，花好何须绿叶扶。'”所采诸联，皆醰醰有味，诗外有诗，视随园为多。内心谓其学明七子，似东坡，皆非也。

古愚诗功甚深，《随园诗话》八云：“陈古渔云：‘今人不知诗中甘苦，而强作解事者。正如富贵之家，堂上喧闹，而墙外人抵死不知。何也？未入门故也。’宋人栽竹诗云：‘应筑粉墙高百尺，不容门外俗人看。'”观其持论，固非偏主性灵者。惟其一生贫困，除随园外，同辈人罕见称其诗者。《诗话》十四云：“金陵何南园、陈古愚，俱能诗而贫。余不能资助，常诵唐人句云：‘相知惟我独，无补与人同。’又自讼云：‘兰草同心多半弱，海棠自恨不能香。'”嗟乎！诗人少达而多穷，如古愚者，苦吟一生，即钟山诗席，虽遇爱才好士之尹文端，亦竟不能为之谋一脩脯，岂非命哉。

南园诗选二卷 随园全集附刻本

《南园诗选》二卷，何士颙撰。张维屏《国朝诗人征略》：“何士颙，字南园，江南江都人。诸生，有《南园诗集》。”符葆森

《正雅集》云："江苏江宁人，著有《南园诗钞》。"按：袁枚《随园诗话》一云："人谋事久而不得，则心思转淡，何士颙秀才《感怀》云：'身非无用贫偏暇，事到难图念转平。'真悟后语也。其他如'贫犹卖笑为身累，老尚多情或寿征。''书因补读随时展，诗为留删尽数钞。'皆不愧风人之旨。殁后，余闻信，飞遣人到其家，搜取诗稿，得三百馀首，为付梓行世，版藏随园。"又《小仓山房文集》序《何诗》云："何子南园，虽为秀才，不喜制艺。虽读书，不矜博览。虽为诗，不务驰骋。其志约，故边幅易周。其思专，故性情易得。"王豫《群雅集》："袁简斋大令云：'金陵有两诗人，一为陈古愚，一为何南园。陈诗矫健，何诗清婉。'"

据此，则南园知己，一生只一随园。又其籍确是江宁，非江都，《诗征》误也。古愚虽贫，犹喜结纳。南园则处馆为生，子云寂寞，《随园诗话》九云："何南园馆于汪氏，其尊师之礼甚至。后其子非解事者，苛责馆课忽严，南园赋诗云：'急管繁弦子夜声，宫商强半不分明。老夫听惯开元曲，听到残唐刻刻惊。'"想见贫士依人之苦。然其诗从容淡泊，娓娓动人。《诗话》摘其五、七言联句甚多，余独爱其《望晴》一首云："风都有意收残暑，云尚多情恋太阳。莫怪人间无易事，一晴天且费商量。"其意未经人道过，读之殊有馀味也。

一瓢斋诗存六卷、抱珠轩诗存六卷、吾以吾鸣集一卷、旧雨集一卷 康熙庚申甲申先后刻本

《一瓢斋诗存》六卷，《抱珠轩诗存》六卷，《吾以吾鸣集》一卷，《旧雨集》一卷，薛雪撰。石韫玉《苏州府志》一百六艺

术："薛雪，字生白，号一瓢，居吴郡南园，多学能诗。精医，与叶桂齐名。生平与桂不相能，名其所居曰'扫叶庄'以寓意。每见叶处方而善，又未尝不击节也。素善容成之术，年九十外，犹御女不（辄）〔辍〕。善拳勇，尝手置一铜杖，铭曰'铜婢'，旦夕携以自随。喜蓄龟，庭中龟数十，曰吾将效其龟息。所著诗曰《吾以吾鸣集》行于世。"王豫《江苏诗征》一百五十六引阮元《江苏诗事》云："生白学诗于叶横山，宗法特正，尤精岐黄，活人甚夥，世称名医，与叶天士齐名。丙辰鸿博，生白曾与试，今鲜有知为诗人者，盖以医掩耳。《赠汪山樵》诗有'曾共金门献赋时，而今两鬓各成丝'之句，其明证也，江郑堂以其集属论定之。"按：生白荐举鸿博，诸家记录均不载。阮据《赠汪》诗断其曾与斯举，似未可信，"金门献赋"不必定属之鸿博也。

诸集余皆先后访得，其《旧雨集》则乾隆辛未五月，招宴诸名士水南园之作。袁枚《随园诗话》三："乾隆辛未，予在吴门。五月十四日，薛一瓢招宴水南园，座中叶定湖长杨、虞东皋景星、许竹素廷镓、李客山果、汪山樵俊、俞赋拙来求，皆科目（奇）〔耆〕英，最少者亦过花甲，惟余才三十六岁。是夕大雨，未到者沈归愚宗伯、谢淞洲征士而已。叶年八十五，虞年八十有二，俞六十有九。次月，一瓢再招同人相会，则余归白下，竹（山）〔素〕还太仓，客山死矣。主人之孙寿鱼赋云：'照眼芙蕖半开落，满堂名士各东西。'"今集中与宴诸人诗具在也。一瓢诗颇得横山公之传，但生新而未深耳。《随园诗话》三称其《杨花诗》"飘泊无端疑白也，轻盈真欲类虞兮"，又载其《夜别汪山樵》云："客中怜客去，烧烛送归桡。把手各无语，寒江正落潮。异乡难跋涉，旧业有渔樵。切莫依人惯，家贫子尚骄。"《嘲陶令》云："又向门前栽五柳，风来依旧折腰肢。"《咏汉高》云："恰笑手提三尺剑，斩蛇容易割鸡难。”《偶成》云：“窗添墨谱摇新竹，几印连环按覆盂。”又十五载其《咏马》云：“尔不嘶风吾老矣，可知俱享太平时。”皆新颖可诵，不愧诗人之诗。余向阅《诗话》，爱其诗之工，每以未窥全豹为憾。今幸获其各集藏之，不可谓非快事矣。

金冬心先生集四卷、续集一卷、三体诗一卷、自度曲一卷、杂著一卷、随笔一卷、拾遗一卷同治戊辰杭州丁氏汇刻足本

《金冬心先生集》四卷，《续集》一卷，《三体诗》一卷，《自度曲》一卷，《杂著》一卷，《随笔》一卷，《拾遗》一卷，金农撰。王昶《湖海诗传》：“金农，字寿门，钱唐人，布衣。有《冬心先生集》。”《蒲褐山房诗话》：“冬心性情逋峭，世多以迂怪目之。然遇同志者，未尝不熙怡自适也。中岁为汗漫游，遍走齐、鲁、燕、赵、秦、晋、楚、粤，卒无所遇而归。誓愿年五十，如玉溪生打钟扫地，为清凉山行者。晚寓扬州，卖书画以自给。书出入楷、隶，本之《国山》及《天发神谶》两碑。画梅尤工，颇自矜许。”杭世骏《词科馀话》七：“钱唐金农寿门，自号冬心先生。嗜奇好古，收储金石之文，不下千卷。足迹半天下，诗格高简，分隶独绝一时。有集四卷，自序云：“鄙意所好在玉谿、天随之间。玉谿赏其窈眇之音，而清艳不发；天随标其幽遐之旨，而奥衍为多。然宁必规玉谿而范天随哉！予之诗不玉谿不天随，即玉谿即天随耳。比年为汗漫游，遍走齐、鲁、燕、赵、秦、晋、楚、粤之邦，或名山大河，倾写胸臆；或荒台陊殿，怅触古怀；或雨零风欷，感赏羇屑；或筝人酒徒，飞扬意气。境会所迁，声情随赴。不谐众耳，唯矜孤吹。此则（于）〔予〕诗之大凡也。”

张庚《画征续录》："寿门好古力学，工诗文，精鉴赏，客维扬最久。写竹师石室老人，号稽留山民。画梅师白玉蟾，号昔邪居士。又画马，自谓得曹、韩法。近写佛像，号心出家庵粥饭僧。其布置花木，奇柯异叶，设色尤奇，非复尘世间所睹。盖皆意为之，问之则曰：'贝多、龙巢之类也。'"

按：先生以书画擅名，至今一幅之直，动至数百金。而其诗集，鲜有出重金购藏之者。初刻四卷，为先生手书入木，以罗纹纸印之，字极古雅。余曾取郑板桥自书《诗钞》刻本配之。庚子京师拳乱，余南归日久，两书寄存县人黄策安法丞均隆许，同时遭毁，至今不可再遇。每一忆及，心常慊然。盖先生本工于诗，为袁枚《随园诗话》、杭世骏《词科馀话》所摘采者，佳什佳句，几于割爱不能，况出之以手书，仿之以宋印，安得令人忘情耶？此本多出各种，究不如四卷之精。藏山传人，唐人有一卷诗名世者，固不必如杨诚斋、陆放翁，以多为贵也。

吞松阁集四十卷 嘉庆己巳刻本

《吞松阁集》四十卷，郑虎文撰。王昶《湖海诗传》："郑虎文，字炳也，秀水人。乾隆七年进士，官左赞善。有《吞松阁集》。"王太岳《芥子文集》："君少孤，竭力奉母。母病，祷于神，请减算增母寿。事兄如父，迎寡姊归老于家。抚诸侄诸甥五十年，亲戚故人恃以养葬者，无虚岁；就食于其家者，无虚日。囊橐每空，家人以告，君笑曰：'姑强支持，寒饿当共之，毋病吾心也。'君一主河南乡试，三充顺天乡试同考官，再充会试同考官，提督湖南、广东学政。家居，主徽之紫阳书院十年，杭之紫阳、崇文两书院五年。"袁枚《随园诗话》八："许太监者，名坤，杭州人，在京师颇有气焰，而性爱文士。尝过杭堇圃太史家，采野苋一束去，报以人参一斤，欲交郑太史虎文，郑不与通。人疑郑故孤峭者。然其《咏红豆》诗，颇有宋广平《赋梅花》之意。红豆生于广东，乾隆丙戌，郑督学广东，梁瑶峰少宰为粮道，故彼此分咏。”礼亲王《啸亭杂录》：“承光殿南，乾隆十年建石亭，以置元代玉瓮。纯庙御制《玉瓮歌》以纪其事，命廷臣赓和，以郑虎文之诗为最，命刻于瓮。”

今按：《红豆》、《玉瓮》两诗，今载集中，洵为佳什。然诸体杰作，与此类者甚多。盖先生性情笃厚，于学无所不通。在词馆以诗受圣主之特知，故衡文之事，络绎不绝。晚主徽、杭讲席，啸歌自适，功力益深。以全集论之，足与杭堇圃、齐次风相抗衡，馀子殆不足数矣。

青虚山房集十一卷 光绪癸巳定兴鹿氏刻本

《青虚山房集》十一卷，王太岳撰。王䄵《湖海诗传》：“王太岳，字基平，号芥子，定兴人。乾隆七年进士，官至云南布政使，左迁司业。有《青虚山房集》。”又撰《行状》云：“公讳太岳，字芥子，以乾隆六年辛酉举于乡。明年壬戌，成进士，改庶吉士。十年，授翰林院检讨。十九年，授侍讲，转侍读。二十年，补甘肃平庆道。二十三年，调西安督粮道。三十三年，擢湖南按察使。三十六年，调云南按察使。三十七年，擢布政使，是年以审拟逃兵宽纵落职。四十二年，命在《四库全书》馆为总纂官。四十三年，仍授检讨。四十七年，擢国子监司业。后三年而终，年六十有四。公以弱冠入词林，海内交推其文学。而公笃志于经世之学，所至必爬梳剔抉，据今考古，咨民之疾苦而讨论之。在平庆及西安，皆有惠政及民。尤留心于水利，著《泾渠志》三卷。及在云南，悯铜政之弊病民，兼以病官，于是上下数十年旁搜博讯，穷源竟委，指利害之所由来，以求补救之术。因条上于总督、巡抚，不果行。其后铜政日益困敝，始取其说，稍稍用之，然亦不能尽也。是以滇之官吏，至今莫不诵习其书。公言经兼训诂，论道学兼陆、王。诗文自魏、晋迄于唐之杜、韩、柳，皆能拟其形容，而契其意旨。有《芥子先生集》二十四卷。昶以癸酉乡试，获出公门下，盖三十馀年，知公之行事为详，缀其要者著之，其亦公之志也。"又《蒲褐山房诗话》："先生诗宗魏、晋，下及唐人，醇古淡泊，可称高格。与邵叔宀[①]、郑诚斋、顾密斋诸同年以文字相切磋，才名甚著。自云南罢归，复直《四库》馆，授司业，居海淀之太平庄，憔悴以终老。"

按《行状》，先生有《芥子诗集》二十四卷，此仅十一卷，凡诗二卷、文三卷、《泾水考》一卷、《答学徒》一卷、《尺牍》四卷，为定兴鹿文端传麟刻本。鹿序云："犹子瀛理，从盛伯希祭酒假得写本，录副寄余关中付梓。"王惕甫尝为先生集序云："写其文十之九，诗十之五，编为《青虚山房集》若干卷。"此本约略相同，或即王氏本欤？据此，则先生集久不传，赖此钞存，犹得见其一鳞一爪。集中古体殊多杰作，于唐人杜、韩、柳三家近之。近体无多，大约经惕甫删存，或犹未及其半耳。然观《湖海诗传》，及符葆森《正雅集》所选，皆不出此本外。则此本固删本中之全者也。洪亮吉《北江诗话》二云："王芥子有《牡丹》诗一联云：'相公自进姚黄种，妃子偏吟李白诗。'为一时传诵，然究伤纤巧。"今《牡丹》诗集中不载，殆经惕甫所删者。嗟夫！先生

---

①"宀"音绵，此据原本。

功业未遂，诗文之传若存若亡。余向遍搜《乾嘉诗坛点将录》中诸家诗，独于先（王）〔生〕集留心访求，迄未一遇。此虽近刻，固当与孤本同其珍秘矣。

太谷山堂集六卷乾隆甲戌刻本

《太谷山堂集》六卷，梦麟撰。王昶撰《神道碑》云：“公蒙古人，西特鲁氏，讳梦麟，字文子，号午塘，又称太谷山人，隶正白旗。乾隆九年六月，补县学生，九月乡试中式。明年，会试成进士，改庶吉士。十三年散馆，授检讨。二十二年，调工部侍郎，七月调户部。二十三年，复调工部，署翰林院掌院学士。时疾已亟，及遗疏上，赐祭葬如例，年仅三十有一。初著有《行馀堂诗》。入词馆有《红梨斋集》，在江苏学政删定为《梦喜堂集》，后为《太谷山人集》六卷，长洲吴泰来刻之，行于世。《钦定八旗通志》：“《太谷山堂集》六卷，梦麟撰。初编名《梦庐集》，此其重订之本也。卷首皆乐府，合古近体共成六卷。其诗才气魁卓，笔意峭厉，盖生平沉浸古籍，故用笔不落恒蹊云。”阮葵生《茶馀客话》云：“近日称诗者，推沈宗伯、梦司空两家。沈以老诸生，白首通籍，年几七十，不数载致身卿贰，年登期颐。梦以韦、杜之胄，具班、马之才，十八官翰林，二十三官国子师，二十四跻八座，三十一而终。其福命何相殊也。今两家诗集具在，一以人胜，一以天胜。人胜者可学而致，天胜者不可学而能也。”

沈德潜《国朝别裁诗集》：“文子乐府宗汉人，五古宗三谢，七古宗杜、韩，虽不能至，心向往之，不必议其不醇也。近日台阁中无逾作者，倘天假以年，乌容量其所到。”张维屏《听松庐诗话》：“先生未弱冠而入词垣，未三十而跻八座，屡掌文衡，进参机务。而其为诗，五言则萧寥澄旷，七言多激楚苍凉。方处春华之时，已造秋实之境。盖得于天分，非人力所能与也。”

按：侍郎得名最早，又少年致身通显，可云福慧兼全。设使天与以沈宗伯之耆龄，地处于袁随园之退隐，则当时诗坛牛耳主盟，岂伊异人？而乃玉折兰摧，修文遽赴。丰其名而啬其寿，致后人读其遗集，慊然遗恨于中。则怜才之意，人所同也。然自古才人文士，王子安年二十八，李长吉年二十七，徐昌谷年三十三，高季迪年三十九，何景明亦三十九，皆年未满不惑，而学成名立，为千古传人。若使再享高年，成就亦不过如此。然则侍郎虽昙花一现，较之庸庸富贵，没世无闻者，不犹为得天独厚耶？

铜鼓堂遗稿三十二卷 乾隆五十三年公子淳刻本

《铜鼓堂遗稿》三十二卷，查礼撰。《国史本传》：“查礼，顺天宛平人。由监生捐纳主事。乾隆十三年，选授户部主事。十四年正月，命拣发云南以同知用。寻改广西，补庆远府同知。十八年，广西巡抚奏保记名，以知府用，升太平府知府。二十七年，丁母忧。三十年，服（阅）〔阕〕。三十二年，授四川宁远府知府。三十三年，迁川北道。三十四年，调松茂道。三十六年，小金川逆酋滋扰，总督阿尔泰请慑以兵威，檄礼总理粮务。三十七年二月，大兵分三路进剿，谕派查礼专司督运西路粮饷。八月，以粮运迟误革职，留军营效力赎罪。三十八年闰三月，总督刘秉恬奏委暂驻美诺，接办总兵五福降番事宜。谕令署理松茂道，仍带革职留任。十月，总督富勒浑奏礼急公能事，加恩实授。三十九年，谕‘查礼在军营随办粮务，向称得力。所有从前革职留任之处，着加恩开复’。四十一年，金川平，九月回本任，叙功赏戴花翎。四十四年，迁按察使。四十五年，升布政使。四十七年九月，擢湖南巡抚，十二月入觐。四十八年，卒于京。子淳，大理寺少卿。”

吕星垣撰《墓志铭》云：“乾隆四十七年十二月晦，四川布政使查公擢湖南巡抚，入觐，终于家，春秋六十有八。越岁甲辰冬，公子淳将葬公某乡某原，以状示星垣，请铭墓。按状，公姓查氏，讳礼，字恂叔，一字俭堂，号铁桥。早慧力学，博通经史。曾举博学鸿词，屡试不第。援例授户部主事，外除庆远府理苗同知，迁广西太平府、四川宁远府知府。迁松茂道，擢四川按察使、布政使，晋巡抚。公历治苗疆，政绩卓著。其在松茂道任，于金川兵事，历始终。功成师旋，抚绥善后，公之功伟焉。公为藩成都，缮城郭，实仓库，省囹圄，整理书院、义学。喜登眺凭吊，磨厓勒石，尝葺杜甫草堂。公馀，从宾客觞咏，好藏法书名画。书法学黄山谷，间喜画梅。传《铜鼓堂遗稿》，得古今体诗、诗馀、杂文三十二卷，子淳梓行之。又罗致秦汉官私印五百馀方，子淳集为谱。既老，执卷不倦，布衣儒生，萧然高致。猝然见者，不知其为公也。”

王昶《蒲褐山房诗话》：“中丞好吟咏，喜宾客，尤嗜古印章。金玉铜磁，自吾子行、王厚之而下，名人镌刻者，无所不备，藏弆至千有馀。生平莅蜀最久，而居西南松（藩）〔潘〕徼外者，十尝七八，崎岖险阻，为羌人所服。偶归省，重筑杨文宪升庵，招邀为文酒之宴会。然亨衢初达，遽赋龙蛇，此劳臣志士所为扼腕太息也。”按：公曾举博学鸿词，杭世骏《词科掌录》、李富孙《鹤征后录》均不载。而符葆森《正雅集·小传》云：“查礼，字恂叔，一字鲁存，号俭堂，顺天宛平人。监生，乾隆丙辰荐举博学鸿词，嗣以部郎官至湖南巡抚。著有《铜鼓书堂集》。”顾光旭《遗稿》序亦云“举鸿博”。不知何据？然公不由科第起家，鸿博之举荐与否，亦无关轻重。

集凡诗二十四卷，二十五卷至二十七卷为诗馀，二十八卷至三十一卷为文，三十二卷则词话也。公弱冠，即蜚声文苑，与其兄莲坡称二难。莲坡狎主齐盟，海内词人靡不向风景慕。当时所谓查氏水西山庄者，宾客文宴之盛，与广陵马氏玲珑山馆遥遥相望。公困京兆试，纳赀为郎，出守四川。洊升川藩时，朝廷征小金川，总理粮务及降番事宜。迄于事平，晋湖南巡抚。其间所历荒徼崎岖之境，军事成败之因，托于诗歌，情真事当，虽杜工部号为诗史，无以过之。而其掞藻修词，句斟字酌，千锤百炼，仍复动合自然。由其万轴罗胸，借舌于笔，故能闳中肆外，声情两兼。世并不以其功业，而掩厥诗名，岂非才力足以振动一世哉！其于词，工力尤深，殊有南宋姜、张雅韵。观于词话之作，可知其用心专，而用功久，非徒以长短句为擅长者已。

萚石斋诗集二十四卷、文集二十六卷家刻本无年月

《萚石斋诗集》二十四卷，《文集》二十六（集）〔卷〕，钱载撰。《国史》本传：“钱载，浙江秀水人。乾隆十七年进士，改庶吉士。散馆授编修，迁右中允右庶子。擢侍读学士、詹事府少詹事、詹事府詹事。四十五年，擢礼部左侍郎。四十八年三月，休致。五十八年卒。”王昶《湖海诗传》：“钱载，字坤一，号萚石，秀水人。乾隆十一年进士，官至礼部侍郎。有《萚石斋诗集》。”《蒲褐山房诗话》：“萚石，襟情萧旷，真

率自如。性豪饮。尝偕朱竹君学士、金辅之殿撰、陈伯恭、王念孙两编修过余，冬夜消寒，卷波浮白，必至街鼓三四下。时竹君推戴东原经术，萚石独有违论。至学问可否得失处，萚石颧发赤，聚讼纷拏。及罢酒出门，断断不已，上车复下者数四。月苦霜浓，风沙蓬勃，他客伫立以俟，无不掩口而笑者。诗率然而作，信手便成，不复加以研炼。”法式善《梧门诗话》：“萚石侍郎，雍正壬子副榜，乾隆丙辰举鸿博，报罢。至壬申，联捷成进士，年四十五矣。是年会试在八月，香树先生贺诗云：‘刻成楮叶少年迟，著论韩公伸纸时。朵殿争看和氏璧，琼筵笑插菊花枝。’注：今年会试题，即廿年前中副榜题也，与《退之不贰过论》题事相类。”吴文溥《南野堂笔记》云：“萚石少宗伯，诗体以博大为宗，神景开辟，不愧作家巨手。五、七言佳处，皆清老苍秀，合东坡、半山、山谷为一家。”洪亮吉《北江诗话》：“近日九列中诗，以钱宗伯载为第一，纪尚书昀次之。宗伯以古体胜，尚书以近体胜。汉军英廉相国，亦其次也。”

张维屏《听松庐诗话》：“萚石侍郎，诗不名一家，大要以清真镵刻为主。有时或入于涩滞，而必切事以抒辞；有时或出以纤新，而必切景以造句。凡诗中空架门面之语，皆一扫而空之，故集中时有独到之处。而述庵司寇乃谓其诗‘率然而作’，盖未细观其全集也。”又云：“萚石七律，偶举其一，如《到家作》第二首云：‘久失东墙绿萼梅，西墙双桂一风摧。儿时我母教儿地，母若知儿望母来。三十四年何限罪，百千万念不如灰。曝檐破袄犹藏箧，明日焚香只益哀。’字字沉实，字字动荡。其佳处未尝不从古人来，却能于古人之外，自成门面。又如《宜亭新柳》第四首云：‘宝花仓口起东风，鸡唱星悬赋恼公。笛里关山今是泪，梢头明月本来空。一声玉折凉州怨，万重云阴杜宇红。归去伤心原有路，依然水驿绿烟中。’句句赋物，却句句是悼人。性情风调，一气融成，尤须看其真气贯注。”按：袁枚《随园诗话》补遗一亦云：“先生吟诗，多率真任意，有夫子自道之乐。其《村居》云：‘村居谁为闭门高，夜雨频添水半篙。杨柳初绵[①]亚文杏，木兰如玉照樱桃。王官谷小云同住，华子冈深犬夜嗥。短杖一枝扶便出，西轩北陌又东皋。’《先生[②]别业》云：‘屋于高处非忘世，志欲终焉此读书。’皆有骀宕之致。”盖先生诗学有根柢，不肯人云亦云。故能刊落浮华，独标真谛。司寇出归愚门下，宗派两不相同。在先生刻意求新，而司寇以为不加研炼，盖甘苦各有所得也。文则全未脱考据习气，虽非正轨，然非绩学多闻，不能下笔，此与复初斋文同当别论云。

①据《随园诗话》，“绵”作“丝”。
②据《随园诗话》，“生”作“人”。

郎园读书志卷十二

集部

复初斋诗集六十六卷、文集三十五卷

诗，嘉庆甲戌刻本；文，道光丙申公子树培校刻本

《复初斋诗集》六十六卷，《文集》三十五卷，翁方纲撰。王昶《湖海诗传》："翁方纲，字正三，号覃溪，大兴人。乾隆十七年进士，官内阁学士，左迁鸿胪寺卿。"《蒲褐山房诗话》："覃溪年甫及冠，已入词垣。而精心绩学，宏览多闻。所著《两汉金石记》，剖析毫芒，参以《说文正义》，几欲驾洪文惠而上之。近年研精经术。嘉庆己未，余入京（帅）〔师〕，见其方考《禹贡》、《顾命》两篇诸儒同异，相与辨难，断断竟日。诗宗江西派，出入山谷、诚斋间。虽尝仿秋谷《声调谱》，取唐、宋大家古诗，审其音节，刊示学者，然自作亦不能尽合也。"张维屏《听松庐文钞》："覃溪先生论诗，谓渔洋拈'神韵'二字，固为超妙。但其弊恐流为空调，故特拈'肌理'二字，盖欲以实救虚也。《复初斋集》中诗，几于言言征实，使阅者如入宝山，心摇目炫。盖必有先生之学，而后有先生之诗。世有空疏白腹之人，轻诋先生之诗，妄矣。先生既归道山，诗集仅刻至六十六卷，亦阙而未全。俟他时访得其详，补成之。"

按：复初斋诗，自诸经注疏、史传考证，以及金石（牌）〔碑〕版文字，皆贯彻洋溢于其中。虽生平瓣香少陵、东坡，服膺遗山、渔洋，而自为之诗，生面特开，不唐不宋。洪亮吉《北江诗话》有“误传翁阁学方纲卒者，余挽诗云：‘最喜客谈金石例，略嫌公少性灵诗。’盖金石学为其专门，诗则时时欲入考订也。后乃知误传，而诗已播于人口，或公闻之，亦不以为怪耳”。余谓北江挽句，是公诗定评。然余偶忆《随园诗话》十四：载公为明赵文毅五世孙王槐，以玉觥银船，向山左颜衡斋易文毅友许庶子国赠文毅兕觥七古一首，后八句云：“颜公奉觥向君笑，赵叟倾心誓将报。兕觥[①]多年逢故人，叟泣还乡告家庙。昔人赠觥事偶然，今日还觥世更传。谱出兕觥新乐府，压倒米家虹玉船。”宛转关生，颇有使笔如舌之妙。则公诗，亦有不为考订所累，而自见性灵者，惜乎集中不多见也。文则考证金石碑版，及题跋书画之作居多。其佚稿未刻者，近有南浔刘氏编次诗二十四卷，文四卷。然尚有未尽者。公享年最高，著书甚富。身后门户衰落，手迹为收藏家秘匿，无好事者为之收拾补刊。曾见江阴缪氏艺风堂所藏文稿百馀篇，即未入集者。艺风没后，不知散落何所矣。

响泉集十二卷 乾隆乙未刻本

《响泉集》十二卷，末二卷为大小令，顾光旭撰。王昶《湖海诗传》：“光旭，字华阳，号晴沙，金匮人。乾隆十七年进士，官至甘凉道，署四川按察使。有《响泉集》。”《蒲褐山房诗话》：“晴沙，扬历中外，雅著循声。早遂初衣，杜门养母，人尤以风节

①据《随园诗话》，“兕觥”作“觥喜”。

高之。生平诗文而外，尤精书法。今世以工书名者，北则刘相国崇如、孔主事东山；南则梁侍讲山舟、王太守梦楼。而嘉兴周观察稚圭，及晴沙颉颃其间，殆无愧色。由甘凉道，从制府筹运四川军务，所过蚕丛鸟道，多作诗纪之。丹徒陆炳录入《蜀徼诗钞》。”又昶为撰《墓志铭》云：“君少颖悟，喜独居静坐，时有所得。乾隆十六年，年二十一，为邑诸生。明年二月，壬申恩科，乡试中式。八月会试，成进士，以户部主事用。三年实授山东司，寻擢员外郎。二十四年，授浙江道监察御史。三十二年，擢工科给事中。三十三年，授宁夏府知府。明年，调平凉，升凉庄兵备道，时大兵方讨金川土司。三十七年，文公绶调任四川总督，将君偕行。七月抵成都，十二月署按察使。四十一年，两金川平，君以积劳冒寒，四体麻木，医治勿效，遂告病。奉旨准回籍。既归，年方四十六。封君及太夫人同年六十八，君夫妇率子鞠歷进膳，晨夕弗懈，与与缉缉如也。四十二年，丁外艰。又十六年，而太夫人殁。君卒年六十有七。”

《志》又载：“三十五年，甘肃大旱，君口占诗：‘轮蹄鸟道羊肠路，沟壑鸠形鹄面人。’布政使胡君季堂抵省，迎谓曰：‘贤二千石，涕泣多矣。’按察使毕君沅，见君《青岚山》诗：‘产破妻孥贱，肠枯草木甘。’叹曰：‘一字一泪，十字千古矣。’回籍，过嘉陵江，宿坡仙楼，士大夫为君立生祠于楼上，君有诗云：‘密云不雨下西川，身上东吴万里船。多谢汉嘉诸父老，不能载酒侍坡仙。’其标韵如此。”

按：《志》久称甘肃大旱，君请开赈，设粥厂，各县相率就食，日以万计。随给两月口粮，为归农资。及秋，大熟，甘肃民遂以生全。盖自入甘、凉以来，目睹饥民惨状，托之歌咏，蔼然仁人之言。长官如胡、毕二公，亦儒雅风流，留心民瘼，故事无牵掣，泽及一方。谓非二诗感人之深，未必于赈事所请必允也。君晚年家居，网罗文献，撰《梁溪诗钞》四十八卷，余有其书。此《响泉集》迟二十年得之，以传本绝少也。

春融堂集六十八卷 嘉庆丁卯刻本

《春融堂集》六十八卷，王昶撰。《国史本传》：“王昶，江苏青浦人。乾隆十九年进士。二十二年，上南巡，召试一等，钦赐内阁中书。二十三年，补中书。二十四年，在军机司员上行走。二十九年，擢刑部主事。三十一年，迁员外。三十二年，迁郎中。三十三年，京察以府道用。以漏泄查办两淮盐引案革职。九月，云贵总督请带往军营效力。十月，赏给主事。十一月，补吏部考功司主事。三十八年，补员外。四十年，补郎中。四十一年，升鸿胪寺卿，仍在军机司员上行走。七月，授通政司副使。四十二年，迁大理寺卿。四十四年，擢都察院左副都御史。四十五年，授江西按察使，丁母忧。四十八年，服阕，补直隶按察使，调江西。五十年，署陕西布政使。五十一年，迁云南布政使。五十三年，调江西。五十四年，授刑部右侍郎。五十五年，请假回籍省墓，十二月回京。嘉庆十一年六月卒。”

江藩《汉学师承记》：“先生讳昶，字德甫，号述庵，一字兰泉，又字琴德。生而开敏，四五岁时，能背诵周伯弼三体唐诗。年十八，应学使试，以第一入学。是年得《韩柳文集》、《归震川集》、张炎《山中白云词》，读而爱之，乃肆力于古文辞。乾隆十八年癸酉，乡试中式。十九年甲戌，成进士，归班候选。二十二年，高宗南巡，献赋，钦定一等第一，授内阁中书。五十四年，授刑部侍郎。五十七年，休致。在京师，与朱笥河先生互主骚坛，有南王北朱之称。归田后，往来吴门，宾从益盛。主浙江敷文书院讲席三年，卒于家，年八十有三。先生于学，无所不窥，尤邃于《易》。诗宗少陵、玉豀，而参以韩、柳。古文则以韩、柳之笔，发服、郑之蕴。功业文章，炳著当代。求之古人中，岂易得哉！"

按：侍郎为沈归愚尚书门下，诗文皆有师法。而等身著述，有其过之。所选《湖海诗传》，以声调、格律为主，全本于归愚。洪亮吉《北江诗话》一谓其"病在于以己律人，而不能各随人之所长以为去取，似尚不如《箧衍》、《感旧》之不拘一格也"。余谓侍郎自作诗文，规律谨严，典赡详实，与《诗传》所选之诗，若合符契。盖其宗旨已定，不肯随人转移。其短处在于以己律人，其长处正在能陶融百家，而自成门户也。古来选家，大都如此。诸家全集容有不借选本以传者，彼其庐山真面，读者自能尽窥其长，又奚必以选者之去取为轻重哉！

西庄始存稿三十卷乾隆三十一年刻本

《西庄始存稿》三十卷，王鸣盛撰。王昶《湖海诗传》："王鸣盛，字凤喈，号礼堂，嘉定人。乾隆十九年进士，殿试第二人及第，官光禄寺卿。有《耕养斋集》。"《蒲褐山房诗话》："礼堂以大考翰林第一，由编修擢内阁学士，典试闽中。以多用驿马，降光禄寺卿。丁忧后，不复出，移居吴下。先时，与惠松崖交，深究群经古义。著《尚书后案》及《军赋考》，皆阐发郑君之说。又为《十七史商榷》，更著《蛾术编》，列十门学，无不该。文宗遵（岩）〔归〕震川，诗兼综三唐。初为沈文悫入室弟子，既而旁涉宋人。后复守前说，于空同、大复、凤洲、卧子，及国初渔洋、竹垞，咸服膺无间，故转益多师，终归大雅。”

钱大昕撰《墓志铭》：“西沚先生里居三十馀年，日以经史、诗、古文自娱。尝取杜少陵诗句，以西庄自号，学者称西庄先生。西庄之名满天下，顷岁，忽更号西沚，予愕焉，讽使易之，不可，私谓儿辈曰：‘沚者，止也。汝舅其不久乎？’大昕为先生妹婿。幼时奇慧，四五岁，日识数百字。长习《四书》义，才气浩瀚，有名家风度。在吴门，与王琴德、吴企晋、赵损之、曹来殷倡和，沈尚书归愚以为不下嘉靖七子。又与惠征君松崖讲经义，知训诂，必以汉儒为宗。所撰《尚书后案》，专宗郑康成。郑注亡佚者，采马、王补之，自谓‘存古之功，与惠氏《周易述》相埒’。又撰《十七史商榷》百卷。早岁论诗，溯源汉、魏六朝，宗仰盛唐。中年出入香山、东坡。晚年独好李义山，谓‘少陵以后一人’。前后吟咏甚富，手自定为二十四卷。王琴德谓其‘以才辅学，以韵达情，粹然正始之音，非虚骄恃气者所及’。古文纡徐醇厚，用欧、曾之法，阐许、郑之学，一时推为巨手。又撰《蛾术编》百卷，其目有十，曰说录、说字、说地、说制、说人、说物、说集、说刻、说通、说系，盖仿王深宁、顾亭林，而援据尤博赡焉。”

袁枚《随园诗话》九：“王西庄光禄，为人作序云：‘所谓诗人者，非必其能吟诗也。果能胸境超脱，相对温雅，虽一字不识，真诗人矣。如其胸境龌龊，相对尘俗，虽终日咬文嚼字，连篇累牍，乃非诗人矣。’”可见光禄平日论诗之旨。此稿乃其门下所编刻，一卷至十四卷为诗，十五卷至三十卷为文。《湖海诗传》所选《耕养斋集》，即其冠首者也。钱《墓志》称其诗“手自删定者二十四卷”，江藩《汉学师承记》传载同，盖其晚年定本。然手定之文若干卷，则皆未详，存此以见一斑，亦正不必定窥全豹矣。

潜研堂文集五十卷、潜研堂诗集二十卷、诗续集八卷 嘉庆丙寅家刻全集本

《潜研堂文集》五十卷，《潜研堂诗集》二十卷，《诗续集》八卷，钱大昕撰。江藩《汉学师承记》："钱大昕，字晓征，一字莘楣，号竹汀。先世自常熟徙居嘉定，遂为嘉定人。年十五，为诸生，有神童之目。乾隆十六年，高宗南巡，献赋行在，召试举人，以内阁中书补用。乾隆十九年，成进士，散馆授编修。二十三年，大考，翰詹二等一名，擢右赞善，寻迁侍读。二十八年，大考，一等三名，擢侍讲学士。三十七年，改侍读学士，擢詹事府少詹事。己卯、壬午、乙酉、甲午，充山东、湖南、浙江、河南主考官。庚辰、丙戌，充会试同考官，主考河南，授广东学政。明年夏，丁外艰归。尝谓'官至四品，可以归田'，故奉讳家居，遂引疾不出矣。嘉庆九年十月二十日，卒于紫阳书院，年七十有七。"

王昶撰《墓志铭》："君弱冠，与东南名士吴企晋、赵损之、曹来殷辈，精研风雅，兼有唐宋。官翰林十馀年，所进应奉文字，及御试诗赋，恒邀睿赏。故诗格在白太傅、刘宾客之间。文法欧阳文忠、曾南丰、归太仆，从容渊懿，质有其文。读其全集，如见端人正士也。"阮元撰《传》云："大昕，始以词章称名。沈德潜《吴中七子诗选》，大昕居一。既乃精研经史，因文见道，履蹈粹然。其学于经义之聚讼难决者，皆能剖析源流、文字、音韵、训诂、天算、地理、氏族、金石，以及古人爵里、事实、年齿，无不了如指掌。汉《三统术》为七十馀家之权舆，讹文奥义，无能正之者。大昕衍之，据《班志》以阐刘歆之说，正《志》文之

讹。二千年已绝之学，昭然发蒙。素不喜二氏书，所为文淳古淡泊，皆经史精液，不矜张以自雄。诗清而纯，质而有法。东南俊伟博洽之士，皆钦其学，高其行，受业门下。”

按：先生博闻强记，百学皆通。与王兰泉、王西庄、吴企晋、赵损之、曹来殷、黄芳亭等，同游归愚尚书之门。故诗文皆有先正典型，不愧一代作者。而先生精于两汉之学，且肆力于考订。宜乎于吟咏之事，不免有所分心。乃自壮至老，律益细，功益深。读者初不知为考据家言，可知其涵泳之雍容矣。同时戴东原谓人曰：“当代学者，吾以晓征为第二人。”盖毅然以第一人自命。然东原深于汉学，而不能诗，即此已逊一步，又安得为第一？然则，第一不属之先生，而谁属耶？

忠雅堂诗集二十七卷、补遗二卷、文十二卷、词二卷初刻小字本，不题年月

《忠雅堂诗集》二十七卷，《补遗》二卷，《文集》二卷、词二卷，蒋士铨撰。王昶《湖海诗传》：“蒋士铨，字心馀，号苕生，铅山人。乾隆二十二年进士，官编修。有《忠雅堂集》。”《蒲褐山房诗话》：“苕生诸体皆工，然古诗胜于近体，七古又胜于五古。苍苍莽莽，不主故常。正如昆阳夜战，雷雨交作。又如洞庭君吹笛，海立云垂，信足以开拓万古之心胸，推倒一时之豪杰矣。君长身玉立，眉目朗然。嵚崎磊砢，肺腑槎枒。遇忠孝节烈事，辄长歌以纪之。凄锵激楚，使人读之雪涕。夙知音律，意所未尽，放而为院本，有《芝龛》、《香祖》诸剧，世尤称之。钱香树尚书、金桧门总宪先后督学江西，皆待以国士。裘文达公曰：‘修尝以君与彭司空元端并荐，上御制诗，有江西两名士之目。’然司空久直

西清，洊岂鼎轴。而君卒以编修终，非所谓数定者耶？乾隆戊申，余以布政使南昌，而君已下世矣。既展其墓，复过所居蕺园，揽小鸥波草堂、秋竹山房、酿春花榭、青珊瑚馆、邀鱼步、茶烟奥、夽月簃、晚晴牖、芳润斋、绿隐楼诸胜，为之怃然。”

戴璐《吴兴诗话》：“蒋心馀太史士铨，祖籍湖州，故号苕生。辛卯来湖，客太守署，有《寻天圣寺观松雪翁〈潇湘烟雨〉及〈管夫人竹〉二画壁》、《游弁山白雀寺》、《题墨妙亭》、《拜胡安定祠像》五古四首。”娄谦《北野闲钞》三：“蒋心馀太史主绍兴蕺山书院，陶成美士甚多。其训士条规七则，可与朱子白鹿洞相表里。”

余按：太史家居，造蕺园，即寓景仰蕺山之意。其号苕生，乃因祖籍湖州之故。仅戴言之，或不诬也。太史早负诗名，《北野闲钞》二：“蒋心馀太史有‘一雁先秋入玉门’之句，当时称为玉门才子。”袁枚《随园诗话》一：“余甲戌春，往扬州，过宏济寺，见题壁云：‘随着钟声入梵宫，凭谁一喝耳变聋。梁①椤不解无言旨，孤负拈花一笑中。　　山水争留文字缘，脚根犹带九州烟。现身莫问三生事，我到人间廿四年。’末无姓名，但署‘苕生’二字。余录其诗归，访年馀，涤斋先生告以苕生姓蒋，名士铨，江西才子也。且为通其意。苕生乃寄余诗云：‘鸿爪春泥迹偶存，三年②文字系精魂。神交岂但同倾盖，知己从来胜感恩。’已而丁丑入翰林，假归，侨寓金陵，与余交好。”自太史通籍后，即有袁、蒋、赵三家之称，《随园诗话》十四：“赵云松观察谓余曰：‘我本欲作人间第一流，无如总作第三人。’盖云松辛巳探花，而于诗，

---

①据《随园诗话》，“梁”作“杪”。杪椤，亦称树蕨。

②据《随园诗话》，“年”作“生”。

只推服心馀与随园故也。”又《诗话》四：“桐乡有程拱者，画《拜袁揖赵哭蒋图》，其人非随园、心馀、云松三人之诗不读。想亦唐时之任华、荆州之葛清耶？程字墨浦，廪膳生。”又《诗话》六：“甲辰秋，余在广州，有传蒋苕生物故者。未几，接苕生手书，方知讹传。到桂林，告岑溪令李献乔明府。李喜，口号一绝云：‘狂生有待两公裁，未便先期一岳摧。岂为路逢章子厚，端明已自道山回。’李心折袁、蒋两家诗，与赵云松同癖。”足见当时太史与袁、赵齐称，已为一时定论。

然三家皆以才气胜，而读书万卷，则袁、赵二家，较蒋过之。且蒋诗笔力纵横，时不免轶足之失。其平生专喜表扬忠孝节义之事，青浦侍郎已极推尊。故《北野闲钞》二：“蒋心畬太史有句云：‘安肯轻提南董笔，替人儿女写相思。’”而《随园诗话》三：“余尝规蒋心馀云：‘子才气压九州矣。然能大而不能小，能放而不能敛，能刚而不能柔。’心馀折服曰：‘吾今日始得真师。’”又《诗话》八：“蒋苕生与余互相推许，惟论诗不合者。余不喜黄山谷，而喜杨诚斋；蒋不喜杨，而喜黄。可谓和而不同。”然因此可见太史之能刚不能柔，亦其性情好尚如此，终身未能改也。又《诗话》一：“尝规蒋心馀太史云：‘君切莫老手颓唐，才人胆大也。’心馀以为然。”究之太史，终身犯此病，亦未能改也。

善夫康发祥《伯山诗话》曰：“心馀先生以清醇之质，行盘郁之思。其结构华赡处，虽不逮简斋；组织精致处，虽不如云松；而识高味厚，品洁才豪，忠孝之言，皆从肺腑中流出。出语一二，抵人千百。则又非袁、赵二君所能到也。”是则至平至确之论。三家闻之，亦当俯首心服矣。大抵太史读书，不主博。而于诗，则古今名人专集，无不罗列在胸。《随园诗话》十五：“余不解词曲，蒋心馀强余观所撰曲本，且曰：‘先生只算小病一场，宠赐披览。’

余不得已，为览数阕。次日，心馀问：‘其中可有得意语否?’余曰只爱二句云：‘任汝忒聪明，猜不出天情性。’心馀笑曰：‘先生毕竟是诗人，非曲客也。’余问何故。曰：商宝意《问①雷》诗云：‘造物岂凭翻覆手，窥天难用揣摩心。’此我十一个字之蓝本也。”据此，则太史于近人诗佳联，亦强记之，供其融冶也。

测海集六卷、观河集四卷测海集，嘉庆己卯刻本；观河集，道光癸未刻本

《测海集》六卷，《观河集》四卷，彭绍升撰。王昶《湖海诗传》：“彭绍升，字允初，号尺木，长洲人。乾隆二十二年进士。有《观河集》。”《蒲褐山房诗话》：“允初为芝庭先生第四子，家世清华，簪缨相望。自隽南宫，即辞朊仕。归而专心净业，香灯禅板，几似黄面头陀。所著《居士》等集，使读者咸有乐邦安养之羡。支那撰述，无以逾之。然文章流利，亦能识其原委。古文宗法震川，诗亦克承家学。晚年怛化，石君司农称其‘已登灌顶位’。昔陈思尝主遮须，白傅亦归兜率，以今诬古，或不诬也。”梁同书《昭代名士尺牍小传》：“尺木为侍讲定求曾孙，尚书启丰子。壮岁即喜浮屠氏之学，礼佛不下楼者四十年。”符葆森《寄心庵诗话》：“尺木自闭关以后，所作诗如出两手。袁子才先生与尺木书，往返辨难，生死之说甚明。尺木殆不能胜也。”

按：《测海集》卷一，为《列朝圣德诗》。卷二《思贤咏》一，咏诸王贝勒；《思贤咏》二，咏贤相。卷三、卷四、卷五、《思贤咏》三，咏名臣。卷（七）〔六〕、《思贤咏》四，咏布衣。

---

①据《随园诗话》，“问”作“闻”。

《思贤咏》五，咏世德。《观河集》则古今体诗，编年分次。《随园诗话》十四，称其“湛深禅理，多见道之言，不着人间烟火”是也。然其诗兼有格调，选词炼句，具见功力之深。知其于佛学、诗学，贯彻玲珑，非仅偏于一派也。其文为《二林居士集》，二十四卷，余亦有之。

泊鸥山房集三十六卷 嘉庆癸酉刻本

《泊鸥山房集》三十六卷，陶元藻撰。一卷至十四卷文，十五卷至三十五卷诗，三十六卷则词也。王昶《湖海诗传》：“陶元藻，字篁村，山阴人。贡生。有《珠江》等集。”《蒲褐山房诗话》：“篁村，五十年前老名士。乾隆丁丑，余在广陵，时卢运使见曾大会吴越名士于红桥，凡六十三人，篁村与焉。有诗云：‘谁识二分明月好，一分应独照红桥。’为时传诵。故余赠以诗云：‘胜游共听歌三叠，清咏先传月二分。’嗣后远别，迥不相闻者四十年。迨余乞恩归老，来谒云楼，见篁村题诗在壁。询之山僧，言昨游此，矍铄尚无恙也。既而篁村闻余在武林，来访。旋寄所刊《珠江》等集，因甄录之。”袁枚《随园诗话》：“壬申春，余过良乡，见旅店题诗云：‘满地榆钱不疗贫，垂杨难系转蓬身。离怀未饮先如醉，客邸无花不算春。欲语性情思骨肉，偶谈山水悔风尘。谋生销尽轮蹄铁，输与成都卖卜人。’末无姓名，但书‘篁村’二字。余和诗有‘好叠花笺抄稿去，天涯沿路访斯人’之句。隔十三年，劳宗发观察来江南，云渠宰良乡时，见店壁有此二诗，为馆钦差，故主人将圬去。心甚爱之，钞诗请于制府方敏悫公。公亦欣赏，谕令勿圬。然彼此不知‘篁村’何许人。壬辰在梁瑶峰方伯署中，晤篁村，乃知姓陶名元藻，会稽诸生也。以此告陶，陶感三人之知己，而伤劳、方二公之已亡，重赋云：'匹马曾从燕市趋，桥霜店月已模糊。人如隔世星难聚，诗有同声德不孤。自笑长吟忘岁月，翻劳相访遍江湖。秦淮河上敦盘会，应识今吾即故吾。　　三间老屋夕阳村，底事高轩过此门。飞盖翠摇新蘸墨，华灯红照旧题痕。不教画墁佣奴易，便胜纱笼佛殿尊。惆怅怜才青眼客，几番剪纸为招魂。'"

按：篁村客扬州，卢雅雨转运大会名士红桥，即席赋绝句十章，一时传诵，而今脍炙人口者。在良乡旅店一律，则《随园诗话》流播者远也。梁绍壬《两般秋雨庵随笔》云："先生工诗古文词，兼长制艺。顾南北十上乡闱，不得售。在京师，有日者兼精风鉴，谓之曰：'君命中金寒水冷，无分功名。虽然，骨格清奇，不名世当寿世也。'使相诸郎，则曰'皆科第中人也'。先生遂绝意进取。二子廷琛、廷琡，先后登甲科，出宰剧县。先生买宅湖山，徜徉诗酒以终。"符葆森《正雅集》引胡如瀛《海屿诗话》云："篁村陶丈，初建泊鸥山庄，赋诗四章，吴越人和者甚众。其诗有'野老门庭云亦懒，荷花世界梦俱香'之句，一时传诵。汪槐塘沆倾倒尤甚，赠以诗云：'想见梦香云懒处，北窗高卧傲羲皇。'"按：泊鸥山庄在西湖葛岭之麓，诗人晚福，殆无有过之者。所著诗文词外，尚有《全浙诗话》六十卷，《凫亭诗话》二卷，《越画见闻》三卷。余仅有《全浙诗话》，馀未之见也。

灵岩山馆诗集四十卷、年谱一卷乾隆庚戌刻本

《灵岩山馆诗集》四十卷，毕沅撰。《年谱》一卷，史善长编。《国史本传》："毕沅，江苏镇洋人。乾隆二十二年，以举人为

内阁中书，军机处行走。二十五年，一甲一名进士，授修撰。三十年，升侍读。三十一年，升左庶子，授甘肃巩秦阶道。三十五年，授陕西按察使。三十六年，升布政使。三十八年，授巡抚。五十年二月，调河南巡抚。五十一年六月，擢湖广总督。五十九年，降补山东巡抚。六十年，仍授湖广总督。嘉庆二年，卒于官。"钱大昕撰《墓志铭》："公讳沅，字纕蘅，一字秋帆，自号灵岩山人。自少颖悟。六岁，张太夫人手授《毛诗》、《离骚》，过目成诵。十岁，知声韵。十二，习制举业。十五，能诗。稍长，读书灵岩山，从沈文悫公德潜、惠征君栋游，学业益邃。乾隆十八年，中顺天乡试。又四年，授内阁中书，入直军机处。二十五年，会试中式，名在第二。及廷对，上亲拔第一，授修撰。六十年，再任湖广总督。嘉庆二年，征苗，留驻辰州，终于辰阳行馆，春秋六十有八。生平笃于故旧，尤好汲引后进。一时名儒才士，多招致幕府。公务之暇，诗酒唱酬。性好著书，有《传经表》、《经典文字辨正》、《说文音同义异辨》、《续资治通鉴》二百二十卷。《山海经》、《晋书·地理志》皆有校注。《关中胜迹图》、《西安府志》、《关中中州山左金石记》、《灵岩山馆诗集》四十卷、《文集》八卷。诗文下笔立成，不拘一格。"

王昶《蒲褐山房诗话》："秋帆制府，少学诗法于其舅张郎中少仪，登大魁，入词垣，爱才下士，海内文人，咸归幕府。凡有吟咏，信笔直书，天骨开张，无绘句绨章之习。每逢入觐，必令在南书房，矢音赓和。出领疆圻，入参侍从，亦节使中所罕见也。"袁枚《随园诗话》十一："吴中诗学，娄东为盛。二百年来，前有凤洲，继有梅村。今继之〔者〕，其弇山尚书乎？《过吴祭酒旧邸》云：'我是娄东吟社客，瓣香私淑不胜情。'其以两公自命可知。然两公仅有文学，而无功勋，则尚书过之远矣。尚书虽拥节钺，勤王事，未尝一日释书不观，手披口诵，刻苦过于诸生。诗编三十二卷，曰《灵岩山馆诗集》。灵岩者，尚书早岁读书地也。”洪亮吉《北江诗话》：“毕宫保沅诗，如洪河大川，沙砾杂出，而浑浑沦沦处，自与众流不同。平生所作，歌行最佳，次则七律。忆其《荆州水灾记事》云：‘救急城填成死劫，劈空斧落得生门。’又云：‘人鬼黄泉争路入，蛟龙白日上城游。’真景亦云奇景。《至河南使署喜雨》诗云：‘五更陡入清凉梦，万物平添欢喜心。’则又民物一体，不愧古大臣心事矣。”

余按：公全集，奇警之句极多，洵所谓才大如海者。平生爱才如命，挥金如土，至今流风馀韵，独有令人闻风兴起之思。其卒也，吴翊凤挽诗云：“杜陵广厦今谁继，八百孤寒泪下时。”亦可见公之遗爱矣。余因服膺公之为人，而并喜读其诗。读孙渊如星衍赠随园诗云：“惟有先生与开府，许教人吐气如虹。”又徐阆斋镤庆诗云：“弇山制府仓山叟，海内龙门两扇开。”想见当日老辈，宏奖后生，人人感知歌颂。求之今日，岂可得哉。

王梦楼诗集二十四卷 乾隆己卯家刻本

《王梦楼诗集》二十四卷，王文治撰。王昶《湖海诗传》：“王文治，字禹卿，号梦楼，丹徒人。乾隆二十五年，殿试第三人及第，官至临安府知府。有《梦楼诗集》。”《蒲褐山房诗话》：“禹卿赋才英俊，尤工书，楷法河南，行效兰亭，入京师，士大夫多宝重之。全侍讲魁、周编修煌，奉使琉球，挟以俱往。故其诗一变，以雄伟见称。及归，以第三人及第，益风流自喜。不四五年，出守临安。又二年，被劾东还，遂无意于仕进矣。其时钱唐袁子才，壮年引退，以诗鸣江浙间。禹卿继其后，声华相上下。

年未五十，即耽禅悦，精于《楞伽》、《唯识》二书。晚年刻其诗若干卷，中多秀句，如‘将离更唱红兰曲，相忆应看青李书’。‘烟光自润非关雨，水藻俱馨不独花’。‘光生明月琉璃地，暖勒馀春芍药天’。‘芳草心情淹妓馆，梅花时节上僧楼’。皆堪吟玩。”钱泳《履园丛话·耆旧》：“丹徒王梦楼太守文治，以翰林院侍讲，出知临安府。其未第时，尝为侍读全公魁幕客，册封琉球，有《海天游草》。太守既工书法，诗亦深纯精粹，远过时流，有《梦楼诗集》二十四卷。袁简斋太史谓其‘细筋入骨，高唱凌云’，非虚语也。书天然秀发，得松雪、华亭用笔。老年全学张即之，未免流入轻佻一路。然较刘文清、梁侍讲两公，似有过之。”

姚鼐撰《墓志铭》：“为云南临安府，以属吏事，镌级去，遂不复就官。君之归也，买僮教之度曲，行无远近，必以歌伶一部自随。客至君家，张乐共听。海内求君书者，岁有馈遗，率费于声伎。然客去乐散，默然禅定夜坐，胁未尝至席。持佛戒，日食蔬果而已，其用意不易测如此。君少尝渡海至琉球，琉球人宝其翰墨。为文尚瑰丽，至老归于平淡。其诗与书，尤能尽古今之变，而自成一体。君尝自言：‘吾诗、字，皆禅理也。’嘉庆七年四月二十六日，（趺）〔趺〕坐室中而逝。妻女子孙来诀，不为动容。问身后事，不答。君殆所谓游方之外，与造物为者。著作文虽工妙，特君寄迹，而况于伎乐、游戏之事乎？卒年七十三。”

按：太守不独名动四裔、琉球人宝其法书，且仙灵亦重其名。韩承烈《说豉》载：净丰宫仙女请先生作《催妆》诗，事殊为奇异，云：“华亭张文敏公照，与休宁汪尚书由敦、山东曹洛禋学士、钱唐陈兆仑詹事，以诗文会诸名士于陶然亭。阁学周煌、修撰金德瑛，携其友人王文治来。王号梦楼，后为庚辰探花。时方以国学生游京师，少年俊迈，不耐久坐，偕曹学士出亭后，扪草莱而行，愈行愈远。亭上诸公望之不见，急遣多人踪迹，不得。俟至日暮，遂各骇散。梦楼固寓周宅，翼日修撰来探问，梦楼于于步归。争前询诘，王徐坐答曰：'我初同曹学士走约半里外，觉前路茫茫，一派湖水，心以为异。回顾已不见曹，但见垂杨夹路，细草茸茸，滟潋波光，空明如镜。遥望对面山岩，青翠浓郁，隐隐然楼阁参差。我兀立岸畔，注目良久，顾有小舟系于树阴，双楫以文杏木为之。我登舟拨动，微风自后速之，若鼓帆将振。岸下有红绿衣女子数人，群扶登岸，地皆白石，凿成阶级。朱户洞开，一女鬟引入堂阁，铺陈富丽，中坐一中年妇人，容貌端肃，服饰华绚。我前长揖，妇命旁坐，曰："此净丰宫，四百七十馀年，无生人来矣。子亦才子，得睹洞天福地，不为无缘。顷小女娉珠，将嫁汉上绿郎。幸先生作《催妆》诗，以光奁镜。"我悚惶甚，辞以"言之无文，恐辱嘉命。且未睹神女光仪，何由赞扬盛事？"妇人笑曰："先生何得唐突请见耶？然有云中君小像，可以一览。"遂有小鬟持玉轴至，则缭云郁雾，一淡墨美人，恍若惊鸿游龙，跃跃纸上，题为《柯九思写照》。方欲抚玩，已掩卷携去。我即捉笔，作五言律诗十二韵，妇诵之，深为许可，并云："愧无润笔，只好赠宫花两朵。"然亦未见持送。旋即传呼，令人送归。我从之出，觉背后有人提之腾空，倏忽间足踏实地，已在板厂胡同口，是以步行归寓。'众哗然，斥为诞妄。修撰曰：'我辈何不至曹处一探。'周欣然同往。及门，家人出告曰：'今晨下在洼子寻访，回至祝朝街南口，瞥见主人僵卧于地。挟策来家，幸已灌醒，张大人现亦在此。'周等达寝室，曹语王曰：'我一转瞬间，忽不见汝。正欲找寻原路，来一黑缎袍之人，戴扁巾，束宽带，拽之速走。勉强随去，在丛树中穿历。后至一处，正门封扃，从侧首小扉步入，一老翁坐堂上，白须飘扬，戴盘金东坡巾，穿宽袖蓝袍，举挽之生曰：“既蒙先生惠顾，窃有疑义奉质：前明议兴献典礼，孰为得失？”我曰：“此皆张璁桂萼阿附世宗，私其所亲，诬渎名礼为甚。业有定论，何必又问。”翁怫然曰：“先生亦为是言耶？宋王珪、司马光等议奉濮王执为后，不顾私亲之说，其语不为无弊。欧阳公引《丧大记》为降服，不没父母之名。后曾巩作《为人后论》，于所后者以尊服服之，为降己亲之服，不当易其父母之名。杨廷和等首倡‘皇伯考’之称，是以有天下，而薄所亲也。兴献王妃入京，若无尊号，是以子臣母。无怪张孚敬之聚喙也。”我闻之，勃然怒曰：“何处窃来邪说，敢于翰苑贵人前抗谈。”翁亦怒声曰：“我做官比汝还大，偏汝妄自尊贵。”我忿极，遂掴以掌，翁直前来挎。前黑衣人复至，挟我出门。我且骂且走，旋即迷惘，不知何以归来也。’众大笑，诧为怪事。梦楼亦述所遇。曹所遇蓝袍人，迄不知何怪。”

余谓梦楼为位业中人，虽堕入文字业障，而性灵不昧，历劫犹存。其诗通佛果，动鬼神，疑当时真有其事。若曹学士与蓝袍翁，因争学问，各诩官阀，则真满腹头巾气，不值大雅一笑矣。

树经堂诗集十五卷、续集八卷、文集四卷嘉庆初年前后刻本

《树经堂诗初集》十五卷，《续集》八卷，《文集》四卷，谢启昆撰。王昶《湖海诗传》：“谢启昆，字蕴山，号苏潭，南康人。乾隆二十五年进士，官至广西巡抚。有《树经堂诗集》。”《蒲褐山房诗话》：“蕴山为覃溪少卿入室弟子，笃信师说。故官辙所至，留心著撰。在京口、邗江，遇古迹，题咏而表章之。又得秋帆制军《史籍考》未全之本，补缀成书，凡若干卷。至桂林，作《粤

西金石志》，与覃溪《粤东金石志》并行。又招县丞王尚珏、孝廉正胡虔等修《广西通志》，显微阐幽，搜罗博洽。为诗不名一家，而详于咏史，足资后来考证。”姚鼐《墓志铭》：“公于乾隆二十五年，会试中式。次年，殿试，以朝考第一名选庶吉士。三十一年，授编修，出为镇江府知府，又知扬州府、宁国府，擢江南河库道，浙江按察使，山西布政使，调浙江布政使。今上亲政，命为广西巡抚，凡三载。嘉庆七年六月乙丑，终于位，年六十六。公自少时，本以文学名。博闻强记，尤善为诗。其才宏赡精丽，兼具唐宋名家之体。所为《树经堂集》若干卷，《杂古文》四卷，《西魏书》若干卷，《小学考》若干卷。晚成《广西通志》若干卷。公文学、吏治，盖兼存于中焉。”

按：公深于史学，故所为诗歌，多取资于乙部。吴文溥《南野草堂笔记》云：“谢苏潭中丞著《咏史》诗五百首，囊括史传，博大精深。家穀人太史序以为‘考古之镜，馈贫之粮’，足征信矣。”阮亨《瀛舟笔谈》八云：“谢蕴山中丞博学好古，在浙藩时，公馀无事，辄采访金石，晋接贤士。征图考史，孜孜不倦。辟丽泽轩以延宾客，著《西魏书》、《史籍考》。时兄以少宗伯学政任满，入都，有诗留别，中丞和诗：‘白傅重来苏再至，先生应不恨缘悭。’后一年，兄奉命来抚浙，竟应‘再来’之约。时公已巡抚粤西，不及相见矣。”中丞与同乡陈东浦方伯，为进士同年，名位亦相埒。方伯诗专学老杜，中丞则不专一家。其时江西诗人，尚有蒋苕生、彭芸楣，纯庙御制诗有“江西两名士”之目。中丞与方伯颉颃其间，光彩不为所掩，亦可谓特立之士矣。

敦拙堂诗集十三卷

《敦拙堂诗集》十三卷，陈奉兹撰。按：姚鼐撰《墓志铭》："公讳奉兹，字时若，德化人。中乾隆丁卯科乡试第一。庚辰科二十五年成进士，授四川知县。凡知蓬山、阆中，擢知茂州，晋嘉定府知府，建昌道，授四川按察使。五十二年，调河南按察使。居二年，调江苏，旋擢江宁布政使。居四年，调安徽，未半岁，又调江苏。公在蜀二十七年，江南九年，受任不得归，乃取乡地，自号东浦，士皆称东浦先生云。其天才高迈，作诗专法杜子美，谓朴厚之气，殆足媲之。平生经历多异境，举所见为诗，凡千首，曰《敦拙堂集》。嘉庆四年，薨于苏州，年七十四。"洪亮吉《北江诗话》一："陈方伯奉兹，诗如压雪老梅，愈形倔强。"□□□跋其诗集云："缒幽凿险，怵目刿心，洵杜少陵入蜀以后境界，非浅学所能望见。"吴山尊评其诗云："沉郁顿挫，独宗浣花。"盖方伯诗，纯乎学杜，而不参以他家诗集。当时与蒋太史士铨、曾中丞燠，号称江右三家，而名不敌蒋、曾之盛。岂曲高歌寡，知之者稀。抑其宦辙所至，久在蜀边，罕与中原士大夫通声气，故其集不甚流播欤？

砚山堂诗集十卷

《砚山堂诗集》十卷，吴泰来撰。王昶《湖海诗传》："吴泰来，字企晋，号竹屿，长洲人。乾隆二十五年进士。二十七年，召试，赐内阁中书。有《净名轩集》。"《蒲褐山房诗话》："企晋襟期清旷，意致萧闲，咸谓东晋许元度、刘长真之比。少中副车，选校官，俯仰仕途，非其好也。特以松滋山水之佳，句留竟岁。旋以病归。其大父吉安太守铨，归筑遂初园于木渎。其尊人用仪，复购书数万卷于其中，多宋、元善本。遂与江浙诸名士流连觞咏，座无俗客。李布衣果、惠征君栋、王光禄鸣盛、钱詹事大昕、曹学士仁虎、赵少卿文哲、张舍人熙纯、朱明经方霭、朱上舍昂、凌孝廉应增、汪员外棣，张岗、沙维杓两布衣，皆一时之选。如是十馀年，后虽成进士，以召试赐中书。而少无宦情，壮而弥甚。东南人士，望之如仙。既而兄弟争析产，出藏书而货之，并售其园。于是，同年毕公沅招主关中书院，携家而往。后又随至开封。

年六十馀而卒。企晋才情明秀，尤嗜征君所注《精华录训纂》，故作诗大旨，一本渔洋。吴中数十年，自归愚宗伯外，无能分手抗行者。中年自定其诗十卷，为《砚山堂集》，征君序之。馀稿皆藏于家。余与订交将及四纪，向所同游者，零落殆尽。金谷、玉山之雅集，不可复得。今取其诗吟讽之，不啻山阳之笛矣。”

钱泳《履园丛话·耆旧》：“竹屿中舍，为吴中七子之一。中乾隆庚辰进士，与秋帆尚书同年。二十七年，召试，赐内阁中书。先生意致萧闲，才情明秀。作诗一本渔洋，著有《砚山堂集》十卷。五十二年，尚书巡抚河南，延为大梁书院山长。余时亦在幕中，与洪稚存、方子云、徐朗斋辈，饮酒赋诗，殆无虚日。未几，卒。”

按：吴中七子，均出归愚宗伯之门。宗伯宗奉渔洋，故不独门下士沆瀣相同，即吴中亦几成为宗派。是时，随园主张性灵，力诋渔洋、归愚，当时信从之者甚盛。今两派之中，仍以随园为胜，以其易于入手也。然舍人诗亦有极婉秀者，《随园诗话》八云：“偶过西湖，见陈庄题壁云：‘一叶蜻蜓似缺瓜，年年荡（浆）〔桨〕水云涯。叉鱼射鸭娇无力，笑入南湖摘藕花。　苏小楼头杨柳风，小姑斗草语芳丛。阿依家住胭（肢）〔脂〕岭，怪底花枝映日红。’末署‘竹屿’二字，苏州吴进士泰来也。”若如此二绝，则又渔洋、归愚两尚书集中所未有也，随园所主张者，正此类，故《诗话》录之。

香闻遗集四卷乾隆三十九年长洲彭氏刻本

《香闻遗集》四卷，薛起凤撰。彭绍升《二林居士集·薛家三述》：“薛家三，名起凤，长洲人。少孤，依其舅比丘广严福公。福公传磬山宗。既退扬州法云寺，居吴门，隐于卜，得钱资家三从师问学。间与家三论佛法，家三辄领解，因嘱之曰：‘末法众生，不识心源，儒佛互诤。子诚欲现儒者身，而说法要以见性为宗。真能见性，何儒佛之有?’家三终身诵之。年二十七，举于乡。试礼部，连黜。主席沂州书院者三年。乾隆三十九年九月，自沂州归，越四旬而卒，年四十一。居常好为诗，其思深，其味隐，探之不穷，咀之愈永。而其立言之本，常欲偕一世之人，撤儒佛之樊，游于大同之化。虽终郁塞以没，其志之所存，可考而知也。”石韫玉《苏州府志》一百二《文苑》七：“薛起凤，字家三，又号香闻居士，吴县人。举乾隆二十五年乡试。少孤，依其舅比邱广严。广严隐于卜，得钱资起凤从师问学。性孤冷，非其意所深契，终日相对无一言。遇同志则议论洒洒，不少休。家虽贫，每急人困。居常好为诗，思深味隐，耐人寻索。既没，其友彭绍升录其稿刻之。”

吴德旋《初月楼闻见录》：“家三好为诗，尝与彭允初论诗，其言曰：‘诗，志之所之也。未有不端其志，而能为诗者。求端其志，莫先于知道矣。孔子读《诗》三百篇，独赞《鸱鸮》、《烝民》，为知道。然则，为诗者亦求为周公、尹吉甫，其人而可也。’又言：‘古圣贤人尚矣，次焉者，其惟志士乎？志士之诗，吾于近世得二人焉：曰谢翱，曰杜濬，其志洁，其思苦，其音哀。故其为诗也，非复人人之诗，而必二子者之诗也。’”

按：香闻持论甚高。然诗无达诂，三百篇中所录，不止《鸱鸮》、《烝民》一体。若谢皋羽、杜茶村，心伤故国黍离，故以苦思发为哀吟，乃其身世遭逢之所感触。使不问时代，人人学其为诗，则是无病呻吟，所谓真性情者安在？吾知其必不然矣。顾集中佳句，五言如“文章花落后，净信月生初”。“落日无公事，青山见客心”。“秋随木叶下，尘到海鸥空”。七言如“照地月华澄水观，深宵草树发天光”。“白发岁差行有度，青山世业祭无田”。“修竹莺啼小有洞，桃花犬吠下仙家”。“人同社燕年年客，梦似春潮夜夜灵”。皆非心境空明，不能有此妙语。是知香闻于诗，功颇深，于彼法尤精彻也。

南野草堂诗集七卷乾隆五十七年刻本

《南野草堂诗集》七卷，吴文溥撰。阮元《两浙輶轩录》三十八：“吴文溥，字博如，号澹川，嘉兴恩贡生。著《南野草堂集》。”又《定香亭笔谈》二云：“丙辰秋，按试至嘉兴。与试诗人虽多，尚未压余所望。试毕将行，有吴生献其父《南野堂集》二帙。舟中阅之，知为嘉兴吴澹川文溥所作。披吟终日，定为浙中诗人之冠。《关中草》、《闽游编》，尤为直逼古人。澹川居湖北汪抚军新戎幕，及归浙，谒余于杭州。与语两湖戎事，了如指掌，颇具才略，不可徒以诗人目之。余出先大父征苗刀示之，澹川走笔作歌，震夺一席。”又云：“嘉兴有二吴，吴澹川可谓登高能赋，吴侃叔可谓博学多闻。”阮亨《瀛舟笔谈》一：“庚申，兄督兵海上，幕中朱椒堂师为弼。吴澹川文溥、孙莲水韶皆有寄怀之作。”

按：澹川此时，已为浙中诗坛老宿，早参毕秋帆尚书幕。袁枚《随园诗话》五云：“戊戌九月，余寓吴中，有嘉禾少年吴君文溥来访，袖出诗稿见示，云将就陕西毕抚军之聘，匆匆别去。吾读其诗，深喜吾浙后起有人，而叹毕公之能怜才也。录其《游孤山》云：‘春风欲来山已知，山南梅果[①]先破枝。高人去后春草草，万古孤山迹如扫。巢居阁畔酒可沽，幸有我来山未孤。笑问梅花肯妻否，我将抱鹤家西湖。’其他佳句如‘不知新月上，疑是水沾衣’。‘底事春风欠公道，儿家门巷落花多’。深得唐人风味。”戊戌至庚申，已二十馀年，其诗早有成就如此。而澹川即没于庚申夏间。

《輶轩录》引陈鸿寿曰：“余年十二，即识吴丈澹川，飘然如神仙中人，能作苏门长啸。时方自关中归，应庚子南巡召试。酒酣耳热，辄道遇赤脚仙事，刺刺至漏尽不休。报罢后，馆吴门数年。复涉台海，归又见之，言大兵征林逆时事甚悉。戊午同客济南。次年，中丞师抚浙，又同依幕下。《輶轩录稿》，丈所校订。庚申夏，余方随节海上，而丈以病归，成永诀矣。所著《南野堂笔记》，中丞师为续刻，至十二卷。散行骈文，能集六朝、唐、宋之大成，存稿数十百篇，他日当求续刻之。”又《瀛舟笔谈》十：“吴澹川明经文溥，著有《南野草堂笔记》十二卷，凡生平游历，及友朋投赠，皆具记述。耳目所及名章隽句，亦皆纪录无遗。在节署三年，雅游歌咏，颇极欢洽。今澹川已逝，每读其诗及此篇，不啻山阳邻笛。《笔记》中载先祖父招勇公事，及余家吟咏，并录

①据《随园诗话》，“果”作“萼”。

于此，如见澹川纵横议论，抵掌谈笑时也。”

集中诗于少作多删去。沈涛《匏庐诗话》中云：“吾乡近日诗人，以吴澹川文溥为第一，《关中》、《闽游》诸草，沉郁苍凉，尤为独绝。然吴丈亦有极秾丽新艳者，《相逢》云：‘相逢女伴踏莎回，共试帘前鹦鹉杯。别有酸心传不得，暗将钗股刺青梅’、‘春情摇荡木兰桡，杨柳娉婷学楚腰。细到不胜烟雨处，送人离别替人娇。’”二诗仅见《笔记》中，盖以少作删去。余谓诗缘情而绮，靡丽而不纤，故亦无伤风雅也。又《随园诗话》补遗七：“秀水诗人吴文溥，别十五年，今秋复来，诗已付梓。读之转多窒碍，不如从前之明秀。信境遇之累人，而师友之功不可少也。”余偶取全集，校之如《诗话》所录《孤山》诗，今载集中，已经改窜，殊不及原诗远甚。又所摘之句，如《诗话》十六载其《咏月》诗云：“清晖半边缺，似妾独眠时。”《补遗》二载其“卧病扬州，族弟鲁暮桥亲为称药量水”，赠诗有“生我父母知我子，骨肉待我救我死”之句。又七“录其新句之可爱者，如‘竹里不知屋，水边闻有鸡’、‘问径花相引，开门鸟乱啼’、‘风静溪逾响，云来树欲移’。皆佳。又一绝云：‘酒后客来重酌酒，飞花留客送残春。主人醉倒不相劝，客转持杯劝主人。’”除“问径花相引”一联，题为《饮山翁舍》，见集二卷，馀皆未载，则其删汰及遗漏之诗多矣。又《定香亭笔谈》及《瀛舟笔谈》所录诸诗，亦多不见于今集。则似集已刻成，有未续刻，非删漏也。

瓯北诗集五十三卷 嘉庆壬申家刻本

《瓯北诗集》五十三卷，赵翼撰。王昶《湖海诗传》：“赵翼，字云松，号瓯北，阳湖人。乾隆二十六年，殿试第三人及第，官至贵西道。"《蒲褐山房诗话》："云松性情倜傥，才调纵横。及第，改翰林数年，简放知府，擢贵西道。寻以母老留养，遂不复出，迄今三十年。同时与袁子才、蒋心馀友善，才名亦相等。故心馀序其诗，谓'兴酣落笔，百怪奔集。奇恣雄丽，不可逼视'。子才谓其'忽正忽奇，忽庄忽俳。稗史方言，皆可阑入'。洵知言也。"孙星衍撰《墓志铭》："同时袁大令枚、蒋太史士铨，与先生齐名，如唐之李、杜、元、白。而先生高才博物，既历清要，通达朝章国典，尤邃于史学。所为诗，无不如人意所欲出。不拘唐、宋格律，自成一家。"姚鼐《别传》："先生乞养亲而归。因游武夷，遍历浙东山水之胜，一发之于诗。先生固善诗，自少游京邸，历馆阁，与士大夫相酬唱。归田后，朋游故旧，杯酒相过从，日赋诗为笑乐。与同时袁简斋、蒋心馀齐名。世所传《瓯北集》也。"

按：古今诗最多者，宋有陆放翁、杨诚斋；国朝则查初白及瓯北翁。瓯北诗，已如前人论定。余则谓集中七律，尤为擅场。其运典如数家珍，而不觉其为排偶之句，此等处似犹胜于袁、蒋二家。盖瓯北负长江大河之才，百怪鱼龙皆为其所包孕。有时一泻千里，奔腾莽荡，骇心怵目，若行乎其所不得不行。瓯北之所长在此，同人之倾倒亦在此，诚我朝卓然一大家也。

百一山房诗集十二卷 嘉庆二十一年公孙均刻本

《百一山房诗集》十二卷，孙士毅撰。《国史本传》："孙士毅，浙江仁和县人。乾隆二十六年进士，归班候选。二十七年，上南巡，召试第一，授内阁中书，洊升侍读。三十四年，随大学士傅恒督师云南，主章奏。叙劳，迁户部郎中。四十年，擢大理寺少卿。(旅)〔旋〕授广西布政使，调云南。四十四年，授云南巡抚。时总督李侍尧以赃获罪，士毅坐不先举，劾发军台。临行，上念其学问，优命纂校《四库全书》，特授翰林院编修。四十七年，书成，擢太常寺少卿。复出为山东布政使，次年迁广西巡抚。又次年，调广东，署两广总督。五十二年，台湾林爽文反，王师渡海，预派粤兵前赴，所需军械，办理无误。议叙，加太子太保，赏戴双眼花翎，世袭一等轻车都尉。明年，台湾平。会安南国王黎维祁，为其臣阮惠所逐，上命士毅檄谕安南各路。士毅自请统兵出关，诏由广西直抵黎城进剿。既入黎城，出示安抚。黎维祁至营，传旨袭封。归国，上谕加恩晋封一等谋勇，公恳辞，上不许。五十四年，阮惠复纠众夺黎城。士毅遂入镇南关，黎维祁母子送南宁安置。谕令孙士毅撤兵，撤回所封公爵。阮惠悔惧，求内附。时福安康至，遂偕奏，安南不必用兵。上从其议。旋授兵部尚书，充军机大臣。是冬，署四川总督。次年，实授，调两江。五十六年夏，授吏部尚书，协办大学士。九月，四川总督鄂辉领兵赴藏，命摄其事，授文渊阁大学士。五十八年，军务告竣，仍命权摄。六十年，湖南苗反，潜窥秀山，士毅率兵击败之。嘉庆元年，湖北教匪滋事，侵扰四川酉阳州界，士毅驰抵来凤，贼屯小坳，焚其巢。以功晋封三等男爵。六月，于军中得疾，卒。事闻，加赠公爵，谥文靖。”袁枚撰《神道碑铭》：“公姓孙，讳士毅，字智冶，号补山。先世为姚江望族，迁居仁和。年七十有七，积劳成疾，薨。馀叙官爵，与《国史》传同。”

按：文靖扬历中外，历著战功，名在史宬，原不必与文人争坛坫之一席。然当时朋旧，多称诵其为诗人。袁枚《随园诗话》补遗三云：“乾隆庚戌，金陵风雅，于斯为盛。吾乡补山宫保为总督，沧江李宁圃翰林为知府，泾阳张荷塘宰上元，辽州王柏崖廪生为典史，西江陶明经莹为茶引所大使，盱眙毛俟园孝廉为上元广文，随园唱和，殆无虚日。公诗，《诗话》中已采入矣。”又《补遗》（九）〔六〕[①] 云：“壬子冬，过淮，严司马历亭守田，席间诵孙相国士毅《领兵赴台湾》云：‘自笑陈琳檄未工，也曾磨盾学从戎。梦惊猛拱涛头白，渴（领）〔饮〕[②]官屯战血红。但请一丸封已足，偶遗三矢盼犹雄。感恩何处酬毫末，愿得浮江比阿童。’《南征》云：‘蛮城襟带接重洋，上下思文景物荒。寅雾蛟涎工掩日，丁男鸦嘴惯耕霜。入云溪洞盘千折，夹道翁茶网四张。土人呼“官”为“翁茶”，出入结网为轿。最是马前烦慰劳，槟榔满榼当壶浆。　裘带居然遍百蛮，洱河恩许唱刀环。文渊迹已埋铜柱，定远心原恋玉关。二月花浓黄木渡，三年香染紫宸班。只因妖鸟巢犹在，梦绕平川未肯还。’”

郭麐《灵芬馆诗话》十：“孙补山相国，勋在旗常，名炳史册，出入将相，勤劳疆场，疑其无暇与文人争尺寸之长矣。然宿嗜吟咏，至老不衰。往往于蜻蛉绝塞、弓刀戛击之中，羽檄交驰、筹笔飞书之外，长篇大作，挥洒淋漓。信乎绝人之姿，兼万人之禀者也。集中五、七古，浑厚沉雄，皆自出其胸中之所有，不屑依傍前人，而骨体自高。五、七律，不作唐以后语。七律尤高华典赡，精光煜然。《华阴道上》云：‘神仙不度函关北，日月多流渭水东。’《滇南泳史》云：‘河山带砺惭功狗，歌舞楼台拥媚猪。’《大功坊》云：‘六代江山开建业，一家兴废视秦淮。’《大诏寺》云：‘薝卜有林开鹿苑，（瑟）〔琵〕琶无语怨龙沙。’《升庵杂感》云：‘暮年身似将归客，小住心如退院僧。征蛮将士凌烟

①②据《随园诗话》改。

阁，留守莺花喜雨亭。’皆佳句也。而言情之作，又极凄婉。《营奠》云：‘已拚马革归原幸，一痛牛衣事可哀。’《七夕》云：‘历历黄榆送晚寒，充庭儿女小团圞。一弯初月如残月，隔着明河不忍看。’盖公自滇地回，悼亡作也。又《行帐无事，题画幅十六首》，其一云：‘夏木阴阴覆绿蘋，花如鹃血草如茵。茅亭莫被溪风卷，留荫长途病暍人。’则又大人之心，仁人之言也。”

朱琦《家传》云：“公生平酷爱石，有米颠之癖。尝督学黔枝，见山涧五色石，如拳、如指、如马、如蛇、如梅竹枯木者，虽雕镂绘画，工巧不能过。下舆命仆夫拾以归，择最佳者一百一枚，贮之书斋，署曰‘百一山房’。暇则寄意吟咏，与杭堇圃、吴西林诸老辈相砥砺，故诗文能独出机杼。所著有《百一山房集》若干卷，藏于家。”

今观全集，古近各体，皆格调雄浑，才气纵横。而又研炼精工，无一句一字，不出以矜慎。所存诗虽只十二卷，其光焰万丈，不能以功业掩其文章。宜乎当时倾倒同声，无不以诗坛主盟相推许。《乾嘉诗坛点将录》戏以百胜将目之，得毋以其辟易万人，力足以拔帜立帜耶？

娵隅集十卷、媕雅堂集诗十二卷、续集四卷、别集六卷、词集三卷乾隆己酉年家刻本

《娵隅集》十卷，《媕雅堂集诗》十二卷，《续集》四卷，《别集》六卷，《词集》三卷，赵文哲撰。王昶《湖海诗传》：“赵文哲，字升之，号璞函，上海人。乾隆二十七年，召试，赐内阁中书。殉金川难，恤赠光禄寺少卿。有《媕雅堂》、《娵隅》等

集。"《蒲褐山房诗话》："升之赋才英敏，少在申江书院，得凌少司马指授，论诗以新城为主。既而与张策时、凌祖锡、汪铧怀、吴企晋同学。至苏州，又与余，及凤喈、来殷互相砥砺。于唐、宋、元、明，本朝大家、名家，无所不效，亦无所不工。自入内阁，直机地，为于文襄公所赏。暨偕余入滇、蜀，得江山之助，所作尤变化新奇。"

又撰《赵君墓志铭》云："君少以颖悟称。年十九，补博士弟子，为工部侍郎梦公麟、内阁学士李公因培所知。因是于庠序益有声。乾隆壬午，上幸江南，进诗行在，召试赐举人，授内阁中书舍人。甲申，直军机房，大学士刘文正公统勋、刘文定公纶、今大学士于公敏中，皆嗟异其才。戊子秋，侍讲学士纪昀、中书舍人徐步云，泄两淮盐运使卢见曾事，君与余牵连得罪。会兵部尚书阿公桂总督云贵，请以余两人掌书记，许之。明年三月，至腾越州，大学士傅公恒奉命经略缅甸。七月，偕协办大学士、户部尚书阿公里衮，由南大金江以西进讨，君从之。久之，未克，君以病还腾越州。十一月，缅甸撤兵，阿公里衮已前卒。傅公还朝，君始与余依阿公幕府，居二年。辛卯，上以理藩院尚书温公福代阿公。会四川金川土舍索诺木，嗾小金川土舍僧格桑，攻鄂克什。九月，命温公偕阿公讨之。奏以余与君行。十月，至成都，复以君为中书舍人。壬辰五月，余从阿公攻达乌，君留温公所。是冬，金川平，晋君户部主事。明年癸巳，兵至木果木，小金川降者叛，与金川合钞后路。师溃，温公殁。君与其难，时年四十有九。事闻，赠光禄寺少卿。君于学于文，无不通，尤以诗词名天下。少幽介，及壮，机警敏慧，善析人情，写物态。为人作《进御奏记》，文字深浅轻重，各惬所欲，又捷且工。是以游诸公间，无不亲爱者。"

按：光禄早负才名，诗文并美。归愚尚书有《吴中七子诗选》之刻，即其一也。袁枚《随园诗话》十："吴中七子中，赵文哲损之诗笔最健。丁丑召试，与吴竹屿同集随园，爱诵余'无情何必生斯世，有好都能累此身'一联。后从温将军征金川，死难军中。"又五云："吴中七子，有赵损之而无张少华，二人交好，忽中道不终，都向余啧啧有言。而余亦不能为两家骑驿也。未十年，张一第而卒，赵亦殉难金川。史弥远云：'早知泡影须臾事，悔把恩仇抵死分。'信哉。"吴嵩梁《石谿舫诗话》："升之先生诗，清而不佻，华而不缛，壮而不粗，哀而不激。七子中，自述庵诗外，无其匹也。"噫！如光禄者，生为诗伯，死为国觞。气节文章，皆足不朽。读其诗者，能无高山仰止之思哉。

竹初诗钞十六卷、文钞十二卷 嘉庆十三年刻本

《竹初诗钞》十六卷，《文钞》十二卷，钱维乔撰。王昶《湖海诗传》："钱维乔，字竹初，武进人。乾隆二十七年举人，官鄞县知县。有《竹初未定稿》。"按：先生为文敏公介弟，工诗善画，为名孝廉，三踬春闱。四十后始改官知县，分发浙江，历迁数县，忽谢病归。袁枚《随园诗话》十六："钱竹初擅'郑虔三绝'之才，抱梁敬叔州郡之叹。屡次书来，欲赋遂初。余寄声规其濡滞。今秋才得解组，余贺以诗，渠答云：'海上秋风江上莼，尘颜久已怅迷津。窃公故智裁今日，劝我抽身有几人。世事楸枰留黑白，老怀齑臼杂酸辛。退闲自此陪裙屐，长作田间识字民。

劳生那复计年华，归识吾生本有涯。未定新巢同燕子，早营孤冢付梅花。千秋欲借先生笔，十亩从添处士家。他日并登皇甫

传，始知真契在烟霞。'"二诗答随园，即似随园。可见其在官时，未尝废吟事，故机调如此纯熟也。

洪亮吉序其诗云："五言法魏、晋、六朝，歌行则自初唐以迄北宋诸家，无不涉历。近体尤近大历十子。虽心摩古人，而于古人之外，别有一种出奇灵秀之气，耐人寻味。余尤心折之。"赵怀玉序其诗云："出入李、杜，参之以东坡。其思深，其学博，故兴会所至，不名一家。"又袁枚跋云："今人七言从唐人入手者，多转韵；从宋人入手者，多一韵到底。竹初先生深于李、杜，而略于苏、黄，所以独臻上乘，学者当以为法。"其诗为同人推重如此。文则宗法震川，上窥韩、欧，亦颇有义法。后附《鹦鹉媒乞食图传奇》，虽游戏之作，殊有金元杂剧风味。足见才人之笔，无施不可也。

归求草堂诗集六卷、秋山纪行集二卷、金阙攀松集一卷、玉井搴莲集一卷宣统三年德辉汇刻本

《归求草堂诗集》六卷，《秋山纪行集》二卷，《金阙攀松集》一卷，《玉井搴莲集》一卷，严长明撰。王昶《湖海诗传》："严长明，字道甫，号东有，江宁人。乾隆二十七年，召试，赐内阁中书，官至侍读。有《归求草堂集》。"《蒲褐山房诗话》："东有，生长秦淮，性情韶令，六代风华，资其芳润。幼与俞藕塘、鲍雅堂弦匏唱和，丽藻流传。旋为梦文子司农所知，延誉于雅雨运使，寓官梅亭最久，益偕四方名士论交。而与余及惠定宇征君、王受铭主事、沈学子贡生，乐数晨夕。于是上探经训，下揽丛书，发为词章，益形鸿博。寻以献赋入中秘，继直军机。鸣鞭珥笔，

时扈属车。然荷衣蕙带，辄志江湖。晋侍读后，遂以病归。会毕君秋帆巡抚西安，招往幕府者十有馀年。寻归白下，复主庐江书院以殁。其子观，能读父书，所补《元和郡县志》，亦为详确。”

钱大昕撰《传》云：“以父忧去官，寻丁母忧。引疾不出，筑室三楹，曰‘归求草堂’，藏书三万卷，金石三千卷，日吟咏其中。海内求诗文者，踵相接。尝语学者曰：‘士不周览古今载籍，不遍交海内贤俊，不通知当代典章，遽欲握笔撰述，纵使信今，亦难传后。’其自命如此。毕中丞沅巡抚陕西，招至官斋。因得游太华、终南之胜，诗文益奇纵，所得金石刻益富。”姚鼐撰《墓志铭》云：“君于书，无不读。或举问，无不能对。为诗文，用思周密和易，而当于情。其自为之书，曰《归求草堂诗文集》，及论辨、经史、书算、金石文字者，凡二十馀部，百馀卷。”

按：侍读《诗文集》，向无刻本。光绪间，有刻《金陵丛书》者，其中刻有《金阙攀松集》、《玉井搴莲集》，盖其游中岳、西岳之作也。《归求草堂诗》六卷，《秋山纪行集》二卷，余从旧书摊中获得清稿本，因付手民。并重刊《金阙攀松》、《玉井搴莲》二集，以成全璧。诗自通籍至官侍读止，隐寓编年之意。《秋山纪行》则扈跸木兰时作。侍读诗笔雄健，资之以典籍，益之以国故，扩之以江山之助。故宏肆而深刻，能入诗家堂奥。幼时即工押哑韵，袁枚《随园诗话》云：“冬友自言：‘九岁时侍先大父过淮，舟中人限“吞”字韵为诗，多未稳。余有句云：“横桥风定帆全卸，小艇潮来势欲吞。”大父曰：“此子将来必无患苦。”或问故，曰：“凡诗押哑韵而能响者，其人必贵。押险韵而能稳者，其人必安。生平以此衡人，百不失一。”大父讳馨，字星标。’”据此，则侍读稚齿，即工为诗，且精于斗韵。真天生诗才，为人不及。宜其数卷之什，久晦而复显于世与？余结此文字缘，（借）〔惜〕人关中及归庐江以后，其稿不传，无从窥其全豹，洵恨事也。

兰韵堂诗集十二卷、续一卷、文集五卷、续一卷、御览诗六卷、经进稿二卷、西清札记二卷乾隆甲寅刻本，嘉庆庚辰续刻本

右《兰韵堂诗文全集》，沈初撰。《国史本传》：“沈初，浙江平湖人。乾隆二十七年，南巡，召试一等，赐举人，授内阁中书。二十八年，一甲三名进士，授编修。三十三年，擢侍讲。三十九年，擢右春坊右庶子。四十年，迁侍讲学士，寻转侍读学士，擢詹事府少詹事。四十一年，擢詹事。六月，擢礼部右侍郎。四十五年，授兵部右侍郎。四十六年，以母笃疾，请假回籍。四十七年，请终养，允之。十月，丁母忧。五十年五月，服阕，补兵部右侍郎。五十二年，转左侍郎。五十四年，署礼部右侍郎。七月，调吏部右侍郎。五十九年，转左侍郎。嘉庆元年，擢都察院左都御史，寻迁兵部尚书。二年，转吏部尚书，调户部尚书。四年三月初一日，卒。遗疏闻，谥文恪。”王昶《湖海诗传》：“沈初，字景初，号云椒，平湖人。乾隆二十七年，召试一等，赐内阁中书。二十八年，殿试第二人及第，官至户部尚书。谥文恪。有《兰韵堂集》。”阮元《两浙辅轩录》三十一引陈鸿寿曰：“司农五岁，即能辨四声。稍长，研究诸经，旁通子史。通籍后，命直内庭，赓歌矢音。由侍讲洊擢礼部、兵部侍郎，寻授兵部尚书，调吏部。遭遇之隆，数十年如一日。入赞枢密，精白一心。卒谥文恪，赐祭葬。”

按：公诗雍容华贵，皆和平中正之音。由其生际盛时，终身侍从，中经屡任学政，叠主礼闱，又充《四库全书》副总裁。日

与典籍文字濡染摩挲，出入风雅之林，陶融诗书之泽。故吐属全无俗韵，吟咏弥见冲襟。在当时达官贵人中，固可谓乾坤清气，得来难矣。

惜抱轩文集十三卷、后集十卷、诗集十卷、后集一卷、外集一卷嘉庆丙辰刻本

《惜抱轩文集》十三卷，《后集》十卷，《诗集》十卷，《后集》一卷，《外集》一卷，姚鼐撰。《国史本传》："姚鼐，安徽桐城人。乾隆二十八年进士，改庶吉士，散馆以主事用，选授礼部主事，累迁至刑部郎中、记名御史。乞病归。鼐工为古文，方康熙间，侍郎方苞名重一时，同邑刘大櫆继之。鼐世父范，与大櫆友善，鼐本所闻于家庭、师友间者，益以自得。所为文高简深古，尤近司马迁、韩愈。其论文，根极于性命，而探原于经训。至其浅深之际，有古人所未尝言，鼐独抉其微而发其蕴。论者以为词迈于方氏，而理深于刘氏。为诗从明七子入，而以融会唐、宋之体为宗旨，尝仿王士祯《五七言古体诗选》为《今体诗选》，论者皆以为精当云。自告归后，主讲江南、紫阳、钟山各书院四十馀年。嘉庆十五年，重赴鹿鸣宴，恩加四品衔。二十年卒，年八十有五。"

陈用光撰《行状》："先生讳鼐，字姬传，一字梦穀，尝颜所居曰'惜抱轩'，学者称之曰'惜抱先生'。先生论学，兼治汉、宋，而一以程、朱为宗。尝谓'凡为经学者，所贵此心闳通明彻，不受障蔽。为汉学者，不深则不入，入则障蔽生矣'。呜呼！先生于义理之辨，可谓审之明而守之笃矣。"从孙莹撰《行状》："曾祖编修薑坞府君，先生世父也。博闻强记，诵法先儒，与同里方苧

川、叶华南、刘海峰诸先生友善。每谈必令侍，尤喜亲海峰。编修公尝问其志，曰：'义理、考证、文章，阙一不可。'编修公大悦，卒以经学授先生，而别受古文法于海峰。两主乡试，一为会试同考官，所得士为多。涪州周兴岱、昆明钱沣、曲阜孔广森，其最也。门人守其经学，为诗古文者十数辈，皆知名。"王昶《蒲褐山房诗话》："姬传岂弟慈祥，而襟期潇旷，诗旨清隽。晚学玉局翁，尤多见道之语。古文淳古简净，纡徐往复，亦多不尽之味。"

按：桐城自方望溪侍郎后，海峰继之，以古文据坛席者二百年，而中以惜抱为承先启后之巨子。然望溪能文而不能诗，海峰文于三人中有蜂腰之目，而独工诗。惜抱诗，出于海峰者居多，尤长于五、七言近体。盖海峰诗，直接李唐大历，为一代复古之才。惜抱虽从其受古文，其于诗亦讲授，时亲得闻绪论。故诗较海峰，略少远韵，而声调音格，不失师法云。

悦亲楼集三十二卷嘉庆戊午刻本

《悦亲楼集》三十二卷，祝德麟撰。王昶《湖海诗传》："祝德麟，字止堂，海盐人。乾隆二十八年进士，官监察御史。有《悦亲楼诗钞》。"王文治《梦楼文集》，序《止堂诗集》云："君未冠登第，官翰林。其间或典试，或视学，关中、天府，川中地险，以及八闽滨海之区，无不备历。及改官御史，以言事不合，镌级归里。侨居五湖三泖间，授徒自给。日以诗酒友朋之乐，宕漾其襟怀。"施朝干序其诗曰："余同年友止堂前辈，于百氏之书，靡不诵习讨论，而皆以资为诗。其生平出处之节，身世交际，聚散升沉之故，有动于中，皆以诗写其情，而不悖于义。"张维屏

《听松庐诗话》："芷塘诗，以性灵为主，亦能驱遣故实。盖欲力追其乡先辈查初白，及其房师赵瓯北两先生。"

按：止堂诗纯主性灵，袁枚《随园诗话》数称其诗，盖气类相合也。然芷塘官御史，亦揣摹风旨者。许宗彦撰《杭堇圃太史别传》云："亢旱，诏举直言极谏，徐文穆公以太史应诏。太史上疏言：'部臣自尚书至主事，皆满、汉并列，请外省自督、抚至州县，亦如此。'上震怒，欲置之法。文穆悉力营救，乃得斥归。后迎驾湖上，赐复原官。后有御史祝德麟，疑太史不得意，或有诽讪，讦奏之。九重披览，以并无违碍，听其流传。"即此一事，芷塘人品心术，大概可见。幸圣主宽仁，太史素无怨望。芷塘落井下石之计，遂不得行。宜其以言事不合，镌级归里。想其在谏垣时，遇事吹求，不明大体，其不如太史之抗疏敢言，远矣。芷塘乌足云称职耶？

红豆村人诗稿十四卷随园全集附刻本

《红豆村人诗稿》十四卷，袁树撰。吴振棫《杭郡诗辑》续十七："袁树，字香亭，仁和人。鸿子，枚从弟。乾隆二十八年癸未进士，官广东肇庆府知府。"符葆森《正雅集》："袁树，字豆村，号香亭，浙江钱塘人。乾隆癸未进士，官肇庆府知府。著有《红豆村人诗稿》。"袁枚《随园诗话》十："香亭弟随叔父健磐公生长广西。叔父亡后，余迎归故里。年十五，即见赠云：'坐无尼父为师易，家有元方作弟难。'又《即目》云：'山气腾空欲化云。'余早知其能诗也。"又《补遗》三："香奁诗，至本朝王次回，按：王，明天启时人，随园每以为本朝人，误。可称绝调。惟吾家香亭，可与抗手。其《无题》诗皆妙。余戏谓'诗中境界，非亲历者不知。然阿兄虽亲历，亦不能如此细腻风光也’。”

按：村人诗本家学，专主性灵，最工无题诗。以余论之，在王次回之上，何止抗手而已。《随园诗话》十云：“载其《渡淮诗》云：‘田家饭麦风犹北，游女拖裙俗渐南。’《顺风》云：‘天上鸟争帆影速，岸边人恨马行迟。’”又《补遗》二：“香亭在杭州归，得诗一册，示余。《湖楼观雪》云：‘压白万山岭，衬黑一湖水。’首句人人能道，次句古人所无，非亲历其境者不知。又‘树影放湖宽’，五字亦妙。”又《补遗》十：“香亭弟诗才清婉，近日从澳门寄诗来，殊雄健，信乎江山之助，不可少也。”然则，村人又不止工于香奁一体矣。惜乎为贫而仕，不能如乃兄之早退田居，专心于此事耳。不然，联珠二妙，于古人岂多让哉！

白华诗钞十三卷、文钞五卷家刻本，无年月

《白华诗钞》十三卷，《文钞》五卷，吴省钦撰。《国史本传》：“吴省钦，江苏南汇人。乾隆二十二年，南巡，召试赐举人，授内阁中书。二十八年，成进士，改庶吉（人）〔士〕。三十一年，散馆，授编修。三十三年，大考一等，擢翰林院侍读。四十年，擢右庶子。四十四年，迁侍讲学士。四十五年，转侍读。四十九年，擢光禄寺卿。五十年十一月，调顺天府尹。五十六年，擢礼部右侍郎。五月，调工部右侍郎。五十八年，转工部左侍郎。嘉庆二年八月，补吏部右侍郎。十二月，转吏部左侍郎。三年三月，迁都察院左都御史。四年正月，奏称‘候补知府李基，晓谙兵法，有手车、火雷、列卦图。举人王昙，能作气，按掌辟易多人，请加试看’。谕：‘吴省钦折奏，殊属大谬。吴省钦为风宪之长，于和珅、福长安二人，无一言举劾。及将和珅、福长安革职拿问后，

伊尚心存畏怯，缄默不言。兹见科道等纷纷密陈，伊任总宪，不能不一奏塞责。所称“手车、火雷、列卦图说，作气、按掌”之语，妖言左道，方严禁之不暇，岂可转引而试验？吴省钦身为台长，惑于妖言，妄行渎奏，着交部严加议处。’部议‘革职回籍’。八年六月故。”

王昶为撰《墓志铭》云：“君名省钦，号白华，冲之其字。松江南汇人。少英敏，善属文。乾隆二十八年，成进士，改庶吉士。散馆，授编修。在翰林二十馀年，以文学、词赋为圣主所知。嘉庆二年，升都察院左都御史。后二年，以保举非人，遂罢职。作诗本杜、韩、苏三家；古文本韩、柳、孙樵、刘蜕，及北宋诸名家。刻琢凝炼，援引精密。遇国家大典礼，所进诗文各册，留储内府，钤以御宝，人咸以为荣。君生于雍正七年，卒于嘉庆八年八月，年七十五岁。”

又《蒲褐山房诗话》：“白华著撰，精心果力，不屑蹈袭前人。少日，与赵损之、张少华同学渔洋、竹垞。既而别开蹊径，句必坚凝，意归清俊。入词垣，大考第一。由是衡文荆楚、西川，遇山厉水刻处，辄以五、七字写之。或以东野、长江为比，未尽然也。散文于唐似孙樵、刘蜕，于宋似穆修、柳开，亦复戛然自异。”姜兆翀《国朝松江诗钞》云：“白华散文，坚卓古劲，如唐之孙樵、刘蜕，宋之穆修、柳开。其诗，初犹以渔洋、竹垞为宗，后则警辟坚挺，直与川、楚之山雄水猛相抗，洵为杰构。”

今按：此《诗文钞》，乃其手自编定，视全稿六十卷，仅三分之一。盖前人自定《精华录》之例。白华学有根柢，在馆阁中本杰出之才。诗格老而意新，每多脍炙人口之作。入陕、入川以后，益得江山之助，颇见力厚思深。使其平步青云，官职、声名，本可资与年进。而乃苟全富贵，依附权门。卒以陈奏失言，遭圣明谴谪，岂不惜哉！

正声集四卷嘉庆己未刻本

《正声集》四卷，附词一卷，施朝干撰。王昶《湖海诗传》："施朝干，字铁如，仪征人。乾隆二十八年进士，官至宗人府府丞。有《正声集》。"阮元《淮海英灵集》丁集四："施朝干，字叔培，号铁如，仪征人。乾隆癸未进士，由礼部主事，历官郎中、御史、太仆寺卿、宗人府府丞，典试山东，视学湖北。性廉介绝俗，居京师，敝车羸马，罕见宾客。卒于楚任，贫不能丧葬。所著有《陵阳集》四卷。自谓在宛陵，学诗于张柏园先生，集名《陵阳》，志地也。晚年诗有钞本，在其弟子、今嘉兴太守伊小尹汤安处，将梓行之。其官御史，屡上封事。元欲为之作小传，向其弟求行略，未得也。"

汪廷儒《广陵思古编》云："著有《六义斋集》、《正声集》。"此集前有自序云："自删其诗，为《正声集》。"钱大昕序云："偶过嘉禾，访小尹郡伯于官斋。乃知小铁未出都时，自定其诗，号《正声集》者，凡二册。郡伯尝钞其副，将刊以行，属予叙之。"然则，是集本名《正声》，自序引李太白诗："大雅久不作，吾衰竟谁陈。"又曰："正声何微茫，哀怨起骚人。"谓雅正也。诗有正，大雅有变。然其辞温厚，其音和平，虽变而不失其正，则皆正声也。是《正声》名集，本自定之称。其云"六义""陵阳"，皆拟而未用者也。

袁枚《随园诗话》补遗五云："真州太常卿施朝干，字铁如，与余有世谊。自幼吟诗，熟精《文选》，于汉、魏源流，最为淹贯。《闻曲》云：'琵琶弦急对秋清，弹出关山离别情。借问黄河东去水，几时流尽断肠声。'真唐人高调也。余尤爱其《倚枕》诗，有'平世爱凡才'五字，真乃包括《十七史》。试观三国、南北朝人才，略差一筹，立形优绌。何也？用人之际，那容滥竽？不比太平时，尸位者多也。又有句云：'小水清音自幽独，英雄末路即文章。'姜西溟老而未遇，揆叙《送行》云：'青衫难作还乡客，白发偏欺下第人。'一悲一壮。"钱大昕序又云："余尝叹今之诗家，舍正始之音，而遁于异趣。非轻佻鄙俚以为新，则生涩堆垛以为富。不惟声韵失调，抑亦性情偏戾。读铁如之诗，陶冶性灵，谨守绳墨，其气格在高、岑、王、李之间，而不肯效皮、陆、仝、蜕之体。可谓介然自守，不牵于流俗者矣。"洪亮吉《北江诗话》云："施太仆朝干诗，如读甘谗鼎铭，发人深省。"谓其多见道之言，诗人而兼学人也。

宗丞早负才名，王光禄鸣盛"吴中十子"之刻，以宗丞居首。其为诗，不尚才藻，味真质朴，如其人，当时同辈多推之。彼亦不求俗赏。故施太仆之诗名，幼时读诸家诗话，亟思一见其全。然坊间绝少流传，朋好亦罕藏庋。则以知之者希，非若随园、瓯北、铅山、船山诸人之易于悦人耳目也。

竹叶庵文集诗二十四卷、词九卷乾隆五十年刻本

《竹叶庵文集》诗二十四卷，词九卷，张埙撰。王昶《湖海诗传》："张埙，字商言，吴县人。乾隆三十年举人，官内阁中书。有《西征》、《热河》、《南归》诸集。"《蒲褐山房诗话》："商言才情椭厉，硬语独盘。后学山谷、后山，沿文长、中郎之习，时露行墨间。然如《新丰》云：'百家鸡犬英雄宅，万岁枌榆故旧情。'

《夜宴》云：‘花露半晴题却扇，人扶残醉唱回波。’亦殊工丽。而生平与翁覃溪、赵云崧、孔荭谷诸君友善，故考证金石，及书画题跋，详赡可喜。”袁枚《随园诗话》：“吴门张瘦铜中翰，少与蒋心馀齐名。蒋以排奡胜，张以清峭胜。家数绝不相同，而二人相得。心馀赠云：‘道人有邻道不孤，友君无异黄友苏。’其心折可想。《过比干墓》云：‘只因血脉同先祖，直以心肝奉独夫。’《新丰》云：‘运至能为天下养，时衰拚作一杯羹。’读之，令人解颐。瘦铜自言：‘吟诗刻苦，为钟、谭家数所累。’又工于词，故诗近琐碎，不入大家。然其新颖处，不可磨灭。咏《风筝美人》云：‘只想为云应怕雨，不教到地便升天。’《借书》云：‘事无可奈仍归赵，人恐相沿又发棠。’（直）〔真〕① 巧绝也。至于‘酒瓶在手六国印，花露上身一品衣’，则失之雕刻，无游行自在之（乐）〔意〕②。”

按：今全集中诗，刻意求新，不屑屑为寻常声律之语。自知为钟、谭所累，故力矫其蔽，于晦涩之作，多半芟除。在乾、嘉诗人中，虽不能卓尔名家，亦可谓不落凡径矣。

棕亭诗钞十八卷、古文钞十卷、文钞八卷、词钞七卷诗，嘉庆丁卯刊本；文、词，道光丙申刊本

《棕亭诗钞》十八卷，《古文钞》十卷，《文钞》八卷，《词钞》七卷，金兆燕撰。王昶《湖海诗传》：“金兆燕，字钟越，号棕亭，全椒人。乾隆三十一年进士，官国子监博士。有《燕亭诗

①②均据《随园诗话》改。

钞》。”李斗《扬州画舫录》三：“金兆燕，全椒人。为教授时，于市购得小铜印，刻‘棕亭’二字，乃自取以为号，且构棕亭于署之西偏。后升国子监博士。”又十云：“兆燕，字钟樾，号棕亭。幼称神童，与张南华詹事齐名。工诗词，尤精元人散曲。以举人为扬州校官，后成进士，选博士，入京供职三年。归扬州，遂馆于康山草堂。著有《赠云轩诗文集》。”袁枚《随园诗话》九：“昔人称王粲精思，不能有加于宿构，故拙速不如巧迟。此言是也。然对客挥毫，文不加点，亦是乐事。余平生所见，敏于诗者四人：前辈中，一为宫詹张南华鹏翀，一为学士周兰坡长发；同人一为侯夷门嘉翻，一为金进士兆燕。俱可击钵声终，万言（侍）〔倚〕马。”

窃谓马工枚速，人各有能。速者无不工，而工者不必速。棕亭笔如泉涌，极济腾澎湃之观，而手有锤炉，炼句锻字，皆极熨贴。固非专逞才笔，不守诗律者。集中五、七古为多，皆一气卷舒，有如宿构。近体于流动之中，极研炼之致。其才力、学力，皆驾南华、夷门而上之。宜其为当时诗家所倾倒也。是书为汉阳叶氏所藏，前钤有“平安馆”三字白文篆书长方印，“叶志诜印”四字白文篆书小方印，“东卿”二字朱文篆书小方印。盖昆臣爵相、润臣舍人之封公旧藏也。版心有“增云轩”三字，故世亦称《增云轩集》云。

郋园读书志卷十三

集部

三松堂集诗二十卷、续集六卷、文集四卷同治壬申家刻本

《三松堂集》诗二十卷，《续集》六卷，《文集》四卷，潘奕隽撰。王昶《湖海诗传》："潘奕隽，字守愚，号榕皋。乾隆三十四年进士，官户部主事。有《三松堂集》。"《蒲褐山房诗话》："榕皋家门鼎盛，科第蝉联。通籍后，即膺馆职，兼奉皇华。而遽辞簪绂，归卧山林。乡里重以黑头，士类藉其青眼。琴樽裙屐，望影趋风。年甫六十，卜地于绿亩山，林泉窅冢，以生圹附之，其标格不减司空表圣。诗温厚和平，而清远闲散之致，自在馀句。五言、七言，令人揽撷无尽。"按：潘世恩《思补堂笔记》："世父光禄榕皋公，乾隆己丑第八卷进呈，引见迟误，降附三甲末。朝考，入选，特用内阁中书。尝入直，刘文正指以语人曰：'此杜老所言"天子呼来不上船"者。'后余登第，乞假完姻，汪畹云同年为写《秋帆归兴图》，同人赋诗以赠。世父题七绝五首，中有云：'天子呼来不上船，元臣谐语一时传。锦标夺得全家喜，枨触前尘廿五年。'盖谓此也。"

据此，则先生成进士，并未得馆职，《诗传》误也。钱泳《履

园丛话·耆旧》亦云："先生殿试，名列第七，以引见不到，降附三甲末。迨御试保和殿，钦定第十名，以内阁中书用。补官十馀年，除户部主事，遂归。自此林居四十馀年，读书评诗，游心物外。道光壬午，重赴鹿鸣，年已九十。奉旨加四品卿衔。是年遇覃恩、胞侄世恩，以一品封典，貤封光禄大夫。生一子，名世璜，乙卯探花。乾隆六十年。尝赋《纪恩诗》，和者甚众，海内莫不荣之。所著有《三松堂诗文集》，行于世。"先生工书画，书学董思翁。《丛话·梦幻》载："先生书法董思翁，且慕其为人。尝卧病，梦彷徨水滨，一巨舸自远来泊，中有一叟，须眉皓然。潘抠衣入谒，问姓名，曰：'予董其昌也。'潘下拜，起而言曰：'久欲见公，不知公近在何所？'叟云：'欲识吾居，颇忆吾所书经否？青色青光，黄色黄光，赤色赤光，白色白光，彼有人焉，子其无意乎？'潘初不记是何经语，因言：'夙惜爱公墨妙，亦能少酬鄙愿否？'叟起立就几，醮墨疾书，俄成巨幅。精灵变幻，不可名状。潘喜甚，复请再书。叟仰天而笑，化白鹤望空飞去。潘急起追之，了无所见。惟见莲影摇波，香风四匝。潘手搴莲子，嚼而咽之，遽然而觉，病遂愈。"彭二林先生尝纪其事，盖精神所聚，鬼神通之也。

画师一峰，冯金伯《墨香居画识》："榕皋，又号水云漫士。画师一峰，酬应既繁，但写兰、梅、水仙，信墨挥洒，不加粉饰，而天趣盎然，迥非凡品。"诚以先生生长高门华族，而性爱萧闲。平日耳目之所接见者，既有异于荜门圭窦之寒儒，故发于诗文书画者，皆有雍容华贵之气。《蒲褐山房诗话》，摘其五言佳句如"青帘烟外舫，红树画中山"、"风将残磬远，鸟与暮云归"、"涧声疑过雨，岚影欲沉烟"、"凉波沉鸟影，高树落蝉声"、"花影移吟几，湖光上客衣"。七言如"旧游残梦寻无绪，同辈晨星看渐稀"、"秋士风情宜对菊，老年世味剩衔杯"、"新图屏幛青围座，旧种檐蕉绿上衣”、“香浮古鼎闲临帖，花倚晴窗伴校书”、“过雨红莲常破萼，冲烟白鹭自成行”、“古寺烟消梅放萼，小桥水暖柳抽芽”、“帘前峦翠疑排闼，槛外湖光欲上楼”。皆取其秀美清远之作。不知其全诗多以欢愉之言出之，高旷之境，于富贵人诗中，别辟一蹊径也。

南江文钞十二卷、诗钞四卷 道光壬辰门人胡敬刻本

《南江文钞》十二卷，《诗钞》四卷，邵晋涵撰。王昶撰《墓表》：“君名晋涵，字与桐，号二云，馀姚人。乾隆三十三年，举于乡。三十六年，会试第一，成进士，归部铨选。三十八年，诏开《四库》馆，大臣以君荐。特授庶吉士。逾年，授编修。五十六年，擢左中允，补侍读。历左庶子，翰林院侍讲学士。卒于嘉庆元年六月十五日，享年五十四。”又《蒲褐山房诗话》：“二云学问，经经纬史，包孕富有，而不以诗赋见长。在史馆数十年，名卿列传，多出其手。据事直书，未尝有所瞻徇。所著《尔雅正义》，先已刊行。又有《孟子述义》、《韩诗内传考》、《穀梁正义》诸书，未成，皆稿藏于家。世人但夸其小学，盖方隅之见尔。”洪亮吉《邵学士家传》云：“生平为文，操笔立就。朝廷有大述作，咸出君手。其冲和渊懿，奥衍奇古，则又君之学为之也。”

按：同时诸人记录，皆称二云之学问及其文，未有称其能诗者。惟郭麐《樗园消夏录》下云：邵二云学士，经学湛深，古诗多深思古意。然如《和童二树梅花诗》云：“折枝赠别晓江寒，好句长留画壁看。三载销魂梅岭雨，黄椰根苦荔支酸。”注：怀罗二岭南。言情婉晚，深得风人之旨。《秋草》云：“长驿露寒人独去，

横塘水落雁初过。”《落叶》云：“从遣深山征月令，是谁中夜读离骚。”皆有远韵。盖二云于诗，功力至深。《诗钞》所存，多此类，而人不甚称诵者，为他著述所掩尔。

蕺园诗集十卷、近诗二卷乾隆壬午家刻本

《蕺园诗集》十卷，《近诗》二卷，程晋芳撰。王昶《湖海诗传》：“程晋芳，初名廷镄，字鱼门，号蕺园，歙县人。乾隆二十七年，召试，赐内阁中书。三十六年，成进士，官吏部主事。以校勘《四库全书》，改编修。有《蕺园全集》。”翁方纲撰《墓志铭》云：“君束发时，读蕺山刘念台《人谱》，见其论守身、事亲大节，辄心慕之，故以蕺园自号。君之高祖，自歙迁扬，以盐筴起家。兄弟三人，接屋而居。食客百人，延接宾客，宴集无虚日。好学工诗，屡踬于场屋。壬午，应召试第一，授内阁中书。乃悉弃产，偿宿逋，携家北上。辛卯，成进士，授吏部主事。癸巳，特开《四库全书》馆。书成，改编修。君遇益隆，家益贫。然嗜书籍若饥渴，视朋友如性命。救人之患，周人之急，犹不减家全盛时也。君诗善言情，缠绵往复。于家世盛衰，侪偶聚散，娓娓数百言。然烛拈髭，俯仰今昔，而君亦垂老矣。君故苦末疾，癸卯抵关中，而疾不起。中丞毕公经纪其丧，抚其孤，归厝江宁。享年六十有七。”

按：徐书受撰《墓表》称其“于学无所不贯，而尤长于古文。诗著草六巨编，虽甚冗不辍，倘汰其十一，而存其精英，实一代正宗，近今名家所不及。文交遒简，而有法度。所著《周易知旨》、《尚书今文释》、《左传翼疏》、《礼记集释》各若干卷，《勉行斋文集》十卷，《蕺园诗》三十卷，藏于家”。今此本十卷，与

《墓表》所载不合。然刻于乾隆壬午，则在未入词馆以前。其中有其亲笔校正误字，盖初印本也。

勉行堂诗集二十四卷、文集六卷嘉庆戊寅邓廷桢刻本

《勉行堂诗集》二十四卷，《文集》六卷，程晋芳撰。程先刻有《蕺园诗集》十卷，《近诗》二卷。此则其子瀚所藏稿本，嘉庆戊寅，邓廷桢所校刻者也。程先世以盐筴起家，至鱼门，以聚书好客而中落。乾隆二十六年辛卯，成进士，由吏部荐入词馆。平生笃守程、朱之学，兼慕刘蕺山之为人，故号蕺园。袁枚撰《墓志铭》，称其“秀眉方颐，髯飘飘然在左右拂。吟咏意得，阔步摇播，袍褶风生。与人言，暧暧姝姝，虽臧获，无所凌谇。遇文学人，惵然意下。或出己下者，亦必推毂延誉，使满其意。故京师语曰：‘自竹君先生死，士无谈处。自鱼门先生死，士无走处。’竹君者，大兴朱学士筠也①。君于学，无所不窥，尤长于诗古文，醇洁有欧、曾遗意。所著《勉行斋文》十卷，《蕺园诗》三十卷”。

袁与鱼门交最厚，《随园诗话》采其佳句甚多，有见于集中者，有不见于集中者。盖其稿屡经编订，故所载卷数及名称，均不同也。此《诗文集》并前《蕺园诗集》，先后从旧书店中觅得。乃知当时所据，皆稿本，非刻本。徐书受《墓表》所称“诗草六巨编”，正不知此所存者几何？想亦菁华尽于此矣。

---

①此句原刻本为“大兴士朱学筠也”，据文义径改。

钱南园遗集五卷同治壬申湖南官局刻本

《钱南园遗集》五卷，钱沣撰。王昶《湖海诗传》："钱沣，字东注，号南园，昆明人。乾隆三十六年进士，官至通政司副使。"袁文揆撰《别传》云："侍御钱南园先生，讳沣，字东注。家贫，以冶银为业。既补弟子员，肄业五华书院。菏泽刘中丞藻征诗，首拔之，云：'此生独往独来，必为将来大开风气。'先后主讲席，尤器之。中乾隆戊子乡举。辛卯三十六年成进士，改庶吉士。壬辰，授检讨。辛丑冬，晋御史。会甘肃冒赈折损事，疏劾巡抚毕沅，夺沅职三级。复劾山东巡抚国泰贪婪，传旨，命偕大臣和珅、刘墉、诺穆清等往讯得实，逮国泰、藩司于易简赴刑部治罪。上以先生敢言，擢通政司参议。癸卯四月，晋太常寺卿。六月，转通政司副使。是岁八月，以本官兼湖南学政，三年期满，命留任。己酉，丁母忧解任。癸丑七月，服除，即北上。先是湖北荆州水灾，城圮孝感，活埋人。上责以近在邻省，不查奏，革职留任。而湖南有匿丧应试，及首违碍书籍者。会先生闻讣，交抚臣浦霖查办。抚臣遂以为己发也，奏参及先生。部议甚严。上特敕部曰：'钱沣尚知持正，加恩以主事用。'比选户部江南司主事。引见，复奉特旨，以员外郎即用。既补户部河南司员外，旋擢湖广道御史。是时，军机大臣多不于军机处办事，与旧制不合。疏请敕悉照旧规。上得奏，切责诸大臣，即命在军机处行走。和珅阴忌之，且直诘之，卒不能屈。转资商榷主驳。自大学士阿英勇公以下，皆称为南园先生。其见严惮如此。乙卯夏，扈跸滦阳。九月还，至十八日，病卒于官，年五十六。为诗古文，博奥精悍。同辈并后生，以诗文就正，往往面规其失，而私扬其善，士论翕然宗之。”

按：侍御在乾隆时，以直声振朝野。虽以和珅之奸险，不能有所加害。盖其平日以忠诚上结主知。高宗深知其贤，因其不满和坤查办国泰案也，即命同行。因其奏参军机处不在一处办事也，即命在军机处行走。其事皆出特恩，前无此例也。是时，和珅颇当权，而高宗即以其所忌之人，命其共事一方，使之有所忌惮。知人善任，仰见高宗之圣明。而侍御遭遇之奇，亦古今所罕有也。其诗，有嘉庆壬戌赵州师范刻。今前三卷，即仍其旧。文则向无刻本，湖南书局始搜辑，编为二卷，并诗为五卷，此本是也。诗体风骨严峻，似其为人。而功力之深，实从老杜入。故虽不以诗文见重，其长篇短什，为人宝贵，皆有同心。况湖南为其教泽之所留遗者耶？

惟清堂诗钞五卷、文钞六卷、年谱一卷道光壬午家刻本

《惟清堂诗钞》五卷，《文钞》六卷，《年谱》一卷，铁保撰。《国史本传》：“铁保，栋鄂氏，满洲正黄旗人。乾隆三十七年进士，授主事，签分吏部。四十年，补官。四十二年，迁员外郎。四十三年，迁郎中，兼内务府六库郎中。四十四年，调户部颜料库郎中，仍兼吏部行走。四十五年，擢詹事府少詹事，仍兼吏部行走。因办理知州彭日龙捐复错误，降三级调用。四十七年，补户部员外郎。五十年，迁吏部郎中。三月，擢翰林院侍讲学士，仍兼吏部行走。五十三年，转侍读学士。十二月，升内阁学士，兼礼部侍郎衔。五十四年，迁礼部右侍郎。二月，兼镶红旗蒙古副都统。十月，调镶黄旗蒙古副都统。五十六年十二月，转左侍

郎。五十八年，调镶黄旗汉军副都统。五月，调正白旗蒙古副都统。嘉庆三年，调吏部右侍郎。十二月，调正白旗满洲副都统。四年正月，转左侍郎。二月，迁盛京兵部侍郎。五月，调刑部侍郎，兼管奉天府府尹事。九月，调吏部右侍郎，兼正红旗汉军副都统。十一月，调正蓝旗满洲副都统。十二月，授漕运总督。七年，调广东巡抚。八年正月，调山东巡抚。九年，加太子少保衔。十年正月，擢两江总督。十四年，因案革职，发往乌鲁木齐效力赎罪。十五年六月，赏三等侍卫，充叶尔羌办事大臣。七月，授翰林院侍讲学士，仍留办事大臣，调喀什噶尔参赞大臣。十六年九月，授浙江巡抚，旋改吏部左侍郎。十一月，兼镶蓝旗汉军副都统。十七年，擢礼部尚书，兼镶白旗汉军都统。十八年九月，调吏部尚书。十九年，伊犁将军奏参，前在喀什噶尔办理回众，枉杀邀功。谕革职，发往吉林当差。二十三年释回，授司经局洗马。道光元年，乞休，赏三品卿衔。四年卒。”

汪廷珍撰《墓志铭》：“公，栋鄂氏，讳铁保，字冶亭，一字梅庵。世为满（州）〔洲〕人。成进士，授吏部文选司主事。累迁至翰林院侍讲学士，仍兼部事。大学士阿文成公器之，举为副都统。纯庙素稔公名，谓副都统尚未足尽其才。乃召试，五言诗称旨。越三日，又集诸儒臣同试之，擢第一。遂改授内阁学士。时乾隆五十三年十二月，公之受知自是始。旋迁礼部侍郎。嘉庆元年，调吏部右侍郎。自改授内阁学士至是，凡九年，知贡举者三，总裁会试者二，主考顺天、江南、山东乡试各一，得人称盛。四年，转左侍郎。仁宗亲政，命公留守陪都，督理九边门。出为漕运总督。八年，巡抚山东。十年，总督两江。寻以失察山阳赈案，戍乌鲁木齐。逾年，起为喀什噶尔参赞大臣。十六年，起礼部尚书，转吏部尚书。以回疆疑狱，戍吉林。寻起为司经局洗马。道光元年，引疾，赐三品卿衔致仕。四年正月初三日，卒于家，年七十三。公既以治行报国，而又以其馀力著为文章。尝表进所辑八旗诗百三十四卷，赐名《熙朝雅颂集》。晚岁家居多暇，自编年谱二卷，文钞六卷，诗钞五卷，诗馀一卷。尤工书法，所刻惟清斋帖，艺林宝之。"

按：王昶《蒲褐山房诗话》云："冶亭少入词垣，偕其弟阆峰按：阆峰，名玉保。乾隆四十七年进士，改庶吉士。散馆，授检讨。累官至吏部侍郎。并以诗名。而冶亭尤工书法，北人论书者，以刘相国石庵、翁鸿胪覃溪，及君为鼎足。"王豫《群雅集》："尚书与百菊溪制府、法时帆学士，天子称三才子。生平敬礼贤士，人伦冰鉴，真鄂文端后一人。"符葆森《寄心庵诗话》云："百菊溪节相谓梅庵宫保诗，如'王子晋向月吹凤笙，随风抑扬，声在云外。至若气魄闳深，如河流之发源于天，江汉之朝宗于海。岂浅学所能'。"今观《诗钞》，虽不必如菊溪之过誉其词，而顾视清高，魄力深厚，力追正始，不愧作家。五言尤工，宜为纯庙所赏拔。惟仕途蹬蹶，饱阅升沉。初不知仁宗何以始信任之，而终废置之。及观礼亲王《啸亭杂录》，言其"诗才俊逸，议论今古是非，侃侃正论，有古大臣风范。后闻其历任督、抚，以傲戾称。又袒庇科目，颇蹈明人恶习。每诧其言行不符。嗣闻人言，当癸酉秋林清之变，公独召对，尽述阉宦不轨之谋；又发十七日夜之事。上从其言，搜捕逆党颇急。太监杨进忠谋逆，又为其门生御史陆泌、曹恩绎所发。致恨之切齿，造诸蜚语。上闻，遂有西域之谪，重遭重谴，是或然欤"。虽然，公事功虽未有成，而诗名终不可没。当时，如袁枚《随园诗话》、吴锡麒《有正味斋日记》、阮亨《瀛舟笔谈》，摘公诗佳句，颇多奇警之句。苟非一生精力，所用在此，其能传诵人口如是之久耶？

小岘山人诗集二十六卷、文集六卷、续集二卷 嘉庆二十二年家刻本

《小岘山人诗集》二十六卷，《文集》六卷，《续集》二卷，秦瀛撰。《国史本传》："秦瀛，江苏无锡人。乾隆三十九年举人。四十一年，上巡幸山左，召试一等，赐内阁中书，充军机章京。四十八年，丁母忧。四十九年，丁父忧。五十二年，服（阅）〔阕〕。五十四年，升侍读。五十七年，京察一等，迁户部江西司郎中。五十八年，授浙江温处道。五十九年，调杭嘉湖道。嘉庆二年，署按察使。五年，升按察使，调湖南按察使。七年，因病，乞解任。九年，病痊，补广东按察使。十年，擢浙江布政使。十月，入觐，命以三四品京堂补用。十二月，补光禄寺卿，旋调太常寺卿。十二年，升刑部右侍郎。十三年，闲散宗室敏学，恃势逞凶。命会同宗人府审讯，故为开脱，下部严议革职。谕降三级调用。十四年，补光禄寺卿，授都察左副都御史，授仓场侍郎。谕：秦瀛年齿渐衰，着以二品顶带，仍补都察院左副都御史。六月，迁内阁学士，兼礼部侍郎衔。寻擢兵部右侍郎，署刑部右侍郎，转左侍郎。十五年正月，实授刑部右侍郎。因目疾，解任回籍。道光元年卒。"

陈用光撰《墓志铭》："公讳瀛，字凌沧，一字小岘，晚又号遂庵。幼有异禀，读书能兼人。学为诗古文，千言立就。年十六，补县学生。三十二，以贡入京师，遂举京兆。丙申，纯皇帝巡幸山东，献赋，召试，以能知题所出，已黜。为纯皇帝拔置一等，赐内阁中书，入直军机。擢侍读，迁户部郎。出为温处兵备道，擢浙江按察使、布政使。入觐，擢刑部侍郎。以目疾乞归，家居

十有一年卒，年七十九。公于诗古文及制艺，皆力追古人风格，而能有所自得，少时为齐次风、杭堇圃所知。既得举，则见重于窦东皋。官京师，与王惕甫、鲁山木，以文字相质问。及见姚姬传先生，而弥有契合。所著有《淮海年谱》六卷，《己未词科录》十卷，《无锡金匮志》四十卷，《小岘山人诗文集》三十六卷，版藏于家。”

按：王豫《群雅集》云：“司寇诗，谨守唐贤。古文希踪归、方两家。以叫呶狂纵为才大者，当奉为清凉散也。”王昶《湖海诗传》云：“锡山秦氏，以事功经术见称。至对岩学士，始擅词章，有《苍岘山人集》。故凌沧以《小岘》名其集。在武林数年，益以文章相娱乐，招邀贤俊，屡为诗酒之会。修望湖楼，上供东坡。修龙井寺，旁隙地建祠，以祀少游。而诗文日益进。”然则，公学有本原，性耽风雅，故诗文皆为当时名流推重。不仅宦辙所至，卓著政声也。余求公集，多年不得。幸遇而购之，竭数日之力，流览一过。觉其中五、七律尤长。其中警健之作，张维屏《听松庐诗话》所举者，实未尽也。洪亮吉《北江诗话》称其诗“如久旱名山，尚流空翠”，亦未足概其全。读者试取全集观之，而后知当时称公诗，或过于溢誉，或仅举所知，皆非知公之深矣。

九曲山房诗集十六卷嘉庆五年刻本

《九曲山房诗集》十六卷，宗圣垣撰。符葆森《正雅集》：“宗圣垣，字芥帆，浙江会稽人。乾隆三十九年甲午举人，历官雷州府知府。著有《九曲山房诗钞》。”宗稷辰撰《墓志》称：“芥帆与弟藕船，以诗古文名越中。少时，商宝意、刘豹君方主坛坫，选《越风》，实赖以赞成之。袁简斋来越，蒋心馀主讲蕺山，深相契合。官粤东司马廿年，萧然退老，仅刻成《九曲山房诗》十六卷。年将大耋，尚与时彦学诗者晨夕谈艺，周又谿、邬雪舫，皆及门也。墓碑题‘会稽诗人宗芥帆先生之墓’。稷辰又刻其《归越诗》一卷。越中学子以公昌诗教于乡，设位于卧龙山之诗巢，祔西园十子。”

按：袁枚《随园诗话》十四云：“游山诗，要写得出宗芥帆《磨盘山》：‘分明寻丈恰隔里，指点平夷偏落陡。东西俄转望若失，呼应已逼待还久。中央簇簇攒牛宫，四角层层布鱼笱。更疑去路即来处，几讶迷途欲退走。入世敢云肱折三，立峰顿觉肠回九。’”随园所谓“写得出”者，斯诚足以当之矣。

有正味斋骈体文二十四卷、诗十六卷、外集五卷 嘉庆十三年家刻定本

《有正味斋骈体文》二十四卷，诗十六卷，《外集》五卷，吴锡麒撰。王昶《湖海诗传》：“吴锡麒，字圣征，号榖人，钱塘人。乾隆四十年进士，官祭酒。有《有正味斋集》。”《蒲褐山房诗话》：“浙中诗派，自竹垞、初白两先生后，二十馀年，大宗、太鸿起而振之。及两公殂谢，嗣音者少，司成以云蒸霞蔚之文，合雪净冰清之作，驰声艺苑，独出冠时。既工骈体，尤善倚声。而诗才超越，直继朱、查、杭、厉之后，宜中外望之，指为景庆也。情殷萱（肯）〔背〕①，乞假南还。虽未即安于闲适，而世已以白、晁两太傅相期。性好溪山，流连诗酒。青藤画舫，绿箬红衫。游筇所造，承盖扶轮，扫门纳履。”

①据《诗·卫风·伯兮》：“焉得谖草，言树之背”改。“谖”，亦作“萱”。

按：祭酒以骈文擅长，兼工赋得体。同时，馆前辈袁随园大令枚，亦工骈文，又于时文别开生面。余少年习括帖，揣摩二家。同时朋辈，以余天姿高，何不学汉、魏、六朝，余不顾也。然随园于骈文、时文外，诗名满天下。祭酒诗有格调，有法律，较之随园，才气诚有不逮。然步伐齐整，壁垒森严，譬之用兵，随园如李广、郭子仪；祭酒则程不识、李光弼也。而其名为骈体所掩，称之者少。大（氐）〔抵〕祭酒诗，融贯汉、魏、六朝、三唐，而博之以宋人之意趣，故音节高而无浮响，功力厚而有深思。赋得体为唐时试士之制，我朝因之，自童试，乡、会试，朝考，以及翰林馆课、大考等，皆用之，故工于此者最多。然余所服膺者二家：一纪文达，纯用唐法，脉理清真；一祭酒，掩有众长，瑰丽雄奇，（干）〔于〕此体别辟蹊径。虽括帖之作，皆卓然自成一家。苟非于诗中用功至深，固不能臻此绝诣也。科举既废，此体将来固绝无知之者，故特表而出之。

两当轩集二十卷、考异二卷、附录六卷 同治癸酉活字印本

《两当轩集》二十卷，黄景仁撰。《考异》二卷，《附录》六卷，则其孙志述撰也。《两当轩集》，风行海内已百年。乾、嘉诗人如袁、赵、蒋之外，享名之盛，未有过之者也。此集刻本甚夥，最初为《悔存诗钞》八卷，大兴翁方纲选，嘉庆二年，丘县刘大观刻。其次为《两当轩诗钞》十四卷，《悔存词钞》二卷，嘉庆四年，长宁赵希璜选刻。二十二年，侯官郑炳文补足续刻。即一本。又其次为《两当轩诗集》十六卷，道光四年，海盐吴修刻，未竣。十五年，海宁蒋光煦刻成。最后为《两当轩诗钞》十四卷，《竹眠

词》二卷，道光十三年，许玉彬刻。然皆非足本也。此本乃其全稿，十七至十九，为词三卷，二十则遗文一卷。后有咸丰八年，太仓季锡畴跋，盖志述所编足本。当时未及刊行，同治癸酉，集珍斋以活字印行。后来坊间一再翻雕，所据皆此本也。

景仁少时，与同里洪稚存太史亮吉齐名，有二俊之目。后同受业于大兴朱笥河学士筠之门，并有猿鹤之称。钱文敏维城刻《毗陵七子诗》，景仁即其一。当时名满天下，巨人宗匠争以礼罗致之。而屡试南北秋闱，艰于一第。乾隆四十一年，皇上东巡，献诗赋，召试二等，不获一官。卒以武英殿书签例，得主簿，入资为县丞，赴部候铨。旋出都，客死解州沈运使业富署中，年仅三十有五。近日文人坎轲不遇，未有如此之甚者。其诗，皆谓其学太白。实则于昌谷、山谷二家，别有会心。王侍郎昶为撰《墓志》，称其诗“疏瀹灵腑，出精入能，刻琢沉挚，不以蹈袭剽窃为工”，洵定评也。此集自翁选以下，各刻本余均有之，因以此本镇库，而各刻本列之副墨云。

芙蓉山馆诗钞八卷、词钞二卷、文钞一卷、续钞一卷嘉庆乙丑刻本

《芙蓉山馆诗钞》八卷，《词钞》二卷，《文钞》一卷，《续钞》一卷，杨芳灿撰。王昶《湖海诗传》：“杨芳灿，字蓉裳，金匮人。贡生。今官户部员外郎。有《吟翠轩初稿》。”《蒲褐山房诗话》：“蓉裳惊才绝艳，缀玉联珠，骈体之工，几于上掩温、邢，下侪卢、骆。而诗则取法于工部、玉豁间。填词亦清妍婉丽，兼有梦窗、竹山之妙。乃仅以拔萃科，选伏羌县令。既而逆回构乱，烽火连天。蓉裳严守孤城，独当豕突。予时在鹑觚，督兵堵御。

草檄飞书，来往问询。见其意气自如，啸歌不辍，知其必能办贼事平。后久之，乃量授灵州。又偃蹇十馀年，始入农部。虽兼《会典》馆纂修，终不获与于承明著作之林，殊为缺事。然闻敦槃之盟，必以君为赤帜，盖光焰终不能掩也。”

赵怀玉撰《墓志铭》：“君讳芳灿，号蓉裳，才叔其字。世为无锡人。生七月，即能识楹帖字不误。四岁，读四子书，竟能背诵唐人古今体诗八百馀首。稍长，从舅氏顾君游，为诗时得佳句。世父潮观，故名宿。君与群从中表，皆以才名里中。年十九，为金匮县学生员。试江宁，见赏于袁大令枚。南昌彭文勤视学江苏，辄冠其曹。为丁酉选拔贡生，廷试一等，以知县用，发甘肃。旋补伏羌县。回匪田五，起掠固原，攻靖远，扰安定。方欲请兵，贼已大至。君登陴固守，前后杀贼五百馀人，贼不敢复逼。军务竣，以守城功上，补灵州。会君仲弟授甘肃布政，例回避，改捐员外郎，在户部广东司行走。丙寅，遭太夫人忧，岁暮达江宁。辛未，蜀中大吏延修省志。乙亥冬在季著[①]安县，偶感寒疾，遂不起，卒年六十有三。所著有《真率斋稿》十二卷，《芙蓉山馆诗词稿》十四卷，《骈体文》八卷行世。”

陈用光撰《墓志铭》：“君诗出入于义山、昌谷，而自成其体。又工俪体文，尝语用光曰：‘色不欲其耀，气不欲其纵。沉博奥衍，斯俪体之能事也。’”吴嵩梁《石溪舫诗话》：“蓉裳农部，才华绝世，与弟荔裳方伯早负盛名。十年以后，诗律益细，而藻采不凋。七古、近体擅场。五言长律尤为绝调。七古嗣响四杰，七律抗衡西昆。排律妙处，以义山之工丽，香山之缠绵，加以沉宏开合，具体少陵，不袭其貌，而得其意。每逢佳题，殚思以就。

①“季著”二字，不知何义，原稿如此。

回波舞雪，振羽沉宫，声情之美，往往移人。”

按：农部艳丽之才，一时无偶。骈偶文金声玉振，锦绣花团，以四杰之才思，兼六朝之采色。诗则无论五、七古，近体，皆撷采古来诗家浓丽温柔一派，侔色揣称，挹其精华，如啖鲜荔支，香、色、味三者俱佳，真足令才人、学人一齐拜倒者矣。当时与弟荔裳方伯同负才名，一时有二杨之目。然皆不由科第出身，分执骚坛旗鼓，亦奇矣哉！

学古集四卷、诗论一卷嘉庆十三年犹子纯熙刻本

《学古集》四卷，《诗论》一卷，宋大樽撰。王昶《湖海诗传》：“宋大樽，字左彝，号茗香，仁和人。乾隆四十二年举人，官国子监助教。有《学古集》。”《蒲褐山房诗话》：“茗香诗，扫净一切，追汉、魏而上之，李沧溟辈当变色失步。惟五言近体，迪功、灵一，稍堪把臂。”吴锡麒序云：“茗香化去，其遗箧存诗四卷，曰《学古集》，凡拟古歌谣为杂体一卷，拟汉、魏、六朝为五言古诗一卷，拟太白为七言古诗一卷，拟王、孟诸家为五（家）〔言〕今体诗一卷。式之以古，画之以今。抉剔精能，粹然不杂，可谓善矣。”

按：茗香早年有《牧牛村舍外集》，罕传于世。此集乃其手定之稿，犹子纯熙刻之。戚学标称其诗格“自三唐变为六朝，变为汉、魏乐府，益变为楚骚，上而至于三百节。靡不极其言中之趣，而得乎象外之神”。茗香早举京兆，补太学校官。卒乃自放于山水间，类乎古之逸人浪仙，超举尘埃之表。此其人品已变而高，而诗亦与之俱变。原其所以变，则集中自言之矣。龚自珍《三别好诗》：一吴骏公《梅村集》，一方百川时文，一宋左彝《学古集》。

其《题学古集》云："忽作泠然水瑟鸣，梅花四壁梦魂清。杭州几席乡前辈，灵鬼灵山独此声。"其为定庵倾倒若此。知其苦心孤诣，后世自有知者。诗文之传，本不在多。即此四卷精华，胜于他人千首万首矣。

师竹斋集十四卷嘉庆七年家刻本

《师竹斋集》十四卷，李鼎元撰。王昶《湖海诗传》："李鼎元，字味堂，号墨庄，绵州人。乾隆四十三年进士，官宗人府主事。有《师竹斋集》。"本集前有昶序云："李君和叔，家绵州。偕弟凫塘，皆以俊伟鸿博之才入词馆。既，改为中书舍人。家本寒素，虽通籍，犹为负米之行，由齐、鲁、吴、越而楚，奔走数千里。又往还蜀道，足迹几遍天下。耳目所涉，山水所历，往往于诗发之。诗无不仿，亦无不似，而得之少陵者最多。"又《蒲褐山房诗话》："近日绵州称三李，按：调元、鼎元、骥元也。以墨庄为最。意沉挚，辞警拔。筮仕后，索米不足，远游江海，所过名山大川，发其抑郁无聊之气，拔地倚天。三吴士大夫，未能或之先也。庚申，墨庄奉使琉球，余在武林，过访讲舍。君天才奇伟，佐以域外之观，海涵地负，当有骇心而馘目者。"

按：鼎元奉使琉球，以赵介山殿撰文楷为正使，鼎元副之。是时阮文达元为浙江巡抚，王主讲西湖诂经精舍。故元集中有《与两星使倡和诗》。阮亨《瀛舟笔谈》附鼎元《和元原韵》云："传闻海水接天流，始信乾坤到十洲。故友欢逢仍作客，书生奇遇似封侯。心情自许无波井，踪迹真成不系舟。百顷镜湖容小住，风尘难得是兹游。"此诗甚工雅，而今集中无之，可见其删汰之严矣。

听彝堂偶存稿二十一卷嘉庆己未刻本

《听彝堂偶存稿》二十一卷，吴省兰撰。《国史本传》："吴省兰，江苏南汇人。乾隆三十二年，考补国子监学正。三十九〔年〕，升助教。三十九年八月乡试，省兰未成进士，特命充顺天乡试同考官。四十三年戊戌，会试，未中式，谕与本科中式进士一体殿试，列二甲，改翰林院庶吉士。四十五年，散馆，授编修。五十三年四月，擢右春坊右赞膳，九月转左，十二月，擢右中允。五十四年，转擢侍讲。五十六年，大考一等，擢詹事府詹事。五十七年，擢内阁学士兼礼部侍郎。嘉庆三年正月，擢工部右侍郎。四年正月，调礼部右侍郎。大学士和珅伏诛，谕曰：吴省兰系和珅引用之人，虽无人列款参劾，未便幸列卿贰，着降为编修。五月，擢右中允。七月，擢侍讲。八年，擢侍讲学士。九年，京察引见，奉旨：吴省兰年已就衰，才力不及，着以原品休致。十五年卒。"按：省兰字泉之，此存稿卷一至卷四，赋；卷五、六，颂；卷七，雅；卷八，表；卷九，奏折；卷十，策问；卷十一，论；卷十二、十三，杂文；卷十四，连珠；卷十五，序；卷十六，寿序；卷十七，记；卷十八，箴；卷十九，铭；卷二十，跋；卷二十一，祭文。大抵皆馆阁骈偶文字，其中进呈之作居多。杂文中有重排千字文、五七言诗，亦皆撰以颂圣者。岂一生营营富贵，除供奉外，不作一诗一文耶？则又不如乃兄白华远矣。

按：此非《诗坛点将录》中人，因其兄省钦附及之。

存素堂初集录存诗二十四卷、诗稿一卷、二集八卷、文集四卷、续集二卷初集，嘉庆丁卯王墀刻本；二集，嘉庆癸酉刻本；文集，嘉庆丁卯程邦瑞刻本

《存素堂初集录存诗》二十四卷，《诗稿》一卷，《二集》八卷，《文集》四卷，《续集》二卷，法式善撰。王昶《湖海诗传》："法式善，本名运昌，奉旨改今名。蒙乌吉氏，字开文，号时帆，蒙古正黄旗人。乾隆四十五年进士，今官侍讲。有《存素堂稿》。"《蒲褐山房诗话》："时帆自登仕版，即以研求文献、宏奖风流为事。故在词垣，著《清秘述闻》、《槐厅载笔》。在成均，著《备遗录》。其馀有资典故，著而未刻者甚多。所居在厚载门北，背城面市，一亩之宫，有诗龛及梧门书屋。室中藏书万卷，间以法书名画。外则移竹数百本，寒声疏影，翛然如在岩谷间。经师文士，一艺攸长，无不被其容接。为诗，质而不癯，清而能绮。故问字求诗者，往往满堂满室。"黄安涛撰《小传》云："先生原名运昌，字开文，一字时帆，号梧门。乾隆五十年迁庶子时，命改名法式善。法式善者，《国语》'黾勉上进'也。先生由词翰起家，服官三十馀年。同学及后进，皆跻显要。先生屡起屡蹶，秩不逾三品。文誉翔踊于海内者甚久，操觚之士，争欲出门下以为荣。而顾未尝与学政，及乡、会、典试分校之役。两试翰詹，并以下考左迁，先生固泊如也。盖先生虽雄于文，而楷法不逮。故每试，多以此见绌。性爱闲素，好奖进，一时坛坫之盛，几与苍山南北相望。乾隆间，海内称诗者，先则步趋归愚，后则波荡随园。先生仡然无所倚毗，一以古澹为宗，其品概可见矣。"

礼亲王《啸亭杂录》云："蒙古法祭酒式善，榜名运昌。中式

时，纯皇帝曰：'此奇才也。'赐改今名。居净业湖畔，门对波光，修桥翠竹，有湖山之气。藏书万卷，多世所罕见者。好吟诗，入韦、柳之室。家筑诗龛三间，凡投赠诗句，皆悬龛中，以志盍簪之盛。慕李西涯之为人，访其墓田，代为葺理。又邀朱石君太傅、谢芗泉侍御等，鸠工立祠，岁时祭享焉。"姚元之《竹叶亭杂记》五："满洲蒙古法学士梧门先生，名式善，能诗，性情洒落，有飘然出世之态。以庚子科翰林起家，每及四品辄踬，今已屡踬屡起矣。先生喜与文士游，所居为李西涯之故居，苏斋翁阁学颜其西室曰'诗龛'，人称为诗龛先生。晚喜食山药，又名其斋曰'玉延秋馆'。性不能饮。然每有看花饮酒之约，虽风雨必至。"

袁枚《随园诗话》补遗六："法时帆学士造诗龛，题云：'情有不容已，语有不自知。天籁与人籁，感召而成诗。'又曰：'见佛佛在心，说诗诗在口。何如两相忘，不置可与否。'余读之，以为深得诗家上乘之旨。旋读其《净业湖待月》云：'缓步出柴门，天光隔桥滃。溪云投酒楼，林露滴茶笼。秋水忽无烟，红蓼一枝动。'此真天籁也。又《读稚存诗奉柬》云：'盗贼掠人财，尚且有刑辟。何况为通儒，靦颜攘载籍。两大景常新，四时境屡易。胶柱与刻舟，一生勤无益。'此笑人知人籁而不知天籁者。先生于诗教，功真大矣。《咏荷》云：'出水香自存，临风影弗乱。'可以想其身分。又曰：'野云荒店谁沽酒，疏雨小楼人卖花。'可以想其胸襟。"钱泳《履园丛话·谭诗》："蒙古法时帆先生工诗，尤长五律，为世传诵。余一日谒先生于京邸，索余书一小额，曰'四十贤人之室'。是时，吴兰雪舍人亦在坐，因问所典。先生曰：'昔人论五言律诗，如四十贤人，其中着一屠沽儿不得。而四十人中，又须人人知己，心心相印，方臻绝诣。'"

按：学士诗大旨，见于诸家评论。然余遍读其全集，纯近放翁。王芑孙序其诗云："用渔洋三昧之说言，诗主王、孟、韦、柳，又工为五字。一篇之中，必有胜句。一句之胜，敌价万言。"实誉之而不中肯（窍）〔綮〕也。至其文集，则胸罗万轴，书卷之气流溢行间，不必绳以宗派、家数，亦无愧古文家之正法眼矣。

知耻斋文集二卷、诗集六卷、附录一卷 道光十二年子兴峣、兴峘刻本

《知耻斋文集》二卷，《诗集》六卷，《附录》一卷，谢振定撰。王昶《湖海诗传》："谢振定，字芗泉，湘乡人。乾隆四十五年进士，官监察御史。有《云将小草》。"《蒲褐山房诗话》："芗泉在御史台，巡城，适道遇势家奴，车服侈丽，且相抗。乃缚而鞭责之，焚其车。事闻，吏议弗善也。既，罢官。性好山水，为东南汗漫游。尝访予青溪，以病未见。乃历五茸三泖，过嘉禾，至西湖。又渡曹娥江，览鉴湖、蕺山之胜。所至，士大夫虚左迎之。酣畅淋漓，酒痕墨沈中，获其寸纸，珍为拱璧。"礼亲王《啸亭杂录》："谢芗泉侍御，性豪宕，尝蓄万金，遨游江浙间，挥霍殆尽。曰：'人生贵适意耳。银钱常物，何足惜也？'嘉庆初，和相当权时，其奴隶抗纵无礼。公巡城，遇其妾兄某，驰车冲驺过。公立命擒之，杖以巨杖。因焚其毂，人争快之。王给谏钟健，希和相意，劾罢公官。管御史世铭笑曰：'今日二公各有所失。'有问之者，答曰：'谢公失官，王公失名。'失官之患，不过一时。失名之患，致传千古矣。"

吴敏树《柈湖文集》书侍御事云："道光癸巳，先生子兴峣，由翰林改官河南裕州知州，卓异引见。皇上问：'汝湖南人，作京语，何也？'兴峣对：'臣父谢振定，历官翰林御史。臣生京师。'

上忽悟曰：‘尔乃烧和珅车谢御史之子耶？’因褒奖家世，勉以职事。明日，上语阁臣：‘朕少时闻谢御史烧车事，心壮之。昨见其子，甚喜。’未几，擢兴峣叙州府知府。”

按：侍御以气节著称，烧车御史之名，至今传为典实。而其诗文，具有本原，不屑苟同以徇俗。秦瀛撰《墓志铭》云：“君每以古学衰歇，见侪辈中有能为古文者，辄手录其文存之。余向未识君，罢官游杭州，余觞之湖上，始与论诗。既，见余古文，乃大推服。”盖先生笃嗜古学，恒思网罗当代文章为一书，卒未成就。故己所为文，恪守唐、宋矩矱。诗则古、近体俱真气郁勃，放笔雄豪。袁枚《随园诗话》补遗九：“乙卯二月，在扬州见巡漕谢香泉先生，乃程鱼门所拔士也。倜傥不凡，《游泰山》五古数章，直追韩、杜。”此则先生诗之定评也。《乾嘉诗坛点将录》以侍御与钱通使沣，配《水浒》之刽子手，诚快语哉！

素修堂诗集二十四卷、后集六卷、补遗一卷 嘉庆辛未刻本

《素修堂诗集》二十四卷，吴蔚光撰。按：庞鸿文《常昭合志稿》人物六，引吴保泰所撰《墓志》云：“吴蔚光，字悊甫，号竹桥。其先休宁人，祖籍钱塘。蔚光乡举后，改归昭文籍。登乾隆四十五年庚子进士，选庶吉士。散馆，改礼部主事。旋引疾归。终日居一楼，殚心著述，二十年如一日。夙治古文，兼长骈体。而于诗词，尤推作手。生平爱才好士，后推以诗文来谒者，获佳句妙语，逢人诵不绝口。爱书籍及法书名画，藏书以万卷计。尝得王元章《梅花》长卷，因以‘梅花一卷’名楼。晚慕城西湖田之胜，欲治宅为终老计，自号湖田外史。”

按：蔚光之弟熊光，乾隆三十七年举人，考取中正榜，以内阁中书用。寻充军机章京。嘉庆元年，擢鸿胪寺少卿。二年，迁通政司参议，特赏三品卿衔，随同军机大臣学习行走。授直隶布政使。历官至两广总督。以英吉利领兵入内洋，奏报延缓，办理畏葸，革职遣戍。特命释回，以六部主事用，补兵部主事。请假回籍。嘉庆戊午，重宴鹿鸣，赏给四品卿衔。卒于家。事载《国史本传》。兄弟出处、踪迹，迥不相同。熊光扬历中外，升沉起伏，如春梦一场。蔚光毕岁归田，优游于湖山诗酒者二十馀年。与同邑张子知燮、孙子潇原湘，唱和往来，极田居之乐。海内闻人，如时帆祭酒法式善、姚惜抱郎中鼐、严冬有侍读长明、蒋心馀太史士铨，缟纻相投，殆无虚日。法祭酒序其集云："徜徉湖田山水间，自抒写其萧憀寂寞之状。而心未尝一日忘朝廷。"姚郎中序其诗云："以英异之才，沉酣古籍，发为诗歌。不为亢厉矫激之词，而自然超轶，有远俗之逸韵。"孙太史序其诗云："胎原少陵，而出入于香山、眉山之间。其辞丽以则，其意温且厚。"洪稚存太史亮吉《北江诗话》称其诗"如百草作花，艳夺桃李"。今观其诗，全集近体居多，清丽芊绵，似元人学温、李之作。其佳句时时触目，诚如《北江》所评。余曩阅《乾嘉诗坛点将录》，以出林龙拟蔚光，以独角龙拟吴慈鹤，比《水浒》中登云山旧头领二员。慈鹤初刻《兰鲸录》，后刻《侍读全集》，余早得之。此集坊肆间罕见，盖粤寇之乱版毁，后无重刊。《侍读集》刻自粤东，未罹兵燹故也。

亦有生斋诗集三十二卷、词二卷、文二十卷 嘉庆二年家刻本

《亦有生斋诗集》三十二卷，词二卷，文二十卷，赵怀玉撰。

王昶《湖海诗传》："赵怀玉，字亿生，号味辛，武进人。乾隆四十五年，召试举人。今官青州府同知。有《亦有生斋诗钞》。"陆继辂撰《墓志铭》："乾隆四十五年，纯庙南巡，献赋召试，赐官，年已三十有四。尝入都候补，以叶宜人丧归。十年复出，应礼部试，下第，留内阁行走。又一年，实授中书舍人。大学士英勇公荐充军机章京，不果。擢侍读，又不果。嘉庆五年，俸满改外。六年，至官。七年，署登州知府，再署（充）〔兖〕州。八年，刑部君弃养，遂不仕。里居二十一年，年七十有七。君知名最早，弱冠应京兆试，即与诸老辈抗颜为友。虽仪度娴谨，而持论侃侃，未尝以年位自绌。其后家居，日与里中少年，赋诗饮酒，亦自忘其为大父行也。生平无所好，客来饮酒，客去即读书。所著《亦有生斋文集》五十九卷，《续集》八卷，敛气就律，肖其为人。"

钱泳《履园丛话·耆旧》："味辛司马，为恭毅公申乔曾孙。少读书，刻厉为学，家本素封。高宗南巡，献赋，赐内阁中书。出为山东青州府同知，以母忧去官。家渐贫，益自刻励，发为文章。粹然而纯，渊然而雅，一以韩、欧为宗。所著《亦有生斋文集》二十四卷，诗词集若干卷。"郭麐《爨馀丛话》四："余未识味辛先生，彼此相闻，亦无赠答之作。暨味辛去官归，卧病家中，迄未一见，至今以为恨。始得其《亦有生斋全集》读之，诗凡三十二卷，清醇和雅，无嚣凌之习。自少至老，总持一律，于毗陵诸公中，最为纯粹。微觉平衍少奇气。五古滔滔清辨，七言律章妥句适，皆雅音也。其后入京师，登临酬和之作，多而且工。到关中，即撄末疾，不能得江山之助。洵乎文字亦有命也。味辛《诗集》后，附词五卷，其'元夜漫河'《卖花声》一（阅）〔阕〕最工。"符葆森《寄心庵诗话》："味辛司马诗，不随流俗。当时孙、洪、黄齐名于时，而不列味辛。恽子居谓其'文不惑于贵势，不牵于友朋，硁硁自立’。诚哉是言。”

按：诸家评司马诗文，至为确论。惟所载卷数，各有不同。今此本诗三十二卷，盖即郭频伽所见者。而频伽称“附词五卷”，此仅二卷，不知何故？钱梅溪谓“文二十四卷”，此本文二十卷，亦不知梅溪所见为刻本耶？抑未刻之底本耶？符谓“孙、黄齐名，不列味辛”，亦误。当时毗陵七子，为孙星衍、洪亮吉、黄景仁、杨伦、吕叔讷、徐书受，并司马而七，何曾不列其人？符选《国朝正雅集》，颇知搜集掌故，此则考之未审，不免失言矣。

赏雨茅屋集二十二卷、外集一卷 嘉庆己卯刻本

《赏雨茅屋集》二十二卷，《外集》一卷，曾燠（扑）〔撰〕。《国史本传》：“曾燠，江西南城人。乾隆四十六年进士，改庶吉士。散馆，改户部主事。五十一年，丁父忧。五十三年，服阕，补官，充军机章京。五十五年，迁员外郎。五十七年，京察一等，授两淮盐运使。嘉庆十二年，升湖南按察使。十四年二月，调湖北按察使。十二月，迁广东布政使。二十年，擢贵州巡抚。二十一年，以母老乞养归。因广东藩司任内失察，所属交代逾限，部议降三级调用。上加恩，改补官日降三级留任。二十四年，丁母忧。道光二年，服阕，授两淮盐运使，仍准用三品顶带。六年四月，召回京，谕：曾燠在任四年有馀，因循了事，着以五品京堂候补。七年，引病乞归，不准。十一年卒。”

包世臣撰《别传》：“公讳燠，字庶蕃，一字宾谷，姓曾氏，江西南城人。乾隆庚子，举顺天乡试。辛丑，成进士，改庶吉士。散馆，授户部主事。擢贵州司员外郎。壬子，京察一等，特授两

淮盐运使。嘉庆丁卯，擢湖南按察使。戊辰，调湖北。庚午，擢广东布政使。乙亥，擢贵州巡抚。丙子，乞养亲事毕，上特命公以巡抚衔巡视两淮盐政。丙戌，召还，以五品京堂候补。庚寅，卒于京寓，年七十有二。公性嗜诗，至老不辍。自汉、魏、六朝、三唐、两宋，以及近世闻人专集汇集，皆悉〔心〕研究，辨晳其得失。公以世家子，弱冠即涉词苑，值枢廷，洊登封圻，居华朊清要者数十年，未尝历拂逆失意之境，而其为诗，顾深悉民间疾苦。微言激射，顿挫沉郁，绝无珠翠罗绮之气染其笔端。《咏山烧》有曰：'层峦从此瘦，春草几时生。'《望岱》有曰：'须知天下雨，还望一山云。'寄意遥深，有寒畯专家所不及。（箸）〔著〕有《赏雨茅屋诗集》二十二卷，骈体文二卷。"

按：中丞前后两主淮扬盐政，居维扬几二十年。国初周栎园侍郎监督钞关，王阮亭尚书司理扬郡，风雅好士，为坛坫主盟。后百年，而有卢雅雨、朱子颖两都转继轨前贤，文宴几无虚日。至中丞，规模益形宏大，集南都之彦，开东阁之尊，投辖留髡，分金赠管，日与四方名士分笺角韵，其清华高远之致，时流露于吟啸之中。故全集诗境不高，而雍容揄扬，吐属自然名贵。兼之阅人多，阅世久，时多见道之言。袁枚《随园诗话》补遗七云："江右多宗山谷，而扬州转运曾宾谷先生独喜唐音。"郭麐《灵芬馆诗话》六云："扬州自雅雨以后，数十年来，金银气多，风雅道废。曾宾谷都转起而振之，筑题襟馆于署中，四方宾客，其从如云。"今所传《邗上题襟集》是已。都转于诗，不分畛域，而独见精能，长篇半格，适如其意而出。于时辈篇章，亦具正法眼藏，不屑附和，亦不为刻深。集中古体多于近体，然七绝风神澹逸，能于阮亭、竹垞外，别标一格。是中丞诗，当时已有定评，然包慎伯称其"微言激射"。余谓其有见道之言，是其独至之处。读中丞诗者，当知所以别裁矣。若其骈文，沉浸六朝、初唐，触手生姿，极清转华妙之胜。吴山尊选《八家四六》，列于第二，殆非阿其所好也。

桐花吟馆诗稿十二卷、词二卷 嘉庆丁卯刻本

《桐花吟馆诗稿》十二卷，词二卷，杨揆撰。王昶《湖海诗传》："杨揆，字荔裳，金匮人。乾隆四十五年，召赐举人，官至四川布政使，赠太常寺卿。有《桐华吟馆诗稿》。"《蒲褐山房诗话》云："荔裳，其伯兄才雄藻密，世称二难。张千层之锦绣，斗八尺之珊瑚，其为贵重，无以逾也。然蓉裳既已黄巾青犊，绩著岩疆。荔裳复以碉门而外，出塞数千里，耳目所见，得未曾有。与前代文人簪毫佩玉、雍容华要者不同。盖造化奥区，久而必发。而穷荒战地，自嘉州、昌黎之后，纪载无多，天或俾翰墨以发其奇。两君遭际，诚非偶然。宜闻之者如游绝域，如读异书也。"

赵怀玉撰《墓志铭》："公讳揆，字同叔，号荔裳。先自华阴迁无锡。十四岁从其兄芳灿学，有二难之目。乾隆四十五年，纯皇帝五幸江浙，召试一等，赐举人，授内阁中书。五十五年，入军机处行走。明年，廓尔喀侵犯藏界，福康安为大将军，奏公从行。五十八年，补侍读，授四川川北道。旋授四川按察使，未赴任。嘉庆二年，补甘肃布政使。九年，痰饮疾发，遂不起。事闻，特赠太常寺卿，春秋四十有五。诗初学长庆，出塞后，境日险，句亦日奇，骎骎入杜、韩之室。著有诗文集如干卷。"吴嵩梁《石溪舫诗话》："荔裳早擅风华。中年，从嘉勇公出征卫藏，所历熊耳山、星宿海诸胜，异境天开，诗格与之俱变。极造幽深，发以雄丽。字外有力，纸上生芒。非摹拟《从军行》者，所能道其一

语。官中书时，困乏特甚。即于是年出参戎幕，屡立军功。不数年，晋擢秦藩，憔悴而卒。可悲也已。”

按：方伯兄弟，怀雕龙绣凤之才，挟画日凌云之笔，才情藻丽，华萼交辉。然皆不由科第起家，遭遇极其奇特。兄农部君，以悬令入为赀郎，典册高文，凡朝廷有大著作，必首推君。诗则瑰丽闳深，不愧作手。方伯诗，追幽凿险，又复魄力沉雄。山川之助，得自穷荒。劳苦之思，出以坦易，皆富贵中人诗所未有者也。《芙蓉》、《桐华》之目，视窦氏联珠一集，何足敌此篇什之富耶？

白云草堂诗钞三卷、文钞七卷 嘉庆癸亥刻本

《白云草堂诗钞》三卷，《文钞》七卷，吕星垣撰。王昶《湖海诗传》：“吕星垣，字叔讷，武进人。贡生，官新阳县训导。有《白云草堂诗》。”钱泳《履园丛话·耆旧》：“吕叔讷，名星垣，为毗陵七子之一，国初吕殿撰宫之后。以明经官海州学正，得保举为直隶邯郸县知县。余戏寄一诗云：‘自笑书生骨相寒，出门何处是邯郸。早知富贵原如梦，谁肯将来作梦看。愁绪苦长须发短，功名容易别离难。君家老祖如还在，为我先求换骨丹。’叔讷著书甚富，尤长于词曲。嘉庆己卯万寿，填《康衢新乐府传奇》，为世所称。”洪亮吉《北江诗话》一：“吕司训星垣诗，如宿雾埋山，断虹饮渚。”又云：“吕司训诗，好奇特，不就绳尺。曾用‘七阳’全韵，作柏梁体见贻，多至三四百句，末二句云：‘乾坤生材厚中央，前后万古不敢望。’颇极奇肆。然古人无此例也。余亦尝赠以长句，末四语云：‘识君文名已三载，才如百川不归海。银河倒注弱水西，努力沧溟欲相待。’亦颇寓规于奖云。吕

又有句云：'桃花离离暗妖庙。'又《题博浪椎图》云：'人间十日索不得，海上大啸波涛声。'盖好奇，不肯作常语如此。"

按：今集诗三卷，无"七阳"全韵柏梁体一首，亦无《题博浪椎图》诗。或经删去，或一时游戏之作，未曾存稿，亦未可知。其第三卷，全为《咏史》五古，二百三十首，为前人集中所无，则亦好奇之过也。文则规模韩、柳，取径于震川，所作较诗为多，亦较诗为胜云。

教经堂诗集十二卷

《教经堂诗集》十二卷，徐书受撰。王豫《江苏诗征》："书受，字尚之，武进监生。由《四库》馆议叙，历官南台知县。著《教经堂集》。"王昶《湖海诗传》同。毕沅《吴会英才集》："徐书受尚之州倅，为茶坪诗老曾孙。学有本原，少耽著述，与同里赵亿生、杨西禾齐名。其诗悱恻缠绵，意由心发。曩晓岚、补山二公荐为秘校，已草封章。终以捧檄，不遑择禄。古来丞尉，每有贤才，香山、柳州，此为流亚。"王昶《蒲褐山房诗话》："尚之少而食贫，长而多故。恒有四方之役，羁旅道涂。所作牢愁激楚，取法在孟东野、张文昌之间。然才情谐畅，兼效元、白。早年与仲则、映征辈，以古道相期。诗格虽不同，其笃于性情，一也。"

按：受之早负才名，学有根柢。钱文敏公维城刻《毗陵七子诗》，受之即其一也。毗陵七子：洪稚存编修亮吉、黄仲则少尹景仁、赵亿生贰府怀玉、杨西禾进士伦、吕叔讷教官星垣、孙渊如观察星衍，及书受而七。袁枚序其诗，谓"少弦外之音，味外之味"。孙兆溎《花笺录诗话》谓其"近体绵丽，颇似渔洋。五古诙谐，不让子才"。今观集中古今诸体，皆敛才就范，气清词腴，诸家所评，不甚相似。岂其全稿多所删汰，成此一色笔墨耶?《乾嘉诗坛点将录》以《水浒》之锦毛虎配盛青嵝，而以尚之相副。然青嵝诗律谨严，乃归愚一派。尚之则有才而不矜，仍不掩其笔舌之妙。盖同一学有功候，而所造不同。《点将录》并为一谈，未免拟人不伦矣。

玉磬山房诗六卷 嘉庆庚午刻本

《玉磬山房诗》六卷，刘大观撰。王昶《湖海诗传》："刘大观，字松岚，贡生，丘县人。官奉天宁州知州。有《玉磬山房诗钞》。"李斗《扬州画舫录》六："刘大观，字松岚，山东丘县拔贡生。工诗善书。官广西知县。丁艰时，为江浙之游，过扬州，主朱敬亭家。诗学唐人，著有《嵩南诗集》、《诗话》数十卷。闻扬州名妓银儿以怒死，求得其墓，邀同人作诗吊之。服阕，改授奉天宁远州知州，称循吏。"符葆森《正雅集》："刘大观，字正孚，号松岚，山东章丘县人。乾隆四十二年丁酉拔贡，历官河东道。著有《玉磬山房诗钞》。"

按：《蒲褐山房诗话》："松岚始仕辽阳，循声懋著。洊登牧守，奋迹仕途。乃其诗萧闲刻峭，卓然自立于尘埃之表。正如梁伯鸾减灶更炊，不因人热。其源似出《瀛奎律髓》，足与四灵三拜，分手抗行，不仅五言长城也。"吴嵩梁《石溪舫诗话》："松岚初官广西，与李少鹤州牧松圃郎中交最善。五言诗以张水部、贾长江为宗，清能彻底，瘦可通神。高格自持，名句有味。"洪亮吉《北江诗话》："刘刺史大观诗，如极边春色，仍带荒寒。"观诸家评骘，大旨不殊。然先生诗，于峻削之中，时露雄直之气。虽肯与李少鹤嘤鸣相应，实能别开生面，自树一帜者。在官不废吟咏，其《嵩南集》则河东道任内之作，今并入《诗钞》。娄谦《北野闲钞》二："前河东观察刘松岚先生大观，主讲覃怀书院十馀年，士类多所成就。余仕中州，未到怀郡一登龙门，深以为憾。前年蒙先生赐书，有'今以衰朽之年，跧伏于野王城下，复得神交于尊兄，为幸深矣'。"据此，则先生罢官后，尚流寓河南。岳色河声，得江山之助，晚年诗颇雄放，其以此欤？

海门诗钞十三卷嘉庆戊午刻本

《海门诗钞》十三卷，李符清撰。张维屏《国朝诗人征略》："李符清，字仲节，号载园，广东合浦人。乾隆四十八年举人，官开州知州。载园性豪迈，喜交游。爱书画，所藏有杜少陵《赠卫八处士》诗墨迹，因署所居为'宝杜'。文贞书罕传于世，观者无从证其真赝也。"

按：刺史诗，出翁覃溪学士方纲门下，以诗名岭南。同时如吴縠人锡麒、梧门法式善祭酒、张船山太守问陶、洪稚存太史亮吉、赵渭川大令希璜，皆互相推誉。是时粤中诗人，如宋芷湾湘、冯鱼山敏昌、张药房三太史、黎二樵简明经，均未足与之抗衡。知刺史之诗，于粤派中固独树一帜矣。余曩于苏城，得《海门诗选》三卷，恒以未读全诗为憾。后获此本，逐览一过，乃知选本多遗珠之恨，不厌人意也。集中七古、七律，独擅胜场。七古学杜，波澜老成，一篇之中，字斟句酌，无不稳固之韵。七律首尾一气衔贯，化去对偶之迹，笔如转圜，意态极新。或不能求新，则于句法中研炼精纯，以避甜熟之习。全诗律体功力，较七古尤深，皆惨澹经营而作也。五、七绝，皆直起直落，有水到渠成之妙，似又有得于东坡、遗山二家者。道光中，陈云伯、舒铁云戏作《乾嘉诗坛点将录》，以《水浒》中青眼虎喻刺史。读其诗，如见其人，洵足令人莞尔也。

五百四峰堂诗钞二十五卷同治甲戌陈氏刻本

《五百四峰堂诗钞》二十五卷，黎简撰。王昶《湖海诗传》："黎简，字简氏，顺德人。贡生。有《五百四峰堂诗钞》。"《蒲褐山房诗话》："岭南自三家后，风雅寥寥。比来余所知者，张庶常锦芳、冯舍人敏昌、温编修汝适、潘舍人有为、赵大令希璜，而简民为之冠。性好山水，屡入朱明洞天，穷其幽胜。朋侪罕有当意者，惟与德清许宗彦、金匮孙尔准，为诗文交。其诗峻拔清峭，刻意新颖，言人所不能言。苦心孤诣，竟以是终。五言、七言，多未经人道语。药亭诸公见之，亦当退避三舍。"洪亮吉《北江诗话》三："作诗，造句难，造字更难。若造境、造意，则非大家不能。近日，顺德黎明经简颇擅此长，惜年甫四十而卒。然所存诸诗，尚足以睥睨一世。"

刘彬华《岭南四家诗钞》序："时张药房锦芳，以诗名里中，得二樵为劲敌。李南涧令潮阳，见其诗曰：'必传之作也。'于是，二樵之名倾动一时。己酉，以选拔贡太学，旋丁外艰，继得疾，未赴廷试。足迹不逾岭表，海内名士，想望风采，恨不获一见。巨公来粤者，咸折节下之。其诗意境幽峭，吐属深警，戛戛独造，刿目怵心，似非经营惨淡，不能成一语者。顾才思绝敏，无论长篇短什，援笔立就。盖其天姿既高，而又深造自得。故虽缒幽凿险，如出天成。方之药房，一奇一正，旗鼓相当，未可轩轾也。"张维屏《听松庐文钞》："二樵山人所居曰'百花村'，有亭曰'众香'，有阁曰'药烟'。山人性情脱洒，意趣萧闲，擅诗书画三绝。其诗由山谷入杜，而取炼于大谢，取劲于昌黎，取幽于长吉，取艳于玉谿，取瘦于东野，取僻于阆仙，锤焉、凿焉、雕焉、琢焉，于是成其为二樵之诗。书追晋人，中年兼学北海，晚写苏、黄两家之体居多。画，一种萧疏澹远，仿倪高士；一种淋漓苍润，欲由梅花道人问津于北苑。砚田所入颇丰，足以自给。山人自称樵夫，又号石鼎道士。”

按：岭南居濒海之域，为互市之场。士大夫熏习膻膏，所为诗文，恒不脱伧父之气。自冯鱼山受诗法于钱萚石、翁覃溪两宗匠，于是力追正始，一变其偏方之音。继之者，宋芷湾、张药房诸人，恪守宗风，粤风为之一振。而其间自辟奇境，矫不与众雷同者，则必推黎二樵焉。《蒲褐山房诗话》摘其五、七言佳句，谓“皆未经人道语”。黄培芳《香石诗话》二，谓“二樵《罗浮》诗，能独开生面。《水帘洞》一首，喜写难状之景。七言一句数层，极顿挫之致”。袁洁《蠡庄诗话》谓其诗“刻意新颖，言人所不能言”。《听松庐诗话》摘其佳句多联，皆极新隽。又云：“以七古论之，有清奇者，有瑰奇者，有幽奇者。”又举其五、七言单句可味者，谓“皆耐寻绎”。今皆具集中，可以一一覆按。近日粤东诗人，罕有传其衣钵者矣。

抱山堂集十四卷嘉庆辛酉刻本

《抱山堂集》十四卷，朱彭撰。王昶《湖海诗传》：“朱彭，字亦钱，号青湖，钱唐人。诸生。有《抱山堂集》。”《蒲褐山房诗话》：“西（冷）〔泠〕自金江声、厉樊榭、杭堇浦、汪槐塘后，大雅将沦。青湖独承其后，以诗法指示骚坛。故二三十年来，从游者甚众。每言浙江，明季多学钟、谭，渐乖于正。自云间陈卧子先生司李山阴，力求复古后，如西（冷）〔泠〕十子，皆奉司李之绪馀。西河毛氏，幼承赏识，亦承其宗。即竹垞太史，初时并效唐音。百馀年来，浙中诗派实本云间。至康熙中叶，小变其格，吴孟举、查初白出，竞为山谷、诚斋之体。檇李学者，靡然从之。而武林兼学唐、宋，无所取裁。故青湖专以归愚宗伯《别裁》诸集传示学者，于诗学自为有功。今年已七十馀，多识前言往行实为一时文献。著有《吴越古迹考》若干卷，《南宋寓居录》若干卷，不戒于火，为可惜也。其诗，古体矩矱从容，今体声情高远，馀句皆可入司空表圣《摘句图》。"

钱泳《履园丛话·耆旧》："杭州朱青湖先生，名彭，工诗，著有《抱山堂诗集》十卷。武林名士，半出其门。先生又有《南宋古迹记》若干卷，搜罗颇富，寄托遥深，一生心力，尽瘁于此。嘉庆丙辰，不戒于火，惜哉！"阮元《定香亭笔谈》二："钱塘朱青湖彭，老诗人也，著有《抱山堂诗集》，杭之学者，皆宗之。家故贫，甫能雕版，旋毁于火。青湖累被火，至是，凡三矣。迁居后，仍近吴山，乞余书'抱山堂'一扁。其旧扁为丁龙泓所书。余赠诗云：'白发吟诗独闭关，著书常被八人删。龙泓未见山人癖，别起书堂又抱山。'"郭麐《灵芬馆诗话》六："朱青湖征君彭，以诗倡于武林，门弟子从受业者，皆有法度可观。青湖之诗，恬和醇粹，一本唐音。矜才使气者，见之自失。尤熟于西湖掌故，有《湖山遗事诗》二卷，搜采极博。异闻轶事，赖之以传。所居抱山堂，图史纵横，时与一二老友，征文考献，留连竟日。后生望之，如灵光岿然。余与其令嗣闲泉交，因得一随杖履，蔼乎宿儒长德也。"

按：西（冷）〔泠〕诗，自樊榭以后，屡变不一，变而皆不脱宋人门户。青湖独振以唐音，四方名士过武林者，无不出所业就正。抱山堂之名，几与随园并峙江浙。王梦楼太守集中，有《赠青湖》诗句："直继西（泠）〔泠〕十才子，独留南国一诗人。"其推重如此。集外《湖山遗事诗》，《灵芬馆诗话》尚征引其诗，似其版未遭火毁，今亦不传。一人之著述，其存亡亦有定数也。

芳茂山人诗录八卷 嘉庆戊寅平津馆刻本

《芳茂山人诗录》八卷，孙星衍撰。王昶《湖海诗传》："孙星衍，字渊如，号季逑，阳湖人。乾隆五十二年，殿试第二人及第，官山东粮道。有《雨粟楼诗集》。"《蒲褐山房诗话》："毕秋帆抚军在西安刊惠征君诸书，皆渊如为之校定。而秋帆撰《山海经校正》，（交）〔亦〕借其搜讨之力。故其学，壹以汉、魏训诂为宗。作诗不多，亦能自抒所见。秋帆尝以方正澍、洪亮吉、黄景仁、王复、徐书受、高文照、杨伦、杨芳灿、顾敏恒、陈燮，及渊如诗，合选为《吴会英才集》。不足十人①之数，乃取渊如配王采薇诗足之，寓'才难'之意。索予为序，不能应也。"

阮元撰《传》云："君幼有异禀，读书过目成诵。及长，补县学生员，与同里杨芳灿、洪亮吉、黄景仁文学相齐。袁君枚品其诗曰：'天下清才多，奇才少。足下之诗，天下之奇才也。'遂相与为忘年交。君雅不欲以诗名，深究经史、文字、音训之学，旁及诸子百家，皆心通其义。丙午，大兴朱文正典江南试，在都与彭文勤公约曰：'吾此行，必得汪中、孙星衍。'搜落卷，得其经文策，曰：'此必汪中也。'及折卷，乃君名，汪实未就试。丁未，以一甲第二赐及第，授编修。己酉散馆，试《厉志赋》，用《史记》'匔匔如畏'。和相珅疑为别字，置二等。引见，奉旨以部员

①此处似有误，按名字计，已正好十人。

用。故事：一甲进士，改部或奏请留馆。和珅知君名，欲君一见。君卒不往，曰：'吾宁得上所授官，不受人惠也。'又编修改官，可得员外。或谓君，一见相国，即得之。君曰：'主事终擢员外，何汲汲求人为?'自是编修改主事，遂为成例。补刑部主事。乾隆五十六年，转员外。五十九年，升郎中，京察一等。次年，授山东兖、沂、曹、济道。嘉庆元年，署按察使。四年，丁母金夫人忧，归里。六年，主讲浙诂经精舍，服阕。十年，补山东督粮道。十六年，引疾归。二十一年，主讲钟山书院。二十三年，卒于江宁，得年六十有六。君早年文辞华丽，继乃沉潜经术，博极群书。所为文，在汉、魏、六朝之间，不欲似唐、宋八家，海内翕然称之。"毕沅《吴会英才集》："渊如倜傥通才，不拘礼俗。少时溷迹闾里，有文长、梦晋之风。既壮，折节读书，习篆籀、古文、声音、训诂之学，弃其诗什，百不存一。自云'文不逮意'，然才思敏捷，下笔千言。尝客长安节署，与友人一夕赌作《消寒》各体诗四十首，逾时而成，文不点缀，亦异才也。"

按：观察诗本学昌谷，袁随园极称誉之。《随园诗话》八："余尝谓孙渊如云：'天下清才多，奇才少。'渊如闻之，窃喜自负。后精研经术，为考订之学，于诗不复措意。"《随园诗话》十六言："向读孙渊如诗，叹为奇才。后见近作，锋芒小颓。询其故，缘逃入考据之学故也。孙知余意，乃见赠云：'等身书卷著初成，绝地通天写性灵。我觉千秋难第一，避公才笔去研经。'"梁绍壬《两般秋雨庵随笔》八："洪稚存太史作诗评，一百馀人，惟孙独加'少日'二字，曰：'孙观察星衍，少日诗如天仙化人，足不履地。岂以晚年癖耽金石，有伤风雅也耶?'"此《诗录》八卷，多少年之作。才思横溢，无愧奇才。惜乎中道弃捐，不能与洪稚存、黄仲则鼎足而三，拔出毗陵七字之帜，一新壁垒也。

沈氏群峰集八卷嘉庆元年刻本

《沈氏群峰集》八卷，凡诗二卷、词一卷、赋一卷、杂文一卷、外集一卷、《韩诗故》二卷，沈清瑞撰。石韫玉《苏州府志》一百二《文苑》七："沈清（端）〔瑞〕，字吉人，号芷生，长洲人。清瑞早慧，读书强识，一时有小鸿博之誉。长工缀文，吴下坛坫正盛，往来凌其侪偶。诸城刘文清公，视学江南于吴，清（端）〔瑞〕应童子试。刘公呼至堂皇，面命十二题，分咏吴中古迹。清瑞不移晷而成，文采斐然。刘击节，谓仙才；告所知曰：'余在大江南北，获其隽者，一人而已。'谓清瑞也。清瑞初名沅南，刘公曰：'此生如芝草凤皇，清时之瑞也。'因易其名。乾隆癸卯，举江南乡试第一。乾隆五十五年丁未，成进士。年未四十卒。清瑞年十六时，赋《广陵怀古》诗云：'琼华有恨无双蒂，明月多情只二分。'众艳称其词，不知为不永年之谶也。诗文祖齐、梁，出入初唐四杰。著有《群峰集》六卷，《韩诗故》二卷。"

（接）〔按〕：袁枚《随园诗话》补遗四载："陈叶宫声和《贺沈领解》云：'沈郎才调领群仙，手种秋香到月边。未必重来无我分，已将此着让君先。榜头喜得真名士，吴下喧传最少年。莫到旗亭夸画壁，霓裳留奏大罗天。'沈善歌，故调之。"想见当时榜下，喧传之盛。乃甫发词馆，旋赴修文。长吉呕心，古今同慨。郭麐《灵芬馆诗话》六："沈芷生清瑞，清羸瘦削，有忧生之嗟，年未四十，遽赴玉楼。为文沉酣六代，诗亦宗法齐、梁。没后所刻《群峰集》，十得四五而已。洗马言愁，读之真欲愁矣。"又十一："芷生清瘦，如不胜衣。出语吐气，风雅流发。时有一二语，不甚了了。然非口吃舌结，可以意会。铁夫戏题其词云：'问姓便知身瘦削，填词不碍舌绵蛮。’‘绵蛮’二字，善于题目也。”今集中，诗仅二卷，词一卷，然皆可传之作。是榜同年进士，如孙渊如观察、顾立方教授，皆有才名，其诗集久已流传人口。而沈得与之并传于世，其才力之相埒，固可知已。

辟疆园遗集六卷 乾隆乙卯刻本

《辟疆园遗集》六卷，顾敏恒撰。王豫《江苏诗征》百三十六：“顾敏恒，字立方，号笠舫，无锡人。乾隆丁未进士，官苏州府教授。著《笠舫诗集》。”杨熙之《顾立方传》：“顾敏恒，字立方，江苏无锡人。乾隆五十二年进士。天才俊拔，尝游贵池，撰《昭明太子庙碑》。钱唐袁枚见之，拊掌曰：‘此令我怀疑十年，今得之矣。’任苏州教授，问字者屦满户外。著有《笠舫诗稿》、《古文骈体》等集。弟敩愉，国子生，著《霭云草》；敬恂，乾隆五十四年拔贡，著《筠溪草》；扬宪，廪生，著《周易揆》，未成遽殁，遗诗曰《幽兰草》。兄弟四人，并擅文学，而俱啬于年。四川布政使杨揆，合刻其稿为《辟疆园遗集》。”李桓《耆献汇征·僚佐九》引。

毕沅《吴会英才集》：“立方气清词赡，藻密思沉。早年与蓉裳竞秀，梁溪以颜、谢拟之。杨则镂金错采，顾则初日芙蕖也。性喜简默，不愿以议论胜人。然一义偶抒，弥形隽永。此由沉酣卷轴，又非以词笔擅长矣。”袁枚《随园诗话》补遗二：“壬寅春，余游黄山，路过贵池昭明太子庙，有新撰碑文甚佳，末署名者为邑宰林梦鲤。其文古雅，似出六朝高手。乃拓其文以归，（偏）〔遍〕问何人秉笔，绝无知者。庚戌夏间，在苏州，门生顾立方敏恒作府学广文，来见，出示古文四篇，其首篇即《昭明太子庙碑》也。余不觉狂喜，自夸老眼无花。”阮亨《珠湖草堂笔记》：“笠舫少游贵池，代人撰《昭明太子庙碑》，袁子才见之，叹为六朝高手。后知笠舫文，惊喜叹绝。诗如‘星河影落层城迥，雪月光连远树寒’、‘天横碣石风云壮，地接金台气象多’。皆有韦、柳遗意。”杨揆《顾立方诗集小传》云：“立方词笔婉丽，有玉田、梦窗格韵。骈体文尤古艳，尝游贵池，代人撰《昭明太子庙碑》，简斋先生见之，以为六朝高手。既知为立方文，惊喜叹绝，立方因作《感知赋》。”

按：广文诗才清丽，又工倚声。骈文尤其擅长。曾燠《国朝骈体正宗》所选，虽仅二篇，皆字字珠玑，言言锦绣，又不止《昭明太子庙碑》，当时为人传诵也。诗则《吴会英才》所录二卷，已见一班。晚以群从夭亡，因而郁郁，故多哀感之音。卒于苏州官舍，年仅四十有五。此《遗集》六卷，即揆所裒刻者，传本颇稀。余于上海书坊破书堆中觅得之，散叶断烂，重加糊补。后有读者，当共护之。

赐绮堂集二十八卷嘉庆甲戌刻本

《赐绮堂集》二十八卷，詹应甲撰。符葆森《正（雄）〔雅〕集》：“詹应甲，字麟飞，号湘亭，江苏吴县人。乾隆五十三年戊申举人，官湖北知县。著有《赐绮堂集》。”鲍桂星云：“湘亭旷世逸才，以诗名海内。方少年气盛，跌宕酒旗歌扇间，兼工倚声。出入金荃、兰畹，公车屡踬。作令三楚，摄篆天门。治水有成绩，稼门制府举之。久之，始补恩施。恩施地僻而道险，湘亭从傔奴、策羸马，连蹇万山中，啸歌俯仰，自若也。”

按：谢堃《春草堂集》十一：“婺源詹湘亭，现官湖南茶陵州，知名孝廉也。著《赐绮堂集》行于世。曩在白门，向女伶梁四家观剧。是夕演《千金记》，友人皆属意扮虞姬者，湘亭独以重瞳为妩媚，群哗而笑之。及卸妆，视扮重瞳者，磬儿也，为一班之冠。遂皆叹服。于是张筵于海棠花下，青衫红粉，觥筹交错。磬儿与湘亭同乡，各操土音，以道其倾慕。思欲携归，奈客囊甚俭，徒唤奈何而已。未两月，磬儿死，以三百金买柩，为归葬于桐泾桥北。王夫人曹墨琴作《墓志铭》，其挽诗不下什（伯）〔佰〕，磬儿不死矣。湘亭名应甲。”

据此，则其豪放气盛，可见一班。然其诗，委宛多姿，颇不相类。袁洁《蠡庄诗话》一：“詹石琴句云：‘豪气难消摧折后，伤心已惯别离中。’即景关情之句，全在低回往复，神味悠然。”今集中如此类者，余拟为摘出之，未有暇也。其弟名振甲，亦工诗，有《寓鹤山房集》六卷，余并藏之。至其籍里，似以婺源为确，吴县、仪征，或流寓耶？

瓶水斋集十七卷、别集二卷嘉庆乙亥巴光诰、光奎刻本

《瓶水斋集》十七卷，《别集》二卷，舒位撰。符葆森《正雅集》：“舒位，字立人，号铁云，顺天大兴人。乾隆五十三年戊申举人，著有《瓶水斋诗集》。”梁绍壬《两般秋雨庵随笔》三：“大兴舒铁云孝廉，名位，字立人，寄居于吴。诞之夕，母沈梦一僧，手折桂花，自（莪）〔峨〕眉山来，故小字犀禅。十岁，下笔成章。父翼，官广西河池州知州。越南入贡，随父出镇南关迓使者，赋《铜柱诗》相赠答。弱冠，登贤书，九上春官，不得志。遂绝意进取，奉母以居。母没，以哀毁卒。与昭文孙子潇太史、秀水王仲瞿孝廉相友善。法时帆祭酒式善，尝作《三君咏》以赠

之。著《瓶水斋诗集》。”赵云松先生跋其诗云：“开径如凿山破，下语如铸铁成。无一意不奇，无一语不妥，无一字无来历。能于长吉、玉谿之外，自成一家。”龙雨樵跋其诗云：“他人之诗有六家，铁云则兼有三长。他人之诗有四声，铁云则兼有五音。他人之诗有唐、宋、元、明，铁云则兼有《离骚》、八代。”其为前辈心折如此。

诸体中，七古为最。七言近体，亦戛戛独造，真无一语拾人牙慧者。陶樑《红豆树馆诗话》：“铁云丰神散朗，如魏、晋间人。少随父翼官粤西。父没，遂家吴中。已而移居湖州，遍交当时知名士（士）大夫。开府东南者，竞相罗致。”皋桥《今雨集》二卷：“吾乡宋观察思仁所刻《瓶水斋集》，淮南巴副使光诰所刻也。卒于嘉庆乙亥，年五十有一。”先族祖调笙公廷琯《鸥陂渔话》一：“舒铁云丈位《瓶水斋诗》，惊才绝艳，生面独开，久已骚坛传诵。余见其手书古文稿一帙，名《瓶水斋杂俎》。文仅七十篇，体兼骈、散。大而碑版、序、记，小而赞、跋、简、札，名言隽旨，一以逸气行之。绝不依附唐、宋人藩篱，无惭一代作者。不分卷次、部类，以作文之岁月为先后。盖晚年编辑，而未终者也。又见手书所撰《乐府》、《杂剧》一卷，亦未刻之书。闻之宋于庭丈翔凤言：嘉庆戊辰、己巳间，铁云礼闱报罢，留滞京华。时娄东毕子筠华珍，方客礼王邸，二君皆精音律，取古人逸事，撰为杂剧。礼王亦知音，重二君之才，王（邱）〔邸〕旧有吴中乐部，每一折成，辄付伶工，按谱娴习。邀二君顾曲，盛筵一席，侑以润笔十金。亦一代名藩佳话也。”

余按：先生诗，藻艳奇丽。有清一代诗家，虽各有所长，不能不推先生别开生面。观赵云松先生所评，信为不刊之论。大抵他人有此博洽，而无此才笔，足以达之。百馀年来，惟吾乡龙阳易实甫观察顺鼎，颇足与之抗衡。乃潦倒一官，患得患失。晚年颓放，不加修饰，卒不能卓然成家。是知天生异才，各有遭遇，然亦视其人之自处如何。铁云生际盛时，以屡踬春闱，无心仕进，故专心吟咏，卒以名家。实甫两试春官，即幡然弃去。改捐外道名场，鞔喨于诗事，未免分心。《琴志楼集》中杰作，诚不愧铁云替人。然有时俚俗杂陈，不免白圭之玷。由其浮沉宦海，俯仰从人。不能如铁云刻意雕锼，日日以诗为身心性命之事也。

郘园读书志卷十四

集部

渊雅堂编年诗稿二十卷、续稿一卷、未定稿二十六卷、续一卷、外集一卷、读赋卮言一卷、文外集一卷嘉庆中家塾先后刻本

《渊雅堂编年诗稿》二十卷，《续稿》一卷，《未定稿》二十六卷，续一卷，《外集》一卷，《文外集》一卷，《读赋卮言》一卷，王芑孙撰。王昶《湖海诗传》："王芑孙，字念丰，号惕甫，长洲人。乾隆五十三年，召试举人，候补国子监博士。有《渊雅堂诗钞》。"《蒲褐山房诗话》："惕甫诗，癯然以瘦，戛然以清，亦缜密以栗。上溯杜、韩，而实出入于郊、岛。十馀年来，老成凋谢，惕甫在京师，与法时帆式善、何兰士道生、张船山问陶、杨蓉裳芳灿诸君，琴歌酒赋，故为南北时望所推。又工书，仿刘石庵相国，具体而微。"张维屏《听松庐诗话》："冯鱼山、王铁夫之诗，皆学韩，而得其骨之重。铁夫学韩，而得其气之盛。"又云："法时帆祭酒题《王铁夫诗集》云：'渣滓除已净，字字出瘦硬。匪缘读书精，安得行气盛。'二语道出铁夫诗佳处。"又云："铁夫《秋怀》十二首，学杜而得其神骨。"

按：铁夫诗，清矫拔俗，不为靡靡之音。其人品亦孤介绝伦，虽处京华尘壒之中，而能超然物外。秦瀛为作《墓志铭》，称其“以诗闻于时。性简傲，不肯从谀。遇公卿，若平交。人以是病铁夫狂”。吾谓铁夫狷耳。辇下人士以万数，其游于公卿者，大都借援声势，务为关说。铁夫介然无所苟，馆谷之外，不名一钱。虽金尽裘敝，不自恤。尝欲买田筑室于其乡之楞伽山，又号楞伽山人云。其文宗法韩、欧，具有规范。其曰“未定稿”者，自谓志其愿学之心也。

揅经室一集文十四卷、二集文八卷、三集文五卷、四集诗十一卷、续集文诗十一卷、外集五卷、揅经室诗录五卷道光癸未文选楼家刻本

《揅经室一集》文十四卷，《二集》文八卷，《三集》文五卷，《四集》诗十一卷，《续集》文诗十一卷，《外集》五卷，《揅经室诗录》五卷，阮元撰。张鉴《雷塘庵弟子记》：“先生名元，字伯元，号云台，系出陈留尉氏。始祖岩，自（准）〔淮〕安山阴迁扬州江都，崇祯末，迁居于城北之四十里公道桥。乾隆四十九年，二十一岁，岁试，取入仪征县学第四名。五十年，二十二岁，科试一等第一名，补廪膳生员。五十一年，二十三岁，中式第八名。五十四年，二十六岁，会试中式第二十八名，殿试二甲第三名进士，改庶吉士。五十五年，二十七岁，散馆，授编修。五十六年，二十八岁，大考，翰詹一等第一名，升詹事府少詹事，补詹事府詹事。五十八年，三十岁，放山东学政。六十年，三十二岁，调浙江学政，升内阁学士，兼礼部侍郎。嘉庆三年，三十五

岁，补兵部右侍郎，调礼部右侍郎。四年，三十六岁，兼署兵左，调补户左，充会试副总裁，兼署礼左。十月，署浙江巡抚。五年，三十七岁，实授。十年，四十二岁，封公疾逝官署，奏闻交代。十二年，四十四岁，服（阅）〔阕〕入都，署户部右侍郎，补兵右，授浙江巡抚，署河南巡抚。十四年，四十六岁，八月，入京祝（蝦）〔嘏〕。九月，上谕刘凤诰代办监临入场舞弊一案，朱谕密向询问。阮元复奏袒护，交部议，革职。二十三日到京，二十四日奉旨：阮元两任浙江巡抚，官声尚好。且学问素优，加恩赏给编修，在文颖馆行走。十五年，四十七岁，补授翰林院侍讲。十六年，四十八岁，补授詹事府少詹。十二月，补授内阁学士，兼礼部侍郎。十七年，补户部右侍郎，兼管钱法堂事务。奉旨审办河南林县控案，回京。八月，补授漕运总督。十九年，五十一岁，补授江西巡抚，加太子少保衔，赏戴花翎。廿一年，五十三岁，调补河南巡抚。十一月，补授湖广总督。廿二年，五十四岁，调补两广总督。廿四年、廿五年，兼署广东巡抚。道光元年，五十八岁，广东学政顾元熙病故，兼署广东学政。粤海关监督达三丁忧，奉谕：着阮元兼署。二年，五十九岁，闰三月，赴京陛见，召见五次。五月，陛辞出京，七月至广州，接督印，兼署巡抚。三年，六十岁，兼署巡抚。五年，六十二岁，兼署巡抚。六年，六十三岁，调补云贵总督。八年，六十五岁，奏请陛见。十二月到京，陛见，赏紫禁城骑马，又命坐小椅轿代马。九年，六十六岁，正月，陛辞，在京召见十次。四月，回至云南省署。十二年，六十九岁，九月，上谕，着协办大学士，仍留云贵总督任。俱奏谢恩，并请陛见。十三年，七十岁，二月抵京，召见，赏七十寿辰御笔扁额福寿字，谕充会试副总裁，榜发出闱。陛辞，谕回云贵总督任。七月，入省接印。十五年，七十二岁，三月，奉上谕：

阮元着补授大学士，管理刑部事务。又奉上谕：充体仁阁大学士，管理兵部。八月，到宫门，召见，谢恩，入阁任事。十八年，七十五岁，三月，因右足湿热，行走艰难，请假。赏假。假满，展假。未愈，奏恳开缺。再赏假一月。五月，再奏请休致。上谕：准其开缺。以大学士致仕，加恩赏给半俸。八月，奏休致回籍。奉上谕：晋加太子太保衔。二十三年，八十岁，恩赏八十寿。廿六年，八十三岁，重赴鹿鸣，奉谕：晋加太傅衔，在籍支食全俸。廿九年，八十六岁，十月十三日薨。奉上谕：加恩照大学士例赐恤，谥文达。”

按：公少年早达，遭遇圣明。由编修大考，擢升礼部侍郎，屡典文衡，不十年而开府。其后扬历中外，出兼疆寄，入赞黄扉。身历三朝，五十馀年，受圣主特达之知，恩眷始终无间。寿臻耋耄，生死荣哀，盖近代未有之福人也。平生主持汉学，诗文而外，精研经谊、训诂，一本《尔雅》、《说文》。典试三齐、两越时，退食委蛇，不废著述。爱才好士，若本性生，一时宿学文儒，皆罗致幕中，相与搜采篇章，钩稽掌故。于群经小学，则有《经籍籑诂》、《十三经校勘记》、《皇清经解》之缉。于典故词章，则有《淮海英灵集》、《两浙輶轩录》、《诂经文集》之辑。于地方古迹，则有《山左金石志》、《两浙金石志》、《两浙防护陵寝录》之辑。于算学，则有《畴人传》之辑。皆自发凡起例，择故人门生分任之，而亲加改订。其自撰之书，尤不可殚述。

此为《诗文全集》。《一集》中，如《车制图考》、《浙江考》，其先皆单行，后始并入集内。《外集》五卷，则进呈《四库未收书目提要》也，大抵集中皆考订经义、关涉国故之作为多，与八家、桐城迥然异趣。诗则幼为林太夫人所教，六岁授以王维、孟浩然、高适、岑参四家选本。及入词馆，屡以诗赋考取第一，洊擢至春卿。集中五、七古，颇近王、孟、高、岑，则以得之母训最早故也。他诗不拘一格，但期适意，发抒性灵。其平昔论诗之旨，曰“惟期明于情与事而已，毋客气也”。然则，世之谈诗者，断断于音调格律之辨，皆客气也。此惟公读书多者，乃可为此语。若不明于情事，专使性灵，则流弊不可胜言。公诗极多，《翚经室诗录》大约即古人《精华录》之例，托之他人所选，实则己择己诗，甘苦自知，得失亦自知。较之选家各有偏嗜者，不如此，犹得借窥全豹云尔。

留春草堂诗钞七卷嘉庆十九年刻本

《留春草堂诗钞》七卷，伊秉绶撰。王昶《湖海诗传》：“伊秉绶，字组似，号墨卿，宁化人。乾隆五十四年进士，官广东惠州府知府。有《留春草堂诗草》。”赵怀玉撰《墓表》：“君由县学生，中乾隆己亥本省举人。甲辰，举中正榜。己酉，成进士，授刑部主事，补浙江司，迁直隶司员外郎。嘉庆三年，典湖南试。明年，出守广东惠州。问民疾苦，裁汰陋规，倡修学宫，建丰湖书院，课诸生，有程法。尝修朝云墓于苏文忠祠沿，中得‘德有邻堂’研，人谓文忠以贶贤守云。君故练习刑名，有重谳，总督吉庆辄以委君。适以博罗绞犯越狱，罣议去官。士民共吁奏留，乃留军营办事。复以失察劾论戍军台。会新总督倭什布公平反，入告免罪。回籍，同人佽助捐复。两江总督铁保公请发南河，时淮南水灾，君查赈，银米皆亲给。奏摄扬州，特旨真授，旋遭光禄公丧。母夫人卒后，家居八年，同好朋交敦劝出山。抵扬州，一时名流，唱酬甚洽。患肺痿证卒，春秋六十有二。君工诗，尤善法隶，好蓄古书画。颇究心性命之学，不傍门户，屏谢声色。

食每具蔬，曰‘借以清吾心耳’。”

按：先生早官刑曹，精研法律。出典剧郡，鞅掌贤劳。于诗，本不能如专家用功之深。然风雅性生，吐辞清妙。再至扬州，日与诸名流唱和，未尝以章绶萦心。早随光禄公朝栋侍宦京师，既出大兴朱文正珪之门，又为纪文达昀延为西席，耳濡目染，闻见异于乡曲之儒。光禄公本以诗名，有《赐研堂诗钞》行世。益之以家学，虽昌黎之于韩昶，必卒能成其名。而况先生，固有过人之异禀哉！

船山诗草二十卷嘉庆戊辰家刻本

《船山诗草》二十卷，张问陶撰。王昶《湖海诗传》：“张问陶，字乐祖，号船山，遂宁人，文端玄孙。乾隆五十五年进士，官检讨。”孙桐生《全蜀诗钞·小传》：“张问陶，字船山，四川遂宁人，文端公玄孙。乾隆庚戌，成进士，授翰林院检讨，改御史，官至山东莱州府知府。先生天姿英敏超悟，读书有夙慧，十岁能诗。弱冠后，壮游南北，遍览天下奇山水，才益豪，笔益肆。通籍，直史馆，名重一时。改御史，有直声。顾性情恬淡，不屑与时俯仰，以故久滞不迁。以俸深，出守东莱，潇洒无俗吏态。坐是，不为上官所喜，仅一载，引疾归，行李萧然。时同乡廖复堂都转，以书招至扬州，小住年馀卒，年仅五十。都转为经纪其丧，而归之，卒无子。所为诗，专生性灵，独出新意，如神龙变化，不可端倪。近体超妙清新，雅近义山。古体奔放奇横，颇近太白。卓然为本朝一大名家，不止冠冕西蜀也。”张维屏《听松庐文钞》：“庚申闰四月，奉敕选翰詹三十人，各书扇五柄。五月，选十二人，分书养心殿屏幅，先生皆与焉。庚午七月，部选莱州府知府。

壬申二月，辞郡。是年四十九岁。罢官后，侨寓吴门，自颜所居曰‘乐天天随邻屋’。癸酉，仍寓虎丘，往来大江南北。未几，卒于客舍。卒之年月，不得其详。”

按：孙、张两说歧异，当以张为得其实。先族祖调笙公廷琯《鸥陂渔话》一云：“船山太守自莱州引疾，客游吴中。未及三载，以甲戌三月，卒于虎丘山塘寓馆，即所谓‘乐天天随邻屋’者。说者谓其《过常州舣舟亭》句：‘回首大峨天万里，此中曾是未归人。’盖诗谶也。先生以宰相世家，少年科第。早登词馆，旋入谏垣。前辈如袁随园、蒋苕生两太史，皆倾倒其才名，为之延誉。又英姿玉貌，浊世翩翩。曩在长沙，见李文恭后人家藏有乾、嘉诗人画像，始随园，迄先生。先生清标鹤立，披大红斗蓬，褐[①]如王子晋、萧史，神仙一流人。”《随园诗话》补遗六云：“船山玉树临风，兼仲容之姣。蒙以诗稿见寄，曰《推袁集》，尤足感也。有秀水金筠泉孝继、无锡马云题灿，俱愿与来生作妾。船山有诗调之。”可见当时人倾慕之至。

今集中诗，芳韶婉丽，如其为人。而时多新颖之思，往往如人意中所欲出。晚年典郡，郁郁一官。迨退隐吴门，颇形憔悴。吾友龙阳易实甫观察顺鼎，藏有先生诗画小册手迹，上钤“张灵后身”四字印，则其所托，亦可悲已。余尝言，有清文治之盛，莫如乾、嘉两朝。诗人应运而生，色色形形，无奇不有。仓山如飞仙，苕生如剑侠，梦楼如佛，梧门如道，船山则天女杜兰香、萼绿华之流，其一种芬芳艳冶之容，非人世间毛嫱、西施所能比其美丽。袁、蒋、王、法，已成广大教主。先生几欲于诸家之外，别辟一境，与之拔帜争雄。读先生近体诸诗，恐有他人屐齿所未

①“褐”字下似有阙文。

到者。余于先生，瓣香奉之已。

独学庐初稿文三卷、诗八卷，二稿文三卷、诗三卷、词一卷，三稿文五卷、诗六卷，外集二卷，附读左卮言一卷，汉书刊误一卷，年谱一卷同治壬申家刻本

《独学庐初稿》文三卷、诗八卷，《二稿》文三卷、诗三卷、词一卷，《三稿》文五卷、诗六卷，《外集》二卷，附《读左卮言》一卷，《汉书刊误》一卷，《年谱》一卷，石韫玉撰。符葆森《正雅集》："石韫玉，字琢堂，江苏吴县人。乾隆庚戌科五十五年殿试第一人及第，官至四川布政使。著有《独学庐稿》。按先生人品端正，为理学名臣，诗文皆非所长。不遇，谨饬有馀，不失馆阁循规蹈矩之习已耳。"法式善《槐厅载笔》十四云："石韫玉，字执如。负文章盛名，而实道学中人也。尝谓'我辈不能扶翼名教，而凡遇得罪名教之书，须拉杂摧烧之'。家置一字库，名曰'孽海'，盖投诸浊流，勿使扬其波也。一日，阅《四朝闻见录》中，有劾朱文公一疏，荒诞不经：逆母欺君，窃权树党，并及闺阁中秽事，有小人所不为者。乃敢形诸奏牍，诬蔑正人君子，且载入文公谢罪一表，以实其过。拍案大怒，急谋诸妇，脱臂上金跳脱，质钱五十千，（偏）〔遍〕搜坊肆，得三百四十馀部，卒烧之。是年以南闱发解。庚戌，应礼部试，为胪传第一人。"钱泳《履园丛话·科第》所载同。

余谓此等义行，其心可嘉，而其识则甚陋。当宋宁宗庆元党禁时，文公为韩侂胄所排。小人希旨承风，肆其鬼（域）〔蜮〕。文公谢表引罪，即韩文公"天王明圣，臣罪当诛"之意。《四朝闻

见录》为叶绍翁撰，《钦定四库全书总目》子部小说类著录，《提要》云："绍翁与真德秀游，其学一以朱子为宗。南渡以后，野史足补史传之阙者。惟李心传之《建炎以来朝野杂记》，号为精核。次则绍翁是书。"书中所录，不止一疏。正以一时群小，淆乱是非，详载其文，以待后世公论。书中固无一语，袒及攻朱子者。此三百四十馀部，横被祖龙之灾。当时此书，止鲍廷博《知不足斋丛书》刻之，何遽得此数百部，毋亦言之过甚，流传不实欤？

卷施阁文甲集十卷、乙集十卷、诗集二十卷、附鲒轩诗八卷，更生斋文甲集四卷、乙集四卷，更生斋诗十卷、诗馀二卷

乾隆乙卯贵阳学署刻本。更生斋甲、乙诗集，嘉庆以后刻本

《卷施阁文甲集》十卷，《乙集》十卷，《诗集》二十卷，附《鲒轩诗》八卷，《更生斋文甲集》四卷，《乙集》四卷，《更生斋诗》十卷，《诗馀》二卷，洪亮吉撰。王昶《湖海诗传》："洪亮吉，字稚存，阳湖人。乾隆五十五年，殿试第二人及第，官编修。有《卷施阁集》。"《蒲褐山房诗话》："稚存作文，具体魏、晋。作诗，五古仿康乐，次仿少陵。七古仿太白。呕心镂肺，总不欲拾前人牙慧。至于经史注疏，说文、地理，靡不参稽钩贯，盖非仅以词章名世者。"毕沅《吴会英才集》："洪稚存奇思独创，远出常情。五古歌行，杰立一世。早年与仲则齐名，江左号为洪黄。后沉研经术，著书盈箧。与季逑论学相长，人又称孙洪云。"

按：先生以嘉庆四年，上成亲王书言事，王以闻上，大怒，严旨遣戍伊犁。五年四月，京师亢旱，上念其以直言获罪，立予

释回。是日甘霖大霈，盖至戍所未及百日也。其“更生”名斋者，以此。先生工于骈文，根柢汉、魏。平生不喜浮屠氏之学，故文字中所用，皆经史小学训诂，不涉杂家异氏之书。其诗尤为当时推重，袁枚《随园诗话》七：“稚存诗学韩、杜，秀出班行。”沈涛《匏庐诗话》上：“洪稚存《醉翁亭》诗：‘一成坯，再成英，一再曲折山以名。注川曰溪，注溪曰谷，溪行谷行水声复。’与宋晁补之《酬李唐臣赠山水短轴》诗‘大山宫，小山霍，欲识山高观石脚。大波为澜，小波为沦，欲识山深观水津’，句法相似，皆用《尔雅》。稚存此篇，全夺胎《庐陵集》中《赠沈遵诗》。”张维屏《听松庐诗话》：“先生未达以前，名山胜游，诗多奇警。及登上第，持使节，所为诗转逊于前。至万里荷戈，身历奇险，又复奇气喷溢。信乎，山川能助人也。此皆一时公论，知先生于唐、宋大家，终日寝馈于其中，不觉有时相似。而其诗境之奇辟，出之于身历，笔又足以达之，洵极才人、学人之能事矣。孙、黄两家，似尚未有以过之。

戴简恪公遗集八卷道光甲辰庞钟璐刻本

《戴简恪公遗集》八卷，戴敦元撰。《国史本传》：“戴敦元，浙江开化人。乾隆五十八年进士，改庶吉士。嘉庆元年，散馆，改主事，分礼部。二年，选刑部主事。八年，升员外郎。十年，丁母忧。十三年，服阕，补原官。十四年，升郎中。十六年，丁父忧。十九年，服阕，补原官。二十三年，京察一等，记名以道府用。七月，授广东高廉兵备道。道光元年，升江西按察使。二年正月，升山西布政使。十月，调湖南布政使，护理巡抚。三年二月，升刑部左侍郎。十一年八月，署户部右侍郎，兼管钱法堂事务。十二年正月，署刑部尚书。二月，实授。十四年，因病请假，卒。谕赐祭葬，予谥简恪。”吴振棫《杭郡诗辑》续四十五《寄寓》下：“戴敦元，字士旋，号金溪，开化人。乾隆癸丑进士，历官刑部尚书，赠太子太保，谥简恪。有《沤尘集》。”又云：“金溪幼有神童之目。成进士，由礼部改调刑部，洊升郎中。观察粤中，历江臬，晋、楚藩，入为刑部侍郎，进尚书，薨于位。中间奉讳，南旋敷文书院，与郡之钱孝廉师曾、倪秀才稻孙、李布衣堂、王丹生槐，及吴兴严修能元照，结吟社于秋鸿馆。服官之日，则一意政事，断绝诗酒。决狱明允，朝野钦服。所著有《两汉郡国道邑表》、《唐宋州郡表》，天文算学等书。”

潘谘撰《别传》云：“公平生惟喜读书，姿禀殊绝，日成诵书可高七八寸。彭文勤公元瑞视学浙江，君年十岁，郡县以神童举试，公呼至案前，问读书几何，书一字，引音义旁通者问之。君乞笔，注所出书，多在所引外。验书皆实，故名早称于大人长者。其一生绰然得自行其志趣者，亦名有以先之也。居京师，部事毕，归坐一室。窥其室，积尘漠漠，坐卧处皆乱书，无完轴者。”陈康祺《郎潜纪闻》：“戴简恪公官司寇日，朝士呼为破败书橱。以公万卷罗胸，而粗服敝车，外观极寒俭也。”

按：公自幼姿禀殊绝，读破万卷。偶然托之吟咏，书卷之气盎然。平生廉洁性成，卒之日，家无馀财，用无馀粟。庀其产，不及百金。自少至老，不计得失，亦竟无得失。遇人脱略，人信其简朴，无有訾谤之者。虽为达官，乡居无车马仆从。每遇公宴，雨则张盖着屐，只身而往。宴毕，门启呼戴大人舆仆，公索盖持之而去。至今浙中耆老道其遗事，真有令人失笑者，而公初不自知也。呜呼！如公者，今日岂可得哉。

烟霞万古楼诗选二卷、诗录一卷咸丰元年徐渭仁刻本

《烟霞万古楼诗选》二卷，《诗录》一卷，王昙撰。吴振棫《国朝杭郡诗续辑》四十五："王良士，原名昙，字仲瞿，号蠡舟，又号昭明阁外史，嘉兴人。乾隆五十九年甲寅举人。仲瞿素负狂名，言论举动，皆不欲与众人同。楚、蜀教匪乱时，自托能为掌心雷可以灭寇，吴白华总宪荐之。吴因以罢去。尝过东阿西楚霸王墓，遍召市倡，弹琵琶，唱古怨歌，酾酒墓下，痛饮吟诗而去。其豪诞多类此。暮年挈其妻，寓武林门外之王庵，颇颇以终。"按：张维屏《国朝诗人征略续编》引《弇榆山房笔谈》云："吴白华先生省钦，王仲瞿座师也。先生官总宪，荐仲瞿精五雷法，可制邪教。仲瞿以诗却之，有'百里雄雷惊孝若，六州生铁铸颜回'之句。"沈涛《匏庐诗话》下："嘉兴王仲瞿孝廉昙，少以任侠破家。诗文有奇气。又能为公孙大娘技，好谈兵法。时川、楚教匪不靖，其座主吴白华总宪，疏荐孝廉能平贼，措词失当，几陷不测。仁庙宽慈，谓书生庸妄，饬地方官管束而已。后屡上春官不售，行益不羁，落魄以死，诗稿藏陈云伯处。金石千声，云霞万色。流铃掷火，诞幻靡涯。今录其稍平易者，皆极抑塞磊落之致。"若此，则仲瞿未尝累举主，实举主累仲瞿也。《杭郡诗续辑》所言，不尽可据。

又，张维屏《松轩随笔》云："吴白华侍郎曾馆于和珅家，仲瞿三上书于白华，请参和珅。"三书今载集中，观之犹觉气挟风霜，力排山岳。然则，白华后以党附和珅落职。若听仲瞿之言，犹可以〔未〕为晚。盖乃进退失据，反借荐仲瞿掌雷法，欲轻脱

其罪。而以此累及仲瞿，是可哀已。郭麐《灵芬馆诗话》六：“王仲瞿孝廉，本名昙，后改名良士。恃才放纵，议论俶诡。有达官以谰言上闻者，遂顿挫不振。然其奇气逸才，自是桑悦、徐渭一流人。水心论陈同甫曰：‘若同甫终身不偶，则为狼疾人也。’伤哉言乎！仲瞿卒以是不第，又丧其佳偶。奔走就食于东诸侯间，侘傺以没，可哀也。其子人树，小名善才。幼极颖秀，恒随父东西，不克尽心于学。为诗，时有佳语。尝见一册，皆清隽不俗。充以学力，未见其止耳。”又，钱泳《履园丛话·梦幻》载仲瞿一异事云：“秀水王仲瞿昙，乾隆甲寅科举人。载籍极博，落拓不羁。嘉庆丙子七月，与余同游云台山，因其病，促之归杭州寓馆。丁丑八月初一日，果死。死月馀，有钱唐冯霈田者，仲瞿弟子也，梦仲瞿着古衣冠，自称西华山神，前原欲在世间大兴佛法，因声色之业太重，降为岷山山神。过五十年，始复位。惟欲报一仇，必致荼毒生灵，则终古堕落。然此仇必报也。醒时犹记忆，此梦亦奇。”

余谓仲瞿，生平畸行奇躅，为人传播，惊骇世俗。故身后尚有人述其梦幻之事，以为神异者。梅溪不过录以资谈助，未信其实事也。如《乾嘉诗坛点将录·小传》称：“其一日无疾卒，后嗣争产不殓，俄而尸蹶起，怫然曰：‘汝等嗜财如此，致同室操戈，何不念仁亲为宝乎？’遂出门，弃家为汗漫游，不知所终。”此同一诬罔之谈，岂足据为口实？夫仲瞿之死，梅溪亲见之，而亲记之。年月具在，何曾有此怪诞不经之事？况仲瞿一子，尚能传其家学，身外并无遗产，又何争之有哉？仲瞿尚有《文集》六卷，为嘉庆丙子钱梅溪泳所刊。又有《残稿存诗》一卷，张公束鸣珂，于光绪庚子补刊。余并收藏，皆初印精本也。《文集》前有徐紫珊渭仁识语，谓“刷印无多，即遭火厄，以故流传绝少”云云。前有“上海徐紫珊收藏书画金石书籍印”十四字朱文篆书方印，知其重为秘笈云。

二娱小庐诗钞五卷、补遗一卷、词钞二卷 嘉庆壬申刻本

《二娱小庐诗钞》五卷，《补遗》一卷，《词钞》二卷，尤维熊撰。石韫玉《苏州府志》一百二《文苑》七：“尤世楠，字文叔，元和人。工五言诗，尤长于制艺，嘉庆元年举孝廉方正。子维熊，乾隆五十四年选贡，官云南蒙自知县。能诗，著有《二娱诗钞》。”彭兆荪《尤君墓表》：“君讳维熊，字祖望，长洲人也。夙湔义方，长擅才笔。奇章秀句，风飞川涌。以乾隆己酉拔贡生，授淮安训导。秩满膺荐，简发云南知县，摄宰蒙自。移疾归，丁艰。越五年，而君卒，时嘉庆十四年四月也，年四十有八。君词翰之外，兼长干局，屡为节府延典笺奏。在官未一年，郑阿之誉，洽于万口。怛化之日，仅举诗词，属为点定。”今陈大令鸿寿为刊于溧阳。陈序云：“其诗词，于行役、羁旅、登临、凭吊之作，为尤工。”

按：沈涛《匏庐诗话》中：“长洲尤二娱广文维熊《端江花船词》：‘心字香熏心字衣，炉灰拨尽焰微微。欢来一似收香鸟，守定罗襦总不飞。’若使阮翁见之，当不数彭少宰岭南竹枝。”郭麐《爨馀丛话》三：“二娱诗，如单椒秀泽，不屑附丽，少坡陀漫衍之观。”二家所评，皆就广文时之作而论，其后宦游滇徼，跋涉舟车，沉郁激昂，颇得江山之助，其体又一变矣。乾、嘉诗人，如二娱者，其亦诗坛健将哉！

鉴止水斋集二十卷嘉庆二十四年广州刻本

《鉴止水斋集》二十卷，许宗彦撰。王昶《湖海诗传》："许宗彦，字积卿，号周生，德清人。嘉庆四年进士，官兵部主事。"《蒲褐山房诗话》："周生年少就傅，颖悟非常，读书目数行下。稍长，遂博通典坟，自经史、诗词而外，小学、算术、医方、梵夹，靡不涉猎，尤深于古文。本之于宋之南丰、明之遵岩，理实而气空，学充而辞达。同时，与戴金溪敦元，均以神童称。而金溪朴学，专工注疏，至于兼擅词章，其所不逮也。尝从其尊人方伯，遍历滇、黔、东粤山水之胜。故浏览之作，亦多超越。"阮元为之《传》云："君九岁能读经史，善属文。青浦王公爱其才，作《积卿字说》，载《春融堂集》。十岁，即不从师，经史文章，皆自习之。乾隆丙午，举于乡。嘉庆己未，成进士，授兵部主事。尝曰：'读书人，第一须使此心正大光明，澄清如止水。'故名所居曰'鉴止水斋'。所著有《鉴止水文集》十二卷，《诗集》八卷。集多说经之文，其学说能持汉、宋之平。其他《礼论》、《治论》诸篇，稽古证今，通达政礼。文虽不多，然皆独具神识，未经人道。异乎俗儒之连篇累牍，无裨于世者。以嘉庆二十三年十二月二十二日卒于杭州，年五十有一。"

按：兵部说经铿铿，文已采入阮元所编《皇清经解》。至其诗，则多清婉之致，绝不类考据家言。符葆森《寄心庵诗话》云："赵瓯北之'万山围路梦难归'，汪少海之'乱山围梦到家迟'，及许周生之'好风吹梦绕苍山'，皆说梦之极真者，不独语妙也。"梁绍壬《两般秋雨庵随笔》三："周生先生病中尝语余曰：夜来得句，颇切近状：'厌闻家事常如客，爱看名山悔不僧。'后阅《鉴止水斋集》，无此二句，盖得句而未成篇者。先生殁前三（目）〔日〕，自撰挽联云：‘月白风清其有意，斗量车载已无名。’是能了然于去来者矣。”又按：兵部嘉庆己未会榜，得人之盛，论者以为如鸿博科。是科大兴朱文正珪充正总裁，副之者，长沙刘文恪权之、满（州）〔洲〕文宁、及仪征阮文达元。朱文正曰：“是科经学则有张惠言等，小学则有王引之等，词章则有吴鼒等，兼者其许宗彦乎！”其为当时巨人推重如此。今集，一至八诗，九卷词，十至二十皆文。精金良玉，胜于以多为贵者。兵部斯集，真可以不朽矣。

颐道堂诗选二十五卷、诗钞十九卷、诗外集六卷、文钞九卷道光癸未家刻本

《颐道堂诗选》二十五卷，《诗钞》十九卷，《诗外集》六卷，《文钞》九卷，陈文述撰。王昶《湖海诗传》：“陈文述，字云伯，钱唐人。嘉庆五年举人。”符葆森《正雅集》：“陈文述，字隽甫，一字云伯，号退庵，钱唐人。嘉庆庚申举人，历署江苏、安徽知县。著有《颐道堂集》。”按：先生原名文杰，阮元《诂经精舍题名碑记》尚署“文杰”也。又《定香亭笔谈》一：“试杭州时，新制团扇适成，纨素画笔，颇极雅丽。尝以《仿宋画院制团扇》命题，诗佳者，许以扇赠。钱唐陈云伯文杰诗最佳，即以扇与之，人称为陈团扇。杭州向无团扇，因是盛行焉。”又云：“杭州诸生之诗，当以陈云伯文杰为第一。其才力有馀于诗之外，故为人所不能。其诗舒和雅健，自然名贵。于七言歌行，尤得初唐风范。同时能诗者有陈曼生鸿寿，其才略亚于云伯，而峭拔秀逸过之。陈瀛芝甫，又亚于曼生，余尝称为武林三陈。云伯弟文

湛，亦能诗。曼生弟觳曾，善属文。”又《笔谈》采先生诗最多，集名《绿凤楼》，盖少作也。

先生鸿文艳藻，倾动一时。吴文溥《南野草堂笔记》云：“云伯诗，工体物，绮思壮采，作绕梁三日音。尝为阮司农赋《仿宋画院式团扇》、《招勇将军宝刀歌》，以此得名扬州。”张子贞赠句：“儿女深情团扇咏，英雄本色宝刀篇。”同时萧子山抡跋《碧城仙馆诗》云：“云伯少好为诗，步趋吴祭酒，而能挥霍古今，多多益善。所作七言古长篇，如临风舒锦，五色纷披，观者莫不叹为奇丽。年三十馀，游京师，与杨芳灿齐名，一时谓之杨陈。所刻《碧城仙馆》，争相传诵。及以县令需次吴中十馀年，敛华就实，一变向来镂金错采之习，而归诸雅正。”郭麐《灵芬馆诗话》亦云：“云伯句锤字练，宏朗高华，出入玉豂、飞卿之间，而参以六朝、初唐元、白诸体。《碧城仙馆》一集，几于家绣弓衣，人歌远上。或病其多涉艳情，有张平子‘风云气少’之恨。然如《长城》一百韵、《秦良玉屯兵处》及《塞上》诸篇，又岂致尧辈所能兼有哉？”据诸家评论，其于大令诗无间言矣。

梁绍壬《两般秋雨庵随笔》三云：“陈云伯大令《碧城仙馆诗》，是其少作，皆香奁侧艳之词。后刻《颐道堂集》，大半删去。犹记其《无题》二句云：‘七二鸳鸯同命鸟，一双蝴蝶可怜虫。’余幼时酷爱诵之，似甚惜其不应删去。”余谓大令诗，本以藻艳擅长。而作诗之多，亦近今第一。此外尚有《秣陵集》六卷、《西泠怀古集》十卷、《西泠闺咏》十六卷、《西泠仙咏》三卷，大抵才思横溢，锦绣纷披。拟之《颐道堂》所选之诗，虽华实不同，究不如未删改以前，得见本来面目也。先生官苏时，阅童试卷，激赏先族祖调笙公廷琯文，既题七律一首于试卷见赠，即以女妻之。其后先生无嗣，晚景抑郁以殁。调笙公有诗追感云：“温峤何妨第二流，按：此大令赠公原句。赠言期许愧难酬。一从拔宅仙翁去，婿水人今亦白头。”盖大令身后，眷属无人，故以仙人唐公房拔宅留婿事相况。又，阮公所赠团扇，大令即以为妆奁。后公装成册子，江浙名人皆有题咏。余曾于阊门张姓人家见之，愿以百金赎归，不允。询之故老，云调笙公于粤乱平后，自沪归，与张同居，且有瓜葛。公殁后，为张窃去，且并其他所藏书画亦干没。今公后人式微，张姓之子颇无赖，两姓尚有来往，无如何也。嗟呼！大令文采风流，照耀一世。历官复有惠政，口碑在人。乃竟若敖馁而并婿乡亦零落不振。天道无知，文人无后，真定例耶？

香苏山馆古体诗钞十七卷、今体诗钞十九卷 嘉庆二十三年刻本

《香苏山馆古体诗钞》十七卷，《今体诗钞》十九卷，吴嵩梁撰。王昶《湖海诗传》：“吴嵩梁，字子山，号兰雪，东乡人。嘉庆五年举人，候补国子监博士。有《香苏山馆诗集》。”《蒲褐山房诗话》：“西江自明以来，称诗者众，而无卓然杰出号大家者。予尝以语兰雪，兰雪深以为然。今自蒋苕生后，二十馀年，兰雪继之。予两至南昌，故才人多在门下，如云衣、照南，修之三吴，咸以诗名当世，而兰雪实为巨擘。其诗如天气苍苍，海涛浪浪，足以推倒一世豪杰。每阅数年，辄来三泖渔庄省视，故录其诗较多。”符葆森《寄心庵诗话》：“吾师姚石甫先生称，兰雪诗为哀艳，遂有诋为浮华累道者。而吾师以为《国风》、《离骚》之遗。然兰雪诗，实沿六朝，而规格则似唐之温、李。其清婉处，又与长庆为近，而下匹梅村。”是集所收，多清空矫健一派。

按：博士诗才清艳，脱尽西江习气。王文治序其诗云：“才涌

如潮，情艳于月。音节之妙，可被管弦。在国子监时，琉球国遣官生入监读书，吴以博士教之。颇聪颖，还国过山东，蒋别驾第护送之，赠蒋诗有'诗草即今传海国，笔花何止属江郎'之句。后吴候补中书，尝作诗云：'凤凰未识池边树，桃李先栽海外花。'"语详姚元之《竹叶亭杂记》五。《记》又云："琉球人以得兰雪诗为珍宝。尝得诗，借子弟寄礼物谢之，刀、扇、雪酒、花布、蕉布、铜壶、护寿、烟八种。护寿，纸也。"梁绍壬《两般秋雨庵随笔》二："西江吴兰雪中翰嵩梁，工诗，高丽使臣得其所著诗，称为诗佛，而筑一龛以供之，种万梅树云。"当时名达四裔，而终于博士一官，"文憎命达"，自古已然。然自弱冠入都，公卿倒屣。晚游江海，袁随园枚、阮芸台中丞元，均以握手奉交为快。兼工词令，郭麐《灵芬馆诗话》十一："吾友吴兰雪嵩梁，诗笔清华，一时罕俪。闻甚工为词，然未之见。乐莲裳《耳食录》中，见其'帘外桃花红奈何，春风吹又多'之句，金荃之亚也。"西江灵秀之气，代毓诗人。如博士者，其亦应时名世者欤！

青芝山馆诗二十二卷、骈文二卷嘉庆二十二年刻本

《青芝山馆诗》二十二卷，《骈文》二卷，乐钧撰。王昶《湖海诗传》："乐钧，字莲裳，临川人。嘉庆五年举人。"张维屏《国朝诗人征略》："乐钧，字元淑，号莲裳，临川人。嘉庆五年举人，有《青芝山馆集》。《听松庐文钞》："莲裳，初名宫谱。少日，喜为奇丽之文，曾撰《耳食录》一书。壮岁，韵语益工，兼工骈体。既登贤书，屡试不第。橐笔江湖，为诸（候）〔侯〕客，郁郁不得志，竟侘傺以殁。才士偃蹇，自古叹之，然其诗文，足

以传世。珠光剑气，讵受尘埋。以之位置于蓉裳、芙初之间，允堪伯仲。”又《听松庐诗话》：“江西诗家，蒋苕生后，当推乐莲裳、吴兰雪。两人同举孝廉，同为翁覃溪先生弟子，同以才名遨游王侯公卿间。莲裳久居慕府，兰雪久客京师。晚岁诗名，吴盛于乐。然合两集观之，香苏应酬投赠，外心较多，不如青芝多内心也。”又沈涛《匏庐诗话》下：“莲裳孝廉《历下杂诗》云：‘海棠已见委苍苔，急为红梨冒雨来。春色春情都绝世，可怜墙角背人开。’后二语，为天下失路才人，同声一哭。”按：此诗即所谓“有内心者”也。

兰雪、莲裳二家之诗，才情艳丽，纯乎六朝金粉之遗。于江西诗派，脱化净尽，不似蒋苕生、陈滋甫诸家，尚不能不濡染乡学也。然以莲裳较兰雪，其间亦微有异同：兰雪艳馀于骨，莲裳文生于情。故其时有诋兰雪浮华累道者，虽《国风》《骚赋》，不能以此腐论相绳。然在同流品评，则固有所分辨矣。

心知堂诗稿十八卷 道光六年刻本

《心知堂诗稿》十八卷，汪仲洋撰。符葆森《正雅集》：“仲洋，字少海，号海门，四川成都人。嘉庆六年辛酉科举人，官鄞县知县。有《心知堂诗稿》。”按：《诗坛点将录》操刀鬼列其人，一本作汪淮，字小海，误也。前序及题词，如桃椿、钱栻、杨芳灿、严学淦、毕华珍、查揆、李鼎元、陈文述，皆《点将录》中人。固知当时，声气满江湖，诗名遍吴越。乾、嘉时，蜀才号为极盛，如张船山太守问陶、李墨庄太史鼎元、李凫塘太史骥元兄弟，皆为一时眉目。少海在三家之中，独以才气盛。姚椿序称：“张翰枚问陶之诗，奇险捷出，不主故常，其极主于能道人意中事而止。汪子沉緿奥凿，句镂字锻，又善用事相佐证。翰林纯以天胜，汪子兼尽学力。以故翰林之浑成，汪子之刻削，皆为予所心服。”

按：此论殊为未允。张、汪二人，同为天姿高敏之人。张诗意态清新，吐词别雅，每一诗成，使人读之，有味外味，此其所长也。奇险浑成之语，拟之实为不伦。汪诗则才思纵横，笔力强健，长篇近律，一挥而就，读之淋漓尽致。而选词炼句，波澜老成。全集并无沉緿奥凿之词，亦无刻削之处。可知文士为友人作诗文等序，大（氐）〔抵〕自逞议论，全不考其人之学问，浮夸溢誉，使后人无从定其是非，亦为人作序者之通病也。是集，余翻阅再四，颇洞悉其浅深。若如姚序云云，实皮毛之论矣。

种榆仙馆诗钞二卷 道光甲辰赵氏刻本

《种榆仙馆诗钞》二卷，陈鸿寿撰。吴振棫《杭郡诗辑续》三十：“陈鸿寿，字子恭，号曼生，钱唐人。嘉庆六年辛酉拔贡，官江南海防河务同知。著有《种榆仙馆诗集》。曼生好交游，自其贫时，四方知名之士，皆踵门纳交。仕宦后，士益争往归之。生平于学，多通解，自以为无过人者，遂耻自名。于篆、隶、行、草书，悬然有天得，世争宝弆之。为诗不事苦吟，自然畅朗。阮相国抚浙时，方筹海。随相国轻车往返，走檄飞书，百函立就。暇与诸名士刻烛赋诗，才丽以壮，不可及也。令溧阳时，仿龚、时两家法为茗器，撰为铭词，书而镌之，一时有‘曼壶’之称。其风趣不减前明陈三呆子也。”郭麐《灵芬馆诗话》五：“浙江两陈，余与曼生最初相识，后又交于云伯。曼生才艺，可了十人。诗宗太白、长吉，洒然而来，不屑屑于字句，而标致自佳。尝以手稿一卷寄余，后乃悔其少作，以为不足传。而亦不乐与时流争名，尊前酒边，间一染翰，差取快意而已。”又六云：“曼生为溧阳令，余岁一访之，下（拓）〔榻〕于其‘桑连理’馆。署外古桑一株，与墙外桑连枝直接，故以此名。壬申岁，溧阳有嘉禾百馀茎，穗垂八九，每穗皆有百馀颗，邑人结红阑以护之，且乞闻于上官。曼生不允，乃止。余为《连理桑歌》，并及此瑞禾云。”

按：司马诗，远不如云伯之多。而工书善画，尺缣寸楮，至今人争宝藏之。其手制茗壶，尤为世所珍贵。多材多艺，亦一传人。固不必一家兄弟，同以诗名也。阮亨《瀛舟笔谈》七：“陈曼生于画，精鉴别，持论以神韵为主。故其兴到，自写山水花木，皆洒然出尘。最喜奚铁生画，尝以晚年作，偕方兰坻、王椒畦，合为一卷，家兄为作《种榆仙馆三画记》。”钱泳《履园丛话·画学》：“陈曼生以选拔得县令，官至海防司马，引疾归。花卉宗王西室，山水近李檀园。尝官宜兴，用时大彬法，自制砂壶百枚，各题铭款，人称之曰‘曼壶’，于是竞相效法，几遍海内。”余谓曼生，诗、文、书、画、印章，无所不精。不意竟传于曼壶，亦奇也。今世传曼壶，百无一真，而书画尚少赝迹。余旧藏楹帖书画条幅颇多，玩之殊有别趣。日久散失，不复萦诸魂梦，惟书籍，则愿子孙永守耳。

海云堂诗钞十四卷、补遗一卷、词钞二卷、文钞一卷 嘉庆丁丑刻本

《海云堂诗钞》十四卷，《补遗》一卷，《词钞》二卷，《文钞》一卷，严学淦撰。按：学淦，字丽生，丹徒人。嘉庆九年，甲子科顺天乡试举人。丙戌，大挑一等，分发湖南候补知县。父

士鋐，字震叔，号筠亭。乾隆丁酉拔贡，出谢金圃侍郎墉之门，朝考二等，以知县分发四川。历官至川东道，擢河南按察使事。(具)〔据〕《文钞·筠亭府君行述》。陈文述《诗钞》序云：“尊甫筠亭先生，观察川东。君以贵公子，往来兵戈戎马间，作将军揖客，有傅修期‘上马杀贼，下马作露布’之风。其经历，有大过乎古人者，以是发为歌咏，宜其大过古人，而非今人之所及也。嘉庆甲子、乙丑间，与君以乡试客京师。时老辈如吴穀人、杨蓉裳、法梧门、张船山，同人则姚春木、吴兰雪、蔡浣霞、周箌云、杨浣香、吴巢松、汪竹素、竹海、查梅史、许青士，均在京师。坛坫角立，余以奇才目君，人无间言。君于诗，古人喜青莲、昌谷，继出入韩、孟，沉郁处又近少陵。近人则喜黄仲则，谓其跳荡，非古人所有，恒喜学之。兼取胡稚威，谓其坚凝，不可及。若其本原史传，自抒伟论，以卓越之识，发飞扬之气，则又非仲则、稚威所可限也。余在京师，孙古云为余刊《碧城仙馆诗》，人以紫凤目余，余以白鹰方君，谓其风骨遒上也。蓉裳评箌云诗曰‘香象渡河’，评君诗曰‘金翅掣海’。则以上下千古之识尽其才，以江山万里之助畅其才也。然则，才人之诗，未有如丽生者也。”

据陈序，推重其诗，可谓至矣，然不免过于溢美。丽生才情富丽，奇气郁盘。天姿既高，于古人未必深造。若其于仲则、稚威二人之长处，则实并有兼包。其近体，与云伯在伯仲之间。而风格高骞，则又是其胜处，斯固一时作手也。沈涛《匏庐诗话》下：“云伯盛称丹徒严丽生上舍学淦诗，大概如七宝楼台，以富丽取胜耳。阅之未能终卷，云伯为诵其《柳枝词》云：‘抛却江南唤奈何，今宵枨触绮愁多。一丝澹入春人影，知是眉痕是眼波。’又断句云：‘凄清夜雨度中宵，滴损冰荷蜡泪消。寒到绿天人影瘦，春愁不剪似巴蕉。’余不觉绝倒，曰：未免有情，哀感顽艳矣。”

词亦具有功力，但秾藻纷披，少委宛缠绵之致耳。文则纪事之作，足证当时轶闻。盖其时川、楚用兵，身在行间，见闻较确。如《绥定叛兵纪略》、《四川松藩镇总兵马良柱传》、《札克塔尔神道碑》，及《筠亭府君行略》，于川事纪述甚详，有裨掌故。馀多骈偶，足与查梅史、彭甘亭抗衡。由于万轴罗胸，足以供其驱策也。

篔谷诗钞二十卷、文钞十二卷 道光乙未刻本

《篔谷诗钞》二十卷，《文钞》十二卷，查揆撰。吴振棫《杭郡诗辑续》三十："查揆，又名初揆，字伯葵，号梅史，海宁人。嘉庆九年甲子举人，官直隶蓟州知州。有《菽原堂初集》。梅史为人，在通介之间。虽极困穷，耻事干谒。数往来湖上，不妄与人交。又尝渡钱唐而东，之甬上之括苍。旅食四方，无知之者。尝与屠太守倬、胡学博元杲、范秀才阶、殳参军三庆，读书清平山之拂尘庵，月夜携酒山顶，听海门涛声，滚滚上富春去，引满者再。自诵其旧作'不能为宰相，会作良医耳。今日之良医，毋乃县令是'。其声渊渊振金石。既领乡荐，遂试吏安庆。后任直隶饶阳，擢州牧，卒于官。其已刊之诗，有《菽原堂初集》八卷。"阮亨《瀛舟笔谈》十："查梅史揆，又名初揆。诗、文皆擅胜场。诗主沧浪，持论以'如盐着水，味在无味。虽极熔炼，要归自然'。刻有《菽原堂诗文初集》十卷。文皆骈体，以气韵胜，不以涂泽为工。集初刊成，京师人争传之，法梧门先生自都中移书称赏。先是，钱竹汀宫詹以博学高文，领袖后辈，于梅史有'二百年无此作'之叹。前辈爱才宏奖之盛心，可为感激，亦梅史之才有以致之也。甲子科举于乡，尝与屠琴坞太守倬、胡秋白学博元杲，偕同人读书于清平山麓之拂尘庵，以文史相劘切。所居之室

曰‘小擅栾’，奚铁生冈为作图，梅史为之序，秋白为之题。”

郭麐《灵芬馆诗话》五：“海昌查梅史揆、钱唐胡秋白元杲、屠琴坞倬、范小湖崇阶、殳积堂三庆，同读书于清平山之拂尘庵，与余先后定交。余时为云台先生校定《两浙辅轩录》及《笔谈》诸书，寓于孩儿（卷）〔巷〕，辄相过从。弦诗颂酒，杂以谐谑，极朋友文字之乐。无何，查君入都，屠君入翰林，殳君出游，余亦归里中。惟小湖主秋白家，课其儿子，得长相见。秋白、琴坞，皆有《清平山读书》第一、第二图，余皆有诗。今诸君皆落落散布，合并之期，未识何时？俯仰一时，不胜慨然。”又云：“梅史游西湖最久，华秋槎丈瑞璜，时寓北山之德生庵，梅史过从甚密。而性傲睨，不可一世。又闻余有狂名，余每过华寓，即偶值，亦掉头而去。后馆于梁山舟侍讲家，与余寓孩儿巷相接，因投刺往诣，接席披襟，欢然如旧相识，始悔前此之过自矜严也。梅史诗，不专一家，主于词，副其意气；举其词，高华沉着，惟旨所向。五、七古不唐不宋，出自心裁，无无为而作者。”

按：梅史初刻《菽原堂初集》十卷，为嘉庆八年刻本。诸家所称引，皆初集中诗也。此《篔谷诗文钞》三十二卷，乃其通籍后三十年著作，因并删汰其前所刊者，手纂此编。同人集资付梓，有方廷瑚序，言之甚详。时道光乙未，距伯葵殁一年矣。文皆骈偶体，取精于六朝，结体于初唐。学富才丰，不愧作手。然在梅史，则信手拈来，皆成珠玉，未尝如其作诗之专好也。

天真阁集三十二卷 嘉庆间刻本

《天真阁集》三十二卷，孙原湘撰。李兆洛《养一斋文集·孙吉士墓志铭》：“君讳原湘，字子潇，又字长真。家常熟，后县析为昭文，遂为昭文人。考镐，朝议大夫，山西潞安府知府。君生而颖异，方三四岁时，即知读诗，口咏指画，若能通晓，盖天赋也。成童后，尝从朝议君官于朝。朝议自奉天治中，擢潞安府。君所历，若山海关、医巫闾、沈阳、绣岭、木叶岭，及太行、王屋、黄河，名山大川，风物奇险，皆以歌咏发之。年才弱冠，名满都下矣。中式乾隆乙卯恩科、江南乡试。嘉庆十年乙丑进士，改庶吉士。归，得怔忡疾，遂不出。其论诗之旨，以为'一人有一人之性情，无性情不可言诗。若徒以格律、体裁规模唐、宋者，则失己之本来面目，而真性情亡矣。有真性情，然后涵泳于经史百家，以为立言根柢，自然独辟町畦，足为一代正声。自古大家、名家，何尝不以学力胜？要之，必从性情中来也'。此言出，而专注性情，以为诗可无学而能者，足关其喙矣。以道光九年卒，年七十。所为诗，已刻者三十卷。续集及古文骈体三十二卷，未刻。"

按：今本三十二卷，盖续补二卷。吉士诗，性情、学问，兼而有之。盖其自少至老，无日不在苦吟之中。又值其时，归愚、随园两派，互相訾謷。日久，而随园性灵之说，终战胜于归愚。故吉士以"根柢济性情"之论救之。其为诗，亦硁硁然不离此旨。在嘉、道诗人中，洵可谓中流砥柱矣。

尚䌹堂诗集五十二卷、词二卷、骈体文二卷 道光六年家刻本

《尚䌹堂诗集》五十二卷，词二卷，骈体文二卷，刘嗣绾撰。张维屏《国朝诗人征略》："刘嗣绾，字醇甫，号芙初，江南阳湖人。嘉庆十三年，会试第一，官翰林院编修。有《尚䌹堂集》。"

梁绍壬《两般秋雨庵随笔》二："阳湖刘芙初先生嗣绾，以名孝廉困顿场屋。春官十上，始得抡元，授职编修。而一阶未展，殁于京师。著《尚䌹堂诗》五十二卷。"法式善序其《集》云："礼闱榜发，醇甫举首，朝野庆得人。于时，醇甫年四十馀矣。会疾，书字不能工，选翰林，重宿望也。醇甫诗，出笔秀丽，少作明艳之篇居多。肄业太学以后，则沉博矣。放浪江湖以后，则排奡矣。兹则清遒俊迈，以快厉之笔，达幽隐之思，如水银泻地，天马行空矣。醇甫与宝斋副宪，齿相若，才相并。宝斋擢上第，衡文四方。而醇甫以相门子，青衫彳亍于隘卷，菰芦三黜于有司而后遇，可谓穷矣。虽然，其遇穷矣，而其心未穷。其心穷矣，而其诗未穷也。"

郭麐《灵芬馆诗话》十："芙初太史居京师，落落寡合。性本疏懒，又不屑与邈然少年相谐际。昔人所谓门庭萧寂，居然有名士风流者也。睽离十年，久不相见。近于友人扇头，见自书数绝句，其题《行脚看山图》云：'酒帘十里不分明，灯火阑珊始出城。不是马蹄偏款段，自家行路太迟生。'其寄托微婉可想。"按：是集分四十三集，每集各有小序。就其事考之，无异于自撰年谱也。全集六千馀首，据其自序云："择其可观者，存十之六七。"然则，生平所作诗，将过万首，可谓多矣。阮亨《瀛舟笔谈》九："刘芙初太史嗣绾，诗才明敏，硕学通明。自都中还，薄游淮海、浙西，人争识之。其《广陵咏古》小乐府尤精警，可匹西涯。"袁洁《蠡庄诗话》五："常州刘芙初太史嗣绾，才华发越，为诗清新俊逸，兼庾、鲍之长。"符葆森《寄心庵诗话》："芙初先生，以名孝廉困顿场屋，抡元时将及五十矣。少年诗，以秾艳缠绵为主，颇近温、韩。中年诗境，别是一格。去〔岁〕客扬州题襟馆，觞咏最多。"梁章钜《浪迹丛谈》一："过阳湖，访刘芙初同年宅，不见其后人。求《尚䌹堂集》，亦不可得。忆在京师，与芙初结宣南诗社。芙初本惊才绝艳，而近作大不如前，同人比之江郎才尽。芙初以病出京，家居尤贫瘁。晚患风痹，闻每饭，尚烦其母太夫人手哺之。才人末路至此，甚可伤也。”

嗟乎！如梁所言，则天之厄之者至矣。然能厄之以境，不能厄之以名。同年一榜，列朝籍，至通显者，皆泯灭无闻。而惟长洲陶凫乡侍郎樑、桐城姚石甫按察莹、钱唐屠琴坞吉士太守倬、仁和钱东生讲学林，与先生，三数人有诗文集，传诵在人，则名永矣。何必以当时所遇之境论得失哉！至梁云“才尽”之说，亦不尽然。今晚年诗具载集中，可以复按。或者梁偶见其率尔之作，遽一概抹杀之耳。

是程堂诗集十四卷 嘉庆十九年自刻本

《是程堂诗集》十四卷，屠倬撰。吴振棫《杭郡诗辑续》：“屠倬，字孟昭，号琴坞，又号潜园，钱唐人。嘉庆十三年戊辰进士，由庶吉士改江苏仪征知县，擢九江袁州知府。有《是程堂集》十八卷。琴坞乡举后，读书清平山中，与一时名流，以诗文相镞厉，由是名誉寖盛。通籍，出宰真州，禽枭徒，劝树桑，教纺织，有古循吏风。道光初，大臣交荐，遂有二千石之命。而其时却扫养疴，已数载矣。迹其生平，豪情壮气，不可一世。又有交游声气之广，朝廷特达之知，乃竟郁伊侘傺，赍志以终。人生不如意之遭，不必在户限外也。其为诗，如快马入阵，灵禽弄音，一洗质闷填缀之习。工词，有《耶溪渔隐词》。工画山水，受法于蒙泉外史，而得其秀润。”

按：先生早岁即以诗名，阮亨《瀛舟笔谈》十：“屠琴坞太守倬，弱冠登第，赋才卓荦。兼工书、画、篆刻。尝以诗就正余兄，兄题其首简云：'稿中诸诗，皆有宗法。精思隽句，颇自不凡。年力甚富，所愿进而不已，乌知其所至极耶？'"按：琴坞之诗，自抒性灵，不专派别，有《是程堂集》。继入词馆，今为名翰林矣。盖其以诗呈文达就正，在未通籍以前。文达誉之如此，固知其必有成就。其晚年，学日益深，诗格为之一变。郭祥伯麐称其诗"气慊以爽，音大而宏。不名一家之学，而发扬蹈厉，有幽并烈士，河朔少年之风"。是可知其进境矣。

吴侍读全集二十三卷道光丁亥家刻本

《吴侍读全集》廿三卷，吴慈鹤撰。张维屏《国朝诗人征略》："吴慈鹤，字韵皋，号巢松，江南吴县人。嘉庆十四年进士，官翰林院侍讲。有《兰鲸集》、《凤巢山樵求是录》。"韩崶撰《墓志铭》："吴慈鹤，字韵皋。嘉庆己巳进士，选庶吉士，授编修，充云南副考官，提督河南学政，迁侍讲，调山东学政。转侍读，卒。君于书，无所不读，诗文雄深瑰特。殁后，梁方伯章钜刻其遗著。"冯桂芬《苏州府志》引。《听松庐文钞》："太史弱冠时，尊甫昙绣先生官广东粮道。苏台、庾岭，南北往来。既而随官济南，中更忧患。《兰鲸》一集，已见老成。迨成进士，入词垣，掞藻木天，载笔史局。使车所至，山水为缘。碧鸡、金马，助其奇思；嵩岳、河流，增其壮采。中年篇什，所诣益精，不以才力掩其性灵，故足贵焉。"

按：侍读于嘉庆丙寅，自刻有《岑华居士兰鲸录》八卷。此《全集》为其孙嘉椿编校，于道光丁亥刻成。其助之资者，则茝林方伯也。侍读诗自名家，而衡文尤推具眼。娄谦《北野闲钞》三云："嘉庆己卯科，吴巢松太史慈鹤，副林少穆先生则徐典试云南，取中杨国翰、戴絅孙、池生春，及副车李于阳，四人皆云南之能诗者。先是，刘司马大绅主讲五华书院，取门弟子能诗者杨、戴、池、李而外，复有戴淳，录其诗梓之，题曰《滇南五子诗》。是科榜发，皆中式，惟淳以事不与试。一时称为佳话。太史因赋诗志其事云：'五凤齐飞一凤闲，自寻玄圃吸琅玕。在迈在轴各有志，云外云中随所安。为我冬烘展光采，羡君秋思足林峦。苦吟合让陈无已，惭愧苏门一例看。'杨、戴、池三人，先后成进士。池入翰林，戊子科典试陕甘，今奉旨在南书房行走。巢松太史，由编修屡晋侍讲，督学河南，调山东，殁于任，惜不及见之。少穆先生今官江苏巡抚。"此诚当时佳话，足备词林典故也。池工赋得体，《馆阁诗》选录其八韵诗最多。想见平日诗学甚深，故如磁石之引针，见赏于侍读也。

秋树读书楼遗集十六卷 道光丙申家刻本

《秋树读书楼遗集》十六卷，史善长撰。王（撰）〔昶〕《湖海诗传》："史善长，字诵芬，号赤崖，吴江人。诸生。有《秋树读书楼集》。"《蒲褐山房诗话》："诵芬从其尊人客游秦、陇，其诗铿锵激楚，殊有北地之风。既而从秋帆制军于湖广，苗民未靖，楚寇旋兴。诵芬目睹焚突之惨，故形之篇什者。虽一哭三太息，不是过也。其诗体本杜陵，而练词琢句得之谢康乐、鲍明远者居多。"

按：吴江为苏郡剧邑，国朝以来，诗人辈出，秀甲东吴。先族祖横山公，主持吴中坛坫三十年，诗弟子数百人，以沈归愚尚书为巨擘。于是长洲一派，天下推为正宗。然以久去江乡，除一门从子，如元礼、学山、分干，二三公外，己畦衣钵，传者寥寥。自徐电发崛起于词科，吴汉槎流声于塞外，吴江诗派，益为海内诗人共推宗。其后李玉洲太史，为吴郡诗会主盟，与归愚尚书迭执牛耳。流风所被，而金文简及其介弟韵言国子，埙篪唱和，朝野同声。而王载扬、赵艮甫、郭频伽、袁甘林、袁箧生之流，继武骚坛，韵事流传，百年未泯。惟赤崖客游秦、楚，不习乡风。一生橐笔戎间，虽非天宝乱离之年，颇有杜陵呻吟之苦。故其为诗，与之相近，亦身世之遭遇，不期然而然也。与赤崖同时有称者，尚有吾家改吟先生树枚，穷老工诗，极高淡之至，盖不失横山公家法云。

灵芬馆诗初集四卷、二集十卷、三集四卷、四集十二卷、续集九卷，蘅梦词二卷、浮眉楼词二卷、忏馀绮语二卷 嘉庆至道光先后刻本

《灵芬馆诗初集》四卷，《二集》十卷，《三集》四卷，《四集》十二卷，《续集》九卷，《蘅梦词》二卷，《浮眉楼词》二卷，《忏馀绮语》二卷，郭麐撰。王昶《湖海诗传》："郭麐，字祥伯，吴江人。诸生。有《近游》、《探梅》、《会吟》、《移家》诸集。"冯桂芬《苏州〔府〕志》一百七《吴江人物》："郭麐，字祥伯，号频伽，芦墟人。生而右眉全白，丰标秀异。年十六，补诸生。三十后，绝意进取，专力诗、古文、词。其于诗，自汉、魏以迄元、明，沿流讨源。尤能纵才力所至，森森自振，其风格蜕然出尘埃之表。家贫，客游，文采照耀江淮间。性通爽豪隽，好饮，酣嬉讥骂，时露兀傲不平之气。少游桐城姚鼐之门，鼐许为通隽豪士。卒年六十五。弟凤，字丹叔，与麐白首相倡和。"吴锡麒

《有正味斋日记·还京日记》上："严历亭司马守田招饮，晤郭频伽秀才麐，玉立一峰，珠霏万首。以其右眉霜洁，人呼为郭白眉云。"《蒲褐山房诗话》："祥伯诗，初学李长吉、沈下贤，稍变而入于苏、黄。予题行卷云：'揽其词旨，哀怨为宗。玩厥风华，清新是尚，如见卫叔宝、许元度一流人物。不患其过清而寒，过瘦而枯，过新而纤。如姬传仪部所云也。'"

按：此就早作而论。晚年诗，工力既深，时多变化。阮元《定香亭笔谈》二："频伽，缠绵悱恻人也。诗文皆极幽秀生峭之致。词尤隽永，谢蕴山方伯谓与兰雪相伯仲。"又云："郭君频伽，臞而清，如鹤如玉。白一眉，与余相识于定香亭上。其为诗也，自抒其情与事，而灵气入骨，奇香悦魄。不屑屑求肖于流派，殆深于骚者乎？"此则可概频伽诗之全体。盖阮公抚浙时，频伽时往来于幕中，故知之深也。

若其名士傲慢之气，有时亦受责于人。《随园诗话》补遗七云："郭频伽秀才，寄小照求诗。怜余衰老，代作二首来，教余书之。余欣然从命，并（扎）〔札〕谢云：'使老人握管，未必如此之佳。'渠又以此例求姚姬传先生。姚怒其无礼，掷还其图，移书嗔责。余道：此事与岳武穆破杨幺归，送礼与韩、张二王，一喜一嗔。人心不同，亦正相似。刘霞裳曰：'二先生皆是也。无姚公，人不知前辈之尊。无随园，人不知前辈之大。'"又，梁绍壬《两般秋雨庵随〔笔〕》一："吴江郭频伽麐，饮于友人处。有某太史在坐，少年甲第，意气凌人。频伽语气之间，多所狎侮。太史曰：'频伽先生，有何开罪？奚落下官。'频伽曰：'公读书中秘，言当雅驯。奈何以裨史之谈，挂诸齿颊。'太史曰：'《晋书·百官志》，朝士七品以下，不得称臣，但称下官。《南》《北史》亦然。某承乏翰林，官止七品，称下官，礼也。先生独未之前闻乎？’频伽惭不能答。”即此二事，出于频伽，殊不足怪。独怪世之文士，才不敌频伽，而兀傲凌人，不自度量。惜乎不遇姬传先生，及某太史其人，一小示薄儆也。

通艺阁诗钞八卷、文钞八卷

《通艺阁诗钞》八卷，《文钞》八卷，姚椿撰。王昶《湖海诗传》：“姚椿，字春木，华亭人。监生。有《望云集》。”符葆森《正雅集》：“一字子寿，江苏娄县人。诸生。著有《通艺阁诗录》。”《蒲褐山房诗话》：“春木无所师承，而才情宏放，正如天马凌空，不宜羁勒。由是而充之，则所谓‘词源倒倾三峡水，笔阵横扫千人军’者，足以继吾乡赵升之、张策时而起也。自蜀还吴，正值潢池寇警。直书所见，有杜、白新乐府之风。余尝劝其知古知今，积为经济。毋以寻章摘句，搜癖矜奇，至独角麟类万牛毛也。”符葆森《寄心庵诗话》：“子寿先生，得放翁‘诗外有事’之旨，由《剑南》而入《浣花》，庶几可企。毛丈生甫，与余尝言：先生之诗，可以振衰挽靡，其下笔惨澹经营，不遗馀力。”郭麐《灵芬馆诗话》续五：“松江姚春木椿，天下士也。年未四十，即弃去举业，杜门扫轨，以著述为事。余与相识二十年，中间契阔不相闻。己卯春，来吴门，下（拓）〔榻〕于古云百一山房，时甘亭亦在焉。古云以书见招，亟往就之。执手道旧，各为怃然。以三年中诗见示，因得读一过。五古自选体，以及宋贤，靡不沿溯而自树风骨。七古出入李、杜、韩、苏之间，较昔时所见，不啻径庭。其中如《大龙湫》、《灵岩》、《送毛生甫赴闽》、《刘松年十八学士图》、《望黄山诸峰》诗，顿挫浏漓，直入唐贤之室矣，篇长不及备录。”

按：春木诗，诸家论之审矣。其文亦有风力，与郭频伽同受业姚姬传先生之门。《灵芬馆诗话》五："春木别后，见寄一律云：'郭生落落异人群，天马行空脱绁纷。责我一言真至当，期君千载有斯文。皦心未敢欺他日，索解终须待子云。同是醉翁门下士，相逢馀栈惜斜曛。'"春木亦姬传先生弟子，故落句云尔。深愧老而慵惰，不克副所期也。余见春木所选《国朝文录》一书，颇近考据一派，不尽桐城之传。若其自为文，则渊乎懿乎，粹然儒家言也。

铁如意庵诗稿六卷道光丙戌刻本

《铁如意庵诗稿》六卷，袁鸿撰。石韫玉《苏州府志》一百七《袁棠传》附云："弟鸿，官福建永春州知州，亦能诗。"棠，字甘林，号湘湄。嘉庆元年举孝廉方正。袁枚《随园诗话》补遗十："余过同里，与从子湘湄、笛生谈诗。其二子皆髫年，倚膝而听，若解领者。余问：'能诗否？'其长者陶甡，呈其《咏秋海棠》云：'初过凉雨拓窗纱，绿叶凄凄映晚霞。秋夜月明如水好，上阶先照海棠花。'其弟陶容《舟行》云：'远望青山似白云，忽闻岸上有人声。夜深那有人来到，却见扳罾一盏灯。'"按：笛生，《铁如意庵稿》中诗，多类此。是其家学相承，皆随园一派。棠有《春水池塘集》，体格亦相近。棠之父景辂，字质中，诸生。游沈德潜、陈祖范之门，所辑《松陵诗征》三十卷，余有其书。一门三世，皆有诗人，亦近今所罕有也。

介祉诗钞四卷钞本

《介祉诗钞》四卷，《补遗》一卷，王陆禔撰。袁枚《随园诗话》称："常熟王陆禔，字介祉。瘦长骨立，两眸莹然。家贫母老，又遭冯敬通之厄，客死长沙，年三十二。其诗清丽云云。"今此集前，有枚序云："吾不识汉管公明作何状，至于揽镜自照，伤不永年，其言卒验。今有人焉，曰虞山王陆禔，字介祉。貌癯而修，如枯藤将弛。两瞳子几脱于眶，欲坠地碎。其诗悼往纪今，能曲折以神赴。家贫，母夫人七十。前年将之楚，过余道别。自戚其貌，对镜戏曰：'而小子其穷哉。'乃别去，长沙某聘为记室。未半年而病，遽僦舟归，未半涂死。呜呼！貌之征何其速也。昔公明年四十，介祉仅三十四。然则，今之天更酷于汉之天矣。殁后，其弟次岳自虞山来，以诗属余校定。呜呼！此则人所为，而不听命于天者矣。"

据序云云，介祉与随园来往甚密。集中诗称庐雅雨、杭堇圃为夫子，则实受业于二人之门者。又与余棕亭、严冬友、沈沃田诸人，文宴追随。故其诗戛戛生新，力足与词坛耆英相角逐。集中近体，七律、七绝，多本香奁，绮语柔情，读之令人回肠荡气。王次回《疑雨集》，未能擅美于前也。徐则病卧、旅行、愁怨之时多，欢娱之时少。降年不永，亦赋命使然。随园序谓其"以名之赢，补寿之缩"，古人如王子安、李长吉，皆可作一例观矣。

松壶画赘二卷光绪庚辰吴县潘氏刻本

《松壶画赘》二卷，钱杜撰。程祖庆《练川名人画像·寓贤》：

“钱光生，名杜，字叔美，号松壶，仁和人。候选主事。画、诗、书，俱极超妙。以贵公子落魂浪游，足迹几遍天下。曾客吾邑，至南翔，则见于先生作《怡园图序》。图为祖庆八世祖、中宪公遗像也。道光甲辰，卒于扬州，年八十二。著有《松壶画忆》及《画赘》。”

按：松壶先生为屿沙方伯之少公子。方伯扬历中外，久负诗名。松壶训出过庭，早承家学。工书善画，故题画之作，尤其擅长。《画赘》二卷，皆其所为诗。后附刻《画忆》二卷，则所见古人名画题跋也。郭麐《灵芬馆诗话》七云：“题画之作，别是一种笔墨，或超然高寄，霞想云思；或记物兴怀，山心水梦。故工诗者，未必知画；能画者，又未必工诗。求如云林、石田诸先生，盖亦寥寥矣。余所交知，惟铁生最工此体。后又得钱叔美《松壶画赘》，与铁生可谓异曲同工，不仅诗中有画也。盖松壶于诗学，功力本深，常以读画，寄丘壑之情，复以远游，获江山之助。以视云林、石田，偶然写意者，其格律有其过之。以云林、石田，但知画中趣，不知画外趣也。”

是集初刻于金陵随园，再刻于南阳，三刻于武林。庚寅夏，程序伯庭鹭即随园，补五十馀首，重刻于吴门，版均散佚。道光庚戌，序伯得其自定稿本，再刻之，即此本所自出也。此为徐花农侍郎琪手书精刻，吴县潘文勤祖荫滂喜斋藏版也。

小谟觞馆诗集八卷、续二卷、文集四卷、续二卷 嘉庆十一年韩江官舍刻本

《小谟觞馆诗集》八卷，续二卷，《文集》四卷，续二卷，彭兆荪撰。张维屏《国朝诗人征略》：“彭兆荪，字湘涵，号甘亭，

江南镇洋人。诸生。有《小谟觞馆诗集》、《文集》。”按：《集》分为六：一《楼烦集》，随宦山西宁武时作，起辛丑，迄丁未。一《南鸿集》，随侍南还时作，起丁未，迄庚戌。一《佣书集》，丁艰后，客京口、楚州时作，起乙卯，迄戊午。一《观涛集》，客邗江时作，起甲子，迄丙寅。其续集二卷，则丁卯至丙子，十年之作也。郭麐《灵芬馆诗话》六：“彭君甘亭，负夙成之誉，从宦楼烦。长楸走马，单骑射生。击剑读书，意气横出。故其诗，有三河少年、扶风豪士之概。既而遭忧厄塞，斥田偿逋。落拓名场，驰驱道路，遂多幽忧之音。迨至学道日深，浮华刊落。伐毛洗髓，敛气归神。视前所作，如出两手。余为其《小谟觞馆诗》序，言之甚详，甘亭亦以为知言也。”又《爨馀丛话》三：“甘亭诗，如庆喜多闻，晚证无学。结集三乘，自合佛旨。”

按：甘亭诗宗老杜，沉郁处多。至其造意练词，尤多惨淡经营之至。余尝藏其游山诗卷，系手写楷书，红格本。上有舒立人、沈学子、尤二娱评点，以较今集中诗，多有改窜。然往往近于笨滞，转不如原本之佳。则知其用功甚深，爱好之心，与惜名之心，无一时或懈。其改处之佳，不佳，又当别论矣。

双树生诗草一卷咸丰元年徐渭仁刻春晖堂丛书本

《双树生诗草》一卷，林镐撰。徐渭仁序云：“双树生林镐，字远峰，福建龙岩人。双树生，其自号也。客李昧庄观察（慕）〔幕〕中，性豪举，使酒好诗文。虬髯戟张，有磨盾横槊之概。时观察方有事于乙部，东南名宿，咸来止止。供张之具，文宴之盛，几同平津东阁。观察卒于任。双树生依吴玉松侍御于山塘渌水桥，后遂不复相见。改七芗云，袁浦已刻其遗诗，余至今未见也。箧中有其诗一册，皆在上海时作，经吴縠人、洪北江、孙渊如、王惕甫诸先生涂改，朱墨烂然。或谓之东坡、放翁、玉谿、长吉。大抵沉郁礌砢，追踪李、杜诸诗，出之酒酣耳热，兴会淋漓。当仓山坛坫之时，不为笼罩，可谓特立。惜乎其诗，仅此也。尘埃野马，山房之宾客，都化神仙；末坐之孺子，忽焉皓首。俯仰今昔，重可慨已。因录出刻之，彼山泽之士，若双树生之沉沦而不章者，不知凡几？安得有陈起之流，集江湖诗，他日或有传耶？"

按：集中五、七古，直学李、杜。七律则近玉谿，亦兼有似东坡、放翁者。集中所录，近体不多。其擅长皆在古体，卷帙寥寥，可云精诣。袁枚《随园诗话》补（遣）〔遗〕六："庚戌冬，余有感于相士寿终七六之言，戏作生挽诗，招同人和之。不料壬子春，竟有传余已故者。信至苏州，徐朗斋孝廉，邀王西林、林远峰诸人，为位以哭。见挽云：'名满人间六十年，忽闻骑鹤上青天。骚坛痛失袁临汝，仙界争迎葛稚川。著作自垂青史后，彭殇早悟黑头先。望风不敢吞声哭，但祝迟郎继后贤。'余读之，笑曰：'昔范蜀公误哭东坡，有泪无诗。今诸君误哭随园，有诗无泪。然而泪尽数行，诗垂千古矣。'"此与前《诗话》九载："兴化郑板桥，宰山东，与余从未识面。有误传余死者，板桥大哭，以足蹋地。余闻而感焉，故赠诗云：'闻死误抛千点泪，论才不觉九州宽。'"两事同一声气相感，故不觉悲从中来。然其风谊之高，固可想见矣。

白香亭诗一卷咸丰十年刻本

武冈邓丈弥之辅纶《白香亭诗》一卷，刻于咸丰十年。据王湘绮丈闿运为撰《墓志》云："光绪十九年卒，年六十有六。"上推至咸丰十年，时年三十有三岁。所为诗逼近建安、黄初。同时，王丈亦模拟六朝，其风格远不逮也。丈以道光己酉拔贡，内资为中书，随官江西。咸丰军兴，佐其父守城有功，旋罢黜。王丈撰《墓志》云："其以《咏苹果诗》（愧）〔馈〕某翰林。蜚语为某学使劾奏，撤军还官。后以道员改官浙江，杭州失守，以身未殉城落职。自是决意遂初，不复作仕宦想矣。"丈少年盛负才名，性颇狂简。其《赋苹果诗》七律一首云："珍树亭亭出帝畿，上林嘉实有光辉。金盘自拜承霄露，冰窖还收酷暑威。南土移来香渐减，北船乱后见应稀。逐臣最病相如渴，不及文园荐省闱。"诵至"南土"二句，拍案自负曰："虽老杜复生，亦未必胜此。"一时意气凌人。同坐有江西梅中丞启照，时方为孝廉，慑其焰，闻之默然。通籍后，由翰林擢御史，以江西军事劾罢之。《墓志》云"某学使劾奏"者，为梅讳也。梅后抚浙，颇有政声。而局量褊小，不能容人，是亦江西腊鸡之性也。丈晚年时来省会，余曾进谒，粹然盎然，非复所闻少年时故态。盖饱经忧患，阅历已深，萧瑟暮年，学养兼到也。诗卷无多，皆精金良玉。吾湘诗人，学湘绮者多，学邓丈者少。阳春白雪，自非下里巴人所能附和者矣。

时在光绪丙午三月清明，后学叶德辉记。

白香亭诗二卷、和陶诗一卷

邓丈白香先生，诗学建安，深入堂奥。其胸怀冲淡，则于《和陶诗》见之，真与渊明同为一流人物矣。集中近体，仅和奉新许仙屏河帅，曾文正、忠襄二公祠成，修祀敬述八首。殆薄视此格，不屑为之耶？王壬秋丈闿运撰先生《墓志铭》云："从宦南昌。咸丰军兴，南昌危急。佐父城守，因将一军，捍御东南。以《赋苹果诗》（愧）〔馈〕某翰林，蜚语为提学劾奏，撤军还官。”世传“南土移来香渐减，北船乱后见应稀”之句是也。然其诗，不载集中。世兄幼弥大令，尝为余诵其全章云：“珍树亭亭出帝畿，上林嘉实有光辉。金盘自拜承霄露，冰窖还收酷暑威。南土移来香惭减，北船乱后见应稀。逐臣最病相如渴，不及文园荐省闱。”殊有唐人“紫禁朱樱出上阑”一首风格，惜乎先生不恒为此体也。先生诗品，在王丈壬秋先生之上。王丈名满天下，而先生声闻不出湖湘。阳春白雪，和者日寡，先生之诗，殆犹是也。

湘雨楼诗二卷 子仲卣刻本

雨珊先生，以父执为群纪之交，家世乡居。然于端午、中秋、新年外，寓会城曾文正祠浩园之日居多。日则冠盖逢迎，夜则孤檠诵读。耄而好学，同辈所不及也。其时，长沙王阁学葵园先生方为坛坫主盟。余与先生，及安化黄敬舆太守，亦洛钟相应。文酒游宴，无役不从。见则言笑诙谐，机锋角胜。宾朋与倡优杂坐，几于座无车公不乐也。先生向以词名家，即席赋诗，本所希有。偶然兴到之作，直登《浣花》之堂。介弟潜园尚书文达公，方据要津，臣门如市。先生乃独萧然物外，日与吾辈蜷伏里闬，以诗词相倡酬。今距先生之没已二十年，追念昔游，文采风流，固宛然在目也。仲卣世兄搜辑其诗，付之绣梓。奉读一过，觉其诗与文达公同一学杜，而有得皮得骨之分。先生殆得其骨者也。诸老先徂，世乱未已。嗟余老朽，苟活人间。叹人寿之几何，怅百年之易过。每一掩卷低吟，不觉益增人琴之痛矣。

丙寅秋分。

郎园读书志卷十五

集部

文选六臣注六十卷 元茶陵陈仁子古迂书院刻本

《文选李善注》，宋苏子瞻极称之。故后世皆推为注书之法。然世行毛晋汲古阁本，《四库全书总目》虽以其本著录，《提要》摘其第二十五卷："陆云《答兄机诗》注中，有'向曰'一条，'济曰'一条。又《答张士然诗》注中，有'翰曰'、'铣曰'、'向曰'、'济曰'，各一条。谓因六臣之本，削去五臣，独留善注，故刊除不尽，未必真见单行本。"其言是也。然自毛晋本行，而六臣注原本，转因之而晦。明时翻刻，皆六臣本，至今三、四百年。李注有胡克家翻雕宋本，无翻刻六臣本者。余从子岉父，藏有明嘉靖己酉，袁褧重模宋崇宁五年广都县北门裴宅六臣注本，即《四库全书总目》著录之本。余所藏，则此元茶陵本，每半叶十行，行十八字。小字双行，字数同。前载诸儒议论，题"大德己亥冬，茶陵古迂陈仁子书"。末有长方木牌记，"茶陵东山陈氏古迂书院刊行"十二字。目录标题为"增补六臣注《文选》目录"九字。次行"梁昭明太子萧统撰"。三行"唐李善、吕周翰、刘良、张铣、李延济、吕向注"。四行"茶陵前进士陈仁子校补"。正卷大题"注文选卷第一"次行、三行同。目录无"陈仁子校补"一行。白口本，版心下有刻工姓名。六臣注，以善为首，所谓“校补”者，但载五臣本异同，仁子并未增注也。元人刻书，尚有家法，明人则必妄以己意增窜矣。

文选李善注六十卷明成化二十三年，唐藩重刻元张伯颜池州路本

此明成化二十三年，唐藩重刻元张伯颜池州路《文选》六十卷，每半叶十行，行二十二字。行字与元版十行、行二十字者不同。版心大黑口则同。又，元板张伯颜官衔全行直下，此则分刻两行。孙星衍《平津馆鉴藏书籍记》载有元本，其书后归县人袁漱六太守卧雪庐，系元本残半，配以此本。元印为黄色细筋纸，明印则白棉纸。近人瞿镛《铁琴铜剑楼藏书目录》云：“《文选善注》，宋淳熙辛丑，尤延之刻本外，即推张本为善。汲古阁本多脱误，如左太冲《吴都赋》‘趫材悍壮’注引胡非子，胡误改韩。不知胡非子，为墨子弟子。此本不讹。又张平子《思玄赋》，脱‘烂漫丽靡，藐以迭逿’二句，并注。陆士衡《答贾长渊诗》，脱‘鲁侯戾止，衮服委蛇’二句，并注。曹子建《箜篌引》，脱‘百年忽我遗，生存华屋处’二句。鲍明远《放歌行》，脱‘今君有何疾，临路独迟回’二句。曹子建《求通亲亲表》，脱‘有不蒙施之物’一句。枚叔《七发》，脱‘自太子有悦色’至‘然而有起色矣’二段，并注，有数百字之多。此本皆不阙，虽翻本亦足珍也。有余琏序，唐藩希古序，唐世子跋。”陆心源《皕宋楼藏书志》亦有之，其《仪顾堂续跋》云：“张刻仍尤本之旧，此刻又仍张刻之旧。在《文选》诸刻中，不失为善本。”

是此本之佳处，已经藏书家论定。今特录而识之，以为读

《文选》者之导师。此本得自张姓书估，去京平银七十两。当时误以为元本，以唐藩一序一跋皆失去，无从辨证也。

壬寅伏日曝书，跋于观古堂。

又一部汲古阁本，汪由敦校录，何焯评校

何焯评校书最多，载所著《义门读书记》，其中《文选》占五卷。盖一生精力，尤萃于是书也。然为好事者传录，核与《读书记》详略不同。此汪文端由敦过录之本，前昭明太子序下，有朱笔字一行，云“乾隆四年已未四月之望”，下有“谨堂”二字朱文篆书方印。序后录何焯跋。卷三末焯跋云：“《两都赋》，丁卯元日所阅也。《两京赋》，至今辛未六月廿七日始寓目焉。学殖荒落，为可戒矣。识之卷末，俾子弟鉴予之无勇。”文端跋云：“按，先生自讼之辞，可不必录。以予性易作辍，存之自警，或为多事所牵，亦当时存此意。无令不溃于成，则辅予者多矣。已未四月十八日，谨堂记。”阅此二跋，可见前辈好学之勤，其刻苦自励，为不可及。

据《国史本传》：“公雍正二年进士，改庶吉士。散馆，授编修。乾隆九年十二月，调刑部尚书。十二年十一月，协办大学士。十二月，大学士张廷玉致仕将归，乞皇上一言，为配享太庙券，谢恩不亲至，传旨令廷玉明白回奏，命写谕旨。由敦奏言：张廷玉蒙圣恩曲全，若明发谕旨，则张廷玉罪无可逭。谕曰：军机重地，顾师生而不顾公义，汪由敦着革去协办事务，留尚书任赎罪。十五年三月，开复。二十一年十一月，授吏部尚书。二十三年卒，谥文端。”乾隆四年，已官内阁学士。而手不释卷，勤学孜孜。以视他人，一入富贵之场，驰逐声华，弃诗书如敝屣，其度量越人

远矣。钱陈群为公撰《墓志铭》云："公卒年六十有七。"则过录此书时，年四十有八。木天清暇，固自萧闲。然全书皆蝇头小楷密书，无一笔草率之处。想见一代名臣硕辅，其精神福泽，必有大过人者。余家藏前贤评校手迹之书甚多，端楷精妙，均不及此。每一展卷，令人神清气爽，心目为开。买王得羊，又何必义门真迹，始足珍贵耶？

玉台新咏十卷明崇祯癸酉赵宧光仿宋刻本

《玉台新咏》，《四库》著录为"明人赵宧光所传、宋嘉定乙亥永嘉陈玉父本"。《提要》于纪容舒《玉台新咏考异》下云："明代以来，刻本不一，非惟字句异同，即所载诸诗，亦复参差不一。万历中，张嗣修本多所增窜，茅国缙本又并其次第乱之，而原书之本真已失。惟寒山赵宧光所传、宋嘉定乙亥永嘉陈玉父本，最为近古。近时，冯舒据以校正，差为清整。然舒所校，有宋刻本误，而坚执以为不误者。如张衡《同声歌》，讹'恐慓'为'恐瞟'、'莞蒻'为'苑蒻'之类，亦以古字假借，曲为之说，既牵强而难通。"

今按：此本"恐慓"正讹"恐瞟"，"莞蒻"正讹"苑蒻"，是《四库》校修诸人，及冯氏所见，同是此本。《钦定天禄琳琅》载有宋本二，《续编》载有宋本二、元本一。元本下云："与前宋版同，知元本乃翻宋本也。"钱遵王《读书敏求记》载有宋本，云是"赵寒山物"。近人丁中丞日昌《持静斋书目》所载宋本，行字与此本同。明时翻刻、仿刻版本极多，冯校本序称："世所行本有四：一为五云溪〔馆〕[①] 活字本。一为华允刚兰雪堂活字本。一为华亭杨元钥本。一为归安茅氏重刻活字本，不知的出何时。后有嘉定乙亥永嘉陈玉父序，小为朴雅，讹谬层出矣。”茅氏本刻于正德甲戌，大率是杨本之祖。杨本出万历中，则又以华本意傀者。茅本一本华本，误逾三写。又冯班跋云：“宋刻行款，参差不一，赵氏已整齐一番矣。宋刻是麻沙本，故不佳。旧赵灵均物，今归钱遵王。”

以上二冯所称众本，考国朝以来诸家藏书目，《天禄琳琅》于宋、元本外，有明重刻宋本。张金吾《爱日精庐藏书志》，有影写宋本。孙星衍《祠堂书目》、瞿镛《铁琴铜剑楼》、朱侍郎学勤《结一庐书目》、陆心源《皕宋楼藏书志》，皆有明仿宋本。日本森立之《经籍访古志》云：“明嘉靖有翻雕宋本。”又云“崇祯癸酉，赵灵均刻本”。此即可见，明时有两翻本。诸家所藏，虽未寓目，可揣其为此本嫡传。亦可见宋、元以来所传，只此一本，故群相仿刻、重刻耳。至《提要》所云“张本多所增窜，茅本乱其次第”，以及《皕宋楼书目》又载“明巾箱本易其行款”者，证以冯校所称“活字本”、“重刻活字本”，皆有陈玉父序。华氏活字本、五云溪活字本，余曾见之，皆有陈玉父序。足见诸本同出一源，宋刻于陈玉父本外，固无别本也。

冯云“不知的出何时”，殆未合诸本细考。森立之所称“嘉靖本”，即嘉靖中徐学谟海曙楼本，刻在赵灵均本以前，仿宋古雅可爱。而赵本独负重名，则以赵本传世独多耳。然赵刻因宋本参差不一，而整齐一番，转失宋本真面。不知宋本佳处，正在不必整齐也。冯跋又云“宋刻是麻沙本”，其说亦不足信。余见宋时麻沙

①据又一部引冯舒校刻本序补。

本，未有如此之精妙者。书中如“殷、玄、弦、纮、泫、匡、筐、敬、惊、镜、竟、慎、贞”诸字，缺笔无一处漏略，可知其校勘之精。其他佳处，已有诸家论载。二冯仅见一班，宜其不知鉴别矣。

光绪三十有二年丙午岁闰四月朔，丽楼主人叶德辉记。

又一部 同上刻本

凡明仿宋刻书之可贵者，贵其存宋版旧式也。宋版书之可贵者，贵其多通人所校，不轻妄改古本也。如此《玉台新咏》仿宋本，并宋讳亦缺笔。则其校勘之细，摹仿之精，已可概见。钱谦益《有学集》有此书跋云：“此书宋刻本，出自寒山赵氏本。孝穆在梁时所撰。卷中‘简文’称‘皇太子’，‘元帝’称‘湘东王’，可以考见。今流俗本为俗子矫乱，又妄增诗二百首。赖此本少存孝穆旧观，良可宝也。凡古书一经庸人手，纰缪百出，便应付蜡车、覆酱瓿，不独此集也。”牧翁推重宋刻。绛云火后，其藏书尽以畀族子曾，此书亦在其内。

曾有《读书敏求记》引牧翁语，三致意焉。曾《记》又于左克明乐府下云：“《焦仲卿诗》‘新妇初来时’下，添‘小姑始扶床，今日被驱逐’二句，初观之，亦不觉其缪。及再四寻绎，始知庸妄子以顾逋翁《弃妇诗》误为添补耳。逋翁诗云：‘及至见君归，君归妾已老。’则扶床之小姑，何怪其长如我？此诗前云：‘共事二三年，始尔未为久。’安得三年未周，小姑长成即如许耶？此刻于至正年间，未改原诗之旧。近吴门刻《左氏乐府》，反据讹本增入，并改‘寡妇赴彷徨’为‘起彷徨’，文理违背，书之日就舛错，将谁辨之，而谁正之乎。”按：此一则为沈、潘两刻本《读书敏求记》所未载，惟阮刻有之。以阮刻希见，故仍著之。所称“吴门刻”，即汲古阁本也。但汲古阁刻版考究，无其目。疑当时他氏所刻，版归毛氏，故流传之本，封面有题“汲古阁”者。不然，毛刻郭茂倩《乐府诗集》，于《焦仲卿诗》何以亦无此二句。可见宋、元旧本，《乐府》各处相同。

明冯惟讷《古诗纪》、梅鼎祚《汉魏诗乘》、张之象《古诗类苑》有此二句，盖已沿兰雪堂本之误。湘绮老人撰《八代诗选》，录此诗，又沿明人之误。皆不如钱氏读书之得间，又未见钱氏此段记载也。余家藏明九行十八字《左乐府》，亦未添此二句。然则，明人刻书，亦不尽如华氏之缪也。

壬子五月望后一日。

又一部 明茅元祯重校刻本

《玉台新咏》十卷，明茅元祯刻本，每半叶九行，行十八字。前徐陵序，后有“己卯季秋朔日，钱唐袁大道书于心远楼”字两行。又新安吴世忠刻《玉台新咏》序，后有“吴郡徐普书”五字。洪序称：“顷有方生敬明，交梧野郑君，受以锓布”云云。序无年月，亦不知方、郑为何人。每卷大题后二行，题“东海徐陵编”。下题“吴兴茅元祯重校”。全书正楷，微有行体，与前书序之袁大道，似出一手。版心下间有刻工姓名。冯舒校刻本序称：“世所行本有四：一为五云溪馆活字本。一为华允刚兰雪堂活字本。一为华亭杨元钥本。一为归安茅氏重刻活字本。茅氏本刻于正德甲戌，大率是杨本之祖。”

今此本题“吴兴茅元祯重校”，吴兴即归安，冯所称茅氏，盖即元祯，则此是正德甲戌刻矣。惟书序之袁大道，纪年为己卯。

己卯上距甲戌五年，或始工于甲戌，讫工于己卯欤？冯序又云："杨本出万历中，则又以华本意傀者。茅本一本华亭，误逾三写。""茅本一本华亭"，语不可解。华亭杨本既在万历时，安得为茅氏所本？则此华亭，必华本之笔误。钱曾《读书敏求记》左克明《古乐府》下，辨《古诗为焦仲卿妻作》中"昔我初来时，小姑如我长"，俗本于"昔我初来时"下，加"小姑始扶床，今日被驱逐"二句，谓与前"共事二三年"情理不合。今此本有此二句，较赵刻陈玉父本无此二句者，彼诚为善本矣。惟此本书刻精好，留为插架之副墨，亦敝帚千金云。

六唐人集汲古阁刻本

《常建诗集》三卷，《韦苏州集》十卷，《王仲初集》八卷，《鲍溶集》附《集外诗》六卷，《姚少监集》十卷，《韩内翰别集》一卷，明毛晋汲古阁刻《六家唐人集》也。《四库全书总目》集部分别著录，《提要》所称，惟常建、姚少监两家为毛刻，《韦苏州集》为（顷）〔项〕① 絪刻，《王仲初集》为王介祉刻。王序称"虞山毛氏刊本，校对亦未尽善"。故馆臣去彼取此。《鲍溶集》为江南叶裕家钞本。《韩内翰别集》亦为钞本。于《韦苏州集》称："康熙中，项絪以宋椠翻雕，字画精好，远胜毛氏所刻四家刻本。"是馆臣所见六家，尚缺其二。如此初印全册，殊不易得。封面题"六唐人集"四字，一纸尚完好，新若未触手者。知历来收藏家，固甚珍袭也。毛氏所刻《三唐人》、《四唐人》、《五唐人》、《六唐人》、《八唐人》、《三高僧》各集，惟《八唐人集》在山东故家，

---

①据《四库全书总目提要》改。

当时赵秋谷以二百金购其版去。光绪初元，余偕计至京师，见厂肆尚有二三部，似新印者。或其版尚在，今则久不见矣。《四唐人》中，《唐英歌诗》一种最善，其版为毛晋之孙某作薪煮茗。语详郑德茂《汲古阁刻版存亡考》。余从子康侯、定侯、东明曾得一部，余命以新照版法印行，庶世间共得读此佳本也。因阅此集，附记之。

九僧诗集一卷、补遗一卷 移写毛氏汲古阁刻本

晁公武《郡斋读书志》："《九僧诗集》一卷，皇朝僧希昼、保暹、文兆、行肇、简长、惟凤、惠崇、宇昭、怀古也。陈充为序，凡一百十篇，欧公曰：'进士许洞，因会九僧，分题出一纸，约曰：不得犯一字，其字乃山、水、风、云、竹、石、花、草、雪、霜、日、星、禽、鸟之类。于是诸僧皆阁笔。'此本出李夷中家，其诗可称者甚多，惜乎欧公不尽见之。许洞之约，虽足困诸僧，然论诗者正不当尔。盖诗，多识于鸟兽、草木之名，而《楚辞》亦寓意于飙风云霓，如'池塘生春草、窗间列远岫、天际识归舟、云中辨江树、蝉噪林逾静、鸟鸣山更幽、庭草无人随意绿、宫漏出花迟、枫落吴江冷、空梁落燕泥、微云澹河汉、疏雨滴梧桐、残星几点雁横塞、长笛一声人倚楼、鸡声茅店月、人迹板桥霜'之类，莫不犯之。若使此，诸公与许洞分题，亦须阁笔，矧其下者哉！"

陈振孙《直斋书录解题》："凡一百七首。景德初，直昭文馆陈充序，目之曰'琢玉工'，以对姚合'射雕手'，九人惟惠崇有别集。欧公《诗话》乃云'其集已亡，惟记惠崇一人'。今不复知有九僧，未知何也？"

余从常熟瞿氏铁琴铜剑楼，借得毛氏汲古阁钞本《宋九僧诗》一卷，附毛氏《补遗》一卷，移录一本，藏之行笥，而颇有怀疑之处。自宋以来，博览如欧阳文忠，其《六一诗话》云："其集已亡，人多不知所谓九僧者矣。"又云："少时，人称其一曰惠崇，馀八人忘其名字。"又云："余略记其诗，有云'马放降来址，雕盘战后云'。又云'春生桂岭外，人在海门西'。其佳句多类此。"今此本录惠崇诗十一首，中无此二诗句。是欧公时所传之本，非此本矣。顾修读画斋刻《南宋群贤小集》，后附增广圣《宋高僧诗选前集》一卷，题钱唐陈起编，版心题"僧甲"二字，校以此本，《九僧诗》全与之合。岂毛氏得《群贤小集》残本而误以为《九僧诗》原本耶？窃疑《九僧诗》，北宋即已散亡。至南宋，陈起慕其名，杂钞九僧之诗，合为一集。后人见其名字相合，遂从而假借焉，未可知也。或起编辑时，曾见其原本，而自为增窜，亦未可知也。毛氏收书，颇出善价，当时有"三十六行生意，不如买书毛氏"之谣。其间抄书杂糅，借以博其高价，皆有理之事，《九僧诗》亦何莫不然？余虽抄存，而恐其疑误后学，故指证其疑窦于此。

唐百家诗选二十卷 康熙癸未宋荦刻本

荆公此选，多取苍老一格，意其时西昆盛行，欲矫其失，乃有此举耶？所选诸诗，虽不能尽唐贤之妙，亦可谓自出手眼，非人云亦云者。乃自宋以来，如严沧浪，已议其去取不满人意。邵氏《闻见后录》则云："荆公与宋次道，同为群牧司判官。次道家多唐诗，荆公就其本，择善者签帖其上，令吏钞之。吏厌书字多，辄移所取长诗签，置所不取小诗上。荆公性忽略，不复更视。今世所谓《唐百家诗选》者，乃群牧司吏定也。"周煇《清波杂记》

亦云然，似皆为荆公解嘲。足见当时訾议者必多。新城王文简所著书，如《渔洋诗话》、《香祖笔记》、《分甘馀话》，诋之尤力。且谓荆公"不近人情，于此可见"。

余谓严、王论诗，崇尚神韵，宜其与此凿枘。若执其言以论此《选》，不免一偏之见。忆元遗山诗云："陶谢风流到百家，半山老眼净无花。北人不拾江西唾，未要曾郎借齿牙。"其推重可谓特具只眼。《钦定四库全书简明目录》亦云："所取未为冗滥。必以恶安石之故，无一处不排击之，亦门户之见也。"大哉言乎，可谓得千载是非之平矣。

丁酉春正月上元后一日，叶德辉识。

宋黄伯思《东观馀论》云："王公所选，盖就宋氏所有之集而编之，适有百馀家，非谓唐人诗尽在此也。其李、杜、韩"韩"下当是"柳"字，原本脱。诗，可取者甚众，故别编为《四家诗》。而杨氏谓不与此集，妄意以为有微旨，何陋甚欤？"观黄氏此论，乃知当时于李、杜大家，别有选本行世。世人不见，妄生雌黄，真所谓痴人说梦矣。宋晁公武《郡斋读书志》云："《唐百家诗选》二十卷，宋敏求次道编。次道为三司判官，尝取其家藏唐人一百八家诗，选择其佳者，凡一千二百四十六首，为一编。王介甫观之，因再有所去取，且题曰：'欲观唐诗者，观此足矣。'世遂以为介甫所纂。"此论与黄氏所云"就宋氏原有之集而编之"者正合，知此书并不出荆公之手，俗儒以人废言，因荆公之故，群相集矢。观黄氏、晁氏二家之说，可以释然矣。

丁未上元日，叶德辉阅，又记。

文苑英华辨证十卷明弘治丙寅华燧会通馆活字印本

宋彭叔夏《文苑英华辨证》十卷，明锡山华燧会通馆活字印本。十卷通连一册，共九十叶。大题“会通馆印正文苑英华辨证”，第二行题“卷第二”，均占小字之二行。以下正文，则双行，每行十三字，半叶墨阑七行，字数实十四行。版心上有“岁在柔兆摄提格”七字，版心中有“英华卷四”四字。版心下有大字多少，小字多少数目字。其二叶以下，均止有小字数目。盖此为会通馆所印之《文苑英华纂要》、《辨证》二种之一。版心称“四卷”者，以前有《纂要》三卷，此其四卷也。其实每卷皆分子卷，通连正文，《纂要》八十四卷，此十卷也。会通馆为华燧印书馆名，兰雪堂则其从子印书堂名。当时华氏一家，活字本风行海内。至今日，收藏家珍若宋、元。其实，所据本有楹善者，亦有极劣者，世人耳食，往往见华氏本，即以重值购之，亦太无识矣。

此书亦不详出何本，惟武英殿聚珍本，鲍氏《知不（起）〔足〕斋丛书》本，皆据此活字本重印重雕。似当时除此本外，亦似无别本者。活字印书，本易讹夺。当其同时所印之《纂要》，黄丕烈以宋刻校勘，谓“甲集中缺二十八叶，华氏即据缺失之本开雕，并削去第二十九叶首行‘初赋’二字，以当十六卷之首叶。苟非宋本，亦何从知其伪乎”云云。则是书排印之草率，略可概见。然世间旧本，宋刻外，更无第二本，宜乎为藏书家所珍重矣。

光绪丁未上巳日，叶德辉记。

文苑英华纂要残本十七卷校宋钞本

此黄荛圃《士礼居藏书题跋记》所载“宋本《文苑英华纂要》，缺甲集之半，自卷一起，至卷十七，共三十三叶，又华序三叶”之校宋钞本也。黄氏得宋本，缺此半册，因以华氏会通馆活字印本抄补之。又借汪阆源艺芸书舍所藏宋本，以墨笔校正者也。黄藏宋本，后归常熟瞿氏铁琴铜剑楼。此半册，久藏县人袁漱六太守卧雪庐，书面题字，犹太守笔也。黄氏于藏书家，别开生面，观《题跋记》详载刻本、钞本原委，视钱遵王《读书敏求记》十倍加详。今京师士大夫、南北收藏家，见有旧书为黄氏收藏，或有印记一二方，或有题识数十字，无不争相购买，比于高江村、孙退谷之书画；翁正三、张叔未之金石。物以人重耶？亦人为世重耶？此虽残册，当亦断圭零玉之比矣。

光绪三十三年，太岁丁未四月芒种，叶德辉记。

文苑英华纂要八十四卷、辨证十卷明锡山华燧会通馆活字印本

《文苑英华纂要》八十四卷，《文苑英华辨证》十卷，共并为四卷，明锡山华燧会通馆活字印本。华本最为世重，此《纂要》八十四卷，《四库全书总目》未收。阮文达编宁波范氏《天一阁书目》集部类载之，云“会通馆刊本。其前列《进呈书目》六百馀种，亦无此书”。文达既为之编目，而所著《揅经室外集·四库未收书目》亦未之及，此诚不可解之事也。

黄丕烈《士礼居藏书题跋记》载宋刻《文苑英华纂要》，不列

卷数，云："八册，绛云、沧苇两家藏皆如是。此时仅存七册，失其首卷。然就其所存者核之，言其分集，则甲之半也。言其列卷，则失一至十六也。言其排叶，则失一至四十三也。言其装册，则失第一也。"又云："今戊午夏孟，获见会通馆印正本，虽止卷第二十五。然宋版所缺，恰可补钞。"又云："所钞补，甲集中仍缺二十八叶。会通馆活字本，即据缺失之本开雕。并削去第二十九叶首行'初赋'二字，以当十六卷之首。苟非宋本，何从知其伪乎?"均在第一册后。又云："《传是楼书目》集部"总集"，宋版高似孙《文苑英华摘句》与《文苑英华辨证》共十二册。又集部"文史"，宋版彭叔夏《文苑英华辨证》十卷，与高似孙《文苑英华摘句》共十册云云。是徐氏所藏，虽非《纂要》之名，而与《辨证》相合，又为高似孙所撰。取此书赵序核之，无不合者。盖赵云高公手抄，必似孙也。"又云："戊寅夏五，借艺芸书舍藏宋本，校此抄本，行款全同。即非影宋，当是照宋录出矣。"在第三册后。又云："此册亦校艺芸书舍宋本，赖以校正五十四、五、六叶，此钞本小号错写也。八十七、八叶均失，行款稍参差者，钞不如刻，益信。惟文字间有较宋本不甚漫灭者，当是所据本印略前也。"在第四册后。又云："此丙集一至四十三，内缺三、四叶，艺芸本同。五叶至十三叶，艺芸烂版，此有。"在第五册后。又云："此丙集四十四叶（致）〔至〕八十三叶终，内缺六十九、七十，计二叶。钞补七十叶以前补缺者证之，当非不知而作者。艺芸本全脱，无可校补矣。此五十五、五十六叶可补彼缺。"在第六册后。又云："此丁集一至三十二叶全，烂版较少。"在第七册后。又云："戊寅夏，因得活字本，遂动钞补之兴。托五柳主人往借艺芸书舍本，校对一过印本。此较旧于彼，故残毁处差少。即如此本，三十三至七十全脱，四十三、四十四、五十五、五十六，计四叶。五十九、六十尚有，艺芸本脱也。末赵文后序，艺芸本亦脱，此尚完好，可见彼印较后矣。三十五、三十六，版片损伤多同，无可补。并记。”在第八册前。又云：“书友邵钟琳携书二种，其一，七寸版苏老泉先生《嘉祐集》十四卷；其一会通馆活字本《文苑英华纂要》也。因其索值昂，未之留《文苑英华纂要》，但记余亦有残本。及书友去，始知会通馆活字本，世但见有《辨证》，而《纂要》则未之见也。遂重取归，核之，与前所记悉合，惜止一本也。”在第八册后。

按：《黄跋》云云，而后知此《纂要》一书之可贵，更以知此华氏活字本之足贵。惟宋刻，以天干分集成册，以《黄跋》推而知之。据“所见甲集止半集”，则甲集或分上下二册。“丙集在第五册、第六册”，则乙集为第三册、第四册可知。丁集在第七册、第八册，断不能占戊、已以下六干。盖宋本只以甲、乙、丙、丁四干分册，而传是楼所谓十册、十二册，殆据《辨证》而计之也。惟黄跋云“传是楼所藏者为《摘句》，撰人为高似孙”。而此华燧序称：“周益公直夜，宣对，承命节序。弗克就绪，致政归田，分类而成八十四卷。复注《辨证》十卷，所谓存什一于千百者，高缉古、彭叔夏赞助之功为多云云。”是此《纂要》与《辨证》，皆周必大撰，高似孙、彭叔夏各分校之。今本竟以《纂要》为高撰，《辨证》为彭撰，似不确也。

是书虽近帖括，然借以参校《文苑英华》一书，亦似不无小补。宋本既不可见，而此活字印本，传世亦希。诸家藏书目录，载有《辨证》十卷者多，独不知并《纂要》合印。余藏影写活字本《纂要》，仅存前十七卷，盖即《黄跋》所谓“失其首卷，得活字本抄补”之本。每卷有墨笔，以宋本校过，亦即《黄跋》所谓“借艺芸书舍宋本校抄之本”也。据校宋本行款，如“会〔通〕馆印正文苑英华纂要”一行上校云：“《文苑英华》，宋本止此四字。”标题“卷第二”三大字上云：“无卷第一。”“混成发粹，出刘允济天赋”上云：“此为第二行，每行十七字。小字侧注出处，下同。皆不标出字。”谓活字印本，出某人某文之出。版心“文苑英华”四字上云：“宋本版心标‘文甲’二字，于第六七格。”“英英上德之容出，王起，《披雾见青天赋》”上云：“天赋一叶半叶止。”“卷第二”上云：“宋本每卷连不断。又二此记宋版卷数，宋本无卷第，下同。”此记宋本原式无“卷第”两字，止有“二”字记数也。卷第九末句：“守此虚淡，终乎妙极。”下云：“妙极一行后，空十三行，二十七叶止，计脱二十八叶，共二十行。”“卷第十”“卷”字上用ㄹ笔抹上云：“此叶，宋系二十七叶止。后空十三行，空第二十八叶，宋系卷十文也。脱失其二十九叶，起首行有‘初赋’二字，侧注‘方接睿后’一句。此活字本卷第十首行“睿后之渥饰”句。活字本灭去脱叶，擅削侧注，以‘睿后’一句为起，此其大谬矣。”

据所校云云，则为《黄跋》之校宋钞本，毫无可疑。又墨笔每半叶各记其起止。钞活字本三十三叶，又中三叶后有“又三一叶，实三十四叶”。此所记起止，至四十三叶半叶止，正《黄跋》所谓“失一至四十三”也。又三十三叶末云：“右卷一至卷十七，从活字本补宋本校。”小注云：“后空一行，四十三叶止。”尤与黄跋一一吻合。惜所谓宋本者，仅存甲册之半，而其全册，不知犹在世间否耳。至原书分卷相连，则宋刻款式已如此。其分册，《黄跋》称八册，徐《目》“总集类”称十二册，“文史类”又称十册，皆并《纂要》、《辨证》二书计之。但黄云《纂要》，徐云《摘句》，同一宋刻，标题不同，此则不知何故？

会通馆印书行格，每半叶七行，行十四字。通卷除书名、卷数作大字，馀实双行，半叶十四行。华坚兰雪堂活字印本，诸书亦同。独宋本此书，则半叶十行，行十七字。在宋本中行格如此者，亦希见。盖宋刻书，字倍于行，乃其正例。多少一二字，亦常例。若一行较横格短三字者，仅有此书。通连分小卷，亦仅见此书也。

丁巳小除夕。

唐文粹一百卷 元刻黑口本

《唐文粹》，予所见明刻木最多，而宋、元本绝少。案宋时，此书凡三刻：一宝元三年，临安进士孟琪刻本，每叶二十八行，每行二十五字，是为北宋初刻本。近仁和许增刻本，即据此本残刻校刊。一宋鼓城刘氏刻本，合百卷为五十卷，与《崇文总目》、《郡斋读书志》所载卷数合，每叶二十六行，每行二十五字，是为北宋再刻本。张金吾《爱日精庐藏书志》有此本残刻。一绍兴九年，临安府刻本，后列校、监衔名，每叶三十行，每行二十五字，是为南宋初刻本。瞿镛《铁琴铜剑楼书目》有元本，云从此本出。元人又据此本重雕，是为元刻本，今此本是也。明时刻本，以嘉靖甲申，徐焴刻本为最善，每叶二十八行，每行二十五字，即据北宋本重雕。瞿镛《铁琴铜剑楼书目》有之。日本森立之《经籍访古志》载此本行款，亦云重刻宋本。嘉靖丁亥，张大轮又据以再刻，后有木记云："苏州近本，视昔加善。"即指徐本而言。徐，苏之娄江人也。孙星衍《平津馆鉴藏书籍记》有此本，题"校正《唐文粹》"云。每叶二十八行，每行二十五字。嘉靖戊子，有朱知烊刻本，每叶二十六行，每行二十一字，是为晋府本。森立之《经籍访古志》有此本。又有苏州程氏家塾本、金明时大字本、均见许刻本序。邓渼刻本、孙星衍《祠堂书目》有此本。陈仁锡删本，展转沿讹，不可究诘。故藏书家不得宋刻，则降而思得元刻。第元刻亦不易得。国初如范氏天一阁、钱氏绛云楼，皆只明徐焴刻本，无元刻本也。见范、钱两《书目》。《钱目》不注宋、元版字者，皆寻常刻本。此书陈景云注，称徐本之善。知钱所藏，为徐焴刻也。

近世储藏家，如朱氏结一庐、杨氏海源阁、陆氏皕宋楼亦然。《杨目》有元本"重校正《唐文粹》"，后有木记，为贾人挖去。其实乃明本，非元本也。此书凡题"重校正"字，皆在张大轮本以后。彼所谓"重校正"者，重校徐本耳。孙氏《平津馆藏书记》载：张本有木记，叙述自明。杨云"木记为贾人刓去"，正与张本相合，其非元本，灼然可知。黄丕烈《百宋一廛赋注》有"南宋临安府刻本"，云"每半叶十五行，每行二十六字不等。兵燹后，不知犹在人间否?"惟瞿氏《铁琴铜剑楼书目》有元本云："仍宋刻之旧，书名无'唐'字云云。"核与此本一一相合。则此虽元刻，亦希见之物矣。

丙申秋九月小尽，长沙叶德辉志于都门浏阳馆寓斋。

又一部明嘉靖甲申徐焴刻本

《唐文粹》一百卷，宋姚铉纂。乾隆中，吴门黄丕烈士礼居，藏有宋绍兴九年、临安府观察推官林常等重雕本，见所撰《百宋一廛赋注》及《百宋一廛书录》。今所存者，惟元、明本。据瞿氏《铁琴铜剑楼藏书目录》、丁丙《善本书室藏书志》所著录者，一为元刊本，一为明嘉靖甲（甲）〔申〕徐焴家塾本，今此本是也。瞿云"元刊本，每半叶十五行，行二十五字"。吴中孙古云家藏宋刻残本，核之悉同。丁云"元刊本，仍宋本之旧，每叶三十行，每行二十五字"。今明刻甚多，皆大字刻本。此虽小字，而每半叶十四行，行二十五字，已非宋、元本旧式。且宋、元本大题作

“文粹”，不作“唐文粹”。盖铉书本续《文选》，非选唐文。不然，北宋初人选前朝人文，安有不标朝代之理？至《文鉴》、《文类》，以本朝人选本朝人诗、文，《文鉴》本名《皇朝文鉴》，《文类》本名《国朝文类》。上亦无宋、元字样。此与姚氏之不称“唐”者，又自有别。后人不知，一律冠以朝代，殊失作者命名之意。此藏书，宋、元本之足贵也。此本题“重校正《唐文粹》”，行字精美。然是万历时印本，非嘉靖初印本。嘉靖本版心有刻工姓名，万历本无之。明时刻本甚多，精刻断推此本。故宋、元本外，藏书家均以此本著录。此万历中印本，至清晰者，固可宝也。

时在己未冬十一月长至，叶德辉记。

又一部 明嘉靖甲申徐焴刻本

《唐文粹》一百卷，宋姚铉纂，以续《文选》者。本名《文粹》，后人重刻，冠以唐代名者，因宋有《文鉴》，元有《文类》，不得不别白言之也。《文粹》宋刻本有二：一本一百卷，宝元二年，临安进士孟琪所刻；而绍兴九年，临安府观察推官林常所监雕，自元迄明，所据以重刻者，皆此本。一本五十卷，目录二卷，文四十八卷。目录后有题识，无年月，末称“彭城刘下空二字。谨白世鲜传本”。百卷本之宋刻，乾、嘉时藏吴门黄荛圃主事丕烈士礼居，见所自撰《百宋一廛赋注》及《百宋一廛书录》。然是绍兴本，非宝元本。五十卷本之宋刻，藏常熟张金吾爱日精庐，乃宋刻残本，全书缺十六卷。张云“分卷篇次，俱与百卷本不同，诗文则有少无多”。

按：张氏云云，疑当时据铉纂初稿本付刊，而百卷者，或后所增补定本也。故王尧臣等《崇文总目》载《文粹》只五十卷，晁公武《郡斋读书志》载并同。惜百卷本有全书，又多翻刻，五十卷本仅存残宋本，无翻刻也。近时，南北藏书家志，同无宋本，有元、明本。明本以嘉靖甲申，姑苏太学生徐焴刻小字本为最精。如常熟瞿氏《铁琴铜剑楼》、仁和丁氏《善本书室》、归安陆氏《皕宋楼》、江阴缪氏《艺风堂》，皆著录。余已有明天顺八年张永年刻本，弘治甲子胡韶刻本，嘉靖八年晋藩朱知烊刻本，万历戊午郑漢刻本。未蓄此本。从子启藩先得此本，为万历间后印者，余为之跋尾。复得此嘉靖初印本，已经书估改充宋本。卷中间有徐氏刻校姓名一行，一概挖补，伪刻"淳（祜）〔祐〕四年冬十一月，东雅堂绣梓"印记，加印各卷之末。其前明人汪伟序，末叶尾行，本题"嘉靖甲申冬十一月，弋阳汪器伟之序"，亦改刻半叶，题"淳祐四年冬十一月，东（雄）〔雅〕堂绣梓"而序中所云"胡侯为缵宗徐生"，即刻书之徐焴，彼皆不知其非宋人，又不知东雅堂为明吴中徐氏，即刻《东雅堂韩诗》者。坊估不通，至为可笑。今重装，一仍其旧，而著其伪于此。庶后之读者，知防伪之道，而古书不至日沦于浩劫云。

时壬戌七夕，叶德辉识。

又一部 明嘉靖八年晋藩朱知烊刻本

余家所藏《唐文粹》、《宋文鉴》、《元文类》明刻本极多，而此三书皆有晋藩刻本。此本则晋藩嘉靖八年所刻，每半叶十三行，行二十一字。行款与《宋文鉴》同。但《文鉴》为黑口版，此为白口本耳。《文鉴》刻于嘉靖七年后，有八年世宗覆晋藩书，则刻成亦同时矣。前序有"养德书院之印"六字朱文篆书大长方印。盖藩府所藏初次印本。明时藩王就国，皆好刻书，而晋藩刻书尤夥。余所藏，尚有嘉靖四年，重刊元池州路张伯颜校本《文选》，十三年重刊安国桂坡馆《初学记》。大抵刻工太速，故校勘不精。近日，藏书家以明嘉靖本，为有明一代刻本之天闲。若如晋藩所刻诸书，虽在嘉靖初元，亦饩羊之告朔而已。

又一部明万历戊午（郑）〔邓〕①渼刻本

《重校正唐文粹》一百卷，明万历戊午，建武邓渼刻本，每半叶十行，行二十字。字画横轻直重，为世所称。宋体字之正式，笔法方整，万历刻本之绝佳者。明嘉靖、万历，相距未百年，而嘉靖时刻书，久为世重。万历则等于自郐以下，若无讥焉。由于主校刊之人，不知审定耳。如此书，及万历壬午赵用贤所刻《管子》、《韩非子》，何尝不为藏书家所珍尚乎？此本，诸家书目罕载，孙星衍《祠堂书目》有之。可见印本流传之希少。邓渼先一年丁巳，曾刻宋程大昌《演繁露》，缮刻均极精好，纸料亦同。余并藏之，可云两美必合矣。

大宋文鉴一百五十卷明正德戊寅慎独斋刻本

《宋文鉴》一书，本名《皇朝文鉴》，宋端平元年刻本，今藏常熟瞿氏铁琴铜剑楼，世间有一无二之孤本也。余家所藏，皆明时刻本：一为弘治甲子，胡韶刻本。一为嘉靖七年，晋藩养德书院刻本。一即此，慎独斋刻本。此本每半叶十二行，行二十五字。末卷后有长方木牌，记“皇明正德戊寅慎独斋刊”十字。后有弘治甲子胡韶

①据正文改。

刻书序，是从弘治本出矣。明书估刘洪慎独斋，刻书最多，五十年前藏书家，不甚以为贵重。今旧刻日觉希见，不得已而求其次。于是慎独斋所刻书，几乎一跃而入宋、元之室。而此《大宋文鉴》一书，为自来藏书志目所未著录。物以稀为贵，安得以其为明坊本，而等夷视之？因重为线装，记其版本、行字于此。

又一部明嘉靖七年晋藩刻本

此明嘉靖七年，晋藩刻《宋文鉴》一百五十卷。孙星衍《祠堂书目》著录，《平津馆鉴藏书籍记》明版类记云："前目录三卷，末有'嘉靖七年，晋藩养德书院识'。"钱少詹《日记钞》："所见明嘉靖五年，晋府至道堂刊本，前有周必大奉（救）〔敕〕撰序，及吕祖谦《进书札子》、《谢赐绢》、《除直秘阁表》，此本无之。前有天顺八年商辂序，亦系后人据别本钞补，非此本所有。黑口版，每叶二十六行，行二十一字。"

按：孙、钱所见，皆此本也。此本前有周必大序，吕祖谦《进书札子》。后有"嘉靖七年，养德书院识"，与孙《记》同，而前失去嘉靖五年至道堂重刊序。近人丁丙《善本书室藏书志》载此本，前后序识皆全，并有嘉靖八年玺书一。盖其书刻成于八年，序则始事时所作。邵懿辰批注《四库全书简明目录》，竟分五年至道堂，七年养德书院，为两次刻，殆亦未加细考耳。

崇古文诀三十五卷明吴邦桢、邦杰校刊本

新刊迂斋先生标注《崇古文诀》三十五卷。卷一大题后次行，先秦文下题"松陵后学吴邦桢、杰校正"。白口本，白鱼尾下"文

诀卷几”。每半叶九行，行十九字。《四库全书总目》集部总集类著录为“内府藏本”。考内府所藏，见《天禄琳琅书目》续编者，一载“元版类”，为麻沙袖珍本。一载“明版类”，为明刻大字本。标题均与此同。陈振孙《直斋书录解题》有“楼昉迂斋《古文标注》五卷”。元马端临《文献通考·经籍考》集部文史类同。《四库总目提要》云：“疑传写者误脱三十二字。”是也。书有圈句，旁批字下间有释音。黄丕烈《士礼居藏书题跋记》有“宋刻残本二”。《百宋一廛赋注》云：“迂斋先生标注《崇古文诀》，大题与宋、元、明两本同。”知明本从元本出，元本从宋本出，标题不改，则一切圈句、旁批、释音，必仍旧矣。前序下有“听雨楼查有圻珍赏图书”十字白文篆书方印，“澹远堂图书”五字白文篆书方印。

唐人万首绝句一百一卷 明嘉靖辛丑陈敬学仿宋刊本

宋洪迈《唐人万首绝句》，陈振孙《直斋书录解题》云：“一百卷与迈自序合。”此为嘉靖辛丑，陈敬学仿宋刻本，作一百一卷。盖据宋嘉定癸未汪纲重刻本翻雕，与明范钦《天一阁书目》，及乾隆时内府《天禄琳琅书目》所载合。张金吾《爱日精庐藏书志》所云“析六言另为一卷者”也。《天禄》本，即《四库》著录本，《提要》云“九十一卷”，下注“内府藏本”。《简明目录》云“佚其九卷者”。应云“佚十卷”。然《天禄目》载有二部，不知《四库》校录时，何以不举其全者，是可怪也。《天禄目》据迈自序，谓“百卷本为迈自定，一百一卷本，为汪纲重刻所分”。又，据嘉定辛亥吴格跋“后三十年，获继往躅”之语，继迈守越。辨

"辛亥为辛巳"之讹，皆精确不易之论。明万历丙午，又有赵宧光刻四十卷本，即钱曾《读书敏求记》"一百三卷本"，下云："赵宧光所刊，统而一之。圣经所以有'好自用'之戒也。"别有钱曾《也是园书目》诗文集总内，载卷数同伍刻粤雅堂本。钱曾《述古堂书目》诗集内，作一百四卷。"四"字恐为"三"字之讹也。此本经黄习远窜补，已失洪氏面目。近日陆心源《皕宋楼藏书志》所载，即此本。以原刻不可得，聊以充数已耳。

此书世间既少，传本陈刻尤罕见。往时藏书家，自《读书敏求记》、《爱日精庐藏书志》、朱学勤《结一庐藏书目》有其书外，虽乾、嘉时富于收藏，如孙星衍《祠堂书目》、倪模《江上云林阁书目》、陈揆《稽瑞楼书目》，皆无其书。即咸、同以来，海内四大藏书家，常熟之瞿镛《铁琴铜剑楼书目》、浙江丁丙《善本书室藏书志》、陆心源《皕宋楼藏书志》、山左杨彦合《楹书隅录》，收藏宋、元、明三朝旧椠极多，亦无此书之目。近如缪艺风老人，积五十年搜求之勤劬，其《艺风堂藏书记续》，均所不载。可知此书存世甚少，无论宋刻，从不经见。汪士钟《艺芸书目》仅有残宋本三十六卷。即明陈氏此刻，世亦不之见也。即四十卷之坊刻，亦仅于《陆志》见之，他《目》未之有也。王文简古夫《于亭杂录》谓是书"踳讹淆乱，如何逊、沈警，乃梁、陈间人，概行采入。何警句'江暗雨欲来，浪白风初起'，改作绝句。至唐人小说，如《东阳夜怪录》诸诗，皆载之。'敬去文、庐侍马'之类，亦载之，更为不根。而四唐之诗，略无诠次，有一人之作，分属数卷者，尤难检阅。盖当日只欲取盈万首，都无持择故也。余每病之，归田后，选数百首别为一集，而后差观改矣"。按：是书纯以博采见长，虽小有讹误，不足掩其大体。若如文简，专以标举神韵为宗，则搜求唐人集，足以自成一家言，又何必取材于是书耶？

乙卯夏正春正十日记。

又一部四十卷明万历丁未赵宧光刻本

此《唐人万首绝句》四十卷本，宋洪迈编。原书一百一卷，此明赵宧光重编，万历丁未刻本，每半叶十行，行十八字。前有重编凡例，及目录四卷，标题“宋洪魏公进万首唐人绝句卷之几”，次行“明吴郡赵宧光凡夫刊定”，三行“灵岩黄习远伯传窜补”。所谓刊定、窜补，已非原书之旧。明人刻书，不遵旧本，动以己意增删，刻一书而书亡。不如不刻，犹为有待也。洪氏选诗，本出足数。陈振孙《直斋书录解题》谓其“多采宋人诗，如李九龄、郭震、滕白、王岩、王初之属。其尤不深考者，为梁何逊”。刘克庄《后村诗话》则谓其“但取唐人文集、杂说、类钞成书，非必有所去取。其不能精审，势之必然，无怪后人之排诋”。

然洪氏疏误，自是其一家之言。宧光刊误，拾遗于唐人似有功，于洪书则无补。与其有此精力，舍其田而芸人之田。则何如仿周益公《文苑英华辨证》之例，别为一书，尚不失为洪氏诤友。此与其所作《说文长笺》，同一窜乱古书，而不自知其舛谬。顾氏炎武谓其“好行小慧，不学面墙”，其言信非过甚。惟洪书一日不废，此书亦不可不并存。西施非东家效颦而美不彰，良玉非碔砆杂陈而光不发。其书传本颇少，故录而存之，亦前人藏书附存别本之例也。

中晚唐诗明龚贤刊本，行本三十二家，秘本三十一家

此龚半千贤所刻《中晚唐诗》，分行本、秘本二集。行本凡三

十二家，秘本凡三十一家。不记刊刻年月。杨衡诗后有贤跋，亦未云刻于何时。国朝人书目载近刻者，如孙氏星衍《祠堂书目》、倪模《江上云林阁书目》、丁日昌《持静斋书目》，均未著录。惟周亮工《读画录》云："半千酷嗜中晚唐诗，搜罗百馀家，中多人未见本。曾刻廿家于广陵，惜乎无力全梓，至今珍什笥中。古人慧命所系，真中晚之功臣也。"于是始知半千初将刻百馀家，卒以力薄，所刻止此。亮工所见，犹今本三分之一。其中各家诗，《钦定全唐诗》均已采入。而在当时，则诚不绝如线矣。世但知半千画为世珍贵，岂知其风雅好事，有毛晋汲古之风耶？原书中晚错出，余重为排定。秘本前缺鲍溶、张祐、赵嘏、曹唐、徐寅五家，则无从购补矣。

光绪乙巳菊节。

古文苑九卷 嘉庆戊寅孙星衍仿宋刊本

《古文苑》九卷，末有"淳熙六年，韩元吉刻是书"，云"孙巨源得于佛寺经龛中，唐人所藏，莫知谁氏录"。余疑即巨源从各家集本，及隋、唐人类书录出，托之唐人，非有所本也。巨源名洙，孙锡之子，官至翰林学士，《宋史》有传。偶阅洪迈《夷坚甲志》四，载有孙巨源官职一则云："孙洙，字巨源。年十四，随父锡官东京①。尝至登州，谒东海庙，密祷于神，欲知它日科第及爵位所至。夜梦有告之者曰：'汝当一举成名，位在杂学士上。'既觉，颇喜。然年尚幼，未知'杂学士'何等官。问诸人，人曰'吉梦也，子必且为龙图阁学士'。后擢第入朝，历清近，眷注隆

①"东京"，原误作"京东"。

异，数以梦语人。元丰二年，拜翰林学士，宾客皆贺。孙愀然曰：‘曩固相告矣，翰苑班冠杂学士，吾其止是乎？今日之命，宜吊不宜庆也。’才阅月，省故人城外，于坐上得疾。神宗连遣太医诊视，幸其愈，且以为执政。后果愈，上喜，使谓曰：‘何日可入朝，即大用矣。’省吏闻之，络绎展谒，冠盖填门不绝。孙私语家人：‘我指日至二府，神言岂欺我哉？’临当朝，顾左右曰：‘我病久，恐不堪跪起，为我设茵褥，且肄习之。’方再拜，病复作，不能兴。遽扶视之，已绝矣。孙公在时，尝一日，锁院宣召者至其家，则已出。数十辈踪迹之，得于李端愿太尉家。时李新纳妾，能琵琶，孙饮不肯去，而迫于宣命，不敢留。遂入院，草三制。罢，复作长短句，寄恨恨之意。迟明，遣示李。其词曰：‘楼头尚有三通，何须抵死催人。去上马，苦匆匆，琵琶曲未终。　回头凝望处，那更廉纤雨。漫道玉为堂，玉堂今夜长。’或以为孙将亡时所作，非也。”李益谦桐之说，曰相之，孙公曾外孙也。

又《甲志》十一载《李邦直梦》一则云：“孙巨源、李邦直，少时同习制科。熙宁中，守海州，李为通判倅，厅与郡圃接。孙季女尝游圃中，李望见，目送之。后每出，闻其声，辄下车便旋。邦直妻韩夫人，于牖中窥见屡矣，诘其故，李以实告。一夕，梦至圃，见孙女，踵之不可及。亟追之，蹑其鞋，且以花插其首。不觉惊寤，以语韩夫人。韩大恸曰：‘簪花者，言定之象；鞋者，谐也。君将娶孙氏，吾死无日矣。’李曰：‘思虑之极，故入于梦，宁有是？’未几，韩果卒。李徐令媒者请于孙公，孙怒曰：‘吾与李，同砚席交，年相若，岂吾季女偶耶？’李不敢复言。已而，孙还朝，为翰林学士，得疾将死，客见之，孙以女未出适为言。客曰：‘今日士大夫之贤，无出李邦直，何不以归之？’曰：‘奈年不相匹。’客曰：‘但得所归，安暇它问？’未及绸缪，而孙亡。其家竟以女嫁之，后封鲁郡夫人。邦直作巨源《墓志》曰：‘三女，长适李公彦，二在室。’盖作《志》时，未为婿也。邦直《行状》，晁无咎所作，实再娶孙氏云。”张行父幼安说。此二事，皆足以资谈助，亦巨源逸闻，今录附于此书之后。其他具详《宋史本传》，故不赘云。

己酉元夕，郋园。

古文苑章樵注二十一卷明成化壬寅张世用刻本

《古文苑章樵注》二十一卷，明成化壬寅、福建巡按、淮南张世用发建阳书肆刊行者。前有张琳序，大黑口本，每半叶十行，行十八字。《四库全书总目》总集类《提要》所称，即此本也。原书有宋淳熙六年韩元吉刻本，分九卷，陈振孙《直斋书录解题》云：“不知何人集，皆汉以来遗文、史传，及《文选》所无者。世传孙洙巨源于佛寺经龛中得之，唐人所藏，韩无咎类次为九卷，刻之婺州。”余向以为即孙洙伪记，盖从唐、宋人类书中辑出，故少完篇。今《艺文类聚》、《初学记》可覆按也。考晁公武《郡斋读书志》，有杂文章一卷云：“孙（臣）〔巨〕源得之于秘阁，载宋玉等赋、颂五十八篇。”景迂生元丰甲子以李公择本校正今《古文苑》，首《石鼓文》下，即载宋玉赋，凡文二百六十馀首，盖即由杂文，章推广成之。彼托于出秘阁，此托于出佛龛，其隐身之术一也。章注成化刻本之前，有宋、元本，见《天禄琳琅书目续编》，恐不足据。成化以后，有弘治己未奉新县知县王岳刻，即翻雕此本，为白口版。又有万历壬辰，祝粲玉刻本，半叶八行，行十八字，余有其书。此为从子峤甫所藏，字画尚未漫漶，白纸洁净，展卷如新。明本中刻最先者，莫善于此本矣。

三苏文粹七十卷明仿宋刻本

《三苏文粹》，凡苏洵文十一卷，苏轼文三十二卷，苏辙文二十七卷，共七十卷。无编辑人姓名。明翻宋刻本，每半叶十九行，行二十六字。《四库全书总目》总集存目，列明人编辑诗文总集后，殆以为出自明人所为耳。余按瞿镛《铁琴铜剑楼藏书目录》，载有“宋刊本七十卷”云：“目录后有图记，云婺州东阳胡苍王宅桂堂刊行。”行字正与此本同，盖即此本所从出者。南宋末年，苏文大盛。此所选者，专备场屋之用，故皆议论之文，与陈亮所编《欧阳文粹》、无名人所编汪藻《浮溪文粹》，殆不可同日语矣。

元文类七十卷、目录三卷明嘉靖丁酉晋藩刻本

《元文类》七十卷，《目录》三卷，明嘉靖丁酉晋藩刻本，每半叶十行，行十九字。先是，晋藩端王朱知烊先后刻成《文选》、《文粹》、《文鉴》诸书，于嘉靖十二年薨，惟《元文类》未成。嗣王简王新腆继之，重刊序所谓“虚益堂贤王”也。故版式、行字，皆与《文粹》、《文鉴》不同。《天禄琳琅续编》明版类载有此本，云“晋藩刻有《明文衡》，今独罕见。异日倘或遇之，则四朝之文，可以知其大概矣。

两汉策要十二卷乾隆五十六年张朝乐刻本

《两汉策要》十二卷，原缺第三卷。据景祐阮逸序，知为陶

叔献所编，凡十卷。第六卷、第十二卷，有“续添”字样。据大定王大钧序，知为常彦修之孙所编。按：晁公武《郡斋读书志》载：“叔献《汉唐策要》十卷。”而无此书。《宋史·艺文志》亦未著录。自明毛氏汲古阁收得元本，其目录定为元钞。又称“或云赵松雪书”。乾隆五十六年，张朝乐始据以付刊，翁覃溪、梁山舟有跋。但目为赵体书，迄无确证。要其书法，秀劲流转，实松雪嫡传。刻手亦丝毫不失神理，至可宝也。《钱竹汀日记》称其“行楷甚工，或云赵松雪所书”。钱警石《曝书杂记》云：“翁、梁诸跋，皆以手迹摹刻，恍如名人法帖。不独全文为元人精钞可爱。”刘喜海批《钱竹汀日记》，亦称其“摹刻精美”。知此书为前贤鉴赏，早有定评。所存汉人封章亦多，可较《汉书》之异。曩从友人斋中见石印缩本，知元本必不易得。年事将定，忽有估人持此求售，遂得购之。手自装饰，并为六厚册。后有得者，珍贵过于钱、刘，亦书林之佳话已。

光绪二十五年（巳）〔己〕亥小除夕，叶德辉志。

元人十种诗集明崇祯戊寅毛晋汲古阁刻本

右《元遗山诗》二十卷，《萨天锡》诗三卷、《集外诗》一卷，《金台集》二卷，《玉山草堂集》二卷、《集外诗》一卷，《啽呓集》一卷，《翠寒集》一卷，《云林集》六卷、《集外诗》一卷，《南村诗集》四卷，《句曲外史集》三卷、《补遗》三卷、《集外诗》一卷，《霞外集》一卷，都五十卷。此虽毛刻，然如此十种全者，得之颇难。《遗山诗》，金元好问撰。《萨天锡诗》，元萨都拉撰。《金台集》，元纳新撰。原作乃贤。《玉山草堂集》元顾瑛撰。《啽呓集》，元宋旡撰。《翠寒集》，亦宋旡撰。《云林集》，元倪瓒撰。《南村集》，元陶宗仪撰。《句曲外史集》元张羽撰。《霞外诗〔集〕》，元马臻撰。

今按：《四库全书总目》集部别集类著录者，《遗山集》四十卷，《附录》一卷，此二十卷入存目。萨改题《雁门集》，即此本。《金台集》亦二卷本，江苏巡抚采进本，当即此本。《玉山草堂集》为《玉山璞稿》一卷，两淮马裕家藏本，非此本。《翠寒集》为其子振刻本。《啽呓集》入存目，为内府藏本。《倪集》著录《清閟阁集》十二卷，此六卷入存目，为明潘瓒校刻本。《句曲外史集》，亦此本。《霞外诗集》，据《提要》云，亦此本，而误称十卷。惟无《南村诗集》，岂当时十种全者不经见，故未采进耶？遗山为金人，入元不仕，今乃以为元集之首，毋乃未审。此本前有崇祯戊寅徐㶿序，㶿字兴公，闽中藏书家，序称"藏有元集五十家"，必有顾嗣立选元诗所佚者，惜未刻而传之，亦恨事也。收藏有"顾氏敦淳珍藏"四白二朱文"珍藏"二字朱文居中。篆书方印，"臣印锡麒"四字白文篆书方印，"家藏北宋印经"白文篆书方印。在目录前又一大方印，上正书九行云："昔司马温公藏书甚富，所读之书，终身如新。今人读书，恒随手抛置，甚非古人遗意也。夫佳书难得易失，稍一残缺，修补甚难。每见一书，或有损坏，辄愤惋浩叹不已。数年以来，搜罗略备，卷帙颇精。伏望观是书者，倍宜珍护。即后之藏是书者，亦当谅愚意之拳拳也。谀闻斋主人记。"凡一百七字，此印在徐㶿序后。锡麒字竹泉，谀闻斋亦其印记。丁丙《善本书室藏书目录》，时有其收藏之书，但未详其籍里事迹耳。

玉峰诗纂六卷明隆庆壬申刻本

《玉峰诗纂》六卷。卷一大题后，次行云“南京太仆寺卿周复俊编，光禄寺署正孟绍曾校刊”。所选诗，始晋二陆，终明人，皆昆山人。玉峰，昆山别名也。《四库全书总目》总集类存目，《提要》以为“志乘之馀”，书不足道。惟历经名家赏鉴，朱印累累，皆有可考。前序阑匡上有“秀水朱氏潜采堂图书”九字朱文篆长方印，则朱竹垞曝书亭收藏也。序下有“槜李项药师藏”六字朱文篆书长方印，“万卷堂藏书记”六字朱文篆书方印，则嘉兴项笃寿也。《嘉兴府志·循吏传》：“笃寿，字子长，嘉靖壬戌进士，官至广东参议。”其季弟，即元汴，世所称天籁阁项子京也，详朱彝尊《曝书亭集·万岁通天帖跋》。又有“光禄大夫”四字白文篆书方印，亦其印记也。元汴好收藏书画，笃寿好收藏书籍，一门风雅，名炫艺林，洵（禾）〔吴〕中佳话也。

笺注唐贤绝句三体诗法二十卷明翻元版本

此余传录，何小山、袁漱六两先生评校《唐贤三体诗》二十卷。何以宋本校，袁以碛砂本校，原本皆用朱笔。以二人字迹不同，易于辨别。今出余一手，故何校仍用朱笔，袁校改用蓝笔。两人圈点，好尚不同，皆足见其诗力之深，校勘之细。往时科举取士，随时随地皆有此泽古之人，今则无此用功者矣。原校乃元版，余以明翻元版录之，两本讹文并多，皆据以互相改正。世人耳食宋、元，正可不必也。小山名煌，其印文曰“何仲子”，长洲人，义门先生之介弟。校书本有家学，谈诗亦得深微。引据诸书，驳正注文，亦非博洽多闻，不能骤办。袁氏据砂碛本，改校异文甚多，又注明原卷次第，卷一分七卷，卷二分六卷，卷三分七卷。惟未详其行字，是可惜耳。“碛砂”本寺名，寺僧魁天纪，与作注之圆至至交。当时为之乞序于方回，刻版置寺中，故是书时有“碛砂唐诗”之目。《天一阁书目》、《天禄琳琅续编》有明刻本，与此卷数同。瞿镛《铁琴铜剑楼》有元本。陆心源《皕宋楼目》则一元本、一明本。

盖此书在元、明两朝，三家村授徒课本，颇自风行，故流传至今，尚非稀见。据何跋云：“嘉靖以前，儿童皆能倒诵。自王、李盛，几无有举其名者。”可知风气所尚，亦莫之为而为。王文简《居易录》讥其“惟录格诗，气格卑下”，信非过甚之辞。然视明前、后七子，貌袭盛唐，流为空调，又不如此之别具手眼，浚发灵思。初学读之，易寻诗径。世以比刘克庄《千家诗选》、方回《瀛奎律髓》，此则校胜一筹矣。

时乙卯夏四月既望，叶德辉识。

秦汉功令尚刀笔，《汉书·艺文志》引萧何草《律法》曰：“太史试学童，能讽书九千字以上，乃得为吏。又以（八）〔六〕①体课之，最者以为尚书御史、史书令史。”故其时《仓颉》、《凡将》、《急就》、《元尚》诸篇，盛行于世。今所传《急就章》为七字句。《凡将》引见《文选·蜀都赋》注引“黄润纤美宜制禅”一句。又《艺文类聚》乐部四箜篌下引“钟磬竽笙筑坎侯”一句，亦七字句。盖如今村塾书之《包举杂字》也。六朝士大夫尚笔札，故有《兔园册子》一类书。《五代史·刘岳传》讥冯道遗下《兔园册子》云：

①据《汉书·艺文志》改。

"乡校俚儒，教田夫、牧子之所诵也。"晁公武《郡斋读书志》云："《兔园策》十卷，隋虞世南撰，纂古今事为四十八门，皆偶丽之语。至五代，盛行于民间，以授学童。故有'遗下《兔园册子》'之诮。"此亦可见六朝至唐末、五代之风俗矣。两宋士大夫尚词科，初有《神童诗》。因元符间，汪文庄洙九岁能诗，有诗传世。人以其诗铨补成集，以之训蒙。语详朱国祯《涌幢小品》。南宋以后，民间风行刘克庄所选《千家诗》、周弼《三体唐诗》，元及明初尚然。明时太监读《千家诗》、《神童诗》，刘若愚《酌中志》载其事。宫廷如此，村塾当亦相同。

余幼时，初读《千家诗》，上阑附《神童诗》。所谓千家，不足百数，盖即从千家选出者。后读《唐诗三百首》，不著编者姓名，惟云蘅塘退士。所选五、七古、近绝句，皆初、盛、中唐之菁华，胜于《千家》、《三体》百倍。每当夕阳西下，八九村童，齐声高唱，如闻太平歌。此景此情，恍如昨日。沧桑以后，四郊弦诵之声，寂焉无闻。无论唐、宋人诗，束之高阁，即往日人人能读之《千字文》、《百家姓》、《三字经》诸书，亦有不能举其名，如小山所云者。噫！可慨已。

钦定四书文四十一卷乾隆元年刻本

《四书文》四十一卷，乾隆元年，内阁学士方苞奉敕编。凡明文四集，国朝文一集。明文分化、治，正、嘉，隆、万，启、祯而四。国朝别为一集。方苞为桐城派古文开山之人，本深于时文之学，所选皆本高宗清真雅正之旨，足为一代楷模。余幼习制科文，家大人语业师，以此文为程式。其时风行《管韫山稿》，即乾隆中管御史世铭所作时文也。管世铭之文，出于方苞。故苞不独为古文坛坫主盟，即时文亦主持百年风气也。先是咸、同之交，崇尚王、尤体。王为华亭王广心，尤为长洲尤侗。以骈俪之句为时文，一时掇巍科者，接踵而起。然仅一两科，主起者相戒不录，录亦殿后。故一转移间，群趋于《管稿》。今相国南皮张宫保，于光绪初元任湖北学政，所选江汉炳灵，专尚才气，明用后世史事。其时，《管稿》之帜甚盛，士人不敢轻于效颦。迨甲午以后，合省渐效其体，獭祭书名篇目，挦扯子书僻文，于所谓代圣贤立言之旨，渺不相涉。士习诡遇，缪种流传。外患既乘，论者遂归咎制科之无用。于是始改策论试士。未两科，疆臣袁世凯、刘坤一，今相国张公，合辞奏废科举。截至己酉科，多选优、拔贡止。以后，即以学堂出身。自时文之兴，始元延祐取士，迄于今六七百年。一旦废除，而邪说诐辞，日益滋蔓。取士无良法，又胡为专责时文之陋哉？此余幼习之书，浮屠不忘空桑，故重取而识之。

（先）〔光〕绪戊申三月十八日，德辉。

风雅翼十四卷 明嘉靖壬子顾存仁刻本

右元刘履编《选诗补注》八卷，《选诗补遗》二卷，《选诗续编》四卷，即《四库全书总目》集部总集类著录之《风雅翼》也。前有嘉靖壬子，吴郡顾存仁书于东白斋中一序。《补遗》卷下后有木围记云："是编刻于嘉靖甲辰，讫工今岁壬子。刻，李潮叔侄；书，龚氏白谷。技尽吴下，可与兹编并传。而白谷文士，卷帙誊写非其业也。遂至数年，始克完局。呜呼难哉！东白斋识。"凡五行字。白口版，版心下有"养吾堂"三字。每半叶十行，行十九字。书法赵体欧笔，刻镂精工。宜其自负"技尽吴下"。但不总题"风雅翼"之名，不知何故？考阮元编明范氏《天一阁书目》、王闻远《孝慈堂书目》以及近人陆心源《皕宋楼藏书志》、丁丙《善本书室藏书志》，均与此同。惟陆《志》所载有嘉靖四年王大化序，嘉靖丙戌胡缵序。在此刻本之前，亦无"风雅翼"之名。从子岓甫云：曾见明刻小版本，是题"风雅翼"者，前后无序跋，似是嘉靖以前旧刻，书估坚称元版，索值甚贵，故未购得。

余按：莫友芝《知见传本书目》载有嘉靖壬子刊，版式甚狭小，与是本刻成于壬子，同在一年。或即岓甫所见本，因无序跋，不能定其果为一年刻欤？刻工李潮，嘉靖甲午，徐焴刻《唐文粹》，亦有其名。盖当时吴中刻书，多出其手。是殆宋唐仲友之蒋辉，近孙星衍之刘文奎一流。一技之长，得与后之文人目论神交，诚幸事也。序前有"璜川吴氏收藏图书"八字朱文篆书方印，乃木渎吴泰来、吴志忠父子藏书。志忠刻有《璜川吴氏经学丛书》，其自序缘起略云："璜川者，吾曾祖容斋先生，自题其书屋之名也。曾祖于雍正年守吉安。归田后，居渎川遂初园，架上万卷，皆秘笈也。所以题书屋曰'璜川'者，以我曾祖生于新安之璜源，随我高祖乡贤公侨居松江之上海。老而自松迁苏，以故里题其读书处，怀旧之思也。"又有"施伯子元孝印"六字朱文篆书小长方印，又有"吴下名家"四字白文篆书方印，"玉华子藏书印"六字白文篆书中长方印。百馀年间，收藏者皆苏人。景仰前贤，益当珍其手泽矣。

麟溪集二十二卷 明成化十一年刻本

此《麟溪集》二十二卷，明郑太和编，明黑口本。太和，浦江人，世所称义门郑氏者也。此书裒集一时名人投赠、表扬，诗文之属，成于元至正十年，至明成化十一年，太和孙名玺者刊行之。前天顺间有刻本，版毁于火。至是重刊，详玺识。集分十干、十二支，二十二卷。又别篇上、下二卷。《四库全书总目》总集类存目者，即此本。每半叶十二行，行二十字。麟溪，为宋婺州东二十八里地名，郑氏所居，今金华府金华县治也。集中所录诗文，多有本人集中未载者。或者以其出于应酬，未曾留稿。然遗闻逸事，关于郡县志乘者颇多。乾隆癸巳，朱琰编《金华诗录》，竟未援引及之。则是集传本之稀，概可知矣。

午梦堂全集十种 明刻本

此十种，原刻于崇祯九年，但无《鸳鸯梦》一种耳。乾隆戊寅，五世侄孙恒椿刻八种，为《鹂吹》、《香雪吟》、《伊人思》、《愁言》、《鸳鸯梦》、《返生香》、《窈闻》、《窈续》。其中《香雪吟》，即附《鹂吹》后之《梅花百首》，《窈续》即《窈闻续编》，皆在此十种内。据彼所云，则此十种，实十二种矣。若合《鸳鸯梦》计之，当为十三种。不知恒（春）〔椿〕序，何以称旧刻为十二种。而自刻六种，反析为八种。且删去者为《灵护》、《百旻》、《续些》、《怨》四种。怨者，《秦箫怨》，天寥公悼亡诗也。又，此十种有《屺雁哀》，恒椿未刻，序亦不云删，岂未见此种耶？余拟合刻全集，增入自撰《年谱》、《续年谱》、《甲行日注》、《湖隐外史》诸书，以成一家之书。得此，亦略可助校勘也。

丙辰立秋，德辉记。

湖湘校士录八卷 明万历甲寅巡按钱春刻本

此明万历甲寅，湖广巡按钱春所编《校士录》，于各府、县取录前列之廪、增、附生所试时文，详加评骘。其文体清畅，确是场屋中本色。较之隆、万诸大家之文，固有不逮。然却非天、崇两朝诸作者，饾饤子书佛经、沾染习气者可以企及，是亦可觇风尚矣。此时湖广全省，凡十五府四州：武昌、汉阳、黄州、承天、德安、郧阳、襄阳、荆州、岳州、长沙、宝庆、衡州、郴州、桂阳州、（沣）〔澧〕州、靖州，州县少于府。是时文风，湖南已最盛。迨雍正元年分闱，亦势之不得不尔也。全省之中，著书传世者，仅陈士元一人。士元撰述等身，有《归云别集》、《外集》等行世。学问渊博，考订精详，置之乾、嘉诸儒席中，似亦不遑多让。乃士元以外，更无二人。则成就之难，洵有披沙拣金之慨矣。此类试卷，自明以来，风行坊肆间者，何啻千百，而存者仅此。且纸色墨印，若新未触手者然。意亦前人好事者所秘藏，而未经村学究涂抹者欤?

戊午九月三候，叶德辉识于上海旅寓。

皇明诗选十三卷 明崇祯癸未刻本

《皇明诗选》十三卷，明陈子龙、李雯、宋征舆三人同选也。据前凡例云："此书始于庚辰，成于癸未。阅名家文集四百一十六部，名家诗选三十七部。"收采亦云博矣。而所选仅此，则其鉴别之严，选择之精，似在诸家选本之上。然每人只存一、二首，独前、后七子所选较多。盖三人之诗，皆崇尚格调，于七子习染已深，故所选亦于此途为近。此集后，即附三人诗，名《云间三子新诗合稿》，人各三卷，共九卷，托其门人夏完淳编。本思附骥以传，而不知适形其见之浅也。陈、夏二公，皆于明末殉难，大节凛然。李、宋再仕我清，实足为二公之玷。今李之《蓼斋集》、宋之《林屋文稿》、《诗稿》，皆有刻本，不甚流传。陈、夏二公遗稿，以死难散亡，经后人裒辑成编，反与河山并寿。诗以人重，讵不信欤！

古诗归十五卷、唐诗归三十六卷

《诗归》五十一卷，凡古诗十五卷，唐诗三十六卷，明钟惺、谭友夏同编。钟自著有《隐秀轩集》三十二卷，谭自著有《谭友夏集》二十三卷。钟、谭诗，源出公安三袁。三袁尚清巧之词，力攻七子浮响空腔之病。至钟、谭而纤诡幽渺，以摘取一二新隽之字，标举其宗旨，自以为玄妙无穷。于是，无知者奉为神明，风靡一世。所选任意删割改窜，自欺欺人。钱牧翁《列朝诗集》诋二人之诗为“诗妖”，为“鬼语”。朱竹垞《明诗综》谓其“流毒天下，为亡国之音”。顾亭林《日知录》目为“小人之无忌惮，其亦恶之甚矣”。乃朱文恪国祚，竹垞之祖。排斥于前，陈松圆攻之于后。而当时闽、楚、吴、越，沿习成风。闽人如蔡复一，吴人如张泽华淑等，甘为应声之虫。人挟腻颜之帖，陵夷至于今日，尚有主张之者。曩闻会稽李莼客部郎慈铭，服膺钟、谭之诗，选其五、七古诗，时时讽诵。

又，习闻王丈湘绮、邓丈（保）〔弥〕① 之言：“学诗宜从唐人入门。不知唐人法门，则为明七子。而唐诗选本，则莫善于《唐诗归》，以其涤荡俗尘，可以引人入胜。”湘绮固高谈汉、魏者，而亦附和推重。楚人之见耶？抑灼见钟、谭诗之佳处，为吾辈所不及知耶？嗟乎！习俗移人，贤者不免。而牧翁自言“伯敬

①此处系指邓辅纶，字弥之。

为余同年进士，又介友夏以交于余。余深为护惜，而虚心评骘，往复良久。不得已而昌言击排，何、李以矜气出之，钟、谭以昏气出之”云云。斯诚平心之论哉！夫牧翁、松圆，攻七子者也；公安、竟陵，亦攻七子者也。一则志存复古，欲矫诗人剽窃摹拟之习，使之反朴归真。一则刻意求新，全以不读书为性灵。尽天下之人，使之为摩登伽女之淫咒，其貌同，其心不同也。《明诗综》又云：“桐乡钱翔麟仲远，友于友夏，恒言《诗归》本非钟、谭二子评选，乃景陵诸生某，假托为之。钟初见之，怒，将言于学使，除其名。既而家传户习，遂不复言云。”《四库全书总目》总集存目，《提要》驳之，谓“彝尊曲为之词”，非也。余谓钟、谭，方以新诗笼罩天下，《诗归》乃其所选秘本，如王渔洋《声调谱》之类。诸生窃而刻之，所以竟触其怒。后既为时传播，故亦置之。竹垞言必有因，特传闻稍异耳。若如李、王、邓三君好尚之奇，则所谓好恶，拂人之性也，岂定论哉！岂定论哉！

辛丑季夏伏日。

郎园读书志卷十六

集部

三家宫词三卷、二家宫词二卷明毛氏绿君亭刻本

幼时，从家藏《全唐诗》中录出王建、花蕊两家宫词，为士女书聚头小扇。亦知有毛晋刻《三家宫词》《二家宫词》。坊间既无翻刻，故家亦难借钞。求之旧书店中，亦久不获。一日偶于冷摊获此二册，破烂不堪。幸未损纸裂字，因觅裱褙，以糊衬装，纸墨一新，如服返魂丹矣。此本毛刻《诗词杂俎》中之二种，他日当求其全册藏之。

丁亥十月五日记。

十家宫词十二卷康熙二十八年朱氏曝书亭刻本

朱彝尊刻《十家宫词》，乃据上元倪闇公家藏宋本精雕。计分三册，上册卷一，唐王建；卷二，蜀花蕊夫人；卷三，王珪；卷四，宋白。中册卷一，后晋和凝；卷二，宋张公庠；卷三，珪之子仲修；卷四，周彦质。下册卷一、二、三，宣和御制；卷四，胡伟集句。盖原止八家。据陈振孙《直斋书录解题》有《三家宫

词》，王建、花蕊、王珪也。又有《五家宫词》，和凝、宋白、张公庠、周彦质[①]也。大约分卷，尚从宋本之旧。下册两家，则朱所增益也。其书本山东布政使胡循斋所刻，以版归朱，朱乃于康熙二十八年，序而印行之。当时印行不多，故张宗柟《渔洋诗话》十五“秀水朱竹坨检讨”条附识云：“倪刻宋本《十家词》亦不多觏，嵩庵先生曾赠予一册，凡四卷。”其时乾隆初叶，距刻书时不及七十年，而仅得一册。余生二百年后，乃得其全，谓非幸快之事哉！曩余藏毛晋绿君亭刻《二家宫词》、《三家宫词》两种，恨不得并蓄之。不意十年之久，无意获此。十家词客有灵，固应识我矣。

光绪丁酉春正八日，购之厂甸记。

明末四百家遗民诗 国初刻本，无年月

卓氏《四百家遗民诗》，《四库》不著录。初疑煌煌巨册，不应缺遗。后检《四库销毁书目》，乃知其为禁书。康熙、雍正、乾隆三朝，明史、诗文之狱，瓜蔓株连。自开《四库》以来，凡明末遗书，稍有指斥，悬为厉禁。此集以遗民之故，久如孔经之藏复壁，心史之沉井中。一旦流传世间，谓非诸老先在天之灵，有以维持呵护，待时而显乎？每卷之前，诸家姓名，皆有小传。元遗山《中州集》已开其端，钱牧翁《列朝诗集》遂沿其例。盖非此，不足以知人论世；亦非此，不足以借诗存人。宜其万丈光(茫)〔芒〕，至今不能磨灭也。

宣统三年辛亥，三月大尽日记。

---

①此处列名只四家，还有一家为宋杨太后，叶氏漏列。

列朝诗集乾集二卷、甲集前编十一卷、甲集三十二卷、乙集八卷、丙集十六卷、丁集十六卷、闰集六卷明崇祯癸未汲古阁刻本

钱牧翁《列朝诗集》，首列《乾集》，为有明一代帝王、宗藩之诗。次分甲、乙、丙、丁四集，则列朝诸人诗也。终之以《闰集》，则闺秀、释道、仙鬼、无名氏，及杂歌谣也。自序以诗系人，仿元遗山《中州集》而作。王文简古夫《于亭杂录》云："牧翁撰《列朝诗集》，大旨在尊李西涯，贬李空同、李沧溟。又因空同而及大复，因沧溟而及弇州。索垢指瘢，不遗馀力。所录《空同集》诗，亦多泯其杰作。黄省曾，吴人，以其北学于空同，则摈之。于朱凌谿应登、顾东桥璘辈亦然。余窃非之，偶著其略如此。"纪文达撰《四库全书提要》，于朱彝尊《明诗综》下，谓牧翁"颠倒是非，混淆黑白"，其排击前、后七子，为门户恩怨之私。沈归愚《明诗别裁集》序亦谓其"于青丘、茶陵外，若北地、信阳、济南、娄东，掩其所长，录其所短，概为指斥。不必大匠国工，始知其诬谤。《明诗综》泯门户之见，存是非之公，比之牧斋，用心判别。"自是耳食其说者，目不睹《列朝诗集》之全，随声附和。牧翁亦以失身二姓，为士林所轻。其书自毛晋汲古阁镂版后，传本甚稀。乾隆时，修《四库全书》，复在禁毁之目。世间所传，有明选本之诗，惟《明诗综》脍炙人口。其于牧翁选诗之旨，曾未究其所以然。

余自偕计，至观政，往来京师十馀年，求其书不可得。今年五月，吾友粟谷青户部掞，为余于厂肆访购一册，携归湘中。尽昼夜之力读之，始知前人讥弹，不尽得实。如前、后七子，摹拟

剽（贼）〔窃〕，谬为大言，以二李为甚。牧翁指驳，盖恐其疑误后人。今沧溟、空同之集尚存，可以取证。特国朝诗学家，沿尚格调，与前、后七子针芥相投。骤闻牧翁之言，不免失所依傍，故百口一舌，谓《明诗综》优于此书。其实，《明诗综》乃乡愿之所为，《列朝诗》乃选家之诗史耳。明人于李茶陵、张江陵二公，议论是非，大都出于私怨。牧翁于二公，推重甚至，是触天下之私疑。平心论之，李茶陵周旋瑾阉，扶持善类，罢相以后，囊橐萧然，至以卖文鬻字，消闲度日，其孤忠亮节，岂可伪为者？江陵救时之相，为人所不敢为，至今修《明史》，诸臣文集流传，无不称其相业。牧翁选诗时，正是非未定之日，乃独主持公议，尽扫蚍蜉。非具三长之史才，乌能有此卓识耶？至其于文林艺苑、布衣山林之士，尤恐事迹不克详尽，使其人淹没无传。故殷然提倡表扬，不啻若自其口出。是其宅心忠厚，亦何让于彝尊。况明季竟陵钟、谭，创为纤诡一派，所选《诗归》一书，倾动海内，靡然从风。后世言诗者，目为亡国诗妖，诚非过论。牧翁于敬伯为同年进士，绝无回护之辞。此岂“颠倒是非，混淆黑白”之所为耶？

今人但见《明诗综》一书，户诵家弦，誉多贬少。并不知牧翁所选，为丹为青。百吠相随，使此翁含冤于地下。归愚学究，奉渔洋为神明，其《别裁》序云云，殆无足轻重。文简、文达，一代名人，而亦持此偏见之论，则非余所知也。呜呼，读书诚难事哉！

光绪三十二年丙午岁嘉平月廿六日，时立春已四日，丽楼主人叶德辉题记。

此书半叶十五行，行二十八字，全仿元遗山《中州集》原版之式。惟七言绝句，或数首相连者，挤短一字。是亦考版本者所当知也。

元诗选首集一卷、一集六十八卷、二集二十六卷、三集十六卷康熙癸酉顾氏刻本

顾嗣立《元百家诗集》，虽为国初刻本，近时殊不易得。余向藏一部，仅三分之一，为萍乡文芸阁学士廷式旧藏。后陆续从旧书店物色十馀年，始得配全。然缺十馀家，又无席刻《癸集》、《补遗》。久之，得席刻《补遗》，仍非完璧也。此部全者，觅之玉泉街尹家书铺，并其插架《癸集》购之。于是，此书竟有二部，可谓心满意足事已。因忆厉鹗《樊榭山房诗续集》中，有《和女士陈坤维卖元人百家诗》七律一首，云桑弢甫水部，买得《元人百家诗》，后有小笺粘陈氏坤维诗。盖故家才妇，以贫鬻书者，惜不知其里居颠末尔。读之有感，次韵一首，并征好事者和焉："姓字深闺岂易知，偶传纸尾卖书诗。难追写韵仙家事，应共牵萝绝代悲。彤管更添高士传，墨卿别注有情痴。回肠似共缣湘往，惆怅令人展卷时。"原作云："典及琴书事可知，又从案上检元诗。先人手泽飘零尽，世族生涯落魄悲。此去鸡林求易得，他年邺架借应痴。亦知长别无由见，珍重寒闺伴我时。"自注"丁巳又九月九日，厨下乏米，手检《元人百家诗》付卖，以供饘粥之事。手不忍释，因赋一律媵之。陈氏坤维题"。其书后归之方云泉。胡敬《崇雅堂诗钞》八，亦次韵和之云："深闺昔许姓名知，难割情缘架上诗。书散陈留应已久，画馀清照不胜悲。百年遗稿人何在，千里寻踪我亦痴。珍重数行题卷尾，拈毫追想绣停时。"

据此，则是书在嘉庆时，犹在江浙间，今不知存亡矣。此等

贤媛，好书成癖，其姓名宜附书以传，固不必深考其里居颠末。然余因此，见此书之珍贵，在乾、嘉太平之世，久已为人宝藏。今更百有馀年，世变日新，古书日少。远西各国，方且求吾国古书、法器，载舶而归。吾国当轴诸人，乃悻悻然裁书局，兴学堂，号为更新之治，此吾所不解者也。噫！此书在昔时为瑰宝，在今日为土苴。然在吾国视为土苴，在他族反视此为瑰宝。天旋地转，一旦求此旧书，岂易得耶？

光绪戊申七月初三日记。

顾选是集，《初集》百家，《四库》著录，并存目九十三家。《二集》四十九家，《三集》则止三家。同时，朱彝尊潜采堂、曹溶静惕堂，两家《书目》所载元人小集，多与《四库》同。顾选有者，两家亦未有。有者，仅三数家。《提要》云“此书网罗宏富，为有元一代诗集巨观”，洵定论也。

石韫玉《苏州府志·文苑》引《长洲旧志》云：“嗣立，字侠君，考功郎予咸子。康熙己卯，举顺天乡试，以修书，议叙内阁中书。壬辰，钦赐进士，选庶吉士。逾年，散馆，当补外，不就而归。嗣立博学洽闻，尤工于诗。所居秀野草堂，疏水凿山，环植草木。常集四方名士，觞咏其中。所选《元人诗》初、二、三集，注昌黎、飞卿二家诗，《诗林韵䕶》，皆盛行于世。”袁枚《随园诗话》补遗云：“顾侠君选《元百家诗》，梦有古衣冠者数百人，拜而谢焉。杭州严曙声烺赠诗云：‘但见三吴书版盛，不知十载选楼忙。’”想见当时文采风流，数十年犹传为佳话也。嗣立之父予咸，以顺治十七年，吴县金圣叹哭庙案牵连被祸，几覆其家，卒邀赦免。而其子犹富甲一邑，诗书之泽，流衍孔长。迄今景仰高山，不禁神往于华林茂苑间也。

七夕再记。是日为内子忌日。

又一部

顾嗣立《元诗选》，《初集》并附，凡一百十六家。《二集》并附，一百七家。《三集》并附，一百十七家。每集分十干，无《癸集》。盖当时三集，皆刻至《壬集》而止。其《癸集》，则后来席世臣扫叶山房所补刻，别本单行，不在此内也。是书近年极罕见，友人好藏书者，询之多无此书。独萍乡文道羲阁学藏有残册，不及三分之一。余亦从旧书摊得残册，约有三分之二。文书散出，余幸收之。两残册，去重复，尚短《初集》十馀家。书友周莲渠适收残本，此十家恰在内，因得配成全书。于是，吾家《元诗选》遂有两部。缘其一册全者，得之玉泉街尹家书籍铺。此又配全，遂为丽楼增一副本矣。李文藻《南涧文集·琉璃厂买书记》言："内城隆福寺，遇会期，多有买书者，谓之赶庙。散帙满地，往往不全，而价低。朱少卿豫堂，日使子弟物色之，积数十年，蓄数十万卷，皆由不全而至于全。盖不全者，多是人家奴婢窃去之物。其全固在，日日待之，而自至矣。吾友周书昌，遇不全者，亦好买之。"按：南涧是说，固为好藏书者快心。然奴婢窃散，又在京师，日久固易配合。若此，日久散失，糊壁覆瓿，事不可知。而竟陆续配全，以成完璧，此尤难之极难者。书此告吾子孙，幸勿因其有二部，而忽视之，至再散失。则吾数年觅配之苦心，庶不负矣。

壬子小满后十天记。

明诗综一百卷康熙四十四年刻本

《四库全书提要》论《明诗综》云："钱谦益《列朝诗集》，逞其恩怨，颠倒是非，黑白浑淆，无复公论。彝尊因众情之弗协，乃编纂此书，以纠其谬。于旧人私憎私爱之说，多所匡正。六、七十年以来，谦益之书，久已澌灭无遗。而此独为诗家所传诵，亦人心秉彝之公，有不知其然而然者矣。"按：此书于有明一代诗家，搜罗宏富，自序谓"或因诗以存人，或因人以存诗。故于断帙残篇，不能不加采录；芜辞累句，不能割爱删夷"。余无钱选《列朝诗》，不敢论其得失。惟钱书所以澌灭之故，则有二因：一因钱书为毛晋汲古阁刻版，至晋孙辈，以其版鬻于常熟邵氏书估。印行不多，旋版为火毁。而《明诗综》版，至今犹存。卷帙既多，翻刻不易，毁者种绝，存者益行。一因修《四库全书》时，钱书在禁毁之内，偶有存者，各直省督、抚，不敢进呈。民间收藏，亦多畏祸私弃。馆臣以目所未见之故，遽谓"澌灭无遗"，实不足为定论。他日倘获钱书读之，则是是非非，余将有以辨别之矣。是书得之长沙共赏书坊，惜是新书，非初印也。

丙戌九月展重阳日，叶德辉记于元尚斋。

箧衍集十二卷康熙丁丑蒋国祥刻本

《禁书总目》，军机处奏准《抽毁书目》载《箧衍集》云："查此集系翰林检讨陈维崧辑，以国初诸家之诗，分体编次。所选颇为精萃，内除钱谦益、屈大均等诗篇，俱应抽毁外，其馀各家，尚无干碍，应请毋庸全毁。"此本钱、屈诸人姓名、诗篇均未抽去，尚是原本，殊可宝贵。

甲寅春仲，德辉记。

金文最一百二十卷 精钞墨格本

此张月霄金吾所编《金文最》一百二十卷，向无刻本，近广州始刊出此原稿精钞本也。月霄，名金吾，字慎旃。月霄其别号。祖仁济，父先基，皆邑诸生。月霄年二十二，补博士弟子员，即弃去。笃志储藏，与同里陈子准善，汇收群籍，合之旧，得八万馀卷。辟诒经堂诗史阁，求旧书装以藏之。从季父海鹏校刊群书，考据精当。尝以列朝文苑，惟金源氏多散佚。搜辑十二年，乃成《金文最》百二十卷。又采宋、元来经说八十馀种，手定《诒经堂续经解》千四百三十六卷，以补《通志堂经解》之阙。又撰《爱日精庐藏书志》四十卷。其别著《释冕》、《释弁》、《释龟》、《广释名》、《两汉五经博士考》、《十七史引经考》、《白虎通注》，总二百馀卷。详黄廷鉴《第六弦溪文钞·张月霄传》。

今按：《爱日精庐藏书志》所收金人集，传抄无刻本者多，月霄博观而约取之。馀则采自《金史》、《大金集礼》、《大金吊伐录》、《三朝北盟会编》、山经地志、各省通志、府县志、金石碑版、杂家小说、医书，以及二氏之藏，外国之纪，皆于目录暨篇末注明出处，例至善也。惜其《诒经堂经解》以卷帙太繁，久而散失。安得见其目录，按目求之，以待好事者续成其志。则其功在六经，又不仅阐幽发潜，夜梦古衣冠人罗拜床下也已。

唐宋三妇人集三卷嘉庆庚午松江沈氏刻本

《唐宋三妇人集》，一唐女郎《鱼元机诗》，仿南宋陈道人书棚本。一唐女郎《薛涛诗集》，仿明万历己酉池墨堂本。一宋《杨太后宫词》，仿影宋抄本。三书皆吴门黄丕烈士礼居所藏。嘉庆庚午，松江古倪园沈氏所刻。沈氏为松江富室，有古心翁，名虞扬，字元昆者。有三子，曰忠、曰恕、曰慈，忠、恕皆县学生。古倪园者，即翁亭墅也。王芑孙《惕甫未定稿》中，有古心翁小传，称其"田以万数，皆近扬州二、三县"。芑孙与之交好，故此书封面，皆芑孙手书，又钤"惕甫经眼"长方印记。椠刻精妙，摹仿藏书诸印尤工。《鱼玄机集》，宋本用蝴蝶装式，题跋甚多。本黄氏士礼居旧藏，后归长沙黄荷汀观察芳。甲午，售之长沙周姓。余曾借原本影摹刻版，而未能摹其印。先余影刻者，为元和江建霞太史标，乃从沈本翻雕，未见原本也。近又有徐氏《随庵丛书》刻本，亦据影写本重刊。四本之中，沈氏与余皆用原刻。沈本并摹各印，余则并题跋刻之。《薛涛诗》除明本外，止有此刻本。《杨后宫词》，尚有汲古阁《五家宫词》本，字句微有异同，盖传钞各别也。惟鱼玄机乃女冠，薛涛则官伎，今乃与杨后并称"三妇人"，毋乃题目未正。芑孙通人，下笔时岂未之致思耶？

心仪集六卷、停云集二卷道光壬辰刻本

《心仪集》六卷，《停云集》二卷，历下谢问山焜所编辑，大半嘉、道间人之作，亦无大名家在内。余从冷书摊头购得，中有朱笔圈识，间附评论。下注"樨箕"，此吾壬辰同年、陶华峰大令

别字，殆其所阅过者。大令以庶常散馆，改部，得降捐知县。选湖南沅江知县，一年弃去。平生酷嗜吟咏，诗力最深。观所评点，可以知其大略矣。

宣统二年庚戌四月初三日，长沙叶德辉题记。

文心雕龙十卷 康熙三十四年刻本

《文心雕龙》，世无宋刻。自明以来，《隐秀篇》脱去一叶，自“始正而末奇”句起，至“朔风动秋草”“朔”字止，共四百零字。何义门学士焯，始据元刻阮华山本校补，读者始得其全。北平黄叔琳注此书，又据何校，补入何校所阙之字，则据别本补之。今坊行纪文达昀评点朱墨套印本，即以黄注为蓝本。然纪谓阮本四百馀字，只论诗，不论文，与全书不类，疑为明人伪作。后又检《永乐大典》校订，亦无此篇脱文，因益信阮本之不可据。

余谓凡书作伪，必有隙罅可寻。纪评所指，已足抉其伪迹，何况有《永乐大典》可证乎？此本为康熙三十四年，武林书坊抱青阁刻，杨升庵评点本。兼刻明张墉、洪吉臣二家合注，黄叔琳注亦引及之。注中援据各本，订讹补阙，一一注明原书原文。在明人注书，最有根柢。其《隐秀篇》亦阙四百馀字。杨升庵慎博极群书，又尽读明文渊阁四部书，其中岂无一二善本，与阮本合者，为其所见。何待何义门时，始得见之？固知义门为明人所欺，今人又为义门所欺耳。坊刻本，余向不取。而在康熙中叶，民康物阜之时，其校刻之精，实远胜于今日，故特为标出之。后有读者，幸毋忽视焉。

壬寅夏六月二旬之四日，丽楼主人叶德辉记。

叶先生诗话三卷影钞元陈仁子刻本

《叶先生诗话》三卷，影写元陈仁子刊本，半叶十行，行十七字。标题《叶先生诗话》卷上，下列“石林叶梦得少蕴述”一行，又“古迂陈仁子同備校正”一行。中、下卷同。余钞自常熟铁琴铜剑楼，其原本亦出影抄，非刻本也。明以来刻，有锡山华理重刻宋左圭《百川学海》本、常熟毛晋《津逮秘书》本、乾隆中何文焕刻《历代诗话》本，均作三卷。毛刻卷中“王荆公编《百家唐诗选》”一条，与上“姑苏城外寒山寺”一条，误合为一。卷下“七言虽于气象雄浑”一条，与上“诗语固忌用巧太过”一条，亦误合为一。族祖调笙公校刻此书，已经厘正。按之此本，此二条并未误合。而《百川学海》其前一条亦误合，后一条则不误。是此本不独胜于毛刻，而亦胜于左本也。陈仁子，茶陵人，大德己亥三年刻有《六臣注文选》，前题“茶陵东山古迂书院又刻”。《文选补遗》目录后，有“茶陵东山书院刊行”木记，盖即一人也。此书世鲜传本，余昔年校刊少保公遗书，以吴、楚遥隔，不及借校，今年钞得，当摹刊以传之。

石林诗话校记明黑口本，与毛晋汲古阁刻本异同，校于百川学海本上

明刻黑口本，半叶十行，行二十字。乃总刻《诗话》中之一种。首行标题云《诗话》。卷九下旁注云：“即《石林》。”次行“叶少蕴”三字。以毛氏汲古阁刻本相校，字句多相同，似即毛本所从出。版心上下皆黑口，中有“诗话卷九”四字，不知共有若

干种？此其中之第九卷也。

卷上："赵清献公"条："以清德伏一世"，毛本、黑口本"伏"作"服"。"刘贡父天资滑稽"条："荆公后当国"，黑口本"后"作"复"；"元丰末为京东"，毛本、黑口本"京东"作"东京"。或谓毛本、黑口本无此二字。"又有续谢师厚善谑译"，黑口本作"又有续陈谢师厚善谑译"。"欧阳文忠公"条："今浙人食河豚"，黑口本"浙"误"逝"；"至深春其类，稍流入于江"，毛本、黑口本"深春"作"春深"；"类"误"数"。"姑苏州学之南"条："傍有小山高下曲折"，黑口本"有"下有"一"字，"下"下无"曲"字；毛本无"一"字，亦无"曲"字。"王荆公晚年诗律尤精严"条："细考之，若经檃括权衡者"，毛本、黑口本"经"误"轻"；"后数月，复取本追改云"，黑口本"月"下有"日"字；疑误衍。"今集中两本并存"，毛本、黑口"今"上有"只"字。"蔡天启云"条："顷以语薛肇明"，黑口本此六字双行夹注。"欧阳文忠公诗"条："遂失于快直"，毛本、黑口本作"遂失真"。"许昌西湖"条："缘城而下"，毛本、黑口本"下"误"不"；"过寒新木便生烟"，毛本、黑口本"木"作"水"。"杜正献公"条："而以得其所为为幸"，毛本、黑口本作"而以得其为为所幸"。"元丰初，虏人来议地界"条："韩丞相汝玉"，毛本、黑口本"汝玉"作"名缜"；"遣兵为般家追送之"，毛本、黑口本作"遣兵马搬家追送之"。"神宗皇帝天性俭约"条："慈圣辇至"，毛本、黑口本"圣"作"寿"。"元丰间苏子瞻"条："且以丑言诋时相"，毛本、黑口本"丑"作"危"。"蜀人石翼"条：毛本、黑口本"石"并误"君"。"江干初雪图"条："韩师樸相"，黑口本"樸"误"朴"，下"樸"字同；"诸公之名宦"，黑口本"宦"误"官"。"韩持国虽刚果特立"条："绝出流辈"，黑口本“出”作“其”。“诗之用事”条：“忽惊岁在（己）〔巳〕辰年”，毛本、黑口本“在”误“月”；“亦或预为储畜”黑口本“畜”作“蓄”；“或言亦是平时所谓”，毛本、黑口本“谓”作“得”；“故不觉耳”，黑口本“耳”作“尔”。“世言社日治酒”条：“有月给内库酒”，黑口本“月”误“日”。“顷见晁无咎”条：“春波一眼去凫寒”，黑口本“眼”作“顷”。“王荆公诗”条：“不顾荣宦尊”，毛本、黑口本“宦”误“官”；“涧谷永不缓”，黑口本“缓”作“谖”；是。“山梁冀无累”，毛本、黑口本作“山川景梁冀”。非。

卷中：“杨大年”条：“眼见愚民盗一抔”，黑口本“抔”作“坏”，下并同。“李鹰阳翟人”条：“以观多士”，毛本、黑口本“观”作“魁”。“刘季孙平之子”条：“四海共知霜鬓满”，毛本、黑口本作“霜满鬓”；“盖记此也”，黑口本无“也”字。“古诗有离合体”条：“始于孔北海”，黑口本无此句；“余读类文”，黑口本作“文类”；“吕公饑钓”，毛本、黑口本“饑”作“飢”；“阖口渭旁”，毛本、黑口本“渭”作“谓”；“每章四句”，黑口本无“章”字。“王荆公少以意气自许”条：“虽工拙有定限”，毛本、黑口本“有”作“之”；“虽此公”，毛本、黑口本无“此”字；“而遽至也”，黑口本“至”下有“此”字。“杜牧诗”条：“遇赦牵复知虔州”，黑口本“牵”作“幸”，毛本、黑口本“虔”作“處”。“诗人以一字为工”条：“模放用之”，黑口本“放”作“故”；“言中其节”，毛本、黑口本作“言其中节”。“读古人诗”条：“莫彼我为辨耳”，毛本、黑口本“辨”作“辩”。“庆历八年”条：“王则叛贝州”，毛本、黑口本“贝州”作“真定”。“元丰间尝久旱不雨”条：“良弼为霖辜宿望”，毛本、黑口本作“良弼为辜霖雨望”；“押纲”，毛本、黑口本“押”作“神”。“荆公诗用法甚严”条：“尝有人面称公”，毛本、黑口本“面称公”作“向公称”；“但嫌尸祝扰庚桑”，黑口本“尸”作“户”；“盖以十日数之也”，毛本、黑口本“日”作“千”。“舊中书南厅壁间”条：“舊”字，毛本、黑口本并误“焦”；“抱瓮区区老此身”，毛本、黑口本“此”作“自”。“张景修字敏叔”条：“神宗已升遐，亦命矣”，毛本、黑口本“亦”下有“云”字。“常侍制秩”条：“秩已来”，毛本、黑口本“来”作“衰”。是。“余居吴下”条：“籧篨风急滞扁舟”，黑口本“籧”作“蘧”。“元祐初，驾幸太学”条：“映月深衣不乱行”，毛本、黑口本“衣”误作“花”。“高丽自太宗后”条：“祈生中国”，黑口本“生”误作“主”；“移身忽到中华里”，毛本、黑口本“里”作“地”；“可惜中宵漏滴残”，毛本、黑口本“宵”作“霄”；“不过月许月即遣发”，黑口本“许”作“计”；是。“及上池”，毛本、黑口本作“及上已”；“此唐古物”，毛本、黑口本“唐”作“实”；“自书一诗相示”，黑口本“示”作“别”。“池塘生春草”条：“而思苦言难”，毛本、黑口本“言难”作“难言”。“唐诗僧”条：“捃掇摸㑊”，毛本、黑口本“㑊”作“倣”。“姑苏城外寒山寺”条，“王荆公编《百家诗选》”条，毛本、黑口本两条相连为一条。“京师职事官”条：“幸尚书省回，尝特临幸”，毛本、黑口本无“回尝特临幸”五字。“俞紫芝字秀老”条：“其一有云，客梦超然世”，毛本、黑口本作“其一云，有客梦超俗”。

卷下：“姑苏南园”条：“最为上”，毛本、黑口本“上”作“工”；“至和嘉祐间”，“未几诗传”，毛本、黑口本“诗”误“时”；“因造为醜语”，毛本、黑口本“醜”误“配”。“张先郎中”条：“识者皆为恨云”，毛本、黑口本“皆”下有“以”字。“音魏间诗”条：“夫不终朝而雨六合者”，毛本、黑口本“夫”

作“天”。“诗语固忌用巧太过”一条：“鱼常上浮”，毛本“上”误作“一”。黑口本不误，刻板“上”字之半“⺊”字烂缺，存下一横画，毛遂误以为“一”。可见毛本从此本出。“七言难于气象雄浑”条：毛本、黑口本连上“诗语固忌用巧太过”为一条；“语远而大体也”，毛本、黑口本“大体”作“体大”。“元丰既行官制”条：“既以董正治官”，黑口本“董正”二字挤一格写，盖先脱后补改者；“不得不正其名分于始”，毛本、黑口本“名”误作“方”。“旧说徐敬业败”条：“则世哀之”，黑口本“哀”误“衰”；“惟破题”，毛本、黑口本无“破”字；“门听浙江潮”，毛本、黑口本“浙”作“淛”。“晋魏间人诗”条：“如侍宴从军之类”，毛本、黑口本“侍”误“待”；“载其百诗一编”，毛本、黑口本“百”下有“一”字；是。“何足概其心哉”，毛本、黑口本“概”作“累”。“（稽）〔嵇〕康幽愤诗”条：“而委折于司马氏”，毛本、黑口本“折”作“身”；“独非混中乎”，黑口本并格写作“独非裩中乎”；“概以为（稽）〔嵇〕阮”，毛本、黑口本“概”误作“盖”。“王介字中甫”条：“与王荆公游甚款”；毛本、黑口本“款”下有“曲”字；“草庐三顾动幽蛰”，毛本、黑口本“动”作“勤”。“韩魏公初镇定武时”条：“天下为任”，毛本、黑口本“为”下有“己”字；“御事不惮勤劳”，毛本、黑口本“御”作“遇”。

石林诗话三卷 钞本

此《百川学海》中之一种。余正校刊《诗话》，从江阴缪小山先生所藏华氏活字本钞之，行格、版式，均仍活字版之旧。考宋本《百川学海》，每半叶十四行，每行二十八字。明弘治辛酉，钱福序刻本重编，分十帙，以十干纪帙数，每半叶十二行，每行二十字，余所据刻者也。此本亦半叶十二行，每行二十字，其字句与钱本同。如卷一第一条“赵清献公以清德伏一世”云云，毛晋刻《津逮秘书》本、何文焕《历代诗话》本、宋胡仔《渔隐丛话》，“伏”均作“服”，惟此与钱本作“伏”。如此类者，不可枚举。疑必同据宋本重刻，惜不得宋本以证之。华氏活字本，印书极多，余所见皆在弘治时代，与钱氏同时。而自来藏书家目录，皆不知华氏有此书，亦可异已。余刊《石林遗书》，借校借抄，皆得先生之助。先生固今之有心人也。

宣统元年四月佛生前四日，叶德辉记。

书首朱笔字一行，及书中朱笔校改误字，缪先生所书也。空白处补以朱笔字，则余书也。

同日又记。

批本随园诗话

是书出随园先生，底蕴泄尽矣。古来名士，如画饼充饥，原不能事事绳之以正谊。况随园先生文采风流，照耀当世。兼之少年科第，生际盛明。文藻江山，恰有斯人承乏其际。故能凭借诗文之力，广通声气，罗致束脩，亦境地使之然也。先生平生乐善爱才，宏奖后进。士之得其延誉者，大而成名，细而谋食。缟纻盈于海内，车辖投于井中。百年以来，再无一人继起。则虽小德出入，固有不可厚非者矣。纯庙倦勤，和珅秉国，今之仰望，以为名臣巨卿、端人正士者，当时无一不出其门。势之所趋，如明张文忠之结交冯保，李文正之周（旅）〔旋〕刘瑾，欲得行其志，有不得不委曲从人者。特阔达爱士如毕制军，宽厚容物如尹文端，滑稽玩世如纪文达，仕宦速化如阮文达，人不之觉耳。求如钱南园通政之侃侃立朝，不避权贵，有几人哉！是书于同时诸人行径，直言不讳，其情形皆得自目睹。如照胆之镜，燃渚之犀，本其偶尔闲评，不料竟尔流播，诚同时诸人之不幸矣。

随园琐记二卷

《随园琐记》二卷，袁祖志撰。随园先生，一代文宗，生值国家全盛之时。少年科第，文采倾动一时。虽早岁投簪，而声气广通，不免蹈充隐之诮。其时蒋苕生、赵瓯北、孙渊如诸君，皆其提奖之人，终不无私议其后。苕生作传奇，借陈眉公以相讽。况瓯北戏作檄文声讨，几乎不留馀地。渊如因辨论考据之学，书翰往来，语多不逊。观先生答书，亦有“前贤畏后生”之意矣。然耆年硕学，主坛坫五十年。兼之一家福寿团圞，极人生之五福。而园林清禄，尤为古今文士所罕能兼全。此则列史以来第一人，诚不知几生修到，始有此遭遇也。

是书为先生文孙翔甫先生所记录，承平盛事，历历如在目前。为之子孙者，身历沧桑，自有无穷之感喟。而在读者，如览《洛阳名园记》，天地逆旅，兴废亦属寻常。况先生存日，尝云身后得保此园三十年，如愿已足。乃已过五十年，始遭粤匪之劫，是先生在天之灵，可以无憾矣。翔甫，贤子孙，时存恢复园林之志。顾力有未逮，则编撰斯《记》，以留当日之真形，斯固有非他人所详悉者。兰亭已矣，梓泽丘墟，岂非古今同一慨叹哉！

修辞鉴衡二卷影写元至顺四年刻本

元王构《修辞鉴衡》二卷，《四库全书提要》集部诗文评类著录本云："上卷佚其第五叶，序文仅存末叶，中亦时多缺字。"黄丕烈《士礼居藏书题跋记》有"旧钞本，无缺叶"。其书后归湖州陆氏皕宋楼。陆氏后人，尽以藏书售于日本，今不可复见矣。此影写元至顺四年集庆路学刻本，全书无缺叶，末叶损破，缺九字。上卷原缺八处，凡九字。下卷原缺亦八处，凡十一字。多可取原引书补之。至其中讹误，亦正不少。如上卷一叶"累举数事"，"数"误"教"。未改。五叶"诗取平淡"，"淡"误"谈"。未改。九叶"谓之颈联"，"颈"误"景"。未改。十叶"圆荷浮小叶"，"荷"误"何"。已改。十一叶"牵率排比处"，"率"误"牵"。已改。十三叶"待伴"，"待"误"持"。已改。十八叶"山虚鐘响彻"，"鐘"误"鍾"。未改。二十一叶"蒹葭诗"，"蒹"误"兼"。未改。二十八叶"翰林供奉"，"奉"误"拳"。已改。二十九叶"及云退朝花底散"，"云"误"矣"。未改。三十叶"吴楚东南坼"，"坼"误"拆"。未改。此字"坼""拆"皆不能定。三十三叶"郊、岛孰贫"，"孰"误"熟"。已改。下卷四叶"豐不馀一言"，"豐"误"豊"。已改。五叶"简易如天地"，"天"下脱"地"字。未补。六叶"汉高祖纪诏令"，"诏"误"绍"。已改。十一叶"韦氏子弟"，"弟"误"第"。已改。十二叶"终为人之臣仆"，"仆"误"朴"。已改。十六叶"文章盖自建安以来"，"自"误"此"。未改。十七叶"此亦倒法也，亦倒法也"，二"倒"字均误作"例"。已改。凡十九处，亦可取原引书改之。此可见初刻是书，亦甚草草也。《提要》云："书中所引诗文，发源《诗宪》、蒲氏《漫斋录》，今皆亡佚不传，赖此书存其一二。又世传《吕氏童蒙训》，非其全（佚）〔帙〕。此书所采，凡三十一条，皆今本所未载。”

然则，此书非仅论诗论文，沾溉后学。而宋人不传之书，亦借以存留，是固不可不亟为传录者也。浙中天一阁书散出，余从坊友杨来青阁借钞之，凡半月而钞毕，时丙辰十二月小除夕也。此半月中，十日严寒冰雪，墨池冻合，以炉火炙砚，笔又坚腹。惟末后五日，天气晴和，差不窘手耳。故老云，此二十年来未见之光景。以余验之，殆亦北京近四五年所未有。然卒能写毕，字画间不见有冻墨痕，亦可知余钞书之乐矣。

郎园叶德辉记。

文断二册明刻本

此《文断》二册，《四库全书总目》诗文评类存目，无卷数，《提要》云：“不著撰人名氏。皆采掇前文论文之语，抄录而成。”余按阮元编《天一阁书目》集部类，有《文断》一卷，云“明洪武庚申，唐之淳著”。又载之淳自序。《四库》云“不著撰人名氏”者，殆未见序而云然。此册前后，亦无序跋，共计九十九叶，实一卷也。字体极精，犹是明刻中善本。作者援引，亦甚该洽，在明人书中，可谓有体要者矣。

光绪廿二年丙申岁新正廿八日，丽楼主人叶德辉记。

清真词二卷、补遗一卷光绪庚子郑文焯校刻本

此《清真词》二卷，《补遗》一卷，光绪庚子，郑文焯校刻本。镂版精工，酷似宋巾箱善本。每半叶九行，行十七字。以世

传汲古阁刻《六十家词》中《片玉词》，毛晋多所窜改，因据明影元钞本，及宋、元人各家词选，如《花庵词选》、《阳春白雪》、《乐府雅词》、《草堂诗馀》，暨其他书所引，择善而从，为之订正。校语拈二字、三字，或全句，附本词后。不似前人刻书，校录异同，注本句之下，以致隔断语气，诚善法也。明影元抄本，为桂林王幼霞侍御鹏运所藏，于光绪丙申模印行世。然原本究属抄本，不免传写之讹。经此番考订，庶为完璧。

文焯，字叔问，号小坡，晚号大鹤山人。光绪乙亥举人，英兰坡尚书桂之子，本姓郑。山东驻防汉军，去姓以名称。文焯仍复姓，久居苏抚幕，不乐仕进，工于填词。当光绪中叶，海内以词名家者三人：桂林王侍御，长沙张雨珊观察祖同，及文焯也。于时，吾县王湘绮检讨闿运、仁和朱古微侍郎祖谋，皆擅长，一为老宿，一为达官，时论罕及之。今海内亦惟存此三人矣。此吾同年友、武陵陈伯弢大令锐所赠。大令亦于此功力甚深，尤服膺文焯云。

光绪戊申八月中秋，德辉记。

余于丙辰还苏，询叔问踪迹，知在上海鬻画。戊午，于旧书肆中遇之，始订交焉，自是过从颇密。旋于九月闻其凶耗，身后遗宅待鬻，所藏书籍、金石拓本，尽为估人贩去。其遗集，版亦售归苏城某书肆，余为之序，汇印行世。文章憎命，其传不传，听之后世矣。

辛酉二月春分，德辉再记。

辛稼轩长短句十二卷 厉樊榭先生手书本

辛稼轩词，宋时有二本。陈振孙《直斋书录解题》著录为“四卷本”。又云：“信州本十二卷，视长沙本为多。”然则《直斋》著录之四卷本，当是长沙本。明毛晋汲古阁刻《宋六十家词》中，有《辛稼轩长短句》四卷，后跋不言出自何本。而目录注原本十二卷，则是信州本矣。《宋史·艺文志》云：“十二卷，必据信州本入载。”明嘉靖丙（甲）〔申〕王诏所刊，及近时桂林王氏四印斋、重刊元大德信州书院本，皆此本也。黄丕烈《士礼居题跋记》有元本十二卷，今归聊城杨氏海源阁，桂林王氏假以重刊。王跋谓“毛氏汲古阁本之四卷，即十二卷之合并”，是固然矣，特未考原目当时已注明耳。士礼居又有校元本，即以信州本校于王诏本之上，其本亦归聊城杨氏。《黄跋》云：“卷十《为人庆八十席上戏作》有云：‘人间八十最风流，长贴在儿儿额上。’校者云下‘儿’字当作‘孙’。顾涧蘋以为‘儿儿’或是奴家之称。二语之意，以‘八’字作‘眉’字解。如此，则改‘儿’为‘孙’，岂不可笑？”

今按毛晋、王诏两刻，皆已改“儿”为“孙”。可见通人难遇，古今同慨。此本八卷，为厉樊榭征君鹗手钞真迹，卷数校毛本为多，较信州为少。而词则无所缺佚，“儿儿”未改“儿孙”，知所据必是善本。全谢山撰征君墓碣，称其词“深入南宋诸家之胜”。王述庵《蒲褐山房诗话》称其词“直接碧山、玉田”。今观此册，知征君用力之勤，嗜书之笃。宜其与朱竹垞并为浙西一代词宗，岂仅书法古拙，足供清玩已哉。

光绪丙午夏六月初又日，叶德辉识。

玉笥山人词集一卷 明文端淑女史手钞本

右《玉笥山人词集》下注云：“一名《花外集》。”前有“玉磬山房”白文长印。玉磬山房者，明文衡山徵明斋名也，先生书画墨迹，多用此印。则是明抄本矣。后有“鲍氏正本”四字朱文印，“知不足斋”四字白文印，则又鲍刻《丛书》所自出矣。又首叶有“石研斋秦氏”六字[①]朱文印，尾叶有“秦伯敦父”四字、“秦印恩复”四字两白文印，则又展转藏于江都秦氏矣。首叶又有“金石录十卷人家”七字朱文印。按：韩泰华小亭《无事为福斋随笔》云：“《金石录》，阮文达有宋槧十卷，余得之，刻‘金石录十卷人家’小印。”则此又为钱唐韩氏物。自后，则不知转徙几人，至厂肆而乃为余得也。鲍刻标题云《花外集》，小注一名《碧山乐府》，与此不同。其结衔称“玉笥山人王沂孙”，此本作“山阴王沂孙碧山父著”，亦迥然各别。

鲍刻《天香》咏龙涎香“泛远槎风”，此本“泛”作“讯”。《露华》咏碧桃“风霜峭”，此本“峭”作“悄”。《声声慢》咏催雪“风声从臾”，此本作“怂恿”。“羔酒镕脂”，此本“镕”作“溶”。《高阳台》咏纸被“笑他欠此清缘”，此本作“情缘”。《无闷》咏雪意“怅短景无多此”，此本“怅”作“恨”。《绮罗香》咏红叶“冷枚留醉舞”，此本“留”作“流”。《齐天乐》第二首：咏蝉“悄骮骮昼眠惊起”，此本“起”作“睡”。第五首“四明别友，离情几番凄婉”，此本作“凄惋”。“算何如，趁取凉生”，此本作“趁耳”。《一萼红》第二首：丙午春，赤城山中题“花光卷

①“六字”，印文为五字，所记有误。或为“石研斋秦氏印”。

半枝空色”，此本作“寒色”。“冰粟微消”，此本作“冰肌”。“未许讶东南倦客”，此本作“未须讶”。“又重看”，此本作“又重见”。第四首：咏红梅“金尊易注”，此本“注”作“泣”。《三株媚》第一首：《次周公谨故京送别韵》“彩袖乌纱”，此本作“丝袖”。“断歌幽婉”，此本作“幽怨”。第二首：咏樱桃“红缨悬翠葆”，注云：别本作“红樱”，此本正作“红樱”。“贮满筠笼”，注云：别本作“赠满筠笼”，此本正作“赠”。《庆清明》咏榴花“枝头色比舞裙同”，此本“舞”作“似”。《高阳台》第一首：“残萼梅酸”，此本作“萼浅梅酸”。《扫花游》第三首：咏绿阴“念昔日采香，今更何许”，此本“今”作“人”。“正好微曛院宇”此本“曛”作“薰”。《八六子》“渐薄润侵衣不断”，此本“润”作“涧”。“谩淡却蛾眉，晨妆慵扫”，此本作“谩忘却”。又“蛾眉晨妆慵扫”六字空白。“绣屏鸾破”，注“《词谱》‘绣屏’作‘绡屏’，此本正作‘绡屏’”。《望梅》小注云“一名《解连环》”，此本只题《望梅》，无“一名”注。“昼间人寂”注：梅苑“昼间”作“昼阑”，此本正作“昼阑”。《踏莎行·题草窗词卷》“断歌人听知音少”，注云：别本“人听”作“重恨”，此本正作“重恨”。“几番幽梦欲回时，旧家池馆生青草”，注云：别本作“沉沉幽梦小池荒，依依芳意闲窗悄”，此本正与别本合。“风月交游”，此本作“风日”。“空留离恨满江南”，此本作“遗恨”。“相思一夜蘋花老”，此本作“蕡花”。凡若此者，多以此本为优，而鲍本为绌。如《天香》“讯远槎风”与“梦深薇露”，对语也。若如鲍刻作“泛远作风”，不独格律不合，语亦木强矣。《八六子》“渐薄涧侵衣不断”，《玉篇》：“涧，水盈貌。”本词首句云：“扫芳林几番风雨。”故下句以水盈承接。鲍刻以习见之“薄润”字易之，失词旨矣。此皆鲍刻之臆为窜易，不可据也。

至二本篇第之异，鲍本自十九叶以下《补遗》，有《醉蓬莱》、《法曲献仙音》、《醉落魄》、《长亭怨》、《西江月》、《踏莎行》、《淡柳黄》七首，注云“见《绝妙好词》”。有《望梅》一首，注云“见《花草粹编》”。有《金盏子》、《更漏子》各一首，《锦堂春》两首，《如梦令》、《青房并蒂莲》各一首，注云“见《阳春白雪》”。而此本原有《踏莎行》、《望梅》二首，不知鲍刻何以攙入《补遗》。其《西江月》、《法曲献仙音》、《醉蓬莱》、《长亭怨》四首，此本亦补录。书之上方《庆宫春》一首，鲍刻文全，此本有题无词，而上方亦一并采录。而《西江月》后，有《一斛珠》一首，则又鲍刻所无。岂鲍氏刻此书时，颇有出入耶？若此本旁注，“一本作某者”，胪载颇多，往往与鲍刻引“一本者”不合。且较鲍刻所引亦加详，审其字迹，盖石研斋主人笔，他人亦无此博洽也。近桂林王氏重刊鲍本，杂引戈顺卿校勘，列于逐句之下，亦不及此校之赅备云。

光绪壬辰九月二十一日，长沙叶德辉跋。

钱遵王《读书敏求记》卷一，《金石录》三十卷云：“昔者，吾友冯砚祥，有不全宋椠本，刻一图记曰‘金石录十卷人家’。长笺短札，帖尾书头，每每用之，亦艺林中美谈也。”按此事在韩小亭以前。此书卷首印记，盖冯氏旧藏耳。

乙巳立秋，德辉再记。

此明文淑手钞本也。文淑，字端容，为衡山之曾女孙。祖嘉，字休承，衡山仲子，世称文水道人。父从简，字彦可，又号枕烟老人。三世皆以书画名后。适赵宧光凡夫子灵均为妇，事迹见钱牧翁《列朝诗集·小传》、《初学集》及鲁骏《画人姓氏录》。姜绍书《无声诗史》以为衡山孙女者，误也。曩读孙庆曾《藏书纪要》论钞录本，盛称文待诏、文三桥、赵凡夫钞本之精，恒以未得一见为恨。壬辰三月，寓都门，从厂肆购得此本，去价银四金。喜其字迹有待诏家风，又见首有“玉磬山房”印，固知其为文钞本，惊喜出望外，然不知为端容手钞物也。近见文淑《墨竹》一帧，傍题款字，与此绝似。再三比证，乃知此本，即出端容手钞。谛视笔致，字秀而腕弱，亦确是女郎手笔。然则此书，又文钞中之无上品矣。据“玉磬山房”印，是未适赵时，在闺中之作。一门韵事，照耀词林。而又佳耦天成，同以书画名海内，且同以藏书名海内。方之易安之于德父，有兰闺唱随之乐，无流离颠沛之苦。女子遭遇，固亦有幸、有不幸耶?

甲午嘉平腊八日，丽楼主人再跋。

乔叶贞蕤绝世姿，生来娇小爱临池。衡山山水三桥印，鼎足兰闺一卷词。“乔叶贞蕤”，端容印文也。又有“兰闺”二字朱文印，见书画真迹。

玉磬山房小宛堂，两家卷轴列琳琅。绛云一炬云烟散，从此寒山富秘藏。赵凡夫珍藏印文曰“小宛堂”。此书又经绛云楼藏过。

巨集都推鲍本精，一经改窜欠分明。不从星宿探源过，谁信黄河澈底清。鲍本、《知不足斋》本，即从此出，书中改窜处最多。

朱印累累押角多，兴衰阅尽似恒河。何年更别郎园去，一卷黄庭写换鹅。

乙未季春月展上巳日，检阅此书，复题四绝句于后。丽楼漫记。

山中白云词八卷乾隆元年赵昱印曹氏本

宋张炎《山中白云词》八卷，曹氏重刻龚翔麟本，版心下原有"城书室"三字，此即原版，而无此三字。盖版展转易主，久已剜去也。今版又归（熟）〔常〕熟坊估，鲍氏知不足斋。余取曹刻初印本较之，却无差异。惟厂甸书友，有曲阜孔昭任家钞本，系据龚本移钞，而前有厉鹗、赵信（三）〔二〕人序，而无杜诏一序。乃知龚版，乾隆中尚在赵昱家。不知赵印，何以亦复稀见。此本虽出曹氏重刻，取校孔钞本，实同出一源，盖亦至难得者。惟曹氏原印，后附《乐府指迷》，此本已失。殆（于）〔兵〕燹之后，有所散佚欤？厉序，考炎世系至详；赵信序，则于佚事佚诗颇有搜采。是皆足补此本诸序之缺，故属钞胥录存（兵）〔于〕首云。

光绪庚寅，闰花朝记。

又一部乾隆辛未扬州汪氏刻本

《山中白云》，余所藏者，乾隆时仁和赵氏印。上海曹刻，版心有"城书室"三字。版归赵氏，遂去此三字。继有桂林王氏四印斋刻《双白词》本，因与妻《白石词》合刻，谓之《双白》。版心总题曰"双白"，而以"白云、白石"旁注，殊为臆造。且所据此词本，系传钞不全者。后得曹本续刻，名曰《补遗》，并失原卷之旧次，非善本也。此为乾隆辛未，扬州汪氏据龚、曹两刻校刻本，行字精神爽朗，视两刻过之。自来藏书，珍尚宋、元旧钞，似此精刻，对之使明目怡神，是亦何让天水旧椠耶？

光绪乙未仲春，春分前一日记。

又一部 雍正四(道)〔年〕上海曹氏刻本

《山中白云词》，康熙中有钱唐龚翔麟刻本，源出朱竹垞太史彝尊曝书亭抄本，即明初陶南村所传、三百馀阕之足本也。其书印行不多，故世罕传本。雍正四年，上海曹炳曾据以重刊，版心下有“城书室”三字，即此本也。乾隆时，其版售之仁和赵氏，去版心“城书室”三字印行，亦不多见。光绪庚寅，余获之京师

厂肆，印已在后，行字间有损缺。乾隆辛未，扬州汪中曾据龚、曹两本校刻，行字甚精，而亦少见。故近日桂林王氏四印斋刻《双白词》，乃先得节钞本，后得曹刻本，始刻全。其书之难遇，有如此者。此为曹刻初印，卷四前七叶，火毁其半，余据赵氏印本影钞补之。全书有圈点，以牙刻印之，较之朱墨涂抹，尚不刺目。虽无佳人黥面之恨，然寿阳点额，不如虢国扫眉之倾城绝世也。

壬子小满记。

湘雨楼词三卷、步清真词一卷、湘弦离恨谱一卷 子仲卣刻本

填词而不辨字之阴阳，以求协乎律吕，此只谓之长短句，不得谓之词也。近日吾湘词人，以余所交者，如巴陵杜仲丹孝廉贵墀、龙阳易实父观察顺鼎、同年武陵陈伯弢大令锐，皆其首屈一指者也。三子行辈稍后，其先老宿，则王湘绮侍读闿运、张雨珊观察祖同。二老于词，用力至深。侍读力追北宋，观察则学白石、

白云，以视三子者，固高出一头。然侍读，尚不如观察审音定律之精密也。仲丹学者，实父才人，出其绪馀，不愧作手。伯弢诗词，传侍读衣钵，而词则拔帜立帜，脱屣师门。海内词家，如桂林王幼霞侍御鹏运、汉军郑小坡孝廉文焯、仁和朱古微侍郎祖谋，共相推许于伯弢者甚至。然亦不如观察之精微高洁，秀出一时。

余不工词，观察每过余斋，借检《钦定词谱》、《御撰历代诗馀》等书，一字推敲，至数易其稿而未定，今词中所缺字是也。余偶有商榷，从善如流。尝谓余“惜不爱填词，填词必是高手”。又尝谓“余不通小学，不能考定字音。子固深于小学者，一入门则得捷径，胜于他人黑夜行路也”。余固心知其意，雅不愿为此琐琐者。一日，送山阴俞廙轩中丞廉三解组去官，公饯于濯锦坊贾傅祠。同人皆以诗文相赠，观察出《大江东去》词一首见示，曰：“子试阅之，此词以何句为余得意处。”余曰：“词中以‘贾傅祠前闻太息，此意苍生能说’二句为最佳，是得意处否?”观察大笑曰：“此清冷处，人或不措意，子独知之。余向谓子如填词，必超出时流。同时作者，皆当退避三舍，即此可断也。”

观察归道山已廿年，世兄仲卣（太）〔大〕令刻其词稿，以一册见贻。读集中诸词，多太平游宴、赠答友朋之作。忽经世变，使观察犹健在，则视白石、白云遭遇相似。其词必更有进者，岂仅学得其神髓已乎。

乙丑暮春清明后一日。

词源二卷 嘉庆庚午秦恩复刻本

宋张炎撰《词源》二卷，上卷详论律吕声调之原委，凡十四目；下卷论填词之法，凡十五目。元、明以来，藏书家均未著录。

明陈继儒《秘笈》刻半卷，误为《乐府指迷》。又以陆辅之《词旨》为《乐府指迷》下卷，承讹袭谬，致本书淹没不传。故乾隆时，纂修《四库全书》，外间无人采进。嘉庆中，阮文达元抚浙时，得元人旧抄本，影写进呈，语详《揅经室外集》。此秦恩复嘉庆庚午所刻，即其本也。后道光戊子，秦氏得戈顺卿载校本，再改元体字付刻。后跋谓“前刻卤莽，几误古人，以误后学，因重付梓人”云云。今后刻本行，而前刻本几晦。余求之屡年，不获。忽于旧书肆中遇之，因购归插架。暇时拟取两刻互校，以定其得失云。

己酉伏末日，德辉记。

草堂诗馀四卷 明汲古阁刊本

此书为上海顾子汝以家藏宋本重刻，毛晋汲古阁又重刻之。原刻，前嘉靖庚戌，何良俊序，起首一行云：“顾子汝所刻《草堂诗馀》成，问序于东海何良俊。何良俊曰。”凡二十二字。而后下接“夫诗馀者”句。又末后一段“要皆不出此编矣”下有云“顾子，上海名家。家富诗书，代传礼乐。尊公东川先生，博物洽闻，著称朝列。诸子清修好学，绰有门风。故伯、叔并以能书，供奉清朝。仲、季，将渐以贤科起矣。是编乃其家藏宋刻本，比世所行本多七十馀调，是不可以不传。今圣天子建中兴之治，文章之盛，几与两汉同风。独声律之学，识者不无歉焉。然则，是编于声律家，其可少哉。他日天翊昌运，笃生异人，为圣天子制功成之乐”。凡一百四十三字。下接“上探元声”句。今毛本全行删去，而于“探元声句”上增“有心者”三字，几不知原刻出自顾氏。毛氏刻书谬妄，其不足取信如此。

又原刻每卷首行题"类编草堂诗馀"，下列"武陵逸史编次，开云山农校正"二行。毛刻删去"类编"二字，下列二行云"武陵逸史编，隐湖小隐订"。隐湖，即毛晋别号。窜改前人之序，没其校刊之功。又窜取人之姓名，易以己之别名，殊为好名之过。且原刻各词后，多列宋人说部、诗话，如《苕溪渔隐丛话》、《温叟诗话》、《雪浪斋日记》、《玉林词选》即《花词选庵》[1] 等书，取证本事。虽出顾氏增注，究不可没其苦心。今毛刻一概删除，亦殊可惜。惟其于各词，一依宋刻，未尝如刻他书之妄肆纷更。是虽非顾刻之庐山，尚不失旧本之原例，是固不可末杀其校勘之功矣。

光绪乙巳，小暑后二日题记。

吴山三妇合评还魂记二册明刻精印本

此吴仪一《吴山三妇人所评还魂记》真迹，全书字细如发如丝，不可细辨。眉头下脚，空白行间，无一处无字迹。其书为明刻初印本，书中图绘极精。前清远道人序，后有"拙娱田舍"四字白文方印，"林间外学"四字白文方印。记目下有"看书眼如月"五字朱文长方印。末后有"程大家名琼英字庄叔"九字朱文方印，又有"闺友号曰二可夫人"八字朱文方印。卷上大题下，有朱笔小字二行，一行云"黄山陈同次令评点"，一行云"古荡钱宜在中参评"。下有"女士陈庄"四字白文小方印，"小字端叔"四字朱文小方印。第二出标目下有"程琼"二字白文方印，"转华"二字朱文方印。第三出标目下有"水面风回"四字白文长方印。第四出印同。第五出、第六出标目下有"闺门秀才"四字朱

①《花词选庵》误，应为《花庵词选》，见《四库全书总目提要》。

文方印，“大心众生”四字白文方印。第七出标目下有“半生旅客”四字朱文方印，“吴鳏叟”三字白文方印。第八出标目下有“偏庵”二字朱文方印。第十出标目下有“弱翁”二字白文方印。卷下大题下有小字二行，一行云“清溪谈则守中评点”，一行云“古荡钱宜在中参评”。下有二印，同卷上。第三十二出标目下有“此意最佳君不会”七字朱文长方印。第五十五出标目下有“吴人”二字朱文联珠方印，“鳏叟”二字朱文联珠方印，均属小印。有“玉句词客”三白一朱方印，“三让王孙”三白一朱方印，亦属小印。卷尾有“玉句词客”四字朱文方印，“三让王孙”四字朱文方印，两印均大一寸六分，皆吴山印记也。陈、谈、钱，则其三妇也。书面有墨笔题字，曰“慈淑留评”。下注小字，曰“女蕙百拜记”。此则两闺秀母女所记。书中朱笔，出自三妇。墨笔，或有出此女士者。而字迹却无可分辨。记目书眉上，有朱笔小字一则云：“录批《牡丹亭》陈妇遗句，俾零膏剩馥，集香奁者，犹得采摭焉。‘也曾枯坐阅金经，不断无形为有形。及到悬崖方撒手，如何烦恼转婴宁。’‘屧子裁罗二寸馀，带貌折半里犹疏。情知难向黄泉走，好借天风得步虚。’‘家近西湖性爱山，欲游娘却骂痴顽。湖光山色常如此，人到幽扃更不还。’‘簇蝶临花绣作衣，年年不着待于归。那知着向泉台去，花不生香蝶不飞。’‘尽检箱奁付妹奴，独看明镜意迟留。算来此物须为殉，恐向人间复照愁。’‘爷娘莫为女伤情，姊妹仍悲墓草生。何似女身犹未嫁，一棺寒雨傍先茔。’‘看侬神欲与形离，小婢情多亦泪垂。金珥一双留作念，五年无日不相随。’‘口角涡斜痰满咽，涓涓情泪湿红缠。伤心赵嫂牵衿语，多半啼痕是隔年。’‘昔时闲论《牡丹亭》，残梦今知未易醒。自在一灵花月下，不须留影费丹青。’”

按：此为陈妇绝命词，凄怆哀痛，是亦有才而薄命者。书中三妇人，评点论文者多，注典者少。惟每出末，集唐诗句，载明撰人，为后来刻本所据。三妇，惟钱妇标明“钱曰”。记目尾书眉，又有朱笔小字一则，云“三妇所评，亦痴、亦黠、亦玄、亦禅，为孤冢埋香，戢身女手之卷，徒令后来人，呼陈姊、谈姊，魂魄亦能识。树边钱某，同是断肠人否也”。此与钱录“陈妇遗句”之笔，究不知出自何人。然皆有心人，亦伤心人也。吴仪一《陈同、谈则、钱宜事迹》，载吴振棫《杭郡诗续辑》，及孙以莹《湖墅诗钞》，今附于后，以备参证焉。

宣统三年八月念五日，记于长沙怡园寓舍之丽楼。时鄂中新军变据武昌之第七日，四郊多垒，弦诵依然。书生结习，真足为若辈（揶）〔揶〕揄矣。编氓叶德辉。

此书朱印累累，皆吴山印记。其书确为本人旧藏，朝夕披阅之本。然考三妇中之陈同，为吴山元聘室，何得于未适吴山之前，先评吴山之书。谈则为元配，钱宜为继室。以钱参评，谈则原评，却合情理。以钱参评，陈同原书，则似相隔。且其书，上卷为陈同评点，下卷为谈则评点。各分一卷，若似三妇相处一室者。而一阅上卷，一阅下卷，又似分派者，然亦无此评书之法。窃疑吴山好事，因前二妇故去，搜其遗箧，得此一书。而属人过录藏本之上，或即钱氏为之，亦未可知。然其印有“吴鳏叟”之称，则是钱宜亦久不在室。红颜薄命，有同慨焉。坊间又有《吴山三妇评点西厢记》，更不知何以聚评于一书，岂亦如是书之装点乎？手泽脂香，殊有芬芳悱恻之感。披读一过，不忍释手。

同日又记。

吴仪一，字瑹符，更字抒凫，又字吴山，别字吴人。钱唐布衣，有《吴山草堂诗集》十六卷。吴山，母张氏，妊十五月而生于钱唐之松盛里。五月能言，有术者曰："是子足心有文，左龙右虎，言早恐不寿。"因手摩其两足，不复言。九岁，遍《十三经》。毛稚黄为之语曰："吴氏四郎，视短心长。"以吴山行四，短视，故云。稍长，游三边十岳，足迹殆遍。然念母老，数千里外，岁必归省。后葬其母于青芝坞，墓左筑苦庵居之，号芝坞居士。生平于书，靡不读。高蛊上之志，名益重。所撰有《梦园别录》四百馀种，今已散佚。三妇皆能文，有合评汤若士《还魂记》行世。阮亭先生诗云："稗畦乐府紫珊诗，还有吴山绝妙词。此是西泠三子者，老夫无日不相思。"今《吴山草堂集》不可见，得所录《纳凉》二诗，则梁学士所藏卷子内。倡和之作，《凤梅》一首，《墙头杂钞》附刻者。《杭郡诗续辑》二。

谈则，字守中，适吴吴山。钱宜，字在中，吴吴山继室。守中称陈次令为陈姊，尝有诗题云："陈姊弥留时断句，口授妹书者。殁九年后，竹纸斜裂，止存后半。第一章首句，仅'北风吹梦'四字，末句'却如残醉欲醒时'七字。今补之云：'北风吹梦欲何之，帘幕重重只自垂。一缕病魂消未得，却如残醉欲醒时。'钱宜亦补为一绝云：'北风吹梦断还吹，一枕馀寒心自知。添得五更消渴甚，却如残醉欲醒时。'"《湖墅诗钞》。陶元藻《全浙诗话》五十一引。

陈同，字次令，钱唐人，吴吴山元聘室。次令与姑同名，故称同，吴山三妇人之一也。未婚而没，临终诗三首："簇蝶团花绣作衣，年年不着待于归。那知着向泉台去，花不生香蝶不飞。""耶娘莫为女伤情，姊嫁仍悲墓草生。何似女身离火宅，一棺寒雨傍先茔。""昔年闲论《牡丹亭》，残梦今知未易醒。自在一灵花月下，不须留影费丹青。"同上。

谈则，字守中，吴仪一室。诗一首：陈姊弥留时断句，口授妹书者。殁九年后，竹纸斜裂，止存后半。第一章首句"北风吹梦"四字，末句"却如残醉欲醒时"七字，今补之：北风吹梦欲何知，帘幕重重只自垂。一缕病魂消未得，却如残醉欲醒时。

钱宜，字在中，□□人，吴仪一继室。诗一首，补陈姊绝句：北风吹梦断还吹，一枕馀寒心自知。添得五更消渴甚，却如残醉欲醒时。以上均《杭郡诗续辑》四十一。

还魂记二卷明万历间臧在晋校刻本

明刻臧晋叔改订汤若士《还魂记》二卷，校玉茗堂原刻，删并存三十五折，皆于上阑标明。盖当时此曲盛行，伶人苦其繁，而晋叔改订者也。晋叔刻有《元人百种曲》，改北曲为南曲，颇为识者所讥。兹则本以南曲改之，尚能得其精要。前有万历戊子清远道人序，即若士别号。序文似于《四梦》中，先刻此一种。臧订于《虏谍》等折，早已删之，不待乾隆时进呈本始。然或谓此折，为金主完颜亮入寇事，有所忌讳。而在前明则无所讳，而亦删之者，盖此折，本为正脚消停地步，故以闲文间之。凡作曲，皆有此安排处，删本不过图速完局耳。臧刻《元曲百种》，在万历乙卯，后于此二十八年。一生结习，始终其事。金、元院本，明人杂曲，赖其一线之传，不可谓其于此道无功也。偶成绝句十六首，并书于后。

宣统三年辛亥上巳后一日，丽楼主人叶德辉记。

何处天生杜丽娘，为云为雨事荒唐。凭空造出鸳鸯簿，一阕词终一断肠。

人生那有梦醒时，梦里成婚却更奇。抛下生花一枝笔，牡丹亭下血如丝。

不能讲性只言情，情到真时死亦生。此是娲皇补天事，何关名士悦倾城。周亮工《因树屋书影》八云：“汤义仍《牡丹亭》剧初出，一前辈劝之曰：‘以子之才，何不讲学。’义仍曰：‘我固未尝不讲也，公所讲性，我所讲情。’颇见机锋。”

如此姻缘事果真，誓心都作梦中人。不须月下寻红线，只向泥犁一转轮。

春香亦是女昆仑，尚有红娘体格存。只恐春光虚掷去，一心心系后花园。《西厢记》之红娘、《还魂记》之春香、《义妖传》之青儿，忠于所事。余以为伊尹、周公一流人物，可以托孤寄命者。

臧生改谱订宫商，头白毛生刻木忙。争似吴山三妇女，深闺夜夜集三唐。《还魂记》刻本极多，余藏玉茗堂原刻《四梦传奇》本，毛晋汲古阁刻《六十种曲》本，清晖阁评点刻本，及此本。惟吴仪〔一〕《三妇人评》本，于每折集唐诗句，均注出人名，较他刻为有依据。

吴本曾藏卧雪园，蝇头蚊脚字如螈。玉台脂粉香犹涴，风雨谁招燕燕魂。吴仪〔一〕《三妇人评点》原本，曾藏吾县袁漱六太守芳瑛卧雪园，书壳破损，为脂粉污涴。上题“慈淑留览”四字，似闺中人笔迹。书中朱、墨评点，字细如发，笔弱如蚕。涂写盈行，多不可辨。惟每折中集唐诗句，以朱笔补注人名，觉极清朗。评语无甚精华，故传钞本大多删淯。

明月春风玉女祠，箫声潮影梦痕知。绿杨城郭清于昼，那有荒坟鬼唱诗。杜柳事，本托子虚。今扬州郭外，有杜丽娘墓，殆好事者抔土为之。流言不实，大都可笑如此。

院本流传入管弦，太平无事日中天。删除虏谍消烽燧，已在前明万历年。乾隆四十六年，进呈本中删《虏谍》一折，以其有金主完颜亮入寇事也。其实，臧本即无此折，进呈时何不录用其本？可见当时诸臣，识曲者少。

秀才终作状元郎，杂曲篇篇总滥觞。看画写真成习套，春灯梦里韦家娘。

传奇心事鬼神通，幻作灵签语自工。试问同宗汤太守，可寻快婿似乘龙。戴璐《藤阴杂记》五云："同年汤萼棠，将选知府，求签，得'君是山中万户侯，那知骑马胜骑牛。今朝马上看山色，始信骑牛得自由'。及选，得南安。同年饮饯，看演《杜宝劝农》，正吟此绝，杜乃南安太守也。后终南安守。

探花同宴曲江春，脚色人人赐出身。一霎俳优文格变，科名佳话说庚辰。钱泳《履园丛话》二十一云："乾隆庚辰一科，进士大半英年，京师好事者以其年貌，各派《牡丹亭》全本脚色，真堪发笑。如状元毕秋帆为花神，榜眼诸重光为陈最良，探花王梦楼为冥判，童梧冈侍郎为柳梦梅，宋小岩编修为杜丽娘，曹竹墟尚书为春香。同年中每呼宋为小姐，曹为春香。两公应声，以为常也。更有奇者，派南康谢中丞启昆为石道姑，汉阳萧侍郎芝为农夫。见二公者，无不失笑。"

玉茗才高只曲师，论文尚觉隔藩篱。如何评抹弇州集，撼树蚍蜉不自知。钱谦益《初学集》三十一《汤义仍先生文集》序云："义仍官留都，王弇州艳其名，先往造门。义仍不与相见，尽出其所评抹《弇州集》，散置几上。弇州信手翻阅，掩卷而去。弇州没，义仍之名益高。海内訾謷王、李者，无不望走临川。义仍自守，泊如也。"又《列朝诗集》丁集十二："若士于王元美文赋，标其用事出处，及增减汉史、唐诗字面，流传白下，使元美知之。元美曰：'汤生标涂吾文，异时当有标涂汤生者。'"余谓此犹元美谦词。若士擅长在曲，诗文多失之流荡，不足供人标涂。余藏有《玉茗堂诗文全集》，可复按也。

亦有虚名负史才，平生杂纂稿成堆。无憀拉入参军坐，迟与中男付劫灰。钱谦益《有学集》四十六跋《东都事略》云：“若士翻阅《宋史》，朱、墨涂乙，如老学究《兔园册子》，某传宜删，某传宜补，某人宜合某传，某某宜附某传。皆注目录之下，厘然可观。若士没，次子叔宁曰：‘此先人未成之书，须手自刊定。’不肯出示，识者恨之。今闻旧本在苕上潘昭度家。”又《列朝诗集》云：“义仍次子开义，好讲学，取义仍所成《紫箫记》残本，及词曲未行者，悉焚弃之。”王士祯《香祖笔记》十二云：“予最爱汤若士先生绝句‘清远楼中一觉眠，雨鸠风燕乍晴天。年来爱作团圞语，不见中男在眼前’。不减子由《彭城逍遥堂绝句》也。兴观群怨，当于此等处求之。”余按：《玉茗堂集》中，如此佳什，正复无多。

如花美眷红颜老，似水流年白日过。我亦寻春伤岁晚，艳情还比玉溪多。

遗趾谁寻玉茗堂，豕圈鸡栅半荒凉。惆思旧宅重新日，不见虞山陆上纲。《列朝诗集》二：“义仍所居玉茗堂，文史狼藉，宾朋杂坐，鸡埘豕圈，接迹庭户。萧闲咏歌，俯仰自得。”王士祯《居易录》二十四云：“汤若士先生玉茗堂，乱后久毁兵火。门人常熟陆轨次通判抚州，捐俸重新之。落成日，遍召太守以下诸同官，及郡中士大夫集堂中，令所携吴伶，合乐演《牡丹亭传奇》，竟夕而罢，自赋二诗纪事。一时江西传之，多属和者。”

续成七绝四（句）〔首〕

如市臣门如水心，臧汤交谊薄黄金。吕家改本饶人割，寄语宜伶莫浪吟。臧晋叔，与义仍本自交好。《玉茗堂诗集》四有送其《谪官归湖上》七古，首四句云：“君门如水亦如市，直为风骚能满纸。长卿曾误宋东邻，晋叔剧怜周小史。”观此，则义仍固引为同调也。又《玉茗堂尺牍》云《与宜伶罗章二》云：“章二等安否？近来生理如何？《牡丹亭记》要依我原本。其吕家改的，切不可从。虽是增减一二字，以便俗唱，与我原做的意趣大不同了。往人家搬演，俱宜守分。莫因人家爱我的戏，便过求他酒食钱物。如今世事，总难认真，而况戏乎？若认真，便酒食钱物也不可久。我生平只为认真，所以做官、做家，都不起耳。”又《与甘义麓》云：“弟之爱宜伶学二梦，道学也。性无善，无恶，情有之。因情成梦，因梦成戏。戏有极善极恶，总于伶无与，伶因钱学梦耳。弟以为似道怜之，以付仁兄慧心者。”又《玉茗堂诗集》十八《九日遣宜伶赴甘参知永新》一首云：“菊花杯酒劝须频，御史齐年兄弟亲。莫向南山轻一曲，千金曾是永新人。”按：此甘参知，即义麓也。又《见改窜牡丹词者失笑》一首云：“醉汉琼筵风味殊，通仙铁笛海云孤。总饶割就时人景，却愧王维旧雪图。”

紫箫声断紫钗留，新制襕衣趁醉游。却让丽人工小唱，西湖烟月胜扬州。明沈德符《野获编》二十五“填词有他意”条云：“汤义仍之《紫箫》，亦指当时秉国首揆。才成其半，即为人所议，因改为《紫钗》。”据此，则《紫钗》即是《紫箫》。《列朝诗集》云：“《紫箫》残本，为其次子开远焚弃，殆传闻有异欤？”又《玉茗堂诗集》十七《作紫襕戏衣二首》云：“试剪轻绡作舞衣，也教烦艳到寒微。当歌正值春残醉，醉后魂随烟月飞。　　无分更衣金紫罗，伎人穿趁踏潮歌。俳场得似官场好，灯下红香不较多。”又《越舸以吴伶来期之元夕，漫成二首》云：“人日期君君有人，石床清泚注宜春。今宵又踏春阳雪，傍解吴歌记烛巡。　　白头情事故乡留，残雪春灯宜夜游。处处吹箫有明月，相看何必在扬州。”又《尺牍》六《与钱简栖书》末云：“贞父内征过家，兄须一诣西子湖头，便取《四梦》善本，歌以丽人，如醉玉茗堂中也。”

一夜红氍四百钱，令人长作柘枝颠。纵然未协中原韵，如此才情剧可怜。《玉茗堂诗集》十七《唱二梦一首》云：“半学怀歌小梵天，宜伶相绊酒中禅。缠头不用通明锦，一夜红氍四百钱。”又《野获编》二十五“填词名手”条云：“《牡丹亭》一出，家传户诵，几令《西厢》减价。惟不谙《曲谱》，用韵多任意处。乃才情自足不朽也。”又“杂剧”条云：“《牡丹亭》真是一种奇文，未知于王实甫、施君美如何？恐断非近时诸贤所办也。”

前辈都将金董推，百年馀韵在春台。梦园宿草兰香歇，谁劝当筵酒一杯。李斗《扬州画舫录》五云：“董抡标能言史事，知音律，《牡丹亭记》

柳梦梅，手未曾一出袍袖。”又云：“金德辉演《牡丹亭·寻梦》，如春蚕欲死，此真得戏中三昧者。吾亡友徐耕馀大令治平，精昆曲，酷好《四梦》，故别号梦园。唐生咏兰从之游，扮杜丽娘，色艺冠一时。每登场，大令自吹笙笛佐之。今梦园已死，唐生亦不唱渭城矣。追思往昔，慨然久之。唐生旧隶春台班，故云。”按：《扬州画舫录》：“当时亦有‘乱弹春台班’。”

瓶笙馆修箫谱一卷武林汪氏刻本

吾家调笙先生《鸥陂渔话》云：“宋于庭翔凤言：嘉庆戊辰、己巳间，铁云礼闱报罢，留滞京华。时娄东毕子筠华珍，方客礼亲王邸。二君皆精音律，取古人逸事，撰为杂剧。礼王亦知音，重二君之才。王邸旧有吴中乐部，每一折成，辄付伶工。按谱娴习数日，即邀二君顾曲。盛筵一席，侑以润笔十金。亦一代名藩佳话也。”后来武林汪氏，所刻铁云《瓶笙馆修箫谱》，即在都门所撰。有《通德拥髻》、《文君当垆》、《博望访星》、《吴刚修月》四目。按：此本即汪氏刻本，余从旧书摊得之。字体古秀，刻手精工。晴窗展阅，如玩古帖。恨无佳伶，为我浅斛低唱，以消永日耳。

丁巳春三月小尽日，叶德辉记。

圭塘倡和诗一卷

《圭塘倡和集》，为项城致枢政时田居，宾僚倡和之作。二十年秉政，以势利奔走一世之人才，梁园风雅，安有馀韵可寻思耶？集中《登楼》一首，末二句本作“凭轩看北斗，转觉夕阳低”，大有宋太祖“赶却残星赶却月”之概。辛亥革命，此其见端。今此本改为“开轩平北斗，翻觉太行低”。语虽不凡，失其奸雄气慨矣。

丙辰四月大尽日，得之苏城玄妙观书摊。

郘园读书志后序

昔汉刘向校书，每一书成录上，前必冠以序录。大抵敷陈作者之宗旨，及一己校勘之意见。此即后世官私书目、解题、提要之缘始也。宋王尧臣等修《崇文总目》，每书之下，具有论说，叙释一书之得失。郑樵作《通志》，谓其“文繁无用”。绍兴中，遂从其议去之，今存者，百不一二。郑樵一言之失，遂令文献无征，是可惜也。私家之书，今惟晁公武《郡斋读书志》、陈振孙《直斋书录解题》，其例首载作者姓名、籍贯、仕履，及著书大略，非今日题跋之类也。

自宋、元旧椠，日见其稀，于是读者辄有题记，以识心藏。若明王世贞《四部稿》、《续稿》，国朝钱谦益《初学集》、《有学集》，朱彝尊《曝书亭集》，其中题跋古书之作，在本集内自占一门，然犹未有专书也。有之，自钱曾《读书敏求记》始，《四库全书总目》存目，《提要》称其“述授受之源流，究缮刻之同异。见闻既博，辨别尤精”云云。是于前人所谓解题、提要之中，别树一帜流传。至于乾、嘉，则有孙星衍《平津馆鉴藏书籍记》、黄丕烈《士礼居藏书题跋记》，其鉴赏之精审，又驾钱氏而上之。同时，张金吾《爱日精庐藏书志》，专载宋、元、明抄旧本，每书详录前人序跋，及收藏家印记、图书。近时，陆心源《皕宋楼藏书志》从之。此不独与自来官私书目体例不同，其亦异乎钱氏以下诸书之旨矣。虽然，宋、元旧本愈久而愈不传。然则，今日之士，无宋、元本即不读书乎？是不然矣。昔瞿中溶《古泉山馆题跋记》，专载仿宋、元精刻诸书。钱仪吉《曝书杂记》，每得一书，不论刻本新旧，必有记述，论其得失源流。版行以来，翻雕数四。海内藏书家，借以为时刻之考镜。而张文襄《书目答问》，且列之于儒家考订书。此洪亮吉所谓“考订家之藏书，既足方轨晁、陈，亦与孙、黄之书并行不背。天下事，后之视今，犹乎今之视昔。更阅三百年后，宋、元消灭，则此仿雕善本，必将代兴，此可以理断者也”。

大伯父吏部君，幼秉先祖父之训，不读无用之书。收藏四十年，于宋、元、明钞外，尤好收国朝诸儒、家塾精校精刊之本。兴之所至，每有题跋夹于卷中。尚农、习斋两从兄，先后钞呈，请授梓人，因命启崟为之诠次。其中近刻多，而宋、元少者，大伯父恒言：各家藏书题跋、日记，于宋、元佳处，已详尽靡遗。虽有收藏，无庸置论。惟明刊、近刻，他人所不措意者，宜亟亟为之表彰，此亦他日续修《四库全书》之蓝本也。湘中自咸、同以来，豪门大宗，以武功显赫。其有二、三诗书旧族，于括帖外，毫无见闻。惟县人袁漱六太守卧雪庐，以藏书名。而子孙不知宝藏，三、四十年，或散鬻，或持以干请、赠人，今无一册之留贻，良可浩叹。长沙王益吾阁学，以著书倾海内，每从大伯父借瓻还瓻，使者无一日之间绝。辛亥丧乱之后，人琴俱亡。回忆追随大伯父，亲炙诸名贤时，此景此情，已如隔世。然则，是编之刻，不几前尘之梦影哉！

时在戊午立秋二候，从子启崟谨序。

郋园读书志跋

吾家自二世祖北宋少卿公参、三世祖道卿公清臣，以词馆起家，其后世以文章治事，显著当代。十七世祖和靖山长伯昂公，为元故臣，明祖屡征不起。子孙承其家教，不以入仕为荣。明文庄公《菉竹堂书目》、《碑目》，石君公朴学斋钞书、校书，并见重艺林。洎先曾祖、先祖两世，皆好藏书。其先秦三代古籍，以及汉、魏、六朝、隋、唐、两宋、元、明、国朝之最精要者，无不备具。

先世父文选君，幼承家学，寝馈于中四十馀年。中间宦游京师，更从厂肆搜求四部之书，尤臻美富。启勋四、五龄时就外傅，归视柜中书，辄心好之。年逾志学，世父遂以（薄）〔簿〕录、版本之学见勖。余小子朝夕追随，粗窥崖略，遂日与书棚贾客周旋。时值国事纷更，湘中旧家之藏，多不能保守。辛酉夏，县人王理安孝廉启原之书，亦多散出。启勋时有所获，归呈世父鉴定，皆当日欲收不得之书也。辛、壬、癸、甲间，世父避乱邑之朱亭，曾手定《观古堂书目》四卷，大兄尚农以活字印行。自后，续有所得，及启勋兄弟所收，约数百种，详注旧《目》行间。正拟汇编重刊，逢乱中止，稿存家中。世父平时每得一书，必缀一跋。启勋兄弟所得，亦必呈请审定、题尾。积年既久，成十六卷，名曰《郋园读书志》，较《书目》为多，且详焉。

有清乾、嘉之际，人文号称极盛。当时海宇晏安，士大夫寻盟坛坫，其诗文专集超轶宋、元。大兴舒铁云孝廉位、钱塘陈云伯大令文述，曾撰《诗坛点将录》一书，阅时既久，诸人专集，世鲜流传。独世父穷年搜访，所缺不过十之一二。欲待其全，汇辑为《诗坛点将录诗征》，乃先将已得之集，考诸人履贯、事迹，作为小传。复征引诸家诗话，详其出处交际。不独昔人孤诣，可免沉沦；而一朝诗派儒风，皆得有所考镜。因《诗选》未成，故附于《读书志》之后云。

若夫辨版刻之时代，订钞校之精粗，考卷数之多寡，别新旧之异同，以及藏书印记、先辈佚闻，莫不精审确凿。直欲接迹晁、陈，驾王尧臣《崇文总目》、马贵与《经籍考》而上之。以视钱遵王之收贩骨董，黄荛圃之专重宋、元，更自有别也。盖世父博极群书，贯通经史。特出其绪馀，随时题识，将以为承学之士，导其先河。平时，尤留心先祖辈诗文各集，世鲜传本者，亟为付刊。尝训启勋兄弟曰："晋丁觊有言：吾聚书多矣，必有好学者为吾子孙。宋黄庭坚有言：士大夫家，不可令读书种子断绝。有才气者出，便名世矣。"

启勋谨承训诲，未敢稍有遗忘。今春，世父被难，家藏典籍，遂多散亡。斯固吾家之闵凶，抑亦东南文献之奇厄矣。遗书未读，手泽如新。奉简涕零，思慕何极！幸此书以活字排印数百部，刻期竣事。异日当再付手民，以广流传。世乱如斯，秦火胡灰，都非意外。倘他日书尽亡，而目仅存，亦聊作前尘之梦影已耳。

丁卯秋月，从子启勋定侯、更字曰更生谨跋。

大伯父吏部君，早岁通籍，不乐仕进。日以搜访旧刻书为事，专力于考据之学。尝训启发曰："版本之学，为考据之先河。一字千金，何可鲜视？昔贤尝以一字，聚讼纷纭。故予每得一书，必广求众本，考其异同。盖不如是，不足以言考据也。”吾家自宋少保石林公以来，代有闻人，或以科名显贵，或以著述流传。先祖于咸丰之间，避（赤）〔粤〕寇之乱，徙居长沙。先世本略有楹书，至大伯父益扩而充之，遂日益富。每得一书，必缀一跋。或校其文字异同，或述其版刻原委，无不纤细毕详。国变以后，湘垣烽火频仍，大伯父避乱闾门，深虑藏书不保，贻书从兄弟，属将书跋次第钞出，意谓藏书不幸不保，尚可留一影目。

戊午以后，续有收入，益以予兄弟、从兄弟所得，跋文益多。遂手编定为《读书志略》，分十六卷，凡十六册。中有四册，专为考论乾、嘉以来，诗坛诸家诗集而作者也。大伯父尝言：吾于诗学，素乏研求。然如《乾嘉诗坛点将录》中诸家之诗，又无不为吾所心服。数十年之心力，始得聚其全帙。常欲略加抉选，附钞各家评语，以为《乾嘉诗坛点将录诗征》。稿目虽已粗定，竟未及成书也。

丁卯春三月，大伯父遇难，藏书散失甚多。予兄弟避乱申江，携大伯父手稿于行笥中。故交门友见者，无不怂恿付之梓民，以免湮失。予兄弟亦以此《读书志》为大伯父一生精力所聚，亡失是惧，遂共付活字印行。启发不敏，得受学大伯父粗识目录之学。因与兄弟、从兄弟共任校写之役，凡四阅月而蒇事。书成，略记数语，亦聊副大伯父藏书之深意云耳。

戊辰春正上元日，从子启发东明谨跋。

国家出版基金项目
NATIONAL PUBLICATION FOUNDATION

[清]王文清 撰
黄守红 校点

王文清集

（二）

湖湘文库编辑出版委员会
岳麓书社

锄经续草

锄经续草卷之一

和学徒荣柱别诗兼送其北上

挥手旗亭畔，回头共黯然。桂林香寂寂，星洞月娟娟。发白吾垂老，衫青尔少年。行藏谁料得，去去楚江天。

从游休恨晚，吾道日方中。豪杰师何事，文章法总同。南天瞻北斗，秋色舞春风。九寸黄钟管，吹来万窍通。

楚粤水浮浮，连年为尔留。眼空千古事，人上几层楼。薪木馀苍色，高堂已白头。此行期万里，飞棹上瀛洲。

江干逢岁暮，扶杖意何如。不学龙钟状，时摊虎观书。金针曾度世，皇路久悬车。忽作同游梦，携君到石渠。

和学徒陈士琪诗即送其北上琪闽士

万里从游晚，心期不偶然。道传垂老日，人共暮春天。学海难为水，濠梁弗用筌。坐间谁变色，谈虎意悄悄。

鹿豕何能聚，轻帆趁好风。人归漓水北，天入楚江东。染薄丝还白，檠孤烛减红。行藏消息杳，回首暮云中。

不悲迟暮景，吾道一虚舟。阆苑无青鸟，江天下白鸥。六经元我注，百谷自同流。倾盖陈琳好，偕登万仞楼。

揽辔从兹始，雄心我不如。且酬先世事，还读古人书。天地留刍狗，风云入草庐。潜夫睁老眼，难负是三馀。

赠学徒盛德

肝胆君偏热，昂藏学虎臣。毛锥焉足用，宝剑付何人。可有封侯志，应为报国身。最怜公子伴，擎鹘送青春。

衡阳道中野望有感

一望衡阳道，山思寸草春。南天同雨露，此地旧雷陈。予与段柱湖、唐人岸、周芾斯、刘匪石、彭克家、丁少微皆夙好。人满无馀蓄，年丰不救贫。长林悲濯濯，空忆昔轮囷。时衡大歉。

过衡山道忆彭克家

杳杳衡陬子，伤心只老夫。君今森墓木，我亦厌驰驱。骨肉闻新鬼，君丧两令嗣。文章剩故吾。祝融空久约，不得共斯须。

过花石戍，时自粤还

不图垂老客，又得返江乡。湘水流何亟，苍梧路已长。梅从正月折，橘送九秋香。宿处吟花石，人同古戍荒。工部有《宿花石戍》诗。

闻彭儆三亲家归信二首

闻说巴州使，南归近有期。燕鸿难一面，楚蜀久相思。白首应如我，青山待几时。洣江舟正稳，消息遣吾儿。枢儿其婿。

吾儿曾作客，才自粤西归。陟屺谋将母，占星祝少微。负薪惭长大，同学尽轻肥。如意今欢舞，床东共彩衣。

涿州怀古

开辟驱戎首，于今剩故城。祃旗传旧制，遁甲创奇兵。阵散笑云拥，营荒落照横。武功从此始，万古救苍生。

有感

夭桃零落尽，柳色尚青青。同在秋光里，风来各自听。

空钟鸽三绝句

带得洪声两翼间，不栖湖海不栖山。家鸡野鹜休争食，独夜云中奏罢还。

谁奏钧天到夜残，高音缥缈下云端。时人莫作仙禽看，犹向樊笼集羽翰。

偶向寒空试一声，儿童相唤莫相惊。人间歌舞多弦管，焉用翛翛两翮鸣。

新月乙亥秋

一望团团后，朦胧又至今。高楼人自老，空谷尔相寻。未放清辉彀，遥同冷淡心。边庭犹未静，好去照秋砧。

九月见桃花二首

尔开何太晚，万卉久秋声。不送风流客，犹含妩媚情。刘郎宁再到，渔子莫须惊。为问玄都观，今曾剩落英。

丛菊开残日，胡为赏未休。年光留二月，春色入三秋。洞口津何处，河阳种不收。风来重结子，莫向五更愁。

夜吟

萧萧听落木，莫问夜何其。仰视浮云白，飘飖任所之。

少年行

生缚左贤王，不曾持寸铁。奴子敢一作俏言功，鞭出两腮血。

卷甲阴山下，边风六月寒。将军新有令，不许斩楼兰。

草堂杂咏

断桥疏柳外，茅屋老夫家。健妇能丸药，痴儿学种瓜。自怜秋色晚，偏爱夕阳斜。问子何方客，云深路易差。

寄晚汀老友

弱冠蹁跹五十秋，可堪回首说休休。久怜白发无公道，自怪青鞋已倦游。暮雪晴岚何处是，老龙飞虎至今留。儿曹莫问平生业，请看清湘万古流。

闰九月丙子

重阳能再到，壮岁肯还来。天气高偏冷，秋风落更哀。最怜残圃物，又殿晚芳开。前月茱萸酒，霜中续举杯。

秋兴

秋气纷萧瑟，吾心独未然。野云依旧淡，岭月自能圆。马革沙场梦，龙图玉宇天。一枝栖故稳，摇落为谁怜。

丙子即事

七旬明岁到，药饵复何为。为萃千秋业，聊求百草师。金精怜我晚，玉液笑谁痴。蒸晒劳诸妇，方书枕箧知。

挑灯还问我，方寸可应安。糊口非吾事，传心自古难。秋风惊木落，江月射窗寒。击节频相赏，钟声夜未残时辞西席之聘。

偶兴

藜杖摩挲久，行行何所之。身因劳后健，心为用多疲。麋鹿吾朋友，鹪鹩尔一枝。五云书再到，正是闭门时。

对镜

一对一番老，春秋我自知。须眉元自古，筋骨旧来疲。莫问行藏事，差无宠辱思。朱颜当日好，重见是何时。

柳叹

依依青未了，飞处已如棉。为漏三春早，应衰万木先。孤蓬宁自惜，青眼几人怜。涧底寒松在，嗟君伴几年。

山寺晚钟

何处音传迥，凭高大扣危。风飘残月动，响入九霄迟。金阙朝元后，寒山夜半时。声声敲百八，此意老僧知。

钧天何处发，古寺晚山横。高响从空震，凡金不敢鸣。三更幽梦断，十月晓霜清。一动蒲牢吼，偏收万籁声。

用自箫韶日，流传物外清。八音虽始作，大乐此先声。萧寺烟云静，深山魍魉惊。忽闻龙象泣，胆落在初更。

别墅

便作菟裘意，披衣且徜徉。三间蜗壳屋，四面薜萝墙。已是新秋节，犹闻旧瓮香。儿童间报到，有客自沧浪。

遣兴

亩亩从容惯，几忘化日舒。扶持辞药饵，衣食付妻孥。偶作三山梦，闲观九老图。亦知筋骨健，心自厌驰驱。

怀人

宦海多年客，可怜犹未归。须眉应似旧，踪迹却全非。三径松方老，长江蟹正肥。故人今尚健，翘首钓渔矶。

即事有感

此中原洒落，焉用听笙歌。白日浮沉短，朱门醉饱多。自甘长寂寞，片刻忍蹉跎。檀板催红烛，摇头奈尔何。

丁丑元旦

儿时竹马事依依，岂料残年竟古稀。青鸟几时来探信，白鸥如我亦忘机。文章流播心增愧，儿女团圞愿未违。莫为往来锄小径，薜萝无刺不牵衣。

廿年臣职素餐多，自问经生事若何。老去未忘殉马革，清时亦自恋渔蓑。朝宗北极争来享，唾手西征望息戈。邸报览馀频击节，岂徒青海不扬波邸报西捷。

捷径纷纷尽子虚，空怜若辈意何如。北门但愿无交谪，东郭谁羞饱祭馀。皂隶自忘栾武后，临淄旧是爽鸠居。升平难报惟行乐，南顾焦劳尚未纾。

分形同气绿衣郎，何事相看鬓尽苍。每叹痴心思大被，孰怜糊口亦空囊。先畴尚在犹堪共，后起何如好自强。早晚殷勤无别嘱，紫荆花树正苍凉。

答醒道人

尘榻无人扫，秋山共寂寥。偶然思导引，何必寿松乔。物自先天老，江通大海潮。谷神如不死，终日共逍遥。

示学徒论诗

卌音集，“四十”字合也。载登坛客，弨弓此日櫜。自惭窥汉魏，况敢续风骚。格调还前辈，聪明让尔曹。当年曾唾干，转眼是霜毛。

退步

举头红日已三竿，睡起先生护薄寒。木落风高知岁晚，水流花谢又春残。在家转痛居停苦，有病方嗟健步难。曾学玄元先退步，十年无梦过邯郸。

自遣

平生沧海意，鹿豕自为群。径满堆黄叶，门开扫白云。读书风揭卷，写字月临文。几许升沉事，潜夫德不闻。

客至

此心无着任西东，今古茫茫马耳风。千里容寻芳草外，深山家在绿杨中。莫愁短发随秋白，且喜衰颜得酒红。屈指纷纷蛮触队，可怜黄土总成空。

蓬门

蓬门虽扫不轻开，野老披衣独往来。树长新枝曾待剪，笋传邻竹莫须栽。岭头寒色云生岫，池上清光月满台。夜指少微星在否，免从南斗望三台。

答故人见讯

十亩闲闲梦不惊，云霄书见故人情。干旄几度传黄纸，霜鬓何年到赤城。坐看园丁栽树法，卧听孙子读书声。昨宵彻晓催春雨，报道山田正好耕。

小园

科头老子灌荒园，剪尽荆榛补败垣。圃内何年成杞梓，锄时聊此课儿孙。五湖屣遍身犹健，万事心灰骨仅存。为语小丁关闭早，偶逢野叟亦开门。一作“莫因冠盖浪开门”。

偶兴

岁暮光阴不肯留，七旬老子坐虚舟。痴心尽欲成黄耇，薄命何曾到白头。自（值）〔植〕小松迎早露，别栽新桂待深秋。白鸥知我来相问，曲曲晴川日夜流。

浮生

坐上杯中笑孔融，浮生今欲付秋风。门前莫问登龙客，塞下空随失马翁。药有秘方难施去声济，囊无馀物惯蒿蓬。他年殉我应何物，六部遗经一酒筒。

答友人

十载曾游七里滩，腐儒自量早辞官。尚方爵秩原堪爱，下士渔樵亦自安。山曲风光和我暖，江村月色照人寒。即今洞口藤萝满，总有尘冠不再弹。

辞某宪府西席之聘

残年葆得旧胚胎，木雁之间才不才。好雨洒时三径滑，春风摇处百花开。自惭到老还糊口，始悔从前未凿坏。为谢多情贤宪府，布袍蔬食早安排。

寄友

同官频约共抽身，林下何尝问结邻。波底尚看前夜月，镜中不似少时人。手酸犹爱抄金匮，秃笔空惊对白麟。幸际升平添岁序，杖藜扶我趁残春。

考槃送友人

考槃人在乱山溪，事业文章莫浪题。寒到趁晴移韭本，春深乘雨种松秭。漫闻市马悬金去，好学（铃）〔羚〕羊树角栖。霜露

沾衣来路滑，石桥流水恐相迷。

答少年某友

无才不敢逐三豪，更为何人解佩刀。射斗尚馀藜杖阁，韬兵焉用鹖鹈膏。笙歌队里寻清瑟，罗绮丛中一布袍。芳草暮春风色好，尔曹何事苦牢骚。

山中即事

溪头石露任沙飞，山岫云封带雨归。寄语往来诸老友，蔷薇有刺莫牵衣。

平生

海内浮名满，平生自寡交。有人能结袜，无术代充庖。大汉多龚鲁，陶唐爱许巢。北山猿鹤在，逋客免相嘲。

种树

贪爱园林好，频谋种树方。残冬知腊破，白发趁年芳。觅自

先春种，栽从晚照堂。斜桥新柳绿，曲径小梅香。

雪晴喜斋澹过访

日色熏熏薄，山容澹澹开。如何寒节后，尚有故人来。盘冷无兼味，尊盈只拨醅。莫续阳春调，长歌上吹去声台。

老友到喜赋

山犬毋轻吠，柴门岂浪开。无端尘榻上，忽报老生来。书自何年寄，人从万里回。可怜筋骨瘦，相见转增哀。

迎春

圣主当阳日，王春应节时。土牛驱北里，保介向东菑。万物迎和气，千郊逮我私。献暄臣已老，冻解砚先知。

孀媳黄氏孙人骏母烹肴来奉有感

一滴伤心痛九原，至今九载耐寒温。为愁霜露沾孤树，常念晨昏到寝门。姑病是谁供俎豆，儿亡有汝奉鸡豚。皇天老眼分明见，报尔殷勤在子孙。

戊寅元日自咏

弹冠弹剑事如何，独喜衡门自在多。椿树灵根还烂漫，棣花天气正晴和。痴儿亦欲传三礼，盛世无劳诵九歌。紫雾白云环几杖，始知安乐可为窝。

漫兴

孔孟乡中颠倒过，曹刘何物敢谁何。蹉跎常恨分阴短，取与偏争一介多。履虎噬人堪战栗，元龙豪气暗消磨。不知大雅须张主，请看江流日夜波。

寄子婿彭坊

七旬祝罢又经春，书到遥怜念我真。羡尔前贤能有子，知予后起属何人。十年未见衡山面，百岁犹存锦里巾。齿发萧萧吾已老，东床只望结东邻。

忆岳麓同学诸生

讲席才收路已封，十年人竟学痴龙。战馀欲误军中鼓，梦里时闻夜半钟。玉露应沾三秀草，碧云犹护六朝松。同人莫访先生处，钢瓦桥边一老农。

酬学徒周十三在炽韵

云滃天间日色薄，北窗人梦游河洛。醒时风雨正相催，一函书自友人来。友人年少衣缝掖，友人才长遭勒帛。元经肯注隐王通，乐府不学盲张籍。岳麓从游盛昔时，子自后来能夺席。子有昆季何峥嵘，裁缝尽度针线迹。时兄弟四人来学，俱入彀。岁寒木落各还家，从兹挥手成今昔。举头井里接风烟，岂意十霜音讯隔。扬镳千里驰骅骝，老驼闭目知泉脉。六经烟海愧茫茫，时流浪许文章伯。聊相交章荐腐儒，枉劳人士手加额。己巳蒙史、阿、梅诸公三荐经学，诏书到日，适值丁艰。栾栾棘人苦块馀，尽有长风何忍借。东皋春雨一犁中，黄犊青刍时负轭。朝报颁传礼乐编，一十二年辛苦释。时颁刻三礼、律吕、经史诸书。考古书成卷五百，卉之精英狐之腋。百家有此得源流，敢谓补天需白石。铁裹层层井十丈，郑孔有知应返魄。闻子年来苦用心，荟萃古今终岁夕。载酒莫问子云亭，濯足莫羡江陵宅。莫从文选觅渊源，曾笑少陵眼界窄。寥寥此意共何人，万古江河吾辈责。

酬学徒李为藻韵

曾从臭腐索神奇，不逐时流学诡随。美石一坛成宝母，牡丹千变问花师。康成乡在征难起，伏胜经传岁已驰。十脡有修休载束，何人能改自吟诗。

挽滨阳李砥岩老翁

寿星无光南极坠，汤汤滨水何鼎沸。耆旧人间九十年，曳杖消摇聊此塈。闻翁未老逃浮名，悁悁一念援苍生。曾免几人沟壑里，翁于疫岁施葬具。天昌厥后罗簪缨。晚岁翘首寥天外，寿殀穷通同委蜕。大隐春容老市廛，挥手长辞云霭霭。寄语嗣君别几年，我因请养久归田。齿发翛翛逾七十，幽期执手谈三玄。翁嗣君朗山先逝。

侯家

宴罢归来晚，妆楼拥下车。临阶未举步，早有美人扶。

别业

如何资俯仰，百亩旧镃基。尽室无他计，同心亟所为。高低争地利，迟早趁天时。欲报升平福，神仓自我私。

栽竹

五月十三日，传闻竹醉期。斯言通月令，真足补天时。移取深林种，围栽半亩池。此君吾老友，相对影参差。

赠陶生伯仲

楚楚名家子，磨砺正及时。自怜人已老，所恨尔来迟。枕发千秋秘，心传一字师。殷勤期唾手，上苑有仙枝。

读医书

自无良相术，独有济时心。本草翻纲目，医方校古今。悬针难着鼻，种杏未成林。可奈人间世，膏肓日夜侵。

偶占

云在高天酒在瓶，漫劳童婢故叮咛。凤丝龙尾瀛台满，麟趾驺虞上苑扃。杜氏有妻能晒药，韦家多子只传经。偶然携杖江村去，醉看沙鸥漱晚汀。

九日忆岳麓

寥寥天阔小山横，爽窍哀湍昼夜鸣。甲子又惊逢九日，庚申争说守三彭。故人万里黄花约，老我深秋白社情。游屐几年辞岳麓，松风兰涧空凄清。

九日忆衡峰

平原何处是高山，遥望衡峰未可攀。芳草经秋和我老，丹枫如醉为谁颜。且从玄豹藏深雾，肯学乖龙问大还。头插黄花聊自笑，茱萸独酌尔何堪。

遣兴

寂寞荒村曲，高天落素秋。白沙堆石涧，黄叶满山沟。朝市无来客，江湖偶梦游。醉乡馀地阔，我欲起高楼。

读黄庭内景经

黄庭经一部，愈读愈精神。不作还丹梦，惟知伏炁真。浮生来五贼，大劫入微尘。内景如能熟，三田尚及春。

自酌

三杯秋熟酒，自觉百骸春。白草怜新冢，黄沙痛故人。家常储药石，梦寐恋萱椿。再酌谁同醉，萧然一角巾。

送友之江东

此去三千里，悠悠大海东。孤帆停暮雨，飞棹驾秋风。伏骥心犹壮，屠龙技未穷。九溪馀老眼，望入楚山空。

回思

一返家园后，回思行路难。卅年宁浪迹，千古有儒官。风雨怀人老，关河入梦寒。当涂知己在，不肯再弹冠。

赠李甥

李甥年甫壮，诗律已知名。风雨随予久，源流及尔清。前贤争梦境，吾道耻虚声。舅氏穿双眼，悠悠落照情。

枕杖铭

七十馀年待漆灯，北山无负草堂灵。闲将花史随诗史，抄得茶经续酒经。白犊庄头多野服，绿萝溪畔一茅亭。晚来高卧东窗下，天上分明处士星。

闭户

闭户先生在，衡门借一枝。明农非我事，老圃是吾师。书趁三馀读，花随八节移。偶呼邻叟馀，正是荷锄时。

偶兴

回头有路莫须寻，消尽平生万种心。只在中间通一窍，乾坤许大任升沉。

寄子婿彭坊

若任巢由意，唐虞亦可逃。独怜天下事，谁复问渔樵。

寄舒学博

我别青毡久，君来穴凤冈。文章传子弟，和气盎宫墙。玉树花争放，金壶酒正香。风光犹未老，云路任翱翔。

漫兴

老天应有意，大任付苍茫。往事浑如梦，兹心正未央。英雄归宿草，经术贡岩廊。独慕先贤泽，千秋俎豆光。

寄友

万叠云山一纸书，叹君留滞意何如。偶因西域争投笔，岂为南华悔读书。肮脏独怜风骨在，襄羊自愧老狂馀。行藏倘欲存吾道，江畔秋风巨口鲈。

息机

春风春雨日霏微，独坐深山久息机。前辈何人香俎豆，后生笑我守弦韦。身游墨沼书偏瘦，家近莼湖菜自肥。漫说如云饶辨口，年来谈（尘）〔麈〕未曾挥。

友人有约过访者，诗以止之

山残水剩老岩阿，莫问潜夫意若何。陆贾橐中金已尽，蔡邕箧内籍偏多。九边沙苑孤鸿去，万里云天一鹤过。为谢故人休命驾，牵衣绊马是烟萝。

赢得

十年曾作校书郎，赢得归完夜夜光。器堕早知非我甑，田荒还属某家庄。诸邻共汲村旁井，彼美休弹陌上桑。偶上扁舟寻一醉，那分鸭绿与鹅黄。

小孙

偶步池边月，行行不用扶。小孙忙问字，挽断几茎须。

邻翁

邻家痴老子，赤脚傍篱边。为说童时事，于今八十年。

松下二首

南山青树下，我欲结茅亭。夜入松根梦，相将问茯苓。

茯苓因答我，正欲赠同心。无奈苍根老，教锄十丈深。

何处

更从何处学无还，树树桃花曲曲湾。人在闹中怜梦短，我于忙后得身闲。斗升焉用江河水，尺寸难移岱华山。矫首四围苍萃外，几看倦鸟入林间。

己卯元旦

又得添新岁，披衣及五更。自怜多拮据，到此息经营。上阙辞长绥，深山避大名。焚香吾有祝，六宇共升平。

课农

千亩西畴在，儿曹作趁东。土牛衔草绿，春酒照花红。万宝成应实，二秋望不空。官租轮送后，化日正当中。

贺岁

田家无礼数，共贺岁新迁。再拜人扶老，西成事祝天。春来残雪湿，寒尽薄裘穿。相送柴门外，风光似去年。

上元

宝扇辞来学散人，六鳌双阙梦无因。岩廊莫问田园客，沟壑偏存老病身。满市花灯争艳早，三村箫鼓趁时新。独怜一滴椒香酒，空见苍苍柏又春。

漫兴

葛巾竹杖问丹丘，百炼真成绕指柔。梦里尚逢宣室问，醉中空抱杞人忧。风惊落木乾坤老，水涨平湖日夜流。我自并无垂钓意，不须五月着羊裘。

答友人问

八行来问意依依，吾道于今尚未非。姜桂不秋惟我老，枌榆犹在故人稀。焚馀泚笔羞花样，披得青蓑当锦衣。事事扪心堪止足，海鸥山雉共忘机。

从容

亦爱春光好，从容出醉乡。晴云封户牖，野水漫池塘。事静人忘老，山深日更长。苍天怜我在，筋力尚康强。

村居

十载归田客，江村曲曲通。人居青竹坞，家入绿杨丛。牧笛吹斜月，樵歌唱晚风。海鸥吾老伴，此乐与伊同。

偶书

县车束马不西东，十四年来笑转蓬。碧水苍山和我老，布衣茅屋与人同。草头露滴三光晓，天上云浮万里空。谁识玉皇香案吏，日从小院坐松风。

即事

杨柳满堤水满池，主人早是白头时。谁知多事黄鹂舌，唤出桃花又几枝。

姜氏两生过访征言赋赠

柴门敲二妙，暮色尚春天。人是孪生两生同乳子，家从海表传。

乞言轻百里，访我趁残年。为指溪桥路，长沙在眼前。

农家

农家无外事，昨夜梦羲皇。雨后桑麻长，春深蓑笠忙。山歌随处发，馌酒满村香。自喜归来早，东皋尚未荒。

有答

小人巢许等牛毛，且向中间占一毫。铅椠久抛无我迹，鸡豚就养任儿曹。思君有约探湘芷，解珮当年谢汉皋。老去自知筋骨敝，吴山越水梦空劳。

家常饭

林下青精饭，家常免折腰。腊椒和野味，嫩韭剪春苗。曾愧颁高廪，何曾易一瓢。从容充晚食，婆饼不愁焦。东坡有《婆饼》诗。

忆月槎

一自归林下，时时念故人。迢遥无只字，奄忽十三春。空谷多逋客，明廷想重臣。嗟君年更老，万里望清尘。

有感

嬉游如昨日，忽忽七旬馀。足践三朝土，家传五世书。几人争画虎，十载独悬车。偶向城头过，朱门有厩墟。

寄老友枫屏

尺书何自达，熟看是亲封。风烛怜残日，云山间几重。梅栽惟待鹤，松种欲成龙。此意知君共，深秋夜半钟。

有怀

不见秦川友，相思又一春。天台空有约，林下更何人。老病文章在，行藏宇宙新。梦中频执手，字字道吾真。

客至

深山云密雨霏霏，十五年前事已非。世未弃卿卿自退，官犹付我我先归。园蔬惯款寻春伴，萝蔓时牵采药衣。何处高轩来系马，绿杨池上一柴扉。

百年

百年长陆陆，博得一闲身。儿有谋生业，家无坐食人。漉巾思醒草，炊忝去劳薪。鱼鸟相看熟，悠悠若比邻。

谢某使君二首

殷勤辞大使，莫用再题舆。婢小知丸药，孙顽学读书。愚公山欲徙，元亮径常锄。自笑当年误，翩翩赋子虚。

微醺防一醉，短发懒重梳。偶灌新栽树，间焊旧读书。鱼多占岁稔，鼠去笑仓虚。扶杖行偏稳，何须六尺舆。

偶兴

万物谁排定，休争一饭先。老来疏礼貌，贫后懒周旋。尝胆追前事，机心息往年。安期空手去，结得十洲缘。

老健

只恐年来疾病多，何期老去尚平和。灯前能把蝇头读，梦里犹从豹尾过。人为晚康痴祷祝，天教穷健补蹉跎。薄田十亩园三径，安乐于今赚小窝。

浩荡

乾坤元浩荡，白发剩闲情。竹杖逢人拄，芒鞋信步行。清斋听夜读，绿野看春耕。五岳从吾愿，何须问子平。

山居即事

数椽茅舍傍江村，插柳编蒲当小园。有客寻芳呼启甓，何人问字莫关门。暖风宛转传花信，春雨淋漓润竹根。最喜四邻知此意，渔歌樵唱正黄昏。

世外

白云阊阖路漫漫，如醉如痴百岁忙。世外何人谈鬼谷，山中有客度神丹。鼎炉火到冰天暖，沆瀣浆生夏月寒。亿万劫灰存一窍，可曾有梦入邯郸。

悬车

自爱悬车惯，无庸瘦白驹。论文丛子弟，催税免胥徒。劫外闻三昧，溪中学八愚。可怜朝市里，来往正于于。

午日

儿童欢五日，人在百花庄。梅雨斟蒲酒，松风入草堂。飞凫看竞渡，献缕忆披香。白发知何事，萧然六尺床。

野望

拄杖江皋望，徐行日未斜。翼高风送鸟，叶湿雨催花。小径无须扫，东邻总是家。倦来聊藉草，坐看碧天霞。

观剧二首

歌喉檀板竞春风，新换楼台更不同。曲罢酒阑灯灺后，馀音犹恋月明中。

明月多情尚再来，昨宵笙管竟辞台。可怜羯鼓催花后，南内萧萧只冷灰。

自喜

历尽江湖险，年来卧故关。全家依白首，好友共青山。免作登楼赋，频偷过院闲。儿孙瞒我老，重叠舞衣斑。

次介夫韵答之

久向君门乞此身，野航秋水大江滨。痴心学种长生果，懒性几成活死人。少壮独怜忙里老，风光消得晚来贫。桑田沧海须臾事，劫火烧残万古春。

个中

枢是山桑庐是蜗，无根树上寄生涯。须臾自觉融炉雪，廿载空劳破铁鞋。药有秘方曾小试，囊无长物免安排。个中会得忘机处，岂向人间学打乖。

老兴

苍生休引领，白发久垂垂。日短思长夜，颜衰避美姿。猎心犹未死，此意付顽儿。近得尧夫术，微醺只几时。

偶兴

天意空劳借箸筹，痴心底事老温柔。尔曹尽欲登黄耇，有命何曾到白头。绿水潆洄来北阁，青山环拱入南楼。万般只任鸿钧力，居士元来号四休。

咏史

科名千载总骈枝，谁似雄鸡惮作牺。进士且成门外汉，状头犹有自宫儿。可怜貂续空多尾，翻笑鸱夷剩一皮。何事征西身后虑，一陵一谷悉藏碑。

自遣

笑看孙子弄慈鸦，不问红绫与白麻。月窟移来丹桂种，松稍飞下茯苓花。盘盂早晚馀梨枣，几杖清闲逐麏麚。岳麓峰头时一望，星沙遥指旧人家。

漫兴

西施原有数，何必不东施。谷峭来风劲，峰高得月迟。几尊玄石酒，只醉老头皮。早晚怜人暖，无殊赐玉枝。

瓷老人为伯令赋

是仙还是佛，粉碎却同归。眼底沧桑久，窍中胎息微。鼎炉何处觅，庚甲自忘机。象教人间世，闲云片片飞。

关公秉烛读春秋图为万钟题

尼山心法传鲁史，乱贼惧之豪杰喜。董子公孙义例通，此后何人能永矢。公生季汉读其书，手扶危鼎矗天起。戎行倥偬奉官家，两宫羁靮完簪珥。荒廨无人夜静时，孤烛照天光万里。呜呼！春秋大义明若此。书生雒诵何为耳，守身报主凭此书。烛焰日星长不死，亭侯千古吾夫子。

示儿曹

不因醉月始飞觞，暖就桑榆正夕阳。七十老人期卒岁，一家妇子为谁忙。羹汤在手无朝暮，痛痒关心耐雪霜。莫向方书寻药饵，鸡豚自喜及亲尝。

再咏瓷老人

太虚过去是浮云，色色空空总不分。堪笑九溪扶杖好，科头赤脚不如君。

翘足苍苍日又西，古今长夜一般齐。眼中看破无人说，捧腹摩胸是九溪。

坦腹齐须又露肩，劫灰烧处问苍天。九溪老子心相许，与结三生石上缘。

偶成

风云万状一虚舟，呼我无庸辨马牛。华屋记来曾陋巷，鹑衣何必不羔裘。安期拥枣归三岛，娄护传鲭傍五侯。笑指沧桑谁处是，痴人犹问海边筹。

暮春即事

一瓶随竹杖，小醉半欹斜。缓步迎新月，通身点落花。春光辞物色，老病爱年华。仰看梁间燕，年年傍我家。

别粤中酒肆老人

不爱垆头饮，惟翁意独亲。九溪今已去，此后醉何人。

有感

吾辈何堪学滑稽，请看桃李自成蹊。世情泛泛多刍狗，心事沉沉此木鸡。雨滴茅檐声自碎，风来竹尾影常低。何人为觅烟霞侣，一步前川一杖藜。

友人载酒见过

多谢英流载酒过，移居无奈醉乡何。乾坤不作黄粱梦，风雨休吟白石歌。幽径人归花落后，深山客去鸟鸣多。微醺一盏斜阳里，只问青鞋与绿蓑。

莫谴

海鸟沙鸥总订盟，免劳客坐强吹笙。香清幽谷花容淡，根老悬崖树影横。筑室只堪旋几杖，读书久不为科名。蓬头坦腹秋风里，莫谴人间太俗生。

山居即事

不礼蒲团不学仙，萧萧鹤发久齐肩。饭馀野雀沾残粒，读罢山鸡唱午烟。远岫樵携云入爨，小溪钓破月斜天。考槃亦荷生成力，遥祝京华北斗边。

题画卷

不识寰瀛路，谁寻壁上图。锦鸡空惜羽，香麝自残躯。日日黄庭釜，心心玉籥枢。此中多异味，何用觅醍醐。

宾至

十五年来止足轩，耕云锄雨学温暾。文章自愧悬藜阁，车马何劳问荜门。先墓欲荒馀涕泪，儿头已白逮鸡豚。午间抛卷梧桐下，一枕黄昏月到圆。

感兴

野云飞冉冉，莫笑著书忙。汤药儿能侍，醇醪妇久藏。春寻啼乌坞，梦绕落花床。邻曲时招饮，扶归趁夕阳。

颐生

莫问颐生事，吾生讵有涯。玄霜翻药杵，紫雪度河车。舌底莲花涌，桥边玉蕊华。回头寻旧路，不用饭胡麻。

老去

不衫不履不乌巾，陶冶从来任大钧。呼惯牛羊随稚子，见多鸡犬识邻人。午天散发松阴静，晓露披衣竹坨春。消受风光怜老去，明时焉用驾蒲轮。

送客

送客山山外，行行望影空。垂鞭新月下，归路暮烟中。早岁行藏异，残年出处同。岂无新熟酒，那对白头翁。

友到

人间是处有商山，久矣身惭十八班。招隐伊谁寻谷口，鬻文几辈款柴关。邀来好月深秋冷，留得孤云半榻闲。脱粟一餐仍肯饱，知君到此不空还。

次答醴水贺生

竹叶为醪骨董羹，绝无旌节叩柴荆。论文弟子时弹指，问字儿孙不记名。五色祥云何处起，满庭瑞草为谁生。独怜风雨寒灯夕，狂客孤栖在四明。

漫吟

独坐清斋不卷帘，书翻卷眼认牙签。莫愁日日盘餐减，转喜年年食指添。贫惯漫劳权子母，老来久免问茶盐。丹书八字知何物，浪作人间白玉蟾。

又惜

又惜春阴暮，虚过七十年。花残香未死，松老节方坚。事业生平拙，声名去后传。名山无了日，敢息晚来肩。

答故人见讯

乱峰深处白云边，只让巢由一着先。皇甫文成缣有价，赤松谷辟术难传。才微自分辞官早，身老方知入世颠。莫向山人询近状，淡烟疏月度流年。

自咏解嘲

抗疏传经愿两违，潜夫掉臂自忘机。少年不信衰年近，今日谁知昨日非。烛秉夜游销寂寞，堂分昼锦愧光辉。悬弧易箦须臾事，宝剑何当挟佽飞。

秋怀

幽居无复约宗雷，藜杖孤行往又回。自起开窗袪暑去，何当吹角唤秋来。山容瘦尽青枫老，湖曲荒多白鸟哀。极目长空人万里，有谁扶病共登台。

自笑

顽钝空成煮药铛，乾坤留得老书生。途间覆辙因偏毂，林下同群是耦耕。漠漠枯花含晚艳，飞飞过鸟送残声。拍将铜斗韶光去，大笑狂夫恋火坑。

感兴

扣角吹竽两不然，直须收拾杖头钱。管君坐上多玄茂，蔡氏门前几仲宣。一夜愚公山竟徙，十年荀息马终牵。可怜蛮触何时息，醉眼悠悠学醉眠。

雪

六叶凭空出，高低望欲平。连天成一色，落地寂无声。聊借风云力，能分日月明。不须愁见晛，大有兆苍生。

雪晴

积雾开红日，分明识四邻。物情知极乐，人意倍相亲。满谷消何处，高山露我真。墙阴顽雪在，还欲斗阳春。

有感

铃铎年来少，柴门掩薜萝。云霞呼友易，杵臼食言多。名胜输君到，文章奈我何。只愁筋骨敝，无力续蹉跎。

赠邑侯刘公

玉潭遥汲浪盈盈，济水源头照胆清。人起宵衣花六出，春行露冕月三更。偶锄粮莠畇畇净，新种龙鳞树树荣。争识君才非百里，本来面目一书生。

小园

药酒醺醺出瓮时，小园日日到嫌迟。花流浦口桃何处，笋过邻墙竹几枝。野鸟刷毛归晚树，细鳞摆尾出愚池。故人屈指天边尽，藜杖明朝更向谁。

寄友

寒林深处养吾真，一脱朝衣十五春。风雅即今惭后进，刍荛自昔念先民。时斟清酒酬山鬼，闲把丹经问谷神。寄语招招舟子伴，角巾无复到通津。

书怀

醍醐有酒馔天香，木母金公事未荒。灵种三生曾化石，仙姑两鬓久成霜。几时驾鹤归华表，何日乘云至帝乡。只喜寸心同止水，百年今已付沧桑。

戏答

七十馀年客，何当折简呼。颜红元似醉，步健不教扶。灯下蝇头字，庭前汗血驹。白云知我意，日日幂葫芦。

闲步

闲步陇头去，春风拂面温。家中无所有，不用闭柴门。

拟寄远

一从白面遂辞乡，闻说于今鬓有霜。今夜月来应偕问，可曾海角见萧郎。

咏怀

羲皇以下有闲人，七十三年浩荡身。莫恨梦中馀怪事，可知窍里自长春。当轩白石谁同老，满眼青山不厌贫。两片柴门一亩地，种松今已似龙鳞。

入山梦中作

云气岚光缥缈间，我来不识几重山。回头失却来时路，好逐樵童踏月还。

吴起妻

吴起恶，吴起恶，杀我求将情何薄。吾闻夫妇之义等君臣，黾勉同心均苦乐。

吴起恶，吴起恶，杀我求将情何薄。知汝此去可要君，只恐君恩同汝薄。

赠花

尔亦从人意，残时故故开。清香元未死，红屐又重来。老去天心转，春消生气回。乃翁怜暮景，添筑避风台。

庚辰元日口占

幸在羲皇世，年华又一新。开门见桃李，还似往时春。

故人书到答之以诗

八行书到问蒿莱，谁识山人万念灰。江上莼鲈犹有（昧）〔味〕，园中橘柚且传杯。象招兵刃缘多齿，木受天年为不材。漫问少微星见否，野花芳草后春开。

九日拟寄远

朱颜无复在，残照为君留。风雨无多日，关河又一秋。方期同采菊，无语独登楼。不恨卢郎老，归来共首丘。

有怀

别后知君白发新，可游六诏是三秦。秋风深谷无边信，夜雨孤亭忆故人。挟策十年犹万里，倚门三世属孤身。可怜知己王郎老，谁把刀环问逐臣。

夜坐偶成

秋风如阵雨如丝，正是挑灯独坐时。海内故人先我死，天边游子更何之。勋名冉冉无消息，骨肉依依惯别离。造物让君施狡狯，不将成败教谁知。

扫愁

扫尽千愁与百忧，儿童乱唱感庭秋。微才无复从龙虎，盛世何须应马牛。贫里亲交还缱绻，老来诗酒剩风流。白云黄鹤飞空际，可许卢敖汗漫游。

书所见

毛虫食桑叶，叶尽虫亦死。虫死无生时，叶尽有桑子。

秋兴

一枝栖在洞庭东，丹诏霞笺两不通。逸客无心医猛虎，弋人何处篡冥鸿。五经嚅嚅成邪郭，大造茫茫付瞽聋。独上危楼聊望望，白云红叶满秋空。

玉山登眺有感六首

好将万事付苓通，玉几山头一望空。不信凤凰飞鸟道，可怜鹬蚌诱渔翁。吴人漫伏艎艎侧，晋马谁牵外厩中。手植班班桑梓老，春来不及槿花红。

夕阳讲罢说锋端，事定于今竟阖棺。骂坐十年豪气尽，冲冠一去北风寒。唾干面垢人犹怒，齿敝唇焦舌独安。地下噬脐谁太息，诸生记取辨枭鸾。

各有行藏事未同，漫劳捧腹怨西风。计然利重因乘势，卜式财轻为急公。若若簪缨三殿北，翩翩裘马五陵东。试听雷雨鸣何处，掉臂潜夫不送穷。

漫劳儿辈劝加餐，腹果无须割鼠肝。雨滴梧桐秋夜永，风来卢橘晚香残。淮南斗北人何处，石白泉清我自寒。莫为胡狲愁布袋，朝冠一挂不教弹。

此地曾经系马来，卌年情事付蒿莱。珊瑚树碎香炉冷，金谷园荒宝藏摧。两世菟裘同敝屣，三营兔窟已寒灰。却怜心计成遗爱，招得书声续谢台卌音敌。

一番秋雨一番风，回首峥嵘似梦中。宋室有他窥卧榻，芊家无处问遗弓。敝庐鬼哭先畴尽，断简人悲手泽空。王谢漫夸门第峻，当年燕子已西东。

玉山晓景

晓渡喧人语，披衣望碧寥。日浮云外岭，水出雾中桥。宿鸟穿林下，炊烟带雾烧。叮咛居业子，瞬息又崇朝。

庚辰主讲玉山书院即事有序

玉山书院成六载，予始来主是席。忆予自十一岁来邑中应童子试，迄今六十二年矣。甲子一易，人事变迁，今昔之感，百端交集，况溪山、云鸟、楼阁、桥渠在在供白头吟兴，可无诗乎？为赋七律十三首。

邈矣前贤数亩宫，鳞鳞精舍尽朝东。云霾石鼓青衿冷，雪拥鹅湖茂草丛。文献孤存灰烬后，灵光仅寄蠹残中。嗟予梓里同今席，杖履从容对午风。

好傍名山纪一编，先畴遗泽彼流泉。饩羊百载成虚设，荀马何时得复牵。赵使抱完和氏璧，鲁邦唾手汶阳田。吁嗟詹伯为张主，来许毋忘姓字传。

读罢南华内外篇，匆匆今昔事茫然。初来束发三千字，自别庠门五十年。赤子忽惊新白首，青山还带旧苍烟。伏生只爱传经好，晁错伊谁付此肩。

蕉鹿沧田不复论，辋川原是宋家园。蜿蜒池在荒丹鼎，狮顾江空失寺门。北海丰碑云麓近，南天半壁祝融尊。故人焉用通名姓，鼓箧行行子若孙。

往事真成秃角犀，飞空直上此为梯。献儿谁复撄狋狗，脱粟那堪索只鸡。秋月冰壶原共照，春风寒雪自无蹊。康庄路在凭君到，莫待门前水向西。

十五年前赋遂初，何期风雨共篷庐。两斋有愧胡公教，五失曾抄柳氏书。人爱吸嘘能活马，天教老健早悬车。涓涓滴滴寰川水，流到东瀛注尾闾。

青青藜火彻回廊，与尔凭栏揽四荒。大邑万家环艺苑，危楼百尺拱文昌。山分岣嵝罘罳绕，水入湘流玉带长。旺气即今还勃勃，英雄好为赋灵光。

一编手把傍西清，七十三年香火情。帆势饱风凌阁影，渔歌唱月杂书声。桥边云湿知龙化，冈畔梧深听凤鸣。车马江干劳慰问，又从门下见门生。

天开此地濯尘缨，阁上应逢太乙精。春恋王孙芳草合，秋迎宾雁暮烟横。松林月起披衣坐，柳岸风来掉臂行。到此不须游海上，伯牙应是早移情。

落月溶溶照玉川，尔曹对此念寒泉。冥心自许磨砖镜，壮士偏能造铁船。莫换寸阴三尺璧，休嗟满腹一囊钱。老夫愧作名山主，五十年馀木榻穿。

生来何必识之无，只恐逢场列滥竽。陶令题诗惟命子，周王作楫有烝徒。斯文悬象同云汉，吾道开关此辘轳。劝作玉人浑不信，请看一束是生刍。

日月江河万古明，尔曹勿作腐书生。殉城父母元祠庙，邱侯死张贼难。靖节衣冠见典型。时弟子员多死难者，予于县治特表之。礼乐有人携后进，文章传世自明廷。相期砥砺成男子，莫让前贤寿汗青。

玉在深山珠在渊，虹光耿耿气冲天。好从清夜摩方寸，莫为灵光费十年。尚友何人曾复起，五陵同学自先鞭。昂昂掘井当初愿，九轫谁甘不及泉。

某生索题偕老图，集毛诗四句应之

君子偕老，缟衣綦巾。鸤鸠在桑，载好其音。

和陶七兄嵇山见怀韵三首

肯从桃李斗芳菲，丛桂寒梅露未晞。一自悬车先扫迹，岂因抱瓮始忘机。论文回首嗟今昔，注脚扪心有是非。独揣行藏还异样，君依城市我山扉。予少时与七兄论文，夜分不辍，故有论文句。

秋丛亦自吐芳菲，不似春山待露晞。陇月野云成我伴，海鸥江鹤总天机。闲来始觉身无恙，老去弥知道未非。但使寸心能共许，漫劳五马到柴扉。

漫从下体采葑菲，同此阳和露不晞。浩荡我能超世网，辘轳人爱费心机。守残玄谷三彭泣，读罢黄庭万事非。自喜辋川风物好，尽教裴迪过荆扉。

玉山晓起即事

苍茫元气合，不复辨西东。晓雾横江白，朝暾射水红。舟从斜浦出，人在急流中。独立惊年暮，残光莫放空。

答中书旧僚用嵇山韵

老来生意尚萋菲，玉漏金壶滴未晞。万物岂能逃劫数，若曹空自费心机。身存独我惭三省，礼在何人戒四非。寄语明光裁诏伴，近来无梦傍纶扉。予曾直中书省六年。

赠陈少府

少年鼻息如鸠虎，为何早学孔巢父。不琴不杖不衣冠，白石清泉环小圃。古来英雄头尽白，时当代谢功如许。九天云垂海水立，仙仙方作冥鸿举。讶君此日颜如渥，千秋事业日未午。出关好去请长缨，逢逢手应挝鼍鼓。胡为乎敛将豪气付虚舟，萧萧(趺)〔趺〕坐傍林坞。科头斜倚古松根，几竿修竹迎风舞。晚来新月上梧桐，一丘一壑依兰杜。摇头不羡万户侯，雷雨休言何日补。夜半深山扣角歌，雄剑忽鸣还起舞。且趁林下归人稀，让侬独作湖山主。

送葛信天归昆山

昆山老人七十五，胸罗万有复千古。当年驰骋独扬徽，馀勇老去还堪贾。晚来万事付浮云，光风霁月消阴雨。我羁薄宦未相逢，逢君近在榕门府。榕门经术勒旂常，不是端人宁肯取。闻共肝肠数十年，形骸不复分宾主。我来最后头皆白，倾盖何期融水乳。把臂同登百尺楼，四山云气翻天吐。区区笔墨何足论，良工自识同辛苦。吁嗟羊肠与鸡肋，只许冥鸿超网罟。文章传世我何能，多君手伐雷门鼓。时先生劝梓《周礼》、《考古》诸书。夜来秉烛说前贤，不信今人弃如土。适闻从者唱骊驹，绣衣主人为出祖。香山会上几人在，(杕)〔杕〕杜行吟愁踽踽。送君扶杖共迟迟，黄发盈盈照江浦。江间飞燕诏危樯，江上落花迎客舞。到家为我谢溪山，十载倦游何日补。梦游曾入洞庭穴，镜湖飞渡辞天姥。约君再到采湘蘅，掉头难舍藏春坞。着花老树是灵椿，玉芝丛桂环门户。儿曹扶我望归帆，望入江烟天正午。

登江楼

水天一色沓浮空，万里长江一望中。借问奔流何处息，茫茫东下百川同。

题杨春涯小照三首

小山迤逶接高冈，断续风来送乱香。树下何人憨独坐，秋林岩石正苍苍。

怀抱于今付海田，翛翛趺坐石林边。清香扑鼻来何处，风在朝阳月在天。

十年携手桂林游，剑气铮铮撼九秋。何事故人同我老，梧桐树下且淹留。

陈少府小照三首

空山独坐自年年，五斗何堪博一毡。此膝不教还再屈，悠悠长抱谢苍天。

帏边积雪正崚嶒，汤饼当年冻早凝。生时值雪夜。回首劬劳何以报，可怜君欲卧江冰。

匣中健笔正纵横，偶为乖龙一点（晴）〔睛〕①。闻说生时逢雪夜，天工早为净聪明。

送陈明府扶侍归粤

湘漓之江分二水，二水一源阳朔是。况复君家自楚南，君光世楚人。风土依稀同桑梓。君过庭闻闻大义，直以宰官成令子。初时迎

①据文意改。

养湘之阴，湘北借寇潜江汜。南之莼湖北之淞，采得清香和甘旨。掉头忽咏归去辞，粟养何如侍膳喜。一帆南挂归子舍，维山有笋江有鲤。老人豪兴下长沙，三世团圞随杖履。天南制府繄阿仲，其弟榕门先生抚楚。吴楚万家歌孔迩。出郭欢迎执手时，白发朱衣照葛藟。罗江汨水奉重游，岳麓峰头还徙倚。游罢促舟返西粤，龙钟无恙闲凭几。二千里外布帆旋，郎官依旧将滫瀡。当年我亦恋庭帏，请养挂冠归故里。蓼莪空呼罔极天，久矣伤心陟岵屺。羡君天独鉴其衷，堂上黄发犹儿齿。吾辈读书学何事，此事君今得之矣。

马君小照

芒鞋羽扇，松下老翁。喁于天籁，劲节谁同。科头啜茗，羲皇之风。乘彼白云，蛮触一空。

赠南丰谢愧于文学

外有贤师内有祖，人生那得两美聚。祖以道脉贻厥孙，师为端人方拔取。君家秋水开讲席，曾为先贤剖肺腑。阿孙铮铮后来杰，帐里燃灯绳其武。尔师榕门今大儒，发为经济光台辅。游其门者多特达，惟君牖下孕雷雨。两处兼培此一身，况复国士非哙伍。千秋信史借鸿才，时应聘修《湖南通志》。此事直须挥大斧。不学梼杌学马班，一字难芟亦难补。指日书成悬国门，内外渊源应共许。

《邂逅篇》和刘梅垞见寄原韵

读书人，磨铁杵。琢绣针，纫细缕。君家在中湘，宅于湘之浒。骐驎真神骏，岩岩成器宇。我以袜线丝，谬为织女补。同舟时往来，志在共千古。一饭我徒先，联翩同朝宁。君戴惠文冠，昆季皆簪组。东越与西川，司命文章谱。我入白虎观，宝山聊手取。典礼稽周官，箾韶学干羽。天禄经史丛，枞枞相钟鼓。君独撄龙鳞，不肯怀安土。从此参与商，出没不复聚。君作越人吟，我闭深山户。征书屡到门，考槃长独处。思君万里远，冥鸿那得举。圣主赐生还，士林争先睹。相忆廿馀年，相逢无一语。次第写其心，赤日不知暑。溯我席名山，屈指年十五。予戊辰主讲岳麓。区区一片心，不敢薄训诂。刍荛铭石壁，后来人起舞。同人以予学规勒石壁间。七贤与八达，何物敢挥麈。吁嗟乎拱极楼头高百尺，秋水伊人望中渚。携手大叫问江神，苍梧茫茫在何许。

寄友

萧萧白发比肩垂，五十秋来各自知。不记当年风雨伴，论文总到夜深时。

有感

白是琼瑶红琥珀，此星天上名财帛。童家金坞筑多时，将为何人供一掷。

答彭二兄湘南

十八年来断好音，刁家池上忽同临。满腔心事何从说，旧雨人情未可寻。蔼蔼凉飔袪酷暑，光光赤日射层阴。多君才力偏强健，白石南山夜半吟。

锄经续草卷之二

陈师山孝廉自公车还索题小照

不向三春掇早芳，秋深此处架方床。何人月里通消息，放出郗林一段香。

科头芒履白相寻，游戏原来别有心。闻说陶分同禹寸，英雄从古重光阴。

师山匆匆揖别，曰此行我过宝山，却空手还也，因韵送之

一夜天风到宝山，如何两手又空还。回头试望登山路，万丈霞光不可攀。

寄云鹤山人

千里蒹葭水一方，何期大隐寄城旁。云留倦鸟归何处，月送游人夜未央。草阁雨迷荑柳色，山村风乱藕花香。九溪藜杖来偏晚，为问难兄第几行。令兄与予同年。

游稻香园赋赠雨泉监司

世上纷纷蛮与触，硕人考槃在空谷。空谷偏藏阛阓中，少微光射城东曲。柳线如丝尚未齐，一围新绿已低迷。流莺只向春风

骂，骂得黄鹂不敢啼。何物亭亭先出水，含漪绝不粘泥滓。如今尚有爱莲人，入馔和羹甘且旨。入以荷花为糁食。未秋先送稻花香，岂为千仓与万箱。驱犊耦耕林下事，老农呼取共襄羊。施罟沼中声哕哕，鬐鬣一张雷雨会。金刀缕切何纷纶，主人自爱鲈鱼鲙。飘风习习自南来，筑得迎风小石台。为语游人防路滑，亭边千尺水潆洄。迤逦百步又高阁，北望洞庭南海角。九千岳麓此平临，烁烁金盆看月落。曲曲者堤方者圃，犬吠鸡鸣风太古。四时不断杂花飞，香散长沙十万户。午梦如何忽小惊，弹棋客到响丁丁。烂柯人去无消息，万古闲闲局上争。争罢兴豪何栩栩，那问三三和五五。摘得青荷当酒筒，有则酾兮无则酤。醉馀泼墨意如何，写尽烟霞入一窝。大隐有心寻伴侣，殷勤分宅共丘阿。公分宅留予。我亦廿年林下歇，偶因玩此过城阙。明朝葛履又还山，恋我光风与霁月。

答刘文学

刘生后来彦，与我共潭州。萍水交何淡，数月忽淹留。披豁露心胸，针芥自相投。君身思壁立，脂韦意所羞。坐叹江河下，砥柱亦东流。相逢今恨晚，杖履遂偕游。桑榆吾已老，千腋补完裘。廿年林下事，不是傲王侯。谁为端人者，吾欲取其尤。君倚松根底，云雨郁长虬。谈虎应惊虎，骑牛莫觅牛。年力尔方壮，日月正悠悠。莲花潭十丈，下有夜光浮。席上诚拱璧，万贯辇相求。

山中答老友月槎

廿载从容赋遂初，官场礼数已全疏。为除火气曾闻道，未死名心再著书。长夜一灯人已去，深山千古事何如。莫看翡翠兰苕上，万态浮云任卷舒。

寄呈陈宫傅榕门先生

国有大臣岳渎拟，桂岭峨峨漓涨涨。至尊南顾托斯人，清光直湛洞庭水。仰思命我为何事，只为疮痍忧赤子。即今节钺遍寰区，雷厉风行无远迩。东方海岱西流沙，南至六诏北燕市。航海梯山树屏藩，百度一张还一弛。植嘉禾兮刈稂莠，鲸鲵不复噬鲂鲤。有时大雅扣鼓钟，有时田间烝髦上。同胞同姓总亲亲，天禄共之忘我尔。回首依依存问多，布衣故旧怀乡里。吾乡何幸荷重来，来为苍生敷帝祉。行旌未发风声到，几人变色汗如水。我因归养老衡门，征书空照乌皮几。自识荆州近十年，折简频招为倒屣。相见故人头尽白，本来面目无瑕滓。晚年所得更如何，鹿洞鹅湖原一揆。每从公暇论千古，尚觉元音闻正始。文章许我万人传，播扬我自惭糠秕。公为我刻《周礼会要》。钦哉帝命总职方，九服六师挥马棰。冢宰天官统六卿，狄笼吕袋纲而纪。武功文德翊昌期，斗北天南环赐履。长沙风浪摧舳舻，当年都会荒烟里。岳麓高风扇紫阳，菁菁者莪在中沚。公今入告指掌中，为我士民谋干止。龙钟我自漏残时，不信河清人可俟。作歌留待史臣看，汤陆潜庵稼书二公谁鼎峙。末及新河、岳麓二事。

寄稻香园主人

稻花香信近如何，我欲移尊一再過。小醉熏风醒正午，农人齐唱考槃歌。

和乔大中丞又一村韵

绿野田田入墨庄，催春晓树啭离黄。万家烟罨晴云湿，千亩醪和湛露香。碑揖岣嵝临大麓，源寻阳朔指清湘。予曾寻湘源入阳朔洞中深处。亭台亭下青青草，一任横生学植杨。

为中丞课士赋

岂为勤开陆氏庄，九皋相马不骊黄。匠心雷动三冬蛰，墨气风和百合香。自昔大文传禹甸，于今吾道在衡湘。国家锡庆从兹盛，亦是南桑亦北杨。

寿中丞润斋先生仍用前韵

橘井桃源绕戟门，千寻玉树涌云根。红绫裹得供朝膳，金露颁来入午樽。庭曲唱飞南海鹤，天池潜化北溟鲲。公馀懒玩闲花草，宋艳班香又一村。公曾偕幕中诸友倡和于又一村。

送乔公子朴园归里

翩翩公子拜高牙，赋别应成手八叉。大酉有书分宦橐，南金入贡向京华。时还苏办贡。寝庭桃李风翻袖，春草池塘梦到家。久羡鲈鱼滋味好，可怀老友寄长沙。

朴园阅《锄经馀草》赠我长歌依韵赋答

六经烟海正茫茫，我仅潜窥一线光。窥之又久叹望洋，况值飙风万木僵。寸心何处问庚桑，岂期公子怀方独。岳岳早岁风期树，令望不笑伧言堪，覆瓿长歌翻许扣宫商。吾道有人分黑白，风蔼蔼兮月苍苍。七十年来残齿发，笔秃砚磨事半荒。今日对君犹起舞，英特如君肯息遑。君逢圣主正当阳，渊源治谱濯沅湘。归与来岁倾三峡，向若谁云斗可量。吁嗟乎万里无程孔孟乡，龙胎琼液出芝房。送君云拥洞庭北，好共遗经一瓣香。

熊监司征消暑四物诗各四绝何

棕鞋

夜（乂）〔叉〕① 头下发如丝，正是山人业屦时。不线不针偏绣得，渔樵呼伴好相随。

伐毛树上巧编成，款款清风足下生。偶为看花沾草露，松枝斜挂趁山晴。

非麻非练亦非丝，经纬纵横结构奇。着向香山池上去，始始云履尚差池。

免将赤脚踏层冰，有物丛生好结绳。红女不劳（栽）〔裁〕②尺寸，青山白石走腾腾。

竹簟

不许炎熇作甑蒸，卧来八尺玉壶冰。可怜热客黄尘里，谁向其间曲一肱。

如箦丛中万片分，盈盈织就细波纹。道人小梦心脾冷，错认巫山一段云。

何须石枕竹方床，才得侵肤意已凉。莫怪昌黎惊眼滑，梦中

①②据文意改。

犹吸竹花香。

成方成幅织千条，顿使炎威透体消。直恐龙孙生夜雨，寒风卷我上青霄。

蕉扇

绿光团就绿阴空，非纸非蒲月半弓。珍重莫教怀素见，恐将残墨洒清风。

一握凉飙何物招，秋旋羊角蕉名暑全销。小鬟偷掩芙蓉面，两袖风生不用摇。

湘天雨夜滴才干，一拂清飕气已寒。梦里莫教空覆鹿，留祛蚊蚋五更安。

曾在园林煽碧天，裁成六角好风旋。寒阴不似齐纨薄，那怕秋来箧笥捐。

葛衫

蛟绡不用剪龙宫，薄薄絺衣浅浅工。总有炎威留不住，萧萧来去度熏风。

含风软软静朝晖，只爱韶州制作稀。自笑潇湘林下客，误思荷叶办秋衣。

短短裁衫露半胸，疏疏薄薄野人同。汉宫无复裁罗绮，玉臂香肌透晚风。

恩光从古暑时逢，灿烂宫衣下九重。昨日端阳知拜赐，自天题处湿浓浓。

山中答友

故人休问讯，久矣谢驰驱。长夏看黄茂，清秋倚碧梧。蛟蜒辞网罟，麟凤笑庖厨。年少安西客，当关正弃繻。

重游千寿寺答碧朗韵二首

长沙古寺半蒿莱，池上山门照昔开。月窟轮中花渐老，玉皇香案吏重来。光风霭霭人何处，忆张砺山、吕郡伯。剑气铮铮土一堆。时朱韩五、郭昆圃、李蔚中俱逝。方外旧游馀碧朗，约从岳麓探秋回。

野云深处稻花香，好问潜夫到草堂。老去自怜辞阙早，梦中犹为读书忙。萧条白社春无主，歌舞朱门夜未央。只有瞿昙风味好，一声清磬彻沧浪。

送岳麓学徒殷盘归里

恨子来何晚，殷勤执手时。说经争一席，问道断千岐。青草帆初挂，黄槐约有期。九千馀级在岳麓峰，回首莫迟迟。

佛手柑三绝句

千手攒成果一枚，宗门方便此中开。指将大路凭来往，免入迷途去不同。

浸入家醅久未尝，徐从盏内放清香此物浸酒有香。悟来大士慈悲意，指点痴人出醉乡。

笛中有指状陂陀，空向人间施抚摩。应痛疮痍难下手，半伸半缩意如何。

醴陵鄢素庵像赞

人鬼关头财与色，跳出两关百夫特。近思一录自千秋，名教几人分白黑。醴泉近鄢君独点头，手把此书先自克。不居奇货却千金，好缣不爱新人织。留得思教来许有子荷薪千（斛）〔斤〕[①]力，老天不肯负斯人，勖哉尔后承燕翼。湘江水绿湘天远，涌入醴泉何湜湜。

寿旧学徒陈佩田

回首从游五十春，知君心事总天真。过庭不见先人面，生时其父已没。问寝孤依母氏身。五色龙文浮石表，一枝玉树护灵根。儿孙相结丝萝好，古道冲冲共饮醇。

寿衡山刘同庵七十谭丹麓外甥

四十年前长安市，吏部丹麓吾桑梓。为余屈指说英才，自许吾甥刘氏子。此后浮沉宦海中，江乡人事隔邮筒。归来人口争脍炙，始信乃舅语非空。异哉同庵任天性，笃一本兮敦同姓。黝租宇下溥天和，亟助麦舟扶老病。年今七十萃琼琚，有子真能读父书。万里云霄先一鹗，鳞鳞遐福瞫神庐。噫嘻！人茹堇荨贪年百，

①据文意改。

六识为仇三彭厄。河车空度鹊空桥，岂知天寿翩翩在平格。

漫兴

平生万态付鸿毛，懒为亡羊学补牢。遇变始知更事浅，偷闲方怯用心劳。小松白雪新花宅，大布青衫旧战袍。留得百年真面目，老来焉用染须膏。

何须

何须浪说葛天民，渔子舟边懒问津。气热不嫌冰窖冷，山寒正启瓮头春。灯花瘦落论文坐，屐齿循环问字人。留客一宵无别物，笔床茶灶正相亲。

偶成

千树桃花绕一湾，十载心心问太还。云麓寺边涵颍水，潭州城畔有商山。莫须频折充宗角，自昔差归供奉班。怪杀瓮天老君士，昨宵忽梦玉门关。

丹桂至重阳始放，和熊观察韵五首

黄槐红橘总凡材，仙种何曾反早开。只向篱边看色好，谁知天上送香来。广寒移入龙山会，东阁还倾玉露杯。怪杀探秋人到晚，翻从岭右得春回。

节候宁能限异材，满城风雨待君开。客从晚圃寻芳去，天为重阳带月来。处士远招仙友伴，小山爱酌紫霞杯。莫嫌古干逢霜老，淮国园中折得回。

八月萧条学不材，芙蓉死后汝偏开。祇期金粟迎秋发，岂料仙香冒雨来。落帽风摇宫画扇，催租人问博罗杯。水清沙白猿啼日，独秀岩前正往回。

篱下飞将月窟材，黄花对此莫须开。古香未到深秋后，天意安能特放来。蛰岭云蒸桑苧茗，郗林客醉玉缸杯。庭槐已老江枫令，不殿群芳不肯回。

羞从蟾窟显奇材，风急天高始怒开。辛性肯随篱下出，高香偏向澹时来。谷幽耻结玲珑瓣，干老犹传薏苡杯。莫逐群芳争早发，徐徐迟暮领春回。

秋暮寄老友石帆

不见斯人久，鱼鸿杳未闻。江心摇落日，岳麓望停云。文字千秋共，行藏两地分。秋深风雨恶，泥泞正愁君。

赠子婿彭孝廉坊

掉头不肯别慈亲，乳燕雏鸟日日春。仰禄何如勤负米，始知真乐是天伦。

赠家侄宣侯即讯其尊人洪音兄

桑榆偏爱夕阳红，层次班衣四世同。我亦不须愁日暮，七经有主似阿翁。

答友人见讯

三春花色正离离，此意飘然欲语谁。安乐窝中争一席，逍遥乡内住多时。青蒲伏地余无梦，予曾考选得优等。白浪浮天总不知。时有水患。每到斜阳频望望，许多倦鸟采还枝。

原耒

老农厚耒学躬耕，林下年多竟习成。半世行藏谁与共，一生梦觉独无惊。手翻青简时千古，心忆黄庭正五更。却笑厨中添个事，朝朝别煮野莼羹。

学得

八十年间幻泡风，未逢木母与金公。晚来不问延年事，学得真成却病功。沐浴在心还在手，希夷非色亦非空。河车有路随朝暮，种就良田尺寸中。

题杨昆载爱日图

忠孝两图吾辈事，原欲两兼翻两失。可怜绝裾不归来，扶杖眼穿当落日。如君爱日倚阑干，朝朝旭日射盘餐。儿孙扶老嬉游处，百尺苍松竹万竿。日亦爱君为君驻，桑榆影映扶桑树。大呼壮士挽日车，鲁阳三舍回天度。焚香再拜谢弓旌，三公岂肯易三牲。冬来水石和人暖，一刻千金购鼎烹。我亦为亲辞诏禄，予告十年依鞠育。嗟今风木剩鸡豚，羡君色养钟遐福。

岁暮岳麓书院留别同学诸子三首

叶飞薪木下寒池，键户方开倏一期。乡共楚天原梓里，席分岳麓旧栖迟。光风霁月知人意，暮鼓晨钟是我师。徽国祠前同再拜，吾徒从此梦追随。

归与百里接风烟，马首东西各黯然。架庙情长应缱绻，倚闾望久莫留连。龙门十丈君登级，鹿洞千秋我执鞭。拱极楼头凭拭目，老夫家在绿云边。

相期岂独赋长杨，闽洛于今事半荒。自我传经厮问学，何人报国不文章。九千级矗高山仰，七百年馀涧水香。卅载校书郎不老，风流万古在湖湘。

岳麓书院解馆别诸生就道口占三绝

此别无多日，相逢在隔年。千金才一刻，好趁早春天。

明年正二月，出谷鸟嘤嘤。莫恋春光好，秋风听鹿鸣。

未了千秋事，还须秉烛行。江村深处去，不为养残生。

乙酉重主岳麓书院讲席，初到示同学诸子十五首

两鬓如霜半朽人，何期复此税奔轮。同侪别后几千日，兹地辞来十八春戊辰年曾五此席。暮景尚怜薪木在旧大樟树尚存，素心不厌陆庄贫。一登云麓峰头望，废井荒园指旧邻。

偶阅春耕岳麓西，晚来回首意低迷。紫薇红药怀三殿，予请告廿年矣。剩水残山忆九溪予曾席九溪。故道尚谙怜老马，晚天先唱学晨鸡。相逢且话鹅湖事，莫笑希文日断齑。

考槃暂别莫逡巡，我与名山旧主宾。鱼鸟故亲林下客，风云还恋涧中人。太平日月留衰老，盛世衣冠有逸民。为语庖厨司饮

馃，从今不许爨劳薪。

剑佩锵锵自远方，连床促膝傍汪乡。供薪野老知何姓，卖菜山佣在小庄。日射青衫成画锦，风吹古墨喷天香。六经以外无游好，更向谁家问短长。

试上山颠置此身，天机泼泼总无垠。渔家分与苍茫月，江上同游浩荡春。鸦闪衡残朝雾冷，鹤飞带得晚烟新。儿曹领取其中趣，不向桃花问去津。

衡峰万里接岷峨，为问诸君事若何。白日青春尘梦断，黄鹂紫燕好音多。但随北海操琴客，莫唱南山烂石歌。市骏台高逢此会，千金一刻忍蹉跎。

逝者茫茫谢故吾，偶从江上立须臾。飞沱有自观鱼鸟，昼夜如斯任兔乌。闻说秋来开铁网，可能海底足珊瑚。诸君到此心惊否，年少匆匆过隙驹。

闻鸡起舞趁丁年，肯让同行着早鞭。进履循济黄石略，晴窗晓阅白云篇。公车何日门金马，大海于今渡铁船。漫道南溟天样阔，培风有翼任翩跹。

杨柳丝丝放未匀，勖哉吾党此初春。自攻论语闻时习，一读盘铭凛日新。书院有时习、日新二斋。赤子之心原可大，苍生属望有何人。江涛为尔辞车马，寂静名山足比邻。

仰止高山万古程，一趋一步景前行。猗兰涧馨堪操缦，饮马池清好濯缨。砚滴石溪云五色，歌敲铜斗月三更。执经鼓箧寻常事，谈虎谁知吃大惊。

玉在昆山金在镕，不逢大匠付谁攻。牛羊最喜侵萌蘖，声闻从来送鼓钟。内省何如自亹亹，朋从未可任憧憧。考亭此语君知否，我欲悬之岳顶松。

晦翁性理旧行吟，一读遗书一整襟。薄暮已难添尽漏，残阳犹及补分阴。穷通只合安天命，理义由来悦我心。山顶六朝松不死，哦哦还和古时音。穷通二句用朱子咏。

帑金大赐亟鸠材，木石如山版筑栽。岂为亩宫谋广厦，只期居肆萃多才。荧荧灯火深宵灿，袅袅云烟万丈开。南国车书都会此，星沙光引斗牛来。

接席深林闭户时，九溪居士晚来痴。大风揭屋渔家醉，猛雨封山樵客知。折柳贯鱼厨下活，闻香寻橘水中坻。山僧不用频相访，倦翮归飞借一枝。

学海渊源何处寻，此间变化各浮沉。釜鬵自是烹鱼器，牝牡原非相马心。柯烂局终人未死，谷空刍老足传音。山中宰相浑闲事，只有斯文寿古今。

锄经续草卷之三

数碗

数碗闲闲一掬春，旁人莫漫比灵椿。水云到处亲鱼鸟，网罟何由迹凤麟。公等岂能辞说客，儿曹幸勿薄词人。自怜糟粕归何处，老去翛然尚斫轮。

即事

不遂痴心不肯休，世情谁复问虚舟。新遮朝贵惊行马，惯窃公杯羡海鸥柳家奴名。千里好音飞雪夜，万家和气动云游。寄声林下同归客，且蓄青钱挂杖头。

和菊园韵

曾无虫鼠介心胸，手把金锤叩大镛。只说暮年腰懒折，谁知壮岁膝先封。仪注广文无屈膝例。篱边晚圃深秋菊，霜后寒山一老松。不识天心争健我，可因后起借陶镕。

谢客

山村鸟语闹残更，旋起驱牛学耦耕。画省握兰他日梦，金城种柳百年情。香焚几瓣从教祝，盖遇伊人便早倾。车骑莫寻林下客，年来懒为洗征尘。

读史有感

青编读罢想雷陈，鹿鹿何堪谒后尘。王雅宾从珣宅去，武安客笑魏家贫。为贪富贵长留贼，翻怨朝廷喜负人。最喜今时无此辈，太平扶杖任微臣。

重游岳麓

一从辞此地，廿载伴渔樵。翠竹依三宝，苍松自六朝。傍溪寻水窦，缘石歇峰腰。莫怪诸僧老，山容亦半凋。

再来还识路，径直到山椒。一望川原阔，千重井里遥。穿云霾老树，截石补欹桥。欲说当年事，闲僧总寂寥。

岳麓大成殿外古樟

岳麓苍然一古樟，先师杖履蘸馀光。垂阴堪布三千席，缘杪能窥数仞墙。云罥碑亭迷野径，风吹江土撼危樯。秦松汉柏今何在，千载森森孔孟乡。

答扶桑翁

未能浮海就扶桑，矫首迢迢望八荒。今日有谁争出处，知君无与共行藏。壶中莫辨冷泉水，梦里犹吞灌雪汤。却笑王翁贪作赋，如何袖手谢灵光。

赋得百川东注拟同归

注下川凡百，朝宗我亦同。此心元拱北，似水爱归东。拜舞鱼龙送，安澜魍魉空。禹门回首望，万里一朝通。

答友人见讯

桑榆安得转扶桑，自笑同时鬓尽苍。朝露岂能饶大耋，夕阳还许趁馀光。翩翩裘马输年少，楚楚衣冠付漫郎。一咏一触三拍手，口中无复问雌黄。

赋得春雨如膏

满楼风正起，林叶响铮铮。帘卷高唐暮，盆翻大海倾。甘泉随电涌，石鼓应雷鸣。牖户网缪久，营巢上下平。云浮龙伯国，花落锦官城。南服千郊润，西畴亿井耕。崇朝膏六合，万里瑞长清。天怒须臾霁，羲和报晓晴。

岳麓即事

山椒五月欲披裘，借问游人号四休。采菊客来迟九日，种松人去几千秋。贪看野水频登麓，为望重湖更上楼。孤鹤昨宵如有约，赤沙青草一扁舟。

漫兴答宦途亲友

勇退须臾二十秋，不求行乐亦无愁。故人屈指多黄土，同学重逢尽白头。鹤唳江天横野阔，鸿飞沙渚暮云收。酒阑日落笙歌散，好趁残光下彩楼。

补和报朱共山韵二首

风烟接处梦相寻，怀我音偏出泮林。自是有刀难切玉，非关惜墨久如金。江干几度思横槊，海上何人共听琴。一自锄经论旧草，寸心来往到如今。

说剑何须问短长，匣中从不露光芒。亡书曾欲窥三箧，记事能思第几行。腊尽寒梅无艳色，秋深老桂吐天香。我从岳麓峰头望，返日挥戈是鲁阳。

馆阁有致书相招者，诗以谢之

当年忝窃奉君羹，白虎金鳌咳吐清。一自身孤难逮养，予终养后二十年未赴补。岂因日暮始逃名。洛中谁忆刘三椵，汉世虚传马二卿。寄语朝端诸故旧，沧江梦稳莫相惊。

归兴

衡门久矣养吾真，况复苍天健此身。两岸霜花如送客，四山云物莫留人。淡交翻笑陈雷薄，知己何须管鲍亲。归去湘西残照外，九溪深处绝风尘。

游岳麓寺

予性不媚佛，却爱此禅林。林中有修竹，萧洒佛我心。又有六朝松，飒飒扫我襟。冷泉如不流，静里滴幽琴。夜深万籁寂，山院送书音。巉岩山半石，云过点秋阴。森森清湘水，回漩自古今。老僧如解此，莫向苦空寻。

岳麓书院留别

莫学鷦鷯恋一枝，天空海阔任栖迟。婆心只欲裁吾党，公道由来出秉彝。梧月鹤从云外下，柳风人在水之湄。归与消受闲闲意，问我如何总不知。

年来风雨共三馀，此去纷纷脂尔车。凫胫欲长缘鹤短，鹊巢虽巧是鸠居。门墙自古须垣墉，荆棘于今尽扫除。自有千秋遗爱在，逝梁发笱敢何如。

从容杖履不教扶，八十年来一老夫。天惜蹉跎将寿补，人知古直用心孤。岂因罕氏能辞玉，谁识齐廷有滥竽。云汉为章千载会，书生报国在吾徒。

即事

风轻月淡上孤台，木雁之间才不才。世事略知年已老，物情欲说口难开。衡茅早避驰驱路，轩冕休劳介绍来。矫首暮天云外望，四山清绝出尘埃。

送岳麓中式诸徒

人生千载后，力学为何事。区区温饱徒，只羡荣名遂。悲哉岩穴中，十年人待字。诸君拾青紫，此事匪容易。从来读书人，苍生命所寄。我仕未亲民，到老心犹悸。行矣望贤达，好张吾道帜。圣主正当阳，侧席劳梦寐。霖雨洒六合，始快同人意。彼苍不负人，毋忘蘧庐志。

秋兴

梧桐子叶尽离柯，飒飒金风散薜萝。与世难亲怜我老，论文不倦赚朋多。儿孙满眼知贤否，兄弟长辞奈命何。却有壮时心事在，独惭无术补蹉跎。

寄陈雨泉观察

白发相逢又十年，知交多半散秋烟。旧游还恋山川好，戊辰予曾席岳麓。馀痛空为父老怜今夏大饥。一自坐闻香稻坞，至今梦看采莲船。曾游公别墅。鱼膏花脯厨应剩，准拟重来雪夜天。

重别岳麓书院诸生

簇新墙屋好相依，奈尔高堂念久违。江水有情怜我别，蘧庐无恙望人归。斯民三代行皆直，吾道千秋事未非。行矣自今穿老眼，空山薪木起光辉。

日暮

日暮云栖处，遥空一鸟归。鸟与云同宿，投林遂懒飞。

答友人问

不敲如意不悲歌，大造今如此老何。空谷衡门来客少，高山流水引人多。夔龙早自知巢许，簪绂那堪易薜萝。日暮携筇溪上望，闲闲牧笛与樵柯。

深岩

深岩两老翁，对（奕）〔弈〕无卯酒。旁看有樵夫，不知柯烂否。

书院偶成

归来早学葛天民，又憩他山两度春。偶忆及门如昨日，可堪残友不多人。晚知诗律弥难细，久惯家风未厌贫。却怕孙曾争问字，挽须拍臂转相嗔。

万物

万物舒卷任鸿蒙，每逢冬至藏于空。大海蛇龙尽闲蛰，况尔区区乃昆虫。尔不自量悄一出，捕者秉畀炎火中。独有魍魉与魑魅，横行川泽肆厥雄。岂无震雷司霹雳，时当收怒敛威风。

庚申

水落山空石径堕，小园凋尽老梧枝。庚申夜静三尸化，甲子年长大岁知。铅冶岂无成液日，丹炉未有得金期。彤廷玉版流传久，不死千秋定是谁。

纪梦

昨宵忽梦着朝衣，鸡人唱晓早鸦飞。凤凰池上风光暖，鳷鹊楼头月色微。簇簇冠裳仪似旧，锵锵钟虡物增辉。红云正捧明天子，豹尾螭头式九围。

淮阴怀古二绝

去时月下苦相追，赚得藏弓万古悲。知已功成还若此，谁云荐士不须疑。

汉家猛士受封时，震主勋高事已危。如此战功犹不免，英雄杖策更何为。

春日喜雨

疾雷鸣雨满江干，翻爱春风送晚寒。壮者驱牛忙起土，老人扶杖喜加餐。秋来始信田家乐，道上谁歌行路难。太史从兹书大有，润沾丛桂长栏杆。

答友

翛然吾自爱吾庐，千古悠悠付于虚。风雨雷霆天有教，黄农虞夏世何书。晚来愿补光阴漏，老去无如日月除。八十年馀头早鹤，故人犹望报琼琚。

题黄位百孝廉读《易》图小照

一见当年读易图，春花芳草佐醍醐。可怜手易人何处，为问韦编绝也无。闻君读易不言易，枕中一卷归窀穸。叹彼悠悠皓首儒，空执羲图亦何益。自君去后事难言，载鬼张弧白昼昏。泉下亦知消息否，可排蓍筴问乾坤。

本柝三首

忽惊何物振丁东，睡眼朦胧起梦中。北海碑前声出谷，东山殿侧响摩空。五更有尔催心战，三日知谁讶耳聋。后学敢云师木铎，殷勤几叩鼓春风。耳聋用释家事。

嘹亮高堂欲（八）〔入〕云，空山风叶落纷纷。此声好洗生徒耳，孤响难教市井闻。岂用张皇持六节，谁知号令拟三军。明年大比观光日，携向龙门报策勋。一作叩大文。

怪尔虚中意气横，尺槌一叩已噌吰。三春不用遒人击，五夜休烦盍旦鸣。令到有谁贪宴逸，听时各自问功程。老夫濩濩年来久，助我长劳聒聒声。

春日同友人到岳麓书院

不拄游山杖，群山到坐中。涧流新夜雨，江送旧春风。松竹知时节，莺花待化工。峰头舒老眼，万壑自朝东。

苦雨二首

连月农人未解蓑，出门无奈滑泥何。天心自转宁馀怒，日道无光闭太和。二麦油油遗穗少，千家羃羃湿烟多。太平自有调元法，时雨时风四野歌。

星光明灭久依稀，莫上高台望少微。半学斋头春草乱，四箴亭下晚花飞。迷离帝子云犹密，怅望王孙屣未归。偶访逸人登小艇，须臾湿尽芰荷衣。

鼠

托身空自居华屋，一抔半瓯意已足。但愿主人仓廪丰，年年窃饱无功禄。

戏答智光和尚

智光学佛意如何，升去敲钟写贝多。谁道空门辞苦恼，搬柴运水事偏多。

愿筑茅斋学出家，不忝般若不袈裟。何人点额林间听，读罢儒书又法华。

肸得天边沆瀣浆，从来不许俗人尝。此浆淡泊清如水，一勺殷勤寄智光。

示同学诸子四首

升沉有梦不须惊，釜破山移事总成。未向云中骑鹤背，且从壁上点龙睛。人间岂有长生果，斯道犹争不死名。说与吾徒添一笑，老夫秉烛正三更。

髦岁风光一隙过，扪心千古事如何。平生自许勤时补，此日方知误处多。挺挺青衫扶杖履，匆匆白发挽蹉跎。相逢旧侣斜阳语，约到衡峰觅涧阿。

阴阴灵麓雨丝丝，霁后翛然近午时。携得老松风满袖，汲来古井月盈卮。空思吾辈三游伴，时记当年一字师。我欲与人谈猛虎，不知变色是伊谁。

古香不断橘花洲，回首前贤帐未收。自是乱丝方掣剑，偶逢良冶教为裘。兴来那觉精神健，老至谁将日月留。倚马何人成露布，天南鼙鼓待三秋。闻南征王师待秋振旅。

送曹生德孚归寿母氏

振铎之裔家浏水，溯到沩江二百里。忽遣仲子从我游，母氏殷勤属其子。何以溢之培厥基，事在先经而后史。守此挺然八字脚，区区帖括徒劳耳。勖哉发箧早下帷，千里正从足下始。酝酿功到自显扬，九重咫尺锡金紫。金紫方来贵及时，甲子今周亲老矣。千金何处赎分阴，枕戈此夜闻鸡起。归与将母谂斯言，料得北堂人色喜。

骤雨

赤日归何处，高天亦不知。可怜今古事，谁识变迁期。雷自晴峰下，风从静壑移。午虹才一出，杲杲又重离。

有感

蛮触如何事事违，一巾一杖自忘机。黄鹂有意同春老，白雁无情冒雨归。不见故人馀马鬣，几闻厚禄忆牛衣。闲来故向苍天问，吾道悠悠正未非。

即事

卷帙鳞鳞莫漫收，老来此物是菟裘。岂因松菊开三径，不借莼鲈傲五侯。远岫云来封石磴，大江风起渡渔舟。山中自喜归与早，八十年馀正白头。

闻云南小警

百年僰爨久成城，小丑何知犯太平。南诏桑麻惊乐土，北来戎马自神京。身馀黄发空忧国，官为苍生肯黩兵。六十九家经籍在，彩云应复照昆明。

农事忆友

治生吾已拙，愿学上农夫。不识西畴伴，曾辞北阙无。豆花飞陇畔，瓜瓞曼丘隅。酿秫秋来熟，香醪不用沽。

漫兴

山林久已断风尘，此地重来不记旬。岂料浮生三万日，自怜后死四朝人。新硎尚忆儿童事，旧业空存老瘦身。秉烛馀光还借否，老妻姑酌瓮头春。是日家中酒至。

偶成

不曾漱石不餐霞，凡骨谁吞日月华。粥滑晨光炊薏苡，茶香午觉点胡麻。手风难起天边草，眼倦时看雾里花。只有遗经读未了，梦中还到郧侯家。

登阁

忽得素心人，携手高阁上。问天天不言，俯看长沙浪。

此浪何时息，默默问江神。江神亦不语，莫问渡江人。

江神应自讼，起灭总由风。风定元无浪，长江万里通。

试新

黄发垂肩客，又试此秋新。新炊白粲粲，愧此素餐人。素餐亦不愧，我故躬耕民。念彼荷蓧翁，终岁长苦辛。合家今一饱，剪纸谢田神。收获事渐毕，粒粒掌中珍。官租尚未送，先春逋其陈。铚镰方挂（璧）〔壁〕①，囷空已告贫。稚子将苦饥，况有待哺亲。呼号向老天，风雨膏未屯。君门虽万里，蠲赈诏屡（甲）〔申〕②。上莫怨彼苍，下莫昧皇仁。食众生者寡，地利固有垠。三五空馀夫，失业败其伦。安得恒产足，少壮力作均。新谷年年续，康饱祝灵椿。

---

①②据文意改。

怀人

别室归来又独餐，微言片纸忆长安。天寒雪拥三山路，日落云霾七里滩。千古有人愁我老，寸心未死著书残。亭林竹垞多时去，久矣羞称李杜坛。

暑中岳麓斋头即事四首

起坐趁鸡鸣，开门才辨色。短发不堪梳，纷披任偏仄。移步前轩下，从容防颠踣。同人互相起，争先无催逼。旭日带红光，清晓唯此刻。攻苦各及时，匆匆如不克。敢贪师席闲，此事关臣职。大臣奏至尊，煌煌天命敕。一朝事晏眠，终日羞素食。一人不先倡，桑梓无矜式。回首四三年，朝朝勤自饬。尚恐负知己，黾勉何时息。

楚楚二三子，三揖罗修屏。所执各有经，疑团多耿耿。我亦问津久，汲古引修绠。炎天汗浃背，低头忘日永。微雨破空来，洒面心亦冷。少顷薄云收，爽气相与静。

夕阳下山后，披衣步丘壑。农人刈稻归，馀穗付鼠雀。言念各村居，妇子同收获。形骸应为改，辛苦无老弱。我辈食不耕，对此能无怍。归斋暮色催，试听堂前柝。

呼童燋青灯，童报灯已著。一挑复一剔，灯花何煜爚。蚊蚋挟芒刺，趁夜营营作。有扇不暇挥，葛衫翻嫌薄。默思日闲语，隐隐抽秘钥。出户一高歌，星斗纷纷落。倦鬼不敢窥，老夫在高阁。

田间即事

廿年裹足谢征车，盛世巢（田）〔由〕[1] 漫卜居。老妇浅斟亲酿酒，幼孙学读手抄书。西畴事及人相告，东阁贤多我不如。修竹老松知此意，疏疏落落绕吾庐。

小柳

纤纤小苑亦依依，妆点青春春不知。猛雨濯来偏不妒，轻风扶处若相欺。行人欲折难伸手，年少同怜正及时。莫笑河边生意断，枯根还解发柔枝。

寿熊观察蔗泉

湘江巨浪总鳞鳞，不及恩波湛处匀。薪木出墙承晓露，万家举火待仁人。南风日竞文光炯，春雨天膏乐府新。时公作《春雨》咏。闻说勤民频揽辔，苍生寿集宰官身。

示岳麓同学诸子

奎聚五星此院起，鹿洞鹅湖相鼎峙。千秋呵护藉山灵，主持风教维君子。我愿尔曹佩德音，最慎廉隅归砺砥。无小无大尽誉髦，亦有楩楠亦杞梓。我亦三经折股人，击鼓加鞭乘寸晷。丹黄不敢爽铢两，文章泼泼洗波靡。枕戈待旦少年心，孳孳一日轻十里。丈夫有志羞温饱，岂为一身博金紫。济济榛楛王国桢，奉璋作楫酬知己。洞庭浩荡麓山高，举头有烂长沙子。

---

①据文意改。

岳麓即事

归来松菊径犹存，梦里时过金马门。莫道晚年逢胜地，青山主我是君恩。

寿周十雪舫六旬

乙卯冬集修门邸，文字之交从此始。君方讶我竟忘年，我则恨君见晚矣。邸舍连床历风雪，终日推敲夜不辍。轩轾千古忽无言，大叫一声天欲裂。君忽分符向富春，予亦玉皇香案臣。尔时青门饯一曲，此曲高歌动鬼神。书来索序弁文字，制锦新栽光篋笥。我非元晏亦持衡，汝南评服都人士。从此分飞各一天，燕山越水两茫然。鸡肋宦情君自薄，我求逮养早归田。吁嗟宦海墙头草，顺逆风来随倾倒。相逢惊见改须眉，我已八旬君亦老。自怜斫地老王郎，一犁春雨一铅霜。几度鹤书临畎亩，挥戈无力转斜阳。君家桂酒先秋酿，白头秉烛光应旺。不朽人间是立言，我从岳麓峰头望。

橘洲即事二首

橘洲犹未改，不复橘花香。麓色千层涌，江流万里长。石巉风飒飒，树古月苍苍。莫听渔歌唱，行行趁夕阳。

但令洲不灭，何必更留香。万古清芬在，当年老树荒。江城通粤牗，涝水失沅湘时大水。回首苍梧道，浮云正渺茫。

归舟到夏仪港王冲

归与催鼓棹，不许大阳西。野水千溪合山溪水发，江天万树低。

洲横新到雁，村唱晚来鸡。门首何人望，儿孙傍老妻。

送人往浙

江干千里起秋波，此去书生意若何。莫向富春山下过，羊裘老子笑人多过叶去声。

送熊观察还江西

风卷浪花霜落蕊，观察乃公今去矣。倾城出送泣思公，谷我饿夫造我士。吁嗟乎宦海波涛空际起，其中湜湜存其沚。归与笑饮西江水，寸心可对明天子。

口占送门人胡生归辰州

依依君念我，执手正临岐。望尔方千里，无忘暮雪时。

丁亥九日，登岳麓忆工部“落水长江，万里百年”之句有作

高秋催我驾长风，秋色秋心一望中。万里天清烟海净，百年人老爱河空。不知落木归何处，却信长江只向东。极目洞庭青草外，山僧遥指碧云宫洞庭名。

登楼

同人携手再登楼，水色山光万古留。画里江城横一线，天空云卷正高秋。

书院即事

翩翩还楚楚，连茹拔其茅。砚滴松梢露，文翻江上清。断云

生短几，霁月续残膏。逢掖虽蓝缕，耽耽夺锦袍。

漫兴

寂寂孤身绕百城，风清云淡雨初晴。一生未肯悲贫病，垂老空教乐太平。金解陆装无长去声物，书传王氏有门生。斜阳忽忆当年事，然烛先争漆火明。

深秋有怀

忽作天涯梦，谁知秋欲阑。夜眠更渐永，晨起气微寒。竹瘦金风竞，松孤玉露团。故人今在否，重会此生难。

怀人

四十年馀矢断金，不从文字觅遗音。屡经出处知交态，不隔炎凉见古心。芳草相思江月冷，寒花欲寄陇云深。可怜须发今难识，梦里茫茫何处寻。

示同学诸子

去家不百里，桑梓爱亲情。老学师前辈，童心戒后生。风腾秋水阔，露洗晚山清。掩卷寻高枕，谯楼报五更。

夜话岳麓斋头

与君终夕话，字字是肝肠。同室无人听，千秋此夜长。乾坤元有憾，蛮触在何乡。明日行藏别，无须问五仓。

老友远讯答之以诗

卅年曾执手，千里别江干。林下相逢少，衰年再见难。书封鱼雁懒，梦去云水寒。愿得天风起，轻身一羽翰。

半学斋即事

皋比开宋世，到此未离群。夜夜闻秋雨，朝朝起塞云。雁飞天有字，鱼跃沼成文。白首桑榆下，拈须对夕曛。

赋得落日故人情

寒风弗弗暮云平，游子天涯执手情。彳亍斜阳期后会，须臾残照话平生。孤帆江上逢秋雨，落木烟中放晚晴。只有梦魂偏不隔，千山万水百重城。

忽忆史、阿两相国，梅尚书经学三荐志感

一自栾栾守墓门，棘人无复梦星垣。庚午春丁艰，不能应召。未将经术酬知己，空忝虚名达至尊。六籍海中窥晓市，三台天上负春恩。老来回首丘山重，愿学愚公付子孙。

口占送门人曾生还凤凰厅路经武陵

送子南归去，桃花水上行。梧桐秋正好，伫听凤凰鸣。

答石帆见讯

月冷霜高正五更，书来江介寄金罂。百年岂免填沟壑，馀日徒思咏太平。吾楚故人经两世，斯文元气付三生。泉流滚滚辞山去，到海何时曲一泓。

送郑广文过江

送尔湘江去，行行且问津。风波今若此，三老是何人。

遣兴二首

枝是鷦鷯屋是蜗，老人久已学无怀。长辞朝市机关息，懒见公卿礼数乖。自笑乐天馀口业，敢从苦孔学心斋。庭前倚杖从容立，乱草荒池到处蛙。

褦襶衣裳乌角巾，陈陈万态总如新。穷通会上吾安命，生死关头尔问津。家惯力田时望岁，书从善价岂辞贫。冲天野鹤辞笼后，云路苍茫不世尘。

有叹

八百年来一朝菌，马王周相同蝼蚓。古称淳朴是长沙，今斗银屏赛玉笋。翩翩裘马年少客，手擎俊鹘笼鹰隼。红妆从不识懿筐，蚕月空教桑叶陨。城南城北有重湖，污莱久成浮蛤蜃。丁字湾头石齿齿，移向富家填沟畛。可怜陵谷尚如斯，况复居民阴雨窘。我携筇杖更何之，痛杀故人凋谢罄。

鬓中生黑丝即事

白石清溪绝点尘，老身莫是葛天民。朝廷尚已虚前席，造物何曾忌正人。为爱儿孙防失教，曾羞温饱不忧贫。漫惊霜鬓微微黑，疏竹残花共此春。

有怀

自敲如意自披帷，寂历深山独寐时。三年愿畜囊中艾，一字难求昔日师。枕内有书贻蔡氏，梦间残锦付丘迟。茫茫千古谁堪共，但有伊人在水湄。

对雪

满天雪子正霏霏，闭户先生独立时。冻雀到檐思借宿，同云封岫好支颐。一生病少非关药，与世情多不是痴。昨日家书曾报道，酒香梅放莫归迟。

褐宽

朝衣久换褐宽袍，不斩长蛟不钓鳌。老迈窃惭闻道晚，穷忙却为著书劳。治安何事轻流涕，秋兴空教叹二毛。八十年来聊自慰，痴人庸福任酕醄。

亦学

亦学躬耕亦负薪，启期端的是前身。勋名自昔元关数，富贵何曾解逼人。邂逅新交旋似旧，往来惯客不嫌贫。书生自有家风在，春酒秋菘道我真。

尚未

尚未填沟壑，无庸怨落晖。鸣鸡呼梦去，巢燕带春归。山半云生屦，溪边露湿衣。那寻林下伴，同上钓鱼矶。

漫兴

叆叇风光暮雪天，夜来休梦赋甘泉。久辞酒榼还心醉，遍读丹经不学仙。东府莼鲈先命驾，北山猿鹤自安眠。邻翁野老招寻惯，馆阁曾储月俸钱。

即事

草野微臣发久华，箧中还剩旧乌纱。秋山顶上升初日，溪水潭心贮落霞。老妇开罈倾竹叶，小僮候客扫梅花。不妨岁晚霜兼雪，榾柮烧来暖一家。

悠悠

泉石天教乐未悭，悠悠物我自相关。苍崖壁立乾坤老，碧水环流日月闲。猿鹤几年成老友，魍魉久日谢空山。春来秋去忘时节，不逐痴人问大还。

生涯

高天皛皛片云收，絮帽青衫鹤氅裘。甘旨何须谋雉鹨，同心不必抱衾裯。命长岂待仙方授，药大难从鼎内求。老子生涯随处足，林深山密涧长流。

砚

天象成圆地象方，文家传世尔珍藏。五车案上身偏重，四宝房中寿独长。呵气已教为雾雨，吮毫还欲挟风霜。不知力作功深否，尺寸良田却易荒。

岳麓留别诸子长句

宋世聚五星，翼轸钟其瑞。七百有馀年，朱张树厥帜。遂拟洙泗乡，文运宏光被。中间忽变置，茂草成荆刺院移城南。戊辰逢太守新安吕公，请我主讲肆。从者八十人，蛟腾云雨施。此地遂中兴，刻石留文字石勒讲堂。离此十七载，中丞乔公复延至。继此奏荐章，冯公题留。圣主可其议。我年已耄期，师道不敢坠。况复桑梓人，九仞资一篑。四子我津梁，经史我鼓吹。帖括我引绳，诗骚我发笥。坐客必如尸，立容必能德。硫错修廉隅，圭璋廊庙器。行铎日夕鸣，风雨无所悸。夜半尚篝炬，稽核防嬉戏。寝食经四稔，日新而月异。诸子多英流，岂不知我勚。今值卒岁时，霜雪亘行次。考槃吾有宅，卷橐归衡泌。聊自养天和，免致罹憔悴。明秋当计偕，勖哉善其事。琼液晋一杯，十倍进潞灑。忠臣孝子门，成名方养志。噫嘻乎巍巍岳麓九千级，平地高飞凭羽翼。

寄久别故人淮柏

江南芳草岁芊芊，烟水相思四十年。吾楚故人惟我在，斯文正派是谁传。马疲路半残阳驿，曲罢云归薄暮天。白首即今多按剑，深山何处吼龙泉。

黑夜

老天何不雨，彻夜只惊风。多少长征客，寒沙细雨中。

题邓君小照二首

小苑婆娑脱帽来，朗吟煮酒唤梅开。梅魂未死人先去，应恋清光上月台。

二十年前晋一觞，锦屏曾缀我文章。至今进酒人何处，留得斯文照草堂。

和林少尹《谕樵人》韵

人到棂门礼让先，樵夫胆大犯先贤。名山濯濯无萌蘖，良吏何能为汝怜。

山川云物此开先，久护灵光是后贤。嗟尔愚夫浑不识，宰官发指为谁怜。

斧磨修月让谁先，桑梓相期个个贤。留得参天由蘖在，仁侯亦为市童怜。

从来大戒小惩先，薄罚群惊吏治贤。一自片言垂铁案，樵人革面免求怜。

予掌教岳麓五载，年八十馀矣，以衰耄苦辞，当事不允，旋赋示同人

年逾八十别江干，准拟名山再到难。无奈主人长缱绻，遂令吾党又团圞。坚冰凿凿风何劲，春日迟迟气尚寒。报道来秋消息好，儒冠岳岳莫虚弹。

赋得时鸟多好音

不待秋官令，《周官》有与鸟言者。喈喈送远音。山光通野性，春色入微吟。岂逐冥飞侣，而无反舌心。朝阳何处是，鸣凤欲辞林。

求友情何切，空山一语林。宫商无次第，唱和不招寻。出谷传幽意，迁乔吐慧心。闻兹思正始，大雅是元音。

嘹亮因何事，交交出远林。绝无求粟意，还有在原心。偶听间关语，如闻快活吟。东坡有《快活吟》。闲窗曾读易，小过记遗音。

去家将百里，时鸟共乡音。亦有悲春意，应同惜别心。鸯鸳收翼左，鸣鹤在山阴。到处声相应，无忘此旧林。

陶公祠怀古

未肯优游入竹林，八州都督主恩深。分分寸寸光阴计，暮暮朝朝百甓心。莫道石头城已破，倘非骠骑事谁任。幸哉有地堪容足，爱子魂犹庆捷音。

止诗

渊明曾止酒，予今止乎诗。止酒人不醉，止诗心不痴。老来割所好，流播已多时。灵蛟还幽壑，鳞甲不之而。丹穴有老凤，岂露九苞仪。况我区区者，奚复炫文辞。游好六经在，性命久安之。一息无可止，念兹释亦兹。长揖辞庾鲍，康成是我师。

锄经续草卷之四

门人屠才盛画鲤遗我赋赠

屠生贻我鲤一尾，鬐鬣欲飞鳞亹亹。卷取溟池一束中，怪哉秃笔出神工。爱尔十三经尽熟，九年毛里麟角独。闻我开席洞庭南，寒雪午风来岳麓。偶挥此物意腾腾，暂卧东陵孝子冰。他时烧尾龙门去，云雷六合庆同升。

游清风峡口占

何必登高揽大荒，江天野水总茫茫。平生学取安身法，《易》云：利用安身。到老终无续命方。莫怪千家争聚讼，尽教四壁借馀光。清风峡上扶筇立，且得须臾透骨凉。

潭邑贞女唐玉桂诗

惊说天书下九重，始知老媛体犹童。脱缨空许归同穴，结发无缘独自封。璞蕴深山元未琢，金寒大（治）〔冶〕[1] 几曾镕。生前不识良人面，梦入天台何处逢。

赠尹钓叟

罗洋峰影射长沙，中有高人坐钓车。只爱山林依鹿豕，不从

---

①据文意改。

朝市斗龙蛇。雨馀独对三更月，天晓平分五色霞。一到橘洲台上望，春兰秋桂满溪花。

赠游岳麓者

半学斋头偶一过，轻风淡月意如何。此中尽可凭君取，不识怀间拾几多。

寝中作

久向名山借一枝，六经为枕寝于斯。一天霜重深宵里，满院灯残熟睡时。岂恨鸡声催日月，却邻马齿渐差池。老夫正有无穷事，晓色苍苍起莫迟。

偶兴

迢迢云汉色如银，那得飞帆去问津。不死正须寻绝业，长生久矣误痴人。十年幻梦空成泡，尽日浮生未染尘。传语后生休浪说，此中领取得吾真。

郑氏节妇断指诗

呱呱遗腹在，强作未亡人。指上青筋绝，刀边白血新。片肢成断骨，遗体得全身。为报泉台伴，芳名去后春。

戏复陶嵇山七兄

灼灼园中花，早发还先萎。迟迟涧畔松，郁郁含晚翠。诚哉此至言，迄今犹不易。平生葆天和，到老存元气。从不恋裙钗，岂屑图妩媚。室人病晕眩，巾栉凭谁侍。觅得缟綦侣，洗手代中馈。午夜借挑灯，时予方辑典制大文。肯作衾裯计。懦夫不解此，致词相哈戏。君子之所为，众人殊愦愦。

题友人小像

久稀城市迹，善士亦交疏。忽睹阿郎面，兼看旧友书。冠裳翔泮沼，事业寄桐庐。此日松楸下，行人涕洒如。

一番

一番猛雨一番风，古柏寒山震荡中。天怕小材无大用，洪(鑪)〔炉〕炼出古英雄。

挽邓生本

吉凶三世手中过，子曾作其祖寿文，又题其父像赞。眼见荣枯事几多。南去未收鹏徙翼，秋来不听鹿鸣歌。夜台魂是观光客，中谷人如不淑何。《戴记》吊辞：如何不淑。犹有陈雷同学在，时朱曙为之敛资。免教古道日江河。

漫兴

羲皇以上一痴人，姜桂何曾老更辛。两纪已知浮甲子，三尸焉用守庚申。敢凭须发跻前辈，不玷文章谒后尘。昨日客来谈邸报，可怜象齿竟焚身。

示同学

星沙山郭雨其蒙，滚滚江流自向东。几度柝鸣天未晓，每逢讲罢日先中。云雷勃勃知何似，风月闲闲意略同。壁上偶观馀战色，免教咄咄只书空。

偶忆

江村寂寞养残生，二十馀年梦未惊。老我爱看秧马戏，顽儿谁痛叱牛声。林空扫叶樵人去，潭涸收纶钓艇横。黄叹水流川不管，好逢云散雨初晴。

林少尹诗送武夷佳茗和谢

摘得灵苗九曲山，团云带雾水之湾。渔樵呼伴时烹桂，士女多情不秉蕑。寺里有泉通玉乳，客来当酒换朱颜。三更七碗分馀润，仙掌分披岳麓间。

咏杖

游遍天涯意早慵，陆多虎兕水蛟龙。尔今扶我何方处，可上衡山第几峰。

筋力长衰久自危，多君扶我恨来迟。行行莫爱他山好，桃李园中借一枝。

不信人间行路难，地途万里总平安。在君缓步林泉下，莫到（才）〔巉〕[①] 岩并险滩。

黄藏皋姻家席上作

一行曾作吏，竟是葛天民。庭树参差绿，溪花浩荡春。琴书移草屋，冠盖谢风尘。千里来家报，君羹奉老亲。

---

①据文意改。

倦游吾亦老，不恋五湖春。大梦悲前劫，浮生（亿）〔忆〕[①]故人。时式廓、绍丰、介山诸人皆逝。掉头辞绂冕，饱饭共鲈莼。萝月松风下，匆匆道我真。

藏皋和我涂中再答十二首

天心元是旧，人事几回新。石岭何年物，庭松百子春。痴心忘岁晚，壮胆得官贫。去去还回首，来游不厌频。

三十六宫里，悠悠万古春。苍黄今世事，烂漫我天真。玉树时方茂，骊珠不患贫。篮舆曾有伴，同约更何人。

一上黄茅岭路经此山，孤高出世尘。斯人皆故友，何物不同春。东国思贤吏，商山聚老臣。牵衣儿女别，但愿马蹄频。

一亩栖迟地，油然六合春。山川成旧伴，今古笑浮尘。大道程非远，斯文味独亲。苍天终未老，红紫万般新。

大雅江河久，文章不肯真。尘心如不起，生意自长春。六海知谁富，一箪惯我贫。吾徒应解此，车马不劳频。

风骨元如旧，衣冠日觉新。躬耕聊自饱，力学耻医贫。李杜成何事，朱子谓“工部说了一生闲话”。羲皇共此春。九千云麓上，俯视万般尘。

---

①据文意改。

偶别东皋去，青山满路新。梅花枝上暖，竹叶盏中春。坐为亲朋密，语因肝膈真。行经原草畔，倒卧笑麒麟。

宦海愁无岸，何当巨浪频。行藏元不偶，面目本来真。万化无心造，千家有脚春。九皋冲野鹤，独自出嚣尘。

亦欲敦先进，无如好尚新。碔砆偏自贵，傀儡久成真。大海浮仙筏，他山召玉人。谁知吾二老，千古共清贫。

自顾非穷子，无庸故怨贫。野人能自旧，巧匠故生新。传世师前辈，匡时倚大臣。独怜儿女别，流涕为情亲。

长生原有命，延寿术方新。采药知谁是，还丹事未真。山头累万冢，天上葬何人。亦读参同契，空闻玉液春。

莫恨英雄老，斜阳物色新。江山如有意，鱼鸟亦相亲。廿载驰驱懒，平生臭味真。白头交杖别，落月照伊人。

丁亥除夕

自笑匆匆八十馀，区区还恋一床书。敢期来日身犹健，岂料今宵岁又除。岳麓山头春意动，长沙江上晓光初。坐深回首当年事，走马三更向直庐。

漫兴

不入香山不竹林，少微星子任浮沉。平生独有终天恨，入世从无拥鼻吟。三尺剑收馀侠气，一丸丹冷剩痴心。故人莫问行藏事，黄鹤摩空不可寻。

至夏仪王家冲枢儿居宅作

一锄一卷我家风，喜尔辛勤事略同。世世无忘今日意，心田安宅大江东。

书怀示同人

纷纷驷马与高车，忘向人间说遂初。事去久无三仕愿，老来还欠十年书。眼盲作史人何在，齿落传经我不如。却爱春风犹眷恋，满山红紫绕吾庐。

岳麓怀古

兰涧清风日咏归，高明亭子与天齐。马来还就池中饮，鹤去谁招井上栖。九曲流觞空胜会，八年岣嵝古留题。晦翁已往南轩死，那复江津再指迷。

送人之江南

送子江南去，休歌行路难。旧游三十载，此别万重滩。月落吴山晓，霜深楚水寒。故人犹在否，北上是长安。

五更

为问谯楼子，五更何炯炯。多少醉眠人，晓天犹未醒。

岳麓咏归桥怀古

无穷领略返前川，童冠行歌杖履旋。岩际宿云音缭绕，溪间流水韵潺湲。春风满袖飏归路，明月催人咽晚烟。七百年来桥半圮，馀音犹响翠微天。

惠风春服放歌旋，倦鸟投林鱼入渊。古寺钟来和晚梵，小桥石落杂流泉。山光响动寥空月，灯火沉吟不夜天。休道好音今寂寞，六经天籁正翩翩。

偶成

是玄是白任哓哓，从不因人作解嘲。春水平桥鱼掉尾，秋山放烧鸟还巢。酒香客自忘阡陌，古诗：越陌度阡。稼熟谁须计斗筲。自是华胥乡外物，凤麟焉用避君庖。

独邀明主赐闲身，家酝朝朝愤饮醇。有用冯唐方恨老，多才刘毅未长贫。不思食肉非嫌鄙，岂为无鱼始制纶。只与启期同乐处，孙曾莫误祝灵椿。

亦曾洴澼几重缗，两手如今尚未龟。最惜高眠销永夏，何须大哭送残春。纲常事重惭平日，诗礼功难忆古人。有客若寻褦襶子，紫薇花下一纶巾。

笑答

颜子犹难寿，区区愧久生。木凋心未死，花落子翻成。谁谓丹经谬，何妨白发盈。悠悠从此去，乌兔故长征。

岳麓登眺

几见仙踪住大魏，举头不许四山围。望云已度清湘浦今全州，送鹤将归黄鹄矶。北去重湖波浩荡，南来九面影霏微。夕阳正好辞林返，晚露休教湿布衣。

长沙远望

莫问三山与九州，东风吹我到南楼。万家烟火连渔浦，千里波涛涌橘洲。斑竹已销生死泪，苍梧空结古今愁。马门宫沼知何处，只有星沙在上头星沙子。

何如

东山北海意何如，懒为茫茫作驱驉。晚节久无天上梦，故交空寄日边书。自怜总角人将尽，不是云泥信渐疏。偶向小园聊散步，桂花香烬菊花初。

观水

凤池廿载空潺湲，独对清溪水一湾。行潦流通终到海，原泉脉远不归山。公车有伴嗟谁在，幽壑无人独自还。极目江河徒滚滚，狂澜无复涌柴关。

太息

八十年来念所生，千金一刻与谁争。此中心事如相告，木石犹闻太息声。

寄老友

与君同是谢风尘，书到知君念我真。勿药身犹能健步，不贪家亦未长贫。谷云溪鸟能留客，野水秋山正望人。相约莫须携襆被，好来秉烛共残春。

写意

十亩东皋小石湾，萧然野服任粗顽。每愁送客临秋水，独喜残年在故山。藤杖拄开芳草绿，马蹄踏碎落花斑。天怜瘦骨予康健，不用儿扶自往还。

自读《锄经馀草》有感

心肝曾呕尽，闲话亦何为。却谱平生事，无殊入梦时。人逢湖海伴，身转凤凰池。一读一回老，空劳万里思。

招游岳麓

白云在山颠，芒鞋青箬笠。老夫举手招，同上九千级。

岳麓野望

篮舆山下憩，扶杖岭头行。钱镈田家出，弦歌讲院鸣。半天红日近，涌地白云生。为嘱从游者，相将翊太平。

杨迂谷明府携其幼嗣来谒索赠

丹岩老凤栖修竹，鹫鹭雍雍乳还宿。传天翙翙自西秦，秦中廉吏称迂谷。迂谷不解终南径，天以凤毛予载育。世族原有真种子，幼小能辞襁褓服。头角硉兀语言清，先世金环光簇簇。见我揖拜如成人，自云来此受书读。吁嗟乎君归奋读书正多，史有廿二经有六。君之字默讱其名，鸣则惊人看转毂。他年建节出潼关，记取老夫逢岳麓。

登岳麓禹碑亭三首

万古江天老，游云不敢封。苍梧光舜典，赭树吊秦烽。日夜长流水，元黄不战功时师征缅地。未穷千里目，更上祝融峰。

八百重湖远，登兹手可探。举头瞻日本，回眼望云南。神禹开荆国，遗碑寿古潭。星光分翼轸，长与老天参。

恭承天子命，六载下千旂。师友成千古，乾坤共一庐。功名成礼乐，事事不慈畲。八十馀年客，登亭问太虚。

次赠景德寺僧韵兼晓同学诸子

斩新日月问当初，梅子松枝偈已疏。一指未传真悟诀，六经还有圣人书。泣残龙象知何故，花落优昙事不如。居士漫劳寻说法，坐看水到自成渠。

戊子岳麓书院尝新有感

五载名山恋九溪，眼看东作又成西。农人苦滴冲炎汗，我辈空持祝岁蹄。蒸裹稻粱劳婢子，团圞儿女羡山妻。九泉一滴寒原草，老泪淋漓不忍题。

有感

蓬莱无计列仙班，大药谁云可驻颜。读史忽流千古泪，传经偶博片时闲。乾坤春意归何处，日夜江波去不还。总角有交惊尽死，白头相伴只青山。

征夫

跨马腰弓到极边，封侯有信始朝天。功名未画麒麟阁，红粉相思得几年。

晓院中晏起诸生

题起三秋事，风云正此期。日高三丈地，岂是熟眠时。

自咏

藤杖蹁跹号逸民，回头原是宰官身。千秋礼乐逢明主，五载夔龙步大臣。漫道皇天无老眼，可知庸福属何人。如今归恋菟裘好，送我风云岳麓春。

求心

自怜何事碎心肝，耻逐波流饱豆箪。菊为开迟霜独冷，松因凋后岁偏寒。亲朋零落知心少，骨肉分飞会面难。学道传经聊白问，寸心千古可曾安。

悠悠

悠悠褦襶任循环，博得浮生晚岁闲。一粟一丝分雨露，独游独卧有溪山。漆灯肯许长留照，丹鼎何曾久驻颜。却谢苍苍怜此老，痴人暮景未曾悭。

野人

野人丘壑里，回首忆恩荣。裁诏黄麻捧，敦宗玉牒清。青藜连夜照，红药绕阶明。二十三年后，游魂到帝京。

岳麓留别诸子

云麓高高级九千，诸君随我种书田。回思初到如昨日，岂意重来竟五年。节候又逢长夏月，风光还似暮春天。别来此去无多路，指点家山在马前。

又别

自别江村卷钓纶，回头五载事酸辛。偶因只字思三日，能共千秋得几人。学语流莺频弄舌，知涂老马怯迷津。归与不作重来约，为嘱儿孙记比邻。

和友人鄢正笏方亭韵

方亭吾老友，来学匪所跂。一饭我徒先，谦受乃若此。文章虽小道，遗音传正始。应世得斯人，登坛专四美。丈夫一得志，亭毒资燮理。穷则善其肉，身食何堪鄙。五载我传经，黑黑守其旨。一语堕烟雾，升堂能无泚。大业在晚成，榆阴望吾子。掘井誓及泉，肯为九轫止。

即事示罗、杨两生二首

鸣鸟嘤匕集满枝，翩翩羽翮莫差池。秋深南北分飞去，饮啄同林得几时。

风雨鸡声共一师，扬镳分道更何为。他山石上听鸣鹤，好记登堂把臂时。

次醴陵鄢方亭见赠原韵

独上云麓颠，搔首问晴昊。倏有素心人，倾盖泻怀抱。林壑发幽花，池塘茁春草。抵掌千古事，那堪供一扫。借问英雄心，其雨日杲杲。斫地何其哀，王郎今已老。

八十年来客，乾坤老蠹鱼。六经古大羹，淡味几人咀。我亦垂涎者，对面而交疏。百里半九十，况复在半涂。愿言观铚刈，胡弗问新畬。空谷谁叩门，有约期三馀。

处士蒙虚声，未洒平生耻。忝博制科名，焉敢希自里。盛世足奇才，安用褦襶子。一辞白虎观，寝门愿遂矣。我弄黑头乌，有妇供滫瀡。片片白云飞，沧江卧不起。廿载悲风木，至今馀颡泚。

挥手江干别，落照恋孤岑。好音旋寄我，一读一正襟。此调久不弹，空抚无弦琴。世事尚可为，鼎鼎百年心。有山莫厌高，有水莫厌深。馀男犹堪卖，分阴是寸金。

和愚谷韵

久谢鸣驺莫再招，笑看翡翠上兰苕。老来怕击雷门鼓，梦里潜听月下箫。阿阁何年逢彩凤，春歌不信是鸥（鹗）〔鸮〕[①]。俗名鸮，为春歌。东风催风寻芳去，白石溪边一断桥。

---

①据下文改。

偕书院诸生登岳麓绝顶

级上九千重，藤萝不敢封。只疑才及半，岂意竟登峰。云老何年碣，天开万古胸。岩西谁唤客，未午一声钟。

不拄游山杖，山椒揽大荒。云从飞石宿，风送古松香。南服碑神禹，中天式素王。御颁大成殿“吾道中天”匾额。长沙星耀否，吾欲问文昌。山下有文昌阁。

寄天津无怀道人

老去何须问蹇脩，不将斗酒博凉州。可怜世事多刍狗，莫费心计造木牛。意与野云同去住，信随江月共沉浮。寻思把臂无怀客，万里天津上海楼。

林下

林下残年入混茫，乾坤何处问沧桑。懒开绮陌看花眼，学得园丁种竹方。酒酿松脂先客醉，衣裁荷叶满身香。梦中不预金钱曾，回首谁知锦瑟旁。

咏史

李郭曾无十步垣，不闻钩党到平原。鸱浮江上留皮在，虱王扪前有舌存。老鹤独知先古冷，野人空负夕阳暄。箕山去后何消息，风入瓢声自厌烦。

书怀

不咏五噫不四其，人间久已唤书痴。平生心欠无穷事，廿载身闲未老时。愧少秘传贻后学，梦将疑义叩先知。明年好与沧浪约，预（辨）〔办〕[①] 青蓑理钓丝。

遣闷

夜夜抬头望少微，长民无复履危机。莫言廊庙曾朱绂，自分乾坤老布衣。衰迈岂忘千古事，梦魂时傍八天飞。翻嗟老杜何萧飒，苦说人生七十稀。

寄苏州葛信天

别时二老泪如珠，万里封书寄到无。吾党有人书万卷，同心苦友路三吴。塞翁有马何妨失，庄叟非牛一任呼。为报今秋粳稻熟，长江满载出重湖。

示诸儿孙

种柳山村已十围，天戈虽指日难挥。自怜肮脏人无恙，只恐团圞事渐稀。落叶受风飞淅淅，残灯当曙焰微微。孙曹不解阿翁意，唤看秋山照晚晖。

自咏和李廉

鹤入青松燕入帘，闭门懒觅孝廉船。未闻颐养辞花酒，幸免衰残问米盐。梳发自怜头鬗鬗，缝裳那笑手纤纤。倚窗一觉羲皇枕，凉月多情早挂檐。

---

①据文意改。

示某生因伊有诗穷语

闻君未老百愁攻，不见岙岙鹤发翁。何事苦无排闷术，平生应欠读书功。飘飖人人三山梦，浩荡天开万古胸。金石歌传还纳履，荒哉永叔叹诗穷。

客至

长伴溪头白板扉，野鸥如我亦忘机。不嗔官贵施行马，笑替佳人作嫁衣。客至不嫌言语误，书来时觉姓名非。飞飞何处辽东鹤，可是辞家老令威。

岳麓书院留别诸子九首

好鸟嘤匕集满枝，分飞南北影差池。我从凤穴滋新翮，手掣龙泉斩乱丝。八载千秋明主诏，三更一字老天知。同乡无奈难同里，风雨毋忘侍坐时。

晓风落月记相寻，早为烹鱼溉釜鬵。拮据自惭徒寸补，殷勤只愿惜分阴。熙朝南服同文日，徽国当年一片心。去矣漫劳空怅望，鸳鸯绣处有金针。

冬日温温射讲帷，其如□迈促人归。风中烛点先流泪，草际霜镕空湿衣。前辈丰裁思闽洛，平生心事薄轻肥。谁云老圃秋香晚，竿竹差堪上钓矶。

年来八十有三春，争说商山作比邻。蔗到啖残才有（昧）〔味〕，姜从老后更加辛。岂知乌影空过隙，总有骊珠耻救贫。为语席前二三子，枕戈偏让少年人。

两鬓皤然一九溪，天教此老憩幽溪。梦飞弱水仙何在，罢徙愚山日已西。门上是龙羞自画，庭中有凤莫须题。鲁阳尚欲挥斜景，起舞催君听晓鸡。

皋比未彻意先休，回首丘山怯万牛。曾宿兰台闻礼乐，修三礼、律吕二书。归从稗史守春秋。应吕、李二公聘修郡县志，又应乔公聘补修省志，已成待刊。当年耻作声名计，老去空将砚笔收。此意付君君信否，苍茫烟海一虚舟。

云里先儒未可攀，遗书今又出人间。予今梓《先儒考》、《性理吟》二书。孔颜乐在寻何处，濂洛传来第几班。觞滥细流终到海，蚁营高垤不成山。五千言后存中说，此外从教一笔删。子书此二种最精。

岣嵝碑底暂留连，饮马池头去又旋。明月峡名照人归广谷，清风峡名送我过前川。高高亭子长明处高明亭，赫赫曦光不夜天赫曦台。一望道乡祠下拜，兰觞昔时流觞拟兰亭再酌是何年。

折得梅花送我行，千寻乔木鸟嘤嘤。不须酌斗祈鲐背，但愿吹笙叶鹿鸣。绿酒红亭今日事，白云黄竹故人情。行藏镜里知谁是，独卧沧江梦不惊。

道乡台怀古

七百年来久，声名与岳光。直臣成逐客，吾道树他乡。不见深宵炬，空馀野草荒。可怜痴太守，笑骂在潇湘。

初夏岳麓斋中即事

十九年馀风雨情，皋比音皮不换旧毡轻。抽梢新竹才成色，啼老春莺未歇声。邮简浮沉云万里，书音嘹亮月三更。敢因长夏蹉跎去，山正苍苍水正清。

岳麓四月望日作

我爱名山好，移檠向此阿。光阴空朔望，心动总蹉跎。但喜身犹健，谁知事转多。深宵还剪烛，不问夜如何。

书院示诸友人

英多年少羡吾徒，灌灌何当听老夫。人到髦时如烛炧，身逢健日是桑榆。儿曹莫喜朱颜在，同辈空悲宿草枯。月色风光天正好，千家刍狗总区区。

此身

此身天地一虚舟，万事悠悠只点头。药力免扶原少病，酒兵不借本无愁。往来成岁轮乌兔，顺逆随风走马牛。儿辈父书能读否，可从撞破旧烟楼。

张生祖棂铸大成殿钟落成有赠

九天云际下长鲸，不待蒲牢吼亦鸣。大小叩时随手应，听残木铎又金声。

送善医陈生冠归里

琴剑萧然上小船，潋阳浦上水连天。行行归到重湖曲，红杏丛中一虎眠。

偶成

年来木榻惯蹣跌，万虑回头记得无。下笔不须成幼妇，残编久已效潜夫。陇云溪月谁为伴，海鹤江鸥意未孤。何事衣冠辞稷下，纷纷忙去学吹竽。

漫兴

今古平生事未休，儿童生理莫须忧。身轻曾出千坑火，背露难披五月裘。戴帻谁惊龚氏犬，知书吾爱郑家牛。昨宵忽作神仙梦，万里长江一瞬游。

赠胡生槐，时重阳前一日

洗心沐顶到丛台，何事匆匆马上回。莫恨宝山空手去，回头还向宝山来。

临别叮咛字字真，怜君南去海之滨。明朝已是登高会，杖履追随少一人。

再赠陈冠

有子岐黄道未孤，紫丹一捻似醍醐。寿人寿国英雄事，岂为孱孱一老夫。

即事

晴色当空仰太阳，疾雷何事震江乡。儿童莫漫生惊骇，暴雨狂风事不长。

题画

何处科头坐，荒荒孤草亭。巉岩秋壑里，老树一枝青。

偶成

蓼花犹未发，一叶报清秋。莫问秋来事，寒江日夜流。

答友人

转丸焉用学蜣螂，恨不飞身万里航。往事只知寻五总，故人何处觅三康。空怜海石唧精卫，那见天戈指太阳。八十五年成一梦，梦中无复赋扶桑。

辞岳麓讲席后再答当事诸公

曾辞此席四三年，只为衰残愿息肩。今日皋比犹在眼，闲云野鹤自江天。

早束归装促晓鸡，碧虚云麓不长栖。江村曲里衡门下，扶我徐行是老妻。

萧萧齿发旧林泉，完璧归来已大年。闻说昔贤曾有约，再来不值半文钱。

五更忙起步前墀，木柝三鸣恐后时。撒手归来高枕上，睡残饭熟未为迟。

陆贾先能得我心，倾囊何必定千金。儿曹知我无长物，莫问当年宝剑镡。

乞来山寺紫荆丛，待看春生树树红。一任儿孙勤摘取，庭除满插舞东风。

一碗新菘酒一壶，花前小酌胜醍醐。何人戴笠来相访，添得山肴数簋无。

千金一纸是征书，多谢公卿命后车。料得明年还健否，可饶衰汉伴樵渔。

文章累我是浮名，满腹精神注百城。八十五年心血尽，好留馀沥养残生。

示儿孙辈

七十年前我闭关，可教尔辈寸阴闲。怀人只望三秋水，方学思成一篑山。法海无边元有岸，宝林如到莫空还。从今应爱吾庐好，莫向蜗牛问触蛮。

偶成

廿年无梦入梁园，到处霏霏玉露繁。壮岁胸曾韬虎豹，晚年人耻察鸡豚。荣公自许行三乐，武子何时作九原。掩卷莫论千古事，病中休听海涛喧。

雪中得武彝茶

大雪霏匕下满墀，小姬烹得水盈卮。茗香来自清溪曲，为谢伊人馈及时。

读古诗句

荣名以为宝，虚名亦何益。二语若矛盾，其义无扞挌。声闻自鼓钟，袭取终狼藉。永誉一何难，虚车休远适。

岁暮二首

四岁开蒙后，蹉跎八十年。形骸今未改，心血久空煎。暮齿惟偷饭，馀光敢息肩。不知风烛下，吾道是谁传。

此道期吾友，印须不记年。岂无豪杰士，无奈利名牵。风雪三冬隔，精神万里传。儿孙添日月，又报早春天。

讯友

乱响春雷爆竹岁又除，故人海上意何如。可怜老眼穿今夜，万叠云山一纸书。

回首

回首三朝客，趋庭四代人。案头眉并白，舞处彩方新。松柏元吾友，莺花旧比邻。相将同我老，还伴宰官身。

送友

渊明曾蓄不弦琴，漫羡崇朝获十禽。世上好横三尺剑，暮闲久断四知金。故人落日倩何处，壮士悲秋恨转深。挥手逍遥从此去，迢迢空谷起遐心。

趺坐

一个蒲团一炷香，儒生偶亦坐禅床。坐深识得回头路，那用扪心问彼苍。

答友人

少年稍喜富三冬，老去差堪学九农。砚为凹深频聚墨，笔因毫秃自藏锋。战场曾击三齐鼓，赤手难撞万石钟。霖雨从来辛苦事，神雷莫漫捕乖龙。

偶成

九重无复遣安车，野性临风唱步虚。病好已无长干济，家贫薄有旧田庐。自怜到老方闻道，尚悔当年欠读书。幸际太平馀肉帛，从容扶杖问樵渔。

春愁

春风习习发江蓠，各有春秋只自知。不信但看杨柳月，夜来悄悄下高枝。

春兴

闭却柴门探野春，春风春雨不饶人。归来一饮屠苏酒，醉倒江天剩此身。

忆老友

闻说优游戏五禽，神仙曾否到云岑。谁为箕颖林中伴，独抱黄农世上心。香烬炉中知坐久，月斜窗上识更深。故人寥落知谁在，莫问当年玳瑁簪。

寄陶七兄嵇山同年

我返田园鬓未斑，君将城市作深山。十年宦海浮沉外，往事声施伯仲间。白发苍颜和我老，光风霁月属谁闲。明朝约向江头去，共把心机问白鹇。

即事寄友人

六经族处五更残，方寸思量枕未安。焉得春风吹汝到，霎时打破大疑团。

即事

背却青山独起楼，一间才得傍瓯窭。痴人莫作长生计，妄念从教一笔勾。万累尽销心半死，微尘不染事何忧。昨宵忽作深岩梦，梦见岩前石点头。

即事

偶从溪上逐春嬉，紫燕黄鹂笑我痴。醉后徐徐归路曲，断桥古树月明时。

纪梦

万丈云车连地起，玉清楼厂环仙子。须臾再上几重楼，剪剪罡风寒骨髓。

柬周赞五亲家

亲情五十载，一字不曾欺。事业交相许，文章各自为。大江风出险，曾舟覆江心而出水。半世树同悲。中年皆失怙恃。黄鹤楼头约，神仙醉亦知。少时在黄鹤楼中订交。

田家即事

五更春鸟唤春忙，一把锄头一担秧。蜂蝶纷飞随馌女，山花鬓上满村香。

孙曾诸稚子劝酒即事

儿童劝我酒，数人掣我肘。一人挽其须，不饮不放手。

欲念三字经，羞涩难开口。拍掌唱关雎，与翁宽下酒。

长幼无容论，人人饮一卮。但须斟得满，莫惜酒淋漓。

再请饮三杯，翁但大张口。汩汩听吞声，不许翁摇手。

酒出家中瓮，千钟不用沽。萱花椿树下，明日再提壶。

自咏

薄禄凄然荐墓门，天书空喜逮晨昏。即今老病生无几，回首音容像仅存。晚岁无缘谋菽水，儿曹焉用进鸡豚。伤心没齿悲风树，八十馀年恨总吞。

言别诸生用蝉联体

有手难分岳麓西，诸君义气重云霓。老夫归去谁消息，万古青山一九溪。

九溪不是恋青山，尚有遗经未许闲。访我莫劳千里路，艺文流播在人间。

流播休言只艺文，精神此物最熏熏。一圈一抹知多少，领略从教八九分。

自叹

游好当年是六经，吁嗟此事鬓星星。自怜老去功无底，梦里殷勤问考亭。

伏生八十传经义，我长伏生又五春。绝学从来传不尽，可堪留待后来人。

至星沙黄宅留别

我来絮酒吊同人，吊罢何堪泪转频。不见峥嵘遗棨戟，可怜零落旧交亲。傲松古柏含残雾，破腊寒梅得早春。岳麓云开迎旭日，好风吹送老夫身。

庞眉豁齿访耆英，宿草丛中问姓名。分手迢迢忘别路，论心款款忆神京。羞将科目居先进，自觉才华谢后生。转烛茫茫难再会，时予年八十四矣。篮舆独返汉王城。

题林少尹柞园小照

壮哉胸臆何开拓，游空天马难羁缚。羞从牖下老经生，前身应是谢康乐。举头那顾陆浑山，六宇名区归满橐。倾盖昂昂多胜友，他山到处寻攻错。偶逢古迹吊先民，惟恨九原不可作。百城筑就尽遗书，五经为郛天地郭。忽收行屐试牛刀，不为求伸藏尺蠖。学道爱人售夙愿，垒沙阳春今有脚。约槜茶灶与笔床，八百洞庭深处泊。泊时吸倒酒香山，飞来祝融峰顶呼铜鹤。

再题柞园小照四首

春松

花落讼庭长韡韡，磊砢千尺何光晧。偶逢清籁听哦哦，不许吏人箱纸尾。

夏竹及莲

翠色风来袅袅，红衣露下浓浓。主人槛畔来往，轻祛热客千重。

秋菊及梧

秋容殿晚香，一叶何曾落。莫听凤凰鸣，篱东且独酌。

冬梅

澹澹横斜对几枝，乾坤空谷两相知。孤山水月应多梦，和靖于今别有诗。

萤二首

点点辉辉过草亭，分飞四壁任零星。时人莫笑寒光小，黑夜犹能照六经。

扶得微光到夜深，愿教风雨莫相侵。不劳童子吹灯火，点破孤斋默坐心。

蝉二首

清畏人知是素心，不巢不谷自微吟。莫愁秋后清霜重，早已收声谢上林。

清清晚露饮平生，冷笑高冠借薄名。碧树一枝秋色老，仙风化去翼无声。

墨鲤行赠学徒涂生才盛庚寅

涂生馈我鲤一尾，鳍鬣欲飞鳞娓娓。卷取溟池一束中，怪哉秃笔有神工。健尔十三经尽熟，九牛毛里鳞角独。闻我主席洞庭南，寒雪午风来岳麓。独挥此物意腾腾，暂卧东陵子舍冰。他时烧尾龙门去，云雷六合庆同升。

岳麓秋雨述怀

积雨沉沉屋打头，老夫对此正休休。洗残云麓千寻石，涌入秋江一叶舟。见月有情应大笑，怀沙何事起牢愁。纳凉翻羡穷工部，雪藕调冰八丈沟。

岳麓即事示某丞六绝句，时丞有“识字后先”之语

自从神禹迹开先，薪木苍苍护圣贤。何物狂童争剪伐，山灵怒目首垂怜。

月吉悬书示在先，护持原藉有司贤。谁干迥禁施樵采，国有

明刑不汝怜。

四大书斋此占先，一枝一叶自先贤。中天吾道纶音在，识字无人孰与怜。

樵刈成群怒骂先，书生饮恨叫前贤。朱张二字无人识，莫怪蚩蚩不自怜。

柳樊有圃莫争先，识字何人敢自贤。曾识牛山章句否，伐残萌蘖不知怜。

老夫曾着一鞭先，桑梓回头望后贤。雨露不妨沾枳棘，免从衡鹿乞相怜。

跋

《锄经馀草》及《续草》二种，先六世祖九溪府君遗稿也。民国辛巳，不肖赓猷校印毕，乃谨次崖略于后。

府君生平学行，具见《清史》列传、《湖南通志》、《宁乡县志》、《湖南文征》、《沅湘耆旧集》各传，及《四库全书总目提要》、《清儒学案小识》、《十学薪传叙》等书，所著书有《考古源流》六百二十八卷、《典制大文》一百六十卷、《历代诗汇》五十卷、《史事》四卷、《随手杂记》四卷、《三礼图并图说》八卷、《丧服解》十卷、《祭礼解》十卷、《乐制考》十卷、《乐律问对》四卷、《周易中旨》若干卷、《阴符经发微》若干卷、《经义文便录》若干卷、《文事日记》若干卷、《随便胜录》八卷、《行已录》十卷、《治生要术》四卷、《寿世丛书》十卷、《姜氏注解三字经》一卷、《古今梓玉》十卷、《诗文话》六卷、《观其录》若干卷、《四六偶存》若干卷、《医方小录》八卷、《谚语省心录》四卷、《地理抄录》八卷，以卷帙浩繁，未克付梓。其已刊行者有《周礼会要》六卷、《仪礼分节句读》四卷、《考古略》八卷、《考古略补》六卷、《考古原始》六卷、《读古纪略》四卷、《锄经文略》八卷、《锄经馀草》十六卷、《锄经续草》四卷、《锄经薤露吟》二卷、《锄经寄生草》一卷、《锄经风烛吟》四卷、《海内嘤鸣集》六卷、《分类三字经》一卷、《天禄拟草赋》二卷、《九溪家训》一卷、《朱子性理吟》一卷、《五代史考证》二十三条、《麓山书院学约》一卷、《宋儒理学考》一卷、《短篇文稿》若干卷、《短篇宧稿》若干卷。咸同之际，屡经兵燹，版多灰烬。清季，先君子月卿府君既醵资为府君购置专祠于经学乡，复恐府君遗著久或失传，命赓猷兄弟随时搜集。

先君子不幸于民元壬子见背，弥留之际，犹谆谆以是为嘱。厥后，赓猷奉职旧京，弟堃猷负笈沪上。舟车所至，随在征集，断简残篇，皆藏之行箧，越二十馀稔，所得亦既不鲜，吉光片羽，皆海内孤本也，惟《考古源流》、《典制大文》二书，仅得十数卷，未能完整。

府君毕生精力，尽萃于斯，乃当时无力剞劂，年湮代远，散佚诸多。每读府君遗嘱，不知涕泗之何从也。甲戌春，曾呈准本邑政府岁拨公租若干，为刊印基金。敦聘秦先生先吾按年储积，又募捐资得若干金，乃取是书，重行刊印，颜曰《九溪遗书》第一辑、第二辑，其他各种容俟续印。赓猷何人，敢云继述。诚以府君毕生精神所寄，不忍湮没，抑亦稍慰先灵于万一云尔。

时中华民国三十年七月六世孙赓猷谨识。

考古略

叙

征君九溪，积学惇行，君子也。予耳其声望者二十馀年，以其官广文于乡，吴楚东南，未经谋面。后九溪应鸿博召入都时，诸名卿交章荐入中翰，借劳三《礼》，未几而《律吕》之后编，经史之考证，皆与有事焉。予时尚官宗卿，九溪适迁宗郎职，相见恨晚，形迹顿忘。每公暇辄相与上下古今，参稽疑窦，予又出家藏诸集属之折衷，因得读其所著《考古源流》一书，并及其编后之《考古略》，其书征引之富，考核之精，上呈乙览，不意纂修事竣，朝议方叙名第一，而九溪定省心急，遂以归觐请告，从此终养不出矣。壬申间，奉保举经学之命，予即疏其名以闻。而史、阿两相国皆先以其名首荐，一时士论快之，谓此书之悬国门公海内也，行有日矣。孰料征书下逮，而九溪适抱失怙之痛，棘人栾栾不能应召。三年服阕，事已过期。吁！合中外巨卿所推毂，而九溪独冠其选，不可谓非儒生盛遇。乃以终天大故，虚此遭（逄）〔逢〕[1]，自是此书行世之期，遂待之异日矣。今九溪姑置全书而专以其略授梓，盖全书百七十卷，功费浩繁，其力之所能为者，仅此略耳。邮帙见示，予故述其事弁之，至其所考之略而详亦略而该也，则尝鼎上一脔者，自得其味焉，予固无事赘及已。予衰病交侵，手风目眩，高山流水，迢递知音，九溪亦终老故林者，生

①据文意改。

刍一束，其人如玉。江天相望，两地黯然。未知此生再得一促膝否？附志于此。

甲（戌）〔戌〕① 春日宛陵年眷弟梅珏成撰。

①据文意改。

《考古略》凡例

一、予《考古源流》一书，汇采《通典》、《通志》、《通考》、《玉海》、《册府元龟》、《资治通录》、《紫阳纲目》、《大事记》、《学海津逮》、《性理》诸书而成其编。有曰正编，曰广编，曰补编，曰绎编。门目区分共百七十卷，谬为海内识者所许，因资乏无力剞劂，又不欲以此累人，乃抽其浅近而切要者若干条，辑而成编，名曰《考古略》。授之同人，锓以行世，聊助读古者一饭之力云。

一、《□氏湜集说》自序云："人之著书，惟恐不出于已；我之著书，惟恐不出于人。"斯言先得我心哉！是编考索论断一禀先儒，决不敢师心率臆，有乖正学，但各处原本姓名不能详载，从简便也。

一、义在先儒有数人，而聚讼无定。两可相持者有一人，而前后互异未窦改定者，是集必折衷归一，不敢附会以沿旧误，亦不敢骑墙以留疑经云。

一、是集门类多，缺而未备，非敢遗漏。盖事理之无所缺误者，则今之与汇备考。治平策略诸集，已得其概，可考而知，故不暇及也。若云必究其全，则《考古源流》全书姑待后人之梓行，目下难为割裂已。

一、是集为考古而设，其本朝制作尽善，载在《大清会典》一书，不敢掇拾以致罣漏云。

一、予于此集外所已刻行者，有《仪礼》分节句读四卷，《锄经馀草》十七卷、《天禄赋草》一卷、《增补三字经》一卷、《读史四字纪略》二卷、《四书文》短篇一部，宦稿附入《锄经续草》一卷。已上诸书俱望同人赐之教正，俾无舛讹，幸甚！

一、予所未刻者除《考古源流》一书外，尚有《古今议论参补》八十卷、《周礼会要》六卷、《周易中旨》五卷、《经义日录》三十卷、《史事日录》十卷、《阴符经发微》一卷、《参同契发微》四卷、《古今诗汇》八十卷、《九溪文集》二十卷、《家常茶饭》四卷、《济世小方》八卷、《行已录》四卷、《还山录》二卷，以上（诣）〔诸〕书俱已成编，暂藏敝簏以待质疑于有道耳。

考古略卷之一

经文字音考略一

经文字义，往往随音而变。盖变一音，则别有一音之义，往往同字殊音，古人所谓假借也。学者每徒执其本音，而于假借者则略之，其音淆矣。今亦不能枚举，但取其字之明浅而切要者著之于篇。如《周易》乾卦之施，为始豉反也。屯之幾，平声也。观，大观之观，为官换反也。谦之称与施，皆去声也。家人之假，为格也。姤之取，为娶也。归奇之奇，音基也。《书·尧典》文思之思，去声也。有六旬之有，去声也。《舜典》出纳之出，去声也。分北之北，读背也。《禹贡》雍州之雍，去声也。祇台之台，音怡也。夏殷之夏，上声也。《盘庚》尽刘之尽，子忍反也。易种之种，上声也。《说命》亮阴，读梁闇也。《武成》之华，音化也。《洪范》十有三之有，读又也。《大诰》之害，读曷也。《酒诰》之洗，苏典反也。《洛诰》之施，去声也。《顾命》之纯，音准也。《费誓》之费，音秘也。《诗》羔羊之蛇，叶佗而读移也。《殷其雷》之殷，为隐也。《击鼓》之信，为伸也。《硕人》之发，为鲅也。《有女同车》之将，为锵也。《楚茨》之猗，音婀也。《沔水》之汤，音伤也。无羊之何，音荷也。鸳鸯之摧，为禾卧反也。《生民》之揄，音由也。《行苇》之敦，一为团，一为雕也。《灵台》之逢，音蓬也。《荡侯》作之作，为诅也。《烝民》之假，音格也。《桑柔》止疑之疑，为鱼陟反也。《泮水》之黮，为时审反也。

《殷武》之適，为谪也。《周礼》疡医之劀，音刮也。稾人之稾，为犒也。小司徒平其政之政，为征也。《大司徒》羞其肆之肆，为托历反也。《贾师》之奠，为定也。《稻人》之列，为禄计反也。《大宗伯》载果之果，为祼也。《小宗伯》大甸之甸，为田也。《郁人》之貍，为埋也。司尊彝脩酌之脩，为涤也。《占人》之簭，为筮也。《大胥》入学之舍采，为释菜也。小祝弥灾之弥，为弭也。《巾车》之樊，音鞶也。《巾车》之条，为条也。巾车之前，为剪也。司马坛之坛，为墠也。马质之纲，为亢也。司士之披，为方寄反也。方相氏之方良，为魍魉也。赤友之友，为拔也。薙氏之绳，音孕也。冥氏之寘，音觅也。冬官戚速之戚，音蹙也。输人之眼，音恳也。梓人之春，为蠢也。轮人下欲卑之卑，音婢也。辀人颀典之颀，音恳也。典音殄也。函人七属之属，为注也。函人钻空之空，为孔也。㡛氏之栏，为楝也。矢人之笴，音稾也。匠人奠水之奠，为停也。弓人紾而昔之昔，为错也。弓人畏也之畏，为隈也。弓人故校之校，为绞也。《左传·隐》众父之众，音终也。《桓》免而之免，音问也。《庄》堂阜税之之税，音脱也。《僖》辂秦伯之辂，为迓也。瀔于菟之瀔，为奴口反也。敛盂之敛，音廉也。棺而出之棺，为古患反也。夹泜之泜，音雉也。踊三百之百，为陌也。《文》呼役夫之呼，音贺也。郪邱之郪，音西也。《襄》一介行李之介，为个也。被苫盖之被，为披也。不可含之含，为户暗反也。封具之封，为求户切也。税服终身之税，为繐也。《昭》视荫之荫，为阴也。不羹之羹，音即也。苑何忌之苑，音元也。《定》肃爽为骕骦也。《哀》党氏之党，音掌也。《公羊·隐》盟于昧之昧，为蔑也。《成》不沶之沶，为流也。悕矣之悕，为希也。虚朾之朾，为敕丁反也。《昭》戎曼之曼，为蛮也。鸖鸽之鸖，为鹳也，《瀔梁·僖》傎矣之傎，为都田反也。

《襄》世子痤之痤，为在禾反也。此皆经文中字之假借、音之旁通者，虽罣漏甚多，然亦可一隅举矣。

经文字音考略二

《礼记·曲礼》之敖，为傲也。袂拘之拘，为钩也。视毋诳之视，为示也。拾级之拾，音竭也。桥衡之桥，为居庙反也。函丈之函，去声也。佛，为拂也。熟食之孰，为熟也。遗人之遗，音位也。绥推之绥，为缕也。载青旌之载，为戴也。辩殺之辩，为遍也。恤勿之勿，为没也。绥之之绥，音汤果反也。坛位之坛，为墠也。登假之假，为遐也。蹙路马之蹙，为蹴也。苞屦之苞，为藨也。厌冠之厌，音谒也。当依之依，为扆也。天子妃之妃，为配也。《檀弓》免焉之免，音问也。何居之居，音姬也。子盖之盖，为盍也。病革之革，为急也。颀，为恳也。队，为坠也。说骖之说，为脱也。从从之为总总也。厌溺之厌，为压也。填池为奠彻也。衡缝之衡，为横也。不税之税，音退也。不成味之味，为沫也。叔木之木，为戊也。设披之披，披义反也。纵纵之为总总也。豺，为缁也。椑，为蒲历反也。舍奠之舍，为释也。沽为觇也。咏斯犹之犹，为摇也。曹桓之桓，为宣也。考公之考，为定也。般，为班也。禺，为务也。临重之重，为童也。《王制》即天论之论，为伦也。矜寡之矜，为鳏也。《月令》仓龙之仓，为苍也。径术之术，为遂也。鲜羔之鲜，为献也。国难之难，为傩也。桀俊之桀，为杰也。等给之给，为级也。趣狱之趣，为促也。功致之致为缴也。辟中之辟，为壁也。土疆之疆，音其丈反也。火齐之齐，为剂也。固疾之固，为痼也。《文王世子》公祢之祢，为祧也。纤酻之纤，为歼也。《礼运》圣人耐之耐，为能也。所明非明人之明，为则也。死宗庙谓变之变，为辨也。《礼器》匡惧之匡，为恇也。繁缨之繁，为盘也。圭不琢之琢，为篆也。柴于奥之奥，为爨也。温温之温，为蕴也。财物之财，为材也。肆夏而送之肆，为陔也。《郊特牲》飨禘之禘，为禴也。旦明之旦，为神也。辟君之辟，为避也。盐，为艳也。冕璪之璪，为藻也。报啬之啬，为穑也。移民之移，去声也。卷免之卷，为衮也。蒲越之越，音活也。毋追，音牟推也。膻芗，音馨香也。腥肆之肆，音剔也。旧泽之泽，为醳也。由辟之辟，为弭也。内则温温之温，音醖也。敦牟之敦，音对也。燂潘之潘，音翻也。不友之友，为敢也。濡弱之濡，为腼也。卵酱之卵，为鲲也。轩，为宪也。撰，为选也。淳，为沌也。将，为牂也。谨，为墐也。湛，音尖也。米为酏之酏，音酳也。有乞言之有，为又也。《玉藻》幽衡之幽，为黝也。龙卷之卷，为衮也。玄端朝日之端，为冕也。山泽列之列，为迾也。东首之首，去声也。连用汤之连，为湅也。荼前之荼，为舒也。言言之为訚訚也。振绨绤之振，为袗也。肆束之肆，为肄也。辟垂之辟，为裨也。下广之广，去声也。王后袆衣之袆，为翚也。揄狄之揄，为摇也。再命袆衣之袆，为鞠也。屈，为阙也。禫，为展也。禒，为彖也。听乡之乡，为向也。纯组之纯，为缁也。率，为律也。圈豚行之圈，为权，上声也。豚，为豚，上声也。颠颠之音田也。辨卑之辨，为贬也。填实之填，为颠也。传遽之传，为转，上声也。公士为宾之宾，为摈也。《明堂位》斧依之依，上声也。路，为辂也。鸡夷之夷，为彝也。小记报葬之报，为赴也。《大传》移服之移，为施，去声也。《少仪》连五美字，为仪也。匪匪，为斐斐也。僎爵之僎，为遵也。提心之提，上声也。圂，为豢也。《学记》兑命之兑，为说也。命曰学之学，为敩也。时术之术，为述也。佛，为拂也。《乐记》志微之志，为急也。广贲之贲，音粉也。囱好之囱，去声也。区萌之区，为勾也。趋数之趋，为促也。乔忘之乔，为骄也。敖辟之敖，为傲也。立横之横，音旷也。驷伐之驷，为四也。建，为键也。耐，为能也。《杂记》適者之適，为敌也。税衣之税，为彖也。纯衣之纯，为缁也。《大记》差沐之差，音磋也。伪荒之伪，为帷也。《祭法》相近，为祖迎也。《祭义》错诸之错，为措也。阴为野之阴，为荫也。见间二字，合为哯也。籍百亩之籍，为藉也。膻，为馨也。巡守之守，为狩也。竟，为境也。卷，为衮也。《祭统》纯服之纯，为缁也。进彻之进，为馂也。辉胞，为韗庖也。艾，为刈也。《经解》絜为洁也。《哀公问》妃为配也。雕几之几，音祈也。忾，为暨也。《孔子闲居》逮逮为棣棣也。凯，为岂也。日齐之齐，为跻也。耆，为嗜也。《坊记》高为勓也。《表记》信近情，为情近信也。《缁衣》子爱之子，为慈也。《述而》至之至，为志也。吉，为告也。资，为咨也。田观，为申劝也。《问丧》鸡斯为笄缅也。《投壶》拾音竭也。纯，为全也。奇，为鸡也。扶，为肤也。《燕义》卒为倅也。乡饮义孝者之孝，为教也。说屦之说，为脱也。愁，为揫也。《射义》尔卿之尔，为迩也。莫敢適之適，为敌也。《聘义》积，音恣也。此《戴记》中字音之旁通者也。

四书字音考略

《四书》为童而习之之业，然其字音之混读者，往往讹以相传，习而不察。请略举一隅而辨之：如一“道”字也，道学也，道之以政，道之以德，孟子道性善之道，读去声，乃引道之道，道说之道也。若《大学》之道，率性之道，士志于道，王道、达道之道，则读上声，乃理道之道，道路之道也。一“治”字也，家齐国治，无为而治，一治一乱之治，读去声，乃物已理之治也。若治国，治礼义，治人，治天下之治，则读平声，乃理物之治也。一“善”字也，善哉问，善哉言乎！善斯可矣之善，读去声，乃赞美之善也。若至善、性善、善人好善之善，则读上声，乃纯粹之善也。一“受”字也，拜而受之，周之则受，何为不受之受，读去声，乃辞受之受也。若大受、肤受、受禄、受命之受，则读上声，乃容受之受也。一“上”字也，所恶于上，在上位，上有好者，上无道揆之上，读去声，乃居尊之上也。若君子上达，下学上达，束修以上之上，则读上声，乃自下而上之上也。一“下”字也，小人下达，下学下问之下，读去声，乃从上而下之下也。若所恶于下，在下位，下无法守，下必有甚焉之下，则读上声，乃居卑之下也。一“弟”字也，为人孝弟，徐行谓弟，而民兴弟之弟，读去声，乃敬长之弟也。若宜兄宜弟，昆弟、弟子之弟，则读上声，乃为人弟者之弟也。一“杖”字也，杖者出之杖，读去声，乃扶杖之杖也。若以杖叩胫，以杖荷蓧之杖，则读上声，乃杖履之杖也。一“誉”字也，广誉之誉，读去声，乃令名之誉也。若毁誉之誉，则读平声，乃夸美之誉也。雨一也，沛然下雨，雨集之雨，读上声，云雨之雨也。雨我公田之雨，读去声，作降字解之雨也。饥与饥同也，然饥渴之饥，人饥也，与饥荒之饥为年饥者别。枕一也，然曲肱之枕，去声也，与上声之枕别。闻一也，然子张问达章之六“闻”字，四十五十无闻之“闻”字，皆去声，与令闻、声闻之闻同，而非闻见之闻矣。修与脩同也，然束脩之脩独从肉，不可以“修”字通矣。隐一也，然隐几之隐，去声，与隐居之隐别矣。悦与说通也，然《论语》、《中庸》皆从说，至孟子则从悦矣。辟一也，辟公之辟，音璧，与便辟、辟土地之音辟者异矣。焉一也，然焉廋、焉得、焉往之焉，乃于虔反，与作语助解之焉别矣。遗一也，然遗之牛羊之遗，音位，与故旧不遗及不遗其亲之音移者异矣。于与於一也，然四书皆用“於”字，独民到于今，饿于首阳，病于夏畦之于，则用“于”字。夏一也，然子夏之夏，夏后氏之夏，俱上声，与叔夏、夏日之夏，从去声者异矣。行一也，然禹之行水之行，则去声矣。幸一也，然幸而免与丘也幸之幸，则上声矣。过一也，然鲤趋过庭，荷蒉过门，三过其门，其数则过之过，皆平声，与无大过、寡过、有过、改过等之过殊矣。四书中此类甚多，特隅举以相示，学者求之于《考古源流》中乃得其全矣。

《易》象考略一

《易》之象有三：有本画自有之象，如奇画象阳，耦画象阴是也。有实取诸物之象，如乾坤六子，以天地雷风之类象之是也。有只是圣人自取象来明是义者，如“白马翰如”，“载鬼一车”之类是也。顾其义有难解者，如乾之为马，坤之为牛，有常理矣。然屯有马而无乾，离有牛而无坤，乾之六龙疑乎震，坤之牝马反乎乾，是则不可晓矣。汉人创为互体变卦，五行纳甲飞伏之法，参伍以求其合，然不能合者终多。王弼则曰：“义苟应健，何必乾乃为马；爻苟合顺，何必坤乃为牛。”程子亦谓理无形也，故假象以显义，则《易》之取象，不过如《诗》之比兴，《孟子》之譬喻然。故朱子谓程传言理甚备，而象数却欠，诚以不求其象，则《说卦》之作，为无与于《易》，而“近取诸身，远取诸物”，为虚语矣。马氏曰：“理外无象，平时本诸实践，则观象玩辞，此义理也。一旦谋及卜筮，则观变玩占，亦此义理也。况借《易》以明理，自夫子已然，其曰‘君子学以聚之，问以辨之，宽以居之，仁以行之'，为乾九二而言也。而乾之九二，岂有学问宽仁之义乎？日月相推而明生，寒暑相推而岁成，为咸九四言也。而咸九四岂有岁时代谢之义乎！盖圣人之言，皆有妙理，假借旁通，悉为至教。如程子'因君子豹变，而发自暴自弃之论；因君子得舆，而发匪风下泉之论'，亦是意也。说经必如此，乃为有益。"观马氏此论，则学《易》者诚当玩其理，而不必泥其象乎！然而据辞中之象，以求象中之意，此固朱子教人论《易》之法也。

《易》象考略二纂胡氏说

象者，《易》之筌蹄也，得其意，忘象可矣。然圣人之精意，往往即象而寓焉。夫予取象，如乾马、兑羊、巽鸡、离雉之类，是括文王、周公彖爻之例而为象也。如天、地、山、泽、雷、风、水、火之类，则括大象之例而为象也。如坤牛、震龙、艮狗之类，又于《说卦》别立其象，而神明于前圣也。胡氏宏曰："圣人广八卦之象，凡百十有二，其中有相对取象者，如乾为天、坤为地之类是也。"上云乾为马，下又云为良马、老马、瘠马、驳马，取其健也。前云坤为牛，后又云为子母牛，取其顺也。乾为木果，在上而圆。坤为大舆，在下而方。震为决躁，巽为进退，为不果，刚柔之性也。震巽独以其究言刚柔之始也，坎内阳外阴，水与月则内明外晦，离内阴外阳，火与日则内暗外明。坎中实，故于人为加忧，为心病，为耳痛。离中虚，故于人为大腹。艮为阍寺，为指，阳之正也。兑为巫，为口舌，阴之说也。有相反取象者，震为大涂，反而艮，则为路径。大涂，阳辟乎阴。路径，阳阻乎阴也。巽为长为高，反而兑，则为毁折。长高者，阳之上达。毁折者，阴之上穷也。有相因取象者，乾为马，震得乾初之阳，故于马为善鸣，异足作足的顙。坎得乾中爻之阳，故于马为美脊，为亟心，下首薄蹄曳。因乾也，坤为大舆，坎为舆，为多眚，坤中虚而能载，坎中满而无力也。巽为水干，阳而根阴也。坎中阳，故于木为坚多心。艮上阳，故于木为坚多节。离中阴而虚，故于木为科上稿。震为敷，乾为木果。震之一阳，花之敷；乾之三阳，果之结。乾为木果，艮为果蓏。果阳在上，果蓏，阳上而阴下也。有一卦之中，自相因取象者，坎为隐伏，因而为盗；巽为绳直，因而为工；艮为门阙，因而为阍寺；兑为口舌，因而为巫。有不言而互见者，乾为君，即见坤之为臣。乾为圜，即见坤之为方。吝啬为阴翕，即见阳之辟。均为地平，即见天之高。为文者，呈于地而可见，即知始于天者不可见矣。柄有形可执，乾之气不可执矣。离为乾卦，即见坎之为湿。坎为血卦，即见离之为气。巽为臭，即见震之为声。震为长子，而坎艮不言者，尊嫡也。兑少女为妾，而巽离不言者，卑娣也。震坎得乾之阳，皆言马。艮亦得一阳，而不言马者，艮止也，止非马性也，他可触类通矣。凡此皆八卦别象也，然自坤而降，皆曰其于地，其于人，其于马，其于舆，其于稼，其于木，惟乾无之。盖物不足以尽卦，则正言为天为地之类，卦不足以尽物，则有其于人、其于地之类。至于乾道变化，无不周流，万物不足以尽之，故无所言也。

用九用六考略

《易》有交易之机，此不待用而阴阳合德者也。有变《易》之义，则必待用而刚柔乃分者也。乾坤中用九用六之说，王氏安石谓："用九只在上九一爻，用六只在上六一爻。"欧阳氏修谓："乾爻七九，坤爻八六，九六变而七八无为。《易》道占其变，故以其所占者名爻，不谓六爻皆九六也。及其筮也，七八常多，九六常少。有无九六者，此不可不释也，六十四卦皆然，特于乾坤言之，则馀可知耳。”朱子曰：“王氏说非也，当以欧阳公说为正。凡占法，当用变爻占之，用九，言凡筮得阳爻者，皆用九而不用七。盖诸卦百九十二阳爻之通例，以乾卦纯阳居首，故于此发之。用六言凡筮得阴爻者，皆用六而不用八，亦诸卦百九十二阴爻之通例，以坤卦纯阴居首，故于此发之。盖七为少阳，九为老阳，六为老阴，八为少阴，老变而少不变。凡占用九用六者，用其变爻占也，遇乾而六爻皆变为阴，遇坤而六爻皆变为阳，皆当直就此例，占其所系之辞，更不必看所变之卦。”又曰：“用九不用七，且如得纯乾卦皆七数，这却是不变底，不变者为七。他未当得九，未在这爻里面，所以只占上面彖辞。”坤仿此。胡氏炳文曰：“卦先乾而不先坤，艮动者为主也。爻用九六而不用七八，变者为主也。要之占固不用七八，然有六爻俱不变者，有六爻中一二爻不变者，亦未尝不用七八，但遇七八常多，九六常少，多则以少为主，故常用九六。《易》，变易也，以变为主，故三百八十四爻，皆用九六。今按全经六十四卦，每卦皆有用爻，所谓卦主是也。如屯卦，则用初九、九五两爻，即用九之谓也。大有，则六五为卦主，即用六之谓也。既济，则六二、九五为卦主。未济，则六五、九二为卦主。即用九、用六之谓也。推之卦卦皆然，推之凡术家所谓用神皆然。推之一切，有用事之说，皆此‘用’字之谓也。然则用九、用六二义，其全《易》之提纲乎！”又按：左襄九年，穆姜筮遇艮之八，即艮之随也。朱子解曰：“艮之随，盖五爻皆变，而二爻不变也。艮卦六爻，三上以九变，初四五以六变，惟第二爻以得八为少阴不变也。独云遇八者，五爻变，则以不变之一爻为主也。”按：此条可以为占者之例，故录之。

《易》义正对反对互卦分宫卦考略

《易》义有三：易简也，不易也，变易也。《易》有正对，有反对。乾、坤、坎、离、颐、大过、中孚、小过，正对也。其屯、蒙以下五十六卦，反对也。故朱子曰："卦有反，有对，乾、坤、坎、离是反，艮、兑、震、巽是对。乾、坤、坎、离，倒转也，只是四卦。艮、兑、震、巽，倒转则为中孚、颐、小过、大过，其馀皆是对。卦又曰八卦便只是六卦，乾、坤、坎、离，是四正卦。兑便是翻转底巽，震便是翻转底艮。六十四卦，只八卦是正卦，馀卦便只二十八卦，翻转为五十六卦。可见古圣列卦，自有深意。孔子为《杂卦传》，第取其反对，而不循《易》之序，明其反对中所主之义也。"朱子曰："反对之义，只是反覆，则其吉凶祸福，刚柔动静，皆相反也。"此《易》中正对、反对之义也。若夫互卦者，以卦之中间四爻取象，而互成乾、夬、睽、归妹、家人、既济、颐、复、姤、大过、未济、解、渐、蹇、剥、坤为十六卦，其方成四画时，所互有此十六卦。故六十四卦成后，以中爻互之，只此十六卦，即以六爻循环互之，亦只此十六卦。所谓四象相交，成十六事也。至于卦之分八宫也，则纯乎自然而分之也。天地有自然之变，四时是也。卦画有四时之变，六爻是也。四时之变，以阴阳之消长为渐。六爻之变，以奇耦之进退为渐。故画卦之始，自下而上，以渐而生，则卦爻之变，亦自下至上，以渐而穷，盖穷则变，变则通，通则久。穷乎上者，必反乎下，由是又上而又穷，则循环无端，生生不已，此造化之妙，而法象所以可久也。卦者，所以象此法象者也。四时令虽代谢，而其时不移，则爻虽屡迁，而其已变者不改，必待穷而后反也。所以卦变图，以一阴一阳往来于六爻之间，不若分宫卦象，以六爻挨次而变，变极而复还本卦，为有得于造化循环之意耳。然其次序不从先天而从后天者，何也？先天对待之体，后天流行之用。文王移先天之卦位，为后天之卦位，正以象四时之序，而著生物之机。四时不变，则无以生物。生物者，流行之用也，卦爻不变，则无以流行。流行者，生物之本也。分宫者，依后天之序，以乾、坎、艮、震、巽、离、坤、兑为序，所以从变也。然参伍错综之数，即寓乎其中，可以循宫而索卦，亦可以对宫而互观，则是后天亦先天矣。但先天图象浑沦，不可以分宫，而后天则奇耦进退，各有所属，可分宫以统之，此又八卦分宫之义也。

变卦十九考略

《彖传》所言“刚柔来往”之类，凡有讼、泰、否、随、蛊、噬嗑、贲、无妄、大畜、咸、恒、晋、睽、蹇、解、升、鼎、渐、涣十九卦，皆本卦实有此象而云。然非必本卦所无，外卦所有，而假之以为解也。朱子以此为卦变，亦谓就卦成后推之，以见此自彼而来，非真先有彼卦而后有此卦也，其训甚明。第恐学者不察朱子之意，遂以馀意为正意，故约诸家之说，举十九卦而辨之。讼，《彖传》刚来而得中，本义以为自遁来，然揆之经意，似只论贞悔大象，此卦坎居内，坎乃坤体，乃乾之中画，而乾在外，是刚从乾来也。坎之一阳居中，是刚来而得中也，卦中自具此象，非必自遁来也。泰小往大来，本义谓来自归妹，经意似只以坤居外为小往，乾居内为大来，阳大阴小，往来之义自明，非必自归妹来也。否大往小来，经意似只以乾居外为大往，坤居内为小来，何必谓自渐来乎？随刚来而下柔，揆之卦体，原有刚来随柔之义，内震外兑，是统体之刚来下柔也。又兑为乾体，震为坤体，移乾之上画，来居坤之初爻，是爻象之刚来下柔也。奚必自困、噬嗑、未济三卦来乎？蛊刚上柔下，在卦体本有此象，内巽外艮，是统体之刚上柔下也。又，艮为坤体，巽为乾体，移乾之初画，上居坤之上爻，是爻象之刚上柔下也，奚必自贲、井、既济三卦来乎？噬嗑柔得中而上行，在卦体自有此象，离之一阴在中，是柔得中也，升于震上，是上行也，奚必自益来乎？贲柔来而文刚，分刚上而文柔，亦谓卦体离在内，是柔来也，离本乾体，而一阴杂于阳中，是柔来文刚也。艮在外是从乾体分刚而上也，艮本坤体，而一阳杂于阴上，是分刚上而文柔也，何必以为损、既济所变也。无妄刚自外来，而为主于内，似只以震刚在内，为刚自外来，震一阳为成卦主，故云为主于内，且震本坤体，得乾之初画，而乾在外，不谓之自外来乎？何必谓其自讼来也。大畜刚上，不必自需来也，卦体以艮刚在上，为刚上，且艮本坤体，得乾之上画，而乾在下，故谓之刚上耳。咸柔上而刚下，自谓艮刚居兑柔之下，乃卦变，则自旅来，何也？恒刚上而柔下，自以卦体震刚在上、巽柔在下言之，乃卦变则自丰来，何也？本义于此二卦，亦不用其说矣。晋柔进而上行，谓上卦离本乾体，得坤之中画而居坤上，自有此象，不必来自观也。睽以柔居上卦之上，故为柔进而上行，而何以云自离、中孚、家人来也？蹇利西南，往得中也，不必自小过来也，经意以本卦贞悔，俱属坤体，而得乾之一阳。往西南，则入于坤体而得中，故曰利西南也。解利西南，往得中也，有攸往，夙吉，往有功也。下卦坎体，震动于上，已出险中，故为往。上卦震体已动乎险中，是有所往也，而何待自升往也？升以众阴聚于上，则柔以时升，自指坤柔而言，不专指一爻之柔也，而何为自解往也。鼎以离中之柔，居于五位，即为柔进而上行，何为来自巽也？渐，渐进也，进得位，往有功也。进以正，可以正邦也，其位刚得中也，亦以卦德止乎内而巽乎外，有渐进之义也。非必由彼爻而进此爻也。夫阳进阴退，卦中三阳，皆进而各居本卦之上。三阴皆退而各居本卦之下，惟九五一爻居中，而得位之正，故以为主也。而以为自涣旅来，何也？涣刚来而不穷，柔得位乎外而上同。凡在内者谓之来，坎之一阳在内，是刚来也，巽以一阴居六四，是得位乎外也。九五以阳居阳，而得位乎外，六四与之相同，是上同也，而何必自渐来也。凡此皆就本卦以释本卦，其于内外上下往来之义，无一牵合者，盖凡自内者，皆谓之来。凡在外者，皆谓之往。卦中实有此象，不必外求也。若谓刚柔来往，《易》义原可相通，则六十四卦，皆可互推，又不独十九矣。

《易》上下篇义考略

东莱吕氏曰："《系辞》云：二篇之策。所谓二篇，则上下二篇也。"然则孔子时，《易》先分上下经矣，以此考之，《易》分上下篇，必始于文王定《周易》时。晁氏乃合编为一，误矣。上下经虽有三十卦、三十四卦之不同，然以反对计之，上经反对，五十二阳爻，五十六阴爻。下经反对，五十六阳爻，五十二阴爻。各十八卦也。上经首乾坤，天道也，天道莫大于日月，故以坎、离终。下经首咸、恒，人道也，人道莫大于水火相济，故以既济、未济终。上经以四正卦为主，乾、坤、坎、离与先《天图》南北东西四方卦合。下经以二变卦为主，震变为艮，巽变为兑，与先天图四维之卦合，而坎、离之交不交亦可见。伏羲先天一图，大旨备见于文王卦序，岂徒如晁氏说以竹简重大而分之耶？按上下经相对各十八卦，合之为三十六卦，即邵子所谓“三十六宫都是春”之说，则天根月窟之义，悉蕴其中矣。

读《易》法考略

学有至浅至显者，初学必从此入焉，不能外也，而学《易》者为尤甚。《易》有辞，彖辞、象辞是也。《易》有占，吉凶悔吝，无咎是也。《易》有象，天、地、风、雷、水、火、山、泽及乾龙、坤马之类是也。《易》有变，上下往来之类是也。卦有体，则上下两体如屯之刚柔始交，蒙之志应刚中之类是也。卦有德，如乾健、坤顺、离丽、坎险、震动、巽入、艮止、兑说是也。卦有位，贵贱上下之所值是也。卦有才，德之能为者是也。爻有承，以下爻承上爻也。爻有乘，以上爻乘下爻也。爻有比，逐爻相比连也。六爻皆有比，惟四与五最重。盖五为尊位，四近而承之，贵乎恭顺小心，以事之也。爻有应，上下两体相对也。初与四对，二与五对，三与上对，必一阴一阳，其情乃相求而相得，方谓之应。若以阳对阳，以阴对阴，则谓之无应。六爻皆有应，惟二与五为最重。盖五为尊位，二远而应之，贵乎强毅有为，以尽其职也。以《易》例推之，以六四比九五者，如屯、需、比、小畜、观、坎、家人、益、井、渐、巽、涣、节、中孚、蹇、既济，凡十六卦，皆吉。以九四比六五，如离、恒、晋、鼎、震、大有、睽、解、归妹、旅、小过、豫、噬嗑、丰、大壮、未济，亦凡十六卦，则不能皆吉而凶者多。以九二应六五者，如蒙、师、泰、大有、蛊、临、恒、大壮、睽、夬、损、升、渐、大畜、归妹、未济，凡十六卦，皆吉。以六二应九五者，如屯、否、同人、随、观、咸、遁、蹇、比、无妄、家人、益、萃、革、渐、既济，亦十六卦，则虽有吉，而凶吝者亦有之，自二五两爻之外，则初与四犹有取相应者。四居大臣之位，求贤自助，尚为以人事君之义，若三与上，则绝不取乎相应。上居事外，而下应当事之人，则失清高之节矣。三居臣职，而越五以应上，则失勿二之心矣。即四有应初而吉者，亦惟以六四应初九，盖九为刚德之贤，而六四有善下之美，故屯、贲、颐、损皆吉。若九四应初六，则以下交小人为累，如大过、解、鼎，皆不宜其应也，此特论其大概耳。若其爻为卦主，则诸爻皆以比之应之为吉凶焉，故五为卦主者，不待言矣。他如豫四、剥上、复初、夬上、姤初之类，皆为诸爻比应之主。又乾六爻，义取同德，皆不可以寻常比应之例论也。至卦主之义有二，有成卦之主，有主卦之主。成卦者，无论位之高下，德之善恶，苟卦义因之而起，则皆得为卦主焉，主卦之主，必德之善而得时得位者为之。其成卦之主，即为主卦之主者，则德与时位兼优者也。其成卦之主，不得为主卦之主，必其德与时位不相当也。则成卦、主卦两爻，皆为卦主矣。或其成卦者兼取两象，则又两象之两爻皆为卦主矣。此理皆具于各《彖传》中，玩之自得耳。大抵一卦六爻，皆有善不善，惟中与正，则无有不善者。二五两爻为得中正，则九居阳位，六居阴位也，中正皆善，而正尤不如中之善。程子曰："中重于正，正未必中，中则无不正也。"《易》中二五两爻，吉者最多，以中之故耳。统而论之，《易》中消息盈虚之宜协乎天则，进退存亡之道有乎人谋。转瞬易位，移步换形，百姓与能，而不可为典要，亦惟其时而已矣，此《易》之第一义也。

《易》八卦纳甲考略一

《易》为道阴阳之书，故纳甲之说，《京房》发其端而未详。魏伯阳《参同契》曰：“三日出为爽，震为庚西方。八日兑受丁，上弦平如绳。十五乾体就，盛满甲方东。七八道已讫，屈折低下降。[①] 十六转受统，巽辛见平明。艮直于丙南，下弦二十三。坤乙三十日，东方丧其明。节尽相禅与，继体复生龙。壬癸配甲乙，乾坤括始终。”虞翻《易传》曰：“日月悬天成八卦象，三日暮，震象月见庚。八日，兑象月见丁。十五日，乾象月盈甲壬。十六日旦，巽象月退辛。二十三日，艮象月消丙。三十日，坤象月灭乙癸。晦夕朔旦，则坎象水流戊。日中则离象火就己，成戊己土位，而象见于中。”纳甲之详于二家者如此。然伯阳之说，但主二月、八月，昼夜均平之时言之。若以历法论之，则昼夜有长短。若昼短，日没于申，则月合于申，望于寅矣。若昼长，日没于戌，则月合于戌，望于辰矣。十二月之中，三日之月，未必尽见庚；十五日之月，未必尽见甲。合朔有先后，则上下弦未必尽在八日、二十三日，望晦未必尽十五、三十日也。若翻之说，则比伯阳为备，盖坎离戊巳，于是始有归著云。按：纳者，容也，容受六甲于八卦中也。

《易》八卦纳甲考略二

《参同契》与虞氏言纳甲，详已。朱氏升则曰：“此于纳甲之

---

①据《参同契》补。

理皆有未合焉。夫既以乾三画纯阳为望，以坤三画纯阴为晦，则其明魄消长，当以五夜当一画，若是则震当为初五夜之月，而非生明。兑当为初十夜之月，而非上弦也。望后巽、艮准此，此月之明魄，既与所言卦画不类，又地之方位，甲庚相对，既以望夕之月为乾而出甲，则初生之月不见于庚矣。上下弦之昏旦，同见于南方之中，亦初无上弦见丁、下弦见丙之异也。大抵月之行天，一岁十二月间，其昏见之地，夜夜推移，不袭其位。惟有春秋二分，黄道与赤道相踏，又须气朔分齐，则其望朔朏朒出见，乃有定位可指，而不可以言纳甲之理也。夫纳甲之理，盖于有十，而卦有八。以八纳十，故乾、坤二卦，始终包罗之。而纳甲乙壬癸之四日，甲壬阳日，乾纳之；乙癸阴日，坤纳之也。其间六日，三男纳其阳，三女纳其阴，六子之卦，各得乾坤之一画者也。又，艮纳丙、兑纳丁者，气之方行者也。少男女纳之，犹日之未午，岁之方夏时也。震纳庚、巽纳辛者，质之已凝者也。长男女纳之，犹日之过午，岁之既秋时也。坎、离中男女纳戊己于正中，不待言矣。易家纳甲，意本于此，其见于经者，则蛊之先甲后甲，巽之先庚后庚，与革之巳日乃孚而已。若《参同契》乃是整齐一岁一月一日之造化，以明其道之造化，乃攒簇五行之法，姑借《易》以言之，大概约略取象云尔，而非以之说《易》也。"又考沈存中说曰："纳甲之法，不知始于何时，予尝考之，可以推见纳育之理。乾纳甲壬、坤纳乙癸者，上下包之也。震、巽、坎、离、艮、兑纳庚辛、戊己、丙丁者，六子生于乾坤之包中，如物之处胎甲者也。左三刚爻，阳之气也；右三柔爻，坤之气也。乾之初爻变于坤生震，故震之初爻纳子午。中爻交于坤生坎，初爻纳寅申上爻交于坤生艮。初爻纳辰戌，坤之初爻交于乾生巽，故巽之初爻纳丑未，中爻交于乾生离。初爻纳卯酉，上爻交于乾生兑。初爻纳巳亥，乾坤始于甲乙，则长男长女乃其次，宜纳丙丁。少男少女居其末，宜纳庚辛。今乃反此者，卦必自下生。先初爻，次中爻，末乃至上爻，此《易》之叙，然亦胎育之理也。物之处胎甲，莫不倒生，自下而生者，卦之叙，而冥合造化胎育之理，此至理合自然者也。”玩沈氏之论，亦不以月之明魄，为纳甲之义，亦见魏伯阳取月之法象，以寓丹道之用，即古人“丹”字从月之义，亦《易》义之一端，而不必执是以求《易》矣。

历象日月星辰授时考略

王氏安石曰：“古圣人重历数，至《周官》益轻，盖创端造始，推测天度，非上哲有所不能及。成法已具，有司守之，亦可占步。所以昔重后轻，其势然也。”程子曰：“事之最大最先在推测天道，治历明时，万物莫不本于此。今考历所以纪数之书，象所以观天之器。日，阳精，一日统地一周；月，阴精，一月而与日一会。星者，二十八宿，众星为经，中外凡百一十八名，积数七百八十三星，皆阴阳之精。其本在地，而上发于天者也。五纬星，五行之精气也。辰，天壤也。以日月所会，分周天之度为十二次。每一辰各有几度。如日月宿于角几度，即所宿处为辰也。四方中星者，二十八宿，布在四方，随天转运，更互在南方。鸟火昴虚，皆是分至之昏，见于南方。直正午之中星，中则人皆见之，故以中星表宿也。二十八宿，附天不动，动者日月五星也。其行历处即为历数，天积气无形，二十八宿与天为体，分之为限。每宿各有定数，合为三百六十五度有馀。日月五星，循此宿度以成人间岁时日月之候。命羲和者，命以算术推步，按其分数节候参差不等以为历而授时也。”程子曰：“历象之法，大抵主于日，日一事正，则他皆可推也。”朱子曰：“历是古来一件大事，故炎帝以鸟名官。首曰凤鸟氏，历正也。岁月日时既定，则百工之事可考其成矣。”又曰：“天有三百六十五度，只是天过处为度。天之过处，便是日之退处也。”又曰：“天之行疾于日，天一日一周，更搀过一度。日一日一周，恰无赢缩。以月受日光，为可见月之望，正是日在地中，月在天中，所以日光到月，四畔更无亏欠，惟中心有黡翳处，是地有影蔽者尔。及日月各在东西，则日光到月者，止及其半，故为上下弦，逐夜增减，皆以此推。地在天中，不为甚大，止将日月行度，折算可知。天包乎地，其气极紧，试登极高处验之，可见形气相催，束紧而成体，但中间气稍宽，所以容得许多品物。若一例如此，气紧则人与物皆消磨矣。”黄氏镇成曰：“天体苍苍，无以测其旋运。古之圣人，乃举二十八舍，推昼夜之所移，以分度限，一岁而周得三百六十五度四分度之一有奇。因列舍之方，析而为四象。因日月之所会，布而为十二次，天体于是可推，四时于是可正。东方七宿，曰角、亢、氐、房、心、尾、箕，有苍龙之形。北方七宿，曰南斗、牵牛、须女、虚、危、营室、东壁，有玄武之形。西方七宿，曰奎、娄、胃、昴、毕、觜觿、参，有白虎之形。南方七宿，曰东井、舆鬼、柳、星、张、翼、轸，有朱鸟之形。谓之四象。自南斗至须女，曰星纪。须女至危，曰玄枵。危至奎，曰娵訾。奎至胃，曰降娄。胃至毕，曰大梁。毕至东井，曰实沉。东井至柳，曰鹑首。柳至张，曰鹑火。张至轸，曰鹑尾。轸至氐，曰寿星。氐至尾，曰大火。尾至南斗，曰析木。谓之十二次，故经于春列星鸟者，以见四方列舍之有四象之形也。于夏曰星火者，以见一岁日月所会之有十二次也。于秋曰星虚于冬曰星昴者，以见象次皆列舍之所分也。中星所指定正南之正，分二十四气，以察四仲所指之星，缀日于天，正虚一度，则为冬至。昴宿昏见于午，斗杓指子，为仲冬之中气，随时运转，可以类知。”又曰：“二十八舍，度最多者莫如东井，凡三十四度。其次莫如南斗，凡二十五度。度最少者莫如觜觿，凡一度。其次莫如舆鬼，凡二度。”潘氏士遴曰：“因星辰以定日月之会，而日以推月，月以推岁，岁成而分至启闭，始得不爽其候，天之元气，无形可见，只观斗纲所建之辰，凡日月一岁十二会也。二十八宿，日月常经行其度，金、木、水、火、土，随时过宫，但有迟速耳。”孔氏曰：“日月所会，与四方中星，总是二十八宿。举目所见为星，日月所会为辰，其实一也。主春者张，昏中，可以种谷；主夏者火，昏中，可以种黍；主秋者虚，昏中，可以种麦；主冬者昴，昏中，可以收敛。天子南面而视四方星之中，知农事缓急，授人以时也。”《汇纂》曰：“历以纪日月星辰所历，象以著日月星辰之像。历象首及于日，盖因日由黄道，行有恒度，虽有盈缩加减之差，而差亦有恒度，故历象先测太阳，而后及诸曜，是日行为诸曜之本也。次及于月月之晦朔弦望，一生于日，盖日与月各随天行，又各有自行度分，迟疾不一，因而有朔望，兼有交食，错综损益，而闰馀生焉。又次及于星，星以二十八宿为经，所以定诸曜之行度次舍。所谓日躔，躔于星也；所谓月离，离于星也。星以五行为纬，而推步五纬，亦以经星为准。盖诸曜之行，循于黄道，而黄道非有光象可求，必用经星之度分以纪之也，又次及于辰。”邵子云：“天无星处皆辰，盖辰者，日月所会，五纬所经，分周天为十二辰，所以纪日月五纬推行之次也。后世又参以地圆之理、地心地面之说，而因地以测诸差，法益加密焉，是故历象日月星辰，为作历之纲，纲定而后历可成，此古圣人敬天勤民之至意也。”抑闻邵子曰：“天南高而北下，故望之如倚盖。地东南下，西北高，故东南多水，西北多山。天覆地，地载天，天地相函，故天上有地，地上有天。此宇宙之大势也。”

璇玑玉衡考略

玑，机也。美珠谓之璇，以璇饰玑，以象天地之转运。衡，横箫也，以玉为管，横而设之，所以窥玑，而齐七政之运行，犹今之浑天仪也。浑天仪者，羲和之旧器，历代相传，谓之机衡。吴王蕃作《浑天说》，谓天之形象似鸟卵，地居其中，天包地外，犹卵之包黄，圆如弹丸，形浑浑然。天半覆地上，半在地下，居地上见者，一百八十二度半强，地下亦然。此度是从东数向西去，直排定者，如机上数经丝也。北极出地上三十六度，南极入地下亦三十六度。而嵩高正当天之中，极南五十五度，当嵩高之上。又其南十二度，为夏至之日道。又其南二十四度，为春秋分之日道。又其南二十四度，为冬至日道。南下去地三十六度而已，是夏至日去北极六十七度，春秋分去极九十一度，冬至去极一百一十五度。此皆自北数向南去，横布定者，如机上数纬丝也。此其大率也。陈氏师凯曰："浑天家见天体圆如弹丸，南北东西，纵广如一，遂借三百六十五度，阔狭之限，横布于天，以纪二极相去。及出地、入地、二至、二分，日行相去，中间所隔广狭多寡之数。故有以纵言者，有以横言者，宜辨也。"俞氏震曰："浑仪三重，六合仪不动，以象天地四方。三辰仪运动，以象天行。四游仪亦运动而窥测焉。双环双铸一样，二合为一，故厚，可贯管轴。单环单铸，故薄，其天经环。南北二极之次，有孔衔轴，以穿三辰、四游于内，使可运转。轴如管，虚中，其外有脐两层，以间隔三辰、四游之位次云。玉衡一名窥管，一名望筒，贯四游轴内，既得随环东西转运，又可随南北低昂，以待占候者之仰窥焉。盖玉衡横设，以二端对南北，自南而北望之，则北极正在管上北端。自北面南望之，则昏时其星正值星之南端。在南上正午之地，其北极一度则寂然不动，常对管端。其南上中星则逐时移动，每夜必挨过一度。窥中星所至宿度，则知日执亦退至日入宿处度矣。□□曰：□之理，非数无以显，而数非象无以明。璇玑玉衡实具天象七政，在天，惟月之距地为近，次日，次金水，次火，次土，而恒星为最远。七政之行，惟月之左旋为速，次日，次金水，次火，次土，而恒星为最远。又，就其行度细较之，日有盈缩，月有朓朒，五星复有迟留顺逆之不同，必有以齐之而后历可治焉。然七政之行，必纪于天之度，而天度不离乎黄赤二道之经纬。平分天腰者，赤道也。交于赤道以会于两极者为赤经，与赤道平行者为赤纬。斜交赤道而出其内外者，黄道也。交于黄道以会于黄极者为黄经，与黄道平行者为黄纬。圣人观天地之经纬，七政之运行，而为璇玑以象之，复为玉衡以窥之，以察日之南北，则节气之早晚可辨。以察日之出入，则昼夜之永，永短可分。以察日之周天与会日，则晦朔弦望之期候可定。至于五星之会日冲日而又合伏退望，五星之近日远日而有顺逆迟留，与夫日月五星之互相掩映而为交食，陵记俱可推步而不爽，是所谓齐也。盖璇玑之设，象天地之经纬；玉衡之制，窥七政之运行。历家虽有《周髀》，岂夜浑天之异名，要皆与玑衡相为表里者也，抑观玑衡之制，见古圣人之□神焉。天之体数，千万里之遥，而周旋数步之规，可以准之。盖地中之景一寸，准天上一千里。虽曰大小殊形，而十二辰三百六十之次舍，则一定而不易，岂非范围天地之道而不过者哉！

中星考略

中星者，当南方之正，值午位之中者也。然中星有其候，有其位，有其用，有其准，有其差，有其法焉。盖天以星为体，随天西转，无刻不有中星，昏中则夕见于地之正南方，旦中则晨见于天之正南方。《月令》以月为主，故记昏旦二中。《尧典》以时为主，故止见昏中，盖以初昏为候也。其为位也，中春则鸟在南，仲夏则火转而南，仲秋则虚转而南，仲冬则昴转而南。《尧典》或以星言，或以次言，或以象言，盖星适当昏中，则以星言，如星虚星昴是也。星不当中而适当其次者，则以次言，如星火是也。次不当中而适介于两次之间者，则以象言，如鹑火为星，鸟午、上柳、星张三宿也。自惊蛰至清明，此三（三）宿逐次为中星。当春分之夕，则星宿为中星也。馀仿此。夫验中星者，所以正四时日行之所在也。盖太阳所在，星辉隐没，本不知（知）其行在何度，惟从中星推之，中星挨至某宿第几度，则黄道日轨亦退至西上日入处某宿第几度，昼考诸日影，夜考诸中星，则七政运行可推而历日不差矣。此测中星之用也，然非从南方考之，何以得其确然之准哉！夫在天之位，一定不易；在天之象，转不不停。惟以天之星加于地之午位，乃与地合，而得天运之正，故验中星者必以此方焉。彼春宜在东，而日月所会之辰却在亥戌。酉西方，秋宜在西，而日月所会之辰却在己辰。卯东方，俱不得天地之正，不可为准。惟北方星为得正而尚差一辰，又天形倾北，列宿隐现不齐，亦难为准。午为鹑火，正南在天为鹑火，在地为午方，得天位之正而日月所会合焉。此验日行于中星者，所以必于南方也。或谓取人君南面之义浅矣，若夫天度常平运而舒，日道常内转而缩，天渐差而西，岁渐差而东。此岁差之说，蔡氏所谓“尧时冬至，至宋时冬至，中星不同”。即经历代天文家增辑之功，精密之法，而终未免于小差者也。至于求中星之法，则太阳以逐月中气后移一辰，如昏旦中星，只当以月建对冲昏旦互求之，孟春昏中之星，即孟秋旦中之星。孟夏旦中之星，即孟冬昏中之星。《传》曰：火中，寒暑乃退。六月初昏，心星中而暑退。十二月平旦，心星中而寒退。仿此求之，即求昏旦中星之捷法也。

《禹贡》九州地理考略

自《禹贡》分九州后，历代迁改，虽山川奠定不易，而其地理之名目，隶属之疆域，则往往或殊焉。惟《地（里）〔理〕[①] 今释》所载，则以有明之直省郡邑，分隶乎古之九州，而错综裁补，一归于今昔之合。按之图经，极为真确，予故汇以成编，俾考古者知前代地理之沿革云。

冀州，今山西之太原、平阳、汾州、潞安、大同五府，泽、辽、沁三州，直隶之顺大、永平、保定、广平、顺德、宣化六府，及真定、河间二府西北境，大名府濬县西境，盛京之锦州府，河南之怀庆、卫辉、彰德三府。其北直抵塞外阴山下，西抵东受降城，今蒙古名萨尔几村之地，东讫于大辽水也。

兖州，今山东之东昌府，及兖州、漕州、阳谷、寿张、郓城三县，济南、青州二府北境。直隶之大名府，及真定、河间二府东南境，河南卫辉府之胙城县也。

青州，今山东之登州、莱州二府。青州府益都、临淄、昌乐、

①据文意改。下同。

安丘、寿光、临朐六县，及诸城、高苑、博兴、乐安四县南境。济南府肥城、长清、历城、章丘、邹平、长山、新城、淄川八县，及泰安州莱芜县北境，兖州府东阿、平阴二县北境。其东北跨海，为盛京之奉天府，及于朝鲜国也。

徐州，今江南之徐州，及凤阳府怀远、五河、虹、灵台四县。泗、宿二州。淮安府桃源、清河、安东、宿迁、睢宁、赣榆六县。邳、海二州。山东之兖州府滋阳、曲阜、宁阳、泗水、金乡、鱼台、嘉祥、巨野、汶上、郯城、邹、滕、峄、费十四县，及平阴县南境。济宁、东平、沂三州。济南府新泰县，及莱芜县、泰安州南境，青州府莒州蒙阴、沂水、日照三县，及诸城县南境也。

扬州，今江南之江宁、扬州、庐州、安庆、池州、太平、宁国、徽州、镇江、常州、苏州、松江十二府。滁、和、广德三州。凤阳府凤阳、临淮、定远、霍丘、盱眙、天长六县。淮安府山阳、盐城二县。河南之汝宁府光山、固始二县，光州。湖广之黄州府罗田、蕲水、广济、黄梅四县。广东之潮州府及浙江、江西、福建皆是也。

荆州，今湖广之武昌、汉阳、安陆、荆州、岳州、长沙、衡州、常德、辰州、宝庆、永州十一府。郴、靖二州。施州卫及襄阳府南漳县。德安府安陆、云梦、孝感、应城、应山五县。随州南境。黄州府黄冈、麻城、黄陂、黄安四县。广西之桂林府、全州及兴安县越城岭北境也。

豫州，今河南之河南、开封、归德、南阳、汝宁五府，汝州。直隶之大名府东明、长垣二县。山东之兖州府定陶、城武、曹、军四县。江南之凤阳府颍、亳二州，颍上、太和、蒙城三县。湖广之襄阳府襄阳、光化、宣城、枣阳、谷城五县，均州郧阳府之郧、保康二县，及郧西县东境，德安府随州北境也。

梁州，今陕西之汉中府兴安州，及西安府商州雒南、山阳、镇安、商南四县，巩昌府两当、文、成三县，徽、阶二州。湖广之郧阳府房、竹山、竹溪三县，及郧西县西境。四川之成都、保宁、顺庆、龙安、马湖五府，潼川、嘉定、邛、眉、雅五州，及叙州、重庆、夔州三府，泸州，江北诸州县，松潘、建昌二卫，叠溪营、黎大所、天全，六蕃招讨司是也。

雍州，今陕西之临洮、平阳、庆阳、延安、凤翔五府。西安府长安、咸宁、咸阳、兴平、临潼、高陵、鄠、蓝田、泾阳、三原、盩厔、渭南、富平、醴泉、朝邑、郃阳、澄城、白水、韩城、华阴、蒲城、同官、武功、永寿、三水、淳化、长武二十七县。同、华、燿、乾、邠五州。巩昌府陇西、安定、会宁、通渭、宁远、伏羌、西和、泰安、清水、漳、礼十一县。泰州及榆林、宁夏、宁夏中、靖远、岷州、洮州、甘州、庄浪诸卫所。其在化外者，南至西倾、积石，西（渝）〔逾〕三危，北抵沙漠皆是也，禹时尚未入版图。

《洪范》五行考略

五行一阴阳也，水为老阴，火为老阳，故其性或润或燥，一上一下，皆一定而不可移。木为阳稚，金为阴稚，故其性可曲可直，可从可革，而无定也。五行之性情体用，经以省文括其蕴，学者当互看以通其义。临川王氏曰："水言润则火燥，土溽，木敷，金敛，可知也。火言炎则水洌，上蒸，水温，金清，可知也。水言下，火言上，则木左，金右，土中央，可知也。木言曲直，则土方，金圆，火锐，水平，可知也。金言从革则木变，土化，水因，火革，可知也。土言稼穑则水之井洫，火之衅冶，木、金之为器械，可知也。所谓木变者，炳之而为火，烂之而为土也。土化者，能燥能润，能敷能敛也。水因者，因甘而甘，因苦而苦，因苍而苍，因白而白也。火革者，革生以为熟，革柔以为刚，革刚以为柔也。金亦能化，可以圆，可以平，可以锐，可以曲直，然非火革，则不能自化，故命之曰从革也。”是道也，参之《禹贡》，见其与《洪范》相为用也。禹之治水，自冀州始，冀在北方，属水，故治水先之。水生木，木属东方，故禹次兖，次青，次徐，皆东方也。木生火，火属南方，故次扬，次荆，皆南方也。火生土，土属中央，故次豫。豫，天下之中也。土生金，金属西方，故终之以梁、雍焉。此禹顺五行相生之序，而九畴叙焉，故不若陻洪水者之汩陈五行也。

五行生克灾异考略

《洪范》言五行，而五行有生克之机，有灾异之应，此数也，即理也。谈氏曰：“五行一阴阳也，雨霁风晴，非阳也，阴之静而敛也，敛则清而明。云滃雾合，非阴也，阳之动而变也，动则浊而暗。是故三春多云雾，而九秋多晴霁，阴阳本然之体象也。夏离火用事，然暑气酷而火焰减，火气盛而火体衰也。冬坎水用事，然寒气盛而水流涸，水气盛而水体衰也。一气之阖辟聚散，于此可见。北方属水而土厚，所以制水，故不滥。南方属火而水盛，所以制火，使不亢。水克火，火克金，置金于水火之间，则相济。木克土，土克水，置木于水火之间，则相资。人为之乎天造也。油，水类也，不克火而资火，油出于木，而木生火也。灰，木成也，不克土而滋土，灰化于火而火生土也。火生于木而焚木，金生于土而锄土，火烁而金刚也。木克土而土养木，土克水而水泽土，水深而土厚也。五行生克之性如此。或者生克失其性，于是乎灾异见焉。”储氏泳曰：“刘向《五行灾异传》，后世议其牵合，天固未必有意为此，然箕子之五事庶征相为响应，则殃咎各以类至，其可概以为牵合乎！试以一身验之，五行者，人之五官也。气应五脏，五气调则百体理，一气不顺，一病生焉。凡受病，必有所属。如太阳为水，厥阴为木，太阳之症，为项强，为腰疼、为发热，为恶寒，其患杂见，而原皆出于太阳。犹貌不恭而为常雨，为狂为恶也。且五官之中，或有两官并失其正者，《素问》所谓阳明厥阴之合病也。”其证岂直一端哉！刘向特专指某事为某证之应，局于一端，为未察《素问》两证合病之理耳。然五事庶征之应，岂有诬哉？夫冬雷则草木华，蛰虫奋，人多疫。虹霓秋见，则百谷耗，入人家则致火，饮井则泉竭。风花出海而为飘风，山川出云而为时雨。景星庆云见，必为祥瑞。农家以霜降前一日降霜，则知清明后一日霜止，五日、十日前后皆同，欲出秧苗，必待霜止。每岁推验，若合符节，天道果远乎哉！有此象，则有此数，夫固与《洪范》五事庶征之义，有相为表里者矣。

日月行冬夏及南北陆考略

《洪范》云：日月之行，有冬有夏，注以青赤白黑，分隶春夏秋冬，并黄道一为九道之解是已。顾所谓青赤白黑，不过天文家设此以为分别记认之法，非真有是五者之色，亦非凿然有是九条路也。且日一岁一周天，以四时为春夏秋冬，月则二十七日一周天，是一月中备历日行四时之轨，则月之有冬有夏，即在一月中已备。盖合朔上弦，望日下弦，至晦则东西南北中之位皆到，正不待历遍十二月，经四立二分二至之节，而后周乎九道也，如此作解，益见古经文立言浑括之妙。至于日之所行，有谓夏行南陆，冬行北陆者，非也。至谓春行东陆，秋行西陆者，尤谬。须知日之行也，春分以后，秋分以前，则行北陆，谓行黄道之北也。秋分以后，春分以前，则行南陆，谓行黄道之南也。“南北”二字，如阴阳寒暑相对之义，非必与东西相配，截然为四陆也。夫当暑而北行，当寒而南行，即此见暑寒交济，阴阳互藏其宅之神。倘寒焉而北，暑焉而南，则寒暑遍枯，居南北极之下者，将无谯类矣。又《传》称冬至为日南至，日南至者，言行南陆之极至也。此亦一证。

《国风》淫诗辨

《国风》之为教也，亦引其发乎情者，而止乎礼义焉耳。乃淫奔之词，相望于简编，何也？说者曰：存之而不灭其籍，俾一时隐僻之私，而天下后世皆知其丑行，庶诵者知戒。朱子所谓“恶者可以惩创人之逸志”是也。予曰：所谓惩创乎逸志者，亦谓出于刺之之诗则可耳，若淫奔者自述其相惑之情，相求之事，相系恋之私，则学者习之而荡其心，闻之而艳其事，恐儆者一而劝者百也。彼淳质未漓，情窦未开之童子，或于讲诵而时乍闻其说，不适以导其邪思，而坏其蒙养之心术乎？圣人之教，恐未必然矣。曰：然则诸淫诗中竟无淫乎？曰：不然，《邶》之《匏有苦叶》，《鄘》之《墙有茨》，《鹑之奔奔》、《桑中》，《卫》之《氓》，《郑》之《东门之墠》、《溱洧》，《齐》之《东方之日》、《南山》、《敝笱》、《载驱》，《陈》之《株林》、《泽陂》，此其词意甚明，证据甚确，而序亦以为淫诗者也，外此则皆不能无疑矣。今以小《序》考之，《邶》之《谷风》，刺夫妇失道，国俗伤败也。《静女》，刺卫君无道，夫人无德也。《鄘》之《蝃蝀》，卫文公以道化民而止奔也。《卫》之《有狐》，刺时无政而男女失其偶也。《木瓜》，美齐桓公之德而思报之也。《王》之《采葛》，喻人臣出使而惧谗也。《丘中有麻》，以贤人之放逐而思之也。《郑》之《将仲子兮》，刺庄公弗制叔段，祭仲谏而不听也。《遵大路》，君子去国，而国人思之也。《有女同车》，刺忽之不昏齐女也。《山有扶苏》，刺忽之所美非美也。《萚兮》，刺忽君弱臣强，不倡而和也。《狡童》，刺忽不用贤臣，而权臣擅命也。《褰裳》，思大国之正已，而定忽也。《丰》，刺昏姻之道缺也。《风雨》，思君子之不改其度也。《子衿》，刺学校废也。《扬之水》，闵忽之无臣也。《野有蔓草》，思遇时也。《陈》之《东门之枌》，刺幽公风化之乱也。《东门之池》，刺君之淫昏而思贤，女以配君子也。《东门之杨》，刺昏姻失时，亲迎而女犹不至也。《防有鹊巢》，忧谗也。《月出》，刺在位不好德而好色也。此皆朱子之所驳而不取，而改为淫诗者。然据旧说而揆其时势，审其情事，似皆有合焉，汉人去古未远，或传之尚未失其旨也。又去古虽渐远，然犹可即此而溯其作之之由也，况参之春秋时用其诗者，亦未尝以淫诗用之也。晋侯欲为孙林父逐卫君，子展赋《将仲子兮》，而晋遂归卫侯矣。卫侯享韩宣子，宣子赋《木瓜》以志报矣。垂陇之会也，子太叔赋《野有蔓草》，而赵孟以为吾子之惠，六卿之饯也。子鹾赋《野有蔓草》，宣子曰："孺子善哉！吾有望矣。"子太叔赋《褰裳》，宣子曰："起在此，敢勤子至于他人乎？"子游赋《风雨》，子旗赋《有女同车》，子柳赋《萚兮》，宣子喜曰："郑其庶乎，二三君子，皆数世之主也！"若伯有一赋《鹑之奔奔》，而赵孟已勃然有床第逾阈之诮，则淫诗之取忌也明矣。向使郑、卫诸大夫所赋，皆为淫诗，其能保樽俎盘敦之间，尚能修好，而尚以为嘉贶也哉！

若夫昔人之以风雨为美君子，而或以自命，或以相勉，如袁粲、吕光、梁简文诸人之说，又凿凿可考者，其馀固可以类推之，而信《序》说之不诬矣。且人性之善也，羞恶之心，人皆有之。苟当是人而面发其私，斥言其事，即以文姜、宣姜、夏姬诸淫人当之，未有不恧然愧、艴然怒者。乃诗中诸妇人，独忍自述其事、其人、其地、其期，而恳恳言之，言之不足而咏歌嗟叹之。不以为讳，不以为耻，不畏其父母贱之，夫家怒之，子孙绝之也。不几天地反其常，而人心竟死也哉！立教者反存之而不删，是曲树其表而求影之直也，恐不然矣。

诗人用韵法考略

张氏朋来曰："《庚歌》，虞诗也，每句有韵。《五子之歌》，夏诗也，隔句有韵。共四章，两韵一换。《商颂》，商人之诗也，诗韵之例，备于商人之作矣。《那》之首章，隔句用韵，两韵一换，至《绥我思》成。又每句有韵，篇末别出，尝将一韵结之。《烈祖》以祖、祜、所三韵起，中间'申锡无疆'，开下文连句之韵，似以'三无疆'为之节，后人交互用韵之法始此。《商颂》多每句用韵，《玄鸟》、《长发》、《殷武》皆然。《玄鸟》六换韵，《长发》前六章，皆每句有韵，惟卒章两韵一换。《殷武》每句有韵，惟第四章交互相韵，其末别出国、福二韵结之。五章以翼、极二韵起，而下文连句有韵。卒章又通章连句用韵。自后作诗者，用韵皆以《商颂》为格例云。"顾氏炎武曰："古诗用韵之法，大约有三：首句、次句连用韵，隔第三句，而于末句用韵者，《关雎》首章是也。凡汉以下诗，及唐人律诗之首句用韵者，源于此。一起即隔句用韵者，《卷耳》首章是也。凡汉以下诗，及唐人律诗，首句不用韵者，源于此。自首至末，句句用韵者，若《考槃》、《清人》、《还著》、《十亩之间》、《月出》、《素冠》诸篇，又如《卷阿》之二章、三章、四章、五章是也。凡汉以下诗，若魏文帝《燕歌行》之类，源于此。自是而变，则转韵矣。转韵之始，亦有连用、隔用之别，而错综变化，不可以一例拘矣。”

《诗经》叶韵法考略

问：三百篇叶韵之法，可得闻乎？曰：可。彼韵之自然相叶，适用其常。如“关关雎鸠，在河之洲。窈窕淑女，君子好逑”及“南有樛木，葛藟累之。乐只君子，福履绥之”之类，不必论已。外此有重韵相叶者，如《风》之“厌浥行露”，下又云“多露”。“惠然肯来”，下又云“莫来”。“九月在户”，下又云“墐户”。《小雅》之“卉木萋萋，我心伤悲”，下又云“萋止悲止”，“念昔先”人，下又云“二人”。《大雅》之“无然谑谑”，下又（下）〔云〕“忧谑”。“靡有孑遗”，下又云“我遗”。《颂》之“威仪反反”，下又云“来反”。“汤降不迟”，下又云“迟迟”之类是也。有用韵在虚字上一字，而虚字为馀声者，如“素丝组之，良马五之”，组、五为韵，而“之”字馀声也。“乃如之人也，怀昏姻也”，以人、姻为韵，而“也”字馀声也。推之凡兮、思、且、止、忌、只、矣之类皆同，惟俟、我、于、著、乎、而则以二虚字为馀声，法又小变耳。又有用实字为馀声者，《北门》第二、三章，“伐木坎坎”二句，皆以“我”字为馀声，《萚兮》二章，皆以“女”字为馀声，大抵以句末字同者为馀声耳。又有上二句，在虚字前一字为韵，而下二句自变韵者，如“伯兮朅兮”四句，上以朅、桀为韵，而下换殳、驱为韵是也。亦有下二句法变，而韵不变者，如“角枕粲兮”四句，下二句句法虽变，而“且”字仍与“粲烂”协是也。有一与三四俱叶，独第二句不叶者，如《东门之枌》篇，“穀旦于差”与麻娑叶，独第二句“南方之原”不叶。《信南山》末章，“是烝是享”与下明、皇叶，独第二句“苾苾芬芬”不叶。《思齐》篇次章，“惠于宗功”，叶下恫、邦，独第二句“神罔时怨”不叶。此亦体之一变也。有通篇同一韵者，《陈风·月出》篇，同用皓、(好)〔舒〕[1]韵是也。有起结不用韵者，如“葛之覃兮，施于中谷，瞻彼洛矣，维水泱泱”。“文王曰咨，咨汝殷商”，“吁嗟麟兮”，“吁嗟乎驺虞”，“其乐只且”，“振振君子”，“归哉归哉”之类。大抵各章复出之语，则不用韵，抑或合数章以成韵矣。有通篇无韵者，《大雅·其在于今》一章，《颂》之《维天之命》篇，《昊天有成命》、《时迈》、《其邦》等篇是也。有间句互叶，句句用韵者，如《兔罝》篇，“兔罝”与第三句“武夫”叶，“椓之丁丁”，与第四句“干城”叶。《野有死麕》，麕与春叶，包与诱叶。《葛生》篇，夜与后音户叶，日与室叶。《采薇》首章，薇与归叶，作与莫叶，家与居叶，故与故叶，鱼、丽、留与酒叶，鲨与多叶。《卷阿》，阿与歌叶，南与音叶。《桑柔》首章，柔、刘与忧叶，旬、民与填、天、矜叶。次章，翩、泯、烬、频与骙、夷、黎、哀互叶。三章，将、往、竞、梗与资、疑、维、阶互叶是也。有首句与末句叶，而中二句自为叶者，《决拾既佽》一章是也。有中隔三句、四句而后叶者，如《生民》末章，“上帝居歆”隔三句始叶，以迄于今。《烈文》首句“辟公”隔四句始叶，“维王其崇之”是也。有首提二句，而下分二节承之，若《有瞽》之篇是也。又有一句中自为韵，如《柏舟》

---

①据《诗经·陈风·月出》改。

"日居月诸",《北风》"其虚其邪"!《商颂》"猗欤那欤"之类。有三句一韵，如《采芑》前三章之类。有隔两句回环相叶，如《桑柔》末章隔二句叶"覆背善詈",末句既作尔歌，又转隔上二句，与"凉曰不可"叶，盖古读可为歌也。是则叶韵之法，有常有变。用其常以顺乎抑扬阖辟之致尽其变，以极其参伍错综之情。学者平心以调之，和声以协之，读古以证之，又采后世之韵，学以参考之，于三百篇之韵法，庶几得其大概矣。

《诗经》古韵考略一

问：诗韵之叶音也，诗人为之乎？曰：风土异宜，而喉舌有清浊之异；方言殊习，而传袭有甄石之殊。故古人作诗之时，未尝纽捏以求叶也。其矢歌以成章者，皆其韵之本如此呼，且呼之而本合，在古人道其常，而后人以为叶尔。曰：然则古人之韵，与后人之韵有不同乎？曰：不同。古人声音未尽开，故其韵疏而能通。简而相比，后人声随代变，踵事增华，而韵日益增，门日益密，究之非古也。试以三百篇按之，后人有麻韵矣，《诗》则读入，鱼、虞、歌三韵中，故车读如居，邪读（于）〔如〕徐，华读如敷，家与瓜读如姑，麻读如磨，珈读如居阿反之类，是古人之声，无今六麻韵也，后有支韵矣。诗则皮仪为猗之属，皆读歌韵，是古无读皮如郫，读仪如夷，读为如危，读猗如医者矣，后有先韵矣。《诗》则年、坚、田、颠之属，皆为真韵也。萧、豪、胶、漕、袍之属，后人萧、肴、豪之韵也，《诗》则皆为尤韵矣。又如庚、明、京、衡、英、兄、羹、争之类，入后之庚韵者也，《诗》则皆为阳韵矣。又如尤、谋、裘、邱之类，后之人尤韵者也，诗则皆为支韵矣。推之夜、柘读入御中，有、玖读入纸中，好、饱读入有中，野、马读入语中，是皆异乎后世之韵法者也。曰：然则古韵之叶，其有定耶？其无定耶？曰：古韵有一字而用之二三韵者，有一字止用之一韵者，有两韵通为一韵者，要皆有自然之则，而随时因声为转移也。即如一“喈”字，《葛覃》“其鸣喈喈”则叶萋萋，至《北风》其喈，又叶霏、归也。一“塈”字也，《泂酌》之攸、塈，《摽梅》之“倾筐塈之”，则叶溉、谓，《假乐》之攸、塈，则又叶“友”字，至“谷风来塈”，则又叶溃、肄也。一“来”字也，《灵台》子来，《采薇》不来，则叶“亟”字“疚”字，《雄雉》能来，《君子于役》下来，《终风》莫来，则又叶“思”字也。一“又”字也，《南有嘉鱼》末章，则以夷昔反叶六直反之来。《宾筵》次章，又以由、怡二音之又叶求、其二音之仇，及其卒章，又以夷益、夷跂二反之又叶失、志二音之识也。此其一字而用之二三韵者也。若夫朋之不为东韵，而为步崩反也；风之不呼东韵，而为孚愔反也；马之不为马韵，而为蒲浦反也；下之不为马韵，而为后五反也；南之不呼为覃韵，而为凡心反也。天之不呼为先韵，而为铁因反也。凡此之类，又不可胜举矣。说者援《（常）〔棠〕[①] 棣》“每有良朋，烝也无戎”，及逸诗“招我以弓，畏我友朋”，谓“朋”字可读如蓬也。抑知《棠棣》务作侮，本《左传》。则“戎”字当叶汝，“观戎虽小子”，“戎有良翰”，两“戎”字则古戎、汝二字通。《棠棣》之朋，不与戎叶也。“弓”字读姑弘反。正叶“朋”字。观采、绿、张、弓，与“绳”字叶，则朋亦与绳、滕类可知，且椒、聊、盈、升与无朋叶，又有明证，则朋无入东之法矣。郑渔仲又以吴才老读天为铁因为误，而以“人”字读然叶之，今以《柏舟》、《黍离》、

---

①据《诗经》改。下同。

《小宛》、《巷伯》、《何人斯》、《十月之交》、《棫朴》、《旱麓》等诗天、人字按之，则吴、郑二说，似皆可通，然《文王》首章以天叶新，末章以天叶躬。躬，姑弘反。《桑柔》首章以天叶矜，《雨无正》以天叶身，《菀柳》卒章以天叶臻，《清庙》以天叶承，证之以《易》，乾，以御天也，叶形、成、精、情、平诸韵，则虽丁、颠、(反)〔友〕、纽可以互用，然岂若铁因之呼，无诗不然，且他经亦有然乎？此又《诗》之一字止用之一韵者也。若夫两韵为一韵者，如东、侵今为二韵矣，《诗》则荡以终协谌，《云汉》以躬协临，《閟宫》以绶协弓，《小戎》以音协弓，《绿衣》、《晨风》、《蒸民》以心、林协风，推之《易》之恒以深协中，艮以心协躬之类，非其韵之通而为一者乎？虽然，此特因后韵府之繁，而见《诗》之有异耳，究则诗人之为韵也，由中而达乎喉吻，自成节奏，一皆任乎风土之恒，率其方言之旧，初非有意以某字专用之一韵，以某字兼用之数韵也，并非以某字叶某韵，以某韵按某部也。且古韵四音通用，平上去入，俱可相叶，上之《易》文言《象传》，下之《离骚》皆然，不必拘拘仅以一音叶也。盖后人为其文，古人为其朴；后人为其条缕，古人为其浑沦；后人为其矫揉，古人为其天定，后人韵法至备也。韵法在成《诗》之先，古人韵非无法也。韵法在《诗》成之后，于此亦可以观世变矣。又，予此论，亦因朱子《诗传》用吴才老之韵，而从之以立言耳。考宋郑氏《庠古音辨》，则分古韵六部，东、冬、江、阳、庚、青、蒸七韵，皆叶阳音。支、微、齐、住、灰五韵，皆叶支音。真、文、元、寒、删、先六韵，皆叶先音。鱼、虞、歌、麻四韵，皆叶虞音。萧、肴、豪、尤四韵，皆叶尤音。侵、覃、盐、咸四韵，皆叶覃音。验之《周易》、《左传》、《易林》、《黄庭经》、《参同契》及《古箴铭歌谣》，无不合者。其间惟鱼、虞、歌、麻与萧、肴、豪、尤，尚不宜分两部耳。杜子美《彭衙行》，合六韵于一篇，可见唐人犹知古韵，不解沈约何以愦愦，遂令后世不知有古韵也。清惜郑氏之韵书不行，附质于此。

《诗经》古韵考略二

古韵四音通用，不待叶也。详见顾亭林《音学五书》及《唐韵正》。吾师太仆严宝成夫子更加参订，较之《经传》无一不合。予因约而为篇，俾学者知古正韵云。服，古蒲北反，又去声，蒲

昧反。友，古音以。否，古音彼。母，古蒲以反。行，户郎反。觥，古音光。华，古音敷。家，古音姑。罝，古音雎。仇，古渠之反。有，古音以。泳，古羊向反。永，古于两反。马，古莫补反。角，古音禄。降，古户工反。下，古音户。夜，古羊茹反。牙，古音吾。皮，古音婆。蛇，古徒何反。革，古音棘。车，古音居。葭，古音姑。豝，古伯吾反。讧，古羽其反。风，古方愔反。野，古神与反。兵，古必良反。轨，古音九。牡，古莫九反。耇，古音矩。后，古音户。久，古音九。苓，古力珍反。零同苓。谋，古音媒。邪，古音徐。鲜，古音犀。洒，古音铣。浼，古音免。离，古音罗。施，古式何反。景，古殷两反。仪，古鱼何反。宜，古鱼何反。麦，古莫北反。兄，古虚主反。京，古音疆。命，古弥吝反。为，古音讹。侯，古音胡。丘，古去其反。尤，古羽其反。虻，古音芒。猗，古音阿。妇，古房以反。右，音以。瓜，古音孤。玖，古音几。靡，古音摩。罹，古音罗。薮，古色主反。射，古音树。弓，古音肱。彭，古音旁。英，古音央。吹，古昌戈反。即，古子悉反。明，古弥郎反。梦，古莫腾反。茂，古音髦。亩，古蒲以反。辐，古方墨反。娄，古音闾。逅，古胡故反。

者，古音渚。裘，古渠之反。簋，古音九。夏，古音户。差，古初沙反。池，古音驼。陂，古音波。咮，古音注。嫭，古音故。火，古音毁。庚，古古郎反。稼，古音故。缡，古音罗。锜，古渠禾反。瑕，古音胡。豆，古田故反。暇，古音户。厚，古音尸。福，古方墨反。疚，古音几。牧，古音墨。近，古音记。又，古音肄。写，古音湑。椅，古于戈反。衡，古户郎反。珩，同衡。隼，古之永反。庞，古音龙。驰，古音陀。戊，古音髦。寡，古音古。旂，古音芹。葍，古方墨反。富，古方二反。罴，古彼禾反。喤，古音皇。地，古音沱，吴韵读惰。雄，古羽林反。邦，古传工反。曰，古音苦。负，古房以反。掎，古居我反。拖，古徒可反。盟，古弥郎反。舍，古音暑。哆，古昌者反。侈，古昌果反。浊，古直谷反。侑，古音肄。亨，古普即反。祊，古甫郎反。庆，古音羌。奏，古则故反。渥，古音屋。彧，古于极反。敏，古音每。怲，古甫往反。的，古都略反。能，古奴来反。抑，古于逸反。呶，古音奴。邮，古羽其反。矜，古居银反。牛，古音疑。孚，古音浮。趣，古苍九反。柘，古之怒反。祃，古音墓。囿，古音肄。伏，古蒲北反。罦，古音古。斗，古滴主反。卿，古音羌。旧，古用忌。漏，古音路。觏，古音救。梗，古古盎反。垢，古音古。寇，古若故反。耦，古鱼矩反。后，古音户。骃，古音古。纰，古匹之反。俅，古渠之反。騢，古音胡。馘，古音国。牺，古伊何反。厖，古莫工反。此全《诗》之正音，不待叶而本如是读者也。抑古韵四声皆叶，观《易》之文言《象传》，多以平上去入相叶者，固不若后世之拘拘焉，以一声之韵相叶也。

《诗》邶、鄘、卫三国考略

邶、鄘、卫三国之始末，其说纷纷矣。而康叔封卫之先后，说亦不一。今以郑《谱》考之。郑康成《谱》曰：邶、鄘、卫者，商纣畿内方千里之地。其封域在《禹贡》冀州太行之东北，逾衡漳东，及兖州桑土之野，周武王伐纣以其京师封纣子武庚，为殷后。庶殷顽民，被纣化日久，未可以建诸侯，乃三分其地，置三监，使管叔，蔡叔、霍叔尹而教之。自纣城而北谓之邶，南谓之鄘，东谓之卫。武王既崩，三监导武庚叛。成王黜殷命，杀武庚，复伐三监，更于此三国建诸侯，以殷馀民封康叔于卫，使为之长，后世子孙稍并彼二国，混而名之。七世至顷侯，当周夷王时，卫国政衰，变风始作，作者各有所伤，从其国本而异之，为《邶》、《鄘》、《卫》之诗焉。严氏曰："《邶》、《鄘》、《卫》皆卫风也。卫祸起于衽席，卒及宗社，居变风之首，二南之变也。"朱氏曰："卫首灭邶、鄘，故《邶》、《鄘》之诗皆为卫作，而犹存邶、鄘之名者，不与卫之灭国也。"刘氏曰："《绿衣》、《燕燕》诸诗，庄姜自作，共姜作《柏舟》、《桑中》、《言沬乡》皆作于卫国，而或系邶，或系鄘。《泉水》、《载驰》、《竹竿》皆作于他国，而一系邶，一系鄘，一系卫，意太师各从其得诗之地而系之也。其所以必系邶、鄘故名者，欲寓兴灭继绝之意。如《春秋》昭八年，楚既灭陈，而九年经书陈灾，《穀梁》以为存陈，亦此意也。是以太师存邶、鄘于卫前，亦如魏在唐前，夫子存其名而不削也。"又按孔疏曰：此三国之境地连接，故邶曰亦流于淇，鄘曰"送我乎淇之上矣"，卫曰"瞻彼淇奥"，三国皆言淇也。戴公东徙渡河，野处漕邑，则漕邑在鄘也。而邶亦曰土国城漕，国人所筑之城也。

思须与漕，卫女所经之邑也，则三国地相错也。顾炎武曰：“邶、鄘、卫者，总名也。”《左传》：季札观乐，为之歌《邶》、《鄘》、《卫》，曰：“吾闻康叔武公之德如是，是其卫风乎?”《北宫》文子引《卫》诗曰：“威仪棣棣，不可选也。”此诗今为《邶》之首篇，乃不曰邶而曰卫，是知累言之则曰邶、鄘、卫，专言之则曰卫，一也。犹之言殷商，言荆楚云尔。此邶、鄘、卫三国之说也。又按封康叔于卫，郑《谱》以为在成王时，孔氏小序亦同，胡五峰说亦然，而朱子与蔡传则力辟其说，以朕弟寡兄之说为断。或问：武王既以殷地分三监，又以何处封康叔？曰：既言以殷馀民封康叔，岂非封武庚之外，又以封之乎？则郑《谱》成王封康叔之说，未可据矣。要其指陈邶、鄘、卫之地，则确然不易已。

《诗》义杂说考略

自有《诗》以来，往往有于传注外，别树其说者。虽言人人殊，亦可参考以尽其变焉。纬书谓风、雅、颂为三经，赋、比、兴为三纬。又谓诗有四始，《大雅》在亥，水始也；《四牡》在寅，木始也；《嘉鱼》在巳，火始也；《鸿雁》在申，金始也。又谓诗有五际，《大明》在亥，为革命，一际也。亥又为天门，出入听候，二际也。《天保》在卯，为阴阳交际，三际也。《采芑》在午，为阳谢阴兴，四际也。《祈父》在酉，为阴盛阳微，五际也。又曰：君臣、父子、兄弟、夫妇、朋友为五际。司马迁言“《商颂》作于宋襄公之世”，《韩诗》曰“《商颂》，美宋襄公也”，欧阳公曰“《关雎》，正风之首”，而齐、鲁、韩三家皆以为康主政衰之刺诗，《投壶》篇记凡乐二十六篇，其八篇可歌，谓《鹿鸣》、《貍首》、《鹊巢》、《采蘩》、《采蘋》、《伐檀》、《白驹》、《驺虞》也。

申培鲁诗以《豳》诸诗为鲁风，而无《豳风》。又，《小雅》中分小雅续，小雅传。《大雅》中分大雅续，大雅传。其他章句训诂之诧异者，不可胜举，此特举其大者耳。惟《孔丛子》载孔子曰：吾于《周南》、《召南》见周道所以盛也，于《柏舟》见匹夫之不可易也，于《淇澳》见古人可以为君子也，于《考槃》见遁世之士而不问也，于《木瓜》见报施之礼行也，于《缁衣》见好贤之心至也，于《鸡鸣》见古之君子不忘其敬也，于《伐檀》见贤者之先事后食也，于《蟋蟀》见陶唐俭德之大也，于《下泉》见乱世之思明君也，于《七月》见周公之所以造周也，于《东山》见周公之先公而后私也，于《狼跋》见周公之远志所以为圣也，于《鹿鸣》见君臣之有礼也，于《彤弓》见有德之必报也，于《羔羊》见善政之有应也，于《节南山》见忠臣之忧世也，于《裳裳者华》见古之贤者世保其禄也，于《采薇》见古之明王所以敬诸侯也。《鹿鸣》废，则和乐缺矣。《四牡》废，则君臣缺矣。《皇华》废，则忠信缺矣。《棠棣》废，则兄弟缺矣。《伐木》废，则朋友缺矣。《天保》废，则福禄缺矣。《采薇》废，则师道缺矣。《鱼丽》废，则法度缺矣。《南陔》废，则孝子缺矣。《白华》废，则廉耻缺矣。《华黍》废，则蓄积缺矣。《由庚》废，则万物失其道矣。《南有嘉鱼》废，则贤者不安，下不得其所矣。《崇丘》废，则万物不遂矣。《南山有台》废，则为国之基坠矣。《由仪》废，则万物失其理矣。《蓼萧》废，则恩泽乖矣。《湛露》废，则万国离矣。《彤弓》废，则诸夏衰矣。《菁莪》废，则无礼仪矣。《小雅》废，则中国微矣。此则以意逆志，而能尽诗人之蕴者，虽六经未之载，又中有与序说同者，要不害其为圣人之言，而非若诸家之杂出矣。

诗与礼乐为用考略

经曰：诗言志，歌永言，声依永律和声。《传》曰：不能诗，于礼谬。则礼也乐也诗也，三者同一原而相为用者也。敢问：其日曰礼适乎中，乐剂乎和，而诗则宣导乎中和者也。夫礼乐之用诗也，如《礼》有郊祀天地之乐，则《昊天有成命》。其歌也，有尊后稷以配天之乐《思文》。其歌也，有巡狩祭告之乐《时迈》。其歌也，有巡狩而祀四岳河海之乐《般》。其歌也，有宗祀文王于明堂，以配上帝之乐《我将》。其歌也，有祈谷上帝之乐《噫嘻》。其歌也，有宗庙之乐，则《清庙》、《维天之命》、《□清天作□》、《烈文》、《执竞》、《武赓》、《□桓》，载见《丰年有喜》、《瞽》、《潜》、《丝衣》及《大雅》，所咏《文王》、《武王》及《太王》、《王季》、《姜源》、《后稷》诸诗，皆其歌也。有庙中出入之乐《九夏》，其歌也，有祈报社稷之乐，则载《艾》、《良耜》及《南山》、《楚茨》、《甫田》、《大田》诸诗，皆其歌也。有春秋藉田之乐《臣工》，其歌也，有祭蚕之乐《绿衣》。其歌也，有雩祭之乐《云汉》。其歌也，若夫《文王》、《大明》、《绵》三诗，其两君相见之乐，抑又天子、诸侯朝会之乐乎？《生民》，其郊祀后受釐颁胙之诗乎？《旱麓》、《行韦》、《既醉》、《假乐》，其庙祀后受釐颁胙之诗乎？《凫鹭》、《丝衣》，其绎而宾尸之诗乎？《有路》、《振鹭》，其二王后来□祭于庙之诗乎？《鹿鸣》、《四牡》、《皇皇者华》、《棠棣》、《伐木》、《天保》、《鱼麓》、《南有嘉鱼》、《南山有台》、《蓼萧》、《湛露》、《匏叶》、有□□□、《车牵》，其燕飨之诗乎？《瞻彼洛矣》、《裳裳者华》、《桑扈》、《采菽》、《鸳鸯》、《鱼藻》，其会同而宴好之诗乎？《采薇》、《出车》、《彤弓》、《六月》、《采芑》、《江汉》、《常武》，其经武之诗乎？《车攻》、《吉日》、其蒐狩之诗乎？又祭马祖之诗《无羊》，其考牧之诗乎？《菁莪》、《隰桑》，其造士之诗乎？《思齐》，其入而燕居之诗，《灵台》其出而游观之诗乎？《小星》、《美九嫔》，进御之诗，《江有沱》，其媵妾从嫡之诗乎？至于嗣王新立有所为，朝夕陈戒者则"闵予小子，小毖敬之"及笃《公刘》、《泂酌》、《卷阿》、《七月》、《祈招》诸篇是也。聘享时有所谓金奏，《肆夏》与《三夏》者，则《时迈》、《执竞》、《思文》是也。有享毕而以出者□是也，享毕而以□者振羽是也。乡饮酒、燕射诸事有升歌之《鹿鸣》、《四牡》、《皇皇者华》，有笙入之《南陔》、《白华》、《华黍》，有间歌之《鱼丽》、《由庚》、《南有嘉鱼》、《崇丘》、《南山有台》、《由仪》，有合乐之《关雎》、《鹊巢》、《葛覃》、《采蘩》、《卷耳》、《采蘋》是也。有《下管》、《新宫》者，或以为《斯干》是也。有升歌合乐者，郑氏所谓升歌《颂》则合《大雅》，升歌《大雅》则合《小雅》，升歌《小雅》则合乡乐是也。有歌为射节者，《驺虞》、《貍首》、《采蘋》、《采蘩》是也。有房中之乐，二南是也。有亲蚕之乐诗，《采蘩》是也。有为行与趋之节，《肆夏》、《采齐》是也。而且盟主之享诸侯也，则嘉乐，言日有赋诸侯之答盟主也，则《蓼萧》、《缁衣》，有赋盟生之享□臣也，则《六月》，既有□诸侯之相享相□也，则《鹿鸣》之三。黍苗有朕，辞臣之答盟主也。则《鸿雁》、《四月》，《载驰》之四章，《采薇》之四章，《采菽》、《菁菁者莪》。有赋小国之望盟主也，则"辔之柔矣，将仲子兮"。有赋诸国之享卿也，则《大明》之首章，《角弓》、《彤弓》、《野有死麕》之卒章，《绵》之卒章，《节》之卒章，《某棠》、《淇澳》、《新宫》、《棠棣》之七章。有赋君卿之答诸国也，则《摽有梅》、《棠棣》、《角弓》、《木瓜》、《我将》、《匏叶》、《采蘩》、

《车辖》、《小宛》之二章。有赋君及夫人自享其臣也，则《南山有台》、《绿衣》之卒章。有赋臣之致于君也，则《韩奕》之五章，《鱼麓》之卒章。有赋危国之求援也，则《褰裳》。有赋公子将见纳也，则《河水》、《六月》。有赋卿大夫之相赠答也，则《祈父》、《鸿雁》之卒章，《草虫》、《匏有》、《苦叶》、《载驰》之四章，《隰桑》、《野有蔓草》、《蟋蟀》、《桑扈》、《褰裳》、《风雨》、《有女同车》、《箨兮》、《羔裘》、《黍苗》之四章。有赋孤臣之见□也，则《无衣》。有赋孽子之感其亲也，则《晨风》。有赋有心者之借以自明也，则《巧言》、《青蝇》、《扬水》之卒章。《式微》有赋也，至若武之有六成也，由申氏培之说而考正之，说见周乐条下。外此有赋而不拜者，则奏《肆夏》之二，《文王》之三，《湛露》、《彤弓》者是。有赋而见拜者，则歌《鹑之贲贲》者是。有赋而不知，亦不答者，则歌《相鼠》、《茅鸱》、《蓼萧》者是。凡此皆礼乐之事，藉《诗》而为用者也。其间惟逸诗数篇散不可考，馀皆班班然载在三百篇中者，或一诗而用之数事，或一事而用乎数诗。盖古人制作之精，变通之术，无非观其会通，以行其典礼之义。通其义，而三百篇中，无诗非礼，无诗非乐，且三千三百、六律五音声之精意，又无往而非诗也，信乎诗与礼乐一原而相为用者也。

乐府与诗篇源流异同考略

问：乐府之名，何自昉乎？曰：自汉昉也。汉武帝立乐府，采诗夜诵，有赵、代、秦、楚之讴，以李延年为协律都尉，后世遂谓乐府始此。然考孝惠二年，已命夏侯宽为乐府令，则乐府之名，自孝惠时已有之矣。曰：请问乐府与古之诗篇，其源流同与异否？曰：论其源则同，而论其流则大异也。《虞书》云：诗言志，歌永言，声依永，律和声。而《诗序》亦曰：诗者，志之所之也。在心为志，发言为诗，情动于中而形于言，言之不足，故长言之，嗟叹之，歌咏之，然则诗与乐府之起，不有合与？是故《喜起》之赓，《卿云》之咏，《南风》之诗，及《五子之歌》，虞人之箴其音古，其体奥，其章法参差。以为诗，则诗之权舆也。以为乐府，又乐府之鼻祖也。此其源之同焉者也。自是而后，由商而周则有诗，秦汉而下诗亡，然后乐府作。于是诗与乐府，支分派别，而不可复合矣。予尝谓其流之异者，大约有四：一曰风气，二曰体裁，三曰声调，四曰题目。前古浑噩，周则文明大启。秦汉则机巧日生，盖风气渐泄，人情渐浮，泄则必流，浮则必荡。当玉骢锦带之时，而欲其咏《山枢》、《蟋蟀》之句也，得乎？此风气之异也。刘勰《文心雕龙》曰：诗为乐心，声为乐体，乐体在声。瞽师务调其器，乐心在诗，君子宜正其文，故慷慨以任气，磊落以使才，造怀指事，不求纤密之巧，驱词逐貌，惟求昭晰之能者，诗也。总赵代之音，撮齐楚之气，以曼声为律，以骚体制歌，丽而不经，靡而非典者，乐府也。此体裁之异也。至其音节之异，则曰风、曰雅、曰颂者，三代之音也。曰歌辞、曰行、曰吟、曰操、曰谣、曰引、曰词、曰曲，汉魏以下之音也。《风》微婉而善入，《雅》恭俭而不佻，《颂》齐庄而起敬，此诗之音节也。歌则杂而无方，行则疏而多骋，吟则悲叹以伸其郁，操则抚弦以写其心，谣则为里巷之声，引则述本末之意，词则吐露以抒其说，曲则委曲以道其微。此乐府之音节异于诗者也。且其所标之题目，亦不同矣。诗则或缘一人为一诗，或因一事为一诗，题有定名，意无旁及，引之者惟因言志以赋诗，闻之者每讥歌诗之不类。乐府则题无定解，词不顾题，或一题而词取数义，或一义而题易数名，或词成而题不知所自来，或题甲而词属乎乙，古乐府具在可考而知也。凡此者，孰非诗与乐府之同源而异流乎？问者因请闻其略，因略言之，曰：《昊天有成命》，郊祀天地之乐歌也。《清庙》祀太庙，《我将》祀明堂，《载芟》、《良耜》祀社稷。诸诗之辞旨，何肃以穆也。彼《赤蛟》、《天马》，何为而告之帝天，《陇首》、《斋房》，何为而陈之宗庙乎？此诗乐之用于郊庙者异也。《出车》，纪军事。《彤弓》，锡有功。《车攻》、《讲武》、《江汉》、《常武》，平淮夷徐土之诗也。乃若为铙歌，为鼓吹，为横吹，为短箫铙歌，名为恺乐，而其辞义不亦过情而太夸矣乎！此乐之用于军旅者又异也。《仪礼》工歌笙入，间歌合乐，此燕飨之有诗也。自汉明帝定乐，所谓二曰雅、颂，三曰黄门鼓吹者，皆燕射及宴群臣之所用也。今其歌词尚有可考者，然已无复有《采薇》、《遣戍》、《杕杜》勤归之至意矣，遑问汉以下耶？此诗乐之用于燕飨者又异矣。至外此而为拂舞，为琴曲，为相和，为清商之类，则骚人逸客之词，征妇劳人之作，关山戎马之感，雪月风花之情，岂尚有诗之风味耶？曰：然则乐府与三百篇，遂绝不相缘耶？曰：是又不然，彼固缘三百篇而起者也。乐府有三言者，因“振鹭”而起也。有五言者，因“雀角”而起也。有六言者，因“我姑酌彼金罍”而起也。有七言者，因“君子有穀贻孙子”而起也。有九言者，因《泂酌》“彼行潦挹彼注兹”而起也。要其字句，虽仿乎诗，而其气象意旨，则判然不可复合矣。曰：乐府之中，亦有同于诗者乎？曰：有之，杜甫之《兵车行》、《洗兵马》、《哀王孙》、《哀江头》、《石壕吏》等篇，白居易之《秦中吟》、《折臂行》、《卖炭翁》、《缚戎人》等篇，其词激以诤，其意苦以真，盖创乐府之新题，而上合古诗之大义，浸浸乎有三百篇遗意焉。此外如陈子昂、韩愈，虽擅古诗之胜，而于乐府则不能兼。李白虽兼之，而词气淋漓浩瀚，终不如三百篇之沉挚古奥也。盖自郐以下，无讥已。

《春秋》书例考略

左氏《传》曰：《春秋》微而显，志而晦，婉而成章，尽而不污，惩恶而劝善。

杜氏预曰："《春秋》以事系日，以日系月，以月系时，以时系年。"

新安俞氏曰："一凡孟月，例书时。正月，例书正。或事在二月，则书春王二月。事在三月，则书王三月。事在春，则不言月。无事则书时，书首月。其有不书，盖缺简也。"以下皆俞氏例。

凡王朝公卿例书爵，大夫例书字，上士、中士例书名，王子例书王子某，下士例书人。

凡列国卿大夫，一命例书人，再命例书名，三命例书氏。书名公子、公孙。例书公子某、公孙某。四命例书字，宋卿例书官。

凡朝聘，诸国来鲁，例书来朝。其不成礼者止书来，外诸国相朝，例书如鲁往诸国，例书如鲁卿大夫士聘他国，例书如他国来鲁，例书使来聘，微者止书来聘。

凡盟会，内为主，例书及。外为主，例书会。外之为主者，必先序歃血，例书盟。讲好，例书会。众共为盟，例书同盟。此齐伯未成、晋伯既衰之时也。不成礼者，例书遇交。相命者，例书胥命。鲁往他国，盟未前定，例书来盟。前定，例书使来盟。

凡征伐，将尊师重，例书某帅师。将尊师少，例书某伐某。鲁则止书主将名氏伐某，将卑师众，例书某师。鲁则止书师，将卑师少，例书某人，鲁则止书伐某及某战。不知将帅名氏多寡，亦书人。君亲将，例书爵。声罪致讨，例书伐。潜师掠境，例书侵。环其城邑，例书围。抵其国都，例书入。覆其宗社，例书灭。移其民人，例书迁。列陈相敌，例书战。奇诈取胜，例书败。杀之无遗，则书歼。民乱逃散，例书溃。车徒大崩，例书败绩。屈服归顺，例书降。欲进而止，例书次。已去而逐，例书追。用他国师，例书以。援他国急，例书救。悉虏而俘，例书取。生擒得之，例书获。拘而囚之，例书执。聚兵守之，例书戍。完其郛郭，例书城。按：称人称师，亦各举重以言之，不可泥也。

凡鲁夫人，始逆，例称女。有姑，例书妇。入国，例书夫人。告庙，例书至。其不书逆者，往逆，非卿也。不书妇，无姑也。不书至，不行告庙礼也。并不书者，缺文也。

凡鲁女嫁诸国，例书逆，书归。来逆非卿，则止书归。王姬或王后使鲁主昏事者，例书逆，书归。惟齐人来归子叔姬，夫人姜氏归于齐，乃子被弑而身被出，故书来归，归于，以明非奔也。

凡崩、薨、卒、葬，天王例书崩，鲁君及夫人例书薨，诸国君合书薨。而据其来讣谦辞曰某爵某卒，故例书卒，卿大夫例书卒，鲁未逾年之君例书卒。诸国葬则举谥来告，故例书谥。自天王告于列国，书崩。卒而不书葬者，来讣，而鲁不往会也。不书卒、葬者，不来讣，而鲁亦不往也。

凡诸国杀大夫、公子，例书国。微者杀之，例书人。作乱者杀之，例书盗。惟晋世子申生、宋世子痤被谮自杀，而归罪于君，故书爵。

凡郊、禘、望、雩、尝、祫、烝，皆志其逾礼非时之失也。

凡大阅、治兵、蒐狩，皆志其非常非地非时之失也。

凡鲁灾异大故，素无例书有，素有而甚例书多，非常例书大。

凡诸国灾异大故来告，例书某国某灾某异。闻而知之，则止书某灾某异。

凡螟、螣、螽、蝝，皆以其害稼，故书。

凡兴作有旧而更之，例书新。无旧而始为之，例书作。完修旧城，例书城。创立新邑，或新台囿，例书筑。僖公之南门、定公之雉门，及两观更旧而变其制，故书新作。

自晋杜氏注《左传》，始有凡例之说，取古经之事同辞同者，计其数凡若干而不考其义。唐陆氏学于啖赵，作纂例之书，虽分析详备，然亦未尝以义言之。逮程子为传，分别义例，而学者始得闻焉。愚今遵程子说，以事同义同辞同者，定为例十六条，凡经书之事义如此，而其辞例如此者，是所谓例也。其有义不同而辞同，事同而辞不同者，则见各事之下，非可以例拘也。即如殊会，其辞虽同，而其义则不同。会王世子而殊会，是尊之而不敢与抗，若曰"王世子在是，而诸侯往会之"，不敢与世子列也。会吴而殊会，是抑之而不使其抗，若曰"诸侯自为会，而后会吴"，不敢与诸侯列也。又如归，来归、复归，"归"字虽同，而其义则不同。妇人谓嫁曰归，而书来归，则出也。诸国君大夫出奔而复，则书归，而书复归，则义不当复也。"天王使宰咺归惠公仲子之赗"，"秦人来归僖公成风之禭"，此讥其过时始至之失也。至于"季子来归"，"齐人来归郓讙龟阴之田"，此又喜其归，异其词以表之也。凡此皆词同而义不同者也。又如国君奔，一也，而内奔书逊。弑君，一也，而内弑书薨，不地。杀公子，一也，而内杀公子书刺。凡此皆事同而词不同者也。又如易田，书假。虎牢不系郑，戍虎牢曰郑。因会伐而朝，书如。凡此之类，乃程子所谓微词隐义时措时宜者也，是皆不可以例拘也。学者诚能熟玩程传，以求其意，至于沉潜反覆，一旦豁然贯通，庶乎可窥圣人用心之万一也。

《春秋》笔削书例考略纂东山赵氏例

视朔，公不视朔，不书。有为，则书。

王昏，送王姬，不书。必主仇，昏而后书。诸侯女归京师，不书。必鲁主昏而后书。

内女，内女归宁，不书，必有故而后书。国君来逆女，不书。卿为君逆，则书。

外立君，继故，不书立，必贼讨而后书立。篡位，不书立，必不能讨而后书立。

天王出入，天王蒙尘，复辟不书。苟自取之，则书。其书必乱未弭，贼未讨，而后悉书之。天王出入，有以之者，不书。未成尊，则书。

国君、内外大夫、王朝臣，出入归复，未成君，出入不书。必有辨于名实而后书。执君归，不书，必伯主释有罪而后书。内大夫出奔，非其罪不书，必有罪而后书。王子奔，非其罪不书。以叛奔，卒讨之不书，必逸贼而后书。公子奔，非其罪不书，必有故而后悉书之。外大夫出奔，不书。必有关一国之故而后书。奔大夫，公子复之不书，必挟外援以归而后书。苟以叛出者书，诸侯逃不书，必逃中国而后书。外大夫逃不书，齐桓之初则书。

凡杀，王讨篡立者，虽杀卿士，不书，必杀无罪而后书。诸侯讨乱，杀公子，不书。虽杀世子母弟，不书。必杀之非其罪而后书。两下相杀，不书。虽杀太子，不书。必讥不在相杀而后书。讥不在相杀，虽无君，书。虽盗杀，书。诸侯反国，杀大夫公子以篡□者，不书，必治以君臣之礼而后书。

篡弑叛臣，篡弑者，以奔为□虽卒讨之，不书。叛臣以出奔为义，虽讨以诸侯之师，不书。罪受奔者□国也。

外纳，外纳不书，宜纳，虽伐不书。苟不宜纳，则书伐，书战。甚则书伐，书入。必不克纳，而后书纳。唯夷狄间中国，悉书之。

会盟会伐，外特相盟会，不书。虽参以上，不书。必有关于天下之故而后书。外胥命相遇，书。与特相盟会同平，不书。有关于天下之故，则书。王臣会盟有所讳，则不书。王臣会伐，非有关于天下之故，不书。中国、夷狄特相会盟，不书。虽参以上，不书，必有关于天下之故而后书。疑于盟主，虽公会之盟，不书。城下之盟，虽内，不书。

用师，诸侯连兵，伯主有事，举重，不悉书，诸侯勤王，不书，必无功而后书。凡救，不悉书。伯者救中国，必足以示名义而后书。诸侯相救，必叛伯无伯而后书。楚救，必不能而后书，不与其救也。狄救中国，以无伯也，外次，不书，必有关天下之故而后书。凡戍，不书，必有关天下之故而后书。内乞师，不书，必乞诸夷狄，则书。外乞师，不书，必伯主而后书。外言战，言败绩，义不系于伐者，但书及战。必义系于伐，而后兼言之，苟略之，言伐不言战。败绩，王师败绩于中国，不书。败于戎，则书之。外相败，不书。惟晋特书之，晋败秦于殽，不十年，晋遂不竞而楚兴也。中国败夷狄，不书。惟晋特书之，以见晋之仅胜，以病晋也。夷狄败中国，不书。惟荆特书之。夷狄交相败获，不书。必败其从中国者，若中国之从夷狄者而后书，必其君以败卒而后书。春秋之初，夷狄侵中国，不书。自有伯而后书。以之伐与国，不书。苟有召之者，亦不书。

取、入、围、灭、奔、迁，外伐国取邑，不书。虽取诸我，不书。春秋之初，则书之。外取师，不书。侵伐，必伐与取异事，而后悉书之。外入郛，不书。惟齐特书之，晋襄卒，而齐为乱喈也。外伐国，不书。围邑，有关天下之故，则书之。诸侯灭畿内国，不书。为夷狄所灭，则书之。诸侯被兵出奔者，不书，必国灭而后书。迁国不书，必避难而迁则书。

公行至不至，公如大国，恒书至，则不书至以见义。公会诸侯，恒不书至，则书至以见义。公会伯主，恒书至，则不书至以见义。公会外大夫，不书至，会师则书至。公会吴楚，不书至，有中国之君，则书至。盟戎，书至。公特将，不书至，则书至以见义。公会伐，恒书至。为会，则不书至。公会外大夫伐国，不书至。君将称人，则书至。

夫人行不行，夫人违礼而行，不书至。必归宁得礼，而后书至。

《春秋》笔削变文书例考略纂东山赵氏例

《春秋》书法之有变文也，讳公为仇人役，则变公将称师。讳公与仇会伐外，则称人。同微者，妾母为昏主，妇姜不称氏，夫人不称姜。女凡执称人，必伯讨而后称君。国君反国，不言自，必自京自楚，而后言自。苟杀其大夫、公子而后归，则不言自京师。苟能兴灭继绝，则不言自楚。大夫奔，非君出之，不名。公子反国，非有罪，不名。大夫见杀，非君臣，不名。苟杀当其罪，则去族。无君相杀称国。内师，加小国言伐，加大国言侵。苟纳所宜纳，虽大国言伐，用楚师言伐。讳公及小国战，但言及。亟战大国，但言败。中国无伯，则晋灵之盟会，诸侯不序。征伐在诸侯，则君将称君，大夫称人，用众称师。苟略其恒称，则虽君将称人，称师，一役而再有事，称人，称师。以丧行，称人。征伐在大夫，则大夫将书大夫，微者称人，用众称师。荀略其恒称，则虽大夫将，称人，称师。中国有伯，楚君大夫将，同称人。唯会，得称君。中国无伯，则楚君将称君，略之而后称人。疑于讨贼，称师。楚君杀中国之君，书名。其自相杀，不名。讳夷狄执王臣，变执言伐。讳夷狄获中国之君，变获言以归。吴征伐，恒举号，惟为中国讨罪，得称君。越举号，从其恒称。徐见败伐国，皆以号举，国灭，则书君奔而名之。讳召天王，以王狩书。嗣王在丧，称王配名。卒，称子。嗣君出奔复归，称世子，所纳应立。如公子纠，虽未在位，称子。诸侯灭吾同宗之国，称名。宋昭公之大夫，特书官，以罪华氏族。诸侯会围邑，系国。戍邑，系国。围其父所居邑，虽外大夫主兵，不系国。城王城，执大夫以归，书执于京师。大夫出奔师溃，书弃师。

《春秋》王臣会盟考略纂铁山陈氏说

周制，诸侯有疑会同，则内史掌其盟，司寇莅其约，此王室所以正诸侯也。诸侯何疑于王室，而敢与之盟哉！经载王臣下盟者五，齐一而晋四。首止以来，齐有王室之故，则其盟专在于谋王室。翟泉以后，晋无王室之乱，而其盟专在于谋一郑。平丘之役，晋无王室之故，而其盟专在于谋诸侯。观僖八年，盟洮之举，深悲齐桓此盟之不得已也。叔带，惠后之爱子也，公卿大夫皆其党与，首止之事，天子恶之，东宫危在旦夕，遣其私人下士来告，故齐桓迫于惠后、叔带及在廷之公卿大夫，而设是盟也。事不至此，齐桓必不敢屈王人于盟矣。奈之何重耳不察齐所以盟王人之故，不谅齐所以定王室之心，乃踵而行之，既不惮天王之召，又何惮王子之盟。不思洮之盟，为王室之故。翟泉之盟，则为郑人之故，为郑，则诸侯为盟可也，于王子虎何为哉！没公而不书人，王子而不爵人，诸侯之大夫而不名，《春秋》盖慎而又慎也。后此王臣下盟，则有例而书同者矣。鄢陵一捷，郑人不来，大合诸侯于柯陵，经书曰同。同诸侯盟，可也。同尹子盟，不可也。虎牢大城，郑即请服，大会诸侯于鸡泽，经书曰同。同诸侯盟，可也。同单子盟，不可也。叠此二盟，皆以郑故。至于平丘晋君之忧，不惟郑，齐不与盟而齐贰，鲁不与盟而鲁贰。淫刍荛于卫，而卫亦贰。叔向曰："诸侯不可以不示威。"经书曰同，忘诸侯之不协而盟也，非有王室之不协。刘子何故而下同是盟耶？有王室之故，而盟王臣者，事之权也。无王室之故，而盟王臣者，事之变也。尝观春秋世变，齐桓创伯之初，诸侯离而始合之时也。王室甫降，伯业良难，不尊王人以谋王室，不足以示伯王之义。晋文既伯之后，诸侯乍离乍合之时也。晋得郑则晋伯，楚得郑则楚伯，不挟王臣以谋一郑，不足以示伯王之功。晋昭绍伯之日，诸侯合而复离之机也，伯之存否，决在此盟。不挟王臣以谋诸侯，不足以示伯王之威。谋王室，则齐伯强也。谋一郑，则晋楚争也。谋诸侯，则晋伯去而楚伯亦去也。故王臣之盟，至于平丘终焉。平丘以后，中国诸侯不复会盟者二十三年。召陵之役，刘子在盟而不书盟。黄池之役，单子在会而不书会，此《春秋》终不与王臣会盟诸侯之意也。抑吾于翟泉大夫之盟，有遗论焉。城濮以后，诸侯从晋十四年。文公末年，志怠惮劳，诸侯翟泉之役，始使其大夫为盟，不知罅隙一开，公室弱而大夫强，自此盟始。即世未几，垂陇之盟，诸侯皆在，士縠主之。于扈之盟，诸侯皆在，盾实专之。士縠死而盾益强，晋人不知有公而知有盾，诸侯不闻有公而闻有盾。《春秋》会盟，亦不书晋侯而书盾。新城之盟，大列七国之诸侯而书赵盾，且例之曰同，同授赵盾以政也。桃园之事，识者已觇其后，当时诸侯之大夫，未有如盾之专者。晋首蒙祸，则翟泉之盟，有以启之也。呜呼！此犹伯主之大夫，而盟外诸侯者也。又其甚者，郑伯及伯有盟，宋公及华氏盟，卫侯及析朱钼、北宫喜盟，君从臣于盟者也。又其甚者，赵鞅盟于公宫，臣逼君于盟者也。迹其所从来，则翟泉之盟，有以启之也。呜呼！盟至此，《春秋》不复作矣。

伯主列国诸侯会盟始末考略

同盟者何伯令也，人不足畏，以神肃之。赏罚不足信，祸福以愓之。同盟者，盖强其不同而同之也。《春秋》伯主之事，独书盟者，有诸侯之同。书同盟者，有诸侯之异。二幽之同，天子之政，始自诸侯出也。新城之同，诸侯之政，始自大夫出也。清丘之同，中国屈于夷狄也，以后之盟屡书同，诸侯之异者，犹可同也。平丘之同，诸侯厌于伯主也，以后盟不书同，诸侯之异者，不可同也。《春秋》书盟一百一十二，书同盟十有六。同盟之关乎天下大变者有四：夫盟蔑，盟宿，不过为保社稷计耳。石门之盟，志不在小。盟艾以来，鲁党齐郑，有石门之盟，则有瓦屋之盟。有瓦屋之盟，则有恶曹之盟。终齐僖、郑庄之世，所与周旋者，惟一鲁耳。最后失鲁而得卫，终不得先桓文以鸣，何也？诸侯不忍舍王室故也。小白之伯，北杏之役，四国仅以微者至。鄟之役，假手于王官，而鲁不来。再役主会于齐侯，而鲁不会。齐不得鲁，不足以求诸侯。幽之役，盟畝天下诸侯，前此诸侯所无之事，诸侯疑之矣。向也知有周，今胡为齐。向也知事王，今胡为主伯？而书同盟，志诸侯之异也。自贯泽以来，诸侯始信齐侯攘夷狄之功。首止一会，诸侯始信齐侯尊王室之义。诸侯莫敢不来，独郑弃夏即夷，经书立异，独举其人，以见当时皆从齐之诸侯也。自是大会者二，大盟者四，诸侯麇至，盟矣。而不曰同，谁敢不同哉？二幽之同，惧其不同也，齐侯创伯之始也。首止以后，不书同，诸侯不期同而自同也，齐侯成伯之后也。宋曹南之举，不在伯列。盟鹿会盂，事已可羞。晋文城濮之绩，继美召陵。齐桓经营三十年，不能致强晋，晋文一会，而齐亦来。桓不能致蕞尔之莒，晋文一会而莒亦至。诸侯恶楚而思桓，幸晋文之来践土翟泉，不待令之同盟而后同矣。然自翟泉之隙一开，晋以大夫世其伯，亦以大夫世其患，士縠会诸侯于垂陇，有公孙敖在，书敖所以敌士縠也。赵盾会诸侯于扈，不序诸侯，不名大夫，不与诸侯敌赵盾也。盖自狼渊伐郑，壶丘侵陈，厥貉临宋，楚尽有诸侯，晋于是有新城之会，诸侯皆在，求晋君而得赵盾，能无疑乎？盾亦惧七国之不从，于是有同盟之令，同则同矣，不知置三尺之孤于何所也。礼乐征伐，自大夫出，故晋之盟会，无灵公二扈之役，不序诸侯，必赵盾在。《春秋》不忍再书其名，使若诸侯之自相盟会也。呜呼！公子结之盟，齐陈以为讨。阳处父之盟，鲁人以为辱。晋人屡以大夫敌诸侯，失陈失郑，不坐此耶！吾故谓政自诸侯出，二幽乃世道之一变也。自大夫出，新城乃世道之再变也。城濮以后，楚人不敢窥中国者十五年，能有狼渊、壶丘、厥貉之师，而不能止三国于长城之会。自文十五年扈之盟，失齐贼而不讨。十七年扈之会，又失宋贼，诸侯已有轻晋伯之心。宣十一年，攒函之会，又不讨陈贼，夷狄遂敢夺晋伯之权，于是盟辰陵，于是讨征舒，于是入郑而败晋，而楚伯矣。邲之役，楚人得志，与战濮等。克郑而后，晋人惴惴然，惧中国之从楚，要之同盟，清丘之言尚新，卫不旋踵而背之矣。是盟之无得罪于伯主者，惟一宋耳。越三年，归父会楚君于宋。又四年，公与诸侯盟楚君于蜀。齐之盟，尚得以无伯借口，诸侯有晋，何以至此，呜呼！清丘之盟，非中国屈于夷狄与？继是景公之同盟者四，厉公之同盟者二，悼公之同盟者四，大抵闭其从楚之路，而驱其从晋之行。诸侯乍合乍离，乍去乍就，直至萧鱼之役，不书同盟而书会，则晋于是再得诸侯也。是则清丘以后之盟，屡书同，诸侯之异者，犹可同也。继是七合诸侯，三合大夫，征会讨贰，诸侯无缺。重丘之役，晋以贿赂失诸侯，同盟之令复起矣。越二年，为宋之盟，则中国从楚之势始决。此一役也，晋人谨守楚盟，敢会不敢盟者十有八年。陈蔡之灭，晋当问罪而不问。乾溪之役，晋当讨贼而不讨。虢申之会，晋不当许诸侯而许之诸侯。乃信蛮夷之诉，绝兄弟之国，有甲车四（十）〔千〕乘在，要人以盟，岂理也哉？自此晋人不得盟诸侯者又二十三年。诸侯之厌伯主也，皋鼬之盟，伯主诸侯于此乎始判。卤之盟，石门之旧会也。盟沙而卫叛，会夹谷而鲁叛，会洮而宋叛，是则平丘以后之盟，不书同，诸侯之异者，不可同也。呜呼！中国屈于夷狄，清丘乃世运之三变也。诸侯厌于伯主，平丘乃世运之四变也。叠是四变，《春秋》同盟，于此而绝笔矣。《穀梁》曰：志同欲也。愚则曰：同盟，志不同欲也，强其不同而同之也。只以叔向告齐一事观之，《穀梁》其有辞乎！

《春秋》齐晋楚争盟考略

或问：齐、晋、楚之争霸也，可得闻乎？曰：齐霸，会盟之国十有三。晋霸，会盟之国二十。几以藉手争霸者，不过陈、蔡、许、郑而已。此四国者，系中国、夷狄之盛衰者也。齐桓失蔡，见于会盟者，陈、郑许也。晋文失许，见于会盟者，陈、蔡、郑也。晋文即世，蔡速飞而不来，许一盟而不复，黾勉执玉帛以从诸侯者，独陈、郑而已。宣公以来，郑叛而陈服，陈叛而郑服，二国且不纯主晋，晋景失陈，其见于虫牢、马陵、蒲戚、钟离之盟，仅仅一郑悼公，救陈戍陈，终亦无可奈何而救陈。干戚以后之五会，于戏以后之三驾，亦惟一郑，大抵楚取三而晋取一耳。若郑人纯于主晋，犹可牺牲玉帛，待于二境，乃郑二于楚。晋何以宗诸侯。加以东方之齐，西方之秦，屡为伯主肘腋之患，断道、祝柯、琐泽之会，颇费经营，晋之世伯，正不易守也。楚人每有中国之事，则陈、蔡、郑、许，是摄是赞。齐之役，佐之盟齐。盂之会，佐之执宋。蜀之役，佐之盟宋。鲁卫谁倡？谫谋谁作？宋之会，偃然致蔡归生于宋、卫之上，陈、郑、许皆在列焉。此夷狄乘中国之大隙也，楚得之而晋始弱。后来召陵一会，陈、蔡、许、郑，昔楚而今晋。顿胡小国，亦昔楚而今晋。此又中国胜夷狄之一大机也。晋失之而吴始兴，伯主不为，他人得以藉手耳。钟离、善道、戚、租之四会，虽致吴以抗楚，岂料黄池一役，反致吴以抗晋，设使召陵得志，天下岂遂至此耶？读经至此，叹息而止。

《春秋》书用师考略

兵权，有国之司命。权去，则国随之。故君将不称师，以师者人君所自有也。卿帅大众必称师，以师非人臣所得专也。持《春秋》之法，以律帅师者之罪。书无骇入极，公子遂入杞，季孙宿入郓，书公孙归父取绎，大夫之贪利也。书公子友败莒师，叔弓败莒师，书公子友获莒挐，大夫之贪功也。书仲孙蔑侵宋，仲孙羯侵齐，季孙斯、仲孙何忌侵卫，则受大国之令，以侵与国也。书公子庆父伐馀丘，公子遂伐邾，叔彭生伐邾，公孙归父伐邾，仲孙速伐邾，季孙意如、叔弓、仲孙貜伐莒，仲孙何忌伐邾者再，则皆挟其国之强，以加小国也。书翚会伐郑，翚会伐宋，公孙兹会侵陈，伯主未兴，罪公室也，伯主既兴，罪伯主也。书季孙行父城诸及郓，季孙宿、叔孙豹城成郛，季孙斯、叔孙州仇城启阳，畏外国之患也。书叔弓疆郓田，虑小国之争也。书公孙敖及外大夫救徐，伯主之不任诸侯也。书叔孙豹救晋，次雍榆，季孙宿救台，遂入郓，大夫之不用君命也。书叔孙侨如围棘，叔弓围费，季孙斯、仲孙何忌围郓，叔孙州仇、仲孙何忌围郈，则公室有叛邑，三家之有叛臣也。书叔孙州仇、仲孙何忌围邾，则天下无伯主，而大国之无小国也。书季孙行父、臧孙叔、叔孙侨如、公孙婴齐会战齐，季孙斯、叔孙州仇、仲孙何忌伐邾，见诸卿之并将也。此犹鲁之大夫也。自鞍之战，列国兵权尽属之大夫矣。鲁大夫帅师，始于阳处父之救江。宋郑大夫帅师，始于宋华元、郑归生之战于大棘。卫未有大夫将也，自战于鞍之孙良夫始。曹未有大夫将也，自战于鞍之公子首始。楚大夫之帅师也，则自公子婴齐之伐宋始也。于是列国兵权不属之大夫者盖寡。晋鲁之大夫强，而列国之大夫亦强，春秋不可复制。吁！倒其柄以授人者，谁为为之哉？

又按：春秋重用众，故于他国用师之事，必成师以上乃书之。惟鲁虽不成师，亦书，重内事也。凡书卿不言帅师者，不成师也。若叔老会晋、荀，偃伐许是也。不书卿而但言师者，则卑者将而师多也，若师及齐师围郕是也。书及某人伐某，或止书伐某者，则卑者将而又不成师也。若及宋人、卫人伐邾与灭项是也。又有公亲行而讳之者，若及邾人战于升陉是也。此皆重用众之旨也。

《春秋》书取、入、围、灭、奔、迁考略

经例，内伐国取田邑书伐，书取。不用师，但书取。有来归之者，书入。已灭之国，书取。不绝其祀，不书灭。有书灭而实未尝灭者，如莒人灭鄫，而其后又取鄫，郑游速灭许，而其后又许男卒是也。又有经书入，而传则谓灭，国亦不复见者。如秦人入滑，宋公入曹，而传则皆谓其灭也。至其书不书之例，则春秋之初犹以取邑为重也，故书之。自书齐、郑入许后，取邑不复书矣，以书之不胜书也。外取师，不书。侵伐，必伐与取异事，而后悉书之。外入郛，不书。惟齐乘晋襄之卒，独执天子之使，伐鲁，伐曹，晋遂不竞，而诸侯贰，则特书之也。外伐国围邑，不书。其书围新城，讥齐桓合五国之师，而仅围郑一邑也。书齐围缗，楚国缗，见中国无伯，齐徒以强凌弱，楚将尽得诸侯矣。莒伐我，书围邑者，晋悼力衰于伐郑，萧鱼甫会，莒已背盟也。齐伐我，四书围邑者，中国又无伯，齐将叛盟主也。畿内国为夷狄所灭，则书之。示王者所不畜，深外之也。若诸侯灭之，如晋取虞、虢之类，则不书。诸侯灭三公封国，罪同叛王也。诸侯被兵出奔者不书，必国灭而后书。迁国不书，必择地利，民避难而迁然后书。兵事书遂事有三：有以遂为功者，如遂伐楚，遂次于匡之类是也。有以遂为罪者，如遂灭偪阳，遂灭赖之类是也。有遂事与本事等者，如侵陈，遂侵宋，侵郑，遂侵卫之类是也。此皆关天下之故，故书之，否则不悉书也。此《春秋》书取，书入，书围，书灭，书奔，书迁之大略也。

《春秋》尊王考略

《春秋》本天以治民事，而尊王为第一义。周自平讫敬，凡十有二王。王室事见于经旨九十有二。经皆有正本之道焉，为其有害德伤治之愆也，故书天王，书天子。书王，欲其修身有本，奉天有道也。为其有并后匹嫡之嫌也，故书王后，书王世子，书王子，欲其齐家以礼，传统以正也。为其有下堂厌尊之事也，故书京师，书王室，欲其朝廷必治，国体必立也。为其有以臣召君，以君避臣之事也，故书居，书入，欲其有那其居以作六师也，望其谨命令，严典制，而无僭礼溢宠之失也。是故来锡命书，来归赗书，归含书，归脤书，望其守贡赋之式，正朝聘之节，而无越旧典也。是故来聘书，来求金书，望其式序在位，莫不震叠，而强大无敢慢也。是故朝王书，如京师书，望其礼乐征伐，出自一人，而大柄不至旁落也。是故王臣之主盟书，主会书，王伐书，皆因其不正者而反之正，以治其本也。至于惠王避子颓而出，敬王避儋翩而出，皆不书，为尊者讳也。而襄王之以狄伐郑，立狄女为后，其出皆自取也，则书之。晋侯勤王，臣职也，王居狄泉而尹氏之乱未靖，王入成周，而召伯、毛伯之贼未获也，则书之。郑伯、单子、刘子、以王出入，不书，亦为尊者讳也。惟以王出入而未成其尊，则书之。或谓王者无外，故狄泉不书出，而以出居于郑为贬，是又不然。出者，出乎境也，狄泉不言出，以在周之畿内也。若书天王居于郑，而不言出，则尚在畿内，而未适郑国矣，不亦没其实乎！若夫征伐之自诸侯出也，则自庄十四年，单伯会齐桓伐宋之役始也。彼桓之请师伐齐，不过假王师以示义耳，故单伯以夏至会，而诸侯伐宋，已于先春为之，周将以桓为恭待王命，而敬听其进止哉！故庄公以前，周犹有书伐郑，书救卫者，自单伯一来以后，绝无周师出伐之书矣，岂非大柄下移之机乎？此圣人所深惜也。

《春秋》地名同异考略一

《春秋传》所载，一地数名，纠纷极矣，〔今〕为撮其大略而纪之。盖有一地二名者：郑即祝融之虚也，蔑即姑蔑也，鄢即鄢陵也，廪延即酸枣也，唐即棠也，齐即蒲姑也，陈即太皞之虚也，长草即繻葛也，垂即大丘也，薛即舒州也，时来即郲也，许即旧许，樊即阳樊也，隰城即隰郕也，盟即河阳也，陉庭即荧庭也，州即淳于也，梁即少梁也，荀即郇瑕也，穀丘即句渎之丘也，卢戎即庐也，郳为小邾，穀即小穀也，乾时即祊也，荆即楚，济即鲁济也，苏即温，二屈即屈也，霍人即霍也，荥即荥泽也，柽即犖，方城即城也，汉即夏也，新审即新城也，泉皋即前城也，洛戎即伊洛之戎，陆浑之戎即阴戎也，鄫即鄫衍，韩即韩原也，夷即城父也，臼衰即臼也，蒋即期思也，商密即三户也，析即白羽也，翟泉即泽邑也，清原即清，原圃即圃田，董即董泽，郫即郫邵也，鄋瞒即长狄也，黄父即黑壤也，莱即郲，沈即寝也，留吁即纯留，蛮氏即戎蛮也，断道即卷楚，新田即绛，叶即许也，骀上即狐骀，鱼陵即鱼齿也，祝阿即督扬，扬氏即扬，阳即唐也，鲜虞即中山也，鄗即启阳，郧阳即郧也，纪鄣即纪，京楚即京，平阴即阴，东寨即寨也，拔即剡也，房即堂溪也，沙即琐也，五氏即寒氏，夹谷即祝其，垂葭即郧氏也，牵即脾上梁之间也，渠蒢即蘧挐也，陉即陉隰也，沙鹿即五鹿也。有一地而三名者：虎牢与虢即制也，卫与朝歌即殷虚也，翼与绛即故绛也，曲沃、新城即下国也，北戎、无终即山戎也，滑与侯氏即费滑也，亳城、景亳即尸氏也，阙外、阙塞即伊阙也，犁与犁丘即隰也。乃若穷桑、商奄、少皞之虚皆鲁也，商丘、商大辰之虚皆宋也，帝丘、颛顼之虚、昆吾之虚，皆卫也，是一地而四名也。雒邑、郏、王城、郏鄏皆成周也，是一地而五名也。大卤、大厦、大原、参虚、夏虚、晋阳皆晋也，是一地而七名也。

《春秋》地名同异考略二

读《春秋传》者，又苦其数地一名，盖名同而实异，心目不为之茫乱乎！今又为约略而举之。如鲁国也，而别有鲁县。蔡，国也，而郑有蔡地。申，国也，而郑有申地。京，郑地也，而周亦有京。纪，国也，而莒亦有纪。翼，郕地也，而晋亦有翼。潜，鲁地也，而楚亦有潜。燕，召公国也，而又有南燕。艾，齐地也，而吴亦有艾。滕，国也，而卫亦有滕。楚丘，卫地也，而曹亦有楚丘。垂，卫地也，而齐亦有垂。大丘，卫地也，而宋亦有大丘。薛，国也，而鲁亦有薛。郕，郑地也，而齐亦有（郕）〔郕〕①。邬，周地也，而晋亦有邬。芳，周地也，而楚亦有芳。越，国也，而又为卫地。晋有蒲城，而卫亦有蒲。卫有漕邑，而曹又为国。穀为齐地，而又为穀国。郏为周地，而楚亦有郏。梁，国也，而蛮亦有梁。绞，国也，而又为郕地。蓼有二国同名，而一则音谬，不同也。虚，宋地也，而晋亦有虚。武父，郑也，而卫亦有武父。句渎之丘，宋地也，而齐亦有之。彭，楚水也，而卫水亦有之。罗，楚水也，而又为国名。赖，国也，而齐地亦有之。纪有鄑，

①据前文改。

有部，鄑、部又见于鲁。齐有葵丘，而葵丘又见于宋。荆，国也，而楚亦有荆山。柯，齐地也，而晋亦有柯。鄄，一也，而卫与周各有之。王城，一也，而周与秦各有之。古有扈国，而扈又见于郑。鲁地有秦，不独有秦国也。戎地有霍，不独有霍国也。阳，燕地，而又为国名。江，渎也，而又为国名。冀，国也，而又为州名。方城，楚地，而庸亦有方城。卤，卫地，而鲁亦有卤。雍，秦地，而又为国名。郑与卫皆有匡，卫与邾皆有訾娄，梁与宋皆有新里，朱与楚皆有睢水。韩与伾皆晋地，而又皆国名。泓，一水名也，而宋与吴皆有之。郑与齐皆有柯泽，陈有焦，楚有鄚有麇，而焦与鄚、麇皆国也。郑有汜，而南汜、东汜不同。鲁有郓，而东郓、西郓不一。邾有绎，而邾都、邾邑则殊。莒与郑各有鄢陵，陈与晋各有壶丘。巢，国也。而卫亦有巢地。庸有鯈，而又别有鯈地。晋有首山，而萧亦有之。郑与楚皆有郾，郑与宋皆有南里，宋与齐皆有鞍。郯，国也，而又别有郯地。莱，国也，而又为鲁山。刘，鲁地也，而又为采地。颍，水也，而又为周地。鄗，郑山也，而又为晋地。潞，赤狄也，而又为齐地。黎，国也，古亦有之。汾，晋水也，而或为楚地。条，晋水也，在楚则为地。州来，楚地，而吴又有延州来。楚与宋皆有吕，莒与齐皆有渠丘，郑与齐皆有督扬，楚与郑皆有租，秦与许皆有棫林，曹与齐皆有重丘，齐与周皆有平阴之役，卫与郑皆有圉。郜，国也，而齐亦有郜。扬，国也，而周亦有扬。楚有两城父，有两不羹。房，国也，又鲁地。沙，水也，又地名。杏，周地也，而齐亦有杏。桐，国也，而吴有桐汭。姑蔑，鲁地也，又为越地。犁，齐地也，又为卫地。此皆二地一名者也。若夫三地一名者，鄢，郑地，又楚地，又水名。有东虢，有西虢，燕地又有虢。莒，国也，而齐与周皆有莒。向，国也，而周与郑皆有向。密，国也，而莒与鲁皆有密。濮，水也，陈卫皆有之，而又为夷名。郕，国也，又采地。又鲁地。部，国也，州地。邓，国也，又蔡地，又鲁地。邦，国也，又周地，又曹地。又有两州国，周与吴楚皆有陉。敖，夷地也，鲁与郑皆有其山。郧，国也，卫与吴之地名同。郑与晋、楚皆有栎，晋与宋、郑皆有新城，晋与周、曹皆有郊，齐与郑、鲁皆有丘舆，鲁与楚、齐皆有棘，周与郑、楚皆有訾，晋与齐、鲁皆有东阳。酅，纪、齐皆有之，又为丘陵名。滑，水也，又郑地，又国名。亳，国也，又宋地，又郑地。洮，晋水也，又鲁地，又曹地。鄫，国也，又郑地，又别地名。阴，戎也，又晋地，又周地。沈，楚地也，又国名，又古国名。雒，戎也，又周水，又晋地。沂，楚地也，又为鲁水，又为大沂水。琐，郑地也，又为楚地，又为别地名。武城，鲁地也，而晋、楚皆有之。凡此皆三地一名也。不又有四地一名者乎？黄，国也，又古国也，而宋与齐之地，皆有其名矣。棠之名一也，而在鲁在莱在楚在齐者，异矣。防，鲁山也，而鲁与宋与莒，又各有其地矣。宋、晋、齐、楚皆有稷。周、晋、随、楚皆有瑕。晋、卫皆有平阳，而鲁更有东平阳、南平阳。此又一名而四地者也。若夫夷国名也，而鲁、宋、晋、楚皆有所谓夷。唐，周地也，而有国，有古国，有燕地，有周地。清，卫地，而郑、晋皆有清，齐更有两清。莘，古国也，而虢、蔡、齐、卫皆有之。盂者，周、宋、卫皆有其地，而晋则有两盂焉。此非五地而一名者哉！

《春秋传》人名同异考略

古人称谓不一，有以幼时所命名称之者，有以其得姓称之者，有以其氏称之者，有以其伯仲之次称之者，有以其所居之地称之者，有以其官称之者，有以其食采之地称之者，有以其谥称之者，往往一人而有二三称、四五称、六七八称之不一，而《春秋》三传惟最甚。学者不考其同异，遂致混淆莫辨，而于其人其事之前后始末，不相贯穿，议论问答，不相符契，此亦穷经者之憾也。昔虞氏曾图之矣，而未详。予《考古源流》中集之详矣，而篇帙遂繁，今特每条举其一二，以纪其略，俾学者推而广之，亦读书之一助也。彼一人而二称者，如周桓公又为周公黑肩，召穆公又称召公虎之类是也。有一人而三称者，如召伯又称召公奭，又称召康公，展禽又称柳下惠，又称展获之类是也。有一人而四称者，如羊舌肸，又称叔向，又称叔肸，又称叔誉。孔文子又称羁之孙圉，又称孔圉，又称烝钽之曾孙圉之类是也。有一人而五称者，如太子申生又称世子申生，又称共世子，又称共子，又称晋申生，公子友又称季友，又称成季，又称季子，又称成季友之类是也。若夫一子产也，又称子美，又称公孙侨，又称郑侨，又称少正，又称成子。一荀吴也，又称中行伯，又称郑甥，又称中行吴，又称穆子，又称中行穆子。此非一人而六称乎？又如一荀偃也，又称中行伯，又称官臣偃，又称中行偃，又称伯游，又称中行献子，又称献子中行氏，非一人而七称乎？至若一士会也，又称士季，又称随季，又称随会，又称季氏，又称随武子，又称范武子，又称范会，是其称凡八矣，有二人乎？盖有以姓氏，以字，以伯仲，以地，以官，以谥之不同而称之，皆不啻所命之名也。凡此第举其一隅耳，学者于予《考古源流》中，详考而备志之，尽其彼此同异之称，则于其人其事之前后始末，了如指掌，而一以贯之矣。

考古略卷之二

三代忠质文考略

古今之气运，大抵皆由质而文。昔之所谓文，今视之则为质。今之所谓文，后世又将质之。此乾坤所以日辟，人心所以日通，万物所以生生而不息。时为之，势为之，非圣人心尚之也。圣人心如造化，然随时而运，因物而付，苟有所偏尚，则必有寒暑失节，阴阳失中之患。而造化乃穷，故夏、商、周之治，皆由质而文者也。制度以渐而备，文物以渐而新，禹、汤、文、武岂徒顺其波，逐其流，而不为矫之正之哉！顾其所以矫之者，正其文之所以开也。其所以正之者，正其文之所以成也。由周以前，炎帝质而黄帝文，少昊质而颛顼文，高辛质而唐尧文，虞舜质而夏禹文，殷质而周文，以此推之，虽百世可知也。圣人岂有心偏重而尚之哉？自汉董仲舒有“夏尚忠，殷尚质，周尚文之论”，而司马迁又易质为敬，又曰“至敬无文”，又曰“宁礼不足而敬有馀”，则敬亦质之谓也。自有此论，而斥后进之文者，遂上溯尚之者之流弊，有作法于凉之憾。噫！固已。夫孔子所言“惟文质两端，至忠之”一说，不过曰“夏道近人而忠”，又曰“周人近人而忠”，初未尝并列忠、质、文三者之目也。《记》又曰：“虞夏之文，不胜其质。殷周之质，不胜其文。”亦言四代之文质，有以相胜耳，非谓有所偏尚也。盖文也者，乃纲纪法度，刑赏礼乐之谓。古先帝王经世之道，亿万载不易之理也。世运自洪荒而后，风气所开，机智滋作，而力为维持者文也。无文则父子君臣，夫妇长幼，皆不得其正，而万物皆失其条理，而交相渎乱矣。圣人递忧之，递治之，不得不递文之也。巢居者，文之以宫室矣。袭叶者，文之以衣裳矣。茹毛饮血者，文之以燔黍捭豚，且文之以饔飧烹饪矣。且也有士冠士相见少仪学校之文，而身可修。有士昏士丧及祭之文，而家可齐。有朝觐聘燕之文，而国可治。有三百六十官之文，而天下可平。盖斯人之巧伪生而淳朴凿，而先王开导防闲之法亦渐以密，而文乃日趋于盛，至周而文大备焉。是故尧曰“文思”，舜曰“文明”，禹曰“文命”，孔子曰“郁郁乎文，吾从周”，文之为用，如此其广大，故谓周为文可也。谓周为尚文不可也。谓夏、殷皆文可也，谓夏、殷、周皆由质而文可也，分夏、殷、周而忠之质之文之不可也。盖未有离乎文而可为忠与质者，即未有离乎忠与质而可为文者。忠质与文，表里相因，体用一致，不可析而二之三之也。自“三尚”之说出，论者往往崇忠质而薄乎文，而文遂为巧饰浮华之习，甚至欲裂冠毁冕，以为古处，而名教荡然，皆董子之论误之也。抑知气运日新，道穷则变，圣人因时而制之，绝非有意以尚之也哉！

六艺考略

周官保氏教国子以六艺：一曰五礼，二曰六乐，三曰五射，四曰五御，五曰六书，六曰九数。盖六艺之事，皆日用所不可缺者。先王教人，朝夕从事于此。收束其心，幼时习其数，不识其文。后乃达其理而神其用，此圣人所以云游于艺也。顾人往往以此为小学之末务，而不加讲求，于是幼时骄惰，及长而不能践一节，亦何以收放心而致实用乎？愚故取六艺之解，汇为一篇，俾学者知古人小学中，即有持其志无暴其气之道云。

五礼者，吉、凶、军、宾、嘉也。吉礼十有二以禋祀，祀昊天上帝，禋祀取精意以享之义也。以实柴祀日月星辰，实柴者，实牛于柴而燔之也。以槱燎祀司中、司命、风师、雨师，槱燎，积柴而燔之也。司中、司命，文昌第四星、五星，风师箕雨师毕也，此三者所以祀天神也。三者皆积柴实牲体，而禋祀则有玉币牲牷。实柴则有牲币而无玉，槱燎则止有牲而无玉币。以血祭祭社稷，五祀五岳，血祭，贵气臭也。五祀，门户灶，行中霤也。《白虎通》，则去行而祀井。或又云：行即井间之道也。以貍沉祭山林川泽，祭山林，则埋诸地。祭川泽，则沉诸水也。以疈辜祭四方百物，疈者肆而磔之，辜者制而磔之也。四方百物即蜡祭也。此三者，所以祭地祇也。禋者，意之精也，意先于气。血者，气之盛也，气先于形。实柴槱燎，用气而已。貍沉疈辜，则用形焉。气亲上，形亲下，则各从其类也。以肆献祼享先王，肆者，进所解牲体，谓荐熟也。献者，献体，谓荐腥也。祼者，灌以郁鬯，谓献尸求神也。以馈食享先王，馈食，言有黍稷也。祭先灌，次献腥，次献熟，次馈食。凡祭皆然，互相备也。以祠春享先王，春物方生，未有以享，故曰祠。以禴夏享先王，夏阳盛，以乐为主，故曰禴。以尝秋享先王，秋物成可尝，故曰尝。以烝冬享先王，冬庶物盛多，故曰烝。此六者所以享人鬼也。祭有隆杀，隆则以肆献祼，杀则以馈食，此二者统祠、禴、尝、烝而言。祠、禴、尝、烝内，大禘大祫，即比次错举于其间，所云追享朝享也。夫祀也，享也，祭也，亦各有所主耳。祀有昊天而无五帝，有司中、司命而无司民、司禄。祭有社稷而无地，示有五岳而无四渎，有山陵川泽而无丘陵坟衍。享有先王而无先公。以分见于诸职互备可知也。凶礼五：以丧礼哀死亡，亲者为之服，疏者致含襚也。

以荒礼哀凶札，凶谓岁歉，札谓民病也。以吊礼哀祸灾，以禬礼哀围败，以恤礼哀寇乱也。宾礼八：春见曰朝，欲其来之早也。夏见曰宗，欲其尊王也。秋见曰觐，欲其勤于王事也。冬见曰遇，欲其不期而皆至也。时见曰会，王时有征讨，为坛国外，会诸侯而命事也。殷见曰同，王十二年不巡狩，则六服尽朝，王亦为坛而命以政也。时聘曰问，时聘无常期，诸侯有故不得朝，则遣问起居也。殷頫曰视，王室有故，庆喜吊忧，六服皆使人来视也。军礼五：大师之礼，用众也，以征伐为主。大均之礼，恤众也，以土地人民为主。大田之礼，简众也，以教战为主。大役之礼，任众也，以筑作为主。大封之礼，合众也，以建国为主。嘉礼六：以饮食之礼，亲宗族兄弟。以冠昏之礼，亲成男女。以宾射之礼，亲故旧朋友。以燕飨之礼，亲四方之宾客。以脤燔之礼，亲兄弟之国。以贺庆之礼，亲异姓之国。

六乐者，周所存六代之乐也。黄帝乐曰《云门》，黄帝能成名万物，以明民共财，其德如云气出入，故周人冬至舞之以祀天神。尧乐曰《咸池》，即大咸也。尧能殚均刑法以仪民，其德无所不施，故夏至舞之以祭地祇。舜乐曰《大磬》，即韶也。以其能绍尧之德，故舞之以祀四望。禹乐曰《大夏》，以其大尧舜之德，而平治水土，故舞之以祭山川。汤乐曰《大濩》，汤宽仁而救护生民，故舞之以享先妣姜嫄。武王乐曰《大武》，武王伐纣，以成武功，故舞之以享先祖。

五射者，一白矢，言其贯镞而过，见其镞白也。二参连，言前放一矢，后三矢连续而去也。三剡注，谓羽头高，镞低而去，剡剡然也。四襄尺，襄作让，臣与君射，不敢并立，让君一尺而退也。五井仪，四矢贯侯，如井之仪也。

五御者，一鸣和鸾。和鸾，皆铃也。和金口木舌，鸾金口金舌，所以节车之行，鸾在衡上，近马。和在式上，衡是车前横木驾马者。式，车上横板，手所凭伏以致敬者。升车则马动，动则鸾鸣，鸾鸣则和应，自然有节奏。若车速，则不相应，迟则不响，又杂然都响，皆不合节奏矣。二逐水曲，谓御车随逐水势之屈曲，而不坠水也。鸣和鸾者，御之常。逐水曲者，御之变也。三过君表，如过辕门之类。四舞交衢，谓御车在十字街头，若转过一边，须要旋转合舞节。五逐禽左，谓御驱逆之车，逆驱禽兽，使就人君以射之。若禽在右边，须要得过左边，以就主人之射也。《车攻》诗传云“自左膘射之，达于右腢，为上杀”是也。

六书者，一象形，谓天地、山川、草木，鸟兽虫鱼，人鬼器用服饰，有形者皆可象。如日、月字是象形之类，亦有象形而兼会意谐声者。二会意，如人言为信，止戈为武，中心为忠，如心为恕之类，会合人意也。如“后”字，从彳从么从又，即三体会意也。三转注，贾疏谓文义相近，但旁边改转，如考、老之类，说本卫恒四体书势，其实非也。老从七，考从丂，各自成文。七则“化”字，丂即考，是本字，非由老转考也。若谓文义相近，则以考为父，得与老义相近。若稽考之考，则其义远矣。董氏非之，当已。盖谓之转注，皆是以此一字，既为此义用，又为他义用。一字数音，展转注释。有一转者，如中正之中，转而为中的之中，谓能得其中处也，则义转而音亦随之，如指挥之指，转而为指趣之指，谓其所持之意也，则义转而音不转。又有再转者，如反正之反，以其反应乎前也，转而为反报之反，则去声，又以其与前者异也，转而为平反之反，则平声。如好恶之好，以其为人好也，转而为喜好之好，则去声，又以其两相好也，转而为好会之好，读去声。又有至三转者，如行止之行，以其行有实迹也，转而为行实之行，又以其行为有次也，转而为行次之行，又以其直行不顾也，转而为行行之行。如数目之数，以其有数可纪也，转而为悉数之数，以其次数绳绳相继也，转而为疏数之数，又以其数加多愈密也，转而为数密之密。以上或转音，或仍音，或又别更其音，于义皆为转注，皆以其文义相近也。若考与老，乃转文，非转注也。四指事，如人在一上为上，人在一下为下，各有其事，处当其宜也。五假借，谓如令长之类，一字两用，解亦未的，盖假借，乃借此义作彼义用。如能本兽名，而借为才能之能。豪本豕属，而借为豪杰之豪。理本玉之理也，而借以为道理之理。妙本女之少好者，而借以为精妙之妙。盖借其用而不易其音，故与转注之易音者殊法也。六谐声，谓形声一也，如江河之类，以水为形，以工可为声也。疏曰：书有六体。形声实多，若江河之类，是左形右声。婆娑之类，是上声下形。围国之类，是外形内声。阛阓衡衔之类，是外声内形。此皆书之等也。

九数者：一方田，以御田畴界域，即今丈量田地亩角之法。二粟布，以御交质变易。粟是米，布是钱，谓以多少钱，籴得多少谷之类，交是买卖，质是典约，变易是擡换也。三衰分，以御贵贱廪税，此是理会官员俸禄多少之法。如上士倍中士，中士倍下士。廪，谓廪禄。税，谓采地所收之税也。四少广，以御积幂方圆。积幂，如今仓然，积米其中，外面遮蔽了，方圆，以其器而知其多少。今税务中用此法，如看船上装载货物，用锥探其浅深，便知其多少。方器作如何算，圆器作如何算，各有法也。五商功，以御工程积实。商其工程，如打土算方子，一方土计合用几多人工，如做屋亦可算几间几架，合用几多人工之类。六均输，以御远近劳费，均其道里远近之劳与费。劳是力，费是裹足。如自某处到某处，用力几何，裹足几何之类。七盈朒，以御隐杂互见。盈是多，朒是少，数之多者可见，隐者不可见。至于杂，则尤不可见。由见显者以推其隐，如人有财物，失去一半或大半，或小半，失物者道失多，无可考究。隐杂互见，是因其所存以验其所失之多少也。八方程，以御杂揉正员，今作历者用此法，谓如算钱，逐件除下零碎底，截长补短，凑得齐整，便好算。如一年十二月，有月大月小不齐，便将闰月来补凑，每月作三十日。又如日月星辰之行不同，却要算个行之会都相合。九勾股，以御高深广远。横为勾，直为股，斜为弦，三者可互相求也，以勾中所容方直之积求之，则山之高，井之深，城邑之广，道路之远，可测而知。此算法之极致也。勾股之术，如今木匠曲尺，尺头为勾，尺稍为股，尺头与尺稍尽处相去为弦。此九数之法也，而六艺于是全矣。

《经礼》、《曲礼》考略

《中庸》礼仪威仪，即《经礼》、《曲礼》之谓。郑康成序《礼》曰：礼者，体也，履也。统之于心曰体，践而行之曰履。孔颖达曰：《周官》为体《仪礼》为履。三百三千虽统同为礼，至于并立俱陈，曰：此《经礼》，此《曲礼》也。则《周官》、《仪礼》有体、履之别矣。《周官》为立治之本，统之心体，以齐正乎物，是圣人制法体此万物，使万物贵贱高下，小大文质，各得其体也。其《仪礼》但明体之所行，践履之事，物虽万体，皆同一履也。臣瓒曰：《周礼》三百，特官名耳。《经礼》谓冠昏吉凶，盖以《仪礼》为《经礼》也。叶梦得曰："《经礼》，制之凡也，曲礼文之目也。"先王之世，二者皆有书藏于有司，祭祀朝觐会同，则太史执之以莅事，小史读之以御众，卿大夫受之以教万民，保氏掌之以教国子者，皆此书也。朱子曰："诸儒说，叶瓒为长。盖《周礼》乃制治立法设官分职之书，于天下事无不该摄。礼典固在其中，而非专为《礼》设也，自不得以当《礼》篇之目。《仪礼》十七篇，其中冠、昏、丧、祭、燕、射、朝聘，自为《经礼》大目，不容专以《曲礼》名之。但其逸见于他书者，犹有《投壶》、《奔丧》、《迁庙》、《衅庙》、《中霤》等篇。其不可见者，又有古经增多三十九篇，而《明堂》、《阴阳》、《王氏记》数十篇。及河间献王所辑礼乐古事，多至五百馀篇，倘犹有逸在其间者。且以《春官》五礼约之，则其初固当有三百馀篇矣。所谓《曲礼》者，皆《礼》之微文小节，如今《曲礼》、《少仪》、《内则》、《玉藻》、《弟子职》诸篇，所记事亲长起居饮食、容貌辞气之法，制器备物，宗庙、宫室、衣冠、车旗之等，凡行乎《经礼》之中者，其篇之全数虽不可知，然条而析之，亦应不下三千矣。或又专以《礼经》为常礼，《曲礼》为变礼，则如冠礼之不醴而醮用酒，杀牲而有折俎，若孤子冠，母不在之类，皆礼之变而未尝不在经理中。坐如尸，立如斋，毋放饭，毋流歠之类，虽在《曲礼》之中，而不得谓之变礼，其说误也。”朱子之论如此，《通解》本之，礼家皆宗之。盖广郑、孔之义，而深得制礼之精意也。学《礼》者，可知《仪礼》之为《经礼》，而其散见于各经传者，为《曲礼》矣。又知《经礼》与《曲礼》有分合，无彼此，分纲目，不分常变矣。

礼说考略

礼之为教，昔人谓是圣人画出一个天理与人看，故谓之礼。又谓礼者，人情而已矣，乃论者疑其有宜于古而不宜于今者。如俎豆席地，袒衣行礼，人死三日敛，祭必设尸，庙各有制，取士用射之类是也。又有今用之而不可尽用者，人死含珠玉，圹中藏诸器，每以诲盗，丧服有等，而三殇之辨则太琐，衰麻有数，而麻葛之易则太烦之类是也。又有非人情可常行者，父在为母期，出母无服，支子不祭，此等似太薄。父母为子斩衰三年，妻与母同服，此又似失伦。国君飨宾，夫人出交爵，命妇入宫养子，国君夫人，入臣子家吊丧，此等颇犯嫌疑。宗族姓氏，惟官惟地随便改易，数世之后，迷其祖姓，近于忘本。適子分固为尊，然□庶亦似太偏之类是也。此皆读《礼》家之所疑也。抑知古今之时势变，而天理不变，天理不变，则人情亦不变。礼也者，本天理而缘人情之则也。先儒分《礼》为四科，以吉、凶、军、宾、嘉为节目之大者归之礼，以应对进退坐立趋行之小节归之仪，以声律歌舞音容节奏归之乐，以封建井田宗学宫室器服归之制度，此学《礼》之大要也。知其要，故虽有不宜于今者，而其意自可通也。虽有不可尽用者，而其原自不匮也。虽有非可常行者，而其则自不远也。程子曰："礼出于性，非伪貌饰情也。"天尊地卑，礼固立矣。类聚群分，礼固行矣。圣人循此，制为冠、昏、丧、祭、朝聘、射飨之礼，以行君臣、父子、兄弟、夫妇、朋友之义。其形而下者，具于饮食器服之用，其形而上者，极于无声无臭之微。上自古始，下逮五季，质文不同，□不由是，而法有损益，惟周为备，是以夫子有周文郁郁之称。其经虽遭秦火，而传记大备。学者读之，如适大通之肆，珍珠器帛，惟其所取。如游阿房之宫，千门万户，随其所入。始于童幼之习，而终于圣人之归。然则《礼》之为教，其可斯须去身哉？善哉，郑氏樵之言！曰：礼有本有文，情者其本也。飨食之文，揖逊跪拜，其本则敬而已。丧纪之文，擗踊哭泣，其本则哀而已。祭祀之文，裸献酬酢，其本则诚而已。能尽其本，则日用三牲，可以为养，而啜菽饮水，亦可为养。袭冒绞约，可以为葬，而敛手足形，亦可为葬。庭实旅百，可以为享，而瓠叶兔旨，亦可为享。盖有其本而无其文，可以义起也。若有其文而无其本，则文亦废矣。何谓礼本情而已，人情自天理中流出，故曰礼也者，本天理，而缘人情之则也。

三礼总说考略

先儒谓《周礼》为本，《仪礼》为末。为本，则重者在前，故宗伯序五礼，以吉、凶、军、宾、嘉为次。为末，则轻者在前，故《仪礼》先冠昏，后丧祭。徐筠谓："《周礼》之大纲有三：养君德也，正纪纲也，均国势也。"朱子谓："《仪礼》载其事，《礼记》发明其理。读《礼记》而不读《仪礼》，则许多礼无安顿处，此三礼之大概也。然三礼之学，往往多所讹异者。"郑氏樵谓其端有四：有出于前人之所行，而后人更之者。如墨始于晋，髽始于鲁。庙有二主，始于齐桓；朝服以缟，始于季康子。以及古者麻冕，今也纯俭。古者冠缩缝，今也衡缝之类是也。有出圣人之门，而传之各异者。如曾子袭裘而吊，子游裼裘而吊。小敛而奠，曾子曰"于西方"，子游曰"于东方"。同母异父之服，子游曰为之"大功"，子夏曰为之"齐衰"之类是也。有后世诸儒，损益前代，自为一朝之典者。如吕不韦作《月令》，欲为秦典，故祭祀官名，不纯于周。汉博士作《王制》，欲为汉制，故封爵不纯于古。后儒又谓《月令》为《周礼》，《王制》为《商礼》之类是也。有专门之学，欲自名家，而妄以臆见为先代之训者。鲁本《周礼》，而执雁执羔，鲁人已不自知。汉重经术，诸儒各述所闻，杂以臆见，实未见古人全书，故以霍大为南岳，以太尉为尧官，以商之诸侯为千八百国，以周之封域为千里者四十九，以分陕处内为三公，以太宰、太宗、太上、太士为六官之类是也。是非纷扰，白黑混淆，当时信为古法而无疑，后世以其传远而不敢辨。郑氏之论确已，惟朱子作《仪礼经传通解》一书，自辑家乡、邦国、王朝之礼，详明典正，惟丧祭二礼，又付之勉斋、信斋二门人，于身后依类成之，曲折详密，大哉此书，学《礼》者，舍此其何适哉！抑又有进者，《中庸》礼仪三百，威仪三千，解者皆以为道问学，固是。然此正是德性之所流露处，大德敦化，小德即从大处流出来，先儒所谓体用一原者此也，故礼者敬而已矣。

《仪礼》总考略

《仪礼》者，周家行礼仪委曲之书也。其初盖三千馀条，秦毁书，汉止求得十七篇。宋乐史谓其可疑者五：汉儒传礼经，惟《仪礼》未尝相教授，一也。班固《七略》，刘歆九种，并无其目，二也。聘礼诸仪，与周官掌客之法不合，三也。丧服设问，乃讲师所传，非周公之书，四也。食燕诸礼，皆不及天子之事，五也。更可疑者，吉、凶、宾、嘉有礼，而军礼独阙。士有冠礼，而大夫独无。乡饮有会，而此独不载。大射之礼，独名为仪。朝遇之礼不记，而仅存觐礼。人之疑礼者如此。然韩昌黎苦《仪礼》难读，而又作《读仪礼说》曰："文王、周公之法制，粗在于是，惜乎吾不得及其时，进退揖让于其间。"呜呼，盛哉！观昌黎所言，则《仪礼》盖无可疑矣。故郑渔仲曰："古人以《礼》与《乐》及《诗》、《书》同造士者，《仪礼》也，以《礼》与《易》、《诗》、《书》、《乐》、《春秋》并列六经者，亦《仪礼》也。"汉兴，高堂生传《士礼》十七篇，即《仪礼》之书，所谓淹中古经也，但自三家擅鲁，六卿擅晋而后，《礼》之大纲既失，遂有习其仪而不知其意者。如郊劳赠贿，鲁昭公非不知礼，而女叔齐以为仪也，非礼也。揖逊周旋之间，赵简子非不知礼，而子太叔以为仪也，非礼也，是也又有并不习其仪者，如肴蒸之宴，武子不能识折俎，葬器之荐，籍谈不能记先业是也。岂知仪礼之为教也，冠以成身，昏以齐家，士相见以明进退，乡饮酒以兴三物，燕食以洽分谊，射以观德行，聘以敦信睦，觐礼以定尊卑，丧以慎终，祭以追远而报本，粗之在器物数度之迹，而精之遂为存心养性之功。学者欲成身而理物，有外于是乎！今自郑王有注，贾公彦有疏，朱子为《通解》以畅之，杨信斋为图以表之，而吴氏澄又于十七篇外补以《投壶》、《奔丧》、《公冠》、《迁庙衅庙》、《中霤》、《禘太庙》、《正居》、《明堂》八篇为《仪礼》逸经，又取大戴中《盛德》、《入宫》、《立孝》三篇，以补《曲礼》，又作《士相见义》、《公食大夫义》、《觐义》、《服义》、《丧义》以发明之，而《仪礼》亦为完书，是又读古者不可不全考而力研之也。

《周礼》问答考略

问：《周礼》之作盛已，周公以前，皆未有礼书乎？曰：《舜典》谓“典朕三礼”，又曰“修五典，曰礼曰典”，必有简策记载，且夏礼、殷礼，损益相因，至周乃定为建官六典，故谓之监二代而文郁郁也。问：冢宰无一事关天，曰天官者何？曰：三公寅亮天地，燮理阴阳，所谓代天工也。问：师氏、保氏，即太师、太保否？曰：以师保之尊，而反属地官司徒之职，恐无是理。问：或谓公孤兼官，无正职，故不载然与？曰：三公论道经邦，三孤贰公弘代，岂下此者得兼乎？官不必备，惟其人，且司士射人之职，已互见三公之位矣。问：地官乡老，二乡则公一人，六乡则三人矣，非三公乎？曰：此天官之职，载于地官者。三公中参六官之事，外领六卿之教，其要为民，是以属之乡也。六乡其职，冢宰三公，其兼官耳。问：如此则三公而联六乡之吏乎？曰：民事之重，宰相固有当亲者，召公为伯，而听男女之讼是也。问：甸师地官之属，何以列于天官？曰：以其共祭祀之萧茅，给薪蒸，故列天官也。问：象魏何所？曰：象魏者，两观之左右也，《周礼疏》谓"雉门有两观，右观之地，乃万民观法于此"。左观之地，乃司寇戮人于此。问：五礼之目。曰：目详《大宗伯》，吉十二，凶五，宾八，军五，嘉六也。问：祀上帝矣，又祀五帝者何？曰：上帝，是昊天上帝；五帝，是五方帝。问：天与帝有别乎？曰：郊坛而祭曰天，祭于屋下曰帝，天与上帝一耳。问：《春官》，止曰祀上帝，不曰祀后土者何？曰：礼地，即是祀后土。问：司中、司命、风师、雨师者何？曰：司中是三台星，司命是文昌星，风师是箕星，雨师是毕星，祭星辰非祭风雨也。问：雷何以不与祭？曰：风雨之祭，自周以来皆然。雷神，自唐以来方祭。却与雨师同坛共牲也。问：社稷之义。曰：社是山林、川泽、丘陵、坟衍、原隰五十之祇，而后土勾龙氏其配也。稷却专是五谷之神，后稷弃其配也。问：社稷之坛，社有主，稷何以无主？曰：社以石为主，稷有壝，与社同所。问：风、雨、雷神各自有坛否？曰：社稷坛于西方，风师于东北，雨师于东南。问：祭先圣，祭社坛之期。曰：上丁释奠，上戊祭社，自周以来遵之。问：郑注六天之说。曰：昊天只一上帝，安得有六？五帝是五方帝，见《月令》。《易》云：帝出乎震，举一方耳。问：大司乐是教导之官否？曰：非也。凡有道有德者，使教焉。大司乐止是乐官之长，以乐德教国子者，惟听其声音歌诵，观其品节数度，以宣畅之耳。问：教国子时，世子皆与焉否？曰：玩《文王世子》，则王之世子、公卿、大夫、元士之適子咸在也。问：钟师一职，而奏《九夏》者何？曰：诗歌于堂上，钟鼓应于堂下，以钟鼓奏《九夏》，《夏大》也。问：晋享穆叔奏《肆夏》之三何？曰：金奏《时迈》、《执竞》、《思文》三诗也。歌文王之三何？曰：工歌《文王》、《大明》、《绵》三诗也。问：《春官》何独不言象魏？曰：五官皆法之所在，故象魏之垂见于四官。春官所掌者礼，故不言象魏。问：太十三兆。曰：兆者，灼龟发于火，其象似玉、瓦、原之璺罅也。或曰：玉兆者，颛顼氏之兆。瓦兆者，帝尧之兆。原兆者，周兆也。问三梦。曰：或谓致梦，夏梦书。觭梦，殷梦书。咸陟，周梦书。与注疏说异。问：司马掌军旅，其权不亦重乎？曰：非也，军旅大事，五官之长咸预焉。兵权分任，不偏属一人也。问：《夏官》征伐比《春秋》同否？曰：《春秋》书征伐以其兴师以虐民，《周礼》言征伐，则以承王命而除乱。问：司甲、司兵、司戈盾、司弓矢四官。曰：四官之兵器非授之民，乃授之卿大夫从军会同者也。周之将帅，皆卿为之。问：当时民间，想无军器？曰：甸出革车一乘，凡甲兵、戈盾、旗物、鼓铎悉备焉，乡遂官简之调发，则各以其具行而官府不与知也。问：太仆是侍御仆从官否？曰：太仆掌复逆之事，以通下情、来谏诤也。问：嘉石、肺石置于何所？曰：肺石居右，嘉石居左，当在皋门、库门之间。问：命夫命妇，不躬坐狱讼，如何？曰：观卫侯与元喧讼，针庄子为坐，陈生与伯舆争政，亦使宰舆、瑕禽坐可见。问：冬官。曰：购，冬官不得，河间献王补以《考工记》，尚阙叚氏、裘氏、韦氏、筐人、椰人、雕人六职云。问：或谓冬官未亡者何？曰：俞廷椿、何乔新、舒芬俱取五官中司器用者，别为冬官，非确论也。冬官掌邦土建民事，非仅百工之事也。问：六卿之属几人？曰：天官六十有二，地官七十四，春官七十，夏官六十八，秋官六十五，冬官考工二十六，通三百六十五。问：府吏胥徒，通计几人？曰：冢宰二千六百六十六，宗伯三千二百四十一，司马三千二百六十五，司寇二千六百五十七，四官之属，固已万人矣，所谓庶人在官也。问：府史胥徒之例。曰：府一而（史）〔吏〕倍，胥一而徒十，此例之常也。惟御史吏百二十人，天府府多于吏，以其所掌书数繁，所藏物独重也。问：官亦有无府吏胥徒者否？曰：食医、疾医、疡医、兽医，皆无之也。问：有府无吏者何？曰：角人、羽人，文书少而有羽物自藏之。问：有徒无胥者何？曰：腊人得徒则足，不假胥师也。问：府吏胥徒，乃庶人在官者，禄足代耕之法，如何？曰：贾疏云：府食八人，吏食七人，胥食六人，徒食六人也。此《周官》之纤悉皆备也。

《周官》问答考略[①]

问：《周礼》一书大旨。曰：大旨总欲合六官以安民耳。惟欲安之，故治之，教之，和之，平之，纠之，居之，此六官所由设也。问：作之者果周公乎？曰：朱子云："此周公运用天理烂熟之书，规模宏远，制度周密，非周公多材多艺，加以仰思待旦之心，不能作也。"问：《周官》何以不行于后世？曰：战国时，诸侯已去其籍，迄汉世始出，又一坏于王莽之王田市易，再坏于安石之青苗均输，非《周官》之弊，乃假《周官》以附会其私者之罪也。问：《周官》出后，亦有疑之者何？曰：岂但疑之，自临孝存、何休以来，诋之者凡数十家，而胡仁仲、季德明摘之尤不遗馀力，又有何乔新、俞廷椿、舒芬等牵合改移之，究之人自妄耳，于圣

①原题为"《周官》问答考略二"，"二"字当衍。

经何损焉！问：《周官》理财之事，不太烦乎？曰：《周官》理财，欲财在民；后世理财，欲财在官。其理财乃养民教民之基，不厌其烦也。问：天官统内政，如何？曰：此所谓宫中府中，内外一体也。家齐而后国治天下平矣，问：地官养民，何以司教化？曰：养教相需相成，故土疆田野与十二教三物，皆以地官兼之也。问：春官司乐，亦主教人何？曰：司徒掌教之法，乐官观教之成，乃以声律舞蹈荡涤邪秽，归于和平，所谓成于乐也。又问：其有司巫，何也？曰：此亦顺人情而安之，汉世无此，故有巫蛊之祸。问：司徒教车甲，司马掌选法，何也？曰：六官联事甚多，不但此也。又问：《司马》未言选法，何也？曰：《王制》，司马论辨官材之法，即《司马》之阙文也。问：司寇，刑官也，而大小行人隶焉，何也？曰：此宾礼也。宾位于西北，天地之义气属秋也，且出乎礼，即入乎刑，凡诸侯朝觐会同毕，则肉袒请刑，司寇主刑，故属焉。所谓习礼考义，正刑一德，以尊天子也。问：《考工记》可补《冬官》乎？曰：司空掌邦土，居四民，时地利，岂直百工匠作之事哉？问：俞氏、舒氏等割五官之掌营造、司力役者以为冬官，是否？曰：一经割裂，并五官亦不完矣。问：天官掌饮食医药之事，何也？曰：此所以养王之身心，而引之清心寡欲，俾其精明强固也。问：膳夫、酒正，有王及后世子不会之文，何也？曰：此非尊之而不敢会也，然羞服之供，早有定式，必无奇服异味，以荡人心，则不会而已会也。问：遂人治野之意。曰：田有上、中、下之殊，而任之以下剂为率，所以优民者至矣。况土均平政，又有上、中、下之差乎？问：周官三百六十，然卿大夫命士，六官凡三千馀人，何也？曰：六官中必有兼摄者，如二卿则公一人，观成王顾命，召太保奭、芮伯、彤伯、毕公、卫侯、毛公，则是六卿中召公、毕公、毛公上兼三公矣。问：周官仆御环卫之属，皆以士大夫为之，不亦亵耶？曰：前后左右，罔非正人，谁与王为不善？所以扶持调护，以成君德之道也。问：《周官》选举之法。曰：自抱关击柝以上，皆以下士为之。无非乡举里选，德行道艺中之人，此成周建官之良法美意也。问：欧阳氏谓王畿之内，设官凡十四万有奇，官冗至此，恐无禄以给之。曰：古有不命之士，有无田之士。彼乡遂小吏，闾胥比长之属，皆耦耕之民也。以其材力稍优，故进其爵等，俾率其曹伍，不过如秦汉后之民爵耳，非必予之田禄也。必至族师以上，所辖渐众，其事渐繁，然后倍授之田，以代其耕，又上则又倍焉。惟州长遂大夫，然后取所在公田之入以禄之耳，何患其不给也。问：比、闾、族、党、州、乡之法，果善乎？曰：成周学校，田里选举、宿卫师旅、田役联为一事，能使天下为一家，中国为一人，如手足头目之为一体者，皆此上下相亲，礼俗相同，吉凶相共之义，有以为之枢纽也。问：刑典有束矢钧金之入，恐贫者无所赴诉。曰：周法自乡遂公邑都家，以及门关市肆皆其地，有司听其讼狱，或有屈抑，则设肺石以达之，立登闻鼓以通之，尚虑其无赴诉乎？问：苏氏辙有三疑：周东西两都，皆东西长，南北短，乃甸稍县都，如画棋局，恐无所容之，一也。书称列爵惟五，封士为三，孔子亦以方六七十、五六十为邦，乃公方五百里，侯方四百里，封数大国而子男之国，或并或徙者多矣，二也。楚为掩町原防井衍沃，盖平川广泽，可井者井之，原阜堤防，不可井者则町之，皆因地为制耳，乃公邑必为井田，乡遂必为沟洫，三也。如何？曰：朱子云："子由所疑三处，只得且阙之。"问：《周官》亦有伪托之条否？曰：有，载《师职》曰：近郊十一，远郊二十而三，甸稍县都，皆无过十二。《廛人职》：增纨布质布泉。《府职》曰：民之贷者，以国服为之息，媒氏仲春之月，大会男女，奔者不禁。

此皆刘歆承莽意而增窜之，故公孙禄数歆之罪曰："颠倒五经，使学士疑惑。"此其证也。此又苏氏三疑之外，更有不可附会者也。

《仪礼》问答考略一

问：《仪礼》谁作？曰：非周公不能作也。问：此书出于何时？曰：汉河间献王云得先秦古书，曰《礼》，即出鲁淹中之古经也。问：《仪礼》何以得名？曰：秦焚书，《礼》之见于汉者，犹有古经五十六卷，经七十篇，《记》百三十一篇。汉君臣不之好，至宣成世，大小戴刘向所录止十七篇。其十七篇中，有仪有礼，遂合而名之。问：高堂生所传者，《士礼》耳。今《仪礼》有诸侯卿大夫，何也？曰：谓之《士礼》者，亦止就冠昏丧相见等礼言之，谓可由士以推上之耳，非谓此书无诸侯卿大夫之礼也。问：三礼孰经孰传？曰：《仪礼》乃本经，《礼记》是解仪礼之义，《周礼》则为之纲纪。问：《仪礼》何以无军礼？曰：军礼乃征伐动众之事，其礼载于《司马法》矣。问：《礼》何以始冠昏？曰：冠者所以重成人之道，昏者所以正夫妇之伦。问：相见亦有礼者何？曰：以有辞命之文，故制为仪节，使进退不苟也。问：乡饮亦制礼者何？曰：圣王之化，自乡而国而天下，则乡饮之礼，所以崇敬让之化，序爵齿之义，息争讼之风。问：乡射亦制礼者何？曰：先王崇三射之制，立五善之目，以此选士，以此建侯，以饰礼乐，而大政寓焉，故曰射者所以观德也。问：大射之礼如何？曰：所以明君臣之分也。射中为诸侯，不中则否，或止以此审是非，非以此定去取也。问：聘礼者何？曰：所以重交际也，故有遣聘，有报聘。问：燕礼者何？曰：防乐胜则流也。问：祭礼者何？曰：《仪礼》中，止大夫士祭礼耳，大抵祭思敬。又曰：祭从宜。问：馈食亦有礼者何？曰：一献侑之微，一笾豆之末，莫不有礼数行乎其间。问：昏礼有六者何？曰：窈窕淑女，左右求之，故纳采。不娶同姓故问名，人谋鬼谋，欲无不臧，纳吉也。无辞不相识，无币不相见，纳征也。士如归妻，迨水未泮，请期也。往迎尔相，御轮三周，亲迎也。问：乡饮酒大节？曰：请宾介，陈器馔，献宾介，介献僎，旅酬，燕，此六大节也。问：拜至，拜洗，拜送，拜跪者何？曰：将敬而已矣。问：请安，请坐，爵乐无算者何？曰：礼之用，和为贵。此以亲睦乡党，故罚爵之礼不行。问：降盥降洗者何？曰：尚洁也。问：辞盥辞洗者何？曰：非辞让，不足以明恭敬。问：饮食必祭者何？曰：不忘本也。问：酬爵不举者何？曰：不尽人之惠也。问：序宾以贤者何？曰：贵德也。问：序坐以齿者何？曰：贵长也。问：序僎以爵者何？曰：贵贵也。问：工歌必献者何？曰：不忘功也。问：燕及沃洗者何？曰：不忘则也。问：歌《关雎》、《葛覃》、《卷耳》者何？曰：教人以齐家之道也。问：工歌《鹿鸣》、《四牡》、《皇华》者何？曰：教人以事君之道也。问：升歌三终。曰：谓歌《鹿鸣》、《四牡》、《皇华》也。问：笙入三终。曰：谓笙《南陔》、《白华》、《华黍》也。问：间歌三终。曰：歌《鱼丽》，则笙《由庚》；歌《嘉鱼》，则笙《崇丘》；歌《南山》、《有台》，则笙《由仪》也。间，代也，言一歌一吹也。问：合乐三终。曰：歌《关雎》，则笙《鹊巢》合之；歌《葛覃》，则笙《采蘩》合之；歌《卷耳》，则笙《采蘋》合之。故升歌之诗三，笙入之诗三。间歌之诗六，合乐之诗亦六。问：三笙一和。曰：三人吹笙，一人吹和。和，笙之小者。问：乡饮歌《风》而不及《颂》，歌《小雅》而不及《大雅》者何？曰：乡饮者，一乡之事。所谓用之乡人者，安有所谓盛德而歌颂，虽五十者立侍以听政役，然政役亦止行于一乡，未足以及一国，故止歌《小雅》。问：五礼之牲同乎？曰：不同。自随分随事为之，故士祭用特豚，燕礼用狗，昏礼用鱼也。问：五礼何所始？曰：孔颖达云："伏羲造琴，制为嘉礼之始。神农播种饮食，为吉礼之始。黄帝有战，有葬，有官，为军凶宾礼之始。"问：礼至周而后备。曰：夏商简略，至周自有许多降杀，上世亲亲长长，至周则有贵贵尊贤，丧祭之等有绝有降，又有不绝不降，凡此皆天下大经，周公立为定制，后世更不可易。问：叔孙通朝仪如何？曰：绵蕝之仪，至于无敢喧哗，三代雍容气象亡矣，此秦人尊君卑臣之法。问：叔孙制礼，两生非之者何？曰：月馀绵蕝，何以复古？必待百年。曷禁击柱？叔孙固非，两生亦未为得也。问：汉初古礼尚存，何以不传？曰：朱子谓："河间王所传古《礼》五十六篇，汉末，郑康成尚及见，今注疏中时有引援，至开元犹在，后来无人说着，此书遂亡。"问：开元、贞观礼如何？曰：周公制礼一时，而万世不易，自非圣人仪礼，则未有久而不变者，故贞观之礼不可行于显庆，显庆之礼不可行于开元。问：唐宋沿革如何？曰：开宝礼全袭开元，但略耳。政和有五礼新仪，开元有刺史吊吏民之礼，略如古者吊民之意，开宝删去。问：政和五礼新仪。曰：南渡后，州郡犹存印本，后来散失。如春秋释奠、祈报、社稷及礼风、雨、雷师坛壝，服器制度与冠昏丧祭之仪，民间俱无所遵守，岂非礼教之厄哉！

《仪礼》问答考略二

问：冠礼，三代有不同否？曰：不同。周人冠子之法，三加讫，以醴酌于客位。夏殷则以清酒醮之，每加一醮。周人作字时，不呼伯仲，至五十乃呼之。殷则字时即以伯仲相呼矣。问：向见南轩说冠礼难行。朱子曰："惟冠礼易行，昏礼须两家皆好礼方得行。丧礼哀痛中心力或少，祭礼终献甚久，皆难行。冠是自家屋里事，关了门，将冠与儿子戴，有甚难?"问：三加如何？曰：只是一时作三次加，初是缁布冠，以粗布为之。次皮弁。次爵弁。诸家皆作画爵，看来只是皮弁模样，皆以白布为之。缁布冠古来有之，初是布冠，齐则缁之，次皮弁者，只是朝服。爵弁，士之祭服也。问：子冠见母。朱子曰："凡妇人见男子，每先一拜，男拜，则又答拜，再拜亦然，为侠拜。若子冠，则见母亦如之，重成人也，寻常则不然。"汪氏琬疑冠义母拜子，先儒谓母有从子之义，故申斯须之敬。又，或谓嫡长子代父承祖，故礼之异于他子，皆非也。士冠礼，冠者取脯，降自南阶，适东壁，北面见母，母拜受，子拜送，母又拜，此为母者答拜其子之明文也。又，昏礼妇奠枣栗，舅坐抚之，兴答拜，妇馂姑之馔，姑（销）〔酳〕①之，妇拜受，姑拜送，此舅姑答拜其妇之明文也。盖冠昏，大礼也，虽父母舅姑，无坐受其子妇之拜者。孔颖达谓："拜受祭脯，非拜子者，差为得之，然亦未察冠礼之全文也。"问：昏礼之服。朱子曰："昏礼用命服，乃是古礼。如士乘墨车而执雁，皆大夫礼也。若止用燕服，非所以重正昏礼，不若从古之为正。"问：天子、诸侯再娶否？曰：古不再娶，亡了后妃，只是以一娶十二女、九女者。推上，鲁齐坏了此法，乃再娶，若大夫娶三，士二，却得再娶。问：今士大夫，多是死于欲。曰：古人法度好，天子一娶十二女，诸侯一娶九女，老则一齐老了，却无许多患。问：程氏与温公昏仪，如何？朱子曰："迎妇以前，温公底是。妇入门以后，伊川是。温公仪，亲迎只拜妻之父，两拜便受妇以行，却是。

①据文意改。

程仪遍见妻之党，则不是。温公仪入门便庙见，不是。程仪未庙见，却是。古人初未成妇，次日方见舅姑。盖先得于夫，方可见舅姑。到两三月，妇渐熟，得舅姑意了，舅姑如方令见祖庙。”问：温公仪妇先拜夫，程仪夫先拜妇，或以为妻者齐也，当齐拜，孰是？曰：古者妇人与男子为礼皆侠拜，每拜以二为礼，昏礼妇先二拜，夫答一拜，妇又二拜，夫又答一拜。问：姑舅之子为昏。曰：据律中不许，然鲁齐世昏，其间皆有姑舅之子，从古已然，公私通行，只怕位不是。又曰：孔明择妇，正得丑女，彼其正大之气，经纶之蕴，固已得于天资，然窃思其志虑之所以日精，威望之所以日重者，则寡欲养心之助为多。问：服仪。曰：汉儒自为一家之学，以《仪礼·丧服》篇为宗。《礼记》中小记、大传则皆申其说者，详密之至，如理丝栉发，可试考之。画作图子，更参以《通典》，迄今律令当有以见古人之意。问：觐礼。曰天子常服皮弁，惟诸侯来朝，见于庙中，服冕服。灌用郁鬯，以神道待之，别有专考。问：（裼）〔裼〕袭。曰：裘，似今之袄子。裼衣，似今背子。袭衣，似今凉衫。公服，其义别有专考。问：虞礼，子为尸，父拜之，如何？曰：古人大抵如此。如子冠，母先拜之，子却答拜。而今这处都行不得。看来古人上下之际虽严，而情意甚相通。如禹拜昌，言如拜手稽首之类。到汉时，皇帝见丞相，在坐为起，在舆为下。赞者曰：皇帝为丞相起。尚有这意思。六朝以来，到唐皆尚有相坐说话意思。宋以后，不复有此矣。答潘叔曰：三礼可分为五类。第一类，皆上下大小通用之礼。第二类，即国家之大制度。第三类，乃礼乐之说。第四类，皆论学之精语。第五类，论学之粗者也。陈振叔说《仪礼》乃是仪，更须有礼书。曰：《仪礼》只载行礼之威仪，所谓威仪三千是也。《礼器》，如云天子七庙，诸侯五，大夫三，士二之类，是说大经处，这是礼，自有其书。叔器问四先生礼。曰："二程与横渠多是古礼，温公则大概本《仪礼》，□参以今之可行者。要之温公较稳，其中与古不甚远，是七八分也。"又曰："伊川礼则祭祀可行，昏礼惟温公者好。"问：朱子之家礼如何？曰：冠礼多用古礼，昏礼依温公，丧祭本《仪礼》，此后人所当守也。

《礼记》问答考略一

问：《礼记》谁作？曰：孔子后七十二子，共撰所闻以为之记，及秦汉诸儒附录所记以成编也。问：孔门弟子所记，而曰《戴记》者何？曰：汉宣帝时，后苍最明礼，曾讲礼于曲台，戴德、戴圣，皆其弟子也。德所删八十五篇，号《大戴礼》，圣所删四十九篇，号《小戴礼》，即今《礼记》也。问：《大戴记》不行世者何？曰：大戴冗杂，其好处都被小戴采摘来作《礼记》。《大戴礼》如《韩诗外传》，虽有其书而读者希。问：篇名《曲礼》者何？曰：先儒以为委曲教人之义，惟林艾轩谓后苍讲礼曲台，其弟子所记，乃曲台所闻者。故以《曲礼》冠篇首，则曲台所讲之礼也。问：四十九篇记得礼尽否？曰：如何可尽？但《王制》、《玉藻》诸篇，乃礼文物制度。《燕居》、《缁衣》诸篇，乃礼之规矩准绳。《冠义》、《昏义》、《燕》、《射》诸篇，乃礼之文义训辞。礼莫大于祭祀，故郊庙之礼为详。礼莫重于丧葬，故服制之礼为备。一衣之制，见于《深衣》。一燕之乐，见于《投壶》。礼仪三百，威仪三千，则亦未为不尽也。问：《礼记》莫是《仪礼》之节文？曰：朱子云："《仪礼》是经，《礼记》是解。"问《檀弓》、《月令》、《文王世子》、《学记》、《表记》、《大学》、《中庸》，何以谓之礼书？曰：《曲礼》、《郊特牲》、《祭义》、《祭法》、《投壶》、《昏义》、《冠义》、《丧服》等篇，古之礼书也。《乐记》一书，古之乐书也。若《檀弓》、《大学》、《中庸》等篇，盖自汉兴，搜求于残篇断简中，《礼》得于淹中。《乐》传于刘氏，初莫详各篇作者之名，因记录以成编尔。问：三百三千之说，同异如何？曰：《孝经》说礼经三百，《礼器》云经礼三百，《礼器》曰《曲礼》三千，《中庸》曰礼仪三百，威仪三千。大意谓《礼》之纲领，体统则三百，而节文度数，其条目则三千也。问：《戴记》中亦有不可强解者否？曰：此中有可疑者，先儒俱存之，以备后世之稽考，而《王制》所载为多，《明堂位》次之，学者存之，亦古人阙疑之意。问：《王制》一篇，不得为经典乎？曰：此篇乃汉文帝命博士诸生作所，见异词，所闻异词，方伯国之有三监，封国有千八百之数，畿内国有九十三国之多，烦矣。而粥市之有禁，养老之异衣，道路男女之分左右，不亦琐哉！但其所传四术四教，七教八政，居民制国用之类，自不可易。问：《明堂位》之说如何？曰：此作者夸大之辞而论鲁君臣礼乐，俱与三传不合，人但习此，以识其名物数度可也。问：《月令》以古之五帝主五方，不及尧舜者何？曰：此论出于邹衍五运之说，后儒推其相生，以五帝递主之，此《索隐》之论也。行止五，故不及尧舜也。问：蜡起于何代？曰：蜡之名，起于伊耆之代。夏谓之嘉平，殷曰清祀，周曰大蜡，秦曰腊，复曰嘉平，汉曰腊，魏因之，隋唐始更前制，复名曰蜡。问：历代蜡日同否？曰：周以建亥月，汉以季冬，隋初用孟冬，唐用季冬日蜡。

《礼记》问答考略二

问：《大戴礼》。朱子曰：“《大戴礼》冗杂，其好处已被小戴摘做《礼记》了，然尚有零碎好处在。”问：《大戴记》中，武王诸铭何如？曰：直做得切题太巧，如鉴铭是也。亦有绝不可晓者，想古人只随在写记，以自省耳。不似今人为铭必就此物，说得亲切。亦有切题者如汤盘铭之类，至武王盥盘铭，则又似个船铭，想是因水起意也。问：《保传》篇。曰：后人采贾谊策为之，亦有孝昭冠辞。问：《明堂》篇。曰：其制度有二九四，七五三，六一八。郑注云：“法龟文也。”此又九数为《洛书》之一验。问：杂服安礼？曰：服，是皮弁冕服，古人服各有等降，若理会得杂服，则于礼思过半矣。如冕服是天子祭服，皮弁是天子朝服。诸侯助祭于天子，则服冕服。自祭于其庙，则服弁冕。大夫助祭于诸侯，则服玄冕。自祭其先，则服皮弁。又如天子常朝，则服皮弁。朔旦，则服玄冕。诸侯常朝，则用玄端。视朔，则服皮弁。大夫私朝，亦用玄端。夕深衣，士则玄端以祭。上士玄裳，中士黄裳，下士杂裳。前玄后黄，庶人深衣。若今人公服，乃古之戎服耳。问：祭之尸。曰：用无父母者为之，故亲在者不为尸。问：御车之制。曰：御者居中，乘车者居左。惟大将军之车，将自居中，所谓鼓下也。大将自击其鼓，为三军听他节制。虽王亲征，亦自击鼓。问：别子为祖。曰：诸侯之庶子，与他国之来此邦者，皆为别子，则其子孙，各自以为太祖。如鲁之三家，季友，季氏之太祖也。庆父，孟氏之太祖也。公子牙，叔孙氏之太祖也。问：乐由天作，礼以地制。曰：乐属阳，有运动底意。礼属阴，如由地出，不可移易。问：闻先生说，耳目之精明者为魄，口鼻之嘘吸者为魂，以此语有未尽，须说所以能精明者为魄，所以能嘘吸者为魂，是否？曰：然。看来魄是个物事，形象在里面如水晶相似，所以发出来，为耳目之精明，且如月，其黑晕，是魄也，其光是魂也，想人身魂魄，也是如此。人生时，魂魄相交，死则离而各散去。魂为阳而散上，魄为阴而降下。又曰：阴主藏受，阳主运用，凡能记忆，皆魄之所藏受也。至于运用，发出来是魂，这两个本不相离，虽记忆底，是魄然发出来的便是魂，能知觉的是魄，然知觉发出来底又是魂。虽各自分属阴阳，然阴阳中又各自有阴阳也。或问：魄属阴体，魂属精神。曰：精又是魄，神又是魂。问：阴阳未可言鬼神，阴阳之灵乃鬼神，如何？曰：魄者，形之神。魂者，气之神。魂魄，是形气之精英，谓之灵。故张子曰：二气之良能。问：眼，体也。眼之光为魄耳，体也。何以为耳之魄？曰：能听者便是魄，如鼻之知臭，舌之知味皆是。但不可以知字为魄，才说知便是主于心也。心但能知，若甘苦咸淡要从舌上过，如老人耳重目昏，便是魄渐要散潘。问：是魄附于体，魂附于气否？曰：也不是附，魂魄是形气之精英。问：乡饮酒义。曰：所谓古之学术道者，将以得身云云，固足以见宾兴之意。所谓六十者坐，五十者立侍云云，亦足以证序齿之事。问：天子视学以齿，当为师者弗臣，恐终使人不臣也。曰：天子自有尊师重道之意，若真有伊周之德，虽是故臣，稍加尊敬亦何害？天子入学，父事三老，兄事五更，便是以齿不臣之也。问：左右孰尊？曰：汉初右丞相居左丞相之上，史有曰：朝廷无出其右者，则是右为尊也。到后来，又却以左为尊。老子曰：“上将军处右，偏将军处左，丧事尚右。兵，凶器也，故以丧礼处之。”如此，则吉事尚左矣，汉初岂习于战国暴秦之所为乎？问：笏之用。曰：笏以在君前记事，又在君前不可以手指物，故以笏指之。插在腰间，不执在手中。今官员执笏，甚无道理，孔子升堂摄齐，聘时执圭，何曾手中有笏。

周赐鲁礼考略

《传》谓周赐鲁以天子礼乐，顾鲁虽得用王制，而等威则未尝不辨。鲁诗云：皇皇后帝，皇祖后稷，享以骍牺。是鲁郊牲用骍，与周郊牲从玉色者，异矣。其卜郊也，《穀梁》谓以十二月下辛，卜正月上辛。如不从，则以正月下辛，卜二月上辛。如不从，则以二月下辛，卜三月上辛。是鲁郊日用辛，与《周礼》冬日至郊于圜丘者，异矣。大辂，殷车也。鲁君乘大辂，与周天子玉辂以祀，异矣。鲁以侯得服上公服，故鲁君被衮，与周王大裘祀天，异矣。此皆其等杀之不混者，其后禘于群庙，歌雍舞佾之事，乃后世子孙乘王室纲弛之候，而为此僭越之罪耳。要其始赐以后，中叶以前，曾有是乎哉！

礼失于周末考略

礼经自汉兴始出，则烬于秦火也，不知周之末世，典礼早多亡失，不待秦火之烬也。礼者，吉、凶、军、宾、嘉而已。《周礼》、《仪礼》所定，秩然也。自周末之失礼也，如鲁郊僭天子之制，禘致群庙之私，夏父跻僖公而逆祀，三桓立公庙于私家，管仲镂簋朱弦，晏婴豚肩不掩。至于太庙脱笏，燔柴于奥，诸侯宫悬，祭以白牡之类，则吉礼之已失也。伯鱼丧出母，期而犹哭。子路姊丧，过而弗除。子上母死而不丧，成人兄死不为衰。有为慈母练冠，为妾齐衰者，有居丧沐浴佩玉者，有朝祥而暮歌，既祥而丝屦组缨者，以致小敛奠于西方，既祖而反柩受吊，大夫而遣三乘，葬夫人而醯醢百瓮之类，则凶礼之已失也。天子下堂而见诸侯，诸侯朝觐而私觌主国，王朝以私好而朝诸侯，诸侯以强大而盟天子之三公，庭燎之百，侯国用之，黼黻丹朱中衣，大夫用之，则宾礼之已失也。若夫嘉礼之失也，鲁昭公娶于吴，鲁哀公为肆夏以享宾，天子以丧宾燕，夫人出境而飨诸侯，大夫反坫，使臣不识肴烝者，有之矣。军礼之失也，齐桓亟举兵，作伪主以行。鲁庄公及宋战，以失御而败。战以矢复，始于升陉。败而髽吊，始于台骀，以至蒐田不时，丘甲始作之类，皆其较著也。是则秦火虽未起，而宪章已沦，故府已佚，习俗已敝，僭妄已日滋而不可救。后之人奈何不咎周之子孙臣庶，而徒惟秦火之是罪哉！

卜筮考略

卜筮之用，礼家自为牴牾者，其说有五：经言事天地神明，无非卜筮之用。又云：大事有时日，是事天地神明者，不用卜筮矣，其疑一也。《曲礼》言大飨不问卜，而周官太宰祀五帝，卜日。祀大神，示亦如之。大卜，大祭祀，眡高命龟，既云不卜，又云卜日，其疑二也。《春秋》有卜郊之文，而《郊特牲》又云“郊用辛”，是辛不必卜日也，其疑三也。卜筮不相袭，大事卜，小事筮，而《洪范》有“龟从筮从、龟从筮逆”之文。筮人，凡国之大事，先筮而后卜。太卜，凡小事莅卜，是相袭也，其疑四也。外事用刚日，内事因柔日，而特牲社用甲，《召诰》丁巳郊，戊午社，《洛诰》戊辰烝祭岁，则刚柔舛矣，其疑五也。间尝会通观之，而知其说之非有牴牾也，大事有时日，不卜日耳。而牲与尸遂皆不卜乎？则卜筮仍不可少也。大飨总祭五帝，其神非一，若卜其牲与日，不得每帝问卜，惟总一卜而已。故郑云莫适卜，岂大飨全不卜乎？郊之用辛，鲁礼也。然鲁以十二月下辛卜正月上辛，若不从，则以正月下辛卜二月上辛。若不从，则以二月下辛卜三月上辛。若不从，则止。是用辛者果不用卜乎？卜筮不相袭，亦为卜日言之，他事固有卜筮兼用者。但龟从，则筮虽逆而可用。龟逆，则筮虽从而终不可用耳。卜筮岂尽不相袭乎？至外刚内柔之义，注疏谓“出郊为外，郊内为内”。崔灵恩谓“外事指用兵之事，内事指宗庙之祭”，故郑氏以甲午治兵，为刚日之证。夫郊天是国外之事，应用刚日，而《郊特牲》云：“祀社日用甲，则非柔也。所以然者，郊社尊，不敢同外内之义故也。若他礼则自随外内用之，《召诰》祭社用戊者，是告祭，非常礼也。郊用辛者，唯夏正郊天及雩，大享明堂耳。若圜丘，自用冬至日五时迎气，自用其初朔之日，不皆用辛也，是刚柔何尝舛也。此皆就祭祀之卜筮考之，而知其礼之不相牴牾也。又，考卜筮之法，天子卜筮，皆用三代蓍龟。其大夫，则大事卜，小事筮。士亦大事卜，小事筮。大夫以上，命龟有三，命筮有二。命龟者，为事命龟，莅卜之官，以主人卜事命卜史，一也。卜史既得所卜之命，更序述莅卜所陈之辞，二也。卜人即席西面命龟，云假尔泰龟有常，三也。命筮者，为事命筮，则主人以所为之事命筮史，一也。筮史得主人之命，遂述之为述命，二也。士则命龟有三，命筮有一，卜筮皆不述命也。凡卜筮，天子、诸侯若大事，则卜筮并用，皆先筮而后卜，其卜筮不过三者。王肃云：“礼以三为成也。”孔疏谓一卜不吉，又卜，以至于三。三若不吉，则止，若筮亦然也，故鲁有四卜之讥。崔灵恩云“不过三”者。先用三王筮，次用三王龟，始是一，三如是，乃为三。若单卜单筮，其法惟一用而已，不至三也。不相袭之义亦有二，一则大事小事，各有所宜，不得因龟卜小事，因蓍筮大事也。二则筮不吉，不可复卜，卜不吉，不可复筮也。古龟书不传，惟《永乐大典》中杂述之，恐未可据。

昏礼考略

昏者，人道之始。古先王制礼，于此独慎且重焉。要惟始终于有别而已矣。《礼》于冠，相见、丧虞等，皆冠以士，独昏礼不冠以士，而曰下达者，以其自天子达于庶人，皆得推之也。纳采者，使媒氏通言，女氏许之，乃纳其采择之礼也。问名者，问女之名，将以卜其吉凶也。纳吉者，卜庙，得吉兆，使使告之女家而昏定也。纳征者，使使纳玄纁之币，以成昏礼也。至卜昏期，得吉日，使往女家告之，曰请期。婿承父命，亲往迎其妇也，曰亲迎。纳采、问名、纳吉、请期、亲迎皆用雁者，以雁往来顺时，合阴阳之正也。独纳征不用雁者，以其有币帛可执也。《礼》：大夫执雁，士执雉。大夫乘墨车，士乘栈车。士自祭玄端，助祭于君爵弁。今不雉而雁，不栈车而墨车，不玄端而爵弁者，摄盛之谓也。冠礼醮子于庙，昏礼醮子于寝，昏姻之事，成于寝也。夏后氏逆于庭，殷人逆于堂，周人逆于户，《周礼》文备，乃迎于其家也。迎之必亲者，男倡女随之义也。天先乎地，君先乎臣，男先乎女，其义一也。不亲迎者，父不在无所承命，故其礼不行也。凡见尊者，奠摰而不授。婿始见外父，故以此敬之也。见主妇阖扉，妇人迎送不出门，兄弟不逾阈也。亲迎御轮，下之之礼尽矣。共牢合卺，亲之之义尽矣。下之致其敬，亲之致其爱，而先敬后爱者，自异姓而合之，所以厚别也。特牲少牢，祭举食举，乃饭。此先食黍，乃祭。举食，举者彼礼备。故先食举以导食气，此礼质，不须先导也。前布同牢席，夫在西，妇在东，示阴阳交会有渐也。及妇衽席，则夫在东，妇在西者，明阳往就阴，故男女各于其方也，脱服，于房于室，男女异处，防亵也。夫妇异衽情摰而有别也，缨必夫亲脱之者，明此缨为己而设，亦示亲之也。夙兴沐浴执笄见舅姑，明敬事自此始，故曰成妇礼也。舅姑入室，妇以特豚馈，明供养自此始，故曰成妇顺也。父老传之子，姑老传之妇，故冠礼著子之代父，昏礼著妇之代姑也。鱼之为物，柔巽隐伏，上下随阳，《易》亦以贯鱼比妇道，故昏礼牲用鱼也。舅姑共飨妇者，舅献爵，姑献脯醢。舅洗于南洗，洗爵以献妇也。姑洗于北洗，洗爵以酬妇也。舅献姑酬，共成一献，仍无妨姑荐脯醢也。舅献不亲授，北面奠于妇席前。妇酢舅，亦不亲授，惟奠之于舅席前。姑酬妇于妇之席北，妇北面取觯奠于荐东，而一献之礼毕矣。古者大夫不外娶，嫌外交也。士卑，不嫌，故有异邦送者，赠以帛，恤其道路之劳也。独赠丈夫者，古者妇人不越疆而送嫁也。三月而后反马者，不敢必其成妇也。三月奠菜，乃舅姑没者。庙见之事，三月祭行，则舅姑存者。入庙助祭之事，盖亲已没者。其未婚当有摄祭之人，其既婚则夫妇皆主祭之人，如亲尚存，则舅姑自为主祭。其冢子妇，有赞祭之责；其介子妇，有与祭之司。是亲没则主祭，亲存则与祭也。亲存拜见者，在厥明之时；亲没庙见者，必以三月为期也。其祭行之期，与庙见同时不同时，皆未可定，而必约以三月者，以伸恩，亦以远耻也。若舅存而姑没者，姑安得有庙？《礼》：夫亡，乃立庙。夫妇祭同几，若妇没夫存，则时祭祔于姑，月祭荐于下室，其释菜当于下室，又不必待三月矣。《礼》虽无明文，固可以义权之已，是则以敬行其爱，以敬成其恩，生人之本正，而万化之原开，孰非先王厚别之礼也哉？奠者安也，置也，安置其爵于席上也。

亲迎大礼考略

亲迎之礼，自天子下达者也。乃《公羊》谓天子亦亲迎。左氏则谓天子至尊，不亲迎。先儒谓天子娶于诸侯，则使同姓诸侯为媒。迎后，则使卿往，而以公监之。陈氏祥道取赵氏之论，谓王者之尊，海内莫敌，岂有屈万乘之尊而行亲迎之礼者？惟郑康成独从《公羊》之议，引孔子答哀公问云：合二姓之好，继先圣之后，以为天地宗庙社稷之主，冕而亲迎。何谓已重，夫为天地宗庙社稷之主，非天子之后而谁？周氏谞亦谓三年丧，人道之终。亲迎，人道之始。皆自天子达于庶人。朱子虽谓古者天子，无亲至后家之礼，然又谓孔子言天地，盖通天子而言，况天子主祭于外，后主祭于内，即宗伯摄天地社稷之祭，要亦后为祭主也，而何不致敬于始乎？然则亲迎之礼，信自天子达，但天子则亲迎之于馆，与诸侯之迎于境上，士庶之迎于家者，异耳。然则左氏、赵氏、陈氏诸论，皆未达于明王之治者也。孔子曰："昔者三代明王之制，必敬其妻子有道，夫敬孰有敬于其始至者乎？又孰有敬于二姓之初合者乎？又孰有敬于承天地宗庙社稷之造端者乎？"三代之治皆然，可见其礼之为常经矣。若夫诸侯之亲迎，则载之经者，文王迎于渭，韩侯迎于蹶，著之《诗》，刺君不亲迎。《春秋》纪裂繻来，《公羊》以为讥不亲迎。公子翚如齐逆女，《穀梁》曰：逆女，亲者也。使大夫，非正也。庄公如齐逆女，《穀梁》曰：亲迎，常事也。此皆往迹之凿凿者，其亦无所疑也。或曰：诸侯之亲逆也，夏迎于庭，殷迎于堂，周迎于户，然于正经未之载，故存以备考。

后、夫人、媵、侄娣考略

《礼》：天子、诸侯娶一国，则二国媵之，皆以侄娣从。一女为嫡为妻，天子称后，诸侯称夫人，一女为左媵，一女为右媵，皆为贵妾，天子及后俱称妃，或与后夫人通称三妃，亦曰三夫人。盖夫者扶也，取扶助人之义，故王后亦可称夫人。周宣王称姜后曰夫人。《周官》：浆人，供夫人致饮于宾客之礼，掌客夫人致礼。玉人，诸侯以致夫人，夫人以劳诸侯是也。天子一娶十二女，故王后行，二国媵，各从侄娣三人，凡九人，谓之九嫔。《礼》所谓嫡侄娣，左媵侄娣，右媵侄娣是也。媵之必用女同姓者，参骨肉至亲，所以息阴讼也。先王以礼立人道之防，始昏具媵侄娣。少者以次需，所以禁君子之色过也。妾有子，女君无子，免于出，所以化妇人之嫉心也。考《公羊》庄十九年传，诸侯一嫔九女，诸侯不再娶。注云“必以侄娣从之”者，所以防嫉妒、广继嗣也。九者，极阳数也。不再娶者，所以节人情，开媵路也。又，《公羊》隐元年传：立嫡以长，立子以贵。注云：適夫人无子，立右媵，右媵无子，立左媵，左媵无子，立嫡侄娣，嫡侄娣无子，立右媵侄娣，右媵侄娣无子，立左媵侄娣也。此广继嗣、不再娶之说也。《穀梁传》亦曰：侄娣者，不孤子之意也。一人有子，三人缓带。一曰就贤。注云：共望其禄，若并有子，则就其贤也。此见先王内治之善，可以化妒矣。

天子后宫进御辨考略

天子后立六宫，三夫人，九嫔，二十七世妇，八十一御妻，以听天下之内治。郑康成注：小星及内，则妾御莫敢当夕。谓御见之法，各帅其属，使九九相与从于王所。女御八十一人，当九夕。世妇二十七人，当三夕。九嫔九人，当一夕。三夫人当一夕，后当一夕。凡十五日而遍。孔疏同，此注疏之谬也。夫后宫原以配德，非渔色也。鸡鸣则鸣佩告去，月出则东方就明。此何如之儆惕也。古先王爱其身，以爱祖宗，爱后嗣，其珍护又当何如，而为枯树之伐乎？况天子为天地、宗庙、社稷、山川、百神之主。一岁中祭祀相续，先期则沐浴斋戒，止宿于斋宫，其能贪枕席之安，而使妇人女子得近于至尊至严之前乎？《春秋》之礼忒而乱及于三古。汉唐之礼失，而附会于六经。陆佃以为定额，殷周一也。乱德之佞，大声放之可矣。曰：然则御叙之法奈何？曰：罗氏愿言之矣，古以贵贱为接见之疏数，内宠无并后之礼，以王后之尊而下与庶妾更进迭退，一月再见，其降甚矣。故小星抱衾与裯，惟其不敌体，故退之亟也。以《礼》言之，天子之后，每夕皆至王所，以主内治。故《诗》序云"贤妃贞女，夙夜警戒"是也。取休沐之义，以五日一休，一嫔与其御进，又五日一休，一嫔又与其御进，凡四十五日，而九嫔毕见。凡一时而再见，一岁而八见，此嫔御进见之大数也。自诸侯、大夫以下，其妾媵有多少，然皆用五日之制。《内则》曰：妾虽老，年未满五十，必与五日之御，是其证也。

《周礼》王朝宫寝及宫室考略

问：三朝五门。曰：王宫之外门，一曰皋门，二曰库门，三曰雉门，四曰应门，五曰路门。又曰虎门，又曰毕门。王五门，雉门居中。其朝在库之外者，曰外朝。在路门之外者，曰治朝。

路门之内，路寝之廷，曰内朝。外朝之制，左九棘，孤卿大夫位焉，群士在其后。右九棘，公、侯、伯、子、男位焉，群吏在其后。面三槐，三公位焉，州长众庶在其后。左嘉石，平罢民焉。右肺石，达穷民焉。皋门之内，外朝也。朝士掌其法，小司寇掌其政，朝诸侯，谘询大事在焉。应门之内，治朝也。司士正其位，宰夫掌其法，太仆正王之位，而王日视朝在焉。路门之内，内朝也，即燕朝也。太仆掌其位，掌摈相族人朝焉。《玉藻》曰：朝服以视朝。退适路寝，听政。然则王日视朝，于治朝而退，听政于燕朝矣。雉门之外，悬象治，所以待民。应门之外，设宗庙社稷，所以严神位。路门之外，则九室，九卿朝焉。路寝之内，亦九室，九嫔居焉。又问：六寝六宫。曰：王大寝一，小寝五。大寝听政，故向明而治，故在前。小寝释服燕息，故在后。其小寝，一寝在中，四寝在于四角。春居东北，夏居东南，秋居西南，冬居西北，土王之月居中。后之六宫，正宫在前，五宫在后，其制如王之五寝。又问：建国之制。曰：正位者左宗庙，右社稷。前朝后市，左右三廛，此国之大规模也。又问：三朝之制，天子、诸侯同否？曰：同。又问：宫室名制，不尽见于经，亦有可考否？曰：朱子尝释之矣。宫必南乡，庙在寝东，皆有堂有门。其中皆有大门，堂之屋，南北五架，中脊之架曰栋，次栋之架曰楣，楣前接檐为庪。后楣以北，为室与房，人君左右房，大夫士亦略同。聘礼馆宾于大夫士，君使卿还玉，宾退负右房，则大夫士亦有右房矣。谓其止有东房者，非也。室中西南隅谓之奥，东南隅谓之窔，西北隅谓之屋漏。曾子问谓之当室之白，室南其户，户南而牖西，其上为中霤，户牖之间，谓之依，《礼》谓之扆。户东曰房户之间，寝庙以室为主，故室户专得户名。凡言户者皆室户，若房户，则兼言房以别之。房户之西曰房外，房中半以北曰北堂，有北阶。

堂之上，东西有楹，所谓两楹也，设于前楣之下，堂东西之中，曰两楹间南北之中，曰中堂。堂之东西墙，谓之序，又谓之豫。序之外谓之夹室，夹室之前曰厢，亦曰东堂西堂。凡无夹室者，序以外通谓之东堂西堂。东堂下，西堂下，曰堂东堂西。堂角有坫，土为之。堂四角皆有廉，堂侧边曰堂廉。升堂两阶，其东阶曰阼阶，两阶各在楹之外而近序。天子堂九尺，阶九等。诸侯堂七尺，阶七等。大夫堂五尺，阶五等。士堂三尺，阶三等。堂下至门，谓之庭。三分庭，一在北，设碑，以识日景。堂涂谓之陈，中门屋为门，门之中有阒，门限谓之阈。阒者，门中所竖，设木在地者。阈则门下横木，为内外之限也。门两旁之木谓之枨，阖谓之扉。《匠人》云：庙门容大扃七个，扃长三尺，七扃则二丈一尺也。天子之庙门如此，降至士，狭矣。夹门之堂谓之塾，门内外皆有塾，一门四塾。其外塾南乡，内塾北向也。门之内外，东方曰门东，西方曰门西。乡外以入为左右，乡内以出为左右，有小墙当门之中为屏，屏谓之树。天子外屏，屏在路门之外。诸侯内屏，屏在路门之内。寝之后有下室，士为下室，天子、诸侯为小寝，自门以北皆周以墙。堂上谓之序，室房与夹谓之墉。堂下谓之壁，谓之墙，其实一也，随地而异其名尔，堂下之壁闱门在焉。闱门者，小门也，如今东西掖门。《释宫》曰：宫中之门谓之闱，其正门之外又有闱门，在旁壁也。人君之堂屋为四（柱）〔注〕，大夫士则南北两下而已。四注者，东西南北皆有霤，两下则惟南北有霤，而东西有荣。荣者，屋翼也。霤者，屋檐滴处也。《释宫》曰：檐谓之啇，屋檐，一名樀，一名梠，又名宇，皆屋之四垂也。此其著于经传而可考者也。礼经虽阙，然于觐见天子之礼，于燕射聘食见诸侯之礼，馀则见大夫之礼，宫室之名制，不见其异。特其广狭降杀，不可尽考耳。书顾命之陈位也。设本扆牖间南向，则户牖间也，西序东向，东序西向，则东西序也。西夹南向，则夹室也。东房西房，则左右房也。宾阶面，阼阶面，则两阶前也。左塾之前，右塾之前，则门内之塾也。毕门之内，则路寝门也。两阶阯，则堂廉也。东堂西堂，则东西厢也。东垂西垂，则东西阶之宇阶上也。侧阶，则北阶也。诸侯出庙门俟，则与士丧礼殡宫曰庙合也。然则郑氏谓天子庙及路寝如明堂制者，亦未必然已。又案《书》多士传曰：天子之堂，广九雉。三分其广，以二为内。五分其内，以一为高。东房、西房、北堂各三雉，诸侯七雉。三分广以二为内，五分内以一为高。东房、西房北堂各二雉，伯、子、男五雉。三分广以二为内，五分内以一为高，东房、西房、北堂各一雉，大夫士三雉。三分广以二为内，五分内以一为高，有室无房堂，注荣广荣间相去也，雉长三丈。内堂东西序之内也，高穹高也。此传说房堂及室，与经亦不合，然必有所本，姑存之备考。

乡饮酒考略附大夫士有西房

乡饮酒之数度节次，及歌笙合乐诸事，《记》已详其义矣。请问：其宾介与主人之方与乡，有别否乎？曰：有别也。坐宾于西北，坐介于西南，主人坐于东南，坐僎于东北，此言其方也。宾必南乡，介必东乡，主人坐于东方，明为西乡，此言其乡也。后世遂沿为侧坐侧乡，误矣。郑注：宾席牖前南面，主人席阼阶上西面，介席西阶上东面，众宾席于宾席之西，是四面之坐，其方其乡，各得其正，并非侧坐侧乡，明矣。又问：乐县之位，卿大夫判县，钟磬各二堵。诸侯之卿大夫半之，钟磬各一堵。士特县，钟磬各一堵。诸侯之士半之，磬一堵。乡饮乃诸侯之大夫之礼，何以止用一磬，阶间宿霤也。曰：此虽为诸侯之大夫，以其宾乡人之贤者，故从士礼也。又问：大夫士之有东房，无西房，何也？曰：此郑注之误也。宾席牖前，席西馀地无几，何能容众宾之席？陈祥道云："乡饮礼，荐脯出自左房，乡射笾豆出自东房。"盖言左以有右，言东以有西。经语互文相备，则大夫士房室，与诸侯同可知，岂有无西房者！又问：此《礼》之不及正齿位，何也？曰：注谓主于宾贤，故不及齿位也。然自宾介而下，众宾有长立于堂下者，有东上北上，乐正与立者，皆荐以齿。旅酬时少长以齿，则正齿位之法，已寓其中矣。况义又详坐立之次，与三豆四豆五豆六豆之等差，秩然而不可乱，孰谓乡大夫与党正之法，不相通贯也哉！

乡饮酒僎辨

乡饮酒义曰：介僎，象阴阳也。僎，一作全，郑注读为遵。案《仪礼》：若遵者席于宾东，一人主觯乃入，宾介皆降，揖让升，是遵乃宾之尊者，非主之辅也。郑氏以僎为尊，是以贰乎主者，而误为大宾矣。盖天子不以公为宾，而以卿为宾，诸侯不以卿为宾，而以大夫为宾，盖近则有嫌，降一等则无嫌。既不以为宾，故尊者反后入，以其本尊于宾，故特席于宾东，乡饮酒礼亦然，必其爵齿皆尊于宾，故不为正宾而后入也。若僎，则卑于主人而贰之者。介以辅宾，必不可无。僎以辅主，则可有可无。有之则更备，故又谓之全，不得误以为遵也。

乡饮酒义三日成魄考略

经传有误，注疏家校正之，此郑、孔羽翼之功也。然间有徇其误而为之解者，如乡饮酒义，让之三也。象月之三日而成魄也。夫月之三日，乃生明之候，而《记》以为成魄，此《记》之误也，孔疏乃解之曰：魄，谓明生有微光也。初以前月大，则月二日生魄，前月小，则月三日乃生魄。疏盖迁就其说以护经文，故以明生微光解魄，且以前月小为三日之解，而不知明与光之义，不可以为“魄”字立解也。《吕氏大临》谓：月晦三日，而后明生于魄，故曰成魄让之三者，取象成魄于三日也。刘氏谓：明让魄，则魄现；明不让魄，则魄隐。朔后三日之夕，明始生而魄可见，象主人让宾至三也。此又曲附，注疏而终不明确者也。通其义者，其唯陆氏佃之说乎！陆氏曰：“成魄，谓望后三日，且月以生明为进，以生魄为退，退让之事也。”此解当矣。盖日君象，月臣象，惟望日去日最远，故其光盈。望后三日，稍渐近日，故已成魄。至晦朔全近乎日，则纯魄。晦后三日，始稍远，故哉生明也。此正谓三宾近宾而礼杀，犹三卿近君而礼杀，皆如月之让日耳。朱子曰：“魄者，月之有体而无光处也，故书言哉生明，旁死魄，皆谓月三日，月初生时也。凡言既生魄，即谓月十六日，月始阙时也。此篇两言月三日而成魄，则是汉儒之误耳。”观朱子此言，则陆氏之说不可以正注疏及诸说之失哉！

投壶考略

考魏王粲赋云：“注心锐念，自求诸身，投壶是也。”晋传玄序云：投壶者，所以矫懈而正心也。《艺经》云：“投壶法，用十二筹，以象十二月之数。虞潭《投壶变》谓之“投壶者，取名脩薮，渐而转易，铸金代焉”。愚按：投壶者，本乎乡饮酒礼、燕礼、射礼而参用之、节用之者也。盖古诸侯之射也，必先行燕礼。卿大夫之射也，必先行乡饮酒之礼。然或者其地之修广，不足以张侯置鹄，宾之人数不足以备官比耦，于是参用乎燕与乡饮之节，以寄之于射，而投壶之制兴焉。其行礼之人，则有主有宾，有司射，有弦者，有酌者。其行礼之器，则有壶，有矢，有中，有算，有马，有鼙，有鼓。其中升降上下，左右前却，胜负庆罚之数，有赞，有党，有节，有仪。事虽简于射，而傲者、慢者、惰者、顽者皆不得与焉，则亦射礼之馀也。先王盖欲使人于游戏之中，而寓饬乎志气之法，即宴乐之事，而不忘修我武事之功，是以齐晋为欢，而以此命中。祭遵临戎，而行以雅歌。皆有得于古先王之遗意者也。后世徒以戏局目之，而侪于博弈之术，或则又加以巧变之技，如虞潭所云者，抑皆失乎《礼》意矣。又按：《大戴礼》亦有《投壶》篇，与《小戴》篇文小异。篇末有祭侯辞，今录以备考。曾孙侯氏今曰：泰射于一，张侯参之。曰：今曰泰射，四正具举，大夫君子，凡以庶士，小大莫处，御于君所，以燕以射，则燕则誉，质参既设，执旌既载，于侯既亢，中获既置。又曰：弓既平张，四侯且良，决拾有常，既顺乃襄，乃揖乃让，乃跻其堂，乃节其行，既志乃张，射夫命射，射者之声，御车之旌，既获卒莫。又曰：嗟尔不宁侯，为尔不朝于王所，故亢而射女，强食食尔曾孙侯氏百福。

射礼考略

射以观德，而其礼最为详悉，请略言之。盖射有射之事，有射之地，有射之器，有射之侯，有射之服，有射之仪，有射之耦，有射之节，有射之令，有射之等，有射之所主，礼文具在，可考而知也。礼射有三：一则将祭择士之射，为大射。二即诸侯朝天子，或诸侯自相朝，及卿大夫聘问而与之射，为宾射。三则燕息而射，为燕射。此射之事也。其地则天子、诸侯虽有三朝，而外朝、治朝，皆无射法。惟燕朝则燕射于斯，宾射亦于斯，大射则在射宫也。其诸侯与邻君遇，则或有射于国，有射于境者。其射位则三射大略相同也。其器则有洗，有觯，有丰，有篚，有俎，有笙，有瑟，有弓矢，有朱极，有决，有遂与拾，有物，有侯，有鼓，有鹿中、兕中、皮树中、闾中、虎中，有韦当，有楅，有扑，有算，有翿旌，有乏，有次是也。其侯，则有皮侯，有采侯，有兽侯，有糁侯、犴侯、有布侯。皮侯者，用虎豹熊皮，饰侯之侧，画以云气，又各缀其皮于中央，居侯三分之一以为鹄，似鸟栖其上，故名栖鹄，大射用之，以教为人臣子、为人君父者之各赴其鹄也。画五采为正，亦三分其侯而居一，中画朱，其外次白，次黄，次苍，次黑，次亦画其侧为五采云气，宾射用之。兽侯，则虎、豹、熊、麋、鹿、豕，皆正面画其头之象于正鹄之处，皆毛物之，有白质、赤质，要皆以丹采其地以质焉，燕射用之。糁，杂也。豹鹄而麋饰，为糁侯。犴，胡犬也。以胡犬皮饰之为犴侯。若布侯，则直画虎豹，或鹿豕于布上，凡射皆用之，至侯之有中，有躬，有左右舌，有纲，有縜，则众侯之所同也。其用诸兽为侯者，取其服猛讨迷惑之义耳，此侯之制也。其服则大射，天子鷩冕，诸侯亦冕服。宾射，天子服皮弁服，诸侯亦皮弁服。燕射，天子、诸侯皆朝服，卿大夫与君射，服冕弁，士则服爵弁也。若夫当射而执弓挟矢，升自西阶及东阶，当物北面揖，及物揖。其取矢也，始进揖，当楅揖，取矢揖，卒取矢揖，既搢挟矢揖，退与将进者揖。其取矢也，有横弓、却手、兼弣、顺羽拾取之法。其射也，有左右履物还视侯中之法。其不胜而饮也，有弛弓、执弣、取觯、奠觯、相揖如初之法。其皆以揖让为仪者乎！耦，分上下射以为序也。节，有歌《驺虞》者，乐官备也。有歌《貍首》者，乐会时也。有歌《采蘋》者，乐循法也。有歌《采蘩》者，乐不失职也。歌而听之、以为节，俾其明乎节之志，以不失其事也。其令则射人、摈者、司马、司正、大射正、乐正所为掌之，请之，告之，誓之，诱之，设之，命之，授之，扑之，迁之，彻之者是也，然此岂无其等哉？天子、诸侯、大夫，咸有大射、宾射、燕射。士有宾射、燕射，而无大射，其祭无臣，无所用择也。大射，天子用虎、豹、熊三侯，畿内诸侯，用熊、豹二侯。畿外诸侯，用熊、糁、豻三侯。畿内卿大夫，用麋侯。畿外卿大夫，降其君一等，用糁侯、豻侯。其宾射，则天子用五正、三正、二正之侯。畿内诸侯用三正，畿内卿大夫二正。畿外诸侯、卿大夫，则君用天子之侯，臣用诸侯之侯，地远于尊，则无嫌也。士则用二正侯，而饰以豻也。若燕射，则自天子以下，尊卑皆止用一侯，亦无畿内畿外之别。《乡射》记所谓天子熊侯，诸侯麋侯，大夫虎豹，士鹿豕也，侯亦皆止五十步，无差别也。其画之，则君画一，臣画二，阳奇阴偶之数也。其侯道，则虎侯九十弓，熊侯七十弓，豹麋五十弓也。耦则天子六。畿内诸侯四，其卿大夫士三。畿外诸侯三，其卿大夫士二也。节则天子以《驺虞》，九节九终。诸侯以《貍首》，七节七终。卿大夫以《采蘋》，士以《采蘩》，皆五节五终也。所谓等者如此，此皆礼射之制，不主乎皮者也。然射亦有主皮者，一则卿大夫从君田猎，班馀获而射也。一则庶人张皮而射，与凡讲武之射，如司弓矢，所谓授射甲革椹是也。盖不主皮者有侯。主皮者则无侯，先王之询众庶以五物也，曰和，曰容，曰和容，曰兴舞，皆取容体比礼节比于乐之意，主皮特居其一物耳，不可见尚德尚力之别哉！射礼之大略如此。

燕礼与乡饮酒、乡射异同考略

或问：燕礼与乡饮、乡射同乎？曰：不同。乡饮、乡射，主人与宾分阶以行礼，燕则公命宰夫为献主，宾主皆升自西阶，拜爵酢主人亦于西阶，皆所以辟正主也。献与酢不以爵而以觚，亦辟正主也。又问：乡饮、乡射，主人酬宾，主人实觯席前，宾始西阶上拜。燕礼，主人始酌膳，宾已西阶上拜者，何也？曰：燕礼乃主人代君劝酒，其宾急承君劝，不敢安暇以俟主人之至席前，故先拜也。又问：媵爵与举觯同乎？曰：乡饮，一人举觯于宾，以为旅酬始，燕则二人媵爵，公取此媵爵以酬宾，宾以旅酬于西阶上，其义同，而礼则不同也。又问：自请宾，以至辩献大夫，与大射仪有同乎？曰：同也。古者诸侯之射也，必先行燕礼。燕礼，所以明君臣之义也。大射，君与臣行射礼，正欲明君臣之义，故亦先行燕礼，而其礼多相同也。又问：燕礼乐宾，与乡饮、乡射同乎？曰：同而不同也。乐有升歌、笙入、间歌、合乐四节，乡射则不歌，不笙，不间，而止行合乐，志在射，略于乐。乡饮则四节相继而作，燕礼则于工歌三终之后，公为大夫举旅，既举旅后，乃笙入三终，间歌三终，合乐三终而后乐备，盖燕尚饮酒，故于工歌之后，笙入之前，行旅酬之礼，与饮射事同，而其行之不同也。

明堂考略一

《大戴礼》曰：明堂，古有之。凡九室，十二堂。室有四户八牖，共三十六户，七十二牖。以茅盖屋，上圆下方，所以朝诸侯。其外有水，曰辟雍，在近郊三十里。蔡氏邕曰："明堂，方百四十四尺，坤之策也。屋圆，屋径二百一十六尺，乾之策也。太庙方三十六尺，通天屋径九丈，阴阳九六之变也。圆盖方载，六九之道也。八闼以象八卦，九室以象九州，十二宫以应辰，三十六户，七十二牖，以四户八牖，乘九室之数也。户外设而不闭，示天下不藏也。通天屋高八十一尺，黄钟九九之实也。二十八柱列于四方，亦七宿之象也。堂高三丈，以象三统。四乡五色，以象五行。外广二十四丈，以应二十四气。四周以水，象四海也。"又曰："明堂者，天子太庙，所以祭祀。夏世室，殷重屋，周明堂，享功、养老、教学、选士皆在其中，故取正室之貌，则曰太庙。取其正室，则曰太室。取其堂，则曰明堂。取其四时之学，则曰太学。取其圆水，则曰辟雍。虽名别而实则同也。"应劭曰："黄帝曰合宫，有虞曰总章，殷曰阳馆，周曰明堂。"明堂八窗，法八风、四闼，法四时。九室，法九州。十二堂，法十二月。三十六户，法三十六旬。七十二牖，法七十二候。按：如《大戴礼》及蔡氏邕之说，则太庙、太学、辟雍，皆明堂兼之矣。惟袁准《正论》，则深辟之，曰："明堂、宗庙、太学，礼之本物也，事义不同，各有所为，而儒者合为一体，考之人情，失之远矣。宗庙之中，人所致敬，幽隐清净，鬼神所居，而使众学处焉。飨射其中，人鬼慢渎，死生交错，囚俘截耳，以干神鬼，非其理也。茅茨采椽，至质之物，建日月，乘玉辂，以处其中，非其类也。夫宗庙，鬼神所居，祭天而于人鬼之室，非其处也。王者五门，宗庙在一门之内，若射在于庙而张三侯，又辟雍在内，人物众多，殆非宗庙之中所能容也。”如袁准此论，则明堂不得与宗庙、太学同所矣。善乎王氏炎之言曰：“论明堂者纷纷，皆未可信，不若求之于经，二礼，周公之经也。《周官·司仪》：将合诸侯，则为坛三成，宫旁一门，此明堂之说也。《仪礼》：诸侯觐于天子，为宫四门，为坛加方明于其上而设六玉焉。上圭下璧，祀帝也。圭璋琥璜，祀四方也。于是拜日，礼月，祭天，燔柴，此则明堂之坛，而祀神以为盟也。既盟，王设几即席，诸侯之驾不入王门，奠圭缫上，此则明堂之宫而集诸侯以为朝会也。其盟会诏于明神，故谓之明堂。”郑康成曰：“王巡狩，至于方岳。诸侯来会，亦为此宫以见之。”康成亦知此宫之即为明堂乎！夫齐宣王之时，明堂尚存。赵岐曰：“泰山下明堂，本周天子东巡守、朝诸侯之处也。”《汉书》载汉武东封泰山，东北址有占明堂处，其址犹存。郑康成、赵台卿知时会殷同之有明堂，而未能明乎所以朝诸侯、祀上帝之义也。周公祀文王于明堂以配上帝，盖即其坛而祀之，辅成王，负扆以朝诸侯，盖即其宫而朝之，是则明堂之制度典礼，了如指掌矣。夫诸家之说不一，大戴以为“上圆下方，九室，每室四户八牖”，桓谭又以为“有四闼以法四时，十二坐以法十二月”，此失之侈者也。蔡邕又以太庙、灵台、辟雍合为一区，此失之杂者也。《晏子春秋》所传茅茨蒿柱，则陋而不中礼。公玉带所图复道层楼，则诡而不经。折之以二《礼》，其说皆不攻而自破矣。

明堂考略二

朱子曰："明堂之制非一，窃意当有九室如井田之制。东之中为青阳太庙，东之南为青阳右个，东之北为青阳左个。南之中为明堂太庙，南之东即东之南为明堂左个，南之西即西之南为明堂右个。西之中为总章太庙，西之南即南之西为总章左个，西之北即北之西为总章右个。北之中为玄堂太庙，北之东即东之北为玄堂右个，北之西即西之北为玄堂左个。中太庙太室。凡四方之太庙异方所，其左右个，则青阳之左个，即玄堂之右个。青阳之右个，即明堂之左个。明堂之右个，即总章之左个。总章之右个，乃玄堂之左个也。但随其时之方位开门耳。太庙太室，则每季十八日，天子居正与古人制事，多用井田遗意，此恐然也。"杨信斋曰："明堂者，王者所居以出教令之堂也。夫王者所居，非王者之常居也。"疏家云：明堂在国之南，丙巳之地。三里之外，七里之内，王者朝诸侯，出教令之时而后居焉，亦可以事天地交神明焉，周人以文王祀上帝者此也。说者以明堂为宗庙，为大寝，为太学，谬矣。惟朱子明堂之说，最得古人之意耳。又按陈祥道《礼书》曰"听朔必于明堂"，而《玉藻》曰"听朔于南门之外"，则明堂在国之南可知。成王朝诸侯，四夷之君咸在四门之外，则明堂在国之外可知。诸侯之庙，见于《公食大夫》篇，天子路寝，见于《书》，皆无五室十二堂之制，则明堂之与太庙、路寝，其制不同又可知矣。

告朔考略

告朔者，诸侯所以寓尊天子、敬祖宗之事也。孔颖达曰：每月以朔告神，谓之告朔，《论语》告朔之饩羊是也。于时听治此月朔之事，谓之听朔，《玉藻》所云听朔是也。听朔，又谓之视朔，文十六年，公四不视朔是也。告朔，又谓之告月，文六年闰月，不告月是也。行此礼，天子于明堂，诸侯于太祖庙讫，然后祭于诸庙，谓之朝享，《司尊彝》云朝享是也。又谓之朝庙，文六年云犹朝于庙是也。又谓之朝正，襄二十九年，释不朝正于庙是也。此礼之同事而异名，或连类而相及者也。

朝觐礼考略

朝觐一礼也，乃《周官·大宗伯》则有春朝、夏宗、秋觐、冬遇之目。《曲礼》又谓天子当依而立，诸侯北面而见天子曰觐。天子当宁而立，诸公东面，诸侯西面曰朝。窃疑同一见王也，何四时之异其名，见天子必北面也？东面西面，何以行拜稽之礼？郑注谓春朝受贽于朝，受享于庙。秋觐一受之于庙，夏宗依春，冬遇依秋。果尔，则春夏来朝者，遂无北面拜稽之礼乎？陈氏祥道直谓诸侯朝觐，未尝有北面之礼。《记》之所言非周制，夫朝觐之典，原以明君臣之义，而可不北面乎？且此时尚不北面，岂复有北面之时乎？况《周官·司士》与《明堂位》，俱有三公北面之文。《射人》云“掌群臣见王之位，诸侯北面”，此又何以称也？迨取《觐礼》参考之，而知朝与觐之为一礼。读《周官》者，无容泥而不通也。《觐礼》云：侯氏乘墨车，载龙旗、弧韣乃朝。此所谓朝，非即天子当宁而立，诸公东面、诸侯西面之礼乎？盖受觐必于庙，庙在路寝左方，天子未就庙时，诸侯皆俟于外舍，及天子出自寝，先至于宁，诸侯遂东西分立，以通姓名，即所谓朝。《曲礼》所谓“诸侯见天子曰臣某侯某”，亦即此时也。既朝之后，天子始入庙受觐，故觐礼乃朝之下始有。天子负斧扆之文，其入觐也，自奠圭至致命。其行享也，自奠币至授币。皆北面再拜稽首，不与诸侯北面之制相合乎？又案《觐礼》：诸侯前朝，受舍于朝。注谓“舍在文王庙外”，是朝时亦舍庙也。□□《舜典》：二月东巡守，肆觐东后。则春亦曰觐，不必秋也。是则朝与觐，可□□而互名，但有先朝后觐之殊，而非截然为二礼也。彼宗与遇，又岂有殊制哉！然而礼文必以朝觐对言者，亦以分四时名之，则春主温而义取于在朝，秋主肃而义取于在庙，故分以命其名耳。乃若《仪礼》所载，觐礼为宫三百步，四门，坛十二寻，设方明，加六玉，天子乘龙，载大旆。拜日月，祭天，祭山川。此则举巡狩方岳，朝会祭告，礼之极大者言之，又不得专指为秋觐一节矣。

燕食飨礼考略

燕也，食也，飨也，皆先王藉饮食以行其爱敬之礼也，而其礼数则各有不同。燕礼者，行之于寝，其牲用狗，行一献之礼。既毕，脱屦升堂，皆坐而饮，以至于醉，其意取乎合欢，故至请安，请崇酒，请醉，旅酬无算爵，共纾其敬，此所以示慈惠也。古之燕礼，有天子燕诸侯者，湛露之诗是也。有燕群臣者，《鹿鸣》之诗及《记》云君燕卿，则大夫为宾与大夫燕，亦大夫为宾是也。有燕宾客者，《记》云“若与四方之宾燕”，《聘礼》云“燕羞俶献无常数，掌客三燕，再燕一燕”是也。有燕族人者，

《文王世子》云“公与族燕，则以齿”是也。有养老者，《王制》云“虞氏养老以燕礼，周人修而用之”是也。有因射而燕者，大射礼是也。其燕同姓，逮于夜。燕异姓，让而止者，礼之杀也。食礼者行之于朝，有饭，有肴，牲牢皆具。以饭为礼，虽设酒而不饮，其礼有二，《大行人》云：“食礼九举”，及公食大夫之礼，谓之礼食，其臣下自与宾客旦夕共食，则谓之燕食也。飨礼者，行之于庙，体荐而不食，几设而不倚，爵盈而不饮，立而不坐，依尊卑为献，数毕而止。若不亲飨，则致以酬币。大飨卷三牲之俎于宾馆，其礼有四：诸侯来朝，一也。王亲戚及诸侯之臣来聘，二也。戎狄之君使来，三也。享宿卫及耆老孤子，四也。则仍取乎饮为异耳。飨九献，用房烝，以待三公。所谓王公立饫，则有房烝也。折俎即肴烝，礼行三献以待卿，所谓宴飨则有肴烝，及得觃不过三献也。体委近于房烝，但外蕃来见，坐之门外，以牲体委之，所谓舌人体委与之也。无酌数者，酒肴劳之无定数，以待士庶子老孤之属也。合而考之，燕与食皆宰夫为主，然燕至举酬，则君自为之矣。燕则主人酌以献宾，荐脯醢、设折俎而无黍稷食，则主人设醯酱太羹俎醢之豆六，三牲鱼腊肠胃肤之俎七，黍稷之簋六，牛羊豕之铏四，宰夫执觯，酒设于豆东而不献。盖燕以饮为主，食以食为主，此燕与食之别也。飨礼虽无文，然杂见于传记间。飨以示恭敬，燕以示慈惠。故飨之时，酒清人渴而不敢饮，则啐而不卒爵矣。肉干人饥而不得食，则俎肉不折矣。几陈人倦而不敢倚，则无脱屦而升堂矣。此燕与飨之别也。且飨食礼之正，故行之于庙朝。燕者礼之安，故行之于寝也。又养致仕之老，当用正燕、正飨、正食之礼。养死事之老，则用异姓之燕。折俎之飨，燕食之食而已。又，饮是清虚之物，所以养阳也。食是形质之物，所以养阴也。此燕食飨之大略也。

礼有九，大飨有四考略《仲尼燕居》篇

礼九、大飨四之义，聚讼不一。愚窃详考而臆为折之。郑康成注谓：大飨，飨诸侯来朝者，四者谓金奏再作、升歌清庙、下管、象也。其馀五者，注未之及。孔疏谓：九者自县兴至乐阕，一也。金奏至乐阕，二也。升歌清庙，三也。下管象武，四也。行中规，五也。还中矩，六也。和鸾中采齐，七也。客出以雍，八也。彻以振羽，九也。王氏肃谓："大飨九者，揖让入门至升堂，一也。升堂乐阕，二也。下管象武，夏籥序兴，三也。陈其荐俎，序其礼乐，备其百官，四也。"馀同孔疏。陆氏佃曰："所谓九者：一清庙，二象，三雍，四振羽，五肆夏，六采齐，七武，八夏，九籥。大飨四者：一清庙，二象，三雍，四振羽也。"陈氏澔注同孔疏。吴氏澄曰："九者大飨有四，并上文五者为九也。上文仁鬼神，仁昭穆，仁死丧，仁乡党，仁宾客，五者，是即诸礼之中，总其凡而言。大飨之四，是即一礼之中分其目而言，曰其节有四：初迎宾，一也。次献宾，二也。次乐宾，三也，终送宾，四也。"揖让入门而县兴，此迎宾时也。揖让升堂而乐阕，此献宾时也。献毕，工入堂上，弦瑟而歌《清庙》，歌毕，堂下吹管，而迭兴《象武》、《夏籥》之二舞，此乐宾时也。礼毕，宾出，则以《雍彻》之诗，《振羽》之诗，歌而送之，此大飨之四节也。客出绝句，以《雍彻》句，以《振羽》句，旧读雍字绝句者非，合参诸说。本注既未及五者，王氏数《夏籥》，而不及歌《清庙》。陆氏析《夏籥》为二，而强增《肆夏》于其中，不亦武断乎？夫中规矩，中采齐，总以形容其行步之曲中耳。孔疏、陈注胡为分为三节乎？且经明云大飨有四，安得指九者皆在其中，而与经相悖

乎？要惟吴氏澄之说，以上文仁鬼神等五者，合本文四者为九，而本节四者，以迎宾，献宾，乐宾，送宾为四节。根据《仪礼》，始终有序。征之《周礼》、《二雅》、《左传》诸书，皆可取证，既不遗漏，亦不支离。庶为得之可破诸说之误已，或谓上文五者有食飨，不与大飨复乎！然食飨为仁宾客之常礼，大飨为两君相见之大礼，夫固不嫌其复矣。

王后、君夫人、卿大夫及其妻服考略

《周礼》之定名分辨等威也，即冕服之节，亦有秩然不紊者。司服掌王之吉服，祀昊天上帝，祀五帝，则服大裘而冕。大裘，黑裘也。享先王，则衮冕，衮者，衮龙衣也。享先公，飨射，则鷩冕，鷩者，画以雉也。祀四望山川，则毳冕，毳者，画以虎蜼也。祭社稷五祀，则絺冕，絺则刺粉米也。祭群小祀，则玄冕，玄则衣无文，裳刺黻而已。其兵事，韦弁服，韦者，以去毛熟皮为之，其色赤也。视朝，则皮弁服，皮弁以皮为质，而饰以采玉也。甸则冠弁服，冠弁，则虞人皮冠也。凡凶事，服弁服，丧冠也。吊事，弁绖服，服弁而加环绖也。大札，大荒，大烖，素服，此王之服也。其诸侯则公用衮冕，侯伯用鷩，子男用毳，孤用絺，卿大夫用玄，皆谓之禅冕也。其义，则冕以服得名，如衣衮衣而首戴冕，馀以此推之也。其冕之旒，则弁师所掌，天子十二旒，十二玉。推之上公旒玉皆九，侯伯旒玉皆七，子男旒玉皆五，孤四卿大夫三也。若王后之六服，则内司服掌之，有袆衣，有揄狄，有阙狄，有鞠衣，有展衣，有褖衣，皆素沙。袆作翚，狄作翟，揄作摇翚翟，皆五色雉。但伊洛而南，素质者为翚，画之于服为翚衣。江淮而南素质者为摇，画之于服为摇翟。阙则刻为雉形，而不画五采也。鞠衣色黄，展衣白，褖衣黑也。翚衣，后祭先王之服也，上公之夫人亦服之。摇翟，后祭先公之服也，三夫人、三公之妻，及侯伯夫人亦服之，王姬下嫁于诸侯者亦服之。阙翟，后祭群小祀之服，子男之夫人服之。鞠衣，后告桑之服也。九嫔、公之孤卿之妻、侯伯子男之卿之妻亦服之。展衣，后以礼见王及宾客之服也，公之大夫之妻、侯伯子男之大夫之妻亦服之。褖衣，后进御于王之服也，士之妻亦服之。此后以下之服也，王之服九，而后之服六者，九者阳之极，六者阴之中也。王之祭服六，而后之祭服三者，以妇人无外事，不预天地、山川、社稷之祭也。王服衣裳之色异，后服连衣裳色同者，以妇人之德本末纯一故也。王服禅而无里，后服里而无禅，以阳成于奇，阴成于偶故也。王与后以下之服如此，外此为首服，为屦、为带、为笏，与韠之属，无不有定制焉，载在礼经，可一览而知已。

天子用十二章考略

黄帝始有衣裳之制，舜观古人之象作十二章，绘以三辰所以则天明、光君德也。自《周礼》无十二章之明文，司服惟有衮冕至玄冕，郑注遂谓“周登三辰于旗，服惟九章”，盖据左氏三辰旂旗之文耳。抑知左氏谓旂有三辰，何尝谓衣无三辰也。夫子曰：“服周之冕，原取其文物之备，尊卑之有辨。”何得以历代所遵者？至周而反去之耶？况详玩司服经文，公之服自衮冕而下，侯伯之服自鷩冕而下。鷩冕七章，衮冕九章，推而上之，则天子服十二章可知，此经之省文互文，可于言外见之者也。郑氏乃为服止九章之说，是公自衮冕而下，王又自衮冕而下，君臣同服，略无区别，有是理乎？所谓大裘而冕者，亦谓祀天尚质，故十二章而尚之以大裘耳，不谓其废三辰之象也。郑注《郊特牲》：王被衮以象天，谓有日月星辰之章，此鲁礼也。夫鲁以侯国，且用十二章之礼，岂周天子反止得用其九乎？此又礼之难通者矣。先，郑谓祀昊天上帝之服十二章，则绘三辰于服明矣。贾公彦曰："郑氏九章之说，此无正文。"并郑以意解之，则疏家不已早疑其非哉！夫先王制礼，必定其名分，辨乎等数。天子仰则天数，路用十二就，常用十二斿，马用十二闲，圭用尺二寸，缫用十二就，岂冕服之章，而独从其损哉！且前乎康成，如汉明帝用欧阳说义，天子备十二章，三公诸侯用山龙九章，九卿以下用华虫七章，其义犹秉《周礼》也。自康成说出，遂至魏文帝以公卿衮衣之制，疑于至尊，乃制天子服绣衣，公卿服织文。唐长孙无忌以帝祭服元冕，三公服衮，贵贱无分，遂制天子止服衮，而诸冕尽废矣。夫岂合于名分等威之数者哉！

朝服玄端考略

问：朝服玄端有异乎？曰：异。朝服者，十五升之玄布衣而素裳也。素裳，用白绢为之，其带缁，其韠素也。玄端者，即朝服之衣，而易其裳与韠者也，以十五升染缁色布，正幅为之，其裳或玄或黄或杂皆可，其带亦缁，其韠则爵韦也。《礼》：大夫祭以朝服，士祭以玄端。冠礼主人朝服，冠者玄端。公袭：朝服一玄端一，是朝服玄端之制既殊，而用亦别矣。又曰：玄端与玄冕异乎？曰：亦异。一端衣也，施之于冕，则为玄冕。施之于冠，则为玄端。《乐记》：魏文侯端冕而听古乐，此施之于冕者也。《冠礼》：冠者既冠，易玄冠玄端。《内则》：冠緌缨，端韠绅。公西华曰："端章甫，晋侯端委以入武宫，晏平仲端委立于虎门，此施之于冠者也。”此其不异而异也。曰：然则朝服与玄端之用孰多乎？曰：朝服惟用之于朝居多耳，若玄端则无所不用也。盖玄端，齐之通服也，而诸侯以为祭服，《玉藻》“玄端以祭”是也。士亦以为祭服，《特牲》“冠玄端”是也。大夫士皆以为私朝之服，《玉藻》“朝玄端是也”。天子以为燕服，《玉藻》“天子以为卒食，玄端而居”是也。士亦以为燕服，《内则》“子事父母，端韠”是也。盖天子、诸侯与士，其分悬殊，不疑于僭，故其祭服燕服，有时而同。其不同者，天子、诸侯则朱裳，上士玄裳，中士黄裳，下士杂裳也。要之皆玄端而已矣，然则玄端之用，不视朝服为多哉！

玄冕、玄冠、玄端、玄衣、杂服考略

冕服之制，司服详哉言之矣。敢问玄冕、玄冠、玄端、玄衣异同何如？曰：玄端者，祭服、燕服之总名也。衣玄衣而加玄冕，则为祭服。衣玄衣而加玄冠，则为燕服或冠冕，通谓之端。玄端而朝日，则是加玄冕者也。然则玄衣、玄端，何以别乎？曰：古惟深衣裳杀，不得谓之端耳。此外衣裳之幅，无不全者，皆端也。《诗》玄衮传：玄衣而画以衮龙，是画龙即名玄衮，不画即名玄端，而玄端即玄衣也。至《学记》云“不学杂服，不能安礼者”，何也？曰：朱子云：“古人服，各有等降。若理会得杂服，则于礼亦思过半矣。如冕服是天子祭服，皮弁是天子朝服。诸侯助祭于天子，则服冕服。自祭于其庙，则服玄冕。大夫助祭于诸侯，则服玄冕，自祭于其庙，则服皮弁。又如天子常朝，则服皮弁，朔旦则服玄冕。诸侯常朝，则服玄端，朔旦则服皮弁。大夫私朝，亦服玄端，夕深衣。士则玄端以祭，上士玄裳，中士黄裳，下士杂裳，庶人深衣，此所谓杂服也。”或谓杂服即丧服，非耶？曰：谓丧服为杂服中之一事可也，而谓杂服专为丧服则不可也。且礼者统乎吉凶之仪，乃学之而能安，则衣裳冕弁之属，固无不在杂服中矣。

裼袭考略一

《玉藻》曰：裘之裼也，见美也；服之袭也，充美也。郑注：君子于事，以见美为敬。充犹覆也，所敬不主于君则袭。孔疏曰：丧上加裼衣，裼衣上虽加他服，犹开露裼衣。见裼衣之美，以为敬也。充谓覆，盖裼衣之美，以君不在，敬心杀也。裘上有裼衣，裼衣之上有袭衣，袭衣之上有正服，但露裼衣不露裼衣为异耳。吴氏曰：“裼裘者，裼衣外之上服，直其领而露出裼衣耳。袭裘者，裼裘外之上服，曲其领而揜蔽裼衣也。”案《曲礼》注：“古人之衣，近体有袍袢之属，其外有裘，夏月有葛，或裘或葛，其上皆有裼衣，裼衣上有袭衣，袭衣上有常着之服，则皮弁服，及深衣之属也。掩而不开谓之袭，开而见出其裼衣则谓之裼。大抵裘上外衣尚有三重，裼衣一重也，袭衣一重也，正服一重也。袭与裼之异，只在第二重上分别耳，第二重衣直领而露出裼衣则为裼，盖以所露者言也。第二重衣曲领而掩蔽裼衣则为袭，盖以所蔽者言也。由内达外，则有裘而后有裼，故于裼言裘。自外至内则有正服而后有袭，故于袭言服，要之裼亦未尝无袭，由露其裼衣，故谓之裼。袭亦未尝无裼，由掩以袭衣，故谓之袭耳。此裼与袭之分也。又按：直领曲领以为裼袭之说，尚有未尽者。盖古人礼服皆直领而对襟，唯当膺左右各馀一寸以为衽，衽则以左掩右为之。裼衣亦对襟者，开衽而折于左，露其裼衣则为裼，掩之则袭矣。故一裼一袭，可以俄顷为之也。或谓裼袭只以裘为之，而葛无此，然则当夏月而聘，将废裼袭之仪乎！抑亦衣裘乎！不可通矣。

裼袭考略二

曲礼执玉，其有藉者则裼，无藉者则袭。郑注：藉，藻也。裼袭文质相变耳。有藻为文，裼见美亦文。无藻为质，袭充美亦质。圭璋特而袭，璧琮加束帛而裼，亦是也。孔疏：执玉之时，必有藻以承玉，若缫垂见于下，则去外服，以见在内裼衣，故云有藉则裼。藻不下垂，屈而在手，则掩其上服，以盖裼衣，故云无藉则袭。疏盖以垂缫为有藉，屈缫为无藉，而执玉之人，因以分裼袭也。皇氏熊氏说小异，要皆不离乎垂缫、屈缫之旨。缫、藻同。陈氏祥道、陆氏佃皆力斥其说。陈谓“聘特用玉而其礼严，享藉以帛而其礼杀”，此裼袭所以不同，非垂缫、屈缫之谓。陆谓“无藉若圭璋特是也，藉若帛锦之类”。经言缫，又言藉，则藉非缫著矣。朱子于诸说，亦未有折衷定论，今以聘礼经文言之，而知曲礼所云皆以圭璋特而袭，束帛加璧而裼言之，陈氏、陆氏之言足以破垂缫、屈缫之误矣。方其始受命也，贾人取圭，垂缫以授宰，宰执圭屈缫，使者垂缫受命讫，以授上介。上介受玉，垂缫以授贾人，是时授受凡四易手，有垂屈之文，而无裼袭之礼也。及至主国，贾人取玉垂缫而授上介，上介不袭，屈缫以授宾，经明言不袭，是又有垂屈之文，而无裼袭之礼也。逮揖让登堂，宾袭执圭，公侧袭受玉，而后裼降立，是有裼袭之礼，曾不见垂屈之文。既归，使者执圭垂缫，上介执璋屈缫，又有垂屈之文，而不见裼袭之礼。盖未行礼时，及既归反命，皆非礼之正，故辨垂屈以彰其文。主宾授玉，则礼之正也，故辨裼袭以致其敬。可知裼袭为一事，垂缫、屈缫又为一事，不容混也。旧说纷纷，请以经文证之。

诸侯三卿五大夫考略补遗

侯国三卿五大夫者，上卿，司徒也。其下二大夫，为小宰，小司徒。亚卿，司马也。其下一大夫，为小司马。下卿，司空也，其下二大夫，为小司寇、小司空。吴氏澄曰："上卿，如鲁之季孙。亚卿，如叔孙。下卿，如仲孙。"孔子仕鲁，为下大夫，则为仲孙氏之司寇也。《王制》曰：大国三卿，皆命于天子。次国三卿，二卿命于天子，一卿命于其君。小国二卿，皆命于其君。其下大夫五人，士二十七人，则大国、次国、小国皆同。卿为上大夫，故止有下□大夫。士有三等，上九、中九、下九，共二十七人也。《周礼》所谓设参，即三卿也。傅其五即下大夫五人，陈其殷即士二十七人也。

附：五等爵名解，天子称天者，父天母地而为之子也。公者爵位盛大，以无私为德也。侯者所以守藩也，斥堠于外，以君人为德也。伯者，伯也，德足长人也。子，字也。字，爱也。德足以养人者也。男，任也。任，安也。德足以安人者也。君者群也，群所归往也。又出命足以正众者，君也。卿者章善明理，知进退而其道上达也。大夫者大扶进人者也，进贤达能，谓之太夫，知足以帅人也。士者，事也，才足以事人也。

鸟官考略左昭十七年郯子语并杜贾注

黄帝以云纪，故为云师而云名。炎帝氏以火纪，故为火师而火名。共工氏以水纪，故为水师而水名。太皞氏以龙纪，故为龙师而龙名。少皞氏挚立，凤鸟适至，故纪于鸟，为鸟师而鸟名。凤鸟氏，历正也。玄鸟氏，司分者也，以春分来，秋分去。伯赵氏，司至者也。以夏至鸣，冬至止。青鸟氏，司启者也，以立春鸣，立夏止。丹鸟氏，司闭者也，以立秋来，立冬去。祝鸠氏，司徒也。鴡鸠氏，司马也。鳲鸠氏，司空也。爽鸠氏，司寇也。鹘鸠氏，司事也。五鸠，鸠民者也。鸠，聚也。五雉为五工正，西方曰鷷雉，攻木之工也。东方曰鶅雉，抟埴之工也。南方曰翟雉，攻金之工也。北方曰鵗雉，攻皮之工也。伊洛而南曰翚雉，设五色之工也。九扈为九农正，春扈鳻鶞，相五土之宜，趣民耕种者也。夏扈窃玄，趣民耘苗者也。秋扈窃蓝，趣民收敛者也。冬扈窃黄，趣民盖藏者也。棘扈窃丹，为果驱鸟者也。行扈唶唶，昼为民驱鸟者也。宵扈啧啧，夜为农驱兽者也。桑扈窃脂，为蚕驱雀者也。老扈鷃鷃，趣民收麦，令不得晏起者也。

大夫九能考略附人十等考

《毛诗》传云：大夫有九能，建邦能命龟，田能施命，作器能铭，使能造命，登高能赋，师旅能誓，山川能说，丧纪能诔，祭祀能语。君子能此，可以为大夫矣。

人有十等考略

所谓十等者，左昭五年，鲁卜楚丘，曰：日有十时，亦当十位。杜注：日中当王，食时当公，平旦为卿，鸡鸣为士，夜半为皂，人定为舆，黄昏为隶，日入为僚，晡时为仆，日昳为台。隅中日出，阙不在第，尊王公，旷其位也。又，昭七年，芈尹无宇曰："天有十日，人有十等。王臣公，公臣大夫，大夫臣士，士臣皂，皂臣舆，舆臣隶，隶臣僚，僚臣仆，仆臣台。"注：士谓能理庶事也，皂谓造成事也。舆，众也，谓佐皂举众事也。隶谓隶属于吏也。僚，劳也，供劳事也。仆，仆竖，主藏者也。台，给台下厮役也。

考古略卷之三

氏族考略一

自伏羲制嫁娶，正姓氏，以正人伦，而使民不渎，此氏族所自始也。嗣是《夏书》曰锡土姓，言因其所生之土而锡之也。《国语》曰：司商协名姓。则以司商掌赐族受姓之事也。夫族者，姓氏之合称也。姓者所以统系百世，使不相离也。氏者所以别子孙之所自出也。姓者诸派之所同，氏者一房之所独也。姓以别同异，氏以定亲疏。如妫姓之生众矣，居沩汭者，皆同姓也，而于诸妫中，有有虞氏焉，则舜家所独称也。故尧曰："釐降二女于（妫）〔沩〕汭，嫔于虞。"言妫以著姓，言虞以别氏也。此姓与氏之义也。古者有帝系，诸侯有世本，而小史与瞽矇交掌之。小史读《礼》，而掌奠系世，则教以礼之序。瞽矇诵诗而掌世奠系，则教以乐之和。序故有别，和故有亲。有别则昭穆不相乱，有亲则本支不相遗。故《春秋》知果别为辅氏，必别于太史，此其验也。自史职与乐官废，而五宗之法不严，于是差等无别，远近混淆，而姓与氏不复分矣。然姓氏虽不可复分，而欧、苏二家之谱法具在，学者即是而求之，不尚可以得其一本之源，亲亲之杀，而仁率亲，义率祖之道，其庶几乎！昔者鲁之公索氏，将祭而忘其姓，人以是知其必亡。籍谈对周天子，而忘其先世之守，王以是决其无后。氏族之学，盖可忽乎哉！

氏族考略二

氏族之所系大矣哉！商以前礼质世系未明，六世而婚姻通矣。至周，然后奠系世，辨昭穆，故曰系之以姓而弗别，百世而昏姻不通，此世族之所维系也。昔范希文少依母氏，冒朱姓，既长，知其家世，泣从范氏。武襄以一时遭际，不敢冺梁公后，知其世系之本也。后世世系之制虽坏，然合而稽之，大约有九：有氏于号者，有氏于谥者，有氏于爵者，有氏于国者，有氏于官者，有氏于字者，有氏于居者，有氏于事者，有氏于职者。以号则陶唐虞殷之类也，以谥则戴武宣穆之类也，以爵则王公侯伯之类也，以国则齐、鲁、宋、卫及韩、赵、魏之类也，以官则司徒、司寇、司空、司马、司城及乐正、牧之类也，以字则伯仲、叔季及展氏、藏氏之类也，以居则东郭、南宫、东门、西门之类也，以事则巫卜、陶匠之类也，以职则三鸟、五鹿、青牛、白马之类也。此外则人事变迁，智巧日出，有避讳而改姓者，如宋以武公名司空，遂改司空为司城。晋以僖侯名司徒，遂改司徒为司成。荀卿避宣帝讳，改荀为孙。籍氏避项籍讳，改为席。文彦博之先本姓敬，避石敬塘讳，改姓文之类是也。有避贬斥而改姓者，汉英布被黥，遂为黥氏。汉明德皇后以马何罗谋逆，遂为莽氏。吴孙皓以孙秀奔魏，改为厉氏之类是也。有避难改姓者，如少康因母有缗氏，逃难自窦，改为窦氏。比干之子避纣难，逃于长林，为林氏。理微避纣难，改李氏。端木赐之后因避难，改木氏，又改沐氏。默台之后因避难，改墨氏，又改怡氏。疏广曾孙避莽乱，去足为束之类是也。有因嫌改姓者，如马矢氏，改为马官氏。谢服以出征，嫌其姓名不祥，改射咸。嵇康本奚氏，改嵇。衷愉本哀氏，改衷之类是也。有因事改姓者，子产称乡校为师，其子孙改校师氏。中行穆子相晋侯，投壶而生子，因为投壶氏。东方朔本姓张，因东方明而生，改东方氏。范蠡居陶，为陶朱氏。梁鸿改运期氏。田千秋乘小车，改车氏之类是也。姓又有以讹改者，陈氏为田，韩氏为何，鄫氏为缯，欧氏为区，莘氏为辛，虢氏为郭，吕氏为甫，郯氏为谈，共氏为洪之类是也。有用省文而改者，如鄣为章，郲为来，邴为丙，鄩为寻，鄫为曾，郕为成，姞为吉，褚师为褚，毋丘为毋，须句为句，钟离为钟，桥为乔，谭为覃，马服为马之类是也。有古姓异文者，如罕虎或作罕，晗子或作肣，郤缺或作郄，知伯或作智，洩驾或作泄，芀章或作芫，鼌错或作晁之类是也。又有隐其姓以为姓者，老彭为篯铿，老聃为李耳，介子推为王光，接舆为陆通，鬼谷子为王诩，达巷党人为项橐，壶关三老为令狐茂，商山东园公姓唐，绮里季姓朱，夏黄公姓崔，角里姓周之类是也。有一姓改为数姓者，如昚横四子，改为是、昚、桂、娃四姓。勾姓改为钩、绚、苟、句、勾龙、勺之类是也。此世族之大略也，况郑渔仲之三十六略，尤为缕析而可考者哉！

宗法考略一

案：别子有三：一是诸侯適子之弟，别于正適。二是异姓公子来自他国，别于本国不来者。三是庶姓之起于是邦，为卿大夫，而别于不仕者，皆称别子。盖君之嫡长为世子，继先君正统，自母弟而下，皆不得宗之。其次適为别子，不得祢其父，则不可宗嗣君，又不可无统属，故立为先君之族。大宗之祖，所谓别子为祖，别与后世为始祖也。继别为宗者，别子之后，世世以適长子继别子，凡先君所出之子孙，皆宗之，为百世不迁之大宗也。其不迁者，以其统先君之子孙，而非统别子之子孙也。继祢者为小宗，谓别子之庶长，义不祢别子，而自为五世小宗之祖。其適子继之，则为小宗，而其同父之兄弟宗之。五世之外，则无服，盖以其统别子之子孙，而非统先君之子孙也。五世者，高祖至玄孙之子，此子于父之高祖无服，不可统其父同高祖之兄弟，故迁易而各从其近者为宗，故曰有五世而迁之宗，其继高祖者也。四世之时，尚事高祖，五世则于高祖之父无服，是祖迁于上也。四世之时，犹宗三从族人。至五世，则不复宗四从族人矣，是宗易于下也。宗是先祖正体，惟其尊祖，是以敬宗也。族人一身事四宗，事亲兄弟之適，是继祢小宗也。事同堂兄弟之適，是继祖小宗也。事再从兄弟之適，是继曾祖小宗也。事三从兄弟之適，是继高祖小宗也。小宗凡四，独云继祢者，初皆继祢为始，据初而言之也。凡大宗，族人与之为绝族者，五世外皆为之齐衰三月，母妻亦然。为小宗者，则以本亲之服服之，若君无適昆弟，使庶兄弟一人为宗，以领公子，其礼亦如小宗，此之谓有小宗而无大宗也。君有適昆弟，使之为宗，以领公子，更不得立庶昆弟为宗，此之谓有大宗而无小宗也。若公子止一人，无他公子可为宗，是无宗也，则亦无他公子宗于已矣，此之谓无宗亦莫之宗也。前所论宗法，是通言卿大夫大小宗之制，此又专言国君之子，上不得宗君，下未为后世之宗者，有此三事也。

宗法考略二

《大传》之言宗法备已，详而考之，其法尚有四端：一则古人之宗法，专为祭先而设也。一则宗法定于宗之者之身，非定于宗子之身也。一则大宗始得立后，而立后不以適子也。一则谱牒不可不辑也。盖族人何以有大宗？大宗者始祖即别子。之正体也，族人不得祭始祖，而宗别子之世適以共祭，故有继别之大宗。族人何以有小宗？小宗者高曾祖祢之正体也，庶子不得祭祢，而宗祢之正適以共祭，故有继祢之小宗。庶子不得祭祖及曾高，而宗祖、曾、高之世適以共祭，故有继祖、继、曾继高之小宗，故曰：古人之宗法，为祭先而设也。《说文》云：宗，尊祖庙也。则宗子者，族人尊主祭祖庙者之子也。是宗子之名，由族人宗之而起，借令别子之后，世止一子，则自祭其祢，自祭其祖及曾高已耳。无宗之者，又安有所为继祢、继祖、继曾高之宗哉！故宗法不定于宗子之身，而定于宗之者也。自古有为人后之礼，然亦专为大宗言耳。大宗承祭始祖，始祖功德，百世不迁。大宗无子，故得立小宗之子为之后，以承上祀，所谓受重也。小宗无子，不得立后，以其庙亲尽则祧也。《传》曰：何如而可以为人后，支子可也。又曰：適子不得后大宗，若取小宗之適子为后，则小宗更舍適而立庶。在大宗仍不免为立庶，而已乱小宗適庶之常。君子不夺人之宗，亦不可夺宗，故为后不以小宗適子而以支子也。且夫宗者，统族人以奉祭也，故祖分而祭亦分。谱者，志族人之序次也，故祖分而谱不分。自昔之为谱者，惟欧阳氏、苏氏两家。欧谱则采《史记·表》。郑氏诗谱法，依其上下旁行为图，上自高祖，下至玄孙，而别自为世。苏谱则从小宗之法，自高祖而下，而高祖之父遂迁。在欧谱则别为世者，上承高曾为玄孙，下系玄孙为高祖，凡世再变，而九族之亲备，故其谱世增而不世变。苏法，凡族人適子易世，皆新自为谱。同高祖者，其谱同。谱中不载高祖之父，而每世各藏先谱，子孙可汇而考之。其谱世迁而世变。斯二者，欧谱合综而易考，苏谱散见而难稽。且五世则迁者，特不祀之于庙耳，乃苏氏谱法因之，上不及高祖之父，虽世存先谱可考，然其目前载于吾谱者，不已遗其所自始乎？是苏法之未善也。然欧法虽善，亦犹有未广者。盖谱法与宗法相因，而事实不同，宗以承祀，苟不限以五世，则僭乎分矣。谱以辑族，如必限以五世，则遗其亲矣。此必萃十世百世之远，逐一载之，而后源流之自可考，子孙之数易见。然则五世则迁之宗，与百世不迁之宗，皆可于一谱集之，何必拘拘于五世为哉！此万氏斯大之说，先得我心，因亟采之，盖宗法于是而略备已。

丧服所始考略

丧服者，本乎天性之自然，出乎人心之不容已，非圣人所意创也。其服之轻重，亦因其哀之浅深，以为服之隆杀，非圣人意为厚薄也。顾其丧期之数，丧服之制，则古圣人缘情以制礼，而礼实本乎天也。考之郑氏目录曰：天子以下，死而相丧，衣服、年、月、亲疏、隆杀之礼，为丧服。贾氏疏曰：丧服之制，在成服之后，则宜在士丧礼始死之下。今在士丧礼之上者，以其总包尊卑上下，不专据士也。《礼运》云：昔者先王未有宫室，食鸟兽之肉，衣其羽毛，此伏羲之时也。又云：后圣有作，治其丝麻，以为布帛，养生送死，以事鬼神，此黄帝之时也。《易·系辞》传云：古者丧期无数，在黄帝九事章中，是黄帝以前，心丧终身不变也。《虞书》云：百姓如丧考妣三载，四海遏密八音，则唐虞之时，已有三年之制矣。《郊特牲》云：大古冠布，齐则缁之。郑云："三代改制，以白布冠质，以为丧冠，则唐虞已上，吉凶同服，唯有白布衣、白布冠而已。"又，《丧服》记，郑氏注云：太古冠布衣布，后世圣人易之，因以为丧服，则自夏禹以下，三王之世，用唐虞白布冠、白布衣为丧服矣。死者既丧，主人制服。

服之者貌以表心，服以表貌，斩衰貌若苴，齐衰貌若枲，大功貌若止，小功缌麻容貌可也。哀有差等，故貌有此不同，而布亦有精粗也。此丧服之制所由始也。

丧礼考略一

丧礼者，先王所以尽人子之心，而使之复其本。又所以顺人子之变，而使之不灭其生者也。始死，笄纚，徒跣，扱衽，不冠，不履，不带也。三日而后敛，故未忍即敛也。小敛则绖，当事不可无变也。既敛矣，不复生矣，然后脱髦而袒括发。括发者，束发为髻。脱髦者，不得视其亲也。袒括发者，自比于刑人，而无复生人之貌也。既奉尸夷于堂而拜宾，所以奉死者之始也，而生者之变亦始焉。始加麻，服之恶者也。首绖大一围，乃拇指与第二指一围，腰绖较小于首绖，绞带又小于腰绖，散要绖之垂而加绞带，变有渐也。服以变貌，貌以表心，故既殡之明日成服。孝子病矣，设杖，所以扶病也。冠屦、衰裳、绖带之皆具，而衰则前有衰，后有负。左右有辟领，中有阙中，阙一作阔。有祛，有袂，有衽，衰外削幅，裳内削幅，幅三袧，布以三升半，而总名之曰衰，衰之为言摧也，明孝子摧伤之志也。将启，则免而散带垂，见柩，不可无变也。及葬，朝祖，哀次，以生人之道事之也。居中门外次，哀亲之在外也。枕块，哀亲之在土也。既虞，卒哭，受以成布，变麻服葛。哀渐杀，则服渐轻，不忍遽变也。既练，练衣，练冠，绳屦，除首绖，皆即轻也。要绖不除，不忍尽变也。至亲以期断，加隆而三年，故练而功衰也。祥则缟冠麻衣，既禫而纤，变而返乎吉也。凡丧有变，有除，有受，轻服可变可除，三年则有除无变，受则以多受寡，故三升以六升受之，四升以七升受之。去麻服葛，所谓变也。经文每彼此相足，若练衣缥缘，言其衣矣。又言练冠缥缘，则着冠亦缥缘也。缟冠素纰，言其冠矣。又言大祥玄缟麻衣，则着衣亦素纰也。至终丧之期，康成以为二十七月，王肃以为二十五月，要之皆可合也。盖中月而禫之中，乃间一月之义也。故并禫月而数之，则二十五月之说亦是也。按五服皆有丧服，惟前衰，后负版，左右辟领，三者惟子为父母用之，旁亲则不用也。

丧礼考略二[①]

问：小大敛。曰：凡铺敛衣，皆以绞紟为先。小敛美者在内，故次布散衣，后布祭衣。大敛美者在外，次布祭服，后布散衣也。小敛衣十九称，大敛衣至五十称。问：居丧读《丧礼》。又曰大功废业，如何？曰：朱子云："居丧，初无不得读书之文。废业者，业是簨簴上版子，废业谓不作乐耳。问：谅阴之制。曰：谅阴，读梁闇，谓庐也。庐，有梁者，所谓拄眉也。既虞之后，施梁而拄眉。拄从手，不从木，盖始者户北向，用草为屏，不剪其馀。至是改而西向，乃剪其馀草，始者无拄与楣，檐者于地。至是乃施短柱及楣，以拄其楣，架起其檐。令稍高，而下可作户也。问：斩衰居倚庐，齐衰居垩室。曰：此论其正耳，亦有斩衰不居倚庐者。《杂记》云：大夫居庐，士居垩室，是士服斩衰而居垩室也。亦有齐衰不居垩室者，《小记》云：父不为众子次于外。注云：自若居寝是也。问：君之丧如何？曰：天子、诸侯及卿大夫有采地者皆曰君，庶人为国君齐衰三月。庶人在官者，天子畿内之民，

①原题为"丧礼杂考略二"，此"杂"字当衍。

亦服三月。诸侯之大夫为天子，亦止小功缌衰。问：適孙父没，而为祖后者，斩衰三年，谓承重也，若父在而承国于祖，如何？曰：昔朱子当寿皇崩时，上皇有疾，不能执丧。因考丧服为祖后条下，见疏中所引郑志，有诸侯父有废疾，不任国政，不任丧事之。问：而郑答以天子之服皆斩之文。曰：此父在而承国于祖之服，向来无文字可检，又无朋友可问，故且以礼律言之。亦有疑父在不当承重者，心常不安，归来稽考，始见此说，方得无疑，乃知学之不讲，其害如此。而礼经之文，诚有阙略，不无待于后人。向使无郑康成，则此事终难决断，不可直谓古经定制，一字不可增减也。问：祖在父亡，祖母死如之何？朱子曰："亦承重也。"问：適孙承重，庶孙却在长，可承否？曰：不可承。问：丧有主乎？曰：丧有无后，无无主，无后矣，孰主之？曰摄也。问：卒哭祔庙，三年迁庙。曰：朱子言之矣，先王制礼，本缘人情，吉凶之际，其变有渐，故始死，全用事生之礼。既卒哭祔庙，然后神之，然犹未忍尽变，故主复返于寝，而以事生之礼事之，是古人之祔，固非遂彻几筵也。至三年而迁于庙，然后全以神事之。其迁庙一节，郑氏用《穀梁》练而坏庙之说，杜氏用贾逵服虔之说，则以三年为断，想《穀梁》或亦谓于练而迁旧主，于三年而纳新主，此为合于人情也。问：几筵不终丧之说。曰：小敛有席，至虞而后有几筵，卒哭而后，但不复馈食于下室耳。自虞至祔，曾不旬日，不应方设而遽更之也。问：丧毕之祭。曰：诸侯三年丧毕之祭，鲁谓之吉禘，晋谓之禘祀，《礼》疏谓之特禘者是也。问：坏庙，则变昭穆否？曰：昭穆定，不以新主祔庙而可变也。问：坟与墓何别？曰：墓是茔域，坟即土封隆起者。问：葬法，依阴阳家说否？曰：数里无人烟处，亦住不得，其成聚落，有宅舍处，便须山水环合，略成气象方可。欲掩藏其父祖，萃处其子孙，岂可都不拣择，以为久远安宁之地，而率意为之乎？问：丧中之祭。曰：自葬以前，皆谓之奠，其礼甚简，盖哀不能文，而于新死者，亦未忍遽以鬼神事之也。自虞以后，方谓之祭，故礼家又谓奠为丧祭，虞为吉祭，盖渐趋于吉也。问：庶母之名。曰：自父妾生子者，士服缌麻，大夫无服，若所生母，则《仪礼》有公子为其母之文，今令甲亦谓为生己者，则是不问父妻父妾，而皆得母名矣。故注别有嫡母之文，以明生已者之为母也。至于追叙封赠，亦但谓之所生之母，而不谓之庶母也。问：为父所生之祖母如何？曰：承宗庙之重者，恐不得为父所生之祖母持重矣。问：为所生父母，齐衰不杖期，为所养父母，斩衰三年，理自不安。曰：圣人有个存亡继绝底道理，又不容不安。问：女子已嫁，为父母禫否？曰：恐无此理。父在为母禫，止主男子而言。问：禫制。曰：礼惟于父母与长子有禫，若承重，则于祖父母亦禫。问：虞与卒哭吉凶。曰：今制无吉凶之辨，惟温公以虞祭读祝于主人之右，卒哭读祝于主人之左为别，盖得《礼意》。问：丧事，古人原有活法，如身执事，面垢而已。曰：然。问：古人亦有做未到处否？曰：如以皮束棺，熬黍稷以惑蚍蜉是也。问：父在，子为母大祥及禫，夫已无服，其祭谁主之？曰：小祥大祥之祭，皆夫主之。问：妇人有斩衰髽，有齐衰布髽，不知髽即首绖否？曰：麻髽布髽，恐是以此二物括发而为髻，其绖则加于髻上，非一物也。问：改葬。曰：须先告庙而后告墓，改葬归，又告庙，哭而毕事。问：夫妇合葬之位。曰：地道以右为尊，恐男当居右。曰祭以西为上，则葬时亦当如此。问：庐墓。曰：既葬，神已归家，则家为重，庐墓一节，不合圣贤之制，切不可为。问：从母之夫，舅之妻，皆无服，何也？曰：先王制礼，父族四，故由父而上，为从曾祖服缌麻，姑之子、姊妹之子、女子之子，皆由父而推之者也。母族三，母之父，母之母，母之兄弟，恩止于舅，故从母之夫，舅之妻，皆不为服，推不去故也。妻族二，妻之父，妻之母。乍看似杂乱，仔细看则皆有义存焉。

丧服升数考略

考丧服，上下十有一章。从斩至缌，升数有异。其异者，有正服、降服、义服之不同也。斩衰有二：为父，以三升为正。为君，以三升半为义。其冠同六升，三年齐衰，惟有正服四升，冠七升。继母慈母，虽是义服，继母以配父，故与因母同。慈母以重命，不敢降，亦与母同。是以同为一节，有正而已。杖期齐衰，父在，为母为妻正服，齐衰五升，冠八升。《杂记》所云“十一月而练，十三月而祥，十五月而禫”是也。然母则恩爱，妻则义合，虽父尊厌屈，禫杖犹申，故与三年同正服。不杖齐衰期，有正有义。正则五升，冠八升。义则六升，冠九升。齐衰三月，皆义服。衰六升，冠九升。曾祖父母应是正服，但正服合服小功。以尊其祖，不敢服小功，而服衰齐三月，既非本服，故与义服同也。殇大功，有降有义，为夫之昆弟之长殇，义也。其衰九升，馀皆降也。衰七升，冠十升。义服九升，冠十升。大功，有降，有正，有义，姑姊妹出适之等，是降也。衰同殇降，妇人为夫族，义也。衰同殇义，馀皆正也。其衰八升，又缌衰，惟有义服，衰四升半，冠七升而已。诸侯之大夫为天子，故同义服也。殇小功，有降，有义，妇人为夫之族类，是义也。衰冠同十二升，馀皆降也。衰冠同十升，成人小功，有降。衰如殇降有正，衰同十一升有义。衰同殇义，缌布之衰冠降，正义也，皆同十五升之抽去其半而已。此同一服，而升数不同之大略也。《丧服》记止云“齐衰四升”，此云五升六升，则多二等。《丧服》记“大功八升若九升”，此多七升一等。记“小功十升若十一升”，此多十二升一等。盖极列衣服之差，故补记之未备也。又，齐者，缉也。升者，登也，成也。今织具曰篾，所以登丝而成布也。篾四十齿为一成，一齿两丝，则一成八十丝矣。去其半则一齿一丝，今单纱布也。缌麻，以朝服十五升，抽去其半，缕细而疏也。朱子疑其抽去一半，则小功十二升之布，其缕反多于缌。彭氏丝遂以抽其半，为通指斩衰以下五服之文，然斩衰三升去其半，岂复能成布耶？姑阙之可也。

丧礼受服、变服、易服考略

服制本之于天，故其绖带有法，其受除有节，其遭丧易服有等，皆非人意可为损益也。阳数极于九，故斩衰之绖至九寸而极。服数分为五，故以五分去一递杀之。而齐衰七寸二分，大功五寸七分六，小功四寸五分半，缌麻三寸六分也。要带视首绖递降一等，故斩衰之带七寸二分，缌麻之带二寸七分零也。其受服则大夫以上虞而受，以其卒哭远也。士卒哭而受，以其卒哭近也。受服又递降一等，而男重首不变，变要带以葛。女重要不变，变首绖以葛，皆五分去一。练则斩衰者受功衰，而男除首麻绖，其要之葛带，又杀五分之一。女除要麻带，其首之葛绖，又去五分之一也。此其绖带之法，而受除之节也。当此受服之时，而遭齐衰之初丧，男子轻要，着齐衰要带，而兼包斩衰之带。妇人轻首，得着齐衰首绖，而包斩衰之绖也。所谓轻者，包也，男子重首，特留斩衰首绖。妇人重要，特留斩衰要带。所谓重者，特也，盖齐衰成服之绖与带，与斩衰既虞受服之绖带，粗细分寸略同。以麻视葛则麻重，以斩视齐则斩重。故男子唯遭丧成服时，一用齐衰之绖，而常时皆着斩衰之绖。女子唯遭丧成服时，一用齐衰之带，而常时皆着斩衰之带，此为重者特。男子以齐之麻带，包斩之葛带于内。女子以齐之麻绖，包斩之葛绖于内。就外视之，则见麻不见葛，此为轻者包。所谓有本之麻，得变三年之葛也。康成注：卑者可以两施，尊者不可贰。盖男子卑要，妇人卑首，故可施于齐衰，又得兼斩衰也。男子尊首，妇人尊要，故止得守其重服，不可贰于轻服也。至练则男除首绖，妇人除要带。男子唯有要带，妇人唯有首绖。是其单也。今遇大功之丧，男子首空，着大功麻绖。妇人要空，着大功麻带。男子又以大功麻带，易练之葛带。妇人又以大功麻绖，易练之葛绖。是重麻也。至大功，既虞卒哭，男子带其练之故葛带。首着大功之葛绖。妇人绖其练之故葛绖，而要着大功之葛带，是重葛也。盖练后未除之带与绖，适与大功初丧之带绖粗细同，不可偏废。而功次于期，则不用包，而二者并系焉。所谓重也，麻葛兼服之者，即前文轻者包重者特之义，谓齐衰既虞卒哭而遭大功之丧。易换轻者，男子则以大功麻带，易齐衰之葛带，其首犹服齐衰葛绖，是首有葛，要有麻，麻葛兼服之也，此据男子言之。若妇人则首服大功之麻绖，要服齐衰之麻带，上下俱麻，不得云麻葛兼服之也。包者，以卑包尊，须特著其尊卑之义，故于斩衰重服言之。兼者直云绖带麻葛兼有，故于齐衰轻服言之，不言麻葛重者。彼以三年之丧，既练之后，男子除首绖则无绖，妇人除要带则无带，故称重。以见先既单而今皆有，此则男子首与要皆有绖带，妇人亦然，既不似既练之单，故不得称重也。又通五服言之，谓斩衰既虞卒哭，其绖与带，与齐衰初丧时绖带寸同，五服皆然。此时前丧既虞卒哭，男子首绖仍是麻，要带变葛，则以后丧麻带，与前丧葛带兼服。女子要带仍是麻，首绖变葛，则以后丧麻绖，与前丧葛绖兼服。是谓麻同则兼服之服。问：谓小功缌，不得变大功以上。此小功之麻，得变大功之葛。缌之麻得变小功之葛者，彼据正服言之。此以大功之殇长中降服言之也，此皆明遭丧易服之制。一则斩衰卒哭后遭齐衰易麻，二则斩衰既练后遭大功丧而易麻，三则齐衰卒哭后遭大功丧而易麻，四则五服通言之。一则言轻包重特，二则言麻葛重，三、四俱言麻葛兼服之。大抵皆谓以后丧下服之麻，易前丧上服之葛也。包也，特也，重也，兼也，文异而义则同也。麻葛重者，麻与麻重，葛与葛重，兼则麻与葛兼也。《檀弓》云：妇人不葛带。推之则男子亦不葛绖也，然谓不葛带者，亦指斩衰齐衰妇人而言。丧服大功章，男女并陈，有即葛九月之文，是大功妇人亦葛带也。又，《士虞礼》饯尸注：妇人大功小功者葛带。又按：易服与受服有别，朱子曰："自本丧之去麻服葛言之谓之受，自遭丧之变葛服麻言之谓之易。"

丧服易服补考略

问：《传》易服之义详已，然皆以重丧遭轻丧之礼，至于轻丧遭重丧，则经未之载，亦可拟一条以见例乎？曰：可。假如初服齐衰之丧，又遭斩衰之丧，则除下齐衰冠服，别制斩衰冠服。虽遇葬母，亦服斩衰，如遇母丧虞祔练祥之期，又须着先所除下齐衰之冠服，俟卒事仍服斩衰服。凡先遭轻丧，后遭重丧者皆仿此。故《小记》云：父母之丧偕先葬者不虞祔，待后事其葬服斩衰。孔疏云：父母俱丧，而独服斩者，从重也。虽葬母，亦服斩衰，若为母虞祔练祥，皆齐衰。卒事，反服重。

三年之丧二十五月而毕考略

案：丧礼必本于服制，而服制莫切于亲丧。三年之丧，二十五月而毕，此经凡两见，而郑氏注《仪礼》，孔氏疏《间传》，与夫世所传法律，俱谓二十七月者，盖丧期至二十五月，凡孝子重服，于此悉除，而此外有两月祥禫服，其服俱轻，故记礼者略而不言也。今以三年丧服变除，与夫祥禫之制，俱载于篇。假如正月初一日，亲始死，子于是日布深衣，去冠，笄纚，徒跣，扱上衽，交手哭，是为初死服。至第二日，将小敛，去笄纚，着素冠，袒，视敛，是为小敛服。敛讫，投素冠，括发以麻，袭初袒之衣，加环绖，用麻一股而缠，散垂于腰。以至第三日大敛，是为大敛服。已上三日而敛，盖死者之敛不可迟，故从亲始死之日，数至第三日，通名三日。《士丧礼》：死日而袭，厥明而小敛，又厥明而大敛以殡。《曲礼》以为死与往日是也。大敛之明日，服苴麻斩衰，服三升，冠六升，麻绖九寸，要着麻带七寸五分寸之一，手执苴杖，足服菅屦，是为三日成服。已上三日成服，盖生者之服未易办，故从亲死之第二日，数至第四日，《曲礼》所谓生与来日是也。至三月既葬，葬日初虞为柔日，次虞亦柔日，后虞用刚日。前此小敛大敛，朝夕朔月，启殡祖遣之类，皆谓之丧奠。至此乃易为虞祭，其第三虞明日之祭，则名卒哭。前此哀至则哭，至此惟朝夕哭而已，故曰卒哭。卒哭后变服，衰裳六升，冠七升，首着麻绖七寸五分寸之一，要着葛带五寸二十五分寸之十九，仍前杖屦，是为虞祭卒哭后服。至第二年正月初一日满一期，初入第十三月，乃于入月后〔豫卜〕[1] 小祥日，为小祥祭。将祭先夕，除首绖，变服，练衰裳七升，练冠八升，要着葛带四寸百二十五分寸之七十六，绳屦去杖，告祭期祭日，仍此服，祭后亦仍此服。又用杖，是为小祥练服。是时涂庐为垩室，至第三年正月初一日满再期，初入第二十五月，乃于入二十五月后，又豫卜大祥日，为大祥祭。将祭先夕，除练服，举凡练冠衰裳带屦悉除，又断杖弃于隐者。及除垩室，如此则三年之丧毕矣。是日变服，素冠，以缟纰之，身着朝服，缁衣素裳，告祭期祭日，仍此服。祭后变服，缟冠，以素纰之，身着布深衣，未有采缘，名麻衣，是为大祥服。服此大祥服，当逾过一月。至三月初一日，又第二十七月，其所以服大祥服当逾月者，《檀弓》云：鲁人有朝祥而暮歌者。夫子曰："逾月则善。"《士丧礼》记云：又期而大祥，荐此祥事中月而禫。中月者，间月也。既入第二十七月，又卜日禫祭，将祭先夕，除祥服，变服，玄冠、玄衣、玄裳。告祭期祭日，仍此服，祭后服黑经白纬纤冠素端黄裳，是为禫服，禫之言澹，澹然平安意也。服此禫服，至四月初一日，入第二十八日，乃卜吉日吉祭，将祭先夕，除禫服，服弁冕朝服，告祭期祭日，仍此服。祭后始纯乎服吉，玄端以居，无所不佩矣，是为吉服。于此之时可以饮酒食肉，可以作乐。《檀弓》谓是月禫，徙月乐是也。已上所言丧礼变除，及祥禫之制，并参会经传、《说文》，但此所用祭服等类，皆贵者礼。若庶人则大祥亦当缟冠布深衣，以布为纯。禫亦宜纤冠布深衣，以素为纯。以后即吉服，采缘深衣，大概古人丧服皆法天道，其除丧也以渐，其服吉也亦以渐，丧期至二十五月毕。然初入二十五月，适当亲死再周之祭，哀犹未忘，吉服无顿着之

①底本缺损，据上海图书馆藏稿本补。

理，故圣人又于再周之后，为是祥服与禫服，使之从容去凶就吉，其实是三年之丧，二十五月而毕。而加此两月者乃服已杀，又能引之使伸于礼在凶与吉之间也。此当与中月而禫节参看，总之二十五月者，丧之正服也。其丧后所服至二十七月者，孝子哀情未忘之馀服也。呜呼！此可以观仁人孝子之心矣。

父母丧有异考略

父斩衰，母齐衰。为父斩衰三年。为母，父在，齐衰期，父不在，则三年。此固殊已。即其初丧亦有异。《小记》曰：斩衰，括发以麻。为母括发以麻，免而以布。《大记》曰：奉尸使于堂，降拜宾，主人即位，袭带绖踊，母之丧即位而免。疏云：为父小敛讫，括发自项以前，交于额上，却绕紒。如着幓头焉，为母小敛后，括发与父礼同。自小敛后，至尸出堂，子拜宾之时，犹与父不异。至拜宾后，子往即堂下位时，则异也。若为父，此时犹括发而踊，袭绖带于序东，以至大敛而成服。若母丧，于此时则不复括发，乃着布免，踊而袭绖带，以至成服。此丧初之有异也。至其间有并丧，有先后丧之异，则除服易服之法，详在《杂记》、《间传》诸篇中。

八者以权制考略

孔疏：八者，谓应杖不杖，不应杖而杖，一也。扶而起，二也。杖而起，三也。面垢，四也。秃者，五也。伛者，六也。跛者，七也。老病者，八也。庾蔚云："父存为母，一也。不数杖与不杖之例。"吕氏曰："八者。父在为母齐衰期，一也，妇人童子不杖，二也。扶而起，三也。面垢，四也。秃不髽，五也。伛不袒，六也。跛不踊，七也。老病不止酒肉，八也。"先儒以为，母期属前章，加扶而起为一。夫不言与扶而起，乃丧礼之当然。贵者尽之，贱者有所不得遂，故有杖而起者，有面垢者，盖以权制也。若扶而起，则礼之正，非权也。父在为母期，正以权制，而云属前章，非也。庾氏取父存为母为一，而不知扶而起为非权，又不数妇人童子不杖之科，亦非也。吴氏澄曰："八者之目，庾胜于注疏，吕又胜于庾。清案诸说，仍当以孔疏为近是。"盖先言所为杖，或因爵，或因主，或因病，然后言八者权制，固与上文为母期之义不属也，吕氏、庾氏、吴氏说俱牵合。或又谓八者皆权制，王候杖，且扶而起，大夫士杖而起，此二条特言有爵授杖之正。其外，主人担主而杖，众子辅病而杖，童妇不成礼不杖，庶人劳瘁亦不杖，此四条通言不必有爵而授杖。及凡不用杖者之变，又其外秃伛跛，各不备礼，老若病不绝养，此二条则又因杖而类言之，凡此皆权制也。此说甚优，吾从之。又案：杖者，何也，爵也。《杂记》云：古者贵贱皆杖。叔孙武叔朝见轮人以其杖关毂而辗轮者，于是有爵而后杖也。爵而后杖，鲁礼之变，记者亦见近而忘远云。

谥法考略一

《周礼》：大史掌小丧，赐谥。小史掌卿大夫之丧，赐谥，读诔。《大戴礼》曰：昔周公旦、太公望相嗣王以制谥法，是谥法自周始，周以前无之。尧、舜、禹、汤、桀、纣，皆非谥也。或疑其为谥，不知《书》云有"鳏在下曰虞舜"，岂鳏时即有谥乎！又咨禹，咨契，咨弃，及咨夔龙诸人，岂生时即先有谥乎？自周有谥法，而大行受大名，细行受细名。谥者，行之迹也。有以全德称者，有以一事称者，有以一字概其全者，有以二字兼其义者。要以美恶相当，瑕瑜不掩，得失一时，荣辱千载，可畏也哉！顾谥法起，而作者纷纷。有周公谥法，有《春秋》释例谥法，有广谥，有《今文尚书》谥，有《大戴记》谥，有《世本》谥，有独断谥，有刘熙之谥法，有来奥之谥法，有沈约之谥法，有贺琮之谥法，且王彦威有谥法，苏冕有谥法，扈蒙有谥法，苏洵有谥法，凡十五家，皆汉魏以来儒生取古人之书，饰以己说，集而为法，非古也。苏氏承诏，编定《六家谥法》，乃取周公、《春秋》、广谥、沈约、贺琮、扈蒙之书，断然有所去取，其善恶有一定之论，凡一百六十八谥，三百十一条。后郑氏樵折而衷之，又削去三百十一条，只从百六十八而增损之，实得二百一十谥。上谥百三十一，用之君亲，用之君子。中谥十四，用之闵伤，用之无后。下谥六十五，用之歼夷，用之小人。法只用一字，即文可以见文，不必曰经天纬地也。即武见武，不必曰保大定功也。即孝见孝，不必曰能养能恭也。即忠见忠，不必曰临患不忘也。至其所去者，辨驳甚明，较苏法更为简核已。明制，凡皇帝谥十七字，皇后十三字，皇妃、东宫、东宫妃二字，亲王用一字，郡王用二字，其文武大臣亦用二字。与否取自上裁，亲、郡王而非谴终，无弗谥也。郡王之支子，而将军，而中尉，即贤，弗谥也。创胙之公侯伯，无弗谥也。其嗣公侯伯而非贤，与文武三品以上而非贤，弗谥也。三品而下非大贤，弗谥也。若官品未高，而侍从有劳，或勤事而死，特恩赐谥者，不拘常例。王氏世贞谓谥法至明而法归画一，信哉！

谥法考略二

赏罚者，一时之荣辱。谥法者，万世之荣辱也。贤者赏，不肖者罚，理也。万一贤者受罚，而不肖者幸赏，则人主磨励天下之术穷。圣人知其然，乃作谥法，以定之于没后。则人安有甘冒一时之荣，而致受万世之辱者，此楚共所以请为灵若厉，而贾充所以忧谥之难逃也。顾自谥法行，而人情之缘变不一，有变而称其情者，有缘而失其实者。彼夫义士之有谥也，自夷齐始也。士无谥，故太子无谥。太子之有谥也，自晋申生谥共世子始也。人臣之有三谥也，自卫之贞惠文子始也。处士之有谥也，自符秦之于张忠公、公孙永始也。其匹夫之有私谥也，自黔娄始也。先圣之有谥也，自汉元始初，追谥孔子为褒成宣尼公始也。先儒之有谥也，自周茂叔之谥元始也。隐逸之有谥也，自陶弘景之谥贞白始也。祖父之有赠也，自宋李文靖请赠其父超、母陈氏始也。叔之有赠也，王曾、欧阳修皆请赠其叔始之也。此皆变而称其情者也。若夫谥之失其实者，盖亦多矣。妇人谥从其夫，其别有谥也。自周穆王之盛姬谥为哀淑人始也。公主之有谥也，自汉世祖之平阳公主谥昭文始也。宦者之有谥，自东汉孙程始也。方技之有谥，北魏为之也。生而预赐之谥，卫侯之于北宫贞子，析朱成子为之也。出奔而仕他国者有谥，始臧武仲、中行文子之类是也。身僇家灭而有谥，如崔杼之为武、栾盈之为怀是也。蛮夷有谥，自东汉之莎车始也。乳媪之有谥，乳媪之夫亦有谥也，明宣宗为之也。夏文愍之持秉，则同列皆中谥。严氏之当路，则谥必以贿而予。凡此者，其实尚可问乎！予考谥法，自周而后，惟明会典一条云："官品未高，勤事死义者，例得特谥。"此条甚善，故明代有以祭酒谥者，鲁文恪是也。以知县谥者，邓文简是也。钟同以御史赠大理丞谥矣，杨继盛以员外郎赠太常卿谥矣，何遵以主事赠尚宝卿谥矣，陈选以布政使赠光禄卿谥矣。以锦衣经历赠光禄少卿谥者有沈炼，以州吏目补谥者有邹智。此皆略官阶，核行谊，从名教中起念，所谓与天下共鹭之，操法于赏罚之外，庶不负周公作谥之本意者也。

虞夏殷周禘法考略

虞夏同禘黄帝，殷周则禘帝喾。祭法之义何谓也？尝以《史记》考之，虞与夏之系，皆自黄帝而分。唐与殷周系，皆自帝喾而分。《史记》所推世系，其疏数远近，虽未可尽信，而其大纲则亦有不紊者。此虞与夏同禘黄帝，而殷与周则同禘帝喾之义也。

五祀七祀考略

五祀之典旧矣。《左传》、《家语》以五祀为重。该、修、熙、黎、句龙之官，《月令》以为门、行、户、灶、中霤。《白虎通》刘昭、范晔、高堂隆之说同，而以井易行。郑康成注诸经所主，则彼此互异。祭法乃增司命、泰厉为七祀之说。七祀之说，不见他经，惟五祀则《周礼》上推于天子，《仪礼》下逮于士，则五祀为达礼矣。杜氏佑曰："五祀者，惟其有居处出入饮食之用。"祭之所以报德也，盖先王以五者，不特所资在此，而又事有所本，制度有所兴，此所以祀而报之也。若司命者，注云"督察三命"，疏谓"宫中小神"，非天之司命也。泰厉者，古帝王之无后者，无所依归，好为民祸，此其说近怪且诞，岂足伦于日用依切之五祀而为七哉！况自七而下之，至于士二祀，庶人一祀，抑又非上下之通祀矣。秦汉犹用五祀，此后淫祀日起，至宋全用七祀，不遵旧经而遵祭法，不亦诬哉！至于五祀之目，井与行异，《路史》谓商人五祀，有井无门。夫单出曰户，双开曰门，户在内，门在外，是户可以兼门，而井有井养之功，其祀不可缺也。或又谓行即井也，八家同井，井有八道，八家所行，是祀行即祀井也。灶者老妇之祭，或又谓灶为王者所祭，古之有功德于人者，非老妇也。或又谓五祀之序，《周礼》在社稷之下，五岳之上，则非门、行、户、灶之属。或即五官、五方，五行之在祀典者。是数说者，俱存之以备考，而姑从《月令》之典，但以井易门，如《路史》商人之说云。

祀天礼考略一

万物本乎天，祀天，为万物报本也。康成以感生帝、东威灵仰、南赤熛怒、中含枢纽、西白招拒、北汁光纪为六天。先儒已破其谬，贾逵、马融、王肃等又以伏羲等五人帝为五帝，夫五人帝以前，其无司四时者乎？其说亦误矣。孔疏谓：指其清虚之体则一，论其五时生育之功则有五。据其在上之体谓之天，因其生育之功谓之帝。其义是也。祀天之典，一岁凡九举：冬至圜丘，一也。夏正祈谷，二也。五时迎气，七也。四月龙见而雩，八也。季秋大飨明堂，九也。然惟圜丘之郊，明堂之祀为大祀，祈谷舞雩次之。五时迎气，则非正祀矣。其郊禖之祭，不在其数。《春秋》传曰：晋祀夏郊，董伯为尸。孔疏《虞夏传》曰：舜八唐郊，以丹朱为尸。是祀天有尸也。张子曰：“祭天不当有尸，然《周礼》节服氏，言送逆尸车，则祀天有尸也。”郑氏锷曰“虽郊祀亦有尸，士师职祀五帝，则沃尸”是也。王应电曰：“尸亦用裘冕。”故节服氏以裘冕衣尸也。其牲，角茧栗，其牲体全脀。其玉，圜丘用苍璧。夏正郊天，用四圭有邸。其五时迎气，东青圭，南赤璋，西白琥，北玄璜，中央黄琮或赤璋。其币，各放其玉之色。其羹，太羹不和。其器，牺尊、疏布幂、椫杓、豆登、鼎俎、簠簋、陶匏之类。其藉，蒲越藁秸。其车，玉辂素车。其旗，太常。其服，大裘、衮冕。其搢，大圭。其执，镇圭。其鼓，雷鼓、灵鼓。其乐，除圜丘所用圜钟为宫之外，皆奏黄钟，歌《大吕》。其舞，《云门》、《咸池》。其配位，郊则以后稷配之，雩祭则以五人帝配之，明堂以文王配之，盖虞夏商周，其配各异，此但以《周礼》言之耳。郑注云：唯人道，宗庙有祼，天地大神，至尊不祼，莫有称焉。则祭天唯七献也，祭日之旦，王立丘之东南，西向，燔柴，及苍犊苍璧于丘上。升坛以降其神次，又奏圜钟之乐六变，以降其神，天皇为尊，故有再降之礼。次则扫地而设正祭，置苍璧于神坐以礼之。郑氏谓：圜丘之祭，与宗庙略同，但无二祼耳。朝践，王酌泛齐以献，是一献也。后无祭天之事，大宗伯摄后，次酌醴齐以献，是二献也。次荐熟，王酌盎齐以献，是三献也。宗伯次酌醍齐亚献，是四献也。次尸食讫，王酌朝践之泛齐，是五献也。又次宗伯酌馈食之醍齐以献，是六献也。次诸臣为宾者，酌泛齐以献，是七献也。以外皆加爵，非正献之数。其尸酢王以清酒酢，宗伯以昔酒酢，诸臣以事酒。凡此者初为朝践二献，次为馈食二献，第五酳尸，亦谓之朝献。第六亚酳，亦谓之馈献。又，宾酌泛齐为七献，每献必奏乐一成。七献毕，然后舞六代之乐，乐章用《昊天有成命》诗，此祀天之礼之概也。

祀天礼考略二

祀天固有常礼矣，其变礼亦可得闻乎？曰：可。天子之于天，精神相通，呼吸相应，喜怒相感，哀乐相交，一如人子之于亲，无一事不以相闻者，故有旅，有类造，有祷祀，有柴望，有告，有用牲，载之经者可考也。国有大故则旅大宗伯，国有大故则旅上帝，《礼器》大旅具矣是也。师役则有类造，肆师类造，为位泰誓，类于上帝是也。大灾有祷祠，肆师，祷祀于上下神祇，云汉，上帝不临，《春秋》书旱大雩之类是也。巡狩有柴望，《舜典》"至于岱宗柴"，《诗》"时迈"，《礼器》"升中于郊"，《郊特牲》"适四方先柴"是也。至于征伐有告，革命有柴，作邑有用牲，此皆天子之变礼也。常祀多分，有时乎合，大飨是已。变礼多合，有时乎分，巡狩柴望是也。旅陈类聚，则合天神而一飨之者也。常礼则备，变礼则略，故曰大旅具矣。不足以飨帝，类造、祷祀、柴告，则又略于旅矣。有故而旅则存奠彝廞乐器，岂非以其凶灾耶？类或用于摄，或用于师。柴或用于狩，或用于军。其礼一也。旅掌于大宗伯，类造掌于小宗伯，则其隆杀可知。告与用牲，则又其略矣。

五帝考略

五帝者五行之神，佐天生物者也。后世谶纬之书，乃创为苍帝灵威仰，赤帝赤熛怒，黄帝含枢纽，白帝白招拒，黑帝汁光纪之名，谬已。予于《考古祀典》中载之甚详，兹不能悉载，但举《家语》五帝篇以明其义云。《家语》：季康子问于孔子曰："旧闻五帝之名，而不知其实，请问何谓五帝?”孔子曰：“昔丘也闻诸老聃曰‘天有五行，水、火、金、木、土，分时化育，以成万物，其神谓之五帝’。古之王者，易代而改号，取法五行。五行更王，终始相生，亦象其义。如木生火，火生土之属。故其生为明王，死配五行，是以太皞配木，炎帝配火，黄帝配土，少皞配金，颛顼配水。”康子曰：“太皞氏其始之木何如?”孔子曰：“五行用事，先起于木，东方万物之初皆出焉，是故王者则之，而君以木德王天下，其次则以所生之次转相承也。”康子曰：“吾闻勾芒为木正，祝融为火正，蓐收为金正，玄冥为水正，后土为土正。此五行之主，而不称曰帝者何也?”孔子曰：“凡五正者，五行之官名，五行佐成上帝而称五帝，以其精神在上，故亦为上帝。太皞之属配焉，亦云帝，从其号。亦称帝，而从天五帝之号。昔少皞之子有四叔，曰重，曰该、曰修、曰熙，实能金木及水，使重为勾芒，该为蓐收，修及熙为玄冥。颛顼氏之子曰黎，为祝融。共工氏之子曰句龙，为后土。此五者各以其所能，业为官职，生为上公，死为贵神，别称五祀，不得同帝。”康子曰：“陶唐、有虞、夏后、殷、周独不得配五帝，意者德不及上古耶?”孔子曰：“古之平治水土及播殖百谷者众矣，惟句龙兼配食于社，而弃为稷神，易代奉之，无敢益者，明不可与等，故自太皞以降，逮于颛顼，其应五行而王。”数非徒五，而配五帝，是其德不可以多也，此五帝之义也，祀典无容赘矣。

祀社祀地示同异考略

《礼经》：天子祭天地，诸侯祭社稷，祭莫尊于天地，而社稷其次也。或者乃合祭地祭社而一之，其说曰：古者祭地于社，犹祭天于郊也。《记》曰：天子将出，类乎上帝，宜乎社。又曰：郊所以明天道，社所以神地道。周公祀于新邑，亦用一牢于郊，用太牢于社，皆郊社对举之。《周礼》以禋祀祀昊天上帝，以血祭祭社稷，而别无祭地示之位。四圭有邸，舞《云门》以祀天神。两圭有邸，舞《咸池》以祭地。而别无祭社之说，则以社配郊可知。况郊社之礼，《中庸》又明言其定制，后世既立社，又立北郊，北郊汉制，非古也。是说似矣，而非通论也。夫社不外乎地，而有广狭之不同，有偏全之不一。社有里社、有州社、有国社、有侯社、有大社、有王社，皆狭也，偏也。非若地示之广，统后土之全以为言也。《周礼》以地示对天神，以方泽对圜丘。以黄琮礼地，对苍璧礼天。以祀地旅四望，对祀天旅上帝。《祭法》言燔柴于泰坛，祭天也；瘗埋于泰折，祭地也。凡此皆天地对举。未有以社当乎郊者，惟《书》及《中庸》则郊社并言之。盖周制祭地，惟夏至祭于方泽，此外或告，或祈，或报，皆祭于社，故以郊社并言之，不得即以社为地示也。况殷周革命，皆屋其社，是辱之也。旱干水溢，变置社稷，是谴之也。王者父事天，母事地，而敢谴之辱之乎！是故祭地为大祀，而祭社则中祀也。祭地以夏至，而祭社则日用甲也。祭地于泰折，而祭社则于其壝也。祭地黝牲，与天俱用犊，而祭社则用太牢也。祭地用七献，而祭社则三献也。祭地服衮衣，而祭社则绨衣也。祭地以后稷配，而祭祀则配以勾龙也。祭地惟天子得行之，而祭社则诸侯以下皆可行也。是则社与地祇之祭，其时异，其地异，其仪异，其等异，即欲混而同之，不可得已。或谓：祭天南郊，以配阳位，经有明文，而不言北郊之位，何也？曰：此经之省文耳，犹《中庸》言武周制礼，但言祀上帝，而不言祀后土也。其言南，即见有北；言阳位，即见有阴位。故郑康成、贾公彦于《周官·典瑞》、《牧人》，于《礼记

·祭法》，皆补祀于北郊之文，以明其义，尚得混二祀而一之乎！

田主非田祖考略

《大司徒》曰：设其社稷之壝，而树之田主，各以其野之所宜木，遂以名其社与其野。疏云：社者五土之总神，勾龙生时，为后土官，有功于土，死配社而食。稷者五谷之长，立稷以表神名，故号稷。弃为尧时稷官，立稼穑之事，有功于民，死乃配稷而食，名为田正。又案《祭法》及《左传》：共工氏有子曰勾龙，为后士，能平九土，故祀以为社。厉山氏有子曰注，能为农，殖百谷，自夏以前，祀为稷，周弃亦为稷。自商以来祀之，此社稷之神也。树之田主者，乃树木于社壝，以表一方之田，名社与野，即为田主之义也。注疏乃以田主为田神，而别求尊于社稷之神，证以《诗》之田祖，以神农当之，岂祭社稷时，乃奉田主之尊神以临之乎？抑别有田祖尊神之祭，而奉社主稷主以依之乎？考经传中绝无社稷与田祖先啬合祭之文，不可不辨。孔疏：始教造田，谓之田祖。先为稼穑，谓之先啬。神其农业，谓之神农。名殊而实同也。朱氏申曰："树立木以为表也。"

庙制昭穆考略

《王制》曰：天子七庙，三昭三穆，与太祖之庙而七。诸侯二昭二穆，与太祖之庙而五。大夫一昭一穆，与太祖之庙而三。士一庙。贾氏公彦曰："周以后稷为始祖，特立庙不毁，即从不窋以后为数，不窋父为昭，鞠子为穆，递至文王十四世称昭，武王称穆。"陈祥道曰："庙有迭毁，昭穆则一成而不可易。"《左传》

云：太王之昭，王季之穆，又言文之昭，武之穆。此世序之昭穆不可易也。《周官》：冢人掌公墓之地，先王之葬居中，以昭穆为左右。此葬位之昭穆不可易也。《仪礼》曰：卒哭，明日以其班祔，祔必以其昭穆。此祔位之昭穆不可易也。《司士》：凡祭祀，赐爵，昭与昭齿，穆与穆齿。此赐爵之昭穆不可易也。其制则祖庙居中，而父昭在左，子穆在右。始死者昭，则毁昭庙。始死者穆，则毁穆庙。昭与昭为列，而无嫌于子加于父。穆与穆为列，而无嫌乎父屈于子。犹之赐爵也，子与祖齿，而无嫌乎卑者先。父与孙齿，而无嫌乎尊者后。犹之立尸也，子无嫌于南面而坐，父无嫌乎北面事之。昭穆之不相互易，不足怪也。或问：昭穆之制。朱子曰："今且假诸侯之制以明之。"则孙毓所云"外为都宫，太祖在北，二昭二穆，以次而南"是也。盖始封之君，居太祖庙，二世居昭北庙，三世居穆北庙，四世居昭南庙，五世居穆南庙，各有门堂室寝，而墙宇四周焉。太祖庙百世不迁，其馀四庙则六世之后，每一易世而一迁。其迁之也，新主祔于其班之南庙，南庙之主迁于北庙，北庙亲尽则迁其主于太庙之西夹室，而谓之祧矣。凡庙主在本庙之室中，皆东向，及其祫于太庙之室中，则惟太祖东向自如，而为最尊之位。群昭之入乎此者，皆列于北牖，下而南向。群穆之入乎此者，皆列于南牖，下而北向。南取其向明，故曰昭。北取其深远，故曰穆。盖群庙之列，则左为昭而右为穆。祫祭之位，则北为昭而南为穆也。又问：六世之后，二世之主既祧，则三世为昭，四世为穆。五世为昭，而六世为穆乎？曰：不然也，昭常为昭，穆常为穆，《礼》之明文也，若二世祧，则四世迁昭之北庙，六世祔昭之南庙。三世祧，则五世迁穆之北庙，七世迁穆之南庙。昭者祔，则穆者不移。穆者祔，则昭者不动。此所以祔必以班，尸必以孙而子孙之列，亦以为序也。若武王谓文王为穆考，成王称武王为昭考，则自其始祔而已然。而《春秋传》以管、蔡、郕、霍为文之昭，邘、晋、应、韩为武之穆，则虽既远，而犹不易也，岂其交错彼此若是之纷纷哉！又问：庙之始立也，二世昭而三世穆，四世昭而五世穆，固当以左为尊，右为卑矣，今乃三世穆而四世昭，五世穆而六世昭，是则右反为尊，左反为卑也，可乎？曰：不然，宗庙之制，但以左右为昭穆，而不以昭穆为尊卑，故五庙同为都宫，则昭常在左，穆常在右，而外有以不失其序。一世自为一庙，昭不见穆，穆不见昭。而内有以各全其尊，必大祫而会于一堂，然后序其尊卑之次，则凡已毁未毁之主，又毕陈而无所易。惟四时之祫，不陈毁庙之主，则高祖有时而在穆，在礼未有考焉。意或如此，则高之上无昭，而特设位于祖之西，祢之下无穆，而特设位于曾之东也与？曰：然则毁庙云者何也？曰：《春秋传》云：毁庙之道，易檐可也，改涂可也。说者以为将纳新主，示有所加也，非尽撤而悉去之也。曰：然则天子之庙之制如何？曰：虽其庙有七数之不同，然其位置迁次，宜亦与诸侯之庙无甚异者，但如诸儒之说，则武王初有天下之时，后稷为太祖，而祖绀居昭之北庙，太王居穆之北庙，王季居昭之南庙，文王居穆之南庙，犹为五庙。至成王时，则祖绀祧，王季迁，而武王祔。康王时，则太王祧，文王迁，而成王祔。昭王时，则王季祧，武王迁，而康王祔。自此以上，亦皆具为五庙，而祧者藏于太祖之庙。至穆王时，则文王亲尽当祧，而以有功当宗，故别立一庙于西北，谓之文世室，于是成王迁，昭王祔，而为六庙。至共王时，则武王亲尽当祧，而以有功当宗，故别立一庙于东北，谓之武世室，于是康王迁，穆王祔，而为七庙矣。自是以后，则穆之祧主藏于文世室，昭之祧主藏于武世室，而不复藏于太庙矣。如刘歆之说，则周自武王克商，即增立二庙于二昭二穆之上，以祀高圉亚圉。如前递迁，至懿王，而始立文世室于三穆之上。至孝王，而始立武世室于三昭之上。此为少不同耳。前代说者，多是刘歆，愚亦意其或然也。

序昭穆考略采陈介眉说

王氏鏊解序昭穆之说曰："太祖而下，有列北牖而南面者，子孙之位，亦因之而南。有列南牖而北面者，子孙之位，亦因之而北。"艾氏南英又曰："子孙昭穆，似当以西向太祖祭者之左右为昭穆，否则子孙无向太祖者矣。"陈氏锡嘏辨之曰："《中庸》所云序者，不过别其班次耳。子孙祼将有宗祝，有司之事则各以事序。其无事者，列在阼阶之下，则序以昭穆，而世次秩然，此以前后为班，非如祖考以左右为别也。夫祭在室中，太祖之主东向九献之礼，王与后各四，诸侯为宾者一，而众兄弟不与焉。若子孙兄弟主人之党，则位在堂下阼阶之东，皆北面而立。《周礼·司士》：凡祭祀及赐爵，呼昭穆而进之，则又在两阶之间，迭相酬酢，故凡在室行礼时，子孙之群昭群穆不入焉，何得如守溪所云，因之为南北乎？至千子祭向太祖之说，亦未知子孙未尝入室也。夫室中地有限，遍列群庙尸主，已恐难容，况合一姓子孙。昭皆在南，穆皆在北，杂遝喧哗，成何礼也。先王制天子之礼，岂如后世凡庶家人常祭，合族子姓一时共为拜起耶？又案：昭穆者，本从祖考以得名，在各庙则左昭右穆，以庙言也。在太庙则南穆北昭，以主言也。此幽明之义也。序昭穆者，则由子孙以起义，昭继以穆，而穆之后更有昭，穆间以昭，而昭之后又有穆。此《中庸》所谓序昭穆之事也，此父子之伦也。"

祠堂祭法考略采方明善说

祭法之有贵贱者，庙制之等，馈献之数，其差等不容越也。祭法之无贵贱者，水木之恩，豺獭之报，其仁孝不容已也。祠堂非古也，然方明善论之曰："古有宗庙，自天子达于士，其别有差。庶人无庙，祭于寝，周礼也。封建罢，庙制隳，言者拘于国族之不敢僭，然国废而有家，家各有祖，祀事不修，仁孝之谓何？宋儒辑《家礼》，先营祠堂。祠堂者，家庙之谓也。其礼，冬至祭始祖，立春祭先祖，四时祭四世，季秋祭祢，岁凡七祭，忌辰时节不与焉。始祖者，程子以为厥初生民之祖，朱子以为始迁及初有封爵之祖。按《礼》：别子为祖，公族迁于他国，亦谓之别子，则始迁及初有封爵者，古之人祖之矣。程子祭其始先，朱子初年亦祭，晚乃疑其僭，去之。明朝采《家礼》，颁之天下，四世之祭，自品官达，后皆用之。惟是始先之祖之祭，略而不举，倘亦有朱子之疑乎？夫贵贱之别，在于仪章度数。禘祫之礼乐，唯天子有之。若各祖其祖，则庶人不异王侯。苟缘贱者之分，涧沼之毛，埘栖之下牲，用致追远之诚。其去宗庙之一献，不啻霄壤，何名为僭而疑之？使始先之祖，不得比于马医夏畦之神，无乃非人情乎！况朱子虽尝疑之，犹载始祖之图于《家礼》，汇程子之说于《小学》，似亦怛然于始先之不忍忘，而有咨嗟叹息之意焉。圣主之仁，无所不至，五祀百神，乡厉里社，莫不有祭，岂独恝然于士庶之始先，不许其依而血食乎？此令甲之所不禁，顾人自致何如耳。"

《周礼》宗庙九献考略一

宗庙之礼至繁也，窃综其始末而考其略焉。将祭，卜牲，卜日，筮尸。百官所供职守，及诸侯所贡万物皆毕备，与祭之士皆已于泽宫择之。及期，王及王官，皆夙兴将事。大宗伯出七庙木主如大祫，则守祧出祧主，并入太庙中。王服衮冕入，奏《王夏》。后服副袆入，奏《齐夏》。临祭，太祝乃迎尸，尸服衮冕入，奏《肆夏》。入室，位在木主之左。王执圭瓒，酌斝彝之鬯以授尸，尸受之，灌地而祭之，是为一献，后以璋瓒酌黄彝之鬯，以亚献，尸亦受而灌之，是为亚献。此二祼者谓之二始，所以求神于阴也。时王又以玉斝酌玄酒以献尸，后又以玉角酌清酒以亚献，此二献谓之从献，不在九献之数也。其时尚未迎牲，从献之后，王乃袒而迎牲，奏《韶夏》。所谓君亲牵牲，夫人荐盎。又谓及迎牲，君执纼，卿大夫序从，士执刍，宗妇执盎从，夫人荐涚水是也。王已迎牲后已奠器，然后焫萧，奏乐。《礼》云：既奠，然后焫萧。又云：郁合鬯，臭阴达于渊泉。萧合黍稷，臭阳达于墙屋。奏乐，求诸阴阳之间。所谓声音之号，诏告于天地之间以礼人鬼者，此其时矣，朝践之事于是行焉。尸出，坐于户西南面，延主于户右东面，王乃执鸾刀杀牲，启其血毛，祝出受之，而以血告幽，以毛告全。皆于室，乃取膟膋燎于炉炭之上。王亲割牲，洗于郁鬯而燔之。入以诏神于室，出以堕于主。所谓制祭也，诸侯曰致祭，天子曰宰祭，量人凡宰祭是也。是时王与后又各一献。王以玉爵酌泛齐以献尸。后荐笾人之八笾，若麷蕡之类，醢人之八豆，若韭菹之类以奠，此三献也。后以瑶爵酌醴齐亚献，此四献也。是谓朝践之献。《郊特牲》曰：祭黍稷，加肺。祭齐，加明水。报阴也。取膟膋燔燎，升首，报阳也。《祭义》曰：建设朝事，燔燎膻芗，见以萧光，以报气也。荐黍稷，羞肺肝首心，𫝏以侠甒，加以郁鬯，以报魄也。《祭义》之报气，即《郊特牲》所谓报阳。《祭义》之报魄，即《郊特牲》所谓报阴。皆谓此节也。时王迎牲则后荐尊彝，王羞哜则后奠豆笾，夫妇相成，固有次第哉！朝献既成，堂上事尸礼毕，于是行馈食之礼。当事者设馔于堂，乃退而合亯，尸适于小幄，王适于小次以待焉。堂上之馔备矣，乃进，以羹定告神于堂，取萧蒿黍稷并膟膋燔之，以求神于阳。王出小次，复位，乃更延主于室之奥。祝出迎尸，尸来升席自北方，坐于主北，设正祭，祝诏王拜妥尸。拜讫，尸遂以菁茅祭酒，名曰缩酒。尸乃坐，于是荐熟，为馈食使祝祈福于尸，王以玉爵酌盎齐以献尸，后又荐以笾人之八笾，若栗脯之类，醢人之八豆，若葵菹之类，是为五献。尸饮于五献，王是时可以献卿矣。《祭统》谓尸饮五，君洗玉爵以献卿是也。后乃以瑶爵酌醍齐，以亚献，是为六献。馈食礼毕，酳尸之礼于是行。王以玉爵酌泛齐以酳尸，内宗代后荐笾人之加笾，醢人之加豆，是为七献。王可以献大夫矣。《祭统》谓尸饮七，君以瑶爵献大夫是也。后又以瑶爵酌醍齐以酳尸，是为八献。王酳尸，尸酢王。后酳尸，尸酢后。酳尸礼毕，诸侯与执事者又共以沈齐一献于尸，而荐笾人之羞笾，醢人之羞豆，以备卒食之三献，是为九献。卒食，三献备，而尸爵止，欲神惠之均于在室也。此时尸饮九，王以散爵献士及群有司云。凡九献既毕，太祝复设馔于庙门内以求神，堂上堂下六代之乐舞并作。时主人献宾，其次主人献长兄弟，如宾仪。献众兄弟，如众宾仪。献兄弟，如众兄弟之仪。又其次长兄弟洗觚更酌沈齐，为尸加爵。又其次众宾长洗觚为加爵，三加而尸爵止，欲神惠之均于在庭也。凡九献之内谓之正，九献之外谓之加，明堂位加以璧散璧角是也。盖卒食之后，其豆谓之加豆，以其加于卒食之后也。卒献之后，其爵谓之加爵，以其加于卒献之后也。此加献，亦不联九献之数也。此后遂行旅酬无算之爵。旅酬毕，尸出，君与卿大夫士以次而馂。馂者，祭之馀也，祭之末也，乃彻胙，颁于异姓，燕同姓于寝。明日，更以一牢绎于庙门外西塾，以宾礼燕尸，而祭礼始终已。大抵九献之礼，凡四节，一献二献祼。三献四献荐腥为朝践，又为朝献。五献六献荐熟为馈食。七献八献酳尸，九献亦酳尸，此正献也。当一二献时，有郁鬯，无牲，至三献始杀牲。三四献时荐腥，未荐熟，至五献乃荐熟。前此尸虽入，主未入，至五献始迎尸主入室。前此尸未坐，至五献尸乃坐。故馈食为正祭也。前此未舞，至九献毕始舞，尸至旅酬毕方出。此庙祭始末之大凡也。

《周礼》宗庙九献考略二[①]

九献之始末，闻其略矣。至其中之节次，又有不容或紊者。凡献尸惟祼无乐，朝践而下，则皆有乐也。惟祼无笾豆，从献而下，则皆有笾豆也。惟祼不饮亦不酢，馀则有献必有酢也。同一盛酒之器，而尊盛五齐，用之以献。彝盛郁鬯，用之以灌。罍盛三酒，用之以陈列也。玄酒明水，疏若可通为一，然疏谓玄酒水也。太古无酒，此水当酒所用，以其色黑，谓之玄。又谓明水者，司烜氏所取于月之水也。则玄酒来自太古，明水始于《周官》，盖二物而二用矣。祭之始有从献，祭之后有加献。示祭之始终，有隆无杀也。笾人有羞笾，有羞豆，有荐羞之笾实，有荐羞之豆实。

①原题无“《周礼》”，据上篇题目补。

盖荐笾荐豆者，从献之笾豆。羞笾羞豆者，加献之笾豆也。先儒略之，误矣。宗庙虽九献，约之为两节，朝事以前为一节，馈食以后为一节。其中间不即连续行之者，所以容王与尸少息，不致过劳而倦也。惟有故则接祭，曾子“间，所谓接祭”是也。郑注以制祭在朝事时，割牲在馈食时，误也。割牲与制祭同一节，皆朝献之时尔。疏又谓荐盎荐酒，不得同时，亦误也。荐盎是从献，荐酒是正献。正与从，不害为同时也。郑又谓祭义燔燎膻芗，见萧光以报气，为朝事时。以荐黍稷，羞肺肝首心，加郁鬯以报魄，为馈食时。亦误也。盖报魄与报气同一节，皆朝事时事也。郑又谓尸饮五为酳尸五献，亦非也。凡祭祀，自血腥时曰朝践，自熟食时曰馈食。朝献裸献，尸皆不饮。祭之，啐之，奠之，以示敬而已，非以食也。至馈食则食道也，然后尸饮。《特牲》曰：直祭祝于主。郑谓“荐熟食以熟为正”。血腥之属，尽敬心耳。则所谓尸饮五者，饮于五献之时而已，非其饮之已五也。燔燎之仪，陆氏专指朝践时事。或谓朝事、馈食二节，俱有燔燎，理亦可通，附存之。祊为祭之日，索祭以求神之所在，绎则祭之明日又祭，祭毕，乃傧尸。或谓祊与绎同者，非也。或谓绎专宾尸而不祭神者，亦非也。绎祭以惜神之往，特所重在宾尸耳。祊亦有二，有正祭之祊，求之门内，《诗》云“祝祭于祊”是也。有绎祭之祊，求之门外，《礼器》云“为祊于外”是也。无得混而一之也，此皆节次中之当辨者也。

宗庙职事考略

祭礼，前期三日，先卜牲。前期十日，乃卜日。前期三日，乃筮尸。将祭，太宰视涤濯，司徒奉牛，宗伯奉鸡，司马奉羊，司寇奉犬，司空奉豕，舂人供粢盛，甸师供萧茅果蓏，笾人掌四笾之实，醢人掌四豆之实，酒正供五齐三酒，醢人供五齑七菹，郁人供郁鬯，鬯人供秬鬯，庖人供好羞，遂人供野牲，泽虞供野蔬，川衡供川物。太史辨职事之位次，小史叙昭穆之俎簋，小宗伯省牲，大司乐县乐器，司烜供明水明烛，天府陈宝器。祭之日，鸡人夜呼旦以叫百官。巾车鸣铃，以应鸡人。后乘重翟服翚衣，守祧以服授尸。太宰赞币，赞玉几玉爵。大宗伯莅玉鬯，奉玉齍。小宰赞祼将，太仆赞牲事。御仆相盥而登俎。肆师表粢盛，告洁，展器，陈告备。舍人供簠簋，烹人供太羹铏羹，司尊彝诏酌献，太祝掌祝及号，小祝赞奠及彻，司士掌赐爵。其王后之职事，内宰赞后祼献，九（嫔）〔嫔〕赞后荐笾豆，内宗赞后荐加笾加豆，外宗赞后荐羞齍，世妇诏后之礼节，内小臣彻后之俎，此在官职事之大略也。凡此职事，仍以爵为序，如币尊于鬯，鬯尊于祼，故太宰荐币，宗伯莅鬯，小宰赞祼，皆以爵为次，而有一定之职掌焉。所谓官备具备、尽志尽物者，此也。

周宗庙用乐考略附奏歌之别

《周礼》及祭，尸出入，奏《肆夏》。牲出入，奏《昭夏》。王出入，奏《王夏》。后出入，奏《齐夏》。其荐神也，奏《夷则》，歌《小吕》，舞《大濩》，以享先妣。奏《无射》，歌《夹钟》，舞《大武》，以享先祖。其降神也，黄钟为宫，《九德》之歌，《九韶》之舞。三献之时，堂上歌《清庙》之诗，堂下作《大武》之乐。献后稷尸，则歌《思文》，舞《韶舞》。献先王尸，则歌《天作》。献文王诗，则歌《清庙》。献武王尸，则歌《执竞》，皆舞《大武》。三献以下，每献奏乐如初。九献之后，兼作六代之乐焉，此周庙乐之大凡也。又按《周礼》所谓享先祖者，其先祖则后稷也，《大武》之乐，止歌以禘后稷，外惟武王之庙得歌之。若大祫与时祫，则别歌《大韶》，而不敢歌《大武》。盖后稷始基王业，故歌之以告成功。至先王先公，则不敢以己之功德荐之，即不敢服衮冕以享先公之意。古人已孤暴贵，不为父作谥，亦此意也。又按：奏与歌各为一事，非且歌且奏也。奏者，但奏其乐而不歌，如钟师以钟鼓奏《九夏》，笙师共其钟师之乐。乡饮酒燕礼，笙入奏《南陔》、《白华》、《华黍》。大射仪管《新官》三终，皆奏也。十二钟为十二律，每七律自成一均。奏某律，即以其律为均，但无人声耳。若歌诗，则或止以琴瑟，或备用八音，皆随人声之高下疾徐，而倚而比之。即以歌者之均为均，而不另为均。其以琴瑟者，凡礼之升歌三终是也。其备用八音者，即谓之合乐矣。黄钟、大吕，皆以之为均，而起调毕曲者也。奏以黄钟为均者，歌诗则以大吕为均之乐配之，馀皆仿此。贾疏谓“歌奏通”，非也。又按：凡阳律为奏，阴律言歌者，阳律则尚阴，而乐器阴也。阴律则尚阳，而人声阳也。取阴阳相配相成之义也。

郁鬯、秬鬯、五齐、三酒考略

《周礼》祭祀之礼，于郁鬯、五齐、三酒之物，用之在所必需，其具不同，其用各适。考注疏：郁若兰，香草也，即郁金之草。以其和鬯酒，因号鬯草。和郁鬯者，筑郁金煮之以和鬯酒。十叶为贯，百二十贯为筑，以煮之镳中，停于祭前也，郁人掌之。秬鬯者，以秬黍为鬯酒，不和郁，故直供秬黍之酒，鬯人掌之。酒正辨五齐，一曰泛齐，谓此齐熟时，滓浮在上，泛泛然也。二曰醴齐，醴，体也。此齐熟时，上下一体，汁滓相将，故名醴齐，此齐比馀齐独恬也。三曰盎齐，盎，犹翁也，成而翁翁然，葱白色也。四曰缇齐，缇者，成而其色红赤也。五曰沈齐，沈者，成而滓沈也。齐，杜读粢，非。泛醴二齐尤浊，皆以茅沛之，故《司尊彝》云“醴齐缩酌”，郑注：泛从醴。是二者皆缩酌也。缩酌者，以茅沛之也。盎以下差清，《司尊彝》云：盎齐涚酌。涚，清也。谓以清酒沛之，则不用茅，以盎已清也。郑注：缇沈从盎。则三者皆用清酒沛之也。五齐味薄，而祭祀必用之者，至敬不尚味而贵多品。祭有大小，则齐有多少，故有用五用四用二之不同也。五齐对三酒则异，通言之，则五齐亦曰酒，故《礼记》云“醴酒在室，醍酒在堂”是也。五齐用秫稻曲蘖为之。三酒者，一曰事酒，谓酌有事者之酒。凡祭事执事，与不当祭时，皆得饮之也。二曰昔酒，谓无事而饮，祭末，群臣陪位，不得行事者，皆得饮之也。三曰清酒，谓祭祀之酒，祭时宾长献尸，尸酢宾长，不敢与王之神共器尊，同酌齐，故酌酒以自酢，《司尊彝》所谓“皆有罍，诸臣之所酢”，此也。此三酒皆盛于罍，尊在堂下，但清酒以授尸酢，故独以祭祀言之。事酒，即醳酒。昔酒即旧醳，清酒则冬酿之，至夏而成者也。三酒亦用秫稻曲蘖为之，是亦酒正式法所授也。其用之也，则一二献裸，用郁鬯。三四献朝践，用泛齐、醴齐。五六献馈食，用盎齐、缇齐。七八献酳尸，王用沈齐，后用事酒。至九献，则诸臣酳尸，用昔酒。若清酒者，但诸臣以为酢酒而已。齐则献神之外，不得滥供，而三酒所用之酌，皆有其数，周制之详密如此。

朝践《礼记》文异同考略

记礼者之有异文也，朝践一节为甚。《礼器》曰：君牵牲，大夫赞币而从。君亲制祭，夫人荐盎。君亲割牲，夫人荐酒。《祭统》曰：君纯冕立于阼，夫人副袆立于东房。君执圭瓒祼，大宗伯执璋瓒亚祼。及迎牲，君执纼，卿大夫从士执刍，宗妇执盎从。夫人荐涚水，君执鸾刀羞哜，夫人荐豆。《祭义》曰：君牵牲，夫人奠盎。君献尸，夫人荐豆。《祭义》又曰：君牵牲，穆答君，卿大夫序从。既入庙门，丽于碑，卿大夫袒而毛牛尚耳。焫祭而退，鸾刀以刲，取膟膋乃退，祭腥而退。《明堂位》曰：君卷冕立于阼，夫人副袆立于房中。君肉袒迎牲于门，卿大夫赞君，夫人荐豆笾，命妇赞夫人。凡此者，合而参之，《礼器》、《祭义》、《明堂位》不言祼。《祭统》、《祭义》、《明堂位》不言制祭。《礼器》、《祭统》、《明堂位》不言毛牛、焫祭、取膟膋、祭腥。《礼器》、《祭义》,《明堂位》不言士执刍，宗妇执盎。《礼器》、《祭义》不言君夫人所立之地。亦参错而不齐矣。要之皆经传互文省文之通例，无不合也。考其节次，祭日君在阼，夫人在东房。迎尸入室，君执圭瓒祼，大宗伯执璋瓒亚祼。祼讫，迎牲，君执纼，穆答君，卿大夫从。士执刍，宗妇执盎从。入庙门，告杀，卿大夫袒而毛牛尚耳。尸出室，坐户西南面，祝取肝膋燎献之，入诏神主于室，谓之制祭。于是升首于堂，荐腥于尸前。荐腥讫，乃焫诸汤，迎尸祭于室，《礼运》所谓“腥其俎，熟其肴”，《郊特牲》所谓“血腥焫祭”，《祭义》所谓“焫祭祭腥而退”皆是也。凡此所谓朝荐之礼，其后更延尸入室，荐熟于主，乃妥尸而祭，此则所谓馈食之礼也。诸篇多言朝践，而鲜及馈食者，以馈食之仪，内外上下交赞，盖亦略如朝践然。

牲体考略一

考《士冠礼》：三醮，有干肉折俎。注云：干肉，牲体之脯也，折其体以为俎。疏云：或为豚解七体以干之，谓之干肉。及将升于俎，则节折为二十一体，与《燕礼》同。总名干肉折俎，《乡饮酒》折俎。疏云“凡牲体有全烝，其由豚解而为二十一体之体解”，即此是也。《礼运》：腥其俎，孰其肴，体其犬豕牛羊。疏云“腥其俎，谓豚解而腥之，为七体。孰其肴，谓体解而爓之，为二十一体”是也。朱子云：“体解，折脊为三，两胉、两肱、两股亦各三，通为二十一体。”凡牲与腊，方解割时，皆是如此，但牲则两髀以贱，而不升于正俎耳。故少牢礼具列脊、胁、肱、股等二十一体，而郑注云：凡牲体之数备于此，而不及他体也。况腊一纯，而俎则又不殊贱。《周礼·内饔》，及《仪礼》、《昏礼》两疏，皆言二十一体，而不数两髀，而不计数之不足疏已。至《少牢》疏及陈祥道乃去髀，而以两觳当之，盖见《仪礼》犹有脰及两觳可以充数耳。然欲尽取之，则又衍其一，故独取两觳，而谓脰非正体，然觳亦非正体，又何为而取之？则数两髀者为是。今考其用数，有特豚七体者。《士丧礼》：小敛，陈一鼎于门外，其实特豚，四鬄、两胉、脊、左右胖合升，谓之七体。嗣是大敛奠三鼎，朔日奠，朝祖奠如之。遣奠五鼎，豚解合升如初，则体为左右肩、左右髀、左右胉并脊，凡七也。有特豕七体者，士虞特豕，馈食侧亨于庙门外之右，右胖不升，而升左胖，则其体为左胖，前胫肩、臂、臑，后胫肫、胳及脊胁，凡七也。有特豕九体者，《特牲》记尸俎，右前胫肩、臂、臑，后胫膊、胳，髀不升，正脊、横脊、长胁、短胁，其体凡九也。易左为右，以其吉也。有羊豕各十一体者，少牢升羊载右胖，髀不升，肩、臂、臑、膞、胳，正脊一，脡脊一，横脊一，短胁一，正胁一，代胁一，皆二骨以并。肠三，胃三，举肺一，祭肺三，少牢宾尸，亦如之。不数肠、胃、肺者，非骨体也。则其体为特豕九体，外加脡脊代胁，凡十一也。有十九体者，少牢祭礼及荐侑等，左右胖，前胫共六体，后胫共四体，胁共六体，脊三体，凡十九体也。有二十一体者，则冠礼、乡饮酒礼、燕礼各折俎，用左右胖十九体并两髀，凡二十一体也。膞亦作肫，骼亦作胳，亦曰股骨。长胁亦曰正胁，亦曰干。此牲体之大略也。夫自十一体以上，皆供奠祭等之正用。数各有常，而十九体与二十一体则内自主人以下，外自祝佐食以下，其用俎赢缩不常，大凡接于神及尸者，如祝佐食宾长、兄弟、宗人等之俎，皆不过牲三体。惟特牲主人俎有左臂、正脊、横脊、长胁、短胁，备五体。少牢宾尸胙俎，有羊豕臂、脊、胁各三体，凡六者，注云"尊主人也"是也。此又用牲体之大略也。又，马、牛、羊、鸡、犬、豕六物皆名牲，而《仪礼》无马、鸡二牲，惟《周礼》大司马奉诏马牲，宗伯奉鸡牲、犬牲，则见饮、射、燕等礼，惟牛、羊、豕则冠昏、丧祭、聘觐、燕食等礼用之每多，则又牲有用不用之大略也。

牲体考略二

《礼运》曰：腥其俎，孰熟同其肴，体其犬、豕、牛、羊。腥其俎，谓豚解而腥之，为七体。孰其肴，谓解之爓之，为二十一体也。《国语》曰：禘郊之事，则有全脀；王公立饫，则有房脀；亲戚燕饮，则有肴脀。全脀，全升也。房脀，半解也。肴脀，骨折也。《有司彻》疏云：凡骨体之数，左右合为二十一体，前胫骨三，肩、臂、臑也。后胫骨二，膊、胳也。见《乡饮酒》注。肩、臂、臑，肱骨也。膊、胳，股骨也。见《少牢》注。后有髀、觳折。觳，后足也。见《特牲记》注。脊有三分，一分为正脊，次中为脡脊，后分为横脊。胁亦为三分：前分为代胁，次中为长胁，后分为短胁。体解者析脊为三。肩二，臂二，臑二，代胁二，长胁二，短胁二，髀二，肫膊同二，胳二，通为二十一体也。凡体，前贵于后，觳贱于臑，故觳不升于鼎，而二十一体中，数臑不数觳也。然尸俎虽不用二觳，尸以下则有用觳者。《特牲》"主妇佐食，俎皆有觳折"是也。又髀在肫上，以窍贱，正俎不用。然亦有用髀者，如《士虞》、《特牲》、《少牢》，祝俎皆有髀。又，"腊有两髀，属于尻"是也。但不升之尸俎耳。又正脊之前有膉，亦谓之脰，不升于吉祭之俎。然《士虞》用专肤为主妇以下折俎，取诸脰膉。盖体尽人多，折骨以为之也。有十九体者，则于二十一体中，去两髀不升也。有十一体者，则前胫骨三，后胫骨二，脊三，胁三，不合左右两相也。前肩二、臂二之类，为左右两相。有九体者，又于十一体之中，不用脡脊代胁也。有七体者，殊左右肩髀为四，有两胉一脊，而为七也。有五体者，《特牲》，主人俎，左臂、正脊二骨，横脊、长胁二骨，短胁，凡五也。有三体者，如佐食俎，觳折、脊、胁是也。自二十一体至十九体，十一体，则羊豕同。九体则豕右胖，七体则豕左胖，三体则随所用也。又有四鬄者，殊左右肩为四也。天子、诸侯有豚解、体解，大夫士有体解，无豚解，以其无朝践献腥之礼故也，《少牢》、《特牲》可考也。凡此牲体之数，虽属粗迹，然数度所在，圣人自纤悉不苟。昔朱子曾论其略，杨信斋演为图说，清病其头绪颇冗，故再为条析而约举之云。

举肺、祭肺、绝肺、哜肺考略

《少仪》：牛羊之肺，离而不提心。提，绝也。不绝中央少许，即为食而举肺。《少牢》云：举肺一，长终肺。祭肺三，皆切之。是祭肺切，举肺不切也。刌则祭肺者，与祭肺同，其实举肺也。绝肺祭者，举肺将祭之时，绝末而祭之，与祭肺不同。凡举肺有二名，一名离肺，又名举肺也。祭肺，亦名忖肺，又祭独哜肺者。《周礼》重肺，祭必先之也。

牲首、心、舌，鱼、兽腊、肠胃、兽干、肤考略

牲有首，有心与舌。牲之外有鱼，有兽腊，有兽干，有肠胃，有肤。《郊特牲》有“升首于堂”之文。《周官》：羊人割羊牲，升其首。而《仪礼》经阙焉。载心立舌之仪，见《特牲记》及《少牢礼》，而亦未明其荐于何节。至于鱼，则其物有大小。昏，少牢皆用鲋。鲋，小鱼也。士丧大敛奠用鲊鲋，朔月奠、荐新奠、迁祖奠、大遣奠、葬、虞祭皆如之。鲊，大鱼也。士丧遣奠礼、公食礼皆但云鱼，盖大不必如鲊，小不必如鲋也，而其为数也。公食大夫鱼用七，食下大夫若九，上大夫若九，丧奠虞祭皆鱼鲊鲋九。食上大夫鱼若十有一，士昏鱼十有四。特牲、少牢鱼各十有五，凡五等。腊有二物，少牢礼腊用麋。诸礼但言腊，不言其物。《少牢》注云：大夫用麋，士其用兔与？亦臆度之词耳。腊有二体，大敛奠腊左胖，髀不升。凡月朔奠、荐新奠、迁祖奠、大遣奠、士虞等祭皆如之。《特牲记》“腊如牲骨”，《少牢》“傧尸，腊一纯而俎”是也。肠胃有五等，少牢傧尸礼，尸羊俎。羊肉湆

俎，侑羊俎。主人羊肉俎及豕脅俎，主妇羊俎，皆各肠一胃一。少牢尸羊俎，肠胃各三。士丧遣奠肠五胃五。公食大夫肠胃七，又下大夫若七，大夫相食亦如之。食上大夫若十有一，大夫相食亦如之是也。兽干，则《特牲》举兽干者是。肤俎有六等，特牲祝俎，阼俎，主妇俎，佐食俎，宾俎，长兄弟及宗人俎，众宾及众兄弟俎，皆肤一。士虞、特牲尸俎皆肤三。少牢傧尸豕俎肤五。士丧遣奠肠五胃五，豚解无肠胃，明肤亦五也。公食大夫礼伦肤七，又下大夫若七，大夫相食，亦如之。少牢肤九而俎。公食大夫礼伦肤，上大夫若九，下大夫若九，大夫相食亦如之。又公食大夫礼伦肤，上大夫若十有一，大夫相食一如之是也。至于羹胖湆肝燔之类，脯醢庶馐之属，见于各篇而其不备者，亦求之《周礼·膳人》及《戴记·内则》、《玉藻》诸篇可也。

鼎俎考略

用物有隆杀，而鼎俎之多寡因之。特豚则一鼎三鼎，少牢五鼎，太牢则七鼎九鼎，正陪十鼎十二鼎。士冠醮冠者，妇馈舅姑。士丧小敛奠、朝祢奠，皆一鼎，特豚而无配也。士昏合卺、士丧大敛奠、朔月奠、荐新奠、迁祖奠皆三鼎，特豚而以鱼腊配之也。士丧遣奠、少牢、祭礼、聘礼致飧众介，《玉藻》：诸侯朔月，皆五鼎，用羊豕而以鱼腊豕肤配之，或去豕肤而以羊肠胃，或去肤肠胃而以鲜兽，皆五也。聘礼致飧宾使，致饩宾使，致飧上介，致饔饩上介，公食下大夫皆七鼎，牛羊豕而以鱼腊肠胃肤配之也。聘礼致飧宾使，致饔宾使，公食上大夫礼皆九鼎，上七鼎之外，加鲜鱼鲜腊，为九也。聘礼致饔上介则十鼎，正鼎七，陪鼎三也。聘致飧宾使，致饔宾使。《周礼》“膳夫”、“王举”，皆十二鼎，正鼎九，陪鼎三也。正鼎为饪鼎、腥鼎，腥鼎不饪，饪鼎亦不和，故其羹亦谓之太羹，而陪鼎则牛、羊、豕三者，加以五味，牛曰肜，羊曰臐，豕曰膮。羹成，以铏器盛之，故羹曰铏羹。鼎亦曰铏鼎，以陪正鼎，曰陪鼎。以列庶羞，又曰羞鼎。此鼎数之大凡也。亦有大夫杀用三鼎者，如有司彻杀于正祭也。又有士加用少牢者，如既夕遣奠，为摄盛也。鼎数用奇，而有十与十二者。合之曰十日十二则偶，分之曰七与三，曰九与三则奇也。至俎之为用，则与鼎异器同实。言鼎，则俎在其中矣。

笾豆考略

礼之用笾豆也最多。有笾豆各一者，笾用脯，豆用醢，各一也。有笾豆各两者，葵菹配蜗醢，栗配脯，或栗配枣，而各两也。有笾豆各四者，脾析、脾醢、葵菹、蠃醢四豆。与枣、糗、栗、脯四笾配，或韭菹、醢、昌菹、醢四豆与粦、蕡、黑、白四笾配，而各四也。有笾豆各六者，各八者，其实同。又有有豆无笾者。凡此皆载在《冠》、《昏》、《饮》、《射》、《燕》、《聘》、《食》、《丧》、《祭》诸礼者详已。顾其数有不相符者。《礼器》：天子之豆二十有六，诸公十六，诸侯十二，上大夫八，下大夫六。而《周官·掌客》则公豆四十，侯伯豆三十二，子男豆二十四。《聘礼》则致宾东西夹，共十二豆，何数之殊也！考醢人掌四豆之实，自朝事而馈食，而加，而羞，共二十有六，此即《礼器》天子二十六豆之数，其与公十六，侯十二，上大夫八，下大夫六，皆指其与笾配之豆数而言。笾人掌四笾之实，并如醢，凡此皆醢人、笾人掌共之，而大礼则主妇亲设之者也。其掌客，公豆四十，侯伯三十二，子男二十四，则指不与笾配。凡庶羞之豆数而言，王以尊加，大夫以卑减，此则膳夫以下庖饔烹醢之属掌共之，或醢人亦间共之，而与主妇无涉者也。膳夫羞用百二十品，及醢人、醯人共醯醢酱百二十罋、六十罋、五十罋之属，其共者皆盛以豆。公食大夫礼、士昏礼羞列醯酱，皆在豆可见也。此其与笾配，不与笾配之豆数似无常而实有常。如下大夫之豆六，苟代君行聘，则从君之十二。其上大夫则又从君之十六，故有降尊以从卑，有优卑以从尊，圣人损益隆杀之义盖如此。若夫有豆无笾者，士昏对席馈食，《聘礼》、《公食》、《士丧》、《士虞》、《周官·掌客》诸礼，但言豆而不言笾，则豆重而笾轻，又存乎用礼者之权衡矣。

牺尊象尊考略

尊有牺尊，有象尊，牺即献尊也。郑康成读献为牺，又音牺为摩莎之莎，非也。又谓牺尊饰以翡翠，象尊以象凤凰，亦非。盖牺尊为牛形，象尊为象形，皆周尊，皆以铜为之，皆以牛、象之物而得名。王肃云："牺象之尊，全刻牛、象之形，凿背为尊。"刘杳亦言"古者牺尊、象尊，皆刻木为鸟兽，凿顶及背，以出纳酒"，二家之言近之。杳又云："鲁郡得大夫子尾送女器，有尊作牺牛形。晋青州盗发齐景公冢，状类牛、象者二尊。"此古之遗制也，但非以刻木为之耳。夫牺尊为牛形，则牺当读为羲音，献当读为宪音，各如其字之本音以名之。献举其用，牺状其形，不害其为器之一也，又安事读献读娑之纷纷哉！且昔时之读牺为娑者，亦以古韵之叶音则然，非以娑饰为义也。《闷宫》诗曰：享以骍牺叶，受福孔多。是牺之叶娑，亦犹皮之叶婆，仪之叶莪，蛇之叶佗之类耳，乌得以叶娑而即取义于娑哉？或谓今《周官义疏》牺仍读素何反，献尊之献，即音素何反之牺。注：牺饰以翡翠，象以象凤凰，说仍依旧者何？曰：官书多从旧从同，苟于大义无害，则往往存其故也。

敦会簠簋考略

敦以瓦，后或以金。簠簋以金玉，亦以木以瓦。皆谷器也，而馨香荐焉。敦之设也，有特，有两，有四。士丧礼设含用特，朔奠明器，及虞礼饭尸，特牲饭尸之敦皆用两。昏礼对席，少牢饭尸之敦皆用四。此数之易见也。至簠、簋两器，则用之不齐，其数有六簋两簠者，聘礼飧宾、饔宾、公食饭宾是也。有八簋两簠者，公食饭宾，聘礼飧宾、饔宾是也。有十簠十二簋者，《周礼》致飧上公是也。有八簠十二簋者，《周礼》致飧侯伯是也。有六簠十二簋者，《周礼》致飧子男是也。夫五等之君，则簋同而簠从异，其上下大夫之属，则簋异簠从同。盖簠盛稻粱，视黍稷为加，惟辟玉食，明非臣子所得与也。然五等之簠，皆有均节之制焉。则其履盛持满之意，亦可见矣。

彝尊考略

盛酒之器曰彝尊，饮酒之器曰爵觯，俗多混称之，彝以盛郁鬯，尊以盛五齐三酒，王侯则备之。今《仪礼》王侯之礼多佚，惟公尊瓦大，略存其意耳，然司尊彝之制可考也。司尊彝，时祀，裸用鸡彝、鸟彝者春夏也，用斝彝、黄彝者秋冬也。间祀用虎彝、蜼彝者，追享、朝享也。此六彝之用也。时祀，春夏朝践用两献尊，再献用两象尊。秋冬朝献用两著尊，再献用两壶尊。间祀、追享、朝享、朝践用两大尊，再献用两山尊。此六尊之用也。酒正凡祭祀，以法共五齐三酒，以实八尊，幂人亦云幂八尊，或谓牺、象、著、壶、大、山六尊，并酢臣之舟、罍二尊为八，非也。盖五齐五尊、三酒三尊为八，尊彝虽殊，合之则皆为尊也。诸臣之所酢，谓臣受酢于君，不但不敢用灌鬯之六彝，且不敢用献齐之六尊，而别酌罍中之清酒以自酢，不敢与王之神灵共尊也。又按：尊实五斗，彝实三斗，盖彝以裸而实少，尊以献酬酢而实多，故尊大于彝也。

爵觚觯考略附命名之义

《韩诗外传》云：爵一升，觚二升，觯三升，角四升，散五升。梓人乃云：觚三升者，古“觯”字从角从氏，觚误为觯耳。考其为用，士冠、醮冠者用爵，士昏馈舅姑、飨妇、飨送者皆用爵，乡饮初献皆以爵，凡献、酢、酬、初并以爵，至一人举觯后，乃用觯也。士昏初酳以爵，三酳则以卺也。少牢初酳以爵，至二人举爵。尸侑，乃用觯也。燕礼初献以觚，献公卿大夫皆觚，而献士独不然者，旅食之义也。大射初献以觚，此后则用散与觯，惟献释获者反用觚耳。觯则士虞之初，祝酌醴奠之，凡醴皆用觯也。《特牲·迎尸》云：左执觯祭酒，奠觯，则初奠用觯矣。士冠醴冠者，士昏醴妇皆用觯，所谓凡醴皆用觯也。士冠礼冠宾用觯亦如之，此其大概也。若夫爵有废爵、足爵、繶爵之别，觚有象觚，觯有象觯、角觯之殊，又贵者献以爵，贱者献以觯，尊者举觯，卑者举角，礼差则器亦差，器差则用亦差，可稍为假借乎哉！又按：古人之命器也，有一名即有一义。韩诗说：爵，尽也，足也。觚，寡也，饮当寡少也。觯，适也，饮当自适也。角，触也，触罪过也。散，讪也，饮不能自节，为人所谤讪也。总名曰爵，其实曰觞，觞者，饷也。觥亦五升，所以罚不敬。觥，廓也，著明之貌，君子有过，廓然明著也。丰国之君以酒亡，故象其首为丰，示戒也。古人命名之意如此，是以用之朝庙，用之乡党，用之家庭，无非令人顾名而思义耳，可终日执之而不知其故哉！

镫铏考略

瓦豆曰镫，金器曰铏。镫盛太羹，铏盛和羹。有镫、铏兼设者，公食聘宾礼，宰右执镫，宰夫设铏，大夫食聘宾亦如之。士虞献尸，佐食尔敦，尸祭铏泰羹，湇自门入，设于铏南是也。有设铏无镫者，特牲祭尸设两铏，少牢祭尸有豕铏、羊铏，而皆不言镫是也。夫铏羹兼设太羹，礼之盛也。公及大夫食聘宾，士虞丧祭其亲，皆兼设镫者。礼宾如见其君，事亡如见其存，皆摄盛之意也。特牲少牢，但言铏羹者，大夫士祭其先，止此而已，王侯则用太羹也。或问：太羹、玄酒一也，大夫士得有玄酒，而不得有太羹，何也？曰：牲首血祭，次太羹。尊首明水，次秬鬯。故玄酒犹及乎大夫，而血祭太羹止见于王侯，惟摄盛则偶一用太羹耳。

祀灶礼考略

先王以斯人饮食日用之需，不可不报其本，故设为祭灶之礼。其礼有二：一为专祀而礼尊，《月令》：夏祭灶，先设主，祭于灶陉，然后迎尸祭于奥，祭用特牲，略如祭宗庙之仪，所谓五祀之一也。一为旁祀而礼卑，凡宗庙祭祀，尸食毕，宗妇祭燎爨，烹者祭饔爨，而其神为先炊，惟盛食于盆，盛酒于瓶以祭之而已。所谓老妇之祭也，春秋时以爨神为火神而燔柴祭之。孔子所以讥文仲之不能正也。

阴厌阳厌非通礼辨考略

祭殇礼于尸未入时求神于奥曰阴厌，于尸既出后求神于屋漏曰阳厌。以神之自阴而来，自阳而去，故有此二祭，以厌饫之也。注家遂谓此二厌者，为自天子至庶人之通礼，故特牲、少牢二礼，尸未入之前祝酌奠，奠于铏南，主人再拜稽首，注以此释《曾子问》之阴厌。《特牲礼》：既養，佐食彻尸，荐俎敦设于西北隅，注以此释《曾子问》之阳厌。愚窃有未安焉，天子、诸侯于祭之始，有灌地降神之事，而大夫士无之，故奠铏南而后迎尸者，亦降神之意耳，恐非阴厌之谓也。天子、诸侯于祭之终不知神之所在于彼于此，故设祊于外，而大夫士无之，特牲既養，荐俎西北隅，亦求之于彼于此之意耳，恐非阳厌之谓也。阴厌、阳厌之说，遍考经传，俱无明文，惟《曾子问》云："祭成丧者必有尸，无尸曰厌，盖弗成也。故祭殇曰厌，阴厌以祭宗子之殇，阳厌以祭凡殇。"《曾子问》明指祭殇立言，非指祭祖祢时，尸未入之始为阴厌，与尸既出之终为阳厌也。且厌之为言，饱饫之义也。祭方始而祝飨，神安得遽饱？及神嗜饮食，尸醉饱而出矣，又何藉以尸食之馀，饫神于既養之后乎？又阳厌于屋漏，以当室之白为阳，特牲虽改设于屋漏，然厞用筵以蔽之，且阖户牖，俾即于幽暗，其于阳厌之义谓何？且不宾尸者，祭毕无后礼，故改设之而后彻，重神馀也。宾尸者，祭毕而尚有后礼，故即彻之而不改设，以其事相接，而神馀将有所用之也，于厌不厌何与哉！夫使凡祭必备二厌，则何以少牢之礼不傧尸者有改设之事，而傧尸者无之也。且《礼经》于朝践、馈食、酳尸、加爵、馂馀、祊绎诸节，无不详明，何独遗此始终之二事也。闻之程子曰："无服之殇，不祭。下殇之祭，终父母之身。中殇之祭，终兄弟之身。长殇之祭，终兄弟之子之身。成人无后者，终兄弟之孙之身。"马氏曰："厌者，不成礼之祭也。宗子尊矣，反诸幽，求神之道也。凡殇卑矣，堂室之白，则所谓堂事略矣。"此足以尽二厌之义。

释奠释菜考略

问：释奠、释菜同乎？曰：不同。释奠则有迎牲、酌献、陈币、授舞者器之礼，所以致恭于先圣先师也。然但奠置其所祭之物，而无设尸、食饮、酬酢诸事，以其主于行礼，非报功之仪也。但行此礼，必有合乐之典。《记》所谓凡释奠者，必有合也，惟国有凶丧，则虽释奠，亦不合乐耳。释菜则其礼又简，不舞，不授器，不杀牲，不列币，但以蘋蘩蕴藻之类告虔于先师，以见尊敬道艺之意而已，此其所以异也。问：《礼》言释菜，何以倍多于释奠乎？曰：以其礼简而易行，故以为国子及初学者入学之仪也。《周礼・大胥》：春入学，释菜合舞。言诸子欲合舞，先释菜以告之也。《月令》：仲春习舞释菜。与《大胥》同。《文王世子》：衅器释菜。以告其器之将用也。《学记》：大学始教，皮弁祭菜。谓学者入学之初，有司衣皮弁，祭先师以菜也，其大指盖异而同者矣。要之释奠礼繁，而钟鼓管弦之备，固达神明。释菜礼简，而蘋蘩蕴藻之文，亦传精意。古制岂有二义哉？

祭祀时日纂勉斋通解

《传》曰：凡祭，启蛰而郊，龙见而雩，始杀而尝，闭蛰而烝。《夏小正》曰：正月启蛰。《传》谓始发蛰也。考汉初犹以启蛰为正月中，雨水为二月节。及太初后改节名，以雨水为正月中，惊蛰为二月节，迄今踵而不改。今历正月雨水中，四月小满中，八月秋分中，十月小雪中，注皆以此为建寅、建巳、建酉、建亥之月，则启蛰当雨水，龙见当小满，始杀当秋分，闭蛰当小雪，其名虽不同，其理法则不异也。

《传》不举月为限者，《释例》曰：凡十二月，节气有二十四，通三百六十六日，为四时。又置闰月，故节未必恒在其月初，而节气亦不得恒在其月之半，是以《传》举节气为文，而不以月为正也。《传》言作土功者，龙见而毕务戒事，火见而致用，水昏正而栽，日至而毕，此其大准也。是凡候天时皆不以月为其节，有参差故也。

《周礼》不举天象，故以月为正。大司马仲夏献禽以享礿，仲冬献禽以享烝，言四时之祭不得后仲月，非谓孟月不得祭也。《释例》云：《周礼》祭宗庙以四仲月，盖言其下限也。下限至于仲月，则上限起于孟月矣。烝起建亥之月，则尝起建申之月。乃言始杀而尝，谓建酉之月，亦是下限也。

仲月虽不过时，而月节有前有却，若使节前月却，即为非礼，故秋大雩是建午之月耳，而《传》言不时明涉其中气，故讥之。《释例》曰：龙星毕见。谓立夏之月则当祀。过涉立秋节，则以过而书。谓涉立秋之月中气节，非徒涉初节也。若初涉秋节，则不讥之矣。

三年祫祭，又二年为五年，则禘祭是五年之中一禘一祫，是五年再殷祭也。

考古略卷之四

学制考略一

虞、夏、殷、周四代之学达于天下，而百家传记参错不齐者，皆即周制所兼者杂指而互言之。考四代之学，虞则上庠下庠。夏则东序西序，而东序一曰东胶。商则右学左学，而右学一曰瞽宗。周则东胶、瞽宗、虞庠，又有辟雍、成均之名。《记》曰：天子设四学，盖周制也，然而其说纷纷矣。郑康成谓“周立四学，独谓周之大学，为夏之东序，而不以瞽宗为大学”，贾疏亦谓“周立瞽宗于西郊，而以瞽宗为小学”，此一说也。郑又谓“虞庠在国，兼在郊，是虞学独有二也”，此又一说也。项氏谓“周人即近郊建四学”，刘氏说同，皆谓建于郊，而不云于国中，又无西郊之小学，此又一说也。《保傅篇》言“帝入五学，有东学、西学、南学、北学、太学”，而不明言孰为前代之学，孰为当代之学，此又一说也。陆氏谓“天子立四学，并中而五，辟雍居中，南为成均，是以辟雍、成均为二也”，此又一说也。陈氏《礼书》谓“周于国中建夏、商、周三学为大学，而于西郊设虞庠为小学”，此又一说也。孔氏云“五帝学总名成均，三代天子学总名辟雍”，此又一说也。凡此者，在国在郊之异其地也，三学四学五学之异其数也，小与大之异其名也。朱子亦未论定，予窃为参考之，大抵郑康成与陈祥道之《礼书》，及项氏三家说为可参合焉。康成谓“周立四学”是也，独“不以瞽宗为大学”则误耳。《礼书》谓“学，成均在中，其左东序，其右瞽宗，为大学。虞庠在国之西郊，为小学”是也。独遗辟雍耳。项氏谓“周当代之学，南面居中，而三学环之”是也，独谓皆“建于郊”则亦误耳。盖东胶即夏东序也，以习射事则曰序，以纠德行则曰胶，其实一也，此周之左学也。瞽宗即殷右学也，以其居右则曰右，以乐祖在则曰瞽宗，其实一也，此周之右学也。成均者，取虞之上庠而易其名，以成其亏，均其过不及为义，在学之北，此周学之在北者也。至辟雍之义，谓其明之以法，和之以道，而其地则在水中，居中而南面也。辟雍居中，成均居其北，左东胶，右瞽宗，此周所立之四学，而未尝有五学，亦无所为南学也。近胡氏渭说亦与此同，而此外诸说可以折中矣。然则《记》言天子视学，则成均也，命有司祭先师先圣，即祀先贤于西学，所谓祭于瞽宗也。适东序，设三老五更之席，即养国老于东胶，所谓食三老五更于太学也。《诗》云：于乐辟雍。又曰：镐京辟雍。所谓辟雍也，至于诸侯之学，小学在内，大学在外，故《王制》言小学在公宫南之左，大学在郊，以其选士由内以升于外，然后达于京故也。夫子之学，小学居外，大学居内，故《文王世子》言凡语于郊者，于成均取爵于上尊，以其选士由外以升于内，然后达于朝故也。若夫辟雍者，水旋如璧，又谓之泽宫，诸侯半之为泮宫，皆周制也，此学制之古法也。

学制考略二

尝考乡学之制，在民间者，较之枉王宫国都为甚繁。蔡邕谓：“《周官》有门闱之学，师氏教以三德，守王门。保氏教以六艺，守王闱。此王宫之学也。西郊之虞庠，公宫南之小学，此国都之学也。”若其学之在乡者，《记》谓：“家有塾，党有庠，术有序。”郑谓：“序者，州党之学。”班固曰：“里序乡庠。”陆佃谓：“乡有庠，州有序。党有庠，遂有序。县有庠，鄙有序。”李氏谓：“州乡县遂有序，族党酇鄙有庠，比闾邻里有塾。”刘氏、项氏皆谓周于乡立虞庠，于州立夏序，于党立殷校，此其地其学，诸说盖纷纷矣。永嘉戴氏独谓参观《学记》、班固、郑康成之言，盖州乡里之间，通谓之庠序。孔疏谓凡六乡之内，州学以下皆为庠。六遂之内，县学以下皆为序。此二说者为近之，而戴氏尤斩葛藤也。此乡学之制也。

学制考略三

立学者必有其地，入学者必有其时。《尚书大传》曰：大夫七十而致仕，老其乡里。大夫为父师，士为少师，耰锄已藏，新谷已入，岁事已毕，馀子皆入学。年十三，始入小学，见小节，践小义焉。年十八始入大学，见大节，践大义焉。距冬至四十五日始出学传农事，上老平明坐于右塾，庶老坐于左塾，庶子毕出，然后皆归。夕亦入之，馀子皆入，父之齿随行，兄之齿雁行，朋友不相逾。轻任并，重任分，颁白者不提挈，出入皆如之。班固《食货志》谓“里胥平旦坐于右塾，邻长坐于左塾，以教人耕”。同此二十五家相合之门塾也。朱子曰：“三代之隆，王宫国都以及闾巷莫不有学，人生八岁，则自王公以下，至庶人之子弟皆入小学，而教之以洒扫、应对、进退之节，礼、乐、射、御、书、数之文。及其十有五年，则自天子之元子，以至卿大夫元士之適子，与凡民之俊秀，皆入大学，而教以穷理、正心、修己、治人之道。”此又学校之教，大小之节所以分也。考《保传》篇及《白虎通》所言，八岁入小学者，乃天子世子之礼。所谓小学则在师氏虎门之左，大学则在王宫之东。亦皆天子之学也。《大传》所言十三入小学，乃公卿大夫元士適子之礼。盖公卿大夫元士之子弟，年方童幼，未应便入天子之学，且未知君臣之礼，尊卑之等，于世子无同学辅导之益，所以十年出就外傅。且学于家塾，直至十三，方令入师氏所掌虎门小学，而天子则别无私学，所以世子八岁便学也。邱氏濬曰："八岁至十三，皆可入小学。十五至二十，皆可入大学。非必截然有年限定分也。"此入学之时也。

学制考略四

学必有业，业者，小学大学，天子至庶人共之者也。庶人之所以异者，特以其资力之顽愚，或不可以入大学，当十五以后，而士农遂分耳。若俊秀之民，固与世子以下同入大学，无差也。蔡氏清乃谓"王宫国都，皆有大小学。闾巷惟有小学，无大学"。许氏谦则谓"王国及民间，皆有小学，亦皆有大学"。以二说衡之，许氏之说是也。盖小学者，无贤愚贵贱，皆得于八岁以上入之，无节次，无等待也。若大学，惟俊秀者乃得入，若但以大学专属之诸侯之国学，天子之成均，则其势必有所意为弃取，必有得入不得入。年至十五以后，小学既通，便可旋入大学。若民间无大学之教，则将中间旷业，必待裹粮入国学，造成均之中，然后入大学之学乎？且夫大夫士，致仕而教于闾里者，必非但能教小子，不能教成人，亦非止教以洒扫进退及六艺之名物器数，而不教以格物致知、诚意正心之学也。是则乡学国学之地虽分，而小学大学之教无别也。小学大学之教，因学者之年而别，不以乡学国学之地而别也。况乎小学之业，有习其数者，有穷其理者，习其数于小学之前，则以学文是也。穷其理于大学之教，游于艺是也。然则小学大学之理，其相通有如此者，而可于立学之教，判然有及有不及哉！

学制考略五

古之为教也，莫详于《周礼》。大司徒、师氏、保氏、大司乐诸职，顾其法之各出而参见也，则有不同。大司徒以三物教万民而宾兴之，一曰六德，知、仁、圣、义、中、和。二曰六行，孝、友、睦、姻、任、恤。三曰六艺，礼、乐、射、御、书、数。师氏以三德教国子，一曰至德，以为道本。二曰敏德，以为行本。三曰孝德，以知恶逆。三行教国子，一曰孝行，以亲父母。二曰友行，以亲贤仁。三曰顺行，以事师长。保氏六艺教国子，一曰五礼，二曰六乐，三曰五射，四曰五御，五曰六书，六曰九数。六仪教国子，一曰祭祀之容，二曰宾客之容，三曰朝廷之容，四曰丧纪之容，五曰军旅之容，六曰车马之容。大司乐乐德教国子中、和、祗、庸、孝、友。乐语教国子兴道、讽诵、言语。乐舞教国子《云门》、《大咸》、《大韶》、《大夏》、《大濩》、《大武》。夫三物之教，本末兼该，所谓考其德行，察其道艺是矣。而其不同者，师氏止有三德，一也。保氏止有六艺，而别出六仪，二也。大司乐止著乐德、乐语、乐舞，馀皆未之及，三也。惟即其法而按其理，则无不同。师氏之至德，即六德之总会也，加以敏德者，所以儆贵游之子弟，去骄惰而为勤笃也。孝言德又言行者，国子于六行，惟孝为重，孝德得于心，而恶逆乃不形矣。友行顺行，皆其孝行也。国子有求贤辅治之责，故先以亲贤，而事师长次之，而其馀可善推之矣。至保氏六艺，即司徒所以教万民者也。六仪即六艺中之礼也，艺其事，仪其度也。大司乐之中和孝友，即大司徒六德之中和，六行之孝友也。守之以祗，率之以庸，而德行不违矣。不言仁义圣知者，升于乡之俊秀，司徒宜备教之以六德，而国之子弟，则又体之为至德，而策之为敏德也。教之备，学之成，故大司乐特以乐养之，乐德以养其性情，乐语以养其言词，乐舞以养其威仪也。此所谓成于乐也。然则保氏者，王闱之小学。师氏者，王门之大学。而大司徒则教之于未兴之先，大司乐则养之于既升之后。其法又安有不同哉?

学制考略六

问：礼乐诗书之教，皆日用不可离者，何以《王制》言乐政立四教，而礼乐止教之春秋，诗书止教之冬夏也?曰：此先王顺四时之气以为教也，春教乐，秋教礼，冬教书，夏教诗。春夏，阳也，诗乐者声，声亦阳也。秋冬，阴也，书礼者事，事亦阴也。礼乐有度数之习，故教之宜于春秋。诗书则诵读而已，故教之宜于冬夏。究之春教乐，兼有礼。秋教礼，兼有乐。冬教书，兼有诗。夏教诗，兼有书。郑注谓此为互言之，盖皆以其术相成，但视其阴阳以为刍主耳。又问：四术备已，而《周礼·大胥》则春入学，释菜合舞，秋颁学合声。《文王世子》则云：春夏（学）〔教〕音教干戈，秋冬教羽籥。春诵夏弦，太师诏之瞽宗。秋学礼，执礼者诏之。冬读书，典书者诏之。则其于四教偏全多寡，法不画一，何也?曰：此亦顺阴阳之气以为教也，盖以声对舞，则声为安静，为阴。舞为鼓动，为阳。《大胥》所谓“春合舞，秋合声”者是也。就舞之中，奋动甚者属阳，奋动次者属阴。《文王世子》所谓“春夏教干戈，秋冬教羽籥”者是也。干戈万舞，象武也。春时万物孚甲，象干。夏气壮盛，枝叶似戟，阳气发动，故于此教干戈焉。羽，翟羽也，至秋则体成文章。籥，笛也，笛声出于中冬，则万物藏于中也，以其不用兵器，故象文。秋冬凝寒安静，故于此教羽籥，其意与《王制》同也。至若所云“春诵夏弦，秋学礼，冬读书”者，正与《王制》四术之教相合而无差已。又谓“教兼四术，无贵贱贤愚”，皆然。〔问〕：何以教世子及学士，止及干戈羽籥，为乐之舞事，而不及诗书与礼也？曰：此自有太师平日之教，即春诵夏弦，秋学礼，冬学书之法。至其乐中舞节，则但以畅遂其血气，荡涤其邪秽，优游而餍饫之，殆所以观诗与礼乐之成者。当其成也，既合舞，又合声，至合舞合声，而平日学舞学声之功成矣。是其术亦何尝相牴牾哉！又问：诗、书、礼、乐、干戈、羽籥诸学中皆当宜颁而备具之，乃教干戈羽籥独于东序，礼独在瞽宗，书独在上庠，何也？曰：此先王法古之意，义各有属也。周立四代之学，干戈，武也。羽籥，文也。学舞此于夏后氏之东序，盖夏后上承舜禅为文，下有汤伐为武，是文武之间也。学书于虞之上庠，典谟之教所由兴也。学礼于殷之瞽宗，汤放桀，武王伐纣，治定功成，事同类也。此其所列之处虽殊，要之互文见义，有相通而无偏废耳。况《大胥》云春合舞，秋合声，然春秋教以礼乐，是春未尝不学声也。秋冬教以羽籥，是秋未尝不学舞也。亦何在而不相通哉！善哉陈氏祥道之说曰：“《王制》教造士，教驯习之儒生，则其才向于有成。教之易，故先其难者，而以诗书后礼乐。《文王世子》教贵骄之国子，则其性诱于外物，教之也难，故先其易者，而以干戈羽籥先礼乐诗书。于此可见其制之周而有序矣。”

学制考略七

士庶子者，郑康成谓“士为王宫诸吏之適子，庶子其支庶也”。疏谓“吏，卿大夫士之总号也”。先王虑卿大夫士之子多骄淫而难驯也，故其教之也独详。天官则宫正、宫伯也，地官则师氏、保氏也，春官则大司乐、乐师、大胥、小胥也，夏官则诸子也，掌固也。其职之分，事之联，各有义焉。宫正、宫伯所掌，独宿卫之士庶子也。师氏、保氏所掌，王同姓及公卿之適子也。曰以教国子弟，则王之同姓也。曰凡国之贵游子弟学焉，则不能遍于大夫士之子矣。大司乐、乐师、大胥、小胥则国子、国子之倅，及国之选俊皆隶焉。其曰国子者，公卿大夫元士之適子也。其曰学士者，兼国之选俊也。其曰以待致诸子者，致国子之学于师氏、保氏者，及其倅也。诸子所掌，独国子之倅，其適子或学于师氏、保氏，或入于成均也。掌固，颁士庶子之职于其守，则以职守稽之也。凡此诸职之为教不一，要皆稽其功绪，纠其德行，考其道艺，禁其奇邪，合诸乐舞之为务，则其陶而成之者备矣。或谓乡遂大比以三年，而国子出学，则以九年，何也？曰：先王以匹庶之家为易治，纨绮之性为难化。以其易治，故乡遂之所考，常在三年大比之时。以其难化，故国子之出学，常在九年大成之后也。或又谓乡简不率教者，至四不变，然后屏之。小乐正简不帅教之国子，但二不变，辄屏之。又何也？曰：以其三年而考者其期近，故必四不变而后屏之。以九年而简者其期远，则虽二不变而已可屏之。此皆先王委曲玉成之道也。

孔子谥号祀典考略

或问：孔子至圣，今固王祀万世矣，不知历代尊崇之典，其详何如？曰：予尝闻其略矣，自汉高祖过鲁，以太牢祠孔子，而孔子万世之祀以始。鸣呼！马上得天下者，乃能首有此举。四百年之汉业，岂偶然哉！嗣是平帝谥孔子为褒成宣尼公，而孔子之谥号始此。明帝命辟雍，及郡县学校皆祀孔子为圣师，而圣师之号始此。章帝至阙里，以太牢祀孔子，作六代之乐，而祀用大乐始此。和帝以褒尊侯封之。灵帝绘先师像，而圣贤绘像始此。魏文帝以邑百户奉孔子祀。齐王芳令太常释奠，以太牢祀之于辟雍而邑户奉祀，辟雍释奠之礼始此。晋武帝诏太学及鲁国四时以三牲祀孔子，而四时之祭始此。命皇太子释奠太学，而太子释奠之礼始此。南朝宋、齐皆太子释奠，舞六佾，牲牢器用悉依上公。北魏文成帝诏敕有司诣宣尼庙，行荐享之礼，而有司荐享始此。孝文谥为文圣尼父，北齐以太牢释奠，每岁春秋二仲行之制。每月朔，太学祭酒、博士以下俱行拜礼，而后世朔望行香之礼始此。北周封孔子为邹国公。隋文帝赠孔子先师尼父，而先师之称始此。制国子学，每四仲上丁释奠于先圣先师，州县则春秋月释奠，而春秋仲月丁祭之礼始此。唐高祖立孔子庙，以周公为先圣，孔子为先师。太宗乃停周公祀，以孔子为先圣，而专立庙祀之，用房玄龄议也。而孔子专庙始此。后诏皇太子释奠初献，祭酒亚献，司业三献，旋尊孔子为宣尼父。高宗赠孔子大司寇，为太师。武后追封为隆国公。玄、宣追谥为文宣王，而王号始此。宋太祖诏孔子庙门立十六戟。真宗谥孔子为玄圣文宣王，后诏改为至圣文宣王，而至圣之号始此。西夏尊孔子为文宣帝。哲宗诏孔庙立二十四载，从蒋静之请，用冕十二旒，服九章，绘图颁天下郡邑，赐笾豆礼器，而孔庙笾豆始此。辽太祖建孔子庙，诏皇太子春秋释奠。金熙宗立孔子庙，北面再拜。世宗作大成殿圣像，冠十二旒，服十二章，而大成殿王礼始此。元世祖以王鹗奏，分春秋二仲，常行释奠礼，既而妄贬孔子。至成宗，诏中外崇奉孔子，可谓能盖前愆矣。始建文宣王庙于燕京，从哈剌哈孙之请也。武宗加封孔子为大成至圣文宣王。仁宗遣宦者李邦宁释奠孔子，忽有大风灭烛，烛台入地不可拔之变，邦宁震栗，殆灵爽之有赫耶？抑天道之鉴临耶？明太祖诏革天下诸神封号，惟孔子封爵特仍其旧，又孔子祭筵，始用高案，盖前此置筵地下，至此始改之也。制每岁二丁遣官祭孔子于国学，月朔望，祭酒行释菜礼，郡县长以下诣学行香，颁释奠仪及大成乐器于天下，而孔庙乐器始此。又令进士释褐，诣国学行释菜礼，而进士释菜始此。又驾幸太学，行释菜礼，又禁祀孔子于释老宫。宪宗谥仍用大成至圣，笾豆十二，乐八佾。世宗撤去孔子塑像，改用木主，改大成至圣文宣王为至圣先师，孔子大成殿为先师庙，盖从张璁之议，而改之协其宜者，从此永为不易之典。此历代尊崇孔子之大略也。

孔氏崇先衍后考略

或又问：至圣之谥典祀典，既闻之矣，至其所以崇孔子之先人而大其报，衍厥庆于奕祀而炽其光者，不亦载在史册乎？曰：然。汉元帝以孔霸为帝师，赐爵褒成侯，奉孔子后，此圣裔受封奉祠之始。自是以为绍嘉侯，进爵为公者，成帝之于孔何齐也。以为褒成侯者，平帝之于孔均也。以议即为崇圣侯，食邑百户奉孔子祀者，魏文帝之于孔羡也。以为奉圣亭侯而主孔子祀者，东晋明帝之于孔嶷也。宋真宗诏封叔梁纥为齐国公，颜氏鲁国太夫人，开官氏郓国夫人，而孔子先人受封始此。仁宗诏封孔子后为衍圣公，而衍圣之封爵始此。元仁宗加孔子之父母封爵，顾启圣一祠，议发于前代而未之行。明初宋濂、解缙亦请之，至孝宗时，程敏政请于各处庙学别立一祠中祠启圣王，而启圣祠始肇祀焉。此我夫子之上显其先，下昌其后，出百王之上，而万古崇之不替者也。

历代先贤先儒配享从祀考略

问：自先圣肇祀后，配享者有先贤，从祀者有先儒，请一一逐代志之。曰：祀孔子而并及七十二弟子，汉明帝始其事也。章帝嗣行之，安帝又行之。晋、宋、梁、陈及隋皆以孔子为先圣，颜子为先师。唐太宗以颜回配享孔子，而先贤配享始此。又诏以左丘明、卜子夏、公羊高、穀梁赤、伏胜、高堂生、戴胜、毛苌、孔安国、刘向、郑众、贾逵、杜子春、马融、卢植、郑康成、服虔、何休、王肃、王弼、杜预、范宁等二十二人，并令配享于尼父庙堂，而先儒配享始此。夫诸儒有传经之功，以之从祀可也，而即以之配享，将置圣门诸贤于何地乎？高宗则以颜回、左丘明从祀，赠颜回为太子少师，曾参为太子少保，并配享孔庙。玄宗时，诏以颜渊十哲等为坐像。曾参大孝，特为塑像。因图画七十弟子，及何休等二十二人于庙壁上。后又赠颜子为兖国公，闵损等九人为侯，曾参等七十六人为伯。后唐明宗从蔡同文之请，而七十二贤皆得与祀。宋神宗诏封孟轲为邹国公，同颜子配食宣圣。荀况、扬雄、韩愈并从祀于左丘明等二十二人之间。哲宗乃以王安石配享孔庙，而庙祀大亵矣。徽宗始跻子思从祀，又诏入王安石父子，滥矣哉！后诏兖州孟子庙，以乐正子配享，公孙丑以下从祀。若夫加周敦颐、程颢、程颐公爵，与朱熹并从祀孔庙，又加张栻、吕祖谦伯爵，令〔皆〕[①] 从祀，此理宗之善事。度宗亲释菜于庙，以颜回、曾参、孔伋、孟轲配，而四〔圣〕[②]之典始定。又列邵雍、司马光从祀，又升颛孙师于十哲，革去王安石配〔享〕[③]，不亦一得之善乎？元仁宗以许衡从祀。文宗之宜为文也，加封颜回为〔兖〕[④]国复圣公，曾参郕国宗圣公，孔伋沂国述圣公，孟轲邹国亚圣公。又封口无繇为杞国公，曾点为莱芜侯，孔鲤为泗水侯，孟孙氏为邾国公。又以〔董〕[⑤]仲舒从祀。又追程颢为豫国公，程颐为洛国公。不亦度越前代之典哉！〔明〕[⑥]太祖革去扬雄，进董仲舒。英宗进胡安国、蔡沈、真德秀，追封吴澄为临川郡公，俱令从祀。宪宗封董仲舒为广川伯，胡安国建宁伯，蔡沈崇安伯，真德秀浦城伯。孝宗封杨时将乐伯，并从祀。时程敏政请立启圣祠，以杞国公、莱芜侯、泗水侯、邾国公及程子父永年伯程珦、朱子父献靖公朱松同从祀启圣王。时未之行，至世宗时，以张璁复请，而后行之。时定制四配十哲，凡及门弟子，皆止称先贤某子。左丘明以下，称先儒某子。凡旧封公侯伯爵，尽皆革去。又定议从祀者，罢公伯寮、秦冉、颜何、荀况、戴圣、刘向、贾逵、马融、何休、王肃、王弼、杜预、吴澄十三人，不得从祀。其林放、蘧瑗、郑元、郑众、卢植、服虔、范宁七人，令各祀于其乡。后苍、王通、欧阳修、胡瑗四人，增入从祀。蔡元定增入启圣祠。寻又增从祀司马光、陆九渊二人。又令孟子庙从祀以公孙丑、万章二人。而请九渊者，薛侃也。请丑与章者，张鼎思也。此皆世宗之所定也。穆宗以薛瑄从祀事。神宗又从以罗从彦、李

①②③④⑤⑥底本缺损，据上海图书馆藏稿本补。

侗、陈献章，胡居仁、王守仁，又从启圣祠以周敦颐父辅成。庄烈帝时又加周、二程、〔邵、张〕①、朱〔六子〕②曰先贤。此先贤先儒配享从祀之大略也。呜呼！玉不自衒而光远有耀，圣门之先贤，无待论已。外此从祀诸君子，大抵不得志而修身见世者为多，君子观其俎豆之崇，馨香之远，当自动仰止之思矣。死者如可作也，吾谁与归？

经数、石经数考略附镂板印行、颁定注疏、传注相属

刘熙《释名》曰：经，径也。典，常也。刘勰曰："三极彝训，其书曰经。"皆言其无所不通，常而可久也。顾自有经以来，其数多变。《经解》称经"教有《诗》、《书》、《易》、《礼》、《乐》、《春秋》"，《庄子·天运》篇亦言治"《诗》、《书》、《易》、《礼》、《乐》、《春秋》六经"，其后乐经亡，则但有五经也。司马迁《史记·滑稽传》以《礼》、《乐》、《诗》、《书》、《易》、《春秋》为六艺，犹六经之说也。后汉赵典学孔子七经，蜀文翁遣相如束受七经，则以五经而兼《周礼》、《仪礼》也。唐谷《那律传》有九经库，始有九经之名，释文序录之，则七经而加以《孝经》、《论语》也。或云九者无《周礼》、《仪礼》，而有《乐》、《小学》，《乐亡》，唐合《钟律》为九经也。《宋志》有十经，则《易》、《诗》、《书》、三礼、《春秋》三传合《论语》、《孝经》为一，共十经也。其以六经六纬为十二经者，《庄子·天道》篇之说也。又有以五经五纬为十经者，《南史》周续之之说也。其定为十

①②底本缺损，据上海图书馆藏稿本补。

三经者，则明太祖洪武时，定《易》、《诗》、《书》、《周礼》、《仪礼》、《礼记》、《春秋左氏》、《公羊》、《穀梁》、《论语》、《孝经》、《孟子》、《尔雅》为十三经也。《大学》、《中庸》篇在《礼记》中，故不特数也。石经有七，汉喜平则蔡邕所书，魏正始则邯郸淳所书，晋则裴頠，唐则开成中唐元度，后蜀则孙逢吉等。宋嘉祐中，杨南仲等书。中兴则高宗御书也。考经遭秦火，而有五经自汉武帝立博士始。文帝置《诗经》博士，至武帝则五经皆置焉。唐张参有石壁五经文字三卷，唐元度有石壁九经一百六十卷。此汉唐之有功经学也。古未有板本刻印，好学者苦无书籍，往往有钞写之劳。至于白首，至后唐明宗时，诏儒臣田敏校九经，镂本国子监。宋初广诸义疏音释，令孔维、邢昺雠定颁布，此购经之所以易也。汉有谶纬之学，光武信之，其说盛行。自隋焚其书，唐亦禁之，今注疏虽偶载其说，然人皆知其谬。此其有功于经学也。说经者不下千百家，然言人人殊，竟有毁《周礼》者，有禁《春秋》者，有排系辞者，有刺《孟子》者，有黜《诗》序者，有讥《书》之胤徵顾命者，几不可救。自洪武定十三经而注取汉晋之大儒，疏取唐儒之正义，纵其中纬言尚未尽去，然学者得见古人之学，谨守师说，尺寸不逾，而一切制度故事，皆有考焉。此又有功于经学者也。古今之传注，各本单行，不附经文之下，自马融注《周礼》欲省学者两处取读，乃即经文下为注。费直传《易》，以《文言》、《彖辞》、《象传》分入彖象之下，后世因之，往往经传注解相附，以次连属，虽失古意，然实便于读者，且于理亦无所悖，此又其有助于读经读传者也。

经书字数考略

千古惟经籍之字如权之平，如度之均，如南山之不可摇动，盖其理浑涵充实，故其言质奥简古，无可增减一字，此字之有定数者也。顾读者往往雒诵其词，而昧其字有如干之数，或逐字累累数之，又不终卷而手倦神疲矣。乃先正竟有为其难者，如《易》、《书》、《诗》、《礼记》、《春秋》、《大学》、《论语》、《孝经》、《中庸》、《孟子》诸经，逐部志其字数，以饷后学。今清特取之以著于篇，后之读者当示宝其光，咀其义，量其繁简以为程，识其难易以为节。程无不赴则志坚，节有可循则力定，亦善读书之一端也。如谓能详人所略，而以此炫记问之长，不亦犹夫耳食者哉！因列其字数于左：《易经》共二万一千二百七十字。《上经》三十卦，七千二百二十二字。《下经》三十四卦，七千一百六十七字。上下《系辞传》四千七百九十六字。《说卦》、《序卦》、《杂卦》二千零八十五字。《书经》共二万四千五百二十九字。《虞书》五篇，三千零三十四字。《夏书》四篇，一千七百九十四字。《商书》十七篇，四千四百四十六字。《周书》三十二篇，一万五千二百五十五字。《诗经》共二万九千六百一十五字。《国风》一百六十篇，一万零六百六十二字。《小雅》七十四篇，九千三百七十五字。《大雅》三十一篇，六千五百七十六字。《颂》四十篇，三千零二字。《春秋》共一万六千四百一十七字。《隐公》六百三十一字。《桓公》一千零一十五字。《庄公》一千四百六十六字。《闵公》一百字。《僖公》二千零三十四字。《文公》一千三百六十一字。《宣公》一千一百一十七字。《成公》一千六百七十四字。《襄公》二千八百一十二字。《昭公》二千一百三十一字。《定公》

一千一百六十五字。《哀公》八百五十七字。《礼记》共九万二千二百四十七字。《曲礼》上下篇，五千六百八十三字。《檀弓》上下篇，一万零二百九十七字。《王制》篇，四千四百四十一字。《月令》篇，五千零八十五字。《曾子问》篇，三千三百一十七字。《文王世子》篇，二千二百四十五字。《礼运》篇，二千八百二十九字。《礼器》篇，二千三百四十三字。《郊特牲》篇，二千九百二十三字。《内则》篇，三千八百零一字。《玉藻》篇，二千六百一十二字。《明堂位》篇，一千零五字。《丧服小记》篇，一千六百三十六字。《大传》篇，八百一十三字。《少仪》篇，一千五百四十四字。《学记》篇，一千零三十二字。《乐记》篇，五千二百四十八字。《杂记》上下篇，五千零一十七字。《丧大记》篇，三千三百七十二字。《祭法》篇，八百六十七字。《祭义篇》三千五百二十六字。《祭统篇》二千七百七十七字。《经解》篇，七百二十五字。《哀公问》篇，一千一百一十二字。《仲尼燕居》篇，一千零八十四字。《孔子闲居》篇，七百字。《坊记》篇，一千八百七十三字。《表记》篇，二千五百四十三字。《缁衣》篇，一千五百四十九字。《奔丧》篇，一千零六十六字。《问丧》篇，六百九十七字。《服问》篇，四百零九字。《三年问》篇，五百一十四字。《深衣》篇，二百三十六字。《投壶》篇，五百字。《儒行》篇，一千零四十三字。《冠义》篇，三百四十二字。《昏义》篇，七百四十三字。《乡饮酒义》篇，一千一百一十一字。《射义》篇，一千零七字。《燕义》篇，四百五十八字。《聘义》篇，八百二十七字。《丧服四制》篇，六百四十八字。四书共五万六千四百三十三字。《大学》，一千七百五十一字。《中庸》，三千五百四十二字。《上论》，六千八百一十字。《下论》，八千九百九十八字。《上孟》，一万五千五百五十四字。《下孟》，一万九千七百七十八字。

《孝经》，一千七百四十九字。

右五经、四书、《孝经》共计（一）〔二〕十四万二千二百六十字。

《大学衍义》纲领条目考略

《大学》者，百圣传心之要典也。其书旧杂在小戴记中。至宋仁宗以吕臻及第，特拔《大学》一书赐之，其书特显。宋儒定四书，而以此书为冠，及绍定间，西山真氏德秀谓此书者，君天下者之律令格例也。因撰《大学衍义》一编以进。其书前列二纲，后分四目，而目之中，又有目焉。本末有序，先后有伦，诚圣学之羽翼也。愚因本其自序之条，及其全书之目，约为一篇，俾学者先得其梗概云。盖其书以经文为之经，而先之以《尧典》、《皋谟》、《伊训》与《思齐》之诗、家人之卦者，见前圣之规模，不易乎此也。继之以子思、荀况、董仲舒、扬雄、周敦颐之说者，见后贤之议论，不能外乎此也。此帝王为治之序也。尧、舜、禹、汤、文、武之学，纯乎此者也。商高宗、周成王之学，庶几乎此者也。汉唐贤君之所谓学，已不能无悖乎此，而汉孝元以下诸君技艺文词之学，则谬乎此之甚者。此帝王为学之本也，此二者所谓纲也。若夫其为目也，则明道术，辨人材，审治体，察民情者，格物致知之要也。崇敬畏戒逸欲者，诚意正心之要也。谨言行，慎威仪者，修身之要也。重妃匹，严内治，定国本，教戚属者，齐家之要也。四者得其道，则治国平天下在其中矣。析而列之，明道术之目四：曰天性人心之善，曰天理人伦之正，曰吾道异端之分，曰王道霸术之异是也。辨人材之目亦四：曰圣贤观人之法，曰帝王知人之事，曰奸雄窃国之术，曰憸邪罔上之情是也。审治体之目二：曰德刑先后之分，曰义利重轻之别是也。察民情之目亦二：曰生灵向背之由，曰田里休戚之实是也。崇敬畏之目六：曰修己之敬，曰事天之敬，曰临民之敬，曰治事之敬，曰操存省察之功，曰规儆箴戒之助是也。戒逸欲之目五：曰沉湎之戒，曰荒淫之戒，曰盘游之戒，曰奢侈之戒，先以总论兼戒之是也。惟谨言行，慎威仪，二者无其小目。重妃匹之目四：曰谨选立之道，曰赖规儆之益，曰明嫡媵之辨，曰惩废夺之失是也。严内治之目四：曰宫闱内外之分，曰宫闱预政之戒，曰内臣忠谨之福，曰内臣预政之祸是也。定国本之目四：曰建立之计宜早，曰谕教之法宜豫，曰嫡庶之分宜辨，曰废夺之失宜鉴是也。教戚属之目二：曰外家谦谨之福，曰外家骄溢之祸是也。此皆目之胪列而有序者，后之人主，由目以审其纲，由纲以知其本，则圣学之渊源，治道之根柢，盖乎此矣。后明邱氏濬又作《衍义补》数十卷，不益征此书包孕之富哉！

《大学衍义补》考略

琼山邱氏文濬曰："《大学》为全体大用之学。真德秀剟取经传子史之言以衍其义，献之时君以端治本，然其所衍者止于格物致知，诚意正心，修身齐家，盖欲其举此而措之国与天下耳。臣窃以为儒者之学有体有用，体虽本乎一理，用则散于万事，必析之极其精而不乱，然后合之尽其大而无馀，因窃取真氏所衍之义，而补以治国平天下之要。其目凡十有三：曰审幾微，曰正朝廷，曰正百官，曰固邦本，曰制国用，曰明礼乐，曰秩祭祀，曰崇教化，曰备规制，曰慎刑宪，曰严武备，曰驭夷狄，曰成功化，盖兼本末，合内外，以成全体大用之极功也。今为详录其细目，曰审幾微者，则谨理欲之初分，察事幾之萌动，防奸萌之渐长，炳治乱之幾先也。曰正朝廷者，则正纲纪之常，定名分之等，公赏罚之施，谨号令之颁，广陈言之路也。曰正百官者，则定职官之品，颁爵禄之制，敬大臣之礼，简侍从之臣，重台谏之任，清入仕之路，公铨选之法，严考课之条，崇推荐之道，戒滥用之失是也。曰固邦本者，则蕃民之生，制民之产，重民之事，宽民之力，愍民之穷，恤民之患，除民之害，择民之长，分民之牧，询民之瘼是也。何以制国用？则贡赋之常，经制之式，市籴之令，铜楮之币，山泽之利，征榷之课，傅算之籍。鬻算之失，漕挽之宜，屯营之田是也。何以明礼乐？则礼仪之节，乐律之制，王朝之礼，郡国之礼，家乡之礼者是。何以秩祭祀？则郊祀天地之礼，宗庙飨食之礼，国家常祀之礼，内外群祀之礼，祭告祈祷之礼，释奠先师之礼者是。何以崇教化？则设学校以立教，明道学以成教，本经术以为教，一道德以同俗，躬孝弟以敦化，崇师儒以重道，谨好尚以率民，广教化以变俗，严旌别以示劝，集赠谥以劝忠者是。何以备规制？则都邑之建，城池之守，宫阙之居，囿游之役，冕服之章，玺节之制，舆卫之仪，历象之法，图籍之储，权量之谨，宝玉之器，工作之用，章服之辨，胥隶之役，邮传之置，道涂之备者是。至若定律令之制，制刑狱之具，明流赎之意，详听断之法，议当原之辟，顺天时之令，谨详谳之议，伸冤抑之情，慎灾眚之赦，明复仇之议，存钦恤之心，戒滥纵之失，非所谓慎刑宪乎？军伍之制，宫禁之卫，京辅之屯，郡国之守，本兵之柄，器械之利，牧马之政，简阅之教，将帅之任，出师之律，战阵之法，察军之情，遏盗之机，赏功之格，经武之要，非所谓严武备乎？内夏外夷之限，慎德怀远之道，译言宾待之礼，征讨绥和之义，修抚治御之策，守边固圉之略，列屯遣戍之制，四方夷落之情，非所谓驭夷狄乎？若所云成功化者，则圣神功化之极耳。凡此者，邱氏自谓譬之医书，前编则黄帝之《素问》，越人之《难经》。后编则张仲景金匮之论，孙思邈千金之方。随方治疾，惟所用之。不亦信哉！

诸史体例考略

有读史者请曰：诸史中人物之贞邪，政迹之善败，读者可考而知矣，不识其大凡体例，亦能提纲挈领而举之乎？曰：予孤陋，何能及此，然窃有闻焉。昔人谓《易》为未来之史，则《易》亦史也。文中子谓《书》、《诗》、《春秋》三者，同出于史，而圣人分焉，则此三经皆史也。史有二体，编年则始于《左传》，纪传则始于司马氏《史记》。吕氏云："论一时之事，纪传不如编年。论一人之终始，编年不如纪传。"千古作史者，无能出此二体矣。史有四例：有从实之例，则有是事而书是事者也。有变法之例，则无是事而书是事者也。有省文之例，则有事相重而不复书者也。有存阙之例，则无事相涉，而有特书者也。此马班作史之例，而后世因之者也。刘氏知几："诗史有三长，才、学、识是也。"又谓：史有三等，彰善贬恶，不畏强御，若晋董狐、齐《南史》，其上也。编次勒成，蔚为不朽。若鲁左丘明、汉司马迁，其次也。高才博学，各重一时。若周戎夫，楚倚相，其下也。又谓：史家流别有十，一偏 记，二小录，三逸事，四琐言，五郡书，六家史，七别传，八杂记，九地理，十都邑簿也。唐六典载史有十三类，曰正史，以纪纪传表志。曰古史，以纪编年系事。曰杂史，以纪异体杂记。曰霸史，以纪伪朝国史。曰起居注，以纪人君动止。曰旧事，以纪朝廷政令。曰职官，以纪班序品秩。曰仪注，以纪吉凶行事。曰刑法，以纪律令格式。曰杂传，以纪先贤人物。曰地理，以纪郡国山川。曰谱系，以纪世族继序。曰略录，以纪史条策目是也。汪藻日历有四类，曰年表，曰官阀，曰政迹，曰凡例是也。若夫《朱子纲目》则其义有六，其例一十有九。六义者，一曰表岁以首年，二曰因年以著统，三曰大书以提要，四曰分注以备言，五曰纲仿《春秋》而参取众史之长，六曰目仿左氏而稽合诸儒之弊是也。十九例者，一曰统系，如正统，列国篡贼建国，无统不成君，小国之类是也。二曰岁年。三曰名号，如正统，僭号篡弑，无统不成君之类是也。四曰即位，如建都，起兵加号，传国之类是也。五曰改元，如后唐石晋之间，温公旧例殊为颠错。六曰尊立。七曰崩葬，如陵庙追尊，改葬之类。八曰废徙，谓下废上者，其上废下，自入废黜例。九曰篡贼。十曰祭祀，如郊祀、封禅、宗庙、杂祭祀、冠昏、举盛礼、宴享、学校之类。十一曰行幸，如巡狩、田猎、奔走之类。十二曰恩泽，如制诏、更韦、戒谕、遗诏、遣使巡行之类。十三曰朝会，如聘问、和好、游说、交质、割地、降附、贡献之类。十四曰封拜，如选举、赏赐、殊礼、征聘、录子孙、赐爵、赐姓之类。十五曰征伐，如叛乱、僭窃、夷狄、遣将、师名、战阵、胜负之类。十六曰废黜，如后妃、太子、诸王、国除之类。十七曰罢免，如囚系，流窜、诛杀、宽宥之类。十八曰人事。十九曰灾祥是也。至其有所谓变例者，盖达权通变，不悖常经，委曲折衷，归于至正，此志士仁人之所无如何，抑亦作史者扶伦纪维人道之苦心矣。

廿二史外史考略

或谓史家体例，既闻命矣，不知甘二正史之外，何史为尽善而当急读，何史亦善而当兼读，何史虽工而可缓读，敢问？曰：是可考而知也，自有十七史后，会众史而剪裁之，经纬之，令法戒昭然者，司马温公之《资治通鉴》也。组织诸史，各成一事，以年从事，原委昭晰者，袁机仲之《纪事本末》也。禀《春秋》之心法，而集史学之大成者，朱子之《纲目》也。温公《稽古录》所以补《资治》之阙，而李氏焘之长编，其温公之后劲与？金氏履祥之前编，商氏辂之后编，所以补《纲目》之缺，而尹氏起莘之发明，刘氏友益之书法，抑又朱子之功臣也。此史之尽善，而学者所当急读也。外此有荀氏悦之《前汉纪》，袁氏宏之《后汉纪》，皆取裁于两《汉书》，而删其支蔓，纲维名义，贤于班、范书远矣。刘氏知几官秘书监，作《史通》二十卷，商确史篇，区分类聚，于班马以下诸书，摘瑕剔疵不少贷，自取《白虎通》命名，其有得于三长良允。苏氏辙之《古史》，凡七本纪，十六世家，三十六卷，补子长阙而正其误，录圣贤之遗意，而得失成败之故亦备矣。吕氏祖谦之《大事记》，起春秋，讫五代，参稽百家，增损尽善，可谓得其要领，而其十七史详节，删繁撮要，贞慝不爽，亦考道博古之鹄。陈柽之《通鉴续编》分世编、外编、新编，为二十四卷，述近理而去繁辞，殆亦直书见义者。范氏祖禹《唐鉴》，于唐事详而有节。薛氏应旂之《宋元通鉴》，谓经亦载事，史亦载道，经史不可殊观，则其立言为有本。后此惟明马氏阕之绎史，经经纬史，断自先秦而止，盎然古色。汉以下，弃若敝帚矣。凡此者，非史之善而可兼读者乎！舍是自《国策》长短，《吴越春秋》而后，若习鉴齿《汉晋春秋》，崔鸿《十六国春秋》，刘恕《外纪》，罗泌《路史》，李槃《世史》诸书，纪载皆夥。其中惟凿齿之正统归蜀，为能开帝蜀寇魏之先声。又惟李槃之黜吕氏、武氏、陈霸先、朱温、石敬塘之正统，而以归之汉少帝，唐庐陵，后梁萧王，两唐李氏，能得诛乱臣贼子之正法。其馀多钩深致远，纪怪搜荒，虽其为书，亦各有义例，亦各具学识，然既不能出涑水紫阳之范围，又徒逞博洽，而无以为世道人心之助，则其书虽工，学者亦俟有馀力而后及之可也。

诗体缘起考略

问：诗家之体殊矣，请问其所自始。曰：未有诗以前，风雨、山川、草木、鸟兽，无非诗也。及唐虞击壤有歌，喜起有咏，而诗以权舆焉。嗣是有涂山氏之《候人》歌，而南音以始。有有娀氏二女之《燕飞》歌，而北音以始。有孔甲《破斧》歌，而东音以始。有辛馀《靡济昭王》歌，而西音以始。自是而后，歌谣日繁，而三百篇为最备。后之作诗者，皆缘此起焉。如二言体，则《鲿鲨》、《蹲鲂》、《肇禋》、《祈父》之类是也。三言体，则《螽斯羽》、《殷其靁》、《摽有梅》、《江有汜》、《振振鹭》、《山有枢》、《园有桃》之类是也。四言体，则三百篇居多是也。五言体，则《我受命溥将》、《宅殷土芒芒》、《肇域彼四方》、《维以不永怀》、《风雨所漂摇》、《谁谓雀无角》、《舒而脱脱兮》、《桑者闲闲兮》之类是也。六言体，则《帝命式于九围》、《作都于禹之绩》、《我姑酌彼金罍》、《是以有衮衣兮》、《置之河之干兮》、《俟我于著乎而》、《政事一埤益我》之类是也。七言体，则《仪式刑文王之典》、《以燕乐嘉宾之心》、《还予授子之粲兮》、《胡取禾三百廛兮》、《遭我乎猺之间兮》、《如彼筑室于道谋》、《送我乎淇之上矣》之类是也。八言体，则《十月蟋蟀入我床下》、《胡瞻尔庭有悬貆兮》、《我不敢效我友自逸》之类是也。九言体，则《（洞）〔泂〕酌彼行潦挹彼注兹》之类是也。外此而有“两鳌尔女士”，

“两鼓瑟鼓琴”，“两共武之服”，“两维其有章矣”，“两乘其四骆”，“两人而无仪”，“两嘅其叹矣”，“两在我室兮”，“两谓他人父”，“两彼留子嗟”，“两美无度”，“两其谁知之”，“两其马跻跻”之类。其叠句体乎？“有客有客”，“敬之敬之”，“采薇采薇”，“黄鸟黄鸟”，“归哉归哉”，“简兮简兮”，“式微式微”，“怀哉怀哉”，“其雨其雨”，“硕鼠硕鼠”，“采苓采苓”，“有驱有驱”之类。其叠两半句为句体乎？有“琴瑟友之，钟鼓乐之”为一章，“敦弓既坚，敦弓既句”为一章，“谁谓尔无羊，谁谓尔无牛”为一章，“维南有箕，维北有斗”为一章，“凤凰鸣矣，梧桐生矣”为一章，“岂其食鱼，岂其娶妻”为一章。其一章两对体乎？又如《绵》之连用四“予曰”，有《生民》连用数“实”字，《鸱鸮》连用十“予”字，《北山》连用十二“或”字，《蓼莪》连用九“我”字之类。其叠调体乎？又有上章末句，即为下章首句。如《文王》篇之“不显亦世”，“侯于周服”，“无念尔祖”，“骏命不易”诸句。《下武》篇之“王配于京”，“成王之孚”，“受天之祜”诸句。《既醉》篇之“介尔昭明”，“公尸嘉告”，“摄尔威仪”，“永锡尔类”，“永锡祚胤”，“景命有仆”诸句之类。其上下章法蝉联体乎？至《诗》之有正有变也，其正也，始于景星卿云之咏，而雅颂继之，而后世之正者因之。其变者始于《五子之歌》，而变风变雅继之，而后世之变者因之，此《诗》之各体所自起也。若夫后世乐府之作，则始于汉高帝自制三候章，而房中所奏，则制自唐山夫人也。郊庙歌辞，则始自汉武帝郊祀十九章，而李延年为协律也。恺乐歌词，则汉有朱鹭等二十二曲，谓之短箫铙歌，亦名黄门鼓吹，始之也。燕飨歌词，则汉明帝所定黄门鼓吹，及食举诸曲，始之也。琴曲歌词，则五曲、九引、十二操，多后人拟作耳。相和歌词，则魏明分为二部，晋荀勖采为清商三调，所谓清调、平调、瑟调，以及楚调者，其先声也。古诗始于十九首，四言古始于韦、孟，五言古始于苏、李，七言古始于汉柏梁，律诗始于阴何，而歌行吟引之类，纷纷作矣。此皆《风》、《雅》、《颂》之支分派别日变而日新者，而其体亦往往离乎其宗矣。

各体文章缘起考略

问：诗赋词曲之缘起，既闻命矣，不识如誓、诰、命、训、谕、敕、令、教、批答、玺书、诏、制、册、表、策、奏疏、露布、议、启、笺、檄、弹文、封事、书、记、序、论、说、义、释、辨、原、戒、引、志、题、跋、箴、铭、颂、赞、七、问对、连珠、传、行状、谥议、碑文、墓碑、墓表、墓志、阡表、诔、哀辞、祭文、吊文、杂著诸体，其缘起亦可〔稽乎〕①？曰：可。《书》有禹、稷、契、皋陶之命，有征苗之誓，有汤诰、伊训矣。周穆王命其臣受敕宪矣。《春秋》传有周天子之谕告诸侯，有季武子之以玺书告鲁公矣。汉则天子言称制。秦法，皇后、太子之言称令，王侯之言称教。诏始自秦。册封则起于汉武之册封齐、燕、广陵三王。批答则起于唐太宗之□□答也。对策则自汉之晁错、董仲舒始。表则自孔明之出师始，启则自魏曹植等始，笺则自班固、广平王始，露布则自汉贾洪为马超代曹操作始。奏疏即古之陈谟，秦初改上书为奏。而疏则自贾谊之政事疏始。《周书》曰“议事以制”，而议以昉焉。战国张仪为檄告楚相，而檄以作焉。封事起于汉刘向等之言密事。弹文起于汉王遵等之劾权奸也。书则自春秋郑子家告赵宣子始也。其复书也，自左昭六年郑铸刑书，

①底本缺损，据下文补。

而子产复叔向书始也。《禹贡》顾命乃记之祖，后韩退之作最善。序始于《诗》之大小序，论始于贾傅之《过秦》，说始于孔子之《说卦》，解始于扬雄之《解嘲》，辨始于昌黎之《辨讳》，柳州之《辨桐》，封原始于昌黎之五原，戒始于帝尧“战战栗栗”之戒，箴始于《虞〔书〕》之箴。黄帝有铭六篇，今不传，传者自汤盘铭始题。跋则始于韩、柳之读某书某文而题其后也。宗庙之有颂也，自商人始也。朝廷之有颂也，自祝雍作《成王冠颂》始也。司马相如始作赞，以赞荆轲。枚乘作七发，始有七。宋玉对楚王问，始有问对。《尔雅》诸篇名释，始有释。司马迁创《史记》列传，始有传。汉丞相傅胡干状杨原伯，始有行状。李斯刻峄山石，始有碑文。引则自班固之有典引始。志则自《汉书》之十志始。扬雄综述碎文，肇为连珠，而班固、贾逵继作。《戴记》有《冠义》、《昏义》等篇，而义作焉。伊耆氏《蜡祭》，有“土反其宅，水归其壑”之祝，而祝文作焉。唐以书判取士，而判兴焉。文则倡于韩之《送穷》，柳之《乞巧》也。杂著则倡于韩之《杂说》也。祷尔上下之诔，自古有之，而哀公之诔孔子，柳下惠之妻诔其君子，其继起也。谥议则起于楚之议谥共王，卫之议谥贞惠文子也。自汉杜子夏勒文埋之冢侧，而墓志作焉。至蔡邕之于范史云，始加以铭矣。墓表起于东汉时，立谒者景君墓表，与碑碣同。阡表则起于汉京兆尹曹氏，表其道曰京兆阡也。哀辞则起于班固之《梁氏哀辞》。吊文则昉于贾谊之吊屈原也。此皆稽其创始之人，不知其人，则稽其代，而知其所缘而起者，纵后人文心才思变化不羁，然其千支万派，汹涌奔腾，而始则发源星宿，终则朝宗于海者，岂能外是哉！

骚赋七诗体考略

诗赋源流，予考古编载之详已。今为考其体焉。陆士衡《文赋》云："诗，缘情而绮靡，赋，体物而浏亮。"自屈原作离骚而后，拟楚辞者九家，则宋玉之《九辨》、《招魂》，景差之《大招》，贾谊之《惜誓》，淮南小山之《招隐》，东方朔之《七谏》，庄忌之《哀时命》，王褒之《九怀》，刘向之《九叹》，王逸之《九思》是也。赋有二十体，范希文赋《林衡鉴》，所谓叙事、颂德、纪功、赞序、缘情、明道、祖述、论理、咏物、述咏、引类、指事、析微、体物、假象、旁喻、叙体、总数、双关、变态是也。唐《志》有《七林》，如枚乘《七发》，傅毅《七激》，崔骃《七依》，崔琦《七蠲》，马融《七厉》，张衡《七辨》，傅休奕《七谟》，曹植《七启》，张协《七命》，陆机《七证》，刘劭《七华》，颜延之《七绎》之类是也。诗有二十四名，元稹乐府古题序，谓曰赋，曰颂，曰铭，曰赞，曰文，曰诔，曰箴，曰诗，曰行，曰咏，曰吟，曰题，曰怨，曰叹，曰章，曰篇，曰操，曰引，曰谣，曰讴，曰歌，曰曲，曰词，曰调，皆诗人六艺之馀也。博学宏词十二体，若制，若诰，若诏，若表，若露布，若檄，若箴，若铭，若记，若赞，若序，若颂，宋绍兴之制可征也。严沧浪谓诗有十八体，则始于《国风》，而三颂，而二雅，而离骚，而古乐府，而古选，如十九首。后汉末有曹氏父子及邺中七子诗，为建安体。魏接建安，为黄初体。魏嵇、阮诸人为正始体。晋潘左二张一陆，为太康体。宋颜、鲍、谢诸公，为元嘉体。齐诸人，为永明体。通两朝为齐梁体。通魏周与齐梁，为南北朝体。唐袭陈隋之迹，为唐初体。景云以后，开元、天宝诗，为盛唐体。唐末为晚唐体。

江西派黄山谷、苏东坡、陈后山、刘后村、戴石屏所作，为宋元祐体也。若唐三十六体者，则以李商隐、温庭筠、段成式三人，皆以行第十二，合而得名耳。至若情深而不诡，风清而不杂，事信而不诞，义直而不同，体约而不芜，文鹿而不淫，则刘勰所云六义，其括诗文之宗旨也乎！

诗文屡变考略

天运之风气日开，人心之才〔气〕日发，诗文之不能不变者，势也，亦理也。沈约谓：汉魏四百馀年，词人才子文体三变，则相如之形似，班彪、固之情理，子建、仲宣之气质是也。唐文艺传谓唐〔三〕百年，文章无虑三变，高祖、太宗平大难，沿江左馀风，故王、杨为之伯。玄宗好经术，崇雅默浮，则张说、苏显擅其宗。大历、正元间，美材辈出，法度森严，则韩愈倡之，柳宗元、皇甫湜、李翱等和之也。《唐诗品汇》有初盛中晚之别，贞观、永徽之时，虞、魏诸公稍离旧习，王、杨、卢、骆因加美丽，刘希夷有闹帏之作，上官昭容有婉媚之体，此初唐之始制也。神龙以还洎开元初，陈子昂古风雅正，李峤文字宿老，沈、朱之新声，苏、张之大手笔，此初唐之渐盛也。开元、天宝间，李白之飘逸，杜子美之沉郁，孟浩然之清雅，王维之精致，储光义之真至，王昌龄之雄俊，高适、岑参之悲壮，李颀、常建之超迈，此盛唐之盛者也。大历、贞元间，有韦应物之雅澹，刘长卿之间旷，此中唐之再盛也。下暨元和之际，则有柳宗元之复古，韩愈之博大，张籍、王建乐府之故实，元稹、白居易序事之感慨，与夫李贺、卢仝之鬼怪，孟郊、贾岛之寒瘦，此晚唐之变也。降而开成以后，则有杜牧之豪纵，温庭筠之绮靡，李商隐之隐僻，许浑之偶对，他若刘沧、马戴、李频、李群玉之属，乃晚唐变态之极矣。总之，古今诗凡三变，自虞夏及汉魏为一等，自晋宋颜、谢及唐初为一等，自沈、宋定律诗及近今为一等。朱子谓唐初以前，诗有高下，而法稍未变，至律诗出而诗与法皆大变焉，斯诚尽乎诗之变故已。

各体文章法度考略

文章之各有体也，譬之治室者，庙与寝异，寝与堂异，而庙、寝、堂之中桷与榱异，节与棁异，盖各有体也焉，匠人不得师心自用也，亦（亦）如是。先正吴氏讷集《文章辨体》一书，袁氏宗道为之序，今为润色其说而约言之。谕告则以《左传》所载周□□告谕之辞为最，次则汉高入关告谕为坦易而入人也。玺书则汉文之赐〔赵〕佗，光武之赐窦融、冯异，能尽褒劝儆饬之旨。诏令惟两汉辞气深厚，温文尔雅，后世偶俪作而去古远矣。制敕以命官常定典制，□以播告四方臣民，总以典雅崇正显。大哉之王宫批答，则随臣下章□之意而温语裁答之也。册书以之封拜，如汉武之封齐燕，汉昭之赐韩福，光武之策邓禹，斯善矣。对策须学识醇正，根柢六经，董仲舒天人三策可法已。表以孔明《出师》，曹植《自陈》为善，后世多用骈俪体，大抵使事忌深僻，造语忌佻巧，笺亦略同。奏疏封事，贵殷勤恳到，自露忠爱之情，而贾山至言，贾谊政事，晁错言兵，刘向论事，为最优矣。露布则拔剑张弩，叱咤风云，期于耸人耳目。判则如老吏断狱，引据律例。弹文则字挟风霜，如汉王尊之劾匡衡，王义方之弹李义府可传也。议则集众议而决之，不可漏也。檄则辞连义显，插羽以迅示之，不可缓也。书者舒布其意，以致其往复之情，不可晦也。

记以记其年月事实，详其原委，如《禹贡》顾命之简，古记之祖也，正体也，韩、柳杂以议论而体变矣。序之为言次第也，如序文籍，必序作者之意。序赠送、燕集，必序其事而备其本末，要必得古人赠言之义。刘勰云："述经叙理曰论，凡论史论人论事，皆取辞精而义粹，故陈事则类乎奏议，释经则类乎传义，辨史则类乎赞传，评文则类乎序引。"论之为用广矣哉！义以发经书之蕴说，则荟萃义理而以己意折其衷，以纵横详赡为主，文则或散或韵或骚，如《北山移文》、《乞巧》、《送穷》皆是也。解期于批驳开脱，辨取乎醒世祛惑，原则考究其本原，箴则规戒之严切，铭则刻器物以自警，勒山石以纪功，或皆以韵语为之颂以扬乎功德。王□得贤，月颂善已。赞以评定品流，散行则祖班氏史评，用韵则宗东方朔传赞。七则雕刻词藻，如《七发》、《七启》者是。问对则如《客难》、《宾戏》、《解嘲》诸作，皆设词以自慰也。传以载一人之事，而有小传、家传、外传之别，要以可为法戒者，为体之正，若迁史作荀孟传而旁及诸子，范氏作《黄宪传》，无事迹而虚括其形，此其变也。至韩退之《七颖传》以文滑稽，则又变体之变也。题跋宜简明峭拔。行状本以状死者之世系名字，爵里行事，上之史官，后世竞为矫诬已。古人庙中有碑，止以系牲，后世祠庙、桥梁皆刻石为文矣。墓碑惟汉蔡邕作郭有道碑可以为式，凡碑碣表于外者，法宜典赡，志铭藏于圹者，法宜谨严，特书为撮其大节，细行勿琐录也。诔者，累也，累列其生前事迹以请谥，贵得其实也。哀辞、祭文皆以表哀悼之意，以情至为善，而用韵者多连珠，起于班固、贾逵体用四六而亦有韵。杂著则随作立名而无一定之体也。文体之有法如此。陆士衡《文赋》云：碑□文以相质，诔缠绵而凄怆，铭博约而温润，箴顿挫而清庄，颂优游以彬蔚，论精微而朗畅，奏平彻以闲雅，说炜煜而谲狂。

又，照人之闹曰诏，告谕令晓曰诰，上为下效曰教，思内表外曰表，领使不犯曰令。表饰曰笺，言志曰记，约信曰誓，孚合曰符。序言如意曰书，喻令皦然曰檄，舒其物理曰序，发难而答曰策，记其年代曰志，摹其德行曰状，喻美词丽曰连珠，举此而其馀皆可推而准之已。清又窃统而论之，文章之法，道二而已矣，一则文章必根乎理，理胜则气自充，词自畅。始终本末，议论自恺切。如饮醇酒者之发于颜面也。一则立言贵有关系，每下一语，必善者可劝，恶者可惩，绝去风云月露之习，方为有关世教。非然者，优人效孙叔敖抵掌惊楚王，而非真叔敖也。胡宽营新丰，鸡犬各识其家，而非真新丰也。即日效古人诸体，亦步亦趋而为之，然理不足而关系少，于作者之道，庸有当乎！若夫理何以足，关系何以深，此又存乎平日之学识已。

九溪拟诗法十则略

清非能诗，并非知诗者，窃拟诗法十则。从游者曾以之弁《锄经草》，今附载于此，以质同志。一诗发乎性情，则精神自畅。三百篇所以动人者，此也。否则不乐而强笑，终不改颐矣。不哀而强悲，终不流涕矣。一诗贵有气骨，诗之气骨，人之气骨为之也。其人刚介磊落，诗必似之。若靡靡然随波逐流，则不免作脂韦态矣。昔人干进乞怜诸诗，贻诮至今，亦气骨不劲耳。一文章必以理胜，诗赋乃有韵之文，六经谈义理极细，诸史分善恶最详，闻此道者自议论纵横，滚滚不竭，倘胸无根柢，而徒取材艺林中，纵极工尽妍，然风骨不凝，寻味甚短，亦潘、陆、温、李牢笼中物耳。于《国风》、《雅》、《颂》之旨，未之闻矣。一立言必关世教，或自写襟怀，或酬答来往，或感物而赋，皆必不诡乎正道，方不悖古人立教之旨，故小物亦可寄情，艳语亦可遣兴，但其归宿之处，必有劝戒，言方可传。一声调必称体裁，诗各有体，而声调随之，如五七律，自当按绳格。古诗自可任激宕，体也。或见昔人有变此者，遂以为别径而效之，往往以律诗而聱牙佶屈，以古诗而直率浅露，于体合乎？且学古人而拾其偶一为之者，可谓善学乎？一诗有结局煞句，乃一诗结构，或收拾通章，或另寻去路，总不可苟且了事。昔之大家亦有犯此者，虽无损其本事，然苍苍莽莽而来，至结则强弩之末，不穿鲁缟，神致索然，遂令通首雄健处亦为减色。李杜尚不免此，况其下乎！一取法必向乎上，诗如宋、金、元、明，尽多佳作，竟有冲突前贤者。然唐音独自矜贵，汉魏更觉古淡，后来许多播弄，许多（絙）〔渲〕染，皆不能脱其包孕，其故难言。学者自得之，觉（上）〔土〕饼尘羹，空足饱人，不耐咀嚼矣。一用事全贵能化，大家未尝不用事，然用之而绝无饾饤之迹。大抵质用不若借用，明用不若暗用，正用不若翻用，整用不若拆用，顺用不若逆用，直用不若横用。腐者新之，板者活之，生者熟之，直者揉之，散者抟之。以我用事，而不为事所用，此用事之法。一诗家之一助，一诗贵风雅宜人，彼以腐烂帖括为诗者，鄙已。然又有储材颇富，而亦词不成章者，生吞活剥，叠绿堆红，与空疏者等耳。此处见博洽之功，尤可征陶铸之力。一诗贵慎言，古人咏歌时事，皆立意温厚，出语和婉，令读者起忠敬之心。后世轻薄子，或不遇而生怨望，或不合而刺当涂，往往以文字贾祸，未闻道也。吾辈值此盛世，惟宜乘松风桂月，斗酒良朋，歌咏太平，或因时观物，偶有寄托，以示规箴，要不可有一毫讥讪之意、狂妄之想存乎其间。此士大夫安身立命之一节，并保家昌后之一端，不可不知。

考古略卷之五

日月交食考略一

日月异道，而有时相交，交则相犯，故日月递食。交在望前者，朔则日食，望则月食也。交在望后者，望则月食，后月朔则日食也。交正在朔者则日食，既前后望不食也。交正在望者月食，既前后朔不食也。大率一百七十三日有馀，而道始一交，非交则不相犯，故朔望不常有食也。道不正交，则日斜照月，故月光更盛。道若正交，则日冲当月，故月光即灭。譬如火斜照水，日斜照镜，则水镜之光旁照他物，若使镜正当日，水正当火，则水镜之光不能旁照矣。日之夺月，亦犯是也。日月同会，道度相交，月食是日光所冲，日食是月体所掩，故日食常在朔，月食常在望也。食有上下者，行有高下也，盖南下北高，月在日南，从南入食，则食起于下。月在日北，从北入食，则食发于高也。日食者，实是月映之，但日之所在，则月体不见，故云有物食之，阙于所不见也。又按朱子诗注云：日月一岁，凡十二会。方会则月光都尽而为晦，已会则月光复苏而为朔。朔后、晦前各十五日，日月相对，则月光正满而为望。晦朔而日月之合，东西同度，南北同道，则月揜日，而日为之食。望而日月之对，同度同道，则月亢日，而月为之食，是皆有常度矣。然王者修德行政，能使阳足胜阴，阴不侵阳，则行虽当食，而月常避日，所以当食而不食也，否则阴盛阳微，当食必食，虽曰行有常度，而实非常之变矣。苏氏曰："正阳之月日食，古犹忌之。"夏之四月为纯阳，故谓之正月。十月纯阴，疑其无阳，故谓之阳月。纯阳而食，阳弱之盛也。纯阴而〔食〕[1]，阴壮之盛也。按：此注可与前条相发明云。

日月交食考略二 采洪云来说及大统历法

日月如二环，其所行之道有经有纬，当朔日而日月之行，经纬同度则日食，望日而日月之行，经纬对度则月食。夫日明而月暗，日高而月下，暗者掩明，下者掩高，日之所以食也。然月虽掩日，而月之体不敌日之大，故其所掩者有及有不及。况里差有不同，加时有早晚，南北视之，固各异焉，未可一例测也。月食之故，西儒谓地景所隔，盖月无光，借日之光以为光，而晦朔弦望由之以生。若地影隔，则日光不相映而相食。先儒不察，以为日精正射，如火之中心有黑晕者，此暗虚之论，其实非也。夫地小于日，月又小于地，故月食之数，天下共见，惟加时之早晚，则以北极之出，地有高卑，子午圈之各地不同耳。交食之说，大略如此。其有先后之不伦者，阳光闪烁，先食而后见。阴光暗淡，先见而后食也。其有多寡之分者，日之入历，盈缩不一其度。月之入转，迟疾不一其行。日月之入交，浅深不一其数。而其食限不同者，则又阳历阴历不一其道也。若夫鲁襄公二十一年，连月而食。春秋二百四十二年，止记日食三十六。战国至秦，二百九十三年，止书日食七。其疏密之不等，皆推历之误也。盖交食无旷岁而不遇者，亦无连月而迭遇者，大约阅五六月而一值，故日食于朔，月食于望夜者固有之。月食于昼，日食于夜者亦有之。

---

[1]底本缺，据上文补。

卯酉二时，半食于地上，半食于地下，所谓带食者亦有之。要之交食有南北差，有东西差，有视差。明乎南北差，而后不失乎经。明乎东西差，而后不失乎纬。明乎视差，而后不失乎里差之远近。如是而推，交会之道思过半矣。抑清又读今《历象考成》一书，镕西法之数，入大统之规，又改定黄赤距度，添设白平象限、交食方位诸法，实从古所未有也。其法求实朔实望，因前后二时之日月实行为比例，昔之用平朔平望之实距弧者，未之及也。日月两心相距最近为食甚，两周初切为初亏，初离为复圆，皆用两径之斜距为比例，昔之用月距日者，未之及也。日食用图算，月之视行，不与白道成平行，其带食，日在地平，视差即圆之半径。月之视距，即为见食之深浅，昔之言视差者，亦未之及也。虽其数所差无多，而法实为最捷，他或因屡测而小变，或因屡算而益简，诚千古治历之善规，而司天所宜遵守者哉！

十干十二支考略

干取乎天，十者，象日之盈数也。支取乎地，十二者，象月之运行也。宋王氏逵曰：十干者，甲，万物之始，生气之原，草木初生，破土而出，必有两叶，叶中透气，故“甲”字象形，如两叶相抱也。乙者，甲既出，阳已露于上，根必盘下以为固，故“乙”字亦象形，如草木之根屈曲也。丙，火炎上而锐，长养于南离，炳然下虚而上齐，故“丙”、“丁”字皆平头。丁者，壮也。万物至盛夏皆壮，居正阳之位与阴相当，故丁又有相当之义。戊己者，万物依土而生，四行依土而立，戊配阳土，物得而茂，戊，茂也。又有成物之义，故能为物之始终。己为阴土，不能独为，必因阳以起用，己，起也，依物而起，从阳而始终之义尔。庚辛，西方金，气为秋，万物经夏而燥极，至秋金，则微阴始凉，物得更苏。庚者，更也。辛有新之义，金成实，物至秋而收敛，阳变阴而一新也。壬，妊也。物无终绝之理，物气至冬将尽，先含生意，至此而怀妊也。癸者，揆也。物出有归，闭藏为终，终遂天真，同归一揆也。此十干之义也。十二支者，子为一阳，北方至阴，一阳萌生气之端，故子者，孳也。含孳育之义。丑者，纽也。微阳虽生而尚弱，故形纽结而未能舒也。寅居东北，阴阳之交，离阴就阳，敷布条畅，寅者，演也。物至此而广演也。卯位正东，日出之所，融和之方，物至此而茂盛。卯者，茂也。辰，震也。阳气已盛，盛则动，动则变化生焉，物皆得遂其所也。已为纯阳，居生长之方，万物盛起，气浮于表，故曰已者，起也。午则阳极而阴初萌，阳出于上，阴潜于下，有相忤之意也。未者，阳过阴临，物已成实，有味存焉。未者，味也。申者，气历南维而阳极，至西南而阴始回，阴阳既调，物情得申，故申者，伸也。酉者，酋也。阴之首为酋长，阴气所敛，万物就绪也。（戍）〔戌〕者，灭也。阳至此将灭，九月霜陨木衰，水泉即涸也。亥，纯阴既极，物不终尽，荄核独存，荄，根也。核，种也。茎叶虽败，根种自存，生生之义也。此十二支之义也。

章蔀纪元考略

古历法以章蔀纪元为宗，十九岁为章，至朔同日，四章为蔀。至朔同在甲子日，二十蔀为纪。至朔同在甲子时，三纪为元。至朔年月日时，同在甲子，谓之历元。徐应秋曰：“摄提迁次，黄龙移辰，谓之岁。岁首至也，月首朔也，至朔同日谓之章，同在日首谓之蔀，蔀终六旬谓之纪，岁朔又没谓之元。”扬雄《太玄》：

十九岁为一章，一章者闰分尽也，盖月行二百五十四周，日行十九周而复会。四章为蔀，蔡邕《月令》章句七十六年为蔀首是也。二十蔀曰纪，《纪法》一千五百二十年。三纪为元，韩子谓四千五百六十年为元是也。太史公以千五百年为纪，东汉《志》以二十蔀为纪，计一千五百二十年。西汉《志》又以一千五百三十九年为统，统即纪也，太史公以小变、中变、大变之纲言之。东汉《志》以章蔀实数推之，而班《志》除闰月亦以年纪之，故有盈缩之异耳。

岁阳、岁名、月名、月阳、岁星考略

尝读虞喜《天文论》，见有岁月雄雌之说，大抵以十干为岁阳，故谓之雄。十二支为岁阴，故谓之雌耳。《尔雅》：太岁在甲曰阏逢，乙曰旃蒙，丙曰柔兆，丁曰强圉，一作圉。戊曰著雍，己曰屠维，庚曰上章，辛曰重光，壬曰玄黓，音弋。癸曰昭阳，谓之岁阳。在寅曰摄提格，卯曰单阏，辰曰执徐，己曰大荒落，午曰敦牂，未曰协洽，申曰涒滩，酉曰作噩，戌曰阉茂，亥曰大渊献，子曰困敦，丑曰赤奋若，谓之岁名。在后唯太史公历书用之，而岁有不同，如阏逢为焉逢，旃蒙为端蒙，柔兆为游兆，疆圉为疆梧，著雍为徒雍，屠维为祝犁，上章为商横，重光为昭阳，玄黓为横艾，昭阳为尚章，大荒落为大芒落，协洽为汁洽，涒滩为汭汉，作噩为作鄂，阉茂为淹茂。大渊献、困敦相互易。赤奋若，乃为赤奋若。《尔雅》又有月名、月阳。正月为陬，二月为如，三月为窉，四月为余，五月为皋，六月为且，七月为相，八月为壮，九月为玄，十月为阳，十一月为辜，十二月为涂，此月名也。月在甲曰毕，在乙曰橘，在丙曰修，丁曰圉，戊曰厉，己曰则，庚曰窒，辛曰塞，壬曰终，癸曰极，此月阳也。又有所谓岁星者，《史记·天官书》：在寅曰监德，卯曰降入，辰曰青章，己曰跰踵，午曰开明，未曰长列，申曰大音，酉曰长主，戌曰天雎，亥曰大章，子曰天泉，丑曰天晧，此又岁星之目也。考之典籍，惟历书谓太和十月为毕聚。《离骚》云：摄提正于孟陬。他未尝称引。许慎曰："岁阳阏逢，言万物锋芒欲出，壅遏未通也。"旃蒙，万物遏萌甲也。柔兆，万物皆生枝布叶也。疆圉，万物刚盛。著雍，位在中央，万物孳养四方也。屠维，万物各成其性也，屠，别也。维，离也。上章，阴气上升，万物毕生也。重光，万物成熟，其色皇皇也。玄黓，岁终包孕万物也。昭阳，阳气始萌，万物合生也。岁名，困敦，阳气混沌，万物萌蘖也。赤奋若，阳气奋迅，万物而起，无不顺，若其性也。摄提格，言万物承阳而起也。单阏，阳气推万物而起，阴气单尽阏止也。执徐，伏质之物，皆散舒而出也。大荒落，言阳气充大，将荒治而落成也。敦牂，万物敦盛牂壮也。协洽，阴阳化生万物，协和洽合也。涒滩，万物皆涒大，滩修其声气也。作噩，万物皆陊落也。阉茂，万物揜蔽茂冒也。大渊献，万物终大，渊深藏窟，以迎阳气也。馀未之及。《资治通鉴》专取阳岁名以冠年。韩退之诗"岁在渊献牵牛中"。王介甫《字说》言疆圉，自馀亦无说。《左传》所书"岁在星纪，而淫于玄枵。岁在降娄，降娄中而旦。岁在陬訾之次，岁五及鹑火，岁在颛帝之虚，岁在豕韦，岁在大梁"。皆用岁星次舍言之。司马倬跋温公《潜虚》，其末云：乾道二年，岁在柔兆、阉茂、玄黓、执徐月，极大渊献日，谓丙戌年，壬辰月，癸亥日，以岁名施于月日，尤为不然。

太岁岁星考略

《周礼》冯相氏：掌十有二岁。保章氏又云：十有二岁之相。郑注：岁谓太岁岁星，与日同次者。贾疏：冯相氏之十二岁，谓太岁左行于地者。王氏详说曰：在天有岁星，在地有太岁。岁星右行，太岁左行，在斗曰星纪，女曰玄枵，至箕曰析木，此所谓岁星右行也。在寅曰摄提格，卯曰单阏，至丑曰赤奋若，此所谓太岁左行也。左行者，自东而南而西而北。右行者，自北而西而南而东。贾疏：岁星为阳人之所见，太岁为阴，人所不见，虽右行左行不同。要行度不异，故举岁星以表太岁。凡岁星与日同次之月，一年之中，惟于一辰之上为法，如元年甲子十一月朔旦冬至，日月五星，俱赴于丑牵牛之初，是岁星与日同次之月。十一月斗建子，子有太岁。至明年，岁星移向子上，十二月日月会于元枵。斗建丑，丑有太岁，自此以后皆然。易氏祓曰：先郑以保章氏之十二岁为太岁，后郑谓太岁所在，岁星所居，二者并行不悖。然《春秋》所述殀祥，则皆岁星也。襄二十八年，岁在星纪，而淫于玄枵，梓慎以为宋郑必饥，裨灶以为周楚所恶，非岁星乖次之所应乎？昭三十二年，岁在星纪，而吴伐越。史差以为不及十四年，越其有吴，以岁星十二年一周，存亡之岁，不过三纪，非岁星顺次之所应乎？保章氏言十二岁之相，相有赢缩晕角之变，而妖祥应，岂太岁可以并言哉！案：太岁十二年一周，木星行天，亦十二年一周，有似太岁，故名岁星，是岁星因太岁而得名，而太岁究无与于岁星也。冯相氏之十二岁专属太岁，保章氏之十二岁专言岁星，不可混也。又案《尔雅》：十干为岁阳，十二支为岁阴《天官书》：岁阴在寅，则太岁即岁阴，岁阴即岁支。疏所谓行于地者，即地支也。

星土分野考略

《周礼》保章氏以星土辨九州之地，所封封域，皆有分星，以观妖祥。自斗十一度至婺女七度，一名须女，曰星纪之次，于辰在丑，谓之赤奋若，于律为黄钟，斗建在子，于州为扬，今吴越分野，自婺女八度至危十六度，曰玄枵之次。一名天鼋，于辰在子，谓之困敦，于律为大吕，斗建在丑，于州为青，今齐分野，自危十七度至奎四度，曰豕韦之次。一名娵訾，于辰在亥，谓之大渊献，于律为太簇，斗建寅，于州为并，今卫分野，自奎五度至胃六度，曰降娄之次。于辰在戌，谓之阉茂，于律为夹钟，斗建在卯，于州为徐，今鲁分野，自胃七度至毕十一度，曰大梁之次。于辰在酉，谓之作噩，于律为姑洗，斗建在辰，于州为冀，今赵分野，自毕十二度至东井十五度，曰实沈之次。于辰在申，谓之涒滩，于律为仲吕，斗建在己，于州为益，今晋分野，自井十六度至柳八度，曰鹑首之次。于辰在未，谓之协洽，于律为蕤宾，斗建在午，于州为雍，今秦分野，自柳九度至张十七度，曰鹑火之次。于辰在午，谓之敦牂，一名大律，于律为林钟，斗建在未，于地为三河，今周分野，自张十八度至轸十一度，曰鹑尾之次。于辰在已，谓之大荒落，于律为夷则，斗建在申，于州为荆，今楚分野，自轸十二度至氐四度，曰寿星之次。于辰在辰，谓之执徐，于律为南吕，斗建在酉，于州为兖，今郑分野，自氐五度至尾九度，曰大火之次。于辰在卯，谓〔之单〕① 阏，于律为

①据上海图书馆藏稿本补。

无射，斗建在戌，于州为豫，今宋分野，自尾十度至斗十度，百三十五分而终，曰析木之次。于辰在寅，谓之摄提格，于律为应钟，斗建在亥，于〔州〕[1] 为幽，今燕分野。主分野之说者，以岁在鹑火，伶州鸠曰：岁之所在，我有周之分野，则周属鹑火也，岁在实沈。董固曰：实沈之次，晋人是居，则晋属实沈也。岁淫于玄枵，而裨灶知楚子之将死，且曰岁弃其次，而旅于明年之次，以害鸟帑，周楚恶之。帑，鸟尾也，则楚属鹑尾矣。星见大辰，而梓慎知宋[2]之将火，且曰宋大辰之墟，郑祝融之墟，皆火序也。辰为大火，则宋属大火矣。此则分野之说，为不疑矣。辨分野之诬者，则曰吴越南而星纪北，齐东而玄枵北，卫东而娵訾北，鲁东而降娄西。周宅中土，而柳星乃在南，秦在西北，而井鬼乃在西南，觜参在西，晋在东北，以觜参为晋可乎？角亢东宿，郑在荥阳，而属于角亢可乎？昴毕西宿，赵居河朔，而属于昴毕可乎？又曰：牛女北也。《史记》谓之扬州。虚危北也，《史记》谓之青州。昴毕西也，《史记》谓之冀州。奎娄西也，《史记》谓之徐州。晋，冀州之国也，乃不属冀而属益。鲁，兖州国也，乃不属兖而属徐。此则分野之说，为可疑矣。然略分野之说而不信，则《周礼》不应有分土之辨。拘分野之说以为验，则左氏未免有傅会之诬。更以左氏考之，无冰之灾，何关于玄枵星纪，而梓慎以为宋郑之饥，日食之变，何与于豕韦降娄？而士元伯以为鲁卫之恶，星纪果同为吴〔越〕，则吴亦得岁，士墨何以谓之越得岁而吴伐之必受其凶。参墟果为晋分，则实沈为星，子产何以谓高辛之子而能为晋侯之崇。此又左氏之说不足信也。又以史册观之，四星娶牛女，而晋元王吴。四星聚觜参，而齐祖王魏。彗星扫东井，而

①②据上海图书馆藏稿本补。

苻坚亡秦。景星见箕尾，而慕容德复燕。此又分野之验，未可以尽略者也。贾公彦曰："吴越在南，齐鲁在东，岁星或北或南，不依国地所在者，此古者受封之月，岁星所在之神属焉耳。"孔颖达曰：《周礼》虽云皆有分星，不知其始谁实分之。星纪东兆吴越，实在东南。鲁卫在东方，边属戌亥之地。又三家分晋，方始有赵。而韩魏无分，赵独有之。汉《地理志》分郡国以配诸次，其地或多或少，鹑首极多，鹑火极狭，徒相传说，其源不可得闻矣。善乎叶氏时论之曰：星土分星，本不可以州国拘也，司徒只言十有二土，未尝斥言其所应者何次。保章氏言星土辨九州之地，不明言其所辨者何星。愚以保章观之，随其土之所属应其星之所临，故谓之星土。辨九州之地，非如郑氏所云十二邦系十二次也。随其国之所封，属其星之所在，故谓之所封封域皆有分星，亦非如贾氏"受封之月，岁星所在之神属焉"之说也。夫九州土应星土，则三百馀度皆有其验，岂特十二次已乎？封域皆有分星，则千八百国皆有所属，岂特十二国已乎？九州之土皆配星，九州之国皆有分，故因其星可以辨其州之地，因其分可以观其国之妖祥。保章氏之说，如是而已，岂必牵合傅会，定指后世郡国之名以求配之哉！昔孔子作《春秋》，日食星陨之变，无所不记，不必周鲁之分而后书也。五星聚东井，汉入秦之应也。崔浩尝言其不在十月。司马公作《通鉴》，因弃之而不取。欧阳公志唐天文，凡日食星孛之变，一一记之，而独不言其事应，亦岂拘拘于分野之说哉！

周正改时改月辨考略一

或问：周改正朔之义，子既详于考古编中矣，请复约而辨之。予应之曰：可。盖自颛顼建寅而后至商而改正建丑，周又改而建子，以天开于子，地辟于丑，人生于寅，三正皆可为统。子曰一阳，丑曰二阳，寅曰三阳。春者，蠢也。一阳蠢动于下，何不可以为春。正者，始也。子为十二辰之首，何不可以为始。孔子之欲行夏时者，乃从三代后折衷其义，见夏时之尽善，故言其当行为万世法，非欲改现在之周时为夏时，亦未尝借《春秋》之义，以默寓行夏时之意也。自何休注《公羊·获麟篇》，乃曰春言狩者，据鲁变周之春以为冬，去周之正而行夏之时。在何氏亦以建子为周之春，但疑春不当言狩，而曲为之辞，于是胡氏有以夏时冠周月之说。蔡氏书传力言周未改时，叶文康、陈永嘉、程四明、郑夹漈、吕汪野诸公皆因之，遂谓周改建而不改时月矣。予请以前后之经传正之。《商书》曰：爰革夏正。《易》曰：汤武革命。皆言革也。伊训惟元祀十有二月乙丑，序谓此太甲元年，注疏未尝以此十二月为岁首，则此十二月，乃夏之子月也。《春秋》隐元年，《左传》春王周正月，杜注言周，以别夏殷也。《公羊》何注：二月三月，皆有王者。二月，殷之正月。三月，夏之正月也。《左传》僖五年正月辛丑朔，日南至，是日至在子月，必非寅月而始日至矣。昭十七年夏六月朔，日有食之。太史谓日过分而未至，当夏四月，是谓孟夏，是改四月为六月也。昭十七年，梓慎曰："火出，于夏为三月，于商为四月，于周为五月。"改月可知也。昭二十年二月，日南至，岂冬至在夏之春二月乎！昭二十四年五月日食，昭子谓日过分而阳犹不克，非建辰之五月乎！《春秋》书桓十四年春正月，无冰。成元年二月，无冰。定元年十月，陨霜杀菽。必在子丑月无冰，酉日陨霜，方为异耳。若为夏之时月，则时令原未有愆忒，何为异而书之。《家语》：季康子问孔子曰："今周十二月，夏之十月，非改十月为十二月乎？"又祭有蜡，有蜡，《郊特牲》曰：蜡也者，十二月合祭万物而索飨之也。《月令》

曰：孟冬腊先祖五祀，劳农以休息之。郑氏谓："三代蜡皆以亥月。"故《记》谓葛带榛杖以送终，以亥月为岁终，非以子月为新岁乎？《月令》以夏时纪事，周腊在十二月，不适当夏之孟冬乎？《后汉书·陈宠传》曰：冬至之节，阳气始萌，天以为正，周以为春。十二月，阳气上通，地以为正。商以为春，非殷周皆易冬为春乎？朱子《孟子注》云：周七八月，夏五六月。又云：周十一月，夏九月也。周十二月，夏十月也。朱子于《四书注》字字称停，固必考之稔巳。历征诸经传之言，而周正之改时改月，凿凿如此。至孔子志切从周，必不擅加夏时于周月之上，而以大权曰予也。抑又无待辨矣。

周正改时改月辨考略二

或问：周正改时月，虽经传有明征，第虑时月一改，则一岁八节俱移将人事之乘时者，交失其序，岂圣人敬授人时之意乎？曰：《大传》载王者与民变革，立权度量，考文章，改正朔，易服色，殊徽号，异器械，别衣服，数者莫要于改正朔，以示受命于天，一天下之观听。若夫一切农桑之期，寒暑之事，分至启闭之宜，传自古风旧俗者，原未尝易也。是故《周礼》所载"上春，王后献穜稑之种，登麦于孟夏，登黍于仲夏，登谷于孟秋，尝稻于季秋"，是农用夏令也。仲春王后治蚕北郊，季春后妃躬桑，孟夏后妃献茧，是桑用夏令也。郊社用夏令，冬至圜丘，夏至方泽是也。祭先祖用夏令，春祠、夏禴、秋尝、冬烝是也。逆寒暑用夏令，中春、超羁中秋，击土鼓，吹豳诗是也。行火用夏令，四时变火，出火、纳火是也。凿冰用夏令，凌人十二月斩冰，春治鉴，夏颁，秋别是也。田猎用夏令，中春振旅，中夏茇舍，中秋治兵，中冬大阅是也。斩材用夏令，中冬阳木，中夏阴木是也。盖夏时协人事之纪，自唐虞授时而后，其耕耘收获之期，伏腊祈报之候，以及一切吉凶军宾嘉旅之制，三代相承。民情土俗，与节气相宜相习者，原未尝稍有变易，以炫民之趋向。惟是凡政教号令之颁，督责期会之令，凡宣之自上，承之自下，随时制宜。新旧变迁者，则必用周正建子之时月，于正月而悬之布之，于岁终而会之考之，以示更新之令甲。故其所称正月之吉，则是子月之吉，而非复寅月之吉，其所称岁终则是亥月之终，而非复丑月之终，此昭代之宪章，非若民事之习，而不可变者也。盖不可变者仍其常，可变者示其异。示其异者，一代之章程。仍其常者，万民之日用。事并行而不相悖，道在一而不相沿，又何虑乎人事之或乖也哉！若夫《周礼》有正月，有正岁。不同者，建子之月，谓之正月，所以明一代时王之正。建寅之月，谓之正岁，所以明天运时序之正也。亦犹乎改正之义而已矣。

周正改时改月辨考略三

或又曰：子谓周改时月，而民事如故是已，其如《商书》之元祀十二月，《国风》之《七月》，《雅》之《正月》、《十月》、《四月》、《小明》，《颂》之《臣工》，《鲁论》之《暮春》诸篇，俱可通乎？曰：以周正建子之时月推之，无不可通也。《伊训》及诸诗、《鲁论》之言，惟《七月》一诗就公刘时为夏正，诸侯用夏时而言，其馀则皆周时也。《伊训》之十二月，乃夏之十一月。以十二月为元祀者，殷礼尚质，故汤崩逾月而即改元，不俟来年而后改也。十月之交，乃夏之酉月也。苏氏谓十月纯阴，阴壮日食，此言未安。《左传》云：唯正月之朔，慝未作。日食，用牲伐鼓。

又云：日过分而未至，三辰有灾，君不举，乐奏鼓。由此观之，日食皆为灾，唯正阳己月为甚耳。考班固《五行志》及杜预传注皆然，未闻以纯阴亥月并言也。且阳事不得，谪见于天，日为之食。忧时者因变致讽，岂必其为纯阴之月也，是其为酉月无疑也。正月繁霜，则《传》所谓正阳之巳己月也。四月维夏，六月徂暑。四月，卯月也。六月，己月也。卯月为周之首夏，六月宜暑而暑。反既往而徂，是阳舒不胜阴惨，故次章所谓秋，亦午未申月也，所谓冬亦酉戌亥月也。当午未申月，而乃凄凄然百卉具腓，此阴之戾也。当酉戌亥月，而日反烈烈，非阳之愆乎？《小明》：二月初吉。又曰：日月方除。又曰：日月其奥。此二月，乃周正建丑月也。除者，除旧阴而生新阳也。奥与《尧典》"冬至厥民隩"之隩同，谓气寒而民聚居也，最合周时二月之候。况诗中云"采萧获菽"，乃夏正九月十月事，而遂言岁聿云暮，非周改为十二月乎？《臣工》诗，朱子谓戒农官作，当莫春而计新畬，明是周之莫春寅月。若夏之莫春，则时方播种，而始戒农，尚能及治此新畬乎？祈来牟之受厥明，而云将受者，预望其未然之辞也。钱镈则庤于目前，铚刈则观于秋后，正周时寅月之令，若至夏之莫春，而始命之治钱镈，则芟柞已过，耕事已完，此时治之，不太晚乎？夫夏之正月，曾皙所谓莫春也。汉项安世指冠者童子为舞人，而以为孟春祈谷之事，说虽不经，然祈谷则孟春事，亦可证夏孟春之改为周莫春矣。如谓正月尚寒，不可浴且风，不知其泉既温，则四时皆可就浴，不有严冬而坐汤泉者乎！条风解冻，又何不可披襟以风也。凡此皆与周改时月之义无相悖者，然朱子作诗传，于苏氏阴壮之说亦尝取之，而于诸诗则皆以夏正为解者，盖朱子未定之论，而蔡氏书传用之耳。朱子之定论则曰：胡文定谓夫子以夏时冠周月，某未之敢信。据《周礼》有正月，有正岁，则周实是元改作春正月。又谓徒杠舆梁，古人只是寒时造桥，若是夏之十一月，十二月，寒时已过，何用更造桥乎？是周人改月明矣。朱子于《四书》，自谓平生精力尽在此书，至于《易》与《诗》，尚未暇更定而归于一。此诸诗夏正之解，正其自谓当更定者，固当以《四书》中周七八月，夏五六月，周十一月，夏九月，周十二月，夏十月之说为定论矣。考先儒杨龟山、吴仲迁、陈定宇、张敷言、史伯璿、汪克宽、赵汸、熊朋来、王守仁诸君子，皆力主改时月之说，而与朱子定论同，则纷纷之疑，不可尽释矣哉！

纳音解考略

《抱朴子》曰：黄帝审攻战，纳音古有之。音起于西商，故纳音甲子首金，犹六十律旋相为宫法也。凡气始于东方而右行，音起于西方而左行，阴阳相错而生变化。所谓气始东方者，四时始于木，右行转火，火传土，土传金，金传水也。所谓音始西方者，五行始于金，左旋 传火，火传木，木传水，水传土也。盖纳音与《易》纳甲同法，乾纪甲而坤纪癸，始于乾而终于坤。纳音始于金，金，乾也，终于土。土，坤也。今法曰：纳音，按支位隔八相生，分三合三元，依序排列。首金者，金声最清也，其位为羽，羽，五音初轮之音也。观天气倚乎地，则十千顺布。用地支六气，尊六甲以为头，逐地而右转。察地位负乎天，则十二支逆排，用天干五运，列五子以为首，随天而左旋。堪舆家曰干支相因（遁）〔循〕，演成六十。施于罗经内盘，名曰地纪。用于土圭外盘，名曰天纪。重六十而百二，名曰分经，皆宗纳音五行也。此今法也，与前法异。予按：汉《志》有五奇胲，用兵刑德，一行以定八山，即八山二十四向，乃古吹律听军声，定姓之法，触机于微至之门者也。考宋王逵论纳音之义曰："万物之所以生者由气，气者何?金也。金受气，顺行则为五行之体，逆行则为五行之用。顺行为体者，金生水，水生木，木生火，火生土。冬至起历之元，自冬而春，春而夏，夏而长夏，长夏而归秋，返本还原而收敛也。逆行为用者，金出矿，而从革于火以成材，成材则有用，然火非木不生，必循木以继之。木必倚水以滋荣，水必托土以止畜。故木而水，水而（上）〔土〕，至土而定位，故大挠造甲子，分配五行为纳音，盖金能受声而宣气故也。"法曰：甲娶乙妻，隔八生子，子生孙，而后行继代，其位初一曰金，金为气居先，甲为受气之始。甲娶乙妻，隔八壬申为子。壬娶癸妻，隔八生庚辰为孙。庚娶辛妻，隔八生戊子。火代其位，壬申癸酉剑锋金，庚辰辛巳白蜡金，故为子孙。戊子己丑霹雳火，故为代，次二曰火，次三曰木，次四曰水，次五曰土，俱仿此。隔八生子，子娶妻而隔八生孙，孙又娶妻而隔八生子，而后次行代其位。至土而金复代其位，是故有五子归庚之说。道家取其义，用配五方之位，自子干头，数至"庚"字，则为其数起，例甲子金，自甲数至七逢庚，则西方金，得七气，戊子火，壬子木，丙子水，庚子土，俱仿此，是为五子归庚也。乃知金者受气之先，以逆行为用，故六十甲子纳音者，以究万物之用也。夫金为气之始，金有声，声宣气，是故乐必以金先之也。人身亦然，肺经为诸脏华盖，是以有纳音之义。其五行各行三转者，三生万物之义也。又考沈存中说云："纳音之法，自黄钟相生。"至于中吕而中，皆下生，谓之阳纪。自蕤宾相生，至于应钟而终，皆土生，谓之阴纪。盖中吕为阴阳之中，子午为阴阳之分也。又曰六十甲子有纳音，原其义，盖六十律旋相为宫法也。一律含五音，十二律纳六十音也。气始于东方，故四时始于木。音始于西方，故五音始于金。纳音之法，同类娶妻，隔八生子，此律吕相生之法。五行先仲而后孟，孟而后季，此遁甲三元之纪也。详见《源流乐制部》。参而考之，而纳音之道思过半矣。

帝王德运考略

闻之古曰有德者昌。又曰：应运而兴，德系乎人，运系乎天，天人合而德运成焉。主五德相生者，刘向之说也。主五德相胜者，邹衍之说也。或谓天之所与，圣人奉而不违，则皆为相生，或谓四时代谢。功成者退，则皆取相胜，究之二说皆偏也。考之于古，神农氏称炎帝者，火德也。轩辕氏为黄帝者，土德也。少昊氏称金天者，金德也。自神农以上为伏羲，则伏羲以木德始矣。自少昊而下为高辛，则高辛为水德矣。唐虞禅让，相生义不待言，是则唐虞以前，为相生之德也。夏得木德，殷得金德，周得火德，由是秦以后历代之德，皆取相胜焉。盖揖让则取相生之义，刘向之说是也。征诛则取相克之义，邹衍之说亦是也。古今运异，而所尚之德因之不必同也，要之皆天道而已矣。

阳九百六考略

《纲目集览》曰：考汉《律历志》三统闰法，初入元，百六阳九，凡四千六百一十七岁为一元。注云：此谓阳九之厄。百六之会，初入元，百六岁有厄者，则前元之馀气，若馀分为闰也。《汉书》音义曰：一元之中有九厄，阳厄五，阴厄四，阳为旱，阴为水，即入元百六岁有〔阳〕[1] 厄，故曰百六之会。《文选》注：气

①底本缺损，据上海图书馆藏稿本补。

有九，阳厄五，阴厄四，合为九。一元之中，凡四千六百一十七岁。又汉谷永曰："陛下得阳数之标季。"孟康注：阳九之末季也。徐应秋曰："洪景卢云：以历志考之，其各有八，初入元，百六曰阳九，次曰阴九，又有阴七阳七，阴五阳五，阴三阳三，皆谓之灾岁。大率经岁四千五百六十，而灾岁五十七。以数计之，每及八十岁，则值其一也。及考张世南、张湜之说，则曰四百五十六年为一阳九，二百八十八年为一百六。阳九，奇数也，为阳数之穷。百六，偶数也，为阴数之穷。与景卢所记有异。"又曰："后羿、寒浞之乱，得阳九之数七。周赧衰微，得阳九之数八。汉桓灵卑弱，得阳九之数九。隋炀灭亡，得阳九之数十。周宣父、厉子幽，得百六之数十二。敬王吴越相残，得百六之数十三。秦灭六国，得百六之数十四。东晋十六国分裂，得百六之极而反于一。五代乱离，得百六之数三。此所谓应者也。然舜、禹至治，得百六之数七。周成康得百六之数十二。小甲、雍己得阳九之数□，而百六之数九。帝乙、武丁得阳九之数六，不降，得百六之数八。盘庚、小〔辛〕[①]得百六之数十。汉明、章得百六之数十五。唐贞观得百六之数二。此则所谓不应者也。"《灵宝经》云：阳九百六，劫之大者也。阳极于九，故云阳九。阴极于六，故云百六，即阴六也。又《洞玄经》：天厄谓之阳九，地亏谓之百六。《海录碎事》：方丈西北，有阴成大山。沧浪之西，有阳长大山。此二山是阳九百六历数之标揭也，百六之运将至，则阳长水竭，阴成水架。阳九之运将至，则阴成水竭，阳长水架。汉《律历志》又曰：易穷则变，故有闰法。参天九，两地十，是为会数，参天数二十五，两地数三十，是为朔望之会，以会数乘之，则周于朔旦冬至，是

①底本缺损，据文意补。

谓会月，九会而复元。孟康注：会月，二十七章之月数也。九会者，谓四千六百一十七岁之月数也。所谓元月，《三统闰法》曰：初入元，百六阳九，次三百七十四阴九，百六与三百七十四合，六乘八之数也。次四百八十阳九，亦六乘八之数也。次七百二十阴七，九乘八之数也。次七百二十阳七，亦乘九八之数也。次六百阴五，次六百阳五，七八乘八之数也。夫七八得五百六十岁，八八得六百四十岁，以《易》爻七八不变，气不通，故合而数之，以通其气，使各得六百岁也。次四百八十阴三，次四百八十阳三，此六乘八之数也。凡四千六百一十七岁为一元，其中岁四千五百六十，灾岁五十七。如淳注：九六者，阳奇阴偶，九七五三，皆阳数也，故曰阳九之厄。一岁三百六十日，凡八十岁得一甲子冬至也。洪氏迈曰："一元有四千五百六十年，灾岁总五十七年，通为四千六百一十七岁。此一元之气终也，所以止用七八九六相乘者，以水数六，火数七，木数八，金数九，故以此交互相乘也。以七八九六为阴阳目然之数，故有九年、七年、五年、三年之灾，须有三年、六年、九年之畜也。"清按：阳九百六之灾，亦有应有不应，而前贤必详志之者，凡以天运无常，而人事可待，令当是岁者，怀预防之道，极修省之功，即有厄运，又何损于太平之治乎？

星历五行考略一

予于推步之术茫然耳，然事关学问，既不敢稍抒臆说，又不欲讳其所不知而置之不论，爰采先正之论以备考焉。吴氏渊颖之说曰："天文星历五行之说尚矣，黄帝、风后、汉河上公有三命一家，《艺文志》不著录也。梁陶弘景始著《三命抄略》，唐僧一行、桑道茂、刘孝感咸精其术，韩退之言李虚中善用人年月日时，知人命贵贱寿夭者是也。贞元初，李弼乾又推十一星行历，后传终南山人鲍该、曹士蒍世系之星历。所谓十一星者，日月五星四馀是也，然而天体至圆，二十八宿与之为经，日月五星皆动物也，其相循环运转乎？三百六十五度有畸之内，与之为纬，《尚书·尧典》考四仲中星各以时异。秦汉以来诸儒又推十二次度数，十二国分野，及所入州郡躔次，乃若有一定不可易之处，是何天运之常旋，地理之不动者，又若是参差不齐也哉！晋《天文志》：天市东南有十二国星，其星有变，各以其国，将天之所覆至广，华夏之所占，特东南牛女二宿之下与？此十二国星，又与前十二国之分野异矣。意者牛女二宿当十二次，则为玄枵星纪之交。当十二国，则为齐吴滨海之地。天运之常旋者，本不常居。地维之不动者，固有定属也。然惟北极居天之中，当在人北。北斗实为帝居，运乎中央，亦居人北。盖常北至幽燕碣石之野，斗极且当人上。北过居庸，西渡滦水，北斗已南迤而下，人且背之而驰矣。由是观之，华夏之所占者，岂直东南十二国星哉！曰：君象也，行则有常。月五星，臣象也，行则无常。盖日之常行也，有中道，历家所谓黄道是也。月五星既无常行，乍南乍北，或盈或缩，且或不出于周天二十八宿黄道之度，而杂犯于河汉内外诸星，此又岂可以区区算数多少测之哉！他若紫气以祥，彗孛以妖，罗睺、计都以蚀神首尾，古未尝与七政并列。春秋之时，星孛或入北斗，或在大辰，本是妖星为异。老子之出函谷，紫气临关，亦是氛祲杂占。王朴五代钦天历又谓蚀神尾，仅行于民间小历而已。今其说亦本之都利《聿斯经》。都利，盖都赖也。此其为术，固异于《甘石》之旧矣。夫天地阴阳之合数，万物莫之能遗。气之所运，譬之草木，春而荣，秋而槁。倏而凝聚，倏而澌尽。亦其宜也。

苟不推以一理之同，而徒役之以多术之异，不亦末乎？又按晁氏曰："《秤星经》三卷，不著撰人，或曰天竺梵学也。"《洪范》云：岁月日时无易，百谷用成，乂用明，俊民用章，家用平康。月之从星，则以风雨。伶州鸠云：武王伐殷，岁在鹑火，月在天驷，日在析木之津，辰在斗柄，星在天鼋。以此言之，五星之术，其来尚矣。盖可以占国，则可以占事。可以占事，则可以占人也。然术家用日月五星以占吉凶，又加以交初交中之神，紫气月孛之宿，初中者，交食之会，亦可以意求，惟孛气无稽，而术家独以为效。且曰土木之馀气，五星之行，土木最迟。而为吉凶者久，故有馀气云。王伯厚曰："五星之术，其来尚已。定之方中，相其阴阳，择地之法也。我辰安在，论命之说也。"《传》云：不利子商，则见姓之有五音。《诗》：吉日维戊，吉日庚午。见支干之有吉凶。宋景濂曰："吾闻黄帝探五行之精，古斗罡所建，命大挠作甲子，所以定岁月，推时候，以示民用耳，他未之前闻也。"王充乃云："见骨体而知命禄，见命禄而知贵贱。"则郑氏所谓六物之吉凶也。况小运之法，本许氏《说文》"巳"字之训。空亡之说，原司马迁《史记》孤虚之术。盖以五行甲子推人休咎，其术之行已久，非如吕才所称起于司马季主也。后世临孝公有禄命书，至徐子平尤造其阃奥矣。然古无十一曜之说，若吴伯善、瓯鸾、刘孝孙、张胄元等所造，但云七曜，不闻有十一星也。十一星之说，出于西域《律斯经》，所谓婆罗门术也。此星历五行之说也。

星历五行考略二

清读书久矣，觉禄命之说，偶中则有之，而常理则未可据也。唐吕才曰："长平坑卒，未闻共犯三刑。南阳贵士，何必俱逢六合。”晁文公云：“平生不喜术数之说，术者欲以三命语之。”公曰：“自然之分，天命也。乐天不忧，知命也。循理安常，委命也。何必逆计未然乎?”杨慈湖谓真西山曰：“希元有志于学，顾未能忘富贵利达，何也?”公莫知所谓。慈湖曰：“予尝以命讯日者，故知之，夫必去是心，而后可以语道。”宋景濂曰：“术家说固有之，而未可泥也。”夫以甲子干支，推人岁月，展转相配，其义极于七百二十，以七百二十之年月，加之七百二十之日时，其数终于五十一万八千四百。夫以天下之广，万民之众，生者不可以数计，一日十二时，同时生者，不知凡几，何其吉凶之不相同哉！且天以二十八宿为体，体有定所，以五星为用，用则有迟留，伏逆之殊，苟谓躔某宿则吉，历某宫则凶，犹可言也。彼其星有变，其行不依常经，而犯乎河汉内外诸星，又将何以占之哉？夫万物皆出于五行，安得五行之外，又有四馀？且气为木馀，计为土馀，水馀则孛，火馀则罗，奈何金独无馀气也？况孛乃妖星，或有或无，而气、罗、计三者，本非星也，不知何以有躔度之说。《周官·地官》载山林、川泽、丘陵、坟衍、原隰五土之民，各得五气之胜，然赋气有厚薄，穷通寿夭随之，非日者所能测也。予谓贫贱如原思，短命如颜子，虽晋楚之富，赵孟之贵，彭铿之寿，不能及也。命则付之于天，道则责成于己，吾之所知者，如斯而已矣。

封地采地考略采惠氏说

古者诸侯受封，必有采地，《王制》、《周官》载之矣。《周官》曰：诸公之地，封疆方五百里。诸侯之地，封疆方四百里。诸伯之地，封疆方三百里。诸子之地，封疆方二百里。诸男之地，封疆方百里。大司徒建之土圭，土其地而制其域，所谓封也。《王制》曰：天子之田方千里，公侯方百里，伯七十里，子男五十里。孟子亦言："分田制禄，君十其卿，国以田为禄，亦以田为差。"所谓采也。百里诸侯之国，以三十里为采。七十里诸侯，以二十里为采。五十里诸侯，以十里为采。其后子孙虽有罪而黜，使子孙贤者守其地，世世以祠其始封之君，是为采。此《尚书》大传之说，《韩诗外传》说亦同。推之其封五百里者，与四百里者，其采百里。封三百里者，其采七十里。封二百里与百里者，其采五十里。采则全入于其君而封为天子之土，故天子得而食之。大者食其半，次食参之一，又次食四之一。盖于其采之外而半之、参之、四之以入贡，留其馀以供军国之需。天子使其大夫监之，为三监。监于方伯之国，使佐方伯领诸侯。诸侯有畔，则讨之。以其所留之半及参之二、四之三足以给其用，而受九法于司马，诸侯不敢畔。其有功于民者，加地进律，故曰锡之山川土田附庸。盖土田其采，则附庸其封，山川在其封内□者，自有天子虞衡之政令，诸侯莫敢专者。以此，然则诸侯之国有封有采，诚先王之法也哉！封或有时绝，采则世相传，及周之衰，强侯擅制，尽取其封以为采。又兼并附庸小国，以广其封，而天子不得食其土矣。由是军国之用阙，方伯之职废，强凌弱，众暴寡，诸侯放恣纵横而莫之能制也。《春秋》庄元年，齐师迁纪、郱、鄑、郚。三年，纪季以酅入于齐。四年，纪侯大去其国。迁，谓灭之。郱、鄑、郚者，纪之封。酅者，纪之采。迁封而留采，故纪灭而酅存。观庄十二年，纪叔姬归于酅则酅存矣。古者灭国不灭采，信已。然则纪季盖子孙之贤者与?《王制》言采，《周官》言封，二者必合而相备矣。俗儒据《孟子》以驳《周官》，陋矣哉！颛臾鲁附庸，而在邦域之中，则邦域非封而何？齐之四履，为四封，东至海，西至河，南至穆陵，北至无棣，则其封之大有然也。大国之封，不过五百里，而《明堂位》言鲁地方七百里者，康成谓包附庸而大言之，孟子亦谓周公封鲁，太公封齐，地非不足，而俭于百里，盖天子之田千里，故诸侯不过百里，谓其采，非谓其封。《春秋》昭九年，周甘人与晋阎嘉争田，王使阎伯辞于晋曰："我自夏以后稷，魏骀芮岐毕，吾西土也。及武王克商，蒲姑商奄，吾东土也。巴濮楚邓，吾南土也。肃慎燕亳，吾北土也。吾何迩封之有？"则天子之封，外薄四海矣，而仅守邦畿千里之田以为封乎？说者谓周爵五等，地四等。四等者，公一，侯伯二，于男三，附庸四也。然附庸以附五等封内，而谓之附庸，则有采而无封矣。封则公之地，侯之地，伯之地，子之地，男之地，五者《周礼》所言凿凿也，然则周室分地之制，封与采可不辨乎？

古制居民法考略

古者居民之制，其说不一。《榖梁》谓民居在公田中，则据《诗》"中田有庐"言也。郑氏、贾氏谓"五亩之宅，皆在都城中"，则据《周礼》以"廛里任国中之地"为说。班、赵合之，则以公田二十亩，八家分之，则各得二亩半，知都城亦二亩半为说。何氏有邑八十户之说，熊氏有邑三十二户之说，而不知义皆未尽也。若如《榖梁》谓民居在公田中，则惟商助有公田耳。夏贡无公田，民遂无居乎？如郑、贾谓民宅皆在都城，则天子都城方十二里，大国都城方九里，次国方三里，小国方一里。举一国之民，入居于此，何以容之？如班、赵谓都城及野各半，则周参用贡助，国中使自赋者，宅止二亩半乎？且自国中至近郊五十里，远郊百里，更远而邦甸二百里，家稍三百里，皆民田所在。都城相远数百里，近亦数十里，当春夏之交，蚕事正急，农事方殷。若妇随在田，则废蚕功。妇留邑治蚕，则农自执爨。若使妇在邑治蚕，而兼饷农，则岂有隔数十百里，而能馈饷者。且冬皆入国中，则近郊远郊，以及甸稍数百里，无一爨烟人迹乎？况每岁往还两番，老幼器具，搬运劳费，又何以堪也。然则居民之制若何？曰：惟《王制》“量地制邑，量邑居民”之说，法为曲尽耳。盖邑即今之村落，必因地势之环曲，高平宽广者为之。地势小则邑小，而民居亦少。地势大则邑大，而民居多。故《论语》千室之邑，千室之邑一举其至大，一举其至小。而或数十邑，数百邑，无定可知矣。孟子所谓五亩之宅，大约在此邑中，去田必不相远。故墙下之桑，匹妇蚕之。而农事之殷，则以其妇子馌彼南亩也。就邑视田则谓之出，就田视邑则谓之入。皆随田与邑之便耳。是则凡民所聚居皆谓之邑，而所授之田，即与其邑之居相近，而郑、贾以邑为都城之说非矣。十室千室，皆可量地以制邑，而何氏以邑必八十户，熊氏以邑必三十二家，其说谬矣。先儒季氏本曰：“农民之宅，与国中之廛迥别。”农民之宅，乡里也，孟子所谓“制田里而导之养老”者也。国中之廛，市廛也，但为士旅寄寓之所，工商懋迁之区而已。管子曰：“四民者勿使杂处，圣主处士就闲燕，处工就官府，处商就市井，处农就田野。”韦昭谓：“国都城郭之域，惟士工商而已，农不在焉，防其杂也。”故山川沮泽之乡，随地皆有邑居，即随地可得二亩半，不必在都城中，而量地制邑，度邑居民之法，万世无弊也。此二亩半在邑，二亩半在田之确解，即五亩之宅之确解也。

三代授田名异实同考略

三代授田多寡之异者，罗泌谓禹时沉灾未远，人功未尽，可耕地少，至商周人尽力，地渐辟，故商七十而周百，是诚然矣。然古之百亩，非今之百亩也。周制，六尺为步，步百为亩。秦至今，皆二百四十步为一亩。周尺，当宋尺八寸四分，当今营造尺八寸，织造尺六寸四分。则周百亩，为今二十二亩有奇也。尺小，步数又少，尺所争犹少，步所争甚多。夏田视周之半，亦以尺度代更，非田有多寡也。夏十二寸为尺，周八寸为尺，若以六尺为步，百步为亩，则夏之五十亩，当今田二十四亩有奇，视周田略等矣。且井田之制，世业世禄，相传已久，沟涂经界，为力甚难，岂能一一更张之乎？度不过更其尺度，以为一代之典，曰五十，曰七十，曰百，止易其名数，不易其封殖，亦略举其成数言之与？此杨氏慎之言，诚通论也。或曰：三代更姓改物，岂田制大事，而可相沿袭乎？予曰："不然。田有沟洫浍川之制，又有径涂道路之模。其裁度也，非一手足之烈。其经营也，非一朝夕之功。"如谓新朝革命，必遍井牧而更易之，则原隰肥瘠，于土俗多有不宜。而予夺裁补，于人情又有不顺。朱子所谓"恐其劳扰"也，岂驭世安民之仁人，而忍出此乎？

九贡、九赋、九式考略

郑康成论赋，以汉法口率出泉为解。节卿郑氏，又谓即百亩私田制赋，皆非也。闾师掌国中四郊之赋，任农以耕，事贡九谷。任圃以树，事贡草木。任工以饬材，事贡器物。任商以市，事贡货贿。任牧以畜，事贡鸟兽。任嫔以女，事贡布帛。任衡以山，事贡其物。任虞以泽，事贡其物。则农即以谷为贡，馀七者即以所贡之物为赋明矣。邦郊、甸稍、县都之田赋，则农所贡公田之九谷也，其馀赋则圃牧嫔妇之贡也。关市之赋，即商贾百工之贡也。山泽之赋，即虞衡之贡也。园圃薮牧，即邦郊、甸稍、县都之地。农工、商贾、嫔妇、臣妾、闲民，即邦郊、甸稍、县都、关市、山泽之民，以九职制九赋，以九赋待九式，贡物之外，别无所谓赋也。币馀即职币所敛馀币也，馀币乃邦物，而谓之赋者，既已给之，又振之，以归于国，故亦云赋也。家稍县都皆有赋者，其地不尽为采也。都家则各有贡，司徒职制地贡而颁职事者也。邦国致贡物而粟米皆取之畿内甸服，所以用利而民不劳也。大行人六服因朝而贡，物各有定。太宰职则每岁常贡，以当其田赋所宜上供者。楚于周当在要服，而苞茅祀贡也。桃弧棘矢，器贡也，则各以其国之所有，而物非一类，可知矣。

乡遂都鄙田制考略一

《周官》井牧之制，八家同井，所谓方里而井也。四井为邑，方二里。四邑为丘，方四里。四丘为甸，方八里，旁加一里，以治沟洫，则方十里为一成。四甸为县，方二十里。四县为都，方四十里。四都方八十里，旁加十里，乃得方百里，为一同。井牧者，有井则有牧。井牧相间，然后六畜有所养，而不伤稼穑也。此井牧之法。乡遂与都鄙之田，皆同此制也。郑康成乃谓此造都鄙采地，制井田，异于乡遂，恐非。夫《周官》于田制，大司徒载邦国封疆、都鄙室数，次及比闾族党州乡之法。小司徒职载井邑丘甸县都之法，载师职，载任土之法。闾师职载任民作贡之法，县师职载赋兵之法，遂人职载沟洫之法。其授田，则大司徒载不易一易再易之田，所授多寡之数。小司徒职载上地中地下地之人，所任多寡之数。皆各举其一，彼此互备之文，故小司徒专掌六乡，而所载乃井邑丘甸县都之制者。比闾族党州乡之法，大司徒职已具之，故此独载井邑之制，以示内而六乡，外而六遂，以及都邑，名虽各异，而其地法则皆以九夫为井，四井为邑，积累而区分之也。盖井邑丘甸县鄙，以田数计之，而出税法也。沟洫浍川，以经界言之，而通水道也。小司徒职曰九夫为井，以出税法，故止计所耕之地。遂人曰十夫有沟，以定疆界，故并计所占之地也。其井间之沟，沟上之畛，以及疆埸之瓜，八家之埸圃，皆起于所加百亩之中。且四井为邑，量地制邑，亦必取于四井之中。然则遂人所谓十夫，即司徒所谓九夫，而沟洫州浍之制，井邑丘甸县都之法，乃乡遂及都鄙之所同，而无二法矣。因学者相沿已久，始辨于此，详见□钦定《周礼义疏》，考古者不可不究心也。

乡遂都鄙田制考略二

匠人、遂人之制，原无二法，郑注乃谓匠人沟浍之数，与遂人不同，不知经所谓经土地而井牧其田野，盖通王畿与邦国皆用此法，而中举县都以见例也。然其乡遂用贡、都鄙用助之说，朱子商之而终不敢易者，一则以九与十起数之异也，然匠人之法，止九夫与遂人十夫异耳。其有沟，有洫，有浍，有川则同也。九夫十夫，取数虽异，而占地大小相去无几，其不可为以十起数之沟浍者，亦不可为以九起数之沟浍也。且谓乡遂为平旷，则最宜于画井矣，而何以用贡，谓都鄙包林麓，则最不宜于画井矣。而何为用助，况建国或在中原，或阻山泽，即乡遂多平旷，都鄙多陵麓之说，亦不可通哉！一则以四与五起数之异也，然四与五起数之异，特以异乡遂都鄙之号名耳，必异其号名者，以师田旗物易辨耳，其实田制未尝异也。盖乡遂以五起数，计室数也。都鄙以四起数，计田数也。以田之不易一易再易计之，一室所占率二百亩，是合二井而约八九家，积至四甸，千一百馀家在都鄙，则名之曰县，在乡遂则合九甸之地，约二千五百家，而名之曰州。

自是以上，都鄙则合四县，而名之曰都。乡遂则合十有一县之地，为万二千五百馀家，而名之曰乡，曰遂。室数田亩未尝不符，何不可通行井法哉？且使乡遂都鄙果有贡助之殊，则其经界水道彼此各异，乃经野任地之最大者，何《周礼》大小司徒、乡师及乡遂群吏之职，于制地授田出税赋役，稽夫家畜产之法，叠出互备，而独无一语及此？则其为郑氏之臆说何疑哉？若孟子野九一、国中十一之说，尤不可以此注为解，盖遂当为野，而乡不可以为国中也。朱子虽于此偶用郑说，然其于《周礼》及通解王制条，俱未尝取其说矣。

乡遂都鄙田制考略三

先儒谓遂人、匠人之制不同，盖以遂人百夫有洫，而匠人成间谓之洫，乃九百夫之地也。遂人千夫有浍，而匠人同间谓之浍，乃九万夫之地也。是其数之不可合也。不知百夫有洫，而九百夫之地，其间不过为洫者八，其外始有浍环之。九夫有沟，而九千夫之地，其间不过为浍者八，其外始有川环之。积至九万夫之地，其间亦不过为浍者七十有二，环浍之川九而已。其环于百里之外者，即环于三十里之外之川也。古文简奥，只一“间”字，已不啻按图而指掌。盖同间之浍，积数虽多，而其实即千夫之浍。同间之浍。所达之川，即千夫之浍所达之川，然则遂人、匠人之法无二制矣，又何乡遂都鄙之有二法哉？

附及者，井田有经界，即沟涂封植之界，乃所谓阡陌也。有阡陌，则豪强不能兼并，官民各有限域。商鞅为秦作辟草莱，任土地之地，以尽地利，故决去阡陌之界，以便侵占民田。且其意以为去此无用之土，以为有用之膏腴，大为得计，故阡陌开而秦富。是则开阡陌之开，作“决”字解，非作“创”字解也。乃时下或不知阡陌即为经界，而以阡陌为商鞅之所创，虽熊钟陵亦不免此，不亦谬乎！附记于此。

土均平土地考略

遂人以土均平政，故六遂有土均之职。六乡为均人，皆掌土地之政令。而异其官者，一兼均力役，故曰均人。一专均土地，故曰土均。其在《春秋》则谓之地均，《管子·乘马篇》所谓“地均以实数”者也。地均之均也，则有蔓山、泛山、涸泽、流水、林薮，凡镰缠、斤斧、网罟之得入者，皆得均之。或百当一，或十当一，或九当一，或五当一。十仞至十五仞见水，比之于山。五尺至二尺见水，比之于泽。则有七尺之施，以手实焉。其至泉也，则五施之土音中角，四施之土音中商，三施之土音中宫，再施之土音中羽，一施之土音中徵。五土中五音，自六施至二十施，凡十五土，皆可得泉，惟庚泥、青商、骈石、灰壤四土不可得泉。而县泉、复吕、泉英三土则在山上，其地不干，凿之二尺三尺五尺至于泉。而九州之土则粟土、沃土、位土为三土，群土之长也。荫土、壤土、浮土为上土，忝土、纑土、塩土、剽土、沙土、塥土为中土，犹土、壮土、殖土、觳土、凫土、桀土为下土。皆在三土之下，而又分其等为三，则楚蒍掩所书九度、八鸠、七辨、六表、五数、四规、三町、二牧、一井之土，亦不外是矣。土均之均地守、均地事者，其略如此。而匠人之井土，草人之化土，稻人之稼土，柞氏之木土，薙氏之草土，山虞、泽虞、林衡、川衡之山林、林麓、川泽之土，矿人之金玉锡石之土，场人之场圃之土，土方氏相宅任地之土，形方氏所正乖离之土，凡在大司徒土地之图者，十有二土之名，十有二壤之物，皆以土均之法均之，则皆与土均联事而分掌之者也。若夫以五物九等制天下之地征，以作民职，以令地贡。职在载师闾师者，各贡其物，乃贡之之目虽存，而均之之法已亡。齐国之亡也，则以黄金为率，无金则用绢，无绢则用布。季绢三十三制，暴布百两，皆当黄金一镒。田里之租一镒。食百乘之一宿。关市之货，百镒为一箧，十箧为一穀。三岁修封，五岁修界，十岁更制，此齐之地均。均地贡则然，而《天官》冢宰九贡，《秋官》大行人六服之贡，皆邦国也，而都鄙不及焉。然亦仅存其目而已，其详不可得闻矣。贡之言供也，《书》曰：庶邦维正之供，邦国之贡也。万民维正之供，都鄙之贡也。言文王无淫逸游田之费，故邦国都鄙之贡各得其正。司书合九贡九赋而立九正之名，盖取诸此。正，犹贞也。《禹贡》厥赋贡，谓适轻重之平也。均则庶士交正，故曰九正。《书》有《九共篇》，九共者，九贡也。其《书》曰：予辩下土，使民平平。平平者，均之谓也。汉建武中，天下垦田，多不以实，或优饶豪右，侵刻羸弱，百姓嗟怨，盖土均之职废，而土地不得其平矣。

旗物异名考略

先王于旗物之制，或颁之，或辨之，而司常与司马之制，有错出而不齐者。旗物为号令所系，耳目所属，可不归于画一耶？司常，日月为常，交龙为旂，通帛为旜，杂帛为物，熊虎为旗，鸟隼为旟，龟蛇为旐，全羽为旞，析羽为旌。颁之者，王建太常，诸侯建旂，孤卿建旜，大夫士建物，师都建旗，州里建旟，县都建旐，道车载旞，游车载旌，皆画其象焉。大司马辨旗物之用，王载太常，诸侯载旂，军吏载旗，师都载旜，乡遂载物，郊野载旐，百官载旟，各书其事与号焉。夫王、诸侯之所建所载是矣。至于旜，则孤卿建之矣。师都又载之物，则大夫士建之矣。乡遂又载之旗，则师都建之矣。军吏又载之旟，则州里建之矣。百官又载之旐，则县鄙建之矣，郊野又载之。抑何错出而不齐也。郑氏锷曰："军吏也，孤卿也，师都也，三者不同名，考其实则皆孤卿而已。平日为孤卿，有事则为军将。在朝为孤卿，食采则在师都。故所互建者，旗也，旜也。所迭载者，亦旗也，旜也，乡遂也，大夫士也，百官也，州里也，四者不同名，考其实皆大夫士而已。判言之，则曰大夫，曰士。合言之，则曰百官。乡则有州，遂则有里，曰乡遂者，总名也。曰州里者，各举其一以名之。故所互建者，物也，旟也。所迭载者，亦物也，旟也，郊遂也，县鄙也，二者不同名，考其实皆公邑之吏而已。乡遂馀地，与夫封王子弟之馀地，谓之公邑，亦谓之闲田，自其地言之，名曰郊野。自天子使吏治言之，名曰县鄙。故所互建者，旐也。所迭载者，亦旐也，凡此皆异而同者也。至于所谓象者，即旌旗之象也。"注谓徽识之书，则云某某之事，某某之名，某某之号，非也。盖官府各有事，州里各有名，家各有号，并书于旌旗之上耳。

四时国火考略采惠氏说

司爟故书爟为燋，燋与爝通，杜子春读为爟。爟为私火，康成谓“爟”读如于，若观火之观。司爟，夏主热。司烜，秋主明。热以爨取其新明以照取其洁，而明者不皆热，故司爟专取火，司烜专取水，乃知火之寒者非独萧丘之焰矣。《吕氏春秋》载汤得伊尹，祓之于庙，爝以爟火，齐桓得管仲亦然。高诱谓火以祓除不祥，司爟掌行火之政令，“爟”读如权，置火于桔皋，烛以照之。如其说，则爟火者，权火也。张晏曰：“权火状若井挈皋，欲令光明远照。”如淳曰：“权，举也。”《说文》亦曰举火曰爟，且伊尹、管仲所以皆爝以爟火者，亦谓得贤臣良弼，以告上帝鬼神，即所谓祭祀，通权火也。然则通权火者，祭爟之礼，凡祭祀则举焉，名曰祭爟，秦汉因之，为通权火。《甘泉赋》所谓“樵蒸焜上，配缑四施。东烛西燿，北炉南炀”，盖即实柴槱燎以报阳与？一说云：祭爟，祭火星也。古之火政掌祭火星，行火政，季春昏心星出东方，而□七星，鸟首正在南方，则用火。季秋星入则止以顺天时，救民疾。帝喾有祝融，尧时有关伯氏，赖其德死，则以为火祖，配食火星。周之司爟实掌其祭，以报其功。康成乃谓礼如祭爨，是燔柴于爨也，必不然矣。所谓四时变国火者，管子曰：春爨以羽兽之火，夏爨以毛兽之火，秋爨以介虫之火，冬爨以鳞兽之火，中央爨以裸虫之火。羽兽，南方朱鸟，火烟赤。毛兽，西方白虎，火烟白。介虫，北方玄武，火烟黑。鳞兽，东方苍龙，火烟青。裸虫，中央黄龙，火烟黄。然则春取榆柳之火于南方，夏取枣杏之火于西方，秋取柞楢之火于北方，冬取槐檀之火于东方，中央取桑柘之火于坤方。旧说以为春青冬黑，又以榆柳不青，槐檀不黑，皆非也。南宫朱鸟轩辕为权，主火，权火之名盖出于此。柳为鸟喙，衔散为榆，芫荑在地赤心者善，则榆柳为南方之火，信矣。芫荑，榆矣。《春秋》说曰：槐木者，灵星之精也，非东方之木乎！贾谊曰：柳者南方之木，桑者中央之木，棘者西方之木。棘者，枣也，秦汉有别，火之官主改火之事，春青冬黑，乃其常也，又焉用别？荀爽曰："火生于木，木盛于火，其德为孝，至夏乃至其精在天，温暖之气养生百木，是其孝也。至冬则废其形在地，栗烈之气禁烧山林，除其不孝也。"故夏官掌火，冬禁焚莱，后世因之而莫知其故。盛冬去火，目为龙忌，盖龙星木位，火生于寅，壮于午，死于戍，夫文戍火为灭，故为之禁，焚莱者罚。并州旧俗，遂莫敢烟爨，每冬中辄一月寒食，好事者因附会介子推焉。《时则》训曰：仲春始出，仲秋始内。季春火出，季秋火内。万物皆然，而司爟亦以此司火令。《春秋》桓七年春，焚咸丘，火田也。周之二月，夏之季冬禁火之时，而以火田，此《春秋》所以书而非之也。蒐，火弊。苗，车弊。狝，罗弊。狩，徒弊。《王制》：昆虫未蛰，不以火田。《尔雅》：火田为狩。失《周官》之义矣。

草人九土考略采惠氏说

土有强，有弱，有轻，有湿，皆非中和。《周礼》：草人九土，曰骍刚，曰赤缇，曰坟壤，曰渴泽，曰咸泻，曰勃壤，曰埴垆，曰疆槩，曰轻爂。夫骍刚、赤缇、疆槩、埴垆、咸泻，强土也。坟壤、勃壤，弱土也。轻爂，轻土也。渴泽，湿土也。欲其强者弱之，甚轻者牛羊践之，甚湿者芟艾烧之，则有草人物土之宜，而上化之之法在。以麋鹿、貆狐、牛羊、犬豕及蕡诸物，取其骨煮汁而去其滓，溲而曝之，待汁之干而化之，庶几强弱相得，轻重相衡，燥湿相调，而土之不宜者，皆无不宜也。顾其土之形体性情，必辨之悉，识之真，然后其粪之，无或违也。坟壤者，隐起若坟，地多蚡鼠，名曰 橐土，虫易全处，干而不斥，湛而不泽，土之最上者，五沃也，其种大苗细苗，树宜五麻，菜宜五臭。勃壤者，无块曰壤，膏肥朊朊，若泽若屯，名曰息土，不纯一色，或黄或白，土之次上者，五壤也，赫茎黄秀，种无不宜。一说壤者，场也。鼢鼠之场曰坻，螾场曰坥。鼠者，蚡鼠谓鼢者，言起地若犁。坻坥，犹坟勃也。咸泻者，是为淳卤，甚咸以苦，地不生物，状如炉火，土之最下，名曰五桀，其种所宜，白稻长狭，有土化之法，则恶者可变而美矣。土粘曰埴，其色多赤，甚臞而瘠，土之下者，五埴也，其种雁膳，黄实朱跗。刚土曰垆，不粘而疏，既强且粗，土之中者，五纑也，纑与垆通。其种大细，邯郸而粟大，埴垆二土，合为一，盖中下错与？强檃者，磥砺磊块，墟阚之区，若糠以肥，色黄而虚，土之中者，五塩也，塩与檃同。其种大荔、小荔，青茎黄秀。《月令》美土疆，《左传》数疆潦，或谓强檃硗确之地，不堪种植，岂其然乎？轻爂者，火飞为爂，华然若芬，色如蜃炭，有类屑尘，土之次中者，五剽也，爂与剽同。其种大秬、细秬，黑茎青秀。渴泽者，二尺见水，比之于泽，去水土柔，不离不坼，捍然如米，色黝以黑，种宜芒种，嘉蔬是植，盖五浮之土与？骍，当作垶，赤刚土也。《释名》曰：土赤为鼠肝，其色似之。《地员篇》曰：五宏之状如鼠肝，土之下者，其种青粱，黑茎黑秀，然则垶刚赤缇，一土分为二，盖五宏之土与？

耦耕牛耕考略

古耜以木，周加以金。古耕以人，周代以牛。犹有以人耕者耜广五寸，二耜为耦，所谓耦耕也。夫《易》言“服牛乘马，引重致远”，而不言耕。八蜡迎猫迎虎，而不及牛。则古耕未有以牛者，然《山海经》后稷之孙叔均始作牛耕。孔门冉耕，字伯牛。贾谊《新书》载邹穆公言“百姓饱牛而耕”。则耕之用牛，其来亦旧。或谓汉赵过始作牛耕，恐未考耳。意伊耆以前，未有牛耕之事，故八蜡不及牛。不窋失官，窜于戎翟，虽作牛耕，而其教未广。至周有天下，而其道大行，遂为后世无穷之利矣。

五谷、六谷、三谷、九谷、百谷考略

谷之所系大矣哉！上之为粢盛之奉，次之为玉食之供，下之为万民之生活。古帝王拳拳于此，宜也。顾其为数也，有五谷、六谷、九谷之别，有少至三谷、多至百谷之殊，可不辨哉！夫所谓五谷者，稻、麦、菽、黍、稷也。所谓六谷者，即五谷而增粱，以为六也。若所谓九谷者，有二说焉。《周礼》：三农生九谷。注：郑众谓黍、稷、秫、稻、麻、大小豆、大小麦也。贾疏：《月令》麦属东方，黍属南方，麻属西方，豆属北方，稷属中央，故知有黍、稷、麻、豆、麦、稻与小豆，所用处多。知有大豆者，《生民》诗：艺之戎菽。戎菽，大豆也。郑康成曰：九谷无秫、大麦，有粱菰。贾疏：秫亦粟，与稷粘疏为异。大麦用处少，故去之。食医职，凡膳食之宜，犬宜粱，鱼宜苽，故知有粱、苽也。王昭禹曰：“谷有黍、稷、稻、粱、秫、麦、苽、麻、豆之别，故曰九谷。”案：此后郑之说，于九谷较全，故王氏主之。至于三谷、百谷，则统而举之之数也。潘士遴曰：“三谷者，粱为黍、稷之总名，稻为溉种之总名，菽为众豆之总名也。三谷各二十种，蔬果各二十种，共为百谷。”其详见《管子》书中，凡此众谷者，其性有高下燥湿之宜，其时有先后早晚之别，其粪有烧骨渍草之用，其化有水之火之之功，此又存乎草人、稻人、司稼诸官，及柞氏、薙氏等之出令以宜民，乘时而兴事矣。

车制考略

一器而工聚焉者，车为多，其制可考而知也。陈君举曰：车制用在轮，故察车自轮始。轮之外揉为围，围之中直指凑毂者为辐，辐之所蓄而利转者谓之毂，毂里之大穿谓之贤，毂外之小穿谓之轵，毂中空处谓之薮，毂上横过通载者谓之轴，轴末以防轮而固谓之牵，轴上横伏而纳辀者谓之轐，轐上所载三面材谓之任正，任正之上谓之轸，舆前掩轨版谓之阴舆，深谓之隧，置于舆两旁谓之犄，蔽风尘谓之茀，横于两犄而为人所凭者谓之轼，中系骖马内辔处谓之轫，轼下之植从者谓之树，两犄之上出于式者谓之较，较之下从者谓之轵，以革挽式谓之轼，以皮覆式谓之袜，以簟衣式谓之车帆，纳辔之环谓之觼，著车之众环谓之指，有曲轐而出从前稍曲而上谓之辀，辀可持衡者谓之颈，颈下衡者谓之冲，冲下两马谓之服，服外两马谓之骖。两服之四辔，两骖之四辔，谓之八辔。两骖之内辔系于轼，其在手之两外辔，与服马之四辔，谓之六辔。前系于衡，后系于轸，以防骖马之入者，谓之胁驱。骖马之系车四条谓之靷，内两条纳于阴者谓之阴靷，外系于轴者谓之外靷。拘二靷以绊其辔者谓之韅。背为环，以□外内辔，谓之游环。削革三就，当胸谓之繁缨。镂金以当卢谓之锡，著铃于两镳谓之鸾，置铃于式谓之和，两骖内辔谓之勒。车上之覆则有盖，盖之斗谓之部，盖上橑谓之弓，盖之小柄谓之达常。大杠长八尺谓之桯，车行地之迹谓之辙，辙迹之度谓之轨。此车之通制也。

考古略卷之六

课绩法考略

后世官吏之考绩，无庸拘古昔之成法已。有明去今未远，其议论尚有可采焉。明崔文敏公铣议曰：“天下亲民者，守令也。纲纪守令者，上官也。纠察上官守令者，抚按御史也。”然习俗之弊也，以奔走应对为职，以临政莅民为馀力，以造请勤渠为恭谨，以直躬守道为悖戾，故郡县之琐细末务，动必关决于上司，不得擅有变动。大吏不谙民俗，断以胸臆，意指蜂出，改易无常，此虽冉季，亦安从而行之哉？吏科王治等疏饬吏治三事，一定等则，以辨材贤。二公论劾，以一事体。三修实政，以图治安。若分九则斯太烦，宜上、中、下三等为限。而纠劾则属之科中，黄景昉曰：“抚民以吏，察吏还以民。故曰：民者，吏之程也。虽然，御吏固有法焉，一在壹功令，二在宽事权，三在严赏罚，四在明器识，五在重久任。凡循良卓异，一一廉其治状，一有不实，即以其罪罪所举者，何患吏不得人，而泽不下究也。”崔氏铣又议曰：“今太学之中，其师尊矣，而患无贤士以为之徒。乡学之中，其徒盛矣，而患无贤师以为之帅。且翰林之官，专读文字，而不能达于政事。州县之官劳于政事，而不得与于馆阁。初选草茅之书生，而使之牧民，复选玉堂之书生而使之治吏，君与民，何以蒙其益也。”此数说者，尽察吏安民之道，吾无以赘之。

刑律考略

明王奉若天道，刑赏予夺，皆奉天以行事。若有司者，又代大君而布好生之德者也。今为考其刑法与律书之要焉，古之五刑，墨、劓、剕、宫、大辟也。三就者，行刑各就其处。大罪于原野，大夫于朝，士于市也。三居者，大罪居四裔，次九州之外，次千里之外也。象以典刑流宥五刑，鞭作官刑，（朴）〔扑〕作教刑，金作赎刑者，刑之法也。眚灾肆赦，怙终贼刑者，法外意也。三辟者，夏禹刑，商汤刑，周九刑也。九刑者，正刑五，又流宥，与鞭，与扑及赎也。有三典者，则新国用轻典，平国用中典，乱国用重典也。有三千之属者，夏刑，墨罪千，劓罪千，膑罪五百，宫罪三百，大辟二百。周则墨五百，劓五百，刖五百，宫五百，杀者五百，凡二千五百条也。又有五刑者，野刑、军刑、乡刑、官刑、国刑是也。有五禁者，宫禁、官禁、国禁、野禁、军禁是也。有五戒者，曰誓、曰诰、曰禁、曰纠、曰宪是也。以讯群臣，讯群吏，讯万民，则为三刺。以宥不识、宥过失、宥遗忘，则为三宥。以赦幼弱，赦老耄，赦蠢愚，则为三赦。以邦汋、邦贼、邦谍、犯邦令、挢邦令、为邦盗、为邦朋、为邦诬为八成。以议亲、议故、议贤、议能、议功、议贵、议勤、议宾为八辟。唐虞象刑，则《尚书》大传所谓“上刑赭衣不纯，中刑杂履，下刑墨幪”也。衣象五刑者，《白虎通》所谓“犯墨蒙巾，劓赭衣，髌墨蒙，宫有扉，大辟布衣无领”也。臧文仲又有所谓五刑，则甲兵、斧钺、刀锯、钻笮、鞭扑也。大司徒又有乡八刑，则不孝、不睦、不姻、不弟、不任、不恤、造言、乱民也。孔子《家语》又有五大罪，通天地者，罪及五世。诬文武者，罪及四世。逆人伦者，罪及三世。谋鬼神者，罪及二世。手杀人者，罪及其身也。周治狱五期，国中一旬，郊二旬，野三旬，都三月，邦国期也。凡囚者，上罪梏拲而桎，中罪桎梏，下罪梏也。王之同族奉有爵者桎，刑杀则于甸师氏也。秦五刑则黥、劓、斩左右趾、枭首、葅其骨也。自汉文帝除肉刑，而后世之五刑作矣，笞五等，杖五等，徒五等，流三等，死二等也。关三木，钮也、械也、枷也。先儒谓肉刑，法严而难犯，故死者少。后世五刑，民玩而易犯，故死者多。用法固存乎其人哉！受财曰赃，有六等，强盗赃、窃盗赃、枉法赃、不枉法赃、监守自盗赃、坐赃是也。杀人有七等，谋杀、斗杀、故杀、劫杀、误杀、戏杀、过失杀也。十恶者，谋反也，谋大逆也，谋叛也，恶逆也，不道也，大不敬也，不孝也，不睦也，不义也，内乱也，此古今之刑法也。至其所定为刑书者，非律乎？魏李悝定法经六，而商鞅改为律焉。盗法，今贼盗律。贼法，今诈伪律。囚法，今断狱律。捕法，今捕亡律。杂法，今杂律。具法，今名例律也。汉法十家，则李悝三十二篇，商鞅二十九篇，申不害六篇，处子九篇，慎到四十二篇，韩非五十五篇，游棣子一篇，晁错三十一篇，燕十事十篇，法家言二篇是也。汉约法三章，“杀人者死，伤人及盗抵罪”也。萧何定律九章，即本李悝《六经法》而增《户婚》、《擅兴》、《厩库》三篇也。应劭集汉仪有七，曰《律本章句》，则采李悝、萧何、张汤、赵禹所著也。曰《尚书旧事》，则孔光、郑弘作也。曰《廷尉板令》，则张汤作也。曰《决事比例》，则陈忠作也。曰《司徒都目》，则鲍昱所定也。又有曰《五曹诏书》，又有曰《春秋断狱》也，曹魏陈群，取萧何九篇，而增《劫掠》、《诈伪》、《毁亡》、《告劾》、《系讯》、《断狱》、《请贿》、《惊事》、《偿债》九篇，合定为十八篇。此后晋律二十篇，梁律二十篇，北齐律二十五篇，北周律二十五篇，隋律十二篇。唐律因隋之旧而定之，宋亦因隋之旧而重定之，则《名例》、《卫禁》、《职制》、《户婚》、《厩库》、《擅兴》、《贼盗》、《斗讼》、《诈伪》、《杂律》、《捕亡》、《断狱》十二篇当已。刑书有四法，治于已然谓之律。禁于未然谓之令。设于此，待彼之至谓之格。设于此，使彼效之谓之式。四者起于唐，仍于宋，至今遵之未改矣。例分八字，曰以，与实犯同也。曰准，与实犯有间也。曰皆，无分首从也。曰各，彼此同科也。曰其，变于先意也。曰及，词连上文也。曰即，文殊义同也。曰若，会上意也。范蜀公谓此八字如《春秋》之凡云。善乎宋湖南提刑序《洗冤录》曰：大辟莫重于初情，初情莫重于检验狱情之失，多起于发端之差，定验之误，皆原于历事之浅，故必熟体此录，如医者之洞见表里，而后针砭悉中也。明蔡懋德又纂《读律源头》一编，以明明德、格物、絜矩、去所、去辟、去骄泰，并《周易》、《尚书》中语冠其首，又有辅律详节，如大诰条例之类，以续于后，刑律之本末具是矣，学为治者，可不尽心以求之哉！

赦宥考略

惟天宰化，生杀各以其时。惟王法天，恩威不容偏 废。夫政有赦宥，此仁心美德也。顾《舜典》肆赦，亦赦其眚灾耳。周之三赦，第赦其曰幼弱，曰老耄，曰蠢愚者耳。其三宥，亦□其曰不识，曰过失，曰遗忘者耳。孔子言赦，亦止赦其小过耳。未闻不在矜疑之列，又非纤细之愆，而概为奔马之委辔也。汉王符曰：“奸宄一概赦释，令恶人高会而夸咤，老盗服赃而过门，孝子见仇而不得讨，遭盗者睹物而不敢取，痛莫甚焉。夫养稂莠者伤禾稼，惠奸宄者贼良民，性恶之民，虽严明令尹，不能绝也。”匡衡疏曰："臣见大赦之后，奸邪不为衰止。今日大赦，明日犯法，苟且徼幸，不改其原，虽岁赦之，刑终不能措矣。"孔明治蜀，有议其不赦者。答曰："治世以大德，不以小惠。"孟光亦责费祎曰："赦者，偏枯之物。数施非常之恩，徒惠奸宄之恶。"祎谢之。隋文中子曰："无赦之国，其刑必平。"善哉言矣。唐刘知几曰："赦令之降，奸人如期忖度，咸得幸免，即罪当断决，方便规求，故致稽延，毕沾宽漏，用使俗多顽悖，时罕廉隅。"宋司马光曰："赦者害多而利少，使愿悫之民，愤悒郁塞，凶狡之群，志满气扬，岂为民父母，劝善沮恶之意哉！"元英宗曰："恩可常施，赦不可屡下，使杀人者幸免，则死者何辜。"明张居正曰："犯罪者伤败彝伦，覆载之所不容，天欲诛之，而故赦之，无乃违上天意乎！且使被其戕害者，皆含冤蓄愤于幽冥之中，当事不为之一泄，彼其苦恨之气，郁而不散，上蒸为灾沴之变，下招致疫疠之殃，则又不止一人一家受其荼毒也。"此皆昔贤之论赦事者也。然则为治者如之何，亦曰矜疑必审，而囹圄无宿狱，有罪必诛，而奸慝无幸恩，斯为仁义兼全之道也。

八阵考略

风后握机文曰：天陈、地陈、风陈、云陈、虎翼陈、蛇蟠陈、飞龙陈、鸟翔陈，凡八陈。四为正，四为奇，馀奇为握机，或总称之。先出游军，定两端，天有衡，地有轴，前后有冲。风附于天，云附于地，衡有重列，各四队，前后之冲，各二队。风居四维，故有圆，轴单列，各二队，前后之冲各三队。云居四角，故有方，天居两端，地居中间，总为八陈。陈讫，游军从后蹑敌，或惊其左，或惊其右，听音望麾，以出四奇。天地之前冲为虎翼，风为蛇蟠，围绕之义也。虎居于中，张翼以进，蛇居两端，向敌而蟠以应之，天地之后冲为飞龙，云为鸟翔，突击之义也。龙居于中，张翼以进，鸟掖两端，向敌而翔以应之，虚实二垒，皆逐天文气候向背，山川利害，随时而行，以正合，以奇胜。朱子曰："此法六十四陈，天衡十六陈，居两端。地轴十二陈，居中间。天前冲四陈，居右。后冲四陈，居左。地前冲六陈，居前。后冲六陈，居后。风八陈，附天。云八陈，附地。合为八陈。天衡并前后冲，二十四陈合风八陈，为三十二阳。地轴并前后冲，为二十四陈，合云八陈，为三十二阴。游军二十四陈，在六十四陈之后，凡行军，结陈，合战，设疑，补阙，全在游兵。天地之前冲为虎翼，风为蛇蟠，兵家先阴以右为前，又风从虎，虎与蛇皆阴类，同位西北也。天地之后冲为飞龙，云为鸟翔，兵家后阳以左为后，又云从龙，龙与鸟皆阳类，同位东南也。以天、地、风、云为四正，以龙、虎、鸟、蛇为四奇，所谓八陈也。每以二陈相从，一陈之中，又有两陈，一战一守，故又有二十二队天衡，二十四队地轴，等数也。中外有轻重之权，阴阳有刚柔之节，彼此有虚实之地，主客有先后之数。轻重之权、刚柔之节者，家计也。以实击虚、以先夺后者，合变也。我易而敌常险，我简而敌常繁，兵法所谓致人而不致于人，此其机要也。"

唐太宗问李靖曰："陈数有九，中心零者，大将握之，四面八向，皆取准焉。陈间容陈，队间容队，以前为后，以后为前，进无速奔，退无遽走，四头八尾，触处为首，敌冲其中，两头皆救，数起于五而终于八，何谓也？"靖对曰："诸葛亮以石纵横，布为八行方阵之法，即此图也，此孔明神于握机之法也。"又按：阵有八门，开阖出入，以为变化，或方，或圆，或曲，或直，或锐，其变无穷，不外八阵分合而已，非李靖孰能知之？

八门者，休、生、伤、杜、景、死、惊、开也。

帝王兵制考略

兵以卫吾民耳，《易》之《师》曰：君子以容民畜众。盖师以容民，非以劳民。师以畜众，非以耀众也。自黄帝画野分井，因田亩而出军赋，是井亩之法，兵制所自始也。嗣是颛顼讨共工氏，舜命禹征有苗，夏启征有扈，仲康命胤侯征羲和，汤放桀，文王伐崇、伐密、戡黎，皆以整军经武，为靖国辑民之事。迄周而兵制大备焉，天子六军，大国三军，次国二军，小国一军。天子六乡六遂，可制十二军，乃止制为六军。六乡为正军，六遂为副倅也。又上地可任者家三人，中地二家五人，下地家二人，乃起徒役，则无过家一人。先王之不尽用民力也。先王之军制，调兵必五数，出兵必百数。不五数不足以调兵，故积数起于五人之伍。不百数不足以出兵，故积数起于百人之卒。郑司农云："百里内为六乡，外为六遂，合乡遂可制十二军，而仅制六军，□遂为乡之副倅，乡不足斯取诸遂，其宽民力一也。民之可任者□有家三人、二家五人、一家二人之别，然每家□一人为正卒，其馀皆为□卒，以备更休，其宽民二也。六乡以三剂致甿，六遂概以下剂为率。正羡之外虽可□，而不用为羡者更多矣，宽民力三也。"乡遂，守卫王城者也。民皆为兵，故治以保伍之法，而以五起数，稍甸都鄙，王畿调发之兵也。七家而出一人，故治以丘乘之法，而以四起数，远近殊，劳逸均也。因农事而军令寓其中，会什伍而教道艺，无非军政也。时田猎而简车徒，无非军士也。居则为比闾族党州乡之民，出则为伍两卒旅师军之众。方其奉璋峨峨，髦士攸宜，则为乡大夫之选。及其淠彼泾舟，烝徒楫之，则为将帅之职。盖什伍之法，于乡里则联其居，于师田则联其列，于宿卫则联其宫，故能以中国为一人而无内患。为属连卒州以联其国，为长帅正伯以联其君，故能以天下为一家而无外虞。斯时也，寓兵于农，本无兵之可统。寓将于卿，亦无将之可名。征发而不至于空国，行役而不至于忧家，居足以守而为腹心，出足以战而为牙爪，田足以耕而饷食不匮，老幼废疾有养而失所无悲。车马器械，皆平日之简稽。委积刍薪，随道里而贮（峙）〔待〕。吉行五十里，军行三十里，劳中有逸，将必知兵，兵必顺将，行险而不危，故以此毒天下而民从之也。又况兵权分属，无得擅操，国子宿卫之士，则属之冢宰。虎贲宿卫之徒，则属之司马。师保四翟之隶，既属之地官，又属之秋官。至国有大事，国子游卒，虽属夏官之诸子，而又弗征于司马，是卫兵之权无敢专也。乡遂之民，则属之司徒。蒐狩之役，则掌之司马。闾师，地官之属，军旅之戒，则受法于司马。乡师，帅民徒而致政令，受役要可也，而必考辟于司空。是畿兵之权，又无敢专也。故有事调发，则天子遣使持一牙璋调之，其权总握自一人，如运指掉臂然。此周制所以尽善也。岂若后世之召民为兵，而兵日益惰。聚兵专将，而将日益骄也哉！叶氏时曰：六军人自为备，居有积仓，行有裹粮，非公家所给也。是以太宰之职，九赋敛财，皆有以待其用，独不及军旅。九式均财，皆有以为之法，而亦不及军旅。岂非农皆为兵，兵皆自赋，初无烦于廪给，故亦不烦于均节与？

周官大司马九法九伐考略

唐虞无司马之官，蛮夷猾夏，止以司寇治之，盖极治之世，不事兵戎也。自夏而商而周，机械日开，制防日备，而大司马立焉。然其时兵民合一，平居则属大司徒，征行则属大司马。且诸侯千八百国，苟非控驭之有道，约束之有方，其能上下相维系，而各安其所乎！故周制以九法平之，而后以九伐威之，平以养之于未然，威以整之于既犯也。今考大司马之职，掌建邦之九法，以佐王平邦国。制畿封国，以正邦国。设仪九仪也。辨位，以等邦国。进贤兴功，以作邦国。建牧州牧立监，以维邦国。制军诘禁，以纠邦国。施贡分职，以任邦国。简稽乡民，以用邦国。均守平则，法也。以安邦国。比庇也。小事大，以和邦国。此平之之法也。九法之所不能平者，则以九法随之。九伐之法，以正邦国伐者，声其罪以致讨也。冯弱犯寡，则眚之。贼贤害民，则伐之。暴内凌外，则坛之。坛、墠、同，置之空坛之地以困之也。野荒民散，则削之。负固不服，则侵之。贼杀其亲，则正之。正，疑作焚。秋官掌戮，言杀其亲者焚之是也。放杀其君，则残之。残，谓裂其肢体也。犯令凌政，则杜之。杜者，废绝其后，更立贤者主之也。外内乱，鸟兽行，则灭之。灭则毁其庙社，而斩其祀矣。此非所以正之之法哉！合而观之，先王建万国而植亲贤，置百官而班群后，所以不私诸己，共飨天下，分其力任，以济民事也。诸侯朝聘，以述职纳赋。天子巡狩，以观察风教。功德加于民，则加地进律。其有不善者，则九伐加之。是以世禄承袭之徒，保其富厚，而无苟且之虞。修职述守之事，务善其礼，而不为窥伺之谋。故信义著而道化成，名器章而风俗厚。周之衰也，楚冯江汉，秦据肴函，然孱弱宗周，犹为共主数百年，而不一蹙亡者，岂非九法九伐之道，扶持拱戴，根深难拔之效也哉！

井田出军赋同异考略一

古者寓兵于农，则军赋出自井田矣，但其起赋之法，其说有二，一谓八百家出车一乘，一则谓八十家出车一乘也。马氏融《论语》注：据司马法，六尺为步，步百为亩，亩百为夫，夫三为屋，屋三为井，井十为通，通十为成，成出革车一乘，然则千乘之赋，其地千成，地方三百一十六里有奇，唯公侯之封乃能容，虽大国之赋，亦不是过也。考一成，有方十里，田百井，出兵车一乘，戎马四匹，牛十二头，甲士三人，步卒七十二人，共七十五人。外重车一乘，将之者二十五人，炊家子十人，固守衣装五人，厩养五人，樵汲五人，共百人，干戈备具，是为一乘之数。一同百里，戎马四百匹，兵车百乘，此卿大夫采地之大者，是谓百乘之家。一封三百一十六里，出戎马四千匹，兵车千乘，此诸侯国之大者，是为千乘之国。天子畿方千里，出戎马四万匹，兵车万乘，故称万乘之主。此皆推马氏成出车一乘之说，是八百家出车一乘也。又包氏咸曰："古者方里为井，井十为乘，百里之国，适千乘也。"是又八十家出车一乘也。何晏谓融依《周礼》，咸依《王制》、《孟子》，义有疑，故两存之。按朱子曰："车乘之说，疑马氏为可据，马说八百家出车一乘，包说八十家出车一乘，夫一乘，甲士三人，步卒七十二人。外有重车二十八人。牛马、兵甲、刍粮具焉，恐非八十家所能给也。然与《孟子》、《王制》不合，疑孟子未见周室爵禄之籍，故传闻不无小异。若《王制》，则非三代古书，其亦不足据矣。刘氏瑾亦谓同方百里，为田万井，始出车百乘，积十同为十万井，始得出车千乘。其十万井开方，则方三万一千六百井，馀一万八千亩有奇，为方三百十六里，馀六十步有奇，是瑾亦用马说矣。"但窃案八百家出车一乘之说，朱子亦举其大略言之耳，尚未有八百家也。马氏谓甸六十四井，为五百一十二家，而所调者止七十五人，此未算将重车者。是六家调法，共出一人也。薛氏谓提封百万井，出赋六十四万井。以一井八家计之，为五百一十二万家。家一夫，为五百一十二万夫。以此供万乘之役，是为七家而赋一兵。孙子曰："兴师十万，日费千金，内外骚动，息于道路，不得操事者七十万家。"言一夫从军，七家奉之，亦见七家赋一兵也。然则供一乘百人之用者，其殆为五百一十二家之数乎？朱子顾谓为八百家所供者，非误也，盖第举其田之封界计之，而未指其田之实数，除去山林诸项者言之也。马氏六家一人之说，亦但就甲士步卒等七十五人言之，而未合重车二十五人言之也。其实八百家之数，即五百一十二家之数，而六家与七家之数皆一而已矣。说见次篇。

井田出军赋同异考略二

井田出车之数，既舍包氏而从马氏矣。乃即马氏之说中，又似有未合者，当知其无不合也。马氏谓井十为通，通十为成，成出革车一乘，是百井出车一乘，本《司马法》也。乃《司马法》又曰：甸方八里出长毂一乘。郑康成《礼记》注亦曰：古者方十里，其中六十四井出兵车一乘。是又六十四井而出一乘也。孔氏颖达疏引康成《小司徒》注云：若通沟洫之地，则为十里。若除沟洫之地，则为八里。故云六十四井出车一乘，由此疏求之，甸六十四井出车一乘，此六十四井，即一成百井中之实田数也。一同百里，提封万井，除山川、坑岸、城池、邑居、园囿、术路三千六百井，定出赋六千四百井，出车百乘。一封三百一十六里，提封十万井，定出赋六万四千井，出车千乘。王畿方千里，提封百万井，定出赋六十四万井，出车万乘。此皆就其实田言之，可知六十四井之出车一乘，即井十为通，通十为成之出车一乘，无二法矣。

《鲁颂》公车千乘公徒三万考略

或问：古制革车一乘，出甲士三人，步卒七十二人，将重车者二十五人。计千乘，步卒凡七万五千人，是有六军之卒矣，乃公徒又止有三万，何矛盾而不合也。孔疏曰：二者事不同也，《小司徒》之法，凡起徒役，无过家一人，此出军之常法也。万二千五百家为乡，万二千五百人为军。天子六军，出自六乡，则诸侯三军，出自三乡。《诗》云：公车千乘者，谓计地出兵，乃国赋之常数也，非言三军之事也。云公徒三万者，谓乡之所出，乃出军之定数也，非言千乘之众也，二者数不相合，当各自为解耳。或又问《司马法》，成方十里，出革车一乘，计鲁地方七百里，为车多矣，而云止千乘者何？孔疏曰：《坊记》载制国不过千乘，然则地虽广大，以千乘为限，故云大国之赋千乘。或又问车千乘法，当用十万人，而为步卒者七万二千人，乃止云三军而举成数三万者。朱传曰："大国之赋，适满千乘，苟尽用之，是举国而行也，故其用之，大国三军而已。或又问三军为车三百七十五乘，三万七千五百人，其为步卒不过二万七千人，其数如何?"朱氏曰："三军总甲士一千一百二十五人，将重车者九千三百七十五人，共一万五百人，馀二万七千人为步卒，此三军之实数也。"此解俱载传注中，因头绪纷杂，故条理解之，俾学者易晓云。

《管子》内政军令考略

兵法有变乎古制，而仍不失乎先王之遗意者，管子之内政是也。彼其作内政以寄军令，制国五家为轨，轨为之长，十轨为里，里有师，四里为连，连为之长。十连为乡，乡有良人，以为军令。五家为轨，故五人为伍，轨长帅之。十轨为里，故五十人为小戎，里有司帅之。四里为连，故二百人为卒，连长帅之。十连为乡，故二千人为旅，乡良人帅之。五乡为帅，帅故万人为一人，五乡之帅帅之。三军，故有中军之鼓，有国子之鼓，有高子之鼓，春以豮振旅，秋以狝治兵，是故卒伍整于旅，军旅整于郊，内教既成，令勿使迁。徒伍之人，祭祀同福，死丧同恤，福灾共之，人与人相俦，家与家相俦。世同居，少同游，故夜战声相闻，足以不乖，昼战目相视，足以相识，其欢欣足以相死。居同乐，行同和，死同哀，是故战则同强。君有此士三万人方，方行于天下，以诛无道，以屏周室，天下莫之能御也。是则周之比里族党州乡，及五两卒旅师军之制，至管子之轨里连乡，而尽变矣。然其大小相维，本枝相属，居游相习，缓急相倚之势，不犹然先王之意哉！苏氏尝论之矣，谓吾读《管子》，而得其所以变周之术，盖王者之兵，出于不得已，而非以求胜敌也。故其为法，往往多为曲折，以尽其数，以极其变，钩连蟠屈，各有条理，要以不可败为主，故三代之兴，治其兵农军赋，皆数十百年，而后得志于天下。至管仲为霸功，则非必胜，无以取威，故其法令简一，而民有馀力以致其死，盖欲以岁月服天下，故变古《司马法》，而为是简略速胜之兵。其繁而曲者，所以为不可败也。其简而直者，所以为必胜也。是则管子之内政，虽存先王之遗意，而不已大变乎古制也哉！若夫晋之州兵，楚之二广，鲁之丘甲，则或为严警强兵之谋，或为困民益兵之计，抑更无足法者矣。

汉代兵制考略

汉虽承秦之旧，而兵制颇为得宜。凡民二十三为正卒，一岁以为卫士，年五十六乃免就田。每立秋斩牲于郊，名曰貙兵。官皆肄孙吴兵法，六十四阵，名曰乘之。季冬，天子大会飨赐，观角抵，罢遣焉。其京师有南北二军，盖王宫在南，故汉卫宫之军为南。宫城为南，则卫京城之军为北。主南军者卫尉，主北军者中尉也。南军以卫宫城，而乃调之于郡国。北军以卫京城，而乃调之于三辅。盖郡国去京师为远，民情无所适莫，而缓急为可恃，故以之卫宫城。三辅距京师为近，民情有闾里、坟墓、族属之爱，而利害必不可弃，故以之护京城。其意周矣。南北军又皆隶于三公，而光禄岁以四科考第，即从官，凡更直执戟，内谨门禁，外充车骑者，皆经明行修之士焉。若郡国之将，有太守，有中尉，而侯相亦得与教兵之权。郡国之兵，则有材官，有轻车骑士，有楼船，皆以秋后讲肄其法。平地用车骑，如上郡、北地、陇西诸郡是也。山林险阻用材官，如巴蜀、三河、颍川诸郡是也。川泽用楼船，如庐江、浔阳、会稽诸郡是也。以至临淄之弩手，荆楚之剑士，各推其土之所宜而习熟焉。此皆教习于平时，征伐于有事，民有更番之休，将无常专之权，此兵之在郡国者也。其法又有三更，曰卒更者，卒无常人，一月一更，以正身供正役也。曰践更者，贫者欲得雇更钱，次直者出钱雇之也。曰过更者，天下人皆直戍边三日，所谓繇戍也，不能人人自行为三日戍，因为一岁一更，诸不行者出钱三百入官，以给戍者。夫南北军，京师守卫之兵也。材官、楼船、车骑，郡国待战之兵也。卒更、践更，郡国守城工役之兵也。过更，郡国戍边之兵也。此时兵农尚未分也，至武帝穷兵，恐京师兵弱而生变，方分北军为八校，有中垒、屯骑、步兵、越骑、长水、胡骑、射声、虎贲八校尉之名，而北军始有常屯之名，而募兵始此。又恐北军之权太重，乃增期门、羽林，隶于光禄勋，以为天子之私人，而南军始有常屯之兵，而常从始此。此虽有互相防制之意，然自是番上变为常屯，有养兵之患，而京师之兵制坏矣。嗣是卫尉之职，领于将军。城门之兵，领于司马。往往以中人任之而大臣无与，而嬖幸专兵之祸始此矣。元狩黩武益数，于是发谪吏，次谪民，次谪戍，次及七科谪，而郡国兵制益坏矣。宣帝发三辅官徒弛刑者，及佽飞孤儿之属皆诣金城，而南北军皆出矣。光武知天下疲耗，弛郡国守尉都试之役，罢轻车、骑士、材官、楼船之士，独存京兵，然罢省之役，辄复补置，及有征伐，又出京师兵以行，而禁旅无复镇卫之职，自是常屯又变为远征，而兵制大坏矣。安帝许市人子弟纳粟补营卫之士，而虎贲、羽林之军亦坏。灵帝置八都尉，又置西门八校尉，以黄门领之，虽大将军亦属焉，于是十常侍之祸作，而纷纷召外兵，而汉亡矣。予考汉初军制，最为近古，民有常兵，而无四征之劳。国有常备，而无聚食之费。是时故将之家，亦无给赋。宰相之子，均调戍边。何其均也。将相随时所置，或中郎公卿，御史大夫，出为护军，不为左迁。或酒泉太守，即命破羌，不为异数。而又御军简肃，屯田上奏以六月戊申，不越旬日。玺书已报，轮台之诏，败亡不掩。卫、霍行功，幕府相除。可见其时无壅蔽无欺罔之患。若赏赉，虽或无常，廪饩悉皆有量。京师将校比二千石，废下戍卒月谷二斛六斗有奇。是以终汉之世，上无叛将，下无骄兵。诸吕七国变生仓卒，而备御素具，北胡南越兵连祸结而根本不摇，则后世之变而日坏者，岂立法之过哉！

林駉曰："汉制，南军有郎卫、兵卫之别，如三署诸郎、羽林、期门皆郎卫也。卫士令丞，诸屯卫侯，皆兵卫也。北军有调兵、募兵之分，如三辅兵卒，是调兵为卫也。八校胡骑，是募兵为卫也。”

唐代兵制考略

自三国迄南北朝，纷纷用兵，鲜有善制。惟周宇文氏，昉立府兵之制，而成于隋，唐兴因之，其始为府兵。既而府兵变而为彍骑，彍骑又变而为藩镇，而唐之兵势凡三变。及其后，天子置禁军，而中尉之权愈专，而唐遂以召外兵亡矣。考自武德初，始置军府，以骠骑、车骑两将军府领之。析关中为十二道，道皆置府兵。三年，更道为军，置将副各一人，以督耕战，以车骑府统之。天下既定，改骠骑曰统军，改车骑曰别将。太宗贞观中，更统军为折冲都尉，别将为果毅都尉，诸府总曰折冲府。凡天下十道，置府六百二十四，皆有名号，而关中二百六十有一，皆以隶诸卫。凡府三等，兵千二百人为上，千人为中，八百人为下，置府折冲都尉一人，左右果毅都尉各一人，长史、兵曹、别将各一人，校尉六人。士以三百人为团，团有校尉。五十人为队，队有正。十人为火，火有长。每人甲兵装粮皆自备，并其甲（胃）〔胄〕戎具藏于库，有所征行，则视其所入而出给之。民年二十为兵，六十而免，其能骑而射者为越骑，其馀为步兵，每岁季冬，折冲都尉率五校兵马之在府者教战。凡发府兵，皆下符契，州刺史与折冲勘契乃发。若令府发，则折冲都尉以下皆行，不尽则果毅行，少则别将行。平居无事，则耕于野，其番上者，宿卫而已，四方有事，则命将以出，事解辄罢。兵散于府，将归于朝，故士不失业，而将帅无握兵之重也。左右卫皆领六十府，诸卫领五十至四十，其馀以隶东宫。凡当宿卫者，番上兵部，以远近给番，五百里五番，千里七番，一千五百里八番，二千里十番，二千里外十二番，皆一月止。此府兵之大略，欧阳公所谓得古人寓兵于农之意者也。迨高宗、武后时，府兵法浸坏，番役更代不时，宿卫不能给，张说乃请募壮士充宿卫，号长从。明年，更号彍骑，入隶十二卫，为六番，每卫万人，此府兵之大变也。玄宗天宝后，彍骑法又稍废，士失拊循，折冲诸府无兵可交。李林甫请停上下鱼书，致六军徒有兵额官吏，而戎器、驮马、镝幕、糗粮并废，盖自是而节度使拥兵，而方镇之势盛矣。原夫方镇者，其始起于边将之屯防，以极边为重镇，秩在六尚书上，与十卫将军同，已非五大不在边之意。然永徽时，虽有节度之名，犹未具其官。景云中，以薛讷为幽州节度使，有其官矣，犹未重其权。至玄宗，而王翮真起遥授之端，盖嘉运私兼领之职，为边将者十馀年不易，而方镇之权始重。且募兵宿卫，而卫士日就耗散，在内之势日轻。置长征于边，而精锐咸聚西北，在外之势日重。又林甫固宠，杜边帅入相之路，始之用安禄山，后则诸节度尽用边人，而边陲有偏注之权，国家无藩篱之助，而藩镇之祸烈矣。斯时惟陆贽抱伤本之虑，进居重驭轻之谋。李泌叙府兵兴废之由，极言其法之当复，而皆不见用。宪宗锐意起衰，河朔禀命，乃穆宗听萧俛、段文昌销兵之说，遂致再失河朔，不能复取，此又彍骑之变为藩镇者也。若夫唐之禁军，则以安史之逼，西驾之兵仅千，灵武士不满百。此时有自外来赴难扈从者，赐号神策军，继且以中人主之，奸人边将诡请自附，于是边军皆统于中人，而中尉之权愈专而横，不得已，反藉藩镇之兵以诛之。神策虽诛，而朱梁之变作矣，而唐亡矣。呜呼！唐府兵之善也，子孙屡变其制，遂至尾大不掉，而为纥干山头之雀，祖宗之法盖可轻变乎哉！

宋代兵制考略

宋兵制有四：一曰禁兵，天子宿卫之兵也，收天下精劲，总于殿前侍卫二司。其尤亲近扈从者，号班直，馀自龙卫下，皆番戍。诸路有事，皆自京师遣之。二曰厢兵，诸州服役之镇兵也。太祖选其壮勇者隶为禁兵，馀则留之本州，无践更，亦无教阅。禁兵之强，所以重居内之势。厢兵之弱，所以削方镇之权也。三曰乡兵，乡兵者，民兵也，选自户籍，或土民应募团结以为防守，如河东陕西有弓箭手，麟州有义勇之类。四曰蕃兵，塞上内属诸部落，团结以为藩篱者，其兵始于国初，后分队伍，给旗帜，缮营堡，备器械，一律以乡兵之制。四者之外，又有役兵，则官府之兵。如今之隶快之属，其军政则有召募、拣选、廪给、训练、屯戍、选补、器甲、马政八者之目，皆增损旧制为之。太祖起自戎行，惩累朝藩镇跋扈之弊，收禁兵以备宿卫，分屯戍以捍边圉。将帅之臣，入奉朝请。犷暴之民，收隶尺籍。虽有桀骜，无由而逞。咸平后，承平既久，武备浸弛。仁宗时，招刺西兵太多，将骄士惰，徒耗国用。神宗更制，联比其民，以为保甲。司马温公所谓二丁取一，是使农民半为兵也，夺其衣食，是驱民为盗也。崇宁、大观间，日增兵额，而无精锐之用。建炎南渡，收溃卒，招群盗，置御营司，已复为六军十二将，而三衙始复旧制，御营五军之外，又有行营四护军。时诸将屡奏捷获，乃秦桧主和议，遂献诸将握兵难制之说，因分隶其军，更号御前军马，皆隶于枢密院，于是御前军，又在禁军之外。朝廷虽滋养兵之费，而君相主和忌战，以宗、韩、刘、岳之将，皆不能竟其用，遂至以积弱终。后文天祥建议，请委数州，招镇兵以备军籍，而朝不能用。

追敌垒日迫，乃至执民为兵，野无耕民，途无商旅，则召募且无计矣，况简阅乎哉！此宋之所以武备不修，兵气不竞而亡也。

明代兵制考略

明兵制，曰京兵，曰腹内卫所兵，曰边兵。京兵之制有二：锦衣等上十二卫，所以卫宫禁，即汉之南军也。留守等四十八卫，所以卫京城，即汉之北军也。上十二卫为亲军，番上宿卫，无所隶属。京城之卫，分属五军都督府。左府所属者，留守等卫。右府所属者，虎贲等卫。前府所属者，天策等卫。后府所属者，横海等卫。中府所属者，神策等卫。遇有征行，则调发之，即唐府兵遗意也。腹内卫所兵者，列于各省并要害之处。每卫计军五千六百人。每千户所，计军一千一百二十人。每百户所，军一百一十二人。每百户之下，设总旗二名，小旗十名。管领钤束，以成队伍，以指挥使等统之。督府握兵籍，而不与调发。兵部得调，而不治兵事。即宋人收兵权之意也。边兵者，捍御各边屯戍要地，如蓟辽大宁诸司等卫，即汉人募民实塞下之意也。凡有事征伐，则诏总兵佩将印领之，既还，则上所佩将印于朝。军归卫，将归第，权自上出，不敢有所擅调。至其稽核之要，大率有五：曰见伍，曰召募，曰徵调，曰清勾，曰充发。此明代军伍之初制也。成祖永乐初，仍立五府，增至七十二卫。复以龙骑下三千番旗，立三千营，又以征交趾得神枪火箭之法，立神机营。合五军为三大营，营各设提督，各哨有坐司，而统以文武大臣。五军营，以肄营阵。三千营，以肄巡哨。神机营，以肄枪手。此三大营之制也。锦衣卫者，主禁廷卤簿仪仗之事，有旗手司，主旗纛金鼓之令。诸卫皆统军卒，而锦衣独领校卫力士，盖锦衣十二卫，皆用世卒，爪牙之任也。勋卫皆以功臣子孙，腹心之托也。以锦衣一卫，假任权以制亲军。亲军之势重，又以制锦衣军，而合亲军、锦衣与五府兵，又适相当，盖彼此相羁维之局也。其外郡邑之间，以卫所统军伍，世以田给之者，为屯兵。月以饷给之者，为战兵。简士兵之壮者，廪而备之，曰民兵。募他方之桀者缓急而用之，曰客兵。各随地之省要，以为繁简疏密，而京师宿兵三十馀万，畿内约二十馀万，尽诸边之兵，不过乎此。而括诸省之兵，亦不克当此，亦内外相制之局也。后天下承平，武备日弛，兵部尚书于谦以三大营兵不相统御，乃分十大团营，各设都督统焉。大小总兵官互相统辖，于是将知士之强弱，军熟将之号令，将士相习，体统相维，此团营之法也。英宗罢之，孝宗又分十二团营，立东西宫官厅。及武宗时，刘瑾提督团营，由是兵制日坏。积弱不支，户部支粮则有，兵部调遣则无。平时则役占营军，以空名滥饷。临操则四集市人，呼舞博笑，无论老弱者不能授甲，即号称跳荡者亦张半石弓。而乘款段马，既而卖马典衣，全无死绥之志矣。其或忠勇之将，捐身家，冒矢石，以死捍国，而庙堂文墨之士，操空言而绳其短长。中贵人又从而相牵制焉，稍有疵失，即从而龁龁之，排斥之，甚且从而陷阱之矣。彼安所得展其四体，专制阃外，而树国家之长城哉！此明兵制之大略也。

车战考略

《司马法》：六十四井为甸，甸出长毂一乘。五伍为两，则二十五人也。四两为卒，则百人也。十五乘为大偏，九乘为小偏，尤大者为二十五乘之偏。郑鱼丽之阵，二十五乘之偏也。楚二广之偏，十五乘之偏也。巫臣舍于吴之偏，九乘之偏也。动则足以冲突，止则可为营卫。卒有所备，兵械衣裘有所齐，则车之为用大矣。故元戎十乘，以先启行，戎车既安，如轾如轩，此周之用车也。小戎伐收，五桼梁辀，秦之用车也。汉夏侯婴以兵车趣战，破李由。卫青击匈奴，以武刚车自环为卫。光武造战车置塞上。此汉之用车也。曹操用攻车七十五人，守车二十五人。晋马隆作扁箱车，破树机能。此魏晋之用车也。刘裕以车为左右翼伐南燕，韦叡攻钟离结车为阵，魏泰武用车十五万两北伐蠕蠕，隋为鹿角方阵与突厥战。此车之用于南北朝者。唐哥舒翰造战车，蒙以狻猊，马燧亦载之于河车，行以载兵，止以为阵。此车之用于唐者。宋韩琦以郭固所制之车，临阵下营，缓急易弃。魏胜创如意车，上为兽，而牌枪、弩矢、火炮等，进退俱利。此车之用于宋者。明戚继光创车，每营二十八辆，车上安大佛郎机，及器械全具。此车之用于明者。是车战之由来久矣。然考太公之言曰：车战死地有十，胜势有八。敌之前后，行阵未定，即陷之。旌旗扰乱，人马数动，即陷之。士卒或前或后，或坐或起，即陷之。阵坚不固，士卒前后相离，即陷之。前往而疑，后往而怯，即陷之。三军卒惊，皆薄而起，即陷之。战于易地，暮不能改，即陷之。远行而暮舍，三军恐惧，即陷之。此八者，车之胜势也。若可往而无以还者，车之死地。越绝险阻，乘敌远行者，车之竭地。前易后险者，车之困地。陷之险阻，出而无以返者，车之绝地。圮下渐泽，黑土粘填者，车之劳地。左险右易，上陵仰阪者，车之逆地。殷车横亩，犯历深泽者，车之拂地。车少地易，与步不敌者，车之败地。后有沟渎，左右深水，右有峻坂者，车之坏地。日夜霖雨，旬日不止，道溃地陷，前不能进，后不能解，车之陷地。此十者，车之死地也。夫胜者八而死者十，是死之数，不已过于胜之数乎！况乎兵机之日变，而古法之渐难行也。自春秋郑庄多用徒兵，自中行穆子毁车以崇卒，自右师展始乘马，自赵武灵改用骑，而兵家日出跳荡，日趣轻便，疆埸仓卒，觉步骑旋转曲折，动如转圜，而车战之运掉，反不若是之灵，其应变反觉较彼多踬也。故王平仲有曰："当后世而修车战之法，是不知时变者也。三代之上，以礼杀人者也。三代之下，以智以机杀人者也。以机智杀人，则所以杀人之具，犹将不可喻之卒，况他人乎！而乃谓我有车马可以自卫，可以陷敌，是对机智杀人者，而操以礼杀人之器，鲜不败矣。"邱氏濬亦曰："车战之法，惟中国之人彼此皆以车战，而相遇于平原旷野之地，故可用堂堂之阵，正正之旗耳。若中国与四裔战，其地则险阻也，其人则步与骑也。吾之车，步不成列，动不能行，是坐以待困也。"故唐之房琯，宋之章询、黄怀信、李纲、王大智诸人，皆亟谈车战之制，然皆未能施之用，用之亦鲜有成效。是车战之法，后世实无所用之，固不必募复古之名，而为此迂阔无济之事也。

九州异名考略

地之有九州也，犹天之有九野，不可易也。考《周礼》疏，神农以上，有大九州：东南神州曰农土，正南邛州曰沃土，西南戎州曰滔土，正西弇州曰并土，中央冀州曰中土，西北台州曰肥土，正北济州曰成土，东北薄州曰隐土，正东阳州曰申土。此所谓大九州也。黄帝德不及远，惟于神州之内，分为九州，驺衍所谓赤县神州是也。至尧而中国仍为九州，使禹治水时，遂因其旧，即《禹贡》所载冀、兖、青、徐、扬、荆、豫、梁、雍九州是也。至舜，则以冀、青地广，乃分冀东恒山之地为并州，其东北医无闾之地为幽州。又分青州东北辽东、朝鲜等地为营州，而冀州止有河东一路。盖析冀而为三，析青而为二，所谓肇十有二州也。迨禹立夏政，仍复尧时旧制，为九州焉。嗣是《尔雅》所志之冀、豫、雍、荆、扬、兖、徐、幽、营者，商制也。《职方》所志之扬、荆、豫、青、兖、雍、幽、冀并者，周制也。商有幽、营，而无《禹贡》之青、梁。周有幽、并，而无《禹贡》之徐、梁。盖青、兖之间有徐，雍、豫之间有梁也。此唐虞三代九州之略也。夹漈郑氏曰："州县之设，有时而更。山川之形，千古不易。"故《禹贡》九州，必以山川定疆界。使兖州可移，而济河之兖州不可移。梁州可迁，而华阳黑水之梁州不可迁。故《禹贡》为万世不易之书，此论九州者之极则也。

宇内山水三大干考略

自太极分阴阳后，天一生水，而四海一壑，初无江□之别。既而西北有昆仑之峙，于是山脉蟠绕，而水之千流万派，不可枚举矣。然其大者有三：发源岷山者，为长江。发源长白者，为鸭绿江。惟黄河之源，发于星宿海，而出于昆仑。朱子曰："天下有三大水，曰黄河，曰长江，曰鸭绿江。"吴氏澂曰："河源发自昆仑，其源最远。江发岷山，亦可谓远，而不得与河源并。古人祭川，先河后海者，重其源也。"《地（里）〔理〕今释》曰：江出岷山，而其源则发自西蕃界徼外金沙江。《舆图志》曰：长白山，横亘千里，上有潭，周八十里。南流，为鸭绿江。北流，为混同江。此山在沙漠之地，凡水之发处，即山之起处。水之会处，即山之尽处。故长江与南海相夹，其脉起岷山，趋夜郎，逾五岭，出南雄，由汀历邵武，抵信，走徽，尽于建业之江阴。此南干之大都也。黄河与长江相夹，其脉起西倾，行陇右，过汉中，出熊耳，落河南，尽于山东之东莱。此中干之大都也。鸭绿与黄河相夹，其脉自昆仑，出阗颜，度瀚海，转白登，循恒山，尽于幽燕之平滦。此北干之大都也。王恒叔曰："论孕育，中则最优。语发泄，南为独后。摭形势，北当最盛。"诚善论三干之次第哉！

古今地里同异考略一纂方氏考

学者虽寂处一室，而几席中往往有六合在眼之势，昔人所谓闭门造车，天下合辙也。宋倪文卿每叹学者浅陋，凡不识者不肯目，而识者又未暇睹也。郭景纯注《山海县寓》，郦道元注《水经》，税安礼撰《地理指掌图》，吴澥著《（字）〔宇〕内辨》，后朱考亭、沈存中、吴虎臣、范公称、王伯厚、杨升庵、章本清、冯嗣宗俱皆有辨。而方密之则欲以朱思本画方配里法，仿谢庄之截木分合，就各地古志编图，会括于修攘考，一时不及成，但钞记所知以俟，其注释颇详，今又恐学者畏繁而高阁之，故摭其大略，增补删订为篇，俾善学者览之，已得古今地理变迁之大略矣。如河东、河西、河南、河北、河内、河东、淮北、淮西、江北、江南、山东、陕西，此宇内之大关目也。然有兖州之河东，有并州之河东。有雍州之河西，有凉州之河西。有中土之河南，有边境之河南。有中国之河北，有边方之河北。有指一郡而言者，有指一州而言者，有指一道而言者。故周之河内，异乎汉之河内，周冀州而汉右郡也。汉之河东，异乎唐之河东，汉为宋之河中府。及慈、隰、晋、绛、解五州，唐乃宋之河东路也。古之淮北，乃宋之淮南。而宋之河北，乃古之河东。淮西一名也，有在京东，有在京西。江西一名也，有在江北，有在江南。江南一地也，有称江左，有称江右。山东一名也，有指河南而言者，有指河北而言者。陕西亦一地也，虞夏曰雍州，商周曰西土，春秋曰秦国，战国曰关中，楚汉之际曰三秦，两汉又名山西，至宋始为陕西路。亳有西亳、南亳、北亳，而皆非今之亳州也。虢有东虢、西虢、南虢，而皆非今之虢州也。春秋吴师入郢，似今之郢州而非也。秦师入滑，似今之滑州而非也。楚人灭舒，似唐宋之舒州而非也。楚人灭黄，似今之黄州而非也。楚人伐徐，似今之徐州而非也。允姓之国居瓜州，似今之瓜州而非也。古之酒泉在河南，而今之酒泉在河西。古之丹阳在荆南，而今之丹阳在江东。古之豫章在江北，而今之豫章在江南，皆吴楚之境也。古之澶渊在河南，而今之澶渊在河北，皆宋卫之郊也。韩退之之南阳，在修武，非邓州也。萧何南乡之鄼，在楚之光化，非沛之鄼也。《六月》诗之镐，非丰镐之镐。《六月》诗之太原，非山西之太原也。陶令之彭泽，非小孤前之彭泽也。大别在汉阳，非安丰也。赵之扞关，非楚之扞关也。李牧所守之方城，非汝叶之方城也。钟离，非今中都城。石城，非今石头城也。春秋之江黄，皆在汝南地，非今黄州、九江也。公瑾所破之赤壁，在乌林，非坡公之赤壁也。留侯封邑在沛，非陈留也。沛邑之蕲，非江夏之蕲也。汉中有沔阳城，非今之沔阳州也。巩之鄩，非斟鄩也。郇阳在郧汉之间，非顺阳、新阳也。樊毅克广陵楚子城，乃魏所置东豫州之广陵，非江都之广陵也。北苑茶出建州，今作北源州矣。华阳亭在密县，非松江之华亭县也。蒙山茶，在蜀雅州，非山东费县之蒙也。齐桓之葵丘在考城，非青州之葵丘也。临湘原长沙县之名，非岳州之临湘也。华容在监利，非岳州之华容也。成阳属济阴，城阳，则汉齐王章所封之国，音同而字异也。清湘原隶湖南，今改为广西之全州矣，此地理之随时而变迁者也。

古今地里同异考略二

或问曰：子论地里之变迁，得其概矣，亦有变而不变，迁而不迁者乎？曰：有。碣石枕海，在今骊城。《书》称河亶甲，即今之相州也。春秋卫灭邢，即今之邢州也。楚子入陈，楚师灭陈，皆今之陈州也。齐师灭莱，即今之莱州也。楚子围郑，即今之新郑县也。齐侯侵蔡，即今之上蔡县也。番丽，乃梅里，今之横山也。浒墅，本为虎瞜，因唐讳虎而改也。皋奉卿所居为皋桥，梅福所隐处为蛇门也。岞崿，支硎也，支遁居之。语儿亭当为御儿亭，雅宜山当为娜如山。汝阳之天中山，天之中也。酷沟在山氏城北，卢圣即今芦沟也。郞，新息也。庐江郡，以大江望庐山而名。即敷，浅原也。东兴，即东关也。慎阳当作滇阳。沙溻，洮溻所径也。仙海，先零之水也。义阳士雅山，因祖逖而名也。襄州沮中，即相州也。冥阨之塞，即鄳阨也。马鸣阁道，利州栈道也。鄌关，李翕所修西狭阁道也。宋之颍昌，今开封许州也。涂唐，今滁州也。大散关，和尚原在焉，此秦蜀之界，亦中国南北之界也。楚伐吴，至衡山，今之横山也。刘锜顺昌之捷，今之颍州也。下颍之颍，读为程音。北陵、雁门、广陵之合渎渠，即吴掘之邗沟也。魏之一合坞城，汉宜阳邑也。吴会，吴郡、会稽郡合名也。秦亭，即街亭。傅险，即傅说所隐窟也，险，古“岩”字。泰垌，即太行山，垌，一作卷。泗口者，淮泗之会也。今之长沙，古之潭州也。今之衡州，昔则隶于长沙也。率山，即三天子都，今之张公石也。阙里在曲阜，仪封在开封，互乡在睢州也。始兴之鼻，天子冢，非象庳也。木叶城在辽东，或云在蓟州马兰诸山。今二卫地，花门堡，通回鹘衙帐，在日州。三骁，即三苗。

朱子谓苗当作猫，与犵、狑、狫为四种溪峒之民，其地当在衡州、长沙之东，袁州之西一带。而辰州有五溪蛮，沅州有黑白苗，宝庆、武冈所在有獞，皆三苗之种类也。广有疍户，凡三种，一为鱼蜑，二为蠔蜑，三为木蜑。涪陵又有獽蜑，其流曰疍，曰獽，曰狸，曰獠，曰㐌。而粤西有狼，有獞，有瑶。琼州又有黎人，麻阳蛮有犵狫。沅、靖、贵州之蛮，通谓之苗。五溪蛮之父名白犬。白犬，乃人名，好事者遂谓高辛以女妻犬。诞已，龙户骁家，其人见水，即知龙也。马人马留，乃马援立（锢）〔铜〕柱时，所留柱之种也。阿耨达所谓星宿海也，东南流入海者曰殑加河，西南流入海者曰缚刍河，西北流入海者曰徙多河，惟东北流入海者为中国之河源耳。狼慌，裸国也。离耳，即儋耳也。此皆按其名而可指其地者也。

古今地里同异考略三

或又问曰：地里同有可实指矣，不又有一名而为两处或至数处者乎？曰：然。畲山有四古会稽，并辖淮南。涂山实在寿春，非山阴也。淮水过当涂县，非今太平之当涂也。三江者，左合汉水为南江，右合彭蠡为北江，岷江居中为中江也。或谓为娄江、东江、松江。或谓为松江、浙江、浦阳江。或又以为岷江、浙江、松江。是三江有数说也。荆山有二，南条在襄阳南漳县，北条在陕西富平县，下有荆渠也。汉水有二源，一东源，在今西县之西。一西源，在今三泉县之东。而皆出自嶓冢也。黑水有三，雍州黑水，出张掖鸡山。梁州黑水。为丽江导川之黑水，为澜沧江也。三危有二，一窜三苗之地，一在云南丽江府北也。首阳有三，一蒲版，二陇西，三洛阳，夷齐没处在洛阳也。历山有五，一河中府，二齐州历县，三冀州，四濮州雷泽县，五绍兴也。下蔡为硖石城，非独陕州之硖石也。石头有四，江西有两石头，又迁南岳地，名石头，与白下石头，为四也。姑苏又作姑胥，又作姑余。干言二地也，而合名为一山。汶有四，有出弗其山之汶，有由寿张入济之汶，右蜀岷之汶，有辽东汶城。颍川有父城，沛郡又有城父。郦道元误引为一。春秋有数鄎，有两鄢陵，有数郢。又有东西北三荆，西鄂邓州，东鄂武昌，邾邹一也，扈鄠一也。白马之口，定胥之口，黎阳之津，枋头、延津，皆滑州、开州地也。巢湖又作漅，又作焦，一也。八阵图凡四，一在沔阳之高平旧垒，乃汉中府沔县地。一在新都之八阵乡。一在永安宫鱼腹浦。一在西县也。入川有谷三，西南曰褒谷，南曰骆谷，东南曰斜谷是也。有栈道四，为阴平道，为故道，为连云栈道，为斜谷道，是也。西阳在黄冈，本汉西陵地，而陆逊所守之西陵，则今之夷陵州也。蜀之宜都，又从夷陵而分之者也。邓州，古樊城，仲山甫国也，一曰邓塞，一曰沔北。青城有东阳城，而浙中及临淮郡、清河郡又各有东阳县。荆即楚也，舒有舒鸠、舒蓼、舒庸之属，而皆属于楚，故通称荆舒。若鲁口，若夏口，若沙羡，皆名武昌，《通典》所谓鄂州也。会稽郡，又名越州，又名绍兴，又名镇东军额，则四名也。吴郡，又名苏州，又名平江，则三名也。颍州曰顺昌府。许州曰颍府，则交互杂称也。汉之南郑，为今汉中府，而桓友封邑之郑曰西郑，亦曰南郑，今属华州，而其名亡矣。因郑有圃田，曰圃郑，因迁曰新郑，今属开封之郑州是也。荥阳、中牟、管城，皆新郑地也。崆峒或为空桐，或又为空同。称扬州者，在东汉则指历阳，或寿春，或曲阿。自魏至周，则指寿春，或合肥。江左自吴至陈，则指建业，或会稽。隋唐五代，乃指广陵也。广陵在两汉时为吴国，为江都广陵国，为广陵郡。刘宋为南兖州，北齐为东广州，后周为吴州，唐初亦为邗州，其为扬州，则自隋始也。松江以淞水得名，亦名松陵，而眉州亦有松江，乃蜀江所分也。黄卷坡、桃林塞，即新安潼关也，通谓之函谷关。浔阳，原在江北。柴桑，在江南。晋温峤移之，曰江州，今为九江府。汝宁之东崤、西崤，即教山、教水也，又名嵚崟山。陕州石壕镇，本殽县，汜水又有古殽关，皆殽也。峨嵋山在蜀，而汀州邵武、广西、汝州皆有峨眉山，象其形也。晋新亭在长干寺，宋新亭在朱雀航，吴又别有三新亭也。此地里之数处而一名者也。

古今地里同异考略四

或又问：地里之同异尽此乎？曰：未也。河阳南城为孟津，又为富平津。而中潭则其中州也，西周河南也，曰王城。东周洛阳也，曰成周。汉河南郡有洛阳县，成周也。有河南县，郏鄏地，王城也。卜涧水东，瀍水西，平王居之，今苑内故王城是也。又，卜、瀍水东，是为成周，今河南府故洛城是也。桐丘在许昌，兖州路有桐城驿，其上江之桐城，则自唐始也。柴骢在密县，又名大骢，即具茨山也。田悦改魏州曰大名，而大名之魏在蒲州，而其军则曰天雄也。濮有百濮、楚濮、尾濮、木棉濮、濮铅，南中有濮獠，又有闽濮。《水经注》有濮北，不独大名之濮阳也。渔阳有潞水，密云又有潞水。通州有通潞亭，非独山西之潞安也。全椒有瑯琊山，有瑯琊溪，不独青州瑯琊城，为汉瑯琊郡也。冀州镇为霍大山，而潜山天柱，亦名霍山，庐州亦有霍山，凤阳又有霍丘县，不独平阳有霍州矣。昆明池有二，前自云南有之，后则汉长安仿之也。熊耳，一在商州上洛县，一在虢州卢氏县，然在陕西、河南之界，以山之阴阳分隶之，究非二山也。章华台，则城父、商水、江陵、长陵皆有之。而章华故台，则在监利县郭中也。乾溪，亦城父、商水皆有之。汉淮阳故城，在陈州宛丘，汲黯所卧治者也。唐作淮阳城，北临泗水，宋为淮阳军。若今之淮安府，则汉属临淮郡，曰淮阴，晋曰山阳，唐宋之楚州也。祖逖、刘琨所守者，此也。楚州为南北襟喉，长淮二千馀里，水道通北方者五，淮、汴、涡、颍、蔡也。其通南者，止楚州运河一处，周世宗作老鹳河，通战船入大江，而南唐遂失淮南之地矣。隆口，一名蒲矶口，一名蒲圻口，即陆溪口也。中牟有二，一河南，一河北也。吕梁有三，一在吕梁县南，一在离石县南，一在徐州之下也。唐尧都河东，殷都河内，周都河南，为三河，而黄河、析支河、湟河，亦为三河。三楚者，西楚、南楚、东楚也。又郢、鄂、寿春，亦为三楚。三湘者，潇湘、蒸湘、沅湘也。三秦者，秦将邯、欣、翳所分封关中地也。《水经》以吴兴、吴都、会稽为三吴，《通典》以会稽、吴兴、丹阳为三吴，而《指掌图》则以苏、常、湖为三吴也。齐、济北、胶东，三齐也。南梁、大梁、少梁，三梁也。新蔡、上蔡、下蔡，三蔡也。三关有五，阳平、江、白水，蜀汉三关也。平靖、武阳、黄岘，义阳三关也。上党、壶口、石陉，上党三关也。益津、瓦桥、淤口，周世宗所取三关也。偏头、倒马、紫荆，山西三关也。五岭者，《广州记》所谓大庾、始安、临贺、桂阳、揭扬也。而《南康记》、《舆地记》皆以大庾、骑田、都庞、萌渚、越城为五岭。而骑田则在郴州，都庞、萌渚则在道州也。万山祖昆仑，西海滨有小昆仑，敦煌有昆仑塞，地球有昆仑丘，而皆名昆仑也。文岳即太和山，又名武当山。禹穴在蜀石泉，而会稽、庐山皆有禹穴，因禹所至名之也。林邑，古越裳，而老挝亦古越裳也，通交趾、暹逻入海之处也。九夷，在徐州莒鲁之间，非朝鲜东夷之九种也。此又皆地里之同而异、异而同者也。

历代州道路省考略

予既略考九州之说，今复取历代因革之数而约之。尧之九州，即《禹贡》之冀、兖、青、徐、扬、荆、豫、梁、雍也。舜则分冀为幽、并，分青为营，而为十二州。至夏复为九州，而商周因之也。周有五服，祭公谋父所云甸服、侯服、宾服、要服、荒服也。又有九服，《周礼》：大司马所职侯服、甸服、男服、采服、卫服、蛮服、夷服、镇服、藩服，九畿也。又有六服，大行人所云“侯服、甸服、男服、采服、卫服、要服”也。秦改州置郡，则内史、三川、河东、南阳、南郡、九江、彰郡、会稽、颍川、砀郡、泗水、薛郡、东郡、瑯琊、齐郡、上谷、渔阳、右北平、辽东、辽西、代郡、钜鹿、邯郸、上党、太原、云中、九原、汉改五原。雁门、上郡、陇西、北地、汉中、巴郡、蜀郡、黔中、长沙，凡三十六郡。又置闽中、南海、桂林、象郡，凡四十郡也。汉改置刺史，则司隶校尉、豫州刺史、冀州刺史、兖州刺史、徐州刺史、青州刺史、荆州刺史、扬州刺史、益州刺史、凉州刺史、并州刺史、幽州刺史、交州刺史，凡十三部，惟朔方刺史，不在十三州之限耳。三国时，蜀有益、梁二州，魏有司、隶、豫、荆、兖、青、徐、梁、秦、冀、幽、扬、并十三州，吴有交、广、荆、郢、扬五州。魏之扬治寿春，吴之扬治丹阳。晋武改为十九州，则司、兖、豫、冀、并、青、徐、荆、扬、雍、秦、益、梁、宁、幽、平、交、广、梁也。刘宋为二十二州，则扬、徐、南徐、兖、南兖、豫、南豫、江、青、冀、司、荆、郢、湘、雍、梁、秦、益、宁、广、交、越也。唐高祖置万年、长安、富平、醴泉、同州、华州、宁州、岐州、幽州、西麟、泾州、宜州，为关中十二道，后改为十二军矣。太宗定关内、河南、河东、河北、山南、陇右、淮南、江南、剑南、岭南为十道。玄宗又增置京畿、都畿、山南东西、江南东西、黔中，通为十五道矣。宋太宗分天下为十五路，天圣中，为十八路，元丰改为二十三路，则京东分东西路，京西分南北路，河北分东西路、陕西路、秦凤路、河东路，淮南分东西路、两浙路，江南分东西路，荆湖分南北路、成都路、梓州路、利州路、夔州路、福建路，广南分东西路是也。元先建十二行省，后改建二十二道，则燕南河北道、河南江北道、山东东西道、河东山西道、西蜀四川道、河西陇右道、山北辽东道、陕西汉中道、江北淮东道、淮西江北道、山南江北道、江南湖北道、岭南广西道、海北广东道、岭北湖南道、江西湖东道、福建闽海道、浙东海右道、江南浙西道、江东建康道、海北海南道、云南八番道是也。明定为两直隶、十三省，北直隶、南直隶，山东、山西、河南、陕西、四川、湖广、浙江、江西、福建、广东、广西、云南、贵州皆为省，遂成定制云。

关镇要区考略一

《易》曰：王公设险，以守其国。则关镇为最要矣。天下大势，统论之，则为南北。析言之，则曰江淮，曰荆襄，曰川陕，曰青徐，曰河朔，曰河西，曰幽蓟，曰辽阳，曰宣大，皆要害之区也。禹甸以后，秦汉以前，不有历历可指者乎！盖有所谓九州之险者，则四岳、三涂、阳城、太室、荆山、终南是也。其三涂者，伊阙，一名太行。大谷，一名崤黾，及轘辕是也。有所谓九塞者，晋有大汾，宏农有冥阨，楚有荆阮，又有方城，黾池有殽，常山有井陉，辽西有令疵，雁门有句注，上谷有居庸也。有所谓长城三者，秦昭王筑长城，置陇西、北地、上郡。赵武灵自代阴山下至高阙，筑长城为塞，置云中、雁门、代郡。燕自造阳至襄平筑长城，置上谷、渔阳、右北平、辽西、辽东郡是也。有所谓八陉者，大行山，始自河内，以至幽州，凡八陉。轵关陉在济源，太行陉、白径陉皆在河内。涂陉又名滏口陉，在邺西。井陉在常山，飞狐陉、蒲阴陉在中山，军都陉在幽州。皆连山中断，故谓之陉也。若夫险之在秦者，则东有函谷关，在今陕州。南有武关，在今商州。西有散关，在今凤翔。北有萧关，在今原中。在此四关之中，故曰关中也。有大散关、仙人关、箭筈关，此三关皆蜀之门户也。险之在汉者，有玉门与阳两关，有上党、壶口、石陉三关。有洛阳之东成旱、南伊阙、西函谷、北孟津四关。有蜀汉之阳平、江、白水三关。其伊（关）〔阙〕①、函谷、广成、大谷、（轅）〔轘〕②辕、旋门、小平津、孟津，则灵帝所置之八关也。其陇西、北地、上郡、朔方、云中五郡，则汉徙浑邪降者于边，因其旧而为五属国也。或谓为安定、上郡、天水，五原、张掖五郡，姑并存之。其真番、临屯、乐浪、元菟四郡，则武帝所置之朝鲜四郡也。至昭帝而并为乐浪、元菟二郡矣。其张掖、酒泉、燉煌、武威、金城诸城，则武帝所置之河西五郡也。其越嶲、沈黎、牂牁、汶山、武都五郡，又武帝所置于西南者也。至五原、朔方、云中、代郡、雁门、定襄、（古）〔右〕③北平、上谷、渔阳诸郡，又汉时缘边之九郡也。外此而武帝时有南海、桂林、苍梧、交趾、合浦、九真、日南，则尉佗所置之七郡也。增珠崖、儋耳，又尉佗南起之九郡也。自汉以上之关镇，其大者盖如此。至于渭水三

①②③据文意改。

桥者，中渭桥，在故城北。秦时造西渭桥，在西北咸阳路。汉武造东渭桥，在东北高陵路。不知造自何人，皆险要也，因并附焉。

关镇要区考略二

或问：汉以前之关镇，既凿凿矣，不识三国而后，以迄于唐末，其要区亦可得闻乎？曰：可。蜀有万里、安乐、建昌、尾星笮、永平、升仙七桥，非蜀李冰之所建乎！吴有建平、西陵、乐乡、南郡、巴丘、夏口、武昌、皖城、牛渚所、濡须坞，非孙氏之十镇乎！魏明东置合肥，南守襄阳，西固祁山，非其所敕守之三关乎！西晋有五浮桥，曰航，则丹阳、竹格、朱雀、骠骑、青溪是也。元魏于马邑云中界置六镇，则怀荒、沃野、武川、怀朔、高平、薄骨律是也。刘宋碻磝、滑台、金墉、虎牢四镇，所以恢复河南也。南齐寿阳、盱眙、淮阴三镇，所谓淮南根本也。北周有三鸦镇，名高平城。一鸦百重山，在邓州向城县，二鸦在分岭山北，三鸦在鲁山界，所以御齐也。此关塞之在唐以前者也，而其制莫备于唐。唐张仁愿为朔方总管，筑东城，榆林东北八里，属振武。中城，榆林，汉名九原。西城，丰州西北八十里，属大德军。非唐之三受降城乎！李祐于芦子关筑乌延、宥州、临塞、阴河、陶子五城，以护塞外，非唐之朔方五城乎！韩滉筑石头城、冶城、台城、苑城、新城，非唐之石头五城乎！大都护为单于、安西、安北，中都护为安南、安东、北庭，非唐之六都护府乎！河内、汲郡、邺郡、广平、钜鹿、赵郡、恒山、博陵、上谷、范阳、文安、河间、饶阳、信都、清河、魏郡、博平、平原、景城、乐安、妫州、密云、柳城、北平，非唐之河北二十四郡乎！调露中，置鲁、丽、含、塞、依、契，非唐之六边州乎！突厥内附，分处丰、胜、灵、夏、朔、代六所，非唐之河曲六州乎！若夫唐之七关，则石门、驿藏、木峡、制胜、六盘、石峡、萧关也。义阳三关，则平靖、武阳、广岘也。河朔三镇，则镇州成德军、魏州魏博军、幽州卢龙军也。杜牧论战之六镇，则河东、盟津、滑台、大梁、彭城、东平也。洛阳四桥则谷水、黄道、重津、分洛也。造舟之梁四，则河之蒲津、大阳、盟津，洛之孝义也。石柱之梁四，则洛之天津、水济、中桥，灞之灞桥也。木柱之梁三，渭川便桥、中渭桥、东渭桥也。唐至大中（问）〔间〕，张义潮以十一州归有司，则瓜、沙、伊、肃、鄯、甘、河、西、兰、岷、廓十一州，皆河湟地也。考六典所载，唐之为关，总二十有六，而有上、中、下之分。上关六，京兆蓝田关、华州潼关、同州蒲津关、岐州散关、龙州大震关、原州陇山关是也。中关十三，京兆、子午关、骆谷关，康谷关、同州龙门关、曾州曾宁关、原州木硖关、石州孟门关、岚州合河关、雅州邛崍关、彭州蚕崖关、安西铁门关、典州典城关是也。下关七，凉州甘泉关、百牢关、河州凤林关、利州石门关、延州永和关、绵州梧岭关、龙州涪水关是也。至其入关之道有三，自河北入为正道。项羽、光武、安禄山从此道自河南入，为间道。汉高祖、桓温、檀道济、刘裕从此道自蜀入，为险道。汉高祖由此道入，又出定关中。诸葛亮亦从此出师。此皆考地利者所不可不知也。

关镇要区考略三

或问：唐之关镇备矣，自五代至宋若明，犹有所增置乎？曰：有。霸州益津关、雄州瓦桥关、信安军淤口关，周世宗所置三关也。大江上流三，荆南之公安、石首，岳之北津也。中流二，鄂之武昌、大平之采石也。下流二，建康之宣化、镇江之瓜州也。此七渡者，宋吴表臣所疏请为防者也。梅子八关在荆州长阳，四临江南，四临江北，皆以备峒蛮也。麟州五堡，清塞、百胜、中候、建宁、镇川，皆张亢所成也。中山、太原、河间，宋之三镇也。以三京关陕析为四镇，拱滑颍昌隶东京，郑汝河阳隶西京，恩濮开德隶北京，同华陕府隶京兆，此建炎时之所置也。白椒、水碓、桐木、蒻岭、三岭、重阳、华阳、青座，所谓洋州八关也。燕山五关，为景州北之松亭、顺州北之古北、昌平西之居庸、易州西北之金坡、平州东之隃，燕之障也。山西三关，为雁门、临武、偏头，山西之塞也。明以居庸隶蓟州，辖撞道等处。以紫荆隶保定，辖沿河等口。以倒马隶保定，辖周家堡等口。此明之内三关也。黄花镇二关，东历密云、马兰、太平、燕河，属于山海，为东关。西历居庸、白羊、紫荆、倒马，属于龙泉，为西关也。备倭七大镇，广东、福建、浙江、江南、淮阳、山东、蓟辽是也。广东三路，东路柘林、碣石、惠、潮、南陾，中路虎头门、广海、广州，西路阳电、白鸽门、潮州、雷、连是也。福建水寨五，漳州铜山寨、泉州浯屿寨、兴化南日寨、福州小埕寨、福宁烽火门寨是也。浙江六总，金乡、盘石二卫，松门、海门二卫，昌门卫、定海卫，观海、临山二卫，海宁卫是也。此又皆在近代之可知者也。

湘源记

潇湘、蒸湘、沅湘，三者皆纬流，而经之者湘水也。予往读《舆图志》，索三湘之源，知其水出阳朔山，至永州，潇水入焉，曰潇湘。至衡州，蒸水来会，曰蒸湘。卒与沅水合于沅江，曰沅湘。此三湘所由名也。顾考之者往往于三湘则详，而湘之源则略焉，盖未尝亲履其地，而但得之传闻，故即肇源之阳朔山，而或以为属零陵，或以为属兴安，说已不一，遑问其渊源之状，流行之程，支派之条，分合之势乎？甲戌秋，予亲至粤西，亟探湘水所自出，又得主人德纯庵先生壮其行，为之遣役赍粮。呼土人父老为前导，予草笠芒鞋，蹁跹而行，始得探其源而记焉。湘水发源于海阳山，海阳山者，即《舆志》所谓阳朔山也。此山属今桂林郡灵川县，向以为在零陵或兴安者，皆误也。山高可七八十丈，广五六十丈，山下一岩洞，洞门高广，约二丈馀尺。洞内逶迤，甚昏黑，因持火炬入，可容十馀人并行。履下作金石响，阴风凛凛，如在重泉冰窖中。偶一謦咳，辄轰然有山鸣谷应之致。行二十馀丈，遇一潭，潭广可三十馀步，深不可测。照以火炬，盎然发清碧光，以小石投之，良久，镗鎝有声，火光闪烁，明灭无定，亦未知其中有鱼龙异物否？潭周围无路径可缘，其对岸无能飞渡者。土人告予曰：此即湘、漓二江之源也。徘徊久之，而凛冽之气不可复留，因背潭而返。出洞口，有清浅小水，吐入一涧中，涧广才尺许。土人指之曰：此涧涓滴细流，四时不绝，乃湘、漓二水之咽喉也。沿涧行半里许，有前宋敕封海阳山神惠济侯庙基。又里许，见小涧一线窅深，渐下渐阔，至兴安县属之江东村、太平堡诸处，其水遂成汪汪大江。盖小涧日夜所注，渟蓄既盛，而又别有两大水，自东西来助之也。东则一水逆来，起于兴安之东乡白石洞，洞下有深塘，名杉木江，逆过车田村，穿龙虎岩、豆腐岩，再上南折，至江东村约百馀里入大江。西则一水顺流，自灵川、兴安交界之长冈岭，顺过豪猪田村，至大平堡约二十里入大江。盖大江为主，而东西二水为之附庸，至此合流，以成其盛。湾漩至渼潭，潭深且广，水停积若不流，计程去海阳洞口已九十里矣。潭下半里许，江水洪流，中横一洲，名铧嘴。嘴长数里，广不过二十步，高止数尺，逆大江而踞其中央。江水至此，辄分左右二江去。夫沿江上下二千里，两崖多危崖绝壁，独此嘴沙土碎砾，无巨石陡岸，亦无树木为障蔽，乃独当全江奔腾之冲，而力捍之，俾分为二。土人云：此嘴低且薄，往往春夏暴涨，亦不能汩没之，水退如故，终古完固，不见其有溃决崩塌之形，亦一奇也。江上有伏波庙，意者伏波之灵爽，实为之阿护乎！嘴北有大天平坝一座，南有小天平坝一座，此二坝即楚粤二水分界承流之处。南流者为漓水，北流者为湘水，此湘水所由出，而从此出零陵，达衡阳，过长沙，经沅朗，三湘于是乎争汇矣。潇水出九疑山三分石，经零陵县西北入于湘。蒸水汉《志》作承水，出邵陵界耶姜山，至重安县，又合界塘水，再径重安之南，又受零陵之武水，至湘东临蒸县，今为衡阳县之北，注于湘，谓之蒸口，志称水气如蒸，此之谓也。沅水出益州牂牁郡，经辰溪，合麻阳诸溪峒水，若渐、辰、溆、酉诸水，俱附此，过武陵东，注龙阳，至沅江与湘水合，此又三湘之所由称也。此数水者，一经而三纬，皆出深岩幽邃中，行二千馀里，以合于江而达于海，其渊源有自，其流行有渐，其支派有条，其分合有序，皆予所目击而笔之于书者。夫三湘既合之后，固极浩荡之势矣。究其滥觞，不过一三十步之洞潭。潭外涧，不过尺馀之细流，而涓涓绵绵，遂至于此。天下事之由浅而深，积小成大，下而善受，受而不穷者，固如斯乎！抑闻黄河之源，在西方数万里外，出朵甘思绝域中。古之穷河源者，且一至再至，传之信史。今湘源特二千馀里耳，予至暮年，始得至粤西一见之，古今人之不相及，固若此乎！抑得山水之源者，亦有遇合之数，存乎其间乎！余又闻泰西人之言曰，寰中、洞溪、井涧诸泉，其下皆有海水灌乎其中，溢乎其上，及出而潨潨不断，又渐积以还于海，若辘轳之转动然。此物理循环之情也，亦一元无息之运也。吁！观一湘源，而四渎五湖之所出从可知矣。

瘴述

予尝至粤西，闻其地之瘴，有春青草，夏黄梅，秋新禾，冬黄茅诸种。又有桂花、菊花、鸭虫、黄蜂等瘴，四时不绝。宋王裒曰："南方天热，地气郁蒸，阴多固闭，阳多发泄，草木水泉，多禀恶气。元气弱者中而为病，谓之瘴。其寒热往来者为冷瘴，其昼夜如坐炭火中者为热瘴，其一病失音者为哑瘴。冷瘴轻，热瘴重，哑者死。"余又闻宋梅龙图挚以殿中丞出知昭州，著《五瘴说》，镌之石，则有大不然者。其说曰：仕宦有五瘴，急征暴敛，剥下奉上，此租赋之瘴也。深文以逞，良恶不白，此刑狱之瘴也。晨昏荒晏，废弛王事，此饮食之瘴也。侵牟民利，以实私储，此货财之瘴也。盛蓄姬妾，以娱耳目，此帷薄之瘴也。有一于此，民得以怨之，神得以怒之。而后逆气成象，俾安者疾之，疾者殛之，以示天戒。虽日在辇毂下，亦不可逭，矧荒远乎！世之仕者，或不自如五瘴之过，止归咎于地气之瘴，得毋谬与？予按：粤西瘴乡，惟太平、思恩、泗城、镇安诸郡为甚，盖以林峒深密，岚雾熏蒸，致成戾气，亦非徒人事为之。然读梅昭州《五瘴说》，亦可知瘴在人身，逆气成聚，则人身乖戾之气，实与其地气相感相召，相触相入，此天人之机，类应之理，固无爽者，因述其说而载之，无所赘焉。

考古略卷之七

管子起五音法考略

案：《管子 · 地员篇》所载，所以听土地之音也，其所谓听徵如负猪豕觉而骇，羽如鸣马在野，一作鸣鸟在树。宫如牛鸣窌中，商如离群羊，角如雉登木以鸣者。五音所发之状，叶诸物也。其所谓先主一而三之，四开以合九九者，数始于一，成于三。开者，推而衍之也。一分为三，三分为九，九分为二十七，二十七分为八十一。本一而三之，如是者四，适合黄钟之数，以成宫也。黄钟八十一数，益以三分之一，二十七合为百有八，是为徵数。乘者，即三分之一也，三分百有八，而去其一分三十六，馀七十二为商数。三分七十二，而益其一分二十四，合为九十六，为羽数。三分九十六，去其一分三十二，馀六十四，为角数也。其以百有八为徵，九十六为羽者，即五十四为徵，四十八为羽之数而倍之，所谓徵羽之数大于宫也。故其听之之序，先徵羽而次及宫，即今每宫起调，必自下徵下羽先之之法也。其生之之序，则由宫而徵而商而羽而角者，即后世三分损益上生下生之法也。其开与乘之法，若与算家开方乘除之术有殊，要其始于一成于三之法，则同也。此管子开诸家之先，而创发其说，而后世起五音之法，无不祖之矣。

五音考略

定五音法，管子既发其义，后世言之者益详。《汉志》曰：夫声者，中于宫，触于角，祉于徵，章于商，宇于羽。故四声为宫纪也，协之五音，则角为木。五常为仁，五事为貌。商为金，为义为言。徵为火，为礼为视。羽为水，为智为听。宫为土，为信为思。以君、臣、民、事、物言之，则宫为君，商为臣，角为民，徵为事，羽为物。唱和有象，故言君臣位事之体也。《尔雅》曰：宫谓之重，商谓之敏，角谓之经，徵谓之迭，羽谓之柳。刘氏歆释之曰：宫，中也，君也，为四音之纲。其声重厚，如君之德。商，章也，臣也。其声敏疾，如臣之节。角，触也，民也。其声圜长，经贯清浊，如民之象。徵，祉也，事也。其声抑扬迭续，如事之绪。羽，宇也，物也。其声低平掩映，自下而高。五音备成，如物之聚而为柳也。说者谓《尔雅》此法，乃半声之法也。《观物外篇》曰：先闭后开，春也。纯开，夏也。先开后闭，秋也。冬则闭而无声。又刘氏曰：角者，跃也，阳气动跃。徵者，祉也，阳气所止。商者，张也，阴气开张。羽者，纡也，阴气在上，阳气在下也。宫者，容也，含也，含容四时也。今以配乎五脏，宫出于脾，合口而通之也，其声极长极下极浊。商出于肺，开口而吐之也，其声次长次下次浊。角出于肝，张口而涌吻也，其声在长短高下清浊之间。徵出于心，齿合而吻开也，其声次短次高次清。羽出于肾，齿开而吻晐也，其声极短极高极清。今定五音者，有捷法焉。欲知宫，舌居中，喉音也。欲知商，口开张，齿音也。欲知角，舌缩脚，牙音也。欲知徵，舌点齿，舌音也。欲知羽，撮口聚，唇音也。分之弦数，则宫弦八十一丝，商弦七十二丝，角弦六十四丝，徵弦五十四丝，羽弦四十八丝也。按其三分损益，宫数八十一，三分之，每分得二十七数，内损一分，馀二分，得五十四为徵。徵数五十四，三分之，每分得十八数，外益一分，并四分，得七十二为商。商数七十二，三分之，每分得二十四数，每损一分，馀二分，得四十八为羽。羽数四十八，三分之，每分得十六，外益一分，并四分，得六十四为角。角数六十四，三分之，每分得二十一，外零一数，有零则不和，不和则不生，故音止于五。论五音多少长短之序，则曰宫商角徵羽。论五音相生之序，则曰宫徵商羽角。至《尔雅》重敏经迭柳之说，则五音之别名也，其殆宫商角徵羽之清声半声欤？夫长短清浊，相间成音，乃人声之自然，本无不和，为其中有不和者，爰制三分损益之定法以和之，即大而雷霆，小而蠓蚁，不能外也矣。

八风考略附列宿律义之解

七政，二五之精也。二十八宿，七政所历也。八风于是出焉。史迁律书曰：七政，二十八舍，律历，天所以通五行八政之气，天所以成就万物也。舍者，舒气也。不周风居西北，主杀生。东壁居不周风东，主辟生气而东之，至于营室。营室者，主营胎阳气而产之。东至于危，危，垝也，言阳气之危垝，故曰危。十月也，律中应钟，应钟者，阳气之应，不用事也，于十二子为亥。广莫风居北方，广莫者，言阳气在下，阴莫阳广大也。东至于虚，虚者，能实能虚，言阳气冬则宛藏于虚。日冬至，则一阴下藏，一阳上舒，故曰虚。东至于须女，言万物变动其所，阴阳气未相离，尚相胥也，故曰须女。十一月也，律中黄钟，黄钟者，阳气踵黄泉而出也，于子月为子。冬至牵牛，牵牛者，言阳气牵引万物出之也。牛者，冒也，言地虽冻，能冒而生也。牛者，耕种万物也。东至于建星，建诸生也。十二月，律中大吕，吕者，旅也，旅以助阳宣气也，于子为丑。条风居东北，主出万物。条，言条，治万物而出之也。南至于箕，箕者，言万物根棋。正月也，律中太簇，太簇者，言万物簇生也，于子为寅。南至于尾，言万物始生如尾也。南至于心，言万物始生，有华心也。南至于房，房者，言万物门户也。至于门，则出矣。明庶风居东方，明庶者，明众物尽出也。二月也，律中夹钟，夹钟者，言阴阳相夹厕也，于子为卯。南至于氐，氐者，言万物皆至也。南至于亢，亢者，言万物亢见也。南至于角，角者，言万物皆有枝格如角也。三月也，律中姑洗，姑洗者，言万物洗生，于子为辰。清明风居东南维，王风吹万物而西之轸。轸者，言万物益大而轸轸然。西至于翼，翼者，言万物皆有羽翼也。四月也，律中中吕，中吕者，言万物尽旅而西行也，于子为己。西至于七星，七星者，阳数至于七，西至于张，张言万物皆张也。西至于注，注言万物始衰，阳气下注也。五月也，律中蕤宾，阴气幼少，故曰蕤。痿阳不用事，故曰宾。景风居南方，景者，言阳气道竟也，于子为午。西至于弧，弧言万物之零落，且就死也。西至于狼，万物可度量，断万物，故曰狼。凉风居西南维，主地，地者，沈夺万物气也。六月也，律中林钟，林钟者，言万物就死，气林林然，于子为未。北至于罚，罚言万物气夺，可伐也。北至于参，参言万物可参也。七月也，律中夷则，夷则者，言阴气之贼万物也。于子为申，北至于浊，浊者，触也，言万物皆触死也。北至于留，留言阳气之稽留也。八月也，律中南吕，南吕者，言阳气之旅入藏也，于子为酉。阊阖风居西方。阊者，倡也。阖者，藏也。言阳气道万物，阖黄泉也。北至于胃，胃言阳气就藏，皆胃胃也。北至于娄，娄者，呼万物且内之也。北至于奎，奎者，主毒螫，杀万物也，奎而藏之。九月也，律中无射，无射者，阴气盛用事，阳气无馀也，于子为戌。按索隐注云：注，柳星也。柳为鸟咮，浊谓之毕，留谓之昴，此叙八风从西北向北顺转。陈氏澔曰："八风应八节，相距各四十五日。"广莫者，大莫也，明阳气也，时冬至。条者，生也，时立春。明庶者，迎众也，时春分。清明者，芒也，时立夏。景者，大也，阳气长养也，时夏至。凉寒也，阴气行也，时立秋。阊阖者，咸收藏也，时秋分。不周者，不交也，阴气未合化也，时立冬。按：风动物鸣，是曰天籁。先王法之，乃有人籁，乐之始也。《记》曰：八风从律而不奸，律之所中，循乎二十八舍，一定者也。八风之行，协乎律与否，无定者也。协则岁功成，不协则凶荒札嗟，故贵从律。圣主燮理阴阳，调风以应乎律，如所谓风雨以时、风不鸣条者。而或乃谓乐能调律以从风，抑昧其本矣。至律书言东西南北正相反者，则以史迁用盖天说，如人对镜，则左乃右，右乃左，故以龙为西而虎为东，鸟为北而蛇为南也。《啸馀谱》曰：日月所会之十二辰，在天而右转，斗柄所建。在地而右旋，天左旋一度。布气以生律，日月亦右行一度。合气以应律，积十二会，皆与斗柄所指之宫合宫上会焉。盖日月会于上，而成节次，则阴阳会于下，以应律吕，此二气自然之道也。或疑十二律始于黄钟，十二辰始于子，何以八风不始于广莫，而始于不周？曰：天地之本，固如是也。《易》曰：乾知大始。又曰：乾，西北之卦也。大始在西北，西北者，戌亥之交，不周风居焉，故风始不周也。阳无可尽之理，变于上则生于下，无间可容息也。九月，剥为纯坤，阳已生焉，非阳之绝而复续，直是未尝绝也。昔岐伯论五运，始于戊己之分，戊己者，奎壁翼轸也。奎壁为天门，角轸为地户。天门在戌亥之间，地户在辰巳之际，知戌亥之为天门，则知八风之始于不周矣。

按：史迁不言四方之宿，而东言建星，西言注弧狼，北言浊留者，各随其所值之星而立言也。

八音考略

圣人以八音尽天下之器，而万物轻重清浊疾徐浮沉之响，无或外焉。此圣人竭耳力之事也。八音者，金、石、土、革、丝、匏、竹、木是也。金者，其卦则兑，其方则西，其时则秋，其风阊阖，其音尚羽，其声则铿，其器则钟、镛、镈、编钟、錞、錞（于）〔釪〕、镯、钲、丁宁、铎之类是也。石者，其卦则乾，其时则秋冬之交，其方则西北之维，其风不周，其音尚角，其声则辨，其器则磬、玉磬、天球、编磬、离磬、笙磬、颂磬、檗寋之类是也。土者，埏埴以成器，其卦则坤，其方则西南之维，其时则秋夏之交，其风则凉，其音尚宫，其声则浊，其器则土鼓、古缶、大埙、小埙、雅埙、颂埙之类是也。革者，其卦则坎，其方则北，其时则冬，其风广莫，其音一，其声欢，其器则拊、足鼓、楹鼓、建鼓、悬鼓、雷鼓、鼗、雷鼗、灵鼓、灵鼗、路鼓、路鼗、鞀鞞、鼖鼓、鼛鼓、晋鼓、提鼓、鼕鼓、朔鼓、悚鼓、应鼓、鞞之类是也。丝者，其卦则离，其方则南，其时则夏，其音尚宫，其律蕤宾，其风景，其声哀，其器则琴瑟，皆有大中小，颂琴、颂瑟之类是也。匏，性轻而浮，其卦则艮，其方东北之维，其时春冬之交，其北尚议，其律大吕、太簇，其风融，其声啾，其器则笙、巢笙、和笙、竽、簧之类是也。竹，直而有节，虚而能通，其卦则震，其方则东，其时则春，其音尚议，其律姑洗，其风明庶，其音滥，其器则韶箫、苇籥、竹籥、产、仲笍、豳籥、管、筭、篴、篽、笛、箎之类也。木，为合止乎乐之器，其卦则巽，其方东南之维，其时春夏之交，其风清明，其律夹钟，其声一，其音直，其器则柷、敔，又名椌、楬之类也。至八音之为用，则有在堂上者，有在堂下者，有上下兼用而不可缺者。弦歌用之于堂上，鼓鼗埙箫用之于堂下，柷、（故）〔敔〕则堂上堂下皆用之，以为作止之节也。《虞书》：堂上言咏，堂下言管，犹大师所职，登歌下管，歌者在上，匏竹在下，奏击拊以导歌，而瞽者歌焉。奏鼓馌以导管，而乐管播焉。此节奏之序，馀音可仿而推矣。抑闻熊氏朋来有曰："古者堂上乐皆受笙均，堂下乐皆受磬均。琴瑟，堂上乐也。"《小雅》言：鼓瑟，则曰吹笙。即瑟受均于笙之证。鞉鼓、管笛，堂下乐也。《商颂》言"鞉鼓渊渊，嘒嘒管声"。则曰"依我磬声"。即鼓笛受均于磬之证。不然，则鼓钟钦钦，雅南合奏，岂无他乐器同音，而特举笙磬二器言之，正以见堂上下之乐皆均也。又曰：笙不以竹称，而以匏称。是所重在匏也。自隋以降，笙工皆谓匏脆，不如木坚，遂以木伐匏，而八音竟缺其一，岂知笙以匏为母，笙以匏竹合而成声。古者造匏，必以曲沃之匏，汶阳之竹为之。匏音啾以立清，今竟缺之，则清廉者寡矣。唐刘贶为协律郎，知匏音之缺，而不能复，惜哉！

又按：制器和声之法，两细不相和，故轻者从大，琴瑟尚宫，以大平小也。两大不相和，故重者从细，钟尚羽，石尚角，以小平大也。大昭小鸣，和之道也，惟匏、竹以调利为制，革、木止一声，无清浊之变，则皆无所从尚也，见伶州鸠说。

六律六同中声均度考略

《周礼》：太师掌六律六同，以合阴阳之声，盖以其述天地自然之气而宣之，故名律。以其为律之偶而同于阳，故名同。同又谓之六吕，又谓之六间。吕言其体，间言其位，同言其情，总之皆以述阴阳之气，故通谓之十二律。先郑云：“阳律以竹，阴律以铜。”后郑云：“皆以铜为之。”盖黄帝取竹嶰谷，此造律之始也。至汉末，则皆用铜为之矣。黄钟之管长九寸，大吕长八寸有馀，太簇长八寸，夹钟长七寸有馀，姑洗长七寸九分寸之一，中吕长六寸有馀，蕤宾长六寸有馀，林钟长六寸，夷则长五寸有馀，南吕长五寸三分寸之一，无射长四寸有馀，应钟长四寸有馀。注疏曰：十二律虽长短不同，其律之径皆三分有奇，其空围中皆以九分为限。《国语》云：律，所以立均出度也。古之神瞽，考中声而量之以制，度律均钟，言以中声定律，以律立钟之均也。均，即是应律长短者。考中声以制黄钟之管，量之者，审察中声之齐量也。度律者，既得黄钟之度数，因度其上生下生之分数，以定十二律管之长短也。均钟者，因律管而立七均，以调十二钟之声也。中声者，朱子曰：“宫已下则太浊，羽已上则太清。皆不可为乐。惟五声者，中声也。盖宫声，中声也。宫声之前，未及乎中。羽声之后，则过乎中。然则五声皆中声，而宫为中之始，则中之中也。”按：《传》谓造律者以黍，黍以上党羊头山秬黍为得中。自一黍之广，积而为分寸。一黍之多，积而为龠合。一黍之重，积而为铢两。由是为度量权衡，而其长短多少轻重之数，得以参考而定，此造律之本也。但地有肥硗，恐黍有肥瘦不一，不如多截竹以求中声，其法尤善。考取嶰谷之竹为律，始于伶伦，黄帝因命伶伦与荣将铸十二钟，以和五音，则十二钟之律，原于截竹，古已有之，后世特因其散佚，参差而厘定之耳。

又按：十二律围径之数，蔡邕曰：“十二管长短有差，惟大小围径无增减。”孔颖达曰：“诸律短长有差，其围皆以九分为限，盖惟围径之同，故其长短之异，可以定声之高下，而其所以为广狭长短者，又莫不有自然之数，而非人之所能为也。”自唐宋以来之乐，大率比古高三律，其声愈高，其分之相差愈少而难辨，岂非因围径之数少有不合，以至此哉！

律吕分均考略正义定论

律吕之有七均也，《后汉书》以黄钟为宫，太簇为商，姑洗为角，蕤宾为变徵，林钟为徵，南吕为羽。应钟为变宫，其馀各宫，以类从焉。韦昭《国语》七律注用之，然则一均之内，律吕并用，由来旧矣，而不知其皆误也。《周礼》：太史掌六律六同，以合阴阳之声。阳声六律，阴声六吕，皆文之以五音，夫既合阴阳之声矣，而又别其为阴阳，明乎阴阳之可合而不可杂也。且曰皆文以五声，明乎阳律阴吕，各有五声也。且大司乐之用六律也，所奏者六律，所歌者六吕。倘律吕可以杂用，何不于所奏者一参之以吕，或于所歌者一错之以律乎？是其奏与歌有相合，无相混也。伶州鸠之论乐也，分列六律六间，各从其类而数之，且曰律吕不易，无奸物也。不易者，言其各有条理，不相互易，而后无奸物也。是以用乐者以六律加二倍律为七阳均，以六吕加二倍吕为七阴均。阳纯用律，阴纯用吕。自首音至第八音，计得七分。五声二变，各得一分。如黄钟为宫，则徵声不与林钟应。而与夷则应，羽声不与南吕应，而与无射应。以下仿此。朱子曰：“七律自成一均，其声自相为应。”朱子始亦见律吕之各成其均，特未明定其当分而为二耳。此□今日阴阳分均之定制，万世莫能易矣。

典同数度齐量考略

案：典同为乐器，以十有二律为之数度，以十有二声为之齐量。贾疏《律历志》：古之神瞽，度律均钟，以律计自倍半。假如黄钟之管长九寸，倍之为一尺八寸，又九寸之半，得四寸半，总二尺二寸半。以为钟口之径，及上下之数，自外十二辰头，皆以管长短计之可知。故郑注云：数度，广长也。广则口径，长则上下也。十二声乃十二钟之病声，典同所谓高声䃂，正声缓，下声肆，陂声散，险声敛，达声赢，微声（䈚）〔韽〕，回声衍，侈声筰，弇声郁，薄声甄，厚声石也。齐量者，十二钟皆有所容多少之齐量，如侈声、弇声之所容也。王氏曰："数本起于黄钟，始于一而三之，历十二辰而五数备其长。"则度之所起，其馀律皆自是而生。盖以十二律之数为众器之量，度必以律之数者，《记》所谓百度得数而有常也。中之所容虽同，而形之回、薄、弇、侈有异，则音亦异焉，故必以十二声为之齐。朱子曰："数度如黄钟九寸，林钟六寸之类。齐量如磬材有刚柔清浊，音律有轻重高低，故复以十二声，剂量斟酌，磨削厚薄，令合节奏。如磬，已上则磨其旁，已下则磨其端之类。"郑氏曰："或厚或薄，或高或下，由数度之不审也。以律而求之，则长短多寡由是而生矣。或侈，或弇，或达，或回，由齐量之或差也。"以是病而求之，则大小轻重，由此而准矣。

律吕相合相生法考略

乐者，天地自然之声也，声之阴阳各有合。黄钟，子之气，十一月建焉，而辰在星纪。大吕，丑之气，十二月建焉，而辰在元枵。太簇，寅之气，正月建焉，而辰在娵訾。应钟，亥之气，十月建焉，而辰在析木。姑洗，辰之气，三月建焉，而辰在大梁。南吕，酉之气，八月建焉，而辰在寿星。蕤宾，午之气，五月建焉，而辰在鹑首。林钟，未之气，六月建焉，而辰在鹑火。夷则，申之气，七月建焉，而辰在鹑尾。仲吕，已之气，四月建焉，而辰在实沈。无射，戌之气，九月建焉，而辰在大火。夹钟，卯之气，二月建焉，而辰在降娄。辰与建交错，互为先后，是其合也。其左右相合之义，按斗柄所建十二辰而左旋，日体十二月与月合宿而右转，但斗之所建建，在地上十二辰，故言子丑等。辰者，日月之会，会在天上十二次，故言娵訾、降娄等。以十二律是应气之管，故皆以气言之耳。其相生之法，则黄钟初九，下生林钟之初六，林钟又上生太簇之九二，太簇又下生南吕之六二，南吕又上生姑洗之九三，姑洗又下生应钟之六三，应钟又上生蕤宾之九四，蕤宾又上生大吕之六四，大吕又下生夷则之九五，夷则又上生夹钟之六五，夹钟又下生无射之上九，无射又上生中吕之上六。凡下生者三分去一，上生者三分益一，五下六上，乃一终矣。相生之数，中间实止隔六，并两头为隔八也。至律吕之止于中吕者，非谓中吕数有畸零，不足三分，故止而不生之说也，乃谓中吕上生之变黄钟，止不及黄钟一分之上下，而其数与声仍与黄钟相近，不能别成一律。故至中吕而止，以数至中吕，而其原数已周而复始，无容再生也。三统者，黄钟九寸为天统，林钟六寸为地统，太簇八寸为人统，皆得全数，无奇零也。同位者象夫妻，若黄钟之初九，下生林钟之初六，俱是初之第一，夫妇一体，是象夫妇也。异位者象母子，若林钟上生太簇之九二，二于第一为异位，象母子也。律所生者为夫妇，吕所生者为母子。律所生者常同位，吕所生者常异位。故云律取妻而吕生子也。天开于子，地辟于丑，人生于寅，林钟位在未，得为地统者，以未冲丑故也。六律左旋，六吕右转，以阴阳左右为相合。若相生，则六律六同皆左旋，阴从阳，妇随夫之义，故皆左旋也。按：郑康成相生之法，与太史公之法不同。康成之法，破一为十，乃分寸审度之正法也。太史公之法，约十为九，乃欲便于损益，而为此权制也。朱子谓康成破一寸为十分，而其下破分为厘，破厘为毫，破毫为丝，破丝为忽，皆必以十为数，则损益之际，其数皆有馀分，非巧历所能穷。故历十二位，至破一寸为一万九千馀分，而仅可纪其略，难记而易差，终不若太史公律数之法，为得其要而易考也。太史公法：律管之长，以九为本，上下相生。以三为法，盖其正法，以子为一，而十一三之，以至于亥，则得十七万七千一百四十七算，而子为全律之算，亥为全律之实可知矣。以寅为子之寸数，而酉为寸法，则其律有九寸可知矣。以辰为子之分数，而未为分法，则其寸有九分可知矣。以午为子之厘数，而巳为厘法，则其分有九厘可知矣。以申为子之毫数，而卯为毫法，则其厘有九毫可知矣。以戌为丝数，而丑为丝法，则其毫有九丝可知矣。下而为忽，亦因丝而九之，虽出权宜，而不害其为自然之数，以之损益，则三分之数，整齐简直，易记而不差也。其曰黄钟八寸十分一者，特以正法之数，合其权法之分，故不同耳，其实则非有异也。沈括曰："律书相生之法，以黄钟为八十一分。"盖以十为寸法。《汉志》以黄钟之长，为九十分，亦以十为寸法。法虽不同，其长短则一，故《隋志》云寸数并同也。《正义》曰：九十分，乃黄钟之正数，八十一分原于管子弦音五声度分。《史记》、《淮南子》遂以为管音度分，新书虽兼取之，而九寸之说，实不可易，此定论也。

相生五下六上考略

相生之法，前篇既详之矣，其法之五下六上者，惟蕤宾之益一上生成之也。盖上下相生之义，不系于损益，而系于律吕之阴阳，故律下生吕，虽皆损一，而亦有益一以生吕者。若蕤宾阳律，反益一以生大吕是也。吕上生律，虽皆益一，而亦有损一以生律者。若大吕阴律，反损一以生夷则是也。若拘下生当损之，则损蕤宾之一分，以下生大吕，则大吕之管止四寸二分有奇，与前后不均。而相生之法，且为五上六下，而阳乏阴饶矣。惟自蕤宾而后，生吕者反益之，生律者反损之。递而至于仲吕，乃得十二管之长短均焉。盖阳中之阳，则下生而损一分。至阴中之阳，则下生者反当益。阴中之阴，则上生而益一分。至阳中之阴，则上生者反当损。夫而后十二管之长短乃均，斯于五下六生之数亦合矣。夫五下六上，其数不齐者，乃阳道常饶阴道常乏之义。犹乾之策二百一十有六，坤之策一百四十有四，亦阳赢而诎，此扶阳抑阴之旨也。

律书生钟分考略

案：古乐失传久矣，后之人犹得寻其遗绪，存什一于千百者，端赖迁史之律书，此宋蔡元定律吕新书，与和李、范、马诸儒及先明诸家言乐者所祖述者也。律书，明乐数也，数非理不立，理非数不行，数非器不征，器非数不定。数者何？律之寸分一十百千万相生相积者是也。其自九九八十一为宫，至应钟长四寸二分，十分二以为羽者，十二律长短，合乎五音之定数也。自子一分，丑三分二，至亥十七万七千一百四十七分，六万五千五百三十六者，生钟律之分，十二律积实之数也。其以下生者，倍其实三其法。以上生者，四其实三其法。置一而九三之者，言生黄钟之术也。所谓音始于宫，终于角者，五音相生之次，一调之始终也。所谓数始于一，终于十成于三者，言一为数始，十为数终。黄钟纪阳不纪阴，故虚十而存九，即以三三成乎九也。所谓气始于冬至，周而复始者，十二律之运行，犹二十八舍之运也。所谓神生于无形，成于有形，以至篇末云云者，言数之超乎形神，妙乎神气，惟圣人之聪明，为能通性情之故，合天地之心，而见无理无事之非数也。生钟分之法，子一分，丑三分二，寅九分八，历卯辰巳午未申酉戌，皆以三乘之，至亥十七万七千一百四十七分，六万五千五百三十六分字以上者，为分母，分字以下者，为分子。分母，皆黄钟之全数。分子，为诸律所取于黄钟长短之数也。以下生者，如子律一分，为黄钟九寸之数，至丑三分二，则于九寸中取六寸，为林钟。所谓黄钟三分去一，下生林钟也。黄钟九寸，倍之为十八，所谓倍其实也。以三约乎十八得六，为林钟之数，所谓三其法也。是凡律之下生者准此矣。以上生者，丑三分二，为林钟。六寸之数，至寅九分八，则于六寸外加二寸为大簇。所谓林钟三分益一，上生太簇也。林钟六寸以四乘之，为二十四，所谓四其实也。以三约乎二十四得八，所谓三其法也。是凡律之上生者准此矣。盖随其上生下生而四之倍之，皆以乘法取之也。夫太极元气，函三为一，行之于十二辰始动，于子为一，参之于丑得三，所谓置一而三之也。自丑至酉为九，皆以三乘之，所谓置一而九三之也。自此至亥，得十七万七千一百四十七，此阴阳合德，气钟于子，化生万物者也。若夫乐艺，虽曰成而下，然史迁非谓其下而不之纪也。盖声者难达之于纸上，且所谓制氏能记其铿锵，而不能言其义者，既不足征，而李延年新声，尤史迁所不欲传诸后世者，故无其文也。

声律考略

声有五声，有二变声，有正声，有半声，有变律，有变半律，有子声，有清声，有七音。《通典》谓五声者，清浊相次之序，为宫、徵、商、羽、角。是宫与商，商与角，徵与羽，其相去各间一律。惟角之于徵，羽之于宫，乃间两律。相去一律音节和，相去二律音节远。故于角、徵之间，近徵收一声，比徵稍下，谓之变徵。羽、宫之间，近宫收一声，比宫稍高，谓之变宫。凡宫、商、角变徵，徵、羽变宫七音，夫五音象君、臣、民、事、物，臣与民物不可变，其可变者，君与事而已。是故有变宫变徵，而无变商、角、羽。盖二变声者，所以济五声之不及也。又正声者，全律之声，如黄钟九寸之声也。半声者，十二半律之声，如黄钟九寸，则半声为四寸半。太簇八寸，则半声为四寸。如仲吕为宫，则黄钟为徵，止用四寸半。林钟为宫，则太簇为徵，止用四寸。以其不可长过于宫故也。变律者，不及律之正数，如黄钟之八寸七分八厘有零也。变半律者，又变律之半，如黄钟之四寸三分八厘有零也。十二律旋相为宫，或至以诸律陵宫，故为变律变半律，以避陵宫之嫌，如无射为宫，黄钟为商，无射少而黄钟多，其势必以商陵宫。故减黄钟之九寸，为四寸三分之变半律，以避宫也。馀仿此子声者，朱子曰："正律有定声，而旋宫无定位，恐高下或有失序，故取其半律，以为子声也。"盖声之近于正律而少高者，变律也。虽用变律，犹嫌其长，故用变律之半，如以黄钟变律八寸七分八厘有馀者，去其半，而为四寸三分八厘有馀者，变半律也。又有清声者，清声，即半律。半律，即子声也。此声律之大概也。至若音之有七也，即五声二变，共为七也。凡乐至第八音，则仍与首音同。故《汉志》以《虞书》之在治忽为七始咏，《左传》有七音，《国语》有七律，律虽十二，每调所用惟七声。《周礼》：钟磬各八为堵。昔人所谓悬八用七者此也。朱子曰："律吕有十二个，用时止是七个，若更插一声，便拘了。"此之谓也。

按：第八音与首音同者，盖凡宫从下羽起调，十二律旋宫，皆由下羽，而次变宫，次宫，次商，次角，次变徵，次徵，次羽，凡八音。至第八音羽，则羽与下羽同音，所谓同调首也。此音所以止于七也。《通典》又谓殷以前但有五音，周加文武二声为七音，其说亦混。盖舜作五弦琴，至周加文武二弦，即今下徵、下羽，不得以二变为二弦也。夫七音与天地同始，周以前不得无，而七音仍止五音。与天地同终，周以后不得加也，岂可以二弦当二变，而为七音之义哉！

四清声四倍律考略

律有四清声者，盖黄钟、大吕、太簇、夹钟、姑洗、仲吕、蕤宾、林钟八律为宫，则得十二律正声，以备五音，无所用清声，以其无凌躐黄钟之嫌也。惟至夷则、南吕、无射、应钟四律为宫，则有清声。如夷则为宫，则南吕为夷则商，无射为夷则角，应钟为夷则徵。十二律至应钟已穷，而黄钟最尊，不复为他律所役，不可以之为羽。夷则又不可无羽，故置黄钟之清声，以为夷则之羽。馀仿此，盖夷则穷于羽，而后有黄钟清声。南吕穷于徵羽，而后又有大吕清声。无射穷于角徵羽，而后又有太簇清声。应钟穷于商角徵羽，而后又有夹钟清声。应钟以后，旋宫已遍，无所复用他律矣，此四清声之说也。今则不用四清声，而用倍夷则倍无射、倍南吕、倍应钟四律，加于黄钟大吕之上。盖黄钟者，应乎气之始，而实应乎声之中。中则必有始，倘不始之求，而以中为始，则中失其中，而黄钟于是失黄钟之分，而以太簇、夹钟、姑洗之间当黄钟矣，殆历汉、唐、宋、元、明而皆误也。夫乐之作，其声必中，无论雅乐俗乐，淫乐正乐，皆必处于中，然后可入人之耳，而其间之能养心，能平气，能遏欲者，则必其中之中焉。黄钟之声，中之中也。中之中，即正中也。故曰正声，从此正中之声，以执其两端，而数乃由以起，则此正中之声，乃元声也。然欲令黄钟之声处乎中之中，非加四倍律于其上，其曷由中乎！朱子曰："黄钟为中之中，犹子时初四刻属前日，正四刻属后日，两日之间中之中也。"斯言也，正与今之用倍律，不用半律者同义云。

声数考略

乐有六十调，有八十四声，有九十八声，有四十八声，有二十八声。杜氏《通典》谓宫、徵、商、羽、角相生，此五声大小之次，是黄钟为均，用五声之法。以下十一辰，各有五声，其为宫商之法亦如之。合为六十声，是十二律之正声，即旋宫之六十声也。一律具五声，合数之则六十调也。五声之外，重以二变之二十四声，合之为八十四声也。律一均七调，阴阳二均十四调，每调有七声，故有九十八声。而后旋宫之用足，然二变律不为宫，故至八十四声而止也。黄钟九寸，九寸其正体也，正律凡十有二。一减为八寸七分八厘有奇，以为黄钟变律，凡十有二。又减为四寸五分，以为黄钟正半律，凡十有二。又减为四寸三分八厘有奇，以为黄钟变半律，凡十有二。合之凡四十八声。然变律止于应钟，虽设而无所用，惟正律十二，正半律十二，变律六，变半律六。凡三十六声〔而〕已。其间黄钟、太簇、姑洗三阳律不用变声，而黄钟又不用正半声。林钟、〔南〕吕、应钟三阴律，不用正半声。应钟又不用变半声。其实止二十八声而已。又按：乐之所谓五声者，有调有音，调举一曲之全，曰宫调，曰商调者是也。音则逐宫而命之，曰宫音，曰商音者是也。《大司乐》十二律，皆宫调也。又曰文之以五声，乃调中之五声，虽用五声之一以名调，而中间和应之律，则五声具备也。或问：声与调之别。曰：声者，以律之长短高下别五声，随每字每声而名之者也。调者，以其律之起声收声分五调，统一曲七声而名之者也。此乐之大凡也。

汉《律历志》考略

案：史迁后，言乐者莫详于班固。今读其书，所谓正义者有五，一曰备数，二曰和声，三曰审度，四曰嘉量，五曰权衡，此志乐之大凡也。及按其条理推行之实，乃知其本数以定声，而度量衡由之生焉，则五者固一以贯之也。盖数者，所以算数事物，顺性命之理也，故曰参伍以变，错综其数者，言数之尽乎变也。太极元气，涵三为一者，数之所由肇也。一而三之，三而九之者，数之所由行也。历十二辰，而得黄钟之实者，数之所由备也。二百七十一枚，而成六觚为一握者，数之所由算也。五音者，得天之中数五也。六律者，得地之中数六也。有六律又有六吕者，所谓五六天地之中合也。律娶妻而吕生子者，奇偶相生之数也。始于子终于亥者，数之周流六虚而为一周也。本九寸之律为宫，或损或益以定商、角、徵、羽者，九六相生，阴阳相应之数也。三统者，三才之数也。天统，黄钟之实为八百一十分者，九九之数也。地统，林钟之实为三百六十者，六六之数也。人统，大簇之实为六百四十者，八八之数也。由是三分损益以生十二律者，参天两地之数也。凡此皆声之本乎数者也。至于度，以度长短也。惟起黄钟之长数，而别于分，忖于寸，蒦于尺，张于丈，信于引也。量，以量多少也。惟起黄钟之龠数，而跃于龠，合于合，登于升，聚于斗，角于斛也。衡，以任权而均物，平轻重也。惟起黄钟之重数，而始于铢，两于两，明于斤，钧于钧，终于石也。权生衡，衡生规，规生矩，矩生绳，绳生准，五则有品，各顺其方，而□其行也。是又皆事之起于律，而无一不本乎数者也。独其备数章曰：其数以大衍之数五十，其用四十有九，成阳六爻。孟康注：不分晓今以其数考之所谓其数者，即《志》所谓二百七十一枚之数也。二百七十一枚者，乃六觚之总积，算则用以纪数，束之则为一握者也。其形六而每面九枚，故其表六九五十四，次内六八四十八，次内六七四十二，次内六六三十六，次内六五三十，次内六四二十四，次内六三一十八，次内六二一十二，次内六枚，并中心一枚，共二百七十一枚也。法见数理精蕴。成，犹并也。阳，乾卦也。以四十九并乾卦之六爻，又并乾卦六爻之策二百一十六，则得二百七十一数也。《志》之合数取象，多类此。但其叙参分损益之法，至蕤宾，而谓三分损一，以下生大吕，由是生至仲吕，为五上六下之法，于阴阳理气，俱有未合，不敢为班志附会矣。又按权衡章云：忖为十八，《易》十有八变之象也。二句与上下文意不属，孟康注皆牵强。今按：此二句当在下文“两者，两黄钟律之重也”之下云。

八八为伍十二律还相为宫考略

汉《律历志》曰：阴阳相生，自黄钟始，而左旋八八为伍。孟康注曰：从子数辰至未得八，下生林钟。数未至寅得八，上生太簇。律之上下相生，皆以此为率。斯言是矣，而未尽其义也。盖徒以相生言之，则只当言生，而不当言旋。只当言八，而不当言八八。只当言以八相生，而不当言八八为伍矣。班史所志，于相生、相统、相应、相象、相推、相齐、相乘、相积之义，无所不该，独未言及旋宫一法。故继阴阳相生之后，而终之曰自黄钟始而左旋，言其起黄钟左行，而旋相为宫也。又曰八八为伍者，言其旋宫之法，八与八相比也。伍之云者，言上下诸律皆可为宫，如侪偶之属也。贾公彦《礼运还相为宫疏》曰：自黄钟下生林钟，至无射上生仲吕，随其相生之次，每辰各自为宫。至仲吕而匝，黄钟为第一宫，林钟为第二宫，太簇为第三宫，南吕为第四宫，姑洗为第五宫，应钟为第六宫，蕤宾为第七宫，大吕为第八宫，夷则为第九宫，夹钟为第十宫，无射为第十一宫，仲吕为第十二宫。此十二宫者，皆以前八交后八，即以后八丽前八，其象则旋转而无常居，其势则左行而有定向。斯殆黄钟左旋八八为伍之义乎！且夫旋相为宫，实无往而非黄钟也。盖黄钟为十二律之母，黄钟之数既定，黄钟之声既协，则所为大吕者，乃黄钟之大吕也。所为太簇者，乃黄钟之太簇也。推而至于无射，至于应钟，何莫非黄钟之无射，黄钟之应钟乎！宫虽有本位，而实行于四音之中。黄钟虽有本数，而实行乎十一律吕之内。此还相为宫之道也。总之，宫有统体之宫，有分体之宫。黄钟有统体之黄钟，有分体之黄钟。统体之宫，即元声也，即黄钟也。分体之宫，则与商、角、徵、羽旋相为用者也。统体之黄钟，即宫也，即元声也，其数乃万事本也。分体之黄钟，则与十一律吕旋相为用者也。旋宫之用广矣哉！或问：还宫与转调异乎？曰：转调即还宫也。又问：旋宫之法，仍用变律、半律乎？曰：惟弦度则有之，若夫管音，则以十二正律、四倍律为还宫，斯无变律、半律矣。

弦音管音有别考略

《管子》五音法，乃以弦音五声之分而言，非以管音言也。《淮南子》取《管子》五声之分，而衍之至于十二，虽用十二律之名，而犹是弦音之度，未以弦为管也。《史记》：律数，九九八十一以为宫，乃弦音之度自为一段。其黄钟八寸十分一以下，乃律管之度别为一段。是虽用十二管之分数，而亦未即以管为弦也。迨汉京房作律准，始以律准弦而后又以弦准律，于是管弦始混而无辨矣。夫弦音与管音异，在弦则半分与全分应，自首音至第八音，五声各得一分，二变各得半分，计得六分。在管则半律不与全律应，而下律之半乃与本律应，自首音至第八音，五声二变，各得一分，计得七分。故黄钟为宫，则徵声不与林钟应，而与夷则应。羽声不与南吕应，而与无射应。变宫不与应钟应，而与半黄钟应。至半太簇，乃复为清宫，而与黄钟应也。此弦音、管音之别也。

律书生钟分释疑考略

问：《史记》律书，千古乐家之所宗也，今读其书，律数生钟分，生黄钟术，尤为精确不易。乐之权舆，尽具是矣。惟律数以宫隶黄钟，以商隶太簇，而又以羽隶姑洗，以角隶林钟，以徵隶南吕，其说难通。且仲吕下有徵，夷则下有商，应钟下有“羽”字，更不可解。且既曰九九八十一以为宫，三分损益，至六十四以为角，又于黄钟下有“宫”字，太簇下有“商”字，姑洗下有“羽”字，林钟下有“角”字，南吕下有“徵”字。无论十二律还相为宫，不可律以五音相生之法，即以五音相生法按之，是宫不生徵而生角，角不转生宫，故穷于生而生商，商不生羽而生徵，徵不生商而生羽，羽不生角而生宫，不亦自相背戾乎？曰：此误也，不必强解。曰生黄钟术，有上九商八、羽七、角六、宫五、徵九、云者，司马贞谓：此文似错，未暇研核。蔡氏《新书》谓：言乐诸家，皆不得其说，又何也？曰：此盖据酉为寸法而言也。明李文察有曰：“上九者，以九为上之谓也，以下八七六五九之数，皆至酉而定，盖酉为寸法也。商居寅，至酉而当八。羽居酉，冲在卯，至酉当七。角居辰，至酉当六。宫居子，至酉当十，十者，二其五也。徵居未，冲在丑，至酉当九。此上九商八、羽七、角六、宫五、徵九之说也。盖不论其长短，惟尚九。则凡商皆八，凡羽皆七，凡角皆六，凡宫皆五，凡徵皆九，是故黄钟者，九寸之九寸也。诸管者，诸管之九寸也。诸管皆尚九，故诸管皆可为宫。至于起调，则五音隔八相生，起乎羽，终乎宫，皆与此数适相合焉。是数也，其乐之关键乎？”又曰：“置一而九三之者，正言上九之理也。置一者，置子上一位也。九者，自丑至酉有九位也。三之以为法音，丑上为一三，至酉为九三也。得长一寸者，酉上为寸法也。得九寸者，寅上为寸数也。命曰黄钟之宫，见生黄钟之术，不越乎此矣。”又曰：“一者，神也。九者，太阳之数也。其谓得长一寸、得九寸者，盖一其体也。九其数也，体数之间，神之所以妙万物也。一九之间，黄钟之所以妙五音也。”文察之言如此，今本其说推之，其曰上九者，谓以九为上而主之，即尺取九寸，寸取九分，以九合乎黄钟之数而上之也。自寅律太簇为商得八，至未冲之丑至酉得九数，所谓商八、羽七、角六、宫五、徵九也。阳律当位，自得阴吕，则居其冲，此自黄钟一调言之也。十二律递推，则酉亦递推十二位，而为十二调之寸法焉，又还相为宫之法也。其下文曰：置一而九三之以为法，实如法。得长一寸，凡得九寸，益证此十二言之为据酉寸法为无疑也。盖气始动于子为一，所谓置一也，参之于丑得三，所谓置一而三之也。又自丑历寅卯、辰巳、午未，申至酉，凡九位，皆以三递乘之，得一万九千六百八十三，所谓置一而九三之也。所谓以为法者，为寸法也。所谓实如法，得长一寸。凡得九寸者，谓实数与法等，则得长一寸。黄钟之实十七万七千一百四十七，为寸法之九倍，则得寸者，凡九也，不可证此十二言之为据酉寸法而言耶？盖迁史之词奥旨约如此。至于律数中所系“商、角、徵、羽”等字，则所谓谬误之说，固不能〔牵〕强为置一解也。

大司乐三宫乐律误字考略义疏定本

郑康成注疏于圜丘、方泽、宗庙之乐，分天、地、人三宫是矣。但其宫、角、徵、羽之次，于乐律相生之法终不能合。于是谓天宫中仲吕与地宫同位，故不用。林钟、地宫又不用。南吕与无射同位，又不用。谓人宫中，林钟、地宫避之，南吕与天宫之阳同位，又避之。姑洗为南吕之合，又避之。蕤宾为地宫林钟之阳，又避之。盖展转迁就，以求合其序也。贾公彦又有后生先用，先生后用之说，说俱详见注疏。亦以其于次不合，而为之辞也。朱子谓此是四乐，四乐则四调也。今试仍以本经上文奏歌之乐求之，上文言以祀之乐四，黄钟、大吕、姑洗、南吕也。此云黄钟为角，谓黄钟之角调，即姑洗也。太簇为徵，即南吕也。姑洗为羽，即大吕也。惟圜钟为宫则不合。上文以祭之乐四，大簇、应钟、蕤宾、函钟也。此云函钟为宫，即函钟也。太簇为角，即蕤宾也。姑洗为徵，即应钟也。惟南吕为羽不合。上言以享之乐四，夷则、小吕、无射、夹钟也。此云大吕为角，即小吕也。应钟为羽，即夷则也。惟黄钟为宫，大吕为徵不合。夫三宫之义应乎三始，子，天气之始也。午，地气之始也。卯，人事之始也。然午者正阳之位，故地宫从其合而始于未，此三宫为乐之本，不可移易。然则天宫之圜钟当为黄钟，人宫之黄钟当为圜钟，盖互讹耳。其馀三调，乃各以六律五声之序求之，则当之者名其调焉。然则地宫之南吕为羽，当作小吕。小吕之羽，太簇也。人宫之太簇为徵，当作夹钟。夹钟之徵，无射也，亦字之误也。黄钟为宫，则黄钟宫调也，其起调毕曲之律，即以黄钟。黄钟为角，则黄钟角调也，其起调毕曲之律，则以姑洗。太簇为徵，则太簇徵调也，其起调毕曲之律，则以南吕。姑洗为羽，则姑洗羽调也，其起调毕曲之律，则以大吕。馀乐皆以此推之，不直言姑洗、南吕、大吕，而云黄钟为角，太簇为徵，姑洗为羽者，所以明商调之不用，所谓嫌其有杀伐之意也。又以见上六乐，姑洗之为黄钟角，南吕之为太簇徵，大吕之为姑洗羽，与此互相明也，其馀皆然。如此则十二律分布均齐，无漏无复，而于天、地、人三宫之义各有归宿，且与上祀祭享之六乐分合有殊，而名数不异，条理井然矣。此传写之讹也，抑或以天宫中黄钟一律，宫角两用，或有疑其重复者，而以意易之欤？说详《周礼义疏》。

豳籥吹豳诗考略

案《籥章》：逆暑迎寒，则吹《豳诗》。祈年，则吹《豳雅》。祭蜡，则吹《豳颂》。易氏祓谓民事终始，实关天时之消长。逆自外入，谓阳居大夏，而主岁功。迎自内出，谓阴居大冬，时出而佐阳也。此与《尧典》“日中星鸟，寅宾出日。宵中星虚，寅饯纳日”同意。万物生于土，反于土，故皆击土鼓焉。孙氏曰：“周自后稷至公刘，率先农桑之业，故歌豳诗以为劝相。”今《七月》之诗是也。《籥章》所谓豳籥者，盖以豳竹为籥，以豳籥而吹《诗》与《雅》、《颂》也。《七月》诗如授衣、凿水之属，皆先寒暑以戒事，故逆暑迎寒吹之。《雅》言王政，《颂》告成功。祈年为王政所急，故宜歌《雅》。蜡祭以答鬼神，故宜歌《颂》也。夫《豳雅》、《豳颂》者，或曰其篇已亡，郑氏则以公子同归，以上二章为《豳风》，以春酒介寿以上四章为《豳雅》，以万寿无疆以上为《豳颂》。或曰用此全诗，而随事变其音节，以分《风》与《雅》、《颂》。或又以小雅《楚茨》、《信南山》、《甫田》、《大田》诸篇为《豳雅》，以《臣工》、《噫嘻》、《丰年》、《载芟》、《良耜》诸篇为《豳颂》。夫古人之诗，无一篇而分截三体之理，而随事变音为用，亦无所据，以辞玩之，惟后一说为可通。故朱子于诗传之末，备载其说焉。

乐舞考略

先王之制乐也，有舞蹈之术，以养其血气，由是而功德昭焉，神人畅焉。其教之也备，其习之也时，其用之也异。其事，《文王世子》云：教世子及学士，春夏以干戈，秋冬以羽籥。盖干戈为武乐，故于阳气发动时教之，示有事也。羽籥为文乐，故于阴气凝寂时教之，示安静也。《内则》：十三舞勺，歌《于铄王师》一篇以为节也。成童舞象，歌《维清缉熙》一篇以为节也。二十舞《大夏》，歌文武兼备之禹乐以为节也。《周礼》：舞师掌教祭祀之舞，执干戚为兵舞，以祀山川也。列五采缯为帗舞，以祀社稷也。析羽为羽舞，祀四方也。黄白色之物为皇舞，祀旱暵也。乐师教小舞，则帗、羽、皇、干之外有旄舞，析氂牛毛为舞也。有人舞，则手无所执，而张袖以为舞也。《大司乐》：舞《云门》以祀天神，用黄帝乐舞也。舞《咸池》以祀地示，用尧乐舞也。舞《大罄》以祀四望，用舜乐舞也。舞《大夏》以祀山川，用禹乐舞也。舞《大濩》以祀先妣，用汤乐舞也。有《大武》以享先祖，用武乐舞也。《九罄》又舞于宗庙，则九变之大乐也。祭之日，君入庙，执干戚，就舞位，冕而总干，率其群臣，以乐皇尸，与天下乐之也。至月令，孟春习舞，仲春又习之，亦以春阳既动，万物出地，王者教舞以应之也。仲春释菜合舞，则天子亲往，重其事也。仲夏命乐师执干戚戈羽，为将雩祭，用盛乐也。是则教舞之事至详也，习舞之时不失也，用舞之事有条不紊也。此舞之大略也。若夫当舞之际，必有歌以节之，有吹以导之，有金石以鼓荡之，有缀兆以整齐之，有步与方以闲之，有著往饬归以始之终之。此又乐之相辅相济以鸣，治定功成之盛事者也。

《乐记》十一篇考略

《汉志》曰：周衰，乐亡。汉兴，制氏世为乐官，颇能记其铿锵鼓舞而不能言其义。武帝时，河间王与毛生等，共采《周官》

及诸子之言乐事者作《乐记》。其内史丞王度傅之，以授常山王禹。成帝时，献《乐记》二十四卷，此《乐记》所由来也。刘向校书，得《乐记》二十三篇，又与河间所撰二十四卷有异。及孔颖达作疏时，又亡其十二篇，止取其存者十一篇入《礼记》。吴氏澄因之，为之订正其次第，仍分十一章，而各标其旧篇名以识之。今考刘向旧篇之次，则《乐本》第一，《乐言》第二，《乐象》第三，《乐施》第四，《乐情》第五，《乐论》第六，《乐礼》第七，《乐化》第八，《宾牟贾》第九，《魏文侯》第十，《师乙》第十一。而吴氏所订正者，则自"凡音之起，由人心生"起，至"王道备矣"，为《乐本》第一。自"乐者为同"起，至"此所与民同也"，为《乐论》第二。自"昔者舜作五弦之琴"起，至"先王著其教焉"，为《乐施》第三。自"夫民有血气"起，至"君子贱之也"，为《乐言》第四。自"王者功成作乐"起，至"圣人礼乐云"，为《乐礼》第五。自"乐也者，情之不可变"起，至"有制于天下也"，为《乐情》第六。自"君子曰：礼乐不可斯须去身"起，至"礼乐可谓盛矣"，为《乐化》第七。自"凡奸声感人"起，至"所以赠诸侯也"，为《乐象》第八。自"宾牟贾侍坐"起，至"武之迟久，不亦宜乎"！为《宾牟贾》第九。自"子贡见师乙"起，至"足之蹈之也"，为《师乙》论歌声第十。自"魏文侯问"起，至"彼亦有所合之也"，为《文侯辨古今乐》第十一。至其亡之十二篇，则曰《奏乐》，曰《乐器》，曰《乐作》，曰《意始》，曰《乐穆》，曰《说律》，曰《季札》，曰《乐道》，曰《乐义》，曰《招本》，曰《招颂》，曰《窦公》，其名虽存，而其文已不可得而读。考古者，不能无遗憾矣。又按：汉《艺文志》自《乐记》二十三篇外，尚有王禹记二十四篇，《雅歌》诗四篇，《雅琴》赵氏七篇，《雅琴》师氏八篇，《雅琴》龙氏九十七篇，并《乐记》计之，凡乐六家，共书百六十五篇。今止《乐记》所存十一篇，馀皆漫漶磨灭而不可考，然则读古之遗憾，岂独在《乐记》之十二篇哉！

荀子论乐考略

案：《荀子·乐论》篇语，多在小戴《乐记》中。《荀子》书成自战国，《乐记》掇拾自汉儒，是《乐记》后《荀子》也。孙氏镛则谓《荀子·乐论》袭《乐记》，未之考耳。然《荀子》、《乐记》，文虽同而旨则异。盖《乐记》者，囊括古今言乐之道者也。若荀子此篇，则专为黜墨子而作。战国时，墨子之言盈天下。荀卿之书犹守先圣之道，羽翼名教，非墨子之比。不得以其性恶及非十二子之说，而遂废之也。是以韩子以之继孟子而立言，墨子之言曰：乐者，圣王之所非也，而儒者为之，过也。若然，则后夔亦罪人矣。荀子有忧之，乃为此论以辟之。观其论性术之变，论率一道治万变之理，论天下之大齐，中和之纪，皆曰是先王立乐之术，而墨子非之，奈何？又曰：墨子之于道，犹瞽之于白黑也，犹聋之于清浊也，犹之楚而北求之也。又曰：墨子非之，几过形也。明王已没，莫之正也。愚者学之，危其身也。君子明乐，乃其德也。乱世恶善，不此听也。是其为言，专以斥墨子毁乐之邪说，而立之防维，与《乐记》之旨盖有别矣。况其所云“齐衰哭泣，使人之心悲。甲胄行歌，使人之心伤。冶容郑声，使人之心淫。端章再舞韶歌武，使人之心庄”云者，深为近人情而感人心志。而其所云“鼓大丽，钟统实，磬廉制，竽、笙、箫、和、管、籥发猛，埙、篪翁博，瑟易良，琴妇好，歌清尽，舞意天道兼，鼓为乐之君”者，又能以一二言而尽括乎！诸器之体用，此又皆《乐记》之所未及也。呜呼！乐教之亡久矣，荀子大儒，其言不可不录也，至论乐而征之乡饮礼者，尤可见乐之为用，日用不可离，斯须不可去，而墨子非之之说妄也。至其与《乐记》孰先孰后，不能起古人于九原而问之矣。

《吕氏春秋》论乐考略

《吕氏春秋》之可采者，岂但《月令》哉！尝读其论乐之说，而深有所取也。彼《大乐》篇之言乐也，以太乙、两仪阴阳变化为本。以日月、星辰、寒暑、刚柔为用。以节嗜欲，务公平为要功。以君臣、父子、夫妇、长幼为实义。以治一身，治一国，治天下为应验。可不谓精且宏乎！后世乐之衰也，由于失乐之情也，情之失也，由于养之不适也，《侈乐》篇之说得之矣。至《适乐》篇论和心行适之道，期于得四欲，除四恶，而归本于胜理，折中于小大轻重之衷，不信乎其为平好恶，行理义之道耶！其《音律》篇所谓“三分所生，益之一分以上生。三分所生，去其一分以下生”云者，即司马迁“以下生者倍其实三其法，以上生者四其实三其法”之说所由出也。所谓“黄钟、大吕、太簇、姑洗、仲吕、蕤宾为上，林钟、夷则、南吕、无射、应钟为下”者，即郑康成“五下六上乃一终”之说所自出也。此皆其言之醇而可法者也。独《古乐》、《音初》二篇之论，则为荒远而无稽，彼朱襄、葛天之世，音律未起，文字未作，尔时遂有八阕之歌，且有遂草木，奋五谷，敬天常，依地德之名目，不近诬乎！其曰“伶伦吹管三寸九分为黄钟”云者，是以含少为黄钟，乃为后世长孙无忌、刘恕及李文利等之说作之俑也。其曰“颛顼命飞龙效八风之音，帝喾命凤鸟、天翟为九招六列之舞，帝尧命质效山林溪谷之音”云者，又为后世《竹书》、《路史》、《拾遗》诸家之说作之俑也。况谓涂山氏有待禹之行悖，娶于涂山之经，谓辛馀靡有振王北济之事，又违昭王南征不复之传，其说恐不可据，此则其疵之可摘者，然岂以是掩其大醇哉！

《淮南子》律吕之数考略

案：律吕之数，始于一，分于二，中于五，交于六，方于八，圆于九，纪于十二，倍于二十四，行于二十七，盈于三十，殺于六十，定于八十一，衍于三百六十，积于十七万七千一百四十七，而要皆成于三者也。《淮南子天文训》曰：规始于一，一生二，二生三，三生万物。天地三月而为一时，以三参物，三三如九，故黄钟之律九寸而宫音调。由此推之，太极为一，阴阳为二，此三之数所由开也。三加二为五，而五音出焉。三其二则为六，而六律起焉。以三加五则为八，而八音具焉。以三乘三则为九，而黄钟九寸之法生焉。三其四为十二，而十二钟副十二月之义出焉。三其八为二十四，而二十四气之节与二十四铢之权肇焉。三其九为二十七，而二尺七寸之幅仿焉。三其十为三十，而一月之日与一钧之数定焉。三其二十为六十，而六十音应六十甲子之分成焉。三其二十七为八十一，而八寸一分之管正焉。三其十二为三十六，即三其一百二十为三百六十，以当一岁之日而天地之全数周焉。至所谓十一三之之法，则置一而十一三之，并所置之一为十三，以为黄钟之实十七万七千一百四十七之数也。若其所谓九九八十一为黄钟之数，则所起者乃弦音之分，与司马迁、班固黄钟九十分之法，原并行而不悖焉。一则九其九寸，一则十其九寸，其法异而实同也。又其所谓下生者倍，以三除之，上生者四，以三除之之法，又即开乎司马迁之生钟术。所谓下生者倍其实三其法，上生者四其实三其法之谓，其用三之术，先后同揆也。盖其或益之，或损之，或乘之，或除之，或积之，其中皆以三为法者也。其中或上应天运，或中待人事，或下协地宜，要之皆准三而立者也。至其所谓和缪云者，变宫与宫声相近，故曰和徵声与宫声，为子母相应，而变徵不与宫声应，故曰缪也。若夫所谓五子应五音云者，盖以子为黄钟之律，而戊子居五子之中，故曰戊子。黄钟之宫也，戊子既为宫矣，则次庚子宜为商，黄钟为商，必无射为宫，故曰庚子。无射之商也，庚子既为商矣，则次壬子宜为角，黄钟为角，必夷则为宫，故曰壬子。夷则之角也，壬子为角，则次甲子宜为徵，黄钟为徵，必仲吕为宫，故曰甲子。仲吕之徵也，甲子为徵，则次丙子宜为羽，黄钟为羽，必夹钟为宫，故曰丙子。夹钟之羽也，虽其所云五音者，系弦音之分，而非律之本声。其所谓五子者，系六十音之名，而非音有是律。然于义犹有可推，独其先论斗建所指，以二十四气，分配十二律，自冬至迄夏至，逆行一周。自夏至迄冬至，复顺行一周，其逆行也，既不合乎日躔。其顺行也，又并不合乎斗建。则天官与律吕之义两未有合焉，故仍其说而阙之，以俟后之知者。

律吕之数往而不返考略

问：律吕之数，往而不返，何也？曰：不返者，不复原数之谓也。据蔡氏《律吕新书》，九分为寸，仲吕之长六寸五分八厘三毫四丝六忽，三分益一，再生黄钟，得长八寸七分八厘一毫六丝二忽，比之黄钟九寸，不足二分一厘八毫三丝八忽。故朱子曰："自黄钟至仲吕，相生之道穷矣。遂复变而上生黄钟之宫，再生之黄钟不及九寸，只八寸有馀是也。”此蔡氏之旧说也，以今法十分为寸，古尺之数推之，仲吕之长六寸六分五厘九毫一丝四忽七微四纤有奇。三分益一以上生，得长八寸八分七厘八毫八丝六忽三微三纤有奇，比之黄钟九寸，不足一分二厘一毫一丝三忽六微六纤有奇。以今法今尺之数推之，仲吕之长五寸三分九厘三毫九丝零九微四纤有奇，三分益一，以上生得七寸一分九厘一毫八丝七忽九微二纤有奇，比之黄钟七寸二分九厘之数，不足九厘八毫一丝二忽零七纤有奇。亦仍蔡氏之所谓不返也。曰：蔡氏之说如此，不知《淮南子》司马迁、京房及汉唐注疏之说同乎？曰：同也。《淮南子》以黄钟之数为八十一，仲吕之数为六十。司马迁律书以黄钟之长为八寸一分，仲吕长五寸九分三分二强。《后汉志》京房律准：黄钟九寸，自分以下用小分，仲吕长六寸六分，小分六弱。《礼运》注疏：黄钟九寸，自分以下用约分，仲吕长六寸有零，皆以三分益一而上生之，其长皆不及黄钟之数，是其为往而不返，则一也。曰：其所以往而不返者，何也？曰：圣人之制律也，以管天下之和声、正声、中声，非欲设为巧算，循环无端，以标新立异于后世。曾无取乎其往而可返也，仲吕不能生黄钟，何伤乎？后之人必求其返，于是师心而不衷于理。如朱载堉之说出焉，则是执指而忘月者流也。《易》有之，“穷则变，变则通”。天下未有穷而不变者，即未有不穷而能变者。律至仲吕而穷，即以不返而变，变而后十二律之道通也。夫同律度量衡之道，与协时月正日同，十二律，犹十二时也。十二月也，历十二时而成日，而亥尽交子之时，非即昨日之子。历十二月而成岁，而正月朔旦，非即立春之节。积岁为章，积章为会，积会为统，即至十一月朔旦子时冬至，五星如连珠，日月如合璧，而其所会之度，必不同于太初之度，其义一也。今欲仲吕生黄钟，是以岁岁必以元日立春也，乌乎可哉！夫仲吕三分益一，虽不是黄钟九寸之数，然较之大吕已为有馀，宁得不谓之返于黄钟耶！犹夫癸亥岁，十二月既尽，甲子元日，虽非立春，宁得不谓之返于甲子耶！曰：明朱载堉独不从此说，何也？曰：朱氏以算术取巧，必欲其返，而十二律之本数皆舛，是犹回回以春分为岁首，十二月为一岁，而每月不必定三十日，则有气而无朔矣。天竺以黑月、白月纪时，一岁二十四月，以哉生魄、哉生明为月朔，不必置闰，则有朔而无气矣，是二法者皆可舍。气盈朔虚，而气盈朔虚在其内，然此可以为敬授人时之宪典欤！要其分厘抄忽，乃必有不齐之数。朱载堉之所为，徒自劳耳。篇中言积久所会之度，必不同于太初之度。今有前后年月日时之八字皆同，而其度数终不同者，亦往而不返之证。

黄钟万事根本问答考略

问：黄钟为万事根本，论者但谓度量权衡皆由此出，不知此以外，可得而详言之乎？曰：难言也，夫达五行之蕴，调六气之宜，而司万汇之枢纽者，惟得天地之中气者能之。盖中则和，和则顺，顺则畅且安。古圣人知其然，于是准造化之中气，而制为黄钟。黄之为言，中也。钟之为言，种也。黄钟者，原乎天地之自然，而适协乎万事之所不得不然，会合乎乾坤之妙，流通乎品汇之原，故为万事之根本。万者，无可纪极之词也。数肇中声，理含元气，无终无始，人事于是乎有常。生变生文，天道于焉而不匮，此岂可名言尽耶！今且为子略言之：下之该乎人伦，上之通乎天运，微之陶情而淑性，显之昭德而象功，散之用于乡国，广之设为教学，近之关一身之得失，远之系军国之胜负，此其大略也。同心一统，则义在君臣矣。隔八相生，则恩为父子矣。律吕比合，则义若唱随矣。九六相次，同类相从，则情同伯仲与朋友矣。此非人伦之根本乎！至其一阳起化，则周乎一岁焉。旋相为宫，则行乎十二月焉。玉琯一调，而千岁之日至可致，则贯乎元会运世焉。孚于甲，揆于癸，萌于子，阂于亥，干支各就其绪焉。始于不周，终于阊阖，八风各得其正焉。起于虚而讫于危，二十八舍咸归其列焉。此又根本乎天道者也。自古善治性情者，治之以黄钟而已。黄钟于五声为宫，于五常为仁，于五事为思，推之十一律而准，性于是动焉，情于是彰焉。《传》曰：乐之务在于和心，和心在于行适。太巨、太清、太小、太浊皆非适也。衷音之适也，大不出钧，重不过石，大小轻重之衷也。黄钟之宫，音之本也，清浊之衷也。衷音者，适也，故以黄钟治性情者，视正听和，思虑纯固，其清明则消乎渣滓，其广大则通乎神明，其易良则归于雍穆，孰谓陶淑之根本不在是耶！是故千古之帝王，往往根本于此，以昭乃德，象乃功矣。曰扶徕，曰飞龙，曰六茎，曰云门，曰咸英，曰韶、夏、濩、武，皆必中黄钟之宫，协黄钟之调，合黄钟之节奏，然后随律所用，而神人可格，上下可和，此非宗庙朝廷之大用乎？且分之而乡国天下，无往不散用之也。彼夫《升歌》、《笙入》、《间歌》、《合乐》诸节，《驺虞》、《貍首》、《采频》、《采蘩》诸章，乡饮酒用之，燕礼用之，乡射、大射亦分用之，天子、诸侯、大夫士亦各用之矣。况《雅》、《颂》诸篇什，每为朝聘、燕飨、巡狩、会同之用，倘非根本于黄钟，则奏之何以协律，歌之何以成声。轩乎！鼙乎！何以无相夺伦。是则遍乡国天下，有一不根本于此者乎！是以周官大司乐之教成均也，必有太师掌六律六同，以合阴阳之声。又有典同掌六律六同之和，以辨天地四方阴阳之声。而后体之为乐德，宣之为乐语，象之为乐舞。夫首乎六律六同者，非黄钟乎？黄钟和而六律六同皆和，和则教子弟用之，教俊士用之，教国子，教胄子无不用之。匪是，则何以为教学之根本也。伶州鸠曰：声以和乐，律以平声，声应相保曰和，细大不逾曰平。今细过其主，妨于正。用物过度，妨于财。正害财匮，妨于乐。又曰：天子省风以作乐，器以钟之。小者不窕，大者不𢶒，则和于物。和声入于耳而藏于心，心亿则乐。窕则不咸，𢶒则不容。心是以戚，戚实生疾。夫细大相逾，窕𢶒交作者，非黄钟未定之所致乎？此古天子出则撞黄钟以告出，入则撞蕤宾以告入者，诚有见乎？君身之休咎，实根本乎此也。且论乐者，亦知黄钟之关乎军国乎？太公告武王曰："当敌人之垒，持律管当耳大呼，惊之，有声应管，其来甚微。角声应管，当以白虎。徵声应管，当以玄武。商声应管，当以朱雀。羽声应管，当以勾阵。五管声尽不应者，宫也，当以青龙。此五行之符，成败之机也。"《史记》亦云：六律于兵械尤所重，故云望敌知吉凶，闻声知胜负。《史记正义》引兵书云：夫战，太师吹律，合商则战胜，军事张强。角则军扰多变，失志。宫则军和，士卒同心。徵则将急数怨，军事劳。羽则兵弱少威。是故刚柔所应，遂以觇将士之心，南北有风，于以卜强弱之势。凡此者，莫非自黄钟起律而得之也，则整军经武之根本不在是乎！闻者讶之曰：黄钟之为根本也，一至是乎？曰：是犹未足尽之也。极其发扬，神其鼓荡，则天地之所以大，日月之所以明，风雨之所以润，雷霆之所以鼓，鬼神之所以变化，江河之所以流，金木水火之所以交修，鸟兽虫鱼之所以咸若，亦何往非黄钟之气，为之鼓其橐籥，动其机缄也哉！曰：黄钟之广大如此，古亦有言之者乎？曰：有。《虞书》言：律和声，而至于神人以和，凤仪兽舞。伶州鸠亦曰：黄钟者，所以宣养六气九德也。夫神人者，尽乎幽明之谓也。六气者，阴阳风雨晦明之谓也。九德者，六府三事之谓也。蔡元定曰："黄钟独为声气之元，盖天下之境，无有出于幽明、六气、九德之外者。”此万事根本，黄钟之义也。若《汉志》所谓度九寸之长以审度，而五度定。实九寸之积以嘉量，而五量平。较九寸所容之重以谨权衡，而五权正。特其根本中之馀事耳，岂可以当黄钟之为根本哉！曰：若然，则应万事者，惟求之黄钟已乎！曰：非也。定黄钟又有道矣，苟非心通乎造化则不中，非情协乎民物则不和，非志气周乎无外、入乎无内则不畅且安。是必翔洽者其仁，从律者其义，成文者其礼，昭融者其智，有常者其信，而又准之以秬黍，校之以古尺，制之以竹与铜，夫而后六宇同和，三才成位。雍雍乎握声气之元，而动发育之道也。然则黄钟者，万事之根本，而君心又黄钟之根本也哉！

黄钟非含少考略

问：黄钟长九寸，自汉淮南子、司马迁、班固相传旧矣，近世乃有以三寸九分为黄钟者，是耶？否耶？曰：黄钟以九寸为度，老阳之数也。长九寸，围九分，损益相生，十一律无不根柢于此。若三寸九分之数，乃含少，非黄钟也。曰：敢问含少之名与义。曰：《吕氏春秋》云：黄帝令伶伦，自大夏之西，阮隃之阴，取竹嶰溪之谷，以生空窍厚均者，断两节间，长三寸九分而吹之，以为黄钟之宫，曰含少，晋《律历志》亦载焉，含少之名见于此。至其为义，则太极元气，函三为一，冬至子半，其前犹属亥而为坤，其后乃属子而为复，盖天地之气，太初生于酉仲，清浊未分也。太始生于戌仲，清浊渐形也。太素生于亥仲，清浊形而未散也。含少当亥子之交，清浊函而未散，此时微阳未离于阴，故以三寸九分者纪一阳之动，而见天地之心，有太阴含少阳之象，此含少之义也。又问：其数取三寸九分者，何也？曰：数始于一，成于三，终于九。六者，太阴之数也。七者，少阳之数也。以三六合三七，为三十有九，此含少用三寸九分之义也。其以此为黄钟，何也？曰：为此说者，滥觞于《吕氏春秋》，横流于明之李文利。文利之言曰："黄钟长三寸九分，空围九分，为声气之元。其时子半，其数极少，声极清，音属正宫，一阳方动，其卦为复。黄钟之尊，在于气清上行，清者数少，浊者数多。数少者贵，数多者贱。阳升，起子半，极午半，由黄钟而渐益。阳降，起午半，极子半，由蕤宾而渐损。黄钟居蕤宾之管九寸，极黄钟之变。"此文利〔数〕之大旨也。曰：然则从九寸而不从三寸九分者，何也？曰：此其义凡十有二端。初九，律之首。初六，吕之首。参天两地之义也，于三寸九分何取焉，一也。《河图》天数九，黄钟初九，是得河图之天数也。《洛书》之数四十五，倍之为九十，黄钟九寸，是得洛书之倍数也。于三寸九分又何取焉，二也。黄钟之宫属土，土在五行，重浊而下凝，若以三寸九分为之，岂土反轻清而上浮乎？三也。造化密移，由黄钟九寸渐次递降，默为运耳。文利定为九分升降，截然有限，又以小寒大寒、小暑大暑之节不同诸律，而升降独以六分，不思二气宣播，均以渐至，彼春之雨水、惊蛰，秋之处暑、白露，独非节序之移哉！四也。黄钟天统九寸，林钟地统六寸，太簇人统八寸，以其备三统之德，故寸数适足而无馀分，九又为万物之元，倡地统而衍人统，彼三寸九分之数，于三统之义何当乎？五也。天道穷则变，变则通，通则久，黄钟九寸之运，至仲吕而必穷，势也，理也。文利必欲其联贯循环，不断不续，亦未达乎消息乘除之故矣。九寸以穷而不穷，三寸九分以不穷而穷，六也。九以纯阳为元声，管长声浊，故为十一律之本，若三寸九分之管，则极短极清，必飘扬而轻佻，其能役使众律乎！七也。人有五音，宫出喉，徵出舌，商出齿，羽出唇，角出牙，盖喉音声长而浊，唇音短浅而清，此自然之声也。今谓黄钟最清，管止三寸九分，不知其音始自喉乎？始自唇乎？此近取诸身而不协也，八也。管子曰：“宫如牛鸣窌中，羽如鸣鸟在树。”此起五音之的也。若以三寸九分为黄钟，则起宫之响，已如在树鸟鸣，无复窌中牛鸣之响矣。此远取诸物而不伦也，九也。黄钟有君象，其声重大，故以老阳数当之，以此而臣民事物，各以轻清应之，至顺也。今以少阳数居之，不将使臣民事物之声，有凌触而无避让乎！十也。且奏之宫悬，被之管弦，则三寸九分之律，特太簇之半律与黄钟正声相应耳，乃遂以此代黄钟之全律，可乎？十一也。且黄钟者本九寸以制器，规圆、矩方、权重、衡平、绳直、嘉量而靡所不定者也。若以三寸九分易之，则分之无一黍之广，而不足于分，而寸尺丈引，皆不成矣。龠无千二百黍之积，而合升斗斛皆不足矣。积无十二铢之重，则两之不足以成两，而斤两钧石皆相舛矣。出纳鲜平，农桑失业，皆自此始，其可乎？十二也。问者曰：黄钟固宜用九寸，予独疑黄钟极长，应钟极短，二律之交，长短悬绝，音调不属耳。曰：音止于七，至第八音，则复与首音同，不患其不相属也。十二律还相为宫，旧则阴阳二均互用，而有黄钟、大吕、太簇、夹钟四清声。今则阴阳二均分用，而有夷则、南吕、无射、应钟四倍律。转移适均，调剂中节，又何疑其不相属哉！曰：然则吕氏之言妄乎？曰：非妄也，三寸九分，以之为含少则是，以之为黄钟则非耳。含少纪初阳之动，所以存不息之天根，黄钟纪纯阳之全，所以统无穷之元气。义各有取也。且吕氏上下相生、三分损益之法，与史汉无异，则其于黄钟之宫，何尝不起于九寸哉！彼《汉书》用吕氏说，何其详备，而独削去“长三寸九分”一语，盖亦有所不取矣。问者曰：吕说如此，先儒亦曾有驳之者乎？曰：蔡季通尝有言曰："三寸九分之管，阳不成阳，阴不成阴。次第损之，则纤伏而无声。次第益之，则高亢而不伦。实无一之可据也。"蔡氏驳之如此，明王廷相、韩邦奇驳之皆同云。问者又曰：三寸九分之说，固不可为黄钟矣，顾九寸之外，又有用八寸一分者，何如？曰：八寸一分者，乃以九分为寸，以合九九八十一之数，非有二法也。《律吕新书》谓：即十而取九者，体之所以立。约十而为九者，用之所以行。故八寸一分，虽无当于律体，而用以三分损益，则各得整数而无奇零，夫岂若三寸九分之体不全，用不备者哉！

乐悬考略

乐有器，有人。县者，其器也。佾者，其人也。案：小胥，钟磬之县，半为堵，全为肆，编钟、编磬各十六枚，半陈之钟磬各八，同在一虡，谓之堵。全陈之钟磬各十六枚，各为一虡，谓之肆。《春秋传》曰：歌钟二肆，是三十有二枚也。编钟十有六，然后编钟之数全。编磬十有六，然后编磬之数全。盖钟磬在虡，作上下两列，一列八枚，谓之堵，即半也。合两列，则全而为肆。全者，全十二律与四清声也。郑注谓：半之者，诸侯之卿大夫半，天子之卿大夫士亦半，天子之士县磬而已。贾疏又谓：天子、诸侯县皆有镈，卿大夫则有钟磬，无镈也。敖氏驳之曰："凡士之乐，皆得县钟与磬，惟以特县异于大夫以上耳。"钟师掌以钟鼓奏九夏，镈师掌金奏之鼓。乡饮、乡射，士礼也，皆宾出奏陔。陔夏，金奏之一也，然则士之特县，亦钟一堵，磬一堵，而有钟与鼓鼙明矣。薛氏亦谓"有磬无钟，何以和乐"，则士惟县磬之说谬矣。但薛氏又谓"诸侯之士，钟磬各八枚"，则微特四清声不全，并十二律亦不具。虽金石两有，而都归无用，不亦儿童之见乎！夫乐必有十二律，加四清声，故编钟、编磬必用十六者，古法也，而可缺一以为乐乎哉？又案：小胥，正乐县之位。郑司农谓“宫县四面县，轩县去其一面，判县又去其一面，特县又去其一面，四面象宫室，四面有墙，故谓之宫县。轩县三面，其形曲，故谓之曲县”。王氏曰：“天子南面，诸侯北面。自宫县以下，轩县则缺南面，判县则并缺北面，特县则非东即西。”《大射》云：乐人宿县于阼阶东，笙磬西面，其南笙钟，其南镈，皆南陈。西阶之西，颂磬东面，其南钟，其南镈，皆南陈。是阼阶、西阶，其位皆北，其面在南者，皆无县。然又云：一建鼓在西阶之东南面，则是又有南面者，何也？说者以为，诸侯与其臣大射，其县皆三面。所谓南面者鼓而已，于钟，于磬，于镈，则无县焉。知此，则知大夫之判，士之特，皆无南面，所以尊天子也。故春秋时，卫从仲叔于奚曲县之请，为非礼。晋赐魏绛歌钟之半，为得礼也。李氏嘉会曰：“乐县不同，岂诸侯在国之时所县若是，抑朝聘时，王燕飨之，而所县若是也。盖在国与在朝所用之乐皆然也。”此乐器之数也。若夫佾者，舞列也。注云：天子八，诸侯六，大夫四，士二。每佾人数如其佾数，则天子八八六十四人，诸侯六六三十六人，大夫四四一十六人，士二二凡四人也。左隐五年：众仲对羽数。杜预《注》亦曰“人如佾数”。或又曰：每佾八人，则六佾六八四十八人，四佾四八三十二人，二佾二八一十六人也。服虔说亦同。问八佾：旧说，有说上下通以八人为佾者，何如？朱子曰：“是不可考矣，然以理意求之，舞位必方，岂如是其佾少而人多哉！”此又乐中舞人之数也。

候气之谬考略

案：候气之说，自邹衍至蔡元定，相沿久矣，而近世诸儒力非之。予参互考之，始知其说之果幽谬也。王氏廷相曰："天地之气，有升有降。天气降，地气升，则达而为阳。天气升，地气降，则闭而为阴。"气无微不入者也，达即不可御矣，岂拘拘九寸之间，胶滞于方寸之差，而月馀始达以应耶？若曰夏至以前，阳气律应，冬至以后，阴气律应，是一岁之中，阴阳皆上升而不下降矣。若曰阳气升自中吕而止，阴气即乘之，不知阳气升至半涂，将何所归往。使日渐上升，不几于动阴律之灰乎？若曰小雪方动应钟之灰，是一岁之周，地气犹未出土，万物安所藉以发育乎？天下古今安有是理。刘氏濂曰："闭塞为阴，秋冬之气也。升者上，降者下，埋管于地，将谁候乎？畅达为阳，春夏之气也。氤氲两间，发育万物。地下无气，不可候矣。气无微不入，十二管飞则皆飞，不飞则皆不飞。若谓冬至动黄钟，夏至动蕤宾，其馀皆以辰位应。是气为有知，择管而入。管为有知，择气而施。"天下有是理乎？季氏本曰："《隋志》：冬至阳气，距地面九寸而止，故黄钟应之。正月，距八寸而止，故太簇应之。"此不通之论也。夫阳之上升，本无停息，距地九面寸八寸而止，则九寸八寸之上，独无阳乎！况地有高卑，气无先后，将地之卑者气先至，而高者乃后至耶？就如其说，则凡候气者，苟律之长短适合，则不必度其围径，定其中声，而气无不应矣，安在声音之道与天地通哉？又曰："阳生于子，以渐而进，至巳而极。阴生于午，以渐而退，至亥而穷。"此自然之道也。自蕤宾以下，气宜降矣，而概以升言，则天地之气，将有进无退乎？且谓气以渐而自子升至于亥，律以渐而自黄钟短至于应钟，而其所升所短之差，多寡异数，各不均齐。至于应钟与黄钟之律，相隔四寸二分三厘，交接之际，大相悬绝，岂有天地循环无端之气，可以往而不返言哉？何氏塘曰："古者候气止用黄钟之管候子月冬至之气，馀月则否。"何以知之？盖古法占候，恒在岁始。冬至盖阳气之始也，气在地中，无形可见，故以黄钟之管候之。冬至之日，气至灰飞，则气节相应，是谓和平。若灰飞在冬至之前，或在其后，则为气之太过不及，于是乎有占，与冬至登台以望云物同意。若谓馀月皆候，则丑月阳气未出地中，候之犹可也。寅月以后，阳气已出地上，又何以候乎？况午月以后，阳气皆自上降下，又安有灰飞之理？然则谓十二月皆以律管候气者，误矣。明世子载堉曰："前《汉志》言律甚详，初无吹灰之说。后汉光武以谶兴，令解经从谶，汉儒遵时制，不得不然。隋唐以后，疏家遂为定论矣。"按：后汉、晋、隋《志》所载候气之法，各有异同。既云"以木为案，加律其上"。又云"埋之土，与地平"。又云"置于案上，而以土埋之，上平于地"。此置律有浅深高下，其说不一也。既云"以葭莩灰抑其内端，气至者灰去"，又云"以竹莩灰实律中，以罗縠覆律口，气至，吹灰，动縠"，而有大动、小动、不动三说。又云"灰飞冲素，散出于外，而气应有早晚，灰飞有多少"。说又不一也。总之，道听涂说而未尝亲试耳。盖候气之法，不见于经而见于纬，信都〔芳轮扇〕[1] 候风事，尤为虚诞，不足辨矣。

①底本缺损，据上海图书馆藏稿本补。

三分隔八异义考略

三分损益，见本卷五音条。隔八相生，见本卷律吕相生条。二者之用，原相合而不悖也，然其义则各有取焉。三分损益，乃制律之则也。古圣人立算术，以别十二律相生之序。凡金石之厚薄，丝竹之短长，皆依以定焉。隔八相生，乃审音之法也。审音者，必取首音与第八音，叶和同声，以为之准，即首音、八音之间，区而别之。以为五声二变，则清浊之相应，高下之相宜，皆赖以宜焉。此二者之义，所以别也。

十二律五声工尺乐字之同

后世乐工之有工、凡、合、六、四、五、一、上、尺等字，何义也？曰：以乐工记数，不便于用，则以其声相似之字，又笔画少，易于标识者，易之为十四字。其曰工者，即宫，黄钟也。曰仜者，即清宫，大吕也。曰凡者，即商，太簇也。曰侃者，即清商，夹钟也。曰合者，即角，姑洗也。曰六者，即清角，仲吕也。曰四者，即变徵，蕤宾也。曰五者，即清变徵，林钟也。曰乙者，即徵，夷则也。曰亿者，即清徵，南吕也。曰上者，即羽，无射也。曰仩者，即清羽，应钟也。曰尺者，即变宫半，黄钟也。曰伬者，即清变宫半，大吕也。按：侃、仜、亿、仩、伬五者本无其字，则知其止以记数，而即为黄钟等律，即为宫商等音，非实有是字，非别有义例，又可知也。然而其来旧矣，《楚辞》曰：四上竞气，极声变只。则周末已有之也。《上声歌》注曰：或用一调，或用无调。一者，“乙”字。无者“五”字。则梁时又有之也。但其位分虽有十四，而阳七阴七，阴阳各不相参杂，则虽十四而仍止七也。又七音必旋相为宫，调乃可得，又必除去二变，调乃可成，则七音仍止五音也。然则虽加二变为七，而仍止于五。虽倍五为十，而阳为阳，阴为阴，亦仍止于五也。

考古略卷之八

虞廷典乐考略

帝舜以教胄子事，属之典乐之夔。盖乐者，古人所以陶镕人才之具也。而帝王之教胄子，于此尤切，蔡氏沈所谓“荡涤邪秽，斟酌饱满，动荡血脉，流通精神，养其中和之德，而救其气质之偏”者也。夫乐，必本之性情，稽之数度，自直而温。至歌永言，本之性情也。声依永，律和声，稽之数度也。《周礼》：大司乐以乐德、乐语教国子，自直而温，至简而无傲。即中、和、祗、庸、孝、友之道也。此教之乐德也。自诗言志，至律和声，即兴、道、讽、诵、言、语之道也。此教之乐语也。养气质，育才能，事神祇，和上下，朱子谓其“体用功效，广大深切”，信哉！案帝曰：予欲闻六律、五声、八音，在治忽，以出纳五言。盖声音之道与政通，安以乐者其政和，怨以怒者其政乖，哀以思者其民困，故闻之可察治乱也。出五言者，宣之于下，若《关雎》、《葛覃》之用于乡国也。纳五言者，达之于上，若《太师陈诗赋》以观民风也。五言，即宫、商、角、徵、羽之音，汉孔氏以为仁、义、礼、智、信五德之言更精。又，汉《志》引此书，不曰在治忽，而曰七始咏。七始者，或曰七音，或曰七声，或曰七均云。又案：夔曰“戛击鸣球”云云，盖乐以人声为主。歌于堂上者，谓之登歌。歌于堂下者，谓之间歌。《记》曰：歌者在上，匏竹在下。盖堂上之乐，以歌为主。堂下之乐，以管为主。夔曰“下管”云云，以一“下”字，别管、鼗等为堂下之乐，则可见鸣球琴瑟为堂上之乐矣。戛击之，搏拊之，以咏歌诗章，所谓歌者在上也。管竹也，笙匏也，鼗、镛、柷、敔，皆在堂下。以间者兴堂上之乐，更代间作所谓匏竹在下也。分之则有堂上堂下之别，总之则相代相成，名曰“箫韶”也。八音以石为主，韶乐以球为首。盖磬以立辨，石音谐，则八音无不谐，故夔又专言“击石拊石”也。至韶乐九成之辞，今不可考矣，然《书》所载六府三事，为九功九叙者，此即韶乐之实，歌者歌此，咏者咏此，舞者舞以象此而已。若元首股肱之歌，则是君臣交儆之作，未及九功，或以为即《九韶》之歌辞者，误矣。

夏乐考略

《记·仲尼燕居》篇“夏籥序兴”之夏，注疏诸说皆但云文舞，于“夏”字无确据。方氏悫、陆氏佃则直指为禹之大夏。陈氏祥道则据《书》之言“夏翟”，《诗》之“言执籥秉翟”，《周官》之言“舞羽籥以翟五色备为夏”，言“夏籥序兴，则羽籥之舞以序而兴，以夏籥为羽籥之文舞，则武为干戚之武舞”。其说似矣，然终不如作《大夏》解其义为长。大禹之声律身度，其乐自可则也。顾主大夏者，遂专指为文舞，此却末确。盖周之清庙，文也。象武，武也。禹之夏籥，则文武俱备也。清庙诗曰：济济多士，秉文之德。又，《乐记》曰“清越之瑟，朱弦疏越。一唱三叹，有遗音者”，是文也。象即维清诗，武即大武诗，舞之以象文王、武王之功烈，是武也。大夏为禹乐，《内则》曰“二十舞大夏”是也。大夏有干戚，有羽籥，是文武备具也。下文复言清庙及象，而不复言夏者，以夏非周乐又清庙已言文，象已言武，故不复言夏也。又考《书》大传注曰：禹乐四章，皆歌禹功，曰大化，曰大训，曰六府，曰九原，此可备大夏乐章之数云。

商乐考略

汤乐名《大濩》，以其伐夏除残，救护生民也。《韩诗外传》曰：《汤濩》乐有五声，宫声使人温良而宽大，商声使人方廉而好义，角声使人恻隐而爱人，徵声使人乐善而好施，羽声使人恭敬而好礼。此《大濩》之大概也。

周象舞考略

案：《维清诗序》云：奏象，舞也。郑注：象，用兵时刺伐之舞。文王造此征伐之法，至今用之而有成功，伐纣克胜也。孔疏：此奏象舞之乐歌，文王时有击刺之法。武王作乐，象而为舞，号曰象舞。至周公、成王之时，用而奏之于庙，以今太平，由彼五伐，睹其奏而思其本，故述为此歌。此周公、成王时所作，非作于武王时也。象舞之乐，象文王之事。大武之乐，象武王之事。二者俱是为象，但序者于此云象舞，于武不可复云奏象，故别名大武耳。且文王之乐，象箾与南籥各是一舞。南籥既是文舞，则象箾当是武舞。郑谓“象，用兵时刺伐之舞”，则此即象箾之武舞也。注疏之说如此。朱子独谓此诗中无象舞之意，乃指为祭文王之诗。然杜预、服虔俱以象箾、南籥为文王之乐。张子亦谓武王象文王武功之舞，歌维清以奏之。刘氏敞亦谓“文王之舞谓之象，武王之舞谓之武”。廖氏刚亦谓“清庙文王之德，维清文王之事。故记清庙，示德也。下而管象，示事也”。曹氏粹中亦谓“执箾以舞，犹干舞。执籥以舞，即籥舞”。文王虽大业未究，而本其功德所起，作乐象之，谓之象舞。《祭统》、《明堂位》、《文王世子》所谓“下管象”者，即此也。然则贾氏谓“诗为乐章，与舞人为节”。孔颖达谓“舞时堂上歌其舞曲”，可知堂下奏象舞，而堂上歌维清，盖自昔然矣。且颂之为辞简严，往往无用铺叙，而文王伐密伐崇，武功伊濯，亦无事于繁称也。如疑此诗词无象舞之意，则清庙之诗词，亦未及营洛邑而朝诸侯以祭也。朱注何以云尔哉？乃知注疏以维清为象舞之意，不可易也。

《仪礼》用乐考略

案：《仪礼》所载之乐，惟在《乡饮酒礼》、《乡射礼》、《燕礼》、《大射仪》四篇中者甚明。其节有四，所谓工歌、笙入、间歌、合乐是也。有从其类而歌之者，如宾兴贤能，则歌《鹿鸣》。慰劳勤苦，则歌《四牡》、《皇皇者华》是也。有不拘其类而歌之者，如二南房中之乐。注疏以为国君与卿大夫燕飨，亦得用之是也。礼盛者，可以进取，故乡饮酒升歌《小雅》也。礼轻者，可以逮下，故燕礼合乡乐也。二南六篇为教化之原，故用之最广。《新宫》或曰逸诗，或曰即《斯干》，或又曰即《南陔》、《白华》、《华黍》之总名。《貍首》或曰即曾孙侯氏数语，或亦曰逸诗。独六笙诗者，小序皆著其义，而谓其辞亡。刘敞则谓本无其辞，以经文曰笙，曰乐，曰奏，而不曰歌，则有声无辞明矣。是说也，考亭亦信之，但窃考毛序之于六诗也，曰《南陔》，孝子相戒以养也。曰《白华》，孝子之洁白也。曰《华黍》，时和年丰，宜黍稷也。曰《由庚》，万物得由其道也。曰《崇丘》，万物得极其高大也。曰《由仪》，万物之生各得其宜也。本孝廉，励志行，康岁时，理万物，明先王之道，状太平之风，不有其辞，义将安附？即曰其义亦可从声显，何如有其辞之为明且著乎？及晋束皙补六诗之亡也，于《南陔》之首章则曰：循彼南陔，言采其兰。眷恋庭帏，心不遑安。馨尔夕膳，洁尔晨餐。于《白华》则曰：白华朱萼，被于幽白。粲粲门子，如磨如错。终晨三省，匪惰其恪。于《华黍》则曰：黮黮重云，习习和风。黍华陵巅，麦秀丘中。靡田不殖，九谷斯丰。于《由庚》则曰：荡荡夷庚，物则由之。蠢蠢庶类，王亦柔之。于《崇丘》则曰：瞻彼崇丘，其林蔼蔼。植物斯高，动类斯大。于《由仪》则曰：肃肃君子，由仪率性。明明后辟，仁以为政。又夏侯湛补笙诗，全文不可得见，惟刘孝标《世说》注中尚存一章。曰：既殷斯处，仰说洪恩。夕定晨省，奉朝侍昏。宵中告退，鸡鸣在门。孳孳恭诲，夙夜是敦。时潘岳见而叹曰："非徒温雅，乃别见孝悌之性。"凡此皆补笙诗之略也。其墨守小序，无稍异同，非确然有所师承，固如是耶！若以其言笙，言乐，言奏，而不言歌，遂为有声无词之证，则古之用肆夏者，亦言金奏。而肆夏自有其诗，且《周礼》所用《驺虞》、《狸首》、《采蘩》、《采蘋》之类，亦皆言奏，亦皆自有其诗。他如下管新宫，下管象武之属，又直言管，并不言奏，而亦自有其诗，未可便以其言奏不言歌，遂谓无其词也。窃谓瑟声清越，歌声厘然可辨，故谓之歌。若竹声滥，钟声铿，则吹笙金奏，喤喤厥声，歌诗皆不能悉协，故谓之笙，谓之乐，谓之奏，谓之管，而皆不谓之歌也。则六笙诗似皆有辞，而传者佚之也。小序及郑注、束诗，去古未远，其言固未为无据矣。至于乐中四节，乡射、大射俱从杀，或谓其志在射，略于乐者，非也。乡饮酒宾贤所以观德艺之善物，燕礼合好，所以洽臣邻之欢心，其典甚巨，其礼特盛，故四节皆合用之，主于将敬而和爱也。若乡射只为询众庶之谋，大射只以择与祭之士，则其礼从杀。礼有繁简，而乐因之。乐有详略，而诗因之。此先王之节也矣。

文王乐不列六乐考略

问：《周礼·春官》：大司乐以乐舞教国子，舞《云门》、《大卷》、《大韶》、《大夏》、《大濩》、《大武》。郑康成曰："此周所存六代之乐也。"然愚窃以周文王有房中之乐，犹黄帝之云门、大卷，尧舜之有大咸、大韶，禹汤之有大夏、大濩，武之有大武也。乃大司乐教六代之乐，独不及之者，何也？陈氏嘉会曰："自黄帝至周六乐，其乐纯正，而音节大备，然文王二南之诗，其妇人女子有学士大夫之风。"先儒以为情欲之盛，无介乎容仪。宴私之意，不形于动静。其乐亦至纯且正，而其音节亦略备矣，独不与六代乐同教者，此其意。周公虽未尝言之，然尝微窥其义矣。六乐所象者，象其首出平成之业，顺天除暴之功，非一家一国之事也。文王之乐为二南，其所咏者，皆内治之事，故不用之祭飨者。宫闱燕习之辞，与朝庙既不同用，男女咏歌之语，与《雅》、《颂》又不同体也，此其所以不比于六代之乐也。且治定乐作者，天子之大权也。文王虽圣，人臣也。虽化行南国，一西土侯服之事耳。当其祼祭商庙时，承大糦而建龙旗，随汤孙而衎烈祖，文王有二服事之诚，自应尔也。至其本闺门之化，被之管弦，宣之金石，此亦武周于永清耆定后，所为觐文王之耿光者，如是耳。倘遂与黄帝、尧、舜、禹、汤及武王有天下之乐，并列之宫县，颁之成均，著之教典，毋乃伤其有二服事之心乎！曰：然则文王之乐，遂无所用之乎？曰：文王之乐，特不以教国子之舞耳，此外亦何往不用也。尝考之乡饮酒礼矣，当升歌、笙入、间歌之后，其合乐也。《周南》则用《关雎》、《葛覃》、《卷耳》焉，《召南》则用《鹊巢》、《采蘩》、《采蘋》焉，此文乐之用于乡饮酒者然也。又考之乡射矣，合乐与乡饮酒同。又考之燕礼矣，其歌乡乐，又与乡、饮乡射同。又尝考之《文王世子》篇矣，曰胥鼓南，言胥之击鼓为节，以歌二南也。注疏以南为夷乐者，误也。是则文王之乐，虽不为祀天神、地祇、人鬼之用，然乡饮酒用之，乡射用之，燕礼用之，则遍乡国中，用文王之乐者，无地不然矣。聚万民士大夫之众，习文王之乐者，亦何人不然哉！问者曰：文王之不列于六乐既知之矣，不识《周官》中亦有及于文乐者乎？且自乡饮酒、乡射、燕礼而外，尚别有习之者乎？曰：有。夫二南者，《周礼》所谓燕乐也，彼磬师所掌，既有燕乐之文，钟师所县。注亦云有燕乐之设，则文王之乐，虽不列于六乐，而未始不职于大司乐也。其后幽王淮水之游，尚有以雅以南之咏，季札周乐之请，又有象箾、南籥之观可验也。况乎载之《曲礼》者，成童之初，早有舞象之教，而参之大飨者，堂下之制，又有管象之陈，则文王之乐，又不独播在二南，而又在《维清缉熙》，文王之典矣。然则文乐之为用，不较之六乐为更广而切哉！顾其以南称者，何也？曰：得之国中者曰《周南》，得之南国者曰《召南》。南者，乐章之名也。八风之气，莫和于南，长养万物者也。二南音律和平，入人微而化人速，长养群生，取义于南。虞帝之诗曰："南风之熏兮。"成王之诗曰："飘风自南。"皆此义也。曰：汉之乐亦有安世房中歌矣，汉去周未远，而房中歌则用之宗庙，其亦有所本欤？曰：汉承秦弊，其制则何足称也，且二南之诗所为"乐只君子，福履绥之。振振公子，于嗟麟兮"之类者，皆他人之所咏歌称道，以颂文王后妃之词，非文王所自作也。今汉高命《唐山夫人》作为房中之歌，首云"大孝备矣，至德昭清"，则非所谓予圣者乎！

子贡曰："闻其乐而知其德。"信已。

周乐制考略

案《大司乐》：周用六代之乐者，存三恪与二代，既法其法又兼用其乐也。乐德所以成己，乐语所以接人，乐舞所以事神，此教国子之道也。舞有小大者，十三舞勺，成童舞象，则乐师所教者，小子也。二十而冠舞大夏，则大司乐之所教者，成人也。其教舞也，皆先武而后文，如干在羽先，勺在象先是也。王氏应麟以为，平难常在于先，守成常在于后，此先武后文意也。大合乐以致鬼神示者，有荐神之乐，有降神之乐。荐神之乐，朝献馈食时用之，所谓祀天神则奏黄钟、歌大吕之类是也。降神之乐，礼天地以璧琮，礼人鬼以郁鬯，时用之，所谓乐六变，则天神可降之类是也。其五声有商，而祭与佩玉皆无商者。康成云："祭尚柔，商坚刚。"杨收云："商声刚而木声下。所以取其正，裁其繁。"赵填云："商声金，周家木德，金能克木，作者去之。"或曰：五音相生，宫徵居前，羽角居后，商在中，人位也。祭祀而去人声，示尽心于鬼神。又曰：声不用商，恶杀声也。以数说考之，则不用人声为当，顾以旋宫之法求之，则十二律皆有商声。朱子曰："不是无商声，止是无商调耳。"若夫变之为义，有以变为成者，如箫韶九成是也。有以变为阕者，《郊特牲》所谓乐奏三阕是也。有以变为终者，《乡饮酒》所谓笙入三终是也。曰变，曰成，曰阕，曰终，一也。至其六变、八变、九变之数，乃其乐应有此数，至是乃终耳，则谓黄钟子数九，夹钟卯数六，林钟未数八之说，亦凿矣。

周乐六成考略

问：周乐六成之乐章，可得闻乎？曰：经传注疏皆无明文，惟申氏培《诗说》曰："武，大武一成之歌也。赉，二成也。时迈，三成也。般，四成也。勺，五成也。桓，六成也。"由此观之，则《周颂》之诗，与周乐有相证者，但其各章分属之义，惟以大武为北出，为无可疑，其馀自再成至六成，则皆未甚协。夫辞以象事，事以征辞，事象则昭，辞征则实，非徒侈为铺张，而不中其情事也，况出大圣人之制作乎！尝以《诗》考之，勺之诗曰："于铄王师，遵养时晦。时纯熙矣，是用大介。"又曰："我龙受之，蹻蹻王之造。"夫介者，甲胄之属也，造者，肇造之功也。离养晦而用甲兵，受新命而造区夏，所谓壹戎衣而有天下也，非再成而灭商之义乎！其于分周公左召公右之义，则何取焉？桓诗有曰："桓桓武王，保有厥士。于以四方，克定厥家。"末云："皇以间之。"夫用厥士于四方，则北伐之谓。由四方而定厥家，则自北而南之谓。《传》以间为代商之义，则南还而君天下之谓也。此于三成而南之旨甚合，顾属之复缀以崇天子，不稍疏乎！"文王既勤止，我应受之。敷时绎思，我（祖）〔徂〕维求定"。此赉词也，序以为大封于庙之诗，朱子从之。夫大封者，茅土功臣，乃疆乃理之事，其为南国是疆之诗，岂待问哉！申氏以为歌灭商，亦少离其词义矣。至于五成之周公左召公右，是盖谓二公董正百官，而六服悉成式也。时迈之词曰："明昭有周，式序在位。"又曰："我求懿德，肆于时夏。"夫周召式是百辟，在位者受序焉。左之右之，序之自贵近始也。肆懿德于时夏，由周公治国中，召公循行侯国之旧也。时巡而莫不震叠，言君臣同心，分二伯以监万国，而声灵以赫濯也。或以戢干戈，櫜弓矢，为三成而南之证，不知此乃诞敷文德之意，岂特南还为然哉！若其以般为南国是疆，则巡狩疆土之义，似为近之，然其词曰：陟其高山，堕山乔岳。允犹翕河，安见泰岱恒华，及龙门积石之区之在南国耶？况其曰："敷天之下，裒时之对。"此又治定功成之词，而非复缔造经理之情事，明矣。惟以之歌六成复缀，以崇天子，则赫赫乎河山带砺，岳渎效灵，万国共球，垂拱而天下治也。此皆说之可辨者。顾世远言湮，苟非申氏发其覆而启其端，则后人不将日习而不知其故哉！曰：闻明刘氏濂，亦尝论六乐之成矣，其说同乎？曰：濂亦征之此数诗，亦未得其序也。其以象诗为疆南国，则尤谬。夫象诗不云"维清缉熙，文王之典"乎？乃以歌文王之典为大武中疆南国之作，此则诗与乐章判然而不相属者，其亦无足辨矣。

周乐七律考略

问：《国语》载周景王问伶州鸠以七律，而韦昭以黄钟为宫，至蕤宾为变徵七者释之，其说相沿已久，且《淮南子》亦谓黄钟为宫，太簇为商，姑洗为角，林钟为徵，南吕为羽，应钟为变宫，蕤宾为变徵。贾逵《周礼》注亦同，韦昭承其说，有何谬哉？曰：十二律有定管，而七音无定位。随律起音，而皆可命以七音之目，以音从律，而不可专隶乎！何律之名所谓旋相为宫也，今专泥黄钟为宫，将大吕以下十一律，遂不可为宫乎？泥太簇为商，将夹钟以下诸律，遂不复为商乎？推之角、徵、羽及二变皆然，可知分某律为某音者之胶而不可通也。曰：然则古之人皆非耶？曰：《淮南子》之言，是指一均以例其馀律，举一隅也。杜预之言谓由七日有七律，由七律有七音，末乃著其七音之目也。若贾逵、韦昭等谓自黄钟为宫，至蕤宾为变徵，谓之七律，或其意亦主自午至子七日之义言之，然其文未明，颇似唯此七律有七音，又似举音与律而混之，故不可不辨也。曰：然则七律之说奈何？曰：《国语》伶州鸠所对，不七律具在乎？州鸠曰："武王伐殷，自鹑及驷，七列也。南北之揆，七同也。凡神人以数合之，以声昭之，数合声和，然后可同也。故以七同其数，而以律和其声，于是乎有七律，此七律之音也。"又曰："王以二月癸亥夜，陈未毕而雨。以夷则之上宫毕之当辰，辰在戌上，故长夷则之上宫，名之曰羽，所以藩屏民则也。王以黄钟之下宫，布戎于牧之野，故谓之厉，所以厉六师也。以太簇之下宫，布令于商，昭显文德，底纣之多罪，故谓之宣，所以宣三王之德也。反及嬴内以无射之上宫，布宪施舍于百姓，故谓之嬴乱，所以优柔容民也。"此又七律之实也。韦昭胡不于夷则之上宫，黄钟之下宫，太簇之下宫，无射之上宫求之乎？问者曰：夷则、黄钟、太簇、无射止四律耳，今即以此为七律，其详可得闻乎？曰：以此明七律者多矣，惟明瞿九思及杨云鹤二家之言为得之。合下宫、上宫通计之，而得七律之数者，瞿九思之说是也。从辰定律，而各得七律之数者，杨云鹤之说是也。瞿九思之说曰：黄、大、太、夹、姑、仲、蕤、林、夷、南、无、应，此十二律之序也，凡起调必始于宫，夷则之上宫曰羽，乃夷则居上为宫，而南、无、应、黄以次递而顺下焉。黄钟之下宫曰厉，乃黄钟居下为宫，而应、无、南、夷以次递而逆上焉。太簇之下宫曰宣，乃太簇居下为宫，而大、黄、应、无以次递而逆上焉。无射之上宫曰嬴乱，乃无射居上为宫，而应、黄、大、太以次递而顺下焉。合四调而计之，所用者乃夷则、南吕、无射、应钟、黄钟、大吕、太簇七律焉，此七律所由名也。其夷则之上宫，即黄钟之下宫。太簇之下宫，即无射之上宫。而必异其名曰羽，曰厉，曰宣，曰嬴乱云者，即《易》卦上下反对之义，盖其调虽异，而其律则未尝不同也。如否泰之名虽异，而乾坤之卦则未尝不同也，此合下宫、上宫通计之，而得七律之数者也。杨云鹤之言曰：伶州鸠之对，皆辰与律相兼为义也。盖武王伐殷，多用冲辰，故年为午年，渡孟津为午日，牧野日为子日，子午冲得七。自辰至戌历七支，辰戌冲得七。夷则申，太簇寅，寅申冲亦得七。然则律因辰而得七也。夷则上宫毕陈，谓所用之律，以夷则申宫起调，上而用林、蕤、仲、姑、夹、太，乃自申至寅之七律也。曰当辰，辰在戌上，谓毕陈之时，至戌而毕，与辰相为敌也。长夷则之上宫，名之曰羽。夷则商律未至羽而取义于羽，故曰长也。以黄钟之下宫布戎于牧之野，故谓之厉。《书》曰：甲子昧爽，战于牧野。黄钟属子，以黄钟子宫起调，下而用大、太、夹、姑、仲、蕤，乃自子至午之七律也。以太簇之下宫布令于商，昭文德而底纣罪，故谓之宣，当是以丙寅日而宣布之。以太簇寅宫起调，下而用夹、姑、仲、蕤、林、夷，乃自寅至申之七律也。反及嬴内，以无射之上宫布宪施舍于百姓，故谓之嬴乱。武之终也，当是以戌日布施，或即《书》曰：越三日，庚戌柴望，大告武成。因而布宪施舍乎？以无射戌宫起调，上而用南、夷、林、蕤、仲、姑，乃自戌至辰之七律也。此其律从辰得，而各有七律之数者也。以二说较之，则云鹤之说更优。盖以州鸠所云“自鹑及驷为七列，南北之揆为七同”之说推之，而知律从辰起之义，为更亲且确也。所未足者，独于兵家吹律听声之道，则皆未有闻焉耳。《周礼》“太师掌同律以听军声”，太公亦云“以夜半听五声，符五行，卜三军胜败”，师旷尝歌风而识南北之竞否，司马迁亦云“望敌知吉凶，闻声效胜负”，此兵法也。故武王当至商郊，吹律以听军声，而其声之所中节次，有如此者。当其夜陈未毕时，声中夷则之上宫，而得林、蕤、仲、姑、夹、太七律焉。既而声中黄钟下宫，得大、太、夹、姑、仲、蕤七律，而牧野于以布戎。既而声中太簇下宫，得夹、姑、中、蕤、林、夷七律，乃布令于商，以底其多罪焉。反及嬴内，声中无射上宫，而得南、夷、林、蕤、仲、姑七律，乃布宪施舍于百姓焉。此皆吹律以听军声，而得其声之所中也。其止于七者，则《传》所谓七列七同之数，而云鹤所谓当申寅、子午、寅申、辰戌之冲者也。辰之位，至七而冲。音之位，至七而毕。此天地之自然，而非人力所能为也。其曰羽，曰厉，曰宣，曰嬴，乱云者，不过即事而命其名，以志尔时藩民则，厉六师，宣三王之德，优柔容民而无黩武之心，无利天下之志云尔。此皆自周公作大武之乐时乃述之，非武王行军时自作此乐也。古人临军事，以凶礼行之，安用乐？兵志曰：圣人将动，必有愚色。孔子曰："临事而惧。"况当载木主于师中，杖黄钺，秉白旄，帅区区三千之徒，而犯亿万若林之众，方且兢兢焉，顾虑于予克受、受克予之间，尚安得考钟击鼓，吹竹弹丝于戎马之郊，以自鸣其得意哉！且所谓嘉乐不野合者，又何以称焉？然则七律者，乃出于吹律而听之之声，固不得取七音以实之也。曰：武王以自午及子七日而有七律，因七律而有七音。杜佑辈又以古来唯有五音，周始加文武二音而为七。设使武王伐纣，成功以八日或九日，则将为八律九律乎？且所谓文武二音者，其义何居？曰：音之有七也，非圣人所能强为也。伶州鸠之意，盖谓唯此七律，与周家受命之符有冥合者，故曰南北之揆七同也。言此七律能与周德相同也，非谓自鹑及驷凡七列，故用七律，若自鹑及心凡八列，便可用八律也。夫第八律必与第一律同音，此音所以止于七而无八也。

汉乐考略

案：汉世去古未远，《志》载乐家制氏，以雅乐声律，世在太乐官，能记其铿锵鼓舞，故其歌舞音节犹有传焉。观其制宗庙乐也，太祝迎神而奏嘉至，犹古降神之乐也。帝入门而奏永至，犹古采齐、肆夏也。干豆上，奏登歌，犹古清庙之歌也。登歌再终，奏休成，美神明既飨也。帝坐定，奏永安，美礼已成也。唐山夫人作《房中曲》，虽尚楚声，然犹不失乐乐其所自生之意。其安世、武德、文始、五行、四始、昭德、盛德、昭容、礼容诸舞迭更其名者，特以示不相袭耳。独至高祖过沛，作风起之诗，令儿僮百二十人习而歌之。至武帝，立乐府，采诗夜诵，且作十九章之歌，以正月上辛，用事甘泉圜丘，使童男女七十人歌之。斯则先王古乐之遗，於焉扫地矣。夫赵代秦楚之讴，□□□之官府乎？李延年果能协律乎？司马相如等所造诗赋，果能追咸英、韶濩乎？况平郊祀何事，圜丘何地，而以童男女七十人混厕其间，甚至昏祠□明，谓有神光如流星，止集于祠坛，天子自竹宫望拜之，不亦亵且妄乎？且十九章，自《练时日》、《帝临》、《青阳》、《朱明》、《西颢》、《玄冥》，惟《泰》、《天地》诸章外，语多不伦。六龙之驾，天门之开，景星之见，元黄之服，灵舆之位，果堪以迹象而仿佛求之乎？渥洼之所产，大宛之所徕，斋房之所生，陇首之所获，东海之所集，黄华之所盖，果皆可以奏之金石，而告之昊苍乎？此则古意沦亡，新声竞作，而后此角觝鱼龙之术，龟兹伊凉之曲，及淫巧百变之戏，所由起也。虽王禹传河间之说，宋晔上王禹之书，平当有放郑迎雅之议，孔光、何武有罢乐员四十一人之请，哀帝有去奢泰、禁文巧以绝郑、卫之诏，然雅音既小分者，律以九分为寸，故寸分小分之法皆异，准以十分为寸，故寸分小分之法皆同，准所异者，但十其法耳。若九其实而仍以万九千六百八十三之法除之，则与律之分寸合矣。是皆准之无可议者也。若其可议者，则亦不一而足焉。古律之用九寸者，以其简而能试校量易确也。今准用九尺则太长，且广长则运掉不灵，广则校定不密。京氏之意，以宽且广者，可以尽明。布其数也，大不能以约治繁，而徒欲以繁治繁，繁之数甚有穷极乎！如其法，势不至亿万其尺不止矣。且十二律为清宫、浊宫、清商、浊商之类者，但以律吕阴阳分之，无不皦然明白也。今准之律，纷沓至于六十，则其为阴，为阳，为清，为浊者混淆而不可理，微□而不可辨。按之准若明可征比之音则浑而难别，其可以为审音定律之则乎？夫律之用在管，准之用在弦，弦以缓急为清浊，又以燥湿为缓急，其能如管之一成而不变乎！纵曰均其中弦，令与黄钟相得而案尽求之，然求诸弦之劳而迂，孰若求诸管之逸而捷乎？且以弦代管，而遂混管于弦，管其可以弦废乎？况古人之十二律，至参差，实至整齐，置一而十一三之，其以三□增之者确乎有定也。今准为六十律，于十二律中，其相距之律有五律者，有四律者，有三律者，何其参差而不整也，毋乃意为损益以示异乎！至其以六十律分期之日也，析而按其十二月，则有三十日者，有三十一日者，是殆欲十二其三十日以当三百有六旬又六，其一日以当有六日矣，然独不闻有气盈朔虚之义乎？抑欲举虚者而盈之乎？又将使司宪明时者有大尽无小尽乎？况六十律之相距有八日者，有七日者，有六日者，有五日者，至□亡，吏民□污，卒无有存什一于千百者，岂独贾谊、仲舒、王吉诸人为之发奋而兴叹也哉！

京房律准考略

案：自黄帝制律，唐虞三代及秦汉皆因之，从未有易。其法者至汉元帝时，京房乃作准代之，其状如琴，长丈十三，弦□间九尺以□□黄钟之律九寸，中央一弦，下□分寸为六十律。清浊之节，盖谓竹声不可以度调，故代之以此。其声明畅易达，分寸又宽，此其所以作也。顾古人已定之法，虽有好奇善变者，不能易其范围也。其所谓阳以（团）〔圆〕为形，其性动。阴以方为节，其性静。动者数三，静者数二云者，乃参天两地六□承奇之道，万古律法之所同出也。所谓黄钟律吕之首，而生十一律者，即律书所谓根本也。其十七万七千一百四十七之数，即生钟术黄钟之实也。其谓九三之数万九千六百八十三为法者，即生钟术之寸法也。其谓黄钟为宫，太簇为商，姑洗为角，林钟为徵，南宫为羽，应钟为变宫，蕤宾为变徵者，即律数三分损易相生之法也。其谓以上生下皆三生二，以下生上皆三生四。又谓以阳生阴倍之，以阴生阳四之，皆三而一云者，即生钟术上生四其实三，其法下生倍其实三其法之法也。其谓阳气之初以为律法者，即生钟分始于子一分之谓也。其变为六十律者，即本十二律而增四十八律错于其间也。其以六十律分期之日，且各终一日，其馀以次运行者，即律书以十二律贯乎八风、十母、十二子、二十八舍而始终之之谓也。其相生之有宫、商、徵而不及羽、角者，则偶举以为例耳，非偏 而不完也。至其决之于律为寸，于准则为尺者，盖律之为地促，准之为地宽也。以寸为尺，即以分为寸，以小分为分，究之非有二术也，其谓不盈者十之为分，又不盈者更十之为[1]。

晋荀勖笛律考略

案：晋《志》言律历者，有荀勖，有列和，有刘秀、邓昊、王艳、魏邵、刘恭。要之列和所造，每见屈于勖，而刘秀等又惟勖所使令焉，则勖□授晋世之制作者也。今考其所作，其相系以为准者，勖校定之新尺也。其依十二旋宫以命律吕者，勖所造之十二律，笛也。其自正声应黄钟下徵，应林钟至正□应应钟下徵。应蕤宾者，则上下次第之节孔也。其□角□而长者八之，短者四之。实容者，长者十六之。宫有三，变有二十一，伏孔有四，则十二笛之笛体也。其自姑洗玉律，至建武铜尺，则勖所以校尺之器，即所以造笛之本也。神契之妙，至于上应汲冢之律，下谐牛铎之音，岂不巧且密哉？然吾窃谓其以律为笛，即命笛为律者尚有可议焉。夫律无孔而笛则有孔者也。晋《志》曰：黄帝命伶伦取竹断两节间吹之，以为黄钟之宫，次制十一箫为凤之鸣，以比黄钟之宫，以定律吕。初不闻其有孔也。又曰：黄帝作律，以玉为管，长尺六孔。夫一黄帝之制作也，既云取竹为黄钟之宫，又云作律以玉为管，长尺六孔，则晋《志》之自相支离也。《志》又曰：汉文学于舜祠下得白玉琯，又晋盗发魏王冢得玉律。亦不闻其有孔也。又曰：王莽时以铜为之。亦不闻其有孔也。《周礼》：太师掌六律六同。郑注：自黄钟长九寸至应钟长四寸云云。又不闻其有孔也。典同曰掌六律六同之和，又曰为乐器以十有二律为之数度，以十有二声为之齐量。郑注：阳律以竹为管，阴律以铜

---

①以下疑有脱文。

为管。亦不闻其有孔也。《国语》：伶伦鸠曰：古之神瞽考中声而量之以制度律均钟。亦不闻其有孔也。至于笛，则《周礼》笙。师注云：五孔竹篴。笛同。许慎《说文》、应劭《风俗通》俱云七孔，马融《笛赋》曰：笛本四孔加以一。君明所加孔后出，则笛之有孔也详矣。笛之有孔者详，则律之不言孔者，其无孔不待辨矣。勖欲列和依十二律，作十二笛。令一孔依一律，和既有所不能矣。勖又命刘秀笛作大吕笛，又吹七律，一孔一校，声皆相应。夫孔能应律，谓之制笛之善，则得矣，而遂以此命律，可乎？且考之古制，黄钟之律九寸，至应钟之律四寸，未有过九寸者。今勖之笛，黄钟长二尺八寸四分四厘有奇，应钟长三尺九寸九分六厘有奇，夫长至三尺九寸九分有馀，即以之为笛，且苦运掉之难协，人气之难周矣，况欲以之为律乎！且以应钟比黄钟，反长四之一而有馀，不几尊卑之倒置乎？夫律之为用也，先王以正五音，以定四时，以节六气，以和八风，以审政治，以效军机，非徒为一器一音、一鼓一吹之用也。笛则以律为孔，以孔应律，苟有合于成数，则长短可以增损，不拘于成法也。苟神明于古制，则起伏可以变通，不嫌于师心也，然亦适成其为一器之用而已。勖乃移十二律以命十二笛，是以通三才、贯万事之本，而为一技一艺之末器也。是以一指起伏、一孔开闭之物，而为弥纶天地之大用也。是将谓箫、管、埙、篪，凡与律相叶应者，即皆可命之为律也，可乎哉？夫律，天定者也，一定者也，笛则有待于人之吹，高下抑扬之间，其得无变乎？勖何为以易变者而为一定之则乎？又按：秦汉以前，诸说大旨虽同，然其词由略而详，由正而变，如自黄帝制律而后，《周礼》言六律六同，而《左传》、《国语》则有七音五降及七律七列之义。《管子》、《乐记》言五音，而《吕氏春秋》、《淮南子》则有变宫变徵及上生下生之用。《史记》

言生钟分生钟术，而前后《汉书》又有三统一统及六十律之法。此皆昔人层见叠出，日引日开，前人简言之而不失之略，后人备言之而不失之烦，故考乐制者，虽上下其议，而于经史之正文，无所去取焉，防古制之或漏也。过此则拘牵者，徒掇拾成书，以袭其旧。夸张者，又独逞私智，以炫其新。旧者既为昔人所已言，新者又为正雅所不道，此则不容转相沿饰者也。故自晋《志》以下，删其所袭，存其所创，删其可疑，存其可信，其有相传既久，及震眩世俗者，则虽存之，而仍为辨其黑白，摘其异同，凡以卫先王大雅之遗音，而亦留质于后之君子云尔。

隋乐考略附宋钱乐之律、梁武帝〔四〕通

案：自有经传以来，言乐者著矣，要未有若隋《志》之繁称远引者。尝披而考之，见其为乐也，有近于古者，有宜于今者，有悖于古而溺于今者。有通乎古今之制，而不得见诸行者。有先代之史逸其事，而附见于此者。夫其近于古者何？隋高祖平陈后，牛弘、辛彦之、郑译等参考古律，制黄钟，径三分，长九寸，度有损益，故声有高下。圆径长短，与度递差，则律体正矣。定悬钟磬法，去后周悬七之制，而悬其八，用其七，盖与郑康成十六为肆，及犍为石磬十六之数合也。停后周所造新声，罢魏晋以来矛俞、弩俞、及朱鷵导引等舞。凡人间音乐，竞新声、弃旧体者有禁。又参《仪礼》为陈布宫悬之法，又参《仪礼》，立钟磬二十虡，建鼓四隅，以象二十四气，依月为均。又定食举乐，用当月之律，得时气之和，此皆其事之去古未远者也。至其宜乎今者，制郊庙登歌八曲，三朝元会五曲，房中旧曲二，此十五曲，于体制非有渎也。依《乐记》奏六成，自受命而定山东，而平蜀道，

而通北狄，而拓江南，而开太平，于颂扬非有夸也。因毛爽年老，遣祖孝孙受其法，造乐器，被管弦，当陛听之，以为和雅，于耳目非有僻也。审度则用水尺，嘉量则复古斗，衡权则遵古斛，于生民日用之需，非有改革也。至苏祇婆所奏之七声，如一婆陁力，二鸡识，三沙识，四沙侯，五沙腊，六般瞻，七俟利者，虽每域字音各别，而五声二变则同。一均之中，自成七调，推演其调以应十二律，律有七声，十二律合八十四声，此又通西域之志，变而不失其常者，则于今亦何尝不宜哉！虽然，隋乐之悖乎古而溺于今者，正多矣。信何多之妄，则排十二旋宫之议，而止用黄钟矣。屏七调之法，而止存三调矣。听牛弘等之阿附，即周有七列七同之数，而以为非矣。后周有七政七倍之制而以为谬矣，以雅乐为悉在宫调，以徵、羽、商、角为谣俗之音，而五声十二调不复分配矣。遣毛爽、蔡子元等为候气之术，而十二月之律灰，或迟或速，应候不齐矣。改成周六代之乐，而以黄钟祀耀魄宝，以大簇祀昆仑，以姑洗祀神州，以蕤宾祀祖宗，以夷则祀先农，以无射祀方岳矣。况裴文通等造一百有四曲，而雅、郑莫分也。鞞舞、铎舞、拂舞、巾舞四者之存而未汰也。国伎、清商、高丽、天竺、安国、龟音丘兹音慈、文康七部之具陈也。疏勒、扶南、康国、百济、突厥、新罗、倭国之杂伎交集也。猖优、獶杂、新声、哀管之竞为淫巧也。导欲增悲，宁有纪极，先王立乐之意，荡然扫地矣。君子考其施为，论其人物，而深为隋致惜也。声音之道，通微者寡，此制作所以难也。彼颜之推、刘焯知乐者也，万宝常又精于乐者也。乃颜之推有考寻古典之请而不从，刘焯有校定黄钟之书而不用。万宝常有扣箸品器之能，有变八音为八十四调，一百四十四律，一千八百声之学，而终以穷饿死。岂礼乐百年后兴，固非隋之富强权力所得与其事也哉！若其以前代之事，附入

《志》中者，则宋钱乐之之三百六十律，及梁武帝之《四通》是也。之二者，宋、梁《书》未之载，而隋《志》取焉。今考其为三百六十律者，则固《京房》六十律之旧，而于南事之馀，更演三百律，为三百六十之数。以当一岁之日，以直月之律为部。以一部律数为母，以中气所有之日为子。以母命子，而所建日辰，分数具焉。其三分损益以下生者，自黄钟终于壮进，一百五十律也。其三分损益以上生者，自依行终于亿兆，二百九律也。唯安运一律终焉，而五音七声，于是乎备矣。此虽推《京房》之馀蕴，为六十律之赘疣，然其布置则加密，其推衍则尤周，要无悖于京氏之旨，作史者芟之而不录，过矣。至于《四通》之为制，则梁武别有神解焉。通受声广九寸，宣声长九尺，临岳高一寸二分。每通施三弦，一曰元英通，而应钟、黄钟、大吕三律隶焉。二曰青阳通，而太簇、夹钟、姑洗三律隶焉。三曰朱明通，而仲吕、蕤宾、林钟三律隶焉。四曰白藏通，而夷则、南吕、无射三律隶焉。以通声推月气，无违其则，而还得其中，而十二笛、十二雅之制，悉由此起，殆与汉之准、晋之尺可并传焉，非缮梁史者之所知也。长孙无忌收之隋《志》中，一以补梁氏之阙，而传其旧则。一以文隋《志》之陋，而藉其遗规。此诚得史家博识兼采，不掩人善之盛心也。乃隋文帝论及梁乐，犹曰“此亡国之音，非朕所宜用”，抑何其不自量哉！

唐乐考略

案：唐高祖即位，孙伏伽已有“废散乐，考正声”之请，九年始命祖孝孙考正雅乐。至贞观二年，始成其乐，为十二和。豫和，以降天神。顺和，以降地祇。永和，以降人鬼。登歌，以奠玉帛。雍和，以入俎。寿和，以酌献饮福。太和，以为行节。舒和，以出入二舞，出入门则奏之。昭和，皇帝、皇太子以举酒。休和，皇帝以饭，以肃拜三老。正和，皇后受册以行。承和，皇太子在宫，有会以行。凡合三十二曲，八十有四调，时吕才、张文收为之折衷定制焉。至开元中，又造三和。诚和，以送三公。丰和，以享先农。宣和，以祀孔子、太公。共十五和。其大舞有三：曰七德舞，即《秦王破阵》乐也。曰九功舞，即《功成庆善》乐也。曰上元舞，高宗所作，用之祠享者也。乐奏而哑钟皆响，备极旋宫之妙。此唐乐之善也。自河东杨敬忠有《霓裳羽衣》之献，而玄宗好之，立坐部伎，梨园羯鼓，法曲日新，遂有亡国之祸。自是肃宗虽亲考钟磬，颇合五音，然代宗有《宝应长宁》乐，有《广平太一》乐，有《玉宸宫调》，有《孙武顺圣》乐。文宗有《云韶法曲》，武宗有《万斯年曲》。宣宗有《播皇猷曲》，又有《葱岭西曲》。繁声竞舞，以迄唐末，无足录者。愚窃观唐之乐歌，而知声音之通乎政也。突厥监歌于龙朔，而阎知微卒有陷突厥之诛。杨柳唱于永淳，而徐敬业卒构杨、柳二州之乱。《宝庆之曲》作而大子任咎，《堂堂之曲》奏而唐祚中绝。《天宝乐章》又以凉州、甘州、伊州诸边地为名，曲终为入破，已而三州之地，悉为西蕃蹈藉。孰谓声音之感召，有不相符应者哉！

后周王朴乐考略

案：五代时，梁以篡窃得国。晋以臣屈称尊汉，尤座席未暖，其于乐固无论已。唐有《武成》、《雍熙》二舞，然起自朔野，所好者亦随之，而雅音扫地矣。惟周世宗显德中，枢密使王朴挺然有事于乐，以秬黍校定尺度，为十二律管。又作律准十三弦，以宜其声。十二声中，旋用七声为均，发其均主之声，归乎本音之律。七声迭应而不乱，乃成其调。均有七调，声有十二均，合八十四调，而歌奏之曲出焉。庶几乎有当于制作之意，惜周之享国未长，不获久道化成，以定其制。而其管较之古律，尚有高一律之差，当时亦无知之者，岂非朴之遗憾哉！

宋乐六改考略

案：宋人议论最多，竟鲜成局，其于乐制尤甚。考自建隆迄崇宁，乐凡六改。始太祖以王朴乐声高，近于哀思，乃诏和岘以朴律准较西京铜望臬石尺，造新尺以定律吕。又出上党羊头山秬黍累尺校之，亦相符合，于是建隆后有和岘乐。仁宗时，太常燕肃请考按乐器。李照谓王朴律准高五律，击黄钟才应仲吕，击夹钟才应夷则，请依神瞽法改定。以九十黍造十二管，比旧下三律。又以太常钟磬一虡十六枚，而四清声相承不击，请去之，于是景祐中有李照乐。既而韩琦等驳之，卒复旧制。嘉祐中，邓保信、阮逸、胡瑗主其事，更造钟磬，止下一律，名曰大安。钟声弇郁震掉，遂独用之常祀朝会。于是皇祐中有阮逸乐，而丁度等驳之。神宗立，杨杰条上大乐之失，诏范镇、刘几与杰参议，几、杰请一切下王朴二律，用仁宗所制编钟，辨正舞节。几之议乐，主于人声，不求合于尺度。杰谓十二律为本声，四清声为应声。因加四清声以谐八音，于是元丰中有杨杰、刘几乐。范镇用房庶律法，请太府铜造律，哲宗初上之。按试于廷，校李照乐下一律，于是元祐中有范镇乐，杨杰复议其失，置不用。徽宗欲有制作，方士魏汉津破先儒累黍之非，请帝指为律度，铸帝鼐八鼎及各钟，谓之雅乐，赐名大晟，于是崇宁以来有魏汉津乐。此宋乐之屡变也。

然景祐之乐，李照主之，歌工病其太浊，歌不成声，私赂铸工，使减铜齐，而声乃清，照卒不知。元丰之乐，杨杰主之，欲废旧钟，乐工不平，一夕易之，而杰亦不知。崇宁之乐，汉津制器，不能成剂量，工人但随律自调，而汉津亦不知也。是乐制虽曰屡变，而其在歌工者，实未尝变也。又以见宋人之议论虽多，而卒无以易人声之自然矣。至南渡后，国势日蹙，无暇考定宫县，故自建炎以下无讥焉。

俗乐歌曲考略

案：乐何以有俗名，远乎雅也。远雅矣，何为犹名之以乐，乐之俗，因乎人情而为之者也。人情喜动，悲欢百出，发乎情而不能止乎礼义。于是风花水月，触景行吟。秾李夭桃，托物遣抱。要眇靡曼，随其意之所欲出，而俗乐成焉。今考其词，自汉武用李延年立乐府，采诗夜诵，为赵代秦楚之讴，嗣是新声艳曲，无代不增。至唐迄元，日趋繁会。顾作者虽多，而正史所载者，惟《晋书》、《宋书》、《南齐书》三史所载之《相和曲》、《清商三调歌》、《楚调歌》、《鞞舞》、《铎舞》、《拂舞》、《杯槃舞》、《巾舞》、《白纻舞》及《泰始歌舞词》诸曲。至于《子夜》、《吴歌》、《团扇》、《懊侬》、《桃叶》、《采莲》、《乌啼》、《读曲》及一切新制艳曲，则正史俱裁去不录。间及一二，亦以示戒，非有取焉。史家之传信，治体之放淫，乐府之由旧，一举而三善备焉。今亦于旧史者，汰而稍存之，以备一体。仍不敢随后人之好尚，致乖雅乐之元音云。

异域乐考略

案：诗歌本乎性情。性情者，虽殊风气，别水土，而其发为哀乐之音，则一也。诗曰：黄鸟于飞，其鸣喈喈。又曰：睍睆黄鸟，载好其音。是禽鸟之音，且有中音律者，况同此形骸，同此喉舌，而为四夷之乐乎！周官鞮鞻氏掌四夷之乐，与其升歌祭祀，则吹而歌之，燕乐亦如之，所以扬功烈，一四海也。间尝考其名，东则猡貊、马韩、夫馀、新罗、倭国、日本、勿吉、百济、夷洲、高丽也。西则大宛、焉耆、大食、吐蕃、乞寒、于阗、西凉、安国、疏勒、康国、乌孙、天竺、龟兹、高昌、波斯、拂菻、吐谷浑也。南则狸獠、扶南、赤土、婆利、林邑、顿逊、丹丹、附国、投和、哥罗、阇婆、三佛齐、占城、牂牁、交趾、张蕃、龙蕃、石蕃、罗蕃、多摩长、南诏、掸国、扶娄、渤泥、弥臣、古奴、真腊、白狼、大食麻、罗拔、骠国、磨些蛮、胡调曲、汉乐、以杖鼓、腰鼓、拍板、笛为部。清乐、清商宴设乐、礼毕乐、庾亮伎作为假面以舞。九部乐、隋唐作。十部乐。唐作也。北则北狄、大辽、鲜卑也。杂蛮，则獠蛮、邈黎也。此皆有乐传入中国，或贡而献之天朝，故仍各为其部也。顾其为伎，虽弹丝擫管，假面胡服，变幻百出，而终各因其旧俗，其音多喽啰促迫，过于凄切悲凉，而少中原平中古淡之致。故其乐之传于世者，惟汉高祖时所造《矛俞》、《弩俞》、《安台》、《行辞》舞歌四篇为出于賨人七姓巴渝舞曲之遗，然当时已莫得其句度，今尤莫考矣。外此传闻尤少，虽以隋开皇初，苏祇婆之制新调，置七部伎，得西域曲十九种，龟兹曲十五种，安国曲十种，而隋史所志则一字未之及。又以唐玄宗之法曲小部，梨园羯鼓之伎，皆竞为胡部新声，可谓胡乐极盛，然唐史则曰：

其声曲不隶于有司，故无足采。是亦无传之者也。况至宋太宗雍熙中，又以胡乐乱雅，诏天下禁止之。自是而金而元而明，传者绝少。虽朝廷偶作夷舞，亦不过于国门外为宴劳蕃使之用，而正史往往存其名，不传其曲。有其名者，所以扬一统万国之庥。不传其曲者，所以寓崇雅黜淫之意。清于编纂乐制时，亦仍旧史阙之，虽有野录，不敢妄采云。

词曲考略

问：乐府与诗篇之源流同异，语既详矣，敢问词曲之与乐府，其源流亦同与异否？曰：此亦其源相近，而其流则背驰焉者也。词者，辞也。曲者，终也。乐府始于汉，然自汉武帝有秋风辞，班固有哀辞，而词之名以起。自汉初有鼓吹曲、横吹曲，而曲之名以作。其为词为曲也，皆乐府之元音也。是词也，曲也，乐府也，固一而三，三而一者也，得不谓源之同耶？自《乌啼》、《读曲》、《白纻》、《子夜》等作，浸淫日久，一变而为调，若《清平》、《郁轮》、《凉州》、《水调》之类，而乐府之意味失矣。又一变而为诗馀，若《忆秦娥》、《菩萨蛮》、《浪淘沙》、《何满子》之类，而乐府之体制亦失矣。然其时作者不过数章，歌者不过数阕，虽前此之苏祗婆已有四声二十八调之说，而唐亦有俗乐坐部之名，然用之者分宫未严，别调未密。制词者既无连套，亦罕传奇，则近世之曲，尔时尚未盛行也。迨宋以后，而金而元而明，曲分各宫，宫分各牌，字有部分而不漫填，韵有统纪而不轻押，填词度曲，栉调比声，而古乐府之名，亦不复问矣。然则乐府之亡，不反亡于宫调之日严而密欤？曰：请问宫调之说。曰：此所谓二十八调也。二十八调者，宫声七调，曰正宫，曰高宫，曰中吕宫，曰道宫，曰南吕宫，曰仙吕宫，曰黄钟宫，皆生于黄钟也。商声七调，曰大食调，曰高大食调，曰双调，曰小食调，曰歇指调，曰商调，曰越调，皆生于太簇也。羽声七调，曰般涉调，曰高般涉调，曰中吕调，曰正平调，曰南吕调，曰仙吕调，曰黄钟调，皆生于南吕也。角声七调，曰大食角，曰高大食角，曰双角，曰小食角，曰歇指角，曰商角，曰越角，皆生于应钟也。宫七调皆以宫名，角七调皆以角名，商、羽皆称调。其名角也曰闰，其收声也以夹钟。此近世宫调之所由起也。曰：此二十八调者，今之词曲皆得全用之乎？曰：二十八调之有传者，惟十七调耳，则黄钟宫、正宫、大石、小石、仙吕、中吕、南吕、双调、越调、商调、商角调、般涉调、高平调、越角、歇指调、角调、道宫是也。今则越角调、角调、歇指调、道宫四者又无传，其存者止十三调耳。曰：然则此十三调者，其音节皆同乎？曰：否。昔人谓黄钟宫则富责缠绵也，正宫则惆怅雄壮也，大石调则风流蕴藉也，小石调则旖旎妩媚也，石、食字通用。仙吕则清新绵邈也，中吕则高下闪赚也，南吕则感叹悲伤也。若夫健捷激枭者，双调也。陶写冷笑者，越调也。凄怆悲慕者，商调也。悲伤宛转者，商角调也。拾掇坑堑者，般涉调也。涤物滉漾者，高平调也。是其节奏之调理，纪律之严密，有各条不能以稍混者矣。曰：请问其用调之方。曰：音有三等，高音、低音、平音是也。曲调亦有三种，自下而上为高调，自上而上为低调，介乎上下之间为平调是也。度曲有四节，主调、起调、转调、收声是也。始此终此则为主调，发端纲领则为起调，按曲换腔则为转调，毕曲煞尾则为收声。此其所以用宫调之法也。曰：然则宫即为调，调即为宫乎？曰：非也。宫自宫，调自调也。如七宫为宫，则起止在第一音，乃羽声主调也。七商为宫，则起止在宫位第三音，乃宫声主调也。七角为宫，则起止在商位第四音，乃商声主调也。七羽为宫，则起止在角位第五音，乃角声主调也。是则曲中分宫主调之法也。口若是则制曲之体，一而已乎？曰：曲固有南北之不同也，盖宋元以前，词曲虽有，而腔调未传，至金章宗时，始有相连套数。如世所传《董解元》、《西厢记》之类，可供弹唱，尚未入搬演场内，至元而制为杂剧，北曲风行，遂极一时声音之盛，然尚滞于弦索也。元末高则成、施惠卿辈，始作《琵琶》、《幽闺》等记，别为南曲，明初盛行，然其唱法犹始以弋阳腔，继以四平腔，后为海盐派子弟而已。至万历间，昆山魏良辅倡为水磨腔，流连宛转，灵心妙口，极尽南音之变化，而北曲为之减色矣。大抵北曲主字多而调促，促处见筋。南曲字少而调缓，缓处见眼。北则辞情多而声情少，南则辞情少而声情多。北力在弦，南力在板。北宜和歌，南宜独奏。北气易粗，南气易弱。北主劲伟而雄放，南主清峭而柔远。是则同为曲而南与北且悬殊若此，而况于词乎！而况于乐府乎！噫，是可以观气运之日泄而日新，人心之日开而日巧矣！

明乐制论

案：明洪武初，定雅乐以祀天地，祭社稷先农，享宗庙。至朝会燕飨群祀，皆用大乐，所以酌古今之宜，成一代之制。又命儒臣作诸乐曲，皆存讽谏之意。凡文舞《云门》、《咸池》、《大韶》在庭阼阶之左，武舞、《大夏》、《大濩》、《大武》在庭宾阶之右。位为六列，各有四表。表距四步为酇缀，各六十四，合用三百八十四人。歌一曲为舞一变，舞必协于歌而节奏不忒。冷谦议用四清声，编钟、编磬皆为十六，其制颇完。嘉靖中，李文利忽辨黄钟九寸之误，而主三寸九分之说。详含《少问答》。王氏廷相驳其非，其后金溪黄积庆作《乐律管见》，即墨王邦直作《律吕正声》，俱仿李氏说，而小有参差。吴中黄省曾直著论，以排之言本《汉书》，较有明据。楚中瞿九思测律创图，谓于图书、易畴、历数、造化无不吻合，合为一百二十调，则剖而为京之六十。欧阳修之一百四十四，钱乐之之三百六十皆可通矣。惟郑世子载堉《乐谱》一书，搜罗甚广，然其心悟者失之巧，其创见者失之鉴，反不如韩邦奇、杨继盛之《苑落乐志》犹为多所发明也。

辽乐制论

案：辽之未有古乐也，地限之也，然独能自成其乐，不如宋乐之纷更也。有国乐，有雅乐，有大乐，有散乐，有铙歌横吹乐，有大乐舞四部。又有景云舞，有庆云乐舞，有破阵乐舞，有承天乐舞。闻圣宗、兴宗咸通音律，故太常所隶有成。

辽制，上寿日，亲从双岐树下过身，象母生时苦状也，是日撤乐，此制殊令人生感。

金乐制论一

案：金初克宋，已有金石之悬。及大明定昌中，其制略备。郊庙、祀享、大宴、大朝会之乐，宫悬二舞，则隶太常。铙歌、鼓吹、天子行幸、卤簿导引之乐，则隶教坊。熙宗定文武二舞，文曰仁风道洽之舞，武曰功成治定之舞。又改文舞为保大定功之舞，武舞为万国来同之舞。又加武舞为四海会同之舞。又命太常定议，二舞先文后武。章宗又铸辰钟、辰磬各十二，而有取乎宋人和声之说，而一代之制在是矣。

案：《辽史·乐志》载前后部鼓吹而无其辞，又载前部大横吹，后部小横吹，与鼓吹分部同用，而其辞亦无闻。元史载乐章略备，而于鼓吹横吹亦未之及，惟金史载鼓吹数章。金之武功竞矣，烈矣，初拒辽，后破宋，所向披靡，宜其矢为铙歌，为立马吴山之咏也。乃观其鼓吹诸曲，特以志临幸回銮之事，而无一语及武功者，亦可见金之不自满假，不侈战功焉。其抚有大河以北，而据山前山后诸州，以断宋辽之臂，而制其命也，岂徒师武臣力之雄哉！

元乐制论

元肇起朔漠，自太祖征旧乐于西夏，太宗征金遗乐于燕京，宪宗始用登歌乐，祀天于日月山。世祖命宋周臣典领乐工，用登歌乐享祖宗于中书省。又命王镛作大成乐，括民间金时乐器，备宫悬钟磬，乐舞籥翟凡用三百六十二人。至元间，用登歌文武二舞于太庙，诸庙皆有乐章。又撰社稷曲乐章，成宗新建郊坛，有迎送曲。其用舞也，于昊天上帝位酌献，皇地祇酌献，太祖位酌献，皆文舞。亚献、终献，武舞。十室时享，文舞。亚献、终献，武舞。大抵元制于祭祀用雅乐，于朝会燕享用燕乐，盖雅俗兼用者也。

图书在版编目（CIP）数据

王文清集/(清)王文清撰.—长沙：岳麓书社，2013.5

ISBN 978-7-5538-0033-2

Ⅰ.①王… Ⅱ.①王… Ⅲ.①王文清(1688~1779)—文集

Ⅳ.①Z424.9

中国版本图书馆 CIP 数据核字(2012)第 277532 号

湖湘文库

湖湘文库编辑出版委员会

王文清集

据湖南图书馆藏本校点

作　　者 〔清〕王文清
校　　点 黄守红
责任编辑 马美著　刘　文
特邀编辑 蔡志斌
整体设计 郭天民
出版发行 岳麓书社
网　　址 http://www.yueluhistory.com
地　　址 湖南省长沙市爱民路47号
邮　　编 410006
电　　话 0731—88885616(邮购)
经　　销 湖南省新华书店
印　　刷 湖南天闻新华印务有限公司
版　　次 2013年5月第1版第1次印刷
开　　本 960×640　1/16
印　　张 62
字　　数 750千字
书　　号 ISBN 978-7-5538-0033-2/Z·25
定　　价 138.00元

如有印装质量问题，请与承印厂斠换

厂址：湖南·望城·湖南出版科技园　电话：0731—88387860　邮编：410219

ISBN 978-7-5538-0033-2

9 787553 800332 >

国家出版基金项目
NATIONAL PUBLICATION FOUNDATION

黄仁生 罗建伦 校点

唐宋人寓湘诗文集

㈡

湖湘文库编辑出版委员会

岳麓书社

卷十八

成彦雄

成彦雄，字文干。南唐进士。著有《梅岭集》五卷，已佚。《全唐诗》存诗二卷。

煎茶

岳寺春深睡起时，虎跑泉畔思迟迟。蜀茶倩个云僧碾，自拾枯松三四枝。①

可朋

可朋（约896—963），眉州（今四川眉山市）丹棱县城东人，唐末五代诗僧。与入仕诗人卢延让、欧阳炯、隐士方干、诗僧齐已、贯休为诗友交，应酬唱和。有《玉垒集》十卷，已佚，《全唐诗》存诗四首。

赋洞庭

周极八百里，凝眸望则劳。水涵天影阔，山拔地形高。贾客停非久，渔翁转几遭。飒然风起处，又是鼓波涛。

---

①辑自《全唐诗》卷七五九。

赠方干

盛名传出自皇州，一举参差便缩头。月里岂无攀桂分，湖中刚爱钓鱼休。童偷诗稿呈邻叟，客乞书题谒郡侯。独泛短舟何限景，波涛西接洞庭秋。

中秋月

登楼仍喜此宵晴，圆魄才观思便清。海面乍浮犹隐映，天心高挂最分明。片云想有神仙出，回野应无鬼魅形。曾向洞庭湖上看，君山半雾水初平。①

虚中

虚中，袁州（今属江西）人，晚唐僧。少脱俗从佛，仍读书工吟不辍。居玉笥山二十寒暑，后来游潇湘，与齐己、顾栖蟾、沈彬等为诗友。住湘西宗城寺。有《碧云集》一卷，传于世。

泊洞庭

槐柳未知秋，依依馆驿头。客心俱念远，时雨自相留。浪没货鱼市，帆高卖酒楼。夜来思展转，故里在南州。②

栖蟾

栖蟾，居屏风岩。与沈彬为诗友。《全唐诗》存诗十二首。

---

①可朋诗辑自《全唐诗》卷八四九。
②虚中诗辑自《全唐诗》卷八四八。

居南岳怀沈彬

石房开竹扉，茗外独支颐。万木还无叶，百年能几时。隔云闻狖过，截雨见虹垂。因忆岳南客，晏眠吟好诗。

赠南岳玄泰布衲

曹溪入室人，终老甚难群。四十余年内，青山与白云。松和巢鹤看，果共野猿分。海外僧来说，名高自小闻。

南中怀友生

荔枝江上立，望北几思量。隔海无书札，前年在汉阳。瘴村人起早，铜柱象揩光。居此成何事，寻君过碧湘。①

马希振

马希振，原籍许州鄢陵（今河南鄢陵）。马殷长子，马光惠之父，历官武顺节度使、鼎州节度使等职，因身为长子未能继承王位而出家为道士。

与何致雍僧贯徽联句

青蛇每用腰为力。希振红苋时将叶作花。贯徽。蚁子子衔虫子子。希振猫儿儿捉雀儿儿。致雍。②

---

①栖蟾诗辑自《全唐诗》卷八四八。

②辑自《诗话总龟》增修卷三。

马希广

马希广（？—950），字德丕。五代十国时期南楚君主。楚王马殷第三十五子。马希范一母同胞之弟。马希范死，即权理湖南军府事宜。后汉拜封希广天策上将军、武安军节度使、江南诸道统兼中书令、封楚王。950年，其兄马希萼攻陷长沙，将其赐死。

请发兵击朗州奏

臣当道去九月内，量发兵士往朗州，招安户民。不料偶失威严，遂中奸便，须谋补卒，爰议班师。朗州自闻当道抽退已来，狂谋益甚。又探得荆南继差人下淮南，与广州三处结构。荆南欲取澧、朗州，广南攻桂州，淮南欲取湖南。兼即日淮南支鄂州管内租税，衷私令荆南供给朗州。且如山结连，可知事势。其朗州已入附于淮甸，又纳款于荆南，兴破家亡国之心，作瓜剖豆分之势。兼诱草贼，烧却近封，顾基扃而危若缀旒，视黎庶而困于涂地。弦衰柱促，言发涕流。伏乞圣慈，念以臣四世勤王，三面受敌，欲兴师旅，动碍寇雠。望特降丝纶，聊差貔虎。亦知朝廷北面托落，分兵处多，故不敢大段挠于兵力，只乞差借许蔡乡军三五千人，马一千骑，内得王师二千来人，夹带南渡，只到澧州屯驻，以断淮南与荆南援助之路。不劳血刃，只仗朝廷，则当道出兵，不难克复。安危系虑，翰墨难穷。庶回雷电之光，以收荡平之捷。谨差押衙焦文谏驰奏，披沥以闻。①

①辑自《全唐文》卷一二九。

马希萼

马希萼，五代十国时期南楚君主。楚王马殷第三十子。马希广袭位后，他起兵争王位，攻陷长沙，杀掉希广。951 年，南唐拜希萼天策上将军、武安、武平等军节度使兼中书令，封楚王。徐威等将领兵变，拥护马希崇为武安留后，囚禁马希萼于衡山县。马希萼抵衡山后，复被彭师嵩等拥护称衡山王。不久，南楚为南唐所灭，马希萼迁往金陵，被南唐任命为江南西道观察使，镇守洪州，赐爵楚王。

上南唐元宗乞师表

昔先王早以勋业，基有楚国，不幸即世，顾命之夕，显令兄弟，以天伦绍立，庶奉宗庙，获享国祚。无何，嗣君不延永命，奄弃社稷，讣告至日，臣不胜痛切肤骨，血泣颐睫，即时奔走哀庭，冀处苫块，用竭臣子之孝。不图天未殄祸，孽竖构隙，间离我戚属，汩乱先序，潜阻兵戈，将谋剿绝，苟不更图，殒在朝夕。故臣敢远遣行价，殚布腹心，惟君存先王之昔好，轸大国之武威，许出兵援，以附不腆，庶俾盗党，免弄凶器。①

刘言

刘言（？—953），吉州庐陵（今江西吉安）人，五代时期曾任武平节度使。本为吉州刺史彭玕的属下，后随彭玕投奔南楚，为辰州刺史。南楚马氏内斗，时马希萼立，刘言被拥戴为武平军留后。广顺二

---

①辑自《五代史记注》卷六二，道光八年刻本。

年（952），刘言遣王逵、周行逢等人收复南楚马氏在南岭以北的故地。广顺三年（953），刘言被后周任命为检校太师、同平章事、朗州大都督，充武平节度使，制置武安、静江等军事。同年稍后，刘言被其部下王逵杀害。

收复湖湘表

臣闻域中至大，须归正统之君。海内称尊，合奉真明之主。事既缘其道阻，机且务于从权。关河之信使不通，戎镇之笺章未达。实为暌越，罪属稽留。臣前年以马氏弟兄，交相鱼肉，是希崇之失御，致边镐之侵疆。当道节度使马光惠，早副群情，方施庶政，遽多耽惑，将乱纪纲。三军商量，乃行废黜。臣谬居上将，忽被众推。寻且奉表东吴，所冀且安西土。不谓湖南节度使边镐，多行间谍，尝畜阴谋。致半年未降于新恩，而中使遽来于急诏，而又纵横肆意，说诱五溪。暗行文书，广赍金帛。将谋会合，欲举攻状。臣请节度副使王进逵、行军司马何敬真、别差指挥使周行逢、朱全琇、张仿等，虑其奸计，恐致危亡。乃举兵师，去平凶寇。自十月三日水陆发兵，顺水至五日收下沅江；九日又下益阳；十四日克复湖南越池。边镐见其危迫，陆路奔逃。见发奇兵，掩后追逐。料行狼狈，必恐收擒。臣素昧兵钤，曾无将略。幸处军中之长，叨司阃外之权。念臣节以徒坚，望尧阶而尚琼。既复潇湘之土宇，永依日月之照临。幸成破竹之功，敢慢倾葵之恳。且驰单介，径达皇都。谨差节度押牙张崇嗣奉表以闻。

收复湖湘状

当道去年，以湖南马希萼弟兄伤蹇家国，陵夷淮南，差边镐潜入长沙，便为据守。扶风一族，楚水万家，并押送东吴，固无留者。当道有兵士二千来众，亦被括将。累乞放回，意未允许。今春前节度使马光惠，耽荒稍甚，僭侈非常。三军商量，乃行废黜。臣以位居箧贰，众意推崇，辞让既难，藩方无主。此际以马光惠早归东国，累降颁宣。臣等例奉甄升，未遑回变。方思述职，邻道可明。不谓湖南，频行间斗。彼众将行讨伐，当军须举兵师。冀先定于熊湘，复归明于象阙。东吴早以臣权知戎阃，未降明恩。寻有急征，并令归国。其边镐唯怀诡诈，多畜奸谋。况五溪入州，是武陵管属。边镐暗赍金帛，密与钩连。计料加兵，欲谋攻逼。于界首益阳县下砦，聚食屯师，自谓士卒精强，壕堑牢固。当道节度副使王进逵、行军司马何敬真、指挥使周行逢、朱全琇、蒲公益等，去十月三日部署大齐云截波鱼龙战楫等三百余艘，计三万人，并陆路指挥使张仿、董从德等押马步兵士二万余人，同日进发。五日收下沅江县，获贼都监刘承遇。其贼将李师德等五百余人，并束甲归降。至九日到益阳寨，贼众一万余人，坚守抵捍。攻击自辰至未，其砦自溃。杀戮八千余人，捉得都指挥使夏昌，活擒八百余人。至十一日，桥口、湘阴数处，相次归降。至十三日，当军水陆俱上，经长沙城下。边镐见其兵势，不敢拒张，当夜取东路奔逃。至十四日，进逵、敬真差发五千余人追袭。除镐先次奔窜外，掩杀贼众五百余人。即日进逵、敬真入湖南城，安抚军民讫。其东吴岳州刺史宋德权，尚倚孤垒，亦聚强兵。探知搬下舟船，亦无斗志。十月十八日，差指挥使蒲公益押战船五十只、兵士三千人，到岳州城下。其宋德权即时爇城而窜。便令蒲公益权主岳州，招抚生众。其潭州、上江诸郡邑，见差守宰抚安。①

①刘言文辑自《全唐文》卷八五七。

彭士愁

彭士愁（903—956），一作燃，唐末五代时人。生于庐陵（今江西吉水），长于湘西，袭父职任溪州刺史。五代十国时溪州割据政权的首领和湘西土司制度的缔造者。溪州之战爆发后向楚国请降，双方在永顺会溪坪铸立溪州铜柱，彭士愁与楚划江而治，誓文即作于此时。

溪州誓文

右：据状，溪州静边都，自古已来无违背，天福四年九月，蒙王庭发军收讨不顺之人，当都头将本营诸团百姓军人，及祖父本分田场土产，归明王化。当州大乡，三亭两县，苦无税课，归顺之后，请祗旧额供输。不许管界团保军人百姓，乱入诸军四界，劫掠，并盗逃去户人。凡是王庭差纲，收买溪货，并都幕采伐土产，不许辄有庇占。其五姓主首，州县职掌有罪，本州申上科惩。如别无罪名，请不降官军攻讨。若有违誓约，甘请准前差发大军诛伐。一心归顺王化，永事明庭。上对三十三天，下将宣祇为证者。①

孙晟

孙晟（？—956），初名凤，又名忌，密州（今山东诸城）人。尝谒唐庄宗于镇州，庄宗以为著作佐郎。天成中（928）左右，奔于吴，

①辑自《全唐文》卷八九三。

李昪父子用之为相。周世宗征淮，璟惧，遣晟等奉表求和。世宗召问江南事，不对，杀之。璟闻，赠鲁国公。谥“文忠”。著有文集三卷，《文献通考》传于世。

岳州灵竹寺碑

潇湘翠浪，岷峨碧流。枝连五溪，鱼贯万派。①

石文德

石文德（904—990），广东连县（今广东连州市）人。后晋天福三年（938）楚王授水部员外郎，后因直谏被贬，充融州（今广西融县）副使。后辞官回到家乡沙坊隐居。有《大唐新纂》十三卷传世。

上马希范书

殿下承父兄之业，抚有南土。储给国用，爱恤黔黎，惟日不足。近闻土木日兴，兵戈日寻，非所以保国交邻之道也。夫农为民本，食乃民天，今广取皮革，牛囤户空，耕氓逃窜，转为寇盗。臣不谓可，一也；外帑之储，费于淫巧。养兵之食，耗于工匠。或有变虞，将何以赖？臣不谓可，二也；诸侯五庙，古今所同。七庙并营，恐非猷典。臣不谓可，三也；巨木售于异邦，使者恣为奸利，陆转水运，顾募尤难，一木之费，至逾巨万，道路嗷嗷，恐藏不测。臣不谓可，四也；武穆王之世，四邻不耸，九府流通。犹且节用服食，以赡军国。今沉檀以雕柱栋，文绣以衣垣宇，仓廪无复红腐，闾阎尽夫赤仄。广孝继先，似不如是。臣不谓可，

①辑自《舆地纪胜》卷六九。

五也；虒祁宫成，诸侯叛之。桓宫刻楹，春秋刺焉。今荆粤闯我篱藩，吴会侦我西北。费用疲民，何以御敌？臣不谓可，六也。臣受殿下厚渥，出筚门而登广厦，脱布褐而簉青紫。捐躯报德，自料无繇，昧死尽言，惟大王思至计以惠社稷。①

范质

范质（911—964），字文素，大名宗城（今河北威县）范家营人。后唐长兴四年登进士第。历经后梁、后唐、后晋、后汉、后周、北宋六朝，五朝为官，两朝为相。入宋仍为宰相，封鲁国公。一生坎坷，充满传奇，有清廉戒奢之名，为一代名臣。著有《范鲁公集》三十卷、又著《五代通录》六十五卷、《陷蕃记》四卷等。均佚。《全唐诗补编·补逸》存诗一首，《全唐诗补编·续拾》补诗一首，《全宋诗》存诗二首，《全唐文》收文二篇，《全宋文》另增十一篇。

岳阳楼诗

烟容云态四溟蒙，州在波涛汹涌东。地收楚蜀西南水，天与江湖旦暮风。可笑祖龙游不得，欲于何处访蓬莱。②

李征古

李征古，袁州宜春（今属江西）人。南唐升元末举进士第。官至枢密副使，与宋齐丘、陈觉、冯延巳等结为一党。南唐中兴元年

①辑自《广州人物传》卷四，清岭南遗书本。
②辑自《舆地纪胜》卷六九《岳州》。原无题目，此依《全唐诗续拾》。

(958)，李璟下诏，历数宋齐丘、陈觉、李征古之罪，受陈觉牵连，后赐死。

登祝融峰

欲上祝融峰，先登古石桥。凿开巇崄处，取路到丹霄。①

苏德祥

苏德祥，青州（今山东益州）人，建隆四年（963）状元。工诗文，官至右补阙，内供奉。

赠南岳宣义大师英公

学就书闻在道林，几年辛苦用身心。九霄雨露酬知早，百首风骚立意深。青白野云闲里卧，古今碑碣醉中寻。因何负此多般艺，可惜教师鬓雪侵。②

倪少通

倪少通（？—990)，字子明，南岳道士。五代宋初人，先世千乘（今山东省高青县）人，唐末避战乱，徙居巴陵（今湖南岳阳)。少通以清心苦节闻于朝，赐所居处兴建太观。诏为本州道正，知太一观事。淳化元年（990）秋八月卒。时年九十一。

---

①辑自《吟窗杂录》卷二九，中华书局 1997 年版。
②辑自《宋诗纪事》卷二，上海古籍出版社 1983 年排印本。

玉清广福观碑铭并序

玉清观者，法玉清圣境而名。自吴及梁，相续重兴。汉文帝之稷，苏真人耽自郴阳上升，众仙迎往元辰，曾游斯地。吴大帝之代，葛仙翁元在句容受道，炼丹于涌泉，亦经于此。不独实录，具在仙籍，左右灵踪，古今不泯。赤松山畔，曾闻叱石之羊；王乔岭前，昔现飞凫之履。乡邻白鹤，有傅翁得道之岩；境接赤乌，即施君住宅之址。社连金阙，洞秀玉华，草木长春，烟云迥秀。黄精遍野，白术盈川。（阙）监临杨元德、门人王太清，心营半载，箕敛万缗。山现良材，地呈贞础，林麓听丁丁之响，庭除观矻矻之功，法天上之皇都，布凡间之紫府。（阙）铭曰：

观本无名，古仙像成。会朝金阙，遂法玉清。宝殿缔构，祥云送迎。元功福荫，普寿函生。玉清圣化，栖隐名贤。诱彼英信，构兹良缘。福流旷劫，功逮幽元。解释罗酆，神登九天。栖神之乡，邻有冲阳。其道不宰，载之无疆。洞馨兰菊，林翥鸾凰。表瑞旌祥，福资圣唐。仰观洞府，灵路稀有。荡涤妖氛，资崇禄寿。太清太虚，建功不朽。名载碑珉，天长地久。①

廖匡图

廖匡图（952—1003），字赞禹。虔州（今江西）人。五代十国楚诗人。湖南马氏辟幕下刘昭禹等人并为“天策府十八学士”。他与刘昭禹、李宏皋、齐己等互相唱和。《新唐书·艺文志四》著录其《廖氏家集》一卷，《直斋书录解题》录有诗集一卷，皆佚。《全唐诗》

①辑自《全唐文》卷九二八。

存诗四首，《全唐诗续拾》补诗一首。

九日陪董内召登高

祝融峰下逢嘉节，相对那能不怆神。烟里共寻幽涧菊，樽前俱是异乡人。遥山带日应连越，孤雁来时想别秦。自古登高尽惆怅，茱萸休笑泪盈巾。

寄黄损

庄周指我悟荣生，买得衡山十里青。却许野禽栖竹径，不教凡客扣柴扃。横琴独坐泉围石，倚棹长吟月满汀。珍重零陵旧知己，菱花时把照星星。

永州江干感兴

正悲世上事无限，细看水中尘更多。①

陈少微

陈少微，字子明，世称衡岳真人。

大洞炼真宝经修伏灵砂妙诀序

余自天元之初，从衡岳游于黄龙，止于宾府，忽于岩穴之中，遇至真之人，授余灵砂要诀，至人曰：吾自得于许仙君之后，仙君受诀于吴天师，天师本受于同郡丁真人所出也，假如丹砂之本诀，玄、理深奥，固难思寻，遂求好道之流，志慕神倦之侣，不

①辑自《全唐诗》卷七四〇；《诗话总龟》增修卷二八。

究竟其真原，长沉沦于尘俗，自上古仙经文，皆幽密隐蔽藏言，不流传于世，余常愍然，今述为灵砂七返七篇，及金丹至诀二章，并为序论，以示后人同志之士者也。

灵砂七返论曰：丹砂者，太阳之至精，金火之正体也。通于八石，应二十四气。丹者是金，感于火，名之为丹。汞者是火，去于金，而名之为汞。丹者受阳精而候足，汞即离本质而体不全，故丹砂是金火之精，而结成形，含玄元澄正之真气也。此是还丹之基本，大药之根原，德含则万象生焉，体离而杳冥难测，经曰：阳精赫赫，得之可以还魂反魄，故知饵阳精者，所以长生，服阴魄者，而为死鬼。丹砂是正阳之主，赤帝之君，据于南方，火之正位也。只如丹砂之体数种，受气不同，唯三种堪为至药，上者光明砂，中者白马牙砂，下者紫灵砂，余有溪土杂类之砂，不中入至药，服饵所用，且光明砂一两，服之力敌白马牙砂四两，白马牙砂一两，服之力敌紫灵砂八两，如溪砂土砂之力，不可比量也。或曰：一等是丹砂，俱受太阳之精气，因何有溪土杂类之砂，力有大小者。言光明砂者，受太阳清通澄朗正真之精气，降结而红光曜曜，名曰光明砂。白马牙砂者，受太阳平和柔顺之精气，降结而白光璨璨，如云母色者，名曰白马牙砂。紫灵砂者，半受山泽之灵气，结而色红紫，名曰紫灵砂。如溪土杂类之砂，俱受浊滞不真之气，结而成砂，即混沌无精光，故不中入至药所用。且如光明砂一斤，伏炼而得十四两，伏火鼓得至宝七两。白马牙砂一斤，伏炼而得十二两，伏火鼓得至宝六两。紫灵砂一斤，伏炼而得十两，伏火鼓得至宝四两。溪砂土砂杂色之砂一斤，伏炼可得六七两，伏火鼓下得至宝一二两。以来明知溪土之砂，受气不清，澄浊参杂，高上贤明之士，先拣其砂，次调火候，在意消息，而成七返九还。且金石之中，至灵至圣，至神至明，而无过于丹砂者也。怀袖致之一两，尚自辟去邪魔，况乎伏炼，入于五脏者哉，且如七返九还。异名而同体，返者是砂化为金，还者是金归于丹，经曰：返我乡，归我常，服之白日朝玉皇。或曰：七返者，是丹砂，属火变炼成金，便名为七返者乎。

论曰：火之成数是七，七度变转，以应阳元之极体也。且七度变转者，将丹砂伏炼得伏火后，鼓成白银，即是一返；将白银化出砂，令伏火鼓成黄花银，即是二返；将黄花银化出砂，伏火鼓成青金，即是三返；将青金变化出砂，伏火鼓成黄金，即是四返；将黄金化出红砂，伏火鼓成红金，即是五返；将红金还化出砂，伏火鼓成赤金，即是六返；将赤金复化为砂，伏火鼓成紫金，至紫金，即是七返灵砂之金，而含积阳，真元之精气足矣。而将紫金变化为砂，运火烧之一周，迥然通彻洞耀，名曰紫金还丹。得服之者，形神俱合，当日轻举。且世人多误取石硫黄，呼为太阳之至精，和汞而烧七返，且硫黄受孤阳偏石之气，汞又离于元和，二物俱偏，如何得成正真之宝，切见世人伏炼众多，终无成者，盖绿迷迷相传，至于后世，余甚哀之。只如第一返伏火丹砂，服饵一两，即去万病；服之二两，即须发青绿；服之三两，即颜悦色红；服之四两，即延年益寿。第二返药，服之一两，即体和神清，返老归童。第三返药，服之一两，即虚夷忘情，心合至精。第四返药，服之一两，即身体明彻，通于表里。第五返药，服之一两，入水不能溺，入火不能焦。第六返药，服之一两，即造化不能移，鬼神不能知。第七返药，服之一两，即超然于九天之上，逍遥乎宇宙之间。更服至红英九丹，便居金阙，功位真人，故知丹砂之力，昭然而可观乎。自余得其真旨，常欲周济为功，大道垂明，咸愿同归玄境，遂作灵砂七篇，金丹二章，并述火候次第，药物品次，篇数高下，列之于后章别品，以授贤明至诚，君子得之宝之，即福寿无疆。轻泄之人，殃其九祖，亦不可诬言而蔽道，慎莫写示于凡情，用测贤愚，可鉴而后授之此篇章矣。

大洞炼真宝经修伏灵砂妙诀

灵砂七返篇

第一返丹砂

经曰：丹砂者，万灵之主，造化之根，神明之本，而居九清，玄播总御，动之以离体，定之则干成，能变化者，故号曰赤龙，若翱翔而名为朱乌。上品者生于辰锦石穴之中，而有数色；中品者生于交桂，亦有数类；下品者生于衡邵，数种品类，皆绿清浊体别，真邪不同，降气分精，感通金石。受正气者，服之而通玄契真，为上仙矣；受偏气者，服之亦得长生留世。且上品光明砂者，出于辰、锦山石之中，白交石床之上，十二枚为一座，生色如未开红莲花，光明曜日，亦有九枚、七枚、五枚、三枚、一枚为座者，十二枚、九枚最灵，七枚、五枚生者其次。每一座中有一大珠，可重十余两，为主君；四面小者，亦重八九两；亦有六七两已下者，为臣周绕，朝揖中心大者。于座四面，又有杂砂一二斗，回抱其玉座朱床。于其座外，杂砂中拣得芙蓉头成就，夜安红绢上，光明通彻者，亦入上品。又有如马牙，外白浮光明者，是上品白马牙砂；有如云母片白光者，是中品白马牙砂；圆长似笋生，而红紫色者，即上品紫灵砂；若如石片棱角生青光者，是下品紫灵砂。如交、桂所出，但是座生及打石中得者，形如芙蓉头成，而光明者，亦入上品；如颗粒成三数枚，重一斤通明者，为中品；片段成明彻者，为下品。如衡、邵所出，总是紫砂，及打石中得而红光者，亦是下品之砂。如溪砂有颗粒成而通明者，伏炼饵之，亦得长生留世，未得为上仙矣。如砂生于土穴之中，溪砂养于溪水土之内，而土石相杂，故不中入上药服食所用。如座生者，是最上品之砂，得其座中心主君砂一枚，伏炼入于五藏，则功勋便著，名上丹台，正气长存，超然绝累，更服至七返九还，自然魄化尸灭，神夷体清，阴气都销，则含形而轻举，永为上真之飞仙也。故知阳之真精，降气而圆光周满，无有偏邪，但是伏炼之砂，作芙蓉头成，而圆光通明者，即是上品，神仙服饵之药。

经曰：丹砂者，自然之还丹也，世俗莫测其原，只如玉座之砂，世人总知之，如金座天座，是太上紫龙玄华之丹，非俗人凡夫之所见知也。其玉座则俗流志士，积功修炼，服之致仙。其金座则宿有仙骨，清虚炼神，隐之岩穴，则其神仙，采与食之，便当日羽化升腾。其天座则太上天仙真官，而所收采服饵，非下仙之药也。其玉座砂，受得六千年阳灵之清精，则化为金座，金座则座黄，当中有五枚层层生，四面四十、五十小珠，周绕金座，受一万六千年，则化为天座，天座则座碧，当中有九枚层层而生，四面七十二枚周抱，在于飘飘太虚之中，常有太一之神护持，上元之日，真官下采，其山忽开，光明照曜，一山如火，其天座砂，真官所收，后世人不可得取采之也。故丹砂之元邈，若高山上贤明士志慕轻举者，切须辨其药品高下，然后调其火候，合其阴阳，伏制自然，而契于高真矣。

阴阳伏制及火候飞伏诀

经曰：阳精火也，阴精水也，阴阳伏制，水火相持，故知冰炭不同处，衰盛终有归，且丹砂是阳精，而须阴制，阴制者水也，当用曾青、空青、石盐、马牙硝、玄英、化石是也。如玉座光明砂一斤，制之用曾青四两，石盐六两，马牙硝六两，黄英、化石各二两。座外生光明砂一斤，可用曾青五两，石盐及马牙硝各四两，黄英、化石各一两，白马牙砂一斤，用石盐、马牙硝各三两，黄英、化石各三分。紫灵砂一斤，可用空青四两，石盐、马牙硝各二两，黄英、化石各二分。如溪土杂类之砂力小，每斤可用曾青四两，沙盐及马牙硝各二两，制之而得，其石盐和黄英、化石，细研为粉，入锅中，文火养一日，即鼓成汁，成汁后和马牙硝，重烧令赤，然可以用沙盐，先须三鼓成汁，后方可入用之。其光明砂大者，须打碎如麻颗许，然后入于土釜中，下曾、空、石盐、马牙硝，和水，武火昼夜煮三十日，不得火绝，日满淘澄取砂，入于鼎中，用阴阳火候飞伏，其鼎可受一升，且鼎者有五，一曰金鼎，二曰银鼎，三曰铜鼎，四曰铁鼎，五曰土鼎，入砂于鼎中，用阴阳火候飞伏。

飞伏法。诀曰：五日为一候，三候为一气，用八气二十四候，一百二十日而砂伏火毕矣。每一飞伏，去五日，内四日用坎卦，一日用离卦。坎卦者，水煮四日是。离卦者，阳火飞之一日。初起阳火，用炭七两，竖安鼎下，常令鼎下熟。炭七两，不得增少。每一转后，即增炭一两飞之。增炭至五转后，忽有黑气，和汞霜飞出。即收霜，和鼓了，石盐半钱重，于钵中，以玉槌轻手研之，令汞入尽。即依前，却安鼎中，用坎离火候飞伏之。至十二转后，每转加炭二两。使入鼓了，石盐一分，作粉铺安面上，合有汞霜，可二两，候飞出其霜，虚光鼎中，药色渐欲黄紫。收其霜及汞，和石盐一钱重，于钵中熟研了。入鼎，依前火候飞伏。伏至十八转，加炭三两，其药色欲赤。至二十转后，每转增炭四两，只有半两已下，汞霜飞出，坚硬如青金片，黄白光明。亦和石盐，于钵中研之，入鼎飞伏。伏至二十四转，其砂候足，伏火毕矣。而色红赫，光明可观。其砂伏了，更须用盐花包之，重以黄土为泥，裹紧固济。入阳炉，武火白烧之三十日，后出砂，安淡竹筒中，封闭其口，入寒泉中，深埋三十日，然后淘研。轻飞者可以分抽服饵，沉重者即鼓成金汁。且上光明砂伏火了，其色红赫，淘澄下可有金星砂六两，光明璀璨。中品白马牙砂伏火了，色赤红鲜，淘澄下有金星砂四两。下品紫灵砂伏火了，色稍紫赤，淘澄下亦有金星砂三两。如溪土杂色之砂伏火了，而色虽紫赤，亦无光彩，不可见金星砂一粒耳。自上古高仙，皆炼服其真丹砂，而成道也。其上品光明砂者，即是真丹砂也。贤明之者，须在意采索其真精，然可得合于灵丹耳。且如伏火丹砂，出寒泉了，可便镕鼓，令见真宝。

镕鼓。诀曰：每一两伏火丹砂，可用盐花半两。先致盐花于锅底，次入伏火砂于锅中，候锅及砂与火同赤，然后鼓之千下，而金汁流下，名曰白银，而面上黄花漠漠润泽，光芒可言。此是天地之中至真之宝也。如将服饵，分抽取一两，作三百六十丸，用枣肉和之为丸。每日服一丸，一年服一两。欲服此丹砂丸，先须洁斋七日，然以晨朝东向，虔心扣请。告三清、紫微真君，太一真人，先师仙官，水火之灵。得服此灵砂丹于五内，永保形神，合其至真。咒毕，礼七拜，然后服之。自服此砂丹，不得吃臭秽陈积之物，及诸生血家属之肉，生死之秽，尤不可观。故经云：阳精好洁，阴尸好秽。常须虚和其志，洗雪其形，以助阳灵之真气也。自然神悦体清，而神仙殆可得耳。

第二返宝砂

本经曰：炼真者合于至妙，炼砂者合于至灵，炼灵者合于至神，至神者合于至道，道合则升腾玉清，而为高仙矣。且炼砂而得宝者，是至真之药，化宝而生砂者，即成玄感之灵丹也。

化宝生砂。诀曰：将其丹砂中白银四两，打作锅子，安一通油瓷瓶子中，其瓶子可受一升。其宝锅子，可瓶子底大小。先将此银锅子，着北庭砂一两，石盐一两，麒麟竭一分，三物药和研，以苦酒调如膏，涂于锅子四面，令药尽候干，以黄土为泥包裹之，可厚一寸二分。便于糠火中，烧三七日。然后白炭武火，烧二七日。去泥取宝，其锅子安瓶子中，入真汞四两，其汞须是本色丹砂中抽得者，名曰同类感真气而转生丹砂。故上仙真经，秘而不泄者，为此子母之法，恐凡愚之心见知也。然入真汞于瓶子中后，即着水五合，常须添瓶子中水，至五合，莫令增减。文火养二七日，似鱼目沸为则。日满更添汞四两，依前文火，养一七日后，令干。固济其口，便武火迫之三日。而红黄砂涌出于宝锅子之上。收其砂，又依前添汞。常令有汞八两在其瓶子中，不得增少，亦依前用文武火候养迫，令生砂。砂出即收之。每四两宝计收砂一斤，其宝即枯槁焦脆，而精尽化而为砂。其瓶子中母，只余二两青黑灰耳。将其砂依前篇入药，煮三十日后，淘取砂入鼎中，还以阴阳火候飞伏，五日为一候，用二十候，一百日足，其砂伏火矣。火候加增炭两多少，一依前篇飞伏。其砂伏了，不用，着盐包裹烧之，便可镕鼓。

鼓诀亦依前篇。以盐为使，引令金汁流出。此宝砂一斤，修炼而得十五两。伏火鼓得黄花银十三两，色渐黄光，浮彩润泽，而内白外黄，名曰黄花银也。如将此砂服饵，须入寒泉抽火毒。

寒泉法，入土深埋三十日，取出淘研，用枣肉和为丸，每两亦作三百六十丸。每日清晨东向，虔心服之一丸。自服此宝砂丹后，自然虑静神清，浊气不入，而志不扰，则渐证于神仙之阶也。

第三返丹英砂

经曰：阳元积习，而英气自会于真精。真精感化，而神丹可得耳。故曰：炼真致真，真华通应，而化为金英之玄砂也。

化宝砂中白金而生英砂。诀曰：将其宝砂中黄花银四两，打作锅子，还依前篇，可瓶子底大小为之。用蒲州石胆一两，石盐一两，硇砂一两，和苦酒研调如膏，涂其锅子四面，令药尽为候。候干，以黄泥为球包裹，于糠火中烧二七日，后用白炭武火烧一七日，去泥出锅子。依前篇入安通油瓶子中，入真汞四两，清水五合，文火养之二七日。后更添汞四两，又文火养一七日。候干，紧固济，便用武火迫促之一日，其砂涌出，于宝锅之上，而红黄映彻，光耀难言。便收砂添汞，计收砂可得一斤，则数足矣。便将其砂，入于鼎中，依前篇用火候飞伏，亦五日为一转，内三日用坎卦，即水煮三日。用离卦二日，即阳火飞之二日。初起阳火，用炭七两。每一转后，即增炭二两。至七转后，有汞霜飞出，可二两来，其色黄赫，紫光簇簇，飞在鼎盖之下。收其霜于钵中，着蒲州石胆一钱，重和苦酒及砂，以玉槌轻手熟研之，令相入后，却入鼎中飞伏。伏经十八候九十日足，其英砂伏火毕，无分毫少折，便可镕铸。亦依前篇，用盐花引鼓之，即宝流下，而青英光润，名曰青金。青金者，是阳精渐着，从兑见震，然至坤归离，此是阳精变转巡历之终始也。如将此英砂服食，每两先用榆甘子半两，生甘草二两，煎取汁，于白银器中煮二七日，后澄取砂，入安淡青竹筒中，入土深埋之，三十日然后出，以枣肉和为丸，每两还分为三百六十丸。每日清晨东向，扣告三清上帝仙官，然后服饵。服至此英砂丹，乃自嗜欲无婴，荤血不入，端居净室，而神和体轻，渐得真人为俦矣。

第四返丹妙化砂

经曰：干体阳曜，离精渐明。艮雪轻鲜，阴魄消化。乃是青金精液，感汞而生砂，英气相因，集而为妙，名曰妙化砂。

妙化砂。诀曰：将青金四两，还打为锅子，用赤盐半两，石硫黄半两，大鹏砂半两，北庭砂一两，蒲州石胆一两，和苦酒研如泥，涂其青金锅子四面，以火炙渐渐涂，令药尽为候。候干，一依前篇，用黄土泥为球包裹之，以糠火中烧二七日，后即白炭武火烧一七日。毕，去泥出锅子，依前篇，安瓶子中，入真汞四两，清水五合，不得增少。养之二七日后，更添汞四两。又文火养，经七日后，令干，固济之，以武火迫之一日，而妙砂涌出，可有四两。即收之，更添汞四两，亦依前文火养之，令生砂砂出，即收取计收砂一斤，即数足矣。将其砂入鼎中，依前篇用火候飞伏，亦五日为一转。内二日用坎卦，是水煮二日。三日用离卦，则阳火飞之三日。飞火候一依英砂篇中，用火加增，炭数多少。经十六候八十日，而妙砂伏火毕，则金星光灿，映彻红耀，可言为至英至妙之丹砂也。如将镕铸，亦须用盐花为使，引令金汁流出，乃成黄金。其金凝黄，皎润精彩光耀，既至坤形，离精渐见。故经曰：从阴而反归阳，自浊而反归清。此则是阳元变炼，合于真妙而自然，位为神仙也。若将服饵，每两先须用榆甘子半两，生甘草一两，紫石英一两，煎取汁，于宝器中煮二七日，后亦入淡青竹筒中，入寒泉埋之三旬，然后取出，以枣肉和为丸，每两分为三百六十丸。每日晨朝东向，服之一丸。日服此妙砂，后渐而精思通彻，浊滞之气消革，则形神虚白，洞合于至真，自然超其玉章，而永离尘浊也。若志士得其含元炼真之诀，如神仙之道，岂可远哉。

第五返丹灵砂

经曰：阳德播功而垂光，运动其元精，元精流化而为英砂，英砂转而入妙，妙气变炼而生万灵。故知玄妙玄圣，转转而增光，感激真精，自然灵化。且灵砂者，是前妙砂中黄金，转感化汞，而生其砂。则红光焕赫，璀璨金星，而绛色清虚，乃号为灵砂者也。

化灵砂。诀曰：取妙砂中黄金八两，打作圆鼎，可受四合。

又将二两金为鼎盖。其鼎内先着石硫黄半两，赤盐半两，北庭砂半两，蒲州石胆半两，四种药和苦酒研如泥，涂其鼎内及盖内，令调匀药尽。候干，即以黄土为泥包，裹之，可厚一寸，文火四面，养之二七日，以不通手为候。二七日后，渐武火白烧一七日，昼夜不得绝火。七日满，寒之，去泥，重以甘土泥泥其鼎外，可厚二分。即悬安炉中，其鼎下周回令通安火处，便入真汞四两，于金鼎中，着水二合，以盖合之。文火养经七日，其鼎下常令有熟炭火五两，不得增少。其鼎中续续添水，长须应二合数，不得令干。在意消息，莫遣失候。七日后更添汞四两，又依前文火养七日后，令干，紧固济其口，即武火迫之一日。便生红光灵砂，可收得五两红砂。便须更入真汞五两于鼎中，其鼎中常须有汞八两，不得增少。亦文火养七日后，令干，即固济之。便用武火迫之一日，而生砂。砂出则收其砂。更添真汞于鼎中，又文武火养迫，令生砂。砂出收之。此一鼎中，计收砂得三十两便休，则数足矣。其金出砂后，精竭而枯脆，无光润之色，秤只可重四两以来耳，其精华与汞相感结，尽化为灵砂也。故经言真汞者，皆是其本色丹砂中，抽得汞添用。若伏炼光明砂为药头者，即取光明砂中汞，转转添用。如用白马牙砂为药头者，即转转取白马牙砂中汞添变。如将紫灵砂为药头者，即取紫灵砂中汞添合。如溪土砂中所出汞者，名为杂类，气终不相感。且光明砂一斤，抽汞可得十四两，而光白流利，此上品光明砂，只含石气二两。白马牙砂一斤，抽出汞得十二两，而含石气四两。紫灵砂一斤，抽汞可得十两，而含石气六两。上色通明砂一斤，抽出汞只可得八两半，而含石气七两半。石气者，火石之空气也。如汞出后，可有石胎一两，青白灰耳。亦于前宝砂篇中，略述真汞之诀，而未周细，故郑重言之。所是抽砂出汞，具列于金丹前章之上品也。其黄金鼎中，收得灵砂，计三十两，数足讫不用阴煮。便依前篇，用阴阳火候飞伏，还五日为一候。内一日用坎卦，是水煮一日。用四日离卦，即阳火飞之四日。初起阳火，用炭九两，每转后增炭二两，至五转后，每转增炭三两，便有五彩金辉霜三两飞出。收其霜，和砂于钵，钵中着蒲州石胆半分，黄硐一分，和苦酒熟研之半日。依前安鼎中，用坎离二卦火候飞伏，伏经十四候七十日足，其霜砂伏火毕矣。其砂伏火了，金彩红辉，色如石榴花，光精璨璨，辉曜日月，一切毒龙蛇恶鬼神，见之潜伏。目不敢举，可得言至灵者哉。其砂灵而难鼓铸。若欲镕之，先于洁净之处，取净土为锅炉，绝秽杂，以盐花和灵砂等入锅，鼓之二千鞲，便得镕之。镕出即金汁流凝，而红鲜焕焕，名曰红金。红金者，是阴魄之气。变炼而尽，正阳之精，挺立而垂光，此是阳灵之真金也。如将服食，一依前篇，着榆甘子、生甘草、紫石英，煎取汁，于宝器中煮二七日，火候药数多少，亦依前篇。煮了，入安筒中，固济其口，入寒泉并于土中，深埋二十日，然后出。以枣肉和为丸，每两还为三百六十丸，其丸如大麻子大。此灵砂体渐重矣。每日清晨洁白，东向，启告三清上帝真官，然后扣先师而服之。服此灵砂丹后，而便心神精明，彻达视通于表内，身生红光，而洞合于至真也。

第六返丹神砂

经曰：妙极则灵通，灵通而致神，神合则道全，道全而玄真降，便升玉清，而为高仙矣。且神砂者，是九灵构精，宝风凝集，玄华标结，而化为神砂，则焕灿玄黄，光辉照灼，而名为神砂者也。

化神砂。诀曰：取前灵砂中红鲜金九两，铸为宝鼎，可受五合。又将三两宝金为盖。其鼎内亦先着石硫黄一两，大明砂一两，赤盐一两，北庭砂一两，和苦酒熟研如泥，涂其鼎内及盖周回，令药匀尽为候。候干，以盖合之，着黄土泥包裹，可厚二分为则，一依前篇，文火养之二七日。后即武火迫烧七日，令与火同色。候冷，去其黄泥，重以甘土为泥，泥其鼎外，可厚三分。即置其鼎于炉中，入真汞六两安鼎中，着水三合，逐旋添之，不得令干。文火养七日，后更入汞三两。文火更养三日，后令干，固济封闭，令紧密。即武火迫经二宿，即尽化为红光之神砂。收砂，又添汞八两，依前文火养七日，后便武火迫之二日，亦化为砂。收砂，又添汞七两，亦文火养，即武火迫之，令生砂。砂出即收，又添汞五两，还文武火养。迫令出砂。收之，又添汞三两，一依前文武火候养迫之，计前后收得神砂，可二斤三十二两，足即乃已也。将其砂入石硫黄四两，蒲州石胆子二两，和于钵中，熟研半日。便入安宝金鼎中，阳火飞伏。其阳火者，纯离卦火候。伏之，还五日为一候。初起火用炭九两，每一转后则加炭二两，每转转出砂，于钵中熟研之。却入鼎飞伏，伏至五转后，每转加炭三两。如有绛金霜飞出，其霜红赫照耀，光彩射目。收其霜，于钵中和砂，着蒲州石胆一分，和苦酒熟研之半日，然后入安鼎中，用火候飞伏，伏经十二转六十日足，其神砂伏火毕矣。而色赫奕含辉，紫光洞彻，不可言尔。若将镕铸，其诀一依前灵砂篇法度。和灵花鼓之，即宝汁流出，凝成赤金，精光如火，故号曰高已之金者也。其神砂丹，便可以服饵。每两亦分为三百六十丸，以枣肉和之为丸。服饵诀一依前篇。且服此灵宝神砂丹后，自然精灵骨轻，身有光明，足蹈真境，而为上仙也。

第七返丹玄真绛霞砂

经曰：灵宝禀运，则感应而神栖。归真，积精，则自然，玄霜绛雪，腾跃流通，流通则永为高真之灵仙也。且玄真绛霞砂者，是神砂中赤金，宝鼎养汞而生砂，其砂则紫霞红英，五彩辉灼，乃号为玄真绛霞之砂。

化宝生砂。诀曰：取前神砂中宝金一斤，铸作圆鼎。可受七合。又将宝金五两，为鼎盖。其鼎内先须着石硫黄四两，赤盐二两，北庭砂二两，大鹏砂一两，以苦酒和研如泥，涂其鼎内，以药尽为候。候干则盖合之，用黄土为泥包裹，可厚一寸。依前神砂篇，文火养之二七日后，即白炭武火烧七日。寒之，去其泥，重以甘土为泥，泥其鼎外周回，可厚二分半。即悬安炉中，入真汞十二两于鼎中，着水三合，不得遣干，逐旋添水。则以盖合其鼎。文火养七日，其鼎上常令通手为候。七日养后，遣干。紧固济其口，即渐渐武火，迫之三日。开看之，其汞即尽化为绛霞之玄砂也。其砂不得收之，便更添汞九两，亦依前文武火候养迫，遣化为砂。日满开看，又尽化为砂。又添汞六两于鼎中，固济，文武火候迫促之，日数足，又开看，亦化为砂矣。更添汞五两，还七日文火养，即武火迫之一日，而成其砂，红紫五彩，霞光辉耀，在其鼎中，可三十二两，分毫不欠。出其砂，于钵中，着石硫黄七两，以玉槌细研之一日。然后却入此神砂赤金宝鼎中，固济其口令紧，用纯阳火候，伏之七日为一转。即开之出砂，和苦酒一合，熟研而后，入鼎飞伏，每七日为一候。初起火用炭十三两，每转加炭一两，至三转每转加炭二两。便有五色轻鲜绛霞霜一二两，飞出于鼎盖之上，连连如麦颗，即收之。和砂于钵中，着蒲州石胆半两，苦酒二合，熟研，却入于鼎中飞伏。每转转须开看。即入石胆苦酒和研，方可入鼎伏之。伏经七转四十九日足，其砂伏火毕矣。便以武火烧之一日，可用炭二十斤，分为四座，迫烧之。然后寒一日，开鼎看其玄真绛霞之砂。伏火了，而文彩辉赫，杂错霞光，洞耀于日月，可言至灵者哉，极阳玄元之砂丹也。如镕铸其玄真砂，一依前神砂灵砂诀。用灵花和鼓引，令宝汁流见而凝紫光耀，名曰绛霞之紫金也。若将服饵，便以枣肉和为丸，每两亦分为三百六十丸。每日清晨东向，服一丸。服至此紫霞妙砂丹后，倏忽则含形而轻举，驾飞龙游于十天八极之外，岂不优游之哉。此玄真砂丹一丸，点汞及铅锡铜铁一斤，立化成紫磨黄金，光凝润泽，不可言尔。

余自设教神道，启于玄君，愍在俗之贤明，而述为七篇二章。此篇本从《大洞宝经》中，仙君九品幽章隐文炼真妙诀所出，禁文甚重，非贤莫传，岂教顽愚悖戾、邪疑行尸秽质之徒见闻耳，深可忌之哉。恐泄上古仙圣之真妙也。

大洞炼真宝经九还金丹妙诀

夫还丹本阳九之精，降受二十四真。真水真火，内外包含，含化五神，五神运气，积而为砂，积砂成丹，禀积气极，乃号紫华红英大还之丹。大还丹诀，皆因师师相承，传之口诀，灵文藏于洞府，金简秘在仙都。仙人恐绝道源，演述隐文秘言，留传于世。遂使后来明俊，博采寻幽，旷日劬劳，终无所悟，渐渍沉溺，倏忽形腐神消，尸魄化为魔魅，探可悲哉。然大道所运，禀之专精。专精变通，功必归于炼汞。炼汞要妙，备载二章。二章之中，分为九品。上三品则抽砂出汞，炼汞投金，修金合药，合于七篇。中三品略陈五石之金，四黄伏制，阳金变通。下三品和合大丹，炉鼎火候，成丹证真之诀。俱列于九品二章之中也。

证品含元章

《大洞炼真宝经》，皆隐秘真铅真汞。真汞之诀者，则上品光明砂中抽得汞，转更合内水火之气，然名为真。而光明砂一斤，其中含汞十四两。

抽砂出汞品第一

抽出汞。诀曰：先取筋竹为筒，节密处全留三节。上节开孔，可弹丸许粗。中节开小孔子，如筋头许大，容汞溜下处，先铺厚蜡纸两重，致中节之上，次取丹砂细研，入于筒中，以麻紧缚其筒，蒸之一日。然后以黄泥包裹之，可厚三分，埋入土中，令筒与地面平，筒四面紧筑，莫令漏泄其气，便积薪烧其上，一复令火透其筒上节，汞即流出于下节之中，毫分不折。忽火小，汞出。未尽尚重而犹黑紫，依此更烧之。令其汞合大数足，如红马牙、白马牙、紫灵砂，抽汞一同此诀。余别诀飞抽者，损折积多，而同抽诀最妙然，具列于其章上品也。

炼汞添金出砂品第二

同类丹砂虽抽出汞，未可便添合于金化砂，砂终不出，七篇犹未周备。且投金化砂，秘于炼汞。其汞则重受内水火之气，遇本金相投，含化而便生砂。

炼汞。诀曰：汞一斤，石硫黄三两，先捣研为粉，致于瓷钵中，下着微火，续续下汞，急手研之，令为青砂。后便将入于瓷瓶中，其瓶子可受一升，以黄土泥紧泥其瓶子外，可厚二分，以盖合之，紧密固济。致之炉中，用炭一斤，于瓶子四面养之三日。瓶子四面，长须有一斤炭，三日后，便以武火烧之，可用炭十斤，分为两分，每一上炭五斤，烧其瓶子。忽有青焰透出，即以稀泥急涂之，莫令焰出，炭尽为候。候寒开之，其汞则化成紫砂，分毫无欠，即取黑铅一斤，将其黑铅先于鼎中，镕成汁。次取紫砂细研，投入铅汁中，歇去火，急手炒令和合为砂。便致鼎中细研，盐覆盖，可厚二分，紧按令实固济，武火飞之半日，灵汞即出，分毫无欠。然依七篇，反数投化合金生砂。如第二反化宝砂，篇中用汞，汞则两度，用石硫黄烧令成砂，两度着铅，却抽归汞，添金化砂。第二反英砂用汞，则三度烧抽入用。第四反出妙砂中用汞，汞则四度抽烧。第五反化灵砂用汞，汞还五度抽炼。第六反出神砂用汞，汞亦须六度烧抽。如七反化出玄真绛霞砂用汞，汞一依前七度，着石硫黄烧成紫砂，七度用黑铅抽归灵汞，每度烧皆用石硫黄三两，却抽归汞，则用黑铅一斤，转转烧抽火候，一依前诀。其汞烧抽变炼，则含其内，水火之精气，亦合于七篇之大数。自然水火金三光禀气，相会合精，而化灵证真也。

修金合药品第三

且阳元之魂，遇阴气所感，伏形成魄，谓之兑金。兑金则见阴质，而更含药精，渐令去其滞气，灵汞投化，转转增光，反浊归清，然后正阳之体。其修金用药，穷真合元，令其灵通于七篇也。

空青、曾青，甲乙之气，赤金之精，精结受其阴灵而所化也。功能成汞为金，仙经号曰秋石，金之隐名也，与丹砂类合。丹砂亦号曰秋石。其曾青出于蜀川、蔚州、鄂州，始兴但出赤金，处年古即生，从宝至空，从空而曾，故号曾也。形如黄连，累累相缀。又似蚯蚓粪，方棱色深，如波斯青黛，层层而生，打之如金声，是其真也。空青似杨梅，新从坎中出打破，其中有水，久而即干，如珠金星璨璨，近泉而生，常含其润，受极阴之气，与硝石同功力，亦不可知耳。

玄英者，本是颗盐之津液，流入土久，而深至泉面，而结形如龟甲，其色白光通彻。益州赤盐液化者，稍红光，为上。蒲州者功次。功能制伏飞扬之金，与硝石合功用之力，敌于曾青者也。

化石，谓能消化金石，故号化石。是太阴之极气，至阴之灵精，功能制极阳之金石，能伏能化，变炼之力，合于玄英，力至灵也。

石盐，本禀坤坎之精，阴极之气，结成其质，方而棱，如片石，光白，似颗盐之类，味微淡于颗盐，功则能伏制阳精，销化火石之毒力，亦与石硫黄敌体变炼，功性能发明金精，去粗滞气。七篇之中，假之为使。

马牙硝，亦是阴极之精，形若凝水石，生于蜀川。其功亦能制伏阳精，消化火石之气。独用伏制则力稍微，合于石盐，阴毒则甚矣。

北庭砂，所禀阴石之气，性含阳毒之精，功能销败五石之金，各遣证于本性，能成能败，力颇并于硫黄，去秽益阳，其功甚著。本质亦作颗生，而浅红色光明通透为上。七篇中用之为使，使引其阳金之精，破败阴魄。若合于大鹏砂、赤盐、硫黄，用之变炼，功则高于造化。

麒麟竭，出于西胡，禀于荧惑之气，生于阳石之阴，结而成质，色如紫矿，形若烂石。其功亦能添益阳精，销阴滞气，增添其彩，亦有大功。真者于火中烧之，有赤汁涌流，不易本色者，是其元也。

石胆，所出于嵩岳蒲州，禀之灵石异气，形如瑟瑟，性本流通，精感八石，液化五金，阳精遇之，得归中宫。若欲识真，涂入铜铁，火烧色似红金。伏制变炼，颇最有功。又以铜器盛水，投少许入其水中，水色青碧，数日不异者，是真也。

大鹏砂者，虽禀阳精，从阴所养，体如琥珀，质似桃胶，其性和，而能消漉阳金，革阴滞质。若合硫黄、赤盐，变炼其阳精，转转增光益色。七篇之中用御正阳之气，复归真元，其功甚大矣。

赤戎盐，所出西戒之上，味禀自然水土之气，结而成质。其方王土气本而黄赤，其盐亦随王气而生，号言戒盐。味微淡于石盐，力则能炼伏阳精，增明光辉。若合石硫黄用，其功能反魂成魄，炼魄生光，制伏四黄，定质还归戊己。欲辨其真元，于火中烧汁，流红赤，凝定转益其色，则是本元也。

石硫黄，本出波斯南明之境，禀纯阳火石之精气，结而成质。质性通流，含其猛毒，药品之中，号为将军。功能破邪归正，反浊还清，挺立阳精，销阴化魄，元真运转，偏假其功。矿金遇之，精销魄败。色微稍青光者力大，凝黄色者力次，赤黄色者力小。合和大丹，伏炼销化，须其力大者。用之审察元气，辨其高下，然合于七篇。化金生砂，砂渐演精明威，乃证于九丹也。

中三品陈五石之金品第四

夫五石之金，各皆禀五神之阴精，合于山泽异气，结而为魄。且铁所禀南方阴丁之精，结而成形。铜所禀东方乙阴之气，结而成魄。银禀西方辛阴之神，结精而为之质。铅、锡俱禀北方壬癸之气，锡受壬精，铅禀癸气。阴终于癸，故铅所禀于阴极之精也。金则所禀于中宫阴巳之魄，性本至刚，服之伤肠损肌。银性戾，服之伤肝。铜性利，服之伤肾。铁性坚，服之伤肺。铅性濡滑而多阴毒，服之伤其心胃。其五金阴毒之甚，服之久皆伤肌败骨，促寿损命。凡见之士本求长生，不明五金之性，擅意将其矿石之金，转转修炼。且其矿石之金，皆受五神阴浊之气，结而成质。质体沉顽，虽遇四黄，能变易其体，阴毒之性，终不轻飞。纵令炼化为丹，服之亦乃伤于五藏。知其本性，则至理殊乖，欲服求仙，与道弥远。

四黄制伏品第五

四黄者，雄、雌、砒、硫。其质皆属于中宫戊土之位，性各含阳火之毒，毒能败五藏之气。若别制伏去其火毒，则能成易变转五金之质。若能制伏，拒火色而不易本元，有汁流通，曰功能变转五石之铜银，而化成黄金之质。若伏火色，变白如轻粉，泮液流利者，化于五金，尽成白银，而四黄功力，各禀本气变化。其五金，雄黄功能变铁，雌黄功能变锡，砒黄功能变铜，硫黄功能变银化汞。且四黄功，亦能反铁为铜，反铜为银，反银为金，转转变化，其硫黄功力最高，能添阳益精，反浊归清，此乃是七十二石之将也。其四黄遇于赤盐、大鹏砂、石胆，则伏质归本，不易其色。若遇石盐、马牙硝、石胆，亦伏于火，则变质反而为白色，如轻粉。是以《大洞宝经》、《郑君修真内传》论其七十二石制伏诀，皆须含元胞胎，以黄土等分，和铅粉及石脑，作鼎伏之。绿土与四黄同类，铅又能消火之毒，石脑伏石。其《修真传》中诸石变通之诀，文理稍烦，不能具载。且略陈四黄五金伏制之弘规，乃列之于品汇。

阳金变通品第六

阳金者，所禀阳之精，五神吐符会气，托形为丹砂。丹砂而外包八石，内含金精。金精则先禀气于甲，受形为丙，出胎见壬，结魄成庚，增光归戊，阴阳升降，各归其源。且如矿石、五金，俱受五阴神之气结，亦分为五类之形。形质顽狠，志性沉滞。汞则禀五阳神之灵精，会符合为一体。故能轻飞玄化，感御万灵。汞本托胎于丹砂，位居南方，易胎乃为壬水。水则见汞形于北方，降魄成庚。庚则西方白金，炼形来甲，是东方青金，增精于戊，戊则中宫黄金也。化质归离，功成于九。是以阳金迁变，动用化机，运质易胎，合其五方之体。然后授夫地，革阴阳，超于三元，脱质归真，号之还丹。

成丹归真章

夫合大丹者，先须积阳之精，七反紫金，运动变炼，迁化五神，销形去质，轻化流通，假之真水。然要火功，推演至精，九九数终，真水内火，黑铅石，硫黄是也。铅属北方壬癸水，硫磺性禀南方丙丁火，真铅者含其元气。从铆石烧出，未经烚抽抽炼者，为之真铅也。

合和品第七

取其真铅一斤，七反玄真绛霞砂中。紫金十五两，二物各于别甘锅，镕销为汁后，则均合一处。去火，急手炒令为细砂。入硫黄五两，三物合于钵中，熟研之一日。然后迁于鼎中，运火烧之六转。转添阳炉鼎，火候列在于后火候品中。然大丹先受于天，运之于人，养育变炼，累积正阳，内含水火，外含三光，五神混蒸，忽乃轻扬，化赫成丹，还归南方，清澄优游，坐紫微堂。此亦独内外水火，运转感化，而成大还丹也。

炉鼎火候品第八

夫大丹炉鼎，亦须合其天地人三才五神而造之。其鼎须是七反中金二十四两，应二十四气。内将十六两铸为圆鼎，可受九合。八两为盖。十六两为鼎者，合一斤之数。受九合，则应三元阳极之体。盖八两，应八节。鼎并盖，则为二十四两，合其大数，其鼎须八卦十二神定位，然后将其合了紫金砂，入于鼎中，紧密固济，莫令泄阳气，则致于炉中。

造炉。诀曰：于甲辰旬中，取戊申日，于西南申地取净土，先垒土为坛，坛高八寸，广二尺四寸，坛上为炉。炉亦高二尺四寸，为三台，下上通气。上台高九寸，为天，开九窍，象九星。中台高一尺，为人，开十二门，象十二辰，门门皆须具扇。下台高五寸，为地，开八达，象八风。其炉内须径一尺二寸。然致鼎于炉中，可悬二寸，下为土台子承之。其台子亦高二寸，大小令与鼎相当，然则运火烧之。

火候。诀曰：夫用火之诀，亦象乎阴阳，二十四气，七十二候。五日为一候，三候为一气，二气为一月，七十二候则应二十四气，二十四气则为十二月，十二月为之一周年，阴阳运数足矣，而丹成。夫起火之时，取十一月甲子日夜半甲子时，动火。先从子门起火，五日，用炭三两，须常有熟炭三两，在其炉中，不得增少。次开丑门发火，五日，用炭四两。次开寅门下火，五日，用炭五两。次开卯门着火，五日，用炭六两。次开辰门着火，五日，用炭七两。次开巳门着火，五日，用炭八两。此六门是阳门火。须竖安炭，如阳气发动。次至午门着火，五日，用炭九两。次开未门着火，五日，用炭八两。次开申门着火，五日，用炭七两，次开酉门着火，五日，用炭六两。次开戌门着火，五日，用炭五两。次开亥门着火。五日，用炭四两。至亥门，此六门阴门火，须横安炭，亦象为阴阳气候。从子门运火至亥门，周旋十二门，终计有炭七十二两在炉中，应于七十二候之数，则成四气十二候。六十日两月为一转，则开看之。更添石硫黄二两，和紫金砂于钵中，以玉槌研之半日。却入鼎中，封闭固济。依前每门五日，运火烧之。次还从甲子日子时，于子门起火，用炭五两。丑门，用炭六两。寅门，用炭七两。卯门，用炭八两。辰门，用炭九两。巳门，用炭十两。至午门，却退炭归九两。未门，用炭八两。申门，用炭七两。酉门，用炭六两。戌门，用炭五两。亥门，用炭四两。此第二转运火，每门五日为一候，周旋十二门，用十二候，六十日足，计有八十四两炭在炉中。增第一转，炭十二两，应十二节之数，则候炉中火歇，开看之，色如褐土，金星璨然，而又添石硫黄二两，和砂重研，却入鼎固济之。又依前运火，周遭十二门，每门亦五日为一候，还从子门起火，五日，用炭七两。其炭长须应七两熟炭在炉中，不得增少。又丑门火，五日，用炭八两。次寅门火，五日，用炭九两。次卯门火，五日，用炭十两。次辰门火，五日，用炭十一两。次巳门火，五日，用炭十二两。

次至午门火，五日，却退炭归十一两。次未门火，五日，退炭至十两。次申门火，五日，退炭至九两。次酉门火，五日，退炭至八两。次戌门火，五日，退炭至七两。次终于亥门火，五日，退至六两。其十二门，门门须依本数，着炭周回十二门，匝合有一百八两炭在炉中，增于第二转炭二十四两，应二十四气之数，终十二门，六十日足。候鼎寒，开看色微欲紫。又添石硫黄二两，出金砂和研令相合，却入鼎中，固济之后，亦依前门门五日火候。亦从甲子日夜半甲子时，子门起火，五日，用炭九两。则开丑门着火，五日，用炭十两。次开寅门着火，五日，用炭十一两。次开卯门着火，五日，用炭十二两。次开辰门着火，五日，用炭十三两。次开巳门着火，五日，用炭十四两。次至午门，却退炭至十三两。次未门火，五日，退炭至十二两。次申门火，五日，退炭至十一两。次酉门火，五日，退炭至十两。次戌门火，五日，退炭至九两。次终亥门火，五日，退炭至八两。此转十二门周遭，计炉中有炭一百三十二两。又增第三转，炭二十四两，亦应气候。足寒之开看，其含砂色渐金，紫光之星，璀璨流辉。又添石硫黄二两，出金砂于钵中，和硫黄熟研。却入于鼎中，固济令紧密，视上下无遗漏泄。然后依前门，门运火。亦取甲子日子时起火，从子门先入炭十一两，亦五日。次丑门入火，五日，着炭十二两。次开寅门入火，五日，用炭十三两。次门卯门着火，五日，用炭十四两。次开辰门入火，五日，着炭十五两。次开巳门入火，五日，着炭十六两。则至午门退运火，五日，着炭却至十五两。次至未门入火，五日。着炭十四两。次至申门入火，五日，着炭十三两。次至酉门入火，五日，着炭十二两。次至戌门入火，五日，着炭十一两。次至亥门入火，五日，着炭十两。从子门终于亥门，巡十二门周，着炭计合有一百五十六两。炭在炉中，旋绕其鼎，积运烧之六十日炭数。又增于第四转，炭二十四两，其炉内鼎四外，紫气回绕，看之如雾。候寒开鼎，看其金砂，色转化为紫光之丹，丹内红星点点，似欲轻涌。更添石硫黄二两，和于钵中熟研半日，则却入鼎中，封固济。然后依气候，运武火一转。还从甲子日甲子时，子门起火，五日，着炭十七两，次丑门火，五日，着炭十八两。次寅门火，五日，着炭十九两。次卯门火，五日，着炭二十两。次辰门火，五日，着炭二十一两。次巳门火，五日，着炭二十二两。次至午门火，五日，退炭却着二十一两。次未门火，五日，着炭二十两。次申门火，五日，着炭十九两。次酉门火，五日，着炭十八两。次戌门火，五日，着炭十七两，次终亥门火，五日。合有炭二百二十八两，在其炉中。增于第五转，炭七十二两，应七十二候足，其炉鼎中紫气连天，日月失辉。山河震岌，乃是丹成之候也。歇炉出鼎于香坛之上，然则开看，其丹赫然轻飞，脱离于质，如芙蓉花九层，连于鼎盖之上，十五两分毫无欠。其鼎内有滞灰二十四两，如紫金色。其紫灰一丸如麻子大，则可以制汞一斤，及五石金，尽化为上宝。然则迁其鼎于三洞，各镇其功，功合归真，迴然蝉蜕，此乃还丹之力，其实伟哉。

成丹归真品第九

夫仙有品类，真则一同。如七反之砂丹，功力甚著，服之亦得为高仙。尚未证其真者，何也。缘尚有质碍之体，未能轻化，离于五浊，犹为真水世火，所能销铸。且九还之丹成，飘飘轻化，迴脱去质。圆光洞耀，紫气冲天，遇物而化，无有碍也。千鼓万鞴，终不销镕，而精光转益，炎火之内，亦不能烧。首得服之者当，则羽化云飞，便为高上之真人也。故积精而致仙，积仙而成真。真者则超于至阳，与天地长久，凌云气出没，宰制万灵，役使群仙，巍巍高上，升其紫阙，乃号曰真人矣。然乾坤不渝，阳精岂灭。世类沦化，惟真长存。

七返篇

夫金感于火之谓丹，火去于金之谓汞。故丹砂者，太阳之至精，金火之至体，（丹交火精而候足，汞杂本质而能全。）结成玄元正真之气者也。七返九还者，异名而同归。返者，砂为金也；还者，砂归丹也。或曰：七返者，丹砂，属火，变而成金者也。火之成数七，七变以应阳元之极焉。以丹砂炼治而得伏火，鼓成白银，是一返也。服之一两，万病除矣。以白银化出砂，使之伏火，鼓成黄花，是二返也。服之一两，体和神清，返老还童矣。以黄花银化出砂，伏火，鼓成青金，是三返也。服之一两，虚夷忘情，心合至精矣。以青金化出砂，伏火，鼓成黄金，是四返也。服之一两，身光莹彻，通于表内矣。以黄金化出砂，伏火，鼓成红金，是五返也。服之一两，造化不能移，鬼神不能知矣。以红金花化出砂，伏火，鼓成赤金，是六返也。服之一两，水不溺，火不焦矣。以赤金化出砂，伏火，鼓成紫金，于是阳精真元之气既足，更以紫金化为砂，运火煅之者。再则，通彻洞曜，而为还丹，是七返也。服之一两，形神俱合，超然九天之上。更服九丹，位登真人矣。其法，五日一候也、三候一气也。合用八节二十四气，是为一百二十日，斯飞伏之火候也。凡一候，则飞伏足矣。五日之内，其四用坎，其一用离。用坎者，用水煮之；用离者，用炭七两。常在鼎下（常有热炭七两而不增减），此阳火之飞者也，故五日为一转焉。[①]

①辑自《正统道藏·洞神部·众术类》，上海商务印书馆1926年影印。

陈季

陈季，生平不详。《全唐诗》存诗二首。

湘灵鼓瑟

神女泛瑶瑟，古祠严野亭。楚云来泱漭，湘水助清泠。妙指微幽契，繁声入杳冥。一弹新月白，数曲暮山青。调苦荆人怨，时遥帝子灵。遗音如可赏，试奏为君听。①

张碧

张碧，字太碧，唐末诗人，屡举进士不第。擅长古风，多抨击黑暗现实，同情人民疾苦，有《张碧歌诗集》一卷。《全唐诗》存诗十九首。《全唐诗外编》补诗一首。

秋日登岳阳楼晴望

三秋倚练飞金盏，洞庭波定平如刬。天高云卷绿罗低，一点君山碍人眼。漫漫万顷铺琉璃，烟波阔远无鸟飞。西南东北竞无际，直疑侵断青天涯。屈原回日牵愁吟，龙宫感激致应沉。贾生憔悴说不得，茫茫烟霭堆湖心。②

---

①辑自《文苑英华》卷一八四。

②辑自《全唐诗》卷七七六。

李宾

李宾，曾登岳州开元寺，作诗赠衡岳僧方外。《全唐诗》存诗二首。

登巴陵开元寺西阁赠衡岳僧方外

衡岳有开士，五峰秀贞骨。见君万里心，海水照秋月。大臣南溟去，问道皆请谒。洒以甘露言，清凉润肌发。湖海落天镜，香阁凌银阙。登眺餐惠风，心花期启发。①

狄焕

狄焕，字子炎，并州太原（今山西太原）人。梁公仁杰之后，隐于南岳。

送人游邵州

春江正渺渺，送别两依依。烟里棹将远，渡头人未归。渔家侵叠浪，岛树挂残晖。况入湖湘路，那堪花乱飞。

题柳

天南与天北，此处影婆娑。翠色折不尽，离情生更多。雨余笼灞岸，烟暝夹隋河。自有佳名在，秦松继得么。

①辑自《文苑英华》卷三一四。

咏南岳径松

一阵雨声归岳峤，两条寒色下潇湘。客吟晚景停孤棹，僧踏清阴彻上方。①

蒋肱

蒋肱，宜春（今江西宜春）人。唐末尝客荆南成汭幕。存诗一首。

永州陪郑太守登舟夜宴席上各赋诗

江头朱绂间青衿，岂是仙舟不可寻。谁敢强登徐稚榻，自怜还学谢安吟。月凝兰棹轻风起，妓劝金罍尽醉斟。剪尽蜡红人未觉，归时城郭晓烟深。②

朱逵

朱逵，曾游衡阳，与怀素过往，有歌诗赞其草书。《全唐诗》存诗一首。

怀素上人草书歌

几年出家通宿命，一朝却忆临池圣。转腕摧锋增崛崎，秋毫茧纸常相随。衡阳客舍来相访，连饮百杯神转王。忽闻风里度飞

---

①狄焕诗辑自《全唐诗》卷七六八。

②辑自《文苑英华》卷二一六。

泉，纸落纷纷如跕鸢。形容脱略真如助，心思周游在何处。笔下惟看激电流，字成只畏盘龙去。怪状崩腾若转蓬，飞丝历乱如回风。长松老死倚云壁，蹙浪相翻惊海鸿。于今年少尚如此，历睹远代无伦比。妙绝当动鬼神泣，崔蔡幽魂更心死。[①]

①辑自《全唐诗》卷二〇四。

卷十九

郑仆射

郑仆射，《全唐诗》收《湘中怨讽》一首。

湘中怨讽

青鹢苦幽独，隔江相对稀。夜寒芦叶雨，空作一声归。①

许瑶

许瑶，大历中官御史，曾在湖南，与怀素过往，有歌诗赞其草书。《全唐诗》存诗一首。

题怀素上人草书

志在新奇无定则，古瘦漓缅半无墨。醉来信手两三行，醒后却书书不得。②

---

①辑自《全唐诗》卷七八三。

②辑自《书苑菁华》卷十八，台湾商务印书馆1986年版。

伊用昌

伊用昌，一作伊梦昌。唐末不仕，披羽褐为道士。历游山水，先后曾至两浙、江西、湖南等地。《全唐诗》存诗六首，词一首，分别收于伊用昌、伊梦昌名下。

湖南闯斋吟

谁人能识白元君，上士由来尽见闻。避世早空南火宅，植田高种北山云。鸡能抱卵心常听，蝉到成形壳自分。学取大罗些子术，免教松下作孤坟。

题茶陵县门

茶陵一道好长街，两畔栽柳不栽槐。夜后不闻更漏鼓，只听锤芒织草鞋。①

熊皎

熊皎，唐代诗人。自称九华山人，生平不详。有《南金集》二卷，《全唐诗》存诗六首。

湘江晓望

笙歌欢罢散离筵，水色朦胧蘸宿烟。山响疏钟何处寺，火光收钓下滩船。微云过岛侵微月，古岸平江浸远天。归梦已阑风色

①伊用昌诗辑自《沅湘耆旧集》卷十四。

动，孤帆仍要住无缘。①

清范

清范，唐代岳麓寺僧，生平无考。

送芝上人游罗浮二首

一

一瓶一锡十方游，挥麈湘南夜语投。四百好峰在何许？寄师双眼看罗浮。

二

此身政坐爱名山，投老求闲可得闲。遥夜相思千里月，想应骑虎度松关。②

守安

守安，唐末五代禅师。嗣漳州桂琛禅师。初住江州悟空院，后住衡岳南台。

问道颂

南台静坐一炉香，亘日凝然万事忘。不是息心除忘想，都缘

---

①辑自《全唐诗》卷八八六。

②辑自《罗浮山志会编》卷十，清康熙刻本。

无事可思量。[1]

刘山甫

刘山甫，五代后周文学家。彭城（今江苏徐州）人。著有《金溪闲谈》十二卷，今佚。所撰《徐寅墓志铭》，情文并茂，为世所称。《全唐诗》存诗一首。

题青草湖神祠

坏墙风雨几经春，草色盈庭一座尘。自是神明无感应，盛衰何得却由人。[2]

黄损

黄损，字益之，五代时期连州（今广东连县）人。后梁龙德二年（922）登进士第，累官尚书左仆射。病卒。有《桂香集》，今佚。《全唐诗》存诗四首，《全唐诗续拾》补诗一首。

书壁

一别人间岁月多，归来人事已消磨。惟有门前鉴池水，春风不改旧时波。

句

水谙彭泽阔，山忆武陵深。

---

①辑自《景德传灯录》卷二四。
②辑自《全唐诗》。

高齐日月方为道，动合乾坤始是心。

傍水野禽通体白，饤盘山果半边红。①

谏南汉主刘龚书

陛下之国，东抵闽越，西尽荆楚，北阻彭蠡之波，南负沧溟之险。盖举五岭而有之，犀玉珠贝果布之富，甲于天下。所谓金城汤池，用武之地也。今民庶穷落，而工役繁兴，天灾人怨，兵家所忌。苟或不虞，其何所恃以为战？且汴洛未平，荆吴犷狡，正宜务农息民，以宏圣基，遮遏强敌。乃纵耳目之好，尽生民之膏，兴土木之工，伤朴素之化，供一己逸欲而失天下心，臣窃为陛下不取也。②

张观

张观，五代南楚马殷时人。《全唐诗》存诗一首。

过衡山赠廖处士

未向漆园为傲吏，定应明代作征君。传家奕世无金玉，乐道经年有典坟。带雨小舟横别涧，隔花幽犬吠深云。到头终为苍生起，休恋耕烟楚水濆。③

---

①黄损诗辑自《全唐诗》卷七三四。

②辑自《南汉纪》，中华书局 1985 年排印《丛书集成初编》本。原无题目，此拟。

③辑自《沅湘耆旧集》。

黄文

黄文，《全唐诗》收《湘江》诗一首。

湘江

潇湘江头三月春，柳条弄日摇黄金。鹧鸪一声在何许，黄陵庙前烟霭深。丹青欲画无好手，稳提玉勒沉吟久。马蹄不为行客留，心挂长林屡回首。[①]

周岳秀

周岳秀，唐代诗人，《全唐诗》收诗一首。

君山祠

万顷湖波浸碧天，旌封香火几千年。风涛澎湃鱼龙舞，栋宇峥嵘燕雀迁。远岫光中浓淡树，斜阳影里往来船。江河愿借吹嘘便，应有神功在目前。[②]

崔季卿

崔季卿，山西垣曲人。一说恒州井陉（今河北井陉）人。大历诗人崔峒之从孙，曾游洞庭。《全唐诗》存诗一首。

---

①辑自《全唐诗》卷七七二。
②辑自《全唐诗》卷七七二。

晴江秋望

八月长江万里晴，千帆一道带风轻。尽日不分天水色，洞庭南是岳阳城。①

刘望

刘望，袁州（今江西宜春）人。登进士第。昭宗时曾作诗投镇南节度使钟传。刘松《宜阳集》曾录其诗。《全唐诗》收《九嶷山》诗一首，作世次爵里无考者。民国《万载县志》存其诗一首，《全唐诗续拾》据之收入。

九嶷山

鼎湖冠剑有遗踪，晋汉真人羽化同。九转药成丹灶冷，五车云去玉堂空。仙家日月蓬壶里，尘世烟花梦寐中。徒有旧山流水畔，老松枝叶苦吟风。②

马云奇

马云奇，约于代宗大历初在湖南与怀素等过往唱酬。马云奇的诗作在敦煌石窟中发现，被外国人劫去藏在法国巴黎图书馆。根据敦煌抄本，马云奇诗作存十三首。

---

①辑自《全唐诗》卷二九五。

②辑自《全唐诗》卷七七五。

怀素师草书歌

怀素才年三十余，不出湖南学草书。大夸羲献将齐德，窃比锺繇也不如。畴昔阖梨名盖代，隐秀于今墨池在，贺老遥闻怯后生，张颠不敢称先辈。一昨江南投亚相，尽日花堂书草障，含毫势若斩蛟龙，握管还同断犀象。兴来索笔纵横扫，满坐词人皆道好。一点三峰巨石悬，长画万岁枯松倒。叫噉忙忙礼不拘，万字千行意转殊。紫塞傍窥鸿雁翼，金盘乱撒水精珠。直为功成岁月多，青草湖中起墨波。醉来只爱山翁酒，书了宁论道士鹅。醒前犹自记华章，醉后无论绢与墙。眼看笔掉头还掉，只见文狂心不狂。自倚能书堪入贡，一盏一回捻笔弄，壁上飕飕风雨飞，行间屹屹龙蛇动。在身文翰两相宜，还如明镜对西施。三秋月澹青江水，二月花开绿树枝。闻到怀书西入秦，客中相送转相亲。君王必是收狂客，寄语江潭一路人。①

陆蟾

陆蟾，五代时藤州镡津（今广西藤县）人，生卒年不详。曾寓居潭州攸县司空山。好神仙事，多辟谷累月，雍熙中服药卒。陆蟾是藤县古代留有诗下来最早的一位诗人，他留下的诗，宋高僧契嵩的《镡津文集》、清朝王士祯的《五代诗话》、梁章钜的《三管英灵集》、王重民辑的《全唐诗外篇》均有刊载。

①辑自《敦煌唐人诗集残卷》，《文物资料丛刊》1997 年版。

司空山闻子规

后夜入清明，游人何处听？花残斑竹庙，雨歇岘山亭。树罅月欲落，窗间酒正醒。众鸟方在梦，谁念尔劳形？①

姚岩杰

姚岩杰，陕州硖石（今河南陕县东南硖石镇）人。梁国文贞公姚崇的裔孙。少聪悟。二十岁博通经典，人称“象溪先生”。有《象溪子》二十卷，已佚。《全唐诗》存诗一首、酒令二句。

题云峰寺

朔风振林壑，楼殿虚无间。半夜云开月，流水满空山。②

崔涯

崔涯，博陵（今属河北）人。光启中至湘邑。

和濮阳人登眺江亭赋长韵

闲步江亭驻客行，殿台高敞杜鹃声。风生屈宋魂应散，雨过黄娥恨亦轻。春笋乱穿阶藓缺，晚霞旁衬野花明。翠华不返蒲关去，鸳鹭数行松韵清。③

---

①辑自《全五代诗》卷六四。

②辑自《衡山县志》卷六，民国1924年重刊明弘治本。

③辑自《灯下闲谈》卷下，上海商务印书馆1919年版。原无题目，此依《全唐诗续拾》。

史松

史松，又名史邕，郑滑人。试礼部不第，往游荆州。天成二年(927)，至武陵。诗二首。《全唐诗》无史松诗。

梦中献南楚国王夜宴诗

妙乐佳人数步随，殿堂高敞盛威仪。凤笙品弄檀唇散，鼍鼓喧锜锦袖垂。宝帐珍华光煦灼，玳筵花烛影参差。酒酣回顾清歌妓，粉面皆言某在斯。

偹公上人草书歌

真踪草圣今古有，偹公学得谁及否？古人今人一手书，师今书成在两手。书时须饮一斗酒，醉后扫成龙虎吼。风雨飘兮魍魉走，山岳动兮龙蛇斗。千尺松枝如蠹朽，欲折不折横岩口。张旭骨，怀素筋，筋骨一时传斯人，斯人传得妙通神。攘臂纵横草复真，一身疑是两人身。①

李观象

李观象，桂林人。初事刘言为掌书记，复事周行逢为节度副使。行逢卒，劝其子归宋。存诗一首。《全唐诗》无李观象诗，传据《十国春秋》卷七五本传。

---

①辑自《五代诗话》卷七，人民文学社 1998 年版。

纸帐诗

清悬四面剡溪霜，高卧梅花月半床。萤瓮有天春不老，瑶台无夜月生香。觉来虚白神光发，睡去清闲好梦长。一枕总无尘土气，何妨留我白云乡。①

刘威

刘威，武宗会昌时人。终生不得志，漂泊南北。《新唐书·艺文志》著录《刘威诗》一卷，今已佚。《全唐诗》存诗二十七首。

三闾大夫

三闾一去湘山老，烟水悠悠痛古今。青史已书殷鉴在，词人劳咏楚江深。竹移低影潜贞节，月入中流洗恨心。再引离骚见微旨，肯教渔父会升沉。②

释宏选

释宏选，唐宜章开山寺僧人。

寄节度庆公

天朝元老镇郴阳，方外论交□异常。万贯珠玑存丈室，一襟星斗照西方。鹤随云去清霜冷，马负经归夜月凉。寄与达人休作

①辑自《五代诗话》卷七。
②辑自《全唐诗》卷五六二。

笑，浮生日暮道途长。①

狄中立

狄中立，会昌初官华州下邳县尉、武陵军事判官。《全唐文》存文一篇。

桃源观山界记

桃源山洞开显，庑宇兴创，神仙异境，具武陵经。今有言者，道士朱法虔以状来曰："有观在山，有户在疆，图籍且久，事不能辩。"农人曰："斧某林，田某墟，而养侵竞，未能以遵清净之化。"公贤其辞，实疑渔蠹之未弭，乃询故实，刻石定所至而明白之。荥阳公之临武陵，实开成五年也。桃源观在州西，水路去州城一百四十里，陆路八十里。准天宝七年五月十三日制，取近山三十户，蠲免租赋，永充洒扫，守备山林。此观山四至，准建中二年所定山界，东西阔七里，南北长九里，周回三二里。东至厮罗溪五里，西至大江二里，南至障山四里，北至大江五里。障山在祠堂南四里，以山岭分水为界，直南屏蔽如障，故以名。八迹坛在祠堂北一百八步，瞿童上升处，足印八迹。后人思之，立坛于其所，因以为名。今奉敕醮祭，皆在斯坛。秦人洞在障山中峰之阴，厥状如门，巨石屏蔽，灵迹犹存。有水自中，涓涓不绝，竹树阴森，虽盛夏炎炽，凛然若秋。又多奇花奇木，禽兽非凡。信仙境也。朱老师阁在观西一百步。老师名灵辩②，于此朝礼，常

---

①辑自《宜章县志》卷二四，民国 1941 年刊本。

②辩，同辩。

闻异香仙乐，既终，后人莫敢居。年久摧毁，厥址尚存，今有杉木十余株，枝干盘屈若龙蛇之形，凌冬不凋，有松柏之操。桃源洞在祠堂北。大江南岸渔人黄道真见桃花处，备于陶渊明、伍安贫记云。会昌元年十二月二十一日，军事判官前华州下邳县尉狄中立记。①

陈庶

陈庶，扬州人。唐代后期画家，善画花鸟。《全唐文》存文两篇。

蠡山庙状

范大夫庙在龙阳县之赤山，山接沅江县，东有湖，古名赤山，春夏水绕之。一云天宝六载，巡使萧子宝改山与神同名，今民庶惮其灵，罔敢呼者。庙后倚高山，前临湖水。山即峰峦叠叠，观如队羊。水即淼漠云梦章华之洞泽。其庙古与禅林台同为一院，乃有长松巨竹，豫章杂树，烟霞郁茂。旁有渚名南浦，居人列墙而住，径帆往来，无不凑者。向南二里余，有巨石数十，逼临湖水。大者状如宫室，如舟航系于湾岛，名曰石碑。石畔有潭，秋冬不干，号横潭池。夏日洪涛汹涌，鱼龙之所会。沿崖有路通行，上有垂藤古木，鸟兽所居。崖岸数里，远望如霞。西望隔湖平田数百亩，中有古城，俗呼澥涌城。林木森耸，每春水泛溢，岚翠湖光，气烝祠宇。按《郡记》云："即楚附庸君城也。"庙北去太湖五里余，有上垄连山脚而截湖如堤防，上有一柱，冬居垄上，春夏迥在水中，名系马柱。庙无碑记，相传神以光宅二年临北境，

①辑自《全唐文》卷七六一。

时见乘石牛巡山择地，至第三崮曰覆盆崮[①]。上有豫章，盘根数丈，垂枝下扫其地，神于此置庙。或云：贞观以来，曾蒙国祭禅林台，有殿宇佛事，悉皆开元中建立。咸通十一年二月，前使塞中丞施金帛建庙院。[②]

李知元

李知元，懿、僖时人。《全唐文》存文一篇。

古塔记

天下湘山祖师圣化主人无量寿佛入寂几十霜矣，奉遗命以肉身垂化。及今浮图成，奉佛出龛入焉。圣貌如生，毫光时现，真世希有事也。佛降神天寿之乡，垂像五华之地，珠投周室，钵出径山。法讳全真，别号宗慧。先年云游至县，选胜湘山。结茅为院，名曰净土。十力神圆，六通智足。慈育万有，道济百灵。不扰人天，耕畲自给。处世说法，利益无边。来者如归，视道若咫。太和之末，沙汰僧尼。会昌五年，焚毁刹院。佛以觉照，先事深藏。风移益高，挺然独立。衣冠殊制，名号不伦。衣曰无量寿衣，冠曰真空法冠。髭发不剃，老少不常。不念经，不礼佛，乃自号真空法身周主人。又尝谓修行犹落色空，见我所以超凡。透色空，过真空，乃入无量量。绝无无量，那得非无量主人。大中初，佛教重兴，兼苦旱久，邑人乃入覆釜，迎佛还山。雨旸时若，物和岁丰。民安其生，俗蒸以变，盖居然一极乐国也。制教十二部，

---

①崮，同冈。

②辑自《全唐文》卷八〇五。

部十二卷，命曰《遗教经》。又其徒汇录《湘山百问》行世。咸通八年二月初八日辰时，忽召众，谓无色天请吾设法。既而偈毕，趺坐而逝。遂卜于山之中峰笋布台下，建院迎龛上供，逾二七夜，放白毫相光十一道，光中现十有一佛，如是者弥月。乾符甲午夏，刘相公瞻从骥州召还，过湘源，以佛与同郡，诣院供香。见紫云回翔其上，蠲缣一笥，助修浮图。于是净土院三会长遍募诸方，就供所地，庀材鸠工，经营两载，乃峻厥役。官僚信士，大集斋供以庆之。时则乾符三年岁次景申二月己酉朔十二日庚申也。知元滥蒙众请，据事直言，刊石塔门，永播终古。①

萧振

萧振，五代南吴天祐时人。《全唐文》存文两篇。

修黄陵庙记

岁在单阏，律应蕤宾。太尉中书令楚王重修二妃庙于洞庭岸，所以酬灵感而答前愿也。在昔有鳏侧陋，将宏试可之功。釐降观刑，始协嫔于之德。于是化流妫汭，德洽尧闻。冈矜帝子之尊，尽执家人之礼。洎南巡不返，北渚俱来。莫追龙驭之踪，空见象耕之所。违天有恨，甘委骨于重泉。同穴无期，分捐躯于积水。芳流旧俗，德被遗黎。焕庙貌于千秋，俪精灵于二圣。魂归紫府，想从西母之游。迹瘗黄陵，犹锡斯民之福。有祈皆应，无感不通。权水旱于乡关，运惨舒于生植。吞刀吐火，越巫而但骋蹁跹。桂酒椒樽，楚老而犹通肸蚃。我太尉中书令楚王抚戎多暇，访古遗

---

①辑自《全唐文》卷八二七。

踪，敬神而远之，非鬼不祭也。以二妃庙基颓毁，栋宇倾摧。荆榛翳荟于轩墀，苔藓斓斒于像设。灵踪未泯，宁无步袜之尘。祀事不严，亦系褰帷之政。乃命鲁工削墨，郢匠运斤。初洞启于崇扉，忽鸟翔于峻宇。圬墁云布，畚锸星罗。在三农而不妨，虽一日而必葺。兰椽栉比，桂柱翚飞。梁间之蝃蛛不收，檐际之鸳鸯欲起。黛眉斯敛，若含黄屋之愁。绣脸如生，将下翠筠之泪。始者欲为经度，尽自内财。仍奏皇明，请崇徽号。奉唐景帝天祐五年六月十有四日敕旨，以黄陵祠封懿节庙。窃以世遥三古，事远重华。褒扬必在于正人，宠数方加于异代。故可使穷泉发耀，贞魄有归。非至德何以通神明，非至灵何以感直气。厥功既就，盛德将书。镌铭永托于他山，悠久便同于玄造。宜求彩笔，以述芳词。振迹忝前旌，名微候馆。仰承严命，俯扣庸音。无陆氏之患多，有景纯之未痦。它年岸上，应知杜预之功。今日江边，且愧曹娥之作。

重修三闾庙记

噫！楚怀失道，远君子而近小人。靳尚谗言，兴浮云而蔽白日。子也含冤靡诉，抱直无归。叩阍而天且何言，去国而人皆不吊。徘徊泽畔，憔悴江滨。吟贝锦以空悲，佩崇兰而自喻。云装羽驾，东皇君忽尔来游。敛衽端蓍，郑詹尹于焉靡说。怀忠履洁，忧国爱君。惊禽而徒欲绕枝，弃妇而岂忘回首。离骚咏尽，不回时主之心。灵琐长辞，竟葬江鱼之腹。救溺之兰桡竞逐，招魂之角黍争投。寖为午日之风，播作三闾之事。式瞻遗庙，尚岿崇基。绵岁月以斯多，黯精灵而未歇。然即金铺零落，兰寮摧颓。蜗涎全染于杏梁，虫蠹半穿于桂柱。苔生玉座，尘压珠帘。蓬蒿渐蔽于轩楹，风雨垂侵于像设。我太尉中书令楚王，道惟济物，德必神通。思阙政而感修，想忠魂而有感。况灵符祷请，事著聪明。能资上相之兵威，克靖二凶之沴气。遂得拜章上请，疏爵遥封。爰旌感应之功，是锡昭灵之号。相府乃减净财于厚禄，模大壮于遗祠。规圆矩方，上栋下宇。华榱锦簇，将日曜而月辉。彩槛带萦，或龙盘而兽走。飞檐鸟企，瑶砌砥平。灵官与鬼将争趋，海若共波神并侍。阴风暝起，应朝泽国之灵，落月春深，但哭巴山之鸟。前依积水，迥压高丘。占形胜于一隅，奠馨香于万古。其或征人辍棹，归客凭轩。当洞庭木落之初，是枉渚波生之后。千声鼓枻，犹传濯足之歌。一纸沉书，曾吊怀沙之恨。风急始知于草劲，火炎方辨于玉贞。当时之瓦釜虽鸣，异代之桐珪忽及。况重新庙貌，光被纶言。固可以大刷幽灵，全摅愤气。想直躬而若在，披遗像以如生。爰终结构之功，欲纪经营之迹。岂期严命，猥及下寮。振道愧谭宾，名参霸府。居唯代舍，归来敢叹于无鱼。地实长沙，日晚谁惊于有鹏。从军稍暇，访古多怀。正吟招屈之辞，忽捧受辛之旨。勒他山之翠炎，序有土之殊功。风声永播于无穷，追琢便期于不朽。何人读罢，起三十里之沉思。今日斐然，惭二百年之述作。直书盛迹，用告将来。①

欧阳广

欧阳广，吉州吉水人。南唐保大中（943—957）上书嗣主，言边镐必败。事验，召授本县令。《全唐文》存文一篇。

---

①辑自《全唐文》卷八六九。

上元宗论边镐书

臣近游潭州，伏见节度使边镐，初非将材。偶逢圣代，加之任使。措置乖剌，大失人心。致奉节兵士，乘夜大呼，共焚谯门，会明而遁散。不然，几致大变，是仁不足惠下也。朗陵近在肘腋，曾不为虞。乃图桂林，以取奔走，是智不足谋远也。与监军使昌延恭不相协和，动辄疑阻，是义不足和众也。堂堂幕府，空无才贤，是礼不足得士也。军中号令，朝出暮更，是信不足使人也。五者无一长，考之前古，未或不败。请择帅济师，以全境土。①

李冲昭

李冲昭，一作仲昭，唐末南岳道士。遍访南岳名山古迹，每得一事，即收录成条，存于竹箱中，唐昭宗天复二年（902）辑成《南岳小录》。《全唐文》存文一篇。

南岳小录

序

冲昭弱年悟道，近岁依师，洎临岳门，频访灵迹，唯求古来旧记，希穷胜异之事，莫之有者，咸云兵火之后，其文散失。遂遍阅古碑及《衡山图经》、《湘中说》，仍致诘于师资长者，岳下耆年，或得一事，旋贮箧笥。今据所得，上自五峰三涧，古来宫观药院，至于历代得道飞升之流，灵异之端，撮而直书，总成一卷，

---

①辑自《全唐文》卷八七〇。

目为《南岳小录》。庶道侣游山，得之彼览，粗知灵迹之所自云。时壬戌岁冬十月序。

叙岳

南岳者，《周礼·职方氏》曰："南岳之镇曰衡。"以其分当翼轸，光辅紫宸，钤三气之根，钧五灵之德，上列注生之宿，下符长育之功，称物平施，故谓之衡山。《五岳真形图》云：潜、霍、庐、洏麻、玉笥、洞阳、小沩、九疑、罗浮等十山为之佐命，复有神仙圣境，曰朱陵洞洞天也。又云："山禀灵气，时有异人。"又《福庭志》云："朱陵之天，周环七百里，七十大峰，有五小峰，有二坛，露光青玉，学道居此，度世上升。又青玉坛、洞灵源、光天坛，悉是福地；五岳作镇，皆有高真统治，盖以导云南、养万物、惠群生者也。"

五峰

祝融峰　紫盖峰　云密峰　天柱峰　石廪峰

祝融峰，去地高九千七百八十丈，在诸峰之北，最高，拥诸峰而直上。有祝融庙基，及青玉坛、光天坛、白璧坛、雷公池、风穴仙梨树、上清院基。峰之东南，有李泌书堂。

紫盖峰，去地高四千五百丈九尺。其形嵯峨，有似麾盖，因以为名。上有仙人池、七真阁，下有紫盖院基、王氏药堂。

云密峰，昔夏禹治水，登此峰立碑，纪其山高下丈尺，皆科斗文字。近代樵人，或有遇者，其碑至灵，隐而不见。又有禹溪及隐真平、断石源、朱陵洞、丹崖仙人石室存焉。

天柱峰，其形似柱，因以为名，亦名柱括峰。下有魏夫人石坛，或云魏夫人在此处得道。

石廪峰，远望如仓廪，其上方阔十丈，传云傍通洞府。昔有洞门观，胡浮先生常乘白豹游之。又有小石廪峰，下有舜庙，又有华盖、岣嵝、掷钵、回雁，皆小峰之数。

三涧

云涧　寿涧　洞真涧

云涧，以其通于仙源而多灵药，是有其名。出紫盖峰，西逾圣寿观，合寿涧南下岳观，分注平野，及有洞真涧。

司天霍王庙

司天霍王庙，在岳观前，去观百余步。本以南方属火，配神曰祝融。玄宗封为司天王，以配夏享，有庙令司人。本庙在祝融峰上，隋代迁移废华薮观而建立，今祝融峰顶有古庙基存焉。

真君庙

真君庙，在岳观之东五十余步。本与司天王同庙各殿，开元中，司马天师上言："五岳洞天各有上真所治，不可以血食之神，同其雩祀，既协圣旨，爰创清庙。"是岳也，启夏之际，洁斋致醮，兼度道士五人，长备焚修洒扫，即开元十五年五月十五日明制也。《五灵经》云："佐治者九人，从吏三百人，羽卫官三万人，为国家祈真请命之地。"《上真记》云：太虚真人领南岳司命，即炎老君也。潜山真人鲍君副治、霍山真人韩君佐治、金华真人黄君初平、天柱真人左君元放、南霍真人郑君思远、霍林真人许君暎、丹霍真人周君阳、紫虚元君魏夫人华存，并居佐命之曹，吴越楚蜀之会，皆当司察之。

衡岳观

衡岳观，在华盖峰下。按旧碑，晋太康八年，徐真人灵期、邓真人郁之建置。梁天监二年，周真人静真再加弘葺，武帝赐三百户庄田充基业。至隋大业八年，诏请蔡天师法涛、李天师法超住观焚修，兴行教法。其衡州府库田畴什物，并赐观资用。唐贞观二年，太宗重书额，请张天师惠朗度道士四十九人，为国焚修。高宗弘道元年，请叶天师法善封岳，辟方四十里，充宫观长生之地，禁樵采，断畋猎，罢献琛，以为常典。观内有田先生得道降真堂、刘天师真堂，后有尹真人上升坛。其观碑文，隋学士曹宪撰，今见存焉。

招仙观

招仙观，按旧碑文曰："肇基刘宋，分宇萧齐。"又《别传》，晋咸亨间，徐真人建置。至齐元兴元年七月二日，有住持升玄道士张昙要乘鹤，白日冲天。其夜雷电激吼，天地震动。今观后约一里地，有朝天香坛存焉。唐贞观二年，萧天师灵护，庐陵人，时在岳招仙观，乱后荒凉。天师素能点化之术，遂点化黄白之物，投外藩，转钱物而创观宇。不数年，克致完合。贞观五年，建寻真阁。

九真观

九真观，按碑文，晋太康中邓真人建置徐真人祠。唐开元年中，有王天师仙乔。初，天师为行者，道性冲昭，有非常之志。因将岳中茶二百余壶，直入京国，每携茶器，于城门内施茶。忽一日，遇高力士，见而异之。问其所来，乃曰："某是南岳行者，今为本住九真观殿宇破落，特将茶来募施主耳。”于是力士上闻，玄宗召见，嘉叹久之，问曰：“尔有愿否?”对曰：“愿郁郁家国盛，济济经道兴。”上深加礼焉，俾于内殿披度，厚与金帛，津置令归岳中，修创观宇。不数年而完全，道行逾高，声流上国，寻有诏命，封为天师。乾元二年三月三十日得道。

又有薛天师季昌，本绵州绵竹县尉，在京舍官入道，志操不群。将归南岳，上闻玄宗，玄宗嘉之，亦厚颁金帛。上命笔赋诗送赠，有序曰：“炼师初解簪裾，栖心衡岳，及登道录，慨然来兹，愿归旧居，以守虚白。不违雅志，且重精修，忽遇灵药志人，时来城阙也。乃赋诗一首宠行云尔。”诗曰：“洞府修真客，衡阳念旧居。将申金阙要，愿奉玉清书。云路三天近，松溪万籁虚。犹期传秘箓，来往候仙舆。”后封天师。天师又师司马天师，玄宗礼重，呼为道兄。凡是观中什物，多是恩赐。临行，又赠金器一百事、银器二百事，绵帛至多，皆有御札。天师以乾元二年二月六日得道。自离乱后，焚烧荡然，虽重修舍宇，竟未完复。唯存恩赐钟一口，重四千斤。咸通中，有王尊师名因节住持，道行出众，营缉至多，声达京师，为王侯所重。今在北岳，封总教大师。观后有白云先生药堂。又有一小池，名甘泉。其泉味甘，煎茶似乳，旧日亦有甘泉院。

西灵观

西灵观，按《图经》云：“梁天监五年建置。”本女真住持，经兵火后，未暇修营。西有魏夫人仙坛，开元中，有女真薛师在观得道。又于晨溪别构道院，每出入常有白豹随行，游历洞府。薛天师常诣之，不与相见，后不知所之。

圣寿观

圣寿观，本灵夏卢尚书名藩书堂，以咸通六年抗表奏舍为圣寿观，观内卢公真堂坛殿俨然，又有层崖峭壁，修竹茂松，涧水潺湲，风景甚异。

九仙宫

九仙宫，本张真人名始珍所居，有石坛，方阔丈余。梁天监三年，有仙者八人，迎张真人于石坛上，同升天去。咸通九年，衡州刺史史觌奏置宫额，十年十月敕下，宜依所奏行之。

中宫

中宫，本梁朝王真人灵与修行上升之处。又大历年，李得琳先生居之得道。

元阳宫

元阳宫，本晋朝陈真人兴明修行上升之处。

上清宫

上清宫，本徐真人灵期修行上升之处。大历七年，有玄和先生张太空居之得道。又大中元年，韩威仪居之得道。

紫虚阁

紫虚阁，有魏夫人仙坛，高一丈二尺，上圆平，约阔一丈，亦名飞流坛。《传》云："夫人自抚州乘龙飞来至此。夫人，晋太尉舒之女，讳华存，号上真紫虚元君。"有台阁，仪像俨然。又云："晋咸和年于此修道。"又北去半里，有神溪投龙潭，每修斋毕，投金龙于此。

石室隐真宫

石室隐真宫，大历年中，广成刘先生玄静修行之处。行三五步冈，夺虎穴而居之，名曰隐真宫，刺史韩皋出俸钱为创会真阁。初，先生在兹十五年余，修道莫有知者。时因太史占之，云有真人星见，隐者在兹岳得道，应于天文。上闻武宗，武宗遽降诏命，委本道监军使遣人赍诏征召。使人到岳，遍寻无所不至。忽一日，中使人行及中宫西南面三里余，历崄攀萝，见一石室，深邃屈曲，有住之家。于是擘藤萝入深，乃见先生凝然而坐。中使宣命，先生初乃佯狂，后即承命。寻赴阙庭，诏封为帝师，号广成先生。却复兹地，未几而羽化。今石室有昔时镌石为醮坛、天宝台、碓硙、瓮缶、棋局、茶灶、灯台，皆就石而琢成之，今悉存焉。

凌虚台

凌虚台，昔有薛天师季昌、周尊师混汙相次居之得道。

洞灵台

洞灵台，本李天师明俊居之得道，亦是福地。

添香台

添香台，昔有女真居之得道，今台及圣境存焉。

刘根先生药岩

刘根先生药岩，昔有仙人刘根居之修行之所，在九仙宫之西北，颇甚深邃，亦殊异之境也。

紫盖院

紫盖院，昔有道人建置，乱后唯基址存焉。

白云先生药堂

白云先生药堂，在九真观西。开元中，司马天师承祯本号白云先生，后授贞一先生，尝于此修行。

尹真人坛

尹真人坛，在岳观北百余步，真人讳道全上升之处。

田先生药岩

田先生药岩，在中宫东面百余步。先生讳良逸，元和中修行于此，后得道。

北帝院

北帝院，在岳观东北，去观三里，昔有女真侯炼师居之修行，勤于香火，后亦得道。

洞真瀑布

洞真瀑布，在招仙观北，去观三里，瀑布如帘，垂及亭台，碑文纪其胜异。上有朝天坛，昔日张真人昙要上升之处。又下有投龙潭，每修斋毕，投金龙于此也。

王氏药院

王氏药院，咸通间，有术士王生居之。有茂松修竹，流水周绕，及多榧树茶园，今基址存焉。

光天观

光天观，传云融峰院，是观基。

隐真平

隐真平，在云密峰之中，坦然而平，方阔五里，是神仙遨游之所。时人寻之，少有到者。

断石源

断石源，在隐真平水源，有石高数丈，阔数尺而中断，上有镌字云："此有丹砂水，如乳而甘香。有人得掬饮之，可寿至千岁。"寻游者到此间，唯闻石下有流水之声，在左边听即落右边，在右边听即落左边，罕有得者。

朱陵洞

朱陵洞，即三茅洞天，在九仙宫正西三里，有石岩，下有平石，方二丈，是旧时投金简之所，《传》云朱陵洞之东门也。

前代九真人

出《九仙宫碑》，旧有九仙殿

陈真人兴明，居元阳宫，晋武帝大始元年三月一日上升。

胡浮先生，姓施，名存，居洞门观西峰构虚阁，晋惠帝永康九年四月上升。

尹真人道全，居岳观溪，晋怀帝元嘉元年正月九日上升。

徐真人灵期，居上清宫，宋元徽二年九月九日上升。

陈真人惠度，居古玉清宫，齐武帝永明二年五月十三日上升。

张真人昙要，居招仙观，齐延兴元年七月三日上升。

张真人始轸，居九仙宫，梁天监三年七月十三日上升。

王真人灵舆，居中宫，梁天监十一年七月十三日上升。

邓真人郁之，字玄寂，居洞门观，梁天监十年十二月三十日上升。

又有双袭祖、双子辨二人，相次得道。

唐朝得道人

在岳一十四人

殷先生景童，天宝十七年七月三日得道。

萧先生灵护，弘道三年八月十五日得道。

李天师思慕，天宝十四年八月廿六日得道。

何尊师隐其名，天宝二年十月十五日得道。

薛天师季昌，乾元二年二月六日得道。

王天师仙乔，乾元二年三月三十日得道。

傅天师待仙，乾元三年十一月七日得道。

董先生秦仙，大历元年十一月六日得道。

玄和张先生太空，大历七年二月八日上清宫得道。

李先生德琳，大历十二年九月五日中宫得道。

田先生良逸，元和六年正月七日在降真院得道。

广成刘先生玄静，大中五年五月十一日得道。

周尊师混汙，会昌二年正月得道。

韩威仪，大中元年上清宫得道。

田先生有弟子陈征君、冯征君、张征君三人，不就征，皆于天台山相次得道。

真君传汉中垒校尉刘向撰

赤松子者，神农时雨师也。服水玉以教神农，能入火自烧。数往昆仑山中，常止西王母石室中，随风雨上下。炎帝少女追之，亦得俱去。至高辛时，复为雨师焉。

王母者，神人之面，蓬发戴胜，虎爪善啸，岩居，名王母，在昆仑之墟焉。赞曰：

渺渺赤松，飘飘少女。接于翻飞，泠然双举。

纵身长风，俄翼玄圃。妙达坎巽，作范司雨。

田先生写真赞蒙谷子诸葛黄撰

田先生，实衡之攸民，间世所出，天然真气，生而知道，醇孝养亲，得混朴自然之理，言貌不饰，裘褐垢弊。侯王礼重，我亦不荣，甿隶给轻，我亦不陋。驱役鬼神，意往即至。一入衡岳，逾五十年，九百门人，皆是轩冕，请为法主，一作帝师广成先生是也，即先生之道，其可知也。仪形可质，图写存焉。自始及今，未有称述，黄承其阙，序以赞云：

灵根独秀，真人间生。仙非积学，道乃天成。汪汪德貌，落落神情。兹形如在，犹可作程。①

高思元

高思元，《全唐文》存文一篇。

---

①辑自《四库全书》，台湾商务印书馆1986年版。

对芝草白兔由刺史善政判

岳州人王怀俊，幼丧二亲，庐于墓侧，负土成坟。至孝潜通，屡呈祥瑞。其地内生芝草兼白兔，刺史元利济仁明训俗，善绩著闻。廉察使以为由刺史录奏。怀俊不伏。

天经地义，圣人不加；通幽洞冥，神心必应。怀俊幼倾怙恃，早标孝德。充穷之思，已结于楹书；孺子之感，更缠于匣扇。既而日月有时，爰从筮宅，坟茔是托，俄见葺庐。马鬣新封，牛冈载阐。有同文让，柏径栖乌；还类许孜，蒿埏集雁。故得皎皎仙兔，孕质而呈祥；蔼蔼灵芝，抽茎而表瑞。岂以刘家之堇，唯出于生前；王氏之鱼，不彰于死后？此由圣皇御宇，恩覃锡类；神灵滋液，品物昭苏。纯仁蹈于二仪，祯符效于万象。假使六条阐化，千里宣风，侔郭贺之深仁，媲刘宽之善绩。何祯祥之所及，岂征应之所臻。廉察推功，妄尘旒扆。怀俊不伏，徒劳漫讼。莫大之孝，何以自安。①

杜杰

杜杰，生平无考。

浯溪题名

杜杰，杜例。贞元十八年三月十五日。时讨幽奇，同游至此。②

---

①辑自《文苑英华》卷五三八。

②辑自《文苑英华》卷五三八。

安政兴

安政兴，陇西（在今甘肃境）人。善刻碑，宝历元年（825）刻《修浯溪记》。

侍郎窾题名

安政兴，元和十三年二月六日，至此阻水五日。故记。[①]

魏深

魏深，李当甥。咸通中乡贡进士，曾任道州军事推官。生平事迹不详。

奉和左丞八舅题朝阳洞

北阙飞新招，东山喜更过。文星动岩梦，章句别松萝。[②]

书李当事

公尝自中书舍人乘廉车问俗湖南，他日宣皇帝注意急征。值公南风中足，不克见。久之，乃有金貂之拜，洎足力如常、除户部侍郎、寻出尹河南，移宣□镇褒斜，蔼然龚黄之理，为天下最，士君子莫不延颈企踵，日望霈然为□□霖雨。先帝知之。拜天官氏，岁余除尚书左丞。于时奸臣窃国柄，凡以直道事主、不附于

---

①辑自《湖南通志》卷二六七。
②辑自《八琼室金石补正》，文物出版社1985年版。

已者，悉去之，由是出牧于道。道人比岁阳九之灾，山民蚁聚为贼。且起三州之兵以剪之。于是公以书先谕而招之，洎到郡之日，则遣使以逆顺之理告之，祸福之门纳之，不莹尺刃，而山贼革面，皆得保生生之福，耕于野而岁再稔。道人由是不闻夜吠之犬。今则四凶已去，元□用之，请书其事，敢为前贺，时自道移申，及此拜□得归西掖。咸通十四年十一月廿五日。魏深题，进士崔鹏书，零陵县令李琪镌，处士唐元真看题。①

何致雍

何致雍，商贾子，仕马楚。起家节度判官，历户部侍郎、翰林学士，官至节度判官检校仆射。约卒于楚文昭王时。

天策寺碑铭

乃克桂林，乃袭荆渚。彼岳之阳，全师而取。②

杨演

杨演，五代时人，后晋开运中官郴县令。

耒阳杜工部祠堂版记

唐天宝十五载，禄山叛幽蓟。称兵内向，翠辇西幸，百官奔散。怀忠赴难者崎岖寻驾，垂危负亹者稽颡贼庭。及肃宗受禅，

①辑自《唐文续拾》卷六。

②辑自《资治通鉴》卷二六四，中华书局1956年版。

尊玄宗为太上皇。复神州，清辇下。严武杖节西蜀，威振二川。百官罢于奔命者依辅之。相臣房琯、翰林李白、工部杜甫与焉。工部字子美。当开元天宝中，名动天下。妍词奇句，合于雅颂，播在国风。洎肃宗中兴，犹停诏命。工部因忤蜀帅而适湘楚。时耒阳尹聂公棹舟迎甫，以白酒牛炙馈，无阙焉，以酒沉冥而终。①

马琳

马琳，五代时人，后梁开平四年（910）任潭州录事参军。

乞许立马殷德政碑状

殷自到所著功庸政绩，合具上闻。伏乞许于本道以德政立碑并生祠堂事。②

李宏臯

李宏臯（？—950），李善夷子。后唐同光初，楚武穆王马殷为江南诸道都统，宏臯由营道令累迁为都统掌书记。后晋天福四年（939），楚文昭王马希范开天策府，宏臯与廖匡图、徐仲雅等十八人均为学士。后官至刑部侍郎。后汉乾祐三年（950），与其弟宏节并为恭孝王马希萼所杀。曾著杂文十卷，已佚。

题桃源

山翠参差水渺茫，秦人昔在楚封疆。当时避世乾坤窄，此地

①辑自《永乐大典》，中华书局1960年版。原无题，此拟。

②辑自《册府元龟》卷八二〇，中华书局1960年影印本。原无题，此拟。

安家日月长。草色几经坛杏老，岩花犹带涧桃香。他年倘遂平生志，来着霞衣侍玉皇。①

复溪州铜柱记

粤以天福五年岁在庚子夏五月，楚王召天策府学士李宏皋谓曰：“我列祖昭灵王，汉建武十八年，平征侧于龙编，树铜柱于象浦。其铭曰：‘金人汗出，铁马蹄坚。子孙相连，九九百年。’是知吾祖宗之庆绪绵远，则九九百年之运昌于南夏者乎？今五溪初宁，群帅内附。古者天子铭德，诸侯计功，大夫称伐，必有刊勒，垂诸简编。将立标题，式昭恩信。敢继前烈，为吾纪焉。”宏皋承教濡毫，载叙厥事。

盖闻牂牁接境，盘瓠遗风。因六子以分居，入五溪而聚族。上古以之要服，中古渐尔羁縻。洎师号精天，相名姎氏。汉则宋均置吏，称静溪山。唐则杨思兴师，遂开辰锦。迩来豪右，时恣陆梁。去就在心，否臧由己。溪州彭士愁，世传郡印，家总州兵。布惠立威，识恩知劝。故能历三四代，长千万夫。非德教之所加，岂简书而可畏。亦无辜于大国，亦不虐于小民。多自生知，因而善处。无何，忽承间隙，俄至动摇。我王每示含宏，常加姑息。渐为边患，深入郊圻。剽掠耕桑，侵暴辰澧。疆吏告逼，郡人失宁。非萌作孽之心，偶昧戢兵之法。焉知纵火，果至自焚。时晋天子肇创丕基，倚注雄德。以文皇帝之徽号，继武穆王之令谟。册命我王，开天策府。天人降止，备物在庭。方振声明，又当昭泰。眷言僻陋，可俟绥怀。而边鄙上言，各请效命。王乃以静江军都指挥使刘勍，率诸部将，付以偏师，钲鼓之声，震动溪谷。

---

①辑自《诗话总龟》增修卷三十五，四部丛刊，景明嘉靖本。

彼乃弃州保崄，结寨凭高。唯有鸟飞，谓无人到。而刘勍虔遵庙算，密运神机。跨壑披崖，临危下瞰。梯冲既合，水泉无汲引之门。樵采莫通，粮糗乏转输之路。因甘衿甲，岂暇投戈。彭师杲为父输诚，束身纳款。我王愍其通变，爰降招携。崇侯感德而归周，孟获畏威而事蜀。王曰："古者叛而伐之，服而柔之。不夺其财，不贪共土。前王典故，后代蓍龟。吾伐叛怀柔，敢无师古。夺财贪地，实所不为。"乃依前奏，授彭士愁溪州刺史，就加检校太保。诸子将吏，咸复职员。锡赍有差，俾安其土。仍颁廪粟，大赈贫民。乃迁州城，下於平岸。溪之将佐，衔恩向化。请立柱以誓焉。

於戏！王者之师，贵谋贱战。兵不染锷，士无告劳。肃清五溪，震慑百越。底平疆理，保乂邦家。尔宜无扰耕桑，无焚庐舍。无害樵牧，无阻川涂。勿矜激濑飞湍，勿恃悬崖绝壁。荷君亲之厚施，我不徵求。感天地之至仁，尔怀宁抚。苟违诫誓，是昧神祇。卫于子孙，庇尔族类。铁碑可立，敢忘贤哲之踪。铜柱堪铭，愿奉祖宗之德。宏皋仰遵王命，谨作颂焉。其词曰：

昭灵铸柱垂英烈，手执干戈征百越。我王铸柱庇黔黎，指画风雷开五溪。五溪这险不足恃，我旅争登若平地。五溪之众不足凭，我师轻蹑如春冰。溪人畏威仍感惠，纳质归朝求立誓。誓山川兮告鬼神，保子孙兮千万春。①

李铎

李铎，五代时人，事楚武穆王马殷为从事，起家都统判官。及建

①辑自《全唐文》卷八九三。

国，改为司徒。衡阳王马希声用藩镇之仪，仍为判官。文昭王马希范立天策府学士，铎与其选。《全唐文》收赋两篇。

密雨如散丝赋以微密相续集布如丝为韵

散万物者，莫润乎雨。钧百货者，莫细乎丝。雨将应时，既盈空而沃若。丝将比密，爰委质以棼之。原夫清毕启阴，夕阳向暮。散轻霞以成绮，矗玄云而似布。于是霡霂郊野，霏微草树。蔽重霄之霭霭，犹委绪风。映远岫之濛濛，乍迷縠雾。仿佛将久，轻盈匪疏。蒙蔑浣纱之际，浸淫濯锦之余。织妇停梭，似曳乃轻之绪。舟人罢钓，疑牵或跃之鱼。由是扬素彩，降碧虚。忘机别天庭之皖彼，拂鬓惊韶发之皤如。徒观其散影有经，分行无匹。始斜足以色丽，俄交反而势密。轻沾素服，怀墨子之悲时。遥隔布泉，误诗人之怨日。皎皎容洁，绵绵体微。绝而复寻，等蛛网而共挂。垂之如坠，连雪絮以轻飞。仰之盈目，纷如可瞩。彼时泽之长悬，若天经之恒续。秦台蚁行，岂惟珠曲乃穿。湘浦燕飞，不独鸟方惊触。有以洒炎炎之苦，有以慰蚩蚩之俗。且晴晦之异，图牒之祥。则有云如缯以遥列，星曳练而可望。布沾霈而莫能与比，齐绵密而曷足其相。彼龙见而方雩，与决云而齐给。或流电而未止，或破块而并集。曾未若汗漫于率土之滨，表王言之泽及。

秋露赋

天何言哉，万化斯该。岁云秋矣，伤心不已。起凉风于四面，飞断云于千里。尔乃高天气爽，寒日光清。下翠楼以回瞩，见白露之晨生。向珠网以添净，依玉阶而助明。如霜未结，似雨还轻。点庭芜而叶重，滋园菊而花荣。歌湛则周诗入兴，凝甘则汉载留名。故色贵含秋，光宜泛晓。既腾文于地上，复垂容于笔杪。烟澹彩而的的，月笼华而皛皛。岂若华山之际，童子受于囊中。金茎之端，仙掌承于云表。况乎胥台发色，轩丘降祥。红兰受而弥洁，绿葵含而转芳。初益巨海，终晞太阳。既随时以隐见，还任物以行藏。尔其无林不沾，无草不幂。薤上流彩，林中湛液。思蝉饮而晓润，旅鹤警其宵滴。词人赋矣，已凝冷以凄清。君子履之，又伤心而怵惕。感斯露而揣称，愧才殚而莫析者也。①

拓跋恒

拓跋恒，五代十国时期南楚国官员。本姓元，因避马殷之父马元丰之讳，改姓拓跋。马殷在位时，拓跋恒任职学士兼仆射。后马希声继位，罢建国之制，降称节度判官。马希范当国时开天策府，拓跋恒与廖匡图、徐仲雅等人为学士，号称“天策府十八学士”。《全唐文》存文一篇。

谏楚文昭王书

殿下长深宫之中，借已成之业，身不知稼穑之劳，耳不闻鼓鼙之音。驰骋遨游，雕墙玉食。府库尽矣，而浮费益甚。百姓困矣，而厚敛不息。今淮南为仇雠之国，番禺怀吞噬之志。荆渚日图窥伺，溪洞待我姑息。谚曰：“足寒伤心，民怨伤国。”愿罢输米之令，诛周陟以谢郡县。去不急之务，减兴作之役。无令一旦祸败，为四方所笑。②

---

①辑自《文苑英华》卷十五。
②辑自《全唐文》卷八九三。

丁思觐

丁思觐，五代时人。为楚文昭王牙将，累官天策副都军使。谏文昭王不听，扼喉而死。《全唐文》存文两篇。

谏楚文昭王书

先王起卒伍以攻战，而得此州。倚朝廷以制邻敌，传国三世。有地数千里，养兵十万。今天子蒙尘，朝廷无主，真霸者立功之时。诚能悉国之兵，出荆襄以趣京师，倡义于天下，桓文之业也。奈何耗国用而穷土木，为儿女之乐乎？

上马希范书

今四海分裂，中原之地，才十数州。而大王克绍先业，为诸侯之长。未闻折一马棰为天子计，愚臣所以为耻也。惟大王思之。①

姚揆

姚揆，曾官任温州郡丞。善诗文，好游山水。《全唐诗》存诗四首，出自《三体唐诗》、《分门纂类唐歌诗》等书。

村行

天淡雨初晴，游人恨不胜。乱山啼蜀魄，孤棹宿巴陵。影暗

①辑自《全唐文》卷八九三。

村桥柳，光寒水寺灯。罢吟思故国，窗外有渔罾。[1]

洞庭龙君

宴柳毅诗

洞庭龙君女，嫁泾川龙君之子。不得于夫，因遭斥辱。路遇儒生柳毅归乡，托其寓书于父。其叔钱塘龙君，性尤暴烈，闻而与泾川战，迎女归。宴毅，各为歌劝酬，后龙女至人间，与毅婚。仪凤中事也。

大天苍苍兮大地茫茫，人各有志兮何可思量。狐神鼠圣兮薄社依墙，雷霆一发兮其孰敢当。荷贞人兮信义长，令骨肉兮还故乡，永言惭愧兮何时忘。洞庭龙君歌，奉柳毅酒。

上天配合兮生死有途，此不当妇兮彼不当夫。腹心辛苦兮泾水之隅，风霜满鬓兮雨雪罗襦。赖明公兮引素书，令骨肉兮家如初，永言珍重兮无时无。钱塘君歌，奉柳毅酒。

碧云悠悠兮泾水东流，伤嗟美人兮雨泣花愁。尺书远达兮以解君忧，哀冤果雪兮还处其休。荷君和雅兮感甘羞，山家寂寞兮难久留，欲将辞去兮悲绸缪。[2] 柳毅歌，答二龙君。

---

①辑自《三体唐诗》卷六，台湾商务印书馆 1986 年版。《全唐诗》题目作《巴陵村行》。

②辑自《全唐诗》卷八六四。

湘中蛟女

答郑生歌

垂拱中，太学进士郑生在洛下，有蛟女与之合，号为汜人，居数岁而别。和生登岳阳楼，望鄂渚，愁吟云云，忽见女出，舞波上，歌讫而逝。

溯青山兮江之隅，拖湘波兮袅绿裾。荷拳拳兮情未舒，匪同归兮将焉如。

风光词

隆佳秀兮昭盛时，播薰绿兮淑华归。故里荑与处萼兮，潜重房以饰姿。见雅态之韶华兮，蒙长霭以为帏。醉融光兮渺渺弥弥，迷千里兮涵烟眉。晨陶陶兮暮熙熙，舞袅娜之秾条兮，娉盈盈以披迟。酡游颜兮倡蔓卉縠，流倩电兮石发髓施。①

太守

太守，不详何人。

讽刘炎索贿诗

未到桃源时，长忆出家景。及到桃源了，还似鉴中影。②

---

①辑自《全唐诗》卷八六四。
②辑自《全唐诗》卷八七〇。

卷二十

蔡押衙

蔡押衙，唐末至五代初年人。官都押衙。在岳阳与诗僧齐己游，并戏吟其咏洞庭湖诗。《全唐诗》存诗二句。

题洞庭湖

可怜洞庭湖，恰到三冬无髭须。[①]

洪州将军

洪州将军，姓名不详，唐末人。《全唐诗》存诗一首。

题屈原祠

苍藤古木几经春，旧祀祠堂小水滨。行客谩陈三酎酒，大夫元是独醒人。[②]

---

①辑自《全唐诗》卷八七一。

②辑自《全唐诗》卷七八四。

小白

小白，不详何人，尝居南岳。

中阁禅院二首

危阁闲登思渺漫，九天如在掌中看。游人莫着单衣去，六月飞霜带雪寒。

棱层高阁倚岩扃，俯瞰尘寰仰摘星。昼夜泉声混天乐，游人好向静中听。①

濮阳人

濮阳人，姓名不详。光启中避乱南奔湘邑。

与崔渥登眺江亭赋长韵

槛外征帆次第行，渔歌偏唱竹枝声。荷翻水面真珠碎，柳扬湾头绿线轻。峦隐九疑忘去处，泪经千古转分明。寥寥日暮云空澹，应为严妆庙貌清。②

①辑自《罗浮山志会编》卷十九，清康熙刻本。

②辑自《灯下闲谈》卷下，上海商务印书馆 1919 年版。原无题目，此依《全唐诗续拾》。

隐者

李泌庭黑石诗

神真炼形年未足，化为我子功相续。丞相瘗之刻玄玉，仙路何长死何促。

廖处士

廖处士，不详何人。

游船[①]若寺上方

榔粟步溪光，随云到上方。经秋禅客病，积雨石楼荒。古藓縻鹿迹，阴崖松桧香。平生豁所思，吟啸倚苍苍。[②]

昙晟

昙晟，俗姓王，江西奉新人。少年出家，师奉百丈山慧海禅师二十年。后投沣洲药山惟俨禅师门下，随从十五年而得法。药山寂后，曾访洞山。后进入长沙云岩山，以后十三年不下山。大扬宗风，故又称云岩昙晟。

---

①“船”，疑应为“般”。

②辑自《吟窗杂录》卷十三，中华书局1997年版。

宝镜三昧歌

如是之法，佛祖密付；汝今得之，宜善保护。银碗盛雪，明月藏鹭。类之弗齐，混则知处。意不在言，来机亦赴；动成窠臼，差落顾伫。背触俱非，如大火聚；但形文彩，即属染污；夜半正明，天晓不露。为物作是，用拔诸苦。虽非有为，不是无语；如临宝镜，形影相睹。汝不是渠，渠正是汝；如世婴儿，五相完具；不去不来，不起不住。婆婆和和，有句无句。终不得物，语未正故；重离六爻，偏正回互。叠而为三，变尽成五；如茎草味，如金刚杵；正中妙挟，敲唱双举。通宗通途，挟带挟路。错然则吉，不可犯忤；天真而妙，不属迷悟。因缘时节，寂然昭著；细入无间，大绝方所；豪忽之差，不应律吕。今有顿渐，缘立宗趣。宗趣分矣，即是规矩；宗通趣极，真常流注。外寂中摇，系驹伏鼠；先圣悲之，为法檀度。随其颠倒，以缁为素。颠倒想灭，肯心自许。要合古辙，请观前古；佛道垂在，十劫观树。如虎之缺，如马之驿；以有下劣，宝几珍御。以有惊异，黧奴白牯。羿以巧力，射中百步。箭锋相值，巧力何预。木人方歌，石女起舞。非情识到，宁容思虑。臣奉于君，子顺于父；不顺非孝，不奉非辅。潜行密用，如愚若鲁；但能相续，名主中主。①

寰普

寰普，具戒于洛阳。南游澧州，值夹山善会，心契之。列大鉴七世，称洛京韶山寰普和尚，又称韶山和尚。传据《景德传灯录》卷二

①辑自《僧宝传》卷一，景印清文渊阁四库全书本，台湾商务印书馆1986年版。

二。存诗一首。

心珠歌

山僧自达空门久，淬炼心珠功已构。珠迥玲珑主客分，往往声如师子吼。师子吼，非常义，皆明佛性真如理。有时往往自思惟，豁然大意心欢喜。或造经，或造论，或说渐兮或说顿。若在诸佛运神通，或在凡夫兴鄙吝。此心珠，如水月，地角天涯无殊别。只因迷悟有参差，所以如来多种说。地狱趣，饿鬼趣，六道轮回无暂住。此非诸佛不慈悲，岂非阎王配交做。劝时流，深体悉，见在心珠勿浪失。五蕴身全尚不知，百骸散后何处觅。①

惟劲

惟劲，福州永泰人。嗣雪峰义存，并为其法嗣，唐光化中(898—901)入南岳，住报慈东藏，迁般舟道场。开平中撰《续宝林传》四卷及《南岳高僧传》。时誉甚高，楚王马殷特赐紫衣，号“宝闻大师”。存诗四首。传据《祖堂集》卷十一、《宋高僧传》卷十七、《景德传灯录》卷十九。

述象骨偈

象骨雄雄举世尊，统尽乾坤是一门。词锋未接承当好，莫待言教句里传。拟议终成山海隔，擗面浑机直下全。更欲会他泥牛吼，审细须听木马嘶。

---

①辑自《景德传灯录》卷三十。

学道颂

学道如攒火，逢烟且莫休。直得金星现，归家始到头。

赞镜灯颂

伟哉真智士，能开方便津。一灯明一体，十镜现十身。身身相映涉，灯灯作互因。层层身土广，重重理事渊。俨睹微尘佛，等逢眦目仙。海印从兹显，帝纲义由诠。一尘说法界，一切尘亦然。五蕴十八界，寂用体俱全。圆光含镜像，一异不可宣。达斯无旦境，无那法报圆。①

觉地颂

略明觉地名同异，起复初终互换生。性海首建增名号，妙觉还依性觉明。体觉俱含于明妙，明觉妙觉并双行。妙觉觉妙元明体，全成无漏一真精。明觉觉明明所了，或因了相失元明。明妙二觉宗体觉，体觉性觉二同明。湛觉圆圆无增减，此中无佛与众生。不觉始终非了了，不闻迷悟岂惺惺。是称心地如来藏，亦无觉照及无生。非生非灭真如海，湛然常住名无名。太虚未觉生霞点，岂闻微尘有漏声。空沤匪离于觉海，动寂元是一真明。觉明体尔含灵焰，觉明逐焰致亏盈。差之不返名无觉，会之复本始觉生。本觉由因始觉生，正觉还依合觉明。由地二种成差互，遂令浑作赖耶名。具含染净双歧路，觉明含处异途萌。性起无生不动智，不离觉体本圆成。性起转觉翻生所，遂令有漏堕迷盲。无明因爱相滋润，名色根本相次生。七识转处蒙圆镜，五六生时蔽觉

①以上三首辑自《祖堂集》卷十一。

明。触受有取相依起，生老病死继续行。

业识茫茫没苦海，徇流浩浩逐飘零。大圣慈悲兴救济，一声用处出三声。智身由从法身起，行身还约智身生。智行二身融无二，还归一体本来平。万有齐含真海印，一心普现总圆明。湛光焰焰何依止，空性荡荡无所停。处处示生无生相，处处示灭无灭形。珠镜顿印无来往，浮云聚散勿常程。出没任真同水月，应缘如响化群情。众生性地元无染，只缘浮妄翳真精。不了五阴如空聚，岂知四大若干城。

我慢痴山高屹屹，无明欲海杳溟溟。每逐旃陁憍诳友，常随勐兽作悲鸣。自性转识翻为幻，自心幻境自心惊。了此幻性同阳焰，空花识浪复圆成。太虚忽觉浮云散，始觉虚空本自清，今古湛然常皎莹，不得古今凡圣名。[①]

缘观

缘观，嗣同安志禅师，住鼎州梁山。存诗二首。

偈

梁山一曲歌，格外人难和。十载访知音，未尝逢一个。

红焰藏吾身，何须塔庙新。有人相肯重，灰里邈全真。[②]

①辑自《景德传灯录》卷二十九。
②辑自《景德传灯录》卷二四。

启柔

启柔，生卒年不详。住南岳般若寺。存诗一首。

偈

妙哉三下板，诸德尽来参。既善分时节，吾今不再三。①

丰禅师

丰禅师，五代后晋僧。云门文偃弟子。住潭州谷山，亦住兴元府普通院。存诗一首。

偈

骏马机前异，游人肘后悬。既参云外客，试为老僧看。②

郁山主

郁山主，与泰钦同时。住茶陵。存诗一首。

颂

我有神珠一颗，久被尘劳关锁。今朝尘尽光生，照破山河万朵。③

①辑自《景德传灯录》卷二二。
②辑自《景德传灯录》卷二十三。
③辑自《五灯会元》卷六。

云端和尚

云端和尚，与泰钦、郁山主同时。存诗一首。

郁山主赞

百尺竿头曾进步，溪桥一踏没山河。从兹不出茶川上，吟啸无非啰哩啰。[1]

璘禅师

璘禅师，嗣文偃，住鼎州沧溪。存诗一首。

颂

天地指前径，时人莫强移。个中生解会，眉上更安眉。[2]

道寻

道寻，五代时潭州龙会寺僧。

遍参三昧歌

天崖海角参知识，遍咨惠我全提力。师乃呵余退步追，省躬廓尔从兹息。睹诸方，垂带直，善财得处难藏匿。棒头喝下露幽

①辑自《五灯会元》卷六。
②辑自《景德传灯录》卷二三。

奇，纵去夺来看殊特。赵州关，雪岭陟，筑盧峰前验虚实。据证灵由辟万机，横挥祖刃开三域。卷舒重重孰可委？休呈识意谩猜揣。衲子攒眉碧眼咦，黄河倒逆昆仑背。沩山牛，道吾唱，马师奋迅呈圆相。执水投针作后规，把镜持幡看先匠。广陵歌，谁继唱？拟续宫商调难况。石人愠色下鞭挞，木马奔嘶梵天上。丽水金，蓝田玉，祝融峰攒湘浪蹙。满月澄溪松韵清，云纵龙腾好观瞩。①

谭禅师

谭禅师，嗣青林师虔，住韶州龙光寺。

偈

龙光山顶宝月轮，照耀乾坤烁暗云。尊者不移元一质，千江影现万家春。②

智闲

智闲，青州人。嗣沩山。住邓州香严山，世称香严和尚。梁时卒。有诗三十一首。

对仰山问作偈

去年未是贫，今年始是贫。去年无卓锥之地，今年锥也无。③

---

①辑自《景德传灯录》卷三十。

②辑自《五灯会元》卷十三。

③辑自《祖堂集》卷十九。原无题目，此依《全唐诗续拾》。

约禅师

约禅师，潭州宝盖山僧。嗣石霜庆诸。存诗一首。

答僧问

宝盖高高挂，其中事若何？请师言下旨，一句不消多。僧问

宝盖挂空中，有路不曾通。傥求言下旨，便是有西东。师答。[①]

无名氏

对芝草白兔由刺史善政判

岳州人王怀俊，幼丧二亲，庐于墓侧，负土成坟。至孝潜通，屡呈祥瑞，其地内生芝草兼白兔。刺史元利济仁明训俗，善绩著闻。廉察使以为由刺史录奏，怀俊不伏。

孝通神明，诚感天地，乌驯兔扰，声高曩传。芝秀堇荣，事蔼前史，尝闻其语，岂独古人？王怀俊性实由衷，行非外奖。风树不静，遽轸攀柏之哀；陟屺无望，终缠负土之感。岂唯坐帐警鹤，故已祥霄集雁。遂使金英孕彩，夺神叶于芝田；玉毳含辉，接仙毫于丽魄。斯固仁圣有道，至德潜通，兆庶沐化以自效，动植乘休而相感，非借瑞于闾里，不乞灵于郡县。而利济仁明，不问乔卿之德；察使风绩，未见王褒之颂。掠美窃誉，在济虽是有

①辑自《五灯会元》。原无题目，此依《全唐诗续拾》。

心；假应移祯，于使无宜妄察。昔闻让善，今见争功，贪天之诫，颇同于往责；无伐之愿，亦繚于前事。但论孝则义归光国，于师则不许让仁，与其抑俊而扬济，未若舍贵而褒下。任虽通广，孝实因心，许与一介之人，岂累六条之政？既经录奏，须更申闻，劝奖之规，窃将合序。①

无名氏

唐故朗州武陵县令博陵瞿府君墓志铭

府君讳令圭，其先本博陵越人也。盖帝喾之末裔，阙晋永嘉二年，迁于南楚。曾祖诠，皇长沙县令。大父阙军考曰智，皇国子助教，纂承儒业，阙向二百年阙夫人南阳张氏，世传冠盖，奕叶簪缨。府君则国子监助教第二子。幼而孤，天阙弟更相诲训，未尝住师阙岁业成各登阙第府君以阙解褐曹州叶氏县阙仕标阙邑阙元年迁硖州长阙百里称贤颂阙大历阙安州云梦守节奉法，猾吏秉以贞元岁授朗州武陵去兽逾阙逋亡阙从官四任阙政大夫以阙字人阙称其贤，公庭讼息，阙馆阙慎始令终府阙武陵祀秩廿八载守道阙仕。何图皇天不吊，降此哀祸。呜呼！元阙何昧阙材贤；时贞元十二年龙集阙子三月遘疾，七月庚寅阙于阙县私第。夫人广平程氏，令淑有闻，威仪纠组，敬事阙先始阙以大历年先府君而终。府君享七十有八，有子三人：长曰倗，官至左卫兵曹参军。次子伾鄂州武昌县尉。少曰佋，阙州阙县尉。孤子倗等，阙荼泪血号诉闻天，视庭户而萧条，睹空堂而寂寞，长幼孤露，一门无恃。以其年十月四日遇青阙之吉，归

①辑自《全唐文》卷九七六。

祔于鄂州江夏县长乐乡顺化里黄鹤西阙之原。礼也。孤子倗散阙号泣请铭，谨以为志，铭曰：

於戏阙著则。其一
积善于家，肃穆清华。其二
克勤克昌，荣禄阙亲。其三
四从历阙一门承荫。其四
天道何昧，降斯灾害。其五
神道胡欺，遘其祸。其六
冀阙眉寿，皇天不佑。其七
庭闱萧索，孤幼无托。其八[1]
惊魂惨色，哀号罔极。其九
痛割心肠，仰诉穹苍。其十
寿堂伾启，遵其经礼。十一
一□□土，□刻□古。十二

孤子倗述并书

无名氏

与崔渥冥会杂诗

万里同心别九重，定知涉历此相逢。谁人翻向群峰路，不得苍梧徇玉容。崔渥题湘妃庙

春鸟交交引思浓，岂期尘迹拜仙宫。鸾歌凤舞飘珠翠，疑是

①辑自《全唐文》卷九九五，《古刻丛钞》载此志，署“孤子倗述并书”。

阳台一梦中。渥感会湘妃席上作

鸾舆昔日出蒲关，一去苍梧更不还。若是不留千古恨，湘江何事竹犹斑。湘妃赋

愁闻黄鸟夜关关，沩汭春来有梦还。遗美代移刊勒绝，唯闻留得泪痕斑。

方承恩宠醉金杯，岂为干戈骤到来。亡国破家皆有恨，捧心无语泪苏台。西施同赋

桃花流水两堪伤，洞口烟波月渐长。莫道仙家无别恨，至今垂泪忆刘郎。桃源仙子同赋

泾阳平野草初春，遥望家乡泪滴频。当此不知多少恨，至今空忆在灵姻。洞庭龙女同赋

目断魂销正惘然，九疑山际路漫漫。何人知得心中恨，空有湘江竹万竿。尤启中题二妃庙

常说仙家事不同，偶陪花月此宵中。锦屏银烛皆堪恨，惆怅纱窗向晓风。启中题妃席上

又湘妃诗四首

渺渺三湘万里程，泪篁幽石助芳贞。孤云目断苍梧野，不得攀龙到玉京。

碧杜红蘅缥缈香，冰丝弹月弄清凉。峰峦一一俱相似，九处堪疑九断肠。

玉辇金根去不回，湘川秋晚楚弦哀。自从泣尽江蓠血，夜夜愁风怨雨来。

少将风月怨平湖，见尽扶桑水到枯。相约杏花坛上去，画阑红子斗摴蒱。①

无名氏

马殷浚城石碣篆

龙举头，猳掉尾。羊为兄，猴作弟。羊归穴，猴离次。②

无名氏

马希振葬地碣

乱石之壤，绝世之冈。谷变庚戌，马氏无王。③

---

①以上十三首辑自《全唐诗》卷八六四。
②辑自《全唐诗》卷八七五。
③辑自《全唐诗》卷八七五。

无名氏

永州舜庙诗

游湘有余怨，岂是圣人心。行路猿啼古，祠宫梦草深。素风传旧俗，异迹闭荒林。巡狩去不返，烟云愁至今。九嶷天一半，山尽海沉沉。①

无名氏

斑竹簟

龙鳞满床波浪湿，血光点点湘娥泣。一片晴霞冻不飞，深沉尽讶蛟人立。百朵排花蜀缬明，珊瑚枕滑葛衣轻。闲窗独卧晓不起，冷浸羁魂锦江里。②

无名氏

斑竹

浓绿疏茎绕湘水，春风抽出蛟龙尾。色抱霜花粉黛光，枝撑蜀锦红霞起。交戛敲欹无俗声，满林风曳刀枪横。殷痕苦雨洗不

①辑自《全唐诗》卷七八六。
②辑自《全唐诗》卷七八五。

落，犹带湘娥泪血腥。袅娜梢头扫秋月，影穿林下疑残雪。我今惭愧子猷心，解爱此君名不灭。[①]

无名氏

桃源行送友人

武陵川径入幽遐，中有鸡犬秦人家，家傍流水多桃花。桃花两边种来久，流水一道何时有。垂条落蕊暗春风，夹岸芳菲至山口。岁岁年年能寂寥，林下青苔日为厚。时有仙鸟来衔花，曾无世人此携手。可怜不知若为名，君往从之多所更。古驿荒桥平路尽，崩湍怪石小溪行。相见维舟登览处，红堤绿岸宛然成。多君此去从仙隐，令人晚节悔营营。[②]

无名氏

洞真观

玉洞瑶坛长冷落，真虚崖窦色常新。可怜城里悠悠者，不识潇湘四季春。

沧浪寺

闲步沧浪野，栖禅竹作扉。浮生自有乐，尘虑总皆非。[③]

---

①辑自《全唐诗》卷七八五。

②辑自《全唐诗》卷七八六。

③以上二首辑自《沅湘耆旧集·前编》卷九。

无名氏

楚泊亭二首

天垂六幕水浮空，霁月光风上下同。我向山头一舒笑，楚人还望白云中。

卷逃屈放两俱空，山止波流万古同。美恶不随天地老，断魂啼鸟一声中。①

无名氏

桃川宫

流水回环日夕澄，烟萝石壁四时新。清风台上生瑶草，夜雨松根老茯苓。九转丹砂龙虎伏，千年剑气鬼神惊。道人今向蓬莱去，白鹤归来月满庭。②

---

①以上二首辑自《常德府志》卷十九，明嘉靖刻本。

②辑自《古今图书集成职方典》卷一二六二《常德府部》。

无名氏

咏景十首

桃花溪

东风昨夜落奇葩，散作春江万顷霞。从此渔郎得消息，溯流直到是仙家。

桃川仙隐

说着神仙岂偶然，神仙名不是虚传。岩洞石洞今还在，流水落花经几年。

秦人洞

洞门深锁白云封，九节丹崖第几重。欲向山中询甲子，秦人尽日不相逢。

缆船洲

笑抛渔艇入苍茫，岂意壶中岁月长。归到荒洲无觅处，萋萋芳草对斜阳。

空心杉

古木槎牙树底空，学仙游子坐空中。自从白日飞升去，几度寒鸦噪晚风。

炼丹台

谁筑斯台学炼丹，丹成飞上紫云端。空余遗址在人世，满目青山碧草寒。

遇仙桥

几回秦女夜吹箫，洞底松风送寂寥。不作巫阳云雨梦，却寻仙侣到蓝桥。

仙径亭

紫气南来第一关，道人家在白云间。山门深锁无人到，流水落花春昼闲。

归鹤峰

鹤归华表几千年，鸡犬随丹尽上天。开遍碧桃春不老，千岩万壑锁苍烟。

梅溪烟雨

摩挲睡眼望山凹，非雾非烟景四郊。一幅生绡不收拾，被风展却挂林梢。①

①以上十首辑自《常德府志》卷十九。

无名氏

唐武德祷雨辟邪镔铁镜铭

镔铁作镜辟大旱，清泉虔祀甘霖感，魅孽当前惊破胆，服之疫疠莫能犯。双龙嚄略垂长颔，回禄睢盱威早敛。① 武德壬午造辟邪花镔铁镜。

无名氏

五代时人为至聪禅师颂

有道山僧号至聪，十年不下祝融峰。腰间所积菩提水，泻向红莲一叶中。②

无名氏

题断石源

一酌丹华享万龄，游人竞访只闻声。那知坎井埋砂久，犹得全家寿几生。

---

①辑自《唐文拾遗》卷六二引《湘烟录》，清光绪刻本。

②辑自《湖南通志》卷末十三杂志十三。原无题目，此依《全唐诗续拾》。

灵麓峰

玉洞仙坛长冷落，真墟岩窦色常新。可怜城里悠悠者，不识潇湘四季春。

凤凰峰

文凤集南岳，徘徊竹孤根。于心有不厌，奋翅凌紫云。岂不曾辛苦，羞与黄雀群。何时尝来仪，顺于圣明君。①

洞灵宫

洞灵源接洞阳天，瘦壑危峰吐绛烟。曾踏落花听玉籁，赤松坛畔鹤鸣泉。

咏九仙宫

一峰鳞次开一观，片石朋来会九仙。宝牌尚记明皇篆，灵台尝闻御史传。②

无名氏

钴鉧潭

常闻南郭智，未识北山愚。试问溪中水，潺潺只自如。③

---

①以上三首辑自《南岳总胜集》卷上，光绪观古堂影印本。《灵麓峰》一首原无题目，此依《全唐诗续拾》。

②以上二首辑自《南岳总胜集》卷中。《洞灵宫》一首原无题目，此依《全唐诗续拾》。

③辑自《湖南通志》卷二六四。

无名氏

马拯闻衡山祝融峰僧寺食堂内宾头卢泥像吟诗

寅人但溺栏中水，午子须分艮畔金。若教特进重张弩，过去将军必损心。①

无名氏

沈警遇仙张女郎庙诗

飞书报沈郎，寻已到衡阳。若存金石契，风月两相望。

洞箫响兮风生流，清夜阑兮管弦遒。长相思兮衡山曲，心断绝兮秦陇头。

陇上云车不复居，湘川斑竹泪沾余。谁念衡山烟雾里，空看雁足不传书。②

①辑自《太平广记》卷四三〇《马拯》。原无题，此拟。

②以上三首辑自《太平广记》卷三二六引陈翰《异闻录》，中华书局1961年版。原无题目，此依《全唐诗续拾》。

无名氏

九嶷邢仙翁诗

虚皇天诏下仙家，不久星潢借客槎。壁上风云三尺剑，床前龙虎一炉砂。行乘海屿千年鹤，坐折壶宫四序花。为爱《阴符》问元义，更随彩仗入烟霞。①

赵文度

赵文度（914—974），蓟州渔阳（今天津蓟县）人。赵玉之子，后唐明宗时入洛举进士。历徐、兖、陈、许四镇从事。后汉初为河东掌书记，得刘崇推爱，历翰林承旨、兵部尚书、中书侍郎、平章事、转门下侍郎兼枢密使、加司徒；后出知汾州，徙岚州。宋太祖开宝二年（969）降宋，原名弘，避帝父讳，乃赐今名。授检校太傅、安国军节度；徙华州、耀州，死于任。善戏谑，能为诗。著有《观光集》。

赠梦英大师

携筇何日别长沙，凤篆功夫世所嘉。秦岭夜吟残海月，章台春讲雨天花。净瓶远贮湘潭水，片衲晴披岳面霞。圣主有恩酬绝艺，帘前师号紫袈裟。②

①辑自《三洞群仙录》卷十六，明正统道藏本。

②辑自《宋诗纪事》卷二，上海古籍出版社1983年排印本。

张白

张白，字虚白，清河（今属河北）人，一作邢州（今河北邢台）人。少应举不第，遂为道士。自称白云子。宋太祖开宝间南游荆渚。后至武陵，居龙兴观，郡守深加礼重。死葬武陵城西。

武陵春色

武陵春色好，十二酒家楼。大醉方回首，逢人不举头。是非都不采，名利混然休。戴个星冠子，浮沉逐世流。

赠酒店崔氏

武陵城里崔家酒，地上应无天上有。南游道士饮一斗，卧向白云深洞口。

哭陆先生

六亲恸哭还复苏，我笑先生泪个无。脱履定归天上去，空坟留入武陵图。①

王祜

王祜，字景叔，一作叔子。大名莘县（今属山东）人。历仕后晋、后汉、后周、北宋。开宝二年（969）权知潞州，徙知襄州，移潭州。官至兵部侍郎。

---

①辑自《诗话总龟》卷四六。

赠率子连三首并序

率君者，容貌高古，雅性混然，故机神妙用无得而窥也。予访于山中耆艾、缁黄、摘人瑕衅者，皆言率君出处不见其迹，殆非凡人也。予景慕无已，因为诗三章寄赠云。

下瞰虚空临绝涧，上排烟雾倚山颠。四边险绝无猿鸟，独卧深云三十年。

古星当崖映日间，年年常伴白云闲。糇粮丹火何从出，四面无人见下山。

心意逍遥物莫知，山中山下识人稀。想君绝虑离尘土，不是王乔即令威。①

贾玭

贾玭，字仲宝。贾耽三世孙。后晋高祖天福三年（938）进士。宋初，为刑部郎中，宋太祖乾德元年（963），通判湖南。后历水部员外郎、知浚仪县。

寄赠宣义大师

篆写千文迈古今，感陶承旨撰碑阴。两朝雨露书中得，满箧诗章物外寻。衡岳水云长挂梦，帝城烟月不关心。西游去事无消

①辑自《能改斋漫录》卷十一，景印清文渊阁四库全书本，台湾商务印书馆1986年版。

息，想共陈抟一处吟。①

王著

王著（？—990），字知微，五代后蜀明华阳府（今四川成都）人。后蜀时举明经及第，历任平泉、百丈、永康等县主簿。北宋初期，北宋太祖赵匡胤平后蜀，被授隆平县主簿。宋太宗太平兴国年间，受荐授为卫尉寺丞、史馆祗应，后加著作佐郎、翰林侍读，后迁左拾遗，官至殿中侍御史。

吟赠梦英大师

到处闻人乞篆踪，学来年久有深功。墨池阔类湘江水，笔冢高齐太华峰。金锡罢飞新解虎，铁盂收掌旧降龙。知师吟恋烟村景，不肯回头望九重。②

杨徽之

杨徽之（921—1000），字仲猷，建州浦城（今属福建）人。后周显德二年（955）举进士甲科，起家校书郎，历集贤校理、累官右拾遗；宋太祖乾德初，历天兴、峨眉令、复知全州、迁左拾遗、右补阙；太宗太平兴国初，进侍御史、迁刑、兵二部郎中；端拱初，拜左谏议大夫、出知许州；淳化五年（994），充开封府判官、迁给事中、工部侍郎、枢密直学士兼秘书监。真宗咸平元年（998），改兵部侍郎、仍兼秘书监；二年，为翰林侍读学士；三年正月卒，年八十。谥

①辑自《宋诗纪事》卷二。

②辑自《金石萃编》卷一百二十六，清嘉庆十年刻同治钱宝传等补修本。

"文庄"。有诗名，著有文集二十卷。

宿寥融山斋

清和春尚在，欢醉日何长。谷鸟随柯转，庭花夺酒香。初晴岩翠滴，向晚树阴凉。别有堪吟处，相留宿草堂。①

送梦英大师

独携瓶锡欲春残，深入终南路屈盘。万象幽玄吟里见，一心圆寂定中观。翠微寺在杉松老，紫阁峰高水石寒。莫凭危栏临北望，满城烟草是长安。②

李昉

李昉（925—996），字明远，深州饶阳（今河北饶阳县）人。后汉乾祐年间进士，官至右拾遗、集贤殿修撰，宋初，为中书舍人，太祖建隆三年（962），罢为给事中，四年，知衡州。太宗即位，加户部侍郎、工部尚书兼承旨，后改文明殿学士、除参知政事、拜同中书门下平章事。以特进司空致仕。至道二年（996）卒，年七十二。谥"文正"。著有文集五十卷，又奉敕撰《太平御览》、《文苑英华》、《太平广记》等书，并行于世。

寄孟宾于

初携书剑别湘潭，金榜标名第十三。昔日声名喧洛下，近来

---

①辑自《湖南通志》卷三十三。

②辑自《金石萃编》卷一百二十六。

诗价满江南。长为邑令情终屈，纵处曹郎志未甘。莫学冯唐便休去，明君晚事未为惭。①

赠邓洵美

忆昔词场共着鞭，当时莺谷喜同迁。关和契阔三千里，音信稀疏二十年。君遇已知依玉帐，我无才藻步花砖。时情人事堪惆怅，天外相逢一泫然。

吊邓洵美

十年衣染帝乡尘，踪迹仍传活计贫。高掇桂枝曾遂志，假拖蓝绶至终身。侯门寂寞非知己，泽国凄惶似旅人。今已向公坟畔过，不胜怀抱暗酸辛。②

宋白

宋白（936—1012），字太素，宋大名人。宋太祖建隆二年（961）擢进士第。乾德初，试拔萃高等，授著作佐郎。太宗即位，擢为左拾遗，权知兖州，岁余召还。历仕集贤殿直学士、翰林学士、礼部侍郎，终吏部尚书。卒谥“文宪”。宋白尝与李昉等编《文苑英华》一千卷，又有文集一百卷。

黄陵二妃庙

重瞳天子狩南荒，二女音容已渺茫。静听瑶琴当皓月，再闻

①辑自《宋诗纪事》卷二。

②以上两首辑自《诗话总龟》增修卷之十四。

珠泪洒幽篁。松愁老鹤清无梦，水映疏萤冷放光。一夜辽辽千古意，香魂信约绕潇湘。

田锡

田锡（940—1003），字表圣，初名继冲，后更名为锡，宋嘉州洪雅（今属四川眉山市）人。太平兴国三年（978），一举登胡旦榜第二名进士榜眼，历任左拾遗、河北转运副使、知相州、睦州、右谏议大夫、史馆修撰等职。田锡在政治上以敢言直谏著称，同时又是一位革陈推新，影响深远的文学家，被称为宋代文学的开拓者和奠基人之一。著有《咸平集》五十卷，已佚，后世有辑本。

三月二十八日书怀

惜春将尽自徘徊，巷馆残阳户半开。芳树更无莺舌语，故巢空有燕归来。音书杜绝家千里，愁愤消磨酒一杯。地狭长沙何所适，行谣方忆摘杨梅。

依韵和吕抗早秋赋

《楚词》若曰：洞庭始波兮，木叶微脱。今藻丽之所赋，彼词采之可夺。秋之为状也，湘天江兮昼清，云土梦兮晴澜。肃风日之澹白，爽乾坤之虚豁。蓐收其神，少皞良辰，天子居总章之左个，载白其辂，靡朱其轮。诏扈随之有司，与侍从之舆臣。迎气也，雨师洒西郊之道，风伯清北阙之尘。顺暑革故，微凉鼎新。当词臣之在列，承睿睠之何频。谓秋之可赋也，月纪灵娥，风清少女；珠连五纬，鳞差四序。当暑往以凉回，若露晞而霞举。方朔之辨，既逸君子之可称；相如之文，乃为时人之见许。于是抽毫进牍以就位，研精覃思乎多士。增雅咏于新唱，征博闻于旧史。始沉郁以丽则，终铿锵而绮靡。逸韵金奏，妍词锋起。词云：秋之可赏也，初萧瑟于玉关，旋澄晖于帝里。律生遡管以先变，云耸奇峰而未已。日居月诸，景象何如？桐叶潜零，下玉栏兮金井；桂花增朗，鉴珠帘兮绮疏。白露降兮，庭芜已滋；寒蝉鸣兮，塞草未衰。太史奏在金之日，诗人称流火之时。华皓兮潘安易感，离骚兮宋玉何悲。人虽其咨，彼亦云嘻。盖楚风之掩抑，夫郢曲兮高卑。兰宇清兮，风期自远；玉绳长兮，日驭可縻。当羲轩之景运，乐尧舜之昌期。皇猷有截，圣理无遗。歌事曰风，而布义曰赋，赋可金门而献之。

斑竹帘赋

湘水春深，修篁翠阴。因善巧之凝睇，可为帘而运心。金刃光翻，拂霜筠而玄解；朱丝织就，斗黛点以交侵。虽曰皇英帝子，挥洒珠泪，亦秋露之晓滋，复春霖之暮渍。故锦章异状，由造化之自然；绮错奇怪文，入良工之经纬。或迭若连钱，或浓如湿烟。或黯若阵云之起，或累如滴水之圆。疏密增华，漏月光而未卷；斓斑若画，隔花影以初悬。尤宜宝轴分辉，玉钩加饰，垂旌翻虹绥之彩，飞额动金鸾之翼。彼海虾之须，谁能贵之？神麟之毫，安足多之？编明珠者奚羡，缉翠羽兮胡为？未若我郁金之堂，椒涂秘室，取守节以持操，贵以文而胜质。连垂香砌，透烛影于洞房；高挂曲琼，延曙光于绮席。矧乎金犊将驾，云軿欲升斗繁华于戚里，□芳菲于五陵。若玳瑁以妆成，前瞻绣轭；想潇湘而意远，后从玉乘。美哉琅玕之用，贵豪所共，悦珍华之外饰，致贞芳之可重也。因而歌之曰：碧鲜有文，露点烟痕。帘者廉也，感人思重华之德，援毫颂南风之熏。

春色赋以暖日和风春之色也为韵

芳景晴空，春曦暖融。霁花天之一雨，冷蕙径之来风。宫阙参差，晻霭朝烟之上；山川明润，森罗迟日之中。总而赋之，春之色也。化工运丹青之笔，贞宰以天地为冶。仙家乍至，桃花映武陵之溪；南国未归，杨柳绕潇湘之野。始乎言太簇之辰，书曰王春。北阙引青旗之仗，东郊驰苍辂之轮。和气倏来，衮冕旒而尽悦；朝阳既出，丽藻火以交新。迩后革阴迁阳，更寒易暖。暖袭物兮舒释，阳为光兮布满。明霞澹霭，初发色于楼台；清奏雅歌，始均和于律管。言其状也，则明婉而融怡；状其体也，则暄妍而艳曦。宫漏昼永，天光日迟。散梨花兮似雪，垂柳线兮如丝。古渡轻波，望孤舟之去矣；平芜落日，惜晴山之远而。大都芳景之妍，物华非一。美梁王之苑囿，阅汉家之宫室。珠阁縻云，金茎烁日；奇树绮错，幽禽锦质。盈空兮嘉气晓浮，映水兮晴云晚密。丹帷翠屋，因藉草以骈罗；宝马钿车，遇看花以阗溢。景丽何多，情怡若何？藻饰兮神化之巧，融明兮时气之和。美其近焉，谓汇花而澹柳；赋其远者，怜被山而带河。称含笔以闲吟，生于艳意；宜倚楼之远望，流入横波。惟有多士逢时，观光上国，金榜中大常之第，玉阶谢帝皇之德。柳陌杏园，花骢宝勒，雪袍缀行，桂枝新折。观者如堵，有以见满身春色。①

①田锡诗文辑自《咸平集》卷十五，景印文渊阁四库全书本，台湾商务印书馆 1986 年版。

何承矩

何承矩，字正则，河南洛阳人，曾知潭州，淳化四年（993）为河北屯田制置使，雄州知州。

文昭园闻提壶有感

马家公子好楼台，凿破青山碧沼开。啼鸟不知人事变，数声犹傍水边来。①

韩丕

韩丕（？—1009），字太简，宋华州郑（今陕西华县）人。太宗太平兴国三年（978）进士，为大理评事，通判衡州，累擢著作佐郎、又入直史馆、知制诰。端拱初，拜右谏议大夫、历知河阳、濠州。淳化三年（992）为翰林学士。不久出知均州、徙金州。召还，充史馆修撰、又出知滁州。真宗大中祥符二年（1009）卒。有诗集三卷，已佚。

寄岳阳刘从事

秋来忆故人，寓目临大野。远近闻清商，依稀奏豳雅。经霜树半红，无风叶自下。一片洞庭心，聊凭塞鸿写。②

---

①辑自《湖南通志》卷三二。

②辑自《宋诗纪事》卷三。

张齐贤

张齐贤（942—1014），字师亮，宋曹州冤句（今山东菏泽南）人，徙居洛阳（今属河南）。太宗太平兴国二年（977）进士。历任大理评事，通判衡州、江南西路转运副使、以右辅阙升任转运使、枢密直学士、右谏议大夫、枢密院事、左谏议大夫、给事中、出知代州、工部侍郎、兵部尚书，同中书门下平章事、司空等官职，还曾率领边军与契丹作战，颇有战绩。前后为相二十一年，对北宋初期政治、军事、外交各方面都作出了极大贡献。卒于宋真宗大中祥符七年（1014），赠司徒，谥号“文定”。著有《洛阳缙绅旧闻》、《孝和中兴故事》等。

石将军南征赋赠

五花密布生门出，三令重宣夙将听。划地岂能容贼窟，指天不许见妖星。醪投汉水期分饮，石削巴丘待勒铭。洗尽甲兵安草木，君山依旧望中青。①

书杜工部祠堂

余尝闻工部死，葬于耒阳县。县乃衡之属邑也。图经云：工部墓在县北郭内二里。后晋开运中，县令黄庭翰重兴祠宇。会郴令杨演赴任，途经是邑，乃述版记云：唐天宝十五载，禄山叛幽蓟，称兵内向，翠辇西幸，百官奔散。怀忠赴难者崎岖寻驾，垂危负舋者稽颡贼庭。及肃宗受禅，尊玄宗为太上皇，复神州，清

①辑自《宋诗纪事》卷三，上海古籍出版社1983年排印本。

辇下。严武仗节西蜀，威振二川，百官罢于奔命者依辅之：相臣房管、翰林李白、工部杜甫与焉。工部字子美，当开元、天宝中，名动天下。妍词奇句，合于雅颂，播在国风，洎肃宗中兴，犹停诏命。工部因忤蜀帅而适湘楚，时耒阳尹聂公棹舟迎甫，以白酒牛炙馈，无阙焉。以酒沉冥而终。噫，三贤出蜀，俱有高名：房相为中兴名臣、陶甄品汇；翰林旅窆采石，屹立丰碑；工部寓葬耒阳，显存遗迹。故诗卷轴中，未有不留题以追思。盖高翰林格调、工部风雅，犹仲尼之日月也。图经云：黄令再兴祠宇，而番为蓁莽芜没。前邑令杜公惟一，好事者也，又复新之。而邑里之民，止好淫祀，而不能设奠于工部之祠。会张员外又超与杜交友，题诗刊于版，且叙工部之文行志于墓祠，以劝民奉祀云。①

吕蒙正

吕蒙正（944或946—1011），字圣功，宋河南洛阳人。宋太宗太平兴国二年（977）状元。初授将作监丞，通判升州。太宗征讨太原，吕蒙正被授著作郎，入直史馆。历翰林学士、参知政事。端拱元年（988），拜中书侍郎兼户部尚书、平章事。淳化二年（991）罢为吏部尚书。四年，复相。至道初，出判河南府。真宗咸平四年（1001），第三次入相。六年罢。授太子太师，封莱国公，改许国公。不久，因病辞官，回归故里。病逝于大中祥符四年（1011），谥“文穆”，赠中书令。

岳阳楼望洞庭

八月寒涛溅碧空，片帆悠飏信秋风。探珠直待骊龙睡，莫遣

①辑自《永乐大典》卷八六四八，中华书局1960年版。

迷津浩渺中。①

李建中

李建中（945—1013），字得中，自号岩夫民伯，宋京兆（今陕西西安）人。太宗太平兴国八年（983）进士，累官太常博士，后知曹、解、颍、蔡四州，又任金部员外郎、工部郎中、西京留司御史台等职，终官判太府寺。时人称“李西台”。著名书法家，擅草、隶、篆、籀、八分等书体，多构新体，师法颜真卿及魏晋书风。有墨迹数种传世。

怀湘南旧游寄起居刘学士

老情诗思关何处，浑是湘南水岸头。残白晚云归岳麓，浓香敉菊满汀州。静寻绿径煎茶寺，遍上红墙卖酒楼。西洛分台素拘检，绣衣不得等闲游。

澹山岩在零陵郡秦周贞实之旧居

常思羽衣人，宅此岩崖傍。虚室通大道，灵关掩中黄。古朴宫殿深，偃亚松桂香。洞户漏夕月，木罅生微阳。叠齿上层巅，露井连曲房。断壁横广幕，矗石排吟床。蛰痕燕穴空，乳溜虬鳞张。清泉弄春涨，灵草经冬芳。自笑老倒容，谁与刀圭霜。金版佩上籍，玉音歌洞章。珠幢夜森立，绛节朝飞扬。咫尺仙路高，喧嚣世机忙。浮埃走车马，奔迸多事场。真地拥烟霞，根本无为乡。不到久叹息，一来徒悲伤。但听铿华钟，所得心耳凉。②

---

①辑自《明一统志》卷六十二，景印清文渊阁四库全书本，台湾商务印书馆 1986 年版。
②李建中诗辑自《宋诗纪事》卷三，上海古籍出版社 1983 年排印本。

张咏

张咏（946—1015），字复之，号乖崖，宋濮州鄄城（今属山东）人。太宗太平兴国五年（980）进士，授大理评事，历知崇阳县、太常博士、枢密直学士等职。出知益州，参与镇压李顺起事，恩威并用，蜀民畏而爱之。真宗时，入拜御史中丞。又出知杭州、永兴军、益州、升州，所至有政绩。官至礼部尚书，后遭排挤出知陈州。卒谥“忠定”。著有《乖崖集》十卷。

和人登朗州江亭

城上江亭簇暮烟，城根老枝浸江澜。何人临静夜歌罢，独客凭高秋兴宽。直下路通诸国远，偏东山隔半溪寒。渔翁似会清吟意，笑逐江鸥过浅滩。

怀张白逸人

昔年吟社偶通邻，常贵高风入格真。名好已期天共歇，性孤翻与世无亲。梁园醉别花烧眼，楚寺秋归鹤伴身。从此幽怀不能说，五湖烟月二京尘。

舟次辰阳

昔贤劳苦为忧官，我自无才欲忘餐。鸣棹几程滩势恶，宿亭一夜雨声寒。山连古洞蛮烟合，地落秋畲楚俗欢。虽指公余便东下，好峰犹得卷帘看。

游桃源观

一从仙去失仙源，树老台荒又几番。尘世莫嗟无分到，星坛空自有名存。竹边风健秋醒眼，花底泉香夜断魂。多少寻真旧题处，我来重与拂苔痕。

舟中晚望桃源山

仙山初指明初明，倚棹因妨半日程。云里未忘寻去路，世间争合有浮名。岩空阁老松千尺，天静时闻鹤一声。更谢暮霞怜惜别，满坡红影照峥嵘。

寄潭州刘郎中

宦途声称旧便蕃，朝列皆推比并难。受任已过唐刺史，结衔犹是汉郎官。遥知万井嗟何暮，酷爱诸峰病亦看。老大情怀更多感，相思重叠倚危栏。

过武陵溪二首

生平苦爱山兼水，南国晴凝侭可携。即问世间谁见我，扁舟初下武陵溪。

武陵山下水冲溶，往事追寻兴莫穷。欲就渔人问闲趣，叶舟齐过蓼湾东。

桃源观

檐下山光砌下苔，人间重遇眼重开。旧林诸子休移诮，已许孤云作计回。

夜坐

流水涓涓落砌莎，竹窗残月冷无多。傍人不念思乡苦，独奏南楼一曲歌。

方竹杖寄苏内翰

一寻方直剪湘烟，欲寄先悉见赏难。指佞扶危两堪试，惟凭不作瘦藤看。

发冷水铺

冷水东南去路赊，水边山掩见人家。无端下马寻幽处，鸥鹭飞飞出荻花。①

柳开

柳开（947—1000），原名肩愈，字绍先（一作绍元），宋大名人。太祖开宝六年（973）进士。初为宋州司寇参军，后擢右赞善大夫，知常州、润州，拜监察御史，复迁殿中侍御史。雍熙二年（985），因与监军争斗，被贬为上蔡县令，后复原职。后为崇仪使，历知宁边军、全州、桂州等地。真宗即位，加如京使，知代州、忻州。咸平三年（1000）徙沧州，道病卒，年五十四。提倡韩愈、柳宗元的散文，为宋代古文运动倡导者。有《河东先生集》传世。

盘石

古寺耸山椒，公堂去不遥。寻僧忘俗虑，盘道出尘嚣。疏箔卷烟雾，明时望泬漻。渔翁江上立，指我在云霄。

---

①张咏诗辑自《乖崖集》，景印清文渊阁四库全书本，台湾商务印书馆1986年版。

楚南伟观楼

洗尽蛮烟几案空，登临直见楚山雄。坐当鸿秸高飞处，身在乾坤灏气中。木落有情瞻北阙，霜轻无梦入西风。凭阑自是蓬瀛客，独对潇湘兴未穷。①

讽虞嫔诗并序

湘水导全州城下，北走州之境，又独能产筠竹成纹。古书今俗，通谓舜二妃溺于沅湘，挥泪为竹斑者在此也。复东南望九疑山，才可百数里。州岸佛寺傍有妃庙，因讽妃事，作七言十九句诗一章，刻石留于妃庙中。

惟尧则天舜弗复，诞妃罔极恩亭育。遏密无闻血盈目，南巡胡为泪染竹。父轻夫重当何淑，沅湘岸筠烟莓覆。凝纹叠斑殷郁郁，猿缘鼯号钩辀宿。朋凄助惋声几器，剩疑下尤禹湮渎。功充民戴荷百禄，重晖并耀难停毂。元居不宁逝如逐，悲啼负冤生莫卜。卒颠沉澜远昌族，讴讼肇私归永福，柔阴惨克咎深速。前睇九山排矗矗，到今云颜愁可掬。

赠梦英诗并序

过潭州，见梦英高奇，益不似今时所有，非常僧也。从予征歌辞，以为好歌亦诗也。故作一章七言二十五句诗以赠之。

昼光夜魄阴阳祖，五纬天立五行父。万灵蕃昌根此树，刚柔各斗清浊聚。形类纷然填下土，精英闲见群宁侣。雄剧唯神时可主，功格无先明竞睹。舍羊犬猪用彪虎，气包茫昧廓区宇。刓发

①以上两首辑自《宋诗拾遗》卷一，辽宁教育出版社2000年版。

披缁心有取，蜕免羁局脱潜去。身投西佛学东鲁，尘视诸徒飚远举。狂呼饱醉贱今古，公室侯庭迎走户。如攀乔柯腰俯偻，搜经抉诰将完补。声号大荒铿簨簴，笔诟斯冰卑尔汝。戟枝曳阵孰御侮，二十游秦老还楚，蛟蟠枯泓骥追鼠。停舟湘渍吾与语，归返终南恨睽阻。

五峰集序

读夫子文章，恨《诗》《书》《礼》《乐》下至经遭奉焚毁，各有亡逸，到今求一字语，要加于存者，无复可有，况其尽得之乎？又念汉获壁间科斗书，以编简断裂，巫蛊事起不能比类寻究，深为痛惜。圣人没，其言无得而更闻。譬犹登丘望天，远不见者其何能尽？亦何能知？游秦止陇，宁穷京邑之壮观哉？至于他美，余珍半存，半失心目，有爱曾是无思。

淳化二年春，开自桂州诏归京师，遇王次圣自交州使还于衡山廖画家。次圣，廖之出也。廖，世善诗。爽于梁朝当马氏，有《湖湘得衡求州刺史》。子男十人，图善七言诗，凝善五湖诗，立语皆奇拔。凝后入江南，归李璟，其诗得闻于朝。图，值马之子不嗣，兵兴国乱，多听散坠。开因次圣求图诗于昼，得残缺，仅百篇。昔人遵度序之为《五峰集》。闰月，昼抵潭，授余，讽之篇篇可爱。重恢然言："胸意间事近世无比。事凡无大，也无小也，能有道则几乎君子矣。若图诗，可令人痛其遗逸哉！"拟之经，虽不伦，然观其存而思其亡者，皆必有理念之足以少见余心也，因之得以及于夫子也。意时无贤，将为辞以共叹；时有贤，其如生不能使尽其材，死复丧其事业！

图，昼祖也，仕马氏为天策府学士，道州刺史。昼之下，学其业者余十人。以是廖之族足为诗家流也。

湘漓二水说

湘漓二水，始一水也，出于海阳山。山在桂州兴安县，旧名全义县。东南九十里，西北流至县东五里。岭上始分南北为其二水，北为湘水，南为漓水。求其二水之名，于书于记皆无所说。淳化元年，开自全州移知桂州，乘船溯湘水而抵岭下，复以漓水达于桂州。问其岭之名，即分水岭也。分水是相离水也，二水异流也，谓其同出海阳，至此岭分南北而离也。二水之名，疑昔人因其水分相离，而乃命之曰“湘水”也、“漓水”也。其北水所为湘，南水所为漓，将有以上下先后而乃名之也。水阴属北方，北方为水之主也。以其北流者归主也，乃尊之以相字，加其名为上焉。又疑为以其北者入于华、南者出于夷，华贵于夷也，故以相字为先焉。既二水以二字分名之，即北者为上为先，名湘也。即离者必加南流者也，所以漓江是分水之南名也。因其水之分，名为相离也，乃字傍从水为湘为漓也。凡为字，皆命名者也。名者，强称物者也。古之以万物错杂，惧难别识也，乃以名各记之矣。即物之名，有类、有假、有义、有因焉。斯二水之名，以其水分相离为名，是取类也，是所假也，是从义也，是有因也。今书漓江为漓字，疑其不当为此漓字也，当以离字傍加水作此漓字也。又字书古无此漓字，酌其理增而今以为字焉。亦由？古之他字皆以义以礼撰物者以成字也，非与天地同生于自然耳，亦皆由于人者也，于今悉为世所用矣。以斯而言之，即古之所为者，未必即为是；今之所作者，未必即为不是耶？凡事亦无古无今焉，惟其为当者是也。即湘漓二江之名，孰曰非乎？若以其南方为离，流南方为漓江也，即所说之义其疏矣。①

---

①以上诗文辑自《河东集》，四部丛刊景旧钞本。

卷二十一

夏侯嘉正

夏侯嘉正（953—989），字会之，宋江陵人。太平兴国中进士，历官至著作佐郎。

洞庭赋

楚之南有水曰洞庭，环带五郡，淼不知其几百里。臣乙酉夏使岳阳，抵湖上，思作赋。明目披襟而观之，则翼然动，促然跂，栗然骇，愕然眙。恍若驾春雪而轼霓，浩若浮汗漫而朝跻。退若据泰山之安，进若履千仞之危。懵若无识，智若通微。跛若不倚，跄若将驰。耳不及掩，目不暇逃。情悸心嬉，二三日而后，神始宅，气始正。若此不敢以赋为事者二年，然眷眷不已。一日登崇丘，望大泽，有云崒兮兴，歘兮止。兴止未霁，忽若有遇。由是渍阳辉，沐芳泽，睹一异人于岩之际。霞为裾，云为袂，冰肤雪肌，金玦玉佩。浮丘、羡门，斯实其对。因言曰：“若非好辞者也?”臣曰：“然。”“然则若智有所不通，识有所不穷，用不通不穷而循乎无端之纪，若得无殆乎?”臣又曰：“然。”“然至极则物应，思精则道来。嘉若之勤无哗无谈，吾为若称云：太极之生，曰地曰天，中含五精。五精之用，而水居一焉。水之疏，迩则为江兮，远则为河；积则为潴兮，总则为湖。若今所谓洞庭者，杰立而孤，廓然如无区，其大无徒。含阳字阴，元神之都。暧暧昧昧，百川不敢逾。有若神者，有若宾者，有若仆者，有若子者，有若附庸者，有若娣姒者。若禹会涂山，武巡牧野，千出百会，咸处麾下。每六合澄静，中流回睆，莽莽苍苍，纤霭不翳。太阳望舒，出没其间。万顷咸沸，强而名之为巨泽，为长川，为水府，为太渊。纵之不逾，局之不卑。乍若贤人，以重自持。诱之不前，犯之愈坚；又若良将，以谋乎边，澎澎濞濞，浩尔一致；又若太始，未有仁义，冲冲漠漠，二气交错；又若混沌，凝然未凿，此乃方舆之心胸，溟海之郛廓也。三代之前，其气濩落，浩浩滔天，与物回薄，灭木襄陵，无际无廓。上帝降鉴，巨人斯作。乃命玄夷，授禹之机，隧山堙谷，涤源畅微。然后若金在镕，若木在工，流精成器，夫何不通？是泽之设，允执厥中。既巽其性，遂得其正。有升有降，有动有静。”臣应之曰：“升降动静，可得闻乎?”神曰：“水之性，非圆非方，非柔非刚，非直非曲，非玄非黄。画象为《坎》，本乎羲皇。外婉而固，内健而彰。降以《姤》始，升以《复》张。其静处阴，其动随阳。六府之甲，万化之纲。式观是泽，乃知天常。若乃四序之变，九夏攸处，烘然而炎，沸然而煮，群物鸿洞，烁为隆暑。泽之作，颀然其容，若去若住，若茹若吐。灵趋怪觐，杳不可睹。蒸之为云，散之为雨。倏忽万象，如还太古，真可嘉也。若乃秋之为神，素气清泚，肃肃翛翛，群籁四起。泽之动，黝然其姿，若挺若倚，若行若止。巽宫离离，为之腾风；苍梧崇崇，为之供云。四顾一色，黯然氤氲。其声洑洑，若商非商，若徵非徵。东凑海门，一浪五千里，又足畏也。言其状，则石然而骨，岸然而革，气然而荣，洚然而脉。有山而心，有洞而腹，有玉而体，有珠而目。穹鼻孤岛，呀口万谷。臂带三吴，足跬荆、巫。或跂然而望，或翼然如趋。彭蠡、震泽，讵可云乎?”臣又问曰：“泽之态，已闻命矣。水之族，将如何居?”神曰：“大道变易，或文或质，沉潜自遂，其类非一。或被甲而邅，或曳裾而仟；或秃而跛，或角而蜿；或吞而呀，或呿而牙；或心以之懈，或修以之暇；或修臂而立，或横骜而疾；或发于首，或髯于肘；或俨而庄，或毅而黝。彪彪玢玢，若太虚之含万汇，各備其生而合乎群者也。”臣又问曰：“若神之资，其品何如也?”神曰：“清矣静矣，丽矣至矣，邈难知矣。肇于古，古有所未达；形于今，今有所未察。非希非夷，合其心于自然，然后上天入地，把三根六。况水居陆处，夫何不烛?彼鞚鲤之贤，辔龙之仙，乃吾之肩也。其余海若、天吴、阳侯、神胥，龊龊而游，曾不我俦。”臣又问曰：“《易》称‘王公设险’，是泽之险，可以为固。而历代兴衰，其义安取?”神曰：“天道以顺不以逆，地道以谦不以盈。故治理之世，建仁为旌，聚心为诚。而弧不暇弦，矛不暇锋，四海以之而大同。何必恃险阻，何必据要冲?若秦得百二而帝，齐得十二而王。其山为金，其水为汤，守之不义，歘然而亡。水不在大，恃之者败；水不在微，怙之者危。若汉疲于昆明，桀困于酒池，亦其类也。故黄帝张乐而兴，三苗弃义而倾。则知洞庭之波以仁不以乱，以道不以贱，惟贤者观之而后得也。”于是盘旋徙倚，凝精流视，罄以辞对，倏然而晦。①

王禹偁

王禹偁（954—1001），字符之，宋济州巨野（今山东巨野县）人。因晚被贬于黄州，世称“王黄州”。太平兴国八年（983）进士，历任右拾遗、左司谏、知制诰、翰林学士等。工诗文，著有《小畜

①辑自《历代赋汇》卷二七，景印清文渊阁四库全书本，台湾商务印书馆1986年版。

集》三十卷。

浯溪摩崖碑

客舟晓探奇，兴落浯水上。搴萝豁远目，所至穷异状。是时天宇晴，物象自清旷。烟开楚山断，千里弥一望。遐延极览眺，近历饱搜访。层崖划中开，峭壁磨万丈。颜公英烈姿，元叟士林仗。文词金石奏，字画蛟龙壮。伊子抗尘容，所志在清赏。孤云寄微踪，独鹤引空杖。岂无千载怀，亦有高山仰。同游二三侣，相与情颇畅。芳兰荐山色，林瀑洒行帐。醉挥紫霞觞，乱落白云唱。归舟漫容与，潭月吐云嶂。兴幽任时违，心远觉神王。但云谐斯游，何以答清贶?①

潭州岳麓山书院记

三代而下，两汉称理，次叙循吏，彰示后人。西京首述文翁，《东观》先书卫飒。观其理蜀郡、教桂阳，率以庠为先，夷落自化，是知学校政之本欤。崇文广武圣明仁孝皇帝嗣位之明年，诏以供备库副使陇西公知武安军府事。公自以为当不次之用，临至剧之郡，思树殊迹，以答奇遇。下车布政，比屋允怀，参考吏能，寻绎民病。狱讼纷紊，决剔无留，米盐靡密，推行不倦。属岁非大有，人用阻饥。减估发仓，惸嫠无告者得安其业；募兵置籍，强梁亡赖者悉拘于军。千里耕桑，涸辙得水，七州兵甲，走丸在盘，有废必兴，无政不举。

初，开宝中，尚书郎朱洞典长沙，左拾遗孙逢吉通理郡事，于岳麓山抱黄洞下肇启书院，广延学徒。二公罢归，累政不嗣，

①辑自《湖南通志》卷十八。

诸生逃散，六籍散亡，弦歌绝音，俎豆无睹。

公询问黄发，尽获故书；诱导青衿，肯构旧址。外敞门屋，中开讲堂，揭以书楼，序以客次。塑先师十哲之像，画七十二贤，华衮珠旒，缝掖章甫，毕按旧制，俨然如生。请辟水田，供春秋之释典；奏颁文疏，备生徒之肄业。使里人有必葺之志，学者无将落之忧。谁谓潇湘？兹为洙泗。谁谓荆蛮？兹为邹鲁。人存政举，岂系古今；导德齐礼，自知耻格。

《春秋》，刺济州日，命乡之荐不减百人，燕以嘉宾之诗，遣以计吏之礼，举进士者，钱五万，袭衣以副之；应学科者，钱三千，绨袍以遗之。咸出己俸，人以为难。故其子孙不忘儒学。某占籍济上，出职禁中，直承明之庐，已叨三入；开缑氏之学，将谈六经。托以斯文，拙于叙事，聊书兴废，用纪岁时而已。大宋咸平三年某月日记。[①]

郭昭符

郭昭符，咸平年间以太仆寺丞通判永州军州事。

秋日同知州潘赞善朝阳岩闲望归郡中书事

白帝呼龙驾云旌，西上金天调玉烛。九嶷耸黛凝不干，二水飞蓝健相续。紫黄诏换鱼须竹，皂盖朱衫来作牧。波神一夜收风湍，烈缺先秋静林麓。曾岩照水明朝旭，□□冲崖拥奇木。山阁吟烟薄暮钟，酒旗拂雨临溪屋。放歌身外光景促，短续人间片时绿。金刀莫□□□□，□□长啸□□禄。梨梅浆酸□才熟，□□

①辑自《小畜集》卷十七，四部丛刊景宋本配吕无党钞本。

新味□□□。□笋樵素丝□明，□□□□□青玉。□情去日无羁束，逸思凉飘绕烟谷。言涉渌水纱裳轻，朱鞅追风桃花速。回看山下多麇鹿，浩叹□□□鸿鹄。□来刁斗转分明，永夜公堂守幽独。□□□□□□□，□金液（下缺）①

种放

种放（956—1015），字名逸②，自称退士，又自号云溪醉侯。宋河南洛阳人。沉默好学，奉母隐终南山，以讲习为业，凡三十年，其间数召皆辞。真宗咸平中，以荐召对，授左司谏，直昭文馆，累拜给事中，仕终工部侍郎。好为诗歌，有《退士集》六卷。

潇湘感事

离离江草与江花，往事洲边一叹嗟。汉传有才终去国，楚臣无罪亦沉沙。凄凉野浦飞寒雁，牢落汀祠聚晚鸦。无限清忠归浪底，滔滔千顷属渔家。③

赵湘

赵湘（959—993），字叔灵，祖籍南阳，居衢州西安（今浙江衢州）。宋太宗淳化三年（992）进士，授庐江尉。四年卒，年三十三。其后以孙赵抃贵，追赠司徒。有集十二卷。

---

①辑自《宋诗纪事补遗》卷三，上海古籍出版社 1995 年影印续修四库全书本。

②《郡斋读书志》作明逸，此从《宋史》本传。

③辑自《宋诗纪事》卷八，上海古籍出版社 1983 年排印本。

方广寺石桥

白石峰犹在，桥横一径微。多年无客过，落日有云归。水净苔生发，山寒树著枝。如何方广寺，千古去人稀。[①]

刘师道

刘师道（961—1014），字损之，一字宗圣。宋开封东明（今山东东明）人。太宗雍熙进士，为和州防御推官，历监察御史、擢知彭州。真宗咸平初徙知润州，后擢权三司使，后贬忠武军行军司马。景德二年（1005）起知复州，换秀州，大中祥符二年（1009）知潭州。岁满，复加枢密直学士、改左司郎中。七年得暴病，卒。

残花句

金谷路尘埋国艳，武陵溪水泛天香。

湘中句

逝波帝子魂何在，芳草王孙怨未归。[②]

寇准

寇准（961—1023），字平仲，宋华州下邽（今陕西渭南）人。太平兴国进士，授大理评事、知归州巴东县、大名府成安县。累迁殿中

①辑自《宋诗纪事》卷五，上海古籍出版社1983年排印本。

②刘师道诗辑自《诗话总龟》增修卷之十二，《四部丛刊》初编本。

丞、通判郓州，累擢枢密院直学士、判吏部铨。淳化初，除枢密副使，坐事罢知青州。五年召拜参知政事，加给事中，又坐事出知邓州。真宗立，入权知开封府，为三司使。景德元年（1004）拜相。不久，被大臣王钦若排挤罢相，出知陕州。天禧三年（1019）又恢复宰相职务，真宗病，准密奏请以太子监国，事泄，罢相，封莱国公。被大臣丁谓等陷害遭贬，远徙道州、雷州。卒于贬所，追谥“忠愍”。善诗能文，存《寇莱公集》七卷。

春日怀归

高楼聊引睇，杳杳一川平。野水无人渡，孤舟尽日横。荒村生断霭，古寺语流莺。旧业遥清谓，沉思忽自惊。

秋晚闲书

吟情自觉都无趣，况复离居感物华。厌读群书寻野径，闲收落叶煮山茶。烧残寒菊花犹在，霜过香橙味转加。因想前期重搔首，不堪秋思极长沙。

经郴州永兴驿

昔拥双旌在斗城，今朝孤馆语同名。天遥秦树无因见，极目空饶怅望情。

春陵闻雁

萧萧疏叶下长亭，云淡秋空一雁经。惟有北人偏怅望，孤城独上倚楼听。

危栏秋尽偶来凭，霜落秋山爽气澄。谁道衡阳无雁过，数声残日下春陵。①

题鼎州甘泉寺东槛

平仲酌泉经此，回望北阙，黯然而去。②

洪湛

洪湛（963—1003），字惟清，宋升州上元（今属南京）人。南唐李煜时举进士，有声于时。起家归德军节度推官、还授右拾遗。归宋，登太宗雍熙二年（985）进士。累迁比部员外郎，知郴、舒二州。真宗咸平二年（999）直史馆。后坐事削籍流儋州，会赦移惠州，至化州而卒。有文集。

送新知永州陈秘丞瞻赴任

零陵古郡枕湘川，太守南归得意年。茶味欲过衡岳寺，橘香先上洞庭船。锦衣照耀维桑地，石燕翻飞欲雨天。若到浯溪须舣棹，次山遗颂想依然。③

梅询

梅询（964—1041），字昌言，宋宣州宣城（今属安徽）人。太宗端拱二年（989）进士，为利丰监判官。真宗咸平三年（1000）直集贤院，仁宗天圣六年（1028）直昭文馆，明道元年（1032）以枢密直

---

①寇准诗辑自《忠愍集》，四部丛刊三编景明本。

②辑自《舆地纪胜》卷六八，中华书局1992年版。

③辑自《金石萃编》卷一三〇，清嘉庆十年刻同治钱宝传等补修本。

学士知并州，入为翰林侍读学士、拜给事中、知审官院，宝元二年（1039）知许州。康定二年（1041）卒。梅询生平所作文稿，其子任编为《许昌集》二十卷。

桃源

武陵风景都然改，谷口桃花镇长在。自从改赐鼎州名，转觉桃源仙气灵。①

丁谓

丁谓（966—1037），字谓之，后更字公言，宋长洲（今江苏苏州）人。太宗淳化三年（992）进士，为大理评事、通判饶州，迁尚书工部员外郎、三司使；真宗咸平元年（998），除三司户部判官，咸平五年任户部侍郎；大中祥符元年（1008），召为右谏议大夫，权三司使，又加枢密直学士；大中祥符五年至九年任参知政事；天禧三年（1019）至乾兴元年（1022）再任参知政事、枢密使、同中书门下平章事，封晋国公。仁宗即位，因事贬崖州司户参军，徙雷州、道州。明道中授秘书监致仕，卒于光州。有集多种。

笛

衡阳裁翠竿，梦泽剪霜柯。妙制非丘仲，知音赏列和。赋因怀旧得，曲为写情多。三弄青溪侧，风流奈尔何。

桂

青紫间朱丹，三湘五岭间。充庖资爽口，泛酒助酡□。种色

---

①辑自《舆地纪胜》卷六九，中华书局1992年版。

思圆月，从生忆小山。郄枝曾入手，招隐更聊攀。

橘

绿枳怜同气，黄橙共我乡。厥包堪任土，其实可怜霜。天宴交枝异，君门并蔕祥。湘人无菲陋，曾用荐陶唐。

过武陵甘泉寺留题

翠影人疏度，波光瑟瑟凝。帝家金掌露，仙署玉壶冰。晓井侵星汲，宵厨向月澄。岂惟蠲肺渴，灌顶助三乘。

橘花

香于栀子细于梅，柳絮梨花过后开。搔首预愁经恶雨，伤心初见落苍苔。丹青得到须名手，题咏今疏信不才。莫怪主公相看好，举家新自洞庭来。

癸酉仲夏自□道□华严山主正师上人□□相遇今忽至且云□□□□□□□携酒□□□□□□□□□□□□□□□

坏衲相遇羽服迎，可怜□静□营营。我思江上忘身计，师出山中乞寺名。振锡回还心未住，布金圆□意方平。零陵泉石三湘最，莫踏□□□□□。

题鼎州甘泉寺东槛

谓之酌泉，礼佛而去。

李元辅

李元辅，生平不详。善写真。

水帘洞

一片挂苍崖，分明不惹埃。蹙成珠颗白，垂下水帘来。野燕飞难入，山风卷不开。声声去朝海，天意恋岩隈。①

华镇

华镇，字安仁，宋会稽人。神宗元丰二年（1079）登进士第。官至朝奉大夫，知漳州军事。平生好读书，工诗文，有集。

岳麓寺

衡岳到江尽，招提岳秀中。飞楼上乔木，清梵俯□鸿。鹤去泉犹在，台存法更雄。望终三楚胜，清兴迥无穷。

道林寺

疏钟到城市，台殿隐修林。访古多陈迹，探幽惬赏心。夜声寒溜碎，晓色翠烟深。自愧麏尘鞅，骊驹又见寻。

齐无已书堂

骚客高吟地，山僧指旧基。虚堂非昔构，清景是当时。石甃

---

①辑自《湖南通志》卷一六。

流泉漫，松轩度日迟。儵鱼有余乐，池上竟谁知。

湘江二妃庙

帝子灵祠古，秋风更寂寥。门临湘水迴，路指舜陵遥。宝瑟知何在，英魂不可招。年年添泪竹，遗恨未应消。

长沙王庙

秦吏方摇毒，君王独得名。国虽为地小，忠亦自天成。秘殿仪容粹，玄堂草木荣。兴亡何足道，青竹有嘉声。

贾太傅庙

夫子生何代，漂流正所宜。长鸣那易赏，合抱固难施。碧藓封遗井，丹枫落旧祠。日斜飞鹏过，依约赋成时。

画眉铺

湘楚穷愁地，何名得画眉。不因啼鸟目，应记剪灯诗。逐客伤憔悴，征人困别离。风流京兆尹，宁复此飞驰。

愚溪

潇湘同泻处，一水亦东倾。屈曲游龙势，玲珑戛玉声。傍城无暂浊，当暑有余清。楚俗真怀古，犹传梦客名。

无生庵

大士今何在，空山旧隐存。百年闲藓径，终日敞尘阍。砌暖晴添草，窗寒暝叫猿。当时团坐客，相顾竟何言。

东海

谁谓沧溟远，吾家曲槛东。灵潮随月长，积水与天通。白鸟长沙外，青峰薄雾中。星槎在何处，屈指待秋风。

君山

特秀起平湖，秋空照日孤。无尘接南楚，有路到东吴。聚翠时浓淡，长林半有无。未能寻胜赏，飞梦绕烟芜。

洞庭

险固三苗左，茫洋七泽西。山光千迭小，天碧四垂低。风便修途近，波惊跬步迷。谁知鱼鸟乐，不复待韰鞞。

千瓣二色桃花

迥出成蹊类，尤深造物功。细攒重迭瓣，匀赋浅深红。艳质平分异，香心一点同。武陵溪上树，虚占好春风。

庆亲堂和湖南运使程大卿韵

轮奂非谋已，标题庆有亲。盈庖欣釜粟，照座得言纶。集富称觞客，宽容戏彩人。遥知映阶砌，丹桂及芳春。

陪潭倅张朝散江皋观鱼

通守陈鱼许纵观，旋开芳宴俯江干。合围缓觉波心远，数获丰知网目宽。何必姬姜当脍板，自多鲂鲤荐琱盘。归舟清兴知何限，湘水无风夕月寒。

送湖南提刑安学士

洞庭六月暑风长，使者征帆挂短樯。汲引津途多肉食，追随行路有壶浆。南洲自恋涵濡德，北阙方思献纳良。更识高门延庆事，彩衣新有桂枝香。

节遇中秋挟日余，哲人来契梦熊时。神澄晓露珠凝彩，气爽秋风桂有枝。歌袴始喧清赣曲，使星还照碧湘西。太平天子方求旧，但指松椿祝寿祺。

寿潭帅李金部二首

庆绪绵绵嗣伯阳，何时熊梦契嘉祥。月低蓂荚光犹满，风入林钟景正长。出去怀金参九列，归来画绣得三湘。遥知当日瞻佳气，还似兹辰赌寿香。

泛泛熏风入舜弦，西楼晚月十分圆。悬弧门下占祥日，仗节湘南出帅年。善诵咏歌盈玉叶，寿觞频举倒金莲。紫泥褒诏知非晚，行看双旌上日边。

春陵闻雁并序

余为春陵纠曹，夜闻雁声，因忆欧阳文忠公有《送道州太守》诗云“身行南雁不到处”之句。盖衡有回雁亭。

拥衾欹枕未成眠，历历鸿声到枕前。十月高风方永夜，三更疏雨欲寒天。衡阳亭榭真虚尔，颍水篇章是偶然。万里天南共为客，北书从此喜须传。

湖南运使程大卿寿

时来嘉会一阳新，庆属高门诞哲人。杞梓挺材周世用，珪璋含德足天纯。酒熏爱日凝和气，香触寒梅发早春。密运阴功方寸地，默增遐算有明神。

送道守董朝散

香穗氤氲杂瑞烟，条风新转早春天。桑蓬庆集侯门日，铜竹荣居郡合年。清晓十分圆玉兔，寒宵万斛照金莲。祝诗聊致官曹意，上古灵椿自八千。

次韵和潭州尹节推陪同年运使大卿知府安抚少卿知郡大夫饮会

一声浑化未来宫，当日联飞真乘龙。策足津途趋要切，掞庭华藻称纖秾。青云荣贯谁同得，白首朋樽此幸逢。乐事晚生曾未识，强赓佳句想形容。

代湖南张运使贺蔡右丞

高步英躔恰妙龄，曙华相照有余荣。早逢周室遵儒雅，亲见文公迓太平。可但清标称玉润，共知具体得金声。庙堂方契千年会，侧听康哉语载赓。

次韵湖南张运判会春园新亭之什

落落长松满古园，沉沉碧水侵新轩。于今人物情虽别，平昔池台迹未昏。身外无尘红入座，眼前有酒绿盈樽。更将好乐无荒意，深入无生不二门。

次韵酬道州同官雪中召饮

千林腊雪缀玫瑰，为送丰年好信来。有客倚楼吹玉笛，何人立马傍银台。书斋喜白临恪纸，妆阁惊藏照脸梅。清景可怜佳句重，为君随分把金杯。

送湖南运判张朝散

豳野荽含秀，周朝麦荐新。祇园才浴像，嵩岳复凝神。鹊印天休裔，书林世贵人。江山分秀气，珪璧粉天真。三箧传遗绪，前筹起逸尘。人间欣得瑞，席上蔼为珍。平步游英彀，长驱历要津。星轺聊按指，元鼎伫经纶。熊梦祥占日，斑衣色养辰。云鹏方万里，海鹤本千春。

送湖南提举梁朝散

公族流芳远，侯门积庆长。玉田收地宝，兰畹毓天香。岐嶷英姿妙，魁梧德宇强。岳灵分秀气，昴宿注祥光。世济居弥厚，官成动有章。题舆高右陕，持节重西湘。二九朝阳永，中秋夕月凉。诞弥迎节至，嘉庆肆筵芳。檀篆金为鼎，榴花玉作觞。愿言齐鹤寿，平步冠鹓行。

次韵酬桂阳石知监怀乡见寄

南北周旋事屡更，剖符才喜慰苍生。米盐无滞纲条密，雀鼠难欺狱讼平。樽俎有余今北海，篇章多暇古宣城。桃源善庆时难拟，金谷风流世有名。荣拥双旌忘自得，永怀三径念同情。乡闾分义千钧重，笔墨才华一座倾。官异微之惭未称，报殊平子愧非精。折腰寂寞将何遣，稔听龚黄布政声。

湖南运使柯少卿寿

星杓旋指始回寅，迟日烘天欲再旬。安寝熊罴通吉梦，高门弧矢见成人。江山孕美宽为量，奎壁腾芒秀入神。学苑远穷三箧富，辞林荣占一枝春。分麾闽越闲余刃，赐笔中台播逸尘。棘寺入陪鹓列久，湘源来著绣衣新。笑谈已集金粮最，眄睐无遗玉石真。不惮高才亲远使，更将和气裕斯民。华资分合归无已，眉寿阴须付有仁。幕下晚生欣庇德，强歌精意指灵椿。

用石桂阳韵谢左判官陈司理见寄

曾挹清谈仆屡更，解颐聊足慰平生。共观云物怀虞帝，为引渔翁问屈平。一逐晓风分客路，两逢春雨暗山城。寒林不见迁莺语，古壁多逢逐客名。怀寄远随贤守句，爱忘深识故人情。参军笔力湘山峭，幕府辞源峡水倾。刻烛赋诗曾有意，临池扫帚未能精。强将西缶临风击，终逊玲珑戛玉声。

宿道林寺诗

钲鼓远轰填，旌旗近凌乱。兰棹截波舣，肩舆傍山转。白羽映尘举，乌纱倚风岸。揆才非阿都，托乘陪中散。暝投萧寺迥，路入修林蒨。清谈曾未既，长夜已逾半。周旋仰陂量，眄睐惭沟断。欲倚青云披，轻歌白石烂。高风生夜壑，长松响幽涧。秉烛访陈迹，辞墨迭壮观。缨蕤虽未濯，心目欣已浣。文奇楚招些，迹异元郎漫。初惊冰玉违，已见珠玑璨。临池名草圣，天台得才冠。兼资古所稀，荐遇世尤愿。琳琅鼓余韵，蛟虬走芳翰。诣绝雅无伦，神变敏如幻。规为到古始，气慨起消懦。须知赵璧贵，秖借秦人玩。吟想情有余，言终屡增叹。

次韵和湖南运判司勋曹公衡山行

大山隐隐横如衡，北与常岳当天经。发奇吐怪无时停，旦暮生气凝紫青。隆隆翠光照南溟，是为朱陵赤帝庭。奇峰八九罗明星，真仙宴集通层城。飞楼迭阁到绝顶，环回照映真云屏。流泉夜逐银河倾，危石上与搘机撑。轻舆飞盖不知峻，来往常见林梢盈。炳灵弥世动宸扆，仪物严奉侔朝廷。天章国宝萃神异，金华墨彩光峥嵘。提封奄有神仙宅，星轺部按经云扃。传经俯可拾青紫，摛华早合登蓬瀛。肯跨苏耽岭头鹤，轻逐浮丘吹玉笙。暂将胜具拟玄度，行与大帝调六英。汉庭已当思汲黯，紫垣归次光晶荧。寻源况曾到鸡足，根尘洗尽丹台灵。宰官应世通有诚，飞云何意超鸿冥。玄珠不独罔象得，白雪一点洪炉生。诗豪墨妙天许并，云崖苏壁增新铭。紫虚羽盖飘岭屏，湘源宝瑟鸣兰汀。蛾眉旋顾若自失，霜威一肃春华零。琴高睥睨不敢请，遗鲤失步奔长鲸。平反犴狱成虚图，奸豪敛衽无辜宁。随车霭霭留余馨，千里卷尽重云暝。威形不习西门豹，襟风远析湘人醒。自怜匏系致身误，迟日坐费三春晴。况无氛翳动精祲，照乘惟有仙花明。日边应许留姓名，云车未间相逢迎。花源深处寻遗氓，枕泉漱石穷幽清。拂掠朱鸾毛羽轻，朗听日毂声锵锵。谁知信舍远千里，胸中浩气高难平。翰林一想天姥起，当年飞梦三更成。便欲登临云顶寺，俯看练带潇湘横。惊闻佳句得交佩，传写宝秘胜韦籯。清新自是文章伯，飞誉高华由妙龄。美如时雨恣飞洒，有声着物皆欣听。河流万里势不息，曲折细可为章程。大匠斤斧何经营，良贾厚藏非力耕。锋铓铦利新发硎，文彩繁缛森华缨。洗心吟玩曾未再，已觉两腋生羽翎。千岩万壑句中尽，此身如在衡山行。

南岳赠仲仁墨画梅花

世人画梅赋丹粉，山僧画梅匀水墨。浅笼深染起高低，烟胶翻在瑶华色。寒枝鳞皴节目老，似战高风声淅沥。三苞两朵笔不烦，全开半函如向日。疏点粉黄危欲动，纵扫香须轻有力。不待孤根暖气回，分明写出春消息。大空声色本无有，宫征青黄随世识。达人玄览彻根源，耳观目听纵横得。禅家会见此中意，戏弄柔毫移白黑。

题桃源图

枝头巧语声高低，波光葱蒨深柔荑。烘爔日暖金鳞动，渔舟荡漾沿芳堤。淡红片玉满流水，中有谁家桃李蹊。刺棹沿洄忘远近，山重水转迷东西。金豪瞥见林中犬，玉羽旋闻陇上鸡。相逢巾屦如图画，惊闻有客争邀携。穿花行到花尽处，华铺昼敞同攀跻。帘栊炫焜斗金碧，楼阁玲珑凝紫霓。琼杯石髓甘如醍，碧桃莹腻堆玻瓈。殷勤历问尘寰事，闻说兴替声如嘶。自言畴昔避闾左，乡邻负抱谋岩栖。入山惟忧山路浅，穿云涉水随麏麛。山深遂与人境绝，回首但见云萋萋。年年桃花又桃实，不闻刘项鸣钲鼙。当时祗恨弃桑梓，此日却悟凌丹梯。酒阑历览烟霞外，天风淅淅鹓雏啼。尘羁世网远心目，年龄便可乾坤齐。俗缘如瑕涤不去，荆布还念糟糠妻。思家欲归归却悔，忆路重来来已迷。碧砌朱栏无处觅，溪长烟草寒凄凄。玉京云路今何在，千年图写传缯缇。高堂众客一经目，尽愿乘景骑狻猊。祖龙虐政猛于虎，疗饥消渴资黔黎。霜髯黄口不相保，四海惨戚如牢狴。当时人世无居处，往往云壑为中闺。窜身幽侧宁所乐，骨月苟免资尘泥。种桃为食不如黍，岂恶刍豢忘烹刲。全家邂逅登金箓，此事渺忽无端倪。清时汪秽下膏泽，浸润生齿如孩提。日长不使餔糠粃，饭炊雕胡蔵駃騠。岁寒岂独完裋褐，雾縠衣裘云锦袿。翦除败类毓良淑，宛若嘉谷纯无稊。干羽雍容绝征戍，春来处处操锄犁。今人不似秦人苦，寄身何用武陵溪。①

张景

张景（970—1018），字晦之，宋江陵府公安县（今属湖北公安）人。真宗咸平三年（1000）进士，调馆陶（今属河北省）薄。后因案受牵连，谪贬金州（今陕西安康），不久为房、襄二州文学参军，转宝应簿，官至大理评事。有《洪范王霸论》。

题董真人

桃花谩说武陵源，误教刘郎不得仙。争似莲花峰下客，栽成红杏上青天。②

章侁

章侁，建州建安人，大中祥符五年（1012）进士。庆历年间，任桂阳监通判。

烹丁歌

我生幸遇圣明君，何为独作桂阳民！官中逐月催科税，不征

---

①华镇诗辑自《云溪居士集》，景印清文渊阁四库全书本，台湾商务印书馆1986年版。
②辑自《舆地纪胜》卷三十，中华书局1992年版。

谷粟只征银。勿问田园多少地，供给之数唯计人。尽将古来什一税，移在贫儿六尺身。自从天福征银后，田藉毁除不复存。迄今已有百余载，其间兴替何纷纭。五年升降为炉首，欺蔽官司焉得闻？某生不幸生北乡，南去宝山七十里。儿孙尽是卖炭夫，从小不谙烹采事。本户大小系七丁，只是卖银供纳税。正值今年正月来，雨多人少坑炉在。四城炭入无人收，炭价转低银价贵。三两三钱零九分，火耗称余犹未系。几回奔走入城来，了纳身丁一月计。夜来犬吠炉首过，举家惊悸心胆破。手把历头一卷来，顶戴三枷腕被锁。自道新年科税严，身有杖创行路跛。官中立待年终银，公吏催征急如火。远乡不解出砂碛，无银只愿偿其值。男出稻粮女出丝，身减衣裳日减食。尽凭所有计几何，余令丁壮来慵力。今日已过后日来，知是几时得休息？二十丁余六十老，此是古来旧规式。闻说前来有使君，更向此中求课绩。奏道监民能采银，老弱更加八年役。从今十七便成丁，六十有五方除籍。为国增添几两银，多少怨咨损阴德。我闻皇上仁如天，恤民济物恩不偏。往岁放除浙江道，五十余万身丁钱。当时养活疮痍合，如今已得肌肉全。惟有监民不得与，皆言银税比如田。及开天书与圣祖，人说泰山并后土。广覃恩宥及寰区，罪戾逃亡皆沾会。兼云州县一年终，与减夏税两分赋。独有监民又不该，空听鸡竿宣昭谕。只有外县耕凿流，击壤喧喧歌道路。官吏闭口不肯言，官家争得几辛苦。某虽小民不读书，也会得闻书生语。自古出租量地力，不闻只计丁口数。山泽岂无拘制法，何必税人征敛收。本是耕田卖炭夫，却教抄作烹丁户。养儿未识礁矿形，已隶帐司名姓簿。谁能为我奏天庭，移将银税归田亩。放教耕稼养苍生，免使鞭驱似囚奴。江湖幕下从事客，自愿医民无婉划。今日闻知村叟言，启处心中有惭色。归来染瀚成新诗，一吟一叹伤心臆。方今上位恤民深，览此安能无隐恻。我愿采诗官勿采，雕巧之词无所益。不如采取烹丁歌，下令悲痛闻天听。又愿观风使勿观，安逸之民恩已宽。不如观止远方疲，王泽下流溥恩惠。勿令点滴相疑沛，庶使凋残荷帝私。烹丁尔勿忧，闻道使车即来此。但使路旁歌此诗，必得飞章报天子。明年变税入桑田，好铸锺钳为耒耜。①

王周

王周，明州奉化（今属浙江）人。大中祥符五年（1012）进士，知明州、抚州。致仕后归荆南。

岳州众湖阻风

偶系扁舟枕绿莎，旋移深处避惊波。晓来闲共渔人话，此去巴陵路几多。

众湖湖口系兰船，睡起中餐又却眠。风伯如何解回怒，数宵樯倚碧荐烟。②

麻温其

麻温其，临淄（今山东淄博东北）人，大中祥符中进士，官太子中允、开封府判官。

①辑自《湖南通志》卷末十四。
②辑自《唐诗百名家全集·王周诗集》，清康熙四十一年席启寓琴川书屋影刊宋本。

登岳阳楼

湖边景物属秋天，楼上风光似去年。仙侣缑生留福地，湘娥帝子寄哀弦。云门自统轩台外，木叶偏飞楚客前。极目江山何处是，一帆万里信归船。①

卢察

卢察（985—1039），字隐之，宋河内（今河南沁阳）人。卢多逊第三子。景德二年（1005）进士。初授复州司士参军，累官至太子中舍、殿中丞、国子博士，入尚书省为水部司门员外郎，天圣九年（1031）知蒙州，后为白波发运判官，终通判河南府。著有文集三十卷、《晦书》一卷、《灵感》三卷、《孙子注》三卷。

留题浯溪

口后声名人始贵，真卿笔札次山文。二贤若使生同世，□□口悲不放君。

再题浯溪

逆孽滔天乱大伦，忠邪淆杂竟何分。欲知二圣巍巍力，止在浯溪一首文。②

①辑自《湖南通志》卷三四。此诗《全唐诗》误作唐人诗收入。

②辑自《湖南通志》卷二七五。

夏竦

夏竦（985—1051），字子乔，宋江州德安县（今属江西九江）人。初以父夏承皓战契丹死忠，录官丹阳县主簿。真宗景德四年（1007）登贤良方正能直言极谏科。任国史编修官、出知黄州、邓州、襄州等。天圣五年（1027），为枢密副使，七年官参知政事。康定年间兼陕西四路经略、安抚、招讨使，知永兴军，改判河中府，拜同中书门下平章事，判大名府。仁宗庆历丁亥年（1047），召为宰相，改枢密使，封英国公，次年复拜同中书门下平章事，仁宗皇祐己丑年（1049）进郑国公。辛卯年（1051）卒，赠太师中书令兼尚书令，谥"文庄"。夏竦学问渊博，著文集百卷，另有著作多部。

潭州李兵部启

右，某启：伏念某屡窃虎符，甚安鸠拙。不当便道，绝欸绪风；逖望朝髦，复分霄堮。地颇赊于河润，心但切于旌摇。恭以某官直道在公，懿文饰政。入端朝著，群公让于茵冯；出总使条，舞吏空其囊橐。逋民咸复，美化大敷。然自郡本股肱，召莫先于季布；治繄宽猛，政焉避于国侨？倾听旁求，用纾劳想。炎凉改候，葆啬是宜。颂咏之私，不任丹恳。①

范仲淹

范仲淹（989—1052），字希文，宋苏州吴县（今江苏苏州）人，

①辑自《文庄集》卷十七，景印文渊阁四库全书本，台湾商务印书馆1986年版。

真宗大中祥符八年（1015）进士。受命为广德军的司理参军，历秘阁校理、右司谏，权知开封府。仁宗景祐三年（1036），上《百官图》论用人是非，忤吕夷简，出知饶、润、越三州。康定元年（1040），任陕西经略安抚副使、兼知延州，改环庆路经略安抚、缘边招讨使。庆历三年（1043）入为枢密副使、进参知政事。后出知邠州兼陕西四路安抚使。官终户部侍郎、知青州。卒谥“文正”。有《范文正公集》传世。

送韩渎殿院出守岳阳

仕宦自飘然，君恩岂欲偏。才归剑门道，忽上洞庭船。坠絮伤春目，春涛废夜眠。岳阳楼上月，清赏浩无边。

和延安庞龙图寄岳阳滕同年

优游滕太守，郡枕洞庭边。几处云藏寺，千家月在船。疏鸿秋浦外，长笛晚楼前。旋拨醅头酒，新炮缩顶鳊。宦情须淡薄，诗意定连绵。迥是偷安地，仍当饱事年。祇应天下乐，无出日高眠。岂信忧边处，胡兵隔一川。

岳阳楼记

庆历四年春，滕子京谪守巴陵郡。越明年，政通人和，百废具兴，乃重修岳阳楼，增其旧制，刻唐贤今人诗赋于其上。属予作文以记之。

予观夫巴陵胜状，在洞庭一湖。衔远山，吞长江，浩浩汤汤，横无际涯；朝晖夕阴，气象万千。此则岳阳楼之大观也，前人之述备矣。然则北通巫峡，南极潇湘，迁客骚人，多会于此，览物之情，得无异乎？

若夫霪雨霏霏，连月不开；阴风怒号，浊浪排空。日星隐曜，山岳潜形。商旅不行，樯倾楫摧。薄暮冥冥，虎啸猿啼。登斯楼也，则有去国怀乡，忧谗畏讥，满目萧然，感极而悲者矣。

至若春和景明，波澜不惊，上下天光，一碧万顷。沙鸥翔集，锦鳞游泳，岸芷汀兰，郁郁青青。而或长烟一空，皓月千里，浮光跃金，静影沉璧。渔歌互答，此乐何极！登斯楼也，则有心旷神怡，宠辱偕忘，把酒临风，其喜洋洋者矣。

嗟夫！予尝求古仁人之心，或异二者之为，何哉？不以物喜，不以己悲。居庙堂之高，则忧其民，处江湖之远，则忧其君。是进亦忧，退亦忧。然则何时而乐耶？其必曰“先天下之忧而忧，后天下之乐而乐”欤！噫！微斯人，吾谁与归？

时六年九月十五日。[①]

滕宗谅

滕宗谅（990—1047），字子京，宋河南洛阳人。真宗大中祥符八年（1015）与范仲淹同科进士。授泰州军事判官，天圣中又改大理寺丞，后贬至闽北邵武县，明道元年（1032）奉调入京，任掌殿中丞，后调尚书祠部员外郎。康定元年（1040）官刑部员外郎、职直集贤院、任泾州知州，后贬知凤翔府。庆历四年（1044）春贬岳州巴陵郡，任内重修岳阳楼。庆历七年初调任苏州，病逝于苏州任所。

赠回道士

华州回道士，来到岳阳城。别我游何处，秋空一剑横。[②]

---

①范仲淹诗文辑自《范文正公文集》，四部丛刊景明翻元刊本。

②辑自《舆地纪胜》卷二，中华书局1992年版。

与范经略求记书

庆历四年六月十五日，尚书祠部员外郎、天章阁待制、知岳州军州事滕宗谅，谨驰介致书，恭投邠府四路经略安抚资政谏议节下：

窃以为天下郡国，非有山水环异者不为胜，山水非有楼观登览者不为显，楼观非有文字称记者不为久，文字非出于雄才巨卿者不成著。今古东南郡邑，当山水者比比，而名与天壤同者，则有豫章之滕阁，九江之庾楼，吴兴之消暑，宣城之叠嶂，此外无过二三所而已。虽浸历于岁月，挠剥于风雨，潜消于兵火，圮毁于艰屯，须必崇复而不使隳斩者，盖由韩吏部、白宫傅以下当时名贤辈，各有记述，而取重于千古者也。

巴陵西跨城闉揭飞观，署之曰“岳阳楼”，不知俶落于何代何人。自有唐以来文士编集中，无不载其声诗赋咏，与洞庭、君山率相表里。宗谅初诵其言而疑且未信，谓作者夸说过去矣。去秋以罪得兹郡，入境而疑与信具释，及登楼，而恨向之作者所得仅毫末尔，惟有吕衡州诗云：“襟带三千里，尽在岳阳楼”，此粗标其大致。自是日思以宏大隆显之，亦欲使久而不可废，则莫如文字。乃分命僚属于韩、柳、刘、白、二张、二杜逮诸大人集中，摘出登临寄咏，或古或律，歌咏并赋七十八首，暨本朝大笔如太师吕公、侍郎丁公、尚书夏公之作，榜于梁栋间。又明年春，鸠材偫工，稍增其旧制。古今诸公于篇咏外，率无文字称记。所谓岳阳楼者，徒见夫屹然而踞，岈然而负，轩然而竦，伛然而顾，曾不异人具肢体而精神未见也，宁堪久矣？

恭惟执事文章器业凛凛然为天下之特望，又雅意在山水之好，每观送行怀远之什，未尝不神游物外而心与景接，矧兹君山、洞庭杰然为天下之最胜。切度风旨，岂不欲摅遐想于素尚，寄大名于清赏者哉？伏冀戎务鲜退，经略暇日，稍吐金石之论，发挥此景之美。庶漱芳润于异时，知我朝高位辅臣，有能淡味而远托思于湖山数千里之外，不其胜欤？谨以《洞庭晚秋图》一本，随书贽献，涉毫之际，或有所助。干冒清严，伏惟惶灼。①

岳阳楼诗集序

东南之国富山水，惟洞庭于江湖名最大，环占五湖，均视八百里。据湖面势，惟巴陵最胜，濒岸风物，日有万态。虽渔樵鱼鸟，栖隐出没，同一光影，中惟岳阳楼最绝。古今才人矩公，登临寄傲，流叹声藻，散在编简。或传诵于人口者，才不过一二。惟唐相张燕公文字最著，询之耆旧，则曰：楼得名，始命于公矣。即指导往迹，参傅其说，皆略而不书。顷罹三国，兹实战卫，镇守者间有贤杰，非尚智力，则任权术，出清境殆距炉炭，岂暇优游坐啸，摅发清蕴也哉！六朝通三百三十七年，惟颜延年、阴子铿见于章句，余皆寂寥无闻。李唐恢宇，享祚甚宏远，岳去长安尤僻，在当时，名贤辈出，能至此者，率自迁谪而来，故所属篇，颇多《离骚》叹惋之意，然于徘徊幽觉，未尝出盈厌之语。殊俗移人，果如是乎？天宝中，苏源明刺东明，因石潴彷佛遐致，号小洞庭，芳晨良夜以为留客宴喜之地。每冠盖盛集，酒行思绎，苏必雅吟自放，四顾赓唱，雕词丽句，传诵不泯。粤自元和五年，令孤楚节制汶上，相去方八十载，咨考故处，已茫然无得矣。既叹而愤，乃引金石，以永好事之意。切寻古人之旷怀高韵，缅慕天末，写千里于一局之水，使彼时风月，独异于他郡，所乐也犹

---

①辑自《湖南通志》卷三四。

如此。后贤惜其遗音逸事，孜孜重显之，盖于赏情爱景之心无少负也。况仆忝宰于今，旦暮为湖山主事，弗虑乎一旦众作与梲栋同沦委，则后之议我者以为何如？亦将恐风月仇人不浅矣。遂用崇新基址，遍索墙堵，间及本朝诸公歌诗古赋，纪以时代，次以岁月，不以官爵贵贱为升降，俾镵石置于南北二壁中，庶几他日有闻韶忘味君子知仆之志也。然历世寖远，必多遗难备，直以所存者笔之。如其删繁撷英，请俟来者焉。①

掌禹锡

掌禹锡（992—1068），字唐卿，宋许州郾城（今河南郾城县）人。真宗天禧三年（1019）进士。历官道州司理参军、屯田员外郎、并州通判、集贤院校理、崇文院检讨、光禄卿、直秘阁学士、三司度支判官、同管勾国子监、判司农及太常寺等。英宗朝，以工部侍郎致仕。博学多闻，著述颇多，有《晋阳刀笔》、《郡国手鉴》、《周易杂解》及文集。

道州郡厅记

刺史之任，周称诸侯，而藩垣为重；厅事之设，汉曰黄堂，而听断居最。故左鱼伏熊之命以分阃寄，班春树风之教以告辰猷。惠直之德，申伯著于前，宽明之政，黄霸推于后。布在方策，炳若丹青。江华，古有庳国也，道州为江华郡。始隶长沙郡焉。地居越徼，俗兼蛮左，呰窳偷生而务农成业，虞帝陟方之后始为福壤。逮李唐开国，多闻人刺部。治行尤异者，有若阳亢宗、元次

①辑自《岳阳纪胜汇编》卷四，明钞本。

山焉，蔼然芳徽，于今不泯。五代马氏窃据其地，赋敛暴急，民不堪命。国家右文启运，吁俊求理，茂阐条教，丕变时风。天圣纪号之三载秋八月，天子恒简良牧，俾莅是邦，佥以宫洗辛公若济塞诏。公挺卓越之资，韫宏深之器，敏以干事，明以照奸，物无逐形，刃有余地。自下车一之日除积弊，立新规，恶者必惩，善者必劝；二之日训农事，兴学校，俗知礼让，乡行孝弟；三之日寇攘息，狱讼简，岁登丰茂，物无疵疠。于是政既成矣，民既安矣，公犹靡思暇豫，惟以弹力为己任。尝谓厅署褊隘，弗尊朝命，乃鼎新栋宇，易之五间。逾月，厥功告成，足以待王人，足以劳军旅。仍建小厅于后，便其视事。自余堂室廊庑，仓廪厩库，爰究爰度，必躬必亲。民力必勤，役事咸毕，雄雄方面，为之改观。述政理之隆替，纪贤明之远大，美风俗之谣咏，彰神灵之感应，复见乎《舜庙》、《鼓角楼》二记焉。而所谓申伯惠直之德，黄霸宽明之政，公实兼之矣。朝廷以美课有闻，宠恩遄降，改秩殿省丞，旌有功也。噫，彼宦游怀安者，语公署犹传置，不久他适，曷肯营之？非夫优游圣人之道，企慕循吏之风，孰能与于此夫？昔者画羊之名闻诸南海，植莎之号播厥蒲津，止于志休祥，夸胜概而已。后来居是厅，阅是记，则知圣朝维良共治，化民成俗，得其人矣，讵使元、阳二贤专美于有唐也？天圣四年丙寅仲冬六日记。①

胡宿

胡宿（995—1067），字武平，宋常州晋陵（今江苏常州）人。仁

①辑自道光《永州府志》卷三上，清同治六年重校刻本。

宗天圣二年（1024）进士。历官扬子尉、通判宣州、知湖州、两浙转运使、修起居注、知制诰、翰林学士、枢密副使。英宗治平三年（1066）以尚书吏部侍郎、观文殿学士知杭州。次年病逝，谥“文恭”。著有《胡文恭集》七十卷，久佚，后世有辑本。

沧浪亭

窜逐本无罪，羁穷向此忘。野烟含怅望，落日满沧浪。乱草荒来绿，幽兰死亦香。楚魂招不得，秋色似潇湘。

寄昭潭王中立

高弦一弄武陵深，六幕天空万里心。吴苑歌骊成久别，楚峰回雁好归音。十千美酒花期隔，三百枯棋弈思沉。莫上孤城频送目，浮云西北是家林。

残花

雨压残红一夜凋，晓来帘外正飘飖。数枝翠叶空相对，万片香魂不可招。长乐梦回春寂寂，武陵人去水迢迢。忍将玉笛传遗恨，苦被芳风透绮寮。

古别

长道何年祖鞁休，风帆不断岳阳楼。佳人挟瑟漳河晓，壮士悲歌易水秋。九帐青油徒自负，百壶芳酯岂消忧。至今长乐坡前水，不啻秦人怨陇头。

湘夫人祠

翠华独去苍梧野，红袖同沉楚水湞。休把兰汤招怨魄，空留竹泪忆明君。风前有恨啼湘瑟，天外无言拟峡云。不比石城双姊妹，帝家厘降有遗文。①

宋庠

宋庠，初名郊，字伯庠，后改字公序。宋安州安陆（今湖北安陆）人，徙居开封雍丘（今河南杞县）。天圣二年（1024）进士第一，历直史馆、知制诰、为翰林学士，出知扬州。庆历中，复参政、改枢密使，皇祐初为相，后劾罢。卒谥“元宪”。著有《元宪集》、《国语补音》等。

送谭秘校赴江陵理曹掾先过衡阳别墅

吾彀飞名早，卿军补掾新。还家雁峰地，趋府鹤袍人。树色围荆垒，江声泻蜀津。无轻束矢讼，阴德及斯民。

道次春陵怀古二首

郁郁春陵旧帝家，黍离千古此兴嗟。萧王何事为天子，本爱金吾与丽华。

丽康遗壤亘荒途，白水烟消拱木枯。陌上停骖聊借问，帝乡今有旧亲无。

屈原

蜜勺琼浆荐羽卮，修门工祝俨相依。蛾眉杂沓无穷乐，泽上

①胡宿诗辑自《文恭集》，同治十三年江西书局刊本。

迷魂底不归。

屈原

司命湘君各有情，九歌愁苦荐新声。如何不救沉江祸，枉解堂中许目成。①

宋祁

宋祁（998—1061），字子京。宋安州安陆（今湖北安陆）人，徙居开封雍丘（今河南杞县）。与其兄宋庠诗文齐名，时呼“小宋”、“大宋”，合称“二宋”。宋天圣二年（1024）与其兄宋庠同举进士。初任复州军事推官，召试，授直史馆。历官国子监直讲、太常博士、龙图阁学士、史馆修撰、知制诰等。与欧阳修同修《新唐书》。又出知许、亳、成德、定、益等州军，除三司使。《新唐书》成，进工部尚书，拜翰林学士承旨。谥“景文”。著有《宋景文公集》、《益部方物略记》、《笔记》等。

渡湘江

春过湘江渡，真观八景图。云藏岳麓寺，江入洞庭湖。晴日花争发，丰年酒易沽。长水十万户，游女似京都。

同年谭综掾江陵

乡树湘云外，行辕楚塞东。不辞淹拔萃，聊欲辨无同。暝紫生寒岫，疏丹点暮枫。登楼有归讯，为附北归鸿。

---

①宋庠诗辑自《元宪集》，同治十三年江西书局刊本。

屈原祠

楚江南望见修门，灵鼓声沉蕙卷樽。五日长蛟虚望祭，九关雕虎枉招魂。兰苕猎翠凄寒露，枫叶摇丹啸瞑猿。贾谊扬生成感后，沉沙投阁两衔冤。

云梦李使者

关征盘错带南州，三见丹枫坠楚秋。列侍百重围虎戟，酣歌丈八忆蛇矛。草生宵梦传诗笔，梅析春酲托使邮。矍铄据鞍休自叹，壁门初日待鸣驺。[①]

贾昌朝

贾昌朝（998—1065），字子明。宋真定获鹿（今河北获鹿）人。真宗天禧初（1017）因献颂，赐同进士出身。授晋陵主簿，历龙图阁直学士、权知开封府，累迁权御史中丞兼判国子监。庆历三年（1043），拜参知政事，旋充枢密使，后拜同平章事兼枢密使，七年，罢相判大名府。嘉祐元年（1056），以同中书门下平章事担任枢密使。英宗治平二年（1065）以左仆射观文殿大学士判尚书都省卒，谥“文元”。著有《群经音辨》、《通纪》、《奏议》及文集等。

赠蓝方

圣泽浓沾隐逸身，道装宜用葛为巾。祝融峰下醉明月，湘水源头钓锦鳞。曾见海桃三结子，不知仙豆几回春。他年我若功成

①宋祁诗辑自《景文集》，同治十三年江西书局刊本。

去，愿作云桥跪礼人。①

余靖

余靖（1000—1064），本名希古，字安道，号武溪。宋韶州曲江（今属广东韶关）人。天圣二年（1024）进士。初为虔州赣县尉，景祐元年（1034）到京任秘书监，皇祐四年（1052）知潭州，改广南西路安抚使、知桂州，五年迁给事中、又迁工部侍郎。至和元年（1054）二月加集贤院学士，二年迁户部侍郎。嘉祐八年（1063）宋英宗即位，拜工部尚书，治平元年（1064）病卒，追赠刑部尚书，谥曰“襄”，后人尊称忠襄公，著有《武溪集》二十卷。

微凉

鲛绡蝉翅薄，湘簟水纹流。雨送三金伏，风生一叶秋。檀栾疏影乱，菡萏远香浮。飞盖宜清夜，天高挂玉钩。

湘中送人

离讴方揭耳，别绪已凄然。草蔚湘累浦，花残蜀魄天。嶷山晴拂汉，啼竹冷澄烟。后夜思君意，空歌皓月篇。

贺运使学士分散傜人

狂傜数载扰湘东，多谢招降息战攻。千里山川还汉界，万人戈甲卷秋风。牛羊野放狼心伏，鹰犬闲眠兔穴空。不独事宁论爵赏，须知全活有阴功。

---

①辑自《南岳总胜集》卷下。

送刘学士知衡州

朱轓新命汉诸侯，地扼荆湘占上游。醽渌水声侵古堞，祝融峰色入晴楼。昼垂三组乡枌过，春拥双旌岳寺游。番直星垣归缓步，谪仙通籍著瀛洲。

潭州谢上表

臣某言。伏奉敕命就差，知潭州军州事，充荆湖南路安抚使，已于今月二十三日到任上讫。久居炎徼，忽荷天恩，虽尚远于阙庭，幸无虞于瘴疠。中谢伏念臣素无学术，徒遇休明，宦路风波，艰危备历。君恩雨露，涓滴未酬。顷罹栾棘之哀，尚浅期祥之制。属溪蛮之叛涣，轶边戍以跳梁；攻围越台，侵逼庾峤。虽微臣修完堡障，本期自固于家林，而朝廷夺去缞麻，遽俾分持于戎律，惧薄材而败事。会元帅之成功，假号渠魁；既远逃于夷域，主谋凶媪。俄就戮于天街，盖震叠于皇威；致敉宁于蛮落。臣无纤芥之力，徒居戎旅之间，职是累年，空尸厚禄。岂谓忽承丹诏，还抚旧封，再见昔时之山川。如全此生之首领，此盖伏遇皇帝陛下天慈广覆、日照无私，公听并观，用臣于众毁必察之际；记功忘过，知臣有临危不避之诚。每遇急难，必蒙驱策，既臻平定，未忍弃捐。重施造化之恩，复委藩防之寄。谨当率循政体，讲守邦经。封内之民或未康，必询其庶隐；境土之兵犹未戢，亟议于绥怀。图报国恩，庶逭官责，臣无任。

谢知潭州启

右某启。伏奉敕命就移，前件差遣，已于今月二十三日到任上讫。伏念某器非应务，才乏适时，盖识浅而虑昏，故毁多而誉少。向以哀缠风树，归处邱樊，属当蛮事之兴，首预诏除之目。三湘假守，初令备御于封陲；五筦董戎，遽俾亲临于矢石。矧机筹之素惰，惧首领以难全。所赖者，元帅总其中权，迩臣定其远制，乃容无似于此。备员以至大憝遐奔，子母不能全其族；外夷协比，斧钺得以正其诛。皆上禀于庙谋，致甫消于边患。因之积岁，幸免瘝官。念婚嫁之失期，愿珪符而易地。果蒙俞旨，还抚旧封，顾忝窃以居多，实权衡之有托。此盖伏遇昭文。相公明谟特出，广度并容，谓其尝辱于埏陶，未忍遐遗于林薮。过形敷奏，犹假宠名，敢不祗畏简书，询求疾隐？蛮溪戍嶂，图销未弭之兵士；里农闾期，问未康之俗庶。展宣风之效庸，酬播物之恩。

南岳云峰山景德寺记

云峰者，南岳五峰之一也。昔大禹登祭此山，得金简玉字治水之要，故有禹之行宫虬。虬，古碑有时见者，遂名。其溪曰禹溪。梁天监二年，动其行宫，创寺，仍赐近田以资僧食。以岩栖谷隐之故，世所以推而重之者，谓其轻去轩冕、疏外声利以全其高者也。矧以释氏之谛，离蕴去着、出生死海以全其性，岂犹脱器埃、易去就而已哉？自梁已降，代有奇人。简文帝大宝中，有法政禅师，身长八尺，布衣一食，独宿树下，虎兕围绕。每一入定，辄经累月。忽一日，风雷震树，见神人具衣冠端笏而前曰："此宜立坛度人。"师诺之。遂奏，置甘露戒坛，度僧五万。基址存焉。陈有高僧惠勇，修心于此六十余年，群虎旦夕侍卫。隋有高僧善伏，习禅智三昧，通宿命，亦能入定，一月乃起。常念幽途多苦饥渴，乃咒食冥饲焉。太宗朝，有高僧义本，博通经、律，子、史百家，无不览者。内外学徒，顺风庭谒，至则开纳，深得人望。无疾坐亡，葬于南岭，有双鹤悲鸣绕塔三年而去。至广顺中，寺主僧启仁被诉□法，籍没庄土。皇朝建隆元年，楚文昭王马氏请而复之。尔后甲乙承袭，迨景德中改为禅刹，命僧智吉演法领众其事。上白，遂以年名赐今额焉。自智吉之后，曰希顺、智宣、怀荀，三世相承矣。庆历末，佥议请今长老纯正绍隆，法席正。师，成都人，俗性李。天圣中遍参智识，深达心要。荐居岳麓，之法润；宁乡，之善果；及今居云峰，凡三迁法筵，皆当世名公。今相国刘公、资政孙公致仕，贰卿刘公而下十余公，署疏而请之。所至缁徒云集，且夫无生之说，用达于根本；有为之果，盖勗于精进。故悲智异途，而同归济度；福慧殊报，而俱出薰修。所以学心之徒，闻言而得要；慕教之士，睹相而生恭。随其机缘，示以开入。由提唱之余，极力营葺。塔庙之制，华梵相参。扶土而为像，度材而构厦。壹用常均，不侈不陋。七年中为屋三百余间，至于县廨庄舍，又五十余间。皆率减岁储，不外干于檀施，此又人之难能也。以孙公与某常同南征之役，又都官黄君，禀岳之秀而联郡之务，故致书求记。因不克让，而记其世次云。至和二年六月日记。

南岳云峰山景德禅寺重修佛殿记

佛者，号为天人师。故像饰以金，屋为之殿，极尊崇也。天下五岳，维南曰衡。邦之巨镇，地多胜境。艺林构室，梵刹相望。据五峰之正势，而旁罗禹迹；密通洞天者，有云峰焉。晋宋之间，名僧继起；隋唐而下，世有奇人。迨于先朝，始起禅席。相国刘公之守长沙也，以莫猺之梗，当全材之选，旌麾所指，巢穴皆空。仁翔封畛，威轶聚落，武功既成，民斯安堵。于是礼名士，延高僧，外修礼法之要，中谈性命之本。长老纯正，当前席者。既而从莅方镇，尹正神都，入参朝政，遂服。公衮直，亮嘉谋，弼谐元化，天下蒙福，固为多矣。第以湘衡旧治，古先灵迹，岳山之下，景德为最。乃奏紫方袍以锡正师，复捐俸金以崇殿像。初，正师之居是寺也，量岁之入，约其用而蓄其余。募良工，伐伟材，相厥栋宇，堕者完之，故者新之。越十稔，其堂皇庑序、库楼寮阁鼎盛者几五百楹。惟兹殿制，缔构犹缺，得相君之教而备焉，以恭谢。改元之秋而图厥基，迨明年冬乃克成之。相君之志，匪以施材而徼福，盖崇乎外护也；苾刍之说，盖欲瞻像而起，信匪狗乎繁饰也。某幸守兹土，且辱相君之旧。及殿成，纯正以状来白，遂志其岁月云。嘉祐二年十二月日记。

潭州兴化禅寺新铸钟记

金、鼓，所以警众也。众之攸居，非夫疾噪，大呼安能齐一？必以声宏硕，而远闻者为其节焉。京洛之制，睥睨置钟，节昏晓也；舍卫之法，众集撞钟，节进退也，则知钟之为用尚矣。兴化禅寺，唐景福中所建，其营造之因景物之美，则寺记存焉。国家承天立极，四圣继统。日月所照，罔不丕冒民，去兵火之厄，将百年矣。由是僧徒之博识雄辨者，得以佛事率禀其间。故其金璧庄严之像，楩楠轮奂之室，日完月构，时兴岁广，不得不益壮而增华也。凡百供器，还视初制岂不狭小哉！钟之当易，宜矣！本朝铜禁尤严，私无铢蓄。僧坊道具，官为制而给之。惟钟之巨，则许入金而赋铜焉。长老僧绍铣以易钟事闻，州内阁刘公为之上白朝，旨从之。乃募信士，得豫章朱氏舍钱二百万为檀施之首，众遂响从。购良冶于余杭，积劳数千工，用凫氏之剂事，皆素练以恭谢。改元之明年正月三日，鼓铸于寺之东隅，群僧赞咀以俟其成，乡坊士女捐金钱以助其缘。自寅讫巳，一鼓而就。越三月，升之重屋。会阖郡僧俗，食而击之，声闻数十百里，真招提之壮观也。自镕范及考击之始，予与群官偕往视之，既嘉其工之巧而赏之，仍镌名于钲铣之间。绍铣，又伐石乞词，以志岁时。嘉祐二年四月日。

潭州太平兴国寺新建戒坛记

儒之所先曰行，释之所守曰戒。行不修则五常无以立，戒不持则万法无所依。故曰：“行与戒，皆所以制恶、趋善、防非、止过之本也。”西方之教尤为精严。佛住世时，祇树园中，既有立坛结界之制。摩腾东至，仪轨尚简，出俗之初，三归而已。魏正元中，始有律师上言戒法。宋元嘉已后，扬都乃盛。甘露之名，方等之义，随处建立，流布渐广。岳渎要会，南实长沙，衡湘之旁，缁流剃染，白四羯磨，咸隶于兹，不得不壮其度也。旧有戒坛，在明行寺。律众所居，甍宇栉比，故于肘量微为隘焉。城中宝刹曰太平兴国者，占上胜福德之地，有山居闲寂之趋。兴化长老绍铣，丛林之选，四方响信，所猖响臻。安抚王公俾其新之，由是商榷律仪，讲求教旨，宇量既广，坛塔皆成。得五印经始之规，有四天拥卫之相。俾夫受圆具者登降之际，知此戒体众善所生，七证严肃，三业清净，於戏惟善。知识常利世间而作种种饶益，不轻末学而示以威仪，不住无为而长于诱谕，非名誉利养之徒所能及也。既而俾蜀僧齐善赍书丐词，嘉其勤修行，愿增长、成就一切佛事，无有休息，可记也矣。故书其年月焉。

浯溪题名

嘉祐庚子，再授命，充广西体量安抚使，备御蛮寇。明年春，已事而旋。尚书吏部侍郎、集贤院学士余靖题。

书谭氏东斋

人之志于道者，在乎去烦。释累静虑和衷，视听动息，不汩不诱，然后以居者则安，以学者则专，自非离尘绝俗，不能至于是也。吾友谭君伯顾，自桂林佐邑，遭私艰还第。素冠弥时，不营他务。乃相厥居之东二里而近出氛杂，卜岑寂，面江倚阜，披云跻险，廓地数亩作为斋舍。上以屏去人事，下以训励子姓。己得其安，子姓得其专，有志于道者也。屋不加饰，地不祈广，艺林驾泉，自适而已。图史机案，旁无长物，所谓不见异物而迁者也。邱垅不遐，日得瞻睇，不忘其亲者也。吾友之意也深矣。一日携僧泛舟而谒之，爱其清旷，又嘉其子弟甥侄翼翼如也，因书其壁。皇祐二年七月日题。①

①余靖诗文辑自《武溪集》，景印文渊阁四库全书本，台湾商务印书馆1986年版。

卷二十二

释谷泉

释谷泉，泉南人。曾造汾阳谒昭禅师，南归放浪湘中。后登衡岳之顶灵峰寺住懒瓒岩，又移住芭蕉，后住保真庵。

偈

今朝甚好雪，纷纷如秋月。文殊不出头。普贤呈丑拙。

偈

今朝六月六，谷泉被气垩。不是上天堂，便是入地狱。

省慈明禅师还而作偈

相别而今又斗年，不知谁共对谈禅。一般秀色湘山里，汝自匡徒我自眠。

书壁

余此芭蕉庵，幽居堆云处。般般异境未暇数，且看矮松三四树。寒来烧枯杉，饥食大紫芋。而今抛之去，不知谁来住。

赠古调奴

我有山童名古调，不育经，不礼祖。解搬榾柮御冬寒，随分衣裳破不补。会栽蔬，能种芋，千山万山去无惧。

有谒常宁拜舍利塔者以偈赠之

诸禅结伴游玉塔，灵踪胜境将心札。归来举似春如何，何似狂僧无缝塔。无缝塔，最难邈，岂同白玉受人踏。五湖四海尽云奔，踏破几多鞋与靸。无缝塔，甚匼匝，若遇同人方始答。忽然展手借样看，便与拦腮鼓一搭。①

梅尧臣

梅尧臣（1002—1060），字圣俞。宋宣州宣城（今属安徽）人。因宣城古称宛陵，世称宛陵先生。少时应试不第，以荫补河南主簿。历任州县官属，官至尚书都官员外郎。皇祐三年（1051）始得宋仁宗召试，赐同进士出身。为太常博士，以欧阳修荐，为国子监直讲，累迁尚书都官员外郎，故世称“梅直讲”、“梅都官”。有《宛陵先生集》六十卷、《唐载记》、《毛诗小传》等。

送蟾上人游南岳

叶下潇湘阔，杯浮岂道迟。宾鸿不到处，危彴独行时。翠岭祝融宅，乔松虞舜祠。云霞游遍日，振锡更何之。

过小石潭

树老石连潭，潭深烟翠入。群鱼石下游，独鸟潭上立。泉暖草长绿，山高风自急。徘徊兴不穷，苔屐云沾湿。

---

①释谷泉诗辑自《僧宝传》。

斑竹管笔

翠管江潭竹，斑斑红泪滋。束毫何劲直，在橐许操持。欲写湘灵怨，堪传虞舜辞。蔚然君子器，安用俗人知。

寄衡山福严长老

衡山几千里，闻在湘川侧。云霞不可到，峰壑无由识。方丈开其间，青松隐寒色。飞鸿尚莫过，况寄双凫翼。

寄岳州孙屯田

从来洞庭好，都在岳阳楼。明月一千里，寒光三万秋。年华有时尽，风物不知休。太守怜予句，应如沉隐侯。

送蔡侍禁赴长沙

寒叶下潇湘，之官逐雁行。水经菱浦晚，船过橘洲香。二女竹林外，三闾枫叶傍。平寺息戎律，物景助才章。

送宁乡令张沆

长沙过洞庭，水泊风摇矴。青山接夷蛮，白昼鸣鹦鸰。竹存帝女啼，夔学林雍鼙。不嫌卑湿往，教令民须听。

送邵户曹随侍之长沙

青袍会稽掾，采服湘江行。水馆鱼方美，犀舟枕自清。鹧鸪啼欲雨，蟠蛛见还晴。风土虽卑湿，醇醪可养生。

依韵和扬敏叔吴门秋晚见寄

方在洞庭上，秋怀那得禁。西风楚波恶，度雁海云阴。洛客吟初苦，骚人思已深。颠毛随日减，冉冉不胜簪。

五月五日

屈氏已沉死，楚人哀不容。何尝奈谗谤，徒欲却蛟龙。未泯生前恨，而追没后踪。沅湘碧潭水，应自照千峰。

湘竹

劈竹两分开，情知无合理。织作湘纹簟，依然泪花紫。泪花虽复合，疑岫几千里。欲识舜娥心，无穷似湘水。

送邵郎中知潭州

张铙叠吹洞庭外，缘虎带刀蛮帅迎。且谕汉家绥抚厚，莫言湘守事权轻。木奴洲近霜包熟，斑竹林昏野鸟鸣，贾谊宅边寒井在，暂留千骑漱余清。

依韵和扬州许待制竹拄杖

楚竹剪霜丛，何惭汉使筇。鸠形殊用刻，马棰不同功。挺特生难变，支离分已穷。轻肥思比鹤，短发任如蓬。倚以为高趣，持之见素风。步郊聊实下，行乐偶从东。屡刺莓苔破，深穿苑圃通。辩繁时画地，默意或书空。古血有湘迹，旧林无阮踪。将渠谁觉老，要此岂关慵。莫骇倾巢鸟，须虞蠹穴虫。谁能求道术，跨作上天龙。

送阚令之潭州宁乡

秋风逆水急，挂席飞鸟轻。三江去虽远，一日行几程。朝辞洞庭岸，暮抵巴陵城。长沙古建国，地狭赋薄征。邑宰爱民者，选荐岂非精。既曰处民上，固当知民情。民居篁竹间，山獠相杂并。教道苟未至，毫发心起争。太刚易断折，太柔难揞撑。贵在得中道，于焉无近名。闻多不祥鸟，似鹗何足惊。远方此为常，慎勿心屏营。贾谊度湘水，为文吊屈平。因君寄杯酒，为我酹贾生。

武陵行

生事在渔樵，所居亦烟水。野艇一竿丝，朝朝狎清泚。忽自傍藤阴，乘流转山觜。始觉景气佳，潜通小溪里。常时不见春，入谷惊红蕊。幽兴穷绿波，翫芳心莫已。花外一峰明，林间碧洞启。遥闻鸡犬音，渐悟人烟迩。舍舟遂潜行，石径劣容屣。豁然有田园，竹果相丛倚。厖眉鬒髻人，倏遇心颜喜。尚作秦衣裳，那知汉名氏。自言逢世乱，避地因居此。来时手种桃，今日开如绮。更看水上花，几度逐风委。竞引饭雕胡，邀饮酌琼醴。复呼童稚前，绿鬓仍皓齿。翻遣念还茅，思归钓鳣鲔。将辞亦赠言，勿道丘壑美。鼓枻出僊源，繁英犹逦迤。薄暮返苍洲，微风吹白芷。他日欲重过，茫茫何处是。

送张中乐屯田知永州

畏向潇湘行，不入洞庭去。鞍马踏关山，衣裘冒霜露。零陵三千里，楚俗未改故。王泽久已覃，国刑亦当措。昔闻柳宗元，山水寻不饫。其记若丹青，因来问潭步。石燕飞有无，香草生触处。仙姑异麻姑，岁月楼中度。不食颜渥赭，言语神灵顶。莫将车骑喧，独往探幽趣。有信报我知，恶欲驱尘虑。

沅江李氏书堂

船从洞庭来，非贾即游宦。宦贾事风樯，谁能乐清晏。不如蓄书史，万古无与间，上观尧舜仁，下览魏晋篡。善恶彼既殊，智巧徒以辨。君心于此得，用舍不自慢。堂中罗高厨，户外望鸣雁。菰菱可采掇，鱼鳖可钓汕。卒岁身多余，世俗莫习惯。

表臣斋中阅画而饮

尝观韩干马，人物亦如生。君收四病骨，无肉只峥嵘。二匹痒磨树，二匹纵其情。意思若不任，千里未可行。古绢蠹已彩，彩色无精明。叹惜传至此，几人金帛轻。隋时有名笔，独写严君平。犹持杖头钱，罢肆心莫营。魁然中贵人，坐榻不知名。画中有画屏，山石侔天成。今时长沙叟，猕猴槲林横。疏毛与设色，前代何角争。余存品虽高，我未易敢评。主人愈好事，缄筲酒壶倾。

赋秋鸿送刘衡州

秋鸿整羽翮，去就自因时。往春南方来，遂止天泉池。天泉水清泚，鸳鹭日追随。蒲藻岂不乐，江湖信所宜。今朝风色便，暂向衡阳归。洞庭逢叶下，潇湘先客飞。渚有兰杜美，心无稻粱卑。罾缴勿尔念，鹰隼宁尔窥。烟波千万里，足以资盘嬉。峰前想回日，青冥生路歧。

永州守王公慥寄九岩亭记云此地疑是柳子厚所说万石亭也因为二百言以答愿当留咏

天地磨今古，贤愚为埃尘。草树易变改，山川无故新。眷言零陵守，白发驾朱轮。间来问遗老，俯迹哀昔人。昔人者谁欤，元和前放臣。下士穷幽荒，憔悴楚水滨。试观当时记，图写未必真。最苦来黄溪，坐石数游鳞。有鸟大如鹊，东向立不踆。始买钴铒潭，鄠杜难计缗。冉溪袁家洞，乱石多磷磷。深里与沸白，若尽无穷津。石渠连岩泓，菖蒲被其垠。穷胜得其诡，众美谁齐均。西涧石为底，岂无芹与苹。涧崖如堂席，涧响如龙唇。折竹扫陈叶，罗榻同众宾。其言粲星斗，百岁犹比晨。万石乃浅近，尚可资覆巾。而况前所说，但恐烦镌珉。

送廖倚归衡山

雌猿夜啼别湘东，晓寻故人背孤桐。孤桐有声弹不响，弦绝曲在埋蒿蓬。知音万古期必逢，今日已闻天下雄。陟山涉水不辞远，文章大名居禁中。扣门一见颜色喜，抱琴三叹含征宫。九畴不汩微禹力，尧舜岂无明与聪。推根致本贤意合，叙述况值太史公。贸金得玉莫忘宝，却过洞庭乘朔风。猿休啼月月色好，还来旧山伴狙翁。

桃花源诗

鹿为马，龙为蛇，凤皇避罗麟避罝。天下逃难不知数，入海居岩皆是家。武陵源中深隐人，共将鸡犬栽桃花。花开记春不记岁，金椎自劫博浪沙。亦殊商颜采芝草，唯与少长亲胡麻。岂意异时渔者入，各各因问人闲赊。秦已非秦孰为汉，奚论魏晋如割瓜。英雄灭尽有石阙，智惠屏去无年华。俗骨思归一相送，慎勿与世言云霞。出洞沿溪梦寐觉，物景都失同回槎。心寄草树欲复往，山幽水乱寻无涯。①

陈统

陈统，宋仁宗时人，生平不详。拜谒浯溪时，任提点湖南公事尚书刑部郎中。本诗今存浯溪碑林摩崖区。

经浯溪元次山归隐

次山曾此隐，溪壑水清漪。废宅群山合，高名千古垂。修篁森钓渚，罗石耸丰碑。惟有乔林色，苍苍似昔时。②

俞希孟

俞希孟，歙县人。宝元元年（1038）进士，嘉祐初判湖南路转运使，官至殿中侍御史。

范阳同年示及零陵三题率然为答甚悔妍唱

火星岩

信美真灵宅，呀然洞府通。皇家尊盛德，南夏享阴功。庙貌邻炎帝，峰名比祝融。游人思所谓，无独爱嵌空。

---

①梅尧臣诗辑自《宛陵集》，四部丛刊景明万历梅氏祠堂本。

②辑自《湖南通志》卷二七五。

朝阳岩

旭日多横照，幽岩得粹华。次山名此地，潇水汇其涯。峭壁生云叶，危根溅浪花。终携羡门侣，晨坐咽东霞。

澹山岩

岩腹潜云构，清凉十亩间。天留盘古穴，人识宝陁山。坏像烟岚湿，高僧岁月闲。圣时无遁客，佳境付禅关。①

沈绅

沈绅，字公仪，会稽（今浙江绍兴人）。宝元元年（1038）进士。历知宣州、温州、治平（1067）以尚书屯田郎中任湖南转运判官。

无为洞铭

南行江华，出游九疑。恭款有虞，乃登无为。庄严佛宫，清冷玉池。兹予盘桓，白云相随。②

卢臧

卢臧，字鲁卿，河南人。嘉祐初官潭州湘潭县主簿，权永州推官。著有《楚录》五卷、《范阳家志》一卷。

①辑自《湖南通志》卷二七一。

②辑自《湖南通志》卷十九。

三岩诗并序

永之东南，三岩相望，穿坚贯险，外峻内夷，浯潇之间，号为佳绝。火星岩崭崭乱石，怪耸于傍，曲萦斜通，后瞰山腹。往时黄冠师宅其侧，塑火星像为人祈福。今宇坏基存，缁徒构宇而居。朝阳岩后阜前江，呀焉渊邃，旭日始旦，华粲先及。小亭岿然，立于右岸。澹山岩依山而上，缘穴而下，深入虚广，逾数十亩。秦始皇时周正实之居今为佛图。山富竹树，澹竹为多。其后斜穴百步，迤逦而出。扪萝蹬石，复有小岩。大底永山类多岩穴，兹三者为极胜，至者赏其外尘坌而移寒暑也。予嘉祐丁酉二年，被台符承幙中乏。四月始到永。未几，通历所谓三岩者，且酷爱澹山虚广，遂礲其岩石，总刻三诗。偶漕台俞公按部游岩，遂持诗以丐。赓属公好奇博雅，既赏会于岩下，又从而继其声焉。其从游者题名于别石。时六月六日也。

火星岩

岩扃瞰群阜，畴昔道宫邻。荧惑标名旧，浮屠缔构新。石寒长滴乳，池润不生尘。吾到期深入，虬蛇勿噬人。

朝阳岩

潇湘峻岸傍，岩穴号朝阳。全会江云势，先分海日光。高深惊险易，冬夏返温凉。谁肯弃尘世，探穷仙者乡。

澹山岩

谁开仙窟宅，非与众岩俦。树响晴翻雨，岚凉夏变秋。禽灵啼复断，云怪吐还收。深羡群僧住，嗟予莫少留。[①]

祖无择

祖无择（1011—1084），初名焕斗，字择之，宋蔡州上蔡（今河南上蔡）人。少学古文于穆修，又从孙明复受经学。宋仁宗景祐五年（1038）进士。庆历年间任袁州知府，后加封龙图阁直学士、权知开封府，进学士，知郑、杭二州，历迁入集贤院。后谪忠正军节度副使。元丰中主管西京御史台，移知信阳军。工诗文。著有《洛阳九老祖龙学文集》十六卷。

郴州学记

皇祐五年七月，郴州新作夫子庙学成，太守陈君藻移书，俾无择识其始。夫惟圣人者人道之规矩，学者王化之本原，人道非规矩不成，王化非本原不立。我国家因唐制，天下州县置夫子庙与学，用古道也。郴于湘南，介要荒之地，向之为州者，往往陋其俗而不教之使知其方，故旧祠圮毁，而弦诵之音未之闻焉。前年陈君通判是州，与太守李君初平，始谋撤故而新之。因上其事，朝廷嘉之，赐钱三十万，以助其费用。承制再拜喜忭，黄发稚齿，莫不闻知明天子崇儒尊道之如此，阖境欢声，蒸为太和。众工效能，晓昏劬劬，事以亟集。谋虽肇于李，而成功者陈也。其制宏敞尊显，为一州壮观。偶夫子与十哲于殿者，若王若公若侯，各视其冕服。图六十子于庑，皆有次序，俨然如摄乎威仪，僾然如闻乎声音。左之右之，有经有史。学者有能用力于斯不懈，可以

①辑自《湖南通志》卷二七一。

变□为昭，言具齐圣。陈君之是举也，郴人戴其德，曷有穷乎？矧君之自通判迁知州事，凡四年矣，惠恩入民心也深矣。金石之刻，以诒后人，无择不宜辞，乃系以诗云：

天下有道兮，庶人不议，王泽旁流兮，海隅万里。化莫先兮吾儒崛起，德莫盛兮斯文遐被。惟郴之人兮亦材而美，可揉为辕兮可矫为矢，孰绝其津兮孰梗其隧？今我邦侯兮戚然以喟，兴坠补漏兮靡艰厥为。庙学既成兮不愆旧仪，生徒既集兮率用新规。勤道在已兮广业及时，入圣之域兮为帝之师。无曰苟取富贵兮内以自欺，遗我邦侯之羞兮汝颜曷施！谁踵其武兮善继勿隳，惟郴之人兮无忘此诗。

鼎州桃源观题名

皇祐四年正月自广东宪徙为湖北提刑七月奉诏改广东转运使。予按部辰阳，往来再经桃源观。时皇祐四年秋七月己酉壬戌，范阳祖无择题。亲书刻于观中瞿仙庵碑阴。①

章询

章询，生平不详，狄青平蛮时曾任管勾粮草大理寺丞。

接宣抚偕道正访九龙岩主喜师率成二十八字

闲携羽客访灵岩，岩透山光秀泼蓝。星使未来邨馆近，为师终日绊征骖。②

---

①祖无择文辑自《龙学文集》，景印清文渊阁四库全书本，台湾商务印书馆1986年版。
②辑自《湖南通志》卷二七八。

欧阳修

欧阳修（1007—1073），字永叔，号醉翁，又号六一居士，宋吉安永丰（今属江西）人。仁宗天圣八年（1030）进士。调西京推官，景祐间为馆阁校勘，作文为范仲淹辩，贬夷陵令。庆历中召知谏院，改右正言、知制诰，赞助新政。新政失败，上疏反对罢范仲淹政事，出知滁、扬、颍等州。召为翰林学士。嘉祐二年（1057）知贡举，倡古文，排抑“太学体”，文风大变。五年，擢枢密副使，次年拜参知政事。神宗立，请出知亳、青、蔡三州、迁兵部尚书，以太子少师致仕。谥号“文忠”，世称欧阳文忠公。欧阳修曾与宋祁合修《新唐书》，独撰《新五代史》，并撰写成《集古录跋尾》十卷四百多篇，是今存最早的金石学著作。有《欧阳文忠公文集》传世。

楚泽

宿莽湘累怨，幽兰楚俗谣。紫屏空自老，翠被岂能招。欲就苍梧诉，愁迷澧浦遥。哀猿羌昼晦，悲鸩众芳凋。红壁丹砂板，琼钩翡翠翘。如何搴香灶，江上独无憀。

得滕岳阳书大夸湖山之美郡署怀物甚野其意有恋著之趣作诗一百四十言为寄且警激之

峭巇孤城倚，平湖远浪来。万寻迷岛屿，百仞起楼台。太守凭轩处，群宾奉笏陪。清霜荐丹橘，积雨过黄梅。逸思歌湘曲，遒文继楚材。鱼贪河岫乐，云忘帝乡回。遥信双鸿下，新缄尺素裁。因闻夸野景，自笑拥边埃。龙漠方多孽，旄头久示灾。旌旗时映日，鼙鼓或惊雷。有志皆尝胆，何人可凿坏。儒生半投笔，牧竖亦输财。沮泽辞犹慢，蒲萄馆未开。支离莫攘臂，天子正求才。

永州万石亭

天于生子厚，禀予独艰哉。超凌骤拔擢，过盛辄伤摧。苦其危虑心，常使鸣声哀。投以空旷地，纵横放天才。山穷与水险，下上极沿洄。故其于文章，出语多崔嵬。人迹所罕到，遗踪久荒颓。王君好奇士，后二百年来。翦薙发幽荟，搜寻得琼瑰。威物不自贵，因人乃为材。惟知古可慕，岂免今所咍。我亦奇子厚，开编每徘徊。作诗示同好，为我铭山隈。

咏零陵

画图曾识零陵郡，今日方知画不如。城郭恰临潇水上，山川犹是柳侯余。驿亭幽绝堪垂钓，岩石虚明可读书。欲买愚溪三亩地，手拈茅栋竟移居。

黄溪夜泊

楚人自古登临恨，暂到愁肠已九回。万树苍烟三峡暗，满川明月一猿哀。殊乡况复惊残岁，慰客偏宜把酒杯。行见江山且吟咏，不因迁谪岂能来。

偃虹堤记

有自岳阳至者，以滕侯之书、洞庭之图来告曰："愿有所记。"予发书按图，自岳阳门西距金鸡之右，其外隐然隆高以长者，曰偃虹堤。问其作而名者，曰："吾滕侯之所为也。"问其所以作之利害，曰："洞庭天下之至险，而岳阳，荆、潭、黔、蜀四会之冲也。昔舟之往来湖中者，至无所寓，则皆泊南津，其有事于州者远且劳，而又常有风波之恐，覆溺之虞。今舟之至者皆泊堤下，有事于州者，近而且无患。”问其大小之制，用人之力，曰：“长一千尺，高三十尺，厚加二尺，而杀其上得厚三分之二，用民力万有五千五百工，而不逾时以成。”问其始作之谋，曰：“州以事上转运使，转运使择其吏之能者行视可否，凡三反复，而又上于朝廷，决之三司，然后曰可，而皆不能易吾侯之议也。”曰：“此君子之作也，可以书矣。”

盖虑于民也深，则其谋始也精，故能用力少而为功多。夫以百步之堤，御天下至险不测之虞，惠其民而及于荆、潭、黔、蜀，凡往来湖中，无远迩之人皆蒙其利焉。且岳阳四会之冲，舟之来而止者，日凡有几！使堤土石幸久不朽，则滕侯之惠利于人物，可以数计哉？夫事不患于不成，而患于易坏。盖作者未始不欲其久存，而继者常至于殆废。自古贤智之士，为其民捍患兴利，其遗迹往往而在。使其继者皆如始作之心，则民到于今受其赐，天下岂有遗利乎？此滕侯之所以虑，而欲有纪于后也。

滕侯志大材高，名闻当世。方朝廷用兵急人之时，尝显用之。而功未及就，退守一州，无所用心，略施其余，以利及物。夫虑熟谋审，力不劳而功倍，作事可以为后法，一宜书。不苟一时之誉，思为利于无穷，而告来者不以废，二宜书。岳之民人与湖中之往来者，皆欲为滕侯纪，三宜书。以三宜书不可以不书，乃为之书。

庆历六年某月某日记。①

①欧阳修诗文辑自《欧阳文忠公集》，四部丛刊景元本。

释契嵩

释契嵩，字仲灵，自号潜子，藤州镡津（今广西藤县）人，俗姓李，与欧阳修等同时。七岁而出家，十九而游方，下江湘，陟衡庐，入吴中，至钱塘。著有《嘉祐集》、《治平集》。

游龙山访道士李仙师

日出野旷明，肃然访道生。杳渺湖外去，散诞云边行。秋高天宇净，脱叶飞纵横。乘风度林岭，转觉衣屦轻。时闻缥缈间，微飙传鹤声。知与仙家近，逸思泠然清。须臾转幽谷，紫府芝田平。仙童走脚报，松子来门迎。接袂语且笑，所欢非俗情。丹脸人未老，道貌天已成。开筵罗玉粒，盘餐馐紫英。绸缪似交旧，洒落怀抱倾。薄暮忍云去，徘徊倚山楹。欲有重寻约，还忧变高名。①

张方平

张方平（1007—1091），字安道，号乐全居士，宋应天宋城（今河南商丘）人。仁宗景祐元年（1034），举茂材异等。为校书郎、知昆山县。又举贤良方正，迁著作佐郎，累官至工部尚书，迁礼部尚书。以太子少师致仕，哲宗元祐六年（1091）卒，年八十五。赠司空，谥“文定”。有《乐全集》四十卷。

---

①辑自《镡津集》卷二十，四部丛刊三编景明弘治本。

次韵酬潭州周沆学士见寄

鳌背三山压海涛，云台高议接时髦。一麾忽到江湖外，回首方惊日月高。不善取容同曼倩，且歌乐职学王褒。贾生自是长沙远，更吊湘累赋广骚。

桃源二客行

刘郎阮郎丹箓客，桃花源中有旧宅。闲寻流水过碧溪，忽闻鸡犬见人迹。琼台瑶树知何所，紫云深处开珠户。鹤驾龙軿彩仗来，鸾歌凤舞霞觞举。世缘未断尘心狂，苦厌仙家日月长。洞门一闭恍如梦，归路古木何荒凉。①

赵抃

赵抃（1008—1084），字阅道，宋衢州西安（今浙江衢州市）人。景祐元年（1034）进士，任殿中侍御史，累官至参知政事，以太子少保致仕，卒后谥“清献”。

和戴天使重阳前一夕宿长沙驿二首

诘旦逢佳节，今宵寓远乡。且欣宾榻解，休叹客亭长，黄叶临风乱。红萸浥露香。酒徒何处所，空自忆高阳。

楚馆夜衾凉，离人念故乡。远吟只觉苦，归梦不成长。壁有寒蛩怨，邻闻绿蚁香。登高在何处，明日宴山阳。

①张方平诗辑自《乐全集》，景印清文渊阁四库全书本，台湾商务印书馆1986年版。

泊巴陵闻晓角

五更钟后斗沉杓，画角三番塞角调。青草湖平无俗籁，岳阳楼迥有寒飙。酒肠唤醒维舟静，梦眼惊回去国遥。我爱清余起倾□，耳欲吟情思已飘飘。

寄周茂叔

君向濂溪湖外行，倅幡仍喜便归程。九疑南向参差碧，二水秋临彻底清。诗笔不闲真吏隐，讼庭无事洽民情。霜鸿已到衡阳转，远绪凭谁寄数声。

麓山十咏真身湖湖上有真身寺因以名

晓光澄水月，秋影颤风幡。宛是真如地，荷花护翠轩。

升中古柏

雪挫更霜摧，寒心未易回。庭前皆古意，何必问西来。

书院

雨久藏书蠹，风高老屋斜。邻居尽金碧，一一梵王家。

四绝堂

千灯传静刹，四绝号虚堂。已是金银界，仍为翰墨场。

洞真观

木老岩垌冷，泉飞月殿寒。栖真无一事，清啸倚栏干。

抱黄洞

灵洞古坛基，烟萝接翠微。日西春又晚，不见羽人归。

岳麓寺

古木与云齐，门前百丈梯。我来烦想涤，疑是过灵溪。

白鹤泉

灵派本无源，因禽漱玉泉。自非流异禀，谁识洞中仙。

法华堂

峰顶已崔嵬，因高更筑台。夜分僧定起，咫尺见云雷。

拜岳石

片石倚中天，云深鸟道间。人多祝尧寿，登此拜有山。

横溪洞飞泉

寒瀑落春岩，天垂百丈缣。更疑仙客宴，不卷水晶帘。

题岳麓山蟒蛇洞

灵洞古檀基，烟萝接翠微。日西春又晚，不见羽人归。[1]

---

①赵抃诗辑自《清献集》，汪旦嘉靖四十一年刻本。

李觏

李觏（1009—1059），字泰伯，宋建昌军南城（今属江西）人。两次应试不中，遂以教书为业，创立盱江书院。钻研学问，成为“一时儒宗”。皇祐二年（1050），因范仲淹、余靖推荐于朝，授将仕郎、试太学助教。嘉祐四年（1059），权同管勾太学，不久卒。因居南城盱江边，学者称盱江先生。李觏博学通识，著述宏富，自编《退居类稿》十二卷、《皇祐续稿》八卷。其门生邓润甫为其辑有《后集》六卷。

送武陵令

之子当为邑，吾朝信择人。位卑虽立事，任重合忧民。盘瓠多遗种，桃源即近邻。登临如有见，才思日应新。

送郴县吴主簿

数十年来预荐书，当时文行耸群儒。青衫近始沾王泽，白道从新入宦途。四壁生涯虽寂寞，一官趋进转崎岖。楚南若是江山好，闲日犹应味道腴。①

唐介

唐介（1010—1069），字子方。宋江陵（今属湖北）人。仁宗天圣八年（1030）进士。朝廷爱其德行，擢第为武陵尉，又调平江县

①李觏诗辑自《直讲李先生文集》，四部丛刊景明成化本。

令。皇祐中，迁殿中侍御史，被贬英州别驾。召还复官，出知扬州，改江东转运使。嘉祐四年（1059），入知谏院，又出知数州。英宗治平元年（1064），召为御史中丞。神宗熙宁元年（1068），拜为参知政事，宰执政府。二年卒。授礼部尚书，谥号“质肃”。有文集、奏议等，皆佚。

明王寺

日高霞散彩，松老鹤巢枝。坏壁诗犹在，纱笼何用之。

潭州通判谢上表

始窜岭南，人皆谓之必死。及迁湖外，恩实出于再生，仍复前官。俾关郡政，仰叨成命，增激微衷。切念臣寒素立身，孤直无援，历官再纪，才贰郎曹。入朝逾年，幸兼风宪。臣自以逢圣明之治，当言责之司，祗知忠义以事君，不顾祸患之及己。凡所上奏，必尽至公流辈，为臣寒心，奸邪见臣切齿，臣本欲为耳目于陛下，勉副东求不能效鹰犬于他人。以希进用心，虽无愧迹，已甚孤属。权臣之擅朝，肆己私而害政。辄输忠款，冀补涓尘，陛对之间，未能悉意。天威之下，卒莫自明。得罪一时，窜身万里。流离远道，殆及期年。摈弃遐荒，分甘散秩。岂谓皇帝陛下存国大体，察臣愚忠，欲招谏者之言，免为后来之诫。三推皇泽，特与一官。以邕广之寇攘，择湖湘之守倅。俾从征管，得佐郡符。然臣粗识义方，薄知臣节。纳忠获罪，顾百谪以诚甘；尽瘁报君，虽九死而不悔。谨当益勤官守，以助军兴；夙夜以思，冀免于败。事毫分有补，少答于大恩。①

①辑自《宋文鉴》卷六五，四部丛刊景宋端平重刊嘉泰刊本。

孙适

孙适，安徽黟县人。宋仁宗皇祐六年（1054）任永州推官。

浯溪三绝堂记

永州祁阳县南，浯溪之北，有奇石焉。元次山颂唐中兴，颜鲁公书，世名“三绝”。次山去道州，即家溪上，作亭二峰，垂三百年。碑缺亭记，吏于县者莫能兴。皇祐五年，平乐齐君术始来为令，期月称治。行视其亭，悯然惜之，乃作堂以护其文，又复东西峰、庴亭。二公之迹、江山之观、洗然复新，觞宾宷以落之，而属予为记。夫鲁公之方，元子之介，文翰之劲发于心，至者莫不慕焉。传而习之，周于天下，岂贵其人而珍其粕哉？然不心其中而徒迹其外，吾未见其得也。齐君所以振饰夸耀，风劝来者，其志不亦美哉！东崖之颠，次山尝铭右堂；颂之左，黄甫湜诗文漫灭不明，浚而新之；旁有徐彦君题石，水发其光，洞鉴百里因并列之，以示观者。皇祐六年三月一日记。①

陈舜俞

陈舜俞（？—1072），字令举，号白牛居士，宋湖州乌程（今浙江吴兴县）人。仁宗庆历六年（1046）进士，授签书寿州判官公事，神宗熙宁三年（1070）以屯田员外郎知山阴县。有《都官集》三十卷，已佚。

①辑自《新安文献志》卷十一，景印清文渊阁四库全书本，台湾商务印书馆1986年版。

黄陵庙

明月辉在天，落日光转地。天维地轴千万年，粉篁尚有春风泪。苍梧茫茫九疑高，湘江之水多怒涛。袗衣不和御琴弦绝，黄陵庙前碑已裂。春禽啼，秋叶飞，行人舟楫去复返，虞舜南巡胡不归。①

金君卿

金君卿，字正叔，浮梁人。庆历进士，皇祐二年（1050）官秘书丞，改太常博士。

区著作湘潭旧隐有二亭焉求诗以归

危亭揭池心，池水清且滑。九秋烟露浓，四面芙蓉发。此时浩歌去，万事不挂舌。把酒酣清风，投竿钓明月。

寄题张秀才此君亭

一径入丛深，四轩森翠玉。红尘不到处，清秋长在目。主人厌薄官，欲蹑高士躅。日日念此君，招我湘江曲。

金沙亭

亭阚方池物物新，花中名品富长春。诗僧用意栽培处，四季常教有主人。

---

①辑自《都官集》，景印文渊阁四库全书本，台湾商务印书馆 1986 年版。

留云山居呈长老元禅师

岗阜群龙奔，截起万仞磨天阍。宿云收踪著平地，星辰满轩斗可扪。河汉鸿涌岩泉喷，六月飞雪冰木根。下视吴楚区域分，众山培塿乌足云。我来环走竟朝曛，摆脱缰锁忘尘纷。更闻高论益清旷，如挹仙袂游昆仑。

寄题张秀才此君亭

群山四向盘青云，山足一径萦云根。拂云截径敞轩槛，槛外百卉铺重茵。矜春哆哆弄颜色，散漫红紫何纷纷。主人养高不累俗，欲以清节遗子孙。剪花芟草植修竹，半卷画篨含霜筠。渐迎风露竟百亩，碧油默地无纤尘。对之气思自潇洒，行吟足以穷朝曛。吾居接境未始到，手驰大笔胡能云。劝子无渝岁寒操，惟日虚心比此君。①

张师正

张师正（约1017—约1077），字不疑，名思政，宋邢州龙冈（今河北邢台）人。擢进士甲科。得太常博士。神宗熙宁中为辰州帅，熙宁十年（1077）为鼎州帅。著《括异志》十卷。

武陵别文莹上人

忆昔荆州屡过从，当时心已慕冥鸿。渚宫禅伯唐齐己，淮甸诗豪宋惠崇。老格疏间松倚涧，清谈潇洒坐生风。史官若觅高僧

①金君卿诗辑自《金氏文集》，民国宋人集本。

事，莫把名参伎术中。

碧嶂孤云冉冉归，解携情绪异当时。余生岁月能多少，此别应难约后期。①

文同

文同（1018—1079），字与可，号笑笑居士，人称石室先生、锦江道人。宋梓州梓潼郡永泰县（今属四川绵阳市盐亭县）人。仁宗皇祐元年（1049）进士，迁太常博士、集贤校理，出知数州县。元丰初年（1078），文同赴湖州（今浙江吴兴）就任，世人称文湖州，未到任而卒。有《丹渊集》四十卷，拾遗二卷。

寄冯永州

山水永最善，守居闻更优。烟云万石古，风月九岩秋。几案少俗事，壶觞多雅游。无因陪后乘，幽意满湘流。

安仁道中早行

行马江头未晓时，好风无限满轻衣。寒蝉噪月成番起，野鸭惊沙作队飞。揭揭酒旗当岸立，翩翩鱼艇隔湾归。此间物象皆新得，须信诗情不可违。

牵牛织女

桂阳有仙人，姓成名武丁。朝为堕人世，人惟识其形。一日

①辑自《宋诗纪事》卷二六，上海古籍出版社1983年排印本。

语其弟，吾将返青冥。乃曰此七夕，上天呼群灵。织女欲渡河，暂诣牵牛星。诸仙尽还宫，天路罗云軿。吾亦向祈召，当往不得停。弟问何时还，答云三千龄。明日失丁在，恍惚迷所经。后世凡此节，儿女喧家庭。纵横具针缕，花果排甘馨。贪巧但云得，欲寐曾莫宁。俗尚每怪妄，吾言谁见听。①

曾巩

曾巩（1019—1083），字子固，世称南丰先生，宋建昌南丰（今属江西）人。仁宗嘉祐二年（1057）进士。任太平州（今安徽当涂县）司法参军，后由欧阳修举荐到京师当馆阁校勘、集贤校理，任《宋英宗实录》检讨，不久被外放越州通判。熙宁年间出知数州，后任为史官修撰，管勾编修院，判太常寺兼礼仪事，拜中书舍人。元丰六年（1083）卒，谥“文定”。著述丰富，有《元丰类稿》等多种。

桃花源

来时秋不见桃花，空树寒泉泻石涯。争得时人见鸾凤，不教身去忆烟霞。

半山亭

树杪苍崖路屈盘，半崖亭榭午犹寒。平时举眼看山处，到此凭栏直下看。

酬王正仲登岳麓寺阁见寄

闻君东南使，揽辔云松间。皇华照楚甸，吉玉投衡山。幽寻

---

①文同诗辑自《丹渊集》，四部丛刊景明汲古阁刊本。

得临观，意豁穷跻攀。顾我客斗牛，三年疏往还。低心念弱志，引领望衰颜。未共尊酒乐，良嗟人事艰。叱驭犯冰雪，回镳驰九关。何足慰离思，德音锵佩环。

湘寇

衡湘有寇未诛剪，杀气凛凛围江浔。北兵居南匪便习，若以大舶乘高岑。伧人操兵快如鹘，千百其旅巢深林。超突溪崖出又伏，势变不易施戈镡。能者张弓入城郭，连邑累镇遭驱侵。群党争夸杀吏士，白骨弃野谁棺衾。貔貅数万直何用，月费空已逾千金。楚为贫乡乃其素，应此调发宁能禁。捷如马援不得志，强曳两足登嵚崟。乌蚁睢盱倚岩险，此虏难胜端非今。较然大体著方册，唯用守长怀其心。祝良张侨乃真选，李瑑道古徒为擒。呜呼庙堂不慎择，彼士龊龊何能任。大中咸通乃商鉴，养以岁月其忧深。愿书此语致太史，献之以补丹扆箴。①

刘敞

刘敞（1019—1068），字原父，号公是，宋新喻（今江西新余）人。仁宗庆历六年（1046）进士。初以大理评事通判蔡州，后官至集贤院学士。著有《公是集》等。

伏波

伏波志慷慨，南涉武溪深。铜柱功一跌，壶倾悲至今。吾闻威四海，亦有失前禽。试察两阶舞，应如丹浦心。

---

①曾巩诗辑自《元丰类稿》，四部丛刊景元本。

再见禁卒住桂阳二首

古亦苗民患，今仍禁旅过。祆氛半翼轸，杀气覆山河。御史暴公子，将军马伏波。不应淹日月，频献凯旋歌。

肃肃卷征甲，萧萧出郢门。蛟螭雄步骤，鹰隼急飞翻。数有蛮夷警，遥怜赋税烦。唐虞两阶舞，帝肯用昌言。

和滕巴陵寄张虢州

明府功名期壮年，滞留中路鬓成斑。岂知汲黯轻为郡，真为刘伶善闭关。归梦未尝离帝所，谪仙宁久混人间。会看使者持三节，缓带轻裘且自闲。

往得南岳玄猿特善啸立秋后风雨颇凉声尤清绝怜其有山林之思为作七言

薄云疏雨湿风枝，衡岳猿啼忆此时。回首那无万里感，向人时作一声悲。钟仪故有南冠恨，庄舄犹多旧国思。车马纷纷九域客，路傍翻笑断肠为。

次韵和滕岳州谢王南郡酒

谁信专城千骑居，空斋图籍两三厨。销忧尽付鸱夷酒，乘兴兼忘阮籍涂。爱客谁先魏公子，长贫郗爱范莱芜。归轩仍有东门饯，显父还须至百壶。

和章伯镇

南上湘潭谁记初，北还宣室受厘余。共怜贾傅才无敌，真作扬雄老著书。调笑群驺饥欲死，去来千骑乐何如。洞庭木下鲈鱼熟，三叹新诗重起予。

九疑山图

苍梧南岸碧嵯峨，直上云衢不甚多。天使九峰迷万世，可怜虞舜不悲歌。

望洞庭

洞庭七百里，浩荡敌溟渤。云梦开其胸，巴陵束喉舌。东流汇群川，盛涨五六月。飘飖浮乾坤，倚盖低兀巃。吾行寰海间，未见此水阔。峡流下衣带，岛屿尽毫末。高秋卷氛翳，两涯浴日月。何得径寸珠，晦明互出没。苍茫蛟龙宅，溷杂鱼鳖窟。太古到于今，沉潜孰分别。风帆引北极，波浪限百越。国绝南顾忧，献琛各通达。山川非一险，此实辅明哲。俯笑三苗愚，竟为独夫灭。远遊世俗隘，偶此耳目豁。淅沥临清风，滂沱濯炎热。萧萧霜林暮，蔼蔼芳草歇。壮观激我怀，当歌意复咽。寂寥轩辕乐，万古逸响绝。惨淡虞帝魂，九疑莽嵽嵲。况闻屈贾辈，各赐楚汉玦。至德无复还，后王寝衰缺。滔滔更南征，郁郁抱□怛。太湖虽云深，未救怀古渴。

送僧归君山

羁旅头发白，寤寐君山青。远游负雅志，举俗笑独醒。西风吹新秋，幽兴浮洞庭。忽见九疑峰，如列枕上屏。辽辽伯牙意，寂然谁为听。归客适我愿，欢然叩柴扃。振锡循东道，泛槎问南星。潇湘落君手，去矣鸿冥冥。橘柚雨初熟，杜兰晚更馨。上方试回顾，笑指江汉萍。

张乐洞庭

闻昔轩辕帝，时巡临洞庭。咸池备广乐，南极烨威灵。至乐均夷夏，希声入窈冥。江湖乱鱼鸟，宇宙激雷霆。会有冯夷舞，还令楚客醒。遗音不可学，逝近向东溟。

忆洞庭

少年慷慨轻远行，出入楚越多所经。每令百川尽衣带，独忆岳阳观洞庭。方舆沉潜似无地，倚盖回还徒见星。始疑上帝限南北，恐有漏泽连青冥。西风八月氛雾收，旷宇千里令人醒。苦为外境相诱掖，欲弃尘世浮沧溟。当时发狂颇自怪，真拟乘兴携湘灵。至今局促不如意，坐视岁月无时停。凉秋满眼更多感，回首尚觉君山青。

岳州引水诗

洞庭清波一千里，城中酿酒常无水。泥涂远汲人共悲，瓶缶屡空罍亦耻。凿井引竿高下流，清泉泠泠六物修。邦人已息汉阴拙，楚酒无复邯郸忧。谁谓机心有机械，大贤事业终除害。

桃源

武陵溪水清无尘，武陵桃树花长春。会买渔舟谢宾客，来作武陵山下人。秦人洞府晋人溪，碧草红桃处处迷。流水至今堪怅望，问津从古失端倪。山川非复壶中，见鸡犬犹传云外啼。顾视人间真敝屣，为烦仙子托幽栖。

武溪深

武溪之水兮，日夜而东流。浅不可厉兮，深不可游。武溪之山兮，高下而相乘。卑不可越兮，危不可凭。毋水于憾兮，毋山于仇。庚武溪兮，曷云其尤。

送湖南安抚某使君序

苗民之顽，不率帝命，盖自古记之矣。以尧为君，以舜为相，而有三危之诛；以舜为君，以禹为相，而有群后之师。此非其德不至、力不足也，不得已也。然则圣朝独得已而已之乎？夫苗夷，异类，异焉。其暴虎也，其贪狼也，其捷猱□也。山林之与居，鸟兽之与群，其险阻幽绝，非人境也。然而驱中国之士，衣三注之甲，负弩荷戈，加粮糗其上，夜则冒雾露，昼则负赤日，日夜不休与之驰逐，是以难也。然则虽欲急成功，安可得哉？今者上策莫若修尧舜之义，明布其德，而彼将自服；其次严兵以守之，绝其抄略之路，而勿为深入之师；其次诱而致之，使去其冗，则因可取也。若夫耻不能追而探其巢，不为致人而致于人，衅于勇而啬于祸，可进而不可退，是以用师侥幸也，非国家之利也，愿使君不为。昔者三苗之事，益赞于禹，故其功烈，垂于后世，而莫得过焉。世不可诬，安知后来者之非益也？将在使君，所以达之而已。何畏乎有苗！

送湖南运使慎学士序

景祐四年七月，诏以某叔父为湖南转运使。明日，诣阁门，疏曰："荆湖去京师盖数千里，其地于古为三苗，有彭蠡、洞庭大泽之险，而其南蛮夷与国为境。凡风雨明晦，率常蒸毒，易以疾病。而臣母老不可往，惟陛下哀怜。”未报，又上奏曰：“臣不敢惮远，恐羁縻南方以为老母忧，则死有余恨。臣本三司判官，今诚得罢所领，独校雠秘阁，资以其暇奉亲，不胜幸甚！”制曰：“可。”更以慎公为湖南转运使。当是时，尚书郎在荆湖察狱者，以不迎亲之官，为会稽太守劾。举见责问，而叔父以母老故辞内外任，以求在左右，朝廷以为美谈。而慎公在书馆三十年，前后佐大司农为外郡守亦十余岁，勤劳久矣，乃得此任，士大夫以为少，而公处之无愠色。呜呼！古所谓各行其志者欤？孝者念其亲、而忠者念其公者欤？念其亲者忘其禄，念其公者遂忘其亲欤？诗曰：“是用作歌，将母来谂”，念亲之谓也；又曰：“岂不怀归，畏此简书”，念公之谓也。天子以此命其臣，而其臣又用此以报天子。欲求内外之不治、风俗之不劭不可得也。若夫吏道之端、民事之情、教化之本、征赋之法，孰为贤而不识此者？未足以赠也。故于公之行语所可颂者，为来者法焉。①

司马光

司马光（1019—1086），出生于河南省光山县，原籍陕州夏县（今属山西夏县）。初字公实，更字君实，号迂夫，晚号迂叟。宋仁宗宝元元年（1038）进士。历仕仁宗、英宗、神宗、哲宗四朝，累官知谏院、翰林学士、权御史中丞，复为翰林兼侍读学士、左仆射等职。卒赠太师、温国公，谥“文正”。主持编纂了中国历史上第一部编年体通史《资治通鉴》，著有《司马文正公集》等数十种。

---

①刘敞诗文辑自《公是集》，景印清文渊阁四库全书补配清文津阁四库全书本。

送燕谏议知潭州

长沙地饶美，贾谊独伤悲。自古临荣辱，几人无怨咨。使君拥符节，大舰出江湄。意气陶然乐，应无吊屈辞。

又和岳祠谢发题岳寺平法华庵

宴坐几何年，庭芜与砌连。焚修真谛苦，功地得无圆。阙里诗三百，濑级文五千。厌烦犹不读，何况淤泥莲。

聂著作三舅谪官长沙作耐辱亭书来索诗

少连善降志，无愠能忍诟。兹亭名耐辱，缔构自吾舅。樽前湘水清，席下湘山秀。于焉忘荣枯，终日醉醇酎。攻愁若攻敌，避喧如避寇。困久理须通，非徒保无咎。①

张载

张载（1020—1077），字子厚。宋大梁（今河南开封）人，徙家凤翔郿县（今陕西眉县）横渠镇，人称横渠先生。北宋哲学家，理学创始人之一，程颢、程颐的表叔，理学支脉“关学”创始人。与周敦颐、邵雍、程颐、程颢，合称“北宋五子”。宋仁宗嘉祐二年（1057）进士。授祁州司法参军，调丹州云岩令，迁著作佐郎，签书渭州军事判官。神宗熙宁二年（1069），除崇文院校书。次年移疾。十年春，复召还馆，同知太常礼院。同年冬告归，十二月乙亥卒于道，年五十八。宁宗嘉定十三年（1220），赐谥“明公”。张载著有《崇文集》

①司马光诗辑自《温国文正公文集》，四部丛刊景宋绍兴本。

十卷、《正蒙》、《横渠易说》、《经学理窟》、《张子语录》等。

刘阳归鸿阁

帘卷晴空独倚阑，冥鸿点点有无间。秋风注目无人会，时与白云相对间。①

王安石

王安石（1021—1086），字介甫，小字獾郎，号半山，宋抚州临川（今江西抚州市临川区）人，故世称临川先生。仁宗庆历二年（1042）进士。先后任淮南判官、鄞县知县等地方官吏。嘉祐三年（1058），入为三司度支判官，上万言书，主张变法改革、培养人才，未被采纳。治平四年（1067）神宗初即位，诏王安石知江宁府，旋召为翰林学士。熙宁二年（1069）提为参知政事，力主变法，三年，拜同中书门下平章事。陆续颁行农田水利、青苗、均输、保甲、免役、市易、保马、方田等新法，又改革科举、学校制度。七年，因遭司马光、文彦博、韩琦等强烈反对，罢相，知江宁府。八年，复相。九年，再罢相，出判江宁府。元丰三年（1080），封荆国公。卒谥“文”。又称王文公。著作丰富，存世的有《临川集》、《临川集拾遗》等。

送陈靖中舍归武陵

知君欲上武陵溪，水自东流人自西。到日桃花应已谢，想君应不为花迷。

---

①辑自《张子全集》，景印清文渊阁四库全书本，台湾商务印书馆1986年版。

李氏沅江书堂

沅江水有梁与罾，沅田树桑可蚕耕。君于其间耻射利，独岸清泚留朱甍。诗书当前日开阖，冠带满坐相逢迎。勉求高论出施设，无以私智为公卿。

送春

武陵山下朝买船，风吹宿雾山花鲜。万家笑语横青天，绮窗罗幕舞婵娟。小鬟折花叩船舷，玉盏写酒酬金钱。朱梦飞动浮云巘，天外箫箫来宛转。断桥人行夕阳路，楼观琉璃影中见。酡颜未分骅骝催，烛人坐客犹徘徊。岂知阊阖门边住，春尽不见芳菲开。日月纷纷车走坂，少年意气何由挽。洞庭浪与天地白，尘昏万里东浮眼。黑貂裘敝归几时，相见绿树啼黄鹂。荣华俯仰忧患随，命驾吾与高人期。

潭州新学诗并序

治平元年，天章阁待制、兴国吴公治潭州之明年，正月，改筑庙学于城东南，越五月告成，孔子用币。潭人曰："公为善政以德我，又不勚我，而为此学以嘉我。士子谁能诗乎，以诵我公于无穷。"皆辞不敢，乃使来请。诗曰：

有嘉新学，潭守所作。守者谁欤，仲庶氏吴。振养矜寡，衣之褰襦。黔首鼓歌，吏静不求。乃相庙序，生师所庐。上漏旁穿，燥湿不除。曰嘻迁哉，迫厄卑污。当其坏时，适可以谋。营地虑工，伐楩楠槠。撤故就新，为此渠渠。潭人来止，相语而喜。我知视成，无豫经始。公升在堂，从者如水。公曰诲汝，潭之士子。古之读书，凡以为己。躬行孝悌，由义而仕。神听汝助，况于闾里。无实而荂，非圣自是。虽大得意，吾犹汝耻。士下其手，公言无尤。请诗我歌，以远公休。

桃源行

望夷宫中鹿为马，秦人半死长城下。避时不独商山翁，亦有桃源种桃者。此来种桃经几春，采花食实枝为薪。儿孙生长与世隔，虽有父子无君臣。渔郎漾舟迷远近，花间相见因相问。世上那知古有秦，山中岂料今为晋。闻道长安吹战尘，春风回首一沾巾。重华一去宁复得，天下纷纷经几秦。

送李屯田守桂阳二首

泊船香炉峰，始与子相识。寄书邗江上，诒我峰下石。缘以湘水竹，携持与南北。永怀故人欢，不愿百金易。竹枯归樵苏，石烂弃沙砾。夷门得邂逅，绿发皆半白。追思少时事，俯仰如一夕。老矣无所为，空知念畴昔。常思一杯酒，要子相解释。出门事纷纷，归卧意还讥。闻当上滋水，持诏守岭厄。方为万里别，执手先惨戚。兹游信浩荡，山水多所得。为我谢香炉，风尘每相忆。

苍黄离家问南北，中路思归归不得。风涛何处不惊人，雨雪前村更欺客。旧交旌旆此盘桓，见我即令儿解鞍。荒山乐官歌舞拙，提壶沽酒聊一欢。行藏欲语眉不展，互叹别离心缱绻。行年半百劳如此，南亩催耕未宜晚。

送刘贡甫谪官衡阳

刘郎刘郎莫先起，遇酒当歌且欢喜。船头朝转暮千里，眼中之人吾老矣。九疑联绵皆相似，负雪崔嵬插花里。万里衡阳雁，寻常到此回。行逢二三月，好与雁同来。雁来人不来，如何不饮令心哀。莫厌潇湘少人处，谪官樽俎定常开。[1]

刘攽

刘攽（1023—1089），字贡夫，一作贡父、赣父，号公非。宋临江新喻（今江西新余）人，一说江西樟树人。与兄刘敞同举仁宗庆历六年（1046）进士。始为国子监直讲，迁馆阁校勘。神宗熙宁初，判尚书考功，同知太常礼院。历任曹州、兖州、亳州、蔡州知州，官至中书舍人。元祐四年（1089）卒。有著作多部，诗文由后人结集汇编成《彭城集》四十卷。

洞庭寄张四

壤俗三苗旧，湖波八月寒。天形渐水近，秋气逼枫丹。漠漠萍号雨，潇潇澧有兰。东流无限水，一洗故人冠。

和王待制湘东王故苑

故园悲帝子，高兴复清秋。密竹娟娟静，通波细细流。干戈余鲁殿，池沼似沧洲。鱼鸟应无恨，山公肯醉游。

再见士卒戍桂阳

驿书频插羽，汉士远征蛮。四月天将暑，三苗旧阻艰。悲笳背城邑，苦雾湿关山。后夜东南望，妖氛翼轸间。

---

①王安石诗辑自《临川集》，四部丛刊景明嘉靖本。

新雁

南飞洞庭雁，稍复过衡阳。宇宙同为客，春秋各异方。边尘犹处处，杀气苦苍苍。恐有伤弓翮，哀鸣少稻粱。

早行

山乌相呼曙，樯乌自指南。健看帆席满，坐数舳舻衔。水阔蛟龙舞，鱼肥鹳鹤贪。阵云浓似墨，送雨向湘潭。

晚行

天阔西曛久，风多客语闻。九江秋落水，三峡暮归云。饮啄鸥相并，归飞鹤不群。湘潭早摇落，稍稍怅平分。

送胡因甫知湘乡县

云水长沙国，铜章邑大夫。俗传鹗似鹏，仙化舄为凫。卑湿加飧饭，弦歌岂壮图。洞庭见归客，书信不宜无。

季夏雨过小有秋气

雨过犹长夏，秋深从洞庭。江涵郭门白，山到戍楼青。天意怜卑湿，吾谋有醉醒。柴门夜不掩，高枕看流星。

湖口阻风

风波迂直路何限，云水凄凉秋向高。百里淹留还信宿，可堪残日看惊涛。

寄金山朝阳岩僧

松篁倚石夜露滴，楼阁缘岩风铎高。山僧入定昼不起，顶上潮音翻海涛。

次韵和望岳亭诗

连逢七十二重山，芝术潜通小有天。自笑何须□者笑，未忘轩冕顾金钱。

望岳亭前一凭栏，秋云萧索水光寒。北人解道衡山远，此地衡山已背看。

湖口

三日湖云不肯晴，四山冥晦与川平。系船汀树无人语，卧听波涛澒洞声。

清溪物色亦消忧，风雨何辞有滞留。定似湖边钓鱼客，一生家事托孤舟。

本自悠悠物外人，每逢山水为情亲。惭愧湖波淹客棹，到官不畏上官嗔。

斫冰词

楚客斫水行苦难，清音愁绝逼人寒。凭君与制水仙操，传入湘灵宝瑟弹。

题常宁黄令洒然堂

叔度万顷陂，清浊谁能料。割鸡用牛刀，吾亦寄一笑。示我林下诗，笔力勇奔峭。故知才者心，玩好必同调。岑岑青玉竿，千百壮非少。清风扫埃尘，日影金色照。环握发寒泉，霜剑初脱鞘。枕流不枕石，俯仰穷听眺。上堂梵呗声，空寂总众妙。兹亦忘言徒，领理会其要。翔禽竞来集，狐猿远相啸。不作问鹏翁，刻意湘累吊。

竹床

炎光裂厚地，江汉如焊汤。闭戶乐甘寝，婉娈在一床。问我何独尔，爱此编竹光。侧身照琬琰，热手循雪霜。有时万里梦，倏往浮湖湘。遂令傲轩冕，弥日慵下堂。昔闻负暄老，意欲夸天王。我亦悲世人，触热趋道傍。

次韵以道月中作

月从海底出，素景天外来。解道千里共，斯人安在哉。洞庭木叶脱，未央帘幕开。颢气彻霄汉，炯炯不受埃。群居笑李白，独与影裴回。愿言常相亲，无使手停杯。

别黄子温

田园不遇岁，羁旅常苦心。问君长沙客，几年陈武吟。白发映青春，天涯一相寻。伤弓双折羽，迟暮多哀音。平原客如市，珠履玳瑁簪。担簦义何勇，归□赢黄金。世事不足道，丈夫多陆沉。何以慰别离，春酒方献斟。

赠黄安期推官

退之谪阳山，始得区生喜。其后迁揭阳，颇复称赵子。穷荒非人境，瘴海绝涯涘。亲识久去眼，此言不到耳。所欢诚易为，未必尽洵美。谕如逃虚空，闻人足音尔。我来衡山阳，情况本异此。一意等万殊，何尝分远迩。四海皆兄弟，蛮貊固州里。而于择友间，颇戒不如已。乃得黄夫子，风韵淡如水。为学本之性，言文贯于理。遗我累幅书，磊落字盈纸。不诡亦不矫，不华仍不俚。胡为连城珍，韫藏椟与匦。赏心一何快，区赵非所拟。昔我在朝廷，尝得二三士。声名未振发，自任以为耻。于今复何能，有志而已矣。譬将助飞迁，身方在泥滓。作诗写吾心，词殚意未已。

湘中阻风

十月北风不肯回，湘中白浪高成堆。小如飞鸥大奔马，一辈才去群复来。一旬阴云色死灰，划劃掀簸初全开。晨阳照空幸澄澈，蜚廉暴怒犹喧豗。系舟沙渚依曲隈，岁晏永路真悠哉。棹夫卷缩亦何恨，时乎宁有材不材。

和章都官洞庭诗

阅水须阅秋水时，洞庭八月为最宜。百川涌溢注平旷，倒卷溟海翻天池。潇湘沅澧绀碧色，千里一片清瑠璃。蜀江亦浊远不杂，正若黄组萦鉴匜。长风簸轩一何壮，雪浪成山相蹙移。奔霆击电恣轰磕，素车白马交横驰。朱垠骋望更无地，翼轸落影光参差。南极老人坐盘石，赤足皤鬓濯项颐。修鳞巨鬣出万族，窟穴鳣鲔泥蛟螭。身躯长大竟无益，机械利器潜相随。但令渔师贾余勇，冒突死地常安之。巴虵断骨不自免，此曹么么何能辞。秦皇属车八十一，赭衣伐山豪不羁。九疑不到二妃泣，圣贤失势令人悲。忆登洛阳值摇落，暮霞新月含风漪。古今光景共一瞬，独绕四壁观题诗。神官威严鬓似□，楼船持节森画旗。湘灵奔走伺颜色，鼓瑟献巧招冯夷。新篇秀句远为寄，清风白芷丛余思。呼儿叠纸作报语，衰老抚事情孳孳。

寄题岳阳酒务水楼

洞庭苍苍水拍天，巴陵居人无斗泉。天生地势正如此，抱瓮臂饮真堪怜。架楼窾木出百尺，剖竹接筒如笔直。惊雷发地山鬼忧，白波统溜湘君惜。吾侯智与神鬼侔，古来能事皆悠悠。会令太湖变春酒，更使骚客忘离忧。

桃源

武陵溪深山合沓，岩谷掩映秦人家。仙俗迷涂不可到，春风流水空桃花。山中道人多百岁，翠发萧条神骨异。渔舟往往傍林麓，相逢亦问人间世。①

郭獬

郭獬，皇祐五年（1053）举进士第一，通判陈州，后为翰林学士，权知开封府。著有《郧溪集》二十八卷。

①刘攽诗辑自《彭城集》，清乾隆四十二年刻本。

寄长沙燕守度

魏都南馆相逢日，闹向春风倒一尊。连夜花开驻归骑，即时席上插降旛。云藏梦泽烟蒲老，秋卷湘江雪浪翻。闻道玉厨新酿熟，莫将余沥酹潺湲。

送宋屯田之湖南转运判官

绿绶郎官笑白头，更携龙节领诸侯。抟风初击三千水，投刃方排十二牛。行色未抛京洛地，先声已压洞庭秋。汉家刺部官虽小，一鉴寒冰照八州。

送吴中复守长沙

初登西汉文章府，便领吴王第一州。绕郭白云衡岳近，满帆明月洞庭秋。

寄题辰州沅阳馆

张侯守辰溪，作馆清溪上。峻趾拥崇冈，跋海鳌足壮。石嶝盘山回，游人出屏障。林壑互蔽亏，昏明各异状。辰溪俯洞夷，登临少佳况。不知自何人，于此废真赏。洼池失蛟龙，破屋藏魍魉。如持万黄金，弃之在污壤。张侯一彗扫，耳目复清旷。坤倪伏诙谲，闪倏见气象。素壁照清秋，檐牙屹相望。啼鸟共徘徊，飞云自来往。携樽听鸣泉，便可倾佳酿。烟披舞袖润，谷应歌声响。客醉未容归，明月纤纤上。幽怀傥自得，所适即为放。兹地虽陋僻，境静犹足尚。壮士偃旗眠，落日惟樵唱。缓带一来游，清风日萧爽。

冬日同仲巽及府寮游万寿寺

峻阜如蟠虹，蓄泄气象灵。绀宇隐红树，缭若画在屏。联骑转城角，沙步俯回汀。野寺对寒水，白壁敞云扃。嵺深松桂黑，地古莓苔青。朱橘拥繁梢，悬缀黄金铃。横梯出虚阁，古像铜青荧。眺听揖秋境，豁露无藏形。清气换俗骨，萧爽毛发醒。汲泉煮露芽，却坐竹间亭。高谈落四座，金石朗众听。脱落见逸调，骤如马在坰。眇然遗组绂，太山一浮萍。落景不我顾，檐角出寒星。燕客未渠央，归鞍安得停。岁宴幸丰乐，楚人饱且宁。蟋蟀刺褊陋，及时洒子庭。传闻落帽山，风凉久凋零。已酿白玉泉，连车载百瓶。行期一佳赏，相与快烦冥。

感怀

北风哭夜星辰寒，竹篱敲戛鸣琅玕。老蟾瘦噤失光采，天地冻合鱼龙干。慨然忆归几千里，长江大山交屈蟠。湘水东去注不极，我心夜夜如鸣湍。弟兄起居谅欢适，高堂彩衣翩翩翻。嗟我摧颓落苍海，两腋恨无双飞翰。远方就学何所得，数年短发才胜冠。何时拂袖得归去，春风笑满南陔兰。①

①郭獬诗辑自《郧溪集》景印清文渊阁四库全书本，台湾商务印书馆 1986 年版。

卷二十三

蒋祺

蒋祺，生平不详，治平（1064—1067）年间任江华知县。

又成五言律诗三首

陵谷有时变，兹岩不可湮。神仙三岛景，天地一炉春。鼓动龙蛇蛰，疏通草木新。寒亭几百载，今始得良邻。

地胜难湮没，规为假手通。凿开千古意，倾出一壶空。煦比鲛人室，寒消朔吹风。从今县图上，此景浩无穷。

客有林泉趣，寻幽翦薜萝。半山无石碍，此境得春多。隔岸桃花坞，临溪竹箭波。兹应是仙隐，鹤驭几时过。

暖谷诗并序

县南山水秀且清，天地坯冶陶精英。有唐刺史昔行县，访寻洞穴为寒亭。屈指于今几百祀，磨崖字字何纵横。相随栈道倚空险，来者无不毛骨惊。我此三载迷簿领，有时一到□余情。娱宾烹茗遽回首，孰知亭侧藏岩扃。成纪同僚到官始，居然心匠多经营。乃知物理会有数，繄天通塞因人成。鸠工畚筑忽累日，旷然疏达开光明。初疑二帝凿混沌，虚空之□罗日星。又若巨灵擘华岳，溪谷之响轰雷霆。大岩既辟小岩出，壶中之景真其□。洞门春风刮人面，其中安若温如蒸。累垂石乳似刻削，周环峭壁无欹倾。旧梯既去小人险，新径之易君子平。临流又广□方丈，叠石缔宇为轩楹。于嗟土石□□□，无情一旦建时荣。方今出震□大器，鼎新基构清寰瀛。我愿天下无冻馁，有如此穴安生灵。不烦吹律而后暖，千古宜以此为名。①

蒲宗孟

蒲宗孟，字传正，阆州新井人。仁宗皇祐五年（1053）进士，调夔州观察推官，后转翰林学士兼侍读。

倚阁鼎澧秋税奏

鼎、澧道路之间已有殍饿流离之民，尚催纳秋税及五分以上，并令倚阁。

乞不许以保甲为名抽勾往沅州请田土人户奏

沅州官田并山畬园宅等荒闲甚多。闻全、永、道、邵州人户往请射，其官吏以既籍充逐处保甲，遂令遣归。况保甲本欲藉其疆力督奸盗，若舍贫就富，固当从所欲。乞下诸处，如人户往沅州请田土，毋得以保甲为名勾抽。②

九龙岩题记

南隆蒲宗孟自零陵按邵阳，约京兆朱初平、高邮乔执中游九

①蒋祺诗辑自《湖南通志》卷二八一。

②辑自《续资治通鉴长编》，中华书局1980年版。

龙岩。二君皆以事不来，而属官陈瑄相远一舍，畏暑疾暍，迟迟于后且未至。迴视石间见王璩、邹庸、黄辙、黄寔题名，又怅四人者已先去，余终日徘徊独行危坐，无朋俦相与同一时之乐，盛夏大热，虽岩中潇洒可爱，然意有不足者，遇此胜处殆亦不能放怀自适矣。熙宁八年六月二十七日。①

张绶

张绶，字文结，德兴新营（今江西德兴）人。宋仁宗嘉祐八年（1063）进士。任荆湖南路刑狱，改豫章郡守，后为太府少卿。著有《梅堂诗集》。

泻洪亭

潺二石磴泻红泉，路蹑丹梯八紫烟。岩有高人无同处，庵罗双树碧参天。

游层岩

群峰耸回环，一径上萦曲。顾瞻得层岩，庨豁凿山腹。片云雨雹飞，勺水蛟龙缩。惟昔乘兴游，颇叹归鞍促。念方困簿领，敢不勤栉沐。四时各有趣，一赏岂能足。朅来俯二纪，经行徧四渎。每怀佳山水，澜僻聚燕蝠。高才兹南来，胜赏欣所欲。披寻到幽秘，徘徊或信宿。忘归须众同，寓意乃余独。泉声恢幽听，翠色明远目。夕鸟归且鸣，牧牛骇而触。此得固有得，何用论祸福。应同丁家兴，肯效穷涂哭。堂下食张仪，绨袍哀范叔。大任

①辑自《湖南通志》卷二七八。

或感发，一饭奚省录。邮筒奉佳篇，兀坐聊踯躅。勉率继高韵，愿同刊涧澳。①

袁默

袁默，字思正，无锡人。嘉祐八年（1063）进士。工书，著有《梁溪书画征》。

君山

君不闻吹箫得仙双帝子，宅门敕牌金书字。又不闻马家堂宇色未昏，宅门题作奉诚园。古来将相多高第，今不为园即为寺。吾观黄歇相楚时，岂意异时真似此。晚周诸国势相倾，齐赵信陵争下士。何术能令楚复强，三千宾客多珠履。一旦不谋毋望人，身亡家破神朱英。嗟乎养士谩如许，得失何异一老兵。吴墟索莫故城在，庭殿但闻钟磬声。猿哀鹤怨松风里，遗恨江流终未平。

石女冢

君不见湘江不流湘水清，悲风愁雨能无情。灵妃宝瑟声未绝，九疑云锁苍梧深。又不见霸陵路入新丰道，顾念邯郸意凄恼。夫人鼓瑟君为歌，北山为椁吾将老。古来死者不胜计，历历道旁犹可记。人言梁女好鼓琴，琴心未许人知音。高山流水声已虚，想象当时足幽思。九原可作谁与归？秋风萧萧草凄凄，邱墟之下多狐狸。

---

①张绶诗辑自《宋诗纪事补遗》卷一六，上海古籍出版社 1995 年影印续修四库全书本。

白龙洞

开元年中关辅旱，灵岳神祠祷几遍。少监冯生能画龙，明皇命试新池殿。落笔蜿蜒势未已，素鬣冰鳞湿如洗。池波汹涌雷电惊，云气之门白龙起。吾观冯岂作霖人，画龙能雨疑有神。深山大泽多窟穴，不应杳眇不似真。澄江接海连空白，泓深当是神龙宅。螭虬狡狯非其伦，河伯江妃敢驱役。霜锁烟关昼不开，时倾膏雨苏民灾。一炉香火动诚意，风马云车天际来。吾闻泽国多水患，淮甸地干多苦旱。愿均神力遍四方，无令水旱常相半。[①]

王巩

王巩，字定国，自号清虚先生，莘县（今属山东）人，王旦之孙。曾从苏轼旅守徐州。历宦通判扬州，权知宿州，仕右朝奉郎等。一生勤于写作，著有《王定国诗集》、《王定国文集》等。

欣欣亭

清湘北郭崇岗路，松竹年来定几围。我亦临淮筑新宅，与君万里对柴扉。

湘山

半岭风吹草木香，落阶花雨送春忙。从师远借云庵卧，还我平生午枕凉。莲社缁黄常得伴，鹿门妻子亦相将。化身欲似河东

---

①袁默诗辑自《宋诗纪事补遗》卷一六，上海古籍出版社 1995 年影印续修四库全书本。

柳，更向山头望故乡。①

冯山

冯山（？—1094），初名献能，字允南，宋普州安岳茗山镇（今四川安岳龙台镇）人。嘉祐二年（1057）进士，熙宁末为秘书丞、通判梓州（今四川三台县）。熙宁九年（1076），集贤院校理邓绾推荐他为台官，因不苟合新法，未上任，退居二十年。哲宗元祐间，秘书省正字、给事中范祖禹荐于朝，官终祠部（一说礼部）郎中。绍圣元年（1094）卒。著有《安岳集》二十卷。

送鼎倅陈安仁虞部四言

峨峨阳山，民资以仁。僭阳欺天，不需不神。而乞于民，泱泱沅江。城繄以宁，横流溃川。不畜不灵，将坎于城。暴政残俗，剧于怀襄。猾胥扰民，甚于凶荒。借公后时，吾民几亡。舞公入城，若旱而雨。若霖而晴，颂公之还。孰灵沅江，孰神阳山。

题澧州石门县蹇周辅蟠翁太博三爱堂

石门险且僻，人烟万山罅。蟠翁老才望，来此屈英驾。破漏烦补缀，嚬呻索慰藉。力致乃坐享，少劳岂丰暇。临观阒无有，游燕久以谢。废园近城邑，丘墟甚原坝。高松困藤蔓，嘉菓没荆柘。斩荒使之出，苍翠若图画。直前走桥阁，当中建台榭。雍容宾朋席，左右书史架。命亭以三爱，作诗盛夸诧。韵险语怪绝，窃读惊汗下。嗟予苦羁束，相去止数舍。深思一登览，若渴不得

①王巩诗辑自《宋诗拾遗》卷七，辽宁教育出版社2000年版。

蔗。知君群公表，甫为兵民借。复以三者乐，何时动归靶。吾乡富风景，草木芬兰麝。锦水清于汉，岷峨不让华。蔡圃岂足道，宁为耳目乍。苟以吾言然，烦君少讥骂。

辰阳馆

辰阳号难理，五溪地相跨。边臣重绥抚，蛮獠愈骄诈。封陲苦侵暴，文书困讥骂。谁为太守乐，一笑不得暇。张公抗辰旆，烽障几欲罢。偃息有余地，登临无一舍。乃兴辰阳馆，城东两山胯。泉声落溪谷，湖光照亭榭。花木亲种植，朋僚日追迓。投壶征虏祭，围碁太傅谢。高风邈难继，维公并驱驾。有客尝一至，席参邹枚亚。览物言思阔，醒魂耳目乍。欲记传之久，恨无文章价。愿公贲泉石，游宴日来藉。新诗上碑刻，佳景若图画。旦暮趣召还，归为中州诧。①

邢仙老

邢仙老，宋熙宁间九疑山隐士。

诗赠晚学李君十三首

虚皇天诏下仙家，不久星横借客槎。壁上风云三尺剑，林前龙虎一炉砂。行乘海屿千年鹤，坐折壶中四季花。为爱阴符问玄义，更随骊海入烟霞。

久掩山斋看古经，但矜猿鹤事高情。炉中且喜丹砂死，岩下

①冯山诗辑自《安岳冯公太师文集》，清钞本。

近闻朱草生。堪鄙尘寰驰妄理，莫教流俗听希声。清溪有路无人识，独弄沧浪一濯缨。

诘曲川原几里深，偶寻岩壑在前林。长怀万古典坟乐，果称几年泉石心。将看道经延白日，偷收岩药化黄金。山中所访逍遥客，为报白云深处寻。

人稀境尽绝尘埃，野客寻源或到来。怪石结成真洞府，乱山堆就假楼台。久穷至理难期老，独放真机学未该。得共山翁话虚寂，不妨岩下且徘徊。

翠微堆里隐云烟，石缚藤萝小洞天。常篆丹符驱木魅，每呼山鬼汲溪泉。养成玉座千年石，炼过河车九转铅。记得潜虚真伴侣，出门争赠买山钱。

秋景澄清物象希，山家沉寂俗难齐。常听岭瀑连云泻，时有林猿隔岫啼。月黑笈明灵武动，夜寒囊破蹇驴嘶。此身已脱人间世，赢得烟萝自在题。

丹雄初伏柜方灵，万里蓬壶第一程。神室下封添夜火，金砂新浴炼真形。稚川箧里藏丹诀，鸿宝方中检药名。既得仙人小龙虎，便寻根本到长生。

旋滴岩头石里泉，研朱将点洞灵篇。祗看壁外数千卷，胜走人间三百年。何事投心求妙友，便须穷力到真仙。竹间松径逍遥境，雅使仙翁恣意眠。

眼前龙虎实纷纭，说破丹砂世莫闻。故脱衣冠寻旧隐，便将猿鹤入深云。间编野录前朝事，静校仙经古篆文。满腹分明惟是识，尘寰谁认紫阳君。

无言隐几闭松扃，万古襟怀独自灵。点笔时研三郑篆，弹冠尝动一簪星。青童去撅南山木，野客来寻北帝经。天道不须窥牖见，满门山岳自青青。

山家何物是知音，也胜人间枉用心。学就万年龟喘息，习成千岁鹤呻吟。冲和久养灵通兽，关节常调不死禽。独对翠微谁更问，鼎分三足伴光阴。

世事功名不足论，好乘年少入真门。浑如一梦庄仙蝶，况是千年柱史文。须向黄庭分内外，不交周易秘乾坤。他年陵谷还迁变，家住蓬瀛我尚存。

日转蓬窗影渐移，罗浮旧隐到多时。瀛州伴侣无消息，风撼岩前紫桂枝。①

范纯仁

范纯仁（1027—1101），字尧夫，宋苏州吴县（今江苏苏州）人。范仲淹次子。仁宗皇祐元年（1049）进士及第，知汝州襄城县。累官

①辑自《玉照新志》卷六，明沈士龙等刻本。

侍御史、同知谏院，除给事中。元祐元年（1086），同知枢密院事，后拜相。哲宗亲政，累贬永州安置。宋徽宗即位，复观文殿大学士，充中太一宫使。卒谥“忠宣”。著有《范忠宣公集》等数种。

谪居零陵

过尽潇湘景，冥行固不分。乌羊殆可饫，白酒饮能醺。自息登临兴，因无出入勤。灵妃曾鼓瑟，信有尚堪闻。

无书

患难人皆恤，谁能绝信音。宁忘问生死，可是尽浮沉。信子情无矫，知予咎自深。严冬见松柏，为有岁寒心。

覆舟

始骇舟冲簸，颠风振厚坤。涛声如坏屋，雨势若翻盆。力援烦舟子，惊号闵稚孙。全家脱鱼腹，应有未招魂。

零陵重阳

衰年逢素节，盲卧桂江东。应有登高会，其如擿埴翁。扪杯难举酒，嗅菊不知丛。白首跧僧室，无烦落□风。

零陵移居

不起移居念，全因废两眸。门闾俱莫辨，隘陋亦何忧。瞑鸟离巢远，盲龟待木浮。平生安稳少，盖乏措身谋。

零陵寄三弟五弟二首

勿起还乡念，囊空不易居。田租收素薄，官俸夺无余。颜困尝求米，丘贫乐饭蔬。朱门启新第，悬磬是吾庐。

勿起还乡念，人多故与亲。旧通乡里意，皆仰俸余缗。望纵诸家息，情须一饭伸。谁能悠久坐，白眼绝朋宾。

零陵忆弟妹

感秋怀弟妹，憔悴客潇湘。他日常星聚，衰年隔雁行。既盲难引望，垂老易悲伤。安得骑鸿鹄，高飞向汝傍。

荆甘

品珍方重寄来难，长忆东吴把酒看。笠泽烟闲排锦树，洞庭霜老摘金丸。清香先透筠笼细，甘液俄通玉齿寒。不学荔枝遗国恨，曾烦驿使到长安。

永州谢表

臣某言。准告，责授武安军节度副使，永州安置，已于今月十一日到永州讫。孱愚误国，痛往咎之莫追；圣哲当天，讵明刑之可逭。曲从宽典，止窜遐陬，泣血衔恩，陨心知罪。中谢伏念臣器能浅陋，学术迂疏，藉阀阅之余资，窃朝廷之显仕。度才量力，每深负乘之忧；冒宠叨荣，果积山岳之衅。擢髮宜尸于两观，分符尚玷于一麾。未正严科，难逃公议。谅惜陛廉之体，特宽斧钺之诛。贷其桑榆，以御魑魅。身萦笃疾，已伤两目之盲；舟覆长江，仅救全家之溺。既缘自取，为幸犹多。此盖伏遇皇帝陛下，日月照临，乾坤覆载，法比汉章之约，仁同汤网之开。矜臣簪履之余，曲加涵育；怜臣帷幄之旧，尚俾生全。致是尪残，苟延视息，臣敢不刻肌迁善、没齿思愆？永同湖海之民，均被唐虞之化。

余龄向尽，唯冀于首邱；洪造未酬，敢忘于结草？臣无任。

祭衡岳文

维绍圣四年，岁次丁丑，四月甲申，朔十一日甲午，责授武安军节度副使，永州安置。范某谨稽首上启南岳司天昭圣帝：伏念臣幼承父训，长服朝绅，从宦四十五年，历官三十一任。每愿竭忠而报国，常思惩恶以安人。然而赋性不明，涉道未至，智难周物，事靡尽情。长郡邑则虑刑罚过，中居台谏则恐议论失当。备使寄则有按察不明，而吏民受弊；专帅权则有战守寡谋，而番汉罹殃。及遭遇于两宫，遂叨尘于三事。再为真相，各仅弥年。然而识昧几微，性资孱懦。智及而仁不能守，言出而躬不逮行。致君之效蔑闻，及物之功盖寡。知难而退，冒宠尚优，负朝廷拔擢之私，失士民期望之意。德薄禄厚，恩重报轻，积罪衅之浸深，宜灾殃之并至。今蒙削除禄秩，投窜遐方，适当垂死之年，无复全生之望。双瞳蒙瞽，百口流离，同气阻急难之情，病妻乖将养之便。屯难已极，忧惧未涯，非人事之可图，庶阴灵之或佑。今者奔之贬所，甫迩灵宫，是敢直罄危诚，仰干神造。伏惟某神镇奠南服，司主离方，分持造化之权，平施善恶之报。伏望察其素志，原其本心无造作邪险之愆，皆暗懦依违之咎，特加矜宥，少逭谴诛，微躯早遂于生还，病室速谐于痊愈，兄弟获会合之乐，子孙享平泰之祥。蝼蚁之诚，威灵是托。①

①范纯仁诗文辑自《范忠宣公文集》，景印清文渊阁四库全书本，台湾商务印书馆1986年版。

徐积

徐积（1028—1103），北宋聋人教官。字仲车，楚州山阳（今江苏淮安）人。元祐初（1086）近臣交荐其孝廉文学，乃以扬州司户参军、楚州教授，转和州防御推官，改宣德郎。崇宁二年（1103），监西京嵩山中岳庙，卒年七十六。政和六年（1116），赐谥“节孝处士”。著有《节孝集》二十卷。

和李自明二首

青松何岿岿，生在孤高处。能鸣月下风，更入云间路。云汉何渺茫，远过衡山阳。松风上河汉，高韵落三湘。

我有金玉交，家在临流处。秋来诗更清，吟喉饮风露。崔子在何方，清思满残阳。不知今夜梦，几度过衡湘。

赠荆南王秀才天爵集虚二堂求诗仍往武陵

天爵名甚高集，虚名甚悟悟高。已与俗人非更，望武陵花下去。

寄王观文

扁舟欲泛湘江月，亦泛洞庭湖上春。十年此意逢今日，且喜洪州有主人。

感秋和张文潜三首

泛泛河中舟，莫系河上柳。君看道傍叶，行人一挥手。枝条旦旦空，颜色何可久。坐恐霜霰繁，诸媚归一朽。我有千丈松，亭亭不可揉。生在孤峰上，独与云霞偶。群形靡且纷，不与较妍丑。群动日夜驰，而以静为守。守松者为谁，白发无憾叟。蓬蒿可蔽身，糟糠可糊口。言者寓于诗，默者寓于酒。谁知杯酌间，便是无何有。念子于我深，我于子亦厚。记我守松篇，行行重回首。

张子非不厚，涕泗中夜起。兰蕙虽已衰，松筠正堪佩。君爱兰与蕙，忘我筠与松。君爱洛阳官，弃我淮上翁。翁如扬大夫，其心甘贱贫。不投天禄阁，却反离骚文。骚人虽已殁，万古为忠魂。欲知冤愤气，但看苍梧云。冤情寄湘水，冤声寄湘竹。年年霜露时，夜夜秋声哭。

秋风一何惨，物形随以变。秋风如无情，虫鸟声俱怨。我无外物累，但有屋中燕。翩翩势将去，盼盼如有恋。此物虽至微，其旧殆可念。而况西郭交，年将屈五指。南城文字间，东皋松竹里。气类亦相合，老少两忘齿。昔居吾舍傍，今在河之涘。船头缆将解，船上桅将起。留君恨不早，此役定难止。如何舍我去，处我复何以。君看淮泗间，一泒良可喜。从来病浊污，而今稍清泚。人方涉其流，冠缨殆可洗。此行君乐否，一千五百里。未见洛阳山，先见洛阳水。

送汝弼赴潭倅二首

不作长沙行，湖湘少斯客。洁身不可污，好义是所积。口不出巧言，面不为邪色。谁可谋定交，斯人不可失。

莫说江南行路长，山苍苍兮水茫茫。莫问长沙城远近，洞庭湖口是潇湘。去时先上岳阳城，夜宿巴陵探阴晴。泛洞庭时四五更，出湖口处曈昽明。平生闻说潭与衡，今来吏隐驻箳篂。四时所见皆所经，湖青草兮庙黄陵。眼看君山别洞庭，笑谈却作江南行。巴陵渡口转船头，一帆风过岳阳楼。行尽江山到真州，画船旗鼓入扬州。

江南春

今年是处春风早，江南地暖春更好。春风先把江山扫，次入梅花后芳草。芳草春深更有情，直共江山到洞庭。落花流水从武陵，湖中有山春更青。日欲落时一点明，少年莫上岳阳城。

富贵篇答李令

我有一筒诗，写出千年意。将令后世观，不是前言戏。感君再唱洞庭谣，我亦重歌酬子惠。古人达者尝有云，富不如贫贱胜贵。君不见古之富贵即父祖俱封异姓王，一门五侯三将军。弟兄同入中书堂，对开大第连几坊。私门列戟森锋铓。十二帘卷珠荧煌，双姬扶起坐牙床。绿鬟红袖花成行，左盼右顾生春阳。高车食客剑佩锵，堂上已满坐两廊。巨镬大鼎烹牛羊，玉壶把酒金船长，美人拜客求尽觞。歌姬一误已绝肮，缠头彩币堆如冈。酬歌买笑金鸳鸯，奴袍火浣直两箱。三千厩马红锦障，厕帏文绣炉熏香。更衣侍妾如闺房，主人意气秋鹰扬。其心端如彩凤凰，一言合意青云翔。须臾睚眦磨刀枪，门前臈月可烘裳。一日失势成冰隍，小者腰领尸道旁，大者连颈宗族亡，犬鸡散尽空遗墙。野鸟入室山魈藏，呜呼哀哉可叹伤，至死不悟犹陆梁。古来如此有多少，岂似洞庭湖上老。无租无税一生闲，有饭有鱼一杯饱。日落波间烟正昏，云开湖口山光晓。棹翁适自巴陵回，挂帆直指潇湘道。有言不问俗穷通，何忧可入翁怀抱。修竿短棹已自足，更有前村一茅屋。卖鱼沽酒任醉醒，绣户朱门自歌哭。嗟余未往心先慕，更谢棹翁询去住。风前月下有谁知，醉魄吟魂自来去。堂前画作荆南图，梦中记得巴陵路。

送沅州通判

过湘江时君且听，但恐水中有冤声。当时无地容屈平，众人皆醉嫌独醒。烦君须吊独醒翁，以酒注之鱼腹中。不须以物缠米筒，但投诗去责蛟龙。为君质直有古风，能高其义哀其忠。投诗已罢吊已终，寄声急报南城翁。

送李昂长官

征南兵势欲平蛮，军声杀气秋风寒。南国此时霜霰早，八月草黄枫叶丹。江有渚兮山有麓。君向洞庭何处宿，四垂天幕乱波平。九疑山送愁岚绿，日斜叶落黄陵祠。月明风起清湘竹，愁娥远放峡云来。冤臣暮借江声哭，雁号孤喙度苍梧。猿叫哀肠抱霜木，君看樵坞与渔村。绿橘黄柑随柿熟，此行正合风骚情。县衙仍在衡山足，新岚老翠滴吟窗。风松云溜生琴曲，衡人侧耳听先声。报道官来不碌碌，可使汝农无逃田，可使汝市无冤狱。汝胥可脱簿书烦，汝民可免鞭笞辱。日中放吏不坐厅，夜半投金不受嘱。回时唯载俸余钱，茶满衡山无一掬。

答李端叔

有人颇似长沙傅，得官亦望长沙去。去时好赋楚江谣，还使风骚满江路。便须酹酒吊三闾，正是忠魂冤愤处。县令如今未去时，兰亭故事犹可为。莫惜千筒万筒往，诸君方壮我已疲。登科学究文章豪，数奇老将诗能高。长沙县令号才吏，方将睥睨谢与曹。凉风即是八九月，红萸黄菊花将发。正是诗家得意时，莫学古人悲暮节。东南美者有吴姬，红襦绣袂无所施。把酒一卮轻皓腕，得诗一句胜娥眉。山夫野叟只如此，诸君达者应相嗤。有酒且慢饮，有歌且慢讴。共君说怀抱，未语先搔头。良久欲说说不得，胸中有物如山丘。君不闻，东家女子花见羞，十六未嫁便悲忧。墙头楼上到日晚，马骤车奔如水流。西家亦有闺中女，月璧龙珠求未许。有心自比蟠桃花，无言窃笑阳台雨。谢鲲便是妾家邻，败唇折齿犹相语。何况五陵轻侠儿，抛金掷玉教人非。一夫奔处千夫驰，不论荣辱与刺讥。膻中之蚁瓮中鸡，攫金逐兽两眼迷。主人下马客已齐，拜起俯仰容正俾有如六月卖蒲葵，唯恐不售霜风凄。言至于此良可悲，所以慷慨见于诗。谁能起舞谁能歌，瓮中有物如秋波。古来多少无奈何，要须一醉都销磨！茫茫人间歧路多，不如海水通天河。①

吕陶

吕陶（1028—1104），字符钧，宋眉州彭山（今属四川）人。仁宗皇祐年间进士，任太原府判官。神宗熙宁三年（1070）知彭州。贬监怀安商税。元祐二年（1087），涉党争，贬为梓州、成都路转运副使。元祐七年（1092），召回，入为起居舍人，迁中书舍人。哲宗时又外放，知陈州、潞州。崇宁元年（1102）辞归。著有《净德集》六十卷。

①徐积诗辑自《节孝集》，明嘉靖四十四年刻本。

道州何道士相会于途次 匆匆告归余亦北还作诗致远别之意

九疑山色望中青，似与湘江展翠屏。终日掩关澄俗虑，有时开卷读仙经。谈端往往该穷达，酒兴悠悠混醉醒。南去北归皆惜别，更嗟衰鬓尚飘萍。

王定国北归过衡阳惠示四诗 其聚散忧乐之兴尽矣率赓二篇可资笑噱

腊寒尝醉蒲桃酒，春霁空摇舴艋船。倦客偶来皆失路，故人相值似逢仙。半生感事惊残梦，两世知音话宿缘。闻说三怀长秀茂，子孙才业信家传。

壮年驰走太行车，晚岁还家幸有余。进取厚颜嗟鹤发，退藏深计得蜗庐。五湖谪去谁收骨，千骑归来尚载旟。回首太平堪颂咏，圣君勤政式商闾。

答岳山莲惠茶

春芽不染焙中烟，山客勤勤惠至前。洗涤肺肝时一啜，恐如云露得超仙。

和王定国二首

三十年前愁送别，八千里外喜同归。自甘衰叟锄新圃，未许高才恋旧矶。

峡上相逢惟话道，湘中一笑又成诗。竞将酬唱夸新句，不为穷愁减昔时。

和陈长蒨休致二首

惜君有高才，舒卷莫非道。趋时忽倦游，谢事不待老。私谋惟恐晚，公论叹其早。平生恬淡怀，忧恨未尝抱。白日由此间，红尘洒然少。鼓棹勿迟迟，湘川秋色好。

进取虽系时，退藏亦在道。傥与志不会，须惜流年老。不知笑君拙，知者羡君早。知与不知间，恶在惬予抱。得无钧石重，失乃锱铢少。明镜洗无心，向谁论丑好。

和孔毅甫州名五首

毅甫生江南，蕴有洙泗质。雄文极古今，通鉴尽疏密。瀛山绣衣使，高步尚云屈。河水润畎亩，随珠照圭荜。仁风信乐易，治体本诚一。昌时政多暇，丰岁民甚佚。抚琴得遗音，开卷终旧帙。天和内自保，万事皆外物。我生本蒿莱，岂合顾簪绂。南迁至此处，惠养殊不失。伤心屈原棹，掩耳湘灵瑟。罪大敢放怀，恩深已沦骨。辛常从公游，谈笑度永日。我吟续郢唱，缄封弥战栗。

衡阳古胜郡，齐民颇淳质。富饶几维扬，朴静类高密。易将诚心感，难以威势屈。水宿亦安枕，岩扉不施荜。太平得良守，条教尽一人。方乐简治自，为宜老佚穷。通有定数舒，卷犹古帙深。思已谐理达，观岂言物屡。尝登宾阶每，许脱朝绂共。谈谈海鹏志，不道塞马失。金声发锵锵，宝肆容瑟瑟。遂为岷山眼，未委瘴江骨。赓咏酬真乐，聊以歌化日。珷玞难重陈，黄玉似

□栗。

谪宦寓湖南，憔悴变容质。老怀极孤穷，益友最亲密。高轩喜陪从，雅会烦揖屈。馨香袭芝兰，文采辉陋荜。谈辩虽纵横，仪范甚专一。每闻阳春曲，钦诵不敢佚。遂将蜀溪纸，连写渐成帙。惭非高尚者，思古感事物。当时郢楚士，英秀尽簪绂。池台今何在，冠剑久沦失。我忧复辽远，试听暮鸣瑟。何时还敝庐，一奠九泉骨。此心实虔望，昭昭有如日。未尝果山柑，日馔湘江栗。

平生知求道，冀保衰朽质。金阙劳仰望，玉经探秘密。尝闻造化理，虚静乃不屈。又闻栖真士，幽处遁荆荜。深藏虽混同，赡养自诚一。广采与博访，未遇敢怀佚。诵经期万遍，掩卷复开帙。才能简思虑，了不见象物。谁将林泉屦，易取尘土绂。渠意良有得，吾曹又何失。爱君气容和，忻乐不在瑟。得鼎必全神，逢丹可换骨。方蓬达去路，寰海空白日。愿开循循诲，灵台非缜栗。

羡君诗格雄，非谓文胜质。长篇自博雅，短语亦温密。笔端时一挥，锋利不少屈。高情寓祥云，幽意及疏荜。豪纵叹李贺，难以宪度一。穷愁伤孟郊，不欲怀抱佚。铺陈黄堂上，一案凡几帙。先倡乃前辈，形容何以物。瑁圭施华藻，锦段副朱绂。测海至千仞，穿杨无一失。宝器藏巨剑，古声发琼瑟。凤羽翔德辉，龙种搜骏骨。嗟予泽畔吟，继唱辄连日。果膀误收采，小榛齐大栗。

谢责降南岳庙表

坏法容私，义当显戮。谪官领局，恩许自新。伏省过尤，良增战灼。伏念臣禀生寒陋，涉世艰危。早窃虚名，晚尘朊仕。持从臣之橐，无补猷为；佩郡守之符，多隳职业。纵细民之盗铸，致私镪之公行。罪状甚明，刑书未议。洎忝乡邦之寄任，数为风眩之侵陵。拜疏自陈，方觊退休之幸；原情必罚，俄闻责黜之音。仰畏雷霆俯惊冰谷，欲继上归田之请。虑难逃慢令之诛，即扶病以之官。已具舟而去里，穷途易塞，衰气复伤。适当起缆之初，几有盖棺之事。遽飘流于三峡，遽放荡于重湖，以七十之羸躯，尽八千之去路。备尝险阨，屡及俄虞。偶全犬马之余生，深荷堪舆之厚赐。此盖伏遇皇帝陛下，乾行适治，丰照通幽。督群吏之循公，光昭先宪；宽一夫之垂尽，滋广至仁。未即铁锄，止从废逐。正其罪以警偷惰，锡之禄以养衰残。臣敢不追讼愆违，恪遵检押。虽有负薪之疾，岂敢乞骸；空怀结草之心，终期报德。①

夏噩

夏噩，字公酉，越州（今浙江绍兴）人，嘉祐二年（1057）登才识兼茂明于体用科，授光禄寺丞，后知长洲县。

赠王幼玉

真宰无私心，万物逞殊形。嗟尔兰蕙质，远离幽谷青。清风

---

①吕陶诗文辑自《净德集》，清武英殿聚珍版丛书本，清乾隆四十二年刻本。

暗助秀，雨露儒其冷。一朝居上苑，桃李让芳馨。①

郑明瞻

郑明瞻，生平不详，元丰年间知岳州军。

重修岳阳楼写怀

遍历江山只此楼，名传自古今又修。却观湘水浮新景，重对君山记旧游。风月依然如故友，轩窗今复冠南州。远追张相滕侯迹，幸蹑前规壮胜游。②

张舜民

张舜民，字芸叟，自号浮休居士，又号矴斋。邠州（今陕西彬县）人。英宗治平二年（1065）进士，右谏议大夫，以龙图阁待制知定州，后被贬为楚州团练副使，商州安置。

愈泉

有泉出城闉，尾大如车辐。饮之能愈疾，此语闻郴俗。直疑白药根，浸渍幽岩腹。灵迹浪遐方，神功施比屋。

郴州怀古

郴州颇凉冷，樽俎定常开。自愧无畦菜，家贫只旧醅。兴残

---

①辑自《青琐高议》前集卷之十，清红药山房钞本。

②辑自《宋诗纪事补遗》卷三十，上海古籍出版社 1995 年影印续修四库全书本。

虚白室，目尽望乡台。天子多恩泽，幽人未遣回。

郴州送许叔献员外赴道州

岭下为迁客，人中得老成。传经汉丞相，授讲鲁诸生。五斗青衫色，三湘白发茎。话言犹未尽，要作道州行。

灵寿木

曲木天然性，叨名席上珍。节高工碍手，倚壁怕扶人。莫问西来意，终为灶下薪。他时俘颉利，拜赐敢忘身？

八月十四日清溪堂望月

客路三湘远，天风八月清。云间虽掩映，水底已分明。且对当年影，休吟万古情。喜君方向满，照我过江城。

黄陵庙

青草仍残照，黄陵一望中。壁书迁客泪，帘卷过湖风。斑竹痕犹浅，苍梧恨莫穷。年年秋水上，瑶瑟伴惊鸿。

送李杰出帅湖南乞由邵阳拜松楸上可其请

春来汴水带冰流，先送湖南第一州。旧置义庄赒族党，新持使节拜松楸。清湘楼晚晖金上，明月池开衣锦游。

渔父

家住耒江边，门前碧水连。小舟胜养马，大罟当耕田。保甲元无籍，青苗不著钱。桃源在何处，此地有神仙。

黄陵题咏

箫韶不返九疑愁，双凤追思楚水秋。祎翟飘摇摧画壁，佩环零落挂帘钩。春深兰芷供香案，日暮乌鸢送客舟。自是江湖清绝处，后人憔悴写离忧。

八月十五日夜清溪舟次

清溪水底月团团，因见中秋忆去年。旱海五更霜透甲，郴江万里桂随船。昔看故国光常满，今望天涯势似偏。只恐姮娥应笑我，还将只影对婵娟。

长沙遇雪赠何待制二首

初过湖南正惨凄，朔风边雪远相随。林欺橘柚看零落，岸拆蒹葭倚倒垂。可是辋川真入画，须教梁苑遍题诗。莫言北客都无有，且与湘人当土宜。

由来地气本无天，致感中和报有年。拂槛穿帘初学舞，萦风带雨不成团。清光并入书仙府，寒色偏留逐客船。老杜题诗曾有乞，漂零今昔路人怜。

同刘贡甫学士登石鼓合江亭一首

乘兴俄成石鼓游，可堪摇落楚江秋。岩中名字今何在，亭下潇湘古亦愁。万里再惊金马客，一家重上木兰舟。却令二水知人意，合势相邀向北流。

洒然堂

何必徜徉水石间，听君言语已孱颜。三湘尽处犹逢竹，五岭回时却见山。吏案总教如雁雁，灵源我且似鸥闲。天边猿鹤皆相识，惟欠携筇日往还。

和答还卷

屈宋功成道不传，后来鸡犬各登仙。留连光景随时俗，盗窃声名至暮年。陷没李陵因北伐，漂流杜甫为南迁。耒阳郴口今吾在，谁与诛茅屋数椽。

徐刚中醴陵少府于山中寻出一洞有铭曰虬渊自然六室奇怪求诗以纪之醴陵多丁氏令威之后云

重重翠筱蔽溪湾，石烂松枯不记年。但见桃花浮绿水，有时独鹤下青田。自然六室流钟乳，别隐三阶出洞天。身在故乡人不识，秪应徐令是丁仙。

邓正字宅见刘明复所画麓山秋景

洛阳才子见长沙，自识中丹鬓未华。文武才全皆不试，丹青笔妙更谁加。老杉列在堂皇上，小景将归学士家。我有故山常自写，免教魂梦落天涯。

梁才甫自湖南移使广西移使广东自广东复移湖外三年之间周历四路今者北还已越郴岭道次作诗见寄渴于会遇谨用赓和

天际雪帆百尺开，广西移去广东回。未成老大归朝计，且喜平安出岭来。竹马共迎新使节，松斋暗锁旧莓苔。回思托荫无多日，早至潇湘欲重陪。

舟行湘岸见早梅盛开

江上篱边见早梅，天寒地暖数枝开。为怜北客漂流远，偷报东君信息回。香气轻于新酿熟，襟怀重似故人来。舟中莫问无兼有，急急呼儿贯酒杯。

郴州

橘井苏仙宅，茶经陆羽泉。万峰团雉堞，二水汇城软。

岳麓寺

初投早梅戈，忽整潇湘枻。彭蠡镜中行，洞庭天外倚。

携杖溪边听，抱琴台上坐。我喜见江山，江山愁见我。

吴山堂

楚客对吴山，归心常自苦。守土切须防，半夜俱飞去。

济川堂

河流便当城，峻岭借为屏。疑在金山寺，凭栏看北泠。

香山寺

万里炎荒厌翠微，一泓泉石抱幽奇。回头便是清凉地，无限行人过不知。

北归再过洞庭

我家本住长安陌，泾渭交流出坐隅。须信宦游皆有地，十年四过洞庭湖。

自题画扇

忽忽南迁不记年，二妃祠外橘洲前。眼昏笔战谁能画，无奈霜纨似月圆。

移岳州去房陵途中见海棠

马息山前见海棠，群仙会处锦屏张。天寒日晚行人绝，自落自开还自香。

诗一首

千载浪名金马客，一宵沉醉石城楼。郢人休唱阳春曲，白尽湖南刺史头。

东山

乘闲邀友赏春华，上到东山日已斜。何处转添孤客恨，两溪流水一城花。

南岳

它国西南隅，亘地岣嵝外。奇峰七十二，主客雅相对。辙在想虔游，铭知知禹会。

温泉

岧峣华清宫，下有温泉水。秀岭终千门，玉莲喷九蕊。第一名御汤，第二沐妃子。从上傍诸王，最下列卫士。淙淙三十六，枝分或栉比。每年十月初，仙仗常依此。楼头羯鼓停，殿上霓裳委。尘垢三百年，行人与闾里。忽惊郴岭下，和暖雅相似。只是远长安，不当人眼底。皇天宅万物，得地即为美。幸免与兴亡，往来常止止。

乡人言

郴江有奇石，似牛伏岸侧。乡人久相传，过者有颠覆。我与乡人谋，凿去可勿留。祇消一日力，得弭千岁忧。乡人顾我笑，官必有阘拙。大者不能图，小者安能说。方今民间事，颇有急于石。当官贵居事，能不闲采拾。我有本多田，今乃身无居。虽有儿女辈，售人为婢奴。破家不足恡，所恨骨肉离。官今将骨肉，好去将何之。我虽有田里，亦闻官念此。念此不能为，何用居官尔。乃指江中石，此物如有神。不覆廉善士，独倾贪虐人。官今幸过此，行李都无害。将我言日思，勿为贫贱懈。我闻乡人言，背颡俱汗流。欲问破家因，恐为明者羞。

北湖集句

北湖泛空明，移舟泊沧渚。篙师暗理楫，宛转到深处。回流抱绝巘，长烟曳轻素。山明望松雪，湖阔兼云雾。遥风送管弦，白日无尘土。皎镜含虚碧，瘴烟跕飞羽。高冢空累累，昔时卿相墓。郴州颇凉冷，沧洲有奇趣。逐客久憔悴，世途多礼数。孤影空相随，不知从此去。终朝对樽酒，况复天景暮。乐罢不无悲，却寻故乡路。

句

得移郴岭清凉地，幸免邕江瘴疠侵。

一从投迹三湘外，两度登高五岭间。

剑泉铭

石上作剑歘，泉出剑锋穴。石在水中央，在经名曰穴。咄哉黥面贼，生攻身助祭。不耻欺孤儿，端能效逆郎。穷追三千里，至此肆尘煞。楚国始成灰，郴江终作血。邦人惜无罪，聚哭在招屈。南公实有言，三户犹可威。至今义帝祠，半澧岁不绝。兴亡岂足问，景致颇清澈。远客怀不寐，至此心乃悦。作铭镂其傍，永戒诸侯蹶。

窊尊铭

郴之为州，跨大溪上。临水皆奇石，水清而石怪。有如动物者，植物者，用物者，象物者，可状类者，不可状类者。岂皆水之力能攻坚，累日而致然哉，是亦天成者尔。一旦得窊尊于剑泉下，又得于城之东南隅。因醉而铭曰：

酌之不竭，注之不盈。石如吾醉，水如吾醒。嘻容乎其寂乎，孰耦吾形？

游鱼绛山记

东出行乱莜间百余步，少下复为平川，即鱼绛也。竹木尤美，山益高，水益峻，峰巅苍翠，松罗遍冒。其上左右□□，尤多稍别为大川。东北去一望千里，其形胜大类华山之阴，而沃润过之，诸君诧曰："北人望五岭之下，皆谓之黄峁苦露，鸟兽不存之地，而乃秀美如此，凉州贤于内部，信当有之。"①

刘挚

刘挚（1030—1098），字莘老，宋永静东光人。嘉祐四年（1059）中进士甲科，能力出众，政绩卓越。历任冀州南宫县令、衡州监管盐仓、集贤院校理、礼部郎中、御史中丞、尚书右仆射、光禄卿。元祐六年（1091），拜尚书右仆射，与尚书左仆射吕大防同时执政，废弃新法。元祐九年，刘挚被贬为光禄卿，绍兴四年（1097）被流放新州，不久含怨而死。有集。

次韵耒阳邹明府庸

初作南冠至，随闻墨绶来。犹怜百里远，时见两凫回。江日披梅雪，春阳动管灰。论文须太白，还忆一樽开。

潭州湘阴县万氏积庆堂

庆自前人积，堂因孝子成。惟时传有后，于此事如生。乔木风烟老，佳城气象明。谢庭兰玉盛，知不负家声。

送永州黄判官拜寄丁郎中

零陵古佳郡，山水楚南奇。太守逢康乐，佳宾得杲之。翩翩

①张舜民诗文辑自万历《郴州志》，万历四年刻本；嘉靖《湖广通志》，江苏广陵古籍刻印社1991年版，《画墁集》，清知不足斋丛书本。

渐高陆，逐逐就新羁。别子东归去，长沙风雨时。

题贵池亭次蹈韵二首

一夜山南雪，清寒江上州。年华随水去，客兴为鱼留。闻雁思湖表，看梅寄陇头。樯乌风信好，犹鼓洞庭舟。

鱼味年年美，何须问旧池。江山清不改，陵谷变难知。节物惊冬至，萧条使客悲。谪仙游赏地，空有白猿诗。

自衡岳至福严寺二首

晓指禅关入翠屏，烟岚金碧旋疏明。旁看阴壑溟蒙失，斗上云梯伛偻行。漫兴独于元子惬，诗怀容与谢公评。区区出处劳分别，朝市山林各有情。

俯仰岩溪万仞临，恨输飞鸟极高深。青云平地人难到，流水残花路可寻。稍觉衣裾侵小雨，渐闻钟磬下遥岑。丈人不厌频来往，欲作香山得二林。

福严寺呈贯之少卿并诸禅老

眼熟林峦认旧缘，耆关峰北入霏烟。云房直上三千尺，蜡屐重来十五年。山奥坐能朝万象，地灵深自接诸天。暂游久住均如梦，社客何须约白莲。

至福严寺得邹耒阳书因寄

尽室攀萝入五峰，峰前金碧寺飞空。山当星鸟离方镇，地辟天龙海上宫。喜我徜徉泉石外，忆君辛苦簿书中。登临樽酒无因共，半夜题诗寄北风。

欲登祝融峰阻雨呈少卿

雾雨阴冥万壑蒸，五峰当面失云层。愁如药使迷蓬岛，路似仙溪隔武陵。已认神灵憎俗客，欲将魔障问岩僧。劳公为我祈昭圣，暂借扶桑白日升。

赠南岳董少卿二首

身在南山非隐沦，闲中官贵异风尘。清泉白日预何事，华发彩衣今几人。虚室图书忘岁月，寿筵香火祝君亲。朝廷不以忠移孝，又说恩函拜命新。

世人行止两怱怱，公独荣亲禄隐中。清职正同香案吏，旷怀都似漆园翁。南陵兰茂晨羞洁，内鼎丹灵老颊红。虽喜论心慰迁客，区区安足识冥鸿。

赠黄少卿二首

仙翁来自太常班，再乞林泉捧诏还。养志秪只为华发戏，无心宜共白云闲。一樽未厌尘中客，双屐同跻雨后山。为寄东宫舍人语，五峰新句两难攀。

携筇得得访云关，恰值东湖贺监还。泉石主人元好事，尘埃游子暂偷闲。心轻齐组知灵运，文满浯溪服次山。秪恐东风唤归棹，江头杨柳已堪攀。

少卿送酒肴至山中

十里传书厚意将，珍肴醇酹寄山房。定知僧舍餍疏食，更欲云岩有酒乡。一饭常闻淮上报，独醒徒使楚人伤。携持明日到峰顶，试揖浮丘共此觞。

次韵贯之见勉冒雨至后洞

狂电惊雷晓未收，春云能护洞天游。徘徊已尽剡溪兴，秘怪难探禹穴幽。强勉更须劳屐齿，龙钟何惮过山头。从今功德应圆满，厚意成人岂易酬。

又次韵

已踏云梯上翠岑，洞中闻说更幽深。夜惊寒雨生潇洒，愁起孤猿助啸吟。白日昔传仙可学，青天今笑梦难寻。故应清兴无时尽，肯为淹留折此心。

登祝融峰题上封寺二首

磴险梯危路忽穷，胜游须到祝融峰。九千丈外云间寺，一万年余石上松。引物莫高疑触斗，临池毋久恐兴龙。此山惜与中都远，未得君王检玉封。

寒风吹脑赤宵边，飞鸟犹难到绝巅。下见人间又成海，恍惊身世此何天。岩腰半白春留雪，僧面多黔日冒烟。我亦淮南宗姓后，举家应合到神仙。

贯之自岳先还衡阳示诗见别次韵奉和

云壑登临杖屦随，狂歌清醉乐忘疲。拍肩正赋游仙曲，回首还吟陟屺诗。春草便惊南浦别，寿觞应慰北堂慈。区区流水高山意，常有孤音托子期。

次韵王太博关太丞同游石鼓山

礼局仙人两俊流，高才相敌异商周。北溟风水初登化，南楚江山晚并游。契阔岁华归大笑，留连骚雅入冥搜。江边一醉惊离散，应有功名约白头。

次韵陈秀才胄游石鼓山书院

山头云木郁青苍，山下江流净鉴光。亭阁瞰临惭旧句，岩溪开筑想前良。心甘水石忘羁宦，耳冷弦歌叹土乡。寂寞先生与丛竹，相看孤节几秋霜。

元日寄耒阳

元日江湖万里身，四方南北等埃尘。莫悲天地如行客，还喜潇湘见故人。渌酒桂盘催献岁，小花罗胜写宜春。渊明秖向东风醉，应笑穷吟浪苦辛。

次韵耒阳邹明府庸

梦比光阴一鸟过，四年江渚负长哦。逢君旧眼青犹在，惊我寒须白已多。言偃政声方浃洽，茂陵归思独蹉跎。何时又见挥吟笔，快若轻丸下峻坡。

承以旧韵示喜霁诗次和

楚雪飘残四望间，江山晴气扑衣冠。晓余霜日明昆岭，清极人家在广寒。剩琢琼瑶君句巧，相当旗鼓我才难。青天寂寞浮云尽，最爱春风几鹤盘。

次韵王弱翁题承天寺萃景亭二首

左右青林抱邃深，径随苍藓上烟岑。陵迁渐失三湘事，春远闲伤万里心。我爱白云亲鸟道，谁临沧海较蹄涔。北栏曾指鸿归处，杳邈乡山不可寻。

四临千里一危轩，洒脱尘中两耳喧。隐几风波随客棹，对江金碧露僧门。数峰烟老灵妃国，三月花残杜宇村。不得相从嗟茕库，新诗犹喜慰冥昏。

次韵孙景修题萃景亭

公游何似拙翁岩，盘磴先经释子庵。视听稍遗尘种种，高名聊换府潭潭。时驱万象归吟几，尽洗丛荒破暝岚。更有风华入春望，名园都在面东南。

又次韵四首

于此登临称谢公，湘南奇观欲吟穷。天沉暮鸟烟氛外，山抱春城雾雨中。陂岸放车看宛转，寺檐飘铎送玲珑。老僧已许炎蒸日，为借清风解篁筒。

缥缈飞亭倚半空，景来酬对不知穷。天开云嶂轮环外，地蹙林丘尺寸中。时有桂花飘馥烈，恨无泉玉□玲珑。楚人不识灵均意，江上年年费粽筒。

背倚丛冈面佛宫，登临酸足喜途穷。白红花意生洲曲，紫翠山姿落酒中。寒鹭见鱼行歷刺，珍禽惊客语玲珑。亭前雨足农知岁，免卜灵龟灼腐筒。

隐几凭虚万景空，涪溪能使决山穷。于今川陇民歌处，曾是干戈霸业中。苹末起风香细碎，水光浮日影玲珑。苟能适意茅檐足，何必鸳鸯碧瓦筒。

送衡州王仲和郎中代还

铙鼓催船下洞庭，几滩冰涩滞双旌。峥嵘霰雪暮寒重，早晚潇湘春水生。君意喜先湖雁去，我怀方共夜乌惊。明年奏课趋云陛，拜罢当如汉仲卿。

寄湖北运使孙景修朝议

曾伴篮舆入翠微，杪斋终日醉春晖。亲烹林笋班犀大，旋脍溪鲂白玉肥。岁月几经鸿北去，风云应有梦南归。犹令猿鹤无惊怨，闻说频年见锦衣。

秋日即事

湘城风物向秋新，兴入羹莼与鲙鳞。叶舞霁红枫映，寺蓓含霜紫菊迎。人瞻望河汉乘槎客，歌咏仓箱击壤民。欲放幽怀到沧海，徘徊黄鹄更伤神。

偶吟

平昔名场气吐虹，青袍霜鬓老湘东。旧交半在云霄上，壮志都销水石中。楼上买鱼乘酒熟，舍边秧稻指年丰。清风令德人胥化，合使乡闾号郑公。

被旨还阙训答诸公韵三首

楚雪三经橘柚天，君恩新许出湘川。虽非殿席虚中夜，且胜台郎谪九年。岁晚病怀孤剑外，江寒归思乱云边。妻儿莫恨归装薄，剩得诸公锦绣篇。

湘南窃食汉盐官，长记灵烟魏阙端。隙过白驹三岁月，萍漂沧海一孤寒。九重宽宥环初赐，万里归心斗欲干。常媿主恩深未报，慨然真喜脱囚冠。

几年南楚听哀猿，自昔江湖忆帝阍。粉骨何裨天下事，赐环难报圣君恩。余光久记仁人里，引重仍惭长者言。安得新官来棹速，更随春色到乡园。

倚舟崇福寺寄临湘衡文叔秘丞

相逢相别立湖边，几见罇罍换岁年。簿领初离仲宣幕，政声犹屈武城弦。归舟落晚惟荒寺，病枕惊秋听早蝉。咫尺松风亭下路，可怜云雾隔青天。

寄长沙王源祖

湘水衡山冠楚西，逢君曾与胜游期。桥跻危蹬寻僧去，月满归舟载酒时。岁律别来惊易改，琴徽空自寄相思。试看湖上梅应老，不解东风赠一枝。

寄鼎州陶使君商翁

诗坛曾识旧将军，新寄长编慰俗尘。梦到钧天醉闻乐，心疑明月暗投人。谁悲正雅全忘古，自是滛哇每乱真。安得高门占旗鼓，与公吟啸武陵春。

赤岸过柳明之别业

主人潇洒武陵仙，别业河东大道边。心画美田皆枕水，手栽佳木已参天。园林有地时难者，钟鼎铭功事莽然。倦客过门空大嚼，卜邻安得买清泉。

上巳日泊桃源亭

桃源亭北值佳辰，桃萼飘残畹晚春。缇幕惜芳林下子，彩袗修禊水边人。风谣渐喜南音变，节物偏于久客新。道不与时当勇去，归心何必计吴莼。

孙少卿鹿头山诗并画图二首

诛茅搜险旋寻真，闻说山岩一日新。佳境留连应有待，先时登览岂无人。披榛好石来如召，随手清泉应若神。不独山中兴胜事，几多风爱在邦民。

使君真爱鹿头山，图画歌吟去为传。尘世那知武陵事，时人争诵永嘉篇。行春游醉常劳梦，按部登临又来年。有客平生志林壑，坐怜双眼隔云烟。

次韵张供备达夫观回雁峰二首

图志分明传者谬，峰名元在岳山隈。邦人试看春岩上，岂有燕鸿到此回。

林麓坡陀湘水侧，烟岚朝暮楚城隈。峰前迁客翻堪笑，不及飞鸿一岁回。

六月六日避暑山寺次蹈韵

楚国元卑湿，炎天更郁蒸。风吟同倦虎，霄望剧愁鹰。渴肺尘将坌，流肤汗不胜。嚼肌纷暗蟆，绕鬓闹飞蝇。六月常难雨，三湘不识冰。炉烘一天地，火药万川陵。气候金初伏，襟怀水未澄。高明寻偶得，林麓远同登。此地聊幽遁，危亭更上层。泉声悬嵴嵲，松影转觚棱。汲井沉圆李，缘池摘翠菱。凉清生洞壑，秀绿动沟塍。佳气西频望，乡栏北屡凭。有期群野鹿，无法问山僧。云石逢如旧，巾裾见若憎。聊堪优卒岁，不愧俯扪膺。

送邹泽民还澧阳

人生寡会合，世路多穽机。吾得二三友，老钝谐所依。泽民气闳侈，词笔如戈挥。狂鹗但思击，生马不可鞿。彦修韵寒苦，独以经史肥。捩眼鄙俗调，攘臂谈圣微。直夫名流子，学性无愆违。冰玉莹表里，芝兰自芳菲。嗟吾实款段，骐骥安可希。清樽写江海，日获从西圻。吟锋互矜轧，醉笑相嘲讥。方怀青蒿愧，忽见黄鹄飞。明哲慎所蹈，勿与矰缴几。秋风病池榭，苦雨沾裳衣。行矣岁华晏，重感人事非。玉音傥无斁，时有北鸿归。

虎枕

耒阳得奇枕，状比猛兽姿。呀吻目睛转，中有机纽施。持须世所戒，羊质还可嗤。莫作邯郸想，曲肱吾所师。

自福岩至后洞记柳书弥陀碑

一盂僧粥三鸣鸡，渐望天角生晴曦。积阴凝霭不得肆，荡滉破散争纷披。清明物象各有职，如再开辟平艰危。游人襟韵廓以喜，晓指后洞都忘疲。小楚亭北望明灭，宛宛一径微如丝。问云般舟道场路，从此亭背无险巇。寺久荒寂无足往，念有子厚弥陀碑。独趋一里转岩腹，剥粉败赤逢门楣。村童门关语嘲哳，似云乞米僧未归。亭亭故碑立青玉，覆以老屋疏且攲。常嗟古人不可见，尚喜书法存于斯。世言书字出心画，体制类彼人所为。子厚少年颇疏隽，字合飘逸狂不羁。胡为气质反端厚？至今观者多有疑。或云彼以窜逐久，气志软熟非前时。又云高才尚薄世，故独立法无所师。吾嗟世俗日无理，好恶不正论苦卑。臆决万事岂独此！此书何媿人不知。碑阴三百四十字，疏瘦劲丽何精奇！九十三人姓名具，陈缵宝历元年题。云此柳书一碑者，元和三年刊厥辞。至是二月始建立，都其事者杨与倪。尘蒙壁碍世未见，自我访寻初爱之。嗟物晦显似有数，恨不从事毡与槌。巉岩西山邃无数，行及二寺方晨炊。东南溪磴斗孤绝，下及平壑如悬梯。南朝佛子谓慧海，卜庵于此存遗基。鬼神馈食以车运，石崖辙迹如在泥。智不足以尽万物，敢决真伪论是非。老僧夜语亦有理，明发□杖犹迟迟。

代书寄文莹道人

白云孤起飞杳冥，光如片玉轻如冰。出山归山两何意？行止偶然无滞凝。故人浮舟数百里，得得访我湘江棱。二十年间四相遇，童颠疏鬓霜各增。寒斋笑语极微妙，共以身世均鷃鹏。瞥然去矣不我告，振锡忽借南风乘。聊一徘徊驻衡岳，遂能放意穷临登。崔嵬老骸不知倦，软舆蜡屐勤跻升。穷岩险谷访秘怪，往往清啸猿鸟惊。长泉落石响寒玉，故意写在朱丝绳。仰挥云烟敛羽翼，俯听誉毁真蚊蝇。书来所说谓如此，而惜携手无友朋。又云吾庐已堪睡，况彼城市尤足憎。意若欺我在迁谪，故以胜事用夸矜。嗟如予者安足道，进退大计两未能。平生雅志在林壑，误落世纷亲缴矰。悲吟黄鹄慕越客，谢病高居思茂陵。羡子徜徉类云鹤，顾我拘窘如鞲鹰。故应题诗遍崖壁，曷若寄我勤缄縢。山童痴立索书去，写此安足倾愁膺。

谢监衡州盐仓表

议令献言，知典刑之无赦，原心观过，荷仁圣之有容。贷其余生，处以善地。

伏念臣禀生艰拙，遭世盛明，学不能穷理而知几，材不足趣时而适变。晞名途以孤进，滥文馆之末游。和铅何功，索米逾岁。间承人乏，偶摄掾于中堂；旋误圣知，使备员于宪府；仍职书林之旧，就行御史之中，始自愚臣，前无故事；方陛下继承于五圣，而国朝平治者百年；力勤肯获之田，大解不调之瑟；搜拔群材而审以器使，变化百度而旷然日新。

臣于此时，职在言路，誓殚忠义，敢避势权。宁以孤睽吁切，咈众而身危，不忍从容倡和，负恩而速进。狂愚自信，裨益无功，故宿官之日几何，而謷言之罪非一。至如均民而弛役，因之率户而出泉。虽虑始乐成者，愚人之不知。然损下益上者，先王之大戒。辄条十害，冀补万分。议臣见疑，以为败谋而乱化，清衷独见，知其有责而尽忠。特徇以诚，止容其去，褫台阁之二职，置潇湘之一隅。有禄食使之存全，有职事可以报效。衔恩载幸，揣分增忧，此盖伏遇皇帝陛下察臣孤忠，全国大体，不惜骫一夫之法，庶几留众正之门。谨当上体恩仁，期于必报，下坚节义，死而不渝。

问候长沙燕谏议启

越去台垣，洊更岁筦。琐然羁贱，困南北之无归；仰止光尘，徒昭回之在望。比审辍班汉省，分节楚都，下车逾时。已洽宣于治效，卧阁缓带，惟日拥于天祥。某官质方而清，乐易以正，善行足以帅世，恬节可以镇浮。山甫将明，内裨于衮职；望之謇谔，世补于郡条。国优宗工，士望元老。南邦是式，虽乐于均劳；小毖有求，方隆于旧德。行趋召节，入辅大猷。某早以无庸，获出门下，方贱官之有守，叩前屏以无阶。伏冀云云。

答永兴李待制启

被宠制书，升华延阁，兼提请诏，就帅全秦，伏惟庆慰。某官学通古今，材适正变，名实高于士论，术业著于吏师。以从官之严，尽护诸将；以元戎之重，外总十连。坐收静胜之功，行被节趋之召，下车云始，縢翰见诒。庆仰之深，布宣难悉。

答永兴安府启二首

分阃偃藩，下车开府。周以上公分陕，外率十连；唐以宰相临戎，总护诸将。某官变通而裁以义，刚厚而本乎仁。贤业著于三阶，膏泽加于四海。出处以道，逸劳是均。金钺专征，聊宽于西顾，绣裳入署，即处于东归。益峻具瞻，永绥全盛。方裁悬讷，首枉诲函。感仰之深，叙陈莫尽。

论本朝屏翰之势，莫重关中；推元帅统驭之才，谁出公右？某官厚德世矩，高文国华，勋劳昔著于秉均，风烈今高于分阃，撰辰开府，阖境向风。虽上无西顾之忧，而人有东归之咏。方图修问，首沐贶音。佩荷之诚，布宣难究。

上王潭启

一睽门坂，几易岁元。奉缄縢之私，旷时而礼不讲；怀通德之重，愈久而心益勤。律中春阳，气暄泽国。茂惟福履之相，休有天祺之繁。某官明敏中和，渊忱庄厚，善政师乎当世，高行镇夫末流。颍水再来，有次公之宽惠；南邦是式，如申伯之蕃宣。久矣佚劳之均，隐然中外之望。某忝恩中检，贰计外台，望大国之匪赊，冀余光之可托，良深幸会，尚远参依。

杨氏乐养轩记

巴陵杨君总公元尉江陵之石首，治东轩于其廨中，以奉二亲，而名之曰“乐养”。

杨君修身力学，为名进士，起而中科选，其禄虽约，盖无欿然于义者，斯固足以为亲之喜。由邑以望其乡闾，才百里而远，伯仲六人皆服儒，其已仕者又皆在夫左州右邑之近，安否之问，日交至于庭闱，而君方以勤毖外服于公家，以恬正事其上，以和信得其朋友，无一可为亲忧者。入于闺门，怡声妥节，先意以候亲之所向而恭顺之。至妇子侍御，化君诚孝，相与以给其力。故凡以佚气体而逊心志者，非有三牲八珍撞钟列鼎之富，与夫金玉文绣之丽而后然也。隐冠靓服，慈颜寿发，轩堂之上，对几而居，俪杖而游，其色辞笑貌，油然而顺适，祺然而夷豫，以安飨乎子职之奉。呜呼！养之道不在乎物，惟尽诚以得其亲。斯天下之深乐，虽富贵遂其欲，有不能以致之，而君子所自得也。

人知杨氏之庆，而不知君之乐于心；知君之乐矣，或不知君之所以致其乐。君于是以属府从事刘某曰："愿有述。"乃推其心之所以然而序之。既又歌之以诗曰：

孟轲有至乐，父母兄弟间。曾参称能养，岂谓口体然。二者在君家，寓意名东轩。啜菽尽于道，彩服承慈颜。泼泼水中鱼，采采江上兰。诚至物则腆，君子得亲欢。

南岳御书阁记

南岳释文政，于其所居胜业寺建大阁，置太宗皇帝御书其上，来请文为之记。

窃尝读《国史》，恭惟太宗皇帝以神武圣谋嗣太祖开基拨乱之后，薅洗四方残余之孽，曾不数年，天地清明。兵革偃而法度修，嘉与天下同休息乎无事。文武二者，思有以张弛之。于是向用儒学，尊尚经术，观书稽古，多所述作。于其闲暇，则又玩意于翰墨之间，凡所谓退朝之乐，皆不以易此。至真宗始聚其书，诏儒臣章别次第，著定为一百二十卷。刻之金石，副在有司。又以分藏于天下之名山，凡道官佛寺，往往得被其赐。每岁推恩，度其守藏之学者一人，至于今且八十年矣。

尝得即其书而观之，盖其所自论著，为世谟训者，固皆原于道德之意。而其余书帖亦多杂取《六经》、诸子之要言正论，至或选摘众流异传佛老之说。说虽不同，要皆有益于修身治心为天下国家者。以是私尝推求圣人之意于道德教化，其心盖未尝须臾离也。故虽当闲宴，犹从容发见于挥毫之际，然则又知其所以勤勤于文墨者，岂独以为娱乐而已哉？自书之颁布，其藏之者，或以旁庑庳室，礼事不谨，徒知蒙被其泽，而不知尊安振显之，甚非所以报盛德之赐，扬万世之休。间有知此者矣，或未知圣人之为是书，其心之所存盖如此。

于是既嘉文政能有所建立，以致臣子之奉，又尝与之论是书之所以然，故书其本末，俾刻石于阁下。

熙宁七年二月太子中允监衡州盐仓臣刘某记临。

临湘县阅武亭记

秘书丞卫君塾，字文叔，治岳州临湘之二年，以书谓余曰："使天下不如古，吾知其有人焉。谋已而偷者，固漫不省利害，及夸而高言。"又曰："吾方志远大，彼细务琐琐，焉足为是。二人者相与从事，积微寖著，天下颓政，何可胜数？吾则不敢，吾之邑右带长江南，东地大倚山，民剽猾轻为盗，既惭古人，不能使民不为盗。又不能禁其已然，尚曰为政耶？县所赖以索盗，有所谓弓手者，今在吾籍八十人。前时听其便私，散居廛闾，呼调不一，难以应猝，及去而扰平民。今吾能不取官与民，作区屋以萃之，凡若干，统以大亭，牓曰'阅武'。以时临视其艺，众既团隶有地，稍稍就律，其材渐若可用，而无里巷哗竞犯法之患。此县令小事，非以为功。然愿有记告来者，使勿废而已。"

呜呼！余知君不好小事名也。虽然，罔忽诸小，然后可以任夫大，俾天下得县令皆用心如此，循而望古有路矣。即以其所以谓余者书之亭上。

东上合门使康州团练使陶公墓志铭

公讳弼，字商翁，少孤，慷慨有气节，仪干伟然，刻苦好学，经传无所不读，尤喜兵家书。从诸生科举，不能投世俗所好，去而安贫事母，以经术教授乡里，若无意于世者。

庆历中，莫猺诸唐冦略州县，提点刑狱杨略被诏督捕，以礼奉币致公幕下，公喜，幡然以起，为尽谋画。俄率所募士破贼于桃油平，以功补衡州司户参军。又破太平峒，调桂州阳朔主簿。

皇祐中，徙柳州司理参军。岁饥多盗，系者满狱，公为良民失职至此，多以傅生议。侬智高反，诏昄安抚，复辟公参军谋。公自曲江下，会诸将议救广州，贼既解围而西，公至太平场，会蒋偕军覆于贼，余众溃走山林，公虑其与贼合，亟以便宜取白旗数面，大书曰："招安散。"遣人持徇，悉收千余人，所在贷粮以食之，送帅司，昄大喜，以公为知权。昄还朝语人曰："吾平贼湖外，所得者一陶某而已。"

用举者移阳朔令。为治有本末，号循良，劝民植木夹道，以庇暑暍，使者下其法他邑。桂之灵渠水，自秦开导，下达江湘，岁久堙废不通，公因摄兴安，抵书安抚使萧固，请加浚治，转给边食，可无劳民。固不省，后转运使李师中用其言，果大利。熙宁安南之役，移粟百万，实由此渠。

嘉祐初，改大理寺丞，监潭州粮料院。六年，师中时为提点刑狱，荐公知宾州。未几，诏换崇仪副使，以本路安抚都监知容州。明年，改六宅副使，知钦州。数以母长沙县张夫人太君年老，乞归养，不许。八年，遂丁丧，乞解官终服，又不许。

治平元年，英宗即位，迁内藏库副使。明年，拜崇仪使、知邕州。熙宁元年，神宗即位，转六宅使，招纳训利等六州蛮獠万余口，抚定广源会千余众之内附者，加右骐骥使，再任。邕自经皇祐兵火，守将数易，百纲颓紊，一以苟简从事。公至，罅者苴补之，窒者疏剔之，磨以岁月，遂为治府。左右江州、峒五十余，酋率强虐渔利，其下苦之。公为作约束，晓以祸福，违者一绳以法，莫不帖然畏服。岁满，以请知鼎州。

初，熙宁初广源贼酋刘纪请太平寨置和市，使华夷贸易。公测纪言，盖交人之谋，将出入省地窥虚实，屡却不听。至于安抚司，不深惟利害，辄上其事。公亟为书数千言，驰告于枢密院曰："邕有土人十数，类无他材干，造边事为市。至右职乃有假守于彼，尝斥远之，未尝听其言，故疆境幸按堵者凡七年。今闻桂管惑纪奸谋，实由此曹助成之，决非所以安边，将产患无疑。"既而和市议行，无几何，交人以刘彝、沈起战舰阵图事为辞，寇陷钦、廉、宜三州，人服公精识。

六年，朝廷遣察访使处置南江诸蛮，举公知辰州，且言公恬不上吏课者二十年，特迁皇城使。奉诏措置北江，北江溪州彭师晏桀黠难制，公用间使其党为仇相攻，师晏因以众数千来降，羁首领十有九人致阙下，取其地建五城堡。诏加忠州刺史。王师问罪安南，以康州团练使知邕州。于时邕人之不死于贼者，往往逃匿山谷，人情恟恟不敢进，单骑先入左江峒，民闻公再至，欣然次第来归。乃籍丁壮得二万七千，分隶诸将，凡大军所谓蹋白开道及致辎重，皆峒丁济之。方此时，元帅大兵压贼境，以公兵精锐，忌专有功，乃使之殿。然军中事举以咨访，其礼遇之隆，他将不敢辈也。

富良之役，贼请降以款我师，元帅召公计之，公曰："明公来时，陛受圣算云何？而弃垂成乎！"元帅不之对。然竟纳降，诸将入贺，公拂衣去，坐帐中拊髀叹曰："三州之民，无辜屠死者数万，今举士马十万众，则已在手而纵不取，以遂贼，使国威灵不畅，三州冤不复，沮一方之心，有可痛无可贺者！”声气奋厉，闻者感动。师至宵还，既无前令，中军先一夜引去，众大扰相蹈藉，贼夹对垒，阴伺我隙。公居后安坐，下令休士，迟明整众按行，贼不敢动。

元帅于是请城刘纪所弃广源地为顺州，以籍口择守者，皆惮行，乃以属公。公初无难，未几，贼取我桄榔县，意图广源，然其民怀公恩信，贼一动静，必以告公，故每先事遏其萌，贼终无能为者。乃躬督板筑，上冒氛疠，下涉艰莽，抚士卒疾苦，恤其死亡。阅岁，顺州之城成，而公亦病矣，犹日饬将校以守御计。诏加东上合门使，因辞之。一夕，大星陨于庭。公曰：“吾死于职，得其所矣。”无一语及其私，遂卒，实元丰元年十一月十二日也，享年六十四。

公资性庄重，笃学能文，尤长于诗。年三十起从军，善御士，与同甘苦，得其死力，处仓猝若无事。守边务简静，谨斥堠，最不喜疆吏生事徼功赏，故所至蛮落畏怀，无敢侵窃者。忠义亮直，白首一节，贤士大夫皆誉之，谓古名将无以加。然公以习知岭粤情伪，人安之也。每满岁，辄增秩见留，曾不得内徙。呜呼！如公之志业，使得驰骋西北，援服鞭筲，必有轩然可观者，而终老于一方瘴疠之域，材不得尽其用，此议者之所惜也。有文集十八卷。卒后十年十月，葬于零陵金釜山之原。

惟陶氏世家浔阳，靖节先生之后有避地湖、湘者，公之高祖矩至祁阳，乐其山水而居之，今为永州人。曾祖镯，祖钧，赠殿中丞。父岳，以儒学有名，仕为尚书职方员外郎，累赠刑部侍郎。初，丁晋公一见公，器赏之，妻以先兄之子，封钱塘县君。生一子通，早世。取兄之孙同为通后，为临桂县尉，又卒。六女子，其二人亡，其次适邵通、裴彦黄、吴括、邓良臣；朝廷以公勤劳南方，恩録其遗，皆以异等，四人并补三班奉职。后数年，又以同之子世延为借职，所以褒劝有功，于是不亡。铭曰：

暨暨陶公，将以儒术。方严而仁，敦大而栗。公在军旅，谋定其微。出奇制胜，释括于机。公在边圉，罇俎谈笑。民嬉于生，士劲而饱。蛮戴父母，恩信则然。有政九郡，邕至七年。始时边人，取功以凿。公不可欺，缩手谁作。释贼富良，亦何贺为？落落奇语，人今诵之。惟公之才，兼具文武。施之四夷，霍、卫方虎。云何弗契，一生炎荒？瘴溪险徼，摧此堂堂！天命在上，人为在下。云台烟阁，彼独何者？公也不朽，有誉有功。有诗千篇，厥声无穷。①

①刘挚诗文辑自《忠肃集》，景印文渊阁四库全书本，台湾商务印书馆1986年版。

卷二十四

蒋之奇

蒋之奇（1031—1104），字颖叔，一作颕叔，宋常州宜兴（今属江苏）人。仁宗嘉祐二年（1057）进士，官太常博士、擢监察御史，转殿中侍御史，后贬监道州酒税。哲宗元祐初，进天章阁待制、知潭州。绍圣中，召为中书舍人、知开封府，进翰林学士兼侍读。元符末，责守汝、庆州。徽宗崇宁元年（1102），知枢密院事、出知杭州，以疾归。崇宁三年（1104）卒，年七十四。著有《尚书集解》等数种。

游朝阳岩遂登西亭并序

朝阳岩在潇江之西，去治城不远。唐永泰二年，元次山为道州刺史，避兵至零陵，访而得之。以其东向，遂名朝阳。方是时，结有盛名于世，故永之守丞独孤愐、窦泌为之剪荆棘，建茅阁，结又为之铭与歌。其后柳子厚继为之诗。予以子厚诗考之，正所谓西亭者也，复为亭而系之以诗。

昔游不在远，幽岩临治城。嵚岑俯潇碧，庨豁延阳明。缘涧可经入，滑路逼仄行。泉源何自来？涓涓玉锵鸣。疑穿云雷窟，尚带鱼龙腥。寒江净泻镜，怪石坐开屏。幽鸟驯可罗，潜蛟深莫罾。梯险接层栈，冠巅耸危亭。俯睨极玄窗，仰攀穷青冥。蹇旷出物表，高虚挹玄英。惜哉非吾土，不得憩此生。旧业寄阳羡，故园依晋陵。秋风滆湖白，春色颐山青。一从绅笏去，遂使猿鹤惊。迂疏暗时机，孱琐叨官荣。谪弃分所宜，丑恶颜已盈。人生讵有几，世累吾方轻。愿言解羁绁，上疏还簪缨。宁居召魂魄，恬养休性情。纷华屏外慕，冲淡岩中扃。穷年侔农圃，毕志先畴耕。

澹岩并序

澹山岩，零陵之绝境，盖非朝阳比也。次山往来湘中为最熟，子厚居永十年为最久。二人者之于山水，未有闻而不观，观而不记者，而兹岩独无传焉，岂当时隐而未发耶？不然，使二人者见之，顾肯夸其寻常而遗其卓荦者哉！物之显晦固有时，曷可知也。

零陵水石天下闻，澹山之胜难具论。初从崖口入地底，始见殿阁开重门。乃知兹洞最殊绝，洞中金碧开祇园。宽平可容万人坐，仰视有若覆盎盆。虚明最宜朝日照，阴晦常有黑云屯。盘虬夭矫垂乳下，巨兽突兀巨室蹲。香木一株在岩壁，人迹峭绝不可扪。呀然双穴露天半，笼络万象将并吞。只疑七窍混沌在，五窍忘失两窍存。神奇遗迹未泯灭，至今犹有斧凿痕。云床石屏极隈隩，昔有居士常潜蟠。避秦不出号征君，美名遂入贤水源。咸通曾为二蛇窟，元畅演法蛇辄奔。从兹其中建佛刹，栖隐不复闻世喧。惜哉此景久埋没，但与释子安枯禅。次山子厚爱山水，探索幽隐穷晨昏。朝阳迫连若就狴，石角秃齾如遭髡。豪篇矜夸过其实，称誉珉石为玙璠。环观珍宝欲掩有，不到胜处天所悭。嗟予至此骇未睹，不暇称读徒惊叹。恨无雄文压奇怪，好事略与二子班。芜词愿勒岩上石，勿使岁久字灭漫。[①]

潭州道林寺四绝堂记

彼以杜诗、沈书为绝，吾无敢言。若夫遗欧阳询而取裴休，置韩愈而取宋之间，则未然。乃焉诠次：沈书一也，询书二也，杜诗三也，韩诗四也，此之谓“四绝”。[②]

澹山岩题名

澹山岩，零陵之绝境，盖非朝阳之比也。次山往来湘中为最熟，子厚居永十年为最久，二人者之于山水，未有闻而不观、观而不记者，而兹岩独无传焉，何也？岂当时隐而未发邪？不然，使二人者见之，顾肯夸其寻常而遗其卓荦者哉？物之显晦固有时，何可知也？蒋颖叔题。[③]

寒岩铭

寒岩水石，怪特殊异。下临银江，上接云际。公仪、颖叔，志乐岩谷。谐而得之，赏爱不足。为近寒亭，寒岩是名。何以表之，颖叔作铭。

治平丁未十月陪沈绅公仪游，蒋之奇颖叔作。

暖谷铭并序

永泰中，元次山为道州刺史，尝巡行至江华，登县南之亭，爱其

---

①以上两首辑自《两宋名贤小集》卷七十四《三径集》，景印文渊阁四库全书本，台湾商务印书馆1986年版。

②辑自《方舆胜览》卷二十三，中华书局2003年版。

③辑自《湖南通志》卷二七二。

水石之胜，当暑而寒，遂命之曰寒亭，而为之作记，刻石在焉。治平四年十月，余陪沈公仪至其上，见其傍有暖谷者，方盛寒入之，而其气温然，虽挟纩炽炭不若也。予甚爱之，问其所以得之者，本邑尉李伯英也；问其所以名之者，县宰、吾族叔祺也。噫，是可铭也已！乃为铭曰：

维时有寒，寒不在夏；夏而寒者，兹亭之下。维气有暖，暖不在冬；冬而暖者，兹谷之中。物理之常，人不以异。维其反之，是以为贵。兹亭兹谷，寒暑相配。寥寥千年，始遇其对。名自天得，待人而彰。我勒此铭，万古不忘。

治平丁未十月十七日刻。

奇兽岩铭并序

俗曰狮子，在江华邑南二里，蒋之奇颖叔过而登之，为之作铭曰：

奇兽之岩，镶怪诡异。元公次山，昔所未至。我陪公仪，游息于此。斯岩之著，自我而始。勒铭石壁，将告来世。

治平丁未同沈公仪游。①

书黄陵庙碑阴

韩愈作《黄陵庙碑》，辨湘君、湘夫人为舜二妃，其说有考，余甚善之。至谓称舜“陟方乃死”，非安国之说，引《竹书纪年》：“帝王之没皆曰陟。”陟、升也，谓升天也。《书》曰：“殷礼陟配天”，言以道终，其德协天也。《书》纪舜之没云“陟方”者，與《竹书》、《周书》同文也，其言方乃死者，所以释陟为死也。噫，

①以上三篇辑自《湖南通志》卷二八一。

失之矣！安国谓升道南方巡守，死于苍梧之野，是说为不可易矣。若以帝王之没皆云陟，尧曰“殂落”，汤曰“没”，武王曰“崩”，不皆言“陟”也。《书》惟“礼陟配天”与“新陟王”言“陟”而已，其它不言“陟”。由是言之，则舜亦曰死尔。且谓方乃死者，所以释陟为死，其说益非。六经惟《书》辞最约，盖有互文以见意者矣。未有陈辞于上，而下自为训解也，圣人之言不应若是其烦。若以为地势东南下，如言舜南巡而死，宜言下方，不得言陟方者，是又不然。地之势信东南下矣，若苍梧之野则不全在东南，其势盖近于西。夫水流卑者也，地益高，其流益驶。江之尾亶于吴，而后入海，则吴于最卑。自九江而上至于西江，而水益悍者，地愈上故也。洞庭潇湘之水皆下而入于西者，盖其地又高于西江也。况其衡山、九疑，天下之高山在焉，则苍梧之野亦不得为下矣。《书》谓之陟方，而传以为升道南方，其言为不谬矣。愈之碑诚甚奇，而于此独近于凿，故余欲削其不合者，庶几后世为完碑云。①

沈辽

沈辽（1032—1085），字睿达，宋钱塘（今浙江杭州）人。神宗熙宁初，为审官西院主簿，出监明州市舶司，迁太常寺奉礼郎，改监杭州军资库，摄华亭县事。后削职为民，流放永州。遇赦徙池州，遂筑室秋浦齐山，名曰云巢。与从叔沈括、兄遘，合称“沈氏三先生”。所著有《云巢集》二十卷，今存十卷。

---

①辑自《永乐大典》卷五七六九，中华书局1960年版。

出潇江泊蒲洲

泛泛潇江水，天生西北流。苍烟开蛋市，晓日下蒲洲。清旷适幽步，方洋如昔游。何为沙上鸟，相避小山头。

雪后

潇川夜飞雪，草舍朝成冰。微阳始下烛，南山浩如蒸。林木散孚甲，乌鸟营巢橧。物化不可戚，深挹南天僧。

送唐道士游南岳

潇湘一片云，翩翩上南岳。不依涧底石，欲引瑶台鹤。乘风出崖峤，带月萦林薄。若会洪崖生，为求金鼎药。

君山

我来洞庭上，延首望君山。君山不可见，止在狂波间。风休水亦息，烟岚露空碧。何烦问法意，开口成尘迹。

奉赠上官令

洞庭春水静，楚山气雄劲。欲言世上清，不敌巴陵令。山深多猿啸，水涸纵鳞泳。牛刀有余间，尽入安仁咏。

登澧阳楼

眇眇江湘万里平，夕阳明处楚山横。已知多病摧生计，那为青春感客情。牢落不如孤鹤羽，支离何慕古人名。追怀年少区区意，还似西轩一梦惊。

乐神

夷人事神正自醵，山头水边与神乐。大巫庞衣手摇铎，群儿伐鼓更鸣角。青山历历神欲归，湘水漓漓日脚西。小大酣歌向山栖，神羹满盎均汝厘。

观大水望朝阳岩

前日岩间欲结庐，下眺江水百步余。春水溅溅出乳窦，青山白石半洿涂。不到津头已三月，谁知江水涨天墟。遥望横流不敢济，岩日已有人罾鱼。

沧洲亭怀古

潇水悠悠天际来，夹江古木抱山回。栅中人物不满把，日晏市散多苍苔。九疑巉天古云埋，遥想帝子龙车回。心衰目极何可望，九歌寂寂令人哀。

奉送马令归长沙

腰间新佩临桂章，归着彩衣拜高堂。鸿雁知时自翔翥，骅骝得路方腾骧。正烦弦歌治疲俗，仰看干羽来降王。憔悴山间老迁客，不能相送出潇湘。

谢蔚宗木绵

峤南地熟气如烟，木华茸散为绵。使君作细远相寄，表似夷锦红欲燃。病士榻上残青毡，山中苦寒多破穿。使君相赠何可言，困来不妨伸脚眠。

代诸生送黄镇判官

潇湘秋水涨山阿，小驻归舟绿玉波。干苑主人青眼在，湘南使者荐书多。庭中紫诏迎纶綍，道上黄花醉叵罗。贱客十年京国梦，恨无羽翼从鸣珂。

书堂寺

苍山古木书堂寺，北下湘川百余步。谁云往来倾世界，至今人道安禅处。岂无惊蛇与飞鸟，后来郴复知其趣。我身不知今是不，空记名称你常住。

送僧应参禅

古寺穷居岁月移，东□西崦不相知。从来但识群羊瀸，不道亦逢狮子儿。潇水荦艟从此隔，雪山消息更何疑。明年我过湘西去，问讯山前我为谁。

渡西

百家渡西日已落，青山上下猿鸟乐。欲因新月望吴云，遥看北斗挂南岳。一梦惛惛已十秋，古人不死终未休。草舍潇条谁与语，清香吹过白苹洲。

景星观

南津古观已半摧，老松千尺黄蒲开。礼斗层坛故基在，真人一去终不来。终不来兮往何许，朝瀛洲兮莫玄圃。应笑营营世上人，转手已为泉下土。

过商翁墓

征南名地早相知，老向潇湘看立碑。壮节独驰南峤事，古风不括故山诗。愁烟半锁黄茅垅，部曲谁寻旧将旗。遥瞩芜江想灵气，孤云落日不胜悲。

九龙洞在邵州

洞中石乳色如霜，欲煮刀圭未得方。叹息此生来已晚，更将残命笑嵇康。

愚溪

愚溪水中多圆石，水边竹树山如壁。夫子幽栖十二年，至今使人长叹息。

水车

黄叶渡头春水生，江中水车上下鸣。谁道田间得机事，不如抱瓮可忘情。

召楚兴禅师

匡床我示维摩疾，持钵师来舍卫城。与汝欲分香积饭，不妨作戏说浮生。

散郎亭

法华寺上散郎亭，老树苍崖如有情。欢戚已随时事去，代间秖有古人名。

还湘南集

早识陶公父子名，未知李老思尤清。后来无复能文客，潇水湘山空月明。

过李氏澹塘别墅

渊明昔已爱吾庐，我亦悁悁忆故居。君有东皋千束稻，山前更望澹塘湖。

望浯台示无竞

每爱潇江西北流，水边幽石强为留。归时欲借浯台望，何处坡陁可系舟。

太平上方

山上白云澹无情，不如山前利与名。水西落日何时尽，二十一万钟磬鸣。

将行泊潇江

悯悯久同巢幕燕，翩翩今作北归鸿。湘山潇水愁无度，更泊孤舟夜雨中。

宿浯溪

孤蓬冲雨出湘西，欲向崖间寄一栖。天外月华如有意，故来相伴宿浯溪。

婵娟亭

天边新月一弦生，堂上美人肢体轻。何似君家庭下竹，孤风高节照人清。

石燕坡

祁阳县南石燕坡，骤雨干时燕子多。行李萧踈常畏雨，谁能驻马待滂沲。

雪后

朝来风雪满湘山，顿失群峰上下间。风定雪休归舫稳，江流不动碧潺潺。

南台禅师云得蔚宗书报老夫入山

支持病骨上南台，一眺云林眼暂开。不道云长更饶舌，已将名姓入山来。

洞庭山雪

洞庭春雪晓霏霏，一阵风来半已晞。唯有山阴吹不尽，田塍片假衲僧衣。

次韵酬楚兴三颂

莫欺隐几维摩老，不为文殊不设斋。寂寂青山何所有，霜风落叶满空阶。

给孤长者寻常有，应供如来不易逢。二施本无差别理，莫论庭柏与庭松。

已住世间如影响，不牵法相论偏圆。山边苑屋随缘业，不是当时忍辱仙。

寄金山禅师

秋来清血洒潇湘，遥望东流带夕阳。为过金山沾法力，便随潮水入钱塘。

火星岩

火星岩下石崚嶒，殿阁相望止一僧。莫问人间兴废事，门前流水几前灯。

次韵答楚兴

落莫余生何可同，正如枯死道边蓬。随风流转惟无定，定处由来自性空。

寒山

黄牛岩下水弯弯，□帔篮舆自往还。不是湘累莫相问，衹应枯瘁似寒山。

澧州水

火行厌祥溽，阴雨重为沴。时序亦已僭，衰羸顿知敝。苍茫洞庭上，五江剧奔逝。民阽为鱼忧，浮桴具生计。吾乃羁旅人，高轩俯东□，携持顾未免，仁心安所济。冒轶瓜瓠区，平原信容裔。池荷失清赏，流萍荡阶砌。咨嗟竹囱卧，凄风振衣袂。欲谋一觞乐，幸来豁蒙滞。

赠夹山长老兼示石门蹇大博周辅

古佛不灭法，处处唯青山。如来大道场，多出荆湘间。吾闻夜山胜，欲往倦跻攀。一接老师语，已如陟孱颜。秋风孤猿啸，绝壑古松殷。夜半天乐清，龙象稽首还。为我告卓令，法乐元非艰。欲令沉疴愈，邂逅医至闲。

甲辰年五月十五日夜澧阳观月

少年怅不乐，明日何为哉？扬眉一遐赏，寂寂更伤怀！念昔吾州乐，泛舟湖上来。佳宾适所好，欢计成金罍。妖歌有送响，度曲清且哀。留连夕阳下，夜色起山隈。光明水晶域，素彩中天开。龙香弄微风，四顾绝纤埃。澄波照上下，倒景出瑶台。红烛渐向微，始知夜漏催。美人屡更衣，含笑玉山隤。欢乐殊未央，鼓枻中洲回。人生无忧患，遇乐且衔杯。怅余失交臂，万里来天涯。羁愁那无感，情虑长如灰。神游忽自笑，安知顾形骸。

阴溽

楚梅半已熟，苦雨含凄怆。不嫌茅屋疏，顿喜方池涨。洞庭纳七泽，万里相摇漾。凝阴有余润，雳霈剧浩荡。古称卑□地，久痗累丁壮。况我憔悴人，邮能保亡恙。莲下双凫嬉，竹里阴泉响。幸无世虑迫，聊且安俯仰。

澧阳大水

澧阳地湫底，夏雨无时休。疏恶三尺城，民阽为鱼忧。竹屋易飘荡，薄□生生谋。羁人岂但免，饬隶资桴浮。洞庭信巨浸，畜泄浮荆州。无乃中江隘，千里壅其流。永怀吾州乐，宅土何夷由。海隘不厌多，岁旱亦有收。胡为此契阔，暴下安得瘳。嗟嗟南上人，狐貉守一丘。

崇山

少小讽二典，已知崇山遥。朅来澧川溪，乃更识岧峣。始咏皇国盛，土宇包前朝。荒徼抚民社，置官颁教条。泶惊羁旅迹，舟车任飘飘。中吴五千里，冲涉信已辽。使人重增念，郁结自无聊。何当奋归棹，江汉水迢迢。

赠大中镇国长老

昔从东南来，税驾依金地。迎风步峻阁，始眺澧阳市。苍茫烟雾下，一水萦如袂。夷落杂连峰，精庐遥相峙。宅土信羁客，杜门忽弥岁。风云一萧散，身世两无累。怀归怅有感，史迁念留滞。引脰企昔游，野马埋苍翠。何时蓝舆去，复将老师值。请扫岩下石，为述空王偈。

水车

山田绕山脚，江水何可作。车轮十丈围，飞湍半天落。雁翅插修筦，随流泻深酌。升降岂无势，长江怒相薄。有如万夫力，欢呼倾众壑。曾不舍昼夜，美源终未涸。人间有机事，由来生巧恶。善彼汉阴老，忘怀抱纯朴。

钴鉧潭

余读子厚书，始闻钴鉧潭。榜舟西江下，振步愚溪南。高下凌山阿，松篁蔽秋岚。土人识其地，古木森梗楠。水深日波澜，此理亦易探。古木为钻鉧，土音正相参。所记或不然，信书殊未甘。此公废已久，山水穷年耽。造化毫楮间，浮实微相锬。幽心有默识，西归助清谈。

寄题谭氏需亭

谭子作需亭，佳客同宴乐。宴乐乃余事，文华相傅约。散帙列经史，所游尽通慱。挥毫断新义，诸生困穿凿。中厨具烹饪，高怀肆杯杓。遥想大论时，纷纷尘毛落。春风豁幽郁，秋日延林薄。人生乐名教，安在甘寂寞。相期一穷达，岂止为脾臄。穷达乃在天，得时即鸣跃。在昔郑司农，处身固穷索。飨客颇丰侈，水陆荐金错。其后李北海，高材冠台阁。摛文示时彦，万金资一酌。遗风不在是，斯名岂苟作。泥沙何足道，正当为善谑。子云老嗜酒，行当蹑芒屩。为君说难字，犹能中一噱。

云陵观大水

春雨滔不已，江水一夕涨。初闻渐其栅，离明已三丈。老弱走山去，浮沉困丁壮。高楼半欲没，木杪维舟舫。睢阜已怀襄，邮能辨闾巷。升高瞰其下，犬牙萦迭嶂。始知地形隘，何由保无恙。湘川浩东下，其势不相让。安得驱山泽，移徙就空旷。市井安且平，黎民获得生养。群流亦适性，千里肆夷漾。斯怀知未遂，蓬苑独怊怅。

次韵奉赠巴陵上官令

古人善治身，摆落在尘土。明哲所自任，不为小人侮。嗟我一何愚，逍遥寄天宇。长嫌柳下污，有意庄生堵。微官被黯黮，远放潇湘浦。闭关绝世故，况复挥谈麈。蒙恩许北下，始接诸公武。若得一丸药，顿发三年瞽。巴陵遇言游，高文瑑瑶圃。泠泠挹清风，使人怀玉斧。

花药尘外亭开山明公

导师昔示化，灵墟肇开凿。山间百草苍，救病皆为药。尔来三百岁，法音亦间作。为人布福时，随缘四丰乐。然师法王嗣，金锡中天落。海众早知归，天龙欣有托。鼎新金布地，烟云助回薄。岣嵝对岑寂，潇湘供盥濯。维摩老且病，身世两无着。行期过丈室，为我探泉壑。

愚溪

榜舟下潇江，泛泛入愚溪。昔人不复见，秋草空凄凄。委蛇僧园云屋倦，攀跻林高日气薄，磔磔鸣山鸡。倒景相吐吞，清明合致犁。昔人怅投裔，感事多悲凄。北邙一杯土，荣辱今方齐。人生无百年，外物安可迷。溪水泻石间，喧喧如鼓鼙。了无人世想，粗可休天倪。吾亦被黯黮，东山饱蒿藜。二年已数至，屐齿连山溪。行亦归三吴，孤猿安故栖。它年若有梦，邂逅识江西。

石角山

步屐出东津，遥跂石角山。山回道亦转，卓荦烟云间。何人峻重阁，三休直孱颜。吾想造化功，为此肃神奸。嵌岩或中穴，特立气甚顽。此角谁可折，宁当混尘寰。游士何足知，但剥苔藓斑。西首望城阓，群山合如环。下临有鼻道，落日行人还。枫叶秋欲丹，芜江逗潺潺。重游何用戒，蓬户初无关。

湘中宿台步寺

湘源初甚微，屡挹不满缸。比至台步虚，泛泛为长江。虚头市初集，鱼豆皆成桩。夷獠不识人，笑嚣龛与庞。绿荷竭苞苴，人散谁复撞。鸥鸟亦来下，酒旆停空杠。我来憩桑门，竹户映蓬窗。夜寝那可寐，江流正淙淙。

泛舟上湘口馆

潇水漫南来，湘川趣东下。二水始相会，清豪不相藉。山回石濑出，木老修烟嫁。泛泛白苹洲，林风媚如画。宿昔感骚愤，幽兴遥相借。不谓垂老年，羁孤穷山舍。潮来刺舟去，孤月临清夜。安得胯鲸鱼，不复人间化。

法华石门

穷居谢世故，久厌夷落喧。出亦何所适，往往傲石门。石门在山腰，东西列祇园。崇崖三折上，苍壁烟岚昏。松下阒无人，唯有风中幡。安得嵇阮流，相与抗玄言。群鹗感余颣，日莫噪阴樊。吾衰那复办，孤吹拂归轩。

禅僧岩

潇湘山水穷欲偏，最后乃得禅僧岩。禅僧成道久已化，独有崖崿青巉巉。降身入洞不甚险，突兀三室谁雕劖。东西有道若蛇窦，白云幂幂门无缄。持火旁行不知际，七穿八窍遥相衔。涓涓乳泉白如雪，由来此地殊仙凡。主人引我复深入，行指□穴尤嵌岩。中间石鼓有异响，击拊想可参韶咸。吾身久病苦下湿，复畏神怪来邀挽。直趣出洞上南巘，豁若巨海张云帆。山花斓斑出竹杪，亦有禽鸟声喃喃。欲还未可复小驻，日脚已过东冈杉。

五言赠别博明二古

三年客零陵，所得唯二古。彼室虽屡空，高谊诒先矩。顾我被迁斥，数过南山坞。攘臂岂无人，久要何足数。君无一樽酒，我无一杯黍。相见动移晷，不及市朝语。博古练世故，黑白谁敢侮。明古喜方术，虚怀安疾苦。古人处其道，足以察臧否。何用轻薄儿，口舌卖州府。度宜始诗书，襟灵各翘楚。阴德有阳报，终当大门户。老夫趣北归，顾予求所处。昏悖何可言，愧汗欲如雨。诗人慎加飡，斯意亦可取。不忘双鲤鱼，遥想潇湘渚。

奉酬巴陵令

身世不相若，孤卧南山云。忽枉故人问，乃是巴陵君。君治最潇洒，洞庭天下闻。高材有余暇，壮观谁能群。子贱不弹琴，河阳自工文。大轴写丽句，琼华袭兰薰。赠我岂无意，我衰何足云。三复不知报，怅望长江濆。

泛舟湘口

潇水漫南来，湘川趣东下。二水始合会，清濠不相藉。山回石濑出，木老修烟架。泛泛白萍洲，林风媚如画。宿昔感骚坟，幽兴遥相借。不谓垂老年，孤穷羁山舍。潮来刺舟去，孤月临清夜。安得跨鲸鱼，不复人间化。

踏盘曲二首

湘水东西踏盘去，青烟白雾将军树。社中饮食不要钱，乐神打起长腰鼓。女儿带环著缦布，欢笑捉郎神作主。明年二月近社时，载酒牵牛看父母。

胡卢笙不着簧细，腰鼓三尺长吹笙。击鼓山之旁嗷，跳宛转乐盘王。盘王死来三千年，古曲旧词至今传。山祥水气不断处，坏木烧作兜娄烟。

奉赠玉笥王尊师

玉笥羽人不绝食，鬓毛清润颜色赤。中黄仙翁传妙经，十年功成人不识。身如孤云行无迹，欲上九疑望南极。岣嵝不见神禹碑，潇湘贞得浮丘伯。城南濯足江水碧，逍遥城中混名德。东岩西穴已烂游，共过庐阳寻简寂。

澹山岩

昔造阳羡二洞天，我生已当谢人间。尔来投裔亦无事，澹山岩下欣跻攀。群峰驾肩来，江水会前湾。灵气绦洞口，敻如宝陁山。荦道转西升，斗入初无艰。翡翠凿穹庐，略与天相弯。宽广容万席，清润非人寰。东南豁阳明，仰视如含环。青萝传乔木，亦有败叶黫。造化遗玉像，其人清且闲。巧工或可为，谁能陟巅颜。秦时隐君去成仙，空留石床水云般。药炉不复九霞覆，唯余渥赭繁茅菅。至行禅师化巨蟒，好事大守驱群顽。崇坛峭罅皆可蹑，三穴旁出门无关。壁间玉乳化为石，何术可煮完衰孱。恨无仙骨空盘桓，欲留未可终当还。仆夫告余趣归驭，落日西下云班班。

走笔奉酬伯昌示潇湘烟竹图

三年潇湘客，不厌潇湘游。二水相会处，下有白苹洲。洲上多美竹，出没清浅流。森森百顷青玉簳，长与修烟浮。岁久无人采，往往半折古岸头。坡陁上下不知际，直接九嶷千古愁。当时古人相会处，至今作亭在林幽。最爱苦雨时，吾尝挥轻舟。乐与渔人相往返，其意岂在网与钩。由来古人能放达，何必傲王侯。洛阳公子有佳致，落笔直与造化侔。方拏抨图止数尺，写出潇湘千里秋。南山老夫谢世故，一榻静卧如浮沤。遣使持书远相示，欲与老夫醒病眸。老夫困瘁不知报，世上谁为王子猷。

奉酬通叟社日

秋入潇湘拍江水，夷人社会秋声喜。山城寂寞无人行，白醪赤鲜追闾里。穷客闭门食无鱼，虽有士子半屠沽。与君俱为投荒客，落日怊怅临城偶。

奉寄零陵太平禅师

昔住东江不记年，青松白竹望潇川。先知大士当行化，故卜幽栖为结缘。五姓香花瞻法坐，六时清磬会诸天。山前耆旧如相见，应坐维摩老病禅。

代人上长沙谢谏议

某官阁下：某蒙顿不肖，则荥阳之世嗣也；行能无取，则零陵之下吏也。以不肖之嗣，为无取之吏，而辄有闻于阁下者，窃意阁下必有以怜之，有以成之。是某言亦为罪，不言亦为罪也。惶恐惶恐。某昔者为令于东邑也，方阁下领湘南之节来镇南夏。某于是时引领企踵而望下风焉，欣然望曰："阁下当知某也。将成某者，必阁下也。"朝思之，夕志之，日引而月申焉，欲决一奇策，奋一昌言，以求阁下之知且三年，卒无获焉，怅怅乎遂将去矣。既而出上府，望旗棨，进谒于左右，拜台光于堂下。伏蒙阁下一顾之坐隅，赐之话言，懊懊乎诚有以知阁下之不弃某也。退而怼曰："不肖之嗣，其自弃也欤？无取之吏，其自蔽也欤？王公大人不汝弃，不汝蔽也。"于是，天与之幸焉，乃有督邮之命。持檄而来，陈力就列者复三易月矣。督邮，贱有司也。早夜抱案牍，受命于州将之前。勾钉之是勤，出纳之是司。又复将奋昌言，决奇策，以求阁下之知，是必知其无有也。然窃听于道路之言，方今台鼎有虚位，上意瞩旧人，阁下行西召而升机柄之任。某之愚，其有望于阁下者，岂可在他人后哉？且湘南之吏，上下无几人，其敢有望于阁下者，亦阁下之所知也。某伏自惟：念先公文简之嗣，在今日如涸辙之鱼，喁喁然其不枯而活者已无几；贱有司之吏，如阴崖之木，愔愔然其可度而材者亦无几。若某者，阁下亦怜而成之乎？州将之荐先于幕中者二年矣，固不敢冀也。然知某者，三使台也。既皆荐之矣，某亦四补吏而七书考矣，犹陶之将器者也。一失于此，其沦于沙砾而泥滓乎？韩非论"说之难不如听之难"，子产以谓"不言谁知其志"。某之志也，亦可哀也。其进言于阁下之前且不究，况是区区尺牍之间哉？狂愚拙直，干冒钧听，无任惶恐之至。

零陵先贤赞并序

零陵之地多峻山，美川弥亘数千里，而士之生其间有异行特操者，亦不苟合。惟其远中州也，故多隐晦不出。至修身学道，化为神仙，盖其地然也。余放斥于时，间居无事，采其人有可善者为论，次其行，追琢为文辞，使人可颂咏，遂至于不朽。若其强聒蒙幸，虽能邀宠利于一时者，皆不著。岂特人乎哉？苟器之有足称者，亦传于篇。

澹岩先生姓周氏讳贞实

矫矫先生，其道孔夷。当秦之暴，不为世羁。世方尚名，千禄之资。先生鄙是，非我之知。名患之本，禄祸之基。果蓏为食，草木为衣。人孰不死，富贵何为。秦人征之，蜕解其尸。方床曲几，及其尊彝。皆化为石，可隐可持。千载以还，遗风曷追。其言不朽，斯吾之师。

三元先生姓屈氏讳处静

三元之山，其下维穴。旁通罗浮，神施鬼设。在昔白公，逃彼楚魧。厥宗来繁，后氏为屈。道人之生，夙契仙骨。幽栖山间，功行浚发。爰驾白鹤，上朝金阙。于今高名，揭若日月。彼李氏子，访道岩崛。乃得素书，皆其隐诀。喜未及读，期我不殁。□之出山，半道灰灭。我来自西，稽首致谒。遗基岿然，告以勿伐。

高溪老人姓唐氏

我居溪旁，我乐其流。老耽也纷，乃即于舟。告尔子孙，我将我游。游不复止，长川悠悠。泛彼孤蓬，人不堪忧。我方自适，鱼鸟之俦。岂不衣食，亦过旧丘。岂无其事，于是垂钩。垂三十年，皤然不休。我度其心，于世无尤。安知世间，为公为侯。维其无尤，此其为优。

法华道人讳志遇

法华道人，德完行孤。于岩之下，结草为庐。文蛇穹龟，往来且盱。师不怛骇，伏于座隅。化是邦人，我正如愚。不诛不距，建为浮屠。时有盗来，窃其衣襦。适与师遇，窜于崎岖。师徐劳之，毋伤尔肤。盗还稽首，其去徐徐。年七十余，不畜其徒。苟非法器，安用鄙夫。一旦入灭，正坐跏趺。于是末世，快哉归乎。

景星观真人唐氏女讳法信

昔我真人，□□□□。□□□□，□□□□。□□□□，□□□□。□□□□，□□来迎。□云之车，白羽之屏。鸾骞凤翔，旗盖亭亭。先生稽首，上朝太清。弟子何知，但闻其声。瞻仰太虚，乍隐乍明。顷之双履，堕于清寘。寂寥故宫，谁其经营。匪鸠自鸣，乃唯阴兵。至今二神，守其门扃。邦人祷之，载赫厥灵。维其神灵，垂休我氓。

申天师

天师乹乹，初事轩辕。尽传其道，遂至长安。时其老母，祁阳之干。越数千里，时致盘餐。维其盘餐，芳馨具繁。母惊其神，欲往一观。天师请行，有如飞翰。一瞬而至，都城正欢。其母不虞，秽气旁奸。居于长安，遂不复还。后数百年，故山岏岏。行朋乞福，乃其衣冠。

尤尊师

道人始来，行丐市廛。其道若狂，手持败鞭。数语市人，我将升天。身跨白龙，此鞭用焉。州将闻之，囚于土圜。有顷已出，犹如风烟。复持其鞭，咲语自然。守怒兵之，兵不得前。徐徐引去，乃知其仙。其始未化，孰知其贤。时有老校，为之招延。及其将逝，遗屎户边。化为黄金，璀璨联拳。再拜受之，以终天年。

素公

怀素善书，我知其然。能得此道，造于幽玄。始其操觚，媚于盂盘。厥功之成，其盘三穿。在唐中叶，号为多贤。草法之妙，未畅其传。迨我律师，落笔翩翩。学士大夫，为之耆焉。才逸气豪，辞藻相鲜。遗风至今，清如流泉。嗟我白首，来游湘川。过师故栖，访其遗妍。有冢嶙嶙，有池渊渊。不瞩其人，唯余苍烟。

白鹤观钟屈真人上升处

白鹤之观，在祁阳东。先生上升，此其遗踪。爰有信钟，甚宇且洪。一旦风霆，跃于江中。黄冠震惊，鸠潺水工。探泝索沿，其谁能穷。时有巨商，昭潭息风。夜梦道人，托身江蓬。曰惟祁阳，乃吾之宫。其人闯然，上伛下丰。旦而求□，长江溶溶。斯钟偃蹇，乃在水冲。视其欵识，与梦实同。遂载以归，骇我众聪。文彩煌煌，上蟠二龙。至今大声，与天相通。

阿育王塔在福田虚山上

东方有山，名曰福田。其下维虚，旁流二川。苍烟白云，上巉青天。乃有屋堵，压于层巅。世传育王，道力无边。神兵所造，八万四千。惟是夷人，如鸟兽然。不汝遐外，亦摄善缘。金轮上标，力士四旋。天龙护持，何千万年。何千万年，陵谷或迁。维是圣功，不崩不骞。

烟塘老人

昔有渔父，烟塘之濒。以鱼为生，聚居成群。适有白鳗，戏田之津。或捕获之，速我诸邻。将以为羹，乃觏老人。曳杖而来，布衣缟巾。为语诸君，勿烹是鳞。是乃为龙，湘江之神。咸以为诞，吾羹方珎。芼以椒兰，和之□□。莫不厌之，笑语欣欣。老人复云，祸且及君。有顷大风，震电辚辚。曾不旋踵，□为霠沦。惟是老人，为示谆谆。龙岂不灵，乃时之屯。

子厚姓柳氏讳宗元

我游愚溪，我思若人。孰使之文，而罹其屯。譬彼璆琳，谁不汝珍。一毁于琢，遂投穷津。孰贤而昌，孰拙而湮。唯其所遭，毁誉乃振。子厚之贤，胡不是循。泣岐叫阍，犹幸一申。或怒或娭，越十二辰。曷若其默，以休天均。我来溪旁，想其风神。阴崖之竹，下濑之苹。十世以还，半为荒榛。当时宠华，俱为黄尘。世或为名，有伪有真。谁如子厚，轲雄之邻。

零陵王祠姓唐氏讳世旻

五代之乱，天步失纲。兵缠九有，厌于夺攘。孰顺不贼，孰暴不昌。逾五十年，相为矦王。惟我唐王，孔武且强。威神赫然，万夫之防。一旦起兵，其众攘攘。遂杀州将，宅是永方。马氏之兴，剽悍陆梁。我屈于众，乃天之亡。方其就擒，怒气柳扬。巨刃穴胸，不仆不僵。已而为神，白昼旁洋。福祸我民，克相彼苍。迨我天朝，父老献章。为之请封，乃封故鄉。作我王庙，在江之阳。春秋祠事，白醪骍羊。坎坎其鼓，幽幽其篁。孰敢不□祀典是。

将陶公讳岳

陶公振振，好学有文。自其少时，已拔不群。晚为诸生，益肆厥存。既陟士藉，业履孔尘。遂为闻人，期于青云。通藉即曹，历刺江渍。其才有余，不忘典坟。有志旧史，荆湘是论。惟是故州，摠记群分。子长实禄，更生慱闻。于惟陶公，挹其清芬。详迷备言，贻彼后昆。却视矫寿，乃获乃耘。使之执鞭，彼犹欣欣。

进贤女真姓何氏

进贤之阜，东江北沛。青林白砂，烟云霏霏。先生下翔，蚕令英徽。时会三女，若梦而飞。以食我桃，妙龄不饥。大道不晦，至人发挥。晋公南迁，顺风有祈。示以金镜，识其仙衣。清风泠泠，潜光隐辉。亦或不逆，露我天机。宜数有期，人将畴依。尸解示变，如蝉斯飞。我游南岗，观阙巍巍。簪履如此，孰抟其微。

太平和尚礼塔亭赞在常宁山下

道人乾乾，行化湘川。礼是塔者，十万八千。时年七十，行解妙圆。作亭山下，开示信缘。

楚兴禅师贞赞

堂堂者谁？咄咄者谁？以为是者，不识以为。非者不知，圆融孤峭。绘素何为？绘素何为？稽首导师。

南岩导师赞

堂堂导师，生于闽粤，龆龀出家，妙相奇骨。为一大事，应期而出。佛修行时，乃始落发。初参西峰，器识旁达。周旋五年，行解微密。行化大和，名闻已彻。大江之涘，有蛟为孽。无有善淫，舟舫联没。师为黜伏，龙洲始垤。至于黄梅，夏暑道暍。土人来告，乳溪方绝。其众汹汹，无以盥啜。为投妙偈，洪流乃决。遂造武平，彼豪致谒。我邑南岩，有如耆崛。请师宴坐，少驻巾钵。夜有巨虵，骧首来夺。正眼一视，虵乃蟠结。复有戾虎，咆哮猖獗。师不为骇，虎亦驯率。天人悦焉，请见玄刹。师缘默契，布金营芟。乃脱伽梨，衲□直□。戮力僝工，神鬼剞劂。不日化成，小大欣说。四方归依，奔走竭蹷。时苦大旱，田亩焦渴。乞偈致雨，□许其说。顷之注雨，利均块圠。牧牛于野，数困虎咥。牧人群欣，为之轸恤。时有青猴，往来式遏。蓄息十年，大资耕拨。已而猴死，夜梦于闻。从师乞名，请建庙室。名曰金成，享之疏粝。垂庥彼牧，其祀方秩。师所导化，洞言凶吉。或请于师，天机勿泄。时师肯首，因是结舌。遂不复言，人无以伐。彼守羼提，谓我颠越。捕系廷下，面加讯折。神色宴然，不自辩别。褫□投火，火方烈烈。火灭□完，守怒愈疾。遂以为妖，涂之污血。有炽其薪，□益光洁。彼乃悔罪，讼其几劣。惟彼南康，盘山嵽□。佛陀波利，昔所布萨。爰有石泉，一旦污蔑。石泉之下，神谶先述。后五百年，此泉当室。有白衣来，乃定光佛。彼众发□，奔走迎屈。师以舟往，雨华胶轕。江流之下，乃有断枿。舟揖所触，必湛于汨。往来为害，师为一拨。顺流而去，巨舟斯豁。山已无泉，龙象蹙頞。师扣之锡，其泉乃溢。留正三载，法筵益设。河源圣舩，久废波淈。屡竭人力，其谁能拨。南海建塔，将运群物。不有巨舸，厥费屑屑。或请于师，师以恻怛。授以偈往，洪流夜发。载浮于江，塔工斯毕。彼徒不道，假于贾褐。厥载未济，暴风轩突。不知津涯，败我溟□。逐良出守，敬闻名实。稽首门下，就弟子列。具厥神化，献于帝闼。乞名题寺，均庆是揭。潭龙不害，年登人逸。王赀奉使，方冬无雪。恳请未终，琼瑶交戛。数日未止，淖我使节。王复来讯，乃大霁澈。自时厥后，恭事惕床。有或不□，莫不相诘。始自七闽，上达京阙。公卿士夫，悼稚耆耋。咸来致礼，以祈度脱。大中乙卯，正月六日。正其生时，稽首辞诀。八十有二，泊然于灭。图画毫相，端严昭晰。瞻仰如在，孰有孰弗。妙行圣上，巍峨纤悉。世所传闻，万分之一。我赞以偈，文辞鄙拙。有如泰山，挥以毫末。南山可励，北海可竭。南岩道妙，并明日月。

富池赞

昔吴祚命，奄有江东。桓桓将臣，时惟甘公。公当少时，任侠专雄。负旄带铃，肆行暴兕。逾二十年，乃始变风。折节下士，欲希大功。西赴刘表，表方惛瞢。去依黄祖，祖亦弗容。乃归大帝，武昌之宫。英毅维瑜，武烈维蒙。二公合荐，协于帝衷。公论荆州，兵弱易攻。蕞尔夏口，犹如蒿蓬。我拔夏口，楚关一空。必取荆州，遂规巴邛。时帝大悦，予惟汝从。遂拔夏口，其言信充。使屯当口，威震军中。帝白兴霸，卿惟虎熊。从战赤壁，追奔折冲。固守夷陵，檐当穴胸。益阳之濑，云长辟锋。濡须之出，曹公失踪。皖城先登，斩彼元戎。合肥失律，寔佑帝躬。有战必胜，无谋弗庸。爱育士卒，倾财任忠。迨今千年，威名日隆。以余所闻，人神道同。为人克正，为神必聪。血食后世，幽明咸通。太尉崇秩，有褒大封。虎旗金节，曲盖琱弓。大江之下，祠宫峻崇。千舟万艘，谁敢弗恭。粢盛洁修，牛羊硕丰。风飙不惊，川流溶溶。我昔南下，言瞻峻墉。感叹盛烈，弗磨弗砻。因即旧史，纂其初终。昭示后人，永于无穷。

王右军观鹅图赞

右军清豪，不降不污。后世何知，独观其书。

王武子观马图赞

武子豪隽，世称马癖。殊胜痴叔，床头置易。

西峰和尚赞

五台之山，圣凡混同。乃惟大士，肇化西峰。唐室下衰，群生困穷。师始振锡，于江之东。始次秋浦，宴休禅业。指彼窣堵，当舆胜功。一弄铁笛，龙吟夕空。至人难知，是为凡庸。晴有郑傅，祁门之雄。假窃位号，擅其疆封。师观昔缘，往造军中。一军尽惊，标戈挟弓。郑亦惶骇，遣谢弗通。师顾使者，往谕汝翁：惟昔有缘，乃来相从。郑亦感寤，欣然向风。瞻望毫相，光明粹融。垂发被额，犹如儿童。面布七星，其言雍雍。郑虽暴戾，为之致恭。遂献上差，以为祠宫。休止门观，幽深峻崇。申警戒严，实备弗空。师为郑言：彼山穹窿，吾当往视。乃营厥工。遗我芒屩，置于西墉。中夜寂然，郑窥其栊，已不复见，香花重重。郑大悔恨，内怀怔松。甫旦师在，曾无动容。视厥芒屩，实敝且缝。道其所历，山川奔冲。坤山卓然，水流石硔。三十六溪，溪光溶溶。吾得其地，苍烟鸿蒙。既留我锡，于彼岩松。郑惊其神，使按厥踪。往反越月，其言信充。郑始震惊，内讼顽懵。彼土方突，疾气相蒙。师取盂水，佛慈感通。以施下民，救其鞠凶。始徼膏肓，遂起疲癃。小大勇跃，幸甚会逢。师忽谓傅：吾当暂去，西北有灾，即当往度。郑恳留止，曾不复顾。乃升灵山，极其峻处。诛苑结庵，圣功潜布。土人或知，乃来饮哺。瞻仰高德，众所依怙。时郑中衰，群凶不附。数困侵秩，实怀危惧。躬遣信介，乞其来助。师亦恻然，乃旋归驭。敌人在竟，师命彻戍。一指其兵，兵皆亡怖。散走折趾，郑营安固。遂入西峰，安稳善住。无有远迩，或老或孺。凡所度人，至于千数。天方骄旱，逾时不雨。人或恳请，必蒙甘澍。惟时吴王，治杨为府。赤地三年，群祀咸举。歙有汪王，实食其土。吏奉王命，归于神主。神夜梦吏：吾岂弗预岂如西峰，威德弘普。乃大圣人，实通帝所。其驭五龙，谁敢龃龉？吏梦既觉，乃大惊悟。来肯于师，师曾弗拒：归语而王，雨今可伫。大雨三日，横流酬亩。王心欣悦，有怀钦慕。山无信钟，师潜有募。得其信人，乃下秋浦。三日而还，洪钟在虡。上有款识，五台之铸。吴王营斋，求福其嗣。为无遮会，以祈善护。师心默知，飞钵来赴。越数百里，有如佳少。斋未及半，王启其故：乞名大众，大众未谕。师起下座，顾谓王语：名曰凌藤，以承汝祚。吴王惘然，不知其趣。讯其所来，祁门之下。王以为诞，延之别庑。访诸祈门，无一言误。王大崇信，请延巾屦，请建道场，了不可驻。锡之紫袍，亦不一御。愿得美锦，以为信具。遂献美锦，易其绨纻。装之金钱，蠲彼租赋。当是之时，人识佛祖。及师之还，郑疾以固。已而郑死，临其冢基。天祐三年，六月大暑。召集大众：吾将西遡。慎勿治事，厝之故宇。后有人来，当知所措。其后三年，有僧甚倨。直造堂上，发其蒙覆。颜儿容色，不愆于素。出而焚之，祥光载路。奉彼遗骨，手白涂塑。像成僧失，若无所遇。相好巍巍，慰我黎庶. 载祀三百，道化弥著。世所形容，乃其粗粗。缪述为偈，顾奚云补？惟是梫拂，庶永终古。

道林二颂

众生不解修道，便欲断除烦恼。烦恼本来空寂，将道便欲求道。但一念心即是，何须别处寻计？大道晓在目前，迷倒愚人不了。佛性天真自然，亦无因缘修造。不识三毒虚假，妄执沉沦生老。昔时迷日为晚，今日觉时非早。

我今滔滔自在，不羡王公卿宰。四时犹若金刚，昔乐心常不改。法宝喻于须弥，智惠广于江海。不为八风所牵，亦无精进懈怠。任性浮沉若颠，□诞纵横自在。便使刀剑临头，我自安然不采。

花药字序

禅师初出家，依万杉宣公。宣公为一代老德，以为法器也，名之曰义然。已落发受具，密示心印，行化诸方，凡十有七年。止于万寿，始转法轮，为人天师。后十年，迁于花药，与余会于零陵，为法乐之友。而禅师所以表德者有所不称，余请易焉。余谓以无为法者，其未然也，义无乎在；及其然也，义无乎不在。经曰："诸法如义，"不其然欤？若夫为一大事出现于世，不能大济含识者，定非佛子。其所然者，亦尝大济于人乎？请以大济表德。昔马祖谓丹霞曰："我子天然。"遂名天然。万杉之意，正谓禅师能默契诸义，有足然者乎？苟曰然，无有是处。因箸其大方，以示知者。

题画像

余栖于零陵将二年，卧鹤山人王栖道属客来图余像。其不可图者，余为申之以辞。然皆眩也，所以为游戏也。有不知者强为余，盖有知者亦其捕。为缥黄、为丹白邪，嫮死灰与朽株。探山林以独往兮，即猿鸟之幽娱。岂萍苴之如兮？亦泛泛于江湖。昔敦媚放艺文兮，既华发而苍须。终非混混之可诿兮，方将佚老于无无。苟不暴夷以为絜，何必袭惠以为污？挹古人之全德兮，将岁月以云徂。羌余心之所得，会群有于无余。彼蘧蘧为周，而栩栩为蝶，亦甚惑矣。余與是其相忘于影响乎？

天庆观火星阁记

三湘之间，惟永为奥区。土俗朴甚，不杂五方之民，故其人纯一而少事。然岁多水旱之灾，不沉溺则灰烬，民生艰焉。虽其人知为善殖福，乐于施与，而不蒙神明之佑者，盖其诚心有所不至也。为老子道者，与群姓联闾阎，养妻子，其祠宫则狸鼠之所穴也。为浮屠道者，与群姓通商贾，逐酒肉，其塔庙，则屠脍之所聚也。主善者孰不知老氏本清净，释氏有斋戒哉？不以为非也。至于身污蔑而礼星辰，含膏血而作梵呗，此神明之所弗佑也。玉笥山道士王舜卿谒衡岳还，泛潇水而上，将造其宫，则门户皆蓬蒿也。访其左右，则阒无人者久矣。于是造州而求寓焉。太守李侯方崇其道，即命有司拔为之主。由是州大姓欣然向往之，知其道清净为可尊也。居间念所以弭灾患而祈福禄者，即其宫而祠火德焉，盖其地直南方也。元丰三年三月日，阁成。其上建火星像，旁列九星合祠焉。其下为斋修严奉之室，则王君之所居也。王君处身□清，翛然能履其道，与人和易而多礼。其主祠于是也，吾知其将至诚款天关，祈福憙，下群氓。神格其祠，人安其庐，赤龙不惊，回禄伏藏，禾黍丰登，牛羊肥字，然后为善殖福者为不诬矣。不苟为是也，又将化其狸鼠之所穴，屠脍之所聚，皆为道场。道人释子咸安其教，使为福者知所依乡，则其善报岂少哉？始余为谋其事，赵郡李述修以告诸大姓，乃克成之。为阁者名氏皆列左方，以示后来。

花药山法堂碑

花药山之崇胜寺法堂成，或问法有堂乎？有堂所以为众也。诸上善人欲闻我法者，当是之时，如海之会，如云之合，无有际止，然后法有堂焉。诸佛不说法，诸祖亦不说法。何者？名法以有为者，一土一木皆是真如；以无为者，天宫龙象盖亦土苴。求我道能达此事者，若瞽而明，若聩而聪。吾与其能知，而未必其能行也。熙宁八年，大济然禅师自万寿来，始以无二菩提闻导有生，直造佛祖，天龙悦焉。诸上人者以故堂痹圮为不称也，于是召州之大姓长者相与谋而作新之。以其九年丙辰秋七月鸠工度材，距明年夏五月甲申落成。其崇九仞，厥广八十有五寻，其工与费以亿万数，至不可计。噫！其壮也，望之屹屹然，视之潭潭然，登之廓然，处之泰然。在会之士，莫不瞻仰赞叹，以为禅师道力之所化成者，非一手一足之功也。元丰二年，余为湘南客，始闻其事。既又造其筵，为禅师道维摩默然之义，侯胝一指之机，曹溪有无之对，南阳即现之化。于是堂也，其犹上下手之间乎？欲著不朽，以偈赞之。其辞曰：

阿閦佛塔，孰知其方？优昙钵华，未闻妙香。赞叹希有，如不吉祥。然公之堂，乾乾然公，应化三湘。利乐天人，成是道场。望之屹屹，须弥之冈。视之潭潭，沧海之洋。如鹏之运，如翚之翔。庄严显相，橥橥煌煌。法鼓朝鸣，大众瞻相。雁进鹗立，白豪妙光。龙象护持，雨华纷扬。巍乎不动，万法之王。衡山之左，二水之阳。为功为德，保于无疆。

邵州立禅师塔铭

禅师名惠立，桂林蒋氏子也，生不食荤血。始九岁出家，依同郡荡律师求度。五年，遂度为沙门。入鹿门山，观三乘经律，深达法相。造龙牙迁公，一言顿彻，若获亡金，若复故舍，推为龙牙上首。山盘水渟，还同未悟且三纪。邵陵太守崔侯乃启西湖之法席以延凡舄，始转法轮，为四众师。逾二十年，无为无作，度度不爱金钱，为崇饰其道场，举新之至，无所用其力。益献土田庐舍，以供朝夕费。朝廷出使者按夷人所献地，使者屈禅师先入示信，夷人屈膝受指，使者以为功，将荐于上，辞不许。转运使请迁衡岳之大伽蓝，亦不许。识者韪之。元丰四年二月三日，戒侍者具汤沐讫，不示疾，亦不说偈，正坐入灭。问年七十七，间腊六十三。门人善琮荼毗之，其以骨建塔于寺之西南隅。太守关侯祀以书抵余，道其高行，乞偈以赞之。稽首三归，铭之偈曰：

少林壁观本无说，至于咄咄盖已末。造妙显微参诸佛，不能无心但小黠。大士迅飞出南粤，道化邵陵嗣耆崛。端如亭亭海中月，内含圆明外平澈。不牵名势事攘夺，不拂因缘为断灭。法门浸衰谁可遏？三湘五溪同一茂。巍巍堵波闷灵骨，将与弥勒当来出。南山孤云自起没，缚刍右流终不竭。①

佛印

佛印（1032—1098），宋代云门宗僧。法号了元，字觉老。俗姓林，饶州浮梁人。礼宝积寺日用为师，学习禅法。曾登临庐山参访开先善暹，复参圆通居讷。二十八岁，嗣善暹之法，住江州承天寺。后历住淮山斗方，庐山开先、归宗，丹阳金山、焦山，江西大仰山等刹。元符元年（1098）示寂，享年六十七岁，法腊五十二，朝廷赐号“佛印禅师”。

祝融峰

秋风吹柱杖，直到祝融巅。极目三千界，肩摩五尺天。扶桑旸谷畔，青草洞庭边。云气无遮障，分明在眼前。

---

①沈辽诗文辑自《云巢编》，四部丛刊三编景明翻宋刻本。

题上封寺

秋高气爽上封寺，碧落浮云放欲收。万顷苍波澄玉鉴，一轮红日滚金球。远观西北几千里，近看东南数百洲。好景一时观不尽，天生有分再来游。

韦骧

韦骧，（1033—1105），字子骏，宋钱塘人。皇祐五年（1053）进士，初为睦州寿县尉，以母丧不就，后官兴国军司理参军，历知数县，后擢利州路转运判官。元祐七年（1092），召为主客郎中，出为变路提刑。后除知明州丐宫祠，以左朝议大夫提举洞霄宫，徽宗崇宁四年（1105）卒。著有文集十八卷，赋二十卷，今存《钱塘集》。

和南岩回

心舒还爱日，境胜欲忘归。茶站弱一水，棋兵尚十围。秋山终易冷，暮坐祇添衣。上马回首数，霜蟾逐盖飞。

简夫丈约游南岳时以妇翁室会遂渝爽依韵和其来篇

巨源常少怪，第五岂无私。酒食先为困，溪山辄负期。七年思旧赏，隔日诵新诗。康乐清游在，随轩别有时。

洞庭秋四首

洞庭秋旦好，余雾尚怀山。日色一竿际，波光万顷间。宿商鸣橹去，夜网得鱼还。佳趣知多少，濡毫恨思悭。

洞庭秋昼永，气象坐中分。浩荡三江水，苍茫万里云。君山压波面，民舍傍城根。自昔看图画，今焉过所闻。

洞庭秋薄暮，日脚返沧溟。云气天涯赤，峰峦水上青。归舟来隐隐，夕鸟去冥冥。鼓瑟音何在，空闻帝子灵。

洞庭秋夕爽，皎月莹长空。颢气重湖接，清光四望通。楼开云母扇，人在水晶宫。胜绝无穷景，萧条万古同。

和简夫游南岳

古寺因山半翠微，踌攀危磴上云扉。祇应秀色随秋吹，还似红尘染客衣。子贱鸣弦方暇逸，渊明解绶已来归。吾侪幸得陪清览，相與优游养道肥。

和简夫游鼓山

气肃乾坤万物秋，久违真概喜重游。高闲况奉挂冠乐，旷逸惭非腊屐流。狂饮何羞吹帽落，时鲜岂必置船头。鹏搏鷃集逍遥等，醉眼冥冥百事休。

和李信臣游南岳

秋云杳杳锁秋岩，怪木森森荫碧潭。游骑去时平野晓，老僧迎处满衣岚。何人自塑临泓水，近古遗棺礦石龛。我忆昔年曾此醉，却嗟今日辍陪参。

答信臣遗诗以失南岳约

闲里萦仍不自由，驰心空想碧岩秋。连镳独远朱蹄骏，酾酒运辜绿蚁浮。嗟我数年遗览历，属君一尺更迟留。定知清兴难穷尽，莫便轻回访戴舟。

洞庭即事二首

日车闪闪下山椒，风阵萧萧掠柳条。湖上晚秋天气爽，楼间极目客魂销。湘妃哀怨冯谁听，楚屈英灵何处招。窃禄无田归未得，浪吟当此愧渔樵。

浪头卷白去无垠，山面铺青一色匀。气象清雄无处比，情怀局促此中伸。攲危钓艇唯堪望，仓猝商帆不用嗔。顾我遽来非自任，也知牵制为官身。

君山

洞庭波上崒高峰，翠色难将别岫同。真籍从来标福地，大钧于此费神功。蛟龙拗怒深深避，星月流光面面通。尘迹未能乘兴往，据鞍回首正秋风。

岳阳楼

岳阳楼句旧空传，今日登临一慨然。不是洪钧有偏党，岂容胜概独完全。山川形势三千里，基构声华五百年。襟带西南太平世，收罗风月属私权。

晓起

落月光微暝霭收，一轩潇洒旅怀幽。湘君山外波涛晓，麇子城边草木秋。俗吏区区易倦，古人皦皦志空求。且希月廪从官给，仰事孤亲洁膳羞。

金精岩

回岩万仞透青冥，造化功偏窍凿精。自是神仙乘福地，岂因谖诈诱愚兵。金床旧迹知何在，石鼓遗歌仅可评。尘澳暂来心已悟，灵场千古为苍生。

又和见招鼓山

气凉天淡正时秋，野兴山情猝未休。承召欢于凫藻甚，但忧尘迹累清游。

巴陵讯囚所居附岳阳楼前二首

双扉昼锁夜传呼，讯鞫劳心迹也拘。衹有清虚慰怀抱，开轩即是洞庭湖。

洞庭湖上岳阳楼，旧走声名遍九州。今日偶来犹吏事，幸当风月近中秋。

游金精回书朝阳岩观壁

秋入群峰气象清，朝阳才过到金精。胜游却向尘劳得，此日清怀慰此行。①

①韦骧诗辑自《钱塘韦先生文集》，清丁丙嘉惠堂刊瓶花斋吴氏影写宋干道本。

卷二十五

章惇

章惇（1035—1105），字子厚，宋福建浦城人。嘉祐二年（1057）考取进士，可是侄子章衡却考取状元，便不就而去，而再举进士甲科，调商洛令。熙宁初，为编修三司条例官，加集贤校理，中书检正。旋又命荆湖北路察防使，后为三司使，出知湖州。元丰三年（1080）神宗起用章惇为参知政事，坚持变法。宋哲宗即位，迁章惇知枢密院事。其时宣仁太后临朝，尽罢新法，被黜出外郡。宋哲宗亲政后起为尚书左仆射兼门下侍郎。宋徽宗即位，贬雷州司户，再贬舒州团练副使，死于任上。

过石槽铺

瘴霭潜消瑞气和，梅峰千里沁烟萝。人逢双堠虽云远，路在好山宁厌多？啼鸟丛篁传木杪，瀑泉碎玉激岩阿。欲留征驭迟迟去，公檄催人不奈何。

梅山歌

开梅山，开梅山，梅山万仞摩星躔。扪萝鸟道十步九曲折，时有僵木横崖巅。肩摩直下视南岳，回首蜀道犹平川。人家迤逦见板屋，火耕硗确多畲田。穿堂之鼓当壁悬，两头击鼓歌声传。长藤酌酒跪而饮，何物爽口盐为先。白巾裹髻衣错结，野花山果青垂肩。如今丁口渐繁息，世界虽异如桃源。熙宁天子圣虑远，命将传檄令开边。给牛贷种使开垦，植桑种稻输缗钱。不持寸刃得地一千里，王道荡荡尧为天。大开庠序明礼教，抚柔新俗威无专。小臣作诗备雅乐，梅山之崖诗可镌。此诗可勒不可泯，颂声千古长潺潺。

出梅山诗

出梅山，乘蓝舆，荒榛已舒岩已锄。来时绝壁今坦途，来时椎髻今黔乌。扶老抱婴遮路衢，为谢开禁争欢呼。田既使我耕，酒亦使我沽；吏既不我扰，徭酋岂愿长逃逋？开山之禁谁为初？臣煜入奏陈地图；臣惇专使持旌车，臣夙协力力有余，班班幕府授简书。不藉君王丈二殳，酋徭三万争贡输。如神之速上之化，刻铭永在梅山隅。[①]

措置荆湖路蛮事奏

本路蛮事欲乞一面措置，或招到南、北江首领，犒设钱粮令转运司令副，官员有不职者，许选择对移，溪洞有汉界亡命之人，亦许招谕放罪，责其自效，有功者量事酬奖。

招谕梅山蛮瑶奏

招谕梅山蛮猺令作省月，皆欢喜，争开道路，迎所遣招揄人。得其地，东起宁乡县司徒岭，西抵邵阳白沙寨，北界益阳四里河，南止湘乡佛子岭。

---

①章惇诗辑自《宋诗纪事》卷二二。

辰州南江溪洞尽以内属奏

辰州南江溪洞尽以内属，其新归地自西以北环数千里，依险团族甚众，遣官于懿峡、富、锦、黔州分建城寨。

邀击猪狞蛮贼奏

猪狞蛮贼千余，自黔江浮船而下，捕盗官邀击，获首级器甲等。

措置梅山武冈瑶人奏

权发遣荆湖南路转运副使蔡煜元奏梅山利害及措置梅山、武冈猺人，得主客万四千八百九户，丁七万九千八十九口，田二十六万四百三十六亩，起税租及修筑武阳、关硖城寨，其提点刑狱孙颀、权发遣提点刑狱朱初平、管勾常平司乔执中、知潭州潘凰并协力同议。

止冯宗道往新寨奏

冯宗道欲往新寨，为兵少形势弱，恐蛮人窥见，遂止之。

全邵二州保甲事奏

湖南已团成保甲。全、邵二州各邻溪洞，土丁、弩手人员等，乞并以旧职名兼都副、保正、保长，习学武艺。

乞衡永等瑶人并为省民奏

衡、永等州溪洞瑶人，因招谕纳土，乞并为省民。

乞给新化县学田奏

邵州新化县已建学，乞下转运司给水田二百亩为学田。[①]

王观

王观（1035—1100），字通叟，宋如皋（今江苏如皋）人。仁宗嘉祐二年（1057）考中进士。后历任大理寺丞、江都知县等，官至翰林学士。著《冠柳集》，已佚，有后人辑本。

九龙岩

山寒蛰龙眠忽醒，黄衣九老岩下行。手持屈曲千岁藤，虑惊世人藏姓名。山前樵子折腰迎，九老相顾笑不停。摧天霹雳飞一声，举目惟见烟寘寘。开山老僧为余说，异事传闻忘岁月。至今山椒泉满地，赤白绕空中不竭。好分余泽入千家，免使辛勤夜蹋车。[②]

郭祥正

郭祥正（1035—1113），字功父，一作功甫，自号谢公山人。宋当涂（今属安徽）人。皇祐五年（1053）进士，为德化尉。历官秘书阁校理、太子中舍、汀州通判、朝请大夫等，哲宗元祐三年（1088），起知端州。四年，致仕。著有《青山集》三十卷。

---

①以上文辑自《续资治通鉴长编》，中华书局1980年版。

②辑自《宋诗纪事补遗》卷一四，上海古籍出版社1995年影印续修四库全书本。

桃源行寄张兵部

武陵溪上青春暮，昔人传有桃源路。时见落花随水流，咫尺神仙杳难遇。神仙有无何可量，但爱武陵山水强。松烟竹雾水村暗，鸟啼猿啸花雨香。车轮不来尘坌绝，日月自与乾坤长。闻君取身欲长往，禾熟良田给春酿。陶然一醉万事休，还我天真了无象。生胡为荣死奚戚，为笑纷纷避秦客。一身千岁何足论，更向渔家寄消息。阒寞神交两相许，倒提金斗倾浊醪，滴沥招魂寂无语。斜阳衔山暝潮退，两两渔舟迷向背。便欲因之垂钓竿，六鳌一掷天门外。

将归行

男儿四十无所成，可怜鬓发霜华生。长书朝奏夕命相，此事故非言不行。低徊却入邵陵幕，梅岭招降建城郭。论功第一遭众谗，断木浮沉委沟壑。噫吁嚱！数奇不独李将军，株坐桐乡三见春。桐乡虽好大儿死，风物满眼唯悲辛。迩来又赴肥上辟，碌碌随人亦何益。法网深悬无纵鳞，敛翼饥禽忧弹射。噫吁嚱！一寸丹心不堪折，扁舟却忆姑溪月。溪如凝冰月如雪，天地清光迥交澈。钓丝千丈入琉璃，六鳌一举三山随。人生快意莫如此，腰束黄金多横死。君不见日暮途穷逆行客，一饷荣华速诛殛。又不见都市朝衣就剑人，谁道忠言能杀身。休休休归去来，芝田石室云长在，瑶草琪花春不回。收帆银涛即平陆，跨青牛兮驱白鹿。莫向人间歧路行，岂有悲欢与荣辱。休休休归去来计已决，肯学腐儒空有言，辜负春鹃口流血。

游道林寺呈运判蔡中允昆仲用杜甫原韵

长沙城西湘水隅，道林古寺松门纡。尝闻秀绝超五岳，果见气象吞重湖。殿前衔花走白鹿，殿里沉烟焚玉炉。何人塑出慈氏象，冠缨动活摇明珠。高僧处处有遗迹，盘石坐禅龙虎俱。唐人妙笔数欧沈，至今板上栖群乌。五言七字又奇绝，此寺此堂天下无。不缘薄官岂能赏，勇往兼有儿孙扶。贾生前席竟忧死，屈原怀沙终自诛。投身及早卜幽隐，淡泊久乃胜甘腴。云生岳峤月晦影，雨过橘洲猿夜呼。细吟静境足自适，忠愤未合思捐躯。趋玄饱读长者论，养真默合烟萝图。千篇愧比老杜老，一节愿随孤竹孤。况陪使者共游览，二谢弟弟真友于。不知昔日杨常侍，何似今朝蔡大夫。

采石亭观浪

洞庭秋高北风起，怒浪排空日光昧。坐见雪山飞从物外来，地轴天关恐将圮。移沙裂石失浦溆，群龙呀牙鲸掉尾。舟人但如鹳鸣垤，咫尺存亡隔千里。嗟哉至柔物，澒洞安可当。大禹没已久，巨浸谁为防。须臾风收浪亦静，嫦娥洗月添寒光。湘妃妙曲鼓未彻，汨罗之魄云徜徉。而今君臣正相乐，法弊一一新更张。监司精明郡县肃，国无忠愤惟循良。洞庭怪变自出没，回首天边归雁行。

祀南岳喜雨呈李倅元吉

六月赤日方炎炎，云不行天龙遁潜。阴阳失职帝怒赫，地下万物遭炮焬。农夫争陂数斗死，驱沙掷土唯飞廉。湖南本钱二十有四万，岁望何以安黎黔。府官惶惶使台恐，祀坛祷岳惟精严。

君驰副车职其事，秘文在板香盈奁。镮刀割牲荐肴酒，夜半奠玉抽灵籖。星河收光倏阴晦，雷声群群来山南。斯须密点欲裂瓦，烛光出屋排龙髯。鼪鼯哀啼晓色淡，碧涧久涸银涛添。才田田足稻秀拔，旱暵一洗凉飏兼。芬馨罗列报神贶，文实之论前贤佥。兴云作雨乃谁柄，坐视焦灼悭濡沾。待兹诚祷始感发，威福自任宁无嫌。至理从来莫能诘，异景聊足开吾瞻。孤峰翠滑犀露角，溢溜飞洒琼为帘。烟藏拱木半吞吐，湘水倒影分毫纤。庙门欲出尚回首，正似老笔图霜缣。高吟成章又奇绝，睥睨韩杜君何谦。嗟余适为簿书缚，不尔从往精神恹。蚊蝇休飞夏将尽，清露收拾堆圆蟾。何当结轨更一往，历览舜迹穷高尖。群仙虽有路歧远，志士岂无岩谷淹。收奇拔俊召和气，一国遂除灾青占。暂时响应未足数，此语非是君仍砭。

再游花山

去年来时春未归，枯林杈芽露老枝。今日重来春已去，秀叶茂密藏黄鹂。山家景物新换故，世事尘埃朝复暮。白头迤逦谢轮蹄，青冢绵联老狐免。令人归兴如浮云，早向江山乐贱贫。不须访道赤松子，但爱鲈鱼并紫莼。

道林寺送别崔提刑用沈传师酬唐侍御姚员外韵

湘江倾泻明河源，湘山来落如骏奔。寻幽乘兴莫辞远，白云中有黄金园。佛师无心法愈密，徒众先后陈卑尊。甘泉喷洒仙籁爽，此身已觉超笼樊。高堂却见山外水，古鉴磨开苍藓昏。长城深锁万家富，老木自作千营屯。两洲半没鲸鼓鬣，双崖斗起天为门。沧溟不识几番变，石泐犹有涛深痕。茯苓愈大愈堪食，深锄但惜伤松根。登高览物亦徒尔，秋色况是当离樽。崔侯才思锐无敌，苍鹰得兔霜翎翻。嗟余染翰愧复正，累句何足先行轩。故人柄政坐东府，请君献策安黎元。

九疑山图

噫吁嚱！九疑山色何雄奇，坡陁诘曲不足状。九峰万丈排天扉，崭崭俨若九老坐。乾颠坤弱能扶持，崖回时复见华尘，原本旋有山经题。白云绵联芳草歇，拱木夭矫狂风吹。上有源源不绝之寒泉，下有沄沄不断之深溪。初疑青铜照碧落，忽见云汉飞虹霓。丹青画出尚如此，而况高步穷岖崎。或云重瞳一来不复返，二妃血泪斑竹枝。惜哉不经孔子辨，后世谁能公是非？尧非幽囚，舜非野死。尧崩民如丧老妣，舜非游仙而幸此。群猪耸耳听童子，游人击之变风雨。见豕负举行圣所恶，仙人护之亦何补？我知神仙术已卑，但爱此山雄而奇。背图南望未能到，高吟尽日长吁嚱。①

同刘继邺秀才游岳麓登法华台呈如水长老

南出长沙城，西渡潇湘水。谁铺碧鲛绡，迥透黄金底。中分橘植洲，隐若龟背起。府邑古称雄，地势信少比。苟非仁义图，畴将甲兵洗。晚色烟雾开，人家明镜里。斯须舍舟楫，纵步踏兰芷。遥遥望松门，物象愈奇伟。枝叶既不繁，霜雪讵能毁。传云陶将军，屯营手植此。至今凌云气，犹如大君子。才过清风峡，路转不容跬。尘寰自此隔，佛界朗瞻跂。层梯上重门，绘塑光炜炜。皓鹤去无踪，寒泉但清泚。遂登法华台，平目瞰千里。还惊

①以上诗辑自《青山集》，景印文渊阁四库全书本，台湾商务印书馆 1986 年版。

人世卑，堑壁徒为耳。连甍十万户，罗列在案几。想当韩杜时，荆棘晦遗址。不见湘西篇，惟夸道林美。幸同刘子来，纵视眼不眯。作诗君莫谦，前辈尚可拟。挥笔方争豪，求心翻自鄙。请看梁上题，半是人中鬼。白发缠利名，何由外生死。道师深悟禅，软语听亹亹。明驱三乘车，济我□超彼。台名将谓何，此喻有深理。香色存天然，了不染泥滓。救物运真悲，得法终日喜。

游云盖寺

名山寺多占，此寺山尤名。妙云镇弥覆，层层结缦缨。日光昼微开，灿射黄金城。木老枝叶简，水长音韵清。五峰如绀莲，中有楼殿横。是必龙华宫，禅禅悟无生。一灯破群暗，众灯迭相明。纷空青葩坠，悲晚孤猿惊。予方困邅途，寓宿骨已轻。愿言永栖此，读尽宝藏经。顾盼适所适，了绝物外营。马秣仆亦饭，奈此催北征。

游鹿苑寺

游遍湘西山，晚至鹿苑寺。平冈列城郭，长松肖兵卫。入门尤清凉，读碑辨往事。乃知阿育王，曾此藏舍利。浮屠当殿阴，令人竦瞻视。宝网敷金云，倏忽变苍翠。僧云秋杪时，月静甘露坠。大觉去无踪，山祇自灵异。白鹿不我逢，残花在岩际。居老多寿考，安禅信无累。筇衲为生涯，心不坠情伪。源源听法语，陶陶袭和气。簪绅胡为乎，顶踵缚忧愧。愿从从上人，预闻第一义。烦心沃醍醐，顿悟超十地。聊为鹿苑吟，清梦不成寐。

洞庭阻风

南风吹炎蒸，岁望固已休。怒涛掀洞庭，信宿留归舟。沙场万里穹，大壑群龙投。阴灵孰尔职，曾无与天谋。崩山作深潭，深潭变高丘。上天有号令，岂汝可自由。朝绳徒哑哑，暮蚊况啾啾。归兴邈以阻，触绪增新愁。安得跨白鹿，山行肆悠悠。谁能守荒浦，泛险终何求。

至日阻风饮于转运行衙呈经父

杜渚停风棹，华堂置酒壶。云低岳阳市，雪满洞庭湖。醉眼看梅景，欢心合棣柎。去年今夕梦，江国面京都。①

曾布

曾布（1036—1107），字子宣，宋江西南丰人，曾巩异母弟。嘉祐二年（1057）登进士，初任宣州司户参军、怀仁县令。后为太子中允、崇政殿说书，加集贤校理，判司农寺，检正中书五房公事。后贬知饶州、再知潭州、广州等处。元丰末（1085），复为翰林学士、户部尚书。绍圣初，为翰林学士，承旨兼侍读。徽宗因曾布拥立有功，罢章惇相，拜曾布尚书右仆射兼中书侍郎。后被罢相，以观文殿大学士出知润州。大观元年（1107）卒，谥“文肃”。

九龙岩题名

龙图阁直学士、朝奉大夫曾布自广西移师陇右，元丰三年十月十三日过此。男綖缨、缫纡、绚壻、王良肱、甥王絪缊侍行。②

---

①以上诗辑自《青山续集》，景印文渊阁四库全书本，台湾商务印书馆1986年版。
②辑自《湖南通志》卷二七八。

毛渐

毛渐（1036—1094），字正仲，宋衢州江山人。治平四年（1067）进士。熙宁年间知宁乡、安化两县。以治理“五溪”、开发湘西政绩卓著，召为司农丞，提举京西南路常平。后任两浙路转运副使，加授集贤院校理，任吏部右司郎中、陕西转运使等职。升直龙图阁。绍圣元年（1094）卒，著有《毛渐诗集》等数种。

梅山颂并序

宋有天下一百一十三载，梅山之地，犹列溪岗。熙宁天子励精求治，顾宰相曰：“重湖之闲，蛮猺错处，非所以一教化、同风俗，宜开拓而统领之。”议遣中书户房检正章惇措置。会湖南道转运判官蔡煜以图来献，乃以惇察访湖南北事，煜领湖南道转运副使合谋经制。壬子冬十月，吏士传檄，招谕獠俗，俯从于是。籍户授田，均定租赋，分建二邑。功成政举，百姓欢呼。请记功德，被于金石。故为之颂云：

粤惟梅山，千里其疆。形阻壤沃，蛮獠披猖。强弱相凌，自为仇敌。志有不逞，辄骚疆场。朝廷患之，环戍以兵。田禁不垦，以息其争。天子神圣，顾为尔辅。惟此南方，夷俗杂处。孰往予抚，佥曰惇谐。煜奏自外，平以图来。天子曰俞，汝惇暨煜。将命出使，怀柔友燮。使臣戾止，宣天子言。弛禁释罪，均赐土田。贷牛种粮，教之耕犁。以衣以食，无寒无饥。涵泳休泽，讲道劝义。班白提孩，莫不咸遂。猺俗于变，皇风大同。熙熙皞皞，天子之功。①

此君亭歌

玉堂视草儒林翁，暂凭熊轼来江东。政成暇日开宴席，选胜共诣金仙宫。幽亭虚敞竹森耸，低徊映日清阴重。静坐爱此君，乃知雅尚人情同。屏山叠石色苍翠，我疑巨灵掣断岷峨峰。繁霜摧枯木，飞叶穿疏栊。芳筵列时果，璀璨间青红。羊肋细软蟹螯丰，兵厨酒善琥珀浓。褫带就坐约烦礼，幅巾相向聊从容。

晤言与心契，至乐非丝桐。高怀讵比晋七子，徒以散诞相夸雄。饮余寓意对棋局，万事不足萦心胸。人生天地间，宁异浮萍相值江湖中。偶然会合复离散，东西南北随飘风。须知此会不易得，为公更酹黄金钟。②

桃源洞

洞门流水日潺潺，桃坞依然枕水边。春色年年花自好，游人谁复遇婵娟。③

苏轼

苏轼（1037—1101）字子瞻，又字和仲，自号“东坡居士”，世称“苏东坡”。宋眉州眉山（今四川眉山）人，祖籍栾城。他和父亲苏洵、弟苏辙合称“三苏”。嘉祐二年（1057），苏轼与弟弟苏辙同登进士。嘉祐六年（1061），苏轼应中制科考试，授大理评事、签书凤

---

①辑自《湖南通志》卷八二。

②辑自《宋诗纪事补遗》卷一九。

③辑自《天台集》续集卷中，景印清文渊阁四库全书本，台湾商务印书馆1986年版。

翔府判官。后任杭州、密州等地。元丰二年（1079），因“乌台诗案”入狱。出狱以后，降职为黄州团练副使。后被召还朝，升起居舍人，翰林学士知制诰，知礼部贡举。后以龙图阁学士的身份任杭州太守。元祐八年（1093）高太后去世，哲宗执政，贬为宁远军节度副使，再贬至惠阳，又贬至海南儋州。徽宗即位，调廉州安置、舒州团练副使、永州安置。元符三年（1100）大赦，复任朝奉郎，卒于北归途中，谥号“文忠”。有集传世。

半山亭

登岭势巍巍，莲峰太华齐。凭栏红日早，回首白云低。松柏月中老，猿猴物外啼。禅师吟绝后，千古指人迷。

次韵孙职方苍梧山

苍梧奇事岂虚传，荒怪还须问子年。远托鳌头转沧海，来依鹏背负青天。或云灵境归贤者，又恐神功亦偶然。闻道新春恣游览，羡君平地作飞仙。

观大水望朝阳岩作

朝阳岩前不结庐，下眺江水百步余。春泉溅溅出乳窦，青沙白石半湾途。不到津头二三日，谁知江水涨天墟。遥望横流不敢济，岩口正有人罾鱼。

观张师正所蓄辰砂

将军结发战蛮溪，箧有殊珍胜象犀。漫说玉床收箭镞，何曾金鼎识刀圭。近闻猛士收丹穴，欲助君王铸袅蹄。多少空岩人不见，自随初日吐虹蜺。

寄题潭州徐氏春晖堂

曈曈晓日上三竿，客向东风竞倚栏。穿竹鸟声惊步武，入檐花影落杯盘。勿嫌步月临玄圃，冷笑乘槎向海滩。胜概直应吟不尽，凭君寄与画图看。

金沙台

雨后东风渐转和，扣门迁客一经过。王孙采地空珪璧，长者芳声动薜萝。正尔谪居怀北阙，聊同笑语说东坡。山林台阁原无异，促席论心酌叵罗。

谢惠猫儿头笋

长沙一日煨笾笋，鹦鹉洲前人未知。走送烦公助汤饼，猫头突兀鼠穿篱。

洞庭春色

二年洞庭秋，香雾长噀手。今年洞庭春，玉色疑非酒。贤王文字饮，醉笔蛟龙走。既醉念君醒，远饷为我寿。瓶开香浮座，盏凸光照牖。方倾安仁醽，莫遣公远嗅。要当立名字，未用问升斗。应呼钓诗钩，亦号扫愁帚。君知蒲萄恶，正是嫫母黝。须君滟海杯，浇我谈天口。

送陈睦知潭州

华清缥缈浮高栋，上有缬林藏石瓮。一杯此地初识君，千严夜上同飞鞚。君时年少面如玉，一饮百觚嫌未痛。白鹿泉头山月出，寒光泼眼如流汞。朝元阁上酒醒时，卧听风銮鸣铁凤。旧游空在人何处，二十三年真一梦。我得生还雪髯满，君亦老嫌金带重。有如社燕与秋鸿，相逢未稳还相送。洞庭青草渺无际，天柱紫盖森欲动。湖南万古一长嗟，付与骚人发嘲弄。

竹枝歌

苍梧山高湘水深，中原北望度千岑。帝子南游飘不返，惟有苍苍枫桂林。枫叶萧萧桂叶碧，万里远来超莫及。乘龙上天去无踪，草木无情空寄泣。水滨击鼓何喧阗，相将扣水求屈原。屈原已死今千载，满船哀唱似当年。海滨长鲸径千尺，食人为粮安可入？招君不归海水深，海鱼岂解哀忠直？吁嗟忠直死无人，可怜怀王西入秦。秦关已闭无归日，章华不复见车轮。君王去时箫鼓咽，父老送君车轴折。千里逃归迷故乡，南公哀痛弹长铗。三户亡秦信不虚，一朝兵起尽欢呼。当时项羽年最少，提剑本是耕田夫。横行天下竟何事，弃马乌江马垂涕。项王已死无故人，首入汉庭身委地。富贵荣华岂足多，至今惟有冢嵯峨。故国凄凉人事改，楚乡千古为悲歌。

率子廉传

率子廉，衡山农夫也。愚朴不逊，众谓之率牛。晚隶南岳观为道士。观西南七里，有紫虚阁，故魏夫人坛也。道士以荒寂，莫肯居者，惟子廉乐居之，端默而已。人莫见其所为。然颇嗜酒，往往醉卧山林间，虽大风雨至不知，虎狼过其前，亦莫害也。

故礼部侍郎王公祐出守长沙，奉诏祷南岳，访魏夫人坛。子廉方醉不能起，直视公曰："村道士爱酒，不能常得，得辄径醉，官人恕之。"公察其异，载与俱归。居月余，落漠无所言，复送还山，曰："尊师韬光内映，老夫所不测也，当以诗奉赠。"既而忘之。一日昼寝，梦子廉来索诗，乃作三绝句，书板置阁上。众道士惊曰："率牛何以得此?"太平兴国五年六月十七日，忽使谓观中人曰："吾将有所适，阁不可无人，当速遣继我者。"众道士自得王公诗，稍异之矣。及是，惊曰："天暑如此，率牛安往?"狼狈往视，则死矣。众始大异之，曰："率牛乃知死日耶?"葬之岳下。

未几，有南台寺僧守澄，自京师还，见子廉南熏门外，神气清逸。守澄问何故出山？笑曰："闲游耳。"寄书与山中人，澄归，乃知其死。验其书，则死日也。发其冢，杖屦而已。

东坡居士曰："士中有所挟，虽小技，不轻出也，况至人乎！至人固不可得，识至人者，岂易得哉！王公非得道，不能知率牛之异也。"居士尝作《三槐堂记》，意谓公非独庆流其子孙，庶几身得道者。及见率子廉事，益信其然。公诗不见全篇，书以遗其曾孙巩，使求之家集而补之，或刻石置紫虚阁上云。①

苏辙

苏辙（1039—1112），字子由，自号颍滨遗老，宋眉州眉山（今属四川）人。嘉祐二年（1057）与其兄苏轼同登进士科。历官御史中丞、尚书右丞、门下侍郎，出知汝州、再谪雷州安置，移循州。徽宗立，徙永州、岳州，复太中大夫，又降居许州，致仕，卒，谥"文定"。著有《栾城集》。

逢章户掾赴澧州

江舟不厌窄，船窄始宜行。风里长先过，滩头一倍轻。迎亲

---

①苏轼诗文辑自《苏文忠公全集》，明成化本。

无恶处，禄养胜躬耕。澧上春兰早，犹堪吊屈生。

病退

冷枕单衣小竹床，卧闻秋雨滴心凉。此间本净何须洗，是病皆空岂有方。示疾维摩元自在，放身南岳离思量。病根欲去真元在，中夜梦游何有乡。

寄题武陵柳氏所居二首

天真堂

宦游阅尽山川胜，归老方知气味真。歌哭不移身自稳，往还无间语尤亲。永怀前辈无因见，犹喜诸郎有此人。千岁展禽风未改，不加雕琢世称珍。

康乐楼

邑居欲尽溪山好，不作层楼无奈何。岩谷满前收蜡屐，漪涟极目卷渔蓑。安心已得安身法，乐土偏令乐事多。千里筠阳犹静治，还家一笑定无他。

金沙台

待罪东轩仅两秋，摧酤事了且夷犹。奖崇善类询舆论，过访仁贤棹小舟。契合通家心异姓，情敦同气迈凡流。金沙台上聊舒乐，即景题诗合酒瓯。

绝胜亭

夜郎秋涨水连空，上有虚亭缥缈中。山满长天宜落日，江吹旷野作惊风。爨烟惨淡浮前浦，渔艇纵横逐钓筒。未省岳阳何似此，应须子细问南公。①

次韵子瞻送陈睦龙图出守潭州

海上石桥余折栋，大舶记君过铁瓮。东行万里若乘空，老蜃长鲸应入鞚。波摇风卷卧不起，免教髀肉鞍磨痛。归来过我话艰苦，惊汗津津尚流汞。海涯风物画成图，错落天吴兼紫凤。至今想象隔人世，往往风涛吹昼梦。长沙欲往厌飞楫，幸有千兵作迎送。文章清逸世少比，科第峥嵘声自重。远行屡屈众所叹，出祖谁攀车欲动。明朝鼓角背王城，莫听单于吹晓弄。

邢恕

邢恕，字和叔，郑州原武（今河南原阳西）人。早年从二程学，举进士，补永安主簿。元祐中贬永州监仓。后召为刑部侍郎，累迁御史中丞。

朝阳岩绝句

颓然一睡足，岩溜尚潺湲。面几郎山郭，寂无人世喧。

濯足临澄碧，和云卧石室。淅沥天风生，披襟当呼吸。

朝阳岩

岩巅风雨落泉声，岩下江流见底清。夹岸松筠倒流影，炊烟

①苏辙诗辑自《栾城集》，四部丛刊景明嘉靖蜀藩活字本。

渔父近寒城。

华严岩

一簇僧房路屈盘，不逾城郭到林峦。何人为假丹青手，写入轻绡挂壁看。①

游浯溪

归舟一夜泊浯溪，晓雨丝丝不作泥。指点苍崖访遗刻，更磨苔藓为留题.

朝阳洞

溪流贯清江，湍濑亘百里。龙蛇几盘纡，雷雨忽奔驶。石渠伏穿凿，怪力祖谁氏。突如见头角，虎豹或蹲峙。横江立栋柱，小艇俄纷委。苹藻翳泓澄，松竹荫崖涘。两山束鸟道，侧岸数鱼尾。缭然闭深幽，梵宇叠危址。锺呗杂滩声，亭台森水底。凭栏几游目，杖策时临履。酒杓间茶铛，棋枰延书晷。放怀得天倪，清啸谢尘滓。忽忘儿女缚，似接嬴秦子。顾予拙谋身，霜鬓飒垂耳。雅意在延龄，丹砂夙充饵。焉得兹结庐，怅念远桑梓。②

吴居厚

吴居厚（1039—1114），字敦老，洪州（今江西南昌）人。嘉祐八年（1063）进士。熙宁三年（1070），为武安节度推官。官至中书、

①以上四首辑自《宋诗纪事补遗》卷二八。
②以上两首辑自《宋诗纪事》卷二六。

门下侍郎、知枢密院事等。官终武康军节度使。翌年病逝。病逝后徽宗追赠他开府仪同三司。著有《吴居厚集》一百卷、《吴居厚奏疏》一百二十卷，已佚。

梅山十绝句

寻溪小径多盘诘，车马初来路欲迷。千古英雄汉天子，桑麻今已遍标题。

连云绝壁山无路，溅石潺湲水有花。试问昔日畲粟麦，何如今日种桑麻？

板屋依岩不记时，裹头今已就招携。可怜马氏穷兵力，铜柱穷标在五溪。

迎神爱击穿堂鼓，饮食争持吊酒藤。莫道山中无礼乐，百年风俗自相承。

山头畲麦缘藤去，背上驮儿用布缠。大抵生涯多苟简，夜深星月到床前。

木皮作席三冬暖，溪水供餐瘿项粗。自道生来为饱足，不知世上有荣枯。

溪山围合三千里，桑柘回环一万家。寸铤不持人自伏，穷兵黩武亦堪嗟。

泉石湘南已遍游，未知此洞最清幽。几回风月消沉后，肠断孤猿叫不休。

洞里山川多斗绝，腰间刀剑习如神。章公经制无遗策，谈笑生降十万人。

平日膏腴万顷田，开耕今说蔡侯先。何人为作摩崖记？留与清朝世世看。

与部使同游司空山

王官身已达，所悦多纷华。区区朝与市，轻暖事穷奢。我公味冲淡，止乐山水嘉。肩舆靡厌寻，谢兴无津涯。杖藜适意游，野径穿迂斜。回忆挂冠时，息此避喧哗。骨相有神仙，得道成全家。遗迹富览观，高步凌烟霞。静中白日长，玉宇清风赊。睹兹神圣迹，喟然兴叹嗟。①

孔武仲

孔武仲（约1041—约1097），字常父，临江新喻人，孔文仲之弟，孔平仲之兄，人称“临江三孔”。与苏轼兄弟同时。黄庭坚说：“二苏联璧，三孔分鼎。”嘉祐八年进士。历官中书舍人、礼部侍郎、宝文阁待制等职。著有诗说、书说、论语说等，共百余卷，《宋史本传》传于世。

①吴居厚诗辑自《湖南通志》卷十五。

登君山二首

径欲涉方壶，沧溟何太远。试登君山杪，直望苍梧晚。寂无纤尘动，迥快千里眼。胜境真少伦，仙山连禁苑。

楚水吞东南，皤然天一腹。君山枕波面，半插蛾眉绿。平空接游气，杳荡无川陆。归桨恨匆匆，残阳挂乔木。

登湘阴北寺江亭

古县峨新刹，孤亭占上头。野苔侵坐绿，江水带天流。丝断湘灵瑟，蘋荒帝子洲。人寰真是梦，顷刻已千秋。

二相

斯文当绝息，二子振波澜。旧国清风在，荒阡古木残。苍苔生阏宇，斜日下长竿。求福今无数，不将陈蔡看。

湘上二首

满眼青湘浸绿苔，谁家篱畔坼寒梅。天容婉美霜云薄，已逗春光入望来。南归曾泛碧湘船，击楫临流似浩然。

平野几枯残岁草，渌波犹浸旧时天。簿书倥偬嗟岩邑，樽酒欢娱忆少年。尺水片云今我有，亦当风月为留连。

湘中阻风

夜泊湖南岸，晓闻天北风。愁云来覆渚，白浪起吞空。瓮酒霞浆薄，瓶花锦带红。邻舟如隔海，孤坐寂寥中。

寄题丁子厚二亭

睦亭

抚族无如睦，开亭意可知。庭阶尽兰玉，兄弟即埙篪。食有分甘乐，歌谐伐木诗。欢心已如此，风景况相宜。

朋来亭

学有青衿聚，亭当绿野开。山川二湖曲，宾友四方来。乡行求如舜，师门欲望回。无轻十室小，长养即高才。

留题毛成叔持月轩

明月来何远，腾腾碧海东。云收万里外，人在一轩中。光泫池塘路，凉生枕簟风。相过喜良夜，莫放酒尊空。

湘潭二首

禄仕飘然寄楚乡，才能苦短志方强。已栽绿柳如彭泽，况有黄金似栎阳。风飐湘波天影动，云来衡岳雨声长。尚疑卑湿难安处，更起西边百尺堂。

县街重复俯惊湍，正与湘江咫尺间。侵啮最忧东汇水，蔽遮惟有北来山。清流倒影楼台壮，白瓦连云市井间。捍患持危功不小，亭亭千古镇荒湾。

巴陵官舍二题

湖山亭

县山峻绝有新亭，公退时来看洞庭。天外微茫二湖合，波心缥缈一峰青。非时爽气生云雨，永夜寒光浸斗星。千古登临增健笔，投文犹可吊湘灵。

潇洒堂

旅平凹处剪荆榛，画栋明窗学隐身。政简琴书聊度日，地间花木为留春。一杯浊酒迷今古，五字清吟泣鬼神。暂伴登临对佳景，衣襟浑觉减埃尘。

城上亭二首

更无人迹逐攀跻，庐岳乌藤手自携。沧海谁论六月息，茂林今得一枝栖。幽芳满径春难老，翠樾连云日易西。况有北郊宜旷望，公余聊此发醯鸡。

湘潭之酒今稍薄，粉白水清亦不恶。百钱换得一斗归，复此悠然纵杯酌。醉中衡华皆秋毫，肯复刺眼事锥刀。层林密叶风力豪，钧天震音春台高。

辞二妃庙

盘空乌鹊噪丛祠，船上行人半起时。残月胧胧倾岛屿，南风袅袅透旌旗。开帆便欲日千里，别庙仍浇酒一卮。岸芷汀兰俱可荐，新声翻入九歌词。

次韵邓慎思见寄

暂寄潇湘百尺船，谁论灶突冷无烟。城阴潦积朝慵出，枕底波鸣夜废眠。潭府更看花似锦，洞庭将泛水如天。相期尽校蓬山藏，不只东流酹酒仙。

次韵和邓慎思谢刘明复画道林秋景二首

铃斋清话未更端，一扫禅林景趣完。缥缈已装新殿塔，萦纡仍引外峰峦。冷风有意生空曲，密雪无声下广寒。平昔所游今在眼，凄凉疑是梦中看。

以诗博画虽不费，要秋得冬如未完。恍疑霰雪满天地，惨若暮气迷峰峦。夜堂高张醉魂醒，暑馆偶窥吟魄寒。笔端应与造化会，莫作人间毫素看。

次韵和邓慎思与太守同登清湘楼

郡楼邀会乐丰年，极目山川思浩然。才子登临嗟昔别，使君蕃屏值新迁。前峰绿雾藏丹叶，别浦平沙衬碧涟。不但醉吟湘与麓，曾歌崧岳汉美周宣。

次韵和张芸老阻风见寄

闻道征帆却滞留，萧条湘岸正南头。春光虽有将归意，野色仍供不尽愁。破浪心期元万里，扬帆目送已千舟。山斋亦欲君重访，逆水如今是顺流。

登涵晖亭

常时洲岛隔波澜，故觅君山直上看。罨画园林春减色，水晶宫阙昼添寒。州城斜引群峰小，湖面平吞数驿宽。坐久西风响乔木，扁舟思到武陵滩。

过洞庭二首

朝来四境宿云披，渐放扁舟出渺弥。漠漠衣襟和水雾，悠悠帘幕挂天丝。波平自喜看书稳，风软翻忧出险逢。今夜君山兴不浅，登临应及月明时。

杳杳湖天极目中，波光日影两陶熔。舟离庙步湾环水，帆指东山缥缈峰。昔日南征期饮马，今朝北去想骑龙。归来若得醉乡隐，愿化春醪万顷酥。

将至巴陵

南行应不叹途穷，水驿连翩遇好风。远浪飞来千白鹭，轻帆相逐两冥鸿。残云日挂苍茫外，平野天垂旷阔中。湘浦旧游思一访，肯因莼脍忆江东。

思南岳呈运判承议

曾逐篮舆访懒残，楼台萦转在峰峦。明灯夜向猊床拜，别殿晨披贝叶看。选胜危梯经巀嵲，登高余思凭栏干。归来认是游仙梦，过尽春风料峭寒。

送望圣监南岳庙

还乡同赴紫宸朝，笑语从容慰寂寥。白发侵凌今满鉴，青春羁旅旧连镳。易江小隐西园在，湘浦新除道路遥。老境不堪论契阔，东风官柳乱堤桥。

送毅父弟知衡州

浮云富贵本无情，出守衡阳地望清。陇亩良田多乐岁，江山秀气入重城。铃斋宴衎茶樽佚，棠荫优游狱讼平。应念区区大梁客，朝衣颠倒趁鸡鸣。

湘西

文园春晚病无聊，剩欲登临散郁陶。远野输凉来宴坐，长冈倾秀入诗毫。轻明物态归仙境，咫尺城阃限海涛。胜事满前难记忆，戏逢香草缀离骚。

轺车馆

野阔天长入望青，眼中虚豁到鸿冥。偶从楚俗来同乐，下视湘江笑独醒。风紧水光时蹙练，日斜山影半回屏。扁舟过此方年少，老矣重来鬓渐星。

赠长沙僧守节

花木重重鹿苑春，萧然一室坐安贫。真乘但要心知法，喜舍无如药济人。增损诸方精古义，窥寻六脉妙通神。长沙旅泊无聊赖，时乞刀圭养病身。

自君山还岳阳

云山深处望潇湘，岩谷沉沉已夕阳。却整舟航凌浩渺，回看城郭似家乡。挥戈径欲回羲驭，散发今知出吕梁。不是浮休动归兴，对眠犹可借禅床。

徐成之园亭三咏

瑞香槛子

异国携来看愈新，移当樽俎会嘉宾。虽无绝艳惊流俗，为有清香得近人。烛下更宜观态度，酒阑尤觉醒精神。湖南莫作淹留叹，已见浔阳二月春。

竹径桃花

辟地不盈亩，点缀成阻修。相招竹林逸，更作桃源游。绰约新饮露，琅玕曾倚秋。春风荡人意，此境独清幽。

石盘

攻玉为方盘，可据以饮食。又可安文枰，两仙相对弈。簿书应接罢，胥不留踪迹。散步到其间，如临苍山壁。下有清冷波，滟滟欲侵席。坐兼仁智乐，岂独烦襟释。长沙春正妍，樽酒会嘉客。好事清河翁，题名刻之石。

诗答李时发见贺书省除命渠云尝言矣

倾盖相期自有人，赠言先许出埃尘。若非清议曾推挽，安得公朝有选抡。州县徙劳虽已厌，置邮传命或非真。期公莫算人间事，共醉湘江烂漫春。

留题徐成之和轩

生人情谊贵和光，俸薄官闲寄楚乡。杂沓宾朋四方会，优游风月一轩凉。杯倾琥珀催人饮，羹暖驼蹄劝客尝。景趣已佳心未惬，更栽花竹满池塘。

余尝谓北人不知江湖如南人不习边塞时张芸老在坐中因问

张子胸中莹不疑，江湖边地总曾知。波澜沃日漾舟处，霰雪埋空出塞时。挂席何妨拾明月，据鞍仍解赋新诗。悠然无复分南北，阵马风樯取次宜。

和李时发春日见寄

闻道重湖路未通，悠然身在碧湘中。崎岖水国犹千里，牢落春花已半空。江浪溅寒侵小睡，岳云筛雨响疏蓬。君诗亦说清幽趣，便觉年来气味同。

自君山还岳阳

云山深处望潇湘，岩石沉沉已夕阳。却整舟帆凌浩渺，回看城郭似家乡。挥戈径欲回羲驭，散发今知出吕梁。不是浮休动归兴，对眠犹可借禅床。

次韵和王敏仲望祝融峰四首

独立千秋浑不倚，排虚直上似无根。履穿尚恐高难及，磴滑犹应险可扪。

斗柄峥嵘宜有概，星榆烂漫岂无根。祝融直上应窥见，阊阖虽重亦可扪。

南帝尊严敕六丁，剜湘为砚岳为屏。联青叠秀俱来会，惟有中锋在杳冥。

僧居晓看一峰青，迥绝纤尘点画屏。会有片云来触石，江湖三日雨冥冥。

何君表留大舟于浔阳不敢乘即至湘阴寄绝句谢之

洞庭秋水接天流，万斛楼航不易收。才力似君方称副，此身只合载渔舟。

入湘江二绝句

清川曲岸进迟迟，采得菊花三两枝。捻弄秋香斜日下，有怀江国去年时。

平沙衬水竹藏云，自古多招薄命人。我独远来追所好，是中鱼美绿醅醇。

送十二兄还江西

匣有青萍笥有书，西风只影渡江湖。剩收岳麓春前景，写入新诗胜画图。

七里驿遇叶振卿秘校南归三首

系马邮亭寂寞中，远沙乔木暮号风。今霄不作江南梦，赖有之人笑语同。

雪霰飘灯春夜长，相逢旅琐莫悲伤。朱颜绿发输君少，正好驱车上太行。

湘水秦山此路分，更持杯酒劝行人。马头便作天涯别，好到江南看早春。

五鼓乘风过洞庭湖日高已至庙下作诗三篇

半掩船篷天淡明，飞帆已背岳阳城。飘然一叶乘空度，卧听银潢泻月声。

北风投晓渐雄豪，椎鼓车帆十丈高。枕底洞庭三百里，卧听天乐响丛嘈。

南津瀺灂夜风微，投晓湖灵更发机。想象虚空闻帝乐，逡巡波浪匝天围。三湘路指平芜转，两舸帆争白鸟飞。却上丛祠荐牲酒，荆云隐隐尚朝晖。

西园独步二首

茂林新幄翠重重，犹有残花掩映红。庭馆渐虚容散涉，时攀园果作狙公。

官居何以涤冥烦，喜有厅西北涉园。白日渐长公事少，红英已尽叶阴繁。渌波似镜池能照，巧舌如簧鸟解言。风景只随人意好，昔贤何事厌湘沅。

寄题王道祖秀光亭

徒倚望西南，秀色如可掬。湘水蹙纤罗，湘山叠明玉。清辉来西隅，朝爽浮万屋。图写卒难成，登览常不足。会计当而已，廉吏当寡欲。萧然忘轩冕，日可娱幽独。

晚步西园

今日曷不乐，吾园来颇疏。向晚门庭空，杖策到城隅。林噪其飞禽，池跃其游鱼。似怪我来迟，晨朝何往乎。寂默不应答，暂与尔辈俱。唼波窥唅喁，集灌听相呼。复倚逍遥亭，悠然观太虚。

代简别林次中

常思洞庭湖，梦想东南游。浩渺七百里，控带三五州。霪霖稍开霁，万顷涵新秋。此时登临势，并在岳阳楼。水天两琉璃，莹阔相沉浮。爽气动林木，无风亦飕飗。愿言追壮观，两桨推轻舟。何异泛沧海，便可挂浮丘。前日到君家，日暮空回舟。径遣长须来，见邀颇绸缪。谓此千里别，一散未易收。相去况咫尺，能上河梁不。顾我行役长，感君风义遒。好在更加餐，行子不可留。

代简答次中见留

诗夸洞庭湖，盖举其粗尔。自此稍南行，更有潇湘水。潇湘如此流，浅深清见底。吾邑在其旁，桑麻百余里。民经南巡后，淳庞犹可喜。白酒日相沽，鲈鱼夜成市。念方从吏隐，小官不为耻。先期了赋租，随时用鞭棰。此外无余事，看山聊隐几。还作小诗篇，寄声前御史。御史吾故人，风义今为伟。超迁未复甚，久仆行复起。但使交期在，不须论远迩。今夕宿朱仙，相望月明里。

奉酬李时发岳麓见寄

秋风入荒城，落叶如飞雨。梦寐湘西游，晻暖不可睹。昨日得君诗，讽咏日欹午。山光相随来，潇洒入庭户。忆昨寻此山，扁舟戛平浦。白鸥为前驱，丹霞随步武。渐入空旷中，轻清欲飞举。幽泉落石鸣，乔杉得风舞。峰峦半明灭，云月相吞吐。岩岩仙佛家，殿塔罗翠坞。半壁闻棋声，深林传鸟语。清境造已极，更上最高处。朱栏插青冥，华屋横险阻。云梦吞八九，天衢量尺五。却视长沙城，迫仄真环堵。渌水带萦洄，青烟丝一缕。平时事干谒，白书走尘土。到此觉沉迷，直欲弃簪组。尚愧节不高，空然赋归去。朅来岩邑居，扰扰变寒暑。回旋尽朱墨，应接烦棰楚。何尝略寻幽，曾不暇窥圃。引望西绝堂，旷若隔今古。夫君今俊秀，爽气发眉宇。文章富挥洒，诗笔尤跛扈。动我登临兴，翩翩如插羽。欲往竟未能，攀笼挂深庑。喜君得胜境，去家才百步。年丰官舍闲，芳草生囹圄。篮舆不厌出，时结采芝侣。更分新篇章，慰我独吟苦。

庙下候风呈同行

楚水千百源，洞庭为壮观。势居七泽右，地裂荆吴半。而我泛扁舟，飘然一归雁。来之岂为益，去赤未足算。胡不吹清波，纵发如飞翰。朝辞庙山曲，午泊巴陵岸。况有三面风，迎送俱无间。定非偏薄厚，以掇行旅讪。奈何苦流滞，兀兀晨复旰。采芹朝当蔬，伐竹暮供爨。舟师三十人，饿虎奔刍豢。使之裹粮绝，虑有探囊患。二王东南望，貌像颇辉焕。歌鼓岁无休，香灯夜侵旦。我为江湖士，乞灵从弱冠。四到祠宫下，霜髯今已粲。王其故旧恤，勿以涂人看。尊师况慈忍，善道阴有赞。王心或未回，师颊固宜缓。灵珓似见许，归来整樯幔。

巴陵界中作

曲曲秋江滟滟波，直疑乘兴到银河。逢人欲问支机石，此去星桥路几多。一别湖湘二十秋，飘然羁旅复萍浮。冰霜入鬓殊非壮，星斗罗胸却似愁。浊酒放歌朝拊髀，青灯苦学夜悬头。惟应此乐无穷已，滚滚沧波尽即休。

祠二庙之明日未得顺风呈同行

岳州西祠从古有，控带洞庭湖之口。前对隐显明灭之湘山，下接渊沦汹涌之长川。茫茫白沙连绝屿，淡淡古木蟠苍烟。昭灵王，左安流，右翠帐，朱幡拥前后。锯牙虎视森两厢，气骨生狞欲奔走。我来缆舟日已昏，袍靴跪听祠官言。伏兴进退如法式，四顾诡谲惊心魂。平明结束舟将解，叱吸仍闻北风大。焚香奏酒殊无计，伏渚藏汀姑有待。二王威神世所传，钤摄鬼怪宾灵仙。好风相送势不难，舒卷造化须臾间。波回草动似有意，举棹开帆即千里。吟诗赏月岳阳楼，买鱼沽酒巴陵市。

赋张芸叟番刀

王师前年下灵州，先生奉诏为参谋。军书堆案不足道，欲斩名王悬髑髅。官供器械如山积，装结虽巧体质浮。传闻蕃刀最可用，买置不惜千金酬。沙河洗湔血痕尽，莹若一水横清秋。长庚辉辉夺明月，光景迸溢不可收。军回仓卒未及试，提挈万里来荒陬。空齐倒掩阅图史，深林永日号猩鼯。挥鸣且欲惊暴客，敢议与国平冤仇。夜郎蒙恩放李白，炎岭得旨还幽求。轻船共泊长沙岸，几日对语清湘楼。红莲幕中邀客饮，雾雨咫尺迷汀洲。杂花落尽无处觅，官妓遣归不敢留。清叹未免假外物，共说铁剑胜倡优。君家所宝世稀有，满坐传看惊殊尤。护之太过却锈涩，顽藓郁结缠苍虬。横磨十万只虚语，得此已足驰燕幽。

今公又应元戎辟，真能寸截鲸鲵不。郗生入幕宜有画，定远出塞将封侯。我今喜得随君去，长江渺渺平天流。路危或恐逢水怪，尾脊崔崒当吾舟。烦公一效佽飞勇，为公椎鼓倾金瓯。

寄信州交代钱德循

处君以西轩之爽气，赠以仙府之名花。名花芬敷随晓日，爽气潇飒凌朝霞。山川从此增秀色，尘埃不复留君家。羡君年少气力锐，况有长才可经世。驰声京邑盖有年，作幕山川不得意。谩寻幽景养天真，积明不学陶潜醉。钱夫子，我今去指湘江边，洞庭波澜阔如海，与君又隔东南天。饶阳亦有木犀种，真骨来从武夷洞。自有清香百步闻，烦君为买双株送。勿云千里移致难，从古物轻人意重。但将木李对琼瑶，余物区区且安用。

寻真观

武皇车驾东南出，访道求仙希万一。屏风九叠云物清，意恐神仙常此室。羽章之馆缔构新，坛场夜夜祈星辰。蓬莱缥缈不可到，桥山一闭逾千春。咏真之夫在旁侧，白昼潭心飞霹雳。田收岁美龙亦闲，惟有畲沦照空碧。谁道寻真是女郎，朝飧松桂夜焚香。明眸绿鬓今何在，应已霞衣侍玉皇。①

孔平仲

孔平仲，生卒年不详。字义甫，一作毅父。新喻（今江西新余县）人。治平二年（1065）举进士，曾任秘书丞、集贤校理、户部郎中等职。与其兄文仲、武仲俱有文名，时号“三孔”。长于史学，工文词，富于词藻，著有《珩璜新论》、《续世说》、《孔氏谈苑》等。

至日阻风饮于转运行衙呈经父

杜渚停风棹，华堂置酒壶。云低岳阳市，雪满洞庭湖。醉眼看梅蕊，欢心合棣树。去年今夕梦，江国面京都。

夜宴曲妇人名

湘江绀碧玉照秋，丹枫红蓼君莫愁。江上女儿花见羞，吾曹大家行乐休。促席相虞美人出，羽觞昨许飞琼液。天明君醉苦相挽，肯念奴家隔江远。流苏小帐曲屈屏，留连为子都忘返。

文选集句寄慎思交代学士慎思游岳老夫守舍叙述游旧慎问交承与夫舍舟登陆之策俱在此矣

邓生何感激，志尚好诗书。清机发妙理，言论准宣尼。翰墨时间作，文雅纵横飞。弥年缺相从，梦想见容辉。自昔同僚采，恩爱两不疑。洁身跻秘阁，携手游郊几。一麾乃出守，桑梓有余

①孔武仲诗辑自《清江三孔集》，景印文渊阁四库全书本，台湾商务印书馆 1986 年版。

辉。濡迹涉江湘，将就衡阳栖。渺渺孤舟游，洲渚既淹时。凤凰集南岳，平生遂幽期。岩峭岭稠叠，高高入云霓。企石挹飞泉，陵冈掇丹荑。即事既多美，游子澹忘归。春仲尚未发，悠悠隔山陂。今我惟困蒙，处身孤且危。顾影凄自怜，悄悄令人悲。一心抱区区，知音世所希。块然守空堂，高窗时动扉。仰视浮云翔，密雨如散丝。中夜抚枕叹，轩车来何迟。倾想迟嘉音，会合何时谐。借问下车日，临路犹迟回。春江壮风涛，渔潭雾未开。肃此尘外轸，以副饥渴怀。

衡州谢到任表

淮右按刑，讫无善状。湘东出守，仰荷宽恩。已见吏民，奉宣诏令。中谢。臣禀生愚陋，涉世曲艰。逢熙运之有开，与群材而并进。四尘使节，雨玷郎曹，老境驱驰，筋骸已瘁。小邦抚字，才术何堪？此盖伏遇皇帝陛下，明极照临，德参覆帱，方独观于万化，不求备于一夫。遂致孤贫亦叨任使。臣敢不悉心职事，图报国家，庶集涓埃，上裨海岳。

永兴提刑谢表

吕刑三千，人命所系，秦关百二，地望非轻，自愧薄材，荐当烦使。中谢。臣编摩末学，废放余生，齿髪已衰，精力不健。南宫数月，曾蔑补于秋毫；西部列城，又俾司于邦宪。恩波沦骨，感涕交颐，此盖伏遇皇帝陛下以尧舜之仁，兼乾坤之量，方曲成于万物，岂求备于一夫，故此孤孱，亦叨推择。臣敢不悉心职事，图报国家，庶集涓埃，上裨海岳。①

刘奉世

刘奉世（1041—1113），字仲冯，临江新喻（今江西新余）人。刘敞之子。举进士。元祐中累官签书枢密院事。文词雅澹，精《汉书》学。与父及叔攽齐名，世称三刘，合著有《三刘汉书标注》。著作今存有《自省集》一卷。

郴州

当年贾傅去长沙，吊屈无灵赋楚些。万里不忘宣室夜，未舒三策不成家。西去潇湘南岳麓，名城叠叠纡盘谷。岣嵝不厌百回读，依然称是刘光禄。

杨白云

春风吹百花，杨花飞恼人。谁家芍药殿春后，花飞杨柳空暮春。春来复春去，春去又春来。阳阿歌白雪，落絮欲成灰。花若有情风引去，拂郎征衣点归路。

①孔平仲诗文辑自《清江三孔集》，景印清文渊阁四库全书本，台湾商务印书馆 1986 年版。

卷二十六

彭汝砺

彭汝砺（1041—1095），字器资，饶州鄱阳（今江西鄱阳）人。治平二年（1065）进士，授保信军推官，武安军掌书记，潭州军事推官。历官中书舍人、集贤殿修撰、吏部尚书。著有《易义》、《诗义》、《鄱阳集》。

武冈路中

朝行黄茅冈，暮宿黄茅驿。一冈复一冈，冈冈如络绎。一驿复一驿，思亲头易白。何时自此还，行李兼晨夕。

武冈驿

破屋山间驿，穷阎溪上村。云山能近郭，池水故当门。气象生诗笔，波澜动酒樽。夜长归梦远，凭尔与招魂。

驿前人家小池

黄茅前驿路，阛淡小池园。春近花林好，日斜凫鸭喧。幕云寒苒苒，眉月夜番番。莫笑村居僻，谁如拙养尊。

武冈路中

复岭重冈烟霭深，晚年多病觉难任。他乡一日如三岁，远路家书抵万金。流水可怜君未息，白云谁似尔无心。天寒日暮双飞鸟，寂寂归栖只旧林。

武冈驿

行路萧条伤客心，黄云不动只阴阴。天寒独鹤飞平泽，日暮慈鸦归故林。鳞翼不将一字至，雪霜莫怪二毛侵。拥炉更饮钟陵酒，抱膝漫为梁甫吟。

长沙道中寄君时

少时惜别惟男女，老大相思味尤苦。时节愁深聚作云，道途泪落纷如雨。

又

梦魂章水去无时，书信蒲山来有数。几时与汝归去来，彩服相看老农圃。

古山寺并序

余十一月甲申，以使来武冈，坐茅茨之室，逼闾阎之陋，无故人往来之乐，怀羁旅不足之情。于是有游古山之寺，在县西十五里，而山水俊拔深秀，亦有可爱者，因留置酒，抵暮还驿，而作是诗。

淡日沙村晚，霜晴溪路遥。蛮人瞻虎节，田父看星轺。使指勤咨问，君恩费养调。畏途谙跋涉，遗策问刍荛。腊近云长暝，春迟雪未消。远空低幕幔，叠嶂露琼瑶。板屋谁家舍，茅檐何处桥。梅香浮远水，藤古上重霄。细草眠黄犊，巅崖落皂雕。儿童晴出牧，妇女晚归樵。椎髻骑吹笛，斑衣行踏谣。封疆连五岭，习俗带三苗。狐鼠威溪老，豺狼脱洞骄。今当蒙润泽，久已静氛妖。歌舞随乡地，耕桑托圣朝。威仪欣用古，姓氏耻称猺。僧至不千里，寺名非一朝。小亭浮草莽，高阁出岧峣。泉细能沾润，峰危欲动摇。会观禅味足，还见讲花飘。茶泛波无迹，香深篆未消。远游贪物象，久客厌尘嚣。子美诗千首，渊明醉一瓢。傥来淹白昼，轻去恨连宵。野色随行李，滩声逐画桡。鸟归浮漠漠，旌旋雨萧萧。淡月生昭旷，青灯照寂寥。岁时惟箭激，江海秖萍漂。洪井连庐阜，蒲山近斗杓。且从周梦去，莫作楚魂招。①

范祖禹

范祖禹（1042—1098），字淳甫，一字梦得。成都华阳（今四川成都）人。嘉祐八年（1063）进士。曾任秘书省正字、著作佐郎，翰林侍讲学士兼知国史院等职。他一心撰写史书，协助司马光编修《资治通鉴》；哲宗时，参与修《神宗实录》，后在贬所卒。著有《唐鉴》、《帝学》、《范太史集》等。

永州作

京华驿候远，楚越山川分。心驰桂江水，梦绕苍梧云。夕与木石居，朝游麋鹿群。圣治逾绳契，皇明轶华勋。炎陬暨海表，休气塞无垠。羁臣此幽挚，何以答恩勤。②

黄庭坚

黄庭坚（1045—1105），字鲁直，自号山谷道人，晚号涪翁，洪

①彭汝砺诗辑自《鄱阳集》，景印清文渊阁四库全书本，台湾商务印书馆1986年版。
②辑自《范太史集》，景印清文渊阁四库全书本，台湾商务印书馆1986年版。

州分宁（今江西修水）人。治平四年（1067）举进士。历官叶县尉、北京国子监教授、校书郎、著作佐郎、秘书丞、涪州别驾、黔州安置等。诗歌与苏轼并称为“苏黄”，书法与苏轼、米芾、蔡襄并称“宋代四大家”，词作与秦观并称“秦黄”。崇宁四年（1105）死于宜州贬所。工诗文，为江西诗派开山之祖，著有《山谷集》、《豫章黄先生文集》、《山谷琴趣外篇》。

浯溪图

成子写浯溪，下笔便造极。空濛得真趣，肤寸已千尺。只今中宫寺，在昔漫郎宅。更作老夫船，樯竿插苍石。

晚泊长沙示秦处度范元实用寄明略和父韵五首

昔在秦少游，许我同门友。掘狱无张雷，剑气在牛斗。今来见令子，文似前哲有。何用相浇泼，清江渌如酒。

范公太史僚，山立乃先达。发挥百代史，管以六经辖。投身转岭海，就木乃京洛。仲子见长沙，且用慰饥渴。

秦郎水江汉，范郎器鼎鼐。逝者不可寻，犹喜二子在。相逢唾珠玉，贫病问薪菜。豫愁帆风船，目极别所爱。

往时高交友，宰木已枞枞。今我二三子，事业在灯窗。秦范波澜阔，笑陆海潘江。愿兹秉经术，出仕荣家邦。

少游五十策，其言明且清。笔墨深关键，开阖见日星。陈友评斯文，如钟磬鼓笙。谁能续凤鸣，洗耳听两甥。

赠惠洪

吾年六十子方半，槁项顶螺忘岁年。韵胜不减秦少觌，气爽绝类徐师川。不肯低头拾卿相，又能落笔生云烟。脱却衲衫着蓑笠，来佐涪翁刺钓船。

太平寺慈氏阁

青玻璃盆插千岑，湘江水清无古今。何处拭目穷表里，太平飞阁暂登临。朝阳不闻皂盖下，愚溪但见古木阴。谁与洗涤怀古恨，坐有佳客非孤斟。

题澹山岩二首

去城二十五里近，天与隔尽俗子尘。春蛙秋蝇不到耳，夏凉冬暖总宜人。岩中清磬僧定起，洞口绿树仙家春。惜哉次山世未显，不得雄文镵翠珉。

澹山澹姓人安在，征君避秦亦不归。石门竹径几时有，琼台瑶室至今疑。回中明洁坐十客，亦可呼乐醉舞衣。阆州城南果何似，永州澹岩天下稀。

赠益阳成之主簿

两祖门中种阴德，名塞四海世有人。诸儿莫断诗书种，解有无双筜搢绅。人间卿相何足道，胸次诗书要不忘。男儿邂逅起屠钓，何如林下日月长。

离福严

山下三日晴，山上三日雨。不见祝融峰，还溯潇湘去。

胜业寺悦亭

苦雨已解严，诸峰来献状。不见白头禅，空倚紫藤杖。

长沙留别

折脚铛中同淡粥，曲腰桑下把离杯。知君不是南迁客，魑魅无情须早回。

题君子泉

云梦泽南君子泉，水无名字托人贤。两苏翰墨相为重，未刻他山世已传。

武陵

武陵樵客出桃源，自许重游不作难。却觅洞门烟锁断，归舟风月夜深寒。

戏咏零陵李宗古居士家驯鹧鸪二首

山雌之弟竹鸡兄，户入雕笼便不惊。此鸟为公行不得，报晴报雨总同声。

真人梦出大槐宫，万里苍梧一洗空。终日忧兄行不得，鹧鸪应是鼻亭公。

谢人惠猫头笋

长沙一月煨鞭笋，鹦鹉洲前人未知。走送烦公助汤饼，猫头突兀想穿篱。

雨中登岳阳楼望君山二首

投荒万死鬓毛斑，生出瞿塘滟滪关。未到江南先一笑，岳阳楼上对君山。

满川风雨独凭栏，绾结湘娥十二鬟。可惜不当湖水面，银山堆里看青山。

过洞庭青草湖

乙丑越洞庭，丙寅渡青草。似为神所怜，雪上日杲杲。我虽贫至骨，犹胜杜陵老。忆昔上岳阳，一饭从人讨。行矣勿迟留，蕉林追獦獠。

戏赠张叔甫

团扇复团扇，因风托方便。衔泥巢君屋，双燕令人羡。张公子，时相见。张公一生江海客，文章献纳麒麟殿。文采风流今尚存，看君不合长贫贱。醉中往往爱逃禅，解道澄江静如练。淮南百宗经行处，携手落日回高宴。城上乌，尾毕逋。尘沙立暝途，惟有摩尼珠。云梦泽南州，更有赤须胡。与君歌一曲，长铗归来乎。出无车，食无鱼。不须闻此意惨怆，幸是元无免破除。脱吾帽，向君笑。有似山开万里云，论心何必先同调。河之水，去悠悠。将家就鱼米，四海一扁舟。头陀云外多僧气，直到湖南天尽头。潭府邑中甚淳古，还如何逊在扬州。但得长年饱吃饭，苦无官况莫来休。

游愚溪

意行到愚溪，竹舆鸣担肩。冉溪昔居人，埋没不知年。偶托文字工，遂以愚溪传。柳侯不可见，古木荫溅溅。罗氏家潇东，潇西读书园。笋茁不避道，檀栾摇春烟。下入朝阳岩，次山有铭镌。藓石破篆文，不辨瞿李袁。嵌宝响笙磬，洞中出寒泉。同游三五客，拂石弄潺湲。俄顷生白云，似欲驾我仙。吾将从此逝，挽牵遂回船。

玉芝园

春生潇湘水，风鸣涧谷泉。过雨花漠漠，弄晴絮翩翩。名园上朱阁，观后复观前。借问昔居人，岑绝无炊烟。人生须富贵，河水清且涟。百年共如此，安用涕潺湲。蒋侯真好事，杖屦喜接连。车载溪中骨，推排若差肩。厌看孔壬面，丑石反成妍。感君劝我醉，吾亦无间然。乱我朱碧眼，空花坠便翾。行动须人扶，那能金石坚。爱君雷氏琴，汤汤发朱弦。但恨赏音人，大半随逝川。平生有诗罪，如痼不可痊。今当痛自改，三衅复三湔。

伯时彭蠡春牧图

岳阳楼上春已归，湖中鸿雁拍波飞。布帆天阔随鸟道，石林风晚吹人衣。春水初生及马腹，浮滩欲上西山麓。遥看绝岭秀云松，上有垂萝暗溪谷。沙眠草啮性不骄，侧身注目鸣相招。林间瞥过星烁烁，原上独立风萧萧。君不见，中原真种胡尘没，南行市骨何仓卒。只收力健载征夫，肯向时危辨奇骨。即令贡马西北来，东西坊监屯云开。纷然驽骥同一秣，尔可不忧四蹄脱。

祝融峰

万丈祝融插紫霄，路当穷处驾仙桥。上观碧落星辰近，下视红尘世界遥。螺簇山低青霭霭，线拖水远绿迢迢。当门老桧枝难长，绝顶寒松叶不凋。才到初秋霜已降，每逢春尽雪方消。偎岩老衲针常把，度夏禅僧扇懒摇。龙向池过施雨泽，鸟于窗外奏箫韶。游人未必常居此，暂借禅房宿一宵。

书磨崖碑后并序

崇宁三年三月巳寅。风雨中来泊浯溪，进士陶豫李格僧伯新道遵同至中兴颂崖下。明日，居士蒋大年石君豫太医成权及其侄逸僧守能志观德清义明等俱来。又明日，萧褒及其弟裒来三日徘徊崖次，请予赋诗，老矣，不能为文，强作数语，惜秦少游已下世，不得此妙墨，劖之崖石耳。

春风吹船著浯溪，扶藜上读中兴碑。平生半世看墨本，摩挲石刻鬓成丝。明皇不作苞桑计，颠倒四海由禄儿。九庙不守乘舆西，万官已作乌择栖。抚军监国太子事，何乃趣取大物为。事有至难天幸尔，上皇局蹐还京师。内间张后色可否，外闲李父颐指挥。南内凄凉几苟活，高将军去事尤危。臣结春陵二三策，臣甫杜鹃再拜诗。安知忠臣痛至骨，世上但赏琼琚词。同来野僧六七辈，亦有文士相追随。断崖苍藓对立久，冻雨为洗前朝悲。

云盖智和尚真赞

哆哆啝啝，搭猱左科。吃十方饭，唱快活歌。任疏慵，没礼数。赶则去，招则住。住似着衫，去如脱袴。禅徒苦口劝和光，捏聚虚空要泊路。[①]

邹志完

邹志完，名浩，常州晋陵人。举进士，历襄阳教授，迁司谏，历吏部、兵部侍郎。蔡京用事，斥衡山，别驾永州安置。卒谥“忠”。著有《道乡集》。

过永州澹山岩作

我入幽岩亦偶然，初无消息与人传。驯狐戏学仙伽客，一夜飞鸣报老禅。[②]

秦观

秦观（1049—1100），字少游，一字太虚，号淮海居士，扬州高邮（今属江苏）人。“苏门四学士”之一。曾任太学博士，秘书省正字、国史院编修官，后因卷入党争的政治漩涡，先后被贬郴州、横州、雷州等地。后遇赦，死于归途中一藤州。秦观作词委婉含蓄、清丽淡雅，是婉约派的的代表作家。著有《淮海集》四十卷以及《淮海居士长短句》传世。

次韵参寥三首其一

武陵渔子入花源，但见秦人不得仙。会有黄鹂鸣翠柳，何妨

---

①黄庭坚诗辑自《山谷集》，景印清文渊阁四库全书本，台湾商务印书馆1986年版。
②辑自《宋诗纪事》卷二八，上海古籍出版社1983年排印本。

白眼望青天。

题郴阳道中古寺壁二绝句

门掩荒寒僧未归，萧萧庭菊两三枝。行人到此无肠断，问尔黄花知不知。

哀歌巫女隔祠丛，饥鼠相追坏壁中。北客念家浑不睡，荒山一夜雨吹风。

冬蚊

蚤虿蜂虻罪一伦，未如蚊子重堪嗔。万枝黄落风如射，犹自传呼欲噬人。

观音洞

匹马骄嘶石路斜，观音洞口踏烟霞。普陀风景差相似，只欠潮音小白花。

反初

昔年淮海未，邂逅安期生。记我有灵骨，法当游太清。区中缘未断，方外道难成。一落世间网，五十换嘉平。夜参半不寝，披衣涕纵横。誓当反初服，仍先谢诸彭。晞发阳之阿，铺啜太和精。心将虚无合，身与元气并。陟降三境中，高真相送迎。琅函纪前绩，金蒲锡嘉名。耿光洞寥廓，不借日月明。故栖黄埃里，绝想空复情。

漫郎

元公机鉴天所高，中兴诸彦非其曹。自呼漫郎示真率，日与聱叟为嬉遨。是时胡星陨未久，关辅扰扰犹弓刀。百里不闻易五羖，三士空传杀二桃。心知不得载行事，俛首刻意追风骚。字皆华星章对月，漏泄元气烦挥毫。猗玗春深茂花竹，九疑日暮吟哀猱。红颜白骨付清醥，一官于我真鸿毛。乃知达人妙如水，浊清显晦惟所遭。无时有禄亦可隐，何必龛岩远遁逃。

和裴仲谟放兔行

兔饥食山林，兔渴饮川泽。与人不瑕玼，焉用苦求索。天寒草枯死，见窘何太迫。上有苍鹰祸，下有黄犬厄。一死无足悲，所耻败头额。敢期挥金遇，倒橐无难色。虽乖猎者意，颇塞仁人责。兔兮兔兮听我言，月中仙子最汝怜。不如亟返月中宿，休顾商岩并岳麓。

李端叔见寄次韵

君文豪赡无与俦，使我吟讽忘离忧。浩如沅湘起阳侯，翻星转日吞数州。华章藻句饶风力，顷刻朱红迷畛域。一斑纵复为管窥，万派终难以蠡测。区区文墨倦高情，解鞅还游恍惚庭。半槽新水六尺簟，卧视云物行空青。伊我篮舆抵京县，溽暑黄埃负初愿。君家只在御城东，弥月不能三两见。求仙未若醉中真，蚁斗蛾飞愁杀人。清都梦断理归棹，回首一树琼枝新。归来草木春风换，世事猬毛那可算。幸谢故人频寄书，莫笑元郎自呼漫。

墨竹

墨君飒飒风雨鸣，垂鸾舞凤翻青绶。一竿珍重几百缗，奚啻渭川三万亩。金锵玉戛空琴声，婢行奴颜谢花柳。得亭真从寂寞间，卓古高标压群丑。不须辨直致湘江，便觉满窗凉意透。挺然叶节抱风孤，顿应君子虚心受。雷迸箨龙龙欲走，樱笋纷纷徒适口。破除肉味若闻韶，王猷笑咏还依旧。藉槛湘阴净简书，接地春华幻尘垢。拂手笔端别有神，往来平安报良友。前时无偶后无继，寄宝秘灵宜永久。①

米芾

米芾（1052—1108），初名黻，字元章，号襄阳漫士。祖籍太原，迁居襄阳。曾任校书郎、书画博士、礼部员外郎。米芾能诗文，擅书画，精鉴别，书画自成一家。著有《书史》、《海岳名言》等。传世墨迹主要有《苕溪诗卷》、《蜀素帖》等。

诗送吴丈宾州使君
元丰己丑长沙掾舍真禧道馆人

万里相分又一时，怜君身世半差池。老来犹得安城守，夜召尚淹宣室思。越岭寒横迎吏谒，荆云暮合燕归迟。江湖还送天涯客，憔悴江湖更别离。

---

①秦观诗辑自《淮海集》，四部丛刊景明嘉靖小字本。

奉陪洞霄内阁拉殊师刹宿穹窿本公故寺绝类岳麓感之而作

湘西衣冷榻留云，此夕还如入梦魂。六月薜萝嗟意欲，一生林壑与心论。吳王旧赏今何有，惠可余光宛若存。对榻深堂清话歇，长风快雨洗松门。

过浯溪

横逆自干纪，唐纲竟不维。可怜德业浅，有愧此碑词。

道林

楼阁明丹垩，杉松振老髯。僧迎方拥帚，茶细旋探檐。

法华台

块圠有同色，雪深云未开。终南晴夜月，仿佛似登台。①

潇湘八景图总序

潇水出道州，湘水出全州，至永州而合流焉。自湖而南，皆二水所经，至湘阴始与沅之水会，又至洞庭，与巴江之水合，故湖之南皆可以潇湘名水。若湖之北，则汉沔汤汤，不得谓之潇湘。潇湘之景可得闻乎？

洞庭南来，浩淼沉碧，叠嶂层岩，绵衍千里。际以天宇之虚碧，杂以烟霞之吞吐。风帆沙鸟，出没往来。水竹云林，映带左右。朝昏之气不同，四时之候不一。此潇湘之大观也！若夫八景

①以上诗辑自《宝晋英光集》，景印清文渊阁四库全书本，台湾商务印书馆1986年版。

之极致，则具列如左，各系以序。

潇湘夜雨序

苦竹丛翳，鹧鸪哀鸣。江云黯黯，江水冥冥。翻河倒海，若注若倾。舞泣珠之渊客，悲鼓瑟之湘灵。

大王长啸起雄风，又逐行云入梦中。想象瑶台环佩湿，令人肠断楚江东。

山市晴岚序

依山为郭，列肆为居。鱼虾之会，菱芡之都。来者于于，往者徐徐。林端缥缈，峦表萦纡。翠含山色，红射朝晖。舒不无盈乎一掬，散则满乎太虚。

乱峰空翠晴还湿，山市岚昏近觉遥。正值微寒堪索醉，酒旗从此不须招。

远浦归帆序

晴岚漾波，落霞照水。有叶其丹，捷于飞羽。幸济洪涛，将以宁处。家人候门，观笑容与。

汉江游女石榴裙，一道菱歌两岸闻。估客归帆休怅望，闺中红粉正思君。

烟寺晚钟序

暝入松门，阴生莲宇。杖锡之僧，将归林莽。蒲牢一声，猿惊鹤举。幽谷云藏，东山月吐。

绝顶高僧未易逢，禅床长被白云封。残钟已罢寥天远，杖锡时过紫盖峰。

渔村夕照序

翼翼其庐，濒崖以居。泛泛其艇，依荷与蒲。有鱼可脍，有酒可需。收纶卷网，其乐何如？西山之晖，在我桑榆。

晒网柴门返照新，桃花流水认前津。买鱼沽酒湘江去，远吊怀沙作赋人。

洞庭秋月序

君山南来，浩浩苍暝。飘风之不起，层浪之不生。根气既清，静露斯零。素娥浴水，光荡金精。倒霓裳之清影，来广乐之天声。纤云不起，上下虚明。

李白曾移月下仙，焯波秋醉洞庭船。我来更欲骑黄鹤，直向高楼一醉眠。

平沙落雁序

霜清水落，芦苇苍苍。群鸟肃肃，有列其行。或饮或啄，或鸣或翔。匪上林之不美，惧缯缴之是将。云飞水宿，聊以随阳。

阵断衡阳借此延，沙明水碧岸莓苔。相呼正喜无缯缴，又被孤城画角催。

江天暮雪序

岁晏江空，风严水结。冯夷剪冰，飘飘洒雪。浩歌者谁？一蓬载月。独钓寒潭，以其清绝。

蓑笠无踪失钓船，彤云黯淡混江天。湘妃独对君山老，镜里修眉已皓然。

余购得李营丘画潇湘八景图，拜石余闲，逐景撰述。主人以当卧游，对客即如携眺。元丰三年夏四月襄阳米芾书。①

岳麓寺碑侧题

元丰庚申元日同广惠道人来。襄阳米黻。②

陈师道

陈师道（1053—1102），字履常，一字无己，号后山居士。彭城（今江苏徐州）人。元祐初苏轼等荐其文行，起为徐州教授，历仕太学博士、颍州教授。“苏门六君子”之一，安贫乐道，一生清苦，文学以诗著名，与黄庭坚并称“黄陈”，又列为江西诗派“一祖三宗”的三宗之一。著有《后山集》二十四卷。

寄潭州张芸叟二首

湖岭一都会，西南更上游。秋盘堆鸭脚，春味荐猫头。宣室来何暮，蒸池得借留。孰知为郡乐，莫作越乡忧。

去国如前日，为邦得旧游。霜柑先落手，春雁几回头。只道风沙恶，宁知贾宋留。赋诗真有助，吊古不同忧。

送张衡山

昔别青衿子，今为白发翁。此行何日见，多难向来同。官事酣歌里，湖山秀句中。风尘莫回首，留眼送归鸿。

---

①辑自《长沙府岳麓志》卷六，清康熙二十六年镜水堂刻后印本。

②辑自《湖南通志》卷二六九。

和苏公洞庭春色

洞庭千木奴，寸丝不挂手。来输步兵厨，酿作青田酒。王家玉东西，未觉岁华走。方从罗浮山，已作南阳寿。还将瓮头春，慰子雪入牖。我方缚禅律，一举烦屡嗅。东坡酒中仙，醉墨粲星斗。诗成以属我，千金须敝帚。何曾樽俎间，著客面黧黝。定须笑美人，醮甲不濡口。[①]

晁补之

晁补之（1053—1110），字无咎，号归来子。济州巨野（今属山东巨野县）人。为“苏门四学士”之一。与张耒并称“晁张”，其词风近苏轼，抒怀写意，格调豪爽，语言清秀晓畅。著有《鸡肋集》七十卷、《晁氏琴趣外篇》六卷传世。

题工部文侍郎周翰郭熙平远二首

渔村半落楚江边，林外秋原雨外天。谁倚竹楼邀大艑，天涯暮色已苍然。

洞庭木落万波秋，说与南人亦自愁。欲指吴松何处是，一行征雁海山头。

开梅山

开梅山，梅山开自熙宁之五年，其初连峰上参天。峦崖盘崄

---

①陈师道诗辑自《后山集》，宋刻本。

阂群峦，南北之帝凿混元，此山不圯藏云烟。跻攀鸟道出荟蔚，下视蛇脊相夤缘。相夤缘，穷南山，南山石室大如屋，黄闵之记盘瓠行迹今依然。高辛氏时北有犬戎寇，国中下令购头首，妻以少女金盈斗。遍国无人有畜狗。厥初得之病耳妇，以盘覆瓠化而走。堪叹吴将军，屈死狺狺口。帝皇下令万国同，事成违信道不容。竟以女妻之，狗乃负走逃山中，山岩幽绝不复人迹通。帝虽悲思深，往求辄遇雨与风。更为独力之衣短后裾，六男六女相婚姻。木皮草实五色文，武溪赤髀皆子孙。侏离其声异言语，情黠貌痴喜安土。自以吾父有功母帝女，凌夷夏商间，稍稍病侵侮。周宣昔中兴，方叔几振旅。春秋绝笔逮战国，一负一胜安可数。迩来梅山恃险阻，黄茅竹箭霾雾雨。南人颠踣兕溪弩，据关守隘类穴鼠。一夫当其厄，万众莫能武。欲知梅山开，谁施神禹斧？大使身服儒，宾客盈幕府。檄传傜初疑，叩马卒欢舞。坦然无障塞，土石填溪堵。伊川被发祭，一变卒为虏。今虽关梁通，失制后谁御？开梅山，开山易，防獠难，不如昔人闭玉关。①

杨时

杨时（1053—1135），字中立，号龟山，南剑州将乐（今属福建）人。熙宁九年（1076）进士。授汀州司户，不赴。师从程颢、程颐。程门四大弟子之一。历官浏阳、余杭、萧山知县、荆州教授、工部侍郎、龙图阁直学士等。著有《龟山集》二十八卷。

和潭倅张朝请行县言怀

夹道旌麾动，阴霾万里开。霜迎威令肃，春逐马蹄来。幽壑

①晁补之诗辑自《鸡肋集》，四部丛刊景明本。

光初满，寒荄暖自回。仰窥嵩华质，曾未施纤埃。

湘君祠

鸟鼠荒庭暮，秋花覆短墙。苍梧云不断，湘水意何长。泽岸蒹葭绿，篱根草树黄。萧萧竹间泪，千古一悲伤。

合江亭上

倚杖钩帘两水间，晴光飞影上雕栏。帆催画鹢抟风去，云吐铦锋作剑攒。平野烟浮迷远目，晚溪潮涨失前滩。骑鲸一往扶桑近，休问人间行路难。

寄长沙簿孙昭远

阳城衰晚拙催科，阖寝空惭罪亦多。祭灶请邻君自适，载醪祛惑我谁过。猗猗庭有兰堪佩，寂寂门无雀可罗。归去好寻溪上侣，为投缨绂换渔蓑。

予自长沙还植兰竹于东西轩调官京师逾年而归兰竹皆衰悴感而成诗

柴桑衰晚爱吾庐，三径归来手自锄。但得叔卿长饱饭，不妨孝若老谈书。兰因采佩枝先瘁，竹为凌霜叶自疏。留骨庙堂宁曳尾，鲁门无用祀爰居。

寄湘乡令乡世贤

身游羿彀偶相逢，安得初终若駏蛩。道学未容窥阃奥，吏师应许叩邻封。萧条此意君谁问，落拓微官我更慵。卢白回旋真戏事，傍观无用气填胸。

醴陵丁君洋洋亭

依蒲泳藻两相忘，宛有江湖气味长。凭槛翛然真得计，只应幽兴在濠梁。

浏阳五咏

洞阳

圣童去后水云闲，陈迹难寻草木间。独有微言传逸史，洞天寂寂在人寰。

飞鹦亭

芙蓉凋尽蕙兰芳，杖屦翛然一漫郎。凫鹤短长宁复问，但知鹏鹦两相忘。

归鸿阁

帘卷晴空独倚栏，冥鸿点点有无间。秋风注目无人会，时与白云相对闲。

渭水

洄渊浩荡白鸥飞，老懒时来坐钓矶。岸帻行人聊自适，不应憔悴似湘缧。

相公台

柔条疏蔓绿交加，烟锁云涵去路赊。绣绂貂缨无处问，空余鸡犬两三家。

县斋书事寄张世贤

朝衙群吏集，戢戢同队鱼。暮衙群吏散，翩翩若惊凫。归来坐虚室，开编对璠玙。启户阒无人，清风入吾庐。持杯邀明月，大嚼时与俱。跰跹步松阴，对影聊相娱。嗟予懒惰久，阔略与世疏。故人隔清湘，怀抱何由舒。为问鲁山翁，此意今何如。

假山

衡湘侧南二千里，清淑之气常蜿蟺。丹沙玉石气所感，融结万状非磨镌。穷源荒蹊异岱畎，不逢禹绩轻弃捐。苔封土蚀谁复问，嶙峋僵卧当市廛。龟山老叟见之喜，鸠徒辇置罗前轩。岧峣孤峰露仙掌，屹若太华青摩天。倾崖断壑坐中见，葱蒨似玉生云烟。初疑祖龙未死日，浮梁拟跨咸池渊。神号鬼怒驱不前，捶击刓磷成枅圈。又疑巨人出龙伯，揭竿来自昆仑巅。连鳌合负云涛翻，蓬壶簸荡留平川。繄予竟日倚栏槛，矫首便欲追灵仙。尻轮神马自足驾，已觉两腋风泠然。琼台浮游与世隔，醉傲笑拊洪崖肩。山间草木即灵饵，含英茹实资长年。悠悠广息变今古，坐看溟渤成桑田。

岳阳书事

洞庭水落洲渚出，叠翠疏峰远烟没。重楼百尺压高城，画栋沉沉倚天阙。湖光上下天水融，中以日月分西东。气凌云梦吞八九，欲与溟渤争雌雄。澄澜无风雨新霁，一日万顷磨青铜。琉璃夜影贮星汉，骑鲸已在银河中。湘妃帝子昔何许，但有林壑青浮空。苍梧云深不可见，遗恨千古嗟何穷。须臾暝晦忽异色，风怒涛翻际天黑。乘陵濑壑走魑魅，停滀百怪谁能测。忍看舟子玩行险，更欲飞帆借风力。安得晴云万里开，依旧寒光浸虚碧。①

张耒

张耒（1054—1114），字文潜，号柯山，楚州淮阴（今江苏淮阴）人。熙宁六年（1075）进士，历任临淮主簿、著作郎、起居舍人等职。“苏门四学士”之一。著有《柯山集》、《张右史文集》、《宛邱集》、《柯山诗余》等。

题中兴颂碑后

玉环妖血无人扫，渔阳马厌长安草。潼关战骨高于山，万里君王蜀中老。金戈铁马从西来，郭公凛凛英雄才。举旗为风偃为雨，洒扫九庙无尘埃。元功高名谁与纪？风雅不继骚人死。水部胸中星斗文，太师笔下蛟龙字。天遣二字传将来，高山十丈磨苍崖。谁持此碑入我室，使我一见昏眸开。百年兴废增叹慨，当时数子今安在？君不见，荒凉浯水弃不收，时有游人打碑卖。②

潘大临

潘大临（约1057—1106），字邠老，黄州（今湖北黄冈）人。与弟潘大观皆以诗名。善诗文，又工书，为苏轼、黄庭坚所推重。徽宗大观间客死蕲春。著有《柯山集》二卷，已佚。《两宋名贤小集》中存有《潘邠老小集》一卷。

---

①杨时诗辑自《龟山集》，景印清文渊阁四库全书本，台湾商务印书馆1986年版。
②辑自《宋诗纪事》卷二六。

题磨崖碑

公泛浯溪春水船，系帆啼鸟青崖边。次山作颂今几年，当时治乱春风前。明皇聪明真晚谬，乾坤付与哥奴手。骨肉何伤九庙焚，蜀山骑驴不回首。天下宁知再有唐，皇帝紫袍迎上皇。神器苍忙吾敢惜，儿不终孝听五郎。父子几何不豺虎，君臣宁能责胡虏。南内凄凉谁得知，人间称家作端午。生平不识颜真卿，去年不答高将军。老来读碑泪横臆，公诗与碑当共行。不赏边功宁有许，不杀奉皇犹敢语。雨淋日炙字未讹，千秋万岁所鉴多。①

吴则礼

吴则礼（？—1121），字子副。兴国州（今湖北阳新）人。以父荫入仕。历仕卫尉寺主簿、直秘阁，知虢州。后编管荆南。晚年居江西，自号北湖居士。著有《北湖集》。

书江贯道所画扇

胸中岂止丘壑，更有洞庭潇湘。传语东坡居士，后来惟教江郎。②

陈瓘

陈瓘（1057—1122），字莹中，号了斋。福建沙县。元丰二年

①辑自《宋文鉴》卷二十一，四部丛刊景宋刊本。
②辑自《北湖集》卷四，涵芬楼秘笈本。

（1079）进士。徽宗朝，历右司谏。崇宁中，以党籍除名，编录台州，移楚州，卒。著有《了斋集》。

寄觉范长沙

大士游方兴尽回，家山风月绝纤埃。杖头多少闲田地，挑取华严入岭来。

与全州崇宁断臂和尚

少年得髓几人知，想见当年断臂时。此是湘山大知识，衡门堪继会昌师。

自合浦还清湘寄虚中弟四首

行彻天涯万里山，月明方照海珠还。瘴乡来往浑闲事，聊为清湘一破颜。

三年已绝生还望，一日天恩到海涯。路过清湘犹间阔，当时何不住长沙。

曾近沧溟看飓风，波涛有尽海无穷。四年陈迹今何在，坐对湘云豁晚空。

瘴海只将梅作雪，湘山今见麦为春。晴空有月当如旧，岭北山南总照人。

谪连州移郴

瘴岭只将梅作雪，湘山今见麦为春。晴空日色常如旧，海北山南总照人。[①]

邹浩

邹浩（1060—1111），字志完，故自号道乡居士，常州晋陵（今江苏常州）人。元丰五年（1082）进士，调扬州颍昌府教授。历官右正言、左司谏、中书舍人。著有《道乡集》四十卷。

别零陵

零陵距中邦，道阻五千里。我以放逐来，本非心乐只。身止高山巅，忽忽弥半祀。人情久自亲，况复多可喜。坐使故乡念，如火沃之水。罪大不得留，今兹动行李。昭州虽岭南，流寓盖均耳。倘未还庭闱，在彼犹在此。胡然当作离，耿耿殊不已。物我要兼忘，咄哉从此始。[②]

范致明

范致明，字晦叔，建州建阳（今属福建）人。元符三年（1100）进士，授宣德郎。崇宁三年（1104）以宣德郎谪监岳州酒税，官终奉议郎知池州。著有《池阳记》、《岳阳风土记》等。

岳阳风土记

岳州，南邻苍梧之野，古三苗国地，又为麇子国。《春秋》：

①陈瓘诗辑自《两宋名贤小集》卷一百《了斋诗集》，景印文渊阁四库全书本，台湾商务印书馆1986年版。
②辑自《宋元诗会》，景印清文渊阁四库全书本，台湾商务印书馆1986年版。

"文公十一年，楚子伐麇。"即此地也。战国末属楚罗子国。秦并天下，为长沙郡。汉因之，以为要扼之地，置戍以镇之。建安中，吴使鲁肃将兵万人，屯驻于此。《吴录》云：晋分长沙之邑为巴陵等县，置建昌郡在巴陵。今州即建昌郡也，以陶侃镇之，后省入长沙。至宋文帝，又分其地，置巴陵郡。齐武帝永明二年，封子子伦为巴陵王，遂为巴陵王国。子伦为明帝所害，梁武帝封齐明帝子保义为巴陵王，奉后以继三恪。元帝都荆州，立巴陵郡。武帝末，湘东王遣陆法和等据赤亭湖，即其地，因以名之。后平陈，废郡，改为巴陵县。炀帝元年，改为玉州，又改为罗州。三年，又改为巴陵县。唐武德四年，萧铣置巴陵郡、华容、沅江及汨罗、湘阴五县。六年，改为岳州，省罗县。天宝元载，改为巴陵县。乾元元年，复为岳州。至南唐，遂为周行逢所有，隶武平军节度。武平，旧朗州，今鼎州是也。是时犹属湖南，皇朝下荆南，始隶湖北。

巴陵，荆湖二流之合。昭烈既定蜀，孙权往求荆州不得，使鲁肃以万人屯之。《舆地志》云："巴丘有大屯戍，鲁肃守之。"今郡城乃鲁公所筑也。郦道元《水经注》云：巴陵山有湖，水岸上有巴陵，本吴之邸阁城也。城郭殊隘迫，所容不过数万人，而官舍民居在其内。

州地客山高，主山隐伏，不甚利土人，而侨居多兴茸者。俗谓之扁担州。

皇朝岳州领巴陵、华容、临湘、平江、沅江五县。元丰末，鄂州通城县隶岳州，其后又以沅江隔湖，割隶鼎州，而通城复鄂，今领四县。

岳州常赋之外，与他州名额不同者：茶笼、竹箭簳、翎毛、鱼、曲、芦蓧、铁叶、窑灶。

巴陵，本下隽县之丘。《汉书·地理志》：下隽县属长沙郡。按：今在鄂州蒲圻县界，此其地耳。《水经》所谓本吴之巴丘，邸阁城也。晋平康元年，立巴陵县于此，后置建昌郡。宋元嘉十六年，立巴陵郡，城跨冈岭，滨阻三江。盖巴陵对长洲，其洲南分湖浦，东北届大江，故曰三江也。三水所会，亦或谓之三江口；夹洲列关，亦谓之巴陵关。《江记》言羿屠巴蛇于洞庭，积其骨为陵。《淮南子》曰斩蛇于洞庭。今巴蛇冢在州院厅侧，巍然而高，草木丛翳。张燕公有《登巴丘望墨山》之诗。兼有巴蛇庙，在岳阳门内，太守欧颍废之。

岳阳楼，城西门楼也。下瞰洞庭，景物宽阔。唐开元四年，中书令张说除守此州，每与才士登楼赋诗，自尔名著。其后，太守于楼北百步复创楼，名曰燕公楼。

《山海经》言：洞庭沅澧之交，潇湘之渊，是为九江之门。按：澧鼎沅湘，合诸蛮黔南之水，汇为洞庭，至巴陵与荆江合，而东州据其上。《水经》云：湘水右会小青口，资水也，世谓之益阳江；右则沅水注之，谓之横房口；东到微湖，世谓之麋湖；西流注为江，谓之麋湖口；左则澧水，谓之武陵江。凡此五水，注为洞庭，北会为大江，名曰五渚。《战国策》曰：秦与荆战，大破之；袭郢，取洞庭五渚。楚辞："帝子降兮北渚。"皆其地也。

《寰宇记》云：郡有青草、洞庭、巴丘三湖。青草湖中有青草山，冬春水退，皆青草也。洞庭，洞府之庭，上有洞庭真君庙堂。巴丘之名今不著。青草湖在垒石山，与洞庭相通。其南罗水出焉，故罗县在其上。其东汨水出焉，下有潭，谓之屈原潭，屈原怀沙自溺之所，忠洁侯三闾大夫庙在其上。

乐史言：大江在巴陵东北流入洞庭。今洞庭水会于江，非江流入洞庭也。荆江出巴蜀，自高注下，浊流汹涌。夏秋暴涨，则逆泛洞庭，潇湘清流，顿皆混浊，岳人谓之“翻流水”。南至青草湖，或三五日乃还，俗云水神朝君山。

岳阳井邑旧皆濒江。郡城西数百步，屡年湖水漱啮，今去城数十步即江岸。父老相传，今江心，旧阛阓也。濒江沙碛地，尚有税绢甚重云，祖来宅税，今不曾除改。北津，旧去城角数百步，今逼近石嘴。盖荆江日漱而南，湘江日漱而东也。

江西沙洲，旧长洲，今名鲟鱼嘴。昔传有异人云：嘴生过岳阳楼，即出状元。岳阳楼旧岸有港，名驼鹤港，商人泊船于此地，胜千石载，今已湮没如平陆，不复通舟，尾通君山后湖。丁晋公南迁还岳阳，见江西新生洲，云：“此洲生，当有真人临此。”皇祐二年，英宗以团练使镇岳州，及登宝位，果符其说。

岳阳楼上有吕先生留题云：“朝游北越暮苍梧，袖里青蛇胆气粗。三入岳阳人不识，朗吟飞过洞庭湖。”今不见当时墨迹，但有刻石耳。先生名岩，字洞宾，河中府人，唐礼部尚书渭之孙。渭四子：温、恭、俭、让。让终海州刺史，先生海州出也。会昌中，两举进士不第，即有栖隐之志。去游庐山，遇异人授剑术，得长生不死之诀。多游湘潭鄂岳间，或卖纸墨于市以混俗，人莫之识也。庆历中，天章阁待制滕宗谅坐事谪守岳阳。一日，有刺谒云回岩客，子京曰：“此吕洞宾也，变易姓名尔。”召坐置酒，高谈剧饮，佯若不知者，密令画工传其状貌。既去，来日使人复召之，客舍主人曰：“先生半夜去矣。”留书以遗子京，子京视之默然，不知所言何事也。今岳阳楼传本状貌清俊，与俗本特异。

楚泽门、碧湘门，旧瓮城门也。楚泽门经火，不复完治，今但有遗址。

灉湖在州南，春冬水涸，昔人谓之乾湖，《水经》谓之滃湖。秋夏水涨，即渺弥胜千石舟，通阁子镇。

灉湖诸山旧出茶，谓之灉湖茶，李肇所谓岳州灉湖之含膏也，唐人极重之，见于篇什。今人不甚种植，惟白鹤僧园有千余本，土地颇类北苑，所出茶一岁不过一二十两，土人谓之“白鹤茶”。味极甘香，非他处草茶可比，并茶园地色亦相类，但土人不甚植尔。

灉湖井，唐人尝称甘水，今荒秽不治，汲者亦少，当不逮昔也。

鲁将军庙，在会泉门外，乃鲁肃庙也。孙权使肃守巴丘，后人祀之。

昭烈既与肃画湘为界，遂筑地乌沙镇对垒，在州北六十里，俗谓之金门刘备城。

南楼、阳公台，皆见岳阳诗咏，今并无遗迹可践。或云楚泽门，旧南楼也，今废。

孟浩然《洞庭》诗有“波撼岳阳城”，盖城据湖东北，湖面百里，常多西南风。夏秋水涨，涛声喧如万鼓，昼夜不息，漱啮城岸，岁常倾颓。滕子京待制欲为偃虹堤以捍之，计成而滕移郡，后遂不果。

江岸沙碛中有冶铁数枚，俗谓铁枷，重千斤。古人铸铁，如燕尾相向，中有大窍，径尺许，不知何用也。或云以此厌胜，辟蛟蜃之患；或以为矴石，疑其太重，非舟人所能举也；或以为置木其内，编以为栅，以御风涛，皆不可知。

龙兴观故基，在太平寺东，旧有西阁，为登览之胜。见滕公诗咏，皮日休、陆龟蒙亦为观步之什。今治平寺江路，两山间林木邃密，故基存焉。天禧中，赐名天庆，昔时观名因而泯没。

白鹤老松，古木精也。李观守贺州，有道人陈某，自云一百三十六岁，因言及吕洞宾，曰近在南岳见之。吕云过岳阳日，憩城南古松阴，有人自杪而下来，相揖曰："某非山精木魅，故能识先生，幸先生哀怜。"吕因与丹一粒，赠之以诗。吕举以示陈，陈记其末云："惟有城南老树精，分明知道神仙过。"明日陈行，留之不可。后年余，李守岳阳，因访前事，果城南有老松，以问近寺僧，曰："先生旧题诗寺壁，久已摧毁，但能记其诗，曰：'独自行来独自坐，无限世人不识我。惟有城南老树精，分明知道神仙过。'"后为亭松前，曰"过仙亭"。旧松枯槁，今复郁茂，得非丹饵之力邪？

隋末，校尉董景珍率郑文秀共立萧铣为梁后，乃封景珍为晋王，文秀为楚王。今北庙董王庙，南庙郑王庙也。《图经》以郑王庙为巴陵令郑德璘，昔遇洞庭君者，非也。

海眼池在嵩州夹，旧传潜通江海，今湖泥湮没，不复如昔。

紫溪台，亦曰紫荆台，在灉湖上。下有石，高四尺，曰紫溪石。

南庙乃孝烈灵妃孝感侯庙。秦武陵令罗君用因督铁运，溺水死，其女挈弟寻父尸，不获，遂相继赴水死。邦人哀而祀之，谓之罗娘庙。灵响寖著，凡有舟楫往还，祈之利涉。后唐明宗天成二年丁亥，湖南马殷承制列姊在左，弟在右。元丰中始赐今封。岳人祷祠无虚日，旧在乌龟渡南，祝者以为不便，托言神意，遂移今庙。按李濒《寄远》诗曰："化石早曾闻节妇，沉湘何必独灵妃。"其意似与今闻差异。

董景珍、郑文秀既立萧铣为梁后，筑台城南，今失其处。崔橹有《登岳阳楼》、《云梦亭》、《夜登洞庭楼》三诗，今云梦、洞庭亭楼莫知其处。

太平寺，旧传为屈原宅，盖屈原被逐寓此。

广教寺，后唐永安寺，旧为圣善寺故基。昔吕云卿遇江叟于圣善寺，吹笛召洞庭诸龙，即其地也。

金鸡白石，在船场旧步，有金鸡翔其上。

剪刀池，在郡城东北隅。或云池中有鼎，耳高数尺，其中容人往来，上有识文，善泅者常见之。

灵妃庙有铜鼓，元丰中永庆庄耕者得之。圆口方耳，下有方趺，皆古篆云雷文。色正青绿，形制精巧，非近世所能为也。取置于寺，太守李观用耆旧之说，以为陆贾使南越，尝以铜鼓献之于庙，岁久失之。意其必此，遂移置庙中，方移置时，护持不谨，因误毁损，今已不完。或云闻初获鼓时，同获铜铎一枚，以其完好，辇致礼部，今藏秘书省。鼓以毁坏，遂留永庆寺。李观之说，似非其实。

沈亚之作《湘中怨》，云：郑子况为岳阳太守，因上巳日，携家登岳阳楼，下望鄂渚。郑追想汜人，俄有所见，闻汜人歌曰："泝青山兮江之湄，泳湖波兮袅绿裾，意拳拳兮心莫舒。"舟中人亦歌，非楼上之人所能辨。

洞庭湖岸有石井二，相去数百步，俗号秦皇井，其泉甚甘美。

阁子湖，本角子湖，语讹。以其在洞庭之角，故谓之角子湖。灉湖亦谓之阁子湖，杨行密以木笼锁舟之地。或谓濒湖地卑，岁苦水患，民多重屋以居，故谓之阁子湖。

《湘州记》云：岳州有昭潭，其下无底，湘水最深处。今岳州无昭潭，昭潭自属潭州。

阁子镇有堤曰白荆堤，石壁潭在其下，亦谓之钓丝潭。其深莫测，夏秋水涨，一日之间或增或减。土人以为龙出入此潭，其间多蛟蜃，为行旅之患。滕子京作碑堤上，戒往来者使陆行。

哑潭在白荆堤侧。岁坏，邦人方完筑，忽有大鲤鱼跃其中，役夫杀而食之，往往皆死。然濒江渔人不以鱼之长大为奇怪，但钓网不能制者皆杀之，不知此又何也。

《水经》云：湖水广五百里，日月出没其中。大抵湖上舟行，虽泝流而遇顺风，加之人力，自旦及暮，可行二百里。岳阳西到华容，过大穴漠汴湖，一日程；又西到澧江口、鼎州江口，皆通大穴漠赤沙，三日程；南至沅江，过赤鼻山湖，四日程；又东至湘江，过磊石青草湖，两日程。夏秋水涨，其道如此。冬春水落，往往浅涩，江道回曲，或远或近，虽无风涛之患，而常靠阁。

洞庭山之北，宜春口出焉。韩退之诗“朝发宜春口”，即此地也。

鼓楼山上有石室，下瞰洞庭，中容数千人，群盗逋藏之所，俗谓分金洞，统制官巡捕后，遂少衰息。按《水经》云：洞庭鹿角山西有谨亭戍、万石戍、麋湖口有金浦戍。然则屯兵捕盗，旧矣。

乌石山在州南，所谓乌头石也。其地五山相峙，亦名五龙山。下有港曰石墨港，水中石如墨，磨咽之，可愈喉膈壅热之疾，或云亦可代墨用。

君山在洞庭湖中。昔人有诗云：“四顾疑无地，中流忽有山。”正谓此也。夏秋水涨，皆巨浸，不可以陆行往。近年冬深水落，渡江肩舁以游。上有庙曰“渊德侯洞庭君庙”，旧祠以为湘君，遂以为二妃，误也。上有野马数十疋，盖昔之所献马，岁久滋生，山多古木少草，夏秋食木皮，多饿死，故其数不充广。

君山崇胜寺，旧楚兴寺也，有井曰“柳毅井”。按：《灵姻传》始言还湘滨，中言将归吴国，固无定处。然则前人因事阙文，后人遂以为实。此亦好事者之过也。

《荆州记》言：君山上有道，通吴之苞山。今太湖亦有洞庭山，亦潜通君山，故得名耳。山后响沙，顿足听之有声。郦善长言：君山有石穴，潜通吴之苞山。

郭景纯谓巴陵是湘君所游处，故曰君山。《湘州记》言秦皇欲入湘观衡山，遇风涛漂溺，到此山而免，因号君山。或言秦皇遭风于此，问博士曰："湘君何神?"，曰："尧女、舜妃也。神游洞庭之湖，出入多风雨。"秦皇大怒，乃赭其山。汉武帝亦发卒以射蛟。《郡国志》：洞庭山院，尧女居之，内有君山。然则君山、洞庭之分耳。《博物志》云：君山即洞庭之山，尧之二女居之，长曰湘君，次曰湘夫人。今黄陵庙，二妃庙也。

庾穆之《湘州记》云：君山上有美酒数斗，得饮之，即不死为神仙。汉武帝闻之，斋居七日，遣栾巴将童男女数十人来求之，果得酒，进御未饮，东方朔在旁窃饮之。帝大怒，将杀之，朔曰："使酒有验，杀臣亦不死；无验，安用酒为?"帝笑而释之。寺僧云："春时往往闻酒香，寻之莫知其处。"

君山虎洞石穴，夏秋水涨即没，春冬水落即露。朝廷尝遣使投龙于此，岁旱，邦人往往祈祷焉。

君山东对艑山，山多竹，两山相去数十里。回峙相望，孤影若浮。湘人以吴船为艑，山形类之，故以名。山上有塔，曰"哑女塔"，旧传有商女祟病，至此忽能言，指其上可置塔，其家为之置塔，因以名焉。

《通典·州郡录》云：巴丘湖中有曹洲，即曹公为吴所败烧船处，在今县南四十里。按：县西有曹公渡，考之地理，与周瑜、曹公相遇处绝不相干，不知何所据而言也。

杨潭岸在荆江，旧大湖也。《水经》云：江中有观洟，洟东有大洲，洲东分为爵洲，南对湘江口，分观洟口。徐师港在三江口北三十里，爵洲在三江口南四十里。又曰：湘山迤于巴丘北，谓之射猎矶。江浦之右岸在城陵山，山有故侯景港，乃侯景泊舟师之所。

云梦泽，《寰宇记》曰：半在江南，半在江北，其水中土丘半出，杜预所谓云梦薮、巴丘湖是也。郦道元谓自江陵东界为云梦薮，孟浩然诗“气蒸云梦泽”。然则夹江南北，皆其地也。

麇子东西两城，春秋时楚昭王奔随，王使王孙由于城麇。

永庆寺庄山顶有井，水泉清澈。僧齐己诗云：“鸟从井口出，僧自岳阳还。”

枫桥堡有古冢，岁久倾圮。耕者得砖，上有文曰“大唐秦公墓”，堂皇扃固，不可发。县令秦光享为封完之。

诸邑僧寺，大小百区，多五代时所建。太平兴国五年，鼎岳始改赐寺额者。乾明寺，旧永庆寺也，昔谓之新开寺。《雪窦语录》所谓“新开”者，乾明祖师也。

岳阳旧隶武安军日，有天策府户部下免楚兴寺科率帖。开运三年二月二十四日，文字系书吏人，称典、称副、驱使官、签书官、桂管观察处官、王天府学士、镇南军节度判内诸司马，武穆亦自系天策府将军、江南诸道都统、尚书令楚王衔，后书押，盖五代时藩镇行移百余纸，如郡掾曹县令长皆摄。至祥符已后，始书正官称，有称天策府知客、元监州发运使，序衔在知军之下，监州恐今通判职，发运使盖藩镇转输之官耳，亦恐是监州之类。已上签书官称，乃开运二年帖也。

岳州地极热，十月犹单衣，或摇扇。蛙鸣似夏，鸟鸣似春，浓云踈星，震雷暴雨，如中州六七月间。

濒江水退，渔人于沙碛得箭镞甚多，形制不一，皆铜为之，岁有得十数者。足以见前代争战之冲也。

岳州北濒江州郡，气候尤热，夏月南风，则郁蒸特甚。盖湖南千里无山，多得日色，故少阴凉之气也。居民每至夏秋，多病痢疟，皆暑湿所致也。

洞庭湖中旧有蚌，其大如半席，深夜侧立一觳，乘风往来烟波间，中吐巨珠，与月相射。渔者百端取之，终莫可得。近久不见。

岳州夏秋水涨，即生飞蛾，蔽空而飞，夜见明即投，至不可燃烛。虽樽俎之间，须臾遍满。久之复投水中，俗谓天蛾。

岳州人极重鳇鱼子，每得之，瀹以皂角水，少许盐渍之，即食，味甚甘美。

江蟹大而肥实，第殼软，渔人以为厌，自云："网中得蟹，无鱼可卖。"十年前土人亦不甚食，近差珍贵。

岳人以兔为地神，无敢猎取者。

巴陵鸦甚多，土人谓之神，无敢弋者。穿堂入庖厨，略不畏。园林果实未熟，耗啄已半，故土人未尝见成实之果，半生半熟采之。

湖湘间宾客燕集，供鱼清羹，则众皆退，如中州之水饭也。

马援征诸溪蛮，病死壶头山。民思之，所到处祠庙具存。至今妇人皆用方素蒙首，屈两角系脑后，云为伏波将军持服。鼎澧之民，率皆如此。巴陵江西及华容间，民有皁者，习俗已久，不可顿革。问其故，则曰："去之则神怒，立患头疼。"殊不知去包裹，自畏风寒也。虽云风俗，然用方素蒙首，郡邑亦自当禁止。

江西妇人皆习男事，采薪负重，往往力胜男子，设或不能，则阴相诋诮。衣服之上，以帛为带，交结胸前后。富者至用锦绣，其实便操作也，而自以为礼服。其事甚著，皆云："武侯擒纵时所结，人畏其威，不敢辄去，因以成俗。"巴陵江西、华容之民犹间如此，鼎澧亦然。

湖湘之民，生男往往多作赘，生女反招壻舍居。然男子为其妇家承门户，不惮劳苦，无复怨悔，俗之移人有如此者。

荆湖民俗，岁时会集，或祷祠，多击鼓，令男女踏歌，谓之歌场。疾病不事医药，惟灼龟打瓦、或以鸡子占卜，求祟所在，使俚巫治之；亲族不相视病，而邻里往往问劳之，谓亲戚视之则传染，邻里则否。死者多不埋葬，或暴露风日，或置之木杪，谓之死丧祥葬；多举乐、饭僧。

鄂岳之民，生子计产授口，有余则杀之，大抵类闽俗。

湖湘间南风三日，则陂塘积水耗减已尽，土人谓之南马杓。

舟中有朱砂，过洞庭，多为风涛所苦，相传以为龙神所宝也。

载人柩者亦然。近日扶柩过者，往往少惊恐。秋深，洞庭水落，皛皛皆陂泺，众鱼所聚，一夕风色便顺，则所得之鱼，厌饫邻境。湖上渔人有善没者，云："洞庭湘湖，夏秋水涨，深不过数十尺，而荆口水深一二百尺。"穷冬，洞庭湖水已退尽，江湖寒洪，在徒涉处得鱼数百斤者，而荆江鱼重不过数十斤。

傍湘之民，岁暮取江水一斗，岁旦取江水一斗，较其轻重，则知其年水势高下，云"重则水大，轻则水小"，甚验。

江上渔人取江豚，冬深水落，视其绝没处布网，围而取之，无不获；或用钩钓，若钩中喉吻，虽巨纶亦掣断；或挂牙齿间，则随上下，惟人所制，略不顿掣。然至腥臭不可近，惟取脂油以供点照，土人间有能食者。

江上渔人取巨鱼，以两舟夹江，以一人持纶钩，共一纶，系其两端，度江所宜用，余皆轴之，中至十钩；有大如秤钩，皆相连。每钩相去一二尺，钩尽处各置黑铅一斤，形如锤，以候水势深浅。锤上㮰以五寸许，正钩使敧侧绝江，往来牵挽，以待鱼行，亟取之，谓之摆钩。数舟联比而下，每中鱼，则候其缓急，急则纵，缓则收，随之上下，待其力困，然后引而取之，至有相逐数日者，虽数百斤之鱼皆可钩。纶用一百二十丝成，鱼至大者力不能胜，即以环循纶投副钩助之，亦须渔人得之于心、应之于手也。

巴陵乐府旧传《临江仙》一阕，滕子京所作，其词曰："湖水连天天连水，秋来分外澄清。君山自是小蓬瀛。气蒸云梦泽，波撼岳阳城。帝子有灵能鼓瑟，凄然依旧伤情。微闻兰芷动芳馨。曲终人不见，江上数峰青。"

华容，汉孱陵县也，或曰汉武陵县地。吴太皇帝分孱陵县地，于今县东二里，置安南县，或曰刘景升所置。《宋志》为晋武帝分江安县立也。隋平陈，改安南为华容县，属罗州，取古容城名之。世传为章华台，非也。古章华在景陵界，今监利县，离湖上，与今邑相近耳。大业三年，以州为巴陵郡。十年，移县于今地。垂拱二年，以犯武氏讳，改为容城县。神龙元年，又改为华容县。华容地皆面湖，夏秋霖潦，秋水时至，建宁南堤决，即被水患。中民之产不过五十缗，多以舟为居处，随水上下。渔舟为业者，十之四五，所至为市，谓之潭户，其常产即湖地也。

华容令宅东北有老子祠，曰大皇观。门之左右有二神像，道家所谓青龙、白虎也。捏塑精巧，非常人所能。形质甚大，可动摇。游观者往往验之，以为异。其实胎素中虚，如夹纻作也。祥符八年春二月既望，雷震白虎，西北楹上有倒书"谢仙火"字，入木逾分，字画遒劲，人莫之测。庆历六年，滕子京令摹而刻之，问零陵何氏女俗谓之何仙姑者，乃曰："谢仙火，雷部火神也。兄弟二人，各长三尺，形质如玉，好以铁笔书字，其字高下当以身等。"验之皆然。东南楹亦有"谢仙"二字，逼近柱础，又不知何也，其后摹刻岳阳楼上。元丰二年，岳阳楼火，土木碑碣悉为煨烬，惟此三字曾无少损，至今尚存。谢仙火，与欧阳永叔所记大同小异，永叔之说，恐得之传闻耳。

墨山谓之玄石山，楚词曰："驱予车于玄石，步予马于洞庭。"

大云寺云母泉，李华诗序云：洞庭湖西玄石山，俗谓之墨山。山之南有佛寺，寺倚松岭之下。有云母泉，自泉口而流入渠，周遍于庭，发源如乳，大旱不绝，灌园澣濯皆用之。自墨山西北至石门二十里间，尽生云母，石阶道路，荧煌如列星。又有宝慈观，乃张真人炼丹飞升之所。弟子葬其衣冠，俗谓之衣冠冢，丹灶遗迹尚在。

仙庐峰左石臼二，因岩石为之。

方台山在县南萧城，《荆南志》云：山出云母，土人采之。先候云所出处，在其下掘之，无不大获。有长五尺者，可以为屏风。当掘时有声，即粗恶也。

杨子洲，《洞庭记》云：此洲之间，常苦蛟患，昔荆佽飞将大雾渡江，蛟夹船，飞入水斩蛟而去。今庙在洲上。

赤亭湖本赤湖。梁太清六年，湘东王遣胡僧佑、陆法和诛侯景将任约于此，为亭，因名焉。

紫港湖在县西，今曰私港。夏秋水涨，与赤沙湖会，北通于江。今曰藕池，南通于湖，《水经》谓之港口。

御池在湖南，出蚌珠，有甚大者。

赤沙湖在县南，夏秋水涨，与洞庭洪通，杜甫《道林岳麓》诗所谓"殿角插入赤沙湖"也。

《水经》云：澧水上承孱陵县澹水。王仲宣曰："悠悠澹澧口，下会赤沙湖。"东南注于沅水，谓之澧口。《离骚》曰："沅有芷兮澧有兰"。注云：洞庭谓之澧口江。据此，澧水会于沅，然后入湖也。今澧、沅虽相通，然澧水注于洞庭，谓之澧口；沅水注于洞庭，谓之鼎江口。岂岁月之久，遂变迁至此耶？

禹山上有禹庙。

石佛山在县北，石堆成佛像，衣服皆具。

平江本汉罗县，后分长沙为汉昌县。孙权于县立汉昌郡，以鲁肃为大守，改为吴昌县。隋平陈，省于湘阴县。唐神龙三年，又改为吴昌，置城，以界内昌江名之。尝隶潭，今隶岳，后唐改平江。其民善斗讼，有犯辄窜他界，公事比之巴陵诸邑数倍。

幕阜山洞天，天宝中改名昌江山。《幕阜山记》曰：山有石壁刻铭，上言禹治水登此，山高于平地一千八百丈，周五百里。二十四气，福德之乡。洪水之灾，居其上可以度世。又有列仙之宝坛场在其侧，彷有竹两本，修翠猗然，随风扫拂。其上有池，水甚澄洁，时有二鱼游泳其中。有葛仙翁炼丹井，药臼尚存。山无秽草，惟杞与芳芎之属。有石山，产如丹珠，绝顶有石田数千亩，塍渠隐然，非人力所能为。地绝高险，莫能上。有僧园曰长庆，有宫曰玉清，访众徒亦云，鸟道断绝，不可登览。左黄龙、右凤凰，皆在山麓也。

梅仙山，在幕阜山之麓，层峦迭嶂，望之极葱翠，子真旧隐也。有井曰“子真丹井”，有水出焉，谓之梅仙水。

连云在幕阜之南，峭拔万丈，常有云气覆其上。有吴真人炼丹坛，下有石壁，广数丈。昔有田先生隐焉，曰田翁岊。

香炉山岩在县东，下有老子祠，上有丹坛、丹灶，有池，岁旱祈祷有感，有许旌阳试剑石。

龙隐洞，在县西北，有影如绘画，望之鳞角皆具。

汨水，出豫章界，与纯水合。纯水，在县南三十步。

石濑庙，乃关公庙。《湘州记》云：石子山溪西有小溪，溪水映彻，关公南征尝憩此，因以名濑，今庙亦以此名之。随军土地三军庙、助顺庙，《图经》皆以为关公并吕蒙行军所置。

平江有李林甫坟在九峰，刘光谦坟塔在长庆，陈希烈坟塔在惠果，陆善坟在芭蕉，徐安贞坟塔在下台。今无遗迹，但长庆有刘光谦绘像。

王文正公尝宰平江，令宅旧为山魈所据，前令不复敢居。一日，吏或梦见其告者曰："宰相至，吾当避之。"如有影响，相率而去。已而文正下车，处正寝，无复惊动，前知公之贵也。治有异政，邑人为立生祠，至今尚存。

临湘县，本巴陵故地，唐泰清年置王朝场，以便人户输纳。皇朝淳化三年，升为县治；至道二年，改曰临湘。

鸭栏矶，建昌侯孙虑斗鸭之所，陆逊尝谏止之。与白螺山相望。

象骨山，《山海经》云：巴蛇吞象，暴其骨于此山。旁湖谓之象骨港。

乌石山仙隐岩，洞深数里，有芝山石乳，乌药之属。

乌黎口，即乌林也。郦善长云：吴黄盖败魏武于乌林。即其地也。《太平寰宇记》引《通典·州郡录》云：曹州，即曹公为吴所败烧船处。又云：今鄂州蒲圻县赤壁山，即曹公败处。按《三国志》，刘表率其子琮伐襄阳，刘备屯樊口，琮降曹公，恐备先据江陵，遣精骑急追及于当阳之长坂，备数十骑，走趋汉津，济沔，到夏口。曹公进军江陵，得刘琮水军船数十万，自江陵止巴丘，遂及赤壁。孙权遣周瑜水军数万，与备并力逆之。曹公泊船江北岸，瑜部将黄盖诈降，战舰千艘，因风放火。曹公大败，从华容道步归，退保南郡。周瑜等复追之，曹公留曹仁守江陵城，自径北归夏口，今汉阳军也。而汉阳郡，《图经》云：赤壁，亦名乌林，在郡西北二百二十里，在汉阳县西八十里。皆误也。曹公既纵江陵，水军沿流已至巴丘，刘备在夏口，孙权、周瑜与刘并力逆曹公，自当在巴陵、江夏二郡界，其《汉阳图经》并俗说皆谬也。

岳阳虽水乡，绝难得莼菜，惟临湘东莼湖间有之。

龙窖山在县东南，接鄂州崇阳县雷家洞、石门洞。山极深远，其间居民谓之鸟乡。语言侏离，以耕畬为业，非市盐茶不入城。市邑亦无贡赋，盖山徭人也。

岳州自元正献岁，邻里以飲宴相庆，至十二日罢，谓其日为云开节。春社后，遇好天色，往往相继上山，中州人所谓拜扫也，至寒食而止。四月八日，取羊、桐叶、淅米为饭，以祀神及先祖。濒江诸庙皆有船，四月中择日下水，击画鼓集人，歌以棹之，至端午罢。其实竞渡也，而以为禳灾。民之有疾病者，多就水际，设神盘以祀神，为酒肉以犒棹鼓者，或为草船泛之，谓之送瘟。五月十三日，谓之龙生日，可种竹，《齐民要术》所谓竹醉日也。[①]

曹辅

曹辅（1069—1127），字载德。南剑州沙县（今属福建）人。政和二年（1112）以通仕郎中词学兼茂科，累官秘书省正字。靖康元年（1126）召为监察御史，旋进签书枢密院事。后赵构即位，仍居旧职。著有《籁鸣集》。

元次山居

峿台倚溪云，痦亭枕溪石。水石竞奇丽，中有漫郎宅。[②]

---

①辑自《岳阳风土记》，景印清文渊阁四库全书本，台湾商务印书馆 1986 年版。

②辑自《舆地纪胜》卷五六，中华书局 1992 年版。

阎孝忠

阎孝忠，又名季忠，字资钦，许昌人。大观初，曾去汝海做官，后又在大梁任宣教郎。精儿科医术，有《小儿药证直诀》、《重广保生信效方》。

寄郴守阮户部

郴阳古名邦，四座拱山色。秀气钟异人，阛阓俨仙宅。

俯春亭

城上危亭可摘云，四边山色翠为邻。下窥城郭无余蕴，草色花光尽是春。

黄相山

东带连山接五羊，西分郴水下三湘。路人到此休南去，岭外千峰尽瘴乡。①

---

①阎孝忠诗辑自《舆地纪胜》卷五七，中华书局1992年版。

卷二十七

惠洪一

惠洪（1071—1128），一作慧洪，后改德洪，字觉范，自称寂音。新昌（今江西宜丰县）人。宋徽宗时期的名僧，同时又是盛名于当时的诗人、散文家、诗论家、僧史家、佛学家。曾三次蒙冤入狱，流放海南。与苏轼、黄庭坚有深交。为弘传黄龙佛法，惠洪勤于著作，著有诗文类《石门文字禅》三十卷、《天厨禁脔》一卷、《甘露集》三卷；诗话、笔记类《冷斋夜话》十卷、《志林》十卷、《林间录》一卷；僧传类《禅林僧宝传》三十卷、《智证传》十卷；佛学类《临济宗旨》一卷、《法华合论》七卷、《圆觉皆证义》二卷、《金刚法源论》一卷、《起信论解义》二卷、《语录偈颂》一编等，并行于世。著述宏富，惜多不传。

湘上闲居

夜清暑雨过，四壁草虫鸣。一枕幽人梦，半窗闲月明。摧颓宏法志，老大住山情。忽忆陈尊宿，编蒲度此生。

次韵王安道节推过云盖

秀杰长沙幕，高才自敏强。同僚推俊逸，黼坐畏刚方。惯吐珠玑句，宜便宴寝香。秋来能过我，听雨夜连床。

次韵周运句见寄

顽钝世推鄙，而君偏切磋。借神观有漏，骑气到无何。昔共饮临汝，今同家汨罗。衡门似长吉，轩盖几时过。

次忠子韵二首

湘云刺世眼，独可著闲踪。鸥迴千寻雨，江寒一再风。旋钻新火后，初脱夹衣重。坐客经年别，兰芽茁旧丛。

新秧翻翠浪，青子退红英。获麦风光近，络丝欢笑声。曈腾幽梦破，酝造小诗成。好在归来燕，营巢占画楹。

和曾逢原待制观雪

魂清寒妥贴，寺近汨罗江。夜迴疑生月，梦惊闻打窗。地垆无宿火，经阁有残缸。起望兜绵界，谁推堕陋邦?

初过海自号甘露灭

本是甘露灭，浪名无垢称。欲知遭锁禁，正坐忽规绳。海上垂须佛，军中有发僧。生涯何所似，崖略类腾腾。

次韵邓公阁睡起

归计宽为约，山行短作程。旅亭惊午梦，布谷正催耕。翰墨堪华国，云泉负此生。一篇叙闲适，细味有余情。

次韵衡山道中

岳色堕马首，岚光忽满襟。眼寒知意适，句苦觉愁侵。沃野献新绿，残晴酿晚阴。天涯惊去雁，料理欲归心。

熏上人归云溪

闻道衡峰北，寺当猿叫村。夜楼千嶂月，昼榻一溪云。我惯蹈忧患，君方蜕垢纷。莫嫌林下石，藓涴褶衣裙。

次韵李方叔游衡山僧舍

道乡见城郭，世路谩升沉。寺胜增佳气，壁间余醉吟。僧残过客少，山好为谁深？宁识通泉尉，独怀经济心。

次韵谒子美祠堂

颠沛干戈际，心常系洛阳。爱君臣子分，倾日露葵芳。醉眼盖千古，诗名动八荒。坏祠湘水上，烟树晚微茫。

次韵达臣知县祈雪游岳麓寺分韵得游字

丛祠香火罢，山寺偶同游。炉拨红金涌，窗空碧缕浮。旋敷自氎布，暖甚紫茸裘。试作吉祥卧，梦清如素秋。

题梦清轩

小轩人不到，修竹过墙生。眼倦经长掩，身闲梦亦清。微风吹篆缕，活火发茶铛。遥想佳眠夕，萧萧雨叶声。

题一击轩

闲把松枝彗，扫除门径尘。惊闻一击竹，顿见十方身。烟翠连窗暗，霜筠解箨新。老禅构轩意，应欲悟来人。

次韵胥学士

笔下惯生春，年高句法新。还将吐凤语，来寄牧牛人。敏若盘珠妙，深如社拆神。长哦答清境，璧月上重闉。

题曾逢原醉经堂

酌古有深意，开编中圣人。百家笑糟粕，六艺饮全醇。兀若坠车适，盎如浮盏春。淳于吞一石，同味不同尘。

隐山照上人求诗

落发道林寺，随师家隐山。万缘都放舍，一衲遂安闲。璧月照宵定，金风掩昼关。平生无愧业，尘世许谁攀。

龙山亦名隐山余宣和五年十一月中浣日过焉有浙道人鸿公乞偈为作

迷路不知远，但知寒日斜。过溪逢菜叶，西崦有人家。斫额惊来客，拄锄方种畬。鸿禅效古者，当效此生涯。

甲辰十一月十二日往湘阴马上和季长见寄小春二首

雨暗书云节，梅偷破腊春。里闾相馈饷，风物近袁筠。吴语知无伴，楚衣聊试新。忽惊身是客，流落老湘滨。

风埃九十里，雾雨驼裘。雁过回诗眼，江寒聚晚愁。魂清方怯雪，句冷更含秋。残岸连孤屿，依稀似橘洲。

谢大沩空印禅师惠茶

钟鼓五千指，翔空楼殿开。不知大沩水，何尔小南台。让子锄斧信，闲禅春露杯。故应念岑寂，先寄出山来。

愈崇二子求偈归江南

人笑南台小，难安十八僧。日贫因日富，宜减不宜增。忽去两禅衲，如分一室灯。床宽齐顶礼，睡快免相憎。

题沩源

临机不堕照，如水已知源。从此常流出，其声离语言。算沙嗟意马，捉月笑情猿。若解提空印，休登立雪轩。

表上人久事云庵过余石门

冻折枯杉已死灰，岂宜安著在尘埃。假衰不入令人眼，精进曾亲古佛来。爱子渠渠念绨惠，为余得得出岩隈。苍颜华首供衰暮，未死重逢更几回。

晚坐藏胜桥望石门

好山千叶青莲晓，斫额令人意已消。微出楼台知有寺，倦行云树忽逢桥。此生未觉丛林负，肯处真教日劫超。闲拾堕薪成浅立，细泉幽涧响寒蜩。

次韵王节推安道见过云盖二首

湘山名与故山齐，寺在沙村断岸西。系马槐根秋雨歇，倚栏云际莫猿啼。公宜谈笑光台阁，我合摧颓老涧溪。袖有新诗如泻出，逼人骏气不容羁。

睡起春衫取次披，髻云随从倚栏时。生憎柳底莺声巧，不分花前日影移。伊昔笑来忧易老，而今思去恨难追。林梢悬挂团团日，无语东风玉箸垂。

宿石霜山前庄梦拜普贤像明日到院见壁间画如所梦有作

十幅蛾眉紫翠寒，何人逸想发毫端。忽惊瑞色云间相，曾向清宵梦里看。影像不真心自寂，悟迷无隔指空弹。了然一念非新故，我与群生入正观。

赠涌上人乃仁老子也

照人风骨玉颀然，来慰衰途亦自贤。肝胆秋光磨洞彻，齿牙岳色嚼芳鲜。应传画里风烟句，更学诗中文字禅。已作一灯长到晓，定能百衲不知年。

道林喜见故人

十年一别今重见，风度依然照映人。韵胜折松秋露骨，气和寒谷夜生春。三都君已传名誉，万事吾今付欠伸。梦境楼钟同此听，独寻陈迹记前身。

湘山独宿闻雨

殷床钟静自垂帘，庭树无声欲雪天。山寺凄凉容我宿，地垆深暖枕肱眠。铜瓶秋蚓为谁泣？蜡烛春花亦自妍。夜半梦回闻骤雨，十年踪迹一茫然。

别李公弱

残红换得绿阴成，随分闲愁取次生。须信百年终有别，未能一日便无情。何时岳色君同看？后夜湘晴我独行。好在西园行乐处，为谁依旧月华清？

将登南岳绝顶而志上人以小团斗夸见遗作诗谢之

錖源独步宝带夸，官焙无双小月团。未作浓甘生齿颊，先飞微白上眉端。汤声蜂稚秋窗晚，乳面鹅儿春瓮寒。饮罢为君登绝顶，俯临落日看跳丸。

题草衣岩

锄头当枕草为毡，曾与高人说任缘。岂料大嫌沽世价，未应虚费买山钱。闲编木叶轻于纸，细葺芦花软胜绵。石室至今增壮观，可知千载得人传。

与僧游石头庵

我携骨面潜溪子，来访西山鉏斧庵。梦蝶人惊犹栩栩，藏鸦柳暗已毵毵。峰连小阁宜春望，水绕重城隔夜谈。欲唤扁舟寻熟路，与君支策上千岩。

送晓上人归西湖白阁所居

我忆钱塘雪鬓新，三年东望肺生尘。那知南浦清湘岸，忽见西湖白阁人。熟视音姿疑梦寐，便惊风物有精神。倏然又入千峰去，惆怅孤云野鹤身。

法轮齐禅师开轩于薝卜丛名曰薝卜二首

人世百年蝴蝶梦，纷纷栩栩逐春繁。观根戏扫旃檀座，随意为开薝卜园。君每据梧深有味，我来欲问自忘言。丛林何必犹迷照，香在枝头不在轩。

响石岣嵝峰下寺，小轩开处近山房。苾刍来问宗风事，薝卜为熏知见香。聊复淡然成独坐，从教此语遍诸方。钝根不识金轮转，摘叶寻枝谩嗅芳。

南岳法轮寺与西林比居长老齐公筑堂于丈室之西名曰雪堂作此寄之

法道陵夷赖典刑，此堂真有救时心。坐令衡岳为嵩岳，便觉西林近少林。面壁高风知独振，薝花细雨为谁深。故应弟子分皮髓，未愧驹儿善古今。

和答素首座

勘破诸方剩得闲，归来岳寺掩深关。我行浅麓惊回地，君在翔鸾杳霭间。契阔独期当再见，峻严争说不容攀。勿矜出岫无心久，弱羽冲风亦欲还。

道林送鸿禅者江陵乞食

一篙湘水碧于螺，莹净无痕不受磨。晓雾有情呵素镜，东风作恶卷纤罗。老来谈笑追随少，岁晚别离头绪多。浦口送君聊倚杖，会看归棹掠晴波。

送秦少逸

秦郎毛骨玉壶秋，望见令人忘百忧。便觉宗之未潇洒，肯容如晦独风流。来为南岳翛然别，去作东华烂熳游。想见醉围红粉处，雪笺佳句挽银钩。

余居临汝与思禹和酬瓯字韵数首后寓居湘山思禹复和见寄又答之

涔蹄小邑著吞舟，未起风雷更少留。馔客酒酣腮玉缬，侍儿歌送眼波秋。诗成槲叶江村处，想见杨花院落幽。绮席忆曾蒙设醴，预闻谈笑把空瓯。

余号甘露灭所至问者甚多作此

老俨化身甘露灭，不妨须发著伽梨。虚舟阅世鸱夷子，彗帚扫除王伯齐。香火自修心老大，楼钟重听意凄迷。余生未觉全无累，折脚铛犹手自提。

海上初还至南岳寄方广首座

天风吹笑落人间，白发新从死地还。往事暗惊如昨梦，此生重复见名山。倦禅想见堆危坐，知法应抛放纵闲。初嚼芳鲜动诗思，一篇先寄倩君删。

立春前一日雪

明日立春今日雪，雪中残响滴虚檐。方增谩说寒威在，不绝潜知暖气添。客去旋开书对语，闲多偏与懒相兼。湘山自古愁眉浅，纵御铅华不到尖。

明年湘西大雪次韵送僧吴

夜残陡觉寒生骨，梦断空惊月转檐。瓶响卧闻秋蚓泣，火红起拨白灰添。欲酬清景寻依去，更棹扁舟与子兼。要倩新诗写愁绝，笑呵冻砚蘸毫尖。

题清富堂

此堂冠绝湘西胜，枯木名多道不穷。用谷量云当衣钵，以江盛月展家风。买山归隐真寒乞，借竹为轩落笑中。绿锦涨连青玉浦，剪裁磨琢费诗工。

湘西暮归

笋舆鼓角背层城，湘水涸尽行沙汀。岳麓雪云献楼阁，橘州烟雨学丹青。此生多艰付跛挈，投老余闲到寂惺。苍鬣万身门窈窕，归来风叶扫空庭。

效李白湘中体

夕光江摇鱼尾红，何处扁舟开晚篷。雁字初成春有信，烟鬟空好雨无踪。荒寒数苇橘洲岸，领略半窗湘寺钟。浦口行人已争渡，林下归僧欣一逢。

次韵宿东安

淡云缺月两微茫，独酌沽来竹叶香。已把功名比鸡肋，更惊世路似羊肠。心情老去俱消尽，诗律年来觉倍强。解诵东坡北归曲，此身安处是吾乡。

次韵宿黄沙

无计遮拦岁月飞，岁除江寺老垂垂。自围红火堆危坐，熟读黄沙感叹诗。已笑因山论肥脊，更惊逢水说分离。重湖去国三千里，想见残缸梦断时。

次韵赠庆代禅师

莲峰千叶吐晴烟，玉颊遥知一粲然。梅坞雪消香错莫，庵僧老尽气完全。暗惊梦蝶人间世，回看醯鸡瓮里天。谁见清言横麈尾？满庭风露竹娟娟。

次韵宿清修寺

湘山也学庐山好，落瀑声飞绣谷风。正欲求归向儿说，戏将收拾入诗中。浪惊醉枕寒松响，春满茶铛活火红。清景骨飞嗟未到，故应唯许梦魂通。

次韵自清修过大沩乱山间作

行尽湘南尽处山，爱公高韵不容攀。会当拭目瞻双阙，应笑寻幽到百蛮。甚欲解鞍休荦确，更能揎手弄潺颜。定知醉看千岩晓，大字题名石壁间。

次韵郴江有作

持节南来喜欲狂，弄舟时得棹清湘。然膏独宿牵牛洞，枕玉曾眠锦瑟傍。未可便寻闲作伴，不须先以醉为乡。金城驰至陈方略，要指先锋一破羌。

次韵题罢徭亭

闻君新构罢徭亭，邂逅河源又报清。郡郭不输天子赋，溪山偏协野人情。唐虞暇日饶耕凿，秦汉当年浪战争。风月倚栏如可借，待携斗酒话升平。

次韵题西林廓然亭

堂堂叶脱露遥天，自炷临轩一穗烟。贵客独游聊尔耳，道人相见亦欣然。是身已悟浮沤久，万象中观宝镜圆。寄语横机莫相试，刻舟甘作小乘禅。

次韵题方广灵源洞

万峰剔卓起孤峰，惭愧灵源与世通。花异空怀上林苑，梦清疑宿广寒宫。泄云吐雨遮金地，溅雪跳珠落石中。忙里为君成妙语，丰碑正欲就崖砻。

次韵题高台

午梵知藏释梵宫，危台遥喜石桥通。下无俗驾攀缘至，中有高人笑语同。解执易为摩诘语，经行难续德云风。千岩万壑吹松雨，替说侬家胜义空。

次韵题上封

天柱唯连紫盖峰，路危不与众峰通。瓢沽狭径疑相值，芋火何人想此风。借榻醉魂窥冻蚁，凭栏诗眼送飞鸿。空嗟千偈出山去，半折遗编看未终。

次韵邵陵道中书怀

邵陵山水丽风光，游遍归来夜话长。秋翠等闲开雉堞，惊湍哀怨韵笙簧。随鞍此景凭诗写，他日尘纷一笑忘。上阁与谁同小立，坠金拄笏说三湘。

次韵雨中书怀

剩雨残晴暴所长，客窗花气噀余香。每怀追逐云泉惯，无计遮拦岁月忙。谁谓伐冰连戚里，年来尽室泛沅湘。诏书行看椎门至，已觉眉间一点黄。

次韵题澹山岩

华屋张灯展画屏，当年纤手指岩扃。宦游那料重湖隔，醉里空惊叠嶂青。绣口词章人复见，笔华声价梦通灵。诗成独立西风晚，满眼归心插羽翎。

次韵游浯溪

浯溪山水今无恙，浪士曾为烂熳游。大字中兴余断碣，小舟空此醉垂钩。词源不减无双誉，人品当时第一流。地坐摩挲增叹息，高标想见尚横秋。

次韵拉空印游芙蓉

翰墨平生气吐霓，诗成先喜示筠溪。山中见客应偏好，笔力知公不肯低。夜寂据梧饥鼠出，岩空同听怪禽啼。上方闻说非人世，更陟缘云第几梯。

题善化陈令兰室

种性难教草掩藏，苍然小室为谁芳？榭培几案轩窗碧，坐款宾朋笑语香。糁地露英犹洁白，快人风度更纤长。议郎嗜好清无滓，独有幽兰可比芳。

次韵邵子中学句游岳山携怪石归

衡岳乘春著意游，诗词不独锦囊收。又携峰顶云房石，归致闲斋夏簟秋。尘下笑谈且同梦，胸中泾渭自分流。忽惊几案寒层出，卧看令人忆故丘。

和周达道运句题怪石韵

爱山心志如君少，王事何妨陟翠微。怪石方欣典刑在，新诗仍写画图归。客来一室烟光满。掌上千岩眼力稀。颇怪周郎赏音者，独于此境尚弹机。

次韵见寄喜雨

议郎诗胆久崔嵬，敏句无烦急雨催。玉局波澜嗟已绝，少陵风力赖追回。荡晴香雾吹红藕，迥地花茵叠紫苔。静极凉生闻剥啄，渡湘知有道人来。

赠许彦周宣教游岳彦周参机道者

一幅纱巾九节筇，翛然生计似庞公。孤云野鹤登空去，万壑千岩堕笑中。岣嵝晴披应独往，懒瓒醉卧与谁同？遥知勘破痴禅老，想见临机面发红。

次韵游南岳

天迥游丝百尺轻，水寒时觉縠纹生。琢磨佳句输吾弟，文点春眠付老兄。山寺独来无一事，竹轩相对有余清。永怀东院成千古，寂子难忘叔侄情。

次韵彦周见寄二首

诗先春色附湘船，来与幽人结净缘。句好空惊碧云合，韵高疑在白鸥前。君应归诵陶彭泽，我亦南寻率子廉。想见江头同握手，采茶时节雨余天。

归思啼禽日夜催，宝书临罢意徘徊。榆钱满地买春去，岳色渡江排闼来。行乐风光清梦晓，卧披烟雨曲屏开。兴来敏速诗千首，落笔人惊挟怒雷。

彦周借书

湘上清山爽气浮，开轩相对亦风流。但工酣寝成疏懒，甚拙谋生太谬悠。数笔江村供晚望，一蓑烟雨助诗愁。借书知子能医国，有志常先天下忧。

彦周法地弟作出家庵又自为铭作此寄之

迂阔庵成又自夸，要令妙语发天葩。未容临济终仆地，正赖云门已出家。少日浪曾参沩水，暮年端合在丹霞。赠君革屣游山去，勘破诸方一笑哗。

二月大雨江涨晚晴作三首

春寒作意搅吟魂，欲出云涛已溅门。入画潇湘连雉堞，落梅烟雨暗江村。依蒲觅句壮心在，附火抄书老眼昏。一掬幽怀收拾得，谩题窗纸与谁论？

我在湘西画牒中，时高时作送飞鸿。事治山翠经旬雨。印可春晴尽日风。引步幽探聊自适，满怀疏快与谁同？东君倾写无余蕴，都放山茶称意红。

投老归来楚水滨，水清聊可濯衣尘。拼心乐事都还汝，入手清闲不与人。尚有笑谈消白昼，更无情绪管青春。暗惊少日王城外，走马争先看宝津。

陈大夫见和春日三首用韵酬之

咏君好句欲消魂，想见朱轓画戟门。解组正当强健日，载书归老水云村。虚堂风撼牙签响，密室岚蒸画牒昏。偶在湘山最佳处，旧游闲与野僧论。

无复搜诗惨淡中，便能落笔敏惊鸿。高情不在两疏后，句法追回二谢风。倾盖未论桑梓旧，忘年先喜唱酬同。朱颜长觉清光溢，不学东坡是醉红。

诗轴来寻寂寞滨，把看字字蜕埃尘。江南家世休相问，陈氏文章不乏人。岳色渡江长自好，桃花满县不胜春。克家有子如麟凤，骨相吾惊是要津。

过沩山陪空印禅师夜话

浓翠湿衣三十里，渡溪知背几重云。忽惊宝构从空堕，便觉风光与世分。夜久天香凝错莫，庭闲花雨自缤纷。他生曾伴安禅地，此夕楼钟复共闻。

空印以新茶见饷

喊山鹿蔌社前摘，出焙新香麦粒光。撼树师应怀大仰，传瓯我欲学南阳。要看雪乳急停筅，旋碾玉尘深住汤。今日城中虽独试，明年林下定分尝。

空印见招住庵时未能往作此寄之

独立天衣四世孙，作家手段典刑存。大沩路峻诸方让，空印风高四海闻。有愿欲依龙象众，无求羞逐鹜鸡群。此生一聚灰中骨，终葬千峰顶上云。

空印见和用韵答之

棋布诸方尽子孙，道缘浑似雪峰存。全提盖色骑声句，直要临机以眼闻。围绕千僧名冠世，指挥万象语惊群。独能收此无家客，分占沩源一坞云。

龙兴禅师大阳的孙居
枯木堂新植楚竹余爱其家风为赋之

门外追奔没马尘，堂中安顿自由身。修篁有泪知谁恨，枯木开花为我春。隔岸云山犹可惜，满怀风月未全贫。小诗勿笑清如画，聊为高人戏写真。

和傅彦济知县

句法疑君每太高，湘南山水助挥毫。暂临小邑聊观政，未见全牛可受刀。珠玉光难藏瓦砾，芝兰香岂掩蓬蒿。坐令百里清如镜，吏猾民奸岂易逃。

寄题刘居士环翠庵

平生不识刘居士，想见茅庵枯瘁姿。百八珠轮红玛瑙，万千峰绕碧琉璃。笑人经卷钻故纸，彼世金珠似笊篱。折脚铛中谁共过？小庞真是出家儿。

次韵思禹见见怀

刺桐花映野蔷薇，湘水侵门过客稀。此日音书经岁隔，何时麈尾对君挥。楼高三楚天空阔，夜久千岩月正晖。我托丛林如越鸟，南枝虽稳亦思归。

次韵思禹题方竹

不改平生岁寒操，近来随世解方圆。知君出异惊群听，显我寻常是一偏。但见苍官遭宠锡，那知青士亦超迁。水花院落春风晚，庭种连蕉怪石前。

蜀道人明禅过余甚勤久而出东山高弟两勤送行语句戏作此塞其见即之意

众中闻语识巴音，京洛沅湘久访寻。张口茹拳君聚落，垂膺拭涕我山林。碧岩花堕鸟飞去，蒲坐叶飘针正纴。袖里两勤大饶舌，丈夫声价老婆心。

送珠上人重修五宗语要

五宗抄语挟风雷，佛日将倾赖取回。薝卜花香已零落，旃檀塔坐更尘埃。钝根厌看摩挲去，妙手端能拂拭开。当有异人来荷法，丛林因子见奇瑰。

光上人送墨梅来求诗还乡

南岳有云留不住，东归结伴过湘湄。解将疏影横斜句，不换垂珠的皪诗。癯甚鸢肩寒入画，清哉鹤骨老难医。定知入岭风烟暮，正及追胥馈岁时。

送琼大师归禅寂

近闻禅寂似丛林，总众能为世所钦。百巧难磨真实行，两涂不改岁寒心衣。今椹色如栗色，语未吴音变楚音。盛夏入城缘底事，扁舟湘水独相寻。

谷山沙弥求诗

十里松风长不老，一庭秋色为谁闲。偶逢此日休新夏，偏见耆年忆故山。贫里有秋同举箸，法中添口共开颜。偶然弄笔成诗句，乘兴留题屋壁间。

题天王圆证大师房壁

闭户不妨依聚落，开轩随分有山林。残经半掩世情断，好鸟一声村意深。篱外霜筠森束玉，屋头露橘欲垂金。能营野饭羹红酱，渡水何辞数访寻。

题云岩筠轩

雨叶风枝小径通，拂砧清坐有谁同？粉衣香滑秋丛瘦，泉佩丁东夜壑空。半世已归弹指内，前途都付枕肱中。堤防老境犹多事，折脚铛炊腐颗红。

逍遥游山归见示唱和诗轴口占和之

游遍名山过水西，夜谈奇语尽横机。君如槛鹿犹思奋，我似栖禽已倦飞。闻道老禅能眷旧，更烦诸衲借余辉。欲知胜践多佳思，怀得新诗满袖归。

偶书寂音堂壁三首

巾瓶挂壁亦翛然，无所营为地自偏。句法不能医老病，梦游时解到林泉。扶持瘦玉筇随步，堆叠荒云衲半肩。小住闲庭数归鸟，从教人作画图传。

寂音闲杀益风流，寒涕垂膺懒更收。得失是非都放却，死生穷达信缘休。湘中戏剧三千首，海上归来十二秋。斋罢展单吾自课，暮年眠食更何求？

霜须瘴面老垂垂，瘦搭诗肩古佛依。灭迹尚嫌身是累，此生永与世相违。残经倦读闲凭几，幽鸟独闻常掩扉。寝处法华安乐行，荡除五十二年非。

上元后候季长不至作此寄之

和风冻雨上元后，断岸橘洲春水生。村寺独归江路熟，竹篱谁系小舟横。偶成诗句长哦罢，谩折梅花一嗅清。想见连床成夜语，此篇先慰远来情。

与忠子晚步登台有作

僧残寺僻游人少，草满池塘笋过篱。卢橘带酸春去后，榴花出叶雨晴时。一年事办秧齐遍，连日江寒水退迟。偶上高台成远眺，兹游更得子追随。

大雪

今年未雪今日雪，地迥眼新人不嚣。永巷扫除闻屐响，暮林翔集看鸦娇。韵高雒下应难画，兴发山阴未觉遥。想见茅斋已摧压，曲肱清梦到山椒。

宣和四年十二月二十四日大雪珠禅客忽至渠以谷山退院来审是否作此示之

翻空渐密呵不止，刷我当门螺髻峰。银碗满盛谈类堕，径松深覆示藏锋。因徒逃去宁知褊，显自何来不见踪。独拥衲衣成坐睡，地垆瓶泣伴疏慵。

题鹿苑虎岑堂

平生文彩照诸方，暗谷行藏草木光。要使丛林想高韵，故将名字挂虚堂。笑拈倚壁过头杖，闲坐当年折脚床。进步竿头如不荐，草深门径未相妨。

题翠霭堂

虚檐碧瓦临无地，吐月吞风六月寒。帘卷烟光摇户牖，雨余岳色堕阑干。侍儿自炷真龙脑，座客同分小凤团。谁谓太平本无象？规模堪入画图看。

胥启道次韵见寄复和之

少年翰墨擅时名，老爱江乡翠巘横。闻道异书常自校，近来佳句与谁评？幽寻湘水映衣碧，小寝晴窗泼眼明。寄我三诗争妙丽，疑公曾梦笔花生。

寄黄龙来道者

问讯黄龙来道者，住山况味定何如。齿牢未怯和沙饭，眼倦应嫌夹注书。但见衣胜寒薜荔，不妨心赛白芙蕖。都疑生近楂田市，时觉淮南语未除。

禅首座自海公化去见故旧未尝忘追想悼叹之情季真游北游大梁闻其病忧得书辄喜为人重乡义久要不忘湘西时访史资深亦或见寻此外闭门高卧耳宣和二年三月日风雨有怀其人戏书寄之

前时无际曾入梦，近日真游又得书。一味岁寒甘淡薄，十分欢喜说乡闾。闲寻老伛台南寺，更过史髯湖上居。想见朝来闭深阁，卧听檐雨滴阶除。

次韵阎资钦提举东安道中

父老扶携看使华，那知勋业在咨嗟。人生安得颜长少，岁暮今惊日欲斜。谩有清诗敏风雨，空余醉墨走龙蛇。应怜妙语如芝菌，不吐青林吐卧槎。

次韵游福严寺

下临烟雨凭危栏，游客新辞禁从班。露湿衣巾近云汉，风吹笑语落人间。曾闻诗律如彭泽，想见风神似鲁山。何日三人成品坐，夜窗参论到更阑。

次韵宁乡道中

夹道传呼部曲奔，遥知秋色动吟魂。黄柑绿橘平芜路，剩水残山夕照村。似镜此心清自迥，如云往事去无痕。钟声有寺藏烟翠，忽见林间窈窕门。

次韵题云峰齐云阁

绿玉霜筇喜自提，芒鞋初试得攀跻。欲穷深谷一区胜，更上齐云百级梯。物外名山长好在，人间乐事自难齐。遥知太息出山去，一笑无人悟过溪。

次韵题必照轩

曈昽晓日出苍凉，草木欣欣露叶光。千里秾纤上眉睫，一区形胜发天藏。有诗摹写江山美，无计遮拦岁月忙。韵险暗惊才力短，坐令毛颖秃锋芒。

宿资钦楚山堂

故人持节在三湘，白首相逢话更长。挂锡曾怜道林寺，携衾来宿楚山堂。意消忽觉风敲竹，梦断空惊月转廊。常恨出门无所诣，敢辞时此夜连床。

次韵资钦元府判见寄

茗碗闲窗不厌过，暮年归计定如何。我思杖履游嵩少，公辈家山近洛河。具茨功名关意少，颖皋丘壑赋情多。二诗俱可镌崖石，乞与云烟相荡摩。

宣和五年四月十二日余馆湘阴之兴化徐质夫自土山来一昔夜语甚颠倒且日前尝梦见东坡今复见子何清事相联耶吾所居有亭名闲美尝有白燕巢梁间屡见鹤翔舞于层霄嘱予为诗纪其事质夫大梁人贤而有文佳公子也

徐侯官舍土山边，颇为看书废昼眠。偶见画梁巢雪乙，更惊云汉舞胎仙。致坡入梦殊堪纪，与俨忘形亦自贤。闻道小亭时纵目，江山信美似斜川。

游太平古寺读旧题用惠上人韵

步尽长廊觉倦游，丛蕉出屋小轩幽。壁间诗在红埃满，窗下香残碧缕浮。喜有绳床容我借，更因茗碗为君留。忽惊林杪湘山露，谁作江天数笔秋?

岁穷僧众米竭自往湘阴乞之舟载夜归宿桥口寒甚未寝时侍者智观坐而假寐作此诗有怀资钦提举

老去生涯无窖子，隔城荒寺到人稀。岁穷百里扣门乞，夜棹孤舟载米归。隅坐小僧寒附火，联拳羸仆睡和衣。故人醉里闻芗泽，应背银缸照翠帏。

正月一日送璿维那之新昌乞

春水初生湘岸边，阴晴城郭上元前。暖消积雪成檐滴，火烈残香发篆烟。念旧十年乡井梦，试新一首送行篇。翛然路入江南去，想见归时及杜鹃。

二月二十一日奉陪季长游岳麓饭罢登法华台赋此

法华台上凭栏久，吹鬓东风晚雨晴。断岸平横千雉堞，道林远在一牛鸣。喜餐水饼清明近，开遍山茶杜宇声。想见京尘遮便面，应思携手比中行。

赠道禅者

大河卷浪雪翻风，桥压千艘卧彩虹。岱岳烟云连绝域，北门楼阁碍层空。浪游荆楚重湖外，更在沩源叠嶂中。水饼槐芽动乡思，近来归梦与谁同？

周庭秀爱湘中山水之胜定居十余年宣和五年夏五月忽思吴中别余于湘上作此送之

词刃平生工斫伐，探怀每欲取公侯。朅来世事懒经意，醉看湘山不转头。忽忆归吴泛千里，偶然尽室载孤舟。却将挥翰风雷手，且钓华亭万顷秋。

谢岳麓光老惠临济顶相

瘦骨孤标韵绝伦，传闻宗派出云门。收藏画里三玄老，分付湘中十世孙。骂佛风神疑正怒，打僧气宇尚惊群。能言灭却正法眼，不负滩头毒手恩。

送海印奭老住东林

湘容岳色中秋后，古寺闲房小寝余。扫径帚粘新落叶，开窗风掩读残书。吹云又作他山去，种漆何时伴我居。洞上闲名犹在世，未应容易与人除。

余至清修别希一禅师津发如老媪扶女外车其义风可以起颓俗将发作此

惊风急雨中秋后，回首长沙杳霭间。迎送初辞大藩府，逍遥来看小庐山。故人情义千钧重，行客生涯一叶闲。明日旅亭劳昼梦，孤峰标格不容攀。

次韵贾令尹题裴公亭

独凭危栏眼力穷，当年胜践想遗风。歌喉云杪殷余韵，笑靥尊前发醉红。世相难逃朝夕改，山容不老古今同。议郎笔力回春色，摹写都藏画牒中。

代人上李龙图并廉使致语十首后三首慈及二子附

窃以引而不发射，失中则反，诸身安则虑危，国虽治而不忘武。顾将揖让而就列，当踏规矩而效能，凛乎有櫜鞬之仪形，望之入麒麟之图画。白衣自表定三矢于天山，锦帽突前靡万人于沙漠，自昔闻无双之伎，迄今见逸群之材。恭惟判府安抚龙图忠孝传家，文章命世，开画戟之幕府，集珠履之鹓鸿，英声震于九垓，和气浃于千里。奉御廉使大夫忠诚许国，文武兼资，冠缙绅之才能，受庙堂之眷倚，偃戈卧鼓属疆场之久空，讲武开尊适郡庭之无事。某等当结发而工骑射，要唾手而取功名，幸对华筵敢呈口号。

射圃闲亭酒半醺，手柔弓燥气超群。已惊百步穿杨彩，会看双雕落塞云。且集旌旗森画戟，未输文字饮金樽。治朝文武须兼用，万寿称觞祝至尊。

太平无象乐年丰，况值疆场久已空。宾主献酬成雅集，江山谈笑助清风。良辰美景开金斝，缓带轻裘控角弓。鼙鼓急催齐指目，大侯的处中飞鸿。

雨后园林花木新，传闻千骑出城闉。异能未中侯中鹄，佳气先浮盏面春。画鼓绣靴筵奏曲，红妆细马地无尘。长沙万古民争说，宾主人英伎绝伦。

闻道长沙贤太守，漆瞳玉颊照衡湘。讼庭散后宾朋集，民瘼苏来礼乐昌。且展绮筵陪胜饯，何须檀板闹红妆。晓无探骑传边檄，愿献君王万寿觞。

细柳成阴花满径，晚来钲鼓导朱轮。河东鸑鷟三英杰，天上麒麟两俊人。闲里笑谈清似玉，杯中贤圣韵如春。引弓一箭惊穿札，堵立欢声快吏民。

绣衣天使志澄清，五马贤侯见典刑。公退钲声闻射圃，日高槐影覆闲庭。共看酒蚁浮琼斝，不废花轮绕画屏。银烛红纱侵夜色，醉归明月淡疏星。

陇西家世到仍云，许国清忠盖代闻。有道风流贤太守，无双才气旧将军。整弦使者情和易，承附诸郎艺逸群。便好画图收拾取，要传盛事满湘滨。

如云旌骑照湘江，千里农桑楚大邦。中鹄才高今有武，射雕伎巧古无双。锦袍雅称黄金带，琼液尤宜白玉霜。笑挽雕弓如满月，万人惊慑已心降。

无双自昔擅家声，春色都还细柳营。中的聊为万人杰，飞觥要使百壶倾。三湘父老传风化，十郡儿童识姓名。武纬文经俱不乏，桑弧蓬矢见平生。

画鼓晓晴三击罢，如云兵骑整全威。俄闻画角胡笳断，忽觉华堂羽箭飞。一百步中精力巧，数重围内见心机。风流太守兼文武，扶路争看踏月归。

代夏均甫宴人致语一首并序

窃以带分楚水，流万古之云涛；壁立峿台，上千寻之烟雨。号称雄文妙墨栖宿之地，是亦词人迁居感叹之墟。野迥天多，尘清雾敛，方群木落尽之景，望四山之苍然；送万里独归之鞍，庆一尊之偶尔。恭惟某人硕大而德贵，魁礌而材高，以忠义自结。主知，故姓名长简睿想立于缙绅之上，可谓万人之英。论于君臣之间，亦曰："千载之遇，念故都之下吏，实恩馆之陈人，有一掬之归心。"余满簪之华发，嗟孙宝曾为主簿念彭宣，独至后堂，受知不减古人，报德尚惭今士。敢陈末札，少驻行旌，玉人成匝座之花轮，琼液荐满湘之春色，相逢一笑不醉何归。

九龄风度照峿台，宴寝香凝画戟开。归国已倾天下耳，驻轩宜举故人杯。青天白日心常在，附骥攀鳞志未摧。累足待公成相业，更随风驭看蓬莱。

明白庵六首

如来功德力，内外悉清净。念起忽随之，自然心无病。

形与佛祖等，道致人天护。戒净福人天，心空同佛祖。

石火机锋上，那容著意根。透情名出世，离念是知恩。

瑞鹿吾所慕，勇决敢不勉。夜来归梦清，疑在啼猿巘。

老去一庵深，聊将自净心。要当酬佛祖，终不负丛林。

归路山花发，欣然折一枝。动容扬古路，不堕悄然机。

粹中自郴江莹中与南归时余在龙山容泯斋为诵唐诗入郭随缘住思山破夏归之句为韵十首

哀蝉满风听，草树初茂密。空斋有奇事，屋角寒藤入。

客来理清言，客去依蒲褐。道乡知不遥，仿佛见城郭。

希夷登岳顶，典子相追随。天风落笑语，想见对谈时。

子从两人杰，此游真胜缘。他年传故事，一叶共湘川。

遥知歌座中，随意吐十住。海门妙莲华，应逐谈词吐。

我庵无量相，泯迹变清思。觉范如新故，空华今盛衰。

松下朅来见，依然冰雪颜。未须惊世故，且复卧看山。

高谊今照人，剧谈旧惊座。别来如许久，一见千愁破。

无生师子窟，僧宝光照夜。我如龟六藏，一庵聊作夏。

千峰夕阳外，空翠摇烟霏。终古无求处，相看一笑归。

陈莹中居合浦余在湘山三首寄之

心在青牛城下，身行白鹤泉西。何日相逢一笑，看君饱食蛤蜊。

海门何啻千里，行人替我生愁。远尔妄生分别，阎浮等是一沤。

闻道希夷处士，今居诃梨仙村。要看笔端三昧，重谈医国法门。

愿监寺自长沙游清修依元禅师兴发复入城余口占四首赠之

过江问大沩路，失脚到小庐山。惭愧没个虏子，满堂都是乡关。

自笑干陪奉汉，人夸热肺肠僧。饭了脱剥打睡，椎门击撼不应。

秋来又入重城，满腹憨腮惊人。只欠一个布袋，便是弥勒化身。

闲里虽无白业，笑中自有丹沙。啜我同游蓬岛，个中枣大如瓜。

赠沩山湘书记二首

山学春愁眉黛，水如含笑花香。睡起凭高凝睇，浅红数笔残阳。

住山心已老大，看云情转虚闲。东华软红纵好，无因飞到窗间。

湘山偶书

暖压催花小雨，晴宜到面和风。莺舌管弦合调，兰芽雪玉分丛。

莹中南归至衡阳作六首寄之

回雁峰前醉眼醒，卧看波影蘸空青。起来一笛春风晚，万里无云月满汀。

醉里南游亦偶然，归来客舍梦初圆。袖中沧海烦倾出，要看毫端浪拍天。

喧热婆罗大火聚，无厌足王刀锯场。闻道饱参俱透过，来寻初友见清凉。

争道头陀再应缘，那知南亩不陈鲜。君看提起超情句，马得幡竿尾指天。

礼拜起来无伎俩，拈花笑里有精神。何如眼倦抛书睡，一枕雷霆撼四邻。

笑看痴蝇遭唾涴，绝怜香象截流过。归来儿女团圞坐，赢得心如古井波。

寄石头志庵主

世途崄巇鼻先酸，折脚铛寻稳处安。谁见睡余闲振策？松风吹耳夜涛寒。

石头庵主居南岳仅三十年忽思还江南龙安作此寄之三首

厌看潇湘万顷山，江南归去卧龙安。只将一味无求法，留与丛林作样看。

龙安闻说好岩丛，瘦坐孤行两颊红。剩得清闲无著处，一时排遣笑吟中。

闹中抛掷亦奇哉，句里藏身活路开。生铁心肝含笑面，不虚参见作家来。

寄岳麓禅师三首

数笔湘山衰眼力，一犁春雨隔清谈。遥知稳靠蒲团处，碧篆香消柏子庵。

饱参衲子一千指，古格丛林二十年。想见升堂提祖令，道容水雪照人天。

湘南道价独惊群，知是黄龙的骨孙。本色住山何所有，白鸥春水自当门。

道逢南岳太上人游京师戏赠其行

野外相逢一笑新，十年峰顶卧云人。却将南楚登山脚，去踏东华没马尘。

至邵州示胡强仲三首

平生厌饫水云间，老境优游剩得闲。远谪瘴乡君勿叹，天教更看海南山。

情缘不断自消灭，浮念欲生无起因。多谢炼磨金出矿，敢辞枷锁梦中身。

卢能岭上容君看，弥勒楼前借汝观。成佛捷途当举足，不须平地致艰难。

送圆监寺持钵之邵阳

丛林职似惊群雁，供给情如反哺乌。梅蕊犯寒持钵去，山茶出屋得归无。

与法护禅者

手抄禅林僧宝传，暗诵石门文字禅。拣得湘西好三角，春风归去弄云泉。

示观上人

观公短小精悍色，试手来参五味禅。挂起北窗都会取，湘江云水自连天。

次韵空印游山九首

法真有子是弥天，派出南屏共一源。鲁钝经旬陪夜语，浪持短绠汲深渊。

危径盘空一线微，游人举足已先疲。大圆光透难遮掩，不学龙牙眼似眉。

腾腾兀兀地行仙，依约曾参蚬子禅。古庙纸钱堆里睡，从教岁月自推迁。

万层翠巘玉崔嵬，独自凭阑日几回。知有芙蓉更深秀，振筇何幸获追陪。

凝伫残阳眼力微，孤云偶伴野僧归。形容万古沩山色，正赖晴岚与夕晖。

蟠龙不许在层渊，一句全提赖发宣。惭愧儿孙家法在，未施声色透重玄。

宝塔当烦妙语传，要令此地福人天。个中已有全身见，何用分身遍大千。

未言酬倡多佳句，半月游山亦自贤。我亦生涯无窖子，愿陪香火饯余年。

大沩愿力有谁同？贯日精神吐白虹。我酌轼公泉叹息，此源有尽水无穷。

潇湘八景

山市晴岚

朝霞散绮仗天容，无际山岚分外浓。风土萧条人迹静，林蹊花木自鲜秾。

洞庭秋色

秋霁湖平彻底清，沧浪隐映曜光轮。寒光炯炯为谁好？倚岸凭栏兴最清。

江天暮雪

长空暝色黯阴云，六出飘花堕水滨。万境沉沉天籁息，溪翁忍冻独垂纶。

潇湘夜雨

岳麓甍檐苍莽中，萧萧江雨打船蓬。一声长笛人何去？箬笠蓑衣宿苇丛。

渔村落照

目断青帘在水湄，临风漠漠映斜晖。渔郎笑傲芦花里，乘兴回家何处归？

远浦归帆

水国烟光映夕晖，谁家仿佛片帆归？翩翩鸥鹭西风急，凝盼沧洲眼力微。

烟寺晚钟

轻烟罩暮上黄昏，殷殷疏钟度远村。略彴横溪人迹静，幡竿缥缈插山根。

平沙落雁

寂寞蒹葭乱晚风，江波敛滟浸秋空。横斜倦翼归何处？一点渔灯杳霭中。

次韵超然春日湘上二首

暮年身世极南边，病眼愁看北客船。忆著金明池上路，宝津晴瓦隔霏烟。

年少无愁事业新，小诗写得楚江春。已知字字愈头痛，可是骎骎解逼人。

次韵方夏日五首时渠在禹溪余乃居福严

残书半折立风檐，欲步还慵睡未忺。忽忆故人谈笑处，擘莲尝茨御炎炎。

声华籍甚浙东西，胸次玲珑绝坎蹊。那料南来遭白眼，强颜腰作偃松低。

山县萧条早放衙，塘莲无主自开花。三叉路口炊烟起，白瓦青旗一两家。

水阁风微快葛衣，沙村返照淡余晖。数声楚些无情思，不似吴中缓缓归。

我忆西湖山水清，君诗说尽欲归情。何时京口同烟艇，柔橹咿哑短作程。

谢妙高惠墨梅

雾雨黄昏眼力衰，隔烟初见犯寒枝。径烦南岳道人手，画出西湖处士诗。

妙高梅花

戏折寒梅画里传，便知香爨揽佳眠。爱吾花木逡巡有，干笑春风入暮年。

琛上人所蓄妙高墨戏三首并序

淮上琛上人袖妙高老墨戏三，本来阅此不自知，身在逆旅也。妙高得意懒笔，而琛公能蓄之，琛之好尚，盖度越吾辈数十等也，为作三首结林间无尘之缘。

年年长恨春归速，脱手背人收拾难。那料高人笔端妙，一枝留得雾中看。

修叶闹花增秀色，为谁幽径撒秋香？还如此老行藏处，不为无人亦自芳。

一幅湘山千里色，碧天如水盖秋宽。磨钱作镜时一照，乞与禅斋坐卧看。

谢人惠芦雁图

道林烟雨久不到，忽见橘州芦雁行。笑里笔端三昧力，坐中移我过潇湘。

过湘江题慈云寺壁

慈云寺在古城隈，月阁风轩照水开。独倚阑干秋雨后，青山相逐渡江来。

再游读旧题

渡头路入白云隈，断岸柴门窈窕开。忽忆去年曾过此，拂尘闲看旧题来。

晚归福严寺

浅抹浓堆翠却烟，老松无数更苍然。石梯又入千峰去，时见楼台夕照边。

次韵亭上人长沙雪中怀古二首

楚国楼台凌九霄，软风行复弄柔条。当年弦管今何处？飞雪满空如舞腰。

数峰江上晓不见，指点先烦榔栗条。却望苍崖寻折干，偃松梢重压龙腰。

宿芙蓉峰书方丈壁三首

二十六窝猿臂上，夜晴引手酌星河。忽惊此地羊肠险，世路羊肠险更多。

赤髭病客烟瘴面，漆瞳道人冰雪容。俯槛夜残看落月，不知脚下有千峰。

人间热恼不到处，一室篝灯到晓明。枕臂聊为吉祥卧，雪猿声与梦俱清。

过宝应访达川不遇书其壁

屋老僧残湘水滨，丛林气象傲比邻。莫嫌川客贫彻骨，满院青春不借人。

次韵西楼

万古湘江绕故城，水光夕照动檐楹。行人仰看春风软，吹落凭栏笑语声。

三月登湘阴景醇湖山堂时江涨而雨未止

烟雨溟濛暗小窗，湖山堂下水连江。已欣一叶浮千顷，更爱飞来白鸟双。

南岳会禅师往京口省枯木老禅过余湘上夜语及前诗三绝要谒梦蝶老居士不觉有怀其人

若逢梦蝶庵中老，为道归期压旧年。肯施独龙冈畔地，大胜小岭买山钱。

会师胡卢而笑曰独无语以饯我乎因赋此

倦卧耆阇峰顶云，呼船闲立楚江渍。爱师任运如湘月，影入千江体不分。

送向禅者省亲约三月时复来

小雨初晴上元过，湘江水生图画开。江南今日且归去，杜宇啼时还复来。

次韵惠梅禅师见寄秋日四首

客情容易到双眉，干没晴湘夜月晖。风露满庭人未寝，飞萤故入小帘帏。

长廊广殿午风清，禅倦何妨曳履行。欢喜闲中有奇事，镊髭空对纸窗明。

兑高山水目清晖，雨勒孤云放纵飞。多谢炎凉摧溽暑，更阑静极忽僧归。

饱霜毛颖泛松煤，窗底鱼笺自在开。琢得小诗清似玉，步筇时绕紫莓苔。

与超然至谷山寻崇禅师遗踪

行尽湘西十里松，到门却立数诸峰。崇公事迹无寻处，庭下春泥见虎踪。

书寂音堂壁

永怀焦管愧平生，任运无心更道情。野火烧庐成露寝，暑天因浴亦江行。

介然馆道林偶入聚落宿天宁两昔雨中思山遂渡湘饭于南台口占两绝戏之介然住庐山二十年尚能详说山中之胜

城中信宿无所诣，径作思山破雨归。偶过南台同野饭，听公放意说岩扉。

楞伽本在海中央，钵具悬知挂旧房。不泛木杯惊俗眼，一蓑烟雨渡潇湘。

次韵资钦提举游浯溪

迈往高风不可攀，老成今独见波澜。平生嗜好如漫叟，更在浯溪烟水间。

次韵自武冈趋东安道中

枕孤衾冷月空斜，卧看青灯自委花。逸想醉翁非梦语，酒醒能道客思家。

次韵邵州道中

斗折清江接暮林，堕江残月水浮金。松闻有风自成曲，清坐不须重整琴。

次韵曾机宜游山湘江晚望

贪看江草间江花，不觉移舟着浅沙。数笔潇湘春自晓，橘丛篱落露人家。

闰三月经旬雨江涨已及旧痕而湖山堂之下船犹着沙二十七日与天宁清修白鹿龙牙开法同赴景醇饭而广法益阳来遂掇坐入门湖水涨满其碧胜镜景醇曰湖山正为公辈甚喜作此

湖山景物亦相知，岂独纱巾坏衲师。喜我远来何以见，夜来湖水满平堤。

清侍者自长沙归云居来辞且乞偈余敛目想见清自遥田庄拄策而上将及到天亭回视诸峰如关种所作庐山夕阳图

到天亭下开春晓，丛折万峰螺髻青。瘦策缘云上峰顶，为谁妆点夕阳屏？

宿兴化寺

天阴连日不成雨，古寺无人鸟雀喧。立尽黄昏门半掩，缩肩裹被作猿蹲。

心上座余故人慧廓然之嗣而规方外之犹子也过予于湘上夜语有怀廓然方外作两绝

风骨东瓯语带吴，见君满眼是西湖。径山河上今佳否？想见年来鬓亦枯。

十年不得吴中耗，凋尽耆年付等闲。闻道瘦规颜愈少，独余此老殿湖山。

石霜见东吴诚上人

我寻流水行，忽入霜华谷。山阴见幽人，目带湖山绿。语温如春风，韵秀自拔俗。暗惊枯木堂，栖此一枝玉。遥知夜窗深，雪响乱修竹。宝书掩残红，佳眠正清熟。逸想在西兴，清梦不容逐。觉来念行处，小诗欲收录。诗成写乌丝，银钩夺人目。棐几著牙签，兴来还自读。

次韵道林会规方外

湘山半夜雨，断我西湖梦。卧看读书灯，花作扶头重。晓窗晴泼眼，倒桂闻么凤。起寻殿寒梅，小立幽香喷。柳丝不胜绾，笋庭春脉动。春色已如许，乐事非一种。平生所怀人，忽此笑语共。云轩为谁停？危坐山衲拥。眼高空丛林，志大骨森耸。开怀见赤心，亹亹饱谈诵。坐客鹤脑侧，我亦快心孔。袖中出新诗，笔力发豪纵。风日丽醇醲，黄泥初扬瓮。舌根有沧海，潮辩自掀涌。何当横枯藤，啮镞追两本。吾宗欲颠覆，支者例阘茸。君能为我起，逸足王良控。我诗如石田，疏理终无用。朝来强锄垦，秃笔时呵冻。摩挲铜鍱腹，博君一笑捧。

陈莹中自合浦迁郴州时余同粹中寓百丈粹中请迓之以病不果粹中独行作此送之

我怀希夷老，如哑无处诉。忽闻得生还，失声喜能语。想见如镜中，仙风拂眉宇。欲问华严宗，忽觉隔吴楚。摄衣出从之，久疾恐顿仆。佳哉蜀道人，精爽驰揵武。殷勤愿偕行，得书即径去。我生百无求，青山满门户。公卿一度来，掉头不回顾。斯人独难忘，自不知其故。夙昔当问佛，斯人亦法侣。达书理故事，已办住山斧。太虚吾斧柄，能用以收取。

石门中秋同超然鉴忠清三子玩月

三年窜南荒，两过中秋夕。月不弃羁囚，高义照罅隙。凛如寝雪霜，但觉炎瘴失。梦清不敢归，鲸浪溅天白。中原一转首，心折数弟姨。遥知亦念我，看至玉轮侧。有生穷至此，甘作死生隔。今年又中秋，气味如夙昔。筠溪绕茅芦，波影登几席。危磴通石门，高眺屡顾陟。空山夜气升，草木正蓊郁。超然凛清癯，可即不可及。华纷落无余，但见霜露实。三子新间旧，学问川增益。骏气不受羁，奔帆初伏枥。人生一大梦，聚散两戏剧。境岂妍鄙哉，而心自南北。忽惊西楼高，含光下注射。林叶动流水，楯瓦粲佳色。翩然步修径，杖履草露湿。地坐阒无人，但闻虫唧唧。清境难抱石，秀句为收拾。明年当复和，胜践要缀续。晴阴万里同，世路致欣戚。付与市朝人，举酒相叹息。月虽默不言，泾渭视喧寂。

馈岁次东坡韵寄思禹兄

我来客湘江，独泛无人佐。封疆接南越，都会列百货。方嗟岁除矣，仍喜此月大。思归姑置之，且枕曲肱卧。馈问亦未能，起看灯照座。念贫米无舂，笑富粉转磨。二者分劣优，等是一年过。唯有东坡翁，作诗今续和。

予顷还自海外夏均父以襄阳别业见要使居之后六年均父谪祁阳酒官余自长沙往谢之夜语感而作

一昨游京华，坏裓变尘土。思归念云山，夜梦亦成趣。故人骤登庸，时时宿西府。如鸟得所栖，倦适忘飞去。从中奇祸作，失声惊破釜。三年王海南，放意吐佳句。归来骇丛林，冠巾呵佛祖。突兀刺世眼，所至遭背数。夫子独凛然，高谊照寰宇。哀怜欲收拾，奋髯排众怒。岂惟子义世，独有孔文举。此恩无陈鲜，岁月有今古。朅来湘楚游，坐阅六寒暑。今年中秋夕，水宿青蘋渚。谁持一纸书，剥啄叩蓬户。呼灯得款识，失床喜而舞。开书有新诗，喜事遽如许。丽如春湖晓，月映蔷薇露。笔力回春工，仿佛失风度。湘江三百里，款段沿江路。岳色满征鞍，疾驱那敢顾。朝来真见之，了非梦时遇。堂堂千人英，要是干国具。龙蛇吁莫测，涔蹄聊蹇寓。道固有晦显，会看跨云雨。天下张荆州，四海陈合浦。当时寂寞滨，皆获陪杖屦。今又从公游，楚山更佳处。诗成倚峿台，天风吹笑语。

次韵陈倅二首

梦幻有贵贱，譬如绵与芦。美恶俱一暖，未易相贤愚。我少怀毛发，倦禅辄逃儒。投老加冠巾，舞笏师道吾。世事几时毕，云山何处无。何为聚落中，滞留如贾胡。溪声替说法，聚石为讲徒。拊手笑远志，甘为小草乎？霜清已高揭，水清见游鱼。橘洲颓晚照，属玉行炯如。我穷世不要，老并湘江居。君独念故旧，时时容借书。我亦循陈迹，驱莽如磨驴。诗成辄自省，璧月挂清虚。

卷二十八

惠洪二

赠别不愚首座

道人貂蝉后，骨面远瞻视。少年憎俗子，竟以须发毁。形骸已变尽，终不没豪气。君看谈笑时，时复出奇伟。湘西松下见，班草问行李。问侬归何许，披须开笑齿。名山皆吾家，况复生如寄。意行吾车驰，身止吾驾税。吾生天地间，大仓一稊米。只今相会面，宁知非寄耳。思归固偶然，吾诗聊一戏。

题王路分容膝轩

诗眼爱云泉，玉骨含富贵。精神画牒开，怒威亦和气。材宜侍至尊，广殿俨剑履。胡为檐隙间，仅止容膝耳。譬如横海鳣，蛣屈见脊尾。卷而为一发，寓此涔蹄水。何当黑月夕，戏逐风霆起。悬知王氏轩，又补湘中记。

次韵谒子美祠堂

心许房次律，神交郭元振。人品如奇峰，横秋耸孤峻。笔阵工斫伐，忠义见词刃。仕如上濑船，饶力挽不荩。酒狂夸严武，登高叫虞舜。大爱淮南王，甘作天厨傧。死犹遭谤诬，谓坐酒肉馑。荒祠丛筱间，下瞰湘流浚。夫子缚富贵，高韵洗骄吝。诗清如玉珮，中节含温润。并辔揖此老，让驱不肯进。嗟予固瞠若，却立那敢瞬。

次韵连鳌亭

危亭为谁小？临此一泓碧。晴天戏投饵，戢戢见尾脊。而以鳌名之，相顾愕坐客。昔人醉鱼海，六鳌曾偶得。归来眉目间，津津有矜色。安知华藏界，持取等戏剧。纳之芥子中，不见有迫窄。巨细何足较，未出是非域。夫子忻然笑，请以书屋壁。

同游云盖分题得云字

公才如天骥，超绝气逸群。低摧簿书中，一笑置勿论。我如剪翎鹤，俯啄穷朝昏。生涯无窖子，乞食尝扣门。但为口腹累，乖隔如参辰。此夕复何夕，共宿湘山云。境清藏胜气，情高发幽欣。天风吹笑语，乞与人间闻。念公翰墨场，少年策奇勋。世味如嚼蜡，喜着磨衲裙。裴公师黄檗，圆泽友李憕。因法偶相逢，则以法为亲。安知我与子，夙昔非弟昆。吾闻三生石，曾歌旧精魂。他年葛洪陂，相寻定烦君。先当理故事，过山寻老仁。要同夏口村，发瓮惊前身。

寄彭景醇奉议

我庵湘山麓，君家湘江尾。共看湘山云，同饮湘江水。君有负郭田，饱食骄稚世。小儿探井臼，大儿了租税。我独生事拙，饘粥每不继。君如李大夫，时时容乞米。永怀湖山堂，风物自闲美。楞严初读罢，篆冷空窗几。微风拾残红，幽鸟妨春睡。苍苔满门巷，榆柳阴覆砌。杖策亦窥园，悠然望层翠。岁时无营为，祭奠修家礼。自觉去幼安，正复不远耳。遥知读此诗，忻然开笑齿。

宿湘阴村野大雪寄湖山居士

梦回闻打窗，晓起喜覆瓦。江山惊昼永，秀色玄相借。升鞍风便旋，浩荡春随马。不忧江瘴生，更喜麦连野。湘山宜可老，庆吊同里社。乃尔废推挤，眷此多贤者。湖山薝卜林，为我花连夜。想见老居士，拥衲清入画。山阴兴未尽，玉麈思对把。政恐触机锋，怒遭握拳打。遥知和此诗，呵笔意闲暇。妙语斗清妍，正围红粉写。

景醇见和甚妙时方阅华严经复和戏之

夫子和雪诗，放意如注瓦。手搏华严界，笑中已见借。高词师枣柏，宁暇数班马。如登妙高峰，如游广莫野。怪公个中人，亦入此保社。朝来谁扣门？寂音老尊者。扶筇坐山堂，诗眼不知夜。不入人间世，谁将作图画？但欠维摩女，玉骨无一把。纷纷散奇英，梨花风雨打。湖山晚多态，应接殆未暇。此诗聊戏公，诗成还自写。

雪霁谒景醇时方筑堤捍水修湖山堂复和前韵

筑堤盖南堂，雪霰响新瓦。我踏雪泥至，自携双不借。爱公有俊气，句法洗凡马。清婉继彭泽，寒陋笑东野。愿为西崦邻，投名入诗社。余年吾事济，过从有公者。何时闻折竹，灯火共清夜。晓堂人未扫，如开辋川画。平生学牧牛，鼻索尝自把。而今失所在，宁复事鞭打。吾诗一寄耳，雕琢特未暇。且欣两俱健，意气要倾写。

题万富楼

贤为万人英，笔力挽万牛。宝带腰万丁，封及万户侯。彼富一二数，其实富未周。君看清曲江，杰立万富楼。山川占形胜，佳处横高秋。丈人披白帢，凭栏清两眸。凛然无求姿，一洗骄气浮。郿坞痴肉脔，金谷酒色囚。名均谓之富，泾渭实异流。余穷蓄一喙，得饱事事休。贫富若天渊，饱岂有劣优。此诗如橄榄，初嚼欲弃投。终然成可口，味永当见收。

湘西飞来湖

武林散烟鬟，一峰螺髻孤。烟云有奇态，华木秋不枯。理公何许来，望见辄轩渠。曰此灵鹫峰，何年来飞乎。个中有白猿，为子抵掌呼。至今呼猿涧，飞波跳碎珠。朅来楚国南，万山争走趋。精庐开横塘，清可照眉须。高人家武林，致此从东吴。那知湘水西，乃有飞来湖。连荡满秋色，小艇藏菰蒲。闲来倚危槛，对立鸥炯如。我与湘峰色，俱堪入画图。

大雪寄许彦周宣教法弟

湘西雪连日，荒寒发明鲜。谁持华藏界？堕我宴坐边，遥知毗耶老，薝卜开满前。想见散华女，笑颊微涡旋。不受禅律缚，尚遭富贵缠。游戏翰墨中，骨清耸诗肩。白灰红麒麟，玉液黄金然。醉眼艳秋水，落笔驱云烟。放意吐秀句，与雪争清妍。我诗出寒饿，苦语秋蛩煎。定作笑拊掌，望空须一掀。

次韵朝阴二首

辘轳晓汲罢，幽响闻余滴。不知雨毛空，但觉炊烟湿。闲居少过从，屋角寒藤入。夫子独念我，问讯常络驿。时来叹柴扃，饥饱共休戚。此诗丽如春，妍暖破岑寂。如追蓟子训，可望不可及。

稻田翠浪翻，风叶朝露滴。按行阡陌间，归来袍袴湿。驳云漏日脚，窗户空翠入。当年走京尘，日莫驰山驿。此生弹指间，强半是悲戚。朅来效支遁，买山老闲寂。君真许询辈，诗语时见及。

余病脾气李宜中教余服仙茅乃从彦周乞之彦周祖肩荷临济呵余钝根败阙病辄服药是以生死为二耶得药作此谢之

嗟余早衰人，多病良业疾。脾劳禁晚餐，腿重怯下湿。尔来又增添，冷气攻胁脊。愁坐如蹲猿，呻吟喧四壁。闻世有仙茅，温中等金石。恐能祛吾疾，侥幸延余息。我家小郎君，道眼窥罅隙。恐余偷心在，指数烦口击。负负无可言，颓然惭道力。检密念慧远，诵咒忆罗什。两翁例一笑，颠倒不足惜。世尊病须乳，侍者遣行乞。达磨五遭毒，知毒乃敢食。佛祖岂贪生？避就唯恐失。二者如不坐，吾罪亦可释。想见读此诗，笑中和易色。

彦周见和复答

既有疾可示，非是都无疾。如春有阳焰，渴鹿想为湿。以君足疾苦，例我痛腰脊。忍痛而曰空，触墙为无壁。此论盖四座，闻者皆屏息。吾闻有漏躯，有病资药石。漏尽病乃除，其神则无隙。譬如出矿金。万锻受锤击。妙哉迂开老，辩博见才力。种性能文章，怒骂成诗什。荆山玉抵鹊，而为路人惜。此诗不辞和，而药不厌乞。又如梦中人，饥而获饮食。觉来辄大笑，饥饱两俱失。以是知法空，妄尽方自释。解空如佛言，不许离声色。

彦周以诗见寄次韵

两诗护宗旨，万仞仰峻岭。攀缘不可及，妙语出锋颖。钝根遭讥诃，正坐不勇猛。譬如策疲羸，强以扛九鼎。顽冥虽难化，岂不发深省。坐令跛驴心，奋迅起驰骋。爱君辩纵横，又畏面严冷。直谅有如子，敢不加虔调。尚记笑语时，水轩同煮茗。池闲如镜空，倒蘸垂杨影。归来渡湘江，一叶浮万顷。舟中亦晒药，欲以驻颓景。君傥终不瞋，药尽更当请。

送彦周

虞卿脱魏齐，拼意与俱去。公卿一破甑，掉臂不复顾。萧何追韩信，弃车遂徒走。贪贤如攫金，不见市人聚。会合意倾写，掩书想风度。彦周虽绿发，风味映前古。高论倾座人，能破万毁誉。独立傲世波，屹然如砥柱。令人每见之，不敢发鄙语。推堕吾法中，偃蹇揖佛祖。死生人所怖，玩之于掌股。此生几离别，此别觉酸楚。夜寒众峰高，独看霜月吐。明日解归舟，西风白蘋浦。君去我独留，苍茫烟水莫。

王仲诚舒啸堂

隔岸莫山秋翠重，少焉月作冰轮涌。闲披白帢登此堂，绛阙神清气深稳。齿应衔环舌卷桂，两鬓西风心一寸。此中不著丝竹耳，但觉清圆林叶动。余韵夫须百里闻，风露清冥人跨凤。恐君夜残亦仙去，弃米叫云空目送。

赠周廷秀

周郎南州俊，毛骨特英拔。结发翰墨场，声光先逸发。上书论国事，人危泰山压。居然窜南陬，风埃到须发。平生拙生事，寒饥坐旷达。相逢湘水湄，清甚等苕霅。书近庾西台，诗如王右辖。解寻磨衲禅，仍领凌波袜。春露试晴窗，舌颊增脱活。浇公刚直胸，搜搅医国法。气当宿玉堂，丝绚八砖踏。当分买山钱，放开痛一掐。

次韵吴兴宗送弟从沩山空印出家

身心俱出家，岂复论家世。一念断攀缘，即入三摩地。珍重大愿王，此法端可恃。若能训此心，是毕丈夫事。君看宏觉师，后身是昙谛。傥欲贮甘露，先将洁令器。自当福人天，岂止能自利。譬如鸡出焨，真复生厌离。空印法门杰，净慈数高弟。初不荷吾法，亦自为佳瑞。汝能倾心事，建此平生志。净中有浮念，何异目有翳。内外俱一如，乃称真正士。以此谈妙法，要使天华坠。百里半九十，良医三折臂。果解信此言，不愧甘蔗裔。

寄邵子中学句

刚疏触时怒，发之投海山。沛恩出意外，缧囚遂生还。湘西谷量云，结屋清蘋湾。举手弄云水，意适情自闲。大藩英俊地，翰墨相追攀。聚话兰丛秀，吐气雌霓弯。我穷世讳见，所至特见删。但余遭夫子，时时客扣关。迩来又识公，喜忘双鬓斑。夷粹韵拔俗，简重语不烦。人品有如子，合在台阁间。归来梦西津，五峰解烟鬟。故人讶归晚，负负愧在颜。此诗虽梦语，亦足发天悭。乃知忧患烈，不能镌冥顽。遥想为一笑，秀句出饥寒。

子中见和复答之

世味尝已遍，辨著匿云山。为问何能尔？鸟倦自知还。湘西一千顷，分我杨柳湾。时为理鱼蓑，人眠舟自闲。公真功名人，高韵不可攀。譬如秋无云，璧月挂一弯。我诗聊寄耳，猥语凭见删。峻句乃见辱，崄如履潼关。细看秀争发，红英微雨斑。坐令十年心，清凉去煎烦。竹林在何许，延颈伫望间。遥知醉逃暑，玉纤侍丫鬟。得句有奇趣，笑涡印朱颜。引纸欲续和，自叹才涩悭。应当恕不逭，乡闾念疏顽。把卷味长哦，松风嗽齿寒。

次韵游衡岳

结发功名场，吾岂厌朝市。风埃涴袍袴，乐事嗟无几。那知望耆阇，举手弄云水。山空答清啸，一洗风埃耻。赤岸横落日，孤烟起墟里。阴晴故多态，风物自闲美。归来说佳处。尚复喜见齿，为作鹤脑侧，失床忘而趾。平生嘉遁心，衔挽车轮起。拭涕师懒瓒，多事笑昙始。

次韵游方广

万峰缠烟霏，一线盘空路。丹楹出翔舞，半在生云处。海人猿臂上，哀湍不堪溯。夫子英特人，自是干国具。醉耳厌丝竹，来此良有故。临高赋新诗，妙语发奇趣。便欲抱琴书，亦作东家住。山灵应拊掌，笑公入窘步。自当眠玉堂，莲烛夜枉顾。偶此爱山尔，戏语亦瓦注。富贵本缚公，云泉宁可付。置卷发遐想，湘月微云度。

游白鹿赠大希先

昔人隐临湘，解跨白鹿游。公来吊陈迹，但有林壑幽。春风扫夕阴，雌霓饮涧湫。披晴望形胜，衣裾空翠浮。道人高尻揖，自陈语和柔。乌犹为人好，草亦能忘忧。矧汝家临川，共饮西津流。欣然为题诗，清绝如霜秋。诗成又自录，小字如蝇头。意重恐难荷，乡义良已周。遥乘知兴耳，兴罢夫何求。我和无好语，效颦增叹羞。

次韵思晦弟双清轩

门前无俗驾，篱外有青山。不出已成趣，懒惰心所安。鸣鸠惊午梦，意消风物闲。可怜修竹林，遮我茅三间。兄每缘诗来，有时忘巾冠。永愧隔壁呼，束带酬问端。此诗可三复，句挟风霜寒。令人想见之，恨身无羽翰。寿子一杯水，世隘轩独宽。

会福严慈觉大师

慈觉初见我，背呼仰而应。遂同宿湘上，夜语如建瓴。犀颅气不耆，虎颔目有棱。精彩类澄观，突兀掩万僧。乔岳占南极，寒翠知几层。此老家此山，亲分漳水灯。宝坊天雨华，午梵盘清冥。欲知法席盛，但看道价增。破夏出山来，乃尔忘规绳。盖皮为之灾，公卿慕声称。我幸无子累，痴钝人所憎。平生寝饭外，摩挲一枝藤。少年入三吴，题诗遍西兴。归来舟彭蠡，浪山雪崩腾。匡庐落笑中，万叠横空青。又尝游并汾，跰足渡河冰。冲虎上太行，鸡鸣见日升。此乐堕渺莽，坐睡头鬅鬙。朅来湘西坞，倦鹤整羽翎。只待秋风健，祝融期再登。

次韵元不伐知县见寄

我读元侯诗，险若过惊浪。忽于旋涡中，溅雪涌千嶂。又如曹征西，唾手缚袁尚。又如花间春，熟视迷背向。何从得此客，要是万夫望。少年翰墨场，开口取卿相。低摧牛刀中，轩特见雅量。君看风月湖，自是无尽藏。应手物华妙，纤秾见情状。平生冥搜眼，已照鲍谢上。自当走奇勋，岂止称师匠。嗟余衰退者，那敢论辈行。正如羊叔子，坚卧答陆抗。诗成急雨来，扫尽层云障。重惭无杰句，酬君语豪壮。

和元府判游山句

举手弄云泉，溅衣作跳波。侧耳闻遗音，仰看幽鸟过。两公作妙语，清绝类阴何。气爽如南山，晴岚掩峨峨。意快如落瀑，万仞崩银河。秀如华林风，嫣然散微和。而余独朴拙，欲登选佛科。十年类马驹，镜谓砖可磨。枫瘤或见取，此事古亦多。噪吻成绮语，宁恤犯尸罗。

送不伐赴天府仪曹

长沙解岭海，浩壤冠南楚。岂止风物繁，山水亦清富。然以余观之，两者未足数。虽曰大藩地，要以多贤故。元侯汝颖奇，家世工酌古。堨来簿书中，见此廊庙具。三年令小邑，野鹤剪翎羽。侧脑望云汉，奋跃思远举。忽闻除书至，当得赞天府。婢仆想京华，一室哗儿女。便觉驼铎声，吹帽黄尘路。举首望绛阙，金碧碍云雨。富贵本自天，车马气成雾。遥知念旧游，笑与同僚语。

陪张廓然教授游山分题得山字

先生如梁鸿，德耀亦爱山。湘西十月留，笑语烟云间。弄泉石梅坞，唤舟青蘋湾。藉草饮松下，松风当吹弹。二妙生清妍，山花插云鬟。粲然起为寿，舞袖相翩翻。先生堕帻醉，颇觉天地宽。醉语忽成诗，为题苍壁颜。城郭遥相望，但见千峰寒。

又得先字

青山随处有，见之辄欣然。独于湘上山，欲买归休田。此邦多君子，故欲吾终焉。先生人品高，白鸥春水前。弟子亦秀发，玉树相明鲜。颇怪翰墨场，亦著白发禅。分题得难韵，下笔风雷旋。诗成愕众口，不复较后先。闲中有此乐，安用食万钱。紫芝爱陆浑，遂为好事传。悠然见眉宇，宁复羡遗编。

送廓然

长沙古都会，何以冠荆楚。但曰财富强，山水最佳处。那知号大藩，寔以英俊聚。张侯官虽冷，借甚有名誉。心胸高崔嵬，万卷相撑拄。君看逸群姿，娇不受控御。罢官当北归，一室哗儿女。想见驼铎声，桑枣黄尘路。倚马草十制，胆气见眉宇。此职谁当之？夫子无愧负。璧门黄金闺，独宿无晤语。时应梦湘江，醉卧闻柔橹。

大沩山外侍者求诗

湘南古丛林，钟梵百世传。大圆百丈来，缚屋岩石边。焕然成宝坊，服用如诸天。经今成几何？已逾三百年。谁为中兴者？卓哉空印贤。大钟日夕撞，圆音答山川。衲子自成群，昼诵而夜禅。道人旧未识，眉目何渊然。乞诗亦不恶，篝灯临网笺。人生等浮云，达者无后先。我亦一戏耳，走笔成长篇。

送珠侍者重修真净塔

清凉寂灭塔，三世无鲜陈。岿然尘尘中，现此光明身。尚无有祖成，宁当说有坏。悯此情见者，亦惊世议隘。泐潭道人珠，愿力无碍限。行看苍烟丛，一切俱成办。狐死必首丘，马嘶必望北。盖皆不忘本，人岂宜忘德。秋风净湘楚，万里浩无垠。嗟予颓然卧，羡子如孤云。

英大师年二十余工文作诗勉之

英公南海来，眉宇静而渊。少年辞海山，脚力生云烟。已能弄翰墨，句好自可传。君看嵩仲灵，骨瘦耸清坚。平生护教心，光与星斗悬。化去四十载，凛然长在前。文章一技耳，几不减市廛。要求出世法，道眼照人天。吾言激后生，君俊无忽焉。千峰开宿雨，蒙头作深禅。古人亦何远，何必羡遗编。

崇禅者觅诗归江南

去年社燕前，道人江南住。一笑寒鸿来，又在龙安浦。今年寒食后，归心忽飘絮。不知换秋菊，能复如期否。此生付浮云，忽散还复聚。要之不可必，恐作人间雨。行藏类隐峰，两踏石头路。故山有遗恨，缺典念马祖。落日颓金盆，苍茫烟水莫。离情渺难收，摹写入凝伫。

瑀上人求诗

道人江南来，快作临川语。立谈当夕照，乡闾问安否。坐令十年心，想见西津渡。少年游诸方，乃欲追佛祖。清韵不可摹，仿佛见眉宇。岂止义中龙，当作文中虎。西风健行李，暂会还径去。我如社后燕，并立理归羽。或似天上云，风约聊复住。勿长隐深溪，当作人间雨。

送珨上人往临平兼戏廓然

鹘珨脑骨紧，脚力健生云。叠数一万里，捷于臂屈伸。肉佛不讥诃，称之返云云。坐诵觉范诗，抄录亦甚勤。群儿争欺之，伪杂以佗文。珨独颔不语，饭沙俱一吞。湘西雪达旦，万树吐奇芬。冻行如鹭鸶，雪泥溅衣裙。解包呵直指，又作饥猿蹲。放意说临平，想见禅诵群。坐令冷斋中，忽然变春温。明朝别我去，掣肘径出门。便觉西湖月，夜坐生梦魂。

赠珠维那

湘云遮世路，间客此间行。弥日不忍去，眷此山水清。暖窗欲春色，茗碗雪花轻。道人旧不识，一见意已倾。人生无根蒂，聚散如流萍。聊炷返魂梅，将以熏道情。此诗亦偶尔，夫用四座惊。

次韵读韩柳文

颖皋韵秀彻，如春在杨柳。清游每见删，题诗无与敌。此篇如用兵，曹瞒破张绣。神远付一快，奇变愕众口。犹如含至美，醇醴兵厨酒。柳文马顿尘，骄嘶不忘骤。置于是文中，碔砆杂琼玖。同时公与侯，富贵可炙手。人惊风云会，自矜时命偶。一欢难把玩，忽焉成老丑。居然成斯集，累累增培塿。两公独如在，并驱让先后。文章有耿实，言语置坐右。我老坐诗穷，奔走营升斗。时能吐佳句，英华出枯朽。

次韵新化道中

形骸寄簪绅，趣味在林麓。楚国富山水，下车已心足。昨闻入层翠，超放等奔鹿。情高如谢安，举手弄落瀑。恰如红妆女，弓弯双屈曲。登高发清啸，余响动林木。名山冠东南，佳处数天目。以比衡霍胜，家鸡例野鹜。归来渡湘江，水作鸭头绿。应怀绛翠山，归期何日卜。

次韵题贮云堂

云踪不容挽，乃曰堂可贮。知谁爱岳色，欲以遮藏故。岳山冠世境，自昔庐诸祖。道德无鲜陈，世相有今古。君看马驹儿，乃是僧中虎。

次韵题明白庵

鼻端有余地，世议嗟迫窄。君看阎夫子，广莫以为宅。去宦游人间，面有无求色。酒阑爱松风，醉眼眩红碧。俊爽类王济，端复有马癖。何当食万钱，四海蒙惠泽。湘潭紫翠间，松下偶相逆。袖中出新诗，苦语凉肺膈。夜半来床前，且以慰穷厄。岂真谪仙人，何其似太白。

和宵行

不眠盥漱罢，和衣肱再曲。村落鸡未鸣，部曲炊已足。露行逢远火，盲龟值浮木。马上续残梦，不复较迟速。故乡夫岂远，随分有松竹。自种橘千奴，大胜五斗禄。

次韵题子厚祠堂

元和八司马，子厚独奇伟。谪官无以敌，妙语凌山翠。山以囚自名，溪以愚为字。醉心溪山间，胜处无不至。至今永州祠，大类罗池祀。生存伍猿鸟，遗像土偶侍。经游香火罢，感叹追前事。才高出不容，起坐终夜喟。

和茶陵梦觉索烛见怀

闻弦能赏音，公独知雅曲。易亲复难忘，终期老林麓。公如追风骥，未见所归宿。嗟余老摧颓，翩如啄苔鹄。遥知双泉上，颇亦莳松菊。何时闻夜舂，并斋著茅屋。慧观友李源，高风当补续。便觉雒秀间，杖履笑追逐。今非茶陵梦，犹欲更秉烛。爱公押难韵，敏若方破竹。

次韵过醴陵驿

解鞍成小寝，部曲营夜炊。此生一寄耳，梦幻相拘縻。风飧杂舍者，水宿依江湄。何时步八砖？压犀帘幕垂。三湘在图画，开屏供卧披。公宜宿玉堂，明甚无可疑。今复聊尔耳，间作虎头痴。

次韵

先生绛阙姿，名字占仙籍。妙年取荣名，翰墨乃其职。而云赋归欤，戏语吾不逆。醉翁昔仙去，人间暂休息。文字颇横流，士气久不怿。公实不出后，议论有精识。冰壶含青春，不容一尘隔。吐句如善射，字字皆中的。佳丽增奇峭，欹侧多醉墨。高辞敦故旧，读之气横臆。阅深似退之，顿挫杂抛掷。如春饰万物，妙用无罅隙。故人困长哦，其节不容击。自昔闻公家，诸郎居连璧。道学进未艾，庆泽流无斁。纷华脱发弃，酌古分阴惜。泛观得其要，云升复川益。孝友如机云，争攘笑丕植。闻风方对食，不觉起投策。神交梦成趣，意合气自激。庐陵在何许，纵望手加额。那知湘江上，握手笑堕帻。妙处无陈鲜，倾盖如夙昔。归来看屋梁，喜极心更惕。弟兄定世家，富贵已寻逼。而我世憎嫌，莫景桑榆迫。相从可忘年，顽鲁幸勿责。一欢难把玩，转顾成陈迹。闭门工寝饭，且复适吾适。遥知不吾诧，颇尝有此客。

赠别若虚

残暑霁严威，新凉酿归思。梦惊闻松声，两鬓到万事。中情怯离别，此别仍对子。追惟初识面，宁复计有此。明朝舟洞庭，惊浪银山起。醉眼失湘楚，妙语凌淮泗。我如浮水叶，遇坎当自止。行将看荆山，归老鹿门寺。今不欠无言，但是欠一死。淮山有奇逸，要是天下士。若问寂音老，烦君一举似。

和陈奉御游梁山

公诗自雄放，故我甘雌伏。韵高霜月苦，洗尽瘴雾毒。游丝映明窗，小字为公录。便觉春争妍，胜气增林麓。永怀矍铄翁，论兵到精熟。子阳井底蛙，提耳论祸福。归来得真主，简易心屈服。才高犯众忌，薏苡致谤讟。梁生付一笑，何必较直曲。山僧亦何知，鱼鼓听斋粥。陈侯金闺彦，论清如屑玉。南游兴未已，甚欲乘桴木。湘西独何幸，旌旆先见辱。松间偶相值，论交一言足。云山久干没，赖此佳句赎。

次韵游南岳题石桥

飞梯上云雨，猿臂攀层岩。天风吹鬓须，兹行非人间。幽泉不知处，但闻鸣珮环。险艰碍清快，洄涡走平宽。涧壑落万仞，溅雪惊潺潺。悬崖忽见寺，白昼方掩关。境令人遐想，坐久生清寒。山空寂无人，鸟啼花不言。云披献青嶂，风槛争卷帘。

和游南台

笋舆翩追随，顿撼杂摇兀。蒙腾穿聚落，超放上巉绝。山腰转巇崄，部曲失行列。身世逐云轻，眼力与天阔。撞钟千指集，楼殿寄林末。同来久倦局，相向怀抱豁。市朝昏利欲，走鹿不忘渴。公独蜕尘埃，风蝉妙脱骨。盘桓拊孤松，松粉落金屑。谁卷青帝云？推出银蟾阙。

和游福严

云开见楼阁，峰顶知有寺。众峰让高寒，盖是出其类。娲山下僧谭，笑走魔外戏。忽于一毫端，集此大千界。曹溪正脉深，不断盖如带。流而至衡霍，百川蓄汇浍。乃知般若台，自昔分灯地。清游亦不恶，俯仰忆前事。宝构出灰烬，人逝时亦异。永怀韩潮州，夜与千峰对。仙去三百年，音容浮如在。妙语落人间，断碑卧榛桧。公亦潮州裔，声势翩已似。低摧夙昔心，惨憺经游意。林高句天成，容貌鄙组绘。刻之苍崖阴，与山增胜概。

次韵游高台

苍杉三十里，不复逢川原。忽然在林杪，万峰延目观。长崖有积雪，松声杂风泉。是时春正深，风威犹折绵。君堇金闺彦，而有清净缘。和云扫车辙，引手酌灵源。山空破岑寂，笑语答云烟。鲁僧作鹰顾，惊此佳少年。何以比人品，白鸥春水前。既非山泽儒，亦非地行仙。谐峰堆重叠，千叶开青莲。景净若有得，兹游良偶然。部曲亦欣羡，喧哗下层颠。归来念清境，依约闻啼猿。

次韵曾机宜题石桥

公才受斧斤，鼻端有余地。一官游人间，穷达置度外。着屐登名山，眺览吞眼界。倒倾蛟龙室，聊为翰墨戏。搏取华藏海，几间日相对。石桥亦何有，万峰作阶陛。平生冠世境，胜践得君辈。坏壁题新诗，一洗俗眼眦。我本个中人，久负未归债。我自负名山，名山岂余弃。

和游南台

老思垂一足，饭想成沙瓈。顿斧盘石上，分灯续螺江。坐令遗迹地，咄嗟成宝坊。永怀青松下，睡快欣明窗。曾侯有逸韵，诗律挟风霜。重来拜白塔，前身疑姓庞。山僧作巴音，耸肩颀而长。愿施笔供养，普熏知见香。吾观三公子，凛然万夫望。何当吐佳句，刻石照沅湘。

和堪维那移居

世路惊风波，山林知岁寒。君看争夺中，忽觉深渺漫。归来湘西寺，兀坐依蒲团。摩挲折脚铛，规以稳处安。湘山亦多态，扶杖时游观。偶逢林下人，班草一笑欢。霜风水痕落，岁月难遮拦。但觉颔髭白，不知知岁残。堪公故园旧，义胆见急难。相逢开肺怀，倾倒无余殚。所居隔聚落，日喜成嫛婴。作诗夸我贤，宁知如玉冠。遂分湘山翠，茅檐相对看。往事都莫理，有求真祸端。饭罢口挂壁，时往发长叹。暮寒因有雪，炉暖且檀栾。

送元老住清修

湘水有庐山，蜀僧有吴韵。无尘而俱清，雪月夜相映。书痴喜借人，香癖出天性。垂涕拨黄独，粪火曾发哂。三年我东邻，家颠开小径。一饭必招呼，嘲之终不愠。明朝趣去我，岁逼青阳近。子已饱丛林，件件无遗恨。赠子湘源春，山穷春不尽。

和杜司录岳麓祈雪分韵得岳字

岁晚湘水滨，黄尘似河朔。江流涸欲尽，瓶罂汲余浊。闹闻双旌出，千骑烁山岳。雪云卷山去，天宇献辽邈。娇鸦集风枝，冻鹤时俯啄。谭兵杜牧之，赋诗果横槊。山虽非故人，识面亦已数。文章固余事，正尔全三乐。太丘令国器，谠议久扬榷。长吉有美才，崭然见头角。君看分韵诗，夭力那容学。嗟余老山林，辈流殊龌龊。宁料寒窘中，见此三卓荦。和诗无杰句，钝涩费磨琢。穷略似孟郊，必劣追韩偓。

题岳麓深固轩

湘西峰顶寺，楼阁藏烟翠。危台占家颠，小轩寄幽致。游人常不到，石壁照溪邃。于世复何求，此生眠食耳。翛然亦何有，蒲团空曲几。凭高俯城郭，车马环磨蚁。城郭望诸峰，时见孤云起。

中秋夕以月色静中见泉声幽处闻为韵分韵得见字

夜清成水宿，月出波滟滟。那知是中秋，老眼欲凄眩。此生天地间，飘泊如蓬转。朅来泊湘溆，此月凡七见。冰轮上天衢，万里不知远。夜深度明河，轮侧明河浅。西楼欲吹笛，余声落哀怨。魂灵到月胁，寒露纷满面。林光泼流泉，天大微云卷。阿崇具纸笔，橘亦磨破砚。诗成月华清，幼妇与黄绢。

邓循道分财赡族湘阴诸老赋诗同作

卜式与弟赀，如塞无底窦。其爱止弟耳，亲旧竟何有。二疏得赐金，尽以散亲旧。但可施一时，安能继其后。然于简编中，耿光白如昼。邓侯功名姿，颖脱盖天授。分财赡族人，约券规永久。君看纯孝心，履狶先履瘦。纷纷窭人子，悬鹑露两肘。雨雪抱儿女，扣门易升斗。邓氏岂无贫？炊烟满蓬牖。安知寒微中，不复生奇秀。阴功虽无形，报应捷于口。此风起颓俗，能使薄者厚。作诗附家传，想见为拊手。

送礼禅归临川

已披出世衣，影莫落尘俗。何山无丛林，栖息一枝足。奈何清净心，甘受热恼毒。譬如伏枥马，心不忘驰逐。又如火铁丸，气焰不可触。礼禅客湘山，山翠在眉目。盖尝视此辈，高笑一捧腹。今亦欲还乡，当戒前车覆。吾闻真实心，不受罪与福。精进缘不懈，此语君勿恧。

王舍人路分生辰

贵出贤王裔，宗连母后因。秋容漱毛骨，春色照簪绅。报国忠诚著，惊人句法新。惯看青禁月，屡梦玉关尘。博古知无敌，穷经亦绝伦。后宵通七夕，今日是生辰。佳气凌湘浦，非烟压楚闉。绿醽浮白蚁，绮席绕花轮。寿缀诸天献，词容野客陈。不凋蟾窟桂，难老海山春。已作瞻双阙，行看据要津。功名先入手，图画在麒麟。

阎资钦提举生辰

节序春将半，风光过上旬。人间识英物，地上见麒麟。冻雨晴还暗，非烟夜达晨。欢声动湘楚，和气满簪绅。孝友疑无比，恢疏亦绝伦。一身浑是德，终日不违仁。梦已游青禁，行当侍紫宸。立朝知大体，博古见全醇。诗妙终联鼎，文高类过秦。公廉清似玉，刚正凛如神。幙下名流集，堂中绮宴陈。贯珠歌白雪，浮蚁皱红鳞。自幸承颜旧，仍容造膝频。何时渡弱水，同看十洲春。

同景庄游浯溪读中兴碑

上皇御天功最盛，生民温饱卧安枕。醉凭艳姬一笑适，薄夫议之无乃甚。长安遮天胡骑尘，潼关战血深没人。哥舒臣贼不足惜，要脔国忠如脍鳞。苍黄去国食不暇，马嵬赐死谢天下。反身罪己成汤心，奈何犹有讥之者。取非其子又遽忽，灵武君臣无怍容。何须呜咽让衮服，自控归鞍八尺龙。谁磨石壁湘江上，揩拭云烟溅惊浪。龙蛇飞动忠义词，颜元色庄俨相向。与君来游秋满眼，闲行古寺西风晚。道人兴废了不知，但见游人来读碑。

游南岳福严寺

生计居然成脱略，投老南来看衡岳。禹溪久留困霖雨，低摧闷若剪翎鹤。朝来南寻度坡垄，针水秧齐鸟声乐。风光融融一都会，鬼祠雄深抱山脚。梯空延缘止巉绝，瘦策扶衰意超豁。拂云苍杉杂锦石，紫藤绿蔓相连络。石桥下视隔人世，但觉岚光翠如泼。亭泓无波自绀碧，涧草有香空错莫。忽惊梵宇堕林梢，宝势飞翔照深壑。攲斜万础盘苍崖，十步一楼五步阁。冰柱琼窗不知数，旒苏一一垂帘箔。犀颅道人相笑迎，冰雪形容无住著。午梵清圆林叶动，天花细雨无时落。凭高且复息疲颈，心清别殿鸣风铎。云开千里上眉睫，吴楚江山见浓薄。嶜阁如有女正色，春不洗妆秋拂掠。紫盖颀然似矜妒，半出晴烟翠棱抹。永怀堂堂武津老，天骨开张耳重郭。三生来游等儿戏，灵山一会俨如昨。他年遗迹旧岩下，拴索犹存众惊愕。解云此山增智力，鹏飞天风转羊角。江西驹儿快腾踏，青原麒麟亦超卓。折足铛中过一生，野蔬数根陈五合。故庵遗塔尚依然，行诵神交付冥漠。影不出山岂难事，准拟茅斋就林缚。退之南迁曾过此，好语夸词杂嘲噱。自谓忠诚动岳灵，望碑字字犹精确。但余佳处不可状，浪秃霜毫秋色阔。东坡唾笑成文章，山川胜处多奇作。莫年亦为儋耳游，不一过山山愧怍。为君试将说禅口，掉头长吟拥山衲。心胸便欲捏荒怪，落纸雷捶散风雹。要将杰句酬佳景，未怕山容作颦頞。

福岩寺梦访廓然于龙山路中见之

山高夜气摧烦暑，竹风为作南轩雨。梦随柔橹到西兴，舣舟步入龙山坞。萧萧松下逢睿郎，问信远来亦良苦。觉来但记谈笑欢，不省欢时竟何语。卧看篝灯一点明，岭海茫茫隔吴楚。安得却如清梦中，杖履追随长尔汝。

乾上人会余长沙

兀坐思归不举头，窗风为我翻书叶。众中闻语认乡里，便觉石门寒叠叠。云庵已作白塔新，当眼风枝心欲折。道人丛林十年旧，古寺青灯夜相接。失声方欲问江南，忽忆去年江上别。逃空蚤然闻足音，见子令人解愁结。地炉火冷霜月苦，一室喧哗终暖热。湘山破晓立娉停，秀抹铅华余积雪。故应山亦为余喜，隔岸遥看圆笑靥。千岩佳处可同游，明日波晴当理楫。

黄鲁直南迁舣舟碧湘门外半月未游湘西作此招之

江夏无双果无双，子云赋工未必尔。那知一饭在家僧，真是潜山癞居士。春湖白鸥未入手，衣冠林中作蝉蜕。平生俯视造物儿，儿顽不省犹相戏。罗浮旧游今再游，一念去来开眼睡。泊舟隔岸望湘山，应爱烟霏浮幕翠。快当着屐上千岩，要看松风迎笑齿。公虽妍蚩付一目，定自胸中有泾渭。我非破头山下人，闻弦赏音亦风味。知君不传西土衣，一龙一蛇聊玩世。

陈莹中由左司谏谪廉相见于兴化同渡湘江宿道林寺夜论华严宗

范韩醉倒眠荒丘，撼之不应民始愁。天生公副天下望，雷霆声名塞九州。立朝严冷传铁面，坐令鼠辈惊鱼头。上前论事伤太直，逆鳞投笏来南陬。长沙共渡一水碧，中流笑语惊沙鸥。湘西古寺夜对榻，高论自破千人浮。华藏法界在掌握，遇缘即宗甘自由。世惊海隅在万里，我视阎浮同一沤。坐中忽举毗卢印，印海印毛皆遍周。大哉此法本无碍，从公一游容我不。

赠石头志庵主

陕西道人最声价，自与老南相逼亚。常恐清尘补缀难，那知乃有如君者。争传绝似余杭标，十年梦想空飘飖。迩来衡岳祝融下，一见便令人意消。道骨清闲神秀彻，湛湛光风磨霁月。高谈未了山日斜，篆烟已灭灰如雪。平生安得情相似，可怜投分今如此。且作山中盛事传，我忘朴陋君忘年。

遇如无象于石霜如与睿廓然相好故赠之

西湖睿郎最高道，思之不已令人老。道人相逢吴楚间，闻说绝与睿郎好。年来学富身转贫，岂特诗胆大于身。法朋半是奇逸者，我亦放浪无羁人。霜威折绵寒入颊，长廊无人风卷叶。寒窗诵读夏日吟，和气坐令寒妥贴。笔端解语敏于口，网笺时作龙蛇走。烦君清哦当少休，万象乞怜争叩头。

孜迁善石菖蒲

溪毛数叶一寸碧，风姿底事能清臞。戏将红玉旋螺石，共置雪色花磁盂。沙泉石滑见毛发，时时酌以浇根须。苍然棐几明窗下，五月秋色磨肌肤。已忘身世在南岳，勿觉梦寐游西湖。遥知夏木午阴静，篆畦半破烟舒徐。莫翁睡足百事懒，相看微笑依圆蒲。

余作进和尚舍利赞迁善见而有诗次韵

进公事业颇拔俗，欲凭妙语招遗魂。文章种性欠疏理，焦芽故态何足论。心知高人笑谀墓，抱羞无地容逃奔。佳章忽来生喜气，风轮载我登昆仑。徐观笔力作波险，正与醉素争弟昆。山高水深世听莹，爱子赏音知道门。

金华超不群用前韵作诗
见赠亦和三首超不群剪发参黄檗

胸中蓄奇为谁吐，闲卧湘西云一坞。兴来落笔如崩云，五字凭凌气吞楚。我诗望见倒降旗，攻之何必更鸣鼓。独对湘山夜色晴，万壑千岩最幽处。卧要明月听松风，为君哦此文中虎。此生身世付一戏，安用声名照千古。知君大用参黄檗，三篾束腰随处住。何当峰顶结茅庐，要看掀髯呵佛祖。

道人秀发兰牙吐，家在金华最西坞。不从大士携画轴，一筇千里来游楚。评诗结发师浣花，论字童牙夸石鼓。我皆不能但知爱，亦似胸中有佳处。气韵翛然松上鹤，意态索寞阱中虎。却于翛然索寞中，诗句时时出奇古。乃知笔力有神助，三峡迅流辄于住。疑非蓬发休上人，定是秃头杨德祖。

赤河沙泉自吞吐，北崦疏钟答南坞。凭栏试诵鹏鸟文，洛阳少年亦翘楚。当时七国犯谋议，睢阳不复闻鼙鼓。时更事往空流水，豪魂英魄知何处。金华衲子如玉清，温粹愈恭如履虎。明章秀句出仓卒，慷慨山川吊前古。篇篇秀发春欲酽，便疑造化毫端住。不须众口夸昼公，苕溪君作中兴祖。

复用前韵送不群归黄檗见因禅师

幽寻忽觉暗香吐，竹西知有梅花坞。一枝试摘与君看，念君明日当离楚。戛然飞去若惊鸿，弃掷自嗟如卧鼓。遥知旅枕生清梦，梦到江南春好处。苍杉拂云烟翠深，为吊大雄山下虎。我识山中因褊头，骨目清坚貌淳古。便欲闲提折脚铛，柏子庵边结茅住。行看谈笑起云门，海上横行如乃祖。

次韵思禹思晦见寄二首

新诗夜读寒更尽，兄弟尽容窥所蕴。此诗未暇数奇趣，谈笑先看押难韵。家在筠溪白石滩，后堂分得玉千竿。遥知华屋青灯夜，想见对床风雨寒。湘山晓学愁眉浅，思归凭高意凝远。贯珠妙语肯寄我，暴富人惊呼北阮。何时促诏紫宸对，草制千言倚马待。才高合在明光宫，忍令流落江湖外。我渔意不在金鳞，湘浦华亭一样春。苑头佐舟未干没，问法僧来寂寞滨。古师政与人意合，有问自应忘所答。一波才动众波随，光遍千灯无坏杂。

多生垢习消磨尽，一念定光空五蕴。尚能弄笔戏题诗，如钟殷床有余韵。南台烟霭隔重滩，城廓遥应认刹竿。湘西六月失三伏，一枕窗风午簟寒。年来懒复嫌山浅，更欲移庵藏僻远。又思喧寂不相妨，卧念当年三语阮。镜里朱颜岂长对，岁月去人宁少待。是身已作梦幻观，肯复经营此身外。议郎材志堪逆鳞，笑谈解生寒谷春。会看为天作喉舌，愿听高风淮海滨。要知未必与世合，载之诣世世不答。譬如瓶中有渑淄，虽与世混终不杂。

余游侯伯寿思儒之间久矣而未识季长昨日见之夜归作此寄之

公家兄弟俱秀杰，人言不减河东薛。凤皇鸑鷟虽见之，闻有鹓雏更超绝。周郎坐中见新作，天葩奇芬众口愕。君看气焰遮缙绅，想见精神映台阁。我穷岁晚犹奔走，小邑那知相邂后。堂堂合置明光宫，簿书堆中不宜有。功名偶然耳是寄，故应随流坎而止。且置袖中批诰手，下帘弦歌聊尔耳。此诗摹写见标格，晴湖无风照春色。沧海遗珠果见之，邵阳他日如彭泽。

季长见和甚工复韵答之

翰墨场中见奇杰，行书半杂欧与薛。此诗押韵如射雕，应弦而落人惊绝。词惟达意非有作，公虽不怪傍人愕。嗟余平生事苦吟，吟笔今真为公阁。涣然成文自湍走，如水与风初邂后。颀然绿发映华裾，人间此客何从有。我诵此生真一奇，禅林枝稳容栖止。敢将丑恶酬绝倡，狗尾续貂堪笑耳。坡谷渊源有风格，光芒万丈余五色。吾闻龙蛇所由生，必也深山并大泽。

季长赏梅使侍儿歌作诗因次韵

年来槁项皤须发，世眼憎嫌遭栈绝。君独照人如冰轮，洗尽宿云寒皎洁。今日层楼空独倚，天高衮衮飞鸿灭。掉头哦此赏梅诗，如对北窗香喷雪。爱君语妙蜕尘埃，道骨自能逃岁月。玉儿岂是解清唱，想见笑中呵手折。嗅看应作小颦娇，关心不与年时别。一欢纷然云雨散，落英满地蛙声歇。可怜城郭都不知，新诗一出人争说。和羹他日愿如君，长红袅花歌寿阕。

季长出示子苍诗次其韵盖子苍见衡岳图而作也

晓烟幻出千万峰，个中我曾如懒融。天公亦妒饱清境，戏推堕我尘网中。人生万境无不有，道士宁知为老枫。去年雪夜宿绝顶，笑声响落千岩风。今年千岩在掌握，烟雨又复分西东。磨钱作镜照千里，必也高人非画工。季长胸中自丘壑，吐辞便觉春无功。韩侯玩世难共语，精神满腹仍疏通。酒阑耳热眩红碧，醉语撼子崔嵬胸。遥知堕帻笑不答，但见玉颊回涡红。

季长出权生所画岳麓雪晴图

湘西今日云生早，岳麓雪晴看愈好。朱栏青琐寄木杪，下临绝壑青松道。知谁沙步泊渔舟，舟中应容寂音老。爱山谁复如君者，一幅湘西和我画。分身亦欲看京华，要使痴儿惊羽化。

季长尽室来长沙留一月乃还邵阳作是诗送之

邵阳归去知几里，万顷斜阳渡湘水。一叶扁舟共看山，伯鸾德耀俱风味。山中信宿不忍去，班草松间呼不起。波心月出卧不知，但爱松风吹醉耳。朝来拾得浩荡春，雪英红雨纷桃李。大钟横撞山答响，遥知有寺藏层翠。想见道人出迎客，犀颅戢戢三千指。王事得从方外乐，佳处迟留固其理。何当更和宿山诗，要看云泉生逸气。

和曾逢原试茶连韵

霜须瘴面豁齿牙，门前小舟尝自拏。茅茨丛竹依垄畬，君来游时方采茶。传呼部曲江路赊，迎门颠倒披袈裟。仙风照人虔敬加，秀如春露湿兰芽。和如东风吹奇葩，马蹄归路冲飞花。青松转壑登龙蛇，路人聚观不敢哗。诗筒复肯来山家，想见戟门兵卫遮。湘江玉展无纤瑕，但闻江空响钓车。嗟予生计唯捷虾，安识醉墨翻侧麻。喜如小儿抱秋瓜，宣和官焙囊绛纱。见之美如痒初爬，爱客自试欢无涯。身世都忘是长沙，院落日长蜂趁衙。园林雨足鸣池蛙，诗成句法规正邪。细窥不容铢两差，逸群翰墨争传夸。坡谷非子前身耶，沅湘万古一长嗟。明年夜直趋东华，应有佳句怀烟霞。

次韵曾嘉言试茶

不嫌滞留湘水涯，时作新诗夸露芽。此篇醉墨翻龙蛇，雷锤雨雹飞尘沙。开卷疾读喜欲哗，此郎真是能世家。气如横槊万骑遮，妙如琢玉无疵瑕。缙绅传观众口夸，矧余秃鬓缠袈裟。崔嵬胸次书五车，于人岂止一等加。坐令应手开天葩，不因笔端梦生花。何时词刃诛奸邪，世途嗜好纷万差。风流扫地吁可嗟，十年去国道路赊。两手未忍置所拿，贾生岂欲从蟥虾。渊明但爱谈桑麻，湘西有舍如藏蛙。年来颇种东陵瓜，爱君才宜践清华。妙年声誉闻童牙，君看爱客自煮茶。红妆聚观烂朝霞，撑突万卷遭搜爬。职宜莲烛烧窗纱，不宜槐笏趋早衙。未甘终老勤山畬，尚能见子昂霄耶。想见雾窗烟缕斜。

次韵题颙颙轩

睡觉飞蚊绕鬓声，读书偏爱小窗明。梧阴满地方隐几，想见搜诗毛骨清。谁教风鉴在人间，眉宇渊然如鲁山。指点虚无数归雁，摩挲香滑写琅玕。旧闻五色笔如椽，平生醉里傲羲轩。登轩不解颙颙意，幽鸟自啼华不言。贾生忧鹏入其居，子美亦遭牛酒污。仙郎兵卫森画戟，风调特与前人殊。杖屦相从年可忘，不羞蒹葭玉树旁。青眼特开浮世少，白头相逢故意长。尚记垂髫秀发时，神彩不异崔宗之。此生流落天一角，敢料长沙再见期。

次韵游石霜

霜华旧游秋正深，涧风落日寒蝉吟。敛眸默数曾到处，笑看碧烟浮水沉。朅来大旆为山至，山绾烟鬟三十二。当时老宿契新丰，坐令衲子如云萃。眼前无复见此公，叹息丛林扫地空。空余楼殿出云雨，涂金涧碧光岩丛。卧听松风难比拟，个中偈句谁宗旨。赖公摹写入新诗，公不作诗山愧耻。

次韵登苏仙绝顶

平生合腰万丁带，谁使天涯宿溪濑。晓驱部曲上香山，路人如堵看飞盖。桂环卷舌啸云烟，右辖风流是谪仙。辋川草树入画图，此风颓落今追还。散发岩阿聊一快，世议从来嗟迫隘。为君戏语敌山光，棘句钩章穷险怪。诗成便觉王公轻，整顿道山归去情。子廉未必山林见，市人中有安期生。

次韵雪中过武冈

今年湘山三尺雪，大松夜倒苍崖冽。晓惊谁推华藏界，堕我坐前光不灭。驼裘右丞郭泥马，壮士甲趋花洒铁。空斋夜对故人榻，妙语霏霏如锯屑。窗寒雾暗日生东，恍疑珥笔明光宫。蹁跹欲点朱蓝袂，一声云斧山玲珑。明年麦秋歌岁丰，夜香横目祠上穹。太平无象天有道，塞尘蛮雨长濛濛。归来笑卧北窗下，侍儿簇花闹清夜。老寻清境几成癖，一觥满引酬讥骂。应思和月踏层冰，快意暗惊梦犹怕。诗成字字如贯珠，乞与人间不知价。

和景醇从周廷秀乞东坡草虫

周髯迂阔亦自笑，安乐饥寒奈嘲诮。东坡墨戏偶得之，保藏更作千金调。自言吾富可埒国，痴病已深那可疗。坡初画此适然耳，髯以夸人无乃剿。彭侯满腹是精神，翰墨行藏两俱妙。应嗟玩物非尚德，未欲夺攘投火疗。乞之如易紫香囊，岂弟高风珠自照。此诗醇酽等佳酝，为君满引那辞釂。

卧病次彦周韵

卧便午簟祛残暑，谁令殿阁风鸥语？君来谈笑破岑寂，尉此经旬携手阻。湘山解事不须招，数峰入座争翔舞。心知清境世不要，胜践从来数支许。戏将平时说禅口，贬剥诸方呵佛祖。眼高丛林不见人，但许南台称法乳。忽惊词锋乱斫伐，披靡千人如项羽。诗成相对两咨嗟，此生俯仰成今古。

长沙邸舍中承敏觉二上人作记年刻舟之诮以诗赠

道人天姿心匠妙，漆瞳含秋看飞鸟。气和不减华林风，韵高胜却霜岩晓。心胸冰壶不隔尘，争传落笔如有神。不画凌烟大羽箭，来写山林梦幻身。清秀摩云洞冰雪，更将已素称三绝。不作能痴顾虎头，定为露顶王摩诘。传神写照谁与功？吾闻成在阿堵中。拟将万匹鹅溪绢，为写沤中胜义空。

张野人求诗

醉看湘山二十春，杖藜疾趋旋路尘。儿童拍手呼不住，并行磨之不怒瞋。人间祸福本无象，引手按之如有神。草鞋不踏公卿门，术中玉石两俱焚。不知世上有憎爱，一味但觉山林尊。得钱行沽付一醉，儿啼妻号了不闻。孔仲山为阿里卒，吴门亦藏梅子真。何年笑跨紫云去，举手山头谢世人。

次韵题兀翁瑞筠亭

大圆镜空越数量，是中岂容男女相。风橐俱声未易分，前身后身翻覆掌。种石玉生砚出芝，人亡物在何足奇。请看襄母千里至，庭竹骈根生瑞枝。人言亲少而子老，异事相传争绝倒。心法之妙传以粗，此理难与俗人道。云居的孙难共语，辩如建瓴空气宇。不将双脚踏城闉，却侯诗句能写真。

次韵思忠奉议民瞻知丞唱酬佳句

两诗清于玉堂卧，气如汉军争袒左。高轩想见连璧来，辗我门前碧苔破。为君哦此万籁簧，楚音变尽余微些。文章自然真吐凤，句拙见之那敢和。高才要当万钱食，小邑折腰坐饥饿。仲弓曾为太丘令，义方亦作吉阳佐。丈夫功名未入手，行乐莫嫌诗酒涴。

慈觉见访余适渡江归以寄之

黄沙横吹意傥恍，江色摸胡迷背向。刺舟开岸风掠耳，日莫归来说惊浪。旋添榾柮火蒙密，堵立咨嗟罗少长。碗楪铿然野炊熟，井税未输夜舂响。少年信脚蹈忧患，几同蜑叟埋烟瘴。归来闲散赎辛勤，老住江村无杂想。梦回书几有青灯，鸡一再鸣布衾暖。遥想老禅读此诗，应作掀髯笑拊掌。

次韵苏通判观牡丹

东风背立知谁家，扶头醉韵中流霞。天涯也识洛阳面，露丛幽蕊生奇葩。两翁赋诗皆妙语，读之令人欲仙去。坐间亦著白发禅，胜游且愿追支许。拥毳同看聊自娱，春归不肯略踟蹰。解空勿忆南泉老，但言如梦不言无。

送友人

幽人独负三尺琴，自谓羲皇得意深。经年不肯鼓一曲，欲造千里求知音。夕阳渡口西风起，黄叶纷纷坠秋水。送君默默上孤舟，片帆忽举风波里。此去吴中风物好，重复江湖我曾到。桂子落时双涧秋，白猿啼处孤松老。却入苕溪凡几里，连天震泽无穷已。红蕖苞折流水香，紫莼丝软鲈鱼美。何时兴尽见归舟，古今客路多飘流。孤云别鹤无踪迹，空听蝉声野渡头。

听道人谙公琴

道人貌癯骨藏年，漆瞳照人方而渊。家住湘山湘水边，气清日应嚼芳鲜。罗浮饭石性所在，定林饮涧老更坚。子其徒欤宁果然，抱琴过我亦自贤。玉徽按抑朱丝弦，借弦为舌传语言。谁家恩怨余妒怜，绮窗莺燕春风颠。颠风盘空搅苍烟，萧萧吹鬓人未眠。清都绛阙断世缘，骨飞不到梦所传。秦筝心知是响泉，置之髯须一笑掀。蕊珠三叠舞胎仙，坐令遗世如蜕蝉。何年醉骑紫云去，此琴枵然成弃捐。

你能禅三乡俊宿山

湘西春色无人要，万顷镜空飞白鸟。小阁披衣眼力衰，一声欸乃酬清晓。芒鞋闲穿聚落来，此岸绿阴行不了。南台老未忘乡井，抵掌清谈辄高笑。烹茶煮笋未当勤，放意赋诗语奇峭。此生何处不戏剧，万事随缘真道妙。何当借子西斋宿，共看湘月千峰表。

送悟上人归沩山礼觐

乱峰踢卓不容数，宝构翔空盘万础。沩源水作青莲香，撕雷溅雪出烟雨。住山老如大雄虎，暗谷行藏文彩露。说禅不费丝毫力，以空为印印诸祖。道人乃是小於菟，气已食牛难共语。悠然踪迹似孤云，羡侬先我山中去。会当出钵螺顶间，见此颀然秀眉宇。

腊月十六夜读阎资钦提举诗一巨轴

青灯映窗山月西，读遍颍皋居士诗。四蹄雷电骏腾跃，万丈光芒豪放词。古锦濯江有余丽，夜光走盘无价珠。韵高不受富贵缚，眼盖缙绅说林壑。一语不合即抛却，太华摩云森剔卓。一往归心如鸟工，十分风味似相同。沉溟山水柳子厚，拨置形骸庞德公。揽辔不当分此辈，珥笔合在明光宫。天床长哦起曳履，旋呵冻笔吐机锋。寄语公家王坦之，为编乃翁诗集尾。

次韵游南台寺

青原生下一角麟，单丁住山须底物。试垂一语传不朽，阿师鉏斧成干没。凭栏小立与僧语，浮云卷尽千峰出。永怀倔强韩退之，南迁正坐讥诃佛。山云开遮良偶然，自诧精神费诗律。阎侯爱山得云饶，胜处迟留多记述。慕韩每每手加额，见诗未读壁先拂。此公文不数他人，微词天姿含宋屈。

次韵偶题

钝拙无人着眼看，一庵睡快如梁端。那知高轩肯过我，终日笑语成盘桓。畏公笔力不可敌，坐令三峡回奔湍。威棱王节照湘楚，夸声众口锋刃攒。此篇意气更倾写，句法超绝风格完。许令赓酬亦不免，但恨语带儒生酸。苦嫌丝竹围醉枕，卧看烟缕凝雕盘。双泉云树时到梦，神武门前思挂冠。朝来清事亦稠叠，野饭蓬窗分小团。人间曲屈多败意，莫辞时此同幽欢。

和游谷山

颍皋擘窠书棐几，玉勒银钩照林麓。山堂聚观杂贤鄙，人人欢然如所欲。独余耆年视凝远，就观尚如隔罗縠。筠床瓦枕试新凉，小雨南风正清熟。岸中一笑山答响，我亦为君聊捧腹。晚晴轩槛亦何有，隔屋茶烟度修竹。呼童索纸赋新诗，诗成字字清如玉。人间何从有此客，满腹精神真可掬。我惭衰老亦作诗，譬如菌芝生朽木。

和曾倅喜雨之句

清狂平生笑李赤，诗慕谪仙名烜赫。尤胜曲影傍权门，爱其炎炎手可炙。袁丝若至晁错逃，热中未老嗾与嗷。犹胜怒及水中蟹，不合郭索持双螯。何如一庵听松雨，泼眼晴窗发茶乳。更无俗子作白眼，但有水沉横碧缕。长爱朱生论不卑，神明不欺宁自欺。买金赏诬岂不美，尚笑世俗今浇漓。玉川作诗曾救月，退之抵掌夸奇绝。公今又赋喜雨诗，诗成肯寄甘露灭。气吐虹霓辞吐云，才大端如梁与棼。丽如宫华蜀锦色，骏却千樯万马奔。屈宋宗枝君得髓，江左风流复兴起。试手作诗君勿笑，毫忽增之至弓秭。长哦月出湘淹东，翰墨场中久策功。千篇翻水不足道，绝爱风味如醉翁。

次韵游南岳

退之倔强迁揭阳，道经衡山爱青苍。逸群骏气不可御，顿尘初控青丝缰。朝云偶开岂有意，妙意放浪高称扬。我生少小善诗律，读之坐令身世忘。竭来结友本上座，南游私喜初心赏。橘洲看雪已清绝，更擢野航浮碧湘。忽惊万峰上云雨，走栋飞檐云雨旁。知谁凭栏俯落日，跳丸一笑千岩光。紫金鸡含一粒粟，磨砖作镜传遗芳。小庵自披慈忍服，十方普熏知见香。巉巉玉骨撼不应，但诵妙偈声琅琅。只今般若台前路，过者拳拳加敬庄。我寻遗迹恍自失，譬如一苇航渺茫。三生为扫坐禅石，往事令人思建康。绍隆佛种有神足，九旬妙义谈汪洋。当年以法施穷乏，无数珠玑曾斗量。而今但有楼观好，再拜顾瞻空涕滂。我公王事获胜践，自谓此乐非寻常。情高赋诗亦感慨，十年出处何明详。竹轩莫凉暑雨过，风檐把玩情激昂。初如冰轮涌东崦，谬谬云幕方高张。俄如奇兵出不意，铁衣雪刃森堂堂。细窥如春在花柳，芳心皱眼开包藏。魂惊豪气立毛发，风樯驾浪奔龙骧。韵如玉色映晴昼，清如碧瓦粲晓霜。适如醉乡识归路，醇如烧春浮玉觞。意公前身是太白，醉貌宜披云锦裳。芳津浣匙饭云子，美液浇齿尝琼浆。吾闻高辞殆天得，宁论结发翰墨场。酸寒鸟迹无足道，坐令藉湜仆且僵。皆言笔端有五色，不然古锦缠肺肠。夜阑掩卷耿不寐，空庭曳履心彷徨。譬如三伏黄尘道，坐令炎焰欣清凉。又如病鹤长侧脑，仰看千仞孤鸾翔。嗟余胆大亦欲和，韵险恍疑登太行。何时坐隅乞诗稿，襟量悬知容攫攘。吾恐斯文将断绝，长哦披发下大荒。儿曹乃欲犯矢石，洪钟何异施莛芒。公如珠玉在渊石，荣辉草木皆煌煌。读其诗律似仙曲，不杂人间笙与簧。我非赏音空叹息，拟欲学之嗟未遑。遥怜与僧登绝顶，意适暗惊人世忙。诗成气焰如项籍，叱咤千人谁敢当？自嫌白发世不要，万回歌舞聊佯狂。盘珠岂有影迹露，雾豹不欲文彩彰。那知湘上偶邂后，气岸欣逢许子将。霜鬓须面一破笑，城隅古寺眠闲房。心知贵贱不同调，且复抵掌谈江乡。稍待暇日陪杖履，对公岂敢谈文章。兹游正类羊叔子，湛然与山俱不忘。

次韵曾英发兼简若虚

大曾秀发如层颠，小曾秋水随方圆。二豪说诗气旷逸，而我老坐如蹲猿。弟兄骏气骥堕地，自怜老欲蚕三眠。一庵收身万事外，但有坏衲长堆肩。会看连璧登集地，腰间累累金印悬。分缘自是公家事，安知不秉卿夫难。平生忠义要活国，浓笑东川无杜鹃。古城野寺香炉里，白灰已烬余凝烟。瘴疠未损方曲臂，静如鸿鹤相倦挛。清诗寄我忽惊矍，秀对白鸥春水前。长哦曳履吐佳句，余韵发越鸣朱弦。坐令万象受控勒，知君有笔真如椽。细看字字有根蒂，满掬明珠谁为穿？诗坛从此不休息，受降君已临中坚。

复次元韵

君家庐岳苍崖颠，睡足茗碗浮轻圆。十年不归空蕙帐，夜鹤哀怨惊晓猿。朅来湘尾寄城寺，夏篁清凉便昼眠。扣门剥啄谁过我？上腾火色仍鸢肩。轩然辩论杂今古，不觉前席心旌悬。以身徇国爱子布，塞门以土推孙坚。虽云诗穷少陵老，饥寒正坐拜杜鹃。遥知铃斋宾谒主，赠以紫砚浮松烟。作诗寄我对岑寂，为散顽麻双脚挛。弟兄高才当济世，会看笑揖人主前。嗟余百念已灰冷，倦易敛翼为虚弦。粥鱼斋鼓日课办，仰屋卧看三条椽。管宁木床五十载，好事空传膝处穿。何如敛目十年坐，道树身同金石坚。

次韵曾韵句游山

夫子谪仙隐于儒，仲连太白真其徒。栴檀林间法檀度，翰墨场中行秘书。譬如山川有珪璧，光被草木蒙碔砆。又如羽毛有麟凤，瑞照百鸟藏鹗鸓。玉堂金马未入手，公不自叹旁人吁。猒看朱门森画戟，暇日聊为山水娱。下车褰衣却部曲，纵望林壑情忻愉。朱陵洞口见落石，引手匊云跳明珠。诗成万象在掌握，磨琢无玷如瑾瑜。旁观十吏不驻足，一日万口传荆湖。南山道人纷纭至，摹写磬石烦丹朱。归来尽以录寄我，意句不尽情有无。为公长哦立风槛，明月满轩时卷舒。吾闻骏马日千里，未遭剪拂随盐车。嗟余驽钝世鄙笑，分甘垂耳同骡驴。世间安得支遁眼，画作嘶风神骏图。

次韵见赠

已甘老死长松下，赏音乃有如公者。谬当大匠许才能，名器从来岂容假。但欣一笑说江乡，意气平生要倾泻。先生之诗自豪放，寒陋心知鄙东野。此篇粹然有精思，百锻良金方出冶。汗颜缩手置袖间，对公谁敢言骚雅？自怜华发住江村，地偏心远过从寡。茆檐扪虱鸟声寂，故絮悬鹑成磊苴。右耳已从前月聋，更欲忘言到喑哑。多生垢习磨未尽，公诗又欲临窗写。何当看公醉岸帻，约束万象闲挥洒。眼寒独立梁宋郊，一尾追风睇奔马。读罢新诗发长叹，春色惊回阿练若。浪秃宣毫和不成，自笑才悭真注瓦。

赠邹处士

长沙人物秀而雅，争如绝致名天下。率更之书更古今，钟王笔迹遭凌跨。藏真草圣梦英篆，齐己诗篇洞青画。易生宝觉未暇数，迩来邹敦最声价。巨公要人邀已遍，戏画寂音老尊者。绳床坏衲气深稳，霜须瘴面情闲暇。平生刚褊语忤世，定知见此遭讥骂。凉都贵人如玉丛，富贵熏天光照夜。凌烟风姿剑拄颐，妙手当烦为图写。

饯枯木成老赴南华之命

正中妙叶如何会，罗仙隐身露衣带。芙蓉克家桐城孙，海上闲名闻至尊。天书夜到道林宫，大钟横撞山玲珑。山容光泽鸟声乐，一番佳气生岩丛。曹溪宝林甲天下，楼观翔空盘万瓦。梦中先已逢祖师，异世曾同香火社。人言骨清辟瘴雾，隘词一律撩人怒。大阳直裰果有灵，所至自有天龙护。寄语山头锡杖泉，久枯遽涌宁非天。老师不作奇特想，已脱圣凡情量缠。

宋迪作八境绝妙人谓之无声句演上人戏余曰道人能作有声画乎因为之各赋一首

平沙落雁

湖容秋色磨青铜，夕阳沙白光濛濛。翩翻欲下更呕轧，十十五五依芦丛。西兴未归愁欲老，日暮无云天似扫。一声风笛忽惊飞，羲之书空作行草。

远浦归帆

东风忽作羊角转，坐看波面纤罗卷。日脚明边白岛横，江势吞空客帆远。倚栏心绪风丝乱，苍茫初见疑凫雁。渐觉危樯隐映来，此时增损凭诗眼。

山市晴岚

宿雨初收山气重，炊烟日影林光动。蚕市渐休人已稀，市桥官柳金丝弄。隔溪谁家花满畦？滑唇黄鸟春风啼。酒旗漠漠望可见，知在柘冈村路西。

江天暮雪

泼墨云浓归鸟灭，魂清忽作江天雪。一川秀发浩零乱，万树无声寒妥帖。孤舟卧听打窗扉，起看宵晴月正晖。忽惊尽卷青山去，更觉重携春色归。

洞庭秋月

橘香浦浦青黄出，维舟日暮柴荆侧。涌波好月如佳人，矜夸似弄婵娟色。夜深河汉正无云，风高掠水白纷纷。五更何处吹画角，披衣起看低金盆。

潇湘夜雨

岳麓轩窗方在目，云生忽收图画轴。软风为作白头波，倒帆断岸渔村宿。灯火荻丛营夜炊，波心应作出鱼儿。绝怜清境平生事，蓬漏孤吟晓不知。

烟寺晚钟

十年车马黄尘路，岁晚客心纷万绪。猛省一声何处钟，寺在烟村最深处。隔溪修竹露人家，扁舟欲唤无人渡。紫藤瘦倚背西风，归僧自入烟萝去。

渔村落照

碧苇萧萧风淅沥，村巷沙光泼残日。隔篱炊黍香浮浮，对门登网银戢戢。刺舟渐近桃花店，破鼻香来觉醇酽。举篮就侬博一醉，卧看江山红绿眩。

余还自海外至崇仁见思禹以四诗先焉既别又有太原之行已而幸归石门复次前韵寄之以致山中之信云

北去忧如会渑口，危甚相如跪瓦缶。南归喜胜脱鸿门，那恤范增撞玉斗。筠溪野寺邻新丰，亦与丛林鱼鼓同。悬知他日君念我，定作少陵寻赞公。

脱桔宁知缚禅律，但欲闭门长不出。死祸平生九蹈之，痛恨防身苦无术。此言了如意在弦，此心炯如月临泉。山中乐可骄稚世，一榻暑风清昼眠。

平生心怀济时术，百未一施空叹息。庭闲昼永僧至门，心回酒醒月窥隙。东方先生语开闭，投骨心知致群吠。千金珠在九重渊，傥能得之必龙睡。

飘零乳儿失慈母，来归家山在阿堵。瘴疴烝洗百念空，但有诗情磨未去。虚名实祸车覆辙，道乡端与人间别。膝穿木榻五十年，君看此翁亦雄杰。

信上人自东林来请海印禅师过余湘上以赠之

五湖东归风转柂，柔橹声中飞鸟过。开蓬不信是庐山，忽惊落瀑从空堕。道人个中三十秋，那知今始载归舟。白藕池边月初吐，应对邻房说旧游。

楞伽端介然见访余以病未及谢先此寄之

楞伽剧谈喜高笑，一钵安巢在云杪。我游庐山二十年，闻名常多识面少。道林过我古南台，路逢泥软手提带。台舆瓦合今果尔，更呼邻僧相与来。

次韵云居寺

行尽崇冈与峻岭，今朝又入缘云径。世尘已觉蜕埃轻，道心遂作焬鸡净。小轩容膝俯千里，磨钱作镜江山映。平生林壑竟成癖，南来独觉兹游胜。

无学点茶乞诗

政和官焙来何处？雪后晴窗欣共煮。银瓶瑟瑟过风雨，渐觉羊肠挽声度。盏深扣之看浮乳，点茶三昧须饶汝。鹧鸪班中吸春露，如未沾著则鲜趣。

巴川衲子求诗

水西南台底气象，绿疏青琐湘江上。门人俯槛看诸方，笑声散落千岩响。巴音衲子夜椎门，要识汾阳五世孙。问渠何所见而去，峰高难宿孤飞云。

次韵许叔温赋龙学铁杖歌

君不见楚竹虚心劲如铁，上有娥英洒清血。岁寒姿含凄怆情，乱点余花涴高节。又不见南山紫藤亦清雅，过头标致宜老者。一簪华发乌角巾，瘦拳扶之立松下。何如我公蓄神物，铿然振之露风骨。横拈倒用惊老禅，劲如紫藤节如竹。个是云门真正脉，不学芭蕉空指月。十方都在此杖头，视之不见纤毫隔。说禅游戏时卓地，魔外狐禅俱胆碎。仙郎闻是旌阳孙，文章自宜掌帝制。从来诗句人争说，时出一篇尉衰茶。此篇秀如望秋山，奇峰自献晴云灭。朅来酬唱已厌饫，与公倾倒良有素。岂惟但和铁杖诗，追从已办登山屐。

复和答之

君不见功名欲致砚磨铁，桑公人间驹汗血。五季干戈争夺中，低摧几不保臣节。又不见相如赋工合骚雅，九重偶有赏音者。及见但为上林令，断国反在淄川下。长笑两事俱外物，自怜不是封侯骨。独爱华亭百衲师，小艇横蓑一竿竹。久住湘江谙水脉，揭蓬惯看湘西月。闻道公眠画戟丛，相寻长恨城阃隔。去年卜居城北地，客心每有悲笳碎。惭愧诗筒走老兵，病眼那容见新制。老来情绪那忍说，夙瘴乘之觉疲苶。此生梦幻姑置之，半掩残经香篆灭。湘中清境享已饫，湘山多情尉心素。年来更欲学睦州，古寺闭门工织屦。

变禅者归蒋山见佛果乞偈

霸陵将军万人敌，射虎饮羽马躄易。下马视之辄一笑，宁知虎为草中石。控弦复射又中的，砉然有声箭不入。将军但知为石耳，坐令疑虎心相失。诸方今谁达此机？蒋山老勤默而识。变公心挂蒋山云，浩然欲归约不得。洞庭青草水粘天，高帆摩空一千尺。仰看浪摧碧玉山，此时法界毛端集。

送逸禅者归荆南见无尽居士

长沙大虫方肉醉，倚树痾痒威见尾。逸禅来展寂子机，举足欲促适其睡。后身荆州张曲江，解锻佛祖如老庞。如闻去作丹霞问，正当一口吸西江。西江一口吸得尽，是汝法身应有剩。要令川客读此诗，都作蒋山吞栗硬。

云庵和尚生辰烧香偈

直心是道无虚假，是牛何曾呼作马。平生日日常一般，但知九旬为一夏。声色峥嵘争盖覆，法身散失无寻处。因缘时节属今朝，不用追求全体露。七十八年弹指过，元来诸数不曾堕。南台再拜炷炉香，重渠当时不说破。

云庵生日空印设供作偈福严南台万寿三老与焉次韵

不见丛林老陕西，铁牛生得石牛儿。泐潭扑面红尘起，四海禅流满肚疑。沩山作人热心肺，冷处着火人方知。龙山说偈聊戏耳，万象惊叫天魔悲。三生大士视云汉，和倡四座知为谁？南台拱读万寿笑，生机妙语皆临时。诸方传诵著精彩，不是龙山唱和诗。

题草衣岩

祝融凌寒空，方陟缘云径。此山翠被重，有岩如侧罄。拂石聊枕肱，便觉诸缘静。万瓦粲霜晓，千里增目迥。石头有高弟，衣草却心病。千年续灯人，谁接悬丝命？

送亲上人乞食三首

荆簪女工采桑，画鸦女衣罗纨。赤脚人趁兔鹿，着靴人饱食肉。百丈出家不害痴，一日不作一日饥。后生十指不点水，得便宜是落便宜。亲禅学道不檐板，自然公办私亦办。新年持钵走衡湘，要令一众毛孔香。

虽应锋机，不是语句。鸭寒下水，鸡寒上树。不妨办众，推究自己。一手摸鱼，一手戽水。推开三玄，玉锁揩拭。同真十智，要知天下。南台口含，三十六齿。夜归候门，立地笑眼。脑痴憨肚，里峭缘来。点铁成金，法白揣与。人人不要。

以有梦幻身，安能躲饥渴。剃头舍饰好，则以乞为活。炼尽世间心，方称间披衲。格言非汝欺，余尘尚诸学。吾师三界尊，食时亦持钵。春风吹湘云，万峰寒踢卓。出门一句子，团团生四角。

花药英禅师生日其子通慧设斋作此

甲辰腊旦底时节，太虚完全无一缺。陷虎机参陕右禅，骂人犕是新罗铁。云居老子最精锐，长笑师兄难控制。龙象蹴踏非驴堪，鹅王择乳非鸭类。睡快庵中知见香，试焚一铢熏十方。不在鼻端空与木，毕竟此香何处藏。

云庵和尚生日烧香偈

妄见往来颠倒性，智入三际刹那定。即此名言是污染，知为污染心清净。此知不属缘非缘，一丝不挂鱼脱渊。梦幻死生藏不得，永夜清宵常现前。

过张家渡遇云庵生辰

十月十六谁宗旨？无声三昧重拈起。十方三世侧耳听。刹刹尘尘俱解义。双林树开荣枯枝，宝塔佛分生灭理。一丝不挂露堂堂，要识云庵今日是。

题沩山立雪轩

沩山雪晓试凭栏，露地牛儿觅转难。脱体见前谁对立？一尘不受眼空寒。日长齿颊茶甘在，客去轩窗篆缕残。好在少林成想象，祖师时展画图看。

二十九日明白庵主寂灭之日用欲得现前莫存顺逆为韵作八偈

道心固有恒，至刚定无欲。得饱即酣卧，称心良易足。清歌一瓢风，笑唾千钟禄。谁能作九原？我欲掖埋玉。然灯有法传，释迦当即得。但闻记别音，乃知无所获。精真妙平等，明告恐疑惑。永怀常不轻，好心遭捶掷。心驰即摄来，寂然住正念。譬如分身集，全身方出现。生佛识精聚，灭佛游魂变。分坐宝塔中，贰法君试辨。道非止精进，此意曾密传。宴坐历十劫，佛法不现前。一乘论知见，三兽分圣贤。君看娑竭女，初不学安禅。汝心有罅隙，甘受梦幻缚。我念无异相，魔外分遮莫。初缘五欲因，乃得入禅乐。自喜如弄猢，旁观胆先落。火风肆怒嗔，万物遭荡焚。起止甚自若，不受冤债吞。六情具三毒，安得有罪愆。异哉根与境，乃得此理存。余生老变衰，复卧痴爱病。默观颠倒因，聊复自随顺。负暄庆生辰，自诳倚年运。偶然吐文章，朽木生芝菌。业熟会冤憎，遂尔遭横逆。愿行报冤行，遇此真知识。用智灭无明，以事观色力。当登万煅炉，乃验真金色。

潭州东明石观音赞并序

长沙马氏时，一夕东城雉堞间光属天，达旦不灭。州人按其处有石卧古井旁，半为土所吞。其色青莹，相与发之，即大悲观音之像。挹水灌沐，妙容慈相忽然显露，如莲花之出泥。大众欢呼，爱慕之极，又如婴儿之见母。于是建寺号东明，初以律兴，余百年，民恃以为福田。元祐初，长老迁公以禅易之，未几弃去。今海禅师自沩山来，宴坐于室，不蓄粒米，倚此像以饭四方来者，崇堂邃宇，又加丽焉。余闻菩萨之悲愿于浊恶世，一切众生之用处，化身为鱼米、为肉山，以足其欲心。今夜半光耀，乃其一戏。遂与无穷之众，园林、花观、饮食、卧具充足耶？谨拜手稽首对像说偈曰：

大悲智光本无碍，于一切处常发现。岂特夜半瓦砾间，始复烂然上霄汉。此邦众生共胜业，时节成熟故如是。譬如日月行虚空，水无秽洁皆照临。灰沙若沉波自寒，圆影于中迴殊特。稽首妙智光世音，是娑婆界真教体。应机而现为说法，信心起处说法竟。我今见境得成就，亦同音闻获圆通。六根迟速虽不齐，要是一精明所现。我知暗相不能昏，与彼心精遗闻处。众尘隔越妄分别，常真实中无是事。死生之变尚不改，岂有根尘乃能蔽。愿令持此妙法门，于此刹土为佛事。一切声色热恼中，与众生作清凉处。皈命救世大悲者，愿赐威光加被我。令我获无作妙力，令我亦名无所畏。令我具无碍辩才，令我入一切种智。我及一切诸有情，皆如观音得自在。

印上人持观音像来乞赞余曰率伯时画也为作此赞

稽首净胜光明聚，无碍慈忍精进幢。清净圆满万星月，分身如影分千江。佛子心如涔蹄水，随其清浊现影耳。从来但闻一月真，是影何从有非是。寒松瑟瑟哀霜风，爱此赞辞章句同。佛子正当以身读，即满追求颠倒欲。

卷二十九

惠洪三

衡山南台寺飞来罗汉赞并序

旧说太平兴国初，武牢沙门惠了游庐山，宿于云居寺。中夜闻呻吟甚苦，及旦视之，有僧雪眉而臞，卧腥臭中，见了，涕泣指其疮曰："当奈何！"了恻然怜之，为留五日，洗摩传药，甚有恩惠。逾年疮愈，谓了曰："我家南岳，子他日游湘中，当过我于石崖峰下。"探怀出纸裹付了，了送至西岭，诀别而还。视裹中，乃疮痂。为屏除卧处，亦皆疮痂也。心恶之，俄成熏陆，投诸火中，有异香，了心骇异之。明年春南来，果逢雪眉于国清山路间，倚杖而笑曰："来何暮也？"相与坐青林之下，语笑欢甚。了问："石崖峰安在？"雪眉以手指之，俄失所在，于是了乃悟其为圣贤也。怅恨弥日，至方广寺，入罗汉堂，而雪眉乃在十六像中。了殊大惊喜跃，逗留久之。后至南台，见昔同学道普者，为叙说其事。有童子方扫除，闻之停帚参立曰："今日添香殿庑间，罗汉辄剩一身。"了亟往视之，即方广所见雪眉塑像，自是号飞来罗汉。了后还云居，以疮痂葬西岭，为坛其上，今号罗汉坛。如来世尊曰："如今世间，旷野深山，圣道场地，皆罗汉所住持，故世间粗人所不能见。"夫岂不然哉！皇祐间，泉南僧谷泉隐居芭蕉庵，有异迹，尝自后洞负石僧像至南台，而像无虑数百斤。后人诬此僧为飞来罗汉。非也！余不可以不辨。宣和元年春，余与大梁郭中复彦从来游，彦从问像所从得，因为叙之。而长老昭公请为书之。赞曰：

惟毗尼藏，称性之印。印一切法，无有少剩，而此尊者，跏趺不瞬。外寂中空，幻灭都尽。诸佛子等，勿故起妄，于是像中，作去来想。昔本不来，今亦焉往。即一切法，离一切相。如一月真，无二无别。于众水中，同时见月。像非异同，月岂生灭。以应缘故，光影清绝。钟山众泉，石井异味。灵隐众山，小岭异翠。此岭此泉，皆飞而至。示根境法，其实同体。如此大士，诸法成就。南岳庐山，宴坐驰走。而事藏界，随处而有。虽证无生，亦不灭受。

长沙岑大虫真赞并序

余游长沙至鹿苑，见岑禅师画像，想见其为人。昔如来世尊语阿难曰："汝元不知，一切浮尘，诸幻化相，当处出生，随处灭尽，幻妄称相，其性真为妙觉明体。"龙树菩萨曰："诸法不自生，亦不从他生，不共不无因，是故说无生。"以佛祖之辩，谈法之妙，其清净显露，如掌中见物，无可疑者。而末世众生，卒不明了者，盖其迷妄之极，非其所闻之习故也。禅师悯之，故于所习之境譬之曰："若心是生，则梦幻空花，亦应是生。若身是生，则山河大地，森罗万象，亦应是生。"大哉言乎！与《首楞严》、《中观论》相终始也。禅师大寂之孙、南泉之子，赵州之兄，开法于长沙之鹿苑，当时衲子倔强如仰山者，犹下之，而呼为岑大虫。为之赞曰：

长沙大虫，声威甚重。独眠空林，百兽震恐。寂子儿戏，见不知畏。引手捋须，几缺其耳。大空小空，是虎是你。如备与觉，可撩其尾。嗟今衲子，眼如裴旻。但见其彪，安识虎真。我拜公像，非存非没。百尺竿头，行尘勃勃。

东坡画应身弥勒赞并序

东坡居士游戏翰墨，作大佛事，如春形容，藻饰万像，又为无声之语，致此大士于幅纸之间。笔法奇古，遂妙天下。殆希世之珍，瑞图之宝。相传始作以寄少游，卿上人得于少游之家。二老流落万里，而妙观逸想，寄寓如此，可以想见其为人。余还自海外，见于湘西，谨拜手稽首，为之赞曰：

唯老东坡，秀气如春。游戏翰墨，挝雷翻云。偶寄逸想，幻此沙门。了无一事，荷囊如奔。憨腮膰腹，行若不闻。众生狂迷，以利欲昏。如一器中，闹万虻蚊。吾未暇度，驼卧猿蹲。傲倪一世，随处乾坤。

出檀衣赞二首

古佛身上衣，佛佛相付授。慈母爱儿心，针针自成就。是故吾双峰，自少至白首。护惜如镜奁，一尘不敢受。何以出檀名，此时无别虑。如持油钵行，如蹑独木渡。永怀毗尼藏，一旦成万古。纷纷五群众，来观亦顶礼。平时放逸心，化作额间泚。将见衣匣前，泚流似江水。咨尔淮山神，守护当奉职。无使尘涴侵，无使云润湿。谛观不敢瞬，心折三叹息。

此出檀衣，慈母授我。不敢手扑，矧敢覆卧。五十余年，俨临清众。寒暑不易，尽形受用。师后当知，商那和老。于母腹中，披九枝草。

石霜普照珂禅师赞

漆瞳照座，骨相巉岩。横拈尘拂，寒拥云衫。五住名刹，道振湘南。是谁之子，亲见云庵。

慈明禅师真赞并序

钟山僧远庵居五十年，而二十年掬涧而饮。长安窥基，三车随行，而一车酒截逍遥。罗什口析妙义，而畜靡嫚之倩，曰："吾有欲障"。清凉澄观，已任大教，而畏五色粪，且以十愿律身。是四比丘者，举人类精奇，风流相映，何其制行乃尔相戾耶？盖知其所同者道，所不同者迹，故其所履正权异，救时存道，皆非苟然。使其无权时之智，则教之延远，要未可必也。《传》曰：神而明之，存乎其人。非特为教者为然。则傅大士其悲智所施亦然也。故吾慈明禅师，汾阳昭之嗣，黄龙南之师。南之玉立有清凉之风。昭之精严，挺钟山之操。而公独平等逆顺，嬉戏垢污，甚于基、什，而其道能支临济，与日月争光，真不缠凡圣，超然不测人也。自公化去六十年，而余始至其庐，拜其塔，瞻其像，稽首为之赞曰：

缘生诸法名体绝，如空字身水鱼迹。是无相门缘寂宗，一切智智差别海。公于是中如法船，泛然出没无所畏。使诸游者心泰定，种种惊怖成虚空。平生神兵双不借，玄机不动万象惊。而公宴坐不言中，诸有求心如古井。钝根阿师终听莹，法味迷醉如惺惺。矍然奋迅为一戏，句里明人揳出揳。紫金锁骨眠空山，吁嗟音容不可觌。当知其声如雷霆，稽首慈明常出现。

郴州乾明进和尚舍利赞并序

余观崇进和尚舍利于南岳福严寺，炷香临盘，以箸点之。随箸而升，如露之将零。投于脆瓶，彷徉而行，如鱼之在渊。又观其画像，方颐揕口，神情静深，若不可犯干者。门弟子惠觉谓余言："吾师衡阳伍氏子，早依南台正悟然禅师落发焉，受具游方，余三十年，所至以荷众称。福严长老保宗新其寺，殿阁宏壮妙天下，师寔董其事。郴州以乾明寺命师居之，而弗演法。或问之曰：我第与衲子作粥饭主人耳，其敢荷此事？而天姿直亮，寡言笑，道具余不置一钱，牧众以公，摄物以慈，以故道俗归之如云。退客香山，元符三年五月十二日顺寂，寿七十有七，腊五十有五。临终谓众曰：我即死，达旦便当火之，以灰投江中，勿稽留也，魔事将戏汝曹矣。言讫而寂，众不忍，留两夕梵呗，郡吏遽至，责以慢礼，悉拘系。其众因相视惊异魔事之言有征也。荼毗之日，天地清明。烬余得舍利甚多，观者争分之。至渍汰所焚之地，有得之者。”筠溪曰：“生有志行，神化不乱可也。火风坏灭，殊异发生可也。而一官吏至，乃能前知，岂偶然也哉！乾明所养至此，弟子又能事之如生，久而不忘，有古高僧之风。”为之赞曰：

李广射虎，石为之穿。耿恭祝井，涸为之泉。忠孝所致，如响答焉。公亦何为，饥餐困眠。人初莫测，公岂自言。戏为火浴，朽者明鲜。舍利粲粲，玉碎珠圆。乃至所养，盖其云全。天全之妙，非粗不传。如春在花，如意在弦。嗤嗤横目，气凌云天。死未及寒，化为腥膻。矧投于火，不作腥烟。安有万手，收此精坚。维德之一，陻所拳拳。死生之大，卒莫能迁。公初设心，唯此是专。不祈人知，人趋如川。终必有验，理之固然。我作赞词，丰碑以镌。

南岳弥陁和尚赞

与之食则食，与之衣则衣。无衣衣木叶，无食食土泥。为人汲樵牧，仅存骨与皮。其道不可致，天子南向师。出家有如子，我亦著伽梨。

云庵和尚赞并序

云庵出黄龙之门，为临济九世孙。种性殊胜，契悟广大。指示心要，辩如曹溪。决择教乘，论如枣柏。作为偈句，辞如宝公。履践明验，精如永嘉。退居云庵，时已七十余，幻灭都尽，惠光浑圆。可以想见其遗风余烈，门人德洪谨拜手稽首，为之赞曰：

于自住境，见与见缘。如梦能所，如蜜中边。惟具正眼，入此三昧。如妙莲华，出缘生海。祖师活意，如来密机。成就众生，如鹍鹏飞。使其自化，不由他悟。秀出丛林，光于佛祖。趋灭陕右，诞生江南。暗中五色，天下云庵。槁容而毳衣，殆不逾于中人。而于祖道颠危之秋，勃然而中兴。知我亦何幸！自幼及壮，出入其户庭，俯仰其藩篱。而道德之精华，未能略窥其毫微。譬如戴天履地于终日，而其高明深厚，所不能知。惟闻孔子之殁一百年而生孟子，释迦之寂二千岁而有禅师，拜手稽首，堂堂乎三界之依者耶！三玄铨量，设选佛科。邪师坏之，付授外讹。以陷虎机，击其颓波。不动声气，怖走天魔。

云盖智禅师赞

洞彻汪洋，高明广大。如天盖空，如月出海。宴坐一室，不动客芥。而使衲子，望崖而退。此其整临济颓纲之大概也。至于不得已而有言，则若邵平瓜甜而根蒂苦，罗生隐身而露衣带。欲得灵妙，常令不暗复不昧，此余见之而必再拜也。

云盖生日三月初七报慈僧持真求赞

平生脊骨，生铁铸就。关门理锄，揎起两手。禅者见之，立不敢久。问未及答，已欲返走。如老黄龙机锋，如英邵武健叟。

如雪峰之险，如百丈之寿。末后报慈寺中，笑中打个筋斗。试问是何宗旨，代云合取狗口。

石头志庵主赞

自住石头，老无气力。一回上山，一回气急。禅流相见问宗风，一日两度钵盂湿。

华药英禅师赞

以铁作喙，名无有双。老住回雁，道冠湘江。神机之妙，如钟在撞。为功德林，为精进幢。不动声气，天魔自降。怀我云庵，黄龙的嗣。说法如云，纵横放肆。孰知此老，胆气相似。大法付授，良亦在此。是名关西，克家之子。

宝峰准禅师赞

洞庭无盖，虚空有口。步水东山，藏身北斗。石门壁立，万仞踞地。一声哮吼，惊得四序。回旋喝下，须弥倒走。是谓湛堂老人，不落威音之后。

望之翛然，冰枯而天粹；即之渊然，云闲而水止。意坐石而情无住著，故杖瘦藤而欲起。人言即俗复即真，出尘之相加冠巾，非因引法忤圣主，我宗僧俗两不存。五位正宗将仆地，以手挈之阅人世。屹然万仞捍狂澜，荷负大法当如是。纷纷鄙夫拜公像，譬如蝼蚁见龙象。惊魂已化千微尘，岂特形容先沮丧。火刀直裰谁得之，醉李故时鱼捕师。岭梅已熟莫咬破，核子乞与宁馨儿。

道林枯木成禅师赞

扬广山头种性，雷衡洞里根苗。法云明暗体露，道林知见香飘。试问春风吹不起，何如黄河冻连底。十分似九不欲全，一身两号只这是。大千戏以一尘摄，又譬此尘取空劫。置于掌间剔突栾，挝鼓升堂普请看。

沩山轼禅师赞

天骨岩岩，美髯玉颊。冰雪在躬，霹雳为舌。轩昂万僧，众星中月。视其心胸，山包海容。大沩小兴，振其家风。丛林百世，见者肃恭。

双峰演禅师赞

三关洞开无锁扃，汝自艰难起战兢。师过此关悉闲暇，掉臂径趋呼不应。如春消冰自涣释，如鲲化鹏谁使令。归来笑搭出檀服，依旧淮山千万青。

云庵和尚舍利赞并序

政和七年五月戊申，法侣集于寂音堂，佛鉴大师净因以小玉瓶跪注于盘，鎗然有声，璀粲五色。谓余曰："此汝师舍利也"。于是矍然再拜悚观，小大如米豆，莹明净圆，然其色多如玉者。因尝亲见其火浴，道俗观者数千人皆得之，哀慕之声震山谷。后月余，儿稚汰其灰，犹有旧者。自近世南州大士之化，其灵验奇瑞，彰大殊异如云庵者，以一二数。呜呼！尚忍言之，将毕世护持，作随身丛林依归。老则求有道而能文者铭之，藏名山，使后世知临济九世之孙，杰大伟奇如此，因之志可佳也。门人德洪谨再拜稽首，为之赞曰：

是身梦境一尘垢，分段苦业所成就。折旋俯仰谁使之，皆汝一念颠倒想。若言此身非念伦，云何想中可传令。乃知妄想融通趣，如露如幻如云影。念清净则身光明，念杂想则身垢秽。君看火力初无情，圣凡伪真俱发梦。云庵偏得老南道，粹然一出支临济。平生慈悲喜舍力，及乐说辩智慧光。大愿所熏精进幢，上契佛祖超情见。至妙要非粗不传，悯世狭劣示小者。稽首作赞示同学，千载丛林有耿光。

寂音自赞四首

窜朱崖军而生还，遭黄茆瘴而复活。陷于采石而不死，囚于并门而自脱。夜行有披袖神光，露卧醉厌糟醇浊。魔外熟视之，无如之何。佛祖不得已，与之酬酢。两眼入鬓头鬈松，手中木蛇毒如药。

三玄纲宗，壁立崔嵬。攀缘路绝，热恼心灰。如化鲲鹏，不借风雷。盖自化耳，宁有法哉。汾阳此秘，寂音揭开。手提大千，毫端往来。

不似成背，似其成触。随汝颠倒，直中有曲。抛在言前剔鹘仑，拟议令渠总灭门。平生活计无窖子，真是汾阳五世孙。

随缘放旷，索尔虚闲。未理白骨，且看青山。

李运使赞

风度凝远，和气如春。绿发授道，精敏绝伦。名冠缙绅，挺然忠义。知国知兵，如唐陆贽。顷者天府，奉使江南。昼锦之荣，父老聚观。顿节西州，盗发江浙。提师百万，荡其窟穴。凯旋而还，口不言功。但欲使民，生于死中。重临南楚，化行郡邑。如春在花，不见痕迹。恢躁坦夷，相亲难忘。视其胸次，山包海藏。宜宿玉堂，宜在黄阁。跬步可待，昂霄耸壑。长沙之民，自怀其私。龛此画像，饮食必祠。

瓦瓢赞并序

南昌西山有异人，年三百余，面有孺子之色。多往来蒲城、弋阳之间，童稚呼以为万公。宣和二年重九，殁于朝奉郎宣骥骏元之家。以大瓮二口合而葬之后圃。十月，弟子简素先生用临川隐者马安道之语来发瓮。但余瓦瓢弊履，而万公不见，盖尸解也。明年十月，简素客湘西之南台寺，追绎其师之懿行潜德，出此瓢以相示。戏为之赞：

异哉此瓢，修吭矬身。弗生瓜蔓，生陶家轮。我疑其中，藏十洲春。昔有列仙，杂于市人。屋檐悬之，自旦及申。辄入其中，偃仰而卧。而楼居者，见之胆破。遂从之游，推挤莫可。挽而同登，相向而坐。如四老人，会商山果。唯简素公，道貌天容。岂其人欤？出处略同。道山岿然，弱水之东。何时来归？泠然御风。而以此瓢，挂之瘦筇。我作妙语，天葩粲红。

许彦周所作墨戏为之赞

异哉土蛇，登树而怒。怒见脊尾，口眼可惧。王孙地坐，气耆毛竖。欲去不敢，攀枝而顾。丰狐行藏，心常愧负。见之而走，敏若脱兔。孰能傲然，如此老树。与之相亲，不惊不怖。问何能尔，以无我故。酒色海中，有万奇趣。不出二种，猜疑掉举。盖无常蛇，终不赦汝。居士图之，以警未悟。觉范一见，笑掌为拊。

明白庵铭并序

余蕊缘深重，夙习羁縻，好论古今治乱是非成败，交游多讥诃之。独陈莹中曰：“于道初不相妨，譬如山川之有飞云，草木之有华滋，所谓秀媚精进。”余心知其戏，然为之不已。大概元年春，结庵于临川，名曰：“明白”。欲痛自治也。莹中闻之以偈见寄曰：“庵中不著毗耶坐，亦许灵山合法人，便谓世间僧爱尽，攒眉出杜有谁嗔。”于是堤岸辄决，又复滚滚多言。然竟坐此得罪，出九死而仅生，恨识不知微，道不胜习。乃收招魂魄，料理初心。为之铭曰：

雷霆发声，万国春晓。闻者不言，心得意了。木落霜清，水归沙在。忽然震惊，闻者骇怪。合妙日用，如春雷霆。背觉合尘，如冬震惊。万机俱罢，随缘放旷。尚无了知，安有倒想。永惟此恩，研味其旨。一庵收身，以时卧起。语默不昧，丝毫弗差。蒙杂而著，随乎于嘉。

圆同庵铭

空印之庵，圆何所同。睨而视之，同太虚空。弗设户牖，无南北东。而庵中人，来无所从。廓然现前，以道为容。我此法界，遇缘即宗。自受用境，出生无穷。使令服玩，地狱天宫。各各无碍，如空行风。我非文殊，齿豁头童。以问法来，罄折其躬。而师应机，如随扣钟。聊观此老，游戏神通。不起于座，舜两漆瞳。以大千界，置于针锋。以香水海，藏于睫中。一切人天，之与鱼龙。不觉不知，如盲如聋。万像欢呼，声摩苍穹。天魔外道，以手捣胸。欲折困之，面为发红。如环轮上，寻其始终。于是雌伏，仰此法雄。我虽衰退，气犹如虹。未甘见删，终依禅丛。斯文之作，荡除执封。当以理胜，文则非工。沩山之阴，盘石可砻。书以刻之，昭示童蒙。

觉庵铭并序

道人闻公以四威仪为庵，而以觉名之，随身丛林之别名也。余游此庵中，微尘数劫，适今始读其号，如人静坐，忽见鼻端，心知之而不可以语人。名之所解，又如风中鼓橐，虽有神禹之知，莫能分别，特相视一笑而已。铭曰：

明暗色空成住坏，即大寂灭究竟觉。居以名庵是增语，而我铭之添注脚。如汤消冰无别冰，冰汤之相未全脱。何如睡足百事懒，轩纳林光鸟声乐。当知今在衡岳中，门外今无觉衡岳。道人抚掌笑轩渠，注经不必居牛角。

如庵铭并序

吾乡日公谓余曰："吾以经行座卧为庵，以分别尘劳为如？"且求铭，铭曰：

日用现前，随眠烦恼。去之即生，如石下草。盖其妄觉，取舍颠倒。小根怖之，冰炭怀抱。我以慧眼，燕坐默观。一切异相，如珠走盘。是时日公，非内非外。是非死生，合成一块。

朴庵铭

履长老禅，而色贵白。老禅有终，白不受色。道人游方，学至无学。如役六用，则思返朴。有山可看，有饭可饱。乃笑诸方，何必百巧。垆烟未残，跏趺袖手。雪窗无尘，鸟啼清昼。

梦庵铭并序

弛担假寐，入大槐之宫，尝王者乐。觉来欠申，炊未及熟耳。辍薪得鹿，翳诸隍中，俄而忘之，意以为梦。且行且咏，路人用其语而得鹿。一以为虚，一以为实，此世间之论也。梦中无女色，而欲成辨。非实非虚，此出世间之论也。衡岳素公高行，著丛林寄傲一庵，而以梦名。铭曰：

一境圆通，而法成办。五根不行，而意自幻。昼思夜境，尘劫无间。而睫开敛，初不出眼。知谁妙观，镜于心宗。以世校梦，乃将无同。为鱼泳波，为蝶翔空。在素曲肱，吉祥止躬。即庵是梦，问井得水。即梦是庵，缘饭识米。于一意地，无能无二。若见主人，梦庵俱弃。

痴庵铭并序

众生以贪瞋痴为三毒，三毒之过，能致生死。诸佛以戒定慧方便观照，而用治之。余至龙山，翊道人引余坐于明窗净室之间，曰："此吾痴庵也。"翊颀然秀发，论议精到，余不见其痴之相。山云朝升，壁月夜挂，翛然无营，余不见其痴之理。禅者方以精严黠慧，自矜机辩，逸群胜物，其肯甘为痴哉？顾虎头之痴于画，王述之痴于不言，率为世传，是好名之痴也。上人泯泯与众卧起，不知人间是非、荣辱、贵贱、功利，如三世诸佛之白牯，可谓之痴。虽以自志，然余以谓其未能绝对。余为之铭又可乎？上人之痴，不事于名，则余之铭，于义未失。铭曰：

导师黠慧，出三界痴。于无痴中，致众生疑。未若翊禅，淡然无为。以痴为庵，聊以戏之。亦有痴侣，论痴要诀。若见大智，红垆片雪。

破尘庵铭并序

道人堪师庵于水西南台之下，名曰"破尘"。为之铭曰：

取大经卷，破此一尘。何以破之，智为斧斤。尘非断空，可破非有。了然而知，空亦不受。异哉湘麓，庵此老堪。视其庵名，如车指南。堪虽可即，语默弗及。如指自触，如眼自觌。

甘露灭斋铭并序

政和四年春，余还自海外，过衡岳，谒方广誉禅师，馆于灵源阁之下，因名其居曰“甘露灭”。道人法太请晓其说，余曰：“三祖北齐天平二年得法于少林，隐于皖山，终身不言姓氏老安。隋文帝开皇七年，括天下私度僧尼验勘。安曰：‘本无名，遂遁于嵩山。’二大老厌名迹之累，而精一其道盖如此。余寔慕之。”乃为之铭曰：

吾闻甘露，食之长生。而寂灭法，乃有此名。寂灭而生，谷神不死。唯佛老君，其意如此。我本超放，忧患缠之。今知脱矣，须发伽梨。安遁嵩少，瓅逃潜霍。是故觉范，老于衡岳。山失孤峻，玉忘无瑕。当令舌本，吐青莲华。

明极堂铭并序

道人法太少年追随翰墨，所与游多一时显人。晚居衡岳，一衲穷年，垂涕扪虱，猥衰坐睡，守粪垆煨芋，直名其所居为“明极”。取《首楞严》“余尘尚诸学，明极即如来”义，欲以道人坐进此道。为之铭曰：

见明之时，此见明者，缘明开达。则见暗时，此见暗者，不明自发。见则常明，寄根成就。见岂明生，暗能昏否。我观明暗，尚难掩藏。岂生死门，乃欲存亡。惟道人太，以壁为口。全机现前，不落渗漏。

要默堂铭并序

南楚山水，湘西为甲。湘西法席，保宁为甲。余既幸馆于其中，无别职事，一堂窅然，终日卧听楼钟而已。则又以今寂为甲，乃名其堂曰“要默”，为之铭曰：

此无比法，如难信珠。虽曰得之，非实非虚。默而未说，岂有说乎。虏中吾趾，矢贯其膺。即烹汝父，遗我杯羹。直中有曲，令尔当行。是法平等，无有高下。定当作佛，普告来者。而常不轻，乃遭诟骂。其珠圆彻，内外俱定。自牖见子，呼之听莹。顾其粪除；则肯受命。自是而观，则有纲宗。以火触火，锻凡圣铜。纵使自返，窒使求通。面壁而坐，理锄而扃。要使求者，鼻直眼横。是为大智，破灭无明。提婆祖以，无所嗜好。祈神求信，自贬其道。校此两士，则为颠倒。湘西之麓，古屋数椽。卧听楼钟，饯吾华颠。谓终不说，夫岂真然。

一麟室铭并序

南台禅师昭公住山之明年，新其丈室，而以“一麟”名之，使丛林想见哲人之遗风余韵也。甘露灭某为铭曰：

麒麟之性，不可系羁。非如犬羊，可驱东西。有大比丘，人类精奇。在驱乌中，服勤祖师。及其将化，使之寻思。赏其神骏，思则有辞。众角一麟，迁其以之。禅师昭公，来自大沩。分空印澄，名誉日驰。顾瞻山川，怃然嗟咨。想其高风，屋宇故基。以麟名室，非苟然为。佳羽百鸟，宗教日衰。庶异人出，支此颓隳。耆阇倚天，胜气华滋。当磨云根，刻此铭诗。

宜独室铭

金沙僧道明，勤道如智海，事师如小朗机，陪清众于宿德寮之后。别开小室，仅可容膝，日晏寂其中。昔伟禅师在黄檗，亲老积翠。其静住政如此，人问其故，答曰聚语。

五老砚铭并序

杜季杨奉使湘南，过九江，见庐山而爱之。得拳石于九嶷山之下，类五老峰，有坳，其痕如砚。季杨欣然置几案间，名之曰“五老砚”。余观之于南楚门舟中，为之铭曰：

庐山五老，寒翠倚天。公尝过之，望见垂涎。竭来幽梦，时历其颠。九嶷之下，得石如拳。二三君子，聚首比肩。岂其游戏?分身则然。下有坳处，形如玉渊。疑有神龙，风雷播掀。以当吾砚，刷其芳鲜。醉中落笔，粲然云烟。我作铭诗，擘窠为镌。袖归中朝，为好事传。

王裕之求砚铭为作此

吾闻大梁之东郭有砚台焉，而自然成坳渊。挽九江之水以为滴，聚桐柏之色以为烟，借温江卓笔之峰以蘸其尖。展青天以为纸，书吾饯君之诗，情与旷野以相连。吾辈留滞南楚，思上国而未得以还辕。虽然，会当与君握手州桥，踏月以话湘川。是时君必折蟾宫之桂，我亦腰金纡紫，揖让于人主之前。此言盖理有固然，非狂且颠也。

沩山空印禅师易本际庵为甘露灭以书招予归隐复赋归去来词

归去来兮，沩山有人呼我归。碧暮云之凝合，空夜鹤之怨悲。省一念之有差，虽百悔其何追。探蚁穴之意适，俄梦觉而知非。幸牛羊之弗践，有坠露之沾衣。恨无前知之明，及未著而知微。缅怀万峰，如蹲如奔，而烟霏开，窈窕其门。东庵西井，古迹犹存。俯拾枯松，旋安茶樽。并两山之寒翠，煮万仞之潺颜。想锸锹之寂子，对牧牛之懒安。妙机锋之虽触，无生死之相关。挹前辈之宏规，揆今事而默观。唯空印之中兴，取高风而追还。耿终力之弗寐，心欲绝而桓桓。归去来兮，永结无情之游。盖大欲之已去，复于世而何求。笑朝三而暮四，纷众狙之喜忧。爱芙蓉之倚天，势独立而无畴。昔尚反顾，今则覆舟。弓精尽于九年，履考祥于一丘。卷正宗而怀之，悲末学之横流。如韩信之已死，而其心岂真休。已矣乎！沩山吾归今其时，如鱼纵壑不可留。今而不归欲何之，行以到为是，食以饱为期。虽灵根之深密，护空慧以培耔。听耆年之夜语，诵诸衲之清诗。知沙缫之非饭，情断意讫复何疑。

潭州开福转轮藏灵验记

长沙，楚之大藩，民俗殷富可也。而山水之富，亦擅名天下。千雉垣叠，万井喧阗。而嚼岳色之芳鲜，饮湘流之甘寒。宝坊精舍，楼观追逐，烟云蔽亏，梵放酬酢，如钱塘之西湖，伊洛之嵩少。开福在郡城之北，基构雄夸，尽占形胜，昔马氏植福之地也。弘法聚徒，皆当时之望士，号大丛林，名镇诸方。马氏尝命苾刍智光建东藏，奉安法宝。欲增妙丽，规法忉利诸天。光以意造，不合教乘。议者曰："惟劲禅师隐居岳中三十年，得心法之要，而淹通三藏，异迹甚著。"厚礼致之，劲果来于是。布地文石，为云涛之状以象海。琢石云涛之上，以象须弥山。建大轮山之颠，而辅以小轮四，棊布峙立，如人聚五指。翔空为朱栏青锁，间见层出，以象忉利宫阙。光之徒颇相折难，劲博引《楼炭》等经，《瑜伽》、《俱舍》诸论，证尤甚明。会尊者室利嚩啰者来自五天，是劲之说，而藏乃克成，为湖湘第一。政和之初，长老道宁开东山法道。食堂日五千指，百须颐指可辨，门人法圆寔阴相之。圆，宜丰人，短小精悍，而材能任事。宁使牧众，典金谷，道俗归之。宁克日而化，潭帅以大长老智公黄龙高弟，时年九十余，可嗣其席，遣令佐即云盖迎之。智以老辞，令佐曰："太守请饭乃不赴，贻法门之咎。"智至即鸣鼓，问其故，曰："请师住持也。"心知堕其计中。受之。未几，以职事付其嫡子文正。正本色饱参，有局量，克肖前懿。圆不以新故二其心，唯集诸功德成就胜缘。三年，化众檀钟瑜等翻修藏殿，五年秋，将毕工。九月己卯，梦合抱之木，半空而止，圆蒲伏，疑将压焉。呼曰："谁为此木，危人如此乎？"有答者曰："此藏心也。"黎明，觊州男子程俊来谒，愿施木以修藏，如梦中。自是施者日填门。十月癸丑，使木工张询梯其颠，施斧凿，得木镂谶文，其略曰："吾成此藏，魔事极多。不逾二百年，有吾宗法子革作转轮，此其基也。"住持者，荆山宝也。法子者，月望也。匠者，弓长也。自伪天福癸丑，至宣和改元己亥，盖百九十余年。夫岂偶然也哉！余获拜观，遣十辈下推其毂，五轮俱旋。其上涂金间碧，电驰风绕，庄严之丽，惟见者心了，而言所不能形容也。圆自言其巧非木工所能，皆梦中若有指授者。凡费缗钱五百万，六年而后成，且求文以记其事。余闻三世如来教法，有微尘数偈句，藏于龙宫，秘于五天者，太山毫芒尔。而流传中国者，才五千轴。然众生痴迷，且不闻其名，况义味乎？双林大士以平等慈，行同体悲，广摄异种，为此方便。如疲军闻默林，虽未及见，而渴心止。如病夫入药肆，虽未及饮，而病已除，况于见之而获饮者乎？虽若简易，然不犹贤于未知者耶！晋道人惠受，尝宿王坦之园，梦以园营精庐。既觉讶之，假寐复理前梦，以语坦之，遂果其事，已而又梦得刹柱，明日行江亭，获随流之木。唐法师昙彦居越州龙兴寺，大殿隳坏，众请彦修之。彦曰："非贫道力也。却后三百年，有绯衣檀越来兴此殿。"及期，太守裴肃果符其谶。呜呼！圆退然寒窭，一钵行人间而已，梦如惠受，而非有王氏之园为之赀。谶如昙彦，而非有裴公之力成其愿。乃能不起于座，出双林之横枝，续光明之千焰，必有大过人者，可无书乎！五月日记。

潭州大沩山中兴记

崇宁三年十一月，大沩山密印禅寺火，一夕而烬。住持僧海评移疾，郡以子方者继焉，未几而弃去。寺规模宏大，而经营者非其人。岁移三霜，才办法堂、大殿、寝室而已。然又苟简，斋庖垣庑皆未具。上雨旁风，无所盖障。故禅学者分处山间林下，蜂房蚁穴，百丈大雄之风陵夷，至此极矣！大观三年，潭帅曾公孝蕴闻之，曰："沩山，南国精庐之冠，非道行信于缁衲，名誉重于缙绅者，莫能振兴之。吾闻天衣怀禅师，在嘉祐、治平之间，五迁法席，皆废残荒寂处，而怀能幻出宝构，化成禅丛。今空印禅师轼公者，盖怀四世之孙，而吴江法真之嗣。方说法于庐山之下，学者归之如云。挺然有祖风，烈当能整大圆、真如已坠之网。"于是厚礼遣人致之。越明年三月，空印来自归宗。山川改观，丛席增气。登殿拜起，周顾太息，曰："冠世绝境，大佛应迹。而殿宇卑陋，堂室狭小，何以严像设而致吉祥，震潮音而集龙天哉？"皆广其基构而增修之，使其壮丽称山雄深。《传》曰："钟声铿铿以立号，号以警众也。"寺钟不足以光焰四海，选佛来者。于是聚铜神运仓之下，穴山为炉。钟成万斤，涂以黄金，建阁馆于殿之东庑。佛菩萨之语藏于龙宫，传自五天，学者所当尽心，所以资智证之妙，而尽细微之惑。即室五千轴者，藏于殿之西庑。又明年，增广善法堂之后为雨花堂，含风而虚明，吐月而宏深。夜参既罢，缤纷满庭。自两廊之左，绕以复屋。建库院，所以总庶务也。自祖龛之右，翼以修廊，建堂司，所以牧清众也。又明年，重修僧堂。广博靖深，冬温夏凉。曰："僧者，天人之福田，佛祖之因地，十方如来同一道，故出离生死。旷野深山，圣道场地，皆阿罗汉所住持，世间粗人所不能见。既以广延其所见，则所不见者，敢不敬乎？"又刻五百尊者之像，阁而供事之。又明年，得异木于绝壑。断而为三，大合抱，长倍寻，刻净土佛菩萨之像，庄严妙丽，千花照映，如紫金山，并高争峻，建殿于天供厨之南。又特建阁于寝室之前，绿疏青琐，下临风雨，奉安神宗皇帝所赐御书。阁成，而东南倾。师默计曰："增万牛莫能挽。且天章宸翰之所在，山君水王之所宜，谨藏而卫护之，今职弗修，是神羞也。"言卒而风雷挟屋，山岳撼动。俄而阁正，万人欢呼。昔大圆禅师开法此山也，有众千，人硕大而秀出者，有若大仰寂子、香严闲禅。建两堂，为学者燕闲之私，而名其东曰"香严"，名其西曰"大仰"。方欲广摄异根，则修净土观法，不以宗门为谦。及其成就法器，则以寂子、闲禅期学者。盖其方便应机而设教，譬如大海，蚊虻、阿修罗，饮者皆得饱满。又明年，重修大三门。宏壮杰立，镂金镂碧。宝翰飞动于千岩万壑之上，而太师楚国公为书其额。却望形胜，众峰来朝，如趋如俯，如屹立，如蹈舞。有台自献其前，以宝积灵牙舍利葬台之中，而建塔其上。千尺九层，荡摩云烟。微风徐来，塔铃和鸣。比丘来往，旋绕作礼，望之如开牒。疑师以三昧力拵取梵释龙天之宫，置于人间，不然，何其幻怪神异如此其多耶！唐元和中，僧昙叙开基，则有绪言曰："地灵甚不可葬，葬且致祸。"今三百余年，僧物故莫敢塔，塔于回心桥南十里。师曰："事无大小，而断于理，从违不可苟也。僧火化，众俱临，先圣令不可违也。祸福之来，以智避就之，不可从也。"遂建普同塔于寺之西。又修大圆禅师之塔，而峙立两亭，以覆古今碑刻。部从者以其威灵，奏赐真应禅师塔曰净惠。圣溪庄垄亩为比邻所吞数世。且百年，莫敢谁何。师云：“此唐相国裴公施以饭十方僧者，横目何德以堪之？不直而归，是陷人入泥犁。”遣掌事执券证诸官，竟还二百亩。岁度一僧，上资睿筭。有玉泉住持僧死于龙牙山，山中之人不容其葬，弟子抱骨石涕。师哀之，使于沩山择地建冢塔，丛林义之。师之潜行密用之懿，时时见于与夺，然皆本于仁义，道俗化其德。政和六年，敕补住镇军之焦山。师雅意不欲东，解住持事，力辞之，归庵鸾溪之上，俄诏听还之。沩山自其始，至中而还，八年之间，百废俱兴。非乘愿力，何以臻此？雪窦、天衣之道，至师大振，丛林归心焉。兴修盖其游戏也。今嗣法者，自南台定昭、了山、法光而下，诜诜辈出，棊布名山，方进而未艾也。法义谓余曰：“沩山之雄夸，非空印老师莫能办之，精神非文字莫足以传。愿求文以昭后世。”不得辞，系以辞曰：

有异比丘清而狂，相山趼足穷衡湘。黄才掬溪行嗅尝，笑云水作青莲香。梯空杙险屡仆僵，寝宿雾露冲虎狼。水与石斗声舂撞，谁挽千乘行羊肠。霄然洞开云水乡，横峰侧岭争回翔。咨嗟曰此古道场，山灵乃今发天藏。泥草吟啸久彷徉，无人告语空夕阳。翩然曳杖还江南，道经新吴山郁苍。登山作礼僧中王，骨面气宇凌八荒。侍其侧者矫鸾皇，佑公杰出尤堂堂。袖中肉山倾置旁，瓶锡一笑戏取将。懒安寂子尤敦庬，佐于耨耕立禅房。九世沉溺为津梁，分灯延联世相望。既绝复续暗而彰，轼公貌臞中方刚。漆瞳照人俨而庄，食堂十年折绳床。有大长老续遗芳，派出天衣嗣吴江。烬余为子整颓纲，机峰击电谁敢当。宗风回顾已举扬，以印印空成文章。凛然面目如冰霜，令人望见折慢幢。丛林迩来顿荒凉，反袂拭面空叹伤。而师声价重四方，力能咄嗟办宝坊。又取佛日重洗光，芙蓉峰峻沩水长。功德之利建我皇，愿同山呼寿无疆。

重修龙王寺记

祝融占南极，其高盖四千八百丈，与中原相直。其平如衡，故名衡岳。岳之北，崇冈峻岭，如奔如伏。晴岚夕晖，星螺掩玉，百里而至阳陂。翔为奇峰，呀为深谷。峰之颠有大穴，泉满石裂，撷雷溅雪，夏冬弗竭，盖神龙之所蟠蛰，故名龙山。唐贞元间，马祖传曹溪心要。隐于岳中，从之游者多得道，散处林壑之佳处，老死而世不闻，矧见之乎？洞山悟本禅师价公游方时，与密师伯者偕行，尝经阳陂，迷失道路。见溪流莱叶，知有隐者。并溪深入丛薄间，有茅茨，僧出迎，貌臞而老，索尔虚闲，谓价曰："此山无道，阇黎自何而至？"价曰："无路且止，老师自何而入？"曰："我不曾云水？"价曰："住此山多少时？"曰："春秋不涉。"价曰："老师先住耶？此山先住耶？"曰："不知。"价曰："何以不知？"曰："我不从人天来。"价曰："得何道理，便尔歇去。"曰："我见泥牛斗入海，直至于今无消息。"于是价班密师伯之下拜之。拜起问："如何是主中宾？"曰："青山覆白云。"问："如何是主中主？"曰："长年不出户。"问："宾主相去几何？"曰："长江水上波。"问："宾主相见，有何言说？"曰："清风拂白月。"价心异之，求依止。僧笑曰："三间茅屋从来住，一道神光万境闲。莫作是非来辨我，浮生穿凿不相关。"即焚其庐而去，莫知所终。故龙山又名隐山。今祖堂王英诸禅师书江西宗派，亦著隐山之号。光化中，有奇比丘名师信，不知何许人，庵于隐山故基。一衲宴坐，异迹显著。龙众皆易形，为王者服，从之听法。岁旱，民祈雨辄响应。马氏据有荆楚，钦事之，不敢名斥，赐号

"雨禅师"，而增名为龙王山。自信之化，世为禅林，号西禅寺。太平兴国改赐今额。宗教下衰，师法大坏。至以大福田之衣，蒙市井无赖，而兹山十世。宣和四年夏，潭帅大学曾公，尽礼致前住道林云禅师来领院事。云孤硬，饱参精严，临众洞山十世之孙，而焦山枯木之嫡嗣也，人望翕然。师解包之日，顾嗟太息。因发其形胜，增广其基构而鼎新之。聚材鸠工，以岁入输租、饭僧之余助成之，不专取于檀信。以谓檀法以信，而发心为净，施止增一草，获福不赀。不然，虽侧布，但名住相。人徒见云法劳熏役，而不知游戏也。有无诸道人上白，实阴相之，且从余求文记其事，曰："价公参道于此山，而云禅师嗣其法以兴修之，疑非偶然。"余曰："隐山单丁住山，把茅覆顶，刀耕火种而食。两客及门，焚其庐而去之。今云公不起于座，使绿疏青琐以栖千柱，飞甍画栋以粲万瓦，层楼杰阁以荡摩云烟，虚堂广殿以吞吐风月。挝鼓升堂，千指围绕，云屯川增，方进而未艾也。视其迹若相远，然其道实相须。如来世尊盖尝曰：'不住无为，不尽有为。金刚般若，开空法道也。'而曰持戒修福者，名发信心。开空法而修福，无住无尽之旨也。隐山之焚庐灭迹，与云公之幻出楼阁，托斯文于不朽，殆得如来世尊之遗意。"于是为疾书之。宣和六年春，公生明斋记。

隋朝感应佛舍利塔记

《唐僧史》曰："同州大兴寺者，般若尼寺故基也。隋文帝以魏大统七年六月癸丑生于寺中，赤光照室，紫气满庭，如幻出楼阁，而其色赭人之衣。奶母觉时炎热，以扇扇之，栗然暴寒，几绝不能啼。有尼自外至，谓太祖曰："儿乃那罗延也，盖天佛所佑，不可令处秽杂间，当为养之。"于是太祖以儿委之，不敢名问，而辟馆以延尼，通门往来。一日皇妣阚尼在下，就抱持之。忽化为龙，鳞角已具，惊仆于地。尼归见之，怒曰："乃敢妄触吾儿，致晚得天下！"文帝七岁，尼告之曰："像教堙灭，一切鬼神皆西。儿当父母天下，而教法赖儿而兴之。"年十三，乃令还家。四十余年，足不越阃，周既废教，尼隐皇家。文帝践祚，教果重兴。尼名智仙，神异不可测，河东蒲阪刘氏女也。七岁出家，其师一旦失之，意必堕井，俄见坐殿楯瓦上，世号神尼。尝以舍利一掬授文帝曰："以此福苍生。"仁寿二年，出以示僧昙迁，置掌而观，数数有盈缩。迁曰："吾闻法身过于数量，非智所及，此未可量。"乃分而为五十三分，诏于五十三州名山福地以建塔，塔下图神尼之象。有铭，其略曰："维年月日，菩萨戒佛弟子大隋皇帝坚，敬白十方三世一切三宝弟子，蒙三宝福佑，为苍生君父，思与民庶共建菩提，分布舍利，诸州供养。欲使普修善业，同登妙果者。特请两京名僧将命。"奉安之日，皆有祥瑞。长沙岳麓寺之前，涧阴之上石浮图，其一数也。山中僧道安尝为余曰："隋朝舍利塔，事极奇伟，而五季烽火之余，铭碣焚毁，道俗游观，无所质问。"余曰："岂直此而已！晋建兴二年，长沙县之西一里二十步，有千叶青莲华两本生于陆地，掘之丈余，莲之根茎自瓦棺而出。发棺而视，但纸衣拴索，而莲实生头颅齿颊间。有铭棺上曰：'僧不知名氏，唯诵《妙法莲华经》已数万部。既化，遗言以纸为衣，瓦棺葬于此郡。'以其事闻朝廷，有旨建寺其上，号'莲华'，今长沙驿即寺故基也。西城之谯门，与湘江之潭，皆以莲华名之者以此，然邦人无有知者。"安请余并书以示道俗。宣和七年二月，住山道人法光与安化马章彦达登涧阴，问建塔之因。光乃以余文示之，彦达踊跃，愿施钱刻石山中。上巳日除馑某记。

潭州白鹿山灵应禅寺大佛殿记

灵应禅寺天人师殿者，无诸沙门用澄之所建，而邦之大檀越刘革之所施也。寺占岩腹，临清流，发一区之形胜，规模宏大，营建伟杰，绿疏朱闼，吞饮风月，飞檐楯瓦，荡摩云烟，宝铃和鸣，珠网间错，像设释迦如来百福千光之相，文殊师利、普贤大菩萨、大迦叶波、庆喜尊者、散花天人、护法力士、又环一十八应真大士，序列以次，庄严毕备。道俗拜瞻，其无以异登忉利诸天，至普光明最吉祥地，钦奉慈严，亲闻圆音也。其费缗钱三千万，而不听余人增一草。鸠工于宣和元年，而断手于七年之秋。余过襄沔，谒方禅师于潮音堂，而澄前请为之记。余闻百丈大智禅师之训曰："世尊遗教弟子，因法相逢，则当依法而住，饮食服玩，经行宴坐，必为丛林营建室宇，必先造大殿，以奉安佛菩萨像。使诸来者知归向。故昼夜行道，令法久住，报佛恩故。"又闻德山鉴禅师之语曰："比丘行脚，当具正眼。诵经礼拜，乃是魔民。营造殿宇，又造魔业。且天下惟奉一君一化，岂容二佛所居？撤去大殿，独存法堂。"呜呼！百丈、德山皆祖师，一则建立，一则扫荡，安所适从折中哉？方禅师，黄龙云居之仍孙，必知其要，乃以问之。方曰："如医师之治病，应病与药。今人病寒，必投以丹砂、乌喙。设或病喘，必投以紫团、白术。寒疾愈，则所谓乌喙、丹砂者姑置之可也。喘疾既去，则虽常服紫团、白术，庸何患？然无病则焉用药哉！众生无明峥嵘，业海横肆，莫知津涘，而以佛为彼岸，则殿宇之建，像设之严，所当然矣。"余拊手曰："临济之后，善说法要如此！"因取以文，次为之记。澄公外枯而中秀，耐烦冗，甘淡薄，十年不解其志。非止为此殿而已，要将咄嗟办一梵刹可也。九月初吉记。

重修僧堂记

湘南号为山水之国，故佳处多为得道者所庐。自唐贞元间，马祖石头卜邻于衡岳，学者散止岩丛。本朝康定间，慈明禅师中兴于石霜，望马祖为十世嫡孙。儿孙遍天下，而长沙尤盛。元丰、元祐之间，角立杰出者，比比领名刹，诸方指以为道之所在。今三十年，禅林下衰，以大福田之衣自标识，而号分灯嗣法者，例皆名愧其实。盖族大口众，不肖之子乃生，固其所也。龙图阁曾公之帅长沙，慨然惊嗟曰："吾祖楚公识雪窦显公于行间，擢置人天之上，遂为云门中兴。吾亲受大和尚圆照印可，今而坐视，非雪窦、圆照所以付祝之意。"于是删去其甚无状者，老病物故惧耆而宵遁者，时或有之。遴选诸方之名德十余辈，所以扶其颠、整其倾，灵应方公乃其一也。方既至，问其地利之所出，度不足以赡众，则化净檀为油麦库，以生财役力。事众未有效劳者，则合众力建度僧之库。越两年而告成，又化邑之贤者钟世高修僧堂五间。鸠工于宣和六年十月，明年秋九月落成之。而余适至，方偕余游观，其高深壮丽，涂金间碧，香雾为帐，秋水为簟。粥鱼斋鼓，戢戢而趋。合爪而集，会四海而不为混。跏趺而禅，休万缘而不为灭。余曰："此曾公发之，而其利如是博也。"方笑曰："曾公发之，而成之者乃贤令尹贾公也。自公下车，盗贼衰息，风雨时若。民以是安，吏以是畏。风雨时若，则连岁有秋。盗贼衰息，则夜户不闭。岁丰时和，则民乐施。故吾堂成于谈笑。使令尹不贤，民且离散，矧所谓沙门乞士者乎?"余爱其言理而明，喜为之记。十月初吉除馑某记。

舫斋记

宣城李德乎有美才，善属文。宣和初与余邂逅于长沙，年既相若，且同学又相好也。久之，德乎侍亲移漕江左，而官之金陵。即官舍之东，辟室以观书。其室连数楹而户相重，东西而视，如在船中，乃以“舫斋”名之。有客聿至，视其榜，揭而疑之曰：“以子为隐者耶？则忠义之色，功名之志，见施为语言。以子为非隐者耶？则山水之意，嗜好之异，与侪辈不侔。”于是避席而问之，曰：“夫渺漫际天，一碧万顷。微风徐来，雪浪山涌。一叶傲睨，其中覆却，陈乎其前而不入其舍者，津人之妙也。子宁欲从事于此乎？”曰：“操舟之为，非吾事也。”“害利之域，并首而趋，憎爱横生，顷刻万态。瓦合流俗，与之偕而不与之俱逝，是知津之妙也。子宁于是有得乎？”曰：“问津之学，非吾志也。”“然则既不事乎操舟之为，又不志乎问津之业，而乃列五经之遗编，布百家之陈说，明窗棐几，继晷然膏。冥搜博求，探赜索隐。与古圣贤相际于百千岁之后，若心同而意契，德符而道通，殆将简之而弗得，所谓吾无间然者。其或醉心坟典，则直造渊源。玩意群书，则涉猎涯涘。放浪诗书之奥，望洋浑灏之间，则孔子之所得知之矣，其浮游万物之祖者耶？送之者皆目崖而返矣。”德乎仰而笑，俯而应曰：“吾非放愁也，但吾以忠信孝友为烟波，随所遇而安之为舟舫。昔冯夷得之以游大川，渔父语已缘苇而去。意窃慕之，如是而已矣。”客愕然无对。明年复来长沙，理前事以语余，请书以为记，于是乎书之。

忠孝松记

宣和元年，余谒枯木大士成公于道林。是日游客喧阗，喜气成雾。余曰："噫嘻！登高望远，此日犹然，其荆楚旧俗哉！"成笑曰："有异木产吾冢巅，非缘佳节也。"于是导余登清富堂，下临潇湘，如开画牒，千里纤秾，一览而尽得之。盖龙图聂公以诗眼增损，发其天藏也。故其形胜冠于湘西，暇日必俱宾客，燕赏于此。堂，公所建也，想见其风流余韵，不减叔子之岘首。而其去思遗爱，有类召伯之甘棠。左有奇石，状如覆斛。稚松贯石而出，初如插秧，未阅旬高尺许，孤根秀拔，分枝调达，紫鳞翠鬣之中已有合抱凌云之气。岂地灵献瑞，著公拔擢之异乎？公自荆湖奉使入对，未几年，三迁要职，遂尹京都，实钟临川之英气。而其学出于舒王，有石之象。松为苍官，为十八公。玉版之荣，金瓯之拜，跬步可待，有松之象。丁生梦之，犹为后世美谈，况目睹其异乎！成曰："心法之妙，不可以言传，而著为忠孝之效。故种石而玉生，知其孝，倒植而竹茂，知其忠。譬如太平无象，而出菌芝、见麟凤。然彼各得其偏，如公则道契主上，名落天下，富贵追逐之不赦，而忠孝之瑞并见于松石之间，盖理之固然。"于是像公之形仪，置堂之上，而名其松曰"忠孝"，以慰邦人之思。顾未纪其岁月，于是使其客甘露灭为之记。

远游堂记

宣和元年秋八月，朝奉郎夏公自天府谪官祁阳。明年三月，至自三岘，馆于灵泉寺。寺临大江，江流湍急，断岸千尺，万峰环之，如趋如揖，如翔如集。公构堂其西，尽收其形胜。靖深以宜茂林修竹，虚明以隔嚣声尘氛，而名之"远游"。重九后二日，余从公登焉。对立凝睇，晴岚夕晖，浮动乎绿疏青琐之上。促榻对语，笑响散落乎千岩万壑之间。于是隐几，枵然忘言。盖其倚功名于忧患之外，玩云川以自娱。心饱新得，百想俱灭。然知国知兵，百未一施。而沉冥小邑，如对彭泽之狄梁公、通泉之郭代公，乃名所居之堂为“远游”，何哉？嗟呼！世之识真者寡，所从来旧矣。袁天刚识武后于襁褓，惊曰：“贵武氏者，此儿也。”使天刚果识真，当曰“亡武氏”可也。贺知章果识真，当曰“游仙”可也。夫一尘翳目，天地四方易位。袁、贺方眩梦幻，以其祸为贵，以游为谪，要不足怪也。公今去国之远，而能酬酢风月，安乐泉石，酒后耳热，侍儿扶掖而歌，则忘其身之为逆旅，谓之谪可乎？公尝首肯余论，祝余为之记。公讳倪，字均甫，其先江南人，嘉祐为名臣之后，凛凛有祖风者也。

普同塔记

人之有死生，如日之有明暗。死生相寻于无穷，而明暗迭，更未始有既。然知其明暗者，固自若也。生顺而死逆，众生当其变，则骇异之。孔子但曰：“原始要终，知死生之故。”知其故，则知其不骇，盖不欲深言之。庄子曰：“死生亦大矣！而不得与之变。”既不与之变，当卓然而独存者也。庄子著其理，而未尽其情，若西方之教，则痛言之而尽其情。曰：若先有生而后有死者，则世未见不死而生。若先有死而后有生者，亦未见有不生而死。譬如寻始末于环轮之上，求向背于虚空之中，则死生之情尽。自佛法入中国，奉持之者，缆总其法度，参差不齐，独百丈大智禅师，以禅律之学约之人情，折中而为法，以寿后世。故其生依法而住，谓之丛林。及其化也，依法而火之，聚骨石为塔，号“普同塔”。诸方皆建塔近僧坊，远不过一牛鸣。盖大众将送火化，则荷薪而临。沩山独拘于阴阳之说，谓近寺不宜为葬地。自开山迄今三百年，建塔于回心桥之南，其去寺十里，故亲临之法，往往不能继也。空印禅师轼公住山十余年，百废俱兴，其所以安僧宜有者大备，独以普同塔未建为忧。一日与侍者登山之西崦，相其形胜，施长材鸠工以为之，开大穴，以石为宫，又屋于其上。栋楹翔空，云烟蔽亏，万众欢呼，声应山谷。兴修于宣和二年之春，断手于秋八月。空印恨未有记以纪其岁月，遣侍者觉惠来求文。余叹曰：丛林之衰，诸方皆轻僧，厌其多而窘于食。空印既成堂宇，浩然如江河之无极，至者必纳，又为造塔以待其终。其敬僧荷法之心，可谓至矣。呜呼！僧者佛祖所自出，厌僧，厌佛祖也。安有称传佛祖之印，而反厌佛祖者能契圣乎？空印之意，可无书乎？

沩源记

岷江因山为名，初发泫然滥觞，漫衍而至楚，则为际天之云涛，万斛之舟，解风而不敢济。沩山因水为名，众泉觱发于烟霏空翠之间，旋绀走碧，汇为方渊。蒸之成云雨，放之成江河。盖岷江资之者众，而沩水善养其源也。住山空印禅师笑曰：“一法界中，无假法者。”故揭于大仰堂之南荣曰“沩源”，欲学者观水之有源，知自心之灵源未尝竭也。盖岷江之资众，知众智之不可不学也。然先究自心，后资众智，道之序盖如此。故善财童子南询诸友，必曰：“我先发菩提心，如何名菩萨行。”有人于此，因山中之气候，更四时之晴阴。入重重法界，方其宿雾蒙蔽，微见渊色，则若凡夫虽有染心，而性常明洁。雾开而澄滓，日光下彻，则若二乘已澄诸念，定慧超越。更昏昕之湛然，视纤埃之不隔，则若人牛两忘。而蓑笠未彻，微风徐来，方渊鳞鳞波波之中，顿见方渊，而波非大，方渊遍入众波而渊非小，则若敛目于楼阁之前，见三世于一念。呜呼！沩山为湘南大丛林，而空印、道光两本挝大鼓，临人天，万指围绕。今乃退藏于不言之中，借山泉为嵌体，听万象以说法。何也？盖道不可以言传，故前圣贱言语、小譬喻。又欲学者自得之，故设象比兴，以达其意。鞞瑟支罗不言，佛身不可以色相求也，而供养栴檀，塔座多宝。如来不言，根尘俱寂，即是自身也。而以宝塔听经。余观前圣莫不然，何独空印哉！宣和二年八月初吉，会余于湘西之濒，夜语及山中之胜，曰："恨子未见吾泉，然强为我记之。"余戏曰："师以山泉为舌，为衲子说法界自在缘起无生之法，而余以翰墨为五色藻，辩才而画图之。他日有寻流而得源，悟意而忘象者，可以拊手一笑。"中秋前一日记。

布景堂记

宣和三年秋，萍乡文益之还自大梁，过湘上会余，夜语及里中奇豪。而高侯尤其魁垒者。侯学精敏而齿少，行修洁而材高，虽隐约寂寞之滨，而名满缙绅之间。所居有风泉云壑之胜，茂林修竹之美。四时之景，阴晴异态，秾纤毕见。构亭佳处，而名之曰"布景"。余因得其为人，而想见其处，恨未能与益之从侯相徉乎其上，援笔而赋之。越明年春，以书抵余曰："山川之妍美，阅古今而不尽。万物之荣谢，供四时而无穷。然特若为闲适者所施，设而为悲愁者所乾没也。玉轮流辉，苍崖哀湍，天下之清绝也。而倚娉婷者不见，节丝竹者不闻。昼公曰'月色静中见，泉声幽处闻'者，讥之也。红艳之闲美，鸣禽之过前，物外之奇观也。而忧国者以为悲，行役者以为愁。少陵曰'感时花溅泪，恨别鸟惊心'者，哀之也。吾口先王之法言，逢至治之圣世，勤田园以供伏腊，玩琴书以娱宾客。偏亲慈和，而耳目聪明。弟昆孝友，而乐易贤雅。所谓悲愁者，于我亦安能神哉！以吾之闲适，较市朝当十倍。吾亭虽陋，然万景分布吾前，受吾约束，真造物之为施设，非经营而得、招要而至者也。子其为我书之。”余曰：昔支遁之爱山，乃买沃洲之小岭。贺知章之爱水，特上疏以乞鉴湖。其风味虽清妙，而正所谓经营、招要者。若紫芝之则不然，偶爱陆浑山水之佳，遂留六年。余观高侯之趣味，殆亦紫芝之流，乃欣然为记之。

先志碑记代

政和元年，余为湘阴令。湘阴濒楚水，临洞庭，连樯万艘，天水相接，尽献南楚之形胜。爱其风俗之纯美，民讼之稀少，士君子博学而知要，笃实而有文，穷不忘道，富则守礼。邑之南郭邓氏之富，至纨裤僮奴，谷量牛马。然奉身甚约，礼士甚恭。邑人皆化其德。其子沿循道，议论有英气，直谅而勇于为义，缙绅高其才。今为承直郎，余游相好也。自余之宦湘阴，余十年，无日不思缚屋湘尾，分湖山之胜，从父老之游，且将老焉。宣和四年夏，循道以书抵余曰：“天降罪罚，不自殒灭，上延先考。启手足时则有遗训：‘吾承祖宗余庆，坐享温燠。族大口众，贫富错居。欲赡给其贫者，未遇皇暇。汝其承吾之志。’言卒而弃诸孤。呜呼！沿尚忍言之。已于今年元日与族人为约券，月给谷一斛。男议婚钱十千，再婚减其半。女议嫁者钱三十千，再嫁则减其半。备丧者钱十千，及葬更给其半。岁月弗穷，而存没弗常，不敢负标以计数，限斛以为额，庶其利流百世而不弊，子其为我书之。将刻石以昭示子孙，使无忘先训，且欲族人想见先考余风遗烈也。”昔范文正公念族人游宦未归，多厄于饥寒。则建义庄于姑苏，以给其伏腊。舒王请输己俸，买田蒋山饭僧。为王氏之亡者修营冥福。文公赡其生，舒王福其死。循道独立券约，恩及存殁。此其东南贤士大夫多称，其可以无书乎？系之以词曰：

汉祚中兴天所佑，笃生奇臣扫秽垢。杖策军门谒刘秀，功业千年粲星斗。邓侯受材极奇茂，毛骨似之岂其后。清明在躬气浑厚，慈祥照人资孝友。邑人依之扶老幼，楩楠参天覆清昼。毫末养之至成就，百未一施舟壑走。疑侯功名在怀袖，取之易然行探手。湖山万顷连户牖，料理风烟课榆柳。琴书娱客付杯酒，走人之急古或有，分财赡族今则否。此风移之遍宇宙，天子无为千万寿。念尔族人拜稽首，恩无贵贱适所受。符之弗忘帝汝佑，不然鬼亦扼汝脰。西山磬石清欲透，刻此铭诗传不朽。

僧宝传序

曹溪之道，至南岳石头、江西马祖而分为两宗，云门、曹洞、法眼皆宗于石头，临济、沩仰皆宗于马祖。天下丛林，号为五家宗派。嘉祐中，达观昙颖禅师尝为《五家传略》，其世系入道之缘，临终明验之效，但载其机缘语句而已。夫听言之道以事观，既载其语言，则当兼记其行事，因博采别传遗编，参以耆年宿衲之论增补之。又自嘉祐至政和之初，云门、临济两宗之裔卓然冠映诸方者，特为之传。依仿史传，各为赞辞，统八十有一人，分为三十卷。书成于湘西之南台。宣和五年正月八日，伏遇判府安抚大学降贵令辰，缮写呈献，仰祝台算。许旌阳白日仙去，天诏书曰："赦汝不事先祖之罪，佳汝施药咒水之功。"夫施药咒水，期于活人者也。活人而能致飞仙，况寿考乎？余观安抚大学，其牧民临政，皆得佛法之至要，和而为生，威而为杀，生杀皆以活人为本。尝生浏阳囚徒十有二人于死中，佛法之见于和者也。戮一贺文而亿万生齿安堵，佛法之见于威者也。其妙用活人之功，较之旌阳，殆相万矣。惟其得法之渊源，实出于圆照本禅师，而不可诬也，故余特以禅书为献。伏冀燕闲之暇，少赐披览，岂胜幸甚。

昭默禅师序

李北海以字画之工而世多法其书，北海笑曰："学我者拙，似我者死。"当时之人，不知其言有味，余滋爱之。盖学者所贵，贵其知意而已。至于踪迹绳墨，非善学者也。岂特世间之法为然，出世间法亦然。黄檗运公师事百丈大智禅师，而迅机大用，每凌压之。百丈固尝叹曰："见与师齐，减师半德。见过于师，方堪传授。"玄沙备师从雪峰真觉禅师最久，备遂为谈根门无功幻生，幻生法门，其论皆揭佛祖之奥。雪峰亦尝抚其背曰："岂意衰暮，闻此妙法，汝再来人也，吾所不及。"然雪峰、百丈之道益尊，而黄檗、玄沙得为的嗣。初未尝印脱其语言，顺朱其机因，以欺流俗。此道寂寥久矣，乃今于黄龙清禅师见之。公为晦堂老人侍者，而名声已闹闻丛林。其超情独脱之论，无师自然之智，当机密用，人不敢触其锋，虽晦堂唯知加敬而已。双井徐禧德占、黄庭坚鲁直，此两翁，世所谓人中龙也，往来山中，与公语，未尝不屈折咨嗟，以为不及。以故天下士大夫悦慕愿见，想望风采。公名惟清，自号灵源叟，世为洪州武宁陈氏子。童子时诵书，日数千言，伊吾上口。有异比丘过书肆见之，引其手熟视，大惊，劝其父母使出家。公即欣然往，依高居某为师，几何为僧，受具足戒，即起游方。初谒法安禅师，欲倾心受法，法安曰："子他日洗光佛日，照耀末运，苦海法船也，一壑岂能畜汝，行矣，无自滞。"公因遍历诸方，晚归晦堂。久之，初开法于舒州之太平，衲子雷动云合而至，未尝谨规矩，而人人自肃，江淮丛林，号称第一。洪州转运使王公桓迎公归黄龙，欲以继晦堂老人。未几，晦堂化去，公亦移病，乃居昭默堂宴坐，一室颓然，人莫能亲疏之。然见之者，皆各得其欢心。至于授法，钳椎锻炼，则学者如烟菟视水车然，莫知罅隙。其提唱议论，初不许学者传录，有得其片言只句者，甚于获夜光照乘。然余于公为法门昆弟，气宇英特，慎许可，独首肯余可以荷担大法。顷于山中日有异闻，尝曰："今之学者，多不脱生死者，正坐偷心不死耳。然非学者过也。如汉高帝诏韩信以杀之，信虽死，而其心果死乎？今之宗师为人多类此。古之道人于生死之际，游戏自在者，已死却偷心耳。如侯景兵至建邺，武帝御大殿见之，神色不变，软语抚慰，而侯景汗下，不敢仰视。退谓人曰：'萧公天威逼人，吾不可以再见也。'侯景固未尝死，而其心已灭绝无余矣。古之宗师为人多类此。吾观今诸方说法者，钩章棘句，烂然骇人，正如赵昌画花，写生逼真，世传为宝，然终非真花耳。"其应机引物以晓人，皆类此。大观三年秋，余以弘法婴难。越明年春，病卧狱中。公之的子德逢上人以书抵余曰："昭默病，遂有书付禅师，使人不能候而去。"余瞿然而起坐，念公平生奇德美行，恐即死，后世莫得以闻。故为疏其略以授逢，使往谒道乡居士，求文刻石于山中，以传信后世云。大观四年正月二十五日石门某序。

邵阳别胡强仲序

"多言乃致祸，器满苦不密。人有两三心，安能合为一。河坏蚁孔端，山隤有鼋穴。生存多所虑，长寝万事毕。"此孔北海临终时诗也，而其意乃若自悔，何也？"教汝为恶邪？则恶不可为。教汝为善耶？则我平生未尝为恶。"此范滂临刑语其子之辞也，而其意乃若自疑，何也？徐有功方视事，吏泣白曰："有诏，公当弃市。"有功置笔，安步而去。曰："岂我独死，而诸人长不死乎？"三坐大辟，当死不忧；三赦之，不喜。其明见自性，不悔不疑，而卒以荣名终。吾闻成就世出世法，特一切能舍耳，有功其亦知此乎？余学出世间法者也，辞亲出家，则知舍爱。游方学道，则能舍法。临生死祸福之际，则当舍情。顷因乞食，来游人间，与王公大人游，意适忘返，坐不遵佛语，得罪至此。重赖天子圣慈，不忍置之死，篆面鞭背，投之海南。平生亲旧之在京师者，皆唾闻讳见，云散鸟惊，独吾友强仲姁妪守护，如事其亲。自出开封狱，冒犯风雪，茧足相随三千余里。而至邵阳，犹不忍去。呜呼！臂三折而知医，阅人多而晓相事，更疑危而识交态，有交如子，何必多为。然强仲每见余蓬头垢污在束缚中，饮食谈笑如平日，言涕俱出曰：“子殆不知世间有耻辱忧患乎？抑真石肝铁肠也？”余笑曰：“死可避乎？心外无法，以南北论中外，则谓之失宗。以僧俗议优劣，则谓之迷旨。失宗迷旨，前圣所呵。吾方以法界海慧照了诸相，犹如虚空，大千沙界，特空华耳。何暇置朱崖于胸次哉？强仲高义密行，追配古人，宜若知此。子持此语，为我谢乡里故人。此去死生一决，死不失为谷泉。脱或无恙，尚不失为车中王尼。他日绿锦江头相见，追惟今日，则尚可轩渠一笑也。”政和元年十二月十九日海南逐客某序。

送强仲北游序

洛生郭玉，得程高方脉六微之技、阴阳不测之术，汉和帝时为大医王，多有效应。性仁爱，虽贱如厮养，必尽其心力。而医贵人，时或不愈。帝使贵人衣厮养服问医辄效。问状，对曰：“医之为言意也，腠理至微，随气用巧。针石之间，毫芒则乖。存神于心手之际，可得解，不可得言也。夫贵者以高显临臣，臣以怖慑承之，其为难也有四焉：自用意而不任臣，一也；将身不谨，二也；骨节不能使药，三也；好逸恶劳，四也。针有分寸，时有破漏，重以恐惧之心，加以裁慎之志，臣意且犹不尽，何有于病哉？此其所以不愈也。”嗟乎！人之理，患不能知之；知之，患不能行之。观玉所论甚明，而竟不能用。虽得之，亦失之之谓也。玉盖所谓有技之医，非有道之医也。有道之医，如庖丁之解牛，但见其理，不见其全牛也。如孙武之诛二队长，但见其法，不见吴之宠姬也。吾友强仲少任侠，喜立奇节，赴人之急难，义形于色。慕太史子义、王义方之为人，中年学道，一饭奉身，为伊蒲塞之行。虽摧缩锋角，而剧谈滑稽，每每绝倒坐客。强仲盖寓于技以游人间世者也。而喜医，贵人闻强仲跫然足音，即其疾不辞而去。余尝问之，对曰：吾治贵人有三易，方视其疾以投药，不知有富贵，如承蜩也，不以天下易蜩之翼，一也。贵人必聪明，可晓以避就之理，二也。且吾期于活人，而非事于名，一醉之外无所恤，三也。玉以四难自藏，而强仲以三易自显，殆所谓有道之医也。王城贵人都会，强仲往游焉。明年山林间闻京师有异人，能生人于死中，如秦越人、华佗者，必强仲也。

送僧乞食序

曹溪六祖初以居士服至黄梅，夜舂，以石坠腰。牛头众乏粮，融乞于丹阳，自负米斛八斗，行八十里，朝去暮归，率以为常。隆化惠满，所至破柴制履。百丈涅盘，开田说义。坠腰石尚留东山，破柴斧犹存郧镇，江陵之西有负米庄，车轮之下有大义石，衲子每以为游观，不可诬也。世远道丧，而妄庸寒乞之徒入我法中，其识尚不足以匡，欲其可荷大法也？方叠花制袜以副丝绚，其可夜舂乎？纤罗剪袍以宜小袖，其可破柴乎？升九仞之峻，仆夫汗血，不肯出舆，其可负米乎？方大书其门，云当寺今止挂搭，其肯开田说义乎？余尝痛心抚膺而叹者也。屡因弘法致祸，卒为废人，方幸生还，逃遁山谷，而衲子犹以其尝亲事云庵，故来相从。余畜之无义，拒之不可，即闭关坚卧。有扣其门而言者曰："云庵法施如智觉，爱众如云峰，出其门者，今皆不然。道未尊而欲人之贵己，名不耀而畏人挨己，下视禅者如百世之冤；谄事权贵，如累劫之亲。师皆笑蹈此污而去，庶几云庵爪牙矣。"于是蹶然而起，曰："然则无食奈何？"曰："当从净檀行乞，亦如来大师之遗则也。老人肯出，则庶使丛林知云庵典刑尚存。"余嘉其言，因序古德事以慰其意，当有赏音者耳。

薝卜轩序

法轮齐禅师，开轩于不思议室之西薝卜林之间，因以为名。门弟子告语曰："吾师以异方便，附物显理，盖其华萼六出，所以殊众卉，如心花发明诸地故；其叶之寒茂，所以傲雪霜，如道根深固抑魔外故；其色至洁，因地法行盛明净故；其实至黄，慈悲摄物道中利故。"余疑其说而造焉。目击而坐，了无问答。微风披拂，枝叶参差，异香郁然，纯一无杂。鼻观通妙，闻慧现前，譬如两镜相临，于中无像，而灯忽举，知相摄入。虽接武至者云拥而集，当又如百千镜中各纳灯体，圆备同彻。更为主客，融通自在，成法解脱。昔黄龙三关，神通游戏于语默之外，宝觉之拳，独体全露于背触之间。今禅师乃宴坐不言之中，使来者嗅薝卜焉。乃翁乃祖，皆以举手动足为佛事。克家之子，又以清芬转法轮。非纵非横，非同非异，如伊之字，摩醯之目，非化变诸幻而开幻众者乎？师之所示，如月标指，我作是说，如绘虚空，指非月体，则此轩之所以构也；空无受绘之曲，则言语文字独何伤乎？禅师抚掌大笑，因戏录为序。使登之者援笔而赋，盖自石门某始。

送秦少逸李师尹序

余久厌大梁车马之尘，而思江湖渔樵之乐。故自淮宋之郊，再游匡庐，南穷苍梧，休于衡山之下。爱其洞壑深邃，愿为终焉之所。林间有人焉，望之如琼林玉树，恍然如行金明绿野之郊。见狂游贵公子，揖而问之，则此邦贤者秦少逸、李师尹辈也。徐扣其所蓄，盖亦无所不观，因结为友，与之游，久而益敬，会天子诏下，将校艺于有司，送别于碧岩之阿，而告之曰：前志多云并、汾、汝、洛之间土厚水深，浅井十余丈，清凉甘滑，土无横文，色如烝面，故其俗重迟美茂，士君子博学而知要，古今光明秀杰之士，排肩而出，不可胜数。大江之南，荆湖之间，其地卑湿，人心轻浮，偏急多争，故士君子学问苟简。切观前代，能以功名富贵终始者无几。后生未进，皆以其风俗素轻浮，故甘自废弃。余切以为过矣。昔谢安有鼻疾，故咏书之音重浊，当时名流慕其为人，皆掩鼻效之。杨绾以清约自律，而当时贵人有为减驺从者。是皆以天姿嗜好成一时之风俗。东瓯之民，朴野不学，自古鲜有仕于朝者。欧阳詹以秀才倡之，至今号为多士。潮阳在瘴海之隅，民未知学，韩文公以赵德为之师，其俗称为易治。以是又激厉学行，成两邦之美化。今之学者，能知之而莫能行之，行之而不见其效，何哉？自信之不笃，自重之不至耳。使其能自信，虽箦中之死人，足以自致青云之上。能自重其材，则跨下之饿夫，足以建立而称孤。岂奔走仁义有王佐之略者，而以风俗为病哉？盖士能成天下之风俗，而风俗有不能为士之病明矣，诸君勉之！吾将见君辈角立齿列，出于卑薄之地，仕而达，发其毫末，犹能无愧王、谢。不幸而穷蹇，则犹不失为欧阳詹、赵德而已，其勿以吾言为夸也。

送修彦通还西湖序

东吴山川清胜，甲于天下，而湖山深秀，正如美丈夫之眉目。大通禅师淡然无营于林石之间，而声光照曜于四海之外，如晓天之日。从而游者，睿郎廓然焉。其高秀之韵，烂然相映，如长庚之星。吾友彦通，既以父事大通，而其德友廓然，又如无心之云，往来于湖山之上，从容二老之间，舒徐容曳，油然自得。其直谅多闻之实，道德光华之言，与夫幽寻清讨之趣，固已厌饫平生矣。而又周游淮海，浮飘大江，经行于炉峰之下。久之，南穷衡岳，辽绕数千里，吊古圣之陈迹，览林壑之形胜，求诸宗故老而扣之。其异家入道之智、差别之旨，无所不闻，于是浩然有归欤之兴。为余留于湘江道林者一月，既且行，余执其手而语之曰：昔雪峰道经祝融，人劝其一登绝顶。掉头掣肘曰："青山长在，知识难逢。且山林虽佳，于道无所益也明矣。"马祖谓紫玉曰："山水之秀可居，益汝道气。"是若有益于道者，何也？及观兴化之论，乃曰："吾虽嗣临济，而发药之友者大觉是已，山林未暇论也。"而师且后之，是胜侣之德，其不可不重，如是其甚也。呜呼！是三者，古之人有得于一，则固已夸谈于丛林，而传诵于后世，矧吾彦通兼取而有之，可谓盛哉！独余奇穷，侵寻老境。得一而忘二，相视无所逃其羞。虽然，于其私则若不足，而能喜彦通之乐有余也。诸公咸赋诗，而余叙此为贶，彦通其见怜乎？

送一上人序

无尽居士崇宁二年自政府谪亳、蕲两州，以宫祠罢归，舟而南。时龙安照禅师自西安往迎之，至夏口，遂与无尽俱载，登赤壁。余闻之，作诗寄之曰："无尽龙安两勍敌，大梅庞老是同参。

近闻赤壁同登赏，想见清风助笑谈。已作泛舟游夏口，又成横锡过江南。归来万壑松声在，依旧闲云没草庵。”明年夏，无尽来招住峡州天宁，辞之。已而问来僧：“尝记觉范言句乎？”僧诵前诗，无尽欣然和之曰：“心月澄澄映碧潭，曾参错认作曹参。若非临济具只眼，争得维摩相对谈。万象森罗皆拱北，百城迢遁谩游南。直须取惜眉毛落，烧却山头洛浦庵。”宣和四年十二月十四日，龙安之门弟子义一，持无尽所作照公塔铭语句来，时无尽亦殁逾年矣。余游二老盖三十年，今俱成千古，独余身在，然亦折困于梦幻数矣。是夜义一先寝于坐，念旧游如前身事，录两诗以授之，使归举似山中之耆年，庶其哀余之志也。

四绝堂分题诗序

宣和三年秋七月，青社张廓然罢长沙之教官。十五日渡湘，将北归。馆于道林寺，携家遍游湘山胜处，如人经故乡，恋恋不忍去。门弟子相守不舍，又如痴儿之嗜蜜，日追随于晴岚夕晖之间，笑语于千岩万壑之上。二十二日，会于四绝堂者十人，而余适至，廓然顾嗟叹息曰：“爱山，吾天性，所以迟留未发者，眷此邦之多奇士也。不然，吾何适而不可乎？”余曰：“东坡尝曰：‘故山去千里，佳处辄迟留。’此语殆为公今日之游设也。”于是分其字以为韵，赋诗纪其事。未及点笔，会余有急客至，驰归。廓然与诸公登清富堂，汲峰顶之泉，试壑源茶，下鹿苑寺，散坐于青林之下久之。并岸而北，遂经槲林坞，至南台，莫夜矣，呼灯小酌，剧谈赋诗。诗成而情不尽，饮少而欢有余。是夕风高月黑，万树秋声，廓然长揖，飘然而归道林，余使人秉炬追送之。明日，诸公皆以诗来，廓然曰：“湘西盖冠世绝境，而吾客皆韵人胜士。兹游也，无愧山阴冶城，子宜序以冠群诗之首。”余曰：“唯唯。”

待月堂序

宣和四年二月辛亥，湘西真身禅寺新堂成，余同道林真教禅师、鹿苑希一禅师往登焉。堂临晴湖，日光下彻，俯见游鱼聚立。纵望湘西，山云之纤秾，草木之深密，一览而尽得之。真教拊栏哦曰："山边水边待月明，暂向人间借路行。而今却向山边去，只有湖水无行路。"语未卒，住持禅师妙德欣然曰："吾经行诸方倦矣，既老来归，将为终焉之计，此句是吾心也。"希一请以待月名其堂，而使寂音记之。德公得法于智海佛印清公，临济十世孙，世为泉南人，朴茂而历落者也。

易季真字序

季真少俨三十岁，俨入新年五十三。疑我满怀揣佛法，解腰抖擞破裙衫。大赡终老同香火，小朗平生共石岩。深炷垆香待清旦，偶闻残雪落高杉。宣和五年，问觉慈几何年齿，对曰：二十三。时湘山雪晴，五更清可掬而啜也。觉慈本字敬修，取以慈修身。吾以谓慈皆不若真，因易为季真。老俨书。

妙宗字序

顷游钟山定林，读王文公壁间所书《信心铭》，作横风斜云势，知为宗门之光，叹爱久之。山中故老谓余言：文公绝嗜此文，与衲子语，必诵之曰："'归根得旨，随照失宗。'诸法要妙，八言足矣。有而弗知，则失宗。知而弗信，其迷旨。"余偶客石霜，夜语及之，余曰："文公闻弦赏音，妙合雅曲如此，乃知法以不生故一如，以虚明故自照。唯以自照，故如如知白矣。如珠之光还自照珠，非妙心宗，不能尔也。"坐有嘉禾上人，欣然笑曰："如照，我名也，而适舍其义，岂偶然也哉。”余曰：“尝有字乎？”曰：“未也。请妙宗字其名。”妙宗佳妙年，东吴丛林，号饱参者。一杖翛然，如无心云，殊可人也。录其序以遗之。

寂音自序

寂音自叙本江西筠州新昌喻氏之子。年十四，父母并月而殁，乃依三峰䩄禅师为童子。十九，试经于东京天王寺，得度，冒惠洪名，依宣秘大师深公，讲《成唯识论》，有声讲肆。服勤四年，辞之南归，依真净禅师于庐山归宗。及真净迁洪州石门，又随以至，前后七年。年二十九，乃游东吴。明年，游衡岳。又三年而真净终于庵，自湘中归拜塔，将终藏于黄龙。而显谟朱彦世英请住临川北禅，二年退而游金陵，久之，运使学士吴开正重请住清凉。入寺，为狂僧诬，以为伪度牒，且旁连前狂僧法和等议讪事，入制狱一年。坐冒惠洪名，着缝掖入京师。大丞相张商英特奏再得度，节使郭天信奏师名。坐交张、郭厚善，以政和元年十月二十六日配海外，以二年二月二十五日到琼州，五月七日到崖州。三年五月二十五日蒙恩释放，十一月十七日北渡海，以明年四月到筠，馆于荷塘寺。十月，又证狱并门。五年夏，于新昌之度门往来九峰洞山者四年，将自西安入湘上，依法眷以老，馆云岩。又为狂道士诬以为张怀素党人，官吏皆知其误认张丞相为怀素。然事须根治，坐南昌狱百余日。会两赦得释，遂归湘上南台，以宣和四年夏释此论。明年三月四日毕。停笔坐念涉世多艰，百念灰冷，时年五十三矣。追绎达摩四种行，作四偈。《无求行》曰：“形恃美好，今已毁坏。置之世路，自觉塞碍。始缘饥寒，致万憎爱。欲坏身衰，入此三昧。”《随缘行》曰：“此生梦幻，缘业所转。随其所遭，敢择贵贱。眠食既足，余复何羡。缘尽则行，无可顾恋。”《报冤行》曰：“僧婴王难，情观可丑。夙业纯熟，所以甘受。受尽还无，何丑之有。转重还轻，佛恩弥厚。”《称法行》曰：“本无贪瞋，我持戒忍。食不过中，手不操楯。风必顿息，而浪渐尽。离微细念，方名见性。”既说是偈，并载于此，时省观焉。呜呼！孙思邈住《大风恶疾论》曰：“《神仙传》有数十人，皆因恶疾而得仙道。何者？割弃尘累，怀颖、阳之风，所以因祸而取福也。”寂音之祸，奇祸也，因祸以得尽窥佛祖之意，不能文以达意以寿后世，则思邈之论可信也。

季子梦训

湘山逸人毛文仲，盖东坡苏公江湖游旧也。公殁余十年，而文仲之子学成，更其名曰在庭。已而梦公授以字曰“季子”。季子喜，忘寝饭。客疑以问余，余曰：“孔子梦周公，因慕周公，晚而叹曰：‘吾衰也，久矣！吾不复梦见周公。’则平日所常梦也，明矣。季子慕公而梦见之，固其所也，又何疑焉。然孔子削迹伐树，不以为衰，而以不梦周公为衰。季子僮依纨裤，谷量牛马，不以为悦，而以梦东坡为悦。夫圣贤之受材，相远如天渊，而其好善之同，弗间毫发也。”客曰：“以季子字在庭谓何？”余曰：“世莫知其说，余独知之。公于西汉，尤爱贾生、苏子卿，非直爱其文如盎盎之春，藻饰万物，与其屹若砥柱，荡磨惊涛也，爱其知为臣之大体而已。生为怀王傅，王堕马死，生哭泣至死，宁独不知哭泣不能生王于死中耶？其心以谓职傅而王终，非其道也。子卿使虏，不肯辱命。虽餐毡寝煴，牧羊海上，起止仗汉节。李陵讽使降，则请效死于前。子卿宁独恶其生耶？其心以谓职称奉使，敢爱死哉？东坡意若曰：至士立朝之节，而远有不同，然其学同出于吴季子，而不可诬也。季子挂剑徐公之墓，不以死生背其心，则稽之操履，何尝以用舍背其心？今死向千载，其蹇蹇凛凛之姿，未尝不在汉庭也。公以季子字之，如《易》之垂象意于不言之中，使学者自求之耳。”客噫嘻曰：“使东坡复生，不能自解免矣。”遂去。

题让和尚传

心之妙不可以语言传，而可以语言见。盖语言者，心之缘、道之标帜也。标帜审则心契，故学者每以语言为得道浅深之候。予观南岳让禅师初见六祖，祖曰：“什么物，与么来？”对曰：“说似一物即不中。”曰：“还假修证也无？”对曰：“修证即不无染污，即不可。”祖叹曰：“即此不染污，是诸佛之护念。”大哉言乎！如走盘之珠，不留影迹也。然让公犹侍六祖十有五年乃去，庵于三生石之上。时天下尚以律居，未成丛席。有僧忘其名，为总众事二十年，为县官勘其出纳。先是，寺未尝藉其资，僧方囚，自念久已忘之，仰祝让公求助。于是一夕通悟，尽能追忆二十年间物件，不遗毫发，乃得释。故以让公为观音大士之应身，而让居庵中，未尝知之。予游福严，与僧读其事。僧疑以问予：“此何理哉？”予曰：“《涅盘经》云：‘外道妒世尊入其国，驱五百醉象来奔。世尊垂手示之，而象见五指轮中皆出师子，于是怖伏遗粪而去。世尊曰：尔时我指实无师子，而是护财狂象自然见之，皆我慈善根力故。’夫世尊慈善根力，要不可以有思议心测之，而可以无隐藏事证。如月在天，光遍溪谷，初不择溪谷之浊清，而水之澄澈，必有月影。水之澄澈，则月现影。而善恶之必有所感，乃不见慈善根力哉？则让公坐令其僧获聪明之辩，要不足怪也。”

题谷山崇禅师语

予读澄心堂录长庆棱公之孙、保福展公之嗣谷山禅师之语，奇险宏妙，光明广大。观其胆气逸群，不在岩头、云门之下，而录失其名。然语多称报恩传灯，但有潭州谷山句禅师，而无机缘。其列熙、崇两人机语，校句□所示殆相万。然皆住报恩，岂句亦常居之耶？予常与超然冲虎游谷山，访其遗事，无所考。因相对叹息。追念东坡之语曰："齐鲁有大臣，史失其名。而黄四娘乃得与杜诗不朽。"事莫不尔。作诗曰："行尽湘西十里松，到门却立数诸峰。崇公事迹无寻处，庭下春泥见虎踪。"又十年，复与超然，夏于石门偶阅前诗，遂并录之。

题首山传法偈

诸佛甚微细智，以金刚为喻，非凡夫粗浮心识所能了达。《华严·十定品》："入刹那际诸佛三昧。"乃能灭众生颠倒想。宣和元年十月吉日，余在湘西鹿苑虎芩堂，早作静坐，念曰：今日盖首山生辰，追想为人，书其传法偈并汾州无德禅师注释，详味父子，真能入诸佛甚微细智者也。

题五宗录

性觉本自妙而常明，以无性故不自知，谓之无明。一切众生以无明迷醉，如目有翳。善知识如医师，东坡曰："翳师但有除翳药，无与明药。如可与明，还应是翳。"此殆天下之名言也。予所集《五宗语要》，如医师除翳药方也。从前先德用之有验，故乐以传世。书成于宣和元年正月。明年，有漳南道人崇颤者，愿求传录。录毕相示，其笔力详楷，非诚之至、志之确，不能如此。然能并除万虑，燕坐一室，追绎先德所行之事，研味诸家所示之语，以校日用，则予之所集不为徒尔。颉之精勤，不为虚行也。

题晦堂墨迹

右晦堂大和尚墨迹三纸，佛印盖公辈流也，而其言推敬之，至称为老师。退之之与柳子厚，欧阳永叔之与杨大年，道枢不同，而韩、欧之称柳、杨，唯恐不师尊之。议者以谓避争名之嫌，非也。前辈倾倒，法当然耳。公道德冠丛林，而器资与公辈一时，又名卿且留情吾道者，今皆成千古，堪师之。能畜此帖，嗜好大是不凡。宣和四年自印福绝湖来，出以示其侄，因流涕书之。

题观音赞寄岳麓禅师

崇宁间至东明，拜瞻石像，作此赞。时无际禅师方领住持事。及无际迁居岳麓余十年，生成宝坊于灰烬之中，而予以弘法婴难，流落之余，幸复相见。问："前赞无恙乎？"无际戏予曰："羽化矣。"暇日因阅文稿，乃得旧本，忻然录以寄之，曰："当善护持，无使复为人持去覆酱瓿耳。"

卷三十

惠洪四

题才上人所藏昭默帖

传曰："虽无老成，尚有典刑。"然则老成，典刑所不逮也。予还自海外，丛林顿衰，心不为之动者，恃昭默在耳。今又弃我而先，惟之不自知涕零也。宣和元年八月，游法轮，见东瓯才公道人，出此轴为示，知师弟子之间盖如是。衲子动成阡陌，而才独轸念昭默，岂妄与人者乎？予既见其笔迹，又得与才游弥日。兹游也，岂虚行哉？

题昭默墨迹

余还自海南，馆于道林，道人朱公破雨自云盖来。坐未定，出昭默书一轴。予久去箴诲，初见，必辄辍熟视之，不自觉意消也。秦少游至钱塘，见功臣山政禅师书，叹以为非积学所致，其纯美之韵，如水成文，出于自然。昭默暮年臻妙，其以是哉？颜平原有大节于唐，而以书名，识者惜之。予以谓斯人德高，而名往就之耳。借使此老书不工，尤当宝秘，况工乎？愈可宝也！然与其门人书语，多以见及。余衰退流落，又自恨生所知遇，不能不短气耳。

题昭默遗墨

昭默老人道大德博，为丛林所宗仰。虽其片言只偈、翰墨游戏，学者争秘之。非以其书词之美也，尊其道师之德耳。予游诸方，处处见之，开卷辄识其真。精到之韵，骨枯老状，盖其退居时笔也。南岳见方广圆首座出此为示。噫！圆知敬慕昭默，其亦贤于人远矣。

题佛鉴僧宝传

禅者精于道，身世两忘，未尝从事于翰墨。故唐宋僧史，皆出于讲师之笔。道宣精于律，而文词非其所长，作禅者传，如户婚按检；赞宁博于学，然其识暗，以永明为兴福，岩头为施身。又聚众碣之文为传，故其书非一体，予甚悼惜之。顷尝经行诸方，见博大秀杰之衲，能袒肩以荷大法者，必编次而藏之，盖有志于为史。中以罪废逐，还自海外，则意绪衰落，魂魄遗失，其存者无几。宣和改元，夏于湘西之谷山，发其藏畜，得七十余辈，因仿前史作赞，使学者概其为书之意。书既成，有佛鉴大师净因者曰："噫嘻！此先德之懿，也愿首传以为毕生之玩。"因以父事佛照，以大父事云庵，而视余为季父也。因生庐山之阳，游方饱丛林，参道有知见，恭谨孝友，盖其天性，而酝藉雅尚，若出自然。与余游余二十年，久而益敬，故余欣然授之。因以谓此书当得妙于笔札者传之。于是凭川道者敏传，愿施其能，传以伯父事佛照，以兄事佛鉴。其能书乃夙习，笔楮不择精粗，飞翰如蚕食叶，俄顷千字，其衡斜布列，擘窠棋画，非特字工而已。工诗，善丹青，兼众妙而有，然未尝以自多。长坐不睡、一食终日者，十二年矣，人以为难，而传以为易。久游灵源之门，得其旨要者也。六月二十五日，佛鉴携此书来，请记其本末，而以谓先觉之前言往行不闻于后世，学者之罪也；闻之而不能以广传，同志之罪也。今予既以传次之，而因又善传，传公又成之。呜呼！后世学者读之，当想见法席之盛也。

题谊叟僧宝传后

清凉大法眼禅师出世行道三十年，其所示徒，皆劝勉之语，未尝以法传人。非有法而秘惜，寔无有法耳。譬如无病而饮药，病从药生，故曰："一切文字语言，学者嗜著，是名壅蔽自心光明。"然前圣指道之辙，入法之阶，后世不闻而学，则又如无田而望有秋成，无有是处。予初成此书于谷山，时出尘庵师宜公谊叟在焉，命南州传道者录之，以众编参定，特为善本。明年春，予游岳还，复过谊叟，出以为示。其装写之精、雠较之完，非用意之专、信道之审，莫能臻是。予知其阅而仰思，当助发其光明，侔倡其智证，去先德亦何远哉？则清凉以文字语言为壅蔽者，盖治疾之药耳。览者其以是窥出尘可也。

题珣上人僧宝传

予初游吴，读赞宁《宋僧史》，怪不作《云门传》。有耆年曰："尝闻吴中老师自言尚及见宁，以云门非讲学，故删去之。"又游曹山，拜澄源塔，得断碣，曰："耽章号本寂禅师，获《五藏位图》，尽具洞山旨诀。"又游洞山，得澄心堂录书谷山崇禅师语，较《传灯》皆破碎不真。于是喟然。而念云门不得立传，曹山名亦失真，崇之道不减岩头，丛林无知名，况下者乎？自是始有撰叙之意。凡经诸方三十年，得百余传，中间忘失其半，晚归谷山，遂成其志。时长汀璲、珣二衲子来从予游，录此副本。《易》曰：

"多识前言往行，以大畜其德。"是录也，皆丛林之前言往行也，能不忘玩味，以想其遗风余烈，则古人不难到也。二子勉之！

题宗上人僧宝传

予撰此传方定稿，上净三昔，而东瓯道人将还石门，自沩水过谷山款予，见其书，曰："噫嘻！此一代之博书，先德前言往行具焉，愿手录以示江南道侣。"即挂巾屦坐夏，四月二十三日录毕，以示予。予叹曰："夫弹冠必整衣，心敬必形肃。宗非至诚，爱重法道，其谨楷精严，渠能至是哉！欧阳率更以书画名世，见钟太傅碑，爱其笔法，卧其下三昔不忍去。率更嗜世间法且尔，况出世间法乎？"宗为法坐夏，贤于率更远甚！

题圆上人僧宝传

仰山初见耽源所传六祖圆相，即以焚之。及其授法也，则有默论。云门不许录语句，而远侍者以纸为衣，遂传于今。以是论之，非离文字语言，非即文字语言，可以求道也。临川圆道人少游方，有志学道，一钵经行诸方。其孤征绝俗，雪鸿戾天，仰不可及。而骨董中有此录，小字薄纸，画画精诚，可以见其志也。

题淳上人僧宝传

问："如何是火性？"答曰："热是火性。"问："如何是水性？"答曰："湿是水性。"问者欣然而有得，水火之义尽于此矣。又问："何以谓之恕？"答曰："如我之心以待人则恕矣。"又问："何以谓之慎？"答曰："心之一具德见于慎耳。"问者又欣然有得，盖恕、慎之理极于此矣。此世间义理之论也。义理者，心之尘垢也，其去佛道不翅如百亿天渊。然昔者有问竹林："如何是法身？"

答曰："法身无相。"又问："如何是法眼？"答曰："法眼无瑕。"为道吾众中，所失笑者宜矣。近世邪师相与传授，谓无有悟，但直问直答，谓之于法中不生异见，纷然棋布名山，称嗣祖沙门。学者例无英气，往往甘心屈伏，每为之流涕。宣和四年九月二十七日夜，为众说《参同契》，至"本末须归宗，尊卑用其语"处，曲折引譬，以发明先圣之意，使忱信而虔敬者，一洗其矫诬宗旨之气。而福唐太淳上人适出此编示予，灯下为书以付之。淳能识宗，则知尊卑之语，不出义理之域，而悟首山"独坐无尊卑，从上无一法与人"为太老婆饶舌矣。

题芳上人僧宝传

长沙益阳白鹿大禅师门弟子季芳，福唐人。纯静寡言笑，年二十余，侍其师。宣和四年夏，于湘西南台写此书三十卷，写毕，以示予。予曰："汝师出云盖西堂之门，西堂为临济九世之嫡孙，而黄龙南公之真子也。禅家辩才，丛林畏仰之。汝能自勤自诵习此书，玩味其旨，踪迹其行事，继之以不休，则古人岂难到哉？如写而不读，读而不味其意，徒欲粉饰清兴，于道何有？"

题范上人僧宝传

蚍蜉细字欲阑斑，病眼临窗看亦难。八十一人闲鼻孔，那卢穿在一毫端。且道有鼻孔，从范上座穿，只如怀禅师无鼻孔，作么生下手？若也道得西川漏篮子，一钱买三个，若道不得，南台门外是湘江。

题端上人僧宝传

临川志端上人，宣和四年夏于长沙之谷山。谷山有众，而领袖者鲁暗，不通晓世事，丛林以是凋落。端律身益敬，日诵经行道，暇则写《僧宝传》。同学劝经行他山，要与之俱，端辞以山水未暇观，正以白业未办为忧。同学怒弃去，端怡然勿恤也。明年正月上澣日，端袖此书来求题其后，予告之曰："一精想中，十法界种子皆具，随其所熏发而起。譬之田有稻种，藉时雨以芽孽之。十法界者，六凡四圣谓也。今端屏绝诸缘，日唯录佛祖之语，味佛祖之意，则亦熏发佛乘之种。与夫游谈无根，疲精神于庄、孟，为陈言腐说以欺无知者异矣。然能穷究其所自，使所言所履如传八十一人者，则可谓出家知恩者。"予视端精紧板而声圆，若可语此者，聊及之，端其勉之！

题隆道人僧宝传

古之学者非有大过人者，惟能博观约取，知宗而用妙耳。唐沙门道宣通兼三藏，而精于持律。持律，小乘之学也，而宣不许人呼以为大乘师。枣柏长者，力弘佛乘，而未尝一语及单传心要。方是时，曹溪之说信于天下，非教乘之论所当杂。宣公甘以小乘自居，枣柏止以教乘自志，竟能为百世师者，知宗用妙而已。禅宗学者，自元丰以来，师法大坏，诸方以拨去文字为禅，以口耳受授为妙。耆年凋丧，晚辈猬毛而起。服纨绮，饭精妙，施施然以处华屋为荣，高尻罄折王臣为能，以狙诈羁縻学者之貌而腹非之，上下交相欺诳。视其设心，虽侩牛履豨之徒所耻为，而其人以为得计。于是佛祖之微言，宗师之规范，扫地而尽也。予未尝不中夜而起，喟然而流涕，以谓列祖纲宗至于陵夷者，非学者之罪，乃师之罪也。以苟认意识为智证，为师者之门望，见以轻慢之心萌矣。非特然也，又执己是而去取诸方，贱目睹而尊信传说，故不见至道之大全，古人之大体。因编五宗之训言、诸老之行事为之传；必书其悟法之由，必载其临终之异，以讥口耳授受之徒，谓之《禅林僧宝传》。书成，而九疑道人道隆阅之，一月而屼屼上口，两月而娓娓成诵，三月而能为末学者举纽领。夏于云盖，闭门寝饭之外，口诵而录之，非诚著于学、志存于道，何能臻是哉？然其为人不甘为哑羊苾刍混处，疾之甚，至于诟骂。喜与有识博闻者游，意所合则不问道俗，千里从之。呜呼！丛林博闻者，既不可人求之，而哑羊苾刍动成阡陌。隆虽口受吾文，抱吾所集以游诸方，亦安能忘诟骂之喙乎？宣和二年秋，得得自山中来，出此编为示。予佳其好学，为书其本末，以告未知隆者。

题休上人僧宝传

泰山之鸟，巢于木末。九渊之鱼，托于沙罅。呜呼！鱼鸟之微，亦知附托于高深，安有毁发学道之徒，而自弃于浅陋乎？季休，福唐人也，而得业于湘上之南台。其师太公与予为兄弟行，其熏烝见闻有自来矣。初，太遭横逆，坐圆扉中百许日，他法属皆畏酬酢之，而休服勤不敢失礼。逮其释，余劝度之，宣和四年正月也。既受具陪众，遂写此传，除夕捧以来。予佳其能自脱浅陋而趋高深，为题其末。明年元日也，明白庵题。

题英大师僧宝传

老子曰“为学日益，为道日损”者，理之序也。“博观而约取，厚积而薄施，多识前言往行”者，日益之学也，如春夏之水方增川，浩然不可测其际。思之又思之，以至于无思，如囟之在顶，盖造形之极，不可以数量情识得。孔子晚乃悟曰：“天下何思何虑。”如秋冬之水缩，廓然见其涯涘。呜呼！丛林法道之坏，无如今日之甚。非特学者之罪，实为师者之罪也。学者方蒙然无知，而反诫之曰："安用多知，但饱食默坐。"虽若甚要，然亦去愚俗何远。予所录《僧宝传》，先叙其悟道之缘，又书其死生之际，欲学者法前辈为道之精。而惠英大师年二十余生海上，独挺然有志，不肯碌碌，而哑羊者固已憎之如十世仇矣。手写此书，携以过予。予佳其勤扶此心，以自此趋无上佛果，如顺风扬尘耳。宣和四年十一月题。

题所录诗

海南道人惠英，字颖孺，生十有二日而失母，年七龄而为沙门，二十岁从予游。予所作语言遍丛林，未尝收录，而英编两巨帙为示。既有愧于九祖，欲焚去之，又念英之好学，为一笑而置之。然流俗寡闻，见少年嗜笔砚者不背数，必腹非之，以谓禅者不当以翰墨为急，宁知龙胜诗流震旦者卅余首，论其动以亿万篇多为言哉，英勉之！老子言："为学日益，为道日损。"使其未尝学也，何所损哉？如川之增者，学也；水落石出者，损也。然未易与粥饭僧论此也。

题佛鉴蓄文字禅

余幼孤，知读书为乐，而不得其要。落笔尝如人掣其肘，又如喑者之欲语，而意窒舌大，而浓笑者数数然。年十六七，从洞山云庵学出世法，忽自信而不疑。诵生书七千，下笔千言，跬步可待也。呜呼！学道之益人，未论其死生之际，益其文字语言如此，益可自信也。今二十八年矣，而见云庵平时亲爱之人佛鉴大师净因于湘中，颓然相向，俱老矣，而故意特未老。又出余少时诗句读之，想见山林之旧游处。诵白公诗曰："手把杨枝临水坐，闲思往事似前身。"

题自诗与隆上人

余少狂，为绮美不忘情之语，年大来辄自鄙笑，因不复作。自长沙来归，舍龙安山中，无可作做，学坐睡法，饱饭靠椅，口角流涎，自喜以谓得其妙。旁舍有道人隆公，雅好予昔所病者，时时过予，终日而未尝倦。问予昔所作尚能寻绎乎，予引纸为录此数篇以遗之，而戏之曰："昔达观禅师居京师，士大夫相从者，皆以能诗答话多之。观笑曰：'解答诸方话，能言五字诗。二般俱好艺，只是见钱迟。'"隆公曰："果尔，吾不复耳。"坐客皆笑之。隆字默翁，湘中清胜者也。

题公翼蓄华光所画湘山树石

予习湘山者也，日与树石为伍。华光画树石，不画我，何哉？公翼仕宦三十年，而贫在我上，簏中唯墨梅树石数轴，其人品可以想见。

题橘洲图

公翼爱橘洲，而使华光图之。予家于湘西，开门则渔汀断岸不呼而登几案间。盖湘西皆吾画笥，书此以夸公翼云。

题平沙远水图五首

公翼诗云："萧然野趣忽在手，仿佛江南烟雨村。"此殆笔端能生烟云。非胸次有江山，何能作此语？

又题公翼所畜

欧公尝语客曰："坐而隐者，不知岩石云泉之妙。王公贵人图江山，卧而披之。荆山之人以玉抵鹊，而秦乃割其十五城以求璧，岂世以希见为贵，初无定情耶?”予生长山林，而目不自观。公翼，贤士大夫也，其希见而尽畜之宜矣。

又宣上人所蓄

华光滴露写寒枝，幻出平远。士大夫厌饫富贵之余见之，收蓄可也。道林清富，宣师开轩，潇湘江山不呼而登几案。闲步林麓，嗅梅寻柳，尝应接不暇，乃袖而宝秘之也。好事无乃太多乎哉?

又惠子所蓄

“好在华光真子，过于云屋之间。春色都随谈笑，袖中仍有湖山。”宣和元年十二月初五日，惠子出其师所作《湖山平远》，曰：“此盖老人得意时笔也。”予平生无所嗜山水，少年游戏钱塘，眷湖山之胜，欲老焉。以诗写之，不能肖，逮今衰暮，虽与华光善，得其戏笔，必为人持去。惠子呵予不能善秘之，予曰：“凡四海九州，山川烟云，皆吾画笥也，奈何为儿戏畜纸墨间乎?”惠子笑曰：“公懭恍大言，盖其天性，然为题此纸。”于是书六言付之。

又称上人所作

宣和元年十二月初吉日，里道人称公绝湘来过予。时江寒欲雪，小室喧哗。良久，出画一轴，盖橘州断岸平远之图，华光墨梅别馆之儿稚也。称妙思如此，力之不已，当不减华光。口占曰：“袖里两枝烟雨，门前一片潇湘。”

题华光梅

华光绍圣初试手作梅，便如迦陵鸟，方雏声，已压众鸟。东坡见之，如黄梅视无姓儿便肯之，无姓儿今将以衣钵授岭南獠子。予惜黄梅破头老人不及见也。圆禅者当还，举似乃翁，问甘露灭法喻齐否。政和五年十一月十二日夜，石门精舍题。

题浮泥壁

空印禅师以宣和二年十二月偕余谒从禅师于芙蓉峰，累石于玉渊之上以为塔。酌泉赋诗，暮夜矣，遂宿焉。次日，从公追余二人，杖屦下危峰，自关山谷中并涧行十余里。两山争倚天，烟霏层叠自献，部曲断续。行九地底，水声硔硐，如千乘车挽而起，仰望晴虚，如展匹练。既出谷，沃野夷旷，遂饭于木阴。空山暴寒，雪意浓甚，跣而渡涧者十八九。入石门，已夕，山中之人炬而来迎。及寺，已二鼓矣。秉烛夜话，如梦寐中。住山宣公云："常有虎来，月黑逾垣而去。"空印使余记之，遂书。

题清修院壁

昔余庵于湘西，与希一为邻，相欢如价、密。宣和四年冬，居一迁于兹山，然每会面，夜语达旦。七年秋，余将归老玉峰之下，来谒别，为留两昔。言意俱尽，而情则有余。桑下三宿，前圣丁宁者，正箴今日之病。晓阴阁雨，千掌在有无中，出山有不胜言者。中秋后二日题。

题白鹿寺壁

希先昔游公卿间，与邹至完、曾公衮、蔡子因、吴子野厚，居自江左，还南岳，庵方广十年，丛林高之。湘南使者劝请开法此山，希先持一钵欣然而来。既至，屋老，过者疑将压焉。残僧才十许辈，大率如逃亡人家。未五白，殿阁宇室，间见层出，如化城，如梵释龙天之宫，从空而堕人间。此邦之檀信，往来之士大夫太息以为勤，不知希先盖游戏也。余自长沙来，馆余四昔，时故人传彦济试手作邑，搀奸推滑，民惊以神。当暇日，携僚佐时时舟而至。其登高临远，烹茶赋诗，则兹山之风月，未至乾没也。

跋东坡山谷帖二首

东坡、山谷之名，非雷非霆，而天下震惊者，以忠义之效与天地相始终耳，初不止于翰墨。王羲之、颜平原皆直道立朝，刚而有礼，故笔迹至今天下宝之者此也。予于云岩讷室观此帖，皆其海上穷困时自适之语，然高标远韵，凌秋光、磨月色，令人手玩，一饭不置。若讷当藏之名山，以增云林之佳气。

前代尊宿火浴，无烧香偈子，山谷独能偈之。初见罗汉南公化作偈，其略曰："黑蚁旋磨千里错，巴蛇吞象三年觉。"天下衲子听莹十年。晦堂曰："鲁直作此有据乎？亦意造尔？"山谷曰："吾聊为丛林戏耳。"晦堂大笑曰："岂可以般若为戏论乎？"山谷始悔前所学未登本色垆鞴，乃卜居于庵之旁，方知晦堂真不请之友耳。今读此书，乃是未见晦堂时语也。不然，安有吹剑语乎？

跋东坡与佛印帖

东坡骑鲸上天去，十九白矣！平生文章流落世间者，所在神物护持。然士大夫罕蓄之，多见山人野士之室。汝水旼禅者出此帖示予，虽其一期酬酢之语，而谦光烛人。三复之，想见幅巾杖屦，翛然行儋石水溢间，如渊明在柴桑斜川时。某题。

跋东坡书简

王逸少骨鲠，颜平原刚正，两公皆有立朝大节，而后世以字画称，予尝嗟惜之。然名德之重，故世珍其笔迹，盖理之固然。东坡之于王、颜，又其逸群绝尘者，其法权极可宝秘。宣和四年人日，觉慈轴以来示予，予忻然喜其嗜好，若可教也。

跋山谷云峰悦老语录序

山谷笔回三峡，不露一言；云峰舌覆大千，更无剩法。昔日龙山父子，虽被热瞒；今朝虎溪儿孙，应增冷笑。咄！寒山子道底。

跋山谷帖

山谷翰墨风流不减谢东山，而书词郑重，倾倒于华光如此。予疑百世之下，有读之者，知华光后身支道林哉。

跋行草墨梅

山谷醉眼盖九州，而神于草圣；华光道价重丛林，而以笔墨作佛事。两翁并轴，如夏口松下见娄师德、永禅师像于邢和璞瓮中耳。

跋橘洲图山谷题诗

予栖迟橘洲断岸甚久，别来无夕不在梦。偶开轴见之，如倚法华台引镜也。读山谷语，如幅巾相从道林路时。

跋山谷字二首

山谷初自鄂渚舟至长沙时，秦处度、范元实皆在，予自三井往从之。道人、儒士数辈日相随，穿聚落、游丛林。路人聚观，以为异人。今余二十年，予再游长沙，山林间往往见其笔札。此帖此简前尝见之，宣和二年秋八月至法轮，竦上人出以为示，玩之不忍置。鲁女有遗荆钗而泣者，路人笑之，曰："以荆为钗易办，女乃泣何也?"女以手掠发曰："非以其难致也，以其故旧耳。"予所以玩之者，实钟鲁女泣荆之情。

山谷初谪，人以死吊，笑曰："四海皆昆弟，凡有日月星宿处，无不可寄此一梦者。"此帖盖其喜得黔、戎有过从之词，其喜气可搏掬。山谷得瘴乡有游从，其情如此。使其坐政事堂，食箸下万钱，以天下之重，则未必有此喜也。

跋珠上人山谷酺池诗

予绍圣初，留都下，闻士大夫藉藉诵《青石牛》诗，而此四绝尤著闻，恨不见此老。阅三年，游石门林下，识君实骨面，善谈笑，相从最久。时珠禅垢面不袜，然已超卓。后二十余年，予还自海外，而君实化去久矣。丁酉坐夏洞上，有鸭步而至者。问之，乃吾向所识不袜公也，于是甘吾老矣。夏休，珠将经行湘山，袖此卷来，读之，龙蛇飞动，凌跨韩、柳之气，糠秕王候之韵，如其无恙时。阴晚坐觉山川增胜，爽然忘其孤废也。湘山多高人，识《青石牛》甚众，珠可以示之，使其韵摩博衡、霍，固不佳哉?

跋与法镜帖

山谷作黄龙书时，与予同在长沙碧湘门外舟中。今余年，佛鉴出此以示予，昙谛见前身麈尾。山谷醉中仙去，此帖堕空之垢被也。

跋山谷云庵赞

云庵住庐山，时山谷过焉，相与游鸾溪，坐大石上，擘窠留题。其法喜之游如黄檗、裴公，乃作此赞。后二十余年，得于衡阳毛氏之家，持以还长沙，开法长老觉慈实其的孙，时年二十三岁，即以付之。临济正脉，使流通不断，乃无所媿，此赞其敬之哉。宣和五年中秋前一日题。

跋东坡山谷墨迹

予自南来，流落山水，久不见伟人，便觉胸次勃土可扫。宣和二年冬，涌师于湘西古寺中，出以为示，如见苏、黄连璧下马，气如吐霓也。

跋了翁书

宣和二年夏得翁书："前去无日矣，能复一来相见乎？"翁平生刚方，吐言如刀锯，而此书若凄冷，私怪之。明年四月，遗书走山阳。八月人还，云："翁方发书日下世矣，盖四月九日也。"闻之酸鼻累日。翁视死生一戏耳，予重为天下惜此人品。翁知国如陆忠公，临大节不夺如颜鲁公，文章光明赡博如白乐天，通达宗教如裴公美。然四公者，皆享富贵，建功名，死无遗恨，而翁兼四公之长，而以一斥不能复，遂坐废三十年。予所以追悼而不去心也。八月七日，方饭僧荐冥福，病卧，刺然刀画，而南州珠上人携此轴来，读之而长叹。哲人逝矣，予何所税驾乎？此去死生一决耳。珠包腰一钵，苦硬有胆气，而能蓄此书。今丛林禅和子以为何种故纸，然则珠殆亦有佳处，因为流涕而书之。

跋莹中诗卷

了翁徉狂垢污，不择香臭，而至山水间，便能赋山矾墨梅，乃尔暴清绝耶？予政和春过衡阳，道权出以相示，如见抵掌谈笑时。

跋道乡居士诗

道乡以说禅口谈医国法门，雷霆一世，初非以诗鸣也。而此诗句句有法，盖其胸次如春之盎盎，著物成容。今既已矣，万人何赎哉？俨师题于衡山之麓。

跋邹志完诗乃其子德久书

道乡文章，种性自然，如五色凤。此诗乃浴天池时容光也。其雏笔法已能追踪山谷之气，读之令人想见蹇驴风帽，如宗武扶子美醉吟诗也。

跋养直诗

宣和三年三月，予迁居水西南台寺。初六日，颠风搅林，东轩小寝，俄大雨，起步修廊，复坐，颓然昏睡。南州道崇难者持此轴来，隐几读之，如观飞兔顿尘，追风趁日也。然其诗词所及，皆予故人，而予亦尝落悯怜中，盖方窜海外时帖也。昔曾鲁公问予曰："苏养直闻齿少而诗老，恨未识之。子见其诗否?"予曰：

"李太白诗语带烟霞，肺腑缠锦绣。以予观养直之诗，逮又过之。"鲁公骇予此论。今数诗惜公不见，以验前语耳。

跋蔡子因诗书三首

欧阳文忠公尝非笑肥字，而夸杜子美独贵瘦硬。东坡作诗曰："杜陵论书贵瘦硬，此论未工吾不平。丰妍瘦容各有态，飞燕玉环谁敢憎?"予因此帖可谓丰妍者也，观其俊气横逸，不受富贵鞚勒之韵，宜从古人中求。宣和元年十月八日，临川瞻上人出以为示，便觉神魄飞越于铁瓮城之下，瓜洲杳霭之间。

文章天下第一数东坡。子因，蔡氏子弟，而饮食梦寐以之，其种性妙非习俗所能移。使东坡而在，见子因，当不减张曲江之与李泌也。

予久不见梦蝶，偶得此诗湘西山水间。时松风盘空，林月滉荡，如顾虎头对刘琨展其画像也。

跋李商老大书云庵偈二首

商老以大父事云庵，以伯父事天宁，则予盖其叔父也。仰山曰："东院师叔若在，惠寂不到寂寞。"商老，寂子后身也。然甘露灭固未死，而商老与其弟未尝不啼饥，其大言以诟骂魔佛，高自许可，盖习气也。

近世要人达官，其气焰摩层霄，而门可附而炙手者，不翅百千。然其语言翰墨，人见之，皆如拒顽百姓见催租文，引恚视之，不弃掷，幸矣。商老灌园修水之上，而笔画一出，人争传宝，以相矜夸，吾是知道德无贫贱也。觉慈生一十年，去年从余而知有商老，偶出所畜一轴，见嬉喜而书其尾，且以雪道向无知之耻云。

跋三学士帖

秦少游、张文潜、晁无咎，元祐间俱在馆中，与黄鲁直居四学士。而东坡方为翰林，一时文物之盛，自汉唐已来未有也。宣和四年七月，太希先倒骨董箱，得此三帖。读之，为流涕。呜呼！世间宁复有此等人物耶？

跋兰亭记并诗

宣和四年夏，弥月不雨，稻田龟兆出。予晨兴垂头坐西斋，方与造物者游，而厨丁聿来告米竭，余作白眼久之。希先送此轴来索跋，欣然见王子敬诸君子，忘其厨丁。厨丁求与决，予曰："当以三筏用事，正不必逼人也。"

跋百牛图

画工能为神鬼之状，使人动心骇目者，以其无常形。无常形可以欺世也，然未始以为贵。唯犬马牛虎有常形，有常形故画者难工。世之人见其似，则莫不贵之。画牛之法，径寸者不刷毛。予观此图，非特入法，凡百尾喜怒、俯仰小大、伏立趋并、浮鼻荷痒，尽其情状。意非画师，殆高人韵士以寓其逸想耳。予老住江村，而比道林岳麓之富，其牛每以谷量。日夕，盖拾砾追逐，叱叱于田亩之中，厌饫矣。而全美乃以此轴为示，何哉？予以湘西之云坞为画笥，则全美必以此图为作。

跋周廷秀酬唱诗

宣和二月初吉日，予送客松下，浅丘纵望。廷秀一髯男子，但是时湘西雪尽，众峰苍然，我与廷秀皆是画图。廷秀袖出与张公酬唱之词，读之，便觉与众峰争秀。岂其愧从聚落中来，故以此句弹压清境耳？

请山老住云岩

敷演佛乘，资延睿算。佥求达识，成就胜缘，振列圣已坠之纲宗，行初祖不传之正令。真非掩伪，旁循道俗之言；公则生明，特用丛林之议。伏惟某人，随机说法，籍教悟宗。名为东林横枝，其实沩潭正脉。少时横行海上，老来古寺城限。惟以薪而续床，分栽田而博饭。然唯云岩胜刹，实曰江国上游。宗旨之渊源，缁衲之都会。凤山归去，瓶盂是处为家。猊座重登，竿木逢场作戏。请提雅曲，大众欣闻。

请药石榜

耆年日已凋丧，丛林今遂寂寥。王官玉石俱焚，学者泾渭不辨。谓之受道，其实走名。赖老成之典刑，为后昆之轨范。恭以新命某人，滴水滴冻，知果知因。唯显晦水到渠成，使魔外风行草偃。一段胜事，千目同观。龙蜃沙头，最初解开布袋。凤凰山下，末后把定牢关。道不虚行，法固如是。特致溪苹之具，以表山门之仪。欣然肯来，岂胜幸甚。

请崇宁茶榜

出则为人，兴化是何心行。不如诸佛，曹山空热肺肠。虽然二老英雄，未免一场败阙。欲圆道眼，别有妙门。恭惟某人本色钳锤，逸群声价。现成活计，更不覆藏。肃道者白牯牛儿，骑来露地；南徧头赤班蛇子，拈出惊人。大光西祖之机，上祝南山之寿。清风江上，孤舟不涉程途；明月洲头，一句却分宾主。宝坊在迩，香饭具陈。将开选佛之场，愿受最初之供。现前法侣，同赐证明。

请逍遥宜老茶榜

宝几珍御，特兴同体之大悲；白牯狸奴，更入遍行之三昧。要当语绝渗漏，不令机昧始终。如百花醴味绝中边，如三点伊势分宾主。惟灵源洞明此旨，坐昭默独提正宗。雅闻宜公禅师久亲此老法席，长眉尊者争传亲见佛来；大耳沙弥自谓久辞祖矣。浮尘灭尽，化爱憎为平等之光；大用现前，投同异入寂灭之海。一言相契，千里同风。敢违十方兰若之规，敬荐一会伊蒲之馔。众所钦伫，俨然肯临，幸甚。

请准和尚住黄龙

磨砖庵畔，言回智照之光；选佛堂前，喝下证心之第。是续诸佛之寿命，为大法荷担之丛林。兴自江西，家世独闻天下。老南设三关之问，勃然中兴；关西藏一点之机，窅然深远。恭惟某人关西真子，老南的孙。贬剥诸方，疏通正脉。自石门而迁幕阜，如别业而归故园。不离先祖道场，旃檀林无别树；复唱旧时雅曲，优钵华已重开。便请拈提，不劳辞让。

请湘公住神鼎

道不可传，则释迦不当饶舌；法如可说，则维摩岂得无言？

赖离微不犯之锋机，决祖宗未了底公案。要须圆融之士，密开方便之门。恭惟某人少小偶家沩山，寅缘亲承空印。譬如懒融道者，坐致双峰祖师。熏烝见闻，霜露成熟。蕴醉显举足之辩，有白云越阃之机。领神鼎之名山，适丛林中兴之日。行雪窦之正令，酬王臣外护之恩。

请宝觉臻公住天宁

佛之法道，世所追崇。虽外护付诸王臣，然荷负必须龙象。咨之于众，爱憎或出于人情；公则生明，真伪难逃于智鉴。来膺妙选，果得耆年。伏惟宝觉大士臻公，以禅寂为家乡，以翰墨为游戏。闲房古寺，甘毕生于折脚铛中；各梦同床，曾失笑于破头山下。而判府待制妙于庞老识丹霞，初不出门；应叹仲尼知伯雪，犹资击目。今日重新法席，一时共赞天宁。演畅宗乘，聚三湘之云衲；祝延睿算，同万国之山呼。

请殊公住云峰

有志于立事，而事之竟成；无心于求名，而名之不舍。似水滴石，积之以日而石自穿；如麝匿香，覆之以缶而香愈著。非形势之激尔，盖物理之固然。恭惟某人东林广惠之曾孙，南岳慈觉之嫡子。抝谦荣利，嘉遁丛林。王臣悦闻，授以传衣之职；道俗勤请，愿闻飞锡之来。龙象毕临，山川改观。昔时把定，俗子涴我白涎巾；今日放行，真珠撒出紫罗帐。

请道林云老住龙王诸山

诸方丛社，盛莫甚于湘中；五派家风，传莫密于洞上。号称法窟，指曰道林。盖旃檀林郁密，不与荆棘并生，则真虎行藏，岂容彪兕止住？恭惟某人枯木嫡子，芙蓉长孙。应缘东吴，知名南楚。金篦刮膜，廓开空劫光明；宝鉴当台，顿见今时影迹，似暗中之五色，如句里之三玄。愿布龙王之大身，遍施法雨；要知曹源之一滴，不离觉场。

云老送南华茶榜

一衲生涯而名闻天子，万夫阡陌而位继祖师。是必于曹溪有大因缘，不然，乘般若昔所愿力。时节既至，毫发弗差，岂特增宗门之光，抑亦为法乳之庆。未忘世礼，少展舆情。恭惟某人恩逾父母，故言所不能形容；道绝功勋，故意所不能测度。云无限碍，宁分岭外、湘中；月有照临，岂择曲江、楚水？暂驻随轩之法侣，愿陈荐钵之溪苹。想蒙哀怜，特有肯诺。

请东明疏

云门之宗风，昔中兴于雪窦；而雪窦之法派，今特盛于临平。声名振于诸方，道德冠于列祖。登其法席，夫岂庸流。恭惟某人，久游临平之门，饫闻云门之曲。薄游南楚，混迹东明。钵具笑移，大类云居之简。使符自至，未惭沩水之诠。朱紫堵观，道俗云集，升堂作象王，回旋则是真顾鉴。酬机如师子，返掷则不涉离微。愿赴王臣外护之勤，为扬针水不传之妙。

请方广珂老住石霜

诸相本空，真缘相现。有言虽幻，法自言传。刹那间而遍十方，弹指顷而说千偈。妙解所寄，印证其谁。恭惟某人，顿悟上乘，久临清众，如月在水而不染，似云出岫而无心。车辙峰前，复起灵源之浪；霜华涧畔，重开枯木之华。乃知龙象之拥随，定看山川之改观。幸捐谦柄，无事巽床。

请真戒住开福

湖南报慈寺，天下选佛场。万指犀颅，千楹宝构，宜得知见绝伦之士，重提佛祖已坠之纲。窃闻真戒禅师遍领名山，久临清众。受敌八面，盖文关西之家风；贬剥诸方，有英邵武之胆气。袖丹霞劈佛之手，藏黄檗陷虎之机。流出自己无穷胸襟，来决先师未了公案。琉璃瓶含宝月，紫罗帐撒真珠。大振南宗，续千灯于将烬；回瞻北阙，祝万寿之无疆。

请云盖爽老茶榜

禅门分江西、南岳之五派，后世盛云门、临济之两家。至于流末之余，驯成戏论之谤。师承大坏，法道寖微。妄庸假我以偷安，名实因兹而愈滥。坐令洞上之宗风，来振湘中之法席。果逢神颖，为整颓纲。恭惟某人，芙蓉嫡孙，枯木真子。疏通莅众，故遇缘则应；折节荷法，故律身甚严。名誉排缙绅齿牙，威仪为道俗指目。喧哗沙步，争传孤锡之重来；狼藉封云，正赖清风之一扫。敢荐苹藻之馔，用庆丛林之仪。未离旃檀之林，一句百味具足。行据狻猊之座，三玄五位纵横。

又药石榜

坐致王臣之劝请，蔚为缁白之荣观。脱烦笼如蝉蜕尘埃，遂深隐如豹藏烟雾。敢庆常规之苛礼，特陈过午之伊蒲。恭惟某人，满腹精神，实头声价，不住城隍聚落，久藏禅板蒲团。要成保社丛林，敢负火刀直裰。以云作盖，故我宗得妙；以海为印，故按指发光。挟路通途，则一日两兼名刹；回机转位，则四年三易道场。重重锦缝，解合枯木开花；片片赤心，果见泥牛入海。特迂威重，普共证明。

又疏

观名实无当而万法本闲，何必不物于物；如天地不言而四时自运，是谓无功之功。所以有言忌犯当头，自然临机不留朕迹。其妙见于此耳，孰能神而明之？恭惟某人，遍领名蓝，久临清众。芬芝兰之声誉，皎冰雪之行藏。衣裓谢聚落之氛，谈笑有山林之韵。一音普证，万指齐瞻。海印成章，檄祖令于教外；宝云作盖，施法雨于人间。

岳麓为沩山茶榜

全提祖令，则无法无亲；略在世礼，则有恩有义。故证真必依于俗谛，如解空弗离于色尘。故造雨花，显叙法乳。自裂衣冠以参道，剃除须发而为僧。其长养成就之私，乃提撕藻饰之意。至于曲折，皆出爱忘。俯顾其微，敢称传法之嗣；仰惟至鉴，又贞亲教之师。伏惟堂头大和尚，道契天衣，法传智海。廓沙界之量，故能山收海藏；示医王之心，亦畜牛溲马渤。蝇附骥而气吞千里，铃系鸢而声登九霄。是之固然，人则幸矣。躬至针水之地，特陈苹藻之羞。蝼蚁微诚，知慈严之易感。丛林苛礼，愧恩大以难酬。重烦四海之胜流，共庆一时之佳集。

请圆悟住云居

地号云居，非石梁隔分凡境。世传天上，有山神常护法幢。须求魁垒之耆年，来辖英灵之衲子。恭惟某人，具竖亚顶门之眼，行全提祖令之权。舌覆大千，入语言之三昧；身分刹海，为游戏之神通。岂暇夺人境于笑中，何止分宾主于句内？愿垂巧便，俯徇时机。大震海潮之音，用祝后天之算。

请璞老住东禅

寺近双峰，地连七泽。观今法席，号古丛林，师门挺多，开已见之户牖；学者益众，横臆断之干戈。纷然江淮，遂成阡陌。赖有人中师子，来为病者医王。伏惟某人，父事僧龙，孙承祖印。重建东山法道，特弘西祖宗风。电驰三要之机，雾合六和之众。慈云先布，增觉苑之光华；法雨将倾，发道苗之种性。

请璞老开堂

曹溪宗于天下，而黄梅为得法之源；达磨祖于神州，而东禅盖付衣之地。历观先世勃兴，皆道大德全。俯视今时嗣续，多名存实废。思得逸群耆宿，追还古格丛林。果有老成，来膺妙选。伏惟某人，行业无玷，声称有闻。为佛印、祖印之儿孙，共东山、西山之云月。旃檀林岂生杞，雕虎穴不容彪。玉聚缙绅，云屯缁衲。伫一音之雷震，特扬古佛之风；同万国之山呼，仰祝后天之算。

化藏

五天秘轴，三藏微言。结集本藏于龙宫，流传幸出于人世。唯双峰之福地，蟠万础之宝坊。独经藏之弗修，如面目之有疾。议将重建，倚办众檀。愿欢喜以听从，庶庄严之成就。菩提园内，共输一雨春回；香积台前，果见十分月满。

重修云庵塔

蛙朝迁而莫还，弗忘其本；乌羽成而反哺，盖知其恩。何含齿戴发之可观，曾哺乌田蛙之不若。唯云庵之居庑，棋布名山；而卵塔之已颓，陵夷苍野。室有朽贯，廪有陈红。闻之而弗完，已喧余论；欲就而中辍，要亦非人。

重修舍利塔

佛书曰：应灵牙舍利宝塔所在之地，即是众生植福之田。每观前人之措为，莫不皆有深意，特建塔于五达之衢，旁临万瓦，岂非欲为此邦植福之地乎？而岁久颓毁，鸟巢其顶。传曰：野鸟入屋，主人当去。言其居衰寂也。今乃巢于阛阓之间，岂兴盛之兆耶？而邦人见之，如越人视秦人之肥瘠，恬不以为意，甚可羞叹。时和岁丰，力至施易，欲募众檀，重增修之。非唯佛事庄严之精勤，亦为远人入郭之雅观。垂天之云起于肤寸，千人之帐成就众毛。唯兹胜事，岂曰不然。

天宁修造

湖湘巨镇，望最重于清潇；禅律精蓝，名特推于万寿。作重兴之意不浅，缘改创之功未完。欲鸳瓦之一新，拟蜂房之尽撤。非栋梁无以资乎大壮，非丹雘无以丽乎重明。则臣僚祝颂之诚，叶众庶归投之地。矧兹胜利，须假多仁。希趣善者闻风而翕然，冀乐施者挥金而不斁。

天宁节功德右语

宝运储祥，惊星枢之夕绕；庆云布瑞，睹日毂之朝升。仰依有感之慈，上祝无疆之寿。伏愿陛下睿齐舜禹，德比尧汤。履金轮之福以御天，护玉真之道以应世。秦和气为太平之曲，登斯民于大有之年。率土同诚，幸遇千龄之嘉会；瞻天鼓舞，愿同万国之称觞。

长沙甃街

持地圣师，以身负土；雪山童子，布发掩泥。盖世界平则心地平，佛土净则身土净。岂惟典刑之具在，是亦因果之历然。窃见长沙之通衢，正当聚落之要处。街甃久已颓坏，车马艰于往来。愿兴掩泥负土之勤，庶致土净心平之效。然闻《洪范》八政，而以殖货为先；《般若》三檀，而以资生为首。岂非财者人所甚爱，施者行所甚难？苟能易其所难，则当施所甚爱。妙庄严路，请同放步而登；大总持门，要当弹指而入。

为双林化六斋

寺凭幽谷，门对双峰。日陈一味之禅，岁仗千家之供。金躯灌沐，始兴离垢之方；软草精持，次结护生之禁。主事枉抛油酱，寒山举拂以生瞋。匿王自恣修营，庆喜持盂而启教。象骨辊球之暇，火焰上转大法轮。虎溪种藕之余，橘盘中深谈实相。六时嘉会，百福具崇。幸开乐施之心，仰赞文明之化。

化冬斋果子

古格丛林，新开讲席。偶届书云之节，特干指廪之豪。营办胜缘，精严法供。懒纳北禅之皮角，且戢玄机；聊续东林之橘盘，未忘世礼。

化供六首

人有洁斋一日，则可以祀上帝，况终身洁斋者乎？施惠于蛇虺，尚致衔珠之报，况贤于蛇虺者乎？石门精舍，始以单丁住持盛，至于传器极矣。乃者胜侣遽集，至十九辈。殆于远公之社，尽皆所谓洁斋者也，有能施而供之者乎？恐不趐衔珠之报也。

《首楞严经》曰：昔有众生，施佛七钱，转身获转轮王位。呜呼！博施之利，其利溥哉！审如佛言，则施者取福，如执左券，以取寓物。多得之，非受者之喜；少与之，受者田其所增损也。唯不于佛语生清净信，而以富贵骄人，则是待游说锄镢者事，非所宜施于云山高人也。施以求福，如种须刈，虽不可必，未能无意。凡贵与贱，与夫愚智，皆能知之，无所用说。但幸有缘，见闻生喜，出其诚心，则名净施。如其不然，诟骂怒恚，推挤闭关，无所不至。设或与之，出不得已，则施与受，皆无福利。诚开金石，德感天地，岂有高明以吝自蔽耶？

窃闻人莫不有忠孝之心，而士君子独能善用此心。故愿祝吾君之寿及营其亲福祉者，皆依佛僧，真世之福田也。湘中为僧之都会，南台又其要处。耒阳礼义之乡，士君子甚众，远投之，必有欣然而施者也。解剑指廪，当无愧于古人。幸甚幸甚！

柔和不诤，清净自活，以三界为寄寓，以一钵为生涯。故世尊曰：以饮食、卧具、园林、楼观施之者，获福无量。僧盖为福田，所从来旧矣。今人欲植福而弃僧，如种稻而弃田也。

着靴人吃肉，赤脚人趁兔，理有固然，非特古语。今日若施一钱，他生庄严自具。譬如寓物于人，而执左券索取。线溜达石，众毛成球，岂可以小善为无益而不积，以多福为难致而不求哉？

南台钵饭是生涯，近取邵陵檀施家。不觉香积路迢远，更过四十二恒沙。

化油炭二首

石霜枯木寒灰，都忘世礼；药山草衣橡食，略露家风。南北随缘任运，尚求冬暖夏凉；今岁郁密堂深，犹少炭炉红火。有忠道者，潜来献诚。要令坐对红金，实藉十方檀信。醉余一掷之戏，化为海众冬温。它日果证菩提，顿超暖忍顶地。

当寺依山林，有原隰，以累年律居，皆斫伐荒废。以是逐年油炭，尚须干人。今岁尤不熟，麻油价腾涌，樵薪已竭，而寒凝日增。虽欲安坐，其可得乎？约用三十千，便成光明，便化温暖。

长生疏

九峰院名崇福，百年供号长生。适丁新年，特为吉兆。果施桑门之惠，如除毡上之毛。然众毛乃能成球，一夫不可胜敌。敢于众力，同成大缘。

化供三首

当寺依湘上，濒楚水，基于隋朝，盛于唐季。有道俊禅师者，云门之高弟，聚徒于其间。语句播于丛林，号为水西南台。皇祐间废为律，然古格尚存。荐经俭岁，住持者弃去山林，厄于斤斧，屋宇化为草棘，至以田丁膺门。今年春，州郡易以禅者领之，于是明白老自鹿苑移居此，而衲子追逐而至，遂成丛席。然惧其有增而无损，故分化于四方。呜呼！损有余而补不足，天道固尔，然以至易犯至难，人情所疑。苟非己身所私，则鬼神且阴相之，况贤者乎？

信心一念，诸佛皆知；办供一夫，诸天降福。此天下必然之理，故至诚确意归投。愿施积而能散之心，成就远劫无穷之利。

明白庵在何许，旧日水西南台。粥饭虽未饱足，大言要接方来。水盈科而必进，箭在弦无返回。不愁天厨香积，但愿施者心开。

求度牒僧衣五首

窃念生于七闽，长游三楚，以檀施为依仗，以佛法为家乡。十载事师，共悯忠勤之效；一心荷众，咸称劳苦之先。念国恩泽之未洽，僧宝数之难堕。万里之行，起于初步；千人之帐，藉于众毛。愿成出尘之姿，将赴选佛之举。既蒙开意而诺矣，幸为点笔而疾书。

盖闻相如以赀为郎，释之输粟入仕。冠于终古，赫为名卿。欲我缁衣，结发佛教。既买僧不许选佛，则用财不得守官。念某生于东瓯，长于南楚。倚妙典求登三聚，值圣王暂罢三年。终营道仪，依仿俗虑。仰冀仁惠，成就夙心。三涂升济，终赖佛慈；六度庄严，先依檀信。仁人难值，如盲龟之木；欣然易感，如磁石之针。获披广大福田之衣，而入清净和合之众。酒酣乐极，弃一掷呼卢之资；愿遂志酬，成三宝出尘之相。报恩有在，唯佛证知。

出家报四重之恩，为一大事；剃发堕三宝之数，岂是小缘？须千祇树之檀，披此福田之服。千里之水，本发于滥觞；六合之云，实起于肤寸。

恩遗有四，而檀信居其一；福慧有二，而富贵居其先。但某生于寒乡，客于华里。欲遂选僧之志，敢忘择富之求？成就胜缘，恩非同日；经营妙善，道不虚行。

三界火宅，众苦业城。既无了期，实堪惊叹。返复以念，无可依投。亲旧欲与谋婚，心志乃愿弃俗。年将迟莫，事恐滞留。敢投净信之檀，圆满六和之相。成佛作祖，始自今朝；异世他生，终期报德。誓将焚诵之志，用酬提挈之恩。

云盖智和尚设粥

今晨香粥，普告大众。圆明体上，离见离情；安立谛中，有恩有义。智和尚三月七日，现全身于云盖；甘露灭五月三日，提纲要于石门。佛法现前，恩义俱报。

生辰四首

大行所熏，如春与物；等慈无碍，似谷应声。虔当诞庆之辰，特集延祥之福。诵持法藏，增益寿祺。伏愿追迹乔松，比功契稷。和气作生民温暖，朴忠为社稷垣墙。永护佛僧，不忘愿力。

瑞应草之迎春，方开八叶；优昙华之出水，果秀一枝。仰祝寿祺，用延福祉。伏愿与民温饱，为国蓍龟。天上风霜，难老娑婆之桂；人间岁月，敢移道德之容。永护佛乘，早调相鼎。

今节届辰，过中元之七日；美名瑞世，钟爽气于三秋。仰祝寿祺，实依法力。伏愿吉祥叶相，戬谷茂滋。辅明主垤太平之基，与生民作温饱之具。自计台而进拜，追还大范之遗风；由馆职以超迁，恢复小苏之故事。

八叶瑞蓂，冠三春之淑景；一枝优钵，间千载之荣期。归命佛乘，上延台算。伏愿勤劳王室，护卫法门。诏自三湘，即受金瓯之拜；便登二府，果膺玉板之荣。瞻仙风道骨，以祝寿祺；比太山黄河，而增福祉。

代云盖贺北禅方老书

清净燕居，虽圣师之明诲；流通法藏，乃释子之本心。于其可为之时，盖亦何胶于迹？远公老矣，竟不过于虎溪；南阳翻然，乃肯来于凤阙。观其以道自重则或异，惟其以身徇法则皆然。伏惟某人清明在躬，淳化接物。以渊才雅思之三昧，资淹通博识之兼能。比自云山，徙居城郭。盖丛林之故老，传声名于此邦。金斗城中，旧挽浮山之九带；汨罗江上，重扬临济之三玄。光壮吾宗，提携后学。凡于闻见，无不欢哗。属叨疾，衰尚稽展。对谨奉启陈贺。春色向暄，尤冀珍重。

代答沩山评老书

窃承已辞惠日，咸争瑞鸟之先瞻；欻然道风，遽与珍缄而并至。悃诚特厚，文彩甚华。俯思衰残，交增喜愧。顾兹沩水，寔甲熊湘。前豪峻大雄之风，近世茂霜华之嗣。钦承禅师游戏法窟，熟烂丛林。飘然而来，故将有意于先觉；发其所蕴，行看施益于后昆。岂惟拙者之与荣，抑亦舆情之所望。谨奉启上谢。

代法嗣书

某闻惟师弟子，系时因缘。虽迁流于人天，或契阔于生死。不谋而合，妙于磁石之针；适然而逢，特类盲龟之木。方相视而一笑，叹再来之尚存。披掌发异世之珠，后身附前生之植。载之传记，炳若丹青。然望道固有浅深，受材不无大小。沿从中世，非复古风。名存实亡，力微习重。寂无奋起，几至陵夷。如某者志节愿追古先，识虑皆居人下。契无悟花之敏，迷有摘叶之愚。自离七闽，谩游三楚。夤缘养育，则恩均亲教；提携收拾，则人固户知。非止见闻之熏烝，盖亦琢磨之厌饫。誓同小朗断笻，不下三生；敢料大沩踢瓶，遂辞百丈。恭惟某人道传熊岳，派出虎溪。声华久著于丛林，诚寔可开于金石。游戏翰墨，烂熟教乘。屡让名山，倦临清众。而宗门道广，学者日亲。机比疏山，敢犯腹中之鳞甲；辩如慧日，宁逃口内之雌黄？盖其要妙渊深，高明广大。而某应量而休，蚊蚋亦名饮海；登高未已，女萝适幸依松。敢不永弃世缘，长依净社？激昂志节，报效恩私。然力甚纤埃，敢助培于佛种；光犹爝火，徒僭续于祖灯。瞻望门阑，驰心师范。过此已往，未知所裁。

代上湖南使者书

某闻赵清献公奉使西州，以一琴一龟自随，坐则抚琴玩龟，蜀人莫测。寓止成都，以书抵中朝故人曰："成都全蜀之地，沃野千里，而多江山登临之乐。斋阁事简，时有山僧野人投诗而去。诸公顾此，吾事岂不流哉?”呜呼！山僧野人固无用于世，然一造大人君子之庭，饰鄙陋之词，叙栖迟之迹，则遂为公卿美谈。恭惟某官文章之卓越，风节之高特，冠于缙绅。虽功名事业之效未收，而人主倚眷，天下之属望，贩夫乳儿莫不知颂咏盛德，其遗风余烈初不减清献公，而好贤乐善出于至诚，则又过之。方持使者节来莅三湘，以万壑之松声为琴，以自养之灵智为龟，当其酒酣客散，颓然堕帻，听江风之度曲，观湛然之发光，若傲睨万物之表，而与造物者游，其高韵脱落，当十倍西蜀。但山僧野人之诗文，未至庭下，犹以为缺典。某顷在丹阳，获陪今仪府相公苻宝舍人父子游，自南还，颇获翰墨。切闻公蔡氏卧内客也，敢自山中携至，持以呈献，无所干求，惟阁下怜其诚而进之尔。

夹山第十五代本禅师塔铭并序

师讳智本，筠高安郭氏子。生五岁，大饥，有贵客过门，见其气骨，留万钱与其父母，欲携去。祖母刘适从旁舍归，顾见怒曰：“儿生之夕，吾梦天雨华吾家，吉兆也。宁饥死，不以与人。”推钱还之。既长大，游报慈寺，闻僧说出家因缘，愿为门弟子。刘氏喜曰：“此吾志也。”年十九，试经为僧，明年受具足戒，即往游方。时云居舜老夫、开先暹道者，法席冠于庐山，师往来二老之间。久之，闻法华端禅师者深为法窟，气压丛林，盖临际九世之孙也，而杨歧会公之的嗣也。师往谒之，遂留十年，名声远闻。舒州太守李公端臣，请说法于龙门，辞去之日，端领众送之。师马逸而先，顾端曰：“当仁不让。”端笑谓大众曰：“国清才子贵，家富小儿骄。”其父子法喜游戏多类此。未几，屏院事，乃还庐山。时曾丞相由翰林学士出领长沙，以礼迎居南岳之法轮，学者争宗向之。迁居南台，自南台迁居道林，自道林迁居云盖，自云盖迁居石霜，凡十三年，道大显著，劝请皆一时名公卿。师既老矣，而湖北运使陈公举必欲以夹山致师，师亦不辞，欣然曳杖而去。人登问之，答曰："系情去留，岂道人事？湖南、湖北，真一梦境尔，何优劣避就之耶？"以大观元年上元夕，沐浴更衣，端坐终于夹山之正寝，阅世七十有三，僧腊五十有二。阇维齿骨，数珠不坏，葬于乐普庵之西。师性真率不事事，胆气盖于流辈，作为偈语，肆笔而成，亦一时禅林之秀者。余未识师，闻清凉洪禅师言其为人甚详。后二年，门人处晓出开福英禅师所撰行状来乞铭，铭曰：

定慧圆明，力无所畏。显于湘南，遂起临济。学者如云，异人辈出。唯会与南，绝群超逸。号末法中，二甘露门。唯夹山本，实会的孙。七移法席，籍其声华。迅机雄辩，能世其家。放怀清真，亦足风味。睥睨死生，盖其一戏。白塔林间，矫如飞鹤。不涉春缘，碧岩花落。

三角劼禅师寿塔铭并序

禅师道劼，生谢氏，邵武人也。得法于洪州石门乾禅师，初住临川之景德寺，后住长沙之角山。道望著三湘，学者至如归。十余年遂为终焉之所，门弟子为建寿塔于白云冲之阳。甘露灭某宣和五年十月初二日过焉，劼导余至塔所。乃为铭之，铭曰：

东林法道，盛于石门。在元祐间，归者如云。后三十年，三角有闻。石门嫡子，东林诸孙。道如平地，世不举步。陟危值谷，自为险阻。有来求者，弗答弗顾。但以此心，一酬佛祖。白云之冲，卵塔已成。如鱼千里，时绕之行。千岩月色，万壑松声。欣然而笑，谁为死生。

岳麓海禅师塔铭并序代

师名智海，姓万氏，吉州太和人也。幼静专，无适俗韵，去事普觉道人楚金为弟子。年二十一，剃发受具，辞金游方。金出邓峰永公门，父子道价，逼亚东林总、玉涧佑。故师依玉涧、东林最久，然无所契悟。晚抵仰山，陆沉于众，佛印元公独异之。师方锐于学，喜翰墨，元呵曰："子本行道，反从事语言笔画。语言笔画借工，于道何益？矧未工乎？"师于是弃去，经行湘南诸山，依止大沩十年。真如门风，号称壁立，学者皆望崖而退，师独受印可辈流下之真如。赴诏住上都相国寺，师雅志不欲西，首众衲于衡阳花药山，分座说法。元符己卯，开法于城东之东明。崇宁乙酉，迁居于湘西之岳麓，劝请皆一时名公卿。明年正月八日，麓火，一夕而烬，道俗惊嗟，以死吊。师笑曰："梦幻成坏，盖皆戏剧。然吾恃愿力，宫室未终废也。"于是就林缚屋，单丁而住，杂苍头厮养，运瓦砾，收烬余之材，造床榻板隔，凡丛林器用所宜有者皆备。曰："栋宇即成，器用未具，是吾忧，故先办之。"闻者窃笑而去，师自若也。未几月，富者以金帛施，贫者以力施，匠者以巧施。十年之间，厦屋崇成，盘崖万础，飞楹层阁，涂金间碧，如化成梵释龙天之宫。人徒见其经营之功日新，而不知其出于闲暇谈笑。宣和己亥七月九日，以平生道具付侍者，使集众估唱，黎明漱盥罢，坐丈室，闻粥鼓，命门弟子，因叙出世本末，祝以行道匆懈，说偈为别。有智暹者进曰："师独不能少留乎？"师以手摇去，复周眴左右良久，右胁而逝。阅世六十有二，坐四十有二夏。又七日，阇维收骨石，塔于西崦舜塘之阴。余官长沙，始款师，虽其道眼无分别相，而州里情亲，若出自然。故知其为人惠敏，有智略，恤孤老，赴急难，常器人于羁贱中，屡折不困。其尊礼贤者，乐于人为善，则其天性。尝叩其论于宗门，号饱参于教观，甚博而知要。不见十日，而以讣闻。呜呼！余闻论事易，成事难，舍生易，处死难，师皆返是，岂无德而然耶？南牧齐公状其平生，乞铭于余，因为之铭曰：

临济纲宗，遇风则止。昭忧其谶，得念而喜。湘南有圆，汾阳之嗣。遂兴其宗，克肖前懿。衲子方来，归之如云。南真两俊，绝尘逸群。海公于真，盖其的孙。独敢袒肩，荷担宗门。天资慈祥，一目贵贱。幻出宝坊，实依净愿。冤亲赞毁，初莫能辨。及其将化，则有明验。人死之难，如登焚轮。师独易之，如臂屈伸。塔曰无缝，岂有新陈。我作铭诗，昭示学人。

石塔铭并序

沩山空印禅师轼公，与余登芙蓉，谒长老从公于潮音堂，同游东涧。道人师粲、法钦、文显预焉。空印使同游者以石累塔于涧之曲，从笑曰："连日群鹊翔鸣，岂此胜缘之祥耶？"空印请甘露灭某铭曰：

万峰之颠，乃有流泉。迸两石间，雪涡回旋。险于三峡，下临玉渊。上有危石，其大如屋。可坐百夫，藓封苍玉。同来六僧，五七童仆。妍鄙俱笑，响答山谷。唯大士轼，约束长幼。叠石为塔，团团层秀。于一食顷，谈笑而就。其愿伊何，天子万寿。山禽何知，群飞和鸣。物不虚应，胜事克成。咨尔东阿，地祇山灵。护持此塔，使长听经。

花药英禅师行状代

临济九世之孙，云庵真净之嗣。师讳进英，字拙叟，出于罗氏，其先吉州太和人。幼孤，母怜之。性慧敏，龆龀中日诵千余言，通诗礼大义。与群儿嬉游，侮玩之气出其上，亲旧爱敬之。使著缝掖为书生，辄病，至于死邻。母泣曰："吾始娠，梦有乘空而语曰：'而出家则疾有瘳矣。'"于是击钟梵，放誓于佛前，乞以为僧洞隆童子，而藉名于善集。才年十八，试所习得度，受具足戒，即欲经行诸方以观道，报劬劳之德。其母有难色，于是庵于母室之外，名曰精进。士大夫喜其为人，赋诗为赠，多佳句，螺川父老迨今道之。母殁，心丧三年，修白业为冥福。即游淮海，所至少留，当时号明眼尊宿。遍谒已，虽未契而尝识多贤者。晚谒云庵，夜参闻贬剥诸方，以黄檗接临济、云门接洞山机缘，为入道之要，擿其疑处以启问，师恍然大悟，如桶底脱。佛印禅师，丛林号大宗师，有盛名，慎许可，独以师为俊彦。师有爽气，喜暴所长以激后学。三十年一节不移，故佛印呼为铁喙。初开法，住长沙之开福，十年之间，殿阁崇成。又五年弃之，翩然北游五台，遍览圣迹。乃南还，庵梁山，天下衲子益追崇之。政和甲午，衡阳道俗迎住花药之天宁，劝请皆一时名公卿。师以教外别传之宗授上根，以沤和般若化道俗，老益康强，精进不替。尝中夜礼佛，作息饮食不肯与众背，丛林信其诚，民人化其教，得法而为一方领袖者，不可胜数。緺拂之下，尝二千指，龙象杂沓，方进而未艾也。其激扬大事，游泳语言，备存三录，曰《报慈》，曰《鹰峰》，曰《游台》，盛行于世。宣和三年冬谢事，复庵梁山。越明年腊月，示疾蝉蜕。呜呼！若人已矣，予窃为桑门惜之。参学禀淳，一日泣诉于予，以予知其师之深者，欲干其状而求铭，故为书云耳。长沙孙承之谨状。

祭昭默禅师文

政和八年二月初六日，甘露灭致以香羞之奠，祭于佛寿灵源真归无生之塔，宝觉以拳，授法宗纲。区别背触，天非苍苍。如履虎阱，非愚则狂。公少奇逸，发硎剑铓。横机试之，切玉无伤。体露情尽，凡圣两忘。沩仰机辩，如珠走盘。父喜自匿，暴子所长。追还此风，名闻诸方。临济法道，始于南昌。大于汝颖，盛于衡湘。黄龙三关，建无胜幢。奕世护持，不离觉场。天魔愁怖，走仆且僵。剪拂流辈，高师门墙。庸有匪人，卖公自扬。骐驎种性，自异犬羊。狠触怒疾，夫岂知量？俨临清泉，精严激昂。如万星月，如百谷王。高明广大，洞彻汪洋。成就法器，坚翅飞翔。下视毒龙，命将灭丧。划海为两，搏而取将。老则移疾，古寺闲房。听万象说，以默自藏。猿鸟厌见，天下想望。我初见公，骏气腾骧。溟涬弟之，但加敬庄。人以谤掩，公慰愈光。置麝溺器，更增其香。取而有之，簏于药囊。坐交时埋，瓮于南荒。零落苦李，人弃路旁。公犯世忌，愈益称赏。万人浮议，泳消其汤。既幸生还，陆沉故乡。岂不愿见，恃公康强。计至失声，事出仓皇。中流欲济，俄丧楫航。夜泪殷枕，起喟失床。我忧禅学，终背教纲。造论导之，排斥否臧。公闻乃曰，彼自无疮。以书教诫，歆倾数行。至言吐风，自然文章。马鸣龙胜，论著精详。文字于道，疑不相妨。索珠层渊，采玉崇冈。人各有志，咸酸异尝。但余此意，拜未敢当。嗟吁惜哉，巍巍堂堂。遂成千古，丛林荒凉。然观斗柄，阴晴晦彰。示有出没，夫岂真亡。

祭妙高仁禅师文

孤凤两雏，名著诸方。我初识誉，未识华光。政和甲午，还自南荒。夜宿衡岳，草屋路旁。仆奴传呼，妙高大方。连璧而来，惊喜失床。高谊照人，笑语抵掌。潇湘平远，烟雨孤芳。举以赠我，不秘箧箱。追绎陈迹，云更几霜。去年中秋，宿师云房。为留十日，夜语琅琅。曰我出吴，游淮涉湘。今三十年，倦鸟忘翔。偶如慧晓，怀思故乡。想见明越，云泉苍茫。已遣阿涌，先渡钱塘。不见半年，岭谷想望。计至惊定，泪落沾裳。思归之念，夫岂其祥？呜呼师乎，忠义激昂。高风逸韵，仁肝义肠。缙绅相志，远公支郎。此生逆旅，已熟黄粮。梦中吴楚，宁能取将？唯方广誉，躬至影堂。如我致辞，而炷此香。清净法身，败橐脓囊。光透毛孔，不可掩藏。昔日非在，今未尝忘。如水中乳，莫逃鹅王。则我与誉，何用叹伤！

祭郭太尉文

公起徒步，丝絇人侍。遂断国论，危言谠议。在妒忌中，刚而有礼。天子敬之，爱等昆弟。虽无知名，民阴受赐。如汉子房，如唐陆贽。人众胜天，党中妒忌。公笑径去，道固如是。一斥不复，而又早世。奸邪色矜，天下陨涕。我初闻计，中夜而喟。公之精神，与天终始。宜终功名，宜身富贵。乃殁瘴乡，又寓旅邸。人之奇祸，至此极矣。唯德是辅，殆虚语耳。天定胜人，果不容伪。妒忌伎穷，反自相噬。邪正日分，晓如泾渭。今余十年，归骨万里。我昔观光，混迹都市。游公卿间，如梁宝志。公每延礼，忘其势位。我亦径造，必至卧内。兵卫如云，不敢呵止。爱憎相夺，有万赞毁。坐尝厚善，囚我棘寺。几失头颅，终御魑魅。敢期白发，奠于湘水。世相新奇，习为巧士。教训谄谀，钩取禄利。貌虽光泽，行可愧耻。闻公之风，面熟颡泚。吾闻阴德，荣亨必至。不身尝之，当在其子。格言不欺，果见伟器。沐浴道德，冠冕仁义。定世其家，行矣是似。则公之生，亦何尝死。

祭朱承议文

吾闻明珠白璧，石韬水藏。山川草木，被其容光。临川之民，共此盱上。如湘老庞，道德光华，照映两邦。吾侪微踪，云浮四方。眷此不去，是亦故乡。叹公杖履，人群轩昂。忠信岂弟，易亲难忘。忽厌梦境，高蹈八荒。公有贤子，如麟凤凰。王室柱石，吾法垣墙。终大公后，公岂真亡。想闻此语，抵掌脱冠。未忘世礼，聊荐积香。①

①惠洪诗文辑自《注石门文字禅》，中华书局2012年版。

卷三十一

曹道冲

曹道冲，字希蕴，宁晋（今河北宁晋县）人，宋徽宗时人，世号曹仙姑，北宋著名女冠。赐号“清虚文逸大师”、“道真仁静先生”。

题谢先生白云庵

桃源洞口武陵人，跳出红尘二十春。但喜白云深有趣，不知青眼近来亲。丹砂已向坤炉伏，玉汞先从坎鼎烹。活计一张焦尾外，碧坛在尺礼星辰。①

李邦彦

李邦彦（？—1130），字士美，宋怀州（今河南沁阳）人。徽宗大观二年（1108）进士及第，官至尚书左丞。钦宗靖康初进太宰，不久罢相，出知邓州。卒谥“和文”。

二妃庙

苍梧杳霭迷芳躅，晚云愁入修眉绿。熏风不动五弦空，清泪

①辑自《宋诗纪事》卷九十。

斑斑在山竹。①

李光

李光（1078—1159），字泰发，一作字泰定，号转物老人。宋越州上虞（今浙江上虞东南）人。徽宗崇宁五年（1106）进士，调知开化县，累官至吏部侍郎，拜参知政事。后贬藤州安置，内迁郴州。卒谥“庄简”。有集已佚，有后人辑本。

浯溪

结屋浯溪最上头，病轮灩灩水悠悠。夜深燕坐观心境，月到中天江自流。

伊洛节上人寓浯溪中宫寺作溪月亭诸人咸赋诗辄留鄙句

结亭临大江，浯溪出其侧。道人傍溪月，月照溪逾碧。当知月在天，分身千百亿。此月有亏盈，我心本澄寂。合眼听溪声，开眼见溪色。声色两不留，我心何处觅。梦觉月在窗，还如旧知识。

义郴廖翁赠予灵寿杖歌以谢之

郴山峩峩水溅溅，清淑之气钟神仙。山头老木几千年，不入樵斧随飞烟。廖翁好奇自抡选，真材不用加雕□。铿然入手龙脊瘦，宛转随步鹤膝坚。今晨过我有喜色，磨捋持赠夸奇特。老人年来腰脚顽，出入政藉扶持力。拄上冈头望故乡，万壑千岩才咫

---

①辑自《湖南通志》卷七四。

尺。天寒醉卧不出门，杖兮虽良长倚壁。①

汪藻

汪藻（1079—1154），字彦章，号浮溪，又号龙溪。宋饶州德兴（今属江西）人。崇宁二年（1103）进士。官至显谟阁大学士、左大中大夫，封新安郡侯，卒赠端明殿学士。晚年罢职居永州。著有《浮溪集》。

桃源行

祖龙门外神传璧，方士犹言仙可得。东行欲与羡门亲，咫尺蓬莱沧海隔。那知平地有青云，只属寻常避世人。关中日月空千古，花下山川长一身。中原别后无消息，闻说胡尘因感昔。谁教晋鼎判东西，却愧秦城限南北。人间万事愈堪怜，此地当时亦偶然。何事区区汉天子，种桃辛苦求长年。

庚午岁屏居零陵七月二十日以门掩候虫秋为韵赋五首

幽人独夜时，潮落西川根。渡口橹声急，一江烟雨昏。城头短长更，不寐听谯门。趺坐数千息，焚香待朝暾。

暑退潦亦收，潇湘净如染。时观自跳鱼，冲破青琬琰。纤纤初弦月，不受薄云掩。近村应渐寒，已有鸦数点。

人生几聪明，日夜隙驹骤。才经花信风，又过麦秋候。吾非

①李光诗辑自《庄简集》，景印清文渊阁四库全书本，台湾商务印书馆1986年版。

金石坚，与世相邂逅。胡为闻钟鸣，更历路傍堠。

家山在何许？渺渺彭蠡东。人来数月程，衣敝补道中。昨宵青灯花，似坠钗头虫。儿饥女沉绵，岁晚书未通。

人言间阔者，一日如三秋。孤臣昔放逐，七见天星周。早洿高门地，姓名记前旒。如何天鸡星，不照湘南州。

澹岩书堂

昔人曾此结精庐，故老犹传井臼余。今代子房来卜筑，要看圯上一编书。

游袁家渴钴鉧潭并序

藻蒙叔雅词部重九目惠花惠酒惠诗，继为袁家渴、钴鉧潭之游，因循不能答，再承佳句见寄，今用来韵，率课一篇，参陪杖履之胜，幸一笑而去之，以覆酱瓿而作纸绞也。

秋风入潇湘，千嶂倚天外。使君挽蓑翁，行乐秋色界。放船下空阔，舒笑凫鹭会。永怀愚溪人，千载有遗爱。延缘访遗迹，佳处时击汰。飞沉各献状，领略在我辈。匆匆莫能数，颇似慰无赖。杯行未云半，落日已相会。归来有酒所，方省欠诗债。朱轓幸停骖，嘉汝山水最。金茎峙霄汉，行矣分沆瀣。何妨共流转，今左同一概。非君个中人，孰使此中大。伊余漂泊者，他日名亦在。一闻欸乃声，蓬荜忘湫隘。

玩鸥亭记

余谪居零陵，得屋数椽潇水之上，既名为僇人，人罕与之游。

又地承凋瘵之余，无可游者，故一年而病，二年而苏，三年而心乐之，四年而视我如人、视人如物，休休焉不知忧乐之所在。屋临大川，愚溪之水注然。因结茆茨为亭，而愚溪之口，有群鸥日驯其下，名之曰玩鸥。客有过而问焉者，曰："玩鸥之说闻之旧也，今子之鸥信可玩乎?"余曰："我与物同见于天地之间者，以形而我之知物，物之知我者，以心使吾心，有以胜物，则李广之石可使吾为虎。吾为物所胜，则乐令之弓亦能为蛇，是二者无情之木石也，徒以人心之故使之，若出于有情，如此，苟吾心反如木石而无所示焉，则鸥莫得而窥矣！何为而不可玩哉。"余少迂狷介，自知于世无一相宜者，颇欲全生养性于麋鹿之群，以终其天年，而遂吾平生独往之志。盖漫仕二十余年，虽三仕三已而人不吾嫉也。无何，脱下泽之鞅，入承明之庐，佩会稽之章，则几微见于言面者矣！故近者聚而尤之，远者趋而和之。一斥而置之三千里之外，此正群鸥舞而不下之时也。吾于是杜门息交，朝饭一盂，夕饭一尊，日取古今人书数卷读之，怠则枕书而睡，睡起而日出矣！幸无疾病，则复饭饮读书如初，此外无一毫入于胃中。颓然不知田地之大，而环堵之隘也。庶几，所谓心如木石者，则鸥之驯也。固宜然俯而喙，仰而四顾，物之常情也！今鸥忘其常情，而与吾相从于此，固乐矣！安知他日无欲取鸥而玩之者哉！幸鸥无忽。客笑曰："书之壁以告来者可乎?"余唯唯。绍兴丁卯正月记。

柳先生祠堂记

先生以永贞元年冬，自尚书郎出为邵州刺史，道贬永州司马。至元和九年十二月，诏追赴都，复出为柳州刺史，盖先生居零陵者十年。始居龙兴寺西廊之下，间坐法华西亭，见西山，爱之。

命仆夫过潇湘，剪薙榛芜，探奇选胜，自放于山水之间。入冉溪二三里，得其尤绝者家焉。因结茆树蔬为沼沚台榭，目曰愚溪，而刻八愚于溪石之上，其谓之钴鉧潭西小丘小石潭者，循愚溪而出也，其谓之南涧、朝阳岩、袁家渴，芜江、百家濑者，溯潇水而上也，皆在愚溪数里间，为先生杖履徜徉之地，唯黄溪最远，去城七十余里，游者未尝到。则岂先生好奇如谢康？乐伐木开径，穷山水之趣，而游之不数耶。

绍兴十四年，予来零陵，距先生三百余年，求先生遗迹，如愚溪、钴鉧潭、南涧、朝阳岩之类皆在，独龙兴寺并先生故居，曰“愚堂”、“愚亭”者，已湮芜不可复识，八愚诗石访之亦无有，黄溪则为洞獠侵耕，磴危径塞，无自而入。郡人指高山寺曰：“此法华寺故处，而龙兴者，太平寺西瞰大江者是也。”其果然欤？周衰言文章之盛者莫汉唐，贾谊驰骋于孝文之初时，汉兴才三十余年耳，其谈治道、述骚辞，已追还三代之风，至于刘向、杨雄，益精深不可及。去古未远故也。唐承贞观、开元习治之余，以文章显者如陈子昂、萧颖士、李邕、燕许之徒，固不为无人。而东汉以来，猥荼之气未除也，至元和始粹。然一反于正，其所以臻此者，非先生及昌黎韩公之力欤？故以唐三百年，世所推尊者，曰韩柳而已，岂非盛哉！先生虽坐贞元党，与刘梦得同，而梦得会昌时，犹尊显于朝，先生未及为时所省而遽没于元和之世。事业遂不大见于时，可胜惜哉！而零陵一泉石，一草木，经先生品题者，莫不为后世所慕，想见其风流，而先生之文载其中，凡瓌奇、绝、特者，皆居零陵时所作，则余所谓幸不幸者，岂不然哉！零陵之祀先生，于学于愚溪之上，更郡守不知其几，而莫之敢废，顾未有求其遗迹而纪之者。余于是采先生之集，刘梦得之诗可见者，书而置之祠中，附零陵图志之末，庶几来者有考焉。①

王庭珪

王庭珪（1079—1172），字民瞻，自号泸溪老人、泸溪真逸，宋吉州安福（今属江西）人。政和八年（1118）登进士第。调茶陵丞，与上官不合，弃官隐居卢溪，因以自号。孝宗时，召对内殿，赐国子监主簿，后复除直敷文阁。传世有《卢溪集》，此外著述颇多，均已佚。

送谢梦叟昆仲之湘江

蜡屐访穷巷，脂车戴晓星。哦诗添些语，望岳插清冥。烽火连蛮徼，楼船壮洞庭。潇湘多夜雨，羡尔对床听。

早行

群鸡鼓翼天欲光，井上梧桐生微凉。残星烂烂或出没，初日淡淡开青苍。楚妃台边晓云碧，伏波庙前秋草黄。骚人辛苦拾何物，沅有芷兮今已香。

辰州上元

留滞远湘浦，飘如云水僧。来为万里客，又看一年灯。翠幰褰珠箔，高楼俯玉绳。鳌山今夜月，应上最高层。

入辰州界道中用颉子韵

路入荒溪恶，波穿乱石跳。骑驴行木杪，避水转山腰。倒挂

①汪藻诗文辑自《浮溪集》，清武英殿聚珍版丛书本，同治十三年江西书局刊本。

猿当道，横过竹渡桥。吾生本如寄，岁晚尚飘飖。

谪辰州

得失真何事，文章妙入场。隐身三十载，汗简几千张。名落江湖外，气干牛斗傍。吾衰任飘泊，朝夕渡沅湘。

再次前韵

湘水清如碧玉环，湘妃泪染竹痕斑。此时游宦非高志，何日抱琴归故山。雁塔共题双阙际，马蹄同下五云间。今朝憔悴荆湖外，却望烟霄叹未还。

杨文发自长沙相别忽来权邑惠诗次其韵

湘水东边唤渡舟，湘天欲暮使人愁。岂期陶令来为县，应念庞公不入州。索我题诗今老矣，看君下笔几时休。论文把酒诚堪乐，莫叹樽前欠狄秋。

次韵常德府葛倅见寄

武陵旌节控湘西，通守仍兼把一麾。玉帐静谈千里月，铜符遥镇五溪夷。漂流欲识荆州面，饥渴正如桑下儿。仰止门墙诉羁旅，穷愁那复有佳词。

送同年赵季成知武冈军

收科同日上蓬瀛，独我胡为顑頷生。晚节见君乘五马，前驱夹道拥千兵。行闻峒窟烟霞静，卧听边城鼓角声。入境旌旗应动色，更看蛮户带刀迎。

次韵段季裕惠诗

身堕西南海角边，是中乐事亦天全。渐闻长乐钟声近，正遇巫阳赦放年。客过茅蓬非率尔，诗如锦绣益飘然。一樽岂尽平生话，咫尺高楼起暮烟。

题辰州壁并序

辰州僻远，乙亥十二月方闻秦太师病，忽蒙恩自便，始知其死，作诗悲之。

辰州更在武陵西，每望长安信息稀。二十年兴缙绅祸，一朝终失相公威。外人初说哥奴病，远道俄闻逐客归。当日弄权谁敢指，如今忆得更依稀。

次韵郭伟节段廷直见寄辰溪古夜郎郡太白尝谪焉

山灵未忍勒铭移，空有寒鸦噪竹枝。二妙相逢春雾里，老夫将窜夜郎时。传看尺素双鱼尾，突过黄初数子诗。不上沅江探奇绝，平生谁肯一来兹。

春晚同石子文游欧阳参军园问其主人已物故独一老妇开门亭槛幽雅酴醾方盛开因叹二年卜居邻巷相去数十步而未尝一到作诗记之

居邻曲巷有朱扉，未许墙东宋玉窥。春草满池惊昼梦，酴醾万朵压繁枝。湘西江上参军宅，黄四娘家子美诗。他日沅陵寻故事，为余收入楚人词。

刘时举主簿相别三十年忽相遇于沅湘之间古夜郎郡也郡索窘俸馈不继垂槖而归相聚月余赋诗为别

谪仙适窜夜郎道，主簿归从飞鸟边。但喜骑驴得佳句，忽忘挥尘是何年。且将肚束三条篾，敢望腰缠十万钱。剩斩湘南几竿竹，他时分我钓鱼船。

送颇子还庐陵并序

颇子远来夜郎省余，闻其妇方卧蓐，不欲久留，而恋恋不忍去。乃令上沅湘至昔人窥九疑处，得下武陵溪，入荆州，由巴陵、武昌、洞庭黄帝张乐之野，观开辟以来，造化擘出瑰雄怪谲之处，却由潇湘以归敝庐，作数语示之，明日乃行。

东归未办武陵舟，送汝翻成一段愁。雪点弊裘骑瘦马，春寒几日到荆州。湖山天开洞庭野，吴楚月明黄鹤楼。莫苦回瞻白云岭，是行聊学子长游。

胡邦衡移衡州用坐客段廷直韵

朱崖万里海为乡，百炼不屈刚为肠。复出光芒动星斗，定随雷雨起江湘。归期正待春回雁，贺客争持酒满觞。笑说开元丞相宅，凄凉偃月上标堂。

送颇子归庐陵

西风吹我梦魂惊，送子东归无限情。好往沅湘探奇绝，远看衡岳正峥嵘。黄昏渡口呼船急，后夜江头望月明。能把愁心寄明月，云开时到夜郎城。

赠胡绍立并序

绍立顷年遍游西南诸州，闻余窜夜郎，冒重险至沅陵，由湘南以归。己卯秋，预清江高荐，复至安成访别道旧，赋诗，因以送行。

忆昔乌蛮绝塞亭，巴娘歌罢月三更。重寻湘水江边路，又见萧滩榜上名。此去飞腾对天陛，不应憔悴困书生。将军三战成功后，未数焚舟老孟明。

谢向提刑见访并序

某自贬所东归，伏辱提刑直阁，千里命驾来访，死生感激高义，辄成长句，聊伸谢悃。

夜郎逐客遇生还，秘阁老翁来扣关。坐听犀挥妙言语，惭非櫑具伟衣冠。高名业已照六合，贱子穷当隐半山。陆纳家风元冷淡，只将茶果荐杯盘。

渡湘千里忆分携，因诵痴儿不了诗。送我出门还作恶，今朝会面岂前期。乐天独往青山日，裴相闲居绿野时。从此功名恐相逼，伊山安得久栖迟。

杨文发自长沙相别忽来权邑惠诗次其韵公来权邑官妓逃亡略尽

湘水东边唤渡舟，湘天欲暮使人愁。岂期陶令来为县，应念庞公不入州。索我题诗今老矣，看君下笔几时休。论文把酒诚堪乐，莫叹罇前欠杜秋。

游贡游洞

窜身楚西极，幽奇颇穷历。况此古道傍，横天竦苍壁。何年始开凿，工如鬼镵刻。飞空数百丈，突出清鲸额。那知风雨时，云雷非窟宅。事迹堕渺茫，探讨失图籍。岂无高世士，于此炼金液。不能久徘徊，上马空叹息。

次韵胡邦衡衡阳县瑞竹堂

墙里围修竹，竹间开草堂。经春多夜雨，入夏长新篁。节抱幽人操，风敲明月珰。孤根元独立，并干两争长。影落龙蛇动，清移枕簟凉。门常对衡岳，气足傲羲皇。日射玲珑色，林疏琐碎光。双茎非别种，异物出时方。海峤名虽久，湖湘迹愈彰。行当卧龙起，天为见珍祥。

长沙北禅览古寺有吴王女坟

明湖涨天光，春云如粉碎。吴王宫女罢吹箫，象床玉碗今安在。桃李初开映绿池，绿池水暖摇花枝。闻道只今池上月，照见吴王繁盛时。当时粉色艳月彩，今日古坟烟草衰。草衰不见吴宫事，唯有月下孤猿啼。猿声哀苦闻不得，又恐清晓催黄鹂。

向衡州生日今右相与公同生日

嵯峨阊阖西风回，赤霄夜半天门开。昴星麒麟下穹昊，两家同日生公台。两公为谁张与向，人物堂堂真汉相。愿公接武未央庭，禁直金銮对方丈。

夜坐听沅江水声

雨过风林生夜清，坐邀明月正关情。渔童酒醒莫吹笛，要听一江秋浪声。

雪中遇胡烈臣归自郴阳戏成一绝

路傍有客骑牛过，乞与蓑衣作席眠。邂逅若能相顾问，和公画上钓鱼船。

离辰州

逐客休嗟行路难，归鸿心在杳冥间。初惊草尾千重浪，险渡湖头十八滩。

行尽黄茅白苇丛，举头忽见两三峰。青青尽出湘天景，如觉身离蛮蜒中。

辰州立春清首座送生菜饼

闻道春风今日回，走寻消息傍寒梅。恨无纤手挑生菜，也有青丝满饤来。

寒食日孟司理送酒

两翁俱是江南客，寒食他乡叹滞留。燕舞莺啼春未老，一罇分我洗穷愁。

初寒方葺火阁而会溪知城周子康惠竹帘火炉宁公瑞惠蒲团便足了一岁无事矣作二绝答之

细柳将军来护塞，夜郎迁客正穷居。火炉恰恰帘垂地，足了三冬读我书。

户外霜风入骨酸，谁褰纸阁问平安。正忧坐客寒无席，遗我新蒲入突栾。

寄子老并序

子老自江西来赴沅州报恩，谓必取道辰阳，翘俟久之，忽得书，乃趋径路去，已开堂矣。奉寄绝句，以当相见也。

半程蹉过夜郎溪，不到昌溪问路歧。空使辰州亭下客，隔江招手立多时。

赠日者张谷并序

余窜夜郎八年，东归至长沙，遇日者张谷，考十年前所言皆不谬。余虽老，然寿则非君妙术所得而推，故末句云。

夜坐吟诗窜夜郎，君将何术考休祥。近来偷得西华法，不敢烦君算短长。

衡岳铨德观作并序

卢溪老人谪沅湘，过此，见故人胡明仲留题同司谏游山之乐，怅然有怀其人。复过西房，听陈道士弹琴作松风夜雨声，因留二绝。他日三君子不忘游山之乐，必再至焉，为余出示此诗。

峰对乌帽翠云裘，三百年来无此流。余论更容平子否，犹胜湛辈岘山游。

碧玉峰前云满径，赤栏桥畔柳参天。长廊静夜松风起，写得余声入响泉。

过萧泷庙

泷江欲度虹为桥，泷涛舂击蛟鱼跳。泷头有庙非一朝，泷民犹传神姓萧。殿脚插入白鹭腰，青原舞翠挹岧嶢。朱甍日出烟雾消，碧瓦不动磨青瑶。忽然飞电掣紫霄，天为借怒生奇飙。游龙挥雨洗泬寥，桂花堕落香云飘。百年古木号夔魈，鼍能击鼓鸾吹箫。官船贾舶胆欲焦，庙前泊橹不敢摇。楚词跪奠设浆椒，泷之灵兮或可招。

和刘美中尚书听宝月弹桃源春晓

何年凿源开混茫，桃花两岸吹红香。烟消远浦生微阳，渔舟误行溪水长。溪回岸转山隙光，疑有绛阙仙人房。居民争出罗酒浆，花间笑语音琅琅。抱琴释子眉发苍，响泉韵磬鸣长廊。能弹往事悲孟尝，昔时台沼今耕桑。又如勇士赴敌场，坐令游子思故乡。清猿抱木号鸿荒，孤吟划见丹凤翔。曲终待月西南厢，重调十指初不忙。如见古画秦衣裳，春天百鸟争颉颃。桃源归来今已忘，弹到落花空断肠。

送向宣卿往衡山兼寄胡康侯侍讲朱陵衡岳仙人所居公是行缘故文招隐公有雪冤录历诋诸监司

海内甲马未尽休，豪英为时当出谋。天生奇才必有用，何乃相率居岩幽。胡公人品今第一，汗漫久作朱陵游。朱陵窟宅倚苍翠，此公招隐安可留。九庙今谁起颓压，四方正尔烦诛求。我闻昔时元刺史，舂陵地分天子忧。少陵作诗颂其事，至今人传元道州。公为道州绩尤伟，谁为再作舂陵讴。孤城疲卒捍狂贼，高论力诋庸儿羞。安得如公数十辈，参错天下为邦侯。京洛腥膻不难扫，潢池寇孽不难收。愿公早请尚方剑，先斩佞臣张禹头。

戴国和得潘衡墨法于言意之外今携之湖湘必有识之者作诗以送之

老潘胶法秘不传，君独得之乃其天。此法彷佛如参禅，忽然有省夜不眠。又如神仙换骨法，应手不自知其然。湖东大帅天下贤，词源如海笔如椽。本是玉堂挥翰手，正要此物供磨研。醉题李白三百首，扫尽将军九万笺。老潘殁来知几年，声名始落潇湘川。君不见，吕洞宾，竹丝篮子乌纱巾。长安市上无人识，唤作湖西卖墨人。

谢张钦夫机宜惠灵寿杖

九疑连绵青未了，郴江擘出蛟龙吼。雷公霹雳搜岩幽，化为郁律黄蛇走。飞电迸火出奇节，黄蛇走立僵如铁。携看玉女洗头盆，拄上九疑探禹穴。莫挑马棰渡黄河，莫扣天门阍者诃。但挂百钱时一醉，从教风雨湿渔蓑。青钱学士年方少，年少羞为老人调。即看飞步上蓬瀛，别有青藜夜相照。

送南台长老并序

本老游吾州数年，余固知其名而未识面也，忽飞锡赴南，诸侯之请访余于溪上。谈论亹亹，猎取孔孟荘周之言以证彼大，此又谈禅而无蔬笋气者也。奇事！奇事！余闻南台古禅窟大师，时之伟人，其往也必不为彼寂寂，故作数语以赠行。

祝融峰畔南台路，杰阁危栏上云雨。绣木泥金好佛堂，撞钟击鼓闻潇浦。瀛洲仙人东道主，□□招提境中住。请公说法也大奇，要公别下一转语。

观徐明叔画湘西磨崖图崖在湘西白鹤峰纪官军破贼

衡山高出北斗边，九疑苍梧相属联。群峰环走如却立，山脚插入潇湘川。朱陵渺邈迷处所，白鹤喷薄飞流泉。坐看徐郎拂绢素，尽驱山岳置眼前。徐郎岂是真画手，酒酣游戏乃其天。巴陵洞庭连浦溆，鲸鲵蟠穴为贼渊。诏谓将军出旗鼓，楼船蹴踏惊浪喧。欃枪夜落照湖水，雕弓十万犹控弦。湘西古寺最奇绝，丹崖翠壁开何年。况公文章善叙事，大字怪伟宜镵镌。中书异时观落笔，因烦吮墨图凌烟。孟公韩公毛发动，腰鞁大羽冠进贤。他年中兴事可考，公名亦与兹山传。

次前韵酬董衮臣使君见寄时公知岳州

少年通籍金闺里，持节荆湖已三至。巴陵江水天上来，楼观峥嵘半天起。使君才气雄山东，豪曹巨阙谁争锋。谯门高开洞庭野，鼓角震动鱼龙宫。此中景致最佳处，燕间不复谈征虏。题诗远寄江外人，政恐六丁来下取。

夜归西园独步

清夜游西园，竹影乱秋月。穹色湛虚明，林光益奇绝。人间睡方浓，那知此时节。坐观衡阳移，领列风烟别。沆瀣洗天宇，一饮醒毛发。气与南山高，青苍助施设。池塘收绿净，星斗转空阔。微云点太清，须臾亦自灭。明朝问此境，胜处不可说。却恐鸡三号，开门走车辙。

送董衮臣提举并序

湖西提举董公馆于方外幕中月余日，得报杖屦之游。每听高论，慨然有经世之志。忽闻大丞相李公来镇长沙，即日撰装走临川以迎谒，谨书长句叙别因以送行。

小庵遂在青林里，高轩大马从何至。慨然吐论翻涛澜，茅檐为我清风起。忽传丞相下湖东，群凶落胆先摧锋。便欲磨盾作文檄，捷书飞入甘泉宫。丞相参谋虚位处，曾看出奇兼破虏。席卷江湖波浪清，貂鼎功勋归自取。

再次韵酬岳州董使君闻去岁妖贼犯境实时擒灭

西望岳阳烟雾里，闻有玺书天上至。增秩何年下凤凰，初无草动风尘起。我生飘泊任西东，孤军敢犯千人锋。郢中白雪岂容和，牛铎辄应黄锺宫。郡楼把酒题诗处，笑命骚人等奴虏。不忧突境有狂夫，立遣偏裨生缚取。

沅陵遇公美忽谈道术如有所得将之桃源作诗送之

昔年结屋并江湾，见君心胆方未闲。墙东月出夜扣关，酒酣说剑翻涛澜。迩来书剑谋俱左，寻仙欲鼓蓬莱柁。三寸田中已发花，九曲江边仍进火。蓬莱万里天无涯，惊风落叶卷黄沙。且过桃源访秦洞，玉盘应饤枣如瓜。

送刘义夫宰祁阳

浯溪寒翠拖碧玉，石崖硉矹凌苍霞。次山奇文走霹雳，颜老健笔蟠蛟蛇。凛如诮杞叱希烈，至今杰立天之涯。公于其间宰民社，切勿但取文辞夸。当用忠壮出奇节，县妖破胆莫敢哗。官舟连樯泊溪口，符移星火如撒沙。旧闻俗苦吏嚣恶，端能病政使不嘉。先声入境若元气，顾见槎枿皆萌芽。溪中古月溪上石，照公清德无纤瑕。溪流不尽石不老，佳名万古磨不窊。

赠蜀僧妙高并引

蜀僧妙高自峨眉出三峡为南岳干佛事，至辰阳。适余窜居是邦，高数相过，又将去游江湖吴越之间，索诗为别。

峨眉山头古时月，浮云卷尽尘埃灭。曾随僧宴入中京，光照九天开玉阙。山月如今亦送君，影落洞庭波底彻。此时看月忆峨眉，山色湖光两奇绝。明月随君却复东，千里相思共吴越。问言古月与今月，水鸟风林尽能说。溪边惜别重吟哦，顾我无才奈若何。他日长安逢李白，再乞峨眉山月歌。

答赵季成书

自郊外之别，俯仰逾半年。方剧翘想，盛价归奉台翰。喜闻初即治封，教条一颁，边氓爱畏，忺慕久之。某顷在辰阳，熟识洞溪利病。自蜀连荆湖至广西，其壤地皆接连属，鼎、澧、辰、沅、靖者甚微弱，至武冈渐险远荒阔而难治。昔年黄安俊叛，近时杨再兴叛，皆倚武冈之险，国家若不治郡于此，则两路皆失控扼。观柳子厚集中《武冈铭》，则自唐以来以为襟带，非特今日也。向之请废此者，近类轻狂，几误边防大事。幸朝廷灼见本末，不从其请。若郡得贤太守，禁边人不扰之，则彼溪氓最易调服。想季成亦备察此理，固不俟某之区区也。①

吴可

吴可，字思道，号藏海居士，金陵（今南京市）人。大观三年

---

①王庭珪诗文辑自《卢溪集》，景印清文渊阁四库全书本，台湾商务印书馆1986年版。

(1109) 进士，曾官于汴京。后辞官转徙楚豫之间。著有《藏海居士集》二卷。

避地桂阳山门招友人晚饮

荒城住行李，故人亦淹留。稍迁墟丘间，爱此石泉幽。长夏晴复雨，风气如清秋。开樽茅茨下，焉能消百忧。客怀滞荆楚，念之成白头。今宵理归梦，一棹随风流。①

阮阅

阮阅，字闳休，舒城人，宣和中知郴州。

郴江百咏并序

郴，古桂阳郡陈迹。故事尽载图史，亦间见于名人才士歌咏。如杜子美《寄聂令入郴州》，韩退之《郴江梆子厚登北楼》，沈佺期《望仙山》，戴叔伦《过郴州》之类是也。山川寺观之胜，城郭台榭之壮，未经品题者尚多，亦可惜尔。余官于郴三年，常欲补其阙，愧无大笔雅思可为。然因暇日时强作一二小诗，遂积至于百篇，虽不敢比迹前辈，使未尝到湖湘者观之，亦可知郴在荆楚自是一佳郡也。宣和甲辰二月中和日舒城阮阅序。

东楼

危城雉堞对东山，谁创高楼十二栏。独鹤不来松已老，春风动处日三竿。

---

①辑自《藏海居士集》卷上，民国宋人集本。

上仙阁

曲槛危梯紫翠中，苏仙宅畔古城东。不须更著登山屐，万岫千峰一日穷。

俯春亭

城上危亭可摘云，四边山色翠为邻。下窥城郭无余蕴，草色花光尽是春。

山阴堂

修竹苍苍似剡川，浮觞可继永和年。不知谁有羲之笔，欲写兰亭第二篇。

藏春亭

百紫千红一径深，胭脂为地粉为林。有人来问春何在，向道花间无处寻。

灵寿庵

结茅编竹对高丛，不种修篁不植松。但得数枝花似雪，何须栽截伴枯笻。

清淑堂

三仙一相有遗风，清淑谁言到此穷。寄与郴阳忠信士，得名端合谢韩公。

筼筜亭

娟娟细细两三丛，却厌桃花相近红。已有数枝湘浦月，不消千亩渭川风。

三怀堂

东京吏治孰称循，范晔才书十二人。前日桂阳三太守，许谁来此继芳尘。

射圃亭

不似投壶谩雅歌，纵贤无奈罚觥何。若知蓬矢桑弧意，不用穿杨中鹄多。

紫芝亭

和气薰蒸庶草灵，昔年闻有紫芝生。史官不绝书祥瑞，几欲图形献此名。

撷芳园

万萼千枝二月春，只愁风雨便成尘。不知谁撷香英去，自有寻芳拾翠人。

砌台

翠珉斜倚若危梯，上出高城下枕池。不但绮罗为戏事，又将台使补庐儿。

西楼

危楼百尺对东山，帘幙秋风卷暮寒。每向残阳新月看，几人曾此凭栏干。

真仙亭

雕甍画栋对群山，远目增明尽日看。无奈人心多险伪，须求拳石作峰峦。

碧虚亭

筇竹枝弯屐齿摇，登临身觉在烟霄。千峰险似三川峡，一水深如八月潮。

北湖亭

檐楹山影水光中，携酒来时伴钓翁。四岸烟云芳草绿，一栏风雨落花红。

绿净堂

绿如青草净如渊，远近山光上下天。有客凭栏若相问，为言此处似蒸川。

湖亭

城外高堂俯碧湾，山如螺黛水如环。有时鼓棹来寻胜，直到斜阳未欲还。

北园

一坞春风北苑芽，满川流水武陵花。溪东旧观仙人宅，城内高楼刺史家。

辉松台

灵寿峰前路有苔，松门依旧对山开。幽人野叟寻僧至，时有辉辉大旆来。

燕堂

山有香炉水有瓶，斋无尘榻合无铃。胡床尘拂枯藜杖，门对江山日夜扃。

竹轩

轩户萧条对北垣，谁来此地种檀栾。无人会得青青意，雨洗风吹叶叶寒。

白莲亭

石甃方池种白莲，庵僧欲绍远公禅。文皮麈尾来游处，谁似庐山十八贤。

东园

芳春合外茂林中，池上新桥路迳通。谁种松篁藏古意，我栽桃李引春风。

苏仙观

寂寂星坛长绿苔，井边橘老又重栽。城头依旧东楼在，未见当时鹤再来。

成仙观

仙去寥寥几百春，隐居依旧在湖濒。枝头禽语人难会，石上骡踪事已陈。

露仙观

寂寞荒坛枕水边，长沙施药已千年。松间风露如前日，何事无人更得仙。

骡穴观

朝辞湘楚暮山东，今在蓬莱第几峰。可笑时人空扰扰，武昌山下问骡踪。

景星观

圣世休祥见景星，曾闻瑞日庆云生。羽人中夜来朝斗，透过松梢一点明。

东山

藜杖芒鞋过水东，红裙寂寞酒樽空。郡人见我应相笑，不似山公与谢公。

黄相山

东带连山接五羊，西分郴水下三湘。路人到此休南去，岭外千峰尽瘴乡。

百丈山

萦迂鸟道少人通，只有豺狼夜过踪。自炫崚嶒逾百丈，安知七十二高峰。

桄榔山

休言鸟道与羊肠，鸟道羊肠不可方。却喜年年种䅟麦，山中不用有桄榔。

马岭

牛山日日夕阳红，鹿洞年年草色浓。更有当时马行处，郴人犹指旧骡踪。

话石

人世哓哓已不根，更堪顽石亦纷纷。何如缄口藏长舌，道路如今已厌闻。

白鹿岩

风驭云轩鹤羽轻，野麋常此望霓旌。当时岩下藏身处，依旧春来草自生。

坦山岩

空山夜雨鬼神愁，怪石层崖虎豹忧。鸟道不通车马到，只供衲子羽人游。

兜率岩

泉如铅汞流丹灶，石似珊瑚出海涛。不会当时融结意，区区虽巧亦何劳。

王履岩

勾践因何渡楚川，苍苍双石卧寒烟。当时纵使为淫巧，片石安能作履穿。

郴江口

扁舟斗转急如飞，对此令人忆退之。不但郴江有佳句，义鱼祷雨尽留诗。

灵湫

老蛟力斗死池中，山下流泉暗谷通。风雨年年常十五，休将涓滴强邀功。

中洲

卷地江流绕古城，参天乔木一洲横。年年秋雨无情甚，沙嘴才高又压平。

崇德河

楚俗声音误最多，近来方证桂门讹。分明流向郴人道，此水今名崇德河。

怨溪

溅溅溪水石磷磷，两岸山花野草春。流去前滩何处问，不知当日怨何人。

千秋水

不求至道不修真，一穴涓涓岂有神。王锡苏躭已仙去，未应皆是酌泉人。

潮井

朔月盈亏已可疑，随泉上下更难知。钱塘江在吴山外，谁见来时与落时。

浪井

可畏人情与世途，险如波浪起江湖。岂知荆楚山川地，坎井泓泉无处无。

橘井

苏仙旧隐已藤萝，橘井空来岁月多。摘叶汲泉皆朽骨，郡人犹说愈沉疴。

愈泉

未载人间肘后书，此名直恐是相诬。古人诗病知多少，试问从来疗得无。

圆泉

清洌渊渊一窦圆，每来尝为试茶煎。又新水鉴全然误，第作人间十八泉。

孤山

瘴山蛮岭斗嵯峨，高可跻登不可磨。万岫千岩皆阘茸，一峰孤秀不如多。

香泉

僧舍灵源静不流，只供斋钵与茶瓯。直应老衲投薰陆，石罅云根久未收。

醽醁泉

玉为曲蘖石为垆，万榼千壶汲未枯。山下家家有醇酒，酿时皆用此泉无。

蒙泉

流出山根无尽时，潜深不似瀑泉飞。此时非净还非垢，欲洗须知是钝机。

剑泉

太阿气在斗牛边，报惠论雠世有仙。黥贼东来携败铁，地灵安肯为生泉。

贪泉

玉洁冰寒彻底清，不因汲引有亏盈。廉泉让水贪无异，空使时人恶此名。

寒泉

春欲为霜夏欲冰，一山寒气逼人清。应知炎冷难同处，甘与汤泉各自生。

郴江

不分涓滴溉田畴，只有重滩碍巨舟。险似瞿塘并赣水，岂能如鉴泻清流。

灵寿木

聊依枯木伴寒藤，曾为当年孔傅生。寂寞空山穷谷里，如今文杏又争名。

茶山寺

莽草寒芦事不经，八峰深在乱云层。只因一句鹅湖谶，直至于今有此称。

会胜寺

灵寿山前古梵宫，粥鱼斋鼓白云中。衲僧若会蒙泉意，竟与曹溪一径通。

香山寺

十里城南古道场，一泓寒水翠微傍。幽人衲子时来汲，疑是山中草木香。

乾明寺

寺古僧残丈室空，我来试问老禅翁。直松曲棘都休道，庭下山茶为甚红。

开福寺

郴江东畔小禅林，谁见当年地布金。夜磬一敲僧定出，水声东去月西沉。

开利寺

修篁乔木水西涯，古屋颓垣达磨家。持钵但闻僧乞供，杜门不为客烹茶。

太平寺

石虎城西郴水边，支提突兀祖灯传。有人认得双岩桂，何必庭前柏子禅。

永庆寺

空庭生草路生苔，寂寂荆扉小径开。有客试泉方到此，须知不是为僧来。

尊胜寺

老僧不复识丛林，只说幽栖是息心。可惜一溪东去水，更无轩石称登临。

白虎城

楚人未筑上游城，千古冤声尚未平。雉堞已然无石虎，不知何用昔时名。

石城

郴江淼淼接湘天，层壁重崖北水边。数日东风春浪恶，渔舟不是莫愁船。

苏仙祠

羽节云旌事已空，旧庵今在最高峰。拂坛不见当时竹，系马犹存旧日松。

孝妇冢

国史班班有旧闻，欲将重说与郴人。教知蔡妇潸然意，可比神仙嘆酒神。

久留冈

颍人间欲问郴人，卫飒如何似寇恂。只恐当时遮道者，不应皆是惜留人。

刘相国书堂

疏林翠竹水沧沧，问是刘公旧隐堂。但得青编有完传，故居寂寞亦何伤。

窊樽

山中闻有酒官泉，复有窊樽在水边。荆楚人皆喜群饮，见时应有口流涎。

迷桥

林花岸柳草芊芊，山下长桥跨碧川。往事茫茫无问处，不知迷俗是迷仙。

桂门关

恶名辨正可无疑，已有金华学士题。寄语往来荆广客，鬼门关在郁林西。

漏天

从古常闻有漏天，此言恐是里人传。山深自合常多雨，不是娲皇补未全。

飞仙桥

柜中飞出过辽天，楼上归来又几年。云物已闲松已老，芝田依旧在桥边。

栖凤驿

凤出明时欲览辉，栖桐食竹屡来仪。空山穷谷无丹穴，肯伴鸱鸮共一枝。

龟峰铺

山似龟形古戍西，路人到此欲稽疑。刳肠钻灼犹难信，顽石何缘解有知。

蔡伦宅

竹简韦编写六经，不知何用捣枯藤。自从杵臼深藏后，采楮舂桑事已更。

西湖

岸草江花对夕阳，满船新月夜鸣榔。秋清菡萏红千柄，风静琉璃碧一方。

宣风道上

马蹄西去夕阳催，浓淡寒山翠作堆。北雁无情怕秋热，带将寒信过江来。

题春波亭

数叶荷衣一短藜，春波亭上倚斜晖。无人会得诗中画，凭尽阑干又独归。

雕玉山

嶒嵝崎岖面碧霄，何曾温润似琼瑶。一堆顽石郴江上，纵有昆刀不可雕。

五盖山

五峰如盖色苍苍，隔断蛮陬与瘴乡。纔见山中冬有雪，郴人预说岁丰穰。

南楼

雉堞谯楼紫翠环，红尘扰扰白云闲。蛮烟瘴雨千峰外，邑屋人家十里闲。

南塔寺

江岸南峰对石城，僧房高在乱云层。台前天阔秋多月，塔上风微夜有灯。

东山寺

竹外长桥过水西，林中钟磬旧禅扉。筇迎残月僧包去，帆背斜阳客艇归。

温泉

谁将炎热换清凉，可使澄泓作沸扬。从赐骊山妃子沐，人间处处重温汤。

妙胜寺

谁营僧舍近西城，今与行人作短亭。庭下秋风花簌簌，门前春水竹青青。

崇毅寺

城外招提竹隐门，更无一点利名尘。蒲团纸帐松窗下，却有安禅藏卷人。[①]

李纲

李纲（1083—1140），字伯纪，宋江苏无锡人。因无锡有河，名曰梁溪，故号梁溪先生。徽宗政和二年（1112）进士。历官至太常少卿。宋高宗即位初，一度起用为相，俄遭罢免。绍兴二年（1132），复起用为湖南宣抚使兼知潭州，不久，又罢。著有《梁溪先生文集》、《靖康传信录》、《梁溪词》等。

①阮阅诗辑自《郴江百咏》，民国宋人集本。

去岁道巴陵登岳阳楼以望洞庭真天下之壮观也因诵孟浩然气蒸云梦泽波撼岳阳城之句追古今绝唱用以为韵赋诗十篇

登楼窥洞庭，沧波渺无际。波间起飞龙，惨淡带云气。云雷倏忽灭，天水共澄霁。矫首望君山，镜面青螺髻。

地枕江湖阔，秋来多欝蒸。山城少见日，雾雨长冥冥。今夕定何夕，月华风露清。于此兴不浅，栏干聊复凭。

秋色到极浦，层空霭行云。长剑抚玉珥，欲降云中君。桂旗澹偃蹇，风驭何缤纷。淹留岂予愿，沐浴空兰薰。

此身堕江湖，恍若在清梦。梦中亦何为，思古亦长恸。心驰关塞远，目与飞鸿送。贾客不知愁，凄然笛三弄。

江湖渺无涯，怅然怀震泽。地分吴楚远，天共云水白。鲈鱼正堪脍，蟹螯亦可擘。何日归去来，秋风思迁客。

西风木叶脱，洞庭水层波。苹芷满洲渚，有怀忧思多。眇眇帝子愁，欲降山之阿。兰蒸奠桂酒，浩唱闻九歌。

湖光如镜平，风雨一摇荡。蜿蜒舞翠蛟，汹涌迭银浪。帆樯走阵马，势出霄汉上。吾生幸可惜，何事鱼腹葬。

濯足洞庭波，秋高翠增岳。美人渺何在，使我怀抱恶。悠悠江湖深，坐阻关山邈。采兰亦寄之，终朝不盈握。

重湖望不极，秋色蔼残阳。洲渚云沙白，菰蒲霜叶黄。飞帆适沅澧，回雁过潇湘。楚客经行处，依然兰芷香。

江湖秋日暮，远客若为情。宿舸沙边缆，征鸿云外声。星河摇倒景，鼓角起江城。去国同王粲，登临百感生。

望九疑

洞庭渺漭芦苇秋，九疑联绵烟霭浮。重瞳一去不复返，苍梧云物空疑愁。两阶干羽久寂寞，千古夷夏相仇雠。安得垂衣转琴轸，熏风为解吾民忧。

黄陵庙

湘妃庙貌枕江湄，不见当年鼓瑟时。玉佩风摇云冉冉，翠帷烟湿草离离。凄凉清泪留班竹，寂寞深林叫子规。断简遗编杳难考，无人为立退之碑。

得报以谪降官不许同处一州自鄂渚移居澧阳有感

萍漂梗泛又迁居，叹息谋身术已疏。愿访湘妃遗佩浦，试追汉传吊累书。干戈满眼伤群盗，松梓连云念故庐。泽畔行吟觉憔悴，前身疑是楚三闾。

戊申冬至日有怀诸弟时赴澧阳

缇室初回律管阳，貂裘还是旅殊乡。可堪身向三湘远，更觉愁随一线长。棣萼相思劳梦寐，郊禋成礼想旗裳。羁臣与国同休戚，老眼犹期见治康。

自蒲圻临湘趋岳阳道中作十首

鄂渚何尝一日安，澧阳犹喜远江干。帝妃降矣空遗佩，公子思兮欲采兰。水带潇湘疑有雁，地连岭蜀苦无寒。迂疏自笑谋身拙，却荷朝廷德意宽。

屈伸任道复何求，去国翻成汗漫游。处世久师齐物论，摅怀聊赋畔牢愁。霜清日薄寒光急，云惨天高阴气浮。袅袅西风洞庭阔，可堪更上岳阳楼。

岁寒又复事南征，旌檝兰舟过洞庭。水入重湖千里白，山连平楚数峰青。云鸿杳杳飞何远，汀芷微微气自馨。千古灵均英爽在，固应笑我学余醒。

三年奔走未容归，敝尽东周季子衣。断垄连冈平野阔，扁舟短棹寸心违。凌晨白雾沾裳湿，薄暮彤云夹日飞。回首梁溪杳何处，翠烟空锁钓鱼矶。

还驱征骑向三湘，行尽骚人放逐乡。绿叶素荣歌橘颂，采衣姣服浴兰汤。云中帝子旂旗降，物外桃源日月长。便欲翛然与高蹈，故应脱屣谢轩裳。

不解扬波与餔醨，又还来放楚江湄。椒兰气味何其烈，蘅药芬芳空尔为。宁赴湘流非我事，托怀鹏鸟乃吾师。醉醒清浊初难共，渔父从来自不知。

远谪三湘欲卜居，试从詹尹拂占书。昂昂愿作云间鹤，泛泛宁为波底鱼。咿喔突梯真得计，洁廉正直却成疏。益坚节操行吾志，龟策从来自不如。

更欲投书吊汨罗，西风袅袅水增波。江分梦泽於菟远，地近芳洲杜若多。野鸟终年从萃止，木奴千树正婆娑。卜居更作终焉计，华发萧萧奈老何。

俎豆其如军旅何，谁令瀚海起干戈。休将直道论三黜，且把微辞续九歌。山鬼含颦乘赤豹，湘灵解佩鼓云和。蛮邦虽陋吾何恨，厌见旌蕤相荡摩。

龙驾翩翩帝子游，我因谪宦亦淹留。潇湘且傍鼋鼍窟，葭菼空怀鹦鹉洲。抟气愿师周柱史，著书更笑陆忠州。变心从俗吾何敢，千古骚人共此愁。

岳阳楼三首

缥缈层楼俯洞庭，湖光霁色两澄明。气蒸云梦浮天白，水合潇湘到底清。去棹来樯云共影，断鸿孤鹜笛连声。望中更觉君山小，一点青螺镜面平。

翛然多难偶存身，又到苍茫楚泽湄。鼓舞鱼龙张乐地，佩纫兰芷独醒人。涉江哀郢空回首，极目伤心欲向春。鼓枻寅缘傍枯苇，故应渔父尚垂纶。

常诵飞龙邅洞庭，登楼况复把骚经。瑠璃万顷天同碧，翠黛一螺山更青。白鸟风高方倦翮，苍鹰冬暖正舒翎。客愁欲作长鲸吸，却笑三闾只独醒。

渡江

桂楫兰旌楚泽东，碧空如水水如空。江湖落日浮秋橘，岛屿残霞拂断虹。世事茫然烟霭里，客愁都在橹声中。沙头凫雁相俦侣，笑我年年逐转蓬。

至澧阳寓天宁僧舍有感

常诵离骚澧有兰，那知谪宦憩其间。片云只鹤风方急，只恐飘零过别山。

此身又复寓精庐，丈室萧然一物无。每见招提心即喜，前生真是老浮屠。

别夹山能老

相逢千偈口澜翻，已是亲曾到夹山。猿鸟可能知祖意，飞腾青嶂碧岩间。

药山三咏

问道室

骨相崭岩心已安，松林谈道不胜寒。习之不会高人意，便作天云缾水看。

伏牛庵

侍者何须召二空，一元调伏自知风。轩然栋宇翚飞处，何似当年茅竹中。

雷满地

英雄割据老渔师，习气难忘凿此池。尚想兴酣高会处，投身下取酒杯时。

梁山观音寺东汉梁松驻军之地有庙

大士当年白鹿驯，宝坊千古閟松筠。风流帝壻膏粱客，也解来为护法神。

益阳白鹿寺

寺枕清江荫碧梧，萧然景物类东吴。登临忽动思归兴，不待秋风可鲙鲈。

清修寺在益阳数十里间惠远之弟居之世谓之小庐山二首

盘纡石磴白云间，风落岩花满路斑。峰岭横斜自重掩，个中真是小庐山。

傍山修竹翠檀栾，竦节疏枝碧玉寒。安得诛茅此君侧，世间浑作梦中看。

自湘乡趋邵阳以避谤不敢取道衡岳有感五首

平生性僻爱溪山，偶得经行秖为闲。叹息迂程避烦啧，坐令南岳阻跻攀。

石廪巉天堆祝融，遥看山色有无中。宽恩异日容归老，先到衡阳回雁峰。

恭闻南岳魏夫人，绛节霓旌拥玉轮。我欲他年受真诀，先从碧海涤埃尘。

邺侯奇谲世难知，放浪衡湘亦避时。懒瓒不知今在否？无心更与觅蹲鸱。

退之昔谪恶溪湄，精意能开衡岳云。我匪天穷坐人阨，试从山外望氛氲。

邵阳道中云岩寺

山空小寺依嵌窦，日暖幽禽转好声。万个琅玕一茅屋，何当此处寄浮生。

清湘西山寺无量寿塔

黄花翠竹真如性，大地山河清净身。欲识今时无量寿，不知瞻礼是何人。

余两过湖湘皆以事阻不到南岳今自岳趋潭意谓决可一到又以新讨降步谅之众不果往为之怅然成两绝句

衡岳峥嵘倚太清，长时雾雨少晴明。我来却恨缘征讨，不得祝融峰上行。

七年三到楚江边，阻上衡山信鲜缘。此去便为归老计，不知重到是何年。

翁士特见示山字韵诗两篇复次前韵寄之

未展垂天翼，聊寻避地山。宝坊资小隐，彩服奉慈颜。乡邑兵戈满，轩窗紫翠环。遥知排遣处，祇在倡酬间。离索嗟时久，诗篇喜使还。故情尤觉重，佳句不容攀。洒落吴笺湿，韬藏古锦斑。开缄惊璀璨，逼耳听绵蛮。陋质尘黄合，高材困绿纶。青衿同婉娈，华发怅斒斓。顾我方遐弃，如公岂久闲。何须叹飘泊，吾道属多艰。

踏遍江南土，来游湖外山。地卑惊鹏鸟，天远忆龙颜。淮海屯貔虎，戈矛杂佩环。驰心万里外，回首五云间。飒沓方多故，飘零且未还。桃源期可问，铁鏁怅难攀。霜重丹枫落，江清锦石斑。梦余惊蚁垤，争极叹蜗蛮。且隐重重几，深藏若若纶。江篱纷掩苒，湘竹晕斒斓。水国鼋鼍横，琳宫日月闲。亲朋未相弃，莫使雁书艰。

章华台华容县西三里

断垄连冈云梦西，楚王宫殿尚遗基。桂花半落垂黄橘，想见章华九月时。

华容西二十许里有墨山，即《离骚》所谓玄石也。山有大云寺，寺有云母泉，甘芳洁清，大旱不竭。唐李华有诗序之，甚详。其末云：华贬杭州司公，恩复左补阙，次于岳阳。江山延望，思与高贤共饮云母之泉，躬耕墨山之下。敢违朝命，以询私欲。秋风露寒，洞庭微波。一闻猿声，不觉涕下。况支离多病，年甫始衰，愿饵药扶寿，以究无生之学。事乖志负，火爇余心，三复其言而悲之，因次其韵：

霜风振古林，肃肃有异声。我登玄石山，适此氛祲清。散策步山巅，僧庐窈而精。石磴尽云母，晶荧璨瑶英。涓涓幽谷泉，玉色凄芳馨。饮者得难老，沉疴体皆平。乃知泉源美，本自山川灵。沉吟遐叔诗，此其浪得名。肺腑久尘埃，于焉吸清泠。玉池艳生肥，漱濯归黄庭。却思陆子泉，厥味可弟兄。白首困飘泊，丹心竟何成。鼓枻渡潇湘，曳裾拂荆衡。回头故山远，怆悢若为情。区区金石坚，正赖日月明。卷舒随用舍，未觉殊亏盈。风高洞庭波，云暝兰芷城。饵药扶始衰，究心学无生。庶几甫知命，寸田不废耕。

自武陵舟行至德山

舍车泛兰舟，摇荡武陵水。憩装古丛林，幽胜冠南纪。当时霹雳手，掣电机在捶。钤锤今得人，宗旨振颓委。何须大雄殿，突兀踞巍址。龙蛇相混杂，衲子聚千指。齐竽一一吹，真赝见炉锤。青葱松竹阴，积翠纷可喜。春风一动摇，萧瑟鸣不已。却游德岘亭，枉渚抱中沚。襄阳今何如，风物畧如此。空怀堕泪碑，愧叹羊叔子。坐令邹湛辈，名字随骥尾。夷人窥汉疆，战哭多新鬼。王室如缀旒，寇盗结蜂蚁。而我荷宽恩，抱衅适万里。回头望中原，洒涕湿巾几。海山渺安在，澒洞鲸波里。飞仙时往来，当学长不死。

再次韵崧老见和之作
时传春秋集传又欲借易说故篇中及之

黄尘暗中原，河洛皆穹庐。衣冠竞南渡，故国靡复余。襄陵大岳裔，亦尔困征涂。颠沛不忘道，呻吟曳长裾。如公巨川舟，岂止清庙瑚。愧我正羁束，未能踵汉疏。幸然声气同，鸣鳳栖必梧。褰裳思琢磨，道阻不得俱。已从借麟经，更欲窥羲书。庶或晚闻道，洗心复其初。湘沅骚人乡，兰芷今岂无。回风摇蕙草，叹息空幽居。

去岁寓长沙游道林岳麓真天下绝景也今相去不远无因再游赋诗见意

衡山之陬湘水湄，道林岳麓天下少。蟠冈复岭相掩重，石磴松门递萦绕。经行多在烟霭间，台殿半开云木杪。衲僧宴坐禅寂余，朝磬暮钟清杳杳。凭高旷望楚天阔，志气已逐飞鸿矫。橘洲枫浦指顾中，俯视更觉长沙小。风樯浪舶千艘屯，丹楼粉堞百雉缭。苍茫晓色散平川，点缀残霞映疏蓼。从来篇翰谁最优，沈宋杜韩争表表。古今尘迹散烟云，独有斯文传不了。来年清赏回首空，斯欲再游真漭渺。苍梧九疑云漠漠，青草洞庭风袅袅。有时幽梦一到之，觉来枕席清秋晓。人间万事不由人，安得忘情逐猿鸟。

初食金橘

江湖种橘侔洞庭，于中小者如龙睛。珊瑚枝干碧玉叶，结实璀璨罗繁星。客持赠我意已重，贮以翠笼尤晶荧。气含风露更高洁，色著霜日微红青。匀圆入手讶磊砢，甘酸流颊凄芳馨。金丸玉齿乍破碎，中有沆瀣凝清冰。厥包忆昔贡宫阙，潇湘远物来天扃。争新效美不论直，万颗坐觉千金轻。美人转赐入怀袖，归来分饷同瑶琼。只今八骏杳安在，此物亦尔无光精。天涯相见两寂寞，敢以陋质伤飘零。举觞为尔成一醉，醉中不省居蛮荆。

食橘

洞庭一夜天雨霜，橘林绿苞朝已黄。远题书后三百颗，入手便觉秋风香。黄金为肤白玉瓤，沆瀣深贮甘且芳。雕盘初擘噀清雾，冰齿乍嚼流琼浆。色香气味纷可喜，下视众果皆茫茫。余平生爱种此木阙梁溪傍，只今蒿艾已埋没，岂敢向日争荧煌？蓬莱云气久寂寞，汉殿无复罗潇湘。厥包纵有尽酸涩，剖之蠹朽安足尝。乃知汝病是天意，坐使玉食无辉光。荒山乃尔饫佳品，安得騕褭置锦堂。君不见杜陵野老歌病橘，萧萧半死诚可伤。①

①李纲诗辑自《梁溪集》，景印清文渊阁四库全书本，台湾商务印书馆 1986 年版。

卷三十二

李清照

李清照（1084—约1155），宋齐州章丘（今山东章丘）人，号易安居士。李格非女，赵明诚妻。工诗文，以词擅名。有《易安居士集》，已佚。后人辑有《漱玉集》。今辑本有《李清照集》。

浯溪中兴颂诗和张文潜二首

五十年功如电扫，华清花柳咸阳草。五坊供奉斗鸡儿，酒肉堆中不知老。胡兵忽自天上来，逆胡亦是奸雄才。勤政楼前走胡马，珠翠踏尽香尘埃。何为出战辄披靡，传置荔枝多马死。尧功舜德本如天，安用区区纪文字。著碑铭德真陋哉，乃令神鬼磨山崖。子仪光弼不自猜，天心悔稿人心开。夏商有鉴当深戒，简策汗青今具在。君不见当时张说最多机，虽生已被姚崇卖。

君不见惊人废兴传天宝，中兴碑上今生草。不知负国有奸雄，但说成功尊国老。谁令妃子天上来，虢泰韩国皆天才。花桑羯鼓玉方响，春风不敢生尘埃。姓名谁复知安史，健儿猛将安眠死。去天尺五抱瓮峰，峰头凿出开元字。时移势去真可哀，奸人心丑深如崖。西蜀万里尚能反，南内一闭何时开。可怜孝德如天大，反使将军称好在。呜呼，奴辈乃不能道辅国用事张后一，乃能念春茅长安作斤卖。①

曾幾

曾幾（1085—1166），字吉甫，自号茶山居士。其先赣州（今江西赣县）人，徙居河南府（今河南洛阳）。历任江西、浙西提刑、秘书少监、礼部侍郎。有《茶山集》八卷存世。

岳麓寺

岳麓知名寺，幽寻到眼边。林深不见日，山静只闻泉。便欲呼舟去，聊为借榻眠。明朝游历处，都在小窗前。

何德器寄道州怪石

一去舂陵郡，天星几度回。身今镜湖住，山自道州来。指点双岩出，摩挲一笑开。是谁营致此，石友似陈雷。

次雪峰空老韵二首

独烹茶山茶，未对雪峰雪。须知千里间，只共一明月。陈家参玄天，道眼应一瞥。为语管城君，相从炽然说。

雪峰僧中龙，此道谁与共。萧然两伽陀，不举似大众。独贻茶山老，以当蒲塞供。岩花与涧草，信手拈来用。

---

①辑自《宋诗纪事》卷八七。

黄嗣深尚书自仰山来惠茶及竹熏炉

茗椀中超舌界，熏炉上悟香尘。坐我集云峰顶，对公小释迦身。

吴元中少宰复官守长沙以诗贺之

眼看乱后几凋年，神护灵光独岿然。镜里未添新白发，囊中初得旧青毡。寄书地正当回雁，晤语身方走跕鸢。社稷于公端可卜，一篇江汉咏周宣。

题南岳铨德观秋声轩

月明雁叫远，露下蝉号寒。幽幽草虫泣，索索梧叶干。愁人知秋早，听此良独难。竹君南北美，佩服青琅玕。天风一披拂，庭宇声珊珊。灵宫荫老樾，别馆如深山。心净鉴止水，眼明揖千竿。虚籁自然奏，有琴不须弹。世议大可厌，市声无少闲。不如听君语，竟日帘垂间。

溆浦枏木洞盖神龙所居今年夏大旱县官乞取其

倾心南山云，如渴望梅岭。朝来有佳思，拄笏不见顶。丰隆骏奔走，列缺元驰骋。雨不到人间，风伯乃为梗。生来食官仓，四海无二顷。歌诗视天汉，一念极耿耿。阶前甃清泉，洮颒冰雪冷。干喉欲生烟，空下百尺绠。幽轩竹三四，柯叶殊秀整。迩来头抢地，但惧不得永。以斯占稻粱，生意鱼在鼎。潜虬民司命，膏泽浸兹境。邑官树嘉政，责报甚形影。瓶罂走十里，岂惮一再请。君其洁斋俟，百谷正延颈。客子无远谋，空肠望遗秉。①

王洋

王洋（1087—1154），字符渤。原籍山东东牟（今山东蓬莱），后迁居山阳（今江苏淮安）。宋宣和六年（1124）甲辰科进士。历官校书郎、吏部员外郎、起居舍人、知制诰。晚年任鄱阳太守。有《东牟集》三十卷。

读中兴颂碑

峨峨蜀道艰难路，万里行人走征戍。如摇夜发川谷惊，回首长安满烟雾。朔方日已催天明，朱辉散射朝霞千。旌旗指顾豺虎静，风雨汛扫烟云清。臣能奸君子诈父，身有妖雏不知顾。江中鹿死始悲嗟，帐下猪惊犹躁怒。万年枝上春风回，明明九庙无风埃。扶鞬缀组命书重，崇邑大县华封开。如何李父干天路，祸未单诛已交恶。子仪不保坟乾乾，淮阳岂为幽燕惧。太宗功业三代前，煌煌建立今古传。两宫哀笳十五曲，至今谈者犹潸然。②

郑刚中

郑刚中（1088—1154），字亨仲，宋婺州金华（今属浙江）人。高宗绍兴二年（1132），登绍兴进士甲科。授温州军事判官，累迁四川宣抚副使。卒谥“忠愍”。著有《北山集》、《周易窥余》、《经史专

①曾幾诗辑自《茶山集》，清武英殿聚珍版丛书本，同治十三年江西书局刊本。
②辑自《东牟集》，景印清文渊阁四库全书本，台湾商务印书馆1986年版。

音》等多种。

岳阳道中

客子方忧畏，津亭更寂寥。乱云藏野寺，积雪覆溪桥。米润还难买，酤迟转不饶。梅花有何故，冷笑背寒条。

登岳麓法华台岳兵火后寺已两创惟台为旧物当时住持邻道者物故二十年矣

湘西岳麓法华台，四十年中又再来。惟石与松如雅故，问僧并寺已尘埃。区区独恨恩难报，负岁无言志已颓。退宿道相愁不寝，四檐春雨杂惊雷。

衡岳左右道旁茅舍竹门中有老人八十一岁宣和间尝为芜湖尉因官火弃官寓湖湘无生涯救灾者时过问经义遂相资助皆自言如是予饭其旁饭已即行马上拟成

茅舍柴门书亦扃，松姿鹤骨向人情。阛门饘粥千金重，九品冠裳一唾轻。仁义至头焉用禄，声名真是岂其卿。我惭瘦马冲烟雨，不得从容慕老成。

未至鼎州道旁有甘泉既酌泉过松竹百步投宿小寺翌日又酌泉登舆松竹间兰香甚盛感而赋之时自移封

一宿招提又裹粮，寸心孤影自匆忙。客从瘴岭暑边过，兰在幽林深处香。动静于人曾两意，升沉如梦亦都忘。但悲垂老恩无报，泪眼瞻依日月光。

相识有遗予以紫石砚者谓是下岩石名曰玉斗予自湖南再转之岭畏行李重滞旧所用委弃不存正以无砚为窘得之喜甚且爱其名捧而戏之曰亚父后尔尚无恙耶为赋此

眼如鸜鹆色如肝，此语传闻谩有年。李观匣中方念住，范增撞后岂知全。临池欲试曾亲滴，把墨重看未忍研。何幸却同郴笔句，贮云含雾到封川。

长沙道中

微雨过云春半湿，晓风留雪柳偏寒。一身扶病方为客，马上哦诗强自宽。

桂阳本觉院以屯将后住持舜长老于前山松竹深处结草庵居之法语诗拟而不与

咫尺楼台是上方，问师何事此中藏。解颐谓我随缘好，不欠中庭一炷香。

题安仁汪宰绝览亭

目力所临皆在下，亭名绝览未为叨。丈夫心地须趣出，此外当知更有高。

无兔而用鸡毛无直干而用粗竹坐是二者故封川难得笔近有工以羊毛易难以松梢当竹笔既劲利而管尤可喜为赋四绝句

老根先入远烟胶，更取织枝束细毫。再作一家香气聚，幽人研弄亦风骚。

小镂松梢作管城，肉枯鳞瘦不妨轻。快随醉客翩翩处，尚带山头风雨声。

何用生花曾入梦，岂须大笔要如椽。自应优冠湘东品，斑竹容渠作比肩。

不因蒙制巧相规，柯叶风霜未改移。今抱寸心何所用，助君多写岁寒诗。

白居易有望阙云遮眼思乡雨滴心之句用其韵为秋思十首

积雨荡阑暑，一凉才有望。夜气入灯花，细影摇书幌。枫叶飞红薄，梦到吴江上。孤笛过蒹葭，鲈鱼出烟浪。觉来空惘然，猿子啼青嶂。

顷随千官群，晓入丹凤阙。侍立近金炉，下殿香未歇。宫槐零露清，马稳宁忧蹶。日近长安远，福过难辞拙。圣主骨肉恩，孤臣眼中血。

天高不碍眼，矫首见尧云。况复烟雾清，八荒静无尘。垂空不可状，变化何轮囷。遥知五色光，上下藏北辰。我今在人世，怅望那得亲。

凉至欲饮酒，此兴不可遮。手提皤腹罂，倾之若流霞。可但饮文字，搜寻到鱼虾。忽焉见妙理，眼乱绵成花。方知水底眠，杜老言不夸。

天边定何物，洗此瘴乡眼。初如黄金盘，便以白玉碗。明河注其中，无处光不满。举杯对之饮，万虑觉萧散。竹风吹我睡，不得终夜款。

西风催户西，落叶动相思。柏香穿石鼎，孤起学游丝。帘垂草亭静，篱菊弄幽姿。万物同一气，荣悴只如斯。哦诗诗未成，览镜添霜髭。

南方秋不悲，奈我居异乡。不见枫叶丹，但怜菊花黄。扫迹燕如客，斜书雁成行。梦中清愁阔，云此是潇湘。潇湘连洞庭，何处是东阳。

忆昨离帝都，一别遂如雨。庄舄虽不病，亦作越人语。茅屋终夜寒，单衣书还暑。荷叶未全蛀，桃花已微吐。西湖莲藕香，今也在何许。

日落红练净，山近空翠滴。争枝鸟未栖，闭户人先息。孤坐明月中，寒光入胸臆。衣润毛骨冷，万劫尘土涤。谁知茅檐下，我独对姑射。

老松成偃盖，瘦竹抱虚心。清风度其中，瑟瑟韶濩音。听这遂熟寐，飘然归故林。三洞既生款，赤松亦幽寻。高楼访沈约，四窗桐叶阴。

壬寅年南游离白沙

木杪日未升，四野落寒雾。昏蒙失冈峦，咫尺见行路。我独何区区，犯此寒色去。重伤寄蹇身，百事已迟暮。既不早冲跃，要津先自据，又无二顷田，林泉闭门户。方此念友朋，升斗活车鲋。行行乖素心，芒刺欲谁负。

六月初八义荣司谏自福庆山见过奉陪游四岩以新茶享石佛暮出山明日成古诗一章为谢云

穷巷绝与马，衡门翳蒿莱。烦公赤墀步，踏我幽径苔。念旧昔云有，此道今微哉。俗薄风义重，稍压万古回。衣冠冒暑至，笑语带凉来。愧无一尊酒，临风相对开。乃得陪杖履，崎岖访岩隈。野寺生网虫，长廊阒颠摧。睟容守孤殿，坐对寒炉灰。公独悄琼草，芬馨荐中怀。但念石佛古，岂顾多法埃。妙语入幽隐，高情肆徘徊。良觌苦易夺，半规忽西颓。溪分隔流水，归途恨难偕。独立久瞻望，烟林绿洄洄。

先君守官司醴陵日予尝随先生读书岳麓山法华台上时年一十五今兹再来四十有七年矣置榻设几之处历历可寻感而赋

愚翁髫髦昔垂耳，曾向华台借窗儿。小冠短褐随先生，风雨孤灯读经史。气粗胆大眼无人，拔擢犀象角连齿。那知物外有沆瀣，但欲书中觅青紫。尝持杯酒望高城，吊彼洛阳年少子。棘闱裹饭三十年，百炼自知俱绕指。后来脚蹈官职场，恩重如山报无几。今兹疏发蓬霜颠，踪迹旧游真愧耻。一松一石如雅故，应笑愚翁今乃尔。愚翁明日便南去，岁月曷其重致此。凭栏之恨在无言，珍重湘西山与水。

知识相问多以封川气候宽凉为言大暑中因念退之云郴之为州在岭之上中州清淑之气于是焉穷封川去郴又几里气候不问而知因赋此篇

退之序郴阳，水驶山不平。中州清淑气，至此郁以停。封川在炎方，更过郴几程。不瘴已甚幸，谓凉兹岂情。山穷人尽瘦，草茂虎公行。浓云从地起，地气还相蒸。霪雨洞洗之，十日不知清。闭门坐小室，欹尊视余倾。见酒暂欢喜，孤吟步中庭。炎燠亦何有，感恩泪纵横。①

陈与义

陈与义（1090—1138），字去非，号简斋，宋河南洛阳人。徽宗政和三年（1113）进士。授文林郎充开德府教授，累迁太学博士。南宋时任礼部侍郎，拜翰林学士、知制诰，授参知政事。有集。

初至邵阳逢入桂林使作书问其地之安危

湖北弥年所，长沙费月余。初为邵阳梦，又作桂林书。老矣身安用，飘然计本疏。管宁辽海上，何得便端居。

寥落

寥落洞庭野，微风泛客裾。袁宏咏史罢，孙登清啸余。月明流水去，夜静芙蓉舒。城郭方多事，野兴一萧疏。

---

①郑刚中诗辑自《北山集》，清康熙三十六年郑世成刻本。

愚溪

小阁当乔木，清溪抱竹林。寒声日暮起，客思雨中深。行李妨幽事，栏干试独临。终然游子意，非复昔人心。

雨

霏霏三日雨，蔼蔼一园青。雾泽含元气，风花过洞庭。地偏寒浩荡，春半客竛竮。多少人间事，天涯醉又醒。

舟泛邵江

老去作新梦，邵江非旧闻。滩前群鹭起，柁尾川华分。落花栖客鬓，孤舟遡归云。快然心自足，不独避嚣纷。

舟抵华容县

篙舟入华容，白水绕城堞。夹津列茂树，倒影青相接。远色分村坞，微凉动芦叶。天地困腐儒，江湖托孤檝。

巴丘书事

三分书里识巴丘，临老避胡初一游。晚木声酣洞庭野，晴天影抱岳阳楼。四年风露侵游子，十月江湖吐乱洲。未必上流须鲁肃，腐儒空白九分头。

登岳阳楼

洞庭之东江水西，帘旌不动夕阳迟。登临吴蜀横分地，徙倚湖山欲暮时。万里来游还望远，三年多难更凭危。白头吊古风霜里，老木沧波无恨悲。

登岳阳楼

天入平湖晴不风，夕帆和雁正浮空。楼头客子杪秋后，日落君山元气中。北望可堪回白首，南游聊得看丹枫。翰林物色分留少，诗到巴陵还未工。

己酉中秋之夕与任才仲醉于岳阳楼上明年十一月二十日南游过道谒姜光彦出才仲画轴则写是夕事也剪烛观之恍然一笑书八句以当画记

去年中秋洞庭野，寒瑶万顷兼天泻。岳阳楼上两幅巾，月入栏干影潇洒。世间此影谁能孤，狂如我友人所无。一梦经年无续处，道州还见倚楼图。

衡岳道中

野客元耕崧岳田，得游衡岳亦前缘。避兵径度吾岂忍，欲雨还休神所怜。世乱不妨松偃蹇，村空更觉水潺湲。非无拄杖终伤老，负此名山四十年。

火后问舍至城南有感

魂伤瓦砾旧曾游，尚想奔烟万马遒。遂替胡儿作正月，绝知回禄相巴丘。书生性命惊频试，客子茅茨费屡谋。唯有君山故窈窕，一眉晴绿向人浮。

寄信道

衡山未见意如飞，浩荡风帆不可期。却忆府中三语掾，空吟江上四愁诗。高滩落日光零乱，远岸丛梅雪陆离。剩欲平分持寄子，白头才尽只成悲。

江行野宿寄大光

樯乌送我入蛮乡，天地无情白发长。万里回头看北斗，三更不寐听鸣榔。平生正出元子正，此去还经思旷傍。投老相逢难衮衮，共恢诗律撼潇湘。

立春日雨

衡山孙下春日雨，远映青山丝样斜。容易江边欺客袂，分明沙际湿年华。竹林路隔生新水，古渡船空集乱鸦。未暇独忧巾一角，西溪当有续开花。

留别康元质教授

腐儒身世已百忧，此去行年岂堪记。岳阳楼前一杯酒，与子同州复同味。洞庭秋气运苍梧，天高地远鱼龙呼。莫倚仲宣能作赋，不随文若事征途。

漫郎

漫郎功业大悠然，拄笏看山了十年。黑白半头明镜里，丹青千树恶风前。星霜屡费惊人句，天地元须使鬼钱。踏破九州无一事，只今分付结跏禅。

奇父先至湘阴书来戒由禄唐路而仆以它故由南

云接湘阴百里松，肃肃穆穆湖南风。随时忧乐非人世，迎我笙箫起道中。竹舆两面天明灭，秋令不到林西东。未必禄唐能办此，题诗著画寄兴公。

题甘泉书院

甘泉坊里林影黑，吴氏舍前书榜鲜。床座署容摩诘借，桂枝应待小山传。兵横海内犹纷若，风到湖南还穆然。勉效周生述孔业，赋诗吾独愧先贤。

先寄邢子友

作客经年乐有余，邵阳歧路不崎岖。山川好处欹纱帽，桃李香中度笋舆。欲见旧交惊岁月，剩排幽话说艰虞。人间书疏非吾事，一首新诗未可无。

雨中对酒庭下海棠经雨不谢

巴陵二月客添衣，草草杯觞恨醉迟。燕子不禁连夜雨，海棠犹待老夫诗。天翻地覆伤春色，齿豁头童祝圣时。白竹篱前湖海阔，茫茫身世两堪悲。

再登岳阳楼感慨赋诗

岳阳壮观天下传，楼阴背日堤绵绵。草木相连南服内，江湖异态栏干前。乾坤万事集双鬓，臣子一谪今五年。欲题文字吊古昔，风壮浪涌心茫然。

正月十二日至邵州十三日夜暴雨滂沱

邵州正月风气殊，鹑尾之南更山坞。昨日已见三月花，今夜还闻五更雨。笺与天公一破颜，走避北狄趋南蛮。梦到龙门听涧水，觉来檐溜正潺潺。

舟次高舍书事

涨水东流满眼黄，泊舟高舍更情伤。一川木叶明秋序，两岸人家共夕阳。乱后江山元历历，世间岐路极茫茫。遥指长沙非谪去，古今出处两凄凉。

自五月二日避寇转徙湖中复从华容道乌沙还郡

回环三百里，行尽力都穷。巴丘左移右，章华西转东。江声摇斗柄，秋色弥葭丛。群木立波上，芙蕖披月中。镜湖应足比，剡溪那可同。世钭非识事，孤啸聊延风。

除夜二首

城中爆竹已残更，朔吹翻江意未平。多事鬓毛随节换，尽情灯火向人明。比量旧岁聊堪喜，流转殊方又可惊。明日岳阳楼上去，岛烟湖雾看春生。

万里江湖憔悴身，冬冬街鼓不饶人。只愁一夜梅花老，看到天明付与春。

衡岳道中

城中望衡山，浮云作飞盖。朅来岩谷游，却在浮云外。

危亭见上方，林壑带残阳。今日岂无恨，重游却味长。

长沙寺桂花重开

天遣幽花两度开，黄昏梵放此徘徊。不教居士卧禅榻，唤出西厢共看来。

初识茶花

伊轧篮舆不受催，湖南秋色更佳哉。青裙玉面初相识，九月茶花满路开。

春寒

二月巴陵日日风，春寒未了怯园公。海棠不惜胭脂色，独立蒙蒙细雨中。

衡岳道中

客子山行不觉风，龙吟虎啸满山松。纶巾一幅无人识，胜业门前听午钟。

火后借居君子亭书事四绝呈粹翁

天公恶剧逐番新，赖是今年有主人。君子亭中眠白昼，燕公楼上步青春。

祝融回禄意佳哉，挽我梅花树下来。一夜东风不知惜，月明满树十分开。

斫竹和梢编作篱，微风如在竹林时。无人来访庞居士，晚日疏阴光陆离。

入山从此不须深，君子亭中人不寻。青竹短篱园昼静，梅花两树照春阴。

寄大光

心折零陵霜入鬓，更修短札问何如。江湖不是无来雁，只惯平生作报书。

两绝句

西风吹日弄晴阴，酒罢三巡湖海深。岳阳楼上登高节，不负南来万里心。

二士相随风满巾，两禅同队景弥新。但得黄花不牢落，莫嫌惊倒岳州人。

五月二日避贵寇入洞庭湖绝句

鼓发嘉鱼千面雪，乱帆和雨向湖开。何妨南北东西客，一听湘妃瑶瑟来。

又登岳阳楼

岳阳楼前丹叶飞，栏干留我不须归。洞庭镜面平千里，却要君山相发挥。

法相洞天

石洞虚空路暗穿，尘襟过此觉悠然。洞门正在云深处，谁想人间别有天。

江行晚兴

曾听石楼水，今过邵州滩。一笑供舟子，五年经路难。云间落日淡，山下东风寒。烟岭丛花照，夕湾群鹭盘。生身后圣哲，随俗了悲欢。淹旅非吾病，悠悠良足叹。

晚晴野望

洞庭微雨后，凉气入纶巾。水底归云乱，芦藂返照新。遥汀横薄暮，独鸟度长津。兵甲无归日，江湖送老身。悠悠只倚杖，悄悄自伤神。天意苍茫里，村醪亦醉人。

晚步湖边

客间无胜日，世故可暂逃。杖藜迎落照，寒彩遍平皋。夕湖光景丽，晴鹳声音豪。天长蒹葭响，水落城堞高。万象各摇动，慁此老不遭。楚累经行地，处处余离骚。幸无大夫责，得伴诸子遨。终然动怀抱，白发风中搔。

己酉九月自巴丘过湖南别粹翁

离合不可常，去处两无策。眇眇孤飞雁，严霜欺羽翼。使君南道主，终岁好看客。江湖尊前深，日月梦中疾。世事不相贷，秋风撼瓶锡。南云本同征，变化知无极。四年孤臣泪，万里游子色。临别不得言，清愁涨胸臆。

夜赋

泊舟华容县，湖水终夜明。凄然不能寐，左右菰蒲声。穷途事多违，胜处亦心惊。三更萤火闹，万里天河横。阿瞒狼狈地，山泽空峥嵘。虽弱与兴衰，今古莽难评。腐儒忧平世，况复值甲兵。终然无雨策，白发满头生。

同范直愚单履游浯溪

潇湘之流碧复碧，上有铁立千寻壁。河朔功就人与能，湖南碑成江动色。文章得意易为好，书杂矛剑天假力。四百年来如创见，雷公雨师知此石。小儒五载忧国泪，杖藜今日溪水侧。欲搜奇句谢两公，风作浪涌空心恻。

游道林岳麓

耽耽衡山麓，翠气横古今。济胜得短筇，未怕山行深。路盘天开阖，风动龙噫吟。峰峦惨澹处，照以布地金。世尊诸天上，燕坐朝千林。向来修何行，不受安危侵。道人轻殊胜，来客费幽寻。恍然结愿香，独会三生心。山中日易晚，坐失群木阴。勿唾此山地，后日重窥临。

别岳州

朝食三斗葱，暮饮三斗醋。宁受此酸辛，莫行岁晚路。丈夫少壮日，忍穷不自恕。乘除冀晚泰，乃复逢变故。经年岳阳楼，不见宫南树。辞巢已万里，两脚未遑住。水落君山高，洞庭秋已素。浮云易归岫，远客难回顾。飘然一瓶锡，未知所挂处。寂寞短歌行，萧条远游赋。学道始恨晚，为儒孰非腐。乾坤杳茫茫，三叹出门去。

泊宋田遇厉风作

逐队避狂寇，湖中可盘嬉。泊舟宋田港，俯仰看云移。造物犹不借，颠风忽横吹。洞庭何其大，浪挟雷车驰。可怜岸上竹，翻倒不自持。老夫元耐事，淹速无无期。会有天风定，见汝亭亭时。五月念貂裘，竟生薄暮悲。萧萧不自畅，耿耿独题诗。

过君山不获登览

我梦君山好，万里来南州。青眉横玉镜，色照城中楼。胜日空倚眺，经年未成游。今朝过山下，贼急不敢留。嵌空浪吞吐，荟蔚风飕飗。龙吟杂虎啸，九夏含三秋。了与遥赏异，况乃行岩幽。蚍蜉何当扫，延伫回我舟。掷去九节筇，褰裳走林丘。会逢湘君降，翠气衣上浮。山椒望苍梧，寄恨舒冥搜。

留别天宁永庆乾明金銮四老

我生能几何，两脚疲世故。忽破巴丘梦，还寻邵阳路。穷乡得四老，足以慰迟暮。胜事远公莲，深心懒残芋。本是群山云，暂聚当别去。那知天风便，不得还相聚。凡情我未免，临别吐幽句。慎勿过虎溪，晓霜侵杖屦。

题崇山

短蓬如凫鹥，载我万斛愁。试登山上亭，却望沙际舟。世故莽相急，长江去悠悠。西南浸山影，晦明分中流。荡摇宝鉴面，翠髻千螺浮。去程虽云阻，兹地固堪留。客路惜胜日，临风搔白头。众色忽已晚，川光抱岩幽。三老呼不置，我兴方未收。下山事复多，题诗记曾游。

王应仲欲附张恭甫舟过湖南久不决今日忽闻遂

我身如孤云，随风堕湖边。墙东木阴好，初识避世贤。从来有名士，不用无名钱。披君三迳草，分我一味禅。胡为黄鹄举，忽上湖南船。竟随文若去，聊伴元礼仙。洞庭烟发渚，潇湘雨鸣川。三老好看客，天高柁楼前。子鱼独留滞，坐送管邴迁。作诗相棹讴，寄恨余酸然。

里翁行

里翁无人支缓急，天雨墙坏百忧集。卖衣雇人筑得墙，不虑偷儿披户入。夜寒干陬不经过，偷儿若来知奈何。君不见巴丘古城如培塿，鲁肃当年万人守。

居夷行

遭乱始知承平乐，居夷更觉中原好。巴陵十月江不平，万里北风吹客倒。洞庭叶稀秋声歇，黄帝乐罢川杲杲。君山偃蹇横岁暮，天映湖南白如扫。人世多违壮士悲，干戈未定书生老。扬州云气郁不动，白首频回费私祷。后胜误齐已莫追，范蠡图越当若为。皇天岂无悔祸意，君子慎惜经纶时。愿闻群公张王室，臣也安眠送余日。①

娄续祖

娄续祖，浙江嘉兴人。绍兴六年（1136）官零陵郡丞。

题永州澹岩

尽道澹岩天下稀，输他混沌凿开时。群山想在清高处，有堕颠崖知不知。

①陈与义诗辑自《简斋集》，清武英殿聚珍版丛书本，同治十三年江西书局刊本。

岩扃寂寂几经春，中有神仙隔世尘。不假栋梁为大厦，尽藏今古往来人。①

张浚

张浚（1097—1164），字德远，号紫岩居士，宋汉州绵竹（今属四川）人。徽宗政和八年（1118）进士。调山南府士曹参军，历枢密院编修官、侍御史、知枢密院事、川陕宣抚处置使、尚书右仆射同中书门下平章事兼知枢密院事都督诸路军马。有集。

游朝阳岩

已觉云天阔，风声水面凉。路幽迟晚日，岩古浥流香。客舍长年静，渔舟底事忙。相逢贤太守，不用管弦张。

登道观

苍髯野褐予甚古，萝月桂风谁为贫。当户蛟龙森汉柏，隔江鸡犬隐秦人。好山如画能留客，宝鼎藏丹不计春。更上高亭问玄鹤，莫教诗眼有纤尘。

永州新学门铭

人不知学，莫适禔身。学而不行，不学为均。行之伊何，惟一惟诚。孝弟忠信，本之于性，守之以仁，日积月化，粹然其醇。可以格天，可以感神，可以正物，可以化人。发为辞章，德人之文；施于政事，君子之名；其道甚大，与天地并。凡尔为士，勿

---

①辑自《湖南通志》卷二七四。

替于勤。钦之勉之，无愧此门。

三省堂记

绍兴丁巳冬，予以淮西兵变言者论列，谪居零陵。明年春二月，既至，寓止客馆，作堂于地之东隅，仅庇风雨，庶几燕息，取曾子三省之日以名之。其省谓何？思吾之忠于君，孝于亲，修于己者，恐或未至。呜呼！士大夫于圣人之道，当求所以通于天人之际，予之三省，殆将有进于斯而愧其未能也。吾兄昭远喜，为书其名，于予有光焉。①

邓肃

邓肃（1091—1132），字志宏，宋南剑沙县（今属福建）人。入太学，钦宗立，召对便殿，补承务郎，授鸿胪寺簿。后擢右正言。著有《栟榈集》三十卷，《挥尘后录》传于世。

小饮

断臂一朝续狼肉，楛矢漫空夜相逐。海凫乱飞三丈毛，蓝田不行四寸玉。何如南岳追祖风，云间坐致桃李秾。笑尽酒船三百斛，醉吹箫管上晴空。

万卷堂

世人无远韵，挟策干浮云。识字仅有数，得志无短檠。太丘妙家法，不肯卤耕耘。藏书浩无际，兀坐观沧溟。寒陋鄙李邕，

---

①张浚诗文辑自《张魏公集》，上海古籍出版社 1995 年影印续修四库全书。

假书勤朝昏。过眼如杜甫，散为笔下神。一家今四杰，射策到王庭。自视犹细事，家塾方讨论。嗟我未闻道，政作钻纸蝇。会同阿戎去，从公问斲轮。

游鼓山

兰桡舣岸雷霆骇，疾雨狂风欲翻海。吾人作意水石间，素志岂因风雨改。悟适当如未悟人，衡山不知为开云。鲁阳莫试挥戈手，郭泰何妨垫角巾。山僧导我飞芒屦，要看渠师得道处。雪喷鼎烹一斥回，千古涧流不东注。我笑教师太豪雄，故令鬼物窥吾踪。安得廓然无圣解，苍崖依旧飞白龙。①

胡铨

胡铨（1102—1180），字邦衡，号澹庵，宋吉州（今江西省吉安市）人。建炎二年（1128）进士。初授抚州军事判官，升枢密院编修官，后授予秘书少监、起居郎、侍讲、国史院编修、工部侍郎、兵部侍郎等要职，以资政殿学士致仕。卒谥“忠简”。有集。

题自画潇湘夜雨图

一片潇湘落笔端，骚人千古带愁看。不堪秋著枫林港，雨阔烟深夜钓寒。②

①邓肃诗辑自《栟榈集》，明正德刻本。

②辑自《宋诗纪事》卷四三。

刘锜

刘锜，字信叔，秦州成纪（今甘肃天水）人。建炎中为陇右都护，后为泾原经略使，绍兴十年（1140）充东京副留守，力克金兵精锐十万人，后罢兵权，知荆南府，官至太尉、威武军节度使，卒谥武穆。

午寝

寓迹唐兴寺，幽窗得昼眠。西风萦破梦，落日乱残蝉。岁月俄如此，功名岂偶然。五湖秋欲好，谁在钓鱼船。

资福寺答僧人问

汛扫妖氛六合清，匣中宝剑气犹横。夜欢星斗鬼神泣，昼公风云龙虎惊。重整山河归北地，两扶圣主到南京。山僧不识英雄汉，只管滔滔问姓名。①

刘颌②

刘颌，生平不详，绍兴二十年（1150）由朝请大夫知郴州，二十三年勒停。

①辑自《湖南通志》卷二六九。

②按：《郴州志》作“刘颉”，《系年要录》作“刘领”，《嘉靖湖广图经志书》作“刘颌”。

刘相公祠堂

凛凛清风著有唐，端知不朽是忠良。寺深相国衣冠古，派远仙源山水长。名字千年垂史册，招提原是旧书堂。编诗不愧歌张仲，愿绕前贤试此章。

中洲庙

奕奕宫庭势欲翔，中洲虽小有辉光。渔樵自古歌尧舜，水旱于今忆禹汤。像古尚堪观藻火，庭荒犹记下牛羊。莫言兴废非吾事，强勉须知行道长。①

岳飞

岳飞（1103—1142），字鹏举，宋相州汤阴（今河南省汤阴县）人。南宋抗金名将，北宋末年投军，任秉义郎，后随宗泽守开封，任统制。后南下，以军功任清远军节度使。后被解除兵权，任枢密副使。于绍兴十年（1142）以“莫须有”的罪名杀害。孝宗时被追谥“武穆”，宁宗被追封鄂王。有《岳武穆集》传世。

翠崖

东风江上驻王师，暂向云山蹑翠微。忠义必须清塞水，功名直欲镇边圻。山床肃聚何劳助，沙漠郡兕定破机。行复三关迎二圣，金酋席卷尽擒归。

---

①刘颁诗辑自《嘉靖湖广图经志书》卷十四，北京图书馆出版社 1991 年版。

永州祁阳县大营驿

权湖南帅岳飞，被旨讨贼曹成，自桂岭平荡巢穴，二广湖湘悉皆安妥。痛念二圣远涉沙漠，天下靡宁，誓竭忠孝。赖社稷威灵，君相贤圣，他日扫强虏，复归故国，迎两宫还朝，宽天子宵旰之忧，此所志也。顾蜂蚁之群，岂足为功过？此因留于壁。绍兴二年七月初七日。①

黄公度

黄公度（1109—1156），字师宪，号知稼翁，宋莆田（今属福建）人。高宗绍兴八年（1138）进士第一。签书平海军节度判官，仕至尚书考功员外郎兼金部员外郎。著有《知稼翁集》十一卷、《知稼翁词》一卷。

晚泊桃源驿奉怀幕府诸公

鞍马泊孤亭，人烟接古城。半村留晚照，万壑送秋声。风月思玄度，文章愧长卿。桃源何处在，山驿至今名。

桂阳宰胡达信同年见赠三首次韵

场屋声名识子初，气吞杨孔况其余。十年流落犹州县，千里往来只简书。卧雨餐风从鞅掌，昂霄耸壑正权舆。割鸡久屈屠牛手，洗眼天涯看诏除。

---

①辑自《岳武穆遗文》，景印清文渊阁四库全书本，台湾商务印书馆1986年版。

万事人人咨伯始，他年文采动词场。轩墀喜色回天眄，鞍马青春照地光。社燕宾鸿催日月，乔松翠竹饱风霜。丈夫勋业莫嫌晚，良骥由来老更骧。

谁能了了学痴儿，身世从教事事违。百不如人甘鹢退，劫来此地看鸾飞。低徊共受微官缚，早晚要须三径归。赖有故人相慰荐，霏霏玉屑坐生辉。①

张祁

张祁，字晋彦，和州乌江（今安徽和县东北）人。以兄张邵使金恩补官，累迁直秘阁、淮南转运判官。

渡湘江

春过潇湘渡，真观八景图。云藏岳麓寺，江入洞庭湖。晴日花争发，丰年酒易沽。长沙十万户，游女似京都。

广福寺

老去丹心在，愁来酒兴深。江山遗古意，云水淡秋容。落日孤村笛，微风远寺钟。平生善知识，却忆妙高峰。②

陈田夫

陈田夫，字耕叟，号苍野子，又称阆中道人，宋西川阆中（今四

---

①黄公度诗辑自《莆阳知稼翁集》，明天启五年黄崇翰刻本。

②张祁诗辑自《湖南通志》卷十三。

川阆中市）人。绍兴年间来到南岳，往来南岳三十余年，于南岳衡山史事极为熟悉，以其半生心血纂成《南岳总胜集》。

白龟泉

天下白龟三处显，怡山少室寿仙亭。我今卜筑南山顶，得尔为邻祝圣龄。

题白云堂

我爱潇湘境，朱陵后洞天。白云堂里客，青草渡头眠。小艇率红鲤，幽池种白莲。颐真堪此地，风月两依然。①

王十朋

王十朋（1112—1171），字龟龄，号梅溪，出生于乐清四都左原（今浙江省乐清市）梅溪村。绍兴二十七年（1157），中进士第一。先授承事郎后迁国子司业、起居舍人、除任侍御史。著有《梅溪先生文集》等。

初欲维舟岳阳楼下适风作遂泊南津

岳阳楼下风波恶，过客舟行不容泊。遥从湖口入南津，看尽湖山与城郭。楼阁峥嵘照眼明，君山当面如蓬瀛。雄文谁继范文正，妙曲亦无滕子京。

岳阳楼

后乐先忧记饱观，兹楼今始得凭栏。吐吞九水波涛阔，出纳

---

①陈田夫诗辑自《南岳总胜集》卷中。

三光境界宽。黄帝乐声喧广宙，湘君山影浸晴澜。江山何独助张说，收拾清晖上笔端。

燕公楼

燕公郡事暇，诗兴满沧波。粉饰开元治，江山为助多。

望洞庭

端居滟滪两经年，不戒瞿唐七月舡。得得遥从洞庭过，要看湖涨水中天。

贾岳州以予阻风致酒肉之赠

轩皇张乐洞庭旁，掀舞鱼龙撼岳阳。卮酒豚肩使君意，知予肉味未能忘。

鱼虾

买得巴陵金鲫鱼，又逢公子奋长须。夜来江山秋风起，报道吴儿已脍鲈。

洞庭湖

江山好处未经眼，人道岳阳天下无。入笔波澜自今阔，胸中已有洞庭湖。

维舟便上岳阳楼，风定波澜万顷秋。闻说洞庭通震泽，水应先我到苹洲。

读岳阳楼记

先忧后乐范文正，此志此言高孟轲。暇日登临固宜乐，其如天下有忧何。

君山

恃险三苗此为国，不知诸夏有华勋。两阶干羽七旬后，从此湖山方有君。

祖龙迁怒色曾赪，帝子有灵山更青。湖水如天冬亦涸，此君荣落一般形。

南津淑济庙

越国曹娥孝可书，惜无同气与之俱。武陵今有贤儿女，弟似灵均娣女须。

过仙亭

此处神仙几度经，老松枯朽稺松青。如今想作天仙去，不复飞吟过洞庭。

解舟遇风暂泊岳阳城下正对君山

入湖初讶君山远，无翼可随鸥鹭群。系缆中流忽相对，江湖心亦不忘君。

岳阳城下岸赤色亦呼赤壁

岳阳楼下有赤壁，照耀洞庭烟水东。鄂渚巴陵土多赭，周郎何处破曹公。

道人矶

江中双石如弟兄，呼得道人为友生。秋夜扁舟泊矶下，洞庭湖近月华明。

道人身名两俱槁，道其所道非吾道。横江两石作钓矶，不似严陵基上好。

维舟岳阳之西岸徐师仪风作不敢行再留一宿用韩昌黎洞庭阻风韵示同行朱仲文张子是

月行南箕口，簸扬不肯休。我至洞庭侧，狂澜阻行舟。东望岳阳城，一苇宿可投。吾欲破巨浪，试呼舟子谋。舟子笑谓我，官岂乘浮丘。同行一二官，好勇岂仲由。君子不行险，少迟勿烦啾。明朝风自定，鼓柂无忧愁。汗颜答舟子，汝语实非谬。悠书以示同，欲速不可求。

君山形如龙南有一小山如龟

洞庭湖山山绝奇，大山如龙小如龟。弄珠曳尾自游戏，不肯吹浪如蛟螭。岳阳楼前铁为械，古人欲断蛟螭害。蛟螭为害甚巴蛇，遗冢犹存足为戒。七百里湖涵太虚，春夏涨溢秋冬枯。惟有龟龙长自在，不知几见桑田改。①

①王十朋诗辑自《梅溪集》，《四部丛刊》景明正统刻本。

马大同

马大同，字会叔，浙江建德人。绍兴二十四年（1154）进士，淳熙中，任荆湖南路提刑，官至户部侍郎。

过九疑

帝德于今祀万年，如何遗像托疏椽。凭谁为假丹青手，付与梅仙十万钱。

平生梦想九疑高，原隰驱驰敢惮劳。肃肃衣冠朝帝所，此行端不为游遨。

行尽平冈十里间，好山迎我翠相环。九疑更在云深处，只恐天高不可攀。

宇宙才分便月山，兹山戢戢序成斑。重华远矣遗风在，好似相从揖逊还。

人与韶音渺莫闻，山如羽卫自森森。不封不树知何处，漫说零陵古到今。

二妃千古恨难刊，不为南巡遂不还。空使湘江江上竹，至今犹染泪痕斑。

何侯拔宅登仙去，虞帝因山行庙基。人物由来相代谢，不知陵谷几迁移。[1]

题龙潭石岩

揽辔观风只课程，风云要挹楚乡清。晨旌几碍观山目，夜柝翻惊梦月情。观者宁知部使者，平生元是老书生。沧浪何处无人识，欲往从之一濯缨。

曾协

曾协（？—1173），字同季，号云庄。宋南丰（今属江西省）人。曾肇之孙，曾巩之侄孙。以荫授长兴、迁嵊县丞，继为镇江、临安通判。后知吉州，改抚州，终知永州。有集。

暮春杂咏八首

曲径穿深樾，支流旁小亭。鸟将云共远，天与树俱青。水色清堪掇，风声静可听。壁间余地在，落笔记曾经。

莲沼琼瑶堕，萱庭锦绣张。静闻人语好，闲爱水风凉。藜杖休行乐，蒲团且坐忘。沙禽相识惯，跃跃近胡床。

昼永常支枕，宾来旋整冠。日筛槐影细，风撼竹声干。壤沃耘耕少，人闲赋敛宽。近知田舍乐，不记昔为官。

---

①清曾钰嘉庆《宁远县志》卷九记载："提刑少卿严陵马大同以职事巡行。过九疑，谒舜祠，见祠宇圮甚，乃留钱百千，属邑尉邹安道为之缮葺。因赋小诗十二绝，聊序一时之胜云。淳熙癸卯（公元1183年）冬至前一日。其诗仅存六首，余俱残缺。"《宋诗纪事》又引《九疑山志》马大同的诗《过九疑》一首，共得《过九疑》诗七首。

客路清溪好，人家绿树间。凄凉何县雨，想象别州山。驯雀飞还下，游鱼去自还。儿曹了官事，天地一身闲。

目断江头树，襟被海上风。荷锄偕妇子，掷钓共儿童。晚笙关心碧，秋莲满意红。歌声何处起，舞手为年丰。

信使频驱传，元戎罢枕戈。茅茨随处有，禾稼望中多。寓舍时吴语，丰年半楚歌。泰然真乐土，谁为挽天河。

楚甸三千里，旌麾列大邦。渺弥连沃野，隐辚抱长江。此际藩王室，何人拥将幢。向来称下邑，国士有无双。

隔岸连平野，邻家背短城。海风无日息，楚水照人清。有子能干禄，全家可代耕。饭余无一事，更觉胜平生。

陈晞颜董漕湖南过零陵用简斋韵见赠次韵谢之又赋一篇述怀

笔到锺王意有余，诗章高古过黄初。班行未上论思地，远使聊宣宽大书。乞民丰年均饱暖，更申严令绝侵渔。肯迂使节存支郡，咫尺犹嫌会面疏。

陈晞颜董漕湖南过零陵用简斋韵见赠次韵谢之又赋一篇述怀

平生志不在赢余，久拟挥毫赋遂初。莫问倚墙空甔石，但令盈几足琴书。幸存茅屋幽堪隐，况有清溪近可渔。剩欲抽簪访松菊，要凭突兀看扶疏。

和陈晞颜春尽思归二首

坐阅荣枯鸟过空，青冥谁解指行踪。柳边初见莺调舌，树底俄惊鹿养茸。称副闲身清昼永，装添静境绿阴浓。宫桃正倚东风醉，也逐回沟出九重。

小白长红几番飞，清诗端为解愁围。莫贪藉草寻幽事，须念留花苦待归。杜酒政须常在手，沉腰元自不胜衣。织成春恨无穷尽，谁遣天孙不下机。

和史志道侍郎游朝阳岩三首

经行荦确看嶙峋，曳履枝筇蹑后尘。自是高怀元落落，向来喜色见津津。宜搜今古风流远，得助江山句法新。好逐秋风上霄汉，却留盛事付州人。

簿书堆案阻寻幽，想象高人物外游。自昔品题多北客，故知物象胜中州。云经乱石余膏润，烟过悬崖自去留。暂俯澄潭倚苍壁，已疑身世在鳌头。

兴来小渡唤方舟，霁色天教足胜游。但觉赏心追昔事，不知飞诏下皇州。班行便觉九天近，登览何辞一日留。悬想他时百僚上，亦思清景几回头。

寄题陈晞颜敦复斋

一入虚斋百虑觉，个中何待觅知音。雪收未起龙蛇蛰，境静初窥天地心。五里雾中藏豹稳，九重渊底得珠深。自从占断宽闲野，寂寞虚空无古今。

荻华渚

摇摇小渚荻初成，远意浑疑接洞庭。准拟秋来看积雪，更和风雨醉时听。

和史侍郎游澹岩韵六首

底叹兹岩省见稀，惯居故国看山围。应缘此日慰岑寂，聊遣清诗为发挥。

潇湘少驻便经年，自信孤忠莫问天。果为冕旒勤注想，不容泉石得高眠。

隐士洪崖可拍肩，尚留陈迹此山巅。祇应千古人如在，陵谷高深却变迁。

九重温诏下江边，应览甘泉旧奏篇。却背烟岚理归棹，晓猿夜鹤总凄然。

我公得入如来室，心境常明不用磨。好倚悬崖结趺座，任从来者问云何。

眼看岩石千寻起，面对炉烟一缕轻。顿觉世缘无染著，个中消息有谁明。

上平江徐侍郎十绝句

露华先遣曲尘收，要产英豪奠九州。织女槎回逢八月，老人星见恰中秋。

声华奕世擅江南，谁似公家伯仲间。想见当年育英物，高秋爽气满西山。

盛德由来自邈绵，偃王功德至今传。朱弓赤矢符嘉瑞，留得阴功不计年。

并列西京侍从多，吾丘司马岂同科。孤忠祇有囊书在，独见丁宁为偃戈。

五湖城郭带重楼，幕府初开第一州。燕寝香凝了无事，四郊禾穗自盈畴。

绕郭旧称家十万，朝天常恨驿三千。而今已是繁华倍，更觉旌麾近日边。

不但宽平似有功，笔端重睹建安风。邦人竞劝金锺釂，愿儿君侯圣一中。

雅歌字字巧安排，争颂君王治道谐。好把抉猊奔骥手，大书深刻著悬崖。

拥麾仗节往来频，抚字澄清处处新。想见兹辰介眉寿，遥应驩动几州人。

槐鼎虚班侧席求，已应难遂寇恂留。不如黄发貂蝉底，长占青云最上头。

题零陵郡治环翠亭

铃索无声讼牒稀，雨余四野竞扶犁。小亭独坐心无事，满地绿阴山鸟啼。

陈晞颜获玉兔甚奇邀予赋诗

一气散万有，飞潜异形姿。乌鹊自昔然，羽翼不可移。颖也衣褐徒，斓斑乃其宜。今兹独何事，皓皓涅不淄。毳毛玉雪如，整整机上丝。无乃真得仙，传载非诡辞。骑蟾入广寒，成此一段奇。长生侣素娥，不受尘土羁。祇应得得来，隐见必其时。往牒纪创见，奕奕登瑞旗。退之号崛强，雄夸见文词。君侯过人行，精神动皇祇。屡供平反笑，长咏南陔诗。异物自来驯，不起山林思。霜月照庭户，晴云点阶墀。致此非好玩，于焉卜期颐。上堂问起居，秀色增两眉。[①]

林之奇

林之奇（1112—1176），字少颖，号拙斋。宋闽县（今福州市区）人。绍兴二十一年（1151），及进士第。授莆田主簿，后改任长汀县

①曾协诗辑自《云庄集》，景印清文渊阁四库全书本，台湾商务印书馆1986年版。

尉。后转为校书郎，兼任国史日历所检讨官。后落职返乡，授徒著述。著有《尚书集解》、《拙斋集》等。

纵步湘西

今朝不易得天晴，闲过江西取意行。忽然林外见山色，又向桥边闻水声。绿竹长松间桃李，天然翠幕围罗绮。日暮归舟醉不知，晚风吹过湘江水。

看白云爱而成诗

秋风吹白云，触处自何谷。初犹半洞门，欻出遍岩腹。零落依水湄，片段挂枯木。余影透微白，灭迹混空绿。烟萝自翳岛，溆荇徒萦曲。安知苍梧野，下覆猿鸟哭。谁能久徘徊，返顾视黄鹄。

题雪峰如藏主水月图

千江有月一一同，一月普现千江影。谓一为月影非实，影既非实月何有。是一即千千即一，水月究竟无实相。随见有月月在水，亦无究竟非实者。譬如观音妙色身，对物而见千臂眼。于是千臂千眼中，何者为正何独非。菩萨一体作一用，千体同是无剩法。此水此月亦复然，照用齐行一无欠。俯不见月仰亦无，千月阙一固不可。上人此庵憩瓶锡，终日宴坐常湛然。散一为千弥六虚，摄千归一不盈寸。我知上我环堵中，能广能狭能方圆。空诸所有何必然，作是见者名邪见。①

---

①林之奇诗辑自《拙斋文集》，景印清文渊阁四库全书本，台湾商务印书馆 1986 年版。

史尧弼

史尧弼（1118—1157），字唐英，宋眉州人。绍兴二十七年（1157）与弟尧文同登进士。未授官而卒。著有《莲峰集》三十卷。

题南岳祝融峰

祝融峰上蹑云根，咫尺苍霄欲手扪。闻道东山曾小鲁，洞庭今已一毛吞。

贺宋嗣宗除岳阳守五绝

暂驾湖山两毂华，便应云海去乘槎。蓬莱弱水而今近，看上鳌峰判五花。

鼎就轩皇上白云，遗音那复数韶䪨。湖山依旧鱼龙在，要识当时奏乐声。

太息滕侯绩未成，尚须堤土作湖扃。万艘丹槛屯江浦，千尺长虹锁洞庭。

龙虎十年气壮哉，抵排霜雪傲风雷。湖边老树勤封植，会有仙真邂逅来。

不乐还思上岳阳，江湖回首路茫茫。欲生两翮从公去，濯足波涛望八荒。

贺苏邛州移鼎州兼呈八座四绝

州并重湖水入云，天边鸿雁影还分。政成鲁卫因循地，人是茅山大小君。

何须万里寻岣嵝，更问君王觅鉴湖。箭镞玉床今在手，桃花流水去分符。

白鹤山头留几时，白鹤池畔歌来迟。浮邱伯去无消息，老眼而今傥见之。

云海相望定渺然，已惊别梦不成圆。他年胜处烦推毂，此道沧洲好待看。

南岳高台长老道光尝为灵源清侍者邂逅一见颇能谈其行戒走笔为赋两绝赠之

长记涪翁旧有言，太平清老世无贤。而今一见高台面，遗烈真能赖得传。

晓上高峰破晓烟，室中老子衲中贤。对谈移日无人付，乞与清风万壑传。

题南岳方广后洞五百罗汉所居二绝

岳势扶舆峻莫攀，岂知深处锁幽闲。千岩万壑争回互，别有乾坤藏此间。

山自周回溪自流，沉沉万籁不胜幽。此间有句谁堪话，五百真人今在不。

贺杨绵州除武陵守

越王楼前佳气浮，涪翁江上恩波流。几年结佩作邦相，万物气吐人歌讴。白鹤池边嗟来暮，武陵溪畔桃花路。忽传芝检九天来，会拥朱旛两轮去。辕攀蹬截无留停，痒爬垢栉待苏醒。仙人延贮一笑喜，探丸付授真长生。老大自合朝家用，未许三刀频入梦。鹤发行趋鸳鹭班，更作吾州九鼎重。

留题丹经卷后

武陵郡西桃花源，水盩山厔蛮区连。秦人避秦久寓此，种桃千树春风前。落红满地溪路断，鱼郎舍舟得洞天。瑞光浮动见宫室，桑竹交映膏腴田。苍崖老木含太古，民物朴野天理全。男耕女织无租庸，鸡鸣犬吠通陌阡。东家西家走相问，客来何许今何年。历将时事为具言，二世不守嬴氏颠。人心归汉沛公起，四百余载瞒窃焉。迄今已复为晋有，尚何惧死长城边。岂知世态多废兴，闻之抚髀皆喟然。辞归未许留数日，陈列俎豆如宾筵。生逢乐土自可乐，山林朝市非相悬。明朝棹开落尘境，恍如梦破陵谷迁。渊明一记故实在，世俗竟作神仙传。裹粮问道不复往，大笑子骥真无缘。我今置酒嶂峰巅，醉袖起舞凌风烟。大还有诀谁所传，始自广成授黄髯。髯龙上征老聃出，谷神立说洪其源。阴符黄庭龙虎经，伯阳契易诚多端。况复后学如牛毛，支分派别徒纷然。先天一气谁真知，来如阳德升九渊。疾雷破山坤轴裂，政要主者定力坚。前弦之后后弦前，药物不可锱铢偏。黑白相寻秘融结，髣髴有象形质圆。周天运火循屯蒙，非同坡老烧凡铅。无中生子夺造化，脱骨洗髓乘云軿。鞭笞鸾凤隘八极，铜驼一笑三千年。胡为知此不自炼，先儒尝戒偷生安。人身生死犹昼夜，以道顺守全此天。何须行怪出世法，屏弃骨肉潜荒山。君臣父子与夫妇，兄弟朋友纲常间。圣人设教若大路，反趋旁径迷榛菅。方壶员峤渺何许，徒令世俗滋欺瞒。房公便合扫尘壁，大书我诗为订顽。①

韩元吉

韩元吉（1118—1187），字无咎，号南涧，宋开封雍邱人，一作许昌人。绍兴二十八年（1158）曾为建安县令。隆兴间，官至吏部尚书。乾道九年（1173）以礼部尚书出使金国。归老于信州南涧，因自号南涧翁。著有《涧泉集》等。

过芙蓉对镜岭

世事日千变，劳生忧患多。谁知度炎熟，正尔陟嵯峨。峰矗莲初绽，崖枯镜未磨。江东兹绝险，叹我两经过。

送子云五首

四海双兄弟，南来几别离。未成春草梦，先动白云思。涕泪三年隔，风尘数月期。生涯奔走里，卜筑定何时。

薄宦何堪远，兄今奉板舆。猫头供美笋，玉板荐嘉鱼。川陆徐行李，暄寒慎起居。会因回雁足，时一问何如。

---

①史尧弼诗辑自《莲峰集》，景印清文渊阁四库全书本，台湾商务印书馆 1986 年版。

楚国富山水，衡湘千里余。人皆思太傅，我独念三闾。贫贱真劳矣，功名果命欤。官闲道林寺，洗眼卧看书。

别意能姜楚，骊驹且缓听。百年三过一，万事醉还醒。策马身犹健，看山眼倍青。东风有底憾，吹柳暗长亭。

水阔湖南道，春深可当游。鸟声喧绿树，花影趁行舟。短袖那容舞，良畴不易谋。有亲垂白发，敛板未应羞。①

王正己

王正己（1119—1196），字正之，号酌古居士，宋鄞县（今浙江宁波）人。历丰城县主簿，知湖州，除直宝文阁、秘阁修撰，出为两浙西路提点刑狱。有集已佚。

赠蕴上人

佛法诗名更谁继，未闻随分谒侯王。洗盂秋涧日华动，捣药夜堂云气香。苔藓乱青封叠石，杉松浓影过空墙。若非火岳□□地，那得吾师住久长。

赠廖融

湖南虽不就卑官，高卧深云道自安。病起坐当秋阁迥，酒醒吟对夜涛寒。炉中药熟分僧服，榻上琴闲借我弹。幸遇清朝有良

①韩元吉诗辑自《南涧甲乙稿》，清武英殿聚珍版丛书本，同治十三年江西书局刊本。

鉴，退身争忍似方干。①

赵不息

赵不息（1121—1187），字仁仲。宋太宗六世孙，绍兴二十七（1157）年登第。曾任永州通判、经略安抚司等职。

朝阳岩

朝阳山水佳，毫端意无极。发潜十七奇，幻出不盈尺。因续漫浪铭，更写浯溪宅。俱作画图看，静对天齐石。

永州题咏

幸蜀匆匆乱未休，龙飞灵武赖神谋。扶危忠烈今如在，作逆愲妖死不羞。鲁国笔端昭日月，次山书法得春秋。苍崖凛凛蟠英气，静对寒江万古流。②

陈从古

陈从古（1122—1182），字希颜，一作晞颜，号敦复先生，宋镇江金坛（今属江苏）人。高宗绍兴二十一年（1151）进士。调富阳尉，改邵州教授，后为湖南提点刑狱，改知襄阳府。

重过浯溪

小憩□亭上，悠然倚一枝。云埋漫郎宅，水落鲁公碑。兴废

①以上两首辑自《诗话总龟》卷二八引《雅言系述》。

②赵不息诗辑自《永州府志》，上海书店1990年版。

悲前古，登临记昔时。重来头已白，忍看旧题诗。

绍兴辛巳秋过浯溪诵简斋诗因用其韵

浯溪一股寒流碧，耸起双峰如削壁。两公文墨照溪津，到今草木增颜色。想当忠愤欲吐时，尽把江山供笔力。我来吊古不胜情，岂但登临爱泉石。渔阳旧事忍再论，仅赖令公安反侧。书生百感夜不眠，起读新诗转凄恻。①

萧德藻

萧德藻，字东夫，自号千岩老人。闽清（今属福建）人。绍兴二十一年（1151）进士。初任尤川县丞，后为湖北参议，再调湖州乌程令。

登岳阳楼二首

不作苍茫去，真成浪荡游。三年夜郎客，一柁洞庭秋。得句鹭飞处，看山天尽头。犹嫌未奇绝，更上岳阳楼。

吕公洞

复此经过三十年，唯应岩石故依然。城南老树朽为土，檐外稚松青拂天。枕上功名祇扰扰，指端变化又玄玄。刀圭乞与起衰病，稽首秋空一剑仙。

①陈从古诗辑自《湖南通志》卷二七六。

登岳阳楼

荒村三月不肉味，并与瓜茄倚阁休。造物于人相补报，问天赊得一山秋。

古梅二绝

湘妃危立冻蛟背，海月冷挂珊瑚枝。丑怪惊人能妩媚，断魂只有晓寒知。

百千年藓著枯树，一两点春供老枝。绝壁备声那得到，直愁斜日冻蜂知。[1]

吴儆

吴儆（1125—1183），原名备，字益恭，又字恭父，宋休宁（今属安徽）人。高宗绍兴二十七年（1157）进士。调鄞县尉，曾知安仁县，通判邕州，迁知州兼广南西路安抚都监。卒谥“文肃”。有《竹洲文集》二十卷，其中诗三卷。

题月岩

题诗山寺不胜多，人力争如造化何。安得短篷岩下濑，长看清影照寒波。

题祝圣寺浮梁道中

金碧照征涂，松竹开幽径。山僧寿八十，腴貌精视听。囊钵

---

①萧德藻诗辑自《全闽诗话》，清乾隆诗话轩刻本。

罄锱铢，栋宇事严整。如公方外人，视世一泡影。辛勤毕此生，更欲传不泯。当家茀父菑，居位蠹国政。祝公岂容诛，三叹发深首。

析阳石屏铭

楚之南，粤之北，惟祁之阳懿厥姿。江山千里何咫尺，天之苍苍其正色。①

张俞

张俞，字少愚，又字才叔，益州郫（今四川郫县）人。屡举不第，因荐除秘书省校书郎，愿以授父而自隐于家。文彦博治蜀，为筑室青城山白云溪。自号“白云先生”。七诏不起，遨游天下山水三十余年，卒年六十五。

郴州道

南土殊风气，冬林叶尽丹。越天无雁度，楚泽有龙蟠。

车湖

忆昔车公居此地，遗墟缭绕临清渊。惜哉断石文尚在，野老不识投波澜。

楚中作

渺渺洞庭野，萧萧黄鹤楼。水通云梦浦，人渡沔阳舟。广泽

①吴儆诗文辑自《吴文肃文集》，明万历七年吴瀛刻本。

侵吴壤，孤城接郢丘。山分三楚断，溪入九江流。寂寞休兵月，纷纭战国秋。吴生来赤壁，魏武定荆州。六代凭形势，群雄死寇仇。凄凉帝子宅，浩荡祢衡洲。万里浮云暮，千年故国愁。武昌宫不见，麋鹿自群游。

题洞庭湖句

万顷碧波看不尽，一拳孤岫望中明。①

①张俞诗辑自《舆地纪胜》，中华书局1992年版。

卷三十三

陆游

陆游（1125—1210），字务观，号放翁，宋越州山阴（今浙江绍兴）人。南宋诗人。孝宗时赐进士出身。中年入蜀，投身军旅生活，官至宝章阁待制。晚年退居家乡。著有《剑南诗稿》。

安仁道中

千古临邛路，飘然偶独游。病身那迫老，远客更禁秋。水退桥未葺，渡闲船自流。飞腾付年少，回首思悠悠。

三驿未为远，衰翁愁出门。贪程多卒卒，失眠每昏昏。天大围平野，江回隔近村。何时有余俸，小筑占云根。

闻角

小阁柴门近，黄昏画角声。时时逐风散，袅袅伴愁生。天地清秋暮，关河残月明。湖南贼未破，独立久含情。

初春书怀

耄及光阴古更稀，自今惟有数期颐。食观本草虽多事，醉读离骚自一奇。物外有人闲始见，山中可乐老方知。武陵好在桃千树，短棹相寻亦未迟。

初夏喜事

箕颍元非争夺场，潇湘自古水云乡。采茶歌里春光老，煮茧香中夏景长。敛版早知游宦恶，署门晚悟世情常。茹芝却粒虽无术，散发犹当效楚狂。

舜庙怀古

云断苍梧竟不归，江边古庙锁朱扉。山川不为兴亡改，风月应怜感慨非。孤枕有时莺唤梦，斜风无奈客添衣。千年回首消磨尽，输与渔舟送落晖。

乘大风发巴陵

雪溅浪方作，翠台山欲浮。奇哉万顷湖，著我十丈舟。三老请避风，叱去非汝忧。神物识忠信，壮士憎滞留。击鼓催挂帆，挥手别岳州。仰视群鹄翔，下闯百怪囚。衡湘清绝地，恨不从此游。聊须百斛酒，往醉庾公楼。

吹笛

吴江楚泽闲游遍，未豁平生万里心。醉里独携苍玉笋，岳阳楼上作龙吟。

泛舟观桃花

湖南小山花更多，不醉将如春色何！钓得鲜鳞堪斫脍，任教微雨湿渔蓑。

感昔

岳阳三伏正炎蒸，爽气凄风见未曾。白浪蹴天楼欲动，当时恨不到黄陵。

再赋一绝

江风吹雨濯征尘，百尺阑干爽气新。不向岳阳楼上醉，定知未可作诗人。

岳阳楼

身如病鹤短翅翎，雨雪飘洒号沙汀。天风忽吹不得住，东下巴峡泛洞庭。轩皇张乐虽已矣，此地至今朝百灵。雄楼岌嶪镇吴楚，我来举手扪天星。帆樯才放已隐隐，云气乱入何冥冥。鼋鼍出没蛟鳄横，浪花遮尽君山青。黄衫仙翁喜无恙，袖剑近到城南亭。眼前俗子败人意，安得与翁同醉醒。①

范成大

范成大（1126—1193），字致能，号石湖居士，宋平江吴郡（郡治在今江苏吴县）人。绍兴二十四年（1154）进士。累官礼部员外郎，拜参知政事，谥“文穆”。著有《石湖居士诗集》等。

槠洲道中

烟凝山如影，云褰日射毫。桃间红树迥，麦里绿丛高。客子

---

①陆游诗辑自《剑南诗稿》，景印清文渊阁四库全书本，台湾商务印书馆1986年版。

叹游倦，田家甘作劳。乘除吾尚可，未拟赋离骚。

湘潭道中咏芳草

积雪倏然晴，秀野若新沐。芳草径寸姿，中有不胜绿。萋萋路旁情，颇亦念幽独。驱马去不顾，断肠招隐曲。

题岳麓道乡台

山外江水黄，江外满城绿。城外杳无际，天低到平陆。长烟贯楚尾，远势带吴蜀。故园东北望，游子阑干曲。

安乡县西晚泊

水阔鸟乌倦，墟寒童仆饥。一湾村县过，百折暮江迟。晓梦孤灯见，春阴病骨知。简书宁不畏，旅力奈先疲。

合江亭隔江望瑶林庄梅盛开过江访之马上

何处春能早，疏篱限激湍。竹间烟雪迥，马上晚香寒。唤渡聊相觅，巡檐得细看。极知微雨意，未许日烘残。

衡州石鼓书院

古磴浮沧渚，新黉锁碧萝。要津山独立，巨壑水同波。俎豆弥文肃，衣冠盛事多。地灵钟杰俊，宁但拾儒科。

金山岭

阪峻身频偃，崖深首屡回。云浮平地出，路拂半天来。但阅关山过，都忘岁月催。湘南初上马，犹插早春梅。

李正之提点行至郴用予忙字韵寄和答

天涯逢我病，秋晚送君忙。感慨交情厚，留连别恨长。宾筵犹雪观，客路已云庄。摇落郴江路，应须忆醉乡。

醴陵驿

绿水桥通县，门前柳已黄。人稀山木寿，土瘦水泉香。乍脱泥中滑，还嗟堠子长。槠州何日到？鼓枻上沧浪。

湘江洲尾快风挂帆

船头雪浪吼奔雷，十丈高帆满意开。我自只凭忠信力，风应不为世情来。儿童屡惜峰峦过，将士犹教鼓笛催。明日祝融天柱去，更烦先卷乱云堆。

湘阴桥口市别游子明

马首欲东舟欲西，洞庭桥口暮寒时。三年再别子轻去，万里独行吾蚤衰。遥忆美人湘水梦，侧身西望剑门诗。老来不洒离亭泪，今日天涯老泪垂。

题湘山大施堂

重倚春林泪竹枝，南游风物鬓成丝。难寻桂岭千峰梦，更了湘山一段奇。来云别无心外法，行藏休问塔中师。若论大施门前事，竿木逢场且赋诗。

泊湘江鱼口滩

知时社燕语樯竿，游子奔波自鲜欢。趁客卖鱼双浆急，隔林沽酒小旗寒。潇湘浑似日南落，岳麓已从天外看。薄暮滩前收百丈，卧闻三老报平安。

步入衡山

应有人家往隔溪，绿阴亭午但闻鸡。松根当路龙筋瘦，竹笋漫山凤尾齐。墨染深云犹似瘴，丝来小雨不成泥。更无骑吹喧相逐，散诞闲身信马蹄。

衡阳道中二首

桑下芜菁晚，高花出短篱。茅檐少春事，惟记浴蚕时。

黑羖钻篱破，花猪突户开。空山竹瓦屋，犹有燕飞来。

入株洲初见山花二首

三日晴泥尚没靴，几将风雨过年华。湘东二月春才到，恰有山樱一树花。

泊衡州

客里仍哦对雨吟，夜来星月晓还阴。空江十日无春事，船到衡阳柳色深。

初泛潇湘

六桨齐飞急下滩，碧琉璃上雪花翻。越来溪色清如此，只欠矶头一钓竿。

初入湖南醴陵界

崖树阴阴夹暝途，出山欢喜见平芜。一春客梦饱风雨，行尽江南闻鹧鸪。

沣浦

苇岸齐齐似碧城，江船罨岸逆风行。绿苹白芷俱憔悴，惟有蒌蒿满意生。

金沙

庄严福地守灵仙，不为人间计子钱。一掬斓斒光照眼，路傍馋隶枉流涎。

雪后晚晴四山皆青惟东山全白赋最爱东山晴后雪二绝句

只知逐胜忽忘寒，小立春风夕照间。最爱东山晴后雪，软红光里涌银山。

群山雪不到新晴，多作泥融少作冰。最爱东山晴后雪，却愁宜看不宜登。

采莲三首

溪头风迅怯单衣，两桨凌波去似飞。折得苹花双叶子，绿鬟撩乱带香归。

藕花深处好徘徊，不奈华筵苦见催。记取南泾茭叶露，月明风熟更重来。

柔橹无声坐钓鱼，浪花飞点翠罗裾。空江日暮无来客，肠断三湘一纸书。

浯溪道中

江流去不定，山石来无穷。步步有胜处，水石清玲珑。

安得扁舟系绝壁，卧听渔童吹短笛。弄水看山到月明，过尽

行人不相识。

泊长沙楚秀亭

雨从湘西来，波动南楚门。不知春涨高，但怪江水浑。舟行风打头，陆行泥没鞍。且登裴公台，半日心眼宽。

初入湖湘怀南州诸官

今晨入湖南，甘土绛以紫。厥壤既殊异，风气当称此。回思始安城，旧籍赘楚尾。实惟荆州隶，零陵之南鄙。时雪度严关，物色号清美。傥以土宜观，尚非清湘比。何况引而南，焦茅数千里。向我作牧时，客过不停轨。憧憧走官下，既至辄咎悔。书来无别语，但说瘴乡鬼。我今幸北辕，又念众君子。怀哉千金躯，博此五斗米。作诗讽方来，南游可以已。车轮尚无角，吾诗亦金柅。

沣阳江

顺流下沅江，溯流上沣浦。水深兰芷寒，漂摇惮风雨。采采不盈掬，何由寄远渚。洞庭浮天白，遐瞩莽吴楚。有怀独晤叹，

橹声与人语。暮夜即维舟，苍茫定何许？

合江亭

石鼓郁嵯峨，截然踞沧洲。有如古盟主，勤王会诸侯。蒸湘伯叔国，禀命会葵丘。敢不承载书，戮力朝宗周。混为同轨去，崩奔不敢留。宜哉百谷王，博大无与俦。毡毳昔乱华，车马隔中州。未闻齐晋勋，包茅费诛求。威文亦弘规，尚取童子羞。安知千载后，但泣新亭囚。我题石鼓诗，愿言续春秋。

衡岳寺僧刺血法华经赞

佛手真法身，晃耀紫金色。散满十方界，聚为七袠书。七袠徧河沙，震诵说妙法。非聚亦非散，是则法眼观。

李仲镇懒窝

求名当著鞭，访道亦重趼。二边俱不住，三昧不如懒。向来南岳师，自谓极萧散。收涕且无绪，客至那可款。争如懒窝高，门外辙常满。殊不妨啸歌，秉烛苦夜短。天寒雪欲花，屋角黄云晚。径须烦二妙，对洗玻璃盏。

寄题潭帅王枢使佚老堂

孺子沧浪濯缨处，千载新堂来卜邻。潦收无波彻底静，东湖之水堂中人。蒙阳花谱胜洛下，竹西药阑来海澨。新篁绿沉桂丹渥，岳立奇石苍苔皴。赏心满眼伴闭户，天风夜下扶车轮。胸中种蠡妙经济，鬓须白雪朱颜春。苍生未佚身未老，斯堂未可忘斯民。四年西略可万世，孤撑独立扛千钧。匹马幡幡恃天日，危言岌岌愁鬼神。浮生蚤休信不恶，持此欲去非吾闻。客游潇湘逢骑吹，知公已为苍生起。公今少劳佚者多，湛辈乃可寒江蓑。

浮湘行

湘山中间湘水横，绿苹叶齐春涨生，盘涡沄沄去无声。吾乘桂舟溯中濡。扬波击汰双橹犷，辘轳引笮如牛鸣。篙师绝叫叠鼓轰，潜鱼跳奔乳猿惊。暖烟浮空昼梦腾，山长水远天无情。吹箫附瑟吊湘灵，水妃风御缤来迎，问客良苦远征行。昨者斧钺下青冥，命我尽护安南兵，岭海一视如王庭。布荡阳春濯腐腥，王事靡盬来有程，匪躬之故惟尔氓。芳洲杜若空青青，九歌凄悲不可听，愿赓楚调归和平。

游浯溪

浯溪一峰插天齐，上有李唐中兴碑。肃宗勋业愈烜赫，次山文字真崛奇。我昔为州坐两载，吏鞅缚束马就羁。咫尺名山不可到，抱恨常若有所遗。兹游得遂偿素愿，况有文字古一夔。周遭崖壑寻胜迹，摩挲石刻亦多时。

夜泊湘口并序

湘口夜泊，南去零陵十里矣。营水来自营道，过零陵下，湘水自桂林之海阳至此，与营会合为一江。

我从清湘发源来，直送湘流入营水。故人亭前合江处，暮夜樯竿矗沙尾。却从湘口望湘南，城郭山川恍难纪。万壑千崖诗不编，惟有苍苔痕屐纪。三年瘴雾亦奇绝，浮世登临如此几？湖南山色夹江来，无复瑶篸插天起。坡陀狠石蹲清涨，淡荡光风浮白芷。骚人魂散若为招，伤心极目春千里。我亦江南转蓬客，白鸟愁烟思故垒。远游虽好不如归，一声鹈鴂花如洗。①

周必大

周必大（1126—1204），字子充，一字洪道，自号平园老叟，宋庐陵（今江西吉安）人。绍兴二十一年（1151）进士。历任太学录、吏部尚书兼翰林学士承旨，转特进左丞相，进封许国公。以观文殿大学士、益国公致仕。卒谥“文忠”。著有《省斋文稿》、《平园续稿》等多种。

善德山二首

闲来楚望看江山，水阔分流又一湾。古刹经行修径里，孤峰环绕翠筠间。昔人旧塔今虽在，道价高风不可攀。因念丛林宛如旧，当年有愿几时还。

四望村深面面山，临流田舍满江湾。僧居楼阁翠薇外，人在烟波欸乃间。露重天寒何太早，橙黄橘绿已堪攀。风光无限吟难尽，他日重来且暂还。

舜五弦琴铭

五弦者，有虞氏所作也。昔舜既辟四门，明一达聪，放殛之罪，得元凯之相举，垂拱无为，坐视民阜，乃命后夔，大备朝堂之乐，戛击鸣球，搏拊以咏。祖考既来格矣，犹以为未也，别制琴歌《南风》焉。琴具五弦，弦具五声，角触而商章，祉止而羽

①范成大诗辑自《石湖诗集》，四部丛刊景清爱汝堂本。

宇，合是四者，宫以总之。上以写事亲之心而念长养之恩，下以宣爱民之情而解暑雨之愠。呜呼！斯亦孝之至仁之尽矣。参诸箫韶，无惑乎凤凰之来仪也，又岂至志在山水而夸六马之仰秣哉！惟商盘夏鼎，为器轻眇，尚勒铭诗，震耀无穷。是琴也，兼述事亲爱民之志，乃徒见于《乐记》而杂出于史氏之书，兹非翰林主人子墨客卿过欤？谨追美舜德而为铭曰：

大哉虞舜，重华帝尧。功去四凶，德格三苗。曰元曰恺，服休于位。曰夷曰夔，乐作礼制。八音既谐，神人既和。六府三事，时皆可歌。帝心益谦，不有其美。思制雅琴，以寓厥旨。乃命峄阳，轮尔孤桐。乃命海岱，檿丝其供。良材告备，大智以创。薄言鼓之，疏越缪亮。帝在岩廊，拱手垂裳。乃奏斯琴，其音远扬。叩商叩宫，小廉大浊。心和手敏，愉醳深樱。孰匪制器，孰匪审音。事亲爱民，则惟斯琴。事亲伊何，歌此南风。长養恩厚，如风之功。爱民伊何，熏风是咏。既阜尔财，亦鮮其愠。琴具五弦，弦具五声。五声之间，有孝有仁。在昔庖犠，制琴之始。惟孝与仁，舜极其美。厥后周文，足琴之弦。惟孝与仁，莫如舜先。乐由心作，德以音著。勒铭昭之，万世无斁。

题潭州道林寺六绝堂

唐乾符中，袁浩作《道林寺四绝堂记》，盖指沈传师、裴休笔扎，宋之问、杜甫篇章也。本朝治平四年秋，蒋之奇别为记，谓："沈、杜固无间言。裴本学欧阳询书，寺有询四大字当为一绝，又不应近舍韩愈诗，远及之问，其去取如此。"今三人诗各载集中，众所共知，惟袁记与欧裴字画则不复存。予既稍葺其堂，访沈碑而归之。复临阁本欧书并襄阳僧舍裴所作八大字，并刻于石。盖欧实郡人，裴尝牧此，俱不可废。合古今异同之论，衍四为六，其在兹乎？后数日，寺僧于壤中得大中十一年《断际禅师传心法要序》。乃小楷亡其后，叚亦作裴笔，真赝未可知也。先是，堂之题梁著马氏五代时职位。近岁修长沙志，遂谓此名，创于马氏误矣。绍熙癸丑十二月旦郡守周某题。①

杨万里

杨万里（1127—1206），字廷秀，号诚斋，宋江西吉州人（今江西省吉水县）。绍兴二十四年（1154）进士。历任国子博士、广东提点刑狱、吏部员外郎等。后辞官归家，闲居乡里。有集传世。

送丁子章将漕湖南三首

岳麓猿声里，湘流雁影边。自天持一节，到日是新年。身退名逾重，今稀古则然。黄花非不好，只是插离筵。

湖外游曾漫，荒余好在麽。山应依样瘦，民岂似田多。不是无风物，其如费拊摩。人言补外乐，且道定如何？

半世行天下，同心寡友生。故人今又去，此意向谁倾。白发三更语，青灯一点明。看渠还玉署，老我正归耕。

过安仁岸

野水工穿石，疏林不掩巢。雨蒲拳病叶，风筱秃危稍。短胫知难续，长腰强自抄。兹游良不恶，物色困诙嘲。

①周必大诗文辑自《文忠集》，景印清文渊阁四库全书本，台湾商务印书馆1986年版。

路逢故将军李显忠以符离之后私其府库怨而溃，谪居长沙

贪将如中使，兵书不误今。只悲熊耳甲，谁怨裒蹄金？贾傅奚同郡，朱游独折心。书生何处说，诗罢自长吟。

送彭元忠司户二首

触热能相访，言归有底忙。百开才半面，一别又三湘。诗人江西社，心传肘后方。木天须此土，舟笔挍官黄。

浯石高仍瘦，愚溪绀且寒。凭君聊杖屦，道我问平安。句好今逾进，书来剩寄看。只言官舍小，檐下过湘滩。

纪闻悼旧

莫说湘南寺，令人绝痛渠。中间绿国论，偶似绝交书。衫短枯荷叶，墙高过笋舆。人生须富贵，富贵竟何如。

寄张钦夫二首

作郡才佳政，留中即好音。还将著书手，拈出正君心。岳麓风霜饱，修门雨露深。登庸何恨晚，廊庙要山林。

工瑟曾缘利，鸣琴岂负子。发于贫里白，诗亦病来疏。知已俱霄汉，孤踪且簿书。三年知免矣，一饱会归欤。

将至醴陵

行尽崎岖峡，初逢熨帖坡。寒从平野有，雨傍远山多。也自

长沙近，其如此路何？披丈浑不恶，冻手奈频呵。

崇德道中望福严寺

一径青松露，三门白水烟。殿横林外脊，塔漏隙中天。地旷迎先见，村移眺更妍。追程坐行役，不得泊春船。

题湘中馆

清境故应好，新寒殊不胜。征衣愁著尽，凭槛喜犹能。乱眼船离岸，关心山见棱。个中有句在，下语更谁曾。

自岩泛小舟下高溪

晚日黄犹暖，寒江白更清。远山冲岸出，钓艇背人行。舟稳何妨小，波恬尔许平。大鱼不相报，泼剌得吾惊。

考试湖南漕司南归值雨

我亦知吾生有涯，长将病骨抵风沙。天寒短日仍为客，酒暖长亭未是家。又若征夫催去去，更甘飞雨故斜斜。旧闻行路令人老，便恐霜毛一半加。

送昌英叔知县之官麻阳

政坐诗无半点尘，天令著句锦江春。远民蒙惠即真学，漫仕绿亲非为身。许日相从今恨少，先生此别我谁邻。不应更作徒劳叹，廊庙方寻密县人。

武冈李簿回多问萧判官东夫

客有来从天一隅，相逢喜问子何如。橘洲各自分马首，湘水更曾烹鲤鱼。心近人遐长作恶，离多合少可无书。得知安稳犹差慰，敢道韦郎迹也疏。

至永州城外

恋恋庭闱竟北征，槐花唤我试诸生。了知归近犹看堠，更有愁来即入城。愚水端能勤入梦，嵛峰何得懒相迎。只应白发持环久，见我蹔然笑未成。

舟过安仁

一叶渔船两小童，收篙停棹坐船中。怪生无雨都张伞，不是遮头是使风。

过安仁市得风挂帆二首

明发山溪一雨余，昨来暑气半分无。何人道是三衢远，挂起东风十幅蒲。

西望柯山正蔚蓝，衢州只在此山南。却愁路尽风犹剩，回纳清风与破帆。

跋常宁县丞葛齐松子固衡永道中行纪诗卷

宜江风月冉溪云，总与诚斋是故人。老向烟波诗句里，一朝双看两州春。

衡山值雨

稍喜畈涂中半程，犹愁泥潦未知晴。雨来也不怜行客，风过何须作许声。

题赤孤同亭馆

数菊能令客眼明，三峰端为此堂横。仆夫不敢催侬去，只道长沙尚八程。

余干溯流至安仁

半篙新涨满帆风，两岸千山一抹中。惭愧棹郎能袖手，若非袖手更无功。

舟过安仁五首

恰则油窗雨点声，霎时花屿日华明。不须覆手仍翻手，可杀春云没十成。

初受遥山献画图，忽然卷去淡如无。莫欺老眼犹明在，和雾和烟数得渠。

一叶渔船两小童，收篙停棹坐船中。怪生无雨都张伞，不是遮头是使风。

南风作雨北风休，岂是春云得自由。只者天时过湖得，长年报道不须愁。

渭川千顷在诗胸，不管屠羊肆里空。蹈破菜园妨底事，莫教蹈到竹园中。

过百家渡四绝句

出得城来事事幽，涉湘半济值渔舟。也知渔父趁鱼急，翻著春衫不裹头。

园花落尽路花开，白白红红各自媒。莫道早行奇绝处，四方八面野香来。

柳子祠前春已残，新晴特地著春寒。疏篱不与花为护，只为蜘蛛作网竿。

一晴一雨路干湿，半淡半浓山迭重。远草坪中见牛背，新秧疏处有人踪。

旱后喜雨四首

云头造次便能閑，雨脚商量半欲来。旧日催诗元要雨，如今雨却索诗崔。

检校西畴首忍回，雨佳小恨较迟来。抄云浙玉何曾梦，只拟禾孙作栈粥。

竟夏兴云只苦风，入秋今雨稍宜农。怪来霹雳车枯树，知向前山起卧龙。

密洒疏飘尽自由，通宵到朓未须休。平生愁听芭蕉雨，何事今来听不愁。

题湘中馆

江欲浮秋去，山能渡水来。娵隅蛮语杂，欸乃楚声哀。寒早当缘闰，诗成未费才。愁边正无柰，欢伯一相开。我岂登名晚，今仍作吏卑。文能追古作，子未要人知。取第真成漫，危言良独奇。新知谁不乐，所要白头期。

送施少才赴试南宫

十日九奔命，同行半倦新。出城愁不早，思子悔何由。脚底已衡岳，眼中犹橘洲。似嫌疏过子，吾过更谁尤？

癸未上元后永州夜饮赵敦礼竹亭闻蛙醉吟

茅亭夜集俯万竹，初月未光让高烛。主人酒令来无穷，恍然堕我醉乡中。草间蛙声忽三两，似笑吾人悭酒量。只作蛙听故自佳，何须更作鼓吹想。尚忆同登万石亭，倚栏垂手望寒青。只今真到寒青里，吾人不饮竹不喜。

过白沙渡得长句呈澹庵先生

收红拾紫消几许，也费一春强半雨。不辞长江万波阻，来听先生夜深语。尚忆向来待樽俎，微雪斜飞小梅吐。先生半酣染霜免，金章玉句空万古。今年寒食还相聚，明年寒食知何处？只道先生押班去，不道门生折腰苦。

过白土岭望见芙蓉峰七八峰最东一峰特奇里人名为芙蓉尖云

看山须是高处看，低处看来元不见。君看矮子仰高人，只识长身那识面。今晨雨止升火轮，一光销尽千山云。千山数日眼中失，今晨头角都争出。初登峻岭也心惊，上到绝顶忽眼明。天外数枝青玉笔，飞入锦囊寒突兀。问来还是芙蓉尖，阔开两窗高卷帘。

罢丞零陵忽病伤寒谒医两旬如负担者日远日重改谒唐医公亮九日而无病矣谢以长句

料病如料敌，用药如中的。淮阴百战有百胜，由基百发无一失。老唐脉法明更高，阅人二竖可得逃。探囊起死无德色，掉臂不为曳裾客。但使乡邻少卧痾，眼底名医麻竹多。嗟予诗瘦仍多病，两旬进尺退不寸。逢君已晚亦未恨，扫除何曾费余刃。长句藉手聊尔耳，真成不直一杯水。

见潭师刘恭父舍人二首

云雾开衡岳，波涛息洞庭。是邦谁岳牧，西掖一文星。有眼难人物，斯代尚典刑。如何闲处著，不遣肃朝廷。

道合宁嫌晚，心期不用多。于公犹未见，此恨独如何？颇辱谈间问，端须雪里过。门阑当欠士，许寄病身麽。

负丞零陵更尽而代者未至家君携老幼先归追送出城正值泥雨万感骤集

吾父先归吾未可，吾母已行犹顾我。儿女喜归未鲜悲，我愁安得似儿痴。墙头人看不须羡，居者那知行者叹。昨日幸晴今又雨，天公管得行人苦。吾母病肺生怯寒，晚风鸣屋正无端。人家养子要作官，吾亲此行谁使然。

旱后郴寇又作

自怜秋蝶生不早，只与夜蛩声共悲。眼边未觉天地宽，身后更用文章为。去秋今夏旱相继，淮江未净郴江沸。饿夫相语死不愁，今年官免和籴不。

和萧判官东夫韵寄之

湘江晓月照离裾。目送车尘至欲脯。归路新诗合千首，几时乘兴更三吾。眼边俗物只添睡，别后故人何似臞。尚策爬沙追历块，未甘直作水中凫。

寄题临武知县李子西公廨君子亭

王家唤竹作此君，周家唤莲作君子。泥中怀玉避俗尘，水上开花超大地。红裳翠盖在眼中，欲往从之隔秋水。牡丹贵人非吾徒，篱菊隐士堪邻居。李侯岸巾对芙蕖，不寄新诗来起予。

九日落莫忆同施少才集长沙

九月九日今朝是，五里十里正未已。良辰美景只自美，不如且著黑棋子。浊醪不贱有如无，黄花新寄绝交书。三年客里两重九，去年却得登高友。醉吟岳麓道林间，天风吹帽挂名山。倒骑蹇驴下绝顶，眼花几落贾谊井。如今悔狂亦嫩游，不嫌清坐独醒休。

送奔医时亭往攸县省觐

雪恰来时子恰行，白云飞边双眼明。阿母几年不相见，阿兄唤渠来作伴。探囊半粒黄金丹，湘南小儿开病颜。江西两奔留不住，并被湘南夺将去。

送蔡定夫赴湖南提刑二首

菊后霜前换绣衣，湘南岭北看梅枝。还将方策汗青语，拈出圆扉草绿时。四海几人怜我老，三年两作送君诗。借令贵杀衡阳纸，半幅无妨慰梦思。

方丈蓬莱第一人，星轺玉节正青春。只今回雁峰头客，曾触神龙领下鳞。未遣五纹朝补衮，便应三字夜司纶。湘江绿净不可垂，却要珠玑欬唾新。

送罗宣卿主簿之官巴陵

印孙三子十一孙，六人擢桂两特恩。惟君有子又擢桂，父子仇香仍一门。君今初泛洞庭桅，湖水黏天天更大。请君先上岳阳楼，送眼君山最上头。将诗写取一湖秋，将秋寄来销我愁，为君酒船卷拍浮。

送子弟赴郴州使君罗达甫寺正之招

郴山奇变水清写，郴江幸绕郴山下。韩秦妙语久绝弦，谁煎凤觜续此篇。君章词客山水主，云锦聘君君好赴。为寻两公旧游处，得句寄侬侬不妒。休道郴阳和雁无，也曾避雪罗浮去。

题长沙锺仲山判院岫云舒卷楼

天柱峰尖半点云，散为狱麓橘洲春。尽供诗客挥毫里，怪底春空态度新。入夜云来宿两窗，明朝云去照三湘。也知远岫无心出，解后为霖亦不妨。

题黄才叔看山亭

春山华润秋山瘦，两山点黯晴山秀。湖湘山色天下稀，零陵乃复白其眉。作亭不为俗人好，个竹把茅吾事了。朝来看山佳有余，为渠更尽一编书。

题浏阳县柳仲明致政云居山书院

云居山高三万尺，下插浏江上撞日。柳下和风百世师，有孙避地来筑室。奕叶隐居三百年，栽桃种杏今满川。当家相傅一破砚，此外文字九千卷。旄头毕方书散亡，维仲明父再耿光。木叶衣裳野蕨肠，牙签玉轴还堆床。更于山下起高阁，竹户松窗照林岳。阁上诸郎夜诵声，太一真人降云鹤。向来有子中文科，泮宫弹琴咏菁莪。柝氏门闾人刮目，仲明依旧一渔蓑。

题潘彦政叔侄濯缨斋

愚溪之口湘江左，茅斋不小亦不大。斋前看江江只流，江中望斋斋更幽。两潘读书韵清壮，湘妃出听鱼吹浪。大潘皎如鹤出林，小潘不减在沙金。向来姓名到天府，市人莫笑渠尘土。濯缨当属最闲人，两潘且弹冠上尘。

谢潭师余处恭左相遣骑惠书送酒三首

小烦上相领元戎，潭府千年一日雄。镜样洞庭那得浪，身为天柱不须峰。子房富贵云相似，中立安危国与同。帝恐我公招不出，那时虚左到今冬。

鹊语灯花两太谩，三朝五夜强相驩。打门军将还惊枕，破屋山人起著冠。知己书从天上落，焚香手把月中看。少陵泛爱虚名句，羡杀寒儒眼不寒。

相思命驾竟成休，投老寒盟岂自由。雪后风涛难访戴，山间生死总依刘。烦公赤手回青昊，容我清溪弄白鸥。稚子尚堪驱使在，门阑桃李未应秋。

浯溪磨崖怀古

湘江曾闻有浯溪，片帆今挂湘东西。上磨石崖与天齐，江头落日云凄凄。山昏雨暗哀猿啸，步入烟萝转深峭。元颜千古迹不朽，星斗蛟龙两奇妙。中兴当时颂大唐，大唐家国天为昌。妖环忽见诚非祥，土花失色悲寿王。明皇父子紊大纲，从此晏朝耽色荒。天下黎庶暗罹殃，击损梧桐按霓裳。谁知鼙鼓动渔阳，肃宗灵武何仓皇。回来张后年初芳，前杨后李真匪良。养以天下理所常，胡为南内成凄凉。三千宫女为谁妆，空遗两鬓愁秋霜。千载父子堪悲伤，修身齐家肇明皇。后来历历事愈彰，源流有自咎谁当。岂惟当日留锦囊，至今人说马嵬坡下尘土香。

题兴宁县东文岭瀑泉在夜明场驿之东

笋舆路转崖欹倾，只闻满山泉水鸣。卷书急看已半失，眼不停注耳细听。石如铁色黑，壁立镜面平。水从镜面一飞下，蕲笛织簟风漪生。石知水力倦半壁，锺作天一泓水行。到此欲小憩，后水忽至前水惊。分清裂白两派出，跳珠跃雪双龙争。不知落处深几许，千丈井底碎玉声。安得好事者，泉上作小亭。酿泉为酒不用曲，春风吹作蒲萄绿。醉写泉声入枯木，何处更寻响泉曲。

送黄岩老通判全州

潇湘之山可当一枝笔，潇湘之水可充一砚滴。白石得官斑竹林，天锡笔砚供醉吟。好将湘山点湘水，洒满青天一张纸。台家旁搜清庙珍，奇珍随在湘水滨。乌衣枢相今水镜，手提一道人材柄。外台况复有三贤，看即吹嘘送上天。皈来肯过诚斋里，分似锦囊新句子。

浯溪赋

予自二妃祠之下、故人亭之旁，招摇渔舟，薄游三湘。风与水兮俱顺，未一瞬而百里。欻两岸之际天，俨离立而不倚。其一怪怪奇奇，萧然若仙客之鉴清漪也；其一蹇蹇谔谔，毅然若忠臣之蹈鼎镬也。怪而问焉，乃浯溪也。盖亭在南，台在北；上则危石对立而欲落，下则清潭无底而正黑，飞鸟过之，不敢立迹。

余初勇于好奇，乃疾趣而登。挽寒藤而垂足，照衰容而下窥；余忽心动，毛发森竖。乃迹故步，还至水浒，削苔读碑，慷慨吊古。倦而坐于钓矶之上，喟然叹曰：惟彼中唐，国已膏肓，匹马北方，仅或不亡。其一过曰：日杀三庶，其人纪有不斁矣夫？曲江为箧中之羽，雄狐为明堂之柱，其邦经有不蠹矣夫？水、蝗税民之亩，融、坚椎民之髓，其天人之心有不去矣夫？虽微禄，唐独不坠厥绪哉？观马嵬之威垂涣，七萃之士欲离，殪尤物以脱焉，仅平达于巴西。吁！不危哉！

嗟乎！楚则失矣，齐亦未为得也。灵武之履九五，何其亟也！宜忠臣之痛心，寄春秋之二三策也！虽然，天下之事不易于处而不难于议也。使夫谢奉策于高邑，将禀命于西帝。违人欲以图功，犯众怒以求济，天下之士果肯欣然为明皇而至死哉？盖天厌不可以复祈，人溃不可以复支，何哥舒之百万，不如李、郭千百之师！推而论之，事可知矣。

且夫士大夫之捐躯以从吾君之子者，亦欲附龙凤而攀日月，践台斗而盟带砺；复莅以耄荒。则夫干庭万旟，一呼如响者，又安知其不掉臂也耶？古语有之："投机之会，间不容穟。"当是之时，退则七庙之忽诸，进则百士之扬觯。嗟肃宗之处此，其实难为之，九思而未得其计也。

已而，舟人告行，秋日已晏。太息登舟，水驶如箭。回瞻两峰，江苍然而不见。①

项安世

项安世（1129—1208），字平父，一作平甫，号平庵。其先括苍（今浙江丽水）人，后家江陵（今属湖北）。孝宗淳熙二年（1175）进士，调绍兴府教授，迁户部员外郎、湖广总领。有《易玩辞》、《项氏家说》、《平庵悔稿》等。

除夕宿武陵邸中

除夕仍为客，今年脚不停。分身三处梦，共影两同行。诸子依潭橘，双亲滞楚萍。此时灰一寸，明日雪千茎。

次韵储检法帷字

岁月客中老，交游天下奇。衰州访人物，台法妙天姿。年事真堪惜，人情莫浪随。青春能几许，绿叶看成帷。

---

①杨万里诗文辑自《诚斋集》，《四部丛刊》景宋写本。

次韵岁暮对雪书怀

问寝荆江上，留家湘水滨。心关两处念，鬓改一年新。屑玉逢天富，铺瑶盖地贫。归来见三白，因得贺乡人。

澹山岩遇雨二首

水放沙痕出，云将晚色昏。微茫上西渡，浩荡出南门。欹侧缘山罅，嵌空下石根。书崖无数墨，入寺两山髡。

山神从狡狯，心赏莫蹉跎。况近茱萸节，县知风雨多。不冲新润去，将奈积阴何。相戒添裘褐，排云入薜萝。

法轮道中大雨

淋浪翻一雨，拳局下层坡。险尽平川出，村宽古屋多。风烟随地辟，鸡犬觉声和。田父正愁思，天阴难刈禾。

见雁

万古胡沙雁，衡阳到即回。如何九日至，故作永州来。节里他乡客，江边独夜桅。吾亲应念我，烦汝到浯台。

将至浯溪简同行

地想浯溪行，舟逢怪石多。平生真到此，重九合如何。我解伊吾读，君能欸乃歌。风从两崖下，江水急生波。

卢道子赴铨试

高才真干父，新渥继难兄。舟楫维湘岸，簪缨觐汉京。学虽工比兴，科亦要刑名。书律三冬足，荣华一战成。

卢似之从道子行

昔我为行客，烦君作好诗。今吾仍是主，送子得无辞。文赋须勤作，经书莫暂离。天资诚美矣，师道可无之。

虑智子衡州亲迎

初闻永嘉叟，招唤作师生。又见金华伯，扳聊作兄弟。双峰真有子，二老总关情。所愿勤诗礼，无令负甲庚。

送潭州陈运使二首

薄命真如此，兹行如识公。从来半生愿，不畀数旬同。官事埋头过，江舲转眼空。可能倾盖地，直作急流中。

惜分频卜夜，此意我知公。古事多疑信，今人足异同。何年操耒几，三月坐春风。但记匆匆字，深题大带中。

送虞司理赴官辰州二首

窃窈辰溪路，秦人此避秦。子孙为洞户，世系本王民。问淑桑鸮变，言忠黍貊亲。此心能勿舍，何地不归仁。

当年有虞氏，初作理官名。正以蛮兼冠，须烦允与明。云孙今筮仕，溪子正称兵。淑问端能继，淮夷不足平。

挽善化沈令

十八年前梦，宜都薄即君。沙头能遇我，客里暂论文。久别欣同事，方驩叹失群。隔宵犹一见，千古遂相分。

挽善化沈令

夔门逢令季，溢浦接贤兄。幸甚交三沈，兹焉共一城。解诗谈到髓，听讼笔如倾。豪快今安有，哀哉不久生。

夜泛湘江

窈窈崖头墨，沉沉水面青。枫林啸山鬼，竹月下湘灵。欸乃元郎曲，离骚屈子经。欲知当日意，须向此中听。

约同行至浯溪作重九

九日明朝是，三浯自古高。地能供此景，天亦念吾曹。溪上风宜帽，山中菊可醪。病夫虽不饮，短发却堪搔。

八日泊故人亭观二水合流处

各自南来共北流，孤亭直下对中洲。湘流几日发阳朔，潇水伴吾离永州。预戒篙工泊江口，急穿巾子上山头。哦诗未了寒催客，却下篷窗唤解舟。

别岳州

五更鼍鼓忽逢逢，舟子闻晴上北江。推枕一兵辞画戟，开门三骑到篷窗。鹿鸣厚意陈箱篚，伐木深情缀酒腔。小雅风流千古在，飞吟亭下此心降。

丙寅法轮寺阅前贤碑板有感

岣嵝峰前法轮寺，少林阁后访碑轩。子宣介甫清诗在，双井毗陵白牓悬。文本记成当国日，退之句就贬官年。从来治乱共无术，只在诸人进退边。

次前韵谢王主簿二首

夷甫风姿满坐头，浚冲电目照人明。更拈秋水长天句，来映清霜十月晴。援笔而成弥处士，摇毫不尽崔廷评。若容跛鳖追高步，勿恤驱尘小作程。

南州高士到湘州，山鬼湘娥暮暮愁。行世头颅浑欲老，贺天胸次未经酬。搜残风月三千界，吟破江湖九十洲。谁报玉皇香案道，早将关放石渠休。

次韵黄县尉祁阳遇全州试官同归

粉字朱牌簇县津，绿蓑青笠洗行尘。一时客路同归棹，半是年家及里人。秦代徽君岩上石，吴时霸主涧中神。休将短发供离恨，早卜宽乡作酒邻。

故人亭

翠壁丹崖云气浮，故人亭下驻行舟。潇湘东去连沧海，桂岭西来接永州。浦树生烟攒舴艋，岩花覆水叫钩辀。谳刑省俗惭无补，目断波间双白鸥。

衡州城下见蒸水来会

我从沅湘到石鼓，既见蒸湘喜无度。为谁触热向零陵，更有潇湘在前路。乐哉湘水是吾师，挹彼三川尽注兹。世人惟闻洞庭阔，谁知锌觜但如丝。

胡仲方归自武陵已过贱生尚烦追贺托柑致颂褒拟过情辄次韵为谢

老后人间百不堪，形容今似过时柑。液枯自断仙无分，面皱酒宜佛作龛。更说吴姬儿女事，且寻湘颂友生谈。行装闻逐春风动，商乐无因饭相参。

祁阳县晚渡

郭外湘江清彻底，江头石壁新如洗。呼舟斜日度空明，脱帽中流照清泚。一声欸乃忽心惊，曾与渔郎有旧盟。日暮征车犹未已，鬓毛发此欲何营。

曲湘湾

两崖左右蜜房穿，一水中间蚁线旋。蹙起浪涡知有石，荡开云影倒窥天。当洪没没青螺暗，过濑霏霏白琲圆。我欲濯缨渠濯足，一生输与钓鱼船。

三送陈沅江

苦死相留不疗饥，再三相送只添诗。金兰去我方嫌速，襦绔催公莫恨迟。碧海声名无右者，玉霄歧路合东之。未应只发清溪上，长傍孤篷理钓丝。

十六弟生日

长庚飞下祝融墟，瑞入清台夏五书。八荚花开羲叔历，一枝桂长羿妃居。南熏解养秋风鹗，梦泽能生北海鱼。看上扶摇龙尾道，曼声传唱绕周庐。

十日发祁阳

自矜重九苦吟处，写出浯溪真画图。安排秀句待石鼓，指点江神迎彩橹。小雨已休朝复作，寒流忽涨夜仍枯。篷声瑟瑟滩声滑，应伴先生著句无。

顺风至岳州危甚

黑云将雨向巴邱，白浪奔雷送客舟。一路逆风才得顺，百年何日是无愁。神林浦外飞沙恶，道士矶头乱石稠。系缆南津闻笑语，船船鸡酒谢神休。

送湖南卢提刑赴召三首

幸甚他乡识老诚，孰知真意彻幽明。通身实地无奇巧，接面春风有至情。王事直须穷昼夜，宦途元不计公卿。无端自被功名迫，汉节冲寒上玉京。

世间除我更谁穷，老去知心仅有公。玉局当年已无分，星沙今日更愁侬。饥乌绕树啼寒月，独雁辞群叫朔风。四斗官醪作供给，先生只此是遭逢。

先生休叹不逢时，此地非公已再危。赤立一丝无藉手，青衿二百正张颐。千缗兄镪仍三料，五顷夫田更八池。但得门东无叫怒，老身寒饿不须悲。

送张卿二生归潭州应举

丹凤飞来紫诏香，六龙初日上扶桑。汉廷第一垂清问，潭府三元有故常。赋客从来推屈宋，文星依旧照衡湘。夜凉天宇清如洗，翼轸光中见柳张。

送郑子仁往岳阳兼以为寿

晓发津阳向岳阳，梅风吹缆麦天凉。家人细数生朝近，寿算应同水驿长。行处葡萄迎棹绿，宿时杨柳近船黄。千花不敢留颜色，只许蓝袍一样芳。

题潇湘斋雨图

欲敛未敛云浴浴，似见未见山昽昽。人家无宾衬衡宇，草村高低深佛宫。西峰定有一罅日，东岭岂无千丈虹。俗人不识莫与道，总在空蒙苍莽中。

题周丞相寿沙字

台星八轸照三湘，申画南云作寿乡。太始以来山色在，北流无尽长声长。曾开星极颁诸福，亲把鸿钧转八荒。却倚虚栏看平楚，野潢闲受济川航。

武陵道中元日自叹

流光冉冉道无闻，短发萧萧雪见侵。衰矣久无天下志，行乎聊慰才人心。功名随世吾何感，道德康时力未任。安得万牛呼古柏，武夷山下白云深。

再送陈沅江

三年食茆厌冰厅，一日栽桃绕带城。水入洞庭天正阔，山连黔徼地偏清。醉歌屈子醒时赋，琴和湘娥瑟外声。若到江滨逢九肋，为言稀有是轻生。

赠黄县尉二首

震泽逢君意便倾，湘江见我眼中明。锁闱地榻谈风雨，放流双舟话晚晴。南岳歌行云里和，西亭今古夜深评。无端吹落红尘脚，寸步相疏一万程。

几日真成去道州，如今未发已先愁。一城对酒犹疏阔，千里题诗底唱酬。雁不到君濂字水，鱼应过我直名州。登临若有相思句，西北风吹送似休。

阻北风简叶岳州

风颠下枪刺泥深，水长移船入港频。帝子有情留客子，主人何幸得乡人。星辰相纬周三卫，日月为常汉九宾。公若赐环吾解缆，一般风色两家春。

欸乃歌

靄乃出深树，湘山日落时。若非尧女哭，即是楚臣啼。

长亭解

行人处处论亭邮，总为长亭怕永州。不道长亭更长去，也应行到日西休。

次韵衡山徐监酒同考府学试八首

诗里坎[illegible]久自知，意来聊复寄于斯。要知风节高多少，万事如今总似诗。

少时亹亹著新功，老来萧萧渐秃翁。辜负平生好师友，纳湖云谷两仁翁。

世间无事可关心，只有丰年愿最深。春旱恼人头欲白，朝来一雨万黄金。

欲浓还淡云容碎，似见如藏日影微。赚得鸠声长又短，不知雨意是耶非。

烛炧灯枯夜漏残，眼眵腰白吻声干。上床一觉江南梦，放艇高歌七里滩。

南州门户到云来，犹有诗情出九垓。怜我风帘钻故纸，借君月露洗黄埃。

夜久看书眼倍明，春来觅句思偏精。不嗔科举遗佳士，更把时文教后生。

祝融峰下筑糟丘，此段输君一流。误到尘中踏尘土，却思江上驾渔舟。

次韵黔阳王令诗五绝句

洞庭五百里巨浸，衡岳七十二高峰。不是公家椽样笔，个中施手若为容。

旧日辋川图上翁，而今孙子尚家风。如何寂寞黔阳去，五两青纶一歉宫。

骊珠一百二十六，落纸轻圆字字同。怪得春来全少雨，烟云都在锦囊中。

见说吟哦三十载，从来此事一生功。劝君莫用雕镌得，只恐今人晚更穷。

我亦童年学露蛩，老来留眼送归鸿。自从谢绝曹刘后，浩荡春光满太空。

二十五日岳市路口居人皆鬻栉具及风药

家家药榜丸朱墨，处处丝绳罥比梳。我有沉疴并宿垢，亦思从此日祛除。

壕头入衡山界

乱木林中微有路，两山峡里欲无天。前头似向夔州去，应有西川未了缘。

槠洲路口小雨诗

三十年前过此时，一双青鬌绾青丝。如今旧雨犹相记，只傍星星白处吹。

南岳路口怀胡氏兄弟

奕奕神山照远天，美人家在此山前。待侬了却公家事，来借书堂十日眠。

南岳路口怀胡氏兄弟

虎逝龙亡不记年，旧巢双凤故依然。灵岩草木皆堪敬，莫作寻常到岳前。

武陵江上渔舟

家居堤下土平帘，人在江中尺许船。正尔平生事方足，有人狂梦欲登仙。

次韵储检法送行

别去动经年，相过但旬日。会心能几何，欢意忽已失。何年岘山头，此主复此客。官回便重到，我齿已半百。侍立四颜红，岂有今日色。坐中六七子，星散那再得。念之意已动，况此真远役。秋风洞庭岸，落日贾傅宅。主人九霄上，怅望云雨隔。回首叫苍梧，知予正愁寂。

二十六日下山观胜业寺禹柏偃卧地上分为九枝

人言禹时柏，是否何必研。要知是古物，少亦逾千年。盘盘九龙子，脊尾何蜿蜒。疏髯挟雷雨，瘦骨含风烟。居然负世望，淡苦依老禅。纷披苔藓中，偃息鱼鼓边。不知忆万人，饥饿长呼天。我欲笺上帝，六丁呼使前。九龙分九州，各值所治田。膏泽皆要足，阴晴无敢愆。如此岂不善，天心应谓然。

二十日步上方广寺观莲华峰云气异甚

晓发名溪庄，午饭马迹库。下车著芒鞋，扶杖陟罔路。碾槽深侧足，石磴高举步。初登黄茅岭，稍入青箬雾。苔深洒綦偪，露重湿袍绔。水声浩呼涌，山气汩驰骛。傍倾眩欲落，上滑危楼仆。寻幽不惮险，已倦宁得住。荒程迷远近，杂径恶叉互。喜经茶园头，艳见莲岳处。喘汗扇方干，惊魂招始驻。引领烦山僧，鞓鞳开阁户。尖峰岌前陈，鸣水横下注。浮岚出奇巧，顷刻纷异趣。憧憧行市人，枭枭上烟灶。浓敷步障青，淡抹轻纨素。昏然俱晦冥，粲若忽陈露。穿窗来有情，扫迹去如怒。旋观不忍舍，留宿当至暮。谁傅西岭书，赠我碧云句。云当上封顶，共看扶桑树。弃置且行行，妙高台上去。

福岩寺

三日行东山，今朝度西岭。山前福岩寺，高下得要领。下通赤帝庙，上彻祝融顶。回环生气势，开辟见光景。湘江献五曲，岳市陈万井。青林间香稻，一一辨疆顷。颇怜东山隘，对此意方逞。居高能尽下，熟玩令人省。

高台寺

高台夫如何，山后此为最。手摩白云顶，足蹑飞鸟背。我从樟树来，上上八十里。向来所历峰，下视皆积块。空中闻夜雨，声若万马溃。却问山前人，天晴正收刈。

六日坐法华寺东廊揽秀亭

西亭有名字，未若东亭宽。东亭揽秀者，一目万峰峦。云兴势浩浩，海立波漫漫。左见桂阳路，右见春陵滩。入山恨不早，行路良独难。晚来无赖处，渺渺送归翰。

题澹山岩二首

自有宇宙来，迢迢澹家山。不知几万古，郁郁藏神奸。祖龙御宇宙，周子巢其间。事同商岭遯，迹类桃源跧。湮沦向千载，太史来荆蛮。指点发天秘，提携出人寰。一日遍海内，流声响潺潺。镌劖满石壁，新音不可删。山灵反惆怅，俗驾纷往还。造物有奇宝，无怪阴工慳。不遭固可恨，遭世良亦艰。所以求志人，抱珍守蓬菅。

此日纵自尔，此兴不可阑。竹径滑拳局，芒鞋侧蹒跚。南窥下阴洞，北望升天关。鬼穴勇争觑，仙扃谁得櫎。敷床憩明洁，酌酒休痴顽。幽处可僧磬，回中堪舞鬟。乐极急有念，相顾生愁颜。指点壁间字，其人多马班。书迹向昧昧，苔痕日斒斒。题名出门去，岁月如循环。何年复此来，三士同跻攀。

拟送陈正己赴沅江令

一餐我无门，五斗君有禄。犹胜乞邻僧，何必嗔郡督。江清芷无数，县静书可读。素业傅二雏，清风散群鹜。于焉善藏刀，可以待沽椟。所嗟吾过多，此去谁与告。提携到尊豆，笑语惯僮仆。隔日意犹凄，三秋间何酷。书来想忆外，无使德音玉。

次韵答胡委履二首

吾易不师房与雄，吾筴不占方与功。曰生一字有余矣，万有二千无隐尔。家人养火青枫前，过鼎一散成灰烟。泉亭长在麓之始，一止于山斯蹇矣。君不见坎离汲汲长相亲，天渊混混无停云。栋根已腐先复神，硕果未落心先人。心源翼翼城与瓶，目光步步蘧而醒。得路至死行勿还，一篑自到天门出。不愁缉缉仍翻翻，偏我诈诈与奸奸。只愁衰惰忘跻攀，生意自断它人难。公家此事最了了，万仞峰头看飞鸟。忽然怜我鹭鸠鹦雀之凡毛，傅之鹏翼何其高。

君不见大胡公，春秋一笔诛群雄，要与排鸿驱家争无功。素王吾无间然矣，命世虽云无有尔。至今可望不可前，海山云气蓝田烟。后无终极前无始，定以一元而已矣。又不见小胡公，沉潜探索要且亲，傅心嫡派非礽云。善根生圣圣生神，此理即元元即人。至今汲汲随罂瓶，涸者得濡狂者醒。濂溪已远□州还，此事往往归衡山。大儿如祖洪涛翻，捎掇地怪麾天奸。小儿如父勤钻攀，深观博取为其难。二公有蕴行未了，可惜光阴如过鸟。二儿今日又霜毛，若要及人毋太高。

赋运使张大监道州石山以张诗平地风澜险于水此心铁石听之天为韵

枚回洲边春水生，日光照縠波文平。绣衣使者何世上，彩舟唤客论交情。平生择交不择利，俗子纷纷卧之地。少年所识惟石君，晚岁相从不相弃。一官到处西复东，悲欢得失无不同。谁云我州大如斗，中有千岩万壑含松风。迩来所得尤艰难，人力不到天为剜。幽寻五岭犯炎雾，裹送万里穿狂澜。十夫升前一夫洗，落尽煨尘见云献。回首笑向道州守，此解未如人世险。头颅已过羊肠车，不用更通丞相书。老来得此万事足，摩挲苍璧相倚于。玉帘崭崭何齿齿，质坚德重不可徒。要镌珊口方玉池，更酌西岭玻璃水。小却盛之数亩园，日夕与之同卧起。客来莫怪我自怜，老子心情正如此。大山嵯峨势千寻，小山左右罗瑶簪。坡陀峭立各有态，面目难异同肝心。叩之其声清以越，如磬之石钟之铁。怕令去作清庙器，潜向江头□□□。江头之月今几年，惯见东西南北客。凛然相对各无惭，惟此主人伴此石。主人说法石解应，夜深哦诗便之听。垠崖划断声雷硍，有语盘空如此硬。与人说石仍说诗，世间此乐谁得之。故人往往解此意，赠以飞瀑和天池。三君相视俱悠然，主人之乐无穷年。只愁清庙要钟磬，早晚捉去调钧天。

胡抚干仲方

南郡佳人胡伯始，辽鹤重来藕花里。皮冠翠被俯曾城，一一人民皆故里。罪人虽在四民外，亦是官家穷赤子。已将密荫庇龟鱼，更把闲情亲鹿家。东日旧德宛如新，他日荣观皆仿此。年登八十岂其难，官至三师行复尔。都将厚福与之同，只有中庸渠未是。却须回向澹庵翁，此是君家真性理。

十月初还潭州题王氏瑞竹图

王君手持瑞竹图，要我作计仍自书。我书不悭诗亦易，政坐此君难位置。我欲摇毫写作双竹吟，却教数节一干非商参。我欲援琴抚作降竹曲，又见二妙同升异茕独。卜子夏，子可为我讴，一桴二米秬黍秋。清人一韔攒双矛，肥泉同本末异流。观射父，子可为我释。一少二多何卦策。以奇承耦震初爻，以耦承奇兑三索。我为二人书此言，请君持归君家看。展卷一问青琅玕，是易是诗然不然。

陵为浏阳柳氏作云山书院歌

山中何所有，云气长悠悠。院中何所有，书册满高楼。登楼看云复看书，千古万古同卷舒。子于其间乐有余，我今为子言其粗。阴阖兮阳开，乾盖兮坤舆。白衣兮皎皎，苍狗兮须臾。崩腾兮龙见，消散兮户居。如臂之屈伸，如足之疾徐。实理谅不昧，显微同一初。呼吸为雅颂，吁喻为典谟。支支离离兮万物散□，翕翕绎绎兮天地交孚。三百八十四爻兮奇与耦，二百四十有二年兮褒与诛。目目自有条，叶叶自有株。子以为一兮粲而万有，子以为兮亘然而一途。吾是以见云之书而书之云，子又乌知书非云而云非书，以此寿子身，壮作老息神不枯。以此贻子后，博观约守世不渝。大哉此院云所储，苟无其实名不虚。谁其任之非子欤，一翁二季相携扶。

高风台歌

台之高不知其几仞兮，但见燕雀仰视如冥鸿。风之来不知其几里兮，但见南海北海声逢逢。我时醉卧洞庭之北巴山东，耳边澒洞呼汹怖杀侬。起来欠伸拍鸿蒙，问谁作此狡狯变化惊盲聋，乃是清江江上盘园翁。翁本自与时人同，袍带靴笏从儿童。亦赏随牒作小史，亦赏建櫜称元戎。偶然兴自返盘园中，意行倦止由心胸，岂与郢中小儿论雌雄。儿曹颠倒鸡著笼，金朱眯眼视梦梦。仰见騄骥脱鞅行青空，便欲俎豆老子配食蜚廉宫。纷纷俗论安足穷，二三君子中龙。南安太守科甲高，袖有桂馆之香风。庐陵相公名位高，笔有造行之春风。雨岩居士卧榻高，句有湖海之英风。三君合谋奏天公，急羁此老勿使慵。国于羊角九万里，奄有九霄寒露之空蒙。封师巽伯为附庸，不许抗表辞官封。向来挂冠冠愈穹，老子一笑朱颜红。①

①项安世诗辑自《平庵悔稿》，《宛委别藏》本，上海商务印书馆1935年影印。

郑舜卿

郑舜卿，长乐（今属福建）人，南宋道州司法参军。淳熙六年(1179)游九疑谒虞帝祠。次年，作《永福禅寺记》。

永福禅寺记

东南名山，曰茅山，曰庐山，曰衡，曰武夷，曰九疑。衡庐之古佛刹，茅山、武夷、九疑号神仙窟。今茅山、武夷道家所居，九疑亦然。

余去年秋从山间谒虞帝祠，求何侯之丹井、郑安期之铁臼，访成武丁于石楼、张正礼于娥皇，与萼绿华、王妙想之故迹，因留永福寺齐云阁数日。朝烟夕云，出没栏楯，望三麓床于缥缈之际。桂林、万寿诸峰，四顾如揖，岿然为一奇观。主僧意超言曰："寺故有门阁于法堂隅。路芜。临夜，童仆秉烛困于风。山深易雨，设盖曳芒履上下。暑月宜凭高，蛇虺当道，释子弗居，客弗居。时扫落叶于户限。前年岁次丁酉，作堂于法堂之后，曰彻堂。堂上别作一阁，曰华严。自砌堂为梯，历华严凡三转四十二级以登齐云。寝于斯，颂于斯，爇而拜于斯。童仆每谢虎豹不为顾，因呼门徒听晨钟，就方丈门列劝说，共办庄严佛事。今三门两庑与昆庐之殿、海云香积雨花之所，增疏易朽，加涂丹垩，翼翼一新。凡自文佛以下罗汉、菩萨、普陀、无量寿佛及诸散圣，饰以金碧丹彩，胥极庄严。四围窗棂墙垣，罔弗周密。工值厚酧，晏成不逼，足支岁月。"予曰："佛法迩来衰微，残僧住持，视所有刹如传邮。超公能发如是愿，力作如是功德，异时有好古君子策杖寻幽，与予同病，愿诏之曰：'与其得丹井铁臼，不如叩永福寺觅香梗干啖、壮脚力攀跻看山。与其拜武成丁、张正礼，不如问寒山、拾得，相顾拍手一笑者竟为何事。与其亲见萼绿华之多金玉脱条、火浣布手巾，闻王妙想天乐之音、旌幡羽盖，不如披《华严经》看佛于波罗奈斯国，与一切人天说法，麾尼为幢，常放光明，常出妙音，众宾华缨，周匝垂布。'”超曰：“请居士记之。”

宋淳熙七年岁次庚子春三月望日，迪功郎道州司法参军长乐郑舜卿记，朝奉郎权知梧州军州事向子廓书，住山意超立石。[1]

①辑自《九疑山志》卷六，明万历刻本。

卷三十四

朱熹

朱熹（1130—1200），字符晦，一字仲晦，号晦庵。祖籍徽州府婺源县，出生于南剑州尤溪。高宗绍兴十八年（1148）进士，为同安主簿。历仕高宗、孝宗、光宗、宁宗四朝，历任知南康军、提典江西刑狱公事、秘阁修撰、荆湖南路安抚使等职，仕至宝文阁待制。卒谥“文”。著述甚多，主要有《四书章句集注》、《伊洛渊源录》等。

登岳麓赫曦台联句

泛舟长沙渚，振策湘山岑。烟云渺变化，宇宙穷高深。怀古壮士志，忧时君子心。寄言尘中客，莽苍谁能寻。

登定王台

寂寞番君后，光华帝子来。千年余故国，万事只空台。日月东西见，湖山表里开。从知爽鸠乐，莫作雍门哀。

次敬夫登定王台韵

今朝风日好，抱病起登台。山色愁无尽，江波去不回。客怀元老草，节物又疏梅。且莫催归骑，凭栏更一杯。

十三日晨起霜晴前言果验再用敬夫定王台韵赋诗

北渚无新梦，南山有旧台。端能成独往，未肯遽空回。磴滑新经雪，林深不见梅。急须乘霁色，何必散银杯。

敬夫用熹定王台韵赋诗因复次韵

新诗通造化，催出火轮来。云物低南极，江山接汉台。心期千古迥，怀抱一生开。回首狂驰子，纷纷政可哀。

后洞山口晚赋

日落千林外，烟飞紫翠深。寒泉添壑底，积雪尚崖阴。景要吾人共，诗留永夜吟。从教广长舌，莫尽此时心。

自方广过高台次敬夫韵

素雪留青壁，苍霞对赤城。我来阴壑晚，人说夜灯明。贝叶无新得，蒲人有旧盟。咄哉宁负汝，安敢负吾生。

至上封用择之韵

畴昔朱陵洞，如今白帝城。天高云共色，夜永月同明。万象争回巧，千峰尽乞盟。登临须我辈，更约羡门生。

赠上封诸老

夜宿上峰寺，翛然尘虑清。明月残雪里，泉溜隔窗声。楮衲今如许，绨袍那复情。炉红虚室暖，聊得话平生。

登祝融峰用择之韵

今年缘底事，浪走太无端。直以心期远，非贪眼界宽。云山于此尽，风袂不胜寒。孤鸟知人意，茫茫去不还。

十五日再登祝融用台字韵

江流围玉界，天影抱琼台。拄杖烟宵外，中岩日月回。箕山藏遁许，吴市隐仙梅。一笑今何在，相期再举杯。

胡丈广仲与范伯崇自岳市来同登绝顶举酒极谈得闻比日讲论之乐

我已中峰住，君从何处来。莫留岩底寺，径上月边台。浊酒团栾坐，高谈次第开。前贤渺安在？清酹寄余哀。

十六日下山各赋一篇仍迭和韵

绝顶来还晚，寒窗睡达明。连床眇归思，三宿怅余情。云合山无路，风回雪有声。岳祇珍重意，只此是将迎。

和择之韵

仰止平生旧，今年得得来。举头天一握，倚杖雪千堆。讲道心如渴，哦诗思涌雷。出山遗语在，归骑莫徘徊。

怀岳麓

风月平生意，江湖自有身。年华供转徙，眼界得清新。试问西山雨，何如湘水春。悠然一长笑，妙绝两无伦。

拜濂溪先生遗像

北渡石塘桥，西访濂溪宅。乔木无遗珠，虚堂惟四壁。悚瞻德容睟，跪荐寒流碧。幸矣有斯人，浑沦再开辟。

次择之韵聊纪秦事

不知四海已择汤，舞殿歌台乐未央。五帝威神等牛马，六王子女尽嫔嫱。仙心久已攀姑射，辨口从教泣华阳。行客讵明千古意，虚疑霞佩响琳琅。

题尤溪宗室所藏二妃图

湘夫人

潇湘木落时，玉佩秋风起。日暮怅何之，寂寞寒江水。

湘君

夫君行不归，日夕空凝伫。目断九疑岑，回头泪如雨。

七日发岳麓道中寻梅不获至十日遇雪作此

三日山行风绕林，天寒岁暮客愁深。心期已悮梅花笑，急雪无端更满襟。

马上口占次敬夫韵

几日城中歌酒昏，今朝匹马向烟村。迎人况有南山色，胜处何妨倒一尊。

马上举韩退之话口占

昨日风烟接混茫，今朝紫翠插青苍。此心元自通天地，可笑灵宫枉炷香。

雪消溪涨山色尤可喜口占

头上琼冈出旧青，马边流水涨寒汀。若为留得晶莹住，突兀常看素锦屏。

马迹桥

下马驱车过野桥，桥西一路上云霄。我来自有平生志，不用移文远见招。

登山有作次敬夫韵

晚峰云散碧千寻，落日冲飙霜气深。霁色登临寒夜月，行藏只此验天心。

方广道中半岭小憩次敬夫韵

不用洪崖远拍肩，相将一笑俯寒烟。向来活计蓬蒿底，浪说江湖极目天。

道中景物甚胜吟赏不暇敬夫有诗因次其韵

穿林踏雪觅钟声，景物逢迎步步新。随处留情随处乐，未妨聊作苦吟人。

后洞雪压竹枝横道

石滩聊骑雪垂垂，已把南山小入诗。后洞今朝逢折竹，却思联骑石滩时。

方广奉怀定叟

偶来石廪峰头寺，忽忆画船斋里人。城市山林虽一致，不知何处是真身。

方广圣灯次敬夫韵

神灯照夜惟闻说，皓月当空不用寻。个里忘言真所得，便应从此正人心。

罗汉果次敬夫韵

目劳足倦登乔岳，吻燥肠枯到上方。从遣山僧煮罗汉，未妨分我一杯汤。

壁间古画精绝未闻有赏音者

老木樛枝入太阴，苍崖寒水断追寻。千年粉壁尘埃底，谁识良工独苦心。

方广版屋

秀木千章倒，层甍万里差。悄无人似玉，空咏小戎诗。

泉声次林择之韵

空岩寒水自悲吟，遥夜何人为赏音。此日团栾都听得，他时离索试追寻。

霜月次择之韵

莲花峰顶雪晴天，虚阁霜清绝缕烟。明发定知花蔌蔌，如今且看竹娟娟。

枯木次择之韵

百年蟠木老蘖牙，偃蹇春风不肯花。人道心情顽似汝，不须持向我侬夸。

夜宿方广闻长老守荣化去敬夫感而赋诗因次其韵

拈椎竖拂事非真，用力端须日日新。只幺虚空打筋斗，思君辜负百年身。

莲花峰次敬夫韵

月晓风清堕白莲，世间无物敢争妍。如何今夜峰头雪，撩得新诗续旧篇。

方广睡觉次敬夫韵

风檐雪屋澹无情，巧作寒窗静夜声。倦枕觉来听不断，相看浑欲不胜清。

感尚子平事

翩然远岳恣游行，慨想当年尚子平。我亦近来知损益，只将征窒度余生。

残雪未消次择之韵

脚底悲风舞冻鸦，此行真是蹑苍霞。仰头若木敷琼蘂，不是人间玉树花。

石廪峰次敬夫韵

七十二峰都插天，一峰石廪旧名传。家家有廪高如许，大似人间快活年。

行林间几三十里寒甚道旁有残火温酒举白方觉有暖意次敬夫韵

千林一路雪毰堆，吟断饥肠第几回。温酒正思敲石火，偶逢寒烬得倾杯。

林间残雪时落锵然有声

青鞋布袜踏琼瑶，十里晴林未觉遥。忽复空枝堕残雪，恍疑鸣璬落丛霄。

福严寺回望岳市

昨夜相携看霜月，今朝谁料起寒烟。安知明日千峰顶，不见人间万里天。

福严读张湖南旧诗

楼上低回摻别袖，山中磊落见英姿。白云未属分符客，已有经行到处诗。

晚霞

日落西南第几峰，断霞千里抹残红。上方杰阁凭栏处，欲尽余晖怯晚风。

过高台携信老诗集夜读上封方丈次敬夫韵

十年闻说信无言，草草相逢又黯然。借得新诗连夜读，要从苦淡识清妍。

醉下祝融峰作

我来万里驾长风，绝壑层云许荡胸。浊酒三杯豪气发，朗吟飞下祝融峰。

和敬夫韵

蜡屐风烟随处别，下山人事一番新。世间不但山中好，今日方知此意真。

读林择之二诗有感

笋舆随望入寒烟，每诵君诗辄黯然。今夜定知连榻梦，一时飞堕锡山前。

竹舆傲兀听呕哑，合眼归心已到家。游子堂上慈母笑，岂知行李尚天涯。

马上赠林择之

与君归思渺悠哉，马上看山首共回。认取山中奇绝处，他年无事要重来。

梅溪陂下作

野牛浮鼻过寒溪，落木萷槮水下陂。俗手定应摹不得，无人说与范牛知。

宿梅溪胡氏客馆观壁间题诗自警二绝

贪生莝豆不知羞，腼面重来蹑俊游。莫向清流浣衣袂，恐君衣袂涴清流。

十年湖海一身轻，归对黎涡却有情。世路无如人欲险。几人到此误平生。

择之所和生字韵语极警切次韵谢之兼呈伯崇

不是讥诃语太轻，题诗只要警流情。烦君属和增危惕，虎尾春冰寄此生。

再答择之

兢惕如君不自轻，世纷何处得关情。也应妙敬无穷意，雪未消时草已生。

登山有作

晚风云散碧千寻，落日冲飚霜气深。霁色登临寒月夜，行藏只此验天心。

穹林阁读张南湖七月十五夜诗咏叹久之因次其韵

南岳天下镇，祝融最高峰。仰干几千仞，俯入一万重。开辟知何年，上有释梵宫。白日照雪屋，清宵响霜镛。极知瑰特观，仙圣情所钟。云根有隐决，读罢凌长风。

寄题李东老渊乎斋

东老幽栖地，渊乎亦妙哉。空山无客到，流水有花开。句律今谁敌，诗仙旧所陪。朱弦悄余韵，绮席澹浮埃。竟日门多掩，长沙岁一来。端能负猿鹤，归计莫徘徊。

风雪未已决策登山用敬夫春风楼韵

披风兰台宫，看雨百常观。安知此山云，对面隔霄汉。群阴匝寰区，密云渺天畔。峨峨雪中山，心眼凄欲断。吾人爱奇赏，遽发临河叹。我知沍寒极，见晛今当泮。不须疑吾言，第请视明旦。蜡屐得雁行，篮舆或鱼贯。

奉题张敬夫春风楼乾道丁亥冬至

隆堂谨前规，杰阁耸奇观。凭栏俯江山，极目眇云汉。主人沂上翁，顾肯吟泽畔。俯仰一喟然，冲融无间断。我来抑何幸，屡此承晤叹。平生滞吝胸，砉若层冰泮。继今两切切，保合勤旦旦。万事尽纷纶，吾道一以贯。

拜张魏公墓下

衡山何巍巍，湘流亦汤汤。我公独何往？剑履在此堂。念昔中兴初，孽竖倒冠裳。公时首建义，自此扶三纲。精忠贯宸极，孤愤摩穹苍。元戎二十万，一旦先启行。西征奠梁益，南辕抚江湘。士心既豫附，国威亦张皇。缟素哭新宫，哀声连万方。黠虏闻褫魄，经营久彷徨。玉帛骤往来，士马且伏藏。公谋适不用，拱手迁南荒。白首复来归，发短丹心长。拳拳冀感格，汲汲勤修攘。天命竟难谌，人事亦靡常。悠然谢台鼎，骑龙白云乡。坐令此空山，名与日月彰。千秋定军垒，岌嶪遥相望。贱子来岁阴，烈风振高岗。下马九顿首，抚膺泪淋浪。山颓今几年，志士日惨伤。中原尚腥膻，人类几豺狼！公还浩无期，嗣德炜有光。恭惟宋社稷，永永垂无疆。

敬简堂分韵得月字

煌煌定方中，农隙孟冬月。君侯敞斋扉，华榜新未揭。我来适兹时，亦有大夫茇。清觞不留行，晤语得超越。更看雷雨势，翻动龙蛇窟。襟怀顿能输，肝胆亦已竭。老仙来何方？湖海气硉矹。君侯敛袂起，颠越承屦袜。坐人惊创见，引去殊卒卒。伊余不忍逝，顿首愿有谒。人生均秉彝，天造岂停歇。云何利害判，所较无一发。兹焉辨不早，大本将恐蹶。吾言实自箴，君听未宜忽。

大雪马上次敬夫韵

仙人乔岳顶，散发吹参差。唤我二三友，集此西南垂。列筵命洛公，侑坐迎江妃。导之千羽旄，投以万璧玑。缤纷一何丽，晻霭难具知。众真亦来翔，恍觉丛霄低。茫茫云雾台，一一琼瑶姿。回首谢世人，千载空相思。吾衰怯雄观，未敢探此奇。短衣一匹马，幸甚得所随。天寒饮我酒，酒罢赓君诗。人生易南北，复此知何时。

自上封登祝融峰绝顶次敬夫韵

衡岳千仞起，祝融一峰高。群山畏突兀，奔走如曹逃。我来雪月中，历览快所遭。扪天滑青壁，俯壑崩银涛。所恨无十犗，一掣了六鳌。遄归青莲宫，坐对白玉毫。重阁一徙倚，霜风利如刀。平生山水心，真作货食饕。明朝更清澈，再往岂惮劳。中宵抚事故，剧如千猬毛。嬉游亦何益，岁月今滔滔。起望东北云，茫然首空搔。

二诗奉酬敬夫赠言并以为别

我行二千里，访子南山阴。不犹天风寒，况悼湘水深。辞家仲秋旦，税驾九月初。问此为何时？严冬岁云徂。劳君步玉趾，送我登南山。南山高不极，雪深路漫漫。泥行复几程，今夕宿槠洲。明当分背去，惆怅不得留。诵君赠我诗，三叹增绸缪。厚意不敢忘，为君高声讴。

昔我抱冰炭，从君说乾坤。始知太极蕴，要渺难名论。谓有宁有迹，谓无复何存？惟应酬酢处，特达见本根。万化自此流，千圣同兹源。旷然莫能御，惕若初不烦。云何学力微，未胜物欲昏。涓涓始欲达，已被黄河吞。岂知一寸胶，救此千丈浑。勉哉共无斁，此语期相敦。

石鼓书院记

石鼓据蒸湘之会，江流环带，最为一郡佳处。故有书院起唐元和间，州人李宽之所为。至国初时，尝赐敕额。其后，乃复稍徙而东，以为州学。则书院之迹于此，遂废而不复修矣。淳熙十二年，部使者潘侯始因旧址列屋数间，榜以故额，将以俟四方之士有志于学而不屑于课试之业者居之，未竟而去。今使者成都宋侯若水又因其故益广之，别建重屋，以奉先圣先师之像。且纂国子监及本道诸州印书若干卷，而俾郡县择遣修士以充入之。盖连帅林侯栗诸、使者苏侯诩、管侯鉴、衡守薛侯伯宣皆奉金赍割公田，以佐其役，逾年而后落其成焉。于是宋侯以书来曰："愿记其实，以诏后人。且有以幸教其学者，则所望也。"予惟前代庠序之教不修，士病无为学，往往择胜地，立精舍，以为群居读书之所。而为政者，乃成就而褒表之：若此山、若岳麓、若白鹿洞之类是也。逮至本朝庆历熙宁之盛，学校之官遂遍天下，而前日处士之庐无所用，则其旧迹之芜废，亦其势然也。不有好古图旧之贤，孰能谨而存之哉？抑今郡县之学官，置博士弟子员，皆未尝考德行道义之素。其所受授，又皆世俗之书，进取之业，使人见利而不见义，士之有志为己者，盖羞言之。是以常欲别求燕闲清旷之地，以共讲其所闻而不可得。此二公所以慨然发愤于斯役，而不敢惮其烦，盖非独不忍其旧迹之芜废而已也。故特为之记其本末，以告来者。使知二公之志所以然者，而无以今日学校科举之意乱焉。又以风晓在位，使知今日学校科举之害，将有不胜言者，不可以是为适然而莫之救也。若诸生之所以学，而非若今之人所谓，则昔吾友张子敬夫所以记夫岳麓者，语之详矣。顾于下学之功有所未究，是以讲其言者不知所以从事之方，而无以蹈其实，然今亦何以他求为哉！亦曰：养其全于未发之前，察其几于将发之际，善则扩而充之，恶则克而去之，其亦如此而已，又何俟于予言哉！

右文殿修撰张公神道碑

淳熙七年春，二月甲申，秘阁修撰、荆湖北路安抚、广汉张公卒于江陵之府舍。其弟衡州史君杓护其柩以归，葬于潭州衡阳县枫林乡龙塘之原。按令式立碑墓道，而以书来谓熹曰："知吾兄者多矣，然最其深者莫如子。今不可以不铭。"

熹尝窃病圣门之学不传，而道术遂为天下裂。士之醇慤者，拘于记诵；其敏秀者，炫于词章，既皆不足以发明天理而见诸人事。于是言理者归于老、佛，而论事者骛于管、商，则于理事之正反皆有以病焉，而去道益远矣。中间河洛之间，先生君子得其不传之绪而推明之，然今不能百年而学者又失其指。近岁乃幸得吾友敬夫焉，而天下之士乃有以知理之未始不该于事，而事之未始不根于理也，然又不得尽其所为。而中道以没，不有考焉，以垂于世。吾恐后之君子将有憾于吾徒也。熹之愚，固不足以及此。然于共学辈流，偶独后死，矧定叟之所以见属者又如此，其何以辞？顾以疾病之不间，后五六年，乃得考其事而叙之，曰：

公讳某，字敬夫，故丞相魏国忠献公之嗣子也。生有异质，颖悟夙成，忠献公爱之。自其幼学而所以教者，莫非忠孝仁义之实。既长，又命往从南岳胡公仁仲先生问河南程氏学。先生一见知其大器，即以所闻孔门论仁亲切之指告之。公退而思，若有得也，以书质焉。而先生报之曰："圣门有人，吾道幸矣。"公以是益自奋厉，直以古之圣贤自期。作《希颜录》一篇，蚤夜观省以自警策。所造既深远矣，而犹未敢自以为足，则又取友四方，益务求其学之所未至。盖玩索讲评，践行体验，反覆不置者十有余年，然后昔之所造深者益深，远者益远，而反以得乎简易平实之地。其于天下之理，盖皆了然心目之间而实有以见其不能已者，是以决之勇、行之力而守之固。其所以笃于君亲、一于道义而没世不忘者，初非有所勉慕而强为也。

少以阴补右承务郎，辟宣抚司都督府书写机宜文字，除直秘阁。是时天子新即位，慨然以奋伐仇虏、克复神州为己任。忠献公亦起谪籍，受重寄，开府治戎，参佐皆极一时之选。而公以藐然少年周旋其间，内赞密谋，外参庶务。其所综画，幕府诸人皆自以为不及也。间以军事入奏，始得见上。即进言曰："陛下上念宗社之雠耻，下闵中原之涂炭，惕然于中而思有以振之。臣谓此心之发，即天理之所存也。诚愿益加省察，而稽古亲贤以自辅焉，无使其或少息也。则不惟今日之功可以必成，而千古因循之弊亦庶乎其可革矣。”上异其言，盖于是始定君臣之契。已而忠献公辞位去，用事者遂罢兵，与虏和。虏乘其隙，反纵兵入淮甸。中外大震，然庙堂犹主和议，至敕诸将毋得以兵向虏。时忠献公已即世，公不胜君亲之念，甫毕葳事，即拜疏言：“吾与虏人，乃不共戴天之仇。向来朝廷虽亦尝兴缟素之师，然玉帛之使未尝不行乎其间，是以讲和之念未忘于胸中。而至诚恻怛之心，无以感格乎天人之际，此所以事屡败而功不成也。今虽重为群邪所误以蹙国而召寇，然亦安知非天欲以是开圣心哉？谓宜深察此理，使吾胸中了然无纤芥之惑，然后明诏中外，公行赏罚，以快军民之愤。则人心悦、士气充而虏不难却矣。继今以往，益坚此志，誓不言和，专务自强，虽折不挠。使此心纯一，贯彻上下，则迟以岁月，亦何功之不成哉？”疏入不报。

后六年，始以补郡。临遣，得复见上。时宰相虽以恢复之说自任，然所以求者，类非其道。且妄意公素论当与己合，数遣人致殷勤，公不答。见上，首言：“先王之治，所以建事立功，无不如志。以其胸中之诚，足以感格天人之心而与之无间也。今规画虽劳而事功不立，陛下诚深察之。日用之间，念虑云为之际，亦有私意之发以害吾之诚者乎？有则克而去之，使吾中扃洞然，无所间杂，则见义必精，守义必固。而天人之应，将不待求而得矣。夫欲复中原之地，当先有以得其百姓之心；欲得中原之心，当先有以得吾百姓之心；而求所以得吾民之心者，岂有它哉？不尽其力、不伤其财而已矣。今日之事，固当以明大义、正人心为本。然其所施有先后，则其缓急不可以不详；所务有名实，则其取舍不可以不审，此又明主所宜深察也。”

明年召还。宰相又方谓虏势衰弱可图，建遣泛使往责陵寝之故。士大夫有忧其无备而召兵者，皆斥去之。于是公见上，上曰："卿知虏中事乎?"公对曰："不知也。"上曰："虏中饥馑连年，盗贼四起。"公又对曰："虏中之事，臣虽不知。然境中之事，则知之详矣。"上曰："何事?"公遂言曰："臣窃见比年诸道，亦多水旱，民贫日甚。而国家兵弱财匮、官吏诞谩，不足倚仗，正使彼实可图，臣惧我之未足以图彼也。"上为默然久之。公因出所奏书读之曰："臣窃谓陵寝隔绝，诚臣子不忍言之至痛。然今未能奉词以讨之，又不能正名以绝之，乃欲卑词厚礼以求于彼，其于大义已为未尽，而异论者犹以为忧，则其昧陋畏怯又益甚矣。然臣窃揆其心意，其或者亦有以见我未有必胜之形而不能不忧也欤?盖必胜之形，当在于蚤正素定之时，而不在两阵决机之日。"上为竦听改容称善，至于再三。公复读曰："今日但当下哀痛之诏，明复仇之义，显绝虏人，不与通使。然后修德立政，用贤养民，选将帅，练甲兵，通内修外，攘进战退守以为一事，且必治其实而不为虚文，则必胜之形隐然可见。虽有浅陋畏怯之人，亦且奋跃而争先矣。"上为叹息褒谕，以为前未始闻此论也。其后又因赐对反复前说，上益嘉叹，面谕："当以卿为讲官，冀时得晤语也。"时还朝未期岁，而召对至六七。公感上非常之遇，知无不言，大抵皆修身务学、畏天恤民、抑权幸、屏谗慝之意。至论复仇之义，则反复推明，所以为名实之辨者益详。于是宰相益惮公，而近幸尤不悦，遂合中外之力以排之，而公去国矣。

盖公自是退居三年，更历两镇，虽不复得闻国论，而蚤夜孜孜反身修德、爱民计军以俟国家扶义正名之举，尤极恳至。于是天子益知公可用，尝赐手书褒其忠实，盖将复大用之，而公已病矣。病亟且死，犹手疏劝上以亲君子、远小人，信任防一己之偏，好恶公天下之理，以清四海，克固丕图，若眷眷不能忘者。写毕，缄付府僚，使驿上之。有顷而绝。呜呼！靖康之变，国家之祸乱极矣。小大之臣，奋不顾身以任其责者，盖无几人。而其承家之孝，许国之忠，判决之明，计虑之审，又未有如公者。虽降命不长，不克卒就其业，然其志义伟然，死而后已！则质诸鬼神而不可诬也。

始公出幕府，即罹外艰，屏居旧庐，不交人事。会盗起郴、桂间，声摇数路。湖南帅守刘公珙雅善，公时从访问筹策，卒用以破贼。还朝，为上极言公学行志业非常人比，上亦记公议论本末，除知抚州。未上，改严州。到任问民疾苦，首以丁盐钱绢大重，为请得蠲。是岁，半输。召为尚书吏部员外郎，兼权左右司侍立官。时庙堂方用史正志为发运使，名为均输而实但尽夺州郡财赋以惑上听，远近骚然，人不自安。贤士大夫争言其不可，而少得其要领者。公亦为上言之。上曰："正志以为今但取之诸郡，非取之于民也。何伤?"公对曰："今日州郡财赋，大抵劫劫无余。若取之不已，而经用有阙，则不过巧为名色而取之于民耳。"上闻之矍然，顾谓公曰："论此事者多矣，未有能及此者。如卿之言，是朕假手于发运使以病吾民也。"旋阅其实，果如公言。即诏罢之。

兼侍讲除左司员外郎。经筵开，以诗入侍。因《葛覃》之篇以进，说曰："治，常生于敬畏；乱，常起于骄淫。使为国者每念稼穑之劳而其后妃不忘织纫之事，则心之不存者寡矣。周之先后勤俭如此，而其后世，犹有以休蚕织而为厉阶者。兴亡之效，于此见矣。"既又推广其言，上陈祖宗自家刑国之懿，下斥当时兴利扰民之害，详焉。上亦叹曰："此王安石所谓'人言不足恤者'，所以误国事也。"俄而诏以知阁门事。张说签书枢密院事，公夜草手疏，极言其不可，且诣宰相质责之，语甚切。宰相惭愤不堪，而上独不以为忤。亲札疏尾付宰相，使谕指。公复奏曰："文武之势，诚不可以太偏。然今欲左文右武以均二柄，而所用乃得如此之人，非惟不足以服文吏之心，正恐反激武臣之怒也。"于是上意感悟，命得中寝，然宰相实阴附说。明年，乃出公知袁州，而申说前命。于是中外讙哗，而说后竟谪死云。

淳熙改元，公家居累年矣。上复念公，诏除旧职，知静江府，经略安抚广南西路。广西去朝廷绝远，诸州土旷民贫，常赋入不支出。故往时立法，诸州以漕司钱运盐鬻之，而以其息什四为州用，以是州得粗给，而民无加赋。其后或乃夺取其息之半，则州不能尽运，而漕司又以岁额责其虚息，则高价抑卖之，弊生而公私两病矣。公始至，未及有为，专务以访求一道之利病为事。既得其所以然者，则为奏，以盐息什三予诸郡。又因兼摄漕台，出其所积缗钱四十万，而中分之一以为诸仓买盐之本。一以为诸州运盐之费。奏请立法："自今漕司复有多取诸州，辄行抑卖，悉以违制议罪；其敢以资燕饮、供馈饷者，仍坐赃论。"诏皆从之。

所统州二十有五，辽夐荒残，故多盗贼。徼外蛮夷，俗尚仇杀，喜侵掠，间亦入塞为暴。而州兵皆脆弱慵惰，又乏粮赐，死亡辄不复补。乡落保伍，亦名存而实废。邕管斗入群蛮中，最为重地而戍兵不能千人，独恃左右江洞丁十余万为藩蔽，而部选提举巡检官初不择人。公知其弊，则又为之简阅州兵，汰冗补阙，籍诸州黥卒伉健者以为效用。合亲兵、摧锋等军，日习而月按之，悉禁它役。视诸州犹有不足于粮赐、若凡戈甲之费者，更斥漕司盐本羡钱以佐之。申严保伍之令，而信其赏罚。知流人沙世坚才勇，喻以讨贼自效，所捕斩前后以十百数。又奏乞选辟邕州提举巡检官以抚洞丁，传令溪洞酋豪，喻以弭怨睦邻，爱惜人命，为子孙长久安宁之计，毋得辄相虏掠，仇杀生事。而它所以立恩信、谨关防、示形制者，亦无不备。于是境内正清，方外柔服，幕府无南乡之虑矣。

朝廷买马横山，岁久弊积，边氓告病而马不时至，至者多道死。公究其利病，得凡六十余条。如邕守上边，则濒江有买船之扰；纲马在道，则缘道有执牵之劳；其或道死则抑卖其肉，重为邻伍之患。是皆无益于马而有害于人，首奏革之。其他如给纳等量支券之奸、以至官校参司名次之弊，皆有以究其根穴而事为之防，由是诸蛮感悦，争以其善马来。岁额率常先期以办，而马无滞留，人知爱惜，遂无复死道路者。上闻公治行，且未尝叙年劳，乃诏特转承事郎、进直宝文阁。再任五年，除秘阁修撰、荆湖北路转运副使，改知江陵府，安抚本路。湖北尤多盗，州县不以为意，更共纵释以病良民。公入境，首劾大吏之纵贼者，罢之。捕奸民之舍贼者，斩之。群盗破胆，相率遁去。公又益为条教，喻以利害，俾知革心；开其党与，得相捕告以除罪。其余禁令方略，大率如广西时。于是一路肃清，善良始有安居之乐。郡去北边不远，虽颇有分屯大军，而主兵官率常与帅守不相中。帅守所将，独神劲亲兵及义勇民兵若干人。比年亦废简阅，不足恃。公既以礼遇诸将，得其欢心，而所以恤其士伍之私者，亦无不至。于是将士感悦，相戒无辄犯公令。每按亲兵，必使与大军杂试以相激厉，均犒赏。修义勇法，使从县道阶级，喻以农隙阅习武事，以俟不时按验，而加赏罚焉。其后团教，则又面加慰谕，勉以忠义而教以敦睦，首领有捕盗者，为奏补官。由是戎政日修，而士心亦益感奋。会有献言于朝，请尽籍客户为义勇者，公虑惑民听且致流亡，亟取丁籍阅之，命一户而三丁者，乃籍其一以为义勇。副军别置总首，人给一弩，俾家习之。三岁一遣官就按，它悉无有所与。且为奏言，所以不可尽取之故。阖境赖焉。

辰沅诸州，自政和间夺民田，募游惰，号"刀弩手"。盖欲以控制诸蛮，而实不可用，中废复修，议者多不以为便。诏与诸司平处列上，公为奏去其病民罔上者数条，诏皆施行，人亦便之。并淮奸民出塞为盗，法皆处死。异时官吏多蔽匿弗治，至是捕得数人，仍有胡奴在党中。公曰："朝廷未能正名讨贼，则疆场之事，不宜使数负吾曲。"命斩之，以狥于境，而缚其亡奴归之。北人叹其理直，且曰："南朝于是为有人矣。"信阳守刘大辩者，婺州人也。怙势希赏，诱致流民而夺见户熟田以与之，一郡汹汹。公为遣吏平章，乃定。及是，闻北人逐盗有近淮者，则又虚惊，夜弃城郭，尽室南走数十里，军民复大扰。公方劾奏之，而朝廷用大辩请，以见户荒田授流民。事下本道，施行如章，公复奏曰："陛下幸哀边民，前诏占田已垦者不复通检，其未垦者二年不垦乃收为营田，德至渥也。今未及期，而大辩不务奉承宣布，反设诈谖，亏国大信，以济凶虐。且所招流民不满百数，而虚奏且十倍。请并下前奏，论罪如法。"章累上，大辩犹得易它郡以去。盖方是时，上所以知公者愈深而恶公者忌之亦愈力，公自以不得其职，数求去，不得。寻以病请，乃得之。然比诏下，以公为右文殿修撰，提举武夷山冲佑观，则已不及拜矣，卒。时年四十有八。柩出江陵，老稚挽车，号恸数十里不绝。讣闻，上亦深为嗟悼。四方贤士大夫，往往出涕相吊，而静江之人哭之尤哀。盖公为人坦荡明白，表里洞然。诣理既精，信道又笃，其乐于闻过而勇于徙义，则又奋厉明决，无豪发滞吝意。以至疾病垂死，而口不绝吟于天理人欲之间，则平日可知也。故其德日新，业日广，而所以见于论说行事之间者，上下信之至于如此。虽小人以其好恶之私，或能壅害于一时，然至于公论之久长，盖亦莫得而揜之也。

公之教人，必使之先有以察乎义利之间，而后明理。居敬以造其极，其剖析开明，倾倒切至，必竭两端而后已。所为郡，必葺其学，于静江又特盛。暇日召诸生，告语不倦。民以事至廷中者，亦必随事教戒，而于孝弟忠信睦姻任恤之意，尤孜孜焉。犹虑其未徧也，则又刻文以开晓之。至于丧葬嫁娶之法，风土习俗之弊，亦列其事以为戒。命闾井各推耆宿，使为乡老，授之夏楚，使以所下条教训厉其子弟，不变然后言之有司，而加法刑焉。在广西，刑狱使者陆济之子弃家为浮屠，闻父死不奔丧，为移诸路，俾执拘以付其家。官吏有犯名教者，皆斥遣之，甚或奏劾抵罪。尤恶世俗鬼神老佛之说，所至必屏绝之。盖所毁淫祠，前后以百数。而独于社稷山川古先圣贤之奉为兢兢，虽法令所无，亦以义起。其水旱祷祠，无不应也。平生所著书，唯《论语说》最后出，而《洙泗言仁》、《诸葛忠武侯传》为成书，其它如《书》、《诗》、《孟子》、《太极图说》、《经世编年》之属则犹欲稍更定焉，而未及也。然其提纲挈领，所以开悟后学，使不迷于所乡，其功则已多矣。盖其常言有曰："学莫先于义利之辨。而义也者，本心之所当为而不能自已，非有所为而为之者也。一有所为而后为之，则皆人欲之私，而非天理之所存矣。"呜呼！至哉，言也！其亦可谓扩前圣之所未发，而同于"性善""养气"之功者欤！

公之州里世系已见于忠献公之碑，此不著。其配曰宇文氏，朝散大夫师中之女，事舅姑以孝闻。佐君子无违德，封安人，前卒。子焯，承奉郎，亦蚤世。二女，长适五峰先生之子胡大时，次未行而卒。孙某某，尚幼。后数年，胡氏女与某亦皆夭。呜呼！敬夫已矣！吾尚忍铭吾友也哉！铭曰：

斗尹之忠，文子之清。匪欲之狥，而仁弗称。孰的孰张，以诏后学。公乘厥机，如寐斯觉。自时厥后，动罔弗钦。孝承考志，忠格天心。唯孝唯忠，惟一其义。惟命有严，岂曰为利。群邪肆诞，公避而归。两镇余功，以德为威。帝曰怀哉，汝忠而实。姑讫外庸，来辅来拂。上天甚神，曷监而遗？彼顽弗夭，此哲而萎！往昔茫茫，来今不尽。求仁得仁，公则奚恨？①

林用中

林用中，字择之，一字敬仲，号东屏，学者称草堂先生。福州古田（今属福建）人。乾道三年（1167）随朱熹西游潭州，沿途讲学。著有《草堂集》。

登山回

胜概峰头寺，寻幽客自来。泉声涧分细，山色翠成堆。踏破千崖雪，还闻一夜雷。东林期拟结，卧石梦忘回。

登祝融口占

托身天际外，寄足在云端。俯仰心犹壮，登临眼尽宽。乾坤真景界，风雪倍朝寒。忽起烟霞想，相从结大还。

壁间古画精绝未闻有赏音者赋此

老树参横傍古阴，浓烟淡月试追寻。自来无会丹青意，可惜良工苦片心。

---

①朱熹诗文辑自《晦庵集》，《四部丛刊》景明嘉靖本。

残雪未消

冻压林巢欲堕鸦，素花飘落结烟霞。阴风惨淡青山老，不辨梅花与雪花。

道中景物甚胜吟赏不暇敬夫有诗因次其韵

天外云端磬有声，道中景物信增新。徘徊吟赏天将暮，好向平原问主人。

登山有作次敬夫韵

壁立崔嵬不计寻，千峰罗列献奇深。等闲伫立遥观遍，流水高山万古心。

渡兴乐江望祝融

今日溪云迷小槎，层层锦浪映晴霞。须臾直至前村去，遥望群峰真可夸。

方广版屋

上方古栋宇，年久自参差。动我行人想，相看各赋诗。

方广道中半岭少憩次敬夫韵

岭峻山高且息肩，芒鞋踏破野云烟。须臾直入止方去，又是乾坤一洞天。

方广奉怀定叟

相从偶到招提寺，独对西风忆羽人。澹泊烟霞深处卧，百年衣钵此生身。

方广圣灯次敬夫韵

灯长三世火长明，千里遗踪子细寻。自是神光能永夜，不妨金偈更降心。

方广寺睡觉次敬夫韵

寒溜山房太惨情，夜长枕畔听泉声。起来独自浑无语，牢落凄凉澹泊清。

福岩寺读张南湖旧诗

名公有意著新书，翰墨精神碧玉姿。今日山中才读罢，经行已续少陵诗。

福岩寺回望岳市

福岩宝地几千年，宫殿朦胧锁暮烟。游客回头怀相望，自知身在寂寥天。

赋罗汉果

团团硕果自流黄，罗汉芳名托上方。寄语山僧留待客，多些滋味煮成汤。

后洞雪压竹枝横道

山中景物自新奇，乘兴幽人写小诗。洞里竹枝遭雪压，何人扶起向明时。

后洞山口晚赋

西岭更西路，云岚最窈深。水流千涧底，树合四时阴。更得寻幽侣，何妨拥鼻吟。笑看云出岫，谁似此无心。

胡文广仲与范伯崇自岳市来同登绝顶举酒极谈得闻比日讲论之乐

自得中峰住，怜君冒雪来。共登福岩寺，齐上古层台。头酒酬佳兴，诗怀喜独开。飘然尘世隔，谈论转堪哀。

敬夫用定王台韵赋诗因复次韵

寂寞番君后，光华帝子来。千年遗故国，万事只空台。日月东西见，湖山表里开。从知爽鸠乐，莫做雍门哀。

十六日下山各赋二篇以纪时事云

匹马返归程，天寒雪眼明。无穷身外事，难了世间情。客向天边去，风含玉佩声。别离与僧约，明岁再来迎。

十三晨起雪晴前言果验用定王台韵赋诗

今朝风日好，抱病起登台。山色愁无尽，江波去不回。客怀无老草，节物又疏梅。且莫催归骑，凭栏理一杯。

十五日再登祝融峰用台字韵

惆怅独徘徊，晴岚绕古台。日从东海上，人自北山回。峰老曾经雪，天寒不放梅。野僧怜我倦，相观酒盈杯。

题福岩寺

久慕云间寺，相从此日来。山僧留客坐，野老把松栽。地拱千寻险，天遮四面开。殷勤方外望，尘事不胜哀。

题南台

山高从楼观，天际有瑶台。地僻烟霞静，门空云雾开。兴图真绝域，形胜实崔巍。久以平生慕，今年始得来。

赠上封诸老

上封台观静，夕霁景偏清。月下闻禅语，风中有磬声。龙池留古足，雁塔寄余情。借问房前树，东窗忽偃生。

至上封

岳背三冬雪，真同不夜城。野烟何晃荡，涧水助空明。行橐多新句，青山有旧盟。堂堂身世事，渠漫说三生。

自方广过高台赋此

山云迷古寺，曙色照孤城。禅境风偏好，空门眼倍明。逢僧叙旧话，对客结新盟。□□□□□，□□□□生。

自西园登山宿方广寺

登山极目望，梵宇自鲜明。风度闲花落，云低野树清。夜长人不寐，地僻月初生。明发又归去，何能已此情。

将下山有作

昔日乘舆住此山，爱山五日住山间。今朝忽动思归兴，得伴先生杖屦还。

枯木

数年抱叶不萌芽，终岁淹淹绝藓花。廊庙大材工舍用，何须把节向人夸。

莲花峰次敬夫韵

十丈花开自白莲，峰头花色更鲜妍。分明会得濂溪趣，强作新诗续古篇。

林间残雪时落锵然有声赋此

天花乱落类琼瑶，游赏行人觉路遥。林畔残枝犹被压，数声佩玉遍青霄。

马迹桥

此日驱车马迹桥，远从师友步青霄。登临不用还歧想，为爱山翁喜见招。

马上举韩退之话口占

天寒愁思正茫茫，匹马周行野树苍。遥想韩公昔年事，声名留得后来香。

马上口占次敬夫韵

寒雪飘飘白昼昏，征骢晓发向孤村。途中风物来时异，吟罢新诗击酒尊。

七日发岳麓道中寻梅不获至十日遇雪赋此

昨日来时万里林，长江雪厚侵犹深。苍茫不见梅花意，重对晴天豁晚襟。

泉声

穿云络日苦悲吟，涧底潺潺觅好音。弦管笙簧寒碎玉，源头深处细追寻。

石廪峰次敬夫韵

石廪峰高直插天，芳名耿耿旧流传。好推佳惠敷寰宇，始信人间大有年。

霜月

霁云收月月满天，冰轮碾转净无烟。几回寒色侵人冷，底信清光永永娟。

晚霞

晚霞掩映祝融峰，衡岳高低烂熳红。愿学陵阳修炼术，朝餐一片趁天风。

行林间几三十里寒甚道旁有残火温酒举白方觉有暖意次敬夫韵

高山绝顶雪千堆，凛裂冰肤这几回。行到林间得残火，借它燃烬暖寒杯。

雪消溪涨见山色可喜口占

雪消山色自青青，水涨溪流拍小汀。行客悠悠心目快，漫题新句在空屏。

崖边积雪取食清甚次敬夫韵

崖边琼玖吐清光，偶到山间得味尝。一段奇香今已会，冰牙冷齿裂人肠。

夜得岳后庵僧家园新茶甚不多辄分数碗奉伯承

芽吐金英风味长，我于僧舍得先尝。饮时各尽卢仝量，去腻除繁有远香。

夜宿方广闻长老守荣化去敬夫感而赋诗次韵

上方长老已寻真，禅室空存锡杖新。自是屋梁留夜月，可怜飘泊系留身。

又和敬夫韵

青山不老千年在，白发如丝两鬓新。历尽高山数万里，未知何路是为真。

遇高台获信老诗集

今朝移步野云端，幸得新诗读夜阑。识破中间真隐诀，月明风雪道休寒。

岳后步月

转缺霜轮出海边，故人千里共婵娟。山阴此夜明如炼，月白风清人未眠。

自上封下福岩道旁访李邺侯书堂山路榛合不可往矣遂赋此

百年古路已成荒，今日人称相国堂。麟凤已归天上去，空留遗像在斜阳。

醉下祝融峰

祝融高处怯寒风，浩荡飘凌震我胸。今日与君同饮罢，愿狂酩酊下遥峰。

同游岳麓道遇大雪马上次敬夫韵

遥瞻衡岳顶，云尽碧参差。人从南方至，雪坠西崖垂。谈玄问老子，鸣佩邀神妃。飞花舞琼瑶，青壁比珠玑。平生山水兴，行止只自知。飘飖凌浩荡，犹恐太白低。松持岁寒操，梅放冰雪姿。迢递昆仑颠，俯仰动遐思。兹峰名天下，突兀真绝奇。行行将易晚，去去尚追随。我爱君饮酒，君爱我赋诗。相看各惆怅，勉旃在明时。

游南岳风雪未已决策登山用敬夫春风楼韵

人言南山颠，烟霞从楼观。俯瞰了坤倪，仰攀接天汉。勇往愧未能，长吟湘水畔。兹来渺遐思，风雪岂中断。行行重行行，敢起自昼叹。我闻精神交，石裂冰可泮。阴沴驱层霄，杲日丽旭旦。决策君勿疑，此理或通贯。[①]

张孝祥

张孝祥（1132—1170），字安国，别号于湖居士，宋历阳乌江（今安徽省和县）人，生于明州鄞县（今浙江宁波）。绍兴二十四年（1154）廷试，擢为进士第一。历任秘书郎、中书舍人等职。出任过抚州、潭州等地的地方长官。以显谟阁直学士致仕。有《于湖居士文集》、《于湖词》传世。

过岳麓见子云题字偶逢来使因寄二诗

籍甚韩公子，亲情我弟兄。星沙逢驿使，岳麓见题名。共作三年别，相望五日程。湘江接淮水，寄与濯尘缨。

故人应问我，客里定何如？马铺为行馆，难栖是使车。四郊多贼垒，五管欠兵储。此去无来雁，因人数寄书。

丙戌七月望日自南台游福岩书留山中

乞我一枝筇，经行又别峰。水流仙界叶，风落化城钟。锡去

①林用中诗辑自《南岳酬唱集》，景印清文渊阁四库全书本，台湾商务印书馆1986年版。

泉无恙，车行石有踪。却怜磨衲老，曾见两儒宗。

黄陵庙

百世黄陵庙，凄凉屋数间。只怜斑楚竹，那记赭湘山。访古韩碑在，征歌屈些闲。虞嫔更尧女，莫入水仙班。

送仲子弟用同韵

凄然鸿雁影，晚岁索衣裘。惜别湘江夜，归程楚甸秋。极知违定省，不敢迈淹留。明月分携处，无言只是愁。

吴伯承送苦笋消梅用来韵各赋一篇二首

问讯湘西笋，政得夜不雨。高标诸枉直，余味良药苦。脆圆供小摘，不待四月雨。新诗同咀嚼，学子心独苦。

南台

我游衡岳巅，路半此歇脚，风雷驾飞殿，日月隐杰阁。阑干十万里，仰视天一握，遂访紫虚君，归时骑白鹤。

七夕

去年永州逢七夕，今年衡州逢七夕。往来不敢怨道路，迎送但知惭吏卒。年年七夕有定时，我行属天那得知？东西南北会逢汝，但愿强健无所苦。

谢刘恭父玉潭月色真石室之赐

玉潭月色洌以清，石室千里犹典刑。何人遣我双玉瓶？武陵先生翰林卿。约束风雨驱雷霆，长鲸夜吸川为倾。明朝风止醉不醒，扁舟径度君山青。

从张钦夫觅纸

蜀江捣麻色胜玉，百金才能致一幅，君家入则充栋宇，再拜未肯乞纤粟。为君破悭作此诗，担囊揭箧应有时，比邻寒亡忌唇齿，君但勤渠送川纸。

罗江驿

湘南湘北三十里，六月七月再经过。紫荆花开白酒贱，奈此湘中风月何？

龟潭

浯溪见渠文字古，龟潭有此竹石幽。王孙卖药城市去，江雨过时余独游。

早发衡山

飞谦盛怒士囊口，美满风帆真快哉。后日南山山下过，更留余力扫尘埃。

赠鹿苑信公诗禅二首

诗卷随身四十年，忙时参得竹篦禅。而今投老湘西寺，卧看湘江水拍天。

句中有眼悟方知，悟处还同病著锥。一个机关无两用，鸟窠拈起布毛吹。

赋衡山张氏米帖

人物千年海岳翁，笔精墨妙与天通。传闻有帖藏张姓，怪我湘江月贯虹。

借魏元理画

复古殿中留醉意，只今神品世间无。衡山尚画传家宝，花鸭来禽肯借不？

次韵南轩喜雨四首

午窗溜雨忽潺潺，想见欣然阡陌间。敬简堂中有新事，水满新池雨满山。

北风吹云如裂丝，赤龙卷水尾倒垂。雷轰电激不敢驻，驱入吾家喜雨诗。

天公有意不作难，一雨千里须臾间。但得湖南今岁熟，我亦腰镰归故山。

使君保障仍茧丝，可怜民屋如罄垂。今朝一雨秋事了，便可高咏丰年诗。

送茶

头纲八饼密云龙，曾侍虚皇拆御封。今日湘中见新夸，唤回清梦九烟重。

从吴伯承乞茶

三月新茶犹未识，作诗去问野堂君。春风有脚家家到，定为麄官不见分。

朝谒南岳

泰常嵩岱拱神州，玉帛闲来四十秋。却到朱明回北首，忧时泪作九江流。

和伯承送茶韵

佳句新茶亦太奇，尝新即日未全迟。扫除雁骛行边事，细辗春风细读诗。

和伯承惠笋二首

铝箨离离乡触藩，怒雷挟雨更追奔。绝甘赖有吴公子，菌蠢猫头不足论。

楚产惟渠可定交，时时隔壁望烟梢。已烦穉子来相过，更有新诗送岛郊。

有怀长沙知识呈钦夫兄弟五首

顺宁去覆郎官锦，府谷仍监太府钱。唯有吾宗老兄弟，闭门依旧绝韦编。

春风花柳又芳妍，更接髯郎水竹园。小阁横桥俱胜绝，只应欠我共开尊。

召公分陕是东邻，天远堂中好主人。更喜新来黄太史，剩拼佳句了新春。

髯郎高卧元无恙，何日湘滨具一舟？肯约春风同过我，为公酾酒炰肥羊。

洛阳家世邢郎子，间止逍遥自在身。病肺秋来定苏眚，可能乘兴到沙津？

题福岩寺行者堂

挥毫高山巅，余墨走龙蛇。请收今夜雨，为汝洗袈纱。

金沙堆

玻璃盆中金作堆，药房桂栋中天开，洞庭无底蛟蜃恶，君不唤我哪能来。旁船守风四十日，我行昨夜到磊石，山头望君乞杯珓，童仆欢呼得头掷。二更南风转旗脚，打鼓开船晓星落，秋光净洗八百里，亭午投君庙前泊。斩牲酾酒报君德，君今清都岂其食？聊须醉饱撑船侬，明日依旧行南风。

金沙堆庙有曰忠洁侯者屈大夫也感之赋诗

伍君为涛头，姤妇名河津，那知屈大夫，亦作主水神。我识大夫公，自托腑肺亲，独醒梗群昏，聚臭丑一熏。沥血摧心肝，怀襄如不闻，已矣无奈何，质之云中君。天门开九重，帝曰哀汝勤，狭世非汝留，赐汝班列真。司命驰先驱，太一诹吉辰，翩然乘回风，脱迹此水滨。朱宫紫贝阙，冠佩俨以珍，宓妃与娥女，修洁充下陈。至今几千年，玉颜凛如新，楚人殊不知，谓公果沉沦，年年作端午，儿戏公应嗔。

题朱元顺浯溪图

去年过浯溪，王事有期程，夜半度湘水，但见天上星。平生中兴碑，梦入紫翠屏，已办北归时，十日穷攀登。今朝复何朝，忽此短轴横，历历眼中见，湘山无数青。白云著山腰，楼阁秋气明，便欲扶短策，下濯沧浪缨。主人山水仙，妙处心自评，元顺骨已冷，千载交盖倾。尝音寄幅纸，益见忠孝情，题诗跻公画，托我不朽名。

与邵阳李守二子用东坡韵

两李有佳句，冰雪洒肺肝，清越石在悬，圆熟珠走盘。我家十二楼，下俯千仞湍，谁制白玉琐，借与二子看。临风度长篴，瘴海为清寒，却立望九州，隘陋非所安。便欲驭长鲲，九万扶摇搏，神山在吾牖，弱水空漭漫。回音五千劫，不费一指弹，绝笑尘中年，摄堤与涒滩。

丙戌七夕入衡阳境独游岸傍小寺

七年暑中行，道路万里余，今夕已七夕，我犹在天涯。系船苍石根，人影散晚沙，上岸是修竹，仄经如行蛇。茅屋四五间，往世佛所家，经禅劫火尽，旧观初萌芽。墙叠古瓦盆，僧披破袈裟，喜闻拄杖声，扫地自点茶。何以我为娱，冰雪汲并花，一洗十月渴，分凉到童髽。盈盈牛女期，不著雨洗车，踈是银汉动，新月玉钩斜。更呼老奚官，卷芦作鸣笳，莫惊酒中龙，聊起栖树鸦。

福岩

行行山益高，所见益以奇，煮茶南台寺，更上千级梯。道傍古时松，阅世心已灰，不与岁月竞，况尽霜雪威。路回闻钟声，宝刹隐翠微，排空写金碧，刓石著栱枅。门前兜率桥，劫火昔所遗，神龙厌庳陋，一炬然枯萁。谭笑旧观还，殿柱百尺围，老禅七十余，高兴此山齐。大屋贮龙象，空岩走金犀，斋盂细细参，至味无盐酰。颇闻三生藏，中有万宝赍，佛牙舍利涌，贝叶旁行稀。剖蚌慈相尊，破匣血缕飞，稽首所愿观，为洗往昔非。却寻上山路，拟看浴日池，急雨忽留人，吾其少须之。

湖湘以竹车激水粳稻如云书此能仁院壁

象龙唤不应，竹龙起行雨，联绵十车辐，伊轧百舟橹。转此大法轮，救汝旱岁苦，横江锁巨石，溅瀑叠城鼓。神机日夜运，甘泽高下普，老农用不知，瞬息了千亩。抱孙带黄犊，但看翠浪舞，余波及井臼，舂玉饮酡乳。江吴夸七蹋，足茧腰背偻，此乐殊未知，吾归当教汝。

泛湘江

十日行湘江，湘水清而温，不疗亭午渴，却忆土井浑。道旁古刹竿，著屋高树根，飞泉山山腹，甘冷冰瓶盆。何止解百忧，一洒尘埃昏。设供者谁与，稽首两足尊。

上封寺

七月十五夜，我在祝融峰，与世隔几尘，上天通九重。手取白玉盘，纳之朱陵宫，群山罗立登，万籁酣笙镛。尽酌五湖水，劝我酒一钟，为君赋长言，写向西北风。

湘中馆

云去月在沙，潦净秋满川，北斗挂落木，西风送归船。去年过湘中，夜半投马鞭，篝灯洗尘土，所见只屋椽。鸡鸣问前途，残梦兀担肩，那知栏干外，有此山水妍。微微清露薄，稍稍明河偏，孤光耿自照，静极忻所便。身世两悠然，吾其遂飞仙。

劝农以湘波不动楚山碧花压阑干春昼长为韵得干字

积雨已连月，长沙尚春寒，今朝定何朝，唤客来江干。问讯湘西寺，雾重江漫漫，聊须万斛舟，渡此千尺湍。老松如相迎，翠落头上冠，却望城中花，宝髻垂珠发。劝农有故事，般乐非所安，薄晚会春园，老稚随马鞍。彘肩侑尊酒，呼唤来同盘，从容及鄙事，尔汝开心肝。我是耕田夫，偶然此为客，饱不知穑稼，愧汝催租瘢。愿言各努力，长年好相看。

次钦夫韵

陈仲思以太夫人高年，奉祠便养，卜居城东，茅屋数间，澹如也。移花种竹，山林丘壑之胜，湘州所无。食不足而乐有余，谓古之隐君子，若仲思者非耶！乾道戊子六月，某同张钦夫过焉，徘徊弥日，既莫而忘去。钦夫欲专壑买邻，钦夫有诗，某次韵。

平生交游中，此士故耐久，不折为米腰，颇袖断输手。卜居并东郭，草草宫一亩，日课种树书，笺题徧窗牖，花草当姬妾，松竹是朋友。上堂娱偏亲，家饭随野蔌，客至即举诗，兴来亦沽酒。清溪远屋角，高木老未朽，翻翻荷见背，戢戢鱼骈首。幽观天所藏，胜践我独后，不因南轩君，兹游几时有？为君便买邻，溪南好冈阜，我喜君亦狂，呼儿挚尊卣，一酒尘埃胸，快若苗去莠。夜凉佳月出，人影散箕斗，恨我当先归，君能小留否？

赠陈监庙

陈子居城东，茅屋三四间，下有五亩园，灌畦泐清湾。松柏充羽葆，荷芰作髻鬟。再拜太夫人，寿比衡麓悭。我早与子游，期子到孔颜。察子意甚真，不与时辈班。扁舟蒙荆渚，余子颇谤讪，大道甚坦夷，勿叹行路难。彼自种荆棘，吾宁翦榛萱。一醉乘秋风，共此霜月弯。

送道州酒与吴伯承

阳城所临州，酒味犹清醇，我病不能饮，负此盎盎春。髯吴烧苦笋，唤客车连轸，名酒随恶诗，掀髯一笑辗。

朱陵洞

黑云起我趾，白雨过山脚，却立朱陵洞，一望紫虚阁。神丹吾已必，仙臂真可握，试向静处听，空蒙有笙鹤。

罢归

亲老难为仕，恩深许放归。北行湘水阔，南望瘴烟微。兵卫收门戟，征尘上客衣。遥知六七月，喜气满庭闱。

赠别钦夫

江北我归去，湘西君下居。谁知对床语，胜读十年书。不饮清无寐，来朋乐有余。明朝千里别，密处几曾疏。

出郊

楚雾侵衣润，湘江到眼明。春连岳麓寺，花满定王城。佳客真如此，天公却不晴。空蒙殊可意，沙湿马蹄轻。

暑尽得雨与张文伯同登禅智寺

老火陵徲金，聚作三日热。舟行湘江上，蒸煮到鱼鳖。黑云起东北，一震山石裂。不知雨来处，但见风卷叶。银河倚天泻，高浪舞飞雪。只听打篷声，已觉凉意惬。岸傍古佛屋，楼殿颇嶒嵲。不辞冲泥去，一看雨脚阔。吾宗紫岩客，穷苦志不慑。自我来浯溪，奔走已旬浃。我懒久废学，愧子来挈挈。相携得伟观，为子炽然说。愿子领话头，吾今指摽月。

和张钦夫寻梅

寒梅本无心，适与春风期。孤根擢岁晚，桃李更媚之。取我碧玟壶，荐此白雪枝。故人不可寄，耿耿空自奇。故人隔湘江，独立知者稀。采香正滋兰，忍饥不食薇。拏舟许过我，此约不可违。江南烟雨村，愿与子具归。

中隐

吾家中隐者，才比万斛泉。短小精悍姿，一剑当雄边。去年郴州贼，俯视卫岳巅。君从襄阳来，孤忠作戈鋋。谈笑百雉安，净洗湖岭烟。谓当酬王勋，金印如斗悬。言归遽如许，此意谁为宣？小隐即居山，大隐即居尘。夫君处其中，政尔当留连。早晚有诏书，唤君远朝天。欲为中隐游，更著三十年。

张钦夫笋脯尽佳秘其方不示人戏遣此诗

使君喜食笋，笋脯味胜肉。秘法不肯传，闭门课私仆。君不见金谷馔客本萍虀，豪世藉此真成痴。但令长须日致馈，不敢求君帐下儿。

张钦夫送笋脯与方俱来复作

笋脯登吾盘，可使食无肉。鲑腥避三舍，棕榈乃臣仆。书生长有十瓮虀，却笑虎头骨相痴。得君新法也大奇，且复从游锦绷儿。

赠尹童子梦龙

长沙尹氏子，四岁诵万言。青松一寸长，岁晚当摩天。终为栋梁用，莫作桷与椽，斫根刳其明，本瘁末亦颠。持此劝乃翁，闭门养真源。

赠张钦州

张家承平四姓侯，门前列戟金成丘。南来清贫家立壁，但有万卷书满楼。云山极观半空写，下有花竹秀而野。闭门读易已三年，乐天知命忘华颠。我行湘中识此老，难兄莫年更枯槁。从来戚畹须表劝，会听鸣珂趁朝早。衡阳小隐虽深幽，去天尺五君无留。貂蝉兜鍪何足道，君必不为猿鹤羞。

读中兴碑

绣绷儿啼思塞酥，重床燎香驱群胡。阿环锦袜无寻处，一夜惊眠摇帐柱。朔方天子神为谋，三郎归来长庆楼。楼前拜舞作厅崇，中兴之功不赎罪。日光玉洁十丈碑，蛟龙蟠拏与天齐。北望神皋双泪落，祇今何人老文学。

祭金沙堆庙

憺九秋之半兮，绝洞庭予将归；登磊石以遐瞩兮，天水莽而相围。鲸波浩其呼汹兮，蛟鳄择食以自肥。盲风凭怒无时兮，横中流吾焉依？舟人谂余以湖君之神灵兮，曰甚仁而又威。若蓍龟之可信兮，盍洁齐而致祈。嗟余祷之既久兮，岂夫神今日之我违。晨光杲其东升兮，破积雾之霏微。凝秋霁之万顷兮，樯乌转而北飞。棹夫集合以奏功兮，若驷马熟路而騑騑。寄千里于一瞬息兮，才举手而一挥。如灵宫以午泊兮，目眩积沙之辉。随涛波以上下兮，岌金城之巍巍。信真仙之攸宅兮，羌见闻之所稀。粉墙行树缭以直兮，铺首鸣其朱扉。俨帝服之中居兮，亦班宠于厥妃。来牲酒之杂遝兮，纷满堂之芳菲。怀沙大夫之侑食兮，噫孰知其是非。鸟喙鱼服，沙鲑鰋鲤。睢盱以列侍兮，骇怪谲之裳衣。盖专制楚之七泽兮，实参握乎天威者也。由余役之既久兮，阙水菽于庭闱。瞻白云以延望兮，朝隮至乎夕晖。苟利涉以遄达兮，岂妄福之敢希？感神贶余以独厚兮，铭肺膺而三欷。跪陈辞而侑觞兮，聊彷佛其音徽。

金沙堆

洞庭之野，吞楚七泽。乘秋而霁，天水一色。登高桅以挂席兮，插余舟之两翼。凌长风以破浪兮，骇掀舞于一叶。横中流而北望兮，何黄金之突兀。触白日以腾耀兮，疑波神之泛宅。舟人告余曰："此金沙堆也。"壁立千仞，衡亘百步。灵鳌之背孤起以自暴兮，弃方丈而不负。涌青城之玉局兮，迟虚皇而来下。太仓露积以弗校兮，白粲粲而非腐。熬海波以出素兮，莽既多而无数。胡山十丈之雪结而不复释兮，吴江八月之潮来而不复去。谅非目见而心识兮，虽巧譬其焉喻？客有叹曰：“墼土为城，隐以金椎。一雨之暴，或倾以摧之。今此沙也，质轻而性离。得水而走，得风而飞。澶漫乎大漠之北，飘流乎昆丘之西。曷稽天之巨浸兮，独与此而相宜？廉隅峻以特起兮，若斗之覆而四维。潦尽不为之高兮，春既涨不为之卑。风揭石以拔木兮，蛟鼍驾海而上驰。卷近岸之丘阜兮，若烈火焚乎枯萁。谓此沙既无有兮，当散入于渺弥。旦起而视之兮，曾无毫发之或夷。岂与息壤同生兮，为上帝之所私？将富媪之多藏兮，万宝萃而在兹？岂女娲五色之石兮，完天漏之所遗？将神禹治水兮，聚九野之土以补东南之亏？岂劫火之灰兮，岁既久而莫移？将神龙之攸居兮，百鬼夜筑而守之？征至理而莫得兮，愿先生之予思也。”张子笑之曰：“子来前。天地之间，何所不有？远者莫许，近或可取。今夫积水为冰，及春而澌，此物之常理也。然凌人氏乃得而藏之，塱其土，使地气无所泄；厚其覆，使天气不得下。天且暑矣，于是方谨而献之。夫以一人之私，犹能变易阴阳之度，而况天地之大乎？沙之积不积、流不流，安所置论？子行矣。”

金沙堆观月记

月极明于中秋，观中秋之月，临水胜；临水之观，宜独往；独往之地，去人远者又胜也。然中秋多无月，城郭宫室，安得皆临水？盖有之矣，若夫远去人迹，则必空旷幽绝之地。诚有好奇之士，亦安能独行以夜，而之空旷幽绝，蕲顷刻之玩也哉？今余之游金沙堆，其具是四美者与？

盖余以八月之望过洞庭，天无纤云，月白如昼。沙当洞庭青草之中，其高十仞，四环之水，近者犹数百里。余系船其下，尽却童隶而登焉。沙之色正黄，与月相夺；水如玉盘，沙如金积，光采激射，体寒目眩，阆风、瑶台、广寒之宫，虽未尝身至其地，当亦如是而止耳。盖中秋之月，临水之观，独往而远人，于是为备。书以为金沙堆观月记。

仰山庙记

仰山二王，自江而西，饮食必祭，威德所被，齐光日月。乾道元年，张某来守桂林。时李金方寇郴阳，羽书交驰于道。某谒于祠，祷曰："使广西不被兵者，神之赐。则请为王庙于桂，且奉神之像以俱。"其七月，某至郡。九月，寇平。盖尝以万人闯吾境，知其备也，引去。惟王之仁之灵，某不敢尽述，独叙其答某者如此。敬撰日择地，于城之北为王馆御，而书其所始，使后有考，且劝桂之民以虔事王。二年二月旦张某记。

万卷堂记

欧阳文忠公之诸孙曰彙字晋臣者，居庐陵之安成，筑屋其居之东偏，藏书万卷，扁之曰万卷堂。乾道丁亥冬，晋臣自庐陵冒大雪过余于长沙，曰："彙堂成久矣，而未有记也。愿以为请。"夫人莫不爱其子孙也，而为之善田宅，崇货财。今彙有三子，不愿以此愚之也，盖辛勤三十年，以有此书，以有此堂，而使三子者学焉。余以为文忠公之德宜有后也，而今未之闻焉。充晋臣之志，其在兹已！其在兹已！晋臣归，幸为我告之：古之所谓读书者，非以通训诂、广记问也；非以取科第、苟富贵也。亦曰求仁而已。仁之为道，天所命也，心所同也，圣人之所觉焉者也，六经之所载焉者也。得乎此，一卷之书，有余师矣。不然，尽读万卷之书，以为博焉，其可也；以为知读书，则未也。

衡州新学记

先生之时以学为政。学者，政之出；政者，学之施。学无异习，政无异术。自朝廷达之郡国，自郡国达之天下，元元本本，靡有二事。故士不于学则为奇言异行，政不于学则无道揆法守。君臣上下，视吾之有学犹农之有田，朝斯夕斯，不耕不耘则无所得食，而有卒岁之忧。此人伦所以明教化、所以成道德，一而风俗同，惟是故也。后世之学，盖盛于先王之时矣。居处之安、饮食之丰、训约之严，先王之时未必有此。然学自为学，政自为政，群居玩岁，自好者不过能通经缉文，以取科第，既得之，则昔之所习者，旋以废忘。一视簿书期会之事，则曰："我方为政，学于何有？"嗟夫！后世言治者常不敢望先王之时，其学与政之分与！国家之学至矣。十室之邑有师弟子，州县之吏以学名官，凡岂为是观美而已？盖欲还先王之旧，求政于学，顾卒未有以当上意者，则士大夫与学者之罪也。衡之学曰"石鼓书院"云者，其来已久。中迁之城南，士不为便，而还其故，则自前教授施君鼎。石鼓之学，据潇湘之会，挟山岳之胜。其迁也，新室屋未具。提点刑狱王君彦洪、提举常平郑君丙、知州事张君松皆以乾道乙酉至官下。于是方有兵事，三君任不同而责均，虽日不遑暇，然知夫学所以为政，兵其细也。则谓教授苏君总龟，使遂葺之。居无何而学成，兵事亦已。环三君之巡属，整整称治。夫兵之已而治之效，未必遽由是学也，而余独表而出之，盖乐夫三君识先王所以为学之意，于羽檄交驰之际，不敢忘学，学成而兵有功，治有绩，则余安得不为之言，以劝夫为政而不知学者耶？凡衡之士，知三君之心，则居是学也，不专章句之务，而亦习夫他日所以为政；不但为科第之得，而思致君泽民之业，使政之与学复而为一，不惟三君之望？如此，抑国家将于是而有获与！

明年八月旦，历阳张某记。

送临武雷令序

雷氏子潨为临武县令，将行，问所以为县于子张子，敬与之言：夫虎豹之暴也，犹豢而畜之，岂非度其意之所安而逆其情之惧者与？是以王者之治本人情。今吾临武之人，人也，其好生而恶死，趋利而辟害，与吾等也，独奈何以夷视之？故吾愿雷子之居是官，不欲夷其民，善推其所愿欲而已。摩而抚之，搏而磔之，其宽其猛各有攸当。雷子之为临武，将以是而有济与？未可知也。

辞免知潭州奏状

臣疏远微贱，遭遇陛下，叨荷眷隆，屡垂奖使。昨者广西，罪戾盈积，劾章既上，谓当投窜。圣慈宽宥，止从罢免，至于贴职，复与全存。天地父母，恩德莫喻，虽极糜捐，报称何有？自反私室，阖门讼愆，屏息避影，早夜怵惕，敢图简记。又俾藩郡，视旧所领，是为邻壤，委寄之重，与昔不殊。闻命之始，恐惧感泣，臣实何人，叠此忝冒，已别具奏。乞赐恩免，蝼蚁之躯，有不尽者，辄具札子，昧死上闻。伏念臣父母年七十，气血素弱，近复多病。顷赴广西，不曾迎侍。道里悠远，日以忧戚。臣弟年幼，侍旁无人，自臣来归，方获宁养。今兹新任，复隔重湖。垂白之亲，又难远涉。进退皇惑，莫知所措。仰惟陛下推广孝道，本于人情，匹夫之微，皆得自达。臣之迫切，义当控告，抵冒大谴，矢心以辞。伏望陛下至仁哀矜，俯徇愚恳。于江淮间，易一小郡，父获就养，不违定省。臣得竭力以趋职事。祈天请命，语无伦次。瞻望阙庭，伏增震作。

潭州谢复次对表

赐以赞书，还之次对，敢云旧服，是谓新恩。中谢伏念臣智昧一官，仕尝三已。江湖远引，自怜蹇剥之多；雨露均霑，独倚乾坤之大。兹盖伏遇皇帝陛下，缉熙圣绪，骏发英猷。专予夺之柄，以驭群工；明功过之使，以兴庶事。乃如孤迹，亦预庆条。臣敢不祗佩隆私，益追往咎？傥有及民之效，则为报上之忠。

请鉴老住潭州东明教寺疏

浮休居士，昔守此邦。东明观音，初出废井，神光焕发，宝刹崇成。檀施满门，曾安五百众；荆榛塞路，将欲四十年。会兹淫雨之灾，觖我有秋之望。肃斋致祷，响荅不违。香火未收，阴云解駮，吏民绝叹，岂有前闻？僚寀佥谋，当严报礼。主僧老聩，破屋欹倾。冥搜当仁，喜得此老。伏惟鉴公禅师支撑末法，领袖诸方，盘结草庵。曾到孤峰顶上，撒开布袋；何妨十字路头，况惟今是老人乃是吾家请主。为公着力，何患不成？惟佛有缘，所当外护，撞钟打鼓，今朝震动于三湘，刻石铸金，异日流传于四海。

请新首座住福严疏

十字街头，弥勒撒开布袋；孤峰顶上，德山盘结草庵。况兹古佛道场，只是吾家旧物。不要客僧作主，须烦首坐烧香。新公长老性悟真诠，脚踏实地，泊舡浅水，久矣淹留。韫玉空山，自然光彩。畴昔因缘已定，如今时节到来。便将旧店新开，切忌众生作例。好阿师恁麽去，何妨觌面相呈？菩萨子喫饭来，却是无法可说。宜从众请，用报国恩。

殊公住岳麓惠光寺疏

湘西佳景，岳麓精蓝，方丈久虚其人，史君今有此客。殊公长老面如满月，额有圆珠。枯木堂中随粥饭缘，坐处不落第二；台山路口有多少众，问时便契前三。君如洗脚上舡，我是因风吹火，不起于坐。只今直入道场，偶尔成文，领取见成公案。

南岳谢晴文

环湖南之境，田之以亩计者，不知其几千百万。而民之嗷嗷望岁者，又不知其几千百万也。若夫畴昔之雨，再宿不止，田尽入于水，已熟之禾尽壤。为吏者，诚皆以罪诛斥不足道，而民安取食？呜呼噫嘻，岌乎殆哉！夫既走祷于帝神，内揆蒙暗，帝神不顾享。然而卒赐之，则帝神哀此民，而臣某无以获此也。只率僚吏，申款祠下，不敢私谢，敬为民谢。

湖南宴交代刘舍人

珠幢玉节，来宣上将之威；赤舄衮衣，归授元臣之柄。眷门阑之旧，获承尊俎之余，陈九献之缛仪，表十连之盛事。某官声名四海，翰墨两朝。骑麒麟而翳凤凰，篷丛霄之嘉会；射鵕鸃而掩翡翠，扈紫禁之清麈。主眷式隆，士心景附。八命伯，九命牧，具瞻赐履之雄；万石簴，千石钟，载旌帅阃之伐。静扫绿林之寇，严趋清跸之朝。望碧纱之笼，久注神仙之籍；听白麻之告，径跻丞弼之司。况嗣建于旌旄，实亲传于衣钵。且慰列城之望，少为数日之淹。醉我旧官寿公，慈母声流夜瑟，莫非鼓舞之；儿童泪点秋竿，却是攀留之。父老某等，幸瞻高宴，猥列贱工，敢酌民情，上陈口号：年时授钺许专征，蜂蚁千屯一笑清。已变耕桑弥旷野，却驱旌旆入神京。才从湘水东边去，且到台星极处明。传语邦人莫留恋，使君元是我门生。

辞潭州札子

某伏见邸报，某蒙恩差知潭州。伏念某罪戾之迹，方自循省，大藩谋帅，遽先造化。曲成之私，曷可称述？顾其情有不能自已者，辄吐露于相公之前。昨者广西之役，不遑迎侍，违二年水菽之养，一讯往还，动须数月。亲年益高，时亲药饵，人子之心，岂获宁处？欲望恻然推锡类之仁，稍易江、淮间一小垒，俾得自效，誓当縻捐，图惟报礼，控祷僭渎，伏深震惧。①

①张孝祥诗文辑自《于湖集》，《四部丛刊》景宋本。

卷三十五

陈傅良

陈傅良（1137—1203），字君举，号止斋，人称止斋先生。浙江瑞安人。乾道八年（1172）进士。历任太学录、湖南桂阳军知军、湖南提举茶盐公事、湖南转运判官等职，官至宝谟阁侍制。卒谥“文节”。陈傅良是永嘉学派的主要代表之一，为学主“经世致用”，反对性理空谈。著有《周礼说》、《春秋后传》等多种。

桂阳劝农

雨耨风耕病汝多，谁将一一手摩挲。幸因奉令来循垄，恨不分劳去荷蓑。凉德未知年熟不，微官其奈月桩何。殷勤父老曾无补，待放腰镰与醉歌。

赴桂阳道中喜晴书事

十日九雨垂垂雪，马僵仆病泥乘橇。披衣闯户得星月，喜有耻向妻儿说。耳根久与朝鸡别，熟睡八年谋未拙。乞米作糜蒙被啜，客来午漏家僮出。如今儿嗷妻愁绝，我纵喜晴心已折。可以艺麻多笋蕨，苟有一丘吾计决。奈何诸公厮役皆豪杰，尚爱春陵老元结。

戊申腊桂阳喜雪

月不能明雨却稀，山容野色夜辉辉。清霄下际双琼阙，仙杖前驱万玉妃。亘古岭旁冬不到，从今湖外岁无饥。来年此日吾何适，蓑笠寒江一钓矶。

南岳圣业寺禹柏

久与林壑居，所见皆众穉。岂无寿千年，未有此柏异。壮而尝参天，晚乃但仆地。定非风雨摧，殆是斤斧弃。其本则离披，其末则倒植。其枯如残卉，而蔚有新意。其靡如弱植，而凛有高致。将前复却行，宜右忽东次。骧龙或俯顾。遁虎或回眙。陨石或猛起，飞翚或颠坠。山立或磬折，尸寝或拳跽。断支或强附，横陈或巽避。绸缪情不狎，颓堕力未瘁。朴署自光怪，挺持匪标置。终焉人伪尽，独以天巧遂。吾闻古有道，纯朴去故智。与世每如此，全身亦几是。疑将问岁月，缺弗见载记。谁言导江时，手植特嬉戏。世人那得识，会有神禹至。

行湘喜雨简刘公度周明叔

将行客有戒，正热人不禁。出门一昔雨，解缆十日阴。湘山益以碧，湘水益以深。天光接云梦，野暝蒙衡郴。蝇无盘中迹，蝉有木末音。顾乃废枕簟，爰方索衣衾。我起问夹岸，往藏孰与今。衡茅或数间，丛竹毕十寻。蒲莲间华实，鸥鹭时浮沉。老穉各有得，渔樵不相侵。早插禾欲孕新炊粟如金。为之失倦游，于以成孤斟。永怀泛湘人，屈贾多愁吟。往者亦此境，今者亦此心。空名但千载，佳思谁一襟。时哉不可失，浯溪更骎骎。

长沙腊月雷是日约宴赵帅俊臣闻雷乃罢越三日

民欲遮留上欲来，政声无间到舆台。道迎和气收蛮瘴，弹压余阴蛰楚雷。已是因风成柳絮，会须逐马见银杯。一觞好上公堂寿，不为梅花昨夜开。

郴守丁端叔以九日诗至次韵奉酬

十年不见寻常事，九日相违咫尺间。橙蟹渠能追胜赏，蔹牲孰与奉慈颜。逝将酒坫更酬酢，乍可诗简略往还。新将适闻临遣罢，鹿头吾待望吴山。

酬王判官和九日韵

想悬郴桂一云泥，夫子声名正日跻。乞与早移河内粟，牙牌归听报班齐。

和丁端叔竹梅二诗韵

空阶琤若下琅玕，全楚何人巧耐寒。谁伴八龙长傲雪，萧然一榻卧袁安。

管领春风别有天，不论水际与山巅。祝融玉立湖湘冻，独付寒梢笑粲然。

和萧俊仲司法咏谯楼新军额韵

海滨驱马过湘滨，喜及今春忆旧春。公燕有时令市酤，村舂不继待炊新。严城鼓角留三字，当代衣冠第一人。看取吾民繇此去，万家鸡犬永无尘。

衡守刘子澄以诗来和韵奉酬

曳裾朝路不同时，谋食衡湘亦把麾。一见相忘光可鉴，十年何在惄如饥。力堪扶世将谁可，语不惊人或自危。夜雪埋山江欲冻，依然春信在南枝。

寄僧嗣清

衡阳杰阁宵人记，淮石丰碑刺史书。永已桥山藏剑佩，空余云汉照林庐。河图万古陈东序，汗简诸儒校石渠。谁道幽深穷衲子，乞钱买石更崎岖。

简友人二首

南去有五岭，北来有重湖。水清石益奇，往往中州无。在昔宦游者，越若韩张徒。胡然自衡阳，只雁亦不徂。

安眠夜至卯，休吏日加申。廪稍亦已厚，养痾非隐沦。恨无封君法，老矣藏其身。遄归岂不欲，更有宜归人。

刘连州和前韵因道湘中之乐以谢

湘中足可乐，谁苦愁不禁。娈彼兰蕙姿，固怯霰云阴。贾子天下士，子何念虑深。贞元两御史，南还会于郴。亦复相唱酬，间有亡国音。愚溪更憔悴，中夜起拥衾。而得欸乃句，脍炙循至今。我后五百年，公来适相寻。田畴岁膴膴，狱市春沉沉。宽书日夕下，民蠹祛牟侵。况也省赋甚，小郡至万金。交欢有陆贾，私恨无羊斟。我饱竟甘寝，公暇多长吟。乃知湘中乐，关时匪关心。湘民忘劳力，乐极翻沾襟。却愁吾二人，四牡歌骎骎。

送王南强赴绍兴签幕四首

词章行天下，嘉赖二百年。甲科至公卿，谁敢谓不然。有人妄媒孽，一世所弃捐。我亦欲护短，讳不言幽燕。汗简在吾后，覆车在吾前。

人人尊孔孟，家家诵诗书。未省有宇宙，孰与今多儒。儒者道如砥，岂其自崎岖。申以黄老废，贾以绛灌疏。汉家尝纷纷，政尔门户殊。

历官如历阶，越等多所伤。柰何坳堂水，持绠万丈长。谁无斯世方，乃此抽手旁。永夜泪不禁，仲尼故皇皇。又闻虽小鲁，乘田问牛羊。

闻之浙河东，见之湘水南。未归却相送，既喜却相送，既喜复不堪。行矣乞自便，帅幕或可参。君方乘日长，勉为停朝骖。我池有螃蟹，我园有黄柑。

送吴德夫

岳麓楼头卧，湖湘眼底空。声名无处著，容止与人同。白发何多日，轻帆不待风。修门春漏浅，封事倩谁通。

送周鲁日辰州法曹

团栾妻子是谁家，独被饥驱天一涯。远地岂无人晤语，长才能免世惊嗟。好于书作千年计，勿为官驱两鬓华。为问湖南似湖北，逾年吾亦访丹砂。

潭师潘德鄜生辰

落南添得黑髭归，归与相忘草木知。岳麓沉沉秋柝静，湘波穆穆夜帆迟。人间公论今何在，柱下家声此不疑。但欲公年如卫武，为留淇澳变风诗。

携客过王提举园访梅刘连州以诗来因用其韵

屋后云梢万个长，屋前风蔓一川芳。有梅自索巡檐笑，无酒还酤踏雪香。偶与三刘同下榻，却怀二宋对持觞。写将诗句吾何敢，欸乃听人汲晓湘。

游白石岩

地向东南倾，石际沧海立。蛟鼍限波涛，鸡犬得城邑。居然通国望，跋莫他山及。道人独有之，置屋三四级。几看星月烂，却听风雨急。于今二百年，我共冥鸿集。晤语夕阳低，对酒秋旻湿。明朝江上舟，避雨渔翁笠。邂逅一俛仰，此道可于邑。

用韵咏雪简湘中诸友

夹湘而住一尘无，不在瑶池在石渠。气盖松篁谁与竞，今行螟蟘自相屠。山光际水天无间，夜色通朝月不如。中有一翁须皓白，萧然野鹤亦乘车。

张漕行部过湘岸有作因次其韵

春晚得新霁，草木日夜绿。阳光初蔽亏，野暝或单复。美人浮湘波，领此入蓬屋。故放归帆迟，更呼渔火续。穷探物精华，尽付诗凡目。忆昨欣晤对，令我忘休沐。剧谈酒行希，危坐兵卫肃。相思正倚楼，所寄忽累幅。瑰辞堪买贫，轶韵和难属。自从楚骚兴，悲些逮差玉。后来数唐人，欸乃岩限宿。世无梁昭明，斯文又谁录。

约同舍蜀人王德修三首

远莫远关塞，鸿雁来年年。我尝按舆图，嶓汉在眼前。胡为与君别，壮齿今华颠。下峡君有期，会吴我何缘。令人愧不如，鸿雁得自便。

畴昔梦遡江，巴陵至瞿唐。两崖束秋旻，中有一带苍。安流进分寸，怒去千丈强。求君竟不得，望之涕淋浪。往日事已然，来日理未详。

橙橘方粲粲，鱼虾亦多多。能舂半年粮，岂惜一见过。良夜月如霜，听我苦别歌。翳翳葭芦乡，风定水自波。或者阻君舟，柰此伫立何。

游南岳

天作之山曷为哉，遥知阊阖正南开。两川文武长江下，百粤车书五岭来。柴望久为周堕典，牢愁多见楚遗才。不知崧岱还何似，我欲将书寄雁回。

题范秀才万卷堂

雅尚时相背，幽栖我数过。儿应看客惯，田孰与书多。自析唐郴县，谁联汉甲科。儒门今有此，天意定如何。

题耒阳黄宰诗卷

诗卷来何处，棠阴日夕佳。令人添白发，及此有黄花。事业谁千载，文章各一家。何时定还阙，解棹向长沙。

送杨似之提举湖南

昨日有客去分符，今朝有客来揽辔。蕨芽掇尽笋可劚，送客焉知老将至。儒雅风流能有几，南宫先生无乃是。十年不复梦蓬山，万里何为隔湘水。叶公岿然地官贰，颜公领袖天下士。星联郎署尤与何，次第诸公迹连茹。一时台省旧名德，十见班行已三四。可令仆马病崔嵬，独抱兰荪吊憔悴。渔樵混迹山穷处，故故肯临人不记。酒半停杯问须发，夜阑秉烛微文字。多时渴见痛折节，万事要看方得意。先生行矣扈甘泉，请自此心扶大议。

和张倅唐英咏梅十四首

我岂爱花者，而独爱此花。爱之匪无人，诗且数百家。前有水边横，后有竹外斜。但作如是观，桃李亦可夸。

种梅欲百亩，谁老意未渝。有山在堂背，有溪在庭除。我危坐中央，花以寘坐隅。人固不可亲，花亦不可疏。

花芳以养性，花阴以休影。更欲从旁谋，种秫可半顷。冲寒时一觞，我醉花独醒。醉醒两相忘，久矣系归艇。

因山为高下，因水为纵横。恣花欲何之，勿挠所性清。却愁雪太深，瞻言不胜情。有时亦肯来，当我户牖明。

人言物不齐，相较三十里。以梅等君芳，何啻隔弱水。杜陵状百物，无语可著此。巡檐索之笑，但不禁冷蕊。

骎骎入衰暮，故作不洁清。美人美无度，可使一国倾。胡然立林林，夹此东西荣。对之意自消，令我欲近名。

以之为雪耶，雪或堕污浅。以之为玉耶，玉或附旒冕。春前每尝试，岁晏不退转。悠哉似有道，可与共舒卷。

政应违众好，可忍负幽探。以兹落南雅，蜂蝶独遗憾。岂无好颜色，一雨竟陈暗。谁知岁寒姿，可久非可暂。

若以色见我，色衰令人忘。香为众妙宗，妙亦不在香。乡来芸芸者，自意傲雪霜。当斯玉立时，曾莫一在旁。

迟迟可殿后，寂寂可镇浮。风人第一章，窈窕河之洲。穆如三代英，惟此宜与俦。不然则臞仙，玉箫下秦楼。

纷华有心说，艳美得目送。越在篁苇间，顾使诗兴动。诗人被花恼，尽日手自弄。愁吟日不足，又作栩栩梦。

亭亭湘岸竹，炯炯湘波月。其中雪垂垂，一树为谁设。不应皂盖人，于此能忘折。折之寄相思，可以慰分裂。

商山皓须眉，久不见绮黄。邂逅一笑粲，可与斯人当。如何为林逋，托根向钱塘。居遗兰与芷，牢愁梦沅湘。

先人手所种，家在何处村。自别此堂堂，不知几寒温。盍归封植之，岁岁为此言。老如雾中看，正恐目力昏。

登祝融峰观日出

星月凋零万象昏，谁能先我见朝暾。东南已得乾坤正，蛮貊方知夜旦分。但觉沧溟浮佛屋，却忘衡岳近天阍。迢迢下憩山腰寺，人世烟云尚吐吞。

登祝融峰喜霁

仰止扶藜鬓发苍，恰当风雨暗三湘。为谁一辟天无际，及我重来日未央。江过数州多曲折，山缘长亩半青黄。老僧耐得从头问，问到吴门竟渺茫。

跋张魏公南轩四益箴

乾道之辛卯，余送南轩先生于吴兴之碧澜堂。雅闻定叟尚书名，而未之识也。其后，尚书公所至治行，为天下第一，益相向往。

余守桂阳，是岁孝宗内禅故事，桂阳守臣贡白金三千两，吏率取诸民以应令。余惧非圣朝所以惠远民之意，具以质言上，擅减三分之二，且□不推赏。是时，周益公当国，疑不能决，但批状送版曹。会定叟为尚书，奏桂阳壤地偏小，守臣陈某请不妄。得旨，可其奏，而赏典视他郡。余以是知魏公与南轩先生之教，定叟尚书能守其家法如此。

吾友沈仲一，令余书四益碑后，遂著其事，且以发明上恩云。①

①陈傅良诗文辑自《止斋文集》，《四部丛刊》景明弘治本。

王阮

王阮（？—1208），字南卿，宋德安（今属江西）人。孝宗隆兴元年（1163）进士。调都昌主簿，移永州教授。绍熙中知濠州，改知抚州。后归隐庐山。有《义丰文集》一卷。

次德和韵寄谈李二丈二首

心在淮山下，身行湘水中。喜抛余子去，恨不故人同。旧隐劳征梦，浮名任化工。衡阳春渐暖，终欲伴归鸿。

喜脱诸公忌，愁违李与谈。离群江以北，吊影楚之南。世故更千万，心朋只二三。果能容我与，终共结茅庵。

次陆务观韵寄王景文一首

朔风摇楚水，国步益艰辛。往事忽成梦，逆胡何日臣。凡今天下士，皆昔座中人。尚被中原发，烦君与正巾。

读浯溪碑一首

鲁恶吴同姓，唐嫌肃抚军。仲尼讳不语，元结谤于文。子固当承佼，臣其可讪君。空令忠义士，叹息异吾闻。

陪晦翁登妙高峰一首

千崖盘屈曲，一塔矗空蒙。它处只山好，此中兼水洪。纵观疑犯斗，飞上觉凌风。常恨天难近，今朝路已通。

挽张舍人安国四首

天上张公子，人间第一流。浮云犹覆座，愣梦玉成楼。草蔓湖阴宅，松封旷口丘。忠魂招不返，欲问楚江头。

志气周瑜俊，谋谟贾谊嘉。早先天下士，共服骥中骅。瞬息桑田改，倾摧岳柱斜。伤心大手笔，零落紫薇花。

忤世无如我，知音独有君。时陪文字饮，议殄犬羊群。未脱云间戍，先修地下文。天心终吝此，不复更从军。

近别逾旬朔，俄传讣问来。初疑余子谤，渐沸使人猜。竟作青黄木，终成犯怒雷。数行衰泪尽，吾意独怜才。

谢张安国相过一首

元戎驱小队，来赴野人期。山静传呼远，风轻游赏宜。飞萝穿杖屦，芳草焕旌旗。好借丝纶手，雕镌一小诗。

陈弥高惠诗次韵言谢一首

南来日日访人才，始得清诗副所怀。我计已成桴入浮，君行初似橘逾淮。十年旅梦思乘兴，千里征尘忽及阶。见说又为勋业去，独能无意侣洪崖。

登衡岳三首

膻羊腥犬沸中原，五岳之中四岳昏。节义衡山独不辱，万年千载戴明恩。

白衣苍狗飞扬尽，翠巘苍崖杖屦间。独到上封雷雨处，退之元未识衡山。

绝境当须著好词，衰怀已觉不胜奇。烦君试问仙家问，怕有弥明更解诗。

古意二首

西风策策翻叶鸣，锦机停梭人暗惊。归心俗附潮头去，潮头不肯到湓城。

洞庭九月湖水干，倒影夜瞰星斗攒。水官籥浪蹴寒玉，船过两耳声珊珊。

过桃川万寿宫二首

人共桃花事一空，兔葵无数舞春风。伤心俯仰成今古，知与刘郎事不同。

翁子洞头魂黯黯，桃川山上目凄凄。自怜终失邯郸步，不是重来旧路迷。

湖南道中三首

失脚南来又两年，故山猿鹤只凄然。潇湘不是无佳景，终觉壶中别有天。

已分余生老一丘，尚因微禄少游留。梦魂不待山资足，先入江南问钓舟。

万壑千岩我一家，别来空自锁烟霞。闲云不放行人望，故向东南角上遮。

见梅有感一首

十月潇湘尽放梅，南枝仍避北枝开。客愁无奈春消息，肠断江南驿使来。

题澹岩一首

浯溪已借元碑显，愚谷还因柳序称。独有澹岩人未识，故烦山谷到零陵。

重九再到张已隔世书诗牌后一首

碧纱笼底墨才干，白玉楼中骨已寒。泪尽当年联骑客，菊花时节独来看。

竹斋二首

一围寒绿锁城闉，中有茅檐更绝尘。千户封侯千亩是，可怜燕颔虎头人。

清阴翠色满湘山，月下风前极目间。第一莫污儿女泪，失身嫌作杖头斑。

代胡仓过圣德惠民诗一首

平楚皆膏壤，成汤忽旱年。人知圣虑切，恩遣使臣宣。乙犯饥荒后，长沙富庶全。纪年四十载，斗米二三钱。县县人烟密，村村景物妍。朱蹄骄柳陌，金镫丽花钿。飞此民成懒，加之吏不虔。力耕终苟且，劝课或迁延。绿野田多旷，潢池恶未悛。曷尝修稼政，但见饰宾筵。丰稔时难保，盈虚理有还。自应成赤地，安得咎苍天。义廪真良法，皇家以备先。积仓何止万，存数仅余千。滥以疏庸迹，来司敛散权。一身初抵此，四顾但茫然，财蒙内帑捐。敢云呈敏手，幸免奋空拳。蔑问秦输闭，专稽稷懋迁。陆修流马运，水作泛舟连。凡属灾伤事，深将利害研。兼并勤告谕，商旅渐喧阗。市真虽翔踊，官收却痛蠲。北来因鼎粟，南至出渠船。稍稍收成廪，纷纷出著鞭。起于衡岳趾，环厥洞庭舷。湖北疆参错，江西境接联。里虽千万远，身亦再三遄。必务经行遍，深防赈给偏。规模颁郡吏，出纳谨乡贤。敢避风兼雨，周爰陌与阡。有时沉水底，镇日上山巅。不复通舟楫，宁容坐马鞯。屐多穿石仄，裳惯湿河壖。江步时时到，村虚日日穿。救头方甚急，援手讵辞胼。畴昔虽多病，驰驱却自痊。已成迷晓夜，不复惮山川。松迳行时盖，杨花坐处毡。光华虽备使，萧散类登仙。林密花频剪，途穷木可缘。石欹行恐压，溪涨涉疑漩。昔出正初吉，今经六下弦。奔忙驰似箭，来往转如圜。王事歌苞杞，归心却杜鹃。力虽疲险阻，志务报陶甄。忆昨初行日，萧然亦可怜。饿羸皆偃仆，疾疫更牵缠。讵止家徒壁，多遗屋数椽。葛根殚旧食，笔米继新饘。略救朝昏急，终非肺腑便。声音中改变，形质外羸孱。气茶胸排骨，神昏眼露圈。步欹身欲仆，头褪发俱卷。妇馁心成疾，儿啼口坠涎。乱花生目睫，炎火亢喉咽。袅袅浑无力，昏昏只欲眠。尽挛持耒手，顿削负薪肩。状貌已成鬼，号呼几乱蝉。兽穷思旷野，鱼困想清泉。山僻无人到，帷惊有使褰。初闻争欲走，稍定使来前。尔俗饥虽困，吾君施体乾。知民方疾苦，遣吏抚迍邅。置院收鳏寡，分场赈市廛。贷粮招复业，散种使耕田。寒给衾裯暖。春颁药剂煎。凡今严吏责，皆是恤民编。稍见儿童集，徐看父子牵。共争扶杖听，咸乐置邮传。茶献迎门礼，香浮夹道烟。耳闻身鼓舞，心切滋潺湲。坐定徐言此，从来未见焉。一时愆润泽，万里奏艰鲜。灌溉非无桔，精虔亦有牷。畬干终损粟，潋涸竟枯莲。诗骇周宣魃，经书鲁国蝝。坐令民皞皞，翻作泣涟涟。平日安丰稔，今朝乍疾颠。老羸如病马，壮健若飞鸢。忽见皇恩沐，亲驰使命专。听言初挟纩，拜赐悉鸣弦。新岁天心格，经时雨势绵。东皋耕泽泽，南亩溜溅溅。坎豆皆勤作，根涯悉勉旃。水耕荣唪唪，陆种藏芊芊。件件丝盈轴，方方麦荐篯。指知食欲动，目望酒先搁。舍北行歌畅，村南伐鼓渊。鱼占何必梦，斗覆已明躔。甲子晴尤好，嘉平雪记填。自今知岁岁，王道永平平。抚已叨逢主，占星幸备员。耳亲闻击壤，手敢废题笺。农事修其职，邦基赖以坚。但令仓廪实，何患犬羊膻。商克周饥止，邢存卫雨愆。定知丰稼穑，端在讲戈鋋，足食繄兵法。①

王炎

王炎（1137—1218），字晦叔，一字晦仲，号双溪，宋婺源（今属江西）人。年十五学为文，乾道五年（1169）进士，调明州司法参军，后授潭州教授，以荐知临湘县。累官迁著作郎兼考功郎，兼礼部员外郎。生平与朱熹交厚，往还之作颇多，又与张栻讲论，故其学为后人所重。一生著述甚富，有集传世。

---

①王阮诗辑自《义丰文集》，宋淳祐三年刻本。

过西仓庄一宿

南首巴陵道，篮舆小作程。欲随王事去，颇恋佛庐清。一雨暑欲退，四山秋有声。流年欺鬓发，摇落又关情。

湘阴道中

道出昌江险，翩翩马足轻。流萍嗟远宦，行李偶南征。地带长沙湿，川通湘水清。凄凉怀屈贾，天阔莫云平。

次韵巴陵罗簿送行二首

旌阳峰下水成渊，可约凫鸥共一川。种秫渐营浮蚁瓮，结茅重理蠹鱼编。敢期晤晤方倾盖，遽有新诗当赠鞭。仰望青云多鼎贵，无由换骨学飞仙。

削去浮夸意味真，襟期殊不似今人。庆传于后珠成树，德润其身玉有筠。在昔雁行尝并进，只今鹤发独相亲。仕虽不达俱强健，剩复何须问大钧。

和廖守岳阳楼韵三首

湖水无波亦蹴天，君山蟠结独岿然。未须吊古怀骚客，聊复凭虚揖吕仙。霁月光风供笑傲，长篇短句总流传。尊中史有蒲萄绿，试作长鲸饮百川。

蛟螭旗尾拥楼头，偃仰胡床护一州。水阔三江成汇泽，风高六月有清秋。长吟不减白苹句，坐啸能分黄屋忧。凭槛可穷千里目，角声呜轧楚帆收。

清香燕寝憩儒先，出对湖山一莞然。红旆小驱聊缓带，青云直上且扬鞭。肯容坐客同挥麈，莫惮行厨费击鲜。种就巴丘桃李迳，不应画诺更留连。

寄德莹第二首

牢落羁旅隔楚东，青山梦入往来中。离心落雁惊秋雨，醉眼开花昨夜风。一壑若为甘小隐，三江何日挂归篷。谋生向坐文穷计，识破诡讹虑已空。

洞庭秋水望中天，侧目飞鸿断复连。得句信知神入梦，浇愁不惯酒中仙。秋风白发欺来日，夜雨青灯忆往年。用拙不妨消息好，关山明月两茫然。

解官到郡诸丈置酒岳阳楼招炎为客邓巴陵索诗

重上危楼览洞庭，故人一笑对飞觥。君山只似鳊山绿，江水不如湘水清。一日胜游成乐事，三年俗状夺诗情。天涯邂逅还离别，莫惜樽前底里倾。

秋怀二首

镜中忽忽老侵寻，政坐文穷自陆沉。独对西风搔短发，欲谋小隐背初心。江湖鸿雁天将冷，篱落黄花秋又深。拄笏看山聊尔耳，懒弹绿绮索知音。

埸来云梦泽南州，风物萧萧两见秋。三径草荒真左计，一官冰冷更何求。莫招毛颖论时事，且唤曲生浇客愁。短艇轻蓑良不恶，此心何敢负江鸥。

题岳阳守张仲骏浮光亭

三边水墨画遥山，下有玻璃万顷寒。蟾兔上时留倒影，鱼龙舞处动微澜。旧来楼观东西出，未觉乾坤表里宽。更向上头高著眼，湖光今作一杯看。

湘中杂咏

有怀冉水柳司马，更忆浯溪元道州。仕宦两公俱落莫，斯文千载共传流。中流四顾浪花平，双橹夹船鹅鹳鸣。欸乃声中山水绿，不妨缓缓计归程。

和王右司游南岳得晴

笑披鹤氅上坡陀，风籁无声日气和。绝顶琼瑶蒙竹树，上方宫殿隔藤萝。雪花夜堕方如许，天宇晨开岂有他。一点春阳温厚意，积阴消释自无多。

和王右司游南岳三绝

懒跨狨鞍趁晓班，却空蜡屐小游山。山头草木生光彩，玉节曾行紫翠间。

乔岳雄于楚粤间，众丘迤逦酿高寒。青藜拄到云霄上，见得心如眼界宽。

祝融独秀压群峰，登览虽终兴未穷。人物与山争峻特，也宜班爵视三公。

和萧参议游岳麓八绝

登临须返意须留，目力无边不著愁。收拾风光归古锦，千岩万壑献清秋。

逐客当年出帝乡，不容踪迹到黄堂。苍崖屐齿今安在，公独怀思未忍忘。

凭栏落照俯江天，睥睨诗翁翰墨传。试为江山重著语，笔端桃李恰争妍。

泉绕云根玉雪清，苍珉百级可阶升。汲泉煮茗松风起，谁识无尘有发僧。

清风峡里水清泠，不但琮琤可静听。秋佳秋兰在深谷，更堪鼻观挹幽馨。

每到精庐即少留，品题清境甲湘州。游山脚力犹强健，缓步曾登最上头。

萧寺相望湘水西，谈玄谁解析精微。圣门自有超凡地，懒向林间问衲衣。

近来曾与二三子，准拟诛茅紫翠间。老石摩挲堪篆刻，恨无笔力记西山。

陪留宰游灌溪回饮县圃六绝

泥融紫燕欲营垒，日暖黄蜂争取花。试向静中观物化，蒲团相对坐僧家。

花暖不胜胡蝶狂，松间支径午阴凉。沤麻别自有春色，鼻观同参佛土香。

樽中欢伯解人意，乞我桃皮杏眼红。一笑劳生那易得，回鞭落日马嘶风。

入眼山花尽笑迎，双凫飞处雨初晴。二年踏遍桃溪路，携酒寻春只此行。

高烧蜡炬照深红，恐负一年花人风。恶客敢辞今日醉，明年别去定匆匆。

东风桃花可招客，吏事尘埃能困人。蘸甲一杯留我醉，知公胸次有阳春。

题归雁亭

江湖冰泮草生时，鸿雁南来又北归。莫谩说归归不早，青云高处有危机。

游岳麓三绝

湘山湘水极清远，特地来登百尺台。不尽胸中丘壑意，又从沙尾唤舟回。

百级苍珉到佛宫，汲泉煮茗听松风。不须骑鹤摩云去，只要心游碧落中。

山椒却立小迟留，欲傍江山洗客愁。不觉凭高来远念，此心潜与水东流。

湘中杂咏十绝

朝阳岩下莫云冷，冉水矶边秋树深。欲吊元和柳司马，溪山无力挽归心。

江树疏疏兼密密，云根怪怪复奇奇。风光冷落无人问，付与渔翁理钓丝。

昨日北风频打头，今朝风定却安流。江山如画供诗眼，阴雨无端酿客愁。

有怀冉水柳司马，更忆浯溪元道州。仕宦两公俱落寞，斯文千古共传流。

顺流鸣橹不论程，上水开帆取次行。逆顺自从人意转，风生波涌本无情。

江天云暝雨垂垂，日暮移舟口岸时。拈笔欲题还袖手，细搜摩诘画中诗。

中流四顾浪花平，双橹夹船鹅鹳鸣。欸乃声中山水绿，不妨缓缓计归程。

荡桨妨人拥衲眠，篷窗细雨湿炊烟。江神念我怯行险，收却风波稳放船。

江头昨夜雨何似，新涨平添一丈强。倚柂稳如天上坐，顺流明日到衡阳。

舴艋轻轻载短蓑，苹花风急起沧波。凭谁唤取玄真子，更作湘中渔父歌。

至灌溪予瑰老二首

春风一路百花开，踏遍空山特地来。莫道沤麻池水浅，千寻飞瀑吼春雷。

食肉定知非虎颈，腾身自笑不鸢肩。相逢莫话青云事，借我清风一枕眠。

到城南园瞻南轩先生遗像

入门荷香净，步屧柳阴湿。欲写情郁陶，翻引兴萧瑟。瞻望堂中人，玉色而山立。六学妙经纶，未试百之一。身存天下望，身没海内惜。此道会谁传，丹青但陈迹。楼边好山近，竹底凉风入。两鹤韵亦高，导我转湖侧。独游何太清，滞念亦可释。门关莫返锁，愿言日散策。

和王右司回雁峰韵

宦途多远游，王事无宁居。人生亦何求，意足即有余。候雁到衡阳，不肯更南去。达人识其几，青云首回顾。不受宠辱惊，进退皆裕如。平生金石心，此诗岂欺予。田园归去来，千载渊明语。妙句当并传，来哲定深许。

平江道中

笋舆踏瘦石，挥汗日亭午。山断忽眼明，人家住溪浒。解衣近绿阴，隔枝鸟相语。好风送凉来，坐久失畏暑。潭潭一水绿，可以浣尘土。樵歌响空谷，渔艇散前浦。丘壑太寂寥，从俗只自苦。征夫问前途，欲往空顾伫。

送李侍郎归衡州二首

系缆南风直，转柂北风微。轻云载雨来，凉意生绤絺。江神真解事，稳送六幅蒲。篷窗卧胡床，鸥鹭相追随。落帆衡阳岸，新旧迎公归。儿童竞挽袂，父老前捋须。明时有勇退，晚岁善自颐。稍添数髭白，不改两颊朱。松菊对主人，亦自清而腴。门外无车马，室中但琴书。青鞋时出游，不用藜杖扶。翛然万物表，意得乐有余。乃知上要津，不若还幽居。

道重物自轻，心清内无欲。未定胸中见，难行天下独。冠盖上青云，著鞭竞驰逐。南山有德人，一笑遗宠辱。岿然殿诸老，足以镇浮俗。一出上禁林，再出拥牙纛。本无圭组累，归去便野服。譬如山中云，润泽滋草木。未雨出岩岫，已雨反幽谷。明月共樽罍，清风满松竹。问谁从之游，韦编能熟读。人生了婚嫁，意愿何时足。傥肯割半山，诛茅从卜筑。

送王右司移江西宪

日边好音来，绣斧移轺车。九重寄视听，四牡烦询咨。才德难两全，有即时所须。平生经纶学，丰蓄乃啬施。底柱阅颓波，去就难招麾。湘滨督飞挽，未曾费符移。举鞭有流钱，民瘠亦自肥。揽辔不可留，父老结去思。星台照芹水，寒士增光辉。心旌绕门阑，意往身絷维。叱驭岂惮行，愿言谨驰驱。遥知章贡上，喜色生里闾。旧闻珥笔风，家有城旦书。公行将直指，淑问如皋苏。桁杨无幽枉，雨露皆沾濡。东望尺五天，入觐聊假途。善类望主盟，至尊渴谋谟。正须画麒麟，未用思莼鲈。

题巴陵宰邓器先北窗

权利炙手热，争道俱著鞭。鸡鸣已盥栉，日莫未息肩。中宵一假寐，梦想游钧天。达人袖手观，方寸常超然。冰壶不受暑，凛凛含清寒。消摇北窗下，俯仰宇宙宽。千诗句有眼，一曲琴无弦。开尊对白堕，拂榻饱黑甜。功名不挂念，气定神自闲。渊明亦一出，未倦飞已还。我常疑若人，本不欲闭关。漫仕今墨绶，阅世垂苍颜。卷舒各有时，隐显皆足贤。先正文昌丞，玉立四近班。风流被后昆，世以忠孝传。丹扆新日月，黄图旧山川。故家乔木高，义气许国坚。前贤经济心，不在轩冕间。才猷时所须，何得无里言。高枕恐未稳，鸣珂终小骞。煌煌汉元侯，事业光青编。

谢江潭诸公

相逢一解颐，款曲吐肺腑。主人爱敬客，童孺亦呼舞。击鲜倒家酿，花枝照樽俎。善谑时绝倒，惜饮亦径醉。十年一会面，此身几寒暑。不见即相念，临分无可语。翰墨要陶练，饮食谨调护。行役今何时，天寒岁将莫。故乡松梓荒，他乡寓儿女。岂不念之深，只觉丹心苦。天机马出塞，人事狙赋芧。都门桂玉地，久客惮羁旅。东风染春红，归程涉溪浒。经过不厌数，弛担更少住。礼简情乃真，惟宜具鸡黍。

过浯溪读中兴碑

日光玉洁元子辞，银钩铁画颜公书。百金不惮买墨本，摩挲石刻今见之。猗那清庙久不作，其末变为王黍离。春秋一经事多贬，鲁颂四篇文无讥。渔阳鼙鼓入潼华，公卿徒步从六飞。朔方天子扶九庙，京师父老迎千麾。紫袍再拜谒道左，上皇万里旋銮舆。牝鸡鸣晨有悍妇，孽狐嗥夜有老奴。扶桑杲杲未翳蚀，但歌大业吾何疵。首章义正语未婉，前辈不辨来者疑。正须细读史克颂，未用苦说涪翁诗。许张劲节震金石，李郭壮开如虎貔。断崖苍石有时泐，诸公万古声烈垂。天怀倦客有所恨，雨湿江寒催解维。神州北望三叹息，翰墨是非何议为。

过幕阜山

昔闻幕阜古洞天，偶驰瘦马行山前。诸峰却立一峰出，苍龙堕走走复蟠。谁烧丹灶汲丹井，绝顶万丈巢飞仙。扪萝攀磴敢惮险，欲往未有一日闲。仙翁见我定拍手，笑我诘曲来人间。寸淋日炙行路难，何如鸾鹤游云端。人生不比金石坚，向来青鬓今苍颜。百年富贵草头露，何乃自苦縻一官。虽无道骨可不死，亦欲早挂头上冠。南山之南北山北，筑屋翠微高枕眠。

送徐尉移簿巴陵并简邓器先汪兼善

两凫不到蓬莱峰，翩翩堕在葭苇丛。口谈世事懒揖客，劫回老眼瞻飞鸿。子真何事亦来此，培塿乃千丈松。挥毫古锦贮白雪，缓颊玉麈生清风。相知苦恨相见晚，坐席未暖行匆匆。离骚满目江路冷，秋气欲赤江头枫。少留一日对欢伯，苍颜共变桃皮红。醉中出语最真实，为君款曲论心胸。我尝纵观洞庭水，水天一色光蒙蒙。仙人帝子不可见，日月了没沧波中。归来荒县窘朱墨，身如泽雉拘樊笼。君才凛凛万夫敌，天骥一出凡马空。不应拄笏栖枳棘，便合入幕依芙蓉。诸公得士喜推毂，从此奏赋明光宫。令君锦衣织青凤，先生玉气贯白虹。相逢问我令何如，为言黑头茁霜蓬。青云事业付公等，归去愿学柴桑翁。

用元韵答邓宰兼简华容孟宰

我行六六黄山峰，山中瑶草多芳丛。浮丘笑我无此骨，倏然飞去如孤鸿。随流逐转水上萍，失地更屈涧底松。绝怜拄笏频看山，未免举扇一障风。长沙三岁坐兀兀，洞庭千里来匆匆。拥衾时作故乡梦，寒鸦无数啼丹枫。茧丝未办竟何补，强饭空耗桃花红。巴丘健令工制锦，况有奎壁星罗胸。明月璀璨堆我前，老眼照开春雾蒙。西寄华容双鲤鱼，欲挽渊明来社中。颇闻余事戏毛颖，亦舞玄蛟蒙碧笼。心虽入俗不受尘，出岫白云行太空。蒹葭四泽风露冷，有此美德如芙蓉。寻幽或访墨山寺，吊古可赋章华宫。何时再揖两凫仙，共唤曲生行偃虹。无边湖水似少海，一点君山疑小蓬。城南老树无恙否，烦渠试为呼回翁。

用元韵答汪广文

十丈花开玉井峰，藤萝亦附灌木丛。可怜浮食不根著，南北羁旅如燕鸿。倦飞欲返返未得，梦魂时绕三径松。故人相见发孤笑，执热一濯清穆风。小倾家酿歌骊驹，有怀未吐行匆匆。山寒不开北枝梅，地远谁树南荆枫。欲谈此意无为领，拨灰消尽麒麟红。未免随俗且折腰，薄以今古浇其胸。六经之泽溉万世，譬如畦稻宵露蒙。陈言有味可涵泳，环堵差胜朝市中。退之一赋吾未许，二禽雅意岂愿笼。乘轩执圭何有哉。日光熠熠尘飞空。由来贤达多下位，高原不解生芙蓉。龙鱼仙伯妙此理，垂云小憩来儒宫。洞庭湘山入诗句，借与光彩胜赧虹。百闻不及一见面，独对霜月搔飞蓬。清光何事亦多阙，试为问之修月翁。

临湘县崇惠庙词

仙伯兮逍遥，共骑鹤兮云宵。西弱水兮东瀛洲，超然变化兮不可以留。农之田兮瘠田，仙弭节兮悯此民而勿去。白云横兮翠微，石室幽幽兮宜而燕娱。一窦之泉兮不溢不枯，仙顾而乐兮黄鹄翩其来归。有龙蛰兮于寒泉，潜而飞兮遥天。仙吹箫兮击鼓，老农酌醑兮起舞。仙驭飞龙兮四郊甘雨，旱不为灾兮年谷屡丰，我民敬恭兮蒙仙之泽无穷。①

杨冠卿

杨冠卿（1138—?），字梦锡，宋江陵（今属湖北）人，举进士，

①王炎诗辑自《双溪类稿》，景印清文渊阁四库全书本，台湾商务印书馆1986年版。

为九江戎司掾，又尝知广州，以事罢。晚寓临安，与姜夔等相倡和。

平郴蛮

孽狐韪鬼啸篁竹，红绡帕首郴江曲。万牛脔炙瓮行酒，党伍穰穰萃林薮。牙璋夜半起兵符，云旗驿骑争驰驱。搜原剔薮歼渠魁，巢颠子覆苕苇枯。虎臣献凯锡珪组，玉帛金钱充栋宇。追踪汉相不言功，山河带砺传无穷。[1]

陆九渊

陆九渊（1139—1193），字子静，号存斋，抚州金溪（今属江西）人，曾结茅讲学于象山（在今江西贵溪西南），学者称象山先生。乾道进士，官至奉议郎知荆门军。南宋哲学家、教育家，“心学”创始人。著作编为《蒙山先生全集》。

宜章县学记

大训有之：“天聪明，自我民聪明；天明畏，自我民明威。”盖斯民之衷，惟上帝实降之。作之君师，惟其承助上帝，故曰天子。内建朝廷，由公卿至于百司庶府，外部邦邑，由牧伯至于子男附庸，则亦惟天子是承是助。故周公以徽言告成王曰：“克知三有宅心，灼见三有俊心，以敬事上帝，立民长伯。”成王之诰康叔，诞陈民常，且曰：“外庶子训人正人，至于小臣诸节，皆所以使之分别乎此而播敷之，以造民大誉。”汉董生曰：“今之郡守县令，民之师帅，所使承流而宣化也。”是故任斯民之责于天者，君

①辑自《客亭类稿》卷一二，景印清文渊阁四库全书本，台湾商务印书馆1986年版。

也；分君之责者，吏也。民之弗率，吏之责也；吏之不良，君之责也。书曰："万方有罪，罪在朕躬。"又曰："百姓有过，在予一人。"此君任其责者也。可以为吏而不任其责乎？今为吏而相与言曰："某土之民不可治也；某土之俗不可化也。"呜呼！弗思甚矣。夷狄之国，正朔所不加，民俗各系其君长，无天子之吏在焉，宜其有不可治化者矣。然或病九夷之陋，而夫子曰："君子居之，何陋之有？"况非夷狄，未常不有天子之吏在焉，而谓民不可治，俗不可化，是将谁欺？春秋之时，去成周未远也，曾子且曰："上失其道，民散久矣，如得其情，则哀矜而弗喜。"春秋而来，至于今几年矣。睹民之罪，视俗之恶，顾不于其上之人而致其责，而惟民是尤，则斯人之为吏可知也。孟子曰："饥者易为食，渴者易为饮。"孔子曰："德之流行，速于置邮而传命。"吾于其所谓不可治者，有以知其甚易治也；于其所谓不可化者，有以知其甚易化也。郴据岭为荆湖南徼。宜章又郴之南徼，远于衣冠商贾之都会，其民宜淳愿忠朴，颛蒙悍劲，而不能为诈欺。不才之吏，不能教训拊循其民，又重侵渔之，民不堪命，则应之以不肖，其势然也。夫淳愿忠朴，颛蒙悍劲，而不能为诈欺，此侵渔者之易以逞志；而其积之已甚，有所不堪，则不肖之心勇发而无所还忌，亦其势然也。不数十年间，盗孽屡起，宜章以是负恶声，有自来矣。淳熙十有二年，吴侯镒抵行都，诸公贵人倒屣迎之，咸称其才，将有论荐。于是宜章阙宰，顾吏之视仕宜章若蹈豺虎之区，无敢往者。帅府嗜吴侯之贤，辟书东驰，吴侯欣然就之。至则务去民之所恶，而致其所欲，勉之使为学，以雪恶声。大葺学宫，补弟子员。淳熙五年，始建今学，八年，朝廷殊其令，优其数，以奖诱入学之士。部使者各求其所隶闲田以廪之，士之廪于学者五十人，自食而学于其间者又数十人。句读训诂、旨义辞章，少长分曹，皆经讲授，士劝其业，岂惟学官？异时斗争敚攘、惰力侈费之习，廓然为变；忠敬辑睦，尊君亲上之风，蔼然为兴，牒诉希阔，岸狱屡空，旦昼为求簿书期会之事，仅费数刻。吴侯策勋文史，优于里居，间则益发泉石之秘，倘徉咏歌，以致其适，自谓兹土之乐，中州殆不如也。方其始至，解除烦苛，布宣天子德意，为条教以晓其父兄，兴学校以育其子弟。而其民鼓舞踊跃，回心异乡，惟恐居后，曾不淹久而效见明著暇裕若此，然则致治施化，诚莫易于此矣。虽然周道之行，群黎好德；武夫之节，优于干城；游女之操，竦于乔木；忠厚纯积，洽于庶类；敦彼行苇，牛羊勿践履。当此之时，民日迁善远罪而不知为之者，如雍容康庄而忘其夷，优游厦屋而忘其安也。及道之衰，王泽寖竭，纲弛伦斁，狱讼滋于干戈起，民坠涂炭。由是霸图迭兴，异端并作，徼其困极窘至而归之，若出荆棘而蹈邪蹊，脱涂淖而栖茇舍，喜幸之浮，康庄厦屋，平居缓带，所无有也。至于会载籍以自藩饰，害义崇私，不知纪极，则其为荆棘涂淖抑益深矣。旷安宅而弗居，舍正路而弗由，岂得罪彼民哉？吴侯其亦有忧于是乎？仆夫效驾，必命所之，千里虽远，首途发轫，燕越可辨。此学之兴，敢问所向？为辞章从事场屋，今所未免。苟志于道，是安能害之哉？所欲有甚于生，所恶有甚于死，是心之存，上帝临女，先民垂训，昭若日星。呻其古毕，覆用敝之，责有在矣。夫不远千里属记于予，而岂徒哉？三晋分国，齐秦图帝，衍仪伏轼，说士蜂起，兵强国富，是为良臣。功利之习，入于骨髓，杨朱墨翟告子许行之徒，又各以其说从而诬之，帝降之衷茅塞甚矣。自暴者既不足与有言，而自弃者又曰“吾身不能居仁由义”。故孟子道性善，发四端，曰：“人之有是而自谓不能者，自贼者也；谓其君不能者，贼其君者也。”唐韩愈谓郴当中州清淑之气，蜿蟺扶舆，磅礴而郁积，必有魁奇忠信材德之民生其间。而今而后，吾有望于宜章矣。淳熙十有四年十有一月甲子，临川陆某记。①

辛弃疾

辛弃疾（1140—1207），原字坦夫，改字幼安，别号稼轩，宋历城（今山东济南）人。出生时，中原已为金兵所占。二十一岁参加抗金义军，不久归南宋。历任湖北、江西、湖南、福建、浙东安抚使等职。一生力主抗金。曾上《美芹十论》与《九议》，条陈战守之策，显示其卓越军事才能与爱国热忱。作品集有《稼轩长短句》，今人辑有《辛稼轩诗文钞存》。

送别湖南部曲

青衫匹马万人呼，幕府当年急急符。愧我明珠成薏苡。负君赤手缚於菟。观书到老眼如镜，论事惊人胆满躯。万里云霄送君去，不妨风雨破吾庐。②

丁逢

丁逢（1140—?），字端叔，宋晋陵（今江苏常州）人。乾道二年（1166）进士，除国子监书库官，历知安丰、盱眙二军，徙知郴州，官终宝谟阁待制。有集不传。

---

①辑自《象山集》卷一九，四部丛刊景明嘉靖本，上海商务印书馆 1929 年版。
②辑自《宋诗纪事》卷五二。

劝农香山

宿云留润欲侵衣，草长山腰路溅泥。映屋画图花远近，接畦湍濑水高低。人趋南亩生涯乐，春入东灾土脉齐。说与老农还自笑，近来辛苦惯扶犁。

东山

水绕山围夏木苍，旧时贤相读书堂。窗间远岫供吟遍，来倚阑干半月凉。①

到郴

眼界山逾碧，腰舆步转高。未疑御魑魅，自笑尹鼯猱。末路成三折，衰年感二毛。次山虽漫仕，安敢遽辞劳。②

徐照

徐照（？—1211），字道晖，一字灵晖，自号山民，宋永嘉（今浙江温州）人。布衣终身，以诗游士大夫间，行迹遍及湖南、江西、江苏、四川等地。有《芳兰轩集》一卷。

登祝融峰

祝融高莫比，身到胜传闻。日动洞庭水，风开衡岳云。老僧冬离寺，群狖夜归坟。后洞连方广，山头路即分。

---

①以上两首辑自《湖南通志》卷二五。

②辑自《宋诗纪事》卷五二。

访潇岸黄仲立

长似在船里，松声如水声。门当岗路掩，云向井栏生。道进渔樵客，家空世俗轻。阶前桐叶响，云是白鹇行。

括溪和徐文渊

隔乡山万叠，前路见新年。云雾寒疑雪，溪干步当船。梅初开竹下，雁不至沙边。共向湘中去，诗将远地传。

南岳万年松

所高无二丈，盘折数枝悬。两树死一树，多年言万年。节坚全化石，根蠹半盛泉。便可招琴悟，相同把笔传。

入湘二首

入湘无浊水，天亦悯忠臣。阴结鱼龙气，香闻兰杜春。高吟方有思，静望忽伤神。舟上多渔父，应无似昔人。

上封寺

步经千万歇，两日至山平。磬逐炉香尽，猿摇树雪倾。昔曾因画见，谁拟得吟行。又出穹林阁，终农看日生。

石家洞口

数朵山如削，青烟起墓墟。圣朝惟大度，蛮党亦安居。练卒来呈箭，生儿遣读书。更须看榜示，一与省人如。

送翁诚之

又作巴陵倒，南州旧有声。未凭湘水绿，能似长官清。笛冷君山月，帆轻夏浦晴。五言多好句，颜杜减诗名。

送翁诚之赴阙

我亦清湘去，何年可会君。贫惟诗送别，愁觉酒难醺。郊祀随天仗，台上识瑞云。定知分美郡，音问欲相闻。

送徐文渊赴省试

永州官满后，借屋静中居。两岁不参部，一心惟读书。孤经期榜首，行日离春初。即有杏花宴，题诗众弗如。

题怀素台

昔时怀素屋，临郭少埃气。草没栽蕉地，云藏瘗笔坟。年深碑不坏，名重世间闻。钗服吾能识，犹如已见吾。

题浯溪

知是漫郎宅。舟中闻寺钟。小溪通止港，高石压群峰。绿水成春荫，荒台见古踪。唐碑三十本，独免野苔封。

题夏景清湘中阁

湘中山似水，自古有人云。此是曾游地，今来尽属君。残风吹岸草，空庙入江云。却忆还乡梦，清猿半夜闻。

题愚溪堂

水流深见底，不是此溪愚。谪宦休嗟命，乡人为读书。文章传海裔，屋室在州图。儒者凡经此，须来看所居。

途中寄赵紫芝

�永州同路，人如异约何。雪风吟不废，山水忆同过。仙去家长在，时平石可磨。梦知归路远，全觉梦君多。

喜蒋德瞻还里

长作汤村梦，今来免所思。丹灵年命永，琴裂壁风吹。开户秋花发，终经午饭迟。岳阳何日去，后集要君诗。

湘中寒夜

本自家于越，何期滞楚邦。吟多头易白，归切思难降。但听风收竹，谁知雪满江。叉鱼中夜急，烧火照楼窗。

湘中中秋

出望月轮小，不如临海生。又疑今夜看，难比故乡明。立柏正无影，清猿偏有声。数家弦管外，传此照离情。

郴州苏仙人宅

一石升天处，分明孝得仙。今人修母家，古宅抵官田。云似飞来鹤，丹随汲上泉。吾家数十里，回望忽凄然。

桂阳道中

官树标牌号，遮阴种已成。井干人立久，芦密兽行鸣。接洞多空地，居城半是兵。未能忘好古，缺石认题名。

永州寄翁灵舒

古郡百蛮边，苍梧九点烟。去家疑万里，归计在明年。风顺眠听角，楼高望见船。筠州当半道，长得秀诗篇。

游潇东和徐文渊

天吏今如隐，相随步野坡。山高临古郡，天小入江波。香草春生遍，幽禽暮见多。更增游岳思，昨有寺僧过。

永州书怀

嗜茶疑是病，羸瘦见诗形。天断征鸿过，汀多香草青。兴高贫不觉，身远事皆经。归路当游岳，僧言极可听。

土若丹砂颜色赤，山无高势小成丛。江船未惯行湘水，越客新能下楚风。兰杜满汀过绿草，鸳鸯近日别轻鸿。地涂先识永陵郡，曾看邻翁画轴中。

题永州唐德明竹园

渭川千亩空闻说，得似君家亦是难。畦仆不知生凤实，野翁只欲乞鱼竿。忽惊残粉飘苍雪，最喜幽声胜远滩。六月火云飞不尽，谁知此处独清寒。

同徐文渊登永州高山寺

画图旧识高山寺，今在高山寺里行。千古险峰长自直，一春潇水未曾清。孤城吹角寒猿应，破屋寻碑野鼠惊。天遣二人来远地，要将新景就诗名。

湘口

庙前物景非人世，独独来看路迳遥。船板鹭行干有迹，菊花鹿践曲生苗。合流水急声难尽，过片云轻色易销。黄叶未成伤远思，西风先向客衣飘。

湘江曲

湘江无潮水，日夜一向流。别心无彼此，两处各悠悠。

杜甫坟

耒阳知县非知己，救厄无踪岂忍闻。若更声名可埋没，行人定不吊空坟。

浯溪读中兴颂

羯鼓梨园迹已荒，斯文犹在日星光。我来细拂青苔石，不忆三郎忆漫郎。

上木詹事生日十月十五

客花十月开湘桃，蓬天春浅霞烟高。仟郎玩世跨鹏海，红龙紫仗青童翱。星斗心胸□□□，笔端衮衮惊沧涛。天皇庚申开凤历，百八十岁生夔皋。彤庭射策鬼斗□，虎符分寄梁悬刀。承华出入汉长吏，画图周室诸侯朝。绫绮连钱蔽华屋，神奎秘画黄金标。鹤嘴瓶深贮沆瀣，西峰倒碧翻蒲萄。

石屏歌为潘隐父作

浯溪片石天来长，颜家字画元文章。淡岩明秀甲天下，万古石鼓留岐阳。大工踏天割云骨，尽出湘沅山水窟。六尺四面起棱角，颜色苌洪血涂抹。何年老手擘巨灵，赤灵白日联青星。湘娥罢瑟老鱼舞，瘦鹤叫下芦花汀。潘侯得之如升仟，可惜只卖四万钱。梅山山翁觑天巧，笑涡旋颊流诗涎。君不见元祐年间狄引进，雪林千里春水润。大苏黄九来赋诗，百杯醉倒金钗阵。潘侯石屏真绝奇，更多酒肉如渑池。苏黄已矣不复来，政须我辈来吟之。又不见当年玉川子，拾得玉碑极欢喜。半路忽遭穷相驴，十步九蹶扶不起。至坚易折古所伤，愿人好置高人堂，谢客岩头生夜光。

游衡山

衡山七十二，高是祝融峰。下界蛮方近，中天岳势崇。四维皆佛占，绝顶正秋浓。翼宿平垂地，雷池暗起龙。简书曾禹授，燔祭自周封。拜庙巡阴石，看桥入古松。雪深居板屋，日转动厨钟。片水清如镜，洞庭微见踪。①

曾丰

曾丰（1142—1224），字幼度，号樽斋，江西乐安人。乾道五年（1169）进士，授永州教授，历湖南参帅、朝散大夫等职。有《缘督

①徐照诗辑自《芳兰轩集》，汲古阁景宋钞本。

集》。

衡阳合江亭

经过西溪胜，追寻后洞幽。江形叉燕尾，石势涌鳌头。至止岳余气，归钦湖合流。酒杯饶不下，千古吊湘愁。

衡阳西溪

眼底西溪少，碑间北客多。雪霜风日剥，岁月姓名讹。后有诗堪勒，傍无石可磨。可磨悬绝处，留勒中兴歌。

过湘吊屈

彭蠡泽南地，祝融峰上天。其洪无择物，所褊不容贤。湘水恨归处，衡云愁到边。勇哉输一死，死日胜生年。

会昌号湘江岸有小岘亭 癸卯六月与瑞金吴丞饮其上二首

湘水欠湘竹，岘亭非岘山。休论真胜假，且幸冗偷闲。眼底方尘外，栏干更树间。咔禽如语我，剧暑未能还。

占断江西景，临川拟岘台。今犹千里隔，我更几时回。幸此亭相似，非公坐莫陪。古今随水去，风月送诗来。

寄衡阳尉徐智伯三首

千古南昌尉，神仙人姓梅。久归天上去，重谪世间来。照乘无人市，倾城不自媒。稳乘高士毂，自有郑庄推。

刺眼县门柳，萦心家圃梅。懒为彭泽住，羞见督邮来。藉有汤行聘，要无石作媒。吾非痴谢令，自去不须推。

衡阳容有雁，岭表得无梅。半岁人南北，中宵梦片来。灯为输喜使，酒作嫁愁媒。莫决敲门句，几经改作推。

神农冢在茶陵舜冢在道途中行人指似焉

康乐神农冢，苍梧大舜邱。望望千许里，表表万斯秋。御祝书名谨，皇家祀典优。行人相指似，若或见松楸。

送董一之之长沙谒周丞相

北陆澄彭蠡，南青拔祝融。古都为汉郡，今牧得周公。访戴休辞远，依刘莫讳穷。宽为五旬别，归橐盎春宫。

挽张郴州四首

轻甘相润泽，清苦自磨磋。数矣充周赋，优哉中汉科。上分之左竹，公付以南柯。天不慭遗意，其如人望何。

四海郑元枢，三朝范石湖。利光腾鹗表，自足济鹏图。芝检岂欺我，朱轓何负作。幸而廉吏传，名与泰山俱。

永平称善状，长乐沸廉声。孝史行于世，尚书荐以名。匪朝金马去，有顷玉楼成。不是文星坠，文星复太清。

鸿渐南中掾，莺乔西外丞。华途于此奋，厄算乃吾乘。妙学家传钵，殊科世续灯。兹其有以死，名死实何曾。

望岳

方岳分为五太宗，江南崒嵂祝融峰。中天自立如皇极，支峤相归若附庸。湖不多浮为所镇，斗犹小退避其衡。太高要以卑为德，七十二君休更封。

送段文子之桂阳

瘦筇轻拨火云开，前若相招后若推。康乐苍梧充史具，祝融彭蠡效诗材。况余湘水故人在，曾为阮家青眼来。囊正自枵我辄瘿，好音听与雁俱回。

沿衡阳而下触瞩目抚怀

湖深无敌岳无伦，流峙云胡各骏奔。水守以兼常下下，山□□分固尊尊。苍梧蝼蚁慕虞舜，彭蠡膻鲸切屈原。吾与大通合为一，有怀何必问乾坤。

游淡岩二首

混沌谁将窍凿穿，巨灵留巧与人传。坎中着脚疑无地，缺处回头却有天。穴虎将风时出啸，渊龙挟雨夜归眠。瑶台琼室人难住，佛未来时必是仙。

谽谺万状眼中奇，四顾在叹天下稀。秦帝诏方宣美意，征君心已悟危机。追随谈姓俱韬晦，邂逅涪翁并发挥。却羡桃源人更会，和名和姓袭鸿飞。

至衡阳谒陈提举国录君举二首

迩年前辈又凄凉，吾教他无敢主张。饮食起居归道德，笑嬉怒骂出文章。南轩间气初归岳，北客道风半落湘。收拾发挥天所属，公余不可以它妨。

夜论语罢醉相辞，公尚留中我独归。迹似云泥长落落，心如秋月固依依。渊明久转非为是，子夏方从瘦觅肥。邂逅莫孤镌切望，后期未必不相违。

至衡阳谒提刑范右司东叔同年兄二首

西士无传不得宗，我公况是有家风。长卿东望轻云梦，太史南游小祝融。万里饥寒民所德，半生辛苦学之功。扩充更卒晚年业，杀等犹为小蜀公。

久别重逢岳麓边，未遑扣谒已招延。杯盘一笑心相下，风雨三更膝辄前。我愧莫当公过礼，他求无复此同年。年来天厌义风薄，借吃湖南作样传。

舟至衡阳入茶陵

来怯南中气候偏，归乘不热不寒天。口防湘湿未安食，身忌粤岚犹择眠。山不相高谷水过，天能自不与江连。到前却入江西路，耳目相谙性可便。

回雁峰

每向画图诗集看，祝融如孔雁如颜。雁峰今幸一相识，实校于名大似悭。

扬雄非有动人姿，盖代清名天下知。回雁名今与雄等，岂忘外陋慕中奇。

宾鸿初忌瘴边岚，止到峰前不更南。近日鸿多更南去，峰名几似晋清谈。

雁入穷南失意多，以峰为记誓毋过。宁无忘记蹉过去，彼自轻生独奈何。

此峰与雁作标题，记不分明有忘时。雁自会书真草字，标题安用此峰为。

戒永州道闻思归乐三首

宦游佳处是零陵，廪稍优饶水石清。心不思归归不乐，汝休强劝拂人情。

张翰陶潜出信缘，思莼爱菊返丘园。帝魂已托杜鹃去，今汝宁非二子魂。

田园无力办难俱，有益犹堪学把锄。二者即今皆未具，教吾归去却如何。

清湘城西飞来峰三首

解后南鹏怒辄翔，乘风附翼过清湘。罗浮本是仙家景，借与如来作宝坊。

三处飞来一样奇，佛无所择我何辞。重轻较到毫厘处，鸣雁行中此白眉。

鬼输天雨玉崔嵬，乞与湘人眼豁开。为报湘人莫私有，飞来有日更飞回。

余蓄石屏风十游稚宜喜而求之辄遗其一侑以五绝其四

后土心恬不爱奇，祁阳人故得私之。我新取道祁阳过，鬼发其藏使见随。

题浯溪

千古一碑得人爱，来书碑后几前辈。相颉颃甚曾不饶，自混融之了无碍。太平天子狃开元，驯致马嵬悔何逮。桑阴未徒宗庙安，储皇功岂不云倍。君父恩重臣子轻，功至弥天皆分内。灵武犹言权济经，京师何忍小间大。南内起居不遑安，西宫晨夕无聊赖。不没其实豫章公，言者无罪闻足戒。元结但持归美心，为尊者讳谁独怪。归美为颂刺为雅，四诗义各有攸在。一出春秋雅颂中，两忘人我是非我。竭来独招莫逆魂，尊中有酒聊一酹。

宪使范右司具馔属属官为主人又属衡阳张宰助筵同游石鼓书院

湘水前萦带，蒸江后引裾。中容齐塔阜，上建读书庐。气象河汾上，规模景佑余。帝王无异学，孔孟有遗书。绛帐讲之熟，青衿受以虚。心原逢左右，理窟悟终初。糟粕包高厚，精华寄起居。作成端若此，征用合何如。学士唐全炬，经师汉石渠。致君登栗陆，措俗减华胥。访古行陪履，观光坐接袪。上台供瓮酒，傍县具盘蔬。笑脸人人醉，设眉个个舒。传香熏醖醇，寄傲卧籧篨。如浴沂中水，而观濠上鱼。落晖犹可却，上马不妨徐。纪胜俾传远，书崖字放疏。姓名年月日，刻罢赋归欤。①

①曾丰诗辑自《缘督集》，明万历十一年詹事讲刻本。

卷三十六

赵蕃

赵蕃（1143—1219），字昌父，号章泉。原籍郑州，南渡后侨居信州玉山（今属江西上饶）。早岁从刘清之学，以曾祖旸致仕恩补州文学，调浮梁尉、连江主簿，皆不赴。为太和主簿，调辰州司理参军，以直秘阁致仕，卒谥“文节”。著作已佚，有后人辑本。

巴丘驿晚题二首

水驿聊容借，官曹少逭劳。关门对风雨，策杖看波涛。浩浩心疑壮，悠悠首遽搔。忽来双白鹭，伫立久江皋。

战伐求三国，羁縻自五溪。归飞慕鸿雁，沿戏狎凫鹥。酒以忘忧酌，诗因访古题。是身真老矣，南北更东西。

陈丞以南安寨上所得二诗及到龙泉闻余戍地最远见怀二首为寄次韵

郴州何许是，山远水仍多。江徼重重栅，田夫户户戈。雷同嗟不早，叹我亦奔波。未必甘如此，而今敢谓何。

路穷千涧底，人绝万山旁。暝宿茅寮冷，晨炊土灶荒。钦的布衾裂，倍觉夜蔬香。有底从军乐，题诗日在忙。

陈丞以南安寨上所得二诗及到龙泉闻余戍地最远见怀二首为寄次韵

问我能嗟远，如公肯见卑。十分期一见，四首仅蒙诗。傥许抄传可，何堪绝赠宜。虽然籍湜辈，附此姓名知。

剪茅仍伐木，去凸亦锄坳。响屐无惊谢，投金政拟郊。百年终显晦，一稔在肥硗。隐地两成隔，颓墙空长梢。

呈李思永

往见刘夫子，得闻君姓名。飘零方客路，邂逅若平生。学要精微讲，文须仔细评。道林并岳麓，他日得经行。

呈赵常德四首

东南为最贱，旧说湖南北。及今身见之，价岂不江国。此行为米来，对此增叹息。人谓使君贤，宁虑有失职。

朝廷不忘远，徒欲得公重。不然如公贤，久合居侍从。少须岁和丰，归骑承天宠。看取武陵原，田耕麦米垄。

丰年易为政，凶年易为德。政本拙催科，德乃足民食。蛮貊忠信行，田里愁叹息。德政只如斯，何用求赫赫。

将身付铨选，乃奉蛮府檄。蛮语初未学，崄绝闻人说。进前退不可，信有难如棘。所赖使君贤，余波能普及。

初三日晚题

浮云晚陆离，巨浪朝澎湃。橹摇虽甚亟，岸远不可届。巴丘两日中，湖路千里外。月上照遥山，修眉雨新画。

初夏山居有怀长沙从游四首

日者因回使，人才致一书。有怀那再写，为况又何如。贾傅长沙国，陶公五柳庐。文章且难进，可向友朋疏。

我爱长沙国，全如洛与伊。诸公早闻道，老我谩耽诗。忆昨相追逐，何知有别离。湘西一回首，莽莽便天涯。

府谷我先契，诸公吾辈流。悬知盍簪际，颇解忆人不。蕙逐光风转，莺啼出谷幽。因声烦为我，传写寄荆州。

想见湘西路，扶疏夏木长。佛龛钟磬寂，书屋简编香。破雾穿晨屦，冲风唤晚航。向居嫌是客，今梦却同乡。

次滕彦真韵三首

地接沅湘古，人留屈贾香。政须烦胜士，时为发幽光。贻我祛愁具，怀君待月章。朦胧成少味，失喜见琳琅。

暂作长沙住，侵寻两过年。萧然唯壁立，终矣欠蓬编。尽室嗟长客，归途喜再缘。还家定何许，当在早梅前。

我欲湘西看，行须觅渡船。何如临绝顶，得以尽长川。鸥鹭烟云表，蚊虻埃壒前。隐宁分大小，那更别山鄘。

代书寄吕益卿

问讯临湘尉，冬来定若何。凶年无盗否，清俸及时么。再见不易得，惠诗空复哦。素书慵写得，此纸字无多。

二十八日同临湘尉曹吕益卿登岳阳楼

地已兼旬住，楼孤百尺登。谁与同我适，政尔待君曾。韩杜愁来读，西南乐得朋。仲春新雨霁，山远水波兴。

二十八日同临湘尉曹吕益卿登岳阳楼

草没重湖路，帆孤一叶舟。飘风来复断，冻雨落还收。游目穷天末，题诗欠笔头。登临有如此，好在岳阳楼。

二十一日晚呈全真沅陵师契

酒味虽云薄，谈端却甚长。过从未能数，咫尺每相望。几念乘羸出，还嫌触热妨。檐昏书掩卷，月晚坐移床。

二月十九日同两都监沅陵令尉饯叙浦簿公子兴福

随处野花发，所须村酒沽。江平初出岸，山好渐成图。从此经行地，能留物色无。少陵那老蜀，张翰政思吴。

慨我复成留，辞君重作愁。春风渺归雁，野水迴浮鸥。已别还来见，因行亦当游。同僚二三子，杯酒互相酬。

发衡州后怀使君刘先生

四年别师门，十日留函丈。所问与所知，安得回赐放。孰为驱之去，兹行定焉往。倦马苦陂陀，白鸥思渺莽。

复次韵呈沅陵诸丈并怀在伯二首

逸兴犹鸥白，残驱异犊黄。青衫漫蛮府，黄帽合鲈乡。既自老将至，何由心甚长。倘能藏斗酒，未暇博西凉。

佳诗如隽永，余论敢雌黄。幸甚官同府，怀哉居择乡。江湖身固远，风月兴何长。勿作湘累吊，行赓殿阁凉。

赋辰州东园水乡

往日苍苔满废墙，只今新绿涨芳塘。不唯新种荷成柄，更复添栽柳作行。墨客休题洛神赋，主人政念水仙王。

感怀二首

无闻真已矣，曷不遂归哉。试问惠文治，何如三径开。人嗤曹是马，梦觉蚁安槐。得丧吾知已，讵得呼去年。

佳客与凉风，俱来破蕴隆。风流自江左，材秀又湘中。未暇嗟渠屈，端知慰我穷。囊钱叹元叔，斗酒羡无功。

和折子明丈闲居杂兴十首

维南有衡岳，一扫众山空。天既柄斯假，祭应仪比公。穹林行莫尽，杰句古来供。叹息缁黄辈，昏灯及晓钟。

江清山照影，山净水为容。纵复俯仍仰，难分边与中。云兴绘后素，雨合听思聪。安得渔舟去，于斯作钓翁。

赏识元非易，登临政尔难。要须穷应接，宁可肆讥弹。胜践千年近，高风六月寒。由来炯水玉，固愈耀朱丹。

水汇终趋海，葵倾必向阳。欲行疑或使，将下盍先翔。听尔玄嘲白，从渠本校黄。生平志濠濮，老去客沅湘。

诗有江西派，首书江夏黄。精神如有得，形似直堪忘。拱把至合抱，江流由滥觞。屹然成巨室，勇若泛飞艎。

万里江山助，千年苏李师。纷纷多假力，落落要真知。巧手宁无伪，徐行不厌迟。文章自公器，造物匪人私。

未话田园薄，唯关道路长。春风又寒食，多病只殊方。缅想迎门问，深思暴橐香。无劳谢猿鹤，好为约求羊。

抄写犹前日，吟哦遂来年。真成坠智井，未易及深泉。曷日仙能至，保时弹比圆。自非深致力，宁识贵吾贤。

径草余幽色，盆兰有静芳。取穷应有在，虽病亦无伤。暂得闭门坐，已胜趋道傍。鸿斯远缯缴，木岂愿青黄。

人说居闲久，园今数亩开。荒榛除旧舍，规画见新材。郁郁宜深芘，堂堂岂易摧。遐思挹湘水，高兴拟裴台。

八月二十六日雨后呈沅陵教授

秋风比已凉如水，秋日还能热似焚。骤对碧云成突兀，忽看快雨洒缤纷。梧应留响中宵听，菊为韬香九日闻。排遣羁愁消底物，要君诗律张吾军。

别赵常德

旧诗零落似前生，岂意公能识姓名。青眼何堪辱如故，白头自觉已无成。普天无复归耕处，薄禄谩为糊口营。今日违离定何往，壶头路险更秦城。

呈衡州使君先生二首

当年月以秋中过，今岁凉因闰故迟。渴想话言思亟见，暑侵鞍马敢云疲。曾闻遗俗有存者，岂若吾身亲见之。少不如人今老矣，朝闻夕死庶几为。

常州何乃又衡州，或谓兹行乃胜游。钟鼓相闻寻岳寺，茝兰无数踏湘流。是中夫岂先生乐，此段聊供幽子求。岳麓相望唯石鼓，要令吾辈务藏修。

邓师契县尉以沅陵韵作诗见贻次韵

叹息师门久不传，苇间几欲听延缘。多君有意工文字，老我空能历岁年。鹏鹞故知难一辨，夔蚿空复妄相怜。虽然亦可凄凉慰，只恐赓篇别是篇。

程季仪沈俭夫携酒见饯于湘中馆借用季仪的次五峰先生旧韵见怀之作

拟和题诗略未成，卒然风雨暗前津。高秋政应凉如水，余溽胡为暖似春。载酒肯来真如事，舣舟聊为驻行人。异时怀玉山前过，一访耕桑老病身。

慈利簿乐思中自沅州考试回经过见之留以小酌既以诗来次韵

飘然一舸顺流东，敏捷如鸿恨不同。为我能留半日许，得君何翅一联中。颇思暮句记初识，已复杜诗醉古风。沅芷澧兰元属尔，既难衮衮又匆匆。

次韵斯远闻蕃移官岳州见寄

西南之役凡几州，行行不已兹登楼。几怀佳日怅日暮，谁谓澄江驱客愁。巴陵洞庭故胜绝，李白杜甫曾漂流。亦思著句道所以，语不惊人空白头。

芙蓉道间二首

芙蓉山上芙蓉尖，向人咫尺分毫纤。或如冠剑或鸟兽，令我左右烦窥觇。平生退之南山句，为渠持骋笔力严。那知刻画果办此，造物至是无留殓。

芙蓉山下芙蓉渡，历尽崔嵬何物路。更观溪水突人来，令我诗情杂欣惧。舆夫重说松原山，如此积雨应生湍。从来潢潦无根源，水收石露须臾间。

过在伯于学中

晓出城南日映光，水烟横堆树烟长。多闻政欲从君语，造请宁能遣我忙。胜可作亭摅意匠，醉因种竹试传方。规摹岂止衡山小，安得高歌题屋梁。

过在伯于学中因而留饭

种竹栽桃久已成，滋芹折杏尚留情。一官何可占遐志，万卷悬知有旧盟。得酒更能频饮我，赋诗未稳每从兄。向来准拟俱归去，今日参差不遂行。

赋滕彦真家玉桂

伏暑不可耐，所思惟执冰。常时月桂红，乃作素色凝。维南实炎方，草木气所凭。索馨与茉莉，玉色俱相仍。得非因月感，光射尚能乘。

寄李宁卿

不寄来南录，但传多景诗。长安分袂后，湘水寄书时。我欲归三径，君方闻四驰。未知回首地，宁有盍簪期。

寄梁从善

旧说舂陵郡，全如石作州。胸中饱丘壑，笔下剖琳球。遥想窗扉敞，多能磊落收。平生有余嗜，安得致林幽。

寄吕谦益卿三首

多谢临湘尉，书来并枉诗。夜吟忘夕寐，晨诵愈朝饥。我亦穷耽此，君仍老嗜兹。虽然不相弃，竟尔欲奚为。

一尉荒山里，高名四海中。初非大夫逐，定自溧阳穷。荐士犹王政，招魂已变风。怀今更思古，伫立晚江空。

诲我肱三折，思君肠九回。尽忠真药石，欲报异琼瑰。交道孰云丧，古风今未颓。狂言喙三尺，百罚酒深杯。

寄秋怀

两月巴陵郡，搜诗朝暮间。空能饮江水，恨不上君山。昔者闻何至，今焉兴尽还。才名或遭骂，坎轲分低颜。

两载沅湘役，虽劳何所为。虾行仍蛭渡，犹豫复狐疑。孰念锄犁把，殊胜手板持。山南与山北，舒了更从谁。

寄送于去非三首

三载尉虽卑，诸公况已知。荐书常沓至，宾幕每牢辞。玉立风神峻，河倾议论驰。他年继质肃，应有后人祠。

草木政怒长，波涛方疾流。雄辞杂蛟蚓，健笔走龙虬。我句平无取，君才勇莫俦。如何晦翁语，折节继前修。

假馆我多暇，驱车君苦忙。近时成契阔，远去益凄凉。闻说催归骑，何由把别觞。归心擢章贡，远目溯沅湘。

寄题宋舜卿家小阁兼属李亦韩梁进父二首

湖北终连北，辰州是古州。故家唯宋民，旧物有书不。几踏缘江路，频登小阁幽。虽微少陵句，不减浣花头。

忆我辰州友，英英李宋梁。参差由百拽，怅望到三湘。邂逅书能寄，追随辱未忘。南山如访旧，下有老耕桑。

客长沙邢园堂下梅花一萼先开有怀成父斯远二首

老树发青枝，晴多雨亦奇。一花夸独破，病眼得先窥。又作殊方见，还成寄远诗。不知闽与浰，何处念乖离。

亦到溪南否，还能念我不。梅花今次第，客子政飘浮。师法真难得，微官盍罢休。饥寒还累我，瘏瘵只关忧。

刘万二弟置酒与八九兄同饮

每忆疏诗卷，何期共酒尊。高栖子茗霅，孤宦我湘沅。暮夜风仍吼，途穷志自存。悠悠几山岳，泛泛一乾坤。

留别折子明丈二首

久作湘中客，数从林下游。契繇先世叙，谊向古人求。我敢逃黄绶，公宁卧白头。庙堂有北客，人物想中州。

行橐何轻重，新诗得卷藏。犹须与先集，并为补山房。更欲询言行，持将益废忘。匆匆语难尽，莽莽恨空长。

绿萝道中

人间白马渡，世外绿萝山。水驶舟何蹇，人危境故闲。传呼屡落胆，应接一怡颜。更拟桃川路，明朝得意攀。

念欲春游春既莫矣而在伯微恙不近杯勺作小诗代简便呈沅陵何邓二尉曹

屡有一杯约，况今三月来。属君翻药裹，而我欠诗材。楚塞稀红蕊，僧坊剩绿苔。几时能出郭，分韵与徘徊。

十三夜招全真沅陵

昨朝热如焚，今日凉如水。岂惟悟天机，政自知物理。黄华一月赊，桂子数夕事。已办烹伏雌，相期泛浮蚁。

送常宁吴尉并属寄声吴交代尉比行余亦行追作此诗与之

我有章贡役，而君亦解舟。飞腾今有路，憔悴不同谋。黄甲昔簿尉，秘书行校雠。同年若同舍，好为话绸缪。

送晁舅翁子应过宁乡谒令李思求

藉藉沩山寺，堂堂忠献坟。幽光发泉石，义气惨风云。文舅雅能赋，令君深发好。悬知契谈麈，不待对炉熏。

送晁元默自潭还抚二首

临汝差池再，长沙邂逅初。飘零渠念我，留滞我嗟渠。盘礴虽云久，追随固若疏。未知从此别，后会复何如。

留落悲遗俗，凄凉说故家。文科君有继，世业我空嗟。白发时今晚，青云去未赊。还家语归父，麃蓘要功加。

送恭叔赴海门尉端叔约同过湘西酌别四首

寓舍我至晚，官期君已催。犹当载酒别，共作访山来。雪谷看题字，风雩话昔开。乐山并乐水，随处一裴回。

君叹父兄别，我嗟朋友疏。穷冬仍远道，异县复离居。仅得追随再，何由怀抱摅。因来湖外使，为寄海边书。

楚岫新经雪，湘江半露沙。萧萧断行雁，渺渺后栖鸦。别意浑相似，诗成只重嗟。未嫌杯酒满，直恐鬓霜加。

入自芝兰室，重之珠玉渊。一官从草草，万卷本便便。对镜平多垒，闲郊辟废田。尉曹应事少，宾友定谁延。

送李元藻入浙三首

唐室登科士，多因行卷知。至今传不朽，犹或谓能诗。辟置仍于取，山林亦罔遗。莫嗟今古异，穷达岂人为。

汉广求才路，严徐出上书。朝犹辱徒步，暮已待公车。今世无兹辙，夫君欲振裾。虽然宁有限，或者为吹嘘。

我作长沙客，诸公多与游。闻风亦云旧，识面怅无由。忽辱高轩过，仍蒙古句投。偶从旁舍去，不办小淹留。

送李仲诗二首

武陵曾远客，主簿作南征。缅想经行地，犹含赋咏情。故人如见问，白发欲千茎。却记相逢日，回头岁月惊。

今代知名士，君家萃一门。不惟文献在，政是典刑存。台阁期平步，沅湘莫断魂。平生翰墨事，兹可壮期源。

送梁仁伯赴江陵丞三首

往者左司公，会作荆州牧。君时虽从行，所志惟圣读。今焉去为吏，与昔当异躅。试以身所经，参之耳曾熟。

直道多不容，枉道夫岂可。直道诚忤人，枉道还丧我。如君直有余，为计亦多左。而我枉未能，若为逃轗轲。

君搴澧之兰，我撷沅之茝。邂逅桃花源，一笑若相待。那知青草湖，追随复连载。南浦问何边，冰溪复安在。

送刘伯瑞四首

长怀远斋老，赠我五言城。世上几朋友，吴中君弟兄。频年欣再见，南走怅东征。情话悦亲友，交情见死生。

远斋无恙日，酬唱几多诗。杜集容今附，韩门见昔师。青云虽益显，种发欲奚为。更欲求余本，流传海内知。

居干与仕者，所知张宋间。咸能谓君好，政欲警余顽。论已穷千载，才宁減二班。何当传副本，免使访名山。

衡州有贤牧，吾党更监州。事作盐梅济，殊非泾渭流。斯民均受赐，治状各推优。看即蓬山上，联翩两校雠。

送邢大声宏音二首

客里送行人，情钟况所亲。絮飘吟帽雪，花杂马蹄尘。何处为寒食，还家尚及春。园林检校事，欠酒著诗陈。

不独论新昏，晏晁原老亲。见来能几日，别去忽今晨。圣代无迁贾，明时岂避秦。长沙武陵地，行乐异伤神。

送湛挺之提干自武陵迎侍于侯官兼寄铅山尉曹马庄父二首

太学声名旧，文昌荐墨珍。铨曹略常调，幕府得嘉宾。使檄辞南楚，安舆发故闽。春风满行色，有赋不妨新。

未历番君国，先乘汭口船。春波元甚驶，顺水岂劳牵。我去殆同适，公行真若仙。壶头虽不远，不见马文渊。

题梅山

望觉林峦合，行知陇亩分。转亭桥跨壑，入寺阁连云。薪水僮奴事，经禅长少勤。令人生爱敬，何止息尘氛。

投宿湘东

雾雨杂炊烟，山巅复树巅。初疑但纷若，有听勿骚然。立马看题壁，冲鸥唤渡船。莫嗟饥雁外，且及暮鸦前。

文叔转送畏知初到长沙寄诸弟及示同志二诗次韵寄畏知二首

山林容我病，道路忆君长。忽枉潇湘句，中含屈宋香。细参同晤语，深卷胜书行。归棹知非远，胡为苦念乡。

闻道湖南幕，人无第二流。文书有余暇，风月可销忧。梦远宁能续，诗成谩益愁。幽庭步春草，鸡撼屋山头。

午饭资福寺

病骨怯秋凛，羸骖疲路长。人烟少行店，楼阁见僧房。憩息今成暂，从游旧不忘。却尘看姓字，淮楚路茫茫。

雪既未已霰且间作再用林字韵呈在伯沅陵并属德章

云物昏然尚压阴，霰声琤若更过林。凭陵竹叶淡仍薄，埋没梅花幽更深。屡枉高辞成楚调，独怜晚岁欲南音。

移官巴陵行有日矣书呈唐德舆程士和梁和仲于去非段元衡邢大声七首

骤雨落还收，余寒去却留。飘零梅树底，仿佛杏梢头。酒有连朝病，诗从一笑求。平生湖海兴，又复具扁舟。

门户怜非寄，声名叹不群。倦游俱楚子，旧识记番君。去觅江山助，行思风月分。诗成如枉寄，亦足张吾军。

问认书能数，飘流见愈亲。通家如弟数，受赐亦州民。渺莽重湖路，羁栖一病身。欲行行未得，风雨况频频。

太史羲皇上，嵩山季孟间。诸孙均内外，文采被斓斑。顾我何足数，遗风莫可攀。知音愧流水，仰止在高山。

有集能行世，初疑是古人。大波皆汹涌，小石亦嶙峋。时誉归雠校，微官尚徼巡。竹塘春水满，双鹕会飞驯。

客里仍为客，天边懒问天。春风几经历，老病一蹁跹。君句真严律，侬诗但散禅。锦囊如许借，不惮手亲传。

只道花争发，那知雨较迟。病躯犹故絮，霜鬓益新丝。鄙性岂耽酒，写怀聊赋诗。经过顿能尔，无久溷公为。

与李潭州椿寿翁五首

荷橐上甘泉，居多政府迁。胡为抗章谢，而必退身全。自计虽良已，人贤讵舍旃。吾心故公尔，斯道合皤然。

疏去良臣散，文兴大老归。能忘缪公侧，何有步兵几。暴虎无苛政，鸣冈览德辉。辈虽参落落，业且相巍巍。

今代长沙帅，当年汉李膺。登门故未易，为御亦堪矜。嗜好虽章句，经营在斗升。青衫旧蓝缕，白发近鬅鬙。

万进沅湘路，千年贾屈文。迹同探禹穴，心每望尧云。未说渺茫隐，长思矍铄勋。不应迷出处，四十畏无闻。

日夜霜风急，东西客路昏。诗方学蛮语，病昔似文图。俯上辕门谒，愁干节制尊。顽疏宁自昧，剪拂望深恩。

与潘文叔游稀岳四首

欲行雨如蓰，既出云若涌。山高一身微，风动万国汹。岂唯林木悲，亦为毛发悚。众谓当亟回，吾行便贾勇。

远看云吐吞，近见日出没。解驳谓须臾，迷漫翻倏忽。山灵似知我，老兴不得发。纵使尽高深，安能造剞劂。

寥寥两石门，此地忽在眼。临栏塞云雾，入户欠编简。规模自我友，恨不同叩款。仙佛匪吾徒，兹焉聊可馆。

常闻祝融峰，今日上封寺。虽孤登望眼，要逐幽遐志。盖渠目力及，皆我脚力自。是可将无同，吾言亦聊戏。

元之去非来邢园折牡丹酴醾碧桃以去

花取三英粲，时高两玉人。毋嫌应接费，要悟色香真。诗定一题纸，酒应多入唇。病夫方坐稳，幽独恐伤神。

再见王进之于潭王即有岳鄂之行赠之四首

我客犹湖外，君行返汉中。乖离从此异，邂逅复兹同。始见忘曾识，徐言乃渐通。怪来颜重渥，深感鬓成蓬。

别日故已久，愿言今则多。寒温一劳苦，身世两蹉跎。在己须当勉，其余莫问他。昔贤虽已矣，吾辈合如何。

既见虽云喜，语离仍复悲。未知今日别，还是几年期。风雨方频日，波涛绝壮时。长途久已迫，苦语遂成诗。

君发未可白，亲颜元自红。旨甘知有子，婚嫁趣成翁。世岂无高义，途宁叹久穷。但当言计拙，不可怨诗工。

在伯沅陵俱和前诗复次韵五首

暇能频相过，间或终岁阙。宁将数疏论，自有绸缪结。高山与流水，清风及朗月。花且事深期，人能废明节。

梅兮何等花，意似幽人作。芳不待三熏，胜自专一壑。屈原语醉醒，孺子歌清浊。醉如糟可餔，清亦足可濯，

班左昔成书，幽秘或未呈。孟坚得师古，征南传丘明。维昔西湖花，人孰知其贞。自非处士句，世亦安得名。

爱山驴倒骑，爱竹种借宅。是能寓吾神，夫岂有断脉。平生江南春，老去荆州客。生徙叹飘萍，死乃悲墓柏。

二君思飘飘，独我意落落。博乎犹贤已，谑兮不为虐。是中有关键，未易轻启钥。至味匪盐梅，舍古复奚酌。

赠别欧阳全真三首

我尚长沙客，君归自五溪。放舟知有日，枉驾忽冲泥。少慰三年阔，重嗟千里睽。交情故如酎，薄饭不嫌齑。

几日暄寒候，浑如到岭南。岑岑无药疗，愦愦只书耽。雨止隅仍漏，鸢飞潦政涵。君来得披豁，万里散晴岚。

往者赣州牧，与君乡里儒。身俱上黄阁，官或伏青蒲。荐口宁虚启，才名不可诬。下僚如处士，鲠论亦时须。

赠张次律司理三首

长沙有贤掾，京兆出名门。笔力追前辈，阴功及后昆。龙门首加荐，枢府旧弥敦。看即飞腾去，宁当寻尺论。

及是凡几见，于今乃白头。殷勤蒙饭设，缓急与医谋。夫子自为德，畸人何足忧。诸家何所历，更有若人不。

长沙今十日，曾未及湘山。旧疾痁频作，方炉火自跧。风高知木脱，雨细念梅斑。飘泊方兹始，林园未遽还。

真游觅唐舆题诗不见有怀其人八首

险绝辰州路，曾闻一再行。看岩有留句，扪石欠题名。四世斯文事，平生一鏧情。何当从此去，感念在先生。

雨后林园合，风前裘褐轻。当游元不恶，有士与同行。定识田中趣，殊胜俗里情。谁过江驿静，日听笋舆声。

月上侵衣薄，风来飒鬓秋。有觞宽逼仄，无意计沉浮。谁念千山底，深怀二老游。更阑竟忘寝，诗就不成讴。

几岁天台住，今年雁荡游。心期在康乐，人谓作监州。骑从真能屏，烟霞定赏幽。他时期一访，好为著诗留。

时论归台阁，交情异笠车。不甘腰为折，宁使鬓成华。莽莽湖之北，悠悠海一涯。铜鱼偶逢使，书寄阿戎家。

一纸日边裁，千山徼外开。所同惟甲子，绝异是人才。学问须传授，君家有自来。嗟余独何者，道阻乃从洄。

相从宁见乐，相别乃知悲。况辱平生友，而坚晚岁期。已醒临别酒，还读送行诗。何况维舟处，苍然暮色时。

去矣不为难，山长水又宽。未曾摇短棹，已自失危栏。厚意烦三友，相要下急滩。虽然赊执手，顾免别辞酸。

植梅一株于厅事之后招丞及明叔同观倪严二先辈送酒陈簿送茶因以成集

有竹似吾家，无梅觉欠花。移将香索莫，来伴绿交加。好事适馈酒，诗情仍得茶。相过况非远，胜处莫令赊。

诸公皆和诗再用韵并属湛挺之七首

谊也期淹速，渊乎任去留。服来占夏首，归去及春头。岂必忧怀累，当从乐处求。控揣终异物，窈窕一孤舟。

戢戢一天翮，纷纷凡马群。回头异生死，对面或公君。渐欲熏莸等，反嫌黑白分。居然撄众怒，政尔怯孤军。

翰墨平生友，江山数面亲。诵骚悲楚国，访古失秦民。丘壑岂无趣，尘埃空此身。风行思数数，粮食厌频频。

吴楚他乡外，沅湘久客间。已知身若赘，讵惜鬓成斑。酒债贫常有，诗坛老倦攀。穷猿难择木，怨鹤望还山。

和我闲中句，俱来作者人。步吟才勃窣，耸咏忽嶙峋。浪说能声喜，端虞试问巡。天资固有分，野性杂难驯。

投老知何地，此生休问天。未须悲坎轲，聊复寄蹁跹。但觉官如缚，浑忘诗似禅。不堪儿子诵，敢望故人传。

旧作游梁倦，今成去鲁迟。跳珠先集霰，冻雨乱芬丝。萧瑟夜来酒，悲凉别后诗。洞庭归雁蚤，枉寄莫迟为。

自九度至衡岳呈同游潘文叔二首

荦确浑因石，飕飗半以松。秋鸡添老状，老木怯秋容。迩日朱张句，当年韩杜踪。辞工欠诗本，理到倚谈锋。

衡岳文公寺，南昌梅福官。意驰虽若近，身到每疑难。社木怅鸣枦，集贤欣解鞍。未须论契阔，聊复话围栾。

寄怀畏知二首

湘山峻刻湘流深，中有骚人愤世音。吊古自为吾辈事，宦游端识故人心。别来未有音书至，岁晚勿令霜露侵。闻道元戎今仲举，定除尘榻伴登临。

忆昨题诗岁且更，路长谁与附书行。登楼见说同王粲，为赋悬知似贾生。杜老性非真傲诞，元龙气自旧峥嵘。天寒万物皆收敛，惟有孤松独向荣。

寄倪好问

问讯永州倪户曹，别来岁月已滔滔。贤居幕府定余暇，舟过浯溪今几遭。颂出次山微自显，诗成太史贬无褒。因来打寄山中本，并以张秦翰墨豪。

寄唐舆决狱辰沅

生平但识古书耽，老至方知世路谙。君想归途在巴蜀，我行何日返东南。江湖比苦无书疏，风月今怜阻笑谈。暇日销忧应有作，簿书仍急亦何堪。

寄题周霍丘寓斋

君住潇湘作寓斋，赋归仍与是斋偕。已知身世非真著，肯向功名怨寡谐。雨后更无云在岭，晓来那有月当阶。几思谈妙从人去，人事胡为苦好乖。

进之复有湘潭之役二诗见惜别意

岁尽君当又一归，开正我亦具征衣。只今湖北地非远，异日江东书恐稀。酬唱未能相数数，别离于此再依依。到家无事还宜早，柳弄色时梅片飞。

君诗悟入已多年，信手拈来总自然。静似幽人居在谷，勇如壮士起临边。波澜收卷虽余地，光艳发舒终属天。笑我饥吟空白首，乱蛩衰草晚风蝉。

进之雪中见过明日归湘潭再用前韵二首

诗材满眼不能收，忽报君来为举头。寸铁不持难白战，污渠何敢映清沟。飞飞望绝千山鸟，浩浩心驰万里鸥。市远家贫乏供给，愧烦张日肯淹留。

但见纷纷势莫收，要穷衮衮若为头。路迷界眼疑无地，水失汀洲仅比沟。我欲出郊思借蹇，君归乘艇喜冲鸥。畏寒自缩真衰矣，绝境明朝不更留。

留别周参政诗二首

元祐登瀛盛古今，只今衰冷愧诸任。圣朝既有徐州相，得路仍知异日心。龌龊更无微价市，鹪鹩自爱一枝深。故同坎轲荆蛮徙，昔所悲歌今放吟。

故意还叨累十觞，诸家所历信逾常。黄尘倦马久非地，野水白鸥终是乡。勾漏不惟兼采药，长沙更欲访沅湘。凭虚便谓神仙近，却觉仕途真渺茫。

送潘端叔

长沙送我枉君辞，怀玉逢君动我诗。不是固违良友戒，舍渠宁慰远游悲。雁来海角平安讯，春到湖边南北枝。傥忆平生故人否，衡门之下有栖迟。

送潘湖南二首

湖海频年历四迁，治声往往遂无前。长沙夜席喜今召，右史素风追昔传。要识平治端有道，不知论奏孰为先。岂惟人士想风采，闻说天心正渴贤。

名世公今第一流，百年端见几人不。临民不作子桑简，好善咸推乐正优。侍从近臣方妙选，林园胜事未宜休。曾闻王贡弹冠事，无奈相如故倦游。

送吴提刑赴召三首

拥节西来岁未更，提封略已遍循行。洞庭青草绝余寇，沅水武溪俱力耕。勿漫绣衣闲直指，正应天下急澄清。治平已召吴公去，林秀何人是贾生。

连朝欲作送公诗，以颂悬知孰愈规。万事要当明本末，一身切莫计安危。老农不过除萑稗，良药安能弃术芝。勿谓常谈便轻鄙，献言端自戒新奇。

只道边城狱讼稀，那知亦有造空为。不惟宽大难容止，正畏精明莫可欺。已矣榜敲成俗吏，怀哉香火奉湘祠。傥蒙一纸闻天奏，便是吹嘘送上时。

送西怀忠朝佐赴象州教授二首

西山南浦昔相逢，桂林象郡今相送。长才妙略世所知，诸公遗人胡不用。文风广被固可喜，志士远适岂其理。上书报罢君勿悲，广西政复多事宜。

我今方从湖外归，君行重向湖外去。湖南山水故佳绝，我独茫茫畏长路。君行更过五岭南，象郡我亦闻人谈。纵令为郡真尔好，愿勿久留归要早。

送叙浦吕主簿

参佐已能迎刃解，弦歌更整乱丝棼。胡为易地皆驰誉，信是高才本出群。良木更须深雨露，善禾端自力耕耘。仕途似子诚难遇，别语如余敢不勤。

题湘乡道中梅花

道上梅花无数株，似能相与慰穷途。色严不畏晨霜劲，馥剩宁须爱日敷。落落卒无词客赋，纷纷只了酒家沽。虽然根本故亡恙，犹愈松明日夜刳。

晚自白沙投宿测水

白沙漫漫风肆威，白沙道上行人稀。征衣摄叶马力微，问胡不归驱以饥。浮家洞庭书未来，肠九回兮朝莫思。莫投道店鸡已栖，一杯自慰无嫌醨。

叙浦簿吕公用沅陵韵见贻次韵

一经蚤已愧家传，三尺犹思绝并缘。位下故知难及物，业荒空复度流年。要求庙令作归计，未必上公能记怜。多谢为僚不相弃，连朝枉赠有诗篇。

因送王亢宗便寄

经年不遇辰州使，忽喜黔阳信使通。县尉已闻辞令尹，校官仍说困治中。可堪契阔漂流处，长忆追随寂寞同。已是湖南更湖北，欲言风物怕愁公。

元衡过邢园同广声终日坐于习堂梅树之下得长句

一闻茅屋数株梅，三径频成为我开。剩有游蜂能掠蕊，寂无饥雀下行苔。长吟共惜频惊落，久坐何妨晚始回。为语清风莫轻扫，明朝更欲杖藜来。

沅陵用在伯林字作诗见属次韵答之

畏寒终日卧窗阴，衰飒政如霜后林。勿谓官闲得厅冷，几因诗至启门深。酒才饮湿宁崇味，琴且无弦岂嗜音。政尔欲闲闲不得，和诗频改又频吟。

在伯用沅陵韵见贻次韵

一代数人君有传，九原可作我无缘。颇思灯火亲余暇，却恨江湖枉过年。载辱新诗为永好，绝知高义有哀怜。官闲借问忙何事，日日经营作和篇。

在伯欲见洪龟父夏均文诗因逸归玉山取之自常德先寄以来偶得长句遣呈

疾风不雪翻成雨，甚欲相过愁出门。短日已曛灯未上，曲身难直坐如蹲。儿归尚作他州隔，书到能开病眼昏。并致江西洪夏集，一樽径欲与君论。

赠马奉先二首值其已病竟不相识

使君何苦向宜州，应为涪翁句法留。铜柱宁兴跕鸢叹，金华要遂牧羊求。壮时根本先培固，老去波澜重卷收。我亦学诗穷未达，是中得处可闻否。

湘山湘水久经怀，近岁扁舟始一来。颇见留传诗句写，故胜摸索画图开。城南虽郁平生志，冀北未空千里才。壮节曾闻趣除诏，辞官仍乃尚徘徊。

赠沈沅陵

绍圣同年今几家，泛然游宦偶天涯。先因避贼来江左，身欠看山到永嘉。世禄相期会腾踏，束书宁复漫咨嗟。我今山色催归意，君政黄紬稳听衙。

赠萧参议德藻二首

诸侯宾客湖南盛，东海萧生汉帝知。前后相望真一揆，流传况复有新诗。向来识面嗟无地，今日登门可自迟。未信千岩趣归去，近传新把峡州麾。

平生苕霅几扁舟，意在斯人岂漫游。闻道千岩有高隐，甚思一见苦无由。虽云药石稍亲近，未害烟霞廛揽收。况是交承我伯父，援兹论契许前不。

张王臣载酒约同过梁和仲既以风雨大作举杯相属而止偶成四韵呈和仲

只疑寒食无风雨，不料今晨顿如许。纵然风雨敢怨尤，留得佳人驻南浦。佳人虽驻亦何为，杯酒竟成孤晤语。巴陵他日记同曾，君叹淹留我羁旅。

洞庭秋月

平湖万里宽，秋月一天白。隐隐岳阳楼，有人自横笛。

平沙落雁

丛丛水边芦，雁雁滩头泊。我不解丹青，小诗亦可貌。

寄主管舅二首

甥官楚西南，舅住天尺五。安否候何如，岁月旷如许。阿兄有书来，报道安舆举。

东阁故莫留，西湖要为主。寥寥和靖君，遗迹堕榛莽。咫尺到梅花，追随怅修阻。

用一代不数人百年能几见为韵诗赋十章呈陈君举

东南固多贤，莫与永嘉匹。王郑已骑鲸，辈流公第一。

公乎不为文，为必行于代。诵习孰其人，儿童兼老辈。

昔公颂诗书，论世犹尚友。生幸同斯时，识面可独不。

人言会合难，会合端有数。公不绝槠洲，我政长沙住。

云物瞻闽峤，风声望海滨。如何一年内，顿得见斯人。

贤愚之相悬，千万或什百。所以天地间，寥寥苦难索。

山色仍前日，梅花又一年。休为招屈些，好泛渡湘船。

少小耽文字，初非哲匠能。空令为己学，老矣见何曾。

桂阳去衡阳，道里端能几。倘许钓竿投，春风叩葭苇。

流传昔多闻，邂逅今既见。顾我何足收，期公示深眷。

重午日摘楷杷荐酒因成两绝句

已载相如赋，还披杜老诗。团团自长叶，佳实欠累累。

罗酒能祛虑，昌阳解引年。楚君为楚节，湘客念湘船。

蕃舣舟湘西之明夕郑仲理吴德夫周伯寿黎季成共置酒于书院阁下追饯者邢

情亲独数君。赠诗难卒和，别酒易成醺。渺渺江山恨，飘飘鸿雁群。不忘相博约，未可间知闻。

次韵斯远见梦有作六言二首

白也江南逐客，少陵因梦成诗。我亦移官衡岳，惊乌未有安枝。

几欲罢官归去，未应形役能拘。矗矗奇峰晚对，岂如云谷同趋。

发潭州后作

昔日道林岳麓，每逢图画诗篇。今日羸骖东首，却成惨澹云烟。

衡山道中遇雪四首

泛泛严陵艇子，萧萧衡岳篮舆。绝叹长年作客，重逢此岁将除。

骤落真成点缀，旋风已复模糊。莫拟丹青图画，且看造物工夫。

老树才能半白，远山已没全青。胜践颇思朋盍，独行定谁汝令。

急雪几欲塞路，奔流更逢绝杭。惨惨不堪龟折，踆踆况度羊肠。

海监院惠二物戏答

打粥泛邵州饼，候汤点上封茶。软语方炉活火，清游断岸飞花。

安仁舣舟作

客路不知时节移，忽逢柳色已依依。无悰却数离家日，腊尽春回方始归。

八月八日发潭州后得绝句四十首

湘神知我爱湘中，故遣舟迟匪厄穷。可笑儿曹不解事，故云常值打头风。

才把离觞已足悲，况哦别句慰相思。月明未比夜来别，人影已知天外追。

平岸朝阳已映光，高林宿霭尚深藏。客中亟起繇何事，要趁侵晨数刻凉。

鸥如玉洁鹭霜明，闲意相看了不惊。乃不悟予非慕者，决然飞背晚烟轻。

罾塘断港劣容舟，鱍鱍盈篮叫不休。我亦买之将作腊，要和蔬茹给饥喉。

投罾政尔不能逃，偶逭还遭别网要。此意岂能知数罟，不能他日且今朝。

南风纵急但温其，小雨虽微却透肌。永日蓬窗难坐卧，只随舷侧就阴移。

刻木如瓶粉渍之，挂林聊当酒家旗。我当物色登临处，亦复因之为解颐。

借居虽陋自如常，舟小安能具斛汤。却羡沉牛浮鼻去，绿桑阴不趁苍凉。

扁舟往作槠州过，烟雾空蒙只市声。今夕再来还小泊，却逢江月正空明。

午风吹拆稻花香，晨雨翻掀稻叶凉。道中尘埃犹净尽，田间欢乐讵能量。

一年风月属中秋，今昔相传无异流。定自天公亦兴此，故教雨脚破云头。

卢溪望望接宣风，景富犹能慰客穷。已爱熙熙村舍好，更欣漠漠稻田丰。

晚山能紫复能青，远岭犹分近已冥。好语忽然生眼底，遽将摹写已无形。

晓山能浅复能深，浅似朝晴深似阴。山色岂知朝暮改，行人自费短长吟。

山驿虽荒亦可安，要眠杉月夜深寒。昨宵虚落才闻鼓，明夕江皋想枕湍。

露冷初疑是晓霜，风高已觉爱朝阳。莫云节变能如此，直念吾衰不复强。

城上青山远近横，城边草树亦相萦。城中台殿还相倚，画手其谁为写成。

溪上秋来境倍佳，附城犹尔况村赊。却嗟政尔营行棹，不得于兹理钓车。

仰山林壑旧曾游，拟欲重寻不自由。倚赖舣舟相对处，为予排闼向城头。

晚日才能度两滩，诘朝应复又成干。从来但说溯流苦，到我顺流良亦难。

仰山山峙季溪流，知我东归俾暂留。尽日如推复如荡，为之成喜不成忧。

两岸多为激水轮，创由人力用如神。山田枯旱湖田涝，惟此丰凶岁岁均。

烟消日出见秋真，政恐却成憔悴人。赖是倦游归去日，扁舟载著自由自。

鹭鸶虽说擅风标，永日滩头腹苦枵。凫鹭杂居宁自异，鸡群鹤处更加骄。

秀植如云不可穷，长杉巨竹略相同。嗟余讵可如材者，政似飘飘秋后枫。

遥看巨石屹相冲，不道中江有路通。几度跨羸行荦确，又成全室寄蓬笼。

昌江直下水能平，却爱泷流激激声。频岁水灾何自拯，政由疏凿欠流行。

病思昏昏略未醒，木犀谁遣浸饶瓶。兀然随我故山梦，竹故青青雨自零。

三迳虽荒菊尚存，重阳想见露花繁。那知欲去去不及，病卧他州空断魂。

去岁重阳事已讹，今年亦复病蹉跎。明年想见山中集，弟妹团栾黄菊歌。

老去真成病不禁，炎蒸三日疟如侵。江山旧识思新面，佳处真成略枕衾。

季月将穷更起风，秋声乱杂栌声中。倦游归去浑忘事，淹速从渠不计穷。

煮泉树石閟幽深，来景栏干敞眺临。可是溪山须一面，怀人政尔动哀吟。

暮色苍然遂不开，我舟亦欲傍崖隈。不唯帆过谁家宿，水鸟林栖亦并来。

落日苍苍烟树林，渚鸥沙鸟更浮沉。过湖未远酒空阔，不见遥山出寸岑。

日之夕矣下羊牛，想见吾庐树掩幽。儿自闲行牛自去，溪头熟路不须求。

大琛酒价旧知名，樟树姑洲得并行。晨起亟思谋一醉，远钟已作叫岩声。

午蔼纷纷无奈浓，晚来微敛见山容。鹅湖旧日经行地，清吹思乘十里松。

朝未厌哭大滩声，归近何妨细作程。送尽鹅湖青一带，灵山已复远相迎。

呈潘潭州十首

西江亭上东风客，鸥鸟重来似亦驯。买得小舟连夜发，不知肯别定留人。

江边石上白皑皑，远对难分李与梅。因是欲占春早晚，桃花一树有新开。

梅花初出炯如冰，未许余花似我能。太息天公不加意，放教风雨苦侵陵。

楚国固多兰与荃，长林野水若何边。樵夫政自不知贵，采卖何曾直一钱。

微官本欲救饥寒，欲道啼号政尔难。不是贤侯任吾耻，未容陋巷乐瓢箪。

犯雪渠乘访戴舟，不逢安道便归休。我今一月春风里，纵复回舟匪浪游。

昔者湘西借榻眠，自嗟老眼负青编。虽然旧识山中趣，绝爱松风泻百泉。

少陵已入严公幕，徐孺还为仲举宾。自愧无诗复非隐，况堪谋食更忧贫。

满城游女竞纷纷，柳岸桃蹊昼复曛。不道贫家有机杼，夜窗灯火尚加勤。

臂膝真成具老形，每逢趋走叹伶仃。故园松菊幸亡恙，何日扶藜得屡经。

呈折子明丈十首

儿时已见葆真诗，写诵抄藏不惮疲。白首始游衡岳寺，扶藜处处读苔碑。

朝廷经略在中原，西北人才要讨论。节传曾闻付吾属，潇湘可俾卧林园。

故家人物几沉沦，公独风流似昔人。不但金声吐佳句，尚余玉立耸长身。

不惟句律有家风，笔陈仍推大令工。兹道只今殊寂寞，求公须向古人中。

曾门昔作广文官，先生曾同苜蓿盘。交道不惟当日见，遗风更俾后人看。

相逢几说李端公，未报舒州谢表通。要识淮南佳绝地，灊山皖水莫之同。

旧有园林新近开，凿池培址遂成台。台颠纵有蒙笼处，不碍遥山次第来。

如闻欲印葆真诗，我亦犹多未见之。副本傥蒙轻乞与，真成暴富诧穷儿。

客舍潭州又一春，花时风雨困频频。欲知夏木扶疏处，好挂陶翁洒酒巾。

道中峻峙不容攀，咫尺今遭风引还。闻道公曾踞其上，莫憎官府久人间。

次韵衡州先生除夕绝句

怀抱因公得好开，鬓须嗟我怕年来。敲门既辱频传句，守岁仍呼共引杯。

青山著雪倍增妍，青草掀泥浩莫边。便觉欣荣似春日，不知凋落是残年。

非无旷野堪犂具，亦有清江可钓丝。为底崎岖衡岳路，良由寐寤竹斋时。

从欧阳全真借观陈择之蜀中诗题其后

书去方怀蜀道长，寄忆未达忽传亡。那知今夕辰阳郡，洒泪残诗十数章。

从王彦博觅洞庭柑三首

扁舟几泊洞庭霜，曾见连林橘柚黄。只道陋邦无此物，那知种树有诸王。

逾淮为枳信堪奴，珍植何分楚与吴。不但居家有遗帖，酿成赋辱长公苏。

闻道居家近橘坡，青黄遥想问疏篱。可能乞我数包否，仍寄韦郎七字诗。

从赵常德觅鼎帖

字法微茫久失真，时闻鼎贴尚精神。小诗试向钤斋乞，近舍远求公勿嗔。

登岳阳楼

太史南游上会稽，爱奇端欲助文辞。萧骚白发离骚国，不到巴陵终欠诗。

登岳阳楼

自昔骚人半此州，不因放逐即淹留。我今毋负仍非客，何事泛然还一游。

登岳阳楼

几思假日赋登楼，风雨连连不肯休。待得晴时又成去，再三举手谢沙鸥。

登岳阳楼

晚风何许递参差，南望令人思九疑。渺渺烟波莫能极，谁云一苇可杭之。

邓林寺用孙温叟韵

上天有路不为难，丈七坳头莫据鞍。小憩还寻去时寺，戏拈枯笔臂犹酸。

过湖偶题书于郚子之津

洞庭厥大九州间，此地吞潴未觉悭。一抹远青为四望，亦云仿佛似君山。

回憩芙蓉寺偶题

太华难攀十丈花，白莲零落远公家。此中那得嘉名占，绿水绕除山四遮。

寄蒋攸县砺二首

君家三径开来久，不待弦歌始得资。傥欲赋归归便得，湘山越岭匪逶迟。

湘山越岭纵怀归，可废当年靡盐诗。府主甚贤宾得士，岂忧磨磷涅能缁。

寄李叔器兼寄毛伯明张王臣康叔临三首

春水满时春草生，春风日日上江亭。苹花采得从谁寄，空送沅湘入洞庭。

洞庭拍拍浸君山，亭对君山君闭关。胜日想多文会友，定应怜我在荆蛮。

向来相别恨匆匆，别复长思讲学功。江水无由至双鲤，春风又是起归鸿。

见马奉先宁祖诗于伯言处题其后

闻说湘中马奉先，数诗初喜见流传。何处家州勿多薄，金华曾识老诗仙。

将至辰州走笔寄在伯教授二首

去年十月君行此，今岁兹时我继君。黄花赤叶虽如昨，所恨诗坛欠策勋。

庭前甘菊都开否，记得去年同把觞。相逢劳苦定愁绝，我哭途穷君悼亡。

林湘乡出其先人诗卷题其后二首

知公苦急簿书仍，留我闲窗语夜灯。更出此诗令细读，今宵有梦到松陵。

松陵我亦屡曾经，几欲张帆过洞庭。顾借此诗传善本，教儿诵读醉时听。

唐兴寺怀孟东野

蔷薇虽是后人栽，一度春风一度开。绝怜东野归何处，无复花前把酒来。

题黄溪壁二首

新居不见邠山主，及到黄溪又不逢。锡杖徐飞向何处，槛前山水自为容。

此邦茶品固多有，闻说黄溪独未尝。何日敲门辱持赠，更须高诵碧云章。

题刘正之少陵像二首

逢人欲问成都事，见说成都信便回。欲问草堂亡恙否，恍然图像对人开。

我今即有湖南役，准拟扁舟泊耒阳。敬谢此图非久别，会倾桂酒奠椒浆。

题石潭观音院用王枢密庶愚丘正宗韵二首

老衲迎门只敝裳，问年还举四山黄。谁云此院通衢著，渠自长闲人自忙。

所至滔滔不问津，故知此地往来频。从今更识林间寺，再到不愁无主人。

晚过彦真山亭并呈允升季仪兼属照邻二首

隔岸看山自足佳，背山仍有碧云遮。我来政值崚嶒际，却恨林端已暮鸦。

痦寐诗名岁月过，日来方喜和羊何。秋风奈我当归去，湘水湘山余恨多。

王主簿以湘潭检旱诗卷为示用其广惠寺蠲放韵谢之

旱年蠲赋本深仁，州县宁闻以实论。细读赋诗知用意，是为忧国爱元元。

陇亩循行不惮难，是知汉诏本从宽。讲求利病非无补，老矣病能策治安。

题子璇浯溪图

璇之戏墨万之诗，不到浯溪坐可知。凛凛元颜千载意，若为付与水云期。

五月十七日谒伏波庙四首

万里才传却瘴方，药囊翻谓橐中装。谗人不敢投豺虎，空见壶头石室荒。

仰视飞鸢始欲愁，要之乐死胜怀忧。功名慷慨吾无志，所愿平生马少游。

郛江江上祀陶公，亦以吾孙靖节从。我谓辰州升德庙，要当并写少游容。

几从江上望朱栏，今日扁舟径往还。潢潦傥收应易耳，白汀翠竹最相关。

喜晴

两公贤比道州阳，总为勤民鬓已苍。喜雨喜晴俱有赋，乐忧宁止为诗昌。

谢彭沅陵送猫

怪来米尽鼠忘迁，嚼啮侵寻到简编。珍重令君怜此意，不劳鱼聘乞衔蝉。

徐君季纯常德教授廨中名一室日如舟取东坡为宛丘诗而云也过之欲为赋诗意到辄书故不免杂出君居龙游故有盈川之句诗臞云者盖初未识而为簿公曾元之所言也凡五首

知君雅趣在沧洲，游戏名斋亦以舟。旧识盈川川上路，几时乘月下严州。

我本江湖一钓竿，直钩不幸得鱼难。虽然尚有扁舟念，一到君斋作是观。

莫嫌学舍小如舟，容得平南酒拍浮。试问梦为蝴蝶去，何如万里没轻鸥。

欲为如舟一赋诗，如舟无楫更无维。泛乎不系知何处，当有长风破浪时。

满面风埃霜鬓须，何如相识谓诗臞。君行学省得佳士，我乃烟波称钓徒。

余客长沙寒热骤作其证未分理掾次律张君为致医王生述治之药与病合两日愈作七言二韵诗二首赠之

士不知闻未易轻，问医谁复话君名。殷勤多谢长沙掾，为我致之分死生。

频能通汗信柴胡，亦是于君想报珠。传闻治嗽更多活，岂止飘零一老夫。

沅陵见招赏海棠病不能往辄尔言谢三首

去年已负海棠期，今岁还当卧病时。造物小儿应见相，恐余无此看花时。

四海知名蜀海棠，是邦元与蜀同方。少陵当日犹无语，而我何人敢漫狂。

二月已尽三月来，计君行日已相催。奈何病著不能往，岂但看花仍把杯。

沅陵契丈用蕃将至辰州寄在伯兄韵作诗见属用韵奉答二首

往日交游才著我，近来酬唱喜添君。请君立拜诗坛将，容我闲寻茗椀勋。

能事岂工刀与笔，闲情聊付咏而觞。生前忧累须陶写，身后声名尽在亡。

郑仲理送行六首

周郎三复似南容，君亦因之师友同。岂待湖南始相识，闻风元自大江东。

几度拿舟湘水西，风雩亭下咏而归。欢然诸友相忘意，不叩仙坛与佛扉。

坐上每怀歌慷慨，杯行岂复计寻常。我知不隔清风面，君想未忘明月章。

溪山廓廓眼增明，鸥鹭依依旧有盟。所恨登高临赋处，却嗟我友不同行。

渺然一棹去何之，满目新诗与旧诗。细读赠章多好语，顾怜追和却无奇。

病着形骸冷更慵，短檠宁复有新工。异时邂逅相逢处，应叹依然旧阿蒙。

知府提举访求前守凌公遗迹忽于庭庑雨压复壁中得公所题诗赋六绝句

辰人只识凌刑部，不识尚书晚岁官。晚岁功名益堪纪，辰人不识坐荒寒。

使君剖竹继先贤，四十于今又六年。每恨无从考遗事，但凭亭槛览山川。

不因风雨壁宁隳，雅志安和万言中。乃知复壁遮防意，是谓知公亦爱公。

檐浅终防剥蚀灾，好移深奥示将来。更须刻石行于世，公道只今方大开。

郡斋新刻总珍藏，得此遗踪益有光。再拜从公乞余本，归赍不复恨空囊。

自桃川至辰州绝句四十有二

瓮子滩头百丈牵，此其小小大犹前。命轻人鲊曾闻说，楚罗悬知险并然。

过了矶头尚有沛，长江万里此为稀。怅予何可数乘此，宜尔山禽频劝归。

上得矶来势已危，忽然缆断不能支。惊心钓渚河边石，值尔应当应手糜。

钓石疑为借石低，月岩穿石两空梯。逃虚尚说闻人喜，况此依然面目迷。

草屋竹门江岸旁，三三两两竞携将。尔曹应念宦游好，不念西来道阻长。

夷望山前几钓篷，不惟能雨又能风。吾身故作愧王瓠，爱此沿洄敏似鸿。

晓雨蒙蒙山欲空，少晴还觉练摇风。扁舟十日夫何事，只有看山不负公。

水势才收一丈余，晓来雷雨又何如。天民天恤应堪恃，我自多忧雪满梳。

山鸟初鸣麃度滩，少焉还叫火炎山。仆来告我为晴候，穴雨巢风不可删。

试手滩头水乱流，铁枪崖下晚维舟。两阶舞羽方闲暇，何事兹名有佩牛。

滟滪瞿唐昔未行，狼头鹿角旧闻名。辰州瓮子滩头路，夷险不知谁弟兄。

明月山前明月池，两崖壁立类磨治。浯溪未识应相似，好刻中兴第二碑。

巨壁撑空不可干，小山亦复四巑岏。犹言水后浑无右，不尔应当行路难。

一篙真可百滩空，赣水辰溪大略同。我乃涨余方逆上，终朝歌笑愧篙工。

谁道蛮州异故园，夏来草木亦苍然。扶疏绕屋平生句，有愧青山啼杜鹃。

风头日日望西南，雨脚悬知不与参。昨夜北风今日冷，又惊数点落毵毵。

患难嗟予已素行，今朝滩里挽仍撑。心乎讵敢怀尤怨，命尔何能计死生。

无策资身每自嗤，始谋不善悔何追。行乎患难宁今日，何暇更论淹速期。

飞流溅沫瀑争礲，电击雷惊江落洪。尽日喧喧不能息，诵书妨我课儿童。

望极千山不见村，忽逢三两仅崖根。几年生聚才如此，信是荒寒不足论。

美玉曾闻种得生，精金此地亦陶成。不知造物须生此，何似嘉禾令土平。

滩里惊涛怖杀人，潭中净绿数浮鳞。如何咫尺能悬隔，物外区中信莫伦。

雨堕初看珠颗圆，风来忽散縠丝牵。青山四合江如泻，忆着桐江江上船。

脱粟粗供朝暮餐，也求鱼菜强充盘。鱼今绝市菜无有，欲问居人啖马兰。

摘得青梅江岸边，儿童竞食也堪怜。山青指问红何样，说是石榴花欲然。

不但投林雀闹枝，沙禽水宿亦争涯。不然故欲相呼唤，恨我形单影自随。

一月山行意未厌，晚晴仍对雨纤纤。回思浪涌涛翻际，宁有于今安且恬。

新绿深深嫩更黄，非花非草定何香。故山草木皆余爱，最爱抽梢竹过墙。

性有耽山且画看，阴晴朝暮若能殚。天公似病诗才窄，乞与西来眼界宽。

细雨冥冥梅欲黄，故怜时节似江乡。有书不读高成束，蒸败蠹侵谁与防。

雨来山色暗成愁，雨后波光翠欲浮。山色水光元自好，宦情羁思苦悠悠。

一春多雨慧当悭，今岁还防似去年。玉历检来知小满，又愁阴久碍蚕眠。

山禽嘲哳意都迷，滑滑仍愁叫竹鸡。侧帽历听如有感，数声何声啭黄鹂。

前有天随后老坡，杞粮仍欲寿西河。吾今何意更思此，但喜杯羹风味多。

咫尺青山晓未分，旋开还吐尚纷纷。烟云变态有如此，安得斯奇付大文。

昨日江清可濯缨，今朝潢潦忽能盈。发洪想有山崩处，一雨安能作许生。

坐对苍然暮色侵，忽惊萤烛度枝深。少年嗜学犹余志，安得茅檐把卷临。

江涨皆云牵路漫，又云江涨苦无滩。割晴耕雨难均得，造物于兹良亦难。

安流倏忽起奔湍，非雨非风势使然。尽道川流能险恶，不知世有险于川。

反照入江雷殷然，直疑飞雨堕谈间。不知吹落何方去，突兀犹余云涌山。

大麦虽黄草与长，趁春只用野生桑。为生可叹微如是，应坐人稀地力荒。

牂牁何处莫穷源，万折千矶剧迅奔。寸寸上来良亦苦，不知断支出秘番魂。

自造口放舟至道林院偶题

晓起乘舟江上凉，昼携蕲竹卧僧房。隐雷骤作分龙雨，限我潇潇幽梦长。

初五日呈潘提举时祷雨应而未洽

潦退旱随至，吏忧民足伤。陂塘待天雨，饘粥仰官仓。事势胡能久，收成亟所望。关心厘汉节，用意格穹苍。忽已云霓合，兼之雷电将。骤来能点点，快落遂浪浪。未复田畴绿，才苏菜陇黄。粗能宽闵闵，聊且慰皇皇。末世耽饕佛，前闻戒暴尪。于公明孝妇，卜式讼弘羊。是可资邦本，宁唯致岁穰。公行有余力，我句漫斯狂。半载官离次，欲归行绝粮。何当荷蓑笠，及此济江湘。

次韵酬吴德夫去秋送行之作

湘西一杯酒，渺渺红叶换。江东千里云，落落黄犬叹。人生七十稀，百里九十半。初期枉车马，近乃遗札翰。小迟君不肯，一出我岂惮。虽微办鸡黍，岂乏具薪炭。古风久不作，我友当力赞。旧诗况琼玖，触目屡璀璨。中馨称兰佩，外饰匪玉冠。初年已飞腾，中道翻叹惋。恐遗知己羞，遂许独力断。于兹树风声，何止评月旦。君如渥洼种，可以羁絷绊。我异淇园姿，犹睎岁时贯。君乎甚英爽，我也终浪漫。自应殊显晦，宁复待剖判。湖山冰玉明，楼阁丹青焕。叩舷或乘舟，曳杖或登岸。君行定有得，我去何可惯。与想悠然时，却忆苍然观。

次韵衡州先生游花光因泛舟过向园示坐客之作

使君有佳招，宿雨晓更惊。晨起候天色，对岸烟岚生。使君匪遨游，因行问农甿。农甿趋急务，欢然慰中情。天公亦喜事，为办终日晴。唤酒屡酌客，往往颜半赪。兴乘不暇止，遂作浮舟行。园荒久关闭，谁复相逢迎。但余古梅花，点缀莓苔轻。想其种莳时，老大繇孩婴。中筵出高唱，妙绝五言城。勇起欲强和，愧此淫哇声。

次韵王照邻去秋送行并呈滕彦真

风人伐木歌，咏写求友声。亦有脊令赋，月迈而日征。平时朝夕居，一旦离合情。何以著此情，赋诗兼轴盈。怪来担肩重，忘去破橐轻。时时一披展，绝胜五色盲。今日复何日，霜檐晓争明。青天尽开露，如见心目诚。鄙夫独何为，似觉幽忧撄。缅怀平生游，多留定王城。晨出湘雾湿，夕归湘浪平。王滕唱酬诗，我亦滥一名。别之今几何，秋枯复春荣。素书渺不来，叹我无鱼烹。要赓旧贻诗，饾饤仍经营。定知他年见，不复刮目惊。檐前坐久如，四体醺欲醒。梦作扁舟去，湘西寻旧盟。曾微白首哀，但作青眼横。山鸟何自鸣，欠伸巾尚倾。

答周允升留别

客居江之南，未识衡岳大。长于想象中，便作登临外。南游怅不已，病目恍增快。要穷山水原，靡问仙灵态。镌镵雅未能，造物底不贷。欣逢人中龙，一扫胸次隘。偕为青云期，岂顾白眼怪。多闻与多识，几别复几会。籓篱我妄窥，根柢君有在。自惭非孟嘉，直恐误郭泰。蕙兰被余熏，珠玉觉非对。兹方赋归来，与乃别所爱。于今未深悲，后日当重慨。江流固滔滔，山木亦旆旆。烟霞既有疾，风月岂无债。相与咏和平，无庸发噍杀。

代书寄吴仲权

长沙失会面，龙阳将叩门。君行黄鹤楼，我乃桃花源。裴回逡两月，问讯非一言。时时得新作，日日思高轩。宁知竟相失，有抱阙细论。闻君方被荐，清庙陈玙璠。而我政落南，空江撷兰荪。虽云出处异，得以书疏存。言之有不尽，笔兮还载援。惟当道情愫，故尔略寒暄。

发潭州

人言天宇澄，政好行远道。秋阳既已后，朔风尚兹早。那知羁旅臣，宁有佳怀抱。鬻田就远宦，廪薄不得饱。故乡虽难归，成里生且老。及今翻滞留，悠邈不能到。客中更作客，此意将谁告。妻儿重相别，更语各善保。蛩鸣幽砌苔，马龁荒原草。深羡田中人，春禾复困藁。

蓄欲为辰阳之行适寺簿先生以使事来武陵既获再侍又蒙俯用近者寄上鄙韵赐之辄复次韵叙别并呈子实百六丈

岁事有丰俭，民情关悴荣。蓄储虽具数，郡邑颇空名。为国深存虑，劳公作是行。违离频领引，邂逅复心倾。有志空前躅，无成愧此生。匆匆还进棹，覃查仅班荆。对雨埙篪句，看云手足情。千林唤归去，一雨劝催耕。

衡山道中怀清江旧游寄长沙诸公

昔我官白下，屡到清江上。清江众君子，我友或我丈。至今过其邦，眷恋若乡党。几思结庐居，风流共来往。奈何怀玉山，挽我不我放。去年五溪归，泊家长沙国。长沙今洙泗，不但谈贾屈。梁吴兄弟游，两周新旧识。咸能不我鄙，更复成我益。其余或一见，往往情如昔。自疑长沙人，宛类清江时。官期纵卒卒，行计犹迟迟。出门即风雪，怅此将安之。然薪旋烧酒，借笔追索诗。诗成何所属，兴落古湘西。

寄雷丈朝宗

忆我前年秋，驱羸赴行在。凄凉醴陵门，公独枉轩盖。客中遇还使。素书仅一通。计之曾未达，公起使广东。而我困流徒，日月无定止。逮今得还山，莽莽舟在水。长沙公寓乡，来往维其常。傥复后此使，音问政渺茫。如公所抱负，外敛中甚富。遄归定非晚，入待帝左右。车行过怀玉，寄声到林谷。容我复驱羸，宵征戒童仆。

南风行十八日早作

吾闻黄帝张乐洞庭野，始意庄生言故假。又闻湘灵鼓瑟进玄螭，亦意屈子夸厥辞。属行洞庭四月半，南风三日吹不断。黄昏犹是天陆离，午夜忽成云片段。病夫数起不知睡，数起侧听仍熟视。恍疑帝乐尚铿鍧，又谓湘弦发幽閟。乃知二子元非虚，吾闻自用耳目拘。须臾月落天向晓，依旧南风波浩渺。

闰七月二十日侍知府寺簿先生为石鼓山向园之游

晦翁守南康，政成有余暇。驾言山之中，于日非聊假。紫霄作重阳，白鹿见图画。闻之几向风，恨不款段跨。今年五溪归，迩日三湘役。先生喜其至，舍以江亭阔。频能枉高轩，人骇非重客。那知先生意，于此自为德。兹日复何日，休沐著甲令。先生重过之，俱款石皷胜。西溪命题字，东岩俾开径。既除古莓苔，又索贤名姓。已焉兴未休，棹舟放中流。西风未却暑，一雨方回秋。僧坊远莫至，隐墅近得留。宁同岘山辈，不异舞雩游。

沈沅陵生日

十载郊居赋，当年蜡屐游。江山元好在，人物继风流。奏牍频能上，弦歌特暂留。白云宽志养，黄纸拜天休。先契仍僚契，赓酬复献酬。悬弧颂初度，横鹗看清流。

书事

我行一何忙，羽檄来星奔。忙行抑何事，列境备戍屯。贼犯连英郴，江右声已宣。往年缚李金，此邦盖晏然。而今独胡为，骚驿穷胡昏。政坐茶赋时，曾窥此邦藩。茶贼异比贼，本皆商贩民。忽当法令变，州县复少恩。求生既无路，冒此图或存。此贼据巢穴，其徒况是繁。萌芽手可披，不披生恶根。虽云巢穴深，岂离率土滨。彼犹蜂蚁聚，我军貔虎群。彼积鼠壤余，我粟多腐陈。彼乃寇攘尔，我盖仁义云。边庭尚思犁，此又何足言。何当快除扫，听民乐耕耘。我亦得抛官，归舟趁春浑。胡为故使我，驹局仍鸱蹲。更虑一朝焚，碔砆同玙璠。

四月十五日发岳州

狱事生人系，使臣王命将。移官乏童马，泛宅恃舟航。浩浩沅湘疾，滔滔孟夏长。妻孥累微禄，盗贼幸空囊。水驿才容借，风帆又趣张。谁与可尤怨，政尔赋行藏。

送彭孚先赴辰州教授

因行碧湘门，倏念黄草尾。曩辞戴安道，同者欧阳子。那知三年过，仅谓一日尔。惟辰虽陋邦，分教多名士。前瞻固高明，后至复奇伟。天将惠其俗，贤者不自鄙。流传几人说，邂逅一见喜。谈论未云终，别袂已复起。勿谓隔沅湘，因来致兰芷。

送沈沅陵

世官古所讥，世禄今不废。要之苟有人，二者非苦背。君祖我曾祖，绍圣同廷对。素风我莫嗣，清德君可辈。江湖渺闻名，荆蛮适亲诲。忘年君固美，并行我终悔。许以相唱酬，何止闻謦欬。君行竟先我，后会何时再。江花与江章，颇恨远自碍。君于门户责，有似松柏耐。而我诗书乐，政尔羞同队。临分曷告我，苦语幸勿爱。我亦安赠君，结兰以为佩。庶几二祖风，岁久端如在。

桃川山中用陈苏旧韵示周游

仙人之为仙，终古莫尽世。颇笑区中人，沄沄逐川逝。念将与之游，端恐吾道废。如为千里行，数步辄一憩。不如返吾乡，耕凿仍树艺。及私具伏腊，输王应租税。人惟颜徒晞，学匪桀犬吠。桃源定何许，说自渊明制。今日复何日，身乃中山诣。嗟哉彼嬴秦，其虐甚幽厉。不知丧无日，万欲从始岁。商山被褐者，疢疾由德慧。徐福尚海山，此地只楚界。胡为略不闻，政坐耳目蔽。神仙非吾学，可以置度外。山高水深深，好事幽寻契。

题彦真天开图画

湘山不为高，湘水未为远。湘城几何家，湘景无不挽。滕侯宅虽早，郭圃市之晚。纡余直陂陁，突兀对偃蹇。登临适正昼，亭榭惬深稳。诗材浩无穷，画手羞用本。虽然倏变化，正以发关键。

题沅陵县治廊轩

昔我过此屋，四壁蔽莫窥。屋外何所有，榛草连污池。今我重来过，壁去檐竹垂。榛草既除屏，洿池出涟漪。檐前复何有，江上山参差。山穷望不穷，所恨眼力遗。主人要命名，名泛境不随。昔闇今则廓，曰廓咸谓宜，慨兹一室尔，系在治不治。除昏与致明，可不念已为。游焉且息焉，舍斯复何斯。岂惟君是规，我亦因得师。

同见可过书院

远山未释云，近山复垂雨。清风飒然下，吹落何处所。虽为湘中客，湘西不屡来。晨舟冒雨过，晚棹乘风回。看山亦何有，要落渔樵叟。我虽甚爱之，可暂不可久。吾弟之于画，赵遥殆能事。好作渡湘图，他时寄离思。

魏辰州生日

昔在思文献，今焉见典刑。玉良中有韫，陂广外无外。毓秀舒淮水，飞声出汉廷。恩虽予符左，官来继毡青。谕俗书阴德，传家刻孝经。庶几相感格，于以称丁宁。万象皆春气，斯人乃德星。否臧斯列上，耳目岂途听。松茂寒仍秀，兰幽远更馨。不惟归盛美，并用祝修龄。

以予与斯远倡酬诗一卷寄钱伯同运使郎中二首

公作广信牧，我为辰阳掾。长沙趣归程，临汝甫再见。我今华岳祠，公乘江东传。虽能递尺书，未易重会面。钱晁固世亲，贵贱宁异眷。复此候寒温，因之致诗卷。

我家怀玉居，盖自南渡初。元无五亩宅，仅保一束书。不调如释之，何翅十余余。但有四壁在，倦游亦相如。况此方病卧，何繇瞻使车。所徯公嘛笑，以为民惨舒。

重阳近矣风雨骤至诵邠老满城风雨近重阳之句辄为一章书呈教授沅陵

好诗不在多，自足传不朽。池塘生春草，余句世无取。诗家黄州潘，苏黄逮师友。六义极渊源，一贯相授受。秋风有奇思，箪瓢忘巷陋。奈何催租人，败之不使就。我谓此七字，已敌三千首。政使无败者，意尽终难又。纵令葺成章，未免加钉饾。衣锦欲尚絅，何尝炫文绣。一洗凡马空，浪说充天厩。重阳晴则已，雨必风在口。今兹季月来，阴雨变时候。愔愔爵罗门，寂寂鸟噪牖。黄花冷未芳，黄叶扫复有。颇将写吾怀，渠在那出手。并想东篱人，瞻前忽焉后。

辰阳待岳祠之命舟发武陵回寄从游诸公

叔父同流元祐支，清贫远自相国时。旧闻河朔人伟奇，元衡笔力犹可窥。佳哉伯玉贤埙篪，小阮亦与竹林期。兆民虽云非旧知，知之正自梅花诗。伯寿憔悴儒冠衣，十年不调长苦饥。经明行修后所归，非吾光远其谁推。洪文学问方筑基，基成可保无倾攲。嗟我误落东南陲，疏者乃亲亲异宜。念我流转终年疲，去章已上归俟之。或持酒肴或赠辞，亦或眷眷江之湄。数面成亲还语离，前日之乐今日悲。秋风飒飒衣披披，山长水远属玉飞。高城望断日已西，望不可见令人思。

代书寄候毛伯明李叔器康叔临张王臣

巴陵洞庭在何处，我昨移官向其所。士所得者毛李康，兼之旧识祁之张。毛公学问本伊洛，康李从之亦不恶。皆能脱去科举累，相与探求圣贤事。张侯英爽固绝人，亦复降志相友亲。谁云巴陵洞庭侧，有此四士宁易得。别来书疏犹数通，辰溪隶与巴陵同。张侯再把蒸湘酒，别后不闻安与否。遥知岁晚巾屦从，当亦念我穷山中。尝疑昔人重离别，生不相逢死何别。偶逢鄂渚行人去，懒复作书题此句。巴陵渺渺若个边，何时重泛洞庭船。

怀昔

君不见昔日朗州刺史贤何多，考功右史名不磨。当时岂亦为名计，民自思之相与纪。如何后世异于是，我自为我民为尔。但忧潦浸务安居，不虑旱年当使水。一时掘凿恐不深，今日车戽乃无地。常闻退之勇词讼风伯，甫也亦欲鞭起雷公洗吴越。我知二子属风雷，引喻政合离骚辙。虽然柳州禬说义甚显，神且逃难吏何免。

三月十八日

巴陵一月雨不休，岂惟人病天亦愁。蚕饥麦腐谷种坏，农夫田妇呼天求。巴邑有客方倦游，杭湖欲归思具舟。冥冥政尔羡归雁，拍拍安得从轻鸥。远书数月绝不得，尔穷故与吾仿佛。或云此雨只此域，又道淋淫遍江国。夜来痛饮不知极，终日破床成兀兀。感期风雨忆江东，诗就鸟栖窗纸黑。

四月十二日以夏潦暴甚舣舟辰之铁枪崖下偶得浮木于水中宛然如山因其形似名曰卧岭立峰喜而赋诗当寄交友之能诗者求著语焉

昔读梅苏木山诗，未信人间有此奇。虽云尤物不必有，时一玩之何病为。吾行东南千万里，仙游不已遂臻此。奇奇怪怪日在眼，浩浩汤汤夜盈耳。旧评峡江似严陵，此行佳处亦可朋。又闻八桂好山水，亦应与此相云仍。画师好手不可遇，诗中有画无其具。江神好事不我尤，乞与一山酬愿素。不如何年遭仆落，浪激波冲几飘泊。岸高壁立自崭岩，泓浅坳深非斧凿。老夫得之喜莫极，欲加名字相刻画。卧之成岭立成峰，天成故尔非人力。多言譊譊欲何如，要觅新诗为写摹。余名敢与昔人并，用寄我友梅苏徒。

送吴叙浦

年月日虽则同，学而闻道莫比踪。学而闻道胡不庸，咎且不免宁论功。一官俯首蛮貊中，几年积弊频年凶。去奸植善扶疲癃，我所目见非闻风。孰持黄诏来自东，谓君违天合君冲。天家误听州家谬，历计月日曾未充。使家熟视州家惜，万里君门谁为通。学而闻道要有用，达岂吾泰穷何穷。君之授受远有宗，湘水浩浩湘山雄。龙门当日谓不遇，尹杨亦到明光宫。

桃源道中用邢子中丈旧韵

山川曾是避秦余，何得真成画不如。想象曾闻昔所赋，经行为记我今初。欲知赋役无逃遁，看取耕桑映密疏。雨笠烟蓑春正好，盍抛手板便从渠。

田家行二首

雨声飒飒断复来，间作隐隐兼出雷。田家作苦乐不哀，拔秧插田政时哉。谁知有客洞庭上，船破逢疏蔽无障。何如雨笠与烟蓑，相逐田伴歌田歌。

江东闻田歌，湖北听田鼓。鼓声于以相疾徐，歌调因之慰劳苦。东山丝竹仍携妓，风月鸣蛙胜鼓吹。何如田鼓与田歌，乌乌坎坎安而和。

早过桃川不能谒一庵走笔寄之

山苍苍，水茫茫，落月未落归故乡。扁舟欲系忽已远，隐居不见遥相望。思君山中煮白石，叹我道上炊黄粱。开书视古常太息，今人高处亦难及。

赠于革去非时为武陵尉

忆昨闻君谓君老，及见知君得名早。文章妙处殆夙成，不作扬雄少而好。西山南浦饫搜寻，武陵桃源覼探讨。诸公识面争我出，学子闻风竞门扫。嗟我无闻不足畏，何事相逢亦倾倒。论诗未易当韩豪，聊复悲吟似郊岛。[1]

①赵蕃诗辑自《淳熙稿》，清武英殿聚珍版丛书本，同治十三年江西书局刊本。

卷三十七

叶適

叶適（1150—1223），字正则，号水心。温州永嘉（今属浙江）人。淳熙五年（1178）进士。历太学正、博士、湖南转运判官等职。官至权工部侍郎、吏部侍郎兼直学士院。后归乡，杜门著述，主张功利之学，反对空谈性命，对朱熹学说提出批评，后世推为永嘉学派之巨擘。卒谥“忠定”。著有《水心集》二十九卷、《别集》十六卷、《习学记言》等。

送孙子渊潭州司理

我住潇湘狱自清，囚衫虫蠹雨飘零。如今三院更幽寂，闭户勘书花满厅。

湖南运判到任谢表

冒选择于久闲之日，厚矣曷酬；拜恩除于尚病之时，羸而难任。陈情未察，恭命勉行。中谢。伏念臣思过特深，自量尤审，一昨赐归于穷舍，即甘息望于荣涂。惟君父之矜怜不衰，与朝廷之记录常在，甫颁祠廪，遽锡州麾。虽许控辞，终蒙注意，遂出重湖之节，假以灌输之权。示欲必行，严为期会。臣子供奔走之职，何敢屡违；穹苍垂覆盖之私，所宜仰戴。载驰袢暑，绵涉修程；既达置司，奉将隆指。然臣灾屯合聚，痌恙侵凌，形质至于变移，心虑从而昏夺。累年沉痼，众药备尝，曾微除愈之期，仅有苏醒之觉。故人玩于存省，惑疑于他；医工莫知主名，可谓异疾。今有事任于一路不为少，非展布其四体无以堪，若姑以疲惫临之，则何但卤莽而已。更虞阙败，上累生成。此盖伏遇皇帝陛下，法帝尧之知人，致文王之多士。考于已试，宁使勿欺；采其旧闻，责以来效。故令废惰，玷此光华。臣敢不销虚威以周下情，立实信以观远俗。视残驱之可力，倾尽而为；傥宿疢之或平，糜捐以报。

平江县王文正公祠堂记

湖外俗简朴畏事，而平江喜讼善逃，与江、浙嚣县比，其上风所从来久矣。昔王文正公宰是邑，民甚爱之，生为奉祠，岂非公能以德揉其民于平，而不以刑迫其民于险欤！公时初仕，年又极少。夫初则涉历无素，少则血气未定，公有凝然安静，乃若老宦备尝者，贤之禀质，要当与常人异耶！然公既去平江，又监潭之银场，通判濠。郑州王禹偁荐其材可转运使，驿召至京师，辞不拜。献所为文，然后得直史馆，知制诰，则是不独长者盛德，而又尝以吏能称矣。其为民补弊剔蠹，锄其悍顽，而兴作利政。以惠养之，意必有风迹可述，惜其世远而不能传也。陋者徒以公为宰相，民所夸羡；甚至魑退舍，蚁避席，亦曰福力使然，尤谬妄矣。且有功德于其民，去而见思，虽狼狈困辱，尚不忍忘，岂待其必为大官哉！不然，则彼尝所临莅非不多，而获祠于民何其少也！嘉定六年，永嘉陈君观任平江令。盖今之平江又异昔者，旧讼始决而新争无穷，逋赋适偿而追敛无已，至于版籍府藏，一切废坏。君敏于应猝，易乱为整。未几而县大治，则完揭学舍，以善道示民。公祠故在长庆寺，去县七十九里，君患其不足系民瞻也，即学后新立党祀公，邑先大夫皆像于两傍，作《四慕诗》，以风劝之。其人跂而竦，俛而悟，肸蠁感召，如公复出，亦一时之盛也。夫化不可骤，而君之岁月不及待其久而成。虽然，余所谓有风迹可述，必于君取之。县有嵘阜、连云二山，高踰万寻，衡岳反在其下。其云气异物，恍惚有无之间，可以渺然而赋矣。

茶陵军减苗置寨记

茶陵中县，十比衡阳三四。绍兴初，以其旁午广、虔诸郡，寇贼所见伏，故建军升使，示有蕃卫而强其县，所以安利一路也。嘉定初，又以其直韶州，千里无官司，仇杀不忌，寇贼辄发，故裂三乡别置酃邑，戍及水口，蕃卫尤密，遂废军罢使而弱其县，亦所以安利一路也。虽然，安利一路，视令材何如，不在县强弱。今昔异规，未知孰是，而茶陵则有二患：兵移于新邑，无卫民不安；赋移于新邑，重输民不利。经数令，至卢君子及。君虽有字養之方，制御之略，顾事已坏，欲挽回，得哉！余友赵蹈中，转漕湖南，察而怜之。蹈中明果肃怛，右良锄奸，捕劾罗天锡等罪不道以上，论如律，取其租石三千八百，补茶陵之缺正足。卖财物贯三万四千，立古云巡检，永食七十人。然后亩之增税者尽除，夫之荷粮者悉免，官急借而先期者偿之，户穷乏而殿负者贷之。营圃初成。弓矢初张，习教有晨，部分有容。上下感悦，斗讼稀省。炎帝庙、孔子学及尉署久敝，加整治功坚。旧潦衢淖巷，沟而隆之，街石粲然。刷比岁焚劫之丑，还百年富盛之乐。蹈中爱君材有余，又荐于朝，力无不尽。民既然幸其私我，相率来告曰："必记是不忘。"夫始议必详，横恩难再，若分遣丞佐，迭受民词，不亦简而易行乎？奚别置为！业已析裂，饷挽失供，不并请乎？奚后患为！士兵扞其境，耕而后食，茶陵顷五千无遗莱，旷土可寻乎？奚仰哺为！禹弼成五服，因物自然，安得巨亿之财为一县地哉！本蹈中意，欲以独厚茶陵者，遍惠所部耶？嘉定十四年九月。①

刘过

刘过（1154—1206），字改之，号龙洲道人。湖北襄阳人，后移居吉州太和（今江西泰和县），长于庐陵（今江西吉安）。与刘仙伦合称为“庐陵二布衣”。著有《龙洲集》、《龙洲词》。

湖口邂逅张伯丰同行

万里无人独自行，得君逆旅慰东征。聊同骑马相先后，共作诗词迭唱赓。仆向洞庭和雪渡，船从湖口带冰撑。明年袍绿荆州去，遇有西人好奇声。②

刘仙伦

刘仙伦，一名儗，字叔儗，号招山，庐陵（今江西吉安）人。著有《招山小集》一卷。

题岳阳楼

八月书空雁字联，岳阳楼上俯晴川。水声轩帝钧天乐，山色玉皇香案烟。大舶驾风来岛外，孤云衔日落岑边。东南无此登临

①辑自《水心集》，《四部丛刊》景明刻黑口本。
②辑自《龙洲集》卷五七，景印清文渊阁四库全书本，台湾商务印书馆1986年版。

地，遣我飘飘意欲仙。①

陈文蔚

陈文蔚（约1154—约1239），字才卿，宋上饶（今属江西）人。师事朱熹。尝举进士，端平二年（1235）诏补迪功郎。学者称克斋先生。著有《克斋集》十七卷。

十一日同诸友登南台二绝

万里秋风约我曹，俯观阛阓总尘劳。跻攀不藉登山屐，身世从知本自高。

脚底云山叠叠低，面前一带绕清溪。秋光总可供吟笔，写作登高第一题。

纵步过资福寺僧留饮出示净度文三教一理认经书寺门桂花烂开

一编净度出玄文，因甜书窗醉酒尊。儒释未须谈一二，且于花下立黄昏。

辛亥春与陈周佐县丞会于涔川旅邸从容三日临

雪夜访戴时，未至已先返。潘魏一夜话，兴味良亦短。三日聆妙语，远胜十年款。嗜欲排喧嚣，议论反根本。酒罢放怀歌，超然心更远。古人不难到，学力贵自勉。花柳况欣欣，游哉春

①辑自《宋诗纪事》卷六三。

未晚。

读书傅氏揖桂林外一山恍如徐子融书阁所见书阁见山之阴揖桂见山之阳戏盛开绝呈子融

自昔桂阳名此山，登楼恍若见林端。山中固有诛茅地，却许吾人背面看。

清明资福僧遣诗赋此以答之

清明恰值雨晴时，胜喜邻僧福有诗。十里懒寻沽酒旆，一编深下读书帷。放怀是处青春好，无事于中白日迟。况是精蓝去家近，兴来何惜瘦藤支。

右溪道中偶作

自从天地开辟来，溪水清驶山崔嵬。山高水清亦奇观，怪问胡不生人材。人材本作世间用，朴仆支倾作梁栋。不然空冒一时名，过眼空花已如梦。人生出处不可期，伊周亦偶遭明时。颜闵何尝有科目，德尊百代帝王师。自古相传惟此道，一派源流端可考。道存不系穷与通，经济业穷耕钓老。风埃鼎鼎百年中，世事兴废何终穷。只有诗书传圣学，尧舜授受同高风。唤醒此原山与水，孕秀发祥从此始。立朝有道佐明君，抱璞山林亦奇伟。吾家家此不计上，未知起者谁其先。丈夫才业贵自负，不必美恶归山川。久欲题诗磨翠壁，要使后来闻义激。乾坤造化岂无人，细与摩挲观此石。①

①陈文蔚诗辑自《克斋集》，景印清文渊阁四库全书本，台湾商务印书馆1986年版。

姜夔

姜夔（约1155—约1221），字尧章，别号白石道人，宋饶州鄱阳（今江西鄱阳县）人。终生未仕，一生转徙江湖。早有文名，著有《白石道人歌曲》、《白石道人诗集》等多种。

待千岩两首

搴裳望洞庭，眼过天一角。初别未甚愁，别久今始觉。作笺非无笔，寒雁不肯落。芦花待拏音，怪底北风恶。

若人金石心，试命洞庭浪。传闻下巴陵，沥酒喜无恙。我行丹枫林，屡骋白苹望。乌鹊不可嗔，论功当坐上。

送左真州还长沙

吴儿牵挽醉莼鲈，今日西归略自如。别路冷云散驿马，望乡乔木记吾庐。湘中花月偏怜酒，淮左儿童待拥车。凡我旧游君更历，橘洲相见讶无书。

次韵千岩杂谣

平生中散七不堪，风尘时时伴燕谈。道士有神传火枣，故人无字入云蓝。雨凉竹叶宜三酌，日落荷花倚半酣。极欲扁秀南荡去，冷鸥轻燕略相谙。

过湘阴寄千岩

眇眇临风思美人，荻花枫叶带离声。夜深吻笛移船去，三十六湾秋月明。

昔游诗

洞庭八百里，玉盘盛水银。长虹忽照影，大哉五色轮。我舟渡其中，晃晃惊我神。朝发黄陵祠，暮至赤沙曲。借问此何处，沧湾三十六。青芦望不尽，明月耿如烛。湾湾无人家，只就芦边宿。

放舟龙阳县，洞庭包五河。汹汹不得道，茫茫将奈何。稿师请小泊，石碇沉泥沙。是中太无岸，强指苇与莎。滞留三四晨，大浪山嵯峨。同舟总下泪，自谓餧鼋鼍。白水日以长，仅存青草芽。转盼又已没，但见千顷波。此时羡白鸟，飞入青山阿。

九山如马首，一一奔洞庭。小舟过其下，幸哉波浪平。大风忽怒起，我舟如叶轻。或升千丈坡，或落千丈坑。回望九马山，政与大浪争。如飞鹅车炮，乱打睢阳城。又如白狮子，山下跳狰狞。须臾入别浦，万死得一生。始知茵席湿，尽覆杯中羹。

萧萧湘阴县，寂寂黄陵祠。乔木荫楼殿，画壁半倾欹。芦洲雨中淡，渔网烟外归。重华不可见，但见江鸥飞。假令无恨事，过此亦依依。

我乘五板船，将入沌河口，大江风浪起，夜黑不见手。同行子周子，渠胆大如斗。长竿插芦席，船作野马走。不知何所诣，生死付之偶。忽闻入划声，灯火亦稍有。杙船遂登岸，急买野家酒。

天寒白马渡，落日山阳村。是时无霜雪，万时砚奔奔。外旃吹已爰，内纩冰不温。吹马马欲倒，吹笠任飞翻。不见行路人，但见草木蕃。忽看野烧起，大焰烧乾坤。声如震雷震，势若江湖吞。虎豹走散乱，麋鹿不足言。夜投野店宿，无壁亦无门。此行值三厄，幸得躯命存。明发见老姊，斗酒为招魂。

青草长沙境，洞庭渺相连。洞庭西北角，云梦更无边。复有白湖沌，渺莽里数千。岂惟大盗窟，神龙所盘旋。白湖辛巳岁，忽堕死蜿蜒。一鳞大如箕，一髯大如椽。白身青鬐鬣，两角上梢天。半体卧沙上，半体犹沉渊。里正闻之官，官使吏致虔。作斋为禳禬，观者足阗阗。敛席覆其体，数里闻腥膻。一夕雷雨过。此物忽已迁。遗迹陷成川，中可行大船。是年虏亮至，送死江之壖。或云祖龙识，诡异非偶然。近日山阳人，采菱不知还。望见三龙浮，目若电火燃。见龙多见尾，少见四体全。一龙已为异，三者亦罕传。又因鱼湖侧，水中忽生烟。烟中一驴出，绕身步蹁跹。俄随霹雳去，欲诘无由缘。我闻语此事，乘舟往观焉。径往枯葭蒲，白鹭争相先。湖有刘备庙，实司浩渺权。裴回无所见，归棹月明前。

昔游桃源山，先次白马渡。渡头何清深，鸿鹄在高树。白马亦洞天，昔人有奇遇。洞门不可见，但闻水声怒。瞻彼羽人宅，乃乘方船渡。修廊夹五殿，重阁映千树。规模象魏壮，回合绿阴护。山椒望五溪，壶头入指顾。故宫在其北，屋瓦带松雾。古杉晋地物，中空野人住。外围四十尺，内可十客聚。我游瞿仙馆，坛上表遗步。邓下八叠坡，一亭众妙具。两山抱澄潭，老木枝干互。瞻前秀而迴，坐久凛难驻。桃源独不邮，僻在宫南路。山行转深邃，狙猿纷上下。石窦出微涓，令我意犹豫。昔闻渔舟子，水际见洞户。今看去肖远，定自后人误。惆怅却归来，此游不得屡。于今二十年，历历经行处。

昔游衡山下，看水入朱陵。半空发积雪，万万玉花凝。或如生绡挂，或作薄雾横。纷纷虎豹吼，往往蛟龙惊。人语不相闻，溅雹漂我缨。有鱼缘峭壁，上上终不亭。此中有神物，雷雨周八弦。

昔游衡山上，未晓入幽谷。欲识所坐舆，横版挂两竹。状如秋千垂，高下不倾覆。登山九千丈，中道多佛屋。一峰高一峰，峰峰秀林木。仰看同来客，木末见冠服。高台石桥路，寻常云所宿。下方雷雨时，此上自晴旭。紫盖何突兀，万里在一目。余峰六七十，仅如翠浪矗。北有懒瓒岩，大石庇樵牧。下窥半岩花，杯盂琢红玉，飞云峰畔过，揽之不盈掬。祝融最高绝，紫盖不足录。俯视同仰观，苍苍万形伏。惟余岣嵝峰，南睇半空绿。仿佛认潇湘，向岳流屈曲。高处惊我魂，幡思宅平陆。其东有雷穴，灵异谨勿触。云来绵世界，云去一峰独。僧窗或留罅，云入不可逐。绝顶横石渠。仙人有遗躅。山多金光草，夜半如列烛。灵药不可寻，吁嗟归太速。

衡山为真宫，道士饮我酒。共坐有何人，山中白衣叟。问叟家何在，近住山洞口。殷勤起见邀，徐步入林薮。云深险径黑，石成湍水吼。寻源行渐远，茅屋翦如帚。老烹茶味苦，野琢琴形丑。叟云司马仟，学道此居久。屋东大盘石，棋画今尚有。古木庇覆之，清泉石根走。因悲百年内，汲汲成白首。仟人固难值，隐者亦可偶。追惟恍如梦，欲画无好手。①

曹彦约

曹彦约（1157—1228），字简甫，号昌谷，宋南康军都昌（今属江西）人。淳熙八年（1181）进士。后累官宝谟阁待制、知成都府。嘉定年间迁湖南转运判官、知潭州兼荆湖南路安抚，后擢为兵部侍郎，迁礼部侍郎，以华文阁学士致仕。卒谥“文简”。有《昌谷集》。

故福建提刑钟编修挽章二首

问俗周方国，推贤汉吏师。立朝天有喜，仗节玉无疵。得自南轩学，亲承北面师。更无工部句，可继八哀诗。

江汉迎归客，潇湘问故人。锦衣新炫书，绣使近行春。坐对长沙酒，空伤夜雨神。南楼风月下，霏屑易成尘。

桂阳走笔呈以道

别后蓬丘老，分杯岁又阑。发因求道白，心但济时丹。疟鬼三秋热，河鱼六月寒。不图梅影夜，对榻共平安。

郭承禧同年解倅印趋朝

昔在慈恩会，交新意已亲。相逢游宦处，不比后来人。共度衡阳夏，平分岳麓春。夤缘如此少，欲别倍伤神。

---

①姜夔诗辑自《白石道人诗集》，《四部丛刊》景清乾隆江都陆氏本。

郭承禧同年解倅印趋朝

仕路何曾乐，迎新却是荣。诸公新引类，难弟久专城。便恐班朝著，无劳仗友生。长沙风月夜，炯炯自清明。

次韵长沙郑监庙公选

先生清德彻寒泉，应俗周旋更折旋。游宦向来徒涸耳，盛名今得孰多焉。诗严尚作蜂腰格，志大宁忧马腹鞭。却似周公勤小物，乱挥珠玉掷忘年。

次韵长沙郑监庙公选

已废诗坛罢酒兵，更无余力敌分阴。两章句好惊霏悄，千里神交信断金。如弈棋然随手著，效颦戾亦捻须吟。不图病客甘投老，敢与诗人作赏音。

冬至伊迩滞留桂阳有感

如此生涯任转蓬，几年漂泊羡归鸿。凄凉落日荒山外，黯澹愁云暮霭中。业菊乍残秋色远，岭梅将放雪光融。枯肠索尽浑无事，诗句粗成付碧筒。

送赵安卿召除考功

秉节归来乍赐环，握兰高处自催班。身趋地禁严凝上，名在湘清欸乃间。万灶艰难宽国步，一是咫尺近天颜。席前若问长沙事，只有空仁渗百蛮。

送赵安卿召除考功

五老重湖一腐儒，强令随牒应时须。杜陵身世霜前鬓，陶令田园雨后芜。梅菊满怀忧岁晚，松楸关念怯春濡。知音自是调元手，乞与还山护命符。①

徐玑

徐玑（1162—1214），字致中，又字文渊，号灵渊，浙江温州人。初受父徐定"致仕恩"得职，后移永州司理，又为龙溪县丞，调武当令，改长泰令，拟去官从叶适游，未及而卒。有集已佚。

别赵汝俚黄中

古道难为友，相期一见中。但令心事合，不在语言同。秋早湘烟白，舟移岸蓼红。别怀如回野，长与水云通。

泊舟呈灵晖

泊舟风又起，击缆野桐林。月在楚天碧，春来湘水深。官贫思近阕，地远动愁心。所喜同舟者，清羸亦好吟。

怀素台

不识张颠面，画成钗股艰。长年昔年宅，独塑醉时颜。笔与身同葬，池荒墨似斑。才清人必重，潇岸野云间。

①曹彦约诗辑自《昌谷集》，景印清文渊阁四库全书本，台湾商务印书馆1986年版。

凭高

凭高散幽策，绿草满春坡。楚野无林木，湘山似水波。客怀随地改，诗思出门多。尚有溪西寺，斜阳未得过。

送单丙文先生归沅州

傅得临池诀，勤劳敢遽忘。锥沙惟是正，舞剑本非狂。旧隐寻芳芷，离怀对碧湘。寸心长记面，不似隔他乡。

送翁巴陵之官

好去巴陵县，神仙屡此过。但知存惠爱，自足感弦歌。官况湘流碧，诗情楚岫多。梅花送征棹，万里接阳和。

送岳州蒋节推

湘水知几派，到湖相合流。烟深云梦晓，风静岳阳秋。送子方行役，令予忆旧游。文书时正省，赋咏可登楼。

翁通判通挽词

处已先能俭，为官易得清。长卿诗最好，叔度德难名。归旐郴江远，新坟秀岭平。松楸本相望，惆怅不堪情。

翁通判通挽词

昔年楼上饮，分韵正秋深。冷貌长如在，高风不可寻。独遗杨子厚，谁寄惠连音。莫向山庐宿，松声似夜吟。

湘水

湘水几千里，平流少激湍。数家分市井，列石起峰峦。岂是昔曾到，独疑画上看。吟咏身渐老，向此作微官。

湘中

旧说湘中事，身来又可寻。庙存虞帝迹，江照楚臣心。为客人俱远，题名刻自深。春回洲渚绿，遥望正沉吟。

谢步石鼓山

谢公曾步处，石鼓尚依然。地狭川多涨，山高浦欲旋。不因诗句说，更复有谁传。怀望徘徊久，寒郊起暮烟。

岳麓书院

屋舍如庠序，读书兼教文。来北望南岳，青似一重云。步绕业山小，城看隔水分。欲知巡狩事，野老间能云。

泊马公岭

维舟拂晓步平沙，晚泊云根第一家。新取菜蔬沾野露，旋编篱落带山花。门前相对青峰小，屋后流来白水斜。可爱山翁无一事，藤墙西畔看蜂衙。

翁知县归自湖湘

渺渺秋江带碧鸦，君来应是吊湘涯。怀人也似居无竹，尤世长如饭有砂。一袖清风诗思远，满汀芳草夕阳赊。还归殊未□颜瘦，已种湖边绕处花。

奉和翁千四知千十四隐居山中作

翁侯两兄弟，志尚等高独。闲心没江鸥，逸兴狎山鹿。难兄早登第，高风动乔木。湘南花满汀，百里正膏沐。归作山水游，词源倾百斛。令弟小谢徒，深沉郁林麓。优游千卷书，平生几竿竹。能琴弦不理，少饮巾未漉。史倡复弟酬，音调谐击筑。昼卧小窗南，烦暑在荷屋。凉风从何来，池花动轻蔌。顾□传新章，爽气澔炎伏。如临古涧旁，泓澄碧环复。如倚青林下，松风对心读。善诗如善韵，謦响间圆熟。但令契人心，勿令骇人目。我爱二君子，芳馨袭兰菊。迎秋月色新，佳香满晴宿。安得扁舟去，□□荫溪谷。论诗暮继明，吟思俱罜罜。①

戴复古

戴复古（1167—?），字式之，常居南塘石屏山，故自号石屏、石屏樵隐。天台黄岩（今属浙江台州）人。一生不仕，为南宋著名江湖派诗人。著有《石屏诗集》、《石屏词》。

白鹤观

荒径行如错，蟠松看转奇。鸟声人静处，山色雨晴时。赊得溪翁酒，闲寻道士棋。个中有佳趣，莫怪下山迟。

长沙道上

诗情满天地，客梦绕潇湘。何处桂花发，秋风昨夜香。登山

---

①徐玑诗辑自《二薇亭诗集》，汲古阁景宋钞本。

犹矍铄，照水见昂藏。未了一生事，难禁两鬓霜。

长沙有感

自饮长沙酒，春风几醉醒。江波随意绿，山色为谁青。鸟好因人好，龟灵不己灵。江蓠与杜若，何幸入骚经。

常宁县访许介之途中即景

竹径入茅屋，松坡连菜畦。深潴沤麻水，斜竖采桑梯。区别邻家鸭，群分各线鸡。行人来少憩，假道过东溪。

春陵道上

云际寻行路，时逢一两家。山川闲世界，耕钓小生涯。病竹长新笋，寒芒摇落花。溪翁解延客，连煮数杯茶。

春陵山中

地僻民风古，雨晴天气新。空山竖奇石，乔木堕枯薪。深入千崖路，多逢百岁人。繁华凋性命，寂寞可全真。

春陵山中作写寄孔海翁

昨日分携后，回头望竹关。相亲唯白水，所见但青山。云近人家远，苔生石径斑。闻钟知有寺，又在渺茫间。

登祝融

秋风吹拄杖，直到祝融颠。目击三千界，肩摩尺五天。扶桑旸谷畔，青草洞庭边。云气无遮障，分明在眼前。

读严粲诗风撼潇湘覆江空雪月明以其一联隐括为对

笔端有神助，句法自天成。风撼潇湘覆，江空雪月明。苦吟非草草，妙趣若平平。李杜诗坛上，为君题姓名。

访陈与机县尉于湘潭下摄市

清淡守风节，当官若隐居。自称为漫尉，人道是迂儒。俸外无炊米，公余但读书。王门多贵戚，道眼视如无。

访陈与机县尉于湘潭下摄市

买得南坡景，创成西尉司。宅幽连寺观，地广带亭池。能事事易了，役民民不知。题诗记颠末，政不假人碑。

访陈与机县尉于湘潭下摄市

吾里不识面，他乡喜见君。数朝相款曲，杯酒接殷勤。清挹湘江水，笑开衡岳云。归心逐回雁，转首叹离群。

衡阳写怀简王景大赵俊卿

梦觉他乡枕，寒生半夜衾。客程湖外远，秋意雨中深。老马寻归路，羁鸦忆故林。家书连数纸，难写此时心。

寄耒阳令严坦叔

士元堂上坐，千载仰清规。百里宜民政，数篇怀古诗。江连杜甫墓，水落蔡伦池。公暇登临处，宁无忆我时。

见湖南绣使陈益甫大著

手揽澄清辔，声名汉范滂。一台振风采，列郡正权纲。衡岳势增重，文星日有光。金门虽藐藐，玉节自堂堂。

麾节罗群彦，朝廷只数公。近民多惠泽，望阙负孤忠。星殒京城震，沙移海水通。欲知休咎证，无路问苍穹。

敢写散人号，来登君子堂。论文才力短，忧世话头长。老不堪行路，心思归故乡。数行诗后语，夜夜吐光芒。

南台寺长老乃福州士人陈其姓语及光拙庵遭际寺乃石头和尚道场

元龙湖海士，参得石头禅。卓笔翻千偈，住山今十年。安心一丘壑，过眼几云烟。莫笑拙庵拙，声名动九天。

上封

楼台逼霄汉，窗户纳云霓。回顾千岩路，如登万仞梯。泉从山顶出，雪压树头低。高绝无人境，非僧不可栖。

邵阳赵节斋史君同黄季玉以合江亭三字分韵

万里清秋景，都归乎此亭。光阴几今古，天地一宫廷。濱水东西白，梅山表里青。登临生酒兴，欲醉又还醒。

水陆寺

长沙沙上寺，突兀古楼台。四面水光合，一边山影来。静分僧榻坐，晚趁钓船回。明日重相约，前村访早梅。

送王仲彝制机宰浏阳

一身供世用，六月赴官忙。当此炎天热，知君心地凉。吏能师卓鲁，县界接潇湘。试饮浏阳水，清清滋味长。

送王仲彝制机宰浏阳

浏阳谁谓小，桑柘万家春。远宦逢知己，推心在惠民。速宜还县债，闻早缀朝绅。说与诸公道，方岩后有人。

送湘漕赵蹈中寺丞移宪江东

持节复持节，因循霜鬓侵。盛衰关大数，豪杰负初心。宇宙虚长算，江湖寄短吟。番阳秋水阔，湘浦未为深。

题永州思范堂

太守能延客，兹堂为我开。清池照窗户，列嶂带楼台。剔藓观题字，披榛欲访梅。城根数株石，曾识范公来。

晚望怀长沙故人

却扇清风起，楼头坐晚凉。青山连远水，绿树带斜阳。客路伤离别，人情果在亡。定应今夜梦，随月到潇湘。

湘中

荆楚一都会，潇湘八景图。试呼沙鸟问，曾识古人无。痛哭贾太傅，行吟屈大夫。汀洲芳草歇，转使客情孤。

岳市胜业寺禹柏

三千年老柏，怪怪复奇奇。剖彼一枯腹，离为九折枝。蟠根半生死，阅世几兴衰。神禹所栽植，山灵常护持。

真西山帅长沙祷雨

太守持斋戒，精诚动九天。骄阳变霖雨，凶岁转丰年。信是经纶手，行司造化权。唐时相房杜，斗米直三钱。

真西山帅长沙祷雨

出郭问农事，家家笑语声。有田皆足水，既雨亦宜晴。山下溪流急，街头米价平。明朝闻领客，相见贺秋成。

长沙呈赵东岩运使并简幕中杨唯叔通判诸丈

日莫远涂行未休，白头又作长沙游。湘江一点不容俗，岳麓四时皆是秋。香草汀洲付骚客，红莲幕府聚名流。吟边万象写不得，上有风流赵倚楼。

衡阳度岁

为怀贾谊到长沙，又过衡云湘水涯。诗酒放怀真是癖，江湖久客若无家。茫茫万事生春梦，草草三杯度岁华。把定东风笑相问，忍将桃李换梅花。

湖广李漕革夫大卿饮客西湘

管领风光此会稀，坐中宾客总能诗。神仙有洞寻难见，山水当轩看转奇。春不再生陶侃柏，人来多打李邕碑。因思屈贾伤今古，国有忠臣无用时。

湖南见直帅

致身虽自文章选，经世尤高政事科。以若所为即伊吕，使其不遇亦丘轲。长沙地窄儒衣阔，明月池干春水多。天以一贤私一路，其如呷海九州何。

九日登裴公亭得无灾可避自登山之句何季皋滕审言炎之击节足以成篇

良辰乐事两相关，不可不求今日闲。有酒能赊堪荐菊，无灾可避自登山。心怀屈贾千年上，身在潇湘八景间。好向樽前开笑口，人生枉自作愁颜。

九日槠洲舟中

几年重九客他州，少泊槠田古渡头。人向饮中言我乐，谁知笑里是吾愁。黄华可忍抛三径，白发犹堪柰几秋。今日登高无处所，一樽携上枕江楼。

陪虞使君登岳阳楼

片帆飞过洞庭来，百尺巍巍水面开。疑泛灵槎上河汉，如从弱水到蓬莱。钧天广乐无闻矣，袖剑仙人安在哉。物物尽随波浪去，君山一点独崔嵬。

送滕审言归长沙别无聊

折柳亭前送故人，平沙留得马蹄痕。云生渡北迷行路，烟起江南认别村。恨不与君同上道，归来无伴自开樽。西楼独倚黄昏月，欲倩飞鸿寄断魂。

湘中

一棹无情度碧湘，行行不脱水云乡。旗亭少饮村醪薄，田舍新炊晚稻香。箫鼓远来朝岳去，包笼争出趁虚忙。涂人有愧黄居士，十载看经不下堂。

曾景建得罪道州听读

闻说乌台欲勘诗，此身幸不堕危机。少陵酒后轻严武，太白花前忤贵妃。迁客芬芳穷也达，故人评论是耶非。饱参一勺濂溪水，带取光风霁月归。

张仁仲提干衡阳冰壶亭燕客

大抵吾曹臭味同，留欢卜夜莫匆匆。一亭景物冰壶上，万里乾坤玉镜中。疏柳无心挂明月，败荷有恨倚西风。吟家旧日张公子，千首诗成句句工。

朱行父留度岁

衡山之下湘江上，风月留连去较迟。四海弟兄多不遇，一门父子两相知。梅边竹外三杯酒，岁尾年头几局棋。羁旅宦游俱是客，细论心事共题诗。

道乡台

万里南迁直谏臣，世间无地可容身。夜冲风雨过湘水，赖有青山作主人。

定王台

长沙米换长安土，筑此崔嵬寄远观。客子登台千载后，倚栏亦欲望长安。

衡阳舟中

萧萧风雨送行舟，小泊垂杨古渡头。不忍缓行江上路，落梅片片是诗愁。

湖南漕李革夫被召乃丐归

浪说归朝归豫章，新居万柳百花傍。何如表奏明光殿，乞取东湖作醉乡。

湖南漕李革夫被召乃丐归

轩冕难遮两鬓华，官居虽好不如家。一心懒上朝天马，要趁春风归种花。

宁乡道上遇张伯声

山禽调舌待春咔，江雨收声开晓晴。偶遇故人同杖履，梅花树下一诗成。

湘西寺观澜轩

东岸楼台西岸山，潇湘一片在中间。红尘不到沧波上，僧与白云相共闲。

湘中遇翁灵舒

天台山与雁山邻，只隔中间一片云。一片云边不相识，三千里外却逢君。

岳市胜业寺悦亭

寻幽揽胜老犹勤，但觉吟身瘦几分。净洗一生尘上眼，细看七十二风云。

栗斋巩仲至以元结文集为赠

寻常被酒时，归到急投枕。为爱次山文，今夜醉忘寝。伟哉浯溪碑，千载气凛凛。舂陵贼退篇，少陵犹敛衽。文章自一家，其意则古甚。大羹遗五味，纯素薄文锦。聱牙不同俗，斯人异所禀。君君望尧舜，人人欲仓廪。古道不可行，时对窳樽饮。

杜甫祠

呜呼杜少陵，醉卧春江涨。文章万丈光，不随枯骨葬。平生稷契心，致君尧舜上。时兮弗我与，屹然抱微尚。干戈奔走踪，道路饥寒状。草中辨君臣，笔端诛将相。高吟比兴体，力救风雅丧。如史数十篇，才气一何壮。到今五百年，知公尚无恙。麒麟守高阡，貂蝉入画像。一死不几时，声迹两尘莽。何如耒阳江头三尺荒草坟，名如日月光天壤。

衡山何道士有诗声杨伯子监丞盛称之以杨所取之诗求跋其后

道人幽吟岩壑底，伴晓猿啼秋鹤唳。自陶情性乐天真，一心不作求名计。一朝邂逅杨东山，诗声扬扬满世间。东山才与诚斋敌，手腕中有万斛力。为君翻九渊，探君骊龙珠。为君擘沧海，钩上珊瑚枝。丰城地下掘起龙泉太阿双宝剑，南山雾里窥见隐豹文章皮。是宝欲藏藏不得，总被东山手拈出。道人从此诗价高，石廪祝融争崒嵂。君不见弥明石鼎联句诗，千载托名韩退之。

南岳

南云漂渺连苍穹，七十二峰朝祝融。凌空栋宇赤帝宅，修廊翼翼生寒风。朝家遣使严祀典，御香当殿开宸封。愿四海，扶九重，干戈永息年屡丰。五岳惟今见南岳，北望乾坤双泪落。[①]

赵师秀

赵师秀（1170—1219），字紫芝，号灵秀，宋永嘉（今浙江温州）人。宋太祖八世孙，绍熙元年（1190）进士。庆元元年（1195）任上元主簿，后为筠州推官。晚年寓居钱塘，逝于临安，葬于西湖。有集。

安仁道中

行尽沿溪路，天寒岁又除。欲消冰似雪，初长麦如蔬。于世无成事，何时有定居。等缘贫所役，为仕愧为渔。

泛舟上湘口馆

春尽雨霏霏，春寒犹在衣。人寻春草去，雁背远峰归。潇水

①戴复古诗辑自《石屏集》，景印清文渊阁四库全书本，台湾商务印书馆 1986 年版。

添湘阔，唐碑入宋稀。应知名与姓，题写遍岩扉。

送蒋节推赴岳阳

君山那可上，四面是层波。此地风烟古，前人赋咏多。征帆冲雁字，官舍近渔歌。况尔修真者，回仙必见过。

送徐玑赴永州掾

二水鸿飞外，君今问去程。家贫难择宦，身远易成名。入署梅花落，过汀蕙草生。莫因饶楚思，词体失和平。①

赵汝镃

赵汝镃（1172—1246），一作赵汝燧，字明翁，号野谷。袁州宜春（今属江西）人。宋太宗八世孙。嘉泰二年（1202）进士。绍定二年（1229）知郴州，四年为荆湖南路提点刑狱，改转运使，移广南东路转运使。后以刑部郎中召入。著有《野谷诗稿》六卷。

安仁道中

半月离乡井，家音杳不闻。路危多半缺，桥朽忽中分。秋尽风搜叶，日沉岩宿云。荒村店虽陋，店主颇殷勤。

寄友人

口信传商买，年前未得归。湘沅淹异县，日月老征衣。骚兴遍芳渚，旧栖闲钓矶。思君不可见，独自立斜晖。

---

①赵师秀诗辑自《清苑斋集》，汲古阁景宋钞本。

醴陵道中

入得湖南界，皆嫌堠子长。烟岩松叶暗，风陌稻花香。桥断人迂路，车鸣水卷塘。宿程虽不远，木杪已斜阳。

送彦东还湘

湖南多爽处，羡子片帆还。秋影清涵水，烟痕淡著山。兰风香楚佩，竹泪冷湘斑。见说诛茅地，江头只数间。

邬文伯归自邵阳

宾主西游久，赓诗日日传。交情谁似此，与兴忽翩然。楚岸猿吟树，湘江月载船。我穷君更甚，相助愧无钱。

题合江亭

石鼓山头一小亭，乾坤万里眼双明。虽因刺史能寻胜，不遇昌黎岂得名。衡岳云开秋洗碧，蒸江湘合水争清。书岩莫辨当时字，空积尘泥野草生。

岳阳楼

洞庭雄压岳阳楼，万里风烟万里秋。左右江湖同浩荡，东西日月递沉浮。青蛇鸣袖神仙过，古瑟弹湘帝子游。朝暮飞鸥千百点，送迎城下去来舟。

再登岳阳楼

岳阳城下系扁舟，与客同登百尺楼。寻遍诗牌追旧句，恍驾岁律叹重游。波涵君艑两山翠，天落巴荆一镜秋。北望边烽犹未熄，敢忘后乐与先忧。

八景歌

《长沙志》载度支宋迪工画，尤喜为平远山水。其得意者有平沙雁落、远浦帆归、山市晴岚、江天暮雪、洞庭秋月、潇湘夜雨、烟寺晚钟、渔村落照，谓之八景。余昔尝见图本，及来湖湘，游目骋怀，尽得真趣，遂作八景歌。

嗷嗷哀鸣肃肃羽，魂清意爽爱湘楚。西风作恶阵脚散，斜行千点下烟浦。飞力已困日且晡，便欲就宿依寒芦。大者居中围以奴，丁宁缓急相惊呼。

晚日放晴雨脚收，楚山千里江吞秋。上水风生荻花渚，漠漠幅蒲天际浮。轻云骤掩目力断，云消似过芳洲半。危樯逐乌惟恐缓，燕子争飞先到岸。

朝氛吐吞影模糊，嫩日隐见光卷舒。湘峦滴翠石径滑，远近憧憧人趁虚。天风作意扶霁色，嘘拂昏翳半明灭。槿篱仿佛橘林隔，一竿斜插酒旗揭。

云拥黄昏朔风急，长空杳杳水拍拍。六花舞白遍三湘，失却寒峰翠千尺。片琼屑玉响群林，芦丛萧瑟声更清。冻月开奁俄吐晴，银宫一色上下明。

西颢沆砀露华白，河汉浩浩浴素魄。平湖万顷摇银光，只留君山一点碧。帝子扬灵驾飞龙，鼓瑟来游水精宫。声彻桂娥亦敛容，叶下北渚袅袅风。

楚天深云如墨泼，通宵滂沱翻江阔。寒声遍撼蒹葭林，要将秋容洗到骨。杜若洲有鸿雁栖，震凌喧梦时惊疑。钓翁醉睡却不知，椿脱缆断船偷移。

西岭骤暗销残晖，芷岸兰汀堆夕霏。数声撞空九天半，知有招提隐翠微。风助余音响崖谷，萧萧暝港孤舟宿。禅关栖鸟争寒木，归僧疾步穿山麓。

积雨初过湘水满，夕阳荡金接天远。影挂寒罾江步斜，红残茅檐沙巷晚。小艇泽畔收钓缗，鼓枻沧浪歌濯缨。醉眼西望送沉轮，系缆篱根穿锦鳞。

郴州鹿鸣宴

连科已占十名前，行听鸿胪第一传。我侯合符留劝驾，君能摛藻预兴贤。湘山点化名千佛，郴岭飞升效九仙。此去琼林天上宴，今朝先赋鹿鸣篇。

楚观歌

吾闻楚乡江山多胜处，今之楚观尤得江山趣。万象排拶索应酬，丹青阁笔无所措。大则湘水小临蒸，众流合派银河倾。陶写秋气浸明月，夜波爽透百雉城。右则雁峰左石鼓，双屏竞秀苍龙舞。吞吐岚光飞乱云，凉风暝送两崖雨。江山之趣于此无不宜，朝暮变化愈出而愈奇。最爱鸥鹭甘冷淡，占断汀渚供娱嬉。东涂西抹晚烟翠，渔父归舟卷钩饵。鼓枻而歌倚半醉，中有沧浪濯缨意。杜若一片迷芳洲，凭栏怀古生新愁。更上崔嵬千尺湘春楼，纵目乾坤尽见衡岳秋。

泛洞庭

解维武陵岸，江肥雨新止。兼程趋洞庭，势疾建瓴比。银光吞上下，莫辨天与水。我乃航其间，滉瀁藉一苇。吏尘贮两袖，到此划湔洗。黄昏打头风，洪波半空起。舟子惶束手，喧呼互排底。有篙无处著，有缆无地舣。铁索二百丈，牵猫卧沙底。进难退不可，簸弄任所以。巨浪声洪钟，合力撞舟尾。一撞心一折，通夕不知几。刻烛验天明，狂势稍披靡。卷索急飞橹，半昼见涯涘。危命脱针孔，再生自今始。人言岳州程，风便五日耳。漂滞费半月，初意所不拟。粉堞俄在眼，层楼九霄峙。凭栏气方豁，东望酸彻髓。前日我片帆，掀舞怒涛裹。羊肠百八盘，行路难如此。今知惊浪上，羊肠尚可履。在家贫亦好，身安门扫轨。鼾鼻喧千窗，风波尽千里。

古剑歌

洞庭吞天天无风，月印一镜星涵空。波心千丈光五色，渔人啧啧疑垂虹。睨而视之寂不见，举网下罩追遗踪。须臾雷轰怒涛吼，鼓荡六合雰溟蒙。所得非鱼亦非龙，炯然三尺贯当中。肉销骨立精气融，铿鍧其声韬其锋。越砥稍稍加磨礲，壮士见之肝胆雄。雷焕已死不可起，有谁解识斗间气。人疑龙泉或太阿，万古凡剑空一洗。倚楼西北望边城，连月亘天烽火明。隐忧枕上思请缨，夜半跃鞘床头鸣。梦中见告若有神，吾价岂但直百金，吾勇岂但敌一人。

湘西行

吾尝诵麓山盘纡句，又尝诵深林玲珑诗。前有工部后吏部，拈出千古湘西奇。扶藜游目逐萧爽，扪萝陟磴忘崄巇。杉桧摇空蛟虬舞，岭壑翳雾猿猱悲。晨昏两钟递名刹，日月一坛老仙祠。摩干徘徊怜晋柏，剥苔俯仰认唐碑。碧虚心照眼已阔，更上万仞层台危。楚涛左渺连攻泽，蛮烟右涌迷九嶷。学宫岧峣压胜概，百泉曲折流方池。英才涵濡教育乐，风雩慨想莫春时。登临殊未遍幽境，残阳木末坠红影。松阴夹道倒接篱，不遣前诃杀风景。小留一片潇湘亭，双鹭飞来妆秋屏。橘垂嫩颗匝洲青，芷纷柔叶飘岸馨。

冥搜枯肠浪著语，对人欲举不敢举。拍栏但吟工部吏部两大篇，水光山色俱欣然。

雪中徐检法约登城楼中果

今年一雪恰一月，天工弄巧寒饕餮。朔风吹碎洞庭浪，细结瑶花遍银阙。倚杖测试三尺强，平陆皓皓失凹凸。梅梢模糊裹寒香，鸟影伶俜栖冻叶。有客约上城南楼，膏吾车兮俄复辍。呼儿反关袁安巷，小窗风味寒于铁。未须金帐斟羊羔，薄酒也能春两颊。三杯五杯亦径醉，曲肱一枕香云绝。梦裹骑驴过灞桥，记得新诗醒时说。①

①赵汝镃诗辑自《野谷诗稿》，汲古阁景宋钞本。

汪立中

汪立中，字强仲，鄞县人。嘉定七年（1214）进士。知武冈军。《全宋诗》录诗三首。

题宝方洞

篮舆郊上绿阴迷，七十一峰云际齐。我住四窗夸胜境，今观八洞恍真栖。碧簪挺特地如拔，乳窦玲珑步可携。千里客愁为销尽，茶香书外好莺啼。①

方信孺

方信孺（1177—1222），字孚若，宋兴化军（今属福建莆田）人。以文荫补番昌县尉，后奉命使金，凡三往返，力折金人。寻知韶州，迁道州刺史，后奉祠归。著《南海百咏》等多种。

题万岁寺

磊磊洞庭石，渺渺苍梧云。客行离骚国，长歌酹湘君。湘君不可见，古庙藏江氛。空坛颇亡恙，谁为真将军。

资福寺罗汉阁

千柱依然跨宝坊，庭前柏子久荒凉。明珠白璧无人识，赖有

①辑自《湖南通志》卷二十。

斯文万丈光。①

九疑环观阁记

楚粤之交，以山水名古今者，莫九疑潇湘若。春陵之封，潇疑丽焉。郡恒借山水为重，岂特隋唐以来，名人贤守多辱居之。重华之南巡，太史公之南游，皆常至其地。以是知三代秦汉而上，即此山水不碌碌矣。顾郡之内外，寂无所表章，可谓遗恨。余以嘉定壬申春，曲江拜命来守兹土。冬十月，经连山问津而西，九疑僧逆我境上，令指示诸峰，从肩舆熟观，颇得其梗概。既至，入太守之居，其城因宜山之陵，其隍则萧水也。古有飞楼，以莱公扁，风景殊特，冠冕于南。然隔一隅，公事鞅掌，几不容目涉。偶见其储材，可以立层阁，相攸正堂之东偏，规见仿佛，于是字其扁曰九疑。环观中曰太史，阁外曰诗境。几度其宜，山灵川后，咸以状自效，已是奇事。又考之记注云，太史公以九疑先圣所葬，有古册故文，窥之古册文，不可得而见矣。将以畅绝学而嗣前修，则图史所不可阙。偶前守委，四方之书数十种于帑吏，亟令匮藏于阁之两壁，稍益其所未简，甲乙鳞次，置吏司其出入，助暇日之翻释。直诗境异石亡数，累然相负若邪，薜荔经纬其上，中有孤柏俨立，不知何年所植，政如蛟龙腾骧，奋迅于波涛汹涌间，径赴云汉。公退，雁鹜挟文书，且去午庭，间无人迹，盖将跨其危。则日沿洞庭，云飞苍梧，皆隐在目睫。冯栏递啸，若御天风而上，征居其中，则芸编相表，牙籤玉轴胪列其左右，隐几开卷，若与古人相谁何。至于倚树而吟，枕石而卧，酌杯池以酬花鸟，此又处其下之乐也。漫浪可作，或者与之周旋其间，亦当击节痛

①方信孺诗辑自《南海百咏》，清嘉庆宛委别藏本。

快。噫！游息之安，观览之胜，略尽于此。田里之愁叹，甿俗之利疚，升高则可以望，处奥则可以思。邦之人尽有登吾阁而入吾室，请商略是。①

刘子澄

刘子澄，字清叔，太和（今江西泰和）人。宁宗嘉定十三年(1220）进士，为澧阳县尉，知枣阳。后隐居庐山。

憩南台寺

居尘等出家，涉世类行脚。岳灵招我隐，雨止云亦阁。乾坤锦囊收，风月尘柄握。众鸟各自鸣，岂碍冲霄鹤。

游石门县层山流杯亭观卓锡泉

寺惟泉最古，有咏载州图。几度流觞了，长如卓锡初。楚山闽老住，隋柏宋朝枯。雨后人耕急，荒冈带月锄。

武陵别任年魁

诏书应在道，君但趣行装。去棹乘桃涨，朝衣带芷香。归斋寻旧话，上殿拜新皇。论事依经好，平迁是玉堂。

云峰寺诗

治水神书在此祁，溪名犹似念胼胝。当时民垫赖谁力，今日地平惟佛祠。泉出玉床疏作乳，火生丹窖结成芝。云峰自有樵人

①辑自《湖南通志》卷三三。

径，岣嵝寻碑误退之。

游岳麓宫抱黄洞

连天七十二云屏，真境先于翠麓呈。洞发金光丹气结，泉流乳白玉华生。江心雁影重临宇，谷口禽呼自答名。闲步不教方外觉，破烟双鹤已来迎。

登祝融宿上封寺诗并序

淳祐壬寅九日，登衡之祝融，风轻云敛，气候如春。四盼神州，流峙萦带。天低日近，漏禅祥如金虬。夜宿上封寺，见轸宿挂檐，北斗可摘。晨起视义轮涌出，光变万状，因思衡之视岱距海为远，而日观乃与岱等，则其高并岱而压嵩华也，审矣，因赋唐律，命男拱辰书之。

祝融尊与岱宗齐，仙境今容佛屋依。晓揖日轮知海窄，夜扪星轸觉天低。风高殿悉杉为瓦，云冷僧常绵作衣。莫剪光天坛下草，时巡要秣六龙嘶。①

史弥宁

史弥宁，字安卿，鄞县人（今宁波）。宁宗嘉定中，曾知邵阳，后再知邵阳。有《友林诗稿》。

暑夕泛次王令君韵二首

趁凉延客早，待月放船迟。河朔一尊酒，湘干六月时。莺喉

①刘子澄诗辑自《江湖后集》卷二，景印清文渊阁四库全书本，台湾商务印书馆 1986 年版。

翻白伫，兔颖扫乌丝。羡杀王明府，长城五字诗。

吟社有如此，终当让一头。功名吾已晚，富贵子何愁。努力看书最，偷闲且拍浮。清游未可负，只尺荻花秋。

云山诗镜

天公收画底论钱，借与山人换着看。云巘浮春晴嶂暖，烟崖积雪晓屏寒。平林淡抹精神妩，小景横陈气象宽。定自米家船上买，不然那得许多般。

吊湘累

莫讶灵均苦费词，骚章炳炳日星垂。身虽楚泽有遗恨，名与湘流无尽期。一笑底关渔父事，此心惟有洛阳知。是非付与群鸥判，不上先生吊古诗。

过槠洲行散

羊肠归路若为程，财过槠洲掌样平。客舍笼烟炊早顿，田家带月喝春耕。青林绿水画千尺，白鹭乌鸢棋一枰。坐倦笋舆呼稗子，野花迳里说诗行。

和黄倅怀归

雁声切切楚乡来，似唤秋光入酒杯。好景欠人同历览，归程为我小迟回。一天风月诗囊富，千里江山画轴开。祇恐黄华簪未了，日边丹检已相催。

和潘帐干二首

洋洋雅颂几遗篇，删后求诗类一偏。直下谢陶能出手，就中李杜亦差肩。多君句好堪呈佛，老我时来未得仟。两地河山费蘧栩，吟窗何日勘尘编。

铁研磨穿志未伸，也叨朝迹也临民。九关犹记钧天梦，一舸重寻湘水春。自笑装怀多倥偬，从知满腹欠精神。调高郢曲难和，羞杀歈歌篇后尘。

六亭宴雪

雪天领客倚清狂，战退玄冥酒百缸。柳絮辊风粘冻壁，梨花撒雨响寒窗。琼田隐隐迷翘鹭，玉砌狺狺走吠龙。一稔明年宽万虑，更催三白瑞资江。

楚望

楼上诗声缭屋梁，楼前寒叶舞秋光。明霞点破江碧柳，断雁叫群惊夕阳。

次韵黄倅喜雨

唤起神龙泽楚乡，午天转首失炎光。怪生未到秋深处，早有萧萧叶响廊。

登陆雁峰

□□□□□□□，□句挥毫手不停。□雁旁观偷笔法，仓忙书破楚天青。

丁丑岁中秋日劭农于城南得五绝句

家家童稚笑迎门，接得翁归酒半醺。邻舍相呼来屋里，听翁解说劝农文。

楚俗秋来也劝耕，西风招我出郊垧。此行不负寻诗眼，队队云山拥画屏。

说似田家好著忙，胜培宿麦接青黄。定知不落熏风后，万垄晴催煮饼香。

人事当先莫靠天，蚤修陂堰贮清泉。来年未必晴明久，万一晴明溉得田。

篌舆幸自到山南，尚有清杯可共衔。何似更行三二里，大家相伴看云岩。

和邵阳张茂才青莲花韵二首

清标别是一家春，风帽飘飘翠染匀。贪向波间弄明月，谪仟居士□前身。

昨夜群仟宴十洲，再三招我伴清游。酒酣忽跨长鲸去，碧玉杯盘散不收。

醴陵道上饱别故人被困坐竹舆因赋

鸡声催起度江乡，病酒无憀客路长。掩上轿窗无只句，著何面目见春光。

蛩蛩

声作饥鸢吟未休，蛩蛩斩合赋清秋。被他聒得浑无句，独力难胜众楚咻。

邵阳界上同友人山行

杜宇声中历翠微，涧泉决决演幽奇。与君笑入白云去，柱杖前头尽是诗。

邵阳郡圃梅坡

粲玉梢头出小亭，忍寒索笑太清生。楚山活脱青屏样，影得疏花分外明。

双清楼曹水云分韵得斋字

湘水衡云画轴开，天将此本勘诗才。我无健句可题品。包宁江西曾撙斋。

题清湘管善甫青云楼

湘山诗眼两争高，醉墨淋浪湿斗杓。说似元龙彻栏楯，恐妨纵武上曾霄。

题湘西廖次高水南真趣

买他盘石作经邻，谁道风烟不属君。占断好山犹可在，无端吞并一江云。

荚

人入湘累俎豆间，也分半席缀诗坛。杜陵老肯明于镜，醉捻西风子细看。

再入湖南境

我本人间有胡僧，只堪林下续传灯。君恩强遣司民社，千里江山笑不能。

次韵王令君祷雨用杜草堂韵

疲甿吾所矜，可忍浚膏血。每事既厥心，其敢惮烦屑。旱魃介挺灾，慨念肠欲热。笺天走群望，精神重澡雪。一雨斗清凉，炎歊随荡灭。多稼复如云，指日看秀结。感通翻覆手，田里洗愁绝。祷禜荷同寅，肝胆无楚越。

六亭为邵阳登临之胜识其名于千岩之诗稔矣乃今仅存其一方欲次第寻访以仍旧贯不谓簿领得我心之所同然春容大篇率先作介而令君和间亦复继至闵免赓酢用肩吾人相与祈成之意

晨光泫露华，秋声乱风叶。悠然步中庭。诗瘦单衣怯。尘销玉宇净，西爽双眼下。围绕簿书丛，颇觉汗欲浃。吏散仍心清，窗泛炉香浥。生平耆幽讨，此意若为惬。沧浪楚名郡，江澄山嵬页。流派潇湘分，气脉衡庐接。四序春无边，万象光有晔。阁束范宽手，天开画屏折。恰融田野间，夫耕而妇馌。林鸡鸣喈喈，沙禽堕跕跕。千里趋农桑，渠肯事游侠。不晚刈黄云。腰镰忙劫劫。年丰多暇时，陈迹旋搜猎。六亭仅一存，感慨思足蹑。访古亟临眺，乐此忘疲苶。腾身一柱峰，俯首百雉堞。怀哉千岩翁，骚坛未易躐。书览五言城，中宵劳梦蝶。词锋摧泰华，畴敢撄其铗。有来二妙吟，骊珠粲盈笈。格律守萧规，欲和可容辄。荒园伫更新，成趣期日涉。旧贯仍追还，轮奂顿增烨。绣谷酒一尊，杏冈琴三叠。苍雪清肺肝，寒碧漱牙颊。凌虚及遐观，崇成赖谋叶。废兴端有数，鲜裳换须捷。公余约遨嬉，倘不负随牒。

六亭

我不能如叔子登岘首，名配此山垂不朽。又不能如少陵登吹台，酒酣怀古胸崔嵬。但见穹崖翠阜清绝处，爱此出奇不尽之诗材。邵阳城中景何好，峻屏四面森围绕。西南诸峰尤蔚然，地接衡庐青未了。天将图画开湘堧，云木罗立呈鲜妍。上有蝉聊百雉堞，下有鳞差之晴烟。人指山形似龙跃，绣谷峥嵘露头角。遐观捧出颔底珠，背负凌虚势腾踔。一爪突起扶杏冈，一爪盘踞苍雪傍。翘尾蜿蜒卷寒碧，便拟为霖苏八荒。老我跻攀兴不浅，醉吟拍拍诗瓢满。祗言此乐与人同，谁子看山能具眼。

送武冈法曹江叔文

赪乌喷晓金溶溶，入檐涨帽梅花风。寒香唤我度篱落，蹋破藓碧巡芳丛。弥襟清兴不可柰，銓云渴想佳人同。长须急走喘且汗，曰有重客过匆匆。撑犁颇亦眷岑绝，跫音满尉逃虚空。出门一粲辄倾盖，岩电烂烂惊王戎。长笺衔袖照屋壁，明珠大贝来龙宫。建安昔者富奇士，迄今代有文章公。儿童惯见此客否，气象盍求古人中。翻思槐市出处异，一官何幸俱湘东。夜阑秉烛浮大白，款接软语春怡融。公车荐墨行蜚动，腾身隐去陪鸳鸿。得时要不负所学，鼎鼎事业摩苍穹。平生琢句肯浪与，持此饯别今文通。

通守黄子说解印造朝之日江梅辄花天其或者以相行色耶取风人咤物之义赋诗饯别致缱绻意

鹓甃霜明欺晓色，一笔巡檐梅摘索。犯寒上队出郊坰，攀折南枝饯行客。此客端的梅样清，秋水为神月为魄。瑶葩粲日耿林园，玉树凌空挺标格。悬知仟出闽峤过，分得幽姿来楚泽。蘼芜蘅芷逊孤芳，万绿千红俱避席。共惟别驾东合郎，战退膏粱凛冰檗。流传好语到前村，是谁不道君清白。手调金鼎升庙廊，稳继大门名烜赫。朅来得此岁寒友，气味深长歹莫逆。相期嚼蕊吐瑰词，更拟浮香醉琼液。天飚吹起朝玉皇，香案前头颜咫尺。回班烂漫赏西湖，不妨频著孤山屐。明朝风月半凄凉，我老沧浪尚萍迹。满城稚耋重相思，江路攀辕累千百。归骢蹋雪度关山，有句先春害来驿。

王令君惠示用少陵韵奉和

邵陵壁立三奇峰，温泉云山接长龙。西北谽谺几岩谷，烟霏深琐文仟屋。黄冠祷雨蹑瑶坛，锵然环佩松风寒。阿香驱雷天地转，灵虬激水潇湘翻。将迎鹤驭谁来往，恻恻勤民紧令长。已欣一稔宽百忧，更读君诗毛骨爽。

绣衣行送赵道中寺丞

东门祖帐何骈阗，绣衣使者发汝川。星轺未远竹坡侧，风采已驰梅岭边。潢池带刀吾赤子，威信凭渠半幅纸。寸抹尺铁曾不烦，坐令悔悟安田里。化顽一日归吾仁，此特细事胡足云。频年惨惨楚氛恶，旱潦呼天天莫闻。民须粒食瓶无粟，非公谁捄沟壑辱。倾囷倒廪不遐遗，十一州人均谷腹。安得天下使者心公心，尽变愁欢为义吟。君不见乡来使蜀韩忠献，起危饥民七百万。又不见传公拥节京西时，狱讼不苛传经典。公今阴德能穹崇，活人手段如两翁。于嗟活人手段如两翁，名位它日将无同。[①]

①史弥宁诗辑自《友林乙稿》，宋刻本。

卷三十八

真德秀

真德秀（1178—1235），本姓慎，因避孝宗讳改姓真。字景元，后更为希元，号西山，后世称西山先生。福建浦城（今浦城县晋阳镇）人。庆元五年（1199）进士。授南剑州判官，嘉定年间，任湖南安抚使兼知潭州。后被召入朝，任中书舍人，升任礼部侍郎，端平初任参知政事。卒谥“文忠”。著述十分丰富，主要有《四书集锦》、《西山文集》等。

登南岳山

烟霞本成癖，况复游名山。举手招白云，欲纳怀袖间。咄哉亦痴绝，有著即名贪。振衣遇长风，浩浩天地宽。

会长沙十二县宰

从来守令与斯民，都是同胞一样亲。岂有脂膏供尔禄，不思痛痒切吾身。此邦祗似唐时古，我辈当如汉吏循。今夕湘春一卮酒，直烦散作十分春。

长沙劝耕十首

是州皆有劝农文，父老听来似不闻。只为空言难感动，须将实意写殷勤。

使君元起自锄犁，田野辛勤事总知。要为尔民除十害，肯容苛政夺三时。

已看三白兆年丰，更喜春来雨泽通。从昔楚邦农事早，好将人力副天工。

田里工夫著得勤，翻锄须熟粪须均。插秧更要当时节，趁取阳和三月春。

闻说陂塘处处多，并工修筑莫蹉跎。十分积取盈堤水，六月骄阳奈汝何。

田家拼取一春忙，男力菑畬女课桑。陇上黄云机上雪，暂时辛苦乐时长。

鞠育当知父母恩，弟兄更合识卑尊。孝心尽处通天地，善行多时福子孙。

千金难买是乡邻，恩意相欢即至亲。年若少时宜敬老，家才足后合怜贫。

健讼翻成产祸胎，带刀却是杀身媒。争先好胜灾偏速，退步饶人福自来。

不教言语太艰深，为要人人可讽吟。把向田间歌几遍，儿童亦识使君心。

登南岳上封寺

好风一夜扫阴霖，涌山群山紫翠深。眼界豁然因有觉，六尘空后见真心。

题南岳

百年五岳隔华戎，屏蔽皇家独祝融。剩喜岳灵今有伴，岱宗今入版图中。

长沙新第呈诸学士

莫清彼潇江，莫峻彼衡岳。澄光挟秀气，日夜相回薄。月吸珠含胎，虹贯玉生璞。子方有苗裔，温然粹而悫。一童与三何，双凤两鸑鷟。奋身辞草莱，正论吐谔谔。彤庭拜恩归，天香尚盈握。良才国之宝，一见我心乐。平生功名会，万里初著脚。永肩致主念，更勉经世学。锱铢分义利，毫缕辨纯驳。相期激清风，与俗洗氛浊。谁欤指其南，是邦有先觉。

会三山十二县宰

皇皇造化钧，橐钥生万汇。林林满穹壤，异体实同气。痛痒本相关，彼已当一视。矧惟守令职，休戚我焉寄。盍推若保心，睠焉抚孩稚。横目事征求，往往学顽痹。床剥肤已侵，鹰击毛尽挚。但期已丰腴，皇恤彼憔悴。近来二十年，贪风日滋炽。蒲萄得凉州，西园闒成市。环詹郡邑间，太半皆污吏。民穷盗乃起，原野厌枯胔。哀哉罹祸徒，念这辄挥涕。天地忽开张，清飙扫氛曀。我乃于此时，拥旄忝为帅。雇惭老儒生，蹇拙乏长技。同官为僚友，努力图共济。惟闽古大都，星罗邑十二。岂无良大夫，与我同阙志。要如羔羊直，委蛇自无愧。勿为硕鼠贪，踯躅乃多畏。上方明黜陟，我亦公举刺。民言即丰碑，令问疾邮置。黄堂一卮酒，殷勤抒至意。慎勿多酌余，忧心正如醉。

司理弟之官岳阳相别于定王台凄然有感为赋五诗以饯其行

定王百尺台，长安万里目。昔人思亲心，山川讵能局。于焉共登临，使我增感触。微霜陨陔兰，悲风撼庭木。银山在何许，白云但空谷。搔首重徘徊，冥冥江树绿。

念昔戏彩时，欢娱共晨夕。天风吹惊鸿，一散不并翼。相逢重湖南，感叹复凄恻。王事不可留，去指重湖北。层楼时怅望，茫茫楚天碧。数寄平安书，老怀庶宽释。

忆我将漕年，适如子今日。于焉四闰余，过眼风雨疾。壮强岂足恃，进德当汲汲。永怀古之人，闻道在四十。我惭已过之，因循悼前失。子盍猛自鞭，圣门本无柅。

心源本澄静，皎月悬晴空。利欲一汩之，晶明变尘蒙。扰扰千晓晟，攒攒万铦锋。昏冥弗自觉，乃与禽犊同。一朝发深省，妙理仍昭融。要须大敌勇，钩援临崇墉。不见箪瓢人，四勿收殊功。

先民不可见，怀哉金玉音。士虽一命微，爱物宜存心。矧兹圜扉内，白日变重阴。求情棰楚下，冤哉讵能禁。諄嗥漫弗省，鬼神为悲吟。子往莅其职，朝夕惟钦钦。谨刑勿留狱，斯语真良箴。

送林自知自幕中归常亭

始吾与林子，周旋大江东。子方清且贫，简瓢屡云空。劲气凛不折，耿耿如长虹。明年擢高科，对策大明宫。一尉迟五年，出入无奴僮。再见湘水滨，凛凛复昔同。招徕元戎幕，泛绿依芙蓉。小生敢相吏，故人傥相从。云胡岁未竟，决去如霜鸿。挽之不可留，聊复少从容。老我慵且钝，栽培欠深功。子进未可量，德业方崇崇。永怀昔君子，和气填心胸。濂溪霁月明，伊水春风融。至今想其人，犹为起敬恭。天资贵强矫，学力无终穷。我如石之顽，迟子相磨礲。子质虽玉莹，可废它山攻。雁峰毋久留，来思灵麓峰。

送汤伯纪归安仁

交情世岂乏，道合古所难。自我得此友，清芬袭芝兰。苦语时见箴，微言犹同参。相从仁义林，超出名利关。此乐未渠央，忽告整征骖。索居可奈何，使史喟且叹。至危者人心，易汨惟善端。苟无直谅友，若谨空杅盘。重来勿愆期，同盟有青山。圣经如杲日，群目仰辉耀。利欲滑其中，云雾隔清照。正须澄心源，乃许窥道妙。周程千载学，敬静两言要。几微察毫芒，根本在奥窍。持此当弦韦，迂矣君莫诮。

长沙赠高年陈氏母子

陈氏春秋一百一，儿女年皆过七十。一门慈孝更雍愉，四老真堪入画图。长官申闻太守喜，召至阶庭加盛礼。老莱彩服作儿啼，今视古人更过之。老莱一身娱戏耳，况有三儿奉甘旨。人言潭俗不古如，君看此事天下无。一门高寿何由得，慈孝之人天所惜。我原湘民胥劭之，从此九州皆寿域。

七峰行为外舅寿

有崇南岳之五峰，倚天壁立云蒙鸿。我尝振衣峰顶立，颇似吾乡好峰七。七峰五峰小大虽不齐，气象崋兀实似之。牛首峨峨峙双阙，蕉岭杨梅两奇绝。南台林硐佛世界，百丈烟霞龙洞穴。仙人冠剑端且凝，仙源万叠秋空横。索青缭白望不断，好似衡山下看。向来秀孚两宗工，文章节操为世雄。百年山川久寂历，人物今有仙游翁。翁才古干将，翁目岩下电。千牛解剥刃有余，万象妍媸镜中现。可持龙虎节，可运玉帐筹。才高惊众世弗售，祇令遗爱留丹丘。丹丘遗爱人人夸，经界宽租惠最多。后皇嘉之锡异梦，使汝有子登巍科。翁寿当万千，翁年才八十。视昔殷大夫，仅乃十之一。渭川出处付何心，独探玄关深更深。舞鹤山前春色好，静对七峰长不老。

潭州奏复税酒状

臣至愚极陋，误蒙圣恩，擢付一路。入境之初，访求民瘼，即闻榷酒一事，重为潭人之害。既又详加考订，乃知积弊已极，不容不更；旧法具存，不容不复。臣敢疏其本未以闻。窃惟酒之有榷，本朝家所借以佐经费，其来尚矣。然后行于江、浙诸路而不可行于广南、福建者，盖瘴乡炎峤，疾疠易乘，非酒不可以御岚雾，而民贫俗犷，其势不能使之必沽于官，故特弛其禁，以从民俗之所便。若重湖以南，虽未闽、广之比，然其密邻桂、筦，旁接连、贺，风土气候，往往相似。故全、永、郴、道等州或听民自酿而输税于官，或于夏秋正赋并输酒息，未有专行禁榷如江浙诸路者也。独潭州在城或税或榷，前后屡变。考诸故牍，税酒之法实起于绍兴元年。是时兵革未息，城市萧条，幕府适有练达之人，建议于州，募酤户造酒城外，而募拍户卖之城中。入城之时，数罂以税。官无尺薪斗米之费，而坐获利入；民无逮捕抑配之扰，而得饮醇美。其后名公钜卿，相继典州，皆因而不改。旁郡如衡，依仿其法，亦迄今遵行。至乾道二年，刘珙讨平郴寇，增置新兵，又乞屯军郴、桂。一时调度百出，亦不敢轻变税法，但增置糯米场，添创南北楚三楼，量从官卖，稍分酤户之利而已。及辛弃疾之来，创置飞虎一军，欲自行赡养，多方理财，取办酒课，乃始献议于朝，悉从官卖。明年权给事中芮煇奏言："潭州自行税酒法，人甚安之，官不费一钱而日有所入。今变税为榷，皆谓不便。人多移徙，虚市一空。始行之初，所得虽多，今止及半。而米曲之本、官吏之给，尽在其中。夫以小利易大不便犹不可，况初无可得之利？且彼方新经陈峒猖獗之后，又可遽扰之乎？"孝宗皇帝亟从其说，降旨住罢，令本州照久例施行。是年冬，帅臣李椿到官。椿于吏事最为详练，亦奏：臣久居湖外，备谙土俗。税酒之为民便已久，而弃疾改之，当创造营寨房廊，日役夫匠甚众，所入虽不下七八百缗。夫匠一散，已不及初，其后愈见亏额。会计所得，除抱认诸司钱及赡给官吏，虚有废罢酤户之名，实无所益。请依旧于行酤户税卖，而帅司楼店亦且开沽。俟税课登羡日止，朝廷从之。官司所酤既少，奸弊易防。故酒常佳而易售，民户安意税卖，无抵法冒禁之忧。故虽稍取其赢而不怨。自是官酒与民酒并行者为定例，莫之能改。及开禧二年，赵善恭又欲尽笼其息，不待奏闻，遽行官榷。酤户失业，犯法者多。甫及数年，其弊遂极。曹彦约到任，是时官卖之额，日朘月减。幕府相视，束手无□。彦约之议，大概以为若行榷酒则利在官吏，而百姓蒙其害：一为税酒，利在百姓而官吏有所不便。此议一起，每指以为难行。皆官吏自为之计，非为公家计，为百姓计者也。以嘉定三年官卖本息计之，虽名收二十万八千五百八十七贯有奇，而米曲、柴水、本钱与官吏食钱却计一十二万二千三百八十二贯，除本收息仅有八万六千二百五贯。是一日所得，止二百五十余贯。若官卖一分，税酒二分，则日税之额，不过一百六十余贯，当不难办。于是复行淳熙八年已降之旨，参用淳熙十年官私俱酤之议，许城外百姓自行造酒，般运入城，上秤收税，每酒一斤税钱七文。不税而入，谓之私酒。若城外以至禁地，不可关防，即分地分紧慢改为旗望户。欲来者，许之承扑；欲退者，许之自强。此外惟南北楚楼，每岁量造三分之一，仍从官卖。其常平等处课额，亦准旧例。径于息钱内取拨分隶，自是潭俗颇还旧观。既而安丙来自西蜀，视事之初即议改榷，且限三日打并，投醪江流。见者抚膺椎罌破缶，所在嗟怨。栝马供磨，骚及编珉。伐木为薪，至空岳麓而不之恤也。倡优当垆，嘈杂郡斋。糟糠豢豕，充斥后圃。凡酒家一孔之利，钩抉靡遗。酒贵米贱，既相辽绝；重法以禁，亦不为止。搜逻之卒，旁午逵道；连坐之人，填溢犴圄。富者至加籍没，贫者令众监偿。异服荷校，累累于市。中下之家，阅月逾时不知酒味。小有仇嫌，动相诬讦，人人重足一迹。糯米收籴，责之州县，虽穷荒之邑，艰歉之岁，坐数抛下无得免者。监勒牙侩科率，舟船所至骚然，人不堪命，其害不止一州，且及一路矣。后政帅臣叶时、邹应龙皆有意复旧，竟以弗果。然则改弦更张，稍苏民困，此政微臣今日之责也。且绍兴初元至今，凡九十余载，税法中虽暂改，然其行之之久，通前后七十余年。榷法之行，或三四年、或五六年即复，大都不过二十余年耳。由是观之，税之与榷孰便孰否，其大略可睹矣。自曹彦而约复行税法，卫泾继之。每岁所入，净息率不下八万余贯。睬昔之榷，无大相过。是不科籴，不抑配，不搜捕，薪水之费，官吏之给，皆拾去其七，而确然一定之息，踵门自至，顾何所惮而不为哉？本司每岁诸军供给赏犒之费，诚为不赀。若以一岁所入，截长补短，痛加节约，亦可堇堇自给。外此而求多焉，必曰不榷不可。然盈虚相较，其实无几，徒为国家敛怨一道。况淳熙八年，指挥初无冲改，为臣子者，乃辄废格君命，行其胸臆。臣虽至愚，窃所不忍，谨以日下措置，复行税酒旧法，所虑人微望轻，不足镇压异议。既行之后，他时或有变更，则为酝户者，重罹荡析之祸，是臣实误之也。用敢冒昧奏闻，欲望圣慈仰体孝宗皇帝嘉惠湘民之志意，特降睿旨，从臣所请。臣当琢石镌刻，立之通衢，以为本州一定不易之制。俾潭之百姓，歌咏圣恩，永永无极。臣不胜大愿，伏候敕旨。

贴黄：臣窃见荆湘之地，瑶峒错居，风俗犷戾，动摇则易，绥辑则难。乾道间，因官司敷卖乳香，激成郴桂之变。厥监非邈，人所共知，本司以安抚一道为职。正当禁止州县扰民之政，以销患未形。乃因榷酒之故，岁岁行下，科籴糯米，所酬之直，未必能及时价。所支之钱，未必能到人户。况又有追催之苦，有陪备之费？其为咨怨，盖不待言。扰民之事，首自为之。州县效尤，其将何责？倘非亟复税法，则岁造二十万缗之酒，用糯至多，苟不科籴，何所取办？万一有奸民扇摇其间，是因小利而致大患也。臣日夜念此至熟，是以断然行之不疑。伏乞睿照。五月二十六日本，圣旨依。

申枢密院措置收捕道州贼徒状

照对本路道州管下有贼人苏师军等聚集作过，已涉数年，尚未败获。缘本州连年灾伤，饥民从之者多，遂颇猖獗。已杀伤江华县土军唐信等八名。近承广西提刑司牒，据贺州、桂岭县申，贼人苏师军等在本县及江华县两界首行劫民财，杀害人命。已牒昭、贺、道州督发巡尉，会合追捕。今来贺州申，备桂岭县申，强贼二百余人是苏师军等贼徒。过县五里头鸣锣夺人户赴州纳税之米。本州友钱付临贺县弹压冯进等部押药弩手五十名，同本州巡检赵春前去桂岭县剿捕。又据道州申，贼徒十二月二十五日自贺州侵入江华县界黄小九家，取酒食用。关集隅官等人捉获正贼朱念五、廖晚二名，其余贼徒窜入贺州界地分。自今乡境宁静，除已开会攻捕，尽数剿绝，两司切详广西提刑司牒及道州申，见得上项贼徒目今的在贺州界内。但贼徒出没不常，若道州有备则逸而之广西，广西有备则复过道州，如此已是数年。若以其暂出州界，便谓无事，切恐偷一时之安，养廱护疽，终为大患。今事连两路，若相与为一家，则此贼有不难图者。今广西提刑司已差弹压缉捕冯进等部押药弩手五十名，同本州巡捡赵春前去剿捕。而本路提刑司昨来亦已差衡、道、郴、桂四州都巡检下土军一百人，并道州抽差营道等四县土军弓手共一百二十人。有隅官义丁在外，则两路皆已有兵把截矣。所虑两路将士之心未必协同，若更相望观，悠悠岁月，安有了期？若一处先举而自余不相应援，亦为利害。莫若两路互相关报其所调发人兵、隅官、弹压等人，各于本界冲要去处守把，防其侵轶，绝其抄掠之路，使其力穷势蹙。道州守倅却当乘此之时，遣得力人持两司榜文，喻以祸福，许其自新。仍一面抄札饥民，措置赈恤，使本州之民各皆帖妥，无与贼相应者，则其势必孤。而官司又明许以不死，则投附者必众，其执迷不改者势必无几。却关会两路之兵，各进前掩捕，而选择其中熟于山谷地利之人捣其巢穴，其成禽必矣。今具措置事下项：

一、调发兵马，帅宪司当任之。昨来提刑司已差发四州都巡土军一百人及纠集义丁等人外，今诸本州更切斟量缓急，如合用添兵，即火急飞申安抚提刑司，行下差拨应付。其钱粮先拨合解诸司，窠名钱物，应副支给，却行具申理豁。

一、纠集隅官、弹压等人及土兵弓手遏贼来路，防护江华等县，居民无冲突之患，道州当任之。今请本州从长措置施行，务令着实有备，不请具文塞责。

一、赈恤饥民，使各安业，本州与提举司当任之。本州诸县皆有饥民，江华最甚。请本州日下先次委官抄札江华县饥贫户口，火急申提举司，支拨常平钱米行下赈恤。余县却以次区处。如常平有限，不足均给，即疾速具申帅、漕、宪三司同贴助。

一、踏逐得力人入贼说谕，令其散众投降，亦本州之责。今从安抚转运两司，具榜发下本州，请疾速差得力人前去散贴招谕，其应下合行事宜，就委本州陈司理与守倅商量，从长施行，务使贼徒及早解散，户民各得安业。贼徒见在贺州管下，兼昭州及广东连州路径相通。切恐贼徒透走，难以收捕。合牒广东、西两路经略安抚提刑司及昭、贺、连三州，详前项事理。各行调发人兵防守冲要，无令窜逸。如有机会可乘，即关报道州，合兵掩捕，务要与民除害。不必以各路之故，互分彼此。

右牒上本路提刑、提举、广东西经略、安抚、提刑司，并道、昭、贺、连州，各请照前项事理，速为施行。及具申枢密院，伏乞旨挥。札下诸处，催促施行。嘉定十六年正月十五日。

申尚书省乞拨米赈恤道州饥民

证对本路管下永道两州去岁早禾方熟，忽伤螟虫；晚禾垂成，水潦暴至。田亩失收，人民阙食。缘此，道州江华县凶徒窃发，饥民群附，遂至猖獗。诸司逐委官措置擒捕，仍多方招诱饥民，近已获到贼首，余党相继降附。目今招诱来归者，非惟无所赡给，而中产之家亦多饥饿。至于细民，则尤极狼狈。道殣相望，疫疠复作，骨肉流离。城市聚落，娄弃婴孩，至有不获已而溺之江水者。其势危急，盖尤甚于嘉定十四年之旱疫。两司见差官抄札，措置粜济，缘饥饿者众，米石阙少，别无可以措画。证得嘉定十五年，郴、道、桂阳三郡旱伤，朝廷行下于郴州桩积米内拨五千石，道州、桂阳军常平米内各拨二千石，两司又节次申乞，兑拨潭州和籴来石，蒙札下科拨六十石，专一赈济，计拨一万五千石以活饥民，一方赤子遂获更生。今道州承连年旱、疫、虫、涝之余，又有盗贼疾疠之苦，百姓饥饿，父子相弃。常平存米既已无多，道州郡计，自来窘匮。有税之家，又以累岁劝分全无储蓄。邻近永州，自患不给。接连广郡，道梗不通，别无米石可以仰食。虽贼党渐平，然饥民易动，一方之事尚多隐忧。今来情急势迫，所合申控朝廷，仰祈矜恤，以解十万生灵倒垂之急。欲望钧慈，于潭州或道州和籴采内拨米二万石，亟赐札下，专一赈济道州饥民。庶几百姓存活，销患未萌，不胜本路之幸。须至申闻者，右谨具申尚书省。伏乞旨挥行下，以凭遵守施行。三月二十四日，奉圣旨依，令道州接见。起发襄阳府和籴米一万二千五百石，就充本州赈济使用。如上项米已行起拨，即仰潭州于嘉定十四年分见椿和籴米内支拨一万二千五百石，应副道州支用。候支散毕，开具夹细帐状申尚书省。

申枢密院为已诛斩武冈军叛卒状

证对本司昨为武冈军禁军蒋宗、杨德，攒司刘德近在军衙作闹，及劫掠黄三、萧八等家财，杀死百姓周少三等事。寻奉八月二十五日省札，备奉圣旨，令本司更切抚谕，安辑施行。遂于九月初十日密切行下本司，抚谕诸军，各令安帖外，仍唤上蒋宗等三名赴本司听候旨挥，仰本军立便解发。如敢抗拒，请权运选差得力兵级，径行擒戮，函首赴司。其蒋宗等三名家财，并给付用力兵级充赏。仍将本司发下借补官资文帖书填给付，并具姓名保明供申。切待具奏朝廷，给降真命，及从本军允支官会二千贯文，等第支犒，具申本司发还。去后今月十四日，据武冈权军佥判叶宣教申，于今月初九日，分差得力军兵陈喜、李成等擒捉蒋宗杨德、刘德三名，斫到首级了当。其随从人于喜等亦已捉到，分送三狱收禁外，所有蒋宗杨德刘德首级别状申解，并具陈喜李成等功赏供申，先次飞申本司，须至申闻者。右所据前项状申，本司除已牒武冈军催申，候到逐一施行，别具供申外，谨具申枢密院，伏乞证会。

又申枢密院状同日

使司昨于九月初十日出给文榜，发下武冈军，委权军叶佥判唤上蒋宗等赴司听候旨挥。如敢抗拒，即仰擒戮，函首申解。却将蒋宗等家财分给用力兵级。仍将本司元发下借补官资文帖书填给付供申，去后今据权军叶宣教申，已于今月初九日分差得力人陈喜、李成等擒捉蒋宗等三名，各已斫到首级。及提到随从人于喜等送狱根勘外，今有各行事件，须至旨挥。

一、据申：兵级陈喜、李成等委是用力向前，深可嘉尚。其余同共用力之人，亦合优赏。请权军照使司元行下又榜事理，将所给借补官资文帖斟酌轻重书填给付，不许泛滥。仍具姓名申本司，切待具申朝省，给降真命。其蒋宗等三名家财，合照元榜事理等第支犒用力兵级，所是本司元榜，出立赏钱二千贯文，亦合斟酌轻重，立便给付，务令公当。

一、昨来蒋宗等在城内及城外二十里间，劫掠民户家财，打荡屋宇。一番惊扰，深可怜念。请权军日下抄札城内外破害人户姓名，于常平钱内，等第赈恤一次，务令优厚。

右牒武冈权军叶佥判。照前项事理，逐一施行。具状供申，并牒上二监司，请照会。再申枢密院证会，仍申尚书省、谏院御史台。

小贴子：

所是本司元立赏钱二千贯文，已行下，就本军兑支。及差人赍夯发还本军外，别支官会一千贯发下，令项赈恤军城内外被害居民，伏乞钧证。

奏乞将武冈军签判叶莫褒赏状

臣等窃惟人材之优劣，未易知也。平居暇日，勉自修饬，夫谁弗能？至于事变之来，纷纷轇轕，呼吸之顷，安危系焉，乃能从容区画，摧群凶陆梁之气，成一方绥靖之功，则其材始有可称者矣。臣所部武冈军，近者有兵卒之变。原其始也，盖以守臣司马遵不善抚循，至此纷扰。臣某尝劾奏以闻，奉旨罢免矣。遵虽去郡，然凶卒蒋宗等自知以军伍之微，已尝陵犯郡守，剽掠居民，戕杀保丁，罪在不赦。缔交合党，其谋日深，既胁取州郡文帖为诸营之长，且以将领自称，檀出文引，役使郡兵，鸣梆集众，无敢后者。方其鼓众倡乱之日，已劫郡民三十余家，臣等移文抚定之后，虽不复行劫，但以意谕富室，借犒军之名令输钱于己。所积日富，气焰愈张，包藏祸心，寔有叵测。独赖本军签判叶莫者，平时素以宽厚为兵民所信爱。自初变作，司马遵托疾在告，莫能躬任抚谕之责，使蒋宗等不敢大肆其凶。臣等得报，亟令莫权摄郡事，且密授讨策，使莫图之。又能深沉弗露，外示抚柔而中为规画。以措置火政为名，选兵卒之可用者，团结什五，军畚守宿。区处既定，即以臣所下赏榜及借补文帖，密示其中之可仗者数人，使为之倡。于是群卒争奋，遂枭蒋宗等三人之首于崇朝之顷。其凶党同时就缚，无一漏网。阖郡吏民，欢若更。臣等窃见宣教、即签书武冈军判官厅公事、权军事叶莫，学问博洽，操行洁修，早登儒科。两邑令始在善化，以和平为政，潭人称之。继在遂昌，修复经界，迄今犹赖其利。及至武冈，适会阙守，摄承数月，政誉蔼然。救荒春陵，民被实惠。今兹又能殄除凶逆，震慴国威，使军律已坏而复修，民情方摇而遽定，其事虽止一方，其利实及一路。其效虽止一时，其功可及百年。用敢合辞，上干天听，伏望圣慈将莫优加褒赏，仍赐拔擢，以风厉当世，使凡为国竭力、为民除患者知所劝勉，实天下幸甚！须至奏闻者。右谨录奏闻，伏侯敕旨。并申尚书省、枢密院、谏院御史台。

又申乞黄达等赏

本司昨为蒋宗、杨德等鼓众作乱，光焰炽然，恣睢日甚。若典刑久而未正，必有必蔓难图之忧。效尤者将相继而起，遂与僚属共议所以区处之策行下，委权军事叶莫选兵级之可用者，许以重赏，使之效命，必能有济。于是书写赏榜，出给补帖，密切发下本军，且许事成之日，具申朝廷，补授真命。权军事叶莫遂借潜火为名，团结军伍，择其中之可仗者数人，示以本司赏榜及借补文帖，果皆踊跃争奋。军兵李成首能设计诱之使出。陈喜、李收、于志，首先用命，擒戮渠魁。四人之功，实居其最。已先用本司发下文帖，将李成、陈喜各借补承信郎，李收、于志各借补进武校尉，遂具申朝廷，并与给降真命补授。其黄达等四十一人，各系随从用力，已行下转资激犒及押队徐炳等四员，各行荐举，本司亦行开列姓名，供申朝廷。证会三月二十七日，准枢密院札子节文。二月十一日，奉圣旨依李成陈喜各特与补承信郎，李收于志各得与补进武校尉。本司已恭禀关牒去讫。今据武冈通判叶宣教莫前项状，申乞将黄达等一十六人，特更与并加旌赏，本司证得所申黄达等一十六人，当来系陈喜同等用命擒捕、斫到蒋宗等首级之人，委有劳效。谨具申枢密院、尚书省，伏乞旨挥。特赐详酌，推赏施行。

又申并乞推周安衡赏

证会武冈军叛卒蒋宗等鼓众倡乱，本司随宜行下权军签判叶宣教莫，先次抚定，使军民按堵，徐议措置讨方略。遂取责本司都吏周安衡军令状，不管稍有漏泄，仍令专一承行机密文字。其时书写条画赏榜补帖等，不欲宣泄，尽出周安衡一手。且许以事济之后，当与具申朝廷补官。所是周安衡自差委承行之后，朝夕究心，备宣忠力。继而叶签判果以本司所下赏格补帖，密示军兵。李成等踊跃用命，一朝之顷，三凶就戮。今李成等见蒙朝廷录其劳效，授以官资，已足为军卒用命者之劝。至于周安衡，在司年深，累曾承行军机事务，别无过失。前政安抚邹阁学曾具申朝廷，乞行补官，未准回降。令契勘蒋宗等作乱，实非其他盗贼之比。今事已就绪，统周安衡之功，虽不可与李成等并言，而其宣劳效力，若不具申朝廷，优加旌赏，无以为胥吏忠勤者之劝。本司保明是实，欲望钧慈特赐敷奏，将周安衡比附次等立功人李成于志体例，特与补就官资施行。庶几寸功必录，人知激励。须至申闻者。

又申乞将董汝霖处断状

本司昨准朝廷旨挥，将武冈军吏董汝霖根勘，限十日具情节申尚书省。已于今月十四日酉时入枢密院，奏字记黑牌，遽申发去讫。契勘本军诸卒之变，皆是李安世、董汝霖生事激作之故。狱司勘到情节，巨蠹除李安世先已自尽外，其董汝霖欲乞旨挥行下，特从处斩，以为公使生事激变者之戒。须至申闻者。

奏置惠民仓状

臣猥以疏庸，叨蒙推择，假守湘土。深惟委寄之重，朝夕疚心。苟可以惠养民生，培固邦本者，不敢不用其至。惟是民食一事，最关休戚。臣在官二年，春夏之间，郡城居民率苦贵籴。盖其生齿阜蕃，土产有限，全仰客米以济其乏。若邻路与上江，岁丰谷贱，转贩者多仅免阙食。一或不然，则市直骤增。平民下户，立见狼狈。常平义仓之储，本自无机。加以法禁严重，非饥荒已甚之岁，不敢辄请发粜。故二年之间，虽苦贵籴，臣皆那融借拨别色米斛以粜，而不敢遽发常平。至今夏米价益翔，借拨之米不足以继。然后荐申常平司，得米五万石赈粜。一城生齿，赖以全活，而公家之积，则已垂罄矣。今岁一旱，所伤甚多。来春以后，民食必乏。倘不早为备豫之计，惟盻盻焉须客贩之至。一或不继，其将奈何？窃见国朝张咏淳化中守成都，以蜀地素狭，生齿寔蕃，稍遇水旱，民必艰食。时米一升直钱三十六，乃按诸邑田税，如其价岁折米六万石。至春籍城中细民，计口给券，俾输元估。粜之奏为定制，其后百余年间，虽时有灾馑，米甚贵而民无菜色。臣之于咏无能为役，然心窃慕之。考之吏牍，本州秋税米内，有所谓折粳者。本正苗之数，其后折钱以充郡用。前后守臣或遇阙米支遣，则令仍输本色。臣今措置。自今岁为始，将上项折粳令人户输纳本色，更不折钱。以嘉定十六年纳到数目计之，合正与耗为米五万余石。别敖盛贮，名曰惠民仓。岁岁赈粜，其规模大略悉仿张咏之法，庶几城市细民，自此永无艰食之虞。而因养寓教，又于风化不为无补。所有张咏旧法，与臣今来区处事宜，不敢上混天听，已具申朝省外。窃惟古人良法，未有百年而无弊者，帷咏赈粜一事，自淳化至宣和，百有三十余年，蜀民被惠如一日。不惟咏之区画有方，亦由继其后者更相维持，小有弊病，随即求药。虽有异议，不为动摇。而朝廷著之令甲，前后议臣复主张而申明之，以故行之愈久，其利愈博。臣今欲望圣慈将臣奏申事宜，特降敕旨，行下本州，永永遵守，使潭人世世蒙被圣朝子育之恩，实一方大幸。谨录奏闻，伏候敕旨。

申朝省借拨和籴米状

窃见湖南一路，今夏一旱甚广，而潭州为甚。潭州诸县，多以旱告。而长沙、善化、宁乡、益阳等县为尤甚。早稻之伤，几及其半。诉旱之状，日以千百计。某已委官分行检视。入秋以后，虽幸得雨，然潭之风土，多种早稻，其视晚禾居什之七。晚禾虽稔，自输官外，赢余无几。富家之所储蓄，细民之所仰食，惟早稻而已。今既不稔，则来岁春夏间阙食必甚。某滥叨郡寄，视民利病，实已休戚。每一念之，寝食几废。且去岁收成日获中熟，徒以般贩出境，为数颇多。今春以来，米价翔踊，甚至无米出粜。州城自二月后，即行赈粜，至七月终，计米七百万石。诸县乡村，在在劝分，免流莩。今岁所收，比之去年大相辽绝。晚禾虽茂，近者不雨又半月矣。颇闻高田已多龟坼，倘更不稔，其将奈何？豫备之计，岂容不讲？然常平之积，既已甚乏。其他又无米斛可以那融，倘非控告朝廷，存留纲运，则州郡虽有救恤之心，安能使人实被全活之惠？数内一，契勘本州有未起嘉定十六年上供米三万三百石，并嘉定十四年和籴米三万二百余石，十五、十六年和籴米一十一万一千七百八十余石。近准省札指挥，于上项和籴米内起一十万石赴湖广总领所交纳。见今不住装发，所余止有一万一千余石而已。今来欲乞朝廷将上项未起上供和籴米共七万二千三百余石，存留本州，为来春以后赈粜之备。庶庶在城十万余户，不至有阙食狼狈之患。其粜到价钱，谨当令项椿管，候将来丰熟，收籴补还。其于公朝积贮，初无亏损，而细民实被更生之恩。伏乞札付本州，从申施行。仍札下湖广总领所证会，伏候旨挥。九月一日，奉圣旨令潭州于和籴桩管米内支拨二万石，充赈籴使用，务要实惠及民。其籴到价钱，令项桩管，候来年秋熟，收籴补还。

申尚书省乞拨和籴米及回籴马谷状

昨缘潭州诸县今岁告旱，禾稻损伤，来岁春夏之间，阙食必甚。常平之积，既已控乏。其他又无米斛可以那融，遂画项具申朝廷。其一乞将嘉定十六年上供米、十四年以后和籴米共七万二千石存留本州，为来春赈粜之备。其二乞将嘉定十七年合发马料纲免起一年，从本州措置，就诸县乡村，置敖收纳，来岁给贷末等人户，充为种粮。今月二十五日，恭惟九月初八日省札付，九月一日圣旨，令潭州于和籴桩管米内支拨二万石，充赈粜使用，务要实惠及民。其粜到价钱，令项桩管，俟来年秋熟，收籴补还。仰见圣朝爱育斯民之意，与天无极。但某元请存留米七万余石，今来止蒙朝廷支拨二万，所有马谷一项又未准指挥。仰惟仁圣在上，视民如伤，每遇一方水旱，悉力赈救，未尝少有靳惜。某昨漕江东，适值大歉，与诸司共请于朝，前后得米凡五十余万石。

官会度牒，又不与焉。大抵悉行给予，当时九郡四十三县之民无一流莩，感戴至今，叨恩此来，值道州饥疫，又同漕臣控请，旋蒙行下拨赐和籴米一万二千余石，径行给济。四县生灵，垂死复生。今本州之旱，视江左、舂陵则为稍轻，某之所请，亦不敢辄援前例。盖拨米赈粜，自当收籴补还。允谷给贷，亦以价钱起解，非迳乞赈济之比。朝廷昨尚从其所难，今岂不从其所易？皆某敷陈未力之罪也。合再具申请如左：

一、本州生齿，最为番庶。某去岁以来，举行赈籴，在城贫民抄札一万二千八百余户。长沙、善化两县乡都之近城者，抄到七千一百余户。其始三日一粜，自春至秋共粜过米七万余石。去冬收成，日系中熟，徒以邻境告歉，客贩不来，本州之米却泄于外。缘此价直骤增，细民艰食。然不过三两日一粜，尚用过前件米数。况今夏一旱，损伤至多。目今诸县申到检放旱田，凡三百一十六万九千三百余亩。来春以后，米价翔踊必甚于今。非连日计口给粜米有所不可，则所用米斛，比之今年又须加倍。证得某近置惠民仓，拨人户纳到折粳米五万余石，椿充赈粜，已具奏申外，今蒙朝廷支拨和籴米二万石，总而计之仅有七万石指准。切恐给粜，决是不敷。某不敢以将去之故，不为力陈，然亦不敢必望朝廷悉如前请。契勘十四年以后，和粜米见有四万一千二百余石，椿顿州仓，除已除指挥支拨二万石外，自余二万一千二百余石。欲望朝廷并赐行下，拨充本州赈粜，将粜到价钱令项桩管收籴补还。所有十六年上供米三万三百余石，一面接续装纲起发，往襄阳交卸，不敢再有申请。

一、本州管下，名为产米之地。中户以下，输赋之余，仅充食用。富家巨室，所在绝少。每岁乡村阙食，诸县例行劝分，往往所得无几。虽间有劝到米石去处，以之给粜，无田之贫民尚不能遍及。若五等下户，才有寸土。即不预粜，其为可怜更甚于无田之家。盖其名虽有田，实不足以自给。当农事方兴之际，称贷富民，出息数倍以为畊种之资。及至秋成，不能尽偿，则又转息为本，其为困苦，已不胜言。一有艰歉，富民不肯出贷，则其束手无策，坐视田畴之荒芜，有流移转徙而已。某居常深念所以救之而未得其说。今春艰食，诸处细民窘迫至甚。惟长沙县诸乡有社仓二十八所，凡二十亩以下之户，皆预贷谷，赖此得充粮种。比之他县贫民，粗有所恃。某因是详加体访，乃知本县社仓，创始于庆元初年，迨今二十余载。虽不能无弊，而贫民蒙利实多。以此遂欲推行之于诸邑。郡计虽乏，极力樽节粗可，官僚皆谓马料之谷，可以陈乞允拨，盖其说可行者二：去岁合起之数，尚有八万一千石在仓。见今在仓装发，则军前马料未至阙乏，一也。湖北州县，今岁多稔，以米价钱解总领所，就彼收籴，自可接续支遣，二也。某昨来申请之后，切度朝廷必垂矜允，而工役烦伙，非数月不可成。若俟指挥，恐某替期已迫，不能集事。先遂行下诸县，置立仓敖。近据逐县申，各起造了毕，及已选差乡士主掌，分拨税户送纳。田野农民，知州郡为控告朝廷，立此久长之利。人欣悦，归感圣恩，今年虽欲申辍，有所不可。某在官二年，所以为民食计者，无所不至。在城则置惠民仓，诸县则劝立义廪。近又申常平司将今年义米权就置社仓去处，别敖受纳，以备来岁赈粜。然所及者，亦止是无田之民。若末等税户、有田而贫者，自置立社仓、储谷给贷之外，别无他策可使蒙惠。且游手浮食之民，既被存恤，而力田输赋之家，反不沾匄。揆之人情，尤所未安。欲望特赐指挥，从某所请，令本州证目今价直，以行在会子并纽算水脚縻费，解赴总领所交纳。径就湖北收粜，在总领所实无所损，而本州得此数之谷，散诸乡村，岁岁给贷，循环无穷，实一方大幸。

小贴子：

某第二项所请，恐议者以社仓易生弊幸，徒费谷斛，未必有益。某考之诸处社仓，败坏之由，盖缘其始多是劝谕士民出本。因令管干，往往视为已物。官司亦一切付之，不加考察，且无更替之期，安得不滋弊？幸某今来所置诸县社仓百余所，一切从官司出本，选择佐官，分任出纳，乡士之主执者，不得独专其权。兼令二年一替，其视向来规摹，似稍周密。其他考察，一一加详质之众论，似可悠久。且寻常救荒，最以般运米谷下乡为难。今一乡之间，辄为数仓。每仓储谷数百石，其为荒歉之备，无出此策，伏望朝廷垂察，令某迄成此事，以幸十二邑之民。不胜大惠。所有某不俟指挥，径将人户税谷就社仓送纳，专辄之罪，并乞矜宥施行。十二月十四日，奉圣旨并依所申，札付潭丹。

奏置十二县社仓状

臣恭惟孝宗皇帝，深惟民食之重，因朱熹有请，攽社仓法于天下。自是数十年间，凡置仓之地，虽遇凶岁，人无菜色，里无嚣声。臣少时实亲睹其利，岁久法坏，每为之太息。嘉定乙亥，蒙恩将漕江东，岁适旱蝗。承诏措置荒政，奔走属部，亲见饥穷之民，惟乡落最甚，而致粟又为最艰，劳费不啻倍。因慨然深念，使社仓之法推行而不废，在在皆有粟，以之振民，犹取之怀也。其利岂不博哉！至是益知孝宗皇帝之圣谟神画，有百世不可易者。近岁士大夫以其蠹弊多端，往往归尤于法，欲举而废之。抑不思古今之法，曷常无弊？亦在夫维持整饬之尔。如以常平义仓论之，侵渔移易，其害亦不一矣。然卒不可废者，以其害不能揜利故也。何独社仓必欲举而废之哉？仰赖圣朝深知此法未容轻变，前后监司守臣有欲建立者，皆可诏之。凡今有食之地，如建昌南城、袁州萍乡等处。推行有法，人蒙实惠。而潭之属县，曰长沙者，而有仓二十八所，盖庆元初知县事饶干所立，距今三十余载。虽不能亡弊，而穷民赖之亦多。臣叨蒙湖湘，适潭人连岁艰食，今夏旱暵尤甚。祷请之余，斋居深念所以为一方饥馑之备，盖无出社仓之右者。用是樽节浮费，以官钱易谷于总所，凡八万石。益以他谷，为九万五千余石。十二县置仓凡百所，令人户之当输谷于州者，就输之社仓。其敛散之规，息耗之数，大概悉仿朱熹所上条约，而因时救弊，视俗制宜者，又加详焉。此盖淳熙敕旨之所许也。仰惟仁朝，深知之初，方务行孝宗故事，臣敢昧死以闻，其申请事宜，已上之尚书省。乞赐敷奏施行，伏望圣慈察臣汲汲为民之心，从臣所请。放降旨挥，令本州常切遵守，庶几良法美意久存而不坏。贫民下户，得以蒙天，施行无穷，臣不胜大愿。须至奏闻者。寻得旨依奏行下。

辞宝谟阁待制知潭州状嘉定十五年十月

某九月十五日准省札，九月六日三省同奉圣旨，真某除宝谟阁待制，知潭州、湖南安抚使，填见阙。所在州军差拨兵级三十人津发，疾速前去之任，候任满前来奏事。兵级逐州更替，遇接人到日止，具已起发及到任月日。申尚书省札送某者，恭承令涣，有惕儒衷。窃以列职西清，班实联于禁从；分符南楚，寄尤重于帅垣。必材望之兼优，始选抡之克称。伏念某赋姿甚陋，积学未充，掌制记言，侥荣何补，观风作牧，奏最蔑闻。方勉报于国恩，乃骤违于亲养。三年素韠，甫遂终丧。一札温纶，遽叨锡命。顾忧患摧伤之后，正山林屏伏之余。讵意么微，上蒙记录，以次对而易论撰，班资既甚超逾。矧长沙之暇豫章，事任尤为繁重。昔尚惭于非遽，今奚敢以冒居。伏望朝廷特赐敷奏，追还茂渥，改畀丛祠，庶安孤陋之踪，少逭盈满之咎。所有省札，未敢祗受，已寄留浦城县库外，伏候指挥。十月一日，三省同奉圣旨不允，仍从依已降指挥。疾速起发之任。

再辞待制状嘉定十五年十月二十七日某

某昨准省札节文，九月六日，三省同奉圣旨，真某除宝谟阁待制，知潭州、湖南安抚使，填见阙。某寻具辞免。恭惟省札，十月一日，三省同奉圣旨不允，仍依已降指挥，疾速前去之任。君父有命，臣子敢违？顾如新沙郡寄之雄，荆湖帅阃之重，在选抡为至遴，岂谫薄所能堪？迫于宸指之严，靡容固避，乃若职名之峻，尤所未安。盖有唐命次对之官，至本朝参近侍之列，非尝真历禁从，未始轻有诏除。或骤畀于儒宗，式从群望；或优褒于治最，庸示殊恩。某者学本迂疏，材非敏茂。缀班两省，一无裨补之能。去国九年，三冒清华之直。虽幸荣之已甚，犹久次之可言。迨切集撰之升，往莅洪都之填。甫半期而遽去，曾寸效之未闻。顾以何名，可当兹授，致身迩列？岂非寒士之荣，假宠罔功；适重清朝之累，载循非据。敢昧牢辞，除已一面。择日祗受新除知潭州恩命外，所有宝谟阁待制职名，欲望朝廷特赐敷奏，许令避免。姑仍旧职，俾懋新庸，庶逃超躐之讥，实荷全安之造。伏候指挥。十月二十六日，三省同奉圣旨，依已降指挥不允。

辞赐金带状嘉定十六年正月

某伏准尚书省札子。正月一日，三省同奉圣旨，真某、余嵘、李埴、杨简、陈晐各特赐金带一条，许令服系者。某恭聆成命，不胜震惕。窃惟精镠宝带，所以宠朝廷侍从之臣。某猥以无庸，叨荣次对，以为过分。继蒙恩渥，畀以紫绶，方帷弗称是虞。曾未几何，又有锡鞶之宠。顾某何人，可以当此？况同日并命者三，一以制阃，一以耆儒，子之有名，受者无愧。某于其间，独为忝窃。强颜祇拜，实不遑安。欲望朝廷特赐敷奏，将上项指挥，亟从寝免，不胜大幸。所有前件省札，见寄潭州军资库，某未敢只受。伏候指挥。二月二十三日奉圣旨不允。

再辞免新除状

臣近具奏，辞免新除礼部侍郎、兼直学士院、兼侍读恩命。十一月二十六日，准省札。十一月十二日，奉圣旨不允，令学士院降诏者。臣虽训词之未拜，已荣惧之交并。伏念臣一介寒生，起身农亩。自开禧末以选阶登朝列，至嘉定初以馆职直禁林，曾不数年，叨备二史。越由外补，四玷节麾，论撰三迁，遂尘次对。凡此皆先帝拔擢之恩，所谓欲报之德，昊天罔极者也。去国十年，虽不敢有干荣慕进之念，然区区素志，犹异一日复近旒扆，少效刍荛之忠。而遗诏遽颁，扳号无及，终天之痛，荼毒何穷！皇帝陛下践祚云初，首加收召，词垣从橐，叠被超除，讲殿书帷，又容陪侍，此臣千载一时之遇也。倘获尽忠嗣圣，是乃图报先皇。犬马之愚，敢忘斯谊？独处驽劣之资，多病早衰，加以不材冒膺烦剧，凡他人谈笑而可办，在微臣必竭蹶而后能。又以旱灾尽瘁祈请，由是百病交作，门不离医。每值隆寒，所患尤剧。自顾尩残如此，必须休养年岁，专意服饵，庶不遽为废人。苟未填沟壑之前，皆仰报乾坤之日。伏惟至仁矜而怜之，俾令奉祠于外，异时苟幸有瘳，惟命东西所不敢辞。干冒宸严，臣无任激切，望恩之至，所有省札，臣未敢祇受，见寄收潭州军资库。伏候敕旨。十一月十七日，三省同奉圣旨，依已降诏不允，不得再有陈请。

辞免召赴行在状

某九月二十三日，准省札。九月十二日，三省同奉圣旨，真某召赴行在者。某闻命兢惶，罔知所措。唯二圣临朝之日，正四方观正之秋。凡收召于人材，必采求于时望。缅稽元祐，因兴议而用群贤；近考先皇，以经筵而招一老物。物情既协，治象可占。如某者，问学荒疏，器能谫薄，徒以书生之末技，误蒙文考之殊知。入侍轩墀，出分麾钺。未效涓埃之报，空怀覆载之恩。八骏遐征，忽痛仙游之不返；六龙临御，所䜣神器之有归。敢图负扆之云初，遽辱赐环之先及。十年去国，岂无意于本朝？千载逢辰，亦愿裨于初政。亟宜只命，敢复控辞。其如朽木之非材，重以负薪之多疾。自长沙而见宣室，有愧昔人；陪属车而上甘泉，可当误宠。异回严召，改畀真祠。庶安驽足之踪，免速颠跻之咎。所有省札，某未敢祗受，见寄收潭州军资库。欲望特赐敷奏施行，伏候指挥。十月二十一日奉圣旨。

辞免修史状

臣十一月二十五日，准尚书省札子。十一月十日，三省同奉圣旨。真某兼同修国史，兼实录院同修撰者。臣闻命惕然，以荣为惧。臣伏见先朝臣曾巩者，论以为古之良史，其明足以周万事之理，其道足以适天下之用，其志足以通难知之意，其文足以发难显之情，然后其任可得而称。史职之重若此，而使臣者滥厕其间，窃恐头白可期，汗青无日，如昔人所诮也。况臣叨擢小宗，见再控避，兼官太史，尤难冒居。伏望圣慈并回误渥，所有省札，臣未敢祗受，见寄收潭州军资库外。谨录奏闻，伏候敕旨。十二月十八日奉圣旨不允。

申请武冈军将卒赏格状

某比因武冈佥判叶莫蒙恩超擢，已尝专人奏记。控叙谢忱。近者复准省札，将用力兵级李成等四人各与补授真命，仰见某官秉持公道，甄录小劳，不遗一卒之贱，中外传闻，谁不竞劝？且使某区区言前之信，无一弗畴，仰戴恩光，如已被宠。叶倅偶到司禀议，相与感叹之余，复不能无少过虑。盖当来设谋诱算，首先用力，虽李成等四人之功，而同时下手剿杀二贼则黄达十六辈皆左，揆以朝廷赏功之律，则设谋者为最，用力者次之；首倡者为最，随从者次之。止赏四人已是惬当，弟军卒小人，岂知此理？往往自谓其功不在四人之下，今见四人者独受赏，而十六人者止于本司备补，及量添廪给而已，岂能无觖望之意？兼蒋宗等昨来倡乱，本借为众之名，所以一呼之间，从者千计，诸营为空。后虽以重赏募其徒使图之，然诸营卒伍，往往皆有怜之之心。以为我辈衣粮得免减刻，皆出其力。剽闻此语，颇已籍籍。今十六人用力而不被赏，其徒必有揶揄之、激作之者，设或有一谇语，便难处置。盖武冈为郡，本蛮徭故地，风俗愚悍，不知逆顺，从昔而然。绍兴中，有禁军唐明者作乱，寻被诛戮。军人至今神事之，亦犹幽燕之人事禄山、思明为二圣，渐染使然，有未易以理晓者。叶倅所虑诚非过计，某谨已备其所陈，申闻朝省，伏望大丞相先生详酌。或各与守阙副将一资，或各授以宣帖，仍疾速行下，庶几潜销怨望之萌。一方生灵，终获保全，悉出大造。叶倅莫仰蒙异渥，铭感何穷，但其意终以仇怨满前，恐难安迹。欲乞他郡一待阙差遣某并为申陈。惟钧慈垂察，曲从其请，别赐陶铸小垒，近决一倅贰，俾获保全而去。实荷生成之恩，干冒崇威。某岂胜俯伏，震惧之至。

申尚书省乞免降度牒状

准省札支拨和籴米本会子七万贯、度牒一百五十道，每道作八百贯变卖。仰日下差人前来请领，州司再申，证会近准省札，令潭州守臣就本州措置和籴米一十万石，不得科抑。某检会本州自嘉定十一年，蒙朝廷给降度牒，以为籴本，经年无人承买。于是官司不获已，以科配从事。凡户管田一千亩以上者，纳度牒米。一千亩以下者，认中粜米。每度牒一道，率三四户共之，寺观亦然。折阅太甚，且无变转之所。词诉盈庭，愁嗟载道。民之脂膏，朘削极矣。今既准朝廷指挥，再行下和籴，不许科抑。傥某不能奉行，则罪大矣。已即行下诸县住罢科敷，及镂榜晓示十二县之民，使知朝廷存恤之意。近者臣僚奏请，欲择米之中籴者增立价钱收籴，米到交受，给还见楮，不许减克。朝廷备坐行下，某尤当遵守，不敢违戾。已供申朝廷，未准回降。今准前项省札指挥，除官会别行差官请领，缘本州见今开场招诱民旅投粜，即与科配上户事体不同，只可纯用官会，更不敢以度牒科抑，以致失信于民。今来若蒙仍旧给降度牒，委实难以变转。谨具申尚书省，伏望检证两次申控免降度牒事因，速赐指挥。

小贴子：

契勘湖南州县寺观，大抵产税岑寂已甚。虽名大刹，不足比江浙、福建下等寺观。兼自嘉定十一年以来，逐岁敷抑度牒，勒令纳米，其数已不可胜计。纳米不足，又责令纳钱，寺观缘此倒败者非一。盖有一二年敷下度牒，至今监钱未足者。人户既不可科，配寺观又不堪均敷，委是无所措手。近准朝廷旨挥，令本州差官请领度牒四十道，充起发、和籴、米纲、水脚之费，本州官吏无以区处，不免令差去官成忠郎传重荣就都城变转，回州起纲，可见其术已穷。它无擘划，伏乞钧慈详察事理，特与全支官会发下，不唯官吏之幸，实一方人户寺观之幸。

申请息山龙王封爵状

窃惟潭之为郡，负岳濒湖，山川秀异，神物之所窟宅。故南岳、大沩、道吾等山，皆有龙湫。然相去数百里，致祷颇难。求其密迩城闉、灵迹彰灼者，莫息山潭若也。息山在郡城外之东南一里许，山下有潭，方可数亩。潭上旧有龙神祠，其水清澈。四时旱潦未尝盈涸。按之图志，以为昔尝见龙浮水数十丈，后人铸铜筩泄水入城而汇于湘。筩水涌至，则必雨。岁旱，或坛而祷焉。五代晋时，有王真人锡者，以桂阳牙校至长沙，适值大疫，乃入息山，取潭水和药以施病者，全活甚众。则知兹山之潭，有龙居之久矣。乾道戊子，帅臣尚书沈公介因旱致祷，沉索测之，竟莫知其底止。尔后本州每遇雨旸稍愆，随祷辄应。今年仲夏，守臣真某尝走祠下，以分龙得雨为祷，且与神约：即雨则缮其祠屋以报。未几果雨，则既如约矣。乃仲秋癸巳，又以旱祷于神，用皇祐法，置坛歃血，复与神约：即雨则请爵号于朝。甲午，遂雨；丙申，又大雨。槁苗复苏，迄成中熟。其影响之应，未有速于此者。如南岳、大沩等山龙潭，皆已蒙朝廷赐之封爵，独息山潭近在城隅，昭灼若此，而乃祠宇弗治，爵号未攽。傥不以事实有请于朝，岂惟无以彰神龙之灵、慰邦人之望？而昔之与神约者，亦自食其言矣。除已增葺祠屋，以答神休外，伏睹嘉定十五年正月，庆宝赦文，应诸路州县境内有岳渎神祠，并仰长吏致祭。其有因雨旸水旱祈祷感应，实有惠利及民，灵迹显著者，保明奏闻。须至申闻者。右谨具申转运使衙，欲乞照前项赦条保明申奏朝廷，特赐封爵，或降庙额，庶几有以跻神之荣，而徼福于潭人，俾无旱干水溢之虞，诚非小补。奉敕赐灵泽庙为额。

奏举潭州官属状

臣猥以庸虚，滥分帅阃。每惟人材无巨细，皆有益于世用。故常孜孜以求乎下，而不敢俟人之求。虽一道数千里，官僚数百人。其材与否，不能以尽知。然考之于见闻，试之以职事，亦间得其一二。苟荐员之当及者，岂惟不俟其求？盖有未尝识面而举之者矣。今兹叨蒙召擢，行且去官，采诸公言，犹有当举而未及者。用敢随其所长，形诸论荐，庶以备朝廷之采择，谨开具于左：

朝奉郎湖南安抚司机宜林光裔：气质粹温，材猷闿敏。常宰剧邑，政誉蔼然。江右诸司皆尝称荐。宣教郎湖南运司主管范炎：事亲有孝谨之称，治邑有循良之誉。浙右荐绅，具能言之。承议郎湖南安抚司干办公事江畴：学问醇正，心度坦夷。讲学于乡，从者甚众。经其指授，多中科名。昨宰宜春，安靖不扰，老游幕府，人叹其淹。承议郎知潭州浏阳县事徐玠：性禀淳良，志念恻怛，平反冤狱，惠养小民。在官三年，人安其政。通直郎知潭州、善化县事石孝隆，天资精敏，心事和平，狱讼惟公，赋役有法。今将去替，邑人惜之。朝奉郎知潭州湘潭县事朱子肃：持身谨恪，莅事精详，催科有方，听讼惟允，利民之事知无不为。奉议郎知道州宁远县事黄大中：廉介自将，端方有守，自其到邑，一意为民。当官而行，不畏强御。修职郎永州教授李元白：学醇行粹，论正气平。早游胶庠，士论推服。及为学录，规范肃然。分教偏州，未究其用。文林郎前永州推官赵涯：学行俱优，志念尤笃，蚤以文墨。擢在甲科。及为幙僚，尽心民事。推行荒政，所济尤多。文林郎全州清湘县令董梦程：通经学古，知前辈之源流；临政字民，慕循吏之风绩。观其器识，殆未易量。文林郎衡州安仁县丞翟採：忠勋之门，儒学自奋。文采甚蔚，识虑尤长。从政郎道州营道县丞任士宁：性行端良，辞华敏赡。居官勤恪，有志及民。修职郎潭州湘乡县主簿田居正：禀资笃实，履行端方。居怀及物之心，务为有用之学。修职郎潭州湘潭县主簿胡湍：器资端厚，问学精专。筮任之初，勤于民事。右臣所举十有四人，虽职守不同，材品亦异。然其所长，各有可称。伏望圣慈明诏大臣，更加询察，或特加旌擢，或籍记中书。异日必有奋发为清时之用者。傥不如所举，臣甘坐妄谬之罚。

按奏武冈知军司马遵状

臣窃见武冈一军，虽名小垒，然溪峒四环，蛮徭杂处。控制绥御，责在守臣。平时抚存士卒，有以得其欢心，然后缓急可赖其用。苟惟惑吏言，靳小费，使军情动摇，几至激变，其能任绥御之责乎？谨按朝请郎、知武冈军事司马遵，忠贤之裔。尝缀朝行，到官数月，未闻它过。徒以昨守信州之日，有黠吏李安世者，颇得其意。及来武冈，复挈之俱。借补官资，任以衙兵六局之事，怙势作威，鞭扑过当，卒辈已不能堪。又听郡吏董霖等言，回籴军粮亏损。时直冬衣例支钱会中半，复欲以全券给之，遂致此曹觖望。当厅执覆，语言喧悖，相率出城。群不逞乘之，劫掠郡民财物。遵仓皇无措，托疾送印次官。幸佥判叶莫躬亲安慰，众方稍定。臣得莫初一日所申，即行下委莫权管军事，谕诸卒还营，且追李安世、董霖等赴司究治。既又得莫初五日所申，诸卒虽已还营，尚操兵未释。臣复行下榜示，各与免罪，及将衣粮等照久例支给，若有冤抑，许诣臣陈诉。榜到之日，军情或须帖息。遵为守将，举措乖宜，致此纷扰，焉得无罪？欲望圣慈将遵罢免，或畀祠禄。仍选择贤良之守，令其疾速之官，庶几一方早获安渚，不至它虞。须至奏闻者。

小贴子：

臣初得报，即飞申朝廷，乞赐指挥行下。本未敢擅自将遵施行，及得今报，事势颇亟，用敢不俟回降，先次行下令遵起发离任，听候朝廷指挥，及委权军叶莫，多差弓兵护送出境。榜示军民，不得辄加无礼，所有臣专，辄令遵离任之罪，并乞指挥施行。

潭州重修大成殿记

资政殿学士清源曾公以廊庙之旧作牧于星沙。厚重镇俗，如岳之弗摇；清明鉴物，如湘之不波。岁未期而百度修、众志服。环九郡五十城，既帖帖无事，则思所以驱其人于礼义之域者。顾詹黉舍，先贤先师之位在焉，而庙殿规摹，殆类浮屠氏。公为蹙然弗宁，乃属郡学职，诒书于南宫舍人钟君震，考辟雍制度，为图以来，命掾吏之才者视其役，撤去陪厦，敞为新宫，凡二十有六楹，昔之暗郁，倏焉亢爽，于严奉祀事为宜。又谓列戟之门，学扁揭焉，亦视礼弗协，则别为大门，徙扁其上。于是宫墙外内，巍然奂然，应图合法。既又斥其赢财，甓旧路于学门之左，复射圃于学门之南。起宝庆三年冬某月，讫明夏某月告成。州学正迪功郎钟景仁等以书来谂曰："自侯之莅吾土也，尝一新其学矣。而斯独未之及，意者其有待乎？今虽成于公，固亦侯之志，愿有以识之。"某惟畴昔之役，盖尝自诡尽心矣。而堂皇门闼之易见者，皆莫之察，而重以累公。况于休戚情伪之窈微，其不属耳目者何限？然则前日之政，所不获罪湘民也几希。某于是窃有感焉，而又以自愧也，故不复辞而书其事。然惟公之斯举也，徒以儒者之宫，而杂浮屠之制，犹思所以正之。况今之世，华居而貊道、儒名而墨习者滔滔皆是，其可熟视而莫之救乎？推公之志，使一日尽行其学于天下，必将息邪距詖，而杨、墨贼仁义、无君父之教不得骋也。必将尊王黜伯，而管商申韩矜权智、骛功利之说不得施也。儒者之功，必至于是而后有以为天常、人纪之重，非公其孰任之？若夫学于斯学者，亦曰审其所趋之涂，谨其所择之术，使粹然一出于正而已。呜呼！屏翳撤而虚明出，岂独斯学为然哉！人之一心，广大如天地，清明如日月者，其本体也。而或弗然者，物有以障之也，去其障则本者复矣。夫问铸金得铸人，扬雄氏所以为善启发也。因缮修之事，而告之以修身之法，非予所望于学者乎？内外一源也，精粗一致也。善学者，虚其心以体天下之物，何往非吾进德之地，又岂独是乎哉？诸君幸以为然，则愿告于公而刻之。公以庆元伦魁，尝陪辅先帝大政，令名粹德，荐绅宗之。其治潭之政多可书，今皆不书，独书所以幸乎潭之士者。

送潭州陈教授序

括苍陈端父将教授于潭，征予言以为赠。予方端忧，不能言也。顾尝窃病今之职于民者，未尝不曰治之难；职于士者，未尝不曰教之难也。问之则曰俗嚚而难谕也，变诈百出而难察也，是其所以治之难也。至于士之难，一则甚于民，賫口于谊而衷于利者众也，蔚乎其文而驳乎其行者相踵也，是其所以教之难也。吁！是则然矣，盍亦反而求诸身乎？夫心者，一身之主，犹之有司，为是职治与教者也。耳目焉，手足焉，皆听命于心，犹其禀治与教者也。以一心而御众形，至约也，其能使之不随所嗜而迁乎？其能使之动必以礼乎？吾见物交物而引之流而荡者众矣。夫治之而弗驯，教之而弗率，则知忿而疾之。未闻耳目四体之不从令，而能懼然自咎者。盖洙泗之道，暗郁不行于世。士自一命以上，知治人而已。故其朝夕所役役者，大抵以求人之过而已。反观内省，求其身之过者，未尝致须臾之功焉。至其效不若古人，则诿曰是俗之难治。且治也，抑不思其身之已治否耶？吾之所为，其可以教未耶？以不治之身而临难治之民，其身之未足以教，而尤其俗之不可以教，此岂圣贤反本之意哉？昔者颜子问为邦于夫子，而夫子许之。溯其用功之地，不过视听言动四者而已。夫视听言动之不敢忽，岂蕲以正人哉？然卒之已正而人莫不从者，盖是理也，不惟吾有之，人亦有之也。开之则明，倡之则应矣，其用力顾不甚约也。况士之为士，又非可以凡民例观耶！潭维钜藩，昔者大儒经师接迹于此，士之以学自名者，不知其几千百，吾子受命而为之师，盖信乎其难也已。虽然，有道焉，惟毋求之士而求之于身，毋求之于身而求之于心。心之今能行于其身，然后吾之教能行于其士。是故理之不可易也者，吾子幸以为然，则愿并以告夫今之治人者，母从疾视其民而不知返也。嘉定壬午月正元日西山真德秀书。

去年春，端父来潭，予为斯文以赠。书未竟而端父行。明年初伏日，阅旧稿得之，遂录以授端父。方予操笔时，岂知与端父当会于此哉？又岂知身任治人之责哉？然则予之所以警端父者，端父宜还以警予矣。

潭州示学者说

予既新其郡之学，又为之续廪士之费。俾诵弦于斯者，微一日之辍焉。教授陈君瑞甫过余而请曰："公之于士也，有以安其居，又有以足其食，顾亡一言以淑之可乎？"余谢曰："此师儒之事也，予何言。虽然，昔尝闻之孔氏矣，岂不曰古之学者为己乎？自汉以经术求士，士为青紫而明经；唐以辞艺取士，士为科目而业文，其去圣人之意远矣。今之学者其果为己而学欤？其亦犹汉唐之士有所利而学也。如果为己而学，则理不可以不穷，性不可以不尽，不至乎圣贤之域弗止也。若其有所利而学，则苟能操觚吮墨，媒爵秩而贸轩裳，斯足矣。驵贾其心弗顾也，夷虏其行弗耻也，此学者邪正之歧途也。请以是淑吾士可乎？”端甫曰：“敬闻命矣。抑后世之言学者，其有得于孔氏之指欤？”曰：“后世之言学者，其不缪于圣人鲜矣。独尝于唐之阳子，近世之石子、尹子有取焉。阳子曰：‘学者，学为忠孝也。’石子曰：‘学者，学为仁义也。’尹子曰：‘学者，学为人也。’是三言者，庶几圣门之遗意乎？方唐之世，士习之陋甚矣，阳子一旦倡斯言于太学，如天球之音、威凤之鸣，学者竦然洗心而易听、归觐其亲者，踵相蹑焉，理义之感人如此。”“然则石子之言其有异于阳子欤？”曰：“亡以异也。仁者，孝之源；义者，忠之干。曰仁义则忠孝在其中矣。然则尹子之言，其有异于二子欤？曰亡以异也。夫人与天地并而为三才者也，必也兼五常、备万善，然后人之道立焉。其警世之深，为人之切，又进乎二子矣。”“敢问所以学为人者奈何？”曰：“耳目肤体，人之形也。仁义礼智信，人之性也。君臣、父子、昆弟、夫妇、朋友，人之职也。必循其性而不悖，必尽其职而无愧，然后其形可践也。孟子曰：‘人之异乎禽兽者几希。庶民去之，君子存之。’又曰；‘无恻隐之心，非人也；无羞恶之心，非人也；无辞逊之心，非人也；无是非之心，非人也。’夫天之生斯人也，与物亦甚异矣。而孟子以为几希，何哉？盖所贵乎人者，以其有是心也。是心不存，则人之形虽具而人之理已亡矣。人之理亡，则其与物何别哉？故均是人也，尽其道之极者，圣人所以参天地也。违其理之常者，凡民之所以为禽犊也。圣愚之分，其端甚微，而其末甚远，岂不大可惧耶？予故曰：‘尹子之言，其警世之深，为人之切，又进乎二子也。’吾党之士，苟无意于圣贤之学则已；傥有志焉，则反躬内省。于人道之当然者有一毫之未至，必将皇皇然如渴之欲饮、馁之欲食也，凛凛焉如负针芒而蹈茨棘也。吾子幸以为然，则愿以告夫同志者，俾知太守之期乎士不在于徼人爵、取世资，而在乎敬身而成德也。”端甫瞿然曰：“公之淑吾士者厚矣。璐请揭其言于学，以为士之则。”

回湖南陈运使启

叨恩分阃，将依荡节之华；缔好合符，仍踵棠阴之爱。方涓辰而祇命，亟拜手以蜚笺。恭惟某官钟吕参龢，球琳比粹。洽闻殚见，穷探千古之传；杰笔瑰辞，叠中两科之选。顾力推其所学，而自见于有行。铜墨三年，课登乎最，弦歌千室，民诵于今。不为有力者所移，但欲此心之无愧。登学馆高华之地，人知惟雅望是培。当国家闲暇之时，公独以豫防为意。每赐清闻之对，辄陈正大之言。竟辞郎宿之高，去作使星之照。晓行湘水，四牡騑騑；云霁衡山，六条井井。以清规而肃吏，以善教而怀民。汉使所部十三州，咸蒙惠泽；湖南之地，二千里如在春风。属帅阃之方虚，烦使华之兼领。阅时甫尔，报政蔼然。玉帐辎车，虽并隆於委寄；赤墀文石，其所贵者精忠。会膺当宁之思，即有杨纶之召。某自知甚审。已试何裨？方愿适山林之安，讵复堪方面之寄？若为称职，赖有依仁。公尔忘私，敢自觊刺史故人之念！新惟求旧，当一遵令尹忠告之规。析仰方深，敷陈罔既。

潭州复税酒颂

嘉定十六年五月戊辰，有诏复潭州税酒法，守臣某拜手作颂以纪其实，俾邦人父老咏歌于无穷。其词曰：

洞庭之南，衡岳之麓。盘盘大都，维楚旧服。岁在元默，帝命下臣。锡尔麾符，惠鲜我民。予辟四门，视听无鬲。一夫伤嗟，若在朕侧。臣拜稽首，帝仁其天。奔走奉承，敢或弗虔。来说于郊，访尔父老。女欲女言，女感女告。昔丰且腴，曰维乐都。今瘠而瘁，曷其致诸。父老曰嗟，民瘼孔庶。若时榷酤，斯患之鉅。为法穽民，莫如糟丘。欲措于安，维旧之由。乃案图书，乃諏掾史。乃奏乃陈，请复其始。昔在中兴，舍榷而征。民既胥乐，官维省刑。有臣棄疾，易征而榷。正论盈庭，争折其角。皇皇孝宗，有诏赫然。曾是藩臣，废置可颛？藩臣为谁，前恭后丙。维利是渔，罔顾君命。科调纷纭，遍于属州。禁如牛毛，犯者愈稠。维帝命臣，邦本是殖。臣不以闻，其罪当殛。天子曰嘻，念彼远人。其可尔奏，往敷吾民。臣既承命，斟酌损益。尔俗所安，无改于昔。尔赋所入，则惟其轻。维以便民，匪曰取赢。尔有父母，孝养宜厚。岁时奉觞，以介尔亲寿。尔有宗族，若弟若昆。献酬交欢，爱敬斯存。尔饮于乡，少长是序。销其争心，复尔淳古。维以成礼，勿继以淫。苟湎且淫，则匪太守之心。咏歌太和，沐浴膏泽。于斯万年，毋忘我天子之德。作此颂诗，碣于通逵。维后牧臣，勿替引之。

书谯闵王事迹后

按谯王初与零陵太守尹奉、建昌太守长沙王循、衡阳太守淮陵刘翼、舂陵令长沙易雄同举兵讨贼。其后魏乂攻长沙，城中固守，相持且百日。翼战死，乂遂拔长沙。则翼之与城，盖相为存亡也。魏乂以槛车载谯王及易雄，送武昌。王既中涂被害，雄之与王又相为存亡也。二人者，不获从王之祀，可乎？又王之举兵，宜都内史周级使其兄子该诣长沙申疑。魏乂等攻湘州急，王遣该及从事周崎间出求救，皆为逻者所得。崎既抗解杨之节，该被拷至死，终不言其故，亦可谓志义之士矣。该虽非王官属，然实为王而死；崎既从祀，该不当独遗。及王之被执，佐吏奔散，惟主簿桓雄、书佐韩阶、从事武延毁服以从，不离左右。雄既为乂所杀，阶、延执志愈固，卒送王丧至都，葬之而去。三人者，志节略同，而雄又以死闻。阶既与祀矣，雄与延乃未之及，何邪？若邓骞者，虽有先知之明，且尝为王求援于甘卓，卓留之不从，非不忠于所事者。及城陷王死，乃为魏乂别驾，毁节事仇，良所未谕。今以刘翼、易雄、桓雄、武延、周该并从祀于庙，而黜邓骞，庶以昭君臣之大义，使抗志不渝者知所劝，而执节不终者亦知所戒云。

劝学文

窃惟方今学术源流之盛，未有出湖湘之右者。盖前则有濂溪先生周元公生于舂陵，以其心悟独得之学，著为《通书》、《太极图》，昭示来世。上承孔孟之统，下启河洛之传。中则有胡文定公以所闻于程氏者，设教衡岳之下。其所为《春秋传》，专以息邪说，距诐行，扶皇极，正人心为本。自熙宁后，此学废绝。公书一出，大义复明。其子致堂、五峰二先生，又以得于家庭者，进则施诸用，退则淑其徒。所著《论语详说》、《读史》、《知言》等书，皆有益于后学。近则有南轩先生张宣公寓于兹土，晦庵先生朱文公又尝临镇焉。二先生之学，源流实出于一，而其所以发明究极者，又皆集诸老之大成。理义之秘，至是无复余蕴。此邦之士，登门墙、承謦欬者甚众。故人材辈出，有非它郡国所可及。今二先生虽远，所著之书具存，皆学者所当加意。而南轩之《论》、《孟》说、晦庵之《大学》、《中庸》章句或问，《论》、《孟》集注，则于学者为尤切。譬之菽粟布帛，不容以一日去者也。颇闻迩来士子急于场屋科举之业，往往视为迂缓，置不复观。殊不知二先生之书，旁贯群言，博综世务，犹高山巨海，瑰材秘宝，随取随足。得其大者，固可以穷天地万物之理，知治己治人之方。至于文章之妙，浑然天成，亦非近世作者所能彷佛。盖其本深末茂，有不期然而然者。学者诚能诵而习之，则于义理之精微既有所得，发之于文，亦必意趣深长，议论精确，以之应举，直余事尔。若徒讽咏肤浅之文，掇拾陈腐之语，见闻既陋，器识可知。虽使幸而获选，其不能大有所立必矣。今秋试之期尚远，群居暇日，正当培养义理之源，务求有用之实。自今以始，学校庠塾之士，宜先刻意于二先生之书，俟其浃洽贯通，然后博求周、程以来诸所论著，次第熟复。而温公之《通鉴》与文公之《纲目》，又当参考而并观焉。职教导者以时叩击，验其进否。上、中二旬当课之日，则于所习之书，摘为问目，俾之援引诸儒之说，而以己意推明之。末旬则仍以时文为课，如此则本末兼举，器业日充。上足以追续先贤之正脉，次足以为当世之实用。异时英髦接武，追迹于前闻人，岂不盛哉？顾念迂疏，滥尘师帅之任，新美士习，盖其责也。辄不自揆，敢述其所闻，惟同志相与勉之。

谭州谕同官咨目

某猥以庸虚，谬当阃寄。朝夕怵惕，思所以仰答朝廷之恩，俯慰士民之望。惟赖官僚叶心同力，庶克有济。区区辄有所怀，敢以布于左右。盖闻为政之本，风化是先。潭之为俗，素以淳古称。比者经其田里，见其民朴且愿，犹有近古气象，则知昔人所称，良不为过。今欲因其本俗，迪之于善，已为文谕告，俾兴孝悌之行，而厚宗族邻里之恩。不幸有过，许之自新，而毋狃于故习。若夫推此意而达之民，则令佐之责也。继今邑民以事至官者，愿不惮其烦而谆晓之，感之以至诚，持之以悠久，必有油然而兴起者。若民间有孝行纯至、友爱著闻，与夫协和亲族、赒济乡闾，为众所推者，请采访其实以上于州，当与优加褒劝。其详见于荀文至于听讼之际，尤当以正名分、厚风俗为主。昔密学陈公襄为仙居宰，教民以父义、母慈、兄友、弟恭，而人化服焉。古今之民，同一天性，岂有可行于昔而不可行于今？惟毋以薄待其民，民将不忍以薄自待矣。此某之所望于同僚者也。然而正己之道未至，爱人之意不孚，则虽有教告而民未必从。故某愿与同僚各以四事自勉，而为民去其十害。何谓四事？曰律己以廉，凡名士夫者，万分廉洁，止是小善。一点贪污，便为大恶。不廉之吏，如蒙不洁，虽有他美，莫能自赎。故此以为四事之首。抚民以仁，为政者，当体天地生万物之心。有一毫之惨刻，非仁也；有一毫之忿疾，亦非仁也。存心以公，传曰："公生明。"私意一萌，则是非易位。欲事之当理，不可得也。莅事以勤是也。当官者一日不勤，下必有受其弊者。古之圣贤犹且日昃不食，坐以待旦，况其余乎？今之世有勤于吏事者，反以鄙俗目之。而诗酒游宴，则谓之风流娴雅，此政之所以多庇、民之所以受害也。不可不戒。何谓十害？曰断狱不公，狱者民之大命，岂可小有私曲？听讼不审，讼有实有虚，听之不审则实者反虚，虚者反实矣。其可苟哉？淹延囚系，一夫在囚，举室废业。囹圄之苦，度日如岁，其可淹久乎？惨酷用刑，刑者不获已而用。人之体肤，即己之体肤也，何忍以惨酷加之乎？今为吏者，好以喜怒用刑，甚者或以关节用刑。殊不思刑者国之典，所以代天纠罪，岂官吏逞忿行私者乎？不可不戒。泛滥追呼，一夫被追，举室皇扰。有待引之，需有出官之费，贫者不免举债，甚者至于破家，其可泛滥乎？招引告讦，告讦乃败俗乱化之原。有犯者，自当痛惩，何可勾引？今官司有受人实封状，与出榜召人告首阴私，罪犯皆系非法，不可为也。重叠催税，税出于田，一岁一收。可使一岁至再税乎？有税而不输，此民户之罪也。输已而复责以输，是谁之罪也？今之州县，盖有已纳而钞不给，或钞虽给而籍不销，再追至官，呈钞乃免。不胜其扰矣。甚者有钞不理，必重纳而后已。破家荡产、鬻妻卖子往往由之。有仁心者岂忍为此？科罚取财，民间自二税合输之外，一毫不当妄取。今县道有行科罚之政，与夫非法科敛者，皆民之深害也，不可不革。纵吏下乡，乡村小民畏吏如虎。纵吏下乡，犹纵虎出柙也。弓手士兵，尤当禁戢，自非捕盗皆，不可差出。低价买物是也。物同则价同，岂有公私之异？今州县有所谓市令司者，又有所谓行户者，每官司敷买，视市直率减十之二三。或不即还，甚至白著。民户何以堪此？某之区区，其于四事，敢不加勉？同僚之贤，固有不俟丁宁而素知自勉者矣。然亦岂无当勉而未能者乎？传曰："过而不改，是谓过矣。"又曰："谁谓德难，厉其庶而？"贤不肖之分在乎勉与不勉而已。异时举刺之行，当以是为准。至若十害有无，所未详知。万一有之，当如拯溺救焚，不俟终日，毋狃于因循之习，毋牵于利害之私。或事关州郡，当见告而商榷焉，必期于去民之瘼而后已。此又某之所望于同僚者也。抑又有欲言者，夫州之与县，本同一家。长吏僚属，亦均一体。若长吏偃然自尊，不以情通于下，僚属退然自默，不以情达乎上，则上下痞塞，是非莫闻，政疵民隐，何从而理乎？昔诸葛武侯开府作牧，首以集众思、广忠益为先。某之视侯，无能为役，然虚心无我，乐于闻善。盖平日之素志，自今一道之利病。某之所当知者，愿以告焉。某之所为有不合于理、有不便于俗者，亦愿以告焉。告而适当，敢不敬从？如其未然，不厌反复。则湖湘九郡之民，庶乎蒙赐，而某也亦庶乎其寡过矣。敢以诚告，尚其亮之，幸甚！

潭州谕俗文

太守叨蒙上恩，擢守湘土。深惟朝廷委寄之重，非特责以有司常务而已。布宣德化，导迪人心，实守臣之事。顾此邦风俗，初未详知。今以天性人伦之大者与夫迁善改过之方，首为尔民告，名之曰“谕俗三事”，今具于后：

一、古者教民，必以孝悌为本，其制刑亦以不孝不悌为先。盖人之为人、异乎禽兽者，以其有父子之恩、长幼之义也。《诗》云：“父兮生我，母兮鞠我。”继之曰：“欲报之德，昊天罔极！”此言父母之恩与天同大，为人子者虽竭其力，未足以报也。今乃有亲在而别籍异财，亲老而供养多阙，亲疾而救疗弗力，亲没而安厝弗时。不思此身从何而有，罔极之报，当如是乎？至于兄弟天伦，古人谓之手足，言其本同一体也。今乃有以唇舌细故而致争，锥刀小利而兴讼，长不恤幼，卑或陵尊，同气之亲，何忍为此？潭湘旧俗，素称淳厚，如前数者未必有之。太守此来，欲以义理训民，未免预陈劝戒。已行下州城及十二县，自今民间有孝行纯至友爱著闻者，采访得实，具申本州，当与优加旌赏，以为风俗之劝。或其间有昧于礼法之人，为不孝不悌之行，乡里父老其以太守之言，曲加诲谕，令其悛改。昔后汉陈元为母所讼，亭长仇香亲到其家，教以人伦大义，遂为孝子。《北史》清河之民，有兄弟争财者，郡守苏琼告以难得者兄弟，易得者田宅，遂感悟息讼，同居如初。况此邦之人本来易化，以理开晓，必无不从。若上违太守之训言，下拒父老之忠告，则是败常乱俗之民，王法所加，将有不容已者。一陷刑戮，终身不齿，虽悔何及？尔民其思之毋忽。

一、古人于宗族之恩，百世不绝。盖服属虽远，本同祖宗。血脉相通，岂容间隔？至于邻里乡党，虽比宗族为疏，然其有无相资，缓急相依，患难相救，疾病相扶，情义所关，亦为甚重。今人于此二者，往往视以为轻。小有忿争，辄相陵犯。词诉一起，便为敌仇。有一于斯，皆非美事。昔江州陈氏，累世同居，聚族至七百余口，前代常加旌表，至今称为义门。近者吉州孙进士，以惠施一乡，诸司列奏，蒙恩特免文解，士夫以为美谈。江湖之间，境土相接，岂有江西之人能为义举而此独不能？今请逐处老成贤德之士，交相劝率，崇宗族之爱，厚邻里之欢，时节往来，恩义浃洽，小小乖忤，务相涵容。不必轻启讼端，以致结成怨隙。若能和协亲族，赒济里间，为众论所推，亦当特加褒异。如其不体教训，妄起讼争，惩一戒百，所不容已。尔民其勉之毋忽！

一、官之与民，谊同一家。休戚利害，合相体恤。为有司者，不当以非法扰民；为百姓者，亦不当非理扰官。太守平时以爱人利物为心，不啻饥渴。视事之始，切切讲求，已转牒州县官，各以四事自勉，而为民除其十害。何谓四事？律已以廉，抚民以仁，存心以公，莅事以勤是也；何谓十害？断狱不公，听讼不审，淹延囚系，惨酷用刑，泛滥追呼，招引告讦，重叠催税，科罚取财，纵吏下乡，低价买物是也。十者有无，所未详知。万一有之，当如拯溺救焚，不俟终日。务令田野安帖，愁叹不生。或民间有公共利病，太守所未及知，许明白具状前来陈述，但不许匿名实封，讦人私过。言而有理，即当详酌，以次施行。尔民亦宜体太守此心，更相劝戒。非法之事勿妄作，如豪强凶横，吞谋贫溺；奸狡诈伪，欺骗良旧。教唆词讼，计属公事。聚众斗殴，开坊贱博。居停盗贼，屠宰耕牛。沽卖私酒，兴贩禁物，如此之类，皆系非法。无理之讼勿妄为，如事不干己，辄说行告讦，撰装词类，夹带虚实，如此者皆是无理。或日前所为未免害义，若能幡然悔悟，去恶从善，如汤沃雪，旧迹都消。人谁无过，改之为贵。周处三害，终为名贤。父老其以此意为乡闾子弟反复解说，必若教之不悛，则国家有法，官司有刑，太守虽欲从宽不可得。尔民其幸听之毋忽。

右谕俗三事，开具在前。太守之于尔民，犹父兄之于子弟。为父兄者，只欲子弟之无过；为太守者，亦只欲尔民之无犯。故于到任之初，以诚心实意，谆谆告谕。其不识文义者，乡曲善士当以俗说为众开陈，使之通晓。庶几人人循理，家家畏法，田里无追呼之迹，公庭无鞭扑之声。民情熙然，化为乐众，岂不美哉！故今榜示，各宜知悉。

劝立义廪文

太守到任以来，无一念不在斯民。近因祷雨，思所以为邦人久远之计。在城则置惠民仓，储米数万石，岁岁出粜。在诸县则广置社仓，储谷数万石，岁岁出贷，其为虑悉矣。又念社仓贷谷，止及末等有田之人，而细民无田者不得预也。复请于常平司，以今岁义米附纳社仓，为赈粜之备。然义米有限，而贫民至多，岂能均及？于是又以居乡之日，所为义廪规约，以劝有力之家，盖欲公私叶力，共济斯民，使无饿莩流离之害。夫人之贫富虽有不同，推其由来，均是天地之子。先贤有言：凡天下之疲癃、残疾、茕独、鳏寡，皆吾兄弟之颠连而无告者也。我之与彼，本同一气。我幸而富，彼不幸而贫，正当以我之有余而济彼之不足。自古及今，能以惠恤为念者，其子孙必贤，其门户必兴。盖困穷之民，人虽忽之，天地之心则未尝不悯之也。我能惠恤困穷，则是合天地之心。合天地之心，则必获天地之佑，此以理言者也。若以利害计之，无饥民则无盗贼，无盗贼则乡井安，是又富家之利也。况义廪云者，非捐所有以与之，特出所有以粜之而已。于富家初无损，而于贫民实有益。且每岁劝分，出于官司，岂能无扰？今举行义廪，使上中之户，自相推排，随力出备，官司不计产强敷之也。自置粜场，自收粜钱，官司不遣吏监临之也。价直高下，视时稍损，官司不抑令痛减也。况常岁艰食，悉仰劝分，今州郡既立社仓，又粜义米，则与尔富民分任其责者为不少矣。其可不体官司美意，相率而乐从哉？今去秋成不远，已委诸县官各行劝谕，期以十月终。逐都结成规约，申闻于县，县以闻于州。其能率先为倡者，当加褒赏。或谓潭人未易告谕，诸县劝粜自有成式，何以义廪为哉？为是说者，是以薄待吾民也。十二邑之广，岂无好义乐善之君子？且两岁劝分，亦有欣然出粟，为数颇多。如长沙之贾熊、袁简，湘阴之邓居中、毛以大，攸邑之武当世，浏阳之龙世永、李天觉、罗廷圭，安化之刘孝锡、陈洪范、李峣、张奉世，湘乡之冯楷，醴陵之曹应龙、周霖、丁大谦，湘潭之罗邦臣、杨仁老、向尧俞者，州郡或借补官资，或持立坊名，或量与免役以旌异之矣。又安知无闻风欣慕者？必若谕之而不从，则劝粜旧例，盖有不得而废者。特不若人自为之，则义风兴行，群情感悦，其气象为不同尔。譬之役法然，为义役则有辑睦之风，行差役则有争竞之讼。义廪犹义役也，劝分犹差役也，二者利害，至为明白。尔民其详之。

劝民文

嗟尔湘人，为生甚勤。土瘠而墝，俗窭且贫。太守之来，兢兢朝夕，惠利为心，可质天日。雨旸少愆，终夕弗怡。是祷是求，犹已渴饥。谷价稍腾，当食颦蹙。唯恐斯民，弗饱饘粥。去腊之雪，元日之晴。丰年可占，予心载欣。尔于斯时，宜悉乃力。于耒于耜，于沟于洫。良农虽苦，可冀有秋。惰农虽逸，荒其田畴。孰饱孰饥，孰失孰得。我劝尔民，宁苦母逸。右劝勤力。

福生于俭，祸生于奢。影响相随，毫厘弗差。惟朴惟素，富足之具。惟侈惟僭，困穷之渐。广用多求，心劳且忧。寡求省用，其乐休休。以约失之，其亦鲜矣。我劝尔民，宁俭母侈。右劝俭约。

父慈子孝，和气满堂。雍雍愉愉，为家之祥。子悖其亲，父虐其子，伤恩败教，皆由兹始。有媪曰陈，百岁康强。若儿若女，鹤发成行。问其所致，曰慈曰孝。夫岂偶然，天道之报。陈民，长沙县明道乡人，今年百有二岁。二男一女，皆近八十。缘其母慈子孝，所以天赐之高寿。我劝尔民，是则是效。右劝慈孝。

贫富相资，今古同之。富而无贫，谁耕谁耘。贫而无富，谁依谁怙。田连阡陌，禾满囷仓。宜念细民，朝无夕粮。厚积深藏，乘时邀价。众怨是丛，天岂汝赦。厚德长者，幽明所扶。一子克家，万金弗如。为富不仁，鬼神所瞰。累世之储，荡于一旦。我劝尔民，宜以为鉴。右劝恤贫。

天地之性，最贵者人。况为父子，所主者恩。骨肉相残，世之大恶。云何闾阎，有子不育？贫而为之，已谓至愚。富亦效尤，情尤可诛。人之有生，衣食素定。何必过忧，乃绝其命？子多而贤，家道愈隆。若其不肖，一子覆宗。虎狼虽暴，弗食厥子。人为物灵，胡忍为此？戕贼天性，泯绝民彝。咨汝邦人，其戒于兹。右劝举子。

健讼求胜，鲜不招败。带刀自防，适以生害。我尝谆谆，尔若不闻。由我德薄，敢咎尔民？岁终而傩，所以逐厉。未闻成群，争耀凶器。凡曰有神，正直而聪。非道求福，岂神所容？巫觋兴妖，本以自利。尔顾惑之，可谓不智。禁汝医药，以戕尔躯。诱汝祭赛，以空尔庐。甚至采牲，以人为畜。陷汝于刑，殒身覆族。凡此数者，灾害之基。咨汝邦人，其重戒之。右劝省讼息争，勿信师巫诳惑。

我示尔民，休戚由己。期汝听从，何惜词费。父老来前，劝汝一觞。归语于家，以及其乡。守既爱民，民盍自爱。返朴还淳，迁善远罪。家给人足，复见古风。岂予实能，父老之功。

南岳行宫

某之为学也，以不欺为本。虽未能至，而窃有意焉。屋漏之隐，如对神明，不敢忽也，况今作屏乎兹？巍巍灵岳，雄峙天表。顾盼在目，虽欲自欺得乎？惟廉惟仁，惟公惟勤。朝夕竞竞，期于无愧。尚惟降鉴，迄用有成。

潭州谒先圣癸未正月

昔某之治泉也，惟节用爱人之训是服是行。其去之日，不获罪于泉人，赖此而已。今者叨蒙上恩，作屏南楚，委寄之重，又非泉比。将何以免责哉？惟于所谓节用爱人者，益勉其所未至焉。某始祗谒于庭，炯焉丹诚，尚冀昭鉴。

先贤祠

濂溪先生周元公，明道先生程纯公，伊川先生程正公，武夷先生胡文定公，五峰先生胡公，南轩先生张宣公，晦庵先生朱文公，圣学不明，千有余载。数先生相继而出，遂续孔孟不传之统，可谓盛矣。惟时湖湘渊源最正，盖濂溪之生，实在春陵。而文定父子，又以所闻于伊洛者，设教于衡岳之下。张、朱二先生接迹于此，讲明论著，斯道益以光大。然则天之生数公也，所以幸天下与来世，而湖湘之幸，抑又多焉。泮宫有祠，其来尚矣。某虽不敏，然于数先生之学盖尝用其力者，而庸驽之质，欲进未能。叨恩假守，用敬谒于祠下。缅怀遗风，当益自励，冀于斯道，或有闻焉。施之有政，庶乎寡过。惟先生其相之，幸甚！

汉高帝

汉太祖高皇帝、太宗文皇帝，惟汉之兴，绵祀四百。深仁厚泽，肇于高祖，而成于太宗。威神在天，实相下土。若时楚服，庙貌在焉。惟二帝之心今之嘉惠湘民者，亦无异于昔之爱汉赤子也。某叨恩假守，敢不告虔？尚惟嘿佑，俾克用乂。

汉长沙文王长沙定王长沙陶公

传曰："君子贤其贤而亲其亲，小人乐其乐而利其利，是以没世不忘也。"夫为政而使民没世不忘，斯亦难矣。王之受命国于兹土，盖千有余祀，而民奉尝之如一日也。呜呼！此岂可以智力求哉？某叨恩假守，敢不告虔！尚惟嘿佑，俾克用乂。

三闾大夫忠洁侯屈公

某之后先生也，盖千有余祀，而于《离骚》《九章》，一读一兴叹焉。甚哉！先生之忠于国也！世降俗末，媚佞成风。过其祠者，可以泚厥颡矣。某虽无似，愿师其人于千载之上。视事之始，敢不告虔！履洁含忠，益当自勉。

贾太傅

某之后先生也，盖千有余载，而于太息流涕之书，一读一兴叹。甚哉！先生之忠于国也！下同忠洁。

端洁谭公

谭端洁公：昔新莽氏欺天诬众，盗有神器。时则龚大夫凛然抗节，不食而死。著在青史，至今犹有生气。靖康之难，古昔所无，而在廷之臣，甘心屈膝于伪楚之庭者，不可胜数，惟公秉志之死靡渝。横流滔天，中屹砥柱。易名曰洁，与龚同称。某叨领守符，偶在公里，顾瞻泮水，祠像在焉。清风袭人，千古不泯，酹以卮酒，嘅其永怀。

忠节十位

昔者王敦之难，晋氏危若缀旒。惟时贤王，实刺此州，慨然倡义志，歼凶逆。群英协辅，共图厥勋。事虽蹉跌，而一时臣子知有逆顺之理，卒以灭贼。其功岂不伟哉！爰暨本朝，间关南渡，蠢兹孽虏，蹂我湖湘，卓哉四君，宁死无辱。明纶诞布，锡以嘉名，与晋诸贤实同庙祀。激劝之指，厥惟深哉！某竭来殿藩，获瞻祠像，酹以卮酒，嘅其永怀。

春祭诸庙祝文

春之有祈，岂惟故事。民之望岁，盖出至情。矧以非材，甫兹假守。慨念长沙之故国也，非乐土之旧风。将蕲庶俗之均安，岂宜一谷之不稔？肆陈菲馔，用敬灵聪。曰雨曰旸，愿协四时之叙；多黍多稌，迄臻百室之盈。

祭太守礼部朱公
山长监簿周君安抚忠肃刘公岳麓书院

五闰抢攘，六经扫地。人文尚阙，学校阙如。美哉朱公，来守兹土，以经术导民，而书院之教以兴；贤哉周君，继长是山，以德行见褒，而书院之名以著。中更圮废，亦既有年。维忠肃公丕振厥绪，自堂而序，轮奂一新。教养之际，于焉大备。三君子相去二百余年，而尊经劝学之心，前后如一。祠像并设，岂不宜哉！某以非材，缪尘分阃，顾惟谅德，何以长民？教化所先，敢不加意？肃容祗谒，如拜下风。勉绍前规，庶几弗坠。谨告。

祭胡给事墓

故武夷先生文定胡公之墓。自熙宁以还，新学孔炽。《春秋》一王之法，暗而弗章。公闻道伊洛，慨然以尊君讨贼自任，著为训传，大义炳然。使洙泗之道复明，而荆舒之祸以熄。其有功世教，可谓盛矣。某自少读公书，考观行事，高山景行，仰慕何穷！九原不作，窃用兴叹。兹叨上命，来镇三湘。惟公生于武夷，而老于衡岳。既乡闾之先哲，又道德之宗师。有坟其丘，实在寓里。属拘印韨，谒拜无从。爰遣祠官，敬陈菲荐。仍禁止其樵牧，且访问其后人。兴起士风，庶其在是。英灵未泯，尚鉴此心。尚飨。

岳麓湘江祝文

祭法有之："山川丘陵，能出云为风雨曰神"。又曰："非此族也，不在祀典。"岳麓湘江之为山川，可谓能出云为风雨者矣。而春秋之祀，顾弗之及，非旷典与？属兹霖涝，惕然兴怀，方念即爽垲之地，以望而祈焉？熙旸逮升，天宇清霁矣。是用易祈为谢，且继今以始与祈报之礼焉。郡计少纾，又当立之坛壝，永为严事之地。神其大庇兹土，锡之有年，俾人知山川之功，章灼不可诬如此，岂不休哉！谨告。

诸庙祈雨祝文

俗以仲夏再挟为分龙之日，曰雨曰霁，岁之丰歉，于是而占焉。储粟之家，亦必俟是日之雨，然后肯泄其所藏，以惠闾里。其利害岂它日比哉！载念湖湘，实为凋俗，岁虽告稔，民食尚艱。一有不登，立见挤壑。是用先期三日，以奔告于有神。惟神爱民之心，不减于守土之吏。幸哀而怜之，赐以滂沛之泽，则一稔可卜，百忧以宽。拜神之赐，宁有纪极。谨告。

诸庙祝文

六月之雨，圣人笔于麟经，其不厌数也明矣。惟潭之为郡，实濒大江。雨未弥旬，则怒涛喷薄，下田之稼，凛乎其可忧。况益水之阳，沩山之源，以泛溢告。而湘阴人，以涝闻矣。则某之所以奔告致祈者，其庸敢后乎？惟神至仁，早赐开霁，庶全一稔，以惠我民。谨告。

仰山祝文

惟山之威灵德泽，肇于太江之西，而延及于重湖之南。有众恃之，以为司命。属者征行，厄于风雪。过袁之日，有谒于王。霁景遄开，遂以善达。惟时湘土，离宫在焉。赖神之休，自此焉始。鞠躬拜谒，其敢不虔。

零陵王庙祈雨祝文

惟王之威灵，著于湘土。某知所敬仰久矣，岁时祷祀，诿诸有司，而不以身亲焉，则某之罪也。今旱势甚酷，群情嗷嗷。学校之士，以为王于旱潦之求无不响答，特未尝颛有请而已。某是用矍然为愧且惧，俯伏祠下，控诚而拜祷焉。幸哀斯民，亟赐以雨。使岁事获全，而人无流莩。其所以图报于王者，其曷敢有忘。

南岳火德星君祝文

比因亢旱，虔致祷祈。恭遇南方火德执法星君，正临轸宿，下照长沙。臣已卜日躬修醮谢，冀蒙福佑，潜弭旱灾。而臣适有疮疡之疾，未敢只谒高真。谨令儒林郎武安军节度推官赵希崽先诣殿庭，代陈忱悃。伏望圣慈，俯赐矜悯。推旱魃于炽张之际，霈甘霖于愆亢之余。俾岁事获全，民命可续，嘉与阖境王灵，共拜更生之恩，谨俟疾平，亟酬忱愿，仰祈圣察。

岳麓湘江祈雨祝文

诸侯之职，当祀山川。岳麓云灵麓巍巍，江湘云湘江洋洋。此土之望，肇新坛壝。亦既讫工，属兹亢旸，敬伸祷请，云兴肤寸。泽洽一方，愿彰厥灵，以拯民命。①

①真德秀诗文辑自《西山文集》，《四部丛刊》景明正德刊本。

卷三十九

刘克庄

刘克庄（1187—1269），初名灼，字潜夫，号后村。福建莆田人。师事真德秀。官至工部尚书，特授龙图阁学士。卒谥“文定”。有集。

祁阳道中

昨过知岑寂，重来况雪天。人居难珊里，路在鸟巢边。草市开还闭，茅山断复连。潇江清似镜，悔不问归船。

祁阳县

入境少人烟，寒江碧际天。小留因买石，久立待呼船。笛起渔汀上，鸥飞县郭前。若无州帖至，令尹即神仙。

胜业寺

寺创于何代，问僧皆不知。槎牙夏后柏，残缺柳侯碑。雪过禅堂冷，冰余岳路危。上封犹未到，太息负心期。

送王实之赴长沙幕

贾傅遗踪在，君于此泛莲。不应卑湿地，犹著广寒仙。策好人争诵，名高士责全。衡山余所管，拟结草鞣缘。

与零陵周倅子镕

满目山河异，南冠十六期。胡羝无乳日，辽鹤有归时。诇虏几齑粉，还朝不磷缁。汉家重名节，郎秩未为卑。

白鹿寺

岁晚霜林落叶稠，携家来作鹿门游。偈言恍似前生说，诗稾犹烦侍者收。身上征衫抛未得，山中灵药采无由。十年不独行人老，入定高僧白尽头。

寄徐夏叔

曾识徐卿二子奇，秋来往往梦琼枝。明时莫作沉湘赋，暇日应题望岳诗。主爱客卿宁忍舍，兄嗟予季若为思。湖南岁晚多回雁，频寄书归慰别离。

寄赵昌父

世上久无遗逸礼，此翁白首不禅冠。一生官职监南岳，四海诗盟主玉山。经岁著书人少见，有时入郭俗争看。何因樵服供薪水，得附高名野史间。

醴陵客店

县郭依稀隔渡头，解鞍来倚店家楼。已攀桂树吟招隐，因看梅花赋远游。市上俚音多楚语，桥边碧色是湘流。直南乡国三千里，目送羁鸿起暮愁。

零陵

画图曾识零陵郡，今日方知画未如。城郭恰临潇水上，山川犹是柳侯余。驿亭幽绝堪垂钓，岩室虚明可读书。欲买冉溪三亩地，手苫茅栋径移居。

蒙恩监南岳庙

久问嫖姚乞退闲，今朝准敕放生还。人欺解罢青油幕，帝遣监临紫盖山。营卒展辞回玉帐，林僧讲贺到柴关。丈夫不办封侯事，犹要名标处士间。

明道祠满

初作衡山香火缘，不教俗事到吟边。清狂畴昔有三藁，警策即今无一联。汝辈未宜轻宿士，此翁犹及见先贤。丁宁稚子收残草，他日笺家要谱年。

题安仁陈慧父词卷

已著西山序集端，欲添一字愧才悭。平生行脚千诗里，岁晚营巢万竹间。后有杨雄宁不好，世无孔子孰能删。归舟它日溪边过，珍重先生莫掩关。

湘南楼

偶陪群彦赋登楼，一笑聊宽故国愁。近郭山来晴槛里，待船人立晚沙头。春天晴雨常多变，晦日文书得小休。尚有残钱沽老酒，落花时节约重游。

与客登壶山绝顶

十里稀逢寸地平，且无木影荫入行。凫飞难学王乔舄，鱼贯全如邓艾兵。樵子献花簪帽重，山灵供水入瓢清。扪萝莫怪匆匆下，恐赚林僧束炬迎。

赠施道州二首

施先生学有源流，家自长安徙益州。畴昔建牙当一面，只今失国托诸侯。身侨岳麓无生计，目断岷峨起暮愁。闻道汉廷须黼黻，蜀珍那得此淹留。

胡尘突过剑门关，西顾于今尚未宽。早晚相如通僰道，苍皇子美问长安。拮据自笑营巢拙，枘凿明知合辙难。纵有望乡楼百尺，淡烟衰草莫凭栏。

发岳市三首

岳下无耆老，何从访旧闻。不知紫岩墓，更隔几重云。

明仲窜蛮烟，钦夫弃盛年。空令后死者，有泪滴遗编。

昔者监香火，今焉裂芰荷。祝融应冷笑，还肯再来么。

大乾记梦辛酉年梦子方十三

昔梦游湘水，琴书寄叶舟。安知三十载，真作梦中游。

咏潇湘八景各一首

江天暮雪

绛路泥尤滑，柴门扫不开。子猷返棹后，不见有船来。

平沙雁落

背冷来趋暖，虽微善自谋。如何才得意，飞去不回头。

山市晴岚

晓雾轻绡卷，岚光抹黛新。萧条数家聚，三两趁墟人。

潇湘夜雨

楚泽秋声早，湘山暮色遥。偏来短篷上，终夜滴萧萧。

烟寺晚钟

问寺莫知处，跻攀又潮洄。惟钟藏不密，日暮过溪来。

渔村夕照

估客击征缆，渔家收钓筒。何妨千嶂黑，犹作半江红。

远浦归帆

极目无边际，惟天与水连。烟中帆几点，若个是君船。

湘潭道中即事二首

败絮龙钟拥病身，十分寒事在湘滨。若非野店黏官历，不记今朝是立春。

傩鼓咚匝庙门，可怜楚俗至今存。屈原章句无人诵，别有山歌侑佳尊。

安仁驿

偶向溪边洗客尘，数株如玉照青苹。凄风冷雨分宜县，赖有梅花管领人。

春日五首

眼边桃李过匆匆，镜里衰颜岂再红。久觉胃寒疏建焙，新因血热戒郫筒。

步入西峰不见人，数声涧鸟自啼春。下山欲与唐碑语，先遣奴兵细拂尘。

归到城门欲发更，马头惟有暮鸦迎。小窗了却观书课，几首残诗旋补成。

老懒何心更出嬉，闭门终日读陶诗。湘南二月花如扫，恰似扶疏绕屋时。

晓风细细雨斜斜，僝僽书生屋角花。想见水南僧寺里，一株落尽病山茶。

衡永道中二首

一舍常分作两程，雪鞭两袖少逢晴。平生不识终南迳，来傍湖南堠子行。

过了衡阳雁北回，乡书迢递托谁哉。岳山石鼓皆辞去，惟有湘江作伴来。

壶山一首

俯瞰二州烟晻霭，遥瞻八面壁崔嵬。乃知仙圣门庭广，也放长房跳入来。

湖南江西道中十首

其一

独醒公子去沉湘，未识人间有醉乡。酒与离骚难捏合，不如痛饮是单房。

其二

贾生废宅草芊芊，路出长沙一怅然。今日洛阳归不得，招魂合在楚江边。

其三

少陵阻水诗难继，子厚游山记绝工。断壁残圭零落尽，新碑无数满湘中。

其四

去年冬至投僧寺，今岁阳生宿店家。独夜无人堪晤语，青灯相对结寒花。

其五

蛮府参军鬓发苍，自调欸乃答渔郎。从今诗律应超脱，新吸潇湘入肺肠。

其十

上封已失岳僧期，客问丹霞谢不知。懒到登山临水处，始惊筋力减来时。

深溪驿

苔满朱扉半阖开，更无人迹独徘徊。湘江临别如相语，早买扁舟出岭来。

浯溪二首

上置书堂下钓矶，漫郎陈迹尚依稀。无端一首黄诗在，长与江山起是非。

形容唐事片言中，元子文犹有古风。莫管看碑人指点，写碑人是太师公。

湘江一首

屈贾死将千载，刘君来泛湘江。沽酒偶留村店，看山不掩船窗。

湘中口占四首

少年裘马事清狂，晚看梅花天瘴乡。一任海风吹面黑，免教人谤作何郎。

船头吹火卢仝婢，马后肩书颖士奴。安得世间名画手，写予出岭泛湘图。

江边金碧谩层层，户口稀疏塔庙增。楚俗不知黄面老，家家香火事湘僧。

津吏沙边立指呼，放船出锁要州符。书生行李堪抽点，薏苡明珠一例无。

愚溪二首

草圣木奴安在哉，荒榛无处认池台。伤心惟有溪头月，曾识仪曹半面来。

青云失脚谪零陵，十载溪边意未平。溪不预人家国事，可能一例受愚名。

辰山

一峰叠三洞，乃似弘景楼。下洞初俯入，薜室寒飕飕。中洞忽跃出，有迳通玄幽。豁然崖谷判，万态谁镌锼。或如植宝幢，或如缀珠旒。或如鲲鲸飞，或如龙麟游。石桥状天台，木栈疑蜀州。稍憩大士岩，遂经羽人丘。力穷至上洞，身载云气浮。未毕山水缘，勉为尘世留。平生避地心，兹焉宜菟裘。长斧樵青壁，短蓑耘绿畴。独恨汲路远，溪涧皆背流。会当逢异人，卓锡成灵湫。

辰山道人

道人何为者，寒暑一破衫。发白具老态，口讷稀冗谈。我陪小队来，猿鸟窥层岚。道人方掩户，燕坐弥陁龛。迎客不下山，送客不出庵。即之疑槁木，面目寒巉岩。赠钱漠然谢，有若投诸潭。微言岁计熟，收芋已满篮。斯人未识字，岂必曾遍参。所立偶自高，可儆佞与贪。

慈氏阁

阁建五季时，丹碧晃层累。吾行半区中，巨丽莫与比。想方营综时，霸心极雄侈。但思穷耳目，宁论韵膏髓。一朝陵谷变，飞电扫僭垒。湘波日夜流，不洗争篡耻。惟存浮屠居，愿力久未毁。夕阳吊陈迹，危槛聊徙倚。遥怜下界热，高处凉如水。若非逼严钥，坐待钟声起。

谒南岳

中原昔分裂，五岳仅存一。嗟余生东南，有眼乃未觌。清晨犯寒栗，马上青历历。怪云何处来，对面失嶦崒。午投胜业寺，僧讶余不怿。茗余因献嘲，君定非韩匹。彼来既轩露，君至若封鐍。余谓僧无躁，兹可以理诘。止僧坐悦亭，霾翳忽冰释。石廪先呈身，岣嵝俄见脊。须臾天柱开，最后祝融出。高峰七十二，固已得彷佛。邺侯何尝死，懒残元非寂。恍疑在山中，明当往寻觅。咄哉三尺雪，孤此一双屐。

驾言款灵琐，楼堞晃丹赤。柏深不见人，画妙如新笔。珠珑千娉婷，弹棋拊瑶瑟。茫茫鬼神事，荒幻难穷悉。吾师太史公，江淮遍浪迹。兹焉又浮湘，汗漫恣游陟。虽然乏毫端，亦颇增目力。规模五字体，蟠屈万丈碧。诗成投褚中，何必题庙壁。①

罗汝楫

罗汝楫，字彦济，徽州歙县人。政和二年（1112）进士，历官吏部尚书、龙图阁学士，累赠少师。有集。

谒苏仙祠

绛节回白马，青书收赤龙。仙人在何计，烟霞锁晴峰。荒祠冠其岭，千古凛灵踪。粉堵尘网悬，石凹苔钱重。我来款贵像，再拜虔且恭。檀烟泄云白，茗粥浮新浓。世事非所期，真游誓相从。云轺几时来，微风韵寒松。②

徐经孙

徐经孙（1192—1273），初名子柔，字仲立，号矩山，宋丰城人。宝庆二年（1216）进士。授浏阳主簿，迁知永兴县，改知临武县，后通判潭州。累迁翰林学士、知制诰。卒谥“文惠”。有集。

①刘克庄诗辑自《后村集》，《四部丛刊》景旧钞本。

②辑自《宋诗纪事》卷三八。

秀岩

四山环抱似围城，石屋中间地砥平。天隔俗尘飞不到，神开宝藏画难成。窍分上下光皆透，水有往来踪不明。可惜韩张期界上，当时过此未知名。①

白玉蟾

白玉蟾（1194—？），本姓葛，名长庚，为白氏继子，故又名白玉蟾，字如晦，号海琼子。祖籍福建闽清，生于琼州。师事道教金丹派南宗四祖陈楠九年，致力于传播丹道，为南宗第五代传人。著有《玉隆集》。

次水帘洞韵

天上真珠真下垂，更无钩箔惹尘埃。青鸾白鹤从教入，紫诏黄封不用来。夜月只为苏邝照，晚风端与葛黄开。纵饶展挂长千尺，莫掩罗浮紫翠堆。

洞庭

帆腹膨脝饱北风，一弹指顷万山空。天垂九马层云外，人在孤鸿过影中。夙世曾游银世界，飞精复谒水精宫。湖神波吏须相识，吾在神霄旧有功。

归雁亭

坡仙曾此缕归程，归雁因而扁此亭。草劲风刚苕水绿，水枯

①辑自《湖南通志》卷二八五。

雪老弁山青。霜翎去去宾沙漠，云足翩翩影洞庭。渠亦偶来还自去，弋人何用慕冥冥。

归雁亭

嗟予尚未发星星，今日杯茶归雁亭。几见霜翎巢白草，数行云足篆青冥。方将寄字来苕霅，莫便翻身过洞庭。握手亭前话今古，仇池仙墨有余清。

桃源祠

因访翟仙傍柳隈，不堪风景把人推。松杉十丈入斤斧，夏屋数间俱劫灰。道士潜心隐丹灶，儿童劝我举霞杯。谁知自有长生诀，独步白云归去来。

夏五即事二首

惊心节物读刘谐，迎面南风泛歜杯。池畔雨荒灵运草，庭前云酿洞宾槐。藕丝冰水敌时暑，臂彩钗符付女孩。遐想湘沅歌楚些，兰魂桂魄不归来。

晓来掠面更东风，过尽溪山属祝融。杨柳引教荷芰绿，海棠让与石榴红。稻针刺水连青亩，麦浪翻云涨碧空。我有浮瓜沉李约，诸君同上紫霄峰。

安仁县问宿

幕燕翻雷天作云，一声归鸟万林昏。荒城寂寞无堪酒，灯下搘颐雨打门。

次韵永兴王宰游钟成观二首

万斛苍烟恋钓矶，一川秋绿漾清晖。空明隐映流光薄，翻忆当年苏紫微。

吟魂缥缈迈霜空，立影惸然翠阁东。素喜半钩西面月，生憎一箭北头风。

洞庭庙

樯乌啼罢纸灰飞，神去神来人不知。惟有金沙堆下水，东西南北任风吹。

题桐柏观

淡月笼苍松，清流蘸修竹。水深蟾不设，长伴道人宿。

题桐柏观

仙翁夜来扣林壑，约我明朝过南岳。石坛对坐话松风，鹤唳一声山月落。

湘法遇雨

骚人载酒泛潇湘，预约寒鸥立岸旁。雨点斲蓬休作梗，浪声与枕始相忘。

白鹤观

琅庭珍馆一何清，四壁如银窗更明。雨余草色欺苔色，风送松声杂涧声。芍药花开今四月，杜鹃啼恨到三更。我来暂息白鹤观，忆著故人刘混成。松殿空遗金凤舞，芝田不见铁牛耕。云迷古洞虎狼吼，烟锁平林鸟雀惊。日暮山屏增紫翠，晓来天籁自箫笙。杖头挑月过山北，要趁如今几日晴。

南岳九真歌题寿宁冲和阁

笑携魏王大瓠落，往观洞庭张帝乐。醉骑八风访广漠，九天之上无南岳。我寻九贡诮冥寞，乱云深中涌楼阁。玉帝苦诏陈兴明，双童前吹紫鸾笙。尹君道全骖后尘，先殿后卫森火铃。皓首惠度其姓陈，却立虹桥叫霜鹰。施友粲然索天笑，露冷松寒月华皎。无人为呼张法要，万山猿啼夜虎啸。张复有若如珍少，炼得身形成鹤瘦。我今只忆徐灵期，嗽炼华池灌玉芝。天柱峰头凤邓郁，旦旦黄芽饲白龟。玉仙灵舆昔无期，想跨九凤衣羽衣。香火在帝去已久，玉笥亦九门亦九。坛上仙翁何仙良，为问渺茫再来否。朝粤暮梧傥可到，泠然来此同楼居。

题浯溪

芙蓉睡足西风冷，渔阳卷入来无影。不思夜火笑骊山，甘欲庭花唱宫井。马嵬山下杜鹃声，罗袜空凄花草馨。谁谓霓裳非有情，倚腔犹韵雨霖铃。胡人先母而后父，此语悟君君不悟。天下何思复何虑，华清目送猪龙去。已矣去，知不知，悲莫悲于南内悲，危犹危似西狩危。伊人事定有所制，但得抱女成嘘欷。

元都水，颜太师，截禄山骨为之字，沥禄山血为之辞。未千年事几如此，风雨剥蚀苍苔碑。禹启乘云去亦久，客舟空舣浯溪湄。

永州花月楼

春风夜飞招月檄，檄月司花月供职。月落千娇百媚丛，诸花为月妍为容。楼东月照楼西皎，楼西月向楼东笑。月与花戏天中流，花与月浴江中浮。月皆不管春风怒，花为月歌为月舞。舞者媚绿歌娇红，争怜妒宠惊春风。出有入无多变异，花竟不晓月之意。江花恼天天花愁，东楼月掩西楼羞。花亦自睡花自醉，月倦欲归归未至。却缘晓钟呼月回，月回花醒花不知。

赠蓬壶丁高士琴

瓠巴骑鲸上天去，伯牙成连亦千古。浅世断无钟子期，弦中妙意为谁举。春风春雨满潇湘，人在蓬窗闭竹房。竹里鹃啼喉舌冷，花间莺宿梦魂香。客从潇沅下衡岳，满怀诗愁无处著。请君拂去水晶尘，瀹茗一了抚然作。道人问予若为情，伊弦凄兮余莫听。一春十病九困酒，三月都无二日晴。俛首沉吟声一曲，吟扭一罢捻拨续。初如雪泉嗽鸣玉，已转忽如雨簌簌。于中亦有蠨蛸鸣，倏忽变作冷猿声。始疑荆轲渡易水，乃是湘妃夜涕零。昔从抚断南风了，羑里幽人始能晓。可叹坛中苦杏花，山高水寒即声杳。道人此意非人间，笑咏洞章锵佩环。能令风舞下丹汉，云里大地垂头看。世间鸡虫互得失，只好牧羊坐花石。何为儿女谩昵昵，候虫时鸣徒戚戚。输君朝朝在翠微，鹤已睡去人不知。笑思古今一俯仰，弹到千山月落时。君知否，梧桐枝上双燕语，尽将万事等风絮。琴中日月何翛闲，肯使事逐孤鸿度。

汪火师雷霆奥旨序

道者，具乎天地之先，混混沌沌，无形无名。法者，出乎天地之后，亘古今而神通变化。人者，生乎天地之间，禀天一之炁而为万物之灵。故以吾言之，清明澄彻者运而行之，则足以通天地，感鬼神，调阴阳，赞化育。等上语之，即丹成道备，朝昆仑，薄蓬莱，亦不难矣。盖天地一身，一身天地也。其大丹法本不外乎此。失不治其本而欲理其末者，未之有也。去圣逾远，谈道者多曲学旁门，乱真者众，后之学者无所参究。非绿后生福浅，亦由恩情爱欲，一念恋著，心境不清，是非之胶扰，亦不知千经万论以求道要安在，则其去道愈远矣。或有苦心学行持而不见功者，非道负人，皆奉道之士不从明师，而所受非法。或依法行持而不见功者，皆奉道之士不遵戒律，而学法不验。有志于此者，苟能清心寡欲，以明道要，以悟玄机，犹当广求师资，勤行修炼，依法行持，何患法之不验哉。故《天坛玉格》云：不行修炼，将不附身。不潄华池。形还灭坏。火师又曰：凡受五雷大法，非上品仙官之职，不能悟此玄机。内则修炼自己还丹，故外则馘邪治病。至人所述，非可诬也。是知非学法之为难，而澄心修炼之为难，而得遇道之尤难也。余以夙幸，得奉冲科，徧参诸方，未尽其要。迁道过罗浮，访道于祖师翠虚真人，袖中出示此篇：可将云房急写，明日送来。念汝一生希道之心诚，慕道之志切。余遂写毕，归此于祖师之前，勤而玩诵。乃至汪真君以七十二句显述于其前，朱先生以万言发明于其后。凝神默想，超悟玄微。正所谓蕉花春风之机，梧桐秋雨之妙，碧潭夜月，青山暮云，微妙深玄，灿然明白。惟二宗师以方便心，流传后学，以慈悯心，救度群品。使后学之士，得而玩之，自有悟入。如云开月皎，尘净鉴明，包诸幻而归真，总万法而归一。三元循于内，而神自朝元。依此而行，精思不怠，乘白云而归故里，端从此始矣。上清大洞宝箓南岳先生、赤帝真人、五雷副使、知北极驱邪院事海琼白玉蟾序。①

李曾伯

李曾伯（1198—约1275），字长孺，号可斋。原籍覃怀（今河南沁阳附近），南渡后寓居嘉兴（今属浙江）。累官湖南安抚大使兼知潭州，兼节制广南，移治静江。李曾伯素知兵，所至有治绩，为南渡后名臣。有《可斋杂稿》等数十卷。

跋衡山曾尉持示秀溪翰墨

故人木已拱，妙墨尚春温。三复家庭语，一如樽酒论。竹林毋负籍，兰砌要追元。宝此犹圭璧，流芳在后昆。

道间纪事

渐远零陵道，前瞻驿尚赊。路傍多古木，村外少人家。碍眼云遮岫，薄情风落花。堪怜艳阳月，汩汩走尘沙。

登寿沙和抑斋韵

境占祝融胜，镇从盘古为。车航一都会，鼎鼐几楼台。远水便鸥狎，前峰约雁回。当思牧民意，保养甚于胎。

洞庭口占

舟子方将北，封姨不凯南。去帆冲急浪，古寺隐晴岚。远渚鸦千百，中流鸥两三。短篷聊徙倚，底用客程贪。

---

①辑自《正统道藏》正一部《道法会元》卷七六，上海商务印书馆1926年影印本。

过衡阳晚宿

雨后春寒冽，山前夕照斜。身犹寻垒燕，声杂宿林鸦。过岭尚千里，隔村能几家。毋嫌茅店恶，窗下有梅花。

过永州道间

雨欠农忧燥，风多客苦埃。犹寒莺未出，将社燕还来。桃放红凝脸，梅飘粉褪腮。春山如旧识，一笑病颜开。

和晦庵先生定王台韵

前王千载后，奕代几人来。汉事一抔土，湘祠数仞台。山容青拱揖，树影绿周回。客有登临者，犹存陟屺哀。

和清湘驿颐斋韵

天与粤相接，岭由秦始开。隔林禽散乱，寻垒燕惊猜。芳草无尽其，长亭人几来。山川昨时雨，万里洗烟埃。

将到永州宿村舍

野宿孤村迥，山行十里荒。犊眠衰草壤，马踏落梅香。入眼春晴薄，打头风势扬。莫嗟登陟苦，明日年潇湘。

入清湘界

渐近湘山境，土风清且饶。林峦接墟市，水竹带溪桥。焙出新茶煮，帘垂老酒招。春和民气乐，几日是花朝。

宿千丘市晓行

夜宿三家市，晨征十里程。竹舆冲雾去，草屐带霜行。无犬花村吠，有鸡茅店鸣。湖南真乐土，邻柝莫相惊。

宿深桥驿

湘浦才春已著鞭，依稀渐近劝耕天。山樱花落红飘雨，野草烧残青入烟。云接岭头阴漠漠，泉流涧底响涓涓。严关两入知非偶，重扣宝坊占宿缘。

宿岳市

登陟天犹暝，栖回日已西。形躯一萍梗，襟袖半尘泥。夹道松成径，谁家花满溪。定台凝望远，烟草正萋萋。

题二水光华驿

历历湖南道，骎骎岭右州。感时僧解夏，触事客惊秋。雨洗流金虐，风生落木愁。一萍如寄耳，往梦付悠悠。

行湘潭道

古驿湘潭道，只家松竹林。山连梅外远，春入柳边深。征骑虽欣霁，耕犁久望阴。貂裘嗟已敝，犹怯老寒侵。

永州城南一士夫家可爱

二水城南路，谁人处士家。不为轩冕累，尽洗市廛华。庭立竹千个，墙留梅数花。吾庐归未得，对此重咨嗟。

长沙郡斋中夜闻雨不寐

檐花窗叶和灯前，全似江南雁到天。渐老弗堪秋意早，不眠那为雨声然。学儒不力冠非误，善舞何心袖足旋。唤醒儿番关塞梦，蛩吟四壁只年年。

登定王台

汉恩列土育如春，留得芳名远到今。几换人民此城郭，四围阛阓有山林。长长安日存吾敬，望大行云契彼心。忠孝永贻千载后，绝胜易水筑黄金。

登定王台

羽旄种鼓旧曾游，沟叶宫花迹尚留。耆老遗开秦雍土，登临伟观楚湘州。月明故国存千祀，木落空山又一秋。极目长天诗不尽，西风吹雁使人愁。

登妙高台

占得湘中地最高，山川端欲助人豪。萍蓬江海通吴会，兰芷汀洲带楚骚。人住翠微藏夕霭，水连碧落见秋毫。阑干立尽家何许，徒赋归心折大力。

登湘南楼和方孚若韵

天教管邻众山来，笋立平章翠作堆。上马休怜翁矍铄，酌罍聊赋彼崔嵬。楼高苍桂奇观列，人对黄花逸兴催。公退呼儿同徙倚，卷舒风月等浮埃。

丁巳闰月六日登岳阳楼

二十年前典此州，经行中又几春秋。青山面目元无恙，白发形骸祇自羞。客子登临知有酒，古心忧爱在斯楼。凭栏慨想飞吟过，水视杯坳芥视舟。

庚戌赴荆阃舟过湘江

湘流得雨掌来平，艇子乘风羽样轻。过眼千山才岭粤，转头一水又衡荆。大江东下怀乡国，落日西边是戍城。鸣鴃数声青嶂晚，客心如铁如关情。

庚戌题雪观用方孚若韵

才见春从沙际归，堂堂背我迅于飞。病余窥圃心成怯，老去登楼力苦微。岸柳含烟犹绿瘦，海棠裛雨正红肥。山川信美非吾土，强作清吟祇遂非。

过衡州值雨人遇赋

行尽潇湘第几山，短舆轧轧费跻攀。柳边官驿堠十里，竹里人家屋数间。宿霭弄阴风料峭，春泥障路雨斓斑。韶华衮衮成虚掷，强托清吟解病颜。

过愚溪

为底先生此水居，正缘不解学颜愚。身虽乐彼溪山似，名不期而天壤俱。往事勿言今已矣，当时岂意在兹乎。拟招故老穷佳胜，烟草萧萧宅一区。

衡阳道间即事

衡山九十里衡阳，风物熙然冠楚乡。古木千章屯翠幄，小溪数曲卧天梁。雨蔬旋摘充庖美，社酒新篘透瓮香。村舍春长无一事，门前车马任渠忙。

饯章漕乐语口号

来湘话浙倍绸缪，天路风高借莫留。不俟驾行何惮暑，适逢圭观恰当秋。登仙堪羡星辰履，归老终寻雪夜舟。公到甘泉陈大计，毋忘膏雨泽南州。

九日登寿沙城楼

偶因萸菊到城头，手揽潇湘一片秋。西北黄尘甭远徼，东南紫气盛中州。众山环拱皆衡麓，一水横陈是橘洲。且酌芳樽酹千古，去来鸥雁自沉浮。

离永州宿愚溪十里村

冷落愚溪十进而，暂容车骑憩柴门。松荒顿忆陶潜隐，梅落难招宋玉魂。累日有风春自暖，今宵无月夜难昏。勿令鼓角鸣行帐，田舍将疑有戍屯。

礼湘山佛和别驾叔韵

自得湘南一派奇，禅春元熟不须师。几千亿化如来相，五百年将再出时。翠壁云连秋树老，宝坊香静午斋迟。我来欲和因缘事，众衲丛中有解知。

立春后登裴公亭时已解郡组

公余赢得片时休，徙倚危亭豁倦眸。屹屹独存今岳阜，滔滔不尽古湘流。犹看雪意微茫在，顿觉春光骀荡浮。举酒莫论今古事，只将身世付沙鸥。

琼筦雇守示和愚溪诗用韵饯之

鲸浪中间一岛居，往时千虑笑狂愚。伏波方略今堪拟，渤海声名断与俱。小丑当从而靡矣，吾民其庶有瘳乎。双旌整顿双泉了，归佐清朝泽广区。

壬子劝驾

人物从来盛楚南，新元诏士奉芝函。身逢熙运千之一，名占巍科十有三。好趁驿格催骑策，归来官柳映袍蓝。池边相祝趋闻喜，剩取宫花一朵簪。

入祁阳县界即事

境入祁阳驿堠迢，道旁烟火顿萧萧。茅冈丛筱路磊砢，蓬舍扃柴人寂寥。市粒颇艰缘岁俭，野芳交发自春饶。扶藜勇过黄罴岭，知竭精忠答圣朝。

侍亲劳监游雪峰

一水横桥碧作弯，两山排闼以城环。寺居野色烟光外，春在人情物意间。点检花稍香浅浅，摩娑苔刻字斑斑。门前车马空来去，云自无心鸟自还。

重过岳阳

无役数千里，重来十四春。山城风景旧，人物岁时新。官舍多陈迹，君山是故人。楼头一杯酒，聊涤客襟尘。

送交代董矩堂赴召三首

渊源正学富经纶，炳炳如丹一片心。中外久期还荷橐，江湖所至是棠阴。威声足使戎心慑，边腹休虞客气侵。指日玉阶清问及，盍思长策济当今。

渡泸已定葛巾北，分陕既成周衮东。二者于斯皆上意，群然以此望明公。香名千载梅边雪，归路三秋桂子风。百万民夷休恋恋，公方柄用福无穷。

遡风绣节洞庭滨，作噩重逢未识真。不谓颓龄来岭海，乃承华武接星辰。公捐累印轻于叶，我愧满襟皆是尘。从此庙堂医国去，好留肘后遗陈人。

送了守衡州

雁峰自昔号名州，尔既难辞我莫留。临政毋忘宣上德，持身谨勿遗亲羞。当令民诵循良守，罔俾人讥恩泽侯。国事正殷宜黾勉，明年吾自问归舟。

送清湘蒋尉

我学言诗诗不奇，蒋君言命却能诗。岁寒如许松不改，春信未来梅已知。丘壑何如归去好，江湖终匪老来宜。辰州极去湘南近，办取柴桑三径资。

送清湘蒋尉

昔插金莲醉五泉，与君抵掌共谈天。蜀山历遍数千里，荆渚重逢八九年。了为丹砂行作吏，我无金鼎可求仙。更怜不是春风手，雪意垂垂送去船。

宿祁阳题县驿

垂垂白发老相催，末路崎岖轂又推。万里备更霜雪苦，十年重入瘴乡来。休思往事骖鸾去，恍类前身化鹤回。行尽潇湘春林脉，故人惟有道边梅。

题衡山县驿

平生足始涉南方，邸舍稀疏驿路长。尚隔三州才岭峰，更行几日是潇湘。家人转苦禁秋热，舆从常催趁晓凉。识破浮生等羁旅，强加餐饭莫悲伤。

题衡阳临湘驿

暑涂挈挈问持装，过眼苹风倏转商。岂为南鱼来丙穴，且先北雁过衡阳。童乌已矣肠空断，老马疲哉汗欲僵。身大块中犹大痁，铁心禁得几炎凉。

徐介卿赴召经筵二诗送之

天赋经纶满壮怀，饱于扬历老其才。江东见谓无卿比，今世谁能舍我哉。岭表分弓宽上雇，淮头弄印待公来。玉阶宜罄忠言告，闻说天边有诏催。

袂判平山十五年，喜迎召节下楼船。交情一见岁寒在，世事几番春梦然。我亦将归谋佚老，公今此去类登仙。一杯且酌长沙酒，莫忆灯棋话汉边。

宴湖南洪漕乐语口号

仗节来从玉笋班，福星甫照举欢颜。持荷自盍登尧陛，挽粟宁容久汉关。庆集正当萸菊际，交盟喜在芷兰间。定王台小难留住，祇恐天边即予环。

宴湖南章漕乐语口号

使星一点寿星边，惠我三湘两阅年。既付龟符还楚垒，便持犀节上尧天。何参接踵新规在，侨札论心旧识然。入对丹墀访南事，细陈霜颊障蛮烟。

永州四十里头偶赋题郡驿

病躯羸马陟崔巍，扑面征尘抖擞开。万古春愁借山隔，几番风信把花催。染成湘泪笑邻竹，飘作寿妆辱□梅。捻尽吟髭无奈困，亟呼茗碗胜村醅。

岳阳送管顺甫还清湘

度岭来荆又戍西，惊涛险栈尽同之。七年相与犹一日，万里偕还分两岐。茗隐我归终此世，宝坊君到出何时。交情果未轻捐弃，回首毋忘赠别诗。

至清湘驿和己酉壁间韵

冰霜染得鬓毛深，又复钩辀听岭禽。老马已非筋力旧，好山重见面颜今。地饶风物皆春意，天念尘烦为午阴。转首十年成一梦，龙蛇满壁富新音。

自湘赴广道间杂咏

永州晓行

推枕月微明，登车才五更。啼破千山暝，枝禽三两声。

李花

昨夜孤村宿，春深人寂寥。庭前一株李，为我缟中宵。

飞燕

瞥见谁家燕，才惊社日临。洛花移种否，唤起故园心。

兰花

行尽离骚国，春深未见兰。容非隐君子，甘老蕨薇间。

山樊

不见花开处，香浮七里村。试从负外觅，端是有山樊。

古木

古木列官道，春风老干柯。炎凉知几变，来往阅人多。

湘竹

纹竹起嫔虞，因怀二女居。君泪夫人泪，思欤抑怨欤。

蟠松

红紫竞芳丛，中蟠一古松。春风自来去，吹不劝苍龙。

桃李

仙李明炫夜，夭桃艳当春。便将花作主，聘与玉为人。

登寿沙楼和抑斋韵

黄叶满林霜尚轻，蓼花披岸水犹生。坐邀一段潇湘胜，元出钧陶手作成。

登寿沙楼和抑斋韵

白鹭洲边多古寺，翠微阴里尽人烟。当时曾对掀髯笑，今问老龙何处眠。

登寿沙楼和抑斋韵

江湖已老犹为吏，心境俱清即是仙。聊挹层峦荐湘菊，一时人在小壶天。

登岳寺悦亭

十年两度看山来，云琐融峰特地开。办取篮舆穷胜处，南边无事岭头回。

赋新茶

建岭人夸第一纲，湘中热后已先尝。虽然声价殊官焙，反觉山家气味长。

衡阳道间

满林松竹翠交加，路过衡阳得几家。门傍粉墙人寂寂，一陂春水数株花。

衡阳道间

听彻山鸡唤雨声，东风未肯放新晴。行人莫叹泥涂苦，且幸田家得水耕。

衡阳道间

风著征裘层晚寒，一番春事在征鞍。羞听后骑鸣笳鼓，赢得儿童夹道看。

洪云岩有和谢之

春近衡峰雁又回，才怀休忆故山梅。花期自是江南早，早晚湘南也解开。

洪云岩有和谢之

听彻虚檐蔌蔌声，铁衣冰骨记身更。如今休忆鹅池路，纵竭龙钟做不成。

湘潭道间农家

三两人家松柏林，翁垂霜发媪钗荆。儿耕妇织输官了，山茗村醪乐此生。

湘潭道间农家

竹外流泉绕屋鸣，田头有水不忧晴。春来岂问芳菲事，只办犁锄要早耕。

禹柏

奕奕衡山禹甸之，功成手植万年枝。苍然柯派孤根出，如邮九州疏浚时。

禹柏

星岳钟为一木奇，霜皮剥落类骈胝。生从洚水初平日，阅尽青山无老时。

庚戌过浯溪读中兴碑

峿山一何青，浯水一何绿。上有唐朝碑，苍崖与天矗。清庙仿遗音，灵武号实录。其笔走风雷，其文贵金玉。曾经两贤手，足耀千载目。后来纪名氏，前镵后且续。岂无黄绢辞，中寓白圭读。一辞不敢措，我惧此碑辱。虽然勿泥古，咏叹岂不足。岳将降甫申，吾皇车攻复。将墨东海水，且汗南山竹。勒功岱嵩顶，岂但清溪曲。

谒南岳

来谒衡岳山，未穷衡岳境。爇香赤帝殿，恭祈国寿永。婆娑禹指山，仅窥虬龙影。分枝万派别，功与天地准。悦亭万竹间，倚丘甫俄顷。披云挹苍翠，俗虑须苏醒。王事属有程，山容看难尽。归来短篷底，梦断青松径。云开为韩子，雪霁朱张咏。必如三先生，人与此山称。我生等培塿，安敢乔岳并。好峰七十二，讵可一朝竟。男儿万里眼，长啸付一瞬。终朝摘星斗，寘身祝融顶。

咏衡岳禹柏

我来衡山下，古梵见老柏。森然星野分，亶有神明力。风霜饱更练，雨露富培埴。岳灵共长久，造化与消息。本盛柯叶茂，夫岂一朝积。中断寻复续，生意仁一脉。亦由功万世，何止祚四百。五子叹将否，一旅少康出。此殆皇天意，仿佛留禹迹。倚为赤帝佐，正此苍官色。存古追蠡在，比休玄圭赐。稽首千万年，五丁谨封植。

管顺甫以湘竹为青奴儿觊为名湘夫人赋以谢之

妾家淇园北封君，厥祖慈事宗苍筤。子孙异代贞节闻，枝分一派从南巡。千古流落湘江滨，几番雨露敷新荣。斑斑不改啼红痕，膏煎漆伐悔自矜。卒以取祸罹斧斤，工巧斲削资它人。管城夫子出意新，作涌取义何其云。致之千里充吾庭，命以汤沐虞嫔名。彷佛太伯之文身，虚中直外圆且明。不丝不谷不受尘，一笑不用捐千金。曲眉丰颊从杂陈，虽有多喙无一嗔。晨夕荐我眠风棂，曲肱时复呼真真。骨虽非玉肌似冰，蝶梦不到巫山云。白家蛮素卿自卿，老我祝洋毋忘盟。以例吾体全吾神，招魂共读离骚经。推枕同作华胥民，只虞一夜秋气清。犹筐中扇墙角檠，盍为青奴亦作白头吟。

送管季衡赴省

酌君以江南腊酿之酒，祝君以古戎秋芳之兰。饯君以慈恩千佛之笔，赠君以洪鈩九转之丹。酒呼美禄壮行色，兰取剩馥香人囊。笔将披腹写今古，丹可换骨超仙凡。霜晴水瘦过滟滪，春和花发登长安。妙龄翰墨富摛藻，肯堂源委从巍冠。珊瑚文采世所贵，玉树潇洒人争看。出门西笑在著鞭去，郄林许我高枝攀。湘灵诗成看神助，论秦赋汉从容间。大对尧阶丹地前，细陈蜀道青天难。已然遄往证屡恶，方来未菊忧多端。当思头目我吴楚，罔忽腹背皆夷蛮。粒珠束桂楮烂贱，鱼頳嗟维艰。马老伏枥筋力尽，剑新出匣锋铓寒。维国大宝一个信，维民司命一分宽。挽回线脉冀天鉴，生意庶可岷峨还。直须建策迈晁董，无愧名第联欧韩。胪传可卜庆云见，会见喜色盈天颜。宫袍新赐歇弁弃，昼锦归博庭闱欢。乡闾相贺宝坊又一瑞，益使天下钦湘山。①

高斯得

高斯得（1199—?），字不妄，宋邛州蒲江（今属四川）人。绍定二年（1229）进士。历官至参知政事、同提举。著有《诗肤说》、《耻堂文集》等。

---

①李曾伯诗文辑自《可斋杂稿》、《可斋续稿》，景印清文渊阁四库全书本，台湾商务印书馆1986年版。

送胡吏部赴阙

粉榆阴裹植甘棠，民坐春风吏履霜。治粟久持肤使节，握兰归喷望郎香。去思应共湘江永，来谂谁云周道长。拖玉腰金君不羡，令名娉节看流芳。

送胡吏部赴阙

郎省分携恰五期，相逢一笑楚江碕。钓鱼山下人方到，回雁峰头客已归。夜雨未厌挥尘柄，春风无奈趣鞍鞿。临岐但祝加餐饭，人物如今角宿稀。

九日会客面岳亭以采菊东篱下悠然见南山分韵得采字诗

四运相摧斥，秋容忽而改。英英晚节花，含霜发鲜彩。游子感萧辰，命侣登爽垲。湘山俨横陈，秀色如有待。独怜祝融峰，尽日埋叆叇。安得诛云师，吾将罪真宰。悠悠元亮心，千载宛如在。遥知把不盈，搔首终朝采。胜达不可追，迷涂谁堪悔。弃置勿复谈，且复浇磊磈。

题王茂悦郴州白水奇清园

灵区有异产，化国无潜珍。坡公论人物，我则赋奇清。壮哉此白水，谁其泻青冥。蘊藏富媪啬，抉剔天公嗔。霹雳起神物，赑屃擘巨灵。阳山得瀑谷，永嘉赖斧斤。乃知出世事，须待开物人。倒悬讶瑶池，吹立惊沧溟。千穗落晓镜，万仞垂天绅。清寒入山骨，霏润沾人巾。麢麋为瘦爽，草木皆坚贞。臞仙挹瓢饮，俗士湔尘缨。度堂匪秩宴，筑馆先储英。函书静秩秩，子佩来侁侁。清风谦溪像，古柏文翁庭。从容讲道要，宛转余诗情。谪仙一派妙，休文八咏新。兹惟佳山水，我尝驻骐骃。平湖尚芜漫，绝境宜荆榛。按图重慨叹，岁月今峥嵘。壮观夸好句，窘步欹丰擎。聊以赠我友，无庸寄山神。

题浯溪寺

春陵太守真好奇，结茅肥遁湘江湄。三吾出意作新字，脱略苍籀遗冰斯。溪山于我本何有，占断不许傍人窥。人生天地远行客，恋身外物庸非痴。漫郎仙去五百载，名字永与兹山垂。要知忠义不磨处，虽不自与人与之。至今过者望卷石，森然魄动中兴碑。此公何用专壑鄙，世上宁有争墩儿。我来访古剃蓬藋，怅然不识亭台基。扫出蝉噪发斯义，元子可作然吾诗。

禹柏行

往年上会稽，凌空禹穴曾得窥。今年浮沅湘，又见禹柏蹲山陂。茫茫禹迹遍天下，独此二物称神奇。凌云意销铄尽，根心就化空存皮。樛柯入地枯不死，反更上擢青铜枝。被以九龙名，流传自何时。得非木宿苍龙精，储英萃异成雄奇。头角崔嵬讶撑拄，牙须砾裂相纷披。孔明庙柏信称古，上距何翅千年奇。社陵口藻一何陋，遗落鼻祖收孙枝。诿云此地不身到，何由得集衡湘诗。呜呼，衡之山巍巍，湘水之弥弥。地气何太偏，独于草木乎钟之。柏兮手植自神禹，竹也种传由舜妃。谁能为天分此畀人物，庶几可使悍俗器风移。①

①高斯得诗辑自《耻堂存稿》，景印清文渊阁四库全书本，台湾商务印书馆1986年版。

陈宗礼

陈宗礼（1203—1270），字立之，号千峰，江西南丰人，淳祐四年（1244）得中进士，钦点探花。历官至礼部尚书、枢密院参知政事。曾被贬至永州居住。卒谥文定。

澹山岩

永州澹岩天下稀，山灵妙斲涪翁知。蹲猊翔凤献颖异，中有仙佛来娱嬉。我生骨相□冰雪，心境相□生怿悦。缘轻自笑来已迟，犹见岩前古时月。①

艾可翁

艾可翁，字符宪，号蕙山。江西东乡（今属抚州）人。咸淳年间，为朝议郎，后隐居故里。

兵火后野望

江村兵火复，月色似长淮。鼓角连秋思，风尘带客怀。诸公朝漠北，一老哭天涯。犹幸春陵夜，葱葱气尚佳。②

①辑自《湖南通志》卷二七四。

②辑自《江西诗征》卷二三，上海古籍出版社1995年影印《续修四库全书》本。

卷四十

文天祥

文天祥（1236—1283），吉州庐陵（今江西吉安青原区）人，初名云孙，字履善，自号文山。宋理宗宝祐四年（1256）取进士第一。任湖南提刑，知赣州。恭帝德祐元年（1275）元兵渡江，文天祥起兵勤王。临安危急，奉命至元营议和，因坚决抗争被扣留，后冒险脱逃，拥立益王赵昰，至福建募集将士，进兵江西，恢复州县多处。后兵败被俘至元大都，终以不屈被害。封信国公。与陆秀夫、张世杰被称为“宋末三杰”。作品有《文山先生全集》。

安序宋吏部来牧衡阳某将指联事好也会以便郡归养获忝交承临发赋诗湘水千里

倾盖年华晚，行人早发湘。白云虹浪小，明月燕花香。明浦春何急，巴山日正长。祝君加一饭，我意为桐乡。

衡州送胡端逸赴漕

楚观檐花晓，舟人击鼓东。蛟龙嘆灵雨，雕鹗展雄风。此客云宵士，斯文造化工。捷来君饮此，我亦岂元戎。

某叨臬衡湘蒙恩以便郡归养肯斋大卿实寓衡我十年前邦君也一再见间即分南北五言启之所以致今旧雨缱绻云

潇湘一夜雨，湖海十年云。相见皆成老，重逢便作分。啼鹃春浩荡，回雁晓殷勤。江阔人方健，月明思对君。

桃源道中

漠漠地千里，垂垂天四围。隔溪胡骑过，傍草野鸡飞。风露吹青笠，尘沙薄素衣。吾家白云下，都伴北人归。

桃源县

清野百年久，中原千里赊。火烟新聚落，山水旧生涯。种麦十数亩，诛茅千百家。我来行正倦，何处觅桃花。

题楚观楼

西风吹感慨，晓气薄登临。半壁楚云立，一川湘雨深。乾坤横笛影，江海倚楼心。遗恨飞鸿外，南来访远音。

游集灵观

小洞烟霞国，重阳风雨秋。欧公嵩岳步，朱子武夷舟。香火真吾职，觥筹且此游。龙山马台事，糠秕旧王侯。

与友人载酒游湘江

故人满江海，游子下潇湘。梦载月千里，意行云一方。橹声人语小，岸影客心长。总是浮萍迹，飞花莫近墙。

合江楼

天上名鹑尾，人间说虎头。春风千万岫，秋水两三洲。客晚惊黄叶，官闲笑白鸥。双江日东下，我欲赋扁舟。

西楚惊鸿晚，东淮落木秋。蒸湘今石鼓，句宛古宣州。白日聊清赏，青山总旧游。不知沧海水，何处接天流。

湘潭道中赠送丁碧眼相士

自诡衡山道士孙，至今句法有轩辕。世人未见题尧庙，尽把昌黎作寓言。收拾衡云作羽衣，便如屈子远游归。离骚忘却题天柱，为立斜阳问翠微。

宴湖南董提举致语口号

西风八月楚江滨，争看星槎会汉津。露湿红绫旗影旧，云连翠籥辔华新。东西杜若洲连月，先后瑞芝堂上春。回首琼林拚一醉，使还总是凤池人。

宴交代湖南提弄李运使致语口号

河流双星会使槎，分明彻夜照长沙。辔丝晓转全龟影，衣绣春随锦鹊花。云杏旧阴凉绿净，野萍新韵度朱华。明年共侍蓬莱宴，回首丹墀日未斜。

宴朱衡守致语口号

翩翩紫马绚银潢，春入梅花新雨香。牛斗剑芒浮翼轸，岷峨佩影度潇湘。东南麾节精神合，上下风云意气长。且为绿醽拚一醉，传呼联辔觐明光。

李安抚芾第四十八

杀气吹沅湘，高兴激荆衡。城中贤府主，千秋万岁名。

咸淳甲戌第二朔予道槠洲里笔畋方谏自长沙来为别问客几何日半年矣临别为赋

君为湘水燕，我作衡阳雁。雁去燕方留，白云草迷岸。

慧和尚三绝

画我郎潜先帝时，而今白发渐参差。若交传入都人眼，疑汝前身妙善师。

风雪衡山涕满膺，懒残不管自家身。殷勤拨火分煨芋，却有工夫到别人。

花光老矣墨婆娑，无赖梅花一白何。为问西来宗旨道，世间色相是空么。

和衡守宋安序送行诗

玉立湘西第一州，丹梯小为岳云留。东风城郭人行乐，春日旌旗公出游。便趁绨香摩碧汉，莫嫌绣影涴清流。两君相见衣冠好，记取儿孙好话头。方共衡云把酒杯，春风吹向郁孤台。雁将回处惊帆落，花未开时怯笛催。别草可堪游子去，寄梅应为故人来。临行笑觅凝香谱，十驾那追逸骥材。①

柴元彪

柴元彪，字炳中，号泽癯居士，江山（今浙江省江山市）人，尝官察推。工诗，有集已佚。

别茶陵士友

自来承檄到云州，恰恰星霜又一周。握手心如千里月，满怀诗思一江秋。每惭铸错伤完锦，多谢衔杯送别舟。未说河阳花满县，夜来风雨打田畴。

登衡山宿上封寺祝融峰

历井扪参上祝融，半空烟霭数声钟。地连云汉九千丈，天柱东南七十重。石磴悬崖翻瀑布，海门碾日上高峰。悠然身世青冥表，俯立雷池看玉龙。②

戴表元

戴表元（1244—1310），字帅初，一字曾伯，号剡源，奉化剡源人。宋咸淳七年（1271）中进士，授迪功郎，后以兵乱归里，读书吟诗以终。有《剡源文集》数十卷。

---

①文天祥诗辑自《文山集》，《四部丛刊》景明本。

②柴元彪诗辑自《柴氏四隐集》卷四，清嘉庆知不足斋钞本。

陈无逸教论赴攸州

白露西风湘水清，苍霞南岳晚天明。离家休说三千里，行道新看第一程。橘味熟来思母遗，草名疑处教儿评。人生谁是安居者，早拾貂蝉映父兄。

赠弹琴衡山萧道士

寂寂历历不足听，听久亦复难为情。名嗔势忿大如屋，袖手对此须臾平。一拊再拊玄鹤舞，三四拊之凄风生。天寒岁晚山路远，湘水日夜东南倾。①

陈肃

陈肃，字伯将，无锡人。举博学弘才，累官翰林学士，兵部尚书。

桃源洞

轻烟绿满溪，夭桃红夹岸。春风吹百花，香逐春风散。花落与花开，年光不知换。

半山亭

蹑屐上高山，亭在半山侧。猿鸟戏层台，烟霞含秀色。复知名利心，到此堪俱息。②

①戴表元诗辑自《剡源集》，《四部丛刊》景明本。

②辑自《江西诗征》卷六八，清嘉庆九年刻本。

李思聪

李思聪，宋代道士。赣县人，住祥符宫，著有《洞渊集》。

云山

水石光涵千里色，川林阴翠湿芝兰。杏花坞接投龙洞，瀑溅苍崖鹤骨寒。①

朱陵洞

灵峰七十二巑岏，紫盖芙蓉杳蔼间。影浸潇湘盘地脉，秀擎翼轸插天关。真君玉册光千古，赤帝璇宫镇八蛮。好比吾皇大椿算，万年松在最高山。②

张经

张经，生平不详，约与米芾同时。

岳阳楼望洞庭

每因蜀水涨，横遏楚江流。气象吞云梦，波澜彻夏秋。风云几开阖，日月自沉浮。欲济谁舟楫，乾坤独倚楼。

王质过洞庭

云可有无水，风能奔走沙。蟠深鸣老□□，飞倦落长鸦。地

①辑自《舆地纪胜》卷六三，中华书局1992年版。

②辑自《南岳总胜集》卷上，光绪观古堂影宋本。

有湘头尾，山无楚正斜。人间与天上，何处碍浮槎。

潇湘八景诗

洞庭夜月

秋夜净无云，嫦娥展孤镜。灏气浸澄波，荡漾光还定。

江天暮雪

江上雪纷纷，风寒天已暮。中有泛舟人，兴尽迷归路。

平沙落雁

唤侣下寒汀，争宿芦花萼。夜半渔翁过，惊起还飞落。

山市晴岚

茅屋开山脚，岚光映日光。行人消野兴，个个醉壶觞。

潇湘夜雨

终夜雨潇潇，闷杀孤舟客。滴滴打蓬声，错讶灵妃瑟。

烟寺晚钟

野烟寺初暝，僧添宝篆香。鲸音送残照，敲落楚天霜。

渔村夕照

日落大江头，返照江村里。独有羡鱼翁，垂纶收不起。

远浦归帆

极浦一帆回，招招近岸开。倚船试相问，莫是故乡来。①

释智愚

释智愚，生平不详。

衡阳庞居士庵

居士当年错用心，浑家不睦到如今。摝篱柄短无人买，空自萧萧风满林。

回雁峰晚望

孤筇影落清相外，看尽归云敛复翔。身世悠悠心自许，几回到此立斜阳。

寄雪窦性首座

祝融峰下烧红叶，应梦山中看白云。足迹未教容易见，谁知天外貌人闻。

寄雪窦足首坐

光芒曾不著织埃，拂拭磨砻心已灰。秋夜不禁猿啸月，与谁同上妙高台。

---

①张经诗辑自《岳州府志》卷十八，明隆庆刻本。

庞居士大家团乐共说无生自豪感图赞

穷斯煎，饿厮吵。父子不同途，大家相脱卯。万顷湘江洗不清，无生曲调何时了。

庞居士阖家都去图赞

神出鬼没，接响承虚。这一火络，邪法难扶。互将鱼目作明珠，笑倒西天碧眼胡。

庞居士问马大师图赞

藏头露影问来由，却把西江尽力酬。回首眼空天地窄，不知身在御街游。

清禅者游方

金风露浥菊花秋，杖棘当途何处游。衡岳康庐相撞着，恐伊未是汝同流。

登祝融峰

南岳诸峰七十二，惟有祝融峰最高。九千七百三十丈，下视寰海如秋豪。岷发华顶远俯伏，九华五老来相朝。上封老僧日无事，兴来以手摩云霄。①

①释智愚诗辑自《虚堂和尚语录》，《大正藏·诸宗部》。

翁卷

翁卷，字续古，一字灵舒，浙江乐清人。工诗，有《西岩集》。

寄永州徐三掾曹

闻说居官睡，千峰近九疑。合流皆楚水，高石半唐碑。香草寒犹录，清猿夜更悲。其中多隐者，君去得逢谁。

梦回

一枕庄生梦，回来日未衙。自煎砂井水，更煮岳僧茶。宿雨消花气，惊雷长荻芽。故山沧海角，遥念在春华。

能仁寺

芙蓉峰入天，寺与此峰连。得见是冬月，要来从昔年。寒潭盛塔影，古木带厨烟。偶值高僧出，禅床坐默然。

送蒋德瞻节推

八百里重湖，长涵太古波。君山云出少，梦泽雨来多。才子今方去，名楼必屡过。楚辞休要学，易得怨伤和。

送人赴沅州任

旧贡包茅地，中存古意长。去程逢岳雪，上事带春阳。雾结朱砂气，波流白芷香。大夫祠寂寞，烦与奠椒浆。

送徐灵渊永州司量

君向零陵日，分携又雪天。地遥行几郡，官小度三年。兰芷芳条洁，潇湘翠色连。从来苦吟思，归赋若多篇。

送周子静桂阳教官

魁名人共说，直节世间闻。远地今崇学，诸生久待君。三湘鸿不到，五岭路初分。闲日登临作，应题赠屈文。

题武义赵提干林亭

武陵诸腾状，如列在檐前。一郭楼台日，数村桑柘烟。鸟啼春满谷，秧绿水平田。中有渔樵影，吾诗咏不全。

岳麓宫道房

借问经行处，群仙第几家。晴檐鸣雪滴，虚砌影梅花。香爇何年柏，芽煎未社茶。道人三四辈，相对诵南华。

送叶任道

英英桥门彦，声动翰墨场。已就冲天翼，如何复低翔。兹辰首征途，言寻八桂乡。远士望模式，会府钦才良。莫以琼树姿，怨彼霜霰妨。委顺要达识，沮挫知坚刚。改序逢清和，飞花点行装。登涉山川异，经从道路长。听猿过南岳，采芷沿三湘。应怀古骚人，搦笔为篇章。行藏义在需，通塞时靡常。大器且自惜，晚成亦何伤。蓬瀛几仙伴，伫子归班行。①

---

①翁卷诗辑自《宋元四十三家集·苇碧轩诗集》四卷本。

张茂宗

张茂宗，生平不详，曾任潭州知府、龙图阁直学士等职。

衡岳观

灵岳峰前游古观。此中何别蕊珠宫。五云仙客形皆异。十洞烟花景不同。炼药炉香金石气。醮星坛冷薜萝风。因闻大道修真诀。咫尺三清路可冲。①

孙冕

孙冕，临江军新淦（今江西新干）人，擢进士第，天禧末守苏州，后辞职归九华。

送新知永州陈秘丞瞻赴任

桂林南面近征黄，又爱江乡出帝乡。新命不辞提郡印，旧山重喜过衡阳。楼台满眼潇湘色，道路迎风橘柚香。知有太平经济术，政闲时节好飞章。②

谢麟

谢麟，字应之，建州瓯宁（今福建建瓯）人。登第，调会昌令，

---

①辑自《湖南通志》卷二三九。

②辑自《宋诗纪事补遗》卷三，上海古籍出版社 1995 年影印续修四库全书本。

再调石首令，通判辰州。章惇使湖湘，拓沅州，荐麟为守。元祐初，复以朝议大夫、直秘阁知潭州。

本州屯田乞配罪人奏

本州屯田务无军士应募，乞依配罪人河州法配本州牢城。

招纳溪蛮奏

招到溪峒，草呼、古诚等州二十三州峒、二千七百一十九户、九千四百九十六丁。情愿出纳课米，量支食盐。逐州知州仍乞补授班行。

乞添筑沿边城寨等奏

古诚州并小由四旗、竹滩、大田、托口等处溪峒人户各已归明，臣绩招怀九衙二十三州、地林十三州，依例奏补名目，把托边界。又招纳详州等处洞酋首通计七千余户，乞添筑沿边城寨堡铺，及差戍兵，绥辑人户，籍为省民。

招到旺诚等州酋首奏

修小由长渡堡毕，招到旺诚等州酋首杨进通等，及乞增置寨主一员兼同巡检。

乞补授新招首领名目奏

招溪峒、中胜等州首领扬晟向等，乞补授名目。

请黔阳戎兵防拓新寨等事奏

准诏，已置托口、小由、古诚，奉爱四寨，而黔阳县等并在腹襄，谓宜减戍兵五百五十人，即令防拓新寨，并乞置博易务拘收息钱。四寨民性顽犷，幸各安居，已晓谕赴所属寄纳刀弩，欲官焉买之。并溪江所产麸金欲募人淘采中卖，以业游手之民。其城寨身丁税乞特蠲放七年。

乞增制户口山川并降属县名额奏

本州旁近户口或远隶它州，见有封疆，不足城守，乞增割户口山川并降属县名额。

议置诚州未画地里奏

奉诏置诚州，未画地里四至。虑邵州莳竹县争占诚州新城管分，闻邵州已拨潼村属新城，潼村距诚州四十里，莳竹县八十里，道路峻险，经九叠坡脚，大小盘栏，深山长林，正系湖南至诚州行旅之路，今属莳竹，比之诚州地里已远，又遥隶邵州二十二驿，或有冤讼，县堡不能决，去州既远，则民无所诉。乞自昌蒲岭脊分水，西属诚州，东属邵州莳竹。

措置安化州罗世念作过奏

安化州罗世念作过，已立赏购募，并具分兵进取安化州利害。

沿边保甲欲自效者乞量给钱米奏

沿边保甲欲自效者众，乞量给钱米。

奉诏接纳群蛮奏

昨具状乞济师讨荡建置城邑。奉诏接纳群蛮，不得进兵，巧以方略措置。遂选差将官进屯，控要县寨，招降元谋贼首罗世念，并逐峒头领种族四千八百人，赍所劫溪峒都巡检使印，赴军前衣甲器械二万并生界思广峒酋长。具到人烟户千四百一十七，口六千二百六十三，纳土归顺，其杰黠蛮首已付有司，听朝旨措置。

乞以小由托口两寨依旧隶源州等事奏

先准朝旨，拨托口、小由、贯保、丰山四寨并若水仓隶属诚州，缘沅州與诚州元自梅口为界，今因割移四堡，遂以洪江口为界，自洪江口至梅口江约三驿，又从托口寨卢阳县界至梅口江约四驿，削取沅州封守附益诚州太广，不惟沅州户赋人兵不足以成郡，兼诚州见招约上和，潭溪等峒自可以开拓疆封，兼结狼、九衙等诸峒并在托口寨西南，见隶沅州，水陆道皆出托口寨，设或溪峒入寇，诚州地远，力不能制。沅州又为托口等所隔，难便措置，或以生事。乞以小由、托口两寨依旧隶沅州，以大由等溪峒割隶诚州。①

谢迈

谢迈，字幼盘，号竹友。江西临川人。布衣终其身，工诗文，有《竹友集》。

寄题长沙高善时醉月堂

乱山岑秀绕湘渍，君染茅堂底处村。蛮国干戈真梦幻，醉乡风露别乾坤。平生不负南楼兴，何日能同北海尊。聊欲挥毫书楚

---

①谢麟文辑自辑自《续资治通鉴长编》，中华书局1980年版。

些，凭君招取独醒魂。①

蒲寿宬

蒲寿宬，泉州人。咸淳间，守梅州。蒲寿庚叛宋降元，寿宬为谋主。有《心泉学诗稿》六卷。

书会溪郴阳瀑布图后三首

山椒斫寒翠，涧曲披玄图。写此一派润，化作万顷腴。谁知田中禾，粒粒心上珠。

楚山亦瘴疠，湘水多幽灵。高飚雷电激，尽日霰雪零。涤去热恼肠，清风自泠泠。

千山六月火，可使金石然。怀兹水一滴，想彼心千年。愿君倒天瓢，流泽无中边。

送郭济叔分教邵阳

秋山多爽气，南楚登修程。岂无离别怀，此别人所荣。睠言紫帽秀，翘然碧流英。千载木铎寄，一脉濂泉清。无毡不言寒，有道当自鸣。采芹发新谣，吟药生逸情。汾阳昔何人，努力加令名。②

---

①辑自《两宋名贤小集》卷三四，景印文渊阁四库全书本，台湾商务印书馆1986年版。
②蒲寿宬辑自《心泉学诗稿》，景印清文渊阁四库全书本，台湾商务印书馆1986年版。

杨永节

杨永节，生卒年及生平不详，熙宁三年（1070）知泉州。

永州

柳侯好倔奇，颇类元道州。遂令舂陵行，至今犹风流。[①]

渊冲子

渊冲子，生平不详。

九龙岩观磨崖说

渊冲子观磨崖有言：身非百年，而以姓名岁月刻于石者，必知身不如刻之永也。惟高才重德有闻于时者世世爱护，能使幽晦之境遂亦名出。不然，墨蜡尚新已为镵毁。磨而复刻，刻而复磨，其刻愈勤，其磨愈敏，重磨迭刻，无有穷时。噫！名不可不贵也。

吴杭

吴杭，生平不详，曾作《环溪诗话》。

磨崖颂

周雅不久复，楚骚方独鸣。溪蛙弄气态，污我萧湘清。二公

①辑自《舆地纪胜》卷五七，中华书局1992年版。

好奇古，大笔时纵横。磨崖勒唐颂，字字飞琼英。云烟借体势，水石生光精。浯溪在僻地，自是闻正声。名传播夷夏，孰贵燕然铭。絃歌入商鲁，永与神仙听。江流不可竭，此文如日星。[①]

彭琉

彭琉，安福（今属江西）人，咸淳十年（1274）进士。

读磨崖颂

高高磨崖碑，上刻中兴颂。文章星斗灿，铁画龙鸾动。唐倾幸再安，储闱出天纵。紫袍迎上皇，六合光华重。可怜青蝇谗，阳谷成水冻。欲涸浯溪流，难洗忠臣痛。[②]

释显万

释显万，字致一，浯溪僧，有《浯溪集》，已佚。

晓发山店

蓐食小人家，寒灯碎落花。鸡鸣窗半晓，路暗月西斜。世故欺怀抱，风霜迫岁华。剧怜诗思苦，凄恻向长沙。

送炭与湘山西堂惠禅师

纷纷向火乞儿多，独有君如择乳鹅。万煅炉中寻粲可，一堆

---

①辑自《湖南通志》卷一八。

②辑自《湖南通志》卷一八。

灰里拨阴何。雪欺败屋闲犀柄，草卧空庭任雀罗。亟送乌薪相暖热，恐随春梦入南柯。

郴阳道中二首

草荒驿路欲迷人，未见梅花信息真。忆著旧家烟雨外，犯寒斜放竹篱春。

晓林寒水碧悠悠，雨歇浮云漫不收。且缓晨炊三十里，不妨亭午到郴州。

庵中自题

万松岭上一间屋，老僧半间云半间。三更云去作行雨，回头方羡老僧闲。

苏仙宅

苏君善养志，以孝格神明。一朝蜕尘鞅，通籍赤霞城。相看疑梦寐，去若鹅毛轻。玉笙随哀响，烟髦错霓旌。丹井愈沉疴，桔叶通仙灵。至今华屋底，想象双眉青。云装挹飞袖，蘂佩敲凤鸣。兹事既茫邈，无阶接蓬瀛。掬月漱吟齿，餐霞寿颓龄。蕴真思远托，何从保长生。汉武梓棺朽，秦皇鲍鱼腥。空山鹤未归，花发春冥冥。

义帝陵

祖龙智昏日月蚀，南公力欲麒麟斗。楚虽三户必亡秦，盛德宜然有其后。鲁公违约火咸阳，咄嗟声出群雄右。豆公瓜剖听指颐，忍使黥徒贼孤幼。籍也狐埋狐搰之，项伯宁不为家寇。真人如龙翔霸上，缟袒长风起襟袖。终据黄图岂力为，雅张赤帜皆天授。可怜郴北东上坟，恨碧凄红春不茂。①

林厚

林厚，宋时曾任临武知县。

南熏书院

小却轩窗多却书，嵩阳岳麓大何如？舜絃一奏南熏动，吹透芸香冻白鱼。②

吴致尧

开远桥记

介于湖湘南北间，有两梅山焉。广谷深渊，高岩峻壁，绳桥栈道，猿猱上下。自五季弃而夷之，食则燎肉，饮则引藤，衣制斑斓，言语侏㒧，出操戈戟，居枕铠弩，刀耕火种，摘山射猎，不能自通于中华。我神考经武圣谟，制自庙幄，乃遣中书检正章惇经略其地。惇以诏使往大沩山，使刘次庄因浮屠往谕其酋。酋长扶氏解发稽首曰："惟命是听。"于是启禁焉。天辟山川，神相桴鼓，斩茅而嘉林秀，徙石而寒泉洌。旷野平林，可锄可耘；急泷清濑，可渔可钓。若有所待，以成太平开远之功也。案，两山

①释显万诗辑自《宋诗纪事》卷九二。
②辑自《衡州府志》卷五，明嘉靖刻本。

皆为县，而下梅山独据形胜，溪猺凭以为固。惇辟宁乡令毛渐往莅之，度岩险控扼处，建寺者五，意以为猺人畏罪福报应，因俗以教，使之瞻仰而默化。又即溪人祈祷之洞，请建观焉，赐名“洞天”。设学校，联师儒，以作新之。庶所谓君子学道则爱人，小人学道则易使也。经略之初，观、寺与学，畀之内府之钱三百五十万，给膏腴之田二千一百亩。迹夫圣意宏远，革夷从夏，俾知迁善远罪，则暂费永宁之策，将有在也。熙宁诏语，信如金石。两山赋税，永不折变。绍圣神武，均劳节役，计户输钱，仅二百万，而移于湘潭以补其不足者共三百万。於戏！新民被累圣涵养宽恤之恩，何其幸与！上方以善继善述为达孝，深仁厚泽，渗漉万有，则区区臣子之心，所以仰承上意者，可弗至与？爰为经营是桥，度木千章，乘流而下，民不知其劳也。远通迩趋，小人竭作，修梁横楹，隐然雄峙。维溪潦涨流，无厉涉之病，使行旅之北襄汉而南岭粤者，得通津焉。至是工未讫十之一，值移春陵，弗克成。越明年冬，邑人重趼来春陵以请曰：“桥告成矣。畴昔之造诬夺邑者，天既大罚鉴之矣，不辨自直。某将还也，请名以记之，以慰远民之望。”致尧应之曰：“令之适然去来，初不系辛苦休戚也。虽然，若等之甘其食，美其服，邑里相望，鸡犬之声相闻。联之有什伍，教之有师儒，陶陶然利仁乐义以趋华风者，亦知出自熙、丰时。启辟土宇，天地革也，照临无外，日月丽也；德教旁敷，雷泽解也。方今率由旧章以惠我新民，岁丰人和，相与出力，以成是桥。开远之功，不可以无记。”乃书其事以意邑人，而系以辞，倘遒人采而献之，庶知江湖之远者有葵藿之心如此云。①

①辑自《湖南通志》卷四四。

宋温舒

宋温舒，进士出身，曾知耀州。

赠英公上人

粹钟衡岳诞吾师，十九彤廷赐紫衣。青简篆文穷妙绝，碧云诗句入玄微。降龙钵里无尘染，回雁峰前有梦归。他日好同莲社约，逸眠禅坐两忘机。①

王伸

王伸，宋太祖时，曾任命殿中侍御史。

留题浯溪

湘川佳致有浯溪，元结雄文向此题。想得后人难以继，高名常与白云齐。②

道禅师

道神师，住鼎州普安寺。

---

①辑自《宋诗纪事》卷三。

②辑自《湖南通志》卷一八。

三句颂

函盖乾坤

乾坤并万象，地狱及天堂。物物皆真见，头头用不伤。

截断众流

堆山积岳来，一一尽尘埃。更拟论玄妙，冰消解瓦摧。

随波逐浪

辩口利舌问，高低总不亏。还知应病药，诊候在临时。

三句外

当人如举唱，三句岂能该？有问如何事，南岳与天台。

抬荐商量

相见不扬眉，君东我亦西。红霞穿碧落，白日绕须弥。①

释灵澄

西来意颂

因僧问我西来意，我话居山七八年。草履只栽三个耳，麻衣曾补两番肩。东庵每见西庵雪，下涧长流上涧泉。半夜白云消散

①辑自《五灯会元》卷一五，中华书局1984年版。

后，一轮明月到床前。①

李含章

题武陵护戎林亭

修篁簇径出林椒，可与游人避俗嚣。曲槛隔花安笔砚，小窗延月伴箪瓢。红藤引蔓移山豆，绿叶分葩植水蕉。到此每怜清气别，可堪寒夜雨潇潇。②

游桃源观

碧草芊绵十洞春，青苍寒叠五溪云。山萦乳③窦层层秀，路隔桃花处处分。苔径竹深迷鹤迹，石坛松古漏星文。通宵回想尘寰事，好结茅茨向水滨。

刘玄英

题潭州寿宁观

醉走白云来，倒提铜尾秉。引个碧眼奴，担著独壶瘿。自言秦世家，家住葛洪井。不读黄庭经，岂烧龙虎鼎。独立都市中，不受俗人请。欲携霹雳琴，去上芙蓉顶。吴牛买十个，溪田耕半顷。种秫酿白醪，总是仙家境。醉卧桧松荫下，闲过白云岭。要

①辑自《宋诗纪事》卷九一。
②辑自《宋诗纪事补遗》卷二，上海古籍出版社1995年影印续修四库全书本。
③辑自《宋诗纪事》卷四。

去即便去，直入秋霞影。①

范讽

范讽，字补之，齐州（今山东济南）人。举进士，通判淄州，官至御史中丞，以事贬武昌军节度行军司马，起知淮阳军，复给事中。

题鼎州甘泉寺

平仲酌泉回北望，谓之礼佛向南行。烟岚翠锁门前路，转使高僧厌宠荣。②

王羽

朝阳岩二首

东向水西阿，无时景物和。松阴不映户，晓日有烟萝。人迹如行少，山禽似语多。清高知隐者，尘虑自销磨。

石岸盘危磴，烟和晓日浓。长桐应待风，占水必藏龙。老树藤多附，层崖路莫从。平矶看浪没，峭壁任苔封。箫韵生群籁，岚光簇众峰。何时有达士，栖此信疏慵。③

---

①辑自《宋诗纪事》卷九十。
②辑自《舆地纪胜》卷六八。
③辑自《湖南通志》卷二七一。

释行肇

湘江有感上王内翰

达士弦性直，佞人胶辞柔。靳尚一言巧，灵均千古愁。孤蟾魄长在，寒云恨难收。空使湘江水，至今无浊流。①

振禅师

振禅师，宋代南台寺僧。

山居颂

呵呵呵，瘦松寒竹锁清波。有时独坐盘陀上，无人共唱太平歌。朝看白云生洞口，暮观明月照娑婆。有人问我居山事，三尺杖子搅黄河。②

冯信可

桃源图

桃源东回溪转长，桃花开时春日光。幽禽出树乱红落，游鱼吹花流水香。山人正住溪之浒，屋角花开自成坞。寻源未许武陵

①辑自《宋高僧诗选》卷中，清钞本。

②辑自《五灯会元》卷一五。

人，隐者但作桃花主。拄杖穿花来水头，禽鱼亦解识风流。往来况有樵云叟，何惜衔杯同唱酬。一尊如出桃花色，花落尊中已无迹。醉乡泠泠白日闲，黄尘滚滚青山隔。明年此日桃花开，何人净扫溪阴苔。我亦天台约刘阮，春风一棹酒船来。①

牟巘

南岳魏监庙囊自请奉祠恬于声利十余年来益闭户读易人罕识之余托姻且契比来吴惠教五绝笃叙故旧情谊蔼然用韵复寄不足酬盛意五首

人生一世匆匆尔，筵帙亡何已旅酬。南岳炉头芋初熟，等闲知阅几春秋。

谁知白鹤早登门，遗墨犹余屋漏痕。师友百年同慧脉，固应自有不云存。

全真闭户魏不琢，二纪怡然外世荣。留得诗名皮陆集，到君句法有余清。

阿囡离鸾嗟嘱耳，谁陪老妇祭瓶盆。二雏幸足宽怀抱，共说河汾有外孙。

---

①辑自《湖南通志》卷二三。

静探五一共谁论，悔不当初迳扣门。自笑吾玄今尚白，刻舟空守旧进痕。

宴黄倅乐语口号

向来南岳凤曾鸣，再驾缇屏又一星。文物君谟丹荔谱，江山白傅百花亭。春容相与频呼斝，肯綮争看妙发硎。紫橐青毡吾旧物，孔鸾行矣集明廷。①

黄甲

黄甲，宋时宁远县令。

鲁女观

见说当年鲁女冠，长年向此铒金丹。一朝羽化无人识，野鹤孤猿绕紫坛。

石城峰

岧峨第二石城峰，雉堞天然不费工。妙典飞升何处是，城头咫尺紫霞宫。

永福寺

永福丛林古道场，烟霞深处白云堂。木鱼堂下常虚设，击动龙王无处藏。

---

①牟巘诗辑自《陵阳集》，民国吴兴丛书本。

玉管岩

桥山往日葬衣冠，玉管深藏在此山。天乐合教归帝所，二千年后出人间。①

月岐岩

仙翁骑鹤上青冥，月岐空留松桂林。遮断世尘无点污，横拖一抹翠烟深。②

赵师干

赵师干，生平不详。

澹山行

爱杀潇湘境，山行知几重。风清秋思重，云淡晓阴浓。隔水时呼艇，缘崖自策筇。岩扃聊问讯，把酒欠从容。③

许尹

许尹，生平不详。

朝阳岩和魏公张浚

漫作游仙去，灵槎近晚凉。悬岩迷日月，倒影浸潇湘。风满

①以上四首辑自《九疑山志》卷七，明万历刻本。
②辑自《湖南通志》卷十九。
③辑自《湖南通志》卷二七四。

征帆过，云归渡鸟忙。相忘物外趣，时许棹相将。①

王宗尹

王宗尹，生平不详，南宋时任陕西节制司别将、统制。

九龙岩记

九龙岩在芦洪东一里。芦洪多山，葱郁苍翠，峻入霄汉，惟九龙岩蜿蜒低徊若卧龙状。辑鳞甲蓄精神，不可狎而迩也。岩之前有池，岩门高敞多磨崖，镵唐宋今游者诗文。然镵而复磨，磨而复镵者，又不知其几。岩中宽大，可容数席，上下左右多奇石，殊骇观视。赤者如脂，洁者如玉，赤白间者如玛瑙，堕而圆者如旌如缨，削薄者如泗滨之罄，叩之泠泠有声。循磴而下，秉烛走数十步，有隙，仅可容身裸而入，方广阒静，顾非人世尘境之所有者。中有池，清刻绀寒，四时不竭。期大旱，乡民斋沐，丐其本以祷雨，苏枯起槁有灵征也。②

陶羽

古歌赠岩主喜公

喜公心眼如有灵，善择此岩来构扃。崖根踏碎暮烟碧，洞门凿破苍苔青。交加乱石虎狼坠，纵横怪木龙蛟形。其间可以松萝

①辑自《湖南通志》卷十八。
②辑自《湖南通志》卷二七八。

招隐，云霞放情。傲复傲兮何富贵，瓷复瓷兮闲利名。况乎龙蛟勇背俟风雨，灵龟垂首思雷霆。我今方为年少英，青山未有归去心。他时致尧功业成，与师高卧白云深。①

文政

文政，宋时南岳著名僧人，胜业寺（今祝圣寺）方丈。

题胜业寺

山鸟无凡音，山容无俗状。引得白头僧，时时倚藤杖。②

何杨祖

题奣岩

石室何时霹雳开，曾听绣斧凯歌回。谁知二百余年后，复有旌旗笳鼓来。③

练潜夫

游层岩并序

游层岩，睹提刑朝请张公熙宁初令营道日题刻，土人云：异时山

①辑自《湖南通志》卷二七八。
②辑自《湖南通志》卷二三九。
③辑自《湖南通志》卷二八二。

夔木怪之所凭依，颇为人所患苦，自公留题，无复肸蠁。兴言感叹，辄成古风一篇。

朝寻白鹅山，夕次层岩曲。中虚谷窈窕，一水流其腹。澄渟注渊奫，冬夏不盈缩。初疑有神物，毛骨森戚促。魂惊不敢吐，发腻不敢沐。跨梁怛临深，矧敢濯余足。闻昔宅秘怪，蒙鸿状河渎。黄昏嗥猩鼯，正昼飞蝙蝠。豚肩走巫觋，歌舞神所欲。寻幽到其趾，精爽戒托宿。张公熙宁初，曾是舒幽独。镌题百许字，焕烂夺人目。几呵护守严，百魅不敢触。往往风雨夜，啾啾鬼神哭。乃知正直士，所至即蒙福。往时元次山，今日蒋颖叔。或镵阳华铭，或刻舜祠录。与公成三人，万代仰高躅。因书岩石间，聊用美淇澳。①

漆高泰

桃源歌

武陵传说遇神仙，再问桃源已窅然。元亮去后山水迁，津迷向处访高贤。此源非是避秦膻，此处桃花不浪传。山城画里纵盘旋，奇峰兀突摩大圆。名山横列镇前川，两水夹镜绝尘牵。渔舟夜泊歌扣舷，土门空豁绿扬偏。中有神皋百顷田，晨兴理秽带月还。鸡鸣木末犬轻獧，黄发垂髫自年年。我来此地卜居廛，依山结构足酣眠。幽窈之中旷且平，四时递嬗乐相缘。春辉鹤岭岚拖烟，云峰响石草芊芊。时雨东来好风连，良苗怀新鹭渚拳。岩阿避暑冽寒泉，寒泉清可沁诗篇。柳阴一曲奏暮蝉，山头牧笛起炊

①辑自《湖南通志》卷十九。

烟。金凤催桂菊舒岩，蟹肥酒熟广尊前。团圞坐月笑语阗，露白霞苍雁羽翩。冻彻梅花雪里娟，幽香兼忆剡溪船。怀芹负日向西边，俯仰无惭影自全。平陂世态任木旋，心苦形役皆自煎。别有桃花浪八千，朝来且种火中莲。刘叟芳踪留数椽，孝友家风著简编。五陵诸子如问焉，仙乎仙乎在乐天。①

腾瑱

野石岩二首并序

绍熙辛亥六月中伏日，出郭观稼，小休野石，计仲权正字壁间所题诗，因次韵，并刻岩石，以慰邑人去思不忘。南都腾瑱。

稻香蔼蔼暑风清，下马传觞听水笙。父老指诗怀旧尹，为镌崖石记心声。

身傍蓬莱近紫清，巧言一出忽如笙。只今家食应无恙，书倩衡阳雁寄声。②

①辑自同治《靖安县志》卷十四。
②辑自《湖南通志》卷二八四。

图书在版编目（CIP）数据

唐宋人寓湘诗文集/黄仁生，罗建伦校点.—长沙：岳麓书社，2013.8

ISBN 978-7-5538-0092-9

Ⅰ.①唐…　Ⅱ.①黄…②罗…　Ⅲ.①唐诗—诗集②宋诗—诗集

Ⅳ.①I222.74

中国版本图书馆 CIP 数据核字（2013）第 016883 号

湖湘文库

湖湘文库编辑出版委员会

唐宋人寓湘诗文集

校　　点　黄仁生　罗建伦

责任编辑　马美著　刘　文

整体设计　郭天民

出版发行　岳麓书社

网　　址　http://www.yueluhistory.com

地　　址　湖南省长沙市爱民路47号

邮　　编　410006

电　　话　0731—88885616（邮购）

经　　销　湖南省新华书店

印　　刷　湖南凌华印务有限公司

版　　次　2013年8月第1版第1次印刷

开　　本　960×640　1/16

印　　张　130

字　　数　1572千字

书　　号　ISBN 978-7-5538-0092-9/I·1118

定　　价　260.00元

如有印装质量问题，请与承印厂斢换

厂址：长沙市黄花工业园　电话：0731—82755085　邮编：410137

ISBN 978-7-5538-0092-9

9 787553 800929 >

[清] 刘坤一 撰
陈代湘 何超凡 龙泽黯 李翠 校点

刘坤一奏疏

（一）

湖湘文库编辑出版委员会
岳麓书社

《湖湘文库》编辑出版领导小组

《湖湘文库》编辑出版领导小组办公室

《湖湘文库》编辑出版委员会

出版说明

湖湘文化源远流长，博大精深，是中华文化中独具地域特色的重要一脉。特别是近代以来，一批又一批三湘英杰，以其文韬武略，叱咤风云，谱写了辉煌灿烂的历史篇章，使湖湘文化更为绚丽多彩，影响深远。为弘扬湖湘文化、砥砺湖湘后人，中共湖南省委、湖南省人民政府决定编纂出版《湖湘文库》大型丛书。

《湖湘文库》编辑出版以“整理、传承、研究、创新”为基本方针，分甲、乙两编，其内容涵盖古今，编纂工作繁难复杂，兹将有关事宜略述如次：

一、甲编为湖湘文献，系前人著述。主要为湘籍人士著作和湖南地区的出土文献，同时酌收历代寓湘人物在湘作品，以及晚清至民国时期的部分报刊。

二、乙编为湖湘研究，系今人撰编。包括研究、介绍湖湘人物、历史、风物的学术著作和资料汇编等。

三、乙编中的通史、专题史，下限断至1949年。

四、甲编文献以点校后排印、据原本影印及数据光盘三种方式出版。

五、除少数图书以外，一律采用简体汉字横排。

六、每种图书均由今人撰写前言一篇。甲编图书前言，主要简述原作者生平、该书主要内容、学术文化价值及版本源流、所用底本、参校本等。乙编图书前言，则重在阐释该研究课题的研究视角和主要学术观点等。

七、对文献的整理，只据底本与参校本、参校资料等进行校勘标点，对底本文字的讹、夺、衍、倒作正、补、删、乙，有需要说明的问题，则作出校记，一般不作注释。

八、甲编民国文献中的用语、数字、标点等，除特殊情况外，一般不作改动。乙编图书中的标点、数字用法、参考文献著录规则等均按现行出版有关规定使用和处理。

《湖湘文库》卷帙浩繁，难免出现缺失疏漏，热望社会各界批评指正。

《湖湘文库》编辑出版委员会

前　言

刘坤一，字岘庄，湖南新宁人。生于1829年（清道光九年），卒于1902年（清光绪二十八年）。谥号“忠诚”。

刘坤一出生于乡村知识分子家庭。其先世从江西吉安府迁入湖南宝庆府新宁县，“家世儒业，代有闻人”①。其父刘孔濬，字罕如，号云樵，新宁县学生。

刘坤一的一生，大致可分为六个阶段：

（一）少年力学，热心科举。咸丰五年（1855）以前；

（二）投笔从戎，征剿立功。咸丰五年（1855）至同治四年（1865）；

（三）巡抚江西，位列封疆。同治四年（1865）至光绪元年（1875）；

（四）初任总督，投身洋务。光绪元年（1875）至光绪七年（1881）；

（五）罢官归里，家居守拙。光绪七年（1881）至光绪十六年（1890）；

（六）三督两江，晚铸辉煌。光绪十六年（1890）至光绪二十八年（1902）。

青少年时期的刘坤一，在家族父辈的热望中，为科举考试而

---

①刘绎《诰赠光禄大夫刘公墓志铭》，见（清）张葆连主修《新宁县志·艺文志》卷二十三，岳麓书社2011年2月版（影印），第285页。

奔忙。刘氏家族虽然“家世儒业”，但在科举考试中只出了一些秀才，从未有人获得过举人以上的功名。刘孔濬对刘坤一兄弟寄予热望，希望他们通过科举考试而金榜题名。在太平军攻打湖南，湘军兴起之时，刘孔濬也一再告诫刘坤一兄弟要安心读书，不要企求“异途进身”。

受家族父辈的影响，金榜题名成为刘坤一终生的梦想，后来他虽然通过军功从“异途”跻身高位，但仍然“每以未得科题为恨”①。

刘坤一八岁启蒙，随之跟随年长于自己的族侄刘长佑“习举子业”。刘坤一后来写诗回忆自己少时读书情景：“敢嫌陋室暂停装，小小窗棂短短床。坐到夜深灯味好，依稀犹记读书堂。”② 在如此苦读之下，刘坤一中了秀才，并成为成绩优等的“禀生”。然而，此后的科举之路走得却不顺畅，参加乡试屡试不中。

咸丰五年（1855），刘孔濬去世，恰逢太平军进击湖南，时刘长佑已为湘军大将，急召刘坤一入营。刘坤一“闻召即至”，投笔从戎，正式加入湘军楚勇。

刘坤一参加湘军后，骁勇善战，屡立战功，不断升迁：初出茅庐即领团练随官军攻克茶陵、郴州等城，“叙功以教谕遇缺即选”③；攻陷芦溪，保举为知县；攻克袁州，以直隶州知州即选，并赏戴花翎；攻克临江，以知府选用，并赏加道衔；攻占柳州，赏按察使衔；与黄鼎凤交战并擒杀黄及其党羽，升任广西布政使、赏“硕勇巴图鲁”名号，一年后，即升为江西巡抚。

---

①王燮《刘忠诚公遗集·书后》。

②刘坤一《乙丑新春视师道出新城墟于村塾中夜坐感怀偶成二绝》之二，《刘忠诚公遗集·补过斋诗集》卷一。

③《国史本传》，见《刘忠诚公遗集·卷首》。

刘坤一以一介书生，十年之内（1855 年至 1865 年），不断加官进爵而至江西巡抚，成为主政一方的封疆大吏，实现了“儒冠抛却觅封侯”① 的梦想。

刘坤一任江西巡抚约十年，在吏治、财政以及军事方面都有充分的表现，被时人誉为“能吏”。

1875 年，刘坤一升任署两江总督兼南洋通商大臣。半年后，实授两广总督。1879 年，实授两江总督兼南洋通商大臣。

刘坤一升任两江及两广总督，在政治地位和权限上大大超过江西巡抚，而且，两江和两广总督职守的繁忙和重要，亦远非江西巡抚可比。当时的两江治所南京、两广治所广州，尤其是两江下属的上海，其繁华与开通，举世瞩目。上海为中外商贾云集之所，洋务派开办的许多新式企业以及一些外国人所办的工厂位于该地。刘坤一从闭塞的江西来到当时中国社会变迁最前沿的开放之地，思想认识步入新的境界，积极提倡洋务，而且体现在实际行动中。

光绪七年（1881），刘坤一在仕途上遭遇一次沉重的打击，因被人连续弹劾，朝廷罢免了其两江总督的官职，赋闲归里，整整十年：“家居守拙，一瞬十年。”②

1890 年（光绪十六年）11 月，刘坤一被清廷重新任命为两江总督兼南洋通商大臣，次年 4 月进京觐见后，抵南京就任，开始了他的三督两江。

罢官十年后官复原职，刘坤一已年逾花甲，但他却表现出了

①刘坤一《乙丑新春视师道出新城墟于村塾中夜坐感怀偶成二绝》之一，《刘忠诚公遗集·补过斋诗集》卷一。

②刘坤一《复李筱泉制军》，光绪十七年三月二十七日。见《刘坤一遗集》（四），第 1965 页，中华书局 1959 年 6 月版。下引此书皆为此版。

前所未有的政治锐气和开明、务实的精神，在内政、洋务、外交等方面做出了杰出的贡献。尤其是在民族矛盾空前尖锐，八国联军入侵，清王朝摇摇欲坠的险恶岁月里，刘坤一以垂暮之年，凭借两江总督的特殊地位，与张之洞等人联手，保障东南，帮助清王朝度过了空前的政治危机。同时，又与张之洞会衔推出"江楚会奏变法三折"，为晚清最大也是最后一次政府主导的现代化运动——清末"新政"奠定了格局。

纵观刘坤一的一生，其功绩勋业大致可述如下数端：

一、与民休息，整饬吏治

刘坤一三十七岁出任江西巡抚，当时的江西已经历了十余年的战乱，民生凋敝，经济几近崩溃，人民流离失所，在这种形势下，刘坤一提出了与民休息、不求高远的施政方略。他说：

> 豫章十年兵燹，民物凋残，今幸四境解严，自应力图修养。①

> 为政之道，要在正本清源。欲挽末流，徒费心力。国朝良法美意，均有成规，因其旧而新之，循其名而实之，正不必求之高远，侈言更张。②

在大乱初平的特殊时期与民休息，恢复经济社会秩序，这种施政方针无疑是现实的，一方面符合广大民众久乱求安的要求，另一方面也是中国历代政治思想和政治措施的固有内容。

---

①刘坤一《致万藕舲尚书》，同治五年二月十一日。见《刘坤一遗集》（四），第1936页。

②刘坤一《致郭筠仙中丞》，同治四年八月初三日。见《刘坤一遗集》（四），第1612页。

刘坤一担任江西巡抚期间，注意减轻农民负担，坚决反对政府向农民追缴因战乱未能完纳的所谓“官垫民欠”租税，上折请求朝廷准予豁免。同时，大量裁撤辖境内的厘卡，减轻商民负担；拨款资助农民兴修水利，恢复生产。这一系列措施，促进了江西经济社会的恢复和发展。

要保证各项措施得以有效实施，建设一个廉洁高效的吏治机构是至关重要的。刘坤一说：“地方理乱之机，莫不关乎吏治。江西递经兵燹，民困未苏，民风渐薄，闾阎乐利，远不如前。务在守令得人，方足以资拊循，而期振顿。”① 刘坤一于抵任江西巡抚伊始，即“详加访察”，并专折参劾建昌府知府董敬宣、署饶州府知府吴秉衡、新淦县知县程乃文等一批官员，给了江西庸劣官员一个下马威。与此同时，刘坤一还严厉整顿差胥把持勒索的官场恶习，制定考察措施，长期坚持罢斥庸劣，奖励擢用才德之士，使辖境内的官场风气为之改观。

二、筹办洋务，呕心沥血

刘坤一对洋务的认识，经历了一个由浅至深，由保守到开放的过程。在他出任江西巡抚期间，虽然洋务运动已经在沿海省份进行得如火如荼，但由于刘坤一身处闭塞保守的环境，对洋务运动认识不足，他说：“洋务有何把握，能支持一件则支持一件，能支持一日则支持一日而已。”② 这时，他除了在战争中领略过洋枪

---

①刘坤一《甄别府州县劣员折》，同治四年十二月二十日。见《刘坤一遗集》（一），第39页。

②刘坤一《复沈品莲》，同治十二年十月十九日，见《刘坤一遗集》（四），第1750页。

洋炮而对之感兴趣外，对诸如开煤矿、修铁路、架电线等事务，则“期期以为不可”①

1875年，刘坤一被命署两江总督、南洋通商大臣，紧接着又实授两广总督，从闭塞的江西来到繁华开放的沿海，思想观念发生了变化，改变了对洋务的看法：“方今以吏治、洋务为最要。”②“内地久经肃清，西事亦将告竣，当今所亟宜绸缪者，惟在洋务。”③ 刘坤一将这种认识贯彻到他的实际政务中，计划开办西学馆，筹办招商局，奖励实学人才，并出巨资购买黄埔船坞，该船坞就规模和设备而言，在当时居全国前列，对广东的近代工业发挥了有益的作用。

1890年，刘坤一重任两江总督，虽年逾花甲，思想则更加先进开放，意志亦更趋坚定。在民族危难的险恶环境下，连连上奏，要求变革，并继续推行洋务新政，改革军事工业，修铁路、开矿产、兴农业、促工商，办学堂。这时的刘坤一，思想上有了脱胎换骨的转变，行动也雷厉风行，坚决果敢。

以对修筑铁路的态度为例。刘坤一在光绪六年（1880）至光绪七年（1881）初任两江总督期间，对修筑铁路仍然顾虑重重④，但是，到了晚年重任江督后，完全改变了过去的态度，坚决主张修筑铁路乃富强之本，实为当今之急务。他向朝廷上奏：“窃维时至今日，谈国是者，莫不以富强为要图。顾非富无以致强，非强无以保富。而究之富强之本，求其收效速、取利宏，一举而数善

①刘坤一《复杨石泉》，光绪元年正月初十日。见《刘坤一遗集》（四），第1764页。

②刘坤一《复丁雨生》，光绪二年三月十八日，见《刘坤一遗集》（四），第1800页。

③刘坤一《捐赀生息储养洋务人才折》，光绪三年十月初一日，见《刘坤一遗集》（一），第430页。

④参见刘坤一《议覆筹造铁路利弊片》，见《刘坤一遗集》（二），第598-599页。

备，则莫急于铁路。”①

在修筑铁路的实际运作中，刘坤一认为中国修筑铁路有大利可图，西洋各国垂涎已久，所以中国要将铁路的主权控制在自己之手。但是，国家正值“库帑支绌之时，无从筹此巨款”，政府拿不出这笔巨款，因此，刘坤一建议设铁路公司，由铁路公司负责筹款。由于中国的富商较少，筹巨款不易，所以必须借用洋款。洋人知道中国铁路有厚利可图，肯定乐意借款。亦可采用“中外合股”的方式来建造铁路，“兼招中外股资”，这样，有“洋股在中”，华商不用担心洋商侵扰；而有“华股参集”，洋商也就无从把持。更进一步，刘坤一提议首先聘用洋人，引进外国人才，为我所用，但这只是权宜之计，从长远看，自己国家应该设立铁路、矿务学堂，培养专门人才，将来就可以独立自主，让洋人“渐退于无用之地”。②

刘坤一在修筑铁路上的设想涉及到商业公司、股份制、引资引智、职业人才培养等内容，在当时既是非常先进的商业思想，也具有极强的现实操作性。

三、督师抗战，反对和议

1894年，中日甲午战争爆发。在战火烧到中国本土，九连城、凤凰城、旅顺等相继陷落的危急局势下，刘坤一被朝廷任命为钦差大臣，关内外防剿各军均归节制。

①刘坤一《请设铁路公司借款开办折》，光绪二十一年六月二十日，见《刘坤一遗集》（二），第882页。

②以上内容见刘坤一《请设铁路公司借款开办折》，光绪二十一年六月二十日，《刘坤一遗集》（二），第883-884页。

刘坤一具有强烈的民族主义和爱国主义精神，对外国军队的入侵，他是坚决主战的。日本发动甲午战争的阴谋日益明显时，刘坤一就表现出了高度的警觉和坚决打击侵略者的决心。他在奏稿中说日本："屡次添兵增械，前往朝鲜，并有兵轮多艘驶出长崎各口，居心叵测，尤不可不严为之防。"① 当北洋舰队在牙山遭偷袭时，刘坤一义愤填膺，电令部下如遇日舰即予攻击："倭人敢在牙山海面击我接应之师，衅由彼开，神人共愤……昨接译署来电，倭已启衅，如有兵船驶近各口，即可击之。业经电饬各军一体遵照。"② 这一点与李鸿章是不同的。李鸿章明知日本的狼子野心，却不认真备战，而是一味寄希望于美、英、俄等列强的调停，结果贻误战机，处于被动局面。刘坤一对李鸿章提出了严厉的指责："此次中、倭之衅，合肥始终不能辞咎。"③ "李中堂初意不开兵端，过于持重，以致处处落后。"④

刘坤一在清廷各方面行动已经"处处落后"，而且军事上也已连连失败的形势下，被任命为钦差大臣，统率各路军马抗击日军，是很难在短期内立即扭转局势的。而更为关键的是，这时朝廷主和派已占上风，朝廷并无真正的抗战决心，甚至还暗中派人与日本商量议和条件。从实际的抗战组织上看，刘坤一上有督办军务处，一切征调布防作战均须该处同意；下属也不是当初他手下能征善战的将领，多是大权在握、拥兵一方的大员，并不完全听他

①刘坤一《筹备海防折》，光绪二十年六月二十七日，见《刘坤一遗集》（二），第800页。

②刘坤一《复奎乐峰》，光绪二十年六月二十九日，见《刘坤一遗集》（五），第2095页。

③刘坤一《复冯莘垞》，光绪二十年九月初八日，见《刘坤一遗集》（五），第2114页。

④刘坤一《致蔡和甫》，光绪二十年七月初四日，见《刘坤一遗集》（五），第2099页。

指挥。刘坤一实际上处于上下掣肘、事权不一的尴尬之境，钦差大臣也只不过是徒拥虚名，这就注定他这次督师抗战难有作为。

刘坤一于 1894 年 12 月 28 日被任命为钦差大臣，1895 年 4 月 17 日，李鸿章即代表清政府在日本马关签订了丧权辱国的《马关条约》，刘坤一的抗敌军事行动在千难万险中进行了不到四个月，就被迫中止了。

当刘坤一得知和议条款，获知割地赔款的消息，反应异常激烈，认为这是“言之短气，闻者痛心”① 的事情。为劝阻清廷批准条约，刘坤一进行了最后的努力。他电告朝廷，说诸将一闻和约，义愤填膺，皆欲一决死战。同时，又专程赴唐山与署北洋大臣王文韶及诸将面商，取得一致意见后，再次电奏朝廷，再陈签约的危害，更为详细地汇报了未来的作战计划，并在作战计划中提出“持久战”的主张，非常有见地。他认为日本远道来犯，彼劳我逸，而且根据探报，当时日本的兵源和粮饷都出现了问题，“新卒多以老弱充数，饷亦不继。”我方只要坚忍苦战，严密守御，日本最终将会“力尽势穷”，因此，刘坤一认为：“‘持久’二字，实为现在制倭要著。”② 日本国小，当时的人力、财力、物力消耗巨大，难以为继，刘坤一“持久战”的方针是非常有道理的。可惜清廷已无斗志，没有采纳刘坤一的意见，而是在 5 月 3 日正式批准了条约。对此，刘坤一极为愤慨，说：“此次当轴主和，过存迁就，悉索敝赋，以济盗粮，已近于独坐穷山养虎自卫；又复无故而割赵国之十五城，捐商於之六百里，欲令赤县沦为异域，苍生

①刘坤一《复唐沅甫》，见《刘坤一遗集》（五），第 2144 页。

②刘坤一《寄督办军务处》，光绪二十一年四月初六日，见《刘坤一遗集》（三），第 1395 页。

变为左衽，凡有血气，孰不疾首痛心！”[①] 对朝廷这么激烈的指责，在刘坤一是前所未有的，可见他反对和议态度之坚决，用心之悲苦。

四、东南互保，公忠体国

1900 年，因慈禧太后和朝中亲贵的愚盲仇外而发生的义和团事件，导致八国联军的军事入侵。清军不堪一击，首都北京被攻破。以刘坤一、张之洞为首的东南督抚，拒绝执行清廷盲目宣战的愚蠢诏令，在极其险恶的形势下促成“东南互保”局面，使东南半壁江山避免了一场战火的浩劫，阻止了列强瓜分中国的图谋。

清朝在 1894 年甲午战争中被日本打败，被迫签订《马关条约》，再次引发欧洲列强的野心，纷纷对清政府提出无理要求，甚至派兵占领中国的部分领土，瓜分之势一触即发，亡国之祸瞬息可至，恰如梁启超所说：“敌无日不可以来，国无日不可以亡。数年以后，乡井不知谁氏之藩，眷属不知谁氏之奴，血肉不知谁氏之俎，魂魄不知谁氏之鬼。”[②] 紧接着的 1898 年戊戌变法又告失败，中国在政治、经济、宗教等方面继续备受列强压迫。民族国家久经凌辱，政府衰弱无能，普通民众亦深感切肤之痛，于是转化为一种过激的爱国排外心理，酿成了义和团事件。

当时西方传教士被准许在中国传教和设立教会，西方的神职人员不受清政府的管辖，一般的中国信徒也常受教会庇护，教会和信徒常常与地方民众发生冲突，部分不良教民甚至欺压民众，

---

①刘坤一《致唐薇卿》，光绪二十一年五月初六日，见《刘坤一遗集》（五），第 2150 页。

②梁启超《南学会叙》，见《梁启超全集》第 139 页，北京出版社 1999 年 7 月版。

地方政府却往往因为害怕与洋人作对而未能秉公处理，从而造成民众仇视教会、教民和洋人及抵制一切洋货的极端心理，催发了义和团事件的兴起。义和团是以落后的宗教迷信形式来反对列强侵略的群众运动，他们设立神坛，画符请神，宣扬“刀枪不入”，当时清廷愚昧的当权朝臣竟然也信以为真。义和团打出“扶清灭洋”的旗号，焚烧教堂，残杀教士、教民，甚至拆毁铁路、电线，烧洋楼、焚洋书，凡是与西洋有关的事物，一概仇视而予以捣毁。

事态发展到了这种程度，西方各国准备对中国用兵。而一班无知的亲贵大臣竟然认为有“刀枪不入”的义和团相助，正是洗雪国耻的良机了。于是，朝廷在慈禧太后的操控下，做出失去理性的盲目决定，于 1900 年 6 月 21 日（光绪二十六年五月二十五日）发布诏书，向凡与中国有交涉的各国宣战，下令围攻各国使馆，令各省督抚焚烧教堂，捕杀教士、教民。

实际上，当时清政府根本不具备与西方各国对抗的实力，更何况这种宣战的决定显得极其荒唐而无智慧，在道义上得不到支持。果然，八国联军长驱直入攻破了清朝首都北京，而且，西方列强又预谋趁机出兵抢占东南地区，国家形势危如累卵。

刘坤一等人对朝廷的盲目之举十分无奈，对列强的狼子野心也洞若观火，因此深感事态严重。于是，他做出了一个惊世骇俗的决定：联合张之洞等人，拒绝执行朝廷的宣战令，采取措施，尽力保护外国机构、教堂、洋商，并使用外交手段与各国达成协议，形成“东南互保”局面，规定上海租界归各国共同保护，而长江及苏杭内地均归各督抚保护，互不相扰，从而维护了东南地区的稳定，保存了东南半壁江山的元气，并进而挽救了全局。

对于东南互保的性质，有人认为刘坤一等人违背民族大义，与洋人勾结，是一种卖国行径。这实在是肤浅之论。如前文所述，从刘坤一在中日甲午战争中的表现来看，他是一个民族主义和爱国主义精神极强的人。他之所以在因义和团而引起的“庚子事变”中不顾朝廷诏命，冒着杀头、抄家的巨大风险而与列强议和，实在是因为强弱悬殊，回天乏术。而且，慈禧太后把持的朝廷，对外宣战有如儿戏，置民族国家的安危于不顾，如果刘坤一等人也高呼“宁为玉碎，不为瓦全”的口号而孤注一掷，国家势必遭到瓜分！他们秉着实事求是的精神，忍辱负重，稳定东南，徐图后计，挽救全局，是有相当的政治智慧和政治远见的。

后来，清廷也完全认识到这个问题，接到“东南互保”的奏报，即予以同意。刘坤一去世后，朝廷颁发“上谕”，对刘坤一在“东南互保”中做出的贡献进行了高度的评价，说刘坤一“保障东南，匡扶大局，厥功尤著”①。

刘坤一的著作，在他生前就请人着手编排，但没有完成。后来他的嗣子刘能纪又请人继续整理。目前所见有清宣统元年（1909）所刻的《刘忠诚公遗集》，此书共66卷，包括奏疏37卷、电奏2卷、书牍17卷、电信3卷、公牍2卷、文集4卷、诗集1卷，另有卷首和附录联语。此次出版的《刘坤一奏疏》系根据清宣统元年所刻的《刘忠诚公遗集》的奏疏和电奏部分整理而成，附录电信部分。

陈代湘

2012年8月22日

①《刘忠诚公遗集卷首·上谕》。

目　录

奏　疏

奏疏卷一

奏疏卷二

奏疏卷三

奏疏卷四

奏疏卷五

奏疏卷六

奏疏卷七

奏疏卷八

奏疏卷九

奏疏卷十

奏疏卷十一

奏疏卷十二

奏疏卷十三

奏疏卷十四

奏疏卷十五

奏疏卷十六

奏疏卷十七

奏疏卷十八

奏疏卷十九

奏疏卷二十

奏疏卷二十一

奏疏卷二十二

奏疏卷二十三

奏疏卷二十四

奏疏卷二十五

奏疏卷二十六

奏疏卷二十七

奏疏卷二十八

奏疏卷二十九

奏疏卷三十

奏疏卷三十一

奏疏卷三十二

奏疏卷三十三

奏疏卷三十四

奏疏卷三十五

奏疏卷三十六

奏疏卷三十七

电奏

电奏卷一

电奏卷二

附:电信

电信卷一

电信卷二

电信卷三

奏　疏

奏疏卷一

谢授广东按察使恩折 咸丰十一年十一月初一日

奏为恭谢天恩，仰祈圣鉴事：

窃臣于咸丰十一年十月二十五日，接奉广西巡抚臣刘长佑行知，准吏部咨开：“咸丰十一年九月十八日，内阁奉上谕：‘广东按察使着刘坤一补授。’”钦此。臣当即恭设香案，望阙叩头谢恩讫。

窃臣湘楚庸材，毫无知识。自咸丰五年，随同现任广西巡抚臣刘长佑，效力军营，办理湖南、江西剿捕事宜，叠荷圣恩优渥，俯录微劳，由教职洊升道员，并赏戴花翎；咸丰九年，复随刘长佑带领援师来粤，十年，接统楚军，剿办各属股匪，屡蒙恩奖，赏加按察使、布政使衔；本年七月，克复浔州，奉旨记名按察使，凡此鸿恩之逾格，实非梦想所敢期。兹又仰沐新纶，补授广东按察使。有命自天，悚惶无地。

伏查粤东僻处海滨，地方辽阔，臬司为刑名总汇，戢匪安良，皆关紧要，如臣梼昧，惧弗克胜。所赖天威震叠，粤西军务渐纾，石逆达开，穷窜出境，已派补用总兵郑金华分兵追剿。其留粤营勇，概交即选道易元泰接办。臣谨将经手事件，逐一清理，吁恳皇上天恩，俯将微臣趋叩阙廷，瞻觐天颜，跪聆圣训，随事得所秉承，则感沐高厚生成之德益无涯涘。

所有微臣感悚下忱，谨缮折具奏，伏祈皇上圣鉴训示。谨奏。

报抵粤东任事日期折同治元年四月二十八日

奏为恭报微臣抵粤任事日期，叩谢天恩，仰祈圣鉴事：

窃臣于咸丰十一年十月二十五日，在广西军营接奉上谕，补授广东按察使，当经专差赍折谢恩，吁恳陛见。嗣因追剿粤匪，驰赴湖南，未克迎折北上。旋于同治元年三月初七日，赍折差回，奉旨："知道了。着毋庸前来。"钦此。遵即束装启行，由湖南折回广西，前赴新任。兹于四月二十四日行抵广东省城，准署臬司、广东督粮道蒋志章，将印信、文卷、书籍等项，委员赍送前来，臣当即恭设香案，望阙叩头谢恩，祇领任事。

伏念臬司为刑名总汇之区，粤东尤案牍纷繁之地，诘奸除暴，责任匪轻。现值高州匪势披猖，北江搜捕未蒇，一切办理机宜，在在均关紧要。臣初登仕版，自愧铨材，惟当随事随时[①]禀商督抚臣，殚竭血诚，恪勤奉职，以期仰答高厚鸿慈于万一。

所有微臣抵粤任事日期，谨缮折具奏，叩谢天恩，伏乞皇上圣鉴。谨奏。

谢授广西布政使恩折同治元年九月二十六日

奏为恭谢天恩，仰祈圣鉴事：

①中华书局版《刘坤一遗集》无"随时"二字。

窃臣于九月二十三日，奉两广督臣劳崇光行知，九月二十二日，承准议政王军机大臣字寄："同治元年闰八月二十五日，内阁奉上谕：'广西布政使，着刘坤一补授；所遗广东按察使，着吴昌寿署理。'"钦此。又是月二十六日奉上谕："刘坤一昨已简放广西藩司，该员前在广西带兵剿贼，于地方情形自能谙悉，即着催令赴任，不准延缓，有误防剿。"等因，钦此。臣当即恭设香案，望阙叩头，恭谢天恩。

伏念臣湘楚庸材，素鲜知识。先在湖南、江西、广西效力军营，叠荷圣恩优渥，俯录微劳，由教职洊升道员，赏戴花翎。上年九月，蒙恩补广东按察使，本年四月到任。莅事以来，兢兢奉职，报称毫无。兹复渥荷温纶，升授广西布政使，叨鸿慈之叠被，非梦想所敢期。查广西系边徼要区，藩司乃旬宣重寄，理财察吏，任重事繁。矧军兴十馀年来，地方凋敝异常，措施整饬，尤非易易。如臣梼昧，深惧弗克胜任。本应恭折吁恳圣慈，准臣来京陛见，俾得瞻觐天颜，叩求训诲。惟现在广西军务吃紧，奉督臣劳崇光遵旨催赴新任，随于九月二十四日，将广东臬司印务移交吴昌寿署理，赶紧束装起程，前赴广西。俟抵任后，随同新任抚臣张凯嵩，殚竭血诚，遇事实心经理。至一切防剿事宜，尤当随时相机妥慎筹办，不敢稍疏，期仰副高厚生成于万一。

所有微臣感悚下忱，并赶紧交卸起程缘由，缮折具奏，叩谢天恩，伏乞皇上圣鉴。谨奏。

报抵粤西接篆日期折同治元年十一月二十七日

奏为恭报微臣抵任接篆及出省带兵各日期，仰祈圣鉴事：

窃臣于同治元年九月二十三日，在广东臬司任内，接奉原任两广督臣劳崇光行知，钦奉上谕，补授广西布政使。当于二十四日交卸臬司印务，专差赍折谢恩。嗣于十月初八日，由广东起程前赴新任，途次奉新授两广督臣刘长佑檄饬先往浔州，随即由浔晋省。于十一月二十五日行抵桂林，谒见新授广西抚臣张凯嵩，禀商一切事宜。二十七日，准署藩司苏凤文委员赍送敕印前来，臣当即恭设香案，望阙叩头谢恩，祇领任事。

伏念广西系边徼要区，藩司乃旬宣重寄，理财察吏，任重事繁。又值浔州贼势披猖，需人接办，臣禀请抚臣张凯嵩，仍委按察使苏凤文署理藩司，臣得一面料理，定于十二月初八日启行，驰赴浔州，督同各营，力图剿办，仰慰圣廑。

所有微臣抵任及赶紧赴营各日期，谨缮折叩谢天恩，伏乞皇上圣鉴。谨奏。

具报军情请催协饷片

再，查广西土匪，惟荔浦张高友、贵县黄三两股为最大，且恃巢穴险固，狡悍异常，其众均系百战之馀，是以积年抗拒。现在荔浦一股，经抚臣张凯嵩督饬各营，分途剿办，克复老县、贵岭一带，张高友当经击毙，逆党胡元农旋亦招降，莲塘势甚孤危，指日可以蒇事。其贵县一股，亦经新任督臣刘长佑督勇进剿，连破武乐、蒙洞等处，渐逼贼巢。惟黄逆尚然负嵎，屡次乘间出扰。且该处与广东高州各属毗连，将来诚恐彼此交通，益形滋蔓。臣俟抵营后，激励将弁，整顿士伍，务将此股迅图扑灭，然后择要堵截，以靖边陲。第以各营积欠口粮太多，不无枵腹之虑，值兹岁暮，尤属待哺嗷嗷。广西军兴，十有馀年，地方十分凋敝，钱粮正项，征收万难，即各处厘金，亦远不如往日。臣与抚臣张凯嵩及各司道，再三筹画，实属接济无从，惟有仰恳天恩，饬催湖南、广东两省，速将协饷按月如数拨解前来，俾得饱腾用命，庶盗贼易于殄除，地方可期肃清矣。

谨附片具奏，伏乞圣鉴训示。谨奏。

谢赏勇号恩折同治三年七月十三日

奏为恭谢天恩，仰祈圣鉴事：

窃臣接奉抚臣张凯嵩行知，奏报巨寇全股扑灭，浔州一律肃清，将出力各员开单请奖一折，同治三年五月二十日内阁奉上谕："刘坤一着赏给硕勇巴图鲁名号，并交部从优议叙。"等因，钦此。

伏念臣备员边徼，从事戎行，愧韬略之未娴，冀欃枪之尽敛。星言两稔，深虞师老饷糜；月捷三传，幸获擒渠扫穴。是皆禀承有自，驰驱偶着微劳；乃荷高厚难名，奖赏频叨异数。荣逾华衮，恩施隆一字之褒；喜溢簪缨，稠叠锡十行之诏。头衔并晋，翼励弥殷。臣惟有倍矢披丹，益思建白，随同抚臣振兴士气，扫荡边氛。不敢因小效而涉疏虞，致劳九重之宵旰；庶几竭寸忱而图报称，勉酬万一于涓埃。

所有微臣感激下忱，谨缮折恭谢天恩，伏乞皇太后、皇上圣鉴。谨奏。

谢补授江西巡抚恩折同治四年闰五月二十八日

奏为恭折叩谢天恩，仰祈圣鉴事：

窃臣于同治四年闰五月十七日，在广西军营准兵部火票递到，内阁奉上谕："刘坤一着补授江西巡抚，即赴新任，毋庸来京请训。"钦此。跪读之下，感悚莫名，当即恭设香案，望阙叩头讫。

伏念臣少游黉序，壮事戎行，叠荷朝廷特达之知，洊膺边徼监司重任。穗垣承乏，已无补于弼教明刑；桂管备员，更有惭于承流宣化。计自元年接篆，随即出省督师，虽捣穴歼渠，藉以稍纾宵旰，而馀荆剩棘，尚未尽绝根株。甚愧庸材，未收全效，乃蒙恩命，授任封疆。沐不次之皇仁，重如鳌戴；欲克勤乎臣职，深恐鹈濡。查江西居吴、楚、闽、浙之交，巡抚总钱、谷、兵、刑之大，加以邻氛未靖，边防正严，设有疏虞，所关匪细，以臣梼昧，是用冰兢。将来到任后，惟有恪访前任抚臣沈葆桢成规，折衷至当；时与两江督臣曾国藩熟计，俾底于纯。庶可勉竭驽骀，稍酬高厚；从此益捐踵顶，矢报涓埃。

除将广西军务交替再行恭报起程日期外，所有微臣感激下忱，合先恭折具奏，叩谢天恩，伏乞皇太后、皇上圣鉴。谨奏。

军事缓急情形片

再，臣在永淳军营先后剿办情形，经抚臣张凯嵩叠次奏报在案。臣于闰五月初三日遵奉抚臣檄饬，将逆首梁安邦就地极刑处死，民情由是亦安。逆子梁为阜死守那坛，逆首孙仁广负固山泽，业经臣督饬各营，分途围攻，贼势已成坐困，只因巢穴险固，致未迅告成功，而太平、镇安各属，伏莽尚多，亦须次第用兵搜铲。是南宁一军，此时实未可松劲。惟查江西为东南腹地，现在康、侍两逆，大股窜越，堪虞。一切情形，较广西尤为吃重。臣钦承简命，忝膺疆寄，断不敢稍事耽延。现一面激励各营，并力进剿山泽、那坛，冀得及时殄灭；一面飞请抚臣迅即委员接统臣军，俾得遵旨刻日起程，驰赴新任，督饬将士，严密防堵，仰慰宸廑。

再，此折系钤用广西永淳县印，合并声明。

谨附片具奏，伏乞圣鉴。谨奏。

交卸南宁军务起程赴任折同治四年七月十三日

奏为微臣交卸南宁军务，遵旨起程赴任日期，恭折奏报，仰祈圣鉴事：

窃臣于同治四年闰五月十七日，在永淳军营钦奉恩纶，简放江西巡抚，同日承准军机大臣字寄："同治四年五月二十一日奉上谕：'现值该省防剿吃紧之际，该抚即着速赴新任，毋庸来京请训，俟抵江西后，即督饬将士，严密布置，以期迅殄贼氛。'"等因，钦此。臣谨于是月二十八日恭折叩谢天恩，并将永淳军务吃紧，受代需人，附片陈明在案。嗣复叠奉寄谕饬催，未敢稍事延缓，一面部署各营，一面咨商广西抚臣张凯嵩，暂将永淳军务交臣胞弟知府衔候选同知刘培一摄理，增调署浔州府知府覃远琎前来会办，当可勉强支持。臣即于六月十一日束装起行，沿途水浅滩高，至七月初十日行抵桂林省会。当将左江一切事宜，与抚臣张凯嵩详细商酌。定于本月十九日由粤起程，取道湖南衡、永以达江西袁州，大约八月中旬可抵新任。

臣前在军营以及途次，先后递接江西司道与各将领函报，初霆营叛勇窜入信丰，继发逆分股窜入长宁，均经官军击退。现在贼股合而为一，于广东镇平增栅自固，以图久踞，并有由嘉应内犯之信等语。臣闻此股贼匪，自屡次挫败以来，丁逆已降，李逆已毙，惟汪逆拥众尚十馀万，加以霆营叛勇，其数益多。特见闽、粤、江、楚均有重兵，是以未敢轻动。观其踌躇审顾，计在抵隙蹈瑕。官军各守各疆，未免劳师糜饷，且恐防久生懈，或有意外之虞。目下江西各勇以及外省援军云集赣南之间，壁垒相望，自应乘此兵力厚集，约同福建、湖南，各以锐师越境会剿，殄此馀孽，免致死灰复然。臣已驰商闽浙督臣左宗棠、福建抚臣徐宗幹、署两广督臣瑞（龄）〔麟〕[①]、署广东抚臣郭嵩焘，俟过湖南，再与抚臣李瀚章筹商，务合数省之力，聚歼此贼，毋任蜂屯豕突，滋扰地方，以仰慰皇上绥靖疆圉之至意。其应派何起兵勇，应由何路前进，容臣抵任后，熟审机宜，妥为调度，另行具奏。

所有微臣交卸南宁军务，遵旨起程赴任[②]日期，谨恭折奏报，伏乞皇太后、皇上圣鉴训示。

再，此折系钤用广西巡抚关防，合并声明。谨奏。

恭报到任日期折 同治四年八月二十二日

奏为恭报微臣到任日期，叩谢天恩，仰祈圣鉴事：

窃臣仰蒙恩命，擢授江西巡抚，业经缮折谢恩，并将交卸广西南宁军务，遵旨即赴新任日期，续奏在案。兹于八月十八日行抵江西省城，准暂护巡抚事布政使臣孙长绂将江西巡抚关防同王命旗牌、书籍、文卷等项，委员赍送前来，臣当即恭设香案，望阙叩头，祗领任事。并准吏部咨，以臣应否兼兵部侍郎衔具奏，奉旨："照例兼衔。"钦此。

①据中华书局版《刘坤一遗集》校改。

②中华书局版《刘坤一遗集》无"赴任"二字。

伏念臣楚南下士，识浅才疏，历任藩、臬，驰逐戎行，方惭无补涓埃，乃荷圣慈优渥，畀以封圻重寄，并跻卿贰崇班，自顾何人，频邀异数，抚躬循省，悚惕弥深。江西襟江带湖，壤接六省，幅员辽阔，政务殷繁，兵燹之馀，地方凋敝异常，察吏安民，均关紧要。且粤东逆氛未靖，赣南防务方殷，现奉谕旨，三省会剿，筹饷筹兵，责成綦重。以臣庸陋，深惧弗胜，惟有殚竭血诚，倍加策励，督同司道及各营将领，悉心办理，以期措置得宜，仰答高厚生成于万一。

除将到任日期恭疏题报外，所有微臣感激下忱，谨缮折叩谢天恩，伏乞皇太后、皇上圣鉴。谨奏。

江西防军赴粤会剿获胜折同治四年八月二十五日

奏为微臣驰抵江西任事，并赴粤会剿各军叠获胜仗，及现拟筹办情形，恭折由驿具奏，仰祈圣鉴事：

窃臣前在广西省城奏报交卸南宁军务，起程赴任，于八月十一日途次递回前折后开，军机大臣奉旨："知道了。该抚所奏各守各疆，未免劳师糜饷，且恐防久生懈，亟须会合闽、楚各军，越境围剿等语，极合机宜，与历次寄谕闽浙、江西各督抚谕旨均暗相吻合。着于到任后约同各该省督抚分路进兵，合力围攻，以期一鼓作气，克竟全功。"钦此。又准前护江西抚臣孙长绂咨，承准军机大臣字寄，同治四年八月初七日奉上谕："据瑞麟等奏官军击败花旗股匪，并拟规复镇平情形一折，前谕孙长绂饬令席宝田等军越境会剿，刘坤一并有会商粤、闽督抚派兵合剿之奏，计程当抵新任。并着迅速催令赣州防军入粤，以厚兵力，毋稍迟误。"等因，钦此。

臣自广西省城拜折后，旋于十七日起程，途次连接湖南抚臣李瀚章函约面筹防剿事宜，遂于八月初七日驰至长沙，与李瀚章议：以江、闽逼近逆氛，自应各出锐师，会同粤军，三面围剿，可望速竟全功。湖南虽已派兵至粤之乐昌县，然距镇平尚远，兵力亦单，碍难悬军深入，不若扼守楚、粤之冲，以防败匪铤走。彼此所见相符。臣嗣于十二日行抵江西萍乡县，即据记名提督娄云庆、记名臬司席宝田咨禀，业经定计拔营，由长宁入粤会剿。复据孙长绂函称，已遵旨檄饬娄云庆、席宝田各率所部由粤东平远县分道进兵，而以铨字营移扎篁乡堡，新老湘营移扎鹅公墟，祥字营移扎定南厅，且请转商李瀚章，调派副后等营填扎南安，以固江、楚门户。臣一面咨覆娄云庆等，一面咨会李瀚章酌办。随于十八日驰抵江西省城，接印视事。因南路防务甚急，径檄统带副后等营记名藩司刘连捷、永州镇总兵朱洪章移营南安，并令归德镇总兵朱南桂填扎吉安。

适于二十一、二十二两日，先后接据娄云庆、席宝田咨禀，八月初九日席宝田以两营留守平远，亲督八营进扼东石，其馀八营令于次日继进。是夜即据探报，汪逆欲乘我军立营未定倾巢而出，并合叛卒从茅寮坪、铁山障、梅子畲数路来攻等语。席宝田当即传谕各营，戒严以待。初十日黎明，贼果大至，漫山遍野，众约五六万人，其锋甚锐。席宝田觇知伪凤王、洋王及胡瞎子与各叛勇均在中路，乃令道员谢兰阶、总兵唐本有、副将韩孝忠、参将刘建业、游击荣维善等六营击之，自率亲兵督战；以总兵魏玉彩、屈得茂等五营备左路之贼，以已革总兵韩进春、总兵龚继昌、陈柏贵、周家良等六营拒右路之贼。中路各营横列一字，如墙而进，贼亦悉众来迎。我勇连环开放枪炮，毙贼甚多，贼殊死斗。刘建业、韩孝忠先率两营陷阵，贼阵稍动。谢兰阶、唐本有、荣维善亟率各营抄出阵后，贼遂不支。我勇鼓噪乘之，纵横掩杀，血流有声。时右路贼正与我勇相持，韩进春、龚继昌、周家良等身先士卒，十荡十决。贼甫乱复整，甫却复前，旋见中路溃败，归路已断，众遂大溃。其田垄之贼数千人为我勇所围，擒斩殆尽。间有逃出者，阻于危崖，亦皆弃械来降。由是我勇萃于左路。贼知不敌，坚踞岭上。席宝田令谢兰阶督同魏玉彩、屈得茂等各营逆击之，贼且战且败，我勇追斩百馀名，并收降百馀名，是日力战四时之久，约杀贼六七千人，生擒二三千人，夺获骡马三百馀匹，器械、旗帜无算。

其左路高岭之贼，被我军击败后，潜伏山谷，是夜二更，翻山欲窜茅寮坪与洋逆合股。席宝田即派黄元果、刘建业率勇驰往袭击，毙贼甚多，馀党数千人皆弃械就抚。十一日黎明，伪东平王拥众继至，汪逆亦从茅寮坪率党七八万复来夺路，席宝田令魏玉彩、屈得茂等截击伪东平王一股，自督各营迎剿汪逆大股。贼分路猛扑，我军亦分路应之，枪炮雷轰，子骤如雨，毙匪约二千馀人。贼犹拚死冲突，刘建业跃马入阵，斩黄衣贼目一名。荣维善率队继进，中路贼势稍却。时韩孝忠、蒋怀清等迎剿一路，贼党麕集，我军回合十馀次，贼死战不退；谢兰阶、王明亮率队驰至，横贯其阵，贼乃披靡。唐本有、席启星、韩进春、龚继昌、周家良、夏禹连分投奋击，杀贼无算。汪逆愤甚，手刃退后者数人，欲督群丑转斗。我军乘胜驰逐，莫不以一当十，贼大败奔溃，翻山而走。是日约毙三四千人，内有伪小王宗汪林、伪天将胡春福、郭安和、伪朝将范琇魁及天安、天燕等贼目十馀名。我勇阵亡十馀名，受伤四十馀名。魏玉彩等击伪东平王一股，将该逆全数击散，招降七八千人，并有赴粤军就抚者。统计两日招降共一万三四千人。

娄云庆闻贼窜至东石，即率所部于十一日出平远之八尺墟，以资救应。日晡，闻贼已为席军所挫，折窜大柘，当饬总兵刘顺隆率副五营驰往邀击，自以大队继之。十二日黎明，刘顺隆行至良畲，即与贼遇。是处山径逼狭，贼守险拒战。刘顺隆令洋炮队直前击之，鏖战数时，毙贼千馀人。逆众败遁，我勇乘胜追至二十馀里之伯公坳，共计毙贼三千馀人，生擒八十三名，夺获骡马、器械多件。日暮收队。娄云庆恐贼由大柘出中坑，以犯长宁之篁乡堡，即于十三日五鼓饬刘顺隆径趋大柘包剿，自率各营由间道驰赴中坑。行至要马岌，适凤、佑两酋，胡瞎子、李远继领群贼拥至，瞥见官军旗帜，登时惊乱。娄云庆令熊铁生、张玉田率队以枪炮与贼对击，该逆且拒且却，退至乱石径地方，路更敧仄，我勇薄之，贼众拥挤，落涧死者尸相枕藉。娄云庆别遣轻锐，由新田小路绕出邀贼，刘顺隆亦由大柘会合闽、粤之师追至石正，贼腹背受敌，乃分三股冲出，向西南窜去。我勇追至南極，二更始收队而还，共毙贼二千馀人，主擒一百四十馀名，夺获洋枪、刀矛不计其数。

讯据生擒贼供，汪逆因在镇平乏食，欲乘江西防军移动之时，志图伺隙回窜等语。今虽在东石、大柘叠次大挫，然其人数尚多，难免横流旁溢。现在席宝田、娄云庆飞商驻篁乡堡之铨字营、驻鹅公墟之老湘营严为之备，合力了聚歼，各等情前来。

臣尚恐贼绕出定南以及南安，于接报后，覆令席宝田、娄云庆确探贼踪所向，派队力追，并取捷径拦头截击。如得刘连捷、朱洪章等速抵南安，祥字营速抵定南，可固江西，即可兼顾湖南。该逆前既无间可入，后又为闽浙之师所蹙，当易殄除。臣复严檄南、赣、吉、临、袁、瑞各郡县实力防范，使贼无隙可乘。仍随时察看情形，倘贼势尚张，逼近江境，臣即亲任督剿，以期迅扫馀氛，仰副皇上绥靖南服之至意。

参将许贵元、蓝翎都司杨兴元、花翎守备刘得芳、蓝翎把总张万明，力战阵亡，相应请旨敕部从优议恤，以慰忠魂。

除将到任日期另行奏报外，所有入粤各军叠获胜仗，现在筹办缘由，理合恭折由驿五百里具奏，伏乞皇太后、皇上圣鉴。谨奏。

军前续获胜仗暨亲赴赣州筹办防剿折

同治四年九月初七日

奏为各军迎击窜贼，续获胜仗，并臣亲赴赣郡筹办防剿日期，恭折由驿覆奏，仰祈圣鉴事：

窃臣先后承准军机大臣字寄："同治四年八月二十一日奉上谕：'孙长绂奏娄云庆、席宝田两军，现拟取道赴粤会剿，并筹防后路情形一折。前已谕令左宗棠督率高连升等军驰赴粤境督剿，江、广援军均归节制。着刘坤一、孙长绂飞檄该两军迅即取道入粤，归左宗棠调度，相机合剿。孙长绂现咨行周宽世统铨字营进扼篁乡堡，王开琳统新、老湘营移守鹅公墟，以固长宁、安远藩篱，并将南安之祥字营移防定南。至南安为江、粤咽喉，咨明楚省另拨一军填扎，并着照所拟会筹妥办。刘坤一计程应已抵任，着即将到任日期，并边境防守情形，随时确查具奏。'"等因，钦此。又于八月二十三日奉上谕："左宗棠等奏官军剿贼获胜，现饬各军分道进剿一折。席宝田、娄云庆等军前已有旨令其驰赴镇平会剿，即着刘坤一、孙长绂遵照前旨，迅速调派，毋得稍分畛域。"等因，钦此。

伏查臣驰抵省城任事日期，并记名臬司席宝田、记名提督娄云庆两军在广东平远之东石、大柘一带叠获胜仗，及檄调驻扎吉安之记名藩司刘连捷所带副后营、永州镇总兵朱洪章所带长胜营移守南安各情，业经驰陈在案。

兹据各营报称，康逆汪海洋，因粤东腹地驻有重兵堵截，闽师复逼其后，是以仍图窜越江西，冀犯湖南、湖北，为苟延残喘之计。自平远境内叠被我军大挫之后，足不停趾，昼夜西窜，旋入兴宁之龙虎墟，直趋罗浮司，图犯长宁篁乡堡。席宝田、娄云庆恐贼阑入江境，馀烬复然，又成燎原之势，必须分投拦剿，期与闽、粤各军前后夹击，灭贼于江、广之交。当即知会湖南提督周宽世、已革总兵王开琳，严防篁乡、鹅公两口，一面各取捷径疾驰兜剿。八月十四日，周宽世督率铨字营进扎篁乡堡前五里之菖蒲塘，以扼长宁门户。探知汪逆大股盘踞罗浮司、罗江墟、白水寨、江背等处，分股千馀人至蕉阬掳掠。十五日，周宽世出队往击。贼见官军，登时惊逸。是日，娄云庆派吴云集率霆春五营，胡良作率霆副三营驰抵篁乡助剿。十六日，逆众由罗浮司窜龙川之赤石渡、樟树屏、麻布冈、大塘墟、湖背等处，逼近江境。十七日，周宽世率铨字营出龙川之上坪迎击大塘墟之贼，吴云集等出龙川之牛形冈兜剿湖背之贼。周宽世行至下村地方，伪佑王李逆率党四五万人蜂拥来扑。周宽世列阵迎战，枪炮连施，刀矛并进，贼势甚猛，不稍退却。萧胜发、刘万春冲入贼阵，砍毙执旗悍贼三人；谢清洲、周宽惠、龙玉堂、周东益率队继进，斩黄衣骑马贼六人；击毙匪党二百馀人，贼渐不支。熊惠堂、谢凤元、秦福武、黄仲翼率勇两路包抄，周宽世率亲兵直捣中坚，复斩伪天将陈逆及匪党六百馀人，贼始大溃狂奔。我军追至石窖地方，贼坠崖、落水死者甚众。共计毙贼千馀人，生擒五十三名，夺获旗帜、洋枪、骡马多件。我军阵亡五名，受伤二十六名。吴云集等行至湖背，遇汪逆前队伪周王汪麻子、伪天将李逆率众分左右两路拒敌，吴云集、胡良作亦分路进击，以枪炮连环施放，鏖战逾时，伤毙逆匪无数，贼犹死拒。吴云集等挥军抄出贼后，两面夹击，汪麻子负创而走，贼队遂乱。罗金声、顾惟奇、刘湘麟乘势冲杀，陈庆福深入重地，中枪阵亡。各营愤甚，纵横决荡，阵斩伪朝将等贼目多名，毙贼千馀人，生擒百馀名，夺获骡马二十馀匹，旗械无算，馀匪四散逃窜。忽遇大雨，遂即收队。我军阵亡四十馀名。该逆遭此巨创，不复再向长宁，全股窜过黄贝岭，直趋小山背、丝毛坪，窥伺定南、信丰。十九日，王开琳率新、老湘营出龙川之小山墟往剿，行抵细坳，遇汪逆①头队四五千人由丝毛坪而来。王开琳令熊常富、邓仕高、汤有光、左茂箖督率炮队迎头轰击，罗瑞山、王开气两路包抄，贼众惊溃。我军追过细坳，贼坠崖死者不计其数。该逆后队踵至，王开琳挥龚隆贵、郭德馨、曾桂堂、杨大亨驰往策应，喻胜荣、喻启英、陈清太、莫坤和由间道邀贼归路。该逆进退无路，拚死恶战，我军四面冲杀，后队之贼亦溃，翻山而遁，沿途追斩共数百人，生擒三十馀名，夺获旗械百馀件。二十一日，逆众由小山墟、青龙墟窜至瑶田地方，距鹅公墟仅十馀里，王开琳派队击走之，少有斩获，而汪逆大股尚踞青龙等墟。二十二日，王开琳督率各营进剿，沿途攻破羊坑岭、乌鸦寨贼卡三座，斩守卡贼十馀人，夺获枪炮多件。我军甫过乌鸦寨，即见匪众约六七千人排列山冈、田垄拒敌，王开琳饬邓仕高、喻启英、陈清太、左茂箖、罗瑞山、莫坤和张两翼以进，包向贼后，并防两旁山坳伏贼；王开气、曾桂堂、汤有光、

①中华书局版《刘坤一遗集》“逆”字下多一“之”字。

熊常富等由中路迎击；自率方有才继之，以劈山炮、抬枪连环施放，贼多应声而倒。鏖战两时，阵斩骑马执黄旗贼十馀人，并毙匪党五六百人，贼阵仍屹然不动。熊常富怒马冲阵，手刃黄衣贼一人；王开气、曾桂堂继进，各斩悍贼数人，贼始退却。我军乘势急进，山谷伏贼突起，败贼见之，回头死战。适邓仕高等由旁横冲贼阵，该逆大败奔溃，坠崖死者甚众。我军并力掩杀，复毙匪千馀人，追逐二十馀里。小山墟另出逆众来扑，洋枪极多，子密如雨。王开琳挥军奋击，罗瑞山等策马向前，贼皆披靡，尸相枕藉，馀匪夺路狂奔。我军追过小山墟，沿途复歼多匪。共计毙贼六千馀人，生擒七八百名，解散胁从无算，夺获旗械千馀件；我军阵亡十二名，受伤三十二名。乃汪逆因鹅公墟未能冲入，遂改窜定南厅之天花寺、下历司一带。二十三日，头股已至龙南县城下，攻扑东门，经该县知县王家杰同在城文武，督率兵勇、绅团登陴守御，施放枪炮，毙贼十馀人，伤者甚众，我勇亦被贼枪伤数名。时近城各乡团勇，闻警驰援，又杀贼多名。逆势稍挫，退扎南门外之河东。现在王开琳一军已自定南跟踪追剿，席宝田、周宽世两军已于二十四、五等日，驰抵信丰之铁石口、大塘铺地方，娄云庆率领霆营循信丰以向南安，相机迎击，各等情前来。

臣查汪逆盘踞镇平，图窜江、楚，蓄谋已久。今为三省大兵进逼，遂冒死出窜，屡为我军节节截杀，斩擒、收降逾数万人，贼势业已大挫。只因江、粤毗连，地面辽阔，实有防不胜防之势。该逆现由定南窜犯龙南，幸席宝田、周宽世已抵信丰拦截，娄云庆亦经继进，王开琳复自定南跟追。臣已飞檄各营，前后夹击，痛加剿洗，以保龙南而杜内窜；并催刘连捷、朱洪章两军速赴南安堵御，即令兼顾湖南。惟闻该逆分股狂窜，昼夜兼驰，由间乘虚，每有鞭长不及之虑，万一阑入江、楚腹地，关系匪轻，是此时防剿机宜不容稍有迟误。赣南离省较远，文报往返需时，调度难期迅速。臣现于九月初八日，即率前在广西随带亲兵一百名，驰赴赣州，督率各军，妥筹战守，并得与闽浙督臣左宗棠就近会商，联络三省官军，共灭此贼。

至此次各军沿边堵剿，迭获胜仗，席、娄两军，前在平远大捷，斩擒逾万，收降万数千人，均属异常出力，可否容臣择尤并案保奖，出自天恩。阵亡拟保游击衔都司陈庆福，奋勇捐躯，殊堪悯惜，相应请旨敕部照游击例议恤。阵亡尽先都司谢登科、张坤能，蓝翎把总瞿明东、把总刘大发，均请照例从优议恤，以慰忠魂。

再，臣出省后，日行事件即委藩司孙长绂代印代行，紧要事件仍饬封递，由臣行次[①]核办。

所有各军迎击窜贼续获胜仗，并臣亲赴赣郡筹办防剿缘由，理合会同署两江督臣李鸿章，恭折由驿五百里驰奏，伏乞皇太后、皇上圣鉴训示。谨奏。

英人蛮晖解往九江道按约办理折同治四年九月初七日

奏为英人蛮晖贩运军火济贼，嗣在湘营投诚，业经解赴九江，按照条约办理，恭折覆奏，仰祈圣鉴事：

窃臣承准军机大臣字寄：“同治四年八月二十三日奉上谕：‘据总理各国事务衙门奏，江西赣州羁押英人，请按约核办一折。英人瞒四辉里，被江西省指为通贼之人，在赣州府羁押，历经九

①中华书局版《刘坤一遗集》无“行次”二字。

江道行文查询，而赣南道覆称并无其事。惟据英国照会内实指英人之名，并瞒四辉里亲笔书信为凭，其非捏造可知。英人游历各处，本属条约所有，即使有通贼情事，亦当按照条约办理，何得率行羁禁！迨至九江道查询，又恐该国不服，含糊掩饰，希图消灭，殊失诚信相待之道。着李鸿章、刘坤一、孙长绂迅派道府大员确切查明，英人如尚在赣州府监禁，即行按照条约解交该省领事官讯办，不得再事隐瞒，致生枝节。'"等因，钦此。

伏查前据广饶九南道俊达禀，准英国领事官照会："顷闻赣州府现①有几个外国人已经押往，中有一名瞒四辉里，请按约移咨赣南道，转饬送交领事官查办。"即经前护抚臣孙长绂批饬善后局行查去后。嗣据吉南赣宁道王文瑞禀覆，赣州府并无羁押外国人瞒四辉里之事。惟查统带老湘营总兵王开琳前在福建永定县剿贼，屡败逆众，伪侍王李世贤馀党被剿穷蹙，即在王开琳军中投诚，派委知府张鉴南查点，共计二万四千馀名，酌给钱米，分别遣散。内有蛮晖一名，系英国蛮丑私德地方人，年二十七岁；又曹建成一名，系江苏扬州府甘泉县人，年十五岁。讯据曹建成供称，先被贼匪掳至常州，后逃出，投入松字营。该营有外国人罗姓制造炸炮，即跟罗姓至昆山县充当洋兵。本年正月二十八日，与罗姓并蛮晖及同伴十三人，坐火轮船至厦门，伊随罗姓及蛮晖等七人贩运洋枪，并自来火铜冒，至漳州府城伪侍王贼营。嗣漳郡被官军围攻甚急，伊与蛮晖跟随侍逆夥党至永定地方，即在老湘营投诚，其同行外国五人，因沿途官军追剿渡河溺毙等语。军中未谙条约，因蛮晖系外国人，无从遣送，遂与通解洋语之曹建成暂留在营，应否将蛮晖、曹建成解省查办，等情前来。复经孙长绂饬

①中华书局版《刘坤一遗集》无"现"字。

令刻日解交广饶九南道，按照条约办理，此时应已解抵浔郡。旋准总理各国事务衙门三次行查，业由孙长绂与臣先后咨覆在案。

除饬王文瑞将起解日期并饬俊达将办理情形禀覆再行咨报总理衙门核办外，所有英人蛮晖业经解赴九江按约办理缘由，谨会同办理通商事务大臣李鸿章恭折覆陈，伏乞皇太后、皇上圣鉴，敕下总理各国事务衙门查照施行。谨奏。

湘军追剿大捷并击退扑城股匪折同治四年九月十八日

奏为湘军追杀窜贼，定南、龙南击退扑城股匪，并精毅营扼要拦剿大获胜仗，恭折驰奏，仰祈圣鉴事：

窃查诸军沿边击贼获胜，并臣亲赴赣郡筹办日期，业经由驿奏报在案。兹于途次接据各营报称，统领新、老湘营已革总兵王开琳，于八月二十二日击走青龙等墟逆众之后，即于是夜督队跟随，沿途歼戮带伤败匪，并解散胁从约二三千人。二十三日黎明，追及于白水渡，逆众惊悸，自相蹂践，死者不计其数。押后悍贼四五千人，列阵田垄以拒我军。王开琳饬罗瑞山、喻胜荣、郭德馨、邓仕高向前诱战，令龚隆贵、汤有光、王开气、熊常富、杨大亨、陈清太、曾桂堂、莫坤和横击之，自率方有才、喻启英等继进，旋断贼阵为两。该逆首尾不能相顾，登时大溃，我军奋勇掩杀，斩馘千计。馀匪翻山而遁，我军追过下历司，天晚收队。

先是，该逆前股窜至定南厅天花寺下历墟，即围攻横冈营城，并分股直扑厅城。经该厅同知王大枚，会督在城文武兵勇、绅团登陴守御，炮毙逆众多人。贼知城中有备，即退归下历墟，复攻横冈营甚急。王大枚复派团勇星夜驰援，密约横冈营都司姚元盛，内外夹击。贼莫辨我军多寡，解围遁去，被我军擒杀百馀人，生擒伪灿天福何立起一名，匪党二十馀名，讯明正法，夺获旗械甚夥。适王开琳追剿后股败匪至下历墟，各乡团勇截其去路，复毙多贼，内有伪晋天福陈南绣一名，生擒十九名。团勇阵亡十四名，受伤五十八名。该逆悉由八十冈一带窜往龙南，径附城下，当为该县知县王家杰督率兵团击退。二十四、二十五两日，贼更番进攻，志在必克。王家杰与把总范应龙、外委罗玉云等，以死自誓，力战御之。二十五夜三更，王家杰挑锐卒数百人缒城而下，潜斫东门外贼营，悉数焚毁，斩获甚众，馀悉退往西南，终夜汹汹有声，火光络绎不绝。王家杰知贼众心乱，即于二十六日黎明，会同范应龙、罗玉云等整队出城，分途进击，并令团总王文锦带勇千人伏先农坛，以备缓急。时贼束装欲行，我勇捕斩其零骑百数十人，贼遂悉众搏战，格斗逾时之久，杀伤相当。正在相持，适王文锦率队驰至，我勇气倍，呼噪震天，贼气稍夺，我勇奋击败之，阵斩伪艳天义张廷桂、伪应天燕刘加年、伪参政张郭才数名，馀众大溃。我勇追至里仁堡，生擒三百三十馀名，斩首五百馀级，夺获马匹、军械、辎重无数。

是日贼窜至信丰县属之小江墟，随于墟前筑六大垒以固根本，其馀蜂屯蚁聚，三十里内皆贼，欲俟喘息稍定，从铁石口入犯赣南，而新授贵州臬司席宝田，已先一日驰抵该处。二十七日，席宝田率师进剿，汪逆亦悉众来迎，遇之于莲塘坳。贼阵分布五六里，坚而且厚。席宝田以仅从前面逆击，骤难得手，须分路包抄，可覆而取。当令唐本有、屈得茂由中路据沟为阵，龚继昌、陈柏贵阵于其右为正兵，谢兰阶、韩进春、蒋怀清从岭左出贼阵之后，荣维善、周家良逾丛山直袭小江墟巢穴为奇兵。部署甫定，贼如潮涌而来，其锋甚锐。唐本有等施放枪炮，子如雨雹，贼死伤无算。席宝田恐其力尚单，复令黄元果率洋炮队策应中路，唐大庚、李本宜率队策应右路。是时右路已不能支，龚继昌与唐大庚等并力拒战，陈柏贵、王学开、荣光贵等随亦转斗。荣光贵陷阵死之，各勇愤甚，争先击贼，贼势稍却，右路之阵始固。汪逆亲率大队来冲中路，席宝田亦率亲兵助战，士气百倍。唐本有匹马出①入贼阵，所向辟易，手刃十馀人。贼甫乱复整，鏖战甚力，哨官、亲兵受伤二十馀名，已革知县刘长景身受数矛，犹不肯退。汪逆见军无后继，悉锐来攻。正危迫间，谢兰阶、韩进春、蒋怀清从岭左鼓噪而出，两面夹击，贼众惊溃。我勇乘势掩杀，贼已胆裂，多俯首就戮。汪逆奔回小江墟，依垒结阵以抗我军。荣维善、周家良等复从墟背袭破贼垒，汪逆不知所措，率众夺路以走。荣维善等遮其前，谢兰阶等蹑其后，擒斩不可胜计，自小江墟至罗吉墟数十里，贼馆尽行蹋毁。汪逆窜向冬坑墟，席宝田率队力追。贼每退数里，辄欲敛众为殿，我军急攻破之，田野山谷，僵尸枕藉，汪逆背受矛伤，几为我军所擒。是役计歼悍贼万馀人，生擒千馀名。汪逆左右骁健，至此殆尽。夺获骡马千馀匹，洋炮八九百杆，汪逆伪印二颗，其馀器械辎重无算。我军阵亡弁勇四十七名，受伤三百八十五名。分统及营哨官如荣维善、王学开、徐长发、曹启顺、唐湘辉、张沛然、雷得贵、周芝山、宋兆云等均受重伤，可称恶战。

乃汪逆窜江之志，百折不回，复于二十八日再窜龙南，围攻县城。幸王家杰于前次贼退后，尚未解严；又得通判汪承诰、千总孙抡元带勇一千五百名，适于二十七日入城，声威颇壮。汪逆此次攻城愈急，四面并进，无法不施。王家杰等随机应之，贼之

①中华书局版《刘坤一遗集》无“出”字。

智力皆困。第以内外隔绝，诚恐饷竭兵哗，王家杰等于三十日酌留勇丁守城，其馀悉出决战，各勇亦知贼势已蹙，无不踊跃争先。且龙南人习鸟枪，每发辄中，贼多应声而倒，犹敢甫却复前，我勇继以短刀，血肉狼藉于道，贼众披靡，直如瓦解土崩，半日之间，连破各门之贼。乡团见贼已败，思泄其愤而利其资，瓦砾耰锄，竞出邀击。汪逆率骑数十在后护持，我勇皆以枪炮围轰，当毙数人坠马，系伪谙天侯谭裕荣、伪挽天安张廷桂、伪宣传魏本富、伪军校魏本复，均于身上搜出伪印、伪照。是役计共杀贼七百馀名，生擒五百馀人，夺获较前更夥，馀悉由上蒙堡狂窜出境而去。

现闻贼众不过三万，能战者不满万人，复由江西败回粤东，辗转于和平、连平境上，已属万分穷蹙，无路求生。臣一面饬催各军越境会剿，仍听闽浙督臣左宗棠调遣，以一事权；一面驰抵边防会商办理，务期馀氛尽殄，不致乘间远飏，以靖东南，而慰宵旰。

惟查汪逆前在粤东镇平，蓄锐日久，又得李、丁两逆百战馀党，众已十万有奇。旋乘江防移动之时，倾巢来犯，幸席宝田于东石迎击大捷，首挫凶锋。昨接左宗棠来函，亦谓东石一战，擒斩降散实有三、四万人，贼势遂衰，折而西窜，递为霆、铨、湘各营及定南、龙南两厅县所败。席宝田以铁石口为赣、南两郡冲途，故复冒雨兼程，先据该处。贼既深憾屡为所扼，又以计无复之，乃于小江墟誓众而来，志在致死。席宝田平日治军严整，临时制变设奇，且于相持不决之时，策马督战，濒于危殆。席宝田虽未自言，而臣沿途以来，访之最确，所以该营将士用命，直如拉朽摧枯。康逆再经此次丧亡，其势必难复振，如不远窜他处，当可刻日殄除。是席宝田之功非独保全江西，实有裨于大局。所有该营尤为出力将佐，仰恳天恩，准先随折酌保数人，以示鼓励。至新、老湘营，自在福建永定失利，损伤精锐太多，前令出防鹅公墟，臣窃忧其不能得力。乃经王开琳认真振顿，竟能垒壁重新，先后破贼于青龙墟、白水渡等处地方，尚属自知奋勉，并恳天恩，准先随折酌保数人，以慰其心而作其气。臣谨另缮清单，恭呈御览。其馀出力人员，可否容臣汇案奏保，出自鸿施。花翎尽先补用参将荣光贵、蓝翎尽先补用都司李仲衔、把总姚三胜、蓝翎尽先补用把总唐宝林、蓝翎尽先补用外委唐士戎、监生廖为傧、九品军功李道秀，力战阵亡，深堪悯惜，相应请旨敕部从优议恤，以慰忠魂。

所有湘军追杀窜贼，定南、龙南击退扑城股匪，并精毅营拦剿大获胜仗缘由，理合会同署两江督臣李鸿章，恭折由驿五百里驰陈，伏乞皇太后、皇上圣鉴训示。谨奏。

查办会匪游勇抢劫重案片

再，查江西赣、南、宁三府州毗连闽、粤，风俗强横，向来习于械斗，近日颇有拜会之事，臣已檄饬该地方官严密缉拿，设法解散。此次前往督办军务，计得就便察看情形，并令驻防各营会同妥办。其馀各处尚属安靖。惟滨河近湖市镇，商贾辐辏之区，间有劫抢重案，盖因随营游勇所在逗遛，及至衣食无资，不免迫而为盗，将来日聚日众，其患不可胜防。更有下游痞棍，佯为贩卖货物，沿途遵抽厘税，即以票为护身之符，到处窥探，择肥而噬。凡此两种匪类，均以船只往来，飘忽异常，最难追捕。臣已檄饬各属力行保甲，水师分段梭巡，游勇则妥为驱除，商贩亦随时盘诘，非系要紧公事，船只不准夜行，嗣后再有疏虞，一律从严处分。并经通行各军统领，凡有裁撤兵弁，务须收回旗帜、号衣，且于路票填明日月、籍贯，其馀一切差委，亦于护牌填明人数若干，与夫所往地方，所办事件。从此认真整顿，当可渐就肃清。

所有查办会匪、抢匪缘由，理合附片陈明，伏乞圣鉴训示。谨奏。

筹解协甘军饷片

再，前护抚臣孙长绂暨臣先后承准军机大臣字寄："同治四年七月初九日，奉上谕：'刘蓉奏，援甘协饷紧要，请饬催各省迅解等语。江西省协款，着刘坤一、孙长绂筹两个月饷银，赶紧委员拨解到陕西刘蓉转运前进，以济要需。'"等因，钦此。又于八月二十八日，奉上谕："杨岳斌奏，甘饷万分支绌，请饬催江苏等省迅速拨解一折。上年户部奏拨有着之款，江西地丁项下每月协拨银一万两，着刘坤一、孙长绂遵照前旨，兼新带旧，迅速筹拨，克期解甘，不得稍存膜视。其各该省历年欠解协甘饷银，并着酌量按成补解，以济要需。"等因，钦此。

伏查江西省防堵紧要，饷项艰难，拟俟军务稍纾，再行按月筹解甘饷，业经孙长绂两次奏闻，凡此拮据情形，均已仰蒙圣明洞鉴。现在汪逆大股西窜，屡犯江省边陲，在防各军，节节拦截，驰驱转战，劳苦备尝，饷需不容稍缺。而钱漕以民气未复，不能如额征收；厘金以寇警频闻，各卡愈形减色，经费竭蹶较甚于前，实属不遑兼顾。但甘肃地处边疆，回氛日炽，赴援兵勇，待哺嗷嗷，自应于万难兼顾之中勉筹接济。臣于出省时，与藩司孙长绂通盘计较，再四熟商，在于现放各营军饷项下设法腾挪，匀出银二万两，克日委员解甘。仍俟防务稍松，即行按月续解，以赡边军，而维大局。

除咨陕甘督臣查照外，所有匀解甘饷缘由，理合附片覆奏，伏乞圣鉴。谨奏。

请以宋臣杨万里从祀文庙折同治四年九月二十八日

奏为宋臣杨万里，节秉忠贞，学臻纯粹，请从祀文庙，以彰正道而阐幽光，恭折仰祈圣鉴事：

窃维肫诚不贰，纯臣必本于纯修，文行相孚，名儒实关乎名教。我朝治崇儒术，化洽人文，凡有功圣教未曾祔飨文庙者，历经诸臣奏准，从祀在案。兹查案臣杨万里，江西吉水县人，中绍兴二十四年进士，初为赣州司户，调永州零陵丞。常以正心诚意之学自勉，额其所居之室曰“诚斋”，学者称诚斋先生。孝宗擢为太子讲官，一时谓青宫得端人。光宗召为秘书监，称其有古大臣风。洊历宝谟阁学士。值韩侂胄专权用事，欲罗致之，命作《南园记》文，饵以掖垣重职。万里曰：“官可弃，而记不可作！”遂致仕归。心不忘国，忧愤成病。既闻侂胄弄权用兵，忧愤益甚，绝食七日，遗书于子孙，略曰：“侂胄专权无上，用兵残民，谋危社稷。吾头颅如许，无路报国，惟有孤愤。书此以别。”绝笔而死。光宗亲书“一代名儒，两朝元老”以赞之。谥曰“文节”。此其行谊之昭著简册者。

其所著《易传》，乾隆三十九年钦奉高宗纯皇帝御批：“宋杨万里撰。其书大旨本程氏，而引本传以证之。”煌煌圣训，载于《四库全书》。又著文集一百三十卷，如《六经论》、《圣徒论》、

《东宫劝学录》、《荐士录》，具见实学潜修，明体达用。诗集四十二卷，亦皆酌雅禀经，言之有物。以之升祔学宫，洵为不愧。

据藩司孙长绂转据吉安府吉水县暨该学教官开造事实清册前来。合无仰恳圣鉴，准将杨万里从祀文庙，以昭崇报。

除将清册送部核办外，谨会同署两江总督臣李鸿章、江西学政臣何廷谦，合词恭折具奏，伏乞皇太后、皇上圣鉴，敕部议覆施行。谨奏。

行次赣州遣军赴粤会剿折同治四年十月初一日

奏为微臣行抵赣州，现筹赴粤会剿，并严防江境，兼顾湖南，恭折覆奏，仰祈圣鉴事：

窃臣在赣州行次，承准军机大臣字寄："同治四年九月十二日，奉上谕：'瑞麟等奏会剿镇平逆匪，康逆率党窜出一折。即着左宗棠、刘坤一严饬各军，遇贼即击，务须合力痛歼，扫除净尽，不得以贼势已穷，稍涉大意。石正、楼车地方，与江西接壤，刘坤一督饬江省防边各军慎图防维，毋任逸[①]氛（拦）〔阑〕入江、楚。"等因，钦此。

伏查已革总兵王开琳追剿败窜之贼，及定南、龙南两厅县击走扑城之贼，贵州臬司席宝田拦截康逆汪海洋于铁石口，大获胜仗，业经臣于泰和途次，缮折驰陈在案。旋于九月二十一日行抵赣州府城，续据报称：康逆前在铁石口为精毅营所挫，其时信丰县乡团协力夹击，杀数百人，内有伪天福、天义、天安、朝将、

---

①"逸"，疑当为"逆"。

先锋、总提等头目多名，夺获伪印、旗械无算。嗣该逆由龙南县溃退出境，路经定南厅之佛子坳，复被该厅绅团邀斩数十名。贼众悉趋粤东和平县，往攻连平州，为粤师所败。九月初五日，回窜龙南县太平堡、横冈径，被该县绅团歼毙百馀人，生擒三十五名，夺获器械甚多。席宝田闻警，急率精毅营驰抵该县，该逆乃退踞连平之上坪、下坪等处，分股蔓延始兴之清化司、翁源之龙仙墟，等情前来。

臣查汪逆狡悍异常，闻在连平筑垒聚粮，似为负固之计。当此各省官军环集，其势何能久持？或欲以是懈我军心，彼得伺间狂窜。现在楚、粤各军既经遏其去路，则江西东南各处必须严密设防。臣一面饬席宝田率精毅营由龙南刻日进剿，并驰商闽浙督臣左宗棠及帮办福建军务刘典、广东藩司李福泰，督饬各勇分道夹攻；一面咨调正定总兵娄云庆一军进扎龙南之新兴堡，湖南提督周宽世一军进扎定南之下历司，与移驻汶龙墟之新、老湘营互为联络，以固边圉。臣又以会昌仅平江勇千数百人，长宁、瑞金、石城各县均属空虚，复留浙江提督黄少春所部暂驻信丰，藉资策应。倘贼仍西窜犯楚，臣已与湖南抚臣李瀚章预商，即令记名藩司刘连捷、永州镇总兵朱洪章两军由南安驰赴郴、桂，归德镇总兵朱南桂一军由袁州疾趋茶、攸，并力邀击，其刘典、黄少春两军亦即相机继进。臣并拟派娄云庆、席宝田等率师穷追，以期殄此馀氛，共维大局。如能在于连平境内四面围攻，扫除净尽，尤策之善者也。

所有臣行抵赣州，现筹赴粤会剿，并严防江境，兼顾湖南各缘由，理合会同署两江督臣李鸿章，恭折由驿五百里覆奏，伏乞皇太后、皇上圣鉴训示。谨奏。

粤贼窜入和平檄令各军探踪截击折

同治四年十月十六日

奏为粤东上坪踞贼宵遁和平，现饬各军东驰截击，恭折具奏，仰祈圣鉴事：

窃臣先后承准军机大臣字寄：“同治四年九月二十三日，奉上谕：‘现在贼势败挫，奔突靡常，亟应乘胜剿灭。如果贼向西趋，刘坤一务当迅令席宝田一军驰赴楚省，并力会剿。’又于二十四日奉上谕：‘前据刘坤一、瑞麟等各奏称，贼已由江西窜出定南，一路直扑龙南。着左宗棠仍遵前旨，严檄各省之军，实力追击，瑞麟、刘坤一、郭嵩焘分路堵截，毋任分窜。’又于二十八日奉上谕：‘兹据左宗棠奏，逆氛已窜江西，势将于江、粤、湘三省边界夺路狂奔，刘坤一当饬席宝田等军乘胜痛剿。’又于十月初一日奉上谕：‘刘坤一奏湘军追杀窜贼，定南、龙南击退扑城股匪，并精毅营扼剿大胜一折。现在贼众不过三万馀人，复由江西败回粤境，着刘坤一飞檄席宝田、王开琳等军越境进攻，乘胜痛击，迅歼丑党。’”各等因，钦此。

伏查汪逆叠为我军击败，回窜粤东连平州之上坪等处，筑垒聚粮。臣行抵赣州，即将筹调各军赴粤会剿，并严防江境，兼顾湖南情形，据实驰陈在案。臣嗣以信丰九渡水实扼赣南各属之冲，复调祥字营三千人填扎该处，以资弥缝，亦所以杜贼西窜。又查贼若东窜，必经和平、龙川，该处原有闽、粤各军，臣未知其人数若干，咨商署两广督臣瑞麟、署广东抚臣郭嵩焘，务以重兵严行防范。旋据各营禀报：贵州臬司席宝田及记名总兵王开琳拟率精毅营，新、老湘营，由大坝出境，以攻上坪，正定镇总兵娄云庆亦由墩头前进夹击。贼以诸军日逼，诚恐困于长围，于初九日先窜龙南之分水坳，当为团练击退。贼知此路难越，于初九夜三更悉众由浰头窜往和平。臣现飞檄各军确加侦探，如该逆已为和平防师所遏，即以席宝田、王开琳、刘胜祥三军越境会剿，乘其徘徊莫定之时，一鼓歼灭。倘贼越和平以犯定南，则王开琳率新、老湘营驰赴定南下历司，与前调防守该处之湖南提督周宽世一军并力迎击。若贼由和平过龙川以犯长宁，则该提督、总兵等合趋鹅公墟、篁乡堡邀之，精毅、祥字两军亦即继进合剿。第以贼由龙川黄背岭出长宁为捷径，而铨、湘两军由定南天花寺赴鹅公墟、篁乡堡为纡途，其精毅、祥字、霆字等营尤为鞭长莫及矣。且贼未逾和平、龙川，而龙南、定南仍不可不严为之备也。臣现飞咨署浙江提督黄少春一军，迅赴长宁，幸能驰出贼前，不惟江省边防可固，即闽省有警，亦易回援。倘贼已入长宁，则地方辽阔，宁、抚、建、饶、广各府处处可通。精毅、祥字两军应由定南径趋安远、会昌，冀得截其去路，霆字一军则循定南以向长宁，会同铨、湘两军蹑贼之后，兼顾边防。如贼由平远、镇平以犯汀州，则闽省目下兵单可虑，江西下游亦在在与之毗连，当即派兵由瑞金一带入闽会攻，以保全江、闽，即以屏蔽浙省。至粤省各军，计当兼顾嘉应，以防旁溢。臣已分咨闽、粤两省督抚，迅筹堵御；并饬宁都、抚、建、广、饶五府州，及统领水师之记名提督孙昌国、前任甘肃臬司刘于浔一体预为戒严；另派参将杨友胜分拨炮船，防守宁都河面，吉南赣宁道王文瑞所部陆勇防守雩都县城，以壮声威。

所有康逆股匪由连平州宵遁和平，现饬各军驰赴东路防剿各缘由，理合会同署两江总督臣李鸿章，恭折由驿五百里驰奏，伏乞皇太后、皇上圣鉴训示。谨奏。

遵旨筹解霆军月饷片

再，臣承准军机大臣字寄："同治四年十月初四日奉上谕：'官文另片奏，鲍超一军业已起程赴江，仍请催令前进等语。朝廷因豫南军情紧要，是以改调鲍超一军就近由楚赴豫。嗣据曾国藩奏到，亦"有鲍超一军调赴豫省，于粤无损，于豫有益"之语。兹览官文所奏，以"上杭霆军降众太多，心志不一，并未帖然畏服，倘闻鲍超由楚赴豫之信，纷纷而来，诸多窒碍"。所见亦是。即着官文传知鲍超，仍即驰赴江西，将所部新、旧各军，妥为部勒，相机进兵，仍听左宗棠节制。所有该军饷需，仍着刘坤一源源拨解，毋令缺乏。'"等因，钦此。

伏查前奉寄谕，饬令鲍超一军赴裕州、泌阳地方剿贼，业经臣转行钦遵在案。惟鲍超督率新募勇丁四营，自鄂来江，已抵吉安，不日即可到赣。兹值康逆汪海洋股匪自广东连平州东窜和平，江省定南、长宁、会昌等厅县堵剿吃紧。鲍超长于战阵，声威素著，为汪逆所惮，且娄云庆所部仍归鲍超统领，娄云庆循照旧章管理全军营务，行间将士必能勇气百倍，争先致命。钦奉前因，臣即恭录飞咨鲍超，星速前进，视贼所向，统师疾驰痛剿，务必穷其所之，悉数扑灭，庶免蔓延江、闽，藉以保卫浙江。俟剿办此股事竣，应否仍赴两江督臣曾国藩军营听候调遣，届时请旨饬遵。至娄云庆所部饷项，臣询据藩司孙长绂面称，前接曾国藩来函，每月酌给银五万两，自来均照此数按月设法筹解。今鲍超又添新募四营，应需饷项，臣仍当督饬藩司勉力筹解，俾资接济。第该营所开薪粮、公费等项，核与湘、楚各军月饷数目多有参差。该营前在湖北、江南征剿有年，曾否定有画一章程，尚须咨商曾国藩核覆办理。

所有移咨鲍超督师进剿并筹济饷项缘由，理合附片覆奏，伏乞圣鉴训示。谨奏。

通筹分路防剿折同治四年十月二十七日

奏为逆众自粤东窜逼闽省边境，现筹分路拦剿，恭折由驿驰奏，仰祈圣鉴事：

窃臣承准军机大臣字寄："同治四年十月十一日奉上谕：'康逆被江西官军击败后，回窜粤东，阑入和平县城，经团兵击退，遂窜入连平州属之忠信司，复扰及长宁、大席、翁源边界。贼踪飘忽异常，粤省官军总未能实力堵剿，力遏凶锋，必须江、闽援军合剿，方可聚而歼旃。刘坤一即督令席宝田、王开琳等军越境会剿，不得稍分畛域。'"等因，钦此。

伏查康逆股匪复由连平宵遁和平，饬令各军驰赴东路防剿，并浙江提督鲍超即可抵赣各情形，业经臣分具折片奏报在案。兹据报称：贵州臬司席宝田率精毅营于十月十二日驰抵定南厅之下历司，湖南提督周宽世率铨字营，记名总兵王开琳率新、老湘营相继而至。探知逆众已窜和平之下车地方，十三日，王开琳进扼天花寺。该逆旋窜龙川之小山墟，王开琳追至下车，捕斩落后贼数十人。席宝田度贼必由小山窜鹅公墟，遂冒雨夜行八十馀里，十五日至安远之太平堡，十六日，贼前锋数千人果由小山来犯鹅公墟，冀由此路冲入江境。旋知太平已有官军，仍折回小山。迨席宝田出队往击，贼已去远。王开琳亦率队至鹤子墟。该逆知江省防军连环而进，无隙可乘，且惩前次铁石口之战遭席军巨创，不敢复向安远、长宁边界，遂由粤境绕道而走，十七日窜龙川之白泥田，十八日窜兴宁之罗浮司，十九日向平远、镇平长驱而去，并据谍报已窜福建武平，等情前来。

臣查该逆绕窜平远、镇平，距江省会昌县之筠门岭仅百里，而与福建武平等县亦俱毗连，席宝田一军因恐尾追不及，即日拔赴会昌。臣复檄调记名总兵刘胜祥之祥字营、补用道张岳龄之平江营前往，以资厚集；并令直隶正定镇总兵娄云庆之霆字营进驻安远以为之继，而留王开琳、周宽世两军暂屯长宁，杜贼回窜。

惟查闽省健将精兵均已赴粤，边防颇单，现在帮办福建军务刘典、署浙江提督黄少春，虽率所部星驰回闽，能否绕出贼前，难以计料。万一该逆自武平犯汀州，则江西宁都州属在在可虞；再由汀州走邵武，则抚、建、广、饶更有防不胜防之势；并可由江、闽交界山内直趋浙之三衢以入皖南，亦为该逆熟径，一经滋蔓，势又燎原，极为可虑。适浙江提督鲍超于二十三日抵赣，臣当与面商，即率新募生力之兵，于本月二十八日上道，驰赴娄云庆行营察看事势，如贼尚在武平等处，当举全军就而击之，或出汀州会同福建藩司王德榜一军，并力邀贼；如贼已至汀州，则下游更属空虚，该提督即取道建昌府属之新城县，出杉关至邵武一带，扼贼去路，以屏蔽浙、皖。席宝田等各军循赣、宁而东，以卫江西腹地，相机出境，与鲍超等前后夹攻。仍听闽浙督臣左宗棠节制调遣，以期悉合机宜，聚歼群丑。臣俟各军次第前进，并令营务处候补道何应祺，协同诸军，视贼所向，慎筹战守。赣郡防务即责成吉南赣宁道王文瑞妥办。臣率亲兵驰回省城，就近筹防省东各郡事宜，以重根本，而固疆圉。

所有逆众自粤东窜逼闽省边境，现在分途防剿各缘由，理合会同署两江督臣李鸿章，恭折由驿五百里驰奏，伏乞皇太后、皇上圣鉴训示。谨奏。

席宝田在江得力请暂留军营片

再，查席宝田钦奉恩旨，补授贵州臬司，自应即赴新任。惟该员现带精毅营勇，最为江省得力之师。此次汪逆股匪，既西复东，屡犯江境，所以克保疆圉，席宝田战功为多。现值逆众扰及闽省，臣分派各营出境兜剿，沿边设防，战事方殷，席宝田实难遽去。合无仰恳天恩，俯准将新授贵州臬司席宝田暂行留营，俟此股发逆扑灭后，再饬赴任，实于军务大有裨益。理合附片陈明，伏乞圣鉴训示。谨奏。

嘉应州城失守现筹会剿折同治四年十一月初七日

奏为逆匪袭陷广东嘉应州，现筹会剿，恭折驰奏，仰祈圣鉴事：

窃查汪逆股匪，未能冲入鹅公墟，绕由龙川、兴宁向平远、镇平窜去，逼近闽省边界，业经臣将酌拟分途防剿情形驰奏在案。

兹据探报，该逆侦知福建武平驻有防军，复折向嘉应，于十月二十一日袭陷州城。臣查汪逆于败残之后，犹敢占踞城池，实属凶狡已极，憨不畏死。然该逆若乘闽师未经厚集，冲过汀、邵，横出抚、建，则地方平衍，路径纷歧，我军转难兜剿。此击彼窜，皖南、浙东任其所之而无阻，其害不可胜言。今该逆聚处一城，三省官军连营而进，四面深沟高垒，使如槛兽釜鱼，但当期于成功，而不责以速效，即令稍需时日，必可悉数殄除。惟是嘉应民情犷悍异常，匪徒充斥，即江、闽边境，伏莽亦多。若任该逆出没往来，胁诱各处村寨，诚恐蚁附日众，其势益张，根蒂深则芟夷不易，蔓延广则收拾亦难，宜急束之于嘉应城中，使之坐困，庶可制其死命，则合围未可稍缓也。

就合围而论，江军出会昌、长宁，取道平远，以逼嘉应州城之北，而不能兼顾东西，一路防范稍松，贼或乘隙而遁，东窜汀、邵，则江省之抚、建堪虞；西走惠、韶，即江省之赣南受敌；回军转斗，势必后期。是欲救邻省之灾，而转贻本省之患。必须三省官军同时压境，庶免横溢旁流。闽师当力任东面，粤师当力任西面与南面，各据形胜，互为声援，使贼无瑕可蹈，方能聚而歼旃，则进兵不容参差也。

顾进兵以后，则愈去愈遥，既抵嘉应州城，离江西边境已数百里，军情瞬息千变，臣已遥制为难。加以地方莠民拦途劫杀，转运军火粮饷固极戒心，弁勇、哨探往还尤虑戕害，文报难期迅速，指挥何能合宜。且与闽、粤之师，彼此不相节制，或前或却，不免坐失事机。必须威望素著重臣，就近为之提挈，庶攻守得力，主客同心，可以刻期奏效，则督办必在得人也。

臣现在咨行浙江提督鲍超一军，及贵州臬司席宝田一军，并记名总兵刘胜祥一军，共计近三万人，简卒严装，分途出境。合无仰恳天恩，敕催闽浙督臣左宗棠，迅速赴粤调度，俾将领秉承有自，得以早竟全功。至湖南提督周宽世、记名总兵王开琳、补用道张岳龄所部各营，仍分驻会昌、长宁，以固边防，而作后劲。其记名藩司刘连捷、永州镇总兵朱洪章两军，应暂留驻南安原处，以备不虞。惟闻该逆分股窜及镇平，又闻全股窜近永定，倘复东犯，则各军应照前折所筹，分别堵剿。贼踪无定，惟当视其所向，并力图之。

再，臣接据藩司孙长绂禀，病势日增，未能视事，另行缮折奏请给假调理，并委员暂行接署，以重职守。惟是时值隆冬岁暮，各营需饷浩繁，游勇迫于饥寒，亦恐乘机滋事。所有筹办接济、弹压地方，较之平常更为吃重。且以逆踪飙忽，省东各郡必须预为绸缪，各项事宜均惟藩司是赖。今既易以新手，已觉不易支持，若又加以臣衙门事件令其代行，诚恐或滋丛脞。现在贼距赣南稍远，战守均有成谋，臣于拜折后即行回省，督同各司道赶紧料理一切，如将来再有边警，仍行星驰出防，以期军务、地方两无贻误。

所有逆匪袭陷嘉应州现筹会剿缘由，谨会同署两江督臣李鸿章，恭折由驿五百里驰奏，伏乞皇太后、皇上圣鉴训示。谨奏。

藩司告假养病请委员接署折同治四年十一月初七日

奏为藩司病势增剧，未能视事，恳恩给假调理，并委员接署，恭折仰祈圣鉴事：

窃臣接据藩司孙长绂禀称：该司赋质瘠羸，夙婴痼疾。上年冬间，因受风寒，具禀请奏开缺调理，前抚臣沈葆桢未经允准，只得赶紧医治，冀就痊可。乃求效太速，过服姜桂之剂，致令积寒未净，虚火上炎。始犹勉强支持，入冬以来，正气日亏，头眩耳鸣，口干喉痛，诸证一时并见。而目疾尤甚，每阅公事不及数行，辄热泪交流，眥痛欲裂。该司衙门及各局事务均关紧要，若以病躯从事，贻误必多，请即据情奏恳开缺，回籍调理，并委员接署等情前来。

伏查八月间，臣初到任，即据孙长绂面称，夙疾未痊，应须请假调治。臣以该司在江有年，情形熟悉，两护抚篆，措置咸宜，臣既诸事生疏，正资相助为理，又值刻期出省，当经再三慰留。今据禀称，病势日增，未能视事，词甚迫切，自系实情。但以时局尚艰，需人孔急，该司才堪干济，岂可遽事乞身。合无仰恳天恩，俯准给假两月，俾得安心调养，一俟就痊，再令销假任事。所遗藩司印务，暂行委员接署。

查藩司职在理财用人，关系极重。矧属边陲未靖，师旅云屯，尤须赞画机宜，筹办接济，是非才行该备，断不足以胜任。臣于实缺司道及候补道员中详加遴选，惟查有补用道黎兆棠，堪以暂行署理藩司印务。臣到任不及三月，例不加考。惟闻该员上年署南安府事，治声卓然。南安本系残破之区，城内居民寥落，该员极力拊循，流移渐复。及秋间贼扑郡垣，乃毅然以死守自任，入辞其母，率众登陴，誓共存亡，与同甘苦，由是人人感奋，卒得保全危城。本年夏间，霆营饥溃回赣，军情汹汹，势将不测。该员匹马入营，陈说祸福利害，譬谕百端，众心复固。只此二事，已足觇其器识宏远，胆气甚优。臣自抵虔，遇事留心察看，见其端方谙练，实为不可多得之员。除檄饬遵照外，所有藩司病重请假并委员接署缘由，理合会同署两江督臣李鸿章，恭折附驿具奏，伏乞皇太后、皇上圣鉴训示。谨奏。

备陈防剿情形折同治四年十一月二十六日

奏为备陈前月防剿窜贼，并现筹各路情形，恭折由驿覆奏，仰祈圣鉴事：

窃臣先后承准军机大臣字寄："同治四年十月二十九日，奉上谕：'刘坤一奏粤东上坪踞逆宵遁和平现饬各军东驰截击各折片，览奏均悉。着刘坤一严檄各军，会同闽、粤各军分路进剿，协力兜擒，为一鼓聚歼之计。现在汪逆东窜和平，江省南安、长宁、会昌等处正在堵剿吃紧之际，即着刘坤一知会鲍超，统率娄云庆等军，星驰前进，视贼所向，疾驰痛剿。’又于十一月十一日奉上谕：‘瑞麟等奏逆匪由连平复窜和平，饬军追击，刘坤一奏逆众窜逼闽省边疆各折。粤逆窜踞连平之上坪等处，经李福泰、方耀等军率队进攻，将其下坪暖水口炮台平毁。该逆焚烧上坪山寨，窜由龙南复至和平县属地方，尚系十月初十以前事。刘坤一所奏王开琳追贼于和平下车，捕斩落后贼数十人，该逆遂于十三日窜龙川之小山墟，复于十八、九等日，由兴宁向平远、镇平长驱而去，并据谍报已窜福建武平。是逆踪飘疾，旬馀之内已窜扰三省边境，倏忽东趋，江、粤各军并未大加惩创，扼其奔突，何能制贼死命。刘典、黄少春两军，现率所部星驰回闽，席宝田、刘胜祥等军复驰赴会昌扼剿，着左宗棠、刘坤一迅即檄饬各军，绕出贼前，迎头截击，不得徒事尾追，致令着着落后。’”各等因，钦此。

伏查康逆前据连平州之上、下坪，江西各军分布定南、龙南、信丰及南安一带，只能力扼西北，而不能兼顾东南。臣自派席宝田、王开琳、娄云庆刻期入粤，即经咨请署两广督臣瑞麟、署广东抚臣郭嵩焘，并函属广东藩司李福泰，务以重兵严防和平，杜贼转窜。嗣贼果由此路宵遁，踪迹飙忽异常，江军驰出下车，贼已长驱而去。维时长、会防兵极薄，恐贼乘我之虚，则凡抚、建、广、饶腹地，在在可虑，是以檄饬席宝田等倍道绕赴贼前，并力遮击，兼为闽省声援，乃贼觇知有备，遂即翻山袭陷嘉应州城。臣前经奏明鲍超、席宝田、刘胜祥三军分途出境会攻，现准闽浙督臣左宗棠来咨，已催其次第启行，并委营务处候补道何应祺及赣南道王文瑞沿途设局，转运米粮、子药，俾免缺乏，致误事机。果能及时合围，仍可以收聚歼之效也。

抑臣更有虑者，从前官军厚集西北，则贼回窜东南；目下官军厚集东南，安知贼不复窜西北？查鲍超一军，已经左宗棠调赴武平、上杭，臣饬席宝田、刘胜祥两军由平远、镇平前进，借以屏蔽江西。仍令湖南提督周宽世所统之铨字营三千馀人，记名总兵王开琳所统之新、老湘勇五千馀人，候补道张岳龄所统之平江勇一千馀人，驻守会、长及龙、定一带，以与原驻南安记名藩司刘连捷所统之副后等营四千馀人、永州镇总兵朱洪章所统之长胜等营一千馀人，遥为联络，以固江省西路边防，即以扼湖湘门户，使贼无隙可乘，辗转就毙于闽、粤、江、楚之交，而不至于漏网。

再，臣因藩司孙长绂患病请假，又值岁暮事繁，于本月初七日在赣拜折后，随即起程，于十四日抵省。一面将两月以来所积案牍赶紧清理，一面详察省东各郡情形。建昌本有护理赣州镇总兵普承忠所带弁兵千人驻防。惟抚州、广信防师先经裁撤，兹复饬前任甘肃臬司刘于浔募勇五百名，协同所部水师往守抚郡，广信府知府钟世桢募勇五百名，会同记名提督孙昌国所拨炮船分守城垣河道，以期有备无患。

所有前次防剿窜贼及现筹各路情形，理合会同署两江总督臣李鸿章，恭折由驿五百里覆奏，伏乞皇太后、皇上圣鉴训示。谨奏。

江省应造直隶剥船暂请展缓折同治四年十一月二十八日

奏为江省应造直隶剥船，现因军事方殷，饷需支绌，筹款为难，采办不易，吁恳天恩暂行展缓，恭折具奏，仰祈圣鉴事：

窃查前准户部咨，议覆天津验米大臣宗室载龄等奏请加修直隶满料剥船以资转运一折，同治四年六月二十九日奉上谕："前据载龄等奏，请将满料船加价修整，当交该部妥议具奏。兹据户部奏称：‘剥船缺额既多，一时排造不及，自宜将满料剥船援案修理’等语，着照该部所议，并着江西、湖北、湖南各督抚先行筹款，将应行排造续增剥船一千只赶紧照案均匀分造，委员解赴直隶听用。其船只式样及保固年限等事宜，均着照成案办理，并将办理大概情形及分造数目先行报部，以凭查核。”等因，钦此。当经前护抚臣转行钦遵办理去后。

兹据藩司孙长绂会同督粮道段起详称：“查道光十八年，江、广等省代造直隶续增剥船三百只，江西分造一百只；二十四年代造续增剥船七百只，江西分造二百三十四只。今部议代造直隶续增剥船一千只，自系即指十八、二十四两年承造解津之船照案匀摊，江省应分造三百三十四只。部咨造费每船二百五十两。江省历办成案，每只内销工料银二百三十四两六分五厘，外销工料银四十二两七钱，解船赴津运费每只需银九十馀两及一百两有奇，亦系分别内销、外销。核计三百三十四只共需内销工料银七万八千一百七十七两七钱一分，外销工料银一万四千二百六十一两八钱；内销运费银一万三千三百六十两，外销运费银一万八千五百馀两。统共需银十二万四千馀两。其内销工料运费，应行动用地丁，作正开销；外销工料运费，系借拨税契及司库闲款，分年摊捐归还。现在江省停止州县一切捐摊，须由司库融补。伏念直隶剥船为漕运要需，江省应行分造船只，诚宜设法筹款赶造，解直备用。惟是逆匪现扰粤东，时逼江西赣南、宁都，属境防堵吃紧，又须派兵越剿，需饷浩繁，源源解济，刻不容缓。目下丁漕、厘金收数皆不畅旺，捐输更将告竭，每月支应各营饷项，仅能酌拨数成，岁额应放各款，亦多积压，左支右绌，艰窘异常。而剥船工料运费银逾十万，为数过巨，此时实无馀力筹垫。且排造剥船，必得樟、杉等木锯板成造，此项木料，产在毗连闽、粤各县。自咸丰三年以来，产木之区，靡不被贼扰害，因而木商甚少。迩时粤逆屡思回窜江西，边境戒严，商贩愈形裹足，即使委员入山采办，亦非刻期可得。是筹款固为艰难，办木尤为不易，详请奏明展缓”等情前来。

臣覆加查核，委系实在情形。合无仰恳天恩，俯准将江省应造直隶剥船暂行展缓，一俟军务稍松，库款稍可周转，再行委员承造，解直应用。

除咨明户部暨直隶督臣外，理合恭折具奏，伏乞皇太后、皇上圣鉴训示。谨奏。

江军赴粤会剿筹解营饷折同治四年十二月二十日

奏为江西各营业经赴粤会剿，并臣酌度情形出省督办防务及解济霆营饷项，恭折由驿覆奏，仰祈圣鉴事：

窃臣于十二月十七日，钦奉递回前折后开：“军机大臣奉旨：‘览奏已悉。贼在嘉应州，距江省甚为切近。该抚已派席宝田等军由平远、镇平前进，着即饬令各军刻日会剿，尽歼丑类。如江西边界军情紧急，该抚仍当酌度情形，出省督剿，毋稍疏忽。’”钦此。又承准军机大臣字寄：“同治四年十二月初九日奉上谕：‘左宗棠奏筹调官军分路进剿一折。鲍超一军前已据奏行抵会昌听候调遣，着该提督即进兵嘉应，会师围剿，听左宗棠调遣。鲍超一军入粤，人地生疏，着刘坤一按月筹饷解济。刘坤一仍当懔遵叠次谕旨，催军出境会剿，不得稍存畛域之见。’”等因，钦此。

伏查贼自窜陷嘉应州城，其势日形猖獗，自应并力会剿，以期悉数殄除。江西各营，除鲍超一军外，惟席宝田一军万馀人为最大，为最精，臣复以记名总兵刘胜祥三千馀人隶之，其力益厚。顷据先后咨禀，均遵左宗棠调遣。鲍超一军，于十二月初六、七日以次前进广东平远县之相公亭，席宝田、刘胜祥两军于初九、十日以次前进平远县之东石、大柘，从此渐逼渐近，当可克期合围。惟是康逆狡悍异常，诚恐其伺间先窜，嘉应距江西仅二百四十馀里，不可不备不虞。现在记名藩司刘连捷一军，已经湖南抚臣李瀚章准其裁撤，南安只永州镇总兵朱洪章一千五百馀人，兵力甚单。臣咨商湖南提督周宽世一军及记名总兵王开琳一军，共八千馀人，移屯定南厅之鹅公墟，兼顾西路。其留江补用道张岳龄一军一千七百馀人，则留驻东路之会昌县城。且嘱鲍超、席宝田、刘胜祥三军觇贼所向，驰往邀击，藉以屏蔽江西。而令营务处候补道何应祺毋庸出境，即于长宁县督办转运，并得以照料边防。臣仍当酌度情形，遵旨出省督办，以期捍卫疆圉，扫荡馀氛。

计自咸丰三年以来，江西递遭蹂躏，民凋物敝，刻下难期复元。而各营每月需饷浩繁，全赖随时所收丁粮、厘税供应，若令再被贼扰，则公私均不堪言。况江西居吴、楚之中，实为大局安危所系。接据谍报，贼已蚁附甚众，常欲窥伺江西。臣夙夜绸缪，不敢稍有疏忽，冀免陨越，仰慰宸廑。至霆字新旧各营月饷，据鲍超等册报，合计九万七千有奇。臣商同司道，每月先解八万两，一俟两江督臣曾国藩核定薪粮章程，设法弥补。昨准署两广督臣瑞麟、署广东抚臣郭嵩焘咨，每月另解该营一万两，则是短欠无多矣。

再，准瑞麟、郭嵩焘咨，已为该营就近设局采买米粮，而令其自行发价。臣以席宝田、刘胜祥两军同为出境会剿之师，所需米粮咨请瑞麟、郭嵩焘一律接济，均令自发价赀，若必仰给江西，则该处山路崎岖，加以冬春雨雪，难免贻误，想瑞麟、郭嵩焘必不歧视也。

所有江西各营业已赴粤会剿各缘由，理合会同署两江督臣李鸿章恭折由驿五百里覆陈，伏乞皇太后、皇上圣鉴训示。谨奏。

甄别府州县劣员折 同治四年十二月二十日

奏为甄别庸劣不职之府、州、县等官，请旨分别革职、降补、改简，以肃官方，恭折具陈，仰祈圣鉴事：

窃臣至愚极陋，仰荷皇上特达之知，畀以封疆重任。现值邻氛未靖，防务固未敢稍疏，而深维地方理乱之机，莫不关夫吏治。江西递经兵燹，民困未苏，民风渐薄，闾阎乐利，远不如前，务在守令得人，方足以资拊循而期振顿。

臣自抵任以来，详加访察，查有建昌府知府董敬宣，任意需索，公事糊涂；前署饶州府知府吴秉衡，行迹贪污，心术狡险；南康府知府高延绶，性情最缓，难以有为；前署宁都直隶州知州刘晋卿，气质极粗，殊乖政体；新淦县知县程乃文，操守不谨，听断失平；前署崇义县知县吴鸿庆，惟便私图，不协舆论；新昌县知县姚近维，大节有亏；临川县知县锡荣，才具平常：均未便稍事姑容，相应请旨将知府董敬宣、吴秉衡，知县程乃文、吴鸿庆、姚近维一并革职；知府高延绶降以同知归部铨选；直隶州刘晋卿降以通判归部铨选；知县锡荣改调简缺，俾不致贻误地方。

除武职员弁容臣访察得实另行甄别外，合将应行甄别文员，会同署两江督臣李鸿章，恭折具陈，伏乞圣鉴训示。

再，建昌府遗缺，例应归部请旨简放；临川县系冲繁难要缺，应由臣照例办理；其南康府及新淦县、新昌县例应归部铨选。江省现有应补人员，均请留归外补，合并陈明。谨奏。

奏疏卷二

江军进逼嘉应会同收复州城追剿筹防折

同治五年正月十二日

奏为江军进逼嘉应，大获胜仗，随即会同收复州城，追剿窜贼及筹防江境，恭折具奏，仰祈圣鉴事：

窃臣承准军机大臣字寄："同治四年十二月二十五日奉上谕：'瑞麟、郭嵩焘奏，贼伏嘉应，现筹添军会剿各折片。西北一路，平远、相公亭、大坪、石正一带，可以横窜江西之长宁，又可由平远北窜龙、定，西出南雄、始兴以窥楚境，必须劲旅扼守，以防该逆分窜之路。着左宗棠等催令鲍超星速进扎相公亭等处，严密布置，遇贼即击，迅殄逆氛。刘坤一着懔遵叠次谕旨，迅派官军出省会剿，毋分畛域。'"等因，钦此。

伏查浙江提督鲍超一军，进扎平远之相公亭，贵州臬司席宝田、记名总兵刘胜祥两军，进抵平远东石、大柘，前经臣驰奏在案。兹据报称，席宝田、刘胜祥各率所部由良畲、龙虎墟前进，于同治四年十二月十九、二十等日驰扎大坪堡。鲍超于二十日率师至距嘉应州城十馀里之平成、铺山子下一带，正在踩看营地，逆众分三路来犯，鲍超当令记名提督唐仁廉、已革提督谭胜达、记名总兵曾成武督率各营，分三路应之，并令记名提督直隶正定镇总兵娄云庆，记名总兵段福各率队伍抄出左右山冈为奇兵。该逆漫山遍野而来，呼声动地，猛扑我军。唐仁廉率张再胜、邹连升、邓荣佳、涂祖昌等以洋炮队连环轰击，子骤如雨，锐不可当，中路贼遂却退；谭胜达率①邓训诰、易进春、孙开华、曹志忠等亦败左路之贼。其时右路之贼，尚与我军相持，数开数合，曾成武督率蔡立成、顾惟奇、罗文宓、罗金声等大呼陷阵，各手刃数人，贼众惊溃。我勇正在分途驰逐，适娄云庆、段福率徐连升、江自康、杨友益、杨德珍、喻名扬、萧连贵等两旁抄出，截贼归路，贼益慌乱。鲍超督催各军纵横掩杀，追抵城根，沿途贼尸枕藉，计共杀毙四千馀人，生擒二百三十四名，内有头目二十九名，均经讯明正法，夺获枪炮、旗械无算。查点弁勇，阵亡四十名，受伤二百馀名。并据报称，康逆汪海洋，先于十二月十二日率众往攻塔子坳、横径两处营垒，与闽军苦斗竟日，汪逆受伤回城，至十三日夜毙命，群贼推伪偕王谭体元为首，及二十日复为鲍超所挫，众心惶惧。二十二日，刘胜祥进扎玉水乡，席宝田亦拟于二十三日进扎滩下围。贼见诸军日逼，乃于二十二日夜开东南门，由长河墟一路窜去。当经鲍超、刘胜祥会同闽军一面分兵入城，一面跟踪追剿，等情前来。

臣查发逆自伪侍王李世贤等死后，惟汪海洋最为狡悍。前因袭陷嘉应州城，土匪蚁附日众，臣窃虑凶焰复张。今幸该逆伏诛，馀众弃城而遁，已无固志。闽、江之师蹑其后，粤东之师遏其前，当不难悉数殄灭。臣咨行鲍超、刘胜祥两军，务须穷贼所之，力图扫荡。惟恐贼或折窜兴宁、龙川，则江防又形吃紧，拟留席宝田一军暂驻大坪堡原营，以资兼顾，并饬原驻江境之铨字、湘勇、平江、长胜等军，勤放侦探，严行防堵，不得稍有疏懈。其各军收复州城详细情形，及霆营应请奖恤之处，统由闽浙督臣左宗棠

①中华书局版《刘坤一遗集》无“率”字。

查明奏报。

所有江军进逼嘉应，大获胜仗，会同收复州城，穷追窜贼，暨筹防江境缘由，理合会同署两江督臣李鸿章，恭折由驿五百里驰奏，伏乞皇太后、皇上圣鉴训示。谨奏。

捻匪窜扰黄州筹办江防片

再，臣于上年十二月二十一、二十二等日，递据广饶九南道俊达、九江府知府福绵、署德化县知县张光裕等禀称：河南捻匪，因湖北防军噪饷之变，乘间窜入黄州府属，肆行焚掠，蔓延甚宽等情前来。臣以湖北黄州府属与江西九江府属毗连，虽有一江之隔，亦不可不严为之备。当经一面咨请兵部右侍郎臣彭玉麟迅拨外江炮船，前赴九江上下游，分途扼截；一面商请记名提督孙昌国先拨内河炮船，兼程出江，梭织游巡；并令该管文武督同兵练稽察津渡，谨守城垣，以期有备无患。现据福绵等禀报，湖北防军已经安缉，捻匪有回窜河南之信。如果逆氛已远，或彭玉麟炮船抵浔，臣仍令孙昌国炮船撤回本汛。

所有捻匪乘变窜扰楚北、筹办江防缘由，理合附片陈明，伏乞圣鉴训示。谨奏。

发逆全股扑灭江境解严酌量遣留各军折

同治五年正月二十一日

奏为发逆全股扑灭，江西边境解严，分别遣留各军，筹补积欠饷项，恭折具奏，仰祈圣鉴事：

窃臣前奏江西各军业已赴粤会剿一折，于正月十三日准兵部火票递回："军机大臣奉旨：'览奏均悉。所筹均合机宜。仍着遵照前旨，迅速出省，督率席宝田等军，会攻嘉应，迅克坚城，以清馀孽。'"钦此。并先后承准军机大臣字寄："于同治五年正月初三日奉上谕：'张亮基奏击退窜扰独山各匪，并请调席宝田等军援黔各折片。粤匪窜陷嘉应州城，席宝田一军尚须入粤会剿，一时断难赴黔。朱洪章现驻南安，防剿正当吃紧，亦难远调。惟李元度前在平江办理霆营叛勇，业已竣事，若将该革员调往贵州，尚属可行。着李瀚章即派该革员酌带勇丁赴黔助剿，其应用饷需，着刘坤一、李瀚章于该两省协黔饷下支给，或按月轮流拨给，总期军饷有着，俾利师行，不得稍分畛域。'"又于正月初八日奉上谕："左宗棠奏官军渐逼嘉应，现筹合围一折。昨据刘坤一奏，鲍超已于十二月初六、七以次前进平远之相公亭，席宝田、刘胜祥两军于初九、十以次前进东石、大柘，两路官军计日业已到防，自可遏其北窜平远、西窜兴宁之路。刘坤一并着迅遵前旨，出省督饬各军会攻，一面严扼本境边防，毋稍疏懈。"各等因，钦此。

伏查窜踞嘉应之贼，递为闽、江之师所挫，首逆伤毙，馀众狂奔，当经各军收复州城，跟踪追剿情形，业由臣续行驰陈在案。臣本拟俟贼踪一有定向，即行出省督师。旋据报称，该逆遁向潮州府属之丰顺县，贵州臬司席宝田一军驰赴兴宁，杜其旁溢，鲍超等军会同闽师竟日穷追，及之于黄沙嶂，先歼嶂外之贼，继攻嶂内之贼，斩获无算。伪偕王谭体元、伪奉王黄十四死于乱军中，其馀头目胡永祥等及康逆、奉逆妻子均为我军所擒，招抚匪党六万馀人，发逆全股扑灭，等情前来。

臣查发逆自粤西倡乱，流毒最宽，稽诛最久，生民不胜荼毒，宵旰备极忧勤，命将出师，分道征讨。迨皖、浙各省以次削平，而汪海洋犹敢收合馀烬，窜扰闽、粤，窥伺江西，以冀死灰复然，此贼不除，则东南师旅、财赋均被牵掣。兹各省疆臣秉承庙算，合江、闽、粤兵力，一举荡平，不留遗孽，从此东南肃清，无虞风鹤，食毛践土之伦，莫不渥被皇仁，咸登衽席。臣惟有慎选廉明守令，训练绿营官兵，务遂民生，兼严武备，以期长治久安，仰副朝廷戡定之至意。目下甫经解严，地方游勇甚众，且值各军同时凯撤，并此次遣散降人内多籍隶下游，均由江西经过，拟暂留记名总兵刘胜祥、补用道张岳龄两军及记名提督孙昌国等炮船，分布水陆，藉资弹压。其鲍超一军，前经两江督臣曾国藩、湖广督臣官文先后奏调驰赴湖北、河南，专办捻匪，此时捻匪尚在黄安一带，应否即令鲍超移得胜之师，以向鄂、豫，相应请旨遵行。席宝田一军，应俟休息整顿，即饬赴黔。该营所需之饷，即由江西、湖南于应协该省项下按月拨解，免致虚悬。永州镇总兵朱洪章一军，出征日久，欠饷过多，业经湖南抚臣李瀚章奏明裁汰。以外，如湖南提督周宽世、记名总兵王开琳两军，臣即以次撤遣。

惟查各军欠饷数逾百万，应调赴他省者，固宜速为筹发，俾利遄征，免致借口稽滞；应行遣散归农者，亦须赶紧开支，以便回籍，免致坐食虚縻。而江省库款拮据，刻难得此巨款。臣与司道多方计议，设法张罗，无论何项，悉行凑放，但使应调、应撤各军，能早一日起程即可节省一日经费。将来欠饷给清，则所入丁漕等款，概可匀解京饷及各省协饷之用矣。

至各将卒经年转战，冒暑冲寒，力扫狂氛，共维时局；各司道及各委员筹办接济，赞画机宜，心力俱殚，始终无误；赣南各府县及各绅民集团守境，屡挫凶锋，供亿频仍，不辞劳瘁；兹值大功告竣，可否准臣择尤为出力者，量予奖叙，出自天恩。

所有发逆全股扑灭，江西边境解严，及分别留遣各军，筹补积欠饷项缘由，谨会同署两江督臣李鸿章，恭折由驿五百里驰奏，伏乞皇太后、皇上圣鉴训示。谨奏。

九江短征关税今昔异形邀免赔缴折

同治五年正月二十六日

奏为九江关一年期满，征收正耗税银及抵补各款数目，并短收盈馀银两，实因今昔情形不同，吁恳天恩，免其赔缴，恭折仰祈圣鉴事：

窃查九江关税，每年应征正额银十七万二千二百八十一两三钱六厘，盈馀银三十六万七千两，共银五十三万九千二百八十一两三钱六厘。自咸丰三年贼扰长江，关税停征。同治元年，接准户部咨，严饬该关道以此次接到部文之日作为开关之日，设法整顿，扣足一年，由该抚据实奏报，如有亏短，切实声明，由部酌量情形核办。又于同治三年接准户部咨，该关常税被洋税侵占，应饬该关道从同治二年新季开征起，截至一年关满止，将洋商所运土货另册登记，查明实被侵占若干，于关满时造册送部，以凭查核。等因，具奏，奉旨："依议。"钦此。又各省征调官兵，运解火药饷银及采办军食、器械等项船只，免征料银，曾于咸丰三年前监督义泰奏经户部议准，作正开除，免予着赔，各在案。

兹据九江关监督俊达详称：查前署监督蔡锦青，自同治三年十月十二日起，至四年五月十三卸事前一日止，计二百十一日，九、姑两关共征正银九万九千九百二两零，耗银九千五百三十五两零；该关道俊达，自四年五月十三日到任接征起，连闰至九月十一日关期届满止，计一百四十九日，九、姑两关共征正银十万五千二百一十九两零，耗银一万八十六两零，合计两任共收正、耗银二十二万四千七百四十四两零。又风篷洋船共过十一只，洋行土船共过三十三只，江汉关载木船共过八十只，均照关例核算，应征船料银五千四百四十四两零；又江汉关已收洋商出口木筏税银九千一百三十八两零，船载木税银六千二百十一两零。统计船木两项，共银二万七百九十五两零，应请照案在于本年征收洋税项下尽数拨补。又各省征调遣撤官兵、运解火药饷银及采办军食、器械等项船只过关，蔡锦青任内免征船料银四万九千六百三十五两零，俊达任内免征船料银二万二千八百八十五两零，共计免征船料银七万二千五百二十两零，应请照案作正开除。以上抵补短收盈馀各款，连征存正、耗共银三十一万八千六十两零，内除耗银一万九千六百二十二两零不入比较外，按照原额实在短收盈馀银二十四万七千四十三两零。伏念九江关额征正税计银十七万馀两，而额外盈馀银三十六万馀两，较正税多至两倍有馀。盖缘从前民丰物阜，船货流通，收税畅旺，递年加增。迨道光年间，即渐不如前，历任监督征收盈馀，每有短绌之患。至咸丰三年，逆匪窜扰，关税停征十年之久。同治元年，江路稍通，始行开关征税。而东南各省兵燹之馀，地方残破，居民多未复业，百货滞销，邻省警报频闻，商贾尚多裹足。且九江关例征船料、盐、木、茶、竹五项税课。茶、竹本属无多，向以船料、盐、木为大宗，旺收之年，只此三项，征银至五十馀万。近时内地大船多被发逆焚毁，关口逐日稽征船料，悉是中下小舟，每只征银数钱暨数两不等，至十数两为最，绝无完税四五十两之满料大船。加以九江、汉口通商洋人轮船，往来便捷，商贾懋迁，全恃迅速，华商货物，遂多搭附轮船而行。轮船每只装货可抵内地大船数十只。轮船多则民船少，洋税旺则常税稀，彼盈此绌，势所必然。即就本届关期而论，共过上下水轮船四百二十八只，核计应征船料银十四万四千九百十四两零，因上届关期部议未准拨补，此次自难请抵，即此一端，暗亏常税不少。此船料短征之原委也。江西、湖广，向食淮盐，自江路梗阻，改食川、粤等省之盐。嗣经两江督臣曾国藩整顿淮纲，招商贩运，设局督销，应纳关税，责令局员收解。而行盐未能畅旺，每年解到税银仅只一万数千两。木税一项，亦以销路无多，华商簰筏甚属寥寥，通年征税不过万两。现收盐、木税项，较之往时不及四分之一。此又盐、木两项征税短绌之原委也。商贩货物既以被兵而滞销，运货民船又为轮船所侵占，溯自同治元年开关起，至今时已三年，稽征之力已竭，招徕之计亦穷，而各税收数仍无起色，实缘今昔情形迥异，以致关税不敷甚巨。元年短征银四十一万馀两，二年短征银二十一万馀两，本届又短征银二十四万馀两。虽上两届短收之数均经部议减免九成，着赔一成，仰蒙恩旨允准。然就一成计算，已有应赔六万馀金之巨。该道每年应领监督养廉银一万一千两，向系解交造办处充公，仅领巡道养廉银二千馀两，办公尚属拮据，安得馀资依限赔缴？一经限满，照例革职监追。前任如此，后任复然。前监督廷曙、蔡锦青，俱已负累无穷，该监督俊达，势必又为之续。念补苴之乏术，昕夕难安；顾例限之綦严，寝馈几废。因思开关之初，部议本有酌量情形核办之语，是部臣亦深知外省税务凋疲，不能拘以常法。窃计关税以正额为重，自应按额征足，不得渎请尽收尽解。其盈馀银两，从前既以旺收而逐年加增，今以洋税致亏常税，似应与时推移，量从宽免。所有本届及以后征收盈馀短绌，可否邀免着赔等情，具详请奏前来。

臣查九江关短绌盈馀银两，实因兵燹之后，商贩无几，加以长江通商常税多归洋税，短收实出有因。该监督廉俸无多，力难赔缴。若照例勒限着赔，则前后各任转瞬均应革职监追，其情殊堪矜惜。且常税绌而洋税盈，名目虽殊，究于国课无缺。合无仰恳天恩，俯准将本届短征盈馀银两及以后征收盈馀，如有短少，暂免着赔。臣仍当随时察看，一俟税务渐有起色，即行奏明复归旧制。倘该监督以多报少，自外生成，或任委员人等从中舞弊，不肯认真整顿，臣一有闻见，便据实严参，重治其罪，断不敢稍事姑容，同干欺隐之咎。

理合恭折具奏，并将三届关满比较各税银数开具清单，恭呈御览，伏乞皇太后、皇上圣鉴训示。谨奏。

精捷营出力员弁核实请奖折同治五年正月二十六日

奏为遵旨查明精捷营前在南安守城解围、收复水城出力员弁，核实请奖，恭折仰祈圣鉴事：

窃查同治三年九月间，钦奉上谕："杨岳斌、沈葆桢奏，南安援师叠次获胜，收复水城，郡城解严一折。侍逆率众直扑南安府城时，援军适至，该逆缩入水城。提督江忠朝、知府黎兆棠等，督军力战，克复水城，贼匪逾岭远遁，郡城危而复安。在事出力各员，实属异常奋勉，着杨岳斌、沈葆桢择尤保奖，以示鼓励。"等因，钦此。经前护抚臣孙长绂先将防剿出力之祥字等营及地方文武汇案请奖。并以云南临元镇总兵江忠朝旧部之精捷营，上年南安府城解围、收复水城，应推该营为首功，未便因以遣散，即置不议，于该总兵恳请开缺回籍终养，据情代奏，片内声明，俟江忠朝将出力人员开送至日，另行保奖。钦奉谕旨："江忠朝着准其开缺回籍养亲。该总兵旧部，前在南安府解围案内出力人员，着查明核实保奖，毋许冒滥。"钦此。转移钦遵去后。兹准江忠朝查明出力员弁，开折咨送前来。臣谨择其劳绩最著者，开列清单，敬呈御览。其出力稍次者，咨部注册，以把总、外委拔补，用示鼓励。

理合会同署两江督臣李鸿章恭折具奏，伏乞皇太后、皇上圣鉴训示。谨奏。

请准殉难文员在籍建立专祠片

再，据萍乡县绅士江苏候补道刘咸等禀称："原任广东惠州府知府文晟，系萍乡县人，由大挑知县分发广东，历任东安、连平、清远、海阳、归善、番禺等州县，及嘉应州、潮州府，所至之处，以振兴学校、表扬节义为务，并疏水利以济农田，筑堤防以捍潦涨，擒捕盗贼，息讼安民，卓著循声，至今传诵。咸丰九年，三次委署嘉应州事。值发逆自闽省龙岩、永定窜扰大埔，该员闻警，亲率练勇防守三河，侦知贼谋由间道趋袭州城，复率勇星驰折回。而贼众果由松口来扑，该员勉励官弁、绅民，协力固守，昼夜登陴，躬自督战，前后杀贼数百。贼攻益急，援兵未至，被围十三日，军疲饷匮，罗掘俱穷，该员以死守自誓。二月十六日卯刻，贼用地雷轰塌西城十馀丈，该员正在南门巡防，犹麾勇巷战，手刃十馀贼，旋被群贼围刺，体无完肤，力竭遇害。经广东督抚臣奏奉谕旨，照道员阵亡例从优议恤，并准于该州城内建立专祠。国家褒忠之典，固已极优，而原籍士民思慕遗徽，咸愿于萍乡建立专祠，俾乡里父老共荐馨香"等情，经臣移咨粤省查复，该故员政绩及殉难各情，均属相符，行据总局司道核议，具详请奏前来。

臣查原任广东惠州府知府文晟，服官粤省，历著循声，殉难嘉应，死事最烈，其情尤堪矜悯，是以乡人追慕独深。合无仰恳天恩，俯准于该故员原籍萍乡县建立专祠，以昭忠节，而惬舆情。

理合附片陈明，伏乞圣鉴训示。谨奏。

邀恩宽免文武失守处分折同治五年正月二十八日

奏为司、道、府、州镇将连年率属防剿，并接济军需，久著劳绩，吁恳天恩，宽免失守属境处分，恭折仰祈圣鉴事：

窃查江西省自咸丰九年全境肃清之后，经前抚臣耆龄、恽光宸先后奏奉恩旨，司、道、府、州镇将等官失守属境处分一并宽免在案。彼时本境虽已戡定，而邻匪尚属四侵，是以咸丰十、十一，同治元、二等年，发逆屡由粤、闽、皖、浙窜扰江境，三年，苏、浙、金陵克复，逆众尽萃江右，人数极多，蔓延尤广，均经各前抚臣督同司、道、府、州、镇将随时悉力防剿，省城及各郡城赖以保全。其外县地方，本属残破之馀，城垣颓圮，兵饷两难，以致间有失守县分，然亦旋经克复，从未日久沦胥，诚由大兵攻剿得力，亦赖列郡巩固，该逆不能踞下邑以抗我师，用能肤公速奏。该司、道、府、州、镇将，并经督属赶办团练，激励弁兵，协助各军进剿，收复所属城池。且江省用兵十数年，经费久匮，民力亦疲，乃能于库藏告罄之时，设法劝捐抽厘，催征银米，岁集巨饷，供亿各军；于物料短绌之日，多方购备，制造军装、火器，俾利征战，历今六七年，无有缺乏，洵属殚心竭力，共济时艰。现在江、闽、粤三省官兵，共平发逆，行间将士固幸懋赏同膺，薄海苍生亦各皇仁渥被。该司、道、府、州镇将辛苦备尝，劳绩久著，其失守属境处分，累属因人，功堪掩过。当此东南大功告竣，可否仰恳天恩，俯准将江西省各司、道、府、州及总兵、副、参、游、都等官失守属境处分，概行宽免之处，出自逾格鸿慈。

理合会同署两江督臣李鸿章恭折具奏，伏乞皇太后、皇上圣鉴训示。谨奏。

勘实湖口城工请奖捐生并加广学额折

同治五年正月二十八日

奏为湖口县官绅士民捐修城垣工竣，请旨敕部分别奖叙，并加广文武学额，以昭激劝，恭折仰祈圣鉴事：

窃照湖口县滨临大江，地当险要，上通楚北，下达皖南，为七省之冲途，实三江之门户。前因逆氛占踞日久，蹂躏不堪，城垣被毁，保障无资。咸丰九年，创议捐修。经督臣曾国藩倡捐钱八千串，兵部右侍郎臣彭玉麟倡捐钱四千串，湖口县知县岑连乙捐钱二千串，并经该县会督官绅劝谕绅富量力捐资，共[①]济要用。一面带同工匠周围勘丈，连添造包围月亮山城，共计围长一千五十三丈，河城深一丈，高二丈六七尺至三丈三尺不等，山城高二丈零，垛口八百五十四个，每垛高六尺，城身均宽一丈八尺，添建迎春、利涉二门，月城两座，又于河城及月亮山城一带共建炮台五座，另筑护城堤埂，撙节确估，实需银一十二万一百一十两，报经前抚臣耆龄批司札委永丰县知县王承翼前赴该县会勘相符，即于是年四月二十日兴工。经督臣曾国藩、前抚臣毓科会折奏请援照筹饷新例减成议叙，仍俟工竣准其汇案，增广学额。嗣准部议，饬照莲花等厅县成案，凡捐职衔、封典照常例酌加四分之一，

①中华书局版《刘坤一遗集》作“供”。

其捐实在官阶，照筹饷例定银数办理，并先后颁发空白贡照十张、监照五十张、从九职衔照一百张，饬令实力劝捐，随时填给。嗣因防城兵勇，昕夕驻守，风雨交侵，添造更楼、窝棚、卡房，以资栖止。乃师旅之后，饥馑荐臻，以致捐项骤难收齐，该局绅等设法挪借济用，俟后收捐归还，俾免停工待费。至同治二年三月初一日，通工一律告竣。计城身垛口及护城濠塹等工，共用银一十二万一百一十两，又添造更楼、卡棚用银一千一百二十两，二共用过工料银一十二万一千二百三十两。报经藩司札委知县夏燮亲诣验收，委系工坚料实，并无浮冒。兹据署湖口县知县梅毓翰，造具各捐生花名清册图结，详府加结，由司覆核，转详请奏前来。

臣伏查湖口县城，自遭粤逆扰陷，雉堞无存。迨经官军收复，地方凋敝实甚，民困未苏。此次倡议捐修，该士民等于兵燹之馀，一经官绅劝导，均各解囊相助，踊跃输将，俾大工得以蒇成，洵属好义急公，深堪嘉尚。内曾国藩、彭玉麟暨岑连乙捐钱合银七千两，不敢仰邀议叙，又各捐户不及请奖银五千二百四十二两，实应奖叙银十万八千九百八十八两。所有册造请奖实职、虚衔、封典等项银数，核与例案均属相符。相应请旨敕部照例分别议叙，用示鼓励。谨开列清单，恭呈御览。至所捐经费，除外属绅民不计外，本邑绅民共捐银十万三千九百八两，拟请以三万两加广永远文武县学额各三名，以五万两请加广永远文武府学额各五名，以二万三千一百八十两并前咸丰十年团练捐输增广学额外馀银八百二十两，共二万四千两，请广一次文武学额各十二名，以广皇仁而作士气。馀银七百二十八两，应俟续有别项捐输，并计办理。

除将各绅民捐数、履历清册、图结送部外，谨会同署两江督臣李鸿章，恭折具奏，伏乞皇太后、皇上圣鉴，敕部核覆施行。

再，此案城工系因防剿紧急，劝捐兴修，所用经费即与军需用款无异，事在同治三年六月以前，应请援照部定章程邀免造册报销，合并陈明。谨奏。

江省新漕骤难起运片

再，准户部咨："江、广三省新漕能否办运，抑或仍旧折征，应令该省迅速奏报，由部核办"等因。臣查江西省同治三年以前漕粮，均经前抚臣沈葆桢奏准照旧折征，并护抚臣孙长绂将改折章程详晰具奏，经户部核议覆准在案，是以四年分新漕仍照旧章征收折色。且查江省各属，屡遭蹂躏，甫清甫及一年，元气难以骤复，加以近年米价昂贵，若办起运征收本色，则花户完数较之折价大相悬殊，详加体察，民力实有未逮。况当新漕开征之际，正粤东逆氛张炽之时，边界防堵吃紧，并须派兵出境会剿，需饷孔殷，全赖漕折以资接济。目下大功虽已告竣，而应调、应撤各军欠饷甚巨，均属刻不可缓之需，亦藉漕折以为凑放，俾免停待，别滋事端。据督粮道段起会同署藩司黎兆棠具详请奏前来。合无仰恳天恩，俯准将江省四年分漕粮照旧折征，所收银两，容臣察看情形，酌量解部，馀仍留充本省军饷，以济要需。

所有江省骤难办运缘由，理合附片陈明，伏乞圣鉴训示。谨奏。

请奖湖口出力官绅片

再，查前准户部咨："嗣后捐输银钱米粮请叙官职者，专归捐案照筹饷例核实计算，必捐数符合，方准给奖；各劳绩保举，当归劳绩专案，由吏、兵二部办理。毋得劳绩、捐项牵连合并，笼统请叙，以杜轇轕”等因在案。

兹查湖口县官绅，于地方残破之后，倡议捐修城垣，不辞劳苦，劝导有方，用能集成巨款，克竟要工。且自咸丰十年冬间，城垣粗就，逆匪窜扑湖口县城，攻打数日。该绅等纠带工匠数百人，随同陆军团防营，并内江水师后营，昼夜固守，杀贼无算，后经兵部右侍郎臣彭玉麟，督带水陆各军自皖上援，贼始宵遁。同治二年三月间，城工方竣，逆匪复窜湖邑扑城，该绅等选派精壮乡民，自捐资费，供给口粮，随同南、湖等营坚守城垣，分派四处出哨，杀贼甚多。七月间，会合精捷、铨字等营，将贼击退。两次城池得以保全，实由该官绅等敌忾同仇，修造坚固，洵属著有成效。除捐输经费士民，现经臣另折奏请照例议叙外，其在事官绅，或劝捐辛勤，或防守著绩，自应一并吁恳恩施，量予奖叙，以昭激劝。臣用择其始终出力者开单，敬呈御览。除咨部外，谨会同署两江督臣李鸿章附片陈明，伏乞圣鉴，敕部核覆施行。谨奏。

江省各军酌定撤留及筹解协饷折同治五年二月二十六日

奏为江省各军业已酌定留撤，并暂留精毅营防剿闽匪，及筹办各省协饷，恭折由驿覆奏，仰祈圣鉴事：

窃臣先后承准军机大臣字寄：“同治五年正月二十三日奉上谕：‘现在东南虽已肃清，而捻匪窜扰北路，楚、豫等省，到处戒严。鲍超一军，即着左宗棠饬令迅赴楚、豫之交，听候曾国藩调遣；其江、闽各路得力将弁、兵勇，有可调赴楚、豫、江、皖助剿者，并着曾国藩速行函商左宗棠等，酌量调往，以期厚集兵力，早殄逆氛。左宗棠等仍当听候曾国藩函商调派将士之信，分别遣留，不得先将得力诸军概行遣撤。’又于正月二十九日奉上谕：‘杨岳斌奏，甘省兵力不敷分拨，请调朱南桂、刘连捷迅统所部赴甘援剿等语。着刘坤一、李瀚章查明朱南桂、刘连捷两军是否已经裁撤，抑仍留江境防堵，即饬该二员迅统所部星驰赴甘援剿。’又于二月初一日上谕：‘此时江、闽、粤东军务已平，浙江、江西、湖南亦应撤防，自可将各该省饷项移作甘肃军需之用，嗣后江西、浙江、湖南每月可协济甘省饷银若干两，并协济调赴鄂、豫、江、皖助剿勇营饷银若干两，鲍超一军调赴鄂、豫约有若干名，楚北可协济此军饷银若干两，江苏省能否于现协甘省月饷外，再行筹添若干两，均着妥筹速奏。’”各等因，钦此。

伏查江省各军内，浙江提臣鲍超所部霆字营，应赴湖北、河南专办捻匪；贵州臬司席宝田所部精毅营，应俟休息整顿，即赴黔中；湖南提臣周宽世、记名总兵王开琳两军，应以次撤遣；仍着留记名总兵刘胜祥、补用道张岳龄两军，及记名提督孙昌国等炮船分布弹压，业经臣奏奉俞旨。旋准两江督臣曾国藩咨调鲍超一军前赴楚、豫，臣复转咨查照各在案。鲍超现已统率士卒回江驻扎丰城。臣因捻匪披猖，亟望此军赴剿，饬局补给欠饷外，另筹行粮银十万两，以便刻日启行。其席宝田所部精毅营，亦已回扎吉安，本拟稍休即赴黔省。惟援黔军事，由湖南抚臣李瀚章筹办，叠经专函咨商。嗣据覆称，已委湖南臬司兆琛、革员李元度，选募劲勇，分立两军，赴黔援剿，名数近二万人，应已足资调遣。席宝田一军，若令改赴甘肃，又恐人地不宜，难期得力。且该臬司以积劳成疾，父老倚闾，数请给假终养。正在核办间，叠据广信府铅山县飞禀，福建崇安县斋匪于二月十五日焚抢厘卡，戕官踞城，十八日窜至江、闽交界之大安地方焚掠，该府营已派本郡兵勇扼守分水岭，请调大兵堵剿。臣查江省陆勇，只留刘胜祥、张岳龄两军，现令分驻赣、宁，搜捕土匪。值此降人游勇纷至沓来，该处兵力一经抽调，即恐奸徒勾结，乘隙起事。而广信正在盼援孔亟，未可稍涉迁延，因饬席宝田就近酌拨所部，兼程驰赴该处，相机截击。倘闽、浙之师未能骤集，而匪势渐张，即越境攻剿，免致延蔓，俟事竣后，再定行止。其归德镇总兵朱南桂、记名藩司刘连捷两军，节经湖南抚臣饬令遣撤，臣于前折已经陈明。至江省应行协济各省军饷，前因防剿事亟，欠解甚巨。计江省应解之款，以京饷为第一要需。此外如历年欠解贵州兵饷，铅本银五百馀万，前奉寄谕，分作二十年清款，按年拨还半成，不准延玩。又欠解云南军饷，钦奉谕旨，提银三万两，限三个月解清。协济甘肃军饷，经前护抚臣孙长绂覆奏，俟防务稍缓，每月解银二万两。其馀应解直隶、广西、福建饷项数亦不少。现在本省各营积欠尚未清厘，若扫数全完，计在百万以上，补疮剜肉，已费周（张）〔章〕。近筹资送霆营亦是巨款，而将来留防水陆各军勇粮，办理善后经费，均属必不可省之需。所入之数，无非取给于地丁、漕折、厘金，而所出之数，一时尚难豫定。现奉寄谕协济甘肃、鄂、豫军饷，臣与司道悉心计议，所有甘肃月饷，照孙长绂原定二万之数拨解。其调赴鄂、豫助剿，现只鲍超一军，钦奉谕旨，令湖北、江苏两省协济，是该军饷项，已非全无着落。然众擎易举，江省仍不敢推卸，臣拟每月协济该军饷银四万两，按月委员解赴曾国藩粮台兑收，即作为江省协济鄂、豫之款。其馀京、协各饷项，容俟各营遣撤通盘筹画后，再行酌定具奏。

第现接鲍超咨来抄折，该军现需月饷九万七千零，再添马队需饷三万四千，共月需银十三万馀两，请由江西全数筹拨。伏思江省连年兵燹之后，度支久匮，目前匀拨京、协各饷，已形拮据，若霆军饷项概令江省接济，则他省需饷势必不能兼顾，诸多窒碍。但该提督已自具奏，应恭候谕旨遵行。臣系量入为出，全局统算，非敢稍事推诿。

所有江省各军业已酌定留撤，并暂留精毅营防剿闽匪，及筹济各省协饷缘由，理合会同署两江督臣李鸿章，恭折由驿覆奏，伏乞皇太后、皇上圣鉴训示。谨奏。

各县失事克复革员邀免再议折同治五年二月二十六日

奏为同治三年被扰各县，查明失事、克复详细情形，吁恳天恩概免置议，恭折奏祈圣鉴事：

窃查署[①]金溪县知县张汉、署崇仁县知县屈怀珠、署宜黄县知县刘敬中、署东乡县知县李兴谟、南丰县知县莫廷蕃、署新城县知县唐先霖、代理雩都县知县兴仁司巡检邹汝铨，均于同治三年间，因发逆窜扰，失守城池，旋经随同大兵克复。经前抚臣沈葆桢核其情罪轻重，开具清单，奏请将张汉、唐先霖、邹汝铨免予置议，屈怀珠、刘敬中、李兴谟革职暂留署任，莫廷蕃革职，奉旨："吏部议奏。单并发。"钦此。嗣经吏部议将该员等均按章程革职，有无应得罪名，应否免罪，移咨刑部办理。并准刑部咨，应由该抚查明失事详细情形，按照新定章程，具奏到日，再行核办等因。即经前护抚臣孙长绂转行查办去后。

兹据抚州、建昌、赣州等府覆加确查，署金溪县知县张汉，于同治三年三月初六日城池甫经收复之后到任，地方凋敝，守备

①中华书局版《刘坤一遗集》无"署"字。

空虚。旋有侍逆大股屡窜县境，张汉与把总黄连清督率绅团竭力堵剿，县城赖以保全。五月二十二日，康逆大股窜至许湾，逼近县城西北，张汉复会督汛弁、团绅守御，相持二十馀日。六月十五日，逆众约三万馀人四面攻城，百道并进，势不能支，把总黄连清左足被贼枪伤，张汉左肘亦被矛伤深重，闷绝倒地，幸为亲兵救出，城池遂陷。嗣复召集团勇为霆军向导，七月初五日攻克许湾，十一日随同克复县城。

又，崇仁县城，自咸丰年间被扰残破，因经费不继，修复未竣。同治三年四月二十三日，侍逆大股窜逼该县南乡，署知县屈怀珠因城未修固，无险可婴，督率员弁、兵勇扼守南门黄州桥，并分巡各城门。相持三日，该逆未能越过黄州桥险隘。二十六日，分股绕从下游偷渡潜攻北门，兵勇溃散，屈怀珠折回力战，身受重伤，为团丁救护出城，城池被陷。旋即收集弁勇，随同精捷等营，于七月十一日克复县城。

又，宜黄县城亦系残破未修，同治三年四月二十五日，侍逆分股窜入县境，署知县刘敬中与外委邹铭祥，督率兵勇，驰赴东门外风乐桥堵御，并飞调乡团协守城隘。是日未刻，贼由小路扑近县城，刘敬中率队折回迎战，众寡不敌，团勇溃散，刘敬中右臂被矛伤，左腿受洋枪子伤，昏晕倒地。外委邹铭祥亦腿受矛伤，均为家丁救负往乡，贼遂由小北门缺处阑入。刘敬中复与邹铭祥带伤亲赴各乡催集团众攻剿，七月十三日随同精捷等营克复县城。

又，东乡县城亦系残破未修。同治三年四月，浙东后股逆匪窜近县境，署知县李兴谟会营督率绅团守御。五月十二日，击贼于黎墟，歼毙贼目二名，夺获甚夥。二十二日，迎战于坪里地方，先胜后挫，勇丁多有伤亡，李兴谟左腿受枪子伤，幸团勇接应，始折向北乡。二十四日，该逆由北路来扑，李兴谟负伤出剿，行不数里，贼骑骤至，勇丁被冲奔溃，李兴谟匹马驰突，创痕决裂，血流至足，晕绝倒地，为团勇救往王家桥医治。贼乘胜抄入东门，适铨字等营驰至，李兴谟与外委戴星葆率团协剿，于七月初十日随同克复县城。

又，南丰县于同治三年二月十五日大股逆众窜至上塘地方，该县知县莫廷蕃督团截击，毙贼数百人。十九日，贼扑北门，莫廷蕃登陴拒战，炮毙贼数十人。后股绕攻东门，城墙坍塌十馀丈，逆众拥上，莫廷蕃疾驰堵截，杀贼十馀人，被贼刺伤左腿等处，昏晕倒地，经绅团抢救出城，以致城池被陷。嗣率团勇力保西乡，屡挫逆锋，歼毙多匪。七月十六、七等日，率团为霆军向导，先将城外贼垒荡平，十八日随同克复县城，并协助霆军扫除大洋渡等处贼巢，越境收复新城县城。

又，新城县亦本残破之馀。署知县唐先霖到任未久，于初次克复后，时有贼踪，屡经击退。七月间，康逆大股由金溪上窜，十四日，唐先霖亲率兵勇御之于小默地方，颇有斩获。十五日，逆众大掠于河坊，唐先霖复率兵勇往击。讵山坳内突出悍贼来扑，唐先霖竭力迎战，左腿、左臂膊、右肩甲、左右额角叠受刀棍多伤，登时昏晕落马，经兵勇并力掖出，而该逆已分股先由城墙坍塌缺口冲入，以致被陷。唐先霖旋复扶创率团协助大兵攻破大洋渡等处贼垒，七月二十三日随同克复县城。

又，代理雩都县知县、兴仁司巡检邹汝铨，当城池甫经被扰之后，于同治三年八月十一日暂委代理。到任未及兼旬，是月二十九日，后股贼匪窜至，邹汝铨会营竭力守御，因地方甫遭蹂躏，粮尽兵单，力不能支，复被阑入。邹汝铨拚死巷战，受伤倒地，幸兵勇抢负出城。旋即召集乡团，随同韩字营于九月初六日克复县城。各等情，由总局司道核议详请具奏免议前来。

臣查署金溪县知县张汉、署崇仁县知县屈怀珠、署宜黄县知县刘敬中、署东乡县知县李兴谟、南丰县知县莫廷蕃、署新城县知县唐先霖，或受事于甫经残破之后，或到任未久猝遭贼扰，或城垣破损未修，或兵饷两无可借，虽均竭力堵御，苦于无险可守，寡不敌众，以致城垣被陷。该员等俱身受重伤，犹能扶创而起，收拾馀烬，随同大兵克复城池。揆其失事之状，尚有可原；核其克复之功，亦堪掩过。且臣详加察访，该员等平日操守廉洁，听断勤明，舆情爱戴，悉著循声。既经吏部照章议以革职，合无仰恳天恩，概免再行置议？其续著功绩，各归另案办理。至代理雩都县知县、兴仁司巡检邹汝铨，以杂职微员暂代残破之缺，有城等于无城，兵饷悉难应手，以致地方复被扰陷，旋即集团随同大兵克复，其情实有可矜，业已革职，亦请毋庸再议。此外尚有同案被参之前任雩都县知县刘长景，已于信丰铁石口剿贼出力案内经臣奏奉俞旨免其前参拿问罪名。其已革瑞金县知县董锡圭，现已饬催详查，应俟覆到另结。

所有三年被扰各县查明失事、克复详细情形，吁恳免议缘由，理合会同署两江督臣李鸿章，恭折具奏，伏乞皇太后、皇上圣鉴，敕部核覆施行。谨奏。

部驳出力人员恳仍照原保奖叙折同治五年二月二十六日

奏为部驳扫除陶家渡贼垒，肃清都、湖踞逆出力人员，恳恩仍照原保奖叙，以资激劝，恭折仰祈圣鉴事：

窃查水陆各军扫除陶家渡贼垒，肃清都、湖，在事出力人员，经前抚臣沈葆桢择尤保奏，业已仰沐恩施，概予奖叙。嗣准吏部咨，以各员原保清单内均未分晰何员系何项劳绩，部中碍难办理，应令详细声明报部，再行分别核办，其中有与吏部定例及奏定章程不符者，应行驳正之处，另缮清单具奏，奉旨："依议。"钦此。转行钦遵在案。

伏查沈葆桢原开清单，因系水陆各营汇案，请奖人数较多，历次战绩先已驰陈有案，是以填注考语务从简略，以省烦渎。部臣按照考语计功论赏，自觉保举过优，与定例章程多不符合，逐名指驳改奖，原为慎重名器、杜绝冒滥起见。惟查同治二年夏间，皖南大股逆匪窜踞鄱阳县属之陶家渡，负嵎固守，并蔓延都昌、湖口等县，势极张炽，意在窜扰广信、抚、建，以袭浙师后路。其时江省陆军各营，冒暑力战，驰驱数百里，于炮子矢石之中，破垒夺隘，翦除巨憝，叠获大捷，斩擒动以千计。水师各营，冲冒鄱湖风浪，遏贼东窜之路，时经数月，屡次截击，轰毙逆众无算，并督队登岸，协同陆军扫荡贼巢，克靖江境。举凡在事文武，悉属躬冒危险，备历艰辛，虽非克复城池，实系斩擒要逆，前保升阶翎枝，尚属赏当其功，未敢稍从浮滥。且水陆各营，上年复在抚、建、赣南攻剿，著绩多有续保升阶者。若前案核改，则后案亦须扣除。该员等效命行间，辛勤数年，不获一阶之进，未免向隅。兹据内河江军赣防各水师及精毅、精捷、平江、祥字各营，开折请奏前来。臣谨详具各员劳绩，另缮清单，恭呈御览，仰恳天恩，俯准查照原保分别奖叙，以作士气而励将来。

除将吏部指定应行声明报部各员查叙战绩咨部核办外，理合会同署两江督臣李鸿章恭折具奏，伏乞皇太后、皇上圣鉴训示。谨奏。

霆军出力员弁查明请奖折同治五年二月二十六日

奏为霆营援江出力各员弁，遵旨开除金口滋事弁勇，查明娄云庆所部留江各营及鲍超随带入川人员，另缮清单，恳恩奖叙，恭折覆奏，仰祈圣鉴事：

窃查前护抚臣孙长绂承准军机大臣传谕，同治四年五月初五日钦奉上谕："孙长绂奏遵保援江出力员弁，并案请奖，开单呈览一折。鲍超一军将士均属著有劳绩，惟宋国永、冯标所统各营，已在鄂省金口一带溃散滋事，此项滋事弁勇，碍难一律施恩。着孙长绂咨明鲍超，将此项弁勇查明开除，速行另缮清单，再行奏请施恩。至娄云庆所部将士，是否均能安静守法，着孙长绂先行传知该总兵宣谕在营将士，如果安静守法者，均照所请给奖。一俟鲍超查明奏到，朝廷必当立沛恩施，以奖勤劳。"等因，钦此。嗣因鲍超尚无来江之信，又经孙长绂附片具奏，可否敕下娄云庆即就所部各营出力人员，另缮具清单请奖，奉旨："知道了。着即传知娄云庆，迅将所部各营出力人员查明，开列清单，由孙长绂覆核奏请奖恤。"钦此。均经转移钦遵去后。

兹准浙江提臣鲍超、直隶正定镇总兵娄云庆，先后将随带赴川并留江各营文武员弁，汇呈请奖，并据声明宋国永、冯标所统各营，在金口溃散滋事，除由湖广总督臣官文查明奏请参办外，馀皆概行开除。现在列保各员弁，或随鲍超入川，或先期乞假，或因公出差，或督率本部追剿溃勇，以及留江剿匪各营，均属安静守法。叠次出力之员，谨查照原案详加酌核开送前来。臣复逐一核明，开列清单，敬呈御览。其出力稍次者，另造清册，咨部注册，以把总、外委拔补，用示鼓励。

理合会同署两江督臣李鸿章、浙江提臣鲍超恭折具奏，伏乞皇太后、皇上圣鉴训示。谨奏。

查明黎兆棠何应祺劳绩请照原案叙奖片

再，委用知府黎兆棠，前署南安府知府任内，守城解围，克复水城出力，经前护抚臣孙长绂保奏，以道员仍留江西，遇缺即补，并赏戴花翎，钦奉俞旨在案。兹经吏部奏驳，以“各项劳绩保奏，除攻克城池、斩擒要逆，其馀不准保免补本班。又率团助战，懋著战功，始准保举翎枝。将黎兆棠改俟补缺后以道员遇缺即补，所请戴用花翎之处，应毋庸议”等因。臣详查原案，同治三年八月初十日，侍逆拥众数万，绕由南雄突扑南安府城。该郡自咸丰年间叠遭寇扰，城中仅存瓦砾，户不满百，贼众猝至，援师未来，危殆实甚。黎兆棠与同城官绅立军令状，誓以死守。当日率勇登陴拒战，毙贼甚多，贼乃退踞南岸水城，人情稍定。次日精捷营始至。十二日，贼绝流而渡，顷刻抵岸。黎兆棠急率铁字等营，与精捷各营并力迎击，擒斩数百人。十三日，精捷营筑垒于金莲山，贼倾巢出争，黎兆棠复率铁字等营与精捷各营乘贼半渡击之，杀溺各数百人。十四日之战，贼分股几抄出精捷营之后，黎兆棠率勇沿河邀遮，贼不得逞，随即败溃。十五日，精捷及老湘两军与贼血战，黎兆棠亦率勇击败民房伏贼，共获大胜，毙匪不计其数，并毙黄衣贼目。十七日，乘胜过河，收复水城。均经陕甘督臣杨岳斌、前抚臣沈葆桢据实奏报。是黎兆棠力保残破危城，战功叠著，歼毙要逆，规复城垣，洵属异常出力，核与免补本班及戴用翎枝章程均属相符。惟原保清单内人数太多，考语须从简略，以致奉部指驳，其实该员劳绩历历，有案可稽。且查该员心行端方，器识深远，历署南安府及藩司两任，均属措置裕如。现在江西办理善后事宜，正须臂指之助，仰恳天恩，俯准仍以道员留江，遇缺即补，并赏戴花翎，使各守土知所劝勉，该员借得展其所长，以图报称，于时事大有裨益。

又，升用知府候选直隶州知州何应祺，先于江西肃清都、湖踞逆案内，经前抚臣沈葆桢拟保免选本班，以知府遇缺即选，赏戴花翎，并加道衔；又于安徽青阳县解围案内，经督臣曾国藩拟保免选知府，以道员不论双单月遇缺即选，并赏加盐运使衔；又于江西克复新城、弋阳案内，经前抚臣沈葆桢拟保，仍以道员留于江西归候补班前即补，先行差遣委用；又于克复崇仁、宜黄县城案内，经前护抚臣孙长绂拟保赏加布政使衔，俱奉谕旨。嗣肃清都、湖保举知府一案，经吏部奏驳，以各项劳绩保举，除克复城池、斩擒要逆，其馀不准保免选本班，改为俟选缺后以知府遇缺即补，准加道衔，并戴花翎，其续保青阳解围，克复弋阳、崇仁等城所得官阶、班次、升衔，均因前案核改，驳令另核请奖。臣查该员何应祺，随同精捷营转战数省，每遇攻城、野战，莫不带队向前。湖口之役，击毙伪殿天燕张逆；青阳之役，率师策应，血战解围，杀贼甚众；及复新城、弋阳、崇仁、宜黄各县城，均系在事出力，亦与免选本班章程相符。且查该员才气最优，于统领精捷营署广西提督江忠义病故之后，犹能勉力支持，为人尚有血性。合无仰恳天恩，俯准将何应祺仍免选直隶州、知府各本班，以道员不论双单月遇缺即选，并赏加布政使衔，以资鼓励。其前保留江归候补班前即补，先行差遣委用，并续于南安解围案内，拟保清字勇号一并删除。

理合附片陈明，伏乞圣鉴训示。谨奏。

请饬湖南提督周宽世回任片

再，湖南提臣周宽世，于同治元年奏准募勇带赴江南剿贼，三年，经两江督臣曾国藩咨调前来江西应援。现在发逆扑灭，江省解严，该提督周宽世所部铨字营，业经臣奏明裁撤，并将江西欠饷饬局核算找给在案。臣查该提督周宽世，久历戎行，懋著劳绩，兹值东南军务告竣，所部勇丁亦经裁撤，合无仰恳天恩，准令周宽世仍回湖南本任，以资休息，而重职守。理合附片陈明，伏乞圣鉴训示。谨奏。

奏查官垫民欠旧项请一并豁除折同治五年二月二十八日

奏为豁免案内，查出官垫民欠，无从征还银两，援案吁恳天恩，一并豁除，恭折具奏，仰祈圣鉴事：

窃查同治元年钦奉恩旨，查豁咸丰九年以前民欠及因灾缓征、带征银米等项，业经前抚臣沈葆桢督饬司、道、府、州查明实欠在民确数，开单奏奉上谕，加恩豁免，敬谨誊黄，颁发各属，遍贴宣布在案。

兹据署藩司黎兆棠、督粮道段起详称：各属尚有民欠未完、官为垫解之款。钱粮丝毫为重，挪移即干参处，诚恐各厅县贤愚不一，难保无影射侵亏情弊，又复督饬府州，严密稽查厘剔。细核册内历年奏销，虽报已完，而板串未截，调取实征红簿，案册核对，委系实欠在民，由该管府州取具厅县印结，加具府州切结，呈送司道督饬委员详细句稽。计自道光三十年起，至咸丰九年止，除陆续征完归款外，尚有实在官垫民欠地丁等款银三十二万八千八百四十七两零；又垫完民欠漕米、兵米一十四万六千六十五石零，按照折价及各属交代抵价，合银二十一万四千三百四十三两零。又道光二十五年起，至咸丰九年止，馀租银三万一千五百六十四两零，俱系挪缺征存正、杂钱粮。揆其挪解之由，只缘江西自被发逆连年窜扰，全省蹂躏殆遍，民间凋残已甚，州县催征极难，而军饷浩繁，端赖钱、漕两项以资供亿。各属因奉催提紧急，刻难迟缓，不得不暂挪别项垫解，原冀催起所垫民欠即可全数归款。今积欠已奉豁除，不能再征于民，则垫款尽成无著；而所挪之银，早已上供国用，并无丝毫欠亏。事实由于迫促，情尚出于急公，若令原垫各员赔缴，则事阅多年，官非一任，中多殉难物故及参革离江者，咨追徒托空言，毫无实际。且朝廷蠲免逋赋，惠及万民，而令故员后裔因此受累，亦觉向隅。如查照上届成案，责令现任州县摊补，则道光二十五年、咸丰元年两届挪垫银两，均未依限摊完，有名无实，可为明证。况州县筹补之方，仍不免借资民力。当此地方被扰之后，元气未复，抚绥休养之不遑，岂容再事科敛朘削！伏念道光二十五年豁免案内，查出官垫、民欠及摊补兵差经费，计未完银九十六万馀两；道光二十八年清查案内，查出因公挪缺未完银十八万馀两；咸丰元年豁免案内，查出清查以前官垫民欠银六十六万馀两，清查以后续垫民欠银三十四万馀两：均经督臣曾国藩奏准全行豁免在案。今查出挪垫各款既无从追补，亦未能摊补，惟有援案奏请豁免等情前来。

臣查钱粮原应尽征尽解，例禁挪新掩旧，该州县擅自挪解，即予以严参，本属咎有应得。惟是江省被兵十数年，所需军饷莫非取给于地丁、漕折，用款巨而且急，不得不上紧催提。各牧令恐误军用，自顾考成，遂移乙年之粮以解甲年之欠。在当时原冀征收旧欠补还新粮，本属有著之款，嗣以旧欠蠲除，以致垫款胥成无着。然而所挪新赋，指解年分虽殊，其为上供国用则一，与别项挪移迥不相同。况原挪各员，殉难者有之，病故、参革者有之。难员后裔，固蒙朝廷矜恤，不忍责令赔偿民欠；即故革各员，大都流离琐尾，亦无从着追。如仿照上届成案，责成现任牧令摊补，则自钱粮、漕米更定新章之后，浮收折价概已革除，各州县悉属量入为出，自无馀力堪为前任分摊。倘强以力所不逮，势必仍开浮勒之端。且督臣曾国藩所以奏请豁除历年摊捐，会同前抚臣核减钱漕折价，盖为饬吏治而裕民生。今若循旧摊派，不但与现定章程不符，属吏难免借口，而小民频遭寇扰，兵燹馀生，尤未便额外诛求。此次查出挪垫各款，均在更定新章以前之事，与督臣请豁各上届挪垫银两情事相同。臣愚以为似宜一并宽其既往，惟当力杜新亏，庶于吏治、民生两有裨益。合无仰恳天恩，俯准将江西省本届豁免案内查出官垫民欠银、米两项共合银五十七万四千七百五十四两零，概行豁除，并免处分，以广皇仁。臣仍督饬司、道、府、州严查各属，务令恪遵定例，实力催科，年清年款，不任稍有挪掩虚悬，以重库项。

除将垫完银米及挪缺款目细数清册送部外，谨会同署两江督臣李鸿章恭折具奏，并缮简明清单，敬呈御览，伏乞皇太后、皇上圣鉴训示。谨奏。

蒙赏头品顶戴谢恩折同治五年三月初一日

奏为恭谢天恩事：

窃臣接准吏部咨开，同治五年正月二十三日奉上谕：“粤匪自闽窜江西，入广东，复有叛勇合并为一，肆行凶悖。各路将士踊跃用命，一旬三捷，将十馀年发逆一股荡平，实足以伸天讨而快人心。江西巡抚刘坤一，着赏给头品顶戴。”等因，钦此。臣当即恭设香案，望阙叩头谢恩。

伏念臣疆寄忝膺，愧抚绥之乏术；戎机谬典，缅韬略而未谙。比简三省之雄师，幸殄十年之逋寇。天威遐布，幺么消伏莽之踪；庙算遥承，将士奋前茅之绩。臣以寸功未立，正切悚惭；乃蒙异数同颁，渥邀荣宠。升衔洊进，叨跻柱石之班；泰运欣逢，首焕簪缨之色。恩有加而靡已，职欲称而弥难。惟有激励寅僚，尽察吏安民之责，拊循甲士，为靖边绥远之谋，以期仰答高厚鸿慈于万一。

所有微臣感激欣幸下忱，理合恭折叩谢天恩，伏乞皇太后、皇上圣鉴。谨奏。

斋匪窜扰上饶铅山叠经官军击散折

同治五年三月十五日

奏为崇安斋匪窜扰上饶、铅山，叠经官军截击扑散，现筹搜捕馀匪，恭折具奏，仰祈圣鉴事：

窃查福建崇安县斋匪，焚抢厘卡，戕官踞城，扰及江、闽连界地面。先由广信府营派拨本郡兵勇防守分水岭，并经臣飞饬贵州臬司席宝田，酌派所部精毅营前往攻剿情形，业经驰陈，并因精毅营远在吉安，恐到防需时，复咨调驻防浙江常山县之副将余朝贵所部新湘营就近应援，一面咨会统领内河水师记名提督孙昌国，转饬副将萧福率领炮船三十馀号，驶赴河口镇及弋阳、贵溪河面巡防，各在案。

兹据报称，崇安斋匪旋窜建阳，倏又折回崇邑，肆掠各村。

嗣因闽师进逼，北走岚角山内，于三月初一日出岑阳关，至江西上饶县所属之高洲、甘溪等处焚掠，胁诱日众，约六七千人，初二日分窜上炉坂。广信府知府钟世桢、广信营参将伊凌阿，即派都司高钟奇、外委周应彪率领兵勇二百名驰赴交阳地方，扼其窜郡之路。我军甫到，贼之头旗亦至。高钟奇等以贼众兵单，据险以待，并于山冈林薄分插旗帜，以为疑兵。该匪蜂拥而来，我军植立不动，俟其渐近，枪炮齐施，轰毙前锋悍贼五人。该匪甫却复前，相持时许，再殪数人，始退回上炉坂。高钟奇等知贼气馁，是夜三更，进薄贼巢，火光烛天，呼声动地，该匪莫知所措，登时溃走，我军掩击，毙匪数百人，解散胁从二三千人。初三日黎明，参将王益隆率安信军自分水关调回，合队跟追，行近石溪，适署浙江提臣黄少春督饬所部克勇自崇安而来，分为两路，一出岑阳关，一出分水关，击败高洲一带匪众，乘胜逐北。王益隆、高钟奇等遥闻炮声，度匪必窜此路，当即设伏以待。未几，果有败匪千馀踉跄而至，王益隆等突起邀之，擒斩三百馀人，驱入溪河溺死者甚众，夺获旗械多件，练勇阵亡三名，馀匪遁向铅山县之十三都石塘一带。黄少春督队由岑源江、东源两路追剿，直抵石塘，复杀四五百人，沿途解散不计其数。铅山县知县祥安、铅山营都司艾连升，所派防守石塘小河兵勇，亦截杀数人，生擒四名，内有匪首张雪亮一名，讯明正法。馀匪仅数百人，向温林关绕窜崇安，闽师扼之于前，克勇蹙之于后，可期悉就殄除。时余朝贵之新湘营驰至铅山，亦足备匪回窜。

惟闻此次逃散匪党，匿在江、闽交界之封禁山及上饶、铅山者为数不少，而该处愚民，平日惑于灾祥之说，吃斋者亦繁有徒，诚恐复聚为害。席宝田所拨精毅营勇丁三千人，计期可抵广信，臣即饬令驻扎该郡，以资弹压。责成该郡文武，督率所属，搜捕匿匪，务绝根株，并即认真编查保甲，严定章程，令其互相稽察举报。倘有斋匪头目，立行缉拿；若系愚民误入迷途，准其具结悔改。以外各府、州、县，如有吃斋之人，以次一律办理，以遏乱萌。现因邻省及本省裁撤各军为水所阻，留滞吉安，游勇溷迹其间，时虞恃众滋事，必须重兵镇之，以安闾阎而免骚扰。是以仍令席宝田亲督所部暂驻该郡巡防，拟俟各军出境，广信之师调回，再定该营撤留，用昭慎重。

所有斋匪窜扰上饶、铅山，叠经官军截击扑散及查办馀匪缘由，谨会同署两江督臣李鸿章，恭折由驿五百里驰奏，伏乞皇太后、皇上圣鉴训示。谨奏。

绅众捐修城壕补还库项恳照章议叙折

同治五年三月二十八日

奏为收捐城壕经费补还库款，恳恩议叙，以昭激劝，恭折仰祈圣鉴事：

窃查江西省会城垣，因年久未修，多有坍塌鼓裂。先于咸丰二年，因粤逆窜扰湖南，江省防务紧要，经前任降调臬司邓仁堃在南昌府任内会同绅士劝捐修筑完固，详经前抚臣奏请奖叙在案。第因经费不敷，原议应行添造虚中炮台、月城及须改建增修各工，俱未举行。当以邻氛渐迫，未便延缓，经邓仁堃自行捐备廉银二千两，并借用藩、粮二库银两，督同各委员赶造德胜、顺化、进贤等门三层，虚中炮台三座，甫经完工，其章江、永和两门应造炮台，正在督办，工仅什一，而逆匪于三年五月十八日窜扑省城，围攻九十馀日，至九月二十二日败窜出江。围城期内，两次轰塌城墙四十馀丈，又因炮火震损，自塌十馀丈。并自城内穴地寻声探凿，出城截断贼匪，所开地道多处，解围后，查出该逆已挖未轰地洞二十八处，城脚既虚，以致城身陷裂。此外攲斜剥裂之处甚多，亟须修筑完固，以资捍御。其时邓仁堃已升任江西督粮道，随会商藩、臬两司，禀明前抚臣，遴委官绅数十员，分段承修，解围三日即行兴工。先将轰塌缺口等处内依旧址修砌墙垣，然后加筑炮城，立脚于古壕处所，最难稳固，其筑法掘至丈馀，挖去淤泥、浮土，窥见实地，满筑木桩，桩深七八尺，上铺松板，再加麻石，排连坚砌。炮城墙身，纯用坚石垒筑，继将章江、永和二门三层虚中炮台赶筑完固。此外各段工程，分投办理，以次告竣。共计修造大城楼七座，月城三座，望楼四座，雨亭、憩亭共三座，大小官厅三十一所，卡房二所，官房一百三十所，兵房三百七十四所，大小火药库八十二座，大圈门十道，分界圈门、川门共二十九道，月城、炮城、炮台内圈门二十三道，水门三十四道，望台八座，大炮城二座，月城外炮城五座，三层虚中大炮台五座，两层虚中大炮台、半截虚中大炮台各一座，神炮台、高炮台各一座，倚城大小炮台一百三十二座，大小炮门一百九十六道，炮眼九十二个，枪眼二千四百二个，狼烟台三个，泉井三口，水口铁栅栏一道，闸门四道，城门、城洞四十六道，重修城墙一千八十二丈零，加高垛口墙二千三百六十三丈零，修内腰墙一千六百五十六丈零，垛口千八百三十八个，培高城上地面长六百九十四丈零，修理全城外面铲草研灰一千四百七十三丈零，培修护城坡九百三十七丈零。总共七门，城上周长二千三百九十四丈一尺，连月城、炮城、炮台左右曲转共长二千七百二十二丈四尺五寸。至新造虚中各炮台，可容大炮十尊，抬炮二十杆。大炮城内各安三五千斤巨炮数尊，水陆均可平冲数里，复安数百斤小炮及抬枪数十处。可驻兵一二百及三四百名不等。七门淤塞沟渠及城外堆积砖石土渣，年久垒成小阜，一概修浚平治。以上城工及炮台等项，共用银十一万五百三十二两零。又，护城河沟周围二千四百馀丈，年久淤塞，先派前候补道沈涛草创开挖，并委员建造七门吊桥。旋因春雨连朝，岸多坍塌，复经前抚臣饬令邓仁堃，督同官绅重加疏浚，分段挑挖，增修石岸，平治近岸浮土，咸使深通坚固。沈涛初浚连建造吊桥共用银一万三千五百七十四两零，邓仁堃重修及建闸筑岸平土共用银二万五千九百一十八两零，二共银三万九千四百九十二两零。统计城壕两工，总共用银一十五万二十五两零。内除邓仁堃捐银二千两外，借用藩库银四万一千六百五十九两零，借用道库银十万六千三百六十六两零。先经前抚臣张芾将动放各库官项垫办，仍请劝捐拨还归款，即照筹饷新例请奖缘由，附片奏明，于咸丰四年四月十一日奉到朱批："依议。该部知道。"钦此。即经设立劝捐城壕经费总局，出示晓谕，凡有捐银上兑，即照筹饷新例填给司道会印实收。计自开局起至今止，共收捐银八万六千三两零，内归补司库银三万一千七百七十八两零，归补道库银五万四千二百二十五两零。前项工程于咸丰六年十二月工竣之后，经邓仁堃饬令委员造具图册，报经前抚臣札委藩司督同委员及南昌府，南、新二县确勘详办。嗣经前藩司李桓催据前署南昌府知府王必达、前代理南昌县知县孙家铎、新建县知县邓国恩，带同工丈人等，周历各门，按栅逐一丈量，均属相符，委系工坚料实，出具印结，嗣复取到各工员保固切结，由藩、臬两司、粮道核明详请奏奖前来。

臣查江西省会城壕各工，经前降调臬司邓仁堃在南昌府、督粮道任内，于烽烟扰攘之际，督同委员缮完坚固，俨若金汤。咸丰六、七年间，逆势蔓延，通省蹂躏殆遍，此后亦无岁不遭寇扰，终不敢窥伺省垣，而兵民亦恃以无恐，实赖此城之功，所保全者甚大，与别项工程迥异。所用工料银两，先动司、道库官项，奏准劝捐归补，照筹饷新例议叙。共计收捐银八万六千三两零，已据各捐生呈送履历，指定官职者计银七万四千九百九十六两。该捐生等勉力输将，俾得补苴要款，自应仰恳天恩，先行奖叙，以昭激劝。其报捐知县及指省分发各员银两上兑，俱在未经更改新章以前，久经填给实收，应请仍照旧例给奖，俾免向隅。谨开列清单，恭呈御览。此外未据呈送履历各员，共捐输银一万一千七两零，容俟催取履历至日，再请奖叙。此案城壕工程，系因军务兴办，事在同治三年六月以前，即与军需无异，应请援照户部奏定章程邀免造册报销。又司库尚有未经归补银九千八百八十一两零，道库未经归补银五万二千一百四十一两零，并围城期内抢堵缺口，抢筑内城，开挖内外暗壕、探截地道工资赏犒等项，动用道库银八千四十四两零，咨准部覆军需章程并无此项名目，应令归入捐修城垣案内办理。因江省近年军事纷繁，劝捐供支军饷尚属不敷，是以前项借动各款未能兼顾，应俟察看情形，另行筹办。

除将各捐生履历、捐数清册送部外，理合会同署两江督臣李鸿章，恭折具奏，伏乞皇太后、皇上圣鉴，敕部核覆施行。谨奏。

席军两次出力并案请奖折同治五年三月二十八日

奏为遵旨查明席军翦除湖逆，生擒伪酋洪仁玕等，并续获伪幼逆洪福瑱，两次在事出力员弁并案保奖，恭折仰祈圣鉴事：

窃查同治三年十月间钦奉上谕：“沈葆桢奏官军追剿湖逆，擒捕伪酋，叠获大胜一折，据称席宝田督军昼夜紧追，生擒伪干王洪仁玕等逆酋多名，复搜获伪恤王洪仁政，苦战五昼夜，剪除殆尽，办理甚为得手。尤为出力之知府席宝田，着开复降补知府处分，仍以按察使记名简放，并赏还布政使衔、勇号；其馀出力员弁，着沈葆桢择尤请奖。”又钦奉上谕：“沈葆桢奏官军追剿败匪、生擒首逆一折，幼逆洪福瑱，前于江宁克复时，据擒贼供称，该逆积薪自焚。嗣据左宗棠探明，洪福瑱实已潜踪逃窜，叠经谕令各路跟踪兜拿。该逆被官军追剿败衄，由安徽、浙江遁入江西广丰、泸溪。官军沿途蹑剿，追及于广昌石城地方，将各逆酋斩馘殆尽，幼逆尚未就擒。席宝田一军移扎石城，派员带队搜拿，于石城荒谷中将洪幼逆拿获。该犯虽系洪秀泉之子，而幺么小丑，漏网馀生，亦不值槛送京师。着沈葆桢即将洪福瑱在江西省城凌迟处死，以快人心。记名按察使席宝田，带兵追贼，叠获胜仗，并将首逆捕灭，奋勇可嘉，加恩着赏给云骑尉世职，并赏穿黄马褂。其馀出力员弁、兵勇，着沈葆桢择尤保奖，候旨施恩。”各等因，钦此。钦遵转行去后，因席军接连出次防剿馀匪，是以未即查呈。兹据席宝田并案开折禀送前来，臣谨择其劳绩最著者，开列清单，敬呈御览。其劳绩稍次者，咨部注册，以把总、外委拔补，用示鼓励。

理合会同署两江督臣李鸿章，恭折具奏，伏乞皇太后、皇上圣鉴训示。谨奏。

知县办事任性请革职提讯折 同治五年三月二十八日

奏为特参办事任性之知县，请旨革职查办，恭折奏祈圣鉴事：

窃据安仁县知县饶云鹏禀称：“卑县二十一都地方，户口繁多，民情强悍。有生员郑映霞即郑映红，私行设局，包揽钱漕，鼓惑愚民，动辄聚众滋事，以致积欠钱漕，为数甚巨。同治元年，前署县王麟昌任内征收漕米，因捕欠稍严，郑映霞即聚众进城哄闹挟制。二年，卑职征收漕米，又因催征紧迫，郑映霞即纠众滋闹。四年，漕米开征月馀，该都竟未破白，稍加追呼，又有聚众之议。均经王麟昌与卑职设法解散，叠次严拿郑映霞未获。卑职因该都闹粮滋事，鼓众成风，亟思拿获首恶惩办，以期整顿地方。随密选干役，设法拿获郑映霞到案提讯，供词狡展，并敢厉声顶撞。查郑映霞迭次纠众闹漕，实为地方恶棍，罪不容诛，请将郑映霞就地正法，以昭炯戒”等情，具禀到臣。正在批饬该管知府提郡审办间，旋据该县以“郑映霞素习拳棒，屡欲脱逃，殊难防范。又闻有乡民多人进城，传言欲图抢犯，卑职不敢拘泥，致有疏失，已会营将郑映霞处斩”等情续禀。并据尸子郑连秀以伊父无辜遭陷，该县挟嫌妄杀等词，来臣衙门呈控。

臣查生员郑映霞，如果包揽钱漕，迭次鼓惑愚民，聚众哄闹挟制，固属罪有应得。该县并不照例拟办，辄将郑映霞就地正法，实属粗疏任性。且先既具禀请示，竟不候批办理，动辄借词处决，更恐有挟私别情，自应提集人卷，来省澈究，以免枉纵。据藩、臬两司转据该管道府揭报前来，相应请旨将安仁县知县饶云鹏革职，以便提同确审实情，照例办理。

谨会同署两江督臣李鸿章合词恭折具奏，伏乞皇太后、皇上圣鉴训示。谨奏。

筹济霆营月饷并席宝田请假省亲折

同治五年四月初四日

奏为遵旨筹济霆营剿捻月饷，并席宝田亲老丁单请假归省，恭折覆陈，仰祈圣鉴事：

窃臣先后承准军机大臣字寄："同治五年三月初七日奉上谕：'福建崇安县斋匪戕官踞城，已窜至江、闽交界之大安地方肆行焚掠，刘坤一已饬席宝田由吉安酌拨所部，兼程驰赴该处，相机截击，即着严檄该军迅速前进，越境攻剿，迅图扫荡，毋任日久蔓延。席宝田带兵向称得力，斋匪办竣之后，自应督率所部入黔剿贼，以解倒悬，未便遽准请假。刘坤一当传知该臬司勉力图功，以副委任。'"又于是月初七日奉上谕："前谕曾国藩檄调鲍超一军北来剿捻，并将该营饷需筹定有着之款。兹据该督奏称，鲍超步队过多，拟令酌留二十营，月给额饷七万两，其马队令招募十二营，月给额饷三万两，又军火、车辆、柴草之费，月需一万四、五千金。鲍超一军，有功于江西甚巨，惟以全饷十一万数千两责之江西，究恐力有未逮，拟令江西月解七万供霆营步军之饷，湖北月解二万供其马队之饷，江苏月解二万五千，以一万充马队口粮，一万数千为购买柴草车驼、添补洋火药、马匹之用等语，所筹尚属妥协。刘坤一曾有月协霆营四万两之奏。惟该营需饷甚巨，已令湖北、江苏分任，该省自当力任其难。该抚素顾大局，前于鲍超一军入江，供支无缺，嘉应之捷，深资转饷之功。此时该军北来，尤当不分畛域，无误要需。嗣后霆营饷需，即着按照此次奏定之数，每月源源拨解，以资饱腾。于襄阳设立该军粮台，派襄阳道总司其事，仍由江西派委一员驻台支应步军口粮。步军欠饷，将来仍由江西找补。至剿捻之师，兵力已厚，江、闽各军即可毋庸再调，着即将各军酌量分别遣撤。"又于是月十一日奉上谕："李瀚章奏遵筹援黔诸军分路进剿事宜各折片。席宝田一军，前据刘坤一奏，已饬赴江、闽交界防剿崇安斋匪，当经谕令俟斋匪办竣即率所部赴黔剿贼，仍着刘坤一懔遵前旨，催令于事竣后挑选精锐数千，由黎平一路进兵，与楚军互相犄角。至该臬司一军饷需，即由江西按月筹解，俾资饱腾。李瀚章另折奏请仿照楚省黔捐章程，委员前赴欠拨黔饷各省设局劝捐，即以捐银作收该省协饷等语。着刘坤一于黔员到后，设局劝捐，派委妥员帮同办理，所捐银两即由各该省藩司源源委解，作为协济黔省之款，不得稍涉膜视。”各等因，钦此。

臣查浙江提臣鲍超所部霆军，两次来江驱除巨寇，诚为有功江省。现在北征豫捻，亦为中原大局所关，但使江西财赋堪资周转，即马、步各营全归供给，亦属分所应为。实缘江省岁入之款只有此数，而奉拨协济各省之项甚多，是以臣前奏酌拟月协霆营饷银四万两，原系量入为出，俾免顾此失彼之虞。今督臣曾国藩，筹议江西月解霆营步队饷银七万两，甘肃协饷江省无须增添，挹彼注兹，原有斟酌，仰荷圣慈优加勉励，臣惟有与藩司悉心殚力，竭筹接济。鲍超现已料理行装，拟于四月初旬自丰城拔营赴豫，臣与该提督议定，截至本年三月底止，无分马、步，由江省仍发全饷。自四月初一日起，月拨七万，遴派江西候补知府缪德棻前赴襄阳粮台收支，专供步队口粮。似此画清界限，免滋牵混推延。

至贵州臬司席宝田一军，分驻广信、吉安，搜捕斋匪，弹压地方，业经臣先后陈明在案。钦奉前因，臣当即遵旨檄令该臬司挑选精锐数千，赴黔援剿，允其由江拨给月饷，俾得刻期启行。乃据席宝田禀称，家有七旬老父，本属衰病相寻，兼以席宝田之兄、之妻、之子相继身故，侍奉汤药无人，晚年不胜伤感，是以倚闾倍切，数数寄信来营。席宝田乌哺情深，寸衷如割，坚请开缺撤勇，回籍终养，并亲来省面求，声泪俱下。臣以席宝田智勇深沉，非独长于治军，并肯留心吏治，当此需才孔亟，未便遽令乞身；惟念从戎十年，久违定省，若不暂准给假，无以慰其孝思。

黔省已有兆琛、李元度、周洪印各军约三万人，计亦足以办贼。可否仰恳天恩，俯准将贵州臬司席宝田给假六个月，俾得回籍省亲，俟满假期，仍即赴黔任事。其所部各勇，拟俟广信、吉安搜捕弹压事竣，即行裁撤归农。将来察看黔省军情，如果尚需增兵，由席宝田于假满后再行募选，管带前进。该臬司仰荷圣慈，体恤周至，必能勉图报称，断不日久偷安。臣初以江省既须拨解席宝田全饷，则不能兼顾李元度一军，如席宝田各营可以悉撤，臣即懔遵前奉谕旨，每月拨解李元度半饷，约一万八千有奇，作为协济黔省之项。至贵州劝捐委员，俟到江省，臣即饬藩司派委妥员帮同设局劝办，断不敢稍存歧视。

所有筹济鲍军饷项并席宝田请假缘由，理合会同署两江督臣李鸿章恭折由驿五百里覆陈，伏乞皇太后、皇上圣鉴训示。谨奏。

校阅省标营伍折同治五年四月初四日

奏为校阅省标营伍情形，恭折仰祈圣鉴事：

窃臣于上年仰蒙恩命，擢抚西江，职兼提督，有统辖全省营务[①]之责，训练操防最关紧要。八月间抵任时，因正值苏、浙败匪由闽窜粤，逼近江境，势甚披猖，随即亲赴赣州督办防剿，故当时未能考校。今幸发逆全股荡平，所有通省营伍，亟宜及时整顿。兹饬据臣标左右二营及南昌城守营各将领，造具官兵花名清册，呈请考验前来。臣亲赴校场，按册逐一点验，尚无短少及羸弱充数等弊，军装器械亦属完整。逐日悉心校阅阵式及马步弓箭、枪炮、刀矛等项，俱尚整齐合式，枪箭中靶约在七成以上。除将技

①中华书局版《刘坤一遗集》无“务”字。

艺较优各弁兵分别记名奖赏外，其技疏而年力汉仗尚堪造就者，分别责惩勒限练习，不堪造就者，概行革伍。查有左营候补守备万福胜、学习云骑尉世职杨维屏，均临考不到，应即革退随营。又左营候补千总吴宗松、左营千总张兆熊，均技艺生疏，应以把总降补。又南昌城守营咨保尽先拔补把总、本营马兵刘尚庆，箭射无准，应革去把总，仍留马兵。其馀分别记过，并据各将备随考揭报前来。臣谕饬各将领，务须严督弁兵按期认真操演，不得始勤终怠，如有玩泄从事者，定即随时参革，不敢稍事姑容，以期仰副圣主整饬戎行之至意。

其省外各营，因现在办理善后及遣撤勇丁，不及克期前往，拟俟交秋后再行亲往阅看，合并陈明。

所有校阅省标营伍情形，理合附驿恭折具奏，伏乞皇太后、皇上圣鉴训示。谨奏。

武职半俸不敷请援案动支地丁折

同治五年四月二十八日

奏为候补武职应支半俸，建旷项下不敷支放，请援案动支地丁，恭折仰祈圣鉴事：

窃查定例："在京巡捕营，在外绿旗营分发武职，由现任分发者，于到营日照原衔支食俸薪；由候补分发及原无职衔特旨分发者，到营以后未署缺以前，有职衔者照衔给与一半俸薪，无职衔者酌给把总一半俸薪；又揀发指定职衔候补人员，到标之日，照衔支给一半俸薪，于建旷项下支销造报"各等语，历经遵办在案。

江西省各营建旷一款，从前每年除支给署员不敷俸干，拔署千、把仍食旧任，外委本身马粮饷干，出征效力年老受伤残废无依兵丁，守粮出师阵伤亡故兵丁无依孤老父母、寡妻、幼子半饷等款外，馀银支给候补半俸，尚不至于不敷。近年以来，军营保举副、参、游、都、守等官，奉发到标候补人员甚多，照例应给一半俸薪，为数甚巨，统计全省各营建旷所馀，实不敷支发。此项半俸，为候补武职养赡之需，未便缺乏。前据藩司详经前抚臣沈葆桢咨请部示，拟先尽建旷一款动放，不敷若干于地丁项下动支凑放，核实造报奏销。嗣准户部咨覆：以“建旷一项，向系世职养廉及武职半俸等款之用。前以江省世职日多，该抚请用地丁，经本部暂时奏准。其建旷项下开除之数既少，自存留之数必多，此项武职俸薪似不难于取给。且该省候补武职员名若干，岁支俸薪若干，该抚并未声明，本部无凭核办。如果实系不敷，即由该抚自行酌核奏明办理”等因，即经转行遵照去后。

兹据藩司孙长绂详称：“各营建旷项下动支各款，虽世职俸银，经户部奏准动用地丁，而出征年老伤废兵丁守粮，以及阵伤亡故兵丁无依家属半饷，因连年用兵，人数日增，需用甚巨，例于建旷项下支给，以致存留无多，候补半俸仍属不敷支放，应请援照世职俸银成案，动支地丁凑给。至候补员名与夫俸薪数目，每岁增减无常，难以预定，应请俟奏销时汇核不敷之数，据实开造”等情，具详请奏前来。

臣查候补武职应领半俸，系属养赡要需，例于建旷项下支给。近年各路军营保举武职，归标候补人数甚众，而建旷项下应放之款，亦较前加增，以致候补半俸不敷支放，自应变通办理，以示体恤。合无仰恳天恩，俯准援照世职俸银成案，以后候补武职应领半俸，先尽建旷项下支给，不敷之数动支地丁凑放，于奏销案内核实造报。第思军功保举武职，实繁有徒，若漫无限制，纷纷归标，则放款愈多，非慎重正项之道。臣惟有将归标武职认真考验，必须弓马技勇，人材出众，堪为异日干城之用者，方准收标，庶于培养将才、撙节经费两得其当。

除咨户部外，所有候补武职半俸建旷不敷支放请动地丁缘由，理合恭折具奏，伏乞皇太后、皇上圣鉴训示。谨奏。

九江关筹解摊缴参价折同治五年四月二十八日

奏为九江关酌拟拨解摊缴参价银两，并分成带解以前欠项，恭折覆陈，仰祈圣鉴事：

窃臣接准户部咨，军机处交出，同治五年三月初二日奉上谕："前据户部等衙门奏，遵议拨内务府需用银两，当经谕令各直省关口，将历年欠款，遵照部议按成筹解，限于三个月内由各该督抚、监督等详细覆奏。兹据奏称，各处筹解欠款，至今尚无一处报解起程，而库存不敷供备，请饬户部暂借银十万两，并请饬催各处迅速起解等语。内廷用款，关系紧要，除饬户部先行借拨库银十万两以应急需外，着各该督抚、监督懔遵前旨，将覆解各款应如何分成带解之处，迅速覆奏。"等因，钦此。当即钦遵飞札九、赣两关，迅速办理去后。

兹据九江关监督俊达详称：遵查前奉行准内务府咨，咸丰五年奏准，因库款支绌，应行发放各款，无项发给，拟请各关厂仿照粤海关摊缴参价之例，各按摊缴数目，准其作正开销，与部库银两一同起解。九江关每年应交摊缴参价银五千两，迄今数年，并未交纳，咨催赶紧筹款报解等因。溯查九江关自咸丰五年至十一年，因长江梗阻，并未开关征税。同治元年起至三年止，经征关税均已支解完竣。三年十月十二日起，连闰至四年九月十一日止，前署监督蔡锦青及该监督俊达，两任合征税银，又经奏明借拨军饷，尽数解交藩库支放勇粮，毫无存储，以致应行摊缴参价无银可解。伏思参价一款，攸关内廷要差用项，自应设法筹解，以济急需。拟请自同治五年为始，在于征收关税盈馀项下，每年动拨银五千两，委员解交内务府兑收。其咸丰五年至同治四年共欠解银五万五千两，为数过巨，力难同时并解，应请按年搭交，庶易措办，亦于五年为始，每年带解银五千两，借应内府要用，而关库亦不致竭蹶等情，具详请奏前来。

臣复核无异。除饬赶紧筹备委解并札催赣关将如何按成补解之处，迅速详覆核办，暨咨户部及内务府查照外，理合恭折覆奏，伏乞皇太后、皇上圣鉴训示。谨奏。

奏疏卷三

委员查办斋匪土匪暨资遣鲍席两军折

同治五年五月初四日

奏为派委道府大员前赴各属查办斋匪、土匪，暨鲍军分起拔营，席军悉数撤遣，并另募勇丁以备调拨，恭折覆陈，仰祈圣鉴事：

窃臣先后承准军机大臣字寄："同治五年三月二十五日奉上谕：'刘坤一奏击散崇安斋匪，现筹搜捕情形一折，即着饬令严密搜捕，务绝根株，并责成该地方官认真查拿。此外，各府、州、县如有吃斋立会等事，尤须严为禁绝，以遏乱萌。鲍超一军，曾否由江起程？现在捻、发等逆，猬集山东范、濮、郓、钜之交，军事万分吃紧。着刘坤一行知该提督，星速拔营前进，无稍迁延贻误。'"又于四月十五日奉上谕："鲍超剿捻月饷，既经刘坤一议定月拨七万两，专供步队口粮，即着源源解济，毋令缺乏。着刘坤一传谕该提督，懔遵前旨，刻日由丰城拔营驰赴豫省，会合曾国藩派出各军，遇贼即击，以期迅殄贼氛，毋再稽延，致负委任。席宝田思亲念切，自应俯如所请，着赏假六个月，回籍省亲，俟假期一满，即着赴黔任事。"各等因，钦此。

伏查崇安斋匪，全股已就殄除，其窜伏江、闽交界及上、铅境内者，递据广信府知府钟世桢禀报，督同该县先后捕获为匪头目安寿仔及匪党许姩姩等七名，讯明正法，并经详革吃斋生员周运新等三名，由是各属斋民纷纷具结开荤。正在饬令严查封禁山内有无斋匪，会营缉拿，复据代理万载县知县章甫禀报，该县与义宁州交界之胡卢坂，有斋匪纠众滋事，当经督饬团绅廖连城等于三月十六日带练掩击，斩获匪目王辉福、张继捷、蓝仕发等三名及其匪党林仓盛等九名，馀俱逃散。同日，经铜鼓营都司刘文彬等督令团总刘上仕等缉获匪目张振龙、邱良明、洪常山三名及匪党林逢会等六名，会同义宁州分别究处，且搜出伪书、伪凭各项呈缴等情前来。

臣以江西各属斋民虽多，而行教传徒、敛财谋逆匪首不过数人，馀皆惑于祸福灾祥之说，被诱入伙，初非尽怀不轨之心，迨既受其挟持，不得不随而附和。概加诛戮，固觉情有可矜；任其执迷，又恐酿成巨患。计唯办理保甲，查拿为首匪人，使之无所容匿，其馀吃斋愚民，勒令具结改悔，庶为宥过刑故，宽猛得宜。现经臣缮发札示，通饬各属一律举行。仍虑各守令不肯认真，或委劣员、滥衿以及胥役人等借此诈索诬陷，复檄候补知府骆敏修前往义宁，督粮道段起前往广信，分途督办，并令段起管带所部衡勇千人，确查封禁山内果有斋匪潜藏，即便会兵搜剿。该处事竣，以次前往抚、建、袁、临，督同查办，务期根株尽净，腹地先就肃清。其赣、南、宁三府州毗连闽、粤，伏莽甚众，常以劫抢营生，民气最强，动辄互相械斗。臣前留记名总兵刘胜祥所部在该处弹压，并委统领平江勇候补道张岳龄，陆续缉获土匪张天福生等五十馀名，立置重典，地方稍获安靖。

兹据吉南赣宁道王文瑞及代理龙南县汪承诰禀报，该县新兴堡监生蔡悃洸，因与分居平坑之族人素有嫌怨，遂于二月十五日纠合土匪百馀人，掳掠蔡宗祥等四家，杀毙蔡鸣岐等四命，捆捉三十馀人。随经汪承诰会同观音阁通判钮鸣冈督带练丁前往勒令交犯，蔡惘洸等胆敢抗拒，开枪伤毙团总潘林元一名。适所委接署该县之王少山抵虔，当经王文瑞催令赴任，察看实在情形。臣批饬王文瑞等务令悉数交出首要各犯，以及杀人拒捕正凶，枭示地境。倘敢始终顽梗，即行会商张岳龄及刘胜祥，拨兵前进，痛予创惩，以昭炯戒，决不可稍事姑容，致长恶习。

至浙江提督鲍超，先于四月初十日带同亲兵由水路起程，所部各营继于二十一、二、三等日由陆途起程，前赴鄂、豫，除由江西找给三月以前欠饷二十五万外，另拨四、五两月协饷十四万两。其席宝田一军，已裁三千五百名，尚有六千五百名，分驻吉安、广信，经臣行令悉数撤遣，所欠饷项更巨，臣当与藩司孙长绂设法掘罗，妥速弥补。席宝田仰荷天恩体恤，感激至于涕零，拟俟假满赴黔，以图犬马之报。

惟江西因各军络绎过境，游勇所在逗遛，兼以本省之民当勇回籍者实繁有徒，难免勾结骚扰。近日抢案、命案叠出，所获凶犯十馀人，讯供多系此辈。并获会匪陈连茂等数名，搜出印布符册，尤多狂悖之言，不可不豫为防范。所有平江、祥字两军共五千馀人分驻赣、宁，衡勇一千人移驻信、抚，以外别无可以调拨。臣商之司道，檄委花翎游击何明亮、朱长发两员驰回湖南原籍，各募精卒五百名前来，以备一时缓急。该员等从臣数年，臣知其人甚勇干，心亦朴诚，将来或可得力。

所有查办斋匪、土匪以及鲍军分起拔营，席军悉数撤遣，并另募勇丁各缘由，理合会同署两江总督臣李鸿章恭折由驿五百里覆奏，伏乞皇太后、皇上圣鉴训示。谨奏。

刘腾鹤力战捐躯请予谥合祀片同治五年五月二十八日

再，臣接准兼署四川督臣崇实咨："案据升任云南臬司刘岳昭呈称，金陵告克，大难将平，朝廷褒崇旧勋，无微弗及，海内欣戴，共颂中兴。该升司有从堂兄弟前在江西阵亡，照道员例议恤之补用直隶州知州刘腾鸿、候选知府刘腾鹤，战功卓尔，大节凛然，除刘腾鸿一员已禀请两江督臣曾国藩奏恳予谥外，其刘腾鹤一员亦请吁恳赐谥，并合祀刘腾鸿江西瑞州、湖南湘乡专祠，光忠臣于泉壤，即以励士气于疆埸"等因，即经臣转行查办去后。兹据总局司道查议，具详请奏前来。

臣查已故知府刘腾鹤，自其胞兄刘腾鸿在瑞州攻城阵亡后，接统湘后营全军，维时群情疑惧，而能开诚布公，镇静调度，抚驭得宜，众心辑睦，协力攻克瑞城，乘胜进兵，击退临江援贼，遂复峡江，合围吉安，大小数十战，力拔坚城，追杀窜贼殆尽。嗣调防彭泽，咸丰九年二月间，婺源败贼由浮梁窜踞建德县城，逼近彭泽县境。刘腾鹤率师进驻牛牯岭，二十日大破贼众于王恒桥，二十八日直捣云风岭，连破二贼垒，追抵建德。讵贼炮子适中后队药桶，火发烟腾，致为贼乘，刘腾鹤力战捐躯，实属战功懋著，忠勇轶伦，疆埸授命，大节凛然。合无仰恳天恩，俯准将已故知府刘腾鹤一体赐谥，并合祀江西瑞州府、湖南湘乡县刘腾鸿专祠，以彰忠节而励戎行。

理合附片陈明，伏乞圣鉴训示。谨奏。

江西应造剥船援案解直造办折同治五年六月二十八日

奏为江西应造天津剥船，木缺价昂，运道阻滞，援案提银解直造办，以期妥速，恭折具奏，仰祈圣鉴事：

窃查前准户部咨，议覆天津验米大臣宗室载龄等请修满料船只案内，奏令江西、湖南三省垫款，均匀分造续增剥船一千只，解直应用等因。臣当查江西照案应分造船三百三十四只，共需内外销工料运费银一十二万四千馀两。彼时正值防剿吃紧，需饷浩繁，实无馀力筹垫；且木商甚少，采办尤为不易。奏请暂行展缓，俟军务稍松，再行办理。嗣于本年三月接准部咨覆奏内开："江省为产木之区，应将分造剥船设法赶办，所需船费，在于应解上年漕折内提银二万两，其馀不敷之数，即在积欠漕折银内提用，派员购料兴工，妥速解津"等因，奉旨："依议。"钦此。随复督饬所属博览周谘，江西从前产木之区，近因被贼蹂躏，砍伐殆尽，以致成材之料甚稀，纵使不惜重价，一时采办为难。且剥船运津，必须取道运河，历山东、直隶前进。该处切近捻氛，道途通塞无定。是剥船由江造办，固属购料维艰，旷日持久；而成造开行之后，又复中途阻滞，抵津无期，于剥漕应用，仍属缓不济急。

正在筹议间，适续准部咨，湖北、湖南二省，各应分造剥船三百三十三只，俱因木缺价昂，运道艰滞，奏准量为变通，将部拨漕折银两，委员解直造办等因。伏查江西应造剥船，运送不易，既与两湖相同，而木植之缺，时价之昂，则视两湖为尤甚。该二省既经奏准变通，江西自可援照办理。臣与司道公同商酌，除运费内外销银三万一千八百六十馀两应行节省外，拟将工料内外销银九万二千四百三十九两五钱一分，遵照部拨，在于应解同治四年漕折内提银二万两，其馀银七万二千四百三十九两五钱一分，在于历年积欠漕折内照提足数，一并委员解京，转发天津兑收，所有江西应分造剥船三百三十四只，统由天津就近购料排造备用。

惟是江西同治四年欠解并历年积欠漕折银两，凡已征完在官者，悉因频年军需紧急，动用无存。其馀实欠在民，委因兵燹之后，民困未苏，致未完纳。今提充船费，若待征收民欠起解，必致难济急需，惟有俟军需项下续有收款，无论钱粮厘税，按照提充船费之数，设法抽拨，归还原动漕折本款，庶得迅速妥解，不误天津排造之需等情，由藩司会同督粮道具详请奏前来。臣覆核无异。

除咨明户部暨直隶督臣查照外，理合恭折具奏，伏乞皇太后、皇上圣鉴训示。谨奏。

新湘营阵亡员弁请敕部议恤折同治五年六月二十八日

奏为查明新湘营进剿南安等处阵亡员弁，请旨敕部议恤，恭折仰祈圣鉴事：

窃查新湘营弁勇，于同治三年在南安府剿贼解围，四年调赴福建援应，进攻苦竹等处贼巢，邀击各股悍匪，叠次打仗，均经前抚臣沈葆桢暨闽浙督臣左宗棠奏报在案。

兹据赣南道王文瑞、总兵王开琳开报：新湘营于同治三年八月十五日在南安府城外阵亡蓝翎千总熊越胜等二员，四年三月二十七日在苦竹阵亡蓝翎都司熊纲开等十七员，四月十八日在下洋忠坑阵亡蓝翎守备黄前福等二员，二十一日在上、下畲阵亡花翎都司漆长兴等二十一员，二十二日在猎射坳阵亡提督衔记名总兵邓荣达等二百十三员，八月二十二日在青龙墟阵亡参将衔游击朱莲芳等二员，同阵亡受伤勇夫，一并开送等情，由总局司道核明，造具清册，详请具奏前来。

臣查该员弁等奋勇冲锋，捐躯战阵，越境援剿，效命疆埸，家小零丁，均堪悯恻。谨将阵亡各员弁，开列清单，恭呈御览，请旨敕部从优议恤。内有杀贼立功，拟保官阶，旋经阵亡，不及奏奖各员，合无仰恳天恩，准照拟保官阶议恤，以慰忠魂。

除将阵亡受伤勇丁造册咨部照例办理外，所有新湘营阵亡员弁请恤缘由，理合会同闽浙督臣左宗棠，恭折具奏，伏乞皇太后、皇上圣鉴训示。谨奏。

历年征收漕折未能照数完解京饷折

同治五年七月二十六日

奏为江省历年征收漕折银两，实因匀济徽、宁协饷及本省军需，以致京饷未能照数完解，吁恳天恩，宽免处分，恭折仰祈圣鉴事：

窃臣接准户部咨抄片内开："历年奏提江西漕折，除报解外，共欠银一百二十万两，节经奏咨飞催，非但同治二年以前欠饷未据奏报清完，并三年分奏提之五十万两，竟无丝毫解部。应请敕下江西巡抚查明延不解报之藩司、粮道各职名，送部先行议处，一面饬将欠解同治三年漕折赶紧批解全完。其同治二年以前积欠漕价，亦即接续批解，以供支放"等因，具奏，奉旨："依议。"钦此。即经转行遵照在案。

伏查部拨解京漕折银两，攸关折放俸甲要需，原应照数委解，何敢稍事稽延。惟是江西每年额征漕折虽有九十一万馀两，而地方屡遭贼扰，加以水旱偏灾，民力拮据，除蠲免缓征及民欠未完外，每年实仅征收银六七十万两不等。京饷固属取给于此，督臣曾国藩徽、宁两防协饷，亦系奉旨动用漕折，本省水陆各军饷项专恃地丁，乃因灾歉频仍，民欠尤甚，征解无多，亦须借资漕折以为挹注。维时强寇在境，军士苦饥，危急情形，须臾难缓，若稍拘泥观望，立有决裂之虞。各前抚臣与司道，以全局所系，不得不变通匀济，意在力保完善，速扫逆氛，京饷虽暂短解于目前，而得资以灭贼，则以后征收自可悉输部库，截长补短，裨益应多。是以前抚臣沈葆桢节次沥陈，请将漕折银两留充本省军需，仍察看情形，酌量解部，胥实情也。

兹查江西自咸丰十年起，至同治三年止，各年征完漕折，除已解部兑收外，其馀悉系拨解徽、宁两防协饷及本省兵勇口粮。且查徽、宁协饷共解过银一百三十二万馀两，内中实只漕折银七十六万馀两，此外四十七万馀两，尚系动拨道库各款。凑解军饷之迫不及待，漕折之悉索无遗，即此可为明证。京饷未能接续报解，职是之由。至于各年旧欠漕折，亦因叠遭兵燹，民气未舒，以致输纳不前，并非督征不力。现在发逆荡平，江境静谧，惟有实力催追旧欠、新漕，大批赶解，借济京饷急需。据藩司、粮道开具历年征收拨解漕折银数，详请具奏前来。合无仰恳天恩，俯念江西同治三年以前征收漕折，实由军需动用，以致积欠京饷，无款可解，尚非无故迟延，奉取司道职名，邀免开送。臣仍督饬该司道，将各年民欠及未完四年分漕折银两，上紧催完，分批解部。自五年为始，所收漕折，先尽京饷，照数报解，不得稍有稽缓。并将各年征解数目，开列清单，恭呈御览。

除咨明户部外，理合恭折具奏，伏乞皇太后、皇上圣鉴训示。

谨奏。

汇报支放军需动用各款总数折同治五年七月二十六日

奏为查明江省自咸丰十年起，截至同治三年六月底止，支放军需，动用各年各款，汇开简明总数清单，恭折具奏，仰祈圣鉴事：

窃准户部咨，同治三年七月初十日奉上谕："户部奏，请将军需报销变通办理一折。据称军需报销，向来必以例为断，然其间制变因时，亦有未能悉遵之处。各省军需历年已久，承办既非一人，转战动经数省。则例所载征调但指兵丁，而此次成功半资勇力，兵与勇本不相同，例与案遂致歧出。在部臣引例核案，往返驳查，不过求其造报如例，而各处书吏借此需索，粮台属员借以招摇，费无所出，则浮销苛敛等弊，由此而起。请将同治三年六月以前未经报销各案，开具简明清单，奏明存案，并请饬禁劝捐归补名目等语。所奏系为因时杜弊起见，军需报销一事，本有例定章程，惟近来用兵十馀年，蔓延十数省，报销款目，所在多有，若责令照例办理，不独虚糜帑项，徒为委员、书吏开需索之门，而且支应稍有不符于例，即难核准，不得不着落赔偿。将帅宣力行间，甫邀恩锡，旋迫追呼，甚非国家厚待勋臣之意。着照该部所请，所有同治三年六月以前各处办理军务未经报销之案，准将收支款目总数分年分起开具简明清单，奏明存案，免其造册报销。此系朝廷破格施恩，各路统兵大臣、各省督抚，具有天良，务须督饬粮台委员核实开报，不得因有此旨，任意影射浮冒。并着严禁劝捐归补名目及私设厘卡等弊。如有不肖委员仍以前项情弊巧为尝试，别经发觉，除将承办各员严办外，必将各该统兵大臣及各该省督抚等从重治罪。部中书吏如有在各处招摇撞骗、朦混包揽者，并着严行拿办，以惩奸蠹。其自本年七月起，一应军需，凡有例可循，务当遵例支发，力求撙节。其例所不及，有应酌量变通者，亦须先行奏咨备案，事竣之日一体造册报销，不得以此次特恩妄生希冀。将此通谕中外知之。”钦此。又准户部咨，饬将军需收款细数造册送核，各等因，先后咨行到江。当经行局分别移行遵照办理，业将咸丰二年设局办理军需起，截至九年止，收支款目，列为军需第一案，开具简明清单，详经前护抚臣孙长绂奏报在案。

兹据报销总局司道详称：“自咸丰十年起，截至同治三年六月底止，节年办理防剿，动用军需各项，又经督饬局员逐一勾稽，核实厘剔，不敢稍任浮滥。统计应支本省文武员弁、兵勇盐粮、工食、马干、夫船、脚米各价，以及置造军装、炮位、药铅，采买铜铁、硝磺、油烛等件，置造炮船工料暨阵伤亡故员弁、兵勇恤赏养伤，并添设腰站等项六，共银一千八十二万八千三百五十两七分六厘，内除欠发饷银九万八千四百三十九两六钱二厘，俟有银补发，再行指款开报；又除融借藩库提存未经解给各款暂垫银九十五万五千八百八十四两，俟有银归还，再行指款开报；又除各营各属就近动款支放银二十三万四千一百六十两九钱四分一厘，容俟催查所动年款，由省核收，再行开报外，实在动支收存各项银九百五十三万九千八百六十五两五钱三分三厘，委系核实开报，并无浮冒等情，详请具奏前来。臣复核无异。

除饬遵照部咨另造收款细册，咨送部科查核，并将同治三年七月以后收支各款，钦遵谕旨，查照例案造报外，所有查明咸丰十年起，截至同治三年六月底止，支放军需动用各年各款总数，汇开简明清单，敬呈御览。理合恭折具奏，伏乞皇太后、皇上圣鉴训示。

再，省局暨各军营各属收捐钱米谷石，概行合扣价银，汇入捐输总数之内。又江省拨解各省军饷，应归各该省开报支销者，其数目业经各前抚臣随时专案奏报，不在此次总单用款之列。又拨解曾国藩大营军饷，应归各粮台自行销算开报银四十二万一百七十九两，咨明曾国藩饬台查照办理。又拨解杨岳斌军饷银一万两，咨明杨岳斌饬台自行销算开报。理合一并陈明。谨奏。

精毅营积劳病故员弁请分别议恤折

同治五年七月二十八日

奏为查明精毅营历年在营积劳病故各员弁，请旨敕部分别议恤，恭折奏祈圣鉴事：

窃查精毅营自调派援剿江、皖、粤东，驰驱三省，时历四年，转战数千里，冒暑冲寒，涉历险阻，或一月之中、兼旬之内，强驰千百里，内有因劳致病之员，以军务紧要，不敢耽延，扶病登程，委顿道路，以致沿途多有物故。兹据统领精毅营贵州臬司席宝田将该营积劳病故之花翎记名总兵王玉德等八十三员，开折呈请奏恤前来。

臣查该故员等久随征战，备历艰辛，尽瘁殒身，均堪矜悯。谨将各该员弁衔名另缮清单，恭呈御览，请旨敕部分别议恤，以慰忠魂。

理合恭折具奏，伏乞皇太后、皇上圣鉴训示。谨奏。

本年新漕仍难起运本色片

再，准户部咨，议覆御史蒋彬蔚奏请筹备漕运一折，声明江、广等省额漕，近年解征折色，每于新漕起征时，均由部奏令力筹起运本色，各该省因办理军务，仍请循案折征。现在军务渐平，应于本年新漕开征时，认真筹办起运本色，以实仓储，等因。同治五年三月二十八日具奏，奉旨："依议。"钦此。

臣查漕粮上关天庾正供，为京师官俸、兵食所系，改征折色，原属暂作权宜之计，非可日久因循。现值东南发逆荡平，自应复归旧章，起运本色，何敢但图简便，罔计根本要需。惟江西自咸丰三年以来，无岁不遭寇扰，当冲之处，焚掠无遗，附近地方，亦复苍黄迁避，困苦颠连，疲敝实甚。直至上年腊月，粤省股匪悉灭，江民虽得安枕，而凋残过甚，复元甚难。加以连岁水旱不时，粮价昂贵，农民终岁辛勤，尚不足以自赡。是以所定漕米折征价钱，转较当年米价减少，固为速济军饷，亦是体恤民艰。本年春夏，旸雨尚属应时。乃自六月起，骄阳逾月，至今各属尚多未得渥泽，高田不无受伤；江水盛涨，倒灌鄱湖，低田复多淹浸。本年晚收，又恐难期全稔。若复旧章，征收本色，完纳之数将多于折色过半，甚或加倍，积困疲氓，委实力有未逮。至办运漕粮，县有仓，省有仓，小河有剥船，北运有军船。自军兴以来，仓廒、船只焚毁折变净尽，此时一一修造，固属无此巨款，即租赁民屋，雇用民船，所费亦属不赀。江省此时虽无军务，而留防水陆各军需饷尚多，清厘积欠，筹办善后，尚难豫计。其奉拨京饷及各省协饷，尤属迫而且巨，悉索藩、粮、浔关库款，竭力供应，犹时有匮乏之虞，实无馀银堪为办运漕粮之用。臣与司道熟察民情，统筹经费，本年新漕仍有难以起运本色之势。据督粮道段起会同藩司孙长绂具详请奏前来。合无仰恳天恩，俯准将同治五年漕粮照旧折征，俟一两年后，民力稍舒，库储稍裕，即当认真赶办本色，不敢稍涉迁延。

所有本届漕粮仍请折征缘由，理合附片陈明，伏乞圣鉴训示。谨奏。

查明劳绩人员请照原案给奖片

再，江西尽先补用同知、直隶州知州王德权，于扫清陶溪渡逆垒，肃清都、湖案内，经前抚臣沈葆桢保奏以知府仍归江西尽先补用，并加道衔；又于扫清贵溪贼垒案内，经沈葆桢保奏以道员仍留江西尽先补用；又于克复东乡县城案内，经前护抚臣孙长绂保奏请旨记名以道员简放，并加按察使衔，均经钦奉恩旨允准。嗣经吏部奏驳，陶溪渡一案，除攻克城池、斩擒要逆，其馀劳绩不准保奏免补本班，应将王德权俟补缺后以知府尽先补用，并加道衔；克复东乡一案，以奏定章程，无论何项劳绩，不准指定记名保奏，王德权请记名简放，核与章程不符，应请撤销，饬令另核请奖。又试用知府黄廷金，于防剿叛勇出力案内，经孙长绂保奏以知府留江归候补班前补用；又即选同知直隶州知州陈宝箴，经臣前于湘军追杀窜贼随折保奏案内，请免选本班，以知府不论双单月即选，亦均钦奉俞旨。嗣经吏部奏驳，各项劳绩保举，除攻克城池、斩擒要逆，其馀不准免选本班并加候补班次，应将黄廷金饬令另核请奖，陈宝箴候选缺后以知府补用等因，即经转行遵照去后。

兹据总局司道查覆，王德权代统长左营，攻克饶州崇光渡、洋塘等处逆巢，擒斩伪钦天安陈坤元、伪天将巢荃等贼酋，复会同各军扫除陶溪渡坚垒，剿退石门逆氛，迭有斩获。嗣随同福建藩司王德榜调防广信，肃清贵溪后，约会老湘、铨字两军，进扎东乡，连踏贼营，遂并力合围，攻克县城，叠歼多贼，夺获旗械等项千馀件。黄廷金委赴袁州招抚叛勇，督办团防，适匪众窜扰萍乡，该员催集练丁追剿，叠获胜仗，斩擒首从各贼多名，招抚遣散馀党亦夥。陈宝箴随同精毅营扼贼于广东之东石、江境之铁石口，督队鏖战两获大胜，或杀或降，四万有奇，其间擒斩头目约数十名，均非寻常劳绩可比，确有具报打仗原禀可查。前保考语务求简约，以免烦渎，未能详悉，致奉部驳。然细核各该员战绩，实系斩擒要逆，攻克城池，与免补免选本班并加候补班次章程相符，拟请仍照原保奖叙等情，具详请奏前来。臣复核无异。

合无仰恳天恩，俯准仍照原保将王德权免补同知、直隶州、知府，以道员仍留江西尽先补用，并赏加按察使衔，其原保记名简放，应即删除，以符定章。黄廷金请以知府留江归候补班前补用。陈宝箴免选本班，以知府不论双单月即选，敕部注册，以昭激劝。

理合附片陈明，伏乞圣鉴训示。谨奏。

封禁山内查无斋匪并各府举行保甲折

同治五年七月三十日

奏为搜查封禁山并无斋匪藏匿，以及广信等府实力举行保甲，龙南县剿除积匪，恭折由驿覆奏，仰祈圣鉴事：

窃臣前准军机大臣字寄，钦奉上谕："左宗棠、徐宗幹奏官军越境剿办斋匪歼除净尽一折。斋匪党与盘踞封禁山内，历有年所，地方文武总未能实力搜捕，每至聚众滋事。现虽将崇安戕官股匪歼除，而馀党潜伏山内，传习邪教，藏匿尚多。刘坤一现已派席宝田一军前赴河口驻扎，左宗棠亦派张树炎驻军崇安，以备会剿。着即乘此声威，饬令带兵各员，会合两省兵力，分赴封禁山内实力穷搜，务将积年潜匿匪徒悉数捕戮，以期一劳永逸，不得以山径险阻，畏难中止，草率了事，致贻后患。并着刘坤一选贤能地方官编查保甲，随时晓谕该处百姓，毋为邪说所惑，以靖盗源”等因，钦此。又，臣前奏派委道府大员前赴各属，查办斋匪、土匪，并席宝田一军悉数撤遣，另行募勇，以备调拨一折，军机大臣奉旨：“知道了。办理保甲，查拿斋匪，惟在督饬各员，认真督办，毋得敷衍了事。并饬令段起将封禁山确查搜剿，以绝根株。其何明亮等募勇到时，并着勤加操练，以资得力。”钦此。即经臣转行钦遵去后。

兹据报称：督粮道段起于五月二十六日驰抵广信，沿途察看弋阳、铅山、上饶等县，办理保甲，尚属认真，民情安帖。先行派员入封禁山密查，并无斋匪。六月初九日，段起酌带亲兵，会同广信营参将伊凌阿，督同广信府知府钟世桢、上饶县知县王恩溥、广丰县知县黄鹤群、广丰汛外委冯培英、高洲汛外委涂人贵，自范家坳进山，由上饶以达广丰，周历一遍。禁山以内，约宽百里，其自西北以至西南皆与上饶属境毗连，正北以至正东与广丰民山相接，东南一带则与闽省浦城、崇安接壤，又东面与广丰连界之处，又与浙省江山、龙泉等县密迩，犬牙相错，路径纷歧，山内之余坪地、铜塘心、冲天蜡烛、羊角尖、鹅颈岭、双溪口、橙树坪、九井山、三接岭、石塔坑、老鼠摸壁等处，俱系层峦叠巘，一线羊肠。段起等穷幽极险，举凡深山密箐之中，一一搜到，并无斋匪藏匿，及遗留巢穴形迹。惟有在山耕种棚民，上饶境内计五百六十一户，广信境内计一百四十四户。段起等逐户详加盘诘，悉系附近各县人民，因咸丰年间屡被贼扰，贫苦无依，入山垦地，借以糊口，均属安分营生，并未吃斋为匪，亦无外来吃斋匪徒。并据附近封禁山绅耆联名出具切实保结，佥称今岁崇安斋匪窃发，伊等亦经入山避乱，彼此相安。是封禁山内未经藏垢纳污，事属可信。段起等于十八日始行出山，复催各县印委各员，迅将保甲一律编齐。查明境内著名斋匪，已经陆续歼除，间有漏网，亦经远飏，现在分途严缉。其馀吃斋愚民，惑于灾祥之说，意在祈福，委无为匪别情，概经勒令开荤。该百姓等鉴于崇安之祸，莫不勇于改过。段起饬令钟世桢等随时抽查，后旋亲赴建昌、抚州二府，察看各县办理保甲，亦与广信大略相同。时臣接据袁、临各府县禀称，保甲均经就绪，因即札调段起回省销差。

候补知府骆敏修初抵义宁州，当将拿获斋匪头目洪常山、邱良明讯明正法，督饬该州官绅蹦拿在逃馀党，劝悔被诱愚民，旋赴瑞州府属之新昌县、袁州府属之万载县，确查地方已无馀孽，催令各该州县妥速举行保甲，以期消患未萌。至龙南县平坑土匪蔡愊洸即蔡启兴，挟仇杀掠蔡宗祥等四家，拒毙团总，先经臣饬该管道府督县勒交首要各犯。乃蔡启兴愍不畏死，竟敢纠集党与，始终负固抗违。嗣经前任吉南赣宁道王文瑞派署赣标左营游击余步鳌率捷胜军三百名前往围捕，并会商记名总兵刘胜祥，统率祥字营继进，相机兜剿。六月十二日，各勇甫抵平坑，蔡启兴即率悍党出斗，相持逾时之久，始败退入巢。刘胜祥与余步鳌等各营及龙南官绅团练四面筑垒以困之。是夜，该匪两次来攻，均被我军击退。十三日黎明，该匪拥众苦战，复为各勇练所败。该匪自知势蹙，佯为纵火自焚，乘间四路冲突，当被我军擒斩殆尽。惟蔡启兴率悍党数十人由水沟内潜逃，遁向广东连平州。龙南县知县王少山悬赏购线，刘胜祥复派弁勇驰往连平缉拿。蔡启兴无可容足，于二十五日率党二十馀人潜回龙南墩头。各团练群起逐之，适该弁勇由连平折回，合追至润洞，当将蔡启兴击毙，及其党十数人生擒。蔡启兴之弟蔡启茂及馀党数人，由县讯办，并将蔡启兴传首犯事地方，悬竿示众，各等情前来。

臣查保甲原系地方善政，斋匪实为将来隐忧，是以酌定保甲章程，以悔斋缉匪为第一要务。各属办理勤慎，数月之间，颇有成效可观，亦无员役需索等弊。所虑日久生懈，以致奸宄复滋。臣自当遇事提撕，时加访察，倘敢稍涉疏纵，即行据实撤参，断不稍事姑容，以仰副皇上整饬吏治、除莠安良之至意。

惟查封禁山内棚民，耕种度日，迄今已经数载或十数载，原隰悉成田园，户口居然村落。段起等履勘既毕，谆谆谕令出山，该棚民等扶老携幼，号泣吁求，均称舍此别无养命之资，并无安身之所。段起等本拟立时驱逐，恐该棚民等流离失所，转致酿为厉阶。一面权发门牌，一面绘图造册，详细签注，呈请示遵。臣复批饬该府县妥筹安插去后。段起适回省垣，经臣面问山之险夷，与夫事之利害，据称其开垦处多成坦途，其陡峻处绝无人迹。该棚民等作苦食力，各得尺寸之土，视为恒产，断不至于为非，亦不容外匪入山，自干株累。今于该棚民等强之使出，正难保异日无复入者，徒扰穷黎，无益事实，似不若驰禁为便。臣以段起等所禀，自系目击实情。第以数百年封禁之山，未敢遽议更张，冒昧从事。应俟阅兵之便，督同该府县营再进山内查勘，如果可以驰禁，臣即咨商闽浙督抚臣妥议具奏，恭候圣裁。

至于赣、宁地方，向多伏莽，肆行劫杀，动辄负嵎。今见龙南县蔡启兴等痛受创惩，此后当知警畏。臣仍责令现署吉宁赣南道张岳龄，会同刘胜祥，严行弹压缉捕，不得松劲，以靖岩疆。

何明亮、朱长发新勇两营，于前六月先后到江，臣即饬令在省城外驻扎操练。兹观其技艺已熟，纪律尚严，随即派往吉安、袁州分途防范。

所有搜查封禁山并无斋匪藏匿及广信等府实力举行保甲，龙南县剿除积匪缘由，理合会同署两江总督臣李鸿章恭折由驿五百里覆奏，伏乞皇太后、皇上圣鉴训示。谨奏。

恭报起程巡阅日期折同治五年八月二十七日

奏为恭报起程巡阅九、赣两镇所属营伍日期，恭折仰祈圣鉴事：

窃臣于上年八月抵任，例应查阅通省营伍，即于本年三月间调集臣标左右二营及南昌城守营各官兵，严行校阅，已将阅过情形并甄别各弁缮折奏闻，声明省外各营，俟秋后再行亲往阅看。嗣准部咨，钦奉上谕："本年轮应查阅山东、河南、江苏、安徽、江西五省营伍之期，江西即派刘坤一认真简校"等因，钦此。

兹臣将紧要事件妥为料理，定于八月二十七日自省起程，前往九江、饶州、广信、建昌、宁都、赣州、万安、吉安、瑞州一带巡阅营伍，往返约需两月。臣衙门日行事件，循旧委藩司代印代行，遇有紧要事件，仍包封送臣途次核办，以昭慎重。

除俟查阅后，再将各营情形，另行恭折奏报外，所有臣前往九、赣两镇所属各营巡阅营伍起程日期，理合恭折具奏，伏乞皇太后、皇上圣鉴训示。谨奏。

参将劳故请恤片

再，广信营参将伊凌阿，系镶白旗满洲希林佐领下人，由委护军参领拣发江西以都司差遣委用，在赣州一带军务著绩，荐升广信营参将。咸丰十年到任，时值金陵、皖、浙群盗如毛，福建亦时有警。广信为江省东北藩篱，壤接数省，首当其冲，邻氛连年，窜扰郡城，屡次被围，甚有一岁之中数经寇患者。伊凌阿随时会督员弁兵勇固守城池，力却逆众，地方赖以保全。节经前抚臣毓科、沈葆桢先后保奏以副将尽先补用，并以总兵升用。伊凌阿栉风沐雨，矢石亲临，日久辛勤，积劳成疾，因患病证，时发时愈，仍勉力从公，始终罔懈。本年夏间，当溽暑炎蒸之际，深入封禁山搜捕斋匪，以致旧疾复发，于七月二十日病故。据广信府知府钟世桢禀恳奏请照军营病故例议恤前来。

臣查该参将伊凌阿，平日居官廉勤，营伍整肃，实为营中不可多得之员。连年防剿出力，递保总兵升用，兹因积劳病故，殊堪悯惜。除将该参将病故日期移会督臣循例具题外，合无仰恳天恩，俯准将升用总兵广信营参将伊凌阿照总兵军营病故例赐恤，以励忠勤。

理合会同署两江督臣李鸿章附片陈明，伏乞圣鉴训示。谨奏。

前任监督短征关税现筹解缴馀恳展限折

同治五年九月二十八日

奏为前任监督短征关税银两，现据竭筹解缴馀银，恳恩宽展限期，恭折具奏，仰祈圣鉴事：

窃查前准户部议覆，九江关自同治元年十月十二日起，至二年十月十二日止，一年期满，短收税银四十一万八千四百六十一两零，援照凤阳关之案减免九成，减剩一成银四万一千八百四十六两零，各按在任日月匀摊分赔，前任监督廷曙应赔银一万六千七百三十八两零，予限三年完缴，于同治二年十二月二十七日奉旨："依议。"钦此。转行钦遵在案。

兹据九江关监督俊达详称："转据廷曙面称：前项摊赔税银，扣至五年十二月二十七日，三年限满，自应遵照完缴。惟廷曙家本寒素，在京供职，恪守廉隅。迨补授九江关监督，时仅一年，所得廉俸尚不敷办公，交卸之后，囊无馀赀。自奉部议着赔巨款，昕夕焦思，莫知所措，随向各亲告贷，陆续凑集银二千两，现拟先行缴存藩库，俟有便员搭解赴部兑收。尚有未完银一万四千七百馀两，家产罄尽，一时力难措缴，详请俟补官之日，以应食廉俸全数扣抵"等情前来。

臣查各关监督，经征税银例有定额，在承平无事之时，原应设法稽征足数，如有短缺，勒限着赔，逾限无缴，革职监追，必须限内完至七成以上，始得蒙恩免其革职，监追未完之项，以本员廉俸扣抵，所以严责成而重税款也。然此论其常，非论其变。九江关自咸丰三年逆匪窜扰之后，停征十年之久，直至同治元年冬间，该前监督廷曙始行开关征税。其时金陵尚为贼踞，九洑洲亦未克复，江路未通，商贩极少。且开征常税甫及一月，复又添设新关，另征洋税，以有限之常税，又被洋税侵占过半。而廷曙与前署监督蔡锦青，均能以万分棘手之时，厘奸剔弊，设法招徕，该年共征银十二万馀两，实属殚心悉力，点滴归公。其短征之项，委系限于时势，非该前监督之咎也。是以前抚臣沈葆桢曾经代为沥情奏请宽免，部臣以案已奏定，无从更改，致未议准。现在廷曙虽仅措缴二千两，尚不及七成之数，而按其可原情节，实与寻常短征者迥殊。候补穷员，势难依限完足。合无仰恳天恩，俯准将前任九江关监督廷曙免其革职监追，未（免）〔完〕[①] 银两，或俟补官之日以廉俸全数扣抵，或再展限三年，俾得从容措缴之处，出自高厚鸿施。

理合恭折覆陈，伏乞皇太后、皇上圣鉴训示。谨奏。

胞弟蒙赏谢恩折 同治五年十月二十八日

奏为恭谢天恩，仰祈圣鉴事：

窃臣恭阅邸钞，同治五年九月二十九日奉上谕："张凯嵩奏官军捣平山泽匪巢，全股捕灭一折，所有尤为出力之知府刘培一，着免选知府，以道员遇缺尽先选用，并赏加按察使衔"等因，钦此。闻命自天，感深无地。

伏念臣弟培一，材同樗栎，识昧韬钤，上年臣荷圣恩，简放江西巡抚，时以邕南军务未竣，接替乏员，商之抚臣张凯嵩，臣部楚军暂令臣弟摄统。缘机宜之未习，殊陨越之是虞。仰赖国威，勉持艰局。前以鹅军小捷，已迁方面之班；今因蚁穴幸除，复列监司之选。升衔递晋，帝眷弥优，凡此稠叠之隆施，实非梦想所敢及。臣惟有勉励臣弟，倍矢慎勤，以期仰酬高厚生成于万一。

所有微臣感激下忱，谨缮折恭谢天恩，伏乞皇太后、皇上圣鉴。谨奏。

---

①据文义改。

赣关短征四年分盈馀银两邀恳援案减免折同治五年十月二十八日

奏为赣关同治四年分短征盈馀银两，实因今昔异形，寇氛滋扰，吁恳天恩援案减免，恭折奏祈圣鉴事：

窃查赣关每年额征正税银四万六千馀两，盈馀银三万八千两。兹据署吉南赣宁道兼管赣关桥税务张岳龄详称："前任关道王文瑞，自同治四年七月十六日起，至五年六月十二交卸前一日止，共征收正税连耗银二万三千三百六十两六钱五分，又临关零税连耗银一千一百二十六两。该道张岳龄接管，自六月十二日起，至七月十五日止，接扣一年期满，共征收正税连耗银四千五百四十一两一钱一分四厘，又临关零税连耗银一百三十五两二钱七分，江海关代征丝商补纳赣关湖丝税正耗银三万一千二百六十一两二钱六分六厘，共银六万四百二十四两三钱。内除额征正税银四万六千四百七十一两五分五厘，又除应解内阁部科公费额支管关养廉、书役工食杂用等银六千一百一十三两九钱九分六厘，又除起解盈馀饭银例给解员水脚备带添补平银三百五十七两五钱八分六厘外，只征盈馀银七千四百八十一两六钱六分三厘，核与额征盈馀银三万八千两之数，尚短征银三万五百一十八两三钱三分七厘。查赣关征税从前本属有盈无绌，全恃茶叶、湖丝为大宗。自五口通商，湖丝虽尽出上海，而江海关代征丝税每届尚收银五六万及六七万不等，深足以资挹注。其江皖等省茶叶，仍由赣赴粤售卖，是以岁征税项犹符定额。迨后长江通商，各省茶叶悉赴九江、汉口就近出售，一切西洋货物亦莫不由九、汉贩运，商贾懋迁，趋利乘便，孰肯舍近图远，再出广东，以致赣关绝无大宗货物经过，所收税课均属小贩零星，纵使竭力招徕，总不能照前畅旺，实为时势使然，莫能强求。加以江海关湖丝改征半税，每年拨归赣关者不及往时之半，是以赣关额税亏短日甚。且本届关期，始则发逆由福建回窜广东之镇平、连平等州县，屡犯江西长宁、定南、龙南、信丰等厅县，时惊风鹤，征调频仍，行道戒心，商贩裹足。直至年底，发逆始克荡平。而今岁自春徂夏，本省防师及闽、粤各营练勇纷纷凯撤，络绎于途，河面舟楫为之雇觅一空，纵有客货亦无可装运。此关税盈馀短征三万馀金之由来也。既无补苴之术，并乏赔缴之资，惟有详请奏恳宽免”等情前来。臣覆加确核，委系实在情形。

伏查该关同治三年分短征盈馀银两，前经臣奏准户部议覆援照临淮、九江等关成案减免九成，着赔一成，奉旨允准在案。今该关短征四年分盈馀银两，核与三年情事相同，实由今昔异形，并非该道稽征不力。合无仰恳天恩，俯准将赣关四年分短征盈馀银两，援照成案减免九成，着赔一成，以示体恤。臣仍当督饬该署道张岳龄认真整顿，务期税课渐有起色，不敢稍任怠弛。

理合恭折具奏，伏乞皇太后、皇上圣鉴训示。谨奏。

遵解固本京饷片

再，臣于九月初十日承准军机大臣字寄："同治五年八月二十八日奉上谕：'户部奏请将各省应解固本兵饷改解部库一折。直隶固本饷项，前经谕令江西省按月解银五千两，径解直隶藩库，以供支放。乃该省奉文以后，均未能按年清款，或全未报解。现在总理各国事务衙门奏请变通练兵章程，所拟六军马步口粮并文武员弁薪水等费，每月已需银五万二千馀两，续添应支之款多寡尚未能豫定，均应于原定饷内供支，若各省仍复报解参差，或短欠划扣，必致临时贻误，关系匪轻。着照户部所请，所有各该省应解固本饷项，仍照原定数目改解部库交纳。自奉文日起，或一月一解，或两三月一解，总须按期赶到，不准稍有拖延。如该督抚等任意迟逾三月不解，即由户部指名严参，照贻误京饷例议处。从前欠解之款，并着免其补解，以示体恤。至此项各省饷银到部，经委员交兑清楚，着由管库大臣当堂发给批回，毋庸领取回省限照，亦毋庸另备科道衙门验批，以省周折，等因。'”钦此。钦遵行司办理。

伏查江西军务虽已告竣，而缉捕土匪、游匪，弹压遣撤勇丁，尚资兵力，是以留防水陆各军，需饷尚属不少。且每月应解邻省协饷，以霆字营为最巨，其次则甘肃、贵州二省，均催提紧急，势不可缓。所征地丁等银及抽收厘金，只有此数，除本省例支各款外，尽数支解防饷、协饷，仍属入不敷出，以致直隶固本兵饷，先于八月间仅只委解银一万两，业经奏明在案。

伏思此项兵饷为根本要需，现当变通章程、简练卒伍之际，饷项断不可缺。且仰沐天恩，从前欠款免其补解，体恤周至，钦感难名。臣等具有天良，何敢以筹措艰难稍事延缓。惟有与藩司设法匀拨，每按两月一解，源源接济，借供要需。兹据藩司孙长绂详报："江省奉拨每月固本兵饷银五千两，应以九月初十钦奉寄谕之日起，现于同治五年地丁项下动放银一万两，饬试用知县蔡厚桢领解，定于同治五年十一月初三日起行，由陆路前赴户部交纳，作为九、十两月前项兵饷。仍俟征收有著，即当按期续解"等情，详请具奏前来。臣覆核无异。

理合附片陈明，伏乞圣鉴。谨奏。

汇案请奖出力营员先开呈霆字精毅两军折同治五年十一月二十七日

奏为遵旨查明霆字、精毅两军截击窜贼，并赴粤会剿，克复嘉应，荡平发逆出力人员，汇案请奖，恭折仰祈圣鉴事：

窃查同治四年九月间奉上谕："据刘坤一奏，江西赴粤会剿各军叠次获胜一折。席宝田一军由平远近逼镇平，贼众来拒，席宝田挥军杀贼六七千人，生擒二三千人。汪逆复与伪东平王继至，官军分路迎剿，又毙贼三四千人，将伪东平王一股全行击散，前后招降一万三四千人。娄云庆一军出平远之八尺墟，闻贼折窜大柘，率队驰往邀击，毙贼三千馀名，生擒八十馀名。复由间道追剿，又毙贼三千馀名，生擒一百馀名。援剿甚为得力。"又于十月间钦奉上谕："刘坤一奏湘军追杀窜贼，定南、龙南击退扑城股匪，并官兵扼剿大胜一折。逆匪由青龙等墟败窜后，经总兵王开琳督队进攻，逆众自相蹂躏，死者不计其数。悍贼列阵抗拒，王开琳等继进，斩馘千计，馀匪翻山而逃。前股窜至定南厅天花寺等处，分股直扑厅城，同知王大枚督团守御，毙贼甚多。该逆退至下历墟等处，适王开琳追至，复毙多贼。该逆复窜龙南，为知县王家杰击退，斩获甚多。旋窜至信丰县属之铁石口，入犯赣南，经臬司席宝田率师扼剿，叠获大胜，汪逆受伤败遁，计歼除悍贼万馀人，生擒千馀名，剿办尚称得手。所有尤为出力之贵州按察使席宝田，着加恩遇有布政使缺出题奏；其馀出力各员，着刘坤一查明汇案请奖。"又于五年正月间奉上谕："本日据刘坤一奏，江军进逼嘉应获胜，会同收复州城，并左宗棠、瑞麟、郭嵩焘奏收复嘉应州城，追剿窜匪，全股荡平，详细情形各一折。览奏曷胜欣慰，业已明降谕旨宣示。”又臣具奏发逆扑灭，江西边境解严，请将出力将士及司道委员并各府县绅团量予奖叙一折，于二月十一日递回前折后开：“军机大臣奉旨：‘览奏均悉。江西出力将士人等，准刘坤一择尤保奏。’”钦此。均经转行遵照去后。兹据各营各属将出力人员开折禀保前来。

臣查同治三年，苏、浙、金陵窜贼悉萃江西，叠被大兵痛剿之后，伪康逆汪海洋犹敢纠合馀烬，盘踞闽疆，继复窜扰粤东，窥犯江西边境。经在防各军出境迎剿，绕道邀截，屡挫凶锋，该逆始遁伏嘉应。复经各军赴粤会剿，克期扫穴擒渠，尽歼丑类，荡平逋寇，安定群生。诸将士懋着辛勤，厥功甚伟，即近粤厅县官绅、兵勇，固守城隘，力保边疆，咸能协力杀贼，亦属劳苦功多。至留防各郡水陆官兵与夫筹办军务、接济饷糈、军火各员弁，久在兵间，艰难共济，始终匪懈，克成厥勋。仰荷天恩，均准酌保。惟营头甚众，虽每军仅择其尤，而合计人数，仍复不少。若汇作一案，则连篇累牍，披阅不易。谨拟分为数案，次第陈请。今先将霆字、精毅两军出力人员，作为第一案，择其劳绩最著者，开列清单，恭呈御览。其出力稍次者，咨部注册，以把总、外委拔补，用示鼓励。此外各营，容即接续核办。

理合会同署两江督臣李鸿章恭折具奏，伏乞皇太后、皇上圣鉴训示。谨奏。

江省无力再筹席宝田军饷折同治五年十一月二十七日

奏为江省应解协饷已巨，库款支绌，无力再筹贵州臬司席宝田军饷，吁请改拨，恭折沥陈，仰祈圣鉴事：

窃臣承准军机大臣字寄："同治五年十一月初一日奉上谕：'席宝田一军需饷甚迫，着刘坤一懔遵前旨，按月协解该营饷银四万两，毋令缺乏。席宝田不敷饷银二万两，着崇实、骆秉章、李瀚章遵旨迅筹协拨。'"等因，钦此。

伏查江西省自咸丰二年办理防剿，时阅十五年之久，用饷数千万之多，钱漕未能接济，继以劝捐抽厘，捐厘仍属难敷，不得已而动用关税。今年军务告竣，找补欠饷至二百万有奇，库款所储，悉归罗掘。且值兵燹之后，小民荡析离居，加以水旱洊臻，征收甚歉，地方萧索，商贩不前，数月以来，倍形拮据，而供亿本省及各省军饷，为数犹不赀也。江西甫经肃清，土匪游勇时虞窃发，兼以邻省警报频仍，不得不酌留水陆各军，分途防范弹压，合计每月饷项及制造火药、器械经费与夫局员、书役薪工约需八万三千有奇。及霆营剿捻之饷，每月协济七万两，并于楚北设立转运粮台，月需薪粮一千馀两，臣以中原事棘，所系匪轻，督饬藩司如期拨解，未便稍有短少拖延。又李元度援黔之饷，每月协济一万八千两，自八月后，由湖南委员按月催提，亦属刻不容缓。又直隶固本京饷每月五千两，前仅解银一万两，仰沐天恩，悉免旧欠，自九月起两月汇解，何敢再事稽迟。又甘肃协饷每月二万两，只因无款可筹，先后仅解过银四万两。此次陕甘督臣左宗棠道出南昌，亲来与臣计议，臣以甘肃军务实为西北大局所关，左宗棠之行务期迅收成效，江西无论如何设法，自属不能推辞。除当筹银二万两交左宗棠带至湖北，转解前陕甘督臣杨岳斌行营，暂应眉急外，臣已面许左宗棠，自明年三月起，按期如数筹拨。以上五款，通年合算，共需银二百三十六万有奇。约计江省每年进款之数，地丁正耗约收银一百万两上下，厘税自裁坐贾并减小卡，约收银一百三十万两上下。地丁之内，每年例支绿营兵饷及文武养廉、世职俸薪等银约四十万两；厘税之内，协济兵部右侍郎臣彭玉麟水军饷银每年约银十四万两上下。两项所馀仅止一百七十馀万两，尽数匀解前项各饷，计不敷银六十馀万。此外尚有应给阵亡员弁、兵勇恤赏，应付过境兵差，应解部库如五年之十万两、六年之二十万两，以及各省年例协饷，本省办理善后用费，均不在此数内。至于捐输一项，业已至再至三，无可劝办。现米捐局每月造册请奖，多系从前已收之数，今始送到履历核详，并非续收银两。其漕折一项，每年约收银七八十万两，应先尽拨解部库，以供折放。尚有新拨漕运总督之二万两，有馀无几，不能不留备缓急。是江省以征抵解，业已入不敷出，勉力支持，时虞匮乏。本省应办事件动用，费无所出，概置缓图。今若再添贵州臬司席宝田每月协饷银四万两，一年需银四十八万两，实系无从筹此巨款。臣前次覆奏折内声明，既须拨解席宝田之饷，则不能兼顾李元度一军，如悉撤席宝田各营，即遵解李元度半饷，诚已通盘筹画。协济一军已属万难，尚不料入秋以后，度支如此竭蹶，其势安能再增？若贸贸然许之，卒无以应，致席宝田饷项虚悬，或至挹彼注兹，挪欠霆营各处之饷，将来同为贻误。席宝田有功江省，且与臣共事有年，如果力所能为，何肯意存膜视。伏读谕旨，敕席宝田招勇十营或十二营，以楚军每营五百人计之，则五六千人，所需月饷少则不满三万，多亦三万数千。湖南与黔紧邻，责无旁贷，又有四川分任该军之饷，计各一万数千，似不至于棘手，无庸索之江西。江西设有黔捐局，办理颇经就绪，是亦所以协黔也。合无仰恳天恩，俯念江西艰窘情形，敕部将席宝田军饷另行改拨，或令川、楚分解，俾免缺误，无任感悚之至！

理合恭折覆陈，伏乞皇太后、皇上圣鉴训示。谨奏。

查阅九赣两镇营伍回省甄别折同治五年十一月二十七日

奏为恭报查阅九、赣两镇所属营伍回省日期，并将衰庸各员弁严加甄别，以肃军政，恭折仰祈圣鉴事：

窃臣于秋间钦奉谕旨，派阅江西营伍，当将起程日期，并先经调阅臣标左右二营及南昌城守营各官兵先后奏报在案。

臣拜折后，即轻骑减从出省，先至九江府城，会同九江镇总兵黄开榜，将镇标前后水师三营及南康、南湖二营官兵，调齐阅看。其武宁营兵丁，因道路不便，委员往阅，该营员弁俟臣调省再看。随赴饶州、广信、建昌、宁都等府州，将饶州、鄱湖、浮梁、广信、铅山、建昌、抚州、广昌、宁都、永镇等营官兵分别调齐考校。复由宁都至赣州，会同护赣州镇总兵荣瀚，将赣标中、左、后、城守、兴国五营官兵考阅，其南安、文英、横冈、羊角等营官弁，亦调赴赣州考验，兵丁因道途遥远，仍行委员往阅。又由赣州至万安县并吉安、临江二府，调齐万安、龙泉、吉安、永丰、莲花、临江、瑞州、袁州、铜鼓各营官兵，逐一校阅事竣，于十一月初四日回省。

臣察看通省各营阵式，步伐整齐，队伍严肃，连环枪炮，声势联络，籐牌、刀矛、云梯等项杂技，亦尚跞捷。营员兵丁及选锋各兵马、步箭中靶数在七成以上，鸟枪、抬炮准头亦数在六成以上。除将技艺较优各弁兵分别赏拔记名；技疏而年力汉仗尚堪造就者，分别记过，责令勒限练习；材艺疏庸，衰弱疲软，不堪振策者，概行革伍。惟查有九江前营游击存禧性情疏懒，后营游击刘长培声名平常，广昌营都司于宣、临江营都司叶鸿章营伍不振，守备衔署宁都营守备事标下左营千总朱绍贤，尽先千总署饶州营把总徐金亮约束不严，姑念年力尚强，尚堪造就，应请撤任。赣标左营外委钟荣升、尽先外委袁州营额外黄瑞麟、尽先把总暂代临江营外委本营额外张凤贵，以上三弁，技既生疏，人亦委顿，均应革职。署九江前营右哨把总傅立全、南湖水师营候补千总郭荣桂、九江前营右哨外委熊魁、署后营左哨外委事本营候补把总郭森桂、水师营额外柳贵、蓝翎千总建昌营额外邓连升、赣标中营守备调补南昌城守营守备丁庆扬、赣标右营把总张朝相、吴世廷、都司衔尽先守备南安营把总萧万景、吉安营右哨外委王飞鹏，以上十一弁，均庸劣衰颓，应请勒休。赣标后营学习恩骑尉世职曾步云、铜鼓营学习云骑尉世职查承恩，均学习懒惰，应革退随营，仍留世职。都司衔尽先守备龙泉营把总潘玉贵、蓝翎守备署建昌营把总周拔魁、蓝翎把总建昌营外委管钟秀，弓马枪炮无准，潘玉贵应革去都司衔，周拔魁应降为千总，管钟秀应降为外委，均仍留任。其馀员弁有技艺稍疏者，分别记过，饬令勤加练习，以观后效。并据各该镇及各该将官揭报前来。臣另咨督臣，分别照例办理。

至各营军装器械，查点无亏，马匹尚多膘壮，沿途塘汛墩台亦各属完整。臣仍随时留心稽查，实力整顿，务期力挽颓靡，于营伍日有起色，以仰副圣主整饬戎行之至意。

再，南昌城守营守备丁庆扬勒休，遗缺系陆路部推之缺，江省现有军功著绩尽先人员，应请由外拣员请补，合并陈明。

所有臣查阅九、赣两镇所属营伍回省日期，并将衰庸各员弁严加甄别，以肃军政缘由，理合恭折具奏，伏乞皇太后、皇上圣鉴训示。谨奏。

察看湖口形势片

再，臣前次覆奏洋务折内，声明阅兵之便，前往九江察看形胜，与兵部右侍郎臣彭玉麟密筹妥办。及臣定期出省，即经函约彭玉麟在于湖口晤商。适彭玉麟前往两江督臣曾国藩行营，刻难赶到。臣于九江阅兵事毕，道出湖口，察看该城背岭面江，湖面至此颇狭，实为江西咽喉，且距九江府仅六十里，易于联络声援。咸丰四、五年间，发逆盘踞湖口县，于对面之梅家洲另筑伪城，夹岸而峙，不惟下游官军不能深入江西，即攻九江之师亦大受其牵制。嗣经兵勇撤毁，迄今议者惜之。此时无故兴修，恐滋洋人之忌。臣暗令人量测水势，自湖口县横过梅家洲，宽二百三十馀丈，深处三丈七尺有馀，设一旦长江有警，临时尚易设防。其大姑山在湖口县上游四十里，孤悬湖中，两岸太阔，可毋庸议。至彭泽县之小姑山，在湖口县下游五十馀里，非臣经过之处。初拟轻舟前去，亦虑洋人生疑，当嘱九江镇总兵黄开榜潜往量测水势，并详细绘图前来。臣查该山亦在江中，距南岸之彭郎矶宽二百三十馀丈，深处至十六丈，距北岸之小姑窝子宽六十丈，深处三丈五尺，亦不若湖口县之较易为力。且以江西一省论之，湖口县尤为扼要也。

理合附片密陈，伏乞圣鉴训示。谨奏。

查覆义宁绅士京控折 同治五年十一月二十八日

奏为遵旨查明，恭折覆奏，仰祈圣鉴事：

窃查准都察院咨：“江西监生余震龙以团练绅民殉义，并合力捐资，恳请旌奖等词，联名呈诉一案，本院于咸丰九年九月二十日具奏，二十一日奉上谕：‘都察院奏江西监生余震龙等以团练绅民殉义，并合州出力捐资，恳请旌奖等词，赴该衙门呈诉，据称江西义宁州自咸丰二年办理团练，捐资助饷，杀贼立功，经该州详报，请增广学额，并将殉难士民请恤，因书吏延搁，未蒙办理。案关团练要务，必应切实根究。着恽光宸即将所控各情确切查明，如果书吏延搁，着即严行惩办，并将增广学额及殉难各士民分别具奏，以慰忠魂而励众志。原告监生余震龙，该部照例解往备质。’”钦此。当经前抚臣恽光宸行司饬提人卷来省，发委前任南昌府知府许本墉查讯，因原告人等均各出外贸易，屡催未到。许本墉卸事，署南昌府知府盛元到任，催据义宁州传集原告监生余震龙、举人陈宝箴、涂家杰、钟遇辰、吴邦俊等，检同卷宗解府，确核该州历年捐资办团防剿出力殉难各绅民，先后详请奖恤各原案，讯明议拟，由署按察使吴兆麟、署布政使文辉、督粮道段起、候补道联福会详前来。

缘余震龙等均系义宁州绅士。咸丰二年秋间，湖南浏阳县土匪滋事，逼近义宁州境，该前州劝谕余震龙等于城内设立总局，八乡各设分局，办理团练，扼要防堵。三年，粤匪由湖北窜入州境，均赖各乡团勇击退。嗣又随同官军两次克复州城，并攻克铜鼓营、武宁、建昌等营县城池，并调援省城，协剿奉新股匪，屡立战功，官绅、兵勇、商民阵亡殉难者甚多。历年支用勇粮、军装以及捐助土硝、军饷、积谷修理城垣等项，除由省给发南昌府义仓谷一万石外，馀俱按粮按户派捐，统计城局捐钱三十万串零，八乡分局捐钱八十三万馀串，收支数目均系局绅办理，不经官吏之手。七年，该前署州郭毓龙将城局捐钱合银十五万二千馀两，请以十万两加广该州永远文武学额各十名，又以五万二千两加广一次文武学额各二十六名，由善后总局详经前抚臣奏准部覆。其各乡局捐钱八十三万馀串，亦经造册请奖。经总局司道查核款目，诸多舛错，辗转驳查，直至同治五年始据该州督同原办局绅逐款核实造报，由善后局详经臣具奏。至合州出力绅民，均据总局查明，分别内奖外奖，并殉难生员刘必达等，先后详经前抚臣奏咨奖恤。又殉难阵亡兵勇、商民，先据该前署州郭毓龙造册详，咨准兵部，以册内兵勇、商民笼统开报，驳回另造。此义宁州办团捐资请奖请恤之实在情形也。

讵余震龙等于咸丰九年间，因见奖恤各案均奉驳查，心疑书吏故意驳诘延搁，随以出力诸人簿请奖励捐资数十万，含混办理，殉难阵亡仅办三千馀人，生员刘必达等未经奏恤，并因时值派捐团费，每漕米一石加米七斗。又怀远都均属外省客民，其零星漕粮、税契，向系以钱折银完纳，嗣因钱价长落不一，致征数多寡不同，其实扣合银数，仍与别都相等。余震龙等误听该都昔存今故之赵姓客民之言，谓每漕米一石折纳钱七千文，每税契银一两折纳钱一百三十文，因而牵砌浮收漕粮税契等情，做就呈词，公佥余震龙赴都察院呈控，奏奉谕旨，交前抚臣恽光宸查办，行司饬府提讯，原告人等出外贸易，屡提未到。兹据署南昌府知府盛元催据义宁州传集余震龙等，检同卷宗，解府查讯，各供前情不讳，究诘不移，案无遁饰，由司道会议具详前来。

臣查此案，义宁州乡局派捐团费请奖原册造报舛错，系总局司道核明驳查，其殉难阵亡兵勇、商民请恤原册开造笼统，系咨准兵部驳查，均与书吏无涉。乃该监生余震龙等辄疑书吏驳诘延搁，并误听人言，牵砌浮收粮税，赴京控诉，本有不合。姑念控出有因，究为地方公事起见，与挟私妄告者有间，且已据实供明，情尚可原，应请免其置议。书吏并无延搁情弊，应与已故之赵姓客民均毋庸议。各乡局捐输防剿出力绅民及殉难生员刘必达等，业已分别奖恤。经部驳查之阵亡殉难兵勇、商民，并尚有全家殉难商民，骤难查得姓名者，现饬该州督同团绅并晓谕族邻赶紧查办，以慰忠魂。该州漕粮税契均遵定章征收，嗣后零星小户，或银或钱，应听民便，不准一概折纳，以杜浮收。

再，查嘉庆三年改宁州为义宁州，系钦奉特旨更改，非臣下所敢渎请。该监生等请援案改为“忠义州”之处，应毋庸议。

除供招咨送都察院外，所有查讯缘由，理合恭折覆陈，伏乞皇太后、皇上圣鉴训示。谨奏。

覆陈官垫民欠仍请免赔折同治五年十一月二十八日

奏为豁免案内官垫民欠银两，着落赔补，实效难期，转虞滋弊，恳恩仍准援案豁除，恭折仰祈圣鉴事：

窃查同治元年钦奉恩旨，查豁咸丰九年以前民欠银米等项案内，据藩司、粮道查出，自道光三十年起，至咸丰九年止，官垫民欠地丁等款银三十二万八千八百四十七两零，又垫完民欠漕米、兵米一十四万六千六十五石零，按照折价及各属交代抵价合银二十一万四千三百四十三两零。又道光二十五年起，至咸丰九年止，馀租银三万一千五百六十四两零，俱系挪缺征存正杂钱粮。今积欠豁除，不能再征于民，垫款尽成无著，原垫各员中多殉难病故及参革离江，无从追赔，地方被扰之后，元气未复，不容再事科敛，未便责成现任摊补，惟有援案概请豁除，详经臣奏准户部议覆：“查同治元年，曾国藩请将江西各州县未完摊补等款全行豁免，原为整饬吏治起见。迄今仅逾数载，该抚复查出官垫民欠银米共银五十七万四千七百五十四两，概请豁免，是江西各州县之亏挪无有纪极，倘异日复援以为请，将钱粮终无收实之期，徒使不肖州县影射侵亏，益复无所顾忌。官垫已干例禁，何得更许豁除？臣部碍难核准。相应请旨敕下江西巡抚将各州县挪垫银两勒定限期，着落各该员全数赔补，逾限不完，即行据实参办"等因，同治五年五月初十日具奏，奉旨："依议。"钦此。即经转行钦遵办理在案。

伏查江西从前历次豁免民欠案内，查出挪垫及清查案内，因公挪缺各款银两，前于同治元年经督臣曾国藩奏沐圣恩全行豁免，毋庸州县摊补。原冀此后官无赔累，民无科索，庶赋额可期年清年款。若既豁摊款之后，经征钱漕复有亏挪或垫解，虽在请豁摊款以前，而挪银并非解充仓库要需，或虽系解充仓库要需，而议赔实可追完，自应恪遵部议着赔，曷敢再事渎请。只缘本届豁免民欠案内，查出挪垫银两系垫完咸丰九年以前钱漕，当其挪垫之时，尚未请免。往年摊款，委非已免捐摊之后复敢亏挪。其所垫银两，实因该年漕粮限提充饷，迫不容缓，民欠骤难征齐，不得不暂挪应解，免误军用要需。嗣以所垫民欠恭逢恩旨豁除，以致挪款无从征收归补。调查征簿数目相符，并无影射侵吞，亦非挪充别用，今若着落原挪之员赔补，其中事故离省者居其大半，咨追徒托空言，完缴终鲜实济。即有现尚在江服官者，在该员移乙年之款解甲年之粮，当日本非稍润私囊，此时何从措缴？且当此力求整顿吏治、休息民生之际，各牧令既须责以廉隅自矢，尤贵恤其力所未能。今遽令赔此巨款，中材以下恒多患得患失之心，顾虑处分，计无所出，难保不私自科敛民间，甚至别亏库项，但图救过一时，遑计民生国帑。是议赔之举，收效难期，流弊诚所不免。溯查道光十五年豁免民欠案内，挪垫银两，议令原挪之员赔补，悬宕多年，追完寥寥，有名无实，碍难援办，一再驳经改议，责成现任州县摊捐完案。今摊捐之举既属难行，追赔又无实济，惟有仍请援案豁除等情，据署布政使文辉、督粮道段起会详请奏前来。合无仰恳天恩，俯念此次查出官垫民欠，系在督臣曾国藩请免摊捐以前之事，所挪银两早供国用，准其援照成案一体豁除，邀免着赔，并免处分。此后各州县征解钱漕，臣惟当督饬该司道，严饬实力催征，据实报解。如查有挪掩侵亏，以及借端科派情弊，即行从严参办，断不敢稍事姑容，同干欺隐之咎。

理合会同署两江督臣李鸿章恭折具奏，伏乞皇太后、皇上圣鉴训示。谨奏。

拿办铅山戕官刁民片同治五年十一月二十八日

再，铅山县湖坊司所辖之茅排地方，毗连闽界，山深箐密，各处客民均在该山做纸、挖煤，以为生计。内多无籍游民，倏来忽去，良莠不齐，人心浮动。同治四年十月间，前任铅山县湖坊司巡检范培接据民人李下元禀报，伊家于是月二十七夜被贼窃去牛犬，在窝户周老猴家扭获积贼刘溃林，被周老猴、周老鼠夺脱。即经范培饬令弓兵胡胜等将周老鼠拘案，押交赃贼。旋有监生王添发向范培说情，将周老鼠释放。李下元率同妇女至巡检衙门哭喊，范培将其妇女掌责。时有李下元素识挖煤现获之黄幅仔、朱广幅即朱毛儿，闻之不服，同往巡检署内哗辩。铅山县知县祥安访闻，提案赴县讯办，并因黄幅仔、朱广幅事不干己，辄赴官署争论，杖责示惩。黄幅仔等以被县责惩，由范培办事不公而起，心怀忿恨；又以该巡检遇有煤洞、纸槽人等口角争讼，讯断每有失平，致滋众怨；监生王添发随事干预偏袒，亦为道路侧目，起意纠邀煤洞、纸槽人众报复，乘势抢掠。旋经广信府知府钟世桢及该县祥安以范培不洽舆情，禀请撤参，由府饬委候补从九品郑承先前往代理。其时黄幅仔、朱广幅已纠允格毙之王康林、现获之丁昆喜、王果俚、游贵仔、江云和、周牛仔、吴幅淙、陈良发、杨告化、熊毛儿、孔雨得、吴成得、陈长罄、孔丁美、杨义俚、王茂发、朱唐茂、祝皮儿、徐谱旺、李溃喜、汪善有、李毛儿、周三保、汪高旺、吴延中、傅长旺、姜先进、罗吉、姚溃其、李良荣、姚幅兴、丁毛倪即丁南波、孙班班鸟即孙海受等，又在路逼胁民人张全山、黄苟仔、吴庭中、黄俚仔、黄细英、熊细旺、李东保、杨金亮、李幅受、江才旺、李旺孙、徐启荣、张金三、李溃富、林双喜、张添兴、谢淙儿、傅同兴、姚添陇、郑先才、吴大毛、程林仔、余老而、姚发兴、平兴达、叶义幅、李茂喜、陈开旺、陈冬溃、孔蔡旺、吴进中、张选晋、汪高仔，同行首伙六十八人，用蓝白布裂旗，各持器械，以“天明大士”为口号，于本年九月十八日夜三更时候，齐往湖坊。张全山等三十三人畏惧不敢进村，躲在远处。黄幅仔等先到范培寓所寻觅未见，朱广幅即将该巡检家丁蓝芳杀毙，复至代理巡检郑承先所寓徽州会馆喊叫，郑承先带同弓兵胡胜出外弹压，黄幅仔、丁昆喜复将郑承先戕害，朱广幅、王果俚、游贵仔、江贵和亦将胡胜杀毙。周牛仔、吴幅淙、陈良发、杨告化至王添发家寻觅不见，将其长子王奇零、三子王衰狗砍伤身死，并将徽州会馆焚毁。因闻附近各村业已齐团，次日退往西山周家，欲寻周老鼠未获。正图添纠党与抢劫河口镇，该县祥安闻报，即会营督率兵役团丁，驰往追捕。适值臣行抵信郡阅兵，即饬钟世桢派委前署玉山县知县章澂、署广信营参将李升平，率领郡城兵勇兼程前进，督同该县营及各乡绅团兜剿。该犯等犹敢恃众迎敌，拒伤兵团数人，当被团勇格毙王康林，馀始败窜。随于铅山境内捕获首犯黄幅仔等四十二名，又经兵役团丁跟踪追至福建建阳、邵武二县境内，续获要犯孔雨得、首犯朱广幅两名，并据弋阳县知县吴裕绅督饬绅团擒获要犯丁昆喜等二十三名。臣复饬钟世桢亲赴铅山查办，督同印委各员提犯研讯，据供前情不讳。当将为首纠众及随同戕害巡检拒敌官军之黄幅仔、朱广幅、丁昆喜、王果俚、游贵仔、周云和、周牛仔、吴幅淙、陈良发、杨告化等三十四名，先后就地正法，以昭炯戒。胁从之张全山等三十三名，讯系仓猝被胁，并未帮同戕官拒捕，情尚可原，各交家族保领管束，以省拖累等情，禀报前来。

臣查铅山县茅排地方，游民聚处，凡做纸、挖煤者，类多亡命之徒，最易煽惑滋事。该犯黄幅仔等因巡检讯断失平，辄敢借端纠众戕官，图劫河口镇，藐法横行，形同叛逆，实属罪无可逭。兹经各该县营先后捕获正法，足以大彰儆戒，借慑匪类邪心。张全山等既系胁从，自应从宽保释，以昭法外之仁。臣仍严饬该府县将茅排地方认真编查保甲，使宵小无从匿迹，以杜后患。贼犯刘溃林、窝户周老鼠等，饬缉获日另结。剿捕出力之各绅团，由臣赏给军功顶戴，俾资鼓励。铅山县湖坊司巡检范培，徇情纵放贼窝，平日又复违例擅受，听断不公，以致酿成事端，咎无可辞，相应请旨将该巡检范培即行革职，永不叙用。监生王添发遇事干预，致激众怒，亦咎有应得，应请革去监生，以示惩儆。铅山县知县祥安、广信府知府钟世桢于所属巡检擅受偏断，先经禀请撤参，迨黄幅仔纠众戕官，随派兵团驰往剿捕，首从悉就歼擒，应请免其议处。代理巡检候补从九郑承先，因公被害，情殊可悯，并请饬部议恤，以慰幽魂。

又永新县绥源山内亦有匪徒潜聚，冀图起事，当经该县营捕获要犯李合其等多名，馀悉解散。现饬提府审办，其详细情形，俟吉安府禀覆到日，另行奏报。

所有铅山刁民聚众戕官，业经获办缘由，理合附片陈明，伏乞圣鉴训示。谨奏。

请奖张岳龄周宽世二员片

再，统领平江营按察使司衔江西候补道张岳龄，以所部一千数百人，外捍狂氛，内剿土匪，战功屡著，地境肃然。上年得疾缠绵，犹复强起治事。霆营自闽饥溃，更赖委曲调停。至于约束勇丁，秋毫无犯，尤为近来所罕见。合无仰恳天恩，俯准赏加布政使衔，并赏给该员父母二品封典。又统领铨字营前湖南提督周宽世，初抵江时，适值大股逆匪窜逼省城，人情危惧，该提督奋袂而起，孤军启行，卒能保全地方，至今江西绅民犹知感颂。嗣后防剿各处，亦属历著辛劳。其应如何奖励，出自天恩。

理合附片陈明，伏乞圣鉴训示。谨奏。

永新县匪徒谋逆获犯审办折同治五年十二月二十日

奏为永新县匪徒潜聚谋逆，获犯审办，恭折奏祈圣鉴事：

窃查永新县绥源山内匪徒潜聚，冀图起事，当经县营获犯多名，馀党解散，业经臣附片陈明在案。

兹据吉安府知府定祥、永新县知县韩懿章禀报：同治五年九月初七日，该县韩懿章与署莲花营都司余大胜，访闻南乡绥源山内有匪徒敛钱聚众，图扑县城，即公同商定余大胜与县丞、典史督率兵勇绅团防守城池，韩懿章与把总、外委率领兵勇添调乡团驰往拿办，一面移会连界之龙泉、泰和等县，一体兜捕。先后拿获首犯李合其、金生亮、吴光发，要犯杨九俚、段康五、段正妹、张映俚、吴亚俚、周接俚、李龙降、龙仔官、张凤开、吴勇堂、吴白苟、李友生、颜水冬瓜、颜和尚、陈洪茂、杜连发、涂观生，内应斋妇刘陈氏及其乞养子刘接开，被胁铁匠朱鹤龄，被胁上名未同行之张凡俚、张四开、史苟仔、吴中秋、史吉之、尹云山、吴妹俚、王三苟、李金生、吴裁成、吴亚四、尹汝俚、张学怡、张权俚、吴月九、唐道生、唐尚清、朱元、吴鹏俚、吴凤彩、戴元才、刘秋官、叶才光、张成芳，并查明要犯吴善踏头，闻拿畏罪自缢身死。讯据各犯供认，南乡绥源系在逃之吴宾官为首，西乡系金生亮为首，东乡系吴光发为首。李合其先在原籍信丰县被石达开股匪掳去，曾受刑审伪职，嗣为官军击败，携带大军略、统戎、巡察、刑审伪印四颗，潜逃回江，同治四年六月至泰和县山僻梁家屋地方空棚居住，与同在贼营逃出之涂观生及在逃之邹三时相往来。李合其用洋布蜡光纸造有伪官执照并保家凭据多张，盖用伪印，令涂观生、邹三等潜在各处售卖，声称不久有贼兵到江，得此可以保家，意图敛钱勾人乘间起事，陆续骗得钱文，不记确数。金生亮先习拳棒，嗣拜安福县在逃斋匪陈光明为师，习金丹教，又名黄教，曾受天恩、证恩、引恩、元帅名目，并“天恩”、“证恩”小印，黄绸小令旗。吴光发教拳棒卖药营生，其子吴勇堂亦经从贼潜逃回家。吴宾官与胞叔吴善踏头向习洪教，屡次招人拜台，杨九俚、吴善踏头等先后被诱入伙。此次图攻永新县城，系吴宾官起意，勾结金生亮、吴光发纠党帮助。吴宾官因知李合其曾充贼目，藏有伪印执照，足以假借号召。五年七、八月，屡至李合其山棚，声称愿归管束，请封伪职。李合其当给吴宾官正统戎执照，并刑审伪印一颗，在逃之段五庆副统戎执照、统戎伪印一颗，金生亮统戎执照，涂观生巡察伪印一颗，邹三指挥执照。吴宾官又向李合其领得空白纸布伪照多张，转封吴光发为大元帅，杨九俚为将军，吴亚俚为检点，张映俚为指挥，并各处胁人上名，每名得钱三千六百文至三百六十文不等。随令周接俚制造旗帜，雇在逃铁匠唐恩普、朱寿禄打造大刀、腰刀数十把，逼胁过路铁匠朱鹤龄打造大刀、腰刀各一把，买得线枪数杆，议定九月初八夜子丑时破城，令龙仔官邀党入城为内应，商允城内斋妇刘陈氏窝藏，其乞养子刘接开适在外，不知情。又约定攻城之时，各人左手衣袖卷起，右手衣袖放落，左腿裤脚卷起，右腿裤脚放落，南乡以红布裹头，西乡以青布裹头，东乡以三角纸旗插头为记，城内放火，城外杀人。张凤开恐吴宾官人少，转纠永宁县斋匪黄三详邀人助逆。届期吴宾官与杨九俚、段康五、段正妹、张映俚、吴亚俚、周接俚、李龙降、吴白苟及在逃之段五庆等三十六人，在绥源宰猪祭旗，各持旗械，出龙源口，留吴勇堂守巢，令张凤开往永宁催黄三详人马。金生亮与在逃之金高林、刘小老五率党五十馀人，颜水冬瓜、颜和尚与在逃之颜谟烈等十二人，在西乡祭旗起身，至离城五里之沙洲上。吴光发与陈洪茂、杜连发与在逃之陈八俚等百馀人，由东乡至茶山地方。均因探知城中有备，龙仔官所纠内应不能进城，旋各散归，其被胁上名之人俱畏惧躲匿，未经同行。李合其令涂观生及在逃之王道修同赴龙泉纠人，与黄三详永宁伙党均尚未集，即经该县韩懿章等赴乡查拿，遂各逃散。先后获犯，分别解府查讯，供悉前情。经该府县将李合其、金生亮、吴光发、杨九俚、段康五、段正妹、张映俚、吴亚俚、周接俚、李龙降、龙仔官、吴勇堂、颜水冬瓜、颜和尚、陈洪茂、杜连发、涂观生、刘陈氏正法，并将李合其等传首枭示。吴白苟留作眼线，踊缉在逃各犯。张凤开暂留备质。李友生坚不承认，俟拿获吴宾官质明办理。刘接开于其义母允作内应，讯未知情，朱鹤龄系被胁打刀，张凡俚等二十四名被胁上名，均未同行，情尚可原，概请免其置议，取结保释，以省拖累。吴善踏头畏罪自尽，应毋庸议。起获旗械伪印等件，案结销毁。等情前来。

臣查该犯李合其本系发逆馀党，金生亮、吴光发及杨九俚等，或习洪教、黄教，或教拳棒，辄敢与在逃之吴宾官等伙谋起事，图扑永新县城，实属不法已极。幸该县营先事访闻，立获首要多名，讯明正法，馀党解散，消患将萌，使地方不致受害，办理尚属妥速。其胁从各犯，讯无同谋重情，自应准其保释，予以自新。

除饬严缉逸犯黄三详、吴宾官等务获究报外，所有永新县匪徒潜聚谋逆，获犯审办缘由，理合会同署两江督臣李鸿章恭折具奏，伏乞皇太后、皇上圣鉴训示。谨奏。

审明已革都司擅封徇庇分别议拟折

同治五年十二月二十日

奏为讯明已革署都司姚元盛擅封民房，徇庇兵丁，分别议拟，恭折仰祈圣鉴事：

窃查前署横冈营都司、尽先补用游击姚元盛，擅将职员赖宗宦房屋封锁，并不听定南厅委员查勘，复不将兵丁送案，经臣据实奏参，声明饬令吉南赣宁道督同赣州府就近提集人证讯办，同治五年二月十四日奉旨：“姚元盛着先行革职，提集人证，严讯确情，从重惩办。该部知道。”钦此。即经转行钦遵去后。兹据署吉南赣宁道张岳龄督同赣州府知府王德固提到职员赖宗宧、革员姚元盛、兵丁凌世荣等讯明议拟，具详前来。

缘姚元盛籍隶萍乡县，在本省防剿著绩，叠保游击，留江尽先补用，同治三年委署定南厅横冈营都司印务。该营城垣建设厅属下历地方。四年五月间，霆营叛勇窜近定南厅境，有在营城居住之议叙从九品职衔赖宗宧虑被叛勇扰害，即令其妻及弟妇连日陆续携带银钱衣物出城，运往山僻各母家寄住。闰五月初五日，经姚元盛查知，以叛勇逼境，正须借资民力帮同守城，赖宗宧家首先逃避，诚恐合城居民效尤涣散，随亲带兵丁至赖宗宧家禁止。值赖宗宧护送眷属出城未回，姚元盛当即将其房屋前后门封锁，派兵已到案之凌世荣、赖宗礼、谭才光、何振辉、叶荣兴、何振洪，未到案之何士贵、赖绍林八名在门外看守，用以示罚，借定人心。初七日早，凌世荣看见赖宗宧家有放外养猪四只，商允赖宗礼等以敬神为由，邀令同营兵丁周文标、谢应球帮同宰杀，按股俵分煮食。赖宗宧屋内尚有搬运未尽物件，不知何时被贼挖墙上屋，偷窃无存，凌世荣等先未查觉。嗣叛勇远窜，赖宗宧回城，禀求发还房屋，姚元盛不允。赖宗宧心怀不服，又因屋内存物全无，一时情急，不及细查，即以姚元盛挟嫌纵兵，凌世荣等将伊母子妻女逐出、抢物封屋各情，控经定南厅同知王大枚派委照磨孙涛诣勘，并提讯兵丁。姚元盛因原派守屋兵丁多在外汛未回，一时未能传集候勘，即先备文交给孙涛回厅销差。赖宗宧即以前情赴臣衙门控告，批厅诣勘禀覆。经臣将姚元盛奏参，奉旨革讯。行据署吉南赣宁道张岳龄督同赣州府知府王德固提集查讯，供悉前情，究明姚元盛并无挟嫌纵兵驱逐抢物情事，其屋内存物亦非兵丁凌世荣等偷窃，迭诘不移，案无遁饰，应即拟结。

臣查已革前署横冈营都司、补用游击姚元盛，因赖宗宧闻警挈眷搬避，辄将其房屋封锁，延不发还，虽为镇压众心，保守营城起见，办理究属乖谬。迨定南厅委员诣勘，又以兵丁多在外汛未回，不令查勘，亦不将兵丁解讯，尤属有心徇庇，咎无可辞。姚元盛业已革职，应毋庸议。兵丁凌世荣等私将赖宗宧家放外养猪宰食，并非经本管官封锁派令看管之物，与监守自盗不同，照窃盗计值银四两八钱为首罪，止杖七十，惟系在营兵丁，知法犯法，且派守物件，漫无觉察，以致被窃，亦属咎有应得。凌世荣、赖宗礼、谭才光、何振辉、叶荣兴、何振洪，并所从宰猪之周文标、谢应球，均应从重照不应重律，杖八十，折责革伍。赖宗宧闻警搬避，致被署都司姚元盛封锁房屋，乃因禀请发还未允，并因屋内存物被窃，辄以姚元盛挟嫌纵兵驱逐、抢物封屋上控，虽俱事出有因，且到案据实供明控情，究有失实。赖宗宧应革去从九职衔，以示惩儆。未到兵丁何士贵、赖绍林饬厅拘案照拟责革。被宰猪只照估追赔。行窃赖宗宧家正贼，饬缉获日另结。

除供招咨部外，所有讯明议拟缘由，理合会同署两江督臣李鸿章恭折具奏，伏乞皇太后、皇上圣鉴敕部核覆施行。谨奏。

奏疏卷四

绅民两次捐修贡院请照城工成案奖叙折

同治六年正月二十五日

奏为江西两次捐修贡院，拟照捐输城工成案奖叙，以集巨款，以成要工，恭折具奏，仰祈圣鉴事：

窃查江西贡院，自咸丰二年举行壬子科乡试，于场前修葺之后，五年乙卯、八年戊午两科乡试，俱因军务吃紧，奏准展缓，以致贡院积年未经修葺。且自三年以来，省城筹办防剿，始则征防兵勇以贡院为屯聚之区，继则军火工匠借贡院为造作之所。迨至九年，军务渐平，届当举行己未恩科并补行乙卯正科乡试，经前抚臣耆龄札饬藩司，委员勘估兴修。并以江省文风日盛，观光者众，每为号舍所限，致多向隅，拟于隙地增建千间。即经前藩司龙启瑞，委员会同绅士，周历查勘，贡院房屋号舍倒塌已甚，木料瞢朽损失，无一可用之材，围墙亦多坍卸，逐一修造完固与从新创建无异，加以增建号舍，传匠确估，共需工料银六万六千五百四十两。其时库藏告罄，无款可筹，官绅公议，于通省各州、县，量地方之大小，酌派捐输，解省济用。随经耆龄派委绅士前湖南督粮道李昭美、刑部员外郎胡家玉、候补主事吴增逵等设局总理承造，于九年三月兴工，九月工竣。据各属解到捐输银五万七千一百三十馀两。因各州、县均属被扰之区，民力未舒，致未能照数捐解，其不敷银九千四百两零，由绅董暂为筹垫。原期陆续收捐，凑数归补。乃自十年以后，连岁被兵，官民俱力难兼顾，迄今尚未捐足，致稽奏奖。然近年各届乡试，得以及时扃试，莫非前次捐建妥善之功。今东南肃清，江境安谧，本年又届丁卯科乡试之期，伏念各属守城捐输各案内，先后仰沐圣慈，加广学额，本届观光士子，自必较前益众。贡院原添号舍，约计仍属不敷，经臣与学臣何廷谦彼此会商，并督同藩司及绅士通盘计议，拟于东围墙之外，添购民地，圈入贡院，增建号舍四千间，并将受卷、誊录、对读所公廨，量地移建，其旧设墙屋号舍，有应重修之处，亦一律修固。传匠估计，共需地价、工料银四万两有奇。司道各库现值拨解京、协各饷，纷至沓来，仍属无款可动，不得不仿照前次成式，派令各属分捐。但通省地方，叠遭兵燹，殷富无多，捐输复至再至三，人情厌倦，若仅照工程定例给奖，势难鼓舞众心，必得请叙加优，方冀输将踊跃。即上届已收捐项，亦宜许以并案优奖，使人知观感奋兴，咸愿共成善举，斯巨款可期速集，而要工得以告成。所有今届估需地价、工料，汇同上届绅垫未经捐补银九千四百两零，并同治元年南镇药局轰毁震坍贡院墙屋号舍，由司垫款修葺银五千七百馀两，一并匀派各州县劝捐解省归补济用。其新旧两届捐项，仰恳天恩，俯准援照捐输莲花厅城工经费成案，凡报捐虚衔、封典等项者，照现行常例银数加四分之一，其捐实在官阶者，照筹饷事例银数收兑，不准减成，分别给奖，以示鼓励。现经藩司通饬各属设法广劝捐解，并派委绅士前甘肃按察使刘于浔、前四川按察使蒋志章、候选道刘达泉、前掌贵州道监察御史胡寿椿、户部主事吴增逵、刑部员外郎曾作舟、翰林院检讨夏廷榘、翰林院庶吉士喻秉绶等设局承造，已于同治五年十月二十九日兴工，务期妥速蒇事，无误今岁场期，并委干员及府县弹压工匠，稽察勤惰。至庀材、鸠工、银钱出纳，概归绅士经理，不涉官吏之手，以专责成。再，上届已收捐项内，有上饶、弋阳、分宜、泸溪、东乡、会昌、长宁等七县或系零星捐缴，或系按都按田派捐，均毋庸给奖。此外各属同此次续捐，如有按田按粮零星凑集者，统俟查办奖叙时，概行剔除，用昭核实。据署藩司文辉具详请奏前来。臣覆核无异。

除饬俟此次工竣，查造两届捐生履历清册，另行请奖外，所有江西两次捐修贡院，拟照捐输城工成案奖叙缘由，理合会同协办大学士两江督臣曾国藩、江西学臣何廷谦恭折具奏，伏乞皇太后、皇上圣鉴训示。谨奏。

赣关筹解应摊参价折 同治六年正月二十八日

奏为赣关酌拟拨解摊缴参价银两，并分成带解以前欠项，恭折覆奏，仰祈圣鉴事：

窃臣接准户部咨，军机处交出，同治五年三月初二日奉上谕：“前据户部等衙门奏，遵议筹拨内务府需用银两，当经谕令各直省关口，将历年欠款，遵照部议，按成筹解，限于三个月内，由各该督抚、监督等详细覆奏。兹据奏称：各处筹解欠款，至今尚无一处报解起程，而库存不敷供备，请饬户部暂借银十万两，并请饬催各处，迅速起解等语。内廷用款，关系紧要，除饬户部先行借拨库银十万两以应急需外，着各该督抚、监督，懔遵前旨，将覆解各款，应如何分成带解之处，迅速覆奏”等因，钦此。当即钦遵，飞札九、赣两关，迅速办理去后。旋据九江关议详拨解，业经臣恭折覆奏在案。

兹催据署吉南赣宁道兼管赣关桥税务张岳龄详称：“遵查前奉

行准内务府咨：咸丰五年奏准，因库款支绌，应行发放各款，无项发给，拟请各关厂仿照粤海关摊缴参价之例，各按摊缴数目，准其作正开销，与部库银两一同起解。赣关每年应交摊缴参价银四千两，迄今数年，并未交纳，咨催赶紧筹款报解等因。查赣关自咸丰五年至同治二年，因江境连岁用兵，所征正税盈馀，均经各前道随时支放虔标兵饷，以及拨充军需。同治三年八月十六日起，至五年七月十五日止，两届关满，前署道蔡应嵩、前道王文瑞及该署道张岳龄经征时，值兵燹之后，加以长江通商，客货过赣甚属寥寥，通年征收税银，尚不敷例支虔标兵饷，实无馀力堪以拨解应摊参价。惟查有江海关代征赣关丝税，从前本系委员领解回赣，归并本关税银报拨，咸丰六年至九年改解藩库充饷，十年四月至同治四年四月经江苏抚臣奏经户部议准：免其补解，归入军需案内报销，此后代征丝税仍照旧章办理等因。是四年五月以后，沪关代征前项税银，应遵部议，循旧解赣，业经详请委员守提，现尚未据解到。伏思参价一款，攸关内廷要用，似可即于沪关代征丝税项下，就近拨解，以济急需。拟请自同治五年为始，每年动拨银四千两，其咸丰五年至同治四年共欠解银四万四千两，为数过巨，势难同时并解，亦于五年为始，每年带解银四千两，共解新旧摊缴参价八千两，统于江海关代征赣关湖丝税银项下，按年由沪委员解交内务府兑收，咨江查照，以省辗转提拨之烦”等情，具详请奏前来。臣覆核无异。

除咨江苏抚臣转饬江海关遵照赶紧按年筹备，就近委解，暨咨户部及内务府查照外，理合恭折覆奏，伏乞皇太后、皇上圣鉴训示。谨奏。

浔郡防御捻匪抚恤难民片同治六年二月二十八日

再，湖北捻匪于二月初八日由蕲水窜至广济县之武穴，初九、十等日分窜隆坪、湖市北及黄梅县之蔡山、新开镇、鳊鱼塘、白湖渡、七里湖一带，蔓延数百里，均系北岸滨江地面，焚烧掳掠，势甚鸱张，与九江府城及瑞昌县城仅只一江之隔，难民纷纷南渡，人情未免惊惶。经署广饶九南道许应锳督同九江府及德化、瑞昌二县，调集民团，分守沿江渡口，并令北岸民船夜间悉过南岸，以防该逆掳船偷渡。又派九江关炮船六号驶赴武穴、隆坪江面游弋，自与九江府知府福绵共坐轮船前往巡查，商同九江镇总兵黄开榜派拨浔标弁兵，分扎南岸之九华门、龙开河、官湖、城子镇等处，以张声势。适兵部右侍郎臣彭玉麟派记名提督张锦芳、丁义方各率炮船，次第驶至浔郡，分布上下游，严行扼截。臣接据禀报，复飞咨统领内河水师记名提督孙昌国，派记名总兵汪怀俊率后营炮船十六号，记名提督刘光裕带中营炮船十八号，先后出江，会同堵御，并令游击何明亮率亮字营陆勇赴德化，游击朱长发率长字营陆勇赴瑞昌，以资弹压。

十三日，捻逆马步千馀人至武穴江边，驰骤窥探，当被炮船击退。十四日，逆众突至浔郡对岸之小池口滋扰，亦为炮船轰走，退踞蒋家营。黄开榜即率浔兵渡江，扎小池口，彭玉麟随亦亲督师船，溯流而上，人心始定。现闻湖北官兵跟踪追剿，叠获胜仗，该逆上窜蕲水之菩提坝、苏家墟，另股由广济僻径逸去，近日沿江村镇已无贼踪。其广济、黄梅等县逃过南岸难民约八九万人，露宿江干，无衣无食，辗转哀号，殊堪矜悯。经许应锳捐廉为倡，劝令在浔贸易之徽、广商民，合力捐输，搭盖篷厂，俾有栖止，且购米散赈，难民由是获苏。臣以人数过多，恐该官商力难遍及，札饬许应鑅于关库筹款协济，免致缺乏，一面饬令各卡，凡有米船赴浔，免抽厘税，借平市价，以裕民食。现在北岸渐就肃清，随责成该道督同府县陆续遣送难民回籍，其尤为穷苦力不能归者，量为资遣，务使各归故里，勿任久滞异乡。

至此股捻匪，探闻已窜黄冈，距江境稍远。但匪踪飘忽靡常，难保不复回窜。臣仍檄饬该镇道府县，会督水陆各军，勤加侦探，实力巡防，不得稍涉松懈，以期有备无患。

所有浔郡防堵捻匪并抚恤难民缘由，理合会同协办大学士两江督臣曾国藩、兵部右侍郎臣彭玉麟附片陈明，伏乞圣鉴训示。谨奏。

续建临江昭忠祠片

再，前任直隶督臣刘长佑，于咸丰六、七年间，率领楚军来江援剿，先克袁州，继拔临江。其在袁州城外及临江大坪墟先后阵亡之举人谭文印等三十一员名，战功最多，死事倍惨，均经湖南抚臣骆秉章奏请议恤在案。

援江事竣，刘长佑追念分甘共苦之情，痛悯润草涂原之烈捐资于大坪墟建造昭忠祠，以妥忠魂，并置买田亩，交道士罗赐增经理，以供香火。其时臣亦在军中，事皆目击。十一年，贼犯临郡，祠宇毁于兵燹，同治元年又经刘长佑咨会前抚臣沈葆桢，于江西积欠楚军饷银内提出一千两，并经贵州臬司席宝田捐银四百两，统交临郡绅士邓作楫、刘韵等重建祠宇于临江府城内。该绅士因已故署广西提督江忠义，前在楚军，攻克临江，战功卓著，士民至今思念，请祀祠中，借伸敬慕之忱。同阵亡举人谭文印，拔贡生刘鹤龄，通判郑立朝，县丞赵襄、成瑞珍、林岩、陈钧乾、邓辅文，训导陈其珍，从九品柳立中、曾省三、李光文、罗先达、曾兴堂、罗元甲、李晋，生员邹守愚、萧泰安、谢恩诰、邓从愈，监生傅廷瑞、龚景梅，文童余澈，副将黄承纲，守备龙玉堂、李光祝，千总向鹏飞，把总虞德乾、高光政、朱光镜、刘世鹏，共三十一员名，序次设位，并设阵亡楚勇总牌，以光祀事。据席宝田禀报前来。现经臣将续建祠宇，并捐银二百两，添置田租，仍付道士罗赐增经管，并责成清江县时加照料，春秋致祭，仰副朝廷褒奖忠节之至意。

所有临江府城建立楚军昭忠祠缘由，理合附片奏闻，伏乞圣鉴。谨奏。

拿办义宁教匪片同治六年三月二十八日

再，据署义宁州知州李寅清禀报，同治五年十一月初七日，据稽查保甲局绅密禀，州属安乡清凉山内有红莲教匪，聚集多人，欲图起事，有初八、九进城之谣。即经李寅清督带亲兵差役，协同保甲局员绅董稽查内奸，巡防城池，并调铜鼓营弁兵来州弹压缉捕。臣接据禀报，复就近添调驻防袁州之游击朱长发率长字营勇丁五百名，驰往会拿。李寅清随督同局绅陈宝箴、龚惠元及各姓家族，先后拿获首要教匪李观芬、朱以洸、帅世江、赖青云、姚富常、陈惟尧、马廉本、李吉芬、李炳芬、陈惟恒、帅世湖、帅经春等到案，并起获伪印等件，提集研讯。

缘同治四年，有在逃之杨焕章、曾帼才传习红莲邪教，李观芬等均拜师入教，杨焕章当给李观芬等令字旗、八卦号团等物。

其教并无经卷，每逢三、六、九日吃斋，朔望上香，中间烧点香灯，供列水饭。习教诸人两跪六叩，口念："一个团团六合青，三八二一紧随身，阴阳造得汉成事，三年会下三年春"四句。教内编仁、义、礼、智、信五字号，每字号有正帅、副帅、四协官、四将军及哨长、百长等名目，每股一二百人不等。李观芬统管内盘，朱以洸统管外盘，帅世江系仁字号正帅，赖青云系义字号正帅，姚富常系信字号正帅，陈惟荛、马廉本均系将军，李吉芬、李炳芬、陈惟恒、帅世湖、帅经春均系伙党。其礼字号在湖南浏阳县，智字号在本省万载县，系在逃之刘忠溃等为帅。因系杨焕章等所派，且属隔县，是以该犯等未知该二号各伙党姓名。李观芬脑后并排生两黑痣，日渐长大，众人谓是贵相。李观芬遂捏称得有兵书、宝剑，四处煽惑。仁、义、信三号匪党，即奉李观芬为主。朱以洸篆就印模，雇不识字之木匠练高炳，诳系道士奏符箓法板，令其雕刻伪印，用红纸条盖印，同八卦号团分给伙党，在各处售卖。声言红莲教不久起事，得有号团印条者，可保身家。愚民多为所惑，出钱买受。五年十月二十五日，李观芬、朱以洸、姚富常、赖青云、陈惟恒与杨焕章等在晏公殿议事，约定仁、义、信三号同来破城。十一月初八日夜，行至离城三里之松树岭，见城内有备，均各走回，复议十二月初六日破城，旋经官军下乡查拿，各自逃散。先后获犯，讯悉前情，禀经臣批饬，将该犯李观芬、朱以洸、帅世江、赖青云、陈惟荛、马廉本、李吉芬、李炳芬、陈惟恒、帅世湖、帅经春就地正法，枭首示众，姚富常暂行监禁，以备续获逃犯质讯。

该州又陆续拿获陈心广、林青和、林兆梅、吴太和、郭贵仁、刘廷炳、李兆文、何善希、李省芬、刘象球、王角声、王以珠、韩升恒、练高炳、帅尚永、姚心五、吴先明、李延幅等，讯明或系误被诱胁，或仅买纸条号团保家，或被挟仇诬攀，并未甘心入教，随同谋逆，分别枷杖保释等情前来。

臣查义宁州地方，毗连两湖，山谷深邃，最易藏奸。且近年该州民人在各省军营充当勇丁遣散回归者，实繁有徒，其间良莠不齐，易于聚集滋事。该犯李观芬等，胆敢传习红莲邪教，捏造妖言，设立伪官，潜行纠众，妄冀入城起事。幸该州官绅认真编查保甲，得以立时破获，消患未萌，办理甚属妥速。臣现仍责令该州上紧搜捕在逃首伙要犯杨焕章等，一面通饬各属，并咨会湖南、湖北抚臣饬属，一体查缉，务期悉数就获，尽法惩办，以绝根株，而靖地方。

所有义宁州拿办教匪缘由，理合会同附片陈明，伏乞圣鉴训示。谨奏。

察看道府人员片 同治六年五月二十八日

再，臣前准军机大臣字寄："同治六年三月二十七日奉上谕：'江西督粮道段起、饶州府知府王必达，均着刘坤一悉心察看，如竟不能胜任，即行据实参奏，毋稍迁就。'"钦此。

臣查段起人尚勤敏，于江西军务，不为无功，居官亦能尽心职守，业经因病开缺，应请毋庸置议。又王必达精明强干，遇事敢为，臣上年阅兵过饶，细访该员，操守亦洁。惟其急于见才，听断间有失慎，经臣严加规戒，该员自回任以来，深知感愧，其于一切案件，无不悉心研讯，务得其平。果能始终勤谨，不特堪以胜任，且为知府中出色之员。臣仍当随时察看，秉公举劾，断不敢稍存回护，以仰副圣主振饬吏治之至意。

理合附片覆奏，伏乞圣鉴。谨奏。

新放监督道员堪以胜任片

再，臣前准军机大臣字寄：“同治五年十月十六日奉上谕：‘昨已有旨，将广饶九南道俊达调补新设之奉天锦州山海兵备道员缺，其广饶九南道，本日业经简放景福。着该抚先行遴派委员接署，以便俊达起程。将来景福到任后，于地方吏治、洋务，办理一切能否胜任，并着刘坤一随时察看奏闻’”等因，钦此。业经臣将遴委拣发知府许应镲接署广饶九南道缘由，奏明在案。

本年二月间，新授广饶九南道景福到江，臣接见数次，见其明白稳练，当告以该处一切情形，属令速赴新任，将地方吏治、洋务妥为经理。兹查景福到任已逾三月，于分巡各属，每事留心考核，其于各国领事官及税务司，抚驭有方，遇有中外交涉案件，持平理处，操纵得宜，彼此咸相浃洽，即九江、姑塘两关税务整顿，亦能认真。且前因湖北捻逆复窜黄州，该道会督水、陆各军，筹备江防，诸称周密。是景福于广饶九南道一缺尚属胜任。臣惟有时加勉励，务使力图报称，仰慰圣怀。倘或始勤终怠，前后异辙，亦即随时据实直陈，断不敢稍存回护之见。

理合附片覆奏，伏乞圣鉴。谨奏。

浏阳教匪窜扰当经兵团扑灭折同治六年六月初六日

奏为湖南浏阳县教匪窜扰万载县境，当经官兵团勇邀击扑灭，恭折具奏，仰祈圣鉴事：

窃查江西省先于上年冬间，有义宁州匪徒李观芬等传习红莲邪教，纠众起事，业经臣将获犯究办情形，附片奏明。因犯供尚有同教礼字号在湖南浏阳县、智字号在本省万载县，臣复通饬各属，并咨会湖南、湖北抚臣，一体查缉惩办，各在案。

本年四月下旬，上高县井头地方，复有匪徒传习红莲教，即经该县知县王维新访闻，先后拿获黄石秀、胡附子供认，听从义宁州逃匪杨焕章引诱入教，并未为匪，黄新发则供并未入教，均解瑞州府审办。又派差跟踪访缉，在万载地方，协同万邑兵役，拿获黄启生一犯，亦经提解归案质究。旋据万载县知县江璧禀报，访闻县属西源等处，亦有教匪往来勾结，现在募勇严拿。臣以万载、上高既有教匪相继煽动，自应上紧查办，以免蔓延为害。随飞饬署袁州营都司江清率领弁兵一百名驰赴万载，会同江璧，先后捕获黎碧升、邱启发、黄冬发三名，讯据供认均入红莲教，黎碧升、邱启发均曾受千总伪职，黄冬发系被胁入伙，大头目系义宁州杨姓。

正在查拿伙党质究间，旋闻湖南浏阳县姜卢塅地方教匪聚众滋事，焚烧李姓房屋，杀害男妇多人，因浏邑兵团往剿，于五月初十日窜入万载县小源地方，约计千馀人，势甚猖獗。即经江璧、江清派拨兵勇、乡团布置堵御，并将黎碧升、邱启发二犯正法，以靖内讧。其连界之义宁、新昌、上高等州县，亦均募勇集团，严密防守，以杜窜逸。臣闻报后，复派游击朱长发率长字营驰往援剿。十二日，匪众扰及大桥等处。江璧派团绅鲍承宣率团勇一千名直趋大桥，江清督同千总张富贵带兵继进，一面知会五、六区绅团，准备邀击。该匪侦知兵团将至，遂旁趋山径，图犯白良。江清以白良地近县城，随绕出贼前拦截。该匪徘徊瞻顾，当为鲍承宣团勇追及于朱家坳。适白良团绅袁丹萼等亦率练踵至，三路夹攻，该逆始犹恃众抗拒。我军枪炮齐施，击毙骑马贼目二名，大旗贼目二名，贼遂大溃，翻山逃窜。我军穷追二十馀里，杀贼二百数十人，堕崖落涧，死者无算，夺获马匹、旗械、号衣、号团多件。团丁阵亡十八名，受伤三十一名。该匪败窜土地坳，复经保和团武举杨应桢、全福团张凤翔、福安团张星高、万福团张有才等各率练丁，节节截杀，擒斩尤夥。十三日，该匪窜至高岭，正在喘息，举人廖连城率勇突出击之，杀贼三百馀名，生擒首逆姜本致及匪党吴大青等十五名，解散被掳良民不计其数。馀匪逃至较车岭，又被廖凤城所带团勇擒斩三十五名，仅馀数十人，四散奔匿，追捕无踪。夺获伪印、伪示、炮械、骡、马多件。团勇受伤二十馀名。

江璧提讯生擒各犯，姜本致系浏阳姜卢塅人，为红莲教首，与姜吉祥等四十馀人编立温、良、恭、俭、让五营。姜本致系良字营，姜吉祥系恭字营，其馀三营头目姓名不能省记。此次因逆谋颇露，踏浒团绅称欲捉拿良、恭两营，率众先发，抢劫团局，焚杀李姓，由虎坳窜入万载，姜吉祥已被官军阵斩等语。江璧因该犯姜本致身受重伤，未便稽迟，恐致幸逃显戮，当将姜本致凌迟处死，吴大青、陈义仁、邓菖厚、谢吉方、王永湖、汤万胜、周光文、李陇珍、杨台一、洪林发、陈三和、孔记一、黄才见、汤发盛、谢敬科十五犯，均系谋逆伙党，同恶相济，一并斩决枭示，以伸天讨，而快人心。又据署义宁州知州李寅清禀报，拿获万载窜匪卢恩珠等三名，各等情前来。

臣查江、楚连界各州县，斋匪、教匪蔓延甚广。义宁州红莲教匪甫经获办，上高、万载复有教匪勾结之事，所赖破获甚速，不致酿成巨患。乃浏阳教匪姜本致等，因被本地团绅查拿，辄敢纠众千馀人，突犯万载县境。幸已预调袁郡弁兵，在城驻扎，并得城乡绅团同仇敌忾，奋勇争先，或迎头兜剿，或扼要截击，使该匪面面受敌，不旋踵而悉就歼除，并生擒首恶，明正典刑，保卫地方，不致大遭蹂躏。其在事官绅兵勇，洵属异常出力，可否容臣择尤保奖，以资激劝，出自天恩。

至逃散各犯，尚未全获。臣查阅缴到伪印与义宁一案相同，而伪示尤为悖逆，其为同伙无疑。且万载、上高复有义宁逃犯杨焕章等诱人入教，若不趁此兵威，认真查办，难保不潜行勾结，贻患将来。据袁州府知府骆敏修禀报，已亲赴万载，朱长发一军亦已抵县。臣已饬骆敏修会同朱长发、江清，督同江璧严密搜捕，一面札饬义宁、新昌、上高等州县会合兜拿，并飞咨湖南抚臣，

饬属协力堵缉，务将在逃首要各犯，悉获严办，以绝根株，而杜后患。并饬瑞州府及义宁州提讯现获各犯，取具确供，尽法惩治，以昭炯戒。

所有浏阳教匪窜扰万载当经扑灭缘由，理合会同协办大学士两江督臣曾国藩恭折由驿驰奏，伏乞皇太后、皇上圣鉴训示。谨奏。

荡平发逆保案并无重复折同治六年六月二十八日

奏为详查前保荡平发逆各营出力人员并无重复，此外亦无续奖之案，恭折覆奏，仰祈圣鉴事：

窃臣于六月初十日接准兵部咨，议覆臣奏霆字、精毅两营截击窜贼，克复嘉应，荡平发逆一折，内开按照定章，分别准驳，暨与前案保奖官阶不符各员，分缮清单，恭呈御览。至此案保奖重复各员，于原单内声明扣除，等因，具奏，奉旨："依议。"钦此。又准咨开，四月十七日内阁奉上谕："前据刘坤一奏，汇保江

西赴粤会剿各军出力员弁等案，当经降旨交该部查明议奏。兹据兵部按照定章，分别准驳，并查出保奖重复各员，分缮清单呈览。所有核与定章相符之总兵周兴发等各员，均着照部议奖励，其保奖重复之总兵刘胜祥等，及核与定章不符之守备张崇恩等各员，均着照所议办理。馀依议。另片奏，上年收复嘉应及击退龙南、定南扑城贼匪各案，业经左宗棠、孙长绂先后请奖，复经刘坤一分案保奏。初次、二次所保武职已及三千馀员，三次保案又经到部，未知应保尚有几案？恐开冒滥之端等语。所奏甚是。军营立功人员，原许破格奖励，然似此重叠保奖，殊觉漫无限制。嗣后该抚如有续查应保之案，务须确切查明实在出力之员，方准汇保，不得任听营员开列，滥行保奖，以昭核实”等因，钦此。臣跪读之下，仰见我皇上论功行赏，无滥无遗，不胜钦佩之至。所有兵部核定准驳及重复各员清单，尚未接准咨行到江。

惟查臣前保荡平发逆出力各营，系同治四年秋间因伪康王汪海洋等股逆众数十万，由福建窜踞广东镇平县，经记名提督娄云庆率所部霆字营、前贵州臬司席宝田率所部精毅营，遵旨赴粤会剿。适汪海洋倾巢窜江，精毅营迎击于平远之东石，血战两日夜，斩获近二万人，招降万数千人。霆字营扼贼于平远之大柘，杀贼五千馀人，生擒二百馀人。贼折而西，经铨字、霆字营分途截击于龙川之下村、湖背等处，各杀贼千馀人，生擒百数十人。新、老湘营，亦败贼于龙川之细坳、青龙墟，斩擒六千馀人，解散二三千人，又追及于定南之白水渡，毙贼千计。贼犯定南、龙南，复为该厅县兵练所挫，乃转窥信丰。精毅营驰往邀之，大破之于铁石口，杀贼万馀人，生擒千馀人，尽夺其辎重。由是贼不能振，遁回粤境，旋自连平袭陷嘉应州城。其时浙江提臣鲍超到江接统霆字营，与精毅、祥字等营赴粤会剿，克复嘉应，发逆全股荡平。

经臣历次奏报，叠蒙恩旨准保。只缘各营弁勇既多，加以龙、定等厅、县，战守出力官绅与夫省城历年筹兵、筹饷久著辛勤各局员，当此东南底定，自应渥泽同沾，择尤汇奖，员数实繁，是以分为三案，恭缮清单，次第具奏，均于前折详晰声明，此外亦无续保之案。

至于江省援粤各军，归调任陕甘督臣左宗棠保奖者，只鲍超所部霆营克复嘉应劳绩。该营前归娄云庆统带，在大柘等处之捷，仍归江西请叙，并非一次战功，两次重保。

又，前护抚臣孙长绂所保击退龙南、定南扑城贼匪各案，均系同治三年秋间剿办伪侍王李世贤大股迭次出力人员，先经前抚臣沈葆桢暨前陕甘督臣杨岳斌所奏准者，实与此案渺不相涉，未尝稍有牵混重复。

抑臣更有请者，文职随营人员，带队打仗者有之，办理文案、支应粮饷者有之，用是吏部议定章程："带队之员，非克复城池斩擒要逆，不准保举免补本班，文案等项，非在营二年以上，不准开保。"其武职各员，无一非身列戎行，出入生死，其战功有多少之判，即奖叙有厚薄之殊。是以军兴以来，武职保举升阶，莫不照准。今与文员一例删改，恐无以鼓壮士勇往直前之气，酬经年驰驱锋镝之劳。合无仰恳天恩，俯准将臣前保荡平发逆各案内武职各员，均照原保给奖，以资激劝，叙已往之勋勤，正所以策将来之效命，观感奋兴，理有必至。所有前保各员并无重复，以后亦无续奖之案各缘由，理合恭折覆奏，伏乞皇太后、皇上圣鉴训示。谨奏。

江省应解协饷循旧留款凑拨折同治六年七月二十八日

奏为江省应解协防各饷，为数尚巨，道库征存各款，应请循旧留备凑拨，免误要需，恭折奏祈圣鉴事：

窃臣前准户部咨，具奏有漕各省，应征轻赍等银，请严催分别解部、解通一折内开：“自同治五年为始，凡起运漕粮本色省分，如江苏粮道所属及浙江、山东等省轻赍银两，均令按年解交仓场通济库收存，凡折漕省分，如江西、湖南、湖北等省轻赍银两，即令按年解赴部库交纳。并将历年欠解银两，陆续补解，如仍前延宕，即由部将各该粮道随时查参。再，各省额征席木、席片、竹木等项，均系例解通库之款。现在轻赍银两，既解部、解通，其席木等银，亦应令随同轻赍银两分别解交，等因，同治五年十二月十五日具奏，奉旨：‘依议。’”钦此。当经转行遵照在案。

伏查轻赍银两，系按起运漕粮之数核计，在于各属征解随漕项下动支。江省额征银六万四千七百二十馀两。从前起运之年，本系先漕解通，为坝闸桥仓转运粮石之需。迨军兴以后，运道梗阻，漕粮奉文改折，其道库历年征存随漕等款钱粮，俱因军需紧急，陆续拨充军饷，势处至急，不得不设法通融，借维全局，以致轻赍银两未能按年起解。现在江省军务虽已告竣，而应拨京饷及直隶、甘肃、云、贵、闽、广等省协饷及霆营步队口粮并本省留防水陆各军饷需，合计为数甚巨。漕折一款，业已全数解京，仅只地丁厘税，以供支解，入不敷出，所短实多。每值司库竭蹶之时，全赖道库随漕等银提拨凑放，悉索以应，仅免贻误协饷要需，而防师口粮，仍不免积欠。是江省现年征收随漕等款，必得循旧留备凑放各项要饷，实无馀银堪以提解轻赍等银，其以前各年轻赍银两，久因军需动用，更无从筹款补解。据署督粮道董似谷会同藩司文辉具详请奏前来。合无仰恳天恩，俯念江省协饷、防饷巨而且迫，司库不敷解支，准将道库征收随漕轻赍席木等银循旧暂留本省，以资凑拨，免误军需，以前各年动用之项，并免补解，仍俟协饷渐减，库储稍裕，即当分款按年解部交纳，不敢稍事借延。

除咨明户部外，理合恭折覆陈，伏乞皇太后、皇上圣鉴训示。谨奏。

查覆原劾同知考语并无两歧折同治六年七月二十八日

奏为遵旨查明覆奏，仰祈圣鉴事：

窃臣于同治六年七月二十七日接准吏部咨，同治六年五月初九日奉上谕："前据刘坤一奏，江西南昌府同知庆麟，才具疏庸，不知振作，当经降旨勒令休致。兹据吏部奏：'据庆麟呈称，该员于上年九月经刘坤一将其前在通判任内保荐卓异，并十年俸满，题升同知，保升知府，并案给咨，送部引见，且出具'心地明白，办事谨慎'考语。现在正当赴部验到，忽又以'才具疏庸，不知振作奏参勒休，无所适从，不甘废弃'等语。刘坤一于庆麟一员，何以保劾考语，前后两歧？着曾国藩、刘坤一将该员所呈各情，详细查明，据实覆奏，不得稍涉回护。"钦此。并抄折咨行到臣。

伏查该员庆麟，屡经京察保荐一等，均系在京当差，臣固无由深悉，即在江西通判、同知任内，大计保荐卓异，军务保举升阶，亦均在臣到江以前之事。臣自抵任以来，屡次接见该员，随班进退，未建一言。臣因其在江年久，自必洞悉情形，每询以地方吏治民风，竟茫然不知所对，即问以历年所办城厢保甲事宜，亦仅以数语支吾，不能切指其中利弊。且该员在南昌府同知任内，三年有馀，督办宝昌局鼓铸制钱，一任炉匠人等多方舞弊，该员全不知整顿，以致物议沸腾。臣正在查办间，旋值奉旨查阅营伍。该员于臣出省后，即以通判任内保荐卓异并十年俸满题升同知、保升知府，并案详请给咨送部引见。惟时臣衙门公事，奏明照例委藩司代折代行，随经藩司孙长绂出具“心地明白，办事谨慎”考语，于九月十六日给咨送部，现有孙长绂亲笔填注考语，盖用司印，咨稿存案。臣于十一月初四日回省，因深知该员才具疏庸，不知振作，未便姑容，并不敢因藩司加考给咨在先，稍事瞻顾，仍即汇折据实参劾。此臣汇参同知庆麟以及考语两歧之原委也。

除由督臣曾国藩查明另奏外，理合恭折覆奏，伏乞皇太后、皇上圣鉴训示。谨奏。

历年保举改照新章汇办折同治六年九月二十五日

奏为江西历年保举各营出力人员，经部先后驳查驳改，遵照新章，汇开清单，恭折仰祈圣鉴事：

窃臣前准吏部咨奏定章程内开：“从前行查各省保举人员，均系臣部奏明之案。乃原保大臣，往往于行查劳绩之案，仅据该员禀称一面之词，径行咨部，其行查何案候补候选者，竟至日久并不声覆，致令该员自行遣丁赴部呈明，殊不足以昭慎重。拟请嗣后凡行查各案，应令原保大臣一律奏明声覆，不准径行咨部，并不准该员在部具呈。倘原保大臣已经离任，即由后任督抚查明原案具奏”等因。遵照在案。

伏查江省各营保举人员，历年经部驳查驳改者甚多，大都因考语简略或声叙疏漏所致。甚有前案已驳，后案纵或合例，亦不能不驳，竟至转战数年，屡登荐牍，卒未一准奖叙者。推其致驳之由，盖有数端：一曰非克复城池，斩擒要逆，不准越级保升及免补免选本班，一曰非战功懋著，不准保戴翎枝及候补班前，一曰办理局务文案团防，非到营二年以上，不准开保，一曰军务省分人员，不准在他省保举。臣查克复城池，斩擒要逆，必资群策群力，方能扫穴歼渠。劳绩微有等差，保奖即有分别，是以有请越级升用者，有请免补本班者，其考语或称“打仗出力”，或称“督队向前”，其实同系克复城池，斩擒首逆。部臣因其声叙未明，遂多议驳。又有因考语系守城出力，谓非战功，将所保翎枝及候补班前撤销。夫战守固属殊形，事情亦多相类。当逆众攻扑之时，枪炮对击，矢石躬亲，其冒险蹈危，已与野战无异。且守城之师，往往开关迎剿，战守迭用，庶能却敌解围，原难一概而论也。至于随营办事各员，虽所司不一，局务文案各就所长，而艰苦辛勤，实与将士相等。每值军情紧急之时，安危共之，势不能不同执干戈，争先致死。是局务文案各员，并非全无战绩也。其团防中，或扼险以遏贼奔冲，或助剿与官军掎角，较无事时之团练巡防者亦劳逸迥殊。况江西军务十馀年，凡效力人员，多在二年以上。又军务省分人员，经别省保奏，此中亦有因丁忧回籍，告假省亲，以绅士而办本地巡防，以散员而愿及时自效，固属分所应为，迹非趋避。并有因劳绩保留军务省分，其实并未离营，视贼所向，随军越境赴援，既立功勋，即应同邀奖叙。总缘每次各营汇保人数甚多，考语分填，务从简约，此种情节，势难一一详陈。部臣按定章以核考语，致有与例不符，驳改驳查，原为慎惜名器起见，然累岁勤劳，要亦未可概从湮没。兹据各营各属将历年保举议驳各员，详具劳绩，禀送核办前来，臣谨遵新章，汇开清单，恭呈御览。仰恳天恩，敕部核覆，分别给奖，以劝有功。

理合会同大学士两江督臣曾国藩恭折具奏，伏乞皇太后、皇上圣鉴训示。谨奏。

革员续著劳绩恳予开复原官折同治六年九月二十八日

奏为革员续著劳绩，核与章程相符，恳恩开复原官，以昭激劝，恭折仰祈圣鉴事：

窃查前署东乡县知县李兴谟、前署崇仁县知县屈怀珠、前署宜黄县知县刘敬中，因各该县城均系被扰残破，同治三年大股逆匪窜扰，该员等督率兵勇堵剿，寡不敌众，各身受重伤，以致城池失守，经前抚臣沈葆桢奏参革职，旋即率领团勇，随同大兵，先后克复，又经臣汇案奏请免议。经吏部移咨："刑部核议以该革员李兴谟、屈怀珠、刘敬中虽堵御力战，身受重伤，惟克复俱在一月以外，按照奏定章程，应于守土州县减等拟军罪上再减一等，问拟满徒"等因，具奏，奉旨："依议。"钦此。嗣该革员等随军攻剿，叠著劳绩，经臣汇入各营截剿窜贼，并赴粤会剿、克复嘉应、荡平发逆案内，奏请开复原官。仍由吏部移咨刑部查覆，以"该革员等失守之案，尚未据按照章程定拟罪名，自不得胪列后来劳绩，率请免罪。所请开复原官之处，应毋庸议"，等因，咨行到臣，转行遵照在案。

伏查该革员李兴谟、屈怀珠、刘敬中失守之案，久经吏部咨准刑部减等，拟以满徒，奏奉谕旨允准，是该革员等罪名，业已拟定，无须再议。该革员等前次沈葆桢原参，本系革职暂留署任，随军攻剿，是以历年在营自效。李兴谟随同霆字、精毅等营续于信丰县之铁石口、广东平远县之东石、龙川县之大塘墟、下村等处三次杀贼出力，屈怀珠随同霆营续于江、粤交界之八尺墟及良畲两处堵剿，并克复嘉应州，三次杀贼出力，刘敬中随同祥字营先在江境截击窜匪，随即赴粤克复嘉应州，嗣复跟追，荡平馀逆，三次杀贼出力，均属深知愧奋，勉盖前愆，核其劳绩次数，实与开复原官章程相符。据总局司道具详请奏前来。合无仰恳天恩，俯准将已革知县李兴谟、屈怀珠、刘敬中开复原官，仍留江西补用，免缴加倍半捐复银两，以昭激劝。

理合会同大学士两江督臣曾国藩恭折具奏，伏乞皇太后、皇上圣鉴训示。谨奏。

审明误伤父命人犯援案恭请钦定折

同治六年十月二十八日

奏为误伤父命，审明定拟，恭折具奏，仰祈圣鉴事：

窃据新城县知县金时宣详报，访闻县属有民人邓新添误伤亲父邓尚九，越八日身死情事，饬差查拿，并据邓新添赴县投首，验讯通详。即经臣批饬该县押带犯证来省，经司发委署南昌府知府吴祖昌审办去后。兹据该委员讯明议拟，由署臬司吴兆麟覆审，解勘前来。臣亲提研鞫。

缘邓新添籍隶新城县，系邓尚九亲子，平日孝顺。同治六年六月间，邓尚九雇募冯年俚帮作田工，彼此平等称呼，并无主仆名分。七月初二日傍晚，邓新添与冯年俚田工回家，邓新添将挑回粪桶放在冯年俚床前，冯年俚斥邓新添偷懒，令其移开，邓新添不服回詈，致相争闹。邓新添顺用房内长柄铁锄向冯年俚殴打，冯年俚即用木担格开。适邓尚九闻闹赶至邓新添身旁拦劝，邓新添被格势猛，铁锄沉重，执持不住，锄口误伤邓尚九偏左倒地。经赵水溃踵至拦劝，邓新添闻喊，回头见父受伤，即弃锄与冯年俚赶忙扶救。邓新添见邓尚九伤口出血，心慌哭喊。邓新添嫡母邓饶氏赶至问明，当将邓尚九扶送上床安歇，延医用药敷治。邓饶氏见邓尚九伤重，意欲赴县报验，邓尚九声言伤系误碰，不许报官，邓饶氏亦即中止。讵邓尚九医治无效，至初十日因伤身死。即经该县金时宣访闻差查，并经邓饶氏投保报县，邓新添亦赴县投首，验讯通详，批饬押带犯证来省。经司发委署南昌府知府吴祖昌审办。兹据讯拟由司勘转，经臣提审，据供前情不讳，究非有心逞凶干犯，亦无起衅别故，案无遁饰。查律载："子殴父，杀者凌迟处死。"又例载："子误伤父母致死，律应凌迟处死者，仍照本律定拟，援引白鹏鹤案内钦奉谕旨，恭候钦定"各等语。又查嘉庆十八年三月二十一日奉旨："此案白鹏鹤因向伊嫂白葛氏借取灯油不给，出街嚷骂。白葛氏赶出门首理论，白鹏鹤拾取土块向白葛氏掷殴，不期伊母白王氏出劝，以致误伤殒命。刑部拟子殴父母杀者凌迟处死律，又因斗殴误杀旁人，以斗杀论律比拟，问以凌迟处死。核其情节，白鹏鹤遥掷土块，误杀其母，非其思虑所及，与斗殴误杀者究属有间，白鹏鹤着改斩立决。嗣后有案情似此者，即照此问拟。"钦此。钦遵在案。

此案邓新添误伤亲父邓尚九身死，自应按律问拟。邓新添合依"子殴父，杀者凌迟处死律，凌迟处死"。查该犯邓新添因将挑回粪桶放在工人冯年俚床前，被斥回骂，起衅争斗，该犯举用铁锄向冯年俚殴打，冯年俚用木担格开。适伊父邓尚九闻闹赶至伊身旁拦劝，该犯锄重被格，执持不住，锄口误伤邓尚九偏左，越八日殒命。死者从旁拢劝，伤由被格误碰，皆非该犯意料所及，核与白鹏鹤案情相同，相应照例援拟，恭候钦定。冯年俚村斥偷懒，致酿逆伦重案，殊属不合，应依不应重律，拟杖八十，再加枷号两个月，饬县拘案，枷满折责发落。见证赵水溃，救阻不及，尸妻邓饶氏先不报验，被夫喝阻所致，情尚可原，均毋庸议。

除全案供招另行咨部外，合将审明定拟缘由，恭折具奏，伏乞皇太后、皇上圣鉴，敕部核覆施行。谨奏。

江省士民捐建昭忠祠请列祀典折

同治六年十一月二十八日

奏为江省士民于省会捐建昭忠等祠，请旨列入祀典，春秋致祭，以垂久远而昭激劝，恭折具奏，仰祈圣鉴事：

窃查咸丰三年，发逆突犯江西，围攻省会。时承平日久，人不知兵，情形极其危殆。前抚臣张芾，躬率官绅将士，登陴苦守，誓共存亡。适前安徽抚臣江忠源以湖北臬司奉旨帮办金陵军务，道出浔阳，闻警赴援，与张芾戮力同心，昼夜拒战，历九十馀日之久，卒克保全。迨四年后，逆众屡扰江西，外郡多遭沦陷。各前抚臣会督水陆各军，分途攻剿，阅十馀载，始能一律肃清。江忠源旋在安徽庐州府殉难，张芾亦在原籍遇害，以及节年防剿，临阵捐躯、积劳病故各官绅，莫不有功地方，士民至今追慕。张芾、江忠源先后钦奉特旨，准在江西省城建立专祠。随据绅士翰林院检讨夏廷榘、前刑部员外郎曾作舟、前掌贵州道监察御史胡寿椿、翰林院庶吉士喻秉绶、户部候补主事吴增逵、记名藩司前甘肃臬司刘于浔，筹款兴工，经前抚臣沈葆桢饬令总局司道派委南昌府及南昌、新建二县会同办理，官绅商民陆续集费于百花洲建立张芾、江忠源专祠，并将沈葆桢奏准建祠之前署广西提臣江忠义于专祠内分别设位。另建昭忠祠一所，合祀历年阵亡病故官绅及各兵勇团练。又建节孝贞烈祠一所，凡通省妇女之殒身全节以及父母翁姑夫子被戕同时从死者，均设总牌。复于祠旁隙地盖造店房四所，收取租税，以为岁修香灯之资，经理甚为周妥。自同治二年十月兴工，至六年十月一律告竣，共用工料银三万四千八百八十一两四钱八分。臣当与司道前往致祭，察看各项工程，均极坚实。即据该绅士等呈请，具奏前来。合无仰恳天恩，俯准敕部将省城现建张芾、江忠源、江忠义专祠同昭忠、节孝、贞烈各祠列入江西祀典，春秋官为致祭，以垂久远，而昭激劝。至此项工费，出自官绅商民捐助，不敢仰邀议叙，应请免其造册报销。

理合会同大学士两江督臣曾国藩恭折具奏，伏乞皇太后、皇上圣鉴训示。谨奏。

江省旧用票钞遵停搭放折同治六年十二月二十日

奏为江省行用钞票，遵照部文，全停搭放，并另筹支给，以资体恤，恭折覆奏，仰祈圣鉴事：

窃臣接准户部咨，具奏未经收回银票，酌拟加收停放一折，同治六年三月十五日具奏，本日奉旨："依议。"钦此。又准户部咨，片奏请催各省未经收回银票附片一件，同治六年十月十五日具奏，奉旨："依议。"钦此。钦遵行司办理去后。

兹据藩司文辉详称："查江省先后经部颁发官票银二十万两，咸丰四年七月起，设立宝丰官局，司库应放兵饷、俸廉等项，一律只发八成实银，二成官票。营兵所领官票，省营赴局易钱，外营向坐营州、县易银，绅民所得官票，准其完粮抵捐，州、县所收官票，准其搭解地丁二成。嗣复仿照江苏清淮粮台章程，议将兵饷照旧搭放二成，其馀俸廉、役食、杂支各款概搭五成。其历年阵亡官弁、兵勇恤赏、祭葬等银，照部定章程，按名先放五成官票。自行用以来，搭放搭收，辘轳周转，官民日久相安，库款亦资展拓。嗣于同治元年十二月内接准部咨，议奏停止搭放钞票，改收实银。京外搭放之款，无论何省何项应发钞票，一概停发，毋庸补放实银，奉旨允准，行知到江。当查各营应领月饷，本属无多，从前银价甚昂，尚可稍资敷衍，今则钱贵银贱，仰事俯育，已苦无资，若将应搭官票再停，则领款愈形短绌。文武养廉业经分别减成，兹复顿减其半，亦不足以示体恤。至于辛工役食，以资办公，胥隶类多贫民，恤其身家，方可责其守法。阵亡官绅兵勇，应领恤赏、祭葬、碑价等项，业已停放五成实银，若官票概行抹销，则死难子孙，毫无所得，不足以激励人心。即经前抚臣沈葆桢奏请，嗣后江省司道关库无论何款拨解京饷，循照旧章起运实银，不搭官票，至本省司库收支各款，仍将官票按成搭放搭收，以资周转。宝丰官局事务无多，应即撤归司库，照章办理，以节糜费。经部议覆，应如所奏办理，于同治二年七月初六日奉旨：‘依议。’钦此。钦遵在案。嗣于同治四年七月内，因官票收不敷放，又经议请，将养廉、役食、杂支各款原搭五成官票者，减搭二成，改为银七票三搭放，亦在案。兹复接准部咨，‘以银票一项，利少弊多，先后奏准将各省地方搭用银票之项，一概停止，已放之票，由捐局收回。惟直隶省于部议停止银票后，复据奏请于地粮项下，以银九票一搭放，本省用款，以银票各半搭放。不过为度支缺额，收少放多，借资弥补起见。若令将收款之票，仍旧搭收放款之票，全行停放，亦毋庸增放实银，于该省度支出入，似无妨碍。酌拟加收停放章程，奏准行知京外，一体遵办，声明截至本年年底止，作为限满，仍有收存银票者，不准复交官项，及各省收存银票，应令一并解部。’等因。窃思江省行用官票，亦于上次部议停止后，复经奏准照旧搭放搭收，与直隶省办法相仿，而情形则有不同。盖江省仅奉颁发官票银二十万两，并未续请颁发，亦无别项奉颁官票流行江境。历年司库专就此票搭放搭收，辘轳周转，尚觉弊少利多，前于部议停止后，复经奏准照旧行用，职是之故。今直隶省既经户部议令一律停用，不准展限，事关中外通章，江省自难独异，遵将司库一切放款全停搭放，惟于各属完解地丁照旧配搭二成兑收。截至现在止，所有奉颁官票银二十万两，司库业已收回一十八万七千九十一两，其馀票银一万二千九百九两，约计岁底限满以前，可期全数完粮交官，俟各属续解地丁数万两，即可全行配搭收回司库，汇总解部。惟查部议，放款之票，全行停放，毋庸增放实银，系因官票收少放多省分，一经停止搭放，责令改放实银，恐于度支出入不无妨碍。兼以得受放款官票者，售价甚微，本无实济，今停止给票，不给实银，亦觉无伤，故有此议。江省官票，历年收放，均以奉颁二十万两为率，举凡放出之票，在兵饷、俸廉、役食、杂支各款皆得赴官兑换实银，绅民得受恤赏等项官票，俱准完粮交官，即有本身无粮，转售于人，价亦不至过微。今于停放之后，一俟限满收竣，各属征解地丁，俱以十成实银上兑，司库岁可多收二成实银，以之支给向放官票之项，于度支出纳尚无妨碍。若亦不为改给实银，是历年得票抵银济用，一旦毫无所得，实属诸多窒滞。自应量入为出，次第动支实银补给，俾免向隅，而示体恤。除兵饷、俸廉，役食、杂支各款，系属例有定数，毋庸别予限制外，惟恤赏、祭葬、碑价等项，系无定数之款，向放官票，恒以此为大宗。每因票不敷放，虽具文领到司，未能及时给领，必待搭收积有成数，陆续开放。今议改给实银，若不量予变通，设遇银不敷放，强分先后，转致难裔有所借口，且启吏胥高下其手之弊。拟请按照向放恤赏、祭葬、碑价五成官票银内，一律改给二成实银，其馀三成，汇同停给之五成，合共八成，统照前经户部通行议覆湖北奏定章程，准其作捐请奖。在难裔领收实银虽觉减少，而开放可免愆期，所减成数，仍得汇请议叙，以视得票减价转售者，亦不甚悬殊，并免别滋流弊。所有本年奉文以后，停放恤赏、祭葬、碑价等项已具文领到司者，应改给二成实银。俟此次具奏经部覆准后，核计司库地丁多收二成实银，足敷放给之时，先尽此项开放。其已奉议恤，未具文领到司，并以后续经兵部议恤者，定为每届司库上下两忙截数后，各汇总开放一次，行令各属，一律届期给文赴领，俾无守候之累。抑更有请者，恤赏等项作捐请奖，接到部章，已历数年，遵章呈请者甚属寥寥。推原其故，由于定章只准移奖本族，不准移奖外姓。议给恤赏祭葬，合计则以兵勇、团丁银数为最巨，分计则以兵勇、团丁银数为最微。移给亲友凑奖，既格于定章，专给本族请奖，又不敷议叙，以致未能呈请。应请吁恳天恩，将兵勇、团丁恤赏祭葬银两，准其移奖亲友，汇计报捐，自必呈请者众，似亦销除巨款，节省实银之一道。其官员议给恤赏、祭葬、碑价有愿作捐请奖者，不得援以为例”等情，详请具奏前来。臣覆核无异。

除咨明户部外，理合恭折覆奏，伏乞皇太后、皇上圣鉴，敕部核覆施行。谨奏。

拿办奉新教匪片

再，江西各属，屡有教匪、斋匪滋事，先后拿办捕剿情形，均经臣据实奏报，一面勒拿在逃各犯。只以该匪等踪迹诡秘，飘忽靡常，缉捕甚难，臣复严督该管府县，认真编查保甲，以期稽察较周，获犯自易。乃据署奉新县知县徐廷琛禀报，六年九月二十四日夜，突有匪徒数十人，至县属上富地方，先劫西坪书院团局军器、银两，杀毙火夫罗永正一名，又劫上富街森太、振新两店银钱、货物，伤毙民人刘起运、胡福海二名。即经该县营驰往，督同乡团追捕，拿获匪徒张继生、王义发、罗金卷、刘罗生、孙受山、田必开六名，并夺获伪印、伪札、旗帜等件，馀匪分路逃逸。续又拿获藏匪之彭志礼一名等情。臣当即批饬赶紧搜捕逃犯，一面将现获各犯，解省发委南昌府知府吴祖昌讯。

据张继生、王义发供，先拜在逃之义宁州人杨万盛为师，入红莲教，张继生曾封伪将军，王义发曾封伪提督粮官。同治六年九月二十二日，杨万盛来言，教头曾幗才因闻奉新县匪党张大树、罗克柏传说奉邑举人刘梦丹曾在上富书院设局办团，储有银钱，军火，邀令同去抢劫，伊等允从。二十四日至奉新冶城地方彭志礼家会齐，见曾幗才已纠集不知姓名四十馀人在内。即于是夜，曾幗才分给哭械，偕至上富书院门首，撞门进内，杀毙火夫，劫得枪炮刀矛等件，放火烧屋，并劫上富街店铺，杀伤二人，各自逃散。罗金卷供认，因患病拜在逃之临江府人陈继端为师，入教吃斋，被胁同行。曾幗才抢劫书院、店铺，伊畏惧不敢进内，逃往山僻躲避。刘罗生、孙受山、田必开供，俱未入教吃斋，被诱受雇挑担，逼胁同行，曾幗才等行劫放火，伊等并未进内，畏惧先逃。彭志礼供，先曾因病误信曾帼才，诱令吃斋，旋因病痊开斋，曾帼才等强至伊家会齐行劫，伊并未知情同谋，亦未同行，各等供，由署臬司吴兆麟核详前来。

臣以该犯张继生、王义发曾受伪职，复敢同谋行劫杀人，罪大恶极，当即饬令正法，以昭炯戒。刘罗生、孙受山、田必开被胁同行，畏惧先逃，彭志礼因病吃斋，旋即开斋，曾帼才等强在伊家会齐，讯非甘心容留：均属情尚可原。除孙受山、田必开据报病故外，应将刘罗生、彭志礼从宽枷杖发落。罗金卷始既被诱入教，继又被胁同行，虽未随同强劫，较之刘罗生等情节稍重，

应将该犯监禁一年，如果真心悔过开斋，再枷责发落，递籍管束。逸犯曾帼才、杨万盛等均系义宁州教匪滋事案内漏网要犯，仍责令奉新、义宁二州县悬赏购线，上紧缉拿，务期悉获严惩，以绝根株。署奉新县知县徐廷琛，当此振顿捕务之际，乃境内仍有教匪群起抢劫，事前既疏防范，事后仅获七名，在逃首伙多犯，迄今未据禀报续获，实属不知振作，相应请旨，将署奉新县知县徐廷琛摘去顶戴，勒拿逸犯，以赎前愆。

又，据袁州府营及萍乡、万载二县禀报，十一月二十一、二等日，湖南浏阳、醴陵境内，有会匪数百潜聚，欲入江境滋事。臣随飞饬署袁州协副将贺抡元率领本营弁兵，驰赴萍乡，与驻扎万载之参将宋荣藻所部练勇，协同萍、万二邑乡团严防边界。旋据探报，浏阳县勇团业已拿获会匪数十名，馀均逃散，江境防堵严密，并无零匪窜越。惟万载县泉塘、尾山内有匪徒张大吉，欲纠党与前赴浏阳入伙。即据该县知县江璧督饬三区保甲局绅将该犯张大吉拿获，讯据供认，听从在逃之上高县人黄发香嘱令纠人前往浏阳独石地方起事，当将该犯正法。并获张更生等三名，未认同谋，应再确讯另结。臣复分檄上高等县，一体蹦缉逸犯黄发

香，务获究报。

惟查近年江、楚两省教匪、会匪出没靡定，聚散不常，动思窃发，刻须严防。臣现谆饬各州、县周历境内，挨户清查保甲，责成四乡绅董，就近不时稽察举报，其深山邃谷，尤当加意搜查，以免匪类潜踪，勾结为患。

除咨湖南抚臣一律饬拿外，所有奉新县拿办教匪，万载等县筹防获犯缘由，理合会同大学士两江督臣曾国藩附片陈明，伏乞圣鉴训示。谨奏。

遵保属吏人才折 同治七年正月二十一日

奏为遵旨分别保举堪膺道府人员及出色知县并悃愊无华之吏，恭折仰祈圣鉴事：

窃臣恭查咸丰十一年三月初四日奉上谕："现在各省军务未竣，亟应简拔人才，讲求吏治，以期康保小民，俾无失所。各该督抚于所属各员平日立品居官，知之有素，着择其廉洁自爱，任事实心，及素着循声，民情爱戴，堪胜道府者，胪列政绩，出具切实考语，酌保数员，候旨简用。其道府及州县各官，如有出色之员，着一并核实保奏。倘所保之人，查有贪污劣迹，或名实不符，朕惟该督抚是问！其各力除积习，秉公保荐，毋得瞻徇情面，任令属员夤缘幸进，以副朕知人安民至意。"钦此。又同治五年五月二十七日奉上谕："罗惇衍奏，请饬各直省督抚保举循吏以惠闾阎一折。直省道、府、州、县，历经各督抚遵旨将循声卓著之员，随时保奏，特予擢用者，颇不乏人，第恐悃愊无华之吏，尚未能尽登荐剡。着各直省督抚、府尹于所属府、州、县内，留心察访，如有尽心民事，政绩可纪，为绅民所爱戴者，即胪列事实，具奏候旨调取引见，以备简用。该督抚等务当秉公保奏，不得徒采虚声，或瞻徇情面。倘所保各员内，将来或犯有贪劣各迹，惟原保之督抚、府尹是问！”钦此。

窃查江西吏治，尚属澄清，而臣抵任将及三年，未尝专折保举一人。盖以人固难知，以臣之愚，知人尤属不易。有始信之而继疑之者，有先疑之，久之始信者。于接见察其貌言，于任事观其作用，复即功过之地以求其用心，且于利害之间以觇其植节，审之又审，颇得其真。兹就臣察识所及，于实缺候补中，得堪膺道府、知府三员，出色知县五员，悃愊无华知府三员、知县六员，除另缮清单外，谨恭折具奏，伏乞皇太后、皇上圣鉴训示。谨奏。

黔滇两捐力难同时举办折同治七年正月二十八日

奏为江省民困未苏，黔、滇两捐力难同时举办，请酌停一处，以恤民隐，恭折仰祈圣鉴事：

窃查前准湖南抚臣李瀚章咨，承准军机大臣字寄：“同治五年三月十一日奉上谕：‘李瀚章奏，据兆琛详称，黔省饷源枯竭，请仿照楚省黔捐章程，委员前赴欠拨黔饷各省，设局劝捐，即以捐银作收该省协饷等语，所陈尚为可行。着刘坤一于黔员到后，设局劝捐，派委妥员帮同办理，所捐银两，即由该省藩司源源委解，作为协济黔省之款。该抚务当不分畛域，妥为图维，不得稍涉膜视’”等因，钦此。旋经户部奏驳，以隔省劝捐，例不准行。嗣贵州布政使兆琛沥陈募勇名数及饷需缺乏，捐难停止情形，复经户部议准，咨行到江。并准湖南抚臣派委道员王华封、张舒翘来江设局。臣当即札行藩司，委员帮同分赴各郡劝捐，所收捐项陆续解黔接济军饷。上年十二月，据局员张舒翘申报，兆琛业已交卸军务，所办黔捐，于十二月底一律停止。正饬藩司转行各府赶紧截数造报间，兹准湖南抚臣刘崐抄片咨会奏明，仍留江西黔捐，由湖南委员照米捐章程劝办，接济席宝田一军援黔月饷。并先准云贵督臣张凯嵩咨，钦奉寄谕："其委员分赴川、湖、江、粤设局劝捐之事，着该督即知照各该省督抚办理。"钦此。来咨声明，四省设局劝捐一节，现饬营务处确核减成章程，遴派廉正官绅，请颁封职执照，尚须另行详细具奏，先行咨会查照，各等因前来。

臣查江西屡遭贼扰，历十数年之久，全省糜烂，频年聚兵防剿，饷需无出，悉赖就地筹捐济用。小民当颠沛流离之际，犹复竭蹶输将，实已筋疲力尽。迨后军事稍缓，浙江、安徽两省相继委员来江劝捐。浙、皖之捐甫毕，黔省捐局旋开。士庶时迫追呼，竟无暇日，兵燹遗黎，何由休养生息。臣目击民艰，举凡本省应办善后工程，稍可从缓者，均令宽展时日，徐图筹办。是江西专办黔捐一局，民力已属难支，若再添办滇捐，闾阎深虞苦累。且两局并开，各派委员分驰劝导，民间无所适从，流弊尤恐不免。况一方物力，只有此数，合则见多，分则见少，徒事纷纭，仍属无裨实济。合无仰恳天恩，俯念江西早已开办黔捐，准将滇捐停止，以恤民隐，而资休息。

理合恭折具奏，伏乞皇太后、皇上圣鉴训示。谨奏。

绅民捐修善后工程可否准加学额折

同治七年正月二十八日

奏为绅民按粮集费，捐修善后工程，可否准加学额，以资激劝，恭折具奏，仰祈圣鉴事：

窃臣前准户部咨，议覆江西两次捐修贡院，拟照捐输城工成案奖叙一折。以各省捐修工程，除军务省分，捐修紧要城工，准其分别实职虚衔，核请奖叙外，其馀均只准其加广学额，不准请奖。上年湖南、浙江等省捐修文庙工程，仅请照案加广学额。又浙江省捐修贡院、衙署工程，奏明不敢仰邀议叙。今江西省捐修贡院银两，系寻常工程，与湖南等省事同一律，若准其援照捐修紧要城工成案请奖，则各省纷纷效尤，奖案必多浮滥。拟请俟工竣后，仍照历办章程，只准查核所捐银数，奏明加广学额各若干名，不准造册请奖，等因，转行遵照在案。

惟查江省善后工程，不仅贡院一处，其他待费兴修者正复不少。缘自咸丰三年起，连岁被扰，直至同治四年，始得肃清。所属郡县蹂躏殆遍，并有沦陷数次、占踞经年者，城内衙署、监狱、仓库、坛庙、祠宇、书院、考棚，焚毁无遗。克复之后，文武各官，多系赁居民房，甚至无民房可赁，不得已而寓乡镇。即有民房处所，亦属灰烬之馀，屋宇窄小，官与书役各居一处，公事难期迅速，且往来传送，行路之人，亦得耳而目之，不惟有失体制，亦非重慎之道。无监狱则囚犯时虞疏脱，无仓库则灾祲何所积储。学宫为文教所关，以外神祇，均系有功德于民，列在祀典者，乃以坛庙既毁，每逢春秋致祭之时，搭厂设位，将就简亵，俱不足以昭妥侑而冀格歆。至于书院为造士之区，考棚为试士之所，在在必须。现在江境肃清，以上各项工程，亟应赶紧修复，未便再事因循。惟是通省工巨费繁，正项钱粮漕折既须尽数解部，地丁又须拨解京、协各饷及本省例支等款，牙税、厘金亦应解支霆营步队，与夫江境留防水、陆各军口粮，尚属入不敷出，时借司道各库匀拨凑放，仅免迟误，绝无盈馀。是丁漕税厘，丝毫不能挹注。而前件工程，又有万难延缓之势，舍劝捐外，别无长策可施。而江省军兴以来，无日不办捐输，官有饷捐，绅有团捐，浙省营捐甫停，本省米捐继起，皖捐委员方去，黔捐新局旋开。地方兵燹之馀，富室类多中落，加以输捐累次，士民力尽筋疲，陆续劝捐，已成强弩之末。今捐修工程，又格于定章，不能请奖，更恐难期踊跃。

臣正与司道设法筹画间，旋据广信府知府钟世桢禀，该郡军兴以后，捐输再三，人情厌苦，且辗转改奖，弊窦丛生，名器滋滥。兹有上饶、玉山、铅山、贵溪四县官绅会议，将善后经费，概行按粮派捐。先将各项工程撙节勘估，按修费之多寡，各就粮额，均匀摊派，钱粮每两自二三百文，至多不得过六百文，均于花户赴城完粮之便，顺带投纳。各选公正绅衿，在县经收，领充公用，不经胥吏之手，俾官民无追缴之烦。并令各县绅衿转询乡户，亦皆乐从。又据抚州府知府许应鑅禀，该郡各属善后工程，官绅熟商，亦拟按粮捐修。并以此项捐赀虽零星凑集，实成巨款，以助要工，若竟全无奖励，似不足以昭激劝。各绅耆再三吁恳，俟工竣之日，汇计修费总数，加广文武学额各等情。

臣查按粮匀摊工费，既出绅民佥谋，且由花户随粮赴县带缴，无虞承办绅董抑勒苛派，工费仍归绅董收支，并可杜吏役讹索侵渔，立法尚称周密。江省历年团练捐输，内多按粮捐款，行之并无窒碍，实有成法可循。此时善后各工，费无所出，绅衿会议，咸愿按粮派捐，自应俯顺舆情，借济要用。

第所请加广学额一层，核与例案略有未符。原定章程，捐输军饷及团练经费，始准加广学额，即现准部议，捐修工程准加学额，亦指殷富捐输而言。兹以按粮集费，捐修工程，亦请加额，并无成例可援。惟念户捐、粮捐名目虽殊，其为出自民力则一。既以捐数零星，难邀奖叙，复因用属工需，并不准加学额，诚无以酬其急公奉上之心。可否俟工程告竣，准其核明用数，加广学额，以资鼓励，他郡续有似此捐项，并准一体照办之处。据藩司文辉具详请奏前来，相应请旨，敕部核覆，俾有遵循。所有按粮捐修善后工程，可否准加学额缘由，理合会同大学士两江督臣曾国藩恭折具奏，伏乞皇太后、皇上圣鉴训示。谨奏。

遵保剿捕窜匪出力人员折同治七年二月二十八日

奏为查明剿捕浏阳窜匪出力人员，遵旨择优保奖，恭折仰祈圣鉴事：

窃臣前奏湖南浏阳县教匪窜扰万载县境，当经官兵、团勇邀击扑灭一折，同治六年六月二十九日递回前折，军机大臣奉旨："览奏均悉。逃散各犯，着严饬各属缉拿务获，以净根株。所有在事出力员弁，准于肃清后，择优保奏，毋许冒滥。"钦此。当经转行钦遵办理在案。

伏查此次浏阳教匪，事起仓猝，突以千馀人窜入万载县境，地方奸民亦将乘机萌动，人心惶惶。当经该县文武官绅督率兵勇、团丁迎头进剿，步步截杀，斩馘数百，生擒首逆，解散胁从，数日之间，歼除殆尽。嗣复据禀，周历县境，认真搜捕，续获匪党熊文发、易万宝生等十名，讯明正法，胁从之易贤品、廖家雁等十馀名，分别杖责保释递籍管束。上年十二月，湖南醴陵、浏阳二县，复有会匪潜聚，该官绅扼要实力巡防，并无一匪阑入，并将纠党前赴浏阳入伙之张大吉一犯立获正法。现在地面安静，匪类屏踪，在事人员，实属着有劳绩，自应吁恳恩施，量加奖叙，以资激劝。臣谨择其尤为出力者，开列清单，恭呈御览。其出力稍次者，分别咨部注册，并由臣酌给军功顶戴，用示鼓励。

臣谨会同大学士两江督臣曾国藩恭折具奏，伏乞皇太后、皇上圣鉴训示。谨奏。

各营历年阵亡员弁请敕部议恤折同治七年二月二十八日

奏为江省各营历年防剿阵亡员弁，请旨敕部议恤，恭折仰祈圣鉴事：

窃查江西省自军兴以来，各营官军，历年剿办逆匪，并出省会剿，先后阵亡伤亡员弁、兵勇，除于奏报打仗情形折内随案陈请议恤外，并由局四次汇造清册，详经各前抚臣咨部照例核办，声明各营或未报齐及移查未覆者，归于下次造报，各在案。

兹据总局司道详称，行据各营查覆，宝勇营蓝翎军功陶忠烈、外委王自作、从九徐岺，于咸丰七年八月二十二日在瑞州府属罗坊地方打仗阵亡，精捷营蓝翎六品军功李芝华，于同治三年五月二十七日在崇仁县打仗阵亡，韩字营把总王丰河，于三年正月十九日在南丰县打仗阵亡，精捷营蓝翎千总杨得秀、杨振恩，于三年三月初七、二十二等日在新城、南丰两县先后打仗阵亡，祥字营守备衔千总段长先，于三年四月初一日在广信府沙溪地方打仗受伤亡故，仁右营千总衔蓝翎把总吴天贵，千总衔尽先把总宋玉凤，蓝翎把总何绍贵，蓝翎外委黄训槐、陈世德，外委周光美、蒋先品、丁得凤，蓝翎军功江全贵，五品军功武生杨绍春，于咸丰十一年六月间在铅山、弋阳等处先后打仗阵亡，祥字营蓝翎千总杨起腾、蓝翎把总伍得贵、外委易纯松、精毅营蓝翎把总欧大椿、蓝翎外委成国忠，于同治二年五月初二、三等日在饶州府属景德镇袁家墩等处打仗阵亡，精捷营蓝翎外委郭承乾，蓝翎六品军功邓家富、黄承辅，于二年六月十七、十九等日在湖口县坚山、文桥等处打仗阵亡，长左营外委廖友胜，于三年三月二十五日在浙江开化县华埠地方打仗阵亡，详请具奏请恤前来。臣查该员弁等，历年防剿，陷阵冲锋，或血战捐躯，或受伤身故，均堪悯惜。相应请旨，敕部照例议恤，以慰忠魂。

除将阵伤亡故兵勇及受头、二、三等伤员弁、兵勇衔名清册咨部核办外，谨会同大学士两江督臣曾国藩恭折具奏，伏乞皇太后、皇上圣鉴训示。谨奏。

筹解协皖军饷片

再，臣承准军机大臣字寄："同治七年正月二十三日奉上谕：'英翰奏，皖军远征，饷需万分支绌，请饬福建等省，迅筹专款协济等语。英翰现在派兵赴直援应，饷项日增，该省入款不敷，若不豫筹协济，征军远行，何以收士饱马腾之效。着刘坤一于江西自本年正月为始，按月筹拨银一万两，为专济皖军之用，并由该省先行筹解三个月银三万两，即由英翰、吴坤修派员催提，俾得源源接济，以应要需。此项军饷，俟北路军事告竣，皖军凯撤，即行停止'"等因，钦此。当经转行钦遵。

惟查江西按月协解直隶、甘肃、贵州等省及霆字营饷项，并本省防师口粮，为数甚巨，悉索司道各库款项，勉力匀解，已属万分竭蹶，今再增添皖饷，实有无从筹措之势。惟皖军赴直援应，事关大局，刍粮不容缺乏，自应设法腾挪，俾资协济。兹据藩司文辉详称，于同治六年地丁项下，动放银二万两，作为江西应解同治七年正、二两月分协济皖省援直军饷，差委候补县丞杨善成领解，于同治七年三月十三日起行，由陆路前赴安徽抚臣衙门交收等情，详请具奏前来。臣仍当与该藩司随时筹画库款，稍可周转，即行续解。

除咨户部暨安徽抚臣外，所有筹解皖饷缘由，理合附片陈明。伏乞圣鉴。谨奏。

筹解协直军饷片 同治七年三月二十八日

再，臣承准军机大臣字寄："同治七年二月二十八日奉上谕：'官文奏，请饬各省协拨军饷一折，着江西速于捐输、盐厘并华洋关税项下，无论何款，拨助饷银十万两，克期由海道轮船解赴天津交崇厚验收，即由崇厚转解保定交官文应用，以期迅速。现在逆氛扰近畿甸，非寻常军务可比，该省自应星夜拨解，倘不知缓急，致误要需，即由官文随时奏参'"等因，钦此。

臣查捻逆窜扰近畿，直省需饷孔急，上烦宵旰忧勤，下系诸军口食，自应力筹协济，何敢稍事稽延。惟是江西先后劝办捐输，时逾十稔，从前所收之款，久经军需动用无存，此时民力疲乏，无可再劝。其各卡抽收盐税货厘，尽数拨充霆营月饷及本省防师口粮，尚不敷用。漕折一款，随收随解部库，并无存留。司库、地丁，又须分解京饷，直隶固本兵饷，甘肃、贵州军饷，近复增添皖省援直军饷，悉索以应，时形支绌。此外部拨各省年例协饷，均无从设措。是目下省库实属竭蹶异常，骤难集此巨款。而直隶待用甚殷，不容稍稽时日，应即于九江关现征华洋税银项下，如数动拨，以济畿辅要需。当即飞札九江关赶紧设法凑拨，一面妥雇轮船详请委员领解去后。

兹据该关道景福呈报，遵即动拨第二十九结征存洋税银一万九千一百七十一两五钱六分三厘，又动拨同治六年分新收常税银八万八百二十八两四钱三分七厘，共凑银十万两，现在赶雇轮船，呈请饬司委解。又据藩司文辉详委候补知县林中钰赴浔领解各等情前来。

除缮给咨文兵牌勘合，饬令该委员赴浔领解前项军饷，雇坐轮船，由海道运赴天津三口通商大臣衙门交收转解，并飞咨安徽、江苏、山东、直隶各省督抚臣转饬沿江沿海地方文武及水师弁兵一体护送，如遇登陆行走，仍照定例派拨弁兵备齐人夫车辆，按站接护前进，务保无虞，并咨户部外，所有筹解直隶军饷缘由，理合附片陈明，伏乞圣鉴。谨奏。

遵议酌提制钱解津备用折 同治七年四月二十八日

奏为遵旨筹议酌提制钱，装运解津，以备京师提用，恭折覆奏，仰祈圣鉴事：

窃臣承准军机大臣字寄："同治六年十一月初五日奉上谕：'户部奏，请饬滨临江海各省，解钱筹铜一折。江西等省，均有海船可通，各该省厘金较旺，自可一律提解。着于盐卡、厘卡收款内，每年酌提制钱三十万串，由轮船装运天津，交崇厚择地严密收存，听候提用。酌提钱文，准照银价划抵应解京饷，其制钱一千合银若干，及运脚若干，即着各该督抚迅速议定具奏。所提之钱，务须年清年款，以两年为止，不准稍有短解。此项钱文，即名为天津练饷，以昭慎重。至滨海商贾，向有贩运红铜、条铜等项，应如何招商收买之处，并着各该督抚妥速议奏。'"钦此。钦遵，并准户部抄录原奏咨江行司筹办去后。

兹据布政使文辉详称："遵查江西官炉铸钱，早因乏铜购买，岁铸无多。民间布、帛、菽、粟，向恃钱以交易。方其军兴之际，兵勇得饷，莫不易钱使用。地方钱止此数，取之者众，遂致价日增昂，小民苦之。近因境内肃清，兵勇多已征调他往，甫冀钱价渐减，民用稍舒，若复骤提制钱数十万串出省，势必价复增昂，于小民生计不无妨碍。惟是京师整饬圜法，因而议提各省制钱，事关根本要需，亟宜设法试办。查江省百货厘金，虽议抽钱，而行商多系以银抵纳，各属丁漕，虽议收银，而小户颇有以钱抵交。拟请无论丁漕、厘金收款内，本年酌提制钱二十万串，次第委员运至九江，雇用轮船装运解津，以备京师提用。目前江省钱价，每制钱一千，易银六钱有零，日后价值低昂无定，自应逐批各照时价核扣。其由省运浔需用江船，由浔运沪需用长江轮船，由沪运津需用外海轮船，以及各处盘驳挑力、包皮绳索等项费用，各归各批，随时增减不一，约略计算，每制钱一千，需银一钱有零。每批起运时，当以钱之整数合计银数，将钱价运费分计并算，以之抵解丁漕厘金项下。本年应解京饷，随时另行奏咨。俟运足二十万串之后，体察情形，如果钱价不致骤涨，民用尚无大碍，仍当随时酌量续解，不敢畏难。此钱起运，恪遵谕旨，名为天津练饷，俾昭慎重。至于红铜、条铜，产自东洋，虽江西近有海船可通，前项铜斤，查无贩运来江销售，自应听候滨海省分，查明议办”，等情详请具奏前来。臣覆核无异。

所有筹议酌提制钱，装运解津，以备京师提用缘由，理合恭折覆陈，伏乞皇太后、皇上圣鉴，敕部查照施行。谨奏。

藩司督算交代未清请暂缓陛见片

再，藩司文辉，例应入都陛见，前经臣奏奉谕旨：“俟王德固回任后，再行来京陛见”等因，钦此，转行钦遵在案。

兹臬司王德固已由京回江，文辉应即交卸北上。惟查江西各州县交代，自军兴以来，因防剿吃紧，无暇兼顾，历今十馀年之久，尚未结报。虽经前抚臣督饬司道于省城设立交代总局，遴派委员，专司其事，将未结交代，提省会算。乃前案未完，后案踵至，新旧套搭，了结无期。臣抵任后，复经严切督催藩司局员，赶紧核办，并为画清界限：同治三年以前为旧案，交代概归省局核算，四年以后为新案，交代责成该管府州督算，俾免轇轕耽延。旋准户部咨行，亦令以三年以前为旧案，勒限算结。现据藩司局员面禀，旧案交代，均已全数清厘就绪，但历时过久，任数繁多，应加详细覆核，期无舛错，约在秋间，准可一律结报。臣查州，县交代，库款攸关，亟宜克期算结，且旧案不即办竣，新案势须压待。以十数年之积牍，既据办有规模，藩司文辉督办交代，是其专责，自应一手经理，庶不致再有拖延，若遽更易生手，难免又稽时日。合无仰恳天恩，俯准藩司文辉暂缓进京陛见，以清积年代务，洵于库款大有裨益。

理合附片陈明，伏乞圣鉴训示。谨奏。

请并四省捐局由江总办分解折同治七年闰四月二十八日

奏为陕、甘、云、贵同时来江劝捐，诸多窒碍，酌拟合并一局，由江总办，按成匀拨，以归简易，恭折具奏，仰祈圣鉴事：

窃臣前以滇、黔两捐力难同时举办，奏请酌停滇捐，以恤民隐。接准户部议覆，以滇省饷源枯竭，捐局碍难议停，仍令力维大局，饬属妥为劝办。又准户部咨，议覆署陕甘督臣穆图善奏甘省饷需支绌，请变通捐章一折，准其于山东、江西、浙江设立援甘捐局，由甘省委员前往劝办。又准户部咨，议覆署陕西抚臣刘典奏饷源枯竭，请添设捐局一折，准如所奏，在江西、浙江、广东三省添设捐局。均奉旨："依议。"钦此。先后咨行到臣。

伏查陕、甘、云、贵四省，军务方殷，饷需孔急，既经部议准其来江设局收捐，自应遵办。惟江西前此用兵十馀年，悉系就地劝捐济饷，迨军务稍缓，又复接办邻省捐输，凡属殷实之家，早已筋疲力竭，目下可捐之户，殊觉无多。今若四省委员，同时设局，各劝各捐，不但捐生无所适从，即地方官亦难兼顾。且捐输章程未能画一，捐生巧于避就，其间难免偏枯，委员各顾考成，其势必相争竞，并恐狡黠之辈，乘机假冒招摇，政出多门，易滋流弊，倘不筹变通之方，劝办诚多窒碍。

查湖南省因邻捐章程淆杂，奏请归并办理，已经户部覆准。江省事同一律，自可仿行，将各省捐局概行停止，由江省遴委干员，专设一局，归并劝办。惟湖南系以四成捐项归本省公用，六成捐项匀拨陕、甘、贵州三省，各得二成。江西先因举办邻捐，早将本省捐输停止。兹总设陕、甘、云、贵捐局，所收捐项，亦不留用分厘，即以十成计算，每省匀拨二成五，以助涓滴，而昭平允。其应归陕、甘捐项，解交湖北省城陕甘后路粮台，交收分解，作抵部拨江省协甘兵饷。应归滇省捐项，江西距滇较远，道路通塞靡常，委员情形未悉，深恐疏虞。因思云贵督臣刘岳昭一军饷项，本系仰给川省，自可解交四川藩库，就便搭解赴营，益增慎重，亦作抵部拨江省协滇兵饷。应归黔省捐项解赴湖南藩库交收，转解席宝田军中济用，作抵部拨江省协黔兵饷。其每月应解李元度军饷银一万八千两，陕甘军饷银二万两，仍由江西藩粮等库，按月筹解，不敢因设有捐输专局，遽将此项议停。所有陕、甘、云、贵四省原议委员来江设局，如尚未派定，自可毋庸派委，其已委者，亦应撤回。

至于收捐章程，滇捐请照贵州减成章程办理。虽江西未悉其详，而湖南抚臣归并捐局折内，既称黔捐视甘捐大为轻减，其为折减太甚，可想而知。江西所办黔捐，部议照湖北米捐办理。近时银价较昂，照此劝捐，难期踊跃。惟陕甘捐输章程数目适中，应请悉照陕甘定章收捐，俾广招徕。其推广捐例内，有予限一年停止之项，应俟接准部覆江省设局之日起，扣满一年，即行停收。捐务既归江西总办，将来请奖事宜，亦归江西奏咨，期于迅速。

所需空名执照，先尽江西从前办捐准部颁存未用之照填发，再有不敷，由江奏请续颁填用造报，毋庸陕、甘、云、贵等省分送，以免轇轕纷歧。如此变通定议，庶诸弊不禁自除，而于四省军需咸有裨益。据藩司文辉具详前来。

所有归并四省捐局由本省总办分解缘由，理合会同大学士两江督臣曾国藩恭折具奏，伏乞皇太后、皇上圣鉴训示。谨奏。

难荫保升人员发标候补请给半俸折

同治七年闰四月二十八日

奏为难荫人员保升官阶，发标候补，吁恳天恩，准给半俸以资体恤，恭折仰祈圣鉴事：

窃查江西省候补武职，近年收标甚多，其出身各异，有例准支食半俸者，有不准支食半俸者，并有介在疑似、例无专条者。前据藩司文辉详经臣咨请部示，接准户部核覆："武职候补人员，发标补用，除捐纳分发，并已成丁之难荫，发标学习，照例不准支食半俸薪银外，其难荫及捐纳武职两项人员，并捐监及捐纳武职职衔，原无实官之人，因别著劳绩保升官阶，及保举实官发标候补者，其保举之后，仍应按照未得缺以前俸薪银两，例不准支。至本系行伍、科甲、劳绩、世职出身人员，捐升官阶发标补用者，捐升之后，应与捐纳分发人员一律办理”等因，转行遵照在案。

臣查捐纳分发候补武职，例不支食半俸薪银。其先由捐纳出身，后因劳绩保升官阶，与夫行伍、科甲、劳绩、世职出身，捐升官阶两项候补武职，既曾捐输，即不给予半俸，自属允当。惟查定例，已成丁之难荫，一经发标学习，均应照额设马兵，例支给马粮马干。嗣准部咨，会议郑亲王奏筹拨京饷一折，单开广东、福建二省难荫候补支食马饷，均应裁汰，其馀省分，有似此名目者，拟请一律裁减，等因，是难荫发标例本准支马饷，迨因筹拨京饷紧急，始行议停，非如捐纳武员例不准支半俸者可比。且此等难荫千把总，多因其祖父殁于王事，由部议给承荫，尤宜特邀矜悯。今因马饷议停，即别立劳绩保升官阶，发标候补，转不能与行伍、科甲、劳绩人员一例同支半俸，衡情酌理，未免向隅。臣目击此项候补武职，艰苦独甚。可否仰恳天恩，俯准将难荫出身别立劳绩、保升官阶、发标候补武职人员，准其支食半俸薪银，以资当差薪水之处，出自高厚鸿慈。

臣为体恤难裔起见，是否有当，理合会同大学士两江督臣曾国藩恭折具奏，伏乞皇太后、皇上圣鉴训示。谨奏。

开造各属捐输数目送部查核折同治七年闰四月二十八日

奏为江西各属团练捐输收支数目，遵照新章，汇开清单，恭折具陈，仰祈圣鉴事：

窃查前准户部咨行抄片内开："拟请自同治七年为始，凡各直省因举办团练，奏请给奖、广额之案，如捐办在同治三年六月以前，悉令将开单奏明存案奉旨月日，以及开列款目，逐一声叙，以便稽查，如捐办在同治三年六月以后，悉令将报部准销案据，逐一详细声明，以凭磨对。其有未经报销及漏未声叙者，即由臣部随时驳查"等因，同治七年二月二十日奉旨："依议。"钦此。又准户部议覆臣奏上犹、进贤两县捐输团练经费请奖、加额各一折，以请奖银数与捐例虽属相符，惟该省开单奏明存案各款并无此项团捐在内，应令遵照奏案，先将团练经费收支实数开单奏明存案，再行由部核奖各等因。

伏查江省各属绅民，办理团练，捐输经费，请奖、广额，先本开造支销细数清册，详咨送部核销后，始请奖叙。嗣准部咨，各省绅民报效团费与报效军饷无异，军需既免报销，团捐事同一律。所有同治三年六月以前团练经费，应一并免其造册报销。自是以后，均系随同奖案开具支用总数清折，送部查核。今准部咨，应先将收支实数开单具奏，自应遵照办理。除先已议准奖叙、广额各属团捐，以及安义县团捐前已造具细册送部核销，均毋庸开列外，其已经奏咨，尚未由部议准给奖者计六县：内进贤县册报，咸丰三年五月起至同治三年六月止，绅民捐用团费银二十八万五百二十四两，清江县册报，咸丰六年十二月起至同治三年六月止，绅民捐用团费银二十九万八千二百五十二两零，峡江县册报，咸丰七年九月起至同治三年二月止，绅民捐用团费银一十五万两，万安县册报，咸丰六年七月起至七年闰五月止，绅民捐用团费银一十四万九千五百四十二两零，龙南县册报，咸丰三年八月起至十年十月止，绅民捐用团费银一十九万九千七百六十六两零，上犹县册报，咸丰二年七月起至同治元年止，绅民捐用团费银二十九万九千一百七十两。其已经造报捐数未经开送捐户履历请奖者，计十县：内万载县册报，咸丰六、七、十一等年绅民捐用团费银一十九万九千六百九十一两零；安福县册报，咸丰三年五月起至十一年十二月止，绅民捐用团费银二十七万四千一百三十五两零；临川县册报，咸丰五年十月起至同治三年五月止，绅民捐用团费银三十三万七千九百五十五两零；东乡县册报，咸丰五年二月起至同治三年五月止，绅民捐用团费银一十九万九千一十五两零；南丰县册报，咸丰二年七月起至九年九月止，绅民捐用团费银三十五万八千三百三十两零；新城县册报，咸丰六年三月起至同治三年六月止，绅民捐用团费银一十九万七千九百九十六两零；铅山县册报，咸丰三年五月起至同治三年五月止，绅民捐用团费银一十四万九千九百四两，贵溪县册报，咸丰七年三月起至同治元年正月止，绅民捐用团费银二十五万六千七百三十三两零；安远县册报，咸丰二年起至同治三年六月止，绅民捐用团费银一十九万二百八十七两零；永新县册报，绅民捐用团费银二十二万八千三百五十七两零。臣谨一并汇开支用总数清单，恭呈御览，请旨敕部查照，将先已开造履历清册奏咨到部之进贤、清江、峡江、万安、龙南、上犹六县及已经造具细册报销之安义县各团练捐输照例核给奖叙，并加广学额，此外万载等十县，容俟催取各捐户履历到日，另行请奖。

理合会同大学士两江督臣曾国藩恭折具奏，伏乞皇太后、皇上圣鉴训示。谨奏。

奏疏卷五

恭请陛见折 同治七年六月十二日

奏为吁恳天恩，俯准陛见事：

窃臣仰蒙恩命，擢授江西巡抚，于同治四年八月十八日接印任事。当因奉有“毋庸来京”之旨，未敢吁请入觐。滥膺重寄，迄今三年，报称毫无，悚惶滋切。伏念臣以诸生擢从不次，历任藩臬，洊秩封圻，时因军务倥偬，未获瞻仰天颜，跪聆圣训。兹幸江西肃清已久，阖境恬熙，一切善后事宜，均已办有端绪，可否仰乞恩施，准臣陛见，俾得亲承训诲，借有遵循，而犬马恋主之忱，亦将稍伸万一。如蒙俞允，请将巡抚关防交藩司文辉护理，臣即趋赴阙廷。感荷鸿慈，实无既极。

所有微臣依恋下忱，理合恭折具奏，伏乞皇太后、皇上圣鉴训示。谨奏。

拿获奉新等县斋匪教匪分别惩办折

同治七年六月十二日

奏为奉新等县，先后拿获斋、教匪犯，讯明分别办理，恳恩赏还知县顶戴，恭折奏祈圣鉴事：

窃臣前准军机大臣字寄：“同治七年三月初一日奉上谕：‘刘坤一奏拿办奉新教匪，并湖南会匪滋事，派兵防堵等语。江西奉新匪犯张继生等，习教吃斋，聚众劫杀，经该处文武督团将张继生等七名捕获，解省讯供，分别办理。逸犯曾帼才、杨万盛，本系义宁州教匪滋事案内漏网要犯，此次复敢传习邪教，煽惑众心，必须拿获惩办，以绝根株。著刘坤一严饬该地方官，上紧缉捕，毋任远飏，并将伙党各犯，一律访拿究治。奉新县知县徐廷琛，疏防境内匪徒聚掳，事后仅获犯七名，其馀首伙各犯迄未续获，实属不知振作，着摘去顶戴，勒缉逸犯，以赎前愆。湖南浏阳、醴陵会匪，并着刘坤一饬令派往萍乡、万载之副将贺抡元等，与湘省官弁协力兜拿，勿令窜越。万载县匪徒张大吉，欲纠党赴浏阳入伙，现经拿获正法，逸犯黄发香，仍着刘坤一严饬蹦缉，其已获之张更生等三名，并着确讯究办'"等因，钦此。

伏查湖南浏阳、醴陵匪徒，业经该省官兵团勇，陆续获犯究办，地方一律肃清，臣随将署副将贺抡元所带弁兵，撤回归伍。惟江、楚两省在逃斋、教匪党尚多，其教虽有红、白、黄之分，其籍虽有江、楚之异，实系勾结一气，随处潜藏，踪迹莫定。臣复通饬各州县，互相关会，无分畛域，合力访拿。

旋据署奉新县知县徐廷琛禀，会营购觅眼线，悬赏缉捕，在奉新新昌二县交界之吊马岭，拿获本地教首张大树、罗克柏二名，即前获之已正法匪犯张继生等所供纠邀教匪曾帼才等入境行劫要犯，当饬押解来省，发委南昌府知府吴祖昌提讯。张大树供认，入教传徒，曾受副头顶伪职，同谋行劫杀人。罗克柏供认，入教传徒，曾受正头顶伪职。录供呈送。臣以该二犯同恶相济，法无可贷，随批饬一并正法，传首犯事地方，悬竿示众。

并据万载县知县江璧禀报，会督营汛及株树司巡检谢嘉猷并保甲局绅，四路蹦缉，并据先经入教从匪、悔罪投回之梅佳禄帮同引诱，先后拿获著名教匪张亦喜、张亦贵、陈满即洪仁、韩九即恩兰、曾文珍、钟生明、黄木匠即丙古等七名，同前获之张细苟、张更生、邹振泰即洋牙三名，并据宜春县知县林祖寿禀报，督饬黄团司巡检刘怡熛，会营拿获钟日星、罗上云、邹振潮即成牙、叶玉幅四名，分宜县知县邵椿龄禀，会营拿获张麻古即国举一名，均解赴郡城，经袁州府知府骆敏修，督同林祖寿，提同梅佳禄，逐加质讯。张亦喜、张亦贵实系著名匪首，迭经浏阳县指名关拿。陈满即洪仁，后又与逸犯曾帼才勾结煽惑，迭次纠众倡乱。韩九即恩兰，在山坑坑陈大仙庙敛钱诵经，与陈满等商议谋逆，写信勾结党与曾文珍从教为匪，传授歌诀，总理红教内盘。钟生明白称白教，邀人入伙，前次浏阳文家市、独石等处教匪滋事，该犯均曾在场。张麻古即国举，入教为匪，助逆倡乱。以上七犯，均属罪大恶极，据该府县录供禀经臣批饬将该犯等正法，传首枭示。黄木匠即丙古，被诱入教，被胁同行滋事，中途逃回，尚非甘心从逆。钟日星贪利，为教匪送信三次，并未听诱入教。罗上云讯无同谋为逆：但在逃教匪黄发香等屡至其家，明告以悖逆之事，该犯匿不首告。邹振潮即成牙，邹振泰即洋牙，均系山坑坑陈大仙庙祝，于教匪在庙造言惑众，敛钱诵经，商谋为逆，该犯等虽未同谋入伙，亦系知情不首。张更生讯未入教为匪，惟时与教匪往来。叶玉幅系为首创造陈大仙庙之人，讯因母病邀福，并非有窝藏匪类，亦未入教同谋，然与教匪认识，任其往来该处，均属咎有应得。以上七犯，张更生、邹振泰业已病故，应毋庸议。其黄木匠、钟日星、罗上云、邹振潮、叶玉幅五名，据该府县拟以监禁一年，察看该犯等果能悔过自新，再行枷杖发落，交保甲绅董管束。张细苟虽经已正法之张大吉邀往浏阳谋反，畏罪不行，应杖一百，枷号两个月，满日折责发落，递籍保释。梅佳禄始虽入教为匪，旋即悔过投首，引获要犯多名，当堂指证甚力，使各匪首不能狡赖幸免，功堪抵过，据该府县议请免其治罪，予以自新，臣详加察核情罪，尚属允协，亦经批准。并饬据宜春县，将陈大仙庙拆毁，严禁山坑坑地方以后不准再造庙宇，以免藏垢纳污。

又据广信府知府钟世桢禀报，贵溪文坊地方匪徒周双桃，又名朱三省，造言煽惑，纠众谋为不轨。本年二月十九日，匪众约四十馀人，至文坊庙内会齐，经贵溪县知县杨长杰会营派拨兵役往拿，并经该处团董祝云标率领团丁，驰入庙内，当将周双桃格毙，拿获匪党李思进、丁文未、蓝雷喜、李翊洪、吴先高及李思进之妻李林氏六名，馀俱逃散，并经署铅山县知县冯兰森，拿获伙犯何庆林一名，一并解府，讯据供认听从周双桃纠邀入伙谋逆，李思进受封伪王兄，李林氏受封伪王姑，丁文未、蓝雷喜、李翊洪、吴先高、何庆林，亦均领有白布口号印条。据该府录供禀经臣批饬将该犯七名正法，枭示各在案。

臣查近来各该地方官，查拿斋、教匪徒，尚属认真，即团练保甲绅董亦均帮同访缉，用能迭获要犯，明正典刑，足使奸徒褫魄，党与潜消，倘能始终奋勉，有犯必获，则漏网各匪，不难渐次就歼。贵溪县团首祝云标，斩擒首伙，消患将萌，洵属深明大义，容臣由外酌量奖赏，以资鼓励。署奉新县知县徐廷琛，捕获诱劫匪首张大树等二名，系该县教匪渠魁，实为地方除一大患，尚知愧奋，足盖前愆，合无仰恳天恩，赏还顶戴，用昭激劝。万载县尚有续获匪犯巫文牙等五名，现饬确讯另办。

除严饬各该府县勒缉逸犯曾幗才等务获究办，并咨湖南抚臣饬属协拿外，所有奉新等县拿获斋、教各匪讯办缘由，理合会同大学士两江督臣曾国藩恭折具奏，伏乞皇太后、皇上圣鉴训示。谨奏。

请奖贵溪捐资筑堡士民并出力人员折

同治七年六月十二日

奏为贵溪县士民择险筑堡捐资出力人员，恳恩奖叙，恭折仰祈圣鉴事：

窃查前因浙寇披猖，前抚臣沈葆桢亲赴广信督防，以贼如由江、常阑入信境，则广丰、玉山先受其害，如由闽地转窜信郡，则贵溪、铅山先受其害。仍照坚壁清野之法，变通办理，示谕士民，通力合作，凭险筑寨，粮食辎重，老弱妇女，悉处其中，有事壮丁凭堞以守，使贼无人可掳，无粮可掠，固圉之计，无逾于此。随饬地方官，会督委员、绅士，周历择要兴修，劝捐济用，并率先捐银一千两，以为之倡。当将筹办情形奏报，承准议政王军机大臣字寄："同治元年五月初八日奉上谕：'着即将修寨筑堡各事宜，妥为布置，并责令地方官及委员绅士等，择要兴修，务期有险可恃，众志成城，使贼入境无可掳掠，则贼势益孤，贼粮易匮，而官军复分路要击，以收坐困之效，方为妥善。'"等因，钦此。转行钦遵办理去后。嗣据广丰县以筑堡工竣，将捐资出力士民，请照捐修城工例案奖叙，由司详经前护抚臣孙长绂奏准部覆在案。

兹据贵溪县知县杨长杰详称："前署县陆长庆，前升县周溯贤，先后督同局绅，相度形势，劝谕各都士民，富者出资，贫者出力，共筑堡寨二十一所，曰安全堡、象山堡、人和堡、茶山堡、牛岭堡、仙岩堡、豚石堡、舒家堡、龙山堡、羊石堡、驻仙堡、香炉峰堡、薛家堡、萧家堡、牙石堡、许家堡、水岩堡、高坑堡、松径堡、华山堡、大石堡，均系依险为寨，大者可容万馀人，小者可容数千人，自同治元年五月兴工，至三年二月一律工竣，共用工料银三万八千八百七十九两五钱三分。因工未及半，适值浙江败匪西窜，捐难骤集，经周溯贤饬令绅董暂挪地方公费济用，随后收捐归款，要工赖以速竣。”报经广信府知府钟世桢，派委通判曹书昌、县丞彭光藻，逐一查勘，委系工坚料实，出具勘结，并由县府加具印结详送，复经臣札委候补知县杨春泽，前往复勘相符，绘图造册，由藩司文辉详请奏奖，并据声称因挪用公费，陆续收捐归补，今始足数，是以请奖稍迟，等情前来。

臣查贵溪县绅民遵筑堡寨，于三年春间，工甫告竣，贼即入境，士庶据险自固，匪众掳掠无资，用是未能久踞，旋被官军剿逐远遁。该绅民等不惜财力，共成要工，洵属急公好义。此项工程，攸关守御，即与修筑城垣情事相同，自应援照广丰成案，仍按捐修城垣例案请奖，以资激劝。臣谨将捐资各户，开列清单，恭呈御览。其劝捐监修出力之不论双单月遇缺尽先选用知县潘怀珠、浙江分缺先用县丞熊建猷、遇缺尽先选用县丞侯以明、候选同知夏球、附生萧名揄、遇缺尽先选用训导江山固、军功五品顶戴候选县丞程志道，均请交部照例议叙，以示鼓励。

除将履历、清册、图结送部外，理合会同大学士两江督臣曾国藩恭折具奏，伏乞皇太后、皇上圣鉴，敕部核覆施行。

再，此案堡工，系因军务兴办，支用经费，即与军需无异，事在同治三年六月以前，应请邀免造册报销，合并陈明。谨奏。

漕粮骤难起运请从缓办理折同治七年六月二十八日

奏为江西漕粮，骤难起运本色，并筹从缓办理情形，恭折奏

祈圣鉴事：

窃查前准户部咨："议覆太仆寺卿柏寿奏请复八省全漕一折，以江北正漕，前经试办河运，着有成效，本届亦应筹备本色，照常起运。此外有漕各省，自明年为始，务令一概征收本色，河南一省，仍用军船装运，其馀各省，悉令仿照江北河运办法，雇觅民船装运抵通，以实京仓，而裕兵食"等因。同治六年十一月初一日具奏，奉旨："依议。"钦此。

伏查漕粮上关天庾正供，官俸甲米胥出于此，诚为根本要需。前以军务未平，河路梗阻，连年改折，京仓支绌情形，中外臣工皆所共悉。值此东南底定，诚宜力复旧章，起运本色。臣随与在省司道，悉心计议，并函商督臣，详加体察，本年新漕尚有骤难征解本色之势。盖解运漕粮，首重船只。江省自遭兵燹，各帮军船六百馀只，毁折无遗，此时从新修造，固属无此巨资，即雇备民船，亦甚不易。江省漕粮北运，经历鄱湖、长江，风汛不常，波涛汹涌，非千石以上大舟难以冒险涉远，而运河自为黄水所穿，淤垫实甚，又非二百石以下小船不能浮送。若过江、湖则用大船，入运河改用小船，中途起卸，抛散偷窃，使水搀和，弊窦百出，防不胜防，费用浩繁，尤难豫计。此就处处有船可雇而言。况查被兵之后，江面舟楫甚稀。江省额漕，正改交通副米六十一万五千馀石，以每只装米千石计算，应需江船六百馀只，已属无从封雇，而运河小船计需三千馀只，尤属措办万难。江北同治三年仅办漕米三万石，雇用民船挽运，厥后回空之际，临清以南，运河淤塞，船户弃船卖板，始得南归。同治四年，仅办漕米四万石，雇用民船二百馀号，张秋以北，节节浅阻，船户不愿北行，直至临清一带，改雇北船，乃能接运抵通。五年冬，漕米未曾起运。现闻六年起运米六万馀石，因河道艰难，剥费不赀，改议海运。

以江北起运米数，较之江西仅只十分之一，又无涉历江、湖之险，尚不能河运抵通，江西漕粮之难以之仿照河运，从可概见。江西距海较远，若亦改办海运，鞭长莫及，呼应不灵，较河运尤多窒碍。是以部议只令仿办河运，但海运如可勉力集事，亦当设法试行。无如各海口沙卫等船，近亦较前减少，苏、浙漕粮尚在不敷装运，江北改归海运之米，闻亦等候月馀，始有船只可雇，而宜、荆五县田捐之米，则竟改用西洋夹板之船。是苏、浙两省海运，船只已形缺乏，再加江西漕米，难以并运，更不待言，此河运、海运均限于无船可雇之实情也。

起运本色，必须豫筹运费。江北办理河运，民折官办，每石米价水脚合银三两七八钱。江西水程多至一千数百里，运米一石约需银四两有馀。现征每石解部折价银一两三钱，例征给军、济造、济运、脚耗、行月等款每石银六钱有奇，动用两石之银，犹不能起运一石之米。若概开销正款，无论办理全漕固属费无所出，即试办二成起运米十二三万石，亦需银五十馀万两，仓储未见充盈，库藏已耗巨款。从前办运本色之时，支给书役、雇募剥船、津贴军丁各费，出自州县，而州县仍取给于花户。由是本折兼收，完本色者，每石收米一石四五斗至一石七八斗不等，完折色者，每石收钱四五千至六七千不等。广信府属有每石收洋银七八两者，截长补短，用能济运裕如，无烦动用正项。嗣于咸丰十一年，一律减价折征，每石收钱三千文，所有解部米价银一两三钱及提补捐款公费等项，一并在内。彼时寇警频闻，需饷孔亟，民力拮据，完纳维艰，故所定折价，较市卖米价减少，一速催科以济军用，一寓抚字以恤灾黎，系属因时变通之计。现因银价日昂，即办折解各州县，已觉办公无多，若复起运旧章，在在益形掣肘。两湖、安徽等省，漕折钱数，多者犹征六七千文，少亦四五千文，而江西仅征三千文，以之办运，安得敷用。而况县仓、省仓，荡然无存，从新修造，固为费甚繁，即借用民房，亦需费不少。此征收漕粮今昔不同，运费与仓费无出之实情也。

伏思复解本色，应将一切用项，通盘筹画，事事从俭，核计实需确数，视各属田亩之广狭，土地之肥硗，仿照鄂、皖等省成案，斟酌征数多寡，或本折兼收，或全收折价，官为买米兑军，明定限制，使该州县不能任意浮收，而办运亦足以敷衍，庶国无例外之费，民无重征之忧。并宜于未起运之年，豫将所增折价，尽数提归道库，修造船仓，如有盈馀，尽数报拨，一俟运河修浚深通之日，即为津贴运费之需。如此则仓船渐备，济运有资，数岁之后，可期复归起运旧章。督臣曾国藩，亦谓将来起运本色，必须稍增折价。惟是江省虽已肃清，而民间被扰过深，元气未复，加以连年水旱偏灾，收成歉薄，此时遽议增折，诚恐不易输将，且以运河尚未修浚深通，亦难为泛舟之役。应俟一二年后，再行察看情形，斟酌事宜，奏明办理。其本年冬漕，合无仰恳天恩，俯准仍照前定折征章程，以舒民力。据布政使文辉、督粮道平步青会详前来。

理合会同大学士两江督臣曾国藩恭折具陈，伏乞皇太后、皇上圣鉴训示。谨奏。

丁漕减价重定章程折 同治七年六月二十八日

奏为江西丁漕减价，重加厘定章程，恭折具奏，仰祈圣鉴事：

窃臣前准户部咨，议覆前护抚臣孙长绂奏议减丁漕浮收厘定章程一案，以地丁一两，连加一耗羡，折收足钱二千四百文，漕米一石，折收足钱三千文，万安、乐平二县视各属每米一石多钱二百文。既经明定章程，征收钱文数目必须一成不易，共见共闻，官吏方无可影射，闾阎方有所适从。若如原奏所称："银价不敷，准按每银一两易钱一千六百文，改收银两"等语，是收银收钱迄无定准，吏胥必多方勒措，愚弄小民。原奏又称："地丁分为两限，自开征至当年止，按定价征收，迟至次年者，每两加银一钱。漕米分为三限，各就地方开征日期，以一个月为一限，初限按照定价，二限加银五钱，三限再加五钱，加价数内，酌提八成归公"等语。查各属开征日期，惟州县主之，小民输纳日期，亦惟州县知之。如分年按月递加，其中有相距仅一日而征数相悬远者。此中弊窦，不惟部臣无由考核，即外省上司亦难稽查属吏。将见取诸民者无不逾限加价，归诸公者皆为依限额征。且加价钱文，以八成提补公项，二成州县自用，并无分文解部，外省更得自便。是未定章程以前，征多报少，尚须曲为弥缝，既经奏明以后，假公济私，更可肆无顾忌。所请丁漕逾限加价及改收银两之处，断难准行，应毋庸议。再，漕粮折价，究系一时权宜。现在办理折征，仍须处处为规复起运地步。原奏内称："将来北漕复旧，改征本色，总不出现定范围之外。"想系确有把握。惟向来随漕征收各款，为数甚巨，是否与正漕一律折征报解，原奏内并无只字提及，应令逐款切实声明，报部核办，等因。同治四年十月十七日具奏，奉旨："依议。"钦此。钦遵咨行到江，当经转行遵照去后。兹据藩司文辉、督粮道平步青会详称："伏查地丁、漕米议减浮收，定价固宜从轻，立法亦贵尽善，而异日规复漕运，尤当寓意于今日折价之中，庶几经久可行，无虞滞碍。如果折收钱数系属酌中定议，即使银价渐涨，亦无不敷，诚不必别议改银，转似游移莫定。民间完赋，果能悉依古制，户头滚催，按图总纳，催科自易为力，诚亦不必别立逾限加价之名，徒生枝节。只缘江西议减丁漕之日，正当疮痍初起之年，意在体恤民艰，所定折收钱数，过于简少，一遇银价昂贵，必致支解不敷，明知势难经久，故又定以改收银数。正欲收钱收银，各有一成不易之数，使人共见共闻，官吏无从影射，较之专定钱数而银数迄无定准者，闾阎转得有所遵从也。

当接准部议之时，银价未昂，收钱无碍，是以饬属照办。讵自上年以来，银价渐涨，州县照前收钱，易银解支，不敷渐巨，咸以改收银两为请。若不准其变通，在廉谨自爱之员，弥缝乏术，难期实力催征，其不肖者，借口赔累，更启侵贪之渐。在粮户收稻售银，易钱纳赋，所省较前愈多，于日后复征本色，起运逾难措置。因查安徽、江苏折漕收钱案内，经部议奏银价大有涨落，必须与时变通，应由该抚奏明更改，等因在案。江西事同一律，自可仿办。应请查照原议，以钱一千六百文扣银一两计算，改定每地丁一两，连加一耗羡，共收库平纹银一两五钱，每漕米一石，折收库平纹银一两九钱，万安、乐平二县，视各属每石多银一钱二分五厘。所有改定收银数内，除地丁完解正耗银一两一钱、漕米完解部款银一两三钱，以及原定提补捐款、公费之外，盈馀银两，仍照原议，留为州县办公之费。如日后银价大涨大落，必须与时变通，再当仿照安徽、江苏之例，随时确查，专案奏明，不准州县擅自更张，于防弊之道，益臻周密。

至于逾限加价一节，系为催科起见，由来已久，曾于同治元年，经督臣曾国藩于查覆前南昌知县周成民被参加漕案内，据实奏明有案。今准部驳之后，复饬各属遵照试行。在地丁虽无逾限加价之条，于催征尚无大碍。惟征收漕米，一免逾限加价，立见完纳不前。揆厥所由，江西丁漕，虽按图甲编征，花户类多散处，粮在此而人居彼，按籍而稽，莫知实在住址，俗语谓之“穿图漏甲”，比比皆然。户头滚催之法久已不行，合图总纳之区绝无仅有，苟非逾限加价，促使争完，催科实无把握。然地丁上忙完半，下忙全完，例限本属宽绰，岁内未纳，岁外补完，亦可无误奏销。纵使奏后始据续完，仍可次第报拨，故无加价以促之，亦无大伤。漕粮例系秋后开征，冬间兑运，且须按额完足，不容颗粒愆期。今日办理折漕，停其按限加价，因而积疲成性，异日复征本色，莫能转滞为畅，必致贻误兑开。然则粮漕逾限加价旧章，关系目前京饷犹轻，关系他年漕运甚重，实有必不可革之势。在部臣议驳，系防州县舞弊。第江省厘定章程之初，早已计虑及此，是以通属开征日期，悉令各就地方收成迟速，酌定禀报在案。并与初、二、三限各以一月为期之处，一并大张晓谕，粮户莫不周知，果系依限完纳，断不能照逾限加收。定章已立数年，暗访明查，实无改期朦收之弊。惟是原定二、三两限，每石各加收银五钱，为数稍嫌其重，曾有绅民禀经量准减轻之案。应请嗣后漕粮二、三两限，各只加银三钱，益足以示体恤。此项加价，原冀避罚而早完，不使就罚而多取，重其名而鲜其实，本不能遂成巨款。今既量减其数，所得愈微，自应全给州县，凑济办公，免其分成提解，徒具虚名，而无实济。

至随漕征收各款，漕项钱粮与脚耗银两，俱系循例另征。惟脚耗米石，系与正漕统征。自漕粮改折以来，除脚耗内坐支银米仍归州县支用外，所有漕项钱粮与夫脚耗银内给丁之项，俱系节省报解充饷。其脚耗米内给丁增扣米石，咸丰二、三、四等年，仍给帮丁养赡，五年以后，亦系节省报解充饷。此项脚米与正漕之有一三副米津贴者不同，是以每石向只折解银一两，应请各循旧章办理，邀免另议”等情，详请具奏前来。臣覆核无异。

理合会同大学士两江督臣曾国藩合词恭折具奏，伏乞皇太后、皇上圣鉴训示。谨奏。

九江关巡防轮船变通办理片

再，臣前准总理各国事务衙门咨调九江关所存入官轮船驶赴天津巡防，业经臣饬令该关将呃吩轮船，委员驾赴上海舱修，再行解津缘由，附片奏报在案。

旋据九江关道景福禀："准江海关道应宝时移称，当将呃吩轮船交机器制造局洋匠勘估，据称该船从前本由上海洋厂成造，专走长江，船身吃水太浅，船楼与机器过高，未能远涉大洋。现在船底老朽，必须重换底壳，约需银一万数千两。修好之后，仍在长江行走，可无他虑，如驶往天津，经由大洋，即有倾覆之虞。景福以修费过多，不若将该轮船在沪就近变价，九江关另造内地船只巡查，与税务亦无妨碍"，等情前来。

臣查呃吩轮船，前令驾赴上海舱修，原为驶往天津巡防之用。既因机器过高，吃水太浅，不能出洋，自未便专因九江关稽查税务，特费巨款，重为修造。该道景福议将轮船变价，另造巡船，系为节省经费起见，事尚可行。即经咨商通商大臣曾国藩，意见相符。并以目下捻匪屡败，天津亦可毋庸再添防船。

除饬令景福与应宝时妥为变卖，另造巡船，并咨总理衙门、户部、三口通商大臣外，理合会同通商大臣曾国藩附片陈明，伏乞圣鉴训示。谨奏。

东乡县刁民纠众抗粮拿获审办折 同治七年七月二十四日

奏为东乡县刁民纠众抗粮，哄堂伤官，派委大员率勇捕拿，获犯解省审办，恭折具奏，仰祈圣鉴事：

窃查东乡县民情素称强悍，节年钱漕抗欠累累。自江境屡被发逆窜扰，该县无赖棍徒，或在军营充当勇夫，遣撤回籍，或曾经从贼助逆，逃散归家，凶横情形，较前尤甚。咸丰八年，该县西乡有曾经从逆之徐清辉，纠众拥入县署，声称是年上忙钱粮，已被贼收去，应请豁免。遂在乡设局，把持不准完纳，并抢去左近团练局旗械米石，并将监生饶东曙等家劫掠一空，县营往拿，犹敢恃众拒伤勇丁，迨前任抚州府知府李瑞章带兵前往，始行逃散。同治元年冬间，复有北乡杨姓棍徒，假借请减钱粮为名，煽惑乡愚，寻捉户房书吏图诈，当经前任抚州府知府吴祖昌委员会县弹压息事。二年冬间，北乡棍徒陈绍武等，纠集数百人，突入县署，以连年被扰，请豁钱漕。该县知县李兴谟，以十一年被扰，丁漕已请豁免，新赋理应照完。该棍徒竟将粮书何良俚强行捉去。该府吴祖昌，亲率兵勇往拿，仅获陈马俚一名，讯明正法，馀均逃匿。次年贼匪复窜东乡，该棍徒陈绍武，投入贼营，充当伪军师，勒索乡民银米馈贼。迨逆匪击退，始将陈绍武拿获，解郡正法。各案首要人犯，尚多在逃，因连年防剿吃紧，不遑兼顾，不法之徒，遂视纠众抗粮、捆捉书吏、挟制官长为常事。

本年四月间，该县东北乡棍徒鲁鱼典、艾菊城等，倡议请减钱粮完数，按粮派捐工程修费，亦不肯交，造言煽惑花户，设局敛钱，抗粮不纳，殷实之家，如不允从，即行捉人烧屋。知县孙毓秀出示禁止，置若罔闻。闰四月初二日，纠众数百人，直入县署，名为乞恩，实则挟制。孙毓秀出至大堂，再三开导。该棍徒因未遂所欲，即哄堂喧闹，乱掷石块，击伤孙毓秀额颅胸膛，差役亦有被伤，同城文武，驰往协同弹压，始渐退散。抚州府知府许应鑅，正在考试，先委临川县知县童范俨前往会拿，该棍徒抗不交犯。是月二十九日，北乡棍徒嵇茂发、王旺发等，踵而效尤，纠集多人，声称入城求减粮价，先将乡居户书陈凤翥房屋拆毁，又将附城居往之户书江国华、差役危先房屋焚烧，亦经该县文武出城阻遏退去。

臣先后接据禀报，即派副将何明亮，率亮字营勇丁三百名，星驰前进，并饬该府许应镤会营亲往查拿。许应镤因考试尚未完场，商令抚州营都司唐殿麟，率领弁兵一百馀名，先往拿办。时值该县将艾菊城族人艾锦城拘案，五月十九日，该棍徒复敢纠众近城，希图夺犯。适何明亮、唐殿麟各率所部驰至，分投堵截，该棍徒犹复恃众抗拒，经各兵勇击伤其党与数人，并夺获器械多件，始均退回本村。然知官军尚单，仍在两乡往来麕集，扬言纠众再来。许应镤旋亦抵县，禀请增兵。臣复檄委道员何应祺带勇前往，督饬兜拿。何应祺亲督勇丁，进扎东北各乡，各犯闻风逃匿。何应祺当将该棍徒所设各局及首犯房屋焚毁，剀切示谕绅民，专拿首要究办以肃法纪，宽免胁从以安众心，抚慰良民照常安业，勒限犯族协力捆交，一面督同府县，选派兵勇差役，悬赏购线，四路踹缉。臣因道员周溯贤曾任该县，添派前往，亲历各乡，晓以利害，绅民人等，咸愿帮同拿犯。旋经先后拿获首要各犯艾菊城、王旺发、王元清、乐经华、张加祥、俞向明、王良俚、鲁宝书、徐日华、姚春发、王吉俚、王高照、吴象俚、徐福升、乐荣山、周卯长子、宋双喜十七名。首犯鲁鱼典逃往景德镇，兵勇侦知，跟踪追捕。复经何应祺等密饬浮梁县知县汪世泽，亲往该镇，将鲁鱼典搜获，禀经臣批饬将各犯一并解省，发交臬司，委员讯取确供，另行照例拟办。其误被诱胁，随同哄闹，并非有心滋事之犯，亦多获案，均经何应祺等，督饬府县，及随带委员陈本濂、梅毓翰，讯明照例责释，免其解省，以省拖累。东、北两乡前办团练所存枪炮旗械，概令赴县呈缴，免贻后患。新旧钱粮，已据花户照章输纳。至粮捐一款，因县城屡遭贼扰，坛庙、祠宇、书院、考棚均被焚毁，修费无出，经城乡绅耆佥议，按地丁银一两派捐银一钱，出自舆情愿效，非由官为摊派。迨鲁鱼典等初次滋事，请减钱粮，并及粮捐，孙毓秀以粮捐既为棍徒借口，即经出示停止，应修善后工程，将来另筹款项兴办。现在地方业已安谧，当将各兵勇撤归本汛，何应祺亦带随员回省，仍暂留周溯贤，酌带勇丁，在县缉拿逸犯嵇茂发等及办理善后事宜。

所有东乡刁民纠众抗粮伤官，派勇拿办缘由，理合会同大学士两江督臣曾国藩恭折具奏，伏乞皇太后、皇上圣鉴训示。谨奏。

道员劳绩异常请量予奖叙片同治七年九月初二日

再，布政使衔候选道何应祺，于赴粤会剿、克复嘉应州城初案内，经臣保奏，以该员才识过人，委办各军营务，亲赴前敌，会同各统领，分途堵剿，复经委办转运，备历艰辛，毫无贻误，可否交军机处记名，遇有江西道员缺出，请旨简放，并赏给该员父母二品封典。嗣经吏部奏驳，以“无论何项劳绩，保至班次无可再加者，只准切实声叙，果有非常功烈，自必仰蒙特旨，交军机处记名，概不准督抚大臣等指定保奏，所有布政使衔候选道何应祺，可否交军机处存记，遇有江西道员缺出请旨简放，并给该员父母二品封典之处，查与章程不符，应令另核请奖”，等因。

伏查四年冬间，发逆窜踞连平，时犯江境。该员驰赴前敌，会商各军，分投截击，屡挫凶锋。贼旋转陷嘉应州城，该员同各统领越境围攻，卒能克复坚城，荡平巨寇。且以数万人，悬军深入，待哺嗷嗷，该员挽粟飞刍，崎岖拮据，得以源源接济，无误饱腾，实属非常功烈。其应如何奖励之处，恭候钦定。

理合附片具陈，伏乞圣鉴训示。谨奏。

查明历年官垫民欠分别豁赔折同治七年十月初二日

奏为豁免案内官垫民欠银两，查明原挪各员名数，分别豁除着赔，恭折奏祈圣鉴事：

窃臣前准部咨："议覆同治元年江西豁免案内，查出官垫民欠银两着落赔补，实效难期一折，以官垫一层，久经禁革，不肖州县，难保无以民交为官垫，影射侵挪，便充私橐，即有实系因公挪用者，则又彼此轇轕，挹彼注兹，当时并未声明，事后纷纷渎请，以图回护处分，辗转相延，遂致巨款虚悬无著，此案邀免，彼案复来，一省稍宽，他省踵至，亦复成何事体。惟是该省当创极痛深之后，若再照历届豁免原案，着落现任州县摊捐赔补，中材以下计无所之，势必私自科敛民间，或至别亏库款，种种弊端，诚有如该抚所云者。拟请饬下该抚，于原挪各员中，查明殉难、病故、因事离江及仍在江省服官者各若干员，除殉难各员，为国捐躯，情殊可悯，并业经病故、参革，则赔款已属无著，俱恳恩准予豁除外，其现尚服官江省及改官他省者，各照本案，勒限严追，倘逾限不完，即行照例参办。并令该抚于嗣后征收上、下忙各款，明定章程，随案奏闻，委系实征于民，并无官垫字样，以重课项，而符定例，等因，具奏。奉旨：'依议。'"钦此。咨行到臣，当经转行遵照去后。

嗣据藩司具详："嘉庆二十四年办理追赔成案，系按在任经征之员分别摊赔。今届垫完民欠，虽非一律追赔，而查明原挪各员，仍应仿照成案办理。惟应豁者，部文内已指明殉难、病故、参革各员，而应赔者，只言服官江省、改官他省，其因事离江者，未经议及。细绎部文，其应赔、应豁，系以有官、无官为断。拟请将丁忧、告病、告养回籍以及降调人员，以有官论，一体议赔，其告休、勒休人员，以无官论，一体请豁。”拟定章程，详经臣批饬，照办在案。

兹据布政使文辉、督粮道平步青会详称：“逐一查明原挪各官共计二百九十四员，原挪银共五十七万四千七百五十四两七钱零。内殉难、病故、参革、休致者共计一百七十四员，应请豁免银三十九万六百八两八钱零，其在江服官、改官他省者，并丁忧、告病、告养回籍以及降调者，共计一百二十员，应请追赔银一十八万四千一百四十五两九钱零。所有应赔银两，容俟接准部覆，各按例限，分别严追，倘逾限不完，即行照例参办。”造具原挪员名细数及应赔应豁简明各册，详请具奏前来。臣覆核无异。

除饬嗣后上、下忙各款务遵部议，尽征尽解，不准再有官垫民欠，以重课项，并将清册咨送户部外，理合会同大学士两江总督调任直隶督臣曾国藩，恭折具奏，并缮具应赔应豁简明清单，敬呈御览，伏乞皇太后、皇上圣鉴训示。谨奏。

借款轮修被水圩堤折同治七年十一月二十四日

奏为江西被水冲坍圩堤，援案借款轮修，以卫农田，以重租赋，恭折覆陈，仰祈圣鉴事：

窃臣承准军机大臣字寄：“同治六年十一月二十九日奉上谕：

‘据御史阮寿松奏，军兴以来，沿江滨湖官堤民圩，渐就倾圮，每逢盛涨，膏腴尽为泽国，亟应一律兴修，捍卫农田。并另片奏，江西饶州府安仁县城，于咸丰五年修竣，至今未邀奖叙，等语。着刘坤一查明该省地方原有官堤民圩，派员分别估修，认真经理，务令工归实用，以重农务。其兴修安仁县城各官绅，并着刘坤一查明，奏请奖励。”等因，钦此。仰见我皇上勤求民瘼，录及微劳，臣跪读之馀，莫名钦佩。

伏查江西内湖外江，低洼地方，全赖圩堤以资保卫，合计通省圩堤三百五十馀处，内只丰城县之土石各堤及九江府之护城石岸，系属官堤，向有岁修之款。馀俱民堤民修，然遇江湖盛涨之年，坍塌过多，民力拮据，辄请由司库借款修筑，嘉庆、道光年间，历经奏准有案。自军兴以来，度支竭蹶，无款可筹，只得听民自为补救。在稍完善之区，殷富之户，凡此田庐所系，自无不极力绸缪，其被扰较重处所，或避难远徙，或垂尽馀生，多任日久坍塌而不能顾。臣于钦奉谕旨后，即饬藩司委员分赴有圩各属，切实查勘，除业由官民修筑完好各县不计外，尚有南昌、新建、进贤、星子、建昌、德化、德安、鄱阳八县，应修圩堤七十馀处，内将滨临巨浸，地势极低，难以施工者，暂行剔除，择其地段稍高，尚有旧日堤脚可循者，逐加估计，约需经费银二十馀万两。各该处业户，兵燹之后，复屡遭水患，若仍责令自修，势必无此财力，即使劝导多方，终属空言无补。事关民生国赋，自应设法筹维，变通尽利，拟请仿照从前借款兴修成案办理。第司道库正杂各款钱粮，悉数拨解京、协各饷及本省例支各款，尚属不敷，无可融动。惟查七年以后，抽收厘金，约计解支协饷、防饷而外，稍有盈馀，应即酌量筹借，俾得及时兴工。然应修之堤，工巨费繁，而所馀厘金有限，倘令同时并举，殊属挹注难周，不得不由近及远，由易及难，分年轮修，庶易集事。

从前借款修堤，每限五年、八年，随同地丁征还。乃前款尚示还清，复因堤坍再借，辗转拖欠，遂至请缓请蠲，卒归无著。臣与藩司熟商，此次筹借修费，责成各该县及有物望、有身家之绅士，承领督办，豫先按亩派定，限于次年秋成后悉数缴还，即以缴还之款，借修别处之堤。如次年所修之堤，工费较巨，还款不敷动用，再由该年厘金项下，添拨足数。本年即自南、新二县开办，递年推及于进贤、星子、建昌、德安、德化、鄱阳等县。如此严定限期，次第兴筑，不上数年，江省应修堤圩，可期一律完固，借款亦不至日久虚悬。其每年借放收还各数，即于厘金报销册内，详晰声叙，据实奏咨，以备稽核。

至安仁县捐修城工一案，饬据该县查明，当时系归绅士承办，于咸丰三年十二月兴工，至五年二月初八日告竣。嗣因连年被扰，捐户迁徙未回，原办绅董复因办团防剿，以致应请奖叙，未克清厘，并非地方官延搁。现已饬催该绅董赶紧查造捐生履历、银数、官阶清册，另行详办，不任再延。据署布政使平步青，具详前来。

所有酌拟借款轮修圩堤缘由，理合恭折覆奏，伏乞皇太后、皇上圣鉴训示。谨奏。

筹议来年裁减防师添解陕甘协饷折

同治七年十一月二十四日

奏为筹议来年裁减防师，并于厘金项下拨解陕、甘协饷，恭折覆陈，仰祈圣鉴事：

窃臣先后承准军机大臣字寄，同治七年十月初八日，奉上谕："左宗棠所称陕西每年缺饷一百四十馀万两，甘肃每年缺饷三百馀万两，请自明年为始，每年提拨实银四百馀万两，分解陕、甘一节。历次户部奏令各省月协陕、甘两省军饷，统计不下七百数十万两。此次左宗棠通盘筹画，仅请拨银四百万两，自系为事必求实，饷归有著起见。现在正供之外，各项收款，以厘金为大宗，尤以江苏、安徽、江西、浙江、湖北、广东、福建七省厘金为最旺。着各该督抚等速行定议，各该省厘金，除必需之款酌留接济外，每省每月究可提存若干，迅速覆奏，听候指拨。”又于十月十五日奉上谕：“户部奏统筹军需全局，并遵议胡大任条陈一折，军兴以来，用兵省分，需饷较多，或由本省筹画，或由他省协济，头绪纷繁，章程不能画一。现在发、捻各逆次第殄灭，而各省未裁之营尚复不少，虚縻饷项，伊于胡底！着各该督抚迅议章程，分别遣留，专案奏报。其裁撤各营，原拨各省协饷，即可概行停解。所有从前协拨之饷，着截清年月银数，开单具奏，如有必须协拨者，并着专案奏明，听候部议。至陕、甘、云、贵数省，军务紧要，前以筹饷艰难，未能大张挞伐。现幸中原肃清，自可厚集饷需，借资攻剿。前经谕令江苏、江西、安徽、湖北、广东、浙江、福建等七省督抚，将厘金一项，每月可酌提若干，接济外省，奏明办理。着仍遵前旨，迅速筹议，限于年内奏到。该督抚等受恩深重，当知顾全大局，不至迟延观望，致误事机。其厘金报部章程，并着照两淮盐厘格式，每年分两次奏报，以归简易。”各等因，钦此。

臣查江西自肃清以后，共留水陆兵勇一万三千有奇，嗣经陆续酌裁千馀人，留防尚属逾万。盖以地方辽阔，界于闽、粤、湘、鄂、皖、浙六省之中，四境时虞风鹤。如同治五、六年，捻逆屡扰湖北黄、麻，九江即须设备。湖南、广东、福建、浙江各省教匪，或突窜江境，或窜逼近边，而本省之义宁、万载、永新、铅山等处，各匪徒亦不时萌动，筹防筹剿，无岁无之。兼以游勇络绎过境，劫杀频仍，地方刁民，动辄抗官拒捕，在在均需巡防弹压。现在江境内外，虽无匪徒滋扰，民情亦属帖然，而下游淮勇、霆军正在裁撤之时，又值隆冬岁暮，防范未可稍疏，尚须暂缓更动。请俟明岁开正以后，拟将陆勇祥字营再撤一千三百人，仍留一千五百人，以为吉、南、赣、宁有事调遣，其昌字、藻字、衡勇等营各撤二百人，仍各留三百人，与亮字营之三百人共成一千二百人，以备省城左近数郡随时派拨。此外如安信军、捷胜军并省防三营弁兵，概行遣撤，饬令回籍归伍。至于水师，则将江军内河两军所有船身颇大、人数较多之长龙一律裁撤，馀亦酌撤数营，仍留三千馀人，配带舢板、飞划，分布东西两河，以资巡缉。统共水陆各勇，裁撤六千数百名，酌留五千数百名，俟明年秋冬，察看情形，再行酌撤，以节经费。此酌拟撤留江西防勇之大略情形也。

江西从前厘金颇觉繁重，每年或收一百八九十万，或一百五六十万，收数虽旺，商民不免困乏。自五年解严以后，全撤坐贾厘金，并酌裁门厘，每年约收一百三十万两上下。加以近年银贵钱贱，以钱易银，益形减少，每年约收一百一二十万。每遇防、协各饷，拨解不敷，辄于丁漕正杂项下通融挹注。本年复将门厘一律裁撤，并议裁撤江军水师所收三分行商厘金，此后每年收数恐将不满百万。计所留水陆勇丁五千馀人，饷项及制备账房、帆棚、旗帜、号衣、铅药，修舱船只、枪炮、刀矛等项，约需银四十馀万，而应补欠饷尚不在内。又除湖口一卡厘金就近归长江水师抽收为数约八万两外，江西每年尚应解长江饷银八万两，另船厂工料银一万两。是所剩厘金，约只三十馀万两。此江西厘金陆续裁减约计来年收支之实数也。

仰蒙谕旨垂询江西厘金一项，每年可酌提若干，接济外省。伏查现在军务，以陕、甘为重，待饷甚殷。江西向于地丁项下，按月协济银二万两，兹拟厘金项下，每月再行协济二万两，通年并算，地丁厘金共银四十八万两。又四省捐输，奏明分解陕、甘、云、贵，本省不用分毫，以陕、甘应分损银，并两项协饷，则江省通年解陕、甘者，约在六十万内外，似足以助饱腾。至月协厘金，请以明年二月为始，按月解交湖北省城陕、甘各后路粮台，分别转解各该省济用。此外所馀厘金，仅十万上下，且系约略估计，衰旺无凭，又未必能有此数。江省应行买补常平仓谷，修筑圩堤，以及应行拨还军需案内提用地方公项等款，需用甚巨，无款可筹，应请留此有馀，以为善后经费。据总局司道具详请奏前来。

除饬该司道将历年收支厘金及已解过各省协饷截清数目另行详办外，理合恭折覆奏，伏乞皇太后、皇上圣鉴训示。谨奏。

酌裁分设厘卡及收支数目送部查核折

同治七年十一月二十四日

奏为江西历年分设局卡，抽收厘金章程，并节次裁减情形及收支数目，恭折奏祈圣鉴事：

窃臣前准兵部咨，同治七年七月十六日，奉上谕：“毛昶熙奏军务渐平，宜益思寅畏一折。厘金一项，屡经谕令各该督抚酌量减裁。惟因贼匪未靖，迫于时势，不能概予裁撤，眷念民生，良深廑系。今幸军务渐平，饷需稍可节省。着各该督抚体察情形，如不能一时尽裁，务当酌留大宗，撤去分局，遇有零星杂贩，概免抽厘，庶不至小民益形拮据。仍当慎选妥实可靠人员管理局务，随时认真稽察，以期涓滴归公，毋任中饱。”等因，钦此。又承准军机大臣字寄：“同治七年十月十五日奉上谕：‘厘金报部章程，并着照两淮盐厘格式，每年分两次奏报，以归简易。’”等因，钦此。均经转行司道钦遵办理在案。

伏查江西抽收厘金，起自咸丰五年，前抚臣接准户部咨：“议覆胜保奏劝谕商贩抽厘助饷一折内开，雷以诚在泰州、仙女庙二处劝谕抽厘，系属水陆交冲，商贾辐辏，办理或易为力。北路坐商多而行商少，市镇有大小之别，货物有多寡之殊，如果办理得宜，原属众擎易举，设或措施不当，即为众怨所归。应请旨饬下各省督抚，专委道府大员，督同州县，拣派公正绅董，各就地方情形，妥为筹度，既须有益于国计，尤当体察夫舆情。所收钱文，悉数解充军饷，不准地方官擅自挪移，致启影射侵渔之弊。”等因。咸丰四年十二月初九日，奉旨：“依议。”钦此。惟时江省各属多被匪扰，防剿兼施，饷需支绌。旋于五年八月初三日，先于南康府属之涂家埠地方设卡试办，并陆续于广信府属之河口镇等处分设局卡，抽厘济饷。时值贼踪飘忽，各营分投进剿，更调靡常，局卡或设或停，并无定准，章程亦未画一。迨至六年十二月，始于省城设立厘金总局，议定章程，分别行商、坐贾二项，按货物价银一两抽厘二分，货价钱一千文抽厘二十文，此卡已抽，再过他卡，不复重取。刊刷联票号簿，分给各卡填用，以杜私抽。以在省司道总司其事，遴委妥员，拣派绅董，分投经理，择商贾茂盛各处，先后设卡，照章收解。七年五月，复加变通，行商一项，除起票抽收外，中途验票一次，再抽二分，此外各卡不再重抽。来往商贩，因土匪游勇多藏偏僻港汊，伺抢客货，大为行旅之害，明知官军剿贼正急，不遑兼顾，愿于起票二分之外，加抽一分，另募安旅军水师，制造船炮，专护商舟，自是遂定为起票三分，验票二分。前甘肃臬司刘于浔所带江军水师，系另自设卡，抽厘三分，支放该营粮饷，有馀解归省局，收支数目，按月具报。十年六月间，前督臣曾国藩统师东下，奏准江西厘金悉数解充东征军饷，改厘金局为牙厘总局，派委升任吉南赣宁道李瀚章督办瑞、袁、临、吉、南、赣、宁七府州厘务，前任督粮道李桓督办南、抚、建、广、饶、九、南七府厘务，所收银钱，悉解外江粮台支用。乃征兵云集，所收之厘，不敷应放之饷，复于咸丰十一年十月，详改章程，通省厘金定以两起两验为度：客货经过头卡，抽收起票三分，经过次卡，抽收验票二分，三卡再抽起票，四卡再抽验票，此后所过之卡，概不加收。若办货之处至卸货地方，或仅经过一、二卡，即按经过卡所完厘，不必限定四次。嗣复于坐贾之外，另设门厘，按铺户贸易之多寡，酌定月交厘数。凡此辗转筹维，皆由兵多饷绌，势迫时艰，不得不借资商民，补救危局。同治三年四月间，苏、浙败匪奔突江境，本省添募勇丁防剿，饷无所出，经前抚臣沈葆桢奏奉谕旨，江西牙厘茶税，准由本省提用一半，自此复归江省经收，分解济用。是年十一月，又经曾国藩奏明，江西厘金，悉归本省收支，其鲍超之霆字营、周宽世之铨字营军饷，亦由江西筹给。

迨四年十二月，发逆荡平，五年春夏征防各军大加裁撤，需饷较少于前。臣体察江省历年加增厘税，实形繁重，商既力疲，民亦食贵。往年重在灭贼，是以黾勉输将。今幸仰仗天威，克夷大憝，商民莫不翘首跂踵以望薄敛轻徭。况江省被扰十数年，地方凋残已极，亟宜休养生息，以培元气而裕民生。五年五月，饬据牙厘总局酌留扼要各卡，裁撤小卡三十一处，并将坐贾厘金，全行停止，门厘一项，只留省城、吴城、饶郡、景镇、樟树五处，仍按原额酌减三成，其馀各处亦均免抽。本年捻逆扑灭，中原肃清，淮勇、霆军，相继议撤，江省应解协饷稍减，十月间，复将省城等五处门厘亦免抽收。现复钦遵寄谕，将江军水师所设各卡应抽三分厘金，饬令裁撤。核计节次停收之数，已较往岁十减三四，用以仰副朝廷体恤民艰无微不入之至意。

惟是历年税厘收数，各前抚臣俱以军务方殷，不及随时奏报。兹经臣饬据藩司将各年收支数目，造册具详前来。计自咸丰五年八月初三日起，至十年五月底改设牙厘局止，共收税厘银二百一十万五千四百二十二两零，制钱四百二十五万二千七百七十九串零，按时价扣银二百一十二万六千三百八十九两零，银钱并计，共合银四百二十三万一千八百一十二两零。又自同治三年四月起，截至六年十二月止，共收银一百六十八万二千九百六十九两零，制钱六百三十五万六千七百三十串零，内解赴外江粮台银三十四万五千五百四十四两零，钱二十九万三千七百四十三串零，江省实收用银一百三十三万七千四百二十四两零，钱六百六万二千九百八十六串零，随时照市价易银三百八十八万八千二百七十四两零，银钱并计，共合银五百二十二万五千六百九十九两零，内有饶州府属之德兴县解到皖省请奖茶引捐厘银四万九千八百七两零，亦归入厘金数内造报。以上江省收用银钱，均经分别解交藩库及径解各营支放勇粮、制造军火器械之用，统归江西军需项下分别汇开清单，查造细册报销。其咸丰十年六月起，至同治三年三月止，收支税厘数目，应由外江粮台造册详送督臣核奏。

除清册咨送户部查核，并饬藩司将七年正月以后续收税厘，仿照两淮盐厘格式，每年分两次造报详办，现留各局卡，慎选妥员经理，如有中饱、扰累情弊，即行据实严参外，理合恭折具陈，伏乞皇太后、皇上圣鉴训示。谨奏。

察看监司各员据实覆陈折同治七年十二月十二日

奏为遵旨察看，恭折覆陈，仰祈圣鉴事：

窃臣承准军机大臣字寄："同治七年六月初一日奉上谕：'署江西按察使盐法道吴兆麟、江西南赣道文翼、署江西盐法道候补道联福，着曾国藩、刘坤一悉心察看，如竟不能胜任，即行据实参奏，毋稍迁就'"等因，钦此。

臣详加察看：吴兆麟用心深细，办事勤明，两次署理臬司，勘断尚无贻误，现回盐道本任，事简责轻，堪以胜任。文翼初抵任时，腰髂染患痈疽，起动不便，希见属员，旋经医治痊愈，遇事勤于讲求，吏治、关税日有起色。联福才欠开展，而心地朴诚，操守廉洁，早已交卸盐篆，随班当差。查该员等均无劣迹可指，吴兆麟、文翼应请照旧供职，联福亦请免其置议。是否有当，恭候圣裁。臣仍当随时察看，该员等如有初终易辙，即行据实严参，断不敢稍事回护迁就。

谨恭折覆奏，伏乞皇太后、皇上圣鉴训示。谨奏。

查明刘于浔水师支放厘卡抽收并无侵冒折同治七年十二月十二日

奏为查明前甘肃臬司刘于浔所带水师支放口粮以及设卡抽厘济饷，并无侵冒情弊，恭折覆陈，仰祈圣鉴事：

窃臣承准军机大臣字寄："同治七年十月初六日，奉上谕：'有人奏，江西水勇虚糜饷项，请查明裁撤等语。据称前甘肃臬司刘于浔，在籍管带炮船水勇，口粮均系该绅一人经管，藩司无从过问，弊端不可枚举。着刘坤一饬令刘于浔，将历年支销款目，详细造册报销，如有侵冒浮开情弊，据实参奏。该省军务久已肃清，此项水勇应即裁撤，以节饷需。如仍须酌留船只以备巡缉之用，即着刘坤一另委妥员管带。所有勇粮支放，并归藩司经理，以符定制。所有支应水勇之厘局八九处，应否裁撤归并，并着该抚查明办理。原片着抄给阅看。将此谕令知之。'”钦此。等因。臣当即遴委谙练营务、夙为将士畏服之候选道何应祺接统江军水师，并饬牙厘总局将原设支应江军勇粮之泉港、拖船埠、三湖、谢埠、瑞河口、剑江口、樟树七处厘卡，酌行裁撤，惟留扼要之处，归并官卡办理，不准重复抽收，以恤商贾。此后该军薪粮，即归总局支放。至该军炮船，分派各属河道巡缉，时值隆冬岁暮，防范未可稍疏，尚须暂缓更动。请俟明岁开正以后，拟将该军及各军船身颇大、人数较多之长龙，一律裁撤，馀亦酌撤数营，已于筹议来年裁减防师折内，先行奏明。一面札饬前甘肃臬司刘于浔，将历年收支款目，造具细册报销。并饬总局司道，确查有无侵冒浮开情弊，据实详办去后。

兹据总局司道详称：“刘于浔所带江军水师弁勇名数，历据按季开报，由局汇造清册，详请分送军机处、兵部查核。其支销勇粮等项，同治三年六月以前汇开清单，三年七月起至五年十二月止，开造报销细册，先后由局汇案详请奏咨在案。今复据刘于浔将六年正月起，至七年十月止，查造细册，送局确核。册开弁勇名数，悉与季报相符，支销盐粮马干以及制造军火、器械、战船经费等项，均与例案相符，并无丝毫浮冒，容俟另行汇案请销。所开收用厘金，核与牙厘总局移报银钱数目符合，亦无收多报少情事。”详请核奏等情前来。

臣查刘于浔所带江军水师，历年防剿临、吉、樟树等处，转战十年，频摧巨寇，历克坚城。同治三年，侍逆率数十万众，猛扑抚郡，该员率师扼守文昌桥，昼夜苦斗，力解重围，抚州既得转危为安，省垣亦赖以屏蔽，厥功甚伟。迨后军务虽已告竣，而游匪所在多有，该营炮船分派沿江弹压，诘奸御暴，昕夕梭巡，匪类屏迹，行旅以安，是该营尚属得力。至抽收厘金，均经按月报明牙厘总局，支放勇粮，亦皆造报善后总局，现经司道查明，并无侵冒浮销情弊，实有案据可凭。该员年逾六旬，先曾屡次因病告退，兹已另委妥员接带，此外亦无经手未完事件，应请免其置议。

所有查明刘于浔并无侵冒缘由，理合恭折覆奏，伏乞皇太后、皇上圣鉴训示。谨奏。

查报各省协饷起止年月折同治七年十二月十六日

奏为查明江西原拨各省协饷数目起止年月，恭折覆陈，仰祈圣鉴事：

窃臣前准军机大臣字寄，钦奉上谕："军兴以来，用兵省分，需饷较多，或由本省筹画，或由他省协济，头绪纷繁，章程不能画一。现在发、捻各逆次第殄灭，而各省未裁之营尚复不少，虚糜饷项，伊于胡底。着各该督抚迅议章程，分别遣留，专案奏报。其裁撤各营，原拨各省协饷，即可概行停解。所有从前协拨之饷，即着截清年月银数，开单具奏，如有必须协拨者，并着专案奏明，听候部议。"等因，钦此。业经臣将筹议来年裁减防师情形，先行具奏，声明已解各省协饷，饬令司道截清数目，另行详办在案。

兹查江省原拨协解直隶固本兵饷每月银五千两，陕甘协饷每月银二万两，湖南援黔协饷每月银一万八千两，安徽赴援直隶军饷每月银一万两，侍卫陈国瑞军饷每月银一万两，协济清淮军饷每年银二万两。霆营协饷，自同治五年四月起，每月解银七万两，嗣裁减勇丁，自六年九月起，每月解银五万两，旋又续经遣撤，自七年五月起，每月解银三万三千两。提督谭胜达等新招马队，随同李鸿章北征，军饷自同治六年九月起，每月解银二万两，是年十一月起，每月解银一万两。均于司道各库及厘金项下按月源源拨解，未敢稍事迟误。伏念固本兵饷，为畿辅练兵要需，自应照前解济。陕甘、贵州军务方殷，该二省协饷，亦属势难停止。清淮一带，尚需兵力弹压，应解协饷，已由漕运督臣张之万奏准协解。以上各饷，臣现在督饬司道照前力筹协拨。此外部拨协解云南、广西、福建等省旗、绿各营官兵俸饷，俟稍有馀力，亦当均匀融济。至皖军、霆营及陈国瑞、谭胜达等马步各营，俱已全数裁撤，协饷均经次第停解。据署布政使平步青、署督粮道周溯贤查明已解各省协饷起止年月，截清数目，开折详送前来。臣覆核无异。

理合恭折覆奏，并照缮清单，敬呈御览，伏乞皇太后、皇上圣鉴训示。谨奏。

各属失守被劫仓库储款酌拟豁赔折

同治七年十二月二十日

奏为查明各属失守城池案内被劫仓库银米谷石，酌拟分别豁免着赔，恭折奏祈圣鉴事：

窃查江西被贼滋扰十有馀年，州县城池多曾失陷，仓库存储银米谷石，一经失守，尽为贼有，即存署串簿、文卷等项，惟旋失旋复者间有存留，沦陷日久而后克复者亦皆毁失殆尽。先后接据各属禀报，仓库被劫款目及毁失串簿等项，年款细数，稽考甚难，辗转饬查，案悬莫结。嗣经设局办理同治三年以前旧案，交代必须先将历年劫失各款，确查清楚，与后此年款庶无牵涉之患。经司道督饬局员，调齐各属烬馀文卷，并就司道衙门报案及各属前官呈出交代底案，参互考证，逐细勾稽，除劫项先已详奏定案者不计外，尚有丰城、义宁、奉新、靖安、高安、上高、新昌、新淦、峡江、万安、金溪、东乡、南城、新城、广丰、兴安、浮梁等十七州县，征收被劫各年漕粮正耗米八万一千四百一十石八斗八升一合四勺，又进贤、义宁、武宁、奉新、靖安、万载、清江、新喻、新淦、莲花、安福、永丰、永新、吉水、永宁、临川、崇仁、东乡、乐安、南城、泸溪、南丰、新城、弋阳、浮梁、安仁、德兴、星子、德化、德安、大庾等三十一厅州县并铜鼓营城被劫常平仓谷二十六万五千四百四十七石六斗六升七合，又阵亡殉难及军营病故各州县叶济英等三十二员交代案内共应交银七万九千三十二两三钱九分五厘，此外尚有被扰各属未失守以前历任未结交代之郑长昕等七十六员交代案内共应交银一十三万一百五十一两六钱三分四厘，俱归无着。据署布政使平步青、按察使王德固、署督粮道周溯贤，造具各该州县衔名年款清册，详请分别奏恳豁免，并按任着赔，等情前来。

臣查定律："仓库猝遇水火、盗贼劫夺，事出不测，显迹明白，免罪不赔"等语。今该厅州县，城陷被劫，征存漕米八万一千四百一十石零，仓谷二十六万五千四百四十七石零，实系事出不测，显迹明白，应请照例豁免。又叶济英等三十二员，历任应交银七万九千三十二两零，其筹办防剿之日，固须动用军需，当城池失陷之时，馀款必遭劫夺，只缘各员均已物故，造报无人，以致交代案内仅有交款而无抵款，是其短交银两应非侵亏可知。且该员等，或临阵捐躯，或殁于王事，后裔零丁孤苦，情极可怜，若概责令赔偿，势必力有未逮。查咸丰三年，吉安府知府王本梧在任阵亡，六年，升任江西臬司前吉南赣宁道周玉衡在吉安守城殉难，该二员军需动用无从报销，经各前抚臣奏准豁免在案。叶济英等三十二员，未经造报前项银两，情事相同。合无仰恳天恩，一体豁免，以恤忠荩，而广皇仁。其郑长昕等七十六员，短交银一十三万一百五十一两零。查该员等交代款册，系由局督饬前后任暨监盘，就册卷所有及年例应解各款，分别交抵。第交款中有接自前者，当该员接收之时，有交自必有抵，所抵大都垫完民欠居多。今案据荡然，抵款无从开列，民欠亦无从征还。至本任交款内，中亦多就年例应提应扣各项银两列交。该员在任时，是否全数征存在库，亦或尚有蒂欠在民，以及交卸时有无移交后任，亦因册串尽失，无可稽查。罪疑惟轻，未便与实在亏短确有案据者相提并论，而库款攸关，又不能听其虚悬。应请按照各该员历过任所，责令各归各任，分赔归补。俟接准部覆，按照例限，咨行追缴，以重钱粮。谨将应豁应赔各员衔名、米谷银数开列清单，恭呈御览。

除清册送部外，理合会同两江督臣马新贻恭折具奏，伏乞皇太后、皇上圣鉴训示。谨奏。

前项官垫民欠馀租恳恩豁免折同治七年十二月二十日

奏为江西清查案内挪垫民欠馀租等款无着银两，恳恩豁免，以资体恤而裨吏治，恭折仰祈圣鉴事：

窃查江西道光二十八年清查案内，查出各属挪垫民欠馀租等银一十四万三千四百七十五两零，经前抚臣汇同挪垫地丁等银，一并奏准部覆，自本案奏定之日起，分限八年征完，并以民欠者向民征完，官亏者自宜官为赔补，应令确实查明，一面饬属征解，一面责令分赔，如有悬宕无着之项，统令现任弥补解清，等因。又经行司覆查，委系实欠在民，并无官亏。当令各属遵照部议，限期征解，如有无着之项，统由现任弥补。嗣于咸丰元年，钦奉恩旨豁免民欠钱粮案内，声明清查挪垫馀租等银十四万馀两，例不豁免，仍照八年原限催收归款。乃咸丰二年，贼扰两湖，江省即办防堵。三年，巨寇入境，围攻省城。自是以后，无岁不遭蹂躏，内会昌、兴国、雩都三县，被扰最重。军丁应完前项官垫馀租银二万一千八百四两零，于咸丰七、八两年被扰案内先后奏准展缓至咸丰九、十等年起，分年带征。此外新建等县银一十二万一千六百七十一两零，虽仍饬令以道光三十年十二月初五本案奏定之日起限征解，应扣至咸丰八年十二月初五日，八年限满，无如彼时州县则防剿方殷，军丁亦迁避无定，以致完解寥寥，未能依限征收足数。兹因设局清理交代，调齐文卷，逐细勾稽，清查案内原报挪垫馀租等银一十四万三千四百七十五两零，内除宁都、新建、建昌、永丰等四州县垫款银一万六百二十一两零，或已归另案摊补，或应由盐库归还，或已追民欠还款，或应变田房抵偿不计外，实在应征垫完民欠馀租等银一十三万二千八百五十三两零，内已征补银四万四千二百一十三两零，仍有新建等县未完银六万七千三十三两零，会昌等县未完缓征银二万一千六百六两零，共未完银八万八千六百四十两零，实由原限八年期内，民既流离避地，官亦竭蹶治兵，输将无力，筹补维艰，遂致日久虚悬，势成无著。此案奏定章程，民欠向民征完，如有无著，统令限内之现任州县弥补。当定案之初，民丰物阜，官亦裕如，既为令在必行，应亦力所能办。何期起限未久，即值军兴，官民交困，征补两穷，迫于时势使然，并非玩视悬宕。因思清查案内尚有挪垫民欠地丁等款银六十六万馀两，当时亦议另筹摊补。嗣因停止州县捐摊，经前督臣曾国藩于同治元年奏奉恩纶，概予豁免。又查咸丰九年以前未经官垫之民欠馀租，照例原不请豁，亦因体念民艰，归于同治元年钦奉恩旨查豁民欠钱粮案内，经前抚臣奏准，破格豁免各在案。今挪垫民欠馀租八年限内，既因兵燹无从征还，若令八年限外牧令分年捐摊，固与奏停州县捐摊之案不符，且恐不肖之员，借端朘削民膏，否则挪移正款抵解，徒饰目前，转亏国帑，均属大有关碍。据署布政使平步青、按察使王德固、署粮道周溯贤详请奏豁前来。

臣查前项官垫民欠馀租等银，原与清查挪垫地丁等银，情事相同。地丁摊款，早已奏请豁除，垫完馀租，势难仍令摊补。如仍向军丁催追，则兵燹之馀，类多物故，纵有零丁后裔，皆属穷窘无聊，于现年租赋尚属措办不易，安有馀力再完远年陈粮。况未经官垫之馀租，已准破格豁免，独此官垫馀租仍事比追，亦不足以昭平允。合无仰恳天恩，俯念江省现值官民交困之时，俯准将此案未补官垫民欠馀租等银八万八千六百四十两零，援照垫完地丁成案，亦予一概豁免，洵于吏治、民生俱有裨益。谨将已未征补款目银数，另缮清单，恭呈御览。

除细数清册送部外，理合会同两江督臣马新贻恭折具奏，伏乞皇太后、皇上圣鉴训示。谨奏。

算清旧案交代亏短各员请拿问追缴折

同治七年十二月二十日

奏为江西同治三年以前旧案，交代督算清楚，请将亏短各员，分别革职拿问，勒限追完，其历任结算迟延处分，援案恳恩宽免，恭折奏祈圣鉴事：

窃查江西各厅州县交代，自军兴以来，牧令防剿吃紧，无暇兼顾，历今十有馀年，未据结报。迨后军务渐平，在于省城设立总局，将未结交代，提省会算，先后派委知府盛元、陈增、元善等，会同南昌府，督率南、新二县驻局专办，仍由藩臬两司、督粮道总司其成。乃前案未完，后案踵至，新旧套搭，了结无期。经臣饬令画清界限：同治三年以前交代作为旧案，概归省局核算，四年以后交代，作为新案，责成该管府州督算，俾免轇轕耽延。旋准户部咨，亦令以三年以前为旧案，适与现办章程相符。复经臣迭次严札，勒催司道上紧查办在案。

兹据署布政使平步青、按察使王德固、署督粮道周溯贤详称："现将同治三年以前旧案交代，正、署、代理九百五十二任经理仓库钱粮等项，一律督算清楚，除被贼劫夺各款另案办理，各属军需就近动用钱粮准销款项由司道核作收放，并于交代未结之先催解银两不计外，通共尚应交正杂各款银五十七万九百二十八两七钱二分八厘，内于交代结算后，陆续完解到库，并将各属自行详府分年摊捐款项，查照前护抚臣孙长绂厘定征收钱粮章程奏案，归入提补捐款项下弥补外，仍短交银一十八万八千五百八十一两六钱九分八厘，内候补、开复、休致、丁忧、告病、降革、告假等官十六员亏短银五万六千六百一十六两二钱七厘，已故各官五十一员亏短银一十三万一千九百六十五两四钱九分一厘，迭催均未完解，以致库款久悬，实属咎无可辞，自应分别现存、已故，并按亏短之多寡，定参追之等差，据该管道府，转据接任牧令揭报到司，造具衔名年款清册，详请奏参”，等情前来。

臣覆核无异。相应请旨，将亏短一万两以上之休致知县胡长芝、亏短五千两以上之私自回籍丁忧知县张裕康、休致知县金思度，即行革职拿问，并私自回籍已革知县马世良亦即拿问，一并咨提来江，饬提经手仓库丁书备质，任所、寓所有无赀财隐寄，逐一查明抄封，一面飞咨各该员本省督抚臣，将原籍财产严密抄封，造册咨江备抵。其亏短五千两以下、一千两以上之候补知县柯荣、丁忧知县刘恒泰先行革职，同已革通判王宇英、已革知县李溥、徐德仪及解皖拟遣之石昌猷，均勒限一年完交。亏短不及一千两之开复知县边其丰、休致知县叶承滦、降调知县仇松龄、告假知县解璜、已革知县狄已礽、章澍，均勒限六个月完交，逾限不完，另行从严参办，钞产变抵。又短交一万两以下、五千两以上之已故知县翁延绪等八员，勒限一年半完交，短交五千两以下、一千两以上之已故知县王懋等二十七员，勒限一年完交，短交不及千两之已故知县李淇等十六员，勒限六个月完交，逾限不完，再行钞产变抵。以上亏短各员，在省者照限追完，回籍者分咨各该旗籍督抚、将军、都统、内务府饬传本员及家属，按限勒追，分别办理。谨将各员衔名、银数开列清单，恭呈御览。

至旧案交代既已一律算结，应交银两亦已分别提解参追，业据后任出具总结，送司备案。现在责令照例递任赶造册结，容俟送到，次第送部完案。所有历任牧令结算迟延，实由军务殷繁所致，请照直隶、山东等省成案，仰恳天恩，宽免置议，以便将同治四年以后新案交代，催令各府州，接续赶紧造册结报，如有逾违二参，延不算结者，照例扣限详参，免再稽压。

除清册送部外，所有旧案交代督算清楚缘由，理合会同两江督臣马新贻恭折具奏，伏乞皇太后、皇上圣鉴训示。

再，旧案交代，先经前任藩司文辉于本年八月间造册具详，经臣查核款项，数目尚多舛错，驳饬确加核算，至今始据更正详覆，是以办理稍迟，合并陈明。谨奏。

审明被控局绅并无侵吞恤银折同治七年十二月二十日

奏为遵旨审明，恭折覆奏，仰祈圣鉴事：

窃查前准都察院咨开："具奏江西民人李明盛，以局绅廖开昱朦恤吞粮等词，赴院呈控一案，奉旨：'此案着交刘坤一，督同臬司，亲提人证卷宗，秉公严讯确情，按律定拟具奏。原告民人李明盛，该部照例解往备质。'"钦此。又准前直隶督臣刘长佑咨，江西京控原告李明盛，递解至直隶任丘县，于同治五年十一月十八日，因病身故，当经该县知县郑沂验讯明确，委系病毙，并无别故，咨明查照办理，各等因。当经行司饬提人卷至省，发南昌府知府吴祖昌审办。兹据该府讯明，由臬司王德固覆审，解勘前来。

臣亲提研鞫，缘廖开昱籍隶南康县，及举人陈安丙等，曾在该县众善团局办理局务，与李明盛素识无嫌。南康县地方，自咸丰六年起被贼窜扰，叠次练勇防剿，保护城池，并越境援剿泰和、上犹等县股匪，先后阵亡练田各勇共三千二百四十二名，受伤成废勇丁数十名。李明盛胞叔李恒仕、胞兄李兴亮，曾充该县练勇，打仗阵亡，邻人曾得胜、李大盛、吉正先、陈绍祥、谢士仪，亦因当勇受伤成废。当经该前升县周汝筠将阵亡勇丁，饬查请恤，其受伤废勇，亦饬众善团局，每名每日给口粮钱五十文，以资养赡。迨地方肃清，费无所出，奉文撤防裁勇，即于同治元年及三年，先后停发口粮。其以前所发废勇口粮，俱系各局绅随时劝捐，及由该县军需项下筹借垫给，并无另备经费数千串发交各当生息之事。三年九月间，练勇严凤鸣图索口粮，纠集废勇多人，赴团局凶闹。经该前代理县汪宝树拿获讯明，禀经前抚臣沈葆桢批饬，将为首之严凤鸣就地正法，以儆效尤，听从滋闹勇丁张明滀等，由县分别责惩完案。此南康县练勇防剿阵亡伤废并廖开昱等经管局务发给废勇口粮旋即停止之原委也。至阵亡练田各勇，除出征援剿泰和、上犹等县伤亡勇丁廖明旗等七百三十一名，应由各该营次查明造报，其馀阵亡勇丁二千五百一十一名，经该前升县周汝筠，造册请恤，接准部覆，议给恤赏银两，照章先给五成官钞，练勇每名先发钞票银十二两，田勇即乡勇，每名先发钞票银六两，内除籍隶外县亡勇罗福秀等一百七十九名，应由各该原籍请领外，所有籍隶南康之阵亡练田各勇二千三百三十二名，经该县备具文领给，令局绅举人陈安丙等于同治三年四月内，前赴藩库领出钞票银一万七千七百十二两，回县散给。其出征阵亡尚未由营造报请恤之亡勇眷属不知底蕴，以为同一阵亡，何致有得恤不得恤之分，即纷纷赴县具禀请领。当据该县以可否即将奉发二千馀名之恤钞，按照三千馀名之亡勇数目均匀分给，禀经南安府批准，通融均分，并以未经由营造报之亡勇，将来领到恤银，亦应按名均给，俾昭公允，而免争竞。局绅陈安丙等，因所领系属钞票，银数整齐，难以零星分散，有联名共领一钞者，即给予钞票，其不愿领钞者，即将钞票易钱发给，俱随时取有各亡勇家属领状可据。惟以钞易钱，既有周折，各亡勇家属散居四乡，间有依亲远出者，陆续传领，又不无稽延，直至四年五月，始行一律发清。廖开昱同在一局，亦曾与闻知情。十二月内，李明盛因见局绅以钞易钱，传领稍迟，通融匀给，数又较少，因平日代亲友领取废勇口粮，系廖开昱发给，以为局务系廖开昱经理，不知领散恤银，系陈安丙等经手，误疑廖开昱有延瞒侵吞情事，即邀同曾得胜等，联名赴南安府及赣南道衙门控告，并据控经臣批饬查办，李明盛复在乡张贴揭帖，向各亡勇眷属纠敛讼费，希图渔利。廖开昱查知，禀经该前署县魏廷弼出示谕禁，并饬差查拿。李明盛闻风潜逃，不敢回籍，又疑廖开昱有嘱县妄拿情弊，即以廖开昱朦恤吞粮，并添砌廖开昱父子、亲友，捐官捐职，均系钞票上兑等情，作就呈词，并将已结正法勇丁严凤鸣之案，牵拉入词，前赴都察院衙门控抵。旋蒙奏奉谕旨，交臣审办，并将李明盛递解回江备质。此又南康县局绅陈安丙等领发恤钞，及李明盛怀疑误告，敛钱图利，被拿潜逃，赴京控抵之情形也。

嗣李明盛递至直隶任丘县病故，经该县知县郑沂验讯详咨，并将原呈等件，咨送来江，行司委提人卷至省，发委南昌府审办。因陈安丙等先赴广东贸易，骤难到案，详经咨部展限。曾得胜在保患病，医治无效身故，饬委署新建县知县李寅清，验讯详报，批饬核入正案办理。催据南康县，以陈安丙等在广贸易，行踪无定，无从传解，将乡局团绅李绪福等，申解前来。随就现到人证，提集研讯，据供前情不讳。该府以事关恤赏，诚恐廖开昱实有从中侵吞，及以钞票捐职情弊，复向究诘。不特廖开昱坚称所领恤银钞票，实系陈安丙等照数按名散放，有各领状为凭，将钞易钱匀发，亦有禀县出示及由县转报案据可稽，伊由训导办团出力保举盐提举衔，并非捐纳，伊子亦未捐官，委无侵吞恤钞及为戚友以钞捐职情事，即鞫之职员李绪福等，亦佥称廖开昱等经管局务，一秉至公，委被李明盛先则怀疑误控，继因在乡敛钱，被拿潜逃，京控捏抵等语。调核领状案卷，均属相符，案无遁饰，由司审解前来，经臣提审相符。

查此案李明盛因陈安丙等领散恤钞、转发稍迟，不知事系陈安丙等经手，误疑廖开昱有延瞒侵吞别情，始则邀同曾得胜等联名上控，继又张贴揭帖，希图敛钱渔利，经廖开昱禀县查拿，辄即砌词赴京控抵，实属玩法。惟控出怀疑，事尚有因，究与平空诬告者有间，已于递解回江时，在途病故，应毋庸议，曾得胜、李大盛、吉正先、陈绍祥、谢士仪，虽未出名随同京控，第先不查明，率听李明盛邀同赴省呈控，亦有不合，但均已受伤成废，曾得胜且已在保病故，应请宽免置议。廖开昱经手勇粮，讯因经费无出，奉文撤防裁勇，始行停止，并无侵吞口粮及以钞票捐官、捐职情事。陈安丙等领散恤钞，先因亡勇眷属纷纷争竞，后因易钞匀发，及该亡勇家属散居外出，陆续传领，以致稽延，委系实在情形，且领散数目，均有案卷可稽，其无延瞒侵吞，更属信而有据，应与到案供明之李明盛妻子李黄氏、李北生，均请邀免置议。李明盛在途病故之解役，业经直隶任丘县验讯详咨，曾得胜在保病故，保户人等讯无凌虐情事，均毋庸议。案已讯明，陈安丙等并免提质，以省拖累。所有已奉部覆议准给恤之籍隶外县阵亡勇丁罗福秀等一百七十九名，应得恤赏银两，饬县补领散给。其出征阵亡勇丁廖明旗等七百三十一名，系营次漏未造报，现在营防已撤，应饬南康县督同局绅，赶紧确查造册，另行请恤。

除供招咨送刑部、都察院外，所有查讯缘由，理合恭折覆陈，伏乞皇太后、皇上圣鉴训示。谨奏。

交篆起程入觐折同治八年正月初十日

奏为恭报微臣交护抚篆起程日期，恭折仰祈圣鉴事：

窃臣于七年六月奏请陛见，并将巡抚关防交藩司文辉护理，钦奉谕旨："着俟文辉陛见回任后，再行来见。"钦此。兹藩司文辉业已抵省，臣当将地方应办事宜，向文辉详晰告知，所有紧要各件，分别赶办完竣，于八年正月初十日，将江西巡抚关防同王命旗牌等项，委员赍交该司文辉暂行护理。臣即于十五日起程，趋赴阙廷，跪聆天训。

理合恭折具奏，伏乞皇太后、皇上圣鉴。谨奏。

奏疏卷六

恭报回任日期折同治八年六月初九日

奏为恭报微臣回任接印日期，叩谢天恩，仰祈圣鉴事：

窃臣前因在任已及三年，趋赴阙廷，瞻觐天颜，迭蒙召见，慈训周详，举凡察吏、治军诸要务，莫不诲勉谆谆，感悚下怀，名言莫罄！维时恭逢皇上万寿圣节，得与在廷诸臣同申庆祝，恭聆箾韶，并荷恩赏如意等件。臣自问何人，渥邀异数，感沦肌髓，报称愈难。

陛辞后，随即束装起程，兹于六月初三日行抵江西省城。即于是日准护抚臣文辉将巡抚关防、王命旗牌等项，委员赍送前来。臣恭设香案，望阙叩头，祗领任事。臣惟有敬绎圣诲，一切政务，力图振作，人才则秉公举劾，不敢博宽厚之名，政事则随宜措施，尤时懔操切之戒，殚竭心力，无间初终，以期仰答高厚鸿慈于万一。

所有微臣接印任事日期，并感激下忱，谨缮折叩谢天恩，伏乞皇太后、皇上圣鉴。谨奏。

沿途察看地方民情片

再，臣途次经过直隶地方，雨泽尚未深透，惟顺德各属，土膏较为沾润，麦收亦有数成。河南境内，于二、三月间，屡得透雨，收成颇稔。湖北之襄阳、安陆两府情形略与河南相同。武昌则阴雨连绵，江流盛涨。江西自春徂夏，雨多晴少，各属山水骤发，低田早禾均被淹浸，圩堤间有冲决，而南昌、饶州、南康、九江四府属为尤甚。所幸近日天气晴明，臣现在督饬设法疏消积水，修筑堤塍，及时补种晚禾，以冀有秋。沿途察看民情，均属安静，粮价尚不过昂。合并附片陈明，伏乞圣鉴。谨奏。

恭谢天恩折同治八年六月初九日

奏为恭谢天恩，仰祈圣鉴事：

窃臣接准湖南巡抚臣刘崐咨称："附奏江西巡抚刘坤一之妻烈妇雷氏，因讹传其夫军营殉难，情迫自刎，恳请旌表，以慰贞魂一片，军机大臣奉旨：'刘雷氏着交部照例旌表。'"钦此。等因，到臣。闻命自天，感激无地！

伏念臣忝膺戎务，深怀裹革之忱，仰仗国威，未遂捐躯之志。而臣故妻雷氏，秉性至烈，遭遇多艰，因凶耗之讹传，遂情迫而自尽。追念糟糠苦况，故剑难忘，何期蝼蚁微生，新纶特沛。荷表扬之盛典，俾阐发夫幽光，衔结之私，殁存永矢。臣惟有驽骀加勉，踵顶胥糜，以冀仰酬逾格鸿慈于万一。

所有微臣感激下忱，谨缮折叩谢天恩，伏乞皇太后、皇上圣鉴。谨奏。

遵旨添解陕甘军饷片同治八年六月二十八日

再，本年二月十六日承准军机大臣字寄："同治八年二月初五日奉上谕：‘左宗棠前请按年筹拨陕甘实饷四百万两，现据户部将各省厘金核明，通盘筹计，奏请酌量添拨。西北饷源素绌，本仰给于东南，陕甘现又军务方殷，自不得不宽为筹备。即着照户部所议，江西省除地丁项下，每月原协陕甘军饷银二万两外，着刘坤一每月再添拨陕甘军饷四万两，每年共添拨银四十八万两。自本年正月为始，一律照数筹拨，遇闰加算，按月解交湖北省陕甘后路粮台交收，不准稍分畛域，偶有蒂欠，致误要需。’”等因，钦此。

伏查江西厘金项下，原拟自八年二月为始，每月添拨陕甘军饷银二万两，系属量入为出，核实计算。旋经户部奏奉谕旨，饬自本年正月为始，每月添拨陕甘饷银四万两。现收厘金止有此数，本属无可加增，第念陕甘需饷孔殷，关系大局，自应遵旨妥筹凑解，俾济要需。司库地丁，奉拨京、协各饷，为数已巨，时虞征不敷解，亦属无从挹注。惟查有各属征解粮道库各款钱粮，虽系归还垫买绿营不敷兵米暨陆续拨还历年军需借动公项之用，应即先其所急，每月暂拨道款银二万两，凑解陕甘。将来厘金如能旺收，或防勇绩议裁减，馀出厘金，足敷起解，再行停止道款。当将同治八年正月起至三月止添拨厘金及道款银十二万两，委员吴鸣盛等解赴湖北省城陕甘后路粮台交收转解，业经前护抚臣附片奏报在案。

兹据布政使文辉详称：“在于厘金项下，动放银二万两，并拨道库正项银一万两，馀租银一万两，连厘金共银四万两，作为本年四月分添拨陕甘军饷。饬委即补典史范文伟领解，于八年六月二十八日起程，前赴湖北省城陕甘后路粮台交收”等情，详请具奏前来。臣覆核无异。

除饬该司道仍即按月续筹委解毋稍延欠，暨咨明户部外，所有添解四月分陕甘军饷缘由，理合附片陈明，伏乞圣鉴。谨奏。

冬漕循旧折征折同治八年七月二十八日

奏为江西本年冬漕，仍难起运本色，应请循旧折征，恭折仰祈圣鉴事：

窃查前准户部咨，议覆臣奏七年漕粮骤难起运本色一折："该省本年征收漕粮，应请仍准援案折征一年。惟是运河淤塞，商船稀少，运费不敷，该抚原奏均系实情。若非该抚及各省疆吏力为其难，绸缪未雨，窃恐日久因循，不特本年漕粮不能起运，即来岁漕粮起运，仍无把握。查浚筑运河，海运商船，河运民船，应如何设法招徕，可否官为添造。至运费向系以漕办漕各省，办理折漕，即当预为转漕地步。京仓储备空虚，必须早为筹备起运等因。同治七年九月二十日具奏奉旨：'依议。'"钦此。当即转行司道，钦遵妥筹在案。

伏思起运本色漕米，为京师储备要需，何敢以运费、仓费无出，观望因循。诚如部议，惟当力任其难，设法挽回补救。第查转漕旧制，有河运、海运两途：河运如果可行，则造官船或雇民船，犹可勉力集事，海运则专恃谙风色、识沙线之商船。上年冬间，臣即饬令署督粮道周溯贤委员赴沪体察海舶情形。嗣据禀覆，上年沙船、天津东、卫等船，仅敷苏、浙两省运漕之用，并无馀船堪运江西漕粮，虽有粤商愿造轮船领运，又须先借官本银二十五万两，将来于水脚内分年扣还。臣以制造轮船事多滞碍，未敢遽议举行。本年春间，臣赴京陛见，路过金陵、清江，与督臣马新贻、漕臣张之万面商河运事宜，咸以运河淤浅已甚，急切未能疏通，纵使改小粮舟，终恐不免阻滞。臣复沿途留心察看，实有积重难返之势。嗣于回江后，准户部咨，议覆江苏抚臣丁日昌敬陈妥筹漕运一条，亦谓“军兴以来，河工不及修而运道滞，帮丁不出运而军船废。湘、鄂、江、皖、豫五省先后奏改折征，江、浙起运漕粮亦专归海运，此固时势使然，未易遽复旧制。沙船之利，为夹板轮船所夺。从前有沙船三四千号，今则减至三四百号。议令核减沙船及天津东、卫船厘捐，以资体恤。至雇用夹板轮船，势难遽行”等因。是河运难行，海船减少，部臣均已深悉。至于轮船未便雇用，恰与臣见相同。沙船及天津东、卫船现甫筹议招徕，断非立时所能收效。就目下情形而论，江西纵使竭力筹备米石以及杂费，亦万万无从起运。况国家经费有常，以漕办漕，系属历来定制。江省当改折之时，并不预计运费一层。今议加增折价，殊费周章。如果年谷顺成，犹可随宜酌办。乃本年自春徂夏，晴少雨多，四、五月间，大雨滂沱，连宵达旦，各属山水骤发，冲决圩堤，漂没禾稼，间有淹毙人口之处，均饬该管守令妥为安抚，俾免失所。直至六月初旬，始克晴霁。而上游川、楚等省潦水为灾，长江盛涨，鄱湖致被顶阻淤积，日久不消。现在南昌、南康、饶州、九江等府滨（海）〔江〕傍湖，低洼处所尚属一片汪洋，田庐皆成泽国，小民荡析离居，不堪其苦，应征钱漕犹须酌办蠲缓，何能复议加增。所有本年冬漕实难起运本色，据布政使文辉、督粮道平步青会详请奏前来。合无仰恳天恩，仍准照旧折征，以恤民隐。来年能否办运本色，容俟随时察看，勉力筹办。

理合会同两江督臣马新贻恭折具奏，伏乞皇太后、皇上圣鉴训示。谨奏。

筹措赣关添拨京饷片

再，查前准军机大臣字寄："同治八年五月初十日奉上谕：'户部奏，援案请饬各省续拨京饷一折。据称各省解款，除截留抵拨不计外，截至四月底止，连已解、未解并计仅止一百馀万两。而部库实存无多，每月放款甚巨，现复库款支绌，必须豫为筹备。着照该部所请，添拨赣关税银四万两，即着赶紧设法筹措，即原指款项无存，亦应另行筹款，源源报解，以济要需。倘敢借词推诿，即由部指名严参。'"等因，钦此。即经前护抚臣文辉转行钦遵去后。

兹据吉南赣宁道兼管赣关桥税务文翼详称："查赣关税银，奉拨京饷，攸关要需，自应懔遵筹解，何敢稍事诿延。惟是该关正税四万六千馀两，历年均经户部拨抵本省兵饷，就近支放虔标各营俸薪饷干，其盈馀银三万八千两，系报部候拨之款。自长江添设码头，赣关商税顿形减色，近年来关所收税银，尚不敷正额定数，全赖江海关代征赣关丝税，以资补苴。乃江海关自咸丰十年至今，代征丝税，因该关需用经费浩繁，均经随时动用，由苏省两次奏准，免其补解，须俟苏省司库稍充，再由江海关将代征丝税拨还。以致赣关应放虔标兵饷不敷之数，历由藩司于地丁项下借给凑放。又，盈馀项下，每年应解内务府参价，亦因丝税未经提到，无银可解，节次详咨展缓。是赣关近年无银报拨，久已达部有案。第京饷紧要，亟宜遵旨另筹。伏思江苏省留防水、陆各军及留驻山东营勇，近俱陆续裁汰，该省司库出款，谅必大减于前，存款应亦渐臻充裕。所有江海关代征丝税，自咸丰十年起，至同治六年止，共银二十三万八千馀两，已由苏省动用造报，应毋庸议外，其七年续征银三万六千一百五十九两，应请提归部库，以抵赣关奉拨京饷，免误要需。以后续征丝税，并请遵照部议，按年拨还赣关，以符定章，而济本关用项”等情，具详请奏前来。

臣查赣关征税短绌，奉拨京饷，无款可解。江苏省兵裁饷减，经费较充，江海关代征赣关丝税，就目下情形而论，照数拨还，应非力难筹办。合无仰恳天恩，敕下江苏抚臣转饬江海关，将同治七年代征丝税三万六千馀两，就近委员解部，作抵赣关奉拨京饷，尚欠银三千馀两，容俟提到八年续征丝税，再行找解足数。以后逐年代征丝税，亦遵部议，照数拨还，俾得凑放虔标兵饷及委解参价各要用，实于解款大有裨益。

理合附片陈明，伏乞圣鉴。谨奏。

覆陈滇省月饷无款可筹请饬改拨折

同治八年八月二十八日

奏为奉拨协济滇省月饷，江省无款可筹，恭折覆奏，仰祈圣鉴事：

窃前护抚臣文辉承准军机大臣字寄：“同治八年四月二十九日，奉上谕：‘户部奏，遵议改拨滇饷一折。滇省需用军饷，自应酌量改拨，以资接济。即改由江西每月拨银二万两，着刘坤一、文辉在于该省厘金、捐输及无论何款内，通融凑拨，按月提交滇省委员陆续领解’”等因，钦此。当经行司钦遵去后。

兹据藩司文辉会同督粮道平步青暨牙厘总局司道详称：“遵查云南军务吃紧，待饷孔殷，凡无军务省分，均应共图协济，何况江西本欠常年滇饷。兹奉拨解协滇军饷，尤为义不容辞，但能设法通融，安敢托词诿谢。惟是饷银之所自出，不外钱漕、厘税、捐输。江西漕粮折价，与夫九江关常、洋各税，俱系全数解京，无可动拨。赣关税额本微，近年江海关代征丝税，有征无解，专就本关征税，遵照部拨抵放虔标兵饷，短绌已巨。该关现有奉拨京饷，尚属无银动解，更难协济滇军。邻盐抽税，数本无多，本年夏间，因有碍淮纲，又已停抽。至于四省捐输，尽数匀拨陕甘、云贵充饷，江省并不留用分毫。所恃以供支本省协济邻疆者，全在钱粮、厘金二项之中。司库地丁正杂钱粮，每岁约止收银百万内外，本省例支各款，以及绿营俸饷，并议给历年阵亡之人恤赏祭葬，皆出于此。核计堪以报拨之银，不及收数之半。现在岁拨京饷银二十万两，直隶固本饷银六万两，陕甘军饷银二十四万两，湖南援黔军饷银二十一万六千两：合计每年共拨京协饷银七十一万六千两。收数不敷动解，遂于本省用款无可节省之内，设法匀拨凑解，而京饷、协饷仍未能一律解足。道库各款钱粮，每年收数约止二十馀万两，本应留给各属垫买绿营不敷兵米价值等项之用。现因厘金项下，奉文添拨陕甘协饷，无银可动，在于道款内动拨添解，为移缓就急之计，岁共需银二十四万两，加以每岁原拨清淮军饷银二万两，共计银二十六万两，亦属入难敷出，拨解不免愆期，江省厘金每岁收数不满百万，除供支本省留防水陆勇粮，置造军火、器械，修葺战船、协解长江水师兵饷、船厂工料等银，并本省善后必不可缓之费外，其堪备拨用之银，不足三十万两。现在岁拨京饷银五万两，陕甘协饷银二十四万两，共银二十九万两，所入仅敷所出。凡此钱粮、厘金，通计出纳，皆就年谷顺成，款无增损，照常收放而言。乃本年被水地方既宽，为时且久，小民困苦流离，必得量加抚恤，应征钱粮亦须量请蠲缓，灾区待哺嗷嗷，首贵粮价平减，商运米谷，只得暂免抽厘。是出款益多，入款转少，即就原拨各饷，已属筹解愈难。若再添济滇军，毋论在于何款通融，皆须损彼益此。陕甘、黔饷势难稍减于前，云南拨款必致有名无实。再三筹画，奉拨滇省军饷，除捐输项内应归云南银两随时尽数解济外，委无别款可以融拨。”等情，详请奏明改拨前来。臣覆加查核，委属实在情形。相应请旨，饬部将滇省协饷另筹拨济，免误要需。

除饬该司道将四省捐输设法劝导，赶紧催收解滇济饷外，理合恭折覆奏，伏乞皇太后、皇上圣鉴训示。谨奏。

查勘各属水灾酌量抚恤折同治八年八月二十八日

奏为江西被水较重，各县酌量筹款抚恤，恭折具奏，仰祈圣鉴事：

窃查江西地方，本年春间，即属雨多晴少，迨四、五两月，大雨如注，连宵达旦，累日不休，各属山水骤发，河湖盛涨。先后接据南昌、新建、丰城、进贤、义宁、高安、上高、新昌、清江、新喻、新淦、宜春、万载、万安、永新、安福、永丰、东乡、宜黄、金溪、崇仁、新城、南丰、广昌、鄱阳、馀干、安仁、万年、星子、都昌、建昌、德化、德安、瑞昌、湖口、彭泽、石城等州县纷纷禀报，田庐淹浸，圩堤漫决，间有沙石淤塞之区，均经前护抚臣暨臣批饬查勘详办，并于奏报四、五、六等月分雨水情形折内，据实陈明，一面饬司分别委员，驰往会勘，各在案。

兹据禀覆，南昌、新建、进贤、星子、都昌、建昌、德化、德安、湖口、瑞昌等县，滨临鄱湖、长江，地势低洼，众流所汇，加以楚、皖等省，同时霖潦为灾，江水倒灌入湖，以致泛滥益甚，一望皆成泽国，数月未消，早稻被淹，晚禾无从补种。加以风涛冲激，房屋倒塌更多，居民或栖小舟，或依断埂，甚至流离迁徙，待哺嗷嗷。凡此困苦情形，惟新建、德化为尤甚，亟应量加抚恤，俾获生全。臣与藩司文辉，再三商榷，就灾区广狭，于厘金项下筹发：新建县制钱二万五千串，德化县银五千两，南昌县银四千两，星子县银三千两，湖口县银三千两，进贤县银三千两，建昌县银二千两，德安县银二千两，都昌县银二千两，瑞昌县银二千两，责成该管知府督饬各该县印委各员，亲身确查被水极贫户口，核实散放，不准稍有遗滥，以期仰副圣主惠爱黎元，俾无失所之至意。该十县被淹田地区图顷亩，饬令赶紧查明开报。至义宁、高安、上高、清江、新喻、万载、永新、东乡、金溪、新城、南丰、广昌、鄱阳、馀干、彭泽等州县，或因河湖漫淹，或为山水冲荡，受灾亦重。并续据临川县禀，西北乡堤决田淤，乐平县禀，春夏被水，嗣复被旱，亦均委员驰赴查勘，分别已未成灾，应完钱漕量请蠲缓，以舒民力。内惟义宁、上高、临川三州县，水潦骤至，颇有冲坍民房、溺毙人畜之处，为数无多，已由该州县捐廉安抚，毋庸动款。此外丰城、新昌、新淦、万安、安福、永丰、崇仁、安仁、万年、石城等县，或被淹不宽，或水退甚速，尚堪补种，民力是否不致拮据，并饬该管府州县察看秋收丰歉，再行酌办。宜春、宜黄两县，于水退后补种齐全，收成无碍。其馀未被水各属，早禾久已收获，晚禾亦将登场，民情敉安，堪纾宸廑。

第查省城以下，南、新等县地方，被水广阔，至今尚属一片汪洋。且自兵燹以后，连年水旱，民间本鲜盖藏，今复遭此异常之灾，实属不堪其苦。即使水渐消退，赶种二麦，而收获须俟来岁夏间，为日甚长。目下所发抚恤银两，只能稍舒眉急，转瞬冬令，即有饥寒交迫之忧，开春之后，复有青黄不接之患。虽将米谷、厘金权停抽收，借平粮价，使穷檐易于谋食，然灾黎生计艰难，升斗之需，殊不易得。仍当随时体察，或须量加赈济，或筹款修筑坍塌各堤，以工代赈，相机妥为安辑，务使饥氓得获更生，匪徒不至乘隙滋事。特是司道库储悉索以解京、协各饷，犹恐不敷，实无馀项堪济荒政之用。臣惟有督同各司道，殚心悉力，通盘计较，缓急通融，奏明办理，庶期国计民生，得以兼顾。

所有江西被水较重各县，酌量筹款抚恤缘由，理合恭折具奏，伏乞皇太后、皇上圣鉴训示。谨奏。

察看实任人员分别举劾折同治八年九月二十八日

奏为分别举劾府州县等官，以资治理，恭折仰祈圣鉴事：

窃臣在江三年，凡地方官之贤否，均经随时甄别在案。兹臣于回任后，详加察看。查有瑞州府知府柳渊，人尚勤职，惟有不自检束之处，难资表率，请开缺以同知仍留江西补用。义宁州知州窦鸿甄，居官勤谨，而才欠开展，人地不甚相宜，应行开缺，第江西并无中简知州缺分，请以知县中简缺改补。建昌县知县崔慕澜，心地朴实，而识见稍拘，请开缺，以专简缺另补。前署星子县知县即用知县蓝向葵，听断平常，难胜民社之任，而文理甚优，请以教职归部候选。万安县知县丁藹士，居心巧滑，办事乖张，请即革职。又查有赣州府知府魏瀛，心气和平，器识深稳，为政不事矜张，而于吏台民风，在在认真振顿。署信丰县知县试用知县周之墉，明于治狱，在任三年，无一上控词讼，且审结从前积案颇多，凡教养所关，亦肯加意。前署德兴县知县候补知县任玉琛，勤干耐劳，随事亲自下乡，有案即结，无恶不惩，不惟部民感颂，邻境亦畏而爱之。以上各员优劣，均系确有见闻，不敢不秉公举劾，仰副圣主整饬官方之至意。除义宁州一缺照例由外调补外，所有瑞州府及建昌、万安两县系归部选之缺，江省现有应补人员，应请扣留外补，合并陈明。

谨恭折具奏，伏乞皇太后、皇上圣鉴训示。谨奏。

加发恤款并以工代赈片

再，查江西本年被水较重之新建等十县，酌给抚恤银两，其馀被淹县分，委员查勘办理情形，业经臣据实具奏在案。

旋据禀报，南昌、新建、进贤三县灾户众多，前发银钱不敷散发，彭泽县亦系滨江低区，淹浸日久，民情困苦，并须量予抚恤，俾免失所。复经饬据藩司文辉于厘金项下，加发南昌县银七千七百六十四两八钱六分五厘，新建县钱五千串，进贤县银三千两，彭泽县银三千两，汇同前发之项，责令各该县印委各员，确查极贫户口，均匀散给，务期实惠及民，毋使遗滥。现交冬令，江湖之水虽已消落归槽，然节候已迟，无从补种。该灾民早晚失收，仍有朝不谋夕之势，饥寒交迫，亟宜速筹接济之方。臣已饬令藩司，委员勘估各属坍塌圩堤，设法借款修筑，以为来岁春耕之计，并得以工代赈，借作目下口食之资，一面查办应蠲、应缓钱漕，用舒民力。统俟详到，分别奏恳恩施。

所有加发南昌等县抚恤银两缘由，理合附片陈明，伏乞圣鉴训示。谨奏。

耆绅重遇鹿鸣请照例与宴折同治八年十一月初六日

奏为耆绅重遇鹿鸣，吁恳恩准与宴，以光盛典，恭折仰祈圣

鉴事：

窃据布政使文辉详称："奉新县告病在籍御史帅方蔚，现年八十岁，由优廪生中式嘉庆庚午科本省乡试举人，道光六年丙戌科会试中式进士，授职翰林院编修。八年，简放山东副考官，迁湖广道监察御史，转掌云南道事，题掌京畿道事。十八年，因病告归。咸丰七年，以团练出力，赏加道衔。今恭逢明年庚午科乡试，计距该员中式之期已届周甲，应循例重赴鹿鸣。"详请具奏前来。

臣覆查告病在籍御史帅方蔚，当代名儒，熙朝耆旧。策名词馆，早出掌乎文衡；洊秩台垣，遂入参夫谏议。迨至蘧庐憩影，八十年雨露常承；回忆苹野赓诗，六十载星霜已易。当庚科之再启，适甲纪之重周。扶鸠杖以观光，用扬圣世作人之化，赋鹿鸣而奏雅，洵极儒生稽古之荣。宜与宾筵，以光盛典。

除咨礼部外，理合恭折具奏，伏乞皇太后、皇上圣鉴。谨奏。

拿获会匪首犯解闽质审片同治八年十一月二十八日

再，臣承准军机大臣字寄："同治八年七月二十七日奉上谕：'英桂、卞宝第奏缉拿游勇土匪情形，请从严惩办一折。本年五月间，建阳县地面拿获会匪张宗保等，据供听从江西客匪吴三保结众拜盟，名'胜人会'，订期焚抢黄坑，再攻崇安，并续获会匪范连发等，一并讯明正法。其在逃之匪首吴三保，已据该督抚咨会江西缉拿。着刘坤一饬属将该匪严拿，务获惩办，毋任漏网'"。等因，钦此。

伏查前据铅山县知县施煦、铅山营都司艾连升禀报，探闻福建建阳县境内有匪徒纠伙拜会，欲图滋事，业经该省官兵查拿。

诚恐逃入江境，随派外委孙金荣督率兵役巡缉，先行拿获匪徒吴幅溃一名，嗣会同闽省差弁缉获匪犯方大保一名，县役拿获匪党谢家善一名，均经解闽归案审办。臣旋准福建督抚臣咨缉首匪吴三保等，即经札饬该县并贵溪、弋阳等县一体访拿，并令广信府认真督缉。又据施煦、艾连升禀报，会同闽省差弁及贵溪县兵役续获匪犯陈木保、张正远二名，广信府委员从九品吴寿祺拿获匪犯鲁兰轩一名，亦经解闽审讯。惟吴三保一犯，实已远飏，骤难捕获。钦奉前因，复经严饬各属，上紧跟踪访缉。兹据施煦、艾连升禀，访知该犯吴三保改作道人装束，潜回广信属境，密探亲友。施煦等督率丁役，会同局绅黄若愚等，于十一月十一日访至铅山、弋阳交界之洪山地方，该犯吴三保已为民人张钦龄诱住，当即一同上前擒拿。其时该县巡检、典史、汛弁及广信府委员，弋阳、贵溪兵役暨闽省差弁，相继而至，协同拿获，由施煦亲身押解来省。臣即饬臬司发委南昌府知府吴祖昌提讯。该犯吴三保虽经供认与方大保、曾地保等结拜兄弟，相商焚抢黄坑，图攻崇安，因恃无质证，供情尚属游移，核与闽省咨送张宗保等供词诸多不符。正在研鞫间，据广信府知府蒋继洙禀，接准福建建宁府及建宁镇以前获之方大保等犯供辞狡饰，移提吴三保解闽质审，等情前来。臣查该犯吴三保本在福建犯事，已获伙党现均羁禁建宁，既据该镇、府移提，自应解闽对质，期得实情，从重拟办，以昭炯戒。

除批司委员押解并饬广信府知会建宁镇府选派员弁兵役来江迎解，用昭慎重，并饬铅山等县营查拿馀党，有犯必获，勿稍疏纵外，所有拿获匪首吴三保缘由，理合附片陈明。伏乞圣鉴。谨奏。

各属教案已与各国使臣妥议完结折

同治八年十二月二十七日

奏为江西教民案件，已与法国使臣妥议完结，恭折由驿覆陈，仰祈圣鉴事：

窃臣承准军机大臣字寄："同治八年十月初三日奉上谕：'兹据总理各国事务衙门奏称，法国使臣以酉阳、遵义两案未结，胪列湖北、山西、河南、广东未结各案，借词邀挟，并声称会同该国提督携带兵船前赴江西等处，急求各案了结等语。江西省交涉事件，着刘坤一随时妥办，毋稍稽延。嗣后遇有中外交涉事件，务须持平办理，不可豫存歧视之心，尤不可尽诿之总理各国事务衙门，而令该使臣等哓哓置辩，迄无了期。至罗淑亚会同该水师提督随带兵船，前赴江西、湖北、四川等处，将来沿途所过地方，着各该省督抚严饬地方官，按约妥办，遇事开解，不得互相诿谢，别滋事端。'"等因，钦此。

臣查江西省中外交涉事件，均系随时督饬各属，秉公讯办，不敢任其歧视诿延，是以未结教案，尚属无多。钦奉前因，随饬总局司道及广饶九南道景福，分别委员驰往，会同各该县赶紧妥办。旋据详报，已将庐陵县考童焚毁教堂、贵溪县绅民复欲焚抢教堂、安仁县民邓祖发等派教民桂员堂出钱演戏、德化县地方派教民陈松柏等出钱敬神四案办结，即经臣分咨总理各国事务衙门并办理通商事务大臣查照，并由景福知会九江主教戴济世销案。

此外尚有庐陵县教士傅儒翰被梁道亨等打毁寓所、彭泽县教民吴忠志夫妇被方岭梅等活埋两案，正在催办间，据景福禀，"接主教戴济世函称：已结之新昌县教民晏秉彝被晏善卿等勒罚抄抢，南康县教民陈万杰等被局绅诬禀斋匪，拘押诈扰两案，讯断偏枯，应请覆讯追赃，晏秉彝一案须赔银五千两，陈万杰一案须赔银一千五百两，又赣州府城门镌刻十字架，亦应划去”等情。臣查此三案久经委员办结，由景福函知前主教安理格注销，时逾数月，并无异言。今戴济世因知该国使臣随带兵船将到，无故刁翻，借端渔利，殊出情理之外，戴济世又以二年间省城焚毁教堂久已赔银完结之案，称欲前来清理地基，重行建造。臣查从前省城教堂被焚，由前署九江道蔡锦青与教士罗安当妥议，分别赔银一万数千两，声明听该教士另行买地建堂，经前抚臣沈葆桢奏结有案。是省城现无教堂地基，何所用其清理？且省城五方杂处，每遇岁科试及乡试，届期生童、商贾毕集，人众骤增数万，弹压极难。此时复来省城建堂传教，设遇考试之时，生童怀挟前嫌，再行焚毁，地方官实有无从保全之势。何如宽其岁月，将来绅民见闻既熟，释然无疑，徐为购地建堂，庶无后衅。当饬景福向戴济世妥为开导。至赣郡十字架系偶然凑合，前已委查明确，亦可毋庸置议。惟新昌、南康两案，既据坚执渎请，自应委员覆讯，以昭折服。复经臣饬令臬司及总局司道派委候补知县邓友直驰赴新昌，候补知县陈若典驰赴南康，会同各该县提集人证，秉公讯断。

乃委员甫经出省，而法国使臣罗淑亚已带大小兵船三只，于十二月初三日抵浔，江苏委员候选道姚曦、候补从九品张志均亦乘天平轮船同至。时值风浪交作，景福冒险出江，以礼相见。言及未结各案，及赴省建堂传教等事，景福就现办情形详为陈说。该使臣盛气陵轹，恫喝百端，景福理直词婉，辩论两时之久，始行回署。初四日早，该使臣令戴济世赴道署，议以各教案定于明年二月一律办结，其晋省重起教堂，约至明年乡试之后。彼此将有成言，乃戴济世旋称罗使臣之意，以各教案需银五千两作押，且谓晋省起堂传教事在速行。初五日，该使臣复令姚曦、张志均等偕赴道署，共索银八千两作押。又令副领事狄隆等接踵而来，忽而恶言恐吓，忽而软语纠缠。景福据约力争，始终不为之夺，惟许自送银二千两，以资调停，该副领事等所欲未盈，怫然而去。

初六日，该使臣等即带兵船来省，行至湖口县等处阁浅难进，该使臣遂与水师副提督穆德及狄隆等并坐洋划，于初九日抵省。是日士民聚观者以数万人，臣拨兵弹压，并派候补知府王之藩、候补知县胡传钊等前往迎护。先责该使臣等违背和约，辄以兵船入湖，继将各教案逐一与之辩论。该使臣等尚知悔悟，仍谓各案均须赔赃，并索官项作押。臣以洋人志在图利，若不稍予通融，彼必日久逗遛，诚恐难于防护。然而用银押案，滞碍实多，不如完案给银，葛藤悉断。喻令王之藩等与之辩论两昼夜，始行议定，总给银六千两，将新昌、南康、彭泽、庐陵四县及赣州府等处已结复翻之案及未结之案一并注销。至晋省建堂传教，俟明年乡试毕，再行设法开导绅民。十二日，臣与该使臣罗淑亚、副提督穆德、副领事狄隆接见，开诚布公，晓以中华事在顺民，一切不可勉强，并嘱其约束戴主教及教士等，期与地方相安。该使臣等亦以为然，随即起碇下驶。臣即饬景福在浔照给银两，随后由省设筹归款。

兹据景福禀称：该使于十二月十四日到浔，备具照会送道，景福即与狄隆将省中所议详细告知戴济世，该主教俯首无词。景福随具照会同银六千两，委员送往教堂，向狄隆、戴济世等当面交兑，取具收银结案照覆。狄隆旋与张志均先行赴楚，罗使臣等拟俟拖出湖口兵船，亦即上驶等情前来。

臣查江省自九江通商，始有洋务。绅民本非习见，易启猜嫌，遇有中外交涉事宜，办理已属不易，而教民之案，尤形掣肘。缘入教之人，素日多非善类，有符可护，任意妄为，乡里被其欺陵，绅民交相嫉恶，地方官遇事本欲速结，而教士从中把持，务遂其欲而后已。臣以大局攸关，督饬属吏委曲弥缝，近年幸未酿成巨案，然人情之怨愤已愈积而愈深矣。此次该使臣到省，各案虽已议结，第明年场后来省建堂，绅民能否不与抵牾，尚不敢必。臣惟有谨遵慈训，随事相机妥办，上慰宵旰忧勤。

除咨明总理各国事务衙门暨办理通商事务大臣外，所有江西教案议结缘由，理合恭折由驿四百里覆奏，伏乞皇太后、皇上圣鉴训示。谨奏。

设局续修通志折同治九年三月二十八日

奏为续修江西省通志，以绍文献，恭折具陈，仰祈圣鉴事：

窃志乘一书，纪载所关，即为治化所系。查江西省通志，修于雍正八年，迄今一百四十馀年之久，尚未续修。其间庶务之沿革损益，与夫人才丰啬，物产盈虚，民俗厚薄，几至茫无所考。各府州县志书，亦多修于乾隆、嘉庆年间，代远事湮，难于征引。且以兵燹之后，公私文卷散失，今昔情形不同，而军务之始终，地方之完缺，以及忠义节孝之事迹，均须撰述昭示来兹，臣与官绅熟商，佥谓必不可缓。随经调集各府州县旧志，以资采辑，在于省城设立续修通志总局，即以司道董理局务。于八年十一月初五日开办，延请在籍绅士三品京堂衔翰林院修撰刘绎、前大理寺卿李联琇、道衔前掌京畿道监察御史帅方蔚等，以为纂修。参酌各省通志凡例，分门别类，尚属详略得宜。并刊发各府州县，饬令查照章程，延请名宿，各将旧志以后事迹迅速采访送省备纂，即一面续修本处新志，期与通志一律告成。臣惟有会督官绅，殚竭心力，搜罗务广，俾毋滥而毋遗，考核宜精，庶可传而可信。

除俟事竣恭缮正本，敬呈御览，所有续修通志缘由，谨会同两江总督臣马新贻恭折具奏，伏乞皇太后、皇上圣鉴训示。谨奏。

省城建立专祠崇祀故员请列祀典折

同治九年五月初九日

奏为江西省城，建立各员专祠，请旨敕部列入祀典，俾垂久远，恭折仰祈圣鉴事：

窃照江西省自咸丰三年发逆窜扰，防剿十馀年，经本省、外省主客各军，频年战守，其功烈尤著者，以都察院左副都御史张芾、安徽巡抚江忠源为最，业经官绅于百花洲捐建专祠，并列祀前署贵州巡抚、广西提督江忠义，臣前已奏明在案。

此外尚有九江镇总兵马济美、巡抚衔浙江布政使李续宾、布政使衔记名按察使萧启江、布政使衔浙江宁绍台道罗泽南、按察使衔记名道王鑫，均于咸丰年间，钦奉特旨，于江西省城建立专祠。窃惟该各员秉河岳之精灵，着干城之伟绩。其死于王事也，或临阵捐躯，或积劳病故，均属名垂青史。其立功江西也，或保全危城，或荡平巨寇，莫不泽被黔黎。朝廷赠恤之有加，士民追思之不置，允宜馨香俎豆，以昭盛典，而慰人心。现经官绅公同选择省城内筷子巷、袁家井两处地方，公建祠宇，工程告竣。于本年四月二十八日臣率同在省司道诣祠设位致祭，并移江忠义木主入祀该祠，以妥忠魂。合无仰恳天恩，敕部列入祀典，由地方官春秋致祭，俾垂永久。

理合会同两江督臣马新贻恭折具陈，伏乞皇太后、皇上圣鉴训示。谨奏。

筹款归补动用赣关额税折同治九年五月初九日

奏为筹款归补江西、江苏军需动用赣关额税，遵照新章，恭折奏祈圣鉴事：

窃查前准户部咨行抄奏内开："此后报拨银款，应令各省毋得擅动。如有并未专折奏报，仅于拨册内笼统开除者，即由臣部遵照定限，随时奏参，以防弊混。"等因。同治八年九月初十日具奏，奉旨："知道了。"钦此。即经转行钦遵在案。

兹据藩司文辉详称：赣关岁征额税，历经部拨抵放赣州镇标兵饷。如遇本关征税缺额，在于江海关代征赣关湖丝税银，画凑足额支放。兹查咸丰五、六、七、八等年，本关征收额税，经前任吉南赣宁道周玉衡、前护道汪报闰先后提充赣防兵饷。其江海关咸丰六、七、八、九等年代征丝税，应行画凑赣关额税银两，亦经前抚臣文俊奏准，概归省防军需动用。共计省赣军需动用赣关额税银一十五万七千三百二十四两二钱五分九厘。又江海关咸丰四年正月起，至六年正月止，代征赣关丝税，奏准就近拨解江南大营军饷。又自咸丰十年四月起至同治七年正月止，代征赣关丝税，奏准归江苏军需动用报销。以上各年丝税内有应行画凑赣关额税一十一万一千四百七十一两三分三厘，亦系部拨抵放赣标兵饷之项，既为苏省动用，亦应由江拨补。除业经历任吉南赣宁道就近动用咸丰九、十并同治六、七等年厘金银八万一千七百二十一两八钱七分，赣县、大庾、信丰等县咸丰九、十并同治元年地丁屯粮屯丁银二千七百一两一钱五分五厘抵放赣标兵饷外，尚短银二万七千四十八两八厘。统计江西军需动用赣关额税银一十五万七千三百二十四两零，江苏军需动用赣关额税，除已补外，尚短银二万七千四十八两零，二共银一十八万四千三百七十二两二钱六分七厘，均系另行借款垫放赣标兵饷。现值补办各年兵马钱粮奏销之时，自应筹款拨补足数，以便造报，而符部拨关税原案。拟于同治九年春拨册内实存项下，留江备用各款钱粮内，动拨银一十八万四千三百七十二两二钱六分七厘，分别放还江西原动赣关额税及拨补江苏动用赣关额税，仍递还历年垫放赣标兵饷借款，其报销案内，原收赣关额税应行改收现提钱粮，另由报销总局详咨更正。此外尚有垫放兵饷借款，容俟查明，随时详请提还清款等情，具详请奏前来。臣覆核无异。

除咨明户、兵二部外，理合恭折具奏，并缮现动钱粮年款及递还借款各细数清单，恭呈御览，伏乞皇太后、皇上圣鉴。谨奏。

江省抽厘助饷请加广乡试中额折同治九年五月二十八日

奏为江西省历年抽收厘金，协济邻省军饷，量请加广乡试中额，以资激劝，恭折奏祈圣鉴事：

窃照江西省前以军事方殷，库藏支绌，遵照部咨，抽收厘金济用，始于咸丰五年八月设卡试办。自后局卡渐增，章程渐备，所收厘金亦日增多，不但本省军需资以周转，即江南水、陆各军，与夫霆营防剿湖北捻匪，记名提督谭胜达、唐仁廉马队剿办山东捻匪，均赖江西厘金为之源源接济，历年馈运无误，用能士马饱腾，以次克复金陵，荡平发逆，翦除捻匪，肃清中原。现复协济陕甘，期平边陲群丑，而京饷及本省防饷，亦皆取给于斯，裨补军需，诚非浅鲜。

伏念通省商民，前值兵燹流离之际，犹能勉力输将，克保本境，施及邻疆，奉上急公，实堪嘉尚。除支应本省各军及拨解京饷不计外，其自咸丰十年五月起，至同治三年六月止，共解过江南大营厘捐银四百九十二万馀两，钱一百九十二万馀串，合银一百二十三万馀两，又历年解济前兵部右侍郎彭玉麟水师银二百一十二万馀两，前浙江提督鲍超霆字营银一百五十万馀两，记名提督谭胜达、唐仁廉马队银一十三万馀两，陕甘月饷银三十二万两，六共一千零二十二万馀两，均系协济邻省要饷。

查前任两江督臣曾国藩以克复江宁动用广东省厘金一百二十万，奏蒙特旨，准加广广东文武乡试永远中额各四名。湖广督臣李鸿章以剿平捻匪动用江苏厘金七百五十万，奏请加广江苏文武乡试永远中额各八名。江西厘金历年解济各省军饷至千馀万之多，与广东、江苏情事相同，自应量予奖励。且近届乡试，观光士子至一万五六千人，文风蒸蒸日上，亦属美不胜收。惟江西永远中额，前于捐输案内已经广足十名，不敢援案再请。合无仰恳天恩，俯准加广江西文武乡试一次中额各三十六名，分为三次取中，以励士气，而劝民心。

除仍督饬藩司局员认真整顿厘务，随时拨解，毋稍缺误外，所有江西历年抽厘协济邻省军饷，量请加广乡试中额缘由，理合会同两江督臣马新贻、江西学臣徐郙恭折具奏，伏乞皇太后、皇上圣鉴训示。谨奏。

窑厂工作不良据情量请补造折同治九年六月初七日

奏为景德镇窑务缺乏良工，以致烧造瓷器未能如前精细，据情代奏，仰祈圣鉴事：

窃据九江关监督景福详称："准造办处办理绣活处咨开，同治八年十二月二十一日奏事处杨长春传旨：'所有前次九江关监督景福解交大婚礼瓷器等项，共一万零七十二件，均烧造粗糙，不堪应用，着传知该九江关监督景福数赔补。各项瓷器，总要端正，毋得歪斜，其里外花釉以及颜色，均着烧造一律精细鲜明，勿使稍有草率。仍着景福赶紧办理，照数赔补，迅即解京。'钦此。跪读之下，莫名惶悚！查景德镇地方，迭遭兵燹，官民窑厂，停歇十有馀年。同治四年始经前署监督蔡锦青开厂烧造，老匠良工散亡殆尽，配制颜料，多半失传，新匠不惟技艺远逊前人，即人数亦较前减少。凡有一长之匠，俱已募入官窑，物以少而见珍，工值转为增贵，限于时势，不得不暂为将就。所幸连年均系按例大运暨传办常件，尚无新奇花样，加谨摹仿，得以无误。六年六月，准内务府绣活处移知，上传预备皇后前需用瓷器活计共圆琢器一万馀件，限七年内烧齐解京，尽系彩画填黄釉者，工作较细，花样亦新。明知厂内工少技疏，恐难合式，本欲先事据实奏明，特以事关大婚吉礼，开亿万年瓜瓞之祥，景福恭逢盛典，理应黾勉兴工，何敢稍存畏难之心，琐屑陈渎。当即传集各匠，竭力讲求烧造，时阅三月之久，始克竣工，于七、八两年陆续解京验收。兹以未能鲜明精细，奉旨照数赔补，自应钦遵赶办。随即束装赴厂，饬令工匠赶紧加工烧造，不得延误，并许加给赏项，以期踊跃从事。当据各工匠禀称：'匠等虽系小民，亦各天良具在，频年厚受佣值，供役官窑，承办上用瓷器，实已竭尽技能。无奈窑厂停歇多年，诸事多失传授。后来学习，艺劣人稀。前次添造大婚礼瓷器，件数既多，填黄尤非素习，彩画事在釉后，颜色易于鲜明，填黄又在彩画之后，花间隙地，均须密填，轻重难期匀称，花色每为黄釉侵盖。加以窑内火逼烟熏，釉轻则露地，釉重则含包，烧造粗糙，颜色晦暗，胥由于此。委属限于技拙，非敢掉以轻心。且前项瓷器计万馀件，每造一器，必先造坯胎数件，从中选取。今若概行另办，非烧造数万件不能选择如数，前历三年，尚属粗糙，倘再迫以期限，诚恐坯胎不干，窑火参差，万一更不如前，匠等获咎愈重。自知止此手艺，与其徒费工料，仍滋贻误，曷若预为禀明，等语。景福面问再三，众口一词，似非虚语。伏念大婚吉期伊迩，照数重加烧造，势必赶办不及，且亦无从另选良工。可否邀免补造，抑或饬下造办处将前解大婚礼瓷器，择其尤为粗糙不堪应用者，提出若干件，开单发下，庶件数较少，俾得加工精造，借赎前愆之处，出自逾格鸿慈。并请将景福先行交部议处，以示惩儆”等情，详请代奏前来。

臣覆加确核，均属实在情形。理合恭折代奏，伏乞皇太后、皇上圣鉴训示。谨奏。

上年水灾较重漕粮尚难起运折同治九年六月初七日

奏为江西上年被水过重，民力未舒，加以运河淤垫，海船无多，本年漕粮尚难起运本色，恭折具奏，仰祈圣鉴事：

窃臣前准户部咨：“江西巡抚奏，八年冬漕请循旧折征一折。同治八年九月二十一日奉旨：‘着照所请，户部知道。’钦此。相应咨行遵照。惟京仓储备久虚，江西额漕较巨，急须力筹本色。所有来岁新漕，务当先事预图，勿再因循观望，致临时办理为难”等因，即经臣转饬司道赶紧预为筹办去后。

兹据督粮道平步青会同布政使文辉详称：“伏查漕粮攸关京仓

要需，自应力图办运本色。奉文之日，即经公同筹商，并分投探询江北河运，苏、浙海运情形，一面札饬各府、厅、州、县，详稽从前征解本色旧章，以及今昔民情物力。嗣据陆续覆到，该司道等悉心体察，本年新漕尚有难以起运之势。盖漕粮以河运为正道，以海运为权宜。运河自济宁至临清，淤垫二百馀里，黄水穿运之处，尤形浅阻，大船固难畅行，小船亦难满载。闻江北八年漕粮五万馀石，民折官办，试行河运，雇用民船，每只仅装二三百石及三四百石，吃水以二尺五寸为度，尚因河浅难行。诚恐南船回空迟滞，仍照五年成案，预雇北船在临清接运，以资体恤。江北粮少地近，办运犹复极费经营，江西额漕甚巨，即先试办二成，亦应起运十二三万石，较江北加增一倍有馀，恐无如许小船堪应雇募。若办海运，闻沙、宁等船，仅敷装运苏、浙漕粮，卫船因水手每多舞弊，难以雇用，惟东船仅可招徕，而船数多寡，是否足敷受兑，俱不可必。且无论河运、海运，如由江西运米至清江、沪渎换船北上，其江省剥船，经历长江、大湖，风浪堪虞，偷盗使水，更难防范。惟有委员前赴江北、上海，买米兑运，稍觉简便。而该处上年亦遭偏灾，现在米价昂贵异常，不但所费不赀，亦且购办不易。至于应需米价运费，均须以漕济漕。各属往时征漕旧章，视地土之肥硗，田亩之广狭，因地制宜：完本色者，每石加米或四五斗，或七八斗，完折色者，或纳银三四两至五六两，或纳钱四五千至六七千不等，以羡补不足，借作办运之资。自改新章，折价过少。现欲规复起运旧制，事与创始无殊，固未便悉按旧数加征，亦断不能不量增折价，津贴运费。花户狃于改折新章，即使连岁丰收，办理犹多掣肘。况上年曾遭大水，民间传言，与道光二十八、九年相等，米价每石贵至五千馀文，虽冬间量加抚恤，春间借款修堤，以工代赈，现复平粜仓谷，以济民食，然亦仅免流殍，闾阎仍形困苦。今岁即获年谷顺成，只能稍资苏息，骤行改征起运，民力实有未逮。所有本年新漕，应请仍旧折征完解，缓俟明年再行筹办本色。”等情，会详请奏前来。

臣覆加确核，均属实情。合无仰恳天恩，俯念江西上年水灾较重，民困未苏，本年新漕仍准折征，以恤民隐，来岁如获丰收，即当督饬该司道勉力筹办起运，以裕京仓。

理合会同两江督臣马新贻恭折具陈，伏乞皇太后、皇上圣鉴训示。谨奏。

新昌民教滋事获犯惩办折同治九年六月初七日

奏为新昌县纸匠因减工赀启衅，勾结教匪滋事，旋经扑散，获犯讯办，并请将擅杀多命之局绅、不能弹压之知县，分别惩处，恭折仰祈圣鉴事：

窃据署瑞州府知府孙家铎禀报，本年三月间，新昌县纸厂业户因生意淡薄，议减纸匠工赀，匠人不允，以致停工，闻有互相格斗之事，现在饬县拿办，又据署义宁州知州王维新禀，拿获匪徒谢景发一名，讯认听从红莲教匪邀往新昌起事，各等情。

臣以新昌县纸厂工匠人数甚众，倘与教匪勾结滋事，必酿巨案。当即派委候补道缪德棻、副将何明亮，带亮字营勇丁驰赴瑞郡，与知府孙家铎前往新昌县确查起衅实情，严拿首要各犯，解散胁从，以免蔓延为患，并饬义宁州将谢景发解省审办。迨该道府抵县，纸厂工匠已为团勇击散，教匪亦闻风逃匿，随即督同查拿。据局绅先后禀获张花、胡早、杨详、罗盘、刘得明，何良才、温怡万、刘洸明、凌博士九名，温怡万、何良才在县取供后病故，馀犯解省，并访查衅由及局绅擅杀多命情节，先后禀后，并据局绅岁贡生就职训导邹寿朋来省投审，均经饬发臬司札委南昌府审办。刘洸明、凌博士亦于取供后病故，先后验讯详报。兹据南昌府知府吴祖昌连日研讯，开具供单，由臬司呈送前来。

臣提犯覆鞫，缘现获之谢景发、张花、胡早、杨详、罗盘、刘得明、已获病故之何良才、温怡万、刘洸明、凌博士，籍隶义宁、新昌及湖南平江等州县。岁贡生就职训导邹寿朋前充天宝乡团局绅董。新昌县境内多竹山，业户俱设厂雇匠造纸售卖。每厂工作八人，另有包头一人。匠人工赀，向于年前议定。邹寿朋家亦有纸厂。本年春间，纸销不多，各厂户议令工匠每名每日减银二分，各工匠不允，因而停止。包头李世魁、李世昆、何良才、温怡万曾入红莲教，遂邀在逃之红莲教头目杨长受及刘洸明等，纠众起事，先抢绅富，再扑县城。局绅邹寿朋等闻知，禀经该县知县朱庆萼出示禁止，并令该局绅办团堵御。邹寿朋等即招募团勇，交未到案之武生刘国珍管带。教匪头目杨长受与刘洸明亦令在逃匪党谢洸沨、谢鹤成、罗恒甲、罗应泷等，分赴义宁州等处纠人，约期四月十三日至新昌县潭山地方会齐起事。李世魁等因停工乏食，先于四月初十日纠集纸匠二百馀人，各携筷子一双，碗一只，亦有携带禾担、竹棍、菜刀者，至斜港厂户吴福家索闹，不由分说，拥入仓内，抢取谷石，砻米煮食。十一日，拟往邹家村厂户曹宗海家。行至中途，遇刘国珍带天宝乡团勇往捕，互相格斗，伤毙团勇刘香泰一名，受伤十馀名，格杀匪徒十馀人，擒获六人，带回天宝乡杀毙。十二日，团勇捕获张才一名，并经义宁州带溪团勇拿获李世魁、李世昆，均解回天宝乡杀毙，弃尸河内，被水冲失。教匪杨长受、刘洸明等，因闻纸工被杀，不敢起事，各自逃散。臣接据禀报，即委道员缪德棻等与该府孙家铎驰往查办，获犯解省，讯悉前情。

查该犯刘洸明，系红莲教头目，漏网有年，此次复谋不轨，何良才、温怡万本系教匪，充当纸厂包头，因业户议减工赀，辄敢勾结教匪起事，率众强抢厂户吴福家谷石，均属罪干重辟，业已在管病故，应毋庸议。谢景发讯认听纠约期抢劫、攻城实属，甘心从逆。张花拜师入教，充当伪百长，并随至吴福家抢谷，亦属罪有难逭。臣于讯明后，即饬臬司，督同府县，将该犯等绑赴市曹处斩，传首犯事地方，悬竿示众，以昭炯戒。胡早、杨详、罗盘均系误被诱胁，意在保家，并未听纠滋事，俱枷号一个月，满日杖一百，折责发落，交保管束。凌博士即林详明，及刘得明，俱讯属无辜，凌博士业已病故，刘得明应即开释，以省拖累。局绅邹寿朋、刘国珍为各厂户领袖，当兹年岁荒歉，人情惶惶，乃克减工赀，以致各匠群起滋事，且任听匪类充当包头，俾得就中煽惑，已属咎有应得。迨拿获滋事各犯，并不送官讯究，擅杀弃尸，以致姓氏不知，无由辨别是否均系首要。虽该局绅等诿系团丁所为，又不能指出下手何人。既经道府访查明确，不容狡赖，即重治以罪，亦属咎由自取。第念其即时集团扑散，使各教匪闻风瓦解，消患初萌，不为无功，况首犯李世魁等本属应死罪人，拟请从宽发落，邹寿朋应革去岁贡生、训导，刘国珍革去武生，以示惩儆。何良才等在营病故，各看役讯无陵虐情事，均毋庸议。以后各纸厂匠人工赀，应照向章年前预议，不准临时减少，以杜衅端。新昌县知县朱庆萼于教匪萌动之时，办团堵拿，获犯解究，办理尚属迅速。惟纸厂减价肇衅，局绅擅杀多人，未能先事禁止，实属不胜斯任，相应请旨，将朱庆萼撤任开缺，另以简缺改补。所遗新昌县缺，江省现有应补人员，应请扣留外补。

除饬勒缉在逃教匪杨长受等务获究办外，理合会同两江督臣马新贻恭折具奏，伏乞皇太后、皇上圣鉴训示。谨奏。

被水各属圩堤借款修筑工竣折 同治九年六月初七日

奏为上年被水较重各属，借款修筑圩堤，以工代赈，据报一律工竣，恭折具陈，仰祈圣鉴事：

"窃查南昌等县，上年被水淹浸最宽，为时最久，民情困苦，经臣筹款，量加抚恤，据实奏报，并声明冬令饥寒交迫，开春青黄不接，或须量加赈济，或筹款修筑圩堤，以工代赈，随时体察办理在案。"

旋据各属被水灾黎纷纷呈请加赈，并求发款修圩。察其嗷嗷待哺情形，诚为可悯。臣与藩司文辉通盘筹画，司库岁入之款，仅敷京、协各饷及本省防师口粮，若再照例放赈，为数过多，固属款无所出，其各属被水冲塌圩堤，如一律借款兴修，亦属力有未逮。随委员分赴各该县确加查勘，择其地势稍高、尚易施工者，撙节估计实需经费确数，来省请领，及时兴修，俾穷民借获工作之赀，以充糊口之费。嗣据先后禀覆，饬据藩司于厘金项下，陆续借给南昌县钱三万五百六十三串二百文、新建县钱四万七千八百四十四串一百八十九文、鄱阳县钱一万三千三百五串六百一十五文、馀干县银六千两、星子县银四千两、建昌县钱一万五千二百六十千文、德化县银一万二千八百五十三两七钱七分八厘，除动用抚恤案内馀剩银二千二百两外，实借银一万六百五十三两七钱七分八厘。德安县银四千二十六两，瑞昌县银一千五百两，俱转发各堤绅董业户具领，仍委员督催兴工修筑。据报于二、三、四、五等月告竣，取具分年缴还结状，呈送前来。

臣查江省官堤、民圩，前于同治六年钦奉谕旨估修，经臣议请于厘金项下酌量筹借，由近及远，分年轮修。乃七年甫修南昌、新建二县民堤，八年旋遭大水，民困方深，不得不变通办理。现在各工一律告竣，农田借资捍卫，工作贫户亦借以为生，瞬届早稻登场，闾阎无虞乏食。

除饬该县督饬圩业人等随时勤加修补防护，以期长资保障外，理合恭折具奏，并缮借款细数清单，敬呈御览，伏乞皇太后、皇上圣鉴训示。谨奏。

绅民在闽捐输军饷邀恳加广乡试中额折 同治九年七月初二日

奏为江西绅民在闽捐输军饷，吁恳天恩，加广文武乡试中额，恭折仰祈圣鉴事：

窃臣刘坤一接准户部咨："议覆福建巡抚徐宗幹奏，江西绅民在闽捐输，请加广本籍中额、学额附片。查江西省士民，历年在福建省捐输军饷，据该抚查明，自咸丰六年四月起，至同治四年七月奏奖止，历奉部案折实银一百三十五万九千七百七十二两零。既经该抚将捐名银数造册咨送江西巡抚，分别奏请加广中额学额，应由臣部先行存案，俟江西巡抚、学政奏报到日，再由臣部会同礼、兵，三部核办。同治五年七月十八日具奏，本日奉旨：'依议。'"钦此。

臣等查前于咸丰三年接准户部咨："大学士等会议申劝捐输以裕军需一折，请饬各省督、抚谕令绅、商、士、民，再行极力捐输，除给予本身奖励外，仍遵前奉恩旨，各按银数酌加中额、学额，一省按十万之数，一厅、一州、一县按二千之数，分别酌加一次。如所捐银数，核计浮于前议应加之额，即归下次按次加广，或因捐银较多，逐次加广尚需多时，准其奏请酌加，作为永远定额。所加之额，按一省捐银三十万两，加文武乡试定额一名，一厅、一州、一县捐银一万两，加文武学定额一名，均以十名为限”等因。咸丰三年三月二十三日奉旨允准，历经钦遵查照办理。嗣于同治七年接准户部咨：“礼部会议御史范熙溥等奏，各省捐输广额，请核实办理，并将原定章程，量加变通，稍为从严一折。嗣后外省捐输各案，凡捐生已请奖叙者，概不准再行加广中额、学额。自此次奉旨之日为始，遵照新章办理。其此次奏改章程以前到部各案，仍按旧章办理，以示区别，而昭核实”等因。同治七年九月二十七日奉旨：“依议。”钦此。亦经转行遵照各在案。今江西绅民、商贾在闽捐输军饷，自咸丰六年四月起至同治四年七月奏奖止，历奉部案，折实银一百三十五万九千七百七十二两零，业经福建抚臣于同治五年奏报，经部议准存案，事在同治七年奏改新章以前，自应仍照旧章加广中额、学额，以广皇仁，而励士气。据藩司文辉具详请奏前来。

臣等伏查江西省文武乡试中额，前经历次奏请加广永远定额，已足十名。所有江省绅民在闽捐输军饷银一百三十五万馀两，应请加广文武乡试一次中额各十三名，尚馀银五万九千七百七十二两，容俟归并本省别项捐输，另行办理，以副圣主加惠士林有加无已之至意。

臣等谨合词恭折具奏，伏乞皇太后、皇上圣鉴。敕部核覆遵行。

再，此折系臣坤一主稿，合并陈明。谨奏。

历年收标武职恳仍留江补用折同治九年七月初二日

奏为江西历年收标候补武职人员，核与部定新章不符，恳恩仍准留江补用，以资体恤，恭折奏祈圣鉴事：

窃臣于同治六年接准兵部咨："副、参以下各官保有省分者，自应遵奉谕旨，留于该省候补。又，游、都以下未奏留他省者，应归本省候补。又，各省保举参将人数甚多，除保有省分及实缺人员，准其收标外，其未经保留省分及例应回避本省者，本无标营可归，均应赴部候补。副将一项，亦拟比照参将一律办理。又，参将以下保举推选各官，例应赴部候选，除实缺人员，例准在任候选，毋庸送部外，其馀均应赴部投供，非保有省分及在部捐分发者，不准收标。"又于同治八年接准兵部咨："嗣后军营遣撤员弁，例应收标者，即行咨部注册。至保举推选各官，并副、参应回避本省各项人员，必须专折奏明，奉旨允行，方准收标，不得率行咨部注册，以昭慎重。"各等因在案。

伏查江西省前因连年用兵，军营著绩保举武职人员，经各前抚臣暨臣先后考验收标，随时取造履历咨部，多在未定新章以前。兹经照章逐加查核，其中颇多与例不符，并有收标时本属合例，嗣因加保升阶，未叙留江字样，若照新章，即须改发。如南昌城守营总兵衔补用副将郭子奇、总兵衔遇缺即补参将刘秉朴、臣标左营遇缺尽先即补参将贺抡元，均籍隶江西永新、南昌等县，例应回避本省，赴部候补。南昌城守营尽先补用副将李升平，籍隶湖南溆浦县，续保无留江字样，亦应赴部。又，臣标左营副将衔尽先即补游击汤辛增、右营尽先补用都司廖得胜、南昌城守营尽先补用守备许得标、赣标左营遇缺即补守备左钟珌，籍隶江苏荆溪、贵州贵筑、安徽歙县、云南蒙化等厅县，续保无留江字样，俱应赴各原籍候补。又，臣标左营副将衔尽先选用参将刘怡卿、邹达、程光富、黄德凯，参将衔尽先选用游击吴邦柱，副将衔尽先选用都司刘达尊，尽先选用都司张湘怀、有庆、邹以才，选用都司杨应桢，遇缺尽先推补都司陈得发，右营副将衔尽先选用参将黄国栋，选用参将萧新全、何浚源，选用游击詹文杰、阎廷臣，选用守备龙宝三，南昌城守营总兵衔尽先选用副将熊克胜、熊得胜，副将衔尽先选用参将詹宗清，副将衔选用参将傅成龙，尽先选用参将魏学源、张金榜、陈新茂，尽先选用游击王占鳌、陈洪福，尽先选用都司蔡经魁、陈镳，都司衔尽先选用守备柯濂泌，九江前营尽先选用都司易恒泰，籍隶广东香山、大浦，湖北孝感，贵州都匀，湖南桃源、沅陵，江西浮梁、馀干、南昌、安义、万载、鄱阳、新建、永新、星子、清江、武宁、龙泉等府县，均因续保推选，例应赴部投供。该员等在江候补有年，资斧已属拮据，一旦饬令赴部、回籍，欲行则路费无出，欲止则无标可归。各该员悉属在营年久，辛苦备尝，迭著战功，始得递保前职，徒以格于定章，限于财力，竟致进退维艰，情殊可悯。且收标之议，原为安插立功勇士，暗寓储备将才而设，自应变通办理，用收得人之效。合无仰恳天恩，俯准将副将郭子奇等三十九员留于江西，仍归各原标补用。惟该副将郭子奇、熊克胜、熊得胜，参将刘秉朴、贺抡元、程光富、黄国栋、萧新全、詹宗清、傅成龙、魏学源、张金榜、陈新茂均籍隶江西，例应回避本省，俱请以游击、都司借补，以符定章，而昭体恤。

所有收标武职核与部章不符，仍请留江补用缘由，理合会同两江督臣马新贻恭折具奏，伏乞皇太后、皇上圣鉴训示。谨奏。

循章调练官兵改造舢板募补水陆勇丁折同治九年八月二十八日

奏为循照江南章程，调练官兵，改造水师舢板，并募补水、陆勇丁，期资得力，恭折奏祈圣鉴事：

窃臣接准前督臣马新贻咨，承准军机大臣字寄："同治八年八月初四日奉上谕：'马新贻奏，酌调额设官兵，添设津贴，立营操演一折。江苏额兵，自军兴以来，营伍久未整顿，现当军务肃清，亟应妥速筹办。该督现拟于额定之时，酌挑精壮，再于额定之饷，酌加津贴，并将现办章程二条，分晰缕陈，所奏尚属妥协。即著马新贻督饬营汛等官，将新立各营，认真操练，实力举行，不得有名无实。其安徽、江西两省，系该督兼辖省分，并着俟江苏办有成效后，即行咨商各该巡抚，妥议章程，奏明办理。将此谕令知之。'"钦此。等因。

伏查江西绿营官兵，虽经臣与九、赣两镇，随时阅操，究属饷薄力分，缓急难期可靠。自应调集训练，津贴薪粮，以资振顿。惟江西与江南情形略异，章程宜稍变通。江西兵少额足，地阔汛单，非如江南可以裁兵并饷。既系另筹津贴，即不得定为永远章程。然加则易而减则难，亦须防其流弊，计惟有轮练之一法。先行抽调千人，练熟仍撤归伍，再行抽调千人，抽调则增饷，归伍即停支。庶饷则随时起止，不致视为故常，而兵则更番往来，又可习其劳苦。地方有事，不惟现练之兵可壮声威，即已撤之兵亦堪驱策。

臣与九江镇总兵黄开榜再三熟商，先就该镇所属各营开办，于九江镇标前后城守三营挑选精兵五百名为选锋后营，另选一百名为该镇亲兵，又于外属之铜鼓、武宁、瑞州、浮梁、南康五营挑选精兵五百名为选锋右营，抚州、建昌、广昌三营挑选精兵五百名为选锋左营，广信、铅山、饶州三营挑选精兵五百名为选锋前营。先调后、右两营，在浔筑垒驻扎，每日合操二次，先演大炮、抬炮，次演鸟枪、长矛、大刀，总期精熟有准。其左、前二营，轮流调练。每营以四个月为期，届满更换，周而复始。一年之内，此二千一百人均可一律练熟。其各营挑剩兵丁与夫操练期满归伍之兵，仍旧分守该营汛防，以重地方。至于津贴一项，亦较江南稍有酌减，营官每月给薪水钱一百千文，如系候补武职，加给钱二十千文。帮带官每日给薪水钱六百文，哨官每日给薪水钱四百文，什长每日给口粮钱一百五十文，兵丁每日给口粮钱一百二十文，长夫每日给口粮钱一百文，馀丁每日给口粮钱八十文。每营营官一员，帮带一员，哨官五员，什长五十名，兵丁四百五十名，长夫一百名，馀丁五十名，一月共津贴钱二千四百四十三千文。总计后、右两营及亲兵小队每月共需钱五千三百六十三千文，均于厘金项下支放，核实报销。俟九江镇标办理就绪，推行赣州镇标所属各营，亦以精选二千馀人为率，轮流操练。通省有此精兵四千馀人，足为不虞之备。

又查江军内河两营水师，从前所造舢板，专备本省各河防剿之用，船身短狭，取其涉浅轻灵，然一临洪涛巨浸，辄颠簸异常，难期适用，亦应仿照长江水师舢板，分成改造，稍加宽大，以便江南内河俱堪驾驶。现经臣檄令统领内河水师记名提督孙昌国，于所部各营一百一十七号内，改造长江舢板七十号，督阵大舢板四号，增募水勇一百四十名，统领江军水师候选道何应祺，于所部各营一百零七号内，改造长江舢板五十七号，督阵大舢板三号，增募水勇五十四名，赶紧督匠成造，配驾练习，庶可涉险冲锋。

至陆勇各营，前均减为三百名，兹先饬令亮字、藻字两营各添募二百名，以符原额五百名之数，合为千人，以当一队。

所有江西调练营兵，改造水师舢板并募补水陆勇丁缘由，理合会同兼署两江督臣魁玉恭折具陈，伏乞皇太后、皇上圣鉴训示。谨奏。

湖南会匪滋事调派兵勇分投堵剿折

同治九年十月初六日

奏为湖南湘潭等县会匪滋事，调派兵勇分投堵剿，恭折由驿驰陈，仰祈圣鉴事：

窃臣接据萍乡、莲花等厅县探报，九月初二日，湖南湘潭县属之朱亭地方哥老会匪制旗起事，戕官焚掠，扰及淦田、黄茅、三门、朱洲等处，并蔓延醴陵、攸县境内，旋经湖南水、陆官军进剿，于杉木冲等处迭获胜仗，湘水以西，渐就肃清。现在会剿衡山、湘潭、攸县三邑连界之凤凰山匪巢，而醴陵之贺家桥、攸县之百花冲各有会匪聚集，四出剽掠，二县乡团拦剿，互有胜负，距江西边境仅数十里。据萍乡县知县王明璠、署莲花厅同知杨其福、署万载县知县金第俱报募勇筹防，并请迅发大兵堵剿，各等情前来。

臣查湖南湘潭县会匪滋事，延及醴陵、攸县。江西萍乡县与醴陵连界，万载县亦相去不远，莲花厅则与攸县接壤。现经湖南官军进剿，难保不阑入江境。当饬据袁州协副将朱云章委都司张大雄管带袁、临两营精兵二百名，并由省添派副将周亮率衡勇三百名，副将何明亮率亮字营五百名，先后驰赴萍乡县之美田桥、草市等隘口堵剿，兼顾万载、莲花，一面檄饬统领祥字营记名提督刘胜祥速拨赣防勇丁二营，与原驻吉郡之勇，同赴莲花厅守御，与萍乡防师互相策应，刘胜祥仍亲率全军继进，驻扎吉安，居中调度，力固疆圉，勿任窜越。其袁州府城防务，即责成知府骆敏修会同副将朱云章妥为布置。臣复咨商湖南抚臣刘崐，如湘潭各匪应须江西防兵会剿，即饬周亮、何明亮等订期出境夹击，迅图扑灭，以免日久蔓延。

所有湘、醴会匪滋事调派兵勇堵剿缘由，理合会同兼署两江督臣魁玉恭折由驿四百里具陈，伏乞皇太后、皇上圣鉴训示。谨奏。

覆陈斟酌地丁征解折同治九年闰十月十二日

奏为遵旨斟酌地丁征解情形，妥议覆陈，仰祈圣鉴事：

窃臣承准军机大臣字寄："同治九年十月二十日奉上谕：'侍郎胡家玉奏，本年秋审册内有江西东乡县绞犯王高照等一起，原揭声称：'该县钱粮照通省新章每两收银一两五钱，除一正一耗外，以四钱提补捐款公费及办公之用，又随赋捐银一钱，以为修理坛庙等工之费。刁徒鲁鱼典等，借求减钱粮、捐费为名，聚众哄闹。是江省军务虽平，额外之诛求未已。请饬该抚通饬所属，征收地丁钱粮，每银一两，遵例加收耗银一钱，所有另立名目额外征收者，永远革除。并请札行各州县，开征时照例银钱并收，以苏民困。'各等语。着刘坤一斟酌情形，妥议具奏。原折着抄给阅看。将此谕令知之。'"钦此。当即转行钦遵酌议去后。

兹据布政使文辉会同督粮道平步青详称："江西每年额征起运地丁银一百五十五万馀两，向系银钱并收，每地丁一两收银一两五六钱至一两七八钱不等，或收钱二千四五百文至三千一二百文不等。额征漕米七十六万馀石，向系本折兼纳：完本色者，每石收米一石四五斗至一石七八斗不等，完折色者，每石收银二三两至四五两不等，或收钱三四千至六七千不等，广信府属并有每石折收洋银八九两之处。又江西州县向有捐摊各款，每县每年需银万馀两或数千两。此外尚有各项馈赠陋规，又有刁衿劣监包揽完漕，以及向设绅户情米名目，皆完数极少，官为暗赔，每县一岁所需，亦与捐摊银数相等。丁漕浮收之繁重，由于捐摊冗费之孔多，沿袭多年，官民交困。同治元年七月，督臣曾国藩奏请豁免江西奏派州县捐摊各款案内，声明现在设法减征钱漕，妥议章程，另行奏办，并将本省需用之款，向由州县摊出者，另筹一项，永禁捐摊。等因。奏蒙俞允。旋经前抚臣沈葆桢会同曾国藩将议减丁漕浮收、裁停州县捐摊各款，详细厘定章程，试行数年，吏肃民怀，颇有成效。四年八月间，经前护抚臣孙长绂会同曾国藩暨前署督臣李鸿章缕晰具奏，经户部议覆：该省丁、漕两项，自应均令照章征收。惟据奏称："本省办公，借资丁漕，若不容纤悉多收，殊非经久之道"等语，亦系实在情形。所请丁漕一律折收制钱，由官易银解兑，每地丁一两，连加一耗羡，折收足钱二千四百文，每漕米一石折收足钱三千文，万安、乐平二县视各属每米一石加收钱二百文。除地丁完解正耗银一两一钱，漕米完解部价银一两三钱外，其本省有实在需用之捐款公费，与先已定案必须补捐足数之款，每地丁一两另提银一钱六分，每漕米一石另提银二钱七分，在于减定丁漕收数内供支之处，应请准如所奏，在于解部款外，馀剩丁漕收数内供支。惟征收钱文数目，必须一成不易。所称银价不敷，准令改收银两之处，应毋庸议"等因。同治四年十月十七日奉旨："依议。"钦此。七年六月，该司道复将丁漕减价章程，重加厘定，详经臣会同曾国藩奏准户部议覆："江西额征漕米，自暂改折色以来，每米一石，仅只解部银一两三钱，为数较微，若不准其于解部漕价之外酌量加收，非特本省办公竭蹶，且恐规复漕运旧制，诸多窒碍。是以同治四年照拟核覆议准。兹请以向征制钱三千文者改收现银一两九钱，向收制钱三千二百文者改收现银二两二分五厘，按原定价值，不甚悬殊，且奏明一律收银，与州县私自改章者不同。既称银价较昂，州县不敷渐巨，粮户盈馀日多，将来改收本色，愈难措置。应即准其改征现银，其解支各数，均查照奏定章程办理。至地丁折征制钱，不过一时权宜。今称征钱艰于报解，自系实在情形。应如所请，地丁一两，准其征库平纹银一两五钱，连倾镕火耗等项在内。至所请改定收银数内完解正耗银一两一钱，馀为提补捐款公费并州县办公之用，均请准如所奏办理。"等因。同治七年十月初一日奉旨："依议。"钦此。又，江西善后工程待费兴修者，不一而足，各守令与绅士熟商，按粮摊派捐修，禀经臣奏请于工竣后，计数加广学额，准户部议覆："该省衙署、监狱、仓库、坛庙、祠宇、书院、考棚，皆必不可缓之工，捐输既不可恃，不得不借资民力。该抚请将各工先行勘估，按费摊派钱粮，自系权宜办理。应令据实勘估，以工程之大小，定摊捐之多寡。仍宜示以限制，每两自二百文起，至多不得过六百文，只准捐摊一次，来年不得援以为例"等因。同治七年闰四月初六日奉旨："依议。"钦此。各在案。

是江省地丁钱粮，从前名为遵例一正一耗，实则收钱不止二千四百文，收银不止一两五钱。军兴以后，体恤民艰，于议减漕价案内，初定每地丁一两折收制钱二千四百文，继以银价较昂，改为收银一两五钱，通省一律遵办。视向日浮收之数，钱则每两减去一二百文至七八百文不等，银则每两减去一二三钱不等，并非先本按例征收一正一耗，军兴时格外诛求，加征四钱也。即如往年万安县折收漕价，虽经江苏抚臣丁日昌前在该县任内每石减钱四百文，而当日减剩之数，仍视近年征数为多。嗣定新章，始得每石收钱三千二百文，收银二两二分五厘，而东乡等县漕折收钱，则又递减二百文，收银则又递减一钱二分五厘。所以休息民生，培养元气者，可谓至周且备。自定章以来，通省减免钱漕浮数，以原奏每年减银百万两计之，阅今十年，已及千馀万两，莫非仰体圣主惠爱黎元之至意。且将昔日吏役贪婪，与夫衿监中饱，一应积习革除无遗，尤足维持政治。方恐日久玩生，兢兢恪守，实无军需蠹弊，相沿未革之事。若于历次奏定章程之内，复欲删去捐款、公费等项，徒博遵例一正一耗虚名，窃惧复蹈任意浮收、漫无限制之旧辙，转非实事求是之道。其零星小户完纳钱粮，交银不便，按照市价，以钱折纳，固有定例可循。第江省钱粮改收银两，甫于同治七年奏明办理，若复概令银钱并收，与部议一成不易之义不符，亦易启影射浮收之渐。悉心斟酌，江西地丁钱粮，应请仍照户部议准章程，每两征收库平纹银一两五钱，除完解正耗银一两一钱，馀为提补捐款公费并州县办公之用，以期经久，邀免更张，于吏治民生，胥有裨益。至于按粮捐修善后工程，原以江省绅民按粮捐资，团练本有成法可循，因工费无出，官绅商定，仿照摊捐部议，以一年为限，并非历久摊派。旋以刁民借词构讼，又值江省劝办陕、甘、云、贵四省捐输，深虑民力未能兼顾，凡未经禀办各属，久已通饬停止，自可毋庸再议等情，具详请奏前来。

臣查江西征收钱粮新章，实系军兴之时，核减从前浮收，明定确数，使官吏不敢加增，花户易于输纳，事属便民，并非蠹弊。臣渥荷天恩，畀以疆寄，民生休戚，昕夕在怀。如果系军需加征，何敢相沿苦累？其按粮捐修工程，始自广信士庶佥议推行，各府亦必官绅意见相符，方许摊派，且系暂时权宜之计，并非永远加增。旋因刁徒借以构讼，随于同治七年四月通饬停止，久已不复举行。至东乡县棍徒抗粮哄闹，已非一次，多在未定新章以前。臣于鲁鱼典等滋事折内，业已详晰陈明，案犯多非花户，类皆无业游民，假减钱粮为名，歆动粮户，设局抗官，敛钱肥己。刁风日长，地方官几至无从措手，不得不据实惩办，以资整顿，并非钱漕新章，激成事变。江省地丁征收解支数目，应请仍照奏定章程办理，以免纷更。致滋流弊。

所有斟酌妥议缘由，理合恭折覆陈，伏乞皇太后、皇上圣鉴训示。谨奏。

湖南会匪扑灭江境防师分别撤留片

再臣承准军机大臣字寄："同治九年十月十九日奉上谕：'刘坤一奏，湖南湘潭等县会匪滋事，醴陵、攸县与江西之萍乡等处，壤地相接，万载县亦相去不远，现已派兵堵剿，等语。该匪盘踞凤凰山，四出滋扰，与刘崐前奏大略相同。现经湖南官军进剿，难保不阑入江境。即着刘坤一饬令朱云章等督率兵勇，严扼萍乡等处隘口，兼顾万载县、莲花厅地面，并檄饬刘胜祥分拨兵勇，前赴莲花厅协同守御，毋令该匪乘间窜越。刘胜祥驻扎吉安，即饬令力固江省门户，毋稍疏虞。袁州城防紧要，务当饬令知府骆敏修会同朱云章妥为布置。湖南如须江西防兵会剿，即着刘崐知照刘坤一，檄令周亮、何明亮等迅速出境，会合夹击，并饬李光燎等克期进剿，毋任该匪旁窜，致滋蔓延。'"等因。钦此。

查臣前次奏报之后，旋据各县营先后探禀，九月下旬，湖南各营官军、团勇，于醴陵攸县境内，连日痛剿，叠获胜仗，毙匪甚夥，馀匪逃窜凤凰山，当经派队直入山内，以及醴、攸各乡，分投搜捕，屡有斩获。现在湖南境内一律平靖，楚军已多凯撤，尚留数营，查缉逸匪，等情前来。

臣查湖南会匪业已扑灭，此时仅只缉拿逃散馀匪，应易蒇事。江境防师，亦应酌量撤留，以节经费。随饬萍乡、万载、莲花等厅县，各将所募勇丁遣散，并令袁、临二营官兵撤回归伍。祥字营全军已抵莲花，该处现亦无须多勇。时届隆冬，南赣一带，巡防紧要，咨会记名提督刘胜祥，先调祥字副前、副右两营回赣弹压，仍留祥字老营及老后营驻扎莲花厅边隘，衡勇、亮字两营留扎萍乡县边境，严密巡防，毋任逸匪偷越。一面札饬袁州、吉安两府督饬所属厅县，一体编查保甲，盘诘邻境匪徒，务期有犯必获，以免潜匿为害。

所有湖南会匪扑灭，江境防师分别撤留缘由，理合会同兼署两江督臣魁玉，附片陈明，伏乞圣鉴训示。谨奏。

遵旨查参请交部议处折同治九年闰十月二十八日

奏为遵旨查参，密折覆陈，仰祈圣鉴事：

窃臣承准军机大臣字寄："同治九年十月二十日奉上谕：'总理各国事务衙门奏，请饬各省大吏办理中外交涉事件加意慎密一折。中外交涉事宜，非寻常日行事件可比，况事关重大，尤应慎之又慎，密益加密，庶不致为外国所传播，贻误事机。同治七年八月间，因曾国藩于密陈条约折件未能慎密，致被洋人传抄，曾经谕令各省将军、督、抚格外慎密，诰诫谆谆，至为详切。乃本年因天津民教构衅，令刘坤一暗中防维谕旨一道，竟为九江领事官抄录，经威妥玛照会总理衙门。此等紧要事件，刘坤一何以漫不经心，致有疏漏？其为养尊处优，事事假手于人，已可概见。此件谕旨，究由何处漏泄，着即澈底查明，严参惩办，不准稍有回护徇庇，致干重咎。嗣后南、北洋通商大臣暨各省将军等，遇有中外交涉事件，务当加意慎密，不得稍有疏虞，无论是何寄谕，均须亲自折[①]阅。如再有漏泄机密，贻误大局者，一经讯明，即将漏泄之人按照军法从事，并将疏于防范之大吏，严加惩处'"等因，钦此。臣跪读之下，无任战兢！

伏查臣衙门凡钦奉寄谕，向系亲自开折[②]，如属机密事件，均在内署收存。本年七月间，天津民教启衅，递奉密寄筹办江防，臣虽至愚，亦知事关中外，无不小心办理，深恐稍有疏虞，贻误大局。惟省城总局司道及广饶九南道有办理洋务之责，九江、湖口两镇总兵镇守水、陆冲途，均不得不密行知会，以期筹兵筹饷，戮力同心，豫为绸缪之计。所有一切咨行，悉归内署缮写，钉封发递，即平日往来信札，涉及洋务，亦用钉封，原期无稍泄漏。兹以钦奉密寄，竟为九江领事官抄录，实深悚骇。当即密行省局及该镇道等澈底查明，究系何处漏泄，据实具覆，以凭严参惩办。随据九江镇总兵黄开榜、长江水师湖口镇总兵丁义方、广饶九南道景福及省局司道先后咨禀，前接文件，均系慎密收存，并未被人抄录，亦无驿站拆看形迹，各等情前来。

臣查前件密寄，九江领事在于何处抄录，虽属无从根究。臣统辖全省，咎有攸归，相应请旨将臣交部严加议处。至九江镇总

---

①中华书局版《刘坤一遗集》作“拆”。

②中华书局版《刘坤一遗集》作“拆”。

兵黄开榜、广饶九南道景福与该领事近在同城，亦难任其诿卸，并请交部察议，以昭惩儆。此后遇有紧要洋务，臣惟有懔遵谕旨，与司道、镇将益加慎密，不敢稍涉疏虞，仰慰朝廷宵旰忧勤，谆谆训诫之至意。

谨密折覆奏，伏乞皇太后、皇上对鉴训示。谨奏。

恭谢天恩折 同治九年十二月二十一日

奏为恭谢天恩，仰祈圣鉴事：

窃臣接准吏部咨单开："江西巡抚刘坤一奏，钦奉密寄，竟为九江领事官抄录，自请交部严加议处一折，奉旨：'刘坤一着交部严加议处。'钦此。应请将江西巡抚刘坤一，比照例案，于降一级留任上，从严加等，议以革职留任公罪。同治九年十一月二十九日具奏，奉旨：'依议。'"等因，钦此。当即恭设香案，望阙叩头谢恩。

伏念臣身膺疆寄，责重事繁，虽勉矢慎勤，借图报称，而知识梼昧，致少周防。前当洋务紧要之时，正在夙夜绸缪之日，乃以钦奉密寄，竟为领事抄录，诚非寻常疏忽可比。自问咎无可辞，何期高厚鸿慈，仅予革职留任，抚躬循省，感悚交深！此后惟当倍自策励，黾勉小心，遇有机密文报，加谨收藏，妥慎筹办，务期无稍宣泄，致误事机，用以仰副圣主训诲生成于万一。

所有微臣感悚下忱，理合恭折叩谢天恩，伏乞皇太后、皇上圣鉴。谨奏。

奏疏卷七

江西应造剥船仍请拨款由直排造折

同治十年二月二十八日

奏为江西应造直隶剥船，援案仍请解银赴直，就近购料排造，恭折具奏，仰祈圣鉴事：

窃臣接准户部咨，议覆调任直隶总督曾国藩奏原额加修剥船，限满裁除，请筹款排造一折。现议排造之原额剥船八百只，应令江西排造四百只，又续增剥船一百只，应令江西排造三十四只，其馀原额剥船四百只，续增剥船六十六只，应令湖北、湖南分别排造，均分三次成造，限三年之内造齐。其船费应请准令江西、湖北、湖南三省各于解部漕项银内作正开销，如有不敷，在于解部漕折项下作正开销。务将头次排造船只赶紧造齐，于来年解抵天津等因。同治九年八月十七日具奏，奉旨："依议。"钦此。又承准军机大臣字寄："同治九年十月初六日，奉上谕：'李鸿章奏称，来岁南漕抵津，若待江西等省剥船赶到，诚恐缓不济急。自系实在情形，着户部先行拨借银十二万两，解赴直隶交李鸿章收纳，即责成天津道就地赶造剥船一百只，一面招商由海道赴南购运木料到津，续造二百只，务于明岁漕前造齐，以备应用。此项拨借银两，于江西、湖北、湖南三省照数摊解户部归款。其馀应造剥船六百只，并着饬令各该省承办各员，勒定限期，赶紧分造，务于明年夏初黄、运水涨时，解送直隶，毋得稍有违误。'等因。"

钦此。又于十年正月初八日，准户部咨覆江西请示案内："此次直隶代造船三百只，自应以一百只作为续增，其馀二百只即作为原额，尚有应造剥船六百只，均系原额，仍照向章由江西分造一半三百只，湖南、湖北合造一半三百只"等因。均经转行遵照去后。

兹据布政使文辉会同督粮道平步青详称："奉文分造直隶剥船三百只，本属江西分所应为，但求工料坚实，刻期运津，所需经费不致逾于天津造费之数，自当力任其难，何敢稍事推诿。乃自奉文以来，派员赴产木之区遍加体察，皆以被扰过久，远年大木砍伐无遗，新木材质未能坚致，排造船只，易于朽坏，恐难经久。从前谙练工匠，兵燹之后，散失死亡，绝无存者。责令新匠营造，能否合式，并无把握，而需索工资，转视昔日加增。至于造成之后，雇募舵工、水手，管驾赴津，往时河道通畅，往返不甚需时，且有粮船、商舶堪以搭附，南旋盘费亦不甚巨。自黄水穿运，山东济宁、临清一带，河道淤浅异常，非夏初大汛，不能行驶。而剥船由江北上，先须经历鄱湖、长江，恃风而行，设遇风色不顺，行走濡迟，迨抵山东，水已消落，即须停泊株守，以俟来年，时日过久，食用浩繁。且自津回南，近来亦无便船搭坐，遵陆而归，盘费倍增。约计江西造船运津，所需工料运费，转视天津造费为多。伏查直隶剥船，户部议令南省排造，原期料实工坚，经费节省，今皆不然，甚非部议本意。并恐抵津迟延，有误供剥，关系尤非浅鲜。因思同治四年，江、广应造直隶剥船九百只，已由天津排造，今于九年又复排造三百只，是商人购料，匠人营造，均已熟悉。若将未造船只一并归天津次第排造，收刻期应用之效，省远道糜费之资，实于库款、漕运两有裨益。所有江西现应分造原额剥船三百只，拟请援照同治四年成案，将向例需用内外销工料运费银两，一并解赴直隶督臣衙门兑收，转发天津就近购料排造。至此项船费，部议于漕项银内动用，如有不敷，在于漕折项下开销。惟江西漕项银两，按月拨解陕甘军饷，尚虞不敷，实无馀银可动，应请全数在于同治九、十两年解部漕折项下各半动支委解，俾得及时济造。其直隶已造剥船三百只，由部库借拨银两内，应按照原派江西分造一百三十四只需用工料运费，由江解还。请俟同治十一年漕折启征，再行动解部库还款”等情，具详请奏前来。臣覆核无异。

除咨明户部暨直隶督臣查照外，理合恭折具陈，伏乞皇太后、皇上圣鉴训示。谨奏。

请以明臣夏良胜从祀文庙折同治十年二月二十八日

奏为明臣夏良胜忠孝纯儒，渊源理学，请从祀文庙，以资表彰，恭折具陈，仰祈圣鉴事：

窃惟立言必该体用，庶可上接心传，学道不外子臣，尤贵先敦躬行。我朝崇儒重道，尚德右文，凡著述足翼圣经、践履无惭名教者，历经奏准从祀文庙在案。

兹查明臣夏良胜，江西南城县人。为诸生时，父夏泉通判苏州，罹弹章，良胜鸣冤，撄严刑，父卒得释。举正德二年乡试第一，明年成进士，官刑部主事，调吏部，进考功员外郎。上书极谏南巡，罚跪午门外，下廷尉受杖，除名归里，讲授生徒，士风不变。明世宗立，召复故官，迁文选郎中，公廉多所振拔，以久次迁南京太常少卿。初为郎中时，大礼议起，连章力争，为张、桂辈所切齿。至是，以给事中陈洸言，谪知茶陵州，奏蠲重赋，振兴学校，有古循吏风。寻黜为民，复以议礼诸疏为仇家所发，再下狱论杖，谪戍辽东三万卫，逾五年，卒于戍所。明穆宗立，赠太常卿。其出处本末，见于简册者如此。

良胜之在辽东也，著《中庸衍义》十七卷，自性、道、教、达道、达德、九经、三重之属，援据古今，推广演绎，使微言奥旨，灿然大明于世。尤拳拳于法祖尊贤，且极陈好符瑞、崇神仙之流弊，以规切时事，而无一毫怨怼讥讪之意。《四库全书提要》称为纯臣之言，并谓是书与《大学衍义补》略同，而其人品则在邱濬之上。此外，尚有《东洲初稿》十四卷，亦经收入《四库全书》。馀如《铨司存稿》、《东洲剩稿》、《周易变卦》、《易经缶说》、《东戍录》诸作，不事词藻，皆岳岳有直气。允矣一代大儒。前明已入祀乡贤祠，以之升祔学宫，洵为不愧。据藩司文辉转据建昌府南城县暨该学教官开造事实清册前来。合无仰恳圣恩，俯准将夏良胜从祀文庙，以资表彰。

除将清册送部核办外，臣谨会同大学士两江督臣曾国藩、江西学政臣李文田，合词恭折具奏，伏乞皇太后、皇上圣鉴，敕部议覆施行。谨奏。

查阅九饶等处回省甄别营员折同治十年三月二十八日

奏为查阅九江镇各营官兵情形，请将庸劣员弁分别降革勒休，以肃军政，并回省办理秋审日期，恭折奏祈圣鉴事：

窃臣钦奉谕旨，派阅江西营伍，业将二月十七日由省起程，奏报在案。

当即轻骑减从，依期出省。先至九江，会同九江镇总兵黄开榜，调齐镇标前、后、城守及南康营官兵，并调浔操练之各营选锋兵丁，一并阅看。次赴饶州、广信、抚州三府，调集该三营及浮梁、铅山、建昌、广昌等营官兵，逐加考校。其武宁营兵丁，因路途僻远，委员往阅，该营员弁另行调省考验。臣察看各营阵式之整严，枪炮之联络，籐牌、刀矛、云梯等项杂技之跻捷，以九江镇所练选锋兵为最，其馀亦属可观。至马步箭及鸟枪、抬炮打靶准头，则均在八成以上，较同治五年巡阅时，渐臻精进。内中技艺较优弁兵，容臣存记拔补，其技艺稍疏而年力汉仗尚可造就者，量予责惩，勒限操练，务期一律精熟。惟查有九江镇标后营游击刘长培，性情疏懒；抚州营候补都司张传昭、候补千总易金洪、候补把总章夺标，均不守营规；饶州营鄱阳汛外委侯际雷、九江前营左哨外委蔡金魁，均差操懈惰；九江后营右哨外委陶鸿升，人材庸劣，未便稍事姑容。据该管镇将揭报前来，相应请旨将刘长培开缺以都司降补，张传昭、易金洪、章夺标均革退随标，侯际雷、蔡金魁均即革职，陶鸿升勒令休致，庶使人知自励，士不偷安，用以仰副圣主整饬戎行之至意。

又各营军装器械，点验无亏，马匹俱属膘壮，沿途塘汛墩台亦各完整。

臣自抚郡校阅既竣，于三月二十五日行抵省城，适值各属秋审人犯陆续解省，是以暂缓前进。一俟解犯到齐，即督同司道提勘，并顺便将省标三营官兵先行调阅，计于四月初八日，堪以起程前赴临江、吉安、赣州各营阅看，事毕另行奏闻。

所有查阅九江镇各营官兵情形，并回省办理秋审缘由，理合恭折具奏，伏乞皇太后、皇上圣鉴训示。

再，九江镇标后营游击刘长培降补，遗缺系陆路部推之缺，江省现有军务著绩尽先应补人员，应请扣留外补，合并陈明。谨奏。

筹款修造九江镇署折同治十年三月二十八日

奏为筹款修造九江镇衙署，并陆续筹修各属善后工程，恭折奏祈圣鉴事：

窃江西各属，从前连年被扰，文武衙署、监狱、仓库、坛庙、祠宇、书院，考棚，焚毁无遗，自肃清后，屡次筹议修复，徒以工巨费繁，款无所出，累岁因循。嗣据广信府官绅会议，按粮派捐，以济工用，并据抚州府亦请仿照办理。臣当即据实奏经户部议准。乃行之未久，旋有刁民借词构讼，又值江省劝办陕、甘、云、贵四省捐输，民力未能兼顾，即饬各属概行停止。是以已修者甚少，而未修者尚多。就未办各工而论，应以九江镇衙署为最要。总兵乃专阃大员，九江系省北屏蔽，自开设通商码头，华洋杂处，尤非他郡可比，必须营署严肃，方足以崇体制而资办公。臣现与司道再三计议，约需工料银一万馀两，无论如何设法，必须赶紧兴修。第正项钱粮各有解支要款，无可腾挪，所办陕、甘、云、贵四省捐输亦难挹注，惟有于厘金项下，量为匀拨，俾济要工。仍由藩司委员先往撙节勘估，事竣核实造册报销，此外善后各工程，容臣察看，续收厘金若能渐有起色，于解支京、协各饷及本省防师口粮之外，稍有盈馀，亦即分年次第办理。

臣为善后工需势难再缓，不得不通融筹办，是否有当，理合恭折具奏，伏乞皇太后、皇上圣鉴训示。谨奏。

校阅省标及赣州等营核实甄别折同治十年五月初六日

奏为查阅省标及赣州等营官兵技艺，并将衰庸各员弁核实甄别，以肃军政，恭折奏祈圣鉴事：

窃臣前将阅过九江镇所属各营官兵情形，据实奏报在案。

随将省标三营逐加考校，并提勘秋审人犯后，即于四月初八日，轻骑减从出省，先将袁州、临江、铜鼓、瑞州、吉安、永丰、莲花、万安、龙泉等营，顺道调考。嗣至赣州府城，会同南赣镇总兵王永胜，将赣标中、左、后、城守、兴国、宁都、南安、文英、永镇、横冈、羊角十一营调齐校阅。察看大阵，步伐整齐，以省标选锋为最，赣标选锋次之。马箭、马枪中数亦以省标选锋及袁州协为最，计在八成以上，各营次之。步箭以吉安、龙泉、莲花为最，中数均有八成，省标次之，各营又次之。步枪以永镇营及省标、赣标各选锋为最，中靶九成以上，袁州、铜鼓、兴国、南安等营次之，馀营又次之。至于抬炮、籐牌，则一律合式。复将江军内河、赣防三营水师炮船，次第考阅，其驾驶之灵便，阵势之整严，以赣防一营为第一，江军内河两营亦属可观。所有技艺较优各弁兵，容臣存记拔补，技艺稍疏者，量予记过责惩，勒限操练。并令弓箭马兵兼习马枪，弓箭步兵兼习步枪，又弓箭、鸟枪、籐牌各兵均兼习刀矛、抬炮，务期临阵得用，庶成劲旅，以卫地方。臣仍当随时抽调考验，以察勤惰，分别劝惩。

至各将备员弁中，臣悉心察看，查有宁都营参将庆祥，身体软弱，难期振兴；赣州镇标中营游击李卿云，性气乖张，不善约束；臣标左营候补都司项世雄，办事粗率；候补守备张寿棠、试用守备熊湘、云骑尉世职萧洪仪、学习武举龙芝秀四员，擅离营伍；候补把总万定魁、臣标右营候补把总王义荣二弁，久病未愈；南昌城守营协防丰城县汛外委黄金、协防奉新县汛外委许连升二弁，技艺生疏；铜鼓营把总周士谐，年力就衰；南安营分防南康县汛千总陈定魁、赣标后营分防信丰县汛把总周连升、羊角营分防会昌县汛把总邓廷彪三弁，声名平常；临江把总黄廷鹏，纪律不严，均未便姑容。据该管镇将揭报前来，相应请旨将庆祥勒令休致，李卿云即行革职，项世雄、张寿棠、熊湘、萧洪仪、龙芝秀均革退随标，万定魁、王义荣、黄金、许连升、周士谐均勒令休致，陈定魁、周连升、邓廷彪均即革职，黄廷鹏开缺以外委降补，用昭惩儆，以副朝廷整饬戎行之至意。

其各营军装器械，点验无亏，马匹俱属膘壮，沿途塘汛墩台亦各完整。臣自赣州校阅事竣，即行起程，于五月初四日回省。

所有查阅省标及赣州等营官兵缘由，理合恭折具奏，伏乞皇太后、皇上圣鉴训示。

再，赣标中营游击系由外题调之缺，容另行办理，宁都营参将系部推之缺，江省现有军功尽先人员，应请扣留外补，合并陈明。谨奏。

整饬绿营兵丁折同治十年五月二十八日

奏为遵旨整饬绿营，据实覆陈，仰祈圣鉴事：

窃臣承准军机大臣字寄："同治九年十一月十六日，奉上谕：'兵部奏请饬各省督抚及各路统兵大臣，依限咨报兵勇数目，并请饬各省将兵丁数目，按年题报各折片，着各省督抚统兵大臣等，奉到此旨后，除以前未经造报兵勇各数毋庸补报外，即将现在所部兵勇数目，仍按三个月咨报一次，以备稽核。倘再视为具文，即着兵部严参。至已造报各处，仍着依限报部，毋得先后参差，以昭核实。其各省兵丁数目，并着该督抚按年造册题报，不得再有耽延。至军兴以来，舍兵用勇，本系权宜之计。而勇丁遣撤，易滋事端，流弊日甚，若不将绿营及早整饬，致国家费千百万帑项，养之于平日，不能用之于临时，身任封疆者，问心何安！着各直省督抚，将所管各营设法整顿，限奉旨后六个月，将如何汰弱募强，如何分日操练，及各省可得有精锐士卒若干之处，详悉奏闻。直隶、天津、江苏、上海及刘铭传军营均练习枪队、炮队，着各该省自行咨取章程照办。年来各督抚曾有裁兵增饷及酌调额兵训练之奏，然为政不在多言，而在实力奉行，若以一奏塞责，日久又渐形废弛，甚非朝廷倚任疆臣之意也。'" 等因，钦此。

臣查江西在防水陆兵勇数目，向遵定章按三个月造报一次，上季之册于下季由总局汇造，详经臣咨送军机处及兵部查核，历年照办，从无参差。其按年题报兵丁数目册籍，自咸丰二年起，因征调纷繁，致未造送，亦经臣叠次咨行九江、赣州两镇及藩司，赶紧分年补造详办。

至于整饬绿营兵丁，诚为当务之急。查江西通省额设兵丁一万一千九百一十名，分防塘兵二千九百五十八名，其存各营汛者只八千九百五十二名，兵力本属单薄。臣自五年查阅以后，会同九、赣两镇严行淘汰，精加挑补，以期一兵得一兵之用。并令自都、守以下各官弁，及弓箭、籐牌各兵丁，均习鸟枪、抬枪，庶可临阵制胜。嗣复仿照江南练兵章程而变通之，俾习道路之劳，筑凿之役。其操演阵势技艺，则参酌乎勇营办理，颇有头绪。臣此次出省巡阅查看，各绿营枪炮之精，人材之健，较之五年，殊有起色。盖自肃清以后，所补之兵即系已撤之勇，无从前市井之气，且各营将备亦多系懋著战功人员，故一加以振顿，行伍更觉改观。按籍而稽，择尤而拔，此八千九百馀人中，可得锐卒五千有奇。又江省留防陆勇三千馀人，水师亦三千馀人，均尚得力，足备一时缓急。现在咨取直隶、江苏教演枪炮阵势口号到江，刊发各营，令其一律讲求，俾收成效，以仰副朝廷思患豫防、实事求是之至意。

所有整饬绿营缘由，理合恭折覆奏，伏乞皇太后、皇上圣鉴训示。谨奏。

拿办会匪首犯请奖出力人员折同治十年六月初十日

奏为东乡、浮梁等县拿获首要匪犯，讯明正法，在事出力人员，恳恩奖叙，恭折仰祈圣鉴事：

窃臣承准军机大臣字寄："同治十年二月初八日，奉上谕：'刘坤一奏拿办闽省逃匪，现饬勒拿首犯等语。福建崇安、浦城交界之黄柏山聚匪多人，经该处官兵拿获，供称首犯张燮俚、朱葛亮即周国良等，聚集江西铅山之十三都地方，希图起事，刘坤一饬令知府蒋继洙等严密搜捕，拿获匪党裴告化一名，此外并无匪徒聚集。并经知府许应鑅于东乡境内拿获由闽逃回匪犯邱连俚等多名，惟张燮俚、周国良二犯，现均在逃未获。并据各犯供称，平日在铅山县及福建崇安、浦城等县纸厂佣工，被诱结拜兄弟各情，亟须严拿惩办。着文煜、英桂、王凯泰、刘坤一各饬所属文武实力搜拿，务将张燮俚、周国良等犯悉数拿获究办，不准一名漏网'"等因，钦此。即经转行钦遵缉拿，并将已获匪犯邱连俚、修三元即萧三元、艾添喜即艾车子、乐样发、修毛头即萧毛头五名提省，委员讯办。兹据委员南昌府知府许应鑅开具供折，由臬司呈送前来。

缘邱连俚籍隶东乡县，向在福建崇安县学习作纸。同治八、九年，先后与现获之艾添喜、修三元、乐样发、修毛头，福建拿获之吴恒喜、何善得，在逃之周国良即朱葛亮、张燮俚、告化仔即彭洪盛、黄登俚、乐寅恭、刘髻仔结拜兄弟，以“天顺踊跃”四字为口号，解开胸前大襟第二个扣子、折角向里为暗记。周国良、张燮俚商议邀人攻打浦城县城，抢劫财物，定期九年十月二十三日到黄柏山下会齐，邱连俚等均各允从。邱连俚随纠得在逃之吴七俚等八人，彭洪盛纠得在逃之舒六保等三人，刘髻仔纠得在逃之刘乐俚等二人，尚未纠齐，该处绅民起办团练，署建宁镇总兵宋桂芳率师往拿，匪众闻风逃散。邱连俚等潜回原籍，即经东乡县知县杨松兆会同营委各员拿获解省。其周国良一犯，本年五月间，在浙江严州府滋事，为官军击散，逃至龙游县境，适署铅山县知县张廷珩所派缉捕差役遇见认识，当即协同龙游兵役拿获，交龙游县归案讯办。

再，臣因湖南哥老会匪连年窃发，江西地壤相连，时虞蔓延勾结，曾叠饬各属认真稽查防范，以遏乱萌。旋据署浮梁县知县李嘉瑞禀报：本年四月初十日，访闻湖南哥老会匪潜至县属景德镇，欲图勾结，会营驰往查拿，匪首先已逃逸，仅获听从入会之黄图曾、被诱承买团布之江龙潭二名，复购线跟踪追捕，在鄱阳县境，先后会同景德镇同知，鄱阳、都昌兵役拿获首犯李桂麟即李仙芝又名开甲，并要犯江添赐即江添四。又据湖口县禀获要犯查闰坎即查坎，都昌县禀获伙匪傅兴福即傅焕魁、江先碧即江先璧，均经提省委审。兹亦据南昌府开具供折，由臬司呈送到。

臣查李桂麟籍隶湖南益阳县，曾充护卫营勇丁，得保千总，后因不守营规革退，在饶州、九江行医度日。查闰坎籍隶湖口县，先充南湖营兵丁，又充炮船水勇，又充湖口县号房，均因误公革退，在城算命度日。江添赐籍隶都昌县，先于同治五年，听从已获正法之王楠漖，烧毁严仁桂等船只，致严仁桂、张大有失足落河溺毙，江添赐在旁助势，并未动手放火，被获监禁。王楠漖起意邀同越狱脱逃，事冷潜回。李桂麟旋在都昌县听从在逃之湖南益阳人洪得胜邀令投入哥老会，结拜兄弟，付给白布印团，传授"阴阳金星"四字口号并手势暗记，李桂麟即倩不知姓名人刊刻八卦，并青龙山、白虎堂图记二颗，印卖白布圆团骗钱。嗣经在逃之湖南湘乡县人李奎即吴应宗，封李桂麟为总理江西汉世军务正一品伪职，嘱令纠人接应湖南大股，并出卖保家凭札，煽惑人心。李奎旋回湖南，李桂麟即至湖口县，邀查闰坎入会，焚香结拜，送给白布圆团，传授口号暗记。李桂麟复回都昌，陆续纠得现获之江添赐，在逃之曹清福、吴正朋、程麻子、余丙仂、余谷雨、王矮子、谌驼子、不知姓黑保、程独俚、任世富、吴寿山入伙，嘱令分投纠人，并说哥老会不久起事，有人买得凭札，可保身家。江添赐、曹清福允为邀集四五百人，李桂麟即封江添赐、曹清福为陆军提调。现获之傅兴福亦与李桂麟结拜兄弟，传授口号暗记，江先碧代为刊刻"总理昌江会"等字伪印，黄图曾租给房屋居住，均买受团布，江龙潭仅买团布。同治十年三月，李桂麟探知湖南会匪将次起事，封查闰坎为十八省军师调排事务，李奎亦至都昌催令赶紧纠人。李桂麟即邀查闰坎商议，先抢景德镇，再攻彭泽、湖口县城，掳掠财物军械，往投湖南大股。讵伙党尚未邀齐，即经都昌县营访闻查拿，均各逃散。李桂麟、江添赐等逃至景德镇，因稽查严紧，复逃往鄱阳县境，经浮梁县营及景德镇同知督同保甲绅董跟踪追捕，鄱阳等县兵役随同协拿，并经湖口、都昌等县营一体购线严缉，先后获犯解省，审悉前情。

臣查邱连俚听从结拜兄弟，纠伙图攻浦城县城，李桂麟、查闰坎系军营革勇，江添赐系越狱罪囚，俱投入哥老会，受封伪职，纠众图掠城镇，均属情罪重大，当此邻省匪徒叠起之时，未便拘泥成例，自应立加显戮，用昭炯戒。臣于提审后，即饬臬司会督营员府县，将该犯邱连俚、李桂麟、查闰坎、江添赐绑赴市曹处斩，传首各犯事地方，悬竿示众，俾知儆戒。其从犯艾添喜、修三元、乐样发、修毛头、傅兴福、江先碧、黄图曾、江龙潭仍饬司照例拟罪，另行咨部核覆。一面严饬各属勒缉逸犯张燮俚及李奎等，务获究报，并咨闽、浙、湖南督抚臣一体饬缉，务期尽绝根株，以杜后患。

惟查福建之斋匪，湖南之哥匪，屡次蠢动，本年安徽、浙江亦有匪徒滋扰。江西界处该各省之中，目前幸获无事，实赖地方文武认真查缉，消患初萌。如东乡县于邱连俚等由福建甫经逃回，立即捕获，浮梁县闻李桂麟等逃入鄱阳县境，当即追擒，洵属实心任事，缉捕勤能，似应吁恳恩施，俾昭激劝。所有首先拿获要犯邱连俚等之同知衔东乡县知县杨松兆，可否赏加运同衔，首先拿获首要会匪李桂麟、江添赐等之同知衔署浮梁县事补用知县李嘉瑞，可否归本班尽先补用，并赏加运同衔，协同拿获之知府衔饶州府景德镇同知张慰祖、浮梁营都司昭麟，可否均交部从优议叙，协缉之指发江西试用通判朱熙、举人陈鹏万、监生于莹可否均赏给五品衔，出自逾格鸿慈。此外出力稍次官绅，容臣量给外奖，用资观感，以劝将来。至都昌、湖口、鄱阳等县营于会匪在境勾结潜藏，业已自行破获，功堪掩过，并请邀免置议。

臣谨会同大学士两江督臣曾国藩恭折具陈，伏乞皇太后、皇上圣鉴训示。谨奏。

安义龙神显应请敕加封号并颁匾额折

同治十年六月初十日

奏为龙神灵应显著，请旨敕加封号，并恳御书匾额，以昭庥贶而顺舆情，恭折仰祈圣鉴事：

窃江西兵燹之后，各府县或称某神保护危城，或称某神驱除巨寇，纷纷详请奏恳恩施，臣核其事涉渺茫，情近谄渎，多予批驳。兹查南康府安义县北三十里之高山，向有圣水堂，即龙神祠。祠前数武有湫，水深莫测，春夏不溢，秋冬不涸，相传其下与鄱湖通。湫有神鱼，四足修尾，是为龙之化身，平日常伏不动。每遇大旱，地方官洁诚致祭，则鱼自浮出，迎取至城，祷雨立应。其事载在该府县志书。同治五年五、六月间，天气亢旱异常，臣率同文武遍祷群神，迄无感应，人心为之惶动。因委员前往安义县迎取神鱼，于七月初一日至省，即有风云随之而来，甫经入城，大雨如注，次日亦绵延不绝，晚稻得以补种，不至成灾，然犹以为事之偶然也。本年近省自五月初至六月初，四旬未得透雨，其亢旱情形，几与五年相同。复委员迎取神鱼，于六月十一日到省，是日即得大雨数阵，十二、十三连日大雨，四野沾足，万姓欢呼。群以为龙神之有感必应，合词禀经藩司详请具奏前来。臣查例载："各直省，凡志乘所载庙祀正神，实能御灾捍患，有功德于民者，请旨敕封"等语。今安义龙神屡着灵应，递沛甘霖，遂使转歉为丰，实属于民大有功德，应请旨敕加封号，并恳御书匾额，以光庙貌而答神庥。

除将匾额另缮尺寸外，理合会同大学士两江总督臣曾国藩恭折具奏，伏乞皇太后、皇上圣鉴训示。谨奏。

殉难道员请予谥建祠片

再，已故道员帅远燡，湖北黄梅县人。由翰林院编修报捐道员选用，咸丰七年经前抚臣耆龄奏留江西委用。时值著名逆首石达开率悍贼数万将犯抚、建，九江镇总兵李定太扼守东乡县，苦战匝月。耆龄恐李定太战久力疲，随饬该故道率自募勇丁千人，会同副将周凤山营勇驰往助剿。卒以寡不敌众，营垒被陷，该故道手刃二贼，力竭阵亡，胞侄候选布理问帅畴、禀生万泰同时被害。经耆龄奏奉谕旨：“一并交部从优议恤。”钦此。经部议给骑都尉世职在案。兹据该故道之子直隶候补知县帅畹禀请援照前湖北汉黄德道张汝瀛、督粮道徐丰玉成案，吁恳予谥建祠，并据禀经督臣曾国藩咨商会办前来。

臣查该故道帅远燡，由词臣洊陟监司，激于义愤，效力戎行，以千名新集之师，当数万猖狂之寇，死事甚烈，壮志堪悲，核与张汝瀛、徐丰玉二员堵剿田家镇阵亡情节略同。可否仰恳天恩赐谥，并于东乡县及原籍黄梅县建立专祠，即以同时殉难之帅畴、万泰从祀，以慰忠贞而资激劝之处，出自逾格鸿慈。

臣谨会同大学士两江督臣曾国藩附片陈明，伏乞圣鉴训示。谨奏。

冬漕河运阻浅仍难起运本色折同治十年七月二十八日

奏为江西本年冬漕，因运河浅阻，仍难起运本色，恭折仰祈圣鉴事：

窃臣前准户部咨："江西巡抚奏同治九年冬漕仍请循旧折征一折，同治九年七月二十八日奉旨：'户部知道。'钦此。恭录移咨查照。至同治十年冬漕应由该抚督饬粮道，将起运事宜，先事豫图，力筹本色，勿再借词办理为难，置仓储于不顾"，等因。即经臣转饬粮道会同藩司赶紧查议详办去后。

兹据督粮道平步青会同布政使文辉详称："伏查漕粮上关天庾储备，根本要需，惟当视力之所能，设法筹办，何敢避难就易，稍涉因循。惟江西距海口过远，海运种种窒碍情形，前已详晰沥陈在案。应以河运为正道。无如山东境内，运河淤垫，自张秋口门上下数十里及张秋以北黄水穿运之处一百数十里，河身浅阻，虽经连年疏浚，总未深通。闻江北办运同治九年漕粮五万七千馀石，雇用民船二百五十只，每船仅装米二百馀石，吃水以二尺五寸为度，尚因寿张县之姜家庄及张秋之八里庙以南浅处河身涸露，节节插标引导，绕湖而行，并恐南船回空迟滞，豫在临清招募北船接运。江北地近粮少，运行尚属如此之难。且南船始终不能抵坝。江西额漕六十馀万石，即试办二成，亦应起运米十二三万石，较江北加倍。由江西至淮，非千石以上大船不能渡湖涉江，迨入运河，又须在淮、扬先雇一二百石小船更换，行抵临清，又应另雇北船接运，计须三次易船，方能赴通交兑。递次起卸，抛散搀和，在所不免，米色霉变，尤为可虞。至于小船难雇，縻费过多，更属事所必至。况江省漕粮前定折价太少，以漕济漕，断不敷用。欲议加价，又值连年水旱之后，民力不支。再四熟筹，所有本年新漕应请照旧折征，俟来岁河道通畅，民力稍舒，再行筹办起运"等情。会详请奏前来。臣覆核无异。合无仰恳天恩，俯准循旧折征，尽数解部，以期款归实用，民力亦得稍舒。臣仍督饬该司道随时体察情形，来年运河稍通，即当勉力筹办本色，不任再事诿延。

理合会同大学士两江督臣曾国藩恭折具奏，伏乞皇太后、皇上圣鉴训示。谨奏。

南安士民捐款修城请俟工竣照章奖叙折

同治十年八月二十八日

奏为南安府城年久坍损，劝捐兴修，遵照新章，先行恭折具奏，仰祈圣鉴事：

窃查南安一郡，地处庾岭之下，与广东、湖南连界，实江西省南路锁钥。该郡向设南北两城，夹河对峙，南曰水城，北曰老城。水城周围城身长七百八十一丈，高一丈五尺，砌砖厚二尺六寸，脚深五尺，垛口七百一十个，高五尺，砌砖厚一尺八寸，东西南北城门四道，东北水门三道，西北水门二道，城楼七座，接龙阁、文昌阁、元坛阁三座，炮台四座。老城周围城身长八百五十丈，高二丈，砌砖厚三尺五寸，脚深五尺，垛口七百三十八个，高五尺，砌砖厚一尺八寸，东西南北四门，城楼四座，魁星阁一座，炮台十座。均因年久失修，城墙楼橹多有坍塌朽坏，迨咸丰八年、同治三年，迭遭兵燹，倾颓尤甚。水城两次被贼占踞，临河城身复屡为春水冲刷，几无完处。地当赴粤孔道，与楚为邻，必须城池坚固，庶足以壮观瞻而资保障。饬据前署南安府知府姚体份会督同知嵇元钫、大庾县知县陈荫昌亲诣两城，逐细查勘，南北城身、垛口、炮台坍卸鼓裂处所均应悉照旧址一律修筑，各城楼及接龙阁等处亦一律建复。水城临河一带，城身应用三合土夯砌鱼鳞石脚，下钉梅花桩，顶溜之所，加筑护岸数十丈。城南拟添筑炮台三座。各门外砂土石块堆积几如小山，共有八处，殊与城守有碍，俱应挑平。以上各工，撙节估计，实需工料银四万二千八百八十一两零。现只竹木纸张商民每岁约可抽捐钱七八百串，为数无几不敷尚巨，自应设局劝捐，以期众擎易举。除出示晓谕，并选举公正绅董妥为办理，暨札饬所属各县一体劝谕殷富量力输将，共勷要工。俟告竣之日，造具工料细册及捐生姓名银数，遵照新章按筹饷例及现行常例，酌加四分之一请奖，以昭激劝。定于同治九年十一月初一日兴工，详请委员覆勘等情。即经臣派委吉南赣宁道文翼，饬司派委候补同知陈伟谋，驰往覆勘，所需工料尚属核实，出具甘结，由布政使文辉具详请奏前来。

臣查同治七年，准户部通行捐修城工，于议修议筑之始，先行奏明存案，该处有无军务，于折内详细声叙，并令于开工及工竣时，遴委司道大员前往查勘，出具切实甘结，随案送部存查。又同治九年户部通行："凡无军务省分，捐修城工，无论大捐、常捐，悉按例银加四分之一核计。"各等因。今南安府地处边疆，又当冲要，城垣坍损，自应赶紧兴修。第工巨费繁，款无所出，值此库藏支绌，惟有设法劝捐。江省现无军务，据请照筹饷例及现行常例银数各加四分之一请奖，既与部章相符，并经臣派委道员查勘，所估工料银两亦属核实。合无仰恳天恩，俯准俟工竣之日，按照定章奖叙，用示鼓励。

除委勘甘结咨送工户二部外，理合会同大学士两江督臣曾国藩恭折具奏，伏乞皇太后、皇上圣鉴训示。谨奏。

采办军器火药片 同治十年十一月二十八日

再，臣前准军机大臣字寄："同治九年十一月十六日奉上谕：'着各直省督抚将所管各营设法整顿，限奉旨后六个月，将如何汰弱募强，如何分日操练，及各省可得有精锐士卒若干之处，详悉奏闻。直隶、天津、江苏、上海及刘铭传军营，均练习枪队、炮队，着各该省自行咨取章程照办'”等因，钦此。业经臣将咨取直隶、江苏教演枪炮阵图、口号、章程刊发各营讲求练习情形，于覆奏整顿绿营折内陈明在案。

嗣因按图操练究恐未能合式，复于江苏雇募谙练弁勇五名到江充当教习。并因江省旧存洋枪仅有二百杆合用，馀因枪无锚头，操练不能如法，应须派员前赴上海购买洋枪、洋炮、火药、自来火及炸炮子等件，方可按照章程训练。现经饬据总局司道于厘金项下筹拨银两，委员赴沪先行采办洋枪五百杆，施放炸子大炮十位，洋火药三千斤，自来火二千盒，炸炮子一千个，赶紧解江应用。所需价值、运脚，统归军需项下核实报销。并令在沪雇熟悉配制洋火药并炸炮子之内地工匠来江，就近制造，俾资接济，既免远道购办之烦，并可节省运费。

所有委员赴沪采买洋枪等件缘由，除咨两江督臣、江苏抚臣外，理合附片陈明，伏乞圣鉴。谨奏。

九江镇总兵积劳病故请赐恤予谥折

同治十年十二月初五日

奏为记名提督九江镇总兵积劳病故，恳恩赐恤予谥，以资激劝，员缺紧要，请旨迅赐简放，以重职守，循例恭折由驿奏祈圣鉴事：

窃臣前准记名提督九江镇总兵黄开榜咨称，现患伤寒，已咨呈督臣请假二十日，借资调理。嗣据广饶九南道景福、九江镇标前营游击存禧等禀，黄开榜病势甚重。臣当即函嘱该镇安心调摄，并饬令试用通判周炳章驰往诊视。乃甫经自省起程，旋据存禧等禀报，黄开榜已于十一月二十九日因病出缺。该镇眷属并未随任，现将身后事宜妥为料理，一面驰告其子来浔治丧。所有九江镇印信等件，敬谨封存看守，听候委员接署等情。

臣查黄开榜由行伍出身，从征湖北、湖南、江南、安徽、山东、直隶等省，转战十年，屡摧发、捻巨寇，迭克府县坚城，内如高唐州、冯官屯两役，均奋勇先登，攻汉阳，守郧、襄，克复方家集、三河尖，击退正阳关窜贼，救援颍州府城，攻剿怀远、凤阳踞逆，所向无前。咸丰十年，金陵大营失利，扼守高、宝，遏贼北窜，战功尤著。渥荷天恩，洊膺专阃，仍留营效力。先后击败三河、衡阳、天长、扬州、桃、清、山、宝等处股匪，擒斩甚多。同治元年，接办徐、宿军务，扫荡贼圩，地方肃靖，奉旨交“军机处记名，遇有提督缺出，尽先题奏。”钦此。迨抵九江镇总兵之任，整饬士马，营务一新。并时出私财，以资犒劳，是以将卒乐为之用，从未贻误操防。遇有中外交涉事件，亦深资其臂助。上年调练各营选锋兵丁，躬亲校阅，无间寒暑。

该镇征战多年，备尝艰苦，在任亦复终日辛劳，不少安逸，以致体气大亏。兹以感受寒疾，遂致不起，年仅四十有一，深堪痛惜。该镇尝以母老不能迎养来浔，屡欲陈情回籍省视，卒以营务繁重，不敢因私废公，遂复中止。每与臣论及时艰，辄慷慨激昂，仍思擐甲行间，以图捐躯之报。弥留之夕，与景福执手诀别，犹谓陕、甘、云、贵军务未平，身死牖下为憾，其忠奋之志，诚有大过人者。可否仰恳天恩，饬部从优议恤，并可否赐谥以慰英魂而昭激劝之处，出自逾格鸿施。除将所遗印务檄委臣标中军参将李得胜前往接署外，所有九江镇总兵员缺紧要，请旨迅赐简放，以重职守。

臣谨会同大学士两江督臣曾国藩循例恭折由驿驰陈，伏乞皇太后、皇上圣鉴。谨奏。

靖安县城被匪焚掠登时击散折同治十一年正月初六日

奏为靖安县城被匪焚掠，当经击散，斩擒首伙殆尽，现在派员带兵搜捕馀党，恭折由驿具奏，仰祈圣鉴事：

窃查奉新县属之上来阳、下来阳、马头山等处，重峦叠嶂，界连靖安、义宁、武宁等州县，向多穷民搭棚种山，久经饬令该县编入保甲，近年尚无不法情事。同治十年十二月初间，有匪徒勾结贫民结拜弟兄，纠众百有馀人，日散夜聚，图掠奉新县城。署奉新县知县汪以诚于是月初十日抵任，即会营督率城乡绅董赶办团练。时以大雪弥漫，未能上山剿捕，一面知会邻近各县，一体防范。靖安县知县陶黼昌得信之后，随亦饬令各乡办团守御，亦以连日大雪，团练致未办齐。

该匪徒等侦知奉新有备，于十六日夜冒雪潜袭靖安县城，十七日黎明乘开城之时，由南门拥入，杀毙守门兵丁舒允钰，直扑县署。陶黼昌与审案委员分缺先用知县李德硕督率丁役出御，把总彭光灿及同城文武踵至救护。抵拒逾时，李德硕、彭光灿及其二子均力竭被害，陶黼昌暨本任县丞高节、劝捐委员陈文庆、外委万柒义均各受伤，幕友、绅民、兵丁被杀十馀人。匪徒遂大肆掳抢，烧毁县署并公所民房十馀处。代理县丞魏鑫与万柒义飞调乡团入城，汪以诚复派奉邑从善乡团丁踵至，合力冲杀，阵斩首匪吴元发等多名，匪众各携重赃败走出城，兵练并力追剿，斩首四十五级，生擒匪首温开接、伙匪吴玉书等七名。馀匪四散奔逃，复被各乡团丁擒斩数十名，并经奉新绅团先后捕获匪徒曾自达等十五名，内萧顺碌、吴一鸿二犯受伤甚重，恐其因伤身死，幸逃显戮，当即正法枭示。漏网之匪无几。臣于十八夜初接警报，立饬南昌协副将普承忠率领选锋兵丁四百名，于十九日起程驰往剿办。二十一日行抵该县境内，业已肃清。臣仍饬普承忠会督奉、靖二县文武员弁，严密搜捕，务期尽绝根株，以杜后患。

嗣据奉、靖二县将生擒各犯解省，发交臬司俊达督同南昌府知府许应鑅研讯。据温开接供认与吴元发起意纠众图掠奉新县城，因知有备，改犯靖安。曾自达等亦均供认听从入城，放火杀人。实属形同叛逆，罪不容诛，即饬臬司会同臣标中军参将，督率府县，将该犯等绑赴市曹：温开接、曾自达情罪最重，均凌迟处死，吴玉书、吴元桂、刘宏顺、余明、江陶、方桂、胡秀仁、萧立恭、谌东惠、韩青铨、赖世益十名，同恶相济，均即正法，刘兆兴业已病故，照例戮尸，一并传首犯事地方，悬竿示众。斩获首级，亦据解验相符，发回枭示。尚有陈华光、柯永发、杨九式、王时千、钟玉才、高美德、张景有七犯，坚供被胁勉从，或中途逃出，或进城后先行潜逃，现俱牢固监禁，另行查明办理。

靖安县知县陶黼昌于匪徒入城焚掠，虽据当时督率团勇击走，擒斩首伙多名，事前究属疏于防范，咎无可辞。前代理奉新县事本任靖安县县丞高节，当马头山等处匪徒萌动之初，正该员瓜代之日，并不即往查拿，又无只字禀报，养成匪势，贻害邻封，若非接署县汪以诚布置迅速，即奉新几亦被扰，亦属咎有应得。相应请旨将靖安县知县陶黼昌、靖安县县丞高节一并革职，以为玩误因循者戒。代理靖安县县丞魏鑫、协防靖安汛外委万柒义，号召乡团，剿除匪徒，功堪掩过。靖安县学教谕石宝书、训导聂秉诚，保守学宫完好，典史桂汝金力防监狱，囚犯并未脱逃，均请免其置议。分缺先用知县李德硕、靖安汛把总彭光灿御匪被戕，殊堪悯恻，应请敕部照阵亡例从优议恤，以慰忠魂。此外被戕幕友、绅民、兵丁，容俟查明另行请恤。其在事出力各员弁团绅，可否容臣择尤酌保，以资鼓励之处，出自天恩。

除再严饬各属认真缉捕，实力稽查保甲，不得稍涉疏懈外，所有靖安县城被匪焚掠，当即击散，斩擒首伙殆尽，现在派兵搜捕馀党缘由，理合会同大学士两江督臣曾国藩恭折由驿四百里驰奏，伏乞皇太后、皇上圣鉴训示。

再，靖安县知县与该县县丞均系应归部选之缺，江省现有应补人员，应请扣留外补，合并陈明。谨奏。

拿获靖安正匪讯明惩处片同治十一年二月初四日

再，臣承准军机大臣字寄："同治十一年正月十九日，奉上谕：'江西奉新县匪徒于上年十二月间，纠众百馀人，阑入靖安县城掳抢，烧毁县署，虽经代理县丞魏鑫等会同奉新县知县汪以诚，调集乡团合击，阵斩匪首吴元发等，生擒温开接等多名，匪党均已击散。惟此股匪徒为数并不甚多，而该县知县陶黼昌及县丞高节先事未能筹防，均属咎有应得，陶黼昌、高节着一并革职，仍着刘坤一查明该员等有无退避情事，据实参奏。该抚现派副将普承忠驰往剿办，即着督饬该副将会同各该地方员弁实力搜捕馀匪，务绝根株，毋任一名漏网'"等因，钦此。

臣查在逃馀匪，多系本省及外省种山棚民，自应赶紧搜捕，庶免日久远飏，致贻后患。当经迭饬副将普承忠会督奉新、靖安两县文武，悬赏购线，分途缉拿，务期悉数就获。旋据署奉新县知县汪以诚禀报，把总吴飞鹰缉获匪犯吴益兴、钟志泰、钟志柏三名，团勇捕获匪犯曾宗发一名。汪以诚复会同吴飞鹰于上年十二月二十三、四等日，督率兵役团勇驰赴马头山搜捕，该处崇山峻岭，左近并无居民，周历土名塘坪、晏家山、猪牯石、新风水、香炉山、黄泥洞等处查看，仅有已获正法之温开接、曾自达，阵斩之吴元发、在逃之吴元兰及温元雞等，在彼筑室种山。当将温开接之父温庭兰、妻父黄达汉，逃匪吴一昌之父吴元兴，伙匪温元雞拿获，各匪房屋概行焚毁，解犯回县。后复赴上、下来阳搜捕，该处山尤陡险，路益崎岖，汪以诚等舍舆徒步，攀援而上，四山环绕，中有居民数家，即在该处搜获匪目吴元兰即言兰并匪党温先桃、刘兆永三名，随将各匪屋焚毁，三十日始回县城。本年正月十三日，督饬兵练于大窝岭等处，缉获伙匪潘运恒、管得远、张清江、罗应文即允文四名。先后所获匪犯，内钟志柏、刘兆永、温庭兰、吴元兴四犯及黄达汉均于取供后病故，其馀各犯先后解省。又据普承忠及署靖安县知县魏廷弼禀报，分派典史、哨弁督带兵役团绅，前往各山乡严密搜捕，陆续拿获匪犯陈成原、徐作老即良仲、杨开吉、杨金洪、陈汇川即会泉五名，亦提解来省，均发交臬司俊达督饬南昌府确讯实情，开具供折呈送前来。

臣详核各供，该犯吴元兰与已获正法之温开接、阵斩之吴元发，辗转纠人起事，情罪较重，潘运恒、管得远、温先桃、吴益兴、钟志泰、曾宗发、张清江、罗应文、陈成原均听纠入伙，执持器械，同入靖安县城焚掠，俱罪不容诛。当饬臬司会同臣标中军参将，督率府县，将该犯等绑赴市曹，吴元兰凌迟处死，潘运恒、管得远、温先桃、吴益兴、钟志泰、曾宗发、张清江、罗应文、陈成原及前获监禁之阵华光、柯永发二犯覆讯供认入城焚抢，均即处斩，并传首犯事地方，悬竿示众，以昭炯戒。温元雞、徐作老、杨开吉、杨金洪、陈汇川五犯，均称被匪裹胁，旋即逃出，坚不承认同谋滋事，俱牢固监禁，另行查明，分别办理。刘兆永、钟志柏、温庭兰、吴元兴、黄达汉均已病故，应毋庸议。

已革靖安县知县陶黼昌、靖安县县丞高节，业经臣饬据南昌府委员确切查明，当匪徒入城时，该革员等督率丁役出捕，陶黼昌父子身各受伤，高节受伤尤重，旋督乡团即日将匪击散，尚无退避情事，业已革职，应请免其再议。

现查此股匪徒根株略尽，奉新、靖安两县民情亦安，已饬普承忠率领弁兵回省归伍，仍派副将江宗良督率祥字正后营勇丁驻扎靖安，以资弹压。除再严饬各该县振顿保甲，勒缉逃犯吴一昌等，务获解究，毋稍疏纵外，所有续获靖安滋事匪徒讯明办理缘由，理合会同大学士两江督臣曾国藩附片覆奏，伏乞圣鉴训示。谨奏。

试用道府人员拟请改章轮补折同治十一年三月初六日

奏为试用道府人员补缺，今昔异宜，请旨敕部改议章程，以免壅滞，恭折奏祈圣鉴事：

窃查试用道府，例止准补升调遗缺。江西道府并无题调缺分，例准请补病故休缺，然必先尽候补，候补无人，方尽委用，委用又无人，方以试用人员请补。推原例意，从前道府惟曾任实缺及记名京员分发者方归候补班补用，初任拣发并曾经得缺试署未经实授、丁忧事故仍赴原省之员，方归委用班补用。此二项人员向俱无几，故虽先尽补用，亦无碍于试用序补之班。今军功保举道府补用人员，悉归候补班内补用，此项人员愈积愈多，每遇别项缺出，既得酌量请补，如遇病故休缺又得先尽补用。举凡外补之缺，概为候补占尽，不但试用一班永无补缺之期，即委用一班补缺亦俱无望。江省候补班道府固多，而试用人员亦复不少。军功保举人员，懋著勋庸，原应予以优班，方足酬其劳勚，然委用、试用人员，亦应分别间用，以免偏枯。伏查从前首领、佐贰补缺之例，亦与道府等官相同，道光年间改为候补、试用、委用分班轮补。又近年知县班，候补与即用亦改为分班序补。可见例不合宜，原可随时变通。今道府序补之例，候补独优，委用、试用永无补期，甚觉今昔异宜。合无仰恳天恩，俯准饬部改议章程，俾各班均得挨次轮补，以昭平允，而免壅滞。

谨恭折具奏，伏乞皇太后、皇上圣鉴训示。谨奏。

覆陈防勇无虚厘卡扼要折同治十一年三月初六日

奏为江西留防勇丁无多，尚无虚冒情弊，现设厘卡俱系扼要之区，势难裁撤，恭折覆陈，仰祈圣鉴事：

窃臣承准军机大臣字寄："同治十年十二月初八日，奉上谕：'吏部左侍郎胡家玉奏，时局艰难，宜豫筹挽救一折。军营勇丁，随时招募立营，自应核实办理，方能兵归实用，饷不虚糜。若如所奏，各营勇数，多不过七八成，少不及五六成，捏报虚额，冒支军粮，此等情弊，殊堪痛憾。当此经费支绌之时，岂可任令陋习相沿，漫无稽察。着各直省督抚，于现有各营，认真查核，务按实在数目归并立营。如查有营官以少报多情事，立即从严惩办，以儆效尤。并着遵照兵部奏定章程，每届三月，将勇数造册报部，不得任意迟延，稍涉含混。其现无军务省分，留防之勇为数尚属不少，岁縻帑项甚巨，该侍郎请将各省防勇陆续裁汰，多不过暂留七八千人，少或酌留三四千人，自为节饷起见，着各督抚体察情形，奏明办理。各省抽收厘金，因军饷孔急，未能概行停止，第恐局卡各员假公济私，额外需索，借饱私囊，流弊不可胜言。着各督抚随时访察，有犯必惩，毋稍徇纵。其有可以裁减局卡之处，并着酌量情形，分别办理。原折均着摘抄给阅看'"等因，钦此。

伏查江西省现在虽无军务，然地方辽阔，与湘、鄂、皖、浙、闽、粤六省毗连。近年邻境、本境斋会匪徒，递次蠢动，加以游勇络绎于途，防范稍疏，即虞乘间窃发。额设绿营兵丁仅万馀人，以之分防七十九厅、州、县，而一县之中，又分塘汛数处或十数处，以致兵力甚形单薄。现将塘兵抽调三分之二，各归本营操练，人数仍属无几，遇有巡防剿捕，不能不借助水陆勇丁。江省防勇自同治五、七两年，先后裁汰，所留各营，乃体察地方情形，斟酌再三，必不可省者，均系足数在营，尚无虚冒情弊。查该侍郎胡家玉原奏，各省留防之勇，多不过暂留七八千人。今江省所留水陆各营尚不满八千之数，目下实难再事遣撤，应俟地方静谧，然后酌量议裁。臣谨督饬各军统领，不时查点训练，务期勇归实数，饷不虚糜。如或查有缺额，即将营官据实严参，不敢稍事徇隐。其勇数册籍，历年遵照定章，按季造送兵部考核，未敢稍涉迟延。

至于抽收厘金各卡，同治五年已将小卡概行撤去，同治八年复将事近重复之门厘、坐贾概行裁免，现在仅设局卡数十处。各卡虽有大小之分，大卡地处冲途，便于抽收厘税，小卡地居扼要，专杜绕越弊端，交相维持，势难偏废。本省防饷与夫奉拨京饷及陕甘协饷，均取给于此。若将小卡勉强裁撤，偷漏必多，设或贻误军需，所关匪细。其卡员额外需索，诚应严防。旧章于省城总局之外，各府加设分局，原为就近稽察卡员，层递钤束，以杜流弊。臣惟有严饬总局、分局各员，破除情面，随时勤加访察。卡员中如有需索肥己者，立予撤参，各分局徇隐不报，一并参处，以仰副朝廷慎重军饷、轸恤商民之至意。据总局司道具详前来。

理合恭折覆奏，伏乞皇太后、皇上圣鉴训示。谨奏。

筹解黔省常年协饷折 同治十一年三月初六日

奏为江西协解军饷较繁，积欠黔省常年协饷力难全拨，先行酌解接济，恭折覆陈，仰祈圣鉴事：

窃臣先后承准军机大臣字寄，同治十年十一月初五日，奉上谕："曾璧光奏饷项支绌，请饬拨实款一折。据称贵州军务，现当吃紧，近因川省荒歉，月饷不能如期解到，而各省奉拨月饷，仅收到实银二十馀万两。官军情形困苦，待饷弥殷，且收复各城，办理开垦各事宜，及抚恤由川入黔难民，需款均甚紧要，请旨饬拨实饷等语，所奏自系实在情形。江西欠解黔饷，据称积至七百馀万两之多，自应迅速筹拨，以资接济。着刘坤一查明该省欠解数目，除新拨关饷一万两按月批解外，迅速提拨实银五十万两，限于年内扫数解黔，以应急需，毋稍迟缓"等因，钦此。又于十一月二十一日，奉上谕："着刘坤一懔遵前旨，迅速提拨实银五十万两，限于年内扫数解黔，不准再涉迁延"等因，钦此。均经转行钦遵办理去后。

兹据藩司文辉详称："江西应解贵州等省常年协饷，户部系于应征地丁银两循例指拨，并非实存在库银两。当承平之日，征数缺额无几，且无别项支用，是以随征随解，尚无蒂欠。迨军兴之后，钱粮蠲缓较多，征数远不如昔，供支本省军需，协济他省军饷，莫不急如星火，悉取给于司道各库。地丁不足，益之以杂项钱粮，杂项复罄，继之以劝捐抽厘，仅得勉强敷衍，以致应解常年协饷积欠日增。欲请改拨，则各省同此支绌，欲图筹解，则本款早无存银。是江西虽有积欠之名，实无可解之款，确有历年奏销册籍可考，不特部臣洞悉此情，即滇省督抚臣亦知常饷有名无实，前经奏准停其指拨，可为明证。至黔省原奏谓江省积欠黔饷七百馀万两，系按部拨数目而言，未将已解各款扣除。如协解湖南援黔军饷及贵州藩司兆琛委员在江劝办捐输，并江省现办四省捐输分成解黔之项，共计百馀万两，均系奏明抵解常年协饷。是江省何尝不随时筹画，以冀次第弥缝？虽未扫数清厘，究非置之不顾。现在江西藩粮各库，钱粮、厘金等款，奉拨京饷及固本兵饷，既应先尽动解，即月协陕甘饷银六万两，亦不容稍有短绌，通年计之，业已数逾百万。因而月拨湖南援黔军饷银一万八千两，未能按年解足，月拨滇省军饷银二万两，尤属筹措维艰。而本省现需防饷，仅于厘金内撙节支用，正杂钱粮与夫兑收捐款不敢动用丝毫，悉供陕甘、云贵军需，实已不遗馀力。所有贵州省于江省积欠常年协饷内，奏请拨解实银五十万两，委实无从筹拨。惟黔省待用孔殷，既经奏奉谕旨饬解，自应于无可设措之中，勉力匀拨同治八、九两年地丁银五万两，于本年二月二十八日发交黔省来员贵州营务处湖北补用道周康禄，督同试用通判万良修领解赴黔交收。其馀未解黔省常年协饷，容俟陕甘、滇黔等省军务告竣，军饷停解。再行渐筹补苴”等情，具详请奏前来。

臣覆加查核，系属实在情形。除饬该委员妥速解往，并饬九江关将奉拨贵州军饷按月拨解，并咨明户部暨贵州抚臣查照外，理合恭折覆奏，伏乞皇太后、皇上圣鉴。谨奏。

谢议叙加级恩折同治十一年四月初六日

奏为恭谢天恩，仰祈圣鉴事：

窃臣于三月二十九日接准吏部咨，以臣办理甘捐协饷出力，议叙加一级等因具题，同治十一年二月初四日奉旨："刘坤一着加一级"等因，钦此。臣当即恭设香案，望阙叩头谢恩。

伏念秦、陇有关大局，久劳宵旰忧勤，将士转战边隅，端赖东南接济。臣忝膺疆寄，稍效供支，取诸库而资诸民，何力之有，挹乎此以注乎彼，无功可言。乃荷鸿慈，俯念微劳，优予奖叙，自天锡宠，伏地增惭。臣惟有益竭愚忱，倍加奋勉，督饬司道，筹裕军储，期滴滴以归公，务源源而委解。庶几饱腾有效，遥听凯唱于西陲；从兹边徼无尘，仰答升平于北阙。

所有微臣感激下怀，理合恭折叩谢天恩，伏乞皇太后、皇上圣鉴。谨奏。

安仁县官绅捐修城垣援案请奖折同治十一年四月初六日

奏为安仁县官绅捐修城垣工竣，请旨敕部分别奖叙，以昭激劝，恭折仰祈圣鉴事：

窃臣承准军机大臣字寄："同治六年十一月二十九日，奉上谕：'据御史阮寿松另片奏，江西饶州府安仁县城，咸丰五年修竣，至今未邀奖叙等语。其兴修安仁县城各官绅，并着刘坤一查明奏请奖励'"等因，钦此。当经转行钦遵赶紧查办去后。

兹据藩司文辉详称："据前任饶州府知府记名道王必达转据署安仁县知县姚暹详，该县城垣周围长一千三百三十丈，高二丈六尺，厚八尺五六寸不等，垛口一千三百三十个，计设城门九，瓮城楼七座，建自前明，历今数百年，未经修筑，临河城基，大半被水冲缺，垛堞倾圮，城门不能启闭。前署县夏燮，因时值粤匪窜扰江、楚，急宜修葺以资保障，当即捐廉倡率，出示劝办，详明于咸丰二年十一月初十日兴工，旋以捐项不继，停工待费。迨该前县莫廷蕃抵任，于咸丰三年十一月内，复行督饬同城文武一体倡捐，发交绅董购料兴工，一面劝谕殷富赶紧捐输济用，至咸丰五年二月初八日一律工竣。城身、女墙、城楼、城门均皆如式修理完固，濠沟疏浚深通，共计用过工料钱四万四千二百四十八串，按时值合银二万二千一百二十四两，报经前藩司陆元烺，饬委试用知县汪正准前往勘验，委系工坚料实，并无浮冒，造具册结绘图详司。因查图结漏未贴说盖印，捐资各员履历亦未造送，又经前兼署藩司邓仁堃札饬补送核办。维时连年兵燹，捐户迁徙未回，绅董办团防剿，以致城工请奖，叠催未办。嗣经钦奉谕旨，催据该县补造册结绘图呈送，而部饭、照费银两未解，遂致辗转稽迟。兹据将饭照银两批解到司，亟应分别请奖。查咸丰九年八月间，钦奉上谕：'城垣所以卫民，果能修缮完固，自足以资捍卫。有军务省分，捐资者照捐输例议叙，出力者照军功例请奖'等因，钦此。安仁捐修城垣，系在未奉谕旨以前，未便援照办理，自应仍援莲花厅修城成案，凡报捐虚衔封典者，照现行常例酌加四分之一，报捐实在官阶者，照筹饷例银数，不准减成，归入部卯，一体选补。现在册造捐生银数均核与成案相符，内捐生莫正常、张赓年应交监生四成实银及捐免保举银两，均饬令照章赴京铜局补交。此案捐输系在奉文停止外省报捐监生、从九职衔之前，其原捐监生、从九职衔并请照旧覆准。尚有夏燮、吴邦彦、余绍韩、罗寅斗四员，倡捐共银一千四百五十两，未据开送履历，俟饬取到日续请奖叙。又，此案城工，因防堵紧要，劝捐兴修，所用经费，即与军需用款无异，事在同治三年六月以前，应请援照部定章程邀免造册报销”等情，由司具详请奏前来。

臣查安仁县城垣年久失修，致多坍塌，经该县官绅踊跃输将，俾要工得以告竣，地方借资保障，洵属好义急公，自应援案请奖。所有册造捐生银数，核与例案符合，相应请旨敕部照例分别议叙，用示鼓励。谨开列清单，恭呈御览。

又，劝捐监修出力之安仁县典史樊世荣、候选训导吴云，现任浙江石门县知县陈谟、举人方均、邱鸿图，候选训导上官春、本案报捐双月选用县丞张腾芳，州同职衔王鹤翎，附生祝戌九、祝世熙，岁贡生范懋龄，浙江补用巡检毛红轮、县丞职衔何铭鼎，选用卫千总杨兆琳、周飞鸿，监生邹世英、周凤岐、程炳文，俊秀毛士弁，在事两年，不辞劳瘁，并请交部照例议叙，以昭激劝。

除将各绅民捐数履历清册图结送部、照费部饭银两另文解部外，谨会同署两江督臣何璟恭折具陈，伏乞皇太后、皇上圣鉴，敕部核覆施行。谨奏。

恭请陛见折 同治十一年四月二十八日

奏为回任又届三年期满，吁恳天恩俯准陛见事：

窃臣前于同治四年，由广西藩司，仰沐圣慈，补授江西巡抚。七年夏间，以在任已及三年，奏准入觐，叠蒙召对，训诲周详。八年六月初三日回任，至今又届三年。伏念臣疆寄久膺，涓埃未报。材惭樗散，临深履薄之滋虞；忱抱葵倾，仰圣瞻天之倍切。

查江省近年虽偶有斋、会匪徒蠢动，幸皆旋即扑灭，不致滋蔓，贻害地方。各处游勇间有入境抢劫，亦经严饬各州县，认真举行保甲，实力稽查缉捕，故能有犯必获，重予创惩，奸宄稍知敛迹。本年自春入夏，颇觉晴少雨多，尚于农田无碍，地方民心均甚相安，邻省现亦无事。合无仰恳天恩，准臣入都陛见，稍申依恋之诚，并于应办诸事，臣识虑所未及者，皆得面聆慈训，俾有秉承，感荷鸿施，实无既极。如蒙俞允，所有巡抚印务，可否仍交藩司文辉护理，恭候谕旨遵行。

理合恭折具奏，伏乞皇太后、皇上圣鉴训示。谨奏。

酌议筹拨协饷安插散勇折同治十一年四月二十八日

奏为遵旨酌议覆陈，仰祈圣鉴事：

窃臣承准军机大臣字寄：“同治十年六月十七日，奉上谕：‘本日据御史张沄奏，湖南莠民滋事条陈办法一折。援黔军饷本归楚省筹济，该御史深虑独力难支，请令湖南从长核算，每岁实协黔饷若干万两，再于两广、四川、湖北、江南、江西等省厘捐项下酌量拨济。着各该督抚酌度该省情形，能否协拨若干，毋稍推诿，庶众擎易举，楚、黔均受其利也。楚省目前须举行团练保甲诸法，以清乱源。而江苏等省时有遣散勇丁，解回本籍者，清查既难，箝束亦复不易，必致滋生事端。着各路统兵大臣、各直省督抚，即将安插散勇章程，悉心酌议具奏’”等因，钦此。即经转行钦遵去后。兹据藩司文辉及善后局司道先后查议，具详前来。

臣查江西各局卡抽收厘捐，衰旺不能豫定，约计每年收数总在百万上下。本年子口半税盛行，厘金大为减色。而本省留防水陆勇粮与夫调练绿营兵丁薪水并制造军火旗械，均取给于此，且有奉拨京饷、陕甘军饷，尤关紧要，尽数供支，本无馀剩。现又接准户部咨，奏拨江西厘捐银七万五千两，解济杭州织造应用，尚费筹画，实无馀银堪以协楚援黔。况江省协济湖南援黔军饷本有专款，每月于地丁项下解银一万八千两，源源拨解，已非一年。近日钦奉谕旨，先解银二十万两，现与司道设法张罗，犹难如数凑集。是江西于湖南饷需业已竭力接济，此外无可加增。

至遣散勇丁，在江苏等省或所时有。江西练勇，自同治五、七两年递经裁汰之后，留防水陆勇丁仅七千馀人，地面辽阔，常有不敷分防之患，是以近数年来，并未裁撤一勇。且查各营弁勇人等，半隶本省，并非全系楚人。将来地方静谧，渐次撤防，拟将年壮技优之将弁，分别考选，咨送归标候补，以免置散投闲，亦为储备将材之用，馀亦开具衔名，咨行原籍，以备稽察。所有勇夫均派委员分途押带回籍，由该州县责成房族管束，令其安业营生。其有愿补名粮者，另造清册，外省则咨送原籍督抚，本省则发交原籍营汛，遇有缺出，随时考补。似此妥为安插，则流落为匪者自少矣。盖当勇者必已成丁而后可以应募，是先在籍生长已十数岁，农工负贩，必非毫无生业之人，处置有方，当易安集。或有不肯仍理故业，又准考补名粮，俾有糊口之地。仍督饬地方官认真办理保甲，严行稽查，如有游荡为非，立即从重惩办，杜其为恶之路，即启其迁善之心，是又足以补安插之所不及，而使之自就范围者也。

所有酌议缘由，理合恭折覆奏，伏乞皇太后、皇上圣鉴训示。谨奏。

江西绅众请建故督臣专祠折同治十一年四月二十八日

奏为绅民呈请建立已故督臣专祠，恭折仰祈圣鉴事：

窃臣接据在籍三品京堂衔翰林院修撰刘绎等呈称："江西用兵十数年，几与军务相为始终，原任大学士两江总督臣曾国藩之保卫江西，亦相为始终。咸丰三年，贼围江西省城，守兵已嫌单薄，而上游泰和县土匪乘机起事，暗与发逆勾通，势殊岌岌。幸得曾国藩由湖南派罗泽南等各营来援，扑灭泰和之匪，省城发逆势孤，随亦解围而遁。四年，曾国藩克复武昌，遂率得胜之师顺流而下，分攻九江、湖口，水军失利，身濒于危。五年，以次进驻南康、南昌，分遣诸将，规复广信、弋阳、义宁等处，人心倚以为固。会逆酋石达开、赖裕新、胡以晄等大股窜入江西，复有另股自广东来合。而曾国藩得力之将罗泽南等，又先派援湖北，贼众我寡，致江西八府五十馀州县，先后沦陷。维时饷源已竭，士气不扬，曾国藩内则筹给饥军以支危局，外则乞师邻省以遏狂氛，其拮据之状，坚忍之操，士民共见共闻，至今念之，莫不流涕。六年，湖北、湖南各派师分道入援：其瑞州一路则其胞弟曾国华也，吉安一路，则其胞弟曾国荃也，此外诸将如刘长佑等，皆曾国藩素所识拔之人。曾国藩以援师大集，会同抚臣，左提右挈，指授机宜，并派李元度等驻扎贵溪以通浙东饷道。由是诸军饱腾用命，所向有功，六、七、八，三年之中，遂收全省肃清之效。九年，曾国藩提师援浙，犹先分兵攻克浮梁县、景德镇地方，迨后攻安庆，下江陵，每闻江西风鹤之惊，辄即派兵驰回援剿。同治三年，逆酋李世贤、陈炳文、汪海洋等率众数十万，由浙窜入江西，苏、常馀氛亦接踵而至，抚、建等府遍地皆有贼踪，人情汹汹，惧蹈咸丰五年覆辙。时曾国藩驻师皖境，飞调鲍超全军赴援，羽檄频催，急于星火。鲍超兼程而进，遂大战于许湾，跳荡已逾三时，擒斩实以万计，该逆土崩瓦解，随即遁往广东，安危利钝之几，间不容发。四年，发逆荡平，亦深资霆军越剿之力，江境得以解严。曾国藩之有功于江西如此。至于接引士类，识拔人才，裁减丁漕，抚恤黎庶，一切善政，不可殚述。夫盛典饰终，朝廷已极优渥，而感恩戴德，舆情愿奉馨香。公恳奏请于江西省城建立专祠，俾士民得申报享之忱。”等情前来。

臣查立功江省各员，如前安徽巡抚江忠源、前江西巡抚张芾等八人，均经奉旨于省城分建专祠。今督臣曾国藩历年保卫江西，厥功尤伟，士民追慕不忘。可否仰恳天恩，俯如该绅等所请，准于江西省城建立专祠，以慰舆情而彰忠荩。

理合恭折具奏，伏乞皇太后、皇上圣鉴训示。谨奏。

遣撤营员勇丁饬缴军器并推广收标章程片

再，查各省均有散勇，不尽系湖南之人，各省均受散勇之害，亦不独湖南一省。即以江西而论，游勇劫抢之案，递经州县破获，或本省人，或湖南人，并有籍隶河南、安徽、广东、福建、浙江各省者，其踪迹之诡秘，情形之凶横，迥非意料所能及。方其结党入境，多系贩运货物而来，逢关纳税，过卡抽厘，苟遇各处稽查，辄以印票呈验。及其货物卖完，收赀入橐，则择殷实铺户，乘机劫抢多赃，昼夜奔驰而去。各州县文武选派兵差，或追过邻县，甚至追至邻省，仅能及之。追及之时，该游勇等均身藏短杆洋枪等项，并力拒捕，往往犯未全获，而兵差相继受伤，致多漏网。所获之犯讯明，每系武职为首，且有曾保参、游、都、守之人。江省如此，他省可想而知。即哥匪、会匪中亦多系此辈为厉。夫短杆洋枪便于携带，最易伤人，然非军营弁勇亦不恒有。至以曾为营哨官之武职流而为盗，其党羽更易招呼，第非迫于饥寒，当亦计不出此，不可不思所以救其弊也。

伏查同治八年奉上谕："军营遣撤勇丁，例应将军装器械在营呈缴。嗣后各路军营遣撤之勇，如有未缴军器，私行带走者，无论有无滋事，一经沿途地方官查出，即治以私藏军器之罪，如有劫夺伤人者，即以军法从事。并由各路统兵大员严切晓谕，饬令各处地方官于通衢大道，张贴告示，务期有犯必惩，以戢凶暴"等因，钦此。臣查军营弁勇，每有自行制备洋枪、短刀，临撤并不呈缴，私自带回。统兵者以非给之于官，不及觉察，或明知之，亦不过问，竟不知其为祸如此之烈。应请饬下各省，凡撤遣营勇，无论员弁、勇丁，所有此项洋枪、短刀，务须一律查明收缴，如系自行制备，亦应给价收回，使无利器在身，不敢横行无忌。即统兵大员自行制备之洋枪等项，均应缴存省局，不准私带回籍，以防散失，贻祸将来。

又查同治七年准兵部咨开："嗣后遣撤员弁例应收标者，即行咨部注册，至保举推选各官并副、参应行回避本省，各项人员必须专折奏明，奉旨允行后，方准收标，不得率行咨部注册，以昭慎重等因，具奏。奉旨：'依议。'"钦此。是收标章程已不为不宽。惟是军营武职起于乡曲细民，奉撤回家，多无力以自达，因之遂甘废弃，或至出外为非。可否饬下各省，凡遣撤营勇之时，查明保举员弁，其在该省归标者，即由该省督抚分别咨奏，其回籍归标者，无论应咨应奏，亦即造册分咨各该原籍督抚核办，俾免向隅。如有员弁不愿归标，仍应咨行原籍州县以备稽察。归标员弁，或照拣发人员给予半俸，或照江南月课等给赏银，所费亦属无几，而该员弁月得数金，差足自给。又有上进之路，希冀补缺署事，应知自爱，且日置身于礼法森严之地，亦足以生其廉耻而消其桀骜。上副朝廷爱恤战士之心，下为地方隐除匪盗之患，其中雄杰之材，并可备干城之选，所全已大，所得实多。

臣为一时救弊起见，谨附片具陈，伏乞圣鉴训示。谨奏。

设局刊修经籍片

再，前准礼部咨，同治六年五月初六日，奉上谕："鲍源深奏请刊书籍颁发各学一折，着各直省督抚转饬所属将旧存学中书籍，广为购补，并将列圣御纂钦定经史各书，先行敬谨重刊，颁发各学，并准书肆刷印，以广流传，俾各省士子得所研求，同敦实学，用副朝廷教育人才至意"等因，钦此。

臣查江西各属屡遭兵燹，不但各学藏书散失无存，即民间经史子集善本版片亦俱焚毁殆尽，士子诵习无资，实于文教大有关系。先因纂修省志，未能同时举行。现在省志稍有规模，应即遵旨设局开办。查藩司署内本藏有御纂钦定各经等项书版，历年久远，残缺不全，难以刷印。臣现饬候补道缪德棻，会同各司道，仿照江苏、湖北等省办法，另设书局，遴选积学之士，雇募精熟匠人，先将藩署旧存书版，逐加查看，分别补修。此外经史有用之书，为他省所未刻者，亦即择要校刊，照旧颁行各学，并发坊肆售卖，庶流传益广而讲习有资，以副朝廷育士崇文之至意。所需经费，饬令藩司于厘金项下设法匀拨济用，亦照江苏等省成案，将来在书籍卖价内摊派归款，以重库藏。

所有设局刊修书籍缘由，理合附片陈明，伏乞圣鉴。谨奏。

酌解湖南借拨撤勇经费折同治十一年五月二十八日

奏为湖南借拨撤勇经费，力难全筹，拟请酌解接济，恭折覆陈，仰祈圣鉴事：

窃臣承准军机大臣字寄："同治十一年三月二十八日，奉上谕：'王文韶奏酌减援军积欠过巨，拟请借拨饷项一折。湖南援黔一军，积欠饷项甚巨。上年指拨湖北、四川月饷银共四万两，湖北虽随时接济，仍难按月解齐。四川则于湖南旧欠该省旗绿兵饷内，业经划抵银十万两。王文韶以现在苗事渐有就绪，援局可以稍纾，拟将援军酌量裁减。惟积欠无从筹补，亟须设法通融借拨，以应急需。着刘坤一于江西省借拨银二十万两，即于月协湖南援黔军饷项下，按月提还，以清款目'"等因，钦此。当经转行钦遵办理去后。

兹据藩司文辉详称："江省月协湖南援黔军饷银一万八千两，当定议之时，协拨他省饷项无多，尚可勉力供支。迨后陕甘之协款骤增，继之以添拨云南月饷，入款岁有常经，出款有加无已，不能不视其轻重缓急，量为接济。每年仅将京饷、甘饷如数筹解，而湖南援黔军饷，与夫滇省月饷，均不能按月解清，他如奉拨福建、甘肃、贵州常年兵饷，更属无款可筹。今湖南省因裁减援黔之军，清厘积欠勇粮，拟于江省月协饷内借拨银二十万两，仍准按月提还，如果一时可以周转，曷敢不竭力佽助，无如应解各省协款繁多，势难专顾湖南一处。且现因大婚礼应办缎绸等件，直隶督臣奏准动拨江西银三万两，两江督臣奏准动拨江西银十万两，浙江抚臣奏经户部议准动拨江西银七万五千两，分解江宁、苏州、杭州各织造衙门济用，均属刻不容缓之需。现在多方凑集，先尽委解。所有湖南借拨银二十万两，实难如数通融。惟该省撤勇清饷，待用孔殷，亦应设法匀借，拟在于同治十年地丁项下，先行酌拨银五万两，于本年五月二十日发交湖南委员试用通判刘恩绶领解，前赴湖南省交收，作抵以后月协湖南援黔之项”等情，具详请奏前来。臣覆核无异。

除饬该委员妥速解往，并饬司再行设法续筹委解，并咨户部暨湖南、贵州抚臣外，理合恭折覆奏，伏乞皇太后、皇上圣鉴。谨奏。

奏疏卷八

请停止免厘印照以裕饷源折同治十一年七月二十八日

奏为各省兴修工程，委员采办物料，免完厘税，流弊日滋，请旨停止给照，以重饷源，恭折奏祈圣鉴事：

窃照抽收厘捐，虽非正供所有，而借济要饷，大于经费有裨。前当东南被扰之时，疮痍遍地，丁漕多半蠲缓，所在库藏空虚，借非抽收厘金，几至不堪设想。其时统兵将帅，深知抽厘为军营命脉攸关，加意护持，不使稍有罅漏。如前统长江水师兵部右侍郎臣彭玉麟，通饬各营采买食米，仍应照章完厘。前闽浙督臣耆龄，委员来江办运军糈，应交税厘，议于协闽饷项内划扣，前督臣曾国藩犹以为办理迂就。夫军务正当吃紧，而军米实资饱腾，此尚不准免厘，他物更无论矣。推其所以慎重如此者，诚以端不可开，而弊难防范也。

迨后东南军务告蒇，各省疆吏详查厘税过繁，江、楚、苏、浙先后酌量裁撤局卡，以及核减所抽厘数。户部深恐度支无出，谓各省筹办善后有费，练兵设防有费，豢养勇丁有费，河工、塘工有费，陕、甘、云、贵等省战事方殷，其费更难豫计，若不通盘筹画，遽议免厘，浸成支绌之势，于经费大有妨碍，奏请饬令各直省督抚于厘金一项，实力整顿，毋博虚誉，率行减免。是部臣洞悉厘金为经费大宗，不容轻率议免，可谓计深虑远，思患豫防。中外臣工自当共体此意。臣与藩司督饬局卡各员，任劳任怨，不敢稍涉迁就。九年春间，准前两江督臣马新贻及长江水师提臣黄翼升咨，商免抽水师采买谷米厘金，当以本省、外省兵勇甚多，诚恐纷纷援以为请，所损非细，议覆照旧抽收，马新贻等亦深以臣言为然。

惟查近年以来，各邻省兴办善后工程，与夫成造战船，修筑堤埝，需用木植及一切物料，委员赴出产省分购办，均系给予印照，免完厘捐，原为经费难筹，稍资节省起见。乃委员之跟丁、船户，借运官物，夹带私货，甚有私货数倍于官物者，或乘机闯越关卡，不候稽查，或借词津贴运费，抗不完纳。委员之庸懦者，则漫无管束，其不肖者，转从而庇护焉。各卡员因一时麕集，稽察难周，亦有瞻徇情面，勉强放行，其弊难以枚举。是彼省所节物价无几，此省所失厘捐实巨，合各省而统计之，免厘之举，转于国家经费有损无益。现在采买物料委员源源而来，络绎于路，以致江西各卡抽厘日益减色，设或应解京、协各饷暨本省防师口粮，稍有缺误，关系匪轻。拟请嗣后除地方荒歉，委员采买米谷赈济，准免厘税外，此外无论何省何营，委员采办一切物料，经过江西关卡，均令照章纳税抽厘，不准请免，以杜流弊，而裕饷源。相应请旨饬下各直省督抚，以后委解物件，概勿发给免完厘税印照，以免争执。

臣为整顿厘捐，维持全局起见，是否有当，理合恭折具陈，伏乞皇太后、皇上圣鉴训示。谨奏。

贵溪捐修城垣援案请奖折同治十一年八月二十八日

奏为贵溪县劝捐修城浚濠、添筑炮台，遵照新章补行具奏，仰祈圣鉴事：

窃照贵溪县地处省城东路，为由江赴浙要道，水陆交冲，必须城固池深，借资保障。该县城垣周围长一千一百五十五丈，厚一丈二尺，高二丈，垛口二千一十个，向设东、西、南、北、小南五门，城楼五座，小水门六座，城之南面临河，北面陆路。自国初迄今二百馀年，未经大修，城墙倾颓，濠沟湮塞。虽于咸丰七年、同治元年，经前统带平江勇候选知县李元度、前任贵溪县知县周溯贤两次修补，复被洪水冲刷，并为逆匪攻击，旋筑旋坍。城身必须从新砌筑，易砖以石，加高城墙垛口二三尺不等，各门城瓮，旧制矮小，改造宽阔，并将大南门移出丈馀，挖深墙脚，用石坚砌，濠沟亦应一律疏浚深通，并添建炮台六座，暨盖造各城楼兵棚，庶足以长资捍御。即经周溯贤逐加查勘，督匠撙节估计共需工料银五万三千一十二两一钱八分。当此库款支绌，惟有劝捐兴办，禀经前抚臣沈葆桢批司饬据广信府派委署河口镇同知姚近维驰往复勘，所需工料尚属核实，出具勘结禀送。一面由县出示晓谕，选举公正绅董，设局劝谕捐输，如法折造。所收捐项，事竣之后，查照例案请奖，以昭激劝。计自同治元年冬间兴工，因捐项不继，屡次停工待费。周溯贤丁忧卸事，该前县杨长杰抵任，照案督催局绅筹费赶办，至七年五月初十日始克一律工竣。用过银两，与原估数目相符。内除按漕派捐银六千一百四十八两，零星捐项不及奖叙银三千八百一十一两九钱，实应请奖户捐银四万三千五十二两二钱八分。乃在局绅董于工竣之后，均各因事他出，以致延未造报请奖。十一年春间，经该县知县沈镕经催据局绅造册，禀请委员验收。即经臣查照新章，札委候补道王德权前往，督同该县官绅，逐加查勘，委系工坚料实，并无浮冒。由署布政使李文敏详请补行具奏前来。

臣查同治七年，准户部通行："捐修城工，于议修、议筑之始，先行奏明存案，该处有无军务，于折内详细声叙。"并令于开工及工竣时，遴委司道大员前往查勘，出具切实甘结，随案送部存查。又同治九年准户部通行："凡无军务省分捐修城工，无论大捐、常捐，悉按例银加四分之一核计。"又同治十年准户部通行："嗣后各直省捐输，惟现时呈缴现银接济军饷之案，准其兑收监生、从九衔两项，至各省先行收银，随后补奖之案，以及城工、团练、善后各案，除随官监生无庸扣奖外，其仅捐监生、从九衔者，均一概不得兑收"各等语。今贵溪县地当省东冲途，城垣为合境保障，坍卸年久，自应赶紧兴修。该县士民深体库藏支绌，筹款维艰，累年陆续捐助，俾要工得以告竣，洵属好义急公，自应照章请奖。惟议修之始，在未定新章以前，是以补行具奏存案。又查兴工之时，江省军务正剧，迨工竣之日，地方业已肃清，应照无军务省分章程奖叙，以昭核实。惟工竣在同治七年，兑收捐项亦在同治七年，以前所收仅捐监生、从九衔两项，委在新章停捐数年之先，若概饬令改奖，未免向隅，不足以资观感。可否仰恳天恩，俯准援照历办成案给奖之处，出自逾格鸿慈。

除饬藩司取造册结绘图，并捐生履历、银数，另详核办外，理合会同署两江督臣何璟恭折具奏，伏乞皇太后、皇上圣鉴训示。谨奏。

义宁官田请折减租额折 同治十一年九月二十八日

奏为义宁州入官寺产租额太重，请量为核减，并将水冲沙塞田亩豁除租粮，以舒佃力，恭折具奏，仰祈圣鉴事：

窃查义宁州云岩寺慈润堂还俗僧人卢秉刚治罪发遣、田产入官一案，计卢秉刚自置田八百七十一亩六分三厘，每年额收租谷一千七百四十三石二斗六升，每石折征银五钱，共折征银八百七十一两六钱三分，内除完纳地丁、漕米银五十三两三钱八分八厘外，馀银八百一十八两二钱四分二厘，解司充公。又慈润堂原额及续置共田七百二十三亩零，以一半给该堂新选住持之僧，其馀一半田三百六十一亩七分六厘，每年额收租谷七百二十三石五斗二升，每石折征银五钱，共折征银三百六十一两七钱六分，内除完纳地丁、漕米银二十二两二钱六分外，馀银三百三十九两五钱，解充省垣育婴堂公用，嗣复改为修理、添设巡船工料经费。均自乾隆二十九年起，由各佃户认种纳租，经该州知州按年征收完解，如有未完，附入地丁钱粮，随本奏销开参。道光二十八年，因慈润堂田亩滨溪旁涧者，每遇山水涨发，多被冲废，租无所出，禀经前任藩司委员会勘，实被水冲沙塞田五十八亩三分二厘五毫，每年应减免租银五十八两三钱二分五厘，内应扣完钱漕银三两一钱三分，亦请豁免，均于报销道光二十九年充公闲款册内报部查核在案。

当乾隆年间，银价平减，每库平纹银一两仅易制钱七八百文，佃户交纳折租银两，尚属如数。迨后银价渐增，而佃户交租亦渐多蒂欠。至道光二十八、九年以后，银价极昂，每两易钱二千馀文。前项寺产坐落山陬僻壤，地势高者恒以乏水为忧，滨临溪港者又有冲塞之患。佃户终岁耕作，收获本属不丰，且须以谷卖钱，以钱易银，赴官交纳，银价较乾隆年间增至一倍有馀，以致佃户力不能办。又自道光二十八年查减冲塞田租之后，续被水冲沙塞之田，又复不少，佃民益形拮据，竟至分毫不完。自道光二十九年起，至同治二年，积欠租银一万数千两，历年应完钱漕，均系官为垫完。前署知州邓国恩因此项官田租银屡催不完，无补公用，转有赔赋之累，拟照科则肥硗，悉予变价报部拨用，禀经藩司转详前抚臣沈葆桢，咨准户部核覆，以事关拟变入官田亩，应由该抚确切查明实在情形，奏明办理，当即转饬遵办。乃因山田硗瘠，有力之家非其所欲，是以招变日久，承买无人。复经前署藩司平步青派委候补知县李嘉瑞，会同前署知州陈纪麟，督同绅士，亲诣该乡，周历各庄，详细体察。此项田亩，不但乏人承买，且佃户数百家，俱系种山穷民，自乾隆至今，承耕此田已越百馀岁，祖孙父子世世相承，几同私业，举家生计尽出于斯，一旦官为另售，流离失所者不下六七百家。于李嘉瑞等前往查勘之时，扶老携幼，伏地哀求，情堪矜悯。询据各绅士，佥称只宜量减租银，仍责原佃耕种，按年完租，其从前积欠租银，分年带交，庶公项可收实济而穷檐胥荷生成等语。李嘉瑞等详加察看，系属实情，随周历履勘，原额官田一千一百七十五亩六厘三毫，向来缺额田六十亩六分八毫，续经被水冲刷成河及积沙深厚不能垦复田三百二亩六分四厘五毫，应完租银、钱漕概请豁除，实存成熟田四百七十八亩八分九厘，积沙未深尚堪垦复田三百三十二亩九分二厘，共计八百一十一亩八分一厘，应行一律征租。当督同绅士悉心酌议，每亩减去租银四钱，实征银六钱，借舒佃力，方可责以按年清交，核计每年实共收折足银四百八十七两八分六厘，应扣完纳地丁，漕米银五十二两二钱六分二厘，馀银四百三十四两八钱二分四厘，内解司充公银三百四十九两八钱二分四厘，解充巡船经费银八十五两。其积欠田租，咸丰九年以前已归于豁免案内办理，责令各佃先将同治四年起至八年止，五年租银照现在减定数目完纳，业据照数催完解司兑收。又自咸丰十年起，至同治三年止，五年租银应请分作八年带完，以示限制。至被水冲刷田三百二亩零，以前多有积欠，酌令完纳一年租银，亦已催收解司。并据绘造图册，由布政使刘秉璋核明具详请奏前来。臣覆核无异。合无仰恳天恩，俯准将前项官佃折租银两，减为每亩完银六钱，以恤穷民，其历年水冲沙塞田亩应纳租银及扣完丁漕，并请豁除，以昭核实。

除图册咨送户部外，谨会同署两江督臣何璟恭折具奏，伏乞皇太后、皇上圣鉴，敕部核覆施行。谨奏。

筹解协滇月饷折同治十一年九月二十八日

奏为酌拟筹解协滇月饷实数，恭折覆陈，仰祈圣鉴事：

窃臣承准军机大臣字寄：“同治十一年九月初二日奉上谕：‘刘岳昭、岑毓英奏饷需孔急，请饬催协饷一折，据称四川等省奉拨协滇饷银，自上年六月至本年五月，仅解到银三十九万六千八百馀两，欠解之数甚多。现在军务吃紧，已复城池办理善后各事宜，需用浩繁，亟须巨款源源接济，开单恳请饬催等语。所奏自系实在情形。着刘坤一按照该督抚所请，将每月应解滇饷，在于该省厘金、税课有着款项，按月如数划拨，交该省委员汇解赴滇应用。如原拨饷银为数较多，未能全数筹拨，究竟能拨若干，亦宜划定实数，一面起解，一面迅速奏闻’”等因，钦此。当即转行钦遵筹办在案。

伏查滇省军饷，前于同治八年钦奉谕旨，改由江西每月拨银二万两，即经臣行据司道将各局库收放数目，通盘筹画，实无馀款可拨，详经臣奏请饬部另筹拨济。嗣准户部议覆，仍令竭力筹措，按月凑解。随饬藩司设法腾挪，酌量匀拨。计自同治九年起至现在止，共解过银二十六万两，按年分派，每岁尚不足十万两。

盖缘钱漕、税厘、捐输等款，均有一定用项，如赣关税银与粮道库之漕折，近年均系实数解京，九江关税除月协贵州军饷银一万两外，馀均分解户部、内务府济用。粮道库之漕项钱粮，尽数凑解陕甘协饷、清淮工需，尚虞不敷。劝办四省捐输，按成匀分陕、甘、云、贵充饷，江西不留丝毫。仅只司库地丁及局卡抽收厘金，借应各项要需，如部拨京饷、固本兵饷、陕甘军饷、湖南援黔月饷，本省绿营官兵俸饷公费、阵亡弁兵恤赏、长江水师兵饷、本省留防水陆勇粮、善后工程用项，莫不取给于此，业已左支右绌，兼顾为难。至于奉拨他省年例兵饷，竟无暇计及。而所解云南军饷，系于本省用款内竭力减省匀拨，卒难足数。目下滇省军务吃紧，善后事宜，需用浩繁，钦奉谕旨饬催筹画拨解，自应勉图协济，何敢以江省应解京、协各饷已多，稍事推诿。当与藩司再四熟筹，先于同治十一年秋拨册报留存项下，动放八年地丁银四千一百四十八两三钱六分七厘，缓征地丁银三千八百五十两六钱七分一厘，九年地丁银一千一百四十两六钱五分四厘，缓征地丁银一千二百两，十年脚耗银九千六百六十两三钱八厘，共银二万两，饬令坐催协饷委员云南侯补知府朱鸿，于九月十八日亲赴司库具领，汇解云南抚臣衙门交收，俾济急用。此后拟自本年十月为始，按月勉力筹解银一万两，每年共解银十二万两，遇闰加增，随时发交滇省委员汇解，不敢缺误，如以道路太远，并作六批汇解，亦听该委员之便。据藩司刘秉璋详请奏咨前来。

除咨户部暨云南督抚臣外，所有酌拟筹解协滇月饷实数缘由，理合恭折覆奏，伏乞皇太后、皇上圣鉴训示。谨奏。

知县亏短库款请革职拿问折同治十一年十月十二日

奏为特参亏短库项之知县，请旨革职拿问，恭折奏祈圣鉴事：

窃照州县经管仓库钱粮，丝毫皆关国帑，不容稍有亏短。江西省前因办理军务十数年之久，各属交代，积压未算至数百起之多。臣遵照部议，将同治三年以前者作为旧案，督同各前司道勒催算结，其短交银两者分别参追在案。三年以后，续出新案交代，亦与司道不时严饬该管府州，遵照例限，随时督算清交，并委员分赴各郡守催，不啻三令五申，以期挽回积习。

兹查得前任金溪县丁忧知县姚恭常前在金溪初、二两任交代，据该管抚州府知府朱澄澜禀报，迭催延不会算。按照后任册造各款，详加稽核，初任短交正杂各款银一万五千四百七十九两零，二任短交正杂各款银一万二千七百二十一两零，又前在永宁县任内交代，算明短交正杂各款银一千七百九十四两零，三共短交正杂各款银二万九千九百九十五两零。又前署金溪县事候补知县程芳，前在金溪县交代，按后任册造短交正杂各款银一万一千五百三十一两零。由交代总局司道揭报前来。

臣查该员姚恭常、程芳，身任地方，经管仓库钱粮，辄敢亏短累万盈千，交代延不会算，短项日久无交，实属玩法已极。除饬抚州府将该员姚恭常、程芳委员解送来省，照章收禁，一面查明寓所资财，严密抄封，并飞咨浙江、河南抚臣，转饬该员等原籍归安、祥符二县，将家产尽数查封备抵外，相应奏参请旨，将前任金溪县丁忧知县姚恭常、前署金溪县事候补知县程芳，一并革职拿问，以便提同经手丁胥，严行讯究，是侵是挪，此外杂项有无亏短，按律定拟办理。

臣谨会同署两江督臣何璟恭折具奏，伏乞皇太后、皇上圣鉴训示。谨奏。

酌保捐局出力人员折 同治十一年十月二十八日

奏为劝办陕、甘、云、贵四省捐输，协济军饷，在事出力各员，照章择尤酌保，恭折奏祈圣鉴事：

窃陕、甘、云、贵四省，前因军饷支绌，先后奏准委员来江劝捐济用。臣因四省委员同时设局，政出多门，易滋流弊，奏明由江专设一局劝捐，所收捐项以十成计算，每省分拨二成五，江西不留用分毫，经户部议准。当饬司道在省设立总局，委员分赴各属，妥为劝办。计自同治七年十月二十五日开局起，至十一年七月止，共收捐银八十一万馀两，随时匀解各该省济饷，均经奏报在案。

江西从前用兵十数年之久，军饷半出捐输。迨军务略平，继之以浙捐、皖捐、黔捐，稍有盖藏之户，久已尽力输将。此次四省捐输，承民力疲乏之后，办理本难措手。只因关、陇、滇、黔逆氛张炽，战事方殷，边民沦于水火者亟盼援师，战士薄于锋镝者又迫饥困，势不能不由平静省分设法相助，共济艰难。该委员等不辞劳瘁，开诚布公，分投劝导，而各绅民亦深明大义，踊跃捐输，用能集兹巨款，源源解济，俾得马腾士饱，频奏肤功，实于该四省军务，大有裨益。

兹据布政使刘秉璋、按察使李文敏、署督粮道吴兆麟、署盐法道乔廷槐，查开在事各员，详请奏奖前来。臣查前准吏部咨奏定章程，办理捐输出力，只准保举升衔、议叙加级、纪录及奏请封典，收米合银二十万两以上为一次，每次准其请奖四五员等语。今四省捐输共收银八十馀万两，例得请奖二十员，自应照章吁恳恩施，以示激劝。臣谨择其尤为出力者十五员，开列清单，恭呈御览。其馀出力稍次各员，容臣量给外奖，用资鼓励。

除仍督饬司道广为收捐，分解济饷外，所有酌保劝办捐输，协济邻省军饷，在事出力人员缘由，理合恭折具奏，伏乞皇太后、皇上圣鉴训示。谨奏。

动放盐税馀款修砌九江石塂折 同治十二年二月二十八日

奏为修砌九江石塂工程，动用岸匣费银两，遵例恭折，奏祈圣鉴事：

窃照九江府城垣，滨临大江，旧有护城石塂一道，计长七百五十二丈六尺，编列十八段，以资捍卫。每年额设岁修银三百六十两，遇闰加增银三十两，由两淮运司解存江西盐道库，如遇石塂坍塌，应修所需工料银两，随时核实动用，历经遵办在案。

兹据藩司刘秉璋详称：前据德化县知县陈才鼎禀报，该处护城石塂，自军兴以后，迄今二十馀年，未经修补。历年江水盛涨，风高浪巨，淹浸冲激，土脚松浮，以致各段塂身多有坍卸鼓裂，倾圮日甚，几与无塂相等，江水渐逼城根，郡城势将随倒。九江踞长江之腰膂，为省北之藩篱，设有边警，首当其冲。防守全恃城垣，而郡城实赖石塂为固，是此项工程万难再缓。确加勘丈，各段坍卸石塂共长三百五十三丈七尺，应须从新砌筑，尚存石塂三百九十八丈九尺，亦多残缺，并须一律补修。督匠撙节估计，实需工料银一万五千九百八十九两六钱。禀经前署藩司李文敏，札委候补知县朱宽成驰往会同该县复加勘估，旋据禀覆，应修工程丈尺，实属相符，应需工料银数，亦属撙节核实，并无丝毫浮冒，造具册结绘图，由署广饶九南道许应鏔覆核加结送司核明，详请具奏动款兴修等情前来。

臣查办理堤埝等工，动用银数在五百两以上者，例应奏明办理。今九江府护城石壀，为全郡保障，最关紧要。现在壀身坍塌一半，馀亦缺裂不完，亟应及时修复，以固城防。估需工料银一万五千九百八十九两六钱，照例每两扣平六分，实应发银一万五千三十两二钱二分四厘。既无浮冒，本应于盐道库存岁修银内动用。惟自淮南纲盐改行票盐之后，两淮运司久无岁修银两解到，应请在于前办邻盐抽税随征岸匣费项下，照数动放，给发该县，妥速兴修，勒限三个月修竣具报，并饬该署道许应鏔就近稽查督办，务期工坚料实，不准稍有草率偷减，仍俟工竣，委员验收后，再将用过银数核实报销。

除将送到估册图结咨送部科查核外，理合遵例具奏，并缮具工段丈尺银数清单，敬呈御览，伏乞皇上圣鉴训示。谨奏。

赣县匪徒谋乱拿获正法片

再，赣州府地接粤东，匪徒出没靡常，而赣县所属之砂石铺等处，向为粤省私盐偷越之路。近年认真缉私，贫民无利可图，乘隙思逞，臣不时谆饬地方文武，实力稽查缉捕，以免变生不测。上年冬间，先后接据赣南镇道及赣州府县咨禀，访闻该县所属之砂石铺一带，有匪徒郭老六等纠匪谋袭郡城情事，即经该镇道督饬赣州府知府魏瀛、赣县知县崔国榜，会营先后拿获匪犯郭老六即琪隆、吴罗罗即朝柯、赣标革兵罗明标并韩传梅、韩道璲、李四仔即大洲、聂火头即聂彬、赖和尚即三元、韩南蛇、赖得标十名到案，经赣州镇总兵王永胜、吉南赣宁道文翼督同府县委员连日研讯。据郭老六、吴罗罗供认，与在逃之潘万幅，两次在罗明标家商谋纠人起事，砂石铺系郭老六为首，大埠墟系韩传梅为首，南康县之塘江等处系潘万幅为首，罗明标则在城中为内应，吴罗罗与在逃之萧永昌往来通信。始约九月十四夜会齐，以白布裹头为号，用梯爬城，俟十五日黎明，文武各官前赴武庙行香，乘机袭杀，劫取库储火药、军器，添纠党与，占踞城池。届期，因潘万幅一股未到，中止，改约十月十四夜。旋为该镇道府县营汛访闻查拿，大埠墟一股已行至中途，郭老六令吴罗罗前往截回，随各逃散等语。质之韩传梅供亦相符。罗明标初不承认，追提各犯质证，始认与郭老六等同谋叛逆。韩道璲、李四仔、聂火头、赖和尚、韩南蛇、赖得标亦俱供认听纠入伙，图袭郡城，行至中途折回属实。据该镇道府开送供折，将犯解省，经臣饬司发委南昌府复讯，韩传梅等各供与原审相符，惟郭老六、吴罗罗、罗明标供词狡展，显系自知罪无可逭，借图拖延时日。据该署南昌府知府王之藩将犯解由臬司李文敏覆讯，转禀到臣提审无异。

臣查该犯等谋袭郡城，在赣均已供认凿凿，即现讯韩传梅等仍无异词。且该犯郭老六已逃往广东南雄州，吴罗罗逃往庐陵县，经赣县分途差关跟踪捕获，罗明标有与吴罗罗约会同逃之信，亦经起获，案情确凿无疑。该三犯倡谋为逆，情罪重大，未便日久稽诛，除韩传梅据报病故外，当饬臬司督同府县会营，将该犯郭老六、吴罗罗、罗明标均绑赴市曹处斩，传首犯事地方，悬竿示众，以昭炯戒。韩道璲、李四仔、聂火头、赖和尚、韩南蛇、赖得标六犯听纠袭城，中途折回，情节稍轻，均永远监禁。其南雄、庐陵二州县拿获邻境斩枭要犯，应叙职名，俟查明另行请奖。

除饬勒缉逸犯潘万幅等务获究办外，所有拿获谋袭赣州府城匪犯解省审办缘由，理合会同署两江督臣张树声附片陈明，伏乞圣鉴训示。谨奏。

绅士屡创义举请准建坊并赏匾额折

同治十二年三月十二日

奏为绅士屡创义举，捐资巨万，援案吁恳赏给匾额，以昭激劝，恭折仰祈圣鉴事：

窃据署庐陵县知县李寅清禀：该县延福乡绅士翰林院编修彭世昌之父道衔彭大忻、胞伯州同衔彭大协、胞叔道衔彭大怡，均乐善好施，毕生不倦。大协生二子，长刑部郎中彭世芳，次员外郎衔户部主事彭世名。大忻生三子，长即该编修，次福建邵武府知府彭世芬，三户部郎中彭世济。大怡生二子，长刑部郎中彭世华，次郎中衔彭世彦。克承先志，相继力行。迨彭大协等身故后，彭世昌与同堂兄弟析产，提出一分，名为怡怡堂公产，凡有善举，皆取给焉。吉郡前遭兵燹，学宫、书院、祠宇、仓廒悉被焚毁。彭世昌等独力捐修府学文庙、大成殿及昭忠祠、双忠祠、双忠书院，共用银一万九千馀两；制造祭器、乐器及执事生、佾生衣履，设局演习歌舞，用银三千馀两；又捐修本邑节孝祠，用钱三千八百馀串，使明禋巨典，秩然整肃。白鹭书院系合郡生童肄业之所，群议建复，该绅等捐助钱三千馀串。石阳书院系庐邑生童肄业之所，该绅等独力捐建，用钱一万馀串。另捐钱二千串发典生息，以为士子买卷之资，培植人材，体恤寒畯，可谓周备。其睦族恤邻也，捐修族房支祠五所，共用钱一万八百馀串。建族义仓捐谷三千石，建乡义仓捐谷七千石，并于建仓之旁，分设家塾、乡塾，延师课读，每岁另捐钱四百串以为束脩膏火，又捐建省郡彭氏试馆、延福试馆，共用钱五千馀串，由是宗党之间，人不阻饥，士皆向学。其急公纾难也，前次翰林院修撰刘绎奉旨办理江西团练，该绅等捐助军需钱六千串，官军克复吉安府城，捐助军饷钱一万六千串，又捐助湖南军饷银一万两，乡里资捍卫之功，士马收饱腾之效。且以钱五千馀串购毁淫词小说书板，以钱三千馀串捐建京都庐陵会馆，又以银一千馀两置买京师梁家园粥厂一所。统计以上各义举，银钱并计，共合银七万馀两，内只捐助湖南军饷、吉安军饷已得奖叙，其馀捐项五万馀两，不惟不请奖叙，并不列捐者姓名，但题怡怡堂捐助，具见友恭同志，善气萃于一门。此外修路、造桥、掩骼、埋胔、舍棺椁、施药材、建堂育婴、造塔惜字，或数百串，或数千串，善事难以殚述，为费尤属不赀。禀请奏恳逾格旌扬，以示风化等情前来。

臣查定例，士民人等或养恤孤贫，或捐资赡族，于地方有裨益者，又捐修公所并军需等项，用银至一千两以上者，请旨建坊等语。又同治十一年浙江绅士胡光墉捐输赈济银二万两以上，经直隶督臣奏蒙赏给匾额在案。今庐陵县绅士翰林院编修彭世昌等修造文庙、书院、义仓暨各善举捐资数万金，较浙江绅士胡光墉捐项为数尤巨。合无仰恳天恩，俯准赏给匾额，仍准照例建坊，以示优异，而昭激劝。

除咨明礼、户二部外，理合恭折具奏，伏乞皇上圣鉴训示。谨奏。

蠲免民欠钱粮请并豁漕项杂税折同治十二年三月二十八日

奏为蠲免民欠钱粮现在办理情形，并援案恳恩并免漕项杂税，恭折仰祈圣鉴事：

窃臣接准户部咨，抄单内开："同治十年九月十八日钦奉恩诏，各直省民欠钱粮，由臣部酌核奏请蠲免，谨援照道光十五、二十五两年恩诏豁免二十年以前民欠钱粮成案，拟请将同治六年以前民欠钱粮，请旨饬下各直省督抚、府尹查明已入奏册实欠在民者若干，并缓征者若干，据实开单具奏，造册送部查核，准予豁免"等因。同治十一年十一月十九日具奏，本日奉旨："依议。"钦此。钦遵行司，移行遵照，并刊刷告示，遍发各属张贴晓谕。

伏查江西省同治三年以前，屡次被扰，民间困苦流离，四年以后，协济各省军饷日巨，捐征并行，闾阎输将力竭。今蒙我皇上蠲赋恤民，有加无已，薄海士庶，钦感同深。溯查咸丰十年至同治六年，每年应征之项，均于奏销案内分晰造报。是节年民欠之数原可按册而稽。惟时阅八年之久，赋税款目繁多，而实在未完银米总以州县存署板串为凭，必须详加盘验，逐款勾稽，其曾经失守处所，间有册串被焚者，更须认真确查，以昭核实。现经饬司遴派干练丞倅及候补州县分赴各属，会同该管府州调查历任实征簿册串根、交代案卷，按年按款核对，必使针孔相符，其册串被毁之县，尤须确切查明年款，务得实在民欠各数，分别造册，递加切结，由司道覆核汇册，详请奏咨。如有征存银两，即行扫数提解，不准丝毫隐混，仰副圣主实惠及民之至意。

抑臣更有请者，查定例，恭遇覃恩，诏款内有"豁免旧欠钱粮条款者，其民欠漕项、芦课、学租、杂税各项钱粮一体豁免等语”。又恭查道光十五年、二十五年两届钦奉恩诏，暨咸丰元年恩旨豁免民欠钱粮，其漕项、杂税等款，均明奉谕旨全行豁免。惟同治元年，户部议覆御史朱梦元奏请蠲免各省民欠咸丰九年以前钱粮，未经议及漕项、杂税，旋经直隶、河南督抚臣奏经户部覆议，钦奉上谕：“所有咸丰九年以前，直隶等省民欠出借仓粮、籽种、口粮、牛具、漕项、芦课、学租、杂税，因灾缓征，九年以前漕粮、常漕、仓谷，着一并豁免”等因，钦此。是钦奉恩诏蠲免旧欠钱粮、漕项、杂税，历届均系全豁。此次钦奉恩诏蠲免同治六年以前民欠钱粮，部议虽未指明漕项、杂税，而考之例案均在准豁之列。况漕项系在地丁内统征分解，地丁已豁，独收漕项该州县征解殊多窒碍。至于杂税征自行户，非沛特恩，不准邀免。今普蠲民欠钱粮，而行户不得同沾闿泽，亦觉向隅，似宜仿照上届成案办理。据布政使刘秉璋、督粮道王必达具详请奏前来。合无仰恳天恩，俯准将咸丰十年起至同治六年止，实欠在民之漕项、芦课、杂税以及各项官租与夫地丁项下统征、分解之本折物料，军欠之馀租，商欠之茶课、纸价，并因灾缓征同治六年以前丁漕，一概豁免，以舒民力，而广皇仁。

所有蠲免民欠钱粮，现在办理情形，并援案恳免漕项、杂税缘由，除咨明户部外，理合恭折具奏，伏乞皇上圣鉴训示。谨奏。

义宁官田仍请核减租额豁除无征粮柱折

同治十二年四月二十八日

奏为义宁州入官寺产仍请核减租额，并豁除冲刷田亩租粮，恭折奏祈圣鉴事：

窃臣接准户部咨，议覆臣奏义宁州入官寺产请减租银、豁除冲刷租粮一折。以“此项寺田，据前抚臣沈葆桢咨，佃户联名具禀退田，拟请变价，乃时阅九年，转以承买无人，佃户哀求承耕，拟请减租，前后情形自相矛盾。每亩向征银一两，遽减至六钱，似非核实之道。历年积欠租银，先照现减银数征收，殊属不合。续被冲刷田三百馀亩，系自某年为始，每次冲刷若干，未据详细声叙，笼统酌令完纳一年租银，碍难核准。相应请旨饬下江西巡抚，将历年欠租，仍照原额催征，实欠在佃者，准分八年带完，如有官吏已征未解，严参勒缴，并将迟延职名送部议处。核减租银，酌中自同治十一年为始，按亩减银二钱，实征八钱。续被水冲田亩，将年分、亩数详细登覆，另行核办”等因。奉旨：“依议。”钦此。钦遵转行遵办去后。

兹据布政使刘秉璋详称：“当即札委拣发知县邱培苍前往义宁州，会同署知州朱宽成，细核原案，传集原办绅士周廷彦等详加查讯。缘前项入官寺田，先因节年欠租数逾万金，应完钱漕，转系官为垫纳。是以前署知州邓国恩议请变价报拨。嗣因山田硗瘠，承买乏人，且此田系穷苦佃民生计攸关，一经变卖，不免失所，事多窒碍，遂至日久稽延。迨后派委候补知县李嘉瑞会同前署知州陈纪麟详加体察，始议仍留原佃，核减额租。此前后办理歧异之实在情形也。至于酌减租银数目，原定每亩完银一两。乾隆年间，每银一两易钱七八百文，至多不过千文，佃户以钱一千文即可完一亩之租赋。道光二十九年以后，每银一两易钱一千八九百文，甚至二千一百文，往岁可完两年官租，今并完一年，尚属不足，佃户无力输将，因而相率延欠。委员李嘉瑞等核计近来银价，每银六钱易钱一千有零，所以请减为每亩完租银六钱，实系悉心筹画，酌中定议。就银数而论，虽觉较前骤减，就钱数而论，实比乾隆年间加增。与其徒务虚数，仍前积欠无完，纵将经征之员开参，究于经费无补，何如责以力所能办，租项按年清交，实收实用，转于度支有益。今若加增二钱，每亩征租银八钱，照市核算，需钱一千四五百文，佃力不支，势必依前延欠。应请每亩仍完银六钱，以期事归实济。其带征旧欠，情事相同，并请一律减完，以资体恤。此议减额租之实在情形也。所有水冲沙塞田亩，提讯州署书吏，据称：从前各佃诚系陆续呈报，且为数不止三百馀亩，均经各前州随时批饬设法垦复。因咸丰五年州城失守，衙署被焚，各佃原禀概行毁失，以致冲刷年月，每次被冲田若干，均无从稽考等语。该委员携带图册履亩勘丈，除积沙不深尚堪垦复之田不计外，实在冲刷成河、积沙深厚不能垦复田三百二亩六分四厘五毫，核与李嘉瑞等原勘相符。惟是兵燹之后，案卷荡然无存，无凭补报被冲年分、亩数，应完钱漕委系无从催征，仍请概予豁免。以前积欠租项，酌令完纳一年，亦属量力著追，其馀俱请豁除，庶失业贫民不致复受追呼之累。此冲刷田亩应豁租粮之实在情形也。历任知县并无征存未解银两。前署州邓国恩倡议变价，日久未办，事出有因。且该员业已病故，奉取迟延职名，并请邀免置议”等情，由司具详请奏前来。臣覆加确核，系属实情。合无仰恳天恩，俯准将前项田租，仍减为每亩完银六钱，冲刷田亩租银、丁漕，仍请豁除，以昭核实，而恤穷黎。

除咨明户部外，臣谨会同两江督臣李宗羲恭折具奏，伏乞皇上圣鉴，敕部核覆施行。谨奏。

覆陈丁漕改章现宜照办折同治十二年五月二十八日

奏为沥陈丁漕改章实在情形，恭折覆奏，仰祈圣鉴事：

窃臣承准军机大臣字寄："同治十二年四月二十八日奉上谕：'左都御史胡家玉奏江西省额外加征地丁银两请饬裁革一折，据称江西省钱粮定例，征银一两，随征耗银一钱，今每两加征银四钱，显违定制，请饬永远裁革，不得再立捐款公费名目等语。各省地丁钱粮均有定额，若如该左都御史奏，是该省州县于正额之外违例加征，民间受害何可胜言，亟应速为禁止。着刘坤一严饬所属州县等，恪遵定例，不准丝毫浮收。如查有私立捐款、公费名目，额外加征者，即着严行参办。另片奏，该省漕米一石，折收银一两九钱，除解部款外，提充捐款、公费及州县办公之用，为数已多，复又分为三限，每限每石各加银三钱，全给州县办公，深恐虚报收数，徒饱私囊，弊端不少，请旨裁禁等语。着刘坤一一并查明，将应行裁革者，速为禁止，并着严饬各州县，认真办理，毋得稍有徇庇。原折片着抄给阅看。将此谕令知之。'"钦此。等因，转行司道钦遵查办去后。

兹据布政使刘秉璋、督粮道王必达详称：伏查原任大学士两江督臣曾国藩、前江西抚臣沈葆桢厘定征收丁漕章程，原为今昔异势，法久弊生，捐摊之案叠出，各衙门供应浩繁，无一不取之于州县，州县不得不取之于民。地丁每两征银一两七八钱，征钱三千数百文，漕米每石折收钱七八千或银八九两，官民交困，吏治日弛。目击兵燹之馀，公私疲乏，欲求补救之法，必清致弊之源，由是督饬前藩司李桓，悉心经画，停止各案捐款，裁革一切陋规，并将丁漕浮收数目大加裁减，仍核计办公必不可少之需，通盘筹画，量出为入，酌留馀地。定以地丁每两征银一两五钱，按时价折收钱二千四百文，漕米每石征银一两九钱，折收钱三千文。于咸丰十一年冬间，大张晓谕，使民有遵从，官难加派，各处刁衿劣监，向以欺陵小民、挟制官吏、包漕抗粮为生业者，概无所施其伎俩。所征地丁，除解正耗银一两一钱外，另提捐款银一钱，漕米每石除解部银一两三钱外，另提捐款银二钱，亦解司道各库兑收。裁汰藩司衙门铺垫供应，于地丁每两提银一分，以济公用。道府养廉无多，不敷办公，裁汰粮道漕规，于漕米每石提银二分。裁汰知府节寿礼、月费、漕规，就所属地丁每两、漕米每石各提银五分，亦以济公用。州县俸廉尤少，公事独多，地丁每两馀银二钱四分，漕米每石馀银三钱二分，均留为州县办公之需。其提存司道库之地丁一钱、漕米二钱，以之抵放向归州县摊捐，如文武乡试、岁科考试、司道办理秋审、各府办理发审等件不敷用款，与夫委解京、协各饷不敷盘川，京、省、宁、赣各提塘报资，津贴瘠缺各县缉捕不敷经费。督抚司道府书吏例给工食微薄，不足以资糊口，亦按州县向捐之数支给。庶公用咸归有着，摊派永可蠲除。同治元年七月间，前督臣曾国藩先将江西奏派州县捐摊各款，奏请豁免，声明设法减征丁漕，另筹用款，永禁捐摊，钦奉谕旨允准。又于是年闰八月十四日奉上谕："御史裘德俊奏牧令宜加体察等语，所奏甚是。近日两江总督曾国藩、江西巡抚沈葆桢请裁革江西捐摊各款，以清弊源，洵能仰体朝廷澄清吏治之意，实心办理，各直省自宜仿照奉行"等因，钦此。同治四年八月间，前护抚臣孙长绂因试办数年，官民称便，成效既著，当将厘定征收丁漕新章，酌留公用数目，会同前督臣曾国藩、前署督臣李鸿章据实具奏。经户部议覆："该省丁漕两项，自应均令照章征收。本省办公借资丁漕，若不容纤悉多收，殊非经久之道。地丁一两除解正耗外，另提一钱六分，漕米一石除解部款外，另提二钱七分，在于减征丁漕收数内供支之处，应请准如所奏办理等因。奉旨：'依议。'"钦此。同治七年银价大涨，州县收钱易银，不堪赔累。据前藩司文辉、督粮道平步青，详经臣会同曾国藩将丁漕章程重加厘定，查照原议，一律改收银两，奏经户部议覆："江西漕米自改折色以来，每石只解部银一两三钱，若不准酌量加收，非特本省办公竭蹶，且恐规复漕运，诸多窒碍，改收银一两九钱，价值不甚悬殊，且奏明一律收银，与州县私自改章者不同。地丁收钱，不过一时权宜，改收银一两五钱，连倾镕火耗在内，除解正耗银一两一钱外，馀为提补捐款公费，并州县办公之用，均请准如所奏办理。等因。奉旨：'依议。'"钦此。又准军机大臣字寄："同治九年十月二十日奉上谕：'侍郎胡家玉奏，请饬该抚通饬各属征收地丁钱粮，每银一两，遵例加收银一钱，所有另立名目，额外征收，永远革除，以苏民困等语。着刘坤一斟酌情形，妥议具奏'"等因，钦此。当即行据藩司、粮道核明利弊斟酌情形，详经臣确核覆奏，请仍照定章办理，以免纷更。是年十一月初十日奉上谕："刘坤一奏称：江省地丁钱粮，从前名为遵例一正一耗，实则收钱不止二千四百文，收银不止一两五钱。军兴以后，酌减每地丁一两改为收银一两五钱，通省一律照办。若徒博遵例之虚名，恐蹈浮收之故辙。所奏自系实在情形。惟该省当兵燹之后，民间元气未复，地方大吏当体念民艰，力除积弊。着刘坤一督饬所属各地方官，于明定征收确数之外，不准丝毫任意加增，以副朝廷轸念闾阎至意。"钦此。钦遵各在案。自定新章，迄今十有馀年，民间裁减浮收不下千万，各衙门无馈遗陋习，吏治亦复从而澄清。是曾国藩、沈葆桢所定章程，实属斟酌至当。非不知地丁每两收银一两五钱，显违一正一耗之例，然与其任听州县私自加收，何如明定限制？与其上下私相授受，何如明给办公之资？此种因时救弊之苦衷，不惟部臣所共悉，并在圣明洞鉴之中。夫立法贵在因时，变通惟期尽利。江省丁漕章程，既经叠次奏准有案，并非违例私加。且外间公用各款，取之于丁漕羡馀，各省大率相同，非独江西一省，实事求是，未便稍事拘牵。今若必如左都御史胡家玉原奏，于一正一耗之外，丝毫毋得多收，则前所称文武乡试等款不敷经费，势必仍摊派于通省分捐，即各府办公无资，亦必仍仰给于州县，而州县衙门之用款更繁，一无藉手，凭何支应即以征收钱粮一端而论，催粮书役之饭食，印造簿串之纸张，倾镕银两之火工，解银赴司之水脚，种种费用，州县不能赔贴，益之以捐摊陋规，虽欲不私取于民而不可得。其廉谨自爱者，惟有知难而退，中材以下之员，转得有所借口，非侵挪正项，即求取无艺，从前浮收勒折之弊，衿棍包揽之风，将见接踵复起。是徒有减赋之虚名，转贻浮勒之实患，殊于吏治民生大有关碍。事关通省利病，再四思维，不得不据实沥陈。所有地丁内提补捐款以及府县办公之项，均属实难删减。惟藩司衙门，虽因革除办差供应，增添一分公费，究竟养廉较厚。现于无可裁减之中，力求撙节，尚可俭约自持。拟将藩司一分公费删除，以后地丁每两征银一两四钱九分。虽所减为数无多，究于民间不无丝毫之益。至于征收漕粮，按限加价一层，由来已久，从前起运本色之时，即属如此办理。盖缘漕粮例应冬兑冬开，为日甚促，必须克期集事，方能无误兑运。是以开征之时，勒定限期，递加折价。民间计较完数多寡，稍有力之户，莫不于初限内扫数输纳，二限、三限完者寥寥。既省追呼，并免敲扑，亦催科之善策。现在虽未起运本色，而征收漕折，均于年内大批委解，次年春间全数解京，此即按限加价之效验。原定二限加银三钱，三限再加三钱，共为六钱，内提八成充公，仅以二成给州县，为数甚微。如虑州县于初限限内征少报多，以为干没二、三限加价之地，则征簿、串根具在，确有月日可查，势难挪移掩覆。江西原定漕粮折价过少，就现在市价，每石米价尚不止一两九钱。是现征价银犹不足一石之米，运费无出，更不待言。欲办本色，必须加增折价。徒以连年水旱歉收，民力拮据，仰体圣主轸念民艰至意，递年详请循旧折征。今若并按限加价亦复停止，则旧制尽堕，不但起运本色益恐无期，即此后征收折价，花户明知漫无期限，必致日久拖延，恐不能如以前之迅速解部济用，转于国计有碍，应请仍照议定章程办理等情。详请覆奏前来。

臣查前督臣曾国藩、前抚臣沈葆桢所定征收丁漕章程，减浮收以裕民生，停捐款以肃吏治，仍酌量办公必不可少之需，随正征收济用，以期官民相安，上下有制，一切谋画均为救弊起见。臣抵任之时，曾经悉心考究，各款俱在必需，是以遵循办理。迨后银价增昂，征钱不敷解款，据司道详请奏明改征银两，亦系本曾国藩等原议而行。迄今时逾十年，民乐薄赋，吏绝苞苴。如于一正一耗之外，不准多收，办公无资，必致亏及库款，若听其私自浮勒，更恐诸弊丛生。该藩司议将解司一分公费删除，免其征解，系于无可节省之中，力求克己便民之计，此外实无可再删。漕粮按限加价亦为孙长绂初议所有，且系二限加银五钱，三限再加五钱。嗣于丁漕改征银两案内，减为二限加银三钱，三限再加三钱。确有历次奏案可考，借惩劝以速输将。是以江省报解独早，并未迟至次年夏秋。事为通省利病所系，既据该司道等沥情具详，臣何敢不据实直陈。可否仰邀天恩，俯如所请，地丁每两征银一两四钱九分，漕粮循旧按限加价，俾国计民生两有裨益，出自高厚鸿施。此后臣益当督饬司道，认真稽察，各州县倘于定章外丝毫加增，即行从严参办，不敢稍涉徇隐。所有丁漕改章实在情形，理合恭折覆奏，伏乞皇上圣鉴训示。谨奏。

归标候补人员恳仍给予半俸折同治十二年六月初六日

奏为江西归标候补武职与江南情形不同，恳恩仍给半俸以资养赡，恭折奏祈圣鉴事：

窃臣接准兵部咨，户、兵二部会议臣片奏请定遣撤营勇章程一折，内开："江西抚臣刘坤一奏请各省归标员弁，或照拣发人员给予半俸，或照江南月课归标员弁章程，虽未据该省报部，惟曾经原任督臣曾国藩奏称，月课所费银两，较之概给俸银不及百分之一，所有各省归标员弁，自应令其仿照江南月课筹给赏银章程办理，毋庸给予俸银，庶经费不致过巨，而员弁可借资津贴。应请饬下两江总督将曾国藩所定月课归标武员章程，迅速报部，一面转咨各省查照"等因，奉旨："依议。"钦此。并准前署两江督臣何璟将月课章程咨送来江。

臣当将候补武职各员例给半俸银数，与江南月课奖赏银数逐加比较：副将、参将、游击考列超等、特等、一等者，以盈抵绌，月课赏项较半俸有减无增，都司、守备赏项则较半俸有增无减。查江西现收标者，游击以上七十馀员，都司以下一百二十馀员，是所减者少，而所增者多矣。其候补千总、把总、外委以及发标学习之武进士、武举，江西向照定例，不给半俸，只准考补名粮。今江南月课章程，把总、武举以上赏项竟与都司、守备相埒，外委赏项较千总、把总减半，转觉例外糜费。如谓现有差委月支薪水之弁另有减成给赏之条，此即节省之一端，第减于此而增于彼，通盘筹画，并无节省之可言也。至于月课，游击以上二名取一名，都司以下五名取二名，外委三名取一名，其中实有偏枯之处。夫例给候补武职半俸，盖为养赡穷员，储备将材起见。江南月课给赏，亦与此意相符。然江南收标务广，则考课贵精，所以限定考取额数若干，原为慎重经费。江西于收标之时，即经严行考察，务须人材壮健，技艺精强，或其人尚有识略，亦准留营。若改照江南月课，而又限以额数，其考取者固属衣食有资，设以额满见遗，未免屈抑人材，亦失赡养穷员本意。况武职大员之有将材者，不尽以弓马、枪炮见长，今限于程式而无计谋生，殊为可惜。又如打仗受伤奏免骑射人员，不能与考。该员等身经百战，支体摧残，既以员缺太少，借补无期，复因半俸议裁，斗糈莫得，此尤向隅之特甚者。江西归标候补武职，照例支给半俸，历久相循，已逾十稔，一旦改为按额考取，必多缺望之员。若不限定取数，则所需转费于半俸，殊非撙节度支之道。可否仰恳天恩，俯准将江西归标候补武职仍循旧章，守备以上照例支给半俸，千总以下酌量借补兵粮，俾资养赡，以昭体恤之处，出自高厚鸿慈。

谨将例支半俸以及月课奖赏各银数比较多寡，开列清单，恭呈御览。

再，江西归标武职，臣亦按月考课奖赏，屡考前列者分别借补委署，借以讲求武备，甄拔人材。月给赏项约二百馀金，历系捐备，并不动用正杂钱粮。

所有江西归标候补武职，请仍给半俸缘由，理合恭折具奏，伏乞皇上圣鉴训示。谨奏。

捐局未定新章以前请照旧给奖折同治十二年闰六月二十八日

奏为四省捐局收捐监生、从九衔在前，新章在后，吁恳天恩，循例给奖，以示体恤，恭折奏祈圣鉴事：

窃查陕、甘、云、贵四省捐输，经臣奏请由江专设一局，援照陕西收捐章程，归并劝办，所收捐银尽数分解四省济饷，钦奉谕旨允准。时值陕、甘、云、贵军务吃紧，需饷孔殷，捐项收有成数，随时分解济用，亦经叠次奏报。嗣于同治十年二月十二日，准户部咨，议覆御史吴鼎元奏拟请酌增捐例银数一折："嗣后各直省捐输，惟现时呈缴现银接济军饷之案，准其兑收监生、从九衔两项，所收银数各按各省奏章，照例定银数分别减成后，仿照道府州县翎枝章程，全收实银，毋庸以米石、饷票绕算"等因。当以江省办捐时经十馀年，民力久已疲乏，此次劝办四省总捐，尚赖定章稍加折减，民间故能勉力乐输。今监生、从九衔两项新章银数，比较陕西原定章程几增两倍，捐户必难适从。随即通饬各属，以文到之日，截清数目，停止收捐监生、从九衔两项，其先已书捐银两尚未缴足者，仍照旧章催收请奖，毋庸退还，以免捐生怀疑观望，有碍别项虚衔、实职捐输，并将捐生姓名先后报局，以杜移后作前之弊。其所收捐项，计自同治七年十月二十五日开局起，截至十年二月底，解过陕、甘、云、贵银七十二万九千六百四十三两零，又自十年三月起，至十二年三月底止，续解该四省银十一万六千四百四十七两零；共计捐输银八十四万六千九十两零，分为三十三次造册咨部请奖。自第一次至三十次，共请奖银七十二万九千六百四十一两零，系十年二月未奉酌增监生、从九衔两项银数以前所收捐项，自三十一次至三十三次，共请奖银一十一万二千三百六十六两零，系新章以后续收捐项，尚馀银四千两有奇，归于下次请奖。嗣先后接准户部议覆，自第一次至十八次案内，所捐监生、从九衔，均经核准。自第十九次至二十八次，均以报捐监生、从九衔，应遵议覆御史吴鼎元奏案，饬令换交实银到日再行核办，已经填给该捐生等执照，亦应追缴送部查销。其二十九次以后请奖各案，尚未接到部覆。

伏查第一次至三十次所捐监生、从九衔，实在新章以前，确有起解银两奏案可考。其十九次以后，奖册到部在新章之后，盖缘捐生履历内多开报舛错遗漏，辗转行查，远者往返二千馀里，捐生数千百人之多，并有外省商民在江报捐者，咨查原籍尤为不易。每次查明请奖，动淹旬月，奖册未能迅速，职是之由。至三十一至三十三次案内，所捐监生、从九衔，虽缴清银两在新章之后，而书捐实系在前，亦据各属报局有案，并无挪移年月情弊。江西士庶当疲敝之际，因知边省军饷匮乏，共体时艰，连年竭力捐资，共计银八十馀万两，解济边陲军用，洵为深明大义，踊跃急公。若因奖册到部后期，遂令补交两倍捐银，并追照缴销，未免向隅独甚，并恐捐户因此怀疑观望，即此外应捐实职、虚衔亦复裹足不前，转于边疆饷需有碍。据委办四省捐输总局司道详请奏恳循旧给奖等情前来。

臣覆加确查，委系实在情形。且业已停止收捐监、从两项，亦可无虞别滋流弊。合无仰恳天恩，俯准将江西劝办四省捐输，自第十九次至三十三次奖册内报捐监生、从九衔两项，敕部仍照陕西定章，核准邀免补交银两及追缴执照，以昭体恤而劝其馀。

谨会同两江督臣李宗羲恭折具奏，伏乞皇上圣鉴训示。谨奏。

漕粮海运难行仍请循旧折征折 同治十二年八月初四日

奏为江西漕粮，酌提本色，由海运津，体察情形，实有难行，仍请循旧折征，以收实济，恭折覆奏，仰祈圣鉴事：

窃臣接准户部咨，议覆直隶总督李鸿章奏筹议黄、运两河情形并酌议河运、海运采买各事宜一折，以采买一节，江、广漕粮折价每米一石，仅解部银一两三钱，若令提银买米，则折漕一石之数，断不敷用，诸多窒碍难行。所称令江、广各督抚体察情形，酌提本色若干运沪，由海船解津，洵为目前切要之图。江、广等省虽未能全征本色，如能酌提数成，雇备江船，顺风抵沪，沙、宁海船，商局轮船，均可装运。应请饬下各督抚督饬藩司、粮道，本届新漕先期谋画，本折兼筹，务须分成起运本色，由海运津等因，具奏，奉旨："依议。"钦此。当即转行遵照办理去后。

兹据布政使刘秉璋、督粮道王必达详称："伏查漕粮攸关京仓支放俸甲各米要需，如能分成由海起运本色，自当勉力筹办，何敢因循推诿。惟公同体察，起运本色，首在分成征收之难。江省漕粮自道梗停运，户部原议民交本色，官为每石变价银一两三钱，解京济用。迨后改为征收折色，每石连一切公用，仅征银一两九钱。就现在市价每米一石值银二两有奇，是折色轻于本色。通省全征本色，固属民力不支。如酌分若干县或一县中酌分几图，令交本色，馀仍折征，则同此编氓，碍难区画，此重彼轻，易于借口观望，若统按漕额分成，本折兼收，大户已苦纷歧，小户尤难措办，并恐胥隶缘以为奸，从而舞弊浮勒，此分成征收之难也。次在运解之难。江西地处腹里，距海口水程二千馀里，较苏、浙近海省分，情形迥殊。江西境内河道浅狭，非小舟不能运行。迨至渡鄱湖、涉长江，非江船不能驾驶。必须两易剥船，方能赴海船交米，盘剥多则抛散必甚，程途远则稽察难周。从前各属运米赴省交兑粮，剥船偷盗使水，以致短缺霉变，勒令州县赔补更换，事所常有。夫以数百里之剥运，尚属如此艰难，今剥运数千里，且江船非顺风不行，沿途守风，散漫停泊，安得如许官役到处稽查。其盗卖、灌水必十倍于往年，恐米石到沪，霉变必多，纵将州县严参勒赔，究于京仓无补。此运解之难也。又其次则筹费难。以漕济漕，乃一定不易之制。欲收本色，必先筹款建复漕仓，加以二千馀里剥船之水脚，押解员役之薪粮，兑交海船之运费，由津运通之用项需费不赀。虽将漕项钱粮尽数动用，尚多不敷，势须加征运费。而江省连年水旱，民气本未展舒，本年夏秋雨少晴多，高田被旱、被虫，滨江近湖低田亦间有被淹者。收成歉薄，户鲜盖藏，若既收本色，又加运费，民力实有未逮。此筹费之难也。"该司道悉心酌核，本年漕粮仍难征解本色。应请俟数年后，运河如能疏浚深通，粮船堪以行走，再行妥筹起运，以复旧章等情，具详请奏前来。臣覆核无异。合无仰恳天恩，俯准将同治十二年冬漕循旧折征，尽数解部，以济实用。臣仍督饬该司道，随时察看情形，相度妥办，一面设法预筹造船、修仓经费，一俟运河通畅，即行征解本色，不敢稍事诿延。

理合会同两江督臣李宗羲恭折具奏，伏乞皇上圣鉴训示。谨奏。

胡家玉陈奏丁漕流弊据实覆陈折同治十二年九月初八日

奏为左都御史胡家玉所陈江西丁漕流弊，诸多失实，披沥具陈，仰祈圣鉴事：

窃臣恭阅邸抄，同治十二年八月初一日奉上谕："前因左都御史胡家玉奏江西省钱粮违例加征，请饬裁革，并不得私立捐款公费名目等语，当谕令刘坤一严饬所属州县，恪遵定例，不准丝毫浮收，如查有私立捐款公费名目，额外加征，即着严行参办。嗣据刘坤一奏据实直陈丁漕改章实在情形，请仍照新章办理，当经允准，仍谕令随时认真稽查，倘有丝毫浮收，即行从严参办。兹复据胡家玉奏，沥陈江西省违例加征各弊，请仍饬部核议等语。着户部按照该左都御史所陈各节，及江西省现在情形，应如何办理始终妥善之处，悉心酌核，妥议具奏。至所称请严饬各州县不得将上司之供应，道府之漕规，节寿诸陋规，巧立办公名目，取之于民等语。着该抚仍遵前旨，严饬所属，认真革除，以维政体，而恤民生。”钦此。

臣查江西省征收丁漕章程，经臣于同治七年，查照前任督抚臣原议，奏请改收银两，钦奉谕旨交部议准。嗣因左都御史胡家玉两次论列，复经臣先后据实覆陈，仰荷鸿慈，皆允所请。是江省征收丁漕章程，系为实事求是，早在圣明洞鉴之中，即部臣亦所深悉。今胡家玉复以流弊不可胜言，奏奉谕旨，交部妥议具奏，臣惟有听候部议遵行，不敢妄渎。惟胡家玉折内，语多失实，且于臣有加罪之词，为臣名节攸关，不得不沥陈于君父之前，以证其欺诞。查江省额征起运地丁银一百五十五万馀两，除因灾蠲缓及民欠外，每年只能征及七成，银一百一十万上下，额征漕粮正改加四副米七十万二千馀石，除蠲缓民欠外，每年只能征及八成，米五十馀万石，均报部有案，非空言所能强争。以地丁每两提补捐款一钱、漕米每石提补捐款银二钱计之，每年共收银仅二十一二万两。乃胡家玉谓二项合计“不下三四十万”。胡家玉生长江西，岂不知有蠲缓民欠，而故倍增其数，其意何居？此项丁漕提补捐款，按年支销。至前项，藩司文辉交卸时，只存一十九万馀两，经署藩司李文敏查照向章，督同南昌府及该府同知、通判，盘查造册具报，经臣亲往盘验，数目相符。乃胡家玉谓“文辉交卸时，库存前项银二百馀万两，两道库尚不在此数内，安用此多藏为”！是妄听之而复妄言之。南昌县起运地丁银三万六千馀两，每年只能完及六成，银二万馀两，每两办公火耗二钱四分，额征漕米五万六百馀石，每年只能完及七成，米三万馀石，每石办公平馀银三钱三分：共计丁漕平馀银一万四千馀两。以附省首邑，政务殷繁，每年费用万馀金，实亦不能再省。乃胡家玉谓该县“每年取银二万八千馀两，徒饱私囊”，岂确论乎？且胡家玉只举丁漕额数最巨者，谓其得项过多。抑知定南、长宁等处厅县，额征地丁银或一千二三百两，或二千三千数百两，此外又无漕粮，即使地丁照额全完，所得公费无几，况有蠲缓民欠，为数益微。凡此曾任瘠缺之员，果能称职，全赖优缺调剂，以资鼓励人材。若如南昌等缺，亦不使有羡馀，则一任瘠区，遂致终身负累矣。江省惟粮道、首府养廉各三千数百两，其馀各府或一千数百两，或仅千两。该道府统辖各属，不敷一切办公，势不能不取之于州县，州县仍取之于民，相沿日久，流弊滋多。自前督抚臣厘定新章，各给办公经费，明定限制，吏治为之一清。乃胡家玉谓“办公之名，甚于馈赠苞苴”。查同治五年，户部议奏安徽征收漕折折内，称“安徽解部漕折，每石只解银一两三钱，而该省一切办公之用，不能不取给于漕，且须留其有馀，为将来起运地步”等语。又查同治十年，户部议覆浙江地丁改收银两折内，称“浙省钱粮向有浮收，自同治三、四年间，经历任抚臣奏请裁减，并声明每两酌留平馀，以为各厅县场办公之用，先后奏奉谕旨，由臣部行文该抚，钦遵在案”。可见办公端赖平馀，各省大概相同。不图胡家玉之独责江西不应有此也。丁漕收银、收钱，各处情形互异，用银地方以完银为便，用钱地方以完钱为便。如江省宁都州及所属之瑞金、石城两县，并建昌府属之广昌县，向系完银，七年以前，丁漕折收钱文，该四州县完银如故。他省谅亦未能画一。乃胡家玉专以收钱为便民，谓“湖北、浙江以此勒石，垂为久远”。湖北章程，臣未深悉。浙江于同治十年以银价增长，奏请变通，经部臣核议，即按当日折钱之银数，改收实银，奉旨允准，咨江有案。何胡家玉竟未之闻？胡家玉谓江省地丁收银一两五钱，漕折收银一两九钱，始于同治七年由臣改奏。不知同治元年原议，即照此数收银，确有前督臣曾国藩、抚臣沈葆桢文移、批札、告示存案。嗣因银贱钱贵，乃改收钱，每两地丁二千四百文，每石漕折三千文。是以四年护抚臣孙长绂奏明收钱，仍称“如将来银价大涨，收钱实有不敷，准按每银一两易钱一千六百文扣算，改收银两”。盖本钱贵收钱、银贵收银之原议，而总不出原定钱数、银数也。旋经部议，既以收钱为便，不准复改收银，系虑州县意为重轻，忽此忽彼，民间无所适从，并非不准因时变通，由督抚臣奏明办理。胡家玉谓“自七年改收银后，遂有东乡县鲁鱼典等哄闹之事，派勇剿办，枪毙五六人，斩绞军流十馀人，此数十人，谁促之死”！不知东乡县民情犷悍，向好抗粮，自经贼乱以来，凶横益甚。咸丰八年，县民徐清辉纠众把持钱粮，并抢夺团局及居民多家。同治元年，复有杨姓棍徒，借减粮为名，寻捉户书图诈。二年，棍徒陈绍武等求豁钱粮，纠众入署，竟将粮书何良俚捉去。时因防剿吃紧，未暇澈底究办。臣于奏报拿鲁鱼典等折内，逐一陈明在案。咸丰八年旧章未改，同治二年新章收钱，该棍徒等之藐法，又谁促之使然？鲁鱼典等抗粮、殴官，系踵前棍徒等恶习。当时购获各犯，有贼匪逃回者，有前案漏网者，其馀如系情有可原，无不予以末减，办理极为慎重，并无枪毙五六人之事。胡家玉何所据而云然？胡家玉谓“原任闽浙督臣左宗棠、浙江抚臣马新贻奏减金华等府浮收钱二十馀万串、米五百馀石。江西裁减，究系何项？名为减收，实则加收”。又谓“大学士李鸿章奏减江苏漕额八十馀万石，左宗棠奏减浙江漕额三十馀万石”各等语。臣查国初赋额，系循前明之旧，漕粮偏重于苏、浙两省。江苏之苏、常、镇、太四府州漕额，几敌天下之半，浙江之杭、嘉、湖三府漕额，与江西全省相侔。列圣暨我皇上，轸念民艰，递加裁减，系属因地制宜。江西腴田，每亩征银数分，征米数升，瘠田每亩征银数厘，征米数合，较苏、浙每亩征银数钱、征米数斗者，相去霄壤。胡家玉何得援以为比？至于江省裁减额外浮收，则实有项可指。如广信府属，从前漕粮折收洋银至十数元之多，又如南、新两首县，漕粮折收钱五千数百文，今皆收银一两九钱。以通省牵算，所裁减者尚不止浙江之数。特浙江当时以裁减之数具奏，江西则以存留之数具奏，其实惠及民则一也。即以现在东南各省丁漕而论，其未见诸明文及江省无案可稽者，臣不敢妄言。至接准部咨，如安徽等省漕折自四千五百文至六千五百文不等，以视江省一律收银一两九钱，其轻重为何如？江省起运本色之难，由于折收之太少，胡家玉犹以为未足乎！江西漕粮按限加价，系二百年来之旧章。盖以起运本色，定例冬兑冬开，未可稍任延缓。现虽暂停起运，不可不豫计将来。江省漕折解部较先，实赖此加价催科之力。乃胡家玉争执不已，并函致粮道，谓湖南、北漕折皆以次年秋间解部，其意以为江省不必如此其急者。不思江省漕粮数倍于湖南、北两省，实为天庾大宗，固宜略存旧章，为将来起运之地。况值司农度支拮据，需用此项甚殷，偶涉稽迟，部催立至。而胡家玉竟以报解过早为嫌，其为乡里计则得矣，夫岂大臣公忠体国之道！至于每限收数若干，粮道衙门有册可稽，已饬查造送部，何知难自止之有？江省文、武乡试，定例支用地丁耗羡银九千馀两，遇有广额之年，加支银一千馀两。江西系属大省，应试人多，则用度浩大，除例支外，尚不敷银一万馀两，自停州县摊捐之后，即由提补捐款项下如数支给。近因捐输加广学额，每届科生多至一万六七千人。首县承办科场供应，犹以赔累甚巨为言。乃胡家玉谓“文、武乡试例支耗银一万二千八百馀两”。意为揣度，以为“不至不敷”，并谓“即有不敷，可以动支税契等款，免致摊派累民”。殊不思国帑出入，岁有常经。江西税契等款待用之项甚多，若乡试动支一万馀两，则别项何以给之？岁科考试经费，原以学政廉俸甚薄，而终年周历各郡，其夫马供应万不能不取给于有司。乃胡家玉亦欲绳以定例。胡家玉曾为贵州学政，自问夫马供应是否出自俸廉！宋臣岳飞有言：“为大臣者，安忍面欺其主。”胡家玉何得以此违心之谈，形诸奏牍耶？

臣以为江西前督抚臣所定丁漕征收章程，并无病民之处，即一切支用各款，亦难遽事更张。否则臣未沾染丝毫，何肯再三为前任争论。胡家玉亦未尝不知外间实在情形，前函致藩司，谓明知地丁一正一耗不敷征解，只可有加之实，不可有加之名，或即现折所称“必避加赋之名”之意。不思江省于地丁所加之三钱九分，大张晓谕，为府县办公等项之用，于国家正供未益锱铢，不得谓为朝廷加赋，亦不得谓为怨归君上。若如胡家玉所言，居其实而避其名，则是教人阳奉阴违，导天下以为伪，从此事事务求蒙蔽，其害尚可胜言！胡家玉以明给道府县办公之费为非廉吏，而使之巧避其名，然则必如胡家玉之暗受赃私，而后为廉吏耶！胡家玉前为卿贰，参预枢机，奉命前往湖南查办事件，乃竟收受馈遗二千两，嗣经发觉，仰邀鸿慈，仅予革职留任，毋庸在军机大臣上学习行走。胡家玉狃于故智，乃欲人亦效其所为，真可谓援儒入墨矣。如系姑为是说，其实不欲江西守令得此办公之资，抑何责已太宽，而责人太刻！且查江省丁漕，从前惟有加之实无加之名，由是地方棍徒得以出而挟制，本户不完而复包别户，不肖州县不得不与狼狈相倚，以取偿于良懦之民，故同一县而各乡征数不同，同一乡而各村征数不同，同一村而各姓征数不同。自经前督抚臣明定章程，而州县与刁徒均无所施其伎俩。故新章之设，便于良民而不便于刁民，便于正绅而不便于劣绅。若如胡家玉所言，行其实而避其名，势必至尽踵前日之弊而后已。胡家玉本身及其弟侄，按照户粮核计有田六七百亩，自咸丰初年至今历二十馀年，从未完银一厘、完米一合，尽归被水被旱报请缓征。夫此数十年中，岂无一年有秋之候？此数百亩中，岂无一亩成熟之田？乃倚恃京秩，丝毫未完。传曰："皮之不存，毛将安傅。"胡家玉竟不知正赋为何物，又何论乎加收！而顾为是喋喋者，自为见好乡里，实将以贻乡里无穷之害，而劣绅刁民磨厉以须矣。又安知胡家玉将来不以名去实存，更得持官吏短长哉？臣自抵任以来，接胡家玉干预原籍诸事之信，不一而足。即如厘金一项，业经减之至再，胡家玉复欲重裁。修堤、放赈，亦已次第举行，而胡家玉欲照大歉之年，滥加推广。臣以目前经费为难，地方亦无甚苦，婉词告谢。而胡家玉之谬妄招摇，日甚一日。前以丁漕新章奏奉谕旨之后，辄致书臣与司道，谓"越五日仰蒙召对，恩谕有加，遍告同乡京官，莫不称庆"。古人不言温树，岂胡家玉未之前闻？且谓如何面陈，故作隐跃之语，意在恫疑虚喝，使臣不敢置词。臣因通省利病所系，仍即据实具奏，蒙恩俞允，出自圣主权衡，初非臣下所敢希冀。何图益逢其怒，贻书丑诋，虽父兄之训饬子弟，长官之督责属员，尚不至此。臣以胡家玉身列九卿，臣亦备员疆吏，大员互相诟詈，体制攸关，遂即置而不答。今胡家玉竟以欺诞之语，上渎宸聪。虽天听维明，不加臣以谴责，而臣横遭谤议，天下其谓之何！臣荷皇上特达之知，承乏江西，于兹九载，自惟无以仰酬高厚，然于裨补地方之事，不敢不实力实心，至于操守一途，尤臣与僚属兢兢共勉者。无论通省并无供应节寿一切陋规，即馈只鸡斗酒，臣犹以为端不可开，严行训饬。今胡家玉视臣为贪酷之吏，并以江西无廉吏，皆臣所致，臣何以堪。是以辗转思惟，不能缄默也。

谨恭折具陈，伏乞皇上圣鉴训示。谨奏。

覆查江省收捐应归楚省请奖底数折

同治十二年十月二十八日

奏为查明江西历年收捐，应归楚省请奖银数，恭折覆陈，仰祈圣鉴事：

窃臣接准户部咨，抄单内开："议覆江西历年捐输，请将会昌等四县捐生仍准给奖一折。查该省军需报销，自咸丰二年起，至同治三年六月止，共收捐银八百八十万馀两，内有空名监照等款，核与原案相符。惟援江、楚军随营收捐充饷，归楚省请奖银十五万六千四百两零，核与江省军需初、二两案册造数目间有牵涉。查初案造报楚军随营收捐，应归湖南请奖银五万九千六百四十两零，二案造报总数下，声注内有应归湖南请奖银九万六千七百六十两零，并未列有专条，散数内亦未声注。再，初案册造江、楚两军营收过随营捐输银二百八万七千八百九十两零，二案册造各军营收过随营捐银四万二千九百六十四两零，及本省遵筹饷捐输、各府厅州县就地劝捐二款共银五百七十万九千五百九两零：三款并计，核与册造应归本省捐输请奖银七百七十四万三千六百三两零，较多银九万六千七百六十两一钱。原册未能分清究竟是否均归本省，抑或内有应归他省造报请奖之处，请旨饬下该抚查明分晰声覆，再由臣部核办"等因。奉旨："依议。"钦此。当即转行钦遵去后。

兹据布政使刘秉璋详：清查江西军需报销，初案总单收款列收，本省遵筹饷例捐输银一百一十九万六千一十一两零，江、楚两军营收过随营捐输银二百八万七千八百九十两零，楚军随营收捐应归湖南请奖银五万九千六百四十两零，各府、厅、州、县暨各绅局收过就地劝捐银四百七万二百二十三两零。统计初案总单列收捐款，除应归湖南请奖一款外，实应归江西本省请奖银七百三十五万四千一百二十五两零。又二案总单收款列收，本省遵筹饷例捐输银一十七万九千八百二十一两零，各军营收过随营捐输银四万二千九百六十四两零，内有应归湖南请奖银二万三十六两二钱七厘，各府、厅、州、县收过就地劝捐银二十六万三千四百五十二两零，内有应归湖南请奖银七万六千七百二十四两。统计二案总单列收捐款，除应归湖南请奖两款外，实应归江西本省请奖银三十八万九千四百七十七两零。又拨解广西军饷应归江西本省请奖银十万两。总计初、二两案清单列收各捐款，除去空白监照、捐修城濠、炮船经费及应归湖南请奖各款不计外，连拨解广西军饷银十万两，共应归本省请奖银七百八十四万三千六百三两零。只因二案总单内各军营随营捐输项下应归湖南请奖银二万三十六两零，各府县就地劝捐项下应归湖南请奖银七万六千七百二十四两，未经另列专款，仅于总数之下声注应归湖南请奖银九万六千七百六十两零，散数内又未分款声注，实欠明晰。是以户部全归江西请奖款内并计，致有增多银九万六千馀两。其实初、二两案总单，共应剔除湖南请奖银十五万六千四百两零，则应归本省请奖捐银，恰与前次册造七百八十四万馀两之数相符，并无增多减少，亦无另有应归外省请奖银两。至于各属、各营所收捐款，业已分晰某厅、某州、某县、某营收捐已未请奖银数，造具细，册详咨在案。总数既已覆核无讹，散数又复按册可考，所有前次请奖之会昌、彭泽、万载、安远四县，及续奉驳饬查覆之吉水、赣县、永丰三县，并江军水师、上犹县，又尚未议覆之兴国、庐陵、南康三县各奖案，暨不请奖叙，专请加广中额捐款，均请奏恳核准等情前来。臣覆核无异。合无仰恳天恩，敕部查照前送清册、清单分别核办给奖广额，以昭激劝。

理合恭折覆奏，伏乞皇上圣鉴训示。谨奏。

遵旨据实覆陈折同治十二年十一月二十日

奏为遵旨据实覆陈，恭折仰祈圣鉴事：

窃于同治十二年十一月十九日接准吏部咨，内阁抄出，同治十二年十月二十二日奉上谕："前据刘坤一奏左都御史胡家玉陈奏江西加征钱粮，语多失实，并谓胡家玉及其弟侄田亩久未完粮，兼有干预公事信函各节，当令胡家玉明白回奏。兹据奏称：本籍祖遗湖田四五百亩，其父兄弟五人各分田不及百亩，历年未完银米，均因灾歉缓征。刘坤一间或贻书询问地方公事，亦曾函答。此次丁漕改章，适江西藩司有书前来，据实答复，并函致刘坤一，实非意存恫喝等语。该抚此次所奏措词固多激切，惟胡家玉致书本籍地方官，虽为公事起见，殊属不合，着交部照例议处。所称地亩被淹缓征，是否属实，历次往来信件，是否该抚先行致函，均着刘坤一据实具奏。"钦此。钦遵咨行到臣。

伏查胡家玉及其弟侄田亩，坐落新建县下乡中河五十三都四图。下乡分中、西、东三河，较上乡地势低洼，而中、西两河较东河稍高，筑有堤档捍御水患。臣于七、八两年递次奏借巨款，分别补修各属圩堤，胡家玉等之上象圩即在其内。既有圩档保卫，是非盛涨之年冲决漫溢，何至早稻晚禾均无收获？乃胡家玉等应完钱粮，除道光年间不计外，自咸丰元、二、三、四、七、八、九、十等年，及同治元、二、三、四、五、六、七、八、九、十、十一等年，尽归被灾办缓。且查有咸丰五年及十一年，该图钱粮未曾被灾办缓，胡家玉等仍丝毫不完。是胡家玉及其弟侄久未完粮，并非尽由被淹缓征也。至胡家玉与臣历次往来信件，臣从未将地方某项公事应须如何办法先向胡家玉询问。即如裁厘、修堤、放赈诸政，均为国计民生所关，臣与司道妥筹密计，立即施行，深恐外间先有传闻，不免观望缠扰，又何暇远商数千里外之京官，听其指示。其丁漕改章之案，胡家玉于奏奉谕旨后，旋贻臣书，词涉恫喝，更非臣先行致函询问也。

臣现未见胡家玉回奏原折，谨将钦奉谕旨垂询各条，据实覆陈，伏乞皇上圣鉴训示。谨奏。

遵照部议丁漕改收钱文酌定成数折

同治十二年十一月二十八日

奏为遵照部议，丁漕改收钱文，酌定征收钱数，恭折仰祈圣鉴事：

窃臣于同治十二年十月二十五日接准户部咨，议覆左都御史胡家玉奏江西丁漕违例加征请饬部核议一折，抄单内开：“谨就江西情形悉心商酌，拟请饬下江西巡抚按照曾国藩原定地丁每银一两连加一耗羡折收钱二千四百文之外，再按现在银价，酌加钱数，由官易银解库，所加之数每两不得逾二百文，以示限制。其漕折一项，江西省每石解部银一两三钱，征之于民以一两九钱为率，核与河南、安徽等省折漕支解章程尚属一律。惟该左都御史虑及征银不便于民，自系确有所见。所有该省漕粮，亦请即令该抚查照同治四年原定数目，于每石收钱三千文及三千二百文外，酌量加收钱文，及所加钱文即视地丁每两加二百之数核计征收，不准再有浮溢。一面先行奏咨立案，俟银价平减，即照原定钱数征收。总期办运不至窒碍，而民情仍复相安，庶为妥善。至江西征收漕折，既不能不借加价为催科，应令查照江苏章程，年内毋庸加收，年外加收钱五百文，仍将已征、未征各数于年底截清奏报，以凭查核。至原奏内称上司一切铺垫、供应、节寿礼、月费、漕规，应令认真革除，如查有前项情弊，即行从严参办”等因。同治十二年九月十九日奉旨：“依议。”钦此。等因。转行钦遵办理去后。

兹据布政使刘秉璋、督粮道王必达会详称：“伏查江西省自经前督臣曾国藩、前抚臣沈葆桢裁减丁漕浮收原定章程，地丁每两连耗羡征银一两五钱，漕米每石折收银一两九钱。嗣因银贱钱贵，按每银一两作钱一千六百文扣算，改为地丁每两折收钱二千四百文，漕米每石折收钱三千文，万安、乐平二县加钱二百文。迨因同治七年银价渐长，州县收钱易银，不敷解支，据前司道详经臣奏请，地丁每两连加一耗羡，仍收银一两五钱，漕米每石折收银一两九钱，万安、乐平二县加银一钱二分，经部议准办理。本年四月间，左都御史胡家玉以江西钱粮违例加征奏请裁革。复经由司确核原定征数，在所必需，实难删减，再四筹画，于无可核减之中，将藩司一分公费删除，以后地丁每两连耗羡征银一两四钱九分。奏奉朱批：‘着照所请’等因，钦此。均经递次出示晓谕，通饬各属遵办各在案。兹据户部议令复照曾国藩原定折收钱文，按现在银价酌加钱数，每两不得逾二百文。查曾国藩等原定每银一两合钱一千六百文。其时银价平减，近年银价增昂，每两易钱一千八九百文不等，自应恪遵部议，酌加二百文，以钱一千八百文作银一两扣算。地丁每两连耗羡、火工等项改收钱二千七百文，仍删去藩司一分公费，实收钱二千六百八十二文。漕米每石连留支公用改收钱三千四百二十文，万安、乐平二县加收钱二百一十六文。年内完纳，均照此数征收，年外完纳，仿照江苏章程，每石加钱五百文。即行通饬各州县，于奉文之日，地丁、漕米一律照章征钱，不准于定数之外浮收分文，仍于年底裁清已征、未征米数，详请奏报。倘将来银价大有涨落，征数应行与时变通，援照安徽等省成例，专案详请奏明办理，不准州县擅自更张，以杜流弊。经此次改定章程，从兹无可借口，每年额征地丁、漕米，自当责令年清年款，扫数全完，倘或仍前延欠，照例分别参追。惟是江西漕折得以年前大批解部，实恃三限加价之旧章，花户用能争先完纳。今改宽限期，惟有责成州县开导花户，激发天良，一经开征，即行赶紧完纳，不得观望迟延。至于办运本色一节，江西折价太少，规复旧章不易。查江苏折漕年内每石收钱四千五百文，河南折漕每石收银三两，以视江西折漕多寡相去悬殊。且江西办理海运，较苏省路途加远数千里，费用亦应倍增。此时征收本色，不但民间狃于折价省便，而且运费无出，船只、仓廒未修，一无藉手，诸多窒碍。窃以复办本色，必须量增折价，先将县省漕仓、运米船只次第修造完竣，再行改征本色，庶几办理稍有把握，运费缺乏无虞。然近年水旱频仍，民力拮据，应请稍宽时日，一俟年谷顺成，地方充裕，即当次第举行，以重天庾正供，断不敢畏难因循，稍事延诿”等情，详请具奏前来。臣覆加确核，均属实在情形。

至于上司供应、铺垫、节寿礼、月费、漕规等项，自同治元年厘定新章之后，即已禁革净尽。至今十有二年，臣与司道时加告诫稽察，各守令尚属谨守成规，并无袭蹈从前陋习者。臣仍当随时查访，如有私相馈遗，即将与者、受者一并严参，勿稍容隐，以副圣主澄清吏治之至意。

除咨户部外，理合会同两江督臣李宗羲恭折具奏，伏乞皇上圣鉴，敕部查照施行。谨奏。

江西应解额木请折价解部就近采办折

同治十二年十一月二十八日

奏为江西应解额木，一时难以办运，拟请先行折价解部，就近采买备用，恭折仰祈圣鉴事：

窃臣接准工部咨，准万年吉地工程处咨称："具奏钦工需用架木，拟请分别采买饬催一折，同治十二年八月十一日奉旨：'依议。'钦此。飞咨江西巡抚，查照前奏，自同治四年起，历年欠解桅杉架槁木植，饬委妥员赶紧采办，务于明年四月以前委解来京，以备急用。其欠解咸丰三年以后各年木植，仍令分年带解"等因。即经臣饬司赶紧筹办去后。

兹据藩司刘秉璋详称："遵查江西额解木植，屡经工部咨催。当因江省前此被兵十馀年，大木早已砍伐无遗，新种之木尚未成材，解京额木径长若干，例有尺寸，一时实系无从采刁。且运河淤垫，木筏无水浮送，挽运赴京，难计时日，中途稽滞日久，糜费滋多。种种窒碍情形，历经详请咨商工部从缓办解在案。今钦工待用孔殷，势难迟缓，定限明年四月到京，为期尤迫。从前木植较多，运河通畅，委员办理一次到京，尚须一年有馀。今昔情形迥异，更何能赶副四月限期。自应设法变通赶办，俾免贻误。溯查江西省每年额解桅杉架槁木植，例销价银三千三百八两二钱七分四厘，不若筹拨价银解京，就近采买，较为妥速。惟是饬解同治四年起历年应解木植，年分既久，需价浩繁。现在奉拨京、协各饷为数甚巨，支绌时虞。以一年而筹九年例价，已属不易，况例价不敷，向有公捐帮价，亦应一并筹解，庶几购办不致掣肘。而措备九年帮价，尤属力所未能。思维再四，惟有先将同治十一、十二两年应解额木共计例价银六千六百馀两，在于地丁项下照数动支解部，饬商就近在直隶一带地方采买，以济工需，其应需部饭银两，并请照案在于木价银内，并耗羡项下，分别扣解，以资办公。至于筹捐帮价，向视木植时价之低昂，每次按例价酌帮五六成不等。兹饬商在直隶采买，其不敷之数，自较江省加多，请于例价之外，添筹一倍，随正解部，以为加增津贴之款。此项津贴银两，循旧由外筹备，不动正项报销。如此变通办理，庶钦工要需得以如期应用。其馀历年欠解木植，仍当续筹价银，一有合式木料，随时采买，另行报解”等情，具详请奏前来。

臣覆加确核，均属实在情形。相应请旨敕部迅速核覆，以便赶紧筹拨，委员兼程解京备用。

除咨明户、工二部外，理合恭折具陈，伏乞皇上圣鉴训示。谨奏。

赣州府属拿获教匪正法片

再，臣接据吉南赣宁道文翼、赣州府知府魏瀛禀报，该道府及署安远县知县黄德溥、信丰县知县李大观并各营汛，访闻安、信二邑交界之凉伞岽山内有土匪与外来匪徒潜匿勾结，图谋不轨。即经安远县营首先破获匪犯黄得福、唐东培二名，又会同信丰县营驰往凉伞岽金禅庵内拿获匪犯杨忠良、唐瘌疤、邱有富三名，并经该道府委员驰赴各县协拿，复据候补知县孔宪畴协同信丰县营拿获匪犯王洪元、张回心二名，试用从九品高隆谦协同南康县营获匪钟道明一名，先后解郡，经该道府督同赣县知县崔国榜等提集，逐一研讯。据杨忠良供认，先拜已故之罗秀贞、罗普明、邹恩泷为师，入红、黄、白三教，得有“五行”名目。咸丰三年，邹恩泷在泰和县滋事，该犯听纠入伙，被官兵击败逃散。同治十年，周乾元、罗周政等潜谋起事，该犯允为纠人接应。十一年，郭老六、罗明标等图袭赣州府城，该犯亦与闻其谋。周乾元拿获正法后，该犯接“顶摘光祖”名目，总理江西红、白、黄三教，现复受封伪都督，系带兵武职。其总头李利贞，系陕西人，经白教头目赵得胜接在湖北襄阳县乡间，开有斋坛。湖南系刘中和、谭贯南等为主，闽、广均有党与。本年六月间，湖南伪军师谭贯南差黄得珍、黄日新送信，令其纠人起事，并给令旗、印记各纸样，该犯即令在逃之张世传照刊伪印门牌，分给现获之黄得福等及在逃之欧阳魁等充当头目，各自纠人，约期八月二十五日举动，先取板石司，后破安远县，由信丰、南康、上犹等县过湖南桂东县，下赴湘潭县会齐。尚未到期，即被拿获等语。提讯钟道明、黄得福、唐瘷疤、王洪元、唐东培、张回心、邱有富七犯，各供相符。起验伪印、门牌，语多悖逆不经等情，录供禀报前来。

臣查该犯杨忠良，以教匪大头目，历年与已获正法各犯同谋叛逆，兹复与外匪谭贯南等通谋纠人，约期起事，实属不法已极。钟道明、黄得福、唐瘷疤、王洪元、唐东培本系教匪伙党，听从充当头目，领印纠人助逆，厥罪惟均。既据该道府研讯确凿，未便稍稽显戮，当即批饬该道府，会督营县，将杨忠良、钟道明、黄得福、唐瘷疤、王洪元、唐东培六犯绑赴市曹处斩，传首犯事地方，悬竿示众，以昭炯戒。张回心、邱有富二犯，均供认入教同谋，惟尚未领印，情节稍轻，应请暂行监禁，俟续获各逃犯，以备质证，另行拟办。一面饬令臬司通饬各属，勒拿逸犯张世传、欧阳魁等，务期按名捕获，尽法处治。仍造具逃犯年贯清册，飞咨湖北、湖南、广东、福建各省，一体严缉，以期尽绝根株。正在核办间，又据禀报，署观音阁通判马梁，会同信丰县营续获匪犯华直荣一名，赣县会营续获匪犯刘得茂、何上祺、邱清和、赖回光四名，泰和县营续获匪犯罗本洪一名，尽先补用都司邓启璠会同南昌县营督同泰和县兵役续获匪犯罗光简一名，候补从九品狄汝霖协同雩都县营续获匪犯陈崇善一名，均经批饬解赴赣南道衙门归案质讯办理，起获伪印等件，俟案结销毁。拿获要犯出力文武各员，容臣另行择尤请奖，俾资激劝。

所有安远、信丰等县拿办谋逆匪犯缘由，理合会同两江总督臣李宗羲附片陈明，伏乞圣鉴训示。谨奏。

奏疏卷九

筹款归还军需借用库款折同治十三年正月二十八日

奏为筹款归还军需借用司库放存候解候给各款及地方公项，遵照新章，恭折奏祈圣鉴事：

窃查前准户部咨，抄奏内开："此后报拨银款，应令各款毋得擅动。如有并未专折奏报，仅于拨册内笼统开除者，即由臣部遵照定限，随时奏参，以防弊混"等因。同治八年九月初十日奉旨："知道了。"钦此。转行钦遵在案。

兹据藩司刘秉璋详称："江西省自咸丰三年起办理军务，时阅十数年之久，兵勇云集，需饷浩繁，征收钱粮，劝办捐输，不敷应用，不得已而作移缓就急之计，举凡司库放存候解候给各款，与夫地方应存公项，悉数提充军需，以全时局，业于报销案内将借用总数列入收款。接准部覆，行令赶紧筹还指款造报。兹查原借各款内，有急须解给之项，应请于同治十二年春拨案内实存项下，留江备用款内动支各年地丁、杂税等款银一十六万六百七十七两二钱一分六厘提入军需，归还原借。应解各部纸张、饭银，各年驿站存留经费及节备仓生息成本并息银，江海关代征赣关丝税，应放废标兵饷各典缴还成本，文职各官养廉津贴，宝昌局炉头办公暨普济堂老民口粮生息成本，信丰县戴鸣皋缴存谷价捐修城濠经费，萍乡县马九功解存东乡县任内交代银两、大钱、价银，大清律例、户部则例工价，广信府库封储公项、兵马奏销饭食，瑞州粮台并泰和县解存筹饷捐输部饭等项：共银一十六万六百七十七两二钱一分六厘，各归本款收存，分别支解给领。此外军需借用放存候解候给银款，容俟续收有银，再行提拨归还，统由报销总局指款造报”等情，具详请奏前来。臣覆核无异。

除咨明户、兵二部外，理合恭折具奏，并缮现动钱粮年款及递还各借款细数清单，恭呈御览，伏乞皇上圣鉴训示。谨奏。

续办赣州教匪片

再，臣承准军机大臣字寄：“同治十三年正月初六日奉上谕：‘刘坤一奏拿获谋逆匪犯等语。上年江西安远、信丰二县交界之凉伞崃山内有土匪与外来匪徒勾结，图谋不轨，当经破获匪犯黄得福等多名，并讯明杨忠良系总理江西红、黄、白三教，现复受封伪都督，其总头李利贞，经白教头目赵得胜接在湖北襄阳县乡间，开有斋坛，湖南系刘中和、谭贯南等为主，闽、广均有党与，约期八月举事，业将该犯等讯明处斩，以昭炯戒。惟该逆逃逸尚多，且其羽翼甚众，亟应认真搜捕。着刘坤一饬属严密查拿，将逃犯张世传、欧阳魁等，并此外匪党按名弋获，尽法处治’”等因，钦此。

查此案前据赣州道府等禀报，续获匪犯邱清和、罗本洪、华直荣、陈崇善、刘得茂、赖回光、罗光简、何上祺八名，已饬质讯究办，一面通饬各属，并飞咨湖北等省缉拿逃犯各在案。

旋据各属禀报：长宁县续获匪犯汪金盛一名，委员候补从九品潘文琳会同兴国县营续获匪犯钟细仔俚一名，南康县营续获匪犯赖荣华、邱魁星二名，候补知县何讷续获匪犯萧敦夫一名，赣县会营续获匪犯刘上班、萧庆洪、翁显由、温裕隆四名，亦饬归案质究去后。据吉南赣宁道文翼、赣州府知府魏瀛禀称，督同赣县知县崔国榜及各委员提犯隔别研鞫，连日悉心查讯，始各供吐实情。该犯邱清和拜从已正法之杨忠良为师，入黄教，始封头顶，继封新五行，并充左护法，并往已故匪首陈光明、已正法匪首周乾元处领得伪令旗、伪印。上年六月间，杨忠良等在凉伞崃约期起事，该犯纠允五百人助逆。又罗本洪一犯，先于咸丰三年投入泰和县逆匪，被剿逃散，嗣复领得陈光明伪印，与杨忠良等同谋乘机起事。又华直荣一犯，拜从杨忠良及已正法之钟道明为师，受封证恩，充当左护法，领有印布，与杨忠良等同谋起事。又陈崇善一犯，拜从杨忠良为师，充当右护法，与在逃匪首萧建章同谋纠人，帮助已正法匪首郭老六等图袭赣州府城。又钟细仔俚一犯，听从罗本洪纠人起事，领有伪印。又刘得茂即中和一犯，系积年斋匪头目，入三乘教、白教，与已正法之罗明标等谋袭赣郡，并以邪术引诱邱魁星入伙，纠人助逆，并与杨忠良等在凉伞崃潜谋起事。又赖回光一犯，拜从逃匪张乐宣等为师，受封五行等名目，领有伪印，先与已正法之罗周政等谋逆，继与杨忠良、郭老六等谋袭赣郡。又赖荣华一犯，系红教头目，复拜刘得茂为师，入三乘教，诱令邱魁星谋反，纠人帮助郭老六等同袭赣郡。又邱魁星一犯，听从赖荣华入三乘教，受封引进，与刘得茂等各纠党与，谋破赣城。又萧敦夫一犯，拜从逃匪高声仁为师，入三乘教，与刘得茂、郭老六等谋袭赣郡，该犯纠集沙地墟匪党，行至五云桥，闻拿折回。又刘上班一犯，与刘得茂等同谋图破赣城，带同伙党两次内应，因外匪未至，地方官访闻查拿，遂即逃散。又罗光简一犯，系红教头目，与邱清和、杨忠良商谋纠人起事，为已正法匪犯罗周政等报仇。又汪金盛一犯，拜从杨忠良为师，入红教，受封铁板，在周乾元处领得伪印、令旗，四处送信，纠人助逆。又萧庆洪一犯，拜师入三乘教。又翁显由一犯，与在逃教匪头目张万松素识往来，并未同谋为逆。又何上祺一犯，在钟道明石云山庵内作火夫；又温裕隆一犯，在刘得茂长龙庵内作火夫，均不知逆情。各等情，录供议拟，禀请核办前来。

臣查该犯邱清和、罗本洪、华直荣、陈崇善、钟细仔俚、刘得茂即中和、赖回光、赖荣华、邱魁星、萧敦夫、刘上班、罗光简十二名，入教为匪，与已正法各犯互相勾结，屡次谋逆，实属罪不容诛，未便稍稽显戮，当即批饬就地正法，传首各犯事地方，悬竿示众，以昭炯戒。汪金盛一犯业已据报病故，应毋庸议。萧庆洪据供仅入三乘教，翁显由仅与在逃匪首往来，未与逆谋，应与前获之张回心、邱有富一并暂行监禁，俟续获逃犯，以备质证。何上祺、温裕隆虽为匪首作火夫，讯明不知逆情，均递籍枷杖发落。又据安远县营续禀，缉获广东兴宁县关拿著名土匪石广洪一名，亦经饬令递回兴宁县审办。钦奉前因，现仍严饬各属勒拿逃匪张世传、欧阳魁等按名弋获，勿任漏网。并因现犯供报逃匪姓名、籍贯，与前办各犯所供颇有不符，且三乘教传自浙江衢州府，复饬臬司另造清册，分咨湖南、湖北、广东、广西、福建、浙江等省一体密拿，务期尽绝根株，以杜后患。

所有赣郡续获谋逆教匪讯明办理缘由，谨会同两江督臣李宗羲附片陈明，伏乞圣鉴训示。谨奏。

奏留武职人员收标借补片

再，前准兵部通行：“嗣后军营遣撤员弁，例应收标者，即行咨部注册，至保举、推选各官，并副、参应行回避本省人员，必须专折奏明，奉旨允行后，方准收标，不得率行咨部注册，以昭慎重”等因，遵照在案。

兹查有花翎头品顶戴记名提督奇车博巴图鲁李占椿系江西兴国县人，在江西、安徽、河南、陕西、直隶、甘肃等省军营，历年攻剿著绩，保升前职，并于削平金积堡巨巢擒斩首要各逆案内出力，奉旨赏穿黄马褂①。又花翎记名总兵江宗良，系湖南邵阳县人，在湖南、湖北、江西等省军营，历年攻剿，叠著战功，保升前职。又花翎遇缺尽先补用副将王国权，系湖南湘乡县人，历年在湘、鄂、江、皖、粤、西等省军营剿匪出力，保举前职，并于捣平广西山泽贼巢全股扑灭案内，奉旨赏给锋勇巴图鲁名号。又蓝翎副将衔补用参将马正龙，系湖南邵阳县人，历年在湖南、广西两省军营，攻剿逆匪出力，保升前职，并于攻破广西渌强村谷仓、山泽各贼巢案内，奉旨赏给固勇巴图鲁名号。又蓝翎副将衔尽先补用参将孙得胜，系湖南邵阳县人，投效江西祥字营，历年攻剿出力，递保前职。花翎尽先选用游击程金魁，系江西新建县人，投效内河水师营，历年攻剿著绩，递保前职。伏查李占椿、江宗良应赴京恭候简放，王国权、马正龙、孙得胜均未保留省分，应赴部听候拣发，程金魁应赴部候选。该员等均系草茅寒畯，北上无资，不惟投闲置散情殊可矜，且俱久著勋劳，不获及时自效，亦属人材可惜。合无仰恳天恩，俯准将记名提督李占椿、记名总兵江宗良、遇缺尽先补用副将王国权、副将衔补用参将马正龙、副将衔尽先补用参将孙得胜、尽先选用游击程金魁，均留于江西，收标效力，遇有副将以下缺出，照章酌量借补，以储将材，而资观感。又江宗良于咸丰六年，进攻湖北省城，被炮子打伤左膀，

①中华书局版《刘坤一遗集》作“掛”。

马正龙于咸丰九、十，同治元、二等年，进剿湖南新宁、广西融县等处股匪，左腿、右足、左右手叠受刀矛炮子伤，孙得胜于同治三年攻剿崇仁县踞逆，被炮子打穿左胫，虽均调治就痊，筋骨究已受伤，骑射未能合式，并恳逾格鸿慈，免其骑射，用示体恤。

除饬取各该员履历分送部科外，理合会同两江督臣李宗羲附片陈明，伏乞皇上圣鉴。谨奏。

恭谢天恩折 同治十三年二月初八日

奏为恭谢天恩，仰祈圣鉴事：

窃臣于二月初六日接准吏部咨，抄单内开："江西巡抚刘坤一于胡家玉本籍田亩未完漕粮，当时并未奏参，照律降三级调用，该抚接胡家玉信函，又不即行陈奏，照例再降二级调用，前已革职留任，此次应行革任等因，具奏。同治十三年正月十七日奉上谕：'吏部奏遵议大员处分请革任一折，江西巡抚刘坤一着加恩改为革职留任，降为三品顶戴'"等因，钦此。当即恭设香案，望阙叩头谢恩。

伏查降调左都御史胡家玉及其弟任未完咸丰五年及十一年地丁漕米，臣因到任在后，未及查知，至上年冬间，饬据该县核卷申详，始行据实覆奏。又胡家玉干预地方公事信件，臣虽并无迁就之私，惟当时未即举发，皆由才庸识暗，以致疏忽迟回，即予罢斥，亦属咎所应得。乃渥荷圣慈，矜全至再，仅降三品顶戴，仍予留任。臣自问何人，屡邀旷典？抚躬循省，感悚涕零。此后惟有益矢勤慎，遇事认真稽察，破除情面，不敢稍涉瞻徇，以期仰答高厚生成于万一。

所有微臣感悚下忱，理合恭折叩谢天恩，伏乞皇上圣鉴。

谨奏。

防勇全撤需时抽调绿营仍需津贴折

同治十三年三月二十日

奏为江西额兵无多，防勇骤难全撤，绿营调练已久，津贴在所必须，据实覆陈，仰祈圣鉴事：

窃臣承准军机大臣字寄："同治十二年十一月二十四日奉上谕：'岑毓英奏遵旨覆奏侍郎徐桐所陈安危大计，请将吏治、营伍、国用，力图整顿。据称整顿吏治，必先停捐，欲停捐，必先足用，欲足用，必先易勇为兵。按楚勇章程，各省如裁勇十万，每岁所省饷银即足抵补京外捐项。现时多以勇营留防，则绿营未能整顿可知，应将现在勇丁挑选精壮，充补绿营兵额，痛除积习，易弓箭为枪炮，勤加操练，馀勇酌给欠饷，妥筹遣散。拟请由滇省先行办理等语。所陈不为无见。滇省既可首先举行，各省情形虽不相同，亦当力求整顿。应如何认真筹画妥为布置之处，着各省督抚按照该抚所议各情，悉心酌度，次第经理，务使实有成效，毋得徒托空言，并将拟办情形先行详细具奏。原片均着抄给阅看。将此各谕令知之。'"钦此。

臣查同治五年江省解严之时，境内屯勇数万，当经分别遣撤，酌留一万馀人，嗣复陆续裁汰只留陆勇三千数百名、水勇三千数百名，虽遇风鹤频惊，不敢轻议增募。盖以目前多招一勇，地方少一耕凿之民，将来多撤一勇，地方又多一游荡之民，正不独糜费饷项也，惟江西界连六省，水陆交冲，地方虽久已肃清，而土匪、游勇不时萌动，其浙、闽接壤之处，宵小出没无常，历将拿办情形奏报有案。江省额兵仅只一万一千馀名，分防七十九厅州县，幅员辽阔，兵力甚单，平时缉捕巡防，已属竭蹶，一旦遇有匪徒窃发，若待调集各绿营弁兵剿捕，必有缓不济急之虞，不得不留此数千防勇，分驻要区，警报朝传，锐师夕至，庶能立就扑灭，不至日久蔓延。此防勇未能即时全撤之实在情形也。绿营为经制之师，自应力求整顿。臣自同治九年遵旨练兵，即经奏定轮练之法，行令九江、赣州两镇，各先抽调千人，练熟仍撤归伍，再行抽调千人，按期更替，周而复始。省标兵少，则量行变通，以期通省额兵技艺悉臻精熟，恰与上年兵部议覆福建抚臣王凯泰奏立练营以修武备一条谓练一营而各营皆练之意相符。至弓箭为定制所关，不可偏废。臣抵任之后，即饬通省绿营弓箭与籐牌各兵丁，兼习刀矛枪炮，迄今十年，颇著成效。现复将抽练之兵教习洋枪阵法，亦觉粗有规模。惟江省各绿营兵皆足额，既无大起可裁之勇，亦无大起可补之兵。此江省额兵久经调练，并不能全以勇丁充补之实在情形也。绿营兵饷，除朋扣外，马兵得银三两，战兵得银一两四钱，守兵得银九钱有零，又各得米三斗。马兵少而战守兵多，计其所得只敷一身衣食，不得不别营生业，以为事蓄之资。若欲该兵丁等专力操防，身无他务，似非量给津贴不可。且江省调练各兵，系令习道路之劳，亲筑凿之役，经年顿舍，终日荷戈，则津贴之资实与行粮无异，非若就本营本汛操练尚有时得以自便也。臣仿照江南练兵津贴薪粮章程而酌减之，每兵每日只给钱一百文，上而哨官、队长，下而馀丁、长夫，均视此为差等，抽调则支，撤回即止，原为节省经费起见。在云南以勇补兵，目前无室家之累，但得发足额饷，即足以谋饔飧，自不必另筹津贴，且操练之法，亦或与江省迥殊，未可一例而论。此江省练兵必须津贴薪粮之实在情形也。

臣与司道悉心斟酌，江省情形，诚如圣明洞鉴，颇与云南不同。现留水陆勇丁七千馀名，应俟本省、邻省伏莽全除，再行奏明遣散。其调练绿营兵丁与夫津贴薪粮，亦请仍照前次奏定章程办理。臣惟有懔遵谕旨，督饬各镇将、各统领认真振顿，以仰副圣主讲求武备、慎重帑藏之至意。

再，捐输一事，本省久已停止，近年所办之捐，专供云、贵、陕、甘四省协饷。现准云南抚臣咨，奏奉谕旨，停止滇捐，业经饬司遵照。其馀三省捐局，能否一并议裁，容与司道熟筹妥办。合并陈明。

所有江省留防营勇骤难全撤，以及抽练绿营仍须津贴缘由，理合恭折覆奏，伏乞皇上圣鉴训示。谨奏。

补造新建被灾缓征各都图送部查核折

同治十三年三月二十日

奏为查明新建县被灾缓征银米各都图据实具奏，仰祈圣鉴事：

窃臣于同治十三年三月初五日接准户部咨："江西巡抚刘坤一奏，查明江西省各属同治十二年被水、被旱、被虫，应征新旧钱漕等款，请分别缓征递缓一折，钦奉谕旨，恭录行文在案。检查原奏，各厅县均详开图都，惟新建县之上、下各乡被淹各则官民田四千四百八十二顷三十三亩五分八厘未完地丁银九千九百四十九两零，漕米九千四百一十石零，并未分晰声叙。诚恐百姓难以周知，吏胥得以影射侵吞，应令即将新建一县上年被灾处所详查都图，刻即奏明，俟奉旨之后，补贴誊黄，以杜影射，而昭核实，并将历年蠲缓细册，详晰开报，送部查核"等因。即经转行遵办去后。

兹据藩司刘秉璋详称："查上年各属被水、被旱、被虫，晚禾歉收，系属秋灾，例应于九月底勘定报司。该新建县虽据依限会同委员查勘，开列被灾田地顷亩、应完银米数目禀报，惟都图册籍迭催未据造送。当以奏限紧迫，未便因一县而稽通案，是以仅就所开上、下乡被灾田亩应完银米确数，汇案详奏。现在催据接署新建县知县孟庆云详称：'前署县王维新于上年被灾各乡，业经会同委员查勘，分别剔荒征熟，先将应缓银米细数开折呈送。其都图清册正在查造，因濒湖圩堤被水冲刷单薄，时方冬晴水涸，亟须加高培厚，迭据业民纷纷禀请督修，王维新因堤工攸关保障，刻不可缓，随即赴乡监督修筑，以致造报稽迟，尚非无故延搁。遵即补造都图清册'"，由司具详请奏前来。

臣覆核无异，相应请旨将新建县之四都一、二图，五都一、二、五、七图，六都三、五、六图，七都七图，十二都五图，二十一都二、三、四、五图，二十二都一、二、三、四、五图，二十三都三、五图，二十四都一、二、三图，二十五都二、三、五图，二十八都二、五图，二十九都一图，三十二都一、五图，三十三都一、二、三、四图，三十四都一、二、三图，三十六都一、二、三、四、五图，三十七都三图，三十九都一图，四十都二图，四十一都一、二、三、四、五图，四十二都一、二、三图，四十三都一、二图，四十四都一、二、三、四图，四十五都一、二、三、四图，四十六都一、二、三、四图，四十七都一、二、三图，四十八都一、二、三、四图，四十九都一、二图，五十都一、二图，五十一都一、二图，五十二都一、二图，五十三都一、二、三、四图，五十四都一、二、三、四、五图，五十五都一、二、三、四、五图，五十六都一、二图，军都六图，八、九、十等坊，各则官民田四千四百八十二顷三十三亩五分八厘，未完地丁银九千九百四十九两零，漕米九千四百一十石零，请缓至同治十三年秋后，分作两年带征，以舒民力，俟奉恩旨补贴誊黄晓谕，以杜影射。至前署新建县知县王维新于被灾缓征钱粮，已开确数呈送，惟都图清册造送迟延，虽据声称因赴乡督修圩堤，并非无故稽迟，究属咎有应得。该员已于本年二月初二日卸事，并请敕部将前署新建县事现任浮梁县知县王维新照例议处。

除饬司将历年蠲缓册结赶紧催造详办，并咨明户部外，理合恭折具奏，伏乞皇上圣鉴训示。

再，此案续奉寄信谕旨，现在另折覆奏，合并陈明。谨奏。

覆陈丁漕新章系遵部议办理折同治十三年三月二十八日

奏为遵旨据实覆陈，仰祈圣鉴事：

窃臣于本年三月初十日承准军机大臣字寄："同治十三年二月二十五日奉上谕：'前据御史张观准奏江西丁漕弊端太多，请旨惩办，并据称刘坤一奏请缓征钱粮，未将被灾之都图村社开列，降旨令该御史将所指究系何州何县明白回奏。兹据奏称，刘坤一折内请缓征新建县被淹各则官民田未完地丁漕米，并未将都图村社明白开列等语。该御史所奏此次所改新章，仍属任意浮收，与部章不符。该抚因何未将新建县都图村社开列之处，着刘坤一查明，据实具奏。原折二件均着抄给阅看。将此谕令知之。'"钦此。等因。

臣查上年降调左都御史胡家玉奏江西丁漕违例加征，请饬部核议。旋经户部遵旨，就江西现在情形，悉心商酌，议令按照曾国藩原定每银一两连加一耗羡折收钱二千四百文之外，再按现在银价，酌加钱数，毋庸征收实银，所加之数仍每两不得逾二百文。

漕折一项，江西省每石收银一两九钱，核与河南、安徽等省折漕支解章程尚属一律。惟该左都御史虑及征银不便于民，自系确有所见。亦请按照原定数目，于每石收钱三千文及三千二百文之外，酌量加收钱文，其所加之钱，即视地丁每两加钱二百文之数核计征收，一面先行奏咨立案等因。臣当即据行藩司、粮道详核征收解支款目及市银价值，定为每地丁银一两连耗实收钱二千六百八十二文，漕米每石实收钱三千四百二十文，万安、乐平二县加收钱二百一十六文，奏奉朱批："户部知道。"钦此。并准户部咨行到江，业经出示晓谕遵办。是现定丁漕收钱数目，系恪遵部章，并无不符之处。且江西漕折太轻，致难规复起运，何该御史转斥为纵属吏之贪饕，朘民生之膏血！他省或非该御史所知，即如本案中部议所引之河南每石征银三两，安徽征银三两二钱，以视江西之征钱三千四百馀文，孰多孰少，该御史应能辨之，而亦附和胡家玉之说，苛责江西乎！

其因灾奏请缓征钱粮，各省办理本不画一，仅开田地银米数目者多，详列都图村社者少，历见邸抄。惟江西省向系详列都图，臣历年循旧办理，从无参差。上年各属低田被淹，高田被旱、被虫，晚禾歉收，经臣饬司委员会同各州县查勘，禀请缓征递缓新旧钱粮，该新建县仅将应请缓征田地、银米数目开呈，所有都图村社，迭催未据造送。时已十一月下旬，封篆期迫，例限綦严，未便因一县而稽通案，是以藩司即就所开田地银米数目先行汇详，一面饬催补报。嗣准户部咨，仍应查开都图，奏明请旨，补刊誊黄。现已据详另折具奏，并将该县附参。此缓征折内新建一县未开都图之原委也。该御史谓臣故意蒙混，不思臣于江省各州县缓征均未蒙混，独何恶于新建一邑之民？如以胡家玉隶籍新建，预为催追该户钱粮地步，则胡家玉因臣奏参，已将十二年钱粮扫数完纳。臣既无所容心，徒授人以口实，应亦愚不至此。该御史深文周内，自难逃圣明洞鉴也。

谨将查明各实情，恭折覆奏，伏乞皇上圣鉴训示。谨奏。

南安存营银米悉被劫焚恳予豁免折

同治十三年五月二十一日

奏为南安营应存银米，前因郡城失守，概被焚劫，援照例案恳恩豁免，恭折仰祈圣鉴事：

窃查前署南安营守备卢荣邦经管钱粮，请领过咸丰五、六、七、八等年官兵马匹俸廉饷乾银米，除支销外，应存五年分缺俸饷乾银九十六两七钱六分三厘，缺额米四石六斗三升，缺廉银一百五十两三钱五分二厘，六年分应存缺俸饷乾银一百七十五两二钱八分四厘，又病故征兵缴回守粮银八两一钱三分，缺额米四十石六斗二升，缺廉银一百四十六两九钱四分五厘，七年分应存缺俸饷乾银二百八十两六钱七分六厘，缺额米十二石五斗五升，缺廉银二百二十一两六钱八分四厘，八年分应存缺俸饷乾银四百四十两七钱四分四厘，缺额米六十石五斗五升，缺廉银三百十九两七钱一分一厘：以上共应存缺俸饷乾缺廉银一千八百四十两二钱八分九厘，缺额米一百一十八石三斗五升。咸丰八年十一月三十日，南安府城失陷，署南安营参将卓尔欢、署守备卢荣邦同时阵亡，营匣钱粮、存仓米石、军装器械，悉被焚劫，即经前署守备李集勋、孙抡元查明先后禀报，批司移镇确查各年各款银米数目，均属相符，委系城陷被劫，并无捏饰情弊，由镇取造册结送司，详经臣恭疏题请豁免。嗣经户部题覆，以“同治八年请豁阵亡殉难各员被劫银米，系奏请豁免。此案请豁银米，虽与例案相符，惟未据奏明办理，核与前案两歧，应令转饬详查，迅即奏豁，以符前案而归画一等因。同治十三年二月初九日奉旨：‘依议。’”钦此。当经转行遵照去后。兹据藩司刘秉璋复经确查无异，具详请奏前来。

臣查律开：“仓库卒遇水火、盗贼劫夺，事出不测，显迹明白，免罪不赔”等语。又江省各州县，前因失守城池，阵亡殉难各员，被劫仓库银米等项均经奏准豁免在案。今南安营前因郡城失陷，银米被劫，该管参将卓尔欢、经管钱粮守备卢荣邦均已阵亡，后裔孤苦零丁，无从追赔，核与豁免例案相符。合无仰恳天恩，俯准将前项被劫银米概予豁免，以广皇仁而恤忠荩。

除咨部外，理合恭折具奏，伏乞皇上圣鉴训示。谨奏。

恭报巡阅出省日期折 同治十三年七月十六日

奏为恭报起程巡阅九、赣两镇所属营伍日期，恭折仰祈圣鉴事：

窃臣接准兵部咨开：“同治十三年二月二十八日奉上谕：‘本年轮应查阅山东、河南、江苏、安徽、江西五省营伍之期，江西即派刘坤一逐一查阅，认真简校’”等因，钦此。

兹将臣标左、右二营及南昌城守营各官兵先行调集校阅，并将紧要事件，妥为料理，定于七月二十九日自省起程，前往九江、饶州、广信、抚州、临江、吉安、赣州一带巡阅营伍，往返约需两月。臣衙门日行事件，循旧仍委藩司代印代行，遇有紧要事件，包封送臣途次核办，以昭慎重。

除俟查阅事毕，再将各营情形另行恭折奏报外，所有臣前往

九、赣两镇所属各营巡阅营伍起程日期，理合恭折具奏，伏乞皇上圣鉴。谨奏。

请饬黎兆棠回江委用片

再，臣于同治十年五月间准吏部咨，钦奉上谕："英桂、王凯泰奏察看道员人地不宜，遵旨撤回。署台湾道黎兆棠，本系江西补用人员，即着饬回江省，毋庸留闽"等因，钦此。旋准江苏抚臣咨，该道行抵上海，因长途跋涉，旧证复发，呈请回籍调理，咨江核办。嗣因该道回籍后，阅时已久，计必医治就痊，迭经咨会原籍广东抚臣，催令来江，听候差遣在案。今闻该道黎兆棠业经钦差大臣沈葆桢奏调赴闽帮办台湾军务，旧证自已全愈。相应请旨敕下沈葆桢，俟军务完竣，即给咨黎兆棠来江，以资委用。

理合附片陈明，伏乞圣鉴。谨奏。

大阅事竣回省甄别折同治十三年九月二十八日

奏为恭报查阅省标及九、赣两镇所属营伍日期，并将衰劣各弁，核实甄别，恭折具奏，仰祈圣鉴事：

窃臣钦奉谕旨派阅江西营伍，曾将调集臣标左、右营及南昌城守营先行校阅，并起程日期，奏报在案。

拜折后，随即轻骑减从出省，先至浔郡，会同九江镇总兵程文炳，将镇标前、后城守及南康营官兵及调浔操练之各营选锋兵丁，逐加阅看。次赴饶州、广信，调集该二营及浮梁、铅山等营官兵，次第考校。正拟前赴抚郡，适接署赣州府观音阁通判马梁等禀报，粤东连平、翁源等州县，有土匪滋事，图犯江境。臣因赣郡道府均甫经到任，恐未深悉地方情形，亟应亲往督率布置，以重边防。抚郡道路纡回，有稽时日，当委南昌城守协副将普承忠往阅抚州，及调集建昌、广昌三营兵丁，又武宁营兵丁，因地方僻远，亦循旧委员往阅，该四营员弁，另行调省考验。臣即由广信驰赴临江、吉安，将该二营及袁州、铜鼓、瑞州、永丰、莲花、万安、龙泉等营官兵顺道调考。旋至赣州府城，会同南赣镇总兵王永胜，将赣标中、左、后、城守，兴国、宁都、南安、文英、永镇、横冈、羊角十一营，调齐校阅。臣详加察看，通省各营，大阵及速战阵，步伐整齐，连环枪炮、三叠枪，声势联络，籐牌、跳舞勇捷，刀矛、云梯等项杂技亦均精熟，洋枪阵以九江为最精练，赣标仿照江苏成章，参用金鼓旗矛，变通尤为得法。马步箭中靶约有七成，鸟枪抬炮打靶准头约有九成。内中技艺较优弁兵，容臣酌量奖赏，存记拔补，其技艺稍疏，年力尚壮，尚堪造就者，分别记过责惩，勒限练习。惟查有铜鼓营分防礤头汛外委杨国雄、赣标城守营额外外委桂启垣，均年力就衰，临江营分防樟树镇额外外委毛定魁声名狼藉，未便稍事姑容，据该管镇将揭报前来。相应请旨将毛定魁即行斥革，杨国雄、桂启垣均勒令休致，用昭惩儆。各营军装器械，点验无亏，马匹尚属膘壮，各属塘汛墩台亦俱完善，沿途驻扎水陆各勇，一律整严，堪以仰副皇上训饬戎行之至意。

至广东连平、翁源等州县匪徒潜聚抢掠，窥伺江境，臣前接各属禀报，即飞饬该管道府督率所属，赶紧团练保甲，一面会商南赣镇调派横冈营兵丁一百名及观音阁汛兵丁八十名，分守要隘，协力巡防缉捕，以杜窜越。嗣据探报，各股匪徒，业经粤省官兵追捕逃散，并拿获惩办，地方已就安靖，当饬将防兵撤回归伍。

惟赣、南、宁三府州与闽粤毗连，匪徒时虞萌动，现饬统领陆勇候选道黄芳分拨镇武军各营勇丁，驻扎信丰县之铁石口、大庾县之梅岭及瑞金县城巡防，相机策应，以备不虞，而固疆圉。

臣自边防布置完竣，随即由赣起程，于九月十九日回省，经过各县，收成丰稔，民气安恬，足以上慰圣怀。

所有查阅省标及九、赣两镇所属营伍回省日期，并甄别衰劣各弁缘由，理合恭折具奏，伏乞皇上圣鉴训示。谨奏。

知县亏短库款并肆闹官厅请革职拿问折

同治十三年九月二十八日

奏为特参知县交代亏短，抗不完缴，并赴藩司衙门喧闹，请旨革职拿问，恭折仰祈圣鉴事：

窃照州县经理仓库钱粮，丝毫皆关国帑。臣督同司道，凡遇各属新旧交接，随时严饬该管知府，责令前后任赶紧核算，逐款清交，不准稍事延宕，原所以杜亏挪而挽积习。

兹查有前署临川县事补用同知、直隶州知州李士棻，前在临川县任内交代，据该管知府朱澄澜禀："据现任临川县知县汪以诚申报，李士棻任内经理各款钱粮，逐一查核，计亏短正杂款银五千四百三十两二钱一厘"，即经批行交代局转饬勒限完解。本年四月间，据李士棻之媳李周氏，因索回籍盘费起衅，前赴府县及藩司衙门，呈控夫弟李文琛私藏征存银两，复经藩司刘秉璋批饬抚州府，将李文琛发县押令完缴。乃李士棻及其子李文琛始终玩抗，延不清交，亦不与后任会算。八月二十九日晚，李士棻突至抚州府衙门，声称交代并无亏短，伊子在县患病沉重，坐索释放始去，复据朱澄澜禀经臣批饬克日指款揭报严参各在案。不意李士棻并不遵照定章在郡清理交代，复于九月二十四日潜回省城，定更时突至藩司衙门禀见。该司刘秉璋以该员交代亏短，理应在府完缴，且时已昏暮，未便接见。讵李士棻踵前在该府署故智，竟自闯入宅门，直至客厅，肆行喧闹。刘秉璋当传南昌府及南昌、新建二县来署，晓以体制，并亲出接见，面加训饬。乃李士棻狂妄如前，有似疯状，经该司饬令府县，将其押带赴县，听候参办。兹据交代总局司道揭报前来。

臣查该员李士棻，前署临川县任内，短交银五千馀两之多，其子李文琛并有被控私藏征存银两之案，迭饬勒缴，日久抗延，并敢赴府将李文琛强行领回，复赴藩司衙门喧闹，胆大妄为，玩法已极，若不严行参办，何以重库款而肃官常！除饬查明该员寓所、任所资财，严密抄封，并飞咨四川督臣，转饬该员原籍忠州，将家产尽数查封备抵外，理合据实奏参，请旨将前署临川县事补用同知、直隶州知州李士棻革职拿问，以便提同经手丁胥，严行讯究，按律定拟办理，并勒传其子李文琛到案，一并讯究追缴，用昭惩儆。

谨会同两江督臣李宗羲恭折具奏，伏乞皇上圣鉴训示。谨奏。

选锋队加练洋枪并九江湖口议筑炮台片

再，九、赣两镇各调练选锋兵丁一千一百名，省标三营调练选锋兵丁一千二百名。前因购买洋枪无多，仅令两镇各练洋枪五百名。今两镇所操洋枪，既有成效，自应多为练习，以期得力。拟将两镇选锋兵丁，再各练习洋枪队五百名，省标练习一千名，共成三千名，遇有缓急，足当一面，即仍此选锋口粮，无须加给饷项。又查九江府为江西省北面屏障，湖口县乃全省水路咽喉，向无炮台，殊欠周密。现在地方虽称平静，而设险固圉，思患预防，亟宜筹之于无事，未可置为缓图。况近日下游海口及沿江一带，正在讲求防务，九江、湖口据长江腰膂，下控皖、江，上蔽湘、鄂，实为形胜之区，亟应一体择要修筑炮台，不仅自保藩篱，并可与上、下游联络声势。臣赴浔查阅营伍之后，即会督九江镇程文炳、湖口镇丁义方、广饶九南道沈保靖详察地势，应于九江府城下修筑炮台二座，湖口县城西北门外及西门对岸之梅家洲各筑炮台一座，则水路冲途，均堪保固。此外如湖口下游之拓溪及彭泽县之小孤山等处，地虽扼要，势颇孤悬，应俟察看事机，再行筹办。现饬司道遴选熟悉工程之员，前往镇江一带，查有新筑炮台式样，考就做法，以便仿照办理，并饬沈保靖函商江海关道，代向洋商购买大小洋炮二十座，分别安设九江、湖口炮台，并购洋枪三千杆，多配火药铜帽，以为操练选锋兵丁之用。统俟枪炮等项议定价值，炮台估定工料确数，另行奏报。

所有九、赣两镇及省标酌议添练洋枪队，并九江、湖口筹议修筑炮台，购买枪炮火药缘由，理合附片陈明，伏乞圣鉴训示。谨奏。

拿获鄱阳县谋逆会匪分别惩办片

再，臣先后接据饶州府知府薛允升、鄱阳县知县李寅清禀报：访闻鄱阳县属板步桥等处，有外来匪徒煽惑勾结，约期起事，当即会营督率兵役，协同绅团查拿。旋有匪党周日辉悔罪投首，自愿充当眼线，指引兵役、团勇陆续捕获首要匪犯王胜扬、周玉献、李天奇、冯相宾、段清有、陈世忠，并胁从入会之程端阳等，并起获尖刀、枪头、木锏等物，提集研讯。缘王胜扬、李天奇、冯相宾、段清有、陈世忠籍隶鄱阳、都昌等县，种田、手艺营生，周玉献籍隶湖北广济县，在外教打行医，彼此素识。先有湖北林姓不知名人，与王胜扬路遇，谈及招集弟兄结会，可以患难相顾，不至受人欺压。王胜扬应允，林姓随即动身，称往湖北麻城县。同治十二年十二月间，王胜扬先后邀允李天奇、周日辉，复转邀冯相宾、段清有、陈世忠，并诱胁现获之程端阳等、在逃之王金荣等，一同结会。本年四月间，周玉献至王胜扬家借住、教打，听从入伙，取会名为"太平天顺"，商议纠人起事，共推王胜扬为首，周玉献帮护调度，李天奇、冯相宾、段清有、陈世忠为头目。李天奇、冯相宾均允纠邀一千人，约定七月二十二日俱到童子渡及百罗山会齐，口传"天顺"二字、放火为号，各带短刀，并无旗帜、火器，议定纠集人多，攻得饶州，再分官职，人少，抢掠各散。正在四处勾诱，即经该郡文武访闻查拿，周日辉投首作线，获犯讯供。周玉献于拿获时拒捕格伤，取供后因伤身死，该州县录供禀报。适臣抵饶查阅营伍，亲提各犯研鞫，据供前情不讳。

此案该犯王胜扬，与已获伤故之周玉献，纠立"天顺会"，约期起事，李天奇、冯相宾充当头目，为之辗转纠党助逆，罪大恶极，厥咎惟均，未便稍稽显戮。除周玉献业已伤故毋庸议外，臣当批饬该府县会营将王胜扬、李天奇、冯相宾三犯绑赴市曹处斩，枭首示众，以昭炯戒。段清有、陈世忠两犯虽充头目，并未纠得伙党，情节稍轻，应请暂行监禁，俟续获逃犯，以备质证。程端阳、胡长仂、张如老四、汪克元、苏亚喜、苏寿喜、刘明元、江戏喜、孙威喜、程得胜、汪世喜十一犯，均讯系误被诱胁，畏累入会，并未同谋为逆，均拟请枷杖发落，交房族保领，严加管束。周日辉先虽听从纠立"天顺会"，与闻逆谋，旋即悔悟投首，引导兵役、绅团，捕获要犯李天奇、周玉献等送案，破散匪党，保全地方，情尚可原，应请照自首免罪律，免其置议，予以自新。此案匪徒结会潜谋起事，尚在未行，即经该府县营汛访获首要惩办，地方不致受害，拿办尚属妥速，失察处分应请免议。

除饬差关蹦缉逸犯林姓不知名人及王金荣等，获日另结，一面认真编查保甲，有犯必获，不得稍涉疏懈外，所有鄱阳县拿获谋逆会匪讯明办理缘由，理合附片陈明，伏乞圣鉴训示。谨奏。

滋事土匪游勇请仍照新章按办折同治十三年十月十六日

奏为江省土匪、游勇滋事案件，拟请仍照新章办理，恭折覆陈，仰祈圣鉴事：

窃臣接准刑部咨，议覆广东道监察御史邓庆麟奏军务肃清省分拿获盗匪、请照旧例办理一折，以各省情形不同，部中难以悬拟，请旨饬下各省督抚、将军、都统、府尹，体察情形，将拿获马贼、土匪并伙众持械强抢案件，应否规复旧制，或于成例之中，稍为酌量变通之处，妥议章程，迅速具奏，由部汇核办理，以重宪典而防流弊等因。同治十二年十一月十二日奏奉旨：“依议。”钦此。钦遵转行妥议去后。

兹据按察使李文敏会同布政使刘秉璋、署督粮道缪德棻、署盐法道王德权详称：溯查咸丰三年钦奉上谕：“着各直省督抚饬属随时访查，实力缉拿。如有土匪啸聚成群，肆行抢劫，该地方官于捕获讯明后，即行就地正法，团练绅民合力缉拿，格杀勿论。至寻常盗案，仍着照例讯办”等因，钦此。又于同治元年钦奉上谕：“嗣后各省遣回兵勇，如有逗遛滋事、抢掳民物者，即着各地方官按照军法，立即斩枭”等因，钦此。通行遵办在案。

江西自军兴以后，凡遇斋教土匪及遣撤游勇聚众抢劫，或结盟拜会，谋为不轨，一经破获，即由该地方官讯供禀报，批饬道府覆讯确实，钦遵谕旨就地正法。至寻常强劫抢夺案件，并非游勇、土匪滋事，概系遵照定例，拟罪解审，听候部覆办理。江省军务虽已肃清日久，而土匪、游勇伙劫谋逆之案叠出。如同治十年十二月，土匪温开接等袭破靖安县城，十一年十月土匪郭老六等图袭赣州府城，十二年六月，教匪杨忠良等图攻安远等县城，本年七月，会匪王胜扬等图攻饶州府城，叠经拿办奏报有案。土匪则根株未尽，游勇则出没靡常，董以严刑，犹复时虞窃发，若遽改归旧制，拟罪解勘，若辈凶悍异常，党与又众，不但有稽显戮，更恐别滋事端。且定例死罪重囚，招解院司勘办，原为慎重人命。今江省历办就地正法案犯，均饬道府覆审，并非仅凭州县一讯即决，自可无虞诬枉。该司道悉心体察江省土匪、游勇抢劫滋事之案，应请仍照新章，由地方官讯供禀报，批饬道府覆讯，得实就地惩办，俟伏莽全消，地方平静，再行复归旧例。其寻常强劫抢夺案件，概照定例办理等情，具详请奏前来。

臣确查无异。理合恭折覆陈，伏乞皇上圣鉴，敕部汇办施行。谨奏。

九江关监督承办新样瓷器恳请展限片

再，据九江关监督沈保靖详称：同治十三年八月十四日承准造办处办理绣活处札开："同治十三年三月三十日，据太监刘得印交下画鱼缸、花盆、花瓶纸样十五件，合牌花盆、水仙盆样十八件，传旨：'着传九江关监督按照画样、合牌样上粘连黄签数目，照式加细烧造，统限于本年九月内呈进。'"钦此。同日又承准札开："同治十三年四月十五日总管太监孟忠吉交下画仙鹤样三件，梅鹿纸样三件，传旨：'着照仙鹤样三件，分雌雄形式烧造二十对，照梅鹿纸样三件，分雌雄形式烧造二十对，鹤鹿俱带山子，传交九江关监督烧造。'"钦此。各等因到关。

伏查烧造瓷器，向系二月春融开工，八月收工，一交冬令，水寒土冻，不能制造坯胎，并不能加以彩画。又查制造瓷器，先用泥土做成白坯，另用沙土匣钵装盛入窑，猛火烧炼三日夜，以满窑红透为度，出窑候冷，再加彩画，又入小炉用炭火烧炼一日夜，始成器皿。又查景德镇厂署御窑，乾隆年间即已塌毁，数十年来均系附于民窑搭烧，而民窑均不甚大，窑门按瓷尺仅宽二尺四寸，瓷尺只合营造尺八折，匣钵过此尺寸，即不能进窑。此烧瓷器之大概情形也。该监督于接奉传办前项各色瓷器，当即传集各工匠看视，据称黄单内各项花色，均能烧造，惟二尺六寸鱼缸及仙鹤、梅鹿，恐难如式造就。该监督饬将鹤、鹿两项照样试烧白坯，讵连烧数对，歪斜曲折，眉目不分，盖由身重脚高，颈又长细，上下轻重不匀，一经窑火烧炼，遂致倾侧团缩。复饬将颈足与身分段折烧，而接合又不能泯无痕迹。其二尺六寸鱼缸口面较大，限于窑门窄小，当饬厂匠先照窑门大小试烧，不意连烧白坯数件，亦皆歪斜裂口。因兵燹之后，从前名匠类皆流亡，现在工匠俱后学新手，造作法度诸多失传，今令造此十馀年未办之件俱形束手，且本年奉文较迟，转瞬即交冬令，不能制坯加彩，实已赶办不及。惟有详请奏恳展俟来年二月春融开工，招集名手工匠，博采制造成法，督饬敬谨设法烧造，不敢畏难延诿等情前来。

臣覆加体察，尚属实在情形。合无仰恳天恩，俯准展俟来年二月招匠设法烧造解京交纳，断不敢任其推诿延误。理合附片陈明，伏乞圣鉴训示。谨奏。

患病弗瘳请假调理折同治十三年十月十六日

奏为微臣患病增剧，恳恩赏假一月，俾资调摄，恭折仰祈圣鉴事：

窃臣在江、楚、粤西军营，积受潮湿瘴疠，遂患肠红之证，失血过多，因而周身筋骨抽掣疼痛，时发时愈。迨蒙简畀疆寄，任重才轻，深虞丛脞，遇事不敢不殚精竭虑，以致兼患怔忡。屡经延医诊视，未能全就痊除。而年力正强，尚可勉强办事，自问受恩深重，何敢以病为言。乃上年秋闱后，失血月馀，渐形委顿，本年历春及夏尚未复元。秋间出省查阅营伍，往返五旬，因劳增剧，筋骨疼痛异常，而且怔忡不已。连投疏风滋补之剂，将及一月，迄未见效，精神惫倦，实有难以支持之势。据医者云："心血既亏，肝木失养，必须静加调摄，断非仅恃药饵所能奏功。"伏念巡抚政务殷繁，责成綦重，设或因病废事，必致贻误地方，所关甚巨。臣再四思维，惟有仰恳天恩，俯准赏假一月，俾得安心调理。藩司刘秉璋，才识优长，政事勤敏，于江省情形皆能熟悉，谨将署中一切公事，饬委该司代办，遇有紧要事件，臣仍商同妥为经理，以昭慎重。一俟病痊，即当奏请销假。

所有微臣患病增剧，请假调摄缘由，理合恭折具奏，伏乞皇上圣鉴训示。谨奏。

故员吴嘉宾奉敕建祠请列祀典片

再，查同治三年三月二十日逆匪攻扑南丰县三都地方，在籍绅士内阁侍读衔、前翰林院编修吴嘉宾，督团力战，众寡不敌，力竭被害，经前抚臣沈葆桢，以该故员一腔热血，至老不衰，衔须授命，殊堪悯恻，奏恳饬部加等议恤，准于殉难地方建立专祠，以慰忠魂。同治三年三月二十一日奉上谕：“内阁侍读衔、前翰林院编修吴嘉宾，于贼窜抵南丰县之三都地方，督团力战，力竭被害，着即交部加等议恤，并准于殉难地方建立专祠，以慰忠魂”等因。钦此。

兹据藩司刘秉璋转据建昌府南丰县详，据云骑尉世职吴良筹禀称，伊故父吴嘉宾专祠，于同治十二年在县城东隅购地，兴工建造，十三年春间工竣，详请奏恳列入祀典等情前来。臣查江西省阵亡文武各员，建立专祠，均请列入祀典，经部议准存案。该故员吴嘉宾专祠，事同一律。合无仰恳天恩，俯准列入南丰县祀典，由地方官春秋致祭，以昭忠荩。

除咨明礼部外，理合附片陈明，伏乞圣鉴训示。谨奏。

试办采买漕米由海运通折同治十三年十一月初四日

奏为酌拟采买米石，由海运通，先将办理情形，恭折具奏，仰祈圣鉴事：

窃臣承准军机大臣字寄：“同治十三年九月十三日奉上谕：‘前因延煦、毕道远奏请饬江西等省酌征本色，或筹款采买，当令户部议奏。兹据奏称，江、广、河南现办折漕省分，规运本色，实为当务之急等语。前据户部奏请令江西、湖北、湖南起运本色，业经降旨允准。着刘坤一查照该部前奏，将本年新漕酌办本色，迅筹起运，并将办理情形，先行具奏’”等因。钦此。又先准户部咨，具奏江、广等省应征同治十三年冬漕酌办本色一折，以江省采买成案，或动用额漕抵征钱文，或酌提漕项银两买米搭运，仍系以漕办漕，不动别项正款。其买米价值连运脚在内，每石合银二两三钱至二两五六钱不等。江、广系产米省分，且系稜米，与粳米体质大相悬殊，米价当更可节省，近年江浙、海运案内，分拨米石交招商局轮船分装运津，业已办有成效。如能仿照办理，江西或于九江装兑最为便捷。再查江北漕粮，历办河运，抵通日期，年早一年，如援案照办，亦有成迹可循。应请饬下江西巡抚体察情形，或酌征本色若干，或试办采买若干，无论海运、河运，总以同治十四年春间有米起运为断。一俟办有端绪，即行详议章程，迅速驰奏，以凭覆核。同治十三年八月初五日具奏，本日奉旨："依议。"钦此。各等因，转行钦遵在案。

臣随督同司道悉心酌议，江省漕粮折征有年，骤难一律改征本色，亦未便分成征收，以及办理河运，一切窒碍情形，屡经详晰具陈，已蒙圣明洞鉴。然漕米为京仓支放要需，仰荷训诲谆谆，并经部臣指示办法，何敢不勉力筹画。就目下情形，详加体察，惟有民交折价，官为采买米石，由海运津，事尚可行。然在江西本地采买稜米，价值虽较粳米稍减，惟距海口二千馀里，剥船、轮船均须加增运脚，仍无节省可言。且分派各县购米，既无仓廒可储，雇募民船剥运，亦恐招集不易。上年浙江采买米石，系委员在沪承办。现在湖广仿照办理，即由招商局委员包运、包交，江西拟亦仿办。适招商局道员盛宣怀自鄂回沪，顺道来江，经司道面与商榷，照户部议定苏、浙成案，每石价脚不得过库平银二两七钱，以示限制。第就现征米石漕折合之采买价脚，不敷甚巨。盖因江西原定折价太少，上年奏定改银为钱，每石收钱三千四百二十文，较近海之江苏省每石折收钱四千五百文，计少一千馀文，较近京之河南省每石折收银三两，更少十分之四。值此章程初定，未能援照江苏成例，酌量加征运费，只有就漕项、钱粮通融拨济。江西每年额征给军银米及济造、济运、行月粮等款银三十万九千馀两，以额运正改副漕米六十一万五千馀石摊派，每石仅有运费银五钱左右。且查前项给军银两，除因灾缓征及民欠外，每年收数不过二十馀万两，近年以之拨解陕甘协饷二十四万两，清淮协饷二万两，尚属入不敷出。今拟购米海运，约以采买八万石而论，每石价脚银二两七钱，共需银二十一万馀两。拟请截留十三年正漕八万石，每石解部折价银一两三钱，共银十万四千两，每石应有给军运费银五钱，共银四万两，尚不敷银七万馀两，别无闲款可筹。请于未经办运漕项各款内酌提支销，虽运米一石提用两石有馀之漕项，于定章稍有未符，因京仓需米孔殷，不得不通融筹画，究属以漕济漕，与动用别项正款有间。据藩司刘秉璋、署督粮道缪德棻会详请奏前来。相应请旨饬部核覆。如经议准，臣即札委招商局委员直隶候补道盛宣怀、浙江候补道朱其昂，在江、皖一带采买籼、粳米石运沪，由商局轮船包运至通交仓，一切均照苏、浙成案办理，事竣核实奏报，应请毋庸造册报销，以归简便。

再，江省本年冬漕新定章程，年内免其起限加价。臣深恐疲玩花户任意延欠，于未开征之前，即饬司道撰发告示，遍贴各属，剀切晓谕，向系九月开征者，九月底即应全完，十月开征者，十月底全完，以符冬兑冬开定例。继复不次檄催，告诫备至。兹核各属禀报九月开征者，截至月底征解数目，不及往年十分之二。现复责令各府州督饬州县勒催征解，花户抗欠，照例拘追，牧令惰征，据实参办，以期日有起色，办运无虞掣肘。至此次采买起运，既由招商局员盛宣怀等一手经理，江西无须委员帮办。江西粮道督催全漕折价，正当吃紧之际，应请暂免赴通，以重催征。将来征收本色起运，或在本省采买稄米，由九江交兑轮船运津，再令粮道自行赴通交仓，以专责任。

又陕甘协饷每月二万两，现仍由道库按月拨解，将来漕项钱粮归办运动支，不敷协饷尚须另筹改拨。

所有酌拟采买米石由海运津缘由，除咨户部外，理合恭折具奏，伏乞皇上圣鉴训示。谨奏。

宽免处分谢恩折 同治十三年十一月初八日

奏为恭谢天恩，仰祈圣鉴事：

窃臣敬阅邸抄，同治十三年十月初十日奉上谕："本年恭逢慈禧端佑康颐皇太后四旬万寿，普天同庆，所有王公及京外文武官员，现有降旨议罚及以前有革职留任及降级罚俸之案，着加恩悉予豁免。"钦此。当即恭设香案，望阙叩头谢恩。

伏查前因钦奉密寄，为九江领事官抄录部议革职留任，又因降调左都御史胡家玉未完漕银，并接胡家玉信函未即参奏，部议革任，仰蒙圣恩改为革职留任，降为三品顶戴，荷鸿施之逾格，矢鳌戴以难名。兹恭逢圣母万寿盛典，庆洽寰区，我皇上仰体慈怀；覃敷渥泽，臣革留各案，悉蒙豁除。阅十载之星霜，薪劳益拙，沐九天之雨露，枯朽重荣。衔结之忱，捐糜奚罄。臣惟有一俟病痊，即当勉策驽骀，力图报效，以期无负高厚生成于万一。

所有微臣感激欣幸下忱，理合恭折叩谢天恩，伏乞皇上圣鉴。谨奏。

假满病难速痊恳准开缺调理折同治十三年十一月二十八日

奏为微臣假期已满，病难速痊，吁恳天恩，俯准开缺调理，恭折仰祈圣鉴事：

窃臣前因筋骨疼痛，及怔忡各旧疾，因劳增剧，业经奏恳赏假一月调理，署中日行公事，饬委藩司代办，遇有紧要事件，臣仍商同办理在案。

自拜折后，延医上紧诊治，多方调摄，满冀迅速就痊，勉供厥职。乃迄今逾月，筋骨依然疼痛，遇事稍一用心，辄复怔忡不已，而且饮食减少，夜不能寐，精神益觉委顿难支。据医者云：“受病多年，气血渐至消耗。药石滋补，其力甚微。必须宽以时日，静加调养，方能收效。”伏念臣一介书生，十年疆寄，自维奉职无状，屡荷皇上逾格矜全，抚臆扪心，不惜捐糜以图报称。乃葵藿之忱方切，而柳蒲之质早凋。巡抚任重事繁，何敢以病躯恋栈，致滋贻误。合无仰恳天恩，俯准将臣江西巡抚开缺，迅赐简放，以重封圻，俾臣得以回籍就医，从容调理。臣年四十馀岁，来日尚长，一俟就痊，即当泥首宫门，求赏差使，以期仰酬高厚生成于万一。

所有微臣病难速痊，吁恳开缺调理缘由，理合恭折具奏，伏乞皇上圣鉴训示。谨奏。

添筑九江等处炮台片

再，九江、湖口据长江腰膂，为省北水陆咽喉，实属形胜之地。臣前次赴浔查阅营伍之后，会督镇道详加察看，应于九江城下及湖口两岸各筑炮台二座，以固要冲而资联络，业经附片奏明在案。随饬据广饶九南道沈保靖派委试用通判李岳年、候补知县钱宝昌驰往金陵、镇江、江阴及吴淞海口，查看新筑炮台式样，访问作法。嗣经李岳年等绘图帖说，亲赍到省，并由沈保靖详晰禀覆前来。

臣与藩、臬两司悉心斟酌，即照江南成法略为变通，在于九江府城岳师门外东北转角处，筑中炮台一座，城下里馀之塔基旁，筑大炮台一座，又于湖口县城下之武曲港及对岸之梅家洲，各筑大炮台一座。批饬沈保靖会同湖口、九江两镇，督饬委员李岳年等撙节估计实需工料银数，造册呈送，核饬藩司筹款给领，赶紧购料兴工，以期迅速竣事。

伏查藩司刘秉璋及沈保靖均谙练防务，办事认真。臣虽因病陈请开缺调理，此项工程已有成规，应即责成该司道经理，必能妥为布置，不至虚糜。

理合附片陈明，伏乞圣鉴。谨奏。

保举贤员折同治十三年十二月十五日

奏为保举贤员，以备简放，恭折仰祈圣鉴事：

窃臣恭查咸丰十一年三月初四日奉上谕："各该督抚于所属各员，平日立品居官，知之有素，着择其廉洁自爱、任事实心及素著循声、民情爱戴、堪胜道府者，胪列政绩，出具切实考语，酌保数员，候旨简用，其道员及州县各官，如有出色之员，着一并核实保奏。倘所保之人，查有贪污劣迹，或名实不符，朕惟该督抚是问"等因，钦此。业经臣于同治七年择尤保奏在案。

兹复于江省现在实缺、候补道府州县中详加察看，查有广饶九南道沈保靖，性情直亮，才具优长，在任三年，于吏治民风，极力振顿，办理税务、洋务，均能切中事宜，并肯瘠己肥公，尤为近今罕觏。调补赣州知府南康府知府贺良桢，平正明白，志在有为，事事认真务实，如筹仓谷以备灾，办保甲以备患，均有成效可观，所属各员亦能得其贤否。候补知府王延长，老成谙练，查办交代、报销，严而不刻，积牍为之一清，既于库款有裨，众亦服其公允，嗣经委署南昌府篆，整躬率属，听断擅长。赣县知县崔国榜、萍乡县知县贺宏勋，该二员心地朴诚，吏事通敏，所至政平讼理，不事虚饰矜张，亦似无异于众，及其诘奸禁暴，奋迅直前，不惮烦，不惜费，是以屡破重案，地方赖以保全。临川县知县汪以诚饶有胆略，靖安之变，该令适署奉新，竟能仓卒御侮，措置裕如，至其平日，礼士爱民，勤勤恳恳，舆论翕然。高安县知县德海，沉静寡言，明通有守，为政绳趋矩步，尺寸不逾，而扶植善良，辨晰疑似，从不稍涉迁就。署德化县知县即用知县冷鼎亨，笃实慈祥，耐劳耐苦，前署瑞昌至瘠之缺，于教养诸事在在讲求，及其调署德化，滨临大江，更能捍患恤灾，尽心民瘼，两县士庶，攀留莫不争先恐后。

以上各员，均系在江多年，经臣慎之又慎，审之又审，颇能悉其底蕴，不敢壅于上闻。谨缮折奏保，伏乞皇太后、皇上圣鉴训示。谨奏。

武宁城工请奖折同治十三年十二月十五日

奏为武宁县官绅士民捐修城垣工竣，请旨敕部分别奖叙，以昭激劝，恭折仰祈圣鉴事：

窃查武宁县捐修城工，前经臣照章奏明立案，请援莲花厅成案给奖。嗣经户部议覆，应照同治九年新章，无论大捐、常捐，悉按例银加四分之一核计，并于开工及工竣时，遴委司道大员前往查勘，取具切实甘结，随案送部存查。同治十年六月二十八日具奏，本日奉旨："依议。"钦此。等因。转行钦遵办理去后。

兹据藩司刘秉璋详称，据署南昌府知府德馨详，转据武宁县知县姚大元详，该县城垣周围长七百一十九丈五尺，高一丈三尺，厚八尺及一丈一二尺不等，垛口六百八十九个，向设东、西、南、北、小南、小西六门，又东西水关二处，先因被水冲塌，加以连年雨水淋漓，倾圮更甚。经前署县刘大方督率绅董，带同工匠，周历履勘，城身倒塌一百一十馀丈，须从新挖脚砌筑，此外鼓裂残缺之处尤多，亦应一律缮完。且城身低薄，垛口过疏，应通城加高八尺，帮厚一二尺，加增垛口四百馀个。四门敌楼倾圮，城门朽坏，概须从新建造，并将濠沟疏浚深通。撙节估计，实需工料银四万五千七百馀两，惟有就地捐修，详经前藩司孙长绂派委即用知县江璧，前往覆勘相符。又经前署藩司督粮道平步青发给实收劝捐，并详请具奏立案。该前县刘大方于同治五年十一月初五日兴工，刘大方及接署县魏廷弼先后卸事，该前县何庆朝接办，至九年闰十月初八日工竣。城身、女墙、城楼、城门一律照估修理完固，濠沟亦经疏浚，共用过工料银四万五千七百八十九两。据何庆朝禀经臣遴委补用道周溯贤前往查勘，委系工坚料实，出具切实勘结。因捐生星散，催收部饭照费未齐，致稽请奖。何庆朝卸事，姚大元抵任，始据缴齐饭照银两，造具捐输奖册及工料清册，绘图出结，并取具何庆朝保固限结，由府加结转详到司。查核册造各捐生报捐官职封典，共银四万二千八百六十一两，悉与部章相符。惟王培莆由候选府经历请以通判不论双单月选用，应交监生四成实银四十三两，附生姚大乾由两淮候补盐经历请以同知不论双单月选用，应交监生四成实银三十六两，饬令自赴京铜局另行分别补交，其馀零捐不及奖叙银二千九百二十八两核实剔除，不复请奖等情，由司具详请奏前来。

臣查武宁县城垣被水冲塌，年久失修，经该官绅踊跃输将，俾要工得以告蒇，地方借资保障，洵属好义急公，自应照章请奖。所有册造捐生银数，核与例案相符。相应请旨敕部照例分别议叙，用示鼓励。谨开列清单，恭呈御览。

又，劝捐监修出力之前署武宁县知县刘大方、魏廷弼，前任武宁县知县何庆朝，现任武宁县县丞夏之霖，候选教谕黄鹤龄，候选知县吴希颜，候选从九品董道生，现任弋阳县教谕刘宝谦，指发浙江补用县丞易元春，候选教谕黄祖翰、陈应丁，候选县丞熊远光、增生余炎，生员唐人风，监生王培芸，在事数年，不辞劳瘁，并请交部照例议叙，以昭激劝。

除将各绅民捐数履历清册图结及保固限结并工料清册分咨送部，其照费部饭银两另文解部外，谨会同两江督臣李宗羲恭折具奏，伏乞皇太后、皇上圣鉴，敕部核覆施行。谨奏。

采买外洋枪炮火药片

再，江西九江、赣州两镇及省标三营各选锋兵丁添练洋枪阵法，并九江、湖口分别修筑炮台，前经臣附片奏明，饬令广饶九南道沈保靖函商江海关道，代向洋商购买外洋枪、火药、铜帽备用在案。

兹据沈保靖先后禀报，商令上海采买军火委员江苏候补道刘瑞芬、分发补用知府王镇昌，代向上海地亚士洋行定购刀头洋枪三千杆，自来火大铜帽五百万颗，细洋火药二十五万磅，粗洋火药五万磅。刘瑞芬等并嘱令地亚士洋行商人密腊亲至九江，经沈保靖与之面议，定购施放炸子洋炮二十尊、炸炮子四千六百个，共价规银十七万六千五百一十两，又洋银一万七千四百二十五圆，定限八个月交齐。其洋枪、铜帽已据陆续由沪转运来江，应给价银饬令总局司道于厘金项下随时筹给，归入军需报销。谨将各项价值开列清单，恭呈御览。

至九江、湖口两处修筑炮台，前经委员赴镇江、上海察看成式，现拟仿照西洋作法，以期坚固得力，均令沈保靖督同承办各员妥速建造，实用实销，俟工竣之日，另行造报。

所有采买外洋枪炮、火药、铜帽缘由，理合附片陈明，伏乞圣鉴。谨奏。

同治二年分不敷兵饷援案动用杂税折

同治十三年十二月十八日

奏为同治二年分兵饷地丁不敷支放，援案动用杂税，恭折具奏，仰祈圣鉴事：

窃查江西省各镇、协、标、营官兵马匹，同治八年分共应支俸薪饷乾银二十一万五千四百四十四两一钱九分四厘。准户部于同治二年拨饷案内，豫拨同治二年地丁银六万两，以为三年春季兵饷之用，又于同治三年拨饷案内，除赣关同治二年额税银四万六千四百七十一两五分五厘留抵外，又拨同治二年地丁银一十万八千九百七十三两一钱三分九厘，先后共拨同治二年地丁银一十六万八千九百七十三两一钱三分九厘。当经各前藩司陆续动放同治二年地丁支给三年兵饷银一十五万二千二百五十两八钱九分一厘，尚不敷银一万六千七百二十二两二钱四分八厘。时值逆氛未靖，各属地丁征解不前，以致本款无银可动。而兵饷系计口授食要需，难令枵腹从戎，由司设法筹垫，借恤兵艰。兹经查办同治三年分兵马钱粮奏销，自应另行筹补足数，以便造报。溯查咸丰五、六、七三年地丁不敷支给六、七、八三年兵饷，均经咨部覆准动支各年杂税凑足。今同治二年地丁不敷支放三年兵饷银一万六千七百二十二两二钱四分八厘，情事相同，自应援案筹补。应请动支同治十三年税契银两凑足造报，以符原拨之数。据藩司刘秉璋具详请奏前来。臣覆核无异。

除咨户部外，所有同治二年分兵饷，地丁不敷支放，援案动用杂税缘由，理合恭折具陈，伏乞皇太后、皇上圣鉴，敕部查照施行。谨奏。

奏疏卷十

恭谢天恩力疾前赴署任折光绪元年正月初十日

奏为微臣力疾前赴署任，恭谢天恩，仰祈圣鉴事：

窃臣先后接准吏部咨：“同治十三年十二月初五日奉上谕：‘李宗羲着准其开缺，安心调理。刘坤一着署理两江总督，江西巡抚着刘秉璋署理。’钦此。又于十二月十二日奉上谕：‘署两江总督刘坤一着兼署办理通商事务大臣。’”钦此。又准督臣李宗羲咨：“承准军机大臣字寄：‘同治十三年十二月十三日奉上谕：御史陈彝奏，淮阳等处被水情形一折。本年黄水挤清，下注江境，湖河相连，一望无际。被水地方，小民荡析离居，殊深轸念。该御史所陈从前束清御黄等坝，宜急加堵筑。高、宝诸湖入运之水，以东岸闸坝为去路，现在应行开放，系为力图补救起见，即着悉心会商，迅速妥筹办理，毋令运河再有决口。前据李宗羲等奏，请以江宁府一半抵征钱文赈济灾黎。即着该督抚等督饬所属，核实经理，务使民沾实惠。’”等因，钦此。臣跪读之下，莫名感悚。当即恭设香案，望阙叩头谢恩。

伏念臣楚南下士，一介庸愚，仰荷先朝特达之知，畀以封圻重任，抚江十稔，报称毫无，且因旧疾举发，日久未痊，另折陈请开缺调理，方以上负圣慈，时深战栗。兹复渥邀恩命，权篆兼圻，闻命自天，悚惶无地。查两江总督兼辖三省，任大责重，政务殷繁，筹防江海，控驭华洋，与夫盐、漕、河务，事事均关紧要，驽劣如臣，又患宿疾，深惧勿克胜任。第仰维我皇上冲龄践祚，我皇太后垂帘听览万几，而江南方有河患，关系数省民生。前接督臣李宗羲函，催臣速赴署任，时事多艰，正臣下忘身报国之日，况臣起自草莽，受恩最深，何敢因病迟留，致滋贻误。臣现于正月初八日，交卸抚篆，赶紧料理，定于十八日自江西省城力疾起程，由陆驰赴九江，乘坐轮船，前往江宁任事，将地方一切要务，实心实力，认真经理，以冀仰答高厚生成于万一。

所有微臣感激下忱，理合恭折叩谢天恩，伏乞皇太后、皇上圣鉴。谨奏。

差弁损失公文前折致稽投递片

再，臣前因筋骨疼痛，并怔忡病证举发，假期已逾，医治未即痊愈，缮折陈请开缺调理，汇同奏报地方事务各折片，敬谨封固，外加奏事处咨文，于上年十一月二十八日，交差弁汪占魁赴京恭递。兹据该差弁回省禀称：中途雨雪交加，行李尽湿，因晓夜遄行，未及检点。迨抵京城，查看折匣，幸外封油纸多层，尚未湿透，而奏事处咨文，受湿甚重，马上磨擦，全行破烂，无可投递。现将折匣交驻京提塘收存，漏夜驰回，禀请补发等情。臣查该差弁汪占魁领赍公文，并不加谨收藏，以致受湿破烂，虽因兼程行走，致失检点，究非寻常疏忽可比。当将该差弁棍责示惩，并另缮咨文，责令星驰进京，同折匣一并赴奏事处投递。至臣所患旧疾，调理两月有馀，精神稍可支持，筋骨仍不时疼痛。因前折尚未上达圣聪，不敢日久守候，是以力疾前赴两江署任，以重疆寄而慰宸廑。

所有差弁擦损咨文以致折匣投递稽迟缘由，理合附片陈明，伏乞圣鉴。谨奏。

恭报到任日期折光绪元年二月初九日

奏为恭报微臣接篆日期，叩谢天恩，仰祈圣鉴事：

窃臣钦奉上谕署理两江总督，并蒙恩命兼署办理通商事务大臣，当经具折叩谢天恩，并声明正月十八日自江西起程在案。

兹臣行抵江宁省城，二月初六日，准前督臣李宗羲饬派江宁府知府蒋启勋、中军副将周良才，恭赍两江总督关防、两淮盐政印信、钦差大臣关防并王命旗牌、文卷等件，移交前来。臣当即恭设香案，望阙叩头谢恩，祗领任事。

伏念两江地大物博，政事殷繁，漕务、河工、盐政三大端，以及察吏安民，练兵筹饷，无一不关紧要。兼以华洋交涉，贵刚柔之得中，江海筹防，须水陆之联络。凡此机宜之攸系，均非梼昧所能胜。臣惟有勉竭驽骀，力图报称，随时随事，与三省抚漕各臣，妥为筹维，期无贻误。至徐、海、淮、扬修堤放赈，尤劳宵旰忧勤，业经前督臣李宗羲等办有头绪，详晰具覆。臣仍当酌量情形，督饬印委各员，认真经理，一俟署中公事稍为清厘，即当奏明出省亲往清江一带，履勘堤工，并顺道察看各处新筑炮台，预为绸缪之计，断不敢因暂时权篆，稍涉诿延，以冀仰答高厚鸿慈于万一。

所有微臣接篆日期，除循例恭疏题报外，谨缮折叩谢天恩，伏乞皇太后、皇上圣鉴训示。谨奏。

江北冬漕改由海运筹办折光绪元年三月初五日

奏为同治十三年江北冬漕改由海运，筹议办理章程，恭折具陈，仰祈圣鉴事：

窃江北本届新漕，前因运道艰阻，拟请改办海运一次，并将起运米数筹办情形，经前督臣李宗羲等先后奏蒙俞允在案。

伏查历届海运，全赖沙、卫等船装运，近年承运苏、浙漕粮，已属不敷。惟招商轮船，辘轳转运，极为迅利，上届协运苏、浙漕米，著有成效。此次江北漕粮海运，即由招商局轮船装运，以期迅速。所有起运米石，均由各该州县在江北购买，剥运赴沪，路途遥远，经藩司、粮道与招商局员定议，以镇江本有招商分局，拟将各属漕米，由江北雇船剥送镇江分局兑储，再由上海派拨轮船驶赴镇江，分批装运，放洋北上。业经严催各该州县，赶紧剥运。由江安粮道卫荣光督率承办各员，将兑米事宜，妥速经理，不敢稍有迟误。至一切应办事宜，仿照轮船协运苏省漕粮及改办径运章程，暨江北上届海运成案，因时制宜，详加考核，酌拟章程。兹据江宁布政使梅启照、江安督粮道卫荣光会详请奏前来。臣覆加查核，谨缮清单，恭呈御览。此外如有未尽事宜，及须变通之处，容随时由该粮道酌量禀请奏明办理。

所有臣等酌议海运章程缘由，谨会同漕运总督臣文彬、江苏巡抚臣吴元炳，恭折由驿具陈，伏乞皇太后、皇上圣鉴训示。谨奏。

谨将江北淮、扬、徐、通四府州属同治十三年分漕粮本年暂办海运，酌拟内办章程十二条，缮具清单，恭呈御览：

一，米色认真挑选也。江北淮、扬、通一带，多产籼米，历届河运成案，均系红白兼收。此次暂改海运，自应循照办理，仍由起运各州县自行购买。其徐州府属应运米石，另派委员采办，认真挑选，总以干洁为主，不得稍有潮杂，以重仓储。

一，漕米分数交仓也。查本届江北起运漕粮，除江宁府属抵征采买米石，业经奏准截留备赈外，所有淮、扬、通三府州属同治十三年分熟田漕粮，剔除灾缓，应征正耗米七万四千六百七十七石八斗五勺，内除节省给丁耗米三千四百九十四石四斗七升三合七勺循案抵充运费外，实该起运米七万一千一百八十三石三斗二升六合八勺，内正兑正米三万八千七十石八斗五升七合五勺，加二五耗米九千五百一十七石七斗一升四合四勺，改兑正米二万一百六十六石四斗五升七合二勺，加一七耗米三千四百二十八石二斗九升七合七勺。又徐州府属应征熟田粟米二万四千八百五十五石四斗三升二勺，内除拨补灾缺兵米一万三千七百五十六石七斗二升六合九勺，计尚馀米一万一千九十八石七斗三合三勺，又除节省给丁耗米一百六十七石八斗六升四合三勺亦请循案抵充运费外，实该起运米一万九百三十石八斗三升九合，内正兑正米五千六百二石二斗五升一勺，加二五耗米一千四百石五斗六升二合五勺，改兑正米三千三百五十七石二斗八升七合五勺，加一七耗米五百七十石七斗三升八合九勺。业经奏明，将徐属粟米，按数改办大米起运，在仓储并无短亏，于经费不无节省。以上共该起运米八万二千一百一十四石一斗六升五合八勺，查照旧章，按漕斛采买，亦按漕斛交仓。现将道库部颁小口铁斛，制造木斛，由粮道较准，发交应用。仍令各备样米，俟交兑轮船时呈验，加贴印花，连较准之漕斛，一并带赴通州比对，以归画一。

一，海运事繁，分别筹办也。查苏属历届海运，先在苏州设立省局，由司道督办，并派苏州府知府总司其事，遴委各员随同勷理。又在上海设立沪局，委办雇船、验兑各事宜。此次江北改办海运，拟由轮船装运赴津，系属创始，任重事繁，应由藩司、粮道督办，毋庸设立省局，以节縻费。其镇江验装、催兑、放洋各事务，已派员董前往设局，妥速办理。至天津查验过剥径运通坝交米各事宜，应照苏属改定新章，均归粮道一手经理，已饬江安粮道卫荣光酌带委员绅董，先期前赴天津、通州等处，分设各局，妥为筹办，俾昭慎重。

一，轮船装运由镇江交兑放洋也。此次江北海运，拟用招商局轮船装运赴津，以期迅速。第各州县漕米均在江北购买，若令运至上海交兑，路途遥远，水脚不赀，更恐耽延时日。当与招商局议定，将购存米石，饬令各属于正月由江北雇船，就近剥送镇江招商分局交兑，二月一律兑竣储栈，三月由沪派拨轮船，赴镇分批装运，即由镇江放洋，更为便捷。所有轮船放空、煤油、辛工及镇江候兑费用，拟于运津水脚外，每石另行津贴（曹）〔漕〕平银三分五厘，较之运沪交兑，所需剥船水脚，尚属减省。此外镇江、天津两处栈费及上下夫力等项，均归招商局自认，以示限制。

一，轮船水脚照章核给也。查轮船承运苏、浙漕粮，系照沙、宁船章程，每石给水脚曹平银五钱五分，内扣公费银一分，实给（曹）〔漕〕平银五钱四分。此外苫盖、垫舱席片、气筒、铁钉、折价每石曹平银一分六厘，内扣银一厘六毫，实给曹平银一分四厘四毫。又天津海口雇用纤夫，每石钱四文，内扣钱四毫，实给钱三文六毫。回空挖泥压载，应用铁锹土筐，每船钱一千文。神福每船银四两。耆舵每船各一名，每名各赏犒银一两，副舵每船一名，给银六钱，水手每名给银三钱。每装米百石，准开水手一名。以上各款，均系随米支给。其轮船装载米数，以三千石作为一船，按数核计，分别开支。江北均应援照办理。至轮船停泊码头，及到津领港等费，并轮船驶进津口，或遇搁浅起剥等事，均由招商局自行料理。

一，轮船经剥耗食等米分别交仓支给也。查海运章程，天津剥船食米，每漕米一石给米一升一合五勺，通仓经纪耗米每石给米一升五合，又经耗项下剥船食米每石一升一合五勺，又轮船耗米照沙、宁船章程，每石给米八升，又筹备馀米二升。此外无论正漕筹备增给天津剥耗每百石一半米五斗七升五合，在于天津收买商船馀米内支给。上届苏属改由南省径运赴通，经纪已无承运之责，曾经奏明，漕粮经纪每石一升五合以一升交仓，以五合及新增剥耗每石五合七勺五秒留作南省运通折耗。此次江北海运，自应循照办理。核计淮、扬、徐、通各属起运交仓漕粮正耗共米八万二千一百一十四石有奇，除新增剥耗一款仍照成案在津收买馀米抵交外，其馀经剥食耗等三款米二千二百三十三石有奇，轮船耗米六千五百六十九石有奇，筹备二升馀米一千六百四十二石有奇，应照章分别交仓支给并留备弥补折耗之用。

一，装运轮船照章办理也。此次轮船装运江北漕粮，应照沙、宁船章程，每船准其八成载米，二成载货，免予输税。如带有洋药及二成之外另带馀货，均仍照章纳税：其二成货物，按米石计算，以一百二十斤为一石，应饬各海关道一体遵照。俟轮船装运时，由招商局开单，移会海运镇局，呈报镇江新关，填给免税执照，以便各关口岸察验放行。至给商耗米每石八升，原备到津折耗弥补之用，应照章于是项耗米内提出二成，由津局给价收买，随正交仓。倘正米或有亏短，应由招商局照数赔补。其运米在途，设有松舱不测等事，悉照沙、宁船章程办理，毋庸保险。如果承运无误，事竣后由招商局核明急公承运各商，援案请奖，以昭激劝。

一，运通剥船应预为筹备也。查米船到津，向用直省额设官剥转运，其剥价，上届苏属成案，系照民雇，由南省自行发给。本届江北轮船运米抵津，虽有栈房可以暂储，而招商局承运苏、浙、江、广各省漕米，为数甚巨，势难全行屯储，诚恐官剥不敷周转，必须添雇民剥以利转运。由臣等咨明直隶督臣李鸿章，迅饬天津道将官剥船只，按米数之多寡，分成派定，并编写苏、浙、江北字样，仍由粮道先期派员驰赴天津收管，所需油舱银两，照旧批解。至民剥应照苏属章程，由江北粮道自行招雇。如官剥转运遇有间断，即兼用民船剥运，俾不致停斛待船。此项剥船既议官民兼用，悉照民价从优酌给，该船户承运之时，即由南局自行发价。如果到坝交兑数无短少，米色实系干洁，再行从优赏给花红，倘查有偷漏搀水等弊，亦当从严究办，以示劝惩。

一，津、通经费核实支用也。查苏属海运章程，天津官剥每百石给剥价银八两四钱四分七厘三毫，民剥每百石给银九两八钱八分四厘八毫，个儿钱每百石给银二两。又续经直隶督臣李鸿章奏准，漕粮每百石加给剥船脚价银五两。又漕粮经纪饭米折色及一半津贴两项，白粮经纪饭米折色一项，原为经纪赴津起米承运至通而设，既改径运，经纪已无承起承运之责，自应全行免解，留作南省运通经费。嗣经仓场总督以此项米折津贴为通坝外起里运之资，未便全行免解，奏准以一半留南办运，一半解北济公等因，遵照酌半解交在案。今届江北漕粮海运，自应循照办理，除仓场轻赍席木银两另由粮道衙门照例批解外，所有支发水脚及应解厅仓茶果等款，津、通两局用项，收买馀米一切杂费，需用浩繁，而经费例有限制，通盘核计，不敷甚多，惟有督饬委员以漕办漕，在于漕项本折及采买米价盈馀节省给丁耗米等款内动支，力求减省，不准稍有浮冒，俟交米事竣，再行汇核，造册请销。如果委员办理无误，准其援案请奖，以示鼓励。

一，运通漕粮应用口袋装盛也。查漕粮自沪至津，由津运通，向皆散舱装运，仅于舱面封钉，难期周密。此次轮船承运江北漕米，由镇至津概用麻袋装盛，以便抵津易于起卸，所需袋价等项，均归招商局筹备。惟此项麻袋，于装米抵津后，应仍发交轮船带回，以作下次装米之用。其自津运通官剥弊窦滋多，今虽优给水脚，认真严查，犹恐该船户积弊已深，未能痛除恶习。拟仿照苏属办法，一律装用口袋，逐袋粘封装舱，再将舱面封钉盖印，俾臻周密。惟袋多费繁，碍难照数备办。查上届河运，尚有用存旧袋数千只，堪以修补带往应用，俟漕粮抵津验兑之际，一律用袋承装，转交剥船运通，一经抵坝交卸，其袋即由南局押运之员按数收回，轮流装运。如有不敷，或酌量添制，或通融借用，临时察看办理，以节经费。

一，米船抵通应随时验卸也。查轮船装运漕粮抵津，虽有栈房可以暂储，而为数较多，必须随时查验过剥，以免拥挤守候。又官民剥船在津受兑，以至抵坝，至速亦须半月，倘不即为验收，米色恐难照样。应由臣等咨明仓场总督，督同坐粮厅，于剥船运米抵坝，随验随收，俾得赶早回空，迅速转运，于米色似有裨益。

一，上届存仓馀米循案作抵也。查江北上届河运，连历届存仓，共有馀米二万三千八百馀石，原备抵补正供。此次暂改海运，应仍照案，先将上届存仓馀米按数作抵，具报全完，续到之米，仍行交仓，另档存记，留为下届抵补之用，俾速正运。

运库月协秦饷仍请缓解以顾江防折

光绪元年三月十八日

奏为江省筹防，饷需万分支绌，吁恳天恩，将协陕饷银仍行缓解，恭折仰祈圣鉴事：

窃臣承准军机大臣字寄：“光绪元年二月十五日奉上谕：‘邵亨豫奏陕西各营需饷浩繁，库款甚绌，难以支持，请饬两江总督将两淮运库月协陕饷，仍照前拨解等语。着李宗羲、刘坤一将应协陕西军饷每月一万两，仍照前按月拨解，以济急需。’”等因，钦此。

伏查前项饷银，由两淮盐课项下解济陕省，已历六年之久，丝毫无误，江省果可支持，断不敢稍存推诿。无如上年筹办海防以后，需用之繁，百倍于前。凡仿筑外洋炮台一座，动逾数万金，购买外国炮位一尊，动逾数千两。其已成各炮台，已买各枪炮，均需拨营修守操演，未成未到者，亦已续建续购。经前督臣李宗羲将筹办各情，详晰具奏，仰荷恩旨，饬催湖北、湖南等省协饷。是江省筹防军需，骤增巨款，已早在圣明洞鉴之中。至金陵军需局入款，向以盐厘为大宗。近来各岸收数未能畅旺，而部拨之款日见其多。山东河工，奉拨盐厘二十六万两，李宗羲先已遵拨十六万两。臣莅任后，以河工事机尤迫，又饬各局将原拨十万两全数解清，并准部拨出关饷银盐厘十万两，亦属至急之需，势难停缓。来源只有此数，多协邻省一分，本省即减少一分。此外关税、地丁、货厘等项，均各有专支，入不敷出，无可腾挪。前次李宗羲请将淮库协陕饷银改解军需局，实因饷需奇绌，有万不得已之苦衷。臣与司道等再四熟筹，目前艰窘情形，更有难以周转之势。

合无仰恳天恩，俯念江省筹防紧要，自顾不遑，准将运库每月协解陕西饷银一万两，仍行缓解，实于防务稍资补助。

所有协陕饷银仍请缓解缘由，理合恭折具奏，伏乞皇太后、皇上圣鉴训示。谨奏。

高淳县摊赔浮粮仍请一律豁除折光绪元年三月十八日

奏为江宁府属本年开征丁漕，仰恳天恩，俯准仍照原奏豁除高淳县摊赔浮粮，以纾民困而广皇仁，恭折仰祈圣鉴事：

窃查接管卷内，江宁府属上元等六县丁漕，仍请查照前奏，减则征收，并声明高淳一县，原请系豁除浮粮，与上元等县情形不同，另行专案办理。经前督臣李宗羲等，于同治十三年十一月二十四日具奏，钦奉朱批："着照所请，户部知道。"钦此。钦遵在案。

兹据江宁布政使梅启照等会详称：高淳县向征折色，各田科则，从前本系六升六合起科。惟该县地势低洼，全赖广通镇一河宣泄，自前明正德年间，苏、常屡遭水患，经苏州绅民禀准在该县广通镇筑坝两道，湖水无路宣泄，以致固城湖坍没田十万馀亩粮赋无着。始议将虚粮加摊各乡，每亩有加摊二升者，有加摊一升四合以上者。我朝定地制赋，悉照前明旧额，以故前项虚粮，仍旧摊赔。兵燹后，田地荒芜，户口凋零。今就已垦成熟田地开征丁漕，即令完六升六合固有之粮，犹形竭蹷，若仍摊带虚粮，民力实难清完。与其仍令摊带，徒有多征之虚名，莫若准予豁除，期收输将之实效。兹特查明原额摊豁科则银米清册，详请具奏等情前来。

臣等伏查高淳县向征折色银两，核其科则，较上、江等六县为轻，毋庸改减。惟该县大粮田地，本系六升六合起科，前明因固城湖坍没田地无着，虚粮加摊各乡，现存田亩致有八升六合等则起科，较原额多至二升不等，册案虽经毁失，尚有县志可考。历年办理抵征，已比丁漕轻减，而六七年中，续垦熟田，仍属寥寥，实缘赋重利轻，小民不愿承垦。查定例，各省征租地亩，如被水冲沙压，不堪耕种，准其豁免额粮。今高淳一县带摊粮赋，实系不堪耕种田亩带摊于成熟之田。当此开办丁漕，事同创始，自应厘定新章，稍纾民困。该县前次被兵之惨，现在物力之艰，与上、江等六县同一情形。该六县减则征收，业蒙特旨俞允，高淳一县摊带浮粮，若不奏请豁免，恐编氓永受无穷之累。臣等上筹国计必须下顾民生。合无仰恳天恩，俯准将高淳浮粮一律豁除，查照六升六合起科，仍征折色，以纾民困而广皇仁，出自逾格恩施。

除清册咨送部科外，谨会同漕运总督臣文彬恭折具奏，伏乞皇太后、皇上圣鉴训示。谨奏。

出省履勘堤工察看沿江炮台片

再，臣拟至清江一带履勘堤工，并察看沿江炮台，业于奏报到任折内陈明在案。

一月以来，叠据办理河工局道员程国熙等禀报，海、沭境内挑浚砂礓河等处及修补运河两岸，业已次第兴工，至应否堵闭顺清河，以山东堤工能否合龙为断。臣查东省堤工，合龙尚无准信，江南就目下情形而论，除现办各工外，亦别无可措施。业经批饬该道员等，速将各处河身河堤，分途修浚，并将堵闭顺清河物料，赶紧筹备，以应不时之需。其沿江南岸所建炮台，以次告竣，惟北岸沙洲圩、刘闻沙及吴淞口等处，或尚未完工，或甫经开办，有无应行斟酌之事，亟须亲履其地，相度机宜。臣现定于三月十九日出省，乘坐轮船，察看沿江两岸炮台，即顺道赴沪，与苏松太道冯焌光筹商机器局一切事件，而后折回瓜洲，换坐民船，前进清江浦一带踏勘各河工程。计彼时山东能否合龙，已有定局，江南如有尚应办理之处，正可与漕运总督臣文彬就近会商。所有出省期内，日行公事，檄委江宁布政使梅启照代折代行，其紧要文件，包封送臣途次核办。

理合附片陈明，伏乞圣鉴。谨奏。

谢开复降级恩折光绪元年四月十八日

奏为恭谢天恩，仰祈圣鉴事：

窃臣前因钦奉上谕开复革职留任处分，当经具折叩谢天恩在案。

兹于光绪元年四月初九日准吏部咨开："上年恭奉恩旨，所有该抚降为三品顶戴之处，应一并准其开复"等因，知照前来。当即恭设香案，望阙叩头谢恩。

伏念臣前以陈奏稽延，例应镌职，仰荷圣恩，优容逾格，仅予薄惩，夙夜悚惶，罔知所报。兹以恭逢庆典，重沐殊荣。许尽涤乎前愆，不留一眚；幸仰承乎新命，如被三迁。翼戴弥虔，长愿输忱于葵藿；头衔依旧，勉期策效于桑榆。渥荷生成，莫名钦感。臣惟有习勤补过，矢慎图功，倍深惕厉之忱，冀效涓埃之助，庶几仰答高厚鸿慈于万一。

所有微臣感激下忱，谨缮折叩谢天恩，伏乞皇太后、皇上圣鉴。谨奏。

察看各处工程事竣回省片

再，臣奏明三月十九日出省，于二十三日行抵上海，次日查看机器局各厂，该局正在制造铁甲轮船及各项枪炮铅药，头绪极为繁多。臣以西洋船炮日事新奇，而中国经费有限，应否先行择其得力合用者，与直隶、福建各局分途制造，各专各艺，以期精熟而收成功，拟与直隶督臣李鸿章及海防大臣沈葆桢妥为商酌。旋由上海起程，履勘各处新筑炮台。查吴淞口炮台已有六七分工程，该处虽不足以关锁长江，亦可捍卫苏、淞各郡，当饬赶紧修筑。江阴水面收束，实为长江第一重门户，现筑之鹅鼻嘴一带炮台，洵足制敌。惟大石湾地势太缩，饬令不必多筑，而于下游添筑两座，以固藩篱。其江阴北岸之刘闻沙，初筑一座尚在未成，馀皆仅填基址。该处与南岸各炮台紧对，恐两岸开炮时均有窒碍。臣与前兵部侍郎彭玉麟面商，饬令停工，而于下三里之十圩港地方另筑数座，庶与南岸互为犄角。镇江之焦山、象山、都天庙与江宁下四十里之乌龙山、沙洲圩等处炮台，均得形胜，而焦山、象山、都天庙三方鼎峙，尤为扼要，惟炮门略为修改，以期合法。此外镇江下之圌山关，亦属险要之区，须俟经费稍充，从容布置。至江宁下关炮台，近在堂室，略壮观瞻。此臣履勘沿江炮台之实在情形也。

下运河如甘江汛之铁牛湾、高家坞，高甘汛之马家直、陈家港、八里松、王家塘、黑鱼塘等处土石各工，经臣督同河工局委员候补道员程国熙、张富年、庞际云等逐一查看，皆属完固。抵清江后，会同漕运总督臣文彬，履勘惠济闸、顺清河各处情形，并查明邳、宿堤工及海、沭河工，均经告竣，地方可免漫决之患，堪以仰慰宸廑。

臣查勘事竣后，已于四月十一日回省。除惠济正闸与埝圩石堤未竟工需，俟与文彬详细筹商，又高、宝交界，河身淤浅，应行挑浚，亦俟委员勘估，会同文彬并案奏办外，所有微臣此次出省，查看机器局务及炮台、河工各缘由，并回省日期，谨附片陈明，伏乞圣鉴训示。谨奏。

酌通水师补缺章程片 光绪元年五月二十日

再，查定例，江苏省水师补缺章程，向系分别内河外海，迨前督臣曾国藩酌改水师新章，分为外海、内洋、里河三大支。外海各营轮流出洋巡哨，与里河情形不同，至内洋与里河，同一分段梭巡，初无二致。遇有缺出，若各归各营，按班选补，人数寥寥，必多迁就，不足以收实效。臣与提臣李朝斌往返咨商，拟请嗣后除内洋人员本准与外海各员统补外，其里河五营与内洋五营，遇有缺出，亦准通融酌补，庶可易于拣选。所有此次拣补提右营参将一缺，拟请即照此办理。是否有当，谨会同江南提臣李朝斌附片陈明，伏乞圣鉴训示。谨奏。

邳州幅匪滋事就近派队会剿折 光绪元年六月二十二日

奏为邳州境内幅匪滋事，现在派队会剿，恭折驰陈，仰祈圣鉴事：窃山东省向有幅匪名目，自捻逆荡平后，各处伏莽尚多，叠经东省及江省防兵随时剿办在案。

上年黄水为灾，江省邳州地方，界连山东峄县等处，被淹最广，时有不逞之徒，勾结外来匪党，乘机抢掠，节经臣严饬该管文武各官，认真拿办。兹于六月十四日，据署邳州知州龚之格禀报，五月二十八、九等日，该州西北乡各庄，有外来幅匪阎广太等，约四五十人，身带洋枪军器，向各庄民逼索饮食及掳人勒赎等事。并据徐海道吴世熊禀称，接据山东台庄营参将咨商会剿，所述情形相同。当经臣批饬严密会拿去后。随于六月十九、二十等日，节据龚之格禀报，本月初三日，该匪等蜂拥至范家墩，经该乡民齐集团练，与之格斗，被匪拒杀两人，受伤男妇十馀人，该匪亦受伤数人。十三日，该知州会同宿迁营游击刘鹤年、漕臣文彬所派驻防之总兵张保圣，带队会剿，行至坌河地方，适山东台庄营参将及徐州镇标管带飞骑正营游击部相魁同时赶到，会同夹击。该匪藏匿高粱之内，胆敢持械接仗，相持一时之久，格伤十馀匪，始行遁去，两省兵勇亦有伤亡，现仍设法兜捕等情。

臣查此等匪徒，东剿西窜，飘忽无常。现当高粱茂密之时，竟敢四出剽掠，拒杀乡民，及至官兵围捕，犹复率众抗拒，形同化外，若不从速剿除，深恐酿成巨患。现经臣飞檄徐州镇总兵董凤高及驻防徐州之管带淮军马队陈凤楼，酌带马步各队，驰往剿办，务将首从悉数弋获，尽法惩治，一面由臣咨明山东抚臣丁宝桢、漕运督臣文彬，添派队伍，会合兜剿，以期迅速蒇事。

除俟剿办事竣，再行详晰具奏外，合将邳州境内幅匪滋事派队会剿缘由，会同漕运总督臣文彬、江苏巡抚臣吴元炳恭折驰陈，伏乞皇太后、皇上圣鉴训示。谨奏。

龙江各关税务仍请缓征折光绪元年七月二十一日

奏为龙江、西新、浒墅各关，目前万难开征，吁恳天恩，仍从缓办，以恤商艰而维时局，恭折仰祈圣鉴事：

窃臣等接准户部咨："龙江各关停征日久，应饬各该督抚、监督等恪遵旧制，一律开征"等因，于光绪元年四月二十一日具奏奉旨："依议。"钦此。并抄录原奏，知照前来。

伏查原奏所陈各节，申明旧章，词义严切，在部臣为慎重税课起见，臣等敢不设法遵办，以符定例。惟外省情形，间有为原奏所未悉者。数月以来，臣等往返函商，并饬司道等会议熟筹，再三体察，目前各关，实有万难开征之势，敬为皇太后、皇上缕晰陈之。

查各关额征税银，龙江、西新两关，每年应征银十八万六千九百八十三两有奇，浒墅关每年应征银四十二万一千一百五十一两有奇，共计六十万八千一百三十四两有奇，此定额也。无论各关收数向难足额，即使照额征足，亦不能再逾六十万八千馀两之数。而江苏省现收之厘金，苏、沪、金陵三局并计，近年虽叠次核减，约计尚可收银二百馀万两，比较每年额征关税，多逾两倍。是各关虽未开征，而国库岁入之款，实已有盈无绌。如果税厘两项，便于并筹兼顾，既可以复旧制，又可以裕帑藏，岂不甚善，无奈商民困苦于现收之厘金，无日不望量减。臣坤一抵任之后，各商民纷纷具呈，虽经婉为开导，其词哓渎不已。今于厘金之外，复设关税，舆情必不乐从，就令勉强行之，竭泽而渔，亦非培养元气之道。且自有洋票以来，中国奸商，辄借此为护符，厘金已因之减色。然有身家知理法者，尚有所顾忌而不肯为。兹若复设关税，商民力不能堪，势必铤而走险，争买洋票而冒洋商，从此外人益得居奇获利，而中国税厘并归无着矣。

或谓酌裁厘金，酌撤厘卡，俾关税所收之数不逾于厘金所收之数，则商民必无异言。不思同为国家应用之项，而必挹兹注彼，舍现成之厘，设久停之税，徒多一番更张，即多一番繁费。况庸耳俗目，每惊创举，而不及详求，减旧未必见轻，增新则即见重，殊难保该商民等不复借口。至于各处所设厘卡，有扼要以便稽征者，有分防以杜绕越者，并非多一卡即多一厘也。撤去数卡，而各卡之厘金即以此为漏卮，所损诚非浅鲜。以臣等之愚，窃以设关收税，能否招徕，毫无把握，而于厘金不无鳃鳃过虑耳。

部臣援江西九江关之案，税厘并征，似与江南、龙江等关事同一律。第江西厘金在内地，九江关税在一隅，只上游二套口、下游湖口两卡收厘，为数无多，稽查亦易。又九江关系常、洋两税，每届奏销，尚称常税为洋税所占。以视龙江等处均在内地，各关所收皆百货之税，各卡所收亦百货之厘，其情事迥然不侔。倘以税有可稽，厘无可考，不免取巧之弊。现在恪遵部议，仿照盐厘章程，半年奏报一次，外间并力行比较之法，是厘金之有所稽考，实与关税无殊矣。

臣等身任封圻，与部臣相表里，度支之拮据，亦臣等日夜图维者也，苟非滞碍难行，决不敢畏难见好。惟以江南厘金重于关税，如奉拨之京饷每年五万两，淮军协饷每月十一万两，甘肃协饷每月三万两，以及添拨之款，如奉天练饷，黑龙江俸饷，运河、黄河工费，普祥峪、菩陀峪万年吉地、惠陵各工程经费，无一不关紧要，即织造衙门每年大运及传办之件，亦无不取资于此。加以江防尚未竣事，近复于厘金项下奉拨海防银四十万两。正在仰屋咨嗟，补苴无术，万一因开办关税，转致厘金收数短绌，无以接济要需，臣等安能当此重咎！用敢冒昧缕陈，合无仰恳特恩，俯准将龙江、西新、浒墅各关仍从缓办，以恤商艰而维时局，俟将来各项军饷大减后，再行奏请开关，以符定例。

谨会同江宁织造臣庆林、苏州织造臣文治，缮折具奏，伏乞皇太后、皇上圣鉴训示。谨奏。

添练营兵片

再，前督臣马新贻于同治八年间，挑立新兵各营，添给津贴，择要驻扎，督饬训练，当经先后具奏在案。

上年七月间，筹办江海防务，前督臣李宗羲以兵力过单，不敷分布，奏明添练各营外，复与抚臣张树声商定，于江南提标各营内，挑兵二百五十名，另行募补二百五十名，共成五百人，立为提标新兵副营，驻扎松江府城。又于狼山镇标陆汛兵丁内挑兵三百名，驻扎通州城内。又于福山镇标陆汛兵丁内挑兵四百名，驻扎福山口。均仿照前立督标新兵各营章程，分别给予津贴。一年以来，操演渐臻纯熟。

除仍督率该镇将等严密稽查，加意训练外，所有前督臣任内续挑新兵各营缘由，谨会同江苏抚臣吴元炳合词附陈，伏乞圣鉴。谨奏。

调补粤督谢恩折光绪元年八月二十日

奏为恭谢天恩，吁请陛见，恭折仰祈圣鉴事：

窃臣接准吏部咨开："光绪元年八月初二日，内阁奉上谕：

'两广总督着刘坤一补授。'"等因，钦此。当即恭设香案，望阙叩头谢恩讫。

伏念臣湘江下士，知识庸愚，仰蒙皇太后暨穆宗毅皇帝特达之知，擢任专圻，瞬经十载，渥荷圣慈，由江西巡抚调署两江督篆，弥觉高厚难酬，数月以来，时深祗惧。乃邀九重之特简，畀以百粤之雄封，闻命自天，感惭无地。伏查广东向有洋务，广西亦办边防，总督任重连圻，在在均宜兼顾。况以吏治、民风之宜整顿，营伍、鹾政之宜讲求，无一不关紧要。臣虽历任两广藩臬，或为时无几，或出省带兵，地方一切情形，尚未表里洞悉，五中循省，夙夜悚惶。惟有吁恳天恩，俯准臣于交卸两江督篆后入都陛见，俾得瞻仰天颜，跪聆圣训，并求两宫皇太后多方指示，启牖颛蒙，庶几有所遵循，免致陨越，以冀仰答鸿慈于万一。

所有微臣感激下忱，并吁请陛见缘由，谨缮折具陈，伏乞皇太后、皇上圣鉴训示。谨奏。

遵旨筹拨巡江经费折 光绪元年八月二十日

奏为遵旨筹拨巡江经费，恭折仰祈圣鉴事：

窃准兵部咨："光绪元年三月十七日奉上谕：'杨岳斌前在长江等省统带水师，剿除贼匪，懋著勋勤。该前督于水师一切事宜，最为熟悉，着赴长江一带，每年与彭玉麟往来巡阅，将各营水师认真整顿，并准其会衔奏事。应需办公经费，着两江、湖广各总督筹款奏明，拨交应用'"等因，钦此。应即钦遵办理。

伏查同治十一年间，前兵部侍郎彭玉麟奉旨巡视长江，应需办公经费，先经该侍郎酌定，于长江公款生息项下每年提银四千两。又经前督臣李宗羲等以四千两不敷办公，复于长江所辖五省，各提银二千两，凑成一万两，由彭玉麟随时提用，于同治十二年五月初七日具奏，钦奉朱批："依议。"钦此。钦遵在案。

前陕甘督臣杨岳斌，现经奉命会同巡阅长江，所有随从员弁薪粮、船价及文案各项薪水之资，与彭玉麟事同一律。惟查长江公款项下银两，除彭玉麟提用四千两外，已无馀款可提，自应统归长江所辖各省，合力通筹，以资应用。臣等往返咨商，拟由江苏、安徽、江西、湖北、湖南五省，每年于厘金项下各提银二千八百两合成一万四千两之数，由江宁、湖北两盐道汇齐解交杨岳斌，酌量应用，仍由两江、两湖归入正款报销，以重经费而资办公。

所有遵旨筹拨巡江经费缘由，谨合词恭折具陈，伏乞皇太后、皇上圣鉴训示。谨奏。

覆陈强劫匪徒酌议惩办折光绪元年八月二十日

奏为办理匪徒并强劫盗案，分别酌议章程，恭折仰祈圣鉴事：

窃查接管卷内，准刑部咨："议覆御史邓庆麟奏，军务肃清省分拿获盗贼土匪，请照旧例办理，抑或稍为变通一折。各省情形不同，能否改归旧制，或于成例之中酌量变通之处，应令体察情形，妥议章程，迅速具奏"等因，知照前来。当经前督臣李宗羲札饬臬司，会同各该巡道，体察情形，酌核议详去后。兹据江苏按察使应宝时会同各巡道拟议详覆前来。

臣等伏查江苏省自军务肃清以后，一切寻常盗案，均系照例解勘。惟游勇纠劫之案，曾经前督臣马新贻于同治八年七月十二日奏明，准由州县录供禀报督抚，批饬附近道府覆讯明确，如果赃证确凿，即行就地正法，以昭炯戒等因，钦奉谕旨允准在案。数年以来，游勇抢匪聚众强劫之事仍复不少，徐、海各属地方，伏莽亦尚未能净绝。若将此项土匪、游匪一概照例解勘，则稽延时日，实不足以示惩创而儆效尤，并恐道路稍涉疏虞，转致酿成巨案。自应于规复旧例之中，酌量变通办理。臣等体察情形，应请嗣后江省遇有游勇抢匪及著名土匪聚众行劫之案，如系放火杀人、奸淫妇女及情形实在凶恶者，一经拿获，由州县讯供，禀报督抚批饬该管道府就近覆讯，实系供证确凿，情罪无疑，即行就地正法，枭首示众，其馀寻常抢劫案犯，仍照旧例解勘。似此酌量变通，庶匪徒知所儆畏，而办理亦无窒碍矣。

所有办理匪徒并强劫盗案分别酌议章程缘由，谨会同漕运督臣文彬合词恭折具陈，伏乞皇太后、皇上圣鉴，敕部查核施行。谨奏。

内渡淮军暂驻扬州旧垒片

再，记名提督唐定奎所统武毅十三营，前奉谕旨，饬调赴闽，所有该军拔队日期及全数赴闽缘由，均经前督臣李宗羲先后奏报在案。

现在台南番社业已就抚，经沈葆桢奏请将淮军凯撤内渡。该提督唐定奎于七月十五日督队行抵上海，将士异常劳苦，疫病甚多。臣查扬州之五台山、三汊河两处，地方旷阔，且有旧垒堪以驻扎，商之直隶督臣李鸿章意见相同。当即札饬苏松太道冯焌光、轮船招商局委员直隶候补道盛宣怀等，派拨官商各局轮船，于七月十八日起分批载送至瓜洲登陆赴扬，并饬办理营务处江苏候补道赵继元前赴扬州，会同各营官妥为照料。兹据该提督唐定奎呈报，该军于七月三十日全队抵扬，业经分扎五台山、三汊河一带地方，休养整顿。将来应在何处久驻，除由臣咨商李鸿章随时定议外，合将该军全数抵扬缘由，附片陈明，伏乞圣鉴。谨奏。

江宁府属垦熟田地仍恳减成征收折

光绪元年九月十三日

奏为江宁府属垦熟田地，照额开征，民力实有未逮，仍恳天恩，暂照减成征收，恭折仰祈圣鉴事：

窃前督臣李宗羲等请将江宁府属垦熟田地，仍照减则征收一折，同治十三年十一月二十四日会奏，钦奉朱批："着照所请，户部知道。"钦此。当经恭录转行钦遵办理，一面由司查照减定数目，出示晓谕。旋于本年二月初九日接准部咨："尚有核办之处，另行知照"等因。查核准咨之时，业已遵照前议，造串开征。续于四月初三日接准部咨："江宁府属垦熟田地减则征收，碍难核准一折。光绪元年二月初七日奉旨：'依议。'"钦此。知照前来。

维时开征上忙已逾两月，臣等深虑重议更张，势多窒碍。然寻绎部文所驳各节，均为慎重赋额起见，又不敢不恪遵奏议，严饬所属认真设法，以冀仍照旧额征收，当经转饬遵办去后。兹据江宁布政使梅启照、江安督粮道卫荣光会详称："钱漕乃维正之供，苟可照旧办理，亦何敢再三渎陈。只因江宁府属各县，地势大半滨江枕山，低则患水，高则患旱，田土本非饶沃，与苏、松情形迥不相同。自粤逆窜陷，十有馀年，蹂躏殆遍，被害之惨，无逾于此。现虽克复已久，而土著农民，十无四五。力田之家，添雇客民，工本既大，花息尤微。从前每亩收米一石者，今只收谷一石，谷价每石不过五六百文。即使减成起征，已属勉力输将，若照从前原额银米并纳，民力实有未逮。如果迫于催科，敲扑从事，小民无可赔累，惧受追比，因而弃本就末，致将已熟者仍复抛荒，未垦者尽成废弃，窃恐于国计民生，两有关碍。思维至再，势难拘守旧章。细核所减之数，每年照全额而计，亦不过减去一成有奇，归之国家则所增无几，散之民间则实惠无穷，权衡缓急，不得不将实在情形，缕晰渎陈。如不能永远减则，或就减成数目试办三年”等情，详请具奏前来。

臣等伏查钱粮科则，赋额攸关，诚如部臣所议，岂可率行请减。况当此整顿钱漕之际，尤不准托催科政拙之名，为该州县办事因循之地。然民隐必宜兼顾，办法尤贵变通。江宁府属田土之瘠，兵燹之深，甲于通省。目前所议减成征收，较之原额应征数目虽觉短少，较之历年办理抵征已有赢馀。仰体朝廷爱民之意，自宜逐渐进步，未敢骤竭民膏。臣等再三体察，如将定额永远减去二成，业经部臣议驳，又何敢援以为请。惟有仰恳特恩，俯准将江宁府属之上元、江宁、句容、溧水、六合、江浦等六县田地，仍照原请，减成征收，暂定三年为度，以纾民困而广皇仁，出自逾格鸿施。

除一面转饬遵奉部章，认真招垦，仍俟三年届满之后，再行体察情形，奏明办理外，所有江宁府属开征丁漕，暂照减成征收缘由，理合会同漕运总督臣文彬恭折具陈，伏乞皇太后、皇上圣鉴训示。谨奏。

已革总兵主使殴毙人命审明定拟折

光绪元年九月十三日

奏为审明已革总兵主使殴毙人命，分别定拟，恭折具陈，仰

祈圣鉴事：

窃寄居扬州府城之前任徐州镇总兵詹启纶家中有殴毙客民胡士礼情事，前经臣坤一访闻，并据扬州府江都县禀报，当经附片奏参革职，听候查办，钦奉谕旨允准。旋将案内要证罗衡庆等，先后派员拿获，行提案证、仵作、地保人等来省。詹启纶因闻拿紧急，自行投案。饬派江宁布政使梅启照、江宁盐巡道勒方锜、江苏候补道张富年会同研讯。嗣因罗衡庆等均各供认胡士礼系詹启纶在家喝令该犯等及在逃之詹文炳殴毙，詹启纶坚不承认，又经臣坤一附片奏明，请旨刑讯。钦奉谕旨："詹启纶着即刑讯，务得确情，按律定拟具奏。"钦此。遵经饬据该司道等严审明确，议拟解勘前来。适臣元炳因监临文闱前来江宁，九月初一日出闱后，初五日会同臣坤一亲提犯证，逐一研鞫。

缘詹启纶籍隶湖北黄安县，曾任徐州镇总兵，寄居扬州府城。胡士礼系湖北黄陂县人，同治元年，詹启纶与胡士礼族兄胡士容在泗源沟伙开吉公泰栈房，并未立合同，议约言明获利作十一股均分，詹姓六股，胡姓五股。胡士礼在栈帮贸，二年九月因折本闭歇。三年秋间，胡士容、胡士礼、胡士耀欲买船运盐，曾向詹启纶借银二千一百五十两。八年，胡士礼因开正丰杂货行，两次向詹启纶取用银二百五十两，詹启纶仍指为借项，胡士礼则以为还款。光绪元年四月间，胡士礼托湖北同乡罗观臣等向詹启纶言及从前合开栈房，尚欠胡士礼银七千多两，詹启纶总未应允。经罗观臣等劝再借银二三百两，詹启纶许俟回籍来扬再议。是月二十四日，詹启纶自扬动身回籍时，曾嘱管账之罗衡庆等："如胡士礼再来，尔等打他，拖出门去。"五月初四日，胡士礼至詹启纶家索钱，罗衡庆因与素识，代给洋银四十元。初五日，胡士礼之妻王氏又来吵闹，经人劝回。五月二十六日，詹启纶由湖北原籍回扬，罗衡庆等以前情告知。二十八日午后，罗衡庆同詹启纶族人詹文炳，并代詹启纶收房租之刘占魁，邀同胡士礼至詹启纶家算账。詹文炳说胡士礼欠詹启纶银二千馀两，胡士礼称詹启纶欠伊银七千馀两，彼此争吵。詹启纶站在廊下，当叫罗衡庆等殴打："打出事来有我。"经在詹启纶家作小工之高沅抱住胡士礼后腰，刘占魁揪往发辫，罗衡庆抓住手膀，詹文炳拿着马鞭乱打，致伤胡士礼胸膛、前后肋、脐肚、肾囊，并踢伤左臁肋等处，因见口吐白沫，始各放手。胡士礼倒地，已不能语，移时毙命。詹文炳用鸦片烟土擦在胡士礼口中，装成服毒。詹启纶即带同眷属，先后乘轿上船逃走，仅留王二、高沅看守门户，罗衡庆等亦各逃避。旋经王二告知地甲陈万，至詹启纶家看视。尸亲胡王氏同子胡佐怀，闻信赶来，看明尸伤，报经江都县知县谭祖庆，带同刑仵，前往相验。仵作李洪即李浩，随进詹启纶家，遇见一不识姓名人，将伊拉至大厅隔扇后，递给银洋三十元，嘱托验作服毒身死。李洪应允。迨到尸场，李洪见胡士礼身受马鞭多伤，因已得钱，捏报尸已发变，恐系服毒，当用银针入喉探试。尸亲等喧闹不允。即经扬州府知府英杰，饬令该县谭祖庆，会同署甘泉县知县冯誉骐、候补知县周昂骏、汤世熙、周士鋆等详慎相验，另换仵作连安，周身细验，共有伤痕五十一处，复用银针入喉探试，取出验系白色，委系生前因伤身死，馀无别故，当场填格，尸饬棺殓，取结通详。

臣坤一以案情重大，批饬解省审办，并将詹启纶先行附片奏参革职，听候查办。旋在江宁省城拿获罗衡庆一名，并据江都县先后获解被告刘占魁、高沅，又詹启纶妾兄徐致即徐广骏、雇工王二、仵作李洪、地保陈万共六名。又据詹启纶及尸妻胡王氏同子胡佐怀来省投到。札委江宁布政使梅启照等提案研讯。罗衡庆曾捐监生，刘占魁曾保守备，徐致曾捐国子监典簿衔，均恃符狡展，详经批饬，分别斥革。始据罗衡庆、刘占魁供称詹启纶实于五月二十六日回家，二十八日，罗衡庆、刘占魁、高沅与在逃之詹文炳听从詹启纶喝令，将胡士礼殴打致死情形，历历如绘。王二供亦相同。惟徐致则当日并未在场。质之詹启纶，坚称五月二十四日尚在湖北黄安县赴案投质，胡士礼身死之日，并未回至扬州，任意狡赖。经臣坤一奏奉谕旨刑讯，并委候补知县王恩培驰赴湖北黄安县查提詹启纶涉讼原卷。据署黄安县知县王葆修检呈案卷前来，臣等逐一查核，该县审讯詹启纶与民人黄开第互控一案，五月二十四日集讯之时，系詹启纶之子詹广仁到案，詹启纶并未赴审。是其所称五月二十四日尚在原籍黄安县投质之语，毫不足信。随饬据该司道等复提詹启纶到案研审，该革员势难狡赖，始认前情，质之各供，悉相符合。解经臣等亲提会讯，詹启纶始犹坚称五月二十八日并未在家，实无喝令殴打之事。及引罗衡庆、刘占魁、高沅各犯与之质对，佥称詹启纶系于五月二十六日回扬，二十八日胡士礼算账争闹，经詹启纶喝令殴打，众口如一。詹启纶无可抵赖，情愿画供，惟据称并不识字。臣等恐其借此翻异，遂将所叙供词，即令罗衡庆当堂朗诵，一面由臣等一一询诘，有无歧异。该已革总兵詹启纶，性虽狡悍，亦已俯首无词，情甘服罪。反覆研究，案无遁饰，应即议结。

查律载：“威力制缚人，及于私家拷打因而致死者，绞监候。若以威力主使人殴打致死者，以主使之人为首，下手之人为从论，减主使一等。”又例载：“主使数人殴一人致死者，以下手伤重之人为从，其馀皆为馀人。”又律载：仵作受财，故验不实者，以故出入人罪论，赃重者计赃，以枉法从重论。“又官司故出人罪，全出者以全罪论，若囚未放，听减一等”各等语。此案已革徐州镇总兵詹启纶，因与胡士礼钱债细故，先于本年四月间，向罗衡庆豫嘱殴打，久欲逞心泄忿。迨五月二十八日，詹文炳与胡士礼争吵之际，詹启纶在旁喝打，以致胡士礼身受五十馀伤，移时身死。是胡士礼之死，实由詹启纶主殴所致。已革徐州镇总兵詹启纶，合依“威力主使人殴打致死者，以主使之人为首”绞监候律，拟绞监候，秋后处决。罗衡庆、刘占魁、高沅帮同拉抱，皆未动手殴打，应照馀人例各杖一百。罗衡庆曾捐监生，刘占魁曾保守备，应请一并斥革，不准援免，仍与高沅折责发落，并追执照、保札缴销。仵作李洪受贿匿伤，系属故出全罪，李洪即李浩，除计赃罪止杖徒不计外，应于詹启纶绞罪上听减一等，杖一百、流三千里。惟系在官人役，知法犯法，应照例加一等，发附近充军，解配折责安置，仍追赃入官。詹文炳下手乱殴，经罗衡庆等先后到案，所供无异，应照为从拟流，现尚在逃，应俟缉获另结。徐致即徐广骏、王二、地甲陈万，讯属无干，均免置议。惟徐致胞妹系詹启纶之妾，所捐职衔并请斥革，追照缴销，以清流品。凶器马鞭讯已抛失，免其查起。两造所呈欠银簿折，无从清算，应行销毁。江都县知县谭祖庆，于相验时，尚未受仵作朦蔽，会同委员等验明后，据实详报，请免查议。无干省释。尸棺饬县传属领埋。

除将全案供招咨部外，谨合词恭折具奏，伏乞皇太后、皇上圣鉴。敕部核覆施行。谨奏。

降补都司陈国瑞请饬下本管官严加管束片

再，据已革总兵詹启纶供称：“五月二十八日，胡士礼死后，詹启纶率同眷属逃避，家中所存金银衣箱等物，当晚即被陈国瑞带领多人，抄抢一空，坚求追究”等情。查所供各节，是否属实，现已遴派妥员，驰赴扬州，会同地方官认真查办。

惟查降补都司陈国瑞，于同治十年与已革提督李世忠争殴一案，钦奉谕旨，勒令回籍，交地方官严加管束在案。此次胡士礼一案，仵作李洪供内有“被尸亲拉到陈国瑞家中，关在空房”之语，詹启纶又坚称被其抄抢。虽所言未必尽实，惟该都司不居原籍，潜来扬州，究与从前奏案不符，致滋物议。除由臣饬令该都司迅速回籍外，相应奏明请旨饬下湖北巡抚，转饬该地方官，恪遵前奉上谕，随时严加管束，毋许出外滋事，以肃纪纲。

理合附片陈明，伏乞圣鉴训示。谨奏。

高淳县摊赔浮粮仍请豁除片

再，准部咨，江宁府属高淳县豁除摊赔浮粮碍难议准一折，光绪元年五月十五日具奏奉旨：“依议。”钦此。知照前来。当经转饬遵照办理去后。

兹据江宁布政使梅启照等详称：“高淳县地方民情困苦，迥非从前可比。查各项征租地亩，如被水冲沙压，例准豁免额粮。该县浮粮起自前明，计今已阅数百年之久，本不敢骤然请豁。然未遭兵燹之先，民力尚纾，犹可勉强完纳。洎被兵燹以后，井里萧条，田畴芜没，即完纳正赋早形竭蹶，又加以无着之虚粮，小民苦累过甚，情何以堪。该县科则，未敢议减。惟此开征丁漕，仍照旧摊赔浮粮，民力实有未逮”等情，详请具奏前来。

臣等覆查，冲压田地，例应随时呈报豁免，诚如部臣所议，未便以历久摊征钱粮，奏请豁除。惟高淳县自克复后，尚未开征丁漕。此次所办，事事创始，若不于斯时沥情陈请，恐此后永无请豁之期，民间实受无穷之累。合无仰恳天恩，俯准将高淳县摊派浮粮一律豁除，仍照原则六升六合起科，以除积困而纾民力，出自逾格恩施。

谨会同漕运总督臣文彬附片陈明，伏乞圣鉴训示。遵行谨奏。

提督营务吃紧请暂缓陛见片

再，统领武毅全军记名提督唐定奎，奉旨补授直隶正定镇总兵，旋蒙简擢福建陆路提督，例应具折谢恩，恭请陛见。惟查该提督所统各营，上年调赴台湾，伤亡病故，为数过多，本年凯撤后，分扎扬州五台山等处，尚须汰弱补强，认真振顿。现在苏省办理江海各防，该军实为大支劲旅，尤宜赶紧训练，以期得力。该提督忠勇素著，纪律严明，未便骤易生手。合无仰恳天恩，俯准该提督唐定奎暂缓陛见，以饬戎行而重防务。

理合附片陈明，伏乞圣鉴训示。谨奏。

钦奉传谕以实覆陈折光绪元年十月初四日

奏为钦奉传谕，恭折覆陈，仰祈圣鉴事：

窃于八月初六日，江南正考官周瑞清行抵江宁，恭述：“皇太后、皇上传谕刘坤一等：地方官须留心吏治，随时考察属员。现在时事艰难，一切公事要认真整顿。”钦此。又于八月十一日，江西南昌府知府德馨前来江宁，恭述圣训：“务须认真整顿地方。”等因，钦此。跪聆之下，仰见朝廷惕厉忧勤，无时不垂神吏治，廑念时艰，下怀莫名钦悚。

伏查苏、皖两省，兵燹太深，又复滨江临海，与江西微有不同，所赖州县得人，以起疮痍而登衽席。臣衙门，惟江宁各属守令时常接见，得以察其貌言，考其政绩。此外如苏州、安徽各属，相距太远，守令见者寥寥，仅于访闻中验其官箴，公牍中占其器识。臣莅任后，通饬所属，各就地方利弊，及应行兴革事宜，一一指陈，冀得周知郡邑情形，亦借以考核守令之才具心术。随据先后禀覆，其有可采择者固多，而空言塞责者亦复不少。即经分别批饬，务令振刷精神，各尽职守。就吏治中之最要者而论，江南则莫重于垦荒，江北则莫急于缉匪。垦荒一节，通饬筹议，尚未定有妥协章程。匪徒名目既多，党与亦众，急之固虞生变，缓之亦虑养痈，务在宽猛得宜，以弭未形之患。臣会督文武，遇案严惩，仍出示解散胁从，现在稍知敛迹。俟新授督臣沈葆桢抵任，臣当与之熟商，务期逐渐涤除，仰副圣天子去莠安良之至意。江海防务，前经附片陈明。九月初六日，臣与江苏抚臣吴元炳，偕往乌龙山，调派兵轮，轰试新筑炮台，尚属坚固。业将工竣，各处分途安设炮位，教演施放之法，以期命中。并严饬水陆各营，勤加训练，俾成劲旅而备折冲。

夫内外兼修，保邦之善策也，上下交儆，制治之良谟也。我皇太后、皇上，宵衣旰食，犹复申戒谆谆，臣身任兼圻，敢不力图振作？惟有恪遵圣训，事事认真。目前权篆两江，不敢存五日京兆之见，将来莅任两广，尤当勉竭驽骀，绥靖海疆，以冀仰答高厚生成于万一。

所有钦奉传谕，理合恭折覆陈，伏乞皇太后、皇上圣鉴训示。谨奏。

请将故令政绩宣付史馆折光绪元年十月初四日

奏为查明已故知县政绩卓著，恳恩宣付史馆，以表循良，恭折仰祈圣鉴事：

窃于同治二年十一月二十四日奉上谕：“祁寯藻奏，弭盗安民必资循吏，请分别表彰录用一折。嗣后各省大吏，务宜加意访查，其有政绩、官声遗泽在人者，着奏明宣付史馆，编入循吏列传。”等因，钦此。钦遵在案。

兹据江苏六合县绅士前署湖北盐法武昌道唐嘉德等、沛县绅士岁贡生蔡赓谦等联名禀称：“已故进士升任吏部稽勋司郎中，原任沛县、六合县知县云茂琦，学问经济，足冠一时，政事文章，宜传千古”，胪陈该故员生平事实，造册禀请奏请宣付史馆等情，先经前督臣李宗羲批饬江宁布政使梅启照确查详办。兹据查明，该故员居官廉介，立品端方，取造事实册结，详送核奏前来。

臣等查云茂琦起家县令，擢任郎官，生平颇讲性理之学。其在沛县、六合等处，兴修水利，劝课农桑，培养士类，政声所著，卓然有古循吏风，至今父老犹能言之。该绅士等追思遗爱，沥诚吁请，既经访查明确，不敢不据实上陈。

除将送到事实册结移咨部科及国史馆查照办理外，所有查明已故知县政绩卓著，恳恩宣付史馆缘由，谨合词恭折具奏，伏乞皇太后、皇上圣鉴训示。谨奏。

密陈会匪情形设法钳制片

再，密陈者：江苏匪徒内有安清道友、哥老会两大起。安清道友多在江北，所有劫杀重案及包贩私盐、掠卖妇女，皆其伙党所为，固不可不严行拿办，以靖地方。哥老会匪，目前虽未若安清道友之滋扰，然已蔓延湘、鄂、浙、闽、云、贵、川、陕、安徽、江西各省，而江苏为尤多。前督臣曾国藩曾言："不问会与不会，但问匪与不匪。"该前督臣明知无会而不匪之理，第以党与既众，不得不为姑宽之词以安反侧。近则该哥匪等各立山名、堂名，甚至分设伪官，制造伪印及旗帜等项，渐有萌动之势。臣与抚臣吴元炳及巡阅长江前兵部侍郎彭玉麟、前陕甘总督杨岳斌等，面商数四，深以酿祸为忧。当经密饬瓜洲镇总兵吴家榜，设法查拿，随获头目易文富等数名，究出首从颇多。当将该头目等正法，其情罪较轻者，留作眼线，委派妥弁押同，蹦缉首恶。一面出示晓谕，解散胁从，并将示稿咨送沿江各省，以期一律施行。惟该哥匪等，分门别户，散布各省地方，狼狈为奸，行踪极其诡秘。相应请旨饬下湘、鄂等省，密查妥办，以杜已发之萌而消未然之患。又查该哥匪等，半系军营遣撤弁勇，其中竟有二、三品武职人员，前曾充当偏裨，易于招呼丑类，且系久经战阵，尤恐猝为厉阶。此辈甘为游荡者固多，其迫于饥寒者亦复不少。可否仰恳饬下湘、鄂等省，宽为收标，仿照江西奏准章程，给予半俸，既得升斗以养身家，且冀补署有期，不至自甘暴弃。查镇将半俸，每月不过数两、十馀两，以下为数更微，似亦无损国计。现在只有甘肃关外用兵，此后保举武职，日见其少，不至有拥挤之虞。臣前在江西巡抚任内，因盗案多有武职人员，曾以收标给俸为请。此次权篆两江，查悉哥匪情形，固应严加创惩，以申国法，亦应量行体恤，以广皇仁。欲求所以保全而驾驭之，舍此收标给俸，似亦别无方略也。

谨缕缕具陈，伏乞圣鉴训示。谨奏。

运河各工事竣片

再，上年九、十月间，东省黄水日益南趋，前督臣李宗羲，饬派候补道程国熙、庞际云、张富年会同淮扬道刘咸、徐海道吴世熊勘明，定议于海、沭境内筹挑砂礓等河，于邳、宿等处境内修筑运河堤岸，并拟于六塘河培筑官堤，顺清河豫备筹堵等因，经李宗羲等专折陈奏在案。

本年春间，臣履任后，亲往清江一带，与漕臣文彬公同商酌。维时东省贾庄大工业已合龙，所有前议六塘河筑堤及顺清河筹堵等工，只须修补民堰，镶做裹头，以省经费。惟海、沭挑河借以疏通海口，邳、宿等处修堤借以保卫民田，即使黄水安澜，亦系必不可缓之工，仍饬印委各员，认真经理。节据程国熙等遴委妥员，将邳、宿、高、甘等处土埽各工，择要修筑，并将砂礓河尾接连前沭河、港河、蔷薇河间段挑展，又补筑前沭河、港河两岸堤堰，束引漫水归海，均已陆续分别完竣。所有挑浚海、沭河工，经漕臣文彬亲往勘验，邳、宿等处土埽各工，经臣饬委候补道汤寿铭前往分别勘验，均尚一律如式。统计各工所用银两，均于两淮商捐款内动支。

除饬将用过银数造册报销外，合将酌办河工事竣缘由，谨会同漕运总督臣文彬、江苏巡抚臣吴元炳附片陈明，伏乞圣鉴。谨奏。

交卸起程前赴新任折 光绪元年十月二十一日

奏为恭报微臣交卸两江署篆并起程前赴新任日期，恭折仰祈圣鉴事：

窃臣钦奉恩命，补授两广总督，当经具折叩谢天恩，吁请陛见，奉旨：“着毋庸来见。”钦此。钦遵在案。

兹新任两江总督臣沈葆桢行抵江宁。臣于十月二十一日饬派江宁府知府蒋启勋、署中军副将谭碧理，恭赍两江总督关防、两淮盐政印信、通商钦差大臣关防暨王命旗牌、文卷等件，送交沈葆桢接收任事。臣即于是日交卸，仍将地方应办事宜，与之逐细酌商。

伏念臣承乏两江，瞬逾半载，深愧才力短浅，无补丝毫，循省五中，莫名悚惕。现在交卸署篆，即于十月二十二日起程，驰赴两广新任，惟有勉策驽骀，实心任事，以冀仰副高厚鸿慈于万一。

除俟抵任后专折奏报外，所有微臣交卸两江署篆并起程前赴新任日期，理合恭折具陈，伏乞皇太后、皇上圣鉴训示。谨奏。

奏疏卷十一

到任谢恩折光绪元年十二月二十七日

奏为恭报微臣接篆日期，叩谢天恩，仰祈圣鉴事：

窃臣于本年十月二十一日交卸两江署篆，即于二十二日起程驰赴两广新任，当经缮折奏闻在案。

兹于十二月二十一日行抵广东省城，准前兼署督臣张兆栋将两广总督关防及盐政印信各一颗，暨王命旗牌、文卷等项，委员赍送前来，臣当即恭设香案，望阙叩头谢恩，祗领任事。

伏念两广地方，山海崇深，梯航会聚，人民蕃阜，政务殷繁，举凡察吏、安民、练兵、裕饷，在在均关紧要，加以外洋交涉，措施当惬机宜，沿海筹防，布置贵臻周密。此边圻之重任，非梼昧所能胜，自问颛愚，弥深悚惕。臣惟有悉心经理，勉力图维，凡事与两抚臣妥商筹办，务期海疆胥静，中外相安，以冀仰答高厚鸿慈于万一。

再，臣途次经由安徽、江西等处，并抵广东后，查询各府、州属，均各年谷顺成，闾阎安谧，足以上纾宸注。合并陈明。

所有微臣抵粤接篆日期及感激下忱，除循例题报外，理合恭折具奏，叩谢天恩，伏乞皇太后、皇上圣鉴。谨奏。

武职举劾届期拟请展限折光绪二年正月二十五日

奏为广东省武职举劾届期，拟请展限办理，恭折具陈，仰祈圣鉴事：

窃臣于光绪元年十二月二十二日，接准兵部咨开："自同治十一年军政之年起，扣至本年，已届二年半荐举之期，行文各省督抚，查明绿营武职，如有应行荐举及参劾之员，即行查照定例办理"等因，当经咨行遵照。

伏查武职二年半举劾一次，乃甄别贤否、澄叙官方之巨典，必须秉公办理，方足以昭劝惩。臣甫经抵任，于广东水陆各营员弁，孰贤孰否，未及周知，相应请旨准将广东省光绪元年分举劾武职之案，展限办理。臣务当留心查察，如有才技优长之员，自应登之荐剡，其庸劣不职者，亦即随时纠参，不敢稍事姑容。

所有武职举劾拟请展限缘由，谨会同广东水师提督臣翟国彦、署广东陆路提督臣卫佐邦合词恭折具奏，伏乞皇太后、皇上圣鉴训示。谨奏。

出省查看海防炮台片

再，同治十三年六月间钦奉谕旨，筹办海防，当经前督臣瑞麟会同抚臣张兆栋筹商办理，并将筹办情形具折奏闻在案。

查粤东洋面，东西袤延二千馀里，港口甚多，琼州孤悬海中，尤有鞭长不及之虑。惟虎门实为省城门户，业于该处修建炮台，因经费维艰，尚未竣事。臣现定于正月二十六日出省，乘坐轮船前往虎门，会同水师提臣翟国彦覆加察看，务将地方形胜以及炮台规模，并将来派兵驻守各事宜，斟酌妥善，即行折回省城，顺道查勘沿途两岸旧设炮台处所，会商抚臣酌量缓急，分别兴工。至于通省沿海各口，应如何设防之处，亦当以次举办。

所有微臣出省前往虎门查看炮台缘由，理合附片陈明，伏乞圣鉴。谨奏。

广西抚臣出缺拟循例行令藩司护理折

光绪二年三月初七日

奏为广西抚臣因病出缺，请旨迅赐简放，恭折奏闻，仰祈圣鉴事：

窃本年三月初五日，接据署理广西布政使盐法道庆爱禀称：抚臣严树森前在河南、湖北军营，积受潮湿，素患痰嗽之证，本年入春以后，天气阴寒，旧疾时时举发。适值越南边防紧要，阳、万土逆未清，事务殷繁，未敢乞假调理，力疾办事，昕夕焦劳，至二月二十八日陡然变证，医药无效，即于是日未刻出缺，当将该抚臣身后事宜与在省司道妥为照料并将巡抚关防敬谨封储，应办事件由该署藩司暂行代办，禀请派员护理前来。

伏查广西抚臣严树森，以湖北知县从事行间，屡立战功，洊升司道，迭蒙累朝恩眷，擢任封圻，所至河南、湖北各省地方，勤政爱民，公廉素著。上年十二月间，蒙恩授为广西巡抚，于边防军务，吏治民生，无不悉心经画。正冀其久膺疆寄，上报国恩，乃接篆未及十旬，遽以旧恙侵寻，至于不起，闻之实深悼惜。所遗广西巡抚员缺紧要，相应请旨迅赐简放，以重职守。至巡抚出缺，循例应交藩司护理印务。惟新任广西布政使杨重雅尚未抵任，臣现饬该署藩司庆爱将广西巡抚关防封储司库，抚署应办事件，盖用藩司印信，暂行代办。

除俟新任藩司杨重雅行抵粤西省城，即循例行令护理抚篆外，所有广西抚臣因病出缺缘由，理合恭折由驿驰陈，伏乞皇太后、皇上圣鉴。谨奏。

筹画两省边防请饬藩臬速赴新任片

再，广西幅陨辽阔，民物凋残，近年甫报肃清，正当经营善后，加以阳、万土匪尚待剿除，贵州及越南边防均关紧要，而抚臣严树森因病出缺，该省现在并无实缺藩臬大员，其代办巡抚事件之署藩司庆爱到省未久，恐于各属情形尚未周知。臣本拟刻日亲往西省，暂驻梧州，将该省一切事宜，就近督办，惟现准总理衙门咨会，英国请于琼州海口通商，正当开办之初，必须妥为措置，又未便遽行出省，致有顾兹失彼之虞。臣审度再三，不得不兼筹并顾，经即行文广西提、镇、藩、臬，并统带兵勇之文武各官，饬将该省军务边防以及地方公事，悉心经理，万勿稍涉大意，致有疏虞，并将一切情形，随时飞报察核。臣一面将琼州通商事宜，赶紧料理，将来西省如有紧要事件，一经报到，臣即驰往梧州，随宜调度，以期敉绥边徼，上慰宸廑。至广西藩、臬，均蒙简放有人，合无仰恳天恩，饬催该藩司等速赴新任，以重职守。

谨附片陈明，伏乞圣鉴。谨奏。

筹办海口通商事宜折光绪二年四月初六日

奏为琼州海口通商，谨将办理情形及开办日期，恭折奏闻，仰祈圣鉴事：

窃照光绪二年三月初八日，承准总理各国事务衙门咨行："具奏琼州通商酌定开办日期，并查照粤、潮两关成案办理一折，于光绪二年二月十五日奉旨：'依议。'钦此。相应咨行遵照"等因。

臣等伏查琼州通商载在咸丰八年条约，同治十年间英、法等国均请开办，经总理各国事务衙门札行总税务司赫德前往琼州，会同该管道府酌议章程五条，呈送前督臣瑞麟分别覆核，咨送总理衙门在案。本年正月间，总理衙门将前议章程分别核定，咨行查照。所派琼州税务司博郎及英国派往琼州领事官佛礼赐，亦于二月间先后到粤，旋即起程前赴琼州。臣等当即查照潮关成案，饬委候补同知齐毓樨前往海口地方，会同税务司，将设关收税各事会商办理，一面飞饬雷琼道，督同地方官查照总理衙门咨行事理，分别妥办去后。兹据雷琼道王澍、琼州府知府丁浩会禀，税务司及英国领事等于三月初三日行抵琼州，即于初七日在海口地方开办通商，民情照常安静等情，禀报前来。

除饬该道督同地方官及委员等将总理衙门咨行收税交涉各事，酌议妥办，禀报核咨，此外如有未尽事宜，再当督饬各该员等详细酌定奏明办理外，所有琼州海口地方现办通商情形，并开办日期，谨合词恭折具奏，伏乞皇太后、皇上圣鉴。谨奏。

广西军务肃清请将营制规复旧章折

光绪二年四月初六日

奏为广西军务肃清，请将该省营制事宜仍归总督主政办理，以复旧章，恭折仰祈圣鉴事：

窃臣查同治二年春间，案准兵部咨："御史陈廷经奏请变通营制一折，经部核议：江苏、安徽、江西、广西等省各镇、协武职升迁调补，就近暂由巡抚专主，千总以下，径由巡抚咨拔报部，守备以上，有提督省分，仍俟各镇移咨提督查核后，由巡抚会同总督分别题奏，各镇、协总兵官以下统令就近兼归巡抚节制，俟军务肃清，仍照旧章，以符定制等因，奏奉谕旨：'依议。'"钦此。饬行遵照在案。

伏思东南军务肃清以后，江苏、安徽、江西三省营制，先后奏准仍归两江总督专政。今广东、广西军务均已肃清，所有广西营制，除抚标千总以下仍归该省巡抚办理外，其馀提、镇各协标千总缺出，悉照向章，由广西提督挑选合例应补者两员，咨送总督覆验拔补，至守备以上升迁调补，一切营制及武职题参疏防并咨参各案，应请援照江苏等省奏准成案，仍归两广总督办理，以符旧制。

臣谨会同广西提督臣冯子材恭折具奏，伏乞皇太后、皇上圣鉴，敕部核覆施行。

再，广西巡抚系现署藩司事盐法道庆爱代办，毋庸会衔，合并陈明。谨奏。

覆陈粤省事宜查酌办理折 光绪二年闰五月初一日

奏为前督臣奏陈粤省事宜，遵旨查酌办理，恭折覆陈，仰祈圣鉴事：

窃臣于署理江督任内，承准军机大臣字寄："光绪元年九月二十九日奉上谕：'英翰奏沥陈粤省情形并现在应办事宜一折，据称粤东海防练兵应赶紧办理，并吏治民情亟宜整顿，及变通理财事宜等语。着刘坤一到任后，将英翰所陈各情，悉心查酌，奏明办理。原折着抄给阅看。将此由四百里谕令知之。’钦此。遵旨寄信前来。”

臣伏查英翰所奏各情，关系边防兵制，吏治民生，必须确知利弊之源，方可徐议措施之序。臣到粤后，稽之案牍，征之舆论，逐一博访详查，数月以来，粗知大概。原折所陈事理，端绪繁多，或应作速举行，或可暂从缓办，或竟毋庸办理，臣谨为我皇上一一详陈之：

查原奏内称粤省以海防为最亟，自系未雨绸缪之至计。粤省除琼州全府、南澳一镇，均孤悬巨浸外，馀如广、肇、高、廉、雷、惠、潮各府属州县，多系滨海，延袤几三千里，港汊甚多，无处不可通舟，即无处不可登岸，若欲沿边设守，实属防不胜防，备多力分，恐转为敌所乘。惟各属以省会为根本，省城以虎门为门户。该处天设之险，原建炮台均已倾颓。经前督臣瑞麟及前署督臣张兆栋，于虎门之威远、下横档两处及省城之大黄滘、中流砥柱两处，参酌中西之制，重建炮台各十数座。臣于本年正月杪，先后会同抚臣张兆栋、水师提督臣翟国彦覆加履勘，地势均属扼要，间有未尽合法之处，经臣等详悉筹商，妥为改作。一俟威远、下横档两处炮台告竣，再将虎门之沙角炮台接续兴修，并将原建之大角炮台移于浮舟山背，以联络上下声援。英翰原奏谓炮台宜以铁砖穿成，次则用厚铁板，据称需费已数百万。而以臣所闻于中西熟习机器人员，则云铁砖、铁板，一受轰击，仍虞松散，不若用铁整铸成台，方为巩固，又不知需费几何，目前安能得此巨款。今参酌中西之制，以长大坚厚之石镶砌基址，以三合泥筑成炮台，台顶则用斜坡，以避开花弹子，中用隔堆，以防炮之炸裂，下用活轨，以便炮之转动，炮台外留馀地，临事则以沙包护之，以期柔可制刚。适有外国兵船头目曾与南北花旗之战者，前往炮台察看，对臣亦云得力，而其所谓应行改作者，与臣意见又复相同。此外如潮州一府，实当闽、粤之冲，且系通商口岸，经前督臣檄饬潮州镇方耀、惠潮嘉道张铣于海口最为扼要之碕碌等处，兴修炮台。本年春间，该镇道等先后来省，询悉各处炮台，因经费为难，或工仅得半，或尚未兴工。臣谆饬该镇道等迅速筹办，刻期告成。其馀各处海口浅窄，敌船尚难深入，不得不从缓图。新购前膛、后膛大炮共百一十馀位，内有重二万四五千斤及一万七八千斤者十二位，馀或六七千斤至三四千斤不等，尚有旧存一百八十馀位，堪以选用，倘有不敷，购买亦甚易易。

夫台坚炮利，亦在将勇兵强，方足以守以战，则选将、练兵为尤亟。广东水陆各营，旧额兵丁六万馀名。同治九年间，前督臣瑞麟奏明裁撤三成，尚存四万二千馀名，仍于其中酌抽二成，加给口粮就营操演，各营多者二三百名，少者百数十名，甚至仅六七十人，畸零散漫，不能成军。嗣因各处缉捕巡防，纷纷调拨，以练兵为巡丁，以练饷为捕费，名实益不相副，操演遂成具文，且有以陆兵而派在巡船，以水师而派在陆汛，更有一船一汛而兵勇各半，因事补苴，益形杂糅。上年四月间，钦奉谕旨，饬将陆军合营并操，仰见圣谟广运，具协机宜。前督臣英翰拟于已练、未练各兵之内，挑选十营，旋因交卸中止。臣抵任后，会商抚臣，先将原练抚标四百名，广协原练四百数十名，均配足五百名，俾成一营，并与臣标原练五百名各设营总，以专责成。其陆路提标练兵之分拨各台汛，及南韶连镇、潮州镇练兵之分拨各巡船者，悉令编立营制，改回陆军，多者损之，少者益之，务足五百名，以齐部伍。此外则高州镇添练五百名，臣标添练五百名。除省城之营一千五百名，势成坐镇，毋庸撤换外，所有新练督提镇各标兵共二千五百名，略仿照江西轮练之法，初调五百名立为正营，一年练熟后撤归原营，再于本标调换五百名立为副营，亦俟一年练熟后撤回，复调正营更番调练。是以二千五百人之粮，而得五千人之用，从此以渐推广，则数年后合省绿营必有可观。臣于春间，已裁勇丁千名。兹拟将轮拖巡扒各船，改配经制水师，其勇尽数裁汰。如水师兵丁有不堪驾驶者则开除名粮，即以拟裁之精壮勇丁拔补。计裁一勇可养两兵，核计赀粮，有盈无绌。而目前未经调练之兵，则通饬各营，每月按三、六、九日抽练，既无误于生计，亦有补于戎行。其弓箭、籐牌兵丁，均令兼习枪炮，方为制胜之具。顾广东内河外海，则练兵必须水陆兼资。水师与陆军不同，所恃全在船只。查原设各项师船二百二十馀号，久已朽坏无存。近年所造拖巡扒各船及大长龙艇等项，多在内河巡缉，而出洋仍须添雇民船。前经瑞麟、张兆栋等先后购备轮船及自行制造共二十馀号，内有五号较大，堪以巡缉外洋，然亦不足以支巨敌，其馀皆系船身短小，只可以顾内河。英翰请用铁甲兵轮，未始无见，而需款甚巨，非广东目前财力所能，且中外形势异宜，并恐不适于用。臣与抚臣、提臣熟商，拟将现有各船分别裁减，制造大号木壳兵轮，分布沿海，无事则游巡，有事则战守。计兵轮一抵师船十，究竟以十师船经费能否养一兵轮，以及此项兵轮各宽长若干，配兵若干，并当如何分拨以昭周密，应否仍佐以师船，以便近岸追捕，事属创始，不得不博采周谘，通盘筹画，俟有头绪，另案具陈。

此筹办海防及练兵、造船之一切事宜也。

广东夙称富庶，今则迥异从前，其库款之空虚，几不及东南一小省，盖由晨收暮放，入少出多。综计本省地丁、盐课、厘金每年不及三百万，而京协各饷、本省兵饷、勇饷以及杂支各项，约须四百万有奇，已属不敷支解，而目下筹办海防，尚须于中随时挹注。虽近年有追缴闱姓之款，并旧料茶丝等行捐助捕费，仍属杯水车薪，无济于事，是以英翰原奏有盐斤抽厘、洋药加厘之议。查粤盐本已抽厘，第以港汊纷歧，盐枭充斥，正引不能畅销，厘金遂无起色，若徒加抽厘金，则成本益重，官不敌私，必至埠悬饷缺，所得不偿所失。臣与运司国英再三筹商，据请添雇轮船，先严六门缉私之禁，一面仿照康熙、雍正年间成案，筹款收买各处馀盐，配为官引，发商领运，俾盐枭有所出售，不至铤险，埠商无虞侵占，得以居赢。一俟正引畅销，则课饷既增，厘金亦旺。业饬该运司妥为试办。又查广东洋药厘金，较轻于江、闽各省。第此等奸贩，每借洋人为护符。广东省城及香、澳两处华、洋商人狼狈相倚，兹忽加重厘金，彼必从而掣肘，似难轻议更张。惟原定洋药厘金章程，省城与新、香及汕头等处轻重攸殊，奸商得以趋避。臣现饬督办厘金委员署粮道高从望将各厂画一抽收，并于近年贸易较盛之区，如廉州之北海、琼州之海口等处，照旧开抽货厘，或于经费不无裨补。至沙田一项，前于同治五年曾将广府各属逐一丈量，收缴花息七十馀万。上年复经张兆栋设局覆查，每亩捐银二钱，以助海防之用。臣于本年春间，檄饬潮州镇、道、府清丈潮属沙田，仿照广属成案，酌收花息，修筑该处炮台。该处沙田无多，尚未审有无成效。各属所产煤斤，本质过松，峒苗易竭，从前曾经开办，旋即饬停。英翰请用机器开挖，徒滋劳费，似可毋庸置议。

夫理财之道，除弊即以兴利，开源尤贵节流。广东盐厂厘卡，棋布星罗，丁役之侵渔，商贩之走漏，在所不免，而委员、司事、兵勇、巡丁薪水口粮，亦不无糜费之处，臣与抚臣督饬司道严密稽查，力图整顿，如有留难卖放，一经访闻，即将该委员、司巡分别撤换责革，并将各局卡人员、兵丁归并裁减。除中饱则涓滴归公，去冗费则度支有节。此筹办饷糈及斟酌变通之各项事宜也。

若夫整饬吏治，固在于用舍之当，考核之精，尤在于实缺人员久于其任。盖州县在本任则知责无旁贷，不敢苟且因循，即吏胥士民，亦不敢涉于欺藐。久任则民情风土得以周知，一切措施并可竟其心力。否则，互相调署，即心地朴诚者，亦不免有五日之见，不时撤换，即才具明干者，恐未必有期月之功。臣与抚臣督饬藩司杨庆麟查明各实缺人员饬赴本任，如人地不宜则对调另补，或才力不称则降革勒休。此后如有应行察看及应行更动之员，亦必遵照部章，不逾十分之一，庶各州县得以久任地方，尽其职守。至算交代，裁摊捐，臣与抚臣并当设法清厘也。

民情苦于多盗，实由于赌博之多，盖赌则未有不穷，穷则未有不流为盗者，臣与抚臣严行查禁，现虽未能净尽，而大致业已肃清。立禁之初，适盗案层出，议者转归咎于禁赌太严，臣等不为所动。广府各州县原设有水陆缉捕各营，而其弊在于无所专属。臣与抚臣督饬臬司周恒祺，将各起缉捕，分定地段，严定功过，俾之各有责成，复分派委员在于省外办理团巡，编查保甲，绝兵差之勾串，究土棍之窝藏，近来破获颇多，当可期其稍戢。

此外地方事宜，尚有英翰原奏所未及者，其间应兴应革因地因时，再当审度情形，随时奏明办理。

臣仰蒙恩遇，忝任兼圻，以迂拘谫陋之才，处繁剧疲难之地，骤图振作，则迹涉纷更，徐事转移，则虑成濡滞，旰宵自省，寝馈不遑。惟有勉竭愚诚，勤求治理，固不敢过于操切，贻欲速不达之讥，亦不敢涉于依违，蹈畏难苟安之习。行之以渐，持之以恒，以期内修外攘，日就月将，仰副圣主绥靖海疆之至意。

所有粤省情形并应行事宜，现在遵旨查酌办理各缘由，谨奏折具陈，伏乞皇太后、皇上圣鉴训示。谨奏。

税项原拨勇粮改充海防经费折光绪二年六月二十二日

奏为粤东高、廉等处伏莽肃清，拟请将关税项下原拨剿捕勇粮改充海防经费，恭折奏陈，仰祈圣鉴事：

窃照同治十三年六月间钦奉谕旨筹办海防，当经前督臣瑞麟会同臣兆栋查得广东洋面最为紧要者，近省则广州虎门等处，东路则潮州、汕头及南澳等处，必须豫为设防。拟将虎门各炮台先行分别修建，其潮州等处，责成道、镇察看海口形势，将炮台妥议兴修，一面添买洋炮轮船，择要驻扎，以资守御，而重边防。业将筹办情形，恭折奏明在案。

臣坤一抵任后，于本年正月间，前往虎门，将建筑炮台处所覆加履勘，地势均为扼要，惟间有未能合法之处，经臣与臣兆栋及水师提督臣翟国彦详悉筹商，妥为改作。先将威远、下横档两处炮台赶修完固，再将沙角、大角各炮台接续兴工。至粤省轮船，先后购备制造共计二十馀号，其中仅止五号船身较大，堪以巡缉外洋，然亦不足以资拒敌。臣等复与提臣悉心商酌，拟制造大号木壳兵轮，分布外洋，无事则游巡，有事则战守。此粤东办理海防之情形也。

防海之要，战守兼资。守则墩台，战则船炮，二者不能偏废。而欲求墩台之巩固，船炮之坚利，则非经费充足，不能为功。粤省办理海防，别无专款，系由厘金项下设法腾挪，并时于藩运库储借支补缀，出多入少，前去后空，加以部拨京饷，起解不敢稽延，本省兵糈，支发难容濡缓，而各省协饷为数尤多，每遇羽檄交催，不得不先其所急，因而彼盈此绌，不能专顾海防。两年以来，厘金项下及藩运二库，虽已借拨过海防经费银数十万两，然购制轮船每号需银数万至十数万不等，外洋炮械价尤不赀，历年省局所购枪炮子药以及水雷等项，所需价值已不下三十万金，而前督臣英翰定购洋炮十三尊，林明敦枪一百杆，并炮子炮架，共需银二十五万馀两，除支付外，尚需银一十四万馀两，未经付清。经费不充，于兹可见。是以自前年至今，虎门及潮州海口各炮台，动辄停工，而轮船亦不能多购，职是故也。上年臣兆栋在省设局，将广州府属沿海沙田每亩抽银二钱，以资经费，奈为数无几，仍属杯水车薪。目下炮台正在兴修，轮船尚需购制，而库储不足，部署綦难。臣等再四思维，当此左支右绌之时，不得不作挹彼注兹之计。查同治十二年七月间，因广东高、廉等处伏莽未清，前督臣瑞麟派令总兵郑绍忠添募壮勇二三千名驰往查办，所需勇粮等项，奏请在粤海关洋药正税项下按月拨银二万两，俾资支应。经户部议奏，奉旨允准，咨照钦遵。计自同治十二年十二月起，至本年五月止，共应解银六十万两，除已解外，尚未解银一十二万馀两。现在高、廉等属伏莽肃清，郑绍忠添募之勇业已撤裁，前项关税可以毋庸拨解。而海防紧要，需用甚殷。合无仰恳天恩，俯准将该关前项月拨洋药正税银二万两，改充海防经费。在拨款数仍如旧，并未加增，而海防得此专款，不致匮绌时形，庶可随宜布置。据广东善后、海防总局司道具详请奏前来。

除饬将郑绍忠查办伏莽一案添募勇丁口粮收支数目造册报销并咨明户部外，臣等为海防紧要起见，谨会同南洋大臣沈葆桢合词恭折具陈，伏乞皇太后、皇上圣鉴训示。

再，所请如蒙俞允，其粤海关应解本年五月以前银一十二万馀两，续解到日，应请并归海防经费项内支用报销，合并陈明。

谨奏。

筹解西师饷项折光绪二年六月二十二日

奏为筹解西征出关饷项，恭折驰陈，仰祈圣鉴事：

窃照前准军机大臣字寄："光绪二年三月初九日奉上谕：'户部奏，遵议提拨出关饷需一折。广东省本年应协甘饷计九十一万两，内除应还上届洋款本息约共四十万两零，仍馀银五十万两，统限三个月内扫数解交左宗棠应用，不得稍有短欠，致误戎机'"等因，钦此。当经转行钦遵筹解。随于本年二月十九日、三月二十九日、五月二十三日先后筹备归还洋款及出关饷需银二十七万六千二十八两，给交甘省催饷委员朱文熙、黄宸熙等解赴西征粮台查收转解，业经分次奏报在案。

兹据广东布政使杨庆麟详称："广东省本年应解甘饷银九十一万两，除应还洋款银四十二万六千五百两外，尚馀银四十八万三千五百两，均奉拨解出关饷需，内已解银五万七千五百四十九两，尚应解银四十二万五千九百五十一两，本应力筹起解。惟查司库款项，如各属应解地丁及运库拨解盐课充支本省兵饷，往往征解不前，尚赖厘金接济。厘金一项，除拨解京饷及本省兵饷外，仅馀银九十馀万。此外太平关税、洋药厘金两项，每年约解司银三十馀万。而本年奉拨吉地工程、内务府经费、京饷、固本饷以及南北洋海防经费、滇黔协饷约需银一百一十馀万，又本省善后局巡防经费约银七八十万。量入为出，已属不敷。加以本年应行归还洋款除解外，尚有二十万八千馀两之多，不容稍有蒂欠。所有欠解前项奉拨西征出关饷银，实属力难兼筹。惟念左宗棠悬师深入，须赖士饱马腾，无论如何为难，总当勉力设措。兹在于藩库

太后、皇上圣鉴，饬部议覆施行。谨奏。

粤海关监督任事出力请加奖励片

再，粤海关监督文铦，在任三年，于关税事宜颇能认真整顿，历年应征税项以及新增盈馀银两，皆能照额征完，得以接济京、协各饷。当同治十三年秋间，沿海风灾之后，商贩寥寥，该监督设法招徕，仍属有赢无绌。且捐修汲水门等处洋药税厂，共用银一万五千馀两之多，俱系自己出赀，不敢开销公项。本年新开琼州通商口岸及新设小马溜洲分关，经该监督与臣等悉心筹商，一切均臻妥善。此外，中外交涉事件，尤能不设成心，不执己见，持平核实，华洋相安。查同治十二年间，前监督崇礼办理关务出力，经前督臣瑞麟会同臣兆栋奏奉朱批："着以内务府三院卿候补"在案。今文铦经理关税事宜，始终出力，现值任满交卸，可否量加奖励之处，出自天恩。

臣等谨援案附陈，伏乞圣鉴。谨奏。

恭谢天恩折光绪二年九月初三日

奏为恭谢天恩，仰祈圣鉴事：

光绪二年七月二十四日，由在京提塘赍到兵部遵旨颁赐穆宗毅皇帝御制诗、文全集各一部，臣谨恭设香案，叩头谢恩祇领讫。

钦惟穆宗毅皇帝，德契苞符，道隆图箓。观人文而成化，甄度龙玑；建皇极以敷言，扬华虹玉。风和叶律，迈播响于南薰；云倬为章，耀垂光于东壁。探三百五篇之奥，咏歌而黼黻咸昭；括二十四史之全，论断而权衡胥协。惟作者之谓圣，上配六经，斯焕乎其有文，永垂万祀。我皇上萝图缵绪，芝殿承谟，编摩而特命儒臣，颁赉而不遗疆吏。臣学惭绠汲，识类管窥。荷宝笈之传宣，如瞻羲画；捧瑶编而感幸，全睹尧文。仰昭示于无穷，固不啻图训球刀之宝贵；矢研寻于靡斁，庶稍窥典谟雅颂之宏深。

所有微臣钦感下忱，理合恭折叩谢天恩，伏乞皇太后、皇上圣鉴。谨奏。

奏调鹿传霖差遣委用片

再，粤东通商日久，每有中外商民交涉事件，按照条约，应行委员会同洋官审断。其中情形不一，轇轕居多，必须才识明敏之员，迎机立决，方免另生枝节。且现在办理海防以及整顿地方一切事宜，在在需员调遣。兹查有照例回避开缺另补之广西桂林府知府鹿传霖，朴诚练达，为守兼优，臣前在广西，知之最稔。合无仰恳天恩，准将该员调赴粤东差遣委用，俾臣得资臂助，出自鸿慈。

谨附片陈明，伏乞圣鉴训示。谨奏。

请饬张得禄迅赴新任片

再，前准兵部咨："同治十年二月初五日内阁抄出，初三日奉上谕：'广东高州镇总兵着张得禄补授。'"钦此。随准督办奉天军务都兴阿咨："前因统带乏员，奏恳仍准新放广东高州镇总兵张得禄暂缓赴任，留奉带队，俟有堪任统带者，奏明更替起程一折，于三月二十六日递回前折，承准军机大臣奉旨：'着照所请，兵部知道。'"钦此。并准兵部咨同前因。

臣窃思奉天马贼早经歼除，馀孽亦已肃清，目前并无军务。而粤东正当整顿营务之时，高州镇管辖高、廉、罗三府州，负山滨海，界连广西，水陆两路，地方辽阔，实为岭南要区，稽查督缉，弹压海口，在在均关紧要，未便悬缺久旷。合无仰恳圣恩，饬部催令高州镇总兵张得禄迅速即赴新任，以重职守，而专责成。谨附片具陈，伏乞圣鉴训示。谨奏。

遵查广东盗案及武员劣迹折光绪二年九月初三日

奏为遵旨查明前任给事中片奏广东盗劫打单各案及副将、都司劣迹各缘由，据实覆陈，恭折仰祈圣鉴事：

窃臣等于光绪二年正月二十三日承准军机大臣字寄："光绪元年十二月二十六日奉上谕：'给事中黄槐森奏广东捕务废弛，请饬严定赏罚，以靖盗风，并请将纵盗各员严惩各等语。地方文武员弁，遇有劫盗重案，理宜认真缉捕。若如该给事中所奏，广东各属呈报盗案，地方文武往往置若罔闻，以致贼匪肆行，自上年冬间迄今，劫掠之案，层见叠出，捕务实属废弛。着刘坤一等严定赏罚，责成该管文武逐案勒缉，倘有讳纵及逾限未获者，立即从重参办，并按照所指各弊，严行根究，以戢盗风。署顺德协副将戴朝佐、广州协都司黄添元，据该给事中所奏种种劣迹，岂可稍事姑容！着刘坤一等查明，据实严参，毋许徇隐。原片二件，均着抄给阅看将此各谕令知之。'"钦此。仰见圣主勤求治理，澄叙官方至意，跪聆之下，钦佩莫名。当经恭录谕旨咨行钦遵确查去后。

兹据各属先后禀称：向来接到公正绅士联名攻匪禀函，均系严密查办，从无发下吏役之事，该吏役无从泄漏风声，从中得贿，轻刑教供，及传到绅民对质，以挟嫌结案，反将盗犯开释情事。凡遇事主呈报劫案，均系轻骑减从，据实勘详，并无责令清完钱粮，羁縻留难，不许上控，任听吏役讹索使费，及讳盗为窃、借盗销案、规避处分等情。并据该管道府直隶州查明禀覆所属各厅、州、县实无前项情弊，亦无被人告发之案。

查州县系亲民之官，盗贼为地方之害，捕务固急须整顿，至于吏役讹索诸弊，尤当实力禁革。先经臣等行知臬司，通饬各属，遇有呈报盗案，务须亲诣勘验，查照向例，事主报盗，止许听审一次，认赃一次，不许屡传质审，致滋拖累，并将勒索夫马饭食等项陋规，严行查禁，出示晓谕，俾众咸知，并饬各该管道府州随时认真稽查，从严参办。一面由司道等会议，将水陆两路缉捕，设法认真整顿。其水路自省河一带至东、西、北三江巡船，划分地段，酌定文武员弁限缉功过章程，遇有盗案，开列承缉印捕官、专汛协防各职名，按月造册，缴司查核：以捕盗之多寡，定地方文武之功过，以分巡员弁功过之多寡，定统巡官之功过。每届三个月汇列清册，详候批示饬遵，以昭劝惩。并委员分往各属，认真查办保甲，以靖盗风。至拿获发审人犯，惟广州府谳局为最多，亦经慎派知府妥员总办其事，与广州府会督专审、帮审各员悉心听断。凡遇解审人犯，均由臬司覆勘，解交臣等亲提确审，秉公办理。省外各属拿攻罪应斩枭、斩决盗犯，由道遵照奏定章程，审明录供，禀候批行正法。现据各属禀称，并无前项各情弊，似属可信。

至原片内开，贼党在海关缉私船滥领旗帜、号衣，借端抢劫一节。当经咨准前粤海关监督臣文铦查明，同治十三年八月间，因巡船遭风沉失损坏，奏明购买拖船四只，随经购得三只，名曰通胜、通海、通靖各船，旗帜书写“粤海关缉私巡船”字样，号衣系按巡丁、水手人数发给，并无滥领情弊，且每船派有司事头人管带巡丁、水手，亦无被控借端抢劫之案。或系匪徒假冒旗帜、号衣，亦未可定，咨覆核办等因，行经臬、运二司会议文武衙门及盐厘各厂巡船均给发牌照，悬挂船头，船旁编列字号，以杜冒混，并饬属查照详定章程，将望洋、虾笱等艇一律禁除。其民间船只，改用大头三板，长不得过一丈六尺，止准用桨四枝、橹一枝，不得加多。并选派武员管带通胜、通海、通靖三号巡船，督饬巡丁、水手，在于内河、外海，随时实力巡缉稽查，遇有前项匪徒，立即严拿解办，以靖江洋，而安商旅。

又原片内所指署顺德协副将戴朝佐种种劣迹，咨准水师提督臣翟国彦覆称：“饬据署[①]香山协副将冯守信查明，戴朝佐自奉委广属缉捕以来，所获各犯，系督抚派委知府大员在行营专司审办，并委州县、同知、通判等员帮同审理，一经讯系良民，随时保释，若供认行劫正盗，或解省覆审，或就地正法，俱系录供，禀候督抚批示，遵照办理。实非戴朝佐不遵奏定章程，亦无将尸埋灭。且戴朝佐例无承审之责，无从刑逼勒供。如果擅杀无辜数十人，何以绝无尸亲一人控告。其无专权擅杀尚属可信。亦无于擅杀后汇详捏称某案某贼混饰冒功、庇匪扰民各情事。至于安分良民，断无行贿之理。倘系正盗，一经贿纵，该事主何肯甘心隐忍，默无一言。所称‘戴朝佐无论良莠，得贿开释’，均无确切证据。向来著名逸盗，经地方官勒令犯属交出，该犯属力不能交，往往自愿呈缴捕费花红银两，系属事所常有。然此项银两，缴赴本县公局绅士收存，不论何人获犯解县审明，准其自行赴局领银，与戴

①中华书局版《刘坤一遗集》无“署”字。

朝佐毫无干涉，实无勒缴花红情事。至谓讹索顺德县属罗水地方润利、润合两店银两一节，实因前获已正法之盗犯罗亚坤供认在顺德县属劫得船户何茂安猪只，卖与润利屠店，又在顺德县属劫得渡夫冼阿坤茧绸，卖与润合酒米杂货店等语，经顺德县传到墟正苏兆魁讯明各店系属误买贼赃，该店户等自愿赔银一百八十一两二钱缴县。已将猪价银两给与何茂安领回，其茧绸价银存储县库，俟传到冼阿坤给领。戴朝佐实无诬指各该店户通贼及向索银三百两之事。又原片内所指戴朝佐驻在何处，则贼匪在何处劫掠一节。并据冯守信查明，同治十一年间，戴朝佐在顺德县属小布地方驻巡月馀，次年并未到过小布。同治十二年四月间，南海县属沙头堡事主谭瑚开张南昌绸布店被劫之时，戴朝佐亦不在该处驻扎。至是年七月二十九日夜，南海县属沙头北村乡事主崔德雄家被劫。维时戴朝佐驻扎该处，是夜听闻喊捕，登即督带兵勇追至附近官山海口地方，截获盗艇一只，夺回原赃，交沙头局绅，传主领回，该事主得回赃物，未经赴县禀报。又南海县属龙畔沙德昌、成昌、和益、同益四店俱在海滨，搭寮烧砖为业。该处地方荒僻，其被贼打单焚劫时，戴朝佐先已奉札前赴高明，续往顺德、香山等县查拿贼匪，亦未驻扎龙津地面。戴朝佐自同治九年六月内奉札委办广属各路缉捕之后，统计获犯一千馀名，内省释病故及解广州府谳局并各县归案办理者四百馀名，审明正法者五百馀名，复派拨备弁击毙拒捕着盗刘老猪受及匪党二名，拿获匪首曾大鹅幅、袁沙茭、叶得仔、江幅仔等审明正法，均经先后奏明，尚无坐视不理，置匪不捕，纵盗横行各情事。”并据南海、顺德等县查覆各情，俱属吻合。

又原片内所指署广州协左营都司黄添元种种劣迹，咨准署陆路提督臣卫佐邦覆称：“饬据广州协副将喀郎阿查明，都司黄添元叠奉督抚札饬查拿著盗黄顺东等未获。于同治十三年六月间，黄添元饬据线人探得黄顺东等潜回顺德县属水藤乡内，时有顺德县差张明、南海县差何新，派在省河缉捕，带同该线人及认识黄顺东等面貌之差伴梁亚四、劳亚朝、何亚洪驾艇前往围拿。六月二十一日，适值该乡演戏，梁亚四等三人即带线登岸入村，见黄顺东等在场看戏，当向捉拿。该乡人不知捕盗情由，疑系匪徒滋事，将梁亚四等扯入乡局，因人众拥挤，互有受伤。黄添元移知顺德县饬差吊放，随据绅士区作孚等将梁亚四等送县验伤饬医。经该县移营查拿，并勒令该乡人将黄顺东等及滋事之人交出。该乡人因黄顺东等俱已远飏，当时系何人为首滋事，无从查悉，情愿呈缴花红银两购缉，并送经受伤之梁亚四等药资医调。梁亚四等系顺德县差役，并非兵勇。当日黄添元亦未亲自前往，委无纵勇索扰不遂，殴伤乡民七十馀人情事。惟既知著盗黄顺东等潜回顺德县属水藤乡内，黄添元系奉札饬拿之员，任听差役带同线人前往查拿，并不亲往督办，几致酿成事端，咎无可辞。至原参所指黄添元包开赌局、娼寮、烟馆、蓄养优伶，系属实有其事”等因。并据该管上司揭参前来，臣等详加访察，亦属无异。

至于原片内开行劫打单各案，每起失赃，估值银一百七两零至三千二百馀两不等，尚无数万两之多。除未据事主呈报，或已获犯过半兼获首犯，或图劫未成，毋庸并计外，其馀各案或尚未破获，或仅获一二名，尚未获犯及半者，所有承缉接缉印捕官、专汛协防各员，现饬臬司钦遵谕旨，并查照详定限缉功过章程，责成该管文武逐案勒缉，倘有讳纵或逾限无获，随时详请从严参办。由藩、臬二司、善后总局、司道覆加查核，详请覆奏前来。

除都司黄添元已据报于光绪二年闰五月初二日病故另疏题报外，臣等伏查前署顺德协副将事，龙门协副将戴朝佐被参各款，现经查明，均无确切证据。惟既被参劾，难保其别无私咎。诚如原片所称，“特恐该副将恶迹显著，权重党多，钻营幸免”，自当钦遵谕旨，澈查明确，核实办理，未便稍涉姑容。复经咨准水师提督臣翟国彦覆称：“查该副将戴朝佐平日居官，营务历练，办事勤干。本提督前在潮州镇总兵任内，调遣戴朝佐助剿江西窜入发逆，奋勇得力，办事悉合机宜，递蒙保升副将。自委署顺德协副将，已历数年，缉捕操防，任劳任怨，兵民翕服，尚无贪鄙劣迹”等情。咨覆前来。臣等破除情面，密加访察，舆论佥同。饬据副将尚昌懋、参将邓安邦明查暗访，委属别无私咎。伏思该副将戴朝佐平日居官尚好，兵心悦服，缉捕认真，此次被参劣迹，查无实在证据。合无仰恳圣慈，免予置议，出自逾格恩施。

都司黄添元奉札饬拿著盗黄顺东等，知其潜回乡里，辄听差役线人前往查拿，并不亲往督办，几致酿成事端，已属咎无可辞，其包开赌局、娼寮、烟馆、蓄养优伶，尤有应得之罪。虽经病故，若使概予免议，诚恐武营相率效尤，不足以肃官常。应请将该都司黄添元原官革职，以示惩儆。

至盗劫打单各案，已未获犯审办，另列案由清单恭呈御览。在逃各匪，除饬地方官会同缉捕员弁上紧购拿务获惩办外，所有臣等遵旨查明缘由，谨合词恭折覆陈，伏乞皇太后、皇上圣鉴训示。谨奏。

兼管粤海关监督谢恩折 光绪二年九月初四日

奏为恭报微臣兼管粤海关监督日期，叩谢天恩，仰祈圣鉴事：

窃臣接据粤海关监督俊启家人呈报，俊启于八月二十五日闻讣丁忧，例应回京守制，请为据情代奏等语。正具折间，适接阅邸抄，光绪二年八月十三日奉上谕："内务府奏监督丁忧可否简放一折。俊启着回京穿孝，俟百日服满后，仍行回任。粤海关监督，着刘坤一兼管。"钦此。旋准该监督俊启于九月初一日，将粤海关监督关防一颗，并文卷等件，委员赍送前来。臣当即恭设香案，望阙叩头，祗领任事。

伏念粤海关监督管理华洋贸易，举凡征收洋、常税课，筹解京、协各饷，均关紧要，任重事繁。且当制用孔亟，拨款繁多，入不敷出，必须移缓就急，酌盈济虚，庶可资周转而免贻误。臣惟有洁己奉公，矢勤矢慎，竭力整顿，详细钩稽。并督饬税务司及丁书人等，严缉偷漏，厘剔弊端，期于税项日有起色，拨解借得转输，断不敢因暂行兼管，稍涉因循，以仰酬高厚鸿慈于万一。

除将库储钱粮按款核收另行照例具题外，所有微臣兼管关篆日期，并感激下忱，理合缮折具奏，叩谢天恩，伏乞皇太后、皇上圣鉴。谨奏。

酌拟沿海保险船只章程折光绪二年九月二十一日

奏为酌拟沿海地方保护遇险船只章程，恭折具陈，仰祈圣鉴事：

窃臣坤一于光绪二年闰五月初六日，承准总理各国事务衙门咨行，准福建巡抚抄送保护中外船只遭风遇险章程五条，经该衙门奏请通行查照办理，奉旨："依议。"钦此。咨行遵照前来。

臣等伏查粤东洋面辽阔，中外船只时有往来。先于同治九年间，经前督臣瑞麟会同臣兆栋饬行善后总局司道核议中外船只遭风遇险救护章程，通饬各属遵照。数年以来，救护中国船只及美、英各国洋船多次，中外民人因救护生者，亦不下数百人，办理颇有成效。兹查总理衙门奏准通行之闽省章程，与粤省旧章大端相似，只以两省情形互异，其中节目亦因稍有不同。即如章程内画分地段、责成救护一节，粤章则分设公局，以其事任之绅耆，闽章则明定界限，以其事责之地甲。又粤章每救一人，赏银三十圆，闽章则赏十圆。其馀琐屑事宜，亦未能悉相符合。在闽粤两省所议章程，均为保护商民起见，原无彼此之分。惟粤章行已数年，商民称便，若一旦改照闽章办理，未免今昔稍殊，海滨愚民难于户喻，设以旧章忽改，遇事观望不前，似于救护事宜转无裨益。臣等窃思立法必期于有济，因地乃所以制宜，审度情形，未敢稍涉拘泥。当即督同善后局司道，将闽省章程与粤省旧章互相参订，酌议章程五条，期于粤章不必纷更，而于闽章亦无背谬，拟即饬发各属晓谕沿海居民，俾知遵守。据善后总局司道详请具奏前来。

臣等谨将所议章程五条，缮具清单，恭呈御览。是否有当，伏乞皇太后、皇上圣鉴，训示遵行。谨奏。

谨将酌拟救护船只章程五条，缮具清单，恭呈御览。

一，分地段以专责成也。沿海地方辽阔，自应定明所辖界限，方免推诿。应通饬沿海各府、厅、州、县，会同营汛，查明各管地方共大乡、小乡若干，系何乡名，某姓若干，某乡绅耆若干，是何名姓，上至某处，下至某处，各分地段。每一大乡，设立救护公局一所，小乡联设公局一所，选举公正绅耆数人，常川在局董理事务，由地方官给予印旗，大书“某府、厅、州、县某段救护船只”字样。即于各公局前竖立望杆一枝，悬挂旗号、灯笼，俾沿海来往船只一望而知。各公局绅耆豫先选定熟习水性乡民数名，常川瞭望。遇有遭风船只飘至段内，无论中外之船，由公局绅耆立即鸣锣传集船夫，前往救护。一面飞报地方官督率兵役，亲往勘验，不得稍有迟误，更不得稍有勒索。遇有离村较远洋面，遭风搁浅船只，无论何人即时分赴报信者，由官重给赏犒，以初报之人为首功，二次、三次续报者酌减，第四次以后均不给赏。仍将该管乡名、里数、坐落方向、族姓、烟户，绘图注说，并将各乡公局绅耆姓名、派定乡民人数，先行造册缴核。

一，定酬劳以重船货也。凡中外遇险船只，飘流到境，派出乡民如能实力救护保全，其中国船只，即由地方官验明，其外国船只，如附近有领事官者，由地方官会同领事官验明，其领事官相距较远之处，即由地方官验明。将船货估价，按照多寡难易，抽拨十成中之二成充赏，若有货无人，应分别由地方官及会同领事官秉公将货酌赏。至遇险船只，其力尚可自顾，船主并不愿他人上船者，则救援之人不得混行上船。倘须人援救，或先救船，或先救货，或先救人，均听船主指挥，救获货物，应寄顿何处，亦由船主作主，不得擅动，以免混乱。倘敢擅行搬取，或私自藏匿，地方官即行究追。其有乘机抢毁劫夺者，严拿审明，分别照例治罪，仍追原赃给主。

一，赏川赀以恤难民也。段内如有遇险船只，该乡民赶将船内中、外人等搭救登岸。倘船已击破，船内人等飘流到境，该乡民亦应将人捞获救援，先行给以衣食。如系中国人，即由公局绅耆禀交地方官查明，委系拯救属实，即将难民赏给盘川，资送回籍。如有洋人被救，即由地方官查明，妥给船夫资送来省，或就近资送领事官衙门，由领事官核明给发酬金，倘无领事可交者，亦即护送到省，优给盘川，令其自行回国。该乡民救护中外难民，一人酌赏花红银三十圆，仍按其捞救人数多寡，递加赏给。所赏银两，地方官先行垫支，随时报查，准其赴善后总局请领归款。倘难民飘至海边，自行登岸，不待该乡民捞救者，毋庸给赏，仍由该公局绅耆收留，送交地方官资送。如有假冒领赏，将冒领之人及公局绅耆，一并究治。至风涛汹涌，人力难施，或在大洋为救援所不及者，均宜各安天命，不得任意株连。

一，议奖励以资鼓舞也。在局绅民人等，果能实心实力，保护船只，捞救难民，并无抢毁滋事，著有成效者，即由地方官与水师各营及管带各轮船之巡洋将、备一体查察，随时报查，并准其禀请奖励。该绅等在局一年、二年者，分别给予外奖，三年以上者，准其奏请内奖。各地方官果能认真办理，如有救护船货至一万两以上，中外人等救生至十名以上者，一经该管上司查明申报，或领事官照会有案，准其注册记功，三功以上者，给予外奖，五功以上者给予内奖，以示鼓励。至花红赏犒及酬谢银两，俱由地方官会同公局绅士分别出力首次，秉公酌定，面交绅耆领回分散，取领报查，毋许书役人等需索延搁，仍将救护情形，分赏银数，随时禀报察核。如段内并无失事，亦按季禀报一次，仍于年终将本年共救护船只、难民若干，赏过银两若干，抑并无失事，造册汇报一次，以凭查核。

一，修营汛以资救护也。沿海地方原设营汛，如有坏烂倒塌，应令各营将领通饬查明。沿海原额营汛若干，坐落何处，倒塌若干，现存若干，由各该管将领查勘明确，应如何筹费修复之处，绘图呈送核办，庶于巡哨、缉捕均有裨益，而免疏虞。至沿海一带，如有新涨沙滩，应由各乡局绅查明，禀请地方官竖立望杆，具挂旗、灯以免各船误入搁浅。

颁赐方略全书谢恩折光绪二年九月二十一日

奏为恭谢天恩，仰祈圣鉴事：

本年八月二十二日由提塘赍到军机处遵旨颁赐剿平粤匪方略、剿平捻匪方略各一部，臣谨恭设香案，叩头谢恩祗领讫。

窃以在天垂象，耀躔度于参旗；上古庞鸿，懀威棱于睽矢。圣如轩后，当辔野而殛疏肱，治若陶唐，讨畤华而诛凿齿。春生秋肃，既彰汤钺之无私；月纬年经，乃继虞书而有作。我国家珠囊阐瑞，玑镜仪珍，合九译而共憬同文，遍八纮而悉沾酞化。顾以承平融裔，煦育骈殷，农土广而螟蛾潜滋，巨溟深而鲸鲵胥伏，囊丸交煽，篝火为祆。五岭东西，初试荓蜂之螫；两淮南北，争营恶鸟之巢。迨势极于鸱张，乃形同夫蚁聚：一则凭陵要地，效李特之窃据成都；一则驰骋平原，等公袥之驿骚淮甸。蹂躏者凡数千里，逋诛者几二十年。虺毒横吹，罔畏夫大郡名城之阻；猪都妖妄，讵容于光天化日之中。爰乃圣策风行，神机电发，牙璋遣帅，鼓鼙思将略之优，羽檄征兵，荼火表军容之肃。贝州礌石，火贼心寒；京口艨艟，水仙气尽。始则妄思旅拒，逞螳臂以无知；既而允叶师贞，碎鲸牙而尽拔。乌合黑山之众，乃次第以歼除；鹰扬丹浦之威，遂后先而耆定。星弧夜指，光灭天狼；露布晨飞，烽销地雁。左粥右馇，而闾阎胥乐；前歌后舞，而干羽以陈。欣看宙合之咸绥，悉赖庙谟之广运。胜残振旅，挥韬知王者之师；保大定功，垂筴睹焕乎之盛。盖自道光之庚戌，以洎同治之丙寅，三圣勤民，聿隆郅治；两宫合德，式著徽音。申挞伐于天戈，正佤离于地典。是以豹弢筹略，皆禀命夫轩经；鳌极欢虞，共承光于娲镜。既彰骏烈，用勒鸿编，告太紫以成功，命汗青而纪实。述德功于始事讫事，远胜武成二三策之文；综本末而大书特书，何异元律六十篇之作。布在方策，仰文、武之丕显丕承；垂为典谟，知尧、舜之乃神乃圣。我皇上羹墙缵绪，图训绳庥，贻垂而册府尊藏，宣示而绨囊颁赐。臣术疏泰乙，幸际昌辰。昔从负羽之征，未谙战略；今荷赐书之渥，喜睹升平。金版上供，愿效秋官盛典；宝文大字，幸窥夏后宏谟。继金川青海以成编，仰皇威之有截；瞻滦水白山之佳气，颂景祚以无疆。

所有微臣钦感下忱，理合恭折叩谢天恩，伏乞皇太后、皇上圣鉴。谨奏。

拿获逆匪按律办理折光绪二年十月初九日

奏为拿获逆匪首从各犯，审明按例办理，恭折具陈，仰祈圣鉴事：

窃臣等访闻归善县属有匪徒欲图纠众起旗，谋为不轨情事，当饬地方文武，严密缉拿。随据归善县民严甡带同其子严老四赴县投首，经署陆路提督臣卫佐邦督饬将弁，暨署惠州府事彭翰孙、署归善县事张兆庚派拨兵役，陆续获解匪犯余得萌、严亚海仔、严玉堂、钟洪溃、侯亚胜、曾长毛六名。又经臣坤一派委陆路提标左营守备关贵昌驰赴清远，会同该县营拿获李添参一名，并起出誓表。先后解省，饬发①广州府谳局审办。据报案犯曾长毛在监患病，取保病故，经南海县验报。兹据广州府会督谳局委员提犯审明，解经臬司覆讯，议拟招解前来。臣等亲提审讯。

①中华书局版《刘坤一遗集》无“发”字。

缘余得萌籍隶江西吉水县，向在广东算命度日。严亚海仔、严玉堂、钟泆溃、李添参、侯亚胜、曾长毛、严老四均籍隶广东归善、博罗、高明等县。光绪元年九月不记日期，余得萌与现获之严亚海仔、严玉堂、钟泆溃，未获之张幗芳、张扁头，先后会遇，共谈贫苦。余得萌向严亚海仔等密商，纠众起旗，劫掠滋事，严亚海仔等应允。余得萌声称，既欲起事，须先用焚天誓表，传写纠伙，所纠伙党，各给暗号，方能哄动众人。严亚海仔等均以为然。余得萌遂手撰焚天誓表，内有"岁逢乙亥，必成大事"字样，给严亚海仔等五人各人传写一张，分投纠伙，约光绪二年三月内定期起事。余得萌因素好之严老四家资富厚，派作"军火米饭主"，严老四允从。严亚海仔、严玉堂、钟泆溃、张扁头各纠得百馀人或数十人不等，所纠之人用白布一块，写一"中"字，系在衣襟，作为暗号。张幗芳又纠得寄居清远县素好之李添参，嘱令纠伙，届时在清远接应。严老四转纠侯亚胜、曾长毛二人，均畏罪未允，又恐到官受累，未经出首。

二年三月二十六日，余得萌约严亚海仔、严玉堂、钟泆溃、张幗芳、张扁头五人，均在归善水口墟空屋商议起旗，立为五营：钟泆溃为中营，严亚海仔为左营，张扁头为右营，张幗芳为前营，严玉堂为后营，约定是月二十八日各到归善县属平山墟会齐，号召伙党先劫平山、洋化、横沥三墟，即由山僻小路绕出北江清远地方，邀同李添参所纠党与，再看光景，或赴广西，或上广东省城，一路添纠伙党，劫掠乡村，踞险抗拒。计议定妥，严老四之父严甡查知，将严老四锁禁家中。余得萌与严亚海仔等于二十八日齐到平山，有不识姓名多人，各带刀械在彼等候，因闻严老四已被其父严甡锁禁在家，恐事机泄漏，且军火米饭无出，遂各走散。旋经县营先后拿获余得萌等，并据严甡将严老四送县解省发审。并究出严亚海仔、严玉堂先于光绪元年七月初三日行劫博罗县属朱桐芳大兴当铺得赃，钟洪溃先于光绪元年六月二十七日行劫归善属同姓不宗之钟亚班家得赃。据各供认前情不讳，再三究诘，矢口不移，案无遁饰。

查律载“谋叛但共谋者，不分首从皆斩”。又，“强盗但得财者，不分首从皆斩”。又，“谋叛未行而不首者，杖一百，徒三年”。又，谋反大逆，律注云：“未行而亲属告捕到官，正犯同自首免。”又，例载应发新疆等处条例内：“如一切左道异端煽惑人民，为从者暂行监候，俟新疆道路疏通，再行照例发往”各等语。此案余得萌起意纠众起旗，手撰焚天誓表，纠同严亚海仔等分立五营，各纠党与，希图劫掠村庄，踞险抗拒，其誓表内有“岁逢乙亥，必成大事”字样，核其狂悖不法之情，与谋叛已行无异，自应比照问拟。余得萌应比照“谋叛但共谋者，不分首从皆斩”律，拟斩立决，加以枭示。严亚海仔、严玉堂、钟洪溃听从传写誓表，各充旗头，转纠党与，实属同恶相济，逆迹显著，比照谋叛律，罪应斩决，该犯严亚海仔等各另犯行劫得赃一次，照强盗得财律，亦罪应斩决，系属两项罪名，均应照例问拟。严亚海仔、严玉堂、钟洪溃均合依“身犯两项斩决罪名加拟枭示”例，拟斩立决枭示。以上四犯，臣等于审明后，即恭请王命，绑赴市曹，先行正法，传首犯事地方，悬竿示众。李添参听从转纠伙党，届时接应，亦属有心从逆，惟于余得萌等传写誓表，分立旗头，并不预闻，且尚未聚会，即被拿获。若比照谋叛已行律，拟以骈诛，似与余得萌等无所区别，自应按律量减问拟。李添参应比照“谋叛但共谋者，不分首从皆斩”律上量减一等，拟杖一百，流三千里。此等叛犯，与邪教相同，未便容留内地，应请从重发往新疆，给官兵为奴，仍照例暂行监禁，俟新疆道路疏通再行发往。侯亚胜、曾长毛被严老四纠邀，畏罪未允，惟未经呈首，应比照“谋叛未行而不首，杖一百、徒三年”律，拟杖一百徒三年。曾长毛业已病故，应毋庸议。侯亚胜到配，折责安置。严老四被余得萌派作“军火米饭主”，并未传写誓表，亦未聚会，经其父查知关禁在家，系属谋叛未行，且经其父呈送到官，即与自首无异，应请照律免其治罪，饬传其父严甡到案讯明，倘或力难约束，不愿领回，即由地方官监禁，以免出外滋事，仍酌定年限，察看日后能否改悔，分别办理。余得萌等系比照谋叛已行定拟，家属应请免其缘坐。各犯讯无另犯别案，或籍隶江西，在外犯事，原籍牌保无从查察，或住处畸零，向无牌头保甲。曾长毛在保病故，保人讯无陵虐情弊，均毋庸议。起出誓表，案结销毁。逸犯张帼芳等，饬缉获日另结。此外，胁诱愚民，应请免其查拿，俾安反侧。仍严饬各地方官整顿保甲，稽察防维，以杜后患。

惟是广东负山环海，风气犷悍异常，且通商口岸较多，五方杂处，良莠不齐，倘有匪徒揭竿倡乱，便觉滋蔓堪虞。此案，该文武等于逆匪起事之始，即经访闻拿获，得以消患初萌，办理尚属迅速。所有失察职名，应请免开参，并仰恳天恩，俯准将署惠州府知府候补知府彭翰孙、署归善县知县同知衔试用知县张兆庚、惠州协副将德山、署陆路提标中军参将副将衔即补参将秦凤山、陆路提标前营游击花翎尽先参将何光尧，交部从优议叙。花翎三品顶戴尽先都司陆路提标左营守备关贵昌，请俟补都司后以游击尽先拔补，都司衔惠州协右营守备谢云龙，请以都司尽先拔补，署清远营左营守备尽先守备刘居德，请加都司衔留署，惠州协右营城守把总陆路提标左营右哨千总五品顶戴吴熊光，请以守备尽先拔补，以示鼓励。

除另录犯供册咨部并犯故图结饬取另送外，所有拿获逆匪首从各犯审明按例办理缘由，臣等谨合词恭折具奏，伏乞皇太后、皇上圣鉴，敕部核覆施行。谨奏。

覆陈严缉会匪片

再，光绪二年九月十三日，准兵部火票递到军机大臣字寄："光绪二年八月二十三日钦奉上谕：'安徽、湖北、湖南、广东等省，均有匪徒传习邪术，谋为不轨。着即督饬所属，严查保甲，实力搜拿，并将九龙山及九华山在何县地界查明具奏'"等因。钦此。遵旨寄信前来。

查会匪传徒习教，煽惑滋事，最为地方之害。先经臣等访闻，江西、湖南、江南、安徽等省均有匪徒，画符念咒，用纸人剪取发辫、鸡毛，谋为不轨情事，即经通饬与江西等省连界各地方文武，稽察缉拿。并饬据兴宁县查覆，该县与长乐县交界处所，并无九龙港内狗头山又名九龙山地方等情。随准江西抚臣刘秉璋咨会拿获会匪方普志等，讯明惩办，声明供开之王福山系广东头目等因，又经饬各属，一体查拿去后。

兹钦奉前因，除恭录转行钦遵办理外，臣等伏查广东地方，现在一律安靖，尚无前项会匪潜匿勾结情事，足以仰慰宸廑。惟该匪等隐谋诡秘，飘忽靡常，设或查拿稍懈，难免不乘间窜入，更恐无知愚民被其煽惑，酿成事端。现经出示剀切晓谕，责成绅耆、族长约束子弟，毋被引诱入会习教，共保身家。一面严饬地方官随时留心稽察，实力查拿，认真编查保甲，遇有外来形迹可疑之人，立即盘获根究。并饬悬赏购线，严密访查，如有教匪头目王福山实在踪迹，务期缉获究办，以绝根株，而免蔓延为患。

臣等谨合词附片具陈，伏乞圣鉴。谨奏。

海防调员差遣折光绪二年十二月十九日

奏为粤东海防紧要，请调员差遣，以期得力，恭折仰祈圣鉴事：

窃照广东洋面辽阔，港汊纷歧，盗匪出没靡常。当此海防吃紧之际，必须熟悉洋情、长于缉捕、能耐劳苦之员，方足以资整顿。兹查有广西左江镇总兵李起高，籍隶广东合浦县，生长海滨，前在江南各路军营管带水师船只，叠次剿匪，著有劳绩，递升今职。该员于粤东各洋岛屿形势，无不周知。合无仰恳天恩，准予调赴东省差遣，俾收指臂之助。如蒙俞允，并请暂缓开缺，俟檄调该员来东时，由臣咨商广西抚臣就近遴员接署左江镇总兵篆务。臣仍当随时察看李起高办事能否得力，人地是否相宜，或奏请开缺留于东省，遇缺请补，或令仍回左江镇总兵本任，分别办理。

臣为海防紧要起见，谨恭折具陈，伏乞皇太后、皇上圣鉴训示。谨奏。

奏疏卷十二

总兵调署要缺邀请免赴台湾折光绪三年二月二十一日

奏为总兵调署要缺，仰恳天恩免其前赴台湾，以重职守，恭折密陈，仰祈圣鉴事：

窃臣等于本年正月间承准军机大臣密寄：“钦奉上谕：‘丁日昌奏，探闻日斯巴尼亚调拨兵船，预为筹办各折片。日斯巴尼亚国既有调拨兵船来台之信，不可不先事预防，如遇事机紧急，即着刘坤一、张兆栋饬令方耀亲率全部接续赴台’”等因，钦此。经即密饬方耀部署全军，听候调遣在案。

嗣因台湾久无警报，而署广东陆路提督卫佐邦饬回阳江镇本任，正在接替需人。该提臣向驻惠州府城，府属各州县地瘠民贫，风气素称犷悍，前此粤省滋事各匪，大都萌蘖其间。自咸丰四年剿办土匪以后，伏莽尚未尽除，迄今二十馀年，未尝大加惩创，各属抗官拒捕以及命盗掳劫等案，层出不穷，黠贼奸民互相勾结，亟应认真剿办，以免滋蔓难图。且提臣统辖全省陆营，当此整军厉武之时，一切均须整顿。方耀才具强干，办事严明，臣等会商，拟即以之署理陆路提督篆务，就近剿捕惠属积匪，以肃行伍而靖地方。

正在恭折奏报间，复接准军机大臣密寄：“光绪三年正月二十二日钦奉上谕：‘丁日昌奏，查勘台湾北路回抵郡城，布置大略情形，并调方耀一军赴台，请饬预筹饷银各折片。着刘坤一、张兆栋即饬方耀亲率所部全军，携带后门枪迅速赴台，借资备御，该军一切饷需，仍由广东拨给'"等因。

臣等伏查台湾防务大局所关，何敢稍存膜视。惟伏读圣谕，日国兵船来台之说，虚实尚不可知。臣坤一访之驻扎广州各国领事及税务司，均称日国并无举动，其扬言调拨兵船前来中国，只系恫喝之词，若遽令方耀率勇赴台，似属徒劳远涉。况方耀所部壮勇仅有千名，现在调署陆路提督，原拟以五百人随赴惠州，仍以五百人留潮弹压。若令全军出境，则广东惠、潮等处又须另行招勇，以资巡缉，无论库项未充，薪粮无出，即此纷纭调募，未免事涉张皇。粤、闽疆界毗连，台湾距潮尤近，如果台湾有警，潮州亦须设防。方耀熟悉情形，素为地方畏服，亦未便令其舍己耘人，顾彼失此。又所部多系潮人，更恐各勇自顾其乡，不肯弃家远去，强之就道，难免逃亡，是于台湾之防务无裨，转于粤省之地方有碍矣。

臣等窃思日国调拨兵船一事，尚系得自传闻。丁日昌现在台湾，调集轮船，增添营垒，拟请铁甲船、火雷、大炮，豫练精锐二三十营，布置已极周密，即使或有战事，足以固圉摧锋。方耀所部千人赴台与否，亦不足为轻重，而粤省地方营务，办理在在须人，未可因此贻误。臣等再四筹商，惟有仰恳天恩，俯准方耀署理陆路提督，免其前赴台湾，俾得督办惠属剿捕事宜，庶积匪可冀肃清，而戎行亦资整饬。万一台湾情形吃紧，臣等即当另派得力将领，招募精壮勇丁，星驰赴援，以期仰副朝廷廑念海疆之至意。

谨合词恭折密陈，伏乞皇太后、皇上圣鉴训示。

再，方耀署理提督篆务缘由，现经臣坤一另行奏报，合并陈明。谨奏。

请将鹿传霖以道员留东补用折光绪三年三月十二日

奏为请将调粤差遣以道员用之开缺另补知府留于粤东补用，恭折具陈，仰祈圣鉴事：

窃照前因粤东办理洋务，需员差遣，经臣坤一奏调回避开缺另补之广西桂林府①知府鹿传霖来东差遣委用，光绪二年九月二十五日钦奉上谕："前广西桂林府知府鹿传霖，着涂宗瀛饬赴广东，交刘坤一差遣委用。"钦此。当经咨行钦遵查照，该员旋于光绪二年十一月二十八日到省。

臣等查现准总理各国事务衙门咨行议结滇案条款内，如香港洋面查议粤海关巡阅收税章程，廉州府属北海地方开办通商口岸，以及划定洋人租界等事，均须委员与各国领事官会查妥议。其中情形不一，轇轕颇多，重轻缓急之间，惟在该委员随宜审处，且各事同时举办，差遣需人，此等精明干济之员，一时实难多得。该员鹿传霖朴诚练达，为守兼优，臣等询以交涉事宜，颇能深知窍要，将来加以阅历，必更能熟悉情形。惟该员原系奏调当差，尚未指明留省补用，如委办事件有与地方官民相涉者，窃虑呼应不灵，即该员自以别省人员，亦恐不无瞻顾。臣等伏思用人必期于得力，办事贵使其尽心，当此需才孔亟之时，拟请即将该员改归广东补用，俾令安心效力，专意办公。查该员前任桂林府知府，于攻克越南者崖贼巢案内出力保奏，光绪二年正月十一日奉上谕：

① 中华书局版《刘坤一遗集》无"府"字。

“着以道员用。”钦此。旋因回避开缺，经臣坤一奏调来东，可否仰恳天恩，俯念粤东洋务紧要，准将鹿传霖留于粤东，毋庸再补知府，即以道员补用，俾臣等得资臂助，出自逾格鸿慈。

臣等谨合词恭折具陈，伏乞皇太后、皇上圣鉴训示。谨奏。

恭报交卸兼管海关日期折光绪三年三月二十六日

奏为恭报交卸兼管粤海关篆务日期，仰祈圣鉴事：

窃照粤海关监督臣俊启在任闻讣丁优，回京穿孝，光绪二年八月十三日奉上谕：“粤海关监督，着刘坤一兼管。”钦此。臣遵于是年九月初一日接印任事，当将兼管日期恭折具奏在案。

兹监督臣俊启穿孝期满，由京回粤，择于光绪三年三月二十日回任，臣即将粤海关监督关防并一切文卷及库款银数委员送交俊启接收任事，臣即于是日交卸兼管粤海关篆务。所有任内办理税务情形及奉拨已解未解各款银两，均经告知俊启查照。嗣后遇有紧要事件，臣仍当随时会同商酌，妥为办理。

所有臣交卸兼管粤海关篆务日期，除恭疏题报外，理合恭折具奏，伏乞皇太后、皇上圣鉴。谨奏。

恭谢天恩折光绪三年四月初八日

奏为恭谢天恩，仰祈圣鉴事：

窃臣现准吏部咨，以光绪元年江苏省奉拨续拨京饷均经解清，户部奏请将江苏督抚交部议叙，经吏部核议具题，光绪三年二月初四日奉旨：“刘坤一着加一级。”钦此。等因，咨会前来。臣当即恭设香案，望阙叩头谢恩。

伏念臣猥以轻材，渥蒙帱覆。前在署理两江任内，勉将京饷筹解全完，皆奉职所当然，讵微劳之足录。乃荷圣慈曲被，甄叙优加，远胜汉时增秩之荣，更逾唐代加班之赏。臣受三朝之隆遇，未报涓埃，抚一介之庸愚，弥深兢惕。亦惟有勤修职守，益懔官箴，勉摅驽钝以从公，稍答鸿施之逾格。拜命而翘瞻北阙，永戴高天厚地之恩，遭时而听奏南薰，更承解愠阜财之化。

所有微臣感激下忱，理合恭折叩谢天恩，伏乞皇太后、皇上圣鉴。谨奏。

提督刻难离任请缓陛见折光绪三年四月初八日

奏为广西提督刻难离任，吁恳天恩，俯准暂缓陛见，恭折具陈，仰祈圣鉴事：

窃臣接阅邸报，奉上谕："冯子材奏吁恳陛见一折。冯子材着来京陛见，广西提督着刘坤一拣员奏请署理。"钦此。臣查广西提督统辖全省水陆各营，控制最关紧要。现在左江、右江二镇总兵或丁忧开缺，或奏调来东，业经委员接署，奏报在案。各该员莅事未久，必须历练老成之提督与之戮力同心，方可期其得力。提臣冯子材威望夙优，情形熟习，办理一切事务，具协机宜，若遽交卸北上，遴员接署，目前难以得人。且西省与越省毗连，各属伏莽尚多，边防亦未竣事，如提镇均系生手，设遇军情缓急，恐有贻误之虞。臣与广西抚臣涂宗瀛往返函商，提臣冯子材一时实难离任。可否仰恳天恩，俯准展限，俟左、右两江总兵员缺简放有人，抵任数月之后，由臣察看堪以称职，再令该提臣冯子材交卸起程入都展觐之处，出自鸿施。

臣谨会同广西抚臣涂宗瀛合词恭折由驿驰陈，伏乞皇太后、皇上圣鉴。谨奏。

旗营练习洋操经费报销折光绪三年四月初八日

奏为旗营官兵习练洋操，支用各款，造册报销，恭折仰祈圣鉴事：

窃照同治三年七月初十日钦奉上谕："所有同治三年六月以前各处办理军务未经报销之案，准将收支款目总数分年分起开具简明清单奏明存案，免其造册报销。其自三年七月起，一应军需，事竣之日，一体造册报销"等因，钦此。当将同治三年六月以前广东支用各案军需，两次开单奏明存案，并将同治三年七月起至八年九月底止动用军需各款，核实造册奏报请销，接准部覆在案。

伏查报销各案内有旗绿各营官兵，会同英、法两国弁兵习练洋操两案，系于同治元年八月间，准总理各国事务衙门咨行酌派旗、绿各营官兵，会同英国官兵练习以成劲旅等因。旋据英国兵总带同教练官兵由香港来省，前督臣劳崇光咨会广州将军及陆路提臣在于驻防满、汉八旗及督、抚、提三标暨广州协标先后选拨兵丁，派委副将龄山等管带会同操练。嗣于同治五年二月，据英国领事罗伯逊申陈，请将前派来粤之英国弁兵撤回香港，薪粮即行截支。维时原拨旗、绿各营弁兵，除练习精熟先撤归伍外，尚存教习成队之弁兵八百九十五员名，若遽行裁撤，未免废弃前功。当将绿营官兵五百三十一员名，仍饬龄山管带演习，所需薪粮即于是年五月底停支。其旗营弁兵三百六十四员名，仍由英国领事照旧按期教演，每月薪粮银八百一十三两六钱照案发给。此旗、绿各营官兵会同英国弁兵练习洋操一案之情形也。

又查同治元年十二月内，据法国领事李添嘉申陈，该国派有武弁一员、兵丁十五名到粤，请照英国练兵成案，酌拨旗兵练习等情。经前任总督兼署抚臣晏端书会同广州将军在于驻防满、汉八旗内拨出营官六员、兵丁三百名，与法国弁兵公同练习洋枪，派委协领全济管带，所需薪粮经费照英国一律支给。至三年六月，法国将派来弁兵调回，其时旗营官兵均已练习得法，未便中废，即令撤回本旗，归入将军衙门，勤加训练，由军需总局司道按月筹备洋银六百两送交将军衙门，均匀犒赏。嗣同治八年十月军需局改为善后局，前项犒赏银两仍饬善后局按月筹支，俟善后事竣，或三五年后简练精熟，悉成劲旅，再行截止。此旗营官兵会同法国弁兵练习洋枪一案之情形也。

以上两案办理情形，俱经前督抚臣及臣兆栋先后奏明，并将同治三年六月以前支发官兵薪粮、经费、犒赏等项银两列入第二次清单开报。其自同治三年七月起至八年九月底止，支发旗、绿各营弁兵暨英国派来教习官兵、工人薪粮、工食、犒赏及制造号衣、号帽等项工料价值，亦已列入第三案军需造册报销，接准部覆各在案。

兹据广东报销总局司道会同广东布政使杨庆麟转据支应委员，将自同治八年十月起，至十二年十二月底止，按照历次奏报各款数目，计支发旗营官兵薪粮犒赏及通事工食等项银七万四千八百三十三两六钱八分，制造号衣、号帽、铅子及购买洋药、铜帽火等项工料银一千零三十七两二钱零四厘，二共银七万五千八百七十两零八钱八分四厘，分别造具细册，详请报销前来。

臣等覆加查核，均与奏定数目及例价、时价相符，所支银两系在藩库拨款及厘金并本案扣平等款内动支。除将总细各册送部查核，并饬将同治十三年正月以后用款续行造报外，臣等谨合词恭折具陈，伏乞皇太后、皇上圣鉴，敕部核覆施行。谨奏。

奏拨南北海防经费请免筹解折光绪三年四月二十一日

奏为粤省库项支绌，请将奏拨南、北洋海防经费银两免其筹解，恭折具陈，仰祈圣鉴事：

窃臣等于本年三月间接准总理各国事务衙门咨，光绪三年二月二十四日会同户部并案核议统筹台湾事宜一折，本日军机大臣奉旨："依议。"钦此。抄录原奏，咨会前来。

查原奏内开："光绪元年六月间指拨海防饷需，每年酌提广东厘金银三十万两，分解南、北洋应用。嗣因北洋创设水师，南洋大臣沈葆桢咨会各省将海防经费统解北洋兑收。今公同商酌，自本年七月为始，将酌提广东厘金银三十万两，以一半批解北洋，以一半批解福建兑收"等因。当经转行钦遵筹解。嗣复接准部文，以"此项厘金自奏拨以来，阅时几及二年，分毫未解，亦无只字登覆，尤属玩延，应飞咨饬催，限一月内迅即声覆"等因，又经转行司局遵照办理。

兹据广东布政使杨庆麟会同厘务总局司道详称："权衡轻重者，谋国之大经，斟酌盈虚者，现财之至计。广东滨海几三千里，奉旨筹防，需用甚巨。所有改拨海关经费，名虽每月二万，其实只得万金。沙捐本属无多，目前已成弩末。而虎门等处炮台尚未竣事，不能不取资厘金。顾念南、北洋防务为大局所关，必须通力合作，何敢留此厘金不解，借口聊固吾圉。惟查广东每年征收货厘、盐厘，并计不过一百一十馀万，而奉拨各款一百八十馀万，已浮于收数六七十万矣。且所收均系洋银，而起解京、协各饷尚需补给纹水约银二十馀万两，则不敷尤甚，地方善后各项尚不在内也。上年择其至要者，先行筹解。如普祥峪、菩陀峪万年吉地工程银一十万两，惠陵工程银七万两，京饷一十一万两，陕甘协饷并划还洋款银七十三万四千馀两，西征年终满饷三万两，云南协饷银一万二千七百馀两，合共银一百零五万六千八百馀两。已将年内所收厘金尽数拨解，尚短银数万两，另行设法弥缝，不惟本省海防无从分润，即一切善后亦觉积欠累累，更何从得此三十万金之多为南、北洋接济乎？如果别项库款堪资挹注，尚可随时通融。查广东进项，厘金之外，惟地丁、盐课为两大宗。藩司地丁一项，定额解司充支官兵俸饷等项银一百一十馀万，近年征收不过八九成，除去坐支，解司者更不及此数，而递年本省应支兵饷等项银一百二十馀万两，业已入不敷出。运司盐课一项，每年额征银六十馀万两，而递年奉拨京饷并内务府经费以及充支本省兵饷、武职养廉等项六十馀万两，仅堪周转。以上二项，即使征收足额，亦只敷本款支销，不能有馀以补厘金之不足。此中盈歉之数，户部固可按籍而稽者也。夫以南、北洋筹防孔亟，上廑宵旰之忧。广东奉拨厘金，递次钦奉谕旨，谆饬筹解，原期收数渐有起色，不惮供亿之繁。前此未敢推辞，犹存姑待之想耳。两年以来，虽极招徕之术，终属涓滴之流。而奉拨之工费、京饷以及陕甘等省协饷、划还洋款，较之南、北洋海防经费尤为刻不可缓，顾彼失此，贻误匪轻。兹奉部文勒限严催登覆，不敢不缕悉沥陈，详请核奏”等由前来。

臣等伏查粤省库款支绌，委系实在情形。现复钦奉谕旨，饬与各省添解西征协饷四百万两，骤增巨款，殊费掘罗，此项南、北洋海防厘金益难应手。可否仰恳天恩，俯准免解，俾不至有竭蹶之虞，出自逾格鸿慈。

除分咨外，谨合词恭折具奏，伏乞皇太后、皇上圣鉴训示。谨奏。

粤海关应解京饷请仍交商汇兑片

再，现准户部咨，议覆御史和宝奏京饷宜解实银，请严禁汇兑一折，于光绪二年十二月十七日具奏，本日奉旨："依议。"钦此。咨行前来。自应遵照办理。惟粤海关税征不敷解，递年移后赶前，积亏甚巨。所有现年应收之税，早为上年借解之款，是以连年筹解京饷，均向西商先行借垫，俟收有税项，陆续归还，叠经奏明在案。

缘粤海关解京各款，为数甚巨，均有定限，不容迟逾。若径解实银，必俟库有征存，方能凑解，诚恐稽延时日，有违定限，贻误要需。是粤海关应解京饷交商汇兑，诚为万不得已之举，非仅取其妥速利便，实则借以周转通融。兹本年春季分京饷等银，拟请照案仍行交商汇兑。以期妥速。一俟关税旺收，在前借垫之项逐渐弥补，即当起解现银，以符定制。

除咨户部外，臣等为京饷紧要，期免延误起见，是否有当，谨合词附片具陈，伏乞圣鉴训示。谨奏。

捐建原籍楚勇忠义祠折光绪三年五月二十八日

奏为捐建原籍楚勇忠义祠，请旨饬下地方官春秋致祭，以慰英魂而昭激劝，恭折具陈，仰祈圣鉴事：

窃臣与云贵总督臣刘长佑所统旧部楚勇，从征江西、湖南等处地方，惟在广西岁月为最多，情形为最苦。盖广西库款本属空虚，而臣又不善于筹画，以致他军有时或饱，臣军则无时不饥。臣于咸丰十年进剿柳城股匪，营中数日断炊，各将弁遍括所有衣物，持赴山寨质借山薯、花生数千斤，分给各营，苟延旦夕。又同治二年剿办贵县匪徒，去省逾远，接济益难，计四月一月内每勇一名发银四分、米九斤，五月一月内每名发银九分、米十二斤，终日半餐亦不可得。各勇如此，其管带之将弁可知也。维时贼势披猖，日事苦斗，其伤亡者无恤养之费，其疾病者无医药之资，狼藉荒郊，呻吟穷巷，如遇追剿吃紧，亦竟委之以行。该将士等枵腹荷戈，裹创力战，从未向臣噪索饷项，并未因此骚扰地方。同治四年进军永淳县城，该处稍为完善，臣每于各营前后轻骑巡逻，亲见民间所种瓜果，累累道旁，无敢摘取者。是年六月，臣蒙天恩简放江西巡抚，经前广西巡抚臣张凯嵩奏留臣弟即选道员刘培一在营接统，臣随与各将士言别，不胜留恋，相顾吞声，无有一语问及此积欠百数十万两薪粮作何着落。该将士等仰体时艰之孔亟，曲谅臣心之无他，诚可感而可愧矣。今臣仰荷高厚，官禄极丰，回忆前此十数年与各将士戎马驰驱，拮据万状，其殒于锋镝者犹为异乡馁鬼，或死而无后，或身后萧条，每一念之，为之泣数行下。更可哀者，臣所部将弁中，有曾从故安徽巡抚臣江忠源及故广西提督臣江忠义立功皖、鄂得有保举，及在广西阵亡病故，其原领行知文札多至散失，而案卷无从稽查，履历未清，遂为部章所格，不能请恤，同效捐糜之节，独遗赠荫之荣，臣尤为之痛心。兹臣请捐二万金于原籍新宁县建立忠义祠，并置产业以为祠内经费，查有阵亡病故将士妻子贫乏无依者，即于此项内量予周给，无令失所，以广皇仁。可否仰恳圣慈，饬下湖南抚臣行臣原籍新宁县，俟此项祠宇告成，春秋致祭，以慰英魂而昭激劝，出自逾格鸿施。

所有微臣捐建原籍楚勇忠义祠缘由，谨恭折具陈，伏乞皇太后、皇上圣鉴训示。谨奏。

北海添开口岸通商折光绪三年五月二十八日

奏为广东廉州府属北海地方添开通商口岸，谨将办理情形及开办日期，恭折奏陈，仰祈圣鉴事：

窃照光绪二年九月初七日承准总理各国事务衙门咨行："北洋通商大臣奏在烟台议结滇案并进呈与英国会议条款，奉旨：'着照所议办理。'钦此。查条款第三端通商事务各条内称：'由中国议准在于广东北海添开通商口岸，于半年期限开办。'相应咨行遵照办理"等因。当经饬据廉州府督同合浦县亲赴北海地方，察看该处地势、民情，将开办通商一切事宜分别议禀，咨呈总理衙门查照。嗣复承准咨行，以续据总税务司赫德呈报新开口岸应行筹议各事宜，已调派税务司速赴新任，会同地方官商办，并拟各关第六十七结之始为各该处开办之期等因。复经查照潮州汕头、琼州海口开设新关成案，派委试用同知祁兆熙前往北海，会同地方官及税务司吉德将设关收税等事会商开办在案。

兹据署廉州府知府冒澄、署合浦县知县谢镜澄会同税务委员祁兆熙禀称：北海新关已于本年二月十九日开办，所有通商应办事宜，均经筹商办理，并声明开办通商以后，商民安堵，地方静谧等情前来。

除饬该府、县、委员等将征收关税以及中外交涉各事随时会商妥办，并咨明总理衙门及户部、北、南洋大臣外，所有广东北海地方现办通商情形及开办日期，谨合词恭折具陈，伏乞皇太后、皇上圣鉴，谨奏。

遵保记名提镇人员折光绪三年五月二十八日

奏为遵旨酌保记名提镇人员，以备简用，恭折具陈，仰祈圣鉴事：

光绪二年正月十六日准兵部咨，光绪元年十二月初十日奉上谕："着各督抚于记名提镇各员悉心考察，如有实在堪胜专阃之任者，再行出具切实考语，奏明存记，以备简用"等因，钦此。

臣查提镇为专阃大员，必得才行并茂，胆识兼优，方足以期胜任，然非历试有效，无以知其操守而觇其作为。兹查有现署广东阳江镇记名提督李占椿，有勇有略，血性过人，办理沿海缉捕巡防，尤属善于操纵，其于时务亦极留心。又现署广东碣石镇总兵记名总兵刘光裕，心地朴实，纪律严明，遇事任怨任劳，从不稍涉迁就，而措施悉能合宜。又现在江西管带营勇之记名总兵蒋良眷，材武绝伦，战功懋著，且治军整暇，有名将风。又现在广西管带营勇之记名总兵莫云成，办事则有精勤之力，驭众则有坚忍之操，屡历艰危，所向克捷，兼能顾全大局，不沾沾于名利之间。以上四员，皆系随臣多年，故能深悉底蕴。倘蒙圣恩俯赐录用，必能为国干城，仰酬高厚。

所有遵旨酌保记名提镇缘由，谨恭折奏陈，伏乞皇太后、皇上圣鉴训示。谨奏。

采运谷米备赈请免沿途税厘折光绪三年八月二十九日

奏为粤东米价腾贵，现在筹款采买米石运回平粜，拟请减免税厘，以济民食，恭折具陈，仰祈圣鉴事：

窃照本年春夏间，粤省雨水过多，东、西、北三江潦水涨发，广、韶、惠、连各属同遭水患，围基冲决，田亩被淹，灾民荡析离居，情形颇为吃重。臣等接据各属禀报，当即饬司筹拨银两，分赴各属，会同地方官查勘抚恤，并由官绅筹捐款项，修筑冲决堤基。所有一切办理情形，均经先后奏报在案。

兹于光绪三年八月初五日接准部咨：“光绪三年六月初五日奉上谕：‘御史邓华熙奏广东省北被水大概情形，请旨饬查妥筹赈抚各折片。着该督抚勘明被灾轻重，妥筹抚恤。所称广州府城立有惠济仓，请饬酌提租息银两，以为办赈之需，交公正绅士经理，并停免由邻省至该省谷米厘捐，均着该督抚酌度办理”等因，钦此。仰见我皇上轸念民生，不使一夫失所之至意。臣等当即转行钦遵查照，并咨商广西抚臣涂宗瀛，将西省贩运来东谷米厘捐酌量减征，以广招徕而资接济。

惟是粤东广、韶等属户口殷繁，即在丰稔之年，亦鲜仓箱之积。本年水灾以后，早稻业已失收，而夏秋之交，旸雨不时，恐晚谷亦难期丰熟。目下米价日形昂贵，小民谋食弥艰，若不先事绸缪，豫为之计，则饥民无所得食，既虑流亡转徙，且恐贻害地方。臣等业经分饬各地方官严禁米户不准囤积居奇，并劝谕绅民各出盖藏，以时粜卖，一面督饬在省司道筹款买米，以备办理平粜之需。而粤东库帑不充，骤难筹此巨款。现经藩、运两司合向西商借银十万两，并酌提惠济义仓存项银一万两，委员雇坐轮船前赴江苏省上海、镇江等处地方采买米石，运粤平粜，以济贫民。查采运米谷经过关卡，例有应完税项厘金。惟此次买米平粜，原为轸恤穷黎。臣等伏读邸抄，本年陕西、福建两省均因地方灾歉，采买米石请免沿途应纳税厘，粤省情事相同。合无仰恳天恩，俯念民食攸关，准将经过沿途关卡应完税项厘金概行宽免，俾得克期运粤，粜济有资，则通省臣民顶戴皇仁，永沦肌髓矣。据藩、运两司具详请奏前来。

除咨户部外，臣等谨恭折具陈，伏乞皇太后、皇上圣鉴训示。

再，本年粤省水灾，所有筹捐经费办理赈恤并修筑各属堤基决口一切情形，容再详细查明，另行具奏。合并陈明。谨奏。

招商采买米石并请暂免税厘片

再，本年粤东广、韶等属被水之馀，米价腾贵，虽经臣等督饬藩、运二司筹借款项买米平粜。惟官为采买，究属为数无多，必须商贩流通，方可源源接济。现经广东布政使杨庆麟督同广州府议请出示招商，如有商人愿备资本前赴上海、镇江等处买米运回粜卖者，准由殷实行店具保报明该府详司给发护照，每照一张限买米二千石，毋许借照影射夹带别项货物，运米到粤即将护照缴销，如欲多购，另行给照。拟请自光绪三年九月初一日起，至十一月月底止，一并暂免经过沿途关卡税厘，俾各商成本稍轻，踊跃从事，庶足辅官粜之不逮，即借资转运于无穷，似于地方民食不无裨益。据该藩司详请具奏前来。

除咨明户部及咨会江苏抚臣饬行沿途各关卡验照稽查毋任夹带影射外，臣等谨附片具陈，伏乞圣鉴。谨奏。

捐赀生息储养洋务人才折光绪三年十月初一日

奏为捐赀生息，储养洋务人才以备任使，恭折具陈，仰祈圣鉴事：

窃查内地久经肃清，西事亦将告竣，当今所亟宜绸缪者，惟在洋务。自有立约通商之局，泰西各国接踵而来，即使中国日臻富强，势亦难闭关绝市。王者无外之义，亦只有正名分，肃纪纲，不必以血气之俦而绝其尊亲之路。以臣之愚，意谓洋务未可计期而罢也。洋务既不能罢，则所以办理洋务者必须得人。

夫洋务人才固在学有体用，识达经权，洞悉夫各国强弱离合之情形，深明夫朝廷操纵刚柔之机要，而又将之以忠信，导之以协和，使其仰我皇风，遵我盛轨，而非仅于一材一艺之末与各国絜短竞长也。顾①人才必巨细之兼该，而用人亦偏全之各适。现在遣使各国及派充领事官，并中国各口，凡遇交涉案件，会审、会议，如得熟悉各国文字语言与其史传律例者，则断事措词庶易得其肯綮。且各省设立机器局制造轮船、枪炮等项，则西洋之所谓格致亦不可不得其门径而探其堂奥。总理衙门奏请于京外设立同文馆，并遣幼童出洋学习，原为储备人才计②也。惟查同文馆人员及出洋幼童，于洋务均系初学，必数年始能得其浅近，必十数年乃渐得其精微，未可责以速效，更恐其半途而废，不必皆底于成。此次侍郎郭嵩焘、寺卿陈兰彬奉使出洋，曾遗臣书，窃有乏才之

①中华书局版《刘坤一遗集》无“顾”字。

②中华书局版《刘坤一遗集》无“计”字。

叹。以中国之大，且通商之久，除同文馆外岂别无熟习洋务之人堪备驱策者？

夫近山者多善猎，近水者多善渔。粤人与洋人相处有素，其营生外洋各埠者几百万人，不独文字、语言通晓者众，即西洋之法律、西人之艺能，亦多所娴习。如郭嵩焘所举之总领事胡璇泽、美国之翻译官余贞祥、英国之大律师伍秩庸均系粤产。又如在籍候选员外郎温子绍，于各项机器颇能会通。粤人之熟习洋务，于此盖可概见。诚得此项人才，加以造就，由拱把之木，因而灌溉滋长之，则取材更易，是于同文馆外别开一储才之地也。

第非广为搜罗，则其人无由自达，非厚其饩廪，则其身无以自谋。粤东经费维艰，无力及此。臣居官岁久，请以廉俸所馀，捐银十五万两，解交藩库作为公项，转发招商局按年取息。以为储养此项人才之用。或出示招考，或随地访求，以及如何优给薪赀，使之尽心西学，容臣与抚臣熟商办理。倘得一、二俊彦有裨时宜，即当咨送总理衙门及南、北洋大臣听候录用。或洋务人才骤难多得，此项息银有赢，则拨归机器局以助工作，其本银常存招商局，不准轻动，亦可以备地方缓急之需。

臣为储养洋务人才起见，是否有当，伏候训示祇遵。

再，臣起自寒畯，丝毫皆出天恩，此项以公归公，不敢仰邀议叙，合并陈明。

臣谨恭折具陈，伏乞皇太后、皇上圣鉴训示。谨奏。

查明交界处所并无邪匪潜匿折 光绪三年十月初一日

奏为查明广东与江、闽交界各属地方并无邪匪潜匿，恭折覆陈，仰祈圣鉴事：

窃臣等承准军机大臣字寄："光绪三年三月初十日奉上谕：'据御史李嘉乐奏称：邪匪蔓延日甚，风闻匪首潜伏闽、粤、江西交界地方，该处万山丛杂，匪首负嵎其中。且湖北获犯供称，系洪秀全馀党，以邪术惑民，为死灰复然之计。请饬密查会办等语。前据文煜、丁日昌奏，查明延平府属之九龙山及漳州府属之华封岭古名九龙山，并无邪匪匿伏。惟该匪行踪诡秘，必有潜匿之处。闽、粤、江西交界地广山多，易于藏奸。该御史所奏未必无因，若不豫绝根株，恐滋后患。着何璟、刘坤一、丁日昌、刘秉璋、张兆栋密派干员，前往该处详细访查，如果有匪党啸聚形迹，即行设法会合捕拿，以遏乱萌'"等因，钦此。当经恭录转行钦遵。

臣等伏查广东南雄州及该州所属之始兴县并嘉应州属之兴宁、平远二县与江西连界，潮州府属之南澳厅、饶平县、大埔县及嘉应州与福建接壤，又嘉应州属之镇平县东北与福建、西北与江西毗连。即经札饬臬司派委候补通判二员，内刘鼎前往南雄、嘉应二州属，郑汝廉前往潮州府属，会同各该地方官详细访查，实力拿办，并严饬各厅州县遵照。

兹据该委员郑汝廉亲赴南澳察看，该处孤悬海表，带水环山，一片汪洋，并无陆路可通，向无外匪出没。并与刘鼎分投会同各该地方官，不动声色，严密访查，复在深山穷谷周历巡察，实与南澳厅俱无邪匪潜匿境内，地方均属安谧。由各该文武督率兵役，谕饬城乡各绅耆留心察访，遇有匪徒入境，严拿惩办等情，禀经臬司周恒祺详请覆奏前来。

臣等核所禀，虽据该委员等分赴界连福建、江西之各厅州县查明，现无邪匪潜匿在境。惟匪踪飘忽靡常，难保日后不窜越勾结，蔓延为害。除再饬该地方文武督率兵役在于界连江、闽邻省各要隘随时加意巡查，如有邪匪潜匿境内，立即会合兜拿，尽法惩办，务绝根株，以杜乱萌。一面晓谕各乡绅耆举办团练，力行保甲，不得稍涉松懈外，所有查明广东与江、闽交界各属地方并无邪匪潜匿缘由，谨合词恭折覆奏，伏乞皇太后、皇上圣鉴训示。谨奏。

覆陈办理盗案情形折 光绪三年十月初一日

奏为查明广东办理盗案情形，谨先行恭折覆陈，仰祈圣鉴事：

窃于光绪三年九月初八日准军机大臣字寄："八月十八日奉上谕：'御史邓华熙奏广东盗贼蠢动，请饬密拿并整顿捕务一折。据称广东现有匪徒，十百成群，结盟聚党，曾在顺德陈村等处墟场市肆白日打单，沿户勒写银单，敛取钱财等语。若如所奏，亟应严拿惩办，以遏乱萌。着刘坤一、张兆栋慎选贤能将弁，严密查拿，先擒首恶，解散党与，毋任各将领因循姑息，酿成事端。将弁中如查有得赃庇匪情事，即着严行参办，毋稍瞻徇。并着整顿捕务，严定章程，一切稽察窝藏、惩办包庇等事宜，务须信赏必罚，以期盗风敛戢。原折着抄给阅看。将此由四百里各谕令知之。'"钦此。等因。又于九月十二日准军机大臣字寄："八月二十二日奉上谕：'御史曹秉哲奏粤匪横行，请饬勒限严缉，并详定赏罚章程一折。前经御史邓华熙奏陈广东盗贼蠢动，当谕令该督抚严密查拿，明定缉捕章程，以消奸宄。兹据曹秉哲所称明火持械伤毙人命之案，层见叠出，武弁与差役包庇私纵，勾串分肥，事主反被需索留难，大吏复为瞻徇，凶犯日久无获。若如所奏各节，尚复成何事体！着刘坤一、张兆栋严饬地方文武，无论旧案新案，一并勒限严缉，总期赃犯并获，以儆凶顽，倘限满无获，即行照例参处。如有讳饰案情及留难事主等事，并着从严参办，武弁暨州县差役如查有通贼纵贼等弊，即立正典刑。其缉捕勤奋之员，量加奖叙。应如何明定赏罚章程，着即奏明办理。另片奏匪徒结党，名为铁戒指会，及沿门勒索、掳人勒赎各情，请饬惩办等语。此等匪徒实堪痛恨，并着责成各该地文武，赶紧扑灭，认真缉拿惩治，毋稍宽纵。原折片均着抄给阅看。将此由四百里各谕令知之。'"钦此。

臣等查广东盗匪多而且悍，诚有如该御史所言者，至于捕务，要亦未尝废弛。臣等请将广东多盗之故与弭盗之难，并现在办理情形，为我皇太后、皇上缕悉陈之：

广东生齿日繁，实有人满之患。除在外洋贸易佣工难以数计外，以省城内外户口计之，约六十馀万人，其中专恃工作营生者不下十万，生意旺淡不常，偶遇停工，即无所得食。此外各城乡村市，大则数十万人，或十数万人，小亦数万人，或数千人。似此总总林林，无恒产无恒心者自属不乏。且奢豪成俗，每以攫取为饮啖之资。上年所获匪徒，临刑尚有以一得醉饱为快者。富教之责，臣等殊歉于怀。前此军兴，无处不有粤勇，自各省肃清以后，陆续遣撤归家，亦有被贼裹胁得脱回籍者。粤东民俗本强，而又习于战事，其贪利轻生，较之他省为尤甚。近年来厘务、盐务，整顿缉私，此等不逞之徒难保不铤而走险。此广东地方多盗之实在情形也。

广东省所辖九府、四直隶州，惟韶、连、罗定、嘉应四府州系在内地，其馀八府州属均滨大洋，内则港汊纷歧，宵小易于出没，外则岛屿罗列，尤为藏垢纳污。商旅趁风顺潮，帆樯络绎，昼夜不绝，盗匪混迹其中，往往乘间窃发，迨至得赃远飏，无论遁往旧金山、新嘉坡等处，渺不知其所之，即逃往香港、澳门，亦不便径行追蹑，必须查明踪迹，知会洋官，费尽周张，始能获犯，否则知犯所在，不能过问，甚至已获而旋被释去，付之无可如何。其匿在内地者，地方绅士或畏其报复而不敢报官，或恃为护符转因而包庇。兼以党与之众，巢穴之坚，伺察之密，非调集重兵则莫能得手，有时兵勇既集，而群盗又鸟兽散矣。此广东捕务为难之实在情形也。

臣等于上年将外海、内河轮拖巡各船勇丁改补兵额，分定地段，议立赏罚章程，责令巡防。两年之内，陆续拿获盗犯审明正法者已三百九十馀名，分起汇奏，部中有册可稽。其中如余德明、钟有全、詹蛇深、黄十陵大、黄汶南、钟水林、黄猪仔广均系积年首恶，悬赏购线，始就歼擒。即如邓华熙所奏，顺德县匪徒结盟聚众，打单勒索，系在该县之马齐各乡，经臣等派委试用知府冒澄会同顺德协利辉前往，拿获首犯麦亚洸及伙犯林亚分等十一名，并将包庇之绅士量行惩办。陈村近无打单之案，而有劫抢之案，亦经利辉等拿获首犯黄亚陵及伙犯赵亚浩等十二名。又如曹秉哲所奏光绪元年番禺县举人邬质义、区分辅，新会县主事区云汉等被劫各案，经该县营先后获犯陈四进等、冯亚洸等、黄社言等共十一名。是年南海县并无编修吕绍端及监生伦庆常呈报被劫，只有举人吕廷焯等被劫一案，亦经获犯罗亚秀等二名。臣等以为广东之缉捕不可谓不严，诛杀不可谓不甚，为鹰鹯不为鸾凤，方以此为疚心焉。现因冬防吃紧，饬令利辉添募勇丁二百名，会同署广州协邓安邦所部勇丁，在于府属分途巡缉，并饬沿海滨河各乡举办团防，以资守望而辅兵力之所不及。其西、北两江，则责之署南韶连镇郑绍忠，该镇原有勇丁一千五百名，足资分布。东江仅有署陆路提督方耀由潮带来勇丁五百名，拟令酌添若干，并遴委道员何应祺前往会同澈底查办。如此严密部署，纵未能萑苻遽靖，断不至滋蔓难图，酿成巨患。此广东现在办理缉捕之实在情形也。

夫以地方盗劫之案层见迭出，臣等职任封圻，万难辞咎。第如该御史所奏大吏瞻徇，以及因循容纵，臣等何至昧良至此！查近年以疏防撤任、撤差及摘顶者则有已故番禺县知县朱昌言、署高要县知县补用知县姚颐寿、署高要县县丞刘肇龙、署高要县横查司巡检黄彭年、肇庆水师营参将戴逢亨、管带练兵候补参将杨朝汉、候补游击李培荣、候补守备祥保以及千、把各弁计十四员名，而记过留缉，文则自道、府以至佐杂，武则自参、游以至千、把，亦十数员名。此等处分向由外办，未敢仰渎宸聪，该御史等或因此未之知耳。臣等接收舆呈，片纸单词均可投递。省城并设安良局，兼用官绅职司其事。凡被劫者，赴局报案，转详饬缉，不必尽由州县衙门，似下情尚不难于上达。惟弁差与盗勾串分肥，州县于事主留难需索，臣等虽未查有实迹，而其事要属有因。盖广东县营缉盗必有线勇，所谓线勇者，即盗之伙党，希图获赏免罪而来。县营须得此辈为之爪牙，方可跟寻指证，此亦汉臣虞诩治朝歌盗之遗意也。该线勇等本非善类，难保不狼狈为奸，则所谓勾串分肥者此与？广东诬告之风在所不免，设遇获盗不肯承认，不能不传事主与之质明，捕役狗苟蝇营，于事主未必无丝毫之扰，则所谓留难需索者此与？此等弊端，全在县营得人，认真查究。臣等惟有懔遵谕旨，严饬地方文武振刷精神，务将新旧案犯一律勒拿，悉数弋获，如有串盗分肥及需索事主者，立予重惩。仍由臣等随事考察，倘该文武奉行不力，即行据实劾参，决不稍涉姑息，以期令行禁止，盗戢民安，仰慰朝廷廑念海疆整饬捕务之至意。

除饬行布、按两司妥议赏罚章程另行详奏外，所有广东办理盗案一切实在情形，谨合词恭折覆奏，伏乞皇太后、皇上圣鉴训示。谨奏。

覆查各属民情片

再，查广东本年猝遭水患，以北江清远等县为最甚。经臣坤一两次捐银八千两、臣兆栋捐银一千两，并粤海关俊启、广州府冯端本、直隶津海道黎兆棠等捐项及藩、运两库、广东惠济仓所筹之款，发交员绅，前往分途抚恤，补修圩堤。爱育堂诸绅亦购办粮食前往振济。官绅合力通筹，人情由是大安，未闻饥民在外滋扰。

又查番禺县罗边村只有该罗姓年少子弟一二十人平日好勇斗很，各带铁戒指，以此称雄，业经该府县严行惩戒，并非结盟拜会，亦无啸聚匪徒。顺德县陈村有劫抢之案，无打单之案，已于正折陈明矣。

至掳人勒赎，滨海地方，诚所不免，叠经拿获匪徒正法，汇同盗案分次奏报。合并覆陈，伏乞圣鉴。谨奏。

查阅省城旗绿各营官兵技艺折光绪三年十一月初一日

奏为查阅广东省城旗、绿各营官兵技艺情形，恭折具陈，仰祈圣鉴事：

窃臣接准兵部咨："光绪三年二月初九日奉上谕：'本年轮应查阅营伍之期，广东即派刘坤一逐一查阅，认真简校。如有训练不精，军实不齐者，即将废弛之将弁据实参奏，毋得视为具文'"

等因，钦此。当经转行钦遵。

伏查广东地处边隅，练兵最关紧要，现在军务大定，武备亟宜讲求。武职员弁平时固以弓马取材，而临敌折冲，全在枪炮制胜。臣抵任后，节经严饬各营，汰弱募强，勤加演习，认真整顿，并令弓箭藤牌兵丁一律兼习枪炮，即分防塘汛兵丁亦令更番抽练，以期一兵得一兵之用。兹会同广州将军臣长善、汉军副都统兼署满洲副都统臣吉和于九月二十二日校阅军标水师，驾驶船只灵动便利，在船施放枪炮、火箭、喷筒均皆纯熟，其爬桅、踊浪、对械等项尤属骁劲便捷。二十四、二十六等日亲赴校场查阅驻防各旗营官兵，汉仗均属壮健，操演抬枪各阵势，联络整齐，施放迅速，其洋枪队各阵，练习纯熟，尤为出色。马步各箭有准头者居多，计中靶八成以上，弓皆六力，间有八力者。鸟枪、撩跤、对械、环攻各项技艺均皆矫捷。军装锋利，旗帜鲜明，水陆军容一律整肃。

又于十月初四、初五等日会同广东巡抚臣张兆栋调集督抚标、广州城守协各官兵逐加校阅，年力俱皆壮健，并无老弱充数。合操大阵并连环枪炮，部伍极为严整，声势联络，施放敏捷，所演藤牌、刀棍、长矛、杂技、扑滚、击刺、操纵跳舞亦皆轻捷，马步骑射均属可观，并有马步全中者，弓皆六力，计箭枝中靶八、九成不等，鸟枪抬枪中靶均至九成，内督标广州协抬枪中至十成。军装甲械鲜明，马匹膘壮足额。盘查火药、铅弹、公费等项均无亏缺。所有官兵中技艺出色者，已当堂从优奖赏，及记名拔补，用昭激劝。详细查阅，尚无废弛之员。现仍谆谕各将、备加意训练，认真操防，务期更加精熟，使营伍日有起色，以仰副圣主整饬戎行之至意。

此外未阅水师各营，现在或配船分路缉捕及改勇为兵，陆路各营或甫经抽练，应请俟操练稍熟，再行次第查阅。

所有阅过广东省城旗、绿各营官兵情形，谨恭折具陈，并将各营官兵箭枪中靶成数缮列清单，恭呈御览，伏乞皇太后、皇上圣鉴。谨奏。

调兵剿捕洋面盗匪获犯惩办折 光绪三年十一月初一日

奏为盗匪在洋叠次劫掳，调派官兵师船剿捕，获犯审明拟办，恭折具陈，仰祈圣鉴事：

窃查香山等县盗犯黄昂喜等，各置扒船，在洋叠次劫掳，经臣等访闻，调派官兵，管带轮拖等船，严饬地方文武及巡洋师船各员弁合力剿捕。光绪二年十二月初间，护阳江镇总兵郑耀祥、署香山协副将吉瑞、署赤溪协副将杨青山、代理赤溪同知张恒祺，约会新会营参将冯登、署香山协右营都司梁国权，各带轮拖等船，分投侦缉。是月十二、三等日，探报黄昂喜等屯住牛角湾海岛，或傍岸寄碇，或倚山搭寮。郑耀祥、吉瑞、杨青山、张恒祺、冯登、梁国权登即会同舟师员弁，派千总黄乔升带轮船堵其东，千总黎炳泰驾轮船堵其西，与赤溪、香山、新会各员弁兵勇及各县差役、壮丁出其不意，四面合力围攻。各匪胆敢于水陆两路开放枪炮拒敌，兵丁吴兰彪等各被击伤。我军益愤，枪炮齐施，该匪等纷纷倒毙，犹复拚死力斗，甫却即前。适署广州协副将邓安邦督带步队绕出该匪之后，寮内之匪惊走上船，邓安邦复以抬枪从后轰击船上之匪，各军亦连开大炮，击沉匪船四只，格毙盗首黄昂喜一名，阵斩伙匪杨林桂、杨厚邦二名，该匪船遂即溃退。我军勇气百倍，跟尾疾追，复毙匪十馀名，击沉匪船一只，受伤落海淹毙不计其数。各匪力不能支，弃船凫水上岸逃走。我军分投侦捕，陆路擒获盗匪黄汶南、王利应即来英、王水溃、郑百蒽、杨亚养、杨亚五、彭亚长、黄亚展、黄观幅、刘亚先、陈亚糠、黎亚连、冯亚卓、胡亚莠、凌六盛、林亚幅、郑亚三、林来湢、吴亚浲、赖亚辛、刘濰安、张二连、林亚掌、张戊开、廖亚幅、陈带幸、黄亚亢、张亚长、李亚社、彭亚五、庞亚幅、李亚号、周亚幅、陈亚意、区亚保、林亚柄、邝亚就、黄亚溃、张亚培、陈亚威、叶亚宽、殷亚得、马亚新、黄亚萌、高观幅、黎亚里、吕亚三、谢亚三、林濰洪即白毛，共四十九名，馀匪脱逃无多。当将匪寮烧毁，夺获匪船八只及旗帜、枪炮、器械等项，起出被掳事主工伴梁德均、李亚英、赵亚均、伍亚庸、何亚登、徐亚八、李华苟、余亚庚、苏亚毛、李亚连、黄明胜即黄亚升十一名。查点兵勇受伤十馀名，赤溪协左营兵丁吴兰彪、骆其忠、江龙辉三名登时阵亡。将各犯解省，饬发广州府审办。据报案犯林濰洪即白毛在南海县监病故，经府委员验报。随据广州府知府冯端本会同总办谳局侯补知府饶世贞将犯审明议拟，由臬司周恒祺覆审解勘前来。

臣等提犯覆讯，缘黄汶南等籍隶新安、嘉应、归善、长乐、新宁、鹤山、新会、香山、赤溪各厅州县，均驾船佣工度日，各犯内有与各事主同姓者均不同宗。光绪二年八月间，格毙之黄昂喜与现获之廖亚幅、黄亚亢，现获病故之林濰洪，未获之黄亚益、钟亚右、曾北胜、彭亚英先后会遇，谈及无人雇倩，难以度日，起意在洋劫掠，各皆应允。黄昂喜等遂各置三扒船一只，添纠伙党，并向洋人买备枪炮刀械，驾船分路行劫。光绪二年十一月初五日夜，现获之黄汶南、王利应即来英、王水溃、郑百蒽、杨亚养、杨亚五、彭亚长、黄亚展、黄观幅九犯听从格毙之黄昂喜，起意纠邀阵斩之杨林桂、杨厚邦，未获之黄东娇等十二人，共伙二十四人，坐驾黄昂喜扒艇行劫香山县属大托地方事主胡厚丰安胜围馆得赃，因赃不满欲，黄昂喜复起意掳捉工伴梁德均、李亚英、赵亚均、伍亚庸、何亚登五人落船关禁，尚未勒赎得银，旋经官兵起回。又究出该犯黄汶南先于光绪元年四月十五日听从未获之黄亚益，起意纠同未获之冯亚因等七人，共伙九人，在新宁县属海燕洋面行劫不识姓名事主盐船银两、货物，变卖俵分。又究出该犯王利应、王水溃、郑百蒽、杨亚养、杨亚五、彭亚长六犯，于光绪二年十一月十六日听从格毙之黄昂喜起意，伙同阵斩之杨林桂、杨厚邦另纠现获之刘亚先、陈亚糠、黎亚连、冯亚卓、胡亚莠、凌六盛、林亚幅，未获之黄东娇等十名，共伙二十六人，在香山县属竹篙尾洋面行劫事主徐亚八咸鱼船，因赃物无多，黄昂喜复起意掳捉事主徐亚八一人过船关禁，尚未勒赎得赃，旋经官兵起回。又究出该犯冯亚卓、胡亚莠、凌六盛三犯于光绪二年十一月二十二日，听从现获病故之林滏洪即白毛起意，纠同现获之郑亚林、林来滀、未获之杨亚金等五名，共伙十一人，在新宁县属土伏溶洋面行劫不识姓名事主蛋家艇银物，因赃物无多，林滏洪复起意掳捉事主家属四人过船关禁，并无陵虐情事，后经事主亲属备银赎回。又究出该犯冯亚卓、胡亚莠、林六盛、林亚幅、林来滀五犯于光绪二年十月十一日，听从已获病故之林滏洪即白毛起意，另纠现获之吴亚泙、赖亚辛、刘滏安、张二连、林亚掌、张戊开、未获之杨亚金等八人，共伙二十人，在新宁县属东复街地方行劫过路不识姓名事主烟叶，得赃回艇驶逃。又究出该犯林来滀、吴亚泙、赖亚辛、刘隆安、张二连、林亚掌、张戊开七犯，于光绪二年十月内不记日期，听从现获病故之林滏洪即白毛起意，纠邀未获之胡亚发等六人，共伙十四人，在香山县属洪湾地方掳掳事主黄亚升即黄明胜一名，落船关禁，尚未勒赎得银，旋经官兵起回。又究出该犯张二连、林亚掌、张戊开三犯于光绪二年九月内，不记日期，听从现获病故之林瀧洪即白毛起意，另纠未获之林亚得等七人，共伙十一人，在新宁县属麻辣海面行劫麦姓不知名事主砖船，因赃物无多，林瀧洪复起意掳捉砖船内麦姓事主一人、过船关禁，并无陵虐情事，后经事主亲属备银赎回。又现获之廖亚幅即光头幅于光绪二年九月二十几日起意，纠同现获之陈带幸、黄亚亢、张亚长，未获之胡火莠等十一人，共伙十五人，在新宁县属海燕洋面行劫事主黎亚洪灰船。因赃物无多，廖亚幅复起意掳捉事主三人过船关禁，并无陵虐情事，后经事主亲属备银赎回。又究出该犯廖亚幅即光头幅于光绪二年十月十六日起意伙同该犯陈带幸、黄亚亢，另纠现获之李亚社、彭亚五、庞亚幅、李亚号、周亚幅、陈亚意未获之胡火莠等十一人，共伙二十人，在新宁县属鸡爪山洋面行劫事主陈昌记谷船，因赃不满欲，廖亚幅复起意掳捉事主陈昌记、朱亚保二人过船关禁，并无陵虐情事，后经事主亲属备银赎回。又究出该犯廖亚幅即光头幅于光绪二年十月十六日起意伙同该犯陈带幸、黄亚亢，另纠现获之区亚保、林亚柄、邝亚就、黄亚溃未获之胡火莠等十二名，共伙十九人，在新宁县属青山角洋面行劫事主杨亚女灰船。因赃物无多，廖亚幅复起意掳捉事主杨亚女一人过船关禁，并无陵虐情事，后经事主亲属备银赎回。又究出该犯廖亚幅即光头幅于光绪二年十月二十三日起意伙同该犯陈带幸、黄亚亢、彭亚五、周亚幅、林亚柄、邝亚就、黄亚溃七名，另纠现获之张亚培、陈亚威、叶亚宽三名，未获之胡火莠等十一人，共伙二十二人，在新宁县属青山角洋面行劫事主陈大盈灰船，因赃物无多，廖亚幅复起意掳捉事主陈大盈一人过船关禁，并无陵虐情事，后经事主亲属备银赎回。又究出该犯廖亚幅即光头幅于光绪二年十月二十八日起意伙同该犯陈带幸、黄亚亢、张亚长、彭亚五、李亚社、庞亚幅、陈亚意、区亚保、林亚柄、邝亚就、张亚培、陈亚威、叶亚宽十三人，另纠现获之殷亚得、马亚新、黄亚萌未获之胡火莠等十二人，共伙二十九人，在新宁县属青山角洋面行劫事主李华苟灰船，因赃不满欲，廖亚幅复起意掳捉事主李华苟一人过船关禁，尚未勒赎得银，旋经官兵起回。又究出该犯廖亚幅即光头幅于光绪二年十一月十三日起意伙同该犯陈带幸、黄亚亢、彭亚五、李亚号、李亚社、区亚保、殷亚得、马亚新、黄亚萌九犯，另纠未获之胡火莠等十二人，共伙二十二人，在新宁县属鸡爪山洋面行劫不识姓名事主咸鱼船，因赃不满欲，廖亚幅复起意掳捉事主二人过船关禁，并无陵虐情事，后经事主亲属备银赎回。又究出该犯黄亚亢于光绪二年八月十二日起意伙同该犯庞亚幅、李亚号、周亚幅、黄亚萌四人，另纠未获之胡火莠等五人，共伙十人，在新宁县属三合海洋面行劫事主余亚庚等杉船，因赃物无多，黄亚亢复起意掳捉事主余亚庚等七人过船关禁，尚未勒赎得银，旋经官兵起回余亚庚、苏亚毛、李亚连三人，其馀四人乘间逃回。又现获之高观幅、黎亚里、吕亚三三犯，于光绪二年十一月十八日听从未获之曾北胜起意，纠同未获之伍亚丁等六名，共伙十人，在香山县属三灶地方行劫事主黄亚有家银钱衣服，分携回船变卖俵分。又现获之谢亚三于光绪二年十二月初三日听从未获之彭亚英起意，纠同未获之黄亚汉等六人，共伙八人，在香山县属沙尾地方行劫事主陈玉堂家银两衣物，分携回船变卖俵分。又究出该犯谢亚三于光绪二年十二月初六日听从未获之彭亚英起意，仍同未获之黄亚汉等六人，共伙八人，在香山县属深井洋面掳捉头猛船上不识姓名事主三人过船驶逃，并无陵虐情事，后经事主亲属备银赎回等情。据各供认前情不讳，提同起获被掳事主工伴梁德均等十一名与各犯逐一质对，并饬县查传赎回之事主黎亚洪等及陈昌记、朱亚保、杨亚女、陈大盛、余亚庚等讯明，均与各原案吻合。并据梁德均等供称，伊等被掳后并无被匪陵虐。当将梁德均等十一名保释，其馀不识姓名事主各案，已据各犯众供确凿，请免传质，以省扰累。复研讯黄汶南、王利应即来英、王水溃、郑百蒽、杨亚五、彭亚长、黄亚展、黄观幅、刘亚先、黎亚连、凌六盛、林亚幅、郑亚三、吴亚浲、赖亚辛、刘瀎安、张二连、林亚掌、张戊开、高观幅、黎亚里、吕亚三、林瀎洪即白毛二十三犯，均各供认持械拒敌官兵，其馀或躲匿舱底，或逃避后山，委未帮同拒敌，究诘不移，案无遁饰。

查例载："江洋行劫大盗，立斩枭示。"又盗劫之案，依强盗已行，但得财者，不分首从皆斩律，俱拟斩立决。又粤东内河盗劫之案，行劫三次以上应斩决者，均加枭示。又广东省强劫盗犯如有行劫后，因赃不满欲，复将事主人等捉回勒赎者，首犯拟斩立决枭示，案内从犯仍按强盗本律科断。又律载："拒敌官兵，以谋叛已行论。谋叛，但共谋者，不分首从皆斩。"又例载："身犯两项罪名俱应斩决者，加以枭示。"各等语。此案除罪应斩枭已死之盗首黄昂喜、林瀎洪、伙盗杨林桂、杨厚邦仍应戮尸枭示，及现犯黄汶南等掳人勒赎轻罪不议外，该犯黄汶南、王利应即来英、王水溃、郑百蒽、杨亚五、彭亚长、杨亚养、刘亚先、黎亚连、陈亚糠、冯亚卓、胡亚莠、凌六盛、林亚幅、郑亚三、林来滀、张二连、林亚掌、张戊开、廖亚幅、陈带幸、黄亚亢、张亚长、李亚社、彭亚五、庞亚幅、李亚号、周亚幅、区亚保、林亚柄、邝亚就、黄亚萌、陈亚意、黄亚溃、张亚培、陈亚威、叶亚宽、殷亚得、马亚新各在洋行劫或被拿拒捕，伤毙官兵，均罪应斩枭，二罪相等，从一科断，均应照例问拟。黄汶南等三十九犯均合依江洋行劫大盗立斩枭示例，拟斩立决枭示。黄亚展、黄观幅、吴亚泎、赖亚辛、刘瀼安、高观幅、黎亚里、吕亚三各在陆路行劫得赃，又被拿拒捕，伤毙官兵。查陆路行劫与拒敌官兵，均罪应斩决，系属两项罪名。黄亚展等八犯均合依身犯两项斩决罪名，加以枭示例，拟斩立决枭示。谢亚三在陆路听从行劫一次，合依强盗，但得财者皆斩律，拟斩立决。按照定章，应先行正法。黄汶南等情罪重大，未便稽诛。臣等于审明后，即恭请王命，将以上各犯绑赴市曹处斩，并将已死黄昂喜、林瀼洪、杨林桂、杨厚邦四犯照例戮尸，与黄汶南等四十七犯首级一律解往犯事地方悬竿示众，以昭炯戒。各犯讯无另有犯案窝伙与同居亲属知情分赃，或住处畸零向无牌保，或在隔属犯案，原籍牌保、父兄无从查察禁约。各盗枪炮军火器械，讯系在洋向洋人买得，守口员弁无从查察。盗船系在洋置买，并不编烙给照。所获盗船、枪炮、军火、刀械，分别变价充赏及留营备用。起出被掳事主工伴梁德均等均经保释，不识姓名事主免传省累。落海淹毙各盗尸身，当时漂失，无从打捞。林瀼洪在监病故，禁卒人等讯无陵虐情弊，均毋庸议。逸犯黄亚益等饬缉获日另结。各案应否开参，饬县查明，另文开报犯故图结，饬取另送。受伤兵丁俱医治平复，与阵亡兵丁吴兰彪等应给恤赏，另行造册办理。

除备录全案供招咨部及将此次剿捕获盗出力各员弁另列清单，随案附片吁恳天恩给奖外，臣等谨会同水师提督臣翟国彦合词恭折具陈，伏乞皇太后、皇上圣鉴，敕部核覆施行。谨奏。

请奖旗营训练出力各员片

再，臣此次查阅广东省城旗营洋枪队官兵一千二百二十馀员名，步伐严整，施放敏捷，其操演阵式尤为变化有方，颇得运用之妙，以视督抚标洋枪队及别省洋枪队殆有过之。除各兵照章犒赏外，查旗营洋枪队原设三百五十名，光绪元年经将军长善添设八百五十名，以成一队。凡此筹画薪赀，俾无缺乏，申明纪律，令有遵循，长善实已任怨任劳，苦心孤诣，早在圣明洞鉴之中。惟统带、管带各员弁，自数年至十数年不等，约束教训，均属备著勤劳，自应量予奖励。当经会商将军、副都统臣开列衔名，臣谨分别等差，缮具清单，恭呈御览。合无仰恳圣主格外恩施，俯准将单开统带、管带数年以上操演训练尤为出力各员，给予奖叙，其出力稍次者，由臣移咨将军、副都统臣酌给外奖，俾知观感奋兴。

谨附片具奏，伏乞圣鉴训示，谨奏。

请调实缺总兵片

再，现准兵部咨："光绪三年九月初七日内阁奉上谕：'贵州古州镇总兵员缺着张得禄调补，所遗广东高州镇总兵员缺着杨玉科补授。'"钦此。由驿咨行前来。当经转行钦遵。

伏查高州镇总兵张得禄，自同治十年补授斯缺，仍在奉天带队，臣因奉省军务肃清，广东海防吃紧，于上年九月内奏请饬催于光绪三年五月二十四日到任。该总兵老成练达，胆识兼优，督率将备，整顿营伍，并挑选正副营兵丁，更番操练，办理大有起色，为粤省实在得力之员。且高州负山滨海，系属岭南要区，兼之民情浮动，时有邻匪勾结，全在该镇控制得宜，方足以收实效。合无仰恳天恩，俯准张得禄仍留高州镇总兵本任，以资熟手，并请以杨玉科调补贵州古州镇总兵员缺。如此一转移间，于营务地方不无裨益。夫以专阃大员，于彼于此，朝廷自有权衡，惟粤省振顿伊始，一切臂助需人，不得不渎陈宸听。是否有当，恭候圣裁。

臣谨附片具陈，伏乞圣鉴训示，谨奏。

剿办崖州黎匪出力人员择尤保奖折

光绪三年十一月十五日

奏为查明剿办崖州黎匪出力文武官绅，遵旨择尤酌保，仰恳天恩给予奖叙，以昭激劝事：

窃照广东崖州黎匪戕官滋事，派兵剿办事竣，先经前督臣瑞麟会同前抚臣李福泰于同治九年二月二十四日恭折具奏，三月十八日奉上谕："在事员弁兵勇，尚属奋勉出力，着瑞麟等择尤酌保，毋许冒滥"等因，钦此。当经前督臣恭录转行钦遵。兹据广东善后总局司道将在事出力官绅，核明劳绩，列册详请奏奖前来。

臣等伏查广东崖州黎匪刘振欣等胆敢纠众戕官，焚劫村庄，围攻乐安汛土城，大肆猖獗。前督臣瑞麟调派文武督带兵勇，驰往剿办，将匪首刘振欣等及滋事凶党次第斩擒殆尽，并招抚各村黎人归农安业，地方一律肃清。所有在事官绅人等，或攻克坚剿，生擒首要，或深入瘴地，解散胁从，洵属异常出力。臣等按册覆核，并无冒滥，谨缮列清单，注明劳绩，恭呈御览。仰恳天恩，俯准照请给予奖叙，以昭激劝。其馀出力稍次员弁兵勇，经前督臣瑞麟酌给外奖，合并陈明。

谨合词恭折具陈，伏乞皇太后、皇上圣鉴训示。谨奏。

前项毋庸给奖恳请收回成命折光绪三年十一月二十二日

奏为叩恳天恩，收回成命，俯如前折所请，毋庸核给奖叙，恭折具陈，仰祈圣鉴事：

窃臣前此具奏，捐赀生息，储养洋务人才，以备任使缘由，兹于光绪三年十一月十六日接准兵部递回原折后开："军机大臣奉旨：'刘坤一捐输巨款，为储养人才之用，实能公尔忘私，力顾大局，殊堪嘉尚。所捐银两，着该衙门核给奖叙。'"钦此。荷天语之褒嘉，滋臣心之悚惕。

伏念臣所捐银两，系属以公归公，业于前折陈明，不敢仰邀议叙，兹蒙圣恩优渥，何敢重渎宸聪。第思此项捐银，原为储养人才起见，将来有无成效，尚不可知，似无未曾见功而先行获奖之理。况臣备员疆寄，所以图报者本不在此戋戋，欲为久远之谋，不得不奏明立案，若因此而获议叙，近于巧宦所为。以臣遭遇之隆，讵可蹈此陋习。朝廷爱惜臣下，必不使为物议所轻。仰恳圣慈俯准收回成命，毋庸核给奖叙，俾臣得遂本怀。他日果得一、二人才，裨益时局，则储养有效，臣受进贤之赏，所不敢辞。至于公私判在幾微，臣尤未敢自信，惟有力矢精白，以期仰答高厚生成。

所有微臣感悚下忱，并请收回成命缘由，谨恭折具陈，伏乞皇太后、皇上圣鉴训示。谨奏。

请将故员入祀昭忠祠并事迹宣付史馆折

光绪三年十一月二十二日

奏为已故道员志节堪嘉，勋劳楙著，仰恳天恩俯准入祀本籍宝庆府城昭忠祠及广西省城楚勇昭忠祠，并将生平事迹宣付史馆，以昭忠荩而慰英魂，恭折具陈，仰祈圣鉴事：

窃臣前经奏请于本籍新宁县修建楚勇忠义祠，由地方官春秋致祭，仰荷恩俞，明降谕旨，凡属死事之家，及臣旧部将士，莫不感颂皇仁。

兹查有已故广西记名道王承泽，系臣同郡宝庆府邵阳县人，初以举人在籍办团，预储积谷万数千石，地方倚以为重。咸丰九年，石逆大股由江窥楚，折窜宝庆府城，极其飘忽。维时仅有前贵州提督田兴恕一军四千人驻营。城外数十里，贼众兵单，势甚危蹙，赖王承泽经画素定，人情稍安，坚守旬馀，援师四集，而贼已环城三匝，必欲得而甘心。王承泽内筹饷糈，外通声息，并屡伺贼间，躬率劲卒，由北门、西门出城约会诸军夹攻，多所斩获，经三越月之久，遂解重围，石逆挫退粤西，由是不振。此次石逆尽锐围攻宝庆府城，实欲据为巢穴，结连黔、粤诸匪，顺流而下，以扰湘、鄂而入四川。既乖袭取之谋，乃为久困之计，数十里内，重濠复垒，以隔绝外援，已视此城在其掌握。围城中惟田兴恕尚能健斗，馀俱碌碌因人，若非王承泽先事绸缪，临事坚忍，则宝庆必不可保，而大局将不堪问。此王承泽有功于宝庆府之实情也。

同治元年，前广西巡抚臣刘长佑奏调王承泽赴粤，至则刘长佑已升授两广总督，遂欲挈之东行。时臣以广西藩司总统各营，以王承泽系督臣奏调人员，不便维絷，而王承泽以本系来浔办理军务，不肯舍劳趋逸，避危就安，不待臣言，竟毅然留营不去。刘长佑旋调补直隶总督，复奏调王承泽及将佐等数人。适浔州贼势披猖，臣营危于累卵，该将佐等一闻直隶督臣奏调，如获更生，捧檄即行，不俟终日，而王承泽办事如故。或从旁劝驾，怵以祸福之词，王承泽正色拒之，谓将与臣同尽。嗣臣为贵县之贼所困，王承泽由龙岩带勇驰援，血战直前。既而贼势益炽，臣营业与相持，不复反顾，密嘱王承泽由龙岩退驻浔州郡城以固本根而图再举，而王承泽屹立不动，且劝臣以奇兵绕攻贼巢，臣当以危道未从，迨后卒用此策破贼。王承泽明于去就之义，审于进退之机，即其运筹决胜亦复有过人者。

广西之乱起于道光末年，蚁聚蜂屯，几于遍地皆贼。同治改元以后以次铲削销磨，惟贵县黄逆鼎凤一股独存，各处遗孽皆倚为逋逃之薮。盖其所踞平天寨等处，地势为最险，地利亦最腴，黄逆又凶狡异常，时有飞扬跋扈之志。经前广西藩司蒋益澧等先后进剿，迄无成功，臣用兵两年，幸能擒渠扫穴者，实赖王承泽臂助之力。此王承泽有功于广西之实情也。

至于王承泽之行已立身，亦有本末。浔事甫竣，即请假回籍养亲。前署广东巡抚郭嵩焘折柬相邀，约以奏调，王承泽知粤事未可卒治，婉辞却之。臣巡抚江右，奏调赴赣接统各营，亦以善地回翔，无所展布，旋辞归里。其权衡出处轻重，不苟荣利如此。

今王承泽死有年矣，乡之士大夫及广西绅民犹称道其贤不置。臣追维往事，与该故员一时患难相依，其情形历历在目，而将伯之助，恨不能起斯人于九泉，未尝不叹人才之难，王承泽之不永年，未竟其用为可惜也。

夫有功则祀，崇报之隆规，无善不书，阐扬之极则。除俟所建新宁县忠义祠告竣，王承泽一体入祀外，可否仰恳圣慈，准将王承泽入祀宝庆府城昭忠祠及广西省城昭忠祠，并将该故员生平事迹宣付史馆立传，以昭忠荩而慰英魂之处，出自逾格鸿施。

臣谨恭折具陈，伏乞皇太后、皇上圣鉴训示。谨奏。

援案请免洋米船钞折 光绪三年十二月十三日

奏为援照成案，请免征收洋米船钞，仍准原船装货出口，以恤远商而济民食，恭折具奏，仰祈圣鉴事：

窃照粤东产米无多。从前各国洋船载运米谷来粤粜卖，粤海关向无米税，并准免输船钞以广招徕，惟粜竣回国之时，不准装货出口。洋商以压舱无货，难御风涛之险，遂致观望不前。道光四年间，前督臣阮元奏请将米谷船钞照旧免征，并准其原船装货出口，于是年三月初五日钦奉上谕："嗣后各国夷船来粤，如有专运米石并无夹带别项货物者，进口时照旧免其丈输船钞。所运米谷，由洋商报明起贮粜卖，粜竣准其原船装载货物出口，与别项夷船一体征收税课，以示体恤"等因，钦此。当经钦遵办理。嗣于咸丰十一年间，准办理五口通商大臣咨送英国通商章程善后条约内开："凡米谷等粮不准运出外国，惟英国欲运往中华通商别口，出口时照依税则纳税，其进口毋庸纳税。至船载无论浅满，均遵纳船钞"等语。自此以后，粤海关遂将洋米船钞一体征收。此洋米船钞一项向邀宽免，近始征收之原委也。

兹据广东在籍绅士前任河东河道总督苏廷魁、礼部主事梁肇晋等呈称："广东生齿日繁，多赖洋米接济。自征船钞以来，又不准原船装货出口，洋商获利既微，复虑风涛之险，以致米谷船只进口日稀，大半囤积香港地方，徒使商贩得以垄断。究之船钞一项，自咸丰十一年至同治二年，每年征收钞银多不过三万馀两，少或止数千馀两。迨至同治三年以后，米船概不进口，此项船钞无征，而粤省米价增昂，闾阎艰于谋食。现在岁收荒歉，饥民待哺嗷嗷，恳请援案奏明将洋米船钞仍免征收，并准原船装带货物出口”等情前来。

臣等伏查船钞一项，从前洋米入口，船只原准免征，近年始与别项货船一律征收钞项。所征数目年减一年，而外洋米石转因之不复进口，是徒于民食有碍，而于税钞无裨。粤东户口极多，不得不为之请命。臣等公同商酌，意见相同。合无仰恳天恩，俯准粤海关进口洋船专运米石者免其丈输船钞，仍准原船装货出口，与别项船只一体征收货税之处，出自逾格鸿慈。

臣等为宽筹民食起见，谨合词恭折具陈，伏乞皇太后、皇上圣鉴训示。谨奏。

拨解山西等省赈款折光绪三年十二月二十八日

奏为拨解山西、陕西、河南等省赈款银数日期，恭折驰陈，仰祈圣鉴事：

窃臣等承准军机大臣字寄：“光绪三年八月二十八日奉上谕：‘陕西本年被旱成灾，饥民嗷嗷待哺。现在购粮办赈，需款甚殷。同治九年间部拨各省协济陕西专饷，广东拨银二十五万两，均未报解。着刘坤一、张兆栋迅速筹解，以应急需’”等因，钦此。当经转行钦遵筹解。嗣准山西抚臣曾国荃咨，光绪三年九月二十二日内阁奉上谕：“山西现办赈务，需款甚巨，该抚请于直隶、江苏、安徽、湖北、湖南、广东、广西、四川、浙江、江西推广捐输以资接济，着照所请行”等因，钦此。该抚臣恭录上谕，咨请转饬司道广为劝捐，又经转行遵照办理去后。

旋据广东布政使杨庆麟会同升授广东按察使两广盐运使国英详称：“山西赈项，经饬各属设法劝捐，仅得盐商及晋省号商共捐洋银三万两，为数尚属无多，自应劝谕绅民广为捐助。惟粤东地方只有广、潮两郡较为殷富，现在潮州府属业经告假回籍之福建抚臣丁日昌商同惠潮嘉道张铣劝谕收捐，径解直隶。其广州府属则由省城爱育堂绅董自行劝捐收解，此外各府富户甚稀，恐难捐集巨款。至陕西赈需奉提欠解该省专饷一项，现在粤省库储支绌，竭蹷异常，筹解京饷及西征协饷等款已属力尽筋疲，前项应解陕饷一时亦无从擘画，详请在臣坤一前此捐发招商局生息洋银十万两、纹银五万两之内借拨洋银十万两，分解山、陕两省各五万两。其山西借款、俟收有捐项，如数拨还，陕西借款，俟库项稍充，再行归补。尚馀纹银五万两，仍存司库，听候提拨生息等由前来。”

臣等查核所详属实在情形，当经批准饬令迅速起解，俾济要需。据报于十二月初九日，将前项借拨陕西洋银五万两，发交陕西催饷委员候补知县陶森林领解回陕投纳。又于十二月初十日，将前项借解山西洋银五万两，连盐号商所捐洋银三万两，易换纹银，发交号商日升昌等汇解山西藩库投纳，除支销补水、汇费外，实汇解山西省纹银七万四千一十六两。

正在恭折奏报间，承准军机大臣字寄：“光绪三年十一月二十日奉上谕：‘本年河南被灾较广，饥民待赈孔殷，需款甚巨。刘坤一前捐银十五万两作为公项，转发招商局按年取息，以为储养人才之用，袁保恒请此项银两全数拨借豫省，由豫照章与息，尽一年内提还，不准以欠款作抵。着照所请，即由刘坤一迅将此款拨解河南以应要需’”等因，钦此。臣等伏查前项捐银十五万两，已据藩、运二司详请借拨洋银十万两，分解山、陕两省，尚存藩库银五万两，应即遵旨解赴河南，当经行司遵照。据报于十二月二十三日将前项纹银五万两发交号商日升昌等汇至湖北汉口地方票号存储，听候河南藩司委员提解回豫交纳，并声明应除汇费银四百九十五两五分，实起解银四万九千五百四两九钱五分等由前来。

除分咨户部及山西、陕西、河南各抚臣查照外，所有拨解山西、陕西、河南等省赈款缘由，臣等谨合词恭折具奏，伏乞皇太后、皇上圣鉴训示。谨奏。

奏疏卷十三

恭谢天恩折光绪四年二月十六日

奏为恭谢天恩，仰祈圣鉴事：

窃臣前此具奏，捐赀生息，储养洋务人才以备任使一折，钦奉谕旨："所捐银两，着该衙门核给奖叙。"等因，钦此。兹于光绪四年正月初九日，接准户部咨，会同总理各国事务衙门核议，以臣所捐银十五万两内，请以银一万两给予随带加五级，等因，具奏，奉旨："依议。"钦此。咨会前来。臣当即恭设香案，望阙叩头谢恩。

伏念臣忝膺疆寄，莫效涓埃，念时事之方殷，惟人才之是亟。顾俊乂必资培养，而经费尚待筹维，爰以历年禄糈所馀，勉备此日储材之用。方虑经营伊始，难期成效于将来，乃蒙甄叙优加，遽荷圣慈之逾格。懋赏被九重之渥，身受龙光，策勋逾五转之荣，施隆鸿造。戴恩言而滋惕，惧报称以无由。臣惟有矢此鸡廉，竭其驽钝，虽复才同散栎，敢忘平生报国之心，更蕲诗诵菁莪，永彰圣代作人之化。

所有微臣感激下忱，理合恭折，叩谢天恩，伏乞皇太后、皇上圣鉴。谨奏。

筹办盐务缉私事宜折光绪四年二月十六日

奏为粤省盐务筹办收买馀盐，购制轮拖等船分布缉私，谨将办理情形，恭折具陈，仰祈圣鉴事：

窃照粤省盐务，疲弊多年，私枭充斥。臣坤一抵任后，即与运司国英，再四筹商，据请添雇轮船，严缉私盐，一面仿照康熙、雍正年间成案，筹款收买馀盐，发商配运。当经饬令试办，并于覆奏前督臣英翰沥陈粤省情形折内，附陈圣鉴在案。

兹据升授广东按察使两广盐运使国英详称：整顿盐务，要不外乎缉私。粤东沿海二三千里，必须多备轮船，缉私方能得力。而雇觅洋商轮船，诸多不便，且雇价甚巨，亦非久远之计。是以筹款先行制造小轮船五只，内河缉私拖船一只，扒船八只，在虎门内外，严缉私枭，一面仿照康熙、雍正年间成案，筹款收买馀盐。初办之始，一无经费，若遽动用库帑，是有筹款之名，仍无筹款之实。经即督饬委员，向号商认息挪借银数万两，作为盐本。并修造公所房间仓廒二处。一面收买馀盐，发商配运，一面挹注经费，并由司库外销项下借垫，续造出洋大轮船三只，大铜底拖船七只，出洋缉私，当经详请验明在案。至收买馀盐成案，查盐法志载："配销馀盐，按包完纳京羡充饷，毋庸作为年额定款"等语。此次仿照试办，若止完纳京羡，不另行筹画经费，则设局造船，添置器械，与夫一切费用，均无所出。故于京羡每包抽收一分六厘之外，又收厘金一钱，筹备补款银一钱八分四厘，轮拖巡船价款一钱六分，委员办事商书手薪工银六分七厘。除京羡厘金两项遵例拨储藩库，并将委员人等薪工核实发给外，拟将筹备补款、轮拖巡船价款二宗，归还借垫之款，俟归还清楚后，将筹备补款一项，存库备拨。其各船价款一项，作为将来保固岁修及添置各项经费之需。如此变通，则收买馀盐，造船缉私，两资周转。此仿照旧章，变通筹款，不动库帑之大概情形也。

查粤东洋面最为辽阔，东至惠、潮二府，西至高、廉、雷三府，相距千馀里，港汊纷歧，私运处处可通，自本省至江西、湖南、广西、贵州各埠，引地无不可充。故必须出洋缉私，能少一包私盐，即多销一包正引，厘金亦可日增。一面收买馀盐，化私为官。此变通缉私，以遏积弊之大情形也。

自开办收买馀盐，装造大小轮拖巡各船，先后分布内河、外洋缉私以来，私枭渐知畏法。官局收买，悉照时价交易，各私贩核计与贩私之利相准，又免官船缉获之害，由此咸来求买，经局中委员随收随配。计自光绪二年闰五月开办起，截至三年十一月底止，共配销馀盐一十四万一千六百一十六包，共收京羡厘金、筹备补款、轮巡各船价款、委员办事商书手薪工等项银七万四千馀两，业经分别支解归还各款。此办理馀盐，整顿缉私，渐有成效之大概情形也。

查粤省盐埠，凋敝情形，不可枚举。自嘉庆年间，海盗滋事，官艚失修，至今未能出洋缉私，故私运更甚，引地被充，各埠商积欠课饷，历有年所。经此次整顿之后，各埠皆有起色。除折销正引之外，择旺销之埠，饬令搭销馀盐，并备卤耗，各商无不乐从。开办以来，正引、馀盐皆形畅旺，以故各埠商完缴咸丰十年、同治四、五、十一、十二等年旧欠银二十馀万，并将同治十三年、及光绪元年，奏销扫数全完，约长收银十馀万两，加以馀盐各款并盐厘比较旺收等款，统计长收四十馀万。此由开办馀盐，旺收新旧课饷等款之大概情形也。

兹饬据馀盐局委员候补知府张崇恪等，将建造房屋仓廒及制造轮拖巡船、枪炮工料价值，并馀盐收支各款数目，造册缴送，相应详请分别奏咨，并声明粤省私枭凶悍，往往施放枪炮，拒敌官船，在船员弁人等，冒险冲锋，似宜有所激劝，并请奏明，将缉私出力人员优加奖叙等情前来。

臣等伏查粤东洋面，私贩最多，动以数十舟连樯并驶，私贩之外，又复伺劫商船。该匪等习熟波涛，视为惯技，非轮船不足以摧抑凶锋。此项轮拖巡船，平时可以捕盗缉私，有事时又可为海疆缓急之备，似于海防、盐务均属有裨。至该司请将在事出力人员优加奖叙，系为整顿缉私起见，合无仰恳天恩，饬部议核，以示激劝而肃鹾纲。

除将各册咨送户、工二部外，臣等谨合词恭折具陈，伏乞皇太后、皇上圣鉴训示。谨奏。

总兵出洋巡获盗匪据情代奏折光绪四年三月初三日

奏为总兵出洋班满，巡过洋面获盗情形，据情恭折代奏，仰祈圣鉴事：

窃臣据广东琼州镇总兵黄廷彪呈称："道光二十三年十一月初七日，奉上谕：'嗣后沿海水师各镇，着于每岁出洋时具奏一次，俟出洋往返事毕，即将洋面如何情形，据实具奏，其实因公不能出洋，即着自行奏明。均令咨禀该省总督，以凭查核。'等因，钦此。伏查琼州洋面，每年分上、下两班统巡，上班自正月初一日起，至六月底止，轮值海口营参将出洋统巡，下班自七月初一日起，至十二月底止，轮值总兵出洋统巡。当将光绪三年七月初一日出洋日期，恭折具奏在案。七月十二日，总兵督带值巡员弁，管驾营拖船，巡抵临高县属红排洋面，拿获匪船一只、匪犯陈天宋等六名。八月初十日，督率各船驶往围洲与龙门协中军都司营船会哨，搜查海枭事毕，仍即分帮巡缉。十一月初十日，又督各船往硇洲，与赤溪协副将师船会哨，并核饬署龙门协副将吴迪文等，管带轮拖各船查缉。于十一月初七、十四等日，驶抵越南狗头山、亚婆湾等处洋面，击焚匪船六只，毙匪甚多，拿获匪船九只，匪犯吴观保等五名，起获炮械多件。所获各犯，先后移交雷琼道，发县审讯在案。兹届下班统巡期满，照例于本年正月初一日，札交海口营参将梁栋材接巡，总兵即日旋署办理营务。正具文申报间，适于正月十七日，接到家信，得悉祖母黎氏于光绪三年十二月三十日在广东顺德县原籍病故。总兵系嫡长承重孙，例应丁忧回籍守制，呈请据情代奏”，等情前来。

除总兵黄廷彪丁忧所遗篆务委员接署缘由先经具奏外，所有该总兵出洋班满，巡过洋面及获盗情形，臣谨据情恭折代奏，伏乞皇太后、皇上圣鉴。谨奏。

佛冈城被匪阑入旋即克复折光绪四年三月初三日

奏为佛冈厅城被盗匪阑入，旋即克复情形，恭折由驿驰陈，仰祈圣鉴事：

窃查粤东民情，素称强悍。上年各属灾歉，饥民乏食，不免荡析流离，不逞之徒，遂亦乘机滋事。夏秋间，从化县属走马扶村匪徒在各村抢掳，连平州属民人潘姓围楼，被长宁县属匪徒劫踞。冬间，阳江厅与新宁县交界之隆床、归窝等处，及恩平县属大仁山、风门坳地方，各有匪徒，先后屯聚滋扰。本年正、二月间，海阳县、英德县地方，均有外匪勾结土匪，希图倡乱。均经臣等派委员弁，督带兵勇，会同地方文武，分别查拿，陆续拿获各案匪犯多名，业经饬审拟办在案。

兹据署清远县知县何鸾书、署清远营游击宋荣藻禀报：探闻本年二月二十日夜，有匪徒二百馀人，用梯扒入佛冈厅城占踞打单。匪首欧就起等，本系清远县著名巨盗，屡犯重案，因该文武查拿严紧，遂潜逃越境，纠党袭陷佛冈厅城等情。臣等查佛冈厅属地方，与清远、英德等县界址毗连。该二县客岁被灾，饥民颇众，若为匪徒勾煽，恐有滋蔓之虞。当即飞饬署南韶连镇总兵郑绍忠、署广州协副将邓安邦，督带兵勇，分途驰往剿办。随据邓安邦转据候补游击卢满江禀报，已于二十五日未刻，经官兵督率民团，与佛冈同知朱兆槐、千总李发雄，及在城文武各官绅，里应外合，将城池克复，杀毙贼匪四十馀名，生擒七十馀名，馀匪逃散等情。

臣等伏查此案，匪首欧就起等，胆敢阑入佛冈厅城，实属罪大恶极，如果未经歼毙，未便任其远飏。现饬确查欧就起等及馀匪逃往何处，务得实在踪迹，严拿务获究报，并分饬连界之清远、英德等县，一体堵拿，以杜窜扰。此次在事官绅兵勇人等，于匪徒入城占踞之后，即能督率乡团，于五日内克复，办理尚属迅速，不无微劳足录，该乡团之同仇敌忾，尤属可嘉，可否由臣等查明，择尤请奖，以示鼓励，出自鸿施。

至此次匪徒袭陷厅城，匪党究有若干，官绅勇练如何合力克复，团绅团勇系何姓名，何人最为出力，当时擒斩贼匪共若干名，逆首欧就起等有无漏网，馀匪尚有若干，逃匿何处，以及厅城衙署有无被毁，仓库有无劫掠，印信有无遗失，监犯有无放脱，民人有无被残，该厅文武应否邀免置议，除饬查明详细情形，另行奏报，出力官绅勇练分别请奖，并将现获各犯迅速审办外，臣等谨合词恭折驰陈，伏乞皇太后、皇上圣鉴训示。谨奏。

粤东民饥盗炽现在筹款备赈折光绪四年三月初三日

奏为粤东岁歉民饥，盗匪滋炽，谨将办理情形，恭折具陈，仰祈圣鉴事：

窃照粤东上年水灾之后，晚稻歉收，平民失业流离，匪徒或乘机滋事。当经臣等筹款，委员分投抚恤，采买米石，预备平粜，并饬地方文武认真查缉，加意巡防，地方渐觉敉安，民力亦不致十分拮据。所有一切情形，业经随时奏报在案。

乃上年冬季，天气严寒，本年入春以来，连旬阴雨，民间所种麦苗，以及薯蓣、杂粮等项，俱以冻损失收。迨节过春分，新秧又为寒雨所伤，米价日形昂贵，贫民无以为食，不免出外逃荒。而桀黠之徒，以劫富济贫为名，潜为勾引，肆行抢掠。臣等经即督饬地方文武，弹压查拿，并将所买米石，分给被灾各属，减价平粜。其被灾最重之英德、清远、三水等处，饬司宽筹经费，分饬各属地方官，会同爱育堂绅董，或设厂施粥，或造册散米，并劝令绅商就近捐办，甚至瘠苦之区，骤难集成巨款，则由臣等刊发六品至九品功牌，饬县劝捐米石，凡捐至十石以上者，分别填给奖励，以期输将踊跃，积少成多。凡此设法图维，以保全安分之饥民，即以杜绝匪徒之勾结。迄今时逾数月，实已力尽筋疲。广东户口殷繁，民风犷悍，不逞者往往以劫夺谋生。当此庚癸频呼，益复铤而走险，动辄蜂屯蚁聚，诚恐浸成厉阶。臣等现在督饬各属文武，严缉匪徒，一面谕令绅商，续筹接济，并由臣坤一捐银五千两，臣兆栋捐银一千两，以为之倡。其爱育堂绅董陈桂士等，亦分赴各处劝捐备赈。倘从此天气晴霁，赶紧补插早禾，犹可以稍为补救。否则穷民艰于谋食，匪类易以生心，岭海之间，时局有不堪设想者。现距早稻收成尚需数月，将来赈务能否停止，用项有无不敷，拨解各省协饷应否截留以资挹注，容臣等察看情形，酌量缓急，再行奏恳恩施。

所有现在民饥盗炽以及办理情形，臣等谨合词恭折具陈，伏乞皇太后、皇上圣鉴训示。谨奏。

奏留道员办赈暂缓出洋片光绪四年三月十八日

再，广东上年水灾，以英德、清远为重，而清远为尤甚。幸得爱育堂绅董候选道陈桂士等，及清远绅士前山东即墨县知县麦瑞芳、举人向秉猷等，饥溺关怀，劝捐巨款，帮同地方官办理赈务，迄今数月之久，劳怨不辞，心力交瘁。本年春雨连绵，各属杂粮失收，该两县及邻近等处，饥民益众，不能不接续抚恤，必须陈桂士等始终其事。又三月初九日，省城西门外地方陡被风灾，民房船只，损坏甚多，人口伤毙亦复不少。且闻上年被水冲塌之清远县属石角围甫于去冬修复，此次大风，江水骤涌，堤身又有损坏之处。所有一切赈抚事宜，均须陈桂士等帮同地方官妥为料理。查陈桂士经出使美、日、秘国太常寺卿陈兰彬奏请随带出洋，奉旨允准。现闻陈兰彬起程在即，陈桂士应即偕行。惟广东赈务方殷，不得不留该绅办理，以期得力。可否仰恳天恩，俯准该绅陈桂士暂留本省，办理劝捐施赈一切事宜，俟本年早禾成熟，赈务告竣，再令前往外洋，听候陈兰彬差遣。

臣等为赈务需人起见，谨合词附片陈明，伏乞圣鉴训示。谨奏。

剿办各属款土匪折光绪四年五月初七日

奏为查办广东翁源县属土匪，歼擒多名，地境肃清，及西省贺县等处，匪徒、饥民滋事，派拨兵勇防堵情形，恭折具陈，仰祈圣鉴事：

窃照广东上年岁歉民饥，当经筹款抚恤，采米平粜，并因盗匪滋炽，分饬查缉，随时奏报在案。

本年二月间，据署广东翁源县徐多钤禀报：有飞马坝土匪刘发盛，纠伙百馀人，于二月初九日，攻劫该县属茶园铺之同姓不同宗刘凤池家，围楼盘踞，经该县与署守备许望曾，督带兵勇，驰赴围捕。臣等恐其纠聚日众，即飞饬署南韶连镇总兵郑绍忠，派出守备冼章带勇二百名，千总何秋带勇一百名，驰往会办。随又据署连平州吴廷杰、署翁源县徐多钤会禀：三月初三日夜，有连平州属土匪谢金炎等，统伙百馀人，攻破翁源县属贵塘铺事主增生张自修家，围楼盘踞，劫取财物，关禁男妇三十馀名口，杀毙工人何松茂等二名，并伤三人等情。查贵塘铺，与惠州府属之连平州最为切近，即经咨由署陆路提臣方耀，派委在连平防堵之副将张善庆等，督带兵勇三百名，会同署连平州吴廷杰，赴翁源剿捕。嗣据徐多钤禀报，会商冼章，传集茶园铺及附近之芙蓉、上庄、岩头三铺绅士，挑选练勇，在各要隘堵截外匪来路，于三月十六日，分三路进攻。冼章督队甫抵飞马坝，该匪拥众突出冲营，我兵出队开仗，枪炮齐施，各匪受伤退回楼内。徐多钤与许望曾等先后赶到，该匪坚匿楼上不出，竖旗列炮，负固抗拒。冼章、许望曾各兵勇，与茶园铺绅士许琳所带练勇，分扎围楼东西，相机进攻。三月十七日巳刻，突有外匪百馀人，由岩头铺路过，经绅练鸣锣集团追拿，当场格毙贼匪四十馀名，生擒冯梅干等八名，夺获大旗二面，鸟枪十馀杆，练勇亦受伤十五名。由岩头铺绅士将犯解营提讯，供认系刘发盛党与，从连平招往茶园铺救援等语。三月十九、二十等夜，该匪迭欲冲出，均被兵勇击败退回。二十四日，千总何秋带队抵营，并运到大炮军火，四面环攻。匪始胆落，于是夜三更，挖开后墙，潜从溪河逃逸。冼章督队跟踪追赶，许望曾亦带营弁绅练从南路截杀。该匪拚死拒敌，夺路逃窜，经兵勇奋力兜剿，沿途歼毙六十馀名，斩取首级五颗，割取发辫耳记，夺获器械旗帜多件，生擒贼匪二十四名，零匪窜散。许望曾被贼拒伤鼻准，兵勇乡练受伤者十名。次日饬令事主刘凤池指认贼匪各尸，并无首犯刘发盛在内，经兵勇分路追缉未获。其贵塘铺张自修围楼踞匪，经副将张善庆、都司林进升、方沿督带兵勇，复添调把总郭明超一营，并拨运大炮，于三月十八日，同抵该处驻扎。是晚乘月未出，密拨兵勇出营，四路埋伏。贼匪因见我营寂静，逃出数十名，兵勇拦路截杀，歼毙二十馀名，生擒六名，割取首级五颗，并获洋枪等件，我勇受伤二名。十九晚三更，风雨交作，该匪大股拚命冲出，兵勇迎头奋击，毙匪三十馀名，杀毙骑马贼四名，夺获贼马四匹，旗帜枪炮数十件，生擒九名，割取首级十颗，发辫耳记多件。时值昏黑，山径纷歧，馀匪逃散。从围楼救出被禁男妇十馀人，连前事主赎出共三十馀名口，均无损伤。共计歼毙匪徒五十馀名，生擒亦五十馀名。讯据谢金炎、谢亦大、钟亚赍供认：飞马坝贼首刘发盛，密约该犯等与未获之谢国柱，纠伙一百六十馀人，劫踞贵塘铺张自修围楼，以分官军之势，其馀各犯，均供认从劫不讳。已将各犯解赴署陆路提臣方耀，发交惠州府审办，各等情，由方耀及总兵郑绍忠转报前来。臣等查以上二案，劫踞围楼，被禁男女虽皆保全，该匪徒等亦已痛加惩创，地境业已肃清，惟匪首刘发盛及馀党尚多在逃，未便任其远飏，致留后患。现饬翁源县悬赏购缉，并关移邻封营县，一体严拿，认真搜捕，务期全获究办，不许一名漏网，以绝根株。此查办广东翁源县属土匪之实在情形也。

两广毗连之地，时有匪徒乘间出没。兹据兼理广东连山厅事连州知州余恩鍱禀报，探闻广西贺县匪首陈温幅伙众在莲花军峒等处屯聚，该处与厅属接壤，当即会营派拨兵勇，分投防堵。三月二十七及四月十一等日，有西匪多人，先后窜至厅属上草村、鹰扬关，经各村团练协同兵勇击退，割取首级二颗，获匪曾培生、陈汶洪、陈东昌等十五名解州，馀匪退回贺县之牛角寨，陈温幅旋亦被获，解赴贺县审办。又据广东肇阳罗道方浚师禀报，肇庆府属之开建、封川等县，均与贺县连界，必须分途设防，其罗定州属之西宁县，毗连广西梧州府岑溪县，有匪首韦十三儿，纠伙勾串藤县、苍梧各县匪徒，忽聚忽散，意图滋事。又据署高廉道齐世熙，会同署高州镇总兵张得禄报称，探得广西郁林州属博白县一带，有匪首姚十六大及李肥三等，各聚匪徒，人数颇众，且制造旗帜枪械，势渐披猖，时来毗连广东之石城、化州等处抢掠。随据广西贺县知县陶棠、梧州府知府徐延旭等禀报，该县及岑溪等处，匪徒滋扰，大半勾合地方饥民，现在拨派兵勇，赶紧查拿，各匪徒等渐已解散，各等情。臣等查两广民情犷悍，易启厉阶，其两省连界之处，山岭崎岖，岩谷深阻，尤为纳污藏垢。此次广西贺县、岑溪、博白等处土匪，无论有无饥民在内，总宜认真查拿，不可任其起灭自由，往来靡定，致酿巨患。当饬郑绍忠拨安勇三百名，三江协、连阳营各拨兵百名，前往连州扼守边隘及瑶排等处，以杜勾结，而免蔓延。西江为水陆冲途，东西关键，并由省委派参将范干挺，带粤安勇三百六十名，前往肇庆驻扎，会同原在肇庆之督标参将蔡其昌练兵五百名、肇庆协刁经明之巡船数十号，严密部署，遇有缓急，与肇罗道方浚师会商，相机调度，为西宁等处策应。署高州镇张得禄，先有练兵五百名，署钦州参将莫善喜，亦有练勇五百名，向称得力。臣等因西省博白等县，匪势颇重，恐该镇将兵力尚单，批饬该镇、道等察看情形，就地添募。并由臣坤一严札办理广西浔州善后候补道王达材，及梧州府知府徐延旭、郁林州知州李学恂，拨派兵勇，前往岑溪、博白等处，约会广东文武，协力会剿，务将各起匪徒，刻日殄除，不得以匪已窜往别处地方，或已退散，遂图苟且了事，并将饥民妥为抚恤，毋任流为匪人。此西省各属匪徒饥民滋事，先经调派兵勇防堵协剿，及分饬东、西两省文武会商办理之实在情形也。

除再严饬翁源县及各属一体查拿逃匪刘发盛等务获，并将现获各犯迅速审办，一面咨会广西抚臣杨重雅，饬令各属，会同东省连界各州县，不分畛域，将匪徒、饥民分别查办，以靖地方，俟办理事竣，另行奏报外，所有剿办翁源县土匪，出力员弁、兵勇、绅练，可否俟拿获匪首刘发盛等到案后，择尤酌保，以昭激劝，出自圣主鸿施。

再，本年三月初旬以后，雨旸应时，早禾畅茂，粮价平减，民情帖然。其石角围堤决口，亦委爱育堂绅董集费筹修，已有头绪，堪以上纾宸廑。

臣等谨合词恭折驰陈，伏乞皇太后、皇上圣鉴训示。谨奏。

请假调理折光绪四年五月二十七日

奏为微臣现患暑疾，牵动旧恙，吁恳天恩赏假调理，恭折仰祈圣鉴事：

窃臣前在广西等处军营，因感受瘴湿，致患筋骨疼痛及怔忡等证，历年医治，仍复时发时愈，未及就痊。粤东地处海滨，水土最为湿热。臣自前年冬间抵粤以来，每遇春夏之间，旧疾时时举发，幸所患未为甚剧，病势不致增加。本年春间，阴雨缠绵，夏令又天时炎燠，因之积受暑湿，往往头晕腹闷，饮食锐减，而力疾从公，尚可勉为撑拄。乃自五月以后，连旬酷热，病势骤增，初患霍乱，尚未治痊，旋复牵动怔忡旧证，吐泻日有数次，加以目眩心跳，益觉委顿不支，药饵频投，骤难见效。据医者云，此由气体素弱，复为暑湿所乘，因而旧恙新疴，一时并作，必须静心调理，方可渐冀复原。伏思两粤政务殷繁，且有中外交涉事件，而臣年已届五十，精力不比从前，自顾孱躯，深虞丛脞。思维至再，惟有仰恳天恩，俯准赏假一月，俾得安心调理。臣署日行公事，檄委广东布政使杨庆麟代折代行，其紧要事件，仍由臣与抚臣妥为商办。一俟病体稍瘳，即当具折销假，以重职守。

所有微臣因病请假缘由，理合恭折具陈，伏乞皇太后、皇上圣鉴训示。谨奏。

机器局经费请准援案报销折光绪四年五月二十七日

奏为广东省设立机器局，需用经费，恳请援照直隶等省奏准成案，据实开单，专案报销，恭折具陈，仰祈圣鉴事：

窃照广东省垣，设立机器军装局，仿照外洋新式，制造枪炮军火等项，派委绅士经理，动支经费，经前督臣瑞麟会同臣张兆栋，于同治十三年四月十九日，附片陈明，钦奉朱批："该部知道。"钦此。随准工、户二部咨行，令将用过经费银两，逐款详细分晰开报，并将局绅匠役名数，及应支薪水、饭食各银数，先行报部查核，所有购制一切军火什物等件，务须撙节，核实采办，专案造册，送部核销，各等因。又经饬据善后、报销两总局，将机器局月支官绅工匠薪工银两，分别等第，造册详咨户、工二部查核立案，并督饬该局员，认真经理各在案。

兹据善后、报销两总局司道会详称："广东省设立机器军装局，建造厂房及购备一切物料，雇募各项工匠，仿照外洋做法，造成各款新式枪炮，随时分拨各营演用，俱属精良灵便。即历年购买火轮船只，遇有坏烂，统归该局饬匠修葺，亦觉坚固利用。惟一切工料式样做法，均与部定军器则例、工程做法不同。现在若将所造厂房枪炮器具，按照例定工料，造册报销，必于实支经费数目，不克相符，若迁就例文通融开造，又非核实办理之道。因思直隶曾于同治六年在天津设立机器局，江南省亦在上海设局制造，各该局用过一切经费，均开列清单，奏奉部覆准销有案。其制造大小物理学船、枪炮、子药，购买机器物料，建造厂房工料价值，暨委员司事、薪水工食一切需用银两，均系汇总开单，并无逐款分别细数。今广东省设立机器局，系初次创办，其制造军火器械式样，固与旧例不同，即应用一切物料，亦多系内地所无，必须购诸外洋，方能适用。而外洋物料，价值较重，难以例价相绳。核与天津、上海事同一律，应请援照直隶、江南等省报销成案，督饬委员据实开单，专案详请奏销，不准稍有浮冒，详请分别奏咨，以便照案办理。”等情前来。臣等覆核无异。

除饬令核实支销造报，并咨明总理各国事务衙门暨户、工二部查照外，谨合词恭折具陈，伏乞皇太后、皇上圣鉴训示。谨奏。

设厂制造军火片

再，近年讲求武备，以练习火器为要，而军火又以外洋所制为精。同治十三年间，前督臣瑞麟，因军火购自外洋，所费较巨，不若置买机器，自行制造，较为省便。因与臣兆栋会商，在于省垣设立机器局一所，派令在籍候选员外郎温子绍等在局经理，将应用枪炮、火药，仿照外洋做法，陆续试办，业经附片具奏在案。是年六月内，钦奉谕旨，饬办海防，因又购制各项紧要军火。所购洋枪、洋炮，均须配用洋制火药，方能施放得宜，必须先事预筹，以备临时应用。而机器一局，设于省城之中，工匠无多，地方窄狭，又有兼铸枪炮、修造轮船等事，势不能专顾火药一项，因而所造寥寥，诚恐需用之时，无以应手。臣兆栋于兼署督篆任内，饬据善后局司道，议于省城西门外曾步地方，购买民田，填筑地基，设立军火厂一所。一面购买机器，雇募匠人，派委谙悉制法之员，专司监造。该处厂所已于光绪元年六月内兴工，所购机器，亦由外洋陆续运到。约计买地建屋，以及购买机器一切工料，价值约共需银七万四千馀两，均由善后总局筹支。目下厂所将次竣工，业经采办硝磺，将洋枪、洋炮所配火药，仿照洋式，陆续制造。所有动支经费，例应报销。据善后总局司道等详请奏明立案前来。

除饬令核实支销造报，并咨明户、工二部外，臣等谨合词附片陈明，伏乞圣鉴，敕部查照。谨奏。

力疾销假折光绪四年七月初四日

奏为微臣假期已满，病体稍痊，谨即销假办公，恭折奏祈圣鉴事：

窃臣前因积受暑湿，致患霍乱吐泻之证，牵动旧疾，精神委顿不支，当经恭折奏恳天恩，赏假一月调理在案。

臣于拜折后，经即加意医调，两旬以来，外感之暑热已清，而旧患之怔忡未愈，往往目眩心跳，精神总未克复原。医者谓：夙恙较深，尚须缓为调治。臣仰蒙恩遇，畀任兼圻，但使精力稍可支持，何敢借图安逸。目下假期届满，病势渐轻，自当力疾从公，以免久旷职守。兹自六月二十七日起，已将一切公事，照常办理。

所有微臣销假缘由，理合恭折具陈，伏乞皇太后、皇上圣鉴。谨奏。

请将潮桥场盐引奏销展限折光绪四年七月初四日

奏为潮桥场盐，收晒短绌，折运不前，吁恳天恩，俯准将同治十三年分奏销展限造报，恭折奏祈圣鉴事：

窃照广东潮桥盐引，递年额销八百二十一程，应完正饷银一十二万六千四百馀两，定例次年十二月底奏销。嗣因商疲埠悬，折输不足，并又叠遭水患，配运维艰，历经前督臣先后奏准展限，递年扣趱办理。所有同治十三年引饷，遵照趱限，应于光绪四年三月底造报奏销。先经臣督饬盐运使，严催运同，赶紧征解，依限办理。兹据潮州运同乔文蔚详称："潮桥盐务素著疲难，历年额定引盐，总未折销足数。迩来设法整顿，严密稽查，遇有场栅收晒盐斤，立即督率各埠商人源源配运，以期逐渐转机。不料连年雨水过多，场盐缺产，各埠引盐，早已不敷配运，全仗稽查囤积，收买馀盐，责令各商设法张罗，始将上年应办同治十二年分引饷奏销，依限造报，引饷虽无贻误，而办理实已竭蹶异常。原冀天色久晴，场盐旺产，庶可从容补救。乃上年夏、秋两季，依旧晴少雨多，去冬以至今春，又属非阴即雨。同治十三年奏销限内，各埠引盐，现仅折配九十馀程，核计不及额引十分之二。当此奏销期限已迫，而场盐短绌，输折不前，纵使勒限催提，亦不过借口耽延，于事仍属无济。恳请将同治十三年分奏销，展限六个月，至本年九月底造报"等情，由署理两广盐运使成孚核明，详请具奏前来。

臣伏查潮桥盐务凋敝，平时已属折运维艰。乃半年来，阴雨缠绵，场盐短绌，应配埠引，愈见输折不前。盐既未销，饷无从出。与其操之过急，于饷需仍属无裨，似不若宽以限期，俾征解得归有着。合无仰恳天恩，俯准将潮桥同治十三年分引饷，展限六个月，至光绪四年九月造报。嗣后仍照历办展限成案，递年趱早一月扣计办理，以纾商力而重课饷。是否有当，谨恭折具奏，伏乞皇太后、皇上圣鉴训示。谨奏。

拿获逆匪审办请将疏防文武议处折

光绪四年七月初四日

奏为剿办佛冈厅属逆匪，拿获首从各犯，审明拟办，请将疏于防范之地方文武，分别议处，恭折驰陈，仰祈圣鉴事：

窃照佛冈厅城，于二月二十日夜，被匪阑入，即于是月二十五日克复，歼擒贼匪甚多，馀党逃散情形，经臣等于三月初三日会折驰奏。一面严饬确查匪首欧就起及馀匪踪迹，跟踪搜捕，并委南海县知县杜凤治接署佛冈同知篆务，饬令查明衙署、仓库、监狱、印信，有无毁失，据实禀覆去后。嗣承准军机大臣字寄："光绪四年三月二十八日，奉上谕：匪首欧就起等是否歼毙，馀匪若干，逃匿何处，着严饬在事员弁，确切查明，实力搜捕，以净根株。所有该厅被陷收复详细情形，及地方官何以毫无防范，并着迅速查明具奏。此次出力官绅勇练，着俟首要各犯悉数弋获，再行奏请奖励。"等因，钦此。当经转行钦遵。随于三月十九日拿获匪首欧就起，解省审明正法，复经附片陈明在案。

伏查本案匪首欧就起，纠伙二百馀人，于二月二十日夜，潜入佛冈厅城劫掠。臣等据报，即饬署南韶连镇总兵郑绍忠、署广州协副将邓安邦，督同都司刘加凤、陈廉养、守备冼章、邓亮，各带兵勇，分途驰往剿捕，并饬界连各营县堵拿，一面会商广州将军长善，分派旗、绿各营练兵及各练勇，在于省城内外，严密巡防。旋据在事文武禀报，佛冈同知朱兆槐，先期号召各乡团练，飞速赴援，一面晓谕居民，齐心防备。各匪拥至城北空旷地面屯踞，时有贼目徐聚昌，闻知官兵将到，震慑声威，悔罪投诚，愿为内应，随同兵役铺户，堵守各街巷栅，保护衙署、仓库。二月二十五日，石角墟更练刘忠朝，与各乡团练，首先赶到，从南、北两门而进，与在城文武官绅，里应外合，前后夹攻。各匪持械迎拒，我兵枪炮齐施，刀矛并举，并力奋击。同知朱兆槐、该厅司狱方诚、城守千总李发雄、外委黄纪高、督率兵练，从中策应，当场杀毙贼匪四十馀名，生擒七十一名。贼势不支，拚命逃走。都司刘加凤、陈廉养、守备冼章、邓亮，先后继至，各派兵勇，在于城外各路埋伏。该匪由北门冲出，伏兵突起，横截去路，复歼毙三十馀名，生擒三十六名。馀匪兽骇狂奔，窜入山中，官兵因林深箐密，且值天色昏暗，不能搜捕，随即收队。当兵练进城时，喊声雷动，民贼皆惊，以致提禁人犯莫本池乘机兔脱，旋于五月初六日，经同知朱兆槐，购线拿获。是役共计斩馘七十馀名，生擒一百零七名，内黄东就等五十一名因伤身死，陈利济等五十六名，由同知朱兆槐讯供后，会同署副将邓安邦，禀请就地正法。续据总兵郑绍忠等，督率弁勇，与佛冈厅营兵役，四路搜捕，获犯黄亚珍即侧头珍等二十九名，禀经札委候补知府饶世贞前往审明禀办。又据郑绍忠禀报：购觅线人欧润福，将匪首欧就起诱至清远县属关前地方，饬把总魏禄、禤浩带勇，会同佛冈厅、清远县各兵役擒拿，于三月十九日，将欧就起当场捉获。又据英德县拿获贼伙王灿即黄赞、李林生、程亚郁、程亚葙、刘亚创五名解省，饬发广州府谳局审办。又据清远县获犯姚庚茌一名，禀经札委候补同知多龄前往会同该县确审，录取犯供禀覆。随据委员饶世贞，以续获之邹社德、陈亚辉二名，均伤重不能取供，因伤身死，将黄亚丙、莫幅详、邓亚伸、黄灶、邹亚音、黄亚保、黄二新、林郁财、彭亚丙、李成贵、成亚法、吴三贵、陈亚基、陆亚二、成社树、陈亚洪、谢德滗、何亚浫、黄亚超、陈亚路、谢扬保、朱社扬、邓亚红、朱三才、何四、廖观养、朱亚石二十七名，审明录供禀办。并据署佛冈同知杜凤治禀覆，查明衙署、仓库中、监狱、印信，并无毁失。监犯莫本池，实系提禁后乘机逸出，并非被匪纵放。复据广州府知府冯端本等讯据匪首欧就起供认，系清远县人，先在原籍叠次劫抢犯案，被拿严紧，在外逃避。光绪四年正月二十六日，潜回清远县属太平市地方，与已获之黄亚珍、莫幅详、邹亚音、邓亚伸、黄二新、黄灶、黄亚保、李成贵、成亚法、吴三贵、陈亚基、邹社德，未获之黄亚汶、黄亚胜等会遇，谈及穷苦，该犯起意纠众竖旗滋事，黄亚珍等应允，遂各分投前往纠党，宰猪歃血，饮酒盟誓，共矢生死。约定二月二十日，在佛冈厅属龙潭堡山上会齐。至期黄亚珍等各纠得十馀人或二十馀人，该犯亦转纠得三十馀人，约计伙党二百馀人，姓名实数，记不清楚，共推该犯为首。因知佛冈厅富户不少，兵差无多，起意前往厅城劫掠，得赃备办军火、米饭，再看光景行事。是晚分带刀械、竹梯等物起行，五更时齐抵佛冈厅城外东北隅，该犯先率伙党二十馀人，用竹梯潜扒入城，将守城兵丁打伤捆缚，撬开东门，放进伙党。维时天未明亮，各街巷栅栏关闭未开，官兵铺民闻警齐出，由西南两路堵御。该犯见有准备，就与伙党拥至北门空旷地面屯踞，连日向北门一带铺户打单。该铺户许俟五日内付银二百两，尚未入手，止掠取米粮充食。与官兵铺民相持不下，互有杀伤，正欲出城添纠伙党，不料二十五日，各路乡团与官兵进城，前后夹攻。该犯见伙党已被擒斩多人，兵勇愈逼逾紧，力竭计穷，与黄亚珍等拚命由北门逃走，兵团追赶，杀获甚众。该犯窜入荒山躲避。三月十七日，有认识之欧润福，邀至清远县属关前地方，藏匿更练馆内，称说可以护送回家。是月十九日，欧润福知会官兵捉拿，该犯拒伤勇丁二人，即被拿获。当日在佛冈厅城内，实止掠取米粮充食，及在北门一带打单，尚未得赃，此外并无抄抢等供。由府将该犯欧就起，及英德县获解之李林生、程亚郁、程亚蔗审明，所供相同，并究出程亚郁、程亚蔗，与未获之程亚禾等，于二月二十三日，因陈善发与其子陈亚汶、陈亚玉作线引拿，彼此争闹共殴，程亚郁先下手，用刀砍伤陈善发身死，程亚蔗后下手，用刀砍伤陈亚汶身死，程亚禾亦砍伤陈亚玉殒命等情，先后解司，声明王灿于解审时，在途病故，刘亚创在南海县监病故。又委员饶世贞，审过莫幅详、黄亚珍等二十七犯，各供均与欧就起供情吻合。又委员多龄审据姚庚茌一犯供认，被欧就起纠邀，并未进城，随又听从添纠伙党，并曾犯行劫抢夺，得赃多次。经臣等批饬，将以上二十八犯，就地正法。兹据署臬司金国琛会同藩司杨庆麟暨善后总局司道，将欧就起及李林生、程亚郁、程亚脜覆审，议拟解勘，同已批饬正法各犯，一并备具供看前来。臣等督同司道，亲提欧就起等，覆讯无异。

查该犯欧就起，起意纠众二百馀人，潜入佛冈厅城劫掠，复敢恃众拒敌，杀伤兵团，实属罪恶昭著。从犯李林生、程亚郁、程亚脜，厥罪惟均，应请比照“谋叛，但共谋者，不分首从皆斩”律，拟斩立决。于审明后，即恭请王命，饬委署按察使金国琛、署督标中军副将李占椿，将该犯等绑赴市曹正法。欧就起系罪魁祸首，从重加以枭示，传首犯事地方，悬竿示众，以昭炯戒。贼目徐聚昌，悔罪投诚，愿为内应，随同保护衙署、仓库，即与自首无异，应请免其治罪。案系比照谋叛定拟，犯属请免缘坐。失于禁约、查察之各犯父兄、牌保，饬传责惩发落。衙署、仓库、监狱、印信，均无毁失。王灿、刘亚创在途、在监病故，解役禁卒人等，并无陵虐情弊，均毋庸议。获回提禁人犯莫本池，容饬另行审办。此案共伙二百馀名，计已斩馘七十馀名，生擒首伙一百四十三名，歼除殆尽。尚有逸犯黄亚汶等，饬缉获日另结。在事出力官绅兵勇乡团及阵亡受伤兵勇乡团，饬查另请奖恤，以示鼓励，而昭激劝。至佛冈厅文武员弁，于匪徒在该厅境内纠邀党与，歃血盟誓，未能觉察防范，致令潜入厅城，非寻常疏忽可比。该同知朱兆槐、佛冈厅司狱方诚、城守千总李发雄、外委黄纪高，应请旨即行革职。惟该同知朱兆槐，于贼初入城时，督率兵民保守街道，与之相持，一面号召乡团，于五日内将贼击退，具见平日居官，民情尚能爱戴，且事后获犯多名，首匪已于一月内拿获，脱逃提禁监犯亦经购线获回，尚属自知愧奋。查咸丰九年，广东连山厅城，于四月二十九日被匪阑入，至五月初八日克复，奉旨将该署同知韩凤翔革职暂留署任在案。应请将该同知朱兆槐，仍留原任，免其开缺，以观后效。所有统辖、兼辖司道各处分，均请免其置议。

除备录各犯供咨部外，臣等谨合词恭折驰陈，伏乞皇太后、皇上圣鉴，敕部核覆施。谨奏。

镇将剿匪出力请奖片

再，查广东民情犷悍异常，易与为乱。如咸丰四年，红匪揭竿之始，人数无多，乃因官军进剿稍迟，遂致日形滋蔓，后经并力扑散，而馀孽四窜，流毒几十数年，邻省均受其祸。此次佛冈厅城之变，匪党虽止二百馀人，而值岁歉民饥，深虞勾结为患。省城根本重地，仅有练兵练勇二千馀人，未便抽动。惟署广州协副将尽先副将准补清远营游击邓安邦，所部八百馀人，亦以驻扎各县，势分路远，一时调集为难。而邓安邦奋然请行，义形于色，一面督率亲兵，即日就道，一面檄调各勇，限于中途取齐，佛冈之匪喘息未定，而邓安邦之先锋已抵城下矣。由是乡团踊跃，贼党内离，刻日成功，实惟邓安邦之力。当其投袂而起，祇期速济时艰，未尝因此而请增兵，而请给饷，亦未尝计及佛冈厅为何营何员管辖地方，其忠笃之忱，近今罕觏。且其平日剿办土匪，如从化县之走马扶村、增城县之仙村、东莞县之桥头村、新安县之合水口等村各股，无不摧破坚巢，歼擒首恶，所著劳绩，历历有案可稽。可否仰恳天恩，俯准将尽先副将邓安邦，交军机处记名，遇有总兵缺出，请旨简放，出自逾格鸿施。

又调署南韶连镇总兵郑绍忠，于本年正月来省与臣等面商，如遇北江有事，该镇即以便宜调兵，以免稽迟贻误。及闻佛冈厅城有警，先拨前队数百人，顺流而下，与邓安邦之勇，相继抵厅，亦可谓神速之至。嗣复亲赴厅城，与邓安邦等筹办善后，并购线生擒首逆欧就起，解省审办，忠奋尤属可嘉。惟其职分较崇，应如何奖励之处，恭候圣裁。

至本案在事出力官绅兵勇乡团，一俟郑绍忠、邓安邦及佛冈同知朱兆槐列册到齐，饬局核覆，另行奏奖，业于前折陈明。

臣等谨附片具陈，伏乞圣鉴训示。谨奏。

在籍总兵擅往越南滋事请革职拿办折

光绪四年九月十七日

奏为在籍总兵心怀叵测，擅自招勇，前往越南滋事，请旨革职拿办事：

窃臣等先经访闻尽先总兵李扬才，有招勇出关情事，当经饬属查覆。随据廉州府及灵山县先后禀报："李扬才系灵山县人，于本年四月内，由广西回籍，以招抚越南股匪叶成林为名，将田产房屋变卖，与曾在西省充当营弁之钟五，在该县属林墟一带地方，招募勇丁，携带家口，同往越南"等情。即经照会越南国王，并咨广西抚臣提臣，及分饬界连越南地方各文武，约束兵丁，毋任勾引招诱，已被招去者，责成该户族，令其赶紧回籍，未招去者，一体拦截出境。

正在奏报间，准广州将军臣长善咨会："接李扬才咨称：'越南系伊祖业，被黎、阮各姓次第篡立。今阮王懦弱无道，激变子民，勾结外匪，蹂躏各乡，人民流散，并侵犯广东之钦州、广西之龙州、太平府各属边境，现虽克复各处城池，奏设边防，以遏贼窜，然安南逆匪一日不靖，则边防一日难撤，不无老师糜饷之虞。伊系越南宗室，欲复旧业，即举兵十数万，带同失所饥民，径取越南。如安南底定，不特龙州各处边境无用防守，即饥民犹可安插，从此中外胥安，一举而数美备焉。更得安南山河，全归一统，仍然按例上贡，无敢稍事故违，咨请代奏。'”等情，转咨到臣等，准此。

伏查该总兵李扬才，系二品武职大员，本未留标候补。前广西抚臣刘长佑，以其在营效力多年，奏委署理浔州协篆务。嗣因浔州协实缺达三回任，饬令该总兵交卸。乃该总兵并不安分守法，初则诡称募勇，前往越南招安股匪，继则以越南系其祖业为词，妄生希冀，致启边衅，实属荒谬绝伦。且该总兵如果专意越南，何必先带家口同往？更恐为此狡兔之营，以便施其铤鹿之计，将来倘于邻近各省沿边滋扰，亦不可不预为绸缪。除再照会越南国王查照及分咨云、贵等省督抚臣，饬属一体严密防范外，相应请旨，将提督衔遇缺尽先题奏总兵俊勇巴图鲁李扬才革职，并将勇号撤销，俾得严拿究办。

臣等谨会同广州将军臣长善、广东水师提督臣翟国彦、署陆路提督臣方耀、广西巡抚臣杨重雅、提督臣冯子材、合词恭折，由驿驰陈，伏乞皇太后、皇上圣鉴训示。谨奏。

密筹沿边防剿片

再，续据署左江镇总兵梁正源等禀报：李扬才于八月二十四日，率党二千馀人，经过上思州，讹索该州银二千两，送给百金始去，并称“后来之人尚多，不得阻截”，等语，实属狂悖已极。查李扬才曾于光绪二年前来广东禀谒，臣坤一见其目动言肆，知非安分之流，今果如此妄为，将来恐为边患。且越南臣事我朝已久，前此屡经出师赴援，岂可任李扬才前往蹂躏。臣一面咨商广西抚、提臣，一面檄饬驻扎龙州之候补道赵沃及署右江镇苏元章，察看情形，确探踪迹，就近咨商越南国王，如果有机可乘，即应越境会剿。并密授该道赵沃方略，令其设法纵间，使李扬才与先在越南股匪头目，彼此猜嫌，不致狼狈为奸，或者易于得手。倘有应行添募勇丁之处，臣坤一即与广西抚臣另行奏明办理。此间钦、廉一带，并当越南之冲，又李扬才生长之地，臣等当即督饬该处文武，妥为布置，以备不虞。谨附片陈明，伏乞圣鉴。谨奏。

儋州客匪勾结滋扰调兵剿办折光绪四年十月十九日

奏为儋州客匪勾结临高县匪徒，聚众滋扰，调兵募勇剿办情形，恭折驰陈，仰祈圣鉴事：

窃照广东琼州府孤悬海外，其所属之儋州安插客民，每因细故，辄启争端，叠经札饬该管文武，遇事预为弹压，以期消患未萌。兹据署琼州镇总兵何明立、雷琼道王澍、琼州府余培轩，先后禀报，儋州属之那大、洛基、天表等墟，向有客民在彼贸易耕种。同治五年，恩平、新宁各县客民受抚，奉给资本，发州安插，土人称为新客，并称前到者为旧客。而新客每以旧客所聚之处为安身之地，往往滋生事端，经地方官随时办结。本年天时亢旱，米价昂贵，讵新客中有等亡命之徒，常在临高县之和舍墟、澄迈县之烂洋墟往来，遂勾结临高土匪，同至天表墟埋伏，希图乘机啸聚。九月初二日，有临高民人到该墟粜谷，因争论价值低昂，互相口角，维时客匪与临高土匪共有三四百人，持械蜂拥入墟，乘间抢掠各铺户财物，杀毙六命，致伤一人，烧毁铺户六间，盘踞墟内，复图攻打那大、洛基等处。经署儋州知州余信芳，会同署儋州营游击方乐，亲督兵勇，驰赴那大、洛基查办，并由道府札饬原驻临高办匪之守备李际昌，移军会办。九月十一日，余信芳、方乐，探得客匪聚党数千，在那大墟相离五里地方屯聚。因那大系出产米谷之区，当即示谕新旧客绅，约束客众，不准滋事。十二日行至将近那大墟地方，该汛弁王廷珍，面邀入市驻扎。突有客匪千馀人，将余信芳、方乐拦入那大墟，随有客籍廪生谢彤恩、武生谢彤封、钟膺扬、温树棠等，以临高土人欲绝伊等种类为词，逼令余信芳与临高土人讲和，余信芳允俟查明办理，至十五日，与方乐始得回署。当余信芳等在那大墟之时，该客匪先于是月十二、三、四及十五、六等日，连攻儋州属之祥发里、军屯、北地等村，杀伤掳掠男妇甚多。其临高县属之莲塘、头社、美灵等村，均被焚劫，并有欲攻临高县城之谣。现在新旧客匪约有数千人，势甚猖獗。经该镇道府调拨镇标及各营兵四百名，并委员招募劲勇六百名，由该署镇何明立督带，驰往儋州、临高，相机剿办，并据儋州、临高县，请拨兵勇应援，由该镇道府转禀前来。

臣等伏查儋州客匪，因临高土人粜谷争斗起衅，并不呈请地方官办理，辄敢聚众滋扰，复将地方文武各官拦入那大墟，串同客籍廪生谢彤恩等，逼令地方官与土民讲和，甚至焚劫乡村，掳杀男妇，实属行同叛逆，若不迅速扑灭，诚恐滋蔓难图。现经札饬调署南韶连镇郑绍忠，挑选精锐安勇五百名，拣派干练将官、哨弁管带来省。如果海南情形吃紧，即令该勇乘坐轮拖船，驰往协剿。又札饬署廉州府知府鹿传霖、署钦州营参将莫善喜，察看边防缓急，相机酌拨勇丁五百名，即坐该处轮拖船，就近前往海南策应，以期迅速。并先由省筹拨经费、军火、枪炮，解交琼州道府，以资接济。饬何明立催齐调募兵勇，亲临督办，务将首要各犯及杀人放火各伙党，悉数歼除，毋任漏网。其被胁从之人，亦经出示晓谕解散，概免株连。仍饬该道府督率地方官，查明本案起衅根由，秉公妥为办理，以杜后患。一面将客籍廪生谢彤恩等，详革衣顶拿办。至雷琼道王澍，廉明勤谨，吏畏民怀，在任多年，地方情形熟悉，先因积受瘴疠，禀请开缺医调，当经批饬安心调理。兹据该道以病势难支，诚恐贻误，仍禀请开缺，委员接署。臣等覆查系属实情，并非捏饰规避。现已札委候补道刘镇楚前往接署道篆，将剿捕事宜，会督镇府妥筹办理。并令王澍俟刘镇楚到署，再行交卸回省医调，毋庸遽请开缺。

除俟剿办如何情形另行奏报外，所有儋州客匪勾结临高县匪徒聚众滋扰，调兵募勇剿办缘由，谨合词恭折驰陈，伏乞皇太后、皇上圣鉴训示。谨奏。

李扬才攻打谅山西军援剿获胜折光绪四年十月十九日

奏为参革总兵李扬才，窜至越南，攻打谅山省城，经西军援剿获胜，并东省筹防各情形，恭折驰陈，仰祈圣鉴事：

窃照遇缺尽先题奏总兵李扬才，心怀叵测，擅自招勇，前往越南滋事。先经臣等于九月十七日，会折驰奏，请旨将李扬才革职，撤销勇号，严拿究办，并将督饬确探防剿缘由，附片陈明。随准广西抚臣杨重雅咨会，于九月十二日，会同臣坤一、广西提臣冯子材，将各情形，由驿驰奏各在案。

臣等及西抚臣杨重雅，叠经严饬沿边文武，确探严防堵截出关去后。兹臣坤一据统领广西左江防军、尽先题奏道赵沃禀称："广西太平府属宁明州之镇南关，为直达越南孔道，系广西吃紧首站。越南之谅山省城，在关外五十里，即系该国门户。八月二十八日，李扬才拥众约五千人，由迁隆经过土忠州，阑入土思州境，窜扰海渊墟地方，其伪营旗帜号衣，系用前在广西带勇之"常胜"字样，逼勒土官办粮，并有取道宁明直出镇南关之信。该道赵沃，即调原防关外牧马之正字营，在于凭祥地方驻防，扼其出关之路。李扬才侦知有备，即从海渊墟起程，由思州、思陵各土属边界卡隘，翻窜越南。随据越南护理谅平巡抚阮廷润，探闻李扬才欲入该省滋事，禀请调营赴救，进驻驱骡，以扼贼冲。即经该道赵沃，赶紧部署，以兵力尚单，添募勇丁一千六百名，分列定字、立字、超字、光字、隆字、安字、恩字、威字八营，派委文武各员管带，以备援剿。续据越南护抚阮廷润，以李达廷即李扬才已于九月初一日窜至谅山辖同仆庸，肆行抢掠，请速拨兵救援。该处距驱骡墟五十里。驱骡中隔一水，对岸即系谅山省城。并据探报，李扬才之头队贼目钟万新即钟亚花五，统众二千馀人，已于初八日夺踞驱骡，谅山情形吃紧。当派左路督带记名总兵尽先副将党敏宣，亲督亲兵及各营勇出关，于初十日晡后，驰抵文渊，先派都司田福志，管带镇柳中营三哨、亲兵营两哨，由间道驰援谅山省城，一面进规驱骡，仍留劲旅严扼文渊，防其回窜。该道赵沃，驻扎龙州策应。初十夜四更时候，李扬才等突至谅山城边，架梯而上，被守城兵击败，退回驱骡。十一日，李扬才等又渡河攻打谅省。都司田福志于是日申刻驰抵谅山城外。正在李扬才等攻城紧急之时，田福志挥队奋勇协剿，枪炮并施，各贼惊走，从后追赶，击毙执旗悍贼一名，贼众纷纷抢渡浮桥，受伤落水者无数，该都司立将浮桥砍断。其党敏宣遣袭驱骡之勇，于十一夜三更，遇贼接仗，伤贼数名，斩取首级一颗，贼即纷窜。越南官民，见我军及时援应，众心遂安，莫不勇气倍增”等情，禀报前来。并据广西左江镇道，禀同前情。

臣等先后接据署廉州府知府鹿传霖、灵山县知县俞文莱、署钦州知州冯宝封禀报：李扬才先自广西回籍，声言奉文招勇，前往越南公干，分派旧日营弁，赍带册籍，四出召募，令其自备军装并五日口粮，约于广西龙州点名给饷。至八月二十二日，李扬才自灵山久龙墟带千馀人起程，二十四日，由钦州之垌利、牛栏，过广西界，在东省地面，市买如恒，逆迹未露。俞文莱因闻李扬才变卖家产，携带眷口同行，情有可疑，密饬团绅，将其在后招人之游子云拿获。馀与西省文武所禀，大略相同。

伏查李扬才初在本籍灵山县捏称奉文招勇。该县俞文莱，以其系总兵大员，曾署浔州协副将，且在广西带勇多年，回籍召募，实不意其有他，及见行踪诡秘，即将在后招勇之游子云拿获，而李扬才已由钦州窜过西省，蚁附益众，竟至数千人之多。该道赵沃，派营扼守凭祥州，李扬才不能逾关而出，遂由思州、思陵等处，翻窜越南，夺踞驱骡，袭攻谅山省城，志在必得，幸为越南守兵及赵沃援师击退，递有斩获，颇足挫其凶锋。惟李扬才桀黠异常，越南又其熟游之地。先在越南股匪叶成林等，多与李扬才同里，难保不狼狈为奸，助其猖獗。臣坤一密饬赵沃，设法羁縻叶成林等，毋任勾通，一面约会越南官军，协力夹击，务将李扬才刻期歼灭，以绥藩服，而靖边疆。所有东省与广西及越南毗连各处，亦经臣等札饬署钦州营参将莫善喜，添募劲勇五百名，合原勇共一千名，分途布置。并饬钦州暨邻近各文武，整饬兵练，严密设防，以杜回窜。仍移会西省，出示晓谕沿边各属被诱充勇出关之人，投回安业，免其治罪，以为解散之计。现获之游子云、容俟审明，另行办理。

臣等谨会同署广东陆路提督臣方耀、广西抚臣杨重雅、广西提督臣冯子材，合词恭折驰陈，伏乞皇太后、皇上圣鉴训示。谨奏。

续报军情片

再，正在缮折间，臣坤一于十月十四日，据统领广西左江防军、尽先题奏道赵沃禀称：革镇李扬才初在内地，尚未悉其谋叛，及出境后，即以越南国系伊祖业，欲复故物，并以干支纪年，妄书“奉天承运”字样，其伪印篆刻“奉天承命、皇图巩固、帝道遐昌”十二字，用黄纸缮发告示，晓谕越南官民，改装易服，狂悖绝伦。惟在谅山挫败后，经我军砍断浮桥，不能飞渡，仍踞脱朗州治之驱骡，添筑多垒，以抗我军。若驱骡一日不复，则谅山一日难安，太、镇两郡边防亦虞多事。该道赵沃，与副将党敏宣，激励将弁，指授机宜，规取驱骡。九月十三日，党敏宣派镇柳后营副将刘应高，扼扎驱骡墟背十馀里攻其后，镇柳中营都司田福志，由谅山过河攻其前，瑞字营都司谢洲、立字营都司黄忠立、光字营千总党代光，分攻其左右，自督亲兵营都司黄宗训，由后路继进。于是日黎明出队，进攻驱骡，贼分三路迎拒，我军击毙多匪，破其营垒五座，立将驱骡克复，斩取首级二十颗，夺获枪械甚多。复乘胜将禄平州所辖峒卜牛墟及温州所辖之坑威、五台、唐甲等处收复。现在该道赵沃、派正字营副将王正明，出关协剿，并添营扼扎五台，以杜贼由间道回犯谅山之路。惟贼屯踞长庆府治，距谅山省仅百馀里，分党四出劫掠，扰及文渊。另有翁七馀党及李六等，在于高平省地方，乘机蠢动，逼近镇安厅境，是右路边防亦形吃紧。该道并筹兼顾，分布各营，在前者追剿以遏寇氛，在后者扼防以固边圉等情。

除批饬严密堵剿，约会越南官兵，协力夹攻，务将李扬才一股及各匪赶紧扑灭外，所有据报克复蚯骡等处及现在筹办情形，理合附片陈明，伏乞圣鉴。谨奏。

前往越南人等核明发给照票片

再，臣坤一现准越南国王来咨内称：光绪三年十二月间，有自称中国差官刘蒋花、李介廉、杨瑞山等三人，行抵该国河内省地方，谓奉两广总督委往保胜、云南探访军机密事。经河内省陪臣陈廷肃接见，询据交出左江镇李起高移文一件，查阅移内只叙有杨瑞山一名，其馀均未叙及。旋经访得刘蒋花等系自香港而来，至河内省兑买杂货，现已各自归去。查刘蒋花、李介廉等前来越南，虽有左江镇移文，惟文内并无二人名字，情形不无可疑。近来越南国沿边多事，诚恐游民散勇，假冒滋事，咨请查明究办。并酌定内地员弁、兵役、商民人等前往越南，应由何处发给牌票之处，咨行查照，以杜冒混等由前来。

当查臣坤一自抵任以来，并未委员前往保胜、云南探访军情，随阅越南国王抄送广西左江镇总兵李起高移文，亦非公文体式。经饬据该总兵李起高查禀，亦称并无移请刘蒋花等前往保胜、云南探访军情之事，其为匪人假冒无疑。

伏查同治十年二月十五日，钦奉上谕："广东、广西咨行越南文件，向有定例。着知照该国，嗣后如有违越向章擅递公文者，即一面将递送之人看押，一面咨照该督抚等查办。此外有匪类在该国境内滋事者，立将该犯拿交该督抚，从严究办，勿稍姑容。”等因，钦此。今刘蒋花等假冒差官，前往越南，实属胆玩已极，自应严拘究办。至内地商民，前赴越南贸易，定例从广西省平而、水口两关水路出口者，龙州同知查验，给与腰牌，其由村隘旱路出口者，明州同知换给腰牌。而广东钦州，与越南界址毗连，仅止一江之隔，该处商民人等，时有前赴越南界内者，亦应一体稽查，以昭慎重。经臣坤一酌定章程，凡由钦州前往越南界内之民人，应由该州确切查明，印给牌票。其广东、广西两省以及外省文武各官，如有饬派员弁、兵役前往越南，无论何项差事，均应禀明本省督抚臣核明给照，并于照内声明，不准夹带货物，偷漏税饷，亦不得沿途需索滋扰，暨照会越南国王查照，方准出口。其外省员弁、兵役，须由两粤出口者，应一并咨会臣等暨广西抚臣，札行出口处所之地方官知照。如有自称奉差前往越南之人，查无各省督抚给发印照者，即由该国截回，勿令入境，以免匪徒假冒，致滋事端。

除照覆越南国王并分咨各省督抚臣通饬各属遵照，一面严密查拘刘蒋花等务获讯明究办外，谨会同广西巡抚臣杨重雅，附片具陈，伏乞圣鉴。谨奏。

黄冈协捐赀建祠合祀死事官兵片

再，查军兴以来，阵亡将弁兵勇，例得入祀府城昭忠祠。兹据署广东潮州镇总兵何明亮禀据镇属黄冈协副将黄才广禀称：“协属左右两营，自道光三十年起，历次奉调左营都司饶成龙、左营守备钟庆瑞，并左右营千、把总、外委、额外等弁，管带两营兵丁，赴本省各属征剿逆匪。嗣转战江南、广西、江西、福建等省，或力解城围，或擒斩逆匪，克复城池，荡平地方。征战既久，死亡众多，其中大半籍隶黄冈及邻近各处。在各官兵，冲锋陷阵，戮力行间，或效命于疆场，或积劳而病故，固属分所应尔，究系为国捐躯，事后追思，其情可悯。只因黄冈向未建立昭忠祠，祀典阙如，忠魂无所依附。兹副将倡捐廉俸，并两营官兵量力捐赀，拟建专祠及筹备递年祭祀之需，将两营奉调出师阵亡病故各官兵，确查职衔姓名，设位入祀，由地方官春秋致祭，以彰忠荩，而垂久远。惟建祠难得其地，查有两营军装局，前后两进，每进一厅二房，年久均已坍塌。现拟将此局中厅兴造，建立专祠，其馀一厅四房，俟修复后，仍作两营军装局，足资存储，由镇转禀核办"等由，当经饬据善后总局司道核议，详请具奏前来。

臣等伏查，前据总兵卓兴、方耀、吴光亮、郑绍忠为部下阵亡将弁勇丁建祠奉祀，请赐名"慰忠祠"，均奉旨允准在案。今黄冈协左右两营官兵，自军兴以来，历年奉调出师，转战数省，死亡实多。所请捐赀建祠，设位入祀，由地方官春秋致祭，以慰忠魂，核与卓兴等请建慰忠祠原案，情事相同。可否准其建造，并一体赐名"慰忠祠"，令地方官春秋致祭，以表忠烈，而慰幽魂之处，出自恩施。

谨合词附片具陈，伏乞圣鉴训示。谨奏。

新设洋务公所委员会办片

再，粤省通商日久，中外交涉事务较繁，现经臣等在于省城设立洋务公所，遴派熟悉洋务人员，专办交涉事件，并委请假回籍之广西补用道许其光、前任碣石镇总兵彭玉，在所督办。遇有饬办之事，即由该道等会同藩、臬二司，督饬公所文武各员，查照条约，悉心核议，禀商臣等，妥为办理。

除咨明总理各国事务衙门暨北、南洋大臣查照外，谨合词附片陈明，伏乞圣鉴。谨奏。

恭请陛见折光绪四年十一月初五日

奏为循例吁恳陛见，恭折奏祈圣鉴事：

窃臣仰荷圣恩，畀以兼圻之任，计自光绪元年冬间抵粤，瞬届三年，惭报称之毫无，抱悚惶而滋切。臣自同治八年江西巡抚任内入京请觐之后，迄今已九更寒暑，而于我皇上登极以来，尚未一觐天颜，寸衷实深依恋。现在两粤地方，雨旸时若，禾稻丰收，上年被水灾民，渐皆复业，内地均属静谧，广东洋务，亦平顺如恒。合无仰恳天恩，准臣入都陛见，俾得跪聆慈训，少摅犬马恋主之忱，而海疆一切事宜，亦得仰邀指示。如蒙俞允，所有两广总督印务，伏乞简员署理，俾臣得以交卸起程。

理合恭折具陈，伏乞皇太后、皇上圣鉴训示。谨奏。

代进越南国王疏文折光绪四年十一月十八日

奏为代递疏文，由驿驰陈，仰祈圣鉴事：

窃臣等于光绪四年十一月十四日，准越南国王咨送到疏文一件，请代为转呈，并请飞咨广西，派兵援剿李扬才股匪等由前来。除飞咨广西抚臣杨重雅查照，并咨催广西提督臣冯子材，迅速督军起程出关剿办外，所有越南国王疏文，臣等谨会同由驿代为恭进，伏乞皇太后、皇上圣鉴。谨奏。

裁撤水勇全配水师兵丁折光绪四年十二月十七日

奏为广东外洋、内河轮拖等船，一律裁撤水勇，全配水师兵丁，扣除本身饷米，由局支给加饷，恭折具陈，仰祈圣鉴事：

窃照缉捕巡防，募勇为权宜之计，练兵乃久远之图。粤东自军务底定以来，水陆留防各营，除裁撤外，尚存勇丁九千馀名。各路缉捕、各段拖巡等船，虽经以各营兵丁酌量兼配，但人数散漫，不能成军，操练亦未合法。前经臣坤一于覆陈前督臣英翰奏陈粤省事宜折内，声明将陆军并营操练，各路船只一律改配经制水师兵丁。随饬将督抚两标，广州协水师陆路两提标，潮州、高州、南韶各镇营练兵，均以五百人为一营，编立营制，定期开操，已据报先后举办。惟是从前水师各船，除舵工之外，或全数配兵，或全数配勇，或兵勇兼配，办理未能画一。粤东地处海滨，简练水军，尤为当务之急。复经饬据司局核议，将外洋、内河缉捕各船，分别各路，拨归各营管辖。除东江惠州上下游、北江清远以上、西江肇庆以上，距省较远，多属滩河，该管各营向无水师兵额，应俟另行酌议办理外，此外外海、内河各船，察看地方缓急，酌量调派，分别增删。所有各船驻泊各处，无论该处地面有无陆营兵勇，一律裁撤水勇，改配各本营水师兵丁，如兵丁不谙驾驶，则开除名粮，即以从前在船之水勇拔补。至于轮船一项，事属创举，其薪粮与各船相去悬远，驾驶之法亦与各船迥不相侔。粤东洋面，延袤数千里，筹办防务，非轮船似不为功。轮船日见其增，则配勇日见其广，即使库款充裕，足以应付勇粮，而外洋水师数千人，安可视为无用，等于废置。从前缉捕，并无轮船，似难责成各兵皆能谙习。今既设有轮船二十馀号，自应使之调换训练，以期渐臻纯熟。是以将现存之大小轮船，除洋人不计外，所有船上原配各项人等，一律改配水师兵丁，俾资练习。现已将轮船、拖船、巡船，分拨水师提标及督标，并阳江、南澳、碣石、大鹏、香山、顺德、龙门、崖州、赤溪、吴川、新会、平海、海口、海门、澄海、达濠、海安、儋州、前山、硇洲、东山各标镇协营，配兵调遣，合计共裁去水勇二千三百馀名，添练水师兵丁二千三百馀名。查向章，各兵加给练饷，每名月支银一两八钱及一两五钱不等，各船勇粮，外海拖船舵工每名月支口粮银十二两，水勇每名月支口粮银五两，内河巡船、舢板等船舵工，每名月支口粮银四两八钱，水勇每名月支口粮银四两二钱。是兵之与勇，练饷口粮，每名多少，原不相同，而轮船配驾华人，月支工食，较之各兵练饷，尤为繁巨。现议易勇为兵，既不能另筹饷需，亦未便骤行核减，计惟有将配船各兵，扣除本身应得额饷额米，步兵则折并作银一两八钱，守兵则折并作银一两四钱，合加饷而计之，仍符原支工食口粮之数。核算从前以勇配船，较之改配水师兵额，除去本身饷米，由局支给加饷，年中统计，共可扣除额支饷米银四万馀两。从此一转移间，兵归实用，饷不虚糜，似于营务海防、地方缉捕事宜，均有裨益。据善后总局司道会同藩、臬二司、督粮道，将水师各标镇协营步守兵额，分别配驾各船，汇造清册，详请具奏前来。

除清册送部查核外，臣等谨会同广东水师提督臣翟国彦，合词恭折具奏，伏乞皇太后、皇上圣鉴。谨奏。

粤东现存勇丁数目折光绪四年十二月十七日

奏为查明粤东省现存勇丁数目，恭折具陈，仰祈圣鉴事：

窃照案准户、兵二部咨：“具奏各省留防勇丁，统限于文到一月内，迅将现存勇数若干，先行奏明，一面将所有防勇，陆续裁汰，以半年为限，统裁十成之一。将来报销时，户部即照此次所定限期，减成核算。其裁存勇数若干，月需饷银若干，以及管带员名，驻扎处所，均令于此次裁定后分晰开单，专折奏明，以备查核。至此后应如何分年续裁之处，仍令随时相机办理等因，光绪四年五月二十日奏，奉旨：‘依议。’”钦此。当经转行钦遵，并将奉到文行日期，先行咨覆户、兵二部。其外洋、内河轮拖等船，裁撤水勇，改配经制水师兵丁，加给练饷各情，亦经另折奏报在案。

查广东，陆路则幅员辽阔，水路则港汊纷歧，经制营兵，有时不敷调遣，不得不借资勇力。合计通省水勇，除裁去外洋、内河轮拖各船勇丁二千三百馀名添练水师兵丁外，现存陆路提标前营游击何光尧等统带勇丁三百九十八名，肇庆协副将刁经明统带勇丁二百九名，督标水师营参将戴逢亨统带勇丁一百九十九名，署清远营游击宋荣藻统带勇丁一百三十六名，署南韶连镇中军游击朱国安统带勇丁二百五十八名，清远营左营守备陈得贵统带勇丁八十八名，大鹏协副将赖镇边等统带勇丁一百八十四名。以上各勇，或在东、西、北三江滩河小港，配驾扒船，往来巡缉，或在各处厘厂，驻扎防护，均系随时分拨，不能成队成营。此现存水勇之实在数目也。

又陆路除新旧抽练营丁四千名外，合计通省陆勇，尚存督标中军副将李占椿等统带勇丁八百五十七名，署广州协右营都司关贵昌统带勇丁二百名，署南韶连镇总兵郑绍忠统带勇丁一千五百名，署陆路提督臣方耀统带勇丁一千名，署潮州镇总兵张得禄统带勇丁五百名，顺德协副将利辉统带勇丁二百名，署广州协副将邓安邦统带勇丁七百二十名，署水师提标后营游击冯殿辉等统带勇丁二百七十七名，大鹏协副将赖镇边统带勇丁一百九十六名，署钦州营参将莫善喜统带勇丁一千五十名，候补守备吴奖锡等管带勇丁五十名，阳江同知余祚馨等管带勇丁八十名，琼州镇左营守备李际昌管带勇丁九百名。以上各勇，每因事之缓急，量为增减，或在省城、佛山、肇、罗等处巡防缉捕，或在广州、惠州各属查办土匪，或驻扎钦州、灵山一带以顾边防，或檄赴儋州、临高一带剿办客匪，一时均难裁汰。此现存陆勇之实在数目也。

统计水陆各勇，共存九千二名，每月应需薪粮等项银两，均由善后总局支给。当此整顿营伍、节省饷糈之际，诚知多裁一分勇丁即多省一分经费，未敢因办理正资得力，致令稍事虚糜。所有何光尧等水路各勇，应否改配营兵，应俟另行酌议办理，已于另折声明。其陆路各勇，一俟捕务稍松，应如何配量裁汰，容臣等随时体察情形，分别核办。一面檄饬善后总局司道，及移行管带员弁，遵照部行，以半年为限，统裁十成之一，另将裁存勇数，及月需饷银若干，并管带员弁姓名、驻扎处所，即于裁定后分晰开单，详请专案奏报，以昭核实。

所有粤东省现存勇丁数目，据广东善后总局、司道详请先行具奏前来，臣等覆查无异。除咨户、兵二部查照外，臣等谨合词恭折具陈，伏乞皇太后、皇上圣鉴。谨奏。

遵查李扬才咨呈所称并无实迹片

再，臣钦奉谕旨："革镇李扬才咨广州将军等文内所称州县陵辱，抚道挟诈等情，有无其事，着刘坤一查明具奏。"钦此。跪读之下，感悚莫名。

臣查广东巡抚臣张兆栋，续接到李扬才咨呈，词意均属相同，惟臣处独无。咨呈内所称，"州县陵辱，抚道挟诈"两语，虽毫无证据，系属影响之词，第该革镇以此借口，不可不切实推求。臣前在西省数年，官绅多所熟习，当于函札往来，及差委禀谒之便，详细询明。佥称李扬才前在西省时，均未闻有州县陵辱，抚道挟诈之事。兹臣钦奉谕旨，复经逐细访察，亦属绝无端倪。臣以李扬才身为二品大员，负资素称桀黠，地方州县讵敢以非礼相加？李扬才前署广西浔州协篆，与同城之桂平县、并无不和，此外各牧令，与李扬才更属无干。如谓原籍广东灵山县，则李扬才居乡不久，未尝身至县城，亦未与人涉讼，则陵辱从何而来？该县俞文莱函询招勇之事，李扬才竟置之不答，尚肯受该县之陵辱乎？其称抚道挟诈一节，未审所指何抚何道。察其语气，无非因广西巡抚臣杨重雅将其咨送来东，不肯奏留西省之故。又因统领广西防军候补道赵沃见其屡遣党与前往越南股匪叶成林处，沿途不服盘诘，禀经臣与杨重雅将其严加申饬，乃李扬才遂以此为挟诈，试问所挟何事，所诈何赃？李扬才本系候补穷员，其幕友陈奇谷经灵山县拿获，讯据供称，李扬才积欠伊薪水银二百两，屡讨未还。而谓抚道挟诈，其谁信之！李扬才于上年春间，前来禀见，臣因其情词闪烁，诫令循分当差，然尚曲予优容，款以酒食。李扬才如果曾被州县陵辱，抚道挟诈，何不赴诉于臣？且与越南何尤，顾欲谋其宗社，以为泄愤之地。此等鬼蜮伎俩，自在圣明洞鉴之中。

所有臣遵旨查明李扬才咨呈内所称，州县陵辱，抚道挟诈，系属虚诬，并无实迹各缘由，谨附片具奏，伏乞圣鉴训示。谨奏。

防军攻克越南夥匪片光绪四年十二月二十九日

再，广东钦州与越南毗连，时有匪徒勾结窥伺。自革镇李扬才窜扰越南之后，边防更形吃重。叠经臣等饬令钦州文武，督率兵勇，激励乡团，随时严密防剿在案。

光绪四年十二月初十日，据署钦州营参将莫善喜、署钦州知州冯宝封禀报：越南禄扶村土匪刘德章二等，勾结内地匪徒黄晚、许白鹤二等，结盟拜会。另有匪首廖二等，及该国下垓等处客匪温亚单等，陆续入伙，在大石鼓地方抢劫，攻破稔骨、那巴各围闸，屯聚掳杀。经莫善喜等添募壮勇，驰赴该州所属之东兴地方，约会越南官兵，节节进攻，连次获胜。该匪见势不支，弃闸逃窜。我军跟踪追击，先后毙匪多名，阵斩首级一颗，生擒二名，我军亦伤毙勇丁一名，受伤二名，当经分别饬医恤赏，并将所获生供讯明正法。该匪刘德章二等，自被剿穷蹙，窜至越南先安州地方，嗣闻李扬才出关滋事，复纠率伙党，在于堂横大木根等处肆扰。并据探报，该匪等于十月二十九日，窜至硭街西岸，距东兴仅隔一河。我军过河迎击，该匪退至大木根之浰虏，筑闸抗拒。莫善喜等与廉州府知府鹿传霖，筹商至再，皆以此股匪徒，若不及早扑灭，恐与李扬才联络一气，终贻边疆之患。当由鹿传霖面授机宜，设法进剿。适越南海宁府裴进先到营乞援，莫善喜即饬派兵作为向导，并饬府尉陶德典等在后接应。一面由冯宝封驰赴防城，飞饬沿边团练，严堵隘口，以杜窜越。莫善喜随于十一月初五日寅刻，亲督劲旅，会同越南官兵，掩旗息鼓，驰抵洲㢑匪闸。该匪刘德章二等，一闻官军进剿，即派悍贼出闸迎敌。我军奋勇向前，将匪击退回闸。该匪等施放枪炮，拚死抵拒。各勇分队从小路抄至闸后，两面夹攻，自寅至巳，围逼愈紧。莫善喜复加悬重赏，激励各勇，直至闸边，抛掷火包，焚烧匪屋。时值风大火猛，匪首许白鹤二率党冲突而出，我军开炮轰击，立时毙命，当场割取首级。击毙伙匪不计其数，擒获生供三十名，斩截首级六颗，发辫二十二条，左耳记十四只，夺获炮械旗帜无数，结盟书八本，拜会图一幅，馀匪均在闸内烧毙。当将匪闸平毁，全股悉数扑灭，收队回抵东兴，一时中外人心同声称快。点验各勇，受伤二十馀名，酌给银两医调。所获生供内戴中因一名，久在贼巢，深知底细。询其逆首刘德章二实在下落，据供火起焚闸时，曾见其已受炮子重伤，随又拚命冲出，料已就歼。惟客匪头目温亚单，先期外出招伙，致被漏网，仍饬弁勇四路搜缉，并再确查刘德章二实在踪迹，是否已受炮毙，分别办理。一面布置勇丁，驻扎东兴，严密防守。并将所获生供，及首级等项，押解回州审办等情，会禀前来。

臣等伏查匪首刘德章二，纠邀内地匪伙，聚集多人，在于越南迭肆劫杀，窜扰钦州边境，如与李扬才勾通一气，办理颇形棘手。且阅获缴逆书及拜会图式，悖谬异常，察其情形，尚复计图内犯。今署钦州营参将莫善喜，亲督兵勇，驰往攻剿，将该匪一鼓聚歼，不独绥靖边防，且足剪李扬才之党与，实属智勇过人，廉州府鹿传霖指授方略，署钦州冯宝封协力防堵，均属勤劳卓著，似未便没其微劳。相应随折声明，仰恳天恩，俯准将署钦州营参将事副将衔准调补清远营游击莫善喜，免补参将，以副将尽先补用。廉州府知府鹿传霖、署钦州知州事候补通判冯宝封，均交部从优议叙，以示鼓励。其馀在事出力员弁、兵勇，容臣等查明择尤，酌量请奖。

除饬确查刘德章二实在生死下落，禀覆核办，一面上紧严缉在逃客匪头目温亚单，务获解办，以绝根株，并将所获各犯讯明究办外，臣等谨合词附片具陈，伏乞圣鉴训示。谨奏。

奏疏卷十四

藩司积劳后丧母毁终请予优恤折光绪五年正月二十日

奏为已故藩司积劳成疾，恸母殒身，忠孝可风，恳恩优恤，以彰至行，恭折仰祈圣鉴事：

窃前任广东布政使杨庆麟，据报于光绪四年十二月二十八日丁本生母忧，业经臣等具折奏报在案。嗣闻该藩司丁忧后，哀毁太过，患病甚危，而苫块之中，仍复清理经手公务，不稍休息，甚至深更梦呓，犹呼何事宜办，何款宜筹。臣亲往唁时，见其形神毁瘠，劝以稍节哀劳。该藩司泣称："身受国恩，本冀勉图报称，不意遽遭大故，摧裂五中，罔极之悲，实难自已。"泪随言下，见者恻然。臣察其病势甚深，几于灭性，因与僚属再三劝慰，嘱令勉亲药饵，以冀就痊。讵该藩司心血素亏，又因居丧过戚，竟于本年正月初三日在苫次一恸而绝。

伏查该藩司本生父炳春，由举人作令浙江，于咸丰十年殉粤逆之难。该藩司以编修历任翰詹，蒙恩简放河南学政、山东考官，旋擢顺天府府尹，其品学优长，居官清慎，早在圣明洞鉴之中。光绪元年，简授广东布政使，二年四月到任。粤东近年库款支绌万分，而应解京、协各饷，应放本省兵饷，与一切经费，并晋、豫赈需，均属刻不可缓，该藩司悉心综核，设法筹维。因朝廷廑念西陲，抵任之初，即筹拨协饷银二十万两，其馀各项，历年以来，亦莫不勉力接济，从无贻误。每与臣谈及时事，该藩司谓我皇太后、皇上勤求治理，旰食宵衣，属在臣工，何敢稍图暇逸，故于用人理财诸事，勤勤恳恳，昕夕不遑。该藩司气体清羸，年来积受辛劳，遂成虚损不眠之证。上年春间，以所患增剧，曾请开缺医调，因臣与抚臣再四慰留，亦即强起视事。而其母衰年多病，该藩司时切隐忧。上年冬间，廉、琼两郡告警，征调频仍，该藩司出则筹画军需，入则料量汤药，心忧力瘁，沉痼已中膏肓。迨至其母病危，衣不解带者半月之久，其母病殁，水浆不进者一旬有馀。此其致疾之由，殉亲之孝，固粤省官绅共见共闻同为痛惜者也。该藩司于咸丰年间，奉旨帮办江南团练，倡议以轮舟至安庆，迎今直隶总督臣李鸿章之师，故上海得以保全，苏州亦因而克复，是其才识亦复迥异恒流。臣方冀其建树勋名，以报国恩而绳先烈，乃殒生于一旦，遽殉母于九原。臣既惜其才，复悲其志，实不忍其湮没不彰。

伏查同治年间，陕西巡抚蒋志章在任积劳病故，又江苏即用知府曾贞干在金陵营次积劳病故，经陕甘督臣左宗棠暨前江苏巡抚臣李鸿章，先后奏蒙加恩赐谥。上年江苏苏松太道冯焌光孝行肫笃，经两江总督臣沈葆桢奏请宣付史馆，亦蒙俞允。该藩司杨庆麟，积劳致疾，痛母殒身，至性至情，可敬可悯。合无仰恳天恩，俯准予谥，并将生平事迹，宣付史馆，以彰至行，出自逾格鸿慈。

谨会同广东巡抚臣张兆栋、广东学臣吴宝恕恭折具陈，伏乞皇太后、皇上圣鉴训示。谨奏。

儋临客匪负嵎添派营员剿办折光绪五年二月十九日

奏为官军进剿儋、临客匪尚未得手，现在添募劲勇，饬令总兵郑绍忠等会督驰往剿办，恭折驰陈，仰祈圣鉴事：

窃照广东琼州府属之儋州客匪，勾结临高县匪徒聚众滋扰，先经该镇道府调募兵勇，并经臣等札饬调署南韶连镇总兵郑绍忠、署钦州营参将莫善喜，酌拨所部勇丁，派弁管带，驰赴协剿，由署琼州镇总兵何明立、署雷琼道刘镇楚亲临督办，一面先行恭折奏报在案。

兹据该署镇道等禀称：该客匪先则赴营呈诉，谓与土人有仇，志在报复，并非抗官，屡求设法安插。迨经该镇道委员会同地方官前往开导，责令捆送头目，呈缴军装，并清还所掳土民人畜财物，该客匪则复狡辩多端，抗不遵办，自非痛加惩创，不足震慑其心。查该客匪分两大股：一在临高县属之和舍墟，一屯儋州属之那大墟。而和舍墟一股，又分设左右两寨，其巢穴为最坚，其党与为最众，且与那大之匪，声息颇通，彼此互相接应。馀于儋、临两属，毗连数十里内，蜂屯蚁聚，棋布星罗。必须步步为营，先将和舍匪巢剪灭，再图进攻那大，使其首尾不能相顾，渠魁庶可歼擒。该镇道察看形势，密授机宜，先挑劲旅五百名及该处团练，令署崖州协副将李其昌管带，在于附近和舍匪巢之嘉来地方驻扎，并饬各营陆续继进。适游击江志管带安勇五百名行抵郡城，当即调赴前敌，分扼要隘。十二月初十日夜，传令次日五鼓出队。该镇道指挥各军，派副将李其昌率勇攻和舍之左，游击江志率勇攻和舍之右，副将滕三元率勇径攻和舍市场，并与左右两路联络声援，该镇道各率亲军居中策应。天未明时，我军齐集，三路进攻。该匪初则固守濠墙，既而突出拒战。我军刀矛并举，枪炮互施，并将喷筒火箭逼近射放，左右两寨同时火起，烟焰蔽天。该匪犹复拚命死斗，滕三元裹伤陷阵，手刃悍贼数人，李其昌往来驰骤，连放双响洋枪，轰毙骑马贼目。我军勇气百倍，毙贼先锋百馀人，生擒七名，夺获骡马多匹，匪势由是披靡，败入和舍墟，我军乘胜长驱，逼近匪巢。该匪坚伏墟内，专用枪炮向外轰击，子如雨点。我军正在相持，忽有另股匪众数千人，从山谷中趱出，计图绕袭我后。该镇道等分兵拦击，游击江志策马督队，擒斩执旗贼目多名。墟内之匪，见有援贼前来，亦各鼓噪相应。该镇道因见贼悍巢坚，未可卒破，乃敛军而退，俟其开壁来追，即帅各勇回旗返扑，斩馘颇众。该匪旋即败退入墟，并力死守，我军亦以日暮收队，所获生供，即在军前讯明正法。查点我军员弁兵勇阵亡者三十九员名，受伤者二十一员名，容俟查明衔名，另行分别请恤等情，驰请增兵助剿。该客匪等自知罪无可逭，又因此次受创颇深，随即联名递呈，哀词求抚，情愿一遵约束，由该镇道节次具禀请示前来。

臣等伏查该客匪等，原有新旧之分，旧客与土人相安年久，尚无非为。新客则系同治年间由肇庆之高明、鹤山，广州之新宁、曹冲等处迁住安插，身经百战，狡悍异常。此次因与土人构衅，新客攘臂而起，旧客被其胁从，所破土民村庄，恣意屠戮，凶惨绝伦，并敢拒敌官兵，实属形同叛逆，现虽畏剿乞抚，难保不首鼠两端，倘办理稍从宽贷，不惟土民受害最重，必不甘心，更恐别处客民从而效尤，祸将伊于胡底。当经臣等批饬该镇道，将前开各条，勒令逐一遵办，并将杀人放火及残害弁兵各凶犯，悉数解究，一面由省委令游击卓延龄，管带开花炮队二百名，并催莫善喜所派千总莫善积管带之保安勇五百名，驰赴琼州，以壮声势。另檄调署南韶连镇总兵郑绍忠，于所部各勇内抽调四百名，另行添募二千一百名，合二千五百名，于正月二十三日，亲率启行，刻期渡海。倘该客匪意存观望，立即督饬各军痛加剿洗。复调署海口营参将吴迪文、碣石镇游击黄廷耀、候补守备郑廷宗所管各轮船，驶往洋面，实力梭巡，以防窜逸。又卸雷琼道王澍先因患病交卸，回省就医钦奉上谕："饬将剿捕事宜，会同地方官筹办事竣，再行回省。"等因，钦此。钦遵转行查照。该道在任多年，于地方情形极为熟悉。现饬该道会同郑绍忠前往督办。俟该镇道抵琼，所有水陆各军，统归节制调遣。并令先经饬赴新任之琼州镇殷锡茂及刘镇楚察看情形，如抚事尚未就绪，即行回郡，专办郡城防务。前募勇丁，量行裁撤，以节糜费。以后或剿或抚，概交郑绍忠、王澍酌量办理，俾一事权。

除俟郑绍忠等到琼后，饬令会督在事文武，妥筹剿抚，务期迅速蒇事，仍将如何办理情形及此次阵亡员弁兵勇，应如何奏请议恤，分别饬查，另行奏报外，所有官军进攻儋、临客匪尚未得手，现经添募劲勇驰往剿办缘由，谨合词恭折驰陈，伏乞皇太后、皇上圣鉴训示。谨奏。

前项捐输移奖仍请饬部注销片

再，臣于光绪三年，捐银十五万两，储养洋务人才，奉旨："着该衙门核给奖叙。"嗣经部议，以一万两给予随带加五级，其馀银十四万两准其移奖子弟及籍贯相同之族人，具奏奉旨："依议。"钦此。天恩高厚，感激难名。臣随于子弟及籍贯相同族人，逐细查询：其贤而有志者，则欲自奋于功名，不愿以赀郎进；其不肖者，又未便令得滥竽，致虞覆悚。此项虚悬无着，诚恐日久弊生。现在钦奉上谕，停止京外捐输肃清仕途之际，应请将臣前捐银两移奖之案，饬部注销，以昭慎重。

谨附片具奏，伏乞圣鉴。谨奏。

迭准越南公文委员密察军情片光绪五年二月二十五日

再，臣于光绪五年二月初六日，准越南国王阮福时咨呈内称：李扬才股匪，经道员赵沃饬令总兵党敏宣等督带营勇，会同该国官军，连次进剿，克破贼巢多处，擒斩贼目伙党不少。李扬才窜往太原省辖屯聚，边情较前稍松。中国官军已有十馀营分路扼扎，如再添三四营前往，责令赵沃出关督同党敏宣等协力援剿，足以制胜，提臣冯子材即可免劳跋涉等情。臣以冯子材系奉特简，先经统师出关，赵沃所部各营，已经广西抚臣饬令交卸，现在匪势既极穷蹙，军情大有转机，如果再涉纷更，不独旷时縻饷，坐失机宜，且恐李扬才养成势焰，复肆鸱张，为患更无底止。当经照覆越南国王，饬令所属与援军戮力同心，一面咨催冯子材，刻期进剿，迅图蒇事。旋准该国王续呈，核与前呈大略相同，其意总以赵沃等办理得力，不宜更易新手，冯子材统师既众，供应浩繁，不如中止为请。而提臣冯子材先后来咨，则称赵沃迭次所禀获胜情形，均系冒功捏报，贼目陈佐邦等，亦系以降为擒，越南国王为其臣下所朦，因而措词失当。并称越南地方官不肯应付粮食，致各营枵腹荷戈，且将驻防各粮屯营兵撤去等因。又经臣照会越南国王，通饬各省官员，将提臣各军应需粮米，按月筹拨，源源接济，价值若干，仍由提臣照数应付，以示体恤。并两次函致提臣，嘱其申明纪律，与该国官军和衷共济，不可稍存芥蒂在案。

臣初以赵沃久领边防，情形熟悉，此次拨兵援剿，屡次捣穴歼渠，且救全谅山、北宁各省，钦奉谕旨奖励，是以咨商提臣及西抚臣，应否仍留该道在营帮办，以资臂助，分别办理。兹阅提臣来咨，知其彼此龃龉，似未便再令帮办，转致偾事，即经函致西抚臣，作为罢论。

惟查提臣冯子材，前此赴援越南，剿办黄崇英等股匪，奏凯而回。此次越南国民，自应望切来苏，壶浆道左，乃坚欲挽留赵沃等督办，而不愿提臣出关，诚非意料所及。至赵沃迭次禀报获胜，以及生擒贼目陈佐邦等各情，果系捏饰，何以不独越南国王咨呈与之相符，即东省钦州营参将莫善喜、西省左江镇总兵梁正源所禀查探情形，均相吻合。是否提臣因越南倚重赵沃，故事抵牾，抑或赵沃实有捏饰之弊，事关中外大局，亟应严密查办，以昭核实。除密派亲信可靠员弁改装易服，前赴各该处确切访查，据实禀覆，另行奏报，并将越南国两次咨呈并莫善喜、梁正源两处禀报，一并抄录咨送军机处查照外，理合附片具陈，伏乞圣鉴训示。谨奏。

恭报兼署抚篆日期谢恩折光绪五年三月初十日

奏为恭报微臣兼署抚篆日期，叩谢天恩，仰祈圣鉴事：

窃臣于光绪五年二月三十日接准吏部咨，内阁抄出，光绪五年正月二十五日奉上谕："裕宽现已调补广东巡抚，未到任以前，着刘坤一兼署。"钦此。随于三月初六日，准前抚臣张兆栋遵例饬委广州府知府冯端本、署抚标中军参将黄龙韬，将王命旗牌、文卷并广东巡抚及太平桥监督各关防，赍送前来。臣当即恭设香案，望阙叩头谢恩，祗领任事。

伏念臣楚南下士，戎马粗材，仰蒙九陛之恩，畀以双圻之寄，涓埃未报，兢惕方深。兹复钦奉温纶，兼权抚篆，自揣精神之渐耗，深虞艰巨之难胜。计臣自督粤以来，已逾三载，凡地方吏治、民风，虽经设法整顿，仍觉积弊未除。况以海滨之顽莠尚多，亟须惩治，库藏之度支甚绌，正待筹维，当责任其益专，尤措施之不易。臣惟有倍加策励，弥矢慎勤，因时审张弛之机，遇事尽讲求之要。所有一切事宜，务当殚竭心力，妥为办理，庶使海疆静谧，边徼辑安，以期仰答高厚鸿慈于万一。

除将兼署日期恭疏题报外，所有微臣感激下忱，谨恭折叩谢天恩，伏乞皇太后、皇上圣鉴。谨奏。

拿办在逃匪首片光绪五年闰三月初七日

再，前因匪首刘德章二等在于越南地方，勾结内地伙党，滋扰粤东边境，经署广东钦州营参将莫善喜亲督兵勇，越境剿办完竣，业经臣会同前抚臣张兆栋附片奏明。一面密饬地方文武，确查刘德章二生死下落，并饬购缉在逃客匪头目温亚单务获，暨此外两粤交界地方，尚有匪首谢单爪虎等在逃未获，亦饬一体缉获解办，以期尽绝根株，俾除边患在案。

兹据署广东钦州营参将莫善喜禀报，访查匪首刘德章二自被剿逃窜后，复与谢单爪虎串聚一处，暗招党与，潜谋起事，并欲勾合西匪投入李扬才伙内，图扰中外边境。该署参将闻信后，密购眼线，派拨弁勇，不动声色，于光绪五年正月内，驰往查拿。该匪目等闻风先逃，谢单爪虎假冒客商，潜出钦州边界，正欲渡河，我军于十九日跟踪追至，该匪开枪拒捕，致伤勇丁二人。各弁勇拚死向前，立将谢单爪虎一名拿获。该署参将复派得力弁勇，四路密访，二十一日行至钦州属之大菉墟地方，侦知该匪首刘德章二藏匿墟内客店，各弁勇先于店外设伏。该匪知觉，闭门拒守，各弁勇把截门口，一面由瓦面跳下，内外夹攻，该匪格斗移时，随即就缚。均经就近解交钦州审办，监提前获之匪犯戴中因当堂质认，据供确系刘德章二正身无疑等情，禀报前来。并据该管道府先后禀同前由。

臣伏查匪首谢单爪虎、刘德章二，均属积年巨寇，历在两粤及越南边界纠党滋事，及败窜后，犹复狼狈相倚，以图死灰再燃，并欲为李扬才响应，若任日久漏网，必至贻患将来。今署钦州营参将莫善喜购线访拿，将该匪等先后擒获，实足以昭炯戒而靖边陲，亟应速正典刑，俾免久稽显戮。钦州距省遥远，似未便令其解省，转致疏虞。除札饬钦州就近提集各犯，审明解府，覆勘录供禀办，并饬勒缉在逃客匪头目温亚单务获解办外，所有此次拿获首要逆匪之出力弁勇，均有微劳足录，可否由臣查明，择尤酌量请奖，以示鼓励之处，出自逾格恩施。臣谨附片具奏，伏乞圣鉴训示。

再，广东巡抚系臣兼署，毋庸会衔，合并陈明。谨奏。

灵山县歼擒逃匪片

再，广东廉州府属之钦州灵山县，均与广西宣化县界址毗连，时有匪徒勾结为害。且自李扬才出关滋扰，两省交界地方，伏莽往往乘机思逞，叠经札饬地方文武，一体严密巡缉，实力查拿，以靖边圉在案。

本年二月间，先后接据灵山县俞文莱、钦州田明曜、署钦州营参将莫善喜禀报：广西宣化县属公容、蒲庙等处，有匪徒聚集多人，纠合钦、灵等处匪伙，欲图窜扑南宁府城，劫掠滋事。即经左江镇道府督同宣化县张秉铨，于正月二十八日夜，在城内搜获奸细马桂金等六名，讯明正法。该文武随各带兵勇，驰赴交界地方，会合宣化县营妥商剿办。旋经钦州、灵山等县营，陆续拿获匪犯黄锡珍等多名，并经宣化县先后缉获李上业即黄上业并陆炳光等十馀名，讯据各该犯供称：此次纠众起事，系宣化县匪首潘振家起意，捏造何姓招勇伪札，纠约伊等多人，图扑南宁府城劫掠，出关投入李扬才伙内，旋因事泄败露，分投逃散等语。二月十八日，灵山县俞文莱，侦知该匪首潘振家潜匿该县属龙门村山内，即于是夜三更，会营督勇，驰往掩捕，并约会钦州、宣化各文武一体协拿。俞文莱甫抵该村，即亲率勇练入山擒捕。该匪施放洋枪，拚命抵拒。各勇奋力向前，刀矛并举。该匪凶猛异常，且拒且走，直至山口，匪势不支，登将该匪首当场格毙，随提各犯，质认无异，并传同该处绅练查验属实，枭首示众。现在伙党远飏，地方安堵。惟前获奸细马桂金等据供系灵山县湴塘地方陆姓匪首，在于菩提洞结盟拜会一节，核与现获各犯供情互异。复经俞文莱亲赴该处严密查访，该县湴塘墟地方，仅止贡生陆步瀛一家，现在团练局办事，素为乡邻信服，其子侄四人亦俱年在髫龄，此外并无另有陆姓其人。该县境内，仅止菩提村小乡，亦无另有菩提洞地方。该村人烟寥寥，居民不过十馀家，俱系耕种度日，并无结盟拜会情事。饬传各该处绅耆，讯取切实供结缴查，一面严缉在逃馀匪解究等情。并据该管道府及宣化县禀同前由。

臣伏查广西匪首潘振家等，乘边防多事之秋，胆敢蓄谋创乱，纠约东省匪徒黄锡珍等，冒称招勇，捏造伪札，图扑南宁府城，劫掠滋事，复图转窜出关，投入李逆扬才伙内，若非迅速剿捕，会合兜拿，匪势又将蔓延，办理更形棘手。今幸该县营等不分畛域，设法剪除，先后拿获首伙多名，消祸患于初萌，安民心于反侧。该灵山县知县俞文莱，复又购觅眼线，侦探首匪踪迹，漏夜入山，督勇围捕，歼其首恶，散其胁从，办理尤合机宜，不无微劳足录。可否由臣查明，汇同在事出力文武各员弁，酌量请奖，以示鼓励之处，出自逾格恩施。

除再檄饬高廉道府暨左江镇道督饬在事各文武，随时实力搜捕，透澈查办，务将在逃馀党悉获究办，并将交界地方善后事宜，分别妥为布置。一面整顿团练，力行保甲，总期奸宄敛迹，边境乂安，并饬再提现获各犯，分别讯明拟办外，臣谨附片具陈，伏乞圣鉴。

再，广东巡抚系臣兼署，毋庸会衔，合并陈明。谨奏。

特参衰庸乖谬各员折光绪五年闰三月二十六日

奏为特参衰庸乖谬之道、府、运同、直隶州知州、同、通、知县等官，请旨分别勒休、降补、革职，以肃仕途，恭折具陈，仰祈圣鉴事：

臣伏查广东吏治，习于因循，恬不为怪，而不肖之员，往往任性妄为，甚至营私舞弊，不可不严行甄别，以期澄叙官方。兹查有试用道员张崇恪、候补知府陈毓书，年力就衰，难期振作；潮州盐运同乔文蔚，才识迂疏，有辜职守；前署嘉应州事。候补直隶州知州李敦厚，听断、考试，物议沸腾；试用通判梁有为，办理厘务，殊欠认真；捐升选用道员广东候补通判吴家兴、补用同知松山，充当局差，未能核实；准升儋州知州刘彬、昌化县知县魏留先，意存规避，人亦平庸；前署儋州知州试用通判余信芳、临高县知县完继美，居官泄沓，致酿厉阶；新兴县知县卓诚、前署香山县事候补知县杨先荣，办事颟顸，几成巨衅；补用知县严霖，行止不端，声名甚劣；均未便稍事姑容。相应请旨将张崇恪、陈毓书、乔文蔚、卓诚、杨先荣五员，勒令休致；梁有为、吴家兴、松山、刘彬、魏留先五员，降为县丞，仍留广东补用，并请将吴家兴捐升道员之案，一并撤销；李敦厚、余信芳、完继美、严霖四员，即予革职，严霖并请永不叙用。所遗潮州盐运同一缺，请归部另选；儋州、昌化县两缺，俟奉准部覆，由外拣员调补；其新兴县、临高县两缺，粤省现有应补人员，应请扣留外补。据藩臬两司具详前来。

臣为整顿吏治起见，谨恭折具陈，伏乞皇太后、皇上圣鉴训示。

再，两广总督系臣本任，毋庸会衔，合并陈明。谨奏。

在籍主事家设花会赌厂请革职拿办折

光绪五年闰三月二十六日

奏为在籍主事包庇匪徒，开赌渔利，请旨革职拿办，以肃功令事：

窃照粤东赌风素炽，受其害者，动辄荡产倾家，流为贼盗。前将各项赌博，奏准部议，加重罪名，随时饬属查禁，获犯惩办，此风终未尽绝。据广州府知府冯端本具禀：据南海县营兵役先后访获赌匪陆细才即何细才及犯妇黄梁氏到案，讯据陆细才供称：听从未获之何大才雇倩，在县属蓬莱里进士吕元勋家内其记花会厂管理数目，近因查拿严紧停歇。又据黄梁氏供称：进士吕元勋宅内，窝藏未获之霍三少等，开设评花字号花会总厂，伊每日来往吕元勋家，收带票纸，抽收钱文花用，各等语。饬传吕元勋质讯，抗匿不到，实属恃符骫法。据广东藩臬二司查开吕元勋中式科分，详请奏参前来。

臣查吕元勋系鹤山县人，由廪生加捐员外郎衔，咸丰壬子科本省乡试中式举人，乙丑科中式进士，签分刑部山东司主事，告假回籍，寄居省城。身列搢绅，齐民之望，胆敢庇匪，在家开设花会总厂，诱赌渔利，迨获犯供开，查传质讯，犹复抗匿不到，应即参革严拿惩办。除饬将窝赌房屋查封，勒缉赌匪何大才等务获究报外，相应请旨将签分刑部山东司之在籍主事吕元勋革职，以凭严拘到案，提同现获各犯，质讯究办。

理合恭折具奏，伏乞皇太后、皇上圣鉴训示。

再，两广总督系臣本任，毋庸会衔，合并陈明。谨奏。

遵旨一律停止捐输折光绪五年闰三月二十八日

奏为查明广东捐输，遵旨停止，毋庸筹款相抵，并在粤收捐之外省捐局，亦经饬行一律停止，恭折具陈，仰祈圣鉴事：

窃准部咨："光绪四年十二月十四日内阁奉上谕：'前因军务未平，用款不继，不得已开捐纳职，借济饷需。乃近来中外捐纳各员，其为守兼优、才具可用者固不乏人，而滥竽充数、甚至有玷官箴者实属不少。至各属办理捐输，原不无实事求是，有裨国计之处，而行之日久，捐赀之影射，捐生之取巧，及委员等种种弊窦，不一而足，于澄清吏治之道，既多窒碍，于饷需亦多有名无实，自应及时停止，以肃政体。着户部及各省督抚，通盘筹画，将京捐局及各省捐局，每年入项若干，详细查明，将此项作何支用之处，设法筹款相抵。一面奏明停止捐输，毋得借词款项难筹，有意延宕。'”钦此。复准部咨：“光绪五年正月二十一日奉上谕：'户部奏遵旨停止捐输一折。着有捐省分，将筹饷事例条款，概行停止，以昭画一。并一面设法筹款，一面将捐务赶紧清厘，统限于本年五月悉数截止。'”等因，钦此。仰见圣朝正本清源、澄叙官方之至意，敬聆之下，钦感莫名。

臣伏查广东捐输，自咸丰元年开办起，均作为劝捐军需团练经费。迨同治二年改为旧捐军需经费，旋即截清数目，勒限请奖。并奏明嗣后另归新案捐办，共捐项银两，俱先行上兑，拨支本省军需善后经费之用，随后由捐生开呈履历，分次奏奖。此次钦奉谕旨，着有捐省分，概行停止，截数造报，即经臣督饬司道，出示晓谕，先经缴银各捐户，赶紧依限请奖，兹已截清数目，另行具奏。至广东省近年，因外省来粤开捐，搜罗殆尽，本省捐款已成弩末，所收本属无多。历年办理善后，所需经费，遇有不敷，皆在厘金及藩库随时筹拨应用，尚非全借捐输接济，现在停捐之后，自可毋庸筹款相抵。此外在粤收捐之晋、豫、陕、滇、黔等省捐局，于奉文后，已饬行一律停止，截数造册，详请奏奖。惟高、雷、廉、琼等府所设分局，因路途稍远，尚未册报齐全，俟催缴到日，另行办理。据广东布政使会同捐输善后两总局详请具奏前来。

除咨部查照外，臣谨恭折具陈，伏乞皇太后、皇上圣鉴。

再，两广总督系臣本任，毋庸会衔，合并陈明。谨奏。

查覆革员被劾军情折光绪五年四月初六日

奏为派员密查广西已革道员，委无冒功捏报情事，遵旨据实具陈，仰祈圣鉴事：

窃臣于光绪五年闰三月二十四日接准军机大臣字寄："光绪五年闰三月初二日奉上谕：'前据杨重雅奏，道员赵沃禀报不实，毋庸留营督军，当将赵沃革职撤省查办。兹览刘坤一所奏，越南国坚欲挽留赵沃等，而不愿冯子材出关，且赵沃所禀，获胜擒贼各情，与该国王咨呈及营员禀报相符。是否冯子材与之抵牾，抑系赵沃实系捏饰，该督现已派员前往密查，即着将确切情形查明，据实入奏。冯子材各军粮米，已照会该国筹拨接济，仍着咨明该提督，照给价值，毋令有所借口。将此谕令知之。'"等因，钦此。

查臣于二月二十五日拜发前折后，随饬署理臣标中军副将李占椿，遴派年力强壮、才具老成并熟习越南情形之尽先都司冯锡荣、尽先外委李春华，正在给委前往密查，适于是月三十日，准广西抚臣杨重雅咨会，带勇道员、副将，办事不力，禀报任意，业经奏参革职查办，并抄录原奏，咨送到臣。

详核原奏内称："李扬才纠众窜出越南，道员赵沃带勇防边，不能阻截，咎无可辞。随派党敏宣、李云梯等，率师追剿。于擒获李四之后，并不解省，即在龙州正法。据各处探报，颇有来降被杀之言。其伪统领陈佐邦，准提臣咨称，实系逃出自投，并非阵擒。党敏宣、李云梯所禀攻克买市、新街及北泙白通州皆有虚捏，请将赵沃及副将党敏宣、李云梯一并革职，撤省查办"等语。臣以赵沃派令党敏宣等攻克州咘，生擒逆目李四，业经西抚臣专折具奏，所叙情形，历历如绘。即前此抚臣覆奏李扬才捏称招勇、未露叛迹折内，亦有“该员派勇力解谅山城围，诚如圣谕，殊属可嘉”之语。兹忽奏称该员办事不力，禀报任意。事关中外大局，必须一律查明，方足以昭核实。当经密饬委员冯锡荣等驰赴越南各该处，将李四、陈佐邦是否投降，抑系生擒，一并迅速查覆去讫。

兹据署中军副将李占椿，接据委员冯锡荣、李春华禀称：伊等奉委前赴越南，改装易服，不动声色，详细访查。副将党敏宣等于上年十一月初六日，攻克州唏，随即带队探剿，十五日在于板琴对面山峒中，擒获逆目李四，解赴龙州赵沃军营审办。党敏宣等又于十二月十五日，会同越南官军，与伪统领陈佐邦，在于新街接仗，斩馘贼匪数百名，陈佐邦因足受重伤，旋于十六日被擒，解经赵沃转解提臣冯子材军营，讯明正法等情，转禀前来。臣覆核无异。

伏查已革道员赵沃，统领防军，于李扬才纠众出边，未能严密堵截，本有应得之咎，惟闻警后，一面驰告越南各省预先戒严，一面派兵露夜援剿，使李扬才卒不得逞，实其犄角之力居多。逆目李四、陈佐邦，先后就擒，不独东西两省各镇将禀报及臣委员查访均与赵沃原禀相符，即越南国王两次咨呈，亦屡称其扫穴歼渠，办理得手。该国王于疆域安危所系，讵肯稍涉扶同？即使偶为臣下所朦，而一经提臣咨劾，并经抚臣奏参，应即洞悉其伪，何以该国王续有咨呈仍为赵沃等反覆剖辩，且请派人往查，论及该处军情，颇有今不如昔之叹。可见是非自有定评，虚实难逃公论也。至拿获李四之时，赵沃原禀，本拟解省审办，嗣因该逆目久病不食，恐逃显戮，复因该处绅民，衔恨次骨，急欲睹其就刑，竟请就地正法，不得不俯顺舆情。已据赵沃续禀陈明，似与无故妄为者有间。其陈佐邦一犯，如果实系以降为擒，赵沃应即将其先行致死灭口，斩首送验，讵肯以生供解至提臣行营，自取败露？提臣既谓该逆目作恶多端，不能贷其一死，抑思此等凶狡，安肯自拔来归。乃因供系来降，遂信其避就之词，遽加赵沃等以捏报之罪，使贼得快其反噬，不亦诬乎？提臣甫经出关，尚未见贼，而汲汲讦参赵沃，若拔眼中之钉，刻不容缓，是否与之抵牾，自在圣明洞鉴之中。广西系臣兼辖省分，赵沃久在该省带勇剿贼，历著勋劳。此次被参各款，既经查有屈抑，臣何敢避怨避嫌，不以上达天听。况越南正在用兵，若使罚非其罪，不惟无以振作士气，亦非所以宣示外藩。应如何仰沐皇仁，逾格恩施，俾该员赵沃等不至终身废弃，得以及时自效之处，伏候圣裁。

除恭录谕旨咨行提臣，于越南国筹拨米粮照给价值，毋令有所借口。并臣续接越南国王两次咨呈，及冯锡荣等原禀，抄录咨送军机处外，谨恭折据实具陈，伏乞皇太后、皇上圣鉴训示。谨奏。

攻克儋临客匪老巢现筹分别剿抚折

光绪五年四月初六日

奏为官军进剿儋、临客匪，叠次获胜，先后攻克和舍、那大等处匪巢，谨将分别剿抚情形，恭折由驿驰陈，仰祈圣鉴事：

窃臣于光绪五年闰三月初五日，承准军机大臣字寄："光绪五年三月十三日奉上谕：'刘坤一等奏官军进剿客匪，尚未得手，添募劲勇派员督办一折。着刘坤一饬令郑绍忠会同王澍，前往相机妥筹，所有水陆各军，统归节制调遣，以一事权。此事耽延已数月之久，该督务当严饬该镇道等，迅速蒇事，勿任迟回，致干咎戾。至该省土客构怨，屡肇衅端，皆由不得其平，致成固结莫解之势。刘坤一务当一面饬令各属文武，遇事持平，妥为安顿，庶免他处客民效尤滋事。将此由五百里谕令知之。'" 等因，钦此。仰见庙谟深远，圣虑周详，伏读之馀，莫名钦佩。当经恭录咨行，钦遵查照，并札饬各该地方文武，遇有土客案件，务须持平妥办，勿稍大意去后。

兹据郑绍忠、王澍先后禀称：该镇道等自省督师起程，至二月十五日驰抵琼州，各营进扎加来，旋又由加来移扎相距和舍匪巢二十里之莲塘地方，该处地势最为形胜。探闻该客匪仍在附近各乡村四出滋扰，并闻和舍股匪倚山筑垒，深浚濠堑，为悍党所麕聚，宜用滚营递逼之法，直捣中坚，相机剿办。一面委弁赍持印谕，许以招抚，由间道驰往匪巢，善为开导，俾旧客自拔来归，新客势成孤立。各营部署甫定，该匪往来哨探，计在诱扑我军营垒。二月二十九日黎明，派都司颜金、守备洗章带队，隐从树林两旁抄出贼后，该镇道等亲督各军，直抵和舍墟前，猛力环攻。该匪抵死拒敌，我军勇气百倍，前后夹击，枪炮如雨，轰毙贼匪三十馀名。匪势不支，且战且却，我军乘胜追至和合墟外，该匪约六七百人，各释器械，环跪马前，哀求招抚。当即派拨弁勇，押令该客匪等，安置墟后，听候分别查办。一面进扎两垒，将和舍匪巢，一律焚毁，谕令各缴军装，并将所掳土人妇女幼孩，交出给领。随经逐一查讯，内有屡次抗拒官兵之新客二十馀人，即在军前正法。又将旧客中之被胁者，发给告示，遣令赍赴那大各村，遍贴晓谕，以资解散。连日饬据该客目造缴各客民清册前来。正在遣散安插间，三月十五日，那大客匪，因见和舍客民眷口，出而就抚，胆敢率其悍党，并诱令兰洋新客绕出麦万地方，将客民男妇截回，复乘夜潜至山白、桥头、道尧等处，筑垒屯聚，以图抗拒。查山白等处距和舍仅十馀里，该镇道等即于是夜传令各营，五鼓造饭，黎明出队进攻，以都司颜金、守备冼章两军攻其前，以游击郑润材、守备黄忠保两军绕出桥头攻其左，以游击江志、千总莫善积两军攻其右，以都司陈廉养一军往来接应，以扼那大之路。十六日辰刻，我军齐出道尧，奋力截击。该匪率党迎敌，枪炮互施，彼此相持未决。适郑润材、江志等分督各军，先后掩至，以抬枪横击之，毙匪七八名，该匪遂弃道尧，趋并桥头，坚匿不出。当将道尧贼垒平毁。该镇道等即饬黄忠保、莫善积等，乘胜直捣桥头。该匪出巢死斗，鏖战两时，伤毙贼匪三十馀名，馀悉缩退。黄忠保等斩栅而入，贼遂弃巢而走。追至山白地方，遥见东西两贼巢，各出二三百人，排列以待，其迤东一巢，后靠松山，可以凭高视下。该镇道等饬令各军，注力东路，立斩骑马贼目一名，伤毙悍匪六七名。密派黄忠保等督队，疾驰抢占松山，以枪炮下击，并抛掷火包，一时茅篷尽毁。该匪夺路狂奔，我军奋勇追杀，毙匪三十馀名，遂将山白迤东贼巢攻破。其迤西贼垒，屹然不动。该镇道等督率各勇，分筑营垒，四面环逼，该匪屡次突围欲出，辄被我军击退。嗣窥匪志渐懈，挥令各军鼓勇而进，把总方乘滦执旗向前，身被枪伤，然犹手刃两贼，力竭阵亡。各勇鱼贯继进，歼毙贼匪八十馀名，生擒七名正法，夺获贼马两匹，枪械二百馀件。查点阵亡勇丁谢明等八名，受伤勇丁刘辉等二十三名。此克复和舍墟，连破道尧、桥头、山白匪巢之实在情形也。

旋闻该匪连夜窜回那大、兰洋老巢。查兰洋距番区口二十里，该处地近黎界，诚恐该匪等铤险窜入。当饬传出黎总，及熟悉黎情之绅耆人等，谕令联络声势，扼要堵截，并赏给银牌猪酒，激以至诚，许以优奖。该黎总等均各唯唯听命。自十八日后，阴雨连绵，未便前进，即将和舍就抚客民，先行遣散渡海，分赴徐闻、遂溪两县，择地安插。二十七日，天色晴霁，该镇道等督军由山白进扎风门坳，闰三月初三日，进扎英茶、杨龙等处地方。是夜，有先经就抚、旋被截回各客民三百馀名，复由贼营逃出，据称兰洋之匪已退入番区凹口，依山为巢。该镇道等派令守备黄忠保、冼章、千总莫善积等，各出六成队，于初四日黎明，前赴兰洋，觇匪虚实。行至大坡洞地方，歼其守路贼匪二名。比抵兰洋，该匪尚屯墟外小垒，一见我军踵至，即放火焚垒，退入番区。我军奋力追至凹口，毙匪七名，擒获生供三名，夺获贼马一匹，枪械十馀件，随即收队回营。该镇道等以匪众退守番区，希图恃险负固，此时那大匪巢未拔，势不能专力注攻。即经谕令各营，高垒深沟，以遏番区出窜之路。初七日，我军由英茶出驻儋州属之南罗。该匪约百馀人，隐伏树林中，先遣数匪出而诱敌。该镇道等即派江志、颜金等，从旁袭击，复令郑润材带队合攻。该匪腹背受敌，夺路奔逃，歼毙三十馀名。生擒十五名，坠崖死者不计其数，夺获旗械数十件。闰三月初十日，我军由南罗进扼莲花山，该处距那大仅十二三里。遂密谕诣营求抚之旧客谢丹元等，指授机宜，约令从中举事，内外夹攻。是日辰刻，派江志、郑润材、颜金、黄忠保、莫善积等，各带队分道并进。甫抵那大墟外，谢丹元等望见官兵已近，从四面各炮楼杀出，我军鼓噪向前，斩毙悍匪数十名，匪众仓皇失措，悉数窜向石颈而去。我军追杀九十馀名，生擒二十七名，当将那大匪巢攻克，先后所获生供，分别讯明正法。此克复兰洋及那大老巢之实在情形也。

此次旧客内应立功，其向化之诚，尚属可嘉。现已督饬地方文武，妥筹安辑等由，禀报前来。

臣伏查和舍、那大两墟，最为坚固，客匪据为巢穴，逆焰颇张。今该总兵郑绍忠等，亲督各军，次第攻拔，斩获甚多，洵足以挫凶锋而寒贼胆。且老客就抚，而新客益孤，现虽窜踞石颈、番区凹两处，其势已极穷蹙，似不难刻期扑灭，迅图蒇事，以慰宸廑。

除饬令郑绍忠等趁此声威，迅速进攻，以期一鼓荡平，并将就抚各客民，督饬地方文武，妥为安插，实力保护，毋任土民再事陵逼，以安反侧，仍将剿办情形及此次伤亡弁勇，分别造册，另行禀报外，所有官军进剿儋、临客匪，迭次获胜，先后攻克和舍、那大等处匪巢及分别妥筹招抚缘由，谨恭折由驿驰陈，伏乞皇太后、皇上圣鉴训示。

再，广东巡抚系臣兼署，毋庸会衔，合并陈明谨奏。

绅众捐集堤工请准建坊旌奖折光绪五年四月初六日

奏为广东爱育堂修筑清远县石角围全堤工程完竣，请旨准其建坊，以示旌奖，恭折具陈，仰祈圣鉴事：

窃照广东清远县之石角围堤，于上年三月内再次被水冲决，经臣会同前抚臣张兆栋，于奏报城西风灾片内，附陈在案。

伏查石角围堤当北江上游之冲，每遇春水涨发，狂澜急溜，势若建瓴，全恃此堤为之捍御，一有溃决，不独下游之三水、花县、南海、番禺等处田庐太半被淹，即省城外西关各街衢，亦成泽国，饥民遍地哀号，土匪乘机出没，筹赈筹防，深虞棘手，所系诚非浅鲜。道光、咸丰年间，此堤屡修屡圮，其决口之处，竟成深潭。乃于堤内作偃月形，向外斜抱决口，使水绕折而下。同治年间，幸保无恙。至光绪三年，北江水势盛涨，该堤冲刷百馀丈之宽。当经臣督饬官绅，照旧修筑，于光绪四年正月竣事。不图是年水势之大，甚于往年，新修之堤，土未坚实，随复溃决。

维时议者谓宜退至堤内数里之大布冈，依山为堤，方能巩固而垂久远。臣以经费浩大，札委爱育堂董事职员冯世谦、曾松杰等筹款承修，并照会在籍之前顺天府府尹梁肇煌、前翰林院侍读学士李文田督办。李文田躬往履勘，随来臣署指陈形势，请修老堤决口，并将全堤补修，以期一劳永逸，力言大布冈修堤之议，决不可行，且以积水算法，反覆辩论。询之爱育堂董事，皆以为然。由是刻日兴工，李文田不时亲往监视，爱育堂董事则食宿堤上，无间宵旰。一面与李文田筹捐巨赀，以资接济。历时一年之久，用银八万有奇，于本年三月呈报工竣。臣随委候补同知晏赐书，会同署清远县陈起倬前往勘验，计修筑决口及修补上下旧堤共七百六十丈，一律皆用石砌，并于堤脚另筑石坝三道，以杀水势，委系工坚料实。此项工程，民捐民办，应请免其造册报销。所有捐赀出力人员，均不敢仰邀议叙。惟查此次巨工告竣，有裨国计民生。且自开设爱育堂以来，地方一切善举，莫不认真筹办，足以鬯达皇仁，内如城乡宣讲圣谕一条，尤有益于人心风俗。即上年西关风灾，清远水灾，一切抚恤事宜，亦爱育堂捐办之力居多。臣窃叹该绅董等之好行其德，而广东各殷富之重义轻财，为他省所不及也。相应援例请旨，准其建坊，给予“乐善好施”字样，以示旌奖，而昭激劝。

兹据布政使成孚取具委员勘验切结，详请具奏前来。除咨部查照外，臣谨恭折具陈，伏乞皇太后、皇上圣鉴。

再，广东巡抚系臣兼署，毋庸会衔，合并陈明。谨奏。

据报冯军获胜并筹解军饷片

再，臣于光绪五年四月初三日接准军机大臣字寄：“光绪五年闰三月十三日钦奉上谕：‘本日已有旨令杨重雅来京，另候简用，广西巡抚令张树声调补，并饬其即赴新任，毋庸来京请训矣。杨重雅着俟张树声到任后，再行交卸起程。官军剿办李扬才股匪，久未蒇事，杨重雅前奏既多敷衍之词，迄今日久，亦未据将军情贼势，续行奏报，朝廷殊深廑系。着刘坤一、杨重雅、冯子材饬令派出官军，实力剿洗，迅将该逆克期扑灭，以靖藩封，毋得再事耽延，自干咎戾。张树声未到以前，杨重雅责无旁贷，所有剿贼机宜，仍当与冯子材妥为筹商办理，不得存五日京兆之见，致滋延误。’”等因，钦此。

窃臣迭准广西提臣冯子材咨报：自攻克左鸾、左丁、左大逆巢，并收复河渭总、冷市等处，后①随即督军前进，于二月二十九日，次第攻拔板旺、板落两处贼垒。自三月初三日至初六日，将板戈、那瀚、叫旺、左宁、邱瓜等匪巢，先后平毁，斩馘极多，夺获旗械不少。现在合攻左舍匪巢等语。并据臣所派委员冯锡荣等探报，亦称提臣各营在于者市及左舍后路屡次接仗获胜，斩获无算，并称有匪首黄桂廷，率党数百名，投诚前队军营，解经提臣分途安插。惟所需米粮，虽经越南筹解，无如道途险阻，每致稽延，各勇有时煮粥度日等情前来。

伏查提臣久历戎行，而李扬才又其旧部，知彼知己，自能调度合宜，军情变动不常，未可从中遥制。惟提臣所部及李扬才伙党，多系隶籍钦、灵，臣谆嘱提臣，凡遇招纳降人，务须慎重防维，不可稍涉大意。至提臣正在与贼相持，各营所需米粮，最为紧要。臣现又照会越南国王，务饬该各省臣，设法源源接济，以免枵腹荷戈。一面飞札广西藩司，将提臣月饷，赶紧拨解，不得

①中华书局版无“后”字。

延欠。并由广东拨银二万两，交广西委员领解，以供支放而助饱腾。

除恭录谕旨分别咨行钦遵办理，并提臣剿办一切详细情形由抚臣具奏外，所有据报接仗获胜及筹解饷项各缘由，臣谨附片具陈，伏乞圣鉴训示。谨奏。

查勘各处风灾请奖捐赀抚恤官绅片

再，上年三月初九日，广东省城西门外地方，陡被风灾，经将查办大概情形，附片具奏。钦奉上谕："着先行确查，妥为抚恤，俾无失所。其压毙淹毙人口，以及被风损坏之房屋船只，分别资助，殓埋修复。至距省较远之处，有无同时被风，田庐船只等项有无伤损，人口有无伤毙，并着迅速查奏，一面设法安抚。"等因，钦此。当经转行钦遵，分别查覆。并督同各官绅，倡捐银两，发交爱育堂董事候选道陈桂士等，将抚恤事宜妥为办理。

兹据藩臬二司详称："上年三月初九日风灾，南海县属城西一带地方，吹倒庙宇民房铺屋二千八百馀间，压毙男妇一千四百馀名口；省河一带沉覆大小船只二百馀号，溺毙三百馀人；南海县金利司属地方，吹倒房屋二百馀间，伤毙男妇六十馀名口；黄鼎司属地方，吹倒房屋五百馀间，伤毙男妇一百馀名口，河面沉覆船艇九十馀只，人口间有淹毙；番禺县属土名河南芳村地方，吹倒铺屋一百馀间，伤毙男妇二十馀名口，河面沉覆大小船艇一百馀只，淹毙男妇约一百馀名口；东莞县属土名下南河面沉覆渡船一只，溺毙男妇二十馀名口；各处受伤人口，共有五六千人，而城西贫民，因屋宇倾颓，栖身无所者，亦以数千计。均经督同地方官，协同爱育堂绅董，筹集经费，查明各处被风损坏之房屋船只，以及压毙淹毙人口，择其无力者，分别酌助修费，给棺殓埋，其馀受伤男妇，则施药医调，无业穷民，则设厂赈米。数月以来，被灾贫民，均皆复业，地方元气渐复，闾阎一律敉安。此外各属，查无同时被风”等情，详请具奏前来。

臣伏查上年三月初九日风灾，仅止一两时之久，风势所及亦止数百里之遥，而中挟黑气，猛烈异常，以致庐舍倾颓，舟航沉覆，伤毙人口至数千之多，省城西关外地方，被灾尤重。臣与前抚臣张兆栋等前往勘验，不胜惨目伤心。粤海关监督俊启，首捐重赀，由是各官绅输将踊跃，地方殷富，竟有不书姓名，暗以银票投爱育堂者，数月之内，即得数万金。该董事陈桂士等，悉心经理，不惮辛勤，故能抚存恤亡，一切均臻妥协。此项经费，系由官绅士民捐赀办理，并未动用库款，应请免其造册报销。所有捐赀出力之官绅士民人等，业经由臣分别给与外奖。惟该绅陈桂士，贤劳懋著，并筹办清远水灾赈务，与事始终，可否仰恳天恩，饬部从优议叙，出自逾格鸿慈。

臣谨附片具陈，伏乞圣鉴训示。谨奏。

在籍绅士督办机器出力请加恩赏片

再，查广东为滨海要区，必得轮船驾驶，且旗绿各营分别抽练，需用枪炮亦多。经前督臣瑞麟，于同治十三年设立机器局，自行制造，并经奏明委派在籍绅士花翎候选员外郎加捐三品衔江苏试用道温子绍经理，迄今数年。该绅资性聪明，深谙西法，所有制造枪炮以及火箭、水雷等项，无不合用。其格林炮一项，灵巧不让外洋，而价值则减大半，是以直隶各省，纷纷来粤购办。广东近来度支拮据，该绅于局中经费与一切工料，无不力求节省，每遇放款不敷，自行在外垫借接济，俾无废事，其公忠尤为可嘉，宜乎名闻遐迩，山东、江苏、云贵、越南等处争欲罗致也。

查各省设立机器局及同文馆，所有得力人员，屡经奏恳恩施，量予奖励。今温子绍办理粤东机器局务，著有成效，且其人亦系国家有用之才，堪备任使，可否仰恳天恩，赏给二品顶戴，以昭激劝之处，出自逾格鸿施。

臣谨附片具陈，伏乞圣鉴训示。谨奏。

平定儋临客匪筹办善后事宜折光绪五年五月初一日

奏为官军剿灭儋、临客匪，全股荡平，地方一律肃清，现在筹办善后，恭折由驿驰陈，仰祈圣鉴事：

窃照广东琼州府属之儋州、临高县客匪纠众滋事，先经臣调派署南韶连镇总兵郑绍忠，会同卸雷琼道王澍，督带兵勇，驰往剿办。郑绍忠等到琼后，先后进剿获胜，克复和舍匪巢，将就抚各客民，妥为安插，旋复督军攻破兰洋及那大老巢，该匪退踞儋州属之石颈、临高县属之番区凹两处各情形，均经臣随时奏报在案。

查石颈与番区凹相去约二十馀里，后枕由万山以相联络，均系层峦叠嶂，路径崎岖，该匪倚险筑巢，负嵎自固。现值天气炎热，夏瘴方生，深以日久旷持，骤难得手为虑。即经臣谆饬郑绍忠等，督率各军步步进逼，一面断其接济，遏其应援，使之心腹溃而首尾离，以收聚歼之效。兹据郑绍忠、王澍先后禀报：闰三月二十二日黎明，我军由莲花山进扎兰洋墟，正拟择地筑垒，忽悍匪二百馀人从番区凹来扑，该镇道挥令各军，并力抵御，枪炮排击，毙贼十馀名，割取首级五颗，匪势不支，败退回山。我军正在追蹑，适石颈、由万山两处各出四五百人，分为三路前来搦战，我军亦分三路应之。先败其右路之贼，擒斩三十馀名，中左两路，同时俱溃，追斩十数名，夺获枪械多件。是日我军垒成，番区之匪，由是不敢轻动。是夜四鼓后，该镇道等派守备冼章、黄忠保两军，由兰洋进扎连珠山，筑营四座。次早复令千总莫善积一军，从莲花山进扎筠岭，为连珠山各军接应。四月初一日早，郑绍忠亲督游击江志、都司颜金两营，进扼红石岭、潺水岭两处，以逼石颈匪巢。该匪约五六百人出巢诱敌，我军惟以抬枪遥击之，贼旋引去。初二日黎明，分队进扎松门岭、尖岭，相距石颈仅二三里。该匪因失番区之援，其迤西之南丰、迤东之岑岺，亦经我军牵制，石颈已成坐困，遂坚匿不出。该镇道等察看形势，拟先进剿石颈，次图番区。初四日晚，传令各军五鼓出队，派江志、颜金两军由西路进攻，莫善积、邓镇邦两军由东路进击，郑绍忠亲督郑润材、陈廉养各军从潺水岭、尖岭直捣云峰岭。一面飞饬冼章、黄忠保，由连珠山出队，以缀番区之匪，使之不敢远离巢穴。初五日早，天未明时，我军偃旗息鼓，向云峰岭沿山缘壁而上，薄近匪巢，匪始惊觉，齐出拒敌。我军径前冲突，鏖战半时许，阵斩悍匪四十馀名，馀皆狂奔趋并连台岭，当将云峰岭贼垒平毁。江志、莫善积等见云峰岭已破，莫不勇气百倍，争先击贼。连台岭之匪，弃巢纷窜，我军歼毙匪党百馀名，遂合力以攻石颈。该匪于左右两山，高筑炮台，土寨林立，计在死守。该镇道激励将士，许以重赏，饬令都司颜金、千总刘成督率所部，由大坡岭抢扎后山，与前面各勇奋力夹攻，枪炮齐施，声震岩谷，毙匪七八十名，即将土寨炮台一律踏毁，匪党悉聚石颈。郑绍忠当饬江志、郑润材围其左，颜金、莫善积围其右，陈廉养、邓镇邦等往来策应，层递攀缘，蚁附而上，垒石作壁，以避弹丸，前者已伤，后者继进。该匪以无路逃生，并力死斗，自午至申，两时之久，斩其先锋百馀名，夺获旗帜器械无算，馀匪翻山越岭，坠崖落涧死者不计其数，我军遂破石颈据之。是役也，阵亡勇丁邱长等六名，受伤勇丁胡启等十二名。初六日，该镇道督军进捣由万山贼巢，各匪望风瓦解，乘夜率领眷口，绕道窜往番区凹内。当将所遗篷寮百馀间并堆积米谷概行焚毁。此克复石颈等处匪巢之情形也。

石颈一带既已攻克，番区势成孤立。其地广袤二十馀里，万山丛杂，该匪分筑土垒炮台数十处，掘山断道，麕聚一隅。初八日午后，该镇道派陈廉养、洗章率勇攻凹口之南，黄忠保、莫善积率勇攻凹口之东，江志率勇攻其西，郑润材、颜金率勇直捣中路，复令邓镇邦等带领绥靖勇，督率临高县武举王肇元等练勇二百馀名，堵守岑岺。初九日黎明，陈廉养等督队出战，该匪率三四百人拚死来拒。我军施放枪炮，子如雨骤，匪不能前，退伏树林中。各勇砍伐松枝，牵负而上，填其掘道，大呼陷阵，遂夺两垒，歼匪四十馀名。郑润材等率勇掩至，连破三垒，毙匪六七十名。两路纵横荡决，将大小土寨炮台二十馀座，次第扫除，擒斩悍贼二百馀人。黄忠保等随率劲卒，以火箭喷筒，向下注射，番区匪遂惊乱，然犹死守东凹口，轮放枪炮，以图喘息。莫善积亲冒矢石，率勇乘势疾攻，斩匪二十馀名，破其炮台三座。黄忠保等鼓噪而前，擒斩百馀人。时江志、颜金各军，先后驰至，四面合围，连环进攻，声势甚盛。该匪死伤相继，夺路狂奔。我军破其土垒五座，歼擒二百馀人。番区馀匪窜入岩内，我军斩取草薪，堆积岩口，纵火焚攻，烧毙男妇悍贼数百人，伏尸枕藉。随即进剿那坪山，该匪不战而走，追斩复百馀人，馀悉赴水淹毙。我军阵亡弁勇谢莹等十三名，受伤勇丁彭春等三十七名。此克复番区凹一带匪巢之情形也。

现饬各军遍山搜获匪党四十馀名正法，并查出被掳男妇幼孩，分别传属给领完聚。儋、临两属，已无贼踪。另有就抚新客三百馀人，亦即遣往雷州安插。其馀老客百数十村，均属安堵，土人陆续复业，与老客耦居无猜。所有一切善后事宜，应由地方官接办等由前来。

臣伏查此次儋州客匪，因临高土民粜谷争斗起衅，辄敢纠众滋扰，焚劫乡村，掳杀土民男妇，并复逞凶，抗拒官兵，实属行同叛逆。经臣调派郑绍忠等，亲督各军驰往剿捕。该匪等均系百战之馀，凶悍狡谲，迥异寻常。仰蒙圣谟远运，指授机宜，责以迅速蒇事。兹幸郑绍忠等，忠勇夙著，调度有方，各将士敌忾同仇，踊跃用命，迅将该客匪全股戡定，匪犯无一漏网，实足以上伸天讨，大快人心。惟是郑绍忠等，于蛮烟瘴雨、深箐叠嶂之中，冒暑遄征，备尝艰险，阅时未及三月，即行告厥成功，洵属卓著勋劳，自应破格优奖，以示鼓励。署广东南韶连镇潮州镇总兵记名提督郑绍忠，拟请赏穿黄马褂，并交部从优议叙。卸雷琼道王澍，请交部从优议叙。花翎副将衔补用游击江志、花翎参将衔尽先补用游击郑润材，均请免补参将，以副将尽先补用，江志并请赏给勇号。花翎补游击后加副将衔尽先补用都司奏补南韶连镇右营都司颜金、花翎游击衔尽先补用都司陈廉养，均请免补游击，以参将尽先补用。蓝翎尽先补用守备补缺后以都司尽先补用邓镇邦、花翎都司衔尽先补用守备俟补缺后以都司尽先补用补都司后加三品顶戴冼章，均请免补都司，以游击尽先补用，邓镇邦并请赏换花翎。蓝翎都司衔尽先补用守备黄忠保，请以都司尽先补用，加游击衔，并赏换花瓴。蓝翎守备衔补用千总莫善积，请免补守备，以都司尽先补用，并赏换花翎。守备衔尽先拔补千总新拔佛冈营左哨千总刘成，请以守备尽先补用，并赏戴蓝翎。武举王肇元请以千总归标拔补，并赏加守备衔。其馀在事出力文武员弁兵勇，及伤亡弁勇人等，可否容臣分别查明，另请奖恤，出自逾格鸿慈。

除檄饬该地方文武，清查匿匪，追缴军装，所有就抚各客民回籍，各土民分别安抚保护，毋令再生衅端，并令郑绍忠等督率全军，凯旋回省，仍酌留勇丁数百名，随同琼州镇道查办儋、临两属善后事宜，以定人心外，所有官军剿灭儋、临客匪全股荡平各缘由，谨恭折由驿驰陈，伏乞皇太后、皇上圣鉴训示。

再，广东巡抚系臣兼署，毋庸会衔，合并陈明。谨奏。

护送琉球遭风难民赴闽转送回国折

光绪五年五月初一日

奏为护送琉球国遭风难民赴闽转送回国，恭折驰陈，仰祈圣鉴事：

窃臣于上年十二月二十九日，据署广东南海县知县袁祖安禀称："琉球国八重山岛司官松大著等五十三人，因赴该国纳贡，事竣乘船回岛，中途被风击坏船只，飘至徐闻县属洋面，遇救得生，由前途徐闻等县递送来省。该难民等，内有蒲津加山、山国场、加新城三名，在途因病身故，就地收埋。尚有松大著等五十人，业经该县租给房屋，支发口粮，妥为安置"等情。当饬广东布政使查照定例，加意抚恤，每名日给粮米一升，盐菜银一分，仍查照同治十一年资送在洋遭风之琉球国人长兴、善庸等由闽回国成案，妥为办理。随据南海县禀报，该难民内嘉永教、平加那、龟川平等三人，患病沉重，医治不效，于本年正月十三、十五、十七等日，先后病故，均经验明棺殓。据松大著等字称，不愿运柩回籍，已在粤省官山埋葬，其馀松大著等四十七人，请即给照护送赴闽。当经派委准补粤闽南澳同知孙志钧、两广督标中营尽先补用都司张逢福，护送起程，前往香港，搭坐轮船赴闽，咨会闽省督抚臣，饬令地方官，照例酌给行粮，俟有琉球便船，饬令附搭回国，并照会琉球国王查照去后。随据委员孙志钧等禀报，护送该难民等起程，行抵香港，内有长琦山一名，在港患病，当交该处文华医院调治，旋于正月二十三日病故，即经棺殓浅埋标记，应听该难民亲属自行赴港运棺归葬，该委员等即护送松大著等四十六名，前往闽省等情，据广东布政使成孚详请具奏前来。

除饬将支过琉球国难民口粮、行粮、恤赏、绵衣、棺药等项银两，造册报销，并咨明户部查照外，所有护送琉球国遭风难民赴闽转送回国缘由，谨恭折具奏，伏乞皇太后、皇上圣鉴。

再，广东巡抚系臣兼署，毋庸会衔，合并陈明。谨奏。

筹款支放军饷片

再，琼州府属儋、临客匪滋事，所有调兵募勇，前往剿办情形，业经节次奏报在案。

兹据广东善后总局司道会同广东布政使成孚详称：“此次剿办客匪，署琼州镇总兵何明立，调募兵勇一千一百馀名，留粤尽先补用副将滕三元，招募新勇三百六十名，又由廉州添募保安新勇五百名，由省调拨绥靖营勇及开花炮队二百二十名，调派署南韶连镇总兵郑绍忠旧安勇九百名，该镇新募安勇二千一百名，共计调募兵勇五千一百馀名。内除郑绍忠旧部安勇九百名、绥靖营勇二百名，向有额支，毋庸另议。又何明立等原拨兵勇，续经奉饬酌量裁撤七百馀名外，统计现在尚有兵勇三千三百馀名，应由省局另筹饷糈，解琼支应。所有此起兵勇口粮，以及文武员弁薪水、公费、夫价，并军装、铅药一切杂支，每月约共需银二万馀两，必须按月解济。惟库储正当匮乏，而军饷亟待筹支，不得不于左支右绌之中，勉作挹彼注兹之计。查粤省前因筹办海防，经将粤海关洋药正税项下原拨剿捕高、廉等处伏莽勇粮银二万两，奏准改充海防经费，自光绪二年闰五月起，至是年七月止，按月照拨银二万两。旋准粤海关监督移知，收数不敷拨解，自二年八月至三年六月，每月仅拨解银一万两。嗣因查办惠州府属土匪，兵勇薪粮等项，待用孔殷，每月又增拨银三千两，计自光绪三年七月以后，每月均拨解银一万三千两。即以九千两充支惠属办团经费，其馀支给炮台工程及绥靖营勇薪粮等项，业已随时尽数支销。刻下琼州大兵云集，需饷甚殷，再四思维，拟请在于奏准改拨海防经费银二万两项内，除每月拨解充支惠案经费等银一万三千两外，另行添拨银五千两为琼州剿匪军饷，仍归海防项下并计，将来即在善后项下归还。并在运库按月借拨银五千两，连海防经费项内添拨银五千两，共银一万两，均自本年正月为始，按月解交善后总局，以为琼州剿办客匪专款，其馀尚有不敷，即由藩库厘局，随时拨借接济。一俟剿匪事竣，即将运库借款停止”等情，详请奏咨立案前来。臣覆核无异。

除咨明户部及南洋大臣查照外，谨附片具陈，伏乞圣鉴。谨奏。

封禁荒岛拟请安插客民片

再，广东雷州府遂溪县属之涠洲墩一岛，孤悬海外，周围四十馀里。该处界连廉、琼，壤接越南，乾隆年间，曾经议设汛防，屯兵驻守，嗣因飓风猛烈，礁石嶙峋，遂复中止。嘉庆十五年间，洋盗乌石二盘踞劫掠，经前督臣百龄奏请永远封禁，毋许奸民偷越私垦。厥后地方辽阔，远隔重洋，蛋户贫民，仍不免私往耕种，商船渔艇，亦间有停泊寄碇者。同治七年间，法国领事又有教士在彼传教之请，虽经前督臣瑞麟婉词推却，并饬地方官随时查禁驱逐，而旋去复来，终难祛除净尽。现闻在彼居住者，教民与客民居其大半，土民亦复不少。若复援案驱禁，不惟有名无实，徒使若辈无地谋生，流而为匪，并恐外人以教民之故，借为口实，是以数年以来，听其居处，尚属相安无事。此次儋、临就抚客民三百馀人，经总兵郑绍忠等派员遣往雷州府属各县，择地安插。而该客民等，以该岛有亲可依，有地可耕，自愿迁往居住种作等情，禀经郑绍忠等分别办理。臣以涠洲墩系久经封禁荒岛，并经奏明有案，固未便遽与开禁，致启逸居无教之渐，更恐将来生聚日繁，转成纳污藏垢之所。况土客杂处，嫌隙终未尽释，群居日久，纷争究属堪虞。臣详加察访，当时因该岛地土硗薄，淡水无多，既虑柴薪不足，且亦屯粮未宜，是以奏请封禁，免为盗贼渊薮。近来地渐肥沃，耕种固可望有收，即其馀旷土平坡，杂粮亦可期栽种。度势审时，不得不权衡缓急，饬令妥为安插，仍饬该管道府督同遂溪县随时察看该客民等在彼能否相安，不致日后滋生事端。并饬藩、臬两司，遴委明干大员，会同地方文武，前往履勘该岛地势若何，果否堪以开垦，应否奏请弛禁，及应如何添设文武员弁派兵驻守，通盘筹画，悉心妥议，据实禀覆，另行奏报外，臣谨附片陈明，伏乞圣鉴。谨奏。

试办抽捐海防经费片

再，窃照同治十三年间，钦奉谕旨筹办海防，节经各前督臣察看粤省海口情形，拟将虎门等处炮台妥议兴修，并添买洋炮、轮船，择要驻扎。臣抵任后，又经会商抚臣、提臣，将虎门、威远、下横档炮台赶修完固，再将沙角等处炮台接续兴工，并拟制造大号木壳兵轮，以资战守，所有拟办情形，节经奏明在案。

惟粤东近年库项匮绌异常，办理海防并无专款，是以炮台则工程作辍，船炮则购置无多，各前督臣办理数年，迄未就绪。光绪元年间，前抚臣张兆栋于沿海沙田，每亩抽银二钱，以充经费，为数无几，仍属杯水车薪。二年六月间，臣复奏准将粤海关洋药正税项下月拨剿捕高、廉等处伏莽勇粮银二万两，改充海防经费。而关库入不敷出，仅于是年闰五月至七月照数拨解，自八月以后，每月只解银一万两，三年七月以后，又增解银三千两。时因办理惠州府属土匪兵勇薪粮等项，无款可筹，不得不挹彼注兹，在于海防经费项下暂行支应。近日琼州府属儋、临客匪滋事，征调频仍，军饷所需，亦因库款不充，又在海防经费项内暂行借支解济。以致海防本款无可供支，炮台尚难完工，更无论置买船炮之巨款矣。目下海防吃紧，粤省东南要地，尤当未雨绸缪。惟欲办理海防，必须宽筹经费，当经督饬广东藩司成孚悉心擘画，勉力图维。兹据该司详称："据商人黄进源等具禀，请于通省洋药抽捐海防经费，即由该商包抽包缴，先行试办五年，第一年认缴洋银四十二万圆，以后每年递加银二万圆，岁分四季匀缴清款。此项抽捐银两，专为海防经费之需，与关税、厘金并无干碍。察看商情，甚为踊跃，举办并不为难，拟即饬议章程，准其开办”等情前来。

臣伏查粤省海防，目下亟须筹办，只以库储支绌，布置綦难。今该商等请于通省洋药抽捐海防经费，既经该司察看，于商情无碍，而于防务有裨，自应准其试办。

除饬议章程妥为办理，并咨明总理各国事务衙门暨户部外，臣谨附片陈明，伏乞圣鉴训示。谨奏。

委署提镇等缺片

再，臣接据署潮州镇总兵张得禄呈报，于光绪五年闰三月二十九日接到家信，知亲母万氏于光绪四年十一月十九日在寄籍顺天大城县病故，例应丁忧回籍守制等由前来。

伏查潮州民情犷悍，又系中外交涉之区，必得明干有为之员，方足以资弹压。查署陆路提督南韶连镇总兵方耀，前署潮州镇，卓有能名，现经臣委往潮属之揭阳县查办匪徒，应即令其接署潮州镇篆，以资熟手，并令调回带往惠州之练勇五百名，合之原存潮州练勇五百名、练兵五百名，为办理海防之用。其所遗陆路提督员缺，查有署理臣标中军副将记名提督李占椿，勇略兼优，亦有血性，堪以接署。惟惠州查办土匪未竣，仅有练兵五百名驻防，尚嫌单薄，拟令李占椿另募练勇五百名，以厚其力。嗣后该处查拿土匪，仍归府县办理，遇有抗官拒捕之案，抑或纠伙滋事，随时禀由该提督派拨兵勇，前往协缉拿办，自非临阵格杀所获之犯，立即解交惠州府谳局收审，不准留营羁押，以免瘐毙。此项另募练勇薪粮，由省城善后总局支发。所有方耀署提督任内，每月拨银九千两，本系海防经费，仍应提回本款，修筑虎门等处炮台，免停要工而误时局。至所遗臣标中军副将缺，查有升用提督记名总兵刘光裕，稳练慎勤，堪以接署。

除分别咨行查照办理外。谨附片具陈，伏乞圣鉴。谨奏。

请奖缉捕出力各员片

再，粤东地方，幅员辽阔，水路则海洋浩瀚，陆路则山径纷歧，盗匪窥伺劫掠，出没靡常，全赖地方文武，力戒因循，认真缉捕，方足以靖闾阎而杜扰害。叠经臣严饬各营将备，振刷精神，讲求捕务，果能不避艰险，擒贼立功，自当择尤请奖，以昭激劝在案。

兹查有管带安澜轮拖船署海口营参将事海安营游击吴迪文、硇洲营都司郑殿英，督带水师船只，在于钦州、海康及越南附近一带洋面，涉历风涛，往来巡缉，叠次拿获洋盗吴观保、马枝秀等五十馀名，解交地方文员讯明惩办，当场击破匪船十三只，夺获匪船三十四只，炮械不计其数，并起获事主水手马中元等六十一名，分别给领。又广州府属清远县地方，民情素称强悍，伏莽时虞蠢动。署理清远营游击副将衔补用参将宋荣藻，自到任以来，督带弁兵，严密堵缉，陆续拿获盗犯黄亚占等七名，解交地方官讯办，汇册奏报。又获著匪姚庚芢一名，协获阑入佛冈厅城匪首欧就起一名，先后解办，均于克复佛冈厅城案内详晰奏明。上年十二月内，又获要犯陈亚鉴一名，解府勘转，亦经批饬正法。缉捕极为认真，盗匪因之敛戢。以上三员，均属忠勇素著，遇事奋勉，即平日操防训练，亦能悉合机宜，洵为将领中缓急足恃，异常出色之员。既经叠次擒贼立功，似未便没其微劳，可否仰恳天恩，俯准将现署海口营参将事海安营游击花翎补用参将捷勇巴图鲁吴迪文请以副将尽先补用，蓝翎硇洲营都司预保堪升外海水师游击郑殿英请赏换花翎并加参将衔，现署清远营游击花翎副将衔补用参将宋荣藻，请以副将仍留广东尽先补用，以示鼓励，出自逾格鸿施。

臣谨会同水师提督臣翟国彦、署理陆路提督臣方耀附片具陈，伏乞圣鉴训示。谨奏。

奏疏卷十五

粤省轮船未能远赴吴淞操练折光绪五年六月十五日

奏为粤省各号轮船系为本省洋面内河缉捕之用，势难远出赴操，谨将实在情形，恭折奏祈圣鉴事：

窃臣于光绪五年四月二十四日，承准军机大臣字寄：“钦奉上谕：‘现在沿海各省皆有兵轮船驻扎操防，惟操法既非一律，声势亦未联络，设遇有警之时，诚恐未尽得力，自应认真操练，以期足资捍御。着派李朝斌为外海兵轮船统领，所有各省兵轮船，着该督饬令将弁间两月赴江苏吴淞口一次，由李朝斌督率合操。’”等因，钦此。仰见圣谟广运，慎重兵防，跪诵循环，曷胜钦服。

惟是轮船一项，船身有大小之殊，入水亦有浅深之别，船大而入水深者，则宜用之外海，船小而入水浅者，只宜用于内洋。粤省数年以来，购制各号轮船，皆为本省各海口及内洋近处缉捕之用，船身本不甚大，入水亦不甚深，实未能经涉大洋，远赴吴淞口操练。谨将实在情形为我皇太后、皇上一详陈之。

查同治五年间，前抚臣蒋益澧因洋面盗案叠出，经与前督臣瑞麟会商，向英、法两国购买绥靖、澄清、镇海、飞龙、静波、安澜、镇涛轮船七号，以资巡缉，内除飞龙一号，已于同治十三年八月内被风击沉，又镇海一号，年久损坏不堪驾驶外，现在尚存轮船五号。又同治十三年，前督臣瑞麟会同前抚臣张兆栋奏设机器局，派委精于机器之绅士温子绍在局自行制造轮船，先后制成内河小轮船一十六号，派拨东、西、北三江，分段巡缉，业经各前督抚臣先后奏明在案。此粤东购制洋面内河缉捕轮船之原委也。

以上各轮船购买、制造之初，原为本省缉捕之用。粤省各海口港汊纷歧，若轮船吃水过深，遇有水浅之处，即不能行驶，而洋面贼船本不甚大，但有长至数丈之轮舶，即可制之，是以各前督抚臣，因地制宜购制轮船，无长至十五丈以外者。臣于覆奏前督臣英翰沥陈粤省事宜折内声明，粤省先后购备轮船二十馀号，内有五号较大尚堪巡缉外洋，亦不足以支巨敌者此也。前年台湾之役，臣本拟遣轮船往探情形。其时管带轮船各将弁，即称粤省轮船之小者，船身逼窄不能敌巨浸之风涛，且船中存煤不多，止可到一日往还之处。其大者，行驶年久，船身亦与新购者不同，风平浪静之时，尚可遄行无阻，一遇台飓，即恐不支，万一遇见敌船，势须开放大炮，船身震动，更有损裂机器之虞，倘在附近海洋，尚可驶回修整，越省远出，即觉种种为难。臣复诘以此项轮船内有购自英、法两国者，由彼以至中国能经数万里之大洋，何以台湾数千里之程转形阻滞？据称当时购买此项轮船，其船中机器系由外国运来，船身则在香港装配，当时原因粤省各海口水浅之处颇多，船只务在轻捷便利，是以就近装造，以期适用。臣稽诸案牍，询之官绅，均与所言相符。且查外国轮船大者长至数十丈，工料一切动须十馀万金，或数十万金，粤省所购各号轮船价银无逾五万两者。且外国轮船机器船身一切，阅数月则停驶加修，阅数年则全身折造，粤省各船停泊之时既少，从未大修，恐未便远涉大洋，致滋贻误。此粤省轮船不能远出之实在情形也。

臣伏思现奉谕旨，饬令各省轮船前赴吴淞口操练，原系练于无事之日，将以用之有警之时，是必船大而坚，方足以资捍御。臣初抵粤省，即拟制造大号木壳兵轮分布沿海，并兴修炮台，多购炮位，以资战守，而固边防。无如粤省办理海防，本无专款。臣于光绪二年间奏准以粤海关洋药正税项下，月拨查办伏莽经费银二万两改充海防经费，而关库收不敷支，迄未能如数解足。旋因办理惠州府属土匪剿办儋、临滋事客匪，勇粮兵饷，无款可筹，不得不挹彼注兹，仍于海防经费项下，暂行动用。是以海防本款无可供支，以致炮台尚未完工，更无购炮造船巨款。兹查惠、琼两处动用之项，可以陆续提回，先将虎门炮台接续修筑。臣又督饬藩司在于通省洋药试办加抽，如有成效可观，则海防之事庶可顺手，即当赶紧增修各处炮台，添购炮位，一面陆续购制大号轮船，以为固圉诘戎之备。俟购就数艘，即懔遵谕旨，饬令驶赴吴淞口，以时操练。现在粤省各号轮船实不足以出洋御敌，即使勉强从事，前往听操，仍无裨于战守。臣渥受重恩，断不敢于圣主之前稍存欺饰。合无仰恳天恩，俯准粤省轮船免赴吴淞口操练之处，出自逾格鸿慈。

所有粤省轮船，只能在本省洋面内河巡缉，未能前赴吴淞口合操之实在情形，臣谨恭折具陈，伏乞皇太后、皇上圣鉴训示。

再，广东巡抚系臣兼署，毋庸会衔，合并陈明。谨奏。

审拟新会京控案犯折 光绪五年六月十五日

奏为遵旨审明京控命案，分别定拟，恭折具陈，仰祈圣鉴事：

窃照广东新会县监生赵澄航赴都察院呈控监生赵茂邕挟嫌造案，谋害举人赵蓬航致毙，职员赵君召等吓逼附贡赵沅英身死，并将赵陈氏、赵叶氏致伤，县署幕友李蔗圃借案勒诈等情一案，经都察院具奏，奉旨："此案着交瑞麟、张兆栋督同臬司，亲提人证卷宗，秉公严讯确情，按律定拟具奏。原告监生赵澄航，该部照例解往备质。"钦此。由都察院抄录原奏、原呈，咨行钦遵办理，并将原告监生赵澄航一名递解回粤。

前督臣因赵澄航京控词内，牵涉广州府冯端本偏押勒遵，例应回避，札饬前臬司提齐人证卷宗，会督委员候补知府彭翰孙、严家畴，试用知县余树畴等确审。旋因两造供情各执，人证未齐，咨部展限。前臬司会督委员彭翰孙、严家畴并前署广州府刘湝年讯据赵澄航、赵鸾航供明，京控冯端本偏押勒遵，出自怀疑，禀奉仍饬该府冯端本会审，毋庸回避。嗣据监生赵茂材以纵踞砌捏、瞒禀勒遵等词，并据孀妇赵叶氏以伊夫毒毙重案，延久不办等情，先后赴都察院呈控，于光绪元年四月初九、七月二十九等日，准抄录原呈，连原告赵茂材、孀妇赵叶氏一并咨解回粤，饬发备质。前署广州府刘湝年、楼震因行提人证未到，先后卸事，该府冯端本回任，接准移交。并添委试用知府饶世贞、候补通判郑敦善会同委员彭翰孙等，随同前臬司提集确审。随据原告赵澄航以查明伊兄举人赵蓬航实系服毒自尽，委非赵茂卺等谋毒致毙；伊父赵沅英委系病故，并非赵君召等吓逼致死；李蔗圃确系在前任新会县聂尔康署中管理账房，并非代理县张经赞幕友，张经赞实无阴令李蔗圃勒索得贿情事，委系当时传闻错误，以致京控失实，并称伊孀嫂赵叶氏因痛夫情切，希图将赵茂卺及早治罪，添砌承审委员舍重问轻、延久不办等情，赴都察院呈控。赵叶氏现已病故。又据赵茂材以赵茂卺被割田禾及族众议卖尝田，均与赵万全等无涉各等情，先后呈首。各前臬司催提要证范国明及应质人等未到卸事，该臬司金国琛抵任，催据新会县将范国明等解司，即会同藩司成孚，督同广州府知府冯端本等提集讯明。并据该县呈报，提验赵陈氏、赵叶氏伤俱平复，由司将案拟议解勘前来。臣亲提覆审。

缘赵茂嵈籍隶新会县，咸丰七年，以赵筠名字在本省捐纳监生，给有执照。已死赵蓬航，于同治三年甲子科应本省乡试，中式举人。现到之赵鸾航、赵澄航系赵蓬航同胞兄弟，均系赵茂嵈无服族弟。在逃之李蔗圃，系湖南善化县人，来粤游幕，曾在前任新会县聂尔康署中管理账房。聂尔康交卸后，旋即出署，随娶本地何氏女为妻，寄居新会县城，与赵茂嵈素识往来。张其凑系赵蓬航世仆，粤东以世仆为仆户。该县团练章程，仆户如有为匪，应由伊主送官，被人误攀，亦由伊主呈保。赵茂嵈故父赵学魁，在日曾充族正，因掌管族中公共尝田，亏挪尝银三千二百两，后经赵蓬航查知，与族众赵盈航等屡向赵茂嵈催讨未还。赵茂嵈平日与无服族人附生赵其倬、赵璿、赵承芳、赵炳奎、从九职衔赵君召情意最密，嘱托赵其倬等保伊为族正，希图接管尝产，掩饰伊故父欠项。赵蓬航、赵盈航因其父欠未还，不准赵其倬等保充。赵茂嵈因此挟嫌，即往向素识昔存今故之县役王安商量，意图寻事陷害，王安答以遇便行事，旋各走散。同治九年六月间，前督臣访闻张其凑系属巨盗，在内河外洋肆劫，札饬前署新会县彭君谷会营严缉。彭君谷因查张其凑系赵蓬航世仆，谕饬赵蓬航及局绅武举高占鳌查拿捆送，旋即卸事，代理县张经赞抵任。张其凑之母张莫氏即以伊子已于九年九月初二日在番禺县属黄埔河面艇内病故等情具呈，赵蓬航因虑及县营责令交案，亦以张其凑委实身死赴县结报，张经赞批饬俟查明再夺。时王安闻知此事，即向赵茂嵈告知，并以张其凑实系在逃，即可借事控告拖累，又可向赵蓬航讹诈银两。赵茂嵈亦以稔知伊妻赵莫氏之嫂莫余氏，曾于九年九月十八日雇船装谷运往县城售卖被窃，未经报案。遂与王安商定，即用莫余氏出名改窃为劫，捏报盗案，叙作是日被张其凑、赵盈航等中途强劫一空等情，写就呈词，并给乞丐莫亚桂铜钱四百文，嘱作抱告，于十一月初八日赴县具呈，希图将赵蓬航、赵盈航牵累泄忿，莫余氏、莫亚桂均不知情。张经赞会营诣勘，因传莫余氏未到，虚实难分，俟获到张其凑讯明果否行劫，赵盈航有无同伙，分别办理。赵茂㐌恐该县查出捏报情由，邀同王安往向李蔗圃商议，李蔗圃即以县官系属同乡，伊常出入衙门，如能送给洋银一千圆，伊可进署代为说明，包管无事。赵茂㐌因一时无银，当写洋银一千圆借票一纸，交李蔗圃收存，约俟次年卖田付清，李蔗圃称俟一二日内回覆。二十四日，赵茂㐌向李蔗圃问信，李蔗圃答以连日往拜，因县官公忙未见，约俟日后必为办妥，嘱赵茂㐌不必着急。十二月十七日，张经赞饬号房邀赵蓬航、高占鳌二人同至署内坐谈，先向高占鳌查询张其凑下落，高占鳌答称尚未查明。张经赞又向赵蓬航告知，现有莫余氏呈控张其凑行劫谷船，何以前次具结称其身故？赵蓬航称系赵茂㐌冒名捏控。张经赞当以“此案如系赵茂㐌冒捏混控，固当严办，惟张其凑系汝家世仆，且又奉文访拿之犯，不应一味徇庇，延不捆送”之言，将赵蓬航申饬。赵蓬航亦以捕盗系官司专责，不能责成绅士，觌面顶撞。张经赞因其出言不逊，即传吏房书办周镜涛进署将赵蓬航交令看管，拟俟查明张其凑如果生存再行详革，高占鳌亦即退出。赵蓬航走至吏房，有户房典吏廖彭龄与其素好，商允周镜涛令赵蓬航过户房住宿，廖彭龄并派伙夫陈亚佐伺候茶饭，在房陪伴，赵蓬航又令家中工人范国明每日来户房听候使唤。二十三日，赵蓬航因时近岁暮，急欲回家，开正即须进京会试，作就禀词，拟于该县出门时拦舆面递，吁恳取保。县役王安探闻，往向赵茂㐌通知。赵茂㐌恐赵蓬航取保回家，定向报复，且素知赵蓬航有钱畏累，起意串结吓诈，得赃分用。当与王安同至李蔗圃家告知情由，并说伊等不便露面，嘱李蔗圃向赵蓬航设法诈骗，李蔗圃允从，各散。是夜二更时候，李蔗圃走至户房，与赵蓬航故作闲谈，并告以张其凑闻系逃匿香港，日后恐被拿获，不但不能进京会试，且难免拖累办罪，如能出银五六千圆从中打点，伊可令赵茂甈仍用莫余氏之名，将控告张其凑劫案呈首请销，并在同乡张县官前代为进言，便可年内释放了事。赵蓬航答称无此力量。李蔗圃嘱其先备现银一千圆，馀可从缓筹措，当即走去。时周镜涛、廖彭龄均已回家，有伙工陈亚佐在窗外听闻。二十四日，赵鸾航前往探望，赵蓬航即将李蔗圃前言向其告知，并嘱设措现银一千圆。赵鸾航答向亲友挪借，俟有成数再来回覆。二十六日，赵蓬航以赵鸾航尚无音信，年内断难脱身，且当日[①]结保张其凑身故，实不知其存亡，倘或日后被获，难免连累治罪，殊深焦急，不如早日寻死之言，向陈亚佐愁叹，经陈亚佐用言劝慰，并称李蔗圃叫备银两之事，闻系赵茂甈主使诈骗，何必多虑，随即各自睡息。二十七日午后，赵蓬航假说肝气胁痛，当给范国明洋银七钱二分，嘱买鸦片烟膏吸食医治。范国明买得烟膏一两五钱，装入瓦罐，携取烟具，交赵蓬航收明，赵蓬航令范国明回家。是夜三更时候，赵蓬航叫喊腹痛，在地乱滚。陈亚佐报知周镜涛、廖彭龄，赶到查看，赵蓬航称说伊被赵茂甈始终诬害讹诈，实在忿不欲生，业已吞服烟膏，不必灌救。陈亚佐复报知赵鸾航，于四更时到来，赵蓬航已不能言语，当与周镜涛等用清油灌救不效，至二十八日卯时身死。报经代理县张经赞禀经札委署新宁县黄恩贵带领刑仵，亲诣验明，赵蓬航口鼻有血水流出，周身青黯色，十手指甲、十

①中华书局版作“具”。

脚指甲均青黑色，用银簪探试谷道，密封良久，取出青黑色，用皂角水洗擦不去，委系服毒身死。其左右肐肘、左右膝盖擦损微伤，系在地乱滚所致，填格通详，札行提省审办。旋据该县拿获监生赵茂刨、吏书周镜涛、户书廖彭龄、被控之从九职衔赵君召、附生赵承芳、赵炳奎，于十年二、三月间先后解省。并据禀明县役王安先因误公斥革，旋经病故。又据赵蓬航之叔赵怀英、胞兄赵鸾航赴案投讯。两造供情各执。因在逃之李蔗圃系案内要犯，札委候补巡检姚近崇密往新会县及湖南善化县访拿，杳无踪迹。代理县张经赞交卸回省时，经前臬司督同前署广州府梁采麟询以李蔗圃下落，据称伊系湖南武冈州人，李蔗圃善化县人，虽系同乡，并非同一州县，素不相识。李蔗圃曾在前任新会县聂尔康署中管理账房，同治九年伊奉委代理新会县时，聂尔康曾说李蔗圃熟习账务，伊因有旧友，委未接请入幕，到任后亦未与李蔗圃见面等语。复向聂尔康查询，其言与张经赞所言相符。并委候补知县郑荧前往新会县访查，亦与聂尔康、张经赞前言吻合。迭经集讯，赵蓬航之服毒自尽，有工人范国明代买鸦片烟膏，迨服毒后，经伙夫陈亚佐报知周镜涛等往看，赵蓬航亦自云："吞服烟膏，不必灌救"，众供已属确凿。即赵茂刨自认串同造案，将赵蓬航陷害骗诈，致令自尽属实。乃赵鸾航坚称，赵蓬航系被赵茂刨等谋害，但毫无证佐，岂能听其一面之词，锻炼周内，遽将赵茂刨加重治罪。当将赵茂刨收禁，并将赵鸾航留在公所候审。十年冬间，赵蓬航之父赵沅英以赵茂刨故父亏挪尝银屡讨未偿，传知承耕赵茂刨田亩各佃户，将赵茂刨名下本年租谷封存，归还尝项。各佃户未经听明，误将兼耕房族赵立义、赵擢群等租谷一概封存。十一年正月十四日，赵立义等邀同族众，同至赵沅英家，欲向当面理论。时值赵沅英卧病垂危，其妻赵李氏与媳赵陈氏、赵叶氏出向拦阻，互相争闹。赵立义、赵擢群各用小刀，将赵陈氏、赵叶氏划伤，报经该前署县徐实符验明伤痕，填单饬医。十一年三月，赵蓬航胞弟赵澄航回家，向伊母赵李氏查问赵蓬航身死根由，赵李氏即以被赵茂鬯挟恨造案，指控张其凑行劫牵连谋害。并因武举高占鳌明知赵蓬航结报张其凑病故，当前代理县张经赞向问张其凑下落，高占鳌游移两可，答称尚未查明，疑其与赵茂鬯有串通情弊；又因赵蓬航未死以前，周镜涛、廖彭龄均在科房，赵其倬等曾经保举赵茂鬯充当族正，疑被赵其倬等嘱令周镜涛等谋毙；又因赵茂鬯写给李蔗圃借票洋银一千圆，疑其贿县将赵蓬航管押；又因李蔗圃曾嘱赵蓬航出银打点，许以释放，疑系前代理县张经赞阴令勒索；又因该府冯端本以赵鸾航坚执赵蓬航被赵茂鬯谋杀，将赵鸾航留在公所候审，疑系偏押勒遵；又因赵立义等被封田租，邀同族众往向赵沅英理论，将妇女致伤，赵沅英于是夜病故，探闻赵君召等已由府释回，疑系赵君召等纠众登门逞凶，以致赵沅英被吓身死等情，向其告述。赵澄航照依赵李氏所言，添砌情节，自作呈词，赴省城各衙门具控，随即进京，控经都察院递解回粤。饬发备质。因人证未齐，骤难审结，详请咨部展限，并将现到人证，分别发交公所及南海县看管。讵赵蓬航之妻赵叶氏痛夫情切，捏称问官将夫弟赵澄航禁押陵虐，祖庇摸棱①，延案不办，并添砌承审委员舍重问轻，夫兄弟受刑困苦各情节，倩人作就呈词赴京续控。而监生赵茂材亦恐伊弟赵茂鬯审办重罪，并勒追父欠尝项银两遽难凑缴；又以赵沅英传知伊弟佃户将租谷割去封存归还尝项时，有无服族人赵万全等常与赵沅英往来，疑其纠匪踞田；又因族众商议变卖尝田，疑系赵万全等主使，私典帮讼；并添砌赵

①中华书局版作“模稜”。

德庆唆使赵翰航捏告赵茂卺谋毒及委员刑迫具遵各情，作就呈词，赴京控告，希图为赵茂卺轻减罪名。此监生赵茂卺串同造案，陷害、诈赃举人赵蓬航服毒自尽，致监生赵澄航、孀妇赵叶氏及监生赵茂材先后怀疑京控之始末原委也。

臣详细研鞫，非特被告赵茂卺与赵其倬等一一供明，即书吏周镜涛等见证，范国明等各供，亦如合一辙。质诸赵澄航、赵鸾航及监生赵茂材均称或心怀疑忿，或误听传言，以致京控失实，随后查明确情，即赴案首明，委非有心诬告，究诘不移，案无疑义，应即议结。

查例载："奸徒串结衙门人役，假以上司察访为由，陷害良善，或诈骗财物，或报复私仇，被诈之人因而自尽者，拟绞监候。"又律载："诬告人二事以上，轻事告实，重事告虚，反坐以不实之罪，若未决徒流，止杖一百，馀罪收赎。"又律载："不应为而为，笞四十，事理重者杖八十。"又名例律载："犯罪未发而自首者，免其罪。"各等语。

此案赵茂卺即监生赵筠，因挟赵蓬航、赵盈航向其催讨故父亏挪尝银及不准保充族正之嫌，起意串同县役王安捏报盗案，并知张其凑系赵蓬航世仆，前曾奉文访拿赵蓬航结报病故，遂诬指赵盈航、张其凑同伙行劫，希图将赵蓬航牵累泄忿，迨赵蓬航被押后，复起意商同王安嘱令李蔗圃向其诈骗银两，以致赵蓬航愁急自尽，实属串结衙役、陷害良善，自应照例问拟。赵茂卺除诬告赵盈航为盗罪止拟军轻罪不拟外，应革去监生，照"奸徒串结衙门人役、陷害良善、诈骗财物、报复私仇、被诈之人因而自尽者、拟绞监候"例，拟绞监候，秋后处决。事犯到官，在同治十一年正月初四日及十三年十一月十五日历次钦奉恩旨以前，惟断结在后，应请毋庸查办。该犯复又恭逢光绪元年正月二十日恩诏，核其所犯情罪，条款内并无明文，应否准予援免，听候部议。举人赵蓬航，于其世仆张其凑奉前督臣访拿，经县谕令捆送，辄以身故为词，颟顸结报，复敢出言顶撞，迨至被押查办，始向陈亚佐言及张其凑如被拿获，恐受连累，是其捏报，显而易见，虽非有心庇纵，究有不合，业已自尽，应毋庸议。附生赵其倬、赵瓒、赵承芳、赵炳奎、从九职衔赵君召均讯无贿串谋害情事，其于赵茂戺故父亏欠尝银、听嘱保举赵茂戺充当族正，事虽未成，究属徇私滥举。新会县吏房典吏周镜涛，于该县发交看管之赵蓬航，辄听户房典吏廖彭龄之言，任其移住户房居住，又不小心防范，致赵蓬航服毒自尽，均属玩误，俱应革去典吏，与赵其倬、赵瓒、赵承芳、赵炳奎、赵君召均照不应重律，杖八十。赵其倬等或系附生，或系从九职衔，均应照例纳赎，惟事在恩诏以前，应准援免，赵其倬等并免纳赎。莫亚桂得受赵茂戺铜钱四百文，于赵茂戺冒名捏报劫案，不查虚实，混行作抱，应照不应轻律，笞四十。业已在保病故，应毋庸议。监生赵澄航京控赵茂戺故父亏欠尝银谋充族正不遂，捏报劫案图害，李蔗圃诈编赵蓬航洋银，赵立义等刀伤赵陈氏等均已得实，馀与赵叶氏、赵茂材所控各情均属虚无。赵叶氏业经病故，赵澄航、赵茂材各于未经集讯以前查明，据实呈首，应与始而误执、继即供明之赵鸾航及讯无串陷情事之局绅武举高占鳌，串同造案、诬陷图诈之已故县役王安，代买烟膏之工人范国明均毋庸议。救阻不及之陈亚佐，业已病故。赵茂戺讯无另犯别案，逃后亦无行凶为匪，及知情容留之人诈骗银两尚未入手，请免着追。在逃之赵立义、赵擢群，刃伤人平复，罪止拟徒，事在恩诏以前，应准援免，并免缉拿。误封赵立义等租谷，应饬各佃给还田主。赵茂戺业将伊父亏欠尝银还清，所封租谷亦应给还。前代理新会县事补用同知张经赞，因举人赵蓬航、世仆张其凑系叠劫著匪，经前署县谕令捆送未交，该代理县抵任后，据赵蓬航具结呈报张其凑身故，并无切实证据，追向赵蓬航究诘，出言顶撞，将其发房看管，尚无不合。其与前任幕友李蔗圃素不相识，实无阴令勒索得贿之事。惟李蔗圃借称与该代理县同乡，在外招谣诓骗，且与县役王安串同诈骗，不能先事革究，均属失于觉察，赵蓬航在科房自尽未能预为防范，亦属疏忽。拟随案奏请交部议处，事在历次钦奉恩诏以前，应否减免，听候部议。前任新会县知县聂尔康卸事后，并不嘱令在署管账之同乡李蔗圃即时回籍，以致在新会县逗遛生事，本有应得处分，业已病故，应与并无袒庇勒结之县委各员，均请免议。案经讯明，现到人等分别保候，未到人等免提省累。赵茂鬯即赵筠捐监部监各照，饬追缴销。赵蓬航尸棺，饬属领埋。盗犯张其凑、逸犯李蔗圃，分别咨行通缉，获日另结。

除备录供词咨送刑部、都察院外，所有审明定拟缘由，臣谨恭折具奏，伏乞皇太后、皇上圣鉴，敕部核覆施行。

再，广东巡抚系臣兼署，毋庸会衔，合并陈明。谨奏。

委办潮州等处海防事宜片

再，广东潮州府属地近海疆，为东南入粤门户。其汕头海口，华洋错杂，贾舶连樯，与界居闽、粤之南澳一镇，均为形胜之区，地方最关紧要，当此筹办海防之际，应如何练习兵勇，修筑炮台、购备军储、添造船只，与夫会督地方官绅举行团练，联络声援，讲求战守，以期有备无患，必须遴委明干大员，就近体察情形，相机布置，方足以资镇守，而一事权。兹查有遇缺题奏提督署理潮州镇总兵篆务南韶连镇总兵方耀，勇略兼优，声威夙著，情形尤为熟悉，以之办理潮州等处海防事宜，洵堪胜任。当经札饬该总兵会同现署惠潮嘉道顾元勋、南澳镇总兵李扬升、碣石镇总兵刘光明实力实心，认真整顿，无事则慎固封疆，有事则共资捍御，以冀仰副圣主防微杜渐、绥靖海疆之至意。

至高、廉、雷、琼等处所属州县，多系滨临大洋，亦未可稍疏防范，拟俟将来察看事势，委派前碣石镇总兵彭玉，前往该处，会督地方文武，将海防团练，妥为绸缪，分别办理。该总兵本系水师出身，且隶籍吴川，情形较熟，前因丁忧开缺，现据呈报服满，拟令暂缓进京，留于广东办理海防，以资臂助。

除咨呈总理各国事务衙门及咨移兵部科暨南洋大臣并闽省督抚臣一体查照外，臣谨附片具陈，伏乞圣鉴。谨奏。

交卸兼署抚篆折光绪五年七月初八日

奏为恭报微臣交卸抚篆日期，仰祈圣鉴事：

窃照新任广东抚臣裕宽现已抵粤，臣当将广东巡抚及太平桥监督关防、王命旗牌、文卷等件，于光绪五年七月初八日委员赍送抚臣接收，臣即于是日交卸兼署巡抚篆务。除将粤东一切应办事宜会商抚臣妥筹办理，并恭疏具题外，所有微臣交卸抚篆日期，谨缮折具陈，伏乞皇太后、皇上圣鉴。谨奏。

请饬广西提臣暂留关外督擒首逆片

光绪五年七月二十四日

再，臣于光绪五年七月十三日承准军机大臣字寄：“光绪五年六月二十一日奉上谕：‘张树声奏接据越南国王来咨，现在统筹关外剿匪事宜一折。逆匪李扬才，现经冯子材亲督各军将者岩等处巢穴一律扫平，并将家属拿获。着刘坤一、张树声、冯子材饬令各军，乘此声威，立将李扬才、陆之平等逆悉数擒拿，迅图蒇事。现在该国王咨呈有'请留官军尽剿诸匪'之语。该国伏莽甚众，防不胜防，仍着刘坤一等饬令各军迅将李、陆股匪歼除后，即行班师。越南积匪尚多，刘坤一等即传知该国王自行攻剿，肃清馀孽。广西边境各要隘，该督等当妥派得力营队扼守防堵，一遇馀匪窜近，随时剿灭，以靖边疆'"等因，钦此。仰见庙谟深远，圣训周详，跪诵之馀，莫名钦佩。

窃以此次提臣冯子材越南之役，专为追剿革镇李扬才，以期绥靖藩服。今李扬才虽尚在逃，而党与散亡殆尽。西抚臣张树声请将提臣各营留精锐以资搜捕，汰疲病以节饷糈，调度合宜，仰邀圣明洞鉴矣。而臣不免鳃鳃过虑者，或以李扬才众溃势孤，无能为厉，视为无足轻重，听其自为存亡耳。查李扬才骁勇善战，提臣冯子材前咨已言及之。署左江镇刘玉成并称李扬才轻财好施，人乐为用。该提镇与李扬才共事多年，自能得其实际。李扬才未叛之先，来东见臣，其雄骜之气形于眉宇，臣于杯酒之馀，勖以努力自爱。因其立功西省，咨请前抚臣杨重雅奏留归标，冀得为之羁縻，竟不料其旋至为乱也。李扬才熟习越南情形，方其拥众出边，视该国在其掌握，一时匪徒群起响应，中外人情大震。迨为前统领已革道员赵沃与提臣援师先后击败，李扬才奔窜不暇，而越南匪首李四、陆之平、翁七、覃四娣等犹复与之狼狈相倚，且以巢穴资之，内地匪徒如潘振嘉等图袭南宁郡城，为李扬才别树一帜，以拟官军之后。盖李扬才既系粤产，又久在越南用兵，与各匪潜通声息，各匪以李扬才曾为裨将，亦愿借其名号，受其指挥也。幸赖天讨所加，皇威远播，提臣有者岩之捷，李扬才只身亡命，一夫之力，足以制之，倘不及此歼擒，任其漏网，将来援师凯撤，必致死灰复燃，越南蜂屯蚁聚之徒，何难一呼立应，即西粤伏莽亦有乘机萌动之虞。臣愚以为李扬才一日不除，人心一日不静，越南与两粤均未可安枕。相应请旨饬下提臣冯子材，务须督饬各营，并照会越南国王，确探李扬才踪迹，穷其所往，设法购拿，期于必获。越南国王切肤之痛，必不专委客军。提臣素性忠勇，且夙知李扬才为人，自当为除恶拔本之计。元凶所在，耳目难逃，重赏诱于前，严诛迫于后，当必有缚之来献者。如怀狐兔之悲，相为容隐，亦不能不慑以兵威。否则巨憝稽诛，固贻外藩以口实，并恐狼心未死，转滋他日之隐忧。至李扬才得手后，提臣应即全军撤回，将广西边防妥为部署。所有翁、覃、叶、文各股匪徒或剿或抚，由越南自行办理。该国王前次咨呈请于李扬才授首后，仍留提臣督剿，自属格碍难行。惟现在李扬才尚未就获，非提臣亲历行间，恐难刻期竣事。此时提臣虽病，不能不卧护诸将，以竟全功，庶足以仰慰九重南顾之忧，下副中外人民之望。

除恭录谕旨分咨广西抚臣张树声、提臣冯子材及越南国王钦遵查照外，谨附片具陈，伏祈圣鉴训示。谨奏。

续拿漏网客匪并分地安置新客片

再，广东琼州府属儋、临新客聚众滋事，经臣调派各军分别妥为剿抚，全股荡平，业经恭折奏报。一面饬令该管镇、道、府会督地方文武清查匿匪，安抚流亡在案。

臣于发折后，因念儋、临两处，外接海滨，内依山险，水路则支河小港，固属处处可通，陆路则仄径深林，亦皆头头是道。

该新客住居日久，自必熟习情形，当官军层递逼剿之时，难保无漏网馀匪先行窜避他处，倘伺解严以后，复行蚁聚蜂屯，恐非地方官所能制，应即借资兵力一律搜查，为一劳永逸之计。当饬署南韶连镇总兵郑绍忠暂缓班师，会同该管镇、道、府督饬附近各州县分别办理，并剀切晓谕各村老客人等，如有容留儋、临新客者，勒限五日内悉数交出，赴官首报去后。旋据郑绍忠禀称："连日督饬各军入山搜捕，陆续拿获悍匪二十七名，就地正法，黎总谭有强等亦经截杀窜匪七十馀名呈缴首级到营。又据各村老客绅耆交出新客男妇老幼三百馀名口，连前就抚之三百馀名口，一并遣赴雷州府属之涠洲墩安插。另起出被掳土人幼孩男女共四十三名口，发交土绅转给各亲属领回完聚"等情。

正核办间，接据琼州、镇、道、府会禀，转据琼山定安二县禀报："有新客一千八、九百人陆续逃至该二县交界地方，恳求招抚，经该镇、道、府札委游击张志高、知县吴应廉前往点验，精壮男丁只二三百人，其馀均系老弱妇女，饥疲不堪，面无人色。讯据供称，伊等未敢抗拒官军，均系预先逃出，辗转山谷之中，冀免玉石俱焚之祸。现闻下令搜查，不惟无人容留，更属无处藏匿，颠连困苦，冒死求生，且称田庐尚在儋、临，请回故居安业"等情。由该镇、道、府禀请核示前来。臣以该新客与土民嫌隙已深，决无仍回儋、临之理。第人数尚多，必须妥为安插。海南距省窎远，一切遥度为难。即经札委署抚标右营游击余大胜，授以机宜，令其乘坐轮船，驶往琼州，与该文武妥协筹办。适郑绍忠亦由儋、临督带营勇抵琼，会同开导。该新客等始据供称，高、廉、雷各府属尚有亲友可依。拟即分为三起，悉由轮船装载内渡，遣往高、廉、雷三府属，交该地方官量行区处，务与土民彼此相安，并按大小口酌给银两，以示体恤。该新客莫不感激涕零，俯首听命。该镇道等随即遣弁护解起程，造具花名清册，移送高、廉、雷各道府查照。一面会禀到臣，并经飞札该道府体察所属地方情形，俟此起客民到日，即分遣各属，妥为拊循，毋令失所。

至儋、临两属老客户口数万，与土民耦居无猜，已数十年，或百数十年之久。此次新客滋事，该老客迫于势力，不得不依违其间，以作自全之计，嗣闻官兵压境，立即反正倒戈，那大墟之克，实赖其内应之力，似尚足以自赎。现经郑绍忠等传集土客各绅，会同设局联和。经余大胜密询该各州、县，均称以后可保无事。郑绍忠并留安勇五百名，派都司冼章管带，分驻儋州之那大，临高之和舍，以资镇压。其两属善后事宜，即责成琼州道府督同该州县妥筹商办，实力整顿，逃亡则设法招徕，贫苦则酌给籽种，其有疾病伤残栖托无所者，并即优加抚恤，务使民困渐苏，元气渐复，以期仰副圣主嘉惠黎元有加无已至意。

除饬令郑绍忠即将兵勇凯撤，并饬委员余大胜回省销差外，所有续经查出儋、临新客男妇老幼分别遣回内地安插及现经土民与老客设局联和各缘由，臣谨附片由驿驰陈，伏乞圣鉴。谨奏。

晋捐局措还借款仍行拨解备赈片

再，光绪三年间，晋省办理赈务，需款甚殷，经山西抚臣曾国荃奏请于广东推广捐输，以资接济，钦奉上谕允准，咨行到粤，即经转饬司道设立晋捐局，广为劝捐。其时仅得盐商及晋省号商共捐洋银三万两，为数无多。据前广东布政使杨庆麟等具详，在臣坤一捐发招商局生息银十五万两项内借拨洋银五万两，连前项商捐银两，易换纹银，汇解晋省交纳，声明此项借拨银两，俟收有捐项，如数拨还，业经臣坤一会同前抚臣张兆栋具折奏陈在案。

兹据广东布政使成孚详称："现在奉旨停止捐输，晋捐自应一律停止，所有前在招商局生息项内借拨晋省洋银五万两，现准晋捐局在于应解晋省捐款项内照数扣存，移解司库兑收，归还原款"等情，请奏前来。臣等恭阅邸抄，晋省地方现虽已得雨泽，惟该省亢旱日久，仍恐饥民骤难复业，赈务未可遽停。此次晋捐局在赈捐项内扣还前此借拨洋银五万两，自应仍行拨出移解晋省，以济赈需，俟该省赈务办竣，再行筹还归款。

除行司遵照拨解，并咨明户部及山西抚臣查照外，臣等谨附片陈明，伏乞圣鉴。谨奏。

筹办海防事宜并请截留饷项折 光绪五年八月二十八日

奏为广东筹办海防，并请截留饷项，鼓励民情，恭折密奏，仰祈圣鉴事：

窃臣于光绪五年六月初十日，接准军机大臣密寄："光绪五年五月十七日奉上谕：'现在日本恃有铁甲船，狡焉思启，则自强之策，自以练兵购器为先。着李鸿章、沈葆桢妥速筹购合用铁甲船、水雷以及一切有用军火，用备缓急，不得徒托空言。至购买铁舰等物需用浩繁，应如何筹集巨款，并着该大臣等设法商办。上海为通商枢纽，两江总督应否仿照直隶办法，往来金陵、上海，以期呼应较灵，并着沈葆桢酌议具奏。此外用人、行政、练兵、裕饷各事，凡有关于自强者，各该将军、督抚等筹画所及，并着剀切敷陈，用资采择。'"等因，钦此。仰见朝廷思患豫防、内修外攘之至意，下怀曷胜钦佩。

臣等承乏广东，职守所关，自不得不先为广东悉心筹画。夫以大局而言，则海防以南、北洋大臣驻扎之地为最重，津沽为畿辅屏藩，吴淞为江、楚门户，如遇东洋有事，则福建、台湾实当其冲，庙谟洞烛机宜，调度固已尽善矣。惟闽、粤接境洋面，尤为呼吸相通，福建倘有海氛，未有不波及广东者。前明倭寇之乱，始则浙闽重而粤轻，继则浙闽轻而粤独重，史乘昭垂，班班可考。至于广东设防之难，尚有难于福建者，臣等谨将广东全省形势及目前情形与将来筹办事宜，为我皇太后、皇上一一陈之。

伏查广东地形如扇，自广州府及潮州、惠州、廉州、雷州各府属多系滨海，而肇庆之阳江厅、高州之吴川县等属亦错出其间，计自东至西沿海几三千里，而琼州全府、南澳一镇孤悬巨浸之中。华洋通商以来，广东一省先后开办口岸五处，香港、澳门尚在其外，即此交涉之纷繁，可见海疆之宽广矣。以内地沿海论，虎门一口直抵省城，而蕉门、横门、厓门、虎跳、磨刀两门，均可绕出省城之右及省城之后。此外潮、惠、肇、高、雷、廉各府属，均有溪河径通大洋，虽各口有广狭、浅深之不同，而乘潮出入，无处不可行舟，即无处不可登岸。琼州、南澳尤为四面受敌之区。南澳外与台湾、厦门犄角是资，内与潮郡、汕头鼎足而立。议者谓日本若图台湾，必先窥伺南澳，以断广东之援，是亦意中之事，该处倘有疏虞，不独台湾势孤，潮郡并为震动矣。惟南澳地方硗确，储蓄毫无，虽与汕、潮声息可通，究有六十里洋面之隔，戈船所指，接济颇觉为难。琼州偏在西南，横亘一千馀里，近来物产丰盈，似亦台湾之亚，且有越南贾舶之利，外人早已垂涎。日本如不逞于台湾，难保其不移寇琼郡。该处距雷州洋面八十馀里，距省千数百里之遥，无事而屯重兵，则老师糜饷，绠短何能汲深；有事而议征调，即倍道兼程，鞭长亦难及远。此广东形势之大概也。

广东一省，水陆额设兵丁六万八千三百馀名，嗣经前督臣瑞麟奏裁三成，尚有陆兵三万二千馀名、水师一万五千九百馀名。臣坤一抵任后，添练陆兵并前共五千名，并将外洋内河轮拖巡各船勇丁悉补水师，兵额共五千九百名有奇。其抽练之陆兵，虽不能保其制胜，而队伍尚有可观，技艺亦较熟习，此外陆兵则塘汛营署占缺既多，馀亦只可为巡缉弹压之用，万不能责其杀敌致果。水师五千九百馀名，本系壮勇所改，且日在波涛炮石之间，以之即戎较有把握，惜其分布各处，船只亦不整齐。此外水师则塘汛营署占缺亦多，馀亦无船可配。合计水陆练兵一万馀名，加以陆路练勇六千馀名，共水陆兵勇一万六千馀名。然遇外洋有警，则水路尤重于陆路。广东省城外及沿海各处、并琼州、南澳原设大小炮台一百六十馀座，外洋内河原设大小炮船一百八十馀号。自咸丰年间军兴以来，年久失修，炮台则倾塌甚多，船只则朽失殆尽，所有炮台、炮船，原设之炮，多系土铸，亦已损坏不堪。地方肃清以后，虽将各处炮台就地补苴，各处炮船设法置造，第以之御小盗则有馀，以之支巨敌则不足。迨前督臣瑞麟、前抚臣张兆栋任内，奉旨筹办海防，始议于省河及虎门、并潮州之汕头，参酌中西之制，另筑炮台，并先后购备洋炮数十位，轮船十数号。臣坤一抵任时，省河之中流砥柱、大黄滘炮台及汕头之碕碌炮台将就告成，虎门之威远与下横档、汕头之放鸡山等处炮台甫填基址。适西饷日增，地方多故，度支拮据，无力经营，仅将虎门之威远、下横档两处炮台赶紧修筑，约计本年冬间可以竣事。尚有虎门之东岸沙角、西岸湖舟山炮台及汕头放鸡山炮台则决不可少，须俟明年方可兴工。盖广东省广、潮两府为精华所萃聚，虎门、汕头则为广、潮之锁钥，不得不先为绸缪之计，而所费已属不赀。夫办理海防，必须水陆相辅，详考前此美国南北之战，往往岸上炮台林立，而河中若无轮船及水雷等项为之抵御，则敌船仍可来去自如。即道光、咸丰年间，洋人之犯广东、江南以及天津，仅恃炮台无能为役，可为前鉴。是海防以轮船为最要，而水雷次之。臣坤一初以瑞麟等所置轮船为过小，迨察看各海口形胜，始知轮船过大亦不相宜，且平时缉盗缉私，亦非此项轮船不可。嗣经续造海长清一号，并盐务所造执中、镇东、缉西三号，尚属巨细得中。惟虑有警之时，尚属不敷调遣，更须得三四大号兵轮船，庶可陷阵冲锋。水雷一项，外洋愈出愈奇，广东机器局虽能仿造，尚未曲尽其妙，是以所存无多。此广东现在海防情形也。

夫制器必先练兵，兵不得力是以器予敌也；练兵必先选将，将不得力是以兵予敌也。顾在目前而言练兵，止合就现存之兵而练之，若广行招募，未免事涉张皇，且亦虚縻帑项，恐未见敌而我先困矣。广东民气甚强，平日好勇斗狠，临时号召亦足成师，惟选将一途，未可期之仓卒。臣等现将实缺候补提、镇、副、参、游、都、守各员弁，逐细察酌，何者熟习水师，何者长于陆路，何者堪资统率，何者足任偏裨，就地取材，以为将来指臂之助。第广东海疆数千里之远，而琼州、南澳又隔大洋，敌船飙忽蹈瑕，备东则击西，朝来而暮往，若必以官兵应之，不且疲于奔命乎？前明嘉靖年间，倭寇之乱，都御史张濂请选民兵以收必胜之功，谓宜责成沿海地方设保伍，勤校阅，伺贼入境，按籍而呼，众志成城，可战可守，所言未始无见。广东沿海百姓，聚族而居，控驭得宜，亦足以资守望。臣等檄委署潮州镇方耀，会同南澳镇李扬升、碣石镇刘光明、署惠潮嘉道顾元勋督饬各地方文武，办理东路团防；署琼州镇彭玉，会同高州镇杨玉科、署阳江镇何明亮、署雷琼道刘镇楚、署高廉道齐世熙，督饬地方文武办理西路团防；署广州协邓安邦，会同署香山协吉瑞、顺德协利辉、大鹏协赖镇边及该府县办理中路团防；务期联络声援，互相捍卫。并于户口繁盛、商贾辐辏之市、镇、乡、村，扼要筑立碉堡，以寓坚壁清野之意。使敌进无所据，退无所掳，而我蓄精养锐，以待其来，是亦制敌之一策。又广东沿海穷民，多以捕鱼为生，渔船约一万数千只，其大者船坚炮巨，时出外洋，沙线风云其所熟习。咸丰年间，曾经拣派红单等船，前往江南助剿，著有成效。臣等现委试用知府冒澄等分赴各港清查渔船若干只，仿照陆路章程，编设保伍，为之择立澳长，以资钤束。如遇有事，则抽调成营，以一镇将统之，许以临阵则薄给饷糈，有功则优予奖赏，该渔船闻命莫不鼓舞欢欣。查前明倭寇内犯，每借沿海奸民为之向导。今于水陆均设保伍，使为我用而不为敌用，是一举而两得也。至于所需炮位尚多，不得不筹款购置。蚊船、水雷等项，先行购置一二，馀令本省机器局自行仿造。该局员绅候选道温子绍、候选都司蓝开祥等熟谙西法，广东候补道施在钰颇知讲求，稍为斟酌变通，以视买自外洋则价值之贵贱相悬，而应用之迟速相等。此广东现在办理事宜也。

臣等伏查广东自同治十三年筹办海防，迄今已逾五载，因京协各饷巨而且迫，无暇自谋，所有买船、买炮及修理炮台，均系于本省司局应用之项随时挹注，实属左支右吾。光绪二年始将海关所解伏莽经费拨为海防之用，旋以惠州、琼州查办土匪又复悉数挪移，本年春间而后提回本款。似此剜肉医疮，以致造船置炮各项事宜迄无所就，现虽加抽洋药，仍属杯水车薪。默察广东事机，不可因循贻误。夫权衡缓急者制变之良图，斟酌盈虚者理财之至计。南、北洋办理海防多年，诸事应有头绪，可否准由广东截留粤海关原解南、北洋四成洋税改解本省司局。又新疆军务已经肃清，广东频年疲于供亿，可否于拨解新旧洋款外，馀即停解，俾广东有所借手，以应燃眉。伏乞饬部核议施行。直隶督臣李鸿章、两江督臣沈葆桢、陕甘督臣左宗棠等关怀全局，且知广东竭蹶异常，必能兼筹并顾也。

抑臣等更有请者，广东绅商颇知急公奉上，当此海防吃重，必有情殷报效之人，第无以激其悃忱，不能期其踊跃。如有捐赀出力办理碉堡及购买船炮等项，裨益海防者，可否准由臣等核实验收，奏恳天恩从优给予奖叙，以广招徕之处，出自逾格鸿施。

所有臣等筹办海防并请截留饷项、鼓励民情各缘由，谨合词恭折密奏，伏乞皇太后、皇上圣鉴训示。谨奏。

前项奉提晋饷请暂缓筹解片

再，臣等接准户部咨，钦奉上谕："户部奏遵议曾国荃请展缓停捐一折，所筹甚是。着照部议于广东省欠解山西饷项提银三万两，即着该省督抚迅筹解济，不得稍有迟缓。"等因，钦此。当经转行司道钦遵筹解。

兹据广东布政使成孚、两广盐运使何兆瀛、广东督粮道夏献馨及厘务总局司道以粤省库款支绌，奉提前项晋饷银两，一时难以筹拨，详请奏明暂缓起解前来。

臣等伏查晋省频年灾重，现办善后抚恤，需款甚殷，奉提前项欠解晋省饷项银三万两，如果稍可腾挪，自当速为解济。惟粤省库储匮乏，久已收不敷支，加以现在办理海防，一切用项倍形繁巨，度支愈绌，筹拨愈艰。查光绪三年间，因晋省办赈急需，曾在臣坤一捐发招商局生息项下借拨洋银五万两，本年六月内经晋捐局查照原案在于捐项照数扣存解还归款。臣等以晋省亢旱日久，现虽得有雨泽，赈务恐难遽停，因饬藩司仍将前项扣还借款银五万两拨解晋省，以资赈需，业经附片奏明在案。现在晋省已有缓扣之借款银五万两，足以稍资接济。所有粤省奉提欠解前项晋饷银三万两，正值库储匮绌，实属设措为难，据该司道等具详前情，合无仰恳天恩，俯念粤省筹款维艰，准予暂缓筹解，出自逾格鸿慈。

除饬将缓扣之借款银五万两，迅速解晋，以济要需，并咨明户部及山西抚臣查照外，谨合词附片具陈，伏乞圣鉴训示。谨奏。

黔省议拨粤盐抵饷碍难照办折光绪五年十月初六日

奏为遵旨查明黔省议拨粤盐以抵欠饷，窒碍难行，恭折覆陈，仰祈圣鉴事：

窃臣接准户部咨："议覆署贵州抚臣林肇元奏请拨粤盐以抵欠饷，请饬粤省详核覆奏一折，光绪五年闰三月十九日奉旨：'依议。'钦此。相应抄录原奏、恭录谕旨，咨行遵照"等因。当经檄饬两广盐运使，会同广东布政使、厘务总局，按照户部原奏内事理，将古州一埠自咸丰年间以来，粤盐能否到地运销，有无商人认办，该埠每年能否销盐三万包，现若由粤拨盐用抵黔饷，由司发给引张，交黔省委员赴场配盐，运至古州发商变价，是否可行，逐细详查，据实具覆去后。

兹据两广盐运使何兆瀛会同广东布政使成孚、广东厘务总局司道详称："查古州一埠，系粤省引地，递年额销引盐一万一千九百馀包，向由粤省招商承办。自咸丰初年叠遭兵燹，埠歇商逃，经柜商禀请归并大江四十二悬埠，由官设局招客办盐，运至广西梧州，转运柳州，分发古州埠地销售，以济民食而顾课饷。今黔省谓古州并无商人配盐行销，民虞淡食，请每年拨粤盐三万包以抵黔饷。溯查同治十二年，前两广盐运使钟谦钧，以黔省在古州河地方设厂抽收粤盐，于引饷有碍，详经前督臣瑞麟咨准前贵州抚臣曾璧光核定粤盐运至古州，每包酌抽盐厘银三钱六分在案。如果粤盐不运古州，何以黔省有抽收盐厘之举？既抽盐厘，则粤盐必已到埠，民间似无淡食之虞。至古州仅系一隅之地，额引本属无多，平时尚难销足，况经兵燹之后，奚能加倍畅销？黔省每年请运粤盐三万包，诚如部议，'难保无委员埠商觊觎多领，洒卖图利之弊'。粤省盐场沿海皆有，虽远近不一，而相距古州埠地皆计程数千里之遥，沿路所经多系大江引地，船户带私，随处皆可售卖，尤属防不胜防。现在大江引地处处滞销，时有官不敌私之虑，若再加充赚，鹾纲大局益觉可虞。理合逐细详查据实具覆"等情，详请覆奏前来。

臣覆加查核，均属实在情形。所有署贵州抚臣林肇元奏请拨运粤盐用抵黔饷之处，事多窒碍，似不可行。至古州埠原系粤盐引地，本应照额行销。现已严定章程，责成柜商催令水客按照引额，源源配运销售，以济民食。黔省兵饷待用孔殷，粤东应协之项本应迅为筹拨，无如粤省近年库储匮绌，支解纷繁，实属自顾不遑，一时未能兼顾。臣已谆饬司局设法筹维，但使稍可腾挪，即当随时解济。

所有查明黔省拟拨粤盐以抵黔饷事多窒碍缘由，臣谨恭折覆陈，伏乞皇太后、皇上圣鉴训示。谨奏。

吁请开缺回籍养亲治病折 光绪五年十月初六日

奏为臣母桑榆已迫，臣身蒲柳就衰，伏恳天恩，俯准开缺回籍，养亲治病，恭折具陈，仰祈圣鉴事：

窃维忠孝者人生之大节，进退者仕宦之大防。如果内无愧于庭闱，外有裨于时局，默计得失，权衡重轻，庶忠孝可完，进退不苟矣。非然者，谬托从公而负倚闾之望，矜言尽瘁以遂恋栈之私，是自欺暗室，非所以对大廷也。臣受恩深重，值此时事维艰，正宜勉竭驽骀，仰酬高厚，讵敢宦成官怠，自顾便安。第臣有母而定省久违，居官而才力不及，有①不敢不直陈于圣主之前者。

臣十岁失恃，继母蒋氏无出，抚臣兄弟一如亲生，以臣居长，爱之独至，尝谓养生送死之道，责在于臣，即臣父临终亦以善事继母为嘱，其言犹在耳也。咸丰初年，臣投笔从戎，犹得岁一归省。迨咸丰十一年，蒙恩简放广东臬司，于同治元年抵任，由此而广西、而江西、而江南，以迄光绪元年重来广东，荏苒十八年之久，辗转数千里之遥，未得一回故里。而臣母素有呕晕之证，不任舟车，未能迎养。虽有臣弟在家侍奉甘旨，而臣母思臣之念，未尝或忘，每次遣人来署视臣，辄有不复相见之语。臣非木石，闻之痛心，但以犬马恋主之忱，未敢遽上陈情之表，白云亲舍，流涕何从。今则臣母年逾七旬，老而多病，夕阳朝露，理无久存，是臣之去官，亦可计日待矣。顾迟归数月，恐瞻依靡及，徒抱恨于终天，曷早归数月，幸色笑可亲，少抒诚于爱日。臣母如因思子之念稍慰，沉固从此渐苏，则以后垂尽之馀年，莫非天恩之再造也。臣自滥竽江抚以来，历任各缺，均系回翔善地，并无金革之事，或以规避为嫌。乃归田之愿久虚，而陟屺之思徒切，忘亲徇禄，何说之辞！我皇上孝治日隆，奉养两宫皇太后，极爱极敬，则臣万不得已之苦衷，固锡类之仁所矜鉴也。

---

①中华书局版无此“有”字。

又臣本一碌碌庸才，遭逢圣明，擢用至此。前此承乏江右，虽兵燹之馀，诸事更始，而地方乱极思治，得以因势而利导之，十载冰兢，幸无陨越，然亦屡荷朝廷之保持矣。自调两广，力小任重，弥滋覆𫗧之虞。夫广东固岭外一大都会也，山海奥区，华洋杂处，其民物丰庶，其风俗刚强，学士大夫多好功名而尚气节，富商巨贾善权子母而乐解推，即此百工技艺之精良，步武泰西，殊非他省所可及，诚能善于抚驭，未尝不足以有为。奈臣才识迂疏，尸位数年，迄无尺寸之效，所有地方吏治、营伍、盐务诸政，亦觉起色毫无。且闾阎之劫斗频闻，习尚之奢淫莫改，转移乏术，咎将谁归？夙夜扪心，徒虚糜俸廉，壅塞贤路而已。况自上年夏间，大病以后，益属委顿难支。昨日所见僚属，今日则忘之矣，今日所阅案牍，明日又忘之矣。凌晨视事，辄惝恍无凭；抵暮退休，犹怔忡不已。医者谓心血亏损，必须静养方可复元。而臣销假之后，供职复逾一年，每苦精神未能周给，以两广之政繁事剧，实非弱质所堪。汉儒董仲舒谓“君德事在强勉”。臣以为人臣奉职，何莫不然。乃至强勉而不能前，则且素餐致诮，因循之患，渐渍而难知，丛脞之愆，迟久而始见，此臣所以惕惕而不敢自安也。兼以回念母病垂危，晨昏远隔，方寸懵乱，更恐贻误匪轻。现在广东内外如恒安静，海防亦经商定规模，广西腹地敉平，边防部署就绪，抚臣裕宽、张树声均属孜孜图治，可否仰恳天恩，俯准臣开缺回籍，俾尽乌私，借资调摄。一俟臣母病愈，臣身稍强，即当泥首宫门，叩求差使。臣年甫逾五十，不敢遽甘废弃，孤负生成。臣无任悚惶待命之至。

谨恭折具陈，伏乞皇太后、皇上圣鉴训示。谨奏。

赏假回籍谢恩折光绪五年十二月初四日

奏为恭谢天恩，仰祈圣鉴事：

窃臣于光绪五年十一月二十五日承准军机大臣字寄："光绪五年十一月初一日奉上谕：'刘坤一奏请开缺回籍养亲一折，本日已明降谕旨，赏假两个月，回籍省亲，毋庸开缺，并令裕宽暂行兼署两广总督矣。刘坤一向来办事认真，朝廷深资倚畀。广东现办海防，关系紧要，该督假满后，务当遵旨迅速回任。伊母如可就养，即行迎养到粤，藉遂定省之情。现在时事多艰，该督自当移孝作忠，力顾大局也。将此谕令知之。'"钦此。

臣跪诵之下，感激涕零。

伏念臣猥以庸愚，备叨隆遇。前因臣母衰年多疾，臣自上年大病之后，精神委顿不支，是以奏恳天恩，开缺回籍，养亲治病，乃荷鸿慈逾格，曲赐矜全，赏给假期，俾令归省，既获暂伸夫乌哺，仰戴深仁，复蒙勉策夫驽庸，渥颁温谕。凡此恩施之稠叠，实非梦想所敢期，臣虽顶踵捐糜，不足以仰酬高厚。现在赶将经手事件料理清楚，即行交卸起程回籍，一俟假期届满，谨当钦遵谕旨，迅速回任，不敢稍有稽迟。

除俟交卸后再将卸篆起程日期恭折奏报外，所有微臣欣幸感戴下忱，谨先缮折，叩谢天恩，伏乞皇太后、皇上圣鉴。谨奏。

筹备蚊船以固海防折光绪五年十二月初四日

奏为遵旨筹备蚊子轮船，以为海防之用，拟由粤省自行试办，并局绅情殷报效，首先捐造一号，恭折密奏，仰祈圣鉴事：

窃臣等于光绪五年十一月二十日接奉军机大臣密寄："十月二十九日奉上谕：'李鸿章奏遵议海防购船、选将各节，并请催解经费各折片，览奏均悉。海防办理有年，迄未就绪，亟应通力合作，赶紧筹办，以图自强。李鸿章所陈必购置铁甲等船，练成数军，决胜海上，能战而后能守，自是要论。该督拟先购快船，再办铁甲。现令总税务司转饬驻英税司订办快船二只，期于光绪七年到华。现在购到蚊船八只，来春弁勇配齐，分赴南、北洋调遣。其广东、台湾、浙江宁波、山东烟台各海口，均须酌备蚊船，与南、北洋互调会操，借杜窥伺，均着照所议办理。各该督抚当仰体朝廷宵旰焦劳之意，共矢公忠，先其所急，迅速筹办，不得借词诿延。所有带船将才及购船事宜，即着李鸿章认真讲求，务使人才辈出，器械精良，以期得力。至福建船政局制造各船，必精益求精，不可蹈常袭故，如李鸿章此次定购之快船，将来如能仿造，始有裨于实用，着该管大臣实力整顿，逐渐图功。'"等因，钦此。仰见庙谟宏远，睿虑周详，臣等无任钦佩。

查前此福建所购外洋蚊子轮船，于光绪二年正月二十七日由香港驶来广东省河，经臣坤一会同前抚臣张兆栋前往试验。此次闻直隶续购蚊子船，更为合用。臣等复于该蚊子船经过香港时，商之税务司，抽调两号于九月初九日前来省河，臣等会同广州将军长善、海关监督俊启、副都统尚昌懋、吉和等及各司道并省标营将同往该蚊子船，将炮械机器及如何施放行走之法，详加试验，并密嘱机器局员候补道施在钰、局绅候选道温子绍携带工匠，逐细丈量查看，明白开载。臣等以该蚊船轻快灵巧，迥异寻常，虽不足以驰骋大洋，与人角胜，而用以防守海口，操纵自如，且足以洞穿敌人铁甲兵船，诚为海防第一利器。

惟就广东情形细加斟酌，尚有应行变通者。查该蚊船全身用铁皮包裹，广东各口水浅石多，铁壳易于碰损，且包皮甚薄，震撼即松。而海水甚咸，浸淫生锈，一有破绽，中国不能补修。此项蚊船原欲以炮击敌船，非欲以船当敌炮，况数分之铁不足为功，徒以滋弊，似不若纯用木壳，可无鼓裂剥蚀之虞，而工省、价廉，船轻行疾，尤为得算也。又该蚊船直长十丈有奇，阔则不足三丈，而炮大至五万四千馀斤，压力太重，既与广东各口不宜，并恐放炮时加以子药之涨力，船身短小或不能支。且该蚊船之所以得力，原取其至便至捷。顾船之便捷，亦赖炮之便捷，一炮不中，即应以二炮继之。而该蚊船系用前膛炮，不独炮之伸缩高低，须用机器，即装药装弹以及洗炮均须机器运送，次第推移，转形迟慢，似不若改用后膛炮，则装子药更快，但得万馀斤之炮，其击力并不减于前膛炮之五万馀斤。又此项蚊子船如往外洋购造，必须一两年方可到粤，倘购造三四号，恐一两年尚不能到齐。粤省现无大号兵轮可以守口，若旷岁需时，实属缓不济急。且外洋工料价值甚昂，加以重洋保险之费，以及外洋拨派弁兵驾驶来华薪粮并遣回国盘川，并计每号约在十五六万金内外，购造两号则须三十馀万金，四号则须六十馀万金，粤省度支拮据，实属无此财力。臣等与各文武及机器局员绅熟商，拟即由粤自行仿造，量为变通办理。机器局员温子绍体念时艰，请先行捐置一号，业已兴工。船之宽长丈尺相符，惟全身改用木壳，核计工料价值约银二万馀两。所需十八吨后膛洋炮，则于现存项下给领。臣等并饬藩司成孚、善后局提调臬司张铣另筹银两，发交该机器局添造一号。一俟此两号告成，果与外洋蚊子船相为颉颃，再行置造两号，便足以敷分布。粤省于光绪三年间购买英国所置黄埔船坞大小数处，机器皆全，所有仿造此项蚊子船以及将来随时修理，甚属合用，既可不费巨款，且始终不借力于外洋。臣等知识庸愚，仿造此项蚊子船，事属创始，诚不敢信确有把握，惟温子绍于制造最为熟习，既经首先捐办，应不至徒托空言。当此经费竭蹶之时，亦不能不为此节省之计。是否有当，伏乞训示饬遵。

至温子绍家道本非巨富，乃因海防孔棘，不惜重赀，倡兹美举，揆诸古人毁家纾难之义，殊觉可风。除俟此号蚊船造成，造具工料细册，送部核销，奏请优奖，以示鼓励而广招徕，并将温子绍所拟变通办法，抄咨南、北洋及沿海各省以资参酌外，臣等谨合词恭折具陈，伏乞皇太后、皇上圣鉴训示。谨奏。

请饬增修船政片

再，外洋各国环伺之时，海防实为吃重。直隶总督臣李鸿章请购铁甲战舰，自属计出万全，臣等犹以为不宜在续购快船之后也。惟外洋虽以铁甲船称雄，亦须木壳兵轮以为之辅，中国即能购备铁甲船二号，以南、北洋二面之宽，尚觉其力单薄。所有福建船政局及江南制造局所造轮船，仍应懔遵本年五月十七日谕旨，勤加操演，并酌抽招商局轮船，改配兵勇，训练成军，以为铁甲船之助。新授船政大臣黎兆棠，在籍与臣等言及，亟欲认真讲求。该臣到任，必能钦遵此次谕旨，精益求精，以资攻守，断不肯蹈常袭故，以任运载为能，仰副朝廷廑念海疆、不惜巨款设立船政局之本意。并请旨饬下江南制造局与黎兆棠协力同心，以后造一船必得一船之用，庶事归实济，费不虚縻，时艰其有豸矣。

谨附片具陈，伏祈圣鉴训示。谨奏。

验看制造机器各局及新设各炮台片

再，臣等于十一月二十四、二十八等日先后会同前往增步、黄埔等处地方，验看制造洋药、洋枪各局及船坞内等项机器，均属坚牢精美，安放合宜。并由东路之中流砥柱前赴虎门之威远、下横档，转至西路之大黄滘各炮台，逐一履勘。查中流砥柱及大黄滘炮台早经竣事，现在兴修药局、兵房。该两处炮台，口门过于宽大，臣坤一抵任之时，规模已具，碍难更改。虎门炮台作法尚合，年内可以告成。该处滨临大洋，台基均用巨石，且地居冲要，势须扩充，计威远及下横档南北两面筑大炮洞六十馀座，下横档中间联墙并筑中炮洞六十馀座，统共一百三十馀座，本属工巨费繁，又因经费时有挪移，工匠或多或少，致难责其速效。除以前用款不计外，自光绪二年正月起，截至本年十一月底止，共支银十七万馀两。先后派委道员刘镇楚、周炳勋等认真经理，仍由水师提督臣翟国彦就近监督稽查。该提督无有三日不到台工，惨淡经营，尚无旷废浮冒之弊，堪以仰慰宸廑。以外尚有沙角及浮舟山应设炮台，容臣等接续筹办。虎门天设之险，该处门户既固，则广东大局无虞。会垣系全省本根，自不可不为绸缪之计。至自虎门以抵省会一百数十里之遥，正不必节节设防，转致备多力分，使得投间抵隙也。

谨附片陈明，伏乞圣鉴训示。谨奏。

恭报交卸起程回籍日期折光绪五年十二月初十日

奏为恭报微臣交卸两广督篆及起程回籍日期，恭折具陈，仰

祈圣鉴事：

窃臣于光绪五年十二月初五日准兵部火票递到吏部咨："光绪五年十一月初一日内阁钦奉上谕：'刘坤一奏请开缺回籍养亲一折，刘坤一着赏假两个月回籍省亲，假满后即行回任，毋庸开缺。两广总督着裕宽暂行兼署。'"钦此。当经咨行钦遵，并将两广总督关防及盐政印信、王命旗牌、文卷等件，于光绪五年十二月初十日委员赍送兼署督臣裕宽接收，臣即于是日交卸。所有地方吏治、营伍以及盐务、洋务，并海防事宜，业经臣与兼署督臣裕宽逐细商酌。兹拟于十二月二十一日起程回籍。

除将交卸日期恭疏具题外，臣谨缮折具陈，伏乞皇太后、皇上圣鉴。谨奏。

前赴香港澳门履勘地形片

再，查广东新安县属之香港，久付英人管辖。该处实为虎门海口外障，且为西人来华第一码头。又香山县属之澳门，于前明即为葡人寄住，该处与香港对峙，亦为华洋萃聚之区。臣两至广东，不可不一亲履其地，且该两处洋官均两次来省拜臣，似亦须稍答其意。兹臣拟于交卸篆务后，乘坐中国轮船前赴该两处周览形势，并顺便回拜该两处洋官，宣布皇仁，谕以中外通好之谊，以期彼此相安，事讫即行旋省，计往返不过三日。

谨附片具陈，伏乞圣鉴训示。谨奏。

恭谢天恩吁请陛见折 光绪五年十二月十六日

奏为恭谢天恩，吁恳陛见，恭折具奏，仰祈圣鉴事：

窃臣蒙恩赏假回籍省亲，业经将交卸起程各日期恭折奏报在案。

旋于十二月十三日接准军机大臣字寄："光绪五年十一月十五日奉上谕：'本日已有旨令刘坤一调补两江总督并充通商大臣矣。该督前经赏假回籍省亲，着于假满后，迅即驰赴新任。现在时事多艰，海防紧要，刘坤一向来办事认真，当仰体朝廷倚畀之心，力任其难，勉图报称也。将此由四百里谕令知之。'钦此。遵旨寄信前来。"当即恭设香案，望阙叩头谢恩。

伏念臣楚南下士，才识疏庸。四载海疆，正切鹈濡之惧；九重恩命，俾申乌哺之私。应俟两月届期，即当兼程回任。兹乃渥邀温绰，调补两江总督，兼充通商大臣，闻命自天，感惭无地。查两江为东南都会，通商有交涉事宜，以臣之愚，深虞陨越。如驽钝不堪负重，何可复有所增，乃鸿慈责其任难，敢不以之自勉。惟臣自同治八年入觐以后，洎今时逾十稔，未获躬叩阙廷。现在调任两江，可否准臣陛见，俾得亲聆圣训，借与总理各国事务衙门及北洋大臣李鸿章面商一切机宜，将来办理庶有把握。臣抵家见母后，即赴各处祖茔躬亲祭扫，约计不过月馀，即当由籍僦装，迎折北上。思亲之情幸慰，恋主之念弥殷，冀获就瞻，永深衔结。

所有微臣感激下忱及吁恳陛见各缘由，谨恭折具奏，伏乞皇太后、皇上圣鉴训示。

再，此折系借用两广总督关防拜发，合并陈明。谨奏。

具报回籍日期折 光绪六年二月初三日

奏为微臣行抵原籍日期，恭折具陈，仰祈圣鉴事：

窃臣前于光绪五年十二月在广东省城，曾将交卸起程回籍及吁恳陛见各缘由，先后具奏在案。

臣嗣于是月二十一日由粤雇舟南旋，一路水浅滩高，至本年正月十五日行次广西省城，当将广东一切情形与新授两广督臣张树声逐细面商，随由旱道回里，于二十五日始抵湖南新宁县原籍。二十年久离乡井，风景略殊；三千里远着归鞭，天恩特沛。臣于拜见臣母之馀，敬述五年十一月初一日钦奉谕旨，臣母感激涕零，惟勉臣以力图报称。现将家事赶紧料理，一俟清明节祭扫之后，即当刻日束装，由湖南、湖北迎折北上。

所有微臣行抵原籍日期，谨恭折具奏，伏乞皇太后、皇上圣鉴。

再，臣经过广东、广西各属地方，均属晴雨应时，民情安静，堪以仰慰宸廑。

又，此折系借用新宁县印，合并陈明。谨奏。

密筹东北边防暨通挪经费情形片

再，臣于新宁县原籍先后接准署两江督臣吴元炳、兼署两广督臣裕宽密咨，光绪五年十二月十七日奉上谕："此次崇厚出使俄国议办条约章程，俄人多所要求，势难允许，崇厚率行画押，擅自回京。现已降旨将崇厚革职拿问，交刑部治罪，并将此事交王大臣等会议，现在尚未覆奏。惟念俄人挟制多端，心怀叵测，此时虽事机未定，不可不亟筹防务，豫备不虞。所有兵、饷两端及布置之法，着各将军督抚等豫为筹画，妥慎办理，务须不动声色，毋得稍涉张皇。此外一切机宜，俟定议后再降谕旨。"等因，钦此。仰见朝廷廑怀边备，防患未然，跪诵之馀，莫名钦佩。臣尚未抵两江新任，未知兵、饷情形如何，顾有管窥蠡测之意，不敢不仰渎宸听。

查我朝定鼎以后，与俄从未交兵，然俄为封豕长蛇，久矣志图荐食，力强为我劲敌，地广与我毗连，必须策出万全，不可轻于一试。陕甘有督臣左宗棠及通政使臣刘锦棠，直隶、山西有督臣李鸿章、抚臣曾国荃，自足支拄。惟东三省系我朝龙兴之地，向为俄人垂涎，如有侵轶之虞，未审左宗棠、李鸿章等能否兼顾。该三省境内有无久经战阵之猛将、精兵，缓急足以自固，不专恃旗绿各营，此则大局之亟宜绸缪者。夫兵之强弱，视将之勇怯，亦视将将者能否识拔真才。臣愚以为现在西北沿边将军督抚，宜用亲历戎行、胆识并茂之员，以期折冲御侮。儒臣不谙武备，资望无济时艰，诚恐贻误于万一也。

至西北既须戒严，则东南不可复生波折。日本于琉球之事，似须设法弥缝，毋使乘间蹈瑕，与俄合而谋我。前福建抚臣丁日昌谓："宜责日本不能字小之义，以示大公而激众怒，而于灭我藩服，不必苦争，俾易转圜"，所言未始无见。日本终为我患，令人每饭不忘，第目前不可遽启衅端，以免受其牵制。英、法、德、美诸国，虽于东南各口棋布星罗，只求传教通商，别无觊觎之意，即遇事不免刁狡，亦在地方官抚驭有方。臣与诸国交涉多年，颇能知其委曲，目前决不至有决裂，上贻宵旰之忧。况英、德等国与俄猜忌日深，必不愿俄逞志于我，其应如何结为声援，以拟俄人之后，使之不敢并力东向，庙谟广运，自已神而明之。

经费出入有常，惟有移缓就急。前议购买外洋蚊船一项，每只约需十数万金，而丁日昌及闽浙督臣何璟等均谓此船有利亦复有弊，应请查照臣与广东抚臣裕宽前奏，责成福建船政局及江南、广东等省之制造机器各局自行仿造，量行变通，挪出此项大宗以为西北边防之用。此外如台湾开山之役，倘无成效，应即饬停。

各省修筑炮台以及购造洋炮、洋枪、轮船等项，均应认真勾稽，核实办理。挹彼注此，积少成多，似亦不无裨补。否则生财止有此数，抑将何术掘罗耶！

遣使一节，为和局成败、国家荣辱所关，乃或庸懦无能，为敌威所慑，而惟命是从，甚至乖张任性，与同事相攻，为外洋所笑，已在圣明洞鉴之中矣。此后如有应遣使臣，可否即于总署得力司员及各海关监督详加遴派，若有紧重事件，先与王大臣等议而后行。该员等熟悉各国条约与外人性情，而又有所遵承，庶几操纵得宜，刚柔互济，堪以扬休命而畅皇猷。

臣耿耿于中，庸使言而无当，断不敢知而不言，伏候俯赐采择。谨附片密陈，伏乞圣鉴训示。谨奏。

恭报由籍起程日期折光绪六年三月十五日

奏为微臣由籍起程，遵旨入京陛见，恭折具陈，仰祈圣鉴事：

窃臣于二月初三日曾将正月二十五日行抵湖南新宁县原籍，恭折具奏，专弁赍进在案。

嗣臣赶将家务料理，并赴各处祖茔祭扫事讫，即以迎养之意禀商臣母。臣母泣谕臣云："我年老多病，未便从汝远行，此次与汝重逢，已出鸿施逾格。以后汝当努力报国，勿复以我萦怀。"声与泪俱，挥臣使退。臣母尚知大义，不须温峤绝裾，臣才不及古人，敢效王尊叱驭？随于三月初六日，由籍起程，轻舟东下，行抵宝庆府城，适接广东差弁赍回前折，奉旨："着来见。"钦此。跪诵之下，欣感难名。臣仍拟由两湖驰赴江南，寄顿眷口，另雇轮舟航海北上。瞻天有幸，稍伸葵藿之忱；缩地无方，讵畏波涛之险。

所有微臣由籍起程日期及由海道进京各情，谨恭折具陈，伏乞皇太后、皇上圣鉴训示。

再，此折系借用湖南巡抚关防，合并声明。谨奏。

预筹江防片

再，臣于三月初二日在湖南新宁县原籍接准署两江总督臣吴元炳密咨，光绪六年二月初十日奉上谕："着刘坤一、何璟、张树声、吴元炳、谭钟麟、裕宽、勒方锜、谭钧培懔遵叠次谕旨，将沿海沿江一带防务妥筹布置，借杜诡谋。福建之台湾、厦门等处，江苏之吴淞、长江等口，尤扼要吃重之区，该督抚等当各就地方情形，悉心区画，务策万全，并须简练陆军以辅水师，为未雨绸缪之计，毋得稍有疏虞。长江水师，着彭玉麟、李成谋认真整顿，随时加意巡防，以期周密。该督抚等接奉此旨，即着于一月内将筹办事宜，次第举行，迅速详细具奏，勿得视为具文。"等因，钦此。仰见庙谟宏远，睿虑周详，伏读之馀，莫名钦佩。

臣尚未抵两江新任，于该处一切战守机宜，未能深悉。虽于光绪元年，曾在两江权篆数月，迄今已逾五稔，情形或有不同。且江宁以下炮台，系前督臣李宗羲等经手规画，臣前抵署任之时，逐一履勘，所有省城及乌龙山、焦山、鹅鼻觜等处将次告成，其吴淞口一处规模亦已大定。臣就知识所及，参酌一二，旋经交卸赴粤，未审果否施行。目下究应如何设防，不敢妄凭臆断。臣已函约前兵部侍郎臣彭玉麟在途晤商，一俟经过江南，便道察看各该炮台是否妥当，炮械是否齐全，所派守台放炮弁勇是否操练精熟，陆路兵勇共有若干，如何联络水师以资犄角，并江南提督臣李朝斌所统轮船以及北洋拨来之蚊子轮船如何分途布置，当即会同吴元炳等妥为筹办，另行据实覆奏。诚恐稍需时日，有逾一月限期，谨先附片密陈，伏乞圣鉴训示。谨奏。

谢赏朝马恩折光绪六年四月三十日

奏为恭谢天恩，仰祈圣鉴事：

本月二十九日内阁奉上谕："两江总督刘坤一着加恩在紫禁城内骑马。"钦此。

窃臣从事行间，愧驰驱之鲜效；谬膺疆寄，负豢养之隆恩。兹当昼接宸阶，渥承温綍，拜殊荣于锡马，协雅度于鸣鸾，闻命之馀，悚惶靡既。伏念陈情乌哺，早惩恋栈之讥；何期逐队螭坳，更免循墙之走。宠颁异数，感切下怀。臣惟有倍懔虚车，益严守辙，着鞭奋迅，期力戒夫因循，揽辔澄清，冀稍酬夫高厚。

所有微臣感激下忱，谨缮折叩谢天恩，伏乞皇太后、皇上圣鉴。谨奏。

奏疏卷十六

恭报到任日期折光绪六年六月十一日

奏为恭报微臣接篆日期，叩谢天恩，仰祈圣鉴事：

窃臣钦奉恩命，调补两江总督兼充办理通商事务大臣。光绪六年四月二十八日入都陛见，仰蒙召对四次，询诲周详，责其任怨任劳，毋蹈因循积习；勖以实心实力，毋作纸上空谈。祗奉纶音，曷胜感悚。臣跪辞后，随即起程，于五月二十四日经过天津，当即钦遵谕旨，传谕直隶督臣李鸿章讫，仍由海道南旋，于六月初一日行抵江宁。初七日准署督臣吴元炳饬派江宁府知府蒋启勋、中军副将谭碧理，恭赍两江总督关防、两淮盐政印信、钦差通商大臣关防并王命旗牌、文卷等件，移交前来，臣当即恭设香案，望阙叩头谢恩，祗领任事。

伏念臣湘中下士，知识颛蒙，曾权篆于金陵，旋量移于珠海。兹者恭膺简命，重莅是邦，敢云就熟驾轻，弥虑汲深绠短。查两江地大物博，任重事繁，漕务、河工、盐政三大端，以及察吏、安民、练兵、筹饷、无一不关紧要，加以中外交涉，江海防务，尤为大局所系。如臣梼昧，深惧弗克胜任，致滋贻误。惟有懔遵圣训，殚竭血忱，一切洋务事宜，随时会商北洋大臣李鸿章，妥为办理。其地方应行各节，则与三省抚臣和衷共济，以冀仰答高厚鸿慈于万一。

所有微臣接篆日期，除循例恭疏题报外，谨缮折叩谢天恩，伏乞皇太后、皇上圣鉴训示。

再，江南地方雨旸应时，早禾畅茂；江北先有蝗蝻萌动，现经督捕净尽。民情安静如恒，堪以仰慰宸廑。谨奏。

查明善医官绅听候采用折光绪六年六月二十四日

奏为遵旨查明精于医理之官绅，先行由驿恭折覆陈，仰祈圣鉴事：

窃于光绪六年六月十三日，承准军机大臣字寄："初七日奉上谕：'现在慈禧端佑康颐昭豫庄诚皇太后圣躬欠安，已逾数月，叠经太医院进方调理，尚未大安。外省讲求岐黄、脉理精细者，谅不乏人。着详细延访，如有真知其人医理可靠者，无论官绅士民，即派员伴送来京，由内务府大臣率同太医院堂官详加察看，奏明请旨。'"等因，钦此。臣跪聆之下，焦悚莫名。即经于江苏省官民中，访有明习医道数人，尚须详加查验，如果可靠，方敢资送入都。第系疏逖小臣，草茅下士，一旦仰瞻圣颜，天威咫尺，难免举动失常，窃恐诊脉开方，未能神安志定。兹谨查有告退在湖南原籍之前刑部尚书郑敦谨，丁艰在江苏原籍之前湖北巡抚潘霨，均称国手，中外所知，相应请旨饬令兼程进京，会同太医院敬谨从事。该尚书等身受国恩，自必闻命即行。又查有署湖北盐法道程春藻，于医道极为讲求，前在江宁为副都统臣富升治病，沉疴立起，并请旨饬下湖北督抚臣转饬程春藻，由轮船刻日进京，听候太医院察看，冀取一得之长。至前内阁学士周寿昌，亦属精于岐黄，现在京都住家，若饬令与太医院互相参酌，计亦有所裨补。臣惓惓愚诚，是否有当，伏祈圣明采择施行。

所有查明官绅精于医理，先行覆陈缘由，谨由驿五百里驰陈，伏乞皇太后、皇上圣鉴训示。谨奏。

赶催官医北上片

再，臣恭绎上谕，叠经太医院进方，因皇太后圣躬尚未大安，乃有延访外省医人之旨。郑敦谨、潘霨、周寿昌均系国家老（成）〔臣〕，且在京城居住有年，习知水土，用药必能合宜，即程春藻亦属谨慎安详，断不敢以师心轻率尝试。如该尚书等诊脉开方，有当圣意，所有煎药进御，似应饬令躬亲其事，以昭慎重。但得皇太后圣躬早安一日，中外臣子便释一日之心。不敢泥候旨常例，谨一面发折，一面预备资斧、轮船，函催该尚书等迅速北上。如抵都后，皇太后圣躬①业已大安，或他省医人先已奏效，即诸臣空劳跋涉，亦义无可辞。

合再附片陈明。伏乞圣鉴训示。谨奏。

查覆江南兵饷及上下江防敬摅管见折

光绪六年六月二十九日

奏为查覆江南兵饷及沿江防务，并敬摅管见，恭折密陈，仰祈圣鉴事：

窃臣于光绪六年正月二十五日及三月初二日，在湖南新宁县原籍，先后接准署两江总督江苏巡抚臣吴元炳咨，光绪五年十二月十七日奉上谕："俄人挟制多端，心怀叵测，此时虽事机未定，

①中华书局版无"圣躬"二字。

不可不亟筹防务，豫备不虞。所有兵、饷两端，及布置之法，着各该将军督抚等，豫为筹画，妥慎办理。”等因，钦此。光绪六年正月二十一日奉上谕：“若俄人暗嗾日本生事，狼狈为奸，必将滋扰洋面。南洋地段辽阔，必须严密设防，方能有备无患。着刘坤一、何璟、张树声、吴元炳、谭钟麟、裕宽、勒方锜、谭钧培懔遵叠次谕旨，将沿海、沿江一带防务，妥筹布置，借杜诡谋。福建之台湾、厦门等处，江苏之吴淞、长江等口，尤扼要吃重之区，该督抚等当各就地方情形，悉心区画，务策万全，并须简练陆军以辅水师，为未雨绸缪之计。”等因，钦此。经臣两次附片陈明，俟抵江南查明据实覆奏在案。

嗣臣入都陛见，取道长江，沿途察看各处炮台与各起营勇，兹于接篆后，查询实在兵饷数目及一切防务，并酌拟办法，谨为我皇太后、皇上陈之。

江南本系财赋之地，每年所收淮盐课厘及百货税厘并丁漕等项，约计千万内外。惟接济京、协各饷过多，本省度支转形拮据，现在随时挹注，尚不至于庚癸频呼，而本年增拨东北饷需已觉难于周转，一旦如兴大役，更属罗掘无从矣。通省所存水陆兵勇，合计三万一千馀名，分布苏、松及徐、淮等处，其在江宁省城及驻扎沿江南北两岸者，不满二万人：淮勇居十之七，系直隶督臣李鸿章旧部；湘勇居十之三，系已故两江督臣曾国藩旧部。该统领如浙江提督吴长庆、福建提督唐定奎、记名提督吴宏洛、九江镇总兵章合才、淮扬镇总兵朱淮森等，均系久历戎行，懋著战功之员，缓急应亦足恃。尚有统领轮船江南提督李朝斌及长江水师瓜洲镇总兵吴家榜等，亦系宿将，堪以御侮折冲。第地面辽阔，兵力尚单，殊有顾此失彼之虑。此江苏兵、饷之实在情形也。

沿江炮台，惟沙洲圩因为江水冲刷撤去三座，馀存十座，恐亦难于保全。此外如该处对岸之乌龙山炮台二十二座，上游江宁省城外之下关炮台六座，下游镇江府属之焦山、象山、都天庙三处炮台十九座，江阴县属之鹅鼻觜、天生港、十圩港刘闻沙等处炮台七十九座，上海县之吴淞口炮台十七座，均系屹立江干，规模尚属严整。其中炮位或未齐全，布置或未尽合，何营守护何台，亦未逐一部署。臣现督饬各文武赶紧筹办，以备不虞。此江苏沿江炮台之实在情形也。

夫外洋船坚炮利，务竞新奇，而中国所以御之者，要在知彼我之短长，审利害之轻重。就目前事势而论，即使有铁甲船多只，而驾驶未能深谙，若遽与之驰骋重洋，以我所短，敌彼所长，殊难操必胜之术。加以沿海各省，相距数千里，仅以一军往来应援，无论鞭长不及，更恐敌船声东击西，多方误我，非制人而不制于人之道。而况现无铁甲轮船，即木壳兵轮亦难自成一队，何所挟持以角逐于茫茫巨浸耶！

钦奉谕旨，“该督抚[①]等各就地方情形，悉心区画，务出万全”，等因，以守为战，舍短用长，虽利钝成败之难知，而主客劳逸之已决，诚至当不易之良策也。南洋江、浙、闽、粤等省，务须自为固圉之计，早在圣明洞鉴之中矣。其实东南大局，利害所系则在江苏，盖江苏为长江尾闾，为湘、鄂、西、皖各省门户。敌若逾江苏而驶入长江，则湘、鄂、西、皖处处均须设防，即四川、滇、黔人情亦为震动，以视一隅被扰，孰重孰轻，不待智者而辨也。

臣与江苏巡抚臣吴元炳，再三筹商，以吴淞口尚有炮台，且上海为各国租界，洋人有所顾忌。惟长江口当敌船之冲，江面又

①中华书局版无“抚”字。

极辽阔，非吴淞炮台所能兼顾。即江南提臣李朝斌所统轮船，仅四五号，亦属左支右吾，拟以北洋拨来蚊船尽数益之，以资分布。第该蚊船修理需时，且未审果否得力耳。长江口以内，如江阴、镇江等处，江流略为收束。经前督臣李宗羲、沈葆桢等分筑炮台，原是重关设险之义。臣复与前兵部侍郎臣彭玉麟酌度形胜，逐节经营，务以此为锁钥，以遏敌船上窜之路。中流上连木筏，下伏水雷，左右则以巨炮夹攻，誓不任其飞越。仍于南北两岸各驻重兵以护炮台，并派游弈之师，与苏、松、常、太、通、泰、淮、扬各处军营遥为联络。所有沿江港汊，亦以艇船、扒船弥缝其间，不使敌船抵隙乘瑕，入我腹地。此系详切规画，幸而海疆晏然，亦必未雨绸缪，不敢稍涉松懈，仰副皇太后、皇上谆谆告诫“毋蹈因循陋习，毋作纸上空谈”之至意。万一南洋告警，应否增募一军，则在临时察看机宜，奏明办理。至于现驻江南淮勇，可否仰恳天恩，饬下直隶督臣李鸿章毋得抽调，李鸿章于南、北洋视同一体，且江南为淮军饷源，必不以臣言为私也。

抑臣更有请者，广东、福建、浙江三省均属滨海，所有原拨南洋厘金，闽、粤既经奏停，浙江亦可留为本省筹防之费，由臣咨明浙江抚臣谭钟麟查照。惟福建以台防吃紧，并将关税奏留。南洋所指望者，以粤海关税为大宗，浙海关税无几，此后似不宜再有分拨，前此按结扣存之款，由臣咨催该监督等扫数解清，以应燃眉，而资借手。若湘、鄂、西、皖之于江苏，本属辅车相依，尤应同舟共济，与其各分畛域而备多力分，曷若共固藩篱而此呼彼应。除该四省原拨厘金，并由臣咨催该督抚臣饬令司局赶紧补解外，将来倘遇军情紧要，另由湘、鄂、西、皖等省宽拨饷项，俾助饱腾，否则，调派劲军协同守御。值此海疆多故，臣承乏两江，自当力任其难，尚赖该各省匡其不逮，以卫东南大局，仰慰宵旰忧勤于万一也。

所有查覆江南兵、饷及沿江防务并敬摅管见，谨由驿五百里恭折密陈，伏乞皇太后、皇上圣鉴训示。谨奏。

东三省防军单薄请预为调度片

再，沿海各省，筹防有年，如广东、江苏、直隶各口要隘，臣所身经目击，虽不敢谓确有把握，似尚可以勉强支持，即福建、浙江、山东等省，亦闻有险可凭。只台湾四面孤悬，未能深悉形势。然自东洋退兵以后，我亦数年经营，且闽省船政局所造兵轮，自应先其近者急者，似不得谓为无备。惟东三省与俄接壤，而黑龙江时有俄船往来，水陆均属当冲，敌人之进退甚便。该三省一经告警，都城人心难免动摇。钦维庙算宏深，自已妥为部署。而臣之鳃鳃过虑者，实以该三省日久不见兵革，难免临阵张皇。所调四川提督宋庆一军，似尚嫌其单薄。可否添派大支劲旅会同宋庆，进扎吉林，或令直隶督臣李鸿章兼顾东三省，预为布置。而责成陕甘督臣左宗棠兼顾北路，不得以有沙漠之阻，稍涉松懈，以致变出不虞。管蠡之见，恭候采择施行。

谨由驿附片密陈，伏乞圣鉴训示。谨奏。

密保专阃大员请旨简用折光绪六年七月二十三日

奏为密保专阃大员，以备干城而重根本，请旨简用，恭折驰陈，仰祈圣鉴事：

窃以中俄之事，或战或和，尚无定局。然立国之道，不恃敌之不来，恃我之有以备敌，必能战而后可言和也。中俄陆路毗连既宽，加以沿海设防，并计几万馀里，随处均须戒严，而臣所鳃鳃过虑者，则以东三省为尤重。现经朝廷选将征兵，自为该处缓急之用。惟客军可暂而不可常，欲为久远之图，必须训练土著之兵，俾成劲旅。东三省人情朴勇，不难转弱为强，但得一久历戎行、深谙韬略、又素习东三省风气者以董率之，必能调度合宜，使之踊跃用命，数年之后，屹然长城矣。臣查有江宁副都统富升，籍隶吉林，前在江北剿办发、捻各逆，懋著劳绩，尝以马队二百，破贼四五万人，事平口不言功，而地方百姓，迄今犹津津乐道。且其操守廉洁，智虑宏深，每论及时艰，则忠诚愤发。臣于光绪元年江宁承乏，即深知该副都统之才，因其久病体羸，窃恐不任劳苦。此次与之重晤，见其面貌丰腴，虽系与臣同年，精神胜臣十倍。以该副都统之材武，加以血性过人，方今膂力尚强，正堪驰驱边徼。倘蒙圣恩用之于东三省，使之督当一面，必能就熟驾轻，折冲御侮。第须查照内地各省练兵、练勇章程，优给口粮，多与枪炮，方可以资借手，否则虽有孙武，亦不能使之枵腹荷戈，空拳赴敌也。

臣实为根本重地、干城重寄起见，是否有当，恭候圣裁。谨恭折由驿四百里密陈，伏乞皇太后、皇上圣鉴训示。谨奏。

东三省防务宜及时措置片

再，中国外患，以俄为最，人尽知之矣，而防俄与防别国不同。以东三省为亟，人亦尽知之矣，特以各有职守，不敢为越俎之谋，而疆圉安危，实系于此。即使此次中俄之事得以调停，而东三省终为彼所垂涎，视眈眈，欲逐逐，甚于西路新疆各城也。

夫整军经武，非旦夕所能程功。今日之选将练兵，原为久远之计。伏望朝廷及时措置，收效将来，不可以时局稍松，视为闲着。夫以根本重地，如得士马饱腾，不仅御外侮，亦可息内奸，实为宗社无疆之福。

谨附片由驿密陈，伏乞圣鉴训示。谨奏。

遵旨分别查明并现在筹办情形折 光绪六年八月初八日

奏为遵旨分别查明及现在筹办情形，密折覆陈，仰祈圣鉴事：

窃臣于光绪六年七月十七日承准军机大臣密寄："十一日奉上谕：'詹事府右庶子张之洞奏陈应防要地事宜，所称宜令彭玉麟亲驻吴淞、江阴等处，自系为扼要设防起见。彭玉麟能否专驻各该处筹办，即着酌度具奏。俄人近在上海，购定煤至数千万斤之多，情殊叵测，着刘坤一、吴元炳饬令该道设法牵制，毋得任其取求。所称俄人专恃日本为后路，宜速联络日本，所议商务可允者早允，但得彼国两不相助，俄势自阻等语。着总理各国事务王大臣，暨李鸿章、刘坤一酌度办理。其请饬讲习防海新论一条，着照所议，一面行知沿海各督抚，于上海等处多为购买，分给诸将领，细心讲求。'"等因，钦此。跪诵之下，仰见我皇上洞烛幾先，绸缪未雨，感佩难名。当经恭录密送咨行去后。

旋接彭玉麟来函，拟以时往来吴淞，狼山、福山、江阴、焦山上下，何处有警，则随宜策应以赴事机，业经专折覆奏。彭玉麟督办江防多年，情形极为熟悉。臣愚亦谓吴淞口及长江口地段太宽，扼守非易。如为万全之计，莫如守吴淞之黄浦江口，以保苏、松，再守长江之江阴两岸及圌山、焦山等处，以固上游各省门户。彭玉麟所议实洞括全局之论。臣抵任后，覆陈防务情形，谓与彭玉麟筹商，务以江阴、镇江等处为长江锁钥者，即此意也。

惟从前议造沿江炮台，以圌山关附近焦山，而焦山耸峙江中，视圌山关尤为天设之险。时以经费支绌，不得不先焦山而后圌山，现经接续兴修炮台，似此重关叠隘，敌船益无从蹈瑕抵隙而来矣。江南兵轮无多，彭玉麟现需出洋分巡之兵轮一号必不可少，届时自当酌派应用。此臣接彭玉麟函商及现筹扼要设防之实在情形也。

又据江海关道刘瑞芬禀覆，俄人并无在上海购买大宗煤斤情事，惟闻日本长崎买煤甚多。查上海向非产煤处所，中外轮船所用，均由东、西洋转运而来。俄船由海道来华，路经日本，该处产煤既旺，价值复廉，似无须转而求诸上海。阅近来各新闻纸，有俄国兵船所需煤斤在新嘉坡采办，及俄人在长崎议买煤银五十万元，运往珲春。长崎有洋行承办煤一万吨，运存珲春对岸之海带角地方各等语。刘瑞芬所禀尚与相符。惟俄人诡谲异常，难保不广收中国现有之煤，使我兵轮、商轮、船政、机器各局，日用所必需者，均为所窘。臣已咨商闽浙督臣何璟，派员赴台湾，查明煤矿现存数目，分致南、北洋及各省解款购办，即运储江海各口，以备不时之需。并饬招商局多购洋煤，万一官船缺煤，亦可移借。复由江海关道密饬上海华人各煤行，不得将多煤售与俄人，亦不得代其转买。虽上海洋人经手买卖煤斤者未能一体禁止，然似此多方防范，彼族当无从竭泽而渔，即办理亦尚不着形迹。此查明俄人并未在上海购定大宗煤斤及预行设法牵制之实在情形也。

日本助俄事所或有，第揆之理势，似不尽然。日本北与俄邻，桦太、千岛之互换，非其心之所愿，屈于势不敢争耳，其防俄甚于防中国。臣前在都门，与日本使臣晤谈两次，彼屡以唇齿相依为言。即使其语不尽由中，而利害实系如是。臣愚以为中俄万一有事，日本必照万国公法自处局外，似未肯与之合谋，徒使俄日益强，以结怨于中国。该国商务现在南洋各口所报并无可允未允之案，仅有光绪五年，日本领事在江海关请免烟、酒两税稍有辨论，嗣议定进口烟以三四十斤、酒以一二百斤为度，准其免税，多则照征，后亦并未再有所请。臣仍当密饬各关道，此后与彼国交涉商务，均按照条约一律持平，毋得稍涉偏枯。俾俄人借得施其勾结之计。

防海新论一书，臣于未奉谕旨之前，已饬上海制造局印送百部。现据全数解到，以六十部分给江南各营，以四十部咨送总理衙门转发东三省。并饬该制造局，另刷多部，呈送沿海各省，务使人人阅习，即其立法而师其用心，庶几变通尽利，上副朝廷慎重海防、造就将才之至意。

所有分别查明及现在筹办情形，谨会同江苏抚臣吴元炳恭折由驿五百里密陈，是否有当，伏乞皇太后、皇上圣鉴训示。谨奏。

查实江苏各属荒熟田地报部折光绪六年八月初十日

奏为查明江苏各属荒熟田地数目，据实覆陈，恭折仰祈圣鉴事：

窃准部咨，奏覆翰林院侍读王先谦经费宜裕一折，请饬下各省督抚，将各属荒熟田地，开具清单，汇总奏咨报部，奉旨："依议。"钦此。抄录咨行前来，当经转行遵照去后。

伏查江苏省未垦荒田，于同治八年，经前督臣马新贻等奏报筹议招垦章程八则，奉旨："着照所请，该部知道。"钦此。嗣于光绪三年，前督臣沈葆桢覆奏御史朱以增请调淮军屯垦条陈折内，以江南垦荒未便刻期从事，请照同治八年奏定章程办理，复蒙俞允在案。

兹据江宁布政使梁肇煌、署苏州布政使许应鍱详称："江宁府属七县，原额田地共五万五千二百馀顷，现尚有未垦荒田三万一千馀顷。就该府一属而计，熟田尚未及半。第所征钱粮，按额已近六成。盖未垦田地，山塘、低洼，下则居多，实无避重就轻之弊。尚有扬州府属之江都县五台山等处，因择地扎营，压废田亩，一片砖石，难于开垦，然为数亦尚无多。此外各属并无抛荒田地。统计宁属额田，未垦者只十分之七厘有奇，不足一分，均于各年奏销案内，分晰开报。苏、松、常、镇、太五府州属原额田二十五万三千九百馀顷，截至上年秋成止，核计原复熟及二年以前新垦熟田一十九万三千九百八十馀顷，光绪三、四、五等三年，新垦尚未届征田八千七百一十馀顷，仍有抛荒坍没等项田五万一千二百馀顷，约居原额十分之二。"查明实数，会详请奏前来。

臣等查江宁一府七县，被兵十有馀年，井邑萧条，田地芜废，肃清以后，土著农民存者无几，多方招集，复业寥寥。苏属被兵地方较广，幸窜踞未久，乡村不乏完善之区，故原熟田地尚多，然贼踪所及之处，情形亦与宁属相似。皆苦于田多农少，有田之家大率募佃耕种，工本倍费，租息甚微。且昔时大户今皆中落，稍有力者类皆别谋生计，视田业为畏途，故未垦荒田，迄今尚复不少。然原定招垦章程，实已筹画周备，开垦成熟三年之后，始行完粮，体恤亦不为不至。所以自定章程以后，历年垦熟均有加增，未必不由乎此。臣等惟有督饬该司等董率各州县，按照原奏章程，体察民隐，善为招徕，期阡陌益复旧观，以裕饷源而符赋额。如查有隐匿侵渔情弊，谨当严予参办，不敢稍涉徇纵，上慰朝廷重农贵粟之心。

除将清册咨送户部外，谨合词恭折覆奏，伏乞皇太后、皇上圣鉴，敕部查照。谨奏。

溧水摊赔虚粮恳予豁除折光绪六年九月十二日

奏为江宁府属溧水县各乡田地摊赔虚粮，吁恳天恩，准予豁除以纾民困，恭折沥陈，仰祈圣鉴事：

窃准部咨，议覆高淳县摊赔沉粮案内，以溧水县如何征收之处，行令另案奏明办理等因，当经转饬去后。兹据江宁布政使梁肇煌、江安督粮道师荣光会详称："溧水旧与高淳本系一邑，前明宏治四年始分为两县，皆临石臼湖，而与丹阳、固城两湖毗连。明初于高淳之广通镇建闸以时蓄泄，沿湖悉成腴田。迨永乐中，因苏、常屡遭水患，改闸为坝。正德年间加筑下坝，厉禁不开，于是湖水泛滥，致将溧水思鹤诸乡一十七圩之田，尽没于湖。我朝顺治五年，知县王鼎颖丈量该县田地，计有亏折原额熟田九万二千四十三亩有奇，熟地一万一千一百三十八亩有奇，荒田一千四百八十五亩有奇，废田二百七十九亩有奇，乃于实存熟田项下每亩加摊虚粮田一分三厘有奇，实存熟地项下每亩加摊虚粮地三厘有奇，实存荒田项下每亩加摊虚粮田八厘有奇，废田项下每亩加摊虚粮田七厘有奇，由是实在熟田一亩虚作一亩一分三厘有零，创立抄弓名色，以二百十一弓七尺实田八分八厘有馀，作为一亩征粮。有旧时县志及步弓由单、版串，班班可考。在昔民物富庶，尚可支持，今则兵燹馀生，田荒土瘠，再事赔累，民何以堪。惟前项丈亏田地统共十万四千九百馀亩，而摊派实存田地赔完钱粮者只七万三千一百六十九亩零，下馀三万一千八百馀亩，访诸绅者，考诸改折全书，称系水影湖滩，曾经描踪测丈，照常入额。自系当时已坍入水，未全沉没，尚冀涸复布种，故未作为虚粮。应俟将来通境荒田全行开垦，查丈究有涸复若干，实在坍缺若干，另将坍缺田地丈实，再行请豁”等情，详请具奏前来。

臣等伏查溧水县虚粮，从前民力有馀，勉令赔完，无敢异说。今者疮痍未复，喘息方苏，开垦荒田，本重利薄，言念民困，深用疚心。就令完固有之钱粮，尚形竭蹶；再责赔坍沉之赋课，自益难支。况同属之上元等五县，漕粮已蒙减免三成，高淳县摊赔沉粮亦邀豁免，圣慈叠沛，一视同仁，难令该县独抱向隅之戚。国家定制，田地赋税，涨则升增，坍则豁除。当此百计招垦之时，尤以便民为急务，与其责赔虚粮，徒有加赋之虚名，何如豁除坍田，冀收垦荒之实效。合无仰恳天恩，将该县摊入实存田地赔完虚粮七百三十一顷零，先行豁除，以溥皇仁而纾民困。下馀三百一十八顷零，仍俟荒田全垦，核见实有亏缺若干，另行查办。现在豁存原熟田地仍照旧时全书科则，按亩稽征，以昭核实。

除将该县各项科则清册咨部外，理合会同署漕运总督臣谭钧培，恭折沥陈，伏乞皇太后、皇上圣鉴训示。谨奏。

请准新授总兵暂缓陛见折光绪六年九月十二日

奏为地方同一紧要，恳将实缺总兵恩准暂缓陛见，仍留署任，以资熟手而竟全功，恭折吁陈，仰祈圣鉴事：

窃福山镇总兵熊登武告病开缺，光绪六年七月二十三日内阁奉上谕：“江南福山镇总兵员缺，着欧阳利见补授。”钦此。该总兵例应具折谢恩，恭请陛见，臣等即应令其交卸淮阳镇署篆，上副朝廷简任之心。惟该处为南北冲衢，兼通海口，万一海氛告警，处处均须设防，较之福山情形实同一紧要。该总兵久在署任，威望卓著，实力操巡，军心民心甚为固结。臣钧培受事伊始，正在整顿营务之时，与该总兵事事会商，粗有头绪，更未便遽易生手。查现护福山镇篆之太湖营副将雷玉春，才具明干，勤奋有为，于福山一带海洋素所熟悉，布置亦甚得手，若暂时各仍其旧，驾轻就熟，益专责成，于防务实两有裨益。臣等函商再四，意见相同。合无仰恳鸿慈，俯念地方同一紧要，彼此各需熟手之人，恩准该总兵暂缓陛见，仍留淮阳镇署任，其福山镇篆务，即由雷玉春照旧护理，一俟防务稍松，再行奏明办理。

谨会同江苏抚臣吴元炳、江南提臣李朝斌，合词恭折吁陈，伏乞皇太后、皇上圣鉴训示。谨奏。

驻沪会审委员异常出力邀请优奖折

光绪六年九月十二日

奏为上海会审公廨委员异常出力，历久不懈，恳恩逾格奖励，恭折奏祈圣鉴事：

窃同治七年，准总理各国事务衙门核定上海洋泾滨设官章程，照会各国使臣咨行开办。当于上海英国租界设立会商公廨，选派同知用候补知县陈福勋作为会审委员，并由英、美等国领事各派副领事、翻译等官，按日轮流至公廨会讯。凡英、美巡捕在租界查获犯事之人，均送公廨讯办，洋人控告华人亦归公廨会审。陈福勋到差至今，阅十二年，明干周详，诸臻妥协。同治十一年，日本截留秘鲁国洋船拐去华人二百馀名，该员奉派驰往日本，带回上海，送归原籍。光绪元年，湖广督臣李瀚章调赴云南随办英官被戕之案，事竣始回。虽经归于洋务出力三年一保案内请奖，历经吏部议覆不准保奏免补，而该员前已得有加运同衔并补缺后以同知用，保案亦无可再加，以致勤劳多年，竟无寸进。兹据江海关道刘瑞芬详请逾格保奖前来。

臣查上海为通商各国总汇之区，租界华洋杂处，交涉案件尤多。会审公廨委员逐日会同办事，既须和睦洋官，更须顾全大体，保护华民，较之州县自管地方公事尤为烦难。又此差并非实缺，既无廉俸可支，更无俸满升调，无才者既不胜任，有才者多不屑为。陈福勋才优心细，不激不随，茹苦耐劳，历十二年如一日，从无见异思迁、畏难求退之心，是以因应咸宜，华洋胥服。其派往东洋，调赴滇省，复于会审之外，备历艰辛，实属异常劳绩。自可援照出洋人员准保免补之例办理，以示鼓励。合无仰恳天恩，准将运同衔同知用江苏候补知县陈福勋，免补知县，作为实缺俸满同知，留苏以知府用，并加三品顶戴，以为尽心洋务、久著勤劳者劝，出自逾格鸿慈。

所有上海会审公廨委员异常出力，历久不懈，吁恳逾格奖励缘由，谨会同北洋通商大臣、直隶总督臣李鸿章、江苏巡抚臣吴元炳，恭折具陈，伏乞皇太后、皇上圣鉴训示。谨奏。

上海会审公廨委员酌拟改为差缺片

再，上海会审公廨委员，既非实缺，无俸满升调之期，即不能与实缺官员同一迁转，致劳绩久著者，格于成例，无阶可升。除现在委员陈福勋任差十二年，异常出力，经臣专折会奏，恳恩逾格奖励外，此后会审公廨委员，无论同、通、州、县选派是差，拟请均作实职会审同知，名曰差缺，由臣会同抚臣奏明派委，并自到差之日起，扣足六年期满，实系办理妥协，毫无贻误，即照出洋人员异常劳绩之例，专案奏奖，其廉俸等项，仍不照实缺开支。倘有办理不善，声名平常者，仍随时撤换参办。

臣为会审公廨委员事务烦难，应示优异而昭激劝起见，理合会同北洋通商大臣、直隶总督臣李鸿章、江苏巡抚臣吴元炳，附片陈明，伏乞圣鉴训示。谨奏。

委员试造气行轮船验不适用片

再，安徽候补同知董毓琦，以试造气行轮船，尚短工料银三千两，呈经都察院具奏，光绪五年四月二十四日奉上谕："着沈葆桢筹款发给，并与李鸿章、丁日昌按照图说，详加参酌，造成后即由沈葆桢等验试，究竟是否合用，据实具奏。"等因，钦此。当经前督臣沈葆桢于海防经费内拨与库平银三千两在案。

该员屡延自定期限，直至今年四月始报竣工，中途复被风搁沙，六月内始行驶到金陵。经臣率同司道前赴该船逐细验看，所有机器一切均甚笨拙，非借人力运动则机不转而船不行，于图说所谓气行者益复无着，匪但无制胜之奇，以之冲犯风涛尚无把握，实属不适于用。该员言语浮诞，前后不符，未便听其借词续修，再滋靡费。且系在沪试造，该处为华洋观听所汇，更未便任令师心自用，腾笑于人。现将水手人等先行资遣，其船仍暂交该员看管，恭候命下，再饬令将全船各件，逐一点交筹防局，另谋折变。所有领用库平银三千两，姑念名为试办，事属因公，恳恩免其赔缴。

谨会同北洋大臣直隶总督臣李鸿章、前福建巡抚臣丁日昌据实附陈，伏乞圣鉴训示。谨奏。

南洋海防经费请饬粤海关迅行汇解片

再，两广总督臣张树声奏准订购蚊船，在粤海关应拨南洋经费项下截留银五万两，咨会前来。臣查南洋经费，厘金一款，闽、粤、浙江三省，均经奏留本省应用，江西省业经抵作新饷，湖北省本年丝毫未解。关税项下，自本年改章拨解以来，叠次催据江海、闽海、山海三关报解至第七十八九结，其粤海、浙海两关仅解至第七十三、四结而止。目下第八十[1]结又已解满，粤海关欠解银两为数最巨。南洋自光绪四年照案分解起，截至本年八月底止，仅收各省关解到经费共银四十馀万两，核较原拨银数不及十分之一。江苏为南洋总汇，实长江上游各省门户所关，近年修筑炮台，购造军火，发给薪粮等项，需用益多，收不敷支，棘手万状。臣因订买洋枪，苦无现银，已将第七十五、七十八两结粤海关应解银两，咨明汇兑枪价，如有多馀，仍解南洋。又准户部咨，闽省船政制造快船，南洋仍应协拨银二十万两，复将第七十六、七两结粤海关应解银两，咨明汇解船政，俾可及早兴工。兹又准粤省订购快船截留银五万两。是南洋所指粤海关大批的款，益形短少。将来各省若援照截留，海防经费必致全行无着，焦灼殊深。合无仰恳天恩，饬下粤海关，迅将刻下应汇应解各结银两，扫解全清，嗣后务必随征随解，按结清款。并由臣咨明各省，不得再行扣留此项经费，致误要需。

所有南洋海防经费，未便再有拨扣缘由，理合附片陈明，伏乞圣鉴训示。谨奏。

---

①中华书局版作“八至十”。

分拨洋枪运往各处备用片

再，臣接准神机营咨，将军岐元请拨洋枪、洋炮等项，拟由直隶、江苏机器局照数筹拨一折，奉旨："依议。"钦此。旋准直隶督臣李鸿章咨，津局现无存储，应由江南酌拨。臣当饬司局在于金陵军械所备用项下，先尽所有通融凑拨，计拨林明敦中针后膛枪一千杆，枪子二十万颗，刀头燕飞来福枪一千五百杆，矛头燕飞来福枪一千五百杆，配齐佩带等件，专派登瀛洲轮船赶运天津，由李鸿章查收转解。并据寿春镇郭宝昌面称，奉旨带勇二千名前赴山海关设防，所需军械请由金陵给领，经臣饬拨马梯呢后膛洋枪五百杆，枪子十五万颗，两磅后膛熟铁过山炮连铁车架二副，炸弹一千颗，自来火一千副，铜管拉火二千枝，以资应用。续准湖广督臣李瀚章咨，湖南提督鲍超军中现需洋枪甚亟，鄂局所存无几，若向外洋购办，往返需时，商由宁局先行借拨，复经饬拨矛头燕飞来福枪二千杆，英国恩费前膛马枪二百杆，配齐佩带等件，由轮船赶解赴鄂。又新调山海关副都统富升，以该处正在设防，枪械系必需之件，商之于臣，亦经移拨燕飞来福枪一千杆，随带备用。又署漕臣谭钧培，现在整顿清淮营伍，所需之前膛洋①枪一千杆，随配佩②带等件，洋火药二百桶，铜帽二十万颗，并经照拨。计前后分拨各项洋枪八千七百杆。目下上海、金陵两机器局赶造水雷及炮弹各件，未能兼造洋枪，而各处皆系迫不及待之需，不得不先其所急，就金陵军械所备用项下，分提协济，

---

①中华书局版无"洋"字。

②中华书局版无"佩"字。

现已告罄。

除陆续设法筹补外，所有分拨各处洋枪等件缘由，理合附片陈明，伏乞圣鉴。谨奏。

提臣统军起程前赴山东海防折光绪六年九月十六日

奏为报明提臣起程及拔队日期，恭折驰陈，仰祈圣鉴事：

窃臣于光绪六年九月初十日，承准军机大臣字寄："初四日奉上谕：'山东现办海防，关系紧要，浙江提督吴长庆勇略夙著，素称得力，着刘坤一传知该提督，酌带亲兵，前赴山东，帮同周恒祺办理防务。吴长庆接奉此旨，着克期起程。'"等因，钦此。当经恭录飞咨去后。

吴长庆于十一日由江北浦口营次轻舟渡江，与臣面商一切。现经议定，该提督随带原部淮军亲兵六营前赴山东，所遗江防水陆六营，臣即委该营营官记名提督曹德庆接统。该提督一面将经手事件赶行交代，定于本月十六日由陆路驰赴山东，随带各营，续于十九日由各营官带同拔队前往。尚有粗重军装，陆路不便携带者，臣已札饬招商局派轮赶运，俾各营得以轻身就道，迅抵东省，上慰宸廑。

该提督胆识并茂，纪律最严，且熟习地方情形，实为臣所倚重，第以山东需人孔亟，未便系维。所有该提督起程及拔队日期，理合恭折驰陈，伏乞皇太后、皇上圣鉴。

再，江宁防营分扼沿江炮台各要地，本苦不敷，现去此大支劲旅，兵力益形单薄，目下事机正在加紧，自应添募填扎，容臣部署就绪，再行奏报，合并声明。谨奏。

带印出巡沿江炮台折光绪六年九月二十六日

奏为恭报微臣带印出省巡阅沿江及吴淞口各处炮台日期，恭折驰陈，仰祈圣鉴事：

窃江宁之乌龙山及镇江、江阴、吴淞口各处炮台，经前督臣等因地制宜，扼要布置。臣于本年入都陛见时，业经顺途察看，抵任后，复谆饬守台各将领，勤加操练，逐节讲求。并商之前兵部右侍郎臣彭玉麟，于圌山关修筑炮堤，以辅焦山之声势，此外亦间有损益之处。现在防务吃紧，炮台为江海干城，参酌不厌精详，亲历较有把握。谨于本月二十六日，乘坐兵轮巡阅各炮台，就近与彭玉麟及各提镇等面商一切，所有详细情形，容俟事竣后，再行奏报。理合先将出省日期，恭折由驿四百里驰陈，伏乞皇太后、皇上圣鉴。

再，臣带印出省，所有署内日行公事，交江宁藩司梁肇煌代折代行，其紧要事件仍包封由臣行次办理，合并声明。谨奏。

密保监司大员备简折光绪六年九月二十六日

奏为密保监司大员以备简用，恭折仰祈圣鉴事：

窃臣承乏封疆，递次钦奉谕旨，饬保贤员，本年五月陛见，复蒙圣谕，谆谆以留意人才为急，跪聆之下，钦感难名。

臣以人才在于性情、学识，尤在历练之深，年力之富。兹查有江苏题补道洪汝奎，为守皆优，历经各督抚臣保荐，早在圣明洞鉴之中。臣前在江西巡抚任内，即访知该道之能，两次共事以来，始悉得其底蕴，请撮其梗概，为我皇太后、皇上备陈之。

该道以湖北举人考取教习知县，经前湖北抚臣胡林翼调赴军营。嗣随前两江督臣曾国藩、前署两江督臣李鸿章等，戎马驰驱，莫不倚为臂助。当时同袍之士，多致通显，或膺方面，或任封圻，而该道有功不居，屡辞荐牍，迄今犹是未经引见之道员，其澹定如此。该道①自随曾国藩、李鸿章等前来江苏，历经前督臣马新贻、李宗羲、沈葆桢委之以筹兵筹饷，而该道洁己自爱，不名一钱，且未用一私人置之津要，其廉介如此。该道总司军需营务，善于运量，尤工于会计，内则供亿水陆各军，外则接济京、协各款，拮据万状，并顾兼筹，不使有匮乏之虞，亦绝无偏私之见。近复督办捕务，摘发如神，即使事涉邻封，从不稍分畛域，沿江上下为之肃然。其严于公忠又如此。该道久领度支，综核名实，以财为国之大命，非此无以聚人，当此帑藏空虚，处处力求撙节，甚至木屑、竹头，亦不肯轻于弃掷，知者谅其苦衷，不知者或议其出纳之吝。该道身任劳怨，处之坦然，纵使声色频加，亦不为其所夺，而于诸将之以此相抵牾者，又能曲为包容，以冀文武和衷，共维时局。其有担当、有气度又如此。该道每与臣言，自谓不知军务、洋务，然臣观其议论与平日措施，于军务、洋务无不悉中机宜。近今人才如该道者，殊不数觏。盖其性情、学识具有本原，加以历练二十馀年，盘错益见利器。臣自调任两广以后，并未保一文员，诚以人才难知，恐蹈滥竽之咎。兹于该道确有所见，不敢壅于上闻。惟该道年逾五旬，及此精力正健，若处以繁剧之任，俾得尽展所长，以分宵旰焦劳于万一，出自逾格鸿施。

①中华书局版作“道员”当遵原文。

夫天地生才不易，朝廷得才尤难，现在相需甚殷，似未可忧饥寒而弃粟帛也。

所有密保监司大员以备简用缘由，谨恭折密陈，伏乞皇太后、皇上圣鉴训示。谨奏。

请召用郭嵩焘片

再，前出使英国兵部侍郎臣郭嵩焘，品端学邃，渥荷三朝特达之知，海内士人亦莫不奉为山斗。自开办洋务，该侍郎讲求时措之宜，遇事条陈，递蒙圣明委任，而悠悠之口群起攻之，臣乡人为尤甚。该侍郎于洋务持论不无过激，用人不无稍偏，要其周知中外之情，曲达经权之道，识精力卓，迥出寻常，且其心地朴诚，亦属缓急足恃。现在交涉事宜正在吃紧，如该侍郎者，似未可置散投闲。可否召令入都，俾参末议，以期有裨时局，伏候采择施行。

谨附片具陈，伏乞圣鉴训示。谨奏。

察看江防增筹军饷折光绪六年十月初七日

奏为巡察江防，分派汛地及添募营勇，截拨饷糈，恭折密陈，仰祈圣鉴事：

窃臣于光绪六年九月二十六日曾将带印出省、巡视沿江炮台具奏在案。

臣即日乘坐登瀛洲轮船驶赴镇江府之焦山，二十七日会同前兵部侍郎臣彭玉麟履勘炮台，随饬湘勇合字营将弁于下游分设水靶试演焦山及象山、都天庙三处炮台之炮。二十八、二十九、三十等日，臣与彭玉麟以次前往圌山关两岸、江阴县两岸及上海县之黄浦江口，将各炮台、炮堤逐一履勘，炮位逐一试演。臣旋于十月初一日起程回省，勘验乌龙山两岸及省城下关炮台炮位，至初三日抵署。此次周历各处，试验各炮，尚能致远命中。惟各炮台则瑕瑜不掩，即如江阴南岸大石湾一带炮台，本属经始，又因逼近山坳，潮湿太重，已有剥裂朽蠹之处，尚须设法改修。其馀虽属整齐，而暗台究不若明台之快便，且有过于累赘者，似可分别去留。圌山关与东生洲、西成洲、固土洲四处，道光年间原有炮堤，前者漏未议及。该处江流曲折，横贯其中，如心字形，实居[①]下游之胜。本年秋间，臣与彭玉麟督饬瓜洲镇吴家榜等，于该四处培修土堤，安设土炮，以应一时之急，将来尚须经营，若一律添筑明台，所费亦属无几。

至于水陆各路汛地，不可不预为严定章程，以专责成，而资守御。查黄浦江口系在吴淞口南岸，该处炮台，只可扼上海及苏、松各府之路，与长江口无涉。长江口亦吴淞口，水面宽数十里，非黄浦江口炮台所能兼顾，且距江阴县炮台二百数十里之遥，尤为鞭长不及。该处防务则江南提臣李朝斌及苏松、狼、福三镇实任其责，以李朝斌所统兵轮、蚊轮不满十号，且大小不齐，未必足以遏敌船冲突。然内洋沙多洪窄，敌船未能任意纵横；李朝斌调度有方，布置有法，届时或首尾夹击，或左右绕攻，或抵间乘瑕，邀其归路，则我之兵蚊各轮，未始不能牵制，即苏松、狼、福三镇之艇船、扒船亦收犄角之助，使敌船有瞻前顾后之虞。倘有临阵畏缩，甚至委弃船炮以资敌者，则该提臣及各镇将不能辞咎也。

---

①中华书局版作“居实”。

黄浦江口炮台则责之统领武毅右军记名提督吴宏洛，江阴两岸炮台则责之总统铭武军福建提督唐定奎，焦山、象山、都天庙炮台、圌山关等处炮堤则责之代统合字营记名提督易致中，使之自为战守，仍各派游击之师，视敌所向，互为声援，不得以畛域自限。黄浦江口炮台，可与李朝斌兵、蚊各轮联络，即江阴县以上等处炮台，亦有长江水师吴家榜等炮船相为策应，使敌人不敢易船登岸。如各炮台施放有准，以挫其锋，又于江之中流安设水雷木排，以资拦截，敌船未必便能飞越。即使敌船冒死冲过炮台，或我之炮台偶为敌炮所毁，而我但能坚持不动，多备土包沙袋，立即补完，敌船势将进退失据。倘有擅离炮台营垒船只或张皇失措者，则该总统等与该镇将不能辞咎也。

下关近在江宁城跟，乌龙山距省仅四十里，均经筑有炮台，以为不虞之备，现因浙江提督吴长庆抽带该处亲兵六营前往山东，尚须另行部署。此外沿海、沿江以及内地城镇，如何杜敌人觊觎，如何防土匪萌动，臣当与彭玉麟及抚臣吴元炳，会督地方文武相机办理。

夫江南为南洋总汇，且系上游各省藩篱，幅员甚宽，兵力本薄，临事尚须增募，前折业经陈明。今吴长庆带去六营，只留四营，改委记名提督曹德庆统领。臣复委令前署广东潮州镇总兵、两江候补副将何明亮，先招三营，计一千五百名，取名新湘勇，以备调遣。尚须续招两营计一千名，并前合为五营共二千五百名，以符吴长庆带去之数，俾成一军而当一路。第江南度支拮据，一孔一钉尚属入不敷出，兹忽增此巨款，每年十数万金，从何接济？应请将吴长庆带去六营之饷，拨归山东应付，所有江南原解李鸿章粮台月饷，即将此项划扣，以作新湘勇薪粮。似此一转移间，山东以新饷养老勇，不费操练之功，江南以旧饷养新勇，稍省掘罗之力，其于淮军粮台收支相抵，并无损益，处处皆均其平矣。臣俟钦奉谕旨，即当恭录分别咨行遵照。

抑臣再有请者，江南每年所解淮军饷项，将近三百万两，几分江南财赋之半，而江南境内，防勇亦以淮军为多。以江南之饷养淮军，即分淮军以守江南，故虽万分为难，不得不勉图供亿。淮军在江南日久，练习情形，分派各处炮台操演，亦已精熟。若调淮军他往，既恐迁地弗良，江南另招新军亦虑骤难得力，而彼此之糜饷则同。可否仰恳天恩，俯念江南地方吃紧，所有现在各炮台之唐定奎、吴宏洛二军，免其再调，并请敕下直隶督臣李鸿章及前直隶提督刘铭传等一体知照，俾臣得收指臂之助，出自逾格鸿施。

所有巡察江防、派定汛地，新募营勇、改拨饷糈，并请免调淮军各缘由，谨恭折由驿密陈，伏乞皇太后、皇上圣鉴训示。谨奏。

派员统带蚊船责成操练片

再，臣与彭玉麟行抵吴淞口之黄浦江，适李朝斌亦抵该处，问悉蚊子轮船龙骧、虎威两号，尚在机器局修理未竣。当经先调已经修竣之飞霆、策电两号前来，公同试验，如法装足药铅，饬令各放三炮，子路平出尚远，船身尚不挫退。惟该船并未勤加操演，是以行走颇嫌迟笨，而装子尤觉纡缓，约计一刻始放一炮，恐不足以应敌。臣与彭玉麟、李朝斌熟商，应将装子之法量行变通，并将该四船派员统带，以资训练。查有记名提督、前山东兖州镇总兵杨明海，年强才富，本系水师出身，谙练驾驶，随同彭玉麟、李朝斌及前陕甘督臣杨岳斌带勇剿贼，勇干过人，以之统带此项蚊子轮船，必能胜任。合无仰恳天恩，俯准该员留于臣标差遣，即将蚊子轮船四号，委令统带，仍归统领兵轮之提臣李朝斌节制调差，以一事权而期得力。

谨附片具陈，伏乞圣鉴训示。谨奏。

粤西开窿采煤拟请减税以广销路片

光绪六年十月二十四日

再，准北洋通商大臣李鸿章咨："据贵州补用道叶正邦禀称：'现在广西租定富川县、贺县交界之蒋姓山场，开窿三座，每月可出煤三千吨，煤质火力不减洋煤，足供轮船机器之用。粤东所销无几，拟运上海各口分售，请援池州土煤出口奏案，每吨征税银一钱，到销售处再完半税，以期成本较轻，即可厚集股资购器采运'"等因。并准两广督臣张树声咨请会奏前来。

臣查湖北广济县、安徽贵池县设局挖煤，先雇西洋矿师钻验煤层，均称质坚力厚，及购机器开采，则中国轮船及制造局仍不合用。湖北广济停办，移于荆门州开挖，官办改为商办。安徽本系官督商办，亦经开采数处，未能畅销，所赖均照台湾减税，成本稍轻，价值不贵，民间尚肯购用，开挖不致停工。今广西富川、贺县交界处所开办煤矿，亦称煤质火力可供轮船、制局之用。如果煤佳产旺，洵足兴自然之地利，敌外至之洋煤。核其开窿采运，与湖北、安徽情事相同，似应一例减税。理合据情吁恳天恩，俯准援照成案办理，以广销路而顺商情。

谨会同北洋通商大臣直隶总督臣李鸿章、两广督臣张树声合词附奏，伏乞圣鉴训示。谨奏。

敬陈管见折光绪六年十一月初五日

奏为球案宜妥速议结，倭约宜慎重图维，外杜纷纭，内严防范，遵旨密折覆陈，仰祈圣鉴事：

窃臣于光绪六年十月二十三日接准军机大臣密寄："光绪六年十月十六日奉上谕：'前据总理衙门奏议结琉球一案，此事关系全局，自应博访周谘，以期妥协。着刘坤一悉心妥议，切实陈奏。'"等因，钦此。仰见朝廷全盘在握，兼听为明，跪诵之馀，莫名感悚。

臣查球案与倭约，本系两事，直隶督臣李鸿章与右庶子陈宝琛、左庶子张之洞所言，倭约不宜更张附益，以免另生枝节，诚为有见。至谓球案宜缓，以及支展之法，无非欲俟中俄定局，勒令日本全退球地，重立废王，以张义声而绥藩服，则似未将是非利害深维始终、权衡轻重也。

夫琉球与高丽、越南、缅甸等国，同列外藩，中国之所以怀柔之者亦略相等。究之该各国之于中国，是否相关，既有名实之判，中国之于各国能否兼顾，亦有难易之殊。盖外藩者，屏翰之义也。如高丽、越南、缅甸等国与我毗连，相为唇齿。所谓"天下有道，守在四夷"，而高丽附近陪都，尤为藩篱重寄。臣屡函致总理衙门及李鸿章与出使日本大臣何如璋，务劝高丽结好泰西，以杜倭、俄窥伺。该国万一有警，中国亦应明目张胆，遣兵赴援。为该国策安全，即为中国固封守，与英国之保土国情形相同。即臣前在粤督任内，于叛镇李扬才窜扰越南，力主进剿，责令广西提督冯子材擒贼自效者，亦恐越南不支，必借师于法人，以后为其所制，而两粤之外障益隳。此外藩之必须极力扶植者。

至于琉球则与高丽、越南等国迥别。琉球臣事中国数百年，朝贡极其恭顺，向风慕化，诚属可嘉，然与中国远隔大洋，得失无关痛痒。且琉球臣中国，只假我声灵，琉球臣日本，实奉其号令。平日无端剥削，无故拘囚，一任日本所为，琉球未尝赴诉中国，中国亦未尝过问，故一旦夷为郡县，指挥即定，而欲中国强与之争，务使日本俯首听命，琉球吐气扬眉，乌可得哉！如张之洞所言，中国闭关绝市，摈斥日本不复与通，原为计之至善，沿海筹防有年，自不如前明之受其蹂躏。然谓此即足以制日本而复琉球，则未必然。如陈宝琛所言，中国声罪致讨，跨海东征，以今日之整练水师，亦决无元初覆军之惧，然以日本二千馀年之国，此举未必扫穴犁庭。倘使设伏以邀我，固守以老我，彼熟我生，彼主我客，悬军深入，大属可虞。即使日本慑我兵威，一战而败，请受约束，许复琉球，而琉球近在日本卧榻之侧，我能留兵守之否？我归而彼复夺之，岂能再为出师，以蹈波涛之险？竭中国而事外夷，自古以为诟病，况今日中国之于琉球乎！我朝定鼎之初，经略西南各国，独置琉球于度外，今日乃为之致死于日本乎！

张之洞、陈宝琛二策既不可行，则李鸿章所谓支展者，将来仍以口舌折之，或以虚声胁之，以日本之崛强，未必有济。且支展之法，日人未必不知，知之则其附俄与我为难，势所必至。臣前在京邸，日本使臣来见，屡陈鹬蚌相持之戒，原有所为而言。然于琉球有骑虎之危，而于中国有夺牛之惧，安得不思铤险以舒祸目前。俄得日本推波助澜，可以东西牵制。蜂虿有毒，曷若与之讲好释嫌，纵不拒俄，亦不助俄之为愈也。是支展一策，亦属无益有损。

夫琉球之于中国，鸡肋可投，中国之于琉球，马腹难及，中外莫不共晓，第以字小之仁，不忍视同蛮触之争，听其湮没。今我为之索还南岛，俾有所归，以守先王之祀，亦足以对琉球而示天下矣。齐桓存三亡国，然于卫则迁之楚丘，于邢则迁之夷仪。今之南岛亦琉球之楚丘、夷仪也。尚氏不能守先人成业，亡国之馀，等于杞、宋，以图一线之延，尚何择乎肥瘠！臣前在两广任内，适琉球之八重山五十馀人遭风飘至廉州，护送到省，经臣传见该头目等，与之笔谈数纸，察看其人，甚属循良。并问悉其境长一百八十馀里，如于该处择立尚氏，加以宫古之地，亦足以为附庸。现在泰西七十馀国，有百馀里、数十里者，南岛犹未为甚小也。传曰："疆埸之事，一彼一此。"尚氏果能发愤为雄，则夏之一成，楚之三户，失可复得，弱可转强。如其不能有为，只凭中国覆翼，即使尽复故物，亦若幕燕釜鱼。盖寇在门庭而援在天末，何能有恃不恐，耦居无猜。臣意非欲弃球，实欲存球。顾以今日事势，无论中岛决不可得，即使得之，而有日本逼处之忧，不如退居南岛，尚可守此一片干净土也。

惟是新造之邦，中国所以倾助之者，正非易易。且日人狡狯之技，必须先与申明，即以南岛重立尚氏后人，仍由其君自主，并与共立保护之约，一面宣示尚氏与该南岛，务期永远相安，各无翻覆。日本倘有异词，或尚氏不愿郁郁居此，而南岛亦无推戴之忱，中国受此南岛，如获石田，冒不韪之名，受无穷之累，不得不作罢论。此则球案之亟宜斟酌，不可稍涉犹豫者。

如虑俄人觊觎高丽，诚所难免。然谓其视球案为进止，则法人之侵越南，英人之侵缅甸，亦何不可以借词。高丽立国不同琉球，高丽与俄亦不同琉球之于日本，以彼夙无嫌怨，俄人何出无名之师。即使突起兵端，高丽亦属有险可守。而我东三省马步诸军，星驰电赴，与之掎角，俄人亦未必唾手得之。中国之于高丽，向系视同内地，赈饥则不惮转输，讨贼则不靳爵赏，固非与琉球一例。现在强邻耽视，举国寒心，如何为之弥缝，如何与之连络，庙谟广运，是必迎机导之，借著筹之。高丽在隋、唐时亦称劲敌，今其土地人民犹是，但得中国左提右挈，使之整军经武，未始不足自固其圉，为我辅车。

至于中日换约，自有定期，与球案毫无牵涉。球案如此议结，日本所获实多，岂可志在居奇，复图进步，据理与辨，彼复何辞。其利益均沾与入内地一条，将来换约亦难轻许。万不获已，则如总理衙门王大臣及李鸿章所议，必须一体遵守，彼亦以便于我者相偿，方为平允。届时或力持前议，或量为变通，自可彼此会商，期归妥协，不得与琉球一案相提并论也。

倘日本贪求无厌，强我难从，不得已而用兵，沿海各省似尚可以支拄。惟台湾孤悬巨浸，福建督抚与船政大臣，应已预为绸缪。臣承乏南洋，自当力扼江苏，以固上游五省门户。虽长江深阔，洋船可以通行，不如天津之节节阻碍，然如圌山关、焦山等处，亦属天设之险。臣与前兵部右侍郎臣彭玉麟等逐一部署，以遏其冲，决不任其长驱而前，入我腹地，以撼东南大局。

御倭如是，即御俄亦如是。臣职任封疆，责无旁贷。第以修攘之术，论是非亦计利害。琉球式微可悯，要非我所得全，日本虚耗已形，亦非我所能取。琉球即无恙，不如高丽等国捍我边陲；日本即逞强，不如俄罗斯国占我疆土。究其始终，较其轻重，则是竭华以争球，让俄而抑倭，谓为远交近攻，取威定霸，非臣所敢闻矣。

谨就臣管见所及，以球案宜妥速议结，倭约宜慎重图维，密折覆陈，伏乞皇太后、皇上圣鉴训示。谨奏。

通筹中外各国事势片

再，臣统观今日中外各国事势，不独日本之夺琉球，不足害我，即法人之侵越南，英人之侵缅甸，亦未能为长蛇封豕，以图荐食中华，盖越南、缅甸非英、法所能骤亡，且去法国、英国远隔重洋，不能联属也。俄人与我接壤，得寸则寸，得尺则尺，彼厚而此薄，不可不以全力维持，高丽为俄垂涎，尤当设法保护。

议者谓可让于俄而取偿于日本，为货财乎？为土地乎？俄人如还伊犁，自可酌赔兵费，倘于此外任其需索，则如割肉以啖豺狼，肉不尽不止。日本瓯脱之国，非我所能瓜分，且其贫瘠不堪，更有刲羊无血之喻。若为声威起见，恐屈于俄而伸于日本，亦不足以示武。臣前在京邸，随同总理衙门请释崇厚之罪，盖不欲因一人而重俄人之怒，失英、法之欢，以杀使臣而辱与国，归曲于我，并非谓中俄条约可以迁就，以示弱于各国而贻患于将来。俄人虽强，亦无常胜之局，但得东三省缓急有备，则沿海防务均有规模，俄之兵轮几何，谅亦无能为厉也。谨附片具陈，伏乞圣鉴训示。谨奏。

徐州士民请建故督臣专祠折光绪六年十一月二十四日

奏为徐州士民请建已故督臣专祠，恭折仰祈圣鉴事：

窃据徐州士民五品衔杜履诗等禀：徐州为江省边郡，界连东、皖，风气刚强，素称难治。溯自光绪元年，已故督臣沈葆桢抵任后，首严捕盗之令，擒诛伏莽，四境肃然。二年夏间，安徽宿州匪首旷同，乘旱倡乱，其时灾荒千里，遐迩震惊，徐、宿唇齿相连，肘腋患切，沈葆桢派兵剿办，一鼓歼除。嗣因豫省灾黎，流徙入境，设厂收养，居民以安。谋积谷则廪有储粮，禁罂粟则野无稗种。恤耕牛，捕螟蝗，以重稼穑；稽保甲，严窝顿，以清盗源。察吏安民，治兵戢暴，五载规画，百废具兴。而于剿办旷同一役，遏乱甫萌，保全尤巨，至今士庶感不能忘。爰即集资鸠工，拟于徐州府城，建立专祠，以崇报飨。据署徐州道张富年等转详请奏前来。

臣查已故督臣沈葆桢，业蒙圣恩，准于江南省城及立功省分建立专祠，凡在臣工，同深钦感。臣于江西、两江，两次均接该督臣后任，其生前政绩，知之有素，洵属以死勤事，功德在民。今者故垒循行，甘棠犹在，该士民等公请建祠，以伸遗爱，委系出于至诚。合无仰恳天恩，俯准沈葆桢在于徐州府城，由士民捐建专祠，地方官春秋致祭，以彰臣绩而顺舆情。

谨会同漕运督臣黎培敬、江苏抚臣吴元炳恭折具陈，伏乞皇太后、皇上圣鉴训示。谨奏。

遵保堪胜将帅人材折 光绪六年十一月二十九日

奏为遵保堪胜将帅武职大员以备简用而任干城，恭折具陈，仰祈圣鉴事：

窃臣钦奉光绪六年二月二十二日上谕："时事多艰，需才孔亟，着各直省将军、督抚，加意访求，其有才略过人，足任将帅，并谙练水师者，着各举所知，出具切实考语，秉公保荐。"钦此。仰见圣主，讲求武备，加意人材，跪诵之馀，莫名钦佩。

臣于湘、淮各营留心察看，除各实缺提镇已荷朝廷特达之知，任以专阃，毋庸列入外，现在各省差委武职人员，择其才具超卓，仰副明诏者，就臣所知：漕标统领记名提督唐宏成，威棱素著，调度合宜；前署广东陆路提督记名提督李占椿，胆气甚豪，韬钤亦懋；署安徽寿春镇总兵前江西九江镇总兵记名提督程文炳，晓畅戎机，善抚士卒；江苏统带蚊轮前山东兖州镇总兵记名提督杨明海，深沉有识，材武绝伦：该四员实为赳桓之选。又前署广东碣石镇总兵记名总兵刘光裕，谋勇兼资，清勤自矢；江南操练兵轮营务处记名总兵吴安康，临阵果敢，御众严明；安徽管带兵轮记名提督张捷书，每战必先，行师以律；江苏分统武毅军记名提督张景春，攻守得法，智略擅长；江苏统领庆营记名提督曹德庆、江西管带楚营记名提督蒋良眷，均属骁雄朴实，不避艰难，部伍亦极整齐，缓急足恃。至职属偏裨而可重用者：则有江苏统领新湘勇前署广东潮州镇总兵候补副将何明亮、管带江苏抚标亲兵候补副将刘光才，冲锋陷阵，辟易千人，制变设奇，可当一路，且秉廉让之节，抱忠奋之忱，为庸中之佼佼者。臣与该各员共事多年，历试有效，尚能得其实际，堪以为国驰驱。查各员中，惟杨明海、刘光裕、吴安康、张捷书，并能谙练水师，合并声明。

谨恭折具陈，伏乞皇太后、皇上圣鉴训示。谨奏。

请缓两淮泰海二属各场折价钱粮折

光绪六年十一月二十九日

奏为两淮泰海二属各场间被风潮，勘不成灾，循例请缓折价钱粮，恭折仰祈圣鉴事：

窃查泰州分司所属富安、安丰、梁垛、东台、何垛、丁溪、草堰、刘庄、伍佑、新兴、庙湾十一场，本年入夏亢晴，秧禾未能遍插，复于大汛期内，海潮涌猛，直向内灌，禾草受伤，收成歉薄，就十一场牵算，统计五分有奇，例属勘不成灾。海滨穷灶，辄遇歉收，民情实形拮据，若将新旧折价，同时征收，力有未逮。应请循照成案，将富安等十一场，应征光绪六年、压征五年分新赋折价照常征收，其来年未届启征之光绪六年新赋折价，亦照例限启征。所有上年二月启征之光绪五年、压征四年分未完折价，同本年秋成后应带征同治十年分折价，及未届带征之同治十一、十二、十三并光绪元、二、三年原缓折价，均请缓至来年秋成后起，由远而近，每年带征一年。又海州分司所属板浦、中正、临兴三场，亦因本年夏秋间连得骤雨，又遭东北飓风，海潮上涌，漫溢池滩，督饬各丁，赶将盐池积水设法疏消，修理起晒。惟荡地被淹日久，所种秋禾杂粮，受伤较重，秋收甚属歉薄，高低牵算不足五分。灶地向以产盐为重，纵未成灾，而该三场地滨海隅，素鲜盖藏，灶情困苦，应征折价，碍难全征，不得不循照成案，分别轻重办理。除该三场本年应征光绪六年、压征光绪五年分盐池新赋折价照常征收，其来年压征光绪六年分盐池折价亦照例限启征外，应请将该三场本年麦熟后应带征光绪四年分荡地折价，饬令照常征收全完，其本年秋成后应带征光绪五年分荡地折价，照例缓至来年麦熟后征收，其来年压征光绪六年分荡地折价，缓至来年秋成后启征。所有该三场本年秋成后应带征之同治十年分荡地未完折价，并未届启征之同治十一、十二、十三各年原缓折价，均请缓至来年秋成后起，由远而近，每年带征一年，以纾灶力。均经各该分司大使禀由运司选派委员，往勘明确，据署两淮盐运使徐文达、淮扬海道桂嵩庆会详请奏前来。臣覆加察核，均属实情。合无仰恳天恩，俯准分别缓征，以苏场灶。

除饬赶造缓征折价年款银数及勘不成灾册结咨部核覆外，谨会同江苏巡抚臣吴元炳，恭折具陈，伏乞皇太后、皇上圣鉴训示。谨奏。

遵旨勉筹津贴东省军饷折光绪六年十二月十三日

奏为遵旨会商勉筹减营津贴，以顾大局而济急需，恭折覆陈，仰祈圣鉴事：

窃臣承准军机大臣字寄："光绪六年十月二十七日奉上谕：'前据刘坤一奏，江南添募新湘勇五营，请将吴长庆带往山东六营之饷，拨归山东应付，即将原解淮军粮台月饷划扣，当谕令李鸿章、周恒祺查照办理。兹据周恒祺奏请饬照旧支发等语，所陈东省库藏支绌亦属实情。所需饷项究应由何处筹拨，着会商具奏，毋得彼此推诿，致有贻误。现在各该省度支均非宽裕，倘有可以腾挪饷力之处，并着妥筹办理。'"等因，钦此。仰见我皇上一视同仁，凡彼此为难情形，均已上邀宸鉴，感佩难名。

查江南近来局面名为地大物博，实则外强中干，而沿江炮台处所，节节宜防，虽筹饷万难，勇力又不容稍有疏漏。所以前经吴长庆带去六营，即须另招新军以弥其阙，而饷力万难兼顾，故请将吴长庆营饷归之山东，诚以江南目下之事势，节营增饷，两非所能，非别有所计较也。旋接李鸿章咨，业允照数划扣。嗣准周恒祺抄寄折稿，乃知东省数米为炊之况，同于江南，彼此均在窘乡，臣何敢稍存膜视。奉旨后，经即遵商东省，以期分任其难。现得周恒祺覆函，谓接李鸿章书，亦谆谆以庆军饷事为念，该抚臣义无可辞，允自明年正月起，无论如何拮据，月认庆军饷银七千两等情。查李鸿章来咨，庆军六营饷，年约十六万馀两，计东省所认者，仅得半数，尚短一半，仍由江南通融津贴每年八万两有奇，庶几东省之力已纾，淮军之饷有着，足以上慰宸廑。惟臣前请划回此项饷银，本以供新湘勇五营之用。今除津贴山东八万馀两外，只剩八万两，不敷尚巨。幸新湘勇仅招三营，相体裁衣，其馀两营暂行从缓，如果情形吃紧，再行续募成军。拟就江苏应协庆军饷数内，以八万馀两作为庆军六营半饷津贴东省，尚馀八万馀两，划作新湘勇三营薪粮之需，核计尚欠若干，另行设法弥补。似此减灶之举，近于从井之仁，然舍此亦别无方略也。

所有遵旨会商勉筹减营津贴缘由，谨由驿恭折覆陈，伏乞皇太后、皇上圣鉴训示。谨奏。

上海添募勇营动支关税折 光绪六年十二月十三日

奏为上海地方紧要，添募勇营，动支关税，以重防务而卫饷源，恭折仰祈圣鉴事：

窃臣等于本年迭奉谕旨，饬将应办防务赶紧认真筹画，务期一律完固，不得稍涉因循，等因，钦此。即经分饬钦遵办理。惟上海为南北海口往来适中之地，东西各洋通商总汇之区，防务饷源均关紧要。该处仅有提标右营陆兵二百名，内河水师小炮船二十号，分防城乡各汛，地广兵单，殊不足以资控制。若以形势而论，上海虽居吴淞口腹里，而各国兵舶，每多进泊浦江，且租界逼近县城，万一海上稍有波澜，尤恐不逞之徒，乘机煽乱。其南门外二十馀里，沿途设有火药、机器、制造各局，均属精华所在，非得专营驻守，实无以御外侮而戢内奸。据苏松太道刘瑞芬以全局攸关，亟宜补救，筹议具禀前来。

臣等查上海为华洋关键，且系财赋重地，目下兵力诚苦太单，而各防营扼守沿江炮台，仅敷分布，各有责成，碍难调驻该处，即吴淞之防营，亦复力难兼顾，非另招勇营不足以为保障，而饷力支绌已甚，又无从别谋挹注之资。再四商酌，拟即由该道招募勇丁五百人，取名抚标沪军营，驻防上海，为专守城池之用。并随时斟酌缓急情形，就地量为调拨，以期呼应灵通。其月饷照淮军定章给发，即在关税项下作正开支，归入留防军需各款汇报。

臣等为慎重防务、保护饷源起见，谨合词恭折具陈，伏乞皇太后、皇上圣鉴，敕部查照。谨奏。

奏疏卷十七

覆陈海防事宜折 光绪七年正月初八日

奏为海防紧要，所有水师事宜，务在因时变通，尤须核实办理，遵旨妥议，恭折密陈，仰祈圣鉴事：

窃臣承准军机大臣字寄："光绪六年十一月初二日奉上谕：'梅启照奏请整顿水师，拟定各条，开单呈览。所请饬船政局及江南机器局仿造铁甲船，预筹购买外洋铁甲船及枪炮等件，推广招商局船赴东、西洋各国贸易，添设海运总督，设立外海水师提督，裁改海疆各种笨船，严防东洋海疆，练习水战，长江水师添拨中号轮船各节，着刘坤一按照折内所陈，悉心筹商，妥议具奏。原折抄给阅看。'"等因，钦此。仰见圣主廑怀时局，博采周谘，曷胜钦佩。

臣维中国自有法度，本不同于外洋，然以沿海七省，绵延五千数百里之遥，当此外洋各国通商，动辄以兵船挟制，则中国沿海水师，若不认真整顿，其将何以自立？论者谓："中国有海防而无海战。"不思汉唐以来，已有楼船及伏波、横海等号，国朝嘉庆年间，剿捕海寇，亦极霆惊飙发之奇，而况今日之有外洋乎？

细核梅启照所陈各条，惟第二条请令江南机器局仿造铁甲轮船。查该局现在制造枪炮、药弹，业必专而始精，不必再造铁甲船，致糜工费。第五条请设海运总督。查海运于防务无涉，且已办有定章，诸臻妥善，毋庸另设总督，以滋烦扰。第十条请设长江水师中号轮船。查长江水师，系在内地，长龙、舢板未始不能得力，前兵部侍郎臣彭玉麟，决计不用轮船，未始无见。此三条均可作为罢论。

其馀各条，洵属切中时务，防患未然。如第一条请饬船政局仿造铁甲船。国家不惜巨款，设立船政，每届从优保奖，鼓励在工人员，原期精益求精，以与外洋齐驱并驾。铁甲船既为海防利器，则该船政不此之务而谁务乎？且中国现经购买铁甲船，将来岁久自须修理，讵可驶赴外洋。该船政若不预先讲求，临事必致束手。船政大臣黎兆棠素有远略，血性过人，曾对臣言，自愿多办数年，俾得竭力整顿，而于铁甲船尤为加意。请旨饬令黎兆棠，查明局内工匠、器具，能否制造铁甲船，以及一船需费若干，需时若干，自行分晰具奏。臣前在粤督任内，以洋银九万元，购买英国所设黄埔船坱，于修铁甲船甚为合用，似可于广东设立船政分局，庶易集事。惟船政经费，现极支绌，即先定造之快船四只，专望南洋所拨粤海关税接济，已有停待之虞，然则仿造此项铁甲船，又将从何罗掘？应由黎兆棠逐细勾稽，通盘筹画，如果力有未逮，亦即据实陈明，徐设方略。

第三条俟俄事定妥，仍速购铁甲船，盖尚未知李鸿章已购铁甲船四号也。春间俄事初起，各款待用方殷，而购铁甲船必须期之数年，深恐缓不济急，故李鸿章与臣论及，臣意颇不谓然。顾外洋各国，方以铁甲船称雄，岂以中国之大，而独少此。不敢谓无铁甲船不办海防，亦不敢谓有铁甲船无益海防，既经购办四船，足资分布，将来到华之后，派在南北两岸，辅以碰快各船，可以各成一队。至于原拨海防经费，不独各省厘金项下，本年南洋仅收湖北二万两，江西以新饷抵经费银十一万两，而粤海关税以征存之项，竟 欠解至数结之多，兑拨船政六万馀两，亦仅报解三万两，馀皆任催罔应，尤所不解。当此海防吃紧，赖此的款为购制枪炮船只之资。请旨饬该监督，迅将前欠如数解清，以后毋再挪移，致有贻误。

第四条请推广招商局船往东、西两洋贸易，不独可分外洋之利，亦可周知各国形势，联络各岛华人。臣前在粤督任内，于招商局和众轮船前往檀香山，本应由南、北洋主政，而臣以事属可行，时不可缓，遂径许之，盖将以此为权舆也。该局嗣派轮船往旧金山，亦是推行之渐，东、西洋自可由此进步，正不必指定何船。而臣所虑者，该局总办道员唐廷枢、徐润人颇老成，而气局尚小，且提还公款后，赀本亦薄，未必更能扩充。夫理财本不易言，刘晏为唐名臣，仅以转输著绩，况远涉重洋，而可操奇赢术乎？臣愚以为宜得一大力者，驻局主持，唐廷枢、徐润与之左右，仍以巨帑资之，俾得展布。用财如用兵，分数明则多多益善。每年盈馀所入，官商照章均分，于军国之需不无小补，庶餍众心而杜群喙，所以提挈之，亦所以安全之。泰西各国以商而臻富强，若贸迁所获，无与公家，自必别有剥取之法，否则富强何自而来？处此时势，事事欲步武泰西，不得独于招商局务而尚天子不言有无、诸侯不权多寡之高论也。

第六条请裁改海疆各种笨船，第八条请设外海水师提督，第九条请令海疆提镇练习水师：此三者相为表里。臣查军兴以后，沿海各省笨船，已不甚多。就臣服官省分而言，广东之阳江、碣石、琼州、南澳四镇，或有拖艇两三号，或一二号，甚至并无一号。其有拖艇者，弁兵只食额饷，别无薪粮。臣在广东每镇拨给轮船一号，所有拖艇等船，虽未尽撤，亦不准添。江南之崇明、狼、福三镇，经前督臣曾国藩奏准各给艇船四号、轮船一号。臣抵任后，屡议裁撤艇船，该镇等力请暂留，为浅水捕盗之用。而臣以该艇船无风不动，即捕盗亦属不宜，第因未经给予轮船，则艇船尚可承乏，拟俟制备轮船之后，即行裁撤艇船。如谓浅水难驶轮船，则各带划船数只，亦足以资追缉。请旨饬令广东、浙、闽查明现存各项笨船，斟酌办理。沿海水师提督，本有巡缉外海之责，如另设一外海水师提督，节制沿海各省水师，恐有警时各守疆域，仍属呼应不灵，徒拥虚位而已。臣愚以为沿海水师，宜仍其旧，各归本管提镇，一俟南洋两号铁甲轮船购到，遴派勇略兼优、深谙驾驶之提镇大员统带，配以碰、快等船，驻扎澎湖，假以便宜，保障台湾以为中枢，而南控闽、粤，北顾江、浙，亦可收形格势禁之益。盖南洋惟台湾孤悬巨浸，四面受敌，非若各省尚属有险可扼，得此两号铁甲轮船，方足以备缓急。惟该处风浪奇险，向难停船，必于对面澎湖下碇，不但近可捍卫台湾，即使敌攻闽、粤、江、浙，亦虑澎湖之铁甲船追袭其后，而闽、粤、江、浙水师，知有铁甲船为之外援，则胆气益壮矣。且铁甲船吃水甚深，断不能进泊沿海各省口内。与其置之浩渺之区，曷若常驻澎湖，守台湾之门户，作四省之应援，更为稳便，实亦两得之道，此项铁甲等船，如作为经制水师，应否于沿海提镇量移两缺，临时再为熟议。至海疆提镇水师，有外海、内洋之分：内洋水师舢板等船，虽不足以敌轮船，然洋人如入内洋，必用划船登岸，则舢板等船亦可击之，如练外海水师，非用轮船不可。江南提督李朝斌，现统轮船五号、蚊船四号，又经彭玉麟奏添兵轮十号，为江阴以下防海之用。一俟筹出款项，陆续造成，三镇亦各换给轮船，则江南外海水师，兵力不为不厚，似尚可以一战。广东大小轮船二十馀号，皆为沿海捕盗而设，而能角胜外洋者，竟无一二。福建则较胜于广东，浙江则尚不及广东。应由该三省督、抚臣，各就沿海情形，会督沿海提、镇，认真练习。而臣更有请者，江南水师，新定营制，万馀名改为二千馀名。有兵即有炮船，并无无船炮之水师，故李朝斌所统轮船，不得不另行募勇。臣在广东，查悉额设水师裁存尚一万有奇，大都无船无炮，其有船炮者，系另募之勇，而非额设之兵。当经汇案奏明，无论外海内洋轮拖、扒巡各船勇丁，一律改补水师兵额，而令原营水师，开除老弱三千馀名，岁省饷恪六万馀两。然此外水师兵丁之无船炮者，尚数千人，未知闽、浙两省水师，是否与粤省相类？臣愚以为此项水师不同陆营，既无船炮，便成无用之物，似可并官，尽数裁汰，省出此项俸饷，制造轮船，另募劲旅，定为外海轮船经制水师，亦是斩截办法，可以变无用为有用。此项向无船炮水师，非久经战阵之勇可比，裁汰之后，亦无虑其滋生事端。倘另募水师勇丁，而置旧时水师兵丁于不问，听其坐食糜饷，无此政体。并请饬广东、福建、浙江各督、抚臣查明酌办，臣于江南，亦即会同水师提镇，察酌施行。

第七条请严防东洋，夜郎自大，狡焉思启，始则犯我台湾，继则灭琉球而窥朝鲜，其渐诚不可长。然以日本手掌之地，而又地瘠民贫，如欲与中国为难，多见其不知量矣。现在中国，南北洋防务，均有规模，倭寇即欲跳梁，何能为厉？况沿海为各国通商口岸，彼亦未必轻肆披猖。然勿恃敌之不来，恃我有以待敌。传有之："一夫不可狃，况国乎！"

臣惟有督饬沿江水陆诸军，绸缪未雨，以期有备无患，仰慰宵旰忧勤。

至防日本与防俄不同，东三省自无他虑。第高丽与我唇齿，难免日本觊觎，宜劝该国结好西洋，尚可互相维制。一面整军经武，亟图自强，中国之济其困而扶其危，固惟力是视矣。

夫以中国沿海筹防，越六七年之久，尚未能一律整严、确有把握者，固由苟且偷安，未能振作，或系敷衍塞责，无济艰难，正不独水师为然，是则臣与沿海疆臣所宜痛除积习者也。

臣谨就梅启照所陈整顿水师各条，敬抒管见，恭折密奏，伏乞皇太后、皇上圣鉴训示。谨奏。

议覆筹造铁路利弊片

再，臣先后承准军机大臣密寄："光绪六年十一月初二日奉上谕：'刘铭传奏筹造铁路一折，所请筹款试办铁路，先由清江至京一带兴办，与本年李鸿章请设之电线，相为表里等语。所奏系为自强起见，着刘坤一按照折内所陈，悉心筹商，妥议具奏。原奏抄给阅看。'"等因，钦此。又十一月二十一日奉上谕："前据刘铭传奏请筹造铁路，当经谕令李鸿章、刘坤一妥议。兹据张家骧奏称：'开造铁路约有三弊，未可轻议施行'等语，着刘坤一悉心妥议具奏，原折抄给阅看。"等因，钦此。

查外洋所办铁路火车，非中国所经见，所言如何得力之处，无非耳食之谈。臣前在广东，凡自外洋官员来见，多以中国不办此事为可惜，而美国外部大臣吉华礼德言尤恳切，察其词意实属为我，并非有他。臣以铁路火车之有裨益，别项虽未深知，至于征调、转输两端，可期神速，实为智愚所共晓。中国幅员辽阔，自东徂西几万馀里，均与俄界毗连，加以英在缅甸，法在越南，时虞窥伺，沿海数省，则为各国兵船往来，倘有风鹤之惊，殊虞鞭长不及，如得办成铁路，庶可随时应援。臣前过天津时，曾与李鸿章论及。兹刘铭传所请，适与臣意相符。其先办清江至京一路，无非从易入难，自近及远，行之以渐，期底于成。顾立一法，必有一弊，大利所在，害亦随之。张家骧恐铁路成后，洋人于清江求开口岸，原是意中之事，然可据约力争。至谓于南北行旅以及沿途田庐、坟墓、桥梁诸多不便，均属有见，亦可相度地势，斟酌设施。轮车与轮船，水陆殊途，似于招商局无甚相涉，即令此赢彼绌，亦是楚得楚弓，无足深较。

而臣所鳃鳃过虑者，此项铁路、火车有妨民间生计，盖物产之精华，民生之日用，无铁路未必见少，有铁路未必加多。只此货物之流通，如使尽为火车所揽，则穷民向恃车马人力运负以营生者约数万人，讵不失业？纵谓火车日盛，贸易日多，此项贫民，亦必别有营生之计，而急切何能见效？且非驾轻就熟，未免有拂民情。从前捻逆滋炽，论者归咎于河运、盐务之改章，亦前车之鉴也。又现在各洋关运照税单盛行东南，内地税厘被其侵占，然用寻常舟车装载，为数尚少，而我亦可设法防维。今自清江至京造成铁路，则请领洋关单照之货，往来便捷，势必并骛争趋，内地税厘将归乌有，不可不预为之计。即无洋关单照之货，应完内地税厘，而以轮车雨骤风驰，何能节节停待？亟应查明各处税厘确数，妥定章程。

臣欲仿造铁路、火车，实与李鸿章、刘铭传有同志，第系创举，又属巨工，虽议论最忌纷纭，而规画必须详慎。夫不善始者必不善终，为之而不成，或成之而复毁，非惟虚糜可惜，亦将遗笑外人。请旨饬令刘铭传，务将一切利弊，逐细推求，先行踏勘道路，酌拟章程，呈由总理衙门核明，造路行车有无格碍，收税还款有无把握，参酌异同，权衡轻重，则其事或行或止，一言可决矣。

谨附片覆陈，伏乞圣鉴训示。谨奏。

查议招商局员并酌定办法折光绪七年正月十五日

奏为遵旨查明招商局被参各款，请将欺朦贪滑之道员革职示惩，并酌定办法，恭折覆陈，仰祈圣鉴事：

窃臣承准军机大臣字寄："光绪六年十月二十六日奉上谕：'祭酒王先谦奏，招商局务宜加整顿，并令华商以轮船运货出洋，各折片均悉。设立招商局，原期收回中国利权，如果局员等营私害公，败坏局务，亟宜痛加整顿。着按照所奏，逐一严查，如唐廷枢等，实有侵帑把持排挤各情，即行从严参办，叶廷眷经理是否有效，亦据实具奏。其办理章程，有应行变通之处，及早设法。该祭酒请令商船出洋，目下能否及此，暨将来如何渐次开拓，妥筹具奏。原折片均着抄给阅看。'"等因，钦此。臣当即札饬江海关道刘瑞芬、办理江南制造局直隶补用道李兴锐会同调看该局账目及各项文卷，逐款严查，并将该局章程有无应行变通之处，斟酌具覆去后。兹据刘瑞芬等分别查明，并将片奏华商运茶、华船出洋二事筹议，暨整顿商局事宜二条，禀覆前来。

臣查招商局银钱账目，向由驻局道员徐润一手经理；道员唐廷枢时赴各口，并赴直隶筹办开平煤务，不常驻局；道员盛宣怀，久在天津当差，并不在沪。是以刘瑞芬等径向徐润查询，并令将一切账目、文卷交出，查核，计现在结存轮船、码头、栈房、船坞、趸船等项共置价银三百六十五万九千二百两，所收官帑商股共银二百七十三万四千馀两，又保险、公积、采馀抵银十七万九千馀两，实短银七十四万五千馀两，系向钱庄挪用，较之光绪三年缺本一百四十馀万两，已减轻七十万两之多。就目前大致而言，唐廷枢等办理已有起色。然自同治十一、二年以来，该局盈亏互见，用人贤否不齐，且物久蠹生，亦势所难免。王先谦所奏，未为无因，其间或属已往之事，或系过当之词。谨将刘瑞芬等查明各款，敬为皇太后、皇上详细陈之。

原奏："朱其昂购船价贵，均即沉溺亏折殆尽"一节。查同治十一年，朱其昂借领官帑并招商股，创办轮船三号，在津、沪各立码头，运漕揽货。朱其昂既于外洋情形不熟，又于贸易未谙，买船贵而运货少，用人滥而糜费多，遂致亏折，事诚有之。然伊敦一船，于改作趸船后，在大沽沉没，福星一船，在黑水洋被英船冲沉，由英官断赔，均系事出意外，并非船不坚固。朱其昂自知才力不及，于同治十二年，即邀唐廷枢、徐润接管，更定局章。光绪四年，该局尚有厚生、江长两船，亦在江海失事，均归保险局偿还，于局本已无亏损。

原奏："唐廷枢、盛宣怀以公项私买旂昌股票扣帑入己"一节。查唐廷枢、徐润于同治十二年在上海设立总局，添招商股，续领官款，增置码头，光绪二年又领官款，添购四船，均将收支各数，开折呈报，并未私自挪移。是年收买旂昌公司轮船、码头等项，又奉拨给官款一百万两，分期付交旂昌，取有收据，且系徐润经手收付，唐廷枢、盛宣怀并未扣帑入己。但查光绪二年，前督臣沈葆桢奏明，传见盛宣怀、徐润、朱其诏，据禀"旂昌开价二百五十馀万，议定连花红一切给银二百二十二万两，各商只能凑集一百二十二万两，请拨官本一百万两"等语，乃领官款后，至次年六月仅续招商股四万两，所短甚巨，由局借垫银四十馀万两，并将缓息、存息及保险等项六十九万两，陆续归楚。洋人房产交易，每两抽出五厘为酬劳费，所谓花红。此项交易二百二十馀万之多，盛宣怀系经手之人，计得花红为数不少。至旂昌股票，生意旺时，每百两可售银百四五十两至二百馀两。上海设立招商局后，旗昌跌价倾轧亏本，每票百两只值七十馀两。旗昌公司本系洋商合股创办，华人股分甚少。迨将轮船、码头等项卖与招商局，所得价值，每股票百两应给若干，凡有票者，均向旗昌收银。唐廷枢、徐润纵有股票，亦必无多。盛宣怀久在仕途，未必有此股票，且即有票，尽可向旗昌取银，何必先行划扣？况洋商亦未必允从。旗昌本银二百数十万两，历年馀利积存，出卖之时，应存本银四百馀万两，而实存轮船仅十七号，作价一百三十馀万，码头、船坞、趸船、剥船、物料等项作价一百二十馀万，比较应存之数，亏折已将及半。盛宣怀等照市估价，连花红在内给银二百二十二万两，是并未将旗昌亏数开入卖价之内，亦属众所共知。

原奏："局亏加摊码头船屋之上，叶廷眷接办起色，畏咎引退，唐廷枢恣意侵挪"一节。查该局本银截至光绪六年六月止，只存官款一百九十万两有奇，又商股八十馀万，而所置轮船、码头、楼房、船坞等共银三百六十五万九千二百两，以存抵用，缺银九十二万五千馀两，系由唐廷枢、徐润等向钱庄借垫，及以保险、公积等款济用。现将码头、船栈等项核估市价，尚属相符。其并未将侵亏银两加摊码头船屋各价之内，事尚可信。至船旧本应递年减价，然该船如系折造大修，则本年船本较多于上年矣。又如新造一船价值若干，上年先付一半，次年找付一半，则次年船本又较多于上年矣。光绪四年六月，该局第五届结账，获利无多，未除船旧。自四年七月至六年六月止，两届均有赢馀，共除船栈成本银八十馀万，此后若逐年递减，则各本愈轻。道员叶廷眷，系于光绪四年，由唐廷枢禀请奏委入局会办，因于生意未悉，始则力辞，继则禀明试办一年，到局后即赴苏、浙、江、鄂等处商办漕务，回沪与唐廷枢商议，将总分各局用费，责成经手之人包办，稍得节省。五年春，往津、通等处交米，至秋南旋，中途感冒，兼以母老多病，具禀乞退未准，随即请假侍奉医调在案。叶廷眷之入局，系唐廷枢等禀请，决无设计排挤之事。叶廷眷自四年秋间入局后，节省用项，至今时阅两届，局中结账，皆有馀利，局务尚有起色，亦何至畏咎乞退？所言确系实情。

原奏："公款分年提还，局务归商不归官，是以库帑供唐廷枢等营私肥己之用"一节。查光绪六年三月，李鸿章会奏，商局官帑除拨还外，尚存一百七十馀万，自本年起，将运漕应领水脚，全数抵还，以还清为止。此数年内轮船运漕用费，取给揽载客货之中，以后生意盈亏，在商不在官，使官帑先有着落等语。盖官帑还清后，局本全系商资，即有亏折，无碍官帑，并无局务归商不归官之意。局领官款原系一百九十万八千两，光绪三年李鸿章会奏，自三年起缓息三年，俟光绪六年起，缓息拔本匀分五年缴还，统计八年官帑全清，其缓收息款以后，或作官股，或陆续带缴，届期察办等因。此项公款息银按年八厘，三年缓息，该银四十五万七千九百二十两；五年拔本息，亦逐年递减，该银四十五万七千九百二十两：二共九十一万五千八百四十两。官本还清之后，缓息仍应局缴，并非缴清官本，局务即与官无涉也。况此项缓息，如存局作为官股，即应由局按年缴利存局作股，即应由局陆续缴官，岂唐廷枢等所能取以自肥？至该局本系奏办，在局员董由官派委。只以揽载贸易，未便由官出场与商争利，且揽载必与华洋商人交涉，一作官局，诸多掣肘。兼之招股则众商必不踊跃，揽载则市面亦不乐从，不得不以商局出名。其实员董由官用舍，账目由官稽查，仍属商为承办，而官为维持也。

原奏："各省借拨库款，南洋为多，分年提还，不足应购办之需，北洋须此，即由南洋收解"一节。查商局除还，仍欠官本一百七十馀万，奏明在运漕水脚项下分五年提还。光绪六年六月，李鸿章因订造铁甲船，奏准将各省借拨招商局官款，每年应还银三十五万馀两，酌提三届约一百万零，以抵订造铁甲船之需，分年兑，此款与招商局并无出入。所有三届由局还银一百万零，已作铁甲船之用，自应径解北洋，何必由南洋收交，致滋周折？应作罢论。

原奏："按船报账，各码头由关道印发三联票填用，按年通报，以杜侵蚀"一节。查招商局于同治十二年六月起，按年结账，扣至六年六月止，已历七届，一切章程屡经改订，因系贸易之事，不得不酌仿洋商生意规条办理。同治十二年，议定各分局将银钱出入数目，按船开账连银并寄总局核收，每届三个月结小账，一年结大总，造册分送。其总局进出银钱，每日有流水簿，每月有小结簿，每年有总结簿，公同核算，按船将进款、用款、盈亏细数，汇开清册呈报南北洋通商大臣，并送津海、江海两关及各分局存查：此即按船报账之法。若用关道三联印票，于各船开行时填给，恐所装客货时有添退，应收水脚亦有增减，并有开往外国之船，填票殊难画一。况局系商办，又填官给印票，名实不符，于体制似亦有碍，洋商轮船，亦无由洋官给票填报之事，商局自应仿行，毋庸更张。

原奏："每岁盈馀，次第补偿公商两款缺额，其公款原存本银，仍作为库款盈馀之项，按年生息，随时酌剂"一节。查招商局前存官帑一百九十万八千两，奏定缓息三年，自光绪三年起，至五年止，该息银四十五万七千九百二十两。此项息银，原议按年凑还官款。现在光绪六年分息银十五万二千六百四十两，业已凑还官款无存，其馀官款，已定在运漕水脚项下提还。则自七年起至十年止，该缓息银三十万五千二百八十两，自应按年提存，以充该局之用，仍与光绪三年至六年所缓息银六十一万五百六十两，一并作为官股，由局开具股票，送官收存照案。俟至光绪十一年正月起，即照商股周年一分起息，按年将息银缴官备用。统计缓息九十一万五千八百四十两，内除七年至十年可以按年提存外，其馀银六十一万五百二十两，业付旂昌找价及还官帑无存，应在每年盈馀项下提补，或仍照官帑办法，亦在运漕水脚项下补偿，以归有着。此九十馀万系官帑存局之息银，即属库款之盈馀，官本虽已缴清，而所缓之息存局作股，又复生息，倘值生意畅旺，每年于提息外，仍可按股分其馀利，实于库款甚有裨益。

此就王先谦所奏查明之实在情形也。

臣维招商局之设，原为收回中国利权。朝廷既以巨帑资之，复准免收内地厘税，分运各省漕粮，搭买二成货物，其所以提挈之者，无所不至，遇有装载兵差，则照章发给水脚，其所以体恤而维持之者，无所不周。该局员等，应如何矢慎矢勤，以期历久不敝。朱其昂初办招商，滥用滥支，致形亏折，固无论矣。自唐廷枢等创立沪局，力图振作，始有转机。而盛宣怀于光绪三年，收买旂昌洋行轮船，自谓可以垄断，乃本届亏折更甚，其故何欤？自非唐廷枢等禀请叶廷眷入局督办，涓滴归公，复联络太古、怡和洋行毋相搀夺，则招商局必不能支矣。臣调查叶廷眷经手办理第六届册报，是年进款颇少，而长银二十九万有奇，又查前届进款较多，而短银二十四万六千有奇。可见局务之赢输，不仅在生意之旺淡，叶廷眷一经撙节，即省出银五十三万六千馀两，此其明效大验也。惟其辞退局务，实因母老不能远离。臣上年传叶廷眷来宁，谕令仍办招商局务，而叶廷眷固请留家养亲，涕泗横集，是其出于至性，而非唐廷枢排挤可知。唐廷枢与朱其昂、盛宣怀等共事之时，诚未必悉臻妥协，即先买旂昌洋行股票一节，亦难保其必无，至谓如何侵吞，则尚无实迹。且创办招商局，唐廷枢颇费苦心，其禀请叶廷眷入局主持，亦由唐廷枢善于补救。叶廷眷虽不在局，唐廷枢仍守旧章，渐收成效，事资熟手。唐廷枢素习外国语言、文字，为招商必不可少之人。至盛宣怀之收买旂昌洋行轮船，人皆知为失算。洋人善于谋利，岂肯予我便宜？以各国富商之多，何至少此二百馀万金，而辗转就我？当时论者谓：“旂昌洋行弃垂敝之裘，以所得值，另置新衣，以期适体”，诚妙于形容矣。何盛宣怀见不及此？所尤异者，盛宣怀面禀前督臣沈葆桢，捏称已集商股一百二十二万两，其实均属子虚，几至贻误。后虽多方借垫，始克弥缝，而所认息银益滋耗费。盛宣怀以百万库款为何物？以沈葆桢为何人？而敢于欺谩如此！招商局务向系北洋主政，盛宣怀逆知李鸿章不以此举为然，故在南洋朦准，且为迫切之语，以速其成，并请勿候北洋回文，李鸿章迄无一字见覆。盛宣怀以直隶候补人员，不料其藐玩如此！洋人酬劳之费，盛宣怀既不归之于公，又不分之于众，而悉入囊橐，是其所以极力怂恿者，阴为一己肥私，即此一端，其他自可想见，其贪婪又如此！虽在沈葆桢处借拨官款，有朱其诏、徐润同来，其实则盛宣怀左右之，故一人得以中饱。臣前在江西巡抚任内，盛宣怀来见，请办江西漕运十万石，及臣调署两江总督，盛宣怀复请借江宁司库银十万两。盛宣怀于揽载借款无不躬亲，而又滥竽仕途，于招商局或隐或跃，若有若无，工于钻营，巧于趋避，所谓狡兔三窟者。此等劣员，有同市侩，置于监司之列，实属有玷班联，将来假以事权，亦复何所不至！请旨将盛宣怀即予革职，并不准其干预招商局务，以肃纪纲而示明戒。唐廷枢功过相抵，仰恳鸿慈，免其置议，仍令会同徐润，将招商局照旧经理。该员具有天良，自当感激图报。

至官息存留作股，本系李鸿章原奏，亦与沈葆桢仿行助法之意相符。惟是多钱善贾，以招商局之规模宏远，更宜加以扩充。臣愚以为，此项官款除三年拔还一百馀万径解北洋为买铁甲船之用外，馀银七十馀万应请免其拔还，截至光绪八年止，并先后所缓息银七十馀万，共一百四十馀万两，概作官股存局，一切均照商股办理。每届如有盈馀，分解南、北洋为海防之费。官股虽与官本不同，亦须议明以后不得提用，否则该局或以仓卒应付之难，致生顾虑。似此该局资本既厚，营运自宽。现已有船往檀香山、旧金山，将来即可前往东、西两洋贸迁有无，更为驾轻就熟矣。

所有招商局内外各项挂欠账目约数十万两，容臣与李鸿章督饬唐廷枢等，分别清理，应催收者催收，应追缴者追缴，应提还者提还，总以一年为限，于下届册报稽查。

此外经刘瑞芬等查出，招商局揽载客货以及赎取股票各项流弊，议呈整顿事宜，均中肯綮，并容臣与李鸿章督饬唐廷枢等，认真厘剔。倘唐廷枢等经此次查办之后，犹复不知愧奋，臣即当据实奏参，决不稍涉宽贷。第太古、怡和两行，洋商之情叵测，难保不萌故智，跌价相倾，是在唐廷枢等随宜设施，以立于不败之地。臣与李鸿章予以范围，仍宽其羁勒，不引绳削墨使之拘牵，不吹毛索瘢使之畏惧，责其大而略其细，俾得斟酌变通，逐渐推广，以期公私有济，仰副朝廷讲求商务以臻富强之至意。

除王先谦片奏华商运茶、华船出洋二条，另行具覆外，所有查议招商局务各缘由，并酌定办法、谨恭折覆陈，伏乞皇太后、皇上圣鉴训示。谨奏。

议覆华商运茶赴俄华船运货出洋片

再，王先谦片奏，华商运茶赴俄，华船运货出洋二事。查中国红茶、砖茶、帽盒茶均为俄人所需，运销甚巨。此三种茶，湖南、湖北所产为多，福建、江西较少，向系山西商人运，由满洲、蒙古所属之东口、西口以达俄国，获利甚厚。自江汉关通商以后，俄商在汉口开设洋行，将红茶砖茶装入轮船，自汉运津，由津运俄，运费省俭，所运日多，遂将山西商人生意占去三分之二。而山西商人运茶赴西口者，仍走陆路，赴东口者，于同治十二年禀请援照俄商之例，免天津复进口半税，将向由陆路运俄之茶，改由招商局船自汉运津，经李鸿章批准照办，惟须仍完内地税厘，不得再照俄商于完正半两税外，概不重征，仍难获利，是以止分二成，由汉运津，其馀仍走陆路，以较俄商所运则成本贵而得利微，深恐日后俄商运茶更多，而山西商人必致歇业。兹据江海关道刘瑞芬等议，将华商运俄之茶，亦准照俄国通商税则，止完正半两税，概不重征税厘。其红茶、砖茶应照则完税外，帽盒茶每担仅值银三、四两，向无税则，准照各国通商章程，估价完税，值百抽五。臣察核所议，华商运赴俄国之茶，亦照俄商完税，免其重征，无非欲使成本相同，不令俄商独擅其利，自属可行。第须明定限制，臣请仍如同治十二年东口华商所禀，凡由招商局船运茶，自汉运津者，止完正半两税以外，概不重征，庶几有利可图，商情自能踊跃矣。其帽盒茶改照值百抽五征税，前据江汉关详称，于关税大有窒碍，盖恐但论形似，倘有红茶亦作帽盒之式，又将何以征之？现应仍照旧章，毋庸另议。

至中国与泰西各国通商，商舶往来如织，而中国尚无商船运货前赴泰西，以分洋人之利。现在中国已有使臣分驻英、法、俄、美、德、日、秘及日本等国，华商若往通商，自无虑其人地生疏，致受欺侮。惟创办宏远公司，另招商股，置船运货，非有巨资，难于集事。似宜合股，就招商局现有轮船，酌量试办，以期事半功倍。招商局船，前曾驶往新嘉坡、吕宋诸处，揽装货物。因各该处已有英、法公司轮船顺道经过，船大行速，生意悉被揽去，且该公司轮船，均有国主津贴巨款，资本充足，难以力争。该局又拟驶赴日本，亦因该国自有公司轮船来往，中国并特减该船装货之税，未能与抗，是以暂停。近年该局和众轮船，试走夏威仁国之檀香山及美国之旧金山，该两处向无英、法公司轮船，而华人云集，装货甚旺，因又添派美富一船，更番出洋。是往外国通商，招商局业经开办。兹据刘瑞芬等筹议："与其创立公司，另起炉灶，不若从招商局逐渐推广，较为稳妥"等语，颇为有见。臣前商之船政大臣黎兆棠，亦以为次策可行。招商局果能再增巨资，以厚成本，则攸往咸宜，固无施不可，正不必别开生面也。现在巴西、古巴两路华人亦多，约章初定，如有招商局船前赴该处，不独揽货获利，并可察看该处相待华人情形，而华人亦可借此增长气势。故臣于招商局出洋一节，不胜惓惓也。

理合附片陈明，伏乞圣鉴训示。谨奏。

苏省应解北洋海防经费拟指款移拨折

光绪七年正月二十四日

奏为江苏省豫筹北洋海防经费，现拟指款移拨，以纾饷力而应要需，恭折仰祈圣鉴事：

窃南、北洋海防经费，奏拨江苏厘金，每年四十万两。光绪六年北洋大臣李鸿章议奏海防经费折内声明，江苏厘金奉拨以来，未解丝毫，请改拨他省有着的款，盖久已深知其为难矣。嗣部议仍令照案由原拨省分报解，即一时款项未能周转，亦应按照八成起解等因。复经臣元炳在署理督篆任内，以江苏厘收日绌，拨款日增，各局应接不暇，此项海防经费，万难兼筹缘由，缕晰陈明在案。嗣准部议，仍令按照八成数目分解。臣坤一抵任后，钦奉上谕："李鸿章奏催北洋海防经费，各省厘金必解足八成"，等因，钦此。复准北洋大臣李鸿章咨催前来，均经先后转行，遵照去后。各局员先其所急，勉力腾挪，六年分应解北洋八成经费厘金十六万两，幸经如额报解。惟各局奉拨各项巨款，踵增迭至，益以此项八成急款，罗掘益穷，实有万难支持之势。苏、宁、沪三局情形，如同一辙。兼以厘金收款，澹旺靡常，去秋以来，雨稀河涸，商贩不前，捐事因之大减，窃计本年收数，难望加增。灼虑焦心，深恐入不敷出。北洋海防经费，亟应及早豫图等情，具详前来。

臣等查江苏海防厘金，当奉拨伊始，即经前督臣沈葆桢奏明，厘源日竭，一无指望，只有察看情形，另行筹议。臣元炳前折，复声明南洋防费，江苏厘金亦从未报解，是其力难自顾，久在圣明洞鉴之中。去年三局合筹十六万金，实已力尽筋疲，情同竭泽。本年天气如此，商情如此，即使多方整顿，极力招徕，亦岂遽能大有起色，且奉拨之款，仍累累也。喘息未苏，催符如织，臣等躬亲目睹，断难强责以无米之炊。而北洋屏蔽京师，防务紧要，虽本省情形万窘，但有可以挹注之处，不敢不辗转纡筹。再四思维，查湖北省每年有应解南洋防费银十五万两，拟请划抵苏省本年应解北洋防费，其馀五万仍按八成分归苏、宁、沪三局认解。似此一转移间，在湖北款项毫无出入，而北洋要需得有着落，与李鸿章改拨的款之意，隐隐相符。南洋以应得之款，移拨北洋，与部臣之意，亦复不悖。如蒙俞允，应请旨敕下湖广督臣、湖北抚臣，遵照办理。

除咨部查照外，谨合词恭折具陈，伏乞皇太后、皇上圣鉴训示。谨奏。

查覆淮安关永丰税口未便移设折光绪七年正月二十四日

奏为遵旨查明淮安关永丰税口，未便移设青口地方情形，恭折覆陈，仰祈圣鉴事：

窃准户部咨："议覆淮安关监督臣广英奏，拟请将淮安关永丰税口移设赣榆县属之青口镇地方征收，于该地方情形，有无窒碍，应请饬下两江总督、江苏巡抚、漕运总督等，详细体察，妥议覆奏，不得稍涉瞻徇，等因。光绪六年五月十四日具奏，本日奉旨：'依议。'"钦此。当经臣元炳于署两江总督任内，札委江宁布政使梁肇煌，会同淮扬海道桂嵩庆查覆去后。嗣据该司道等详覆查明，青口地方毫无起色，较之同治七年殆有甚焉。臣坤一因该司道等所详核与该监督臣广英原奏所称不相符合，复经密委妥员前往该处履勘察访，兹据呈覆前来。

臣等覆查赣榆县属之青口镇地方，距外海洋面约有百馀里，正东虽有小沙河一道，从前港内尚无沙淤，商渔小艇犹能乘潮进口。嗣因港内潮汐不至，沙淤水浅，年甚一年，小艇渔船亦难驶入，即例准由青口运往浏河粜卖之黄豆，亦不易出运。现在该镇油坊只得三家，所出饼油无多，仅供本境食用，此外铺户无几，别无土产可以航海销售。间有南来货船，经由该镇口外洋面，亦因难以进口，往往赴山东烟台等处买卖。加以灾旱频仍，民生益形萧索。今若将永丰税口，移设该镇征收，虽口岸并无增添，于国课仍无补益。伏念地方凋敝，首在便民，辗转更张，徒滋烦扰。关督为补救税务起见，部臣为体恤民情起见，均系体国之忠。臣等再三访察，实见其未便于民，无济于课，迁移有费，涓滴何裨？似不如仍旧贯之为愈也。

除饬令地方文武在该处仍前实力协查，不得因目下情形，稍涉松懈外，所有遵旨查明，淮安关永丰税口未便移设青口地方缘由，谨合词恭折覆陈，伏乞皇太后、皇上圣鉴，敕部查照。谨奏。

查明幕友并无把持情弊折光绪七年二月二十五日

奏为遵旨查明幕友并无把持等弊，恭折据实覆陈，仰祈圣鉴事：

窃臣承准军机大臣字寄："光绪七年二月初六日奉上谕：'有人奏，风闻江宁幕友陈方坦即陈小圃，绰号小虎，曾充书办，同治初年夤缘入署，盘踞把持，百弊丛生，加以嗜好甚多，时出冶游，物议沸腾等语。所奏如果属实，自应严行惩办。着刘坤一、吴元炳查明具奏，毋稍徇隐。原片抄给阅看。'"等因，钦此。

臣查候选主事陈方坦，系浙江海宁州学生员，前督臣曾国藩重整淮纲之时，延之进署，襄定盐务一切章程，才识极其精明，人品亦甚端正，故历任各督臣均未更换。臣两次与为宾主，知之颇深。言者谓其夤缘入署，不思曾国藩用人极其慎重，岂陈方坦所能钻营？且曾国藩在江多年，陈方坦何能始终朦蔽，以遂其恋栈之计？

言者谓其盘踞，不知所谓盘踞者，辞退之后，任意逗遛，从旁干预，或已出而复入也。今陈方坦历岁蝉联，日日在公办公，是其分所应尔，似与盘踞不同。

言者又谓其把持，则亦有故。盖自外洋轮船驶行长江，尽占贸迁之利，即有大力者亦莫能与争。幸盐务一项载在条约，专归华人，华船尚有什一之获，且系循环转运，原商得擅奇赢，由是忌之羡之，或请换票，或请加票，以图搀夺。而臣与各前任督臣，恪守成法，固此财源，诚恐一涉纷更，并此每年数百万课厘亦不可保，大有妨于国家度支，是以屡次批驳，致所欲不遂者造为疑似之词，不敢归咎于官，而归咎于幕，此把持之说所由来，其实则臣等主政，非陈方坦所能操其柄也。臣自藩臬而任封圻，历官东南各省，窃以公事之有无假借，无论何项衙门，惟视官之勤惰。居官者徒署纸尾，即一书吏，亦得以售其欺，如果事事亲裁，则幕友何能为役。前任两江督臣，自曾国藩以后，如李鸿章、马新贻、李宗羲、沈葆桢等，办事认真，早在圣明洞鉴之中，讵陈方坦所能高下其手。

至于冶游一节，经臣确查，亦无实迹。第陈方坦在宁年久，亲朋往来，岁时宴会在所不免，此系人情之常，无关弊窦。臣当诫令以后益加检束，以杜人言。

陈方坦谙练盐务，洁己自爱，且无幕友习气，臣正资其襄理，否则断不敢稍存袒护，代人受过，上负朝廷。

谨恭折据实覆陈，伏乞皇太后、皇上圣鉴训示。谨奏。

兴挑杨庄旧黄河会筹工次经费折光绪七年二月二十五日

奏为导淮要工，先拟兴挑杨庄旧黄河，并会筹常年经费，次第举行，恭折仰祈圣鉴事：

窃筹议治淮谋复入海故道以保运堤大略情形，经臣元炳于上年四月间署理督篆时，与原任漕运总督臣文彬会奏，并声明臣坤一意见相同在案。

查洪泽一湖，实淮阳水利命脉所关，近年淤垫实甚，不特淮河盛涨之时，湖水漫溢，大溜下趋里下河，数十万生灵有岌岌不可终日之势，并恐黄河南岸偶有疏虞，则洪湖实当其冲，为患益巨。万一淮黄之水因洪湖不能容纳，或由上游横决而出，则安徽、江苏之隶江北各州县，不堪设想矣。然欲挑浚洪湖，无论水蓄易淤，仍虞下游别无去路。是以同治五、六年间，前督臣曾国藩首创导淮之议，先行试挑黄河故道。臣坤一于光绪元年，署理督篆，曾往杨庄履勘，亦以此为绸缪至计。维时运堤尚多阙漏，不能不先顾修堤，未遑将黄河故道一律挑挖宽深。厥后沈葆桢总督两江，百费苦心，修筑运堤东西两岸，亦拟俟堤工完固，续议浚河。臣等职守攸关，不敢不引为己任，当饬奏补徐州道程国熙、署徐州道张富年、淮扬海道桂嵩庆，于上年冬间前往履勘，自杨庄、旧黄河而中运河，而顺清河，而吴城七堡，而碎石河，而张福口，参用西法，以水旱平矩板，先挖水线，逐细测量，酌通工之缓急，分开办之后先。治水之法，先治下游，是一定不易之理。拟将杨庄以下旧黄河先行开浚，以立导淮始基。查自杨庄起，至安东县之东门外止，共计长一千四百馀丈，估挑土四十五万馀方，估需钱十六万八千馀串。地势西高东下，河槽宽窄浅深不一，间有淤成平陆之处，且多游淤暨飞沙、陷沙，立足之难，出土之远，泉眼之多，工段之长，非寻常挑河可比。经该道等轮流驻工，划分四十段，遴选谙练文武官弁，雇募民夫，照估兴挑，已于二月初九日开工。其自安东以下至云梯关，尚多露滩高凸之所，必须酌量挑挖，与上游河底配平，以免阻水停淤，即趁此时接续办理。此外应挑之处及如何开辟引河，如何移设坝座，另再分别次第，匀年举行。事不求夫速效，款必杜其虚糜。就全淮大势而论，洪泽北高南下，形如侧釜。中运河地势比洪湖尤高，将来能否引全淮南趋之水逾中运河折而东注，造端宏大，难免变迁，臣等未敢信有把握。且清、淮、高、宝一带民田，仍须淮水灌溉，必需蓄泄得法，以期操纵自如。事关国计民生，但使今日尽一分之心，或可将来减一分之害。惟工程愈大，需款愈繁。江南虽负财赋之名，而地丁、关税、厘金入少出多，无可挹注。臣等往返咨商，近年正阳、五河两卡盐厘收税稍旺，此项盐厘奏明分作十成摊解，今拟于金陵、皖省、漕营三上，每年每处各拨二成，内皖省饷需较绌，先拨一成，其缓拨之一成，俟征军撤防补拨，以符定数而济要工。

所有兴挑杨庄以下旧黄河并会筹常年经费缘由，谨合词恭折具陈，伏乞皇太后、皇上圣鉴训示。谨奏。

吴江殉难团绅恳准建祠列祀折光绪七年二月二十五日

奏为吴江县办团绅士死事惨烈，吁恳建祠列祀，以慰毅魄而顺舆情，恭折仰祈圣鉴事：

窃据吴江县绅士户部主事沈恩椝等禀称："咸丰十年四月粤逆窜扑苏、常，吴江不守，该处绅士国子监典籍衔附贡生徐泰吉、候选直隶州州判副贡生冯经，在黎里镇地方倡办团练，攻克平望镇贼巢。六月初四日，平望镇复为贼陷，黎里镇人情大震，徐泰吉等与从九品衔陈佐国，八品衔陆正钧、陆桂林，监生蒯善培、陆焕如，文生陈焘、蒯淦，激励勇丁，分段死守。初八日，贼大股奄至，徐泰吉等率团血战，以众寡不敌，或力竭阵亡，或被执不屈，同时遇害之士民、勇丁、妇女共三四百人，经都察院暨给事中王宪成先后奏请，奉旨旌恤，并入祀府城昭忠祠在案。惟吴江县地方，至今祠宇未建，合邑士民追念前烈，众心缺然。查各省阵亡殉难人员，均准在死事地方建祠，禀请奏恳捐建忠义祠，以崇报祀”等情，当经饬据苏州布政使谭钧培，录案呈覆前来。

臣查该绅士徐泰吉等，职非守土，志切同仇，慷慨捐躯，激昂并命，其相随殉难之人，争先赴义，下逮闺门，均属大节懔然，深堪嘉悯。合无仰恳天恩，俯准将徐泰吉等在于吴江县死事地方，自行捐资建立忠义祠，由地方官春秋致祭，并将同时遇害之士民、勇丁、妇女人等，一并分别附祀，以慰毅魄而顺舆情。

谨会同江苏抚臣吴元炳恭折具陈，伏乞皇太后、皇上圣鉴训示。谨奏。

上元等五县民卫漕粮请一律普减三成片

再，准部咨核覆江宁府属上元、江宁、句容、六合、江浦五县额征漕粮等米，一律减免十分之三，其如何按则匀摊，卫田屯粮与民田有无区别，兵恤等米均在请减之列。此次缮造表册，应将原额漕粮若干，派减若干，减剩若干，各按原定科则核算，不得将科则归并，致滋弊混。并将正耗漕项、兵恤等米，各归各款，分注细数。其有屯米者，亦另款登载。仍俟核覆后，将实在科则，修辑赋役全书等因，转行遵照在案。

伏查前督臣沈葆桢原奏声明，该五县减免漕米，按三成均匀摊派，某则某田减免若干，另造减则亩分清册，咨部备查。嗣因各属未垦荒田尚未查清，匀减之数亦未核定，复经饬令无论科则重轻，一律减除三成征收，毋庸匀减，以广皇仁而苏民困，通颁告示晓谕，饬遵去后。

兹据江宁布政使梁肇煌详称："该五县田地民卫错杂，科则轻重不同，原额科则往往民田银多米少，卫田银少米多。自经兵燹，一片荒芜，腴瘠不分，高下莫辨。旧时佃业，鲜有存者，何田为民，何田为卫，亦难一一究实。况各县情形不同，有民卫田地尚可区分、原额科则无从辨别者，有民田多而卫田少者，有科则无考而民卫难分者，有等则甚多而民卫相同者，有民田盈馀、卫田短绌者，种种情形难以枚举。第自普减三成以来，时阅三年，军民相安，绝无异议，家谕户晓，踊跃输将，实属已著成效"等情，详请附奏前来。

臣查减免漕粮，原为恤民起见，业已于民称便，自应上承德意，下顺舆情。合无仰恳天恩，俯准将该五县漕粮无分民卫科则，一律普减三成，以归简易而昭平允。

除将送到清册咨部查核外，理合会同漕运总督臣黎培敬、江苏巡抚臣吴元炳附片陈明，伏乞圣鉴。

再，减漕科则，册籍繁多，简明细册，应俟奉部复定后，再行摘造呈进，合并声明。谨奏。

筹议河运章程折 光绪七年三月初三日

奏为光绪六年江北冬漕仍由河运，筹议办理章程，恭折驰陈，仰祈圣鉴事：

窃江北各属本届新漕遵照部议仍办河运，业于光绪六年十二月二十日将起运米数专折会奏在案。

兹据江宁布政使梁肇煌、署江安粮道德寿详称："江、淮、扬、通四府、州属应征熟田漕粮，徐州府属应运粟米改办大米，经委员分往江北一带照数购储。一面遴委候补知县依勒通阿作为襄办，驰赴宝应、氾水二处设局，将雇船兑运各事宜提前赶办。第近年运道艰阻，各船户耽延赔累，莫不视为畏途，加以上届回空漕船，冻阻济宁，年内未能南归，故船少而招募更难。各委员分赴各处添雇新船，多方劝导，允加优恤，仍催提回空各船，设法趱行南下，始克陆续招集，认真挑选。于上年十二月二十二日开兑，限本年二月内全帮兑竣，分为前后两帮各五起，次第开行，俾得及早抵东，候汛渡黄北上。惟东境黄汛变迁靡定，张秋一带，借黄济运，毫无把握；史家桥逆流上挽，险道重重，浅滩叠见；上届漕船节节起驳，层递灌塘套送，淤塞处所，随时集夫抢挑，百计经营，始得先后挽抵临清；东省新挑十字河现又淤垫，八里庙一带新起沙淤，船只无处停泊；拟将口门改在陶城埠，漕船到此顺流至阿城，即可直入运河。应由东省赶将淤浅各工，认真疏浚，一律深通，其新改口门，迅速兴工赶办，以利漕行。所有一切应办事宜，查照成案，参以现在情形，拟定章程"，具详请奏前来。臣覆加察核，谨缮清单，恭呈御览。此外如有未尽事宜，及沿途或有窒碍必须设法变通之处，容俟随时由该粮道酌量禀请奏明办理。

除饬署江安粮道德寿，迅将应运米石，依限斛兑开行，沿途实力催趱，并咨东河督臣、山东抚臣，迅将东省运道及新改口门，先期分饬查勘兴挑赶办，以免临时棘手外，理合会同漕运总督臣黎培敬、江苏巡抚臣吴元炳恭折由驿四百里驰陈，伏乞皇太后、皇上圣鉴训示。谨奏。

谨将光绪六年分江、淮、扬、徐、通五府、州属漕粮仍行河运，酌拟章程十二条，缮具清单，恭呈御览：

一，米色认真挑选也。江北里河一带多产秈米，历届河运，均系红白兼收，此次自应照办。所有江、淮、扬、徐、通五府、州属应运米石，由粮道遴派委员，分赴产地采买挑选，一律干洁，责成河运局验收，并由押运各员，眼同该船户兑装，各取样米固封，以凭卸载时比较，不准稍有潮杂，以重仓储。

一，漕米分数交仓也。查江、淮、扬、通四府、州属光绪六年分漕粮剔除荒减灾缓，应征熟田米九万七千四百九十四石四斗四升九合四勺，内除节省给丁耗米五千九百四十三石六斗一合循案抵充运费，实起运正耗米九万一千五百五十石八斗四升八合四勺，内正兑正米五万一千三百九十九石二斗四升八合二勺，加二五耗米一万二千八百四十九石八斗一升二合，改兑正米二万三千三百三十四石八斗六升一合七勺，加一七耗米三千九百六十六石九斗二升六合五勺。又徐州府属向征粟米，除奏明截拨灾缺不敷兵米一万一千八百七十七石七斗一升九合八勺外，计尚馀米一万四千五百八十五石五合一勺，内除节省给丁耗米二百二十石六斗二升四合八勺亦循案抵充运费，实起运正耗米一万四千三百六十四石三斗八升三勺，内正兑正米七千三百六十一石四斗八合二勺，加二五耗米一千八百四十石三斗五升二合，改兑正米四千四百一十二石四斗九升五合八勺，加一七耗米七百五十石一斗二升四合三勺。徐属粟米，近来出产无多，购买维艰，业经奏明，仍照历届成案，按数改办大米运通，以期迅速。以上共起运米一十万五千九百一十五石二斗二升八合七勺，全数交仓。

一，运道急须疏浚也。东境黄水横穿，变迁靡定，张秋一带，干河借黄济运，毫无把握。上届漕船经过济宁等处，汶源微弱，节节起驳，并将各闸层递下板，灌塘套送。迨至十里铺新闸，正值黄水现长，与运河平，随即催船入黄，由史家桥逆流上挽，险道重重，浅滩叠见，百计经营，方抵八里庙候汛，因筑黄坝被水冲塌，运口淤塞，赶雇人夫挑捞，嗣汛水涨发，启坝进船，幸口门更改迎溜，始将十起漕船，挽抵临清，敷衍北上。惟东省新挑十字河现又淤垫，八里庙一带新起沙淤，船只无处停泊。昨准山东抚臣来函，拟将口门改在陶城埠，漕船到此，顺流至阿城，即可直入运河等因，自应照办。此外淤浅各工，必须大加挑深，方得畅行无阻。经咨催东省，严饬该管河道各员，赶紧分别认真疏浚，一律深通。其陶城埠新改口门，亦即饬令趁此春融，迅速兴工赶办，俾免延误。至戴村坝为蓄汶济运关键，水涨易于冲决，虽经修筑坚固，仍须随时加意保护，以利漕行。

一，剥船预先雇备也。查东省南北运道，节节浅阻，必须随时起剥。所需船只，向由滕县、鱼台、济宁三州县预为封雇，由粮道发给工食，分文不扣，直至临清，始行遣回，该船户等咸知感奋。此次已咨请山东抚臣，仍饬该州、县照章预备五百号，务须挑选一百石以上坚固适用之船，并严禁丁役得钱卖放之弊，先行出示劝谕，令其乐从，免致临时耽候，一俟漕船到境，即行如数点交，送至临清为止，以备沿途起剥，无阻漕行。如有短少迟误，即将经雇州、县从严参处。

一，预备接运并筹回空也。上年漕船挽抵临清，值卫水甚小，与运河高下悬殊，时已交秋，当仍劝令南船拖坝入卫，径送通仓，以期妥速。惟近年运道艰难，沿途节节起剥折耗，且自受雇以迄回空，动需一载之久，往往因水已消涸，不得及时南归。该船户等鉴此苦累，莫不视为畏途，招雇之难，视往年为尤甚。应照历届办法，临时察看情形，如六月内能过张秋，计期尚可回空，仍令南船径送通仓，毋庸接运。责成该管厅县，于重运过竣后，赶将临清、陶城埠出入运口，筑坝堵合，蓄住去水，俟空船到时，启放灌送，俾得如期南旋。若至七月初，水尚不至，由东省沿河各州、县，速将接运北船，先为预备。务须拣选诚实商船，出具印甘各结，如有偷盗和水搀杂糠粃等弊，严行惩办，俟南船一到临清，立即过载，不得短少耽延。如至八月初尚无大汛，只有雇车陆运之一法，应由东省地方官，广为招集车辆，以备盘运。

一，闸板应制备齐全也。东省各闸，原为蓄水济漕而设，必须闸板完全，庶一启一闭，水不冲泄，漕船得以畅行，近年虽经添制，仍未一律整齐。业咨请东河督臣、山东抚臣，严饬该管各员，赶紧查明，分别制备齐全，务须拣选坚实合用之板，不得临时缺误，以速漕行。

一，经费撙节动用也。自河运废坏，逐年办理情形不同，用款亦多寡难定，所需经费，向在漕项本折及节省给丁耗米等项内动支。此次河运，除采买米石按照市价核实支发，民船水脚，仍照向章每石给钱八百文并耗食米四升外，其沿途闸坝，牵挽、席片、雇剥等项，难以预计。该粮道自当仍遵部定每石一两三钱七分之数，督饬委员撙节支用，省益求省，事竣核实报销，不任稍有浮糜。

一，兑米概用漕斛也。查征收漕粮，向用漕斛。历届河运，买米交仓，均将道库奉颁小口铁斛，仿造木斛，较准应用，本届应仍照办，并令各备样米呈验，加贴印花，连铁斛一并带赴通仓，以便较对。

一，解款循案办理也。查河运漕米，经抵通仓，除轻赍席木银两另由粮道衙门照例批解外，所有海运案内之津、通剥费、杂费，应遵前奉部议，毋庸批解。惟厅仓茶果及个儿钱两项，仍照章批解仓场衙门兑收，此外一切河运陋规杂费，仍请严行禁革，以重库款而杜积弊。

一，米船随到随验也。此次办理河运，仍用民船，必须格外体恤，无论南船、北船，运米到坝，均须速令回空，俾免羁候之苦。已由臣咨明仓场督臣，督同坐粮厅于米船抵坝，随到随验。除实有霉变应立时风晒外，其米尚干洁，务须随验随收，倘有需索留难情事，从严参办。

一，船户照案调剂也。查历届河运，雇用民船，均准各带土货二成，回空亦准酌带货物，免其纳税捐厘，钦奉谕旨，准行在案，此次应仍照办。至所带二成货物，凡装米二百石之船，准带土货四十石，其馀以次类推。由粮道填给护照，经过关卡呈验，免纳税厘，惟洋药一项，不在寻常货物之列，如查有带往者，仍令照章完纳，以示限制。

一，出力各员援案请奖也。查河运自故道失修，极形艰苦，各委员到通交米无误，向准援案请奖。上届河运，因迭奉部饬，以河运棘手，与海运劳逸迥殊，毋得畏难推诿等语。是办理河运，较海运尤为吃重，实与寻常劳绩不同。此次各委员运米到通，如果始终出力，无误仓储，仍请援照海运成案，由粮道查明，分别详请给奖，以示鼓励。

出省前往圌山度地开筑炮台片

再，圌山关及东生洲、西成洲、固土洲四处，道光年间旧有炮堤，历年既多，半形残缺。先经臣与前兵部右侍郎臣彭玉麟，督饬瓜洲镇总兵吴家榜等，就势培修，以应一时之急。嗣经履勘，该处仍须添筑明台，于光绪六年十月初七日巡察江防折内声明在案。查该处江流曲折，形胜天成，实焦、象各台之辅，亟宜绸缪未雨，以免临事张皇。臣拟于三月初七日带印出省，前往圌山关，相度形势，部署工程，并派定新湘、庆字两军于南北两岸，分途开办。所有详细情形，容俟告竣后，再行具陈。理合先将出省日期，附片由驿驰陈，伏乞圣鉴。

再，臣带印出省，所有署内日行公事，交江宁藩司梁肇煌代折代行，其紧要事件，仍包封由臣行次办理，合并声明。谨奏。

查实局员舞弊有案可稽折光绪七年三月初三日

奏为前办招商局道员舞弊属实，有案可稽，谨再恭折具陈，仰祈圣鉴事：

窃臣于光绪七年正月十五日钦遵谕旨，饬据江海关道刘瑞芬等查明招商局被参各款，请将道员盛宣怀革职示惩，并请将官帑本利共一百四十馀万两作为官股，据实覆奏，奉旨："留中。"钦此。兹准直隶督臣李鸿章咨抄覆奏折稿，以刘瑞芬等查覆各节，不无错误，为盛宣怀极力剖辨，奏请免议。是非可否，朝廷自有权衡。第查刘瑞芬等所禀盛宣怀贪诈情形，颇属明确，有不敢不再陈于圣主之前者。

李鸿章以盛宣怀等原禀，收买旂昌轮船等项共二百二十馀万两，请拨官本银百万两，并饬两淮运司会劝盐商，每一引搭股银一两，可得七十馀万两，再通饬各藩司、各海关道随时劝谕富商搭股，并无已集商股百二十二万两之说。臣查前督臣沈葆桢，于光绪二年十一月具奏招商局收买旂昌洋行轮船等项，所需价值甚巨，请由浙江等省通力合作折内声明，先于病榻传见盛宣怀等，续据禀称，各商尽力攒凑，只能集成银一百二十二万两，所短之数，拟请南洋各省协力筹拨一百万两等语。如盛宣怀无此凑集一百二十二万两之说，则沈葆桢何所据而云然？如谓此一百二十二万两即系原禀请饬藩、运、海关劝商搭股之项，则事既经官，沈葆桢何以不于折内明晰声叙？又何以不札各司道员查照办理？讵有掷百万库款，其馀听其虚悬，而盛宣怀亦无只字禀催，甘以重息在外称贷？是盛宣怀先有凑集百二十二万两之言，故不敢复有所请，而沈葆桢信以为实，无俟他谋也。此等重大事件，往往反复筹商，至于数四，必须斟酌尽善，而后上闻，似不得执盛宣怀等饰词而抹煞沈葆桢奏案，以刘瑞芬等为未查原卷也。沈葆桢于光绪三年，陈奏饷事，论及提拨招商局之款，自悔孟浪，固有难言之隐矣。李鸿章以招商局所给花红，并入汉口等处码头买价二十二万两之内，系旂昌并办之金利源轮船公司所得，自属可信，即臣覆奏折内亦称连花红在内。第刘瑞芬等查明，盛宣怀所得花红，系旂昌于卖价二百二十二万之内，每两抽出五厘以作中金。一则出自买主，一则出自卖主，不容牵混。洋人卖买房产定规，均有中金一项。此次交易二百二十馀万，在彼何能独靳，在我何必独辞？盛宣怀等为利孳孳，亦无让而不取之理。刘瑞芬与郑藻如、李兴锐办理洋务多年，于此中委曲极为熟习，何至指无为有，以李代桃？且系此等中饱之资，何肯形诸笔据，授人口实？似不得偏听招商局员一面之词，而反咎刘瑞芬等不查收字也。

臣与李鸿章奉旨查办招商局事，已两次矣：前次李鸿章以为不必调查，仅以分年拨还官本具覆；此次不得已而委查，又以刘瑞芬等查出各节为错误，其如人言何！且臣之所以奏参盛宣怀者，原不独此二端，亦非仅凭刘瑞芬等一禀。招商局收买旂昌轮船等项，糜费帑藏，以及收买此项轮船后，折耗益甚，采诸物议，核诸卷宗，盛宣怀等实属咎无可诿。查旂昌股票，每张由二百两跌至六七十两，势已万分不支，乃招商局一若恐其自行倒歇，而汲汲代为肩承。旂昌原制轮船码头等项费银二百馀万两，行用十数年之久，而招商局仍以原价受之，其续添之码头等项，则另给银二十二万两。夫外洋于轮船等项，向有按年折减之例，即中国谚语所谓“残货半价”也。盛宣怀等善操奇赢，何独贸贸若此！所买轮船共十六号，次年碰沉之船，尚谓数之适然，并非船不坚固。此外复有改作趸船两号，拆卸机器两号，计值已数十万两，尚得谓之便宜乎？盛宣怀等收买旂昌轮船，原谓去一劲敌，可以收回利权，乃局面愈宽而虚糜更巨，次年系第五届，竟亏银至二十四万六千有奇，国帑商赀势将付之乌有。随经候补道员叶廷眷入局经理，是为第六届，遂馀银至二十九万有奇，短长并计，实多出银五十三万六千两。其收效如是之巨而且速，悉由力求节省而来。盛宣怀等之滥用滥支，一年之内至数十万两，岂不骇人听闻！即将盛宣怀查抄，于法亦不为过，仅请予以革职，已属格外从宽。臣非故与招商局员为难，上年春间，钦奉谕旨，饬臣与李鸿章及署两江督臣吴元炳查办。李鸿章以臣在籍，并未咨商，与吴元炳先行覆奏，臣亦坦然置之。此次钦奉谕旨严切，臣与李鸿章正在分途委查，乃招商局员不候刘瑞芬等禀覆，先于上年十二月，胪列十八条具禀李鸿章抄咨到臣，满纸哓哓，不堪寓目，臣虽深为诧异，未便明斥其非。嗣经刘瑞芬等查覆前来，臣详加阅核，头绪纷繁，其中虽有不实不尽之处，因其牵涉洋人，无人质究。至所陈盛宣怀一二劣迹，耳目昭彰，且案牍具存，尚有不止如刘瑞芬等所言者。若复涉于姑息，则是法纪荡然，将来各局相率效尤，尚复成何事体！此臣所以熟思审处，不敢避怨避嫌也。盛宣怀究应如何惩办，以昭儆戒之处，恭候圣裁。

谨再据实恭折具奏，伏乞皇太后、皇上圣鉴训示。谨奏。

请将招商局本息作为官股片

再，密陈者：

招商局提剩官本及缓息两项，应否作为官股，臣不敢固执成见。叶廷眷及刘瑞芬等，先后以此为请，而臣亦深以为然者，盖以招商局实为大利所归。如第六届稍一节省，除用度外，尚馀银二十九万馀两，可以想见。将来日益扩充，能否广收外洋之利，尚无把握。就目前而论，招商局名为分洋商之利，其实所少者系国家课厘，所夺者系贫民生计。在朝廷以父母之心为心，以我自有之利为外人所得，曷若为子弟所得，是以提之挈之，不遗馀力。顾为子弟者，以父母之力而有是利，独不稍为父母计乎！查外洋轮船之利，实君与民共之。如各国王皆另设有轮船，一切章程优异，商轮不得而争，每岁所获独厚，以佐军国之用。此固非中国所能为者。第招商局以拨公帑而成，如以本息作为官股，照商股一律办理，期有裨于度支，未为不可也。又外洋轮船贩运之货，抽税极重，竟至半倍、一倍，故其利官商均沾，非如招商局所完之税，转减于中国常税，而厘金无与。是轮船之利，专在商而不在官，为国理财之道，似不如此。又外洋轮船，人人可以驾驶，同受商贩之益。今中国轮船，非招商局不可，虽许他人合股，其权操之局员，是利在数人而不在众人，藏富于民之道，亦似不如此。惟将此项本息作为官股，其利得以分润，公私两得其平，既以官力扶商，亦以商力助官。爱国之忱，人所同具，即在局外者，亦不至于嫉怨，该局亦可长久矣。

臣居家不善治生，管兵不善筹饷，非敢侈口言利，亦非敢与局争利，特以事理所在，不敢不直抒所见，是否可行，恭候宸裁。

谨附片密陈，伏乞圣鉴训示。谨奏。

恭慰圣孝折光绪七年三月二十六日

奏为恭慰圣孝，仰恳节哀，恭折奏祈圣鉴事：

窃臣恭阅邸抄，光绪七年三月十三日奉上谕：“现遭大行慈安端裕康庆昭和庄敬皇太后大事，各直省将军、督抚、都统、副都统、提镇等均有职守，不必奏请来京叩谒梓宫，惟当实心办事，勉尽厥职，不在仪节虚文也。”钦此。跪诵之下，伏地哀号，罔知所措。痛念大行慈安端裕康庆昭和庄敬皇太后，自同治元年以来，与我慈禧端佑康颐昭豫庄诚皇太后，垂帘训政，廿载一心一德，驯致中兴，四海同道同风，遂臻上理。方祝慈躬永祐，遽惊仙驭升遐，遗诰所传，犹惓惓以国事皇躬为念，普天率土，感悼同深。臣于上年入觐天颜，渥蒙温谕，徽音犹在，寤寐难忘，亟思叩谒梓宫，一伸哀悃。兹钦遵谕旨，职守未敢远离，瞻望阙廷，神魂飞越。我皇上至性纯孝，抱恸何堪？伏望勉节哀思，以慰大行慈安端裕康庆昭和庄敬皇太后在天之鉴，益勤奉养，以承慈禧端佑康颐昭豫庄诚皇太后教育之心，臣区区不胜大愿。

所有微臣依恋恳切下忱，理合缮折，专弁赍呈，恭慰圣孝，伏乞皇上圣鉴。谨奏。

请将故员战绩宣付史馆并立功处所建祠折光绪七年三月二十七日

奏为已故道员战功卓著，吁恳天恩，宣付史馆立传，并立功处所建立专祠，以彰忠荩，恭折仰祈圣鉴事：

窃接安徽绅士直隶提督李长乐等呈称："已故二品衔前甘肃甘凉道李鹤章，由合肥县廪贡生于咸丰三年在籍办团，屡破粤逆。五年克复无为州、巢县、东关，保加五品衔蓝翎候选州同。九年，经前督臣曾国藩调营差遣。十一年解宁都州围，保湖北补用知县，换戴花翎。同治元年，经前江苏抚臣李鸿章调赴上海，奏派督办江苏前敌防剿，总统淮、湘水陆诸军。是时上海四面皆贼，该故道督率所部，会同开军、铭军及洋将华尔，转战而前，攻克青浦、嘉定两县，力解北新泾四江口重围。十月十二日奉上谕：'知县李鹤章系该抚之弟，此次击退援贼，与程学启功足相埒。该知县官职尚卑，若避嫌不举，转阻其上进之心。嗣后如有劳绩，着李鸿章一体请奖。'等因，钦此。二年二月初十日复奉上谕：'前因江苏四江口解围，李鹤章击退援贼，与在事员弁功足相埒，该抚意存引嫌，未经请奖。兹据该抚另片奏，李鹤章虽随同剿贼，乃义分所当为，仍不敢仰邀叙议等语。李鹤章战功卓著，岂可没其微劳？着赏加四品衔，以知州用。'等因，钦此。嗣以常、昭反正，该故道乘机规复太仓。守贼请降，该故道策其诈也，先分队扼昆山援贼，复严阵以待。及期，城贼冲突数次，我军奋勇当之，卒不得逞。该故道骽受枪伤，裹创复战，诸军肉薄登城，遂拔太仓，距受降期仅七日耳。又大破援贼于双凤镇，昆、太肃清。随会合诸军进攻顾山一带贼垒，部署陆师分三路以进，水师继之，而自带马队策应，破贼营数十座，擒伪王宗、朝将以下百馀人，自顾山以西，贼皆尽。进逼江阴，又连破常州、苏州、丹阳、溧阳、无锡援贼数十万众，沿江石垒皆下，遂复江阴县。八月十二日奉上谕：'李鹤章着以知府补用，并赏加三品衔。'等因，钦此。江阴既复，进攻无锡，该故道无日不战，无战不捷，尤以大桥角之战为最著。忠逆惧我军之遂逼苏州也，纠诸伪王合悍党数十万，并洋逆白齐文驾火轮船，施放开花炮弹，以攻大桥角之垒。该故道闻警而起，投袂赴救。惟时守将周寿昌率亲兵，各持火器蛇行而前，紧对洋轮轰击，楼船破烂，血肉横飞，而对河悍逆数十万，仍列阵不动。该故道督队荡决，贼始披靡，计擒斩溺毙贼匪万馀人，枪毙洋人数十，烧毁火轮船一只，炮船十馀只，重围立解，忠逆为之气夺。旋连破贼于后宅安镇、梅村、西仓、茅塘桥、鸭成桥、兴隆桥等处，迭克新安、望亭坚垒，复无锡、金匮两县，擒伪朝王黄子潍父子。十一月十四日奉上谕：'李鹤章督军攻剿，克拔坚城，甚为出力，着交军机处记名，遇有道员缺出，请旨简放。'等因，钦此。同日奉上谕：'李鹤章与其兄同心戮力，为国宣勤，此次未行破格之赏，正为该员系李鸿章之弟，以该抚功不自私，俾得推劳将士，鼓舞众心。李鹤章当益自奋勉，指日常郡、金陵次第奏捷，克成全功，更当与曾国荃、鲍超等同膺懋赏。'等因，钦此。时苏州已下，贼党死据常州一郡，该故道由无锡进驻戚墅堰，节节进攻，力破附城石垒数十，城围遂合，再大破金坛、溧阳、丹阳诸援贼。三年，分军克复荆溪、宜新县城，收复溧阳县城，擒侍逆母妻斩之，于是常州外援悉绝。该故道会合诸军百道攻城，炮声雷动，城塌数十丈，贼以人堵缺口，拚死相持，并以火药下倾，我军死者亦十六七。该故道挥刀督队，一拥而登，生擒伪护逆及费天将，常州遂下。四月十四日奉上谕：'李鸿章奏官军攻克常州府城，生擒首逆，全股扑灭一折，剿办甚属得手。道员李鹤章等俱能亲冒矢石，奋勇争先，均着赏穿黄马褂。'钦此。自常州克复后，苏省全境肃清，适以积劳触发伤病，乃裁并所部各营，请假回籍。是年奉到御赐奖武金牌一面，奉旨补授甘肃甘凉道。前督臣曾国藩接办剿捻军务，奏调总理淮、湘水陆全军营务。六年以母老不能远离，呈由前督臣曾国藩奏开甘凉道缺。

光绪五年晋赈捐输请奖，奉旨‘赏给二品衔。’钦此。钦遵各在案。长乐等或籍隶同乡，或旧居部下，见闻既真，不敢听其湮没。”胪陈事实，呈请转奏前来。

臣查该故道李鹤章，起自诸生，总师转战，其时东南各郡遍地贼踪，而能迭克名城，力摧悍贼，屡承褒旨，成绩昭彰，智勇忠勤，洵足以系讴思而光史册。合无仰恳天恩，俯准将李鹤章战功宣付史馆立传，并于立功处所建立专祠，以彰忠荩，出自高厚鸿施。

谨会同江苏抚臣吴元炳、安徽抚臣裕禄恭折具陈，伏乞皇太后、皇上圣鉴训示。谨奏。

回省部署各处工程折 光绪七年三月二十九日

奏为报明微臣回省日期，并圌山关添筑炮台及分别部署各情形，恭折驰陈，仰祈圣鉴事：

窃臣带印出省，履勘圌山关炮台，于三月初三日附片驰奏在案。臣即于初七日乘坐澄庆兵轮起行，顺途察看下关、乌龙山等处炮台及各炮位，间亦有量台移炮之处，以续购洋炮及续制局炮与各台大小更相称也。连日江风大作，颠簸殊常，至初九日始行驶抵圌山关。该关矗立大江之前，当率各文武登岸，自大矶头前面横档折回至上游之老虎洞，详察远近形势，随过北岸之东生洲及下游之三江口，重行履勘，除南岸老虎洞外，馀俱旧有土堤、土炮，布置均属扼要。现拟于南岸大矶头前面横档兴筑明台两座，每座另安大炮三位，中用隔堆二层，东生洲、三江口二处各筑明台一座，炮位、隔堆如大矶头、横档之数。惟该三处极其当冲，所筑明炮台，拟于两旁围墙及中间隔堆之上，对留缺口，形如仰盂，俾临敌之际，断木为梁，安于缺口之上，加盖沙包、土囊，以资遮蔽，即与暗台无异，免为敌炮所乘，事定可以随时撤去，即使置而不用，亦于炮台无妨。其大矶头之上，则筑小望台一座，二矶头之上，则筑大望台一座，并于两台随宜置炮，老虎洞前则筑明炮台一座，亦安炮三位，用隔堆两层，以收截击之益。此外土堤、土炮各仍其旧。臣初以合字勇有全军挑浚镇江运河之役，是以前奏拟派庆字勇及新湘勇分筑圌山关等处明炮台。兹查该处炮台工程必须合字勇一手经理，庶与焦山等处呼应灵通。第镇江府城外运河亦难中止，合字勇本有七营，以四营筑炮台，尚馀二三营留为浚河之用，而令庆字勇、新湘勇各以两营助之、分段程功，当易告竣。似此一转移间，台工、河工各臻周密矣。臣与各统领及各局员面筹妥协后，随于初十日乘坐原船回省。至每座明炮台需费若干，虽各处情形不同，究有历次成规可按。臣已饬合字营统领章合才与司道及营务处、筹防局，逐细估计，总期事归实济，饷不虚糜，上慰朝廷慎重防务之心。

所有微臣回省日期，并圌山关添筑炮台及分别部署各情形，理合恭折驰陈，伏乞皇太后、皇上圣鉴训示。谨奏。

江防试造木排片

再，查拦江之法，自以水雷为利器，而亦无甚把握。臣与前兵部右侍郎彭玉麟往复筹商，初拟临敌之时，载石沉舟，以断洪路，继思长江深阔，一船占势不宽，多则为费不赀，少则于事无济，即使洪流塞断，将来无术疏通。现在试造大张木栿，每栿宽六丈有奇，厚一丈有奇，长十数丈不等，系用竹缆缚木为之。栿之首尾，亦以粗长竹缆系锚下碇。初虑中流迅驶，停泊为难，并虑风起涛涌之时，无所施力。此次臣出省履勘圌山关炮台地基，即令委办木𫴟之新授广西左江镇总兵刘光裕、记名提督邓善居、李占椿管带木𫴟，随臣东下，由下关至乌龙山及焦山等处，节节试验，下碇中流，虽遇狂飙巨浪，竟能不少移动。将来长江有事，即将此项木𫴟多造数十张，层递参差，泊于各炮台前面，约计炮所能及之处，使敌不能牵𫴟而去，亦不能穿𫴟而来，似可遏其冲突，此亦以钝制巧之一策也。𫴟上铺满芦席，薄填泥沙，预备水龙、水铳等项，以防敌之火攻，并于𫴟上多设枪炮火器，以为攻敌之用。每𫴟用勇夫共五十名，后缀扒船二只，俾与炮台声援相接，寓活着于呆着之中。沿江木植颇多，咄嗟可办，事竣仍可折卖，不至虚糜，计无便于此者。且木𫴟之前，亦可安设水雷，不致偏废。第此项木𫴟，只可用之于省城下关及乌龙山、焦山、圌山关等处，至于江阴与吴淞口，则江面太宽，风浪太大，惟有专用水雷，于木𫴟殊不相宜。

谨附片陈明，伏乞圣鉴。谨奏。

凑款兴造小兵轮船折 光绪七年四月二十六日

奏为制造小兵轮船经费无出，拟由南洋及沿江各省凑解，先行兴造五只，恭折仰祈圣鉴事：

窃光绪六年九月，巡阅长江水师前兵部右侍郎彭玉麟奏造小兵轮船十只，以为江阴以下海防之用，十月初六日，臣准军机大臣寄到谕旨，饬臣会商妥办等因，当即钦遵咨行彭玉麟并闽、广督抚、闽省船政、江南制造局，往返筹商，经彭玉麟酌定样式，计每船长十八丈，马力一千五百匹，需经费银十六万两，炮价在外。闽、沪厂局，均可仿造，粤局则因有现办要件，未能另承此工。惟十船一时同造，则力均未逮，现拟分作两次兴办，闽厂同时起造三只，沪局同时起造二只，一俟五只告成，随后即筹续造。臣现已将彭玉麟所定该船尺寸价值，咨行闽省船政及江南制造局，预备开工。惟闽厂只能造船，未能筹款，沪局虽有江海关二成洋税可用，然专以制办军火，亦难兼办兵轮。刻下先造小兵轮五只，共需银八十万两。此船既为江阴以下海防之用，如臣所收南洋经费稍为充裕，自当从宽拨解，济此要工。无如近年各省厘金项下经费，闽、粤、浙三省均已奏准停解，江西则抵作新饷，湖北则现经奏请划解北洋，仅有关税项下之款，上年所收止得四十二万馀两。而沿江炮台防营，星罗棋布，防守轮船日添日多，月饷军火费用甚巨，现又修筑圌山关炮台，实属无力另造兵轮。惟彭玉麟奏造此船，实以该船安设头梢两炮，辅以边炮，无事则巡缉洋面，有事则防堵海口，若敌船竟冲入江，则以之四面环攻，跟踪追击，诚为巡防江阴以下可战可守必不可少之利器，不得不赶紧遵旨造办，即不得不设法挪措，以资动工。臣再四筹酌，南洋经费，每年粤海关应解之数，实为的款大宗。上年粤省因购买蚊船，奏准截留五万两，臣协拨闽省船政制造快船，又将该关应解南洋七十六、七两结之银汇付船政约六万三千馀两，刻下扣至本年三月初二日第八十二结届满为止，粤海关仍有应解南洋之银约十万馀两。臣本指此巨款以应要需，现在先其所急，即以此款由粤海关径解闽厂，俾得购料兴工，其不敷之数，仍以本年应解南洋第八十三、四两结银六万馀两，由该关按结径解闽厂收用，共为十六万馀两，可以成造一只，此外闽厂仍造二只，沪局亦造二只，共需银六十四万两，臣实思穷力竭，万难再筹。因思此项兵轮，巡防江阴以下，其地为长江入海之尾闾，即为沿江各省通共之门户，防海实所以防江，万一敌船入江，则湖北、江西、安徽沿江一带，必须节节设防，湖南亦必震动。是扼守入江要害，本不仅为江苏一省，湘、鄂、西、皖实亦休戚相关，自应谊切辅车，不分畛域，各筹款项，共固藩篱。相应请旨饬下湖南、湖北、江西安徽四省，各筹造船一只银十六万两，分解闽省、江苏，俾先造五船得以同时兴工。其粤海关应行径解船政制造兵轮之款，及现尚欠解汇付船政造办快船银两，亦请饬令该关监督，迅速分别扫数拨解，不得延误。如此则兵轮五只，可以刻期竣事，而此后五只，仍由臣暨沿江各省凑解续造，以观厥成。

所有制造小兵轮船经费无出，拟由南洋及沿江各省凑解，先行兴造五只缘由，谨会同江苏巡抚臣吴元炳，合词恭折具陈，伏乞皇太后、皇上圣鉴训示。谨奏。

请敕全楚引地减川配淮以复旧制折

光绪七年四月二十六日

奏为川引斤两过重，尽占淮销引地，请旨饬部减川配淮，以冀渐复旧制，恭折仰祈圣鉴事：

窃淮南盐务，额重课繁，盐产自场，引销于岸，全楚引地为淮纲命脉所系。前督臣如曾国藩、沈葆桢，于淮鹾讨论最精，著有成效，屡次上疏，请禁川复淮，终梗于川、楚，迄今未行。上年十一月臣接准部咨，议覆四川督臣丁宝桢将济楚川盐按月酌定七八百引，并以减运川盐徐图退步，即当增运淮盐，力争进步。今照湖广督臣李瀚章原议，由淮商提取净盐，酌配引数，运赴鄂省现分川销之五府一州试办并销，限一个月专折覆奏，等因。臣查川盐借销楚岸，曩时连樯下驶，累万盈千，漫无稽考，今既定以限制，足为复淮张本。惟治鹾以疏引为先，而疏引以筹销为急。川、淮同此销路，必须川盐能减一分，始淮盐能进一分，否则徒有减川之名，而无销淮之实。当经咨商鄂省，拟由淮南派员前赴平善坝设立稽查川盐局，每月除额销川引外，馀均作为私论，以符部议严杜明减暗增之弊。一面咨询川省，月销川盐七八百引，是否照淮南六百斤成引计算，抑川省另有科则。满冀川盐斤两与淮盐不相上下，便可提盐配销，即或赢于淮南，但使所赢之数不甚过多，亦尚能逐渐进步。兹准四川督臣丁宝桢覆称：川省奏定章程，每水引一张配花盐五十包，每包连皮计重二百二十六斤，每引连皮共重一万一千三百斤等因。以淮盐每引连卤耗包索六百八十八斤计之，是川盐一引抵淮盐十六引四分有奇，月销川盐即以七百引而论，已抵淮盐一万一千四百九十馀引，每年共抵十三万七千馀引。川盐一引较之淮盐一引增至十六倍有馀，无怪淮商闻风裹足。溯查湖北五府一州，从前皆言每年可增淮盐十五万引，系按六百斤正引计算。臣连卤耗包索细加覆核，并确查宜昌川盐总局历年呈报加税数目，衰旺不一，大致相同，光绪六年分仅合淮盐十三万三千馀引，川省减定之数比实销之数已属有盈，况绕越偷漏之盐，尤难保其必无。五府一州只此销路，已尽被川盐所占，淮盐虽煞费经营，既不获盈尺之地，焉能图得寸之功？即甘心亏本，亦无路可销，此数年以来所以绝无一商认运也。部臣谓其中必有窒碍难行之处，可谓洞见症结。

但楚岸引地，上年臣莅任两江后，即派员前赴鄂省，与李瀚章详细熟商，一时仍难遽复。而淮南场产日增，岸盐日积，若并此配销亦不能办，不特无以慰众商云霓之望，并有负李瀚章代淮筹运之初心，丁宝桢抑川让淮之美意。臣督同运司悉心妥筹，淮南目前未敢遽存奢望，但求每年实减川引若干，淮盐得有销路，无论路途之险，成本之重，总当责成鄂、湘两局额内各商力任其难，酌提净盐前赴鄂省五府一州及湘省澧州试销。此项试销之引，李瀚章原议虽令暂免摊派，而川引既减，鄂省月收川税未免稍绌，且李瀚章来文，业已允淮设局，所收前项课厘，不敢留存丝毫，拟即全贴鄂饷，尽收尽解，庶几川商不致骤行失业，淮盐或可循序渐进，鄂省饷需仍归有着。合无仰恳天恩，敕部查照楚省每年可销川盐合淮实数，重加厘订，酌减川引若干，配销淮引若干，行知各省恪遵部议，和衷会办，以仰副朝廷郑重淮纲渐复旧规之至意。

所有川引斤两过重，恳请敕部减川配淮缘由，理合恭折覆陈，伏乞皇太后、皇上圣鉴训示。

再，此折因咨商川、鄂两省，是以覆奏稍迟，合并声明。谨奏。

奏疏卷十八

东三省新陈俸饷请暂予缓解折光绪七年五月二十九日

奏为东三省新陈俸饷，江苏厘金无力分筹，恳恩暂予缓解，俾免有误要需，恭折具陈，仰祈圣鉴事：

窃臣前准军机大臣字寄：“光绪六年十一月二十八日奉上谕：‘户部奏拨东三省辛巳年官兵俸饷一折，据称奉天拟拨江苏厘金银二万两，打牲乌拉拟拨江苏厘金银二万两，黑龙江拟拨江苏厘金银一万两。着照指拨银数，迅速筹解，如有延欠，照迟延京饷例议处。’”等因，钦此。并准部咨，行令将乙亥年起至己卯年止，欠解黑龙江银七万两，分两年搭解，又同治十三年起至光绪六年止，欠解打牲乌拉银十三万五千两，限一月筹解先后到臣，均经札饬筹解在案。

兹据江宁布政使梁肇煌、江苏布政使谭钧培会详称：东三省俸饷，当奉拨之始，或由厘局分筹，或由司库措解，实已设法腾挪，不敢稍留馀力。嗣因厘收日绌，急款日增，遂有顾此失彼之势。近来每年京饷于原拨之外，又奉续拨甘饷，则须解足十成，较诸前数年情形尤为紧重。综计三厘局所入，以之供本省支应及拨济京协要需，已觉万分竭蹶。各局方惴惴然以不克敷额是惧，若再责令分筹前项新陈俸饷，实属力有未逮，惟有暂请从缓报解，俾免两误，详请具奏前来。

臣查东三省俸饷，历年指拨江苏厘金，前督臣沈葆桢以积欠已多，于光绪二年闰五月间曾有吁请敕部以后暂免派拨之奏，复于三年三月间，将部拨丁丑年黑龙江、打牲乌拉俸饷，及历年欠饷无力筹解缘由，据实陈明在案。北洋防费紧要，亦系指拨江苏厘金，而各局无可取资，复经臣奏请，将湖北应解南洋经费，照数移抵。是江苏厘金本难兼顾此项俸饷，近则罗掘益窘，均在圣明洞鉴之中。无米之炊，何由下手？据该司局等合词请缓，不敢不代陈于圣主之前。内黑龙江庚辰年俸饷，迭据函牍飞催，已由各局合力勉凑五千两，借济燃眉。此外该三处新陈各饷，惟有吁恳天恩，暂予缓解，俾得专意京、协要饷，一俟将来，察看收数较旺，拨款稍松，即当饬令酌筹分济，上慰宸廑。

除咨部外，理合恭折具陈，伏乞皇太后、皇上圣鉴训示。

再，新任抚臣黎培敬尚未到任，是以未及列衔，合并陈明。谨奏。

两淮盐务人员请循案停止分发折光绪七年五月二十九日

奏为两淮盐务候补人员过多，拟请循案暂停分发，以资疏通，而期整顿，恭折仰祈圣鉴事：

窃维登明选公，官方所由澄叙；员冗名杂，流品因之混淆。两淮监掣、运判两项以及大使、经历、知事、巡检四班，领照到省者共计八百馀人，实为从来所未有。综计监掣只两缺，运判只三缺，大使等共只二十九缺。缺分之少如此，而人数之多如彼，不特序补无期，即委署得差，亦非易易。现在捐例虽停，而从前已捐分发者不一而足，各捐生急思自效，络绎而来，新到之员，旬日间率三、四起。其资格较深者，固已向隅致慨；其才能出众者，尤属甄拔无从。事少人浮，疏通乏术，势必至需次受累，进退维谷，其不安义命之人，更难保无廉隅莫饬，百计钻营情弊，实于吏治人心关系匪浅。再四筹思，不能不稍示限制。拟循照江苏、安徽四省停止分发成案，将两淮盐属无论何项人员，请旨概停分发三年，俟届满再复旧制，庶几循序渐进，奔竞无由，似于吏治不无裨益。据两淮盐运使洪汝奎禀请具奏前来。理合恭折具陈，伏乞皇太后、皇上圣鉴，敕部核覆施行。

再，江苏巡抚臣，现丁母忧，未及会衔，合并声明。谨奏。

查覆部议指询鹾务折 光绪七年五月二十九日

奏为遵查部议指询各节，据实覆陈，恭折仰祈圣鉴事：

窃准部咨，议覆给事中戈靖条陈淮南盐务指询各节，行令详查覆奏等因。臣伏查两淮鹾务甲天下，每年数百万饷源，每场数十垣命脉，胥是赖焉，果有当除之弊，可兴之利，臣亦何敢畏难苟安。惟淮盐新章，行之近二十年，所收课厘逾六千万，历次所捐巨款尚不在内，而各商犹复黾勉从事，以有馀润可沾。其裨益于公私，不得谓非办有成效，就臣历官兼管鹾务之处，淮盐似较胜一筹，该给事中竟称盐务之坏，以两淮为最，甚立论殊欠持平。两月以来，经臣督饬运司洪汝奎咨采舆情，详稽案卷，始知人言之有由来，而所陈多不足信，部议洞若观火，实令外间官商佩服不忘。除减川配淮，业由臣专折具奏外，其馀不外增新引、包鄂饷、疏岸销、裁捐费四端，谨就岸务商情，悉心参酌，为皇太后、皇上缕晰陈之。

治鹾无他，专重销之一字，销果畅，商虽少而转运亦灵，销若疲，商愈多而出售弥滞，此一定不易之理，而官销之畅滞，则视私盐之多少。淮南自被川盐久占，鄂、湘引地遍地皆私，漫无稽考。该给事中原奏，亦谓川私山积，淮南以现有之商运、已认之引抵岸后，已须守轮一年或年半之久。查鄂岸现尚请运丁丑上半年之引，湘岸现尚请运丙子上半年之引，而两局已存盐各十馀万，仪栈且存十七万馀引之多，上仓有费，住日有费，辛工官息又有费，成本占搁，乏术疏通。旧引之积压如此，若再另增新引，其败可立而待。譬之治水，不问去路之通塞，而专事浚源，终虞决口。治病不问病人之虚实，而漫言峻补，必致伤身。部臣不遽颁引，而又许将窒碍情形，据实陈覆，可谓洞见症结。此新引断难骤增之实情也。

包饷之议，创自前督臣沈葆桢，原奏许尽鄂、湘原认之引，永远循环，不再另招新商，以挠其权而夺其利，旧商所得足偿所失，故人人踊跃具结，事至取结达部，其确有把握可知。臣抵任后，该旧商犹复禀催，并无异说。现在复淮尚无定局，将来应否增引增商，亦难悬揣，今昔情形既不相同，办法不能胶执。臣愚以为鄂中不以引地归淮则已，果以引地归淮，无论旧引、新引，旧商、新商，鄂饷断可无虞短绌。盖销川盐则完川税，销淮盐则完淮厘，但使盐有去路，即是饷有来源。鄂中每岁所收川税，以钱合银约在九十万两左右，有案可稽。如以淮商包饷为不足凭，或将鄂省向在川税项下筹解京外各饷奏请改拨两淮，由臣督同运司妥筹解济，鄂饷既归有着，则复淮应亦有成。转移间，鄂、淮皆无所用其推诿。至于入境川厘既停之后，到岸川盐未尽之先，所需鄂饷，淮商自应兼顾。应俟复淮定议，由臣咨商楚督，并饬司局设法筹维，不至因此贻误。此包饷系属可靠之实情也。

课厘之盈亏，惟视销数之旺淡。当此度支拮据，首宜讲求疏销。然查两淮盐色不如川、粤之佳，盐价不如川、粤之贱，疏销之法，惟在缉私。自湖北之荆、宜等府州及湖南之澧州借销川盐，两省门户尽失，在在巡缉为难，即使随处设局督销，恐亦徒糜经费。他如湖南之衡、永、宝三府，久为粤私所占，侵灌以下府州。前督臣曾国藩与臣隶籍湖南，明知该三府户口数百万，淮盐片引不行，而未尝委员前往设局督销者，以该处山路纷歧，民情困苦，缉私不能严密，设局亦属徒劳，只合留为藩篱，以存限制。至江西为臣久官之地，深悉粤盐一入赣、宁，四通八达，堵截无从，与湘、鄂情形大略相似。皆因私盐多而官引不行，非为官引少而私盐始至。否则，即无官局，商贩自可行销。该给事中谓鄂、西不多设局分销以致停滞者，非也。上年综核各岸销数，惟皖岸与前届不相上下，其湘、鄂、西三岸均属短销，而湘岸为甚。该给事中谓湘岸溢销至倍，为鄂岸所不及者，亦非也。夫盐务贵变通尽利，尤贵斟酌合宜。以两淮引地久为川、粤所占，以致淮引滞销，讵可不图规复，然非步步踏实，必致有始无终，有损无益。现在鄂、湘、西三岸，兢兢保守腹地各府州不使私盐搀入，而于积惯行私之处，逐渐经营，以冀得尺则尺，得寸则寸。臣复督同运司力行重淋之法，务期盐色干洁，以敌川、粤私盐，而于局卡文武督缉之勤惰廉污，分别撤留赏罚，并添拨水陆精锐之勇，以壮声威。凡此目前整顿之方，即为将来扩充之计。至于淹销一节，实为盐务一大弊端，然自曾国藩设立章程，课轻厘重，不特补运之盐令完全厘，即被淹之盐亦完半厘，已属无可取巧。又须州县履勘出结，商人亦惮烦难。臣严饬各局，于报淹可疑之案，立派亲信密查，以杜虚捏。此则疏销不敢稍懈之实情也。

派捐最属病商。当此陈盐日积，积困未纾，诚如部议，必须休养商人，以期渐复元气。臣接据各商开呈清折，胪列现捐名目，分札司栈各局，务将一切冗费，分别酌裁。其中以局用为大宗，鄂、西等岸，所以不欲多设分局者以此。馀则在局候委各员薪水，为款亦巨。臣通饬各局，以后不得多收委员，即系熟悉鹾务、堪备差遣之员，亦必遇有缺出，方准派委。至于地方善举，必须察酌事宜，量予限制，不得一味见好，滥应滥支。此浮费现在裁汰之实情也。

臣查两淮盐务，近来口舌纷纭，无非为改章加引起见。历考曩时盐法，屡蹶屡振，初立一章，无不争先恐后，不数年而良规中废，大率前盐甫畅，后引递增。以为引增即课充，多多益善，不思增引而不增销，年复一年，积疲成困，百病从此而生。乾隆、嘉庆年间，屡有充销带征之奏，无非为积引难销，力图补救。究之挪新掩旧，挹彼注兹，于课项有何裨益？前督臣陶澍创行淮北票盐，意美法良，初行尽善，厥后加引至四十六万，不特淮北销疲，甚至侵销淮南边界，而南鹾至道光末年，几于不可收拾。前事之失，可为殷鉴。曾国藩初定新章之际，设局招商，迨商认之引足敷岸销，遂即撤局停招，与李鸿章商定循环转运之法。嗣增湖南辰州碱盐二十四票，轇轕不清，久之始定。又以协赈天津、楚西加引四万，岸商渐形支绌，曾国藩颇歉于怀。经前督臣李宗羲奏明有案，以后从无增引之事。至今楚西各岸销数虽滞，而守轮待售，尚有什一之获，各商视为恒业。局外欲搀越而无从，逐逐眈眈，乃为把持垄断之说，以撼旧商而请新引，甚至本无办运之资，亦无办运之志，欲以新引转卖渔利。始于运司，继于盐政，终于户部，摭拾浮言，更端尝试。光绪三年，曾有商民信成和等赴部递呈，请增楚引十万道，捐银四十万两。淮南奉文日久，并无一商来淮，一钱缴库。经沈葆桢奏驳有案。兹由该给事中奏请，由部颁引，可见伎俩层出不穷，只知网利营私，不顾扰乱鹾政。臣计此次若辈并力一举，计在必行，幸荷圣明烛照如神，部臣维持大体，淮鹾赖以保全，否则，大局一为动摇，不堪设想矣。臣职有专司，责无旁贷，深知曾国藩所定盐法，一秉至公，历久不敝，故各前任莫不恪守旧章。今该给事中以收引地、加引票责臣，不知二者可合而不可分。如以荆、澧等六府州之地归之两淮，或可酌增新引。至于现在引地于现行引票尚未全销，安得再增以速其败？臣之区区，但期裕课，不敢存彼我之私，但期便民，不敢有恩怨之见。然复淮与增引，则事在并行，能复引地，不必如沈葆桢所奏不增新引，欲增新引，则必如沈葆桢所请收回引地。此外成规具在，断不可轻涉纷更。臣惟有督饬运司，维持整顿，以冀销路日畅，仰副朝廷垂念鹾政之盛心。

所有遵查部议指询各节缘由，理合恭折据实覆陈，伏乞皇太后、皇上圣鉴训示。谨奏。

请准杨玉科改留两江差遣片

再，降调高州镇总兵杨玉科报效马的力快枪等件，奉旨：“杨玉科着开复原官，留于广东差委，该部知道。”钦此。等因。臣前在两广总督任内，察看该镇年力正富，勇略兼优，且于洋务留心讲求，可否仰恳天恩，俯准改留臣处差遣，以收臂指之助，出自逾格鸿慈。

理合附片陈请，伏乞圣鉴训示。谨奏。

江北收捕蝻子情形片光绪七年六月二十三日

再，江北、淮、扬等属，上冬雨雪稀少，入春又复亢晴，臣恐蝗孽遗子未能尽绝，随时饬属留心防范，以期弭患无形。近日以来，迭据扬州府属之高邮、宝应，淮安府属之山阳、桃源，徐州府属之丰、沛、萧三县及海州等处，禀报蝻孽滋生，有立时歼除者，亦有设局收买尚未据报成数者。惟宝应县收数最多，截至六月初二日止，已收有十一万四千六百馀斤，沛县收有五万五千三百馀斤，海州收有二万二千三百馀斤，泰州分司所属庙湾、何垛两场，亦有萌动情形，均经立时扑灭，其馀各属尚未报有蝗蝻。续据徐州道张富年报，据署徐州府曾广照禀称：山东鱼台县之蝗飞过丰、沛二县交界之处，集食高粱等叶。复经臣飞咨山东抚臣，饬属一体协同收捕，毋分畛域，务绝根株。臣查州县捕蝗经费，经前督抚臣奏动用正款钱粮，诚恐惜费，致令滋蔓难图，驯至害及田禾，所失将不止此数。臣不敢任其玩视而遗患，亦不敢任其浮报而冒销，如查有此两项情弊，谨当从严奏参，用示惩儆。江宁省垣陆续得有大雨，如各属一律均沾，扑除较易为力。

除饬司转饬加紧搜捕外，理合会同新授江苏巡抚漕运总督臣黎培敬、护理江苏巡抚臣谭钧培附片陈明，伏乞圣鉴。谨奏。

议覆洋药加厘办法折光绪七年七月初二日

奏为遵旨妥议覆陈，恭折仰祈圣鉴事：

窃臣等恭奉光绪七年五月初九日寄谕："左宗棠奏禁食鸦片，

请先增洋药、土烟税捐，以收实效一折。着南、北洋大臣，福州将军、各直省督抚、粤海关监督，将各关口及地方情形，详细体察，将稽查征收章程，悉心妥议覆奏，候旨定夺。”等因，钦此。

窃查鸦片运入中国，销售日广，流毒日深，税厘屡议而未加，偷漏乘间而百出。左宗棠深知积弊，冀挽颓风，借讥禁以寓防维，因征收而示惩罚，其议不加进口正税，但增华商厘金，原为权自己操，事无牵涉。惟思加厘必期无漏，无漏必须严查，而严查之法，则必以进口封存趸船、栈房为第一要义。溯查咸丰八年，英国善后条约，特立洋药专条，准其进口，议定每百斤纳税银三十两，并声明只准华商运入内地，洋商不得护送，及如何征税，听凭中国办理等语。其时江海关凡有洋药进口，不即征税，封存趸船，必俟售与华商，由洋商报关完税，华商赴局完厘，税厘两清，方准验放。行之数年，忽有洋商借词自行配药之用，报完正税，将洋药数箱提行，税务司未经禁阻。于是纷纷效尤，所提日多，由洋行卖与华商，拆箱私运，厘金无着，遂成漏卮。上海向章，洋药厘金每箱二十五两，镇江每箱三十馀两，均因私漏日甚，无法可禁，上海减为五五折，镇江减为四折，以期捐轻漏少，借以挽回。内地苏州厘局，则由各店每月认捐银一千四百馀两，金陵厘局则由镇江分局每月包征银五百两，并未核实收足，均因偷漏难防。江苏如此，各省谅亦相同。今左宗棠议定洋药统收税厘一百五十两，除进口正税三十两外，计厘金一百二十两，已将内地各捐包括在内。如果各口一律举行，并照封存趸船办法，则洋药进上海口者，由该关封存趸船，俟洋商卖与华商，洋商完税每百斤三十两，华商完捐每百斤一百二十两，方准放行。其由上海完税，分运长江五口者，仍由各该关一体封存，亦必俟售与华商赴局完捐一百二十两，方准放行。凡洋药一经封存，虽完税不准提行，华商买后赴局完捐，必领有该局捐单呈关，以凭验放，仍由局开箱，逐一加盖印花，运入华店零卖。倘须转运内地，由局填给分运单，以备沿途查验，不再重征。如无分运单及印花者，即系漏捐私货，查出充公究办，似可无须设立三联单。南洋闽、浙、粤海等关，北洋津海、东海、山海三关，均照上海办理，各设趸船或栈房，以备封存之用。如此则关与局互相维系，税与厘各有专归，各省厘金即由各省统收。其内地无关之省，所收洋药厘金本来无多，即可由洋药来路之省，酌量津贴，以免向隅。盖封存之法，譬之持物者必操其柄，典守者必鐍其扃，稍一通融，听其起存本行，则百弊丛生。或行伙自运内地私销，或华商贪买无捐私货，无非贿嘱洋商，即以所漏捐项分给酬劳，洋商乐于畅销得利，或开箱零售潜运，或全箱走私，雇人包送。虽有局员督饬巡丁认真查缉，势不能分派多人，昼夜罗列各洋行之前，执其来往之人，运出之物，一一检查。即偶有一、二拿获，华商必嘱洋商，出头认为未售之货，不肯受罚，不肯补厘。甚至将被拿洋药，浮报其数，以索赔偿而拒捕逞凶，亦所时有。此皆不能封存船栈，遂致流弊滋多。

或谓洋药自外国来，先到香港屯积，果能就香港统收税厘，尤为扼要。不知香港已归英辖，中国岂能在彼处设局征收？臣坤一前在广督任内，与英领事屡议及此，系指华商赴港所买之洋药，尚不能行。况洋药未经卖与华商，何能于未进口时，责令洋商先措多赀，代完厘项？即有商董与洋人议定，包买、包卖，包解税厘，亦恐别生枝节。且须官与闻其事，亦于政体有妨。或又谓洋药运到上海，果在上海统收税厘，酌量分润，此后分运长江五口，不再重征，甚为简捷。不知此项洋药，除在上海售卖应在上海完纳税厘外，其未售及须分运长江各口者，洋商亦未肯将税厘一律先完。虽洋药业已进口，与在香港不同，然欲洋商先代华商完厘，向来亦无此办法。此二层均毋庸议。

总之，洋药稽征事宜，应听中国自行办理，英约本有明文。上海初于洋药进口时，封存趸船，税厘并征，最为周密，各关均属可行。况光绪二年，北洋大臣李鸿章与英使威妥玛所订烟台条款，已将洋药进口应行封存船栈，详切载明，无论如何，加厘自可由中国主政。乃自烟台定约以来，凡与洋商有益之条，均经开办，独洋药封存、抽收厘税一节，稍与中国有裨，延宕数年，竟成画饼，殊非持平之道也。

前南洋大臣沈葆桢屡饬江海关道与税务司重整旧规，并照烟台所议，洋药不准提行。该关税务司总以未奉总税务司札饬，未经遵办。总理衙门屡与威妥玛商办洋药税厘并征，威妥玛已允试办五年，复以行文本国会商各国为词，以图延宕。即李鸿章为烟台条款原议之人，其与威妥玛商办洋药加征，亦以多寡悬殊，未能定议。今既专加洋药厘金，取之华商，衡以英国、印度征税之数，并不为苛。加厘既在必行，封存自应并办。拟请由总理衙门，将封存加厘，按照烟台条款开办，札饬总税务司，转行各税务司遵照，当可定期通行。万一洋商复耸威妥玛再来饶舌，即由总理衙门咨行出使英国大臣曾纪泽，照会英国外务衙门，告以封存加厘，均照烟台条款办理，想彼外务衙门亦无从而非议之也。

再，查近年洋药运到香港，每年约十万箱，大土每箱重一百二十斤，小土每箱重一百斤，大土少而小土多，各关应得进口税银约三百万两有奇，而检查总税务司所报税数清册，各关每年共收洋药正税二百数十万两，核计香港来数，尚有二、三万箱未完进口正税，自系私运沿海各口。臣坤一前在广督任内，曾兼粤海关监督，知华商由香港私买洋药运入内地，则有常关另设之六厂稽征，为款颇巨。因减税敌私，尚不及新关征收之数，且必在香港周围，节节安设巡轮各船，以防绕越，所费殊属不赀，香港洋人亦不免有口舌。厘金一项，屡次议加，然以广东海汉纷歧，人情狡悍，竟至无甚起色。臣等统计各关所收洋药税银，与来香港之数尚不相远，至以各省厘金核对进口之税，则迥不相符。实以洋药进口报关，必由各税务司稽查，是以无从漏税，而粤海常关六厂，亦足弥缝其阙。迨洋药完税后，提存本行，税务司即不过问。洋商华商狼狈相倚，局员更无法可由杜其诪张。此厘金之所以多漏也。封存法行，则厘金归局员征收，起卸仍由税司掌管。即广东常关六厂进口洋药，亦可酌量仿行，庶几税厘并完，可收成效。

臣等于洋药加厘，必以进口封存为先务，饬据江海、镇江两关议覆，亦无不以封存为言，诚以厘金未加，尚多走漏，加厘愈重，走漏更多，除将洋药封存，实别无方略耳。

至土烟，上海向照洋药减半收税。然川土、台土多从江汉关、浙海关运来，不再完税，只能收捐。其各省所来土烟，皆由华人零星携带，从无成箱成担，稽察颇难。江南、北各捐局章程不一，而收数总属寥寥。且此等土烟内地出产，多在内地销卖，无须经过各关。又因质轻易带，绕越难防。不如各由出产之地，照洋药减半征收，似较各关稍有把握。稽征此项土烟，无洋商之作弊，无洋官之阻挠，宽严惟其所宜，操纵可以自主，应俟洋药加厘事定，再由各省体察当地情形，斟酌议办，以期妥善。

所有查明地方向办洋药土烟情形，及现议洋药加厘办法各缘由，谨合词恭折由驿覆陈，伏乞皇太后、皇上圣鉴训示。谨奏。

续行收买蝗蝻价值核实报销折光绪七年七月二十日

奏为光绪五、六等年续行收买蝗蝻价值，核实报销，恭折具陈，仰祈圣鉴事：

窃江省自光绪二年后，连年蝗孽滋生，经地方官及各防营，无分畛域，力索穷搜，未及冬令，幸已大段净尽。并于冬间农隙之时，挖缴蝻子，一体给价收买，以冀尽绝根株。所需价值，原定未出土之蝻子，每斤给钱八十文，已出土成形之蝻以至渐能跳跃者，每斤给钱十文至二十文为率。其已长翅飞腾或邻境飞来之蝗，每斤给钱五文至十文为率，嗣将长翅飞腾及邻境飞来之蝗，改以每斤五文为限。又因初冬蝻子入土未深，挖掘较易，酌改民间挖者每斤给钱六十文，兵勇挖者每斤给钱四十文，如州县原定收价在四十文以下者，仍照原价给发。续因飞蝗捕缴日多，又经酌减收价，由地方官先行垫给，准其划抵应解之款。截至光绪四年秋季止，动用钱文仓谷，业已核实报销，于光绪五年闰三月二十一日具奏，奉旨："户部知道。"钦此。经部臣覆准在案。五、六两年连遭干旱，蝗孽复生，照旧设法搜捕，开局收买。幸均随时歼除，复于冬令挖剔遗子，以故夏秋收成，尚无妨碍。此虽兵民协力齐心，要实由于优给收价，故得致此成效。核计五、六两年，所用价值为数亦复不少，亟应截数造报。迭据各该州县造册呈送，查各属所给收价，虽不一律，然均与奏案有减无增，其局用等项仍照上届之案，一概删除。又为数在二、三百千以内自行捐办，及为数虽在三百千以上自愿捐廉者不计外，共计收买价钱一万四千七百四十七千五百七十一文，内除沭阳县自行筹给钱一百三十六千，实请销钱一万四千六百十一千五百七十一文，内已由司随时动款放给钱一千千七千八百文，照时价合银六百八两四钱三分九厘，均系动用杂项钱粮，已于册内造明，尚有未放钱一万三千六百三千七百七十一文，均由各州县作抵解司银款，俟核作收放，另行造报。据江宁布政使梁肇煌复加查核，均系实用实销，并无浮冒，造册具详请奏前来。臣等覆核无异。

除将清册送部查核外，合无仰恳天恩，俯准敕部核销施行。谨合词恭折具陈，伏乞皇太后、皇上圣鉴。

再，上届报销，截至四年秋季止，尚有是年冬季动用之款，归并本届造报，合并声明。谨奏。

皖南续增茶捐邀请重减片

再，皖南茶捐，前于同治元年经前督臣曾国藩明定章程，每引捐银八钱，二年加捐四钱，每引共捐银一两二钱，准其按照筹饷例给奖。光绪五年奉旨停捐，茶商禀减续加之捐银四钱，前督臣沈葆桢准减二钱，奏明停给奖叙在案。

兹据该茶商等以情形困苦，成本亏折，禀求再减，经臣一再驳饬，仍复坚吁不已。饬据皖南茶厘总局确查禀覆前来。臣查皖南茶捐，历办已二十年，实为军需一大进款，本不容轻易议蠲。惟是近来东洋各国，产茶日多，利分于外，而沪上销路，价值昂贱，操诸洋商，一经滞销，动多亏折。且停奖以后，票银已成废纸，亦属实在情形。窃思商情重在招徕，但使该商等不视茶业为畏途，便商正以裕饷，所以前督臣沈葆桢任内，业予减免二钱。今据该商等以艰苦情形，益非昔比，经臣查核属实，万不得已，复将减剩续增之二钱，量予裁免，以广皇仁而苏商困。核与曾国藩前定每引捐银八钱之原案，尚无所碍。该商等报效有素，食毛践土，具有天良，经此次重减二钱以后，非江海一律撤防，协饷一律停解，亦断不敢任其再生希冀之心。

谨附片陈明，伏乞圣鉴训示。谨奏。

查明江南炮台情形先行据实覆陈折

光绪七年七月二十七日

奏为遵旨查明江南炮台情形，先行据实由驿驰陈，仰祈圣鉴事：

窃臣于光绪七年七月十二日承准军机大臣字寄："光绪七年七月初二日奉上谕：'御史李郁华奏江南狼山、鹅鼻觜及焦山等处所筑炮台未能得力，惟圌山卡及焦山近江地段土炮台十数座，可安炮位百数十尊，左右推移，三面可击，较为灵便，闻所费不过三千金，而狼山等处炮台动用数百万两，难保非经手各员侵挪浪掷，任意开销，请饬查核等语。近来江海防务紧要，江南修筑炮台所费不赀，若如所奏，均不得力，徒糜饷项，且有侵挪情弊，缓急如何可恃？着刘坤一、彭玉麟详细查核，据实具奏。原片着抄给阅看。'"等因，钦此。仰见朝廷慎重海防清厘帑项之至意。

臣查江南狼山镇并无炮台，惟江阴之鹅鼻觜等处、镇江之焦山等处及上海之黄浦江口，各筑炮台多座。其事始于同治十三年前督臣李宗羲任内，时以日本多有违言，又属逼处，诚恐乘间入犯，不得不亟为绸缪，所筑炮台，但求速求多，未暇斟酌精当。臣时在江西巡抚之任，亦有所闻，且以谣诼频兴，曾贻书前督臣李宗羲劝其镇定。光绪元年臣调署两江总督，出省巡察沿江炮台，虽未一律成功，而各处规模略具。就臣所见作法以及应移地势，与各文武正在筹商，钦奉谕旨，以前督臣沈葆桢补授是缺，并充南洋海防大臣，由是炮台事宜，臣亦不敢轻有举动，旋经交卸赴粤矣。上年臣由籍入都及出都赴任，往返经过长江，便道履勘各处炮台，大致尚属整齐，惟沙洲圩炮台不无坍塌之处。嗣以防务紧急，会同前兵部侍郎臣彭玉麟重赴各台，逐一开炮试验，始悉暗炮台不如明炮台之得力，而江阴南岸各暗炮台，已不免有朽蠹绽裂之虞。并据总统淮军福建提督唐定奎呈请分别添修改撤，臣复会同彭玉麟察看圌山关两岸形胜，即就原存之土炮台加筑明炮台，期与焦山声势联络，节经臣于上年六月二十九日、十月初七日及本年三月二十九日，先后奏明，有案可稽，并非稍涉诿延，亦不敢稍为讳饰也。

现在江阴南岸暗炮台撤空三十馀座，另于小角山、黄山港与北岸天生港添设明炮台，其圌山关两岸明炮台，亦已次第兴办。各台所用炮位并经调拨齐全，不似前此有台无炮，有炮无台，或炮大而台小，或炮小而台大。万一有警，除吴淞之黄浦江口炮台无关长江门户外，惟有先守江阴，次守圌山，次守焦山等处，如果水陆严密部署，似尚可以支持。臣愚以为防务利钝，固视炮台之是否足恃，而亦视夫兵力何如，方略何如耳。臣于上年六月抵任后，即经陈明，愿力扼圌山、焦山之险，誓不任敌船飞越，摇动上游五省，以坏东南大局。彼时亦何敢必俄约有成，海疆决无战事。况江防一切布置，均系前任设施，臣席未暖而灶未黔，未始不可借口为难，预留卸过之地，而臣顾以身任之者，封疆之臣当死封疆，亦以胜负之数无常，诚愿与各将士戮力同心，冀幸万一，不欲以炮台之故议人之后，徒贻君父忧也。且查参用西法修筑炮台，在中国本属创始，而明暗优绌亦属议论纷歧。即如臣初任粤督之时，遵旨查勘广东所筑省城外暗炮台，核与江南所作程式略同，其口门直开到底，未能尽善，当于覆奏折内声明。臣以前功难弃，思欲救敝补偏，究亦别无弥缝之术。上年据闻两广督臣张树声，将该炮台铲平另造，臣即驰书，告以暗台不若明台之佳，不可一误再误。而张树声覆臣之书，仍称高处当用明台，低处当用暗台，并谓商之在粤洋官，亦持此说，则是炮台之或明或暗，亦各因地制宜，未可执一，以滋刻舟胶柱之讥，惟期料实工坚，以垂久远而已。至于江南所筑炮台，历时已七八载，李宗羲、沈葆桢任内所委经手员弁，目前或尚在省，或已离省，容臣调齐案卷，逐细勾稽，并酌提当时在事之人，确核有无侵挪混销情弊，另行奏办。

所有查明江南海防先后所筑明暗炮台及现办情形，谨先据实由驿覆陈，伏乞皇太后、皇上圣鉴训示。

再，彭玉麟早经驶赴江、鄂，无从会商会衔，合并陈明。谨奏。

南洋军火军械兵力饷力现堪敷衍片

再，臣上年抵任之时，即经督饬司局，宽储军火军械，以免临事周张，现存者赶紧整修，未有者分途购制。旋因防务紧要，征调频仍，先后拨解盛京将军、都统前后膛洋枪五千杆，湖南提督鲍超、寿春镇总兵郭宝昌前后膛洋枪二千七百杆，以及金陵驻防、漕标防营各一千杆，共计几及一万杆，均系取资南洋，未尝告乏。现除支发江南水陆各营及各炮台应用外，查军械所尚存有来福前膛洋枪一万三千馀杆，马梯呢后膛洋枪七千馀杆，林明敦后膛枪八千馀杆，共计现存前后膛洋枪及各项洋马枪三万馀杆，细洋药六十馀万磅，洋炮药四十馀万磅，棉花火药九万九千馀磅，共计现存洋火药一百一十馀万磅，又铜火一千数百万颗，各项铜管火十七万馀枝，又水雷应用之电线七十五车，似所储尚不为少。而上海制造局现造之洋药及林明敦枪尚堪随时接济，金陵现复定购机器，添设洋药局，并定购前后膛枪一万五千杆尚不在此数内。至各明暗炮台应用炮位，均经调拨齐全，只圌山关未经告竣之明炮台计短大炮数位，而有上海制造局现造之一百二十磅子钢炮，年内可成，其旧存之炮，亦尚可以挑用。金陵机器局所造陆营所用之炮亦多。此南洋所存之军火军械，尚可敷用之实情也。

南洋陆路，湘、淮各军操演最勤，部伍严整，各营统领，均系久经战阵之员。江南提督李朝斌所统轮船，亦肯认真训练，惟为数既少，且系寻常兵轮，每拟另造得力之船，要非旦夕所能集事。上年海氛告警，江南诸将竞请添募勇丁，即臣奏调同来之文武员弁，莫不思得一军自效。彭玉麟亦以南洋兵力不如北洋之厚，屡以为言。而臣熟察事势，尚堪撑持，遂皆婉词却之。惟将现有兵勇，严密部署，密嘱署寿春镇总兵程文炳于淮南北豫挑枪手三五千人，以备缓急，未敢稍涉张皇，虚糜饷项。兹幸防务稍松，而军需局之存款尚属充裕，此皆臣与藩司梁肇煌及先在营务处之现任运司洪汝奎极力撙节，得以略有赢馀，纵有风鹤之惊，而有财足恃，诸事皆易设施。此南洋兵力饷力亦堪敷衍之实情也。

臣以菲材承乏，责有攸归。凡此夙夕经营，通盘打算，固不能向人宣布，亦不能任人取携。往往因请添营、请增勇、请多发经费军械等项，未能如愿，以致积不能平，即与臣夙好者，亦似惑于人言，渐生疑间。使臣于上年不顾浪费，招勇数万，列于长江两岸，壁垒增新，诚足以快一时耳目，而统领营哨各官各遂所欲，莫不鼓舞欢欣，即臣旧部故乡之来投效者，并可安插其中。于臣计良得，于臣心何安！臣渥荷知遇之恩，忝膺封疆之寄，当此各国环伺，时局维艰，讵可只顾目前，而不谋久远，徒徇人情，而不爱物力。此臣缕缕微忱，不敢不上达天听，仰慰宸廑。谨附片密陈，伏乞圣鉴训示。谨奏。

遵旨进京陛见候代起程折光绪七年闰七月初九日

奏为钦奉谕旨进京陛见，候代起程，恭折仰祈圣鉴事：

窃臣于光绪七年闰七月初五日承准军机大臣字寄："七月二十八日奉上谕：'彭玉麟奏遵查沿江炮台请择要修筑一折，据称长江兴筑炮台，道员赵继元专司其事，只修焦山、象山、江阴两处，至圌山关并北岸各隘尽弃不筑，所筑多暗炮台，故烟气迷目。又于大小石湾、黄山港等江难守之处修筑多台，不问有炮无炮各等语。本日有旨，令刘坤一来京陛见，两江总督并办理通商事务大臣令彭玉麟署理。彭玉麟威望素著，向来办事任劳任怨，具见体国公忠，两江地方紧要，该侍郎迅即前赴署任，以便刘坤一交卸来京。长江所筑炮台，应行加筑增修之处，即着彭玉麟次第筹办，以期扼要适用，于防务实有把握，用副委任。并将各处炮台添置炮位，精求制造火器之法，随时操练各营，俾有实济。彭玉麟未接篆以前，刘坤一责无旁贷，所有防务及地方事宜，仍当悉心经理，毋稍诿卸。'"等因，钦此。跪诵之馀，莫名感悚。

伏念臣于上年五月请训出都受事，倏逾一载，当江海设防之日，矢涓埃图报之心，而力薄才轻，深虞陨越。兹幸上蒙恩召，趋赴阙廷，俾得仰接天颜，渥聆圣训，五中循省，益戴鸿慈。当即恭录谕旨，委派文武员弁赍领，乘坐威靖兵轮船，于初六日起碇，驰赴湖北接彭玉麟前来江宁。如彭玉麟已回湖南，则兵轮船留鄂，以待该员弁等赴湘投文，随侍彭玉麟下驶。俟彭玉麟抵宁，臣交卸篆务后，即由海道北上。彭玉麟未到任以前，所有海防及地方一切事宜，臣仍当悉心经理，仰慰宸廑。

所有臣奉旨陛见候代起程各缘由，谨恭折由驿具陈，伏乞皇太后、皇上圣鉴训示。谨奏。

江阴南岸现修炮台未便停工片

再，查江阴南岸之黄山港，与北岸之天生港相对，为轮船上下必经之路，地当冲要，先修有暗炮台数座。嗣经淮军总统福建陆路提督唐定奎商之于臣，复于该处添修明炮台，业于前月具折陈明在案。兹因彭玉麟奏称该处难守，道员赵继元不应擅修炮台，唐定奎遂以应否停工，向臣请示。臣钦奉谕旨，彭玉麟未到任以前，所有海防仍应由臣悉心经理，该处明炮台既属得力，未可废弃前功，饬令赶紧竣事。查彭玉麟于光绪五年五月，会同前督臣沈葆桢覆陈沿江炮台情形折内声明，大石湾、小石湾及黄山港，均为第一重门户，应设炮台之地，并未谓黄山港难守而不应修。当时系指暗炮台而言，彭玉麟尚未少贬，即圌山关之从阙，实因经费为难，彭玉麟亦于前折声明，其言至为详切，可覆按也。且沿江修暗炮台之事，本非赵继元专司，而现修之黄山港明炮台，尤非出自赵继元之意。

所有黄山港明炮台未便停工各缘由，臣谨附片陈明，伏乞圣鉴训示。谨奏。

请将京控革员销解听审折光绪七年闰七月二十三日

奏为京控解质之革员抗不遵解，请旨锁解听审，以便按律定拟，恭折具陈，仰祈圣鉴事：

窃臣等接准都察院咨：“光绪七年五月二十三日奉上谕：‘都察院奏，已革江苏高淳县知县唐葆元以参追冤抑等词，赴该衙门呈诉，据称：光绪五年五月间，在高淳县任内，因查办前任命案，挟仇被匪抢劫洋钱四千元有奇，曾将窝家及伙犯缉获。该管知府擅放不办，旋因交代欠款，即被参追，是以逃押来京沥诉等语。该革员以在押勒追之员潜行来京，具呈申诉，是否捏词延宕，着两江总督、江苏巡抚确切查明，秉公核办。唐葆元着该部解往质讯。’”钦此。并抄录原奏各件，将该革员递解前来。

查唐葆元前在高淳县任内，据报于光绪五年五月间，被匪强窃署内洋钱二千馀元，声明访拿秦玉亭一名，据供略有端倪等情。旋经前署江宁府知府孙云锦访闻该革员派差妄拿多人，以致小民受累，闾阎惊惶，禀经前督臣沈葆桢派委该署府亲赴该县查讯，验明所获各人，无不刑伤重叠，几无完肤，督同提审，无一承认。当将实系生理小民邻族皆愿具保者，立饬保释，馀均提府熬审多次，仍各极口呼冤，复经沈葆桢发交前办营务处道员洪汝奎覆讯，未及讯明，该革员即妄刊高淳要案录，牵扯挟制，洪汝奎禀请回避，经前署督臣吴元炳另委司道补提保释之人，分别研讯确查，一面饬令营务处购线广缉。迨获正盗周克照、舒宾两犯、质明秦玉亭等均非正犯，始经臣坤一批饬省释。而该革员旋又遣抱告张顺以前任挟嫌暗嘱捕役勾劫等情，牵涉已结命案，赴步军统领衙门呈控，咨发江宁。当经札委臬司查讯详办，而唐葆元延不投质。据臬司许应镲以高淳县署劫案，盗犯首伙八人，业已悉获，均各直认不讳，实无秦玉亭等在内。已据该抱告张顺当堂听明犯供，其牵涉已结命案，亦经委员密确访查，并提集尸亲犯证讯供，悉与原招无异，各具切结。而遍查唐葆元渺无下落，案难久悬，禀经批饬先行据供定谳，一面勒缉唐葆元，获日另结。正在核办间，又经唐葆元控经都察院咨解到宁。核其所控情节，大致谓衙署被劫，系已故前任知县秦曾熙因其查办命案，挟仇勾劫。升任江宁府知府蒋启勋偏袒秦曾熙，前署江宁府知府孙云锦附加纵盗，前办两江营务处现任两淮运司洪汝奎巧借邻省盗犯教串供认，院司偏听洪汝奎，均搁置不奏。殊不知陈正恩命案系在首府定案，秦曾熙本不能怨及该革员，蒋启勋更何所用其偏袒？其秦玉亭及已保复提到案之陈秉河等均于续获正盗后质明始释，何纵盗之有？洪汝奎前办营务本兼带缉捕勇丁，经吴元炳因案情重大，谆饬不吝重赏，多方购获正盗，发交江宁藩司等隔别研讯，并未用刑。据各该盗犯供认，抢劫高淳县署情形，历历如绘，异口同声，不特洪汝奎系回避之员，从未会讯。且罪犯肯听教串，无非避重就轻，断无甘心诬认为盗以就死地之理，其为并无教串，尤属不辨自明。此案所控虚实，总以现获之周克照等是否正盗为断。虽经该抱告听审明白，取结存案，而该革员究未到案听审，自应提犯覆鞫，责令亲听覆讯犯供，方足以资折服。该盗犯等均羁禁苏州，案系奉旨交令会同查办，臣坤一自应委员押解该革员赴苏，由臣钧培亲督臬司提犯覆鞫，俾得亲听供词。乃该革员明知一经听审，即难复肆刁狡，抗不遵解，且谓必俟所控之洪汝奎、蒋启勋、孙云锦等均行到案，方肯投质，殊出情理之外。

臣等伏查该革员之妄拿无辜，一味刑求，业因此拖毙两命。

现在无论洪汝奎等万不能因其肆口诬讦，率令解任，即已释之秦玉亭等亦不能再予提讯，致良民受累无有已时。臣坤一前以该革员巡防疏怠，听断糊涂，业经先行奏参革职。该革员任内欠解挪用各款，亦经江宁藩司梁肇煌详经前抚臣吴元炳会奏参追在案。今复借口盗案，增报被劫洋钱至四千馀元，冀免赔缴，似此居心刁狡，实难稍涉姑容。相应请旨，将该革员唐葆元锁解赴苏听审，俾得按律定拟，以肃法纪而儆官邪。

谨合词恭折具陈，伏乞皇太后、皇上圣鉴训示。谨奏。

确查经手建筑炮台各员委无情弊折

光绪七年闰七月二十六日

奏为确查建筑炮台动用银数，经手各员委无侵挪混销情弊，据实覆陈，仰祈圣鉴事：

窃臣于光绪七年七月十二日承准军机大臣字寄："七月初三日奉上谕：'御史李郁华奏江南狼山、鹅鼻嘴及焦山等处所筑炮台未能得力，惟圌山卡及焦山近江地段土炮台十数座，可安炮位百数十尊，左右推移，三面可击，较为灵便，闻所费不过三千金，而狼山等处炮台动用数百万两，难保非经手各员侵挪浪掷，任意开销，请饬查核等语。近来江海防务紧要，江南修筑炮台所费不赀，若如所奏，均不得力，徒糜饷项，且有侵挪情弊，缓急如何可恃。着刘坤一、彭玉麟详细查核，据实具奏。原片着抄给阅看。'"等因，钦此。当经臣将狼山并无炮台及江阴等处炮台情形，先行据实覆陈，声明再行调集案卷，逐细勾稽，并酌提当时在事之人，确核有无侵挪混销情弊，于七月二十七日由驿驰奏在案。随即札调前工程局道员淮扬海道桂嵩庆来省，会同筹防局司道各员，将从前建筑炮台银两，逐一查明，造册详覆，臣覆加察核，谨据实为我皇太后、皇上陈之。

查同治十三年，日本事起，前督臣李宗羲始有建筑炮台之请，派升任江宁藩司梅启照、升任正定镇总兵吴长庆及桂嵩庆、前营务处道员孙振铨、赵继元，会同长江水师提督李成谋、瓜洲镇总兵吴家榜沿江遍阅要隘，择定处所，绘图贴说，呈经李宗羲核定，分起建筑。其监工各员，吴淞则升任津海关道郑藻如、记名提督吴宏洛，江阴乌龙山则吴长庆，下关、象山、焦山、都天庙则九江镇总兵章合才、前威宁镇总兵万化林。并于省垣设立筹防局，以梅启照总其成，采办料物各事则桂嵩庆主之，募雇夫役各事则孙振铨、赵继元主之。又委前军需局道员两淮运司洪汝奎会同办理。此饬派各员分理炮台，事非一手之实在情形也。

其动用银数，则上海、吴淞口西岸炮台十四座，工料等项银一十二万三千五百馀两，江阴南北岸炮台七十一座，工料等项银二十六万一千一百馀两，镇江南北岸炮台二十五座，工料等项银一十六万六千九百馀两，江宁南北岸炮台二十八座，工料等项银一十万五千两有奇：共用银六十五万六千六百两有奇。均于同治十三年六七等月兴工，于光绪三年以前先后工竣，经前督臣沈葆桢等于光绪五年二月二十五日，开单报销在案。光绪四年以后，复于天生港、小角山各添明台一座，都天庙修改暗台六座，下关添筑明台一座，暗台二座，尚有吴淞添开炮门添建兵房，江阴添兵房、护廊、机器房、药弹库，下关添砌石岸以及各炮台近年岁修各费，续用银十一万四千三百馀两。此分筑添筑各炮台合之岁修各费前后共只用银七十七万馀两，并无动用数百万两之实在情形也。

各炮台均作洋式加工监造，而南北岸地势不同，或须开山凿石以扩其基，或须砌岸排桩以固其址，合之台中铜铁各料工，无一不需巨款。且因开工伊始，作法尚生，为日已多，江流靡定，均不敢稍吝改作，惟期择善而从。而成台至百数十座，并各费统在其内，仅销银七十馀万两，似尚非稍任浪掷者。至各员司料者有人，司工者有人，司出纳者有人，司稽查催趱者又有人，此外奔走执役之员，不下百数。开工以前，有勘估之人，竣工以后，有验收之人，分手程功，层层钤束，动用款项，按册可稽。李宗羲以后，前督臣沈葆桢、前署督臣吴元炳实踵其成，如各员有不实不尽情弊，诸臣体国公忠，何敢自蹈徇蔽之愆，代人受过？臣复互为参证，逐细推求，尚属核实。此承办各员委无侵挪混销之实在情形也。

又原奏炮台未能得力一节，系指暗炮台而言。当同治十三年开办之初，经前苏松太道沈秉成托英国领事，雇用曾在德国筑台之洋人博爱士详细讲求，吴淞遂仿德国图式建筑暗台多座，江阴以上之暗台，亦均仿照办理。缘该司道等以事关创办，未敢自矜独见，不得不问途已经西法，因地制宜，暗台亦所不废，而明台较为便利，是以臣所添者，均系明台，然圌山关各明台，仍照暗台之制。盖我以炮击敌，则明台尚矣；如虑敌炮攻我，则暗台尚矣。且暗台之弊，亦有不尽如原片所言者。查炮门系八字式样，固有广狭之不同，而炮身大小未始不可量为易置。司炮者取准于炮尺之中，便可测远而命中。若炮之高低左右，则有斡旋之枢纽，可以惟意所为。至我炮可及敌船，本不能禁敌炮之不一及我。所赖守台将士，坚与相持，即此台碎而彼台尚完，敌亦岂能尽吾台而齑粉之？台内之小子药房，系为临事移存，便于随手取用，大宗火药均在离台较远之地，严密收储，并非紧贴台后也。

又原奏所称圌山关及焦山近江地段土炮台一节。查焦山前面近年新涨沙滩，故章合才于该处及都天庙近江另筑明炮台，非土炮台。至圌山关两岸，本有道光年间之土炮堤，去秋防务方紧，臣与彭玉麟督饬吴家榜于该处培修土堤，安设土炮，实共用银二千一百馀两。然土炮堤只可应一时之急，不惟不可经久远，亦不可以受轰击，是以臣随饬章合才，于圌山关分筑明台五座，望台二座，以为焦山之辅。即江阴南北岸，黄山港、天生港续添之明台，臣亦未敢听令停工者，诚以圌山关固属天险，从前因经费支绌，故该处之炮台阙焉。而江阴口南岸之鹅鼻觜、大、小石湾，黄山觜北岸之十圩港、刘闻沙、天生港，焦山南岸之象山，北岸之都天庙，江宁南岸之乌龙山，北岸之沙洲圩等处，皆长江门户，应设炮台之地，有彭玉麟、沈葆桢等光绪五年五月二十八日覆陈之折可凭。声明系彭玉麟所决可否，倘有乖舛，不敢弥缝。是各处炮台，似非同于虚设，似不可以偏废也。

窃思长江等处炮台，经臣会同彭玉麟躬亲履勘，其前办未能尽善者，业已分别撤改，以期缓急足恃，不敢惜费而误全功，亦不敢师心而翻成局。至前办各员，查无前项情弊，似亦未便再事苛求，若使任事之心，不敌其虑患之心，则以后之驱策人材，窃恐动多窒碍。彭玉麟年年在江巡阅，前此断无不知不言，臣于上年六月始任两江，更无所用其回护。现在圌山关、江阴口两处新添续添之明台，尚未一律竣工，未能截数具报。惟工料用款，均有前案可循，所费当不至甚巨。臣并谆饬其妥速办理，俾工归实济，费不虚糜，上副朝廷撙节度支之至意。

所有确查建筑炮台动用银数经手各员委无侵挪混销情弊各缘由，谨恭折由驿据实覆陈，伏乞皇太后、皇上圣鉴训示。谨奏。

筹款重建省垣书院折 光绪七年八月二十日

奏为省垣书院，有关通省人文，现拟筹款重建，以慰士望而复前规，恭折具陈，仰祈圣鉴事：

窃查江宁省城钟山书院，经前督臣查弼纳于雍正元年奏建，世宗宪皇帝御赐“敦崇实学”匾额，天章宸翰，多士荣之。以故江南人文科甲之盛，彪炳海内，盖寿考作人之化，其所由来久矣。

同治三年克复江宁后，经前督臣曾国藩、沈葆桢等先后延聘前大理寺卿李联琇、前山西布政使林寿图递主讲席，诸生相从请业，观感有资，咸知蒸蒸向学。而书院旧址毁于兵火，前因经费未裕，仅就城南地方发逆伪王府改作数椽，为掌教安砚之地，湫隘嚣尘，厕讲幄于阛阓，致诸生无所栖托，其有自远负笈而至者，辄废然而返，阻其从学之心。至旧时弦诵之场，则岁月骎骎鞠为茂草矣。

伏念书院之设，非徒校艺考文之谓，其谓亲师取友，敬业乐群，端士习以厚民风，胥源于是。而钟山书院，无论本籍外省士子，均得肄业，规模较大，故高才生亦最多。江宁递年以来，凡衙署庙祠以次修建，独于养士储才之地，未一议及，士心缺然。兴废举坠，官斯土者之责也。国家右文劝学，嘉惠儒林，修学校以佐圣治之隆，尤事之不容已者也。臣谨饬司就城内书院旧址，披荆棘，辟瓦砾，参酌图志，饬工庀材，一切规制，以坚朴为度。凡得房屋一百间有奇，讲堂学舍、廊庑庖湢之属无弗备，撙节估计共需款一万五千馀两，由宁藩司、淮运司、江粮道三库匀拨，以济要工，计年底可以蒇役。一俟落成有日，谨将雍正年间钦颁匾字，恭摹重立，俾士之瞻拜于是者，咸晓然于祖宗作育之深恩，益以副我皇上培植之厚泽。由是处为端士，出为名臣，亦即微臣奉宣德意，诱掖鼓舞之下忱，所借以仰答高厚者也。

所有筹款重建省垣书院缘由，谨会同护理江苏巡抚臣谭钧培恭折具陈，伏乞皇太后、皇上圣鉴。谨奏。

堤工出力各员择尤请奖折光绪七年八月二十日

奏为办理堤坝各工出力员弁择尤请奖，恭折具陈，仰祈圣鉴事：

窃据办理河工总局准补徐州道程国熙、淮扬海道桂嵩庆详称："高邮境内邵家沟、六安闸等处运河西堤，因年久失修，圮塌殆尽，湖河连成一片，每遇高风盛涨，极望汪洋，东堤虽形迹尚存，亦复险工林立。而该处四坝以备减水之用者，车逻坝则澈底跌通，南关坝及闸洞多处亦形残损，水大之年，运防岌岌，若遇旱旸日久，洪泽湖水由礼河旁泄高邮，运河壅阏不通，更转而患涸，以致动工节节费手，任事在在需才。计自光绪五、六、七三年历修运河西堤六千馀丈，高邮通湖港口收束复旧，东堤险工大修三次，砌修车逻、南关大坝两座，堵筑堰盱厅属之礼河坝五百馀丈，挑浚高邮运河三千馀丈。提调暨承办各员，均慎重工程，不辞劳苦，地方牧令亦能讲求赞画，相与有成，用能涓滴归公，工坚料实。五、六两年防守大汛，在事员弁宣勤靡懈，保障屹然。兹择其尤为出力者，分别请奖。并据称定例，河工安澜，不准以地方盐务人员保奖，系指河工例奖而言。此项巨工绵长繁重，首在择人，且本无一定河员可供调遣，若拘于定例，其异常出力者，未免向隅。"恳请声明具奏等情前来。

臣查扬属堤工，经前督臣沈葆桢于奏参工员片内声请俟大工告成，将各员择尤请奖，以示公允，而昭激劝在案。嗣于东西堤工以外，又添车逻、南关、礼河各坝工，均关系水利民田，情形同一紧要，而为日已久，损坏过深，虽曰承修，实同创办。经先后办理河工总局之湖北按察使前淮扬海道庞际云、江安粮道现署徐州道张富年、淮补徐州道程国熙、淮扬海道桂嵩庆等，督率文武员弁，认真经理，或购集料件接济多方，或出纳银钱锱铢靡滥，监工者奔走于泥涂，防汛者图维于雨夜，阅时三稔乃克次第告成，核其终事之劳，实属异常出力。而所动款项，均力求撙节，实用实销，尤一洗河工陋习。至因河工人员不敷差遣，乃于地方盐务中遴选委派，系为工程重大慎择人材起见，均属勤劳卓著，耳目昭然。分手程功，幸观成之有日，吁恩行赏，宜一视而同仁。谨缮具清单，分出考语，恭呈御览。合无仰恳天恩，准予奖励，以重河务而劝后来。

谨会同新授江苏巡抚漕运总督臣黎培敬、护理江苏巡抚臣谭钧培，恭折具陈，伏乞皇太后、皇上圣鉴训示。谨奏。

请将胡金传革职归案审讯片

再，据金陵保甲局道员吴邦祺拿获窃犯李大凤供指沈鲍洪等谋毙人命，随获沈鲍洪等到案，分别讯供，核与光绪三年十二月间金陵城内三牌楼地方已经获犯正法之命案情形相同，虚实是非，均应澈究。查三牌楼之案，系营务处缉捕委员副将衔尽先参将胡金传购线获犯，难保无教串情弊。相应请旨，将副将衔尽先参将胡金传暂行革职，归案审讯，以期水落石出。

理合附片陈请，伏乞圣鉴训示。谨奏。

出省履勘炮台河工片

再，杨庄旧黄河于本年四月下旬挑浚完工，随值山东蒙、沂山水下注，中运河不时陡涨前后十馀次之多，末后数次汹涌澎湃上，迥异往年，以闰七月中旬为尤甚，而竟能化险为夷者，全恃新挑旧黄河分泄之力，是浚黄已著明效。至导淮必须将吴城七堡大冲碎石等河接续开浚，工巨费繁。当经臣奏明，于秋间阅伍之便，会同漕臣前往察看，妥筹在案。

现臣候代入都，大阅事关巨典，且往返久需时日，应俟新任到后，择期出巡，以昭郑重。惟河工于农隙水涸之时，集夫兴挑，事半功倍，务须从速会勘，庶免延误。又圌山关经臣奏添明炮台五座，南岸业已竣工，是否坚固，亦须亲往查勘。臣懔遵防务及地方事宜仍当悉心经理之旨，定于八月二十五日带印出省，先赴圌山关察看新筑炮台，再赴杨庄一带，会同漕臣督同导淮局道员程国熙等逐段履勘，详细筹商，再行奏明办理。计程一旬半月，似可以及瓜期。所有臣衙门日行事件，饬令藩司代折代行，其紧要公事，仍由包封递送，行次核办。

所有出省先看炮台、后赴杨庄一带勘办河工缘由，理合附片具陈，伏乞圣鉴训示。谨奏。

勘实炮台河湖情形酌拟导淮办法折

光绪七年九月十一日

奏为查勘炮台河湖情形，酌拟导淮办法及回江宁省城日期，恭折仰祈圣鉴事：

窃臣于前月二十日拜折后，随于二十五日带印出省，初坐登瀛洲兵轮，于二十六日至圌山关，督同瓜洲镇吴家榜及统领合字勇之九江镇章合才、筹防局候补道杨儒、陈鸣志等查看南岸头矶、横档明炮台六座，及矶上望台一座，均经完工，极为坚整，其横档明炮台墙上所留缺口，以便将来加盖台顶，亦属合宜。惟北岸之东生洲与三江口，因系浮土，正在填筑台基。经臣询催章合才期于年内竣事，所需炮位亦已调拨齐全。旋即转至瓜洲，改坐炮船，前进运河。二十七日臣由扬州督同办理河工局之徐州道程国熙及陈鸣志逐节履勘运河堤工，所有奏明自浦口以下由臣衙门承办者，东堤已一律告成，其中如昭关坝、车逻坝及上年所修新坝、南关大坝等处工程，甚为结实。西堤则现修至高邮之杨家坞，堤身宽厚巩固，临湖一面加镶斜坡，密铺碎石。杨家坞以上惟马家湾一千六百丈堤身尚属完全，碎石多有脱落，该处在高邮州境内，与清水潭对岸，内系运河之腹，外当湖水之冲，不可不及时补葺。杨家坞以下间有已修之段。其馀势虽较缓，亦不可不接续兴办，以竟全局。业经豫储碎石九千馀方，于西堤等处计足敷用。此后每年霜降后巡察一次，有缺即填，有漏即塞，似可以保无虞。三十日行抵清江浦，适现任漕运总督江苏抚臣黎培敬倏中风疾，艰于言动，臣因督同淮扬道桂嵩庆、现署徐州道之江安粮道张富年及程国熙、陈鸣志等于九月初一日，由陆前赴杨庄测度中运河及上年新挑旧黄河，地势高于顺清河七尺，中运河、旧黄河水深一丈二、三尺，顺清河水深二丈内外，由顺清河沿旧黄河南岸至吴城七堡及碎石河地势亦高，清漪一线约深二、三尺至四、五尺不等；由碎石河至张福河地势渐低，水深丈馀；由张福河转至运口以及三闸，则地势益低，洪流奔泻，水深二丈七、八尺及三丈二、三尺。此系里河厅所辖，各处柴埽石工尚属如法。初二日由里河厅交界之堰盱厅，循洪泽湖石堤至高家堰高梁涧于黄堽寺前照刻定尺寸，测量湖水，约深八尺。随逾智、信、林、蒋四坝至仁、义、礼三河为洪泽湖尾闾，仁、义两河已废，仅馀礼字一河，系全湖关键。上年新筑越坝，挺入河心，极为着力。现于所留替河，测量水势深至二丈有奇，坝外尚须镶铺斜坡碎石，以御风涛，而资捍卫。沿湖石堤，徐坝十六堡已经修竣，堰涧十八堡甫修十七、十八两堡，就臣察看，惟十六、十五、十四、十三四堡尚须大修，其馀堤外已经淤高，只须量行粘补，堤上下尚多旧石，易于收功。

臣此次周历河湖，而知淮、扬堤工水利，诚有关于国计民生，前议导淮未可浅尝中辍。惟就现开引河，分别疏浚深通，似觉微有把握，正不必弃旧图新，去易从难，另开河道，以致旷时糜费也。臣谨为皇太后、皇上缕晰陈之。

淮、扬地势低洼，以一隅受山东、河南、安徽三省之水，号为泽国，而清江系南北往来冲衢，通泰九州县户口百万，田赋百万，兼以盐场二十处，每年出产颇丰，所以制漫溢之患、收灌输之利者，全赖洪湖长堤障之，俾毋逾闲，南运河东西两堤束之，使其顺轨，而又多设坝闸涵洞，以时启闭，而资蓄泄，实属意美法良，为万世所宜遵守。我朝廑怀民瘼，屡次动帑兴修，不惜巨款，其为地方计者至深远矣。惟是沧桑迥异，要在酌盈剂虚。自杨庄以下旧黄河淤平，则山东昭阳、微山等湖之水，由中运河直趋南运河，夏秋之间，三闸甚形吃重。自洪泽湖淤浅，淮水不能容留，而复北高于南，形如侧釜，水之分入张福引河者，无多大溜，由礼字河径趋高、宝等湖，南运河东西两堤岌岌可危，如光绪四年近事，可为明鉴。迨至冬春水落，则中运河水之入顺清河、洪泽湖水之入张福河者，均属涓涓，不独盐运维艰，即漕运亦虞迟滞。上年挑旧黄河后，山东蛟水屡次暴发，由此分泻入海，南运河得庆安澜。筑礼字坝后，湖水潴深，淮北盐船得以浮送，商民称便。且由张福河水入运口者颇旺，本年漕运亦得鼓棹而行，毫无梗阻。此挑旧黄河、筑礼河坝之不无微效也。

惟是张福引河河身浅隘，洪湖之水仍属趋重，礼河越坝终为可虑。盖洪湖出路，只此两口，此形其少，则彼形其多，固为势所必至。倘遇湖水泛滥，礼河即无越坝，亦难行消，必开智、信两坝，由高、宝湖入南运河，则南运河亦必开车逻、南关等坝，由里下河入海，沿途淹没田庐，所损匪细。臣故以为导淮未可竟止。然必另开引河，无论糜费不赀，亦觉诸形格碍。今拟就张福河开挖宽深，以引洪泽湖之水，复挑碎石河以分张福河之水，由吴城七堡汇于顺清河。如水小低于中运河，则由顺清河入运口途纡，而势稍舒。水大高于中运河，则由旧黄河入海途直，而势自顺，洵为两全之策。约计以一、二年开张福引河，一、二年开碎石河及吴城七堡，三、四年间便可告竣。每年动工，必须冬春水涸，为时不过三、四月之久，所费当不过巨耳。

议者或谓导淮入海，将尽泻洪湖之水，有妨官运、民田。臣愚以为导淮如果另开引河，或不免有此患。今循张福河、碎石河故道以归顺清河，平日涓滴，皆入运口，自非淮水暴涨一、二丈，则顺清河之水，何能高过中运河，溢出旧黄河？如使淮水暴涨，汪洋澎湃，方有溃决之虞，惟恐水无去路，此正导淮之本意也。

议者或谓多引湖水以入运口，恐三闸受其激刷，不能支持。不思洪湖未淤以前，湖身四平，蓄水深广，张福河以外，尚有引河四道，以济漕运。维时黄河尚未北徙，每遇漕船过闸，方且蓄清敌黄，以五道引河全注运口，而三闸屹然。今只浚张福引河一道，决无致损三闸之理。且上年挑通旧黄河，分减中运河水已六、七成，其入南运河者不过三、四。洪泽湖之水虽增，与前此水之浅深大略相准，将来即遇大水，有旧黄河可以分消，亦不至专出三闸也。

议者又谓，似此导淮，无弊亦属无利，何必虚费帑藏。其说亦不尽然。夫治水之道，必须通盘规画，因地设施，并须豫防变迁，熟筹方略。洪湖南有礼字河，北有张福河，均为分泄淮水。而水势就下，礼字河常苦水大，张福河常苦水小，筑礼河坝所以蓄张福河之水，浚张福口所以顾礼河之堤，彼此原互相维系。如使礼河受全湖之冲，新坝恐 不能保，续修则所费弥巨，不修则为害滋深，下者益下，高者益高，张福口渐形壅闭矣。且导淮之举，原防淮水盛涨支祁肆虐之际，如引湖水由张福河出顺清河，以旧黄河为入海之路，即使偶有泛溢，该处土旷人稀，趋避尚易。若张福引河不畅，全湖之水折而南趋，则淮、扬一带繁盛之区，亿万生灵将有其鱼之叹。然则导淮之利，见于目前者犹小，见于日后者乃大也。至杨庄以下旧黄河，目前分泻中运河之水，将来即可分泻洪泽湖之水。上年业经节节挑挖，此后每年只须修理，即安东、阜宁两县百姓，亦得舟楫谋生。

臣拟以导淮之事及礼坝另加外桩，责成淮扬道桂嵩庆、徐州道程国熙以资熟手。惟该道等各有职守，拟另派道府大员驻工经管收支，稽察勤惰，开河一切，皆取裁于桂嵩庆、程国熙两人。其每年修理旧黄河，则专责成桂嵩庆就近照料。所需经费，业经臣奏明，动拨淮北盐厘。自杨庄以下旧黄河尚有四百馀里之远，应否酌设河员数人，容臣会商漕臣督饬桂嵩庆等核议具详，另案奏办。臣与桂嵩庆、程国熙、张富年等再三商酌，意见相同。新任漕臣周恒祺到浦尚无定期，臣又未便日久稽候，当饬该镇道等加意冬防，随于初五日由清江起程，至初七日回抵江宁省城。

所有臣查勘炮台河湖酌拟导淮办法及回省日期，谨会同漕运总督江苏巡抚臣黎培敬、护理江苏巡抚江苏布政使臣谭钧培恭折由驿具陈，伏乞皇太后、皇上圣鉴训示。谨奏。

开厂制造洋火药片

再，江防各炮台及留防各营，每年需用洋火药为数甚多，上海制造局虽兼造洋火药，尚难接济，历系购之外洋，价值昂贵，运到仍难刻期。此项火药，关系紧要，岂可永远仰给于外人，必须自行仿造，就近兴办，则价值既廉，取用甚便，尤可就此研究，精益求精。前经饬令筹防局司道在外洋订购机器，于金陵立局兴造。现在机器不日可到，已于城外勘定开厂地方，并札委江苏候补道孙传樾、金陵制造局候补道郭道直、委用道龚照瑗等，刻日兴工办理，以裕军火，而备缓急。

谨附片陈明，伏乞圣鉴。谨奏。

江宁接办电线片

再，光绪六年八月二十三日奉到寄谕："李鸿章奏南北洋请设电报，即着妥速筹办，并着两江总督，饬令地方官照料保护。"等因，钦此。当即钦遵饬属妥为照料，并派员沿途襄办在案。

窃查电线之设，紧要文报瞬息可通，既自天津安设循运河以至江北越长江、由镇江以达上海，而南洋大臣驻扎江宁省城，距镇江约一百六十馀里，若由镇江接设电报以至江宁，不但江宁、上海音信易达，即南北洋大臣衙门亦复呼吸相通。迭经臣与李鸿章往返函商，意见相同，即经派委制造局道员龚照瑗等，购办电线木杆等件，即由镇江接达江宁，均照北洋电报章程，酌量妥办。

此项分线较天津通至上海仅及二十分之一，路近费省，拟在军需局拨款应用，另行报部核销。

所有现由镇江至江宁接办电报缘由，谨会同北洋大臣李鸿章、护江苏抚臣谭钧培合词附片具陈，伏乞圣鉴训示。谨奏。

筹款拨解闽厂制造快船片 光绪七年十月二十九日

再，臣接准军机大臣字寄：“光绪七年十月初六日奉上谕：‘黎兆棠奏开造快船请催经费一折。闽厂仿造快船，前由部拨南洋经费银二十万两，仅据粤海关解银三万两，尚短十七万两。此项快船，现于九月内开工，需款甚急，着刘坤一赶紧如数筹解，毋误要需。’”等因，钦此。

伏查南洋海防经费，原拨各省厘金，均已奏明截留，仅有各关税项，每年仍解不足数，以致近年收数不及原拨十之二三，久经不敷周转，而粤海关欠解为数尤多。闽厂仿造快船，前奉部拨南洋经费二十万两，业由粤海关汇解三万两。刻下闽厂定期兴工，需款甚急，所有南洋未解之款，自不能不竭力筹维。现已于收存经费项下勉措银四万两，先解应用，下短十三万两，核计粤海关欠解南洋经费，自第八十结起至八十四结止，约有十五、六万两之多，应仍由粤海关划拨银十三万两，连前粤海关解银三万两共为二十万两，以符部拨之数。除分咨查照外，相应请旨饬下粤海关监督，迅将欠解南洋经费款内拨银十三万两，刻日径解闽厂，以济要工，而维大局。

理合附片具陈，伏乞圣鉴训示。谨奏。

遵议越南事宜折光绪七年十一月初二日

奏为遵旨筹议越南事宜，敬抒管见，恭折密陈，仰祈圣鉴事：

窃臣于十月二十二日接准军机大臣密寄："光绪七年十月十五日奉上谕：'总理各国事务衙门奏，法人谋占越南北境，并欲通商云南，拟筹办法各折片，览奏均悉。越南向隶藩服，为滇、粤两省屏蔽，法人据其西贡一带，现复以东京捕盗为名，添置兵船，并欲由红江通商云南，计殊叵测。该国积弱已久，若任其侵削，则滇、粤藩篱尽为他族逼处，后患不可胜言。总理各国事务衙门所奏与李鸿章筹商办法，即着李鸿章、左宗棠、刘坤一、张树声、刘长佑、庆裕、杜瑞联商同密为妥办。其丁日昌、曾纪泽函致该衙门各一节，并参酌办理。务当详加揆度，合力图维，庶可弭衅端而安边境，并将如何办理情形，随时详晰密陈。'"等因，钦此。仰见朝廷廑怀藩服，垂念边防，未雨绸缪，曷胜钦佩。

臣维越南之在前代，本入中国版图，宋、元时始别为一国，前明已取复弃，我朝亦遂因而抚之。乾隆年间曾为黎氏用兵，并不利其尺寸之土。新阮旧阮相继争雄，虽帝制自为，而朝贡犹极恭顺。彼知事大之义，我有字小之仁。况其地东自广东钦州，沿广西之太平府、镇安府以及云南开化府，中外毗连千数百里，实属唇齿相依，未可视同蛮触。乃法人前既割取该国南圻之边和六省，越南尽失膏腴，复自白藤海口绕入北圻之西贡，以进京建埠通商，设官置戍，越南三面受制，势已岌岌难支。今法人又欲以兵船占据东京，窥我云南，诚如圣谕，"计殊叵测，后患不可胜言。"臣愚以为越南为中国外藩，本应保护，如法之于西班牙，英之于比利时，以其邻近，极力维持，况中国之于越南乎？越南前有李扬才之乱，法人尚无一矢相加，忽以捕盗为词，狡焉思启，其如万国公法何！云南非通商口岸，难任觊覦，尤应据约与之争辩。一面照李鸿章、曾纪泽、丁日昌等所请，酌派兵船游弈越南洋面，以壮声威。并由广东、广西遴派明干文武大员，统带劲旅，器械务须精整，衣装务须鲜明，出关驻扎谅山省等处，以助剿土匪为名，密与该国君臣共筹防法之策。前此粤兵常驻关外，似不至遽起衅端。并嘱越南以收降将刘永福之法，豫招太原、宣光等处黑旗贼众，以免法人诱为前驱。云南亦即据险设奇，以资犄角。法人知我有备，则其谋自阻矣。

至于云南加重越货税饷一节，臣窃以为决不可行。法人如得入滇通商，自必循照沿海各口税则及子口单照办法，加重之税饷，只可行之于越人，未必能行之于法人，并恐越人因税饷加重，转思暗嗾法人入滇通商，得以依托假冒，如沿海各口奸商故智，不可不虑耳。

越南前与法国立约受亏，诸事被其钤制，中国不认此约，法人亦未向我再提。现在中国派兵暗为声援，越人倚以为重，当不至如前之畏法，一味听从。如果与法别立新约，中国纵不能禁，亦应嘱其慎重图维，或即指示机宜，免致一误再误。既有辅车之谊，自无越俎之嫌，将来越南即有邀求，操纵仍然在我。

夫以越南积弱，法人视之蔑如，若不早为扶持，覆亡可以立待。滇、粤藩篱尽失，将有逼处之虞。此等情形，已荷圣明洞鉴。与其补救于后，曷若慎防于先，此又不可不明目张胆而为之左提右挈者也。

所有遵旨敬陈管见各缘由，谨恭折密奏，伏乞皇太后、皇上圣鉴训示。谨奏。

议覆陈宝琛条奏洋务情形折光绪七年十一月初二日

奏为遵旨议奏，恭折密陈，仰祈圣鉴事：

窃光绪七年八月十二日承准军机大臣字寄：“光绪七年八月初四日奉上谕：‘侍讲学士陈宝琛奏办洋务，条陈六事一折。所请有关涉洋务足资考证之书，咨送总理衙门转送国史馆，以备采择；又请出洋学生及各省属员中如有志趣方正，才识练达，足备总理衙门行走之选者，即着咨明该衙门听候调取；又请每科进士中选择十数人，令其游历各国一节，是否可行；又请参合中、西律意订一公允章程，商布各国，勒为科条一节，有无窒碍；着酌议具奏。另片奏近来派驻各口之轮船，操练多不合法，管驾员弁征逐嬉游，漫无纪律，水手间有虚额，薪粮或亦克扣等语。嗣后务当大加整顿，力求实际，着体察情形，详细覆奏。’”等因，钦此。

臣查陈宝琛所陈六条，均各有见。如搜求有关洋务书册一节，查上海所有万国史记及英、法、俄、美、日本各志，并普法战纪等书计十一种，臣业经咨送总理衙门。仍饬江海关道刘瑞芬等搜查洋文西书翻译华文，并将广方言馆所刊西国近事，汇辑成编，随时呈送，以资考证。

其出洋学生，悉在福建船厂及直隶天津，有无堪备总理衙门行走之选，应由黎兆棠、李鸿章考验保送。就臣所知，江苏州县熟习洋务者，则有知府用前先补用直隶州候补知县谢国恩，知府用补用同知直隶州即补知县葛绳孝，直隶州用尽先补用通判蔡汇沧，补用同知直隶州候补知县胡裕燕，直隶州用江苏候补知县马海曙，知府用升用直隶州上海县知县莫祥芝六员，尚足以供差遣，内蔡汇沧、胡裕燕均系前督臣沈葆桢因其讲求条约，能知大体，奏明请旨存记之员。

至新进士游历外洋，自为造就洋务人才起见。第新进士非出洋学生可比，似宜假以位号，优其资装，方足以崇体制。前接美国出使大臣陈兰彬咨称：出洋学生不免沾染外国习气，现经悉数撤回。新进士虽不虑此，然名望攸关，尤不可不慎其选，倘有举动失当，便为外洋所轻。臣愚以为于新科进士中择其学识优长，品行端正，且报明情愿出洋学习者，分派各国出使大臣，予以二三等参赞官或充随员，借资历练，不必另立名色。盖必彼有研求时事之志，即以如所愿而验所学，否则，虽往外洋，漠不关心，亦何裨益。

参订中、西律例一节，前出使英国大臣侍郎郭嵩焘曾有是议，臣亦深以为然。查同治八年所修英约，亦有会定通商律例之言。第西律与中律不同，此国又与彼国不同，中律则分别治罪，西律则多半罚银，必须延请各国有名律师，公同斟酌。而西学以律例为最重，西士以律师为最尊，此辈刁狡异常，难免各存意见。如由中国专办，不独费财费力，并恐格碍良多。臣愚以为，应由总理衙门先行商允各国使臣，自派律师或刑名人员，与中国委员会办，而此项中国委员，亦必参用熟悉公法西律之人，如李鸿章所用随员伍廷芳之类，庶易集事。

又各口轮船虚冒游嬉之弊，诚宜预为防维。臣前接黎兆棠函牍，当将江苏各兵轮严密稽查训饬，尚属无此陋习。至其操练枪炮尚有准则，虽不能如西洋之精，然由此极力讲求，自可渐臻纯熟。臣昨接出使德国大臣李凤苞函称：随该国王前往海口炮台阅操铁甲兵轮及快艇各船水陆攻守各阵，并请该国水师提督绘具图说寄回，其法至详且备，经臣分别咨行江南提督李朝斌、长江水师提督李成谋、前兵部侍郎彭玉麟等查照办理。

抑臣更有请者，用兵之道，无论陆路、水师，总以选将为主，而为将者，练才、练智，尤在练胆。中国将领久经战阵而有胆气者，类皆不谙轮船事宜，其由学堂出身员弁，善于驾驶、使炮，所虑胆气虚怯，临阵不免张皇。现在福建船政拨来江南兵轮三号及蚊船四号，原派管驾官皆系学堂出身，对仗之时，能否得力，殊难深信。臣屡与李朝斌等商酌，尚无成规。拟即咨商船政大臣及新授南洋大臣，于此项兵轮管驾，量行变通，以期缓急足恃。

所有遵旨议奏缘由，谨恭折密陈，伏乞皇太后、皇上圣鉴训示。谨奏。

革员狡供请旨刑讯并原审官解任候勘折 光绪七年十一月初二日

奏为革员于教串各情狡不承认，请旨刑讯，并将原审各员分别解任调省，听候查办，期速定谳，恭折仰祈圣鉴事：

窃金陵保甲局拿获窃犯李大凤，供指沈鲍洪等谋毙人命，获讯供认各节，核与金陵城内三牌楼地方已办之命案情形相同，遴委司道审办一案，当因原拿委员尽先参将胡金传难保无教串情弊，附片奏请将该参将暂行革职，归案审讯，奉旨："着照所请，该部知道。"钦此。钦遵在案。

查光绪三年十二月初十日，金陵三牌楼地方，见有受伤无名男尸，报经上元县验明，伤痕多处，发辫砍落无存，尸旁遗有表芯纸、石灰包、篾刀、草鞋各件，地上并无血迹及践踏情形。禀经前督臣沈葆桢饬据前办营务处之现任两淮盐运使洪汝奎，派令缉捕委员候补参将胡金传访得眼线方小庚据称：是月初九夜，路经该处，于雪夜微明中见有死尸在地，旁立三人，一高一矮，一似僧状，正惊疑间，即有一人斥以不必多管闲事，当即奔避。随后陆续访获僧绍宗、张克友、曲学如三名，并在曲学如身上搜出五角铜钱一个。经洪汝奎督同前署江宁府现任淮安府知府孙云锦、前署江宁县原任宜兴县知县吴元汉、候补同知单之珩、候补知县现任沭阳县知县严坤、现署清河县知县丁仁泽，分别研讯。先据张克友供出图财谋害各情。质之曲学如供认，因贫商允僧绍宗、张克友谋毙贩猪客民薛春芳，得财分用，旋于移尸后，脱下尸身外面血衣，带回山上烧毁，所遗表芯纸为曲学如带来擦手，石灰系僧绍宗用以塞死者之口，篾刀乃张克友所用凶器，草鞋则尸遗之物证。以方小庚撞见被斥情形，众供佥同，起获屠刀、镰刀各一把，曲学如、僧绍宗认明凶器不讳，衣灰亦经起获。诘以薛春芳根柢，不特僧绍宗、张克友诿为初识，即曲学如亦称只闻其自言籍隶和州。洪汝奎以案情重大，录供禀请另派大员覆讯，以成信谳而重民命。前督臣沈葆桢以曲学如、僧绍宗于谋命重情，一一供认，独于薛春芳根柢，屡鞫不肯吐实，其为会匪自相残杀无疑，批饬正法枭示。张克友先行吐露，贷其一死，割去右耳，刺字递籍完案。此当年审办三牌楼命案之大略情形也。

臣先后札委江宁布政使梁肇煌、盐巡道德寿、前署盐巡道张铭坚、题补道段喆、黄祖络，督同江宁府知府赵佑宸提集现犯，补传要证，隔别研鞫。李大凤供伊表兄朱彪，昔年在金陵地方，被周五、沈鲍洪谋害。迭讯周五、沈鲍洪据供，光绪三年十月间，周五在阜宁县西乡诱拐刘王氏，偕刘高氏买舟南下，途遇素识之朱彪及沈鲍洪，掩牵行船。朱彪见周五船内坐有年轻女人即刘王氏，诘往何处，周五答以欲往江南，川资缺乏，朱彪遂代付船价，邀令过船同行。朱彪从前诱拐为妻之赵高氏即沈高氏、许嘉福等亦在朱彪舟中，行抵六合，均在林三子家居住。朱彪先诱刘王氏同房住宿，旋又一再诱逃。周五气忿，而惮朱彪素习拳勇，邀恳沈鲍洪同出追寻，沈鲍洪亦因与赵高氏有奸，虑被朱彪看破谋害，故即允从。周五私携许嘉福削篾铁刀一把，与沈鲍洪行抵金陵，沈鲍洪令周五豫买石灰各包分带，为临时迷目行凶之具。是年十二月初九日，在金陵城内寻见朱彪，问知刘王氏寄藏缪瘸子家。朱彪因乏钱使用，起意行窃三牌楼香蜡店，邀允周五、沈鲍洪入伙，遂买草鞋、火钵、表芯纸等物。是夜行抵三牌楼竹园旁，维时已交三更，积雪在地，冻月微明，三人蹲地烘火。俄而朱彪他往溲便，周五即与沈鲍洪密谋乘间致死。沈鲍洪旋即潜扭朱彪发辫，朱彪惊跌，周五即用篾刀将朱彪乱砍，并将发辫砍落，沈鲍洪亦拔出朱彪身带之小尖刀，加功乱戳，当即毙命，并未移尸，篾刀、灰包、表芯纸、草鞋均弃尸旁而逸。次日寻获刘王氏，嫁卖得财分用。质之赵高氏、刘高氏等据称：周五、沈鲍洪事后曾向告知传到许嘉福认明，篾刀是其原物。该司道等以周五、沈鲍洪供有于杀朱彪之日，先向缪瘸子转借金戒箍当钱之语，押犯赴当查核底簿，系在十二日，与初供日期不符。复提该犯等按日推究，据称实系十二日所当，前供委因年久记忆不清等语。饬据曲学如之弟曲学和供称：遣侄曲惠春赶回和州原籍遍查，并无薛春芳其人。此现讯犯证之大略情形也。

窃查光绪三年十二月初九夜，江宁城内三牌楼只有无名受伤男尸一具。该处系省会重地，如有别起命案，耳目昭彰，何能匿不禀报。今据凶犯周五、沈鲍洪供认谋杀朱彪身死情形，历历如绘，而时日地名，凶刀伤格，一一符合，则死者为朱彪，真犯为周五、沈鲍洪二人，似可凭信。而洪汝奎从前拿获正法之曲学如、僧绍宗及割耳之张克友何以均各甘心诬服？所凭眼线方小庚，又何以指认确凿？是方小庚、张克友实为案中要证。随饬提集方小庚、张克友反覆研讯，讵方小庚坚称：当年三牌楼命案，不惟未见尸身，亦未行过该处。迨至收尸后听人传说，某处杀死一人，归以告母，其母因伊耳聋性呆，戒勿在外乱说。厥后出街卖葵花子，路遇营勇一人，伪向买食，将伊带至观音庵，关闭房内。胡金传旋来向问三牌楼命案，伊答不知。胡金传说有乞丐谓伊尽知底里，随带伊至妙耳山庵内，诱与僧人绍宗会面，继又教令自认当夜见尸及尸旁立有三人，该僧在内，其馀两人俟获后再告。伊仍不允。胡金传屡次吓逼，许以银钱，是以到案照供。洪汝奎细问见尸被斥情形，亦照胡金传豫先所教比演。嗣曲学如就获，有胡金传所带亲兵，令伊密从窗隙等处先向认明。故洪汝奎传令辨认，即经指出。张克友与伊本相认识，因畏胡金传一并供攀在内，案结后始予释回等情。张克友供三牌楼杀人之夜，伊在陈永卓家住宿。从前到案之初，即被方小庚咬定，且胡金传随同问官喝令用刑，告以僧绍宗等业已承认，伊亦不敢不认等情。传到陈永卓供称：光绪三年十二月初九夜，张克友在伊家内住宿是实。经臣摘提张克友、方小庚及周五、沈鲍洪面讯，供词无异，张克友固极口呼冤，方小庚亦指天自誓。并提当时随同办案之把总姜志供：胡金传随同严坤等刑讯曲学如，伊所目睹。果如所言，曲学如、僧绍宗实为枉杀。而胡金传始则妄拿教供，继而擅用刑讯，致成冤狱，为此案罪魁祸首，即当时承审各官，亦难辞咎。乃胡金传转谓：革员既司缉捕，凭线拿获僧绍宗后，旋即奉差他出，犯之虚实，责在问官，与伊无涉。不仅于教串刑逼各节，概不承认，且遣属赴臣衙门呈请，亲提承审各官对质。满纸哓哓，刁狡已极，自非照例刑讯不可。究竟胡金传如何私与问官刑讯，亦应调集原审各员，查问虚实，庶几水落石出，不致日久狡延。据承审司道开录供折，禀请核办前来。相应请旨，将已革参将胡金传照例刑讯，并将原审官现任两淮盐运使洪汝奎、淮安府知府孙云锦一并解任，分别撤调。现署沭阳县候补知县严坤、署清河县候补知县丁仁泽、候补同知单之珩到省听候查办，以杜借口，期速定谳。

所有革员狡不承认，请旨刑讯并将原审各员分别解任调省听候查办各缘由，谨会同护理江苏抚臣谭钧培恭折具陈，伏乞皇太后、皇上圣鉴训示。谨奏。

订购机器轮船开挖吴淞口淤沙片

再，上海吴淞口积有淤沙，洋商重载大船，必待大潮方能畅行，即中国大号兵轮，亦须待潮而驶。同治五年，英国使臣照会开挖，嗣后上海英领事亦请挑浚，十二年英、法等十国驻京使臣，又复行文公请，均经拒却。光绪六年六月，英使威妥玛复议就各商船货抽捐兴办。臣接总理衙门来函，当以吴淞口在黄浦江口内，本与长江防务无涉，惟赴上海必经此沙，此沙日积日高，各国大船出入不便，有碍洋商生计，故彼饶舌不休。夫中外既经通商，水道本应疏浚，如我置之不理，彼得借以为词，抽费兴工，势必永远占据，谓系洋商捐办，华官不能与闻，年久浸淫，此江几同租界，即于农田水利有损，华官整理为难。再四思维，只有自行筹款挑挖，则所挖之宽窄浅深，作辍迟速，均可操纵自由，只令通船而止，万一有事，则沉船阻塞，亦反掌间事也。因查前督臣李宗羲曾派候选知府王镇昌查勘估计。随传该守来署面询，据称刻下淤沙较前加厚，需费稍多。顷在外国订造挖沙机器轮船到沪，一年为期，应挖之沙，通扯实厚一丈，约重一百二十六万吨，计须三年方能竣工。机器、船价、水脚，加以开挖费用、薪水等项约共需银十五万两左右。工竣之后，该船仍可留为别处挖沙之用，亦可改为兵商轮船，变价归款等语。即经函覆总理衙门核办。本年四月又接密函，知威妥玛复来催促，势难再拒，而自行筹办，总理衙门亦复意见相同。已饬江海关道刘瑞芬，会同王镇昌向英国赛门司厂订购船只，一俟造成来沪，即由该道府等刻日开挖，并咨请总理衙门照会英使查照。至此项经费约银十五万两，拟请即在关税项下作正开销，以免再由洋商捐资，致多葛藤。

所有开挖吴淞淤沙缘由，理合会同北洋大臣李鸿章、护理江苏巡抚臣谭钧培附片密陈，伏乞圣鉴训示。谨奏。

庆字中营改编炮队添募教习操演片

光绪七年十一月三十日

再，行军以火器为先，火器以炮队为利。江南陆军多系操演洋枪，未经设立炮队，欲以备缓急之用，不可不先事讲求。臣已饬统领庆军提督曹德庆，将原带庆字中营挑选现存之前后膛洋炮共二十四尊，改编炮队，就原营勇丁五百名、长夫一百八十名，以资训练，不另增添勇夫。惟既编炮队，必须雇募教习，方收实效。洋炮体质钢多铁少，疏于擦洗则锈涩堪虞，月需洋油漆、洋砂布等项，极为零星，而又缺一不可。应酌给炮费，由该营自行制备，较为简便。至炮营操演之炮，常需运动，与炮台安设之炮不同，拖曳时多，则车架轮盘易于损裂。该营驻扎江干，应设立平船两只，借供运载之用。兹拟仿照江防操演台炮章程，添募教习营弁三名，月共支洋钱一百元，并按钢炮每尊月支炮费洋钱四元，共支炮费洋钱九十六元，每洋钱一元均折发银七钱。平船二只，每船募舵工一名，月支银三两九钱，水手四名，每名月支银三两，共月支银三十一两八钱。总计改编炮队勇夫，仍照原数，每月仅酌增教习、炮费、平船三项共银一百六十九两，统由苏松太道自改编之日起，按月随饷支发，归入留防军需项下造报。据江南筹防金陵军需报销各局并苏松太道会详请奏前来。

除饬取改编成营日期并造具勇夫花名、炮位名目清册分别咨部查核外，谨附片陈明，伏乞圣鉴敕部查照。

再，该营现存之炮内有十二尊不甚合用，已饬机器局另造阿母斯等项炮位，一俟告成再行抽换，合并声明。谨奏。

覆陈前案问官现经解任回省候讯片

光绪七年十二月二十一日

再，臣恭阅邸抄，光绪七年十一月二十一日奉上谕：“前据刘坤一奏，江宁三牌楼地方一案，讯有革员胡金传妄拿教供，随同问官喝令用刑逼认情事，当经降旨将胡金传严行刑讯，并将问官洪汝奎等解任查办。兹据御史李郁华奏，问官冤杀无辜，督臣意存袒护等语。究竟胡金传如何私与问官刑讯，其妄拿教供，洪汝奎等有无授意情弊，着刘坤一秉公研讯确情，按律定拟。前奏所称洪汝奎以案情重大，禀请另派大员覆讯，是否有案可凭，着确切查明，于定案时据实覆奏，毋稍徇隐，自干咎戾。”等因，钦此。

窃洪汝奎等现经分别解任撤委，尚未回宁，而臣交卸有期，未能于任内定案，自应先行遵旨据实覆奏。查洪汝奎承办江宁省城内三牌楼命案，悬赏购线，获犯讯供，于光绪四年二月二十二日具禀前督臣沈葆桢，声称案情重大，请派大员覆讯，以成信谳而重人命等情，并未定拟罪名。旋经沈葆桢于二十三日批出，以案情无疑，将曲学如、僧绍宗两名立予正法枭示，张克友割耳递籍，不惟有卷可稽，且为沈葆桢亲笔所批，人皆可以辨认。至胡金传如何私与问官刑讯，应候已撤知县严坤等到省面质，断难任其狡赖。若谓洪汝奎授意胡金传妄拿教供，臣敢保其必无是事。洪汝奎人品学问卓有可称，办理局务营务垂二十年，裨益良非浅鲜，兹因谳狱失实，以致误决两命，咎无可辞。臣于拿获周五、沈鲍洪等旬日之间，即将洪汝奎所委之胡金传奏参革审。及周五、沈鲍洪与张克友、方小庚等供有头绪，并将洪汝奎奏请解任听勘，原以举错应秉至公，瑕瑜不容相掩，要亦未敢深文周内，转致失平。现在胡金传虽未吐供，而眼线方小庚所供情形，历历如绘。据称洪汝奎于拿获曲学如时，令其身穿号衣，杂于十名亲兵之内，由伊指认，不知胡金传先已嘱伊于窗隙认明曲学如面貌等供，则洪汝奎之用意可知，其受欺亦可见矣。所有此案新旧卷宗犯证及此次承审人员均在江宁，洪汝奎等不日亦到，一俟左宗棠抵任后，逐一提讯，不难水落石出，非臣所能回护、所敢瞻徇也。

谨附片覆陈，伏乞圣鉴训示。谨奏。

交卸起程入觐折光绪七年十二月二十四日

奏为微臣交卸两江督篆，起程进京陛见，恭折仰祈圣鉴事：

窃臣接准吏部咨，光绪七年九月初六日奉上谕：“刘坤一着即开缺，大学士左宗棠着补授两江总督兼充办理通商事务大臣。刘坤一着俟左宗棠到任后，再行交卸，来京陛见。”等因，钦此。

兹左宗棠于十二月二十四日行抵江宁，接印视事，臣即于是日交卸篆务。荷生成于高厚，矢图报夫涓埃。惟臣母年逾七旬，近日病益增剧，兹闻臣已开缺，屡书促臣回家。臣渥被国恩垂三十载，犬马恋主，谨先遵旨入觐，以申瞻就之忱，而后仰恳鸿慈，俯准回籍养亲，俾得长依膝下，即臣蒲柳就悴之质，借沾雨露涵养之仁。臣业遣妻子南旋，以慰倚闾之望，一俟明正冻解，航海进京。

所有微臣交卸两江督篆及起程北上各缘由，谨恭折具陈，伏乞皇太后、皇上圣鉴训示。谨奏。

奏疏卷十九

补授两江总督谢恩请觐折光绪十六年十二月初七日

奏为微臣叩谢天恩，进京陛见，恭折具陈，仰祈圣鉴事：

窃臣于光绪十六年十一月十八日，在湖南宝庆府城接准湖南抚臣咨，准吏部咨开："光绪十六年十月十一日内阁奉上谕：'两江总督着刘坤一补授，未到任以前仍着沈秉成署理。'"钦此。当即恭设香案，望阙叩头。

伏念臣楚南下士，才识疏庸，前此承乏两江，奉职无状，仰荷鸿施逾格，曲予矜全，谕令于交卸后，进京陛见。臣正在戒途，适闻母病垂危，不得不请归省。乃事亲之礼甫奠松楸，而衔恤之身竟同蒲柳，沉绵二竖，荏苒三年，犬马恋主之忱，无日不萦怀抱。兹复渥蒙宸眷，俾领书疆，五体战兢，罔知所措。查两江政繁责重，兼以中外交涉事宜，臣病虽渐瘳，而精力渐减，更恐难以胜任，惟有懔遵前奉谕旨，趋叩阙廷，跪聆圣训，借与军机处及总理衙门诸臣商榷一切，庶到任后，于吏治、营伍及洋务、盐务各大端，有所遵循，差免陨越。臣拜折后，即日上道。现在海口已冻，轮船难行，拟由山东一路前进，如无雨雪阻滞，当可刻期到京。

所有微臣感悚下忱及起程入觐缘由，谨缮折具奏，伏乞皇上圣鉴训示。

再，此折系借用湖南巡抚关防拜发，合并陈明。谨奏。

兼充通商事务大臣谢恩折光绪十七年正月二十二日

奏为叩谢天恩，仰祈圣鉴事：

窃微臣于光绪十七年正月初四日，在江宁舟次接准署督臣咨，准 吏部文行：“光绪十六年十月十四日内阁奉上谕：‘两江总督刘坤一着兼充办理通商事务大臣，未到任以前，着沈秉成署理。’”钦此。臣当即恭设香案，望阙叩头谢恩。

伏念臣楚南下士，才识疏庸，两次承乏两江，深惧无能报称。兹复渥邀宸眷，兼办南洋通商，闻命自天，悚惭无地。查通商为税课大宗，南洋乃江海总汇，丰财和众，在在均宜认真。臣惟有开诚布公，殚精竭虑，谨守条约，熟审事宜，凡交涉务在持平，于征收必期核实，以仰副朝廷怀柔远人、维持国计之至意。

所有微臣感激下忱，谨恭折叩谢天恩，伏乞皇上圣鉴。

再，此折系借用两江总督关防拜发，合并陈明。谨奏。

恭报接印日期折光绪十七年三月二十二日

奏为恭报微臣接印日期，叩谢天恩，仰祈圣鉴事：

窃臣钦奉恩命，补授两江总督兼充办理通商事务大臣，光绪十七年二月初十日入都陛见，仰蒙召对四次，圣训周详，莫名钦感。陛辞后束装起程，乘坐轮船，由海道南下，三月十一日行抵宝山县之吴淞口。适江苏抚臣刚毅，阅视河工，亦至吴淞工次，臣与之面商地方一切事宜，随即展轮上驶，并顺道查勘沿江各炮台。十六日行抵江宁省城。二十一日准署督臣沈秉成饬派江宁府知府李廷箫、中军副将王幼山，恭赍两江总督关防、两淮盐政印信、钦差大臣关防并王命旗牌、文卷等件，移交前来。臣当即恭设香案，望阙叩头谢恩，祗领任事。

伏念两江地大物博，政务殷繁。臣两次承乏是邦，无裨毫末，抚今思昔，窃用惭惶。兹复渥荷恩纶，重临旧地，举凡整饬营伍，绥缉地方及盐务、漕务、河务诸大端，虽有成轨可循，而时易势殊，较之畴昔情形尤为繁重，加以华洋交涉，江海筹防，更须因时制宜，刚柔互剂。自维菲材薄植，艰巨重膺，早夜兢兢，深惧弗克胜任。惟有恪遵宸训，勉竭愚忱，随时与北洋大臣李鸿章及漕臣暨三省抚臣和衷商榷，实心经理，固不敢过为操切，亦不敢稍涉因循，以期仰答高厚鸿慈于万一。

所有微臣接印日期，除循例恭疏题报外，谨缮折叩谢天恩，伏乞皇上圣鉴。谨奏。

严禁内河行驶小轮折 光绪十七年五月二十六日

奏为小火轮行驶内河，流弊滋多，仍应照案严禁，据实覆陈，恭折仰祈圣鉴事：

窃前准总理衙门咨行：“议覆詹事志锐请饬各省试行小火轮船一折，奉朱批‘依议’。钦此。抄奏咨行，钦遵办理。”等因。

伏查小火轮行驶内河，窒碍之处，业经总理衙门择要覆陈。现既饬令通盘筹画，自应详加体察，当经前督臣转行江海、镇江两关道会同查议。兹据议覆详请核办前来。

查向来商置小火轮，只准行驶通商口岸，光绪十年复经总理衙门明定章程，不准擅入内河。又以江海关一口，每有华洋官商雇往内地，相沿已久，特立专章，必须报关，给照查验，仍不准装货搭客，只准至苏州、杭州等处为止，并不准驶入长江及江北各内地，以示限制，此外均不得援以为例。诚以利害所关，不能不始终坚执也。

昔年海口商船林立，置船之户，皆系富商巨贾。自沿海辟口通商，轮船畅行，华船利为外夺，以致沿海商船寥寥，船商生计顿蹙，所恃者惟运漕微利，及沿海不通商地方，为洋船所不能至之处，赖以往来贸易。自长江通商以后，长江民船之利，亦复骤减。江海通商口岸有限，洋船分民船之利，已如此其甚。内河民船更多，又皆系贫苦小民，家无恒产，专以撑驾为生。当此民困未苏，自应留此不尽利源，以为小民谋食之路。若小轮一入内河，到处通行，装运货客，随地可以起卸，是洋船行驶江海，尚系夺华船商富之利，小轮行驶内河，更占小民生计，夺利愈甚，为害益深。此则与民生有碍者也。

各省饷需半出税厘，货装民船，巧黠之商尚多设法绕越，百计偷漏，小轮绕漏愈便，稽察更难。历来民船运货，有绕漏而无闯越，盖以载重行缓，深惧追查，故未敢轻为尝试。小轮昼夜趱行，疾如奔马，设有违章闯越，不候盘查，各卡只有小划分巡，其行驶与小轮迟速迥判，追诘既有不及，税捐必致大亏，即使严定稽查之章，亦难力杜绕越之弊。当此饷项奇绌，岂可添设小轮，更启漏卮。此则与国课有碍者也。

内河狭而多曲，民船尚时有拥挤之患，小轮行驶力猛，更多碰撞，船货人命，尤为可虞。各处伏莽未靖，逋逃之犯，竭力搜查，尚苦此拿彼窜，内河有轮可附，更易远飏，要犯必多漏网。此则与地方有碍者也。

种种窒碍，关系实非浅鲜。中外商民，又无不垂涎于此，严行禁阻，犹复百计营谋，借词尝试。此端一开，华商创行于前，洋人势必踵行于后，此又必然之势。华人屡次渎请，固已案如束笋，洋人则英商拟在鄱阳湖设轮拖带茶船，英、德两国修约，亦曾注意于此，洎后又屡有洋人教士，拟用小轮往来长江，均先后设法阻止。前年湖南内河，议设小轮，经湖广督臣张之洞批禁，谓既行商轮，断无徒供行旅、不载货物之理。又谓前在两广任内，曾有洋人屡请梧州准行华商小轮，以为利在华商，宜无不可，因逆料其必蓄渐行洋轮、索添口岸之谋，坚不准行，未几，果有向总理衙门请开梧州口岸之议。昔年前督臣曾国藩议覆预筹修约事宜折内，于小轮入内河一事，更力陈其不可，谓“华人行之，以豪强而占小民之利；洋人行之，以外国而夺内地之利”。洞澈利害，尤为颠扑不破之论。此皆诸臣远虑深谋，实非拘方者流所能见及。自应照案严禁，以杜流弊。

理合恭折覆陈，伏乞皇上圣鉴。谨奏。

改设粥厂截留流民片

再，江宁省城，前因兵燹后，元气未复，每届冬令，设厂赈粥，原为本地乏食贫民而起，嗣因偶值灾年，就食者多，厂地难容，改为放米，贫民得沾实惠，本属意美法良。无如日久弊生，风声远播，襁负偕来，甚至有为头率领，动辄数十百人，逞强求赈，愈出愈多，虽其本籍未必灾荒，而冬出春归，习为故事，并有流为匪类，滋生事端，扰累闾阎，为害甚大。光绪十五、十六等年，江宁省城土著及外来食赈贫民，竟有十六、七万人之多，弹压固已为难，筹款尤属不易，赖有赈捐馀款，借资挹注。今则司库万分支绌，本年拟仍改设粥厂，专顾本地贫民，尚虑款无所出，其势断难再行放米。查历年外来贫民，以安徽、江西、湖北、河南、山东等省为最多，自应先由各省预为出示谕禁，设法截留，以免纷纷远来，转致流离失所。即或各该本籍偶有水旱偏灾，亦应责成地方官妥为抚恤，不得听其四出纷扰。倘或各该地方官视为具文，不能认真办理，即由各该督抚臣查明，分别参处。如有不法棍徒，诱惑愚民，借逃荒为名，成群结队，不服截禁，并即从严惩办。据江宁布政使瑞璋详请核办前来。

臣察核该司所详，现拟改设粥厂，停止放米，实为筹款维艰，并有鉴于近年饥民麕集，力杜纷扰起见。江宁等处入夏以后，天时亢旱，雨泽愆期，秧苗未能及时布种，深虑秋收减色，本地饥民恐更多于往岁。目下沿江一带，伏莽未靖，外来贫民，良莠混杂，若不预为之计，设法截留，深恐流而为匪，贻害地方。相应请旨，饬下湖北、河南、山东及安徽、江西各督抚臣，严饬各该地方官，先行出示谕禁。如有乏食贫民，各就地方情形，妥为截留抚恤，沿途各该州、县，如有流民过境，亦均设法截留，遣令各回本籍，以靖地方。

除本省所属之淮安、扬州、徐州、海州四府州饬令藩司分行遵照外，理合附片具奏，伏乞圣鉴训示。谨奏。

酌改南洋兵轮片

再，查南洋各号兵轮，系陆续购制，其配用人数薪粮，或参仿闽省定章，或按船身马力酌定，是以互有参差，未能一律。且照外洋兵轮规制，其中各项执事，亦尚多缺乏。查北洋各兵轮，业已参仿西法，定有画一章程。南洋寰泰、镜清、南琛、南瑞、开济、保民六兵轮，以后按年均须赴北洋会同操巡，自应参酌办理，俾昭整肃。惟值此费绌用繁之际，自当于整顿之中，力求撙节。如出洋会操之寰泰等六船，各执事人等薪粮，其原定支数较北洋为少者，则悉仍其旧，有应裁应减者，照北洋酌裁酌减，其应添各项执事人等，亦仿照北洋酌量增设。登瀛洲、威靖、测海三轮船，因船身较小，难为御敌之用。现将威靖、测海二船，仿照北洋威远、利运改为运船，登瀛洲一船改为练船。并另设练勇学堂，招募练勇一百二十名，平时兵轮遇有水勇缺出，即以练勇挑补，遇事即可分派各船，更番轮守。计寰泰等六兵轮，以裁抵增，月共增银八十六两，登瀛洲、威靖、测海三船，以裁抵增，月共减银一千一百七十三两有奇，以之抵支寰泰等六船增款及添设练勇学堂月支薪费银一千七两外，每月仍尚节省银八十两有奇。如此一转移间，既与饷项无增，并得添设练勇学堂，更与操防有益。惟北洋兵轮，向雇西人教习驾驶、管轮等事，颇资其力。刻下南洋兵轮，虽未成军，亦当讲求操练。现拟仿照北洋酌量办理，一俟采访得人，再行延订教习，以冀练成劲旅。据江南筹防局司道等详请具奏前来。臣覆核无异。

除将清册分咨海军衙门户、兵二部查照外，理合附片具奏，伏乞圣鉴。谨奏。

察看大概情形分别节省经费折 光绪十七年六月初六日

奏为微臣到任后办理大概情形，并分别缓急节省经费各缘由，恭折具陈，仰祈圣鉴事：

窃臣于春间入觐，仰蒙召见四次，训诲周详，凡大局所系及江南一切事宜，在在均烦圣虑，臣祗聆之下，感悚交萦。兹履任两月有馀，清厘略有眉目。

伏查两江政繁责重，向以盐、漕、河三者为大宗。现在漕、河事件无多，均有定章可守，但使认真办理，当无贻误之虞。惟盐务弊窦日深，几至江河日下。臣督同两淮运司江人镜次第整顿，先于紧要关键，撤换委员二三人，以期得力。一面严饬场栈局卡，讲求盐色，体恤商艰，在外堵缉私枭，在内检查夹带，从此渐复旧制，正引当可畅行。惟今年天旱水干，南北各场艰于运送，以致商贩裹足，尚无成效可观。

至如江宁所属州、县轮酌各缺，以及厘金、保甲繁简各差，督饬司局妥定章程，以寓劝惩，而公用舍。

又如水陆兵勇部署，粗有规模，各归各军，就地训练，并令另造清册，注明籍贯、年貌、箕斗，由臣密派亲信人员，前往点验抽查，以期补足原额。臣初以江南防营尚五万人，亟欲大加淘汰，乃到任甫逾两月，接据江苏一省禀报盗案至七十馀起之多，且动以火器伤人，其凶暴为前十年所未有，加以沿江伏莽借焚洋人教堂为名，造谣煽惑乡愚，意在乘机为乱。适逢天气亢旱，民情不安，随在调勇驻巡，未敢遽议撤遣。一俟时局大定，而后遵照部议，先裁一成，宽以一年之期，似亦不难就绪。

惟是江南度支拮据，不独因防勇之多，亦由各局糜费，早在圣明洞鉴之中。臣到任后，各局有应行解出之款，则以不敷而请免拨，有应行收入之款，则以不足而请加拨。臣点金无术，因迎其机而利导之，与各局员详细筹商，惟有酌减薪脩费用一策。如各局总办薪水以及各局津贴之项，既资其力，当酬其劳，不得不循旧发给。馀如兼办两局三局，只加夫价若干，不准重支薪水，将会办薪水、挂名差使、各局干脩，斟酌裁减。理财之道，不外开源节流，现既无源可开，自宜亟为节流之计，借资补苴。各员曲谅臣心无他，不以此举为刻，臣始终不敢避嫌避怨，徇私害公。嗣后仍当察看事势如何，力图撙节，总期积成巨款，缓急有资，不至临渴掘井。夫财者国之大命，易曰："何以聚人曰财。"以东南财赋之区，纵未能多藏为富，乃至瓶罄罍耻，仰屋咨嗟，竟如乡曲穷民，盻盻然自忧其不足，万一变生意外，其将何以支持？此臣所以日夜焦心，不敢居宽大之名，博施济众，置库储于不问也。

所有微臣抵任后办理大概情形及节省经费各缘由，谨缮折具陈，伏乞皇上圣鉴训示。谨奏。

购谷备荒片

再，本年入夏以后，江宁省垣雨泽愆期，屡经臣督率司道等设坛步祷，虽得阵雨数次，尚未深透，淮安、扬州、常州、镇江、徐州等属亦复雨少晴多。现在节届小暑，圩田虽已次第插秧，而高阜之田，至今未能全行播种。淮北洪泽湖场河均极浅涸，挽运维艰。五河、正阳两卡盐厘短绌，新纲尚难捆运出场。亟盼大沛甘霖，庶山田得以补种，河水涨发，盐船亦可畅行。近省城米价渐增，民虞食贵，亟应为未雨绸缪之计。接江西抚臣德馨来函，该省谷价较贱，臣与司道商酌，设法筹款，至江西购谷二十万石。惟分派委员糜费较多，且恐未必尽能得力。现由臣函请江西抚臣，转饬该省司道，先行代买谷十万石，运送江宁。察看情形，接续购办，分仓存储，以期有备无患。

谨附片陈明，伏乞圣鉴。谨奏。

筹办南洋防务考核兵轮及变通学堂折

光绪十七年六月初六日

奏为南洋海防、江防，应行分别筹办，以及各号兵轮宜加考核，水师学堂量为变通各缘由，恭折具陈，仰祈圣鉴事：

伏查南洋筹办防务越二十馀年矣。臣以为海防与江防迥别：海防主战，合浙、闽、粤言之也；江防主守，则并川、楚、江、皖言之也。就江防而论，现于江阴三江营、圌山关、焦山、象山、都天庙节节修筑炮台，安设巨炮，驻扎重兵，一遇有事，则于江中密置水雷，加以拦截之物。但得将士用命，以主待客，以逸待劳，敌人万难飞越。长江门户既固，则自江宁以及安徽、江西、湖北、湖南、四川六省，绵亘数千里，风鹤无惊，东南大局，不致摇动。惟是苏州、松江两郡，均在江阴下游，前筑吴淞口炮台，原为捍卫苏、江之计。顾敌亦知投鼠忌器，将来扼于江阴等处之险，不能上驶，亦必不入吴淞江，自扰各国租界，或由宝山县拊我之背，以窥苏州。而宝山县之狮子林、南石塘近年分筑炮台，足以兼顾。且宝山县距苏州省城二百馀里，沿途港汊纷歧，敌若舍舟登陆，弃长用短，则我江防诸军，设伏出奇，制其死命，所谓形格势禁，使敌自趋绝地，尚何能为？臣归过吴淞，面晤抚臣刚毅，筹商及此，意见相同。此江防主守似略有把握也。

至于海防战事，必得如北洋有铁甲兵轮及各项碰船、快船，又与山东、奉天联络一气，掎角相资，方足以操胜算。直隶督臣李鸿章在任二十馀年之久，不惜重费，一手经营，始克有此雄师，以之左提右挈。南洋官经数任，政出多门，如臣十数年间三次承乏，初次不满一年，二次不满两年。维时龙骧、虎威、飞霆、掣电四号蚊船甫由外洋购回，而旧有之操江兵轮向在北洋当差，南洋只威靖、测海、登瀛洲三号，船身短小，未能驰骋大洋。臣于海防经费项下节省巨款，移交后任，原为制备兵轮之用。此次来江，则有新增之寰泰、镜清、开济、保民、南瑞、南琛兵轮六号，内惟寰泰、镜清、开济三号工料坚致，驾驶甚灵，保民次之，南琛、南瑞又次之。威靖、测海改为运船，登瀛洲改为练船。即蚊船四号，质本单薄，久经岁时，亦恐难以应敌。查南洋兵轮，每年薪粮四十馀万，随时修理及煤油之费又十馀万，而船多苦窳，徒涉虚糜。臣现札饬总统兵轮前寿春镇总兵郭宝昌，督同左右翼长及各管驾官逐一考究，何船亟须整修，何船可以改造，何船必应全换，以及炮位是否与船相称，可否彼此互易以期合宜，详细禀候核办，不得含糊迁就，临敌始以船炮不能得力为辞。

至于新设水师学堂，每年约费四五万金，原为造就人材，以备南、北洋各兵轮挑补，照海军衙门定章，南洋学生堂课毕业，须咨送北洋加习船课，分别差委。现准北洋咨称，本省水师学堂学生已足敷用，毋须南洋咨送前来，则是此项学生将来无地安插。彼挟有为之具，安肯日久赋闲，势必投效外洋，转为中国之患。臣与该学堂会办江苏候补道杨兆鋆通盘筹画，拟裁学生四十名，华洋教习各二员，其馀各项夫役，依次酌裁，并将无人学习之鱼雷厂及教习一员裁撤。该学堂名数虽减，规模具存，一俟南洋兵轮购制齐全，再将水师学堂规复旧章，亦复易易。

夫事必求实效，不可徒骛虚声；但期成功，不必拘守成法。以南洋今日海防水师，人人知不足恃，而度支已形竭蹶，倘蹈依违之习，决无振举之期。臣与在事文武共矢公忠，力除浮耗，去一分无用之费，留一分有用之财，迟之三五年，可得盈馀购制各项兵轮，练成劲旅，与北洋及浙、闽、粤互为声援，仰慰朝廷廑念海疆之至意。

所有筹办南洋防务及考核各号兵轮变通水师学堂各缘由，谨恭折具奏，伏乞皇上圣鉴训示。谨奏。

裁撤朽败水炮台船片

再，查南洋水炮台船四号，于光绪十一年因江防戒严，经前督臣曾国荃将该四船移驻江阴，添设炮位，募勇防守，奏明在案。臣查该水炮台船四号，系前督臣左宗棠于光绪九年购置，迄今将及十稔，终岁停泊江干，风日摧残，江潮剥蚀，船身日形朽败，重加修葺，所费甚巨，且恐仍难经久。现在江防解严，经费异常支绌，自应即将此项船只裁撤，以节糜费。其船只并将旧料交上海制造收用，所遗炮位即于江阴营库存储，由该统领派员妥为看守，或换置该处两岸炮台。江阴为入江门户，地方紧要，将来万一仍须添设水炮台，自当因时制宜，由臣另行奏明办理，以重防务。

理合附片陈明，伏乞圣鉴。谨奏。

劫匪就地处决片

再，为政首在安民，而安民必先除暴。江苏自兵燹以后，伏莽未靖，游勇、会匪到处勾结为患，以致盗风日炽，剽劫频仍。臣到任后，江南北各属禀报抢劫之案，日必数起，多有执持火器，拒伤事主，与昔年臣在两江时情形迥异。目下丹阳、江阴、无锡、金匮、阳湖、如皋等处焚毁教堂之案，层见迭出，皆由匪徒从中煽惑，借端思逞，业已钦奉谕旨，饬令查拿匪犯，严行惩办。此等抢劫盗匪，虽与滋闹教堂有间，而其为地方之害，正复相同。一经获案审实之后，若不立予惩创，无以戢其不轨之志，而消其作乱之萌。光绪十三年，经江苏抚臣奏准，将淮安、徐州、海州三属凡有强盗杀人放火等项，例应斩枭之犯，均即先行正法在案。查徐州等处原以民俗犷悍，盗匪出没靡常，为此权宜之计，现在江宁、江苏各府州属盗贼滋多，人心不靖，亦与徐州等处情形相埒。各州、县获犯破案，遇有杀人放火等项重情，若必逐一解省审勘，则情罪重大之匪，与寻常盗犯同科，已获者显戮，犹稽未获者益无忌惮，实不足以昭炯戒。拟请嗣后江宁、江苏各府州属，凡遇强盗杀人放火有干六项，并窃盗火器拒杀事主，及执持火器伤人，例应斩枭之犯，一经各该州、县讯明，由道亲提覆审明确，禀由臣核明后，即行批饬在犯事地方，先行处决。一面具奏，并将供招咨部查核，俾得速正典刑，以寒匪胆而靖地方。其馀寻常盗犯，仍照定例办理。

窃维人命至重，但可不用重典，亦何敢稍涉严苛。第因时制宜，不得不暂行变通，以期民畏鲜死，仍俟萑苻稍靖，再行照例解勘，以重刑宪。嗣后即以捕务之勤惰，定各该营、县之优劣，如竟仍前因循，不知振作，即当严行参办，倘能认真缉捕，拿获著名会匪及首要盗犯，亦当将出力员弁，择尤汇案，奏请优奖，以昭激劝。

谨会同江苏巡抚臣刚毅附片陈请，伏乞圣鉴训示。谨奏。

酌举被议道员折 光绪十七年六月二十九日

奏为被议道员才力堪用，钦遵恩诏详开缘由，恭折具陈，仰祈圣鉴事：

窃奉光绪十五年三月十六日恩诏："自同治元年以来，曾经任用现已革职官员，果有才力堪用，在外听该督抚详开缘由，奏明请旨。"等因，钦此。仰见圣恩宽大，甄拔弃材，薄海臣工，同深钦感。

窃维为政首在得人，而用人难于求备。或才本可用，措施偶蹈于愆尤，或事出因公，磨砺益深其历练，若竟任其淹抑，致令振拔无由，殊为可惜。兹幸湛恩广被，旷典宏开，谨就微臣所知酌举二员，以副圣朝弃瑕录用之至意。

查有已革花翎二品衔山西冀宁道王定安，湖北举人，历随前大学士曾国藩、前督臣曾国荃在江南办事多年。光绪三年，由直隶道员经直隶督臣李鸿章委运山西赈粮，曾国荃奏留襄理赈务，深资赞助。八年，在冀宁道任内，因案革职，当经原参抚臣张之洞覆查，并无侵吞浮冒情事，惟禁止首县承办供应，仍由局创立款目支用浮滥一节，查系司道会禀前抚臣卫荣光办理，业将经办不善之委员革职完案。张之洞虽经参劾于前，仍复辨明于后，足见持论之平，毫无成见。该革员原参之案，既系承办委员经理不善，则是代人受过，情尚可原。溯自被议以后，迄今将及十年，杜门著书，不与外事。前曾服官江苏，历有年所，颇著能声，为曾国藩等所契许。十五年，经曾国荃派令编纂两淮盐法志，将次成书，考核甚为明确。臣到任后，察看该革员学问优长，通知时事，实为不可多得之才。

又已革二品顶戴云南迤南道许继衡，湖南附生，投效军营，转战江西、广西、湖南、云南等省，积功累保道员，光绪十四年，补授云南迤南道。是年七月，因所属威远厅西萨等乡被水成灾，经云南抚臣谭钧培以该革员未经详查据实转报，奏请议处，部议革职。查核抚臣原奏，谓该革员先闻所属被水，饬查据覆，批饬赶紧勘明通禀，系属正办，惟因继禀勘不成灾，并不详查转报，咎有应得。是该革员被议之由，仅止失于觉察，因公获咎，情节较轻。该革员人甚老练，办事认真，咸丰年间与臣同在军营，深知其战功卓著。嗣在云南剿办土匪，身先士卒，迭克坚城，极为前云贵督臣岑毓英所倚重。及抵迤南道任内，肃靖边防，亦有微劳足录，似未可因一眚而令废弃终身。

臣维近年获咎各员，果有一长可取，一经疆臣据实奏请，无不仰沐恩施。今王定安、许继衡二员宣力多年，才堪任使，幸得恭逢恩诏，正可勉竭驽骀，力图晚盖。可否仰恳天恩，俯准将王定安、许继衡交吏部带领引见，候旨录用之处，出自逾格鸿慈。

臣未敢擅拟，理合恭折具陈，伏乞皇上圣鉴训示。谨奏。

调补要缺知县折 光绪十七年七月初一日

奏为沿海要缺知县人地实在相需，吁恳天恩允准调补，以重地方，恭折仰祈圣鉴事：

窃上海县知县裴大中升补遗缺，经前督臣曾国荃等请以江宁县知县陆元鼎调补，经部议驳复以该员请调，又准部覆核与定例不符，仍毋庸议。嗣经前署督臣沈秉成等以南汇县知县袁树勋奏请调补，接准部咨：“南汇与上海仍属缺项相同，所请调补之处，应毋庸议，应令另行拣选”，等因。

伏查该县滨临江海，地当冲要，为各国通商第一口岸，与他处沿海要缺不同，事务之繁，甲于通省，实非精明干练、胆识兼优、熟悉洋务、能持大体之员，不足以资治理。遵于通省在任知县内再加遴选，非现居要缺，即与例未符，或人地多不合宜，此外曾任实缺并进士即用及应升人员，亦均难以胜任。惟查有江宁县知县陆元鼎，浙江进士，由即用知县两次请补江宁县知县。光绪十六年调署上海县知县，在任一年，以去暴安良，兴利除弊为己任，于地方吏治及中外交涉事宜，无不尽心办理，遇事持平，为华洋商民所信服，所至卓有政声，卸任后众犹称道不置，实为江南出色之员，以之调补斯缺，人地实在相宜。据江苏布政使邓华熙等会详请奏前来。臣等查上海一缺，前以陆元鼎两次请补，部臣议驳，系照定例办理。该县为三字要缺，与江宁缺项相同，昔年定例，尚在未经通商以前。自辟口通商之后，中外商民荟集，地方紧要，交涉纷繁，较诸省会首邑尤为难治。今昔情形既不同，不敢不略予变通，冀收得人之效。查光绪三年，前督臣沈葆桢，以江宁县知县莫祥芝调补上海县知县，仰蒙特旨允准，是上海员缺紧要，早在圣鉴之中。本年三月间，前署督臣沈秉成以涡阳县知县陈兆庆调补宣城县知县，亦蒙特旨俯允，仰见朝廷慎重地方，一经疆臣沥情奏请，无不仰荷恩俞。该员陆元鼎，守洁才优，安详稳练，前在上海县任内，办理华洋交涉事务，均能不激不随，动中窾要，已有成效可睹，以之调补上海县要缺知县，与莫祥芝前案相同，较之陈兆庆调补内地要缺，尤为紧要。臣等往返函商，意见相同。合无仰恳天恩，俯念要缺需员，特旨允准仍以江宁县知县陆元鼎调补上海县知县，庶于地方洋务，均有裨益。如蒙俞允，该员由现任知县调补知县，衔缺相当，毋庸送部引见，调补要缺，一切因公处分，例免核计。该员系初次请调，所有应完罚俸银两，仍饬查明，依限完缴清楚，造册咨销。至该员履历，已于初次请调折内详陈，此次应请邀免复叙。

谨合词恭折吁陈，伏乞皇上圣鉴训示。

再，所遗江宁县要缺知县，容俟接准部文截缺后，另行遴员请补，合并陈明。谨奏。

道员不胜监司请分别革降折光绪十七年七月初一日

奏为特参行止卑污、性情乖谬之道员，请旨分别革职、降级，以饬官方，恭折仰祈圣鉴事：

窃道员职膺方面，上与藩、臬平行，下则统属府县，自应端方稳练，庶足以肃纪纲而资治理。兹查有江苏补用道胡常亨，人才猥鄙，以画符水解按摩为名，辄敢献媚长官，使其妇人入署疗病，当被叱出，言者齿冷，闻者颜惭，同列同乡莫不羞与为伍。又按察使衔江苏候补道冯邦棅，前办仪栈，举措乖方。即如西岸配运碱片，本有定数，有时商人呈请增引，亦由盐政衙门批饬，斟酌情形，以防占销，而杜弊混。乃该道既不循照旧章，并不具禀请示，借口捐缴善举，擅行纷更。及前督臣曾国荃闻知行查，始据禀明，额外多发万引，收银六七千两。经前督臣饬令停止，即将捐银分别充公。至各场所用秤砠，或有年久模糊，应由运司另制，较准颁行，以昭慎重。该道仅据一二商人所请，并不咨商运司，遽准更换。随经运司禀明，前督臣曾国荃饬令撤销。以上两端，该道即非受贿营私，亦是胆大糊涂，暗于政体。江苏道员甚多，风气愈趋愈下，不可不严行甄别。似此罔识廉隅，不循绳墨，实不足以胜任监司。臣未敢稍涉迁就，相应请旨将胡常亨即予革职，勒令回籍，并将冯邦棅革去按察使衔道员知府，以同知归部候选，俾各员知所儆戒而澄叙可期。

所有特参卑污乖谬道员各缘由，谨恭折具陈，伏乞皇上圣鉴训示。谨奏。

特参溺职匿丧州县折光绪十七年七月初一日

奏为特参官箴多玷、性行有亏之直隶州知州、知县，请旨将该二员一并革职，以肃吏治，恭折仰祈圣鉴事：

窃臣到任后，因地方多故，旰夕不遑，接见州、县颇稀，未能逐一考察，不敢轻为举劾，顾有劣迹昭著，耳目所及者，未便稍涉姑容。查有通州直隶州知州裴大中，前交卸上海县篆，经苏州藩、臬两司访闻劣迹八款，先后委候补知县张晸、候补知府徐致中查明禀覆，详经抚臣刚毅饬移苏松太道聂缉槼覆查，先将徐守等查覆各节具禀到臣，并据裴大中逐条辩论前来。臣按款细核，即就该牧自承之处，指摘数端，亦可见其办事糊涂，致滋物议。第系公私各项头绪纠纷，仍候苏松太道查明另行核办。至于陈氏争继一案，该牧违例偏断，则不待覆查而已明矣。富室陈锡端身故之后，其亡孙曾同之妻陈蒋氏生子宗杰，与同祖弟攸同争继长房，均称出自陈锡端之命，莫能辨其孰实孰虚。两造所陈监照、族谱，难保非预为安排，同一不足凭信。惟曾同兄弟三人，且是嫡出，例可出继长房，攸同系独子，且庶出，例不应出继长房。无论陈锡端有无治命、乱命，既经争继成讼，自应照例定断，方足以服人心。乃该牧于应继之曾同则多方挑剔，于不应继之攸同则极力扶持。嗣经前督臣曾国荃断令曾同之子宗杰为锡端承重曾孙，词严义正，该牧犹以宗杰、攸同并继为请，以致案悬莫结，不知是何用心？且于陈汝寅扛帮攸同争继与陈蒋氏互讼之时，该牧以劝谕为名，时往汝寅家中酬应，俨若亲友，无怪陈蒋氏指为串贿，即旁观亦觉不平。该牧妄引例文，谓独子可继大宗。不知独子可继大宗，以无支子可继，不得已为之也。今曾同承继多年，有嫡出之子宗杰，不此之继，而以独子攸同继之，是继一房，亦绝一房，揆之陈锡端初衷，应不如是。接署上海县知县陆元鼎遵照曾国荃批词定断，两造输服无辞，而该牧始终回护，不顾情理之平，实属有意偏袒。又通州直隶州如皋县知县罗琼章，系四川潼川府中江县人，于光绪十七年二月初五日到任，五月十六日在州呈报，本月十二日接到家信，得知生母庄氏于十六年十二月初十日病故。该令系属亲子，例应丁艰等情，由该署州黄承暄先行委员代理，一面转详到臣。查四川至江南一水东流，舟行甚驶，现在轮船电报传达尤速，此等丁忧重事，该家属自必即日报闻，何以迟至半年该令始经得信？人言啧啧，谓其先闻丧后赴任，似属实情。该令以不祥之身，公然吉服临民，于心忍乎不忍？该州委员代理，甫经三日，防范未周，致有匪徒鼓众焚拆教堂之案。使该令及早呈报，代理之员到任日久，闻有匪徒滋扰，当可设法维持。是该令之匿丧、缓报，不独亏私恩，亦且误公事。似此劣迹昭著，未可令其再膺民社。相应请旨将通州直隶州知州裴大中、前如皋县知县罗琼章一并革职，以儆官邪。

谨摘叙事由，恭折奏参，伏乞皇上圣鉴训示。

再，查通州直隶州知州系“繁难”两字要缺，江苏现有应补人员，应请扣留外补，合并陈明。谨奏。

请由山东挑浚漕河折 光绪十七年七月二十七日

奏为江北、江苏河运漕船回空经过淤浅河道，援案仍请由山东省预先挑浚，以期无误新漕，恭折驰陈，仰祈圣鉴事：

窃准部咨："山东巡抚张曜奏，本届河运漕船回空，请由南省委员自行催趱，遇有水浅之处，酌量挑挖一片，钦奉朱批：'着该抚咨行刘坤一等转饬照办。'"钦此。咨行遵照等因，当经转行去后。

兹据江安粮道马恩培、江苏粮道景星会详称："河运回空漕船，关系次年新漕。历届重船行抵通州交米完竣，每两帮专委佐杂一员管押南下，另派牧令一员督押催趱，沿途不准逗遛。然每逢新运开局之日，船多未抵水次，另雇甚难。昔年曾因黄水迁移，回空艰阻，每致各船冒险航海，或至次年南归。嗣虽航海有禁，而回空各船，俱以北路运河淤浅太甚，拖坝致损，视为畏途。今届回空，挑河事宜若改归押空委员临时举办，实恐事多窒碍，贻误新漕。查漕船抵通州交兑，为期迟早视渡黄之迟速为准：倘发汛较晚，节候已迟，虽日夜督催，犹恐不能克期南下，若遇有淤浅之处，责令停船挑浚，势必久延时日。北地苦寒，设或阻冻难归，不独需费较繁，抑且耽误新漕。此窒碍难行者一也。运河受淤，水势必小，若俟船抵该处，始行疏浚，须将各船择一深塘聚泊，艄后筑坝截流，始能勘估兴办。无论船只较多，一塘不能容受，即使分帮停泊，而河水消涸之际，塘深无几，实有胶舟之虞。且众船聚泊一处，风高物燥，在在可虑。此窒碍难行者二也。本届江北、江苏漕船有九百号之多，水手几近万人，难保无狡黠好事者混迹其间。若各船久泊河干，深恐游手好闲，恃众滋事，且押空委员奉差异地，办理一切，呼应不灵。即以雇夫而论，由地方官承雇，每名日给京钱一百六十文，押空委员承雇，必须日给钱二百四十文，拉溜拖坝，事事皆然。以工作而论，由地方官承办，日可出土十方者，委员承办，日仅出土六七方，功倍事半，结习已深。同是公家之款，同办公家之事，而迟速各判，难易迥殊。此窒碍难行者三也。至回空所载货物，例按原装米数，准带二成，定章已久，虽云体恤，亦具深心。各该船户既有成本在船，孰不愿赶紧南下，急图销售，断不肯有意迟延。若谓任情装载，借口留难，各该地方官尽可会同押空委员，指名查究。该抚原奏所称“恣意刁难”一节，似可毋庸过虑。且近年南北运河两岸堤身间有溃决，欲求蓄水，必先筑堤。若责成押空委员于回空之际，遇有淤浅河道，临时兴挑，实恐赶办不及。如谓筹款维艰，或请酌量拨款，总须由山东各地方官先事筹办，庶可无误新漕等情，详请具奏前来。

臣等察核所详，实为力顾新漕起见。回空河道，山东可以预筹于先事，江苏只能赶办于临时。且江苏押空各员，人地生疏，非若山东各地方官熟悉情形，便于呼应，两相比较，自以仍归山东承办为宜。查光绪十二年江北江苏回空漕船，行至阿城，适值黄水冲决，运口淤沙填塞，十有馀里，不能出口入黄。押空各员，因地处隔省，无从措手，经东昌府知府派员经理，始得连樯南下。是以十三年六月前督臣曾国荃鉴及上届回空之难，预筹办法，奏请将淤浅处所，由山东省拨款经理，钦奉谕旨允准钦遵办理。本届事同一律，相应请旨敕下东河督臣，山东抚臣，仍饬该管河道各员，循照旧章，将境内淤浅各工，预为勘估兴办，务须一律挑挖深通，并将各缺口分别堵筑坚实，俾回空各船得以畅行无阻，及早南归接运新漕，以免迟误。

理合会同漕运总督臣松椿由驿恭折具陈，伏乞皇上圣鉴训示。谨奏。

办结江苏镇江各属教案折光绪十七年八月初五日

奏为江苏镇江等属各教案，分别办理议结，恭折具陈，仰祈圣鉴事：

窃本年四月间，安徽芜湖教堂被匪造谣焚毁后，江苏之丹阳、金匮、无锡、阳湖、江阴、如皋各属教堂接踵被毁，派员前往查办。虽滋事情形轻重不一，要皆由于匪徒潜窜，捏造无根之言，炉惑愚民，聚众滋闹，意图借端肆扰，乘机焚抢，以致迭酿巨案，此外各属亦复谣言四起，并有张贴揭帖情事。臣等查各国教士在中国设堂传教，为条约准行，教堂兼办育婴，设立义学，亦无非好行其善。该匪徒等胆敢无端造谣，肆行窜扰，若不查拿严办，解释民疑，不独民教难以相安，亦实为地方之害。

据报后，节经严札通饬各属，将境内所有教堂，务须实力保护，一面严拿造谣滋事匪犯，按律重办。并由臣坤一迭次剀切示谕，饬令各属传集地方绅董，各向就地居民，传谕诰诫，毋得轻听浮言，妄生猜忌。各该县未能先事预防，实属咎有应得。苏属各案，系由丹阳首先滋事，将该县查文清甄别参革。署无锡县刘树仁、署江阴县孙诒绅、阳湖县叶怀善、署金匮县汤曜，均摘去顶戴。代理如皋县莫炳琪到任甫及三日，予以记过。并将该管汛弁一律摘顶示惩。钦奉谕旨后，又经臣等分别详晰出示晓谕。此等造谣滋事之匪，极为诡秘，行踪飘忽，缉捕较难。臣坤一复密派员弁四处访缉，并令各州、县清查保甲。数月以来，地方幸以安谧。窃维筹办善后，以辑协民教为第一要义，拿办匪犯，必须情真罪当，方足以昭折服而安民教。据各属先后禀报，拿获各犯，讯系均只在场附和，饬令会同委员一再研讯，加以刑吓，矢口不移。现已各按情罪，分别军流徒杖，从重定拟。各教堂毁失屋物，若待着追赔偿，势必稽延时日，无以安教士之心。已饬据常镇通海道黄祖络督饬印委各员，筹拨款项与各教士，分别一律议结。仍严饬该管道府，饬各属勒拿首要各匪，务获惩办，以期仰副圣朝辑睦邦交、绥靖地方之至意。

除将办理情形随时咨明总理衙门外，所有江苏各教案查办议结缘由，理合由驿恭折驰陈，伏乞皇上圣鉴训示。谨奏。

淮商遵捐充饷请奖折光绪十七年八月十九日

奏为淮商感荷天恩，遵捐巨款以充部饷，恭折仰祈圣鉴事：

窃臣承准军机大臣字寄："光绪十七年四月二十五日钦奉上谕：'户部奏库款支绌，亏短甚巨，酌拟筹饷办法，开单呈览一折。朕详加披阅，所议各条，于筹备库储，尚属切实，着依议行。惟筹饷一事，部臣虽尽心擘画，全赖各省疆臣认真督办，不避怨嫌。庶一切诿卸掩饰之弊可除，克臻实效。现当库存奇绌，各直省将军、督抚等，受恩深重，必应顾全大局，共济时艰，无待谆谆详谕也。户部原折并单内应由外办四条，均着抄给阅看。'"等因，钦此。仰见深宫宵旰忧勤，因部库支绌，务须内外绸缪，勉以认真，戒以诿卸，训词周至，钦悚莫名。

伏查部臣陈奏外办四条，以盐商捐输为大宗，遵经札饬两淮运司江人镜，传集商人妥劝去后。兹据禀称：谕令淮南北商贩，共按引认捐库平银一百万两，内淮南、湖北、湖南、江西、安徽四岸各商共摊捐银七十八万两，江宁、扬州等属食岸各商共摊捐银二万两，淮北票贩共摊捐银二十万两，淮南分两年、淮北分两纲，一律缴清解部等语。

查两淮岸销疲滞，本占利微，捐输又复踵至，商力迥不如前，深恐一涉诿延，于部饷难期实济。经臣谆切函致运司，转谕盐商，告以此次朝廷准奖实职，为从来未有之恩。该商等两次来臣衙门具呈，以力薄少捐为请，均经批交运司再三劝导。各该商感沐皇仁，深明大义，当此疲困之际，勉申报效之忱，洵属踊跃乐输，深堪嘉尚。运司江人镜仰体时艰，不避嫌怨，督同淮南总局张元恺等及海州分司徐绍垣，多方劝谕，集此巨资，稍充部库，亦属顾全大局。从前盐务盛时，各商每缴巨捐，仰蒙天语褒嘉，载诸典册。今幸各商好义急公，与昔时先后一辙，皆我国家厚泽深仁沦肌浃髓所致。此次捐项，拟恳天恩，敕部随到随奖。其委解捐款，与寻常委解京饷不同，所有向例应解之部饭加平银两，应予免交，以昭激劝而示体恤。

除批饬遵限缴清不准借延外，所有淮商遵捐巨款以充部饷缘由，理合恭折具陈，伏乞皇上圣鉴训示。

再，其馀筹饷三条，容臣另行妥筹具奏，合并声明。谨奏。

奉命帮办海军事务谢恩折光绪十七年八月十九日

奏为恭谢天恩，仰祈圣鉴事：

窃臣承准海军衙门咨："光绪十七年八月初二日内阁奉上谕：'两江总督刘坤一着帮办海军事务。'"等因，钦此。当即恭设香案，望阙叩头谢恩讫。

伏念臣渥承宠遇，忝领大邦。江海兼筹，冀收外攘内安之效；

涓尘未报，时切临渊履薄之思。读豹略而未娴，咏鹈濡而增悚。兹复仰邀恩简，帮办海军，自顾庸愚，谬襄艰巨。查海军之设，已历六年，洋面所周，辖兼七省。在圣主整军经武，因思患而豫防；在微臣任重材铨，益抚衷而滋惧。惟有仰承宸训，勉竭愚诚，末议遥参，督犀军而益奋；重洋永靖，蹴鲸浪以胥平。极沧溟九万里而遥，畏威慴伏；庆圣朝大一统之盛，率土来归。

所有微臣感激下忱，谨缮折叩谢天恩，伏乞皇上圣鉴。谨奏。

华阳营改归安徽校阅片

再，准长江提督李成谋咨称：湖口镇标额设五营，内湖口、吴城、饶州三营汛地全隶江西，安庆一营汛地全隶安徽。惟华阳一营游击及左右哨都司驻望江县属之华阳镇全隶安徽，其哨队驻防汛地分隶安徽、江西两省。该营系归江西巡抚校阅，每逢大阅之年，抚臣不便迂道华阳，先期抽调华阳、湖口、吴城、饶州四营舢板若干只，齐集湖口，由江西巡抚校阅。安庆一营亦先期抽调舢板二三十只，齐集安庆省河，由安徽巡抚校阅。其员弁之优劣，应举劾者，悉听阅操之巡抚奏咨办理。窃思轮值大阅之年，在江西之华阳、湖口、吴城、饶州四营，虽抽调舢板数十只至湖口合操，其留汛之船尚多，力足以资缉捕。独安庆一营，分防三十馀汛，调船太少，水操不便列阵，调船太多，汛防又虑空虚，操防总无兼顾善策。查华阳游击及左右哨都司驻扎之所，既隶安徽，且自华阳达安徽系顺流，程途较近，自华阳至湖口系逆流，程途较远。若以华阳一营改归安徽巡抚校阅，在安庆应操者有安庆、华阳两营调操，既不虞疏防，在湖口应操者，尚有湖口、吴城、饶州三营，阵式亦不嫌单薄。似此变通办理，实于操防两有裨益。与安徽、江西两省抚臣往返咨商，意见相同，咨请具奏前来。

臣详加查核，系属因地制宜，实于操练巡防均有裨益。合无仰恳天恩，俯准将华阳营改归安徽抚臣校阅，以肃军政而重地方。

谨会同安徽抚臣沈秉成、江西抚臣德馨、长江提督臣李成谋附片陈请，伏乞圣鉴训示。谨奏。

整顿营务撤换各军统领折光绪十七年九月初十日

奏为钦奉谕旨，谨将历办情形并撤换各统领、统带，以资整顿，恭折具陈，仰祈圣鉴事：

窃于九月初一日承准军机大臣字寄："光绪十七年八月二十二日奉上谕：'严饬各营痛除积习，实力操防。'"等因，钦此。当即转行钦遵。

臣维兵不练与无兵同，而练兵必先选将。江南水陆防军，分扎各处要隘，关系綦重，必须由各该统领督饬营哨等官。实力训练，严密巡防，庶几气象常新，一兵得一兵之用。臣于本年三月到任后，迭次严饬各该统领、统带，务各激发天良，督率所部勤加操习，凡枪炮之准则，步伐之整齐，均须精益求精，加意考究，至于缺额扣饷，以及耗散药弹，尤为军营恶习，更当痛切屏除。每遇各该统领等因，公进省时，面为诰诫，不啻三令五申。又以沿江一带伏莽未净，游勇、会匪行踪诡秘，每多混迹其间。徐州、海州各属界连三省，尤为盗匪出没之区。缉捕虽为地方营、县专责，而驻有防勇附近处所，若不一律责令协缉，难免不分畛域，亦经饬由臬司严定防勇缉捕章程，信赏必罚，俾该员弁等各顾考成，不敢不力图奋勉。并以各营勇丁贤愚不一，难保无游勇、会匪从中煽惑，复密饬各该统领等，于所部各营，随时随地务须详加体察，如有形迹可疑，即行确切根究，严拿惩办，各哨勇丁，必须取具连环保结，互相箝制，杜渐防微。第立法虽严，尤贵统领得人，方能实力奉行，渐收实效。前因太湖水师统领李新燕办理不能得力，改派记名提督前云南鹤丽镇总兵朱洪章接统，业经奏明在案。兹因统领新兵五营记名提督易至忠，虽系宿将，而才具殊欠开展，难以胜任。该营驻防镇江为通商口岸，地方紧要。查有前福建汀州镇总兵李占椿，威棱夙著，胆识兼优，委令接统，仍驻扎镇江及象山、焦山等处炮台，会同瓜洲镇总兵吴家榜、常镇通海道黄祖络妥为布置，联络声援，易至忠管带奇兵中营，调驻江浦。又煦字五营驻守江阴炮台，责成亦重，该统领刘青煦威望未孚，应行调省。查有统带忠、信两营驻扎上海之记名提督陈基湘，才具稳练，纪律严明，堪以调统，并将煦字五营改为新湘勇五营。递遗忠、信两营，查有管带制造局炮队之记名提督杨金龙，血性过人，勇略并茂，堪以接统，仍兼管炮队，分途训练，俾成劲旅。

臣疆寄忝膺，受恩深重，整饬营伍，本属责无旁贷。当此萑苻未靖，时事孔殷，又复钦奉谕旨，益当破除情面，慎选将才，饬令按照定章，认真办理，总期操巡兼顾，战守有资，仰副圣主整军经武，绥靖地方之至意。

所有整顿营务情形并遴员接统缘由，理合恭折具陈，伏乞皇上圣鉴训示。谨奏。

办结芜湖教案折 光绪十七年十月初二日

奏为安徽芜湖教案商办完结，谨将办理情形，恭折具陈，仰祈圣鉴事：

窃查本年四月间，芜湖教堂被匪造谣惑众焚毁。该处系通商口岸，驻有领事，为中外商民荟集之区。臣坤一据报后，节经电饬芜湖关道督饬地方文武，分投保护，拿办匪犯。一面调拨兵轮，驰往弹压，并先后派委江苏候补道刘佐禹等前赴该处，会同地方官，切实查办。臣秉成适由上海乘轮回任安徽，于滋事之次日道经该处，其时谣诼纷纭，民情尚多惶惑，复饬令设法解散，调拨勇营，加意巡防。先后拿获滋事匪犯，经芜湖关道成章，会同江苏候补道刘佐禹督同印委，确切质讯，录供禀办前来。

当查王光金、傅有顺二犯，均系匪党，预谋滋闹焚抢之犯，即经按照惩办会匪章程，批饬立予就地正法，传首江宁、镇江、上海等处示众，以昭炯戒，其馀附和之犯，各按情罪轻重，分别监督、枷责。并将疏于防范之芜湖关道成章、芜湖县知县王焕熙先后撤任调省，并饬接署之员访拿逸匪，实力防护。又由臣等迭次出示，剀切晓谕，以释群疑。该处为长江往来要冲，五方杂处，良莠不齐，弹压巡防，在在均关紧要，兵力尚形单薄，不敷分布。臣等往返函商，由臣坤一饬派记名提督谭桂林管带老湘后营前赴芜湖，择要常年驻巡，以资保卫。该教堂焚毁屋物等项，派委江苏候补道蔡钧会同署理芜湖关道彭禄，与教士商议未结，因领事、主教均驻上海，复由臣等饬令江海关道聂缉椝就近与法总领事华格臬等一再妥为筹商，现已一律议结。应赔之款，若待着追赔偿，有需时日，已饬由署芜湖关道彭禄先行筹拨款项，转给教士收领，以清积牍。并饬该道府督饬所属，将各处教堂实力保护。一面勒拿逸匪，务获惩办，以期仰副圣朝辑协邦交、绥靖地方之至意。

除将办理情形，随时咨电总理衙门查照外，所有芜湖教案办理完结缘由，理合由驿恭折驰陈，伏乞皇上圣鉴训示。谨奏。

提拨徐州土药局费仍请酌加折 光绪十七年十一月初三日

奏为徐州土药设局收捐，恳恩仍照原议提拨局用，以资办公而保正捐，恭折具陈，仰祈圣鉴事：

窃查徐州土药设局收捐局用一项，经前署督臣沈秉成会同臣刚毅以事属创始，奏请按照收数一五成开支。嗣准总理衙门会同户部议覆，应比照厘局定章，于正项内酌提一成，如实有不敷，再由该督抚奏明酌加等因，当经转行遵照。兹据办理徐州统捐局江宁布政使瑞璋、署徐州道桂嵩庆以奉拨一成经费，委属不敷支用，仍请准照原议，酌拨一五成，以资办公，沥情详请具奏前来。

伏查目下各项经费，均值支绌之际，苟有可以从省之处，何敢不量入为出，撙节动支。惟徐州抽收土捐局用一项，有不得不量予加增者厥有数端：

用款之繁简，以设卡之多寡为断。徐州地属平衍，与各厘局之有要可扼者迥属不同，非多设局卡，不足以昭周密。徐州一府及沭阳、赣榆等县设立分局十五处，分卡七十三处，为各厘局所未有。局卡既多，用款即不能稍从减省。其难一。

各省厘局当开办之初，局用经费亦系各就情形，斟酌开支。金陵、松、沪等局，自光绪七年始定于正捐内减为酌提一成。徐州设局收捐，事属创办，一应用款实难与办有成规之各局相提并论。其难二。

徐州专收土药厘金。各省厘局系统收百货之捐，捐数较巨，应提一成经费，为数亦因而加多。且土药与百货情形不同，大宗之货绕越偷漏，尚易稽察，土药则为质甚轻，私商贩运取携甚便，非多雇勇夫，节节梭巡，不能杜其偷越。其难三。

徐州捐局当开办之始，因各邻省捐数未能画一，均较徐州为轻。该属界连三省，举步即属邻境。商情惟利是图，趋避是其惯技，百密脱有一疏，流弊即无底止。其难四。

各省抽收土捐，均系尽收尽解，并无一定之数。徐州土捐，每年出产，业已奏明药数有案。历来办理捐务各员，向以招徕为主。是各省即使捐数画一，难免暗中通融。徐捐必须滴滴归源，若多撤一卡，即多一走私之处，于正捐实多窒碍。其难五。

以上数端，均系实情。一切局用，实不能不稍予从宽，以资分布。

且徐州土药向不收捐，获利较厚，是以民间栽种较多。自上年冬间有设局收捐之议，小民未悉情形，本年栽种已较往年为少。夏间又因天气亢旱，土浆减收，捐数未能踊跃。经臣等迭饬署徐州道桂嵩庆严饬各分局委员，务须实力稽征。截至八月底止，共收捐银十五万六千六百馀两，九月以后，捐数渐微。惟冀民间存土陆续出售，至明岁四月间，一年期满，或可不致过于短绌。若因稍节局费，致稽察未能严密，办理更无把握。凡此情形，为总理衙门及部臣所深悉，是以核覆局用一项，有“实在不敷，再行酌加”之语。现计该局委员、司事、巡勇薪费、饭食及油烛、纸张等项，每月实共用银三千八百馀两，委系减而又减，为必不可少之需，按照正捐一成开支，实属不敷甚巨。合无仰恳天恩，俯准仍照原议，于正捐内酌拨一五成局用，以资办公。仍俟试办数年后，如能核减，再行察酌办理，以昭核实。

除分咨总理衙门户部查照外，理合恭折具奏，伏乞皇上圣鉴训示。谨奏。

江海关溢支经费就款核销片

再，准户部核覆江海关洋务外销经费，自光绪十三年正月开办起，至十五年九月止，共借支银二十七万二千六十四两有奇。请自开办之日起，一律准照每年四结十二万两开支，核计十结零两个月，准支销银三十二万两，其溢支银五万二千六十四两零，应仍令提还归款等因。当经饬遵。

伏查此项溢支银两，臣一再行令提回，原为慎重度支起见，况值此费绌用繁之际，凡有一应款项，均当力求核实。前项银两，苟有款可以提还，亟应遵照办理。惟是统核全案，此项用款名为外销，实为洋务，地方要需原在洋药项下抽捐济用，嗣因洋药税厘归关并征，不能另抽，不得已请拨药厘，以资接济。经部臣行知，另将用款开册送核，计每年额支活支需银十五六万两，又因拨款尚未经部核准，用款势难延缓，咨明先在药厘项下借支济急。旋经部臣核覆，自光绪十三年正月开办并征之日起，每年拨银十万两，因所短甚巨，复经咨准部覆，自十五年九月分起，添拨银二万两。核计拨款仍属不敷。经前督臣曾国荃一再饬将用款力加删减，务遵额定银数，核实支用，一面奏请将十五年九月以前动用银两，就款核销。现照部覆添拨之二万两，一律准自开办之日起支，计尚溢支银五万二千两有奇。此项银两，在部臣按照准拨银数核计，系属溢支。就案情而论，事在奏案未定以前，较之咨部册开岁需银十五六万两之数，只有减少，并未稍有滥用。在药厘借支，亦经声明在先。现在拨款业已额定，用款亦已切实核删，以后必当饬令力求节省，量入为出，断不准再有滥支。惟部臣行令提还之款，既在奏案未定以前，零星散放，均为洋务地方公用，曾经册报有案，势实无可追缴。近来该关洋务较繁，用款更多，就准拨之款支用，深虑不敷，更无馀款可以筹补，委属无从提还。据江海关道聂缉椝沥情详请具奏前来。臣覆加察核，系属实情。合无仰恳天恩，俯准就款核销，以清款目。

理合会同北洋通商大臣直隶总督臣李鸿章、江苏巡抚臣刚毅附片具陈，伏乞圣鉴训示。谨奏。

特保提镇大员备简折光绪十七年十一月初三日

奏为特保提镇大员以备简用，恭折仰祈圣鉴事：

窃自军务肃清，各处伏莽未靖，兼以外洋环伺，江海筹防，武职需才实与文职并重，提镇有专阃之寄，尤贵委任得人。兹查有江苏统带忠、信等营记名提督杨金龙，智勇深沉，操持廉正，平日于中外兵法，刻意讲求。署福山镇总兵记名提督黄本富，方略优长，精神详审，兼习天文地利，有儒将风。江西统带刚字营记名提督申道发，纪律严明，天性忠笃，带兵善于操纵，进止深合机宜。海州营参将记名提督杨文彪，仪观甚伟，胆识过人，在营善于拊循，士卒乐为之用。两江补用总兵记名提督贺长发，谨慎好谋，骁雄善战，崎岖绝塞，587著声威。吴淞营参将记名总兵徐传隆，韬钤夙裕，调度有方，沿海情形，独称熟习。该提镇等年力正强，皆思及时效犬马之报，倘蒙天恩录用，寄以干城，必能殚竭血诚，仰酬高厚。

所有特保提镇大员以备简用各缘由，恭折具陈，伏乞皇上圣鉴训示。谨奏。

兵轮可任人员片

再，黄本富先由陆路出身，嗣于水师供职，内洋外海，衽席风涛。徐传隆现在管带开济兵轮，前经出师堵御法船，并屡次出洋游历，于海道之险夷，驾驶之难易，船炮之精窳利钝，兵丁之强弱智愚，无不考核详明。南洋兵轮各管带官，以徐传隆最为得力，且其赋性忠笃，尝思奋不顾身，为国效一旦之命。际此中外交涉，朝廷为地择人，该二员于沿海、沿江提镇，可期称职。

谨附片陈明，伏乞圣鉴。谨奏。

特保堪胜提镇各员折光绪十七年十一月初四日

奏为特保堪胜提镇之副将，以资超擢，恭折仰祈圣鉴事：

伏念我国家讲求武备，奖拔将才，人人奋志功名，冀供朝廷驱策。自军务肃清后，偏裨中往往有堪膺专阃而无由自达者。臣于接管卷内，见各前督臣所保堪胜提镇各员，如臣标中军副将王幼山、江宁城守协副将刘光才、两江补用副将袁大升、世袭云骑尉两江补用副将徐士衡，均属有守有为，不负所举，刘光才尤为出色。此外候补实缺副将中，经臣查有署理九江镇总兵两江补用副将何明亮，持身通介有常，治军宽严并济，凡事顾全大局，不肯自便私图。管带浙江提标练军留浙补用副将张国林，用兵颇符拙速，驭众极有恩威，所至市肆不惊，其下奉令惟谨。管带江西抚标亲兵借补江西抚标右营游击补用副将王国权，久经盘错，颇识权奇，随臣带勇多年，深资臂指之助。广西管带防军留粤补用副将杨子吉，一诚无伪，百折不回，前经拯臣于危，亦足占其忠勇。以上各员，就臣察看，如何明亮之才，求之提镇中不可多得，其馀亦堪承乏，是在圣主量材器使，以收得人之效。

所有特保堪胜提镇之副将以资超擢缘由，恭折具奏，伏乞皇上圣鉴训示。谨奏。

请将耆儒汪士铎宣付史馆立传折光绪十七年十一月初四日

奏为已故耆儒清德朴行，博学通经，吁恳天恩，宣付史馆立传，以表潜修而励士气，恭折具陈，仰祈圣鉴事：

窃查江宁县已故举人汪士铎，研经博物，学问渊通，平居操行清峻，避声气利禄若浼，晚节益励，造次弗渝，环堵萧然，著书终老。光绪十一年前江苏学臣黄体芳，查取江苏绩学之士，檄饬各学搜求遗籍，将该故举人所著各书，一并咨送国史馆备查，并奏称该举人汪士铎贞固绝俗，博雅冠时。是年十月初七日奉上谕："举人汪士铎笃志潜修，积学不倦，允宜量予奖励，以资观感，着赏给国子监助教衔。"等因，钦此。该故举人汪士铎励志力学，仰邀天语褒奖，实为儒生稽古之荣。兹据江宁绅士翰林院庶吉士叶文铨等禀称，该故举人于光绪十五年七月初七日在籍病故，胪陈事迹，禀请具奏前来。

臣查汪士铎秉承家学，自幼笃嗜近思录，躬行实践，忍苦淬厉，蔚为儒宗。道光二十年庚子科举人，为前湖北抚臣胡林翼典试江南所得士，重其学行，敬礼殊优。其为学大旨在根柢经训，贯穿古义，以达诸礼教政治，蕲有益于世用，而不屑空言。于诸经皆有撰释，尤邃三礼，宗绩溪胡培翚之学，所为礼服记、仪礼郑注今制疏证，丧服经传补疏，具有典据，足补宋、元以来注释家所未备。尤致力于舆地之学，所著水经注释文，采葺繁富，考据精博，洵发前人所未发。生平著述，有南北史补志三十卷、表一卷、水经注图二卷、附汉志释地略、汉志志疑各一卷、文集十三卷、诗词集二十一卷、笔记六卷、续纂江宁府志十五卷、同治上元、江宁两县志二十九卷，其平日随笔纂述，考核精确，未经编录成帙者，尚不下数十万言。至其律己教人，一以践履笃实为本，无骛外，无近名，无汉、宋门户之见。前道光二十五年，主讲绩溪东山书院，仿宋儒胡瑗经义治事课程，分立斋课，因材牖迪，士林翕然宗之。咸丰九年，前湖北抚臣胡林翼以礼延聘至鄂，凡所谘画，多裨时局，忠爱之悃，溢于文词。江宁省城克复后，该故举人伏处里闾，杜门撰述，横经传业，岿然为东南师表。前督臣曾国藩屡造其庐，固请乃见，与之考订名物训诂，典章制度，莫不提要钩元，折衷至当，曾国藩叹为通儒。臣昔年承乏两江，挹其言论丰采，心焉敬之。该故举人律身甚严，待人甚恕，安贫乐道，无间终身。综其生平，清德朴行，好古潜修，实为近今罕有。我朝名儒辈出如顾炎武、阎若璩、惠士奇、顾栋高，均卓然成一家之言。该故举人博学通经，耄德益劭，抗怀希古，继轨前贤。该绅士叶文铨等胪具事实，合词吁请，足征士论之公。可否仰恳天恩，俯准将已故举人汪士铎学行事迹，宣付史馆，列入儒林传，以为穷经砥行者劝，出自圣裁。

除将事实清册咨送史馆查核外，理合恭折具陈，伏乞皇上圣鉴训示。谨奏。

覆陈筹补库储分别办理情形折光绪十七年十一月二十日

奏为钦奉谕旨，筹补部饷，谨就江南实在情形，分别办理，恭折覆陈，仰祈圣鉴事：

窃臣等承准军机大臣字寄："光绪十七年四月二十五日奉上谕：'户部奏库款支绌，亏短甚巨，酌拟筹饷办法，开单呈览一折。详加披阅，所拟各条，于筹补库储尚属切实，着依议行。户部原折并单内应由外办四条，均着抄给阅看。'"等因，钦此。

伏查部库近年用款日繁，度支日绌，亟应设法补救，以固根本。凡在疆吏有筹饷之责者，均当通力合作，共体时艰。仰蒙圣主垂训之殷，并念部臣持筹之苦，何敢不竭力图维。按照部臣原奏，拟先筹有着款项二、三百万两，各省自当并力分筹。江苏岁拨京协各饷，每苦出入不敷，竭蹶情形，久为部臣所深悉，然苟有可以设法之处，断不敢稍存诿卸。就部臣外办四条，详加体察，必须力筹大批饷项，方足济部库之急。查两淮盐务，近以销岸疲滞，本占利微，是商力迥不如前，而各商不乏急公好义之人，若合众商之力，踊跃输将，当可集成巨款，似较其馀部议三条，易于筹措。当经督饬运司江人镜一再剀切劝谕，共按引认捐库平银一百万两，淮南分两年、淮北分两纲，按限清缴解部，业经臣坤一专折奏明在案。

又土药税厘统解部库一条。查江苏各关局抽收土药税厘，向与百货捐笼统开报，为拨解京协各饷之需。本年四月，徐州创设捐局抽收土捐，各关局收数因而骤减，应拨各饷益形短绌。徐州所收捐数，本拟援照湖北抽收土捐留济制造之案，仍请按照原议，酌留五成，以抵各关局向有之款，为拨济京协各饷之用。然当部库奇绌之时，何敢不先其所急，自应遵照尽数解部，以资济用。现准部咨，行令将各省关土药税厘，一并尽数批解海军衙门兑收，俟借款还清，再行解部。徐州所收捐款，业已筹解银十五万两，按照部咨，径解海军衙门，俟收有成数，接续批解。此外各厘局抽收土药之款，亦已饬令尽收尽解，统俟部臣核明还清海军经费行知后，仍行照解部库，以充饷需。

又南、北洋购买外洋枪炮、船只、机器应令暂停一条。查购买外洋军火，诚属漏卮，惟西洋枪炮等项，实为军前利器，防守必不可少之需。设局仿造，原以杜利源外溢，只以各种军火分门别类，名目繁多，各局制造，因限于经费，势难推广仿造，是以仍不能不酌量添购，以济要需。南洋自防费提归海军衙门以后，岁需用款，均须按年册报海军衙门，核数指拨。以每年准拨之款，供常年应需之项，尚多不敷，是以来年一切事宜，均属因陋就简，未能大举扩充，以言筹防，实多未备。即以军火一项而论，自上年添购洋枪子弹之外，亦以筹款维艰，并未续办大宗之件，此则部中有册可稽。臣坤一莅任以来，体察情形，军火为战守要需，购自外洋，固属非计，亦苦于无款可筹，不得不就各局制造之款，量入为出。迭经严饬各局员，将各营应领军火，务须慎司出纳，以昭节省，制造之件，推陈出新，以资利用，但能多一自制之件，即可少一购买之费。至购办船只，不特南洋无此巨资，即海军衙门亟欲俟北洋成军后，推广南洋，练成一军，亦以艰于筹款，至今未能兴办。盖筹防非船坚炮利不足以御强敌，南洋江海兼筹，非有大枝水师，断难分布。即如本年，沿江一带教案迭出，南洋现有之船，不敷调遣，由总理衙门调拨北洋兵轮，前赴上海协防。是南洋增设水师，实为当务之急。不得已由臣坤一会同海军衙门奏明筹议变通办法，以为数年后渐图扩充之计，通盘筹画，委无馀款可资挹注。凡此情形当为部臣所曲谅也。

又各省马步勇营应令裁减一成一条。当此库储日绌，裁勇节饷，实为切要之图。惟查本年四月间，安徽芜湖教堂滋事之后，丹阳、江阴等处教堂相继为匪徒焚毁，加以英人美生私运军火，谋为不轨，沿江一带，民心嚣然不靖，经臣等迭饬各防营，竭力防范弹压，地方始稍安谧。江苏界连四省，辖地广衍，滨江临海，汊港繁多，必须择要设防分投驻守，沿江沿海各炮台，为外人观听所系，尤须有重兵驻扎。近以芜湖为长江往来要区，由臣坤一派拨一营前往该处驻防，以资保卫。只此兵力，尚须兼顾皖境。就目下时局而论，各属尚多伏莽，虽虞饷绌，犹觉兵单。近日安徽抚臣沈秉成以会匪充斥，阴谋叵测，奏请添募勇丁一千名，以备随时调遣，仰蒙谕旨允准在案。江苏地方辽阔，较安徽尤形吃重，若将各营勇勉强裁减，窃恐匪徒因而生心，乘隙思逞，审时度势，实未可遽议抽裁。且招兵易而裁兵难，裁遣稍有未妥，即易滋生流弊。近来各处会匪行踪诡秘，多与游勇散兵勾结为患，是即欲议裁，亦当妥筹办法。臣等一再揆度，惟有缓至明年，察看地方情形如果稍松，再当斟酌筹办，庶于地方饷需两有裨益。

以上各条，臣等钦奉谕旨后，反复筹画，就目前实在情形察酌办理，不敢饰词窒碍，推诿卸责。

所有遵旨筹补库储分别办理各缘由，谨合词恭折覆奏，伏乞皇上圣鉴训示。谨奏。

访得关涉会匪职官请先行斥革归案审讯折 光绪十七年十二月初十日

奏为访查会匪总目关涉职官，请旨斥革，以便澈究而杜狡展，恭折具陈，仰祈圣鉴事：

窃查本年四、五月间，沿江人情骚动，焚拆西洋教堂之案接踵而起，访系哥匪造谣鼓众，中怀叵测。经臣次第拿获首要各匪，随时正法，其风稍息。至八月间，江海关查获英人美生私运洋枪等项，镇江关拿获美生及所带炸药，并搜获美生自书杂记，载有一切鬼蜮情形，系属勾串中国哥匪同谋滋事。臣以私购军火为数甚多，需款甚巨，该洋人重利未必自出巨资，必中国哥匪中有富豪为之应付。因美生系属英人，未能由我审办，英官又不肯澈底根究，讯出实情。经臣详细访问，系前经正法已革提督李世忠之子所为，而无从得其实迹，亦不知其人为何名。复饬地方文武，详加访察，并经常镇关道黄祖络访有会匪头目徐春山之弟徐春庭，曾为美生细崽，捡查美生杂记，又载有与徐春山等串谋情事，非拿获徐春山、徐春庭确切究问，不能水落石出，迭饬查拿未获。旋准湖广督臣张之洞、湖北抚臣谭继洵等电称：湖北拿获匪目高德华等，据供长江各会匪头目联为一气，皆奉李世忠之子李洪为总头目，称大元帅，声言欲为其父报仇，约期起事，并托洋人购办军火。又准张之洞另电，李洪系李世忠义子，李世忠之妻颇明大义，其亲生子安分读书等语。复经通饬严拿，以凭惩办。嗣准安徽抚臣沈秉成咨电，现皖省查出李世忠之子候选知府李显谋，访悉小名狗儿，又名地虎。传问李显谋，据称李世忠义子三人，其二已故，其一尚存，为方显爵，年近六十，亦非李洪。又称伊系一品荫生，以劳绩保举知府。亲生兄弟五人，长显才早故，伊系次子，第三成彬本科河南乡试中式副榜，第四显诚，第五显贻均年幼在家等情。复经电商湖广督臣张之洞，并先访知徐春庭已潜往福建马尾地方，徐春山亦在该处。由臣派委道员蔡钧乘坐轮船驰往福建，会同福州将军及闽浙督臣所派之员，将徐春山、徐春庭获案解回上海，饬令江海关道聂缉槼督饬印委一再研讯，加以刑吓，坚不供吐。此次拿办会匪，其要在严诛首恶，罔治胁从，方足以遏乱萌而安反侧。经该道等查知，徐春庭本由其兄徐春山邀令入会，与徐春山之为匪目情罪稍减，再三开导，如肯实供，许以自新。遂据供哥匪头目李鸿纠众起事，欲为其父报仇，与高德华在湖北所供，如出一口。并据供明，李鸿托美生购办军火，先后出银约二万两，并许月给美生等银两，及所供图谋一切情形，核与美生杂记亦多吻合。并据供今年滋闹教堂，都是李鸿党羽所为。嗣准湖广督臣张之洞来咨，所抄高德华供词，据称李洪系李世忠儿子。是李洪即李鸿，为李世忠之子，勾结匪类，贿串洋人，同谋滋事，已属信而有征，若非李世忠亲生之子，安得有此财力，亦复有何父仇？且经臣密嘱前安徽寿春镇总兵郭宝昌，派人前往李世忠原籍河南固始县属暗地查访，李世忠五子，与李显谋所供相符，惟称李显谋在外游荡，所分田产连年变卖等语。自来暗地结党为匪之人，其名必多假借。现统核各省咨电匪供，是李世忠之子李洪即李鸿，为匪中首目，有高德华、徐春庭等供可凭。而李世忠五子，除长子已故，第三读书中副榜，第四、第五俱年幼在家外，惟次子李显谋游荡在外，常在江苏、安徽一带，而又变卖田产，是李显谋与李洪是否即系一人，虽尚无实据，参互考证，其行径实有可疑。案关重大，必须确切根究，断不能听其一面之词，予以轻纵。现由安徽抚臣派员协同臣派往之员，将李显谋押解前来江宁。相应请旨，将李显谋候选知府及一品荫生先行斥革，俾得归案，确切研讯，一面设法另觅眼线，辨认质证。一俟得有确据，即行奏明，从重惩办，以弭将来之祸。

所有访查会匪总目关涉职官应请斥革审办各缘由，谨会同安徽抚臣沈秉成恭折具陈，伏乞皇上圣鉴训示。谨奏。

修城挑河动用原拨赈款折光绪十七年十二月十八日

奏为江宁城垣损坏过甚，亟宜大加修补，以资保障，并拟拨开挑荆山河，工费所需银两，动用苏、浙赈捐馀款，以济要工，恭折具陈，仰祈圣鉴事：

窃查江宁城垣，系前明定鼎之初，以全盛财力修造，其壮阔甲于天下，不仅为东南冠冕。自咸丰年间，军兴以后，城身垛口日就残缺。前任督臣久欲拨款兴办，均因工大费巨，筹措维艰，屡议屡寝。臣履任后，详加查勘，较十年以前损坏益甚。明知目下库储，异常支绌，难以兴此大工。无如城垣为地方之保障，关系甚重，与别项寻常工程迥乎不同，况江宁系省会之区，为东南重镇，与各府县城情形各别。若不及时修治，一任风雨剥蚀，年复一年，必致益形坍塌，将来再议兴修，需款更巨，筹措愈难。檄饬江宁城守协副将刘光才、江宁府知府李廷箫，周历查勘，逐一核实，估计所有城身垛口，工料约需银五万馀两，此外城门、城楼、兵房、栅栏以及运料水脚等项，一时尚艰预计，均不在内。当经转行江宁布政使瑞璋，无论如何为难，设法妥筹的款，以便兴办去后。兹据详称，司库正项钱粮，以入抵出，尚虑不敷，无可动用，此外各局，亦无外销闲款，可以筹拨。此项工程，所关甚巨，又须赶为筹办，势难从缓。思维再四，惟有直隶应还苏、浙赈捐，原拨筹备三河坝工经费银十万两，可以拨用等情前来。

臣查蔡家庄建设滚水石坝，需费甚巨，前经漕臣松椿因款项不敷，奏明暂行缓办。是此项筹备坝工银两，尚非急切待用之款。当经会商漕臣松椿，允为移缓就急，拨作修理城垣之用。又徐州荆山河久失疏浚，河身日形淤垫。本年十月间，署徐州道桂嵩庆因公来省，面禀该处河道，关系地方水利，拟请筹措银二、三万两，于春水未发以前，一律挑浚深通，以济漕运，而利商贩。并经漕臣松椿函商，亦拟于坝工经费内，酌量匀拨。臣查修理城工，需用之款，除动支之外，前款尚有馀存，自可照议办理。其蔡家庄建设石坝，仍查照原奏，由臣等察酌情形，俟筹有的款，再行估办。

除分饬各该司道督饬承办各员撙节动用，认真办理，不得草率偷减外，谨会同漕运总督臣松椿、江苏巡抚臣刚毅恭折具陈，伏乞皇上圣鉴，敕部查照。谨奏。

奏补外海六营人员请免回避片

再，查定例游击、都司、守备遇升补时，如员缺在本府本营，例应回避者，仍行升补，声明于现任合例人员拣选封调。嗣经兵部定章，奏补员缺，例应回避之缺，概不准其请补各等语。查守备以上补缺，例应回避本府本营，原以各员既有承缉之责，即与地方营务有交涉之事，是以必须回避，以杜瞻徇。惟查江南水师，外海六营汛地，计自崇明之十滧口以东至佘山，由佘山以北至赣榆县之鹰游门，出洋约八九百里，与山东洋面毗连，内为五条沙，外为黑水洋，由佘山迤至金山卫出洋，约二百七八十里，与浙江洋面毗连。是该六营所辖之汛，系在洋面，且远至山东、浙江交界之处，定章只轮流巡哨，不分汛地，既与内地毫无牵涉之事，亦与内洋里河水师及陆营情形迥乎不同。该六营艇船，停聚吴淞口十滧两处，虽均隶太仓州属，第该两处不过暂行聚泊以为归宿之所，而应行巡哨之处，则均在外洋。若以籍隶太仓州所属之员，请补外海六营之缺，因其所管艇船系暂泊本州属境，亦须照章回避，似非例应回避之本意。况外海水师候补之员，现在人数寥寥，遇有缺出，多以实缺弁兵递行升补。此项弁兵，多系本籍海滨之人，取其熟谙沙线风涛，以收驾轻就熟之效。水师人员，当以巡缉汛地为断，若舍应巡之汛地，而以聚泊之地隶于本籍亦须回避，恐外海六营无合例之人堪备拣选。虽内洋准其通融请补，然内洋各营，亦多驻扎太仓州属境内，弁兵以土著为多，与外海人员同一拣选为难，不免有迁就之弊。且该营遇有籍隶该州之员，虽人才极为出色，终无升补之期，亦殊非慎选将才之道。拟请嗣后外海六营，本籍及在五百里以内人员，请补员缺，毋庸回避，稍示变通，俾收得人之效。所有此次请补外海水师，苏松镇标中营守备一缺，拟即照此办理，仍以张大义请补。

是否有当，谨会同江南提督臣谭碧理附片具陈，伏乞圣鉴训示。谨奏。

南洋兵轮暂停总统片

再，南洋兵轮，现经海军衙门会同臣筹议变通，暂减人数薪粮，为节饷增船之计，业经奏奉俞允，钦遵在案。

兹据总统兵轮记名提督前安徽寿春镇总兵郭宝昌，以南洋既议酌裁兵轮人数，渐图扩充，凡有可以节省之处，自当权衡缓急，量为酌办。现除运船之外，仅止兵轮六号，而又暂停。每年前赴北洋会操，既有左右翼长督率巡缉操练，似足以专责成，所有总统一差，目前亦可暂行停止，沥情陈请前来。察核所议，于事机尚无窒碍，且得借资节省，自可准其所请。惟该提督为一时名将，忠勇性成，声威夙著，自接统兵轮以来，尤能不避嫌怨，实心整顿，即此请停总统薪费，亦足见该提督谋事之忠。当此需才孔亟，虽因裁减兵轮人数，准其销去总统差使，仍令及时自效，以资臂助。现经臣委令办理两江营务处，会同筹防局江苏候补道曾广照及各统领认真办理。自本年十二月起，停支总统公费，每月另给营务处薪费银一百两，以资办公。

除将各兵轮责成两翼长督率操防，遇事与筹防局妥商禀办，仍俟增制兵轮，再行规复旧章外，理合附片陈明，伏乞圣鉴。谨奏。

奏疏卷二十

恳免泰州海州各场积欠折光绪十八年正月二十五日

奏为遵旨查明两淮泰州、海州分司所属各场积欠、历年灶欠、折价耗羡各项银两数目，恳恩一律豁免，恭折奏祈圣鉴事：

窃准部咨："叠经钦奉恩诏，蠲免各直省光绪五年、九年、十三年各年以前民欠钱粮，行文各直省查明已入奏销、实欠在民者，行令开单具奏，并造具应豁钱粮数目送部查核"，等因，均经先后转行钦遵查办去后。

兹据两淮运司江人镜详称："委员分赴各场吊齐征册流水串根，按场确查，除通州分司所属各场按年征解全完并无灶欠折价，毋庸查办外，所有泰州分司所属富安、安丰、梁垛、东台、何垛、丁溪、草堰、刘庄、伍祐、新兴、庙湾十一场，自同治十一年压征十年分起至光绪五年压征四年分止，共实未完灶欠折价银二十五万八千九百三十一两九钱九分七厘、耗羡银二万二千四百四十六两九钱六分七厘。又自光绪六年压征五年分起至光绪九年压征八年分止，共实未完灶欠折价银十一万九千五百九十八两九钱四分七厘、耗羡银一万三百五十三两六钱七分五厘。又自光绪十年压征九年分起至光绪十三年压征十二年分止，共实未完灶欠折价银十二万二千二百二十五两五钱五分四厘、耗羡银一万六百四两九钱五分七厘。又海州分司所属板浦、中正、临兴三场，自同治十一年压征十年分起，至光绪元年压征同治十三年分止，共实未完灶欠折价银一万三千六百六十八两五钱九分二厘、耗羡银一千三百五十五两三分二厘。又草堰场前与小海并场划分疆界，有淤地七十二顷，所产草薪向归小海商垆樵煎，每年缴纳折课银三十六两，随同正课启征报解运库充公，同治六年以前欠缴银两业经请豁在案。其六年以后，除缴过同治六、七、八、九、十、十一等年及光绪四、五、七、十、十一等年课银分别报解，其积欠同治十二、十三两年及光绪元、二、三、六、八、九、十二等年应缴银两，迭经该场大使随正催征，该商等实因盐务疲滞，节年灾歉，商情困苦，以致丝毫未缴，应请随同正折一体请豁"，造具册结，详请具奏前来。

臣等覆查无异。相应恭恳天恩，俯准将两淮泰州、海州分司所属各场积欠，历年灶欠折价、耗羡及充公折银全数豁免，以广皇仁而纾灶力。

除将册结咨部外，谨合词恭折具陈，伏乞皇上圣鉴训示。谨奏。

织造法衣银两核实删减折光绪十八年二月二十三日

奏为江宁织造承办法衣，遵照部咨，将动用工料银两核实删减，恭折具陈，仰祈圣鉴事：

窃准户部咨开："江宁织造承办法衣与上用活计不同，该织造因系创办，无案可循，援照上用料工开报，统共法衣六十五件，估计银二万二千馀两，行令将原单开报料工数目，访察情形，大加删减，究竟需银若干两，详晰奏明，以昭核实。并令先由藩司拨给银一万两，以资开办”等因，当经札饬江宁布政使瑞璋确切查估去后。

兹据查覆：“江宁织造承办各色法衣，系关唪经要需，原颁衣样，年分久远，无可考核，而织绣精良，质地纯厚，实非寻常活计可比。江宁所出之丝，粗糙不适于用，江宁织造历办岁运活计，所用丝经均系赴浙江采购。此次奉办法衣，式样、料物均极工致，非购用上等丝经，难期经久。浙江湖州各属为产丝之区，虽一水可通，而相去千有馀里，远道购办，用款不免因而加增，即使就地向丝商收买，亦须加给价值，方能提选备用。且此项法衣虽仅六十五件，而随身裙裤振靴零星等项，计有一百六十馀件之多。江宁工匠，因事同创办，所颁各色衣样多未习见，未敢草率从事，必须在苏州、杭州等处雇觅精于织绣之工匠，始克依样妥制，需费较巨，自系实情。惟当此经费支绌之时，部臣慎重度支，议令核实删减，但能多减一分用费，即可少筹一分款项，自当遵照办理，以昭撙节。现经访察情形，参以市价，除大袍等项法衣成本极重，委属无可核减，其坟主四骷髅及阿咱拉布袋和尚衣等件，设法抽减，约可节省银四百三十馀两，又里绸一项，原案乐部传办百花袍里上用纺绸工价估计，现拟改换官用纺丝，约可节省银五百三十馀两：共核减银九百七十一两有奇，仍实需银二万一千五十二两有奇。所有装潢工价及添配须绦等款，并拟由江宁织造于九一申馀项下动用，不另开支，以昭核实而重库储。”开单详请具奏前来。

臣覆核无异。理合将删减数目，缮具清单恭呈御览，伏乞皇上圣鉴，敕部查照。谨奏。

徐州土药加捐各省概不重征折光绪十八年二月二十三日

奏为徐州土药拟援照山东、四川等省酌加捐银，通行各省，不再重征，恭折仰祈圣鉴事：

窃查徐州土药，定议每百斤抽银三十两，经过本省厘卡验票放行，经过镇江、上海两洋关仍各照定章收税，由总理衙门会同户部奏明覆准照办。嗣由总理衙门刊发会奏核定各省土药税厘案内声明，统俟试办一年后，由各该省察看情形，据实具奏，或照此征收，或变通尽利，再行作为定章等语，各在案。

现计徐州设局收捐以来，扣至本年四月一年期满，详核各省捐数，体察商贩情形，亟应酌改办法以期变通尽利。

查徐州地属平衍，为各省通衢大道，处处可以绕漏，设局抽收药厘，巡缉稽征，本非易事。又因各省捐章未能一律，商贩避重就轻，办理更为棘手。虽经署徐州道桂嵩庆督饬在事各员，实心实力，设法稽征，得以勉集成数，然不亟筹变通，势必商情涣散，招徕为难。查商货贵于流通，商情锱铢必较。徐土每百斤抽银三十两，仅止在于本省不再收捐，经过镇江、上海两洋关仍须照章收税，若运往他省，则经过一省即须照加一省之捐。较之山东每次捐银二十两，三次共捐银六十两，四川捐落地税银四两八钱，至重庆出口时征出口税银二十两，俟到通商别口再征复进口银四十两，共计捐银六十四两八钱，均可通行各省不再重征，轻重固属相去悬殊。即较之浙江、河南等省各在本省报捐之后，运赴别省再行收税一次，不再重征，亦觉为数较重。

且不独此也。徐捐定有约收数目，实力稽征，犹虑未能足数。

各自尽收尽解，难免暗中通融。此则办理宽严又复有别。

向来徐州土药因无税捐，是以各省商贩云集，销路既多，出产遂广。迨上年有设局收捐之议，民间未悉情形，种植已较往年减少。商人又因贩运徐土经一省有一省之捐，苦于重叠输将，有亏成本。外省商贩又复群相裹足，即偶有贩运，数极零星，经过各省，难保不多方绕漏。本省销路有限，运多销寡，本省商贩尚多积存未销之货，若再不变计，此后徐局捐收势将日形见绌，即各省所收徐州土药之捐税，为数亦必甚微。

且按照定章而论，徐土贩运各省，名虽照章报捐之外尚须报完洋关之税，实则徐土用民船贩运本省，均可不必径由洋关，有税仍与无税相等。且不特本省之土药为然，即各省之土药亦莫不然。故各洋关极少征收土药之税。议者以洋药来自外洋，必须进口后方能分销，是以征收洋药之税厘，以洋关为扼要。土药产自内地，一经起运，散布各处，稽征为难，是以抽收土药之税厘，以产地为扼要。

现拟查照四川、山东统捐之案，量加变通。各商贩如照章报完徐捐银三十两之外，再在徐局捐银三十两，准其加贴印花，无论运往何省，经过各关卡，但验有徐局两次印花者，概不重征。如仅捐银三十两，只能照免本省之厘，经过各省仍各照该省章程征收税厘。似此一转移间，捐数既与四川、山东相仿，徐土更得流通无滞。且与其散征于各省，不免有绕越偷漏之虞，曷若并征于徐局，转得收涓滴归源之益，恤商裕课，两得其宜。惟将来各省更定捐数，必须彼此一律，方免避重就轻之弊。据办理徐州土药统捐局江宁布政使瑞璋、署徐州道桂嵩庆体察情形，详请具奏前来。

臣等覆加察核，委系实情。合无仰恳天恩，俯准照议办理，以收实效。

除咨总理衙门、户部查照外，理合恭折具陈，伏乞皇上圣鉴训示，谨奏。

故将军功德在民请建专祠折光绪十八年二月二十三日

奏为已故将军功德及民，据情吁恳天恩，俯准建立专祠，以顺舆情而彰忠荩，恭折仰祈圣鉴事：

窃据镇江绅士前翰林院编修戴恒等禀称："咸丰初年，粤匪倡乱，江宁、镇江相继失陷，江、淮上下几无完土。镇江为江海咽喉，南北关键，实战守必争之地，自克复以后，云南提督冯子材驻防镇江，贼氛四逼，屡谋扑犯。时已故成都将军魁玉署理京口副都统，以镇江孤立江滨，地居冲要，虽有冯子材统兵驻守，而副都统仅止管理旗务，两不相辖，奏请不分旗、绿联为一气。咸丰十一年十二月，奉命帮办镇江军务，维时有江、皖大股贼匪合力扑犯之警，江宁逆酋洪仁发又复率贼万馀，纠合龙潭、石埠桥诸逆分途来犯，贼势猖獗，岌岌可危。故将军魁玉于困苦难堪之中，立坚忍不拔之志，与冯子材选将厉兵，竭力固守。同治元年八月败阳冈出扰之贼，进毁青山贼垒，十一月在陴城、上塘等镇屡战屡捷，二年二月夺牧马口贼卡，进捣句容之薛村，直薄丹阳西门。是时直隶督臣李鸿章自上海进兵，连下坚城，群逆因镇江兵单势弱，纠合悍贼巨万，谋分十路出犯江防，攻我军所必救，以分上海兵势。故将军魁玉分军策应，并力堵御。伪忠王李秀成复号召大股悍贼，厚集丹阳、句容，乘隙图逞。三年正月，魁玉等拔博落、水湖等镇，三月合攻丹阳，连毁西路炮台，贼百计抵御，我军裹创血战，冒炮火填濠而进，遂克丹阳。计该故将军魁玉督师防守镇江，与贼相持三年之久，艰难险阻，屡濒于危。其时遍地贼踪，饷源枯竭，而镇江一军枵腹苦战，军无怨言，皆魁玉忠诚所感也。论者谓镇江为天堑要区，与江宁、上海之师相为掎角，镇江一动则江宁、上海两军中无枢纽，东南大局视为安危。故将军魁玉功德及民，舆情感戴，公恳奏请于镇江府城捐建专祠，俾士民得伸报享之忱”等情前来。

臣查粤匪之乱，跨江宁为伪都，赖镇江一军砥柱其间，江宁、上海诸军始得一意攻剿，东南遂以肃清。当时镇江统兵诸臣，其劳勚之深，诚有不容磨灭者。该故将军魁玉，力保危城，厥功甚伟，士民追慕，历久不忘。可否仰恳天恩，俯准在于镇江府城捐建已故成都将军魁玉专祠，由地方官春、秋致祭，以顺舆情而彰忠荩，出自鸿慈。

谨会同江苏巡抚臣刚毅恭折具陈，伏乞皇上圣鉴训示，谨奏。

增葺江防炮台折光绪十八年三月十八日

奏为增葺天洑洲、都天庙等处炮台，以固江防，恭折具陈，仰祈圣鉴事：

窃查长江关系五省，江苏首当其冲，必须有坚台巨炮，节节布置，庶几重门巩固而后堂奥自安。南洋自筹防以来，只以限于经费，不能不次第经营。现经饬据江南筹防局查覆沿江炮台有应及时增葺，以固防务。圌山关北岸天洑洲地方，近因江流变迁，回溜冲刷，江岸逐渐坍卸，业已逼近台址，如春水发涨，江岸再坍，必致损其台身。该洲前控江流，左有大港直达仙镇，可以绕出扬州而抄都天庙之后，地居扼要，必须筑有炮台，方足以资控扼，且旧有之台，仅止一百二十磅子之炮三门，亦觉势孤力单。现拟移后数十丈，添造明台四门，配以二百五十磅子新式后膛钢炮四尊，并将旧台所设之一百二十磅子钢炮三尊移于新台左右筑台安设，远攻近击，气势较雄，相去江岸已远，台基自固。并设立子药、兵房十二间，总药库一所，估计工料需银四万六千两。又都天庙地近北岸，沙土性松，原筑之台设炮大小九尊，历年已久，台顶桩木不免渐形朽蚀，必须添钉木桩，盖用洋泥，量加修葺。并将暗台一律改为明台，西首并添建明台二门，安设二百五十磅子钢炮二尊，子药、兵房四间，总药库一所，估需工料银二万七千两。又勘得象山后面另有山岗横连，名为合山，筑台该处，四面可以环击，上下皆可兼顾，最得形胜，尤能与都天庙炮台联为一气，如遇敌船上驶，有该台之炮迎头揽击，有都天庙之炮斜刺交轰，两台隔江对峙，既可收夹击之效，益足以固焦、象两山门户。现拟于该山添筑明炮台四门，安设二百五十磅子钢炮二尊，一百八十磅子钢炮二尊，炮架配用磨盘式，四面可以旋转，子药、兵房每门二间，总药库一所，估需工料银二万九千馀两。似此分别增葺，不独镇江险隘可凭，而上下各台声势亦以联络。凡添筑各台，皆系仿照洋式，基址排钉桩木，台墙均用四门町洋泥搀和碎石黄沙，细捶夯筑，以期经久。共计三处筑台十三门，连兵房、药库一切工料俱在其内，约只需银十万二千馀两，较之往岁所筑吴淞、狮子林等处洋式炮台省而又省，委实力求撙节。此项经费，照章本应请款，现饬局员即在每年所拨防费项下设法匀用，以免海军衙门筹拨为难。所需新添各炮，上海制造局现有制造，堪以拨用，亦省购炮之费。此外如有应行之处，俟臣此次校阅营伍便道履勘后，再行察酌核办。据江南筹防局司道详请奏咨前来，臣覆核无异。

除分咨海军衙门、总理衙门、户部、工部查照外，谨会同江苏巡抚臣刚毅恭折具陈，伏乞皇上圣鉴训示，谨奏。

拿获会匪土匪员弁择尤请奖折光绪十八年三月十八日

奏为查明叠次拿获会匪、土匪首要各犯出力员弁，择尤请奖，恭折仰祈圣鉴事：

窃于光绪十七年六月初六日钦奉上谕："各省哥老会匪最为地方之害，此等匪徒行踪诡秘，与游勇地痞暗相勾结，动辄纠党煽惑，甚至造谣惑众，潜谋不轨，若不先事筹办，绝其根株，则涓涓不息，将成江河，后患何堪设想。着各直省将军督抚，严饬地方文武实力查缉，如有访获首犯，一面严行惩办，一面准将出力员弁照异常劳绩奏请优奖。"等因，钦此。仰见圣主弭患防萌、安良除暴之至意。当经恭录咨行钦遵，认真办理，严密查拿。

伏查近年哥老会匪散票开堂，潜相勾结，党类既众，飘忽靡常，煽惑造谣，肆行不法。江苏界连数省，滨海临江；镇江为南北通衢，入江门户；上海又为江轮、海轮聚集之区，与镇江皆系通商要口，华洋杂处，稽察较难，匪徒尤易往来溷迹，只以巡缉严密，未敢遽逞。上年夏间，沿江一带教案迭起，皆由该匪等造谣煽乱，意图乘机蠢动，迭经通饬严拿，并密派员弁四出侦缉。复敢勾串洋人，私购军火，图谋不轨，幸经上海、镇江两关即时盘获，未得遂其奸谋。并接湖广督臣张之洞、湖北抚臣谭继洵等先后来电，缉获匪首高德华等，讯供该匪等长江上下联为一气，因下游巡防严密，碍难聚集，定有日期，拟在沙市起事。虽逆谋均经败露，不致酿成巨患，第此辈党与遍布，伏莽甚多，必得严拿首要，绝其根株，方足以遏乱萌。数月以来，督饬地方文武，实力查办，一面剀切示谕，解其胁从。

先后据前办保甲局江苏候补道刘佐禹等督饬游击何复胜，会同管带奇兵左营尽先补用守备马鸿利拿获会匪曹义详一名，江宁城守右营千总冯金桂拿获唐玉亭即唐幗发一名，讯据供认纠人入会，散布收徒，并商谋毁抢教堂不讳。又据瓜洲镇总兵吴家榜督饬千总严凤楼等拿获刘开泰即刘长元，并起有伪书票布，讯据供认入会为匪，并伪书中有“巡风刘长元”字样。又据苏松太道聂缉槼督饬上海县袁树勋，派拨捕役，协同瓜洲镇总兵吴家榜、常镇道黄祖络所派之把总彭山峻等缉获陈金龙即陈溉魁系红会首匪，为“长江三龙”之一，在上海、吴淞等处开龙华及玉龙等山堂，讯据供认为安清道友“通”字辈不讳。又据金陵城外保甲局候补道罗廷玉督饬把总何岳龄、六品军功向日葵、郭金元等拿获李鳌一名，并起获木戳、票板、票布等件，据供入会为匪，木戳内并刻有“总统太平”字样。又据金陵城内保甲局候补道马声焕派委千总冯金桂、谢三益拿获萧庆蕃即萧子春一名，并在该匪身上箱内搜获票布、令旗、铜戳等件，亦经质讯确实。又据常州营游击关殿彪派千总叶国彩，拿获谈金榜一名，为行劫通州事主顾王氏家之犯，并获有会匪盟帖，写明“谈金榜总理山主”字样，并与匪首高德华供指相符。又据前办金陵城外保甲局候补道刘佐禹派委护军营哨弁千总黄吉兴、六品军功王得元拿获王有堂、李号有、张琢、范忠益、李一都五名，为执持洋枪行劫江宁县事主陶明松丝行、得赃拒捕伤人之匪犯。又据徐州镇总兵陈凤楼、署徐州道桂嵩庆等督饬文武拿获蔡自友，该匪系在邳州、宿迁一带伙劫多案，并与屠小二等于上年夏间分段结幅竖旗，逆谋昭著，屡拿未获之犯，经该镇道等督饬员弁多方侦缉，始行就获，据供竖旗纠众起事不讳。

以上各犯均经先后讯明，饬令分别正法枭示，以示炯戒，并将办理情形奏明各在案。所有在事出力员弁，或越境蹦缉，或协力兜拿，匪徒拒捕逞凶，无异临敌。该员弁等不避艰险，迭获巨魁，洵属异常出力，自应遵旨保奖，谨择其尤为出力者，缮具清单，恭呈御览。合无仰恳天恩，俯准照奖，以资鼓励而昭激劝。

除千总以下各弁照案咨部给奖，饬取各该员弁履历另行咨部查核，并将续获各匪目讯明核办，一面加饬严密查拿外，谨合词恭折具陈，伏乞皇上圣鉴训示，谨奏。

查阅营伍情形折 光绪十八年五月初十日

奏为查阅江苏营伍事竣回省，谨将大概情形恭折具陈，仰祈圣鉴事：

窃光绪十六年，轮应查阅江苏营伍，经前署督臣沈秉成奏明俟臣到任举行。臣莅任后，适举办文武闱乡试，未能出省，又经奏请展缓，并声明将光绪十六年二年半荐举之案，俟查阅营伍时一并考验核办。嗣定于本年三月二十日出省校阅，亦经奏明各在案。

先于三月十八日在省阅看督标中左、江宁城守左右四营，并调阅浦口、溧阳二营及驻防省城之老湘四营、亲军四营、督标奇兵中营。二十日出省阅视金陵营水操，随赴瓜洲口阅瓜洲镇标四营水操。二十三日至扬州阅扬州盐捕奇兵、瓜洲、青山、泰州、泰兴、三江八营及驻防该处之合字前副、中两营。二十九、三十两日在清江阅淮扬镇标中左右、清江城守、宿迁、庙湾、洪湖、佃湖等八营、漕标中左右、淮安城守、海州、盐城、东海七营，并调阅徐州镇标中、城、萧三营及徐防新兵两营，并驻防该处之老湘合字中副前两营，遂即南旋。于四月初七日抵镇江，校阅镇江营及督标新兵五营。初九日阅常州、孟河、江阴、靖江四营。十二日阅福右、狼中及福山、狼山练兵等营。十五日阅江苏抚标左右等营并平望营及驻防该处之正前、副前、中营、正后四营。十八日在澱山湖阅看里河水师五营。十九日阅看提标中左前后、松江城守、金山、柘林、青村八营及提右营陆兵并提标新兵两营。二十日抵上海阅忠、信、沪军炮队四营。二十四、五两日在吴淞口阅苏松镇标陆汛练兵并海澄营及庆字六营、外海水师六营、内洋水师五营。二十七日在江阴阅武毅春字八营、新湘五营，及看沿江各炮台，于五月初一日回省。

伏查江苏抽练绿营兵丁及湘、淮各营勇丁向操汉阵、洋阵，汉阵则用旗鼓为节，洋阵则以口令为节。臣以洋操口令系以一二人招呼，临阵难免贻误，饬令试改旗鼓。此次查阅营伍，除各兵轮船因裁撤人数并弹压各处未曾调操外，所有校阅各兵勇，所操中外各阵队伍枪炮，莫不整齐灵快，其由口令改为旗鼓者，耳目易周，尤为称便。惟未抽练之绿营兵丁，旧额既未能尽复，塘汛又未便远离，人数无多，似难与练兵争胜。然按照部颁阵图，演习马步枪械，亦复可观。各营舟师驾驶擅长，布置有法，各台演放炮位均能致远命中，所拟添改各炮台之处，实与形势合宜。此臣出省巡阅之大概情形也。

夫行师之道在于胆气素定，尤在于将领得人。现在绿营镇将及各勇营统领官多系百战之馀，一时之选，即各兵勇亦多戮力行间，屡经大敌，加以操练技艺，步伐止齐，尚足以备干城，仰慰朝廷整军经武之至意。臣留心察看，则有署江宁城守副将两江尽先补用参将彭仁寿、长江水师瓜洲镇标江阴营副将钟明亮、江南提标江阴营游击仇志鹏、补用副将淮扬镇标中营游击郎桂林、补用游击淮扬镇标清江城守营都司余志斌、补用参将尽先游击徐州镇标城守营都司刘玉泉、补用副将拣发游击泰州营都司调署江宁城守营都司章宗瀚，均属才识优裕，纪律严明，为将弁中出色之员。又查有江南提标常州营游击关殿彪营务废弛，淮扬镇标庙湾营游击刘玉龙性气乖张，应请旨将关殿彪开缺勒令回籍，刘玉龙开缺留于督标效力，以示惩儆。

所有臣查阅江苏营伍事竣回省，分别举劾缘由，理合恭折具奏，伏乞皇上圣鉴训示。

再，带办二年半荐举一案，因考验各员已于查阅营伍案内分别举劾，不再另行核办。所遗常州营、庙湾营游击二缺，两江现有合例人员，应请扣留外补，合并声明。谨奏。

陈明在美华商凑捐助赈片

再，光绪十四年间，江苏、安徽两省水旱为灾，经前督臣曾国荃奏准部议，开办苏、皖赈捐，咨行各省广为劝募，推及外洋。凡华人之出洋贸易者，仰怀圣朝德泽，普遍遐荒，莫不慷慨好施，输捐助赈，节经曾国荃分别奏咨给予奖叙。嗣经前出使美、日、秘等国使臣张荫桓，经劝在美之华商捐洋二万九千四百八十五元有奇，汇由上海交前苏太道龚照瑗分解江苏、安徽、河南、山东等四省赈济。当以此项捐款，张荫桓来咨已在部限截止奖案之后，照章不能给奖，即经曾国荃撰拟匾额致送，以昭激劝。迄今时阅四年，固不得为之重请奖叙，而该商等在山陬荒僻之区，犹能捐集巨款，救灾恤邻，其急公好义之忱，亦不可没。臣清理案牍，知有此等善举，不敢壅于上闻。理合附片陈明，伏乞圣鉴，谨奏。

总兵劳故请恤折 光绪十八年五月十五日

奏为已故总兵战功卓著，恳恩赐恤，以昭忠荩而慰军心，恭折吁陈，仰祈圣鉴事：

窃头品顶戴记名提督江南淮扬镇总兵章合才因病出缺，业经臣具奏在案。

兹据统领老湘合字等营总兵衔补用副将宿迁营游击舒永胜等联名禀称："章合才，湖南湘乡县人。自咸丰三年投效老湘营，与已故提督刘松山誓死杀贼，先经扫荡湖南境内郴州、桂阳土、会各匪，是为该总兵立功之始。旋出境克复湖北崇阳、通城等县，转战而下，剿匪于江西吉安、建昌一带，乘胜攻破景德镇贼垒，每次临阵，皆匹马当先，众服其勇。十一年，总理该军营务处。时粤逆麕聚皖境，自同治元年冬暨二、三年间，皖南郡县几于无处无贼，官兵多被牵掣，无从为规复金陵之举，章合才激厉士众，分道进攻，迭复徽州府及休宁、黟县各城。其坚守泾县一役，以孤军力当悍贼，昼夜登陴，目不交睫，有间即出奇奋击，卒使贼众却退，城赖以完，厥功尤伟。皖南肃清后，我军乃以全力进注金陵，实该总兵血战之力居多。经各督抚臣先后奏保由补用副将奉旨以总兵、提督记名简放，赏给振勇巴图鲁名号、一品封典。粤逆略尽，捻氛复炽，前两江督臣曾国藩督师北征，以楚军久役思归，遣散殆尽，独留老湘营一军，檄令章合才随同刘松山率之以行，逐贼于山东、河南各省。捻氛飙忽，此击彼窜，日无停踵，该总兵跟踪追剿，所向无前。五年秋间，始于河南上蔡、西华等处扑灭张总愚全股，经前湖广督臣李鸿章奏保，奉旨赏换法福凌阿巴图鲁名号。六年奉旨补授江苏苏松镇总兵，仍留营剿匪。会西事方急，复经前陕甘督臣左宗棠奏令分统老湘营赴陕，随克复绥德州城。适捻与回合，凶焰益炽，章合才驰逐直隶、山西之间，每战辄克，捻股渐次荡平，乃得壹意办回，经左宗棠奏请破格优奖，奉旨赏穿黄马褂。八年于肃清陕北并收复甘肃灵州等案内，奉旨赏给头品顶戴。九年冬，进剿马五寨。马五为回中著名悍贼，嗾其死党，并力以拒我军，章合才与刘松山当前督阵。战方酣，刘松山猝中飞炮落马，章合才悲愤交迸，传令纵火焚其寨门，自于枪林弹雨中越墙先登，诸军见之皆奋不顾身，大呼竞进，群贼焚毙及堕濠堑死者无算，馀仍冒火突出，章合才指挥将士尾追截杀擒斩略尽，逆首马五力竭就俘，遂克其寨。随会同各军进规金积堡。金积堡系逆首马化濉老巢，墙厚濠深，粮械山积，为群逆负嵎死拒之地。我军分番迭攻，伤亡相继。长围既合，复分路铲平杨明及马家河滩各堡以折其掎角之势。马化濉势穷援绝，始求毁堡缴械，弭首伏诛，宁、灵由是肃清。左宗棠奏称章合才分统湘军，在事最久，劳绩卓著。钦奉谕旨，以该总兵为异常出力，蒙赏上方珍物多件。回事大定，始以伤重请假回籍，甫抵陕省，即闻讣丁母忧，呈请开缺。抵里未久，又经曾国藩檄饬于百日后就老湘营凯撤各军内挑选合字六营，带赴金陵为防江、防海之用。该总兵以防务至重，理宜先公后私，即日挑募成军，星驰至宁。复于十三年海防案内，经前两江督臣李宗羲饬令添募一营训练，并承办金陵、镇江、圌山关沿江一带炮台工程，以及抢险、捕蝗等事，靡役不从。光绪二年奉旨补授江西九江镇总兵，经前两江督臣沈葆桢奏留防营。八年，奉旨调补江南淮扬镇总兵，至是始统原营赴任，兼统清淮水陆马步各军。九年，法事起，闽、粤戒严，该总兵分所部合字三营随同前兵部尚书臣彭玉麟前赴广东。前两江督臣曾国荃甫经受事，以法舰日往来吴淞，宜得大枝劲旅驻守其地，奏调该总兵统率所留合字四营带印出防。十年四月行抵金陵，即督队增修下关炮台。六月移防上海，与原驻沪上淮军联络一气，保护租界，兼诘内奸，居民恃以无恐。十一年九月，海防解严，始回清江本任。清江为南北往来通衢，伏莽甚多，该总兵以标兵、营勇义在卫民，以专阃而兼防营，益属责无旁贷，无日不申儆督率，实力巡防，江北萑苻为之敛迹。拿办教匪王古佛一案，躬自蹦缉，匪党闻风解散，弭患无形，士民至今称诵。十五年春间、因伤病举发，经曾国荃奏乞给假调理，甫经少愈，仍勉令回任供职。该总兵以受恩深重，不敢惜身，即于十六年四月间接印任事，仍统各营，督率操防，视前倍奋。乃以积劳日甚，伤病益深，终至不起，濒危仍诫励士卒，努力报国，语不及私，闻者莫不堕泪”。该副将等以相从日久，见闻最确，胪列事迹，禀请奏恳赐恤前来。

臣查章合才为湘军知名宿将，论者谓与已故提督刘松山相伯仲，迹其生平转斗十馀省，大小数百战，身受重伤多处，克复名城，坚垒不下数百座，实与发、捻兵事相终始。而在军二十年，在防复十馀年，赴任以后仍统防营，前后并无一日之闲，其积劳成疾，以致触动旧伤，实由于此。至其天性朴勇，在军讲求纪律，勤于操练，无事如临大敌，尤有古名将风。臣三至江南，旧时袍泽之侣，存者盖无多人。窃谓时局方艰，将才为急，章合才年未六十，威望夙著，精力尚强，可备国家缓急之用，不谓遽以积劳长逝，心甚悼之。

查近年以来，文武大员曾经效命疆埸，积劳病故者，如刘连捷、唐定奎、周盛波、李长乐等，均蒙恩优恤在案。今章合才事同一律，既经该副将等联名禀请，臣未敢壅于上闻。合无仰恳天恩，俯准将已故头品顶戴记名提督前江南淮扬镇总兵章合才，照提督军营立功后积劳病故例从优赐恤，生平战迹宣付国史馆立传，并于本籍及立功省分建立专祠，以彰忠荩，出自逾格鸿慈。

除饬取履历咨部查核外，所有已故总兵战功卓著恳恩赐恤各缘由，谨会同漕运督臣松椿、江苏抚臣刚毅恭折吁陈，伏乞皇上圣鉴训示。谨奏。

机器局设炉自炼钢铁片 光绪十八年闰六月初五日

再，江南机器制造局近来仿造前后膛钢质大炮，并后膛新式兵枪，业已渐著成效。惟需用钢料仍须取资外洋，不独利源外溢，遇有缓急，更虑受制于人，亟应设炉自炼，以资利用而杜漏卮。惟该局经费有限，不能不逐渐图维。现经购办炼钢机炉一分，并在湖南湘乡县购取矿石生铁分别试炼，甚为合用，其生铁体质亦与外洋硬质生铁无异，除搀和炼钢之外，并可铸造大炮弹子，合计价值亦较购自外洋为廉。现只钢炉一分，年需生铁矿石各八百吨。并向外洋添购大炉一具，以图扩充，每年约需矿石生铁各三千吨。宝庆、邵阳、益阳、新宁等处所产与湘乡相同，矿产亦旺，将来若专在湘省购办，亦足敷用。现经该局与矿户订立合同，限数定购，按起发给照票，令其运局验收给价，注销照票，以后所需，另行换给办运，俾免派员采办多所耗费。仍一面将定购数目随时禀请咨行各省关照案查验，免完税厘，如该矿户照外多带及有别项货物仍令照纳厘税，以杜隐射。据江南机器制造局禀请奏咨前来。

除分咨外，理合附片陈明，伏乞圣鉴，谨奏。

遵旨确查据实覆陈折 光绪十八年七月十六日

奏为遵旨确查，据实具奏，恭折仰祈圣鉴事：

窃臣承准军机大臣字寄："光绪十八年六月十七日奉上谕：'有人奏大员劣迹昭著，列款纠参，请旨饬查一折。据称升任山西巡抚前安徽布政使阿克达春不谙文理，专倚幕友翟介臣、阍人邹姓为左右手，以致把持招摇，遇有派差委缺，必经彼二人议定价值始行札饬，知府李成鳌、知县吴本仁均以贿赂而得补署。又有收拜门生，令属吏按时馈送等情。皖省支应局向有存储银十数万两，阿克达春到藩司任后，巧立公费名目，随时提用，甚至仆妇、家丁均按月向局开支，亏额甚巨等语。所奏是否属实，着刘坤一确切查明，据实具奏，毋稍徇隐。原折着抄给阅看。将此谕令知之。'"钦此。仰见我皇上扬清激浊，好问察言，跪读之馀，莫名钦佩。臣当即委员前往安徽按照原参各节，逐细密查，互考参稽，已得梗概。

如原奏所称：阿克达春人甚昏庸，不谙文理，专倚幕友、阍人为左右手一节。查阿克达春素性宽和，公事尚属明白，惟文理不甚通澈。幕友翟介臣即翟汝藩，系候选知县，阍人邹姓名培德，即邹植，系分省试用府经历，皆为阿克达春亲信之人。翟汝藩小有才能，总司文案，往来公牍，悉赖参酌，与邹植联为一气，遇事招摇。虽贿买差缺，查无实据，而该二人为阿克达春所倚任，不复自知防捡，属员中与之交结往还，夤缘干进，实所难免。在任候补知府布政司经历汪湘，与邹植等狼狈为奸，该员为原奏所无，而声名尤劣。

又原奏：阿克达春最喜收拜门生及亲手持赠印箱一节。查阿克达春尚无令属员按时丑送情事。其馀属吏禀辞赴任时，有无持赠印箱，虽莫能得其实迹，惟好收门生，致钻营之徒得以借此阶进。如道员彭禄、松峻、袁秉桢、知府李成鳌、知县王焕熙、吴本仁均投拜阿克达春门下，各该员等官声均甚平常。彭禄为原奏所无，而拜门最早，结欢尤密。知府孙词林查无其人，惟候补知府班中有孙廷林号词臣，或即孙词林之讹。孙廷林与道员萧允文均查无与阿克达春拜认师生之事。

又原奏：李成鳌请补宁国府缺馈送银两，吴本仁代理旌德县缺馈送翟介臣婢女一节。查李成鳌，江苏文童，以劳绩知府，于光绪十四年四月到省，十六年十二月奏补宁国府缺。虽查无馈赠实迹，惟该员系阿克达春门生，到省两年，叠委差缺，殆无虚日，又复请补实缺，物议之来，或由于此。吴本仁以婢女送翟汝藩即翟介臣作妾，现闻翟汝藩挈之北上，皖中人言藉藉，殆非虚语。该员与邹植素相往来，未闻有结拜兄弟之事。

又原奏：皖省支应局，向有存储银两，阿克达春到藩司任后，巧立公费名目，随时提用，亏额甚巨一节。查安徽支应局历年支放各款，均取有各处领状批回，阿克达春在藩司任内尚无巧立名目，随时提用之弊。惟翟汝和、邹培德等曾在支应局开支薪水，有案可稽。翟汝和即翟汝藩月支银六十两，邹培德即邹植月支银十两。虽为数无多，而邹植身系职官，充作阍人，又借名开支公款，尤属不合。原奏谓“署中幕友家丁，按月向局中开支”，自即指此。当此经费支绌之时，能省一分即得一分之益。安徽支应等局，款项皆有关军饷要需，若经理不得其人，难免滥应滥支，致滋耗费。应由臣咨会安徽抚臣沈秉成札饬司局，认真勾稽，力加整顿，以昭核实而重库储。

臣仰荷圣主垂询，其漫无依据者，固不敢摭拾浮言，随声附和；其确有见闻者，亦不敢稍涉徇隐，上负朝廷整饬官常之至意。开缺山西巡抚前安徽布政使阿克达春，虽查无贪黩实据，而平日公事假手幕友家丁，一任遇事招摇，毫无觉察，且滥为结纳，收受门生，以致夤缘奔竞之风相率成习，实属有负委任，应如何予以惩处，恭候圣裁。安徽候补道彭禄、松峻、袁秉桢、宁国府知府李成鳌，以道府大员与阿克达春结为师生，专事钻营，巧为迎合，均属不知自爱，有玷官箴，应请旨即行革职。准补太平县知县吴本仁、候补知县王焕熙，善于逢迎，居心卑鄙，在任候补知府布政司经历汪湘、候选知县翟汝藩、分省试用府经历邹植，营私植党，贪鄙妄为，应请一并革职。邹植以职官充作阍人，尤属寡廉鲜耻，并请永不叙用，以儆官邪。道员萧允文、知府孙廷林应请毋庸置议。

所有遵旨确查各缘由，谨具折覆陈，伏乞皇上圣鉴训示，谨奏。

水师提督出缺代递遗疏折光绪十八年八月十九日

奏为长江提臣因病出缺，恭折驰陈仰祈圣鉴事：

窃据署长江水师提标中军副将李全彪电禀，长江水师提督李成谋，于八月十一日未刻因病出缺，当经电饬该副将李全彪即将长江水师提督印信封固，呈送臣衙门敬谨存储，以昭慎重。并以长江关系五省，责重事繁，新授提督黄翼升现在入都陛见，电经总理各国事务衙门代奏，奉旨饬令黄翼升迅赴新任，钦遵在案。

兹据李全彪将提督印信并该提臣遗折一扣呈送前来。

伏查长江水师提督李成谋，于咸丰三年投效水师，为前大学士两江督臣曾国藩、前湖北抚臣胡林翼所识拔。维时粤逆窜扰各省，长江天堑之险大半为贼所踞，群盗如毛，逆氛日炽。自曾国藩创立水师，始克整军东下。该提臣随同前陕甘督臣杨岳斌，提一旅之师，会同陆军，转战湖南、湖北、安徽、江西、江苏各省，大小数百馀仗，冲锋陷阵，奋不顾身，克复城隘五十馀处，肃清江面，论者谓该提臣之功为多。咸丰八年，由太湖协副将蒙恩补授福建漳州镇总兵，同治元年五月赏穿黄马褂，五年五月简放福建水师提督，十一年调补长江水师提督。光绪二年七月闻讣丁母忧，钦奉谕旨："该提督劳勋夙著，熟悉水师情形，深资得力，改为署任，毋庸开缺"等因。四年十月服满，钦奉谕旨："仍着补授长江水师提督。"十六年正月奉上谕："各省文武大臣，有卓著勋劳久膺重寄者，允宜优加奖叙。李成谋着赏加太子少保衔。"等因，钦此。该提臣治军十有馀年，廉正有威，士卒乐为之用。屡经大敌，艰苦备尝，于事机危迫之时，立坚忍不拔之志，卒能以寡御众，克竟大功。迨自蒙恩调补长江水师提督，先后在任几二十年，亦复威惠兼施，驭军有法。十年，海防戒严，该提督臣总统兵轮驻防江阴等处，力筹堵御，屹若长城。近因沿江各省伏莽未靖，该提臣巡防严密，江面赖以乂安。其谋事之忠，立功之伟，久在圣明洞鉴之中。

本年六月，因伤病复发，奏奉俞旨，准其开缺。方冀调理就痊，长为国家干城之寄，乃竟未及交卸，遽尔云殂，宿将雕零，深堪悼惜。该提臣有子七人、孙五人，除饬令该署副将李全彪会同伊长子知府衔江苏候补同知李传薪等将该提臣身后事宜妥为料理，所有提督衙门日行公事，由臣暂委署提标中军副将李全彪代折代行外，谨将交到遗折一扣代为呈递。

理合会同湖广总督臣张之洞恭折由驿驰奏，伏乞皇上圣鉴训示。谨奏。

保举堪胜关道人员折光绪十八年八月二十七日

奏为特保堪胜洋关道员，以备简放，恭折密陈，仰祈圣鉴事：

窃查南洋所辖各关道，均系办理交涉事宜，如两江之上海、镇江、芜湖、九江四关，通商、传教，事尤繁巨，是非明干人员，难以承乏。兹查有江苏候补道刘麒祥，性情忠笃，识力精勤。前此随同出使大臣曾纪泽遍历俄、法等国，于外洋富强之术，在在留心。嗣经回华，委办上海制造局，仿求新法，极力扩充，期保中国利源不使外溢。所有炼钢、铸炮，日新月盛，几与外洋器械等量齐观，平日于外洋人亦复善于抚驭。又查有江苏补用道曾丙熙，心气和平，才具敏练。前在总理衙门当差多年，于各国情形甚为熟习。此次委办江南洋务局，遇有民教各案，皆能持平处断，操纵有方，两造莫不心折，彼此得以相安。该二员深谙洋务，且于地方吏治民生讲求有素，倘蒙天恩录用，凡沿江沿海关道，必能胜任愉快。

臣为时局需才起见，谨恭折密陈，伏乞皇上圣鉴训示，谨奏。

徐州本年罂粟被灾歉收片

再，准部咨覆：徐州本年罂粟被灾，查勘情形，以土药收捐系属奏案，未便据咨核办，行令奏明等因。现经饬据办理徐州土药捐务江宁布政使瑞璋、徐州道沈守谦详称："遵查本年徐州各属所植罂粟，前据各该州县及各局员先后禀报，因去冬雨雪稀少，有缺滋培，春间天气过寒，亢晴日久，以致长发不旺，嗣当扬花之际，连日大风，根株摇松，又复降有黑雾，因而渐次生虫，俗名'土蚕'，侵蚀花根，枝叶日益黄萎，结实瘪瘦，浆汁无多，收成实属歉薄。其被歉较甚之处，农民因无浆汁可收，锄去罂粟，改种杂粮者不一而足。”当经委员分投确查，复由该道按亩覆勘，核其与各州县及局员等原报大致相同，即经详咨在案。

至徐州土药前请援照山东等省统捐之案，如有商人照章报完徐捐三十两外，再愿在徐局捐银三十两，准 其通行各省，不再重征。原思推广捐务，以期变通尽利。惟各省捐数必须一律，方免趋避。今自出示试办以来，虽有加捐之章，迄无报捐之户。盖徐州之土由水陆运往上海者向须察看邻省市价，有利则转贩出省，无利则就地销售，是运沪之土，该商等本不肯先在徐局并缴统捐，所冀者陆运邻省之土。乃山东定章后，又复奏减三次，报完税银四十八两，即可以通行各省，照章验免。查徐捐定有约收数目，滴滴归源，犹虑未能足数，必须实力稽征，以期捐无亏绌。各省尽收尽解，办捐之员，欲图招徕办理，不无从宽之处，是徐局抽收土捐本已较各省为难。今山东减收之后，彼此捐数又复轻重悬殊，商情锱铢必较，惟利是趋，是以徐局加捐新章成为虚设，尤须酌添分卡，加意巡查，以杜绕漏。今者徐土又遭歉收，出土既少，土价转增，以致销路较滞，捐收亦不免因而减色。现经该道督饬局员多方设法，实力稽征，共已收银十二万馀两，较之上年虽尚相仿，惟上海、镇江等处现因积运之土尚多，收买未能踊跃，徐州民间存土较少，又图待价而沽，以致近来捐收日渐清减。惟有查照定章，认真经理，以期涓滴归公，详请具奏前来。臣详加体察，委属实情。

除饬令务须核实稽收以保捐务外，理合会同江苏巡抚臣奎俊附片陈明，伏乞圣鉴，谨奏。

特保贤员备简折光绪十八年八月二十七日

奏为特保贤能道员，以备简用，恭折密陈，仰祈圣鉴事：

窃查江苏候补道员颇多，其中人才亦复不少。臣抵任后，所有委用人员，留心察看，尚能努力从公，洁身自爱，然系一时之效，一节之长，知人甚难，不敢不慎也。惟查有江苏候补道程仪洛，秉性端方，学识优裕，平居则安静自守，莅职则奋发有为。臣前次承乏两江，该道时为候补知府，委署扬州篆务，即能勤政爱民，迄今地方绅耆犹复追思不置。此次随事差遣，该道任怨任劳，忠愤所形，亲知弗顾，至于名利去就，莫不以礼自处，以义自裁，虽在困穷，未尝稍涉苟且。似此立身具有本末，实道员中难得之才，倘得蒙天恩擢任方面，必能干济时艰，并可挽回风气。

臣与该道两次同官，知之最稔，恭折密陈，伏乞皇上圣鉴训示，谨奏。

清完各属教案偿款片

再，上年江苏镇江等属教案议结情形，业经专折会奏，并声明将各该地方文武分别惩处在案。所有各属偿款当饬先自尽力认筹，实有不敷，方准动拨公款，以示撙节。查江阴、阳湖两县均系各该县自行筹付，其馀各属除由各该县筹给外，不敷之款，饬由镇江关道库借拨应付。计无锡借拨银二千两，如皋借拨银三千两，丹阳借拨银五千两，金匮借拨银四万二百两。现经饬据各属将借款分别认筹，酌定年限，摊缴归款。惟金匮偿款为数过巨，责令全筹，委属力有未逮。除先由县筹给不计外，其道库动拨之四万二百两，再由该县分年认缴银一万七百二十两，尚馀银二万九千四百八十两，应照往岁镇江租界滋事成案，即由该关道在洋药税款项下作正开销，以清案款。至各该地方文武员弁，年馀以来，尚知愧奋，遇事持平办理，民教尚属相安。且偿款业由各该县分认筹缴，内丹阳县知县查文清业已甄别参革，应毋庸议。所有阳湖县知县叶怀善、前署无锡县知县刘树仁、前署江阴县知县孙诒绅、前署金匮县知县汤曜、前代理如皋县知县莫炳琪，及各该汛弁，摘顶、记过各处分，应一律给还注销，以昭激劝。

除分咨总理衙门、户部查照外，谨会同江苏抚臣奎俊附片具陈，伏乞圣鉴，谨奏。

革员杨霈霖滥刑毙命照例议拟折 光绪十八年九月十四日

奏为审明已革署庐江县知县杨霈霖被控滥刑毙命一案，讯据众供确凿，照例取具众证情状，分别议拟，请旨定夺，恭折仰祈圣鉴事：

窃臣承准军机大臣字寄：“光绪十八年四月初八日奉上谕：‘沈秉成奏，庐江县民张咸义被控收管身故一案，尸母张黄氏具控该县知县杨霈霖滥刑毙命，杨霈霖则以讼棍主唆捏控禀请拿究，并牵涉臬司书吏、幕友、委员李寿蓉等，又以臬司嵩崑禀中有委员畏葸不能澈究之词，禀请回避等语。此案枝节太多，频兴谣诼，着刘坤一行提人证、卷宗，解赴江宁，遴派司道大员，澈底讯明，秉公议结，以成信谳。原片着抄给刘坤一阅看。将此各谕令知之。'" 等因，钦此。并准安徽抚臣沈秉成将院司道县各卷宗咨送前来。遵即札调江苏按察使陈湜前来江宁，会同江宁布政使瑞璋，秉公讯办。并将案内人证择要开单，派委候补知府阮祖棠前往安徽守提，解交质讯，附片奏明在案。

该臬司陈湜即于五月十七日由苏州起程，二十二日行抵江宁，会核卷宗，呈请札调原验典史毛祥翥并补提该县刑书胡翔及其馀尸亲人证一并传交委员解审去后。旋经安徽臬司饬据庐江县传到案证谢安乐等二十五名，备文签差派委候补知县刘庆光随同阮祖棠押解前来。嗣又解到庐江县刑书孙霖一名，并据该县杨霈霖、典史毛祥翥先后投审。经该司等会同提案，隔别研讯。据原、被、书差人等佥称张咸义系受刑后因伤身死，并非患痧。查核全案供情，杨霈霖滥刑毙命似属可信。且案中枝节丛生，县卷诸多不实，必须澈底根究，详经臣附片奏请将杨霈霖革职归案严讯，钦奉朱批："着照所请，该部知道。"钦此。并因究出有杨霈霖家丁高发勒结教供，姚升知情改卷。又有该县差役许荣奉票缉拿张长元等，将张长元之子张盛祥获住带走，致盛祥之妻周氏投水，救起后遂即堕胎身死。又因张盛祥中途脱逃，杨霈霖将许荣用站笼站毙，勒令差役胡明等捏病取保情事，复经呈请补提胡明等解质，并饬杨霈霖将高发、姚升交案。据杨霈霖以高发等均已辞退，应俟找获后再行解案等情禀覆。旋据署庐江县知县吴云翔将差役胡明等五名补解到省，经该司等覆加研审，众供佥同，议拟详请勘办前来。经臣于七月三十日督同该司等亲提犯证，逐一研讯。

缘杨霈霖籍隶江西德兴县，由监生承袭云骑尉，同治六年丁卯科本省乡试中式举人，递保花翎知县，光绪十三年签掣安徽，补歙县知县，十六年调补怀远县知县，十七年调署庐江县知县。已死张咸义系该县刑书，许荣系差役，在县取保病故之张新业、张有福均系张咸义族人。张新业之母与昔存今故之魏谢氏均系谢安乐之姑母。魏谢氏积有馀资，放债收利，因夫故无子，与张新业同住，光绪十七年三月初八日，魏谢氏病故，谢安乐前往料理丧事，代办衣衾棺木，用洋四十元。因知魏谢氏生前积有银洋四五百元，并借契、账折等件，向张新业索取，张新业支吾不交。谢安乐与父谢荣春邀请张怀德、黄诚方、张大道等理处，张大道有事未到。张新业凭中交出借契二十三张，约洋二百馀元，又交出押契四张。谢荣春声言魏谢氏尚有馀资，令张新业尽数交出，张新业坚称实无隐匿，张咸义在旁代为剖辩。谢荣春心疑张咸义主唆吞产，并因张大道托故不到，亦疑从中挑唆，起意控追。因知该县杨霈霖系江西同乡，与会馆董事王安邦往来，即托王安邦往向杨霈霖嘱托。四月二十三日，谢安乐患病不能进城，谢荣春即遣侄谢长元作抱以张咸义、张大道主唆张新业吞没魏谢氏遗资等词赴县控，经杨霈霖票差孙明传案。张大道恐受讼累，亦托王安邦向杨霈霖代为解释，均未许给钱物。四月二十九日，孙明将张咸义等传到，杨霈霖因追问张咸义、张新业均不承认主唆吞产之事，喝打张咸义手心二百，又打竹板子五六百，均系差役黄仲、黄桂掌刑。杨霈霖每逢杖责，必先在腿上限定长短阔狭分寸，定须照样打破方止，设差役用刑稍轻，即令壮勇倒打差役，是以人皆畏惧。维时张咸义两腿已经打成两洞，杨霈霖又将其上梃棍，用竹帚鞭背。张新业亦杖责无数。张咸义始终不认。张新业因受刑不过，混供洋钱账折藏在家内。杨霈霖分付："此系江西人之钱，应缴出捐归江西会馆。"将张咸义、张新业管押，勒限五日交洋五百元。三十日，派差邀同谢安乐赴张新业家查搜，并无银钱账折，饬令将张新业之妻张李氏带案。五月初一日夜，杨霈霖又提张咸义等审追，张咸义仍不承认，杨霈霖喝令掌嘴，因黄仲下手过轻，罚令跪在堂边，另派黄桂重责张咸义四十。又将其上光棍架、跪铁练，逾时数刻始行松放。又令黄仲、黄桂在张咸义两腿原伤上用竹板再打五百。黄仲等不忍下手，因畏杨霈霖严厉不敢不从。张咸义倒在地上，两腿不能动弹。杨霈霖又提张新业夫妇上堂，将张新业上光棍架、踹扛子，并将张李氏胸前挺上梃棍，用竹帚鞭背。退堂后，张咸义不能行动，经差役抬回班房。张新业还押，张李氏发交官媒看管。初二日，杨霈霖赴舒城县会勘水利公出，饬委典史毛祥翥代折代行。是日下午，看役周昌见张咸义受刑过重，不能言语，告知管班房家丁高发前去查看。高发称是发痧，逼令周昌雇剃头匠张有道挑痧。张有道见张咸义系受刑所致，并非患痧，不肯针刺，高发勒令在张咸义左手胐脥上试刺一针，挤出血水一点。高发又代差役夏安、夏球写就保状，勒逼取保医治，将张咸义用竹床抬出。夏安等抬至南门，因时已夜深，不能出城，在城门内看守一夜，次早抬送陈良章饭店，张咸义旋即殒命。经地保禀经典史毛祥翥带仵前往查看，并未相验，亦未讯供取结，照例禀府委员验讯，先由地保凑钱买棺，将尸暂殓。初四日，杨霈霖中途遇见赍送公文差人，询系张咸义取保身死，典史禀请邻封相验文件，将禀撤回毁销。

其时张咸义之胞兄张咸得闻知咸义已死，与母张黄氏、子张自发、侄婿刘华廷等共十二人赶至南门外，见张咸义棺木停在庙旁，棺盖未钉。因张咸义死于非刑，意欲赴府控诉，与张黄氏等行至距城三里许之享堂内住宿。是日，杨霈霖回署，即于三更时分带勇前往享堂，将张黄氏等全行捉住，张咸得藏在神龛下未被查获，事后逃出。杨霈霖勒令张黄氏等具结领棺，令壮勇捉住各人手指涂上黑墨捺在结上，始将张黄氏等释放。张咸得逃出后，邀同堂弟张步瀛作伴，一同赴省，投住汪森泰客店，控经安徽臬司批县录案详覆。张咸得即于十九日折回，张步瀛因闻拿逃往各处躲避。杨霈霖即以张咸义患痧取保身死，业经代行典史验讯明确，尸母张黄氏亦无异言，结求免验等情，填格录供通详，附禀有“访闻讼棍张承典等唆使张黄氏欲图借尸逞刁，禀请饬拿”等语。时张黄氏痛子情切，复思上控，因家贫无资，恳求族长在祠产内酌帮旅费，复于五月二十八日带同张咸得进省，住歇陈万春饭店，先后赴司并安徽抚臣衙门具控，经臬司嵩崑批府委员访查。

先是五月初间，杨霈霖派令开设孙同义米行之孙贵贤捐洋一千元，建修江西龙神庙，孙贵贤因庐江县城内本有龙神、八蜡等庙，何必另建，推诿不捐。六月十四日上午，杨霈霖忽派勇将轿夫谢老窝孜传案，教令供说孙长源、张敬铭、张志典许给钱文，令伊至烟馆、茶坊遍处谣传，说县官得受谢荣春赃洋一千元，因此将张咸义责押，孙长源之叔孙贵贤暗嘱陈振瑚、奚三、高大麻孜许洋十元，嘱付到官不可供出之言。谢老窝孜不肯诬供，杨霈霖即喝打板子，又踹扛子，并用竹帚打背，谢老窝孜刑逼勉供。杨霈霖将谢老窝孜钉镣带至孙同义米行，坐堂审问，因谢老窝孜供仍含混，又用竹帚拷打。传同孙贵贤、陈振瑚回县，立拿奚三、高大麻孜到案，教令供认前情。将陈振瑚两手用皮条轮换套在凳上，责打手心，致左手被责成废，手指不能伸屈。并喝令站堂差役退下奚三等裤用刑。奚三等畏惧，与陈振瑚均照杨霈霖所教情节供认。杨霈霖随将孙贵贤等分别管押，后经绅董说合，令孙贵贤捐交现洋三百元，始行释放，旋又将洋元发还，换立行票。六月十四夜，杨霈霖带勇下乡，往在张姓祠堂，连日拿人，将张志典获住。张志典之亲属因无故被拿，恐其到官受刑，将张志典拉脱逃跑，村人亦均逃避。张志典家草房十馀间，旋被烧毁，是否壮勇纵火，抑系窃贼遗火延烧，张姓人等均无目睹。二十二日，张墨林进村探信，即被捉住，杨霈霖将其上架子，用竹帚在腰背上责打，逼令供认听从张敬铭纠众殴差夺犯。张墨林受刑不过，只得诬认。杨霈霖即以讼棍张敬铭、张承典教令谢老窝孜等捏造谣言，拿获张志典一名，被张敬铭聚众夺回等情，抄录谢老窝孜等供折，禀请澈究，经臣批饬提省审办。

杨霈霖又不时派勇下乡查拿，将张有福、张玉和先后获案，一面移学查明文生张敬铭入学年分，详请斥革。张咸义之族人张兰芬等即以该县“刑毙张咸义，臆料人心不服，预埋奸计，带勇各持刀枪四路寻捉，将张有福等拘拷管押，凡属张姓不能归家”等词，联名赴司呈请出示安民。

并据庐州府委员访明，张咸义被责后抬出身死，该县既不禀请委验，又不眼同尸亲覆验，实属咎无可辞等情禀覆。臬司嵩崑因人卷日久未据解省，严札催提。复于八月初六夜杨霈霖忽移营带兵将刑书张甫拿获，追问臬司衙门承办庐江县刑书是何姓名？张甫供系胡家瀡，杨霈霖即将张甫锁在花厅。移时家丁高发拿出供结草稿，称系本官自己内稿，稿内写是张甫与张敬铭等主唆张黄氏上控，托臬署书办胡家瀡照拂，许洋二百四十元，先由汪森泰客店过付七十元，胡家瀡允为包赢官司等词，吓逼张甫照样誊写。其实张咸得先后省控，张敬铭等并无主唆，亦无同行进省。张咸得与司书胡家瀡素未谋面，更无贿托情事。维时该县刑书胡翔、工书陈谟，均因误公收押，杨霈霖忽令陈谟交出胡家瀡索费原信。陈谟因与胡家瀡素不相识，从无信札来往，无凭呈交。杨霈霖不依，即写封条，欲将陈谟装入站笼，封条用朱笔标明“断绝水米，站死示众”八字。陈谟之子陈华情急，恳求高发设法援救。高发令其捏造假信，陈华即央胡翔照高发指示情节代叙信稿，大致谓张咸义之案牵涉孙贵贤诸人，现已提省审办，托陈谟关照孙姓诸人，说明笔资，以免委提等语。由陈华另托学堂内杨姓用信纸誊写，交高发拿去。杨霈霖即以张敬铭等唆使上控，托胡家滏照拂许洋二百四十元，胡家滏允为包赢官司等情禀经臬司嵩崑，立传胡家滏严讯，不特无受贿包揽，且不知张姓其人。汪森泰亦坚供实无过付情事。将胡家滏等看管，饬县严拿张敬铭等，提同张甫解省质讯。张咸得前来江宁，控经臣递解回皖。张黄氏亦迭次赴司呈催，而杨霈霖率称讼棍行踪诡秘，一再禀请委员协拿，均经臬司批驳。

九月初一日，杨霈霖忽称衙署大堂粮柜下被人放火，初四日传到南乡地保罗明即罗进魁审讯，用竹帚责打，教令供认张敬铭之党与张振镛与子张长元等商议放火烧毁衙署，并张大禄等夺犯殴差各情。罗明不肯诬供，杨霈霖将其装入站笼。罗明之胞兄罗进坤前往探视亦被捉获，先打竹帚，又上光棍架，装入站笼。嗣罗进坤站得困乏，朦胧睡熟，不防高发手携白纸供结突从笼内拉出罗进坤之手涂上黑墨，捺上螺印，罗明亦被逼在笼内画供画结。杨霈霖即以九月初一夜大堂粮柜下忽有火药轰起，访拿放火之人无踪，获讯罗明供出曾闻张长元等有商议放火烧毁衙门之事通禀，并于九月初九日票差许荣带伙役孙小缉拿张长元诸人。因张长元逃避，将张长元之子张盛祥获住带回，致张盛祥之妻周氏情急投水，经人救起后，越日堕胎身死。许荣等坐船行至黄陂湖住宿，张盛祥即于夜间乘许荣熟睡，凫水逃逸。杨霈霖查知，谓许荣得贿放纵。十一夜拿到许荣，搜查身上，并无银钱，即令壮勇将许荣装入站笼，先在二堂上站立三十馀日，有人暗中送给饭食，未被站死。后因许荣在笼内嚷闹，声言并不犯罪，因何将其站死。杨霈霖气忿，又将许荣挪至署后马棚内，派勇看守，不准旁人探视，从此无人关食，延至十月二十二日许荣即在笼内站毙。其下手装笼及看守之壮勇，均系杨霈霖所雇江西同乡，书差人等，均不相识，未能确知姓名。杨霈霖勒令头役胡明、董发等八人捏具许荣患病保状，因胡明等不允，即行一并收押。胡明等始勉强出具保状，将许荣棺殓。杨霈霖又提孙小责打竹帚，并上光棍架，勒令供指许荣得贿故纵。旋以许荣取保病故等情捏详。复因臬司迭札催提，仍以讼棍张敬铭等弋获无期为词，禀请委员拿解。臬司嵩崑尚未核批，杨霈霖即赴省谒见，以司中未经批准，系由幕友勾串书吏胡家瀣舞弊所致。臬司嵩崑令呈出证据以便查办，杨霈霖大声疾呼，当面咆哮，悻悻而出。

臬司嵩崑因杨霈霖任性乖违，且其禀请委员帮缉，名为认真公事，实为卸过于人，将来得以借口，惟既牵涉幕友书吏，例应回避，禀经臣及安徽抚臣沈秉成批委署安庐滁和道李寿蓉、候补道松峻、童祥熊，会督太平府知府王汝砺审办，并将杨霈霖摘顶，经臬司嵩崑将原告张咸得同司书胡家瀣、饭店主汪森泰并司卷移道收审。一面酌择要证，开单禀经安徽抚臣饬道委员大挑知县郭继泰、候补知县吕耀轸前往守提。维时案证张有福、张新业均已先后取保病故。吕耀轸等驰抵该县，杨霈霖率称案内人证须亲赴八卦岭查提，嘱委员在署守候。讵杨霈霖在八卦岭居住十六日之久始行回署，声称各犯均已逃逸，并谓谢荣春等均可毋庸解质，仵作周正等数名由伊自行押解，委员不必顾问，所带人证匿不令见。吕耀轸等回省禀请销差。

而杨霈霖捏造典史毛祥翥相验张咸义病故禀稿，乘该典史奉委下乡查办塘工之时，遣家丁姚升送去用印。该典史之母不知是何公文，即盖用钤记交原手带回，该典史初不知情。杨霈霖又发出文稿，令刑书胡翔至姚升房内，将县卷逐件抽收。并恐张甫到省供出实情，将张甫之弟张旭传案管押，带同县卷自押张甫并差役夏安、夏球、看役周昌、仵作周正、饭店主陈良章即陈银章赴省，沿途经高发教诱各人供词解道投审。适候补道童祥熊业已请假，太平府知府王汝砺亦未来省，经安庐滁和道李寿蓉等提同张咸得等审讯。夏安等因杨霈霖尚未交卸，虑恐日后受累，不敢实供。张咸得又以杨霈霖仅将案外之张甫等数人解省搪抵等情，遣抱赴司呈控。

臬司嵩崑因原告指控要证无一名获解，足见情虚，并以刑毙重案，委员畏葸不能澈究等情具禀。安庐滁和道李寿蓉等亦因原告张咸得与夏安等供词悬殊，臬司禀中既有委员畏葸不能澈究之语，禀请回避。旋经安徽抚臣沈秉成奏奉谕旨行提人卷解至江宁讯明拟结，一面将杨霈霖撤任等因，经臣札调江苏按察使陈湜前来江宁会同江宁布政使瑞璋讯办，并将案内人证开单委员往提。即据怀宁县以仵作周正、差役夏球先后在押病故，验明取结，详经批饬核案详办。并经安徽臬司提集张咸得等交委员押带来省，将卷宗一并饬发审办。复据呈请札调典史毛祥翥来案。查卷讯供，因杨霈霖滥刑毙命并非无因，典史相验文稿亦系捏造，案内枝节丛生，原卷诸多不实，详经臣请旨将杨霈霖革职归案严讯，复经补提胡明等到案。正在质讯间，据报差役夏安在押病故，由上元、江宁两县会同验讯取结，详经批饬核办。

经该司等复加研讯，众供佥同。惟杨霈霖仅认刑责张咸义身死，事后捏填尸格，及将许荣装入站笼，至许荣之站毙及其馀情节坚不承招。迭次环质，杨霈霖无词狡辩，忽请检验尸伤，实系意存拖累。经该司等取具众证情状，分别议拟，解经臣督同复勘尸亲、书差、案证人等均各供实前情不讳，杨霈霖供仍狡执。臣查张咸义以滥刑毙命，众供业已确凿。许荣之死于站笼，亦据被勒捏病具保之胡明切实供明。张盛祥中途脱逃并非许荣贿纵，不独许荣之伙役孙小供词可证，即杨霈霖将许荣获案时亦经搜查身边并无洋钱，尤为并非贿纵之明证。其妄拿无辜，刑逼教供，及抽改卷宗，又据被拿受刑之人及刑书胡翔供指明确。即称县署大堂放火，亦经该典史毛祥翥供明系当时杨霈霖向伊告述，即往大堂查看粮柜下仅有串绳数根，烂纸数张，不见放火形迹，质之书役人等亦称并无其事。查放火必须乘人不知。是夜杨霈霖在署审理案件，无论在于二堂、三堂，而审案处，以至头门伺候之差役、门丁，听审之原被案证，观看之间杂人等，节节有人，张长元等何能于稠人广众之中放火烧署！且火药既从粮柜下轰起，必先轰坏粮柜，断无粮柜并未烧毁而能腾空烧延墙上者，亦未有火药业已燃发，而包火药之绳串、纸张不先焚毁者。至幕友陈元焕勾串书吏胡家瀊舞弊一层，详查司卷，均属照例办理，并无舛错，杨霈霖亦不能指出陈元焕于此案舞弊实据。陈谟呈出胡家瀊需索规费之信，亦系杨霈霖勒逼捏造，经代叙信稿之胡翔供明，饬令交出原信，比对笔迹，又不呈缴，其为情虚可知。如果张咸义实非刑毙，杨霈霖当时何不眼同尸亲验明，反将典史禀请邻封文件撤回，事后又何以捏填病故尸格，则其掩饰规避，即为刑毙确据，自可毋须检验。况时隔年馀，尸已腐烂，刑伤在于皮肉之间，必无骨折骨损可检，许荣站笼毙命，由绝食所致，更属无伤可验。今杨霈霖之请检，明系希图狡展拖延，实属异常刁健。现在全案三十馀人，经该司等历审二十馀次，众供均已明白，案情毫无疑义。且张咸义等业已死于非命，案证又拖死多命，更未便因杨霈霖避罪狡展，徒致两尸惨遭蒸检，人证再受拖累，应即就供拟结。

查律载："官吏怀挟私仇，故勘平人致死者，斩监候。"又例载："承审官吏，其有将干连之人不应拷讯任意叠夹致毙者，照非法殴打致死律，杖一百，徒三年；其有将笞杖人犯致毙二命者，照非法殴打致死律，加一等杖一百，流二千里。”又：“内外问刑衙门审办案件，其有实在刁健、坚不承招者，如该徒罪以上，具众证情状奏请定夺。”又律载：“官吏、诸色人等为人曲法嘱托公事，已施行者杖一百”各等语。此案已革调署庐江县知县杨霈霖，因该县刑书张咸义被控主使吞产，传案审问，事甚细微，本不应用刑拷讯，乃迭次杖责，并滥用梃棍、光棍架等刑，致张咸义越日因伤毙命。复因尸亲上控，捏称讼棍主唆，肆意株连，妄拿无辜，刑逼教供并诬指张长元等在大堂放火图烧衙署，派差许荣将张长元之子张盛祥拿获，致张盛祥之妻周氏情急投水，经救后堕胎身死。又因张盛祥中途脱逃，辄挟忿将许荣用站笼站死，实属忍心残酷。若照非法殴打致死律科断，罪止拟徒，即照致毙笞杖人犯二名亦罪止杖一百流二千里。至杨霈霖指张盛祥之父张长元等在大堂放火既属虚诬，张长元即非应拿之人。许荣因奉票查拿张长元未获，将其子张盛祥带至中途被脱，仅止一时疏忽，杨霈霖疑其贿纵，挟忿将许荣装入站笼毙命，若竟照怀挟私仇故勘平人致死律定拟，杨霈霖仅止怀疑挟忿，并非怀挟私仇，许荣又系在官差役，与平人有间。遍查律例并无恰合专条，自应比律减等问拟。杨霈霖应如该司等所拟，除非法殴打张咸义致死罪止拟徒轻罪不议外，应请比依官吏怀挟私仇故勘平人致死者斩监候律上量减一等，拟杖一百、流三千里，系职官，发往新疆当差，照例请旨定夺。差役黄仲与黄桂听使下手将张咸义非法拷打致毙，本应按律减等问拟。刑书胡翔听从抽改卷宗，虽系杨霈霖发出内稿，亦有不合。惟该书差等均系在官人役，不能不听命于监临，以杨霈霖之酷虐，断非书役所敢违阻，应请革役，从免其置议。监生王安邦为谢荣春向本官杨霈霖嘱托讼事，虽杨霈霖之刑毙张咸义非王安邦意料所及，惟嘱托之事业已施行，亦应按律问拟。王安邦即王易畴，应革去监生，合依“官吏、诸色人等为人嘱托公事已施者，杖一百”律，拟杖一百，年逾七旬照律收赎，追取赎银入官册报，递回原籍江西东乡县严加管束，追取监照，由县另行详销。谢荣春于伊妹魏谢氏究有遗资若干，不知确数，张咸义等有无主唆吞没，亦不查明，率以悬揣之词呈追，复央王安邦向官嘱托，本干律拟，业已病故，应与讯无知情嘱托之何鸿门均毋庸议。张大道因被谢荣春诬告求王安邦解释，系为畏累起见，谢安乐并未出头具控，张墨林、张大禄与张有福均无殴差夺犯，孙小与许荣拿获张盛祥中途脱逃，委系一时疏忽，并非得贿故纵，概毋庸议。罗明即罗进魁、罗进坤在县供指张长元等商谋图烧衙署，谢老窝孜诬供张长源等贿嘱播传谣言，张甫诬供张敬铭等贿托臬司书办胡家滏包揽各节，讯明均系杨霈霖刑逼教供妄认，委非有心诬攀，应与被逼捏具病状之保人胡明、夏安、夏球俱毋庸议。孙贵贤、孙长源均无与张敬铭等捏造县官要钱之言，贿嘱谢老窝孜播传，陈振瑚、奚三、高大麻孜亦无听从孙贵贤许给谢老窝孜银洋。司书胡家滏、客店主汪森泰更无得贿包揽及知情过付各情事，陈谟呈出胡家滏需索之信，讯系捏造，概免置议。幕友陈元焕批办此案文件并无舛错，杨霈霖亦不能指出舞弊确据，应免查究。张新业侵用魏谢氏银洋身死无征，杨霈霖勒捐孙贵贤洋票涂销。张敬铭、张长元等并无唆讼及放火图烧衙门，已据全案人证供明，应免缉究，并将张敬铭原革衣顶准予开复。张新业、张有福讯系取保病故，亦毋庸议。至张咸义被责因伤身死，许荣在站笼站毙，已有值堂用刑及看管之书差勒具病状之保人供明，且时隔年馀，尸已化烂，应请免予开检。仵作周正、差役夏球、夏安在押病故之处，已据委员吴本仁及怀宁、上元、江宁各县验讯明确，看役人等均无陵虐情弊，并免置议。典史毛祥翥于张咸义死后照例禀请邻封相验并无不合，其县卷内尸格系杨霈霖事后捏填，禀请邻封文件亦系杨霈霖中途撤回，与该典史无涉，应即饬回本任。馀属无干，案已讯明，未到人证免提省累，各尸棺饬属分别领埋。许荣装入站笼，下手及看守之壮勇饬县访明，与高发、姚升一并严缉，获日另结。

是否允协，除全案供招咨部查核外，所有审明已革署庐江县知县杨霈霖被控滥刑毙命一案，讯据众供确凿，照例议拟缘由，理合恭折具奏，伏乞皇上圣鉴训示，谨奏。

湘军新旧各营改编炮队片

再，查两膀后膛车炮运动便捷，用于陆军前敌冲锋摧阵最为锐利。江南淮军庆字、春字等营前已奏明改编炮队在案。所有湘军各营及督标亲军新兵等营，自应一律编立炮队，认真训练，俾成劲旅。当饬仿照淮军改编章程，量为变通，凡统领五营以中营专操炮队者，前后左右四哨每哨分练六尊，照章给炮二十四尊，教习辛工洋七十元。如统领五营分营操练者，每营四尊给炮二十尊，教习辛工洋六十元。统领四营分营操练者，亦每营四尊给炮十六尊，教习辛工洋五十元。均每尊照章月给炮费洋四元。现计合字五营、新湘五营，均以中营专操车炮，每军应领两膀后膛洋炮二十四尊，遴选教习各二名，一名月支辛工洋四十元，一名月支辛工洋三十元。内新湘五营前已领过洋炮二十二尊，今应添领二尊，以符定章。又老湘五营、督标新兵五营，均请分营编练，每军应领洋炮二十尊，遴选教习各二名，一名月支辛工洋四十元，一名月支辛工洋三十元，内老湘五营已领过洋炮二十尊。又督标亲军四营，亦系分营编练，应领洋炮十六尊，遴选教习二名，一名月支辛工洋三十元，一名月支辛工洋二十元。各营均照章每尊月支炮费洋四元。由防营报销处会同营务处、支应局，详请奏咨立案前来。臣查此次挑选炮队，只就原营训练，并不另募勇丁，所需炮费及教习辛工核与前次庆字、春字等营奏明改编炮队成案尚属相符，自应照章支给，以资练习。

除咨部查照外，谨附片具陈，伏乞圣鉴。谨奏。

督标水师等营分扎处所片

再，各省防营如有移扎他处，前经钦奉谕旨，饬令随时奏闻等因。江南淮扬水师与恪靖水师，零畸夹杂，眉目难分，前经臣改为督标水师，分立中、左、右、前、后五营，并饬令各该镇将会商营务处，派定地段，分别驻巡，附片奏明在案。

兹查督标水师中营，自镇江丹徒口内起至淞江口内蕴草滨止，督标水师前营自扬州湾头起，至马棚湾止，督标水师右营自马棚湾起至淮安府止，督标水师左营自江宁省城大江大胜关两岸，又城河自晏公庙起，均至乌龙山止，督标水师后营自江宁乌龙山起至焦山沿江两岸又瓜洲口内起至五台山止，又督标亲兵水师左哨自扬州五台山起至沙漫洲一带沿江两岸止，督标亲兵水师右哨自江宁省城南门外起至晏公庙止，以清地段而专责成。又驻扎杨州合字副中营改名合字左营，调回驻防清江，由该统领督饬会合操练。所遗扬州汛地，饬令驻扎十二圩之督标奇兵左营即以所驻七濠口之哨勇前往填扎。又武毅亲兵副营改为武毅后营，武毅亲兵正营改为武毅副后营，武毅左军正副二营改为武毅左右二营，春字左营改为春字副中营，春字右营改为春字副前营，俾归画一。

理合附片陈明，伏乞圣鉴。谨奏。

天洑洲炮台暂缓兴修片

再，前议镇江都天庙等处增葺炮台，当饬将都天庙工程先行开办。天洑洲地方，因江流时有变迁，尚须详加审察。合山亦以土中杂有沙石，不便钉桩，均令缓筑，另行筹办。臣于八月二十十九日带印出省亲往履勘，周历各处，详加考察。都天庙台工业已兴筑过半，一切做法均甚坚实。原议添筑合山之台，现拟移筑山下偏左地方，亦在象山炮台之东，后倚平冈，前横小港，形势亦极扼要。一应经费，仍就原估数目毋庸加增。天洑洲滨临大江，前因回溜冲刷，逼近台址，恐江岸再行坍卸，损及台身，拟移后另行添筑。乃今年夏间江水盛涨，原处并不复坍，转将左近江岸冲塌数丈。江洲坍涨靡常，此项工程似宜暂缓兴建。容俟察勘情形，再行妥筹办理，以昭慎重。

谨附片陈明，伏乞圣鉴。谨奏。

大员在籍病故代递遗疏折光绪十八年九月十四日

奏为大员在籍病故，代递遗折，仰祈圣鉴事：

窃前任闽浙总督卞宝第，于本年五月间因病奏蒙俞旨，准其开缺。兹据该家属呈报，卞宝第于九月初三日在籍病故，交到遗折一扣，呈请代递前来。

伏查前任闽浙总督卞宝第，起家部曹，洊任台谏，正言谠论，多所建白，仰蒙穆宗毅皇帝特达之知，擢授顺天府府丞，旋升府尹。维时各属马贼充斥，为害闾阎，卞宝第创立捕盗营，分布各厅州县，认真巡缉，地方赖以乂安。常以敝车羸马巡行乡野，借以采风问俗，及考察牧令贤否。属吏馈遗，虽微不受，居官清介，粹然循吏之风。外任河南布政使，值捻匪窜扰，势极猖獗，汴梁为适中之地，流寇意图扑犯，旦夕数警，居民咸有戒心，抚臣督师防剿，卞宝第任守城之责，激励士卒，昼夜备御，并招养难民入城，全活无算，厥功之伟，至今汴人犹能道之。旋升任福建巡抚，丁忧服满，补授湖南巡抚。到任后，因各属伏莽未靖，以缉匪安民为当务之急。平江、武陵等处匪徒密谋起事，卞宝第星夜调兵往剿，即行扑灭，有"办理迅速"之旨。此外如兴修水利，清理庶狱，并捐廉创立书院及捐助育婴堂等费，孜孜焉以振兴文教、休养百姓为心，成效昭然在人耳目，时臣在籍，闻见颇真。嗣署湖广总督，以海疆多事，江防戒严，筹饷筹兵，力顾大局。迨升任闽浙，兼管船政，凡军务、吏治、饷糈、制造诸政，靡不兴利除弊，竭力经营。福建顺昌大干乡江匪滋事，兼有会匪煽惑，时采茶商民麕集数十万人，稍事稽延，患将不测，卞宝第立调营勇剿办，始得弭患无形。又以船厂经费支绌，将已应得船政养廉悉为厂中工作之用，其公尔忘私有如此者。迹其生平，亮节清操，卓然自立。服官中外四十馀年，任怨任劳，历久不懈，其秉性然也。闻其绵惙之时，犹以受恩深重，未报涓埃为憾，其拳拳爱国之诚，死且不朽。在卞宝第感承恩遇，一一皆职分所当为，而圣主笃念荩臣有加无已，应如何赐恤之处，出自高厚鸿施。

谨将交到遗折代为呈递，伏乞皇上圣鉴。谨奏。

筹赈江宁扬州二府旱灾折光绪十八年九月二十二日

奏为江宁、扬州各属被旱较重，亟拟办筹赈抚以全民命，谨将大略情形，恭折驰陈，仰祈圣鉴事：

窃照江宁各属，自兵燹后，民间元气未复，全赖年谷丰登，借资生计。迩来叠遭歉岁，小民绝少盖藏。本年入夏后，雨泽愆期，禾稻未能及时栽插，补植杂粮，又以交秋后日久亢晴，长发不茂。其滨临江河湖荡处所，农民昼夜车戽，竭力灌溉，虽备费人工，尚须设法补救，借获收成。惟在徐州之萧县、宿迁等处，间有因夏间骤雨，河南、山东诸水下注，一时宣泄不及，不无被淹之处。此外各属高阜田禾，人力难施，率皆因旱受伤，秋成减色，甚至有黄萎枯槁，颗粒无收。现就各该州县禀报情形详加查核，以扬州府属之甘泉县被灾为最重，其馀如句容、仪征、六合、江浦等县山田居多，收成亦歉。叠据各该地方绅耆，以民情困苦，待哺孔殷，纷纷呈请赈抚，业经江宁藩司饬府亲诣履勘荒歉轻重，分别应蠲、应缓，另行汇案办理。一面请拨款项，俾得早日筹办赈抚，以免流亡等情，据江宁布政使瑞璋详请具奏前来。

臣等查本年镇江府属丹徒、丹阳二县被旱较重，业经会奏，仰蒙恩旨，截留江北河运漕米五万石，并水脚运费等款为镇江各灾区赈济之用，皇恩浩荡，薄海同钦。今江宁、扬州二府所属甘泉等县灾歉情形与丹徒、丹阳大略相同，而地方较广，赈济抚恤，需款不赀。仰维我皇上如天之仁，凡水旱偏灾，一经臣下奏陈，无不恩施立沛。臣等奉职无状，未能感召休和，清夜自思，难安寝馈。惟有督率藩司，实心实力，设法筹款，分别灾区轻重，酌量拨济，俾灾民不至失所，借以上副圣主子惠元元之至意。惟察看目前被灾之处，小民困苦颠连已有岌岌不可终日之势，转瞬青黄不接，更属不堪设想。约计冬赈、春赈，为日甚长，需用浩繁，款无所出。当此司局各库异常支绌，苦无巨款可筹，拟与镇江各属一体劝办赈捐，俾资补苴而全民命。

除将筹办赈捐事宜另行附片具奏外，所有江宁、扬州各属被旱较重亟待赈抚缘由，谨合词恭折驰陈，伏乞皇上圣鉴训示。谨奏。

武职借补章程仍请展限折光绪十八年十月三十日

奏为武职借补章程已届期满，仍请再行展限以资疏通，恭折仰祈圣鉴事：

窃查武职大衔借补小缺一案，同治七年经前大学士曾国藩酌拟推广借补章程，奏准提督、总兵借至副将、参将、游击止，副将、参将、游击借至都司、守备止，都司、守备借至千总、把总止，仍照部议以十年为限，十年之后应否规复旧制，抑再行体察情形奏明酌办。嗣于光绪十三年接准部咨："借补章程逾限已久，拟请暂缓五年，凡提镇以下人员准其通融借补，五年之后再行奏请停止"等因。光绪十三年十一月十一日具奏，奉旨："依议。"钦此。各在案。

现计限期将满，自应照例办理。惟查武职大衔借补小缺，原因军兴以后，各将领积功荐保崇阶，人多缺少，序补无期，斟酌权宜，具有深意。是以十年限满之后，部臣仍因提、镇人员过多，未即奏请停止。嗣于前陕甘督臣谭钟麟奏请升调补署一律缓复旧制案内，又经兵部议复展缓五年。盖深知此项章程系属因时制宜，未便遽复旧制，仍准通融办理。现虽承平已久，而从前立功将领分发各省候补人数尚多，两江用兵最久，又复兼辖三省，在标候补武员较他省尤形拥挤，提督、总兵两项共有一百馀员之多。此项人员，昔年奋迹行间，艰苦备尝，始得论功荐擢，若一经规复旧制，按班不准借补，则留省之提、镇各员永无补缺之望。正如曾国藩所奏：“功绩较浅者转得各占实缺，劳苦最久者反致长抱虚荣”，殊非激励将士之道。即副将以下各员保奖名次稍后者，亦恐无轮补到班之日。一概置之闲散，未免向隅。且部定补缺章程，按班轮用，缺项本多，借补人员仅于尽先一项内通融办理，并未另立班次。是大衔借补小缺，既寓矜恤将士之意，亦与别项轮补缺次毫无格碍。臣体察两江现在情形，不得不查照旧章，仍请变通办理。合无仰恳天恩，俯准将武职借补章程量予展限，仍俟数年后应否规复旧制，再行奏明酌办。

所有武职借补章程，仍请展限缘由，理合恭折具陈，伏乞皇上圣鉴训示。谨奏。

上海丹阳二县互更缺字片

再，上海县本系“繁疲难”沿海三字要缺，自辟口通商以来为各省第一口岸，地名冲要，事务纷繁，且华洋杂处，时有交涉，中外事件，较之通省四字要缺尤为吃重，非稍予变通不足以资治理。查江宁、苏州两属四字要缺知县，如长洲、元和、吴县系省会首邑，武进，丹徒、山阳、江都、甘泉均系附郭首邑，清河县为沿河要缺。惟查丹阳县自镇江通商以后，南北往来多集镇江府城，丹徒县系附郭首邑，已当其冲，丹阳地方迥非从前可比。是该二县今昔情形大不相同，似未便拘泥旧制。拟请将上海、丹阳两县互相更改缺字，俾为地择人，各期允当。据江苏布政使邓华熙会同江宁布政使瑞璋等详请具奏前来。

伏查部行铨选章程内载：“浙江平湖县原系‘冲繁疲难’沿海题调最要缺改为‘繁疲难’三字沿海题调要缺，仁和县原定‘冲繁难’应调要缺改为‘冲繁疲难’四字应调要缺”等语。察核章程，似三字、四字要缺，如果今昔情形不同，准其奏请互相调换。今上海、丹阳两县自通商以后，地方情形迥异从前，自应援照办理。拟请将上海县改为“冲繁疲难”沿海四字要缺，丹阳县改为“繁疲难”三字要缺。似此一转移间，不特与例案相符，且于治理均有裨益。

谨会同江苏抚臣奎俊附片陈请，伏乞圣鉴训示。谨奏。

已故将军遗爱在扬请合建专祠折 光绪十八年十一月二十三日

奏为已故将军战功卓著，遗爱在民，吁恳天恩，俯准合建专祠，以彰忠荩而顺舆情，恭折仰祈圣鉴事：

窃据扬州绅士记名御史翰林院编修詹嗣贤等五十人联名禀称：“已故督办江北军务盛京将军都兴阿、吉林将军富明阿、在扬州防剿多年，战功卓著，遗爱甚深，至今士庶衔恩，难忘旧泽，拟请在扬州府城合建专祠，由地方官春秋致祭，以伸报飨，并将打仗阵亡及在营积劳病故之京口副都统海全等一体附祀”等情，禀请具奏前来。

伏查该故将军都兴阿，于咸丰十年奉命督办江北军务，驻防扬州。维时苏州、常州各郡相继沦陷，群盗如毛，里下河一带完善之区为群贼所窥伺，郡城旦夕数警，岌岌可危。都兴阿激励将士，竭力守御，相持两年之久，屡挫凶锋。同治元年三月，悍贼十馀万人渡江直扑扬州，都兴阿知贼众且锐，严戒各营勿轻出战，俟贼逼近，开壁击之，杀伤甚众。嗣贼由法海寺至虹桥、七里店等处排列长阵，意在包抄，蜂拥而来，势甚猖獗。都兴阿亲冒矢石，纵横荡决，贼始溃乱，官军蹑踪紧追，擒斩无算，馀贼皆败窜过江，不敢复逞。自此次痛剿之后，扬郡始得转危为安。

三年二月，都兴阿钦奉谕旨，调赴绥远城会剿回逆，扬防一军奉命交富明阿接统，查富明阿于咸丰三年隶前大学士琦善军营，久在扬州一带，随剿发逆，身经数百战，立功甚伟。自接统扬防后，昼夜戒备，一如都兴阿治军时。克复丹阳一役，富明阿派队渡江与冯子材等军南北夹击，遂将县城克复，历年积匪剿除殆尽。并因江北天长、六合等处地广兵单，该处为里下河一带门户，派勇分防，布置严密，扬郡赖以无恐。

光绪十八年五月，经黑龙江将军依克唐阿等奏陈富明阿战功事迹，请于立功省分建立专祠，钦奉恩旨允准在案。扬州为都兴阿、富明阿立功之地，该绅士等追溯遗泽，馨香崇报，自系出于至诚。

臣维该故将军都兴阿、富明阿昔年督师剿贼，卓著勤劳，声施烂然，勋名相埒，其平生事迹久在圣明洞鉴之中。咸丰、同治年间，扬州屡遭兵燹，人民寥落，荡析离居，该故将军等先后接统防军，驻扎该郡，拊循士庶，威惠兼施。并与曾国荃等军联络声势，互相策应，艰难险阻，屡濒于危，卒至克竟全功，削平巨憝，是扬防一军保全东南大局实非浅鲜。既据该绅士等沥情禀请，臣未敢壅于上闻。合无仰恳天恩，俯准在扬州府城合建都兴阿、富明阿专祠列入祀典，由地方官春秋致祭。其打仗阵亡之翼长京口副都统海全、副都统衔总管西昌阿、记名副都统总管台裴音保、记名副都统协领乌尔恭阿、记名副都统协领博奇、副都统衔协领委营总双成、头等侍卫副都统衔署徐州镇总兵伊兴阿、在营积劳病故之头等侍卫德崇额，均系久历戎行，以死勤事，并请一体附祀，以彰忠荩，出自鸿慈。

谨会同江苏巡抚臣奎俊恭折具陈，伏乞皇上圣鉴训示，谨奏。

请复故员原官折 光绪十八年十一月二十三日

奏为革员于结案后仍在差次积劳病故，吁恳天恩准其开复革职处分，以慰忠魂，恭折仰祈圣鉴事：

窃臣鸿章于光绪十三年会同前两江督臣曾国荃、前两广督臣张之洞、前广东抚臣吴〔大澂〕具奏："据江宁绅士汪士铎等呈称：'已革两淮盐运使洪汝奎遗爱在民，请将该故员生前居官事迹宣付国史馆，列入循吏传，并可否恳恩开复原官，以励循良。'"奉朱批："洪汝奎获咎较重，且系未经开复人员，所请均毋庸议。"钦此。

上年二月，臣坤一航海入觐，经过天津，晤臣鸿章，谈及时局维艰，故员洪汝奎人才难得，为之太息不置。及臣坤一抵任，复据江宁、扬州绅士翰林院编修记名御史詹嗣贤等呈称："洪汝奎政绩卓著，遗爱难忘，公恳奏请开复原官，以顺舆情。"并据具禀到臣鸿章。

臣等往返函商，以前此所请过优，钦奉谕旨，饬毋庸议，何敢渎陈。惟查洪汝奎原案以疾恶太严，因公受过，业经革职遣戍，已足蔽辜。旋蒙天恩赐环，时已年老且惫，一闻发往广东差遣之旨，力疾登舟，远泛重洋，不辞险阻。及抵粤省，委办筹防事宜，夙夜殚精竭虑，以期图报涓埃。乃以病躯过劳，遂至殒身炎瘴。其情可悯，其志可矜。臣等夙与同舟，知该故员勋勤楙著，诚不忍其负咎重泉。伏维朝廷优恤臣工，凡死事人员莫不开复生前处分，以励匪躬之节。今洪汝奎殁于广东海防差次，实与死事无殊。

且自谪籍释回，旧案已经完结，重效驰驱之用，克申尽瘁之忱，似前之罚罪既有严条，则后之褒忠应邀特典。合无仰恳鸿施，逾格准其开复原官，俾该故员得蒙帷盖之仁，即其子孙当矢结衔之报。

谨合词恭折具陈，伏乞皇上圣鉴训示。

再，此折系臣坤一主稿，合并陈明。谨奏。

筹办赈抚情形折 光绪十八年十二月十五日

奏为江宁、扬州各属筹办赈抚大概情形，恭折驰陈，仰祈圣鉴事：

窃本年江宁、扬州各属因天气亢旱，灾歉较重，仰荷圣慈截漕济赈，并蒙恩准开办捐输以资赈抚，鸿施稠叠，至渥且周，凡属黎元，同声感颂。

伏查江苏各属近年来屡患水旱，民间杼柚久空，即使年谷顺成，终岁劬勤，仅堪自给，一遇灾歉，即觉无以为生。本年甘泉、句容各县虽被旱轻重不等，而小民既鲜盖藏，困苦颠连，均堪悯恻，亟须广筹赈抚，以拯灾黎。当经臣等饬将截漕米折及水脚等款在江安粮道应解苏州截漕款内就近划拨解司，并另行筹拨款项以济目前之急。一面派员分投广为劝捐，俾得源源解济。并饬司遴员前往各该属，会同地方官按户确查，分别等次，以为赈抚之据。兹据江宁藩司瑞璋将筹办大概情形具详前来。

臣等查甘泉县被灾最重，应行先办急抚，并分别极贫、次贫照例给赈。其重歉村庄及仪征、句容、六合、江浦等县被旱各乡，一律筹议抚恤，业经饬令印委各员将尤为贫苦者按户计口散给钱文。其少壮力能工作者，或令挑筑塘坝，或令搜挖蝻子，各就地方情形，因势利导，妥为筹办。并饬将被旱各县应行兴修工程，次第勘办，为以工代赈之举，俾灾民得沾实惠，款项亦不至虚糜。各属被旱既多穷黎，外来流民又复接踵而至，嗷嗷待哺，衣食无资，若不亟为设筹，深恐流而为匪。复在江宁城外及浦口等处多设粥厂，宽为收养，俾免流亡，统俟春融之时，再行分别资遣。时届严寒，小民御冬无蓄，号寒之惨，等于啼饥，并拨款制备棉衣及时散放，仍劝谕绅富量力施助，以资挟纩。刻下冬赈已有端绪，明春青黄不接为日方长，尚须预筹接济。至附近歉收各县，小民亦多拮据，如有应行调济之处，亦当察酌情形，妥为办理。惟冀捐输踊跃，庶赈务有所藉手，民困得以稍苏。幸近日连得透雪，二麦获有滋培，各属灾黎已有向荣之望，地方安谧，堪以上慰宸廑。此外如有未尽事宜，臣等自当督率藩司，饬令印委各员，体察民情，随时补救，以期仰副圣主痌瘝在抱，子惠元元之至意。

所有筹办赈抚大概情形，谨合词恭折由驿驰陈，伏乞皇上圣鉴训示。谨奏。

叶启勋　叶启发等　撰
湖南图书馆　编

湖南近现代藏书家题跋选

（二）

湖湘文库编辑出版委员会
岳麓书社

前 言

古来言藏书者，咸争推吴越故家，而楚蜀之地乃寂寂无闻。而至近现代湖南文化全面爆发，其藏书事业发展兴盛，藏家辈出，如有安化的陶澍、罗绕典；善化的唐仲冕、唐鉴；长沙的徐树铭、徐树钧、叶德辉、徐崇立、唐成之、叶启勋、叶启发；常德的赵慎轸；道州的何凌汉、何绍基、何维朴；湘潭的袁芳瑛、袁树勋；宁乡的黄本骥、刘康；衡阳的常大淳；巴陵的方功惠；湘乡的曾国藩、李希圣、陈毅；浏阳的刘人熙；平江的李元度；益阳的胡林翼、萧大猷；祁阳的陈澄中；等等，藏书家几乎遍布各地，前辈争鸣，后生继起，蔚为大观。江安傅增湘在长沙叶氏《紬书录》序中曾描述道："然余览刘将孙为张梦卿总管作《长沙万卷楼记》，盛称'湖江之上，岳麓之外，翚飞照郭，牙签插架，胪列山集，清风佳客，考古订今，则自宋元以来，衡湘之交，炳炳麟麟，已蔚成图书之府矣'。"道州何绍基、湘潭袁芳瑛、巴陵方功惠、长沙叶德辉，更是被誉为近现代史上的"潇湘四大藏书家"。这些"三楚前辈毕生精力之所聚"的"古今图籍之菁英"，"若持此以与吴越故家比长挈大，宁容多让"，足见湖南一省的藏书之盛，质量之高。此外，金石碑帖、字画文房、磁玉竹木、印泥图章种种有收藏价值的，各家均致力藏弆，如徐树铭藏书数十万卷外，嗜爱钟鼎书画；徐崇立对金石学、版本学、目录学颇具心得，是长沙清末民国年间有名的碑帖收藏家。

湖南藏书家在保存典籍的同时对自己藏书开展整理、校勘、编纂等学术活动，如藏书目录的编纂，藏书的校勘，同时也题写了大量题跋，述著述之指要，辨一书之是非，考钞刻之源流，鉴版本之优劣，具有重要的学术参考价值和文献保存价值。现存行世的湘籍藏书家的题跋著作主要有：叶德辉《郎园读书志》十六卷、何绍基《东洲草堂金石跋》五卷、叶启勋《拾经楼紬书录》三卷、叶启发《华鄂堂读书小识》二卷、徐树钧《宝鸭斋题跋》二卷、徐崇立《瓻翁题跋》七卷、李希圣《雁影斋题跋》四卷、刘人熙《楚宝目录》一卷、杨昭儁《净乐宧题跋》六卷等等。

《湖南近现代藏书家题跋选》将叶德辉《郎园读书志》、叶启勋《拾经楼紬书录》、叶启发《华鄂堂读书小识》、徐树钧《宝鸭斋题跋》、徐崇立《瓻翁题跋》、李希圣《雁影斋题跋》、刘人熙《楚宝目录》七种学术价值较高的题跋汇编成两册，其中《郎园读书志》因篇幅较大，编为一册，其他六种则合编此册，兹将这六种题跋略述如次：

叶启勋《拾经楼紬书录》三卷。叶启勋（1900—1972），字定侯，号更生。湖南长沙人。叶德辉三弟叶德炯次子。以藏书知名，亦通晓目录学。家有藏书楼名“拾经楼”、藏书达10多万卷。编有《拾经楼书目》、《拾经楼紬书录》等。

叶启勋爱书嗜书，名钞佳椠把玩不歇，他在《拾经楼紬书录》中多次写道：“余幼承家学，性喜蓄书，十数年间，聚书十万卷有奇，凡先世父观古堂中所无者，辄以重值得之”，“唯余而立之年，半以书相依如命，流离颠沛，伴侣皆书，嗜之笃、缘之悭，两相及也”。这种酷爱典籍的习气直接承之于其伯父叶德辉，家学渊源颇深。叶德辉藏书臻富，闳识旷才，傅增湘将其与清四大藏书家瞿、陆、丁、杨相提并论。叶启勋四五岁时就开始对家族藏书产生了浓厚的兴趣，年愈长，兴愈浓，叶德辉遂以簿录版本之学见教，叶启勋等朝夕追随，日与书棚贾客周旋，且叶德辉每得一书就题写一跋，或校其文字异同，或述其版刻源流，而启勋兄弟所得亦必呈请审定，叶德辉的博极群书、贯通经史让启勋兄弟从小就耳濡目染，打下了坚实的学术基础。

叶启勋藏书大部分得自道州何氏藏书，《䌷书录》中“得自道州何氏”字样比比皆是，据叶启勋自叙：“余向得何氏书数千卷，大都名人批校旧钞，或经蝯叟书根书面，或一再批点圈读。”且多为旧椠名钞，罕传秘籍。傅增湘有幸流连其书橱，乐此不疲：“余披玩竟日夕，手籍其要于瞥记中，其最著者如：宋刊则有《韵补》、《古史》、《宣和书谱》，秘钞则有汲古阁影宋之《重续千字文》、雁里草堂之《广川书跋》，名校则有毛斧季之《春渚纪闻》、何义门之《才调集》，而陈荼甫之《自堂存稿》十三卷本，足补秘阁阙遗，尤可宝贵。”

叶启勋藏书不仅注重宋刊元刻、全本佳椠的收藏，且对一些残佚本、孤本尤为珍视。在《文山先生全集二十卷（明嘉靖三十九年张元谕刻本）》的题跋中记载道：“是其时早已散落在外，今又散失第四卷及十五、十六、十七、十八、十九、二十共七卷，盖已失其半矣……喜其国宝累累，刻本稀见，且书上绫签犹是当日供奉原书手迹，固不欲以其残缺弃之。”又其《鹤溪文稿四册（手稿本）》题跋云：“今此本初藏袁氏，完好无缺，余两次得其半，始得其全。非余之好事日日留心，此稿几成残帙。”这种集腋成裘的收藏方式对于文献的留存、流传有很大的意义。

湖南图书馆藏《拾经楼䌷书录》三卷，为 1937 年长沙叶氏拾经楼铅印本，共辑有叶启勋藏书题跋 110 篇。其间论述藏书源流，版本递嬗，学术流派，颇见其版本目录学术功底之深。

叶启发《华鄂堂读书小识》四卷。叶启发（1902—1952），字东明，湖南长沙人，叶德辉之从子，有藏书之所华鄂堂，著有《华鄂堂读书小识》等。

叶启发和叶启勋兄弟兴趣相投，志笃好版本目录之学，共承家学衣钵，藏书互通，两兄弟“自髫龄即好搜访旧籍，日游厂肆不倦。见有重本、异本，不论其为钞、为刻，必购归藏之。暇则取以互勘，订其同异”。其藏善本琳琅，“明代著名如锡山秦柄雁里草堂、江左文征明玉兰草堂、安阳秦西岩穴砚斋、虞山毛晋汲古阁诸家钞本均有一二插架焉”，也有大部分得自道州何氏，“学使（何绍基）以金石法书名家，储藏甚富。宋元旧刻、批校稿本归余兄弟插架者甚多，无不精美绝伦”，“以宋椠《宣和书谱》、《韵补》、《梦溪笔谈》、毛钞《重续千字文》为最，其余元明旧椠、批校稿本不下五千卷也”。然而藏书未有聚而不散者，叶启发兄弟充栋连橱的藏书也难逃散佚的厄运，“戊寅九月，湘垣兵火，寓舍悉成灰烬。藏书同罹浩劫，毁损十之四五，此书仅存其半。迁居西乡，清检箧笥时，腊月冰冻，北风怒号，似亦为残籍作不半之鸣，而助余之伤感者也”。兄弟同罹浩劫，却仍不改读书藏书之志气。

《华鄂堂读书小识》共辑有题跋92篇，其中不乏宋元明刻本、稿抄本、名家批校本，对书籍板刻年月、文字异同及各本得失，详加考订，体现了叶启发严谨的考据态度和重实物的学术风格。《海东金石记四卷、附一卷（翁方纲、树崑手稿本）》一篇题跋中撰者写道：“盖虽艺术小道，必与学问相通，非仅以为玩好之物也。金石碑刻真伪杂糅，地不爱宝，出土日多。非目见原物，仅凭记载，则未有不为稗贩所误者矣。”又《古史六十卷（宋衢州小字本）》题跋中，详述古籍版式特征，旁征博引，指出前人因补版卷口上有“嘉靖九年”、“嘉靖己未”、“万历十年补”等字样就认定是明人所刻的谬误，得出“是知版本之学非目见原书，仅凭记载，未有不为耳食之言所误者矣”的结论，足见其重实物的考证思想。

湖南图书馆藏有《华鄂堂读书小识》四卷的稿本。

李希圣《雁影斋题跋》四卷。李希圣（1863—1905），字亦元，号卧公，湖南湘乡人。光绪十八年（1892）进士。官刑部主事。光绪二十八年（1902）充京师大学堂提调。初治训诂，通古今治法，尝纂《光绪会计录》以总综财赋，又草《律例损益议》，张百熙等极重之。其人才气横溢，博学工文，有名公卿间。著有《雁影斋诗存》传世。

湖南巴陵方功惠碧琳琅馆藏书名满海内，其搜讨至勤，好书有奇癖，闻人家善本，必多方钩致之，不可得则辗转传抄，期于必备，所入尽耗于书，为卷几盈五十万，宋刻元钞，罕见秘本卷帙浩繁。李希圣与方功惠孙方湘宾为旧交，时湘宾尽辇其书至京师出售，而李希圣恰幽忧独居，于是方湘宾请其厘定书目，梳理典籍，因而李得见皇皇五十万卷巨制，“遇旧椠精钞，随意记录，间加考证，以备遗忘”，“迨庚子夏五，红巾难作，湘宾仓卒南归，书亦稍稍为人售去。余所记，盖不及百种，于方氏藏书，不过九牛之一毛而已”。

《雁影斋题跋》共有90篇，每书皆记其行数、字数，印记款识，力图还原古书面目。李氏有意挑选古刻秘钞记录在案，傅增湘曾考证道：“顾余详览全编，录入宋刻凡二十四种，元刻凡三十三种。第其中如《仪礼图》、《古今源流至论》、《韩》、《柳》二集皆元刻也，而误以为宋本。赵汸《春秋》三种，《宋史》、《稽古录》、《百川学海》、《李文公集》、《欧阳文忠集》、《存复斋集》皆明刻也，而误以为元本。”李希圣坐拥书城，潜心考究，“于卷帙之异同，版刻之行格，收藏之印识，咸条分缕析，详著于编。使后人一展卷之顷而宛若自见其书，如问影于镜中，而图纹于掌上”，考证精审，记录綦详，是一部颇具考索价值的版本目录学术著作。

湖南图书馆藏有该书1935年湘乡李氏铅印本。

徐树钧《宝鸭斋题跋》三卷。徐树钧（1842—1910），字衡士，号叔鸿，清咸丰七年（1857）举人。历任户部候补主事，福建司郎中，军机章京，江南道、山西道、京畿道监察御史，布政使，江淮淮扬海兵备道兼按察使。究心于金石碑版考据之学，收藏金石墨拓、历代名家字画数千种，秦砖汉瓦数百种，其族侄徐崇立也赞叹道：“先生以金石书法名海内，收藏甚富。”著有《宝鸭斋诗草》、《宝鸭斋题跋》、《宝鸭斋金石拓存》、《淮海咏归》、《长郡题名录》等。又因藏有晋代王献之《鸭头丸帖》真迹而命名其藏室“宝鸭斋”，徐崇立在《瓻翁题跋·王大令鸭头丸帖真迹拓本跋（族父叔鸿布政藏）》慨叹道：“此真迹藏族父家，童年习闻而无缘一见。”现这件真迹藏于上海博物馆，已影印出版。

《宝鸭斋题跋》共计96篇，其间碑刻墓志、石柱铜像、瓦当鼎铭、佛本石经、名帖良拓等，不一而足。不仅释文考证周详，精当严谨，且见解独到，评述中的，妙语连珠。其对金石碑帖、书法古画的鉴赏，体现了徐树钧精湛的金石之学、书画之学的学术功力。如《宋拓圣教序》：“宋拓《圣教序》不断本精神完美，古色古香，无线裂纹，自是无上妙品。”《高盛碑》：“东魏《高盛碑》昨年出土，文阙不全，字体疏散，略有篆法，古意尚存。”《乞伏保达墓志》：“北齐书方整极滞，此《志》用笔操纵，独具一种疏诞之气，与隋钦江正议大夫《宁赟碑》笔意相似，风韵流利，当为北齐书之冠。”

湖南图书馆藏有该书清宣统二年（1910）宏文社石印本。

徐崇立《瓻翁题跋》七卷。徐崇立（1872—1951），字健石，一字剑石，号兼民，一号瓻园，晚号瓻叟。长沙人。清光绪二十九年（1903）举人，次年考取内阁中书。工诗文，善书法。笔耕不辍，著有《瓻园印册》、《瓻翁题跋》、《瓻翁文集》、《瓻叟印册》、《瓻园印编》、《岭海雪泥》、《盉簪馆文稿》、《瓻园文钞》、《瓻园从稿》、《鉴古斋文存》等大量书稿、书法作品、藏书题跋传世。

徐崇立极喜收藏古书碑帖书画，“前清光绪乙巳，予以傫值内阁，僦居宣武门外之香炉营，距琉璃厂甚近，间曹无事，时从碑估搜求墨本，此为予搜集金石之始”。徐崇立的金石收集从繁闹无比的京都琉璃厂伊始，经数十年的苦心征集，共得古籍碑帖十万余卷（件），并进行校勘、批注、题跋，成为长沙清末民国年间的著名书画碑帖收藏家。其藏书处有瓻园、盉簪馆。1951 年其遗嘱将藏书和碑帖字画以及自著抄稿本等，悉数捐赠给湖南图书馆。

《瓻翁题跋》七卷，题跋篇目有数百篇之巨，作者重检旧籍，梳理篇目，“此册外如陶斋金石之属并分别部居，略加诠次，盖片楮小幅最易散佚，裒积丛残汇为一编，流揽藏弆皆便，犹四部之外复有从书也”。其间尺牍长联，手札长卷，诗书扇面，碑刻金石，塔铭造象，等等，藏品类型丰富，珍奇荟萃。也记录了诸多其族父徐树钧的藏品，如徐树钧所藏的太康梁氏砖，“秦权散布人间者以陈簠斋藏弆为多，次则陶斋，次则族父叔鸿按察”。

该题跋旁征博引，评骘得失，细溯源流，考证翔实，淹贯经史，令人折服。且作者常常对一藏品反复展玩，赏鉴不已。如钟绍京书转轮王经真迹跋，作者在甲戌、己卯、丙寅七夕后、丙寅七月既望、小除前夕、己巳秋等不同的时间段把玩赏析，题下诸多精彩评断，且见解深刻，评语生动形象："此纸隐隐犹见花纹，萝藤连蔓，岁久剥蚀。一经影印，墨色与花纹蒙混，遂致斑驳，文字有不可辨识者。是《经》用笔舒和而秀劲，盖由毫丰而颖健故，刚柔适宜，使转活泼，作楷书而有神，行之妙谛犹可窥见。"

湖南图书馆藏有该书稿本。

刘人熙《楚宝目录》一卷。刘人熙（1844—1919），湖南浏阳人。字艮生，号蔚庐。光绪三年（1877）进士，任工部主事、纂修、总校官。光绪十年任会典馆纂修官。光绪十五年（1889）外调直隶州知州。后游历豫、赣、桂等省，官至广西道员。光绪三十二年（1906）返湘，任中路师范监督，旋任湖南教育总会会长。湖南光复后任都督府民政司长。1914 年创办船山学社，任社长，编辑《船山学报》。汤芗铭被逐后，出任湖南督军兼省长。1918 年与上海爱国人士组织"策进永久和平会"，任会长，致书南北，要求停战。著有《蔚庐诗文集》等。

本着弘扬乡邦文献的责任感，用文献来流传乡邦先贤的流风余韵，刘人熙萌发了编撰《楚宝目录》和搜集地方文献的念头，"辄购求大湖南北遗书，同人好事多举目录相告，往往得之"，恰巧长沙徐树铭于宣武城南之兰冕胡同建忠义祠，规模壮丽，因将所得书庋藏其中，供广大两湖官员翻阅。而其开办的这所楚宝藏书处，实际上就是同乡会图书馆，被人视为中国近代公共图书馆之滥觞。

《楚宝目录》记载文献 75 种，多为湘楚一带地方文献，既有大型的地方性总集，如《湖南文征》、《楚宝》、《沅湘耆旧集》等等，又有诸多明清别集，如湖湘名人贺长龄、魏源、罗泽南、唐鉴、邓显鹤、曾国藩、左宗棠、胡林翼、郭嵩焘、刘蓉、李元度、王先谦等人的著述，湖北的有明黄冈杜浚、明黄冈王同轨、孝感程正揆、黄州吴升东等人的著作，且对部分一般性地方人士的著作有所涉录，如明长沙黄学谦的《照杯亭遗草》八卷、清茶陵彭维新的《墨香阁集》十四卷、清浏阳向燮的《巨湖山樵诗草》一卷等等，每书均有内容提要，或录书前后之序跋，或引述作者之生平事略，留存了一定的地方性史料。编者投石问路，希冀引起更多人的共同关注："为时既迫，遗漏甚多，所望藏书之家或捐置，或代购，交管理处付价，庶几孳乳益多，以是编为嚆矢，可也。"

"楚宝三千余卷，俱作书橱，藏于忠义祠，同乡诸君子愿借阅者，知会管理书籍处开橱交付。"其藏书处管理相当严格，图书有专门的人员管理，"其管理之人每年筹津贴银四十两，自光绪十五年起由湖南结局直年先期约请京官十人于湖广馆祀文昌日探阄为定，以免推诿。既定之后，交付锁钥，同至忠义祠，按照书目一一点对，下年交付接管之人。如有遗失，按照所开价目加倍赔缴，由接管之人购补"，不仅有资金来源的保障要求，且制定了图书交接和责任制度，防止遗失，体现了其藏书观念的新颖和开放。

此次校点，均以湖南图书馆藏本为底本。感谢刘渝龙教授、蒋正华教授对审校工作给予的帮助和支持。

目　录

拾经楼紬书录

拾经楼紬书录卷中

拾经楼䌷书录卷下

华鄂堂读书小识

华鄂堂读书小识卷三

华鄂堂识书小识卷四

雁影斋题跋

雁影斋题跋卷二

雁影斋题跋卷三

雁影斋题跋卷四

宝鸭斋题跋

宝鸭斋题跋卷上

宝鸭斋题跋卷中

宝鸭斋题跋卷下

楚宝目录

楚宝目录

瓻翁题跋

瓻翁题跋卷一

瓶翁题跋卷二

瓻翁题跋卷三

瓻翁题跋卷四

瓻翁题跋卷五

瓻翁题跋卷六

秙翁题跋卷七

拾经楼紬书录

叶启勋　撰

长沙叶氏䌷书录序

长沙叶君定侯，余同年生，奂彬吏部之犹子也。吏部君硕学通才，以藏书名海内，所撰《书林清话》、《郎园读书记》于版刻校雠之学考辨翔赅，当世奉为圭臬。二十年来，南北往还，赏奇析异，与余契合无间，尝数数为余称道定侯之贤，谓其劬学嗜古，克绍其家风，余固已心识之。昨岁南游衡山，道出长沙，定侯执年家子礼来谒，始得相见，洎余返棹，乃造庐观其藏书，旧椠名钞，连楹充栋，中多罕传秘籍。余披玩竟日夕，手籍其要于瞥记中，其最著者如：宋刊则有《韵补》、《古史》、《宣和书谱》，秘钞则有汲古阁影宋之《重续千字文》、雁里草堂之《广川书跋》，名校则有毛斧季之《春渚纪闻》、何义门之《才调集》，而陈振甫之《自堂存稿》十三卷本，足补秘阁阙遗，尤可宝贵。盖频年搜采，鉴别既精，卷帙遂富。吏部君藏书身后散出者，其秘本又多为君所得，如尧卿之有简严、若云之有月霄焉。顷者定侯书来，言近以曝书之余，举家世所藏，分别部居，写定成帙，将付梓人，嘱为文以弁诸首。自维生平好尚，雅在图书，万卷丹黄，穷年莫究，方惧学术之衰微，怅知交之寥落。今定侯乃能衍其世父之绪业，且骎骎光显而昌大之，窃幸清芬之世守，更私喜吾道之不孤矣。

尝观古来言藏书者，咸争推吴越故家，而楚蜀之地乃寂寂无闻。然余览刘将孙为张梦卿总管作《长沙万卷楼记》，盛称“湖江之上，岳麓之外，翚飞照郭，牙签插架，胪列山集，清风佳客，考古订今，则自宋元以来，衡湘之交，炳炳麟麟，已蔚成图书之府矣”。洎有清中叶如安化陶文毅、宁乡刘春禧、道州何子贞、湘潭袁漱六、巴陵方柳桥诸公，皆家富万签，名流四域。就余所寓目者，东洲草堂所藏有《汉隶字源》、许氏《说文》皆宋刊孤本，而蝯叟手录乾隆政要及说经之书至数十巨册。卧雪庐所藏《史记》、两《汉书》，每书宋本胪陈四五刻，书簿盈尺，大册厚逾数寸，李椒微师曾亲见之，诧为渊海之藏，然所获者尚不及其二三。方氏久官岭南，多得伍、潘诸家箧藏，其中虽少古本珍籍，然僻书杂记，明人遗著，多世所稀觏。光绪季年辇入燕肆者尚数十万卷，李亦园礼部尝手疏所见，为《雁影斋题跋》，其悬市所馀者，尽以输之国学。此皆古今图籍之菁英，三楚前辈毕生精力之所聚。若持此以与吴越故家比长挈大，宁容多让？而百十年间相继沦散，流转于不知谁何之手，或求其簿录而亦渺不可得，斯亦使人望古而遥集，抚卷而兴叹者矣。

吏部君奋起于诸公之后，其闳识旷才，锐欲整齐四部，网罗百家，与当代瞿、陆、丁、杨齐驱并驾。惜生逢阳九，志不获舒，而身亦被祸，然其流风馀韵，犹能霑溉后学于无穷。定侯以壮盛之年，上承家学，专心厉志，枕藉其中。又久居会垣，旧族遗书时复勤加搜集，故不越十数年，而著于目录者已美富如此。倘复假以岁年，遭逢际会，斯其校订之勤，储藏之富，视袁、方诸家必有后来居上之势。异时衡岳之北，洞庭之南，虹月宵腾，卿云覆被，四方人士望光气而争趋者，其必君家瑯嬛之福地也欤！

岁在乙亥，九月既望，江安傅增湘序。

拾经楼紬书录自序

余幼承家学，性喜蓄书，十数年间，聚书十万卷有奇，凡先世父观古堂中所无者，辄以重值得之。丁卯春月，世父被难，典籍颇多散亡，而余嗜书成癖，固未因之稍衰也。庚午春月，湘乱又作，较丁卯为尤烈，余举室避地申江，行箧所携，大都秘笈。沪滨米贵，居大不易，不得不以质之。虽自我得之，自我失之，亦复何憾！唯余而立之年，半以书相依如命，流离颠沛，伴侣皆书，嗜之笃、缘之悭，两相及也。旅中岑寂，既发笥，就所存者撮其大要而记之。乱定南旋，犹时时购补数十种，因并述版刻之源流，以志眼福。部居厘比，析为三卷，非敢问世，以示楹书之世守耳。其有续得，列为后编云。

丁丑春月，更生居士叶启勋自序。

拾经楼紬书录卷上

尚书古文疏证五卷长洲沈氏钞本

《尚书古文疏证》五卷，凡四册，长洲沈果堂彤钞本。每半页十行，每行十九字。每册首均有“果堂”二字朱文小方印，卷一首有“道州何氏收藏图书印”九字白文方印。第一册首红纸签粘“卷一五十五叶”六字，第二册首红纸签粘“卷四六十四叶”六字，第三册首红纸签粘“无卷数七十叶”六字，复圈去“七十”两字，旁写“六十九”三字，第四册首红纸签粘“卷五八十一叶”六字。审其字迹，殆出子贞太史绍基，书根号字亦其手笔。

第一册目录下有黄笔记云：“一本无目录，乃此本以前流传副本”一行十四字。第三册后有黄笔记云：“顾陶元所藏《尚书古文疏证》一册，书根号全字而不分卷数，无目录。以余所藏残本第一、第四两卷校之，则陶元藏本多七八十叶，而第四卷则无之。其册首四五十叶，比余所有本亦少二十条馀，盖非最后定本。然所多七八十叶则第二、第三两卷略具矣。因嘱人抄藏，俟他日得足本补焉”九行百十一字。复于下有朱笔记云“乾隆十六年冬，从惠定宇借得第五卷抄足”二行十七字，此则审为果堂手迹。盖此为果堂从顾陶元、惠定宇二家藏本传抄，而题记之。复以朱、黄两笔圈点全书，并加评校，极为精核。末有道光廿九年平定张穆手跋，跋首钤“有志研经”四字白文小方印，跋尾钤“穆”字朱文、“月斋居士”四字白文对方印。跋称每册前有“果堂”小印，第六十二篇书眉又有朱笔批云："余已通之于周官禄田考矣。"故定知为沈果堂钞本也。

又称："道光廿七年十月穆为潜丘作生日，子贞初得此本即据以入诗，穆亦据补入年谱中"云。检子贞太史《东洲草堂诗钞》十二、古今体诗，其编年为道光丁未廿七年，中有七言长歌一首，前引云："十月十四日拜潜丘先生生日于荐雷书屋，呈主人张石州及苗仙露、吕鹤田、冯鲁川、杨霭亭、王子怀、何愿船，时余甫于厂肆得《古文尚书疏证》五卷写本，后有潜丘自跋云'五十三岁嘱闽中谢君画礼堂写定，及传与其人二图，秀眉明目，观者咸以为康成，不知实以余像代之'云云。余即以入诗，石州见之，喜极诧曰：'作年谱时为何不见示？'余曰：'前日才买得，为今日拜生日诗料耳。''大奇，大奇，是岂寻常翰墨缘耶？直是先生精灵来感发托付矣。''敢不承，敢不承。吾与石州勉之，护之。'"盖此为子贞太史所藏，石州曾从之假读，并以刻本校其分段次序，复补正刻本之讹字，题记于后。而潜丘又字玚次，赖此钞本得据以补入所撰《潜丘年谱》中。是时石州与子贞太史同官京中，以同年之故，往来极密也。

凡此一书，始则果堂得聚友朋之藏，抄写成帙而评点之。继则子贞太史得之厂肆，石州得据以校正刻本之误，并考得典实之可喜者而题记之。事逾数十寒暑，一旦归余插架，自幸翰墨因缘之深，不减子贞太史矣。因请徐子绍周手录东洲之诗附订，后之得此者岂不又多此一重公案乎？

韩诗外传十卷 明嘉靖十八年薛来芙蓉泉书屋刻本

十馀年前，得明沈辨之野竹斋本《韩诗外传》藏之。丁卯避乱沪上，从友人秦子曼青假得黄复翁手校元本，临读一过，始知元本之佳，非明以后诸刻所能及也。江安傅沅叔学使增湘去岁游衡，道过长沙，曾索家藏共赏。言及《诗外传》一书，明刻惟薛来芙蓉泉书屋本为善，其中十之八九与元本合，苏献可通津草堂本不及也。时余方以临校元本，与沈本、赵怀玉本参校。沈本即苏本改刻牌记者，故亟思得一薛本，以证其同异，则明刻名本皆备矣。

三月十日，估人从湘潭旧家获大批书籍归，约余往观。其中适有此书，惟首尾颇有破烂。估人以其为明本白棉纸印者，竟索价至五十元。余心知其居奇，而不忍交臂失之，卒如值取归以校元本。信知学使之言非虚，其善诚在明以来诸本之上。其书每半叶九行，每行十八字，每叶中缝下方均有“芙蓉泉书屋”五隶字。考归安陆心源《皕宋楼藏书志》著录此本，云：“有嘉靖十八年无名氏序，又杨祜序，又薛来序。”此本有杨祜序，而无无名氏及薛来二序，惟此本尚有陈明一序，则又陆藏本所无矣。仁和丁丙《善本书室藏书志》著录通津草堂本云：“弘治后历下薛来、新都唐琳、吴人苏献可及周廷宷先后传刊，此则沈辨之通津草堂原刊初印也。”既误以通津草堂为沈辨之，又不知薛本刻于嘉靖十八年，亦可谓疏漏之甚矣。

诗外传十卷 明野竹斋刻本

《诗外传》十卷，汉韩婴撰，明沈辨之野竹斋仿元至正本。前有至正十五年钱维善序，序后有亚形篆书牌记，文云“吴郡沈辨之野竹斋校雕”。每半叶九行，行十七字。考辨之，名与文，号姑馀山人，生于嘉靖，吴郡人也。《士礼居藏书题跋记·梁公九谏》卷中首叶有“辨之印”，此姑馀山人沈与文也，嘉靖时人。又《剡录》卷中有“吴门士儒家”、“野竹斋”两长方印，“沈与文印”、“姑馀山人”两方印。此书之刻当在明时。孙星衍《廉石居藏书题跋记》载《诗外传》元刊本云：“前有至正十五年钱维善序，序后有‘吴郡沈辨之野竹斋校雕’印。”盖孙氏以此牌记刻于至正序后，故误以为元刊。丁丙《善本书室藏书志》载《诗外传》，云：“此沈辨之通津草堂本。”按通津草堂为苏献可刻书牌记，家藏《论衡》即苏所刻，每叶版心均有“通津草堂”四字，目录末有“嘉靖乙未春后学吴郡苏献可校刊”一行，丁氏所藏当为苏本。闻之大伯父考功君云：沈本即苏本，板为苏刻，后归于沈。沈之牌记盖后剜补者，唯与文刻书尚有繁露堂名者。旧藏顾璘《近言》一卷，前序后有吴人“沈与文校刻”五小字，末有“吴郡沈氏繁露堂雕”亚形印，字体纸墨与此书大同。世无元刻，要以此当虎贲中郎矣。

此书旧为湘潭王理安所藏，王死，归伊戚夏姓。辛酉冬，估人邀余往购其书，索值过昂。厥后或窃出夏藏多种，先后为玉泉街书摊所得，而此书不在。久之，始闻归于贺姓。贺非书估也，逾旬日乃持示余，惊喜之余急以番饼三十易之。一再转移，而卒为余有，于此书殆有宿缘欤？友人诮余过费，不知此本以稀为贵。明之范氏天一阁、乾嘉时张氏爱日精庐、吴氏拜经楼、黄氏士礼居、瞿氏铁琴铜剑楼、陆氏皕宋楼储藏之富，皆未著录。日本森立之《经籍访古志》所载为朝鲜国刊本，系从此本翻雕《韩诗外传》十卷，云：“有至正十五年曲江钱维善序，序后有‘吴郡沈辨之野竹斋校雕’记在亚字形内。”森志自序云“明清诸本必审择其绝佳者载之”，此书不得沈本而以翻本著录，则亦森氏之遗恨矣。

壬戌孟夏小满记。

丁卯夏，余避乱沪上，从友人秦曼青许，见黄复翁手校元本《诗外传》。适行箧中携有此本，因假归以绿笔临录一通，并影摹诸家校藏印记及题跋附订于首。其“尧圃过眼”、“袁廷梼印”、“五砚主人”、“南皋草堂”四印钤印序首，“平江袁氏珍秘印”钤印序后。“袁又恺藏书印”卷一、卷三、卷五、卷八首叶均有之，“贝墉所藏印”钤印一卷首叶，“枫桥五砚楼收藏印”、“尧圃手校”二印钤印十卷之末，中惟“南皋草堂”印不知谁氏，异日当详考之。

拾经主人记。

诗毛传疏三十卷 县人赵芷生侍御手批本

县人赵芷生侍御启霖，先世父文选君乙酉同年也。当光绪丁未湘省设学务处，时长沙王葵园祭酒先谦任总辨侍御，及茶陵谭组安编修延闿任参议，同居会城，与先世父过从甚密，文酒宴会无虚日。余幼侍世父，饫闻侍御湛深经术，固硕儒也。顷者友人持侍御手批长洲陈硕父学博奂《诗毛传疏》示余，疏中考证改正处颇多，校字离句甚为精博，想见前辈好学之勤劬、读经之审慎。方今经学沉晦，礼教纲常且溃决不可收拾。而兵戈水火又一再相乘，求如曩时二三老儒，不闻祸乱，日以读书为乐者，殆如钧天之梦，不可期遇矣。展读斯篇，不禁为之掩卷三叹已也。

癸酉仲春二月花朝，年家子叶启勋谨志。

释名八卷 明嘉靖三年吕楠校刊本

《释名》八卷，范《史》作刘珍撰，《隋志》作刘熙。其书南宋时临安府陈道人曾刊之，寻毁不传。余旧藏明嘉靖甲申储邦抡重刊宋本，每半叶十行，行二十字。前有嘉靖甲申谷泉储邦抡刻《释名》序，刘熙自序，序后有题记四行云云，“临安府陈道人书籍铺刊行”六十字。后有嘉靖三年高陵吕柟重刻《释名》后序，序后又有识语八行云云百二十字。盖储邦抡得宋陈道人本，命吕柟校正付梓者。考归安陆氏《仪顾堂集》，宋刊本《释名》跋云：“嘉靖吕柽野刊本即从此出，而《释天·彗星》上脱‘雾，冒也，气蒙乱覆冒物也。蒙，日光不明，蒙蒙然也’十九字”云云。取余藏本校之，此十九字不脱。又考江安傅氏批注《郘亭知见传本书目》云：“余从杨惺吾家得吕柟本，又见一本，亦翻陈道人本，而版心较大，有吕柟序，不知孰先孰后”云。是此书明翻陈道人本，本有二刻：余谓一为吕柟刊本，“彗星”上不脱；一为翻吕柟本，脱落。陆氏所见殆翻吕本耳。此为吕氏原刊，从宋陈道人本出，明仿宋之至佳者。他日当求合两本比勘，不知尚有其他脱误否？

去腊大雪，今春晴雨不时，连日严寒，取《四库全书目录版本考》重加校定，及此，因记之。

时庚午新正人日，叶启勋识。

说文解字十五卷 北宋刊小字本

十馀年前，先世父考功君与海盐张菊生侍郎元济、江安傅沅叔学使增湘倡印《四部丛刊》，集南北收藏家之秘籍以供采择。时先世父正居苏城，书首例言皆力任之，于时四部皆备，惟大小二徐《说文》尚待搜访。盖大徐《解字》宋本见于归安陆存斋运使心源《皕宋楼藏书志》者，其子早已售之静嘉，海内时无第二本。

小徐《系传》则宋本残帙亦且无传，吴中黄荛圃主事丕烈《百宋一廛书录》所载虞山钱遵王曾述古堂影宋钞本亦无从踪迹。会余因事道经沪上，先世父亦由苏来申，侍郎以地主之谊并欲商借余家藏书，招宴于其家。席间谈及二徐《说文》苦无善本可印，时江阴缪筱珊学丞荃荪亦在座，遂告侍郎以述古钞本小徐《系传》今在乌程张适园钧衡家，可以商借。先世父则告以大徐《解字》陆藏宋本亦可转托友人商借。侍郎色喜，即席促筱老致函乌程，先世父致函友人。未逾月，友人复函，已得藏主允许，惟书不愿出门，且恐印时污损。几经函商，遂由侍郎备印资三千金，托藏主自影，以晒片寄申。据以印入《续古逸丛书》，再据以印入《四部丛刊》。而小徐《系传》则乌程虽允借印，但须侍郎以宋本《容斋五笔》相让为交换。盖其书本由沪估某持示乌程，因议价未谐，为侍郎所得，事后追思不忘，故以相要也。余力怂恿之，以《五笔》虽宋椠足珍，使《丛刊》中无惊人秘笈之二徐《说文》，未免减色。而二书孤悬天壤，使其因此湮没，其一无传，更为可惜。侍郎颇韪余言，于是二徐《说文》得化身千万，人手一编矣。

乙亥夏五，湘乡估人持书一单求售，约余往观，检阅颇无当意者。忽于敝纸堆中拣出大徐《解字》六本，初以为阳湖粮储所刻，而印以高丽纸者，细审始知为北宋精刊，亟以兼金得之。全书每半叶十行，每行十八字。小注双行，行字疏密不匀，大致每行二十九、三十字不等。版心有大小字数及刊工李德瑛、詹德润、孙元、郑埜、许忠、吴玉、陈宁、杨春、金文荣、曹德新、沈祥、茅化、陈琇、周成等姓名，书中“桓、贞”二字皆不缺笔，盖北宋真宗时刻本。间有南宋补刊之页，版心标“重刊”二字，“慎”字亦缺末笔。旧藏海虞毛氏、白堤钱氏、海宁查氏、独山莫氏。有“毛扆之印”四字朱文、“斧季”二字朱文小对方印，“白堤钱听默经眼”七字朱文小长方印，“吴越王孙”四字白文方印，“慧海楼藏书印”六字白文大方印，“莫友芝图书印”六字朱文长方印。盖历经名家藏庋，朱涂累累，更足为此书增色。标目及卷五上、卷八下、卷九上、卷十二下、卷十三上、卷十五末均剜去标题，及二、三、四四行以墨笔填补。检第十二卷下下版首四行有大匡印记油迹，正当上版剜去第七、八、九、十，四行之处，盖上版透过之痕。原书本作四册装订，每册首尾均钤有元时官印，贾者惧祸，剜毁灭迹，无他故也。至第四卷下末页则系后来抄配，故未剜补。而斧季印记钤于剜补之上，则剜补必在斧季之前矣。考东京岛田翰《皕宋楼藏书源流考》云：汴刻《说文解字》平津祖本，字画谨严，饶具颜柳笔意。纸则硬皱黄润，似高丽茧纸，审谛之更不类，当是永丰棉纸矣。岛田为归安售书于岩崎之媒介，陆藏皆经寓目。是知归安藏本纸张与此本同，则此本当亦永丰棉纸所印矣。

又考金坛段懋堂大令玉裁《汲古阁说文订》所据之宋刻本有二：一为青浦王兰泉侍郎昶所藏本；一为吴县周漪塘明经锡瓒所藏本。两本行字虽同，而字句间异，故段订引两宋本同者则概之曰：两宋本同；异者则分别之曰：王氏宋本作“某”，周氏宋本作“某”。大令此书板刻于北宋，至南宋时已有修补，至元又经续修，故印本非一，字句亦时有异同。又考嘉定钱潜研宫詹大昕《竹汀日记钞》云：“黄荛圃出示宋小字本《说文》，与述庵家藏本无异，唯卷末多一行，有‘十一月江浙等处儒学’字”云。虽其文不全，殆为元时补板所加，则荛圃藏本为宋版元印矣。又考明梅鷟《南雍经籍考·说文解字》十五卷，脱者五十五面，存者二百十四面，内半模糊，云是宋版，明时尚存南京国子监中。此本既无“江浙等处儒学”字一行，又无模糊之页，其为宋版宋印有可断言，足以媲静嘉、傲荛圃矣。

国初吴中顾亭林炎武不独未见宋椠大徐《说文》，且不知有始一终亥之三十卷本。先族祖林宗公弈仅有传钞宋本，已加宝贵，余生后且数百年，得此宋椠精帙，何快如之！或者当日大小二徐《说文》之得以流遍寰宇，余与有力焉，故以此报余。异日或将再报我以宋刻《系传》，以成双璧，则固余所馨香企盼者矣。忆余数年前曾从道州何子贞太史绍基家得汲古阁仿宋本，为刻成时以旧纸初印，未经斧季剜改者，后有大兴徐星伯太守松手跋，已称为罕见之秘笈，什袭藏之。今又获此北宋初刻，益幸翰墨因缘之深矣。惜先世父殉道，未能起而共赏，追维畴昔，感慨系之，哲人云亡，读此更有馀痛已。书竟泫然者久之。

时乙亥冬重九日装成插架。

说文解字十五卷 明毛氏汲古阁刊本，初印绝精

明毛晋汲古阁刊《说文》始一终亥之本初印本，极善，以其与北宋本《五音韵谱》本同，无改窜也。检金坛段懋堂大令《汲古阁说文订》，知毛刊此书，后经其子扆以小徐《系传》羼入剜改至五次，尽失大徐真面，故乾嘉诸儒皆称初印本之难得。此大兴徐星伯学使松旧藏，后有徐手跋云："此汲古阁初印本，极为难得，末行故有'后学毛晋从宋本校刊男扆再校'十三字，书贾削去，伪作宋椠，其版心补迹亦镵去'汲古阁'字也。道光七年余得此本，因记之，后之作伪者必并去此行矣。大兴徐松识于好学为福之斋。"下钤"星伯"朱文小方印，余从道州何氏得之。考明季藏书家以常熟毛氏汲古阁为最著，而其刊刻古籍传播士林，观

于顾湘《汲古阁板本考》，琳琅秘笈，触目可珍，诚前古所未有也。即其传刊此书，使元明两朝不传之本一旦复见于人间，其有功于小学尤非浅鲜，顾不尽据所藏宋元旧本校勘，亦多舛误，贻后来佞宋者之口实。此书本从北宋小字本以大字开雕，考归安陆观察《皕宋楼藏书志》，《说文》十五卷宋刊小字本，阮氏手跋曰："嘉庆二年夏五月，阮元用此校汲古阁本于杭州学署，毛晋所刻即据此本。凡有舛异，皆毛扆妄改"云云。又考嘉定钱宫詹《养新录》云："《说文》连上篆文为句，'人'部'佺'字下云'偓佺，仙人也'，'偓'字下云'佺也'，宋椠本不叠'偓'字，汲古阁本初印犹仍其旧，而斧季辄增入'偓'字，古书之面目失矣"云云。扆字斧季，精于小学，晋子最知名者。是此书子晋有校刊之功，斧季有窜改之罪。何小山煌曾有校本，以纠其谬，而讥之云"劝君慎下雌黄笔，幸勿刊成项宕乡。"信乎？校书刻书之难，此儒者所以有好自用之戒也。

戊辰仲夏，叶启勋志。

说文解字注三十二卷、六书音均表五卷

嘉庆乙亥刊本

乾嘉时海内通《说文》之学者，以江浙为最盛，然能集诸家之大成者，南北唯段、王、桂三家。丁卯春正，余从道州何氏得山西杨氏刊本桂馥《说文义证》藏之。时先世父为余从鄂本誊写目录附订于首，以便检读。且谓余曰："何氏尚有大兴徐星伯太守松手校，并手录仁和龚定庵礼部自珍评校段玉裁大令《说文解字注》。龚为段外孙，书中龚校有记段口授与成书异者，有申明段所未详者，亦有正段失者。曾于光绪丁酉间命门人刘廉生茂才肇隅

条而抄之，刊入《观古堂丛书》中。惜刊成后未获以原本复校，其中不无脱漏讹舛，汝当留心物色之。”无何先世父被难，余遁迹海滨，乱定归家，书坊贾客复有持书踵门求售者，久之有持《段注说文》来。翻阅之即道州何氏所藏龚、徐校本，先世父向曾录刻之本也，急以四十饼金易之。序后有朱笔字云：“定庵龚君自珍为若膺先生外孙，又受业焉。故深究此书意旨，往往有所发明。今采其说录于上方，若臆见所及，则称私案别之。道光二年斗指戌之月星伯徐松记”三行六十三字。目首有“大兴徐氏藏图籍印”朱文满汉文大方印，卷首及表首均有“星伯校读”半朱半白文方印，目尾有“道州何绍基印”白文、“子贞”朱文对方印。取先世父刊本校之，知当日草草录抄，脱漏殊甚，他日当一一补正重刊之。余并藏有白沙支族祖调笙公手校本，亦先年得之道州何氏者，其于声音训诂之义互相发明，当并录刊之，以成段氏一家之学。诸家固均金坛之铮友、许氏之功臣也。考江阴缪筱珊学丞荃荪《艺风堂藏书续记》载《段氏说文注》，仁和龚礼部自珍评读，其子袗亦加墨掷大点，后有龚孝拱手跋曰：“咸丰三年十二月邻火，缺十二篇乙不至系、十四篇金幵至亥两册”云云。则龚校全本赖此誊抄之仅存，不几成为孤本，安得不重可宝贵哉？

己巳冬月。小年后一日，玉碉后人启勋记于华萼堂之西。

说文释例八册稿本

此安丘王箓友筠稿本《说文释例》八册。原本每册为一卷，箓友以墨笔分篇，改为二十卷。中有朱笔校语，以间注有“石州曰”证之，知经平定张穆手校矣。第五册“读若直指奭读若郝”条后朱笔增“翌读若皇，春官作皇舞，郑注：故书皇作翌”一条，上有另纸签粘墨笔批云“翌读若皇，春官作皇舞，郑注：故书皇作翌。天官掌次设皇邸，郑司农云‘皇羽覆上邸’。后版也。《释文》‘皇邸’一本作‘皇羽邸’，窃疑经文本作‘翌邸’，既改作皇，乃增羽也”六十一字。下空二字又批云：“石州何不写下半段？无乃弃其瑜乎”十四字。第六册“删篆”，“鸡下云，鸡鯖也”条，“卢龙即黑水”句，朱笔改“龙”为“奴”，上亦有另纸签粘墨笔批云“卢龙即黑水者，卢即黑，龙即水也，此出一书。水黑曰卢，不流曰奴者，此又出一书。石州改龙为奴，则奴非水之别名矣，误也”。第七册“存疑此字说解不言声者”条，朱笔点去“兼之羊永、鞶之频卑”八字，眉上有墨笔批云“兼字略有推敲，鞶在频部，从卑声，石州忘之耶”。盖石州校改后，箓友又有所增定矣。

第一册尾有朱笔记云：“第一册共三万五千三百八十四（宇）〔字〕[①]”一行，第五册尾有朱笔记云“辛丑八月初九日潞河舟中校毕”一行，又有“卷三、卷四两册，七月廿八日自京师僦装由陆赴天津，每夕抵旅舍，辄发（筴）〔箧〕[②]校之。行三日得三十页，至八月初五日于府署培竹轩校毕，即接校此册。初八日回京于带河门外登舟，舟底侧削，牵踔而行，如倚笠然”四行，又有“晚泊河西驿，更为箓友审订《说文句读》凡例”一行。按箓友此书成于道光十七年，刻于廿四年。辛丑为道光廿一年，前于刻书时三年。盖箓友写定此本就正于石州，石州为之审定，后始据以梓行。

此为箓友最后定本，即以之写样付刊者也。递经道州何蝯叟绍基收藏，首册书衣题字云：“丁卯嘉平初六日第二次看起，至戊

---

①②据文义改。

辰新正十六日毕，共四十日。初次在济南阅，不记年月矣。许君书复得篆友重为整比，虽有过于密处，自是洨长功臣，即茂堂亦宜有此诤友耳。蝯叟何绍基记于长沙之无园”八十一字。每册首尾均有蝯叟题志阅时起止年月，盖又经蝯叟两次评读矣。良工之璞，复经名贤一再评校，余得之蝯叟之孙诒恺，重装而考其原委如此。

辛未五月十七日叶启勋并书。是日为余生辰宴，雷丈民苏、许丈季纯、徐子绍周同观于拾经楼西簃。

说文系传考异二册旧钞本

《说文系传考异》旧钞本二十八篇，归安丁小匹学博锦鸿、秀水陈梅轩明经熷手校。锦鸿屡困场屋，日者占运谓须木火相扶，因改名杰，果登第。曲阜桂未谷馥曾有诗纪事，见《晚学集》。梅轩与锦鸿交好，同有书癖，互相借抄借校。官楚中十馀年，得心疾返里，事载海昌吴葵里骞《拜经楼藏书题跋记》。辛酉冬月，得此于道州何蝯叟太史绍基家，挑灯漫记。书中尚有题“葆案”者，此不知何人，暇日当详考之。

叶启勋呵冻。

广韵五卷元麻沙小字本

去腊估人持黑口本《广韵》示余，索三百金，云出道州何氏东洲草堂。颇嫌其值过昂，留数日还之，旋闻贬价售之矣。顷书友杜镇湘收邑中旧家书，而此书在焉，余遂以百金购藏之。然不审其为何时何人所刊，第以字体纸墨验之，知为元刊黑口本耳。

其书每半页十二行，每行大小相间二十字至二十七八字不等。首行大题“广韵上平声卷第一”，前有陈州司马孙愐唐韵序。每卷后有“新添类隔今更音和切”数字，惟卷五无之。以顾炎武、张弨等校刊本比勘，乃知顾张所据与此本同，盖即其祖本也。《四库全书总目》著录内府藏本，《提要》云：“世尚有麻沙小字一本，与明内府版同，题曰‘乙未岁明德堂刊’，内‘匡’字纽下十三字皆阙一笔，避太祖讳，其他宋讳则不避。邵长蘅《古今韵略》指为宋椠，虽未必然。而熊忠《韵会举要》已引此本，则当为元刻矣”。归安陆氏《皕宋楼藏书志》，《广韵》五卷，不著撰人名氏，按即《钦定四库书目》所谓原本《广韵》者也。明内府本从此本出，顾炎武刻本又从明内府本出。

此元刊元印本。每叶二十四行，每行小字二十八字云。核之此本行款既同，而十阳如“匡邼蛀筐框劻髩洭軭眶恇葟駏”十三字皆阙一笔，知此为明德堂所刊，即《四库》所谓元麻沙小字本。惟乙未题款一行为书估割去，故孙序后尚有裁补痕迹，可覆案也。聊城杨氏《楹书隅录》，元本《广韵》五卷五册，此本每半叶十二行，行大小相间二十字至二十七八字不等，即明内府及亭林刻所祖之元椠也。

此本与《四库全书总目》所云：“麻沙小字本，末题乙未岁按元元贞元年、至正十五年皆岁在乙未，此本以版式避讳定之，似宋末元初所刊，或是元贞之乙未。而纪文达公张本跋中作至正乙未，想偶误记耳。明德堂刊，内‘匡’字纽下十二字皆阙一笔，避太祖讳，其他宋讳则不避。邵长蘅《古今韵略》指为宋椠者”正同惟乙未题款，此本为书贾裁去。盖此本虽元刊，其源实出北宋旧椠云。据杨河帅所云，此本或刊于元成宗之元贞元年，或刊于元顺帝之至正十五年。考熊忠《韵会举要》刊于元泰定帝之至顺二年，其成书于何时虽不可考，然忠自序题岁丁酉，按前于至顺之丁酉为元成宗之大德元年，据《四库提要》谓熊忠《韵会举要》已引此本，是此本必刊于忠前，然则河帅谓此本乙未岁为元贞元年是也，而邵长蘅之指此为宋椠，毋亦职是故欤？

丙子秋九重阳前一日，更生居士跋尾。

韵补五卷宋刊宋印本

江阴缪筱珊学丞荃荪《艺风堂藏书记》，校影宋本《韵补》五卷云：光绪丙子见影钞宋本于厂肆，每半叶十行，小字每行二十四字，大字占三格，叶旁注“大几字”、“小几字”，首叶有“谢子芳刊”四字，价高未得，取连筠簃本校一过，颇有佳处。云常熟瞿良士大令启甲《铁琴铜剑楼宋金元本书影》影印宋本《韵补》，卷第一首叶行款、叶旁注刊工姓名均与缪氏所见影钞宋本合，知其源出一本。此本首有乾道四年四月壬子武夷徐蒇序，次《韵补》书目，行款字体、叶旁注刊工谢子芳名与缪见影钞本、瞿藏宋本一一相合，其为天水旧椠，断可知也。

李文藻南涧《琉璃厂书肆记》云：“周书昌尝见吴才老《韵补》为他人买去，怏怏不快”云。余后百馀年而得此宋椠白薄茧纸印本，其快为何如耶？旧为道州何子贞太史绍基所藏，即灵石杨氏假之刊入《连筠簃丛书》者。检连筠簃本首有张穆重刻吴才老《韵补》缘起，云：“《韵补》虽有刻本，而荒芜潦草，未惬雅观。老友河间苗先路笃志顾学，慕才老之书，叹未获见。岁丁未秋，始从道州何子贞太史假得之，键户谢客，手自缮录，寝食俱废。穆闻而嘻曰：‘先路之好，亦余之夙好也，曷即刻入杨氏丛书，以广其传乎？’子贞因为搜借各家刻本、写本及大兴刘侍御所藏汲古阁影宋本，大抵讹谬踵仍，各家本、毛本皆不足据，误亦略同。幸才老所引之书，今日十九俱在，精意雠对，尚非难事”云。每卷后有“河间苗夔覆校”一行，书目后有“大清道光二十七年太岁丁未冬十一月，博访各家藏本精校开雕，平定张穆记”一行。盖经何子贞、苗先路、张穆以各家藏本互校刊行，非此本之旧。宜缪氏云取连筠簃本校一过，颇有佳处，而不知即从此本出也。

徐序及卷二、卷四首有“濮阳李廷相双桧堂书画私印”十二字朱文长方印。考《天禄琳琅前编》，《新刊诂训唐昌黎先生文集》明李廷相藏本，廷相字梦弼，濮州人，巡抚顺天提督紫荆关李瓒之子，弘治壬戌进士第三，历官礼部尚书，谥文敏。又序首有“黄琳印”三字白文方印，“九英山人”四字朱文方印，卷一、卷二、卷四首有“黄琳美之”四字朱文方印、“休伯”二字朱文方印，卷五尾有“黄氏淮东书院图籍”八字白文长方印。《开有益斋读书志》：金陵收藏家徐霖髯仙、黄琳蕴真、罗凤印罔、谢少南与槐，并著于时，后多散佚云。《式古堂书画考》：米元晖《五洲图》有江表黄琳黄美之“黄氏淮东书院图籍”朱记云。知其富于收藏，为金陵之表表者。

又卷一首有“毛晋私印”四字朱文方印，“子晋”二字朱文方印。卷二首有“毛晋之印”四字朱文方印，卷三尾有“子晋”二字朱文方印，卷四首有“毛氏子晋”四字朱文方印，卷五尾有“子晋”二字朱文联珠小长方印，“听松风处”四字朱文方印。知为虞山毛氏汲古阁曾藏，而《秘本书目》不著于录者，则是售书潘稼堂太史时，毛斧季手抄，非其藏书目也。

又序及卷一、卷二、卷三、卷四尾有“江左僧弥”四字朱文方印，卷三、卷五首有“江左僧弥”四字朱文方印，盖又为邵瓜畴僧弥收藏者。又序首有“慧海楼藏书印”六字白文大方印，卷五尾有“樝樝客印”四字白文方印，此为查映山编修莹印记。又序及卷五尾有“袁廷梼借观印”六字朱文长方印，盖经吴中袁寿阶寓目者。又序首有“大兴徐氏藏图籍印”朱文满汉文大方印，此徐星伯松所钤。又书目首有“何绍基印”四字白文、“子贞”二字朱文小对方印。余从何氏后人以番饼百元得之，手自装池，以为吾家镇库之宝。

丁卯上元前一日，拾经主人跋尾。

韵补五卷元刊本

丁卯春正，先君弃养，读礼庐居，估人持宋本《韵补》来，云出道州何子贞太史绍基家，知即平定张月斋穆据以校刻入灵石杨氏《连筠簃丛书》之祖本也。惟杨本当时经河间苗仙露夔参合元明以来各本多所校改，非复宋本之旧矣。顷估人又持此本来，亦道州何氏物。前有乾道四年徐蒇序，次引用书目凡五十种，后吴棫自识。每半叶八行，每行大字无整行，难记字数。小注双行，每行二十字，白口单边。卷首有“云龙万宝书楼”六字朱文方印、“何绍基印”四字朱文方印，卷二、卷三、卷五首均有“道州何氏收藏图书印”九字白文方印。书根题字亦子贞太史手笔，盖亦月斋据以参校之又一本也，遂并购藏之。书前后无刻书人序跋，不知刊于何时何人。遍考历来藏书家志目所载，有明许宗鲁刊古体字本，有陈凤梧刊上、下二卷本，有何天衢序刊本，均与此本不符。惟上元邓正闇邦述《群碧楼书目》载元刊本行款与此本同，乃知此为元时所刻也。

常熟瞿氏《铁琴铜剑楼书目》著录《韵补》五卷钞本，云：

“此本行款与宋刊本不同，宋刊‘支韵’‘淮’字上脱至十馀行，此本特完备，讹字亦少。是书以明许氏宗鲁重刊本为最善，以校此本大致相同。然许本改用古字，篆籀兼登，雅俗并列。此本未经窜易，或尚出嘉禾旧刻欤?”核之此本“五支”“淮”字上较宋本多“鲨鲂疏洒试是哀埃忧畏柯毁讳纬”十四字，与常熟所藏钞本正同。或钞本即从此出，尚是许宗鲁据刻之祖本也。惜家无许本，无由一校其同异，以证余言耳。

戊辰季春，桃花盛开，坐华萼堂东轩漫记。

重续千字文二卷汲古阁影宋精钞本

明毛氏汲古阁影宋精钞宋葛刚正《重续千字文》二卷，首题“重续千字文”，次题“水云清隐丹杨葛刚正撰并篆注”，皆篆书，每行之后俱以真书释之。又次正文亦篆书，每行四字。每二行之后复释以真书，并注叶数，通连计算，上下白口，无字数、刻工姓名。首有德祐戊申冬至日水云清隐丹杨葛刚正德卿序。按毛斧季扆手书《汲古阁珍藏秘本书目》载，宋版《重续千字文》二本一套，注云：“世间绝无，并不知有是书，而篆书精妙，真奇书也。”此本序首下方有“毛氏图史子孙永宝之”九字朱文方印，书首上方有“开卷一乐”四字朱文方印，左上方有“宋本”二字椭圆朱文小方印，确为毛氏旧藏。

考《天禄琳琅书目·影宋钞经部》，《周易辑闻》引云：“琴川毛晋藏书富有，所贮宋本最多。其有世所罕见而藏诸他氏不能购得者，则选善手以佳纸墨影抄之，与刊本无异，名曰影宋钞。于是一时好事家皆争仿效，以资鉴赏，而宋椠之无存者赖以传之不朽”云。虞山孙庆增从添《藏书纪要》第三则《抄录》云：

“新抄冯已苍、冯定远、毛子晋、马人伯、陆敕先、钱遵王、毛斧季各家，俱从好底本抄录。惟汲古阁印宋精钞，古今绝作，字画纸张、乌丝图章，追摹宋刻，为近世无有能继其作者，所钞甚少。”又云：“余见叶石君钞本校对精严，可称尽美，钱遵王抄录书籍，装饰虽华，固不及汲古多而精、石君之校而备也。”是则毛氏影宋钞本，久已为藏书家推重矣。《天禄琳琅书目》至别列“影宋钞本”为一类，次于宋本，前于元本。良以毛氏印宋精妙，纸润墨香，不啻下真迹一等，岂特以书之稀见为足珍重哉？

又检《藏书纪要》第五则《装订》云：“钱遵王述古堂装订，书面用自造五色笺纸，或用洋笺书面。虽装订华美，却未尽善。不若毛斧季汲古阁装订书面用宋笺藏经纸、宣德纸，染雅色，自制古色纸更佳。”又云：“惟毛氏汲古阁用伏天糊裱，厚衬料，压平伏。裱面用洒金墨笺，或石青、石绿、棕色、紫笺俱妙。内用科举连裱里，糊用小粉、川椒、白矾、百部草细末，庶可免蛀”云。此本书面用石绿洒金笺纸二本衬订。全书无一字破损，无一页虫蛀，犹是汲古阁原装原订三百年前奇物。至今触手如新，其毛氏装订之精更令人爱玩不已。

书首下方有“席鉴之印”四字半朱半白文方印、“席氏玉照”四字朱文方印。考黄廷鉴《爱日精庐藏书志序》，“汲古毛氏、述古钱氏两家凌替，吾邑藏书之风浸微，然亦未尝绝也。以余所闻玉照席氏、庆增孙氏、虞岩鱼氏皆斤斤雪钞露校，衍其一脉”云。又按《海虞诗苑》“席镐”诗有《湘北宝箴、玉照读书敏逊斋，犹记十五年前，余亦尝偕对扬敬修居之，因题示》二首，其第二首云：“三人连袂衽，万卷浩纵横。”盖为虞山娴古读书之士。“三人”谓孙从添、鱼元傅及席鉴也。又有“云龙万宝之轩”六字朱文长方印，书尾下方有“道州何绍基印”六字白文方印、“子贞”

二字朱文方印，盖又经道州何子贞太史旧藏。

去岁腊八，余从估人手见之，坚索白金二百。迁延月余，乃以五十饼金得之。当毛斧季售书潘稼堂太史时，其《秘本书目》记云："精钞之书，每本有费四两之外者，今不敢多开，所谓裁衣不值缎子价也。"在当年抄时，岂料有今日哉？事逾数百寒暑，今日之价已数倍之，又岂毛氏所能料及哉？

丁卯新正元旦，定侯叶启勋志于华萼堂。

附

此毛斧季所云世间绝无之书也。宋本见《汲古阁珍藏秘本书目》，当时售之潘稼堂太史不成，而售之泰兴季沧苇振宜。今检季目则此书未见著录，不知罹于五厄耶？抑亦留存人间耶？然遍检南北藏书家目，惟聊城杨氏海源阁著录宋本。杨氏已仿刊行世，然其改篆书为真书，改"重续"为"三续"，已非葛氏之旧矣。此本为毛氏印宋精钞，首葛序，末篆文，颇有脱佚字，当是宋本已然，此已成为人间孤本，不足病也。

去腊，余从书肆估人手见之，坚索白金二百。余心知其为居奇，而惜其书之为秘帙，不忍交臂失之，归以语仲弟定侯。定侯因举《汲古阁书目》谓余曰："在毛氏抄时，每本有费四两之外者，其书目记云'钞本书，看字之工拙，笔资之贵贱，本之厚薄，书之秘否，然后定价；就宋元版而言，亦看版之工拙，纸之精粗，印之前后，书之秘否，不可一例，所以有极贵极贱之不同。'"又举孙氏《藏书纪要》所载毛氏影宋之精、装订之美示余，始知毛氏佳钞墨守宋椠之旧，早已为士林推重。今此书毛氏已极称之，其为秘帙断可知也。至于纸墨抄手无一不精，篆书尤为秀挺，装订犹出毛氏，年久毫无损蚀，更当为此书增色矣。

吴县黄荛圃主事丕烈《藏书题识》，明钞本《草莽诗乘》一卷，记云："余性嗜书，非特嗜宋元明旧刻也，且嗜宋元明人旧钞焉。如此书，载诸《汲古阁珍藏秘本书目》，估值二钱，平日留心搜访，绝少旧本。"又云："是书之值，几六十倍于汲古所估，旁观无有不诧余为痴绝者"云云。是知书贵秘帙，固不必较其值之多寡，所谓"性命可轻，至宝可重"。矧其为毛氏、席氏、何氏递藏，朱印累累，手迹如新，与其坐失于一时不能复购于异日，曷不以重金得之？乃以白金五十易之。毛藏宋本估值十二两，此则从宋刻影摹，去值较毛氏几数倍，旁观者其亦笑余为痴绝耶。然黄荛翁得钱氏述古堂影宋钞本《韩非子》二十卷于顾广圻思适斋，去白金三十。今后且百余年，而得此毛钞较钱钞为精美，安可惜钱物任其落于他人之手？是则可为知者道，难与俗人言也。

丁卯春正人日，康侯叶启藩跋尾。

史记一百三十卷 明嘉靖四年柯维熊校刻本

明刊《史记》，世以莆田柯氏、震泽王氏本为最精善。曩曾得王本藏之，今又得此柯本。两本均半叶十行，每行大字十八，小注双行，行廿三字，小题在上，大题在下。柯本大题旁注遍左，不若王本并作大字尤为近古。王本从宋建安本出，柯本从陕本而以白鹿洞本参补校正。王本《周本纪》第二十七叶脱"索隐"一条、绘。"正义"一条。骊山。柯本《秦本纪》第三十一叶脱"索隐"一条、尉斯离。"正义"五条。鄢郢、南郡、襄陵、武安君、黔中郡。当以两本互补，则皆成善本矣。

柯本每卷首题下间有"莆田柯维熊校正"一行，目后有"明嘉靖四年乙酉金台汪谅氏刊行"两行。盖板为汪刻而就正于柯氏者，首有嘉靖四年费懋中序，后有嘉靖六年莆田柯维熊跋。考大梁钱辅宜《甘泉乡人稿·校史记杂识》，云：“戊申三月五日，书估持柯本来，《索隐序》后有‘绍兴三年四月十二日右修职郎充提举茶盐司干办公事石公宪发刊，至四年十月二十日毕工’三十八字凡三行，始知柯本从绍兴本翻刻也”云云。此本《索隐序》、《后序》均全，而无此三行。据前费序云：白鹿本无《正义》，陕西虽有之，而《封禅》、《河渠》、《平准》三书特缺焉。柯君悉为增入，刻既成，因书此以识岁月云。检嘉定钱竹汀《养新录》，记宋元椠《史记》云：“明嘉靖四年莆田柯维熊校本，金台汪谅刻，始合《索隐》、《正义》为一书，前有费懋中序，称陕西翻宋本有误“无”《正义》，白鹿本无误“有”《正义》，是柯本出于白鹿本”云。又检仁和邵位西《四库简明目录标注》，江阴缪筱山附注，云：石公宪本沪上出一书，为某姓以二千元得之，曾过目，止有《集解》，而有《索隐序》，官衔系两行，非柯本所出，柯本出于白鹿本也。云云。是柯本并非出于绍兴本可知，特不解何以钱氏所见柯本有绍兴官衔三行耳。

此本藏书家唯归安陆氏、仁和朱氏、钱塘丁氏有之，丁藏无前后序跋，唯云据钱氏所见有绍兴官衔。陆、朱两家之藏，则《索隐序》均全，而无“石公宪发刊行”字。是可断定钱氏见本《索隐序》或从王本移置，钱氏殆未细审也。惜余藏王本序跋均佚，无可取证耳。此本较王本少讹字，曩岁南浔刘氏嘉业堂仿刊宋本，意欲得此本参校，遍寻未获，卒付缺如，则此本之稀可见。《集解序》首、目首、《五帝本纪》首均有“笥河府君遗藏书记”长方朱文印，此大兴朱少河锡庚印记为其大父竹君学士遗藏者。又有“星伯藏书印记”长方朱文印，“大兴徐氏藏图籍印”朱文汉满文大方印，“世许学堂”朱文方印，此徐星伯太守松也。递藏道州何氏，余以重值获之。

时戊辰冬小寒前一日，志于望瀛居之西，叶启勋。

己巳暮春，复从道州何氏得震泽王〇本，前后序跋均全，而《索隐序》后并无“绍兴官衔毕工”三十八字三行，钱氏所见殆别一刊本。版本之学非目见原书，未可为定案也。

定侯又记。

史记一百三十卷 明嘉靖乙酉王延喆刻本

《史记》百三十卷，明嘉靖乙酉震泽王延喆仿宋刊本。每半叶十行，行大字十八，小字双行，行字二十三。版心下方均有刻工姓名，归安陆心源皕宋楼、仁和丁丙善本书室两藏书志著录。陆氏云：“目后有‘震泽王氏刻梓’木记，《集解序》后有‘震泽王氏刻于恩褒四世之堂’木记”；丁氏云：“前有《索隐序》、《补史记序》、《正义序》、《集解序》、《索隐后序》，目后有‘震泽王氏刻梓’篆文木记，《集解序》后有‘震泽王氏刻于恩褒四世之堂’隶文木记，《索隐序》后有王延喆跋。”此本前失《索隐序》、《补史记序》、《集解序》、王延喆跋，目后剜去“震泽王氏刻梓”六字篆文牌记。盖书贾作伪，欲充宋本耳。目后牌记，余从别本补写于上，其序跋别本亦被撤去，无从补全。钱辅宜《甘泉乡人稿》，跋震泽王氏刻《史记》云：“世传《史记》明刻本，以震泽王氏为最善。余求之有年，所见都无刻书序跋。如此可见王氏雕刻之精，固不下真迹一等。而书贾狡侩作伪，亦层见叠出矣。”

辛酉秋，余因事赴沪，适大伯父文选君因张菊生年伯元济有《四部丛刊》之举，乞大伯编定，由苏来申，遂得尽窥涵芬楼诸秘笈。中有残宋刻《史记》半部，行款字体与王本悉同，知为王本所自出。益信王氏摹仿精良，碔砆固可乱玉，毋怪书估恒以之作伪也。王文简公《池北偶谈》载：“明尚宝少卿王延喆，文恪少子也，性豪侈。一日有持宋椠《史记》求售者，须三百金。延喆给之曰：‘姑留此一月，后可来取值。’乃鸠集善工，就宋版本摹刻，甫一月而毕工。其人如期至索值，故给之曰：‘以原书还汝。’其人不辨真赝持去，既而复来曰：‘此亦宋版，而纸差不如吾书，岂误耶?’延喆大笑，告以故，因取新雕本数十部示之，曰：‘君意在获三百金耳，今如数予君，且为君书幻千万亿化身矣。’其人大喜过望。今所传有震泽王氏摹刻印，即此本也”云云。

考丁氏藏本云《索隐序》后有跋，云：“延喆不敏，尝闻于先文恪公曰：‘《国语》、《左传》，经之翼也；《迁史》、《班书》，史之良也。今吴中刻《左传》，郢中刻《国语》，闽中刻《汉书》，而《史记》尚未版行。’延喆因取旧藏宋刊《史记》重加校雠，翻刻于家塾，与三书并行于世。工始嘉靖乙酉腊月，迄丁亥之三月，林屋山人王延喆识于七十二峰深处。”据此则延喆家固有宋刻《史记》，即据以翻雕。始工明世宗嘉靖四年腊月，迄工世宗六年之三月。明有岁月可稽，以如许之巨编而又刊刻精美，殆非一月可以毕工。盖因延喆早岁豪侈，外传其佚事，文简遂笔之于书耶?

忆余庚申岁，有持影宋钞本唐马总《通历》求鬻者，闻出自县人袁漱六太守芳瑛家中，其先固兰陵孙星衍渊如观察旧藏本也。索值极昂，且不肯示人，余颇恶其居奇，乃假归。集从父兄弟，竭一昼夜之力，抄写其副，急以活字排印二百部，而以原书还之。厥后活字印本坊肆风行，其人知而贱售从兄某，今得之矣，距求售时才月余耳。延喆以椒房贵戚，财力雄厚，一月而成《史记》，或非难事。然延喆自跋实不尽然，则传闻之讹已非一日，文简亦如此云云。是文简未见原书，或得见原书亦无序跋之本。康熙距嘉靖未及百年，其书已自稀见，则在今日宜其与宋元旧椠相伯仲矣。

壬戌嘉平，定侯叶启勋跋于拾经楼。

三国志六十五卷宋衢州刊本

丙辰仲夏，余从坊肆见冯梦祯本《三国志》。首有“滋兰堂”朱文方印，全书以宋元本校过，时不知滋兰堂为何人。第以其朱校满纸，欲收藏纳架。顾被从兄某所挟持，以为监本书不足贵也，遂弃之。归取黄复翁《士礼居题识》读之，始知为吴门朱文游奂手校，元和惠征君栋莫逆友也。急往询之，已为仪征秦子曼青所得矣，懊丧者久之。庚午冬腊，余举室避乱之申，时友人善化唐子乾五亦居沪上，因出所藏长洲何义门焯手批西爽堂本求售，颇欲留之。以长沙扰攘未定，旅囊不充，遂介李某得之。盖两遇此书，一则失之无识，一则限于财力，而心中固未尝不耿耿也。

今年四月七日，有贾人持书一单来，余挑得数种，中有明嘉靖刊本《青阳集》五册一函，前三册则嘉靖三十三年洪大滨合肥刊本，后二册则嘉靖十七年郑锡麒刊本。盖合肥刊本只六卷，无《附录》二册，后人取郑刊《附录》附后，并为一帙。而余辛酉秋从永明周季嘤銮诒家曾得郑本藏之，初不知尚有《附录》二册也。事逾十四寒暑，洽为延津之合，已自幸书缘不浅矣。越日又持来此书，取值颇廉，以中有“万历十年补刊”字，不知为宋衢州本也。亟如值偿之，拾经楼中有宋本《三国志》矣。

全书每半叶十行，行大十八九字，小二十二三字不等。每卷大题在下，魏、蜀、吴三志前均有目录，题“《三国志》目录上、目录中、目录下”。首有大德丙午日南至前进士桐乡朱天锡跋。

《魏志》十四卷、十九卷、二十卷、二十一卷、二十三卷、二十七卷、二十八卷、三十卷，《蜀志》五卷，《吴志》十九卷末均有“右修职郎衢州录事参军蔡宙校正兼监镂板”一行、“左迪功郎衢州州学校授陆俊民校正”两行。书中“桓”字、“构”字缺笔，盖刻于绍兴季年，其板至明犹存。南京国子监递有修补，故皕宋楼陆氏则以为宋刊，爱日精庐张氏则以为元刊，天一阁范氏则以为明刊。考李心传《建炎以来朝野杂记》云：“监本书籍，绍兴末年所刊。国家艰难以来，固未暇及。九年九月张彦实待制为尚书郎，始请下诸道州学取旧监本书籍，镂板颁行，从之。然所取者多有残缺，故胄监刊六经无《礼记》，正史无《汉书》。廿一年五月，辅臣复以为言，上谓秦益公曰：‘监中其他阙书亦令次第镂板，虽重有费不惜也。’由是经籍复全”云。是宋自绍兴以来六经、正史皆曾下诸道州学镂刻，以板存国子监矣。

又考明梅鷟《南雍经籍考·梓刻本末》云：“《金陵新志》所载集庆路儒学史书梓数正与今同，则本监所藏诸梓多自旧国子学而来也明矣。”是可证明时监本多系宋元旧版。宜乎藏书家群相推重，而梅考流传颇稀。故历来藏书家于其板刻原委莫能明也。《钦定天禄琳琅书目续编》，万历丙申冯梦祯刊本《三国志》，云：“南京国子监旧有廿一史版《三国志》，漫漶，故重刻之。”则此书旧板至万历廿四年已多漫漶。此本印刷清朗，虽补版至万历十年，宋元旧板尚居十之三四。而其可以订正后来诸本之处亦且不少，盖亦乙部中不可多得之秘笈矣。

乙亥冬月十日坐雨，媚古堂东轩记。

陈书三十六卷宋九行大字本

此宋绍兴十四年蜀刻眉山七史之一，《陈书》三十六卷。每半叶九行，每行十八字。白口单边，版心有字数及刻工姓名。首目录，后有曾巩等序，《纪》、《传》各为起讫，“弘匡胤征敬恒贞慎”等字皆为字不成，间有不讳者，则后来修板也。检归安陆存斋心源《仪顾堂续跋》载此书，宋刊宋印本，云：“卷一、卷三、卷九、卷十六、卷二十八后皆有校语，序所称其疑者亦不敢损益，特各疏于篇末是也。”又检江阴缪筱山荃荪《艺风堂藏书续记》著录此书，云：“陆存斋所藏自以为宋刻宋印，卷一、卷三、卷九、卷十六、卷二十八皆有校语。此本卷三、卷九、卷十六无，而卷二十九、卷三十陆本亦无，则亦互相有得失也。”核之此本，陆、缪所称各卷之有校语者，此本惟存卷十六“《刘师知传》孔中庶诸通疑”一条。按此书虽板刻于宋，历元、明递有修补。据明梅鷟《南雍经籍考》，知正德十年虽经刊补，然未完善。及嘉靖七年奉敕校正补刊，至十年乃完。盖诸家所藏或为元修，或为明修，而明修又有正德、嘉靖两次。此本已修补至嘉靖十年，故较陆、缪所藏，卷后校语为少矣。然如《废帝纪》：“光大二年，章昭达进号征南大将军”下，毛氏汲古阁本、武英殿本脱“中抚大将军新除征南大将军”十二字，犹赖此本得以补全。其他可以补正一二字者尚多，是固不害其为善本也。

周书五十卷宋九行大字本

此亦眉山七史本《周书》五十卷，行款均同《陈书》。目录后有宋梁焘等序，卷数亦以《纪》、《传》为起讫。补板亦至明嘉靖十年，盖与《陈书》同时印行者也。据仁和丁氏《善本书室藏书志》、归安陆氏《仪顾堂续跋》所载，知此书《列传》第二十二、二十三两卷后均有校语。此本已无之，盖较丁、陆所藏印刷在后矣。乌程严铁桥可均云："宋眉山本《周书·贺兰祥传》较今本多六十馀字，其可贵如此。"核之此本《贺传》"宣阳县公"句下有"高祖于并州战殁，赠上大将军，追封清都郡公。师，尚世宗女，位至上仪同大将军、幽州刺史、博陵郡公。宽，开府仪同大将军、武始郡公。祥弟隆，大将军、襄乐郡公"六十一字，皆毛氏汲古阁本、武英殿本所无。其他正讹补脱者尚不胜缕列。古人云"书贵初刻"，益信然矣。至卷三十二后有"右此卷内申徽、陆通、柳敏、唐瑾传全与《北史》同"两行，卷三十三后有"右此卷内杨荐、王庆传全与《北史》同"一行，可见其非眉山覆刻时取《北史》补阙之证。大抵周史本有柳虬、牛宏二家，德棻本而成书。周主之名如"邕、毓"等字，唐祖"李虎"之"虎"皆以讳代，不书其名者，皆用柳史改之未净也。则其与《北史》同者，安知非延寿同采柳、牛二史乎？

旧唐书二百卷 明嘉靖十七年闻氏刊本

欧阳文忠《唐书》出，刘煦《唐书》遂鲜传本。至明嘉靖十七年，余姚闻人诠由宝应知县擢山西道御史，督学南畿，始校刊之。前有诠序，称吴令朱子得《列传》于光禄张氏，长洲贺子得《纪》、《志》于守溪公，乃绍兴初年朱倬忤秦桧出为越州教授时所刊本，因督苏庠司训沈桐校刊之。东吴耄生杨循吉、翰林待诏文徵明并为之序，沈桐更详记惠借藏书、捐俸助膳、分番校订、出资经费诸人姓名于后。每半叶十四行，每行二十六字。卷后间有“右文林郎充两浙东路提举茶盐司干办公事苏之勤校勘”，或“霍文昭校勘”，结衔同；或“左从政郎绍兴府录事参军徐俊卿校勘”，或“张嘉宾校勘”，结衔同；或“左奉议郎充绍兴府府学教授朱倬校正”各条，明仿宋之极有矩矱者，宜乎藏书家称之也。

此书首页护纸有无名氏跋，云：“《旧唐书》二百卷，计四十册。嘉庆丁卯，箌云弟以小钱值一、钱范一、汉铜辟邪一、白玉界尺一易之于程大彝斋敩，今相随已二十五年矣。箌云、彝斋俱归道山，对之凄然，殊难堪也”云云。卷八末有墨笔题云：“此书刻殊不精，意欲校刊，工费甚大，不知此生能了此愿否？若五年以内，此志不果，便不能矣。道光辛卯十一月初八日，六十一翁周心如识。”书前后有周心如“纷欣阁藏书印”、“浦江周氏”诸朱记。考箌云为周为汉，字心渠，浦江人，官湖北县丞，周心如之弟。此书首叶题字亦周心如笔也。心如曾编刊《纷欣阁丛书》行世，亦书林之好事者。

书首又有“灵汉之印”，此为道州何文安印记，后经子贞编修手批圈读，各卷间记阅时岁月。《列传》卷二十六末有“同治乙丑八月十一日阅至此，蝯叟记”一行，《志》卷三十末有“丙寅正月十一日蝯叟”一行，尾卷末有“乙丑十月廿四日蝯叟”一行，下钤“子贞”二字朱文方印。考归安陆刚甫观察心源《三续疑年录》：“何子贞七十五，生嘉庆四年己未，卒同治十二年癸酉”。乙丑、丙寅为同治四、五年，是时公六十七八岁矣。前辈读书，耄而好学，其精力信有过人者。何氏原装二十册，每册面叶均有编修手书《纪》、《志》、《表》、《传》卷第，书根亦为编修手笔。余并编修手批《杜牧之集》得之，不仅以其棉纸初印、椠刻精美之足贵也。

丁卯夏初曝书日，玉磵后人启勋志于海上。

旧唐书二百卷明闻人诠本，先族祖石君公以至乐楼钞本手校

刘煦《唐书》，世无宋本，故藏书家均以明嘉靖十七年闻人诠本著录。顾其自序称系自宋越州本出，故各卷后尚有宋时题衔。实则校勘未精，讹舛弥甚，特世人未见宋椠，不得不以此刻定一尊也。此为吾家中巷派二十五世祖石君公手校闻人诠本，后有手跋云："从坊间见至乐楼钞本，为钱遵王取去，因得假归对勘"云云。钞本源出宋两浙茶盐司，故各卷末均有朱笔校补字一行，云："右文林郎充两浙东路提举茶盐司干办公事霍文昭校勘"，或"苏之勤校勘"二十三字，至乐楼则明常熟御史陈原习察藏书处也。考吴定璋《七十二峰足征集》，云："何义门侍讲最喜石君所阅书，谓考订精审，评骘古今，源流瞭然，别见手眼。一时好事者因义门之言争购其书，于是朴学斋所藏不胫而走。"孙从添《藏书纪要》云："叶石君所藏书籍皆手笔校正，博古好学，称为第一。叶氏之书，至今为宝，好古同嗜者赏识焉。"是公所校之书，早已为名流推重。今读是书，不独有考订之功，且有论议之识。原原委委，实能用苦功成，其学问非仅藏弆之富，足以夸人也。

此书出郡故藏书家，索值颇昂。从兄某知其为先人手泽，而又惜财物不欲致之。及归余插架，又欲干没以去。余于从兄弟辈为最小，遂不敢争，亦不愿争也，卒为所夺。未几，从兄某豪于摴蒱之戏，尽散其藏书，余仍从估人手得之。尝考归安陆运使心源《皕宋楼藏书志》，《沈下贤集》叶石君跋："崇祯戊寅，得《沈亚之集》，为林宗干没。近来林宗物故，书籍星散，宋元刻本

尽废于狂童败妇之手。予生平不欺其心，自信书籍必不若林宗死后之惨”云。按林宗公以后聚妻故，致二子失爱，以忧死。士论少之，而从兄某以腰缠万贯，吝不资先世父以行，致死丁卯之难，为清流所不齿。卒之及身，而书籍星散，且负债累累。然则欺心之人，天理报施，固未尝或爽其然，岂其然乎？因跋是史牵连，书之以垂训云。

前汉纪三十卷、后汉纪三十卷 明嘉靖戊申刊本

明嘉靖戊申黄姬水刊《两汉纪》，据黄序云从云间朱氏得宋本付梓者，每半页十一行，行二十字。仁和丁氏《善本书室藏书志》、江阴缪氏《艺风堂藏书记》皆著录。考元马端临《文献通考·经籍考》载此书，巽岩李氏曰：“某家有写本一，印本一。写本不记其时，而印本乃天圣间益州市所摹刻者，大抵皆差误。而印本尤甚，衍文助语乱布错置，往往不可句读。或又增以子注音切，并非所当有”云。则此书北宋时已无善本矣。然宋本今不可得，故藏书家均重此本。此为明行人司旧藏，原装二十册，每册首均有“行人司图书记”朱文长方印。惟首本为人撤去，故无之。递藏元和顾氏思适斋、吴门黄氏士礼居，有嘉庆己未冬十一月顾千里文学广圻、黄复翁主事丕烈手跋。盖文学旧藏为其交好程某所得，程书散出，又为主事所有。文学因跋其首，叙述源委甚详。主事又跋之，云：因其为明行人司藏书，为可珍贵。又有“咸丰壬子十月廿七日录陈眉公太平清话”一段，后记云：“余生于己未十二月，得此有夙缘也。履卿手跋。”考仁和丁氏著录咸丰初韩崇临何义门学士焯批本《唐欧阳先生文集》，云：“韩崇，字履卿，

自号南阳学子，元和人。家有宝鼎山房，储藏秘本甚多，为桂舲尚书蓺之哲弟”云。又著录明行人司藏书《唐宋八大家文钞》，云：“有‘行人司图书记’、‘万历戊申春行人司查明’两朱记。考《明史》，行人司隶鸿胪寺，凡出使官属必采书籍归司。每岁查检，盖戳卷端”云云，惜此书首页撤去，无从取证。然其被撤之由，则盖当时官书流出，民间特去之，以免祸耳。道州何蝯叟太史绍基《东洲草堂文钞》，咸丰己未跋《重刻李北海书法华寺碑》云：“去春在吴门韩履卿丈，崇。以此宋拓本见贻”云云。是履卿家固富于储藏，故至今犹有流传，使吾辈得以摩挲景仰之，则此书又不仅以明行人司旧藏而见重矣。

辛未冬十月，叶定侯得于长沙肆中，手装并记。

古史六十卷宋刊小字本

宋刻苏栾城《古史》六十卷，今时流传可考者有两本：一宋刻大字本，每半页十一行，行廿二字；一宋刻小字本，每半页十四行，行廿二至廿六字不等。两本卷首均不题名氏，小题在上，大题在下。此小字本卷七后别行有“左迪功郎衢州司户参军沈大廉同校勘”一行，卷十六后小题下有“右修职郎衢州录事参军蔡宙校勘兼监镂板”一行，盖衢州州学刊本也。考《钦定天禄琳琅书目续编》载宋小字本《古史》，云：“《书》六十篇、《本纪》七、《世家》十六、《列传》三十七。前辙自序，后绍圣二年自志。《本纪》第七末刻‘左迪功郎衢州司户参军沈大廉同校勘’。大廉，字元简，瑞安人，建炎间进士，官御史”云。归安陆氏《仪顾堂续跋》载：“《古史》六十卷，小题在上，大题在下，辙自序及后序皆缺。卷十六《晋世家》后有‘右修职郎衢州录事参军蔡宙校勘兼监镂板’一行。

卷一至七版心有‘甲’字，卷八至十二有‘乙’字，卷十七至二十三有‘丙’、‘丁’字，二十四至三十七有‘戊’、‘己’字，三十八至四十八有‘庚’、‘辛’字，四十九至六十有‘壬’、‘癸’字，以记册数。又有刊工姓名，其无刊工姓名者皆元时修板。宋讳有缺，有不缺，盖宋季衢州刊本也。”此本与天禄琳琅、陆氏著录之本相合，全书有黑、白口之分，黑口则无刊工姓名，据陆氏以为元时修板。然证以此本卷七有“沈大廉校勘”一行者为黑口，卷十六有“蔡宙校勘”一行者为白口，则黑口、白口均为宋时原刻。当时本未划一，宋刻之妙全在参差不齐，固不必如后世刻书规画整齐，转失古趣也。“桓、宁”字减笔，当是刊于绍兴季年。考李心传《建炎以来朝野杂记》云：“监本书籍，绍兴末年所刊。国家艰难以来，固未暇及。九年九月，张彦实待制为尚书郎，始请下诸道州学取旧监本书籍镂板颁行，从之。”是绍兴南渡，军事倥偬，而高宗乃殷殷垂意于此，宜乎南宋文学之盛已！元马端临《文献通考·经籍考》载此书后有雁湖李氏跋，此本佚。道州何子贞编修绍基手录附后，余从其后人手得之。

戊辰八月中秋日，叶启勋志。

汉隽十卷 元延祐庚申袁桷序刊本

《汉隽》十卷，宋林钺撰。宋有嘉定中赵氏刊本，明有嘉靖时吴氏、万历朝吕氏两刻本，此元延祐庚申袁桷序刊黑口本也。罟里瞿氏《铁琴铜剑楼书目》载“宋嘉定辛未赵时侃刻本《汉隽》十卷，宋林钺撰并序，又魏汝功后序。每卷首行标《汉隽》卷第几，次行低二格，列目次毕，低四格列篇名，下接本文，犹存古本之式。每半页九行，大书分注，每行大字十五，小字三十。

版心有字数、刊工名。自序林钺不作'越'，可证延祐庚申袁桷刻本之误"云云。此本行款、字数悉与宋本同，惟无魏汝功后序及板心字数、刊工名，"林钺"作"林越"，为异耳。向藏道州何子贞编修绍基家，后有旧人朱笔跋语三行，余从其后人某手见之。虽虫伤断烂，喜其为元刊元印，特购藏之。以无别本可据填补，存之箧笥者有年。顷从书友杜振湘别见一本，亦为元刊而印在明时者，亟假归，竭二昼夜之力，手自填补，始知明印本颇多补板。全书边栏有单、双线之分，书中注文并多脱误，自非两本比勘不能知也。抄补将竣，书友催索甚急，惜未能一一校正补板之谬而记之。书旧一日好一日，毋怪乎藏书家之佞宋癖元矣！

丙寅冬月，拾经楼主人叶启勋识。

太平寰宇记二百卷旧钞本

旧钞本《太平寰宇记》二百卷，《目录》二卷。每半页十一行，行廿三字。盖秀水朱氏曝书亭合济南王氏池北书库、昆山徐氏传是楼两家藏本录抄，而曹子清通政寅又从朱藏传抄者也。递藏富察堇斋学士昌龄、大兴朱竹君学使筠、道州何蝯叟太史绍基家，余以重值从何氏后人得之。原阙"河南道"第四卷、"江南西道"第十一卷至十七卷，即全书通卷第一百十三卷至一百十九卷。共八卷。《钦定四库全书总目》著录为浙江汪启淑家藏本，《提要》云："原本二百卷，诸家藏本并多残阙，惟浙江汪氏进本所阙自一百十三卷至一百十九卷，仅佚七卷"云。检王亶望《浙江采集遗书总录》，《太平寰宇记》二百卷，《目录》二卷，开万楼写本云："按此书上元焦氏、昆山徐氏所藏俱阙'河南道'第四卷、'江南西道'第十一至十七卷，今本同"云。又考吴颢《杭郡诗辑》："汪启淑，官工部都水司郎中，乾隆三十七年诏访遗书，进呈书籍六百馀种。恩赏《古今图书集成》一部，士林荣焉。”又考归安陆心源《仪顾堂续跋》，《周易爻变义蕴跋》云：“有‘新安汪氏’朱文方印、‘启淑私印’朱文方印，盖开万楼旧藏也。”据此则《四库》著录之本，即当时浙抚于钱唐汪氏采访进呈者。《浙录》所载缺卷，与此本同。而《提要》云“仅佚七卷”，不足信也。上元焦氏藏本为宋时旧椠，竹垞太史曾见之，残阙亦与此同。则此书残佚已久，遵义黎莼斋星使庶昌从日人森立之家假得宋刊残卷刻入《古逸丛书》中，足以补此书之缺。而“江南道”第四一卷及一百十九一卷，又一百十四卷尾数页仍无从补全，是则不免遗憾矣。然中土久佚之书，赖黎公好事摹印刊行，其加惠艺林，良非浅鲜，岂独有功于乐史也哉？

庚午夏四月望日，叶启勋记。

附

此《太平寰宇记》二百卷，宋乐史撰。卷首有“楝亭曹氏藏书”六字朱文长方印，盖康熙间曹子清通政寅家藏旧钞本也。又有“长白敷槎氏堇斋昌龄图书印”十二字朱文方印，则又经堇斋学士昌龄收藏者。堇斋为楝亭之甥，楝亭藏书尽归所有，各书所见二家收藏印记大半连属相钤。又有“大兴朱氏竹君藏书之印”十字朱文长方印，则笥河学士筠藏书印记也。后为道州何子贞太史绍基所得，书面副纸及书根均经太史手书题字，余从其后人得之。原缺第四卷及第一百十三卷至第一百十九卷，共八卷。考乾嘉以来各藏书家志目，所载此书均为抄本，缺佚之卷亦同。唯虞山钱曾遵王《读书敏求记》有二百卷足本，然不知流传何所，缺佚与否，无可取证也。

检《钦定四库全书总目》著录《太平寰宇记》一百九十三卷，浙江汪启淑家藏本，《提要》云："所阙自百十三至百十九卷，仅佚七卷，又每卷末附校正一页，不知何人所作"云云。较之此本，多佚第四卷一卷，至末附校正，则此本亦有之。检王文简士祯《居易录》十二云："《太平寰宇记》□百□□卷，宋乐史撰，世无刊本。予家有写本，阙七十馀卷，竹垞尝借抄之。又借徐氏藏本补足六十馀卷，尚阙第四卷及百十三卷至百十九卷，仅阙十卷。闻金陵焦氏有宋刻本，今归昊庐泽弘侍郎"云。又检朱竹垞太史彝尊《曝书亭集》，是书跋云："《太平寰宇记》二百卷，《目录》二卷，宋朝奉郎太常博士乐史撰。康熙癸亥抄自济南王祭酒池北书库，阙七十馀卷。后二年，复借昆山徐学士传是楼本缮写补之，尚阙'河南道'第四卷、'江南西道'第十一至十七卷。闻黄冈王少詹购得上元焦氏所藏足本，及询之，则卷数残阙同焉。"

按此本今归常熟瞿子雍镛，详载所撰《铁琴铜剑楼藏书目录》。偶读李文藻侍郎南涧《琉璃厂书肆记》云："楝亭掌织造盐政十馀年，竭力以事铅椠，又交于朱竹垞。曝书亭之书，楝亭皆抄有副本。以余所见如《石刻铺叙》、《宋朝通鉴长编纪事本末》、《太平寰宇记》、《春秋经传阙疑》、《三朝北盟会编》、《后汉书年表》、《崇祯长编》诸书皆抄本"云云。据此则此本为楝亭抄自竹垞，朱氏竹垞则合王、徐二家藏本凑配移录，其原委固甚明晰也。乐氏此书合宋代舆图所隶，寻究始末，采摭繁博。于历朝人物、古迹题咏悉行详载，开后来方志之例，与《元和郡县志》、《舆地纪胜》并传。

乾隆中有乐氏刊本，又有江西万廷兰刻本及活字本，皆剞劂不精，互有脱误。万本臆改尤甚，均不及此抄本之少舛谬也。缺佚之卷，光绪中黎莼斋星使庶昌得日本旧家所藏宋刻残本，摹刊于《古逸丛书》中。余并拟觅单印本附后，以成全璧云。

岁在庚午，叶启发东明记于华萼堂。

类编长安志十卷琴川张氏影元钞本

《类编长安志》十卷，元骆天骧纂编。天骧始末未详，据书首大德戊戌王利用序，称“京兆教授骆飞卿，长安故家也”云云。书首亦题“京兆路儒学教授骆天骧纂编”，则飞卿其字，长安人，曾官儒学教授矣。又据元贞丙申自序、题藏斋遗老序云：“老眼昏花，中间多所脱略讹错，更俟博雅君子改而正之”云。按“元贞丙申”为元成宗二年，上距宋亡只十七年耳，其时已自称老，则藏斋其自号为宋之遗民矣。是书以宋敏求《志》卷轴过多，故事散布州县，难以检阅，乃取而去其繁芜，撮其枢要，增入金元沿革，门分类聚，故曰《类编》。虽以古迹为主，凡州郡之变更、城郭之迁移以及山川名胜、宫室第宅、丘陵冢墓，与夫古今兴废之殊、名贤游览之作，靡不备录。又附之以纪异辨惑，而以石刻终焉。全书分二十四类，类又各分子目，条理明晰，叙述亦详。元时开成路儒学教授薛延年曾校正付刊，明时板存南京国子监，后毁于火，故传本极稀。《四库全书总目》未收，仪征阮文达元亦未进呈。

此则从元本影写者，首有安西路州县图，次目录，次引用书目。全书每半页十三行，每行廿二字，书前后有“小琅嬛福地”、“琴川张氏”、“小琅嬛福地缮钞秘册记秘帙”、“蓉镜私印”、“成此书费辛苦后之人其鉴我”等印。考吴县黄复翁主事丕烈《士礼居藏书题识》，《题明秀集诗》：“琉璃厂里两书淫，荛友荛翁是素心。我羡小琅嬛福地，子孙世守到于今。”道光四年甲申，荛翁为芙川世讲书于百宋一廛。又《题永嘉四灵诗》云：“昭文同年张子和藏书也，余与子和相得，以彼此藏书故，犹忆癸丑同上春官，邸寓各近琉璃厂，一时有两书淫之目”云。盖荛友为子和别号，子和名燮，昭文人，乾隆癸丑进士，官浙江宁绍道。详庞鸿文《常昭合志稿》耆旧，与复翁乡举同年。芙川名蓉镜，子和之孙也，盖此为琴川张氏祖孙藏书矣。

按宋元旧志，南则四明、临安、吴郡、三山、严州、会稽、赤城、镇江、建康、新安、毗陵、嘉禾存者尚多，北则宋敏求、李好文二《志》外，惟天骧此书。且古迹之源委必稽诸地志，地志之纪录必订于乡耆。天骧家本长安，从游前辈，周访乡老，于周、秦、汉、唐遗址无不登览。耳闻目睹，具载靡遗。所采《地理丛编》、《三辅会要》二书，今且无有知其名者，金元诗文所载尤夥，尤足以资参考也。虽其于金元沿革故事分门条系，非地志体裁，然凌云之材固不以寸折为病矣。

朝邑县志二卷 明正德已卯刊本

曩读《四库全书总目》，著录明韩邦靖《朝邑县志》二卷。《提要》称其“笔墨疏宕，源出《史记》，古今志乘之简，无有过于是书者”。遍考明以来藏书家志目，惟晋江黄氏《千顷堂书目》载之，而不云修于何时，盖未见其书也。宁波范氏天一阁、连江陈氏世善堂储弆之备，国朝仁和邵氏、独山莫氏闻见之富，均未著录。固知此书不仅为名志书，抑亦罕传之秘帙已。今夏，估人谭某得道州何氏藏书，余先后得义门学士评校《才调集》，覃溪宫詹手校《益都金石丛钞》藏之。随从乱书堆中拣得此《志》，惊喜欲狂。谭颇晓事而好持高价，以余癖之深也，坚索五十饼金。余不敢交臂失之，亟如值取归。全书共三十一页，计页酬钱，每页值银两馀矣。方之汲古毛氏收宋本书，其价殆又过之。书为明正德己卯朝邑知县陵川王道校刊，每半页八行，行十六字，墨口。前有邦靖自序、康海序，末有吕楠后序、王道跋。盖修成于正德己卯，即于是年刻竣。考明万历三十三年张萱修《内阁书目》，载万历间邑人王学谟修《续朝邑志》二册，则继韩氏此《志》而作者。然以天府财力雄厚，有《续志》而无此《志》。万历至今阅数百年，吾之宝此《志》，以重价收之，固不得目为书（娭）〔呆〕①已尔。

辛未五月小暑，更生居士记。

岳麓书院图志十卷 明嘉靖二十年刊本

明陈论撰，论始末未详。是书《明史·艺文志》不载，祁承爜《澹生堂书目》、黄虞稷《千顷堂书目》有之。虞稷云："山长则论曾主讲席于斯院矣。"考《湖南通志·人物志》引《四川通志》载："论字思鲁，攸人，天顺中官巴州训导。师事增城湛若水，邃于易学。远方来者云集，教诲不倦，卒于官，士为立主于学祀之。"则论天顺间又曾为四川巴州训导，且卒于官矣。是书前有正德甲戌陈凤梧序，称："弘治间，凤梧督学参政，两至其地。因以院志嘱攸生陈论集次焉，书成，付知府陆相梓置院中"云。则弘治中论尚在岳麓，安得有天顺中为巴州训导，且卒于官之理？《通志》误矣。书为凤梧嘱论所修，始于弘治，成于正德九年。时论尚为学生，非山长，虞稷亦误矣。按书院之始设在宋开宝九年，朱洞为郡守时。祥符八年，周奭为教授，真宗赐额，遂与嵩阳、睢阳、白鹿并称"四大书院"。继以朱熹、张栻二子讲学之故，流

①娭，当为"騃"之误，即"呆"。

风远被，称“小邹鲁”者，数百年遂相承以为古迹。弘治中，通判陈纲、同知杨茂先重建而表章之，参议吴世忠倡议改建于旧址之左。时论以斯院肄业之生，撰为是《志》，故其于书院兴废、山水、古迹、艺文靡不考订精详，在明人杂地志中可谓具有条理者矣。附刻《禹碑》释文及诸家辨论之作为一卷，则嘉靖辛丑重刻时所增入也。

水经注四十卷 孔氏微波榭刊戴震改定本，绵州李墨庄手批

《水经》自明以来传刻舛误，《经》、《注》混淆，至乾隆时戴东原震以《永乐大典》所载旧本条分缕擘，重为校正，世颇称善。此为绵州李墨庄主事鼎元手批补订戴氏本。书首有“师竹斋图书”五字朱文方印，戴序首眉上有主事手批数十行。《河水》三后有“嘉庆十四年己巳仲秋八日澧江舟中墨庄手记”跋语九行，均系申述订正戴书大旨。检王昶《湖海诗传》，“李鼎元，字味堂，号墨庄，绵州人。乾隆四十三年进士，官宗人府主事，有《师竹斋集》”云。又检《春融堂集》，《师竹斋集序》：“李君和叔家绵州，偕弟凫塘，皆以俊伟鸿博之才入词馆，既改为中书舍人。家本寒素，虽通籍犹为负米之行。由齐、鲁、吴、越而楚奔走数千里，又往还蜀道，足迹遍天下。耳目所涉，山水所历，往往于诗发之。诗无不仿，亦无不似，而得之少陵者最多”云。此书为主事晚年手笔，书面题字亦出其手。耄而好学，用力至勤。足履所至，一沟一渎无不周览其原流，考究其形势。阅历所到，不徒采之空谈，故分晰经注极为详核。世知主事之工于诗，而不知且精于水道也。向藏善化贺耦耕观察长龄家，余从其后人手得之。

庚午春三月朔，叶启勋记于拾经楼西轩。

瀛涯胜览一卷旧钞本，大兴翁覃溪阁学方纲以朱墨两笔手校

《瀛涯胜览》一卷，明马欢永乐丙申随郑和出使海外诸番时所述。所记凡占城等十九国，而为篇十八者，以那孤儿国在苏门答剌国西，地理相连，乃一小邦，故附见也。其中各载其疆域道里、风俗物产，间亦略及沿革，大抵与史传相出入，颇足以资考镜。《钦定四库全书总目》作“马观撰”者，误也。此旧钞本每半页九行，每行二十字。序首有“原书此处有‘谦一行牧堂藏书记’白文方印二行”墨笔字两行，书面题本书书名，下题“永乐丙申马欢述”。又有“□□十九年岁在甲戌菊月一行，□□石墨书楼钞本共五十页二行，同日手装并校三行”墨笔字三行。前护页有“前有马欢自序，始永乐癸巳迄丙申，凡四载一行书成，汇刻书目作郑和纂者，误也二行”墨笔字两行。书尾有“甲戌九月既望灯下校”朱笔字一行，书中有朱、墨两笔校字。盖大兴翁覃溪阁学方纲从辽阳纳兰容若侍卫成德家藏本传抄，手自校藏者也。

考吉林英和订正阁学原稿《翁氏家事略记》载：“阁学生于雍正十一年癸丑八月，卒于嘉庆廿三年戊寅正月。”检乾隆十九年岁在甲戌，阁学年二十二岁，正供职翰林院编修时也。嘉庆十九年亦岁在甲戌，阁学年八十一，正重预琼林宴，赐二品卿衔时也。此书书面题字“十九年”，上残缺数字，无由断定其为乾隆，为嘉庆。惟丁卯春月，余从道州何氏东洲草堂得阁学手稿《海东金石文字记》，首目录为石墨书楼格纸，上钤“大兴翁氏石墨书楼珍藏图籍”朱文篆书大方印。其书成于嘉庆二十年，为晚岁手笔，盖

续《两汉金石记》而作者。今以此书字迹验之，殆可审定其为嘉庆十九年，距易箦前四年耳。估人得之长沙张潜园文达百熙家，索值颇昂。以无阁学题名，人多不识，搁置月馀，遂为余有。不仅以其为阁学手校可珍，且前明惟《纪录汇编》曾经汇刻，今亦世鲜流传，留此名贤手校精钞，亦足为连橱生色，何况其传钞有自，远有端绪耶？特重加装饰，以待来者知所宝重焉。

丙子芒种，定侯跋尾。

崇文总目一册 秀水朱氏传抄本

《崇文总目》六十六卷，当时撰定诸儒皆有论说，凡一书大旨，必举其纲，法至善也。此本为秀水朱氏曝书亭传抄，明范氏天一阁藏本，后有朱氏手跋云："向读马氏《经籍考》中载《崇文总目》，皆有评论，思亟见其书，及借钞于四明天一阁，则仅有其目而已。盖绍兴间惑于夹际郑氏之说，而去之也。拟从《六一居士集》暨《通考》所采别抄一本，老矣未能，姑识于此。康熙庚辰九月，竹垞老人书，时年七十有二。"此跋文不载于《曝书亭集》，而集中别有此书跋云："归田之后，闻四明范氏天一阁有藏本，以语黄冈张学使，按部之日，传钞寄予"云云，叙述得此书原委。

考嘉定钱辛楣宫詹《疑年录》："朱锡鬯，八十一，明崇祯二年己巳生，康熙四十八年己丑卒。"又考杭州钱东生学士《文献征存录》："公以康熙二十二年召值南书房，一年挂弹事贬一秩，二十九年补原官，三十一年复坐事免，既旋里不复出矣。"是检讨归田时六十四岁，先从范氏传抄此本而为之跋。至七十二岁，复欲补辑叙释以缀之，以年老未能，姑为之跋。虽未能别抄一本，然固经检讨以朱笔圈记之矣。首页有朱笔批云“○者马考，△者他书”，书名下间有以朱笔直抹一行至五行者。证以嘉庆四年钱侗考证本，所谓“○者马考，△者他书”者，诸书所引之叙释也，则此为检讨拟补辑叙释之蓝本无疑。首又有朱笔批云：“《永乐大典》，王尧臣、欧阳修《崇文总目》六十六卷下引‘直斋’一条、‘通考’一条、‘夹际’一条”一行。书中复以《永乐大典》所引校注于上，可见检讨嗜书成癖，至老不衰。

《曝书亭集》刻始于康熙己丑，曹通政荔轩捐资倡助，工未竣而检讨与曹相继下世，其孙稼翁乞诸亲故，续成之。当时未遑细检，遂遗此跋欤？据王兰泉司寇《蒲褐山房诗话》：“稼翁晚年贫不能支，曝书亭藏书八万卷，渐致散佚”云。此书为大兴翁覃溪宫詹所得，书面有宫詹正隶题字，尾有宫詹引高似孙《纬略》云云考证两行。小楷率更，隶法《韩敕》，书中亦有一二校字，二公皆考据名家，可宝也。余从道州何氏并宫詹手校《绛帖平》、《宝刻丛编》，以重值得之。

时己巳夏五日南至，更生居士叶启勋志。

金石录三十卷大兴徐氏钞本

世传宋刊残本《金石录》十卷，仅存卷十一至卷二十者。递藏嘉兴冯研祥文昌、常熟钱遵王曾、仪征江玉屏立、阮文达元、仁和赵晋斋魏、韩泰华小亭家，后辗转归于吴县潘文勤祖荫，见于《滂喜斋藏书记》。诸家题词、图记充然满幅，洵惊人秘笈也。

此为大兴徐星伯松旧藏绿格钞本，每半页十行，每行廿三字。每页前板左角有“治朴学斋著录”六字，后板右角有“星伯细书”四字。书衣题字云：“此余嘉庆乙丑岁照谢刻所抄，道光癸巳借得苏斋抄卢刻本校一过，原书内用红笔者，何义门语也；用墨笔者，朱竹垞语也。今概用红笔，卢刻按语则以墨笔录之，星伯记”四行六十六字。又题云：“谢刻序跋，此书不载，又卢按所引谢本，每与此异，则不全为谢刻矣”两行廿六字。尾有跋云：“道光癸巳三月，余从海宁许珊林所假得覃溪先生手校《金石录》对临一过。读雅雨先生所证易安居士事，苦其不备。适友人俞礼初以所作《事辑》见示，因抄附于赵录之后，星伯徐松识”四行七十一字。又跋云：“庚子除夕又借得卢椠重校一过，松记”一行十五字。盖星伯从阳丘谢良衎世箕刻本传抄，复从海宁许珊林梿假得大兴翁覃溪方纲手校本对临。而覃溪则以秀水朱竹垞彝尊、长洲惠定宇栋校本，及范氏天一阁、陆丹叔二家所藏旧钞本，谢世箕、德州卢雅雨见曾二刻本，合六本参校。其长洲何义门焯校语则惠、陆两本中笔也。至义门所据校者，其题记所称有宋椠本，有先族祖文庄公藏本，有虞山陆敕先贻典所藏钱罄室手钞本。后复以《隶释》参校，其《隶释》则吴文定公家藏，亦为善本，常熟钱楚殷沅所赠者也。附以《易安居士事辑》，则黟县俞礼初正燮所作，星伯录以附后也。

考《滂喜斋藏书记》，宋本《金石录》十卷，载元和顾千里广圻跋云：“予在里门凡见善本二：其一是叶文庄手钞，前后两翻者；其一是钱叔宝通部手钞者，皆细勘一过，是正近刻处甚多”云。按“罄室”之名，为长洲文待诏徵明题赠钱叔宝者，则文庄公及钱罄室两钞本义门所据校者，皆顾千里所谓善本矣。凡此一书经三数人手眼，合各家所藏善本而参校之，固当为此书第二宋本矣。旧藏道州何子贞太史绍基家，序首有“何绍基印”四字朱文、“子贞”二字白文对方印。尾有“道州何氏诒恺”六字白文方印，诒恺为子贞太史之孙，余即从伊手得之。

丁卯腊月腊八日装成插架，漫记。时先世父被难将及周矣，书竟凄然。

隶释廿七卷、隶续廿一卷 乾隆戊戌汪日秀校刊本，曲阜桂未谷、道州何蝯叟手批

此曲阜桂未谷明经馥、道州何蝯叟学使绍基手批，乾隆四十三年楼松书屋汪氏校刊《隶释》、《隶续》六册。桂先用墨笔，继用朱笔，目录后有朱笔跋云：“此吴江陆直之本也。余与直之同住潭西精舍，余将北上，已束装矣，复以事小留，因取此本翻披一过，随手标记，不及周审也。曲阜桂复①记，乙卯七月十五日夜三鼓”六十三字。卷一首行下有朱笔标记云“曲阜桂复看”一行，书中有以原碑校误者，有以他书校正者，有引申《说文》校改者。何用墨笔，以其字迹与桂不同，固甚易于辨别也。卷一首有“辛亥十二月初六日，武昌省寓灯下阅起，子贞记”二行。卷三后有“咸丰元年辛亥十二月十三日，武昌省巡道岭赵静山太守寓庐阅，时得雪后甫晴。十五日即壬子立春节矣。子贞记”四十五字。卷六、卷九、卷十二、卷十六后均有楷书题记。卷廿及《隶续》卷四、卷十、卷十五后均有隶书题记。卷末有篆书“壬子孟春月廿日阅毕，道州何绍基子贞志于武昌旅寓”三行。每册首均有“道州何氏藏书”朱文长方印、“云龙万宝书楼”朱文方印、“何绍基印”朱文大方印。全书圈点殆遍，书中有以桂说为然者，加墨圈于上；有不以为然者，反覆辨论之；有不置可否者，间又有以己意加评于上者；亦有校误者、补阙者，朱泥烂然，洵可贵也。书

①桂复，当即“桂馥”，号未谷。“馥”作“复”，且下文重出，或所据原稿如此，故仍其旧。

根亦为学使手笔。

考桂氏《晚学集》，卷七《潭西精舍记》云："历城西门外唐胡国公秦叔宝故宅，一夕雷雨，溃而为渊，即五龙潭也。吾友陈君明轩嘉其水木之胜，与小香、二香诸君募钱于潭西架屋为游息地，嘱予记之"云云。又考《未谷诗集》有《潭西杂咏》八首，叙述园亭水木之胜，又有《别潭西精舍》一首，盖明经尝游息其间也。据天门蒋祥墀撰《桂君未谷传》，以嘉庆十年卒，年七十，是明经生于乾隆元年。乙卯为乾隆六十年，是时明经年六十岁矣，此其时手批者。又检学使嗣君伯源孝廉庆涵撰《学使行述》："学使生于嘉庆四年己未，卒于同治十二年癸酉，年七十五岁。"咸丰元年辛亥为学使五十三岁，此书学使自咸丰元年十二月阅起，至次年春月阅毕。二公均以六书、金石考据名家，老而劬学，用力至勤。毋怪至今片纸只字，人争宝爱。此为二公手批，精神光采萃于一书，弥足珍重矣。

余向得何氏书数千卷，大都名人批校旧钞，或经蝯叟书根书面，或一再批点圈读。可想见其舟车所至，手不停披光景，每一浏览，辄深起敬起慕之思。今夏湘乱，余避地海滨，此书为善化雷怡甫上舍悦从何氏后人某手得之。知余藏有大兴翁正三阁学方纲及学使手批宋岳珂《宝真斋法书赞》，寓书以得此书相告，意在使物聚所好也。余虽时逢多难，迭遭祸乱，而惜书之癖未尝稍衰，乃节衣缩食，亟以百五十饼金易之。邮航递至，爰笔书此，以志欣幸。

时庚午冬月小寒节也。

石刻铺叙二卷、绛帖平六卷 旧抄本，何义门评校

《石刻铺叙》二卷、《绛帖平》六卷旧抄本，长洲何屺瞻学士焯批校。《石刻铺叙》尾有“康熙辛卯得顾可承家旧钞本，稍正数字。顾名德育，廉吏荣甫之子也。焯记”廿九字。评语多引他书以相证明，又据顾本校改数字。据全祖望志公墓称“公访购宋元旧椠及故家抄本，细雠正之，一卷或积数十过，丹黄稠叠，以康熙六十一年病卒”。又据沈彤撰《行状》：“先生蓄书数万卷，参稽互证，于其真伪是非皆有题识，如别黑白。生于顺治十八年辛丑，卒于康熙六十一年壬寅”。辛卯为康熙五十年，时公五十一岁。公以四十二年由拔贡生特赐举人，试礼部下第，复赐进士，改庶吉士及散馆，得旨再教习三年，明年丁外艰归。是批校此书当在归里以后，书法秀逸，有晋唐帖意，可宝也。递藏大兴朱氏、道州何氏，首有朱氏手跋云“内有竹垞先生两跋尾”。今检集中两跋正相接连，在第四十三卷，是本殆从曝书亭抄出也。中有朱笔校勘，乃何义门之笔。《石刻铺叙》卷尾有云“康熙辛卯得顾可承家旧钞本，稍正数字，顾名德育，廉吏荣甫之子也。焯记”，“道光三年癸未夏五廿九日少河山人记”，此下钤“少河”朱文小长方印。少河名锡庚，幼承家学，读书好古。乾隆戊申举人笥河学士筠之子，石君宫詹珪之侄也。书中夹有购朱氏书目一纸，所列凡十种，为道州何蝯叟太史绍基手笔，盖当日蝯叟购自朱氏时所记价值数目也。目中“《石刻铺叙》、《绛帖平》合钞四十千”者，即系此书；又“《绛帖平》十千”者，则长洲惠定宇征君栋手定本；“《猗寮记》三十五千”者，则西泠魏柳洲布衣琇、钱唐鲍渌饮处士廷博

手校旧抄本，首亦有少河先生手跋，余并此书以重值从何氏后人得之。目中更有“《广川书跋》、《绛帖刊误》合抄二十千”者，则明文衡山玉磬山房抄本，历经泰兴季振宜沧苇、三韩安麓村岐、大兴朱竹君筠子少河锡庚珍藏，并经少河先生校误，有跋。辛酉夏余从友人斋头见之，曾假读一过。今友人墓已宿草，其书不知所归矣。书此喟然者久之。

庚午七月，曝书日记，更生居士叶启勋。

辛未七月又从何氏得《东坡志林》十二卷，明棉纸钞本，虞山也是翁故物。首有少河先生手跋，即蝯叟书单中“《东坡志林》十千”者是也。书首购朱氏书目一纸，细审为何文安凌汉手笔。

宝刻丛编二十卷旧钞本

己巳夏五，余从道州何氏东洲草堂得大兴翁覃溪、归安丁小四、海昌钱绿窗手校旧钞本宋陈思《宝刻丛编》二十卷。藏之未几，估人复持此本求售。凡四册，亦旧钞本，每半页十行，每行二十字。前亦有鹤山翁、孔山居士、陈伯玉及无名氏四序。后亦有俞子中、保居敬二题记，惟少秀水朱彝尊一跋。盖翁、丁藏本抄自曝书亭，此则别有所据本也。书首有墨笔手跋云：“是书所列古碑之目，以《元丰九域志》京、府、州、县为纲。其石刻地理之可考者，按各路编纂。无可考者附于末，兼采诸家辩证之语著于下”。又跋云：“按《书苑菁华》亦系陈思所撰，并有魏了翁序”。又跋云：“又按《简明目录》云‘原本辗转传写，已颠倒讹脱。其亡佚之六卷、残缺之两卷，则无从校补矣’。今检是本，残缺则有之，初无亡佚，岂当时所收之本不及是本之全耶？辛巳九月十六日记”，下钤“锡庚阅目”白文方印。序首及目录首均有“大兴朱氏竹君藏书之印”朱文大长方印、“朱印锡庚”白文方印。卷一首、卷二十尾及题记末均有“大兴朱氏竹君藏书之印”朱文大长方印，卷五首有“朱印锡庚”白文方印。盖大兴朱竹君学士筠父子家藏本，经少河题记者也。询以出自某家，亦以道州何氏对，审阅书根题字，则子贞太史绍基手迹，知估人之言非诳，亟购藏之。大抵东洲之藏，多为文安嘉庆十三年分校顺天试时所得。当时文安购朱氏书单亦在余家，其单中之书多为余有，故知之颇详。盖此书又经道州何文安凌汉父子递藏矣。越数十寒暑，并翁、丁藏本先后归余插架，特重装而题记之。

时己巳嘉平月朔日，启勋。

宝刻丛编二十卷 大兴翁氏传抄宋本

宋钱唐陈思纂次《宝刻丛编》二十卷，前有绍定二元鹤山翁序、绍定五年孔山居士序、绍定辛卯直斋陈伯玉父序。又无名氏序后段残阙后有“至正庚寅冬得于武林河下之书铺，归置于竹江旧隐之凝清斋，俞子中父志”二行，又有“至顺改元夏五月五日收此书本保居敬记”一行。又秀水朱彝尊跋旧抄本，每半页十行，行二十字，“桓”字阙笔，盖从宋本抄出者。此书向无宋元明刊传世，藏书家著录均旧钞本。道光末，海丰吴式芬始刊行之，然藏书家不重视也。

此大兴翁覃溪宫詹方纲、归安丁小匹学博杰、海昌钱绿窗布衣馥手校，原分六册，每册书面均有宫詹题字。书中宫詹以朱、墨二笔校，学博以墨笔校，冠“丁杰曰”，以别之。布衣亦以朱笔校，以其与宫詹字迹不同，易于辨别，间有加“馥案”二字，以别之者。间又有小纸墨笔细书校文，粘于书上。卷七《唐颖国公史继先墓志》有小纸校文，宫詹以朱笔批云“此书抄成时，陆兄代为校者”。虽陆兄不知何许人，然可证此为大兴翁氏传抄本矣。又卷十三《越州石氏帖目》有别纸，为歙县程易畴计君瑶田手录何义门学士焯跋语，后云：“《石氏帖》十七种，义门先生题记。今又逸《笔阵图》，止存十六种。乾隆丙午二月，于杭州见之。因录何氏记，并圈出帖目中今存之十六事。是秋八月五日，在覃溪先生座，言论及此，书一通以呈之。程瑶田”。下钤“程瑶田”白文、“白易氏”朱文对方印。后馀纸有宫詹批语四行。

考王兰泉司寇《蒲褐山房诗话》：“覃溪年甫及冠，已入词垣，而精心绩学，宏览多闻。书法初学颜平原，继学欧阳率更。隶法《史晨》、《韩敕》诸碑，生平双钩摹勒旧帖数十本，是以北方求售碑版者毕归之”。继考钱东生学士《文献征存录》：“程瑶田，字易田，歙县人。乾隆三十五年领乡荐，大挑二等，选嘉定县教谕，乞病归，后读书不辍，尤善言礼”云。又“丁杰，字升衢，归安人，乾隆三十六乡试中式入都，朱学士筠、卢学士文弨、戴编修震、程孝廉瑶田皆与为友，学益进，聚书益多”云。又考《复初斋集·丁小匹传》云：“君北学斋在京师宣南坊，与予对门而居，无日不相过从。共几展卷，审正罅漏。每竟一编，校签细字压粘，倍其原书，皆目光髯影栩栩飞动处所定也”。又考《海昌备志》：“钱馥，字广伯，号幔亭，世居路仲里，尝取濂溪诗意自号绿窗，于是远近以绿窗布衣目之。自题所居曰‘小学盦’，年甫四十而殁”云。

按翁以金石考据名家，书法率更，小楷尤得神髓。程字步武晋唐，精妙无比。丁、钱以校勘名家，均翁、程交好，其切磋审定之精，当非专事校勘家所能及。凡此一书经三数人手眼，其错简窜置之处，均经一一校正。至《越州石氏帖目》，则他书所不载。籍此可见，大凡得计君为之搜采补证，更足以资考索。善本书而加以名贤手迹，岂不重可宝贵哉？

己巳夏五望后二日，余从道州何氏得之。是日为余生辰，友人聚集同观，午后泚笔记之。定侯叶启勋。

历代帝王法帖释文考异十卷 明刻大字本

明顾从义《历代帝王法帖释文考异》十卷，明露香园刻，即藏书家著录之顾氏手写大字本，世以为稀见者也。每半页九行，每行大十九字，小注同。字体在欧、赵之间，端肃严整，阅之殊令人心旷神怡。据《四库全书总目》著录为副都御史黄登贤家藏本，《提要》云："此乃所作《淳化阁帖》释文，于前人音注辨其讹谬，析其异同。依帖本原次勒为十卷，手自缮写而刊行之。阁帖自米芾、黄长睿而后，踵而考订者寥寥无几，从义始参汇群说，辑成一编，评书者每以为据"云。是《提要》于此书颇相推许，固读阁帖者不可少之书也。

仁和丁松生丙《善本书室藏书志》著录此书为影抄本，云："此乃专释《淳化阁本法帖》，裒集诸家所刊，辨其异同，毫发必审，模刻精工。初印本流传甚罕，此则影写者也。大字每页十八行，行十九字，前有太原王稚登序。"按丁为嘉道间四大藏书家之一，储庋之富，极为当时所称。而此书乃以影钞著录，知此虽明刻，固当与宋元旧椠同其珍贵。惜佚王稚登序，无由补全耳。旧藏贵筑黄再同编修国瑾家，首护纸及卷尾有"贵筑黄氏珍藏训真书屋"十字隶书朱文长方印，卷一首有"黄再同藏"四字朱文长方印、"见修家藏"四字白文方印、"国瑾印"三字白文方印、

“诏诣东观读所未尝见书”十字朱文长方印，卷六首有“惟黄氏子子孙孙世世永保之”十二字朱文长方印、“见修家藏”四字白文方印。

按编修为子寿方伯彭年之子，光绪己丑成进士，原籍湖南醴陵，故其家恒居长沙。与先世父文选君交谊颇笃，又以好尚相同，过从极密。惜余生晚，未得一瞻其丰采。然先世父数数称之，固早知其家多秘笈也。此为其家散出，余得之估人手中。岁月如驰，距先世父之没逾十一载矣。观乎九京，墓草皆宿，泚笔记此，不胜梁木之感云。

丁丑清明前十日。

玄牍纪一卷、续纪一卷、谢山田舍借书钞一卷旧抄本

《玄牍纪》一卷、《续》一卷，明盛时泰撰，即《四库全书总目存目》著录之《苍润轩碑跋》也。《提要》称：“其善画水墨竹石，居近西冶城，家有小轩，文徵明题曰‘苍润’。盖以时泰画效倪瓒，而沈周题倪画诗有‘笔踪要是存苍轩’句也”。然观此书前时泰自序，末题“嘉靖丙辰十一月三日”，云：“点窜之以存，题曰《玄牍纪》，作《玄牍纪序》”。则《玄牍纪》之名乃时泰嘉靖三十五年所自题也。后序称：“嘉靖戊午九月二十一日雨中在苍润轩对酒，信笔写，不减增一字”云。“戊午”为三十七年，则苍润轩之名在后矣。且其后序仍称《玄牍纪》，而未改题，知苍润为其轩名，其书名固应仍题《玄牍纪》。后人未绎其前后序文，因石田之题句遂并其书名而改之，失其本意矣。

李遇孙《金石学录》：“盛时泰著《苍润轩碑跋》、《续跋》二

卷。时泰上元人，所纪金陵六朝诸迹为多。《提要》谓其‘皆借观于人，非尽出所自藏。又多但据墨本，而不复详考原石。即如孔庙《汉史晨碑》后有武周时诸人题字，乃疑为于别刻得之，则并未见全碑。又如唐元和六年刻晋王羲之书《周孝侯碑》为陆机文，陆机之文既不应羲之书，且其中于唐诸帝讳皆缺笔，其伪可不辨而明。而是纪乃信为羲之所书，则于考证全疏矣’”云云。然在明代著录金石家，其本末源流灿然明白者，终未能或之先也。且全书论列一百九十馀条，而《提要》所指为疏于考证者仅二条。则千虑一失，不能因之遂废其全书矣。

后《谢山田舍借书钞》一卷，据时泰自记则其从何元朗四友斋借阅书时所撰。其成书亦在嘉靖三十五年，故附于后，此则四库馆臣所未见者也。此旧钞本为长洲吴氏、盛湖顾氏、道州何氏递藏。前有道光十四年顾贤庚题识，下钤“顾贤庚印”四字白文、“易堂”二字朱文对方印、“兰畦秘笈”四字朱文方印。据其题识则目录乃贤庚所增，贤庚始末无可考。书首有“吴翌凤枚庵氏珍藏”八字朱文方印、“枚庵流览所及”六字朱文方印，尾有“东洲草堂”四字朱文方印。考戴延年《搏沙录》：“枚庵名翌凤，吴县人，酷嗜异书，无力购致，往往从人借得，露钞雪纂，目为之眚。”石韫玉《苏州府志》：“吴翌凤，字伊仲，诸生，中岁应湖南巡抚姜晟之聘，继主浏阳南台书院”。吴寿旸《拜经楼藏书记》：“伊仲，本休宁商山人。侨居吴郡，家贫而好书。与朱文游为莫逆交，手钞秘册极多。予至金阊，必为留连日夕，得佳本辄互相传录。后应姜度香中丞之辟，挈家入楚。邮筒不接者十载，闻其书亦皆散失矣。”观诸家皆称枚庵之酷爱典籍且多秘本，故老风流，诚足令闻者眉飞色舞。

此书为其家藏散出，后辗转入于何子贞太史绍基家，余从其后人诒恺手得之。“东洲草堂”，太史藏书印记也。按太史之书得之顺天者为多，大抵朱文正家物也。余先后得其所藏宋元精钞本甚夥，其藏书目录亦在余家，故知之颇详。而此书则枚庵主讲浏阳南台书院，以心疾返里时散出，由顾氏转入太史家者也。越数十寒暑而归于余，静对古篇，觉墨香可爱。

时丁丑春分后一日，叶启勋志并书。

求古录二册道州何氏藏旧抄本

按南昌彭文勤元瑞《知圣道斋读书跋尾》，《求古录跋》云：“此《金石文字记》初本。后乃增益详核，排比时代，始成书耳。然录用洪景伯《隶释》例，全抄本文，俾遗篇坠简不见于他书者，得此仅存，则视《记》为胜。要之，二书不可偏废也。借全书底本写此，原钞于‘检、校’等字皆阙笔，犹是亭林早年作”云。此绿格抄本旧为道州何子贞太史东洲草堂所藏，书根为太史手笔。余从其后人手得之，以与《金石文字记》并存焉。

丁卯冬十月朔，更生叶启勋记。

海东金石文字记四卷、琐记一册大兴翁覃溪手稿本

清翁方纲撰，所著《两汉金石记》已著录。按自梁元帝集录碑文为《碑英》一百二十卷，是为金石文字之祖。自后踵而作者代不乏人，其书或有关郡中利弊，或有资于考证。盖古人著作，托金石以垂久远。然金石有时而销泐，反不若木刻之能寿世。此金石文字诸书之有裨学术，固非浅鲜也。

覃溪年甫入冠，已入词垣，而精心绩学，宏览多闻。是书以新罗、百济、高丽自陈、唐至明以来石刻，录抄成帙。卷一陈、唐，卷二唐、后梁、后周，卷三后晋、辽、宋、金，卷四明。皆以时代为次。每卷于目录每题之下注年月、撰书人名，正书、楷隶、大楷、行书、行楷，后附《琐记》一册，皆与海东史事有关切者。盖有待于考订之资，一如《两汉金石记》后之《班马字类》附记例也。前后无序跋，似是未经编订完竣之书。全书皆依石刻之文字写之，后说明原石宽窄尺寸、行款、现存字数、字之大小，并博稽《朝鲜史略》、《高丽史》、《册府元龟》、《集韵》诸书为之考证。书首目下钤有“大兴翁氏石墨书楼珍藏图书”朱文大方印，书中《和州药师寺碑》后有“丁巳冬十月苏斋记”二行，《圣德大王神钟之铭》后有嘉庆二十年北平翁树崑手识。

考李元度《国朝先正事略》：“覃溪于嘉庆十九年重预琼林宴，赐二品卿衔。时年八十二，又四年卒”。丁巳为嘉庆二年，覃溪时年六十四岁矣。盖是书为其晚年所作，子树崑继之。特覃溪殁于嘉庆二十三年，此书则断自嘉庆二十年，覃溪犹及见之也。洪亮吉《北江诗话》云：“有误传翁阁学方纲卒者，余挽诗云‘最喜客谈金石例，略嫌公少性灵诗’。盖金石为其专门，诗则时时欲入考订也”。检《复初斋文集》考证金石碑版及题跋书画之作为多，可见其嗜好之笃，志向之坚矣。《两汉金石记》成于乾隆五十一年，前于此书三十年，盖是书为继《金石记》而作者。惜身后门户衰落，手迹散亡，无好事者为之收拾补刊耳。树崑，字星原，幼承家学，克绍箕裘，而后世名之不彰者，岂即所谓名父难为子欤？

从古堂款识学一卷稿本

赵抝叔之谦《仰视千七百二十九鹤斋丛书》，刊有《从古堂款识学》一卷。赵跋云："咸丰初，客嘉兴，于郭丈止亭家见所考释金石文字数十通，未成书。此本同治己巳得于京师，亦随取题识写存者，故词多复叠，为器凡八，而张氏清仪阁物居其五"云云。取较此册，唯《周颂敦》两本重出，而释文互异，馀则彼有此无，此有彼无。盖彼为释其舅氏张叔未解元廷济清仪阁藏器铭字，此则释山东潍县陈氏宝簠斋藏器铭字也。此册《周颂敦》释文注云："清仪阁藏有'史颂敦'，与是铭为一人之器，又'史颂敦'有名苏者，是铭有尹氏，知颂乃孝王至宣王时人，并详'颂敦'及'史颂敦'考"云。是先生此册释文犹在释清仪阁铭字之后。今此册后题"咸丰四年甲寅夏五嘉兴八十者徐同柏籀庄释文"一行，盖为先生晚年所著也。至先生事迹详赵刻后跋，唯赵云："先生年七十馀卒，子士燕字谷孙，能诗"云。此册为士燕手录，"同柏"二字减末笔，犹避家讳，而当时先生年已八十。又张鸣珂《疑年赓录》："徐籀庄同柏，八十六，乾隆四十年乙未生，咸丰十年庚申卒"，则赵云"先生年七十馀卒"者，误也。此册向藏道州何氏云龙万宝书楼，首有"云龙万宝书楼"六字朱文方印、"何绍基印"四字朱文方印，余得之冷书摊中。

丙寅中秋，定侯叶启勋跋。

补寰宇访碑录五卷、失篇一卷同治三年刻本

李详《脞语》云："赵抝叔《续寰宇访碑录》初成，携稿至

京师，过宜都杨守敬，嘱觅刻工，杨荐汇文堂书坊代刻。刻成印十数部，潜身出京，不付一钱，杨不知也。已，汇文堂向杨索值，杨不得已曰：‘我荐人不偿汝银，汝欲卖板于我，当稍减原价乃可。’某曰：‘愿之’。杨乃买回，复转售于京师懿文堂，携印本数十部至江南沪上诸坊，据之重刻。”据此，此书板刻于宜都杨守敬，而此书目后有樊问青一作文卿批云：“赵寓沈韵初中书家，沈为刻此书，可谓至交”云云，则此书为沈韵初所刻。沈固富藏金石碑版者，当时与执叔本称莫逆。今韵初所藏各碑拓本均有执叔题识，是明证也。此书本集顾湘舟、胡荄甫、樊文卿、沈韵初等之力，搜辑而成。自序言之甚详，其搜访诸人皆当日藏金石之人。此本樊问青批谓全不足信，殆恶赵之为人，而并此没其实也。赵序末云：“刻既竣，魏稼孙自闽中寄书来，言‘孙氏录汉《孔宙碑》不及碑阴，君补孙书仍未及也’。务多之弊，必忽近图远，是一大罅漏。愿后儆戒，他弗类是为之，怃然谨记，以志吾过”云云，则赵成此书已审慎至再。赵、樊初无芥蒂，故自序引樊为同搜访之一人。而樊忽于书成后诋之，殆其中有凶终隙末之事与？樊批又云：“沈有老成乞赵书画扇者，赵必先付六千文，然后肯下笔，其无情至此，则赵之为人亦自可知”。今赵之书画颇有重价，而所藏金石碑刻罕有流传。是此目之成，全抄自友人，断可知也。特孙氏之后，续撰无人，倘得好事者就此目纠正而增益之，是固必传之作矣。书此俟之。

癸亥孟陬，叶启勋记。

拾经楼紬书录卷中

宣和书谱二十卷宋刊本

余旧藏明嘉靖庚子杨慎序刊本《宣和书谱》二十卷，为兰陵孙渊如粮储星衍所藏，即《孙祠书目》著录，《廉石居藏书记》所谓“书谱最古之本”也。余得之邑人袁氏卧雪庐，前有慎序云：“《博古图》，南国子监有刻本，此书虽中秘亦缺，余得于亡友许吉士雅仁，转写一帙，冀传播无绝”云，则此书在明中秘已缺，故慎以写本传刊，宜乎历来藏书家未见有以宋元旧刻著录者也。丁卯三月，家遭变乱，典籍颇多散亡，此书亦被窃去，年来踪迹，遂不可复得矣。

庚午冬月，避乱沪皋。叔弟东明留滞省垣，忽一日有持此书求售者，索值至三百金，驰书告余云：“前后无序跋，全书欧体绝精，每半页十行，行十九字，黑线口，版心上左方间记字数，黑鱼尾下书‘谱卷第几’，书中‘玄、匡、胤、贞、让、桓、恒、構’字皆缺笔，而‘慎、敦’字不阙，盖宋建炎、绍兴间刻本也”。亟复书如值偿之，然未信其真为宋刊，第以历来收藏家志目罕见记载，虽重值勿惜也。迨邮航递至，展读一过，始知书中于高宗嫌名“遘、購”二字亦缺笔，庙号上皆空一格或二格，间尚留有墨钉，似是刻成后尚未加以洗刷者，的是宋刊宋印无疑。惜杨本早失，无由校其同异为可憾耳。

仁和丁氏《善本书室藏书志》载明钞本，卷末有大德壬寅吴文贵识云："《宣和书画谱》乃当时秘录，未尝行世，近好古雅德之士始取以资考订，往往更相传写，讹舛滋甚，余窃病之。暇日博求善本与雅士参校，十得八九，遂锓诸梓"云。又有大德七年王芝后序云："《宣和书画谱》自宋南渡后不传于江左，士大夫罕见称道，及圣朝混一区宇，其书盛行，好事之家转相誊写，吴君知之，刻二谱于梓，余嘉其有志于古也，因为书于篇末"云。盖此书编纂后即有靖康之乱，据李心传《建炎以来朝野杂记》："高宗虽值军事倥偬，而殷殷好古，日以刊书为事"，意者此书成于兵荒乱世，故讹谬滋甚，高宗虽刻之，尚未惬于心意，印行不多，故当时江左士大夫已罕见称道。至元初始为好古者所重，吴文贵遂重刻之，然固未见天水旧椠也。迨明杨慎时元刊又称罕见，乃以写本付梓，于是后世流传皆杨本矣，故粮储以杨本为最古也。余后于慎且数百年，得此宋刊秘帙，为历来藏书家所未见，不可谓非至幸。而此书不仅为天水精刊，且系海内孤本，后人得一杨本已宝爱逾恒，则余之以三百金得此，不能谓为书癖不可医者矣。

戊辰新正人日，秉烛记于海上寓庐之宝书阁。

甲戌夏五，江安傅沅叔学使增湘因游南岳之便，道经长沙。学使为先世父壬辰同年，余以通家子往谒学使，请观家藏，因出此书共赏，亦叹为生平所未见，推为海内孤本。归京后驰书来告云："《故宫书目》养心殿所储有《画谱》，可称'合璧'，其书有张庾楼题为'大德六年吴文贵刻本'，乃据丁志所言，而本书固无大德之序，未为定论"云云。旋寄示《衡庐日录》，云："系宋本，并谓为最铭心绝品"。学使家富储藏，曾长教部，于清宫旧藏典籍无不目览手披，固今之黄复翁也。然则此书之为宋椠，并将借学使而益见宝贵矣。

乙亥冬再笔。

附

宋椠《宣和书谱》二十卷，不著撰人。大题“宣和书谱卷第几”，每半页十行，行十九字，线口，大版。版心上左方间记字数，黑鱼尾下书‘谱卷第几’，宋讳“玄、殷、匡、胤、桓、让”等字缺笔，庙号间以墨钉，盖南宋初年刻本也。此本自来藏书家志目罕见著录，余从道州何氏得之，仲兄定侯旧藏有明嘉靖庚子杨慎序刻九行十九字本，递藏兰陵孙氏、湘潭袁氏。据慎刻书序称：“《博古图》，南国子监有刻本，此书虽中秘亦缺，余得之亡友许吉士雅仁，转写一帙，冀传播无绝”云云。可见此书在明初已极稀觏，慎虽重刻，然非据宋本翻雕，不足贵也。杨本流传亦少，孙粮储星衍祠堂藏本，见陈宗彝编次《廉石居藏书记》者云：“此本最古，在诸本前”，以孙氏藏书之富、鉴赏之精，尚不知杨本以前更有天水旧椠，安得不重可宝贵邪？书首有“珊瑚阁珍藏印”朱文长方印，据家鞠裳侍御昌炽《藏书纪事诗》四所载纳兰性德容若揆叙恺功兄弟事迹，知珊瑚阁为容若藏书之处。又检《昭代名人尺牍小传》：“成德氏纳喇，又作纳腊，亦称纳兰，字容若，后改名性德，辽阳人，太傅明珠子。康熙癸丑进士，选侍卫。爱才好客，所与游皆一时名士，尝集宋元以来诸儒说经之书，刻为《通志堂经解》一千八百馀卷。精鉴藏，尤工于词”云云，则此书在国初已经名贤藏弆，辗转为余所有，暇日当取杨本及毛晋汲古阁津逮秘书本、张海鹏照旷阁学津讨原本，一一详校其异同，以与考古者共参订焉。

东明叶启发。

广川书跋十卷 明秦氏雁里草堂抄本

明以来抄本书为藏书家推重，而流传绝少者曰“文抄”，即江左文徵明待诏玉兰堂抄本是也。辛酉夏，余从友人处见宋董逌《广川书跋》十卷，为文氏抄本，前后有“玉磬山房”、“辛夷馆”、“文徵明”等印，然其书前后颠倒，错脱几不可读。历经泰兴季振宜沧苇、三韩安麓村岐珍藏，间未一校正之，递至大兴朱少河锡庚，始以毛氏汲古阁刊本校正，前有朱氏手跋。如此可见此书固无善本，不得不以毛刻以定一尊，其实毛刻讹误不少，又复臆为窜改，固未足以为定本也。

友人以重值得之道州何氏，余拟乞得之以补余藏书之缺，友人靳未许也。未几，余从厂肆获此墨格抄本，每半页十一行，每行廿三字，版心中缝下方均有“雁里草堂”四字。假文抄本、毛刻勘之，固不及此本之整齐精美、文从字顺也。而雁里草堂则不知为谁氏，第以此抄可以证文抄、毛刻之颠倒讹夺，为书跋最佳之本，乃购而藏之，不啻获一珍珠船也。暇检常熟瞿氏《铁琴铜剑楼书目》载《酒经》三卷宋刊本，云：“卷首有‘雁里草堂’，卷末有‘雁里子柄’印记”。又载《禅月集》二十五卷明雁里草堂抄本，云：“卷末有‘秦柄图书’、‘雁里草堂’二朱记”，乃知雁里草堂为秦柄藏书处也。柄为秦端敏公金之孙，汴之子。金，字国声，无锡人，明弘治进士，官刑部尚书，谥端敏；汴，字思宋，即刻《锦绣万花谷》之绣石书堂主人也，藏书甲海内，一门好事，风雅相尚。柄擩染家学，故其抄本古雅可爱，讹舛绝少。

序首有“璜川吴志忠家藏书”白文大方印，此乾隆间吴中负藏书望，所谓璜川吴有堂者也。几经辗转，由吴而湘，余得之有年。今春家遭祸乱，余遁迹海隅，唯携此二三精抄、宋元旧椠秘帙以自随。沧海横流，人情鼎沸，此间差幸无恙。然屋狭炎蒸，忧闷无聊，遂取旧藏铭心精品重为装池，而跋于后。此时何时，啸歌不废，亦自笑其书（娭）〔呆〕已耳。

丁卯夏六月伏日，叶启勋志于海上寄庐。

又

余幼承先世馀荫，颇嗜蓄书，时事多艰，湘中旧家之藏流落坊肆，本抱残守缺之心，为启先待后之计，历十三寒暑，得四万卷有奇。湘乱频仍，随得随散，自诩达观，惟宋元旧椠、名人批校抄本则把玩不忍曷释。明知玩物丧志，然不敢效法钱遵王之塞聪蔽明为三日之混沌也。此明嘉靖中锡山秦氏雁里草堂抄本《广川书跋》十卷，递藏璜川吴有堂志忠，余以重值得之。丁卯春，家被祸乱，余遁寓海滨，旅中岑寂，因以毛刊临校，毛本脱文讹字，无页无之。时值德化李牧斋侍郎之嗣少微造访，见而赞赏，坚请相让。余书魔故志复萌，斩未之许，卒至面赤而去，遂秘之箧笥，不敢示人。旋秦君曼青来言，意欲借校，余婉却之。今秋湘乱又作，余重来沪上，曼青复申前议，余从之。取得朱记荣刊本，嘱叔弟东明临校以赠，以副曼青嗜古之笃。并志余前者之靳，即今者之不借校出门，仍不得谓为达观也。

庚午九月，拾经主人叶启勋。

宝真斋法书赞二十八卷武英殿聚珍本

此大兴翁覃溪阁学方纲、道州何蝯叟太史绍基评校《宝真斋法书赞》二十八卷，武英殿聚珍板本，翁用朱墨二笔，何用墨笔。翁字近率更《化度寺》，检《复初斋诗集》，有《临写化度寺碑偶述六首》；文集有《化度胜》、《醴泉论》二篇，又有《化度寺邕禅师塔铭跋二首》，又《跋化度寺碑二首》，又《跋吴门鲍氏化度寺碑》一首，又《跋化度寺碑》一首。知翁氏自幼即服膺欧书，日日临习，其所藏所见之《化度寺碑》宋拓、明翻达十三本之多，故不仅袭欧之规模，直得欧之神髓也。

此本翁氏原装十二册，每册首面纸均有翁氏题字，其第五册墨笔批云："卷十之卷十二，钤有'苏斋'、'日讲官'、'掌詹事'、'宫詹学士'、'主考两江'等印"，又批云："有补苏注处卷十二，第十五页、第十六页。"又批云："苏年谱一条卷十二之十五"。又第六册批云："卷十三之十五"，又批云："第十四卷内可补入山谷年谱者○记于上"。又第七册批云："卷十六、十七"，又批云："附入山谷年谱一条卷十七之四上"，又批云："补苏诗注一条卷十七之八上"，又批云："送范中经济略得先字"。检书中卷十二第十四页苏文忠《西湖听琴观月诗帖》，眉批云："坡公此诗作于元祐六年九月十五日，是年闰八月。颍川涤印见岳倦翁《宝真斋法书赞》，今方纲得此纸拓本，适为渔洋作生日，渔洋生于闰八月廿八日，此诗恰亦在闰八月，又字字感，原脱一字，疑是"慨"字。良非偶然"云云。因检翁氏《苏诗补注》八卷、翁刊《山谷年谱》十四卷二书取勘，知当时均未录入。

考吴修《续疑年录》，公生于雍正十一年，卒于嘉庆二十三年，年八十六。其成苏、黄二书为乾隆四十七年，翁时正五十岁。又考法式善《清秘述闻》，云翁官詹事时年五十四岁，此其时所批，盖后于二书四年，先用墨笔记其可补入何书者，后用朱笔以石刻本校其异同，密行细字，朱墨烂然。翁以金石考据名家，诗则宗江西派，出入山谷、诚斋间，生平瓣香少陵、东坡，享年最高，著书甚富，身后手迹为收藏家秘匿，早已名重士林。其碑帖有"苏斋"题识者，人知宝贵，几如一字千金。此为补苏、黄二书蓝本之遗，又不仅以手迹为足珍重也。递藏道州何氏，经蝯叟评读，首有"道州何氏收藏图书"印记，书中行草批语尤多。改装四册，每册首面纸均蝯叟手书本书名，及书根隶书亦出其手，余从何氏后人得之。彼固知为其先人手评，而不知曾经翁批者，余并先族祖调笙公手批段懋堂《说文注》得之，去值番饼百二十元，可云廉矣。

忆丙辰岁余曾见彭文勤手校古香楼抄本《默记》及翁阁学手校抄本《石刻铺叙》，书估知翁而不知彭，一索贱值，一索重金。余以廿金得《默记》藏之，至翁校《石刻铺叙》以价昂未得，不知归于何人。今此册其第三册面纸翁批云："卷七之十七下'秘阁乐毅论、东方赞'此条可补入《石刻铺叙》"云，惜当时吝值未得收藏，留为今日一校，固知书经我眼即当不较值之多寡，免致交臂失之，余以"拾经"名楼，亦犹斯意云耳。

丁卯新正元宵日，叶启勋跋。

猗觉寮杂记二卷 明谢氏小草斋抄本

宋朱翌《猗觉寮杂记》二卷，凡四百三十五则，洪文敏迈为之序，明晋安谢在杭肇浙小草斋黑格抄本。每半页九行，每行十八字，中缝下方格栏外有"小草斋抄本"五字。此书宋以后无刊本，当是从宋本出者，可贵也。书首有"在浚之印"白文方印、"周雪客家藏书"朱文长方印。检晋江黄俞邰虞稷、大梁周雪客在浚同编《征刻唐宋秘本书目》载有此书，是其为当时秘帙，黄、周本欲征以付刊者。书目前有例云："大梁周子梨庄，栎园司农长公。司农世以书为业，嘉隆以来雕板行世，周氏实始其事。游宦所至，访求不遗余力。闽谢在杭先生万历中抄书秘阁，后尽归司农，两遭患难，数世所积化为乌有，独此缮写秘本二百馀种，梨庄极力珍护，岿然独存，大抵皆今世所不数见者"云云。是此书谢氏从秘阁抄出，后为大梁周氏所藏，其时值鼎革之际，干戈扰攘，天下骚然，苟非周氏什袭珍藏，恐不免沦于五厄矣。又序首及书首均有“胡氏茨村藏本”朱文长方印，考仪征阮文达《两浙𬨎轩录》载：“茨村，名介祉，字循斋，山阴人，宛平籍，少保兆龙子。由荫生历官河南按察使，著《随园诗集》云”。其人亦好书之人者，几经辗转，先世父从县人袁漱六太守芳瑛家得之，藏庋有年矣。

今春，余得道州何氏藏国初抄本，经鲍以文廷博、魏之琇柳州校误，即知不足斋刊本所自出。唯鲍刊割其下卷六十八条，移入上卷，以均篇页，殊失作者之旨，书中并多舛讹。鲍氏刊书往往所据之本为善本，而仍意窜改，蹈明人刻书之恶习，诚足怪也。先世父因命勋以此本为主，而以国初抄本校注付梓，以订鲍本之失，遂举此本赐勋。未几而湘乱作，先世父被难，余兄弟寄寓沪上，家为贼踞。无何乱定归家，清检藏书，有破碎不堪者，有以之拭秽者，余家之厄抑亦图书之厄。而此书幸未散亡，盖两经兵厄矣，岂非在处有神物护持耶？暇日当校而刊之，时事蜩螗，正未知何日能偿此愿也。

丁卯孟冬腊八日，南阳毂道后人更生跋尾。

猗觉寮杂记二卷旧抄本

此《猗觉寮杂记》二卷，国初旧抄本，每半页九行，每行十八字。首护纸有辛酉六月五日锡庚手跋，下钤“少河”朱文方印，此朱竹君先生之子也。序首有“云龙万宝之轩”朱文长方印，则道州何蝯叟印记也。卷上首有“书润屋”朱文小圆印、“阮林手钞”白文方印、“今貌古心”朱文方印、“名余曰文元字余曰善长”白文方印、“林氏善长堂读画藏书印”朱文大方印，卷下首有“善长”朱文、“林文元印”白文两方印、“人或谓之狂生”朱文长方印、“阮林子”白文方印，皆海宁林善长先生印记也。后有“知不足斋鲍以文藏书”朱文大方印，则钱唐鲍处士廷博也。又有“岁在癸丑之秋，阮林借金先生江声藏本手录”朱字二行，考江声，为金志章观察，别字仁和，龚翔麟蘅圃友也。蘅圃，康熙辛酉副贡，历官御史，则此为康熙癸丑抄本矣。又有“辛卯二月借阅于以文先生处，凡注疑讹处三十许，外有不可解者尚多也。柳洲琇识，十九日灯下”朱字二行，则西冷布衣魏琇，著有《柳洲遗稿》者。世父观古堂旧藏明谢在杭小草斋抄本，行款与此本同，考明谢在杭万历中抄书秘阁，后尽归大梁周栎园司农亮工，其长公在浚与晋江黄俞邰同编《征刻唐宋秘本书目》，载有此书。

检李富孙《鹤征前录》：“黄俞邰馆江宁龚方伯署中，与令子侍御蘅圃交最契”云。又检《杭郡诗辑》，金志章有《江声草堂集》，注云：“江声居吴山之麓，高才博学，为龚蘅圃所重，延课其子。龚氏故多藏书，能尽读之”云，是当时谢抄此书为周氏所得，诸家所见同是谢本，此本即从之传抄。唯此本卷下“五星二十八宿降于世为人”条，自“萧何为昴星”句下脱半条，又脱《搜神记》“周犨者家贫”一条，又“曹相以齐狱市属后相”条“市如用”句上全脱。盖当时抄写粗略，以上叶之上半叶，与下叶之下半叶混合，误翻夹叶，遂致“萧何为昴星”句下径接“斗秤欺谩变易之类”云云。历经诸公收藏校误，曾未校补，可见当时固无他本可以取证也。

鲍刊后有跋云：“此本末卷题云‘康熙丙申六月借小山从汲古得本付抄’，不知何人笔，予购自文瑞楼金氏”云，是此本虽经鲍藏而非鲍刊所自出，故鲍刊此叶不脱也。朱少河跋以为即鲍本所自出，盖以有鲍印故，而不知鲍刊此书时仅据此本参校。故与此本颇多异同，而此本脱页，则以传有刊本未遑校补，理或然欤。今谢钞则世父于光绪癸巳得之县人袁氏卧雪楼，此则去春余得之道州何氏东洲草堂。物聚所好，他人求其一而不可得，余得列之一插架焉，良足深幸矣。

戊辰冬大寒前一日，玉磵后人启勋记。

论衡三十卷 明嘉靖乙未通津草堂刊本

此书宋时刻本有二：一北宋仁宗庆历五年杨文昌序刻本，大字，三十卷；一南宋孝宗乾道三年洪适重刻本，小字，十五卷。两板明时均存国子监，杨板至万历梅鷟盘校时，犹存五百六十面，脱者只十二，而故后世传本颇多；洪板元至元六年韩性补板印行后，其板无存，传本颇少，梅鷟盘校时，亦未之见，故所撰《南雍经籍考》载有三十卷《论衡》之版，无十五卷《论衡》之板可覆按也。此明嘉靖十四年吴郡苏献可刊本，即从杨本重刊，其中《累害篇》："污为江河"下，以所据本脱去一页，文句不属，乃妄改"毛"字为"毫"字，以曲成其义，要不脱明人习气。惟其笔画遒劲，缮刻清朗，在明本中可谓尚有矩矱者。全书每半页十行，每行二十字。首《论衡》目录，下双行小注："凡三十卷八十五篇"，次行"王充"。目尾有"嘉靖乙未春后学吴郡苏献可校刊"一行。书首题"论衡卷第一"，下空五格题"王充"二字，次行题全卷篇名，再次本篇篇名，再次本文尾卷后亦有"苏献可校刊"一行，空一行有"同郡周慈写、陆奎刻"一行，每页板心下方均有"通津草堂"四字。盖通津草堂为苏献可刻书堂名，周慈则当时写手，陆奎则当日刻工也。仁和邵位西懿辰《标注四库全书简明目录》、独山莫郘亭友芝《知见传本书目》均误以为两刻，东京岛田翰《古今旧书考》则误以为袁褧所刻，皆未见原书也，是此本之稀可概见矣。

梦溪笔谈二十六卷宋刊本

宋沈括《梦溪笔谈》二十六卷，乾道二年扬州州学刊本，《补续》二卷，旧本别行，非缺佚也。每半页十二行，行十八字，上下黑口。首括自序，连属目录，后有乾道二年六月日左迪功郎充扬州州学教授汤修年跋。书中语涉宋帝皆空格，每条首行顶格，次行低二格登字，注避仁宗嫌名，“惊、玮、嗔、完”皆为字不成，归安陆氏、吴县潘氏所藏皆此本也。陆撰《仪顾堂续跋》云：每页二十二行，行二十字。然证以陆之《皕宋楼藏书志》所载行款与此本同，则跋误记矣。此书于宋人《说郛》笔记之中最为博洽，故世恒重之，宋时扬州已一再镂板。此州学本，因公库本不可得，故重雕以行。考明初取宋元旧椠板片实南北两监补刊印行，此书不见于南北两《雍志》，而潘氏《滂喜斋藏书记》著录，别有元泰定元年补刊此本云。第七卷首页版心有“泰定元年补刊”六字，则此书板片亡佚当在元明之间。此为宋黄麻纸精印，纸润墨香，余得之道州何氏，特重装而题记之。

时戊辰重九日也。

此书涵芬楼印入《四部丛刊续编》者，为明覆宋本，即从此出，故行款相同，避讳诸字亦同，惟改全书黑口为白口为异。又书中卷七第十九页“《易》有纳甲之法”条第六行“交于”二字，此本挤刻占一格，明本则已改匀占二格，遂致自此行以后每行推下一字矣。又后列“纳甲”，此本共占七行，明本挤作四行。此本《梦溪笔谈》“卷第七”一行另刻一板，版心叶数为二十。明本因“纳甲”挤刻之故，十九页下板尚馀三行，故将此行刻于十九页之末，省去一板矣。至卷十七第五页“古文自变隶”条第八行“白水”二字，明本误作“泉”字；第十行“留”下“从”上，明本脱去“皆”字；第十一行“缘”下“如”上，明本脱去“何”字。又第六叶“国初江南布衣徐熙”条第二行“并”下“居”上，明本脱去“二子”二字，留一空格；第三行“宝”下“弟”上，明本脱去“居实”二字，留四字空格；第九行“己”下“有”上，明本脱去“言”字。不独行款推移，且文句亦不通顺，然此仅就其推易行款数页校之，已多所订正，信知宋刻之佳矣。

乙亥冬十月晦日，更生再志。

东坡先生志林十二卷明钞本

此明钞白棉纸《东坡先生志林》十二卷，前后无序跋，亦不著撰人姓名，每半页十行，每行十八字。首有无名氏题云：“《简明目录·子部·杂家》，《东坡志林》五卷，旧本题宋苏轼撰，一名东坡手泽，后编入《大全集》中，改题此名，核其文义，亦搜辑墨迹所编也”三行五十字。书前有“虞山钱曾遵王藏书”八字朱文长方印，“彭城世家”四字白文方印，盖经也是翁家藏，即《述古堂书目·子部·小说家类》所载《东坡志林》十下脱“二”字卷钞之本也。已已冬月，余从道州何氏云腴山房得长洲何义门学士焯手校旧钞本《石刻铺叙》，前有大兴朱少河锡庚手跋，书中夹有购朱氏书目一纸。盖何文安凌汉购朱笥河筠父子家藏书议价之目，尚是文安手笔。目中所载之书均先后为余所得，惟“《东坡志林》二十千"者未之见也。辛未七月，文安后人诒恺持来此书，索值至百元，彼固不知书，第以先人所遗，故要高价耳。取阅向得各书之有少河手跋者，乃知此书无名氏题字亦少河手迹，固即目中所载之书也，亟偿值藏之。盖自也是翁后，又递经大兴朱氏椒花吟舫、道州何氏东洲草堂珍藏矣，两家皆无印记，特志其颠末，以示子孙知所宝重焉。

春渚纪闻十卷明毛氏汲古阁刊本，其后人扆以宋本校

宋何薳《春渚纪闻》十卷，明毛氏汲古阁刊本，其后人斧季扆据宋尹氏刻九行十八字本，以朱黄二笔手校。改涂笔画，钩勒款式，并影补卷九中脱页及目录八纸附订。目尾有"临安府太庙前尹家书籍铺刊行"一行，书末护纸有斧季手跋，知毛刻此书系是钞本出，后得宋本，而板早已质人，未得据以校讹补脱。黄荛圃尝曰"汲古阁刻书富矣。每见所藏底本极精，曾不一校，反多臆改，殊为恨事"云云。观斧季此跋可知毛氏当日恐秘册之失传，急于流布。值鼎革之际，板多他质，后得善本，无力校改印行，底本流传，致贻佞宋者之口实。然虽不能免贤者之责备，而其殷殷刻书之心信有至乐，宜为今日艺林佳话也。

考庞鸿文《常昭合志稿·毛凤苞传》："扆，字斧季，陆贻典婿也。最知名，尤耽校雠，何义门辈皆推重之"云云，故至今斧季校本流传为世宝重。而其点画一依宋本，为顾黄"死校法"之先河，不独存宋槧之真，亦有误书，思之自是一适之乐。宜今日收藏家得其片楮只字，价重连璧也。此书为柳姓茗贾所得，持以示余，亟以二十饼金易之。柳谓余曰："京估某曾见过，以无毛印

疑之，今已售汝，曷告我以真赝?”余因语之曰：“余庚午仲夏曾从海上涵芬楼见斧季手校《鲍照集》，以此验之，的为斧季手笔无疑。书面题签亦出其手，虽无毛钤印记，而《鲍集》已有影本，固可取证，非余一人阿私之言也”。递藏善耕顾氏，目首及卷六首“养拙斋”朱文长方印，卷五尾及斧季跋尾“顾肇声读书记”朱文长方印，即乾隆间刻《笠泽丛书》之顾楗也。楗，字肇声，先世自金陵迁苏州。君少力学，初得直隶盐山令，随改福建蒲城县，复补陕西蒲城县。入资为中书舍人，既归里不复出，以乾隆三十二年九月二十七日卒，年六十有五。所撰诗、古文名《碧云堂集》，事详彭启丰《芝庭文集·文林郎蒲城县知县顾君墓志铭》，距其生当为康熙四十二年。

斧季为宋牧仲尚书门人，康熙五十年刻《西陂类稿》，目尾有“常熟门人毛扆校梓”一行。毛顾同乡共里，均当储藏，毛氏式微，顾氏继起，此书为顾所得，以同时人藏同时人校本之书，可见此书之足珍贵，固不必以无毛钤印记而致疑，更不待以有《鲍集》而取证也。余向从道州何氏得顾藏长洲何义门小史手钞《张右史集》，所钤印记均与此同，知其藏书甚多，故一鳞一爪至今犹有流传者。考卢抱经学士《群书拾补》载有此书“卷九一叶”，据其文集题云：“过苏州，从吴秀才校士翌凤传录本传钞之”，而书中增补一、二字至十馀字者，均未录入《群书拾补》中，余他日当录为校记传之。

辛未五月望前一日装成，因记。

附

坊肆有持虞山毛斧季手校津逮秘书本《春渚纪闻》求售者，皆以无毛氏印记疑之。仲兄定侯亟以二十饼金购得，喜告余曰：“此的为斧季手笔。曩年余等避乱沪上，曾于张菊生年伯元济许见斧季校本《鲍氏集》，字迹与此正同，《鲍集》已影印行世，可以取按也。且跋尾有“顾肇声读书记”朱文长方印，目录首有“养拙斋”朱文长印。肇声名楗，为吴中藏书故家，事迹见彭启丰《芝庭文集》。与向所得翁覃溪学士藏何义门家钞本《张右史大全集》顾钤印记吻合，更知此书之足贵矣。

此书宋本久佚，赖此传校之仅存。观斧季手跋，则黄复翁、顾思适之诋諆毛氏者，适成一重翻案矣。宋本每半页九行，行十八字，大题“春渚纪闻卷第几”，次行题“韩青老农何薳撰”。首列十卷目录，目录尾行题“临安府太庙前尹家书籍铺刊行”一行，书中庙号及语涉宋帝均空一格，宋讳阙笔。卷第一“李右辖仰神致雨二异”条，“时郡倅曾绂帅郡官”下，毛本脱“贺雨之次”四字。卷第二“沈晦梦骑鹏抟风”条，宋本在“霍端友明年状元”条后，毛本误列“吴观成二梦首尾”条前。又“龙神需舍利经文”条“因上谒龙祠祷龙”，宋本作“与季父焚香祷龙”。卷第七“秦苏相遇自述挽志”条“某尝忧少游”，毛本下脱“未尽此理今”五字，又“馈药染翰”条“至纸尚多”，毛本“至”字下脱“日暮笔倦或案”六字。卷第九“吕老锻砚”条“余尝为之铭曰”，毛本下脱“锻瓦成金老吕受之铸金作瓦置之篱壁以睨”十八字；又“南皮二台遗瓦砚”条“孰期乎藻泽而荐籍而参夫文”，毛本下脱四十字；又“端石莲叶砚”条及“风字晋砚”条，毛本全脱；又“乌铜提砚”条，毛本脱前段三十六字，遂误以后段之“而铭之曰”接“南皮二台遗砚瓦”条“而参夫文”之下。其他卷一、二字句之讹误，则几于无叶无之。书贵宋椠，信然。

东明。

乙卯避暑录话二卷 明弘治庚戌钞本

右宋先少保公《乙卯避暑录话》二卷，明弘治庚戌钞本，安阳秦伯子西岩、虞山钱遵王曾、长塘鲍渌饮廷博、独山莫楚生棠旧藏。序首有“安阳洞天秦伯子藏书记”十字朱文方印，卷首有“虞山钱曾遵王藏书”八字朱文长方印、“莫棠楚生父印”六字朱文长方印，尾有“弘治庚戌夏六月下浣重录，八月十一日校毕”字一行，又有“计一百廿一幅”六字，又有“独山莫氏铜井文房藏书印”十一字朱文长方印。书衣有纸签二：其一题“乾隆四十六年，岁次乙酉，三月十九日，送戴东瞻亲家北上，次吴门，陆白斋先生此见赠，谨志勿谖”三十八字；其一题“乾隆辛丑，吴门陆白斋先生见惠”十三字。先世父考功君跋称“弘治庚戌”字一行为秦西岩手笔，盖此为秦钞，经也是翁收藏，即《述古堂书目》著录之本也。书衣题签，楚生观察注云此两条皆鲍渌饮手迹，则又经知不足斋递藏矣。后辗转归于观察，以其为吾家先泽之遗，遂举以赠先世父。其先江安傅沅叔学使增湘亦以明嘉禾项德棻宛委堂刊本见惠，先世父遂并两本俾余云：“异日当以此本为主，而以项、毛、商三刻校录异文，撰为校记，附刊行世。”世父被难三载，于兹摩挲手泽，涕泪纵横，时逢多难，正未知何日能偿此愿也。

庚午新正人日，茅园派裔孙三十九世启勋谨志。

石林避暑录四卷明项氏宛委堂刻本

此明嘉禾项德棻宛委堂刊本，宋先少保公《石林避暑录》四卷。每半页八行，每行十八字，每页版心左下方均有“项氏宛委堂笈”六字，右下方均有字数。每卷首行大题“石林避暑录”，卷一空一格，下题“嘉禾项德棻宛委堂校”。前石林老人序，即接本文衔刻，卷末有就李项德棻记，盖得华亭陈仲醇钞本重梓者也。

又接刻有“翁立用校于项氏崟山堂中一行，高金声、王淑民、释智舷再校”两行，又接刻有“郁嘉庆重校于九友楼”一行，盖四经校正，宜其绝少舛讹，为藏书家所称矣。旧为汾湖派卅一世族祖戟甫公家藏，江安傅沅叔学使增湘得之苏城书肆。时先世父正居苏城，以宣统己酉校刻此书，时苦无善本，乃以先族祖调笙公本重刻，编入《石林遗书》印行。后闻独山莫楚生观察棠藏有虞山也是翁故物，明弘治安阳秦氏钞本，尚是从宋刻传钞者，亟假归影录。观察遂以见赠，学使亦以此刻见贻。先世父曾题记以志良友之惠，俾余辈得以永矢勿谖。丁卯春正，余礼庐抱痛，闭户勘书，先世父遂以二书俾余，嘱为校记，拟付手民。未及其半而湘乱作，先世父殉道。余遁寓海滨，既痛哲人之云亡，复悲先泽之或泯。江天在望，徒唤奈何。近以湘中稍安，乃遄返里，第发笥清理，群籍颇多散亡，而此二书差幸无恙，其祖德有灵，犹眷恋余小子也耶！展读一过，且喜且泣。

戊辰秋九，茅园裔孙启勋敬志。

云麓漫钞十五卷 旧钞本，海昌吴兔床骞、朱巢饮型手校

此海昌吴氏旧藏《云麓漫钞》十五卷，前有“拜经楼吴氏藏书”朱文方印，“事学钟离存义概，书求宛委续馀编”朱文大长方印。十卷及十五卷末有朱笔录歙鲍以文廷博三跋，末有吴骞朱笔手跋，又有海宁陈简庄鳣朱笔手跋，下钤“仲鱼”朱文小长方印。全书以朱绿二笔校过，考证极精，书首标题“兔床校用朱笔”朱字一行。检其子虞臣寿旸纂《拜经楼藏书题跋记》：“《云麓漫钞》十五卷，先君子从知不足斋借本传录，手自校正用朱笔，并嘱朱

巢饮先师校用绿笔”云，则绿笔为朱巢饮手校矣。

巢饮名型，字允达，以教徒馆于凤岘陈简庄鳣家，与兔床过从甚密，后馆兔床家，虞臣其弟子也。兔床藏书或为允达手抄，或为允达手校，殆亦黄荛翁之顾涧翁，特其名不若涧翁之显著耳。书首又有“忠勇军右进边第三指挥第二都都虞候记”朱文大方宋印，此陈简庄从山左东野明经得于扬州旧城者，安邑宋芝山助教葆淳、江都江郑堂文学藩、简庄征君鳣均有考释。盖吴陈交好，互通假借，共相校钞。此为兔床校藏，简庄从而传录，即以跋自钞本之跋信笔书于此本后，适得此印钤诸卷端，先世父以此为陈钞，误也。按陈跋云：“嘉庆十一年夏日，从拜经楼借得是本，倩人传录甫竟，遂手录绿饮前后三跋，并拜经楼主人所跋、所评细校一过，至吾师朱子则称‘师云’以别之”云云，今检阅此本无一称“师云”者，固可为非陈钞之一证。“吾师朱子”，即朱巢饮也。

癸丑花朝，先世父文选君复从湘乡王佩初计君礼培假得钱塘吴尺凫焯绣谷亭藏钞本，补抄陈造本书序，及《六十四卦准气候并天度图》、《纳甲图》、《十二律图》、《四正旁通图》、《九类洛书图》、《洪范九畴图》、《洛书范氏洪范图》、《今定洛书本数禹所次图》九篇，举以贻余，俾为传刻。卒以时事蜩螗，刻工寥落，荏苒多年，未克蒇事。世父被难七载于兹，回思遗训，泫然者久之，展读一过，不胜人事沧桑之感矣。

癸酉季夏，叶启勋漫记。

穀山笔尘十八卷 明于纬家刻本

明福唐郭应宠编次其师于文定公慎行《穀山笔尘》十八卷，

公子纬校刊本，每半页九行，行十八字。《四库全书总目·子部·杂家类存目》著录，《提要》云：“此编乃其退居榖城山中时所著。凡分三十五类，所记多明代故典，亦颇及杂记”云。王亶望《浙江采辑遗书总录·史部·杂史类》著录，云：“明大学士东阿于慎行撰，亦间及诗文杂类，而有关史事为多”云。考文定著有《读史漫录》十四卷，起伏羲氏，终辽金元，此书则专纪昭代故实。盖文定见闻详洽，纪述具有史才，观其所为诗词，典雅和平，自饶清韵，而不蹈公安竟陵纤靡之习，其刚直不阿固有可以足称述者。此书传本甚稀，明之连江陈氏《世善堂书目》、涿州高氏《百川书志》皆未著录。惟山阴祁承㸁《澹生堂书目》载其手辑《国朝征信丛录》，云：“臣㸁手辑皆钞本，凡家藏刻本皆不载”云，散列于文定公《笔尘》十二卷，则知此书刻板后印行不多，富于储藏之祁氏且不知有此十八卷之刻本。而此书在当时为人推重，固有“信史”之称。夫以明代之人纪明代之事，网罗既恐不备，忌讳亦复宏多。文定于李攀龙为乡人，而不沿历城之学，其生平宗旨可以概见，则此书固足以信今传后有断言者矣。

辛未冬十一月得于长沙肆中，装成漫记。严寒大雪，围炉书此，时忧祸频仍，几忘其为遁世之民，书能养性，固如是耶。

艺文类聚一百卷 明嘉靖己酉张松刊小字本

《艺文类聚》，虞山钱牧斋宗伯曾藏宋本。冯已苍、钱求赤假以校陆采本，云宋刻正是陆本之祖。宋刻中有模糊缺失处，陆本无不因袭，故世称小字本为最精者，以其原出于宋，少改窜也。归安陆刚甫观察《皕宋楼藏书志》载有元宗文堂本，《仪顾堂续跋》云：“次行题‘唐太子率更令弘文馆学士欧阳询’撰，前有询自序，后有无名氏跋，每叶二十八行，每行二十八字"，亦谓明小字本出于此本。余案宋本绛云一炬，久为六丁下取，陆氏元本为其子以全藏售之日本岩崎静嘉堂，海内亦无第二本矣。

宋元本既不可得，于是藏书家重视明本，然明本陆续跋云："凡四刊：有兰雪堂活字本，有闻人诠本，有陆采本，有大字本"。考兰雪堂本，每半页十四行，行十三字，目后有墨图记云："乙亥冬锡山兰雪堂华坚允刚活字铜板校正印行"，见罟里瞿氏《铁琴铜剑楼藏书目》。乙亥为正德十年，宋元以后以此本为最早。陆采本每页二十八行，每行二十八字。张金吾《爱日精庐藏书志》，"冯已苍以宋本校者"，云是闻人诠刊本，而前有胡缵宗序，后有嘉靖戊子陆采跋，即从元宗文堂本出者。大字本为万历丁亥王元贞刊，即从陆采本出，见仁和邵氏《四库简明目标注》。闻人诠本，据张志似即陆采、胡缵宗一本，而各家志目未见著录，较诸本为稀。

此则山西知平阳府事洛阳张松刊本，次行题名及行款均与元本合，首有濮阳苏祐序、莆田黄洪毗序、益都郑光溥序，卷末有嘉靖已酉夏六月望日知平阳府事洛阳张松重刻后序。余昔从厂肆见之，以其索值甚昂，议价未果。因遍考南北藏书家目，唯仁和丁氏《善本书室藏书志》载明刊本，云每叶二十八行，行二十八字。此吴郡陆子元刻本，一至五卷补配，别有山西巡抚苏祐、黄洪毗、按察司佥事郑光、平阳知府张松重刻序。江阴缪氏《艺风堂藏书记》载有此本，丁藏本为陆采刊本，中缺五卷，即以此本配合，固非全书。艺风老人所藏身后为其子尽以所藏售之沪估，不知落谁何之手。如此本之精印品大，又不仅以其稀而见珍，因以重值得之。元本出于宋，陆采本出于元，宋本八十五至八十七三卷亦杂乱无绪，似为后人增入，非率更原书。元明重刻因之，他卷亦无改易，固不必宋元椠本为足珍贵也。

丙寅小年后一日，叶启勋志。

初学记三十卷明安氏活字本

明锡山安国活字排印唐徐坚《初学记》三十卷，每半页九行，每行大字十八，小字双行，行字二十四。前后无刻书人序跋，唯第十九卷首行题本书名，次行题“锡山安国校刊”一行，知为安氏本也。大伯父文选君旧藏安本，行款与此本同，惟每叶上方板心均有“安桂坡馆”四字，目录第三行有“大明嘉靖辛卯锡山安国重校刊”一行，为此本所无。又卷首首行题本书名、卷第几，次行题“光禄大夫行右散骑常侍集贤院学士副知院事东海郡开国公徐坚等奉”，三行题“敕”，空十馀格下方题“锡山安国校刊”，与此本次行仅题“唐集贤学士徐坚等撰”者为异。王莲泾《孝慈堂书目》，《颜鲁公文集》明锡山安氏刻本。丁丙《善本书室藏书志》，《颜鲁公集》明安氏活字本。知当日安氏每得古书善本先以活字排印，后复以木板梓行，其活字本世以锡山华氏活字印本同珍，良有以也。

考安绍杰辑《希范年谱》追述先世云：“桂坡公，讳国，好蓄古图书，铸活字铜板印《颜鲁公集》、徐坚《初学记》等书”云云，是安氏此书固有活字一本，亦如《颜鲁公集》之例也。自来藏书家目入录此书，皆为刻本，若不知有活字本者，良以活字印书，随聚随散，不若刻本之能传久。五百馀年兵燹水火，历经浩劫，此书之得幸存，亦所谓在在处处有神物护持者矣。原缺第七卷、第九卷、第十卷、第二十一卷至第二十五卷、第卅卷之下半卷，从第十九叶起至三十二叶止。共八卷半，余倩佣手从刻本影抄补全之。惟安氏刻本首有嘉靖辛卯秦金序云：“锡义士安国购得善本，谋诸塾宾原空二格，相与校雠厘正，遂成完书，选能鸠工缮写锓梓以传”，据此则安氏所得宋本似为不全。

继考仁和邵懿辰位西《四库简明目录标注》云：“《初学记》三十卷，嘉靖辛卯锡山安国得宋本，缺二十一、二十二以下数卷，嘱其师郭某补完刊行”。然则此书第二十一卷至二十五卷确为原阙，盖安国既得宋本，意以此书传世颇稀，急于排印，故阙卷未及补全。后更得他本，嘱其师郭某补其佚卷，复付诸梨枣，至第七、九、十三卷、第三十卷之下半卷则不知失于何时。有明以来各家刻本，如嘉靖十三年晋藩本、万历丁亥徐守铭宁寿堂本、万历戊戌陈大科本、无年月晋陵杨氏九洲书屋本，皆从此刻翻雕，世无宋元佳刻，当以此本为上驷，不能以其缺卷而轻视之矣。书首尾均有“无世间心同世行事”朱文方印、“经筵讲官太子少师建极殿大学士图章”朱文方印、有明“王氏图书之印”白文方印，知经太仓王元驭锡爵旧藏。又“李挺之印”白文方印，此江阴李如一贯之之孙。又“江村秘藏”朱文方印，则入国朝归高士奇江村矣。又“朱印彝尊”白文方印、“竹垞”朱文方印，又“严蔚豹人”白文方印。历为名家藏庋，朱印累累，手迹可珍，又不仅活字印本稀见之足重矣。

壬戌仲夏，叶启勋记。

默记一册桐城汪氏钞本

《默记》一卷，宋王铚撰。铚熟于掌故，其言多可据，惟所言“王朴引周世宗夜至五丈河旁，见火轮小儿，知宋将代周”一事，未免涉于语怪，不得为实录耳。周寿昌跋以此本为知不足斋底本，余因取鲍本校之，颇多异同。如“会世宗新征淮南”，“新”

鲍本作“亲”，“且据寿州”，“据”作“援”；“三军跨军浮西涧”，“跨军”作“跨马”；“旋率亲兵擐甲与太祖战”，“祖”下有“巷”字；“晖仰而言”，“而”作“面”。如此之类，不可胜数。大抵鲍氏刻本校勘之精，优于此本，然鲍刻本间亦有误。今得此本互相证明，益见旧钞旧刻各有可贵，惟在人之勤于校读耳。

丙辰嘉平月望，叶启勋记。

此国初桐城汪文柏古香楼钞本，经彭芸楣侍郎元瑞、周荇农舍人寿昌批校，彭用朱笔，周用墨笔。周以为即鲍刊所自出者，盖以此本卷首有“曾在鲍以文处”六字朱文方印也。然取校鲍本颇多异同，盖鲍氏先据叶本付刊，故后有先祖石君公跋，继得此本再校。今鲍本后有“乾隆癸卯仲春重校一过，知不足斋记”字一行，可覆按也。大伯父观古堂藏拜经楼吴骞抄本，中经朱文藻、鲍以文用朱笔校，吴自用绿色、紫色二笔再校，又为陈鳣借阅以黄色笔校。今以两本互勘，吴抄实逊于此本。大伯父曾取诸家所校详注此本行间，复为之辨别异同，以此本为主。馀则择善而从，将授梓以行。夫而后此书得以会萃众长，以视鲍本等于筚簬蓝缕矣。

庚申冬月，启勋又记。

默记一册海昌吴氏钞本

此海昌吴兔床骞拜经楼藏书钞本《默记》一册，书首大题下有“朱、鲍校，俱用朱笔”朱字一行，“兔床校先用紫笔，继用绿笔”绿字一行，下有“海昌吴葵里收藏记”八字朱文腰圆印。尾有绿笔兔床两跋，黄笔陈仲鱼鳣两跋，朱笔长塘鲍绿饮廷博两跋、仁和朱朗斋文藻跋，即兔床子虞臣寿旸《拜经楼藏书题跋记》著录之巢饮先师手写本。书中绿饮、朗斋两校则皆兔床手录也。先世父得之书坊，藏庋者有年。丙辰嘉平，余得国初汪氏古香楼藏旧钞本，其书曾归南昌彭氏知圣道斋，经芸楣侍郎以朱笔手校，后归长沙周氏思益堂，经荇农侍郎以墨笔再校。先世父曾以此本雠校，辨别同异，将付手民，会丁乱离，存之箧笥。丁卯春月，世父被难，余仓皇出奔，无暇计及典藏。乱定归家，则观古堂之藏散佚者十之三四，此书亦经乱复归于余，展读一过，喟然者久之。书中墨笔校字，先世父云："此不知何人笔"。据兔床跋称："癸巳岁余假得以文本，吾友朱君云达为余手抄，且以意改其亥豕"云，则墨笔为朱云达手校矣。云达名型，号巢饮，曾馆兔床家，虞臣其弟子也。盖此为云达手钞，抄时并校其疑误，故书中墨笔校字与全书字迹同，不待取证于兔床跋，已知其出于一人手笔矣。

戊辰冬月，更生居士。

山海经十八卷明仿宋本

世传《山海经》，以宋淳熙庚子梁溪尤袤校刊本为最善，槜李项氏曾有藏本，有文三桥跋，后为泰兴季氏所得。沧苇没后，其书归崑山徐氏，虞山毛斧季扆曾手校一本，并影写尤序文跋于首。毛云："板心分上、中、下三卷"，其书藏昭文张氏，见《爱日精庐藏书续志》。张藏散后不知所归，不独宋本无传，即校宋本亦不可得矣。

此明仿宋本，每半页十二行，行二十字，流传极稀。阳湖孙氏《平津馆藏书记》，《山海经》十八卷，题郭氏传，每卷俱大题，前有郭璞山海经序，总目每篇下皆有本文及注字数，后有刘秀山海经奏。余以别本相校，惟此本与宋本相同，每页廿四行，行廿字。孙书辗转流入常熟瞿氏，见《铁琴铜剑楼藏书目》，《山海经》十八卷，明刊本，此本开卷首行顶格，题曰“山海经序”，次行题“晋记室参军郭璞撰”。序后接题：“山海经目总十八卷”，双行注云：“本三万九百十九字，注二万十字，瞿目万下脱三百五三字。总五万一千二百六十字。瞿目十下脱九字。”以下《南山经》至《海内经》皆注“本若干字”、“注若干字”。又曰《海内经》及《大荒经》皆逸在外。后接向秀上书状，以下首卷不题“山海经”，惟题“南山经第一”，次行曰“郭氏传”，第一迄第十八卷皆同。武进臧庸堂谓：“宋本若此者，犹六朝唐人之旧式也，旧为平津馆藏书”云。是此虽为明刻而仿宋精刊，已为藏书家所推重。

癸酉孟冬，余从坊肆获见此本，亟重价收之，前后无刻书人姓名、序跋，验其字体纸墨，殆嘉隆时刊本也。昭文张氏、毛斧季手校宋尤袤本，载尤序云：“始予得京都旧印本三卷，颇疏略，继得道藏本。《南山》、《东山》经各自为一卷，《西山》、《北山》各分为上、下两卷，《中山》为上、中、下三卷，别以《中山东北》为一卷，《海外南》、《海外东北》、《海内西南》、《海内东北》、《大荒东南》、《大荒西》、《大荒北》、《海内》经，总为十八卷，虽编简号为均一，而篇目错乱不齐。晚得刘歆所定，书其《南》、《西》、《北》、《东》及《中山》号《五藏经》为五篇，其文最多。《海内》、《海外》、《大荒》三经南、西、北、东各一篇，并《海内经》一篇亦总十八篇，多者十馀简，少者三、二简。虽若卷帙不均，而篇次整比最古，遂为定本，其卷后或题‘建平元年四月丙戌待诏太常嘱臣望校治，侍中光禄勋臣龚、侍中奉车都尉光禄大夫臣秀领主省’。‘建平’实汉哀帝年号，是岁刘歆以欲应图谶，始改名秀，而'龚'则王龚也。哀帝时朝臣有两名望者：一则丁望，一则蟜望，而此疑为丁望云"。

此本卷帙及卷后题衔均与尤袤所谓定本一一吻合，则此书除宋本外，要当以此本为最善，阳湖之言不诬也。《钦定四库全书总目》，《山海经》十八卷内府藏本，《提要》云："旧本所载刘秀奏中，称其书凡十八篇，与《汉志》称十三篇者不合。《七略》即秀所定，不应自相牴牾，疑其赝托。然郭璞序已引其文，相传既久，今仍并录焉"云云。不知《山海经》本十三篇，刘秀校获逸文得《大荒经》东、南、西、北四篇、《海内经》一篇，定为十八篇，同时奏进。故于总目下注云："此《海内经》及《大荒经》本皆逸在外"。盖谓此五篇为十三篇外之逸文，并非自相牴牾也。乾隆四十八年镇洋毕制军校刊本、嘉庆十四年仪征阮文达刊郝懿行笺疏本皆误"逸"为"进"，失其旨矣。然可知诸家所见均非善本，馆臣遂至疑此书为赝托，孰谓书无庸讲本子耶？更毋怪藏书家之佞宋癖元矣。其三卷、十八卷之不同，则固无关要义也。

癸酉冬十月二十日，叶启勋摇笔书后。

清异录二卷明隆庆壬申菉首堂刊本

曩余辑编《四库全书目录版本考》，知先族祖文庄公菉竹堂于明嘉隆时刻有唐冯贽《云仙杂记》、宋陶谷《清异录》，诸家藏书志目惟阳湖孙氏《平津馆》、钱塘丁氏《善本书室》著录《云仙杂记》，罟里瞿氏《铁琴铜剑楼》著录《清异录》，知其书甚为罕秘，久思得而藏之，无有也。今夏湘乱，余避地来申，伯兄康侯因事留湘，偶于书肆得先族祖刊《清异录》二册，驰书告余云："其书每半页十行，每行十八字，版心下方记字数，前有隆庆壬申春日河间俞允文撰序，又附王凤洲来翰”云云。首卷首行题“清异录”，次行题“宋陶谷撰”号金銮否人，二卷首行题“清异录卷之二”，次行题同前，原书分三十七门、一千二百五十八事，据俞序知从元孙道明抄本及陶宗仪删定本参校付梓者。适案头有罟里瞿氏书目，因检之，载《清异录》二卷，明刊本，宋陶谷撰，前有隆庆壬申河间俞允文序云：“叶伯寅有元时孙道明抄写本六卷，凡十五门、二百三十事，遗缺过半。后复得抄本，不第卷次，凡三十七门、六百四十八事，比道明本为备，而文独简略，为陶宗仪删定本。今参校勘正十有二、三，而疑误难正者并复存之”。又附王凤洲来翰云：“仆向有《清异录》，意欲梓行，得足下先之，是艺苑中髡孟不落莫矣。”后有“隆庆六年壬申叶氏菉竹堂绣梓印行”十五字，今得本与瞿藏一一吻合，惟尾脱“菉竹堂”一行。又检瞿目著录《云仙杂记》十卷，明刊本，云：“崑山菉竹堂叶氏得旧本，倩友人俞质夫写而刻之，有序，质夫名允文，工书”云，则此书殆亦质夫手写付刊者欤？康熙戊子陈世修刊本似即从此本出，而略有改易，不足贵也。先族祖文庄公为明名臣，且富储藏，生平手自雠录至数万卷，尝欲作堂以藏之，取《卫风·淇澳》“学问自修”之义，名曰“菉竹”。至公元孙伯寅公恭焕堂乃克成，王世贞为之记，乾隆时文敏公方蔼犹居其地，盖“菉竹堂”为文庄公藏书堂名，子孙犹沿用之，不属于一人者。此吾家故实，得此因并记之。

庚午冬大寒，玉涧后人启勋志于海上寄庐之媚古堂。

抱朴子内篇二十卷、外篇五十卷明绿格抄本

《抱朴子》，世无宋元旧本，明嘉靖乙丑鲁藩承训书院刊本，

九行廿字，已极稀见，嘉庆癸酉孙粮储星衍校刊本，世亦称之。此明弘嘉间绿格抄本《抱朴子内篇》二十卷、《外篇》五十卷，每半页十一行，每行十七字，取较鲁藩本及孙本无甚异同，盖均从明正统十年道藏本出也。惟孙本虽从道藏，而以明庐舜治刊八卷本、先族祖林宗公家抄本、明鲁藩本及卢学士文弨手校明本参校，略有出入。考道藏刻于正统十年，见者颇鲜，其中如《淮南子》、《抱朴子》诸书，极为藏书家推重，以其较他本为完善也。

鲁藩本前有序云："顾所传抄写舛讹，乃与儿辈手校授梓"云云，是鲁藩当时并未见道藏原本，而以钞本付梓者。孙本前有序云："从江宁朝天宫假得道藏，覆审一过，书中多依之，有依别本校改者则注明藏本作某"云云，是鲁、孙二本虽从道藏，一则梓自传抄，一则颇多校改，固不及此本之传录道藏为可贵也。各卷首行下有"疲六至疲八"、"守一至守十一"、"真一至真十二"、"志一至志七"等字，盖道藏以千文编号，此书列入"疲"字号至"志"字号也。检黄氏《士礼居藏书题跋记》载姑苏吴岫方山家藏旧抄本，云"取袁氏五砚楼藏道藏本，校者手勘一过，无大异同"云云，盖吴藏亦出道藏，可见此书道藏本外固无其他善本矣。黄记又云："向在都中见明鲁藩本《内篇》二十卷、《外篇》五十卷，后为陶五柳主人买归，嘱涧蓑校其翻刻明乌程卢氏本，涧蓑复借金阊袁氏所藏道藏本为之校勘，涧蓑尝谓余曰'道藏本为最胜，此外无复有善本矣'"云云。可见此书藏本之为人推重如此，故诸家均从之传抄也。黄记又云："按道藏本正统十年刻，相传是本最佳，鲁藩本不及也"云云，今以鲁藩本勘之，鲁本亦出道藏，无明人窜乱臆改之恶习。黄藏吴本据黄记云："曾借鲁藩本相校，虽行款不同，而大段无甚异处"云云，知吴本本出道藏，实与鲁本同源，黄氏纪载传闻之言殊不足信。

此书余得之长沙故家，前后有“彭城”朱文一圆一小长方印，“怀古堂”朱文长方印，“钱印兴祖”白文、“孝修”朱文两对方印，“钱孝修图书印”朱文大长方印，“孝修”朱文、“兴祖”朱文两对方印。“怀古堂”为虞山钱谦贞履之筑以奉母者，其子孙保求赤藏书处也，“彭城”亦其印记。“孝修”则履之族孙求赤犹子，盖此为求赤、孝修递相藏弆者。又有“臣鹭印”白文、“玉山”朱文、“一号四戉居士”朱文三小方印，“常琬字英怀号慎斋之章”白文、“甲辰乡魁庚戌进士”朱文两对方印，“后林读过书”白文大方印。后护纸有墨笔题云“乾隆三十五年二月十九日玉山常鹭阅”一行，不知何许人，暇日当详考之。全书明时装钉，书面用弘嘉时试卷糊裱，所题篇名犹是明人手笔。四百年前奇物，至今触手如新，洵可宝贵。书中略有讹字，经钱氏朱笔校改，尚有未尽者，大都因形近而误，望文可知，固甚易于校理也。

庚午冬大寒记。

拾经楼细书录卷下

楚辞集注八卷、辨证二卷、后语六卷

明正德十四年沈圻刊本

宋朱子《楚辞集注》八卷、《辨证》二卷、《后语》六卷，明正德十四年沈圻刻本。每半叶九行，每行大十七字，小注同，上下大黑口，上黑口黑质白文记字数，下黑口黑质白文记刻工姓名。《集注》、《后语》均有朱子自序，书首有正德十四年梅岩张旭重刻《楚辞》序，后有正德十四年平湖沈圻重刻《楚辞》跋。丰顺丁禹生日昌《持静斋书目》著录此本云善。仁和丁松生丙《善本书室藏书志》著录此本，云为明成化十一年刊，有盱江何乔新序，正德十四年新安张旭、休宁知县平湖沈圻跋，盖从宋本出也。今检此本无何乔新序，考张旭序称"平湖沈公子京以柱下史来知休宁县事，未期年乃梓行此书，恐今本未善，命旭为之校雠"云。又考沈圻跋称："请于郡守新淦文林张公会，婺源乡进士汪济民者，以旧本遗圻。又民事劳心，不能校证，托之于乡大夫张君廷曙别号梅岩者，严加考订，圻遂捐俸，命工锓梓"云。盖此为张旭校订、沈圻梓行者，两人皆未言及有倩何乔新作序之语，则丁志所载何序，自是从他本羼入，非此本有脱佚也。至丁志误以张旭序为跋，亦可见其考证之疏舛矣。

丁卯冬大寒后一日，定父居士记。

分类补注李太白诗二十五卷明正德庚辰刘氏安正堂刻本

《分类补注李太白诗》二十五卷，唐李白撰，元杨齐贤集注，萧士赟补注。前后无序跋，无刊刻年月可考，唯尾卷末标云："庚辰岁孟冬月安正书堂新刊"两行长方木牌记。每半叶十行，行大字二十三，小字双行，椠法雅致，黑口双栏，纸墨精良，洵可宝贵。孙星衍《平津馆鉴藏书籍记补遗》载《类聚古今韵府续编》四十卷，云后有"正德丁丑书林安正堂刘宗器"题识，则"安正堂"为书林刘宗器刻书之堂名，此书当亦宗器所刻。

考刘氏于明宣宗宣德己酉四年刊有四明先生《续资治通鉴节要》二十卷，见湘阴郭氏养知书屋藏书；孝宗弘治甲子十七年刊《针灸资生经》七卷，见日本森立之《经籍访古志》；武宗正德辛未六年刊《详增补注东莱先生左氏博议》二十五卷，见昭文张氏《爱日精庐藏书续志》无元号年月，大伯父文选君观古堂藏本，前有木牌记，末题"正德六年"；世宗正德己卯十四年刊《淮南》高诱注二十一卷，见独山莫楚生观察藏书；世宗嘉靖三年刊《宋濂学士先生文集》二十六卷、《附录》二卷，见仁和丁丙《善本书室藏书志》；嘉靖九年刊《春秋胡传集解》三十卷，嘉靖壬辰十一年刊《璧水群英待问会元选要》八十二卷，均见浙江范懋柱《天一阁书目》；嘉靖壬辰刊《新刊河间刘守真伤寒直格论方》三卷、《后集》一卷、《别集》一卷，见大伯父文选君观古堂藏书；嘉靖间刊宋林亦之《网山集》八卷，见独山莫友芝《郘亭知见传本书目》；神宗万历辛亥三十九年刊《新编事文类聚翰墨大全》一百二十五卷，见江阴缪荃荪《艺风堂藏书题跋记》；无帝号庚寅刊《韩文正宗》二卷，见常熟瞿镛《铁琴铜剑楼藏书志》；无纪元年月刊《孔丛子》七卷，见王闻远《孝慈堂书目》。此就其各家志目著录者考之，刘氏刊书于明代已历百有数年，但此书尾卷木记仅记庚辰，既未注明庙号，亦无各家志目可以参证其刊于何帝庚辰。因检旧藏安正堂刊《集千家注分类杜工部诗》散帙尾卷，末叶有长方木牌记云："正德己卯十四年年仲夏月，刘氏安正堂刊"两行，知此"庚辰"为正德十五年，当时与杜诗合刊者也。

自来收藏家重视安正堂之书，皆经著录，唯此李集向不经见，为诸家目中所无，其当日印行之稀概可知矣。至刘宗器所刻之书，丁丙称其"精良"，《止斋先生文集》二十八卷云：安正堂者，当为麻沙书肆之号，写刻精良，卷中空格提行一遵宋式，后之林刻、陈刻远不及也，吴骞称其"可贵"。《诗经疏义》二十卷云：盖是书虽刻于明之中叶，而犹为元儒手笔，悉仍文公之旧，未经妄删者，洵可贵也。若《钦定天禄琳琅书目》之于《象山先生集》，"元板类"云：《正集》二十八卷、《外集》五卷，后有"辛巳岁孟冬月安正书堂重刊"木记，按嘉定十三年，岁在庚辰，则木记所记"辛巳"当为嘉定十四年，但此书墨暗纸黝，决非宋本，当属元时翻刻之书。归安陆心源《皕宋楼藏书志》之于《增刊校正王状元集诸家注分类东坡先生诗》，三十卷云：元刊，目后有"龙集丙戌秋月刘安正堂刊本"一行，卷末有"丙戌岁孟冬月安正堂新刊"一行，竟误以安正堂刻书为元板者，亦可想见宗器刻书，殊有元人风味，鱼目原可混珠，毋怪馆臣与陆氏皆为其板式所迷惑也。

此书旧为华亭王氏收藏，书中有"横云山人"、"王印鸿绪"、"大司农章"、"华亭王氏珍赏"诸印记，今辗转而归于余，云烟过眼，他日不知更归何所。

丙辰夏五，拾经主人叶启勋跋尾。

集千家注分类杜工部诗二十五卷、文二卷元刊明印本

庚午春月为先世父考功君校刻《书林清话》，知建安余氏书业衰于元末明初。其皇庆壬子所刊《千家注分类杜工部诗集》，原有“皇庆壬子余氏”木记者，其板后为叶氏广勤堂所得，遂将“皇庆壬子余氏”木记劖去，别刊“广勤堂新刊”木记。其钟式、炉式二木记尚存，而以“皇庆壬子”四字易刻“三峰书舍”，“勤有堂”三字易刻“广勤堂”，目录后“皇庆壬子余志安刊于勤有堂”十二字虽已劖去，而卷二十五后犹未劖补，并别刊《文集》二卷附印以行，故其字迹与全书迥异。追明其板又为金台汪谅所得，削去“广勤堂”三字，而以“三峰书舍”四字易为“汪谅重刊”，惟全书久印低损，故较初印本笔画稍肥矣。

癸酉秋九，余从道州何氏东洲草堂收得此本，全书图记均经剜补，以后附有《文集》二卷，知非广勤堂印本，即汪谅印本。盖书估欲伪充余氏勤有堂本以欺世，差幸不知此中源委，故未将文集割弃，尚有踪迹可寻耳。然其为叶氏印本，或汪氏印本，殊难审定矣。惟据聊城杨氏《楹书隅录》著录元广勤堂本，云：“卷首杨蟠《观子美画像》诗后有‘广勤书堂新刊’木记一行”，此本于此处既未剜补，又无此一行，已知其为汪谅得板后印行之本。旋从县人袁氏卧雪楼见一残本，缺一之十卷，其卷二十五后“正德己卯春正月吉旦，金台书院汪谅重刊”一行尚未被贾人剜去，乃贱价收之，取与此本比勘，益证此为明时汪谅印行之本矣。全书每半叶十二行，每行大二十字、小廿六字。首题“东莱徐居仁编次、临川黄鹤补注”，盖分类分卷俱居仁之旧，注则鹤有所补

益也。

《四库全书总目》著录刘须溪评注二十卷本，诸注皆高楚芳所附入，已删节十之五六，此乃当时完帙，又为勤有堂原版，颇不数觏，诚秘笈矣。丙辰仲夏，从永明周季嘤舍人銮诒家得明正德庚辰刘宗器安正堂刊本《分类补注李太白集》二十五卷，与此可称双璧云。

韦苏州集十卷宋刊本

宋本《韦苏州集》十卷、附《拾遗》一卷，首有嘉祐元年太原王钦臣序，次沈明远作喆补撰《韦刺史传》。首行题"韦苏州集卷第几"，次行题"苏州刺史韦应物"，每半叶十行，行十八字，书中"桓"字、"構"字缺笔，当是南宋初年刊本也。卢抱经学士文弨《群书拾补》载此书云："余家所蓄乃下邳余怀本十卷，今以宋本补其阙遗，正其脱讹，是者正书，讹字旁书。凡云'一作某'者，皆宋本所有。其同时酬和之作时本皆缺，宋本有之，与集中诗皆平写，今悉依仿补入"。又云："卷第一《冰赋》，宋本卷首载此篇，《赋汇》卷三十有之，可据抄入，唯观其'力足以凄一室'，宋本'力'作'劣'；""卷二《赠令狐士曹》，宋本'沙季'作'涉季'，'而待'作'而不相待'；""卷四《天长寺》注，宋本'库'作'康'；""卷七《西亭帘牖散暄风》，'下扶援'宋作'扶树'；""卷八《杂兴》八十九首，按只七十五首，宋本多一首，亦只七十六首。《咏玉》下一首，宋本有《咏露珠》。按卢氏此首全录诗句。"又云："《仙人祠》，宋本在卷末。"后录《拾遗》三页，云："以下悉依宋本抄补"云。取校此本皆合，可知卢氏所见即此本也。

杨绍和《楹书隅录》载此书云："岁辛亥获此本于袁江，每半叶十行，行十八字，与余前收黄复翁藏本《唐山人诗》款式正合，即《百宋一廛赋》注所谓'临安府睦亲坊南陈氏书栅本'也。"又："卢抱经学士《群书拾补》所校是集宋本与此俱合，惟卢本有《拾遗》三叶，其目云'熙宁丙辰校本添四首，绍兴壬子校本添三首，乾道辛卯校本添一首，此本俱无之，想刻时在前尚未经辑补耳"云云。《钦定天禄琳琅书目续编·宋板类》载此书，云："后《拾遗》一卷，标'熙宁丙辰校本添四首，绍兴壬子校本添三首，乾道辛卯校本添一首'，前有嘉祐元年王钦臣序。此本行字与杨录合，《拾遗》与卢本、内府本合，盖诸家所藏同一板刻，唯杨氏残缺《拾遗》耳"。上海涵芬楼藏明嘉靖戊申华云刊本，改题《韦江州集》。有汪汝达跋云："《拾遗》八首则熙宁以后增入旧本，另为卷帙附末卷之后"，又有华复初跋云："家君尝以数本互校，欲刻之，以宋本亦有讹脱而止，近苏扬所刻更欠精校。今刻再参诸本，就其长者从之，但诗中袭疑甚多，不容不以意裁之"云。又云："刘须溪批《白鹳鸽歌》云'误字既多，大抵无味'，愚谓'夜仁全羽翼'当作'依人'，此不必疑，余自明白，岂须溪亦未见善本耶？惟《石鼓歌》'喘逶迤相纠错'，'喘'字上下必有脱文，嗣更校补"云云。伏读《钦定天禄琳琅》续载本云："有墨迹跋二：其一后纪'德祐初初秋看二集并记。须溪'；其一后纪'至正丁酉九月十五日天全叟题'。须溪刘辰翁，号天全叟，无考"云。据此则刘辰翁所见即此本，后华云据以翻刻，今华本卷末尚附须溪刘辰翁评语，可取证也。唯华本经其以意窜改，已非宋本旧第矣。

是书世传宋椠只此一刻，纸薄如茧，字体椠方，全书新若手未触者，弥足珍已。序首及卷一有"郑氏注韩居珍藏记"八字朱文长方印、"郑杰之印"四字白文方印、"一名人杰字昌英"七字朱文方印，序尾有“玉融李馥”四字白文方印，卷三有“郑氏注韩居珍藏记”八字朱文长方印、“图史富书生”五字白文方印，卷五有“注韩居郑氏珍藏记”八字朱文长方印、“注韩居士”四字白文方印，卷六有“注韩居郑氏珍藏记”八字朱文长方印、“郑杰之印”四字白文方印，卷七尾有“侯官郑氏藏书”六字朱文长方印，卷八有“注韩居郑氏珍藏记”八字朱文长方印、“人杰”二字朱文方印，书面题字尤是郑氏手笔。考陆心源《仪顾堂续跋》，《元椠晏子跋》云：“有‘郑杰之印’、‘注韩居士’、‘郑氏注韩居珍藏记’印。按郑杰，字人杰，侯官人，乾隆贡生，其藏书之所曰‘注韩居’，藏书数万卷，分二十橱贮之，以‘东壁图书府，西园翰墨林，诵诗闻国政，讲易见天心’为志。”此书背面书根下皆有一原印“墨”字，是郑氏以之列入第九橱也。检《郎潜纪闻》云：“泉州李中丞馥抚吾浙时，收书极富，一时善本齐入曹仓，每册皆有图记，曰‘曾在李鹿山处’，后缘事颂系，群书散逸，人以为印文之谶，然亦达已。”

此书经李中丞收藏，转入郑氏，一再辗转，而为余有，手迹如新，原印累累，又不仅以其为天水旧椠为足珍重也。

乙卯仲冬，叶启勋跋尾。

李文公集十八卷明成化乙未何宜序刊本

先世父文选君旧藏明成化乙未玉融何宜序刊唐《李文公集》十八卷。每半叶十行，每行二十字，长卷头，叶数通连计算，上下大黑口，上黑口中分卷，黑质白文。首有湘乡曾文正国藩手跋云：“独山莫子偲先生定为南宋邵武书坊本。”先世父以莫氏当时负赏鉴名，信之。今夏，余从海盐张菊生农部年伯许见一本，行款皆同，首有成化乙未玉融何宜序，后有景祐三年七月十七日欧阳修跋、景泰乙亥四月之吉河东刑让识。书中间有白口、小黑线口、大黑口，其白口板鱼尾上方刻一“补”字，小黑线口板中缝鱼尾左方刻一“补”字，其第六卷尾有“岁乙酉邵武府通判舒瑞补刻”一行，卷十七首有“嘉靖乙酉下空六格补刊”一行，乃知世父藏本即成化刊本，而佚其前后序跋者，莫氏误以为宋本也。其板至嘉靖乙酉已两次修补印行，故板口参差不一，其黑口板为成化原刻，而所存者只第九叶、第一百五十三叶、第一百五十四叶，共三叶矣。成化乙未为明宪宗之十一年，嘉靖乙酉为世宗之四年，相距五十年，其板已毁灭殆尽。事逾数百寒暑，则在今日欲求成化时印本，不更难哉！

顷书友持此本求售，犹是成化时初印本也。亟购藏之，前后序跋亦均佚去，目首及卷尾有“中吴钱氏收藏”六字朱文长方印，卷一首有“悬罄”二字朱文方印，尾有“钱氏叔宝”四字白文方印、“中吴逸民”四字朱文方印。考虞山钱宗伯《列朝诗集小传》：“钱穀，字叔宝，少孤贫，游文待诏门下。日取架上书读之，至老不衰。子允治，酷似其父，年八十余，隆冬病疡，映日抄书，薄暮不止。功甫没，无子，其遗书皆散去”。又检《刘子威集》有《悬罄室记》，言：“钱君少学于文徵仲先生，为题其室曰‘悬罄’，言能贫也”。又卷首有“朱印之赤”四字朱文方印，考聊城杨以增河帅《楹书隅录》，影宋精钞《西崑酬唱集》二卷，毛斧季跋云：“甲辰三月，同叶君林宗入郡访朱卧庵之赤，其榻上乱书一堆，大都废历。及潦草医方残帙中有缮整一册，抽视之，乃《西崑酬唱》也，为之一惊。卷末行书一行云‘万历乙丑九月十七日书毕’，下有功甫印，乃钱功甫手抄也，因与假归”云。功甫为悬罄子，善守楹书，雅好抄书，钱遵王曾《读书敏求记》云：“功甫名允治，老屋三间，藏书充栋，虽白日检书，必秉烛缘梯上下，所藏多人间罕见之本”云。

此书为罄室藏书，朱印累累，其为秘帙断可知矣。后其书散出，为朱氏所得，朱亦吴中之好藏书者。继检平原陆其清漻《佳趣堂书目》，载唐《李文公集》十八卷，钱叔宝藏本。则又经陆氏收藏，虽无平原印记，而目已注明，固可佐证也。几经辗转，流于湖湘，而为余有，时余将回苏旧居，仍携之以还。吴中乡邦遗泽由吴而湘，由湘而吴，楚弓楚得，吾子孙其永宝之。唯余今春先君弃养，先世父被难，夏初避乱沪渎，秋初乱定回湘。虽迭遭大故，颠沛流离，而爱书之心更甚，痴呆如余，人有不相窃笑者乎？回忆平时每得一书，必经世父鉴定跋尾，今世父殉道，不能起而请益，并以知莫氏之误，书此不能不凄然！

丁卯中秋前五日，棘人更生叶启勋志。

《佳趣堂书目》载《西崐酬唱集》二卷，钱功甫手抄，盖悬罄藏书散出，为朱卧庵所得。朱书散出为陆其清珍藏，证诸诸家书目，若合符节，方信藏书不可无目，目又不可不详。记之以为他日考版本、话遗闻之谈助也。

越日始生魄，拾经主人灯下再志。

杜樊川集二十卷、外集一卷、别集一卷

明仿宋本

《唐书·艺文志》，杜牧《樊川集》二十卷。宋晁公武《郡斋读书志》，杜牧《樊川集》二十卷、《外集》一卷。陈振孙《直斋书录解题》、元马端临《文献通考·经籍考》所载并同。然考宋

刘克庄《后村诗话》云："《樊川集》有《续别集》三卷"，检王文简士祯《居易录》谓："旧藏杜集只二十卷，后见宋版本雕刻甚精，而多数卷"云，则是此书宋本有《续别集》三卷者，王渔洋尚书曾见之。然证以《唐志》、《晁志》、《陈录》、《马考》，则《续别集》当为后人编辑而成，旧在《外集》之外也。此明仿宋熙宁八年田概刻本二十卷《别集》一卷《外集》一卷，题"中书舍人杜牧，字牧之"，前有"将仕郎守京兆府蓝田县尉充集贤殿校理裴延翰序"云云。《别集》首有"熙宁六年三月一日杜陵田概序"云云，乃知《文集二十卷为裴延翰所编次，《外集》则为旧传，《别集》则为田概所辑，已非刘克庄所见之本矣。明人刻书好改易旧本行式，此则仿宋之极有矩矱者，每半叶十行，行十八字。钱曾《读书敏求记》云："《牧之集》，旧人从宋本摹写者，新刻校之，无大异，此翻宋雕之佳者"，即此本也。阳湖孙氏《平津馆鉴藏书籍记》、昭文张氏《爱日精庐》、罟里瞿氏《铁琴铜剑楼》、仁和丁氏《善本书室》、朱氏《结一庐》著录同为此本，世无宋刻，当以此为虎贲中郎矣。全书经道州何蝯叟太史子贞圈点评读，书估重视何字，坚索重值。余惜书之癖，强于惜钱物，亟以番饼七十易之，不特书估居奇，亦余好书之心有以使之然也。然近来明刻日稀，如此仿宋精美，又经何蝯叟逐卷加评，名贤手泽，固当为此书增重矣。

丙寅腊八日，叶启勋记于拾经楼。

八叉集注四卷 顾氏秀野草堂刊本

此顾予咸参定，秀野草堂刻，曾益注温庭筠《八叉集》四卷，每半叶九行，行二十字。王文简士祯《居易录》云："门人顾嗣协迂客贻会稽曾益注温庭筠《八义集》四卷，清苑高鐈序。曾益注《昌谷集》号精博，温注世鲜传者，亦顾氏刻也”云云，然其刻于何时，则未详述。检旧藏康熙三十六年顾嗣立刻《温飞卿诗集笺注》跋云：“昔先考功令山阴，时邑人曾君名益，字谦，注温庭筠诗四卷，曰《八义集》。先考功谓其用心良苦，特鸠工剞劂，流传一时”云。又检《苏州府志》“顾予咸，字小阮，顺治丁亥进士，授宁晋知县。畿南多盗，廉其魁数人，捕弗诛，厚衣食之，使为耳目，他盗悉惊散。居数月，县大治，调知山阴”云。据此则顾予咸通籍在顺治四年，其宰山阴时当在顺治五六年间矣。此本前有古燕高鐈序、盘阳沈润序、古吴顾予咸序，旧为邑人王理安校官启原所藏，余喜其传本稀见，特重装，而考其刻书年月于后。

昌谷集注四卷 顾氏秀野草堂刻本

此即王文简士祯《居易录》所云顾氏刻明曾益注《李昌谷集》四卷，世鲜传本者，唯不知刻于何时。检旧藏顾予咸秀野草堂刻曾益注温庭筠《八义集》，首有古吴顾予咸序云：“会稽曾益，南丰嫡裔，注其集。阅之博而核，详而有体，表章力居多。昔朱晦庵欲注杜集而未果，曾子以史学饶为之。三十年前注《长吉集》行海内，李、温俱以诗雄于唐，兹集出并不朽”云。据此则此书刻于《八义集》之前。其《八义集》予已考为顺治五六年间所刻，则此书当刻于万历末年。今此本首题“明会稽曾益释《八义集》”，则去“明”字矣。此本予得之有年，近又得《八义集》，流传甚久，而又聚合一处并得，考其刻书年月真快事矣。

丙寅重九，叶启勋记。

笠泽丛书四卷、补遗一卷碧筠草堂刻本，古燕查恂叔批读

唐陆龟蒙《笠泽丛书》，世行雍正辛亥江都陆钟辉刊本、嘉庆间中吴顾楗刊本，两本均从元至元陆德原本出。陆本字体较顾本瘦削，而圆活流动过之。陆本陆德原跋，“今清朝右文”云云，不提行，顾本提行，陆本增入小名录序，顾本无之。此为陆氏原板，转鬻他人印行者。陆本原题“水云渔屋”，此则易以“碧筠草堂”，较陆本字体稍失锋芒，匡线间多裂断，则因印刷稍后耳。目首有“古燕查氏家藏”朱文长方印，目尾有“榕巢”朱文方印，书首有“宛平查礼恂叔氏图书”朱文方印，又有“宛平查氏藏书印”朱文方印，书中以朱笔手批圈读，书法学黄山谷，朱泥烂然，洵可宝也。据《国史本传》：“公以困京兆试，纳货为郎，出守四川，荐升川藩。乾隆四十七年九月擢抚湖南，十二月入觐，四十八年卒于京。”吕星垣志公墓称“公好藏法书名画，书学黄山谷，间喜画梅，传《铜鼓书堂遗稿》，卒年六十有八”，则批读此书当在六十七岁官湖南巡抚任内。可见前辈好学之勤，至老不倦，名臣硕学，其精神福泽信有大过人者。递藏道州何子贞太史家，今秋余以重值得之，善本书而加以名贤手迹，以为镇库物，不亦大快意事乎？

戊辰秋白露，坐雨华萼堂之西窗，因识，启勋。

寇忠愍公诗集三卷明嘉靖乙未王承裕刊本

明人好刻书，而最不知刻书，然亦有墨守宋元旧椠不失矩矱者，如此《寇忠愍公诗集》其一也。顾传本甚稀，曩曾得古香楼

刻楷字本甚精，久思得一明本藏之，无有也。今秋自沪归来，书坊估客群集余楼，各携近日所收者求售，余从挑得多种。此书为郡故藏书家物，颇持高价。大抵余所收书选择过精，苟非不经见之书，鲜有当意者。每见一书问值，则书估无不居奇。余又每见珍秘之本，爱不忍释，必优其值以得之。而外间耳食之徒，每闻有书为余所偿值者，必倍其价取以去，虽受绐不计也，故书估得售其技，习以为常。此书去值白金四十星，可云贵极。

书分上、中、下三卷，每半叶八行，每行十八字，叶数通连计算。前有弘治庚申岁夏四月平川王承裕书录藏宋莱国忠愍寇公诗集序，参知政事孙抃奉敕撰莱国寇忠愍公旌忠之碑，宣和五年十二月朔济南王次翁新开寇公诗集序，金紫光禄大夫行尚书户部侍郎知河阳军州事上柱国范雍述忠悯公诗序，知制诰丁理行撰赠谥诰，后有隆兴改元七月下墨钉二格日长乐辛敩书再开莱公诗集后序。嘉靖乙未岁春正月丁卯平川野逸王承裕记略言："予昔时录藏，迄今几四十年，近摄三原县事，零陵蒋君鏊至，出以示之，喜而怀归，遂捐俸以永其传"云，盖王氏于弘治庚申从宋隆兴本录藏，至嘉靖乙未乃付蒋君鏊刊之，前后序记言之綦详。宁波范懋柱《天一阁书目》、仁和朱学勤《结一庐书目》、丁丙《善本书室藏书志》、邵懿辰《标注四库简明目录》、独山莫友芝《郘亭知见传本书目》所载均为弘治庚申刊本者，即此本之误也。

考莱公知巴东县时，自择其诗百馀首，编为《巴东集》，后河阳守范雍裒合所作二百馀篇编为此集。检先族祖石林公《诗话》有《过襄州留题驿亭》诗一首，《侍儿小名录拾遗》有《和蒨桃》诗一首，《合璧事类前集》有《春恨》一首、《春昼》一首，均为集中所无。大约雍编订时有所去取，虽非准集之全，而其菁华固萃于此矣。准诗含思凄惋，骨韵清高，绰有晚唐之致，又岂仅以勋业风节见重于世哉？书此以志景仰。

时丁卯中秋日，更生叶启勋记于拾经楼。

镡津文集二十二卷明永乐八年刊本

此北宋释契嵩《镡津文集》二十二卷，明永乐八年刊本，每半叶十行，每行十八字，上下大黑口，首总目录，次以陈舜俞明教大师行业记为前序，后有洪武甲子沙门原旭募刻《镡津集》疏、永乐三年弘宗书后、永乐八年沙门文琇后序。盖原旭于洪武十七年募赀刊板，至永乐八年文琇刻成始印行之，每卷后有僧俗人等助刊姓氏。考历来藏书家志目，惟日本森立之《经籍仿古志》著录宋椠本，行款板式，一一与此本同，知此本为重雕宋本，无改易也。契嵩生当仁宗庆历、皇祐间，其时人文极盛，而契嵩乃能以文笔雄伟见称，与儒者抗，宜其全集后人一再重刊，久为藏书家所宝贵也。此刻惟《天禄琳琅书目》有之，而阙补卷三十一、十二、卷十五八、卷十八十五、卷十九十，不若此本之完全。至常熟瞿氏《铁琴铜剑楼》、仁和丁氏《善本书室藏书志》著录，皆弘治十二年沙门如巹重刻本，知此本久不易觏，诸藏书家皆未之见也。至新城王文简士祯《居易录》所称之十三卷本、吴郡王莲泾闻远《孝慈堂书目》著录之十九卷本、秀水朱竹垞彝尊《潜采堂宋金元人集目》所载之十卷本，均为后人编窜，又不及弘治本尚从此刻重雕，为有端倪也。《四库全书总目》著录浙江鲍士恭家藏弘治本，特不解当日何不以内府旧藏之永乐本著录，而乃有取于弘治重刊，岂以其残阙不全欤？

丙寅新正人日，叶启勋跋尾。

伊川击壤集二十卷明成化庚子毕亨刊本

《伊川击壤集》二十卷，宋陈振孙《直斋书录解题》、晁公武《郡斋读书志》、元马端临《文献通考·经籍考》所载卷帙同。此成化庚子毕亨刻本，前有治平丙午中秋日自序，后有元祐六年辛未夏六月甲子十有三日原武邢恕序。每半叶九行，每行十八字，上下大黑口。中缝鱼尾上十卷刻“一”至“十”等字，叶数自“一”叶至“一百五十三”叶，下十卷刻“下十一”至“廿”等字，叶数自“一”叶至“一百七十”叶。板式阔大，椠刻极精，明版中上乘也。前后无明人序跋，余忆曩年曾见一本，首有成化乙未希古引，而不著姓名，后有庚子毕亨跋，即此本也，若无佐证。因检《钦定天禄琳琅书目》载《伊川击壤集》二十卷，“前明人希古序，次雍自序，后附《集外诗》十三章，并宋邢、毕亨二序，希古不载姓氏。其序作于成化乙未，毕亨序只标‘庚子’岁作，不题年号，以序中之言考证诸书，则为成化庚子，后于乙未希古之序又五年矣”云云。又检仁和丁氏《善本书室藏书志》载《伊川击壤集》二十卷，云：“此本前有成化乙未花朝希古引，而不著姓名，中有‘待问之暇，披阅再四重锓，广惠来学，疑出自藩邸之手’。次有治平丙午中秋雍自序，后附《集外诗》十三章、元祐辛未原武邢恕序，更有成化庚子副都御史毕亨序”云，两家书目均未注明行款板式，仍无由定此本之是否成化刻也。

夏初余避乱沪上，从海盐张菊生年伯元济许假观涵芬楼藏书中有此本，前后序跋俱全，乃知此确为成化本，唯张藏本不及此之印刷较早也。此本序首有“翰林院”满汉文大方印，卷首有“曾在鲍以文处”六字朱文方印。仪征阮文达元《知不足斋鲍君传》云：“高宗纯皇帝诏开四库馆，采访天下遗书，鲍君廷博集其家所藏书六百馀种，命其子士恭进呈，既著录矣，复奉诏还其原书”云。检王亶望编《浙江采集遗书总录》载《击壤集》二十卷，云：“《晁志》卷帙同，有治平丙午自序，元祐六年门人邢恕后序，其书为明毕亨校刊，盖此本鲍氏曾以进呈，后复赐还”。《四库全书总目》著录以为河南巡抚采进本者，误也，《提要》云：“前有治平丙午自序，后有元祐辛卯邢恕后序”，则此本明人前后两序在鲍氏进呈时已失之，故《浙录》、《提要》均未言及也。汲古阁从道藏本付刊，无集外诗，且不及此本之字大悦目，读者珍之。

丁卯中秋后二日，更生居士记。

按归安陆氏《仪顾堂题跋》载元椠本，云：“每叶二十行，行二十一字，以毛氏汲古阁、道藏八种刊本互校，毛本脱落甚多，其他序次之不同、字句之讹谬更难枚举”云云。据陆跋所记毛本脱落之诗，此本均有之，序次亦与元本无异，惟行款不同，斯固无关宏旨矣。至隆庆刊本为阳羡万士和分类改编，非其原次，此犹康节手编原第，信可宝也。黄荛圃言“书旧一日好一日”，诚然。

定侯再记。

居士集一百五十三卷、附录五卷 明天顺六年黑口本

明天顺六年程宗吉州刊宋欧阳文忠《居士集》五十卷、《外集》二十五卷、《易童子问》三卷、《外制集》三卷、《内制集》八卷、《表奏书启四六集》七卷、《奏议集》十八卷、《杂著述》

十九卷、《集古录跋尾》十卷、《书简》十卷，总一百五十三卷，《附录》五卷，《年谱》一卷。后有庆元二年三月十五日郡人登仕郎胡柯谨记云云，《附录》末有编定校正衔名、覆校等衔名十二行，次有六月巳己前进士周必大谨书云云，知从宋孙谦益、丁朝佐、周益公等编次本出也。每半叶十行，每行二十字，上下粗黑线口，考异皆另叶起，不与正文相联。每卷后有"熙宁五年秋七月男发等编定"一行、"绍熙二年三月郡人孙谦益校正"两行，唯《外集》书简无之。检《附录》卷五末男发等述公事迹所载，则《外集》书简本非发所编定。考周必大记云："惟《居士集》经公决择篇目素定，而参校众本，有增损其辞至百字者，有移易后章为前章者，皆已附注于下，如《正统论》、《吉州学记》、《陇冈阡表》又迥然不同，则收置《外集》"云云，的是孙谦益等辑录而成，别无他本可以校正者，宜其无此二行也。唯事迹所述尚有《归荣集》一卷，据胡柯记云："往往散在《外集》，则是此本为欧集最足之本矣。"

检罟里瞿氏《铁琴铜剑楼宋金元本书影》载宋本《居士集》，卷一首叶及末叶，取勘此本皆合，唯瞿藏宋本考异有续添数条，此本则与前考异依次编入，又有云恕本者，此本无之为异。继检瞿氏书目，宋刊本欧阳文忠公《居士集》五十卷，云："有苏轼序，此书编次为公晚年所自定，凡《诗》十四卷、《赋杂文》一卷、《论》二卷、《经旨辨》一卷、《诏册》一卷、《神道碑铭》四卷、《墓表》二卷、《墓志铭》十二卷、《行状》一卷、《记》二卷、《序传》四卷、《书》三卷、《策问》一卷、《祭文》二卷。每卷末有'熙宁五年秋七月男发等编定'、'绍熙二年三月郡人孙谦益校正'二行。卷一后有白文二行云'李文敏公家藏公之孙恕宣和癸卯写本，今以考证异同于后'，其各卷后有朝佐考正语者，丁朝佐也”。余按此本分卷及各卷后编定、校正二行、丁朝佐考正语，均一一符合，唯无卷一后白文二行，审是未据恕本重校者，故无之也。检周必大记云：“自余去取因革，粗有据依，或不必存而存之，各为之说，列于卷末，以释后人之惑。而首尾浩博，随得随刻，岁月差互，标注牴牾，所不能免”云。则在宋周益公时考异已有牴牾，瞿氏宋本为周益公校正最后之本，此则据宋未以宣和癸卯恕写本重校者付刊，故与瞿藏宋本略有出入也。唯书影末叶考异有黑质白文二行，云“恕本惟‘昙颍’作‘颖’，‘已矣’作‘已’，‘失蔆’作‘凌’，余并同正文”，而与考异所谓‘一作某’者合，则恕本亦别无异同，似不必校勘，理或然欤？

此本余于辛酉秋得之，当时持此书求售，人无知者，余拟以贱价获之。不意书估见余欲售，始知为秘帙，居奇昂价，余重其稀见，乃以重价收之。乙丑冬，从兄某于玉泉街书肆见成化四年刻《苏东坡集》，即世所谓“七集本”是也。从兄获之固不知与此书同刊并行者，及持归细阅，《苏集》首有李绍序，云：“海虞程侯自刑部郎来守吉，谓欧为吉人，吉学古文者以欧为之宗师也。尝求欧公大全集刻之，郡黉以幸教吉之人矣。既以文忠苏公学于欧者，又其全集世所未有，复遍求之。得宋时曹训所刻旧本及仁庙所刻未完新本，重加校阅，仍依旧本卷帙，旧本无而新本有者，则为续集并刻之，以与《欧集》并传于世”云，乃知二集同为程宗所刊，阅数百年之久。余兄弟先后并得藏之，物聚所好，殆信然矣。此本近涵芬楼影入《四部丛刊》，沿《天禄琳琅》之误定为元板。余取二本对勘，板框、墨线、字体无一不同，所谓字仿鸥波，定属元时重刊宋版者，即此本也。《苏集》取书影载本比校，乃知瞿氏所谓元本者，亦即此本。藏书家目往往以元本为宋本，以明初本为元本，自欺欺人，其实此明仿宋之至佳者，固不必强跻于元版，方足珍贵也。

丙寅春正人日，叶启勋记于华萼堂。

临川先生文集一百卷、目录二卷宋刊明印本

《临川先生文集》一百卷、《目录》二卷，南宋初刊本，首有吴澄幼清序，次永乐十五年十月一日庐陵杨士奇语录，盖明时补刻也。是集藏书家皆著录，罟里瞿氏《铁琴铜剑楼书目》载临川曾孙珏刊本，前有小序云云因赘不录。末署绍兴辛未孟秋旦日，右朝散大夫提举两浙西路常平茶盐公事王珏谨题。又有总目，唯载某卷之某卷某体诗、某体文，其细目载每卷前，目后即接本文。每半叶十二行，行二十字，书中“桓”字作“渊圣御名”，“构”字作“御名”，“慎、敦、廓”字不缺笔。虽有后来修板谬误不少，而原书尚是绍兴旧刻可知。核之明翻詹大和本，卷第皆同，惟“挽词类”中少《苏才翁挽词》二首，“集句”中少《离升州作》一首，而多《移桃花》一首云。乃知此为绍兴王珏所刊，而佚其小序者。

钱塘丁氏《善本书室藏书志》载元刊本云：“瞿氏恬裕斋藏宋刊百卷本，每半叶十二行，行二十字，与此本行款同，前有吴澄幼清序云云因赘不录。”又杨士奇跋此书云：“欧、苏、曾、王四家全集，今书坊皆无刻板，独北京有《临川集》板，在国子监旧崇文阁，而所缺十一。用之永乐八年扈从在北京印二本，以一本寄余，既已补录，遂以吴草庐先生所为序冠诸首。”此本板心间有嘉靖五年补刊之叶，岂即北京本欤？按此本行字、总目、缺笔则与瞿本合，吴序、目录、补刊叶则与丁本合，二家所藏实同一板刻，宋板至明永乐犹存，杨士奇修补所缺十一，复增入吴序语录印行。

迨至嘉靖又有缺板，今此书板心上方有“嘉靖五年补刊”六字者，即其时修补印行之证也。

明郭磐《皇明太学志·经籍门》“堪印书板数目”载“《临川集》七百四十四块”，注云：“旧志六百八十七块，馀系嘉靖五年祭酒严嵩刊补”，据此则此书嘉靖时所补只五十七块，永乐时修补亦仅十一，馀尚是绍兴刻本之旧。今此本有白口、避讳谨严者为宋刊原本，有上下黑口者为永乐补刊，至嘉靖补板则于鱼尾上方注明矣。此本较瞿氏藏本影入书影者印刷较早，据瞿目所载仅有总目某卷之某卷二叶，而无一百卷之总目二卷。盖由嘉靖时于目录补板过多，书估去其目，又抽去书中补叶，以充宋板宋印。瞿氏因书中有黑口、白口之分，故知有后来修板，而不知有永乐、嘉靖两次修补，其印刷尚在嘉靖时也。然古香古色，溢于楮墨间，以视黄荛翁宝宋残本书，如金泥玉，检其轻重为何如耶？

此书纸背间多朱墨字迹，盖其时用公牍废纸所印。原书装二十册，以嘉靖极薄棉纸衬订，余因其破口虫伤重装，将原衬纸撤去，惜纸背字迹因重装不能辨认，并志之，以谂后之读是书者。

乙丑冬腊装成漫记，时严寒大雪，呵冻书之，不觉其苦也。定侯叶启勋。

栾城集五十卷、后集二十四卷、三集十卷、应诏集十二卷 明清梦轩刻本

右宋苏文定《栾城全集》四种九十六卷，明清梦轩刻本，每半叶十行，每行廿字，每叶板心下间有“郭秀刻”、“楚黄汤世仁

镌”等字及字数、谥议。首版心下有“常郡施行奇书”五字[1]，目录后有“清梦轩藏版”五字，或卷尾有“清梦轩”三字。全书大题后有“明东吴王执礼子敬、顾天叙礼初同校”二行，书首列本传谥议，又有淳熙六年从政郎充筠州州学教授邓光跋、淳熙己亥曾孙朝奉大夫权知筠州军州事翊跋，后列“校勘官名文林郎筠州军事判官倪思一行、从政郎充筠州州学教授邓光二行、奉议郎知筠州高安县事闾丘泳”三行。又有开禧丁卯四世孙朝奉郎权知筠州军州事苏森跋，盖清梦轩从宋筠州本重刊，王执礼、顾天叙同为校字也。按晁公武《郡斋读书志》、陈振孙《直斋书录解题》载栾诚诸集，卷目均与此同。大抵此为文定所手定，其《正集》皆为尚书左丞时所辑，均元祐以前之作，《后集》则自元祐九年至崇宁四年所作，《三集》则自崇宁五年至政和元年所作，惟《应诏集》则其策论与应试诸作为其孙籀所集也。

《四库全书总目》著录即为此刻，《提要》称：“自宋以来，原本相传，未有妄为附益者。此本为明代旧刻，尚少讹阙，所据犹宋时善本”云。则宋刻《栾城集》不可得，当以此刻为最古，宜为藏书家所珍秘矣。至归安陆诚斋运使心源《仪顾堂题跋》，此书跋云：“是集为文定所手定，不应有遗漏，然元祐五年《劾上官均疏》、《劾许将疏》与《岑象求同劾许将疏》三首见《通鉴长编》四百五十二，此本皆不载”云。陆知此集为文定所手定，不知其集中所不载者，皆文定不经意之作，不欲流传后世，故删之，非漏遗也。书首有“衡阳常氏潭印阁藏书之图记”十二字朱文大方印，知为常文节公大淳家藏书，余从估人手得之，泚笔记此。

---

[1]“五字”，与所引字数不合，疑误。或指“常郡施行奇”五字，而“书”字不在其内。

后山诗注十二卷 明弘治丁巳黑口本

宋刊任渊注《陈后山诗》，国初唯虞山钱氏述古堂藏其全者，载于《读书敏求记》。乾嘉时昭文张氏《爱日精庐藏书志》所载阙卷一至三三卷，吴中黄氏《荛圃藏书题识》所载只第六卷一卷，张藏散后，不知尚在天壤间否？黄藏后为常熟瞿氏所得，见其《铁琴铜剑楼宋金元本书影》，零篇断帙，宝若琳球。

余曩从湘乡王佩初计君礼培许得见县人袁氏旧藏明弘治丁己刊本，每半叶八行，每行大小十七字，小注双行，板心上下大黑口。有石淙杨一清识此书后，云："予尤酷爱后山，尝携其遗稿过汉中，宪副朱公恨世无完集，不与欧黄并行，遂嘱知府袁君宏加板刻焉。顾讹脱太甚，丙辰南归获定本于江东故家，朱公喜如得重宝，复嘱袁君再板以行"云，乃知明弘治时袁君已一再镂板。顾传本甚少，历来藏书家罕见著录，且无有知此书之一再刊板者。计君并为余言，曾从县人杨氏见一本，似即弘治所刊，唯前后无序跋，目录与全书行款参差，仓卒未能细阅，今犹耿耿于心也。

余闻而识之者有年，顷估人持此本求售，每卷首有"朱印彝尊"白文方印、"竹垞老人"朱文方印，盖秀水朱氏潜采堂藏书也。其《潜采堂宋金元人集目》不载，殆编目后所得欤？又有"湘乡杨氏藏书"长方印，为估人摹敝，而其印文固隐约可辨，知即计君曾见之本。目录每半叶十一行，每行二十字，全书则与计君藏本行款正同，字体纸墨亦无差异。盖此为袁氏据遗稿所刊，王藏则为袁氏据定本再刻，故整齐一番耳。亟购藏之，惜王藏又经流散，不知归于何人，无由校订其异同。考杨序云："初刊本讹脱太甚，因再板以行"，余谓遗稿与定本本自不同，则文字不必相同。并刻二本以存其同异，便于读者之索解，固无不可。或因此而废初刻，则余不敢苟同。世无宋刻，则此亦虎贲之中郎。朱、袁两君一再流传古书之盛心，足令后之人闻风兴起，讵独有功于此书也哉？

丁卯春正人日，叶启勋呵手记。

张右史文集六十卷长洲何氏钞本

此宋张耒《右史文集》六十卷六册，为长洲何义门学士焯家藏钞本，每半叶十三行，每行廿五字。递经长洲顾肇声大令楗、大兴翁覃溪阁学方纲珍藏。第二册、第四册、第五册、第六册书衣均有阁学题字，定为义门小史所书。辛未初伏，叔弟东明得之道州何子贞太史绍基家，盖太史之父文安分校顺天试时所得，其孙诒恺不能守，遂以归之余家者也。

按《右史集》在南宋时已非一本，其卷数多寡亦复相悬，此本与毛斧季《汲古阁珍藏秘本书目》所载卷数相符。斧季云："张耒世所行《文潜集》才十之五，《右史集》乃大全"云，则此本固为耒集之全矣。仁和丁丙《善本书室藏书志》载《宛邱先生文集》七十六卷、《补遗》六卷钞本，云："按金星轺《文瑞楼书目》云文潜《柯山集》，《读书志》载有百卷，而行世之钞本只六十五卷，名《右史集》。兹集宋子蔚如从其友人借抄之本，比前本卷数略多，前后参差，订为七十六卷，又多《补遗》六卷，仍未符百卷之数，此清吟阁瞿颖山从鲍以文借文瑞楼旧藏本依式刊格，重为抄校"云。然考《文瑞楼书目》载张耒《右史文集》六十卷钞，又考《清吟阁书目》："名人批校钞本《宛邱集》七十二卷，文瑞楼旧抄重写鲍校本"，则《丁志》著录之七十六卷、《补遗》

六卷本云："清吟阁从鲍以文借文瑞楼藏本抄校"者，不足信矣。

又考《四库全书总目》著录《宛邱集》七十六卷，浙江鲍士恭家藏本。然仪征阮文达元撰《知不足斋鲍君传》云："高宗纯皇帝诏开四库馆，采访天下遗书，鲍君廷博集其家所藏书六百馀种，命其子士恭进呈，既著录矣，复奉诏还其原书"云。检王亶望《浙江采集遗书总录》载《张右史文集》六十卷，旧影写本，则鲍士恭当日进呈者亦为六十卷，而非七十六卷明矣，且亦未尝言及《补遗》六卷，则《丁志》所云更不足信也。

考宋周紫芝《太仓稊米集·书谯郡先生文集后》，称耒集宋时有四本：一《柯山集》十卷，一《张龙阁集》三十卷，一《张右史大全集》七十卷，一《谯郡先生集》一百卷。则宋时固无《宛邱集》之名，当出后人汇集所改。据《丁志》所云，或宋蔚如编订时所名欤？至《四库总目》于七十六卷本，知其出于后人摭拾残剩所编，而不知何时何人，亦可谓疏陋甚矣。然其以聚珍板排印耒集，宁取五十卷之《柯山集》而不取此，盖亦有其意义，非舍卷数多者不贵也。叔弟东明考之未审，因书此以谂之。

辛未立秋前一日，叶启勋志于拾经楼。

附

《张右史文集》六十卷，长洲何氏钞本六册。每册卷首有"顾肇声读书记"朱文长方印，卷尾有"养拙斋"朱文长方印。《本传》首页有"善耕顾榩"朱文方印，又有"文渊阁校理翁方纲藏"朱文方印。第二册书衣题云："此册内第十二卷至第十六卷书字不必工，然似是何义门小史所书"，下钤"覃溪鉴藏"朱文方印，另行云："丙午秋见义门小楷《周颂》数幅，与此对之，是义门家塾所写无疑。"第四册书衣题云："卅七、卅八二卷《同文倡和》，合下册总六卷。"第五册书衣题云:“卅九至四十二凡四卷《同文倡和》。”第六册书衣题云:“此册内五十六之六十之五卷者，亦是何义门家小史之书，但不工尔。”下钤“覃溪鉴藏”朱文方印。盖递经善耕顾氏、大兴翁氏二家珍藏者。

检彭启丰《芝庭集》十四，《文林郎蒲城县知县顾君墓志铭》略言:“顾君讳椟，字肇声，先世自金陵迁苏州。君少力学，涉历经史，兼通术数之书。屡赴省试不第，乃循例谒选吏部，初得直隶盐山令。宪皇帝目之曰‘此人风格老成，改福建蒲城县’。以乾隆三十二年九月二十七日卒，年六十五，所撰诗、古文名《碧云堂集》”云。又检吴修《续疑年录》四:“翁正三方纲年八十六，雍正十一年癸丑生，嘉庆二十三年戊寅卒”。法式善《清秘述闻·学政类·江西省》:“翁方纲字正三，大兴人，乾隆壬申进士，五十一年以詹事任”。此书题丙午秋云云，以纪元推之正五十一年，则即官詹事时所得也。

张集宋时所传，见于周紫芝《太仓稊米集·书谯郡先生文集后》者凡四本:一为《柯山集》十卷，一为《张龙阁集》三十卷，一为《张右史大全集》七十卷，一为《谯郡先生集》一百卷。四本与今世所行诸本卷数均不相合。惟七十卷本有绍兴十三年张表臣叙刊本，道光中犹存海昌蒋氏，见蒋光煦生沐《东湖丛记》，其余各本早已无传。盖张集宋时传本已不一致，后来传抄之本分合皆以意为之，故无从还宋刻诸本之旧次也。

《钦定四库全书总目》著录《宛邱集》七十六卷，浙江鲍士恭家藏本，《提要》云:“耒之文集在南宋已非一致，其多寡亦复相悬。此本卷数与紫芝所记四本皆不合，又不知何时何人摭拾残剩所编，宜其缺佚者颇夥”云。仁和丁丙《善本书室藏书志》、归安陆心源《皕宋楼藏书志》、常熟瞿镛《铁琴铜剑楼藏书目录》均载此本，盖张集流传者以此七十六卷本为最足，与宋陈振孙《直斋书录解题》所称“蜀本”卷数相合，盖即从蜀本出也。《丁志》又载《宛邱先生文集》七十六卷《补遗》六卷抄本，云："按金星轺《文瑞楼书目》云文潜《柯山集》，《读书志》载有百卷，而行世之抄本只六十五卷，名《右史集》。兹集宋子蔚如从其友人借抄之本，比前本卷数略多，前后参差订为七十六卷，又多《补遗》六卷，仍未符百卷之数，此清吟阁瞿颖山从鲍以文借文瑞楼旧藏本依式刊格，重为抄校"云云。据此则八十二卷本为宋蔚如参订分卷，虽卷数较多，固非宋本旧第，不足信也。唯虞山毛晋《汲古阁珍藏秘本书目》载《张右史文集》六十卷二十四本，云："张耒世所行《文潜集》才十之五，《右史集》乃大全"云云。毛氏富于收藏且精鉴赏，所言断非耳食。

此本分卷与毛藏正同，又经名贤题记，自当益增珍贵矣。别有明嘉靖中郝梁刊十三卷本，题《张文潜文集》，乾隆中武英殿聚珍印五十卷本，题《柯山集》。郝本卷数虽少，亦有此本所无之文，聚珍本仅编次略有出入，诗文无大异同。独不解内府有七十六卷本不以印行，而印此五十卷本，弃珠玉而宝碔砆，何所取义也？

宝晋英光集六卷旧钞本

此钞本宋米芾《宝晋英光集》六卷，前有绍定壬辰岳珂序，序后及卷末有戒庵老人两跋，盖明万历间李诩恐昆山张青父丑有所改窜，从长洲吴文定宽丛书堂藏钞本传写，尚是岳珂会粹米集之真本也。归安陆存斋心源《仪顾堂题跋》，《宝晋山林集拾遗》八卷，影写宋嘉泰米宪刊本，云："以《四库》所收《宝晋英光集》互校，得多诗文数十首。绍定后嘉泰二十年，观岳珂序似未见宪所刻者，然《拾遗》所载除《书史》、《画史》、《砚史》外，岳本皆已有。惟岳本卷六《题古良医妙技》二十馀条，注曰'以下并不标题'，其为《拾遗》所有者十三条，《题古良医妙技》只二十二字，馀十二条题曰《杂说》，岳本削‘杂说’二字，淆乱不清，不如《拾遗》之善也。”

按芾《山林集》一百卷，失于靖康之乱，嘉泰元年芾孙宪知筠州，辑存《诗文》五卷、《书史》、《画史》、《砚史》各一卷，刊于郡斋，因不及原集十之一，故名曰《拾遗》。后三十一年至绍定五年珂未见宪刊，别为会粹，从《宝晋》、《英光》两帖录补多篇，故曰《宝晋英光集》，盖合其斋名、堂名以名一书也。是芾集自宋流传六卷、八卷之本，均出后人辑录而存。至《四库全书总目》著录之浙江鲍士恭家藏本，后有张丑跋者，则又经丑有所改窜增补，非岳辑原本矣。

此书余得之道州何氏，序首有“萧江飞涛书画珍赏”八字朱文小长方印，书首有“声”字螭形白文小圆印、“白沙”二字朱文小方印。检庞鸿文《常昭合志稿》：“江声字飞涛，号白沙，诗文之外尤以画竹、篆刻有名。性嗜书，得秘本辄手录，校勘精确，曾从萧姓，故有‘萧江声读书记’及‘飞涛白沙’诸朱记”。此书所钤诸印篆刻精妙，有浙西六家之风，由其家富储藏，胸罗卷轴，泽于古者深，固无施而不可，非仅其藏本之可贵，亦当以印谱观而重之矣。

目首又有“曹琰之印”四字白文、“彬侯”二字朱文对方印。考顾广圻《清河书画舫》题后：“常熟嗜手钞者，陆敕先、冯定远为极盛，至彬侯殿之，彬侯名炎，席氏客也。”黄廷鉴《爱日精庐藏书志序》：“汲古毛氏、述古钱氏两家陵替，吾邑藏书之风浸微，然亦未尝绝也。以余所闻玉照席氏、庆曾孙氏、虞崖鱼氏皆斤斤雪抄露校，衍其一脉”云，则炎为玉照之客，其风雅好事薰习同也。

建康集八卷明影宋抄本

此明影宋钞本先少保公《建康集》八卷，为晋江黄氏父子藏书，有“海鹤道人”四字白文方印、“俞郃”二字白文方印。复经宛平胡茨村介祉收藏，有“胡氏茨村藏本”六字朱文长方印。按茨村名介祉，字循斋，山阴人，宛平籍，少保兆龙子，由荫生历官河南按察使，著《随园诗集》，事实载仪征阮文达元《两浙辅轩录》。检长洲徐大临昂发《乙未亭诗集》有《题胡茨村画像》二首：一写茨村校书之勤，一写茨村闲居之乐，其人殆亦嗜书有癖者。庚子冬至，先世父文选君从善化张姓得之，原缺卷三“书类”《唐李弼告后》二篇，“论类”《苏秦论》、《范增论》、《续养生论》上、中、下五篇，“序类”《程致道集序》题目及文首两行。先世父从常熟盛杏荪宫保藏钞本补全，汇刻入《石林遗书》印行，此则藏之观古堂中，为子孙青箱世守之业。

丁卯三月先世父被难，典籍散亡，此书余得从冷书摊头购归，亦似冥冥中有默加呵护者。“楚弓”、“三箧”亡来已久，一旦顿还旧观，展卷相对，如见故人。特世父云亡，寒暑屡易，追怀畴昔，感痛系之。惟先世父得此书于庚子冬至后一日，是年五月为余生辰。综此三十四年间余家变故相乘，余虽屡经忧患，而酷好典籍，相依如命。此书几经辗转，别六载仍归于余，抑天公欲破余之癖，故予而故靳也耶？抑长恩有灵，祖先之眷恋余小子也耶？此则非余所知者矣。

癸酉冬重九，茅园裔孙启勋谨志。

须溪先生评点简斋诗集十五卷高丽纸印本

宋陈与义《简斋诗集》十五卷，世不多见，此日本刊高丽纸印本。每半叶十一行，行二十字，前有刘辰翁序，后有嘉靖二十三年五月上浣承议郎行茂长县监柳希春跋，末署校正、都色、刻手等名衔十二行。又有甲申冬十月江宗伯跋云："尝得是集手写自珍，遂欲锓梓，广其传于不朽矣。于是以付剞劂氏，且欲便童蒙，加以和训，恐未无差讹，请读者订焉"云云，则此为江宗伯所刊，和训亦其所加也。

检归安陆纯斋观察心源《仪顾常续跋》，宋麻沙本《须溪先生评点简斋诗集注》十五卷，云："前有刘辰翁序，卷一《赋》，卷二至十三《诗》，卷十四《杂著》，卷十五《无住词》。《年谱》散入诗题之下，续添《正误》散入每卷之后，注为胡稚作，又有增注以墨质白章别之，不知出自何人，今不可考"云。此本一一与之吻合，则其出自宋椠，盖信而有征矣。惟增注不作墨质白章为异，此固无关要义也。序首有"思适斋"三字朱文长方印，目首有"顾印广圻"四字白文方印，卷一首、卷四首及卷十五尾均有"顾涧薲藏书"五字朱文长方印、"思适斋"三字朱文方印、"顾印广圻"四字白文方印，卷六首有"痴绝"二字白文方印，卷九首有"思适斋"三字朱文方印，卷十二首有"广圻审定"四字朱文方印，尾护纸有荛翁手跋四。盖元和顾千里茂才广圻旧藏，以归吴中黄荛圃孝廉丕烈士礼居者也。

先是，估人李少仙持此书诣从兄某处，索值仅四十元，某颇自负衡鉴者，谓之曰："此袁子才集而有和训者，黄跋则出自小儿手，不足重也，曷去其和训，以欺某，庶可得善价矣。"李颇晓事，嗤之曰："简斋为袁子才，须溪则何人也?"愤而持出，潜取荛翁所刊《士礼居丛书》之有千里印记及荛翁手跋者，一一比勘，丝毫毕肖，遂持示余，索价至二百元矣。余有奇癖，每见异书必面红耳赤，估人之黠者每以余之面色定价之高下。此书余一见而心怦怦动矣，估人遂坚持原价不肯减少，余不获已，卒如数与之。李估遂告余以某者之言，余不觉喟然叹曰："方今祛卢横行，秦火胡灰本非意外，古书之获幸存者仅矣，而又有如某者之无识。幸李估尚为晓事，否则剜去和训，遭钤面之厄，殆矣。"李去，因泚笔记之，以告后之人知所宝重焉。

癸酉夏月伏日。

竹洲文集十卷明刊本

宋吴儆《竹洲文集》十卷、《附录》一卷，明无年月十四世孙继良刊本。每半叶十行，行二十字，卷首有"曹溶"二字朱文方印、"槜李曹氏藏书"六字朱文腰圆印，盖曹秋岳侍郎藏书，《静惕堂宋元人集目》所载之一也。又有"读易楼秘笈印"六字朱文长方印，目录首有"玉栋之印"四字朱文方印、"功不费于无益事必期其有成"十二字白文方印。考王芑孙惕甫《渊雅堂未定稿·读易楼记》云："吾友玉栋筠圃于今辇下为藏书家，读易楼其所贮书处也。"则又辗转而为玉氏物矣。

丁已夏，余得此于长沙故家，无刻书人序、跋、年月可考，以书首次行有"十四世孙继良校正重梓"一行，知为继良刊本也。诸家志目唯吴尺凫《绣谷亭薰习录》载有此本，丁丙《善本书室藏书志》载汪阆源藏旧写本，归安陆氏、仁和朱氏、常熟瞿氏著录为弘治癸酉十世孙雷亨刊黑口本，可见此十卷本之稀，故为诸家所重也。大伯父文选君藏弘治癸酉二十卷本，从兄某藏万历甲辰裔孙瀛刊本，亦二十卷，末附其兄俯《棣华杂著》一卷、《附录》一卷。此书《宋史·艺文志》、陈振孙《直斋书录解题》、元马端临《文献通考·经籍考》均未著录。弘治本首有程敏政序云："先生既没，曾孙资深始裒其遗文为二十卷，上之得易名之典，兵燹数更，板刻亡矣，今十世孙雷亨始取家藏本嗣刻之"云云。检书后吴资深进《竹洲文集》表文则称"三十卷，总为十册表上"。此本前亦有程序，后亦有表文，原作十卷，复剜改作三十卷小字夹注。前序与表文不符，可知十卷、二十卷之分均非资深编次旧第也。

此本一至九卷为《奏议》、《政议》、《表启》、《书》、《记》、《序》、《祭文》、《杂著》、《铭赞》、《赋》、《诗》、《乐府》。十卷为《棣华杂著》，乃其兄俯所著者。前有程珌、吕午、洪扬祖三序，后附陈亮、陆伯寿、张南轩、朱文公序。其赠书简及程卓所撰行状、进书表、谥告、敕、牒，款式均出自宋槧，或此本据吴资深表文改十册为十卷，其编次尚在弘治本前耶。若然，则视二十卷本为最古矣。

戊午孟秋，叶启勋识。

鄂州小集五卷、附录一卷明初黑口本

此明闽县徐惟起红雨楼旧藏，洪武二年刻本，宋罗愿《鄂州小集》五卷《附录》一卷，首有"徐𤊹之印"、"兴公父"两白文方印，每半叶十一行，行二十一字，上下黑口，有阴文刻工姓名一字。前宋濂题辞及记，又赵埙、李宗颐、苏伯衡、林公庆、马城、郑玉序，后赵汸二序及王袆序，皆当时诸公手书付梓者。此本藏书家罕见著录，唯归安陆氏《皕宋楼藏书志》、仁和朱氏《结一楼书目》有之。陆书为其子售于日本岩崎静嘉堂，朱书归其婿丰润张幼樵副宪，张晚年移家金陵，辛亥散于狼烽马粪中，恐海内仅此孤本矣。余别有天启丙寅刊本，即从此出，而增入其侄似臣罗府教《徽州新城记》一篇，殊为疵赘。

戊辰秋九月，叶定侯记。

文山先生全集二十卷 明嘉靖三十九年张元谕刻本

残本《文山先生全集》，前后馀纸俱有“五福五代堂宝”六字朱文篆书大方印、“八徵耄念之宝”六字朱文篆书大方印、“太上皇帝之宝”六字朱文篆书大方印。每册首眉上有“天禄继鉴”四字白文篆书方印、“乾隆御览之宝”六字朱文篆书椭圆方印，下方钤“司经局印”朱文篆书九叠大方印。书尾眉上有“乾隆御览之宝”六字朱文篆书椭圆方印、“天禄琳琅”四字朱文篆书方印，知经内府收藏者。因检《钦定天禄琳琅书目续编》所载此书解题云：“二十卷，嘉靖三十九年，何迁巡抚江西、檄吉安知府张元谕刻本，阙补目录一、二、三卷，为明司经局官书，每册首有‘司经局印’朱文九叠方印。”此书各卷印记相同，知即此册矣。光绪二十年三月，德宗谕南书房翰林清查天禄琳琅藏书，长沙张冶秋时官祭酒，与其事取证，目中各书今尚存昭仁殿者，以朱圈记于上方，散在各殿者以朱圈记于下方。大伯父文选君曾假录一本藏之，今目中此书上、下均无朱圈，是其时早已散落在外，今又散失第四卷及十五、十六、十七、十八、十九、二十共七卷，盖已失其半矣。辛酉季冬，余以番饼十八元得之，喜其国宝累累，刻本稀见，且书上绫签犹是当日供奉原书手迹，固不欲以其残缺弃之。

壬戌新正人日，叶启勋谨志。

自堂存稿十三卷 影宋钞本

陈杰焘甫《自堂存稿》久已失传，乾隆中修《四库全书》，馆臣从《永乐大典》中辑出，仅得诗四卷，然亦未付聚珍板印也。此十三卷完帙洵为人间孤本，其原书为宋椠，历经元、明修补，中又参以活字印者数处，版口参差不齐，至为草率。其第六卷末叶《答李道士诗》重见十三卷尾，当为补板时未细检之故。又第三卷七叶割去下半叶，第八卷遗落首叶，第五卷诗首编失题，间有板片漫漶、字画磨灭处，亦无他本可以抄补。原书今藏从兄某愿学斋中，余得从而假读，因竭十昼夜之力，影抄一本。同时某亦抄录其副，至遗落割补之叶悉添补空纸，书中缺文悉仍其旧。《四库》辑本向藏丁丙善本书室，今归江南图书馆。江西胡漱唐侍御假之刊入《豫章丛书》，取校此本亦可借补一二缺字。然胡本之诗有为此本所无者，疑与此本失叶之诗相合。而此本失叶处有存半首在下叶者，细按诗句全与胡本多出之诗不同，或是当日馆臣疏略，羼入他人之作也。至《闲舣记》、《闲舣赋》两篇，其记末云“使其子樵书而刻之”，明为樵父所作，非杰之文，故此本不载。辛酉夏，余道过沪上，时大伯父由苏适来，因率余往观涵芬楼藏书，中有旧钞《鹿皮子集》。假之取读，载有此文《提要》，考其非杰作，知为樵父所作，而不知已刊入樵集，其樵集既经著录，曾不检阅，可见当日馆臣草草从事，则胡本多出之诗，更不足信也。

馆本《冬至摄献于郊》一首有眉批四行，云：“杰官止郡守，不应有冬郊摄献之事，详诗意盖投赠亚献者，题下疑有脱误”云云。检此本卷九载有此诗，前尚有《连摄献官宿湖山》一首，注云“供检讨职”。馆本有《冬至摄献于郊》一首，而无《连摄献官宿湖山》一首，宜乎不知杰官检讨，固可预于摄献者也。乃贤《金台集》载《读汪水云诗集二首并序》：“南归时，幼主、瀛国公、福王、平原郡公、提刑陈杰，与宫人王昭仪清惠以下廿有九人分韵赋诗，以饯其行”，今十三卷末附汪元量《挽自堂公》一首，而杰集中无一诗与元量往来，则杰诗当宋之亡或多散佚也。朱绪曾《开有益斋读书志》，《自堂存稿》四卷，云：“自堂之诗学，方回、万里尤喜称之”，又云：“自堂乃回之所从受诗法，其年必长于回，今《自堂集》中与刘须溪、邓中斋、徐子苍、谢叠山倡和，无一字与方回相往来，盖回以严州降元，大节已亏，故回屡借自堂为引重，而杰鄙回之为人也”云云。今检此本卷三有《和虚谷》二首，又《和虚谷蛛网》因下半页失去，此首只存上半首，朱氏仅见馆本，未窥全豹，故如是云。然文文山被执不屈死，弟璧以惠州降元在后，世固无损于文山之忠义，则回之降元又何恶于自堂耶？

汪氏《湖山类稿》、《水云集》乾隆间歙县鲍以文刊行，久已流播，独此一集，馆本虽已刻行，而诗终觉不备，此本尚在沉晦，故吾甚欲举而梓之，俾与元量之诗并传不朽，固亦艺林之盛事也已。

癸亥春月，叶启勋识。

石屋和尚山居诗一卷、语录一卷 明弘治二年刊本

元释清珙撰。清珙，字石屋，姓姜氏，苏之常熟人。生于宋

咸淳八年，依本州兴教崇福寺为僧。后游建阳西峰湖州道场，元至正壬辰示寂于嘉禾当湖之福源禅寺。盖亦厌弃世事，遁入空门，与遗民之有托而逃者其事不同。诗多闲适之作，虽未脱蔬笋之气，而罕睹兴亡之感，其明证也。是录并《山居诗》为其门人至柔所编，一刻于元沙门来员，再刻于明洪武十五年释豫章，三刻于弘治二年释林坡，此本是也。录中有："我观王公大臣好此道者极多，至于谈道之际个个喜人顺己，怕人针札，又有翰林九皋学士来我山中清话，则其尝酬应杂遝于当时公卿大夫间，冠盖逢迎，亦老于世故人情者。"《四库全书·别集类存目》有《石屋山居诗》一卷，不著其名，谓其诗不脱释家语录之气，因佚去。后附元旭塔铭，无从著其名字，仅附明末。微此，几不能考其行业矣。宋代缁流能诗者颇多，其有集传于今者，九僧、石门、参寥诗皆不工，盖工诗则非高僧也。释家本以佛典为内学，儒书为外学，则清珙不脱释家语录之气，毋怪其然，较之释善至之入空门而深与文士同臭味者，固自有别也。

翰林杨仲宏诗八卷 明嘉靖丙申翁原汇刻本

此元杨载《仲宏诗集》八卷，明嘉靖丙申翁原汇刊本。每半叶十行，每行二十字，上空一格，实十九字。前有至大二年重阳日裴庾季昌序，致和元年六月一日临江范梈序，嘉靖丙申秋九月既望梅南翁原汇序。惟裴庾序绎其文义，似非序此集而作，且此集刻于文宗之致和元年，裴序则作于武宗之至大二年，前于刻集十八年，尤为不合。而序首仍题"翰林杨仲宏诗集序"，殊不可解。据范梈序称："仲宏有子尚幼，其残稿流落未有能为辑次者，友人杜君伯原将就其平生所得诗刻诸山中，俾为序之"云，则致和元年本为此集第一次初刻，而诗则仅就杜伯原所得者辑次成编，疑非仲宏之全也。然遍考历来藏书家志目于元刻仲宏集绝少著录，惟虞山钱遵王曾《读书敏求记》载《杨仲宏诗集》八卷，云："余昔藏元版《仲宏诗集》，后归之季氏，此从元本影抄"云，则范序虽不详其卷数，即此可证其为八卷矣。

此为翁原汇所重刻，诗皆分体，即从致和本出者。考瞿宗吉《归田诗话》曰："杨仲宏以《宗阳宫望月》诗得名，先叔祖每称之，长篇如《古墙行》、《梅梁歌》亦皆为时所称。夫人瞿氏余祖姑也，尝以仲宏亲笔草稿数纸授予，字画端谨，而前后点窜几尽，盖不苟作如是"云云。按瞿所载各诗今此本皆有之，则此虽为杜伯原所辑编，当时固搜采详备无遗佚矣。旧为曲阜孔氏红榈书屋珍藏，序首有"孔继涵印"四字白文、"东家季子"四字朱文对方印，书首有"孔继涵印"四字白文、"荭谷"二字朱文对方印，卷八尾有"孔继涵印"四字白文方印，原作四册装订，书面均有"元杨翰林仲宏集卷几"隶书题字，亦荭谷手笔也。

己未夏五，估人周莲渠收长沙王氏衡洞草堂藏书，盖其先人久宦山东，得之马竹吾国翰玉函山房者，余以五十饼金得此藏之，重装而记于后。

青阳先生文集六卷、附录二卷 明嘉靖十七年郑锡麒刊本

辛酉秋九，余从厂肆见元余忠宣公阙《青阳先生文集》六卷，目录次行题"门人淮西郭奎子章辑"，每半叶十一行，每行十九字，后有嘉靖戊戌长乐郑锡麒跋，知刻于嘉靖十七年。检书首目录知无残阙，且为白棉纸精印，估人云出永明周季嘤銮诒家。遍

考各藏书家志目皆未载有此本，知其极为稀见，乃购藏之。乙亥四月，估人持大批书籍来，中有《忠宣文集》五册，因前三册板心上方题“忠宣文集”，后二册板心上方白口，不待展卷，已知其为两刻参合。及取阅之，则前三册六卷为嘉靖三十三年丰城雷逵所刊，钱塘吴尺凫焯《绣谷亭薰习录》著录即其本也。其书每半叶十行，每行二十二字。后二册则《附录》二卷，行款与此本同，前有弘治三年云中徐杰续编青阳附录序，后有正德二年皖城柯忠重编青阳附录后序，嘉靖戊戌长乐郑锡麒跋，乃知向之得自永明周氏者。其书为忠宣门人郭奎所辑，皆忠宣之遗文，而以维阳程廷珪《送余廷心赴大学》诗及新安程文《青阳山房记》附后为《附录》，郑锡麒据旧本梓行。此则明徐杰、柯忠搜集明以来诸家记传、慨悼追挽之作成编，锡麒又据以刊附于后耳。惟二本郑锡麒跋文字全同，特附录后，跋文笔画稍肥，则由于久印低损故也。“嘉靖”下“戊戌”二字亦因刻板时已经剜补，年久木性伸缩，遂致歪斜，无他故也。观此可证锡麒初刊此集原只六卷，其跋亦同时付刊。后补刻《附录》二卷，遂移跋于其后印行，不遑再跋矣。余并宋本《三国志》得之，锡麒两次所刊藏之两家者，越十五寒暑先后归余插架，延津之合信非偶然，喜而漫记以待后之考板本、话遗闻者之取证焉。

丙子六月伏日，定父居士。

铁崖古乐府十卷、复古文集六卷 元刊本

元椠元人《杨铁崖集》，书贾从衡阳常氏得之，归于余者也。旧藏毛晋汲古阁本，即从此出，唯末有正统元年杨士奇、卫靖两跋，所据当是正统间补修元椠。于此可见此书在明时，元时初印

者已自难得，宜为自来藏书家珍重也。毛本《古乐府》十卷，卷各有目，目后有“复识已上凡若干首”云云一段，即此本每卷末所载移置者。唯删去第十卷末“吴见心集《铁崖古乐府》凡十卷，至尾句以见世次云”一段，并删去他人和辞及篇末评语，只存卷三《龙王嫁女辞》、《后匡山人于立彦成和辞》。卷七《警雕三章》，篇末评曰：“‘此先生在天台’至尾句‘故曰诗可讽也’”一段未删，馀均删去。又删去首列宋濂撰先生墓志铭及卷十末吴君见心墓志铭二篇。至《复古诗集》六卷，卷亦有目，与此本通连卷数计算者不同，其篇末“太史评语”云云各段悉经删去，“琬曰”云云各段，则只删去卷一《精卫操》末“琬曰：古人赋《精卫辞》者称王建，先生此作出，建辞劣矣”一段，馀均未删。毛氏既从此刻翻雕，乃自作聪明，擅易旧本次第，毛刻各书大都如是，又不仅此书矣。然《古乐府》卷四《金山篇》，毛本作《涂山篇》，注“一作金山”。卷五《贫妇谣》末句下毛本注“‘龙盘有髻不复梳’一作‘闭门花落春不知’，又作‘闭门花落青春深’”。卷六《强氏母》末句下毛本注“‘儿孙’一作‘诸孙’”。又《傅道人歌》毛本注“一作《傅剑子歌》”。又《禽演赠丁道人》注“‘嬴分’一作‘龟介’”，毛本作“嬴介”当是补修之讹。卷七《两鹁鸪》毛本注“为颜氏妇赋”。卷十《冶春口号》毛本注“寄崑山袁、郭、吕三才士”。又《复古诗集》卷三《商妇辞》末句下毛本注“‘荡子’作‘荡荡’、‘西江’作‘西流’”，又《杨柳词》末句下毛本注“‘几万’，一作‘万万’”。卷四《青峰庙王氏》毛本注“一作‘青风’”，如此之类，又似毛氏别从他本校正。此尚是字句之异，其《复古集》卷一《精卫操》末附郭翼《和辞》一首、陆仁《和辞》一首，为此本所无，此书此刻乃第一祖本，毛本何所依据而录以窜入？今得此本，益信毛刻诸书，皆不足信今传后矣。

壬戌夏闰月伏日，叶启勋跋。

铁崖先生大全集六册明马人伯钞本，即孙庆增藏书纪要所谓新钞，从好底本抄录者也。

壬戌春，余从衡山常文节公大淳家得元刊本《铁崖古乐府》十卷，《复古诗集》六卷，曾以毛氏汲古阁刊本比勘，乃知毛氏多所窜改，不足信也。后复从冷书摊头购得明成化癸巳先族祖文庄公刻《咏史古乐府》一册，前有金华章懋序，无目录，亦无后序，亦不知残缺与否。遍考历来藏书家志目皆未载，第以其稀见，而刻本又在数百年前，且其诗皆为元本所无，故什袭藏之，以待他日之取证。

顷友人贺子彝亭持示其先人蔗农侍郎延龄旧藏钞本《铁崖先生大全集》六册，前四册为《古乐府》，又一册则《古赋》也，又一册为《古乐府补遗》，则为马宏道所汇选也，后附铁（雅）〔崖〕先生《复古诗集补遗》。《香奁集》尾注云："丁丑菊月丙寅日，偶借归景房古本《杨铁崖集》校对，与金陵坊本、崑山王益刻本互有不同，旋补入此。人伯"，下钤"马印弘道"四字白文小方印，盖此为人伯以诸本参校，故其分卷与元本不同，亦与毛本互异。其《咏史古乐府》亦经搜采补入，为铁崖集最足之本，其赋二卷则为毛氏所本，以首有杨维祯《丽则遗音古赋程式》自序，故晋遂以《丽则遗音》名书也。序首有"文瑞楼"三字白文方印、"家在黄山白冈之间"八字白文方印、"金星轺藏书记"六字朱文长方印，又有"马印宏道"四字白文方印、"得山家藏书印"六字白文长方印。尾有"天启元年岁次辛酉季春上已日，海虞逸民人伯马宏道漫录竟”一行，后亦钤有“马印宏道”四字白文方印、“得山家藏书印”六字白文长方印，又有“海虞逸民”四字朱文方印、“马弘道印”四字白文方印、“马氏藏书印章”六字朱文方印，书中并有“宏道氏”、“青松白云处”、“人伯”等印。盖此为明天启时马宏道抄藏，后归于桐乡金氏文瑞楼者也。

宏道，字人伯，号退山，苏州人，与毛子晋友善，著有《采菊杂咏》，汲古阁为刊行之。《四库全书总目·别集类存目》：星轺名檀，籍隶桐乡，徙宅于娄东，收藏之富甲于一邑，所著有《文瑞楼书目》，事迹载《嘉兴府志》。检张金吾《爱日精庐藏书志》，《皇元风雅》三十卷，黄荛圃丕烈跋曰：“书友携来，验其装潢，识是金星轺家故物，非出自寻常藏书人家”云。此书书面用浅绿粉蜡笺，装订精致，诚如荛圃所言，核其藏书目录所载杨维祯《铁崖文集》，又钞本五卷，又《铁崖赋》一卷，又《铁崖古乐府》者，即此书也。几经辗转归于蔗农侍郎，阅数十寒暑，而归于余，聚散无常，古今同慨，他日虽不知归于何所，但一经余眼，后之得此者，必摩挲赏玩曰“此某某家藏之物也”，岂非一大快意事乎？特书此以志岁月焉。

丙子冬小寒前一日，叶启勋。

石门集二册国初抄本

此旧抄本元梁寅《石门集》二册，不分卷，每半叶十二行，每行十八字。前有嘉靖壬子李先芳重订《石门集》序，书首有“朱印彝尊”朱文方印、“竹垞居士”白文方印，乃秀水朱氏曝书亭藏本也。第一册首有戴光曾手书二跋，下钤“光曾”朱文小长方印，跋首钤“吴郡城隍神庙东偏宝是堂徐氏书画记”白文大方印。第二册首有“辛未六月，金锡爵坐玩华民濡毫，书此以还”手跋，下钤“玩华居”白文方印，尾有复翁手书跋文，序首及尾均钤有“金锡爵借读”白文方印，又“戴印光曾”白文方印。盖秀水朱氏藏书散出，为吴中书估徐氏所得，以归鲍氏知不足斋。鲍又归之禾中戴氏，而金锡爵从之假读者，后戴又归之吴中黄氏士礼居，授受源流可覆按也。

戴字松门，嘉兴诸生，以学行受知于阮文达。徐康《前尘梦影录》载《墨表》上下二卷，禾中名士戴松门光曾辑。《士礼居藏书题识》，《笛渔小稿》七卷原稿本云：“嘉禾戴五松门，余旧交也。今春闰月二日，有事至禾中，夜访松门于吴泾桥，遍阅所藏之书，作诗赠之。有句云‘从好招朋共，伤心失子才’，盖松门与余嗜好同，而境遇亦相等也。”金字辔庭，为文瑞楼星轺先生之从曾孙。《士礼居藏书题识》，宋刊残本《后村先生诗集大全》十一卷，云：“其华阳本，余介归禾中金辔庭玩华居，今主人不在，此书之存亡亦未可定”云，是戴、金均荛圃旧交同有书癖者，故戴辑《墨表》，尧圃于嘉庆戊寅为之刊以行世也。元和顾千里茂才广圻《复翁诗卅六韵》有句云“复翁复生书不死”，盖复翁为荛圃乙丑病瘳自署。

此书后跋述得书原委，及此为梁集足本与别本之同异甚详，唯文笔颇多芜累。而其溺古佞宋之趣，时流溢于行间。江阴缪小山太史荃荪曾辑刊《荛圃藏书题识》，搜辑最备，然近日为余所藏所见而题识失载者，此其一也。余尚藏有《程巽隐集》，亦为荛圃旧藏，后跋署“半恕道人”，题识中亦未录入。荛圃于书目别开一派，既非如直斋之解题，又非如敏求之骨董。南北藏书家琳琅插架，无非黄氏吉光片羽之留遗，至今旧籍中有士礼居藏印之书，几与宋元旧椠同其珍贵，“翁能传书书传翁，千秋不朽靡涯涘”，诚定论矣。

丁卯立秋二候，更生叶启勋挥汗书此。

巽隐程先生集四卷 明嘉靖元年吴氏刊本

明嘉靖元年，吴南溪刊《巽隐程先生集》四卷，首二卷《文》，三、四卷《诗》，前有嘉靖元年林庭昂序，后附录《巽隐程公事状略》，每半叶十行，每行二十字。吴中黄丕烈士礼居旧藏，后有“半恕道人”墨笔题记，《士礼居藏书题跋记》未载。检记中宋本《孟东野文集》、钞本《王梅边集》、影宋本《芦川词》诸跋，均为“壬申岁题，半恕道人。”考残宋本《姚少监文集》跋，壬申五月十有一日为荛圃五十生辰。又考《老学庵笔记》跋云：“余自甲寅丁外艰，乙卯遭火灾，遂至日蹙一日，二十年来梦梦，今醒矣，殆将自止矣。渊明诗本有廿止字，而今适当廿年，非前定耶”云云。据此则荛圃生于乾隆二十八年，甲寅为乾隆五十九年，时荛圃三十一岁，壬申为嘉庆十七年，荛圃年五十矣。其二十年间如跋中所云之“日蹙一日”，则“半恕道人”盖取“五十如心所欲”之义也。

此书荛圃手跋称“明神庙时已鲜旧刻”，诚哉其言。国初藏书家若范氏《天一阁书目》、延令《季氏藏书目》均未载，王氏《孝慈堂目》著录则为濮阳莱刊本。《四库》著录浙江巡抚采进本，《提要》云：“是集《诗》二卷，《文》二卷，为其曾孙山所编，弘治乙丑桐乡知县莆田李廷梧序之，嘉靖初南溪吴氏为刊板，西虞范氏又重刊之，岁久皆散佚。此本乃万历乙卯桐乡知县濮阳莱得其遗稿于其裔孙九泽，而嘱训导李时校刊者也”云云。此为程集最初刊本，题赐进士嘉兴吴昂编辑，前无弘治序，当非出自巽隐曾孙山编本可知。《提要》以神庙棐刻前有弘治序，称此集为巽隐曾孙山所编，以此本即从之出，当是未见此本，为此臆度之辞。荛圃先得濮本，著录后乃得此本，题记而藏之，则此本之稀固不仅以荛圃手跋而见珍重也。原装二册，每册书面、书根题字均为荛圃手迹。余并见明初黑口本《杨东里诗集》三卷，亦有荛圃手跋，跋末署荛圃名，书估索重值，未能得也。此则不知"半恕道人"为荛圃别号，乃得以番银四十饼购之。

时戊寅夏至节后八日，叶启勋志于拾经楼中。

东里诗集三卷明刊黑口本

右明杨士奇《东里诗集》三卷，正统元年初次刻本。首有杨溥序，白棉纸初印，每半叶十行，每行十八字，上下大黑口。序首有"槜李曹氏藏书印"七字朱文腰圆印、"曹溶"二字白文方印。前护纸有壬戌六月三日挥汗书，荛圃黄丕烈识手跋，下钤"荛圃"二字朱文篆文方印。书面有"另刻杨东里诗集一册"全墨笔字一行，虽未标明何人所题，以家藏县人袁漱六太守芳瑛旧藏诸书题字字迹验之，殆太守手笔。盖历经槜李曹氏静惕堂、吴中黄氏士礼居、湘潭袁氏卧雪楼三家递藏，辗转归于余者也。

《四库全书总目·集部》著录《东里全集》九十七卷、《别集》四卷，则后人汇刊足本，或是嘉靖乙酉黄如桂所刻，非此本也。丁丙《善本书室藏书志》著录天顺刊本，云：《文集》二十五卷，正统五年永嘉黄淮序；《诗集》三卷，正统元年江陵杨溥序；《续集》六十二卷，正统九年金陵李时勉序；《别集》四卷，一圣谕录、一奏对录、一启；《附录》四卷，则诰命、敕谕、传赞、祭文、墓铭也。每卷末有"天顺某年某月男道禾编定"一条，是

《东里诗集》编定前于文集四年，其刻板当亦在前，此尚系刻成时印行者，其时文集固未梓成。据钱大昕《疑年录》，东里卒于正统九年，则此本刻成后，文贞犹及见之矣。

考李东阳《怀麓堂诗话》，曰："杨文贞《东里集》手自选择，刻之广东，为人窜入数首，后其子孙又刻为续集，非公意也。"然则东里惟《诗》《文》二集为文贞手自选，刻于广东。其《续集》编于正统九年，则文贞没后，后人裒其芟弃之文，固非得意之作，或者为其子道禾所编，非文贞之旧也。且其子于天顺刊《全集》，时于文贞所手定者已有窜入，惜家无天顺本，无由取证耳。至此刻之难得，荛圃跋已言之，则在今日更当比之凤毛麟角矣。况历经名家藏庋，尤足为此书增色，洵其为文贞集第一刻本耶。序首及卷二首有"竹洲书院慕陵家藏"八字朱文方印，此不知何人，当续考之。

古廉李先生诗集十一卷 明景泰乙亥刊本

明李时勉《古廉先生诗集》十一卷，明景泰乙亥门人吴节编刻本。每半叶十行，行二十字，上下大黑口，阳湖孙粮储星衍旧藏，即《孙祠书目》著录之本也。前有粮储手跋，下钤"五松书屋"四字半朱半白文方印，序首及卷一首均有"星衍私印"四字白文、"伯渊家藏"四字朱文两方印。又有"汉阳叶驾部志诜借读"题字二行，下钤"东卿"二字朱文方印，则曾经遂翁披读者。粮储跋后又有"湘乡李希圣藏书之章"九字朱文大方印，序首眉上有"李印希圣"四字白文方印，盖又经亦元先生雁影园藏过者。百数十年间三易其主，信乎云烟过眼矣！

闻之先世父考功君云："巴陵方柳桥观察功惠官广东四十年，

好书有奇癖。闻人家有善本，必多方购致之，期于必得。观察屡权府事，榷厘金岭海，所入颇不赀，尽耗于书。故所得秘笈尤多，迨其下世，生计萧然。其文孙湘宾大令尽辇其遗书至京师，时湘乡李亦元先生以辛卯乡试与大令为旧交，同寓京师。大令酷好叶子戏，动辄大负，又值庚子拳乱，遂尽以先世藏书质之亦元先生，亦元《雁影斋题跋》著录之书均方观察旧藏也”。此书以广东东丹笺衬订，与余曩年所得观察旧藏明宣德刊本《选诗补注》装潢如出一手。盖此书虽未经观察钤有印记，固亦可以理断为观察藏书之归于亦元先生者。先是有人持此书至书坊求售，坊贾中固无一陶蕴辉、钱听默之流能识古书者，因其虫蚀过甚，群鄙夷置之。持书者为湘乡人，初至会城，不识途径，仅闻人言有叶某者好书有癖，致奇书不惜重价。偶从坊间相值，遂导余至其寓所，且言坊贾之无识，并出此书告余为其祖亦元先生旧藏。前有亦元先生手跋，因欲留为世守，而迫于生计，故仅留手迹，而去其书，其先则得之巴陵方氏者，与曩时先世父考功君所言一一吻合，余亟以番饼百元易之。名贤手迹可珍，固不仅以椠刻在数百年前为可贵也。

《四库》著录十一卷，《附录》一卷，为成化中门人戴难编本，其孙长乐知县颙所刊者，以墓志、传赞之类附录于末焉，后于此刻十余年，近世亦罕有传本矣。按明杨慎《升庵诗话》载古廉《咏剪刀》诗："吴绫剪处鱼吞浪，蜀锦裁时燕掠霞。深院响传春昼静，小楼工罢夕阳斜。"此诗不见集中，则当时尚多散佚，特不知成化本有此诗否？古廉尚有《文集》六卷，惜世无传本，不能得耳。

癸酉冬月大寒，更生居士记。

太白山人漫稿五卷、附录一卷 明正德十五年郑善夫刊本

明孙一元《太白山人漫稿》，《四库全书总目》著录为崇祯中湖州周伯仁所刻八卷本，《提要》称："盖据吴兴张氏本及阳湖本而合辑之"云。然则《漫稿》在崇祯以前固两经传刻矣。遍考历来藏书家志目，惟明高儒《百川书志》、黄虞稷《千顷堂书目》、国初王闻远《孝慈堂书目》著录五卷本，虽未注明何人所刊，当是同一刻本。明祁承㸁《澹生堂书目》著录八卷本，当是周伯仁所刻，范懋柱《天一阁书目》著录二卷本亦未注明何时何人所刊。然《漫稿》在前明已经三刻，更可断定也。

丁丙《善本书室藏书志》所载亦周本，云："正德戊寅晋安郑善夫、棠陵方豪序，其稿初刻，惟张氏本最善。岁久零落，崇祯乙卯吴兴周中度觅得原本，校以阳湖本重刻之，《四库提要》云'八卷之末，尚标有补遗若干首，而卷内无之'，岂当时有志搜访，而未得欤？此本有之"云云。先世父观古堂旧藏嘉庆甲戌凌鸣喈校正本，前有正德戊寅晋安郑善夫序，云："携其稿至杭，梓而行之。"又有万历丙申谢肇淛序，云："吴兴张生睿卿重校先生之诗，而又搜得其散逸者附之梓。"是吴兴张本以前尚有正德戊寅郑善夫刊本，颇疑范藏二卷本之有郑善夫序者，尚是《漫稿》初刻，因流传颇稀，故诸家著录均为吴兴张氏合辑之五卷本也。

顷估人杨保生持书求售，中有是集，为黄麻纸精印。每半叶十行，每行十七字，白口，鱼尾下方有刻工姓名。全书五卷，前有正德戊寅晋安郑善夫序，五卷后另叶附许宗鲁、张鲲倡和诗，再后附殷云霄撰传、刘麟造墓志（名）〔铭〕，再后《附录》一

卷，载祝鸾吊辞、张浩祭文此文凌本无之，再后正德十五年方豪后序，盖《漫稿》第一刻本郑善夫编次付梓者，即万历丙申吴兴张氏据以增定之原本也。亟重价收之，始知范藏二卷本尚是阳湖重刻，非《漫稿》原本，吴兴张氏亦就郑本而增定为八卷，亦非《漫稿》初刻也。蓄疑数载，一旦豁然，何快如之！盖《漫稿》前明固经四易其板，张、周二本均为八卷，则淡生堂藏本为张、为周不可知矣。然可考见集本稀见，故万历崇祯阳湖一再重刊。因其诗排奡凌厉，多悲壮激越之音，当时足迹半东南，所至登临吟咏，流传既广，散佚亦多。诸家以其风调高古，争为搜辑付雕，故卷帙非一，即崇祯八卷本，据《四库提要》所称闵元衢《欧馀漫录》载《送许相卿诗》一首，见许氏谱；《题王伯雨园亭》二首，见《乌青镇志》；《和吴甘泉》四首，《君马黄》一首，见真迹；《饮马长城窟》一首，见卢志庵所录。续于纪宣符家得十四首。又称鲍稚弢家有其诗钞约千余首。而梁清远《雕邱杂志》亦称所藏一元墨迹，有《送别李远庵北上》诗者，《漫稿》皆未载入，则亦非孙诗之全。

考麟志太初墓称："太初疾革持手稿若干卷，告众人曰：'晋安郑子继之，知吾言是在继之'"云。继之，善夫字也，是《漫稿》固当以善夫编次者为定本矣。且唐人有以一卷之诗名家者，是固不必以多为贵也。序首有"苍岩山人书屋记"七字朱文篆书长方印，卷一首有"蕉林藏书"四字朱文篆书方印，序尾有"苍岩子"三字朱文篆书圆印、"观其大略"四字白文篆书方印。盖真定梁相国清标藏书，几经辗转而归于余。丁丙为嘉道间四大收藏家，其载是集云："吴兴张氏本岁久零落，以崇祯本著录。"余后且数十百年，而得前于张本百十馀年板刻之孙集最初定本，何翰墨因缘之深耶！且在当时张本已称罕见，则郑本之稀更可知矣。

特重装以志欣幸。

时在丙子立夏后五日云。

泰泉集六十卷明万历癸酉刊本

明黄佐撰。佐有《泰泉乡礼》，《四库全书》已著录。初佐官南京国子监祭酒时，曾手自编定其诗为十卷。嘉靖壬寅，其门人李时行刊板于嘉兴，后其子在中、在素、在宏汇辑遗稿合而编之，刻于万历癸酉。首有嘉靖廿一年张璧及万历七年陈绍儒二序，一至三卷赋，四卷骚辞、乐章、琴操、乐府，五至十四卷诗，十五卷对策，十六卷符命、颂、序录，十七卷箴，十八卷箴、赞、铭、诵、谣、祝辞、字辞，十九、二十卷奏疏，廿一、廿二卷书、启，廿三卷问对、设论，廿四卷策问，廿五至廿七卷论、议，廿八卷说，廿九卷原、解、辩、考、述、禁谕，三十至三十三卷记，三十四至四十三卷序，四十四卷题跋，四十五、四十六卷图经，四十七卷碑，四十八卷神道碑，四十九至五十四卷墓表，五十五卷墓表、诔，五十六、五十七卷传，五十八卷行状，五十九、六十卷祭文。佐诗体颇正，而取材太陈，格虽耸高，而气少奔逸，文则章疏切实，体裁雅洁，颇多有道之言。盖其博极群书，笃守洙泗之学，而不以聚徒讲学名，故所论述皆有根柢。

黎民表称："其操履端谨，模范严整，居无惰容，燕无媟语，宜其平生立言不苟，类其为人。正嘉之际学问渐岐，而佐独恪守先儒，不为高论，可谓笃实之士矣。"《四库全书》著录李时行刊本，有诗无文，《提要》所载佐《春夜大醉言志》诗，此本亦有之，而无自注，则馆臣所谓："是将以嘲风弄月之词，而牵合于理学者，殆不然乎？"史称佐弟子多以行业自饬，而梁有誉、欧大任、黎民表诗名最著。是集前有民表行状，后有大任后序，或者注为其所删欤？朱彝尊《静志居诗话》称："岭表自南园五先生后，风雅中坠，文裕力为起衰，如黎维敬、梁公实辈皆其弟子，嘉靖中，南园后五先生二子与焉。盖岭南诗派文裕实为领袖，不可泯也。然则佐可传者，又不廑在区区词采间矣！"

兰汀存稿八卷明刊本

《兰汀存稿》八卷，《四库全书总目》未著录，《明史·艺文志》载梁有誉《比部集》八卷，即此《兰汀存稿》，追题其官者，名殊而实一也。先世父考功君藏明前、后七子集皆全，而独无此集。江阴缪小山学丞荃荪艺风堂则独藏有此集，先世父曾托其抄录副本藏之，访求旧刻无有也。辛未仲夏，余得此书于郡故藏书家，前有嘉靖乙丑曹天祐《梁比部集》序、古番郭棐撰《兰汀梁公传》、欧大任《梁比部传》、吴郡王世贞《梁君公实墓表》。序首及卷四首均有"读易楼秘笈印"六字朱文长方印，盖玉筠圃大令栋家藏书也。书中缺叶亦经大令补全，可知前辈已视为秘笈，毋怪今日流传之罕矣。惜先世父死丁卯三月之难，家藏典籍强半散亡，不独明前、后七子集无存，即观古堂之藏亦不胫而走。余抱残守缺，时逢多难，藏书亦随得随失，久欲再汇集有明前、后七子集之全，不知能偿此愿否？

壬申腊八日，夜漏三鼓，定侯摇笔书此。时朔风怒号，雨雪交作，追怀往昔，不胜人琴之感。读此破涕，而反增天亦似助余悲痛者，距世父之殁，盖六易寒暑矣，嗟夫！

来恩堂草十六卷明万历癸丑刊本

明姚舜牧撰。舜牧有《易经疑问》，《四库全书存目》著录是集为舜牧所自定，其子祚端梓行。舜牧于“四书”、“五经”皆有疑问，大都游谈无根，惟说《诗》差善。是集有《诗经疑问序》，又有重订一序，盖其用力较深也。文则平正通达，不事锤镕，犹讲学家之格。论史则好丑成败、原委颠末，尚为缅然，论性理则以洛闽为的。《家训》一卷，皆深于世故，多阅历之言。《警世录》一卷，皆录前言往行，寓劝惩之旨，尝曰：“做人要存心好，读书要见理明”，其宗旨可以概见。其自叙年谱，俨然以所著《四书五经疑问》能窥先圣之心，足以羽翼经传，则其大言不惭，自为标榜，较扬雄之“拟经”尤为僭妄也。

《四库全书·别集类存目》载康熙癸丑其曾孙淳显刊本《乐陶吟草》三卷，而无此书，馆臣云：“据淳显后序，所刊乃诗文全集，此本有诗无文，岂佚其半耶?”则似当时未见此书，故不知仅文集有十六卷也。然《四库》于《易经疑问》，《提要》云：“迨年过八十，又重订《诗》、《礼》二经及此书，其《序》并载所著《来恩堂集》中”。乾隆《禁书总目》亦列是集，于《四库馆奏准抽毁书》则是见而未收，何《提要》前后不相照应如是耶？书中卷一裁订史纲要领，间出小论，序有“五代中国，而夷狄鱼肉，胥戕乎人命，宋兴苟安四百年，而奄奄弱息，终陷于蒙古，无复世界”之语；卷八《代人题杨某总兵辽东》卷有“北虏猖狂，有邀请无厌之心”之语；卷十《论高宗无泪可挥》有“但看当日金虏之情，要求无已”之语，又《论加秦桧太师》有“洪皓在金曾以蜡书报虏之情”之语，又《论明宗立弟为皇太子》有“夷入中国，宜中国之可立弟为皇太子耶”之语；卷十二《论元仁宗谕中书省臣》有“夷狄之有君，诚然哉”之语，宜四库馆臣视为偏谬，奏请抽毁也。

七录斋文集六卷明启祯间刊本

明张溥撰。溥有《诗经注疏大全合纂》，《四库全书》已著录。明之末年，中原云扰，大江以南文社极盛。最著者：艾南英倡豫章社，衍归有光之说，而畅其流风；陈子龙倡幾社，承王世贞之说，而涤其滥觞；溥与张采倡复社，声气曼衍，几遍天下。是书前有周立勋序，称其：“意量和雅，文理粲备，体法详淹，治世之言”，陈子龙序称其“正不掩文，逸不逾道。”盖溥以博洽见称，曾编刻《汉魏六朝一百三家集》行世，故其为文无窒塞艰涩、不可句读者，由于多见古书，薰蒸沈浸，吐属自无鄙语，譬若世禄之家，天然无寒俭之气也。昔桓谭见扬子云善为赋，欲从之学，子云曰：“能读千首赋，则善为之矣”。溥固不止读千篇文，宜其善于为文也。是书首卷《论略》如《治夷狄论》、《备边论》、《任边将论》、《备倭论》、《女直论》诸篇，皆论当时外患，有关治术，又不能仅以文士目之矣。溥年止四十而卒，以倡复社嗣东林，大为执政所恶，未克尽其才，惜哉！

此为乾隆四十七年军机处奏准全毁书，当时文网之密，重者家破身亡，轻者亦不免流离千里，秦火之后，此为最烈最酷。观于乾隆五十三年上谕，务以查缴净尽，销毁为宜，比户诛求其所留遗者，亦仅矣。盖明末诸公目睹祖国沦亡，故宫禾黍之思发为悲愤之语。究之一代易祚，无不有二三死节之臣，亦无不有二三遁迹逃名之臣，后之入主者既欲我之臣忠于我，而嫉人之臣忠于人，有是理乎？查当日禁书有全毁者，有抽毁者。抽毁则铲除其中违碍之处，其他尚可印行。全毁则不独板片澌灭，印行者亦必销除。上谕谆谆，缙绅士庶之家无敢藏匿，致蹈法网。犹幸山岩绝壁隐逸之士时有藏书流传，使后人得以搜求，致不绝种人世。然《禁书总目》所载不下千余种，在今日按目求之散佚无存者颇多，殆亦有幸有不幸也？乾隆曰："常人设遇诟其祖先之文字，亦将泚而不视，而况国家乎？"此是书之所以被销毁矣。

峚阳草堂诗集二十卷康熙甲辰刊本

明郑鄤撰。鄤有《天山自叙年谱》，已著录。鄤十六岁即以能诗名，其《赠满震寰太仆三黜》诗当时为文震孟所称诵。后以《黄芝歌》忤魏忠贤得祸，搜捕逃匿，家人以其原稿尽付水火，故其少作尽逸不存。后系锦衣狱中，曾手自删定旧刻诗，合前后狱中草成十六卷，止于崇祯十一年戊寅，以授其子珏。珏又以续得之诗至己卯授命前一日，一百六十八首，分为二卷，并《国风赋》一卷、《楞严偈》一卷，共计二十卷，编目付之其弟兢梓行，即此本也。

集未分体，亦未分类，随时编次，据珏识云"本鄤之意旨也"。前有黄道周、冯舒两序辨鄤之无罪，又有陈仁锡序，称其"诗格高妙"。陈继儒序称："其诗远者高清，近者孤冷"，又称其："不操七子之音，大约以元鲁山诗法为开山祖，如子瞻海外偏爱陶柳诗，其刚介之性情、英特之风格，政绝似之。"观集中《初入翰林言志》诗曰："有求皆自贼，无欲称至刚。一意不可乱，千人莫敢当。椒兰馨自贵，瑾瑜重轩黄。一淄宁得白，失足千秋伤。思贤入梦寐，怀古多慨慷。荏苒三十年，初衷讵能忘？"其刚正不阿，以卓行自励，本非继儒溢美。审阅全集，其游名山大川之诗，鼓荡笔墨，洗发性灵，固非尽出标榜。即论其人，以元德秀相比，亦庶几拟于其伦，盖亦寓有辨冤之意也。当明季诗道冗杂，如鄤者不沿历城之浮响，亦无公安竟陵纤诡幽冷之音，趣可谓蝉蜕秽浊矣。至《楞严偈》一卷，本旁涉杂学，盖明季士大夫流于禅者十之八、九，鄤亦未能免之也。

王绍徽《东林点将录》："四方打听邀接来宾头领十二员"中，列"地异星白面郎君翰林院庶吉士郑鄤"。而陈鼎《东林列传》胪叙诸人事迹颇详，不及于鄤。惟《黄道周传》中附见其廷争为鄤辨诬，道周自称其文章气节不及郑鄤，固极推崇之能事，亦可想见鄤之为人矣。是集乾隆《禁毁书目》列入《军机处奏准全毁书》，故传本极少。天既厄之于生前，以门户而贾祸致死，似犹欲催残于身后，毁灭其集以翳如其姓名，文人命蹇固如是耶！

王西庐家书一卷手稿本

明王时敏撰。时敏字逊之，号烟客，一号西庐老人，太仓人，明相国王文肃锡爵孙，翰林衡子也。崇祯初，以荫官太常。入清朝，隐居不仕，为画苑开山祖。平生残山剩水，价重量珠，书法亦逼近晋人，收藏家珍若鼎彝。此为其康熙丙午四月至九月家书十通，颇有系于清初掌故。书中屡言其时征比钱粮之案，州县私刑拷掠，滥毙人命，皆与当时私家纪述足相印证。此由开国之时承明季弊政，法网严密，未能一旦扩清也。

又书中极推王石谷翚画，谓其凌跨古人，无一家不酷肖，且谓其为旷代所无。其后石谷名成，竟与西庐及廉州鉴鼎足而三。又与西庐之孙麓台、原祁并称"四王"，则其宏奖之功，实先为之道地。又一书云："石谷艺固独绝，利上最重，及临行赠之八金，使大失望"等语。是其时石谷虽为西庐所知，犹未十分契合。后由西庐介绍，得交于廉州，而艺日进，名亦大成。故石谷晚年岁必一拜二王墓，以识感恩，则非此时交浅之言矣。

又一书论季沧苇振宜、钱遵王曾交易宋板书及书画之事，有云："此公最刻谓季振宜，遵王亦一钻骨剔髓之人，俱非好相识。闻欲与之偕来，我甚畏怖"，又云："遵王尤为峭刻诡谲之人，同来必无好意，心甚忧之"云云。遵王为牧斋族子，生平受其提挈，得附士林。后乘牧斋之丧，率族人争产，逼河东夫人缢死。其人狗彘不若，乃知西庐有先见之明。至明季宦家陋习，家蓄歌童，故西庐虽极贫穷，犹恃出卖优童，稍图转活。书中云平西吴三桂也差赵虾太监之称至江南采卖优童事，亦他处纪载所未详，得此书流传，亦略存当时逸闻也。

书中叙述家常，宅心忠厚，其于亲故贫窘之际，犹时时眷恋于怀，如闻当时父子絮语。其教诫诸子有"为善乃受实用"，勖勉诸儿"事事务存宽厚，念念勿萌邪曲，培养元气，少答天意"诸语，尤见其居心慈善，不坠家风。宜乎子孙科第蝉联，及身享高寿、大名，晚景无不如愿。彼季沧苇、钱遵王诸人虽事事经营，惟恐失利，而身后书籍字画转瞬化为烟云，子孙继起无达人，生前遗行至今为人指斥，亦可见余庆余殃，其理信不爽也。

丙寅冬腊，启勋。

鹤溪文稿四册手稿本

《鹤溪文稿》，稿本，不分卷，王鸣韶撰。鸣韶字鹗起，西庄光禄鸣盛之弟，以"有田在太仓之鹤沥"又号鹤溪子。钱大昕

《鹤溪子墓志铭》称其“眉目如画，举止有名家风度，濡染家学”，又称其“侍二亲在家甚谨，而学日益进。”学使户部侍郎梦麟公赏其文，以“廷谔”名补新阳学生员，后乃改今名。性落拓，澹于荣利，而好为诗古文，兼工书画。同时如大昕本秦晋之亲，所与往来者卢抱经文弨、汪少山照、王兰泉昶，皆一时高尚博雅之士，宜其学有师承，不愧光禄难弟矣。

此稿余于丙辰夏仅得其半，有钱、汪二君跋，又有朱春生一跋，钱跋后有“钱侗过眼”四字朱文方印。稿中《昭庆寺修建记》后有王兰泉跋，篇尾注“上次”。“上次”字样知为朱所评，篇末评语则为汪所批，眉上评语检其字迹殆亦兰泉手笔耳。旧藏县人袁漱六太守芳瑛家，固不知其全与否。己未冬，闻估人又得袁氏书，急往物色之，又得四册。细阅稿中《谢絜源诗序》，后有“王印鸣韶”四字白文方印、“鹤溪”二字朱文方印、“逸野堂主人”五字白文方印，《蝇蚊喻》后钤“钱侗过眼”四字朱文方印。书估知余必欲得此以成完璧，始颇居奇，迁延月余以残册无人过问，卒为余有。

李文藻《南涧文集·琉璃厂书肆记》云：“内城隆福诸寺遇会期，多有卖书者，谓之赶庙。散帙满地，往往不全而价低。朱少卿豫堂日使子弟物色之，积数十年蓄数十万卷，皆由不全而至于全”云云。今此本初藏袁氏，完好无缺，余两次得其半，始得其全。非余之好事日日留心，此稿几成残帙。然由不全而至于全，余自幸书缘不浅，然亦先生之灵有所凭式矣。因为编次，重加装订，合全稿值番饼六十元，益以装工，更不菲云。

岁在上章涒滩陬月，叶启勋记于拾经楼。

樊榭山房集十卷、续集十卷原刻本

戊辰春月得厉太鸿征君鹗《悔少集》三卷，即游仙诗三百首。一为乾隆辛巳其子志黼以手稿付鲍以文廷博校刊本，一为陈曼生鸿寿据传抄重刊本，皆世所稀见。先世父文选君所谓向未见有刻本者也。《四库全书总目·集部》著录《樊榭山房集》二十卷，而未著录《悔少集》，亦未存目，盖当时亦未之见也。

《四库全书》收国朝人集最严，惟征君与沈彤《果堂集》并载，可以知其去取之意矣。《提要》称："征君诗吐属娴雅，有修洁自喜之致"，证以《悔少集》颇觉其不当，久思得其全集读之，无有也。顷估人得衡阳常文节公大淳家藏书，中有是集，为征君自编刊行本，亟偿值收之。全书有朱笔圈点，并有绳头小楷评语，书首有"萚石斋钱氏珍藏"七字朱文方印，乃知为秀水钱坤一宗伯载手批本也。嘉兴李既汸富孙兄弟《鹤徵后录》称："樊榭之诗能于渔洋、竹垞两家外独辟畦径，自成一派。其幽深精妙，穷极雕镂，譬如入幽崖峭壁，几乎断绝人迹。当时杭堇浦、全谢山辈无不推服，钱萚石翁有评本，亦为心折"云，知此书并经既汸兄弟寓目矣。

宗伯诗学有根柢，不肯人云亦云，故能刊落浮华，独标真谛。观其于此集密点浓圈，全不肯滑口读过，其用心之专、用力之勤可以概见。《续集》卷八《嶰谷寄鹤天宁僧舍有作同人和之》中有一律云："九杞山中伫买田"，注："孙太初养鹤南屏，许相卿为买田于九杞山，有鹤田券"。宗伯评曰："非买田于九杞山，九杞为买田于湖中也，九杞，许黄门号，因号而其处却名九杞山，诗句是，而注误"云。是则宗伯本精于考据，故能独具只眼，虽起征君于九京，其亦俯首无词矣。

玉台新咏十卷明崇祯六年寒山赵氏仿宋本

余年才志学，即从厂肆游，识秦曼青。其人盖与余有同癖者，自后频相过从有年。丙辰春间，永明周季譻舍人銮诒藏书散出，余与曼青分得之，此明寒山赵氏小宛堂仿宋陈玉父本《玉台新咏》十卷，后佚赵跋，亦为舍人藏本，书衣有舍人手跋，其书旧为虞山钱遵王、润州蒋春农藏物，余家藏此书三部，均无赵跋，盖以其椠刻精良，书估恒去之，以伪宋本也。时曼青意欲分有其一，而以此部为最惬心，以其印刷为赵本之冠，又历经名家藏弆者，余固未之允也。未几，曼青因事去申，鱼雁久疏。而余家变故相乘，世父死丁卯春月之难，藏书散失几尽。从兄某则因家计将所得斥卖罄尽，惟余此部得保守于丧乱之馀，固足深幸矣。丁卯余避乱来申，时与曼青过从，曼青复申前议。余无他好，惟书癖殆不可医，虽流离颠沛，固未忍却箧也。庚午夏湘乱更亟，余举室避申，重与曼青话旧，曼青仍未能忘情此书。知余携之行笥，强让未可，割爱不能，遂请假观数日，还书之日并题记以致拳拳。余因志数语，以见曼青嗜之笃，而余癖之深也如此。

更生居士时客海上寄庐。

才调集十卷汲古阁刊本，何焯评校

义门先生评校《才调集》十卷，其底本为明崇祯元年毛晋汲古阁刊本。序首有“何焯之印”朱文方印，卷首有“乙酉春二月屺瞻购读”朱字一行。卷十尾跋云：“以律髓法读此集，乃为得门而入，后之览者其知之。十一月朔日何焯记于石墨书楼”朱字二行，评语多论诗，间或称“宋本作某”而不详其出处，文人结习与言考据者固自不同也。据嘉定钱竹汀宫詹《疑年录》，先生顺治十八年辛丑生，康熙六十一年壬寅卒，年六十二。乙酉为康熙四十四年，是时先生年四十五岁，正试礼部下第，复赐进士，改庶吉士。时手评也，字法虞褚，端整精妙，余从道州何蝯叟太史绍基曾孙诒恺得之。

考仁和邵位西懿辰《四库简明目录标注》，《唐人选唐诗八种》，“明崇祯元年毛子晋刊《箧中集》、《河岳英灵集》、《国秀集》、《中兴间气集》、《极玄集》、《搜玉小集》，益以《御览诗》凡七集，合明沈雨若所刊《才调集》共八种，名曰《唐人选唐诗》。曾涤生购得汲古阁所刊七种，系何义门手评本”云，则知先生评校不仅此书一种也。蝯叟于同治庚午经曾文正、丁中丞日昌延主苏扬局事，其时独山莫郘亭友芝适客文正戎幕，文正在京又与邵为讲学之友，固均通知板本者。当时上下承风，沆瀣一气，故三家之藏为邵、莫所见，笔之标注，目经眼录者比比皆是。

此书八种，文正、太史分得之，而未曾配合，邵见文正所藏七种，而不知蝯叟藏此一书。老子曰“不见所欲则心不动”，盖蝯叟秘之甚也。今中丞有《持静斋书目》行世，文正以功业显，太史以书法擅名，本不欲与藏书家争席，差幸于邵、莫二目得见其一麟片爪，使吾辈得以踪迹之耳。文正之藏早已散佚，太史之藏余得十之三四，特不知文正所藏七种，他日尚能访求为延津之合否。物聚所好，吾拭目俟之矣。

辛未四月十八日，叶定侯跋尾。

何校此书所据宋本为虞山也是翁故物，叔弟东明考之颇详，其宋本后为延令季氏所得。几经辗转，流入仁和朱氏，其《结一庐书目》载宋韦縠编《才调集》十卷，宋刊本六卷，至末精抄补足，季沧苇藏书者是也。朱书后归其婿张幼樵副宪佩纶。张晚年移家金陵，辛亥国变，藏书大多散失，此书不知尚在天壤间否。庚午仲夏余避乱之申，因缘得识副宪令嗣庭仲，询以家藏，则云“散亡之馀，多存津沽”，其时余尚未得此书，惜未曾询及宋本之存亡也。

八月十日，更生再笔。

附

义门学士手评汲古阁本《才调集》十卷，仲兄定侯今夏从道州何氏得之，书中间有以宋本校者，而不言其出处。余因考仁和邵氏《四库简明目录标注》载唐高仲武编《中兴间气集》二卷，注云：“《中兴间气集》、《极玄集》何评本系从述古堂影抄宋本精校”云。又考虞山钱遵王曾《读书敏求记·才调集十卷》云：“余藏《才调集》三：一是陈解元书棚宋椠本，一是钱复真家藏书钞本，一是影写陈解元书棚本云。”则知学士所据宋椠为陈道人书棚本，亦述古旧藏者。检吴县黄荛圃丕烈《百宋一廛赋》注载《才调集》十卷，“每半页十行，每行十八字，卷二至卷五为宋椠馀抄补，第一卷有‘季振宜藏书’一印，合诸《延令目》云‘《才调集》十卷四本，宋本抄补’，知其即此”云。复检遵王《述古堂书目》自序云“丙午丁未之交，胸中茫茫然，意中惘惘然，举家藏宋刻之重复者折阅售之泰兴季氏”云，据此知季氏所藏即述古旧物也。季藏散后为士礼居黄氏所得，黄藏再散，不知所归，而其他各藏书家志目著录者均为汲古阁本，不仅宋本无传，即明隆庆沈若雨刻本亦不可得矣。此书经学士以宋本手校，虽未能如黄、顾之死校法，一点一画钩勒涂乙，自当与宋本同其珍贵，亦虎贲之中郎，特详考宋本出处，以为读此书者之一助云。

东明。

唐人万首绝句一百零一卷、目录二卷

明仿宋本

明嘉靖辛丑陈敬学仿宋刊本，《目录》二卷，《七言》七十五卷，《五言》二十五卷，《六言》一卷，盖据宋嘉定癸未汪纲合会稽、鄱阳两本重刻者。每半叶十行，每行二十字，板心中缝下方左有“德星堂”三字，各卷后间有“陈敬学校刊”字一行。往时藏书家惟钱氏《读书敏求记》、张氏《爱日精庐藏书志》、朱氏《结一庐书目》有之，明刻之最罕见，亦最佳者也。万历丙午赵宧光刻四十卷本，经黄习远窜补，已失洪氏面目，自不如此本之出自宋刊远有端倪也。真定梁蕉林相国清标藏书，有“苍岩山人书屋记”朱文长方印，几经辗转，余以重值得之道州何子贞编修家。

时戊辰立秋二候，叶启勋记。

风雅翼十四卷明宣德甲寅曾鹤龄序刊本

辛酉夏，余得嘉靖壬子顾存仁刊元刘履编《选诗》八卷、《补遗》二卷、《续编》四卷。考归安陆心源皕宋楼、仁和丁丙善本书室两家藏书志著录嘉靖刻本，题名同。检《四库全书总目》著录编修汪如藻家藏本，题《风雅翼》，而不云何时何人所刊。从兄某云数年前曾见一本题《风雅翼》，书估坚称元椠，索值极昂，故未购得。今冬书估持此本求售，即曩时从兄所见者也，余亟购藏之。前有宣德甲寅曾鹤龄重刻《风雅翼》序，次至正二十一年冬十有一月日南至金华戴良序，亦题《风雅翼》。次至正乙巳三月初吉友生会稽夏时序，次至正二十一年春二月既望平江路学道书院山长上虞谢肃序，均题《选诗补注》。

据戴序云："《风雅翼》者，中山刘坦之先生之所辑录，既缮写成书，其友谢君肃来告曰'吾乡刘先生盖闻文公之风而兴起者也，故取萧昭明所选之诗精择而去取之，至其注释亦以传《诗》、注《楚辞》者为成法，所谓《选诗补注》者是也；他若唐虞而降，以至于晋，凡古歌辞之散见于传记、诸子集者，则又别为简拔，题之曰《选诗补遗》；此外又有《选诗续编》，乃李唐赵宋诸作二编，亦皆有注，视《补注》差略'。《补注》凡八卷，《补遗》二卷，《续编》四卷，合十四卷，以其为风、雅之羽翼也，故通号曰《风雅翼》，愿序而传焉"云云。证以夏、谢二序并不题《风雅翼》，则此书当时已名称不一，《四库》从戴序题名，诸家志目从本书名，非元刻、明刻题名有异也。

此本最为罕见，每半叶十行，每行二十字，注低一格，行十九字，上下黑口，间有下黑口有刻工姓名，黑质白文。书首行题"选诗卷第几"，次行题"上虞刘履补注"，板心题"补注几"。《续编》首行题"选诗续编卷第几"，次行题"上虞刘履校选"，板心题"续编几"。《补遗》首行题"选诗补遗卷几"，次行题词同《续编》，板心题"补遗上、下"。全书诗有圈点，据曾鹤龄重刻序云："顾绍兴刻板岁久弗完，今不重刊，曷由广及"云云，则是以绍兴府旧本重刻，为此集第二刻本矣。

明范懋柱《天一阁书目》载此书有至正二十一年谢肃序，而无戴、夏二序，或即此本书估去曾序，以充元本者。此本序文完全，旧为巴陵方功惠传经堂藏书，有"方功惠藏书印"六字朱文方印、"巴陵方氏传经堂藏书印"十字朱文大方印，又有"佐香文库"朱文长方印，审是日本人藏书印记，后辗转入中国为方氏所有。数年前从兄某欲购而未得者，今乃为余所得，不可谓非幸事也。

丙寅小阳月，叶启勋志。

选诗八卷、补遗二卷、续编四卷 明嘉靖壬子顾氏刊本

明嘉靖壬子顾存仁刊元刘履编《选诗》八卷、《补遗》二卷、《续编》四卷。每半叶十行，行十九字，注低一格，行十八字。板心下方均有“养吾堂”三字，前有嘉靖壬子七月望日后学居庸山人吴郡顾存仁书于东白斋中重刻序。《补遗》末有“是编刻于嘉靖甲辰，讫工今岁壬一行子，刻李潮叔侄，书龚氏白谷，技尽二行吴下，可与兹编并传。而白谷文士三行，卷帙誊写非其业也，遂至数年始四行克完局。呜呼，难哉！东白斋识”五行长方牌记。检旧藏嘉靖甲申徐焴刻《唐文粹》，板心下方亦有刻工李潮、李本等姓名，可见当日李氏为吴中刻书名手。此书字体较《文粹》倍大，而精美过之，诸家志目罕见著录，旧为璜川吴志忠家藏，余得之有年矣。

《四库全书·总集类》著录《风雅翼》十四卷，《提要》云：“是编首为《选诗补注》八卷，次为《选诗补遗》二卷，次为《选诗续编》四卷，则《风雅翼》者为此书之总名。”而此本旧序已佚，顾氏重刻序及书首均题《选诗补注》，初不知四库本题称何据，心窃疑之。今冬得宣德甲寅刊本，有曾鹤龄重刻《风雅翼》序，至正二十一年金华戴良题《风雅翼》序。据曾序述及从绍兴旧板重刊，似是旧本题《风雅翼》，明刻改题今名。然同时谢肃、夏时二序则并不题《风雅翼》，与此本书首题名同，乃知“风雅

翼”为戴良题此书之总名，而书名固本称《选诗》也。《四库》著录虽不云何时刊本，而其据戴序题名则无疑义矣。余先后得两本并藏，特详考其源委，以谂来者。

丙寅仲冬，叶启勋记于华萼堂。

皇明近代文范六卷 明万历三年刊本

明张蓉选。蓉字山泉，盱江人，其始末未详。是编裒录明人之文，分“道理”、“精实”、“英华”、“经济”四类，仅成“道理”、“精实”两类。而“道理”一类占五卷，不独“英华”、“经济”两类缺焉，即“精实”类亦似未经完竣也。所录自陈献章至许谷凡六十人，每篇皆有圈点评语，而以总评冠每篇题下。以议论正大、章法句法可观、气魄昌沛者入“道理”，分三类：曰记，曰序，曰杂著；以就题发挥、精致切实、不可移易者入“精实”，仅成“记”类。万历三年益藩一斋刊行之。《明史·艺文志》未著于录，黄虞稷《千顷堂书目》载之卷同，而不详其字及履贯，盖亦未见此书，以传闻入录也。

按明季之文体凡数变，自洪武以来运当开国，多昌明博大之音；成弘以后安享太平，多台阁雍容之作；正嘉以降，李梦阳、何景明倡言“复古导天下，毋读唐以后书”，学者从风响应，文体一新；启祯之际，公安、竟陵新声屡变，文章衰敝莫甚斯时。大抵二百七十年中，主盟者递相盛衰，偏袒者互为左右，诸家选本亦皆坚持畛域，各尊所闻。明《文衡》、《文海》网罗宏富，固明代文章之渊薮，然《文衡》选自程敏政，偏重道统，《文海》出自黄宗羲父子，意在征文考献，不在选文。此于唐之《文粹》、宋之《文鉴》未免繁重。此编所选既不足以接轨《文衡》，又不足以媲美《文海》。崔铣、罗钦顺攻王守仁之学者也，而与守仁同登“程敏政文格颓唐，陈献章文不入体”，皆不免芜杂之讥。然数多则简择难精，世近则是非未定，榛楛未剪，则亦势使之然耳。

文则一册明毛氏汲古阁影元抄本

虞山毛子晋汲古阁影宋元抄本书见于《汲古阁珍藏秘本书目》者，因售于潘稼堂太史耒不成，而售于泰兴季沧苇侍御振宜，自后或为吴中黄氏士礼居、聊城杨氏海源阁、常熟瞿氏铁琴铜剑楼、归安陆氏皕宋楼所得，见于诸家志目题记者，咸爱重之。去腊余从道州何氏得影宋抄本宋葛刚正《重续千字文》二卷，纸白如玉，字法工雅绝伦，正如钱遵王曾所谓“楮墨更精于椠本”，洵缥囊中异物也。此宋陈骙《文则》，亦毛氏影元精抄，无卷第，以十干为次，分类总一百五十六条，首有乾道庚寅正月既望天台陈骙序，书首行题本书名，次行题“宋少傅文简公天台陈骙著”，三行题“福州府儒学训导余姚李居义校正”，四行空四格题“甲”字，下空五格接题“凡九条”三字，再次本文。每半叶十行，每行十九字，上下大黑口，后有题记云：“此书始得陈天民本录于江阴，缺序文及末一板，今五年矣，乃得莫景行本补足之于松江泗水之上。至正己亥六月也。陶宗仪志。”序首有“毛晋私印”四字朱文方印、“子晋”二字朱文方印，卷首有“毛晋”二字朱文小联珠方印、“听松风处”四字朱文方印，文尾有“毛晋私印”四字朱文方印、“汲古丶人”四字朱文方印，卷尾有“东吴毛氏图书”六字朱文长方印、“子晋书印”四字朱文方印、“汲古得修绠”五字朱文长方印。《汲古阁珍秘书目》载《文则》一本云：“棉纸，从元版精抄”，季沧苇《延令宋板书目》载陈骙《文则》一本者，即此本也。虽无延令印记，而毛售于季，授受源流固可得而考也。检《荛圃藏书题识》载所见毛氏影抄诸书，无不因当时索值过昂，欲收不得，然亦有时不惜重值收之，其值数倍于毛目所估而已。今此书毛目所估抄价只八钱耳，余乃以五十饼金易之，数十倍于毛氏估价，黄荛圃佞宋椠，余则佞毛抄矣。

丁卯仲秋重九前四日，更生跋尾。

华鄂堂读书小识

叶启发　撰

华鄂堂读书小识叙

余交叶郎园吏部四十年，每见则指示插架所藏板刻之源流，文字之同异，娓娓不倦。其从子定侯东明侧闻绪论，克承家学，广徇搜求，虽不如吏部之富有，而间有吏部未经收得者。吏部殁后，书皆散佚，而定侯东明所藏，维屡经兵火，岿然独存，若有神物呵护者。定侯曾著《拾经楼紬书录》，间见北平、南京各图书馆月刊。东明有《华鄂堂读书小识》，抄写待梓，盖本之吏部《郎园读书志》，稍有变更也。慨自学校既兴，四部之书束之高阁，即有一、二抱残守缺之士如余者，而力不能购，徒望洋兴叹，坐令数千年古籍任番舶捆载而去，其厄甚于秦火胡灰。东明方直盛年，出其心力，日事收罗，不独近延吏部观古堂之绪，远绍文庄菉竹堂之业，他日赓续成书，可为中国留传绝学，则是篇其嚆矢与？

辛巳元日，雷恺叙于晚知山堂。

昔年郎园以观古堂所藏书目属为编录印行传世，今从子东明十兄能克承先志，世守凿楹，出《华鄂堂读书小识》乞叙于伯兄，余得捧读，收藏之富，考证之精，殆渊源有自矣。

恭甫雷恪识于幸存堂。

华鄂堂读书小识卷一

宋开封绍兴石经释文一册 翁方纲手稿本

汉熹平刻石经置于太学鸿都，是为石经之祖。汉人注经惟何休《公羊传解诂》中一引用之。自后，魏正始立《三体石经》。唐开成立《十二经石经》。孟蜀广政立《十三经石经》。宋至和立《二体石经》。高宗南渡，立《御书石经》于杭州学官。此皆元明以来旧本也。汉魏、孟蜀所立，均已残阙。汉魏二种又以《后汉书·儒林传》之讹，使三字、一字纷争聚讼。惟《开成石经》独存。高宗《御书石经》十存六七，乾嘉诸儒多及见之。然《开成石经》一误于乾符之修改，再误于后梁之补刊，三误于北宋之添注，四误于明人之磨勘。加以版刻代兴，各相沿误，去古日远，真伪杂糅。观顾炎武、万斯同、杭世骏三家考异之文，可以得其崖略。则宋代二刻，虽时代稍近，其精审不下于唐开成。固不必舍近而求诸远也。

此覃溪阁学手录宋开封、绍兴二石经释文、开封石经录存石全文，《周官》、《尚书》二种各附跋语。《绍兴石经》则仅记石之层次、字数，后附孔葓谷户部继涵《宋太学石经记》及阁学跋语。阁学于乾隆五十三年督学江西，任内曾以钱唐黄小松易、金匮钱梅溪泳及如皋姜氏重模各本《汉熹平石经残字》，刻石置于南昌学宫，此则为孔氏藏本，而作跋录存以备参稽者。《开封石经》汩于河水，《绍兴石经》存于杭州学宫壁中。朱竹垞太史彝尊《经义考》云:《易》二、《书》六、《诗》十二、《春秋》四十八、《论语》七、《孟子》十一、《中庸》一,共八十七石。阁学据孔荭谷藏本得自孙某者,八十六纸。考订《书》凡六碑,《诗》凡十碑,以驳正竹垞《书》七、《诗》十二之误。又据《书》、《诗》、《论语》之尾,秦桧跋语尚存,以证竹垞所谓秦桧跋为吴讷椎碎者之语为不得其实。更细辨东庑第二十六碑,为《论语》补,孙氏所未及,固精确不易之论。然孔氏藏本,外有吴讷《石经歌》一纸,共八十七纸,则竹垞所谓八十七石或并吴讷一石言之,未可谓之全非也。且东庑自第三至第八,凡六石,均为书,第九石则阙泐尤甚,有旧人跋语,亦不可辩。阁学细审,知为秦桧跋语,则犹可知竹垞盖误以此石为诗。又以桧跋为吴讷椎碎,遂并吴讷《石经歌》一石,谓《诗》为十二石矣。先世父曾从吴门得《绍兴石经》拓本八十六纸,而无吴讷一纸,又可证竹垞八十七石者,确为并吴讷《石经歌》一石而言之,特未及其详也。冯云伯编修撰《南宋石经考异》,谓碑漫漶已甚,当时所颁州学者散佚已尽云云。先世父所得拓本八十六纸,漫漶之处甚少,则冯氏所言未免不尽可信矣。

阁学此册,余曾影写一本赠江都秦曼青。更年中日战起,江浙沦于兵锋。曼青不知避地何所,影本亦不知尚得保存否也。

己卯上元后五日,启发。

尚书古文疏证五卷 长洲沈氏钞本,沈彤批校

旧抄本《尚书古文疏证》四册,第一册卷一,自第一至第十六凡十六条,有目。第二册凡十六条,不详卷数,亦不详条次,无目。第三册卷四,自第四十九至第六十四,凡十六条,有目。

第四册卷五，自第六十五至第八十，凡十六条，有目。书中有朱黄两笔批校。第二册尾有两笔题记，卷一目录及各卷首均有“果堂”二字朱文印记，后有道光廿九年平定张石洲穆墨笔手跋。石洲据第六十二篇书眉朱批“余已通之于周官禄田考矣”一语及书首印章，定为沈果堂彤抄本，跋论甚详。据果堂跋，第一、第四两卷为家藏残本，第二册则抄自顾陶元家。顾本一册，书根号全，字不分卷，无目录。以残本校之，其册首四五十页较残本少二十条余，第四卷则顾藏所无。唯所多七八十页则第二、第三略具，因嘱人抄藏，后又从惠定宇借抄第五卷补足云。

检《四库全书总目》著录《古文尚书疏证》八卷，内府藏本，《提要》云：“国朝阎若璩撰”，“其书初成四卷，余姚黄宗羲序之，其后四卷，又所次第续成。若璩没后，传写佚其第三卷；其二卷第二十八条、二十九条、三十条，七卷第一百二条、一百八条、一百九条、一百十条，八卷第一百廿二条至一百廿七条，皆有录无书，编次先后亦未归条理，盖犹草创之本”，“诸条之后往往衍及旁文，动盈卷帙。盖虑所著《潜邱札记》或不传，故附见于此，究为支蔓”云云。是潜邱此书初定本为四卷，后又次第续成四卷。顾氏所藏不分卷次，为最初之本。果堂所藏则初定四卷本，而佚其第二、第三两卷。惠藏为五卷，则又订定在后。《四库》著录者佚卷三及卷二三条、卷七四条、卷八六条，均非最后定本、足本也。

此本第二册中诸条见于惠藏第五卷者，有“古人文字多用韵”条，次为七十四，及“古人字多假借”条，次为七十五。见于刻本卷七、卷八者，有“百篇序谓之小序”条，次为第一百五；“安国大序一篇”条，次为第一百七；“朱子于古文尝窃疑之”条，次为第一百十四；“邹平马公骕谈《尚书》有今文、古文之别”条，次为第一百十五；“或问孔安国之从祀”条，次为第一百廿八。可见诸家传本均有先后增订之不同，故篇次各异也。唯每卷分十六条，卷一止于十六，卷二止于卅二，卷三止于四十八，卷四止于六十四，卷五止于八十，卷六止于九十六，卷七止于百十二，卷八止于百廿八，则各本皆同。盖潜邱撰著此书随手录记，满十六条则订为一卷。以沈钞四卷六十四条、惠钞五卷八十条证之，知其必然也。又检书中“朱子疑古文”条，书眉上有“又按余戊午应荐至京师，昆山顾宁人炎武时在富平云”一段，系补入“原按”之后者。考钱竹汀大昕《疑年录》四，阎百诗六十九，若璩明崇祯九年丙子生，康熙四十三年甲申卒。戊午为康熙十七年，潜邱年四十三岁，次年己未即举鸿博，则《疏证》四卷之本定于四十三岁未举鸿博以前。故“又按”一段为原抄所未有，补载书眉也。乾隆九年，潜邱子学林刻《潜邱札记》，首有潜邱书引称：“愚年满四十，甫敢出臆见，集众闻用纂一帙，以示儿辈”云云。又十年，刻《疏证》，卷六第八十一条下有“《潜邱札记》恐世不传，仍载其说于此”之语，又可证《疏证》后四卷为四十三岁荐举鸿博之后，续有增益，并前四卷再行厘定卷第者矣。

此本朱、黄两笔校注，黄笔系据顾氏不分卷、无目本，故卷一目录下有一本无目录，乃此本以前流传副本。黄笔一行且其本较此本为略，故黄笔又多有一本无此篇数节之批注，又断至第一卷及第二册，其明证也。朱笔则据惠氏五卷本，故尝见定宇云云之语矣。又书中有签条云：“此书淮扬刻本已毁，近日又有刻之者”，上有朱字云：“沈钞本有此签，似是惠氏钞藏本所有”，所云沈钞即指此本也。盖果堂借校之时，又随手将签条夹入此本矣。淮扬刻本即乾隆十年阎氏家刻板，归汪氏振绮堂剜去板心“眷西堂”三字印行之本，近刻则天津吴氏刻本也。书根为道州何蝯叟学使绍基所书，卷一首有其印记，余从其后人手得之。

乙亥清和月，启发漫笔。

吕氏家塾读诗记三十二卷 明嘉靖四年刊本

《吕氏家塾读诗记》三十二卷，明嘉靖四年陆釴序刊本。每半页十四行，行十九字，注低一格。“某氏曰”以黑质白文别之，间以界圈。宋讳“桓、完、匡、筐”等字均阙笔。釴序称得宋本于友人丰存叔。吕氏书凡廿二卷，《公刘》以后其门人续成之。与陈振孙《直斋书录》所云：“自‘笃公刘’以下编纂已备，而条例未竟，学者惜之”之语不合。然釴序不言门人为谁，又《宋史·艺文志》所载亦与今本卷数相同，则釴言未尽可据也。《天禄琳琅续编》有宋刊巾箱本，昭文张氏、独山莫氏有宋刊残本，行款与此本合，则其源出宋椠，确无可疑矣。

阳湖孙氏《平津馆鉴藏书籍记·明版》，《吕氏家塾读诗记》三十二卷，云：前有嘉靖辛卯陆釴序，称近得宋本，柱史应台傅公刻于南昌郡。又有淳熙壬寅朱子叙。卢氏《群书拾补》所据以补万历癸丑南都刻本缺页者，即此本。每页廿八行，行廿九字。又卢绍弓文弨《群书拾补》，《吕氏读诗记》三十二卷，宋东莱吕祖谦著。《明御史传》应台氏刻于南昌，有嘉靖辛卯鄞陆釴序，从宋本出。字多从古，今其本颇不多得。世所通行者，乃神庙癸丑南都所刻本尔。余曾借得嘉靖本以相参校，始知神庙本脱去两页，其他亦有遗脱，恐久远不复见其全书，故亟为之补正。

卷一《诗》、《乐》，《礼记》“天子五年一巡狩”之前脱一段。卷二十七《烝民》第六章“郑氏曰：衮职者不敢斥王之言也，王之职有阙能”下，嘉靖本后印者脱去两页，神庙本遂无从补完。

嘉靖本系每页廿八行，行十九字。又卷廿八第八页“自彼成康，奄有四方”，神庙本此下脱误十四字，又“李氏”下缺一“曰”字。又第十二页后三行“牟，大麦也”下，文多讹误。核之此本，行款均同，遗脱之处，此本均完全无缺。知此本之可贵矣。孙记云每行廿九字者，误也。书中避宋讳谨严，笃守规矩。明仿宋本不可多得者。又不仅以其足补诸刻之讹误而见珍已。

丁卯六月伏日，东明。

说文解字十五卷北宋刊小字本

许氏之学晦于元明，显于乾嘉。以元明两朝公、私家刻书之盛，而大徐《解字》、小徐《系传》，曾无一本之翻雕，其明证也。迨明崇祯间，虞山毛子晋始以家藏宋本《说文解字》翻雕，于是大徐始一终亥之十五卷本得盛行于世，其功固非浅鲜也。毛本后，有其子扆跋，称先君购得《说文》真本，嫌其字小，以大字开雕。结构颇精，知其出当时名手所写矣。乾隆中，金坛段懋堂大令玉裁，据青浦王兰泉侍郎昶及吴县周漪塘明经锡瓒两家所藏宋本成汲古阁《说文》。订凡两宋本同者则曰“两宋本同”，异者则分别之曰“王氏宋本作某”、“周氏宋本作某”。周本不知所归，王本后为归安陆存斋运使心源所得，见《皕宋楼藏书志》。其本后有阮氏手跋曰：“嘉庆二年夏五月，阮元用此校汲古阁本于扬州学署。毛晋所刻即据此本。凡有舛误，皆毛扆妄改。”云云，颇疑文达之言不尽可据。陆书后归日本岩崎静嘉堂，孤悬海外，无从取证也。

十馀年前，海盐张菊生年伯元济编印《续古逸丛书》，先世父曾为之从静嘉借得影行。其书小字绝精，不知毛氏何以为嫌，亦可怪也。乙亥夏月，仲兄定侯从估人购得此本。取影本按之，一一相合，书中有“毛扆之印”四字、“斧季”二字朱文对方印，知即毛氏据刻之底本，刊于北宋真宗时者也。取毛刻略勘，多不相同。因知毛氏刊刻此书，不仅改易字体，尽失宋本真面，而且窜乱实多，宜其见讥于段、阮诸家，使非得此本一取证之，方且称其传刻孤本之功，瓣香爇奉，又岂意其窜改旧本，贻误后学，直大徐之罪人也耶？昔黄荛圃尝曰：“汲古阁刻书富矣。每见所藏底本极精，曾不一校，反多臆改，殊为憾事。”云云。荛圃佞宋，故有是言。余于毛氏校刻此书多获观其底本而益信。

丙子春初，东明叶启发志。

曩年，傅沅叔学使年伯增湘南游衡岳，道出省垣，观余兄弟藏书，以余得之道州何子贞太史绍基东州草堂旧藏者为多，因语余曰：“道州尚藏有宋刊《说文解字》、《汉隶字源》二书，曷踪迹之？”后学使为仲兄撰《拾经楼紬书录序》，亦曾言及之。《汉隶字源》，余于庚午春间见过，以索值千金，无力购取，交臂失之。《说文》则未经入目，未知其流传于何所矣。此本得之湘乡估人手中，系出湘潭刘姓所藏。书中有“湘潭刘氏”、“兰竹山房藏书之印”朱文长方印，又有“子霞过眼”朱文方印，非道州藏书也。卷十第七、第九两页，卷十一第三页，卷十三第七页，板心有“重刊”二字，盖南宋时所补刊者。

钱竹汀大昕《日记钞》载所见宋版《说文》二部，一为王述庵家藏，一为黄荛圃所示，云：黄本卷末多一行，有“十一月江浙等处儒学”字，殆元翻宋刻云云。检荛圃《求古居宋本书目》载，《说文》十五卷残本，补抄七册。又检明梅鷟《南雍经籍考》，《说文解字》十五卷脱者五十五面，存者二百十四面，内半模糊云。盖荛圃所藏为宋板，入明南监后所印，且不完全也。桂未谷馥《说文解字义证》卷五十《附说》云："安邑宋君葆淳得《说文解字》小字本，有毛晋印、季振宜印，是元明间坊本"云。又卷三十四《水部》："涃，水也，从水，困声，苦顿切。"桂云："困，声也。初印本作因，音于真切。宋本小字本、李焘本并同。《集韵》：洇，伊真切，《说文》：水名"云云。检此本卷第十一《水部》，"洇，水也，从水。因声，于真切。"与桂氏所见正同，唯此本无季氏印记。然可知毛藏此书，一为元明补刻宋椠，一为此宋椠，宋印原有二部也。宋板递经宋元明补修，字句亦因而有同异。藏书家因字句之不同，往往误以为两刻。故桂氏亦沿误，将宋本小字本岐而为二，不知实一板刻也。

余因学使之言，恐后人之以余藏为出于道州所有者，特再详考而志之，以示后人之搜访者，不致昧其授受源流焉。

东明再笔。

说文解字十五卷 明毛晋汲古阁刻初印本

明虞山毛晋得北宋小字本《说文解字》，改作大字刊行世，颇称善。惜经其子斧季剜改五次，羼入小徐《系传》之文，使大徐真面尽失，遂为乾嘉诸儒所诟病。金坛段玉裁且撰《汲古说文订》以纠其谬，于是毛本为人所轻视矣。然其初印本则源于宋椠，毫无窜易，固不愧虎贲中郎，且极稀见也。

此大兴徐星伯太史松所藏，有太史印记及手跋三行。后归道州何蝯叟学使绍基，辗转而归于余者。检金坛《说文解字注·水部》，"涃，洇水也，从水，因声。"此字《玉篇》及小徐皆作"涃，因声。"《广韵》"洇"、"涃"并收。《集韵》、《类编》引《说文》互异。而今存宋本皆作"洇，因声，于真切"，毛斧季改为"因声，苦顿切"，非是。又检曲阜桂未谷明经馥《说文解字义证·水部》："洇，水也，从水，困声，苦顿切"，云："困，声也。初印本作因，音于真切。宋本小字本、李焘本并同。《集韵》：洇，伊真切，《说文》：水名"云。核之此本《水部》，"洇"字注作"从水，因声，于真切"。知为汲古阁初印未经剜改之本，与桂氏所见初印本同，而段氏所见者为剜改之本。故谓斧季非是也。继检阳湖孙渊如粮储星衍《平津馆鉴藏书籍记续编》，写本《说文解字》十五卷，云："此王兰泉少冠所藏，余影写得之。与毛氏异者:《玉部》'珣'字注，毛本'一曰玉器'，此本作'一曰器'。《牛部》'牿'字注，毛本'《周书》曰，今惟淫舍牿牛马'，此本作'《周书》曰，今惟牿牛马'"云云。检此本《玉部》"珣"字注、《牛部》"牿"字注与孙氏所见毛本不同，而与孙藏影写宋本相合。又可见孙氏所见毛刻亦为已经剜改之本，不如此初印之同于宋本者之可贵也。

毛氏所从出之北宋刻本，余亦有之。《段注》则有大兴手录仁和龚定庵礼部自珍批本及先族祖调笙公评本。桂《证》则有灵石杨氏连筠簃原刻本。安丘王箓友筠《释例》则有写定付刻稿本，经平定张石州大令穆及道州评语者。许氏之学，粗备翰墨，书缘不可谓浅。愧余无学，不能研读，插架尘封，徒饱蟫腹，自幸亦自哂尔。

庚午七月秋，燥灼人有如酷暑，东明挥汗书。

说文释例八册 稿本，王筠、张穆手校

此写本《说文释例》八册，安邱王箓友筠所撰，平定张石州穆为之勘定，以待梓行之稿本也。书中朱笔校字及第五册尾朱笔

跋语六行均为石州手迹。第一册“亦声”类，第三册“籀文好重叠”类、“分别文”类，第五册“读若直指”类，第六册“删篆”类，第七册“存疑”类上，第八册“存疑”类下，有别纸所书凡十三条，均为应补入书中者，则箓友手笔也。中有一条称“淳父夫子以子伯盘拓本命题，筠谨案”云云。淳父为祁相国寯藻字，与程春海侍郎恩泽[1]同直南斋，二人均箓友座师也。原分八卷，改分二十卷，与世行道光二十三年箓友自刻本卷次相同，知此为箓友最后定本矣。

书中别有何蝯叟学使绍基圈点评注，于箓友之说，有以为精审者，有以为舛误者，有删去其大段者。书首护页有学使手跋，署戊辰新正。以伯源孝廉庆涵撰《学使行述》所载生卒年月推之，其时学使年已七十，正告养家居也。学使生平精研金石，工于篆、隶，楷法平原，名重一时。与箓友石州同出祁淳甫、程春泽之门，继承师学，于小学颇有深造。其所评注使箓友石州见之，必有心折以为精当者，亦有争辩而不服者矣。石州于道光末年曾为灵石杨氏校刊《连筠簃丛书》，又与蝯叟同刻《程侍郎遗集》，精于雠校，殆顾千里一流人也。此第一册尾有石州朱笔，记云“第一册共三万五千三百八十四字”一行，盖其时箓友亦以校刻此书嘱之石州。而箓友刻本序中曾未言及，知其有凶终隙末之事矣。然石州于箓友此书参订考证，臂助实多。设非有此本之流传，几不得详考其实。是知箓友没石州之劳，毋乃过矣！毋乃过矣！

《说文》之学显于乾嘉，而以王、段、桂三家为最著。桂氏《义证》其稿亦未全成。道光末年，杨氏刊本为日照许印林翰校，箓友此书亦有印林参证之说。印林亦祁、程门下，与箓友、石州、

---

①此处原误作“程春泽侍郎恩海”，径改。

蝯叟交还甚密，师承沆瀣，于许学多所发明。是知绩学功深，非孤陋寡闻比。则篆友此书又不得谓之一家之学矣。

壬申六月，叶东明。

韵补五卷宋乾道四年刊本

宋武夷吴才老棫著《毛诗古音韵补》，以明古音。朱注《毛诗》多采用之。古音亡佚，存于世者仅《韵补》一书，后来治古音之学者皆从而推阐加密，不敢多所非议焉。崑山顾宁人炎武有《韵补正》一卷，于吴氏此书虽多纠弹攻诘，然其书首引中，安有得如才老者与之讲习之言，盖见仁见智各有不同，不足为才老此书病也。河间苗先露夔笃志顾学，慕才老之书，叹未获见。后从道州何子贞绍基假得之，手自缮录以授灵石杨墨林刻入《连筠簃丛书》。子贞又为搜借各家刻本、写本及大兴侍御所藏汲古阁影宋本参校，语详平定张石州穆所撰重刻吴才老《韵补》缘起。此本即蝯叟所藏，月斋借以据校之宋乾道四年刊本，纸薄如茧，触手如新。明清两代藏书家朱印累累，又不仅以天水旧椠而见重矣。大兴刘氏所藏影本即从此出。此本有毛钤印记甚多，既可取证，复可知毛氏所藏宋元旧刊之稀见者，固无一不有影宋副本，存于天壤间也。蝯叟又藏有元刊八行白口本，亦归于余家，与此可称双璧。物聚所好，信必然矣。

庚午清明，东明叶启发识。

韵补五卷元刊本，张穆手校

道光二十七年，灵石杨墨林《连筠簃丛书》刻吴才老《韵补》

五卷，任校雠者为平定张石州大令穆，而为之搜访各家藏本，以相参校者，则道州何子贞太史绍基也。石州重刊吴才老《韵补》缘起言之颇详，惟其据校本之刊刻年月及其据校本之多寡，未曾缕述也。检书目后有“大清道光廿七年太岁丁未冬十一月，博访各家藏本，精校开雕，平定张穆记”一行，知当时所据非止一本矣。丁卯春间得宋乾道刊本，其书经明清两代藏书家钤印满卷，中有“何绍基印”四字白文，“子贞”二字朱文小对方印。核之杨本不尽相合，盖杨刻据各本参校，不尽依据宋本，宜其中有多于宋本之字者已。唯乾道本，既有何氏印记，则当时必经石州借校，固无疑也。

戊辰三月，又从估人得此本。半页八行，大字无整行，小字双行，行廿字，白口单边。前后无刻书人序、跋，卷一首有“何绍基印”朱文方印，“云龙万宝书楼”朱文方印。书根题“吴才老《韵补》上、下”，字法平原，知为子贞太史手笔。又书中有朱笔校字，亦有朱笔抹记，而无校字者。又下平抄补第三十二页，与家藏旧籍经石州题记、批校者字迹相同，则出自石州手笔矣。然何、张二人均无题记，石州且无印章。因取宋本及杨刻勘之卷首吴域序，殊不知《音韵》之正本“诸字之诸声”之下有朱“——”，宋本作“谐声”，杨刻同。《韵补书目》：“苏内翰，本朝人，轼轼”。上“轼”字朱笔改“名”，宋本作“名”，杨刻同。卷一《上平》“五支”，“咿”下小注“怀音而”，“而”旁朱笔“△“记。书眉朱批云：“怀音回”，宋本作“回”，杨刻作“而”。“九鱼”，“斯”下小注“芦即且，子如切。茧中蛹分蚕，蠕音而”。朱笔于“子”上“切”下、“音”上、“而”下以“一”标记。宋本“且”下“子如切”三字，“蠕”下“音而”二字均小注，直行偏右。杨刻“子如切”、“音而”，均在“形若斯”下。

"十七真"，"萁"下小注"开封五经文字"，封旁朱笔"△"记。眉上朱书"元"字，宋本作"元"，杨刻同。卷二《下平》"一先"，"敦"字下"苏内翰祭同安郡夫"、"母甚敦"，"夫"、"母"二字下均有朱笔"？"记。宋本"夫"下有"人"字，"母"下有"仪"字，杨刻同。卷四《去声》"四十九宥"，"告"下小注"一朝右之"，"右"旁朱笔"△"记，眉上朱书"酬字，宋本作右"，杨刻作"酬"。又卷一"祸"字上，宋本缺"鲨魦疏洒试是哀埃忧思柯毁讳纬淮"十五字。而以"沙"字下小注"山宜切水"四字接于"淮"字下小注"传有酒如淮、有肉如池"之上。杨刻不同宋本，知为石州校刊时所批。故杨刻有与宋本同，而与此本异者，如《序》内"谐声"之"谐"字；《目》内，"名轼"之"名"字；"十七真"，"萁"下小注"开元"之"元"字；"一先"，"端"下小注"夫人"之"人"字，"母仪"之"仪"字是也。亦有与此本同而与宋本异者，如"五支"，"呹"下小注"音而"之"而"字，及"祸"上之"鲨魦"等十五字是也。又有与宋本及此本均异者，如"九鱼"，"斯"下小注"子如切"、"音而"五字之在"形若斯"下；"四十九宥"，"告"下小注"一朝右之"之"右"字是也。按朱笔校字以求之，则一望而知其为以三刻参合互校者。然使非三刻均在，余家则无从定其为石州所校矣。又此本注下"一、二、三、四"等数字，或作黑质白文，或作方口内注数字，或只注数字，殊不一致。宋本则均只注数字，无黑质白文，亦无方口，杨本则全作黑质白文。更知石州曾据此本加以一番整齐也。

此书明时有陈凤梧刊本，分上、下二卷。又有许宗鲁刊本，阳湖孙氏有之。每页十八行，行十七字，书中有"许子曰"云云，均与此本不符。仲兄定侯据上元邓正闇邦述《群碧楼书目》定此本为元刻。又据罟里瞿子雍镛《铁琴铜剑楼书目》定此本为许宗鲁据刻之祖本，考之既审，则无待余之赘述矣。

己巳夏五月，叶启发。

重续千字文二卷 明毛晋汲古阁影宋精抄本

明清鼎革之际，虞山毛氏以藏书、刻书、抄书负一时盛名。观毛扆《汲古阁珍藏秘本书目》，顾湘《汲古阁刻板存亡考》，可以得其大略矣。顾所刻之书虽多不尽依据家藏善本，以意窜改，为何屺瞻、陆贻典、黄荛圃、顾千里所诋諆，然其影抄之本则无不为诸家所称许者。良以子晋父子既富收藏，又精鉴别，影抄底本多出宋元，工雅绝伦，与刊本无异。于是不传之秘帙，得以化身于人间。故毛抄之名，至今尤脍炙人口也。黄氏《士礼居藏书题跋记》五载《孙尚书大全文集》残本三十三卷，影写宋刊本，云：此残宋刻本《孙尚书大全文集》仅存三十三卷，即赵希弁《读书附记》所云《孙尚书大全文集》五十七卷本也。外间传布颇少，余借诸周丈香严处，用旧纸委门仆张泰影摹，两匝月而竣事，藏诸读未见书斋，居然影宋抄本矣。虽不及毛钞之精，而一时好事之所为，以视汲古阁中入门僮仆尽抄书者，其风致何多让焉？可见毛氏抄书之精，虽荛翁亦为心折矣。

此毛氏影宋精抄宋葛刚正《重续千字文》二卷，纸墨抄写无不精绝，即《汲古阁珍藏秘本书目》所载世间绝无之奇书也。有毛氏、席氏及道州何氏印记甚多，知其为名家珍袭得之，足为连厨生色者矣。

丁卯上元，东明叶启发。

经典释文三十卷通志堂刊本，袁芳瑛、庄世骥传录校本

《经典释文》宋椠本，藏虞山牧翁家中，绛云一炬，遂成绝响。康熙间，徐乾学刊单行本，校勘不精，余姚卢抱经学士文弨刊《经典释文考证》，即据各家钞校本以刊正徐刻之误者也。卢刻后附先族祖石君公跋，云从兄林宗借绛云楼藏本影写，书工谢行甫也。余幼时曾为之校勘。至乙巳春仲林宗死，所藏宋名旧本并抄眷未见之书，尽为不肖子孙散没。糕担烟台，往往见之。惟此书尚存，因而留之。检牧翁从子遵王曾《读书敏求记》载陆德明《经典释文》卅卷，云："吾友叶林宗笃好奇书古帖，搜访不遗余力。每见朋友案头一帙，必假归，躬自缮写，篝灯命笔，夜分不休。我两人获得秘册，即互相传录。虽昏夜叩门，两家童子闻声知之，好事极矣。林宗殁，余哭之恸，为文以祭之。此书原本君从绛云楼北宋椠本影摹，逾年卒。叶不惜费，不计日，毫发亲为是正，非笃信好学者孰能之。君殁后，余从君之介弟石君借来，石君卓识洽闻，著史论甚佳，交予如林宗，亦不可谓之两人也。予述此书所自而题语专属林宗，或翼后日君托此书以传，不至名氏翳如，是予之愿耳。"据此则此书宋椠虽为六丁取去，赖吾家林宗公有影写本以传，一线之缕不绝，诚元朗之功臣也。

此本为县人袁漱六太守芳瑛所校，以先族祖林宗公抄本为主，而以卢雅雨、卢抱经、江艮庭、沈嵩门、钱辛楣、陈硕甫诸家校本参校。复命其门人庄世骥以段若膺、臧庸堂两本再勘。太守校用朱黄笔，庄校用墨笔。"春秋卷"首有黄笔勾摹"宋本"二字长方印、"毛晋私印"、"子贞"二方印，尾有"子晋书印"、"汲古

得修梗”二印。又有“国子监崇文阁官书，借读者必须爱护，损坏缺失，典掌者不许收受”长方印，“春秋”、“易”、“书”、“诗”(三)〔四〕种，太守又以宋刻校。“易”、“周礼”、“老子”、“尔雅”四种又以明刻校。前有太守朱笔题诗四绝及庄世骥黑笔跋二纸。庄氏更据家藏本手抄各家跋语，似叶抄本原跋。及叶抄册数、页数附后，今已缺佚。世父以叶抄为石君公抄者，未见后抄跋语故也。书中有“袁芳瑛印”四字白文方印、“卧雪楼袁氏藏书”七字朱文方印及“湘潭袁氏藏书之印”八字白文方印，朱黑校字，无页无之。集宋明旧椠名校各本之大成，又为吾家之先泽，诚秘宝也。

估人先以此书首册送仲兄定侯审阅，索价番饼百枚，已成交矣。从兄某要估人于途中，以重值啖之，估人遂悔前议。世父以二兄争收之故，遂命尚农大兄购之。丁卯春间，尚农大兄尽举观古堂藏书鬻诸沪市，此书亦在其中。以缺佚尾册，久无售者。庚午仲兄避难之申，从坊肆见此，亟以饼金购归。此书之再为仲兄所得，似冥冥中若有主持者。彼虽百计夺取，终未能有之也。从兄某溺于博，藏书及身而散，即使此书为其所得，亦同一丧于盘龙，先泽不得世守，更知长恩有灵，眷恋于余兄弟之华鄂堂也。

甲戌夏五月，启发谨识。

六艺纲目二卷、附一卷 旧抄本，何绍基批校

旧抄本《六艺纲目》二卷，附《字原》一卷，元舒天民撰。《四库全书总目》著录附“小学”之后，谓“六艺”皆古之“小学”。而自《汉志》以后，“小学”一类惟收声音训诂之文。此书转无类可归，故附录于“小学”之末以存古义。《提要》云：“天民此书取《周礼·保氏》六艺之文。因郑玄之注，标为条目。各

以四字韵语括之。其子恭为之注，同郡赵宜中为之附注，均能考证精核，于‘小学’颇有发明”。“九数”一门以密术推，《郑注》颇为详至，以之补正贾《疏》，亦考“礼”之一助也。其书刊于至正甲辰，前有张翥、胡世佐、揭汯、刘仁本四序，皆未言及（疑）〔宜〕中附注事。末有舒睿后序，题“戊辰岁”，已为洪武元年，亦不及宜中，则宜中疑为明人，其始末则不可考矣。

检此本前后序跋，均与《四库》著录之本相同。刘序不署年月，张序题“至正甲辰”，胡序题“至正丁酉”，揭序题“至正廿五年”，恭序则作于“至正丙午”。“丁酉”为十七年，“甲辰”为廿四年，“丙午”为廿六年，则馆臣所谓“刊于至正廿四年甲辰”之语殆不尽然矣。又舒睿跋称：伯父艺风先生纂集“六艺”名曰《纲目》，未行世而殁。其子自谦考订笺注之，名公巨儒历序表章之，约而未克刊行也。戊申春，予假馆于钱氏，以此编示之，三复称叹，遂矢以成其美云云。则天民此书虽有至正诸人之序并未刊行。其侄睿与钱氏始付之梓民，为此书第一次刻本，其时已在明初。宜中附注，则以有其子自谦笺注而后附注之，又在其后，则张胡揭刘序跋中未尝言及，固其宜也。

此本为道州何氏所藏，讹文误字，均经蝯叟以朱笔校正。道光廿八年刘喜海嘉荫簃所刻，及咸丰三年杨以增海源阁刻本，均在此本之后。前无别本，则此抄当源出于其侄睿所刻，无可疑已。江阴缪艺风荃孙于张文襄之洞提督四川学政任内，幕中代撰《书目答问》，以此书列入童蒙幼学各书，跻于王、李《蒙求》、《三才略》之类。不知此书虽为四字韵音，而至正时有人秋闱应举试，尚不了其旨趣者，可见其精博渊深。缪氏仅以为有裨童蒙诵习，则亦浅之乎视之矣。

己卯春分，叶东明。

华鄂堂读书小识卷二

史记一百三十卷 明嘉靖四年柯维熊校刊本

《史记》明嘉靖时仿宋刻本有三，一秦藩刊本、一震泽王氏刊本、一莆田柯维熊校正金台汪谅刊本。世所称柯本者，此本是也。三本行字相同，惟王、柯两本小题、大题略有分别。秦本则以千文分卷为异耳。此书宋时刻本虽多，然以卷帙繁重，流传日久，遂多缺佚。虞山也是翁尝集取宋代诸刻共成一书，大小长短，各种咸备，仿李汧公百衲琴之例，谓之百衲本，开后来重视宋元残刻之先河，可谓好事极矣。迁《史》为乙部鼻祖，家弦户诵，故翻雕之本日益增多。秦藩、柯氏两本则流传甚稀，王本则序跋、碑记多被书估割剜，以赝宋椠。余既得有一序跋、牌记完全之本，藏之先世父观古堂。藏有秦藩残刊，以王氏本凑配。唯柯本则久未得，颇萦系于心也。

庚午季秋，茗估柳姓从西乡黄姓家收得书籍数橱。黄为道州何子贞学使绍基姻戚，曩闻人言学使后人曾以家藏旧籍寄存其家，被其干没，经涉讼不直，知其中必有可取者。亟往检观，果获此本。版式较王本阔大，字体亦稍丰腴，犹有明正统、成化刻书余韵。中有“大兴朱竹君筠少河”、“锡庚父子”、“徐星伯松”及“何氏”印记。柳估之知余必欲得此，索值番饼二百元。余于明代合刻之书，每喜兼收并蓄，以待比勘，虽重价不惜也。遂如值取归，今而后柯、王两本华鄂堂均得而有之，良足深幸矣。

（幸）〔辛〕未三月朔日，东明记。是日为余生辰，马齿又增，而学业不进，殊自愧也。

史记一百三十卷 明嘉靖乙酉王延喆刊本

明嘉靖乙酉，王延喆刊《史记》，见于藏书家志目者，其序跋、刊书牌记皆剜割不全。盖王从宋绍兴三年两浙东路茶盐司本翻雕，椠法精美，行款与宋本无异。故书贾作伪，恒以之赝充宋刻，遂致其本无一不肢残体断也。辛酉夏月，从坊肆得道州何子贞太史绍基家藏孙氏《平津馆鉴藏书籍记》。偶一检阅，其卷二《明版类》载有《史记》百三十卷，云：小题在上、大题在下，前有裴骃《史记集解序》、小司马《补史记序》、《史记目录》一卷、张守节《正义论例谥法解》一卷、小司马《三皇本记》一卷。《史记》列传各本俱以《伯夷》为第一。此依正义本以《老子》为第一。每页廿行，行十八字。每卷后或注"史计若干字"，"注计若干字"。宋讳俱缺笔，系明人依宋重雕本。裴骃《集解序》后、《史记目录》后俱有补痕。前有木印以记刻书人年、月、姓名，为书估剜去云云。眉上有太史朱批，云此即明震泽王氏重刻宋本。知太史家藏必有王本，当是未经剜改之本也。估人卢桂生时往来太史曾孙诒恺家，因嘱其留心物色之，己巳春暮，果从其家持出此本见示。翻阅之，《集解序》后"震泽王氏刻于恩裒四世之堂"篆文，《史记目录》后"震泽王氏刻梓"篆文木牌记，《索隐后序》尾"王延喆识于七十二峰深处"云云，楷字七行均全。印刷精朗，固王本，《史记》中不可多得者也。亟以重值购之。至此书之为明仿宋精善之本，已尽人皆知，无待余之词费矣。

庚午冬十二月呵冻记，东明。

三国志六十五卷宋衢州刊本

宋衢州刊本《三国志》，六十五卷。经明嘉靖万历二次补刊，每半页十行，大十八九字，小二十一二字不等。三志前均有目录，分上、中、下卷。书中补刊各页口上有“嘉靖八年”、“嘉靖九年”、“嘉靖己未”、“万历十年补刊”字。唯己未所补者，口下有“监生李云芳”、“盛世皋蒋贤刊”，姓名首有“万历十年补刻”。元大德丙午桐城朱天锡跋云：“江左宪台命诸路学校分派十七史锓梓池庠，所刊者《三国志》。池之为郡，士类率多贫窭，是举几致中辍。总管王公亢宗、郡博士孔淳孙式克奉命，以底于成”云云。则是元大德时，池州有刊本矣。检此本卷十九、廿三、廿七、三十五后有“右修职郎衢州录事参军蔡宙校正兼监镂板”，及“左迪功郎衢州州学教授陆俊民校正”两行。卷十四、二十、二十一、二十八、三十、六十四各条亦均有此行。然皆为嘉靖万历所补刊者。盖补刻时一仍宋板旧式，无所改易，非明刻有此两行也。独山莫子偲友芝《郘亭知见传本书目》，《三国志》六十五卷，云：“天一阁有元大德丙午朱天锡刊本。”又云：“元刊本半页十行，行十九字，注廿二、三字不等。”又云：“明嘉靖蔡宙等刊本，盖所见即此刻，为嘉靖修补后印行之本。”因补刊页口上有“嘉靖补刊”字样，页中又有“蔡宙”等衔名，遂误以为明刊矣。又因此本前有大德朱天锡序，遂又以此本行款为朱刻行款，均未细审之过也。然大德朱序非此本所应有，则不解何以羼入。岂当时池州郡庠并未别刻，即以宋版补全印行而加入朱序，遂为明时补板所沿袭耶？抑池州所刻沿出衢本，仿其行款，序与全书不一律耶？是又有待他日之补考以证之矣。

己卯夏避兵乡居，东明漫记。

旧唐书二百卷

明嘉靖十七年闻人诠刊本，石君公手校

明闻人诠刻《旧唐书》，世称为善本者，以其源出宋两浙东路茶盐司本。其实当时仅据残宋本重刻，又有所窜改，不足贵也。据诠序称督苏庠司训沈桐校刊之，则是沈桐所刻，诠不过为之序耳。家藏闻人诠本，《艺文类聚》前有诠序，又有胡缵宗序及陆采跋。胡序称吴郡陆君子玄惜其残剥，为之锓梓。陆跋谓是书之刻，可泉胡公实主之，则是胡陆二人所刊，亦诠为之序，非诠所刻矣。又藏明常州刻本《仪礼注疏》，世亦称闻人诠本。其书首题“闻人诠校正，应槚刊行”，则又非诠所刻矣。检朱彝尊《静志居诗话》十二“闻人诠”云：“诠，字邦正，余姚人。嘉靖丙戌进士。除宝应知县，擢山西道御史，巡视两关。历湖广按察副使。”又云：“邦正著录《阳明之门》，撰《饮射图解》，又雕刘昫《旧唐书》行世，津津好古，不易得也”云云。是知诠在明嘉靖间，科名显达，风雅好事。故沈桐、胡缵宗、陆采、应槚诸人刊刻书籍，均倩其列名校正，弁序卷端，犹之清康雍乾嘉刻书，必标题某中丞鉴定，以示尊重者。其势利之见，固今古一辙也。

此书经先族祖石君公以示乐楼抄本勘校、正讹、补脱，无页无之，丹黄满纸，题跋至再，手泽留遗，自当世守。他日倘得付之手民，使尽人皆不惑于闻刻善本之言，则固后生之责也。家藏别有一本，有“浦江周心如纷欣阁藏”印，后归道州何文安凌汉[1]，经子贞学使绍基手批圈读，评语多论文，不若此本之为校抄有日思误书，自是一适之足珍贵矣。

戊寅十月，茅园派裔孙启发谨志。

此书宋刻，吴门黄荛圃主政丕烈有残本三十二册，见所撰《求古居宋本书目》。《百宋一廛赋》注云："残本刘煦等《唐书》，每半页十四行，行二十五字，仅存《志》十一至十四、二十一至二十五、二十八至三十，《列传》十五至二十八、三十八至四十七、五十至六十、七十八至八十三、一百十五至一百十九、一百二十九之一百三十四、一百四十下至一百四十四上。凡六十七卷有零，每卷末有题名云'左奉议郎充绍兴府府学教授朱倬校正'，又有校勘人题名四行，文繁不录。覆本在明嘉靖时不特多误，抑神气索然矣"。其本后归汪阆源士钟艺芸精舍，汪藏再散其一百四十下至一百四十四上五卷，归于昭文张氏。见《爱日精庐藏书志》云：每卷末均有"右奉议郎充绍兴府府学教授朱倬校正"一行云云。馀则不知其流于何所矣。

石君公据校之本存《本纪》一至二十、《志》十四至十八、又二十一，《传》一至廿二、四十二至六十九、九十六至百零四，共九十九卷，较黄藏多三十余卷。黄藏亦有此本所无，可以补勘者。《志》十一至十三、二十一至二十五、二十八至三十，《传》三十八至四十一、七十八至八十三、一百十五至一百十九、一百二十九至一百三十四、一百四十下至一百四十四上，共三十七卷。合两本，则宋椠所缺不过三分之一弱矣。惜未能并得而校之，使闻刻窜削校勘衔名、改易字句之失，一览而无余，岂不大快事也耶？

---

①凌汉，原作"灵汉"。

然石君公据校之抄宋本，较各家所藏为多，且《本纪》、《志》、《列传》后，校勘人一行各自不同。宋本真面未失，固世间不传之孤本也。且可以知黄张两家所云各卷末均有“左奉议郎朱倬校正”一行及校勘人题名四行者，均仅据其所有残本而推测言之，固不免失之臆断也。杯棬世泽，秘笈鸿都，此本兼之。则余不敢不视同泰山瑰宝矣。

戊寅十二月立春日，启发再识。

旧唐书二百卷明嘉靖十七年闻人诠刻本，周心如、何绍基批校

《旧唐书》二百卷，明嘉靖十七年闻人诠刻本。每半页十四行，行二十六字。前有闻人诠刻旧唐书序，文徵明重刊唐书序及嘉靖十七年杨循吉旧唐书重缕纪勋序。据诠序称：吴令朱子得《列传》于光禄张氏，长洲贺子随得《纪》、《志》于守溪公遗籍，俱出宋时模板，乃督同苏庠严为校刻。司训沈子独肩斯任，肇工于嘉靖乙未，卒刻于嘉靖戊戌云。则是诠得宋本配成全帙，据以付刻也。又据文序称，是书尝刻于越州，卷后有“教授朱倬，名倬，忤秦桧，出为越州教授，当是绍兴初年，今四百年矣”。先是书久不行世，无善本。沈君仅得旧刻数册，较全书才十之六七，于是遍访藏书之家，残章脱简，悉取以校阅云。再检杨序亦称此本故有刻本在吴中，惜亦未全。提学侍御闻人公慨然欲授诸梓，择可托者，得苏学司训沈君授之，俾董厥事，且命广搜残逸，足其卷数云云。更知所据为宋绍兴越州州学朱倬等所刊之本，不得其全，沈桐更以他本足之也。

检阳湖孙渊如粮储星衍《平津馆鉴藏书籍记·明版类》，云：

《旧唐书》二百卷，题“监修国史推诚守节保运功臣特进守司空兼门下侍郎同中书门下平章事上柱国谯国公食邑五千户实对四百户臣刘煦等奉敕修，皇明奉敕提督南畿学政山西道监察御史余姚闻人诠校刻，苏州府儒学训导门人嘉兴沈桐同校”。前有闻人诠序，又有嘉靖十七年杨循吉序、文徵明序，并惠借藏书、捐俸助缮、分番校对、出资经费姓氏。每页廿八行，行廿六字。吴门黄荛圃孝廉所藏有不全宋本，每页廿八行，与此本同。知粮储所藏亦即此本，唯多惠借藏书、捐俸等姓名，盖此本佚脱耳。又检钱辛楣宫詹大昕《竹汀日记钞》：“黄荛圃斋中见宋刻《旧唐书》不全本，每卷后有‘右文林郎充两浙东路提举常平司干辨公事校勘’字，卷首有朱印‘绍兴府镇越堂官书’八字。每页廿八行，与闻人本同，盖即从此本翻雕也。”因检黄荛圃《求古居宋本书目》载：“《旧唐书》残本三十二册”。再检《百宋一廛赋》注云：“残本刘煦等《唐书》，每半页十四行，行廿五字，仅存六十七卷有零，每卷末有题名云‘左奉议郎充绍兴府府学教授朱倬校正’。又有校勘人题名四行，文繁不录。”予跋之曰：题云《唐书》者，煦等撰时本。然盖欧宋《新唐书》未盛行之先，无旧称也。覆本在明嘉靖时不特多误，抑神气索然矣。核之此本，唯《列传》卷第廿五后有“右文林郎充两浙东路提举茶盐司干辨公事苏之勤校勘”一行，则闻氏校刻此书所据宋本与黄氏所藏同为绍兴越州州学朱倬等校刊之本，唯每卷削去校勘人姓名一行耳。其廿五、廿六字之不同者，则宋刊行字本多参差不齐，闻氏已经整齐一番，非宋本之旧式矣。

家藏先族祖石君公万手校本其底本即为此刻，所据则明陈察至乐楼抄本，源出宋椠，其书亦不完全。石君公仅就其存者校之，全书《本纪》一至廿，《志》十四至十八、二十一，《列传》五十

一、五十九、六十二至六十九，各卷后均有“右文林郎充两浙东路提举茶盐司干办公事霍文昭校勘”一行。《列传》一至三十二、四十二至五十、五十三至五十六，各卷后均有“右文林郎充两浙东路提举茶盐司干办公事苏之勤校勘”一行。《列传》五十七、六十、六十一，各卷后均有“右从政郎绍兴府录事参军徐俊卿校正”一行。《列传》九十六至百零四，各卷后均有“右奉议郎充绍兴府府学教授朱倬校正”一行。经公一一补写，其馀为抄本缺卷则未据校，亦未补写校勘衔名。全书讹文误字，无页无之，皆经公以朱黄两笔逐一勘正。知闻氏此刻虽源出宋椠，而不免明人陋习，多所改易。然竹汀、荛圃谓每卷末皆有朱倬题名及校勘人四行者，其言亦有所衍误矣。石君公校本《本纪》第十四后，闻刻原有“霍文昭校勘”一行，唯“提举茶盐司”，“司”为“事”，经石公以朱笔校正。此本并此行而无之，不知何以忽于刻成后又剜去也。

此本递藏浦江周心如为汉、心渠兄弟及道州何仙槎凌汉、蝯叟绍基父子家中，心如有墨笔题识谓“此书刻殊不精”，中有其朱笔校改之字，盖亦经细勘，故云然也。更有墨笔圈读、评点，则蝯叟之笔，多读书论文之语，意各有别矣。刘氏《唐书》因欧书一出而久晦。宋本流传早成残璧，赖闻氏此刻得以延一线之缕，则亦不可厚非，余之一再收储此本，亦尤斯意云尔。

庚午冬十一月，东明摇笔书于朴学庐。

汉纪三十卷、后汉纪三十卷 明嘉靖戊申黄姬水刊本

前后《汉纪》，宋时初刻于祥符，再刻于天圣，三刻于绍兴，皆无传本。此明嘉靖戊申黄姬水所刻，每半页十一行，行二十字。

《前汉纪》首有荀悦序及黄姬水刻两《汉纪》序。《后汉纪》首有袁宏序。黄序云："两《汉纪》刊布弗广，遂致湮晦。昔大复何舍人得荀氏书抄本于徐太宰家，刻于高陵，泾野吕公序之。往时先子曾于云间朱氏览宋刻本，惜未祁借。后不逾月，有持一编售者，则朱氏本也，先子倾囊购焉，辄复梓行。"是黄刻之先已有何大复刊本，吕泾野序之，即世所称吕柟刊本也。

《四库全书总目》著录《汉纪》三十卷、《后汉纪》三十卷，安徽巡抚采进本，《提要》云："考李焘所跋，自天圣中已无善本。明黄姬水所刊亦间有舛误。康熙中襄平蒋国祥、蒋国祚合刻后，附《两汉纪字句异同考》一卷，今用以参校，较旧本完善焉。"检阳湖孙氏《平津馆鉴藏书籍记·明版类》，《汉纪》三十卷，题荀悦著，吕柟校正，目录后有悦序，前有何大复序，称是书余得之侍读徐子容氏，世无刻本。余至关中，泾野子吕仲木氏移书求之，乃遂请吕子校正而付高陵令翟清氏刊布焉。"序末年、月、姓名已为书估剜去。此书近世有蒋氏刻本。《高帝纪》："萧何无有汗马之功，徒持文墨议论而已"，《史记》、《汉书》皆作"文墨"，蒋本改作"文物"。《宣帝纪》："昔周公躬吐握之劳，故有周室之隆"，蒋本反据俗本《汉书》改"周室"作"圉空"，皆不及此本每页廿行，行廿四字云云。核之此本《高帝纪》作："徒持文物议论而已"，《宣帝纪》作："故有周室之隆"，则吕蒋二本及此本互有长短矣。然吕刊源出抄本，蒋刊参合校改，似均不如此刻之源出宋本之一仍旧式者，尚不失其真也。

此本为行人司藏书，有"行人司图书记"朱文长方印。元和顾千里徵君广圻所藏归于吴门黄荛圃主事丕烈，征君、主事均有题字，又有履卿手跋，则咸丰时又递藏元和韩氏宝鼎山房矣。辛未十月仲兄得之长沙书坊，上距黄、顾庋藏之时，花甲不及两周而已，四易其主，云烟过眼，他日更不知流落何所矣。

壬申四月二十日，东明笔记。

古史六十卷宋衢州小字本

有清道咸之间，道州何子贞太史绍基以书名重海内，而其藏书之富，人多不知，殆以一善掩众长也。余年方弱冠，即从坊肆游见其家藏旧籍，落于估人之手者，有《丰城游》明仿元中统本，《史记》大兴翁方纲手校本，《石刻铺叙》卢抱经、黄荛圃校，宋本《周礼注疏》。以见闻不周，吝值而交臂失之，至今时念念于心也。丙寅丁卯之间，太史曾孙诒恺移寓省垣，染阿芙蓉癖甚深，又沉溺醉乡，陆续举其先世所藏者，售金以资所费。余兄弟每于估人手见其家藏旧本，必倾囊金购归。先后所得，以宋椠《宣和书谱》、《韵补》、《梦溪笔谈》、毛抄《重续千字文》为最，其馀元明旧椠、批校稿本不下五千卷也。

此宋刊小字本《古史》六十卷，亦太史旧藏，每半页十四行，行廿四、五、六字不等。板心以干支分册，卷七后有“左迪功郎衢州司户参军沈大廉同校勘”一行。卷十六后有“右修职郎衢州录军参军蔡宙校勘兼监镂板”一行。宋讳缺笔，不甚谨严，板口大小参差，黑口白口又未齐一。刊工姓名亦或有或无，而全书则固欧体绝精也。检阳湖孙渊如粮储星衍《平津馆鉴藏书籍记·明版类》，《古史》六十卷，分《本纪》七、《世家》十六、《列传》三十七。小题在上，大题在下，前后有苏氏原序志，审其纸板，当是明嘉靖以前所刊。后有缺页又补成之大字本，每页廿二行，行廿二字。又检莫友芝《郘亭知见传本书目》，《古史》六十卷，傅沅叔学使年伯增湘批注云：“丁巳得宋刊本，十一行，二十二字。板心甚大，记字数、人名。以干支记页数，有明补板”云云。行款均与此本不同，且均经明代修补，非此本矣。唯《天禄琳琅书目》归安陆心源仪顾堂所载，宋小字本与此本相合。因知此书宋时本有二刻：一为大字，每半页十一行，行二十二字，其板至明代犹存，南监修补印行，孙、傅所见者是也；其一即此小字本。二本板心均以干支分册也。

家藏有宋衢州刻本《三国志》，卷十九、二十三、二十七、三十五后均有“右修职郎衢州录事参军蔡宙兼镂板”一行。其十四、二十、二十一、二十八、三十、六十四各卷亦同。唯此数卷口上有“嘉靖九年”、“嘉靖己未”、“万历十年补”，口下有“监生曾一跃”或“盛世皋刊”字样。盖其时补板者，沿其旧式未改，而藏书家往往因补刊之页有校勘镂板一行，不加细审遂误以蔡宙为明人。而《郘亭书目》竟云“明嘉靖蔡宙”等刊本，亦不考实之过也。是知板本之学非目见原书，仅凭记载，未有不为耳食之言所误者矣。

己巳端午日，东明坐宝书阁漫记。

汉隽十卷元延祐庚申刻本

《汉隽》十卷，元延祐庚申刻本。每半页九行，行大字，无整行。小字双行，每行三十字。上下大黑口，首行大题“汉隽卷第几”，次行即接本卷篇名，不著撰人名氏。前有绍兴壬午括苍林越序，后有延祐庚申袁桷后序。全书唯序及目录页数各自起讫，余均通连编次，计百四十六番。检《四库全书总目·史抄类存目》载《汉隽》十卷，江苏巡抚采进本，《提要》云：“宋林越撰。按陈振孙《书录解题》载此书，卷数与今相符，而注称‘括苍林钺’。《处州府志》亦作‘林钺’，未详孰是也。其书取《汉书》中古雅之字，分类排纂，为五十篇。每篇即以篇首二字为名，亦间附原注。前有绍兴壬午越自序称，大可以详其事，次可以玩其词。然割裂字句，漫无端绪，而曰可详其事，其说殊夸。后有延祐庚申袁桷重刻跋，称《汉隽》之作，盖为习宏博便利，斯为定论矣”云云。核之此本，前后序跋均同《四库》所著录者，即此本也。罟里翟氏《铁琴铜剑楼藏书目录》，宋嘉定辛未赵时促刻本，行款、标题均与此同。《自序》“林钺”，不作“林越”，盖此本即从其本翻雕也。然证以陈振孙《直斋书录》、《处州府志》及宋刊本之作“林钺”，则此本固不免失之矣。此书明代有吴氏、吕氏及凌濛初文林绮绣三本。凌刻后附凌迪知续六卷，改名《两汉隽》。言明人刻书多不足据，世无宋刻，则此元椠，元印不可等夷视之也。

丙寅仲秋，叶东明。

皇明历科状元录四卷明隆庆刊本

昔南宋《绍兴十八年题名录》，以朱子大儒名列五甲流传，盛行后世。《宝祐四年登科录》则以文天祥、谢枋得、陆秀夫三人一榜，三忠见称。士林大（氏）〔氏〕科名以人重，人固不必依（籍）〔借〕科名重也。使两录无朱、文、谢、陆诸人，则同科士子之姓名早与草木同腐，安有好事者为之刊行附骥，以传于后耶？此明隆庆间，吴郡陈子兼鋈集刻《皇明历科状元录》四卷，每半页九行，行二十字。前有吴江徐师曾序。书序首附《元朝历科状元姓名》，次附《历科状元之改官晋位》。年少有谥者，各若干人。历科状元始洪武四年吴伯宗，终隆庆五年张元忭。凡六十五人，各为一编。其当时史志、传记有关于其人生平事迹者，悉采以附入，而注明其原引书名，颇足以资考。索各卷页次，常有重叠及合并者。卷末“隆庆二年罗希化”一编尚留墨钉。“隆庆五年张元忭”则有目无篇，知即其时随补随刻，增删未定之本也。

明制最重科目，士不由科目进者不能预廷推。士大夫一生发轫之始，胥在于斯。陈氏此录，其亦斯意也乎？然崇万末季，则君子道消，小人道长，阉党立朝，依阿取悦。鼎革之际，不矜名节，觍颜屈膝，以求富贵。苟非中有贤者，扶植纲常，临难死事，垂名青史，势将讥谓科目，无人是知。设科如举纲，不能尽得鲂鲤也。此录六十五人中，如（商）〔商〕素庵辂、吴匏庵宽、康对山海、吕泾野楠、杨升庵慎诸人，均以文学显著于世。虽未尝以科名见重，而朝廷功令固未容轻视焉。惜此录所载均系历科状元，不及同榜之人。又中无足以继美朱、文、谢、陆者，固不如宋代两录之起人孺慕，又可资以旁征者矣。明吴郡陆文量《菽园杂记》载：“正统丙辰，状元周旋，温州永嘉人。闻阁老预定第一甲三人，俟读卷时，问同在内诸公云：‘周旋仪貌如何?’，或以‘丰美’对，阁老喜，及传胪，不类所闻。盖丰美者，严州周瑄听之不真而误对耳”。乃知人之祸福固非偶然，然亦有如此者，真所谓命也。此书引《菽园杂记》甚多，独此条未及采入。盖陈氏辑录时不免挂一漏万矣。书中有“延陵季子”及“芸晖阁藏书”两朱文方印，未谂其人，俟再考之。

壬申八月，东明坐宝书室漫记。

太平寰宇记二百卷旧抄本

此《太平寰宇记》二百卷，宋乐史撰。卷首有“楝亭曹氏藏书”六字朱文长方印。盖康熙间曹子清通政寅家藏旧抄本也。又有“长白敷槎氏堇斋昌龄图书印”十二字朱文方印，则又经堇斋学士昌龄收藏者。堇斋为楝亭之甥，楝亭藏书尽归所有。各书所见二家收藏印记，大半连属相钤。又有“大兴朱氏竹君藏书之印”十字朱文方印，则笥河学士筠藏书印记也，后为道州何子贞学使绍基所得，书面副纸及书根均经学使手书题字。余从其后人得之，原缺第四卷及第一百十三至第一百十九卷，共八卷。考乾嘉以来各藏书家志目所载，此书均旧抄本，缺佚之卷亦同。唯虞山钱遵王曾《读书敏求记》有二百卷足本。然不知流传何所，缺佚与否，无可取证也。

检《钦定四库全书总目》，著录《太平寰宇记》一百九十三卷浙江汪启淑家藏本，《提要》云：“所阙自百十三至百十九卷，仅佚七卷。又每卷末附校正一页，不知何人所作”云云。较之此本，多佚四卷，一卷至末附校云，则此本亦有之。又检王文简士祯《居易录》十二云：“《太平寰宇记》□百□□卷，宋乐史撰，世无刊本，予家有写本。阙七十余卷，竹垞尝借抄之。又借徐氏藏本补足六十余卷，尚阙第四卷及百十三卷至百十九卷，仅阙十卷。金陵焦氏有宋刻本，今归昊庐泽弘侍郎”云。再检竹垞太守彝尊《曝书亭集》，是书跋云：“《太平寰宇记》二百卷，《目录》二卷，宋朝奉郎太常博士乐史撰。康熙癸亥，抄自济南王祭酒池北书库，阙七十余卷。后二年，复借崑山徐学士传是楼本缮写补之，尚阙《河南道》第四卷、《江南西道》第十一至十七卷。闻黄岗王少詹购得上元焦氏所藏足本，及询之则卷数残阙同焉。”按此本今归常熟瞿子雍镛，详载所撰《铁琴铜剑楼藏书目录》。偶读李文藻侍郎南涧《琉璃厂书肆记》云：“楝亭掌织造、盐政十余年，竭力以事铅椠，又交于朱竹垞。曝书亭之书，楝亭皆抄有副本。以余所见，如《石刻铺叙》、《宋朝通鉴长编纪事本末》、《太平寰宇记》、《春秋经传阙疑》、《三朝北盟会编》、《后汉书年表》、《崇祯长编》诸书皆抄本”云云。据此则此本为楝亭抄自竹垞。朱氏竹垞则合王徐二家藏本，凑配移录，其原委固甚明晰也。

乐氏此书合宋代舆图所逮，寻究始末，采摭繁博于历朝人物，古迹题咏，悉行详载，开后来方志之例，与《元和郡县志》、《舆地纪胜》并传。乾隆中有乐氏刊本，又有江西万廷兰刻本及活字本。皆剞劂不精，互有脱误。万本臆改尤甚，均不及此抄本之少舛谬也。缺佚之卷，光绪中，黎莼斋星使庶昌得日本旧家所藏宋刻残本，摹刻于《古逸丛书》中。余并拟觅单印本附后，以成全璧云。

岁在庚午，叶启发东明记于华鄂堂。

舆地纪胜二百卷影宋抄本，张穆手校

影宋抄本《舆地纪胜》二百卷，缺三十二卷。前有李德王象之序，曾巧凤札子。经平定张石州穆藏校，有“穆”字朱文圆印，“张穆印信”、“月斋藏书”对方印诸印记。此书《四库》未收，阮氏曾进呈，见《研经室外集》。阮云：《四库》未著录，惟有《舆地碑记》四卷，云象之，金华人，尝知江宁县，所著有《舆地纪胜》二百卷。今未见传本，此即其中之四卷。今于江南得影宋抄本二百卷，前象之有自序。象之，东阳人，略云：余披括天下地理之书，参订荟粹，每郡自为一编，以郡之因革见之编首。而诸邑次之，以及山川、人物、诗章、文翰皆附见焉。东南十六路则效范蔚宗《郡国志》条例，以在所为首。而西北诸郡亦次第编集。今考其成书之年，在宋嘉定十四年。故其所指“行在所”，以临安府为首，而一切沿革，亦准是时。又宫阙殿门，“寿康宫”下，引《朝野杂记》云：“宁宗始禅”云云。则是作序在嘉定，全书之成又在理宗时矣。是书自卷一《行在所》起至《剑门军》讫，共《府》二十五、《军》三十四、《州》一百零六、《监》一。共府、军、州、监一百六十六，内或有一府一军而分为上下二卷，故与总数不合。其卷首全阙者，自十三至十六，又自五十至五十四，又自一百三十六至一百四十四，又自一百六十八至一百七十三，又自一百九十三至二百，共阙三十二卷。至其余各卷内之有阙页，皆注明于目录卷数之下云云。核阅此本，阙卷均同，阙页注目录卷数之下亦同。盖缺佚出自宋刊，固无由得其全者也。此书宋本见于虞山钱遵王曾《读书敏求记》，后不知其所归。尤幸有此影本之仅存，是固当与毛抄影宋同，其珍贵矣。

戊寅腊八日，东明记。

朝邑县志二卷 明正德己卯刊本

有明关中舆记之书，以简详见称于世者，推康海《武功》、韩邦靖《朝邑》两县志为最。论者谓《武功》体例谨严，源出《汉书》。《朝邑》笔墨疏宕，源出《史记》。故无从轩轾也。康书以后来志乘多所取法，传刻尚多，故藏书家尝有著录者。此《志》则各家志目罕见，记载仅黄虞稷《千顷堂书目》有之，而不详纂修刊刻年代，当是未见原书，以传闻入录也。辛未五月，从道州何氏得此《志》，有正德己卯康海、吕楠、邦靖三序，王道后跋，知系其时王氏作令朝邑，乞邦靖重修而付之梓民者。《四库全书总目》著录，《提要》称：“康志有正德己卯刻本”，据此则康、韩两《志》均经同时刊行矣。

光绪丙午，先世父从县人袁漱六太守芳瑛卧雪庐得明唐霁轩刻《三辅黄图》，藏之越二十年。丙寅，仲兄定侯得孔文谷所刊《西京杂记》。据《黄图》序首谢少南引，知二书系同时合刊，唐孔各任其一者。先世父遂以《黄图》赐仲兄，使成双璧。余今得此《志》，侈心顿萌。他日安得康志，合而藏之，亦如《黄图》、《杂记》之为延津剑合也耶？

戊寅冬十一月，东明炙研记。

水经注四十卷孔氏微波榭刊本，李鼎元批校

地理水道之书，《山海经》而后首推《水经》，更有郦道元《注》以辅之，益相得以彰矣。《水经》原"水"一百三十有七，《注》中又得一千二百五十有二。经流原委，一目瞭然。宋代以降，阙失甚多，《崇文总目》所载"已佚五卷"，今本仅存原"水"一百廿有三，后人强分为四十卷，以符原数，非旧第也。迄至明季，传刻颇多，黄省曾、朱谋㙔两本其最著者也。然黄刻则沈炳巽据以集释订讹，朱笺则赵一清援而注释刊误。此外归有光、赵琦美、冯梦祯、黄宗羲、顾炎武、姜宸英、何焯、全祖望、孙星衍校芟补正之本，流传者更仆难数焉。盖此书之《经》、《注》混淆，阅时已久，讹文脱简由来有自，传刻之本愈多，辩证之文日盛，治丝益棼，欲求一举而排陷廓清，盖戛戛乎其难矣。

乾隆乙酉，休宁戴东原震校注《水经》，刊于浙东，未成全帙，奉诏入京与修《四库全书》，又复从《永乐大典》中辑得《水经》郦注，补其阙漏，删其妄增，正其臆改，活字排印编入《武英殿聚珍版丛书》印行后，又略有改定。虽未能尽善尽美，然

披荆斩棘，固优于其他刻本矣。然戴氏校改多与赵注相同，所引宋本又与朱笺相合。赵朱两本均经采辑进呈，乾嘉诸儒遂有戴窃赵注，更掠朱笺，借大典、宋本以为饰词之说。戴氏与修《四库》，身入词林，东观之书任其饱读，大典宋本岂容未见，则莫须有之词未能据为定谳也。

此孔继涵微波榭据戴氏改定本所刊行，经棉州李墨庄太史鼎元批校之本，朱墨两笔评注甚多。戴序书眉有太史评语谓："水之所经，皆宜有正文。此书率多入注，仍须细订。"又谓："郡县多经王莽改易，不得据'小广魏'、'魏宁'二条孤文以为确证。"《河水》三后有太史跋语谓："东原此书中有显为正文而误入注者，须于汉魏晋三书地理著一详考，老矣，不能再为订正"云。又云："凡水之大小所经皆已记出。知余亦费苦心耳。"可见太史于此书之用心审慎，矻矻点定，不惮其烦。又绝无排斥前人，妄自夸诩之语，尤可见前辈之虚心劬学，非后人所可望其肩背也。太史足迹半天下，身所经历据以校注之资，既不空疏，复非稗贩，固桑、郦之功臣，戴氏之诤友也。使东原见之，不知又如何心折矣。然此书之迄无定本，聚讼纷纭，则仁智之见不同，是又在读书者之细心领悟，而慎其所择取焉尔。

癸酉谷雨，华鄂堂主人跋尾。

崇文总目一册秀水朱氏传抄天一阁抄本，朱彝尊、翁方纲抄校

《崇文总目》一册，秀水朱竹垞检讨彝尊从四明范氏天一阁藏本传抄。后有康熙庚辰九月竹垞老人手跋。书中有朱笔校字，所据多为史志及《永乐大典》。各书又有"△"、"O"二种标记，

护页有朱笔一行云："《永乐大典》，王尧臣、欧阳修《崇文总目》六十六卷。下引《直斋》一条、《通考》一条、《夹漈》一条。"又另行云"O者，马考；△者，他书"。亦检讨手笔也。检《四库全书总目》著录《崇文总目》十二卷，永乐大典本，《提要》云："宋人官私书目存于今者四家，晁氏、陈氏二目，诸家（籍）〔借〕为考证之资，而尤袤《遂初堂书目》及此书则若存若亡，几希湮灭。此本为范钦天一阁所藏，朱彝尊抄而传之，始稍见于世而无序释。彝尊《曝书亭集》有康熙庚辰九月作是书跋，谓欲从《六一居士集》暨《文献通考》所载，别抄一本以补之。然是时，彝尊年七十二矣，竟未能辨也"云云。则检讨此本，馆臣固已见之，因其有目而无序释，不能复还尧臣旧观，而检讨所拟补辑之本亦未成书，遂别从《永乐大典》采辑成书，厘为十二卷，著录于目也。

又检《曝书亭集》中跋《崇文总目》，有"归田之后，以语黄岗张学使按部之日传抄寄余"之语。则检讨所据校之永乐大典本，即张氏为之从内府抄出者矣。检讨以康熙己未举鸿博，召试授检讨，入直内庭与修《明史》。全史体例，皆其一手裁成，以抄书为掌院学士牛钮所劾夺职，再起再黜，盖其一生萃力于搜访旧籍，不以官禄萦绕于心。所抄之书，半多秘帙不传之本，后世赖以辗转传布。观王渔洋士祯《居易录》、李南涧文藻《琉璃厂书肆记》、王兰泉昶《蒲褐山房诗话》所载，可以知其大略矣。又书中夹有纸条云："吴碑留下，谢谢。阙井铭。孙诗尊摹三件并缴《斜川集》后二本一并送上，乞检收，并侯，不一。"下钤"岁次己巳"四字白文方印。考钱竹汀大昕《疑年录》，朱锡鬯八十一。彝尊明崇祯己巳二年生，康熙四十八年乙丑卒。则"岁次己巳"一印必为检讨所钤，隐切具寅降之辰。其纸条则当是还书他人之小启，还瓻之使未行而随手夹入者矣。书衣有分书“崇文总目”四字、楷书“天一阁抄本”五字。书后有墨笔二行云：“高似孙《纬略》云，以《崇文总目》言之，李善注《文选》，固在五臣之前。此乃云因五臣而为注，非也。《三茅君内传》，曰唐李遵撰。遵非唐人也，固有差舛如此者。”书法欧书《化度》，则翁正三阁学翁方纲手笔，书中页次亦经阁学编定。全书凡九十五番，间有朱墨两笔。校字不多，以其与检讨手笔不同，固不难于辨别。而检讨手笔亦有早年晚年之分，非多见二家手迹者，自不易确认也。且所记皆驳正尧臣序释之谬误，非留心考据者不能有此精炼语也。

家藏检讨、阁学二人批校抄本者甚多，同为道州何氏旧藏者。何氏之书，本为其先仙槎大空凌汉主试顺天乡闱时得之。朱竹君学士筠、徐星伯太史松及阁学三家者为多，授受源流，固可得而考之也。

己巳二月，叶东明。

金石录三十卷大兴徐氏抄本，徐松批校

此大兴徐星伯太史松传抄顺治庚寅谢世箕刻本《金石录》三十卷。经太史以翁正三方纲校本对临，复经太史从谢本补抄顺治庚寅李明濬、冯达道两序，又以俞礼初正变易安居士事辑手抄附后，朱墨满幅，勘校再三。世无宋元旧刻，此本固自可贵矣。太史于书衣有墨笔题识云：“谢刻序跋，此书不载。又卢按所引谢本，每与此异者，则不全为谢刻矣。”又于“绍兴二年玄黓岁壮月朔易安室题后序”上有朱笔批云“壮月”二字，谢刻乃作“牡丹”，天下真有此等可笑事也。云云。取家藏王兰泉侍郎昶旧藏谢本，经何子贞学使绍基批校者勘校之“壮月”二字，并不误，谛

审始知易安后序末页，其字体微较宽松，与后序前页及前书不同。盖太史所见为谢刻初印本。书中“壮月”误为“牡丹”。余藏则经校正改刊后印行之本，故“壮月”二字不误也。至徐抄墨笔，卢按所引谢本核与家藏谢本，有合有不合者，以此例推，殆谢本有先后校改之异，无他故也。段赤亭松苓《益都金石丛抄·唐云门山投龙诗跋》谓：“‘病月’讹作‘病目’，与《金石录后序》‘壮月’讹为‘牡丹’可同发一噱”云云。盖所见谢刻亦系初印未经校改之本也。校勘典籍有如落叶几尘，一字千金，未可忽视。生谥、死谥何方之争论不休。东郊、西郊，段顾之讦讼未已，顾亦安知其非如此。“壮月”、“牡丹”之校改异文，一见其误本，一见其不误本耶。

戊寅重九，东明记于细书阁。

姚伯昂元之《竹叶亭杂记》二云：故事，新进士朝考，阅卷大臣取足名数、拟定名次进呈。乙丑四月廿七日朝考，上特命选择十卷呈览，钦定前五名。大臣所阅自第六名拟定。顷复传旨：“试卷中有诗意，末句切东巡者，自当选入阅卷”。诸公即以此卷置第一呈入，钦定为第一。即臣元之卷也。其余四人，上于九卷中选取，亲加次第焉。第二为徐星伯松，后以编修督学湖南，落职遣戍，复起为中书，迁礼部郎御史，出为榆林守。第三为孙平叔尔准。第四为童望轩潢。第五为陈荑坪俊千云。此卷太史题字云：“嘉靖乙丑岁照谢刻所抄。道光癸已借得苏斋抄卢刻本，校一过，庚子七岁又借得卢刻本重校一过。”则抄书在成进士时，而校勘在督学以后。相隔凡三十年。太史亦年将望六矣。太史学问渊博，字楷秀劲，其膺鼎甲之选为仁庙所特拔，固其宜也。

东明又笔。

金石录三十卷顺治庚寅谢世箕刊本，何绍基批校

《金石录》世行顺治庚寅谢世箕、乾隆壬午卢见曾两刻本，以无宋元旧刻，无从定其优劣也。家藏徐星伯太史松治朴学斋绿格抄本，即据谢本传抄。太史以翁覃溪校本临校，复从此刻手抄李明濬①、冯达道二序，并益以俞礼初易安居士事辑手抄附后。书衣太史有墨笔题字云："书中卢按所引谢本，每与此异，则不全为谢刻矣"二行。易安室题后序有太史朱批云："'壮月'二字谢刻本乃作'牡丹'，天下真有此等可笑事也"云云。取此本勘之，"壮月"二字并不误作"牡丹"。仲兄定侯疑太史所见非谢氏刻本，其言不尽可信。余细勘此本，易安题序末页字体微较宽松，与后序前页及全书迥别。盖已经校正改刊，与太史所见此本初印"壮月"误作"牡丹"，未经校改之本不同也。徐抄称卢所抄谢本有异，不全为谢刻者，亦系先后校改之异，无他故耳。又徐抄卢刊金石录序，书眉上有乾隆甲申三月益都李文藻题记云："谢板二十年前，郃阳赵希谦以十余金购之，舆至济宁以归刘雨亭沛家，今雨亭已殁，不识板尚存否也?"据此乾隆时谢板已易其主，其板之存否，尚不可知。故传本极稀，宜星伯太史即从事传抄矣。

此本递藏王兰泉侍御昶、道州何蝯叟学使绍基家，经学使以卢刻本互校。学使以金石法书名家，储藏甚富。宋元旧刻、批校稿本归余兄弟插架者甚多，无不精美绝伦。顾不以藏书名者，则抑以一善掩众长也。明毛氏汲古阁刻《说文解字》剜改多次，窜

①濬，原作"睿"。据上篇作"濬"。

乱愈多。谢氏此刻则以校改见善。慎矣哉，刻书之不易矣！

己巳春，叶启发志于朴学庐。

隶释二十七卷、隶续二十一卷 乾隆戊戌汪日秀刻本，桂馥、何绍基批校

宋洪文惠《隶释》二十七卷，刻于乾道三年丁亥。《隶续》则乾道戊子始刻十卷于越。淳熙丁酉，姑苏范至能增刻四卷于蜀。其后二年（己亥），雪川李秀叔又增刻五卷于越。明年（庚子），锡山尤延之刻二卷于江东仓台，而辇其板归之越，凡廿一卷，此皆见于文惠、文敏两人序跋者也。迄淳熙辛丑，文惠复合《隶释》、《隶续》，嘱越帅刊行，凡五十卷。虽见于文惠《盘州文集》中，世固无传本也。《隶释》有明万历戊子王云鹭刻本，乃得元人写本于僧舍据以付刊者，每半页九行，行廿字。《隶续》有元太定乙丑宁国路儒学刊本。每半页十行，行廿字。王据元抄源出宋乾道单刻。《隶续》元本则源出宋淳熙合刊。故行数不一律也。

此乾隆戊戌钱塘汪日秀刊本《隶释》廿七卷，每半页九行，《隶续》廿一卷，每半页十行。据汪跋，《隶释》系据徐氏传是楼抄本，《隶续》则据朱氏曝书亭钞本。仲兄定侯曾取家藏万历王刻《隶释》比勘，凡王刻脱简皆为所据刻之元抄所原佚。此本虽已补正，唯多剜改挤刻之痕，殆其所据传是楼抄本与王据元抄本同。或即据王本传抄汪氏初刻，悉仍其旧，后得别本，乃校正剜改也。然王刻、徐抄均源出宋乾道三年单刻本，行款相合，均九行廿字，固无可疑矣。朱氏曝书亭朱本，其集中有跋云："范氏天一阁、曹氏古林、徐氏传是楼、含经堂所藏，皆止七卷。近客吴访得琴川毛氏旧抄本，残阙虽过半，而七卷之外增多一百十七翻。末有乾

道三年，适弟迈后序”云云。则是朱抄系合元泰定①所刻七卷，及毛氏抄本配合而成全帙。其源固出于淳熙合刻之本，十行廿字，与乾道所刻《隶释》不同也。

《四库全书总目》著录《隶释》为万历王刻，《隶续》则为扬州所刊，其本亦出于曝书亭抄本。《提要》云：“彝尊所云七卷之本乃元泰定乙丑宁国路儒学所刻。较今所行扬州本讹误差少。”云：“检此本汪跋所云，余得金风亭长抄本以校近刻，多有增益。因并以付之梓”云云。所指近刻，即《四库》著录之扬州刊本，康熙间楝亭曹氏所刻源出于曝书亭抄本者也。以馆臣及汪氏之言按之，则其本未尽可据。此本《隶续》卷三、卷四后有“元泰定儒学”一行，知其墨守规矩，无所窜易，固优于扬州所刊者。嘉庆中，吴门黄荛圃丕烈、顾千里广圻撰《汪本隶释刊误》，所据有先族祖九来公藏书抄残本，以贞节居袁本补全。又有周香严藏隆庆四年钱氏抄本，段玉裁为之作序云：“叶本异汪刻者，往往与宋娄氏《汉隶字源》合。荛圃自序亦有取娄彦发《字源》为证。惟叶本最多吻合之语。”盖九来公抄本曾以《字源》参校，其本固善。然所据者既各有不同，以彼绳此，究嫌未安，则不得即谓汪刻本为全非明矣。

此本经曲阜桂未谷明经馥、道州何子贞太史绍基批校。或据原碑以校，或引他书以参订，朱墨纷披，触目满幅。两公皆考据名家，论极精确，善读者玩索而有得焉，是固无言之师也。岂止板刻精美，名贤手泽为世珍重也哉？

庚午九秋，避乱沪上，漫志数语以遣旅愁。叶东明。

---

①泰定，原作“太定”。

道州此书落于枋估之手，为彝甫师所得，而再归于余家。师精于鉴赏，尤好收藏篆刻，专宗浙派花卉，则出入白阳、青藤之间。余从学画十年，愧无成就。藏书印记多为师所镌赠，书中“雷悦所藏”、“种移仙馆”、“锲庵所藏”、“锲庵读过”、“铁耕斋藏书”之印，“雷悦印”，“善化雷氏锲庵藏书记”诸印均彝师所钤记也。彝师骑箕天上，忽忽六年，展卷怀人，不胜车过腹痛之感。

己卯二月，启发再笔。

石刻铺叙二卷、绛帖平六卷旧抄本传录，何焯批校

旧抄本《石刻铺叙》二卷、《绛帖平》六卷，合订一册。书衣有朱少河锡庚墨笔题记云：“抄本法帖，著录二种：《石刻铺叙》、《绛帖平》”，护页有少河手跋。检《四库全书总目》著录《绛帖平》六卷，两江总督采进本，《提要》云：“其书本二十卷，旧止抄本相传，未及雕刻。所载字号止于‘山’字，其‘河’字以下亡佚。十四卷竟不可复得”云。又著录《石刻铺叙》二卷，副都御使黄登贤家藏本，《提要》云：“宋曾宏父撰，宏父字幼卿，自称凤墅逸客，庐陵人。是书虽远引石经及秘阁诸本，而自述其所集《凤墅帖》特详。凡所征摭，皆有典则，而藏书家见者颇稀。国朝初年，朱彝尊得射渎抄本，自为之跋，有珊瑚木难之喻。此本末有此跋及彝尊名字二印，盖犹其手迹。然跋中谓宏父名惇，以字行，则未免舛误。考宋有两曾宏父，其一名惇，字宏父，为曾布之孙、曾纡之子，后人避宁宗讳，多以字行，遂与此宏父混而为一，实则与作此书者各一人也。跋又谓陈思《宝刻丛编》，其

援据颇广，顾不及此。考《凤墅帖》刻于嘉熙淳祐间，《铺叙》诸石刻断手于戊申仲夏，亦在淳祐八年。若《丛编》则成于绍兴辛卯，实理宗即位之七年，相距凡十七、八年，何由预见曾刻，彝尊亦偶误记也。近厉鹗等刻《南宋杂事诗》，直题此书为曾惇撰，是承彝尊之讹矣"云云。此本二书后均有彝尊跋语，知系从朱氏抄本所传录者也。书中有朱笔校字甚多，均系援引他书以相参证者。

《石刻铺叙》尾有康熙辛卯"焯记"廿九字，仲兄定侯沿少河手跋定为何屺瞻学士批校。取家藏何氏所批《才调集》勘之，字迹不甚相类。又书首抄有吴文定跋甲秀堂帖及考证曾宏父凤墅帖，各条后有朱笔批云，卷首皆义门先生跋语，殊不类屺瞻口吻。且所抄各条既系义门跋语，此本又果为义门手校，则应同为朱笔，不得以墨笔抄写而以朱笔标称义门先生跋语也。疑此本为旧人传录义门批校之本。义门本有朱笔跋语载原本卷首，传抄者以墨笔誊录临校者，恐后来有所误认，遂以朱笔标明也。《绛帖平》中更有朱笔校语称"成按"云云者，可证为传录者恐与何批互混，故题名以别之，特不知其为何人耳。曩年，余曾见大兴翁方纲阁学正三校抄本《石刻铺叙》，以议值未谐，为他人所得。后又从道州何氏得翁校抄本《绛帖平》，仲兄取此本对勘，凡此本讹误之处，翁抄均同，行款亦合此本。"成按"朱笔，翁抄均误为墨字。阁学以朱笔批注，云此原本内之红笔。又此本《石刻铺叙》阁帖及目录第四、第五两卷，目次颠倒，有朱笔批"此页移前"、"此页移后"两行，系阁学手笔，是两书阁学均有传抄本矣。细检翁抄《绛帖平》中无一涉及义门校正之语，则更可证此本之非何校也。特翁抄本《石刻铺叙》未在余家，无由细按耳。

辛未九秋，启发。

绛帖平六卷元和惠氏抄本

元和惠定宇征君栋[1]手钞本《绛帖平》六卷，首有姜夔序，每半页九行，行二十字，有徵君印记钤于序首及本书卷首。家藏旧人传录何屺瞻学士焯批校旧抄本，从曝书亭抄本传出者，与此本行款、每页起迄、字数均同，缺笔衍误之字亦相合。卷一《秦丞相李斯碑》何校本乃弃下空一行。卷二《汉张芝书》："近时惟思陵独擅其妙"，何校本"思陵"上空格。卷三《晋太守沈嘉长书》："右军独断所如"，"右军"二字何校本挤作一字，平写。卷四《隋僧智果书》：梁武帝命袁昂作《书评》，其答启云："奉敕遣臣评书古今，臣愚短，岂敢辄量江海。但天旨诿臣斟酌是非，谨品字法如前。"今《淳化法帖》第五卷，智果书此一段为梁武帝评书，《中兴馆阁书目》亦然，误也。甲寅秋七月既望，云间米芾录于西掖烛下，出宋赵与时《宾退录》一段，何校本系眉批。卷六尾页详见《郗超帖》下小注："宋书作咸康六年，移治一行。""《浔阳续通典》作咸和元年二行。"何校本第二行挤写一字，又均与此本无异。唯何校本后附朱彝尊跋，则此本所无。盖何校本源出朱本，此本则与朱本同出一源，源同而流异也。钱大昕撰《惠先生传》，称"先生字定宇，号松崖，士奇次子。初为吴江学生员，改归元和籍。自幼笃志向学，家多藏书。日夜讲诵，雅爱典籍，得一善本，倾囊勿惜。或借读手抄，校勘精审，于古书之真伪是非，若辨黑白"云。可见先生抄书校勘之精，早为世所推重。此书经其手定，固自可珍，而其未加丹黄，知当时固无别本可据

---

①栋，原作"楝"，误。

也。世行有武英殿聚珍本，暇日当取勘之。世乱时荒，居恒无定，此愿未知能偿否尔。姑书此以俟异日云。

己卯元旦雨水节，东明笔记。

绛帖平六卷大兴翁氏抄本，翁方纲手校

大兴翁氏传抄本《绛帖平》六卷，书中抄写误字均以朱笔校改，字法率更《化度》，知其为覃溪阁学手笔也。家藏有传录何义门校本，中有朱笔称“成按”云云，此本误作墨字，衔接正文，阁学批云：“此原本之朱笔”。又何校本页次颠倒，亦经阁学批记。在前在后，更知此本源出何氏校本矣。书面有阁学题字云：“书须时时检阅考核，不可轻易借出以荒功力。乙未七月廿八日灯下识。”又云：“辛丑正月六日，以官抄本校勘一遍，止有六卷。”考吉林英和订正阁学原稿《翁氏家事略记》载：阁学生于雍正十一癸丑，卒于嘉庆廿三年戊寅。乙未为乾隆四十年，阁学年四十三岁。阁学以乾隆十一年成进士，供职翰林院编修。乾隆三十七年诏修《四库全书》，阁学以文渊阁校理司经局洗马充校辨各省送到遗书纂修官。乾隆四十七年，《四库全书》告成。五十一年，阁学以詹事任江西学政，则此书之抄写初校在阁学供职与修《四库全书》之时矣。辛丑为四十六年，阁学年四十九岁，《四库全书》尚未蒇事，阁学仍在馆中。乃更以全书底本重校一遍。所称官抄本者，即《四库》抄本也。其谓止有六卷者，则称绛本旧帖。潘氏析居，石分为二，绛州公库仅得其一，补刻余帖，是名东库本。逐卷各分字号，以“日月光天德，山河壮帝居。太平何以报，愿上登封书”为别，夔所论每卷字号相合，其书本二十卷。后世止有抄本流传，未及雕刻，而所载字号止于“山”字六卷。其“河”

字以下十四卷亡佚，不可复得故尔。书中又有阁学手书二章《真鉴》，帖首一纸云："凡十帖，内二帖尚有待于考核，此须博求善本或再酌定"云。又《钦定帖》次一纸又论："《绛帖》真伪一纸，旧为冯廷镐拜帖"。盖阁学精研金石，勤于考订，偶有所得，即随手札记，其精神信有过人，其享名亦非苟得也。余并何氏校本及惠定宇徵君栋手定本得之。道州何氏东洲草堂蝯叟亦金石名家，知其得力于家藏书者为多，余则不学无术，能藏而不能读，有愧前贤矣，书此自讼。

已卯元旦，阴雨竟日，今晨天气清朗，日似欲出。而乡居无酬应之烦，遂以翻披旧籍自遣，漫记数语，不计文字之工拙也。叶启发。

宝刻丛编二十卷 大兴翁氏抄本，翁方纲、丁杰、钱馥批校

大兴翁氏传抄本宋陈思《宝刻丛编》二十卷，经覃溪校理方纲、丁小疋学博杰、钱绿窗布衣馥手校。前有绍定鹤山翁、孔山居士、陈伯玉父及残缺佚名四序，后有秀水朱彝尊跋，盖即从竹垞太史曝书亭藏本传抄者。第二卷《京东西路》缺徐、拱、曹、郓、济、单、濮七州，第六卷《河北东路》缺恩、青二州、《河北西路》缺真定府、邢州，第十卷《陕西永兴军路下》缺河中府、陕州。第十一卷《陕西秦凤路》、《河东路》，第十二卷《淮南东路》、《西路》全阙。第十五卷《江南东路》缺饶、信、太平三州及南康军，《江南西路》全阙。第十六卷《荆湖南路》、《荆湖北路》，第十七卷《成都府路》全阙。第十八卷《梓州路》缺潼州、遂宁二府，果、资、普、叙、泸、合六州及怀安军，《利州路》缺

兴元府及利、阆、剑、沔、蓬五州。目录下均注有阙字，盖原有残佚也。又第一卷《京畿》酸枣县、《京东东路》沂州，第三卷《京西南路》金、房、均、郢、唐五州及光化军，第四卷《京西北路上》西京河南府及河南、永安、偃师、缑氏、巩、登封、新安、渑池、永宁九县，第九卷《京兆府下》醴泉、泾阳、栎杨、高陵、兴平、临潼、武功、奉天八县均有目无文，则是后来传写缺佚矣。书中凡有目有文者均经翁以朱笔注有字于旁，其有文为不全者，亦经注明。惟第十卷《陕西永兴军路下》同州有目有文，而无朱注有字，则翁漏校也。

检《四库全书总目》著录《宝刻丛编》二十卷，河南巡抚采进本，《提要》云："抄本流传第四卷《京东北路》，第九卷《京兆府下》，十一卷《秦凤路》、《河东路》，十二卷《淮南东路》、《西路》，十六卷《荆湖南路》、《北路》，十七卷《成都府路》并已阙佚。十五卷《江南东路》饶州以下至《江南西路》亦佚其半。十八卷《梓州路》、《利川路》惟有渠、巴、文三州，而错入《京东西路》、《京西北路》、《淮南路》诸碑。其余亦多错简，如魏国《三体石经》遗字条下，文义未竟，忽接'石藏高绅家，绅死，其子弟以石质钱'云云，乃是王羲之书《乐毅论》跋语，传写者窜置。""今一一厘正，其阙卷则无从考补，姑仍其旧焉。"此本缺卷较《四库》本略多。然第二、第六、第十卷中所阙者，目中原已注有"阙"字。馆臣殆漏言之，又误以京西北路为京东北路，不知京东、京西各止二路，已有京东东路、京东西路，不应再有京东北路也。

又检阳湖孙渊如粮储《平津馆鉴藏书籍记》，影写本《宝刻丛编》二十卷，云：目录后有近人程炎跋，称予得璜川吴氏本。盖从天一阁范氏抄本影抄，缺讹较他本为善。今年四月借带湖沈中翰藏本，又借稷堂吴编修本，缮写成帖。卷内大半脱落，亥豕鲁鱼，其误甚多，与璜川本大相径庭。此本即程氏续抄之本，其阙卷阙页视《四库全书》又甚。云云。竹垞之书多抄自范氏天一阁，以孙记程跋所言按之，则此书竹垞抄本殆亦出自天一阁者矣。书首陈伯玉父序有“既锓木，首以遗余”之语。佚名序复有“助其剞劂之费，书成，求余跋”云云。则其本在绍定时已经梓行，岂以时值兵乱，书虽板刻而印行不多，或其板刻成未久，即毁于兵燹，遂致无一本之流传不可知也。诸家所藏同出抄写，讹脱阙卷，约略相同。

余别有一旧抄本，为大兴朱竹君学士筠、少河锡庚父子旧藏，目下不注“阙”字，而阙卷与此二本相同。二本均半页十行，行二十字，宋讳“桓”、“完”等字均阙笔，盖同源于绍定间刊本也。朱藏本脱字较多，不及此本，矧又经名贤批校题记，固当与宋元旧椠相伯仲矣。

己巳初伏，东明记于师庐友顾之堂。

来斋金石刻考略三卷 稿本，朱筠签校

林侗《来斋金石刻考略》三卷，中卷无目，上、下卷有之。上卷页次已编定，凡四十页，中卷无页次，下卷页次编至廿六页止，页次间有涂改之处，林氏初次稿本也。前有己未秋九月侗自序及宿松朱书序，中有朱笥河筠、少河锡庚父子收藏印记。卷上第三十三页右一行有粘签云：“原本‘柬’讹‘東’，据□字记改□五页后四行。”右二行有粘签云：“□喙，原本‘喙’讹‘家’，□石文字记改□十五页后五行。”又第三十七页右九行有粘签云：“□□‘荧’泽令，按《隋书·地理志》作‘荥’。何焯云：

'荥'、'荥'古人□，姑仍原本四十页前八行。"卷中第十三页右七行有粘签云："'开元十四年'，原本脱'四'字，衍'月'字。据《金石文字记》增删十四页前八行"。第十五页右一行有粘签云："'天宝二年'，原本阙'二'字。据《金石文字记》补十六页前五行"。卷下第十页左四行有粘签云："曰'刚'，原本'刚'讹'纲'，据《石墨镌华》改十一页前七行"。各签上均盖有"黄签"二木字朱记。仲兄定侯谓此书为乾隆修《四库全书》时，福建巡抚所呈进，分由笥河编修、校办编修加以考订粘签后移送黄签考证纂修官王太岳、曹锡宝二人，于编修原签上加盖"黄签"二木字朱印，以便抄录时别以黄纸誊录签注粘于抄本之上，以备呈进御览，后经发还为编修所得者。余细阅签条上所注文字异同之处与此稿本相合，而所载页数、行次则不相符。盖此系福建呈进之原稿。当时于例先缮副本送校办之人考订签注，后再另缮正本而以黄纸誊录考订签注之语粘贴其上，呈进御览。副本及呈览之本行次与此原稿本不同，此签条则为编修移副本上所粘者贴于此呈进原稿本之上，故页数行次互异。签条上端均缺坏不全，其为揭签移粘时所毁损，毫无疑义矣。粘签上所称原本讹脱阙误之处，此稿本无不与之同，是其明证也。

家藏有红格抄本《慎子》一卷，每半页八行，行廿一字。首行顶格，题"钦定四库全书"。次行低一格，题"慎子"。三行题"周慎到撰"。下空二格，四行低二格题篇名。五行本文顶格。首页有"翰林院典簿厅关防"满汉篆文大长方印。《四库全书》底本也。此稿本卷上第一页左第七行第十一字"南"字下有墨勾，以《慎子》款式推之，"钦定四库全书"为一行，"来斋金石刻考略"为一行，"侯官林侗于野纂"为一行，"夏"为一行，"衡山岣嵝峰石刻"为一行。本文自"禹书在岣嵝峰者"至"宋末朱晦翁与张南”凡二百三十一字，以《慎子》每行二十一字推之为十一行。合总题书名、撰人、篇名等共十六行，洽为一页。又稿本书名上着一墨圈，撰人下着二墨圈，“夏”字上着一墨圈，“衡山岣嵝峰石刻”上着二墨圈，均系抄副时以一圈为一空格之标识。与《慎子》之低一格，撰人下之空二格，篇名之低二格，本文之顶格，又一一相同，又其明证也。因知四库书馆缮录各书副本及呈览之正本有一定格式，均半页八行，行二十一字，与此稿本行款不合，签条为四库副本上所粘，故所载页数、行次与此原稿不合也。

检《四库全书总目》卷首乾隆三十九年五月十四日上谕云：“朕幾馀亲为评咏，题识简端，复命将送到各书于篇首用翰林院印并加钤记，载明年、月、日、姓名于书面页，俟将来办竣后，仍给还各本家自行收藏。其已经题咏诸本，并令书馆先行录副，将原书发还。俾收藏之人益增荣幸”云云。家藏长塘鲍氏知不足斋旧藏明张应文藏书七种，有“曾在鲍以文处”六字朱文篆书方印，首页匡栏上有翰林院满汉篆书九叠文大方印，即《四库全书总目·子部·杂家类存目》之浙江鲍士恭家藏本，呈进后发还者。此稿本侗自序及目录首页无翰林院方印，当是应发还待领之书，为编修所得也。取勘嘉庆丙子冯缙刻本，目录所载较此为多。大抵有目无考，实则仅于晋增《于山》二断碑、于唐增《太宗文皇帝哀册内侍高力士残碑》、《唐荥阳郑府君夫人博陵崔氏合袝墓志》四种而已。冯本舛误甚多，如《洛神赋》、《广平碑侧记》、《鹿脯帖》、《澄师帖》、《乍闻帖》之有目无考，《唐故上柱国光禄卿邢国公李公墓志铭》之有考无目，《太宗书屏风铭》及《晋词铭》之目次颠倒，《元宗注孝经》及《孝经石台批答》之无目而考强分为二，其尤著者也。此本签条因年久而浆糊失性脱落，再三绎觅，始免错乱。然窃疑当日固不止此，已多所遗佚矣。以后更辗转翻阅，散失是惧，故详载其页次行数。仲兄定侯更以朱笔注于各行之上方，以便后人之稽考焉，或亦保存名贤手迹之一法也。

戊寅八月下旬之六日，微雨甚凉，篱菊亦含蕊欲放，坐䌷书阁西窗书，叶启发。

家又藏有明刘锡元《扫馀之馀》四本，书首亦有翰林院大方印。书中《送徐肩虞守济南序》、《贺大中丞李茂序》及《柬吉甫尺牍》，均已裁割，粘有黄色粉纸签条云："此处抽毁，系呈缴抽毁禁书。"可证此书黄签、木印记之来历也。

东明又笔。

历代帝王法帖释文考异十卷 明顾从义刊大字本

曩阅阳湖孙氏《平津馆鉴藏书籍记·明版类》载《历代帝王法帖释文考异》十卷（此据第一卷，馀卷俱依阁学帖原题），题："武陵顾从义编并书，太原王常校。前有太原王穉登序、新都王常书。此书专释淳化阁本法帖，裒集诸家所刻，辨其同异，毫发必审，摹刻精工，初印本流传甚少。大字每页十八行，行十九字"云云。知粮储富于收藏，精于鉴别，所言断非耳食，亟欲得而藏之。时从厂肆物色，未能如愿也。丁丑清明，仲兄定侯偕余祀二父墓归，估人持此本相示，核与孙记所载，一一吻合，知即顾从义手写付刊之本也。椠法精工，字大悦目，粮储之言信不我欺矣。此书四库馆臣称其于前人音注，辨其讹谬，析其同异，有荟萃之功，是又不仅以椠刻精美而足珍也。嘉道间杨、陆、丁、瞿四大藏书家中唯丁氏善本书室有影写本，后归江南图书馆。前年，中日战起，金陵首当兵冲，江南之藏悉成灰烬。孙氏所庋两经水厄，亦未知其尚存于天壤与否，则此刻海内已无第二部，孤本流传，固不下宋元旧椠矣。戊寅九月，湘垣大火，此本已先事移寄农家，未为六丁劫取。聊志数言，以记天幸。

叶东明记于河西莲花桥曾家湾黄氏老屋，时己卯三月谷雨日。

求古录一卷旧钞本

蓝格钞本顾宁人炎武《求古录》一卷，前有自序，书中脱误均以朱笔校改，无题字亦无收藏图记。书根为道州何蝯叟学使所书，盖云龙万宝书楼藏书也。朱笔校字与学使字迹不类，非太史手笔矣。检《四库全书总目·史部·目录类》著录《求古录》一卷，两淮盐政采进本，《提要》云："国朝顾炎武撰。炎武，性好远游，足迹几遍天下。搜金石之文，手自抄纂。凡已见方志者不录，现有拓本者不录，近代文集尚存者不录。上至汉《曹全碑》，下至明《建文霍山碑》，共五十六种。每刻必载全文。盖用洪适《隶释》之例，仍皆志其地理，考其建立之由。古字篆隶，一一注释其中。官职、年、月，多可与正史相参。如'荼'、'茶'、'準'、'准'、'张'、'弡'等字，亦可以补正字书之讹。炎武别有《金石文字记》，但载跋尾不若此编之详明也。惟《曹全碑》题中平二年十月丙辰造，乃《本纪》之误，非碑之讹。炎武犹未及详辨，是则考证之偶疏耳"云。

此本首《唐景云二年敕》，终《谒司马温国公诗》，凡五十三种，较《四库》著录之本少其三。碑刻时代亦未排比，盖亭林搜访石刻时有增加。此非最后厘定之本，故碑刻种数较少耳。书中《曹全碑》仅录全文，别无考订之语。《四库》谓其考证偶疏未及详辨，然于论叶封《嵩阳石刻集记》，又盛称炎武《求古录》备载金石全文，为一朝之先。又谓："炎武《金石文字记》证据今古，辨正讹误，较《集古》、《金石》二录实为精核，亦非过自标置。本末源流，粲然明白，近世金石家未能或之先也"云云。可见亭林邃于金石，馆臣亦不敢多所非议也。南昌彭文勤元瑞《知圣道斋读书跋尾》有此书跋，云：此《金石文字记》初本，后乃增益详核，排比时代，始成书耳。然录用洪景伯《隶释》例全抄本文，俾遗篇坠简不见于他书者得此仅存，则视记为胜，要之二书不可偏废也。借全书底本写此原抄，于"检校"等字皆阙笔，犹是亭林早年作云。

此本碑刻年代前后错置，"检校"字均阙笔，与彭跋所云一一吻合，似即彭氏所见之原钞本，而不详其抄写之时代及抄者之姓名者也。家藏休宁王文柏季青古香楼钞本《默记》，经文勤以朱笔手校，其字迹与此相类，则此的系文勤从库本传抄。库本源出原稿，"检校"等字沿而阙笔。文勤又手校抄写之讹误者，亭林《金石文字记》已并遗著刊行。泽古斋借月山房《指海》中均有雕印之本，唯此《求古录》则罕见传刻，设非文勤好事从而传抄，则此书将因文字记书出而反晦，然则文勤固亭林之功臣矣。《四库总目》两书皆著录，盖亦先河后海之义也。

己卯元旦，东明试笔。

益都金石丛钞二册 旧抄本，翁方纲手校

段赤亭松苓《益都金石丛钞》二册不分卷，旧抄本卷首有"苏斋审定"朱文方印、"云龙万宝书楼"朱文方印、"何绍基印"朱文方印。唐《钟铭残刻》篇前及宋《云门山》、《滕元发题名》

篇后有“苏斋审定”朱文方印。盖递经大兴翁正三阁学方纲、道州何子贞学使绍基收藏者，书中有朱笔校字，酷类欧书《化度寺碑》。阁学服膺欧书，临习《化度》，《复初斋诗集》时有题咏，以此知朱字为阁学手笔也。《唐云门山投龙诗跋》谓：“‘㾓月’讹作‘病月’，与《金石录后序》‘壮月’误为‘牡丹’可同发一噱”云云。与顾宁人炎武《日知录》所称章邱刻本《金石录后序》“壮月朔”为“牡丹朔”之语相合。盖所见均为顺治庚寅安邱谢世箕刻本，初印本未经校改者也。余家有谢刻后印本，经王兰泉侍御昶藏过，道州何子贞学使绍基评校，易安后序“壮月”二字不误“牡丹”。末页字体较后序全页及全书不同，因知谢刻有先后校改之异。初印本“壮月”误为“牡丹”，后改本则不误也。此书《四库全书总目》未著录，乾隆六十年刻本，凡四卷，名《益都金石记》，则后来增订改题其名也。

戊寅嘉平月，叶启发。

海东金石记四卷、附一卷 翁方纲、树崑手稿本

有清一朝考订碑帖、鉴别书画之学，以北平孙退谷承泽、金坛王虚舟澍为开山祖，继之者翁覃溪方纲。张尗未廷济之于碑帖，安仪周岐、陆润之时化之于书画，皆以毕生精力而成名家。良以诸公生际康乾圣主之朝，值太平长久之祚，则削平内寇，偃武修文。士大夫优游文史，端居清暇，讨论艺事，撰述成编。盖虽艺术小道，必与学问相通，非仅以为玩好之物也。金石碑刻真伪杂糅，地不爱宝，出土日多。非目见原物，仅凭记载，则未有不为稗贩所误者矣。

此翁覃溪方纲、星原树崑父子《海东金石文字记》稿本五册，

皆载所目见高丽、新罗、百济碑刻，始自陈、唐，终于明季，凡三十六种。第一册卷一、第二册卷二、第三册卷三，目次均已编定。第四册无卷亦无目。第五册为《琐记》，则专录考订诸碑之文，或摘抄有关各碑之记载，目次及各碑首均有“大兴翁氏石墨书楼珍藏图书”朱文大方印，碑后留余纸数幅，盖以待缮录考订之文字者。知其为未成之稿本也。卷一目列《新罗真兴王北巡碑》、《刘仁愿记功碑》、《大唐平百济塔碑铭》三种，而《太宗武烈大王灵碑》、《新罗太大角干金庾信墓题字》、《圣德大王神钟之铭》则目所不载，盖编目后又有所增益矣。全书用洪适《隶释》例全载碑文，并著其阙字之数。行列之式，仿赵明诚《金石录》之体。以时代为次，于目录下注年、月、撰书人姓名，非阁学之邃于研讨，固不能有此精诣也。明清考订金石之书，惟陶宗仪之《古刻丛钞》、朱珪之《名迹录》、都穆之《金薤琳琅》、顾炎武之《求古录》、陈奕禧之《金石遗文录》、先族祖石君公之《续金石录》可以继溯洪书，遗文坠简，赖以并传，官职、年、月，得以参证。阁学此稿搜罗广博，体例详审，足以媲美诸公矣。

石君公《续金石录》稿本藏阁学家中。乾隆诏修《四库全书》，阁学曾以之呈进。见于《四库全书总目·史部·目录类存目》中，其体例与此记相同，知阁学固以先祖《续金石录》为蓝本也。书中考订按语有朱墨两笔，有称苏斋者，有称树崑者，有称星原者，纪年多题癸酉、甲戌、乙亥。癸酉为嘉庆十八年，甲戌为十九年，乙亥为二十年。以吴子修修《疑年录》所载阁学生卒年月推之，知阁学之成此书已年在八十以外，距易箦之年不远也。唯《中和药师碑》后按语纪年为丁巳，尚是嘉庆初元，又可见此记之编著前后凡二十年，及至阁学年将大耋，精力或有未逮，始由星原续编。未及成书，阁学已归道山，固恨事也。然犹幸等身著述刊行甚多，文章事业以足千秋，则此稿虽未完成，其残膏剩馥，沾溉无穷，后学者得此良工之璞，亦可以慰其瞻仰也已。

丁卯元宵，东明。

国山碑、仓颉庙碑释文一册 翁方纲手稿本

大兴翁覃溪手稿本《国山碑释文》、《仓颉庙碑释文》合订一册，首有国山图，左角下方钤“石墨书楼”朱文方印，右角下方钤“宝苏室”白文方印，次抄吴兔床《国山碑考》及《国山碑》全文，再次为考订跋语及各书所记载之有关者。《仓颉庙碑释文》护页题：“戊戌四月六日稿”。跋附碑文之后，涂乙增益，朱墨纷陈。可见当时审订之精严矣。《两汉金石记》中所刊，较此为异，则以成书在后，有所更定尔。《国山》非两汉碑刻，故记列之附录类中。考《吴志》，国山碑立于吴孙皓改元“天玺”之后，于吴兴阳羡山获石长十丈余，名曰“石室”，遂禅于国山，改元“天纪”。朱文长《墨池编》、欧阳《集古录》、王象之《舆地碑目》、张铉《金陵新志》，则均以为立于天册元年。吴兔床据碑文“旃蒙协洽之岁，受上天玉玺，乃以柔兆涒滩之岁纪元。”天玺乃是丞相沇等以为天道玄默，以瑞表真，宜先行禅礼，纪勒天命之语，谓《吴志》所载有误，广为考论，著有《国山碑考》一书。然碑文前后阙泐极多，所述瑞应凡千有二百余事。兔床所引以驳《吴志》者，其句纪元、年号亦不完全，不能断章取义，即谓为确证也。且“天册”、“天玺”、“天纪”，纪元纷更，前后年月难以定据，则不如阙以存疑之为愈矣。

阁学此考以兔床据碑贬史为失。然于其审核精当者，则悉以采入，又旁征博考以补不逮，知阁学造诣之深固在兔床之上矣。

《国山考订》按语有朱笔注明次序，取《金石记》所载核之，大致相合。《仓颉考订》按语则与《记》所刊全不相同。然于立碑之为延熹五年，据以断赵明诚《金石录》熹平六年之误者，则护页已特为标示，《记》中所刊亦详为引证，是知阁学之不轻于着笔矣。家藏阁学手稿《海东金石文字记》，其第五册有墨笔题记云："原州灵凤山兴法寺碑当补作图，合校装册。"盖天下金石非足迹所至，目睹手摩，仅据记录所传，未有不为耳食之言所误者。绘图以附，则于碑之建立所在，一目了然。信今传后庶无憾焉。惜《灵凤山图》未得完成，与此《国山图》并传，未免美中不足尔。

书后护页有楷书："重饫红绫"四字。考阁学于嘉庆十九年重预琼林宴，赐二品卿衔，时年八十有二。所题四字，即指其事。大耋享大名，又邀殊遇，不可谓非厚福，宜其欣喜，形之笔端。然又可籍以知阁学之好学不倦，虽在老年，犹时以考定著述为事，信非常人所可跻及者矣。

庚午清明，朴学庐主东明记。

华鄂堂读书小识卷三

纂图互注荀子二十卷元刊本

《纂图互注诸子》见于孙星衍《平津馆藏书题跋记》者，有《老》、《庄》、《列》、《荀》、《杨》、《文中》六子，均为宋刊巾箱本。每页廿二行，行廿一字，重言重意，互注俱用黑盖子别出。又有《荀子》一种，云："标题、行数、字数、序及图说，俱与巾箱本无异。唯每板稍高一分，字画亦有减省之异"云。见于吴虞臣寿旸《拜经楼藏书题跋记》者，有元刊本《荀子》，每页廿二行，行大字廿一，小字廿五。此本按行款与孙记宋本、吴记元本相合，审其字体纸色，盖元时刊本也。

检莫友芝《郘亭知见传本书目》载："《荀子》二十卷，元纂图互注本，半页十一行，行大廿一字，小廿五字。盖六子本《老》、《庄》、《荀》、《杨》、《列》、《文中》，其《老子》卷首载景定改元蒲节石庐龚士卨刊书序，知出南宋。唯龚序中不及《列子》，或元时所增"云。又检《四库全书总目·子部·杂家类存目十一》载《五子纂图互注》四十二卷，《提要》云："宋龚士卨编，前有自序，题景定改元。是书于《老子》用河上公注，凡二卷。于《庄子》用郭象注，附以陆德明《音义》，凡十卷。于《荀子》用杨倞注，凡十卷。于杨子《法言》用李轨、柳宗元、宋咸、吴秘、司马光五家注，凡十卷。于《文中子》、《中说》用阮逸注，凡十卷"。"核其纸色、板式，乃宋末建阳麻沙本。盖无知书贾苟且射利者所为。因其宋人旧刻，姑存其目，以备考耳”云云。是《纂图互注》宋时龚氏编刻本，只五子，元时始增入《列子》，共为六子。孙氏所藏宋巾箱本，盖亦元时所刊，其六子固无宋刻也。此书有宋淳熙八年台州公使库刊大字本，源出北宋熙宁监本，世称最善。光绪八年，黎庶昌影刻编入《古逸丛书》印行，取勘此本，互有优劣。特此本以纂图互注帖括之书，遂为馆臣及佞宋者所夷视矣。乾隆丙午卢文弨校刻本叙云：元刊纂图互注本及当时坊间所梓，脱误不一而足。然正以未经校改之故，其本真翻未尽失，书中颇多采用。可知此者虽为坊行，固胜于其他书帕本也。

戊寅九月，湘垣兵火，寓舍悉成灰烬。藏书同罹浩劫，毁损十之四五，此书仅存其半。迁居西乡，清检箧笥，时腊月冰冻，北风怒号，似亦为残籍作不平之鸣，而助余之伤感者也。叶启发。

易林十六卷 明毛晋汲古阁津逮秘书本，张穆批校

此平定张月斋穆校汲古阁本焦氏《易林》。卷一首有“道光廿一年五月，用黄刻校宋本细勘一过，但详同异，未暇提正也。穆记”朱字二行，下钤“张”字及“石州”二字朱文连环印。书眉上有墨笔三行，云：“汉魏丛书本与此本不异，间有异字以墨笔校之。”卷四末有“六月二十七日校毕”朱字一行。后附朱笔抄陆贻典、黄丕烈两跋。又另行云：“黄又有后叙，分写入书眉。穆记、顾叙不录”云云。知石州以《汉魏丛书》及士礼居所刊两本参校也。此书明刻均作四卷，唯宋本则有全注，分十六卷。藏虞山牧翁绛云楼中，已为六丁取去。黄氏士礼居得陆敕先贻典传录瞿昙

谷校本、叶石君校本及吴枚庵临陆校本，据以付刊。于是人始知《易林》有十六卷之本矣。惜瞿校未录全注，及宋本行款，使庐山真面无从窥其全豹，诚大憾事也。陆校底本系嘉靖四年姜恩所刊，见黄刻书序及《士礼居藏书题跋记》。先世父观古堂藏有其本，曾手录吴枚庵传校陆校宋本于其上，全书凡卷之九至卷之十二，四卷，大题云“兵占焦氏易林”，板心上有“兵占”二字，似是兵占书中之一种，其九卷以前当刻有他种书籍，遂通连分卷。明人刻书之谬妄，固无一不可笑也。石州据校虽系通行之本，然间参以己见，考订是非，于读是书者多所裨益，固不得以其非校宋、校元而轻视之矣。

庚午重九日，东明跋尾。

宣和书谱二十卷宋刊本

宋椠《宣和书谱》二十卷，不著撰人。大题“宣和书谱卷第几”。每半页十行，行十九字，线口，大板，板心上左方间记字数，黑鱼尾下书谱第几。宋讳玄、殷、匡、胤、桓、让等字缺笔，庙号间以墨钉，盖南宋初年刻本也。此本自来藏书家志目罕见著录。余从道州何氏得之。仲兄定侯旧藏有明嘉靖庚子杨慎序刻九行十九字本，递藏兰陵孙氏、湘潭袁氏，据慎刻书序称“《博古图》，南国子监有刻本，此书虽中秘亦缺，余得之亡友许吉世雅仁，转写一帙，冀传播无绝”云云。可见此书在明初已极稀觏，慎虽重刻，然非据宋本翻雕，不足贵也。杨本流传亦少，孙粮储星衍祠堂藏本，见陈宗彝编次《廉石居藏书记》者，云“此本最古，在诸本前”。以孙氏藏书之富，鉴赏之精，尚不知杨本以前更有天水旧椠，安得不重可宝贵邪？书首有“珊瑚阁珍藏印”朱文长方印。据家鞠裳侍御昌炽《藏书纪事诗四》所载，纳兰性德容若撰叙恺功兄弟事迹，知珊瑚阁为容若藏书之处。又检《昭代名人尺牍小传》："成德氏纳喇，又作纳腊，亦称纳兰，字容若，后改名性德，辽阳人，太傅明珠子。康熙癸丑进士，选侍卫。爱才好客，所与游皆一时名士。尝集宋元以来诸儒说经之书，刻为《通志堂经解》一千八百馀卷。精鉴藏，尤工于词"云云。此书在国初已经名贤藏弆，辗转为余所有。暇日当取杨本及毛晋汲古阁津逮秘书本、张海鹏照旷阁学津讨原本，一一详校其异同，以与考古者共参订焉。

辛未十月，东明呵冻记。

慎子一卷四库馆抄本

清乾隆三十七年修《四库全书》，各省采辑及私家呈进之本，均由四库馆缮书处先行录副，送纂修诸臣考订、粘签，再缮录正本，以黄色纸签抄誊签注按语粘贴其上，赍呈御览后将原书钤盖翰林院印，并载明遈进年、月、姓名于书面，发还各本家自行收藏。此见于《四库全书总目》卷首所载圣谕者也。此《慎子》一卷，八行廿一字，红格钞本。前有《提要》，接列篇目，书首行题"钦定四库全书"，次行为书名，三行为撰人序。首卷首有"翰林院典簿厅关防"满汉篆文大长方印，撰人题"赵慎到著"，墨笔改"著"字为"撰"字，并于"赵"字旁加"△"，又于书眉上批云"照此式写"。此四库全书馆抄录之副本，即四库全书底本也。钱唐丁丙善本书室有传抄阁本《黄御史集》十卷，先世父曾倩李幼梅观察辅耀从之传抄，半页八行，行廿一字，与此书款式相类。检胡虔《柿叶轩笔记》云："文渊阁《四库全书》皆钞本，每页十六行，行廿一字。长六寸，宽三寸七分，每本用宝二，前曰‘古稀天子之宝’，后曰‘乾隆御览之宝’，每部首载《提要》及总纂名，而列总校名于每本之末”云云。知阁本系乾隆四十七年《四库全书》告成后依次缮写于江浙二省，建阁分储者也。《四库全书总目》著录《慎子》一卷，《提要》云：“周慎到撰，到，赵人”。此本“赵”字旁有墨“△”标记，又可见当时审订之慎矣。篇幅无多，他亦无足取，特存之以为考掌故者之一助尔。

辛未夏日，东明谨志。

宝真斋法书赞二十八卷 武英殿聚珍本，翁方纲、何绍基批校

有清乾隆中叶诏求遗书，大兴朱竹君学士筠时督安徽学政，奏言翰林院贮有《永乐大典》，内多古书，世未见者。请开局使寻阅，且言搜辑之道甚备。诸城刘文正公时在军机，谓非政之要而徒为烦，欲议寝之。金坛于文襄公独善学士奏，与文正固争，卒用学士说上之，四库馆由是启矣。三十八年二月，派军机大臣为总裁官，并拣选翰林院等官分任查校各职。后再添派三际华，裘曰修为总裁官。四十七年，《四库全书》告成，《永乐大典》中古籍亦分别辑出多种，以活字板排印，编为武英殿聚珍板丛书印行。闽浙两省复一再翻印，古今不传之秘笈，赖以复显于人间。文治之隆，罕与伦比。而学士之首倡斯议，固不容艺林中不瓣香爇奉也。

此宋岳珂《宝真斋法书赞》二十八卷，亦馆臣从《大典》中辑出，而以活字印行者。原本为《大典》割裂分系，其卷目已不可考。馆臣就辑出者排比推求，以类分篇，均略编次为二十八卷。

非复岳编原本之旧第者矣。然残膏剩馥，固沾溉无穷。后学者得此一编，虽不能过屠门而大嚼，亦可以得一脔之尝，固赏鉴家之秘帙也。此本为大兴翁覃溪校理方纲所评校。凡书中有关东坡、山谷、襄阳三家事迹者，多详载其卷次、页数于书衣。盖校理于所撰《苏诗补注》及校刻《山谷全集》有所参稽，而特揭记之备遗忘也。校理于乾隆五十一年，以詹事任江西学政，书中有“主考两江”等印，知即其时所评校者。《苏诗补注》刻于乾隆四十六年辛丑，《山谷全集》则乾隆五十四年己酉谢启昆所刻，而校理为之校勘，距评校此书之时，先后数年，可见校理之服膺苏黄，故无在而不专事搜访其事迹。苏注之渊博，黄集之精审，固其宜矣。又校理于乾隆甲申视学广东，辛卯解任，在职八年，获见襄阳墨迹、石刻甚多。又获有襄阳九曜之一药州石，故于此书中之涉及米帖者，均以石本勘对，而详注其异同。又可知校理于襄阳事迹，与苏黄同一重视也。

又第二册书衣题云：“《群玉堂帖》第一卷卷四之十下，书中于陈僧智永《归田赋帖》，吴韬仲钢跋语，‘今在秘省《群玉堂帖》第一卷中’勾旁，以墨笔连点”。第三册书衣题云：“《右军河南帖》七之十页，此条当写入《大观帖》。《万岁通天帖》卷末，东方赞秘阁乐毅论东方赞卷七之七下，此条可补入《石刻铺叙》”。第十一册书衣题云：“刘无言二十五之八上，卷中《刘无言饷茶帖》，建中靖国初祐陵刊《秘阁续帖》，眉上批云，事在建中靖国元年辛巳，见《石刻铺叙》卷下之三页上”云云。检家藏书抄传录何义门批校本《石刻铺叙》卷下“群玉堂帖”条云：“首卷全刊南渡以后帝后御书”，与此书所载《吴跋陈僧智永帖》在《群玉堂帖》第一卷之语不合。又《大观帖》中所收右军书字，多不完全，此书所载可以补入。其《续阁帖》刊于建中靖国元年辛巳八月，见于《铺叙》

卷下第四页者，此则言之不详。故校理批于书衣者，皆与此书所载，与《石刻铺叙》互有异同，有待考订。唯以四页为三页，则出之笔误耳。书为纸捻草订，未经截齐。盖校理其时任四库馆校办各省送到遗书纂修官，于书始印成即从之取得，此未经装订之本也。后归道州何子贞太史绍基，经其再加评读，始将书背书眉加以截齐，故书眉仍是毛边，而书页下方有“翁”字者，均翻折向内展阅，殊为不便。然书根经太史号以隶字，名贤手迹不欲因改装损之，遂无法两全矣。

丙寅除夕，叶东明。

猗觉寮杂记二卷 明谢肇淛小草斋黑格抄本

先族祖宋少保石林公有言：“唐以前凡书籍皆写本，未有模印之法，人以藏书为贵，人不多有，而藏书者精于雠对，故往往皆有善本。学者以传录之艰，故其诵读亦精详”云。余兄弟自髫龄即好搜访旧籍，日游厂肆不倦。见有重本、异本，不论其为抄、为刻，必购归藏之。暇则取以互勘，订其同异。明代著名如锡山秦柄雁里草堂、江左文徵明玉兰草堂、安阳秦西岩穴砚斋、虞山毛晋汲古阁诸家抄本均有一二插架焉。唯晋安谢在杭肇淛小草斋抄本则从未一遇也。新春从坊肆得清初抄本宋朱翌《猗觉寮杂记》二卷一册，为金志章江声、林阮林善长、鲍渌饮廷博、魏柳洲琇、朱竹君筠、何蝯叟绍基诸家藏校之本，朱墨纷陈，钤印满幅，意以为尽善尽美。呈之世父鉴定，世父遂取旧藏谢氏小草斋抄本，畀余以资勘对，此本是也。书中有周雪客在浚、胡茨村介祉两家印记，误字均以朱笔校正，未知其出谁手。检虞山也是翁《读书敏求记》载朱翌《猗觉寮杂记》二卷，云：黄俞邰《征刻书目》云三卷，谬矣。按谢氏万历中抄书秘阁后尽归大梁周氏，此本前有周氏印记，即其明证。《征刻书目》本俞邰、雪客同编，不知何以衍误也。清初抄本行款、每页起迄字数均与此本相同，即从此本录出者。唯卷上自廿三页以后，因此本脱落旁注廿二字，清初抄本遂逐页推下一行。其余此本疑误之字，清初抄本经校者，以朱笔注于书眉，而不改易其本字。于传录之原委，可以按字以求，抄写者固善手也。卷下第四十页前九行“五星廿八宿降于世，如东方朔为岁星”句下清初钞本脱去“萧何为昴星”云云七十四字凡五行。又脱去“《搜神记》周犨者家贫”一条百四十六字凡九行。又脱去“曹相以齐狱市属后相”条七十二字凡四行，洽为此本一页，盖抄手误翻夹页，以四十页之前九行与四十一页之后九行相接，遂使文句不可解读。设非得此本以校正之，则讹以传讹，不知其伊于胡底矣。书经三写亥豕鲁鱼，落叶几尘，校勘不易。昔人谓书旧一日好一日，此则名抄而又名家藏校，固华鄂堂镇库之宝也。

丁卯人日，东明记于朴学庐。

猗觉寮杂记二卷 林善长抄本，鲍廷博、魏琇批校

余性好说部之书，虽有刻本，必取抄本藏之。恐时刻非出自善本，故弃刻取钞也。钞本又必求其最善者，故一本不已，又置别本焉。宋朱翌《猗觉寮杂记》，引据精确，在宋人说部中，洪氏《容斋随笔》而外，他非其匹也。此清初林阮林善长从金江声志章传抄之《猗觉寮杂记》二卷，有阮林题记，归于钱塘鲍渌饮廷博

知不足斋。魏柳州琇从之借阅，亦有题记。取先世父观古堂旧藏明谢在杭肇淛小草斋黑格钞本勘之，行款及每页起迄字数无一不合，唯卷上第廿三页谢本脱落旁注廿二字。此本遂逐页推下一行，卷下“二十八宿降于世为人”条，此本下脱“萧何为昴星”句起半条五行，又“《搜神记》周犨者家贫”一条九行，又“曹相以齐狱市属后相”半条四行，为抄手误翻夹页致误。其他谢本之误字，此本因之。但经校者以朱笔注明于书眉，按迹以求，知此本之出于谢本矣。检黄荛圃《藏书题跋记》卷六，《萨天锡诗集》十卷校抄本云：“龚本即小草斋抄本，龚氏蘅圃曾读一过。”又《雁门集》八卷抄校本，云：“小草斋抄本为龚蘅圃藏”云。又检吴虞暘《拜经楼题跋记》，抄本《绀珠集》十三卷，龚氏玉玲珑阁旧藏，有田居校及江声借阅题记，周耕厓先生跋云：“前有‘横河龚氏玉玲珑阁珍藏’图记，又有‘龚稼村秘笈之印’，校者为田居、为江声。兔床云，稼村、田居皆钱塘龚蘅圃先生翔麟自号，江声则金观察志章别字，蘅圃友也。”又抄本《笠泽丛书》七卷、《补遗》一卷，仁和赵宽夫跋后云：“后有阮林跋云得龚衡圃抄本校”云。合黄吴两记所载观之，谢氏小草斋抄本归于蘅圃者甚多，此书谢抄盖亦归其所得，江声录有副本，阮林又从江声录本传抄，其源流可考，而知又不仅有脱页、误字之合，始足以证明也。然益信书之不可不有覆本矣。

东明叶启发。

东坡志林十二卷 明抄本

明胡应麟《少室山房笔丛》甲部《经籍会通》四云：“凡本，刻者十不当抄一；抄者，十不当宋一。三者自相较，则不以精粗、久近、纸之美恶、用之缓急为差”。盖前人好收藏者，于刻本所云之书，不惜重资购求名抄，或雇书生影写宋椠传录孤本异书，此抄本书所以尤为人所珍秘也。此明棉纸抄本《东坡志林》十二卷，虞山钱遵王曾藏书，见于《述古堂书目》者，有“虞山钱曾遵王藏书”及“彭城世家”二印记，卷一、二通连为一卷，三、四为一卷，五、六为一卷，七、八为一卷，九、十为一卷，十一、十二为一卷。书首护页有“朱少河锡庚抄录《四库全书简明目录·东坡志林》”一条。检《四库全书总目·子部·杂家》著录《东坡志林》五卷，内府藏本，《提要》云：“宋苏轼撰。陈振孙《直斋书录解题》载《东坡手泽》三卷，注云：今俗本大全集中所谓《志林》者也。”今观所载诸条多自署年月者，又有署读某书书此者，又有泛称昨日、今日不知何时者。盖轼随手所纪，本非著作，亦无书名，其后人裒而录之，命曰手泽而刊者，不欲以父书目之故，题曰《志林》耳。此本五卷较振孙所纪多二卷，盖其卷帙亦皆后人所分，故多寡各随其意也。此书世行明赵开美刊本，《说郛》本或作一卷，或作五卷，唯商濬《稗海》本则分十二卷。明人刻书以意窜改，多不足信。此本合十二卷为六卷，当是别有依据也。遵王藏书见于《述古堂书目》者，凡三千余种。而《读书敏求记》所载仅六百种，盖专记宋椠元抄及板刻完阙古今不同之书。惜此书不载《敏求记》中，遂无从考订其分合卷第之原委耳。世无宋元旧刻通行，赵、商各本又多附入丛书印行，固不如此棉纸明抄，又递经名贤藏校之单行本为足珍贵也。

壬申中秋，叶启发。

春渚纪闻十卷明毛晋汲古阁刊本，毛扆以宋本校

坊肆有持虞山毛斧季手校津逮秘书本《春渚纪闻》求售者，皆以无毛氏印记疑之。仲兄定候亟以二十饼金购得，喜告余曰："此的为斧季手笔"。曩年，余等避乱沪上，曾于张菊生年伯元济许见斧季校本《鲍氏集》，字迹与此正同，鲍集已影印行世，可以取按也。且跋尾有"顾肇声读书记"朱文长方印，目录首有"养拙斋"朱文长印。肇声名犍，为吴中藏书故家，事迹见彭启丰《芝庭文集》，与向所得翁覃溪学士藏何义门家钞本《张右史大全集》顾钤印记吻合，更知此书之足贵矣。

此书宋本久佚，赖此传校之仅存。观斧季手跋，则黄复翁、顾思适之诋諆毛氏者，适成一重翻案矣。宋本每半页九行，行十八字，大题"《春渚纪闻》卷第几"，次行题"韩青老农何薳撰"，首列十卷目录。目录尾行题"临安府太庙前尹家书籍铺刊行"一行，书中庙号及语涉宋帝均空一行，宋讳缺笔。卷第一"李右辖抑神致雨二异"条，"时郡倅曾绂帅郡官"下，毛本脱"贺雨之次"四字。卷第二"沈晦梦骑搏风"条，宋本在"霍端友明年状元"条后，毛本误列"吴观成二梦首尾"条前。又"龙神需舍利经文"条"因上谒祠祷龙"，宋本作"与季父焚香祷龙"。卷第七"秦苏相遇自述挽志"条，"某尝忧少游"，毛本下脱"未尽此理今"五字。又"馈药染翰"条"至纸尚多"，毛本"至"字下脱"日暮笔倦，或案"（大）〔六〕字。卷第九"吕老锻〔砚〕[①]"

---

①原作"吕老锻"，脱"砚"字，据文义补。

条，“余尝为之铭曰”，毛本下脱“锻瓦成金老吕受之铸金作瓦置之篙壁以睨”十八字。又“南皮二台遗瓦砚”条，“孰期乎藻泽而荐籍而参夫文”，毛本下脱四十字。又“端石莲叶砚”条及“风字晋砚”条，毛本全脱。又“乌铜提砚”条，毛本脱前段三十六字，遂误以后段之“而铭之曰”接“南皮二台遗砚瓦”条“而参夫文”之下。其他卷一二字句之讹误，则几于无页无之，书贵宋椠，信然。

辛未午日，东明记于华鄂堂。

乙卯避暑录话二卷 明弘治安阳秦氏抄本

曩年先世父辑刻族祖宋少保石林公遗书，其《避暑录话》一种，据道光乙巳调笙公刻本、重刊调笙公本，原出黄荛圃丕烈士礼居所藏抄本，分作四卷者，更以商濬《稗海》、毛晋《津逮秘书》两本参校，舛误较少。当时以别无他本可资雠校，固未惬于心也。己未夏，以昆陵蒋氏刻六卷分体本《李义山诗集》，从傅沅叔学使增湘双鉴楼易得明项德棻宛委堂刻四卷本，先世父取以互勘。凡调笙公刻本中据黄抄本异于毛、商两刻本者，悉与项刻同，知黄抄原出项刻矣。旋闻独山莫楚孙观察棠藏有明弘治抄本，遂从而假归，命予影写一本，观察遂举原本相赠，此本是也。取项刻勘之，书首石林老人序，项本接刻于本文之首，卷上“宣和〔初〕[①]有潘衡者卖墨江西”一条，本在“世言歙州具文房四宝谓笔墨纸砚也”一条之后，项刻窜为第二卷首条。“兵兴以来士大夫多喜言兵，人人自谓有将略，且相谓必敢于杀人”一条，本与

①“初”，原缺，据《石林避暑录话》所载补。

“天下之祸莫大于杀人”为一条，项刻截为二条。卷下“唐中士以前未尽以石为研”及“刘原甫博物多闻”本为二条，项刻删去“刘”字，并为一条，皆不及此本者也。又此本庙号提行，帝讳缺笔，“慎”字注“御名”。证以毛晋刻书跋所称“宋刻（迴）〔迥〕异坊本，止二卷”之语，则的系从宋本抄录矣。书名大题《乙卯避暑录话》，亦深合少保公成书乙卯命名之旨，项刻据华亭陈仲醇本，其中卷三“柳永为举子”、“李公武以文词见称诸公间”、“张司空齐贤初被遇”三条，庙号空格，当亦源出宋本，特不知何以于书名、卷次有所窜易。岂亦不脱明人刻书之陋习耶？程庭鹭谓项氏刊本得之陈仲醇手抄，疑经仲醇删节，非复宋本之旧观。此可知其言信而有征矣。余影抄副本，先世父命仲兄定候以毛、商两本比勘。更命余以项刻再校，以朱绿黄三色笔别之，详注异同于书眉，拟作校记刊附家刻本之后。

戊寅湘垣大火，寓舍灰烬，影本及梓板同罹浩劫。此本及项刻幸免为六丁所取，特追忆曩校同异，粗志于后云。

己卯正月，茅园裔孙启发志。

石林避暑录话四卷 明项德棻宛委堂刊本

明毛晋汲古阁刊先族祖宋少保石林公《避暑录话》二卷，跋云：“得宋刻（迴）〔迥〕异坊本，作二卷”云云。明人刻书多不足据，颇疑其言不尽可信。因考宋晁公武《读书志》所载，云十五卷，元马端临《文献通考·经籍考》所载，则云二卷与毛本同。旋从独山莫氏得明弘治壬戌秦酉岩抄本，为钱遵王曾述古堂旧藏。有秦、钱二家印记，书名题《乙卯避暑录话》。分上、下二卷，书中庙号提行，宋讳缺笔、“慎”字注“御名”，的系从宋本抄录者，知此书在南宋时已止二卷本流传，无十五卷之本矣。

此明项德棻宛委堂刻本，卷一、卷四尾题《石林避暑录》，其余卷首尾题《石林避暑录话》，后附项德棻跋语八行，及校勘人姓名三行。取秦抄本互勘，条数多寡相同，唯此本卷一“绍兴五年石林老人序”，秦抄本另为一编，而以“杜子美饮中八仙歌”为卷上首条。卷二“宣和初有潘衡卖墨江西”一条，秦抄本列在“世言歙州具文房四宝谓笔墨纸砚也”一条之后。而以“郑处晦《明皇杂录》记张曲江与李林甫争牛仙客实封事”条至“世传王迥芙蓉城鬼仙事”条接连为卷上。卷三“程光禄师孟吴下人”一条至卷四末“杨子之谓严君平本蜀庄姓”一条为下卷。又卷一“天下之祸莫大于杀人”及“兵兴以来士大夫多喜言兵”二条，秦抄本为一条。卷三“唐中世以前未尽以石为研”至“或以人而废重可笑也，原甫博物多闻”云云，秦抄本“原甫”上有“刘”字别为一条，其他一二字句之异颇多。盖二本互有短长，可以并存而不可以偏废者也。特此本传自陈氏或有窜易，遂为程庭鹭所诋諆，其以《石林避暑录话》标名已失少保公成书乙卯命名之旨，虽分四卷而条数并无增益。似不及秦抄本之出自宋刻，远有端倪也。然卷三“柳永为举子”、“李公武以文词见称诸公间”、“张司空齐贤初被遇”三条，庙号、空格则亦源出宋椠，而刻画精美又流传极稀，存之以备参考，固不必求全责备矣。板心下方有“项氏宛委堂笈”字样，盖仿陈眉公继儒《宝颜堂秘笈》之例，又恐其近于雷同，故劖去一字，以待更订，又可见当时之风尚矣。

己卯元夕，茅园派裔孙启发东明跋。

菰中随笔一卷孔氏玉虹楼刊本，张穆批校

此阙里孔昭薰校刊《菰中随笔》一卷，护页有平定张月斋穆题记云："《亭林随笔》一卷，真迹存曲阜孔氏，近始付梓。其中精核语大都已采入《日知录》，馀特鳞爪耳。然良工不示人以璞(璞)① 者，著书之椎轮大辂也。穆读此窃有会于著书之法焉，故弥足珍贵云。道光庚子汉阳叶氏转赠，装成谨志。"卷首十月十二日张穆记，书衣有月斋题"菰中随笔"四字，书中有题记三处，序首有"月斋藏书"四字白文方印。书首有"靖阳亭长"白文方印、"月斋居士"朱文方印，又有"汉阳叶名澧润臣甫印"九字白文方印。

检《四库全书总目·子部·杂家类存目三》载《菰中随笔》三卷，两淮盐政采进本，《提要》云："国朝顾炎武撰。炎武本精考证之学，此编以读书所得，随时记载，旁及常言、俗谚及生平问答之语，亦琐碎记入。虽亦有资参考者，然编次不伦，饾饤②无绪，当为偶录稿本，后人以名重存之耳"云云。与此本卷数不合，盖顾氏随笔札记之原稿，有先后增订多寡之不同也。又检傅沅叔学使年伯增湘《藏园群书题记》，有写本《菰中（题）〔随〕笔》三卷，云题东吴顾炎武宁人父著，后《诗律蒙告》一卷及《亭林著书目》。黄荛圃家抄本前有同学王潢等二十人为亭林征书启，书衣为荛圃手题，后有跋六行。别有曲阜孔宪庚跋、孔宪彝跋，叶名澧、何庆涵题字。副页粘有何庆涵小柬，盖蝯叟之子曾假此本

---

①后"璞"字衍。

②饾饤，原误作"钽钉"。

录副也。

按《菰中随笔》有玉虹楼刻本，近时《亭林遗书》中复刊之。然核其文字，迥然不同，且只得一卷，当别为一书。据《四库存目》标明三卷，此本正与之合。盖先生读书所得随手摘记，所以备遗忘，供采择，文字丛挫，初无义例，平生札录必不止一册。四库馆本所见当即此本，而玉虹楼所刻亦非赝品也。故人吴松邻曾为考订始末，附志篇末，并嘱余刊传之。他时当校录一通，授之梓人，附诸《双鉴楼丛书》之后，以偿此宿诺。兹将诸人跋语录之左方，其征书启、著书目亦胪列其后，庶治顾氏学者得以参证焉，云云。是顾氏此书本有一卷、三卷两本。一卷本真迹为孔昭薰所藏，据以付刊，世称玉虹楼刻本，今此本是也。三卷本真迹藏于孔宪庚所，有黄荛圃、叶润臣、何伯源题字，叶、何均录有副本，谋欲刊行而未果者也。此本有"润臣舍人"印记，盖孔氏刊成后以一本相赠。润臣舍人又赠之月斋，其传授源流可考而知也。

月斋之书归于道州何蝯叟绍基东洲草堂者甚多，此本则余从蝯叟后人所得，别有一抄本，亦蝯叟所藏，为友人任子拱宸购去，盖即从孔氏所藏黄荛圃抄本录出者。安得并归插架，合浦珠还，则大快事矣。

甲戌二月，东明。

初学记三十卷 明锡山安国活字印本

宋沈括《梦溪笔谈》十八云："板印书籍，唐人尚未盛为之。自冯瀛王始印五经，已后典籍皆为板本。庆历中有布衣毕昇又为活板。其法用胶泥刻字，薄如钱唇。每字为一印，火烧令坚，先设一铁板，其上以松脂、腊和纸灰之类冒之。欲印，则以一铁范置铁板上，密布字印，满铁范为一板，持就火炀之，药稍镕，则以平板按其面，则字平如砥。若只印三二本，未为简易，若印十百千本则极为神速”云，是为活字印书之始。至明季华氏会通馆、兰雪堂、安氏桂坡馆铜活字板印行之书日多，风行一时，号称善本。安氏且有一书先以活字排印，后以木刻梓行者，可谓盛矣。木刻之板可以久存，活字则随聚随散，故活字本印行之书，犹为藏书家所珍视也。《初学记》安氏刻本，各藏书家志目多有记载，此活字印本则罕见著录。盖当日安氏已有木刻，此本印行不多也。明嘉靖中，此书刻本甚多，均从安氏木刻本翻雕。惟晋藩所刻源出此本，撰人结衔与诸本不同。然窜乱舛误，肇于安氏。则此本虽罕见，亦不能掩其疵矣。特书经明清两代藏书家什袭珍藏，朱印满幅，存之以备参证。又籍以补诸家见闻所未及，则固无不可尔。

壬戌中秋前二日，东明记。

张氏藏书五种六卷、附七种八卷 明万历丙申张氏刊本

明万历丙申刻本张应文《张氏藏书》四册，首有《被褐先生传》及《张氏藏书总目》。第一册《箪瓢乐》、《老圃一得上》，第二册《老圃一得下》，《罗钟斋兰谱》、《彝斋艺菊谱》。第三册《先天换骨新谱》、《焚香略》、《清秘藏上》，第四册《清秘藏下》、《山房四友谱》、《茶经》《瓶花谱》后附《朱砂鱼谱》、《清供品》凡十二种。《焚香略》、《清秘藏》、《山房四友谱》、《茶经》、《瓶花谱》、《朱砂鱼谱》、《清供品》七种，则应文子谦德所撰，即

《四库全书总目·子部·杂家类》著录之《清秘藏》二卷，《杂家存目》所载之《张氏藏书》四卷，浙江鲍士恭家藏本也。《存目》所载漏列后附二种，又误以四册为四卷，可见馆臣之疏忽矣。

检《四库全书总目》卷首载乾隆三十九年五月十四日上谕云："朕幾馀亲为评咏，题识简端。复命将进到各书，〔于〕篇首用翰林院印并加钤记，载明年、月、姓名于书面页，俟将来办竣后，仍给还各本家自行收藏，其已经题咏诸本，并命书馆先行副录，将原书发还，俾收藏之人，益增荣幸。今阅进到各家书目，其最多者，如浙江鲍士恭、范懋柱、汪启淑、两淮之马裕四家，为数至五、六、七百种，皆其累世弆藏，子孙克守其业，甚可嘉尚。四家着各赏《古今图书集成》各一部，以为好古之劝。"此本《被褐先生传》首有翰林院满汉篆书九叠文大方印，及"曾在鲍以文处"六字朱文篆书方印，知即鲍氏逞进后钤印发还之本。先世父谓呈进后钤印发还翰林院者误也。鲍氏之书本以文所藏《知不足斋丛书》即其所刻，然进呈各本经《四库全书总目》著录者均注为士恭家藏，盖以文藏书由其子士恭呈献，馆臣遂以士恭当之耳。至此书之诡诞不经，狎言侮圣，固明人之陋习，不必专责之应文父子矣。

壬申四月，启发。

秘册汇丛三册 长洲吴翊凤抄本

长洲吴枚庵翊凤编《秘册汇丛》旧抄本，首有枚庵黄笔手书《秘册汇丛序》云："窃叹经史子集，浩如星海，学者不能遍观，予潜心于此有年矣。闻见单行之本，未能镂校者，随所见闻，不惜馆谷，辄购得之。偕吾友鲍君渌饮、黄君荛圃、阮君芸台、张君月霄辈时相往来，出所未见善本，不惮抄写。予适楚回里，家居数十载，积有数十箧，前已集成《艺海汇编》、《古香楼汇丛》等十余部。今复得秘籍若干种，汇装成帙。颜之曰《秘册汇丛》，虽未能梓之行世，而随积随编随装，庶传写善本不致散佚失传，质诸同人，当无嗤予之书愚，则予愿差慰矣”云。次列《秘册汇丛》总目，下钤“秘本”二字朱文小长方印。接列子目，凡朱倬《诗经疑问》七卷、《隶释刊误》一卷、赵魏《竹崦庵金石录》一卷、吕毖《明朝宫史》五卷、《江变纪略》全卷、《劫灰录》六卷、《明季见闻辑录》二卷、《郑氏纪略》一册、钱德洪《五代史》、《吴越世家疑辩》一册、薛生白《温疟论》一册附《湿热条辩》二册、沈锦桐《法古宜今》一册附《毓麒册》一册、管玉衡《无病十法》一册、刘诚意《多能鄙事》十二卷、张霞望《雅台新牍》二卷、子兮道人《秋兴谱》二卷、僧一行《受正玄机神光经》一册、《穆河南集》三卷、观古斋未定稿全册共十八种，附二种，今存《诗经疑问》、《隶释刊误》、《竹崦庵金石录》三种，盖枚庵杂取所抄古籍，随意汇编为丛书者也。

丛书之刻，始于宋俞闻中之《儒学警悟》，左圭之《百川学海》。明代程荣、祁承㸁、何允中、吴琯、毛晋诸人踵而效之，至清乾嘉间而益盛。鲍、黄、阮、张四人均富收藏，又精考订。鲍刊知不足斋、黄刊士礼居、阮刊文选楼，至今风行海内。惟张编《诒经堂丛钞》稿本今存海盐张菊生年伯元济许，未曾梓行。枚庵家贫，好书，与诸人过从甚密，日事搜访、校勘手抄秘册极多，为收藏家所称道。戴延年《搏沙录》、石韫玉《苏州府志》、吴寿旸《拜经楼藏书题跋记》载其事迹甚详，当日不为财物所限，所集《艺海汇丛》、《古香楼汇丛》及此编得以刊行，又岂让鲍、黄、阮诸人专美于前耶？此则枚庵之大不幸矣。

甲戌十月，叶启发。

山海经十八卷 明嘉靖甲午黄省曾刊本

明刊本郭璞《山海经》十八卷，每半页十二行，行二十字。上下白口，前后无刻书人姓名、序跋。首有郭璞《山海经》序，次列十八卷篇目，下有本文及注字数，接列刘秀进书奏表。检孙渊如粮储星衍《孙氏祠堂书目内编·地理类》，有《山海经》十八卷，晋郭璞注，明黄氏刊本。又检粮储《平津馆鉴藏书籍记·明板类》有《山海经》十八卷，题郭氏传。每卷俱大题，前有郭璞《山海经》序，总目下皆有本文及注字数，后有刘秀《山海经奏》。余以别本相校，唯此本与宋本相同，每页廿四行，行廿字云云。与此本行款、字数相同，然其不详刻书人姓名及刻书时代，是否即孙目所载之明黄氏刊本？孙目既不载其行款、字数，无由考定其即孙记所载之本否也。

偶阅傅沅叔学使增湘《藏园群书题记》，《检理残书记》中有《水经注》一册，存卷九至十一，明黄省曾刊本，云十二行廿字，白口双栏。因考莫子偲友芝《郘亭知见传本书目》，载："《山海经》十八卷，眉批云'明前山书屋刊本，黄省曾与水注合刊者，时嘉靖甲午'"云云。据此而以二书之行款、字数推之，则此本即嘉靖十三年甲午黄省曾合刊《山》、《水》二经，正为孙目所载，孙记著录之本可断定矣。特孙藏及余藏本均无《水注》，傅藏《水注》仅止残本，而又无《山经》，使非合诸家所记详考之，固终无由得此书之刻书人姓名耳。然黄刻《山》、《水》二经之不易得其全，又可概见矣。此本序首有"何石友家藏图书"七字朱文方印，卷末有"古香阁图书记"六字朱文方印，未知其人，附记于此，以谂当代博闻君子。

癸酉仲冬，东明记于望瀛居。

清异录二卷明隆庆壬申叶氏箓竹堂刊本

戊辰岁冬月，偶于玉泉街书坊见康熙戊子陈用修刻陶谷《清异录》二卷一册、《表异录》一卷一册，以其椠刻精美，印刷极初，斥囊金购归，家无他刻可以比勘，庋藏有日矣。今夏湘乱，避居浦江之滨，伯兄康侯从长沙坊肆获得此明隆庆壬申先族祖伯寅公箓竹堂刻本《清异录》二卷，邮函递至，亟取旧藏陈刻对勘。卷首撰人下有“号金銮否人”五字小注，陈刻无之。“避贤招难存三奉五皇帝”条，“人戏上尊号曰”云云，陈刻重载“避贤招难存三奉五皇帝”十字。“撷金柬玉柬雪量珠”条，“秘书丞许少连贺启”云云，陈刻重载“撷金柬玉柬雪量珠”八字。“梅檀来禽”条，陈刻衍“来禽”二字。“冷金丹未熟”条，陈刻衍“未熟”二字。“土麝香”条，“坐有延祖曰”，陈刻“延祖”上有“张”字，“然不用药麝香耳”，陈刻“麝”字下有“止微”二字。“竹青枣”条，“唐末群方（页）〔贡〕国物产不通”，陈刻“贡国”作“负故”。“南方韭”条，“叶短阔而圆”，陈刻下衍“方一作风”四小字。“一药谱”条，“白天寿”，陈刻增“吴术天一作大”六小字；“不死面”，陈刻增“茯苓”二小字；“川元蠡黄蓍川芎一作几元”，陈刻无“黄蓍”二字；“尉陀生桂”，陈刻增“生一作圭”四小字；“旱水晶鹏归”，陈刻“鹏归”作“硼砂”；“良医匕首”，陈刻增“亭历”二小字。“痴伯子”条，“促寻黑漫天所失鹰名也”，陈刻“黑漫天”三字重文。“唾十三”条，“又父名碏”，陈刻增“一作碏”三字小注。“章丘大都督”条，“季遐纯洁内含爽妙外济显可灵渊国上相”，陈刻“济”下增“沧浪”二字，“显”作“头”。《清异录》卷之二，陈刻衍“卷之二”三字。撰人名下，陈刻同卷一，衍“号金銮否人”五字小注。“不思议堂”条末空一行，陈刻连接，不空。“不二山”条，陈刻作“小三山”，小注“一作不二山”，条末同。“卢州大中正”条，陈刻有“一作卢州火甲正下同”九字小注。“字厄”条，“老贼古奸太多”，陈刻衍“古”字，空一格。“斗香”条末空一行，陈刻连接。其他字句之同异，难以详举，互有优劣。唯此本空行。墨钉空字之处，陈刻多有增益。检陈刻书跋，仅称原本漫漶，乌焉帝虎，触目都是，即别本亦大率踵讹袭缪，寻行数墨间，颇费料简。匝月竣事，用公世赏，云云。其据何本重刊，所谓原本、别本又系何本，无从揣定也。因检莫子偲友芝《郘亭知见传本书目》载《清异录》二卷，康熙中海昌陈氏本，云：“静持室有明嘉靖抄本，虽不精，然海盐陈刊多妄行刊削，此犹存其本真”云，知陈刻多所窜补，固非善本，前人已言之矣。此本前有《唐宋丛书》、《眉公秘笈》、《说郛》、《惜阴轩丛书》四本可以参校，仅就陈刻举其异同，未能诋正其是非也。

庚午秋九月，东明志于浦江寓舍。

清异录二卷康熙戊子陈用修刊本

戊辰从坊间获得此本，藏之有年。今夏湘乱，避地浦江，携之行笥。适伯兄康候从长沙书坊得明隆庆壬申先族祖伯寅公篆竹堂刻本二册。每半页十行，行十八字，白口单栏，板心下方记字数。前有隆庆壬申春日河间俞允文撰序，又附王凤州来翰云云。与罟里瞿氏所藏见于《铁琴铜剑楼书目》者相同，惟后页缺坏，无“隆庆六年壬申叶氏箓竹堂绣梓印行”十五字。亟函索寄申，取此本互勘，凡五日竣事，架无他刻可以参证，故但详同异，未能正其是非也。箓竹堂本，系据元孙道明抄本及陶宗仪删定本参校勘正，椠刻极精，各藏书家志目罕见著录，刻又先于此本百有余年。余此校又为之作一化身矣。得者珍之，书中有“武原马氏藏书”白文方印，“马玉堂观”朱文方印，乾隆中玉堂、笏堂兄弟藏书、刻书均负盛名者也，其事迹当再详考之。

庚午九秋，东明。

纂图互注南华真经十卷元刊本

《纂图互注庄子南华真经》十卷元刊本，前有郭象《南华真经序》、《庄子太极说》、《周子太极图说》，首行大题“纂图互注南华真经卷第一”，次题“郭象子玄注，唐陆德明音义”。每半页十一行，行大廿一字，小廿五字，上下大黑口。郭序、卷一首页、第二十三页，卷二第三、第五、第七页，板心均有“张辉刊”三字，卷二第十四页板心有“张光刊”三字。叶后有鱼耳记篇名、卷次、叶数，互注用黑盖子别出。检孙星衍《平津馆鉴藏书籍记·宋板类》载纂图互注《老子道德经》二卷、《南华真经》十卷、《冲虚至德真经》八卷、《荀子》二十卷、《杨子法言》十卷，云：“重言、重意、互注，俱用黑盖子别出，黑口板，每页廿二行，行廿一字”。“杨子宋咸序后有本宅（今）〔令〕将监本《四子纂图互注》附入，重言、重意，精加校正，并无讹谬，誊作大字刊行。务令学者得下损木长印”。“自《老子》以下，巾箱本《六子》，皆南宋坊间所刻。据《法言》序后木印，《纂图互注》监本大字止有《四子》，后改巾箱本。又添入重言重意，暨《列子》、《中说》共为《六子》”。此本重言、重意，无黑盖子，与孙记所载固自不同也。《孙记补遗·宋板类》又载一本，“‘互注’等字亦用黑盖别之，与巾箱本行款、式样无异。而刻略在后，板心间有‘张辉刊’三字”云云。又检莫友芝《郘亭知见传本书目》载《荀子》二十卷、《法言集注》十卷、《中说》十卷、《老子注》二卷、《列子》八卷、《庄子注》十卷，云：“《杨子法言》宋咸序后有木印六行，云本宅令将监本《四子纂图互注》附入，重言、重意，精加校正”云云。末行建安下刊人空缺，所谓“四子”或即指老、庄、荀、杨而言。是刊实六子，其《列子》、《文中子》无纂图互注尔。又云“查恂叔藏宋《纂图互注南华真经》半页十一行，大廿一字，小廿五字，号宋本”。盖元刊六字本今归郘亭，板心有刻工姓名。张辉、景亨、文显等与爱日精庐藏本同，此本行款及刻工姓名均与郘亭藏本合，盖亦元时重刊宋建安书坊本也。至《孙记补遗》所载之宋本板心有“张辉刊”三字者，《孙记》已自云刻略在后，或即误以元刊为宋椠也。纂图互注之书为宋元时帖括盛行之本，《藏书家志目》所载宋元两刻，行款多同，或系一板补刻，或系印刷先后之不同，非集诸家藏本比勘之，固不能确定其为宋为元一定不移之词也。

戊寅冬十二月立春日，东明记。

华鄂堂识书小识卷四

楚辞集注八卷、后语六卷、辩证二卷 明正德己卯沈圻刻本

明正德十四年己卯，张旭校、沈圻刻黑口本《楚辞集注》八卷、《后语》六卷、《辩证》二卷，前有张旭重刻《楚辞》序，末有沈圻重刻《楚辞》跋。张序称："平湖沈公子京以柱下史来知休宁县，事未期年，政教大有声，行将复入内台，乃梓行此书以嘉惠乎后学，恐今本未善，命旭为之校雠"云。沈跋称："幼读经书之暇，承家君参藩一山先生，以前辈佥宪原明吴君所刊《楚辞》授读，披揭岁久，原本缺坏殆尽，求更之以便温习而不可得。每欲重刊，以广来学，顾遭贬谪，劳案牍，不惟不能亦不暇也。尔者承尹徽之休阳，乃请于郡守新淦文林张公，偶会婺源乡进士汪济民者，以吴氏旧本遗圻，如获拱璧，喜不自胜。又惭瓮识井见，不能校正，托之于乡大夫张君廷曙别号梅岩者，圻遂捐俸，命工以锓梓，工告成，而张公适更调杭郡"云云。据此则沈圻以佥宪明吴君刻本重刊，而以校雠嘱之张旭者。其吴氏所刻，则藏书家志目罕见著录，沈跋亦略焉不详，未能知其板刻年月及行款、字数也。

检南皮张文襄之洞《书目答问》载有明成化吴氏刻本，独山莫子偲友芝《郘亭知见传本书目》载有成化乙未何乔新刊本，又正德己卯沈圻于休宁刻本，善知此书成化正德本有两刻，其成化

吴刻已见沈氏跋中，是否吴本有何序未可知也。仁和丁松生丙《善本书室藏书志》著录此书为明成化十一年刊本，云有盱江何乔新序，正德十四年新安张旭、休宁知县平湖沈圻跋。考何乔新，字廷秀，江西广昌人。景泰甲戌进士，官至刑部尚书，谥“文肃”。江西巡抚为乔新请谥，时中书诘乔新致仕之由，给事中吴世忠为讼冤，称其立朝岳岳怀方，为成化弘治间名臣。所著有《周礼集注》七卷、《椒邱文集》四十四卷，事迹详《明史·本传》。距其生推而至于正德己卯，沈氏刻书时将及百岁，恐乔新无此长寿为沈刻书作序，或者沈圻即成化刻本重刊。故丁氏藏本前有何序也。

先世父藏有南宋嘉定刻本《楚辞辩证》二卷，取此本辩证勘之，卷上二页“则尤刻意于楚学者”，宋本无“于”字，“但其反骚”，宋本“但”作“然”。三页“以风谏君也”，宋本“风”作“讽”；“洪氏正之”，宋本“正”作“证”；“虙妃佚女”，宋本作“宓妃妷女”。四页“更立他义也”，宋本“他”作“它”各后处同，以后不复笔；“他国之人游宦者”，宋本“宦”作“宧”。五页“而放诗传之例”，宋本“放”作“仿”后同。六页“古音能挐代叶”，宋本“挐”作“拏”。七页“而不能决其是非也”，宋本作“而又不决其是非也”；“蕙则自为零陵香”，宋本“为”作“谓”；“大抵古之所谓香草”，宋本“抵”作“氐”；“不能尽出也”，宋本“出”作“述”。八页“以男悦女号也”，宋本无“也”字。九页“则当以喙耳”，宋本“耳”作“省”；“又深可畏云”，宋本无“又”字。十一页“则自不必论也”，宋本无“自”字。十二页“恐不应如此重複之甚也”，宋本“複”作“復”。十三页“王逸又以飘风云霓之来迎已”，宋本“以”作“论”。十四页[①]“上下求索处”，宋本无“求”字；“至此游春宫处”，宋本“宫”作“官”。十六页“轮已庳则于马终古登阤也”，宋本“庳”作“崇”，“阤”作“迤”。十七页“此亦求之太过也”，宋本无“也”字；“陞降上下”，宋本“陞”作“升”。十八页“盖其所感益以深矣”，宋本无“盖”字；“盖不知其几人矣”，宋本无“人”字。卷下二页“无之祈”，宋本作“巫支祈”；“本无稽攎”，宋本“攎”作“据”。四页“羿焉彃日乌焉解羽洪引归藏云羿彃十日”，宋本自“洪引归藏云”另析为一条。七页“从右胁下小腹出”，宋本“小”作“本”；“不知又何说也”，宋本无“不知”二字。八页“齐桓九会”，宋本“会”作“合”。十页“为自变改”，宋本作“为日改则”。十五页“则是将使魂”，宋本“将”作“常”。“以陷于众人”，宋本“陷”作“蹈”。十七页“乃随荣字误解耳”，宋本“字”下有“而”字，“耳”作“也”。十八页“白昼群行”，宋本“昼”下有“而”字。十九页“《说文》乃云”，宋本“云”作“曰”。二十一页“见山川之纡曲”，宋本“纡”作“迂”。又卷上十三页“王逸、沈约”二条，宋本前后颠倒。

又取黎庶昌刻元翻宋本校之，凡此本与宋本异者，与黎刻元翻宋本悉同，知此在明刻诸本中，当推为善本。不仅椠刻古雅，逼视元刻之足珍矣。

庚午人日，东明识后。

---

①页，原作“页页”，后“页”字衍，径删。

杜工部集十八卷旧抄本，杭世骏传录，王士禛、屈复评

旧抄本《杜工部集》十八卷，护页有“卷一选十九首，二选十五首，三选三十六首，四选十首”墨笔题记四行。又“壬戌腊月呵冻，悉仿新城王渔洋原本，评点于金台客舍，并附蒲城金粟老人评”墨字二行。下钤“堇浦”二字朱文、“杭世骏印”四字白文对方印。卷中有“大宗”二字朱文方印、“杭世骏印”白文方印、“堇浦”二字朱文方印、“道古堂书画印”白文长方印。先世父据郑方坤《国朝诗抄小传》、杭世骏《词科掌录》、袁枚《随园诗话》所载屈复事迹，考定“金粟老人”为屈复之别号。知是本为仁和杭堇浦太史世骏手录，王屈两家评本也。《杜诗》注本传世者，无虑数百家，评者亦夥。道光甲午卢坤刻五家评本《杜工部诗》，王氏所评即在五家之中，唯屈评颇罕见，盖流传甚稀之故尔。李富孙《鹤征后录》一：“杭世骏，字大宗，又字堇浦，浙江仁和人。雍正甲辰举人，由浙江总督程元章荐举，授编修，寻罢职放归。著有《续礼记集说》、《金史补》、《史汉北齐疏证》、《前后汉书蒙拾》、《文选课虚》、《续方言》、《词科掌录》、《榕城》、《桂堂》等诗话，《道古堂诗文集》”。王昶《蒲褐山房诗话》云：“堇浦先生书拥百城，胸罗四库，入翰林未久，即以言事罢归。既归，益肆力于诗古文词，两浙文人自黄黎洲先生后，全谢山庶常及先生而已”云云。可见太史之邃于诗学，斤斤不倦，而《杜集》为诗家之圭臬，故于王屈两家评本手录以备参稽也。钱竹汀大昕《疑年录》四：“杭大宗七十八。”世骏，康熙三十五年丙子生，乾隆三十八年癸巳卒。壬戌为乾隆七年，太史年四十七岁。此本前

题壬戌腊月，即其时所录者矣。至屈氏论诗诋诃老杜，《随园诗话》讥其舍己芸人，盖又门户之见，而非是非之公也。

甲戌冬月，东明叶启发。

韦苏州集十卷南宋书棚本

余家旧藏有《韦苏州集》二部，一为北宋胶泥活字本，每半页九行，行十七字，前有嘉祐元年十二月二十二日太原王钦臣记；一为此南宋书棚本，每半页十行，行十八字，前亦有嘉祐王钦臣记。次沈明喆补撰《韦刺史传拾遗》一卷，载熙宁丙辰校本添诗四首，绍兴壬子校本添诗三首，乾道辛卯校本添诗一首。书中“桓、恒、构”等字均为字不成，盖南宋孝宗时所刊也。《四库全书总目》著录为康熙中项细玉渊堂所刊。《提要》谓：“其以宋椠翻雕”，“字画精好，远胜毛氏所刻四家刻本”，“其毛本所载《拾遗》数首，真伪莫决，亦不复补入”。家藏毛氏刻《六唐人集》中有此种，卷第一大题下有“汲古阁毛晋据宋本考校”十字墨匡印记。卷中凡字句异同，毛本注“一作某”者，均与此本相合。其卷首、《拾遗》校添各首亦同，知毛刻曾以此本参校也。因知馆臣所谓毛本所载《拾遗》数首真伪莫决者，殆以毛氏刻书，素喜窜乱改易，为人诟病，遂并此源出宋刻者而亦疑之，毋乃因噎废食，非其实矣。且项刻之无《拾遗》各首者，殆所据为北宋所刊本，无添校或所据宋本佚去此页，不能即谓为后人臆造也。馆臣未见宋刻，而遽以揣测之词故入人罪，又误以毛刻六家为四家，亦可见其疏漏草率之甚矣。唯毛刻凡各类各诗之注有首数者，均一一删汰，目录内各诗篇名均接刻而以墨“·”隔之。又大题次行撰人，止存第一、第五两卷，其余各卷均连续接刻，中空一行，删去撰人姓名，则不免以意为之矣。毛氏刻书，每多夸诩，不曰据宋本重雕，即曰得秘本付梓。此仅云据宋本考校，则其不尽依据宋本行款，而于字句异同逐一注明，较之所刻他种，实胜一筹，自不得一概抹杀其传刻之功也。

余姚卢绍弓文弨《群书拾补》据以校下邳余怀所刻者，即为此本。如：《拟古诗》十二之“芳树自妍芳”；“自”不作“正”，“芳”不作“鬱”。《杂体》一之“坐使研蚩惑”；“蚩”不作“媸”。《效何水部二首》之“夕漏起遥恨”；“恨”不作“怨”。《扬州》之“忽怪鬓中丝”；“丝”不作“緋”。《晦日处士林》之“始萌动新煦”，“煦”不作“照”。“罇酒遗形迹”。“罇”不作“鐏”。卷第二《城中卧疾》之“人生羇寓时”；“羇”不作“羁”，“寓”不作“旅”。《听嘉陵江水声》之“贻之道门友”；“友”不作“旧”。《示从子》之“只恋府廷恩”；“廷”不作“延”。《趋府》之“可怜同宦者”；“宦”不作“官”。《寄冯著》之“土壤日已疏”；“土”不作“土”。《垢衣恩一浣》之旧注协韵；不误“涴”。《淮上即事》之“欲渡淮相待”；“渡”不作“度”。《寄洪州》之“犹使故林荣”；“使”不作“发”。《同长源》之“策驾复谁游”；“谁”不作“随”。《同德精舍》之“缄书问所如”；“问”不作“间”，又注云“一云所知”；《赠令狐士曹》之“涉季”，“涉”不作“沙”，“而不相待”；不作“而待”；《对雨》之“闲居兴方澹”；“澹”不作“淡”。《朝请后》之“樽酒且欢乐”，“且”不作“具”。“闲閤寡喧讼”；“閤”不作“阁”。《沣上西斋》之不讹“澧”，“开襟纳远飙[1]”，“飙”不作“飘”。“效朱妨负樵”；“妨”不作“方”。《秋集罢》之“君候枉高鉴”，“枉”不作“柱”。“而忘倦与饥”之不讹“饥下可会意”；《寺居独夜》之“流萤渡高阁”，“渡”不作“度”。“川寒流逾迅”；“流”不作“一”。

---

①“飙”，底本误入注文，拆开为“猋”、“风”二字。

《沣上》之“忽从东斋起”；“从”不作“徙”。《沣上醉题》之“西郊已独远”。“远”不作“游”。卷第三《寄大梁诸友》之“但见山川驰”；“驰”不作“驱”。《寄中书》之“想在掖垣中”；“掖”不作“一”。《寄李儋》之“闻道欲来相问讯”；“来”不作“求。《寄恒璨》之“思问楞伽字”；“字”不作“子”。《简郡中》之“药园日芜没”；“没”不作“漫”。《寄裴处士》之“一问清泠子”；“泠”不作“冷”。《因省风俗》之“我尚山水行”；“尚”不作“向”。《赠邱员外二首》之“未真南宫拜”。“真”不作“具”。卷第四《赋得浮云起离色》之“秋生峰尚奇”；“尚”不作“高”。《天长寺》注之“库”作“康”；《送别覃孝廉》之“下第未蹉跎”；俗本“下”作“不”。《赠别河南》之“千里芳菲”；“菲”不作“扉”。《谢栎阳令》之“游步清都宫”；“都”不作“郡”。《自尚书郎》之“効愚方此始”；“効”不作“效”。《送雷监》之“焉得久知蹶”。“久”不作“又”。卷第五《李博士》末云“宋生昔登览”；“览”不作“鉴”。《酬张协律》之“方君卧病年”，“君”不作“今”。“驰慰子忡然”；“忡”不作“冲”。《答秦十四校书》之“鱼鬓翠碧弃床头”。“鬓”不作“须”。卷第六《春思》之“阊阖晓开凝碧树”；“凝”不作“换”。《池上》之“幽居捐世事”；“幽”不作“山”。《云阳馆》之“暂游恨卑喧”；“喧”不作“諠”。《经函谷关》之“炎灵讵西驾”；“讵”不作“距”。《往云门郊居途经迴流作》；“迴”不作“洄”。《乘月》之“怅恨乖幽素”；“怅”不作“恨”。《林园晚霁》之“落日照林园”，“林园”不作“园林”。“萧散在琴樽”；“樽”不作“言”。《秋夜二首》之“霜露已凄凄”，“凄凄”不作“凄漫”。“惊鸿千里来”。“里”不作“川”。卷第七《登西南岗》之“行曲水分野”；“曲”作不“直”。《善福寺阁》之“萧灑此幽襟”；“灑”不作“洒”。《观早朝》之“禁旅不成列”；“成”不作“城”。《任鄠令》之“恨无理人术”，“恨”不作“心”。“杳霭春山曲”；“杳”不作

"香"。《秋景》之"萧灑中林行";"萧"不作"潇"。《雨夜》之"如彼笼中禽";"彼"不作"役"。《秋郊作》之"旭日照林初";"林"不作"临"。《至西峰》之"下玩潭中鱼";"玩"不作"观"。《西亭》之"帘牖散喧风","牖"不作"牗"。"弱藤已扶树";"树"不作"援"。《夏景园庐》之"北窗凉气多";"气"不作"风"。《题从侄》之"每肆芳辰眺,采栗玄猿窟"。"辰"不作"晨","栗"不作"药"。卷第八《咏琉璃》之"有色同寒冰";"冰"不作"水"。《任洛阳丞》之"揆材各自用";"材"不作"才"。《县斋》之"泱泱水泉动";"泱泱"不作"決決"。《永定寺》之"夜叩竹林寺";"竹"不作"付"。《野居》之"捕鱼缘石涧";"石"不作"亦"。《楼中》之"响廻凭高阁";"廻"不作"(迴)〔廻〕①"。《种瓜》之"直以春窘迫";"窘"不作"据"。《述圆鹿》之"麑斑始力直";"麑"不作"麖"。《始建射候》之"男子本悬弧"。"弧"不作"孤","能侯"不作"虁候"。卷第九《横塘行》之"玉盘的历双白鱼";"双"不作"矢"。《燕衔泥》之"尾涎涎";"涎涎"不作"涏涏"。《王母歌》之"羽盖随云起"。"云"不作"电"。卷第十《骊山行》之"英豪共理天下晏";"豪"不作"雄"。《汉武帝杂歌》之"金茎孤峙兮凌紫烟"之别行提起,"独有淡泊之水能益人";"泊"不作"薄"。《信州录事》之"劝君炼丹永寿考"。"永"不作"求"。此本皆不误。又如卢氏所称"一作某",旧注"音某",皆宋本所有。宋本首数皆标明,及当时酬和之作皆与集中诗平写者,此本复一一相同。又信州刺史刘太原之诗在《酬刘侍郎使君》诗前,令狐峘诗亦在《答令狐侍郎》诗前,卢氏称为"元倡列前,极有古法者",又无一不合,信知此本之可贵矣。

王钦臣序称"今取诸本校定,仍所部居,去其杂厕,分十五

---

①前后二字无差别,据上引《楼中》"响廻凭高阁"改。

杂类，合五百七十一篇。卢氏谓并赋数之，只十四类，合新旧校添，共诗五百五十六首”云云。按此本凡诗五百四十七篇，附诗十首，并第八卷佚去之十四篇，洽合王氏厘定之数，则王氏所谓十五总类者，殆以附录之诗为一类耳。诸本所校补之各首均应在原第八卷之内，卢氏疑宋本已有遗脱是也。然卢氏谓《杂兴》八十九首，今本止七十五首，宋本多一首，亦只七十六首。《咏王》下，宋本有《咏露珠》一首，《仙人祠》一首不在《咏玻璃》下，而在卷末，此本均同。唯《杂兴》实只七十五首，细核校补中亦无其他多出之诗，则卢氏亦有所衍误矣。此本旧藏泉州李玉融中丞馥、候官郑昌英明经杰二家，为吾湘赵文恪慎畛所得。仲兄得之估人手中，北宋胶泥活字本为先世观古堂旧藏，散佚，唯此本存于拾经楼中。戊寅十月，湘垣大火，亦未为六丁劫取。校读一过，不胜忻幸。

己卯三月下旬，华鄂堂主人叶东明。

欧阳文忠全集一百五十三卷、附录五卷 明天顺六年吉州程宗刊本

前贤诗文集经后人编定者，往往搜罗散佚，以多为贵，甚至不知简择，并其生平酬应不经意之作亦收入集中，反为疵赘。如文公《辟佛》，而集中有《罗池庙碑》及《与大颠诸书》，遂为刘煦、朱子所讥。西山以道统自任，而集中吹嘘释、老之焰者，不一而足。其为史弥远特授正奉大夫文，颂扬不当，《金国贺正旦使到阙紫宸殿致语口号》，勾合曲词，失之尊夷，犹为后人诟病。皆编集者不知审别，有以致之也。

此《欧阳文忠全集》一百五十三卷、《附录》五卷、《年谱》

一卷，明天顺六年吉州府程宗刻本，每半页十行，行二十字。上下大黑口，小题在上，大题在下，前有天顺六年钱溥重刊《欧阳文忠全集》序，后有彭勖后序。全书字法鸥波，椠法精美。书估每每割去序跋，赝充元椠。《天禄琳琅书目·元板类》所载即此本也。近日海盐张菊生年伯元济影印编入《四部丛刊》者，同沿其误，盖均以书无序跋，逼似元刻耳，然可见此本之稀见矣。仲兄定侯曾致函菊生年伯，倩其加印序文，以免贻误。时值中日战起，江浙沦亡，板片罹于兵灾，补刊未及，恐后来不免而益滋衍误矣。

全书分《居士集》、《外集》、《外制集》、《内制集》、《表奏书启四六集》、《奏议集》、《杂著述》七种。而易《童子问》、《集古录跋尾》、《书简》三种附焉。《居士集》为公所手编，余则周必大、孙谦益、丁朝佐、曾三异、胡柯及文忠子发等所编定也。公集宋时传本甚多，分合不一，唯此本用诸本编校，广为搜讨，一字一句，必为考核，附注卷后而不羼入正文。排比整秩，有条不紊。陈氏《直斋书录解题》谓："修集遍行海内，而无善本。唯此本完善无憾"云云。四库馆臣亦称其删钱镠等传，及附入《诗解统序》之类。为鉴别详允，编订精密，则虽系后人编集，然选择最审，固欧《集》最善之本，而椠刻精美，流传极稀，又特其余事耳。程宗同时刊有《东坡七集》，行款、字体均同。世亦多误以为元刻，流传亦鲜。光绪间端陶斋方曾重刊之。近日，又有石印影本，此集则仅有嘉靖三十四年铜仁陈珊刻本，然改并次第，不足论已。是此刻之稀见，又驾乎苏《集》之上，岂不重可宝贵也耶？

甲子四月立夏日，叶东明谨识。

王临川先生文集百卷、目录二卷 明补宋绍兴辛未王珏刊本

南宋昭兴所刊书籍，向藏国子监中，其板至明嘉靖犹存，唯多残阙。元明两季递有修补，然其中板片有过于残废者，则未经修补印行也。故明补宋板书中，其绍兴旧刻尚存十之五六，而藏书家以其可补正后来刻本之讹误，极为重视矣。

此宋绍兴辛未王珏刻本《临川先生文集》百卷、《目录》二卷，经明永乐嘉靖两次补板印行者，前有吴澄序及永乐十五年杨士奇跋、补刻语录，每半页十二行，行二十字。书中“桓”字注“渊圣御名”，“构”字注“御名”。语涉国家朝廷均空格，上下白口，其上下大黑口，则永乐补板也。其嘉靖五年所补刊者，则口上标有“补刊”字样矣。亦有补刊为白口未标明者，其字体行气固一望而知，易于辨别也。王《集》宋绍兴时本有二刻，一为绍兴十一年桐庐郡守詹太和所刊，有豫章黄次山序，即明嘉靖丙午二十五年应云鸑、庚申三十九年何迁两本所从出，其行款均与宋本同，未改易也；一即此本，则后世均无翻雕，以其板至明尚存，多有修补印行之本也。常熟瞿镛铁琴铜剑楼、仁和丁丙善本书室均藏有此本。瞿云核之明翻詹太和本，卷第皆同，惟《挽词》内中少《苏才翁挽词》二首，《集句》中少《离升州作》一首，而多《移桃花》一首云。

检此本第三十五卷目中有《苏才翁挽词》一首，而书中无之，别有《长干释普济坐化》一首。第三十六卷目中有《离升州作》一首，书中亦无之，而别有《移桃花》一首，与瞿氏所云合。惟第三卷有《移桃花示俞秀老》一首，第二十七卷有《长干释普济

坐化》一首，而《离升州作》一首在第二十九卷中。盖补板者未经细检，致重复杂乱也。故书中第三十五卷《释普济坐化》诗本页，第二十九卷《离升州作》诗本页，均上下黑口，为永乐时所补刊。第三十六卷《移桃花》诗，本页为白口补刊。《普济坐化》诗一首本应在第二十七卷《芙蓉堂二首》之后，其页为永乐补刊，仅存《芙蓉堂二首》。题目下无诗句，遂以《坐化》一首窜补羼入第三十五卷《挽词》类矣。至《移桃花》一首，本应在第三卷，《离昇州作》一首本应在第三十六卷，补刊时又以《移桃花》一首窜入第三十六卷而以《离升州作》一首窜入第二十九卷。其第二十九卷及第三十六卷《移桃花》诗，本页为白口补刊。第廿九卷《离升州作》，本页为永乐黑口补刊，按迹以求，故知原非宋本之误也。唯《苏才翁挽词》一首，则竟为补刊者所窜失矣。是知宋椠更贵，宋印一经补修，则不免失之毫厘，差之千里矣。

总目首页有"汲古主人子晋"朱文对方印，色虽黑黯，然印文甚精，与家藏旧本之有毛印者相同，当非伪作，盖朱泥不佳所致尔。出湘乡曾文正公家，仲兄定侯得之估人手中，装成漫志。

已巳三月，东明叶启发。

山谷内集注二十卷、外集注十七卷、别集注二卷 秀水诸锦删本

古书非注不明，然如裴松之之注《三国》、李善之注《文选》，古今能有几家。裴注网罗繁富，凡旧籍所不传者附见崖略，首尾完具，不尚剪裁割裂，考证之家多所取材。李注四次增订，释音训义，注解甚多。绝笔之本，考证尤详，盖注所以明书，固不厌其详也。宋任渊、史容、史季温注黄庭坚《山谷诗》，其大纲皆系

于目录每条之下，使读者考其岁月，知其遭际，因以推求作诗之本旨。精博严密，因山谷之功臣，诗注之翘楚，昔人所谓独为其难者矣。

此诸襄七锦删定注本《山谷诗集》，即取任史各注删节，朱墨杂陈。卷第一《古诗二首上》，苏子瞻，注云："东坡报山谷书，云古风二首，托物引类，得古诗人之风。其推重如此，故置诸篇首"云。任氏此注本因《内集》诸诗，始于元丰元年戊午，庭坚年三十四。而《外集》之诗，起嘉祐六年，庭坚时年十七。后人或疑前后倒置，有所乖乱，故详述东坡推重之语，特标明其旨，以示二诗冠首。《内集》之议，诸氏以朱笔"乙"去，推重如此，故置诸编首二句，有失引申之意矣。又《咏史呈徐仲车》任注：《哲宗实录》曰：徐积，楚州人。治平四年，擢进士第，事母孝笃，乡闾化之。积，字仲车，山谷同年生也。"诸氏乙去"积字仲车"四字。考徐氏名号，前未复见，题云"仲车"，注引徐积不经点明，嫌其兀突，且删去四字，则下句连续似为《哲宗实录》，原语犹不伦也。如此之类，不胜枚举。其他任、史注引某书文句作注，诸氏删去所引文句而存见某书，或仅存其一二字句，剪裁割裂，使读者又当按籍以求其详，固不必矣。唯书中凡任、史注复见者，均经揭出，且勾"乙"增删至再至三，匠心苦诣，则亦未可厚非。又任、史所引旧籍有先见某书而任不知者，诸氏为改订之，补其疏漏，固自可取也。然大辂椎轮，积水成冰，开始者每为其难，踵事者每承其易，何况诸氏删注，精诣不及任、史，是则此书以备参证，如查慎行之补施，杭世骏之补裴，自无不可尔。

按诸氏为浙之秀水人，雍正甲辰进士，乾隆丙辰召试鸿博，授翰林院检讨，官至右春坊、右赞善，著有《毛诗说》、《补飨礼》、《绛跗阁诗集》等书，唯《周易观象补义略》四厚册，其子婿范成所编次者，《四库》未收。嘉庆末归于松门戴光曾家。《提纲》一卷及下《经》自《诟》初一下至《杂卦》皆其手书，后再归海宁查氏，见独山莫子偲友芝《郘亭知见传本书目》。惜无好事之人为之一一搜访，汇付手民也。

乙亥六月，东明挥汗。

后山诗注十二卷明弘治刊本

宋陈师道《后山集》，政和五年门人魏衍编定。凡《诗》六卷，《文》十四卷，绍兴间新津任渊注《后山诗》，析为十二卷，与所注《山谷诗内集》并以精密著称，读者无间言焉。顾传本则极稀觏，藏书家志、目罕见著录也。

丁卯新春，仲兄定侯得此明黑口双栏本《后山诗注》十二卷，前后无刻书人序跋、目录，每半页十一行，行廿字。本书则半页九行，行十七字。仲兄曾见一本有杨一清识语，行款与此本书同，知此本为弘治丁巳杨氏序、袁弘刊本也。其目录、行款与此书不合者，据杨识称袁氏再板以行，知袁氏本有两刻。其一全书行款整齐，其一则行款本未画一者也。检莫友芝《郘亭书目》有《山谷内集注》二十卷、《外集注》十七卷、《别集注》二卷，明弘治丙辰南昌陈沛等刊本，云："张金吾有旧钞《山谷诗三注》，附弘治丙辰张元桢序、己未杨廉后序，盖据明刊也。"傅沅叔年伯学使增湘批注云："收得明弘治刊本《别集注》二卷，半页九行，行十九字，黑口，四周双边，后有杨廉序。"又《后山集》廿四卷："明马暾刊本，廿八卷；弘治十二年刊本，三十卷"。傅批云："明弘治十二年刊本，乃王鸿儒重校，亦列马氏，别有刻本。半页十一行，行二十字，黑口，末卷有'潞州儒学廪膳生员郭铭缮写'

一行，此刻曾见三部"云。又《后山诗注》十二卷，云："明有杨一清序刊本，在弘治丁巳秋，云以属之汉中知府袁宏"云云。据此则弘治丙辰刊任注《山谷诗》，丁巳刊任注《后山诗》，两诗分刻，相隔仅止一年。故均半页九行，黑口双边，字数则略有差异。是任注《后山》，明代第一刻本也。

明弘治间所刻宋元人集，如戴复古《石屏集》、刘秉忠《长春集》之类，均半页九行，行十七、十九字不等，殆亦一时风尚矣。弘治十二年，马暾、王鸿儒刻《后山集》，袁宏又刻任注并行，则均半页十一行，行廿字，是为任注第二刻本。然前后不及五年，已一再镂板，岂非任注之博善使之然耶？明人同刻并行之书，如天顺、成化程刻欧、苏二集已有先例，后来莫游合刻韩柳，明易玉几合刻李杜，马氏合刻元白，均数见不鲜。是又不仅《山谷》、《后山》两注及陈集任注而始然矣。惜此本佚去杨跋全文，又架无其他志目可以参考，无由以证余言之然否尔。任注《山谷》、《后山》两集，宋本均存。鱼山钱遵王曾述古堂中《山谷注》不知所归，《后山注》则为汪阆源士钟艺芸精舍所得，残缺不全，抄补三卷，辗转又入于昭文张月霄金吾爱日精庐，已成为残圭断璧矣。吴门黄荛圃主政丕烈有残本一卷，主政谓"宋本正文与注各自为行，明刻则注于当句之下"，正文与注牵涉，已改旧氏，不如宋本犹见《后山》真面。然注接正文，便于稽览，是又不必执一以绳也。

戊寅岁尽，避兵乡居，漫笔记此。叶东明。

张右史文集六十卷 长洲何氏抄本

《张右史文集》六十卷，长洲何氏抄本，六册。每册卷首有

“顾肇声读书记”朱文长方印，卷首有“养拙斋”朱文长方印，传首页有“善耕顾楗”朱文方印，又有“文渊阁校理翁方纲藏”朱文方印。第二册书衣题云：“此册内第十二卷至第十六卷，书字不必工，然似是何义门小史所书。”下钤“覃溪鉴藏”朱文方印。另行云：“丙午秋，见义门小楷《周颂》数幅，与此对之，是义门家塾所写无疑。”第四册书衣题云：“三十七、三十八二卷《同文倡和》，合下册总六卷”。第五册书衣题云：“三十九至四十二凡四卷《同文倡和》”。第六册书衣题云：“此册内五十六、六十之五卷者，亦是何义门家小史之书，但不工尔”。下钤“覃溪鉴藏”朱文长印。盖递经善耕顾氏、大兴翁氏二家珍藏者。

检彭启丰《芝庭集》十四《文林郎蒲城县知县顾君墓志铭》略言：“顾君讳楗，字肇声。先世自金陵迁苏州，君少力学，涉历经史，兼通术数之书。屡赴省试不第，乃循例谒选吏部，初得直隶盐山令。宪皇帝目之曰，此人风格老成，改福建蒲城县令。乾隆三十二年九月廿七日卒，年六十五。所撰诗、古文名《碧云堂集》”云。又检吴修《续疑年录》四：“翁正三方纲，年八十六，雍正十一年癸丑生，嘉庆廿三年戊寅卒”。法式善《清秘述闻·学政类·江西省》：“翁方纲，字正三，大兴人。乾隆壬申进士，五十一年以詹事任。”此书题丙午秋云云，以纪元推之，正五十一年，则即官詹事时所得也。张集宋时所传，见于周紫芝《太仓稊米集》“书谯郡先生文集后”者凡四本：一为《柯山集》十卷，一为《张龙阁集》三十卷，一为《张右史大全集》七十卷，一为《谯郡先生集》一百卷。四本与今世所行卷数均不相合。惟七十卷本有绍兴十三年张表臣叙刊本，道光中犹存海昌蒋氏，见蒋光煦生沐《东湖丛记》，其余各本早已无传。盖张集宋时传本已不一致，后来传抄之本分合皆以意为之，故无从还宋刻诸本之旧次也。

《钦定四库全书总目》著录《宛邱集》七十六卷，浙江鲍士恭家藏本，《提要》云：“耒之文集在南宋已非一致，其多寡亦复相悬。此本卷数与紫芝所记四本皆不合，又不知何时何人摭拾残剩所编，宜其缺佚者颇夥”云。仁和丁丙《善本书室藏书志》、归安陆心源《皕宋楼藏书志》、常熟瞿镛《铁琴铜剑楼藏书目录》均载此本，盖张集流传者以此六十卷本为最足，与宋陈振孙《直斋书录解题》所称蜀本卷数相合，盖即从蜀本出也。丁《志》又载《宛邱先生文集》七十六卷、《补遗》六卷抄本云：“按金星轺《文瑞楼书目》云，文潛《柯山集》，《读书志》载有百卷，而行世之抄本只六十五卷，名《右史集》。兹集宋子蔚如从其友人借抄之本，比前本卷数略多，前后参订为七十六卷。又多《补遗》六卷，仍未符百卷之数。此清吟阁瞿颖山从鲍以文借文瑞楼旧藏本依式刊格，重为抄校”云云。据此则八十二卷本是孙蔚如参订分卷，虽卷数较多，固非宋本旧第，不足信也。唯虞山毛晋《汲古阁珍藏秘本书目》载《张右史文集》六十卷廿四本，云：“张耒世所行《文潜集》才十之五，《右史集》乃大全”云云。毛氏富于收藏，且精鉴赏，所言断非耳食。此本分卷与毛藏正同，又经名贤题记，自当益增珍贵矣。别有明嘉靖中郝梁刊十三卷本，题《张文潜文集》，乾隆中武英殿聚珍本五十卷，题《柯山集》。郝本卷数虽少，亦有此本所无之文，聚珍本仅编次略有出入，诗文无大异同，独不解内府有七十六卷本不以印行，而印此五十卷本，弃珠玉而宝碔砆，何所取义也？

辛未秋日，东明叶启发读于华鄂堂西簃。

宝晋英光集六卷旧抄本

宋米芾《山林集》一百卷，南渡时已失其传。芾孙宪所辑刻者为《诗文》五卷、《书史》、《画史》、《砚史》各一卷，不及什之一也。后岳珂亦编刻《宝晋英光集》六卷，卷中诗文无所增损，惟字句间有互异耳。明万历间，嘉兴范明泰编刻襄阳《外纪》、《志林》，以未见二书而别编《襄阳遗集》一卷附刻，虽《海岳名言》、《宝章待访录》、《砚史》亦并附及而未及《书史》、《画史》，既可见其搜访之挂漏，复可见米、岳二家辑本芾集在明时已为罕觏之秘笈矣。

此旧抄本六卷，为戒庵老人李翊从长洲吴匏庵宽丛书堂藏抄本传抄，虽未能复芾集之旧观，然较张青父丑窜乱之本，则高出倍蓰矣。珂编是集多采石刻墨迹，以补阙遗，故书中有注“新添，见《英光堂帖》及《群玉堂帖》”者。然考家藏武英殿聚珍本岳珂《宝真斋法书赞》经翁正三校理方纲评校者，其所录米诗石刻与此多有不合。如卷一《涟漪堂书》“飞云无留影”，“云”作“去”。卷二《甘露作》“湛湛清灵圆”，“灵”作“露”。翁校改作“灵”。《夜登鉴远观江南》，“野烧作天兵，十万饮藩曹”，“藩”作“潘”；“江南野烧罙山谷”，“罙”作“深”。翁校改“罙”。《瑞居即事》“团扇古人蝉雀意”，“蝉”作“蜂”；“凫胫欲长军可益”，“军”作“宁”。《狱空行》“乃狱空空有理”，“乃”下有“知”；“太守无能不戢吏”；能，翁拓本校云作“欲”。“太守政声既如此”，“此”作“是”；翁校改云拓本作“此”。“追锋早来促公起”，“锋”作“风”。翁校改云“锋”拓本作“风”，早拓本作“车”。《壮观二首》作《壮观前诗》，“无涯小智壮营营”，“壮”作“日”；翁校改作“杜”。“梦寐中间得鹿时”；翁校改云“寐”石本作“寤”。“孔轲如在定能知”。翁校改云“孔”下一字，石本作“轩”，“知”字，石本旁添。《催租》“单状请出三抄纳”，“三”作“且”。翁校改作“三”。《海岳庵杂诗》“南山人云桱”，“桱”作“径”；“鼓腹欹更迴”，“欹”作“歌”。翁校改云石本“歌”字旁添此条。真斋石本题英光堂帖第六郢国宝文帖法书第五十二，本朝诗门，宝晋海岳杂诗帖。卷三《赏心亭晚望》无“晚望”二字；“尽日倚栏干”，“栏干”作“雕栏”；“寒霄低细月”，“霄”作“宵”翁校改作“霄”。卷四《青山》“却匹刘琨看左传”，“匹”作“叵”，按云：《英光集》作“匹”。《拜书学博士作》。翁校改云石本标题无“博士”二字。《槐竹》作《槐前竹后》。翁校改云《竹诗》，石本云《槐帖》。以翁校验之，盖大典所载经割裂成书，时有所更易也。

至翁氏据石刻所校亦有不合者，则石刻多有阙泐，审认字迹各有不同也。唯卷一《涟漪瑞墨堂书》及《鉴远楼》诗、《法书赞》载之亦是。《英光堂帖》中所有，此本未载“新添见《英光堂帖》”七字。又《研山》诗、《法书赞》载有米友仁跋，又二诗五幅，止存二幅，亡其一诗。此集未曾注明《浪淘沙》词本寿时宰之作，《法书赞》载有“祝寿浪淘沙”五字，此集不注明其作诗之旨，则编集时所失误矣。又《法书赞》，《米元章过姑孰诗帖》题为《过姑孰作》其诗曰：“下舆照涧数星星，一世还如隔世经。不见山东李十二，青山山色只青青”云。后有珂跋，谓为宫锦谪仙而作，宝庆乙酉得之京师，今集中不载。又珂《跋寿时宰词帖》有云“《山林集》有吕汲公生日诗，岂同时耶”云云。余集中亦无此诗，知当时尚多漏略。特以编纂出于一人，已多未曾收入此集者，则此集在辑本中亦不得谓为完帙矣。又珂绍定戊子《跋获砚帖》，嘉定甲戌《跋壮观前诗帖》，宝庆乙酉《跋临谢安八月帖》均有“尝读《山林集》”，或“按之《山林集》”等语，则珂固藏有《山林集》一书。殆亦非全帙，遂别编此集以传。其采自石刻均分别注明，俾可考见来历，固不失汉人家法也。至后世所传之八卷本，则为张青父所窜增羼入赝迹，不足论已。

甲戌夏五，叶启发跋尾。

须溪先生评点简斋诗集十五卷日本翻高丽刊本

日本刊高丽纸印本《须溪先生评点简斋诗集》十五卷，首有刘辰翁序，后有嘉靖二十三年甲辰柳希春跋，称："癸卯宋相麟寿出按湖南，多刊书册，而是集亦与焉。县前宰柳侯泗掌其事未毕而个满去，今年五月功乃讫"云。后附金章文、宗修、崇轩、天圭、信连、法灯、释雄、金克宝、李大训、柳泗、大子士弼、宋麟寿等十二人衔名。又有江宗白跋，称尝得是集，手写自珍，遂欲锓梓，广其传于不朽矣。于是以付剞劂氏，且欲便童训，加以和训，恐未能差讹，请读者订焉。据此，则嘉靖廿二年癸卯，柳泗倡刻是集，未毕工而任满。次年甲辰，宋麟寿继刻成之，迄甲申江宗白又据柳、宋所刻之本重雕，而附以和训。甲申后，于甲辰校刊十二人衔名中有柳、宋二人，而无江名、江跋，又称欲便童蒙，加以和训，可见柳宋本本无和训，与江本固有不同也。

检傅沅叔年伯学使增湘批注莫友芝《郘亭知见传本书目》，有须溪先生评点《简斋诗集》十五卷，末卷《无住词》，日本翻高丽本，注附每页后，十一行廿字。末有嘉靖高丽时原序，及校刊官十二人衔名，癸丑冬得于上海云云。与此本一一相合，惟傅本佚去江宗白跋，故未知为江氏所翻雕也。又检《四库全书总目》著录《简斋诗集》十六卷，浙江鲍士恭家藏本，《提要》云："是集

第一卷为赋及杂文九篇，第十六卷为诗余十八首，中十四卷，皆古今体诗”。此本卷一有赋三篇，无杂文。卷二至卷十三为诗，卷十四为铭赞，卷十五为《无住词》，与《四库》著录之本不同，则鲍氏所藏非此本矣。归安陆氏《仪顾堂续跋》所载宋麻沙本卷次与此相合，知此本源出宋刻，固优于《四库》著录之本也。旧藏吴门黄荛圃主政丕烈、元和顾千里征君广圻两家，有尧翁题记，思适印章，尧圃跋称系千里之藏，归其所有。

检潘文勤祖荫辑刻《士礼居藏书题跋记》卷六载《东坡乐府》二卷，元刊本。跋云：“今秋顾千里自黎川归，余访之城南思适斋。千里曰闻子欲卖词，余反有一词欲子买之。余曰此必宋刻矣。千里曰非宋刻，却胜于宋刻，请观之。则延祐庚申刻《东坡乐府》也，其时需值三十金，余以囊涩未及购取。后思余欲去词，辛词本欲留存，且苏辛本为并称，合之实为双璧。因检书一二种，售诸友人，得银二十四两。千里犹不足，余实力无馀，复益以日本刻《简斋集》，如前需数而交易始成，余遂以书归。癸亥冬六日识”云。此本黄跋有“庚辰秋，坊友以洋纸印本《简斋诗集》示余”之语。考癸亥为嘉庆八年，尧圃年四十一岁。庚辰为嘉庆廿五年，尧圃年五十八岁。盖黄顾往还极密，此书始则因易书由黄归顾，后又由顾而黄，授受原委甚明，固一时韵事也。惜后凶终隙末，诋语形之笔墨间，观易书时之计较锱铢，则千里之见讥于段懋堂、张石洲者，实有自取之道矣。

癸酉孟秋，东明跋尾。

鄂州小集五卷、附录一卷 明洪武二年刊本

宋罗愿《鄂州小集》五卷，附录《罗鄂州遗文》一卷。明洪

武二年七世孙传道刻本，每半页十一行，行廿一字，上下大黑口，四周双阑，板心下、黑鱼尾上有白文刻工姓名。卷五末附曹弘斋撰《鄂州太守存斋罗公愿传》，前有洪武二年宋濂、赵埙、李宗颐、苏伯鸿、林公庆、马珹序。乾道二年郑玉序后有赵汸、王祎后序。检《四库全书总目·别集类》，《鄂州小集》六卷、《附录》二卷，两淮马裕家藏本。《提要》云："宋罗愿撰。淳熙甲辰，愿由知南剑州改鄂州，乙巳卒于官。州佐刘清之为刊其遗稿名《鄂州小集》，止六卷。史称十卷，与原集不合，盖宋史多讹，不足据。此本卷数虽符，然编次无法。又以《新安志》中小序二编入之，疑经后人掇拾而成，亦非其旧也"。"今所传者虽未必淳熙之原本，实皆愿之遗文，要足贵也。后二卷附愿兄颂[①]、愿弟颀、侄似臣之文，末又有明人《月山录》一卷。冗杂鄙陋，盖愿之疏族，因刊是集而窜入之，冀附骥以传，殊为疣赘。今存颁、颀、似臣之文，而所谓《月山录》者，则竟从删汰焉"。

此本赵序云："乡先达宋朝奉郎权发遣鄂州军州事罗公文五卷，权通判鄂州军州事临江刘公清之所编次，公与刘公同官于鄂。公既卒，刘公因以是编刻置郡斋，于公生平所著，不能十一，故题曰《小集》，其藏于家者馀五卷，不幸一再传而中绝，遂俱亡矣。"又曰："罗君传道，鄂州七世诸孙也，将赴官洪之靖安，使其表弟汪弁奉写本《鄂州小集》来，校其阙误。将刻诸官舍，汸以所藏本证之，去其续编之弗类者，而补其阙逸，以还刘公之旧。"又王序云："《罗鄂州小集》故为书十卷，鄂人尝以刻板其州，新安郑氏家亦有刻本，岁久皆废轶。今其存者五卷，其七世孙宣明力搜访之，复得杂文若干首，附于五卷之末。而郡人赵汸

①"颂"，按下文作"颁"，未知孰是。

氏、新喻赵埙氏皆为订其讹舛，乃重刻板以传”云云。是此书本为十卷。愿卒于官，州佐刘清之编次五卷，刻置郡斋。馀五卷则藏于家，后遂亡佚。馆臣谓《小集》六卷，史称十卷，与原集不合。宋史多讹，不足为据者，考之未审，不足信也。唯此本五卷系七世孙传道搜访遗文，与赵汸、赵埙等参订厘分，以还刘氏五卷之旧，亦非刘氏原本旧第矣。家藏又有天启丙寅愿从裔孙朗刻本，增入其侄似臣罗府教《徽州新城记》一篇，与《四库》著录之本同。但无《月山录》一卷，盖佚去尔。吴虞臣寿暘《拜经楼藏书题跋记》有《鄂州小集》六卷，云："国朝程哲辑录，此从程氏刻本传录者，首有哲序并郑玉、赵汸、赵埙、李宗颐、宋濂、王祎、马堿、苏伯鸿、林公庆、祝允明诸原序，裔孙文达、从裔孙朗原跋及曹泾撰传等编，后附《鄂州遗文》，《四库目录》作六卷、《附录》二卷。此本《附录》即在六卷中。目录谓其集本刘清之所编，此本丛杂少绪，似非原帙"。又云："《附录》二卷为其兄颁、侄似臣之文，今是编但有颁文，而无似臣文"云云。盖即康熙癸巳七略书堂所刊，源出于弘治十一年罗文达刊本者也。

鄂州此集宋时初刻于淳熙甲辰，再刻于新安郑氏，今皆无传。明代所刊凡三本：一为洪武二年七世孙传道所刊，一为弘治十一年裔孙文达所刻，一为天启丙寅从裔孙朗所刻。弘治天启两本多所窜易，惟此洪武本虽非宋本之旧，其视两刻已先数十百年，亦可称第一善本矣。收藏有“徐㶿之印”、“兴公父”两白文方印，即著《榕阴新检》、《红雨楼题跋》、《笔精》之明闽县徐惟起有藏书盛名者也。鄂州之父从桿助秦桧以害岳武穆，犯天下之公怒。而鄂州学问该博，卓然自立，不为父恶所掩，其《淳安社坛记》，朱子自谓不如。方回跋《尔雅翼》，亦称鄂州文章有先秦西汉风气，为南渡后一人，推重如出一辙。朱方一代作者，均无异辞，鄂州文已自可传，则是集又不必以旧刻藏印而见重矣。

己巳夏月伏日，东明记。

秋涧先生大全文集二十六卷平定张氏抄本，张穆手校

抄本元王恽《秋涧先生大全文集》凡二册。其一册自卷第四十七至卷第六十一，凡十五卷，首有“月斋藏书”白文长印，书衣有月斋题“秋涧文抄截写十五卷”一行。二册自卷第八十至卷第八十二，凡三卷，为《中堂事记》；又自卷第九十三至卷第一百，凡八卷，为《玉堂嘉话》，经月斋以朱笔用曹能始本及守山阁本校。守山阁本称刻本以别之，书衣亦有月斋题“中堂事记”、“玉堂嘉话”二行。按《秋涧大全集》为长子公儒所编，共一百卷。凡诗文七十七卷，《承华事略》二卷，《中堂事纪》三卷，《乌台笔补》十卷，《玉堂嘉话》八卷。卷第一至卷第七十七为诗文卷，第八十八、九为《承华事略》，卷第八十至卷第八十二为《中堂事记》，卷第八十三至卷第九十二为《乌台笔补》①，卷第九十三至卷第一百为《玉堂嘉话》。延祐庚申移江浙行省，给公帑刊行。嘉禾郡博罗应龙、余元第董其事，兰溪州判唐咏涯任校雠，古卫王秉彝为之序。始工于至治辛酉三月，毕工于壬戌正月。其本流传极稀，唯延令季氏书目有之。蒋香生凤藻有影写本，均不知其尚存于天壤间否也。此外诸藏书家志目所载者，多为明弘治刊本，然亦不数见。

此为平定张月斋穆家抄本，截写文集十五卷及《中堂事记》、

①“乌台”，底本误作“乌堂”，据上文改。

《玉堂嘉话》二种。盖肎斋有所取证于辽金及中统、至元事迹摘抄，以备参稽，故不及其全集也。《中堂事记》书载中统九年，秋涧在燕京，随中书省官赴开平会议，至明年九月复回燕京之事。《玉堂嘉话》则至元戊子所作，追记在翰林院日所闻见者。《四库全书总目》著录集部《秋涧集》一百卷，又著录《承华事略》、《玉堂嘉话》于史子两类中。馆臣且盛称其《中堂事记》于时政缀录极详，可补史阙。而《玉堂嘉话》凡文章得失、典制沿革皆汇而录之，颇为精核，论辽金不当为载记，尤为平允，可见《秋涧全集》固以此二种为菁英，肎斋之截写，盖亦弃其糟粕之意耳。此本后有至正改元王秉彝后序，语涉国家朝廷、诏谕圣旨等处均跳行，盖源出元刊本也。《玉堂嘉话》中肎斋所校改者多地名、译音，及改胡虏等字，为诸蕃彼国之类。盖地名于乾隆校刻诸史时多所改订，胡虏等字则诏修《四库全书》时一再删改。守山阁本刊刻在后，又以文禁（纂）〔綦〕严，不敢触犯迁就，避免讳忌，实多不如此抄之源出元刊，一仍其真也。

庚午新正，从道州何子贞学使曾孙诒恺家得之，纸捻毛订，装饰草率，诒恺以为残阙不全，无足重视，索价极廉。余则以其传抄元本，又经名贤勘校，珍如珍璧，是知古籍之拭秽覆瓿，自是平常，安得有好事者随时为之留意耶？

元宵前三日，东明。

青阳先生文集六卷、附录二卷 明嘉靖戊戌郑锡麒补正德己卯刻本

元余阙《青阳先生文集》六卷、附录维阳程庭珪《送余廷心赴大学》七律诗一首、新安程文《青阳山房记》一篇。前有番阳

程国儒序、云阳李祁序，正统十年淮南高谷重刊《青阳文集》引，正德辛巳刘瑞序后有青阳山人王汝玉序、莆田彭韶识、正德庚辰海岱张文锦跋。张跋末行有“农民陈一策写”六字，本书及序跋均半页十一行，行十九字。唯书首宋景濂《余左丞传》，则半页十一行，行廿一字。书首嘉靖戊戌郑锡麒跋，则半页十一行，行二十字，行款参差不一。刘序称：“己卯夏宸濠拥兵寇安庆，太仆少卿张君文锦以知府暨参将杨锐氏誓死守，事平，谒忠宣公祠。张乃询善本，胡宁国东皋刻焉。刻成以首简告于瑞”云。张跋称：安庆板久毁，求旧本重梓。岁己卯强藩兵变，幸尔保城。亚司徒李梧山公抚临，务得梓之。宣守胡君汝登见而辄加雠校梓行。据刘序、张跋则是正集为正德己卯宣守胡登所刊，张文锦为之跋也。据郑识称：“公之《正集》，青阳前守海岱，张中丞公刻之矣而弗存，百世之下慕愿之。而见于赞述、题咏者，维阳张仲刚采而成编附刻之，而后伤于残缺，予病夫观者之难悉公之全集也。公暇取二集校阅，《正集》厘为四卷，又以附刻之二卷续诸后，绣梓以行”云。则是锡骐又以登刊《正集》，张刊《附录》，重加厘定而付之梓行矣。然检本书《正集》，已是六卷，《附录》仅一诗一文，与郑跋所谓厘为四卷，又以付刻之二卷续诸后者，已自不符。即字数亦与本书不合，疑此跋从别本羼入，非此本所应有也。

乙亥夏间，从坊肆得《青阳先生忠节附后》二卷。前有弘治三年知安庆府事云中徐杰续编《青阳附录》序，后有正德二年丁卯柯忠重编《青阳附录》后序、嘉靖戊戌长乐郑锡骐跋。本书序跋均半页十一行，行二十字。柯序末行有“农民严时茂写”六字，因取《正集》勘之，行数同而字数异。至《正集》、《附录》后之郑跋，即此本郑跋也。检《正集》卷二末页有“农民严时茂写”六字，与《附录》柯序末行题“农民严时茂写”者同。细按《正集》卷一第十五页及卷二末页为四周单阑，而全书则四周双阑，知此二页为后来补板矣。而《附录》则全为四周双阑，始知郑盖得宣守胡登所刊《正集》补其阙板，而以弘治徐杰所编《附录》刻附其后。故写书人姓名相同，郑跋行款亦同，初未检及《正集》之行字规于一律也。《正集》首《余左丞传》每行字数既与全书互异，更与《附录》不同，知亦后来补刊，无待言矣。而《正集》之有郑跋者，盖郑初得胡板即缀跋印行，后《附录》刻成，沿用其跋而未改。"所谓公暇取二集，校阅厘为四卷，附刻二卷，续后梓行"之语不尽可信矣。正德己卯为十四年，距嘉靖戊戌不及二十年，胡板存于安庆，郑亦承乏皖垣，年代相隔甚近，板未熸，故郑得旧板而印行，非当时曾重刻也。然非得并两本目睹而细按之，仅凭郑跋云云，则不能得此中原委，未有不为所误者矣。因即以《附录》并装《正集》之后，而志其本末于首，以示后之得此书者之留意焉。

丙子夏五，东明。

余忠宣文集六卷 明嘉靖三十三年丰城雷逵刊本

元余阙《诗文集》，独山莫氏有正统十年张诚刊本，凡九卷，《附录》二卷。每半页十行，行廿二字。见于傅沅叔学使年伯增湘批注《郘亭知见传本书目》。家藏有正德乙卯张文锦序宣守胡登刻本，凡六卷，附诗文各一编。每半页十一行，行十九字，后有嘉靖戊戌郑锡骐跋。顷从坊肆获得此《忠宣文集》六卷，前有嘉靖三十三年罗洪先草书序，又有宋濂撰《余左丞传》、至正戊戌贾良伯撰《死节记》，附维阳张毅识罗洪先《读余左丞传》，文后有庐陵蒙山人陈嘉谟跋、嘉靖三十三年丰城雷逵题识。目录首题“余忠宣集目录”，次行题“门人淮西郭奎子章辑”，三行题“合肥县学教喻洪人滨重校”。每半页十行，行廿二字。白口单阑，板心上方题“忠宣文集卷几”，凡三册，附《青阳先生忠节附录》二册。有弘治三年徐杰续编《青阳附录》序、正德二本柯忠重编《青阳附录》后序、嘉靖戊戌郑锡骐识跋。每半页十一行，行廿字，上下白口，四周双阑。取家藏正德胡登刻本之有郑跋者按之，知郑得胡刻《正集》补板缀跋印行，后又以徐编《附录》刻附其后，合并印之。《附录》二册非此本所应有，因取附装旧藏正德本之后。此单行别本则另插架藏之。

继检此本雷跋有云：“元季死节之臣，若余忠宣公其最章辙者也。旧有《文集》若干卷，刻于安庆。以公死于安庆，故纪勒独详。庐阳为公故乡，而是集失传久矣。因命合肥洪教喻大滨校而梓之”云云。是此本为嘉靖三十三年，雷氏命洪大滨校刊于合肥之本。其所谓刻于安庆者，即郑锡骐合胡刻《正集》、新刻《附录》印行者也。此本行款、字数与莫氏所藏正统十年张氏刊本相合，盖即据其本重雕。张仲刚所辑《附录》已刻卷前，其弘治徐编《附录》二卷，及正德刻本卷六所附诗文各一编，辑录在后，自为正统刻本所无。此刻亦因之而未有也。特莫目所载为九卷，附《附录》二卷，与此本不同。然莫目传自书估侯驼子，辗转传抄，多有舛误，自不足援为典据也。嘉靖郑氏先后合印之本，各藏书家罕见著录，此本亦仅吴尺凫焯《绣谷亭薰习录》载之。流传之稀，可以概见。余并正德、嘉靖三刻均有之，又籍以考得郑氏补刻合印之原委，不可谓非眼福也。

丙子六月既望，东明叶启发。

铁崖古乐府十卷、复古诗集六卷 元至正二十四年刊本

元杨维桢《铁崖古乐府》十卷、《复古诗集》六卷，至正廿四年甲辰刊本，每半页十一行，行二十字。上下大黑口，《古乐府》前有至正六年（丙辰）张天雨、吴复两序，书名大题，次行题“门人富春吴复类篇”，卷十后附铁崖先生所作《吴君见心墓志铭》。《复古诗集》，前有章琬辑诗集序，首行题“铁崖先生复古诗集”。卷一下小题“古乐府卷之十一”，本书首行大题“铁崖先生复古诗集”，次行题“太史绍兴楚维桢廉夫著”，三行题“太史金华黄溍晋卿评”，四行题“门生云间章琬孟文注”，下空一行，余各卷均同，间有无“章琬注”一行者。盖《古乐府》为吴见心复所编，止于至正八年戊子，见心先卒，铁崖晚年之作乃命章孟文琬续为编次，合并刊行。故《复古诗集》有大题小题，而《古乐府》则无之也。

《古乐府》，元崑山顾仲瑛尝刊行之。明成化间，先族祖文庄公讳盛巡抚两广，校正命广州郡守沈礼梓行。同时崑山王益复据而重刊，语详王氏刻书跋中，其本后有刘效跋。常熟瞿镛《铁琴铜剑楼藏书目录》云有成化乙丑刘效跋、聊城杨绍和《楹书偶录》、江阴缪荃孙《艺风堂藏书记》明成化乙丑沈鲤翻本，前王益序，后刘效跋所载皆王所刊，而诸家皆以为沈鲤所刻者，盖误以两刻为一本也。唯归安陆氏《皕宋楼藏书志》，缪荃孙辑刻黄荛圃丕烈《藏书题识》所载元本，每页廿二行，行廿字。前有宋濂所撰墓志铭者，则与此本吻合。盖至正甲辰章琬刊行后，至明洪武时又补入宋濂墓志铭印行，实元刻而印于明初者也。

《四库全书总目》著录《铁崖古乐府》十卷、《乐府补》六卷，《提要》云："其门人吴复所编。""维桢于明初被召，不肯受官，赋《老客妇谣》以自况，其志操颇有可取，而《乐府补》内所作《大明铙歌鼓吹曲》，乃多非刺故国，颂美新朝"，"核以大义，不止于白璧之微瑕矣。"又《复古诗集》六卷，《提要》云："所载皆琴操、宫词、冶春、游仙、香奁等作，而古乐府亦杂厕其间，乃其门人章琬所编，以其体皆时俗所置而不为，故以'复古'为名。琬序称辑前后所制者二百首，连吴复所编又三百首。而今止一百五十二首，数不相符，或后人已多所删削，非完本欤"云云。核之铁崖所作《吴复墓志铭》，见心卒于至正戊子，则铁崖入明以后所作，不应为复所编次。此本乐府内无《老客妇谣》，《复古诗集》内亦无《大明铙歌鼓吹曲》，均以编定刊刻在前故也。则馆臣所见必为明人增窜之本，又并误以《乐府补》同为吴复所编，抑亦疏漏之甚矣。明毛晋汲古阁所刻即从此出，唯多所窜易，不及此本之编定精审、毫无杂乱，又刊刻在前之可贵也。昔人谓书旧一日好一日，信不诬矣。

壬戌夏五月望日，叶东明志。

杨铁崖咏史古乐府一卷明成化八年刊本

《杨铁崖咏史古乐府》一卷，明成化癸巳八年刊本。每半页十行，行二十字。三黑口，前有阏逢敦牂之岁金华章懋新刊《杨铁崖咏史古乐府》序称："成化癸巳，御史中丞江浦张公巡抚闽中，莅政之暇，出以示懋，曰：铁崖先生平日所为乐府诗最多，今仅有存者，天官少宰叶公与中出抚东广，尝得其门人吴复所编若干首，已锓诸木矣。近得此集于前江西提学黄先生纯之子知州璪，兹将刻而传之，子盍为之序”云云。所称天官少宰叶公与中所刻，即成化初年，先族祖文庄公讳盛命广州郡守沈鲤所刊，崑山王益据以重刻，后有刘效跋，见于各藏书家志目者也。

此本所录《咏史古乐府》，据章序似在沈氏所刻之外者，按铁崖诗赋，元明诸刻编辑出非一手，详略各有不同。至正戊子，门人吴复编《古乐府》十卷，崑山顾瑛刻之。至正甲辰，门人章琬编《复古诗集》六卷，合吴编《乐府》刊行，凡十六卷。成化间沈礼[①]所刻则有《乐府补遗》六卷，而无《复古诗集》。其至正二年门人陈存礼所编之《丽则遗音》四卷，附《荆山璞赋》五首。洪武廿一年，朱子新燧所编之《铁崖赋稿》尚在吴、章所编之外也。盖铁崖本以乐府擅长，及身未遑编定，其门人遂各据所录而编刻之，互有多寡，本无一定之本也。此本首行大题“杨铁崖咏史古乐府”，次行题“门人会稽顾亮辑录”。家藏天启二年马人伯弘道辑本《铁崖先生大全集》多采此本增入。检其中有《虞丘孝子词》云：“顾亮，会稽上虞人也。父珪，倡义兵拒海寇，与虏邵仇。至正戊戌冬，迈里古引兵东渡，珪为虏所害。亮时年十五，每有椎刃报仇之志，而未获遂也。阅去十馀年，过余道其事，挥涕哽咽，发尽竖。予悲其志，为作《虞丘孝子词》，以继古乐府云”。至正戊戌为十八年，越十年而元亡，词首小序有“阅去十馀年”之语，则已在明初。故此书各首均为沈刻，吴编《古乐府》之止于至正戊子者所不载矣。又取家藏元至元甲辰章琬编刻《复古诗集》，按之亦无一首与此书复出者，更可证顾氏编刻在明之初年，而在吴、章两辑之后矣。

《古乐府》、《复古诗集》、《丽则遗音》，递有重刊，唯此本则

---

①沈礼，前作“沈鲤”。

仅马氏辑录采及，马本亦未刊行，是此本与朱子新燧所编之《铁崖赋稿》同一流传甚稀。虽卷帙无多，固罕见之秘笈也。卷中有“汪鱼亭藏阅书”朱文方印，“云溪范藻”朱文方印，又有“素斋”二字、“文式”二字朱文对方印，余从冷摊得之。

丁丑花朝，叶东明跋尾。

铁崖大全集六册十卷 明天启元年马弘道抄本

元《杨铁崖维桢诗赋》，至正八年戊子昆山顾瑛刊。门人吴复所编《古乐府》十卷，末附律诗至正二十四年（甲辰），章琬再以所编《复古诗集》合并刊行，而以铁崖所作《吴复墓志铭》附于卷十之后。又以“复古诗集”为大题，而以“古乐府卷十一之卷十六”为小题以别之，编刻甚早，不及其全也。明成化间，先族祖文庄公巡抚两广，尝校正《古乐府》，命广州郡守沈礼梓行。同时昆山王盇复据以重刊。凡《乐府》十卷、《补遗》六卷，而无《复古诗集》，又不得谓之完本矣。别有至正二年壬午，陈存礼编《丽则遗音》四卷，凡赋三十二首，刊于钱塘，断佚不传。又有门人顾亮集录古乐府小绝句体者一卷，成化八年癸巳金华章懋序刊之，则所存犹鲜也。昭文张月霄金吾《爱日精庐藏书志》，有昆陵朱昱校正《铁崖文集》五卷，又有《铁崖漫稿》十卷，以十干分十集，甲至丙曰《铁崖先生诗集》；丁、戊曰《古乐府后集》，丁集题“金华太史黄溍晋卿评读，门人云间章琬孟文编注”，戊集有至正丙午章琬跋；己集曰《铁龙诗集》、曰《铁笛诗七言绝句》；庚集曰《铁笛集七言律》；辛至癸《草元阁后集》，壬集题“孙月泉辑录”。卷帙虽多，编订未审，盖失之贪多务博，遂不免珠砾混淆矣。虞山毛晋得元乙亥科湖广乡试《荆山璞赋》，后附《丽则遗音》四卷，重刻之。又据元至正甲辰章琬、明成化乙丑沈礼两刻本刊行《古乐府》十卷、《乐府补遗》六卷、《复古诗集》六卷，铁崖诗赋，颇称全备。然毛氏刻书素喜臆改窜易，藏书家固不取也。天崇间诸暨陈于京刊《铁崖集》五卷、《史义补遗》、《西湖竹枝》一卷、《香奁集》一卷，则又更下于汲古阁所刊者矣。

此明天启元年，海虞马人伯弘道据万历中陈渊止刊华亭陈仲醇继儒校本抄录，并益以元至正戊子顾瑛、至正甲辰章琬、成化王益、金华章懋、诸暨陈于京及归景山房古本、金陵坊本合并编定为十卷。凡《古乐府》八卷七百七十首，《文斌》二卷三十五首，《香奁》八首，又《古乐府补遗》一卷八十首。凡各本之序、跋、传、志均采录甚全，可谓集诸家之大成矣。其章辑《复古诗集》所载，与吴编《古乐府》重复者，如《北郭词》即《屈妇词》，《秦宫词》即《桑阴曲》，《合欢词》即《生合欢》，《空桑曲》即《高楼曲》之类，均考订厘正，甚为精审。又《老客妇谣》及《大明铙歌鼓吹曲》，于铁崖之前后两易其词，有亏臣节者，概不采入，去取亦深有法度也。书中马氏钤印甚多，又有桐乡金星轺檀文瑞楼收藏图记，复有校正姓氏十六人。盖人伯病铁崖诗赋之不得其全，广搜元明刻本录为全帙，后归于文瑞楼藏庋者也。

检潘伯寅祖荫辑刻黄荛圃《士礼居藏书题跋记》六，载《铁崖先生诗集》十卷抄本，云："余向藏《铁崖漫稿》，为旧抄本，皆文也。别有一册诗，亦抄本，较《漫稿》笔致稍时近。有人携此三册来，取其抄手甚旧，疑出自洪永间，可与《漫稿》为合璧。至于所录诗编，不特《东维子集》二卷诗有不符，即吴复所编《古乐府》，章琬所集《复古诗》，亦不尽合，则是别据旧本。此分甲至癸为十卷，与章琬分年诗卷数合，不知是一是二，俟详考之"

云。又《铁崖赋稿》一卷抄本云："此《杨铁崖赋稿》，朱子新录之时，初固有传本也。文瑞楼藏之一家，固有秘本也。曾几何时，而朱子新之名不传，文瑞楼之物已散，苟非如吾之向识其名，亲见其目者，又何从而识之耶?"又云："六月六日，前月来过之书船友曹锦荣复来，包中携有文瑞楼墨格抄本《杨铁崖文集》一册，索青蚨每页二分，余粗一阅之，知是录《铁崖赋稿》。案头适有《丽则遗音》在，急取对之，无一首合者，因观末有朱燧子新跋，始知诸赋简编浩繁，区区录其二三，是册盖摘录赋稿也。朱子新亦元末人而至明初者，兹册亦文瑞楼所录副本也。遍取《铁崖文集》本考之，无有及是者，乃知朱公与铁崖生不后时，故闻见广搜罗耳。则此册虽未必全豹，其论赋则出《丽则遗音》之外，诚不经见之书也。《文瑞楼书目》有《铁崖赋》一卷，其即是本欤?"

按此本《四库》未收，阮氏以进呈，见《研经室外集》。阮云："按《四库全书》录维桢《丽则遗音》，计赋三十二首。此则未刻稿也，凡四十八编，书为洪武三十一年海虞朱燧子新手录。《文瑞楼书目》有《铁崖赋》一卷，即此本也"云云。检此本前有文瑞楼印记，与《赋稿》同一藏金氏插架之中。唯此本仅赋三十二篇，而非在《丽则遗音》之外者，其《土圭莲花漏记》、《里鼓本三作》均在《东维子集》中，而《荆山璞赋》反不在内。又所辑《古乐府补遗》中亦有复出，如《结袜子》、《栢谷词》之类，则马氏亦不无佚误矣。铁崖以旷绝一世之才，纵横排奡，自辟畦町，乐府则力矫柔媚旖旎、类似小词之弊，而上追乎昌谷、青莲。古赋则神采迥异常人，驰霆激之气以就绳尺格律，及身编订者不及其全，门弟子各据所见，而编刻之颇为错杂。人伯裒辑此本，采访甚为详博，较之各本，颇多补正。虽有小疵，不害大体。孙庆增从添《藏书纪要》谓"新抄冯已苍、冯定远、毛子晋、马人伯、陆敕先、钱遵王、毛斧季各家，俱从好底本抄录”，观此乃知其言实信而有征也。

己卯三月，东明记于长沙西乡菖蒲塘曹姓农家。

石门集二册不分卷旧抄本

《四库全书总目》著录浙江汪启淑家藏本元梁敬孟《石门集》七卷，《提要》云：“其集世有二本。一即此本，乃马氏玲珑山馆所抄。一为新喻知县崇安暨用所刊本，分为十卷，与此本稍有详略，而其大致不甚相远。盖即此本而析其卷帙以就成数耳”云云。此旧抄本《石门集》二册，不分卷，前有嘉靖壬子李先芳重订《石门集》序称：“邑令林克相旧刻《石门集》，辞文间杂不能读，今稍更定，以表私淑之义”云。疑即以七卷、十卷两本重加厘定者，特两本均无序跋，不详刊刻年月，无从确定耳。

检吴寿旸《拜经楼藏书题跋记》载《石门集》十五卷旧抄本，云：嘉靖壬子李先芳序，黎卓傅鹗后序，《四库书目》作七卷，未审视此本何如。是吴藏为李先芳重订之本，分十五卷。此抄本前有李序，其从李本抄出确然无疑。然不解何以书未分卷，与吴藏异也。递藏秀水朱竹坨彝尊、长塘鲍渌饮廷博、禾中戴松门光曾、桐乡金箸庭锡爵、吴门黄荛圃丕烈诸家，朱印满幅。戴、金、黄三人均有题记，吴氏更取家藏旧刻七卷本比勘，而粗举其异同，载其缀跋中。据黄跋七卷本，无序有目，首行题“石门先生文集目录”，次行题“门人黎卓崇瞻编次”，三行题“甲集”。本书第一卷标题《石门集》下注云“甲之一”，又云“临江梁寅孟敬”，板心亦刻“甲一”。卷二直题曰“石（板）〔门〕集卷之二”，板心亦题同。卷三以下标题不曰“卷之某”，但下注曰“甲之三”，板心亦题同前。“三四五、六、七”，皆如此。或彼刻不过甲集，此抄或统甲以下而汇之，故诗文较多也。云云。是七卷本以甲集标题当系敬孟门人黎卓崇瞻初次编定未及其全者。十卷本则崇安暨用有所去取，故与七卷本互有详略也。唯此十五卷本，则系李先芳最后所编定，诗文较两本为多。然则此为梁集最足之本，不仅以流传之稀及诸家题跋印记而始见珍矣。

己巳七夕，启发。

东里诗集三卷明正统刊本

《东里全集》，明代有二刻本：一为顺天府所刊，凡《文集》二十五卷、《诗集》三卷、《续集》六十二卷、《别集》四卷、《附录》四卷，每卷末有“男道禾编定”一行。一为嘉靖乙酉黄如桂所刊，凡九十七卷，《别集》四卷，《全集》中惟《诗》、《文》二集为子贞手自选定，馀则出自后人编辑，固不如子贞自订之严谨也。此明刻黑口本《东里诗集》三卷，前有正统元年杨溥序，递藏槜李曹氏、吴门黄氏。护页有荛圃手跋云：“余向藏《东里诗文续集》，为成化间刊本，顷从歌薰桥书坊拣群籍中得此《诗集》。前有正统杨溥序，不过因明初旧刻收之归。检家俞邰《明史·艺文志》载有《文集》二十五卷、《诗集》三卷、《续集》六十六卷，皆为杨东里所著。向未注编者何人，及阅《续集》韩雍序，知《文集》为永嘉黄公所序，《诗集》为江陵黄公所序。因此转恨二十五卷之《文集》独未见耳。明人黑口板集已如此难得，又何怪宋元佳刻乎？壬戌六月三日挥汗书”云云。元和江建霞标辑刻《荛圃年谱》，载：“荛圃生于乾隆二十八年癸未，卒于道光五年乙酉”，壬戌为嘉庆七年，先生年四十，跋即其时所作也。此跋及家藏明嘉庆戊申黄姬水刊《两汉纪》、日本仿高丽刻本《须溪先生评点简斋诗集》、旧抄本《石门集》，荛圃手跋潘文勤祖荫辑刻《士礼居藏书题跋记》、缪小山荃孙再辑《荛圃藏书题识》，均未载入。乃知《荛圃藏书题记》之存于天壤间者，正多潘、缪所辑尚有未尽，固不足以窥读未见书斋之全豹也。

东明叶启发。

牡丹百咏诗集一卷明弘治抄本

张豫源淮《牡丹百咏诗集》，明钞本。前有弘治癸亥都穆序，称："先生没，无子，稿留其侄工部郎中嘉玉所，恐久而散逸，命童录之于本，而俾穆为序"云。后有侄玮题识云："先伯考葵意府君是诗，玮以宦辙所羁，久藏箧笥。今年春，适都君玄敬与余皆以疾在告，因乞叙诸首而梓行。"知此书为弘治癸亥张玮据原稿抄录，乞都穆序之，以待梓行之底本也。书中有秀水朱氏曝书亭、平江黄氏士礼居、湘潭黄氏听天命斋印记，盖递经竹垞太守彝尊、荛圃主事丕烈、策安侍御修原藏者。朱笔校字与家藏太守手校《崇文总目》字迹相类，知其为太史手笔矣。此书各藏书家志目不见著录，又迭经名贤藏校，是固罕传之秘帙已，读者珍之。

戊寅冬月，东明记于河西曾家湾黄氏老屋。

杨忠愍遗集四卷明云间杜士雅辑刻本

《杨忠愍遗集》，明云间杜士雅辑刻本，凡《奏疏》二卷、《文集》一卷、《诗集》一卷。墓志铭、碑记、行状、年谱、张宜人请代夫死疏均附刻。书刻前有士雅序、蒲中林润、新都汪道昆、郑旻、平陵史宣政旧序及南皮交川汤宾、新都吴时行旧跋。据汪郑二序，知王凤洲元美初刻公集，遵谥命题《杨忠愍公遗集》，平陵狄永宗又重刻之，行状为隆庆戊辰王世贞撰。按《明史·文苑传》："王世贞，字元美，太仓人。嘉靖丁未进士，官至南京刑部尚书。"王与公同举进士，交谊甚深，故为之搜辑遗稿，付之梓民也。唯《年谱》尾有隆庆二年公子应尾题识，称"先公将赴义，先一夕所著《年谱》授不肖，谨刻此谱如左"云云。则《年谱》为应尾同时所刻，合并印行者矣。

公集《四库全书总目》著录者为康熙萧山章钰校刻本，较此本多《遗嘱》一编。检书中序跋、碑记、行状，均未提及公有遗嘱之语，《年谱》又成于赴义之先一夕，即《临刑诗》亦在补遗类中，似应别无遗嘱。且《提要》所云《遗嘱》一篇，作于临命前一夕，墨迹至今世守。仓卒之际，数千言无一字涂乙，与应尾年谱识语所云相同，盖馆臣有所衍误也。然吴虞臣寿旸《拜经楼藏书题跋》记载，有忠愍与郑端简书，亦为此本所未有，则公之墨迹遗文存于天壤间者尚多。此本杜序称："偶检残篇，得公诗文及年谱若干卷。复广以辈所为公志若状，重加雠校，付之剞劂"云。则哀辑或有遗漏，本非全帙，亦未可知矣。

又检《年谱》：壬子公年三十七岁，四月得升山东诸城知县报，七月十二日到任。八月初一南京户部云南司主事之升报，至十月初六日离诸城。一十日到南京，二十二日到任，即有北刑部湖广司员外之报。十一月十六日抵淮安，又有调兵部武选司之报。先是得刑部报，即图归家，及得兵部报，遂思所以报国之道。又思起南都日食之变之议，遂欲因元旦日食奏劾大学士严嵩。稿成，恐过家则人事缠绕，或不能元旦抵京。及由别路于十二月十二日到京，十八日到任。癸丑年三十八岁，元旦誊真本，初二日赍至端门，方端进，闻拿内灵台官，知本意不合，即趋出，日怏怏不怿。十四日乃斋戒沐浴三日，至十八日本上，二十日拿送镇抚司打问。盖彼时世宗惑于分宜父子，讳言灾变，灵台官反以欺妄见罪，公遂别草疏稿奏上，亦以直言获咎。又疏内言引二王，更触世宗嫌忌建储之恕，羁系三年，备尝毒楚，卒尔成仁，授命《明史·世宗纪》癸丑正月朔不言日食，非信史也。而明季历朝所修实录类，皆阙漏疏芜，民间野史又多凭私心好恶，诞妄失伦。史愈繁，而是非之迹愈颠倒而失其实，又不仅此日食一端而然矣。世宗籍廷杖以箝直言之口，惨酷类于炮烙，而公之忠义，气贯虹霄。观《年谱》所述，可以知其大概。惜上无圣明之君，旁有奸慝之口，言不见用，志不获伸，不及百年，明社遂屋。追原祸始，实世宗有以启之。其后虽有思陵之励精图治，亦未能挽既倒之狂澜。读公此集，又有伤乎圣君贤臣之不得并有者矣。

去冬不寒，入春阴雨，将及一月，近二日始放晴光，泚笔书。此时己卯正月晦日，叶东明志。

孟津诗十九卷、续一卷康熙五年刻本

康熙五年丙午，周亮工、赵锦帆选刻王觉斯铎、大愚鑨兄弟之诗文为《孟津诗》十九卷。《续》一卷，则觉斯家子侄所作也。前有亮工序，撰于青署之真意亭。亮工以是年官江南江安督粮道，驻节青州，则此序即作于其时者。《赖古堂集》中不载，则亮工子在后裒辑遗著时有所挂漏也。觉斯于天启壬戌与文震孟、陈仁锡、黄道周、卢象昇、张国维、倪元璐、祁彪佳、华允诚同举进士，夤缘同科之田吉，阿附奄党，未获大用。南都立，以礼部左侍郎兼东阁大学士。太子案起，首叱太子伪，谓我一人不承认。南都覆，福王逃，众拥立太子，下铎狱，旋释出。顺治定鼎，儒服（近）〔迎〕[①] 降，官至礼部尚书，卒，谥文安。《清史》入《贰臣传》。臣节不终，热中利禄，士论薄之。以视震孟之贞介立朝，仁锡之蜚声文苑，道周之临难不屈，象昇之效死疆场，倪、张、祁、华之志节凛然，足以风励，薄俗者有愧色矣。

《四库全书总目》著录"甲佳允《忠愍诗集》，有觉斯序，馆臣谓铎何如人，乃敢秉笔弁冕申诗，削之无为所辱。云云。而迭次所颁上谕，于黄、倪诸公（衰）〔褒〕扬极至。是知士大夫于纲常名节争于俄顷间，遗臭流芳乃其自取也。当鼎革之际，新朝收拾人心，于改节屈膝诸人，力从宽大。迄至中叶，褒贬谨严，其腼颜立朝以图富贵者，无不深恶而痛斥之。不独弃其人而弃其集，是此集之所以不经著录也。

平心论之，觉斯诗文骀荡纵横，启蛰振稿，才气磅礴，能脱窠臼，翕然为信阳、北地所宗。大愚则特立坛壝，博辩闳通，二难之称，信无愧色。至无咎等所作则附骥之编，无足深论矣。觉斯更以书画见称，后世一幅之值，数逾百金，孔雀虽毒，不掩文章。余曾见其字幅二帧，气势雄劲，不类其人也。又见其画兰长卷，后有道州何子贞学使绍基跋，诋之不遗余力。盖亦以其臣节不终为科目之玷，遂以人而废言耳，又可见士大夫之立身不可不慎已。

癸酉秋八月，叶启发。

---

①据文义改。

赖古堂集二十四卷、附录一卷 康熙乙卯周在浚刊本

周亮工《赖古堂集》二十四卷、《附录》一卷。亮工字元亮，世居金溪栎下，自号栎园。以北籍沮于南试，屡困场屋。崇祯乙亥，邑郡试俱第一，补博士第子员，由河南乙卯举人中庚辰进士，谒选得山东莱州府潍县令。癸未举廉卓入京师，旋授浙江道试御史。李闯破京师，投环身殉，为家人救免，间道归江南，锦衣诬以从贼，罗织下狱，无左验，复原官。时马、阮用事，使劾刘公宗，周，谢归，奉亲家居。顺治定鼎，以御史招抚两淮，授盐政使，擢布政司，旋改福建按察使，历署闽纂，以功升总督钱法户部右侍郎。总督佟代疏劾，革职系狱，下刑部复讯，逾七年，释归。康熙改元，以守闽功任青州海防道，迁江南江安督粮道。三仕三已，卓著政声，两朝冤狱之不具者，皆以立身方正，简在帝心也。

亮工笃志好学，于四部、六籍，靡不综览，为文气势生动、淋漓波折。摹写曲尽大要，以龙门为宗，而以庐陵为导。诗则肤七子，戋竟陵，虽在流离忧患之中不废吟咏。由其家富收藏，寝馈浸润，故能纵横磅礴，以峭博奇丽为一代名家也。所为诗于江南下狱时手自编定。顺治十七年庚子，其子在浚刻之江宁，世所传删定《赖古堂诗》是也。康熙八年己酉，复增以后所作，合为全稿，藏待刊行。以迭蒙不（曰）〔白〕，深致悔艾，尽取所刻及全稿焚之。亮工没后，子在浚重加裒辑，综合诗文，厘为廿四卷。康熙十四年乙卯再板以传，即是本也。家藏康熙五年亮工辑刻、王觉斯铎、大愚钺所撰《孟津诗》序，集中不载，则在浚之搜访

容有未周，此集固非其全矣。书首有钱谦益序，卷八、卷十二、卷十三中均有涉及谦益文字。乾隆中，军机处奏请抽毁，此本尚完全无缺。则虽以当时文禁之严，犹不免复（璧）〔壁〕之遗矣。

亮工著述渊博，不愧作者。其子在浚复能世其家学，衍其绪馀。程云伯诗有“自古才人如弃妇，从来名士少佳儿”，观此，可为下一转语矣。

己卯三月立夏日，叶东明。

田间文集三十卷清初刊本

先世父观古堂旧藏抄本，桐城钱饮光澄之《田间诗文集》，题“藏山阁存稿偶抄”，凡诗十四卷、文六卷、年谱一卷。《年谱》为从子某所撰，止于康熙辛亥。诗集终于顺治辛卯。考吴子修《疑年录》载：“田间生万历四十年壬子，卒康熙三十二年癸酉，则自辛卯以后之诗与辛亥以后之事迹，其本均未全矣”。近年上海活字印本较观古堂藏抄本，少行脚诗一卷，又无年谱，则其阙佚当更多也。

此清初刊本《田间文集》三十卷，前有韩菼序，不详年岁，亦无刻书人序跋。检本书卷中《刹轩记》有“今年夏，予以校刻拙集，久寓花溪，距韩慕庐学士所居近，数过韩子，饮其堂西偏之刹轩”之语。则是此三十卷为田间手自编定刊行之本矣。又检卷十七《赠徐立斋先生复任御史大夫序》有“康熙廿七年春，御史大夫崑山徐公健庵迁大司寇去”云云。则是集刻成在廿七年以后，距田间之卒仅六年，的是《田间文集》最足之本。故卷帙较旧抄及活字印本为多也。又检卷十五《田间文集自序》云：“儿子法祖间取十年来所有诗汇成帙，号《田间集》，藏诸家。左子子直、子厚，潘子蜀藻，孙子喈公代为删定。姚子经三适自吴兴返，与同学诸子为授梓焉。梓成为卷十，为诗八百五十有奇”云云。是诗集为其子法祖所汇辑，姚经三等所删订刊行者矣。又按卷三十《亡儿法祖生卒纪略》载：“法祖生于崇祯辛未，死于戊申。死时才过三十六岁一年。”按戊申为康熙七年，则诗集之刻先于文集。虽旧钞及活字印本止于顺治七年辛卯，较此在前而为卷十四。诗当较多，固不及其子所汇辑，尚是经田间所自审定者之为精审也。

此本有文无诗，盖刊刻有先后。又时值中原初定，田间逃难四方，诗文两集未及合并印行者也。田间易学、诗学，《四库全书总目》已著录。诗文集，则见于《军机处奏准全毁书目》。而卷数不详者，则以法禁森严，其书忌讳极多，馆臣无敢论之得失，著之《四库总目》，即存目亦不敢载之，故略之也。田间生遭党锢，幸免弃市之刑，忽遘兵烽，又有妻室儿女之难。未及三十年，长子法祖死于盗刃，流离颠沛，遁迹缁林。生后诗文又遭禁毁，文人命薄，千年同悲。然其集虽不登于天府，而盛传于艺林，精神足以感动后人。生其景慕，留其著述，永其姓名，斯固立言不朽之效也。又不当以乾隆之禁毁，为此书之轻重矣。

戊寅除夕，东明记于爆竹声中。岁月摧人，不禁老大之感，喟然者久之。

复初斋诗集十二卷翁方纲稿本

大兴翁正三阁学方纲《复初斋诗集》稿本六册，书衣有阁学朱墨两笔记明卷次、删存诗数、更定移改诗篇，原分十二卷。始于乾隆十七年壬申，止于三十八年癸巳。集中凡诗之应存者，以朱笔注“存”字于篇首，删者以朱笔或墨笔围圈，改移先后者，则以朱笔注“移”字，并注明移于某卷。有先存而后删者，有先删而后注存者，有朱笔围圈而墨笔注“此诗仍存”等字者，有注“不能改”者，有注“再酌”者，有注“某字须查”者，可见当日之再三考订，惟恐其有所不当也。

以吴子修《续疑年录》所载阁学生卒年月推之，乾隆十七年壬申，阁学年始及冠，三十八年癸巳，年已不惑。则此集所录专为中年之作矣。卷六《舟中连州杂述六首》删去，其二有朱笔批云：“良工不示人以璞，此句乃座右铭也”。盖阁学于删去之诗多不惬意，而恐其流传，故有工璞之喻矣。又卷八《月华寺和苏韵》“宁嫌食田寡木鱼”朱笔批云：“‘宁嫌’虚字转折太多，是否须改。昨张瘦铜来，正说苏黄以后虚字转折太多，今早思之，竟要从事于六朝三唐，撷其菁英，为一书下至虞伯生。丙申五月朔”云云。阁学一生服膺苏黄，以金石考据擅胜，诗宗江西派，出入山谷、诚斋之间。虽有志上追盛唐，然所作不尽相合。“瘦铜”为张商言埙别字，有《竹叶庵诗文词》，诗宗山谷、后山，自言为明季钟、谭所累，与阁学诗之不能上追盛唐同病，故同有“苏黄转折太多”之见。犹可知阁学之虚心敏学，绝无夸诞之词。闻善则从，更非常人所及。形之笔墨，示人以诗学门径，其“良工不示璞”云云者，实自谦之语耳。

《阁学诗集》嘉庆甲戌刻本，凡六十六卷，较此本为多。然此本书衣有“丙申五月看定”一行。丙申为乾隆四十一年，录诗断至三十八年。又护页有卷一至卷十二选诗首数一纸，则当时编定止于十二卷，再厘为十四卷，非有所残阙也。阮文达元《揅经室》三《杭州灵隐书藏记》云：“嘉庆十四年，杭州刻朱文正公、翁覃溪先生、法时帆先生诸集将成，覃溪先生寓书于紫阳院长石琢堂状元曰："《复初斋集》刻成，为我置一部于灵隐。今《复初斋》一集尚未成箱箧，盍使凡愿以其所刊、所著、所写、所藏之书藏灵隐者皆裒之，其为藏也大矣。乃于大悲佛阁后造木橱，以唐人诗字编为号，选二僧簿录管钥之，复刻一铜章，编印其书而大书其间，扁曰：'灵隐书藏'，盖缘始于《复初诗集》也。遂记之"云云。又可见当时阁学斤斤以此集为念，深虑其不得藏山传人。乃因而促成灵隐书藏，更衍而成焦山书藏，沾溉艺林，传为韵事，则其流泽远矣。焦山、灵隐二藏已堕，诗集流传，至今不绝，则恐亦当时所不及料者，然阁学固可以无憾也已。

癸酉上元前四月，东明。

文选李善注六十卷 明嘉靖四年晋藩刻本

明嘉靖四年晋藩养德书院刻本李善注《文选》六十卷，每半页十行，行二十二字。三黑口，下黑口上有白文刻工姓名，前有嘉靖八年御书，及晋王知烊书奏。又有嘉靖四年晋藩志道堂重刊汉《文选》序、莆田周宣序、唐李崇贤上《文选》注、吕延祚进五臣集注《文选》两表，昭明太子撰《文选》序、余琏序。卷末有嘉靖六年晋藩养德书院刻汉《文选》后序。目录首行大题"文选"，目录次行题"梁昭明太子选"，三行题"李善注本"。书首行题"文选卷第几"，次行题"梁昭明太子选"。三四行题"唐文林郎守太子右内率府录事参军崇贤馆直学士臣李善注上"。五六行题"晋府敕赐养德书院校正重刊"。按明时藩王就国皆喜刻书，而晋藩所刻尤夥，此特其一也。

《文选》世行有李善注及六臣注两本，善注有宋淳熙辛丑尤延之贵池刊本、元池州路张伯颜刊本，均每半页十行，行二十一二字不等。明成化二十三年，唐藩重刊元本，则半页十行，行二十二字。盖重刊时已经整齐一番矣。六臣注有北宋明州刊本，亦半页十行，行二十二字，注双行二十九至三十一字不等。崇宁五年，蜀大字本则半页九行，行十八字。元大德乙亥茶陵陈仁子古迂书院刊本则半页十行，行二十八字。前附辑《编儒议论》一卷。蜀本五臣注在前，善注在后。明州茶陵两本则善注在前，五臣在后。而明代翻刻者尤多，以吕延祚进集注《文选》表按之，善注本在五臣之前，宋时偶与善注合刻，以致混淆。《崇文总目》以五臣置于善注之前，遂为黄伯思《东观馀论》、高似孙《纬略》所讥评。后来传刻者遂辗转沿误矣。

《四库全书总目》著录善注为明毛晋汲古阁刊本，六臣注为明袁聚仿宋蜀大字本。《提要》云："善注单行之本，世遂罕传"，"毛晋所刻，虽称从宋本校正。今考其第二十五卷《陆云答兄机诗注》中有'向曰'一条，'济曰'一条；又《答张士然诗注》中有'翰曰'、'铣曰'、'向曰'、'济曰'各一条，殆因六臣之本削去五臣，独留善注。故刊除不尽，未及真见单行本也。他如班固《两都赋》，误以注列目录下。左思《三都赋》，善明称刘逵注《蜀都》、《吴都》，张载注《魏都》，乃三篇俱题刘渊林字。又如《楚辞》用王逸注，《子虚》、《上林赋》用郭璞注，《两京赋》用薛综注，《思玄赋》用旧注，《鲁殿灵光赋》用张载注，《咏怀诗》用颜延年、沈约注，《射雉赋》用徐爰注，皆题本名。而补注别称'善曰'，于薛综条下发例甚明。乃于扬雄《羽猎赋》用颜师古注之类，则竟漏本名。于班固《幽通赋》用曹大家注之类，则散标句下。又《文选》之例，于作者皆书其字。而杜预《春秋传序》则独题名，岂非从六臣本摘出善注，以意排纂，故体例互殊欤？至二十七卷末附载《乐府君子行》一篇，注曰李善本古词止三首，无此一篇。五臣本有，今附于后，其非善原书，尤为显证”。

检此本第二十五卷陆云两诗及各赋注，均与毛本相同。知此亦系取六臣注本删存善注而刊行之，固非善注单行本也。又检阳湖孙氏《平津馆鉴藏书籍记》，元板《文选》六十卷，题“梁昭明太子选”。唐文林郎守太子右内率府录事参军事崇贤馆直学士臣李善注。上奉政大夫同知池州路总管府事张伯颜助率重刊。前有唐李崇贤上《文选注》表，又载吕延祚进《五臣集注文选》表，开元六年口敕梁昭明太子《文选》序、廉访使余涟序。据余序此本为元池州学所刊，黑口板。每页廿行，行廿二字。又检常熟瞿镛《铁琴铜剑楼藏书目录》，《文选李善注》六十卷，明成化廿三年唐藩刊本，云：“《文选》善注宋淳熙辛丑尤延之刻本外，即推张本为善。汲古阁本多脱误，如左太冲《吴都赋》‘趫材悍壮’注引胡非子，‘胡’误改‘韩’，不知胡非子为墨子弟子，此本不讹。又张平子《思玄赋》脱‘烂漫丽靡’、‘藐以迭逷’二句并注。陆士衡《答贾长渊诗》脱‘鲁侯戾止’、‘衮服委蛇’二句并注。曹子建《箜篌引》脱‘百年忽我遗’、‘生存华屋处’二句。鲍明远《放歌行》脱‘今君有何疾’、‘临路独迟回’二句。曹子建《求通亲亲表》脱‘有蒙不施之物’一句，枚叔《七发》脱自‘太子有悦色’至‘然而有起色矣’二段并注，有数百字之多。此本皆不阙，虽翻本亦足珍也”。“有余涟序、唐藩希古序、唐世子跋”。再检归安陆心源《皕宋楼藏书志》所载亦同，其《仪顾堂续跋》云：“张刻仍尤本之旧，此刻又仍张刻之旧。在《文选》诸刻中不失为善本”云云。核之此本，各处均不如毛本之多脱误，其行款又与唐藩本相同，知其源出张本固可贵也。

宋淳熙尤本，嘉庆己巳胡果泉中丞克家得黄荛圃主政丕烈士礼居所藏者，据以付刊。顾千里征君广圻为撰《考异》，与大德张刻颇多异同，卷中并无五臣注羼入在内。则大德张刻盖以宋明州刻六臣注本删去五臣，独存善注。陆氏谓张仍尤本之旧，殆不然矣。晋藩所刻唐《文粹》不及嘉靖徐焴刻本，宋《文鉴》不及天顺张邵龄刻本。藏书家谓所刻诸书虽在嘉靖初元，仅为饩羊之告朔。而此本源出宋元旧椠，较汲古阁本为少舛误，则诸家之语亦不足为此书定评矣。

己卯立夏后五日，东明记。

玉台新咏十卷 明崇祯六年赵宧光小山堂仿宋刊本

《玉台新咏》，明嘉靖中徐学谟海曙楼仿宋刻本，流传极稀，藏书家志目罕见著录，唯日本森立之《经籍访古志》有之，孤悬海外，无由见也。崇祯六年癸酉，寒山赵宧光小山堂得宋嘉定乙亥陈玉父本，据以翻雕，行款一仍旧式。半页十五行，行三十字。页次通连，计七十四番。宋讳"殷、玄、弦、紘、泫、匡、筐、敬、驚、镜、竟、慎、贞"等字均阙笔。前有徐陵序，后有陈玉父后叙。板刻古雅，规矩谨严。无明人刻书窜乱臆改恶习。徐书原本赖以复见人间，宜其见重艺林，藏书家均推为善本也。

《四库全书总目》著录即为此本，馆臣谓："《玉台新咏》，明代以来，刊本不一，非惟字句不同，即所载诸诗亦复参差不一。万历中张嗣修本多所增窜，茅国缙本又并其次第乱之，而原书之本真益失。惟寒山赵宧光所传嘉定乙亥永嘉陈玉父本最为近古。近时冯舒本据以校正，差为清整"云云。独山莫子偲友芝亦谓此本最佳，(也)〔他〕刊皆不足道，可见此本在明刻诸本中信为首屈。虽五云溪馆、兰雪堂二活字本之稀觏，固不如此本仿宋精良之有来历也。冯氏校定本，康熙甲午其犹子武为之刊行。大氐以不误为误，以误为不误，颇多曲解，好为是非，较此本之笃守典型，阙以存疑，固远逊矣。唯冯氏谓宋本参差不一，赵氏加以整齐，转失真面，言未必非，然究不足为此刻病也。赵刻后有跋文，书估每每割去，以充宋椠，家藏三部均同。盖珷玞可以乱玉，即此可见赵刊之精特。惜赵氏几以此而翳没其传刻之功，是固赵氏所不及料也已。

赵氏宋本后归虞山牧翁，绛云火后，为其从子遵王所得。述古之藏复散，乃不知流于何所。大兴徐星伯太史松有一本，有翁正三洗马方纲跋者，不知即其本否也。此本首有“虞山钱遵王(尊)〔曾〕藏书”朱文长方印，知为述古插架之副。虎贲中郎不让天水，旧椠自当益加珍视矣。递藏润州蒋宗海春农家，有“润州蒋氏藏书”朱文方印，又有“永明世进士坊共墨斋周氏兄弟藏书记”十六字朱文大长方印。则“季嘤编修銮诒、笠樵舍人铣诒兄弟收藏”印记前有墨笔跋语，亦编修手笔也。仲兄定侯从编修后人获此，友人江都秦子曼青三请见让，坚未之许。借观数日，题记归还，可见仲兄书癖之深矣。曼青为伯敦太史恩复后裔，好收藏，精鉴赏，湘垣沪上时相过从，乱后天各一方。求如曩时之聚首笑谈，研讨辩论，渺不可得，又不禁期遇之感萦绕于心而不能释然矣。

辛未六月望日，东明挥汗书。

松陵集十卷 明毛晋汲古阁刻本

唐皮日休、陆龟蒙倡和诗《松陵集》十卷，明毛晋汲古阁刻本，每半页八行，行十九字。板心下有“汲古阁”三字，前有皮日休《松陵集序》谓："凡一年为往体各九十三首，今体各一百九十三首，杂体各三十八首。联句问答十有八篇在其外，合之凡六百五十八首。今本往、今、杂体诗首数均同，联句问答诗数亦合。实只诗六百四十八首"。又序云："吴中名士又得三十首，今本多诗一首，殆序为传写之误耳"。明弘治壬戌吴江知县济南刘济民刊本后有都穆跋，每半页十行，行十八字。江安傅沅叔增湘双鉴楼有之，各藏书家志目均未著录，流传极稀也。毛氏刻书多不足信，唯此本为仿宋重刊，略无窜补，固优于所刻其他各书矣。唐人倡和裒为集者《断金集》久已失传。王士禛记湖广莫进士有《汉上题襟集》，求之不获。今已不见传本存者，惟此松陵一集又以传刻甚鲜，罕见流布。则毛氏此刻有功艺林，亦何可尽没乎？书首有"宗棣之印"四字白文篆书方印，"一字思嵒"四字朱文篆书方印，"古盐张氏"四字白文篆书方印。宗棣，海盐人，即刻《带经堂诗话》张宗楠之弟也。其先蝶浮先生，名惟赤者，构涉园藏书（其）〔甚〕富。宗棣为其曾孙，渊源有自，亦颇精于鉴藏也。末卷佚去毛晋刻书跋文一页，他日当补抄之。

辛未五月，与雷恭甫文闲游城南，登天心阁，归途从冷摊以番饼四元获此，聊志数语以纪岁月。叶启发。

六唐人集十册 明毛晋汲古阁刻本

明毛晋汲古阁刻《六唐人集》，其中韦苏州、韩内翰、常建、王建四种，大题下均有"汲古阁毛晋据宋本考校"墨匡方记。家藏《韦苏州集》有南宋书棚本，因取核之，凡字句异同，毛本所注"一作某"者，多与书棚本相同，知毛氏据宋本考校之言为不诬矣。其不尽相合者，则毛氏非仿宋开雕，故行款亦与宋本各别。

毛氏既无刻书序跋，其所据何本，未可知也。

余姚卢绍弓文弨据宋刻以校正下邳余怀本之讹误，刻之《群书拾补》中，凡字句之异同，是者正书，讹字旁书，此本均与卢氏所指之讹字相合，其源于余本盖无可疑矣。又卢校云，宋本凡首数皆标明，是余刻之不载首数与此本同，则又沿于余刻之一证矣。又卷第一《冰赋》“观其力足以凄一室”，卢校云：宋本“力”作“劣”，此本作“劣”，而下注云“一作”力”，则犹足以证宋氏之重刊余本，而以宋本校改其误，于余刻之误字亦注存之也。唯卷中如《晦日处士林》之“罇酒遗形迹”，“罇”不讹“鐏”。《寄冯著》之“土壤日已疏”，“土”讹作“士”。《淮上即事》之“欲渡淮相待”，“渡”不讹“度”。《寄冯州》之“犹使故林荣”，“使”不讹“发”。《同长源》之“策驾复谁游”，“谁”不讹“随”。《同德精舍》之“缄书问如何”，“问”不讹“间”。《朝请后》之“樽酒且欢乐”、“且”不讹“具”。《沣上西斋》之“开襟纳远飙”、“飙”不讹“飚”。《秋集罢》之“君侯枉高鉴”“枉”不讹“柱”之类，凡卢氏指为余刻之误者，此本多已改正，则其以宋本校正更甚显然矣。五集均各自分卷，唯此集自卷第一至卷第四各卷连续，接列中空一行，页数通连，卷第五至卷第十亦同第一、第五两卷，大题次行有撰人一行。若分为二卷，而中分子卷者，未知是否毛氏所改。家无余刻，卢氏亦未言之，未可知矣。

姚、鲍、王三集，每半页九行，行十九字。姚集毛跋称得引抄宋刻授诸梓者，鲍集则为毛凤苞审定宋本。王建诗，毛氏校本引宋本丛书堂抄本。均藏吴门黄氏士礼居，为当日毛氏校刻此书之底本，见元和江建霞标辑刻《士礼居藏书题跋记续》。盖三集，宋本行格相同，毛氏因而未改耳。常、韦、韩三集，每半页十行，行廿一字。韩集系据丛书堂抄本所刊，韦集则源出下邳余怀本，唯常集未详所自出，均经以宋本参校。其王建诗一种，虽与宋本行款相同，亦不尽依宋本，故均有据宋本考校之印记，明有别于姚、鲍二种也。六集行款之有九行、十行，不一律者，亦以有仿宋刻，据宋校之不同，非出意造也。毛氏刻书，颇以窜改为黄荛圃、顾千里诸人所诟病。观此六集，则诸家之语殆不尽然。《四库全书总目·提要》乃并所据宋本校添韦集各诗，而亦疑之，抑亦不考之甚矣。

壬戌嘉平严寒冰冻，炙砚书此。叶东明。

唐僧弘秀集十卷明毛晋汲古阁刻本

李和父龏编唐僧《弘秀集》十卷，明毛晋汲古阁刻本，每半页九行，行十九字。前有宝祐第六春李龏和父自序，各卷后有“琴川毛晋校刊男扆再校”一行，唯第三、第四两卷则无之。卷尾有毛晋跋，未详所据刻之本，而与所刻《六唐人集》中姚少监、鲍溶两诗之源出宋本者，行款相同，盖亦据宋本重刊也。虞山钱遵王曾《读书敏求记》，有元人钞本，卷次、首数与此本同。

《四库全书总目·提要》谓“唐僧有专集者，不过数家，其余散见诸书，渐就澌灭。龏能裒合而存之，俾残简断章，一一有传于后，收拾散亡，不能谓之无功也”云云。是此书自宋以来卷第即无增减，唐僧诗集之不传，赖以流布，网罗散佚者所不废也。吴门黄荛圃主事丕烈有残宋本，缺九、十两卷。每页廿行，行十八字。见元和江建霞标所辑《士礼居藏书题跋续》。黄跋云：“余藏唐僧《弘秀集》，此残宋本外只有明刻，廿四行，行二十字本。每卷次行止有荷泽云云一行，无校刻人姓名，卷首但载李序并目录，前后无他序跋，必从旧本出也。因仅为明刻行款，又与宋本不同，故未之取校”。“顷获一吴兴沈春泽雨若校刻本”，“经孙潜夫校旧刻，又经叶石君校旧抄，照陈解元书棚本录出之本。因出残宋刻覆之，益见宋刻之妙。而孙校之校旧刻本、叶校之照录旧棚本皆不逮”。“凡宋本之所缺，俱可以两家所校本补之。未可谓校本之可废也”。

检《百宋一廛赋》注：“残本唐僧《弘秀集》，每页十行，行十八字。缺后二卷，并缺第一卷一页又半页。《敏求记》载：元人抄本十卷，宝祐第六春荷泽李龏和父编，盖完帙也。《汲古阁秘本〔书〕目》影宋版精抄，不著其完与残，未知出何本耳”。又检毛氏《汲古阁珍藏秘本书目》，“唐僧《弘秀集》二本影宋版精抄二两”。据此知和父此集流传有二宋刻，一为十行，行十八字，即荛圃所藏，一为影宋书棚本毛氏所藏。先族祖石君公据以校旧抄者，未详行款，毛刻此书之行款既不同于荛翁所藏之宋刻，又不同于明代之两本，则所据必家藏之影宋书棚本。石君公曾从借校，其丝迹固有可寻者矣。唯书棚本多为十行十八字，与此本行款不同，盖毛氏有所改易也。卷第一首有“毛琛私印”白文、“宝之”朱文对方印，“卧雪斋”白文方印。琛为子晋从曾孙，黄氏士礼居刊《汲古阁珍藏秘本书目》后有其题识，汲古后起之秀也。知是集以家刻而为其所珍袭矣。余后贺蔗农侍郎延龄后人仲肃手得之。

丙子冬小雪，叶启发。

才调集十卷 明毛晋汲古阁刊本，何焯批校

义门学士手评汲古阁本《才调集》十卷，仲兄定侯今夏从道州何氏得之。书中间有以宋本校者，而不言其出处。余因考仁和邵氏《四库简明目录标注》载唐高仲武编《中兴间气集》二卷，

注云：《中兴间气集》、《极玄集》，何评本从述古堂影抄宋本精校云。又考虞山钱遵王曾《读书敏求记》，《才调集》十卷，云："余藏《才调集》三。一为陈解元书棚宋椠本，一是钱复真家藏旧抄本，一是影写陈解元书棚本"云。则知学士所据宋椠为陈道人书棚本，亦述古堂旧藏者。检吴门黄荛圃丕烈《百宋一廛赋》注载："《才调集》十卷，每半页十行，行十八字。卷二至卷五为宋椠，馀抄补，第一卷有'季振宜藏书'一印。《合诸延令目》云《才调集》十卷四本，宋本抄补，知其即此"云。复检遵王《述古堂书目》自序云："丙午丁未之交，吻中茫茫，然意中惘惘然，举家藏宋刻之重复者，折阅售之泰兴季氏"云。据此知季氏所藏即述古旧物也。季藏散后为士礼居黄氏所得，黄藏再散不知所归。而其他各藏书家志目著录者均为汲古阁本，不仅宋本无传，即明隆庆沈若两刻本亦不可得矣。此书经学士以宋本手校，虽未能如黄、顾之死校法，一点一画，钩勒涂乙，自当与宋本同其珍贵，亦虎贲之中郎。特详考宋本出处，以为读此书之一助云。

辛未清和月，东明叶启发识。

万首唐人绝句一百一卷、目录二卷 明嘉靖辛丑陈敬学刊本

宋洪迈《万首唐人绝句诗》百卷，绍熙元年所刻。凡七言二十六卷、五言廿卷，后迈守鄱阳，乃雇婺匠续刻成之，是为初刻祖本。嘉定癸未，新安汪纲合会稽、鄱阳两本，凡一百一卷而重刻之，则此陈敬学刻本所从出也。半页十行，行二十字。前有绍熙元年洪迈序及札子、谢表、奏状、目录，尾有嘉定辛亥吴格识语五行、汪纲识语四行及嘉靖辛丑陈敬学跋书五行。明仿宋刻中，

笃守典型、最善最足之本也。

检虞山钱尊王曾《读书敏求记·总集》，有《唐人绝句》一百三卷，云："洪迈《唐人绝句》，《目录》三卷、七言七十五卷、五言廿五卷、六言一卷，赵宧光所刊，统而一之。圣经所以自好自用之戒也"云云。所言与此本合，知其即此本矣。唯此本《目录》为二卷，以总数一百三卷计之，则钱记误二字为三字也。至其所撰《述古堂书目》作一百四卷，则又因《目录》三卷合全书计算而更衍误矣。吴门黄荛圃主事丕烈《求古居宋本书目》，洪迈《万首唐人绝句》残本十九册，《百宋一廛赋》注云："残本《万首唐人绝句》，每半页九行，每行廿字。所存前后凡三十六卷，而序及目录完好无恙。《敏求记》言：《目录》二卷、《七言》七十五卷、《五言》廿五卷、《六言》一卷，赵宧光所刊，统而一之，讥其好自用。诚哉是言也。明嘉靖有覆宋本者，规模未改，胜赵刻远甚，然终不若此之可宝"。荛圃佞宋乃有此言，知此本之足珍矣。

《四库全书总目·总集类》著录《万首唐人绝句诗》九十一卷，内府藏本。《提要》云："宋洪迈编。是书原本一百卷，每卷以百首为率，而卷十九至卷廿二，皆不满百首。又五言止十六卷，合之七言七十五卷，亦不满百卷。目录后载绍兴守吴格跋，谓全书岁久蠹阙，因修补以永其传，此本当是修补后又散佚也"云云。核之此本五言、七言两类，卷十九至卷二十二每卷均有百首，则馆臣所云误矣。如谓系除其中再见、三见、四见者言之，则再见、三见、四见者，他卷均间有之，又不仅此四卷中始有也。且五言、六言、七言共为一百一卷，即令六言为后人重刊所折，亦已满于百卷，未审馆臣何所据而云然也。或者当日著录者为残本，失之未细审欤！

考《天禄琳琅书目》载有此书二本，《天禄目》据嘉定辛亥吴格跋“后三十年获继往躅”之语，辩辛亥为辛巳之讹是已。然吴跋称命工修补，以永其传，后越二年己未，汪纲合会稽、鄱阳二本刻之。凡一百一卷，《目录》二卷。馆臣所谓修补之后复又散佚者，固无其事，不可信也。然内府藏有此一百一卷全本，馆臣曾未据以入录，亦未取以参证，是则馆臣之疏漏而多为揣拟之词，又无足怪矣。此书世无宋本全帙流传，此为仿宋精刻。而棉纸初印，触手如新，虎贲之貌，似非其他明刻所可比拟者。装成泚笔记之，后之览者其不以余为词费矣乎。

己巳冬仲，东明炙砚书。

古诗纪一百五十六卷明万历吴琯刊本

此明万历中吴琯刻冯惟讷《古诗纪》一百五十六卷，每半页九行，行十九字。前有嘉靖戊午河中张四维序及王世贞序。冯氏编诗始于嘉靖甲辰，成于丁巳，历十四载，引用之书凡一百八十二种。金石之刻旁亦采及，搜罗浩博，征引赡详，以诗隶人，以人隶代，源传本末，开卷灿然。溯诗家之渊源者，不能外此而他求也。书分《前集》十卷、《正集》一百三十卷、《别集》四卷、《外集》十二卷。嘉靖庚申，御史甄敬刻之陕西行台，世所称陕本者也。虽其书一依惟讷旧次，而校勘不精，剞劂草率。吴琯、谢升、陆弼、俞策乃重加雠校，刻之金陵。集次悉如旧刊，为小题而以总卷通连大题，其下王世贞为之序，世所称金陵本者也。《四库全书总目》著录者为金陵本，《提要》称：“惟讷此编，采摭繁富，时代绵长。臧懋循之《古诗所》、张之象之《古诗类苑》、梅鼎祚之《八代诗乘》，均以此书为蓝本。然懋循则捃拾饤饾，珠砾混淆；之象则随意剽掇，不尽考古；鼎祚则删节不完，中多笑柄，皆不及此书之可为诗家圭臬。太原甄敬刻板陕西，间有舛误，吴琯重刊校雠，较甄本为详”云云。可知此本之编辑、板刻，两美皆备，固不可多得矣。常熟冯已苍舒因李攀龙《诗删》，钟惺、谭友夏《诗归》所载古诗源出此本，谓多讹误，乃作《诗纪匡缪》以相攻诘。有谓《盘中诗》非苏玉妻作，为冯氏之误者，不知严羽《沧浪诗话》、桑世昌《回文类聚》已载之于前，自不能谓惟讷为无据矣。不过惟讷此编卷帙既繁，不免贪多务博，鉴别失之详审，颇嫌真伪记滥。然以如许之巨制，而欲求其百无一疵，则恐已苍亦不能有此手笔，固不得以此责之惟讷矣。《四库》谓其为采珠之沧海，伐木之邓林，固确切不移之论也。

癸酉清明日，叶启发志首。

文则二卷 明毛晋汲古阁影抄元本

嘉庆中，吴门黄荛圃主事丕烈、元和顾千里征君广圻以佞宋癖元，开一时风气，即影抄宋元本书，亦同一重视，后之言收藏者无不奉为圭臬。良以影抄之书多从宋元旧刻，追摹字画行款，无待点勘，直虎贲之中郎也。明琴川毛氏父子家富收藏，所收宋元均有影抄副本。太仓陈言夏瑚《咏毛氏诗》有“入野农夫皆谢赈，一门僮仆尽抄书”之句，为艺林佳话。其风雅好事，至今犹可想见也。至所抄之书，乾嘉间归于黄氏读未见书斋、顾氏小读书堆思适斋者不一而足。试检《士礼居藏书题跋记》：读之诚有生晚之憾矣。《黄记》六载《文则》二卷明本，云：“余于去年闻某书坊有旧刻陈骙《文则》，往访之，已为他姓售去。究未知为何氏刻本。检《汲古阁书目》有云：‘《文则》一本，棉纸，从元板影抄，八钱。’方疑前所闻旧刻者或是元板。顷吴书估从东乡太仓来，携此求售，乃明弘治刻。想去元板未远，因以家刻《国策》易之。盖书不多见，索值一两六钱。视毛估抄本价已倍之矣”云。可见此书之为荛翁珍视，而其欲得毛抄之心，亦不觉形之楮笔也。

丙寅冬月，从道州何氏得毛氏影宋精抄宋葛刚正《重续千字文》二册藏之。顷估人又以湘乡相国家藏此书见示，知即毛目所载，荛翁欲得而藏之本也。急以重值购之，凤毛麟角，足以傲荛翁矣。

丁卯十月，叶启发志于华鄂堂。

雁影斋题跋

李希圣　撰

傅增湘序

湘乡李亦元前辈与余伯兄雨农，壬辰同入词馆，高才闳识，博学工文。官京曹时，有名公卿间。中经戊戌、庚子之变，心怀孤愤，发为危言耸论，以摩切当世，以此不为权贵所容，幽忧感叹，不永其年。所著《雁影斋诗钞》，故人吴松邻为之授梓以传。同年王君书衡数为余言君有古书题跋数卷，尚藏于家。余暮年笃嗜丹铅，闻此私心向往久之。日者，君之子鉴介乡人王伯渊寄君题跋遗稿四卷见视，言将排比付刊，嘱为序而行之。据君自序，知所记者多为巴陵方柳桥之书。忆光绪戊戌之秋，余以新选庶常，将乞假还蜀，闻碧琳琅馆后人方辇遗书入都，庋置于琉璃厂工艺局中，连楹充栋，为卷逾数十万，排列以数十架计。余偶浏览及之，未遑深讨。洎庚子后，再入国门，则书已四散。存者输入国庠，尚余十数万卷，未尝不慨然深喟。以方氏搜讨之勤，储藏之富，曾不数年，飘风坠露，渺不可追。求其甲乙簿录，附于丁、陆之间，而亦不复存，为足惜也。今篇中所记，视方氏所藏，亦只存十一于千百。然于古刻秘钞，为世所稀觏者，固已摽举无遗，且于卷帙之异同，版刻之行格，收藏之印识，咸条分缕析，详著于编。使后人一展卷之顷而宛若自见其书，如问影于镜中，而图纹于掌上。是则方氏之藏虽散，而获此一帙，犹足为异时考索之资。其为功于典籍，顾不巨耶？君为此编，多随手记录而成，初非经意之作，然时或考订其源流，评量其得失，亦复翔实淹赅。与郘亭、苏邻、艺风诸人，差可齐镳并辔，亦近代治目录学者所宜知也。顾余详览全编，录入宋刻凡二十四种，元刻凡三十三种。第其中如《仪礼图》、《古今源流至论》、《韩》、《柳》二集皆元刻也，而误以为宋本。赵汸《春秋》三种，《宋史》、《稽古录》、《百川学海》、《李文公集》、《欧阳文忠集》、《存复斋集》皆明刻也，而误以为元本。殆袭原书之标题，而未加以鉴别，遂致此差失耳。至编中各书，余先后获见者，如宋本《白氏六帖》为董授经所得，今归张石铭。宋本《东莱观澜文》，今归刘翰怡。严铁桥校《初学记》今归蒋孟苹，余曾临有校本。宋本《甲申杂记》、《闻见近录》二书，经藏吴松邻、缪艺风两家，其后竟归余斋。斯皆踪迹之可考见者也。若顾亭林之《修文备史》、朱竹垞之《百六丛书》、杭可庵之《艺余类纂》，皆号为秘籍孤本，今竟流转不知所归。微君括举崖略，并其名亦湮灭无闻。世有嗜古多闻之士，曷征访以传其书，庶不负君晨抄暝写之勤欤？

乙亥嘉平祀灶日，江安傅增湘序。

自序

巴陵方柳桥观察，官广东四十年。好书有奇癖，闻人家善本，必多方钩致之。不可得则辗转传抄，期于必备。光绪初元，日本方一意变法，视旧籍如土苴。观察则遣人走海外，辄以贱价购之，所谓佐伯文库之书，大都归观察，故所得秘笈尤多。讫于晚年，最其所藏，为卷几盈五十万，而京师、上海诸书贾，不远数千里，奔走其门者，犹无虚日。观察屡权府事，榷厘金岭海，故膏腴闻天下，所入颇不赀，乃尽耗于书。及其下世，则生计萧然，于是其文孙湘宾大令尽辇其书至京师。余以辛卯乡试与湘宾为旧交，又值戊戌八月，余方持妇服，姬人陈氏复相继夭亡，幽忧独居，庭树哀蝉助余愁寂。时余寓北半截胡同，湘宾赁屋沙土园，颇宏敞，而无车马之喧，乃请予馆其家，为定书目。于是所谓五十万卷者，余皆得见之。遇旧椠精钞，随意记录，间加考证，以备遗忘。坐拥百城，往往经旬不出，几忘其身之在京师人海中也。惟郑叔进编修、童子谅郎中、蔡皋门观察、方厚卿舍人、李筠庵大令，时时相过从。暝写晨抄，至废眠食，自谓天下之至乐矣。迨庚子夏五，红巾难作，湘宾仓卒南归，书亦稍稍为人售去。余所记，盖不及百种，于方氏藏书，不过九牛之一毛而已。每书皆记其行数、字数，借以存古书面目，且亦钱竹汀、黄荛圃、莫子偲诸公旧例。或颇疑记印识太详，余曰此《四库总目》例也。《总目》于魏了翁《尚书要义》，记“旷翁手识”印、“山阴祁氏藏书”印、“澹生堂经籍”印，《东莱博议》记董文敏及朱竹垞印，李士实《世史积疑》记文衡山及“天籁阁”印，曾宏父《石刻铺叙》记“朱彝尊”名字二印，唐《萧茂挺文集》记“曹溶”名字二印，宋刘一止《苕溪集》记“曝书亭”印，元侯充中《艮斋诗集》记“毛晋私印”，方回《桐江续集》记“玉兰堂”及“季沧苇”印。集部存目内《斜川集》记“虞山汲古阁毛子晋图书”伪印。《简明目录》元方澜《叔渊遗稿》亦记“顾嗣立”名印。故余因仍之，且亦以考见聚散源流，不为无益也。癸卯十一月以写本示王书衡同年，书衡劝付排印，一依旧稿，不复分别部居。时湘宾已死，叔进、子谅、皋门、厚卿、筠庵皆分散四方。京师更大乱，公私涂炭，书籍散亡，文武道尽，重以死生离合之感，家国身世之忧，枨触前尘，恍如梦寐。遂徇书衡之意，略序缘起，为他日作《洛阳伽蓝记》、《东京梦华录》者添一故事也。自惟废学失时，耳目寡浅，大雅宏达，殚见洽闻，览而陋之，固其宜矣。

十一日灯下，湘乡李希圣自序。

雁影斋题跋卷一

新雕添注白氏事类出经六帖三十卷宋本

卷首有准庆历二年三月初一日转运司牒："准礼部贡院牒，准敕命指挥毁弃淫伪浮浅俚曲秽辞，并近年及第进士一时程式文字不可行者，除已追取印板，当官毁弃外，有小字《六帖》一部，可以印行。今于元印板后录略看详定条制，照会施行者。详定官登仕郎试秘书省校书郎守杭州司法参军潘说，重详定官宣德郎守秘书省著作佐郎监杭州裴卸，斛斗钱帛纲运兼粮料院权书记厅公事马元康。"盖南宋重翻庆历本也。每版十二行，行二十一字。卷首有"汪士钟藏"白文印。考《艺芸书舍宋元本书目·子部》内有此书。又有"茂苑周锡瓒藏于漱六楼"十字，系墨书，及"香严"、"漱六楼"二朱文印，又有"汪振勋"及"汝南仲子刘藏"等印。卷尾有"梅原"、"吴下汪三"印，又有"袁廷梼借观印"。考王深宁《玉海》，《白孔六帖》在宋末已合刊，分为百卷。《天禄琳琅书目》有单本《孔帖》三十卷，已诧为稀世之珍。此系《白帖》单行本，尤为难得。吴任臣《十国春秋·蜀毋昭裔传》："请后主镂板印《九经》，又令门人句中正、孙逢吉书《文选》、《初学记》、《白氏六帖》刻板行之。"此本出于庆历，庆历本当出于五代，犹可考见蜀本面目。据《仪顾堂题跋》，陆存斋亦有此书。傅维鳞《明书书成于国初。康熙乙亥，其子燮詷刊本·经籍志·类书》内亦有《白氏六帖》，无卷数。傅志经籍皆明代藏书，非明人自著，最为疏谬，然为目录家必要之书。

宗镜录节要二卷宋本

页二十行，行二十二字。用蝴蝶装。卷首有“汪士钟印”白文、“阆源真赏”印朱文。考《艺芸书舍宋元本书目·释家》内有是书，为汪氏旧藏无疑。又有“宾之”印白文，其李茶陵故物欤？又有“金匮蔡廷桢藏”印朱文。廷桢字伯卿，好收藏。流传旧椠，有“醉经轩”印者，余往往见之。上卷首有“宣和御宝”白文，又有“烟客”印朱文，盖曾入王太常家。卷尾又有“西河毛古愚印”。屡经名家鉴藏。纸墨古黝，笔画圆秀，真宋椠之佳者。是书《四库》不录，乃宋初僧延寿所集。首题“大宋吴越国慧日永明寺主智觉禅师”，乃钱氏时僧也。闽中樵阳比丘了一因延寿之书而节录之，故曰“节要”。前有左朝请郎尚书礼部员外郎护军杨杰序，述是书之成，吴越忠懿王宝之。元丰中，魏端献王神宗弟。始镂板，元祐初又重刊。是书无刊刻年月，其为元丰本、元祐本，则不可考。然决为北宋所刊，故宣和时曾入内府。余于释氏诸书，粗知涉猎，宋元旧刻，间亦遇之，然未有如此本之精者也。

宋季三朝政要元本

每版十三行，行二十二字。卷首有“五砚楼藏”印白文，盖袁氏旧物也。又有粤人“吴荣光印”白文，柳桥观察官粤时，所得吴氏旧藏不少，此其一也。张孝达尚书督两广，尝从方氏假观宋元椠本，故卷首有“无竞居士”白文、“张之洞审定旧椠精钞书籍记”朱文、“万物过眼即为我有”朱文等印。卷一下有“廷梼之印”、“袁氏又恺”，皆朱文。六卷末有“五砚楼袁氏收藏金石图书印”朱文，末附仁和赵氏跋云：“荷屋廉使得于闽中。此书传本极少。《四库》著录本阙淳祐七年后五年事。钞本流传，鱼鲁之讹，触处皆是。此本完全无缺，亦无讹字。卷首题‘陈氏余庆堂刊’。目录末前一行有‘皇庆壬子’四字，考皇庆壬子为元仁宗元年，盖元刻也。此书有金山钱氏、南海伍氏及《学津讨原》本，惜无暇校耳。”

通鉴纪事本末宋版

每半页十一行，行十九字。卷首有“菉斐轩藏书记”白文、“汲古阁”印朱文、“毛氏珍藏”白文，又为王鸿绪、陈玉方、胡蓟门所递藏，卷首有其印记。又有“张之洞审定”、“无竞居士”等印。此板明初尚存南雍，故印本流传不少。此本纸墨确系元印，非明印也。此书在南宋时即有两本，初刻于严陵。淳熙元年，杨万里出守临漳，过严陵，为序行之。至宝祐时，宗室赵与篡以严陵板字小且讹，易为大书重刊。雠校亦精，版藏与篡家。至元延祐六年，其孙赵明安售于宣城陈良弼。此本杨、赵二序之后，有良弼序，盖宋板而元印者也。

增修互注礼部韵略五卷元本

卷一末有“至正乙未仲夏新书堂重刊”。每半页十一行，卷首有张孝达尚书题跋二行，及“张之洞审定”等印。此书《四库》著录者系宋本，云：“明代刊板，讹舛颇多。此本椠刻尚精，可资校正。”考爱日精庐所藏亦元至正辛丑兴庆堂刊本，不知视此本何如。其书闻尚在湘潭袁氏，他日当得见之。

文选六十卷宋本

每版九行，行十五字。字大如钱，笔画圆劲，宋本中之精椠也。卷首有“宋本”二字隶书椭圆印朱文，又有“番禺俞守义藏”印朱文、“年年岁岁楼珍藏书”印朱文、“会稽沈氏光烈字君度”印白文。此书历经赵承旨、文待诏鉴藏，故卷中有“赵氏子昂”印朱文、“松雪斋藏书”印朱文、“停云生”印白文、“翰林待诏”印朱文。目录有“张之洞审定”、“无竞居士”等印，其余诸印不尽记。书无刻梓年月。每卷后题校对人名，有：左从事郎赣州观察推官、左从政郎赣州州学教授、州学学谕、斋长、斋谕、直学、司书、左迪功郎赣州司户参军、左迪功郎赣州石城县尉、左迪功郎新永州零陵县主簿、左迪功郎新昭州平乐县尉，皆宋官制也。推官、教授等，皆赣州官，是赣州刻本。其零陵主簿、平乐尉二人，盖赣州人新授官者也。书中凡孝宗以上讳，皆缺笔，光宗讳惇，则不缺，是孝宗时所刻也。考尤延之淳熙辛丑刻本跋云：“赣上尝刻李善注本，往往裁节语句，可恨。此本亦赣上所刻，并刻五臣注，而无删节，诚善本也。”嘉庆中胡果泉重刻尤氏本时，未见此本。卷末有陈兰甫跋云：“如‘《典引》，今其如台而独阙也。’尤氏本注云：‘《尚书》曰：夏罪其如台。孔安国曰：台，我也。’汲古阁本亦然。嘉应李绣子据此为《伪孔传》翻案，有诗云：‘诸儒不省太常移，晚出群将孔传疑。典引先存安国学，中郎注里几人知。’此本‘《尚书》曰’上有‘善曰’二字，非蔡中郎注也。古本之可贵如此。”以上见《东塾集》。此本自赵氏、文氏以后，辗转归番禺侯君谟康，由侯氏归陈兰甫，沈君度从陈氏购之，方氏又得自沈氏，历经名家鉴藏，可宝也。方氏所得《文选》旧本有十，因名曰“十文选斋”，然以此本为冠。

太平惠民和剂方十卷宋本

此本得自日本，故无收藏家印记，亦无刊刻年月。但题云“建安双璧陈氏留耕书堂刊行”，盖闽本也。余尝谓医书最宜校雠，一字之讹，关人性命。虞山张氏据元本刻入《学津讨原》，渤海高氏刻入《续知不足斋丛书》。余以两本对勘，异同甚多。惜无卢抱经、顾千里其人耳。此书在宋时风行天下，自朱丹溪《局方发挥》出，其传遂微，然固与《圣济总录》道光中扬州刻本及日本刻本，均二百卷。《四库》所收，仅二十六卷。同为方书之渊海，所宜家置一编者也。

分门集注杜工部诗集宋本

每版十一行，行二十字。不著编辑人名字。考王琪序，称“何君瑑、丁君修得原叔家藏及古今诸集，聚于郡斋，三日而后已。”殆即何、丁二人所编也。分七十三门，极为繁碎：日月门、星河门、雨雪门、云雷门、四时门、节序门、千秋节门、昼夜门、梦门、山岳门、江河门、陂池门、溪潭门、都邑门、楼阁门、登眺门、亭榭门、宫殿门、宫词门、省宇门、陵庙门、居室门分上下、邻里门、寄题门、田圃门、仙道门、隐逸门、释老门、寺观门、皇族门、世胄门、宗族门、外族门、婚姻门、园林门、果实门、池沼门、舟楫门、梁桥门、燕饮门、纪行门、分上下。述怀门、分上下。疾病门、怀古门、古迹门、时事门分上下、边塞门、将帅门、军旅门、文章门、书画门、音乐门、器用门、食物门、投赠门、简寄门、分上中下。怀旧门、寻访门、酬答门、惠贶门、送别门、分上下。庆贺门、伤悼门、鸟门、兽门、虫门、鱼门、花门、草门、竹门、木门、杂赋门。所采集注姓字，自昌黎韩氏以后共百四十九人。书为汲古阁、谦牧堂按：谦牧堂为揆叔藏书之所。揆为明珠子，纳兰容若之弟，藏书甚多。所递藏，每卷前后有“毛氏子晋”印、朱文。“谦牧堂藏书记”，白文。又有“孙佑宸印”白文及“孙佑宸前生经眼再来看”印，朱文。又有“广圻审定”印，每卷前后皆有，朱文。又有万氏、徐氏等印，不尽记。纸墨既佳，槧印并妙，宋本中之上品也。

朱文公校昌黎先生文集四十卷、外集十卷宋本

每版十三行，行二十三字。卷首有“崑山顾氏家藏”印朱文，每册首皆有，又有“赐砚斋”印朱文，每册首皆有。考赐砚斋为桐城龙汝言字子嘉之斋名，所著有《赐砚斋集》四卷道光戊戌年刊，殆即其人也。序文上有“江左周郎”印白文、“九世卿族”印朱文。又有“子京父”印。篆法甚劣，则书贾所伪。每册后有“莫氏云卿”印白文。其余前后诸印不尽记。考朱子《韩文考异》系仿《经典释文》之例，别为卷帙，附于韩文。至嘉定中，福州王伯大以不便省览，始散入篇内，宝庆三年刻于南剑州。伯大又自加音释附于每卷之后，及坊贾重刻，又将伯大音释散入句下。此本一卷后称“留耕王先生”，又音释不在卷后，则麻沙所刊之本也。槧印虽不甚精，然经顾、莫诸名家鉴藏，亦可贵也。韩文自方氏《举正》、朱子《考异》以后，以陈景云之《韩集点勘》、王元启之《读韩记疑》最为善矣。

增广注释音辨唐柳先生集四十三卷宋本

每版十三行，行二十三字。墨色明朗，殆印本之最先者。无收藏家印记，然纸色、墨色确为宋本无疑。书贾好伪造收藏家印记，而篆法甚劣，致使古书旧椠为其点污，最为可恶。此本独无之，亦幸事也。《四库》著录即此本。虽麻沙坊刊，然胜于明刊本万万矣。

唐人万首绝句宋本

此绍熙刊本也。自四十五卷后皆阙。前有洪文敏原序一首，自“置诸复古殿”以下亦阙。书贾补缀增一“云时”二字，即接“绍熙元年”云云。而弥缝无迹，亦善于欺人矣。查《万首绝句》在宋时即有三本，一本一百卷，一本一百一卷。一百卷者，为文敏所自刊，半刻于会稽，半刻于鄱阳。一百一卷者，为汪纲守越时刊，合鄱阳、会稽本而并刻之者也。原本五、六言共二十五卷，汪本则分出六言为一卷，故多一卷。汪本明时有翻本，曾入天禄琳琅。又有吴格重修之本，则仅会稽初刻之一半。据文敏自题云：“越府所刻七言至二十六卷，五言至二十卷。此本正四十六卷，则汪舍人修补越府所刻之一半印行之本也。”曹氏《楝亭书目》有《万首绝句》，下注四十卷，殆不全之本也。自嘉定辛亥至今几千年，在洪、汪二本之间别为一本，为从来谈版本者所未见。自明以来，洪氏全本已不可见。《四库》著录本仅九十一卷，已佚其九卷矣。明翻宋本仅七十一卷，而讹谬百出。余将一卷首篇杜诗略一雠校，“不知醉里风吹尽”，“知”讹作“如”。《漫与九首》，“与”讹作“兴”，而此本不误，足见旧椠之可贵。卷首有“玉兰堂印”、朱文，每册皆有。“吴宽”印、朱文。“匏翁”印。白文，二印每册皆有。历经长洲文氏及吴文定所鉴藏，虽不全之本，亦可宝也。书用绵纸，神采奕然，殆宋本之初印者。赵氏寒山堂刻本，改易原本分卷之旧，为钱遵王所痛诋，则又明人之故技也。王渔洋《池北偶谈》云：“韩致尧诗‘白玉堂东遥见后，令人评泊画杨妃。’李子田云：‘评泊者，论贬人、是非人也。’今作评驳者，非。近诸本或作斗薄，或转讹陡薄，殊无意义。《万首绝句》本作评泊，当犹近古。”渔洋所据，盖明翻汪本也。

修文备史钞本

题崑山顾宁人炎武汇辑。所辑书，曰《皇明帝系图》，无撰人名。曰《皇明帝后纪略》，盛元佐编。曰《皇明宝训》五卷，宋濂等编。曰《穆皇登极仪》，下题见《世经堂集》。曰《神宗步祷仪》附《谒陵》，曰《献实》，四十卷。袁秩撰。明人列传自徐达起，至徐祯卿止。曰《储匮饷增疏》，曰《兵制志》，三卷。史继偕撰。曰《太仓考删》，曰《太常纪删》，四卷。萧彦撰，下题念潜子删辑。曰《谥纪考》，曰《厂库须知》，何士晋撰。曰《九边考》，长沙魏焕撰。曰《北边世系考》，曰《大同板升考》，曰《平播日录》，曰《平播碑》，曰《东三边列传》，速把亥、炒花花大、黑石炭、董狐狸、兀鲁思、罕长委、长昂、宣大镇史二官、车达鸡、宁夏镇哱拜哱承恩回夷、播酋杨应龙、巢贼赖元爵蓝一请诸酋、黎岐、十寨诸僮、矿盗王张住、京营叛兵、王之佐、坌虔刘堂艮、草坪石纂禄、浙江大营畔兵马文英、象山昌国营畔兵何中列、叛兵陆文绪传胎子、叛兵王礼重承恩张琐儿张胜豪、湖盗殷应采、崇明江阴诸盗、贵州安国亨安智奢效忠、土妇奢世统奢世续、云南铁锁菁罗思诸夷、缅甸、罗雄者继荣必六、安南莫茂洽。以上列传目。曰《可斋杂记》，彭时撰。曰《水东日记》，曰《守溪长语》，曰《寓圃杂记》，曰《损斋备忘录》，二卷。梅纯撰。曰《清溪暇笔》，曰《琅琊漫抄》，曰《謇斋琐缀》，八卷。尹直撰。曰《菽园杂记》，陆容撰。曰《野记》四卷，祝允明撰。曰《后鉴录》，曰《西征石城记》，曰《抚安□□记》，曰《兴复哈密记》，曰《东征纪行记》，曰《云中纪变》，曰《庚戌始末志》，王世贞撰。曰《防边纪事》，曰《伏戎纪事》，曰《挞国纪事》，曰《靖夷纪事》，曰《绥广纪事》，曰《平夷赋》，曰《平番始末》，曰《平蛮录》，曰《炎徼纪闻》，曰《安南奏议》，曰《西南纪事》，二卷。郭应聘撰。曰《议处安南事宜》，曰《史乘考误》，共数十种。前有赵收庵怀王序，言得自桐乡金少权，金氏得自汪氏古香楼，桐乡藏书家也。

有钞本，无刊本。所抄各种，间有分卷者，而全书并无卷数。全绍衣精于考核，流览极博，所为亭林《神道表》详载著述，独无此书。自来序录家亦未之及。此赵氏之言也。而赵氏前有一序，以为不出亭林，谓七十五种中，见于《皇明纪录汇编》、《金声玉振集》凡三十馀种。二书皆于万历中刊行，亭林岂有不见之理？启祯间事，无一字及之。而《水东日记》、《守溪长语》等书，各已刻入本人之集。《寓圃杂记》、《菽园杂记》又散刻丛书中。以为决不出亭林之手，序但称洛，不署姓，俟考。余谓此亭林随手记录之书，欲以留备史料。启祯以后之事，殆欲辑录而未暇。其中如《兵卫》、《太常》、《太仓》、《厂库》，详密琐屑，可考见一代制度。九边及西南诸夷，内地畔兵诸传，皆为明史诸书所不详，亦可见当时情事。非亭林留心掌故，决不能为此。核其体例，与《郡国利病书》用意相同，殆晚年自负国史之重，随手编辑，未及成书，而先生遽殁，故止于嘉隆以前。平定张穆撰《亭林年谱》，于顾氏著述胪举岁月，搜采无遗，亦无此书之名，诚非常之秘笈矣。惟抄手极劣，伪舛甚多。藏书者仅较书之厚薄，率尔付装，遂使片段不分，有牵连割裂之病。好学如赵味辛何以不为之校刊，甚不可解。海内好古之士，傥能广为流布，将已有传本者备存其目，不必再刊，庶不负前贤之用心矣。

甲申杂记宋本

每版十行，行十九字。吴氏筠清馆旧藏也。墨光如漆，盖宋本之初印者。第四条述阿李国事，末言“钟传坐冒赏贬，遂复成其议”。“复”字下空格，注“御名”，以文义求之，当是“构”字。构乃高宗名。此书无刊刻年月，当是建炎、绍兴间刊本也。叙述琐屑，颇多北宋遗闻。其中如言历日，载几龙治水，而今所传宝祐四年会天历则无之，足以考见宋时制度沿革不同。惟喜谈因果，如唐稑在长沙买几子，其后竹脚中破，内有刻字。具述某年月日破，以为万物皆有定数。又述马默贷沙门岛流人，东岳圣帝赐以男女，蔡持正为第四人过岭，宰相孙升感梦于前，欧阳大椿见字于壁。如此之类，颇为荒怪无稽，宜周益公之斥为妄也，而李仁甫《通鉴长编》颇采之。

挥麈录宋本

每版十二行，行二十字。卷首有“粤人吴荣光印”，白文。卷后有“荷屋所得古刻善本”印、朱文。“吴氏筠清馆所藏书画”印，朱文。无刊刻年月。其中当抬头之字皆空一格，不别为一行。宋人刻书旧式多如此。此书乃宋人从王明清《挥麈录》内摘出数十条，托为杨诚斋所撰。《四库提要》已驳之。左禹锡误收入《百川学海》乙集，卢抱经补《宋史艺文志》，亦误列之小说家。然其书则固宋本也。其中言宋初承五代抢攘之后，三馆宋以昭文、集贤、史馆为三馆。有书仅一万二千卷。自乾德以后，加意搜罗，献书者优与出身。至真宗咸平时，书大备矣。而八年荣王宫火，延燔三馆，焚爇殆遍，此书之一厄也。自此以后，广为传写，且置校勘、校理之官。嘉祐中，献书者每卷支绢一匹，及五百卷者，与文资，可谓优矣。讫于宣和，天下异书尽登秘阁，靖康之变悉付劫灰，书之又一厄也。方承平时，士大夫家如南都戚氏、历阳沈氏、庐山李氏、九江陈氏、鄱阳吴氏，俱有藏书之名，今皆散佚。可见从古藏书，无久而不散之理。黄荛圃平生旧椠亦及身而尽属他人。甚至绛云、文选费毕生之心力，聚天下之菁华，尽付一炬，则又不如散在人间之为愈也。若明之李中麓且以藏书贾祸，《野获编》，洪朝选抚山东，闻章邱李少卿先芳家富藏书，与借观不与，因起大狱，破灭其家。李以恚恨死。及洪归闽，后为抚臣。劳堪讦其居家不法，瘐死狱中，或谓有天道焉。于东阿《笔尘》但记洪芳洲为少司寇时，逼死故都御史杨顺以媚华亭，不知有章邱李中麓事也。洪与中麓同年进士，以此，人尤薄也，武康山中白昼鬼哭，何其痴乎！

闻见近录宋本

每版十行，行十九字。亦筠清馆旧藏也。其中《扬州后土庙》一条中云："宋丞相构亭花侧，曰无双。""构"字空格，注"御名"二字。殆亦建炎、绍兴间刻本也。其书皆述北宋遗闻，故曰"近录"。盖王定国为王文正之孙，本世家望族，于朝章国典，闻见甚切，故叙述颇详。然亦有失实者，如"太祖召诸方镇，置酒大林中，语其所谓十兄弟者：'可杀我而为官家。'方镇皆伏地不敢对。"此殆近于《齐东野语》，已为毕氏《续通鉴考异》所驳。

李心传《旧闻证误》《旧闻证误》，《永乐大典》辑本仅一百四十馀条。缪筱珊编修从钱唐丁氏影写宋残本首二卷又得二十九条，别为《补遗》一卷，刻之。亦辨其“张融建宅”一条，“寇准服何首乌”一条，“钱若水罢相”一条，“大旱罢贾文元”一条，“郑天休诸公会李氏第”一条，“冯当世为枢密使”一条，然终不以一眚累其全书也。《困学纪闻》云：“李微之《旧闻证误》，执政不坐奏事，以王定国《闻见录》为证，与王沂公《笔录》不同。李仁甫修《长编》未见定国书，故专用《笔录》。”则宋人亦甚重其书矣。

初学记三十卷

严铁桥手校其本，即万历丁亥徐守铭刻于宁寿堂者也。卷首书后一篇，用朱笔涂改数十字。较刻本而尽于此。下多数行，盖刻《漫稿》时所删节也。欧阳公《集古录跋尾》流传真迹，往往与集本不符，不足怪也。《四库总目·词曲类》，《乐府雅词》卷首有朱彝尊题词手迹，亦与集不符。此铁桥用王兰泉宋版大字本一一对勘，极为精密。用朱墨二笔涂乙处，极不苟，可见读书之细，而亦见徐本之讹谬百出。明人所刻之书，往往如此。宋吴明可不肯传书，以为校雠不善，贻误后人，诚笃论也。考陶岳《五代史补》，杨行密以《初学记》一部馈成汭，其为刻本、写本，不可得而知。书有板本始于唐末，其时只术数、字学小书而已。后唐长兴三年始刻九经。今宋本已不可得见。而黑口小字本，及廉石居之元板，亦无从物色。余所见嘉靖辛卯无锡安国本、嘉靖甲午晋府刻本、杨钹重翻晋府本、万历丁酉陈大科本、吴陵宫氏岱云楼校补陈大科本、古香斋袖珍本，皆多讹谬，惟陈大科本稍善。好古者若能以此校本付雕，庶不负严氏四十日之心力矣。

全室集九卷明释宗泐撰

此书得自日本，无刊刻年月，盖明初本也。乃宗泐字季潭从子永祚所编。前有徐一夔序一首。考《静志居诗话附录》，解缙曰：“诗僧宗泐进所精思刻苦以为得意之作百余篇。上一览，不竟日尽和其韵，则知泐诗精华不过百余首。”今此本殆数倍之，以《和御制诗》为一卷、《乐府》为一卷，馀则五七言古今体也，分体不编年，其诗亦颇有风骨。见于集中者，如宋景濂、张来仪辈，皆负一代文名，声气所通，渊源有自，宜其诗之无蔬笋气也。视杼山、白莲、禅月则不及，然与《镡津文集》、明支那本。《石门文字禅》明支那本抗行天壤间，固无愧色也。释麟洲极推服之，以为一字一寸珠，一言一尺玉。钱牧斋《列朝诗传》谓“虞文靖、黄文献、张潞公皆推重之，”非偶然也。

春秋属辞十五卷元本

每版十三行，行廿四字。前有汸自序，末题：“金居敬覆校，倪尚谊校对，朱升校正。”盖善本也。惜颇多漶漫，若以通志堂本、赵吉士本一一对勘，则成善本矣。

春秋左氏传补注十卷元本

每版十二行，行二十四字。印本。视前较清朗。赵氏于《春秋》主左氏，又参用公、谷，可谓全无家法，宋以来经学大抵如此。左氏本不传《春秋》，汉人具有定论。赵氏欲通《春秋》而求诸左氏，可谓适楚而北其辕矣。

春秋师说三卷元本

每版十三行，行字多少不定。卷首有“乌程蒋维基记”印、朱文。“咸丰庚申以后收藏”印。朱文。此为赵氏述其师黄泽之说。卷首题：“至正戊子八月既原文作“几”望，门人新安赵汸敬题卷端。”盖其时所刻也。末附《黄楚望行状》一篇，即其所撰。楚望本深于《易》，兼通术数，刘文成传其学。杨升庵《丹铅录》载其从曾义山子得异书葫芦石洞中，恐不可信。按：近世所传《烧饼歌》皆以为出自文成，恐亦如陶弘景之《胡笳曲》、刘藏春之《西江月》，同出于后人依托也。王文禄《名世学山》载刘诚意少读书寺中，一异人出神，为僧所焚。其人神返，即附基身。聪明增前数倍，及以金瓜夜叩宫门，救明太祖之厄。则王弇州《史乘考误》已辨之矣。陈建《皇明通纪》云：“上一日与友谅鏖战，刘基在御舟忽跃起大呼，上亦惊起回顾，但见基双手挥之，连声呼曰：‘难星过，可更舟。’上悟，如其言更之，坐未半饷，旧舟已为敌炮击碎矣。”则更为齐东野人之谈，不足一噱也。

说文系传

惠定宇批阅本。细核之，非惠氏手迹，乃传抄之本也。惠氏《读说文记》有刻本《借月山房》本、《指海》本、《半亩园》本。此本考订精核者，皆见于《记》。惟此本旁用朱圈及三角圈标出，以备考订。解口部“孩”字，引《尚书·微子》呼纣为孩子讹，古文作“刻”字。小徐易下曰：秘书谓下为“月”字，日月为“易”，本用许君眂下，秘书瞋从眂之例。不知所指何书。惠氏必以《参同契》当之。解“龙”字为“后世肉飞仙”。如此之类，则不免于好奇炫博矣。解“克”字为“仁以为己任”，可也。必诋王肃、刘炫以

"克"为"胜"，以"己"为"私"，为背于理。此不过阴攻朱子，又不出其名，未免门户之见。解"假"为"至"，谓真假之说始于王莽。刘歆说《书》，以古文嘉禾假王莅政，为假讹字，遂有假皇帝之名。至诋许氏非真之说，本于刘氏。则岂所谓虫生于木还食其木者欤？

蒲庵集六卷 明释来复撰

书无刊刻年月，盖明初本也。来复字见心，丰城人，主四明之定水寺。诗分体不编年，乃其门人昙锃法住所编。前有欧阳玄、宋濂二序。其诗颇有风格，在明初与宗泐齐名，而诗则过之。朱彝尊《静志居诗话》诋其痴肥，谓不及全室之戌削，非笃论也。所与往还，多王公贵人。黄溍卿、顾玉山、危太仆、丁鹤年又皆一时风雅之士，早年尝亲炙虞伯生、欧阳元功，故学有渊源。在僧诗中，自宋以后，殆无其匹。钱牧斋《列朝诗传》云："《蒲庵诗文》，洪武十二年其徒昙锃厘为十卷，而元季之作，见赏于道园诸公者，此集皆不载。"则钱氏所见，已非其全。今此本有诗无文。《千顷堂书目》、《明史·艺文志》皆著于录，而《四库》不收。陆心源所藏，亦系钞本，盖难得之秘笈也。集中《读镡津集诗》云："韩欧外侮见长城。"以入主出奴之见，谓韩欧之辟佛为外侮，契嵩之护法为长城，可为一笑。考《御选明诗》姓名爵里及《明诗综》，来复所著尚有《澹游集》。《铁琴铜剑楼书目》有《澹游集》，系旧钞本。集中皆当时名卿大夫往来投赠诗篇，并寺中碑铭序记。其诗则顾侠君《元诗选》所不录，殆未见其书也。

虚堂习听录元本

前有大德改元冬闰十二月立春前二日中山傅梦徵序。书无卷数，但分上中下。卷首题“林老人评唱丹霞淳禅师颂古书堂习听录”。亦元椠中之佳者。

新编张仲景注解伤寒百证歌五卷元本

每版八行，目录九行，行十七字。卷首有“安乐堂”印，怡亲王府旧藏也。又有“张之洞审定”及“壶公”等印。纸墨精绝，元椠中之初印也。此书为宋学士许叔微撰。按：《直斋书录解题》载叔微所著有《类证普济本事方》十卷、《伤寒歌》三卷，尚有《伤寒治法》八十一篇、《仲景脉法》三十一图、《伤寒论》二卷、《辨类》五卷，皆云未见。《四库提要》只载《类证普济本事方》十卷，并云《伤寒歌》不传，不特《四库》未收，即宋时亦稀有之本。惟钱氏书目有之，其后绛云一炬，人间孤本尽付六丁。此册前后无序跋，刊刻年月无考。各家书目所载，均系三卷。朱国桢《涌幢小品》亦云《拟伤寒歌》三卷。此本则五卷，其为分卷不同，或系数目字传写之误，均不可知，然实为非常之秘笈也。方太守有手跋在卷首，甚致郑重珍袭之意。此书刘氏刻入《述古丛钞》，陆氏刻入《十万卷楼丛书》，惜未能一校勘也。其《伤寒九十论》，仁和胡氏用爱日精庐影本印行。

历代名臣奏议三百五十卷明永乐本

书成于永乐丙申十二月，刷印仅数百本，颁诸学宫，而藏板禁中，故传本极少。以张天如之博览，自言生长三十年未尝一见，最后乃得太原藏本。是此书在明末已稀如星凤，况今日乎？今通行本即张天如删节重刊之本也。此系足本，惟当时乃奉敕编撰之书，故古今奏议几于搜采无遗，何以卷首无序，亦无监纂、编纂官职名，殊不可解。考郑端简晓《今言》，知是时西杨士奇在南京佐太子监国，正危疑之际。沈德符《野获编》：士奇之志赞善梁潜墓也，云永乐十五年，车驾狩北京，上有疾，两京隔数千里，支庶萌异志者，内结权倖，饰诈为间，一二谗人助于外，会有陈千户事连梁潜，遂死非命，十六年九月十七也。所谓萌异志者，盖指赵王高燧，权倖者，内臣黄俨、江保也。郑所谓危疑指此。盖此书本以玺书谕太子，令翰林儒臣编撰故也。

雁影斋题跋卷二

曝书亭辑丛书 钞本

卷首有“朱十彝尊锡鬯印”朱文，盖竹垞稿本也。有“南皮张尚书审定”诸印。所辑之书为桑悦《思玄庸言》一卷、王祎《华川卮辞》一卷、陈献章《白沙语要》一卷、岳正《类博杂言》一卷、黎文《黎子杂释》一卷、陆深《俨山纂录》一卷、王鸿儒《凝斋笔语》一卷、郑善夫《经世要谈》一卷、何塘《阴阳管见》一卷、王守仁《传习则言》一卷、郑梓辑《郁离子微》一卷、徐泰《诗谈》一卷、王文禄《文脉》三卷、王祎《青岩丛录》一卷、冯可宾辑《空同子纂》一卷、崔铣《后渠庸书》一卷、方孝孺《侯城杂识》一卷、黄省曾《拟诗外传》一卷、《吴风录》一卷、皇甫庸《近峰记略》一卷、黄省曾《客问》一卷、黄润玉《海涵万象录》一卷，共二十二种，皆从《学海类编》、《名世学山》二书中录出。其编次之先后，亦不可解。殆欲赓续，未底于成，而遂中止。书中用朱笔校过，颇为精审。书无传本，藏书家亦均未著录。其集中跋《绥寇纪略》云：“余钞入《百六丛书》，归田之后，为友人借失。后十八年，复从吴兴书贾购得。”今观此本，殆即《百六丛书》之馀也，而世亦无传。盖竹垞著述，散佚者当不少矣。如《瀛洲道古录》，张鉴《秀水计氏泽存楼藏书记》言《道古录》稿本尚在，而卢抱经《馆阁续录跋》言未见。《风庭扫叶录》、《吉金贞石志》《吉金贞石志》，李光暎《观妙斋金石文考略》引一条，似已有成书，今未见传本。亦均无传。钱竹汀诗云："蚕尾山房放鹤州，《静志居诗话》："城南放鹤州，南渡初，礼部郎中朱敦儒营之以为墅，洲名其所题。虽不见地志，《观樵歌》一编多在吾乡所作，此说近是。"竹垞放鹤洲取此。偶然只字亦千秋。"盖不尽可凭也。

活人心二卷元本

无撰人名字。卷首题玄洲道人涵虚子编，又自称臞仙。前有序文一首，即其自撰。方氏书目误以为宋本。钱谦益《列朝诗集小传》载宁献王权所著书有《活人心》二卷。献王为太祖十六子，博学好古，晚原文作"脱"节笃信冲举，自号"臞仙"。其书上卷言服食导引之法，而归本于寡欲清心，其源盖出于道家，而兼神仙家。下卷列玉笈二十六方，及加减灵秘十八方，多出诸方书之外者。此书得自东瀛，亦秘笈也。明高儒《百川书志》有此书，又有《臞仙神奇秘谱》三卷，《臞仙文谱》八卷、《臞仙诗谱》一卷、《诗格》一卷、《太和正音谱》十二卷、《词林须知》四卷、《西江诗法》一卷。

太平寰宇记钞本

乾隆壬辰，孔荭谷在京师太仆寺街寿云簃借周书昌本抄校。书昌即周永年，辑《贷园丛书》者也，永年在四库馆为纂修官，"集部"一门《提要》多出永年与翁方纲之手。与荭谷为同年。周本即从曝书亭本过录，朱本乃合济南王氏、崑山徐氏本合抄者也。荭谷此本虽辗转传抄，而始终无懈笔，又经周梦棠校过，自言正错简十馀页，补脱文三十馀行，改讹字万馀，盖精抄而兼精校之本也。此书有江西两刻本，万氏本多擅改，金陵书局据乐氏祠本重刊，亦多讹字。此系旧钞精校之本，因此可贵。至其阙卷，则宜都杨守敬已据东瀛本补六卷，尚阙二卷有半，则此本亦同，无从再觅矣。按：乐氏此书所叙州县沿革大概，本之《元和郡县志》，而以《旧唐书·地理志》益之。其山川事迹，杂采群书，意在务博。往往一卷之中，前后重复。一人之事，彼此牴牾。不独如竹垞所云不合正史已也。然于庞杂之中，亦有网罗之益，如淮南、山南诸道，可采补《元和志》阙卷，惟后附《外域记》二十九卷，全引《通典》，间有增益，亦不出《旧唐书·外夷列传》。此则附赘悬疣，竟可直从删汰矣。《四库提要》及钱竹汀《养新录》皆盛推之，殆未及详考耳。

大唐类要一百六十卷钞本

考《读书敏求记》云："今行《北堂书钞》为吾乡陈抱中所刻，搀乱增改，无从订正。闻嘉禾藏书家有原书，搜访十馀年而始得。"所谓嘉禾藏书家，即指竹垞也。《曝书亭集》跋《大唐类要》云："书贾以此求售，反覆观之，即《北堂书钞》也。"《爱日精庐藏书志》跋《北堂书钞》云："此系永兴原本，分甲、乙、丙、丁、戊、己、庚、辛、壬、癸十册，未经常熟陈禹谟增删窜乱者。是书为《四库》所未见，合浦之珠、丰城之剑，不足比其珍贵也。"《铁桥漫稿》跋云："康熙中，朱锡鬯得《大唐类要》，有跋见《曝书亭集》。季沧苇得《古唐类范》，见《延令书目》。嘉庆初，《古唐类范》为吴县黄荛圃所得，散片两包，未曾装册，有秀水朱氏及季沧苇印。每卷'古唐类范'四字，俱挖补，盖《类范》即《类要》，《类要》即《书钞》原本也。"莫友芝云："同治丁卯冬，来苏门，获胡氏琳琅秘室明钞本《书钞》，忆郁氏

《宜稼堂书目》有《大唐类要》，欲借一校。适丁雨生方伯藏书有此，乃顾湘舟艺海楼钞本，不知所出，未知于郁氏本何如。略校胡本数页，其舛错甚于胡本，而足以补正者，亦自不乏。”方氏此本即从持静斋借抄，莫子偲所谓艺海楼本者也。张金吾所藏，末题“明嘉靖丙午六月十二日，五川居士在万卷楼记。”盖从杨梦羽藏书传录者，今不知流落何地。张氏藏书多归湘潭袁氏，今亦散佚矣。士礼居钞本今归振绮堂，胡氏写本为莫子偲赚去，郁氏本则兵燹后无从物色矣。严铁桥校刻本仅五十五卷，近岁有南海孔氏刻本，而虞氏原书始盛行于世，孔氏本校勘颇精，惟不当改易行款。闻仁和劳季言有校本，未知尚在否。书此以俟世之留心古籍者。

记纂渊海二百卷

考《四库》著录此书仅一百卷，乃明万历己卯大名知府王嘉宾刊，并有删改，非潘氏原本也。焦弱侯《国史经籍志》及《内阁书目》卷数相同，叶氏《菉竹堂书目》叶氏原本，非伍氏所刻之伪本不记卷数，陆氏十万卷楼所藏，亦一百卷。惟高儒《百川书志》、黄氏《千顷堂书目》、范氏《天一阁书目》、《季沧苇书目》本皆一百九十五卷。《天一阁》系钞本。陈征芝《带经堂书目》本一百九十五卷，从范氏本传抄。卢抱经《补宋史艺文志》亦作一百九十五卷，而云今本一百卷，则亦未见其书。此本为卷二百，多于《四库》所藏者一倍，较范氏钞本亦多五卷，盖非常之秘笈也。每版七行双行，行十三字。惟十三卷起至十五卷夹缝上下题：“弘治岁在昭阳大渊献会通馆活字铜板印。”二十八卷一页、五页，三十五卷二页、七、八、十、十二页，三十六卷二页、六页、九、十二、十三、四、五、八页，三十七卷五页，三十八卷一、三、四页，四十卷一页。盖明时所补也。《竹汀日记钞》有

《容斋五笔》弘治八年锡山华煜序，版心有“会通馆活字铜板印”八字，亦见《养新录》。余以方氏所藏百卷本对校之，百卷本第一卷为混元部、五行部，此本则以论议部居首。知《四库》本为王嘉宾所移改删节，真所谓刊刻之功不赎其窜乱之罪者矣。考《浙江采进遗书总录》，范氏藏本，实经进呈，当时馆臣仓猝成书，未及详核，故著王刊本而遗此本。《遗书总录》谓天一阁本书尾有“泰定乙丑圆沙书院刊行”，而此本无之。核其纸墨，当是宋本，而会通馆所补之版，殆即据泰定本也。惟《天一阁书目》载潘自牧嘉定己巳自序云：“凡为部二十有二，为门一千二百四十有六，合二百三十六卷，总八十万言。”较此本又多三十六卷。此本无潘氏自序，又无目录，仅二十一部，盖即潘氏原本。书贾嫌其不全，故并去之。然实为海内孤本，未可以其不全而轻之也。《四库提要》及《天一阁书目》均作潘自牧撰，考《金华志》作潘景宪，字叔度，而《提要》不引，岂未尝深考耶？楼攻媿《春秋繁露跋》云：“闻婺女潘同年叔度景宪多收异书。”即其人也。

此本分二十一部，为论议部、性行部、识见部、人伦部、人道部、人情部、人事部、人已部、叙述部、接物部、问学部、言语部、政事部、名誉部、著述部、生理部、丧纪部、兵戎部、释部、仙道部、阃仪部。

明本分混元部、五行部、天文部、岁时部、节序部、测候部、律历部、祥瑞部、灾异部、地理部、居处部、郡县部、职官部、仕宦部、科举部、学校部、人伦部、人道部、性行部、识见部、论议部、问学部、言语部、政事部、名誉部、物理部、人已部、接物部、叙述部、人事部、人情部、著述部、祭祀部、礼仪部、乐部、丧纪部、兵戎部、阃仪部、字学部、文卷部、襟怀部、民丛部、释部、仙道部、伎术部、博弈部、杂戏部、饮食部、香药部、果食部、花卉部、草部、木部、竹部、禽部、兽部、水族部、虫豸部，共五十八部。

钓矶文集十卷钞本

唐徐寅撰。《全唐诗》作徐夤。《四库全书》录《徐正字诗赋》二卷，《赋》一卷计八首，各体诗一卷，计三百六十八首。阮氏《揅经室外集》大兴傅以礼重编名《揅经室经进书录》录《钓矶文集》五卷，凡赋五十首。此本前五卷每卷赋十首，惟第五卷《星赋》、《汉武求仙赋》、《伍员知姑苏台有游鹿赋》有目无文，计阙三首，不知阮氏本何如。第六卷为长律八首、五律二十一首、七绝二十八首，第七卷七律五十二首、第八卷七律五十二首、第九卷七律五十二首、第十卷七律五十二首，共二百六十五首。然《提要》所举五言如："白发随梳少，青山入梦多。岁计悬僧债，科名负国恩。"七言如："丰年甲子春无雨，良夜庚申夏足眠。鸕鳺声中双阙雨，牡丹花畔六街尘。月明南浦梦初断，花落洞庭人未归。争如涧底凌霜节，不受秦王号此官。张均兄弟皆何在，却是杨妃死报君。"皆见于卷中。郑方坤《荔乡全闽诗话》所引闽书及刘克庄《后村集》、《后村题跋》，朱国桢《涌幢小品》论寅诸诗，为《全唐诗》所有者，此本亦一一皆在。其馀诸诗亦尽从《全唐诗》抄出。《十国春秋》云寅所著有《探龙集》一卷、《雅道机要并诗》八卷，亦曰《钓矶集》又有赋五卷，盖久散佚矣。此本不知何人分析卷第，而藏书家珍为秘笈，辗转传抄，皆不加深考者也。

说文解字补义十二卷明本

此书昭文张金吾藏有元至正本，钱塘何梦华录副，阮氏经进于朝，亦影写本也。考莫友芝《宋元旧本书经眼录》，张氏本后归郁氏宜稼堂，郁氏书多归方氏，郁氏书至精者为丁禹生中丞豪夺，余以万金售之陆存斋。存斋挑其重本，由上海书贾吴申甫归方氏。独无是书。此本为永乐十八年刻本，前有至正乙未包希鲁自序，后有包氏嗣孙产孝及石篪序。按包氏此书，焦弱侯《国史经籍志》、《传是楼书目》、《千顷堂书目》、钱竹汀《补元史艺文志》、卢抱经《补辽金元艺文志》金门诏《补三史艺文志》未录皆著于录。其补义大抵如王介甫之《字说》，郑渔仲之《六书略》，多望文生义，向壁虚造之谈。故阮氏亦以议论多宋学少之，而张昭文《藏书志》独称其精核。考王西庄《蛾术编》诋包氏解母字云："女当从一，一则其德不爽，故女加一为母。"以为"肤浅而杜撰。"而张金吾亦引包氏此条，独以为有义可通。不免阿其所好。明之赵凡夫于此书亦痛加诋斥，然赵氏所著《说文长笺》为顾亭林《日知录》所指摘，甚至汉唐不辨，笑柄甚多，则不足以诋包氏矣。《日知录》尚摘《长笺》引"虎兕出于柙"句，误称《孟子》，至谓其未读《论语》。《四库提要》、《沧浪诗话》条内，颇为之呼冤。

大易粹言十卷宋本

每半页十行，行二十字。卷首有"大兴朱氏竹君藏书之印"、朱文。"润州笪重光鉴定印"。朱文。按重光字子宣，自号江上外史。又有"张之洞审定旧椠精钞书籍记"、朱文。"壶公"白文等印。前有嘉定癸酉五月张嗣古序云："此书岁久，板漫灭不可读，因念刊书之难，复为之修改七百三十有六板，凡二十六万一千五百九十四字。"此本纸墨甚精，即修改时初印之本也。首册尾有光绪十三年九月南皮张之洞跋，推为方氏书库宋本第一。按：此书《宋史·艺文志》作曾穜撰，《四库提要》据张嗣古序文，定为方闻一撰，而《天禄琳琅书目》以闻一列名校勘，与作跋之程九万、李祐之一例，谓不必远改《艺文志》，近驳《经义考》。余谓曾献之此书，不过采辑宋人成说，似无须假手于人。方氏或与有编辑之劳，亦事所常有。《四库提要》必欲改题方名，殊为过矣。

㲄音集不分卷

明于承祖撰。承祖字孟武，扬州人。据武之望序，称其膺中秘之命，不知所历何官也。《四库总目》无其书，《明史·艺文志》、《千顷堂书目》均不著录。钱牧斋《列朝诗集》、朱竹垞《明诗综》皆不选其诗。集中姓名亦无见于史传者。然其诗承七子之馀波，亦颇有风格。五言如"银烛烧寒短，金尊入夜倾"，"山阁浮鳌背，江帆度酒杯"，七言如"久无朱鲤传消息，漫有青尊对薜萝"，"莫上龙堆望乡国，胡笳一曲泪沾巾"，即集中佼佼矣。陈松珊侍御撰《明诗纪事》，搜罗明人别集最多，亦不知承祖为何人也。

东莱集注类编观澜文七十卷宋本

每半页十一行，行十九字。此书本林之奇少颖所编，分甲、乙、丙三集。甲乙集各二十五卷，丙集二十卷。所选诗文，自屈原以下，至宋欧阳修、司马光、苏轼、秦观诸人之作皆与焉。称名称字无一定体例，即以王安石一人而论，或称荆公，或称介甫，亦前后互异。《甲集》以赋为首，诗歌次之，书、颂、碑、铭、论、记诸体又次之。《乙集》则论又在诗前。《丙集》有各体而无诗。其字句与各家集本亦多异同，文亦骈散兼收。如《甲集》，既选韩退之《平淮西碑》，《丙集》又录段文昌作，可谓兰艾同登矣。吕伯恭本受学于少颖，故为之注。集中所选，多人人传诵之文，故吕注录前人成说为多，亦有不注一字者。朱子谓伯恭好用心于驳杂文字，岂此之类乎？阮氏《外集》，《乙集》仅五卷，又无《丙集》，此本视《宋史·艺文志》亦多七卷，乃秘笈也。盖得自日本。方氏影写重刊，可谓好古矣。

勉斋先生黄文肃公文集三十五卷宋本

每半页十行，行十八字。梁蕉林旧藏也。纸墨皆佳，惜板颇有漶漫。按：《勉斋集》本四十卷，此本止三十五卷，殆不全之本，书贾割去其阙卷目录耳。勉斋本讲学家，诗文均非所长，甚至婚书宋人婚书多入集。汪大本刻《豫章先生遗文》亦有之、青词亦滥登卷内。然其精要，则固布帛菽粟之言也。

汉书宋本

每半页十行，行十九字。卷首有“吉寿堂图书”及“翁覃溪”诸印，又有“紫珊”印。紫珊为徐渭仁字，盖春晖堂物也。以纸墨观之，的为宋刻。然讹字颇多，如目录中“魏豹”作“㪍”，“樊哙”之“哙”讹作“会”，“中山王胜”之“胜”讹作“胶”，

“两龚”之“两”讹作“雨”，“宣元六王”之“王”讹作“年”。第一卷注“二千石有予告有赐告”，“有赐”二字倒；“章邯已破项梁”，“破”讹作“故”；“青州俗呼无孑遗为无噍类”，“呼”讹作“州”；颜注“吸音翕”讹作“关”；“汉有天下太半”，“半”讹作“平”；“故父有天下”句，脱“父”字；“郭蒙与齐将击”脱“将”字；“入定代地”，“代”讹作“大”。其余尚不胜枚举。其中盖有补板，殆书贾所谓“三朝板”者耶？题跋举讹字，用《四库提要·词曲类》柳永《乐章集》例。

后汉书

纸墨行款与前书同，盖一时印行之本也。卷首印记与前亦同，讹字触目皆是。目录“邓禹子训孙骘”，脱“骘”字。第一卷“太公金匮”之“金”讹作“日”，《左传》之“左”讹作“右”，“弘农七郡”之“郡”讹作“司”，“日月告凶”之“凶”讹作“内”，注“十三误也”之“误”讹作“谟”。第二卷“更谓戍卒”之“戍”讹作“成”，“今选举不实”之“今”讹作“令”，注“不以政事为务”之“务”讹作“防”，“诣诸军营”之“诣”讹作“诸”，其馀未及细勘。世有好思误书者，当以此为枕中鸿宝矣。惟此本目录《帝后纪》一十卷，第一卷、第十卷分上下，汲古阁本亦同。《抱经堂文集》跋吴槎客《汉书》云：“汲古所梓《汉书》当是据北宋本。”今世所翻之汲古本，则作一十二卷矣局本、韩江书局本均同。第一卷“上下”二字均在“皇帝”字下，今翻本亦已更动。目录后有“光武起后汉，乙酉岁改建武元年，传及十二帝，至献帝建安二十五年庚申，凡一百九十五年。十二《帝后纪》一十二卷，《志》三十卷、八十《列传》八十八卷”六行。汲古本同。今翻本亦无之矣。两《汉书》以汪文盛本为最，湘潭袁氏有刘好问《汉书》，为海内孤本。袁漱六最所矜异，不知尚在否。至袁氏所赠曾文正之《汉书》，莫子偲定为宋末元初本者，余曾从曾重伯处见之，其中抄补颇多，实系元本也。黄荛圃景祐本见于《百宋一廛赋》者，尚在聊城杨氏，他日或得见之。吴玉搢《金石存·曹全碑跋》云："阳曲傅山先生云：'谢承《后汉书》余家有之，明永乐间扬州刊本。'初郃阳《曹全碑》出，曾从谢书考证，多所裨益，大胜《范书》。比寇乱，亡失矣。"今碑中如"攻西域"、"罹党祸"及"戊部司马"之类，皆与《范书》不合，安得谢书一印证之。永乐去今不过五百年，世间容有其书，附志于此，以待留心古籍者物色之。仁和孙志祖颐谷补辑谢承《后汉书》五卷，尚未刊行，见郑文焯《国朝著述未刊书目》。

证道歌元本

《歌》为永嘉真觉大师所撰，而宏德禅师为之注。颂前有至元六年释大䜣序，即其时所刻也。考《祖庭事苑》："永嘉大师讳玄觉，俗姓戴氏，求证于曹溪六祖，所作《证道歌》，咏播天下，即此书也。按：永嘉卒于先天二年十月十七日，仅后六祖两月。睿宗命谥无相大师，淳化中诏修龛塔"云云。据朱时恩《佛祖纲目》，作开元二年十月，端坐而灭。与《事苑》所记不同，未知孰是。考葛立方《韵语阳秋》云："余曾祖通议自号草堂逸老，参佛日契嵩，遂悟真谛，有《注证道歌》行于世。"则此书在北宋时已盛行矣。

古今源流至论别集十卷宋本

每半页十三行，行二十七字。卷首题“新刊笺注决科古今源流至论”。其书盖备科场之用。首篇即论朱子《纲目》褒贬之意，继论周子《通书》、朱子《四书》，而以诚字、复字别为一篇。其于洛闽绪言抄摘亦颇得要领。然以《太极图》非濂溪作，《潜虚》非温公作，亦颇示异同。朱子亦谓《潜虚》非司马温公全书，好事者伪成之云。见方回《桐江集》。此本纸墨甚古，然讹字颇多。如“傅尧俞”至讹为“渝傅尧”，盖当时麻沙坊本也。

古今源流至论前集十卷、后集十卷、别集十卷、续集十卷宋本

每半页十三行，行二十八字。卷首有范锴、王萲、张廷济、蒋维基诸人印。纸墨颇古雅，在麻沙坊本中尚不甚恶劣。方氏所藏尚有万历庚寅宗文堂本，则不及此远矣。

金陵新志十五卷元本

书成于至大时，而刊于至正四年。前有索元岱序，据首卷文移，分派溧阳州学刊五卷，溧水州学、明道书院各刊三卷，本路儒学刊二卷，共用中统钞壹百肆拾叁定贰拾玖两捌钱玖分九厘。陆文裕《金台纪闻》曰：“元时州县皆有学田，所入谓之学租，以供师生廪饩，馀则刻书。工大者合数处为之，故雠校刻书颇有精者。”此本则椠印俱劣，而图尤甚其板后归南监，殆明印也，盖是时元

运已衰，江淮之间盗贼蜂起，故刊书事极草草。《养新录》、《平津馆鉴藏》及《廉石居藏书》所记，与此本同。

仪礼图十七卷、仪礼旁通图一卷 宋本

每半页十行，行二十字。字画遒劲，略带隶意，墨光灿然，宋椠中之上品也。每页夹缝中皆详列某人校、某人重校、某人刊，几于每页异人，无一人校刊至三页者，可以知其精矣。总校者为闽何。据《平津鉴藏记》当为南宋闽中所刻。天禄琳琅及拜经楼本即从此本出。卷首有“吴城”、“敦复”二朱文印。按：杨氏此书，全录《仪礼》十七篇及注、疏、宋诸儒之说，而附图以明之，故为十七卷。末附《旁通图》则大半皆旁行斜上之表也。其书颇便于初学。自张皋文《仪礼图》出，其考订精确处，虽非杨氏所及，亦未能遽废之也。信斋本朱子门人，引朱子语必称朱先生，用许叔重《说文》称贾侍中之例。

白虎通德论十卷 元本。据周广业云，《白虎通德论》本二书，原题如是，姑仍之

每半页十行，行十六字。前有大德九年四月朔日张楷及望日严度序，即其时所刊也。据卢抱经云：《白虎通》以吴槎客小字宋本为最善，大德本次之，其佳处往往与小字本合，视明代傅钥、吴琯、何允中、程荣、胡文焕本胜处实多。此本“三正”作“三政”，“三纲六纪”分作二条，皆与卢氏所言吻合。按：王鸣盛《尚书后案》据讹本《白虎通》引《书·无逸篇》曰“厥兆天子爵”，为《书·无逸篇》之佚文。谓其家所藏宋本《白虎通》如是。考此本但作《书·逸篇》，无“无”字。则王光禄所据盖明本也。宋翔凤序《铁琴铜剑楼书目》亦谓宋版大字、小字二本，及元大

德本，均作《书·逸篇》。可见此本之善矣。据王西庄《蛾术编·白虎通义》一条，言其所藏者为元大德九年东平张楷刻。

祖庭事苑八卷宋本

每半页八行，行十七字。前有大观二年法英序，后有绍兴甲戌中秋比丘师鉴及紫云二跋。其书为睦庵善卿所编，录云门雪窦怀禅师池阳法眼语。而大书分注，仅便于饤饾词章之用，非彼教中持诵之书也。

理学类编八卷元本

每半页十四行，行二十二字。前有临川吴当字伯尚序，卷尾助刊人姓名颇多，不详录。是书为临川张九韶美和所辑。前三卷均论天文，四卷论地理，五卷论鬼神，六卷论人物，七卷论性命，八卷论异端。以周子、二程子、张子、邵子、朱子六先生之言为主，而本之六经、《论语》、《孟子》，参以诸儒辨论，亦颇有体要。其中所引之书，今亦有未见传本者，一鳞片甲，借是以传，可见其采辑之广矣。

存复斋集十卷元本

每半页十一行，行二十字。前有至正九年秋闰七月俞焯序，乃其曾孙夏所编，而项璁为之校正。卷首有“孝友堂印”，卷尾有“睢阳世家印”，则朱氏家藏本也。朱泽民本以画名，诗非其所长，然当时如赵孟頫、虞集、黄溍、康里巎巎、邓文原、周伯琦、冯子振，皆一代胜流，莫不互相推重，岂因其画遂并重其诗欤？杨仲弘《送朱泽民之京师》诗云："君有长材希屈贾，好将词赋重当时。"是仲弘亦甚推服之。杨诗见傅习《元风雅》。《元风雅》有二，一为《四库》著录本，一为阮氏经进本，均未刊刻。余所见皆知不足斋钞本。顾侠君《元诗选》未见此书，知其流传甚少矣。然余所见朱氏题画诗，为此本所无者尚不少，盖出其后人所搜辑，势不能一无所遗也。

宋诸臣奏议百五十卷宋本

每半页十一行，行二十三字。前有淳祐庚戌赵希瀞、史季温二序。此本乃忠定之孙必愿官闽时梓于学宫，季温之父史容字芗室。以忠定之客，尝与编辑之役。故季温捐金助刻是书，而朱貔孙为之监梓。忠定是书编辑于闽，而奏进于蜀，当时即已刊行。自淳熙至淳祐六十年间，蜀板已毁，此本乃闽中所刊。王渔洋《居易录》曾见温陵黄氏所藏宋刻本，当与此本同。据忠定札子，本名《名臣奏议》，而陈彭年、丁谓、夏竦、陈升之、李清臣、邢恕、秦桧诸人之作皆与焉。《困学纪闻》云：《文鉴》取蔡确《送将归赋》，犹《楚词后语》之取息夫躬也。忠定亦犹此意。朱子亦议其将王荆公议庙制文字编作细注，为不能决择是非。惟篇后附奏进年月，其例最善。后有作者，尚当效之。《四库提要》诋朱子《名臣言行录》取吕惠卿，实系纪文达之误。刘后村云："考亭论荆公、东坡门人，宁取吕吉甫，不取秦少游。"其说见《文献通考》。《言行录》并无吕吉甫也。魏默深正纪氏之误，而不及此一条。至魏氏诋杨升庵杜撰《朱子语类》大颠书乃昌黎死案，则《语类》实有此文。又"盗诸葛"亦系"盆诸葛"之误。魏氏据讹本不足以服升庵也。

韩非子二十卷明本

前后无序跋，刊刻年月无考，惟第四册首行下有"亏四"二字，殊不可解。考《士礼居藏书题跋记》云："去年在坊间购得明刻《韩非子》，取所校张本核之多合，固知其为善本也。然究未知其本之何自出，爰假贞节堂袁氏所藏《道藏》本手校一过，见卷中有'同卷'字，又有'亏四'记也，乃知亦自《道藏》本出。"此本与黄荛圃所藏本同，盖明重刻《道藏》本号。按：《道藏》以千字文记册数，此书四册，当自亏一至四，今惟存"亏四"二字矣。宋翔凤云："《韩非子·二柄》篇'易牙蒸其首子而进之'，证以《墨子》及《汉书·元后传》，则'首子'为是，宋板《韩非子》作'子首'非是。"此本亦作"子首"，吴鼒刻影宋《韩非子》，作"首子"。

韵府群玉二十卷元本

每半页十行，前有滕宾序，字玉霄，《涵虚子论曲》谓"滕玉霄如碧汉闲云"。即其人也。及至大庚戌腊月姚云序。目录后有长方墨印"元统甲戌春梅溪书院刊"十字。元统为顺帝纪元之号，甲戌则元统二年也。《孙祠书目》嘉庆庚午刻本。《书目答问》以为未刊，误矣有明十行本，不知即此本否。方氏又有明万历十年赵用贤本，明刻迁评本，日本弘化重刊顾涧宾所校宋乾道本。据万历时秣陵王孟起刻本，有沔阳陈文烛序，言旧梓本岁久板漶漫，盖指此本也。陈序言：叶廷珪《海录》不传，今其书固在，殊为失考，附订于此。此本于凡例后附该载事目，王刻本则改曰事类总目，且有所增益，如类目中散事、地理、人名、姓氏、草木、乐名皆注新增及附字，已非阴氏兄弟之旧，故陈刻自题曰"新增说文韵府群玉"。书经明人重刻，无不为之窜乱，然后知旧本之可贵也。是书本与《回溪史韵》并重，故明成祖纂《永乐大典》时，谕解缙等："朕尝观《韵府》、《回溪》二书"云云。朱竹垞盛推《史韵》，而赵子昂谓《韵府》胜于钱氏书，盖非平情之论也。

雁影斋题跋卷三

李文公集十八卷元本

每版十行，行二十字。卷首有“严可均印”、朱文。“铁桥”印、白文。“汪文柏”印、“柯庭”印、“缪沅”印。白文。册后有“休宁汪季青家藏书籍”印。朱文。各体文共一百三首，注明原阙二首，核之乃疏《引见待制官》及《欧阳詹传》也。末附《戏赠诗》一首，而目录误作湖增。其他讹字极多，盖元时坊本也。《李习之集》，《唐艺文志》著录十八卷，而欧阳公所得者仅五十篇，盖不全之本也。赵汸《东山存稿·书李集后》云：“十有八卷，凡百四篇，乃苏天爵藏本。某既从公传写，复总其篇目”云云。景泰乙亥邢让从陈缉熙传钞本，为徐养元刻本之祖，亦十八卷。汲古阁本卷数同，所阙二篇亦同。《四库》著录乃鲍士恭所进，即汲古本也。光绪乙亥南海冯焌光得东洋文政二年刻本，十八卷，一百二篇，亦阙其二。乃以嘉靖时刻本及毛本对校刊行，又补遗一卷，得集外文八篇，刊于上海。惟《四库提要》历数诸本，冯氏又广为搜罗，皆不见此本，知其流传甚少矣。《马少监墓志》，冯氏本注原阙，从《全唐文》补入。此本目录不注“阙”字，而无其篇。《答开元寺僧书》则篇目俱阙，洪盘洲云：建阳小本独多《答开元寺僧》一书，然不著于目录。与冯本异，不知海内尚有。《书录解题》之二十卷本，为阎百诗所欲寻访者乎？孙冯翼刻《孙可之集》影宋椠本颇精跋云：“《习之集》十八卷，蜀本分二十卷。”所谓蜀本，当指宋本，然孙氏亦未必见其书也。

重订四书辑释二十卷元本

每半页十二行，行二十三字。前有至正丙戌长至后七日汪克宽序，及卷首士毅与书贾刘叔简书，均与《四库》著录本同。其改题“辑释章图通义大成”，与所列名亦同。惟朱公迁“约说”，《提要》误作“约旨”耳。卷首有“带经堂陈氏藏书印”。考《带经堂书目》，此书下注曰“元本”。陆存斋《仪顾堂题跋》云：“周季贶太守谓《陈氏书目》为其孙星村所伪造。以余观方氏所得带经堂本，亦不下数十种，知周氏之言为诬矣。”钱竹汀《养新录》云：“公叔文子，朱注作‘公孙枝’，王伯厚以为传写之误。予见《四书辑释》载朱文公《论语》注：公叔文子，卫大夫公孙拔也。又引吴程曰：‘拔’，皮八反。俗本作‘枝’，误。即公叔发。乃知今世所行集注本，非考亭之旧。王厚斋所见亦是误本。”今观此本，与钱氏所言合，然其书则不过与其所撰《作义要诀》仅供场屋应试之需，猥杂庸陋，棼如乱丝，又为书贾所增窜，而胡广等之《四书大全》竟以此为蓝本《五经大全》皆抄录前人成说，见李默《续孤树裒谈》。永乐君臣之无识，贻笑至今。故虽明代学究如张自烈，亦知痛加攻驳，至挂弹章。而王船山读之，魏文毅纂之，则不可解矣。

仪礼十七卷明翻宋本

每半页八行，行十七字。卷首有“佐伯文库”印，盖得自日本。据海宁陈仲鱼《经籍跋文》云：“相传为明嘉靖中徐氏翻刻宋本《三礼》，此其一也。”顾千里跋黄荛圃严州本《仪礼》引《日知录》云：“《十三经》中，《仪礼》脱误尤多。《士昏礼》脱‘婿授绥’云云一节十四字，赖有长安石经据补。而其注疏遂亡。”

又言：“《乡射》脱‘士鹿中’云云七字。《士虞》脱‘哭止’云云七字。《特牲》脱‘举觯者祭’云云十一字。《少牢》脱‘以授尸’云云七字，以为此秦火之未亡，而亡于监刻。”今各条固俨然具在也，遂以为稀世之珍。此本“敬”字缺笔，“征”、“让”等字不避，盖天圣以前刻本。顾氏所举经、注脱文，一一皆在，虽系翻刻，而其原则在严本之前。纸墨绝精，犹系当时初印，固当与宋本同其宝贵也。顾亭林、张蒿庵皆一代通儒，殚精经学，遍搜旧本，至及于《开成石经》，独不见此本，则自明代已流传甚少矣。陈氏以亭林不见真本《说文》、足本《广韵》，一例病之，非通论也。此本可以订正今本者甚多，陈氏别有校记，其与唐石经合者，《经籍跋文》已胪举之矣。

方舆胜览七十卷宋本

每半页十四行，行二十八字。前有嘉熙己亥良月望日新安吕午序，后有穆自序。卷首有“钱谦益印”、朱文。“牧斋藏书”印、白文。“季振宜印”、朱文。“沧苇”印。朱文。目录前有“何焯之印”、白文。“屺瞻”印，朱文。又有“稽瑞楼”及胡惠孚“当湖小重山馆胡氏篴江珍藏”及“蒋维基茹古精舍藏书”等印。方氏所藏尚有一元本，与此行款不同。此本为绛云旧物，庚寅之火幸而仅存。考《绛云楼书目·地志类》有宋版《方舆胜览》，即此本也。祝和父以朱子母党尝从之游，独留意词章，颇与赵蕃相类。其为此书，据其自序亦为四六，而设与其所撰《古今聿文类聚》，不过同为饾饤之资，《四库目录》必以失地志古法讥之，则不察其用意之所在矣。方是时，南渡君臣湖山燕衎，已置中原于度外，此书及王象之《舆地纪胜》甘泉岑氏、南海伍氏两刻本。岑氏附校勘记所记，亦只东南半壁，江淮以北，即一字不登。与乐史《太平寰宇记》详列燕云弃地者，用意各殊。观于一书，而宋之兴亡即可决矣。

战国策十卷元本

每半页十行，行二十字。前有泰定二年八月吴师道自序，后有至顺四年七月吴师道自识。此本纸墨颇精，盖吴氏自刻本，即《四库提要》所谓"旧有曲阜孔氏刊本，颇未是正。"此本犹元时旧刻，较孔本多为可据者也。李锡龄刻入《惜阴轩丛书》中，惜未能一校。

东维子集三十一卷元本

每半页十二行，行二十四字。前有至正二十五年二月贝琼序。此本为章琬所刊，嘱琼为之序。琼本杨维桢门生也。卷首有"乌程刘氏珍藏"印及"疏雨薰习"、"璜川吴氏收藏图书"印。吴名泰来，即编《汇刻书目》者也。吴志忠刻仿宋本《四书集注》，亦称潢川吴氏。《四库》著录本，仅从陶宗仪《辍耕录》增入《辨统论》于卷首，其馀分卷及句读疑似之处，均旁注一句字，皆与此本同。《四库》本方氏有震无咎斋从文澜阁传写者，但讹字甚多耳。

黄四如集四卷元本

每半页十行，行二十字。前有元至治三年清明后一日，清源傅定保序。此本乃仲元之子子材刻于闽。定保与仲元为宋咸淳辛未同榜进士，故子材嘱为之序。卷首有“绣谷薰习”、朱文。“蝉华”、朱文。“吴焯”白文印，盖绣谷亭旧藏也。书用绿色印行，于古今人名皆旁加匡廓，为从来槧本中所仅见。此本仅四卷，与《提要》所言诸本皆不合，惟杭堇浦《道古堂集》所记与此本同。四如本讲学家，而其为文颇掉弄腔拍，微伤自然。王渔洋称其文聱牙诘曲，不谐于俗，非知四如者也。所为诸记，篇末多袭欧阳修《丰乐亭记》之调，层见叠出，未免为寿陵之学步邯郸。钱牧斋屡用：“余为谁？虞山蒙叟钱谦益也。”为吴殳正《钱录》所诋，而不知始自四如。其《梦笔记》述见孔子授以二笔，皆围径三寸，渍墨甚浓，言之凿凿。纪晓岚痛诋《吴康斋日记》屡梦文王、孔子，尤侗《明史乐府》亦诟之，更不足辨矣。沈景倩《野获编》云：“本朝大儒吴康斋，每对人辄以两手作圈势，自云无时不见太极，浮薄者遂以芦菔投其中。康斋受侮之多如此。”而此则不置一词，高下在心，宜姚姬传之斥为猖獗也。钱竹汀据《韩敕碑》及曲阜县石刻《大中祥符封郓国夫人制》、句容县石刻《封郓国夫人制》，定圣妃为并官氏，非开官氏。毕秋帆《续通鉴考异》又引柯氏《宋史新编》正俗本《家语》之失，在汉学家以为创获。而四如叙郑云我《孔子年谱》亦作并官，与黄荛圃所记之宋本《东家杂记》同，知其误自元以后矣。李治《敬斋古今黈》卷七亦作并官氏。集中有注及评语，皆鄙陋无足观，不知何人所为。《提要》以为出其子，亦臆度之辞耳。

鄉嬛记 旧钞本

字画遒劲，明人钞本中之善者。有“济阳蔡廷桢”、“金匮蔡氏”、“醉经轩”、“让王故国人家”等印。卷尾有黄荛圃手跋，为潘氏刻《士礼居题跋》时所未见，录之于此，以当补遗。跋云：“道光甲申长至月，予有滂喜园之设，一时故家多有以书籍来售者，然为长孙美鋆习业所收，在于易为脱手，非储藏可比。因遇旧刻名钞，老人书魔复动，不免流涎。近所收如黄山谷之《大全集》，此可为吾家世守之宝，其余经、史、子类，亦复检取一二，盖欲重举祭书之典，即不能尽属宋刻，无妨稍变其例也。此旧钞《鄉嬛记》不知谁所抄，古董铺携来求售，始云祝京兆书，又云桑民怿书，此徒见序文而为此言，毫无影响，其实就书中编次云云。又按诸图记，当是姚汝积茂善手抄，惜其人未知其详耳。卷中又云国朝吴一标建先校，序中又云建先剞劂，是必先有刻本，而此从刻本抄出者。乃旧刻未见，而今世传本只有毛氏《津逮》中本。其跋云‘有新安黄氏刻’，与此序所云不同。而毛氏似亦未见此本。桑祝及屠之序，或明言之，或晦言之，初不知其何故。而尤可笑者，在‘隐其序传其书’一语，更不知其何故矣。通校一过，与此序次迥殊，且有异同，详略似此钞为胜，惜旧刻不传，无从识其面目为恨。岁阑无闲钱置此，姑留此以待友朋之向我索《廛赋》中物，而归价者与之，亦可谓好事之至。季冬之二十二日为乙酉新春后五日，见复生识。”

艺馀类纂四十卷

国朝杭机撰。机字可庵，仁和人，杭堇浦之父也。其书第一卷为《帝学圣文》，二卷至三卷为《天文》，四卷至七卷为《地理》，八卷至九卷为《政术功勋》，十卷为《刑法》，十一卷、十二卷为《礼仪》，十三至十五为《祭祀》，十六、十七为《音乐》，十八至二十为《经典艺文》，二十一至二十四为《武功》，二十五至三十二为《人事》，三十三为《释道》，三十四为《方术巧艺》，三十五、三十六为《居处》，三十七为《产业》，三十八为《珍宝布帛》，三十九为《仪饰》，四十为《食物》。每门之中又各分小目。所引之书皆自本书录出，与转相稗贩者不同，在类书中尚为有体要。卷首有序，乃雍正四年其子世骏所作，有"箧而藏之，贻我后嗣"等语，系堇浦手迹。此书世无刊本，故详记之。

文选六十卷元本

每半页十行，行二十二字。前有昭明太子序，及李善《进文选表》，吕延祚《进五臣集注表》。每卷标题于李善注上，次行有"奉政大夫同知池州路总管府事张伯颜助率重刊"。皆与《天禄琳琅书目》所言吻合。惟《书目》谓张伯颜无考。按钱竹汀《养新录》引郑元祐《侨吴集》有《平江路总管致仕张公圹志》云："公讳世昌，字正卿，成宗赐名伯颜。由将作院判官，累任庆元路同知。延祐七年，升奉政大夫池州路同知。泰定五年，改福宁州尹。后迁漳州路总管，告老以平江路总管致仕。"即其人也。按《伯颜圹志》原石尚存，已破。据卷首余琏序称张正卿，证之竹汀之言，为不谬。当时馆臣如彭元瑞，号为渊博，何以疏略至此？又考蒋生沐《东湖丛记》载陈仲鱼《元本文选跋》云："凡六十卷。目一卷，每页二十行，行二十一字。每卷首题'奉政大夫同知池州路总管府事张伯颜助率重刊'，惟不列年月，然余定为延祐本。钱遵王《读书敏求记》云：'善注有张伯颜重刊元版，不及宋版远甚。'以余所闻，中吴藏书家所有宋版，已多不全，似未若斯之完善。复借钮君非石所藏元版校之，惟末卷后钮本无'监造路吏刘晋英郡人叶诚'十一字，此已剥蚀，其行款字画纤毫毕合。或云明万历间金台汪谅所刊，未必然也。爰翻一过，始知汲古本所脱者。如《上林赋》脱标郭璞注，《思玄赋》脱'烂漫丽藐，以迭逿'二句并注，《陆士衡答贾长渊诗》脱'鲁公戾止，衮服委蛇'二句并注，曹子建《箜篌引》脱'百年忽我遗，生在华屋处'二句，鲍明远《放歌行》脱'今君有何疾，临路独迟回'二句，《七发》脱自'太子有悦色'至'然而有起色矣'二段共十九行并注，《宣德皇后令》脱标'任彦升'三字，曹子建《求通亲亲表》脱'有不蒙施之物'一句。若斯之类，遽数难终。惟《封禅文》脱'上帝垂恩储祉，将以庆成'二句，元刊已脱。又如《西都赋》注引《三仓》误作《王仓》，《闲居赋》注引《韦孟诗》误作《安革猛诗》。元刊亦然。汲古本盖仍其误，而何义门亦不能校正"云云。以陈氏所言考之，此本惟《上林赋》脱标郭璞注，馀皆不脱。《封禅文》所脱及《西都赋》、《闲居赋》误字亦同。据卷首余琏序"大德九祀越十有三载，再明年，又未几"计之，当刻于英宗至治初。陈本行二十一字，故数《七发》所脱为十九行，此本则十八行。陈本有卷末监造一行，即《天禄琳琅后目》所载之本，与此截然为二。明弘治元年唐藩重翻此本，行款、字数纤悉皆同，但纸墨略新耳。

《文选》自《书录解题》有六臣之本，而单行李注，世遂罕传。近世所通行之本，惟汲古阁本耳。然《四库提要》谓汲古本陆云《赠当作“答”，《提要》字误兄机诗》注中有“向曰”一条、“济曰”一条，又《赠张士然诗》注中有“翰曰”、“铣曰”、“济曰”、“向曰”各一条，及左思《魏都赋》本张载注，乃俱题刘渊林名，《羽猎赋》用颜师古注，则竟漏本名，《幽通赋》用曹大家注，则散标句下。又《文选》之例，于作者皆书其字，而杜预《春秋传序》则独题名。二原文作“上”十七卷末附载乐府《君子行》一篇，注曰：“李善本古词只三首，无此一篇，五臣本有。”以为毛氏“因六臣之本，削去五臣，独留善注，故删除不尽，未必真见单行本也。”此本亦杂入五臣注。其他诸条与《提要》所谓舛互者均合，盖已非崇贤原本。然则毛氏所称从宋本校正者，其言当亦不诬。《提要》疑为毛氏所排纂，盖馆臣未见此本，故坐毛氏以赝古之罪耳。

六书统溯源十三卷元本

元杨桓撰。每半页八行。序文上有“季振宜字诜兮号沧苇”印朱文。卷一上有“文征明印”白文、“玉兰堂”印白文。卷首有顾千里手札一通，盖与袁寿阶者。卷尾有孙尔准跋。此书《四库》已著录，然仅十二卷。焦弱侯《国史经籍志》亦同，此本十三卷。疑十二卷本在前，嗣以末卷太多，故析而为二。惟《千顷堂书目》及钱竹汀《补元史艺文志》、卢抱经《补辽金元艺文志》、金凤诰《补三史艺文志》均作十三卷，即此本也。《提要》称其卷三至卷十二皆谐声字，此本则作“形声”，又言独缺“象形”一门，名之曰六书，实止五也。然杨氏原书并无假借，然则名为六书，实止四矣。《提要》盖未尝深考也。

附顾千里札：

寿阶吾兄先生阁下：奉到手示，并各册，循览一过，皆真旧刻本。内《六书统溯源》乃元椠之至精者，考核既极精微，收罗尤为宏富，惜不为佞宋主人所见，刻入《士礼居》内，以饷海内六书家。留案头十日，迟迟奉缴，爱不释手耳。

诗经疏义二十卷元本

每半页十二行，行十五、六字不等。第一卷下题："后学番阳朱公迁克升疏义，野谷门人王逢原夫辑录，松坞门人何英积中增释，书林安正堂刘氏重刊。"元椠中之善本也。《四库》本为叶氏所刊，与此本异。朱子《诗集传》自辅广、刘瑾递相发明，遂成门户。朱氏此书，作于辅、刘之后，于《集传》，如注之有疏，故曰《疏义》。然刘瑾不甚攻小序，朱氏则于《葛藟》之刺平王、《缁衣》之美武公，皆谓其无据。即如清人之刺文公，明见于《左氏传》者，亦以无据斥之。其馀诸条，亦逐加辨驳。惟《白华》刺幽后一条，独以为可信耳。朱子《诗集传》未成，吕伯恭即有异议，其书初出，叶水心见《习学记言》、陈君举见《四朝闻见录》皆起而攻之。而朱子自负特甚，谓"后世有扬子云，必好吾书矣。"其弊遂流为王鲁斋之改二南、删郑卫。阎百诗《毛朱诗说》至以《诗三百篇》非孔子原书，为汉人取孔子已删之诗，一切凑合。其说出于程篁墩，篁墩出于许鲁斋。冯景《解舂文集》已驳之矣。师心自用，古义浸微，则又非朱子所及料也。

景德传灯录三十卷元本

每半页十三行，行二十四、五、六字不等，每卷末有四方木印，署“延祐三年刻梓于湖州道场禅幽之庵”，或署“延祐丙辰重刊于湖州道场山。”其字或篆、或隶、或楷，亦前后不同，考宋龚明之《中吴纪闻》云：“永安禅院僧道元缵佛祖讫近世名儒禅语为《传灯录》三十卷以献。祥符中，诏翰林学士杨亿、知制诰李维、太常丞王曙刊定，刻板宣布。”则此书在北宋时即有官刻，不知海内藏书家尚有之否。

古今事文类聚前集六十卷、后集五十卷、续集二十八卷、别集三十二卷、新集三十六卷、外集十五卷、遗集十五卷元本

《前》、《后》、《续》、《别》四集，宋祝穆撰。《新》、《外》二集，元富大用撰。《遗集》，元祝渊撰。每半页十四行，行二十八字。《四库》著录者，与此本同，所谓元代麻沙版者也。宋元人此等类书，几于汗牛充栋，本无足观，不过以其旧籍旧版而录之耳。祝和父本朱子母党子侄行，故其人伦部外祖孙一门，采入朱子记外大父祝公遗事。和父幼孤，朱子育之于家塾，命黄勉斋为行冠礼，所以提挈之者，无所不至。尝训之云：“记问之学，不足为人师。记得十件，只是十件。记得百件，只是百件。”其箴砭可谓切矣。而其自序则谓：“此书善足以为法，不善足以为戒。讲学之士亦将有取，岂徒类书之云乎?”殆亦自知其非，而故为解免也。

宋史四百九十六卷元本

每半页十行，行二十字。前有阿鲁图等表，及修史提调官等衔名。后有至正六年中书省咨浙江等处行中书省文云：“精选高手人匠，依式镂板，不致差讹。所用工物，本省贡士庄钱内应付。如果不敷，不以北监本作“拘”是何钱内放支，年终照算。仍禁约合属，毋得因而一概动扰违错。工毕用上色高纸印造一百部，装潢完备，差官赴都解纳外，合行移咨须至咨北监本误“盗”者。”此本每页均有刊写人姓名，而纸墨甚精，尚是当时官本。钱竹汀谓监本、汲古本《孝宗纪》缺一页。此本独完，其余可以补正者尚多。卷首有“徐渭仁”印、白文。“紫珊”、朱文。“张叔未”、白文。“清仪阁”朱文等印。

欧阳文忠公文集一百五十三卷、附录五卷元本

每半页十行，行二十字。此本为周益公所编定者，即《四库》著录本也。然《提要》谓无曾三异编校姓名，此本亦无之。考明天顺时所刻本，行款、字数与此悉符，似即从此本翻出者。后附编定校正人姓名，于孙谦益、丁朝佐、王伯刍、罗泌诸人之外，有“绍熙四年郡人乡贡进士曾三异字无疑”，则此本原有曾名，《四库》本偶脱耳。方氏藏本亦脱去周益公序文。卷首有“张之洞审定”及“壶公”、“无竞居士”等印。

三国志六十五卷元本

每半页十行，行大字十九，小字二十、二十一字不等。卷首有梁山舟及蒋维基印，前有大德丙午桐乡朱天锡跋云："江左宪台命诸路学校分派十七史锓梓。池庠所刊者《三国志》。"又有"池之为郡，士类率多贫窭，学计岁入寡羸，是举几至中辍。总管王亢宗、博士孔淳孙董提以底于成"云云。《魏志》十九、二十一、二十三、二十七、二十八、三十后，均有"右修职郎衢州录事参军蔡宙校兼监镂板，左迪功郎衢州州学教授陆俊民校正"两行，则此本实从宋本翻出。纸墨尚精，而讹字不少，如首卷第十页"绍使人说太祖，欲连和"，宋本"绍"作"给"，误矣，此本不误，间亦可资校正。其馀略一对校，胜监本实多。《日知录》冯梦祯为南祭酒，手校《三国志》，犹不免误，终胜他本。方氏有顾千里校《三国志》，所据即南监本也。

集百家注分类东坡先生诗二十五卷元本

每半页十三行，行二十三、四字不等。卷首有"张之洞审定"等印。前有赵夔及王十朋序。所采诸家姓氏后有"建安黄善夫刊于家塾之敬室"长方木印。纸墨甚精，元本中之初印也。《四库提要》以王十朋及赵夔二序皆系依托，以年月及《王梅溪集》考之，其伪显然。其标题称王状元，而诸家姓氏内有王龟龄、王梦龄、王昌龄名，必系当时书贾射利者之所为。惟《提要》称赵夔序分五十类，实止二十九类，盖有所合并。此本分七十九类，溢于赵夔原序，岂又有所分析耶？所录诸家姓氏共九十六人，称为百家，亦不为过。《提要》以千家注杜诗、五百家注韩柳文之故示夸诞者相况，殊为失平。《四库》著录者为三十二卷本，与此本不同。

稽古录二十卷元本

每半页十行，行字大小不等。卷首有“墨林珍赏”朱文及“陈继儒印”白文。考《书录解题》，此书宋刻有二本，越本汇聚诸论于一卷，潭本则分系于各代之后。此本与潭本合，即《四库》著录本也，然不言潭本为何人所刻。考《朱子大全集》有《与郑知院书》：“某尝在长沙，尝得温公《稽古录》正本，别为刊刻。殊胜今越中本。”始知潭本为朱子在长沙时所刻，不知海内藏书家尚有之否。

精选东莱先生左氏博议句解八卷宋本

每半页十行，行二十一字。观其标题版式，盖闽中麻沙坊所刊也。此书《通考》作二十卷，而《四库》著录者为二十五卷。《提要》称“杨士奇谓别有一本十五卷，题曰《精选》。黄虞稷称明正德中有二十卷刊本，坊间鬻本又仅十二卷，非惟篇不完，并字句亦多妄削”云云。此本仅八卷，又出诸本之外。盖宋自熙宁后，改用策论取士，此书实为揣摩应试之资，而坊贾亦视为射利取赢之计，故刻本纷如乱麻，不可究诘。而吕氏原书，世久不见全本，近人胡月樵刻入《全华丛书》者，乃足本也。此本删节过甚，其注亦陋略无足观，不过以其为南宋旧刻而录之耳。

韵补五卷元本

每半页八行，行二十字。有“鲍靓山农”、“袖海道人”、“胡尔荣”、“陆恩炽”诸人印。此书汪钝翁有刻本，其序见《尧峰文集》，盛推其淹洽，谓朱子悉采之以协《诗三百篇》，则实沿朱竹垞《经义考》之误。《提要》不辨汪说，殆未见其书也。至钝翁序谓“近世好古之儒，往往讥排协韵之非，甚而上之疑孔子之系《易》，次之黜颜师古、章怀太子之注两《汉书》”，其说盖为顾亭林而发，此则钝翁之褊衷，而不顾其说之谬矣。

校本孟东野集十卷

周香严手校。末有其自跋，称黄复翁于乾隆甲寅秋得小字宋刊《孟东野集》十卷云云。其跋已见杨绍和《楹书偶录》及《士礼居题跋记》。惟黄荛圃跋为潘伯寅尚书搜辑所未得者，附录于下。跋云：“古人藏书，最重通假，非特利人，抑且利己。如予与香严居士为忘年交，所藏书必通假。通假之妙，人知利人，我为利己。此何以说？即如此集，余所藏共有三本，香严跋已详言之。予自岁乙亥以来，百宋一廛中完璧断珪，一旦俄空焉，殆天与我以好不与我以力耶？然书魔故智未克尽除，故钞写校雠之力，尚可副我所好。前香严在日，曾借手录敝藏《陶渊明集》宋刊精本，影写一过，其签题图记无不影摹。兹《孟东野集》亦宋刊精本，未及假录而香严作古，因从其文孙处假归，因珍重不便假手钞胥，命三孙美镐录之，阅岁始就。还书之日，重感故人子孙不忘通假高谊，俾予抄录，以还旧观。且多香严手校异同，尤得所指南云。甲申五月荛夫。”卷首有“金匮蔡氏醉经轩”及“廷相伯卿甫”等印。

雁影斋题跋卷四

百川学海元本

每半页十四行，行二十八字。前有“康熙壬辰长至月萝花居士吴焯记”，即其手迹也。卷首有“勘书巢珍藏”、“铁华珍赏”、“新畲审定”、“尺凫”、“绣谷薰习”等印。此书明弘治时华汝德有刻本，将左氏原帙改分，又移易其先后次第，如元本《圣门事业图》后为《学斋佔毕》，明刻本则为《渔樵对问》，其他次第亦多改动。此本脱去目录，乃吴尺凫手抄补入者，盖就本书编辑，故不分甲乙十集，吴氏殆未见明本。然吴氏所抄目录，其标目下间附考订，如《释常谈》三卷下附：“按《文献通考》云，《释常谈》一书不著名姓，秘书丞龚赜正续之”。《渔樵对问》一卷下云：“按晁氏《读书志》云，宋张载撰。邵氏言其祖之书也。《文献通考》又引晁氏云皇朝邵雍撰”。《国老谈苑》二卷下云：“按《文献通考》作《国老闲谈》称夷门君玉，不著姓”。按：撰者为王君玉。《道山清话》一卷下云：“按《文献通考》云不知何人撰”。书尾有其孙暐一跋，不著姓。《庚溪诗话》二卷下云：“《国史经籍志》有此目，亦失名。今书中有一条，称宋光宗为皇太子，在恭邸时，岩肖备员讲官，姓俟再考”。按：系宋陈子象撰。《四库总目》已著录。《司马温公诗话》一卷下云：“按晁氏《读书志》作《续诗话》，司马光撰。据光自序，系续欧公者”。《端砚谱》一卷下云：“按跋尾云：缙云叶樾传此谱，称徽庙为太上皇。当是绍兴间人作”。《歙州砚谱》一卷、《歙砚说》一卷、《辨歙砚说》一卷下云："按《砚谱》有迈跋，云：景伯兄治歙，刻《砚说三种》。《国史经籍志》作洪景伯，则迈当是洪迈。按《文献通考》，《歙砚谱》唐积撰，后二种云不知何人。据跋尾只言刻不言自作，《通考》之说，必有据也"。《砚谱》一卷下云："按晁氏《读书志》，《砚谱》宋唐询撰。以红丝石为第一，端石次之。此谱列红丝于端石之前，当是唐书"。如此之类，亦颇有裨于考证。此本字大不及明本，而实为左氏原书，又系绣谷亭旧藏，印识宛然，手迹狼籍，殊为可宝。至明人刊刻古书，无不为其所乱。顾亭林谓有明一代之书皆盗窃。岂惟著书，即刊书亦然矣。

通志二百卷元本

每半页九行，行二十一字。前有至治二祀壬戌夏五吴绎序，及至治元年五月疏。是书先刻于三山郡庠，及吴绎守闽，乃捐俸摹褙五十部，传之北方，乃至治二年九月印造者。附列江浙等处行中书省所委官：将仕佐郎太平路当涂县主簿袁矩，承务郎福建道宣慰使司都元帅府都事江王纪昱，福州路总管府提调官经历侯维清，福州路总管府提调官知事杨也先，福州路总管府所委提调官福州路儒学教授李长翁，福州路总管府所委提调官，福州路录事司判官。盖从祀七人，衔名与《平津馆鉴藏记》本同。

高丽史一百三十九卷明钞本

卷首有朱竹垞跋二首。跋见《曝书亭集》，此则其手迹也。印识宛然，盖曝书亭旧物。又有"吴省兰"印、"稷堂"印、"读史精舍”印、“马玉堂”印、“笏斋”印。卷尾有“道光辛卯岁武原马氏汉唐斋收藏书籍”长方楷字印。此书《四库》在《存目》中仅二卷，《提要》以为偶存之残帙，非完书矣。平津馆影写本作一百三十七卷，盖不连《目录》二卷计数耳。王渔洋《居易录》所见本亦一百三十九卷，颇讥其以太祖王建之祖，引金宽毅《编年通录》，谓为唐肃宗子，闵渍《编年纲目》则以为宣宗，皆诞而不可信。《居易录》云：“《世家》四十六卷，《志》三十九卷，《表》二卷，《列传》五十卷。”

南北朝杂记旧钞本

题新喻刘敞原父撰。所采南北史事共八十条，皆从《纪传》录出。其体例与洪迈《南朝史精语》不同，《精语》仅摘字句，此则于本人纪传中录其一事，而首尾完具。王洙《谈录》记欧公云：“凡看史书，须作方略钞记。”殆当时风气如此。故其时如杨侃之《两汉博闻》、丁度之《前史精要》皆盛行于世。《宋史·艺文志》因别立“史钞”一门。然原父此书，《宋史·艺文志》无其目，存之于此，姑以志疑。盖《艺文志》脱漏之书，见于钱竹汀《养新录》者，尚不少也。此本元钱塘陈世隆、天台徐一夔刻入《艺圃搜奇》。

袖珍方四卷

前有洪武二十四年八月望日序，又有永乐十三年乙未季秋月序，言“数年以来，印板模糊。今令良医等复校订正，刊行于世。”盖洪武先有刊板，至永乐时又重刊也。此本卷尾有“皇明弘治壬子仲春杨氏清江书堂重刊”，盖不及百年，已三易板矣。其书计方三千七十又七，分八十一门，而不著撰人名字，作序者亦不著名。据序文知其辑于云南，而洪武、永乐二刻，亦均在滇中，盖边远多瘴，故方书盛行也。

元文类七十卷、目录三卷元本

每半页十行，行十九字。前有元统二年四月戊午郑王理及五月五日陈旅二序。观其卷首文移，乃西湖书院刊本。又有中书省移咨一道云："江浙等处行中书省札付本司刊板印行。当职近在大都，于苏参议家获睹元编集，检草较正，得所刊板本。第四十一卷内缺少下半卷，计一十八板，九千三百九十馀字，不曾刊雕。又于目录及各卷内较正，得中间九十三板脱漏、差误，计一百三十馀字。盖是当间较正之际，失于卤莽，以致如此，宜从本司刊补改正，庶成完书。今将缺少板数，漏误字样，录连在前，关请施行。准此，儒司今将上项《文类》板本刊补改正，一切完备，随此发去。合下仰照验，收管施行，须至指挥。至正二年二月日施渊。"此本盖当时印行之本，纸墨甚精。卷首有"张之洞审定"、"无竞居士"等印。后有"元统三年三月三日太原王守诚题"，即叶盛《水东日记》所谓至正初元刻大字本也，《四库》著录者乃从此本翻雕。

通鉴续编二十四卷元本

陈桱撰。每半页九行，行二十二字。前有至正二十一年周伯琦、至正十八年陈基诸人序。桱本元人，入明为翰林编修，以附杨宪，迁待制。《四库提要》改称明人，为得其实。然此书则实在元时所刊，不得以其为明人而疑之耳。卷首有“马玉堂”、“笏斋”印。

朝野佥载十卷

影钞本。其中“构”字空格，注“御名”，盖从宋本过录。有“士礼居藏”及“黄丕烈”、“复翁”等印。其“甲”字、“毛晋私印”、“汲古主人”诸印，则书贾所伪造也。按：此书《四库》著录者系六卷，此本分十卷，与《唐书》、《宋史·艺文志》及《郡斋读书志》、《书录解题》、《文献通考》所记皆不合。《提要》谓张鷟为开元时人，而书中有宝历元年资阳石走事。宝历乃敬宗年号，与鷟时代不相接。此本亦有“石走”一条，乃在第八卷，而孟宏微对宣宗事，则此本竟无之。其第九卷“宗楚客”一条，三行以后所记诸珍物，及李可及进百年曲，皆懿宗女同昌公主事。前后既不相蒙，时代尤不相及；疑亦《佥载补遗》中语。而《提要》未尝指摘，岂内府本无此一条耶？抑当时秉笔者未尝细勘耶？考宋人所撰《五色线》按是书本三卷，汲古阁刻者仅二卷引此书共三条，而“太岁在午，人马食土，岁在辰巳，货妻卖子，岁在申酉，乞浆得酒”一条，此本亦无之。则自宋时，流传之本已不一矣。其中如“郑愔、崔湜掌选”一条、“李尽忠破营府”一条、“桑条韦”一条、“突厥盐”一条、“武媚娘”一条、“杜曲诛诸韦”一条、“索元礼”一条、“乔知之婢碧玉”一条、“侯思正獬豸岂识字”一条、“吉顼请诛来俊臣”一条、“仙人献果玉女登梯”一条、“侯敏妻董氏”一条、“高叡妻秦氏”一条、“天后梦鹦鹉”一条、“先天二年正月张灯”一条、与《旧唐书·严挺之传》合。“张易之母阿藏”一条、“安乐公主定昆池”一条、“张昌仪属天官侍郎”一条、“朱前疑谄谀”一条、“常元楷被诛”一条、“韦后隔帘拜周仁轨”一条、“周仁轨过秋分一日平晓斩之”一条、“宋之逊告王同皎”一条、“白铁余埋铜佛”一条、“李日知行杖”一条、“薛怀义造夹纻大像及明堂火”一条、“胡超合长生药”一条、“武三思谓张易之是王子晋后身”一条、“突厥破万荣新城”一条、“久视二年三月大雪”一条、“田归道不屈默啜”一条，皆为《通鉴》所采。其“刘仁愿以仁轨检校带方州刺史”一条、“李敬玄为元帅”一条、“程务挺平稽胡为仪凤中”一条、“骆宾王为徐敬业画策取裴炎同起事”一条、“鱼思晅造匦”一条、“七宝台散坏为姚琦语”一条、“来俊臣、徐有功先进状”一条、“王孝杰战死”一条、“来俊臣三月三日在龙门题朝士姓名”一条、“孙彦高顽愚”一条、“武懿宗射阎知微”一条、“鸠集凤池驱驴宰相”一条、“司刑寺囚作圣人迹”一条、“宋景毕构见鬼人彭君卿”一条、“崔湜妻及二女皆幸于太子”一条、“王琚去官侍母”一条、“薛讷八万人没于契丹”一条、“姚崇缢杀赵海”一条、“张说谄事王毛仲”一条，皆见于《考异》中，为《通鉴》所不取。合而观之，其书之疏密均可见矣。然如“补阙连车载拾遗平斗量欋推侍御史盌脱校书郎”及“沈全交续之”云云一条，《通鉴》采之，而胡注乃引《容斋随笔》以为此语出于张鷟。则梅磵盖未见此书，故其注引长孙无忌，以“乌羊毛为浑脱”及“如意初黄獐歌”皆不知源出此书也。

孙耕闲集一卷

宋孙锐撰。锐字颖叔，吴江平望里人。咸淳十年进士，授庐州佥判。值元兵南侵，遂绝意仕进，挂冠东归，年七十九卒于德祐初。其集为元至元十八年赵时远编，前有时远序，称“其集累若干卷，多散佚不传。予忝世谊，因搜其遗稿，或扇头壁上，或蠹简鼠穴，得数十首”云云。此本计诗仅三十五首，即时远原编之本也。锐生值乱离，鸿冥物外，本不欲以文章自名，故其诗多模山范水之词，格调不高，而一丘一壑自得天机。如《渔父词和玄真子》、《得家书和陶渊明》，又作《玄真子吟》，至以为仙去，可以知其所尚矣。然其咏鸱夷子皮及孔明八阵石亦时露英气，殆与陶渊明“刑天舞干戚，不用周必大《二老堂诗话》说。沈寿《交翠轩笔记》则谓“刑天”当仍作“形夭”，惟“无千岁”三字实“舞干戚”之讹，其说甚辩。猛志故常在”者托兴相同欤？此书《四库》未录，阮氏经进书亦无之，乃旧帙之仅存者。《两宋名贤小集》内无锐诗，厉鹗《宋诗纪事》选锐诗仅三首，吴之振《宋诗钞》、曹廷栋《宋百家诗存》均未入选，则皆未见矣。此本为知不足斋旧钞，丹黄灿然，盖鲍廷博手校本也。《玉雨堂丛书》所刻即用鲍氏校本。沈西雍跋云：“《宋诗纪事》曾见此集，仕履不全，似未附墓志也。”翁海雒跋云：“《石湖别墅诗》收入顾蕓崖《宋人名贤小集》。元真《钓矶歌》、《重建殊胜寺记》、《莺湖说》收入《平望志》。”

东园客谈一卷、广客谈一卷

明孙道易撰。录名人嘉言懿行，及近代轶事遗闻。据当时友朋所书，共三十二则。每条下各出其名，凡钱惟善、全思诚、陶宗仪、赵宜濳、夏文彦、夏颐、孙道明、朱武、郭亨、邵焕、吴祐孙、李垚、孙元铸、周景方、杨依孙、《提要》作杨孙，误。李升、曾朴计十七人。《广客谈》共二十三则，凡钱惟善、李升、唐志大、蒋堂、高晋、陆友仁、郭亨、莫晋、黄璋、全思诚、姚廷美、谢晋、钱应庚、夏文彦、莫昌、陈亨道计十六人。卷末署“洪武十二年岁次乙未八月二十九日壬辰云间映雪老人孙道易写于华亭平溪草舍，时年八十又三。”按：《客谈》《四库存目》于小说类，而所数人名与此有异。陶宗仪《说郛》所刻者则仅三分之一，且更其名曰《友闻》，曹溶《学海类编》又沿其误。其《广客谈》一卷，《四库》既未存目，传本尤稀。此本为知不足斋从钱曾述古堂钞本传写者，满纸丹黄，鲍廷博所手校也。

明十一朝实录

自永乐至万历计二百余册。每册首有“东海虮虱臣钱容保拜手恭读”印，盖明时旧钞也。明之《实录》，是非颠倒，本不足凭，王弇州《史乘考误》纠正颇多。沈德符《野获编》亦载“马昂妾事，《武宗实录》与《世宗实录》自相矛盾。桂萼令董中峰玘于《武庙实录》中，讥刺王文成纵兵劫掠，南昌为之一空，皆怼笔也。”又谓“本朝无国史，以列帝《实录》为史，已属纰谬。乃《太祖录》凡三修，当时开国功臣，庄猷伟略，稍不为靖难归伏诸公所喜者，俱被划削。建文帝一朝四年，荡灭无遗，后人搜刮捃拾百千之一二耳。景帝事虽附《英宗录》中，其政令尚可考见，但曲笔为多”云云。是明代已有攻之者。阎百诗《潜邱札记》云：“《实录》之所载，以方正学之抗节，而史臣至诬之为乞哀，《史乘考误》及朱竹垞《高丽史跋》亦痛斥之。以谢余姚之特正，而史臣至诋之为媚后。弘治元年，太监郭镛请选女子于宫中或诸王馆，以待上服阕，册封二妃，广衍储嗣。左庶子谢迁谏止，谓六宫当备，而三年未终，山陵未毕，谅阴犹痛，不宜遽及此事。焦泌阳秉史笔，谓谢进此谀词以误孝宗继嗣之不广。王弇州《考误》中驳焦云：此泌阳怼笔，盖阴刺中宫之擅夕，而讥谢公之从谀。时上圣龄甫十九，中宫何以有擅夕之声。谢疏议甚正，焦乃小人无忌惮耳。阎氏之论指此。《野获编》又载杨仪《明良记》云：谢初在词林，上疏力止孝宗册妃，以故中宫德之。后来推阁员，一时殆尽，俱不得旨。最后以李长沙及谢名上，始并荷简用。其后中宫妹入宫，上用内意欲册为妃。谢又奏娶尧二女为比，上是之。竟以外廷力争而止。此则恐不免有意迎合矣。然则佞如泌阳固不足以信矣，而贤如文贞抑果可谓之信史乎？《宪宗实录》诋陈白沙甚厉。《琐缀录》以为丘濬。《宪章录》以为张元祯。他如世、穆两朝，独裁于江陵，则简核而可喜。《野获编》："今谀永嘉相业者大抵多溢美，则江陵公秉史笔时，以声气相附，每追颂其功也。"然则当时亦致不满矣。神宗一代，补缀于众手，则踳驳而不伦。光宗欲正其讹而不果，怀宗欲补其阙而未能。"观于阎氏此论，其得失均可见矣。然当时《实录》之进，焚草于太液池，藏真于皇史宬。在朝之臣，非预纂修均不得见，自申时行当国，始流布于外，得者至艰，况传至今日，亦甚可宝也。

汉泉漫稿十卷、后录一卷

汲古阁影钞本。每册首有"元本"及"甲"字印，又有"毛晋私印"、朱文。"子晋"、朱文。"汲古主人"、朱文。"毛扆之印"、朱文。"斧季"朱文等印。卷末有"子晋藏书"印朱文、"汲古得修绠"等印。此书《四库》著录，所谓《曹文贞诗集》者也。然《提要》据吴全节跋称有张梦臣、欧阳原功、苏伯修、吕仲实四序，今皆无之。此本前有张起岩、吕思诚序。梦臣即起岩之字，仲实即思诚之字也。惟欧苏二序，则此本亦无之。其总目所列《御史台咨文》、《太常博士谥议》均有录无书。目中提调校刊誊写姓名一条，亦未载入，皆与《四库》本同。此本每卷下有"文林郎江南诸道行御史台管勾男复亨类集"及"国子生浚仪胡益编录"二行，《四库》本盖无之，故据吴全节跋又讹作"江南诸道御史台管勾"，殆因原文之误耶？至曹伯启诗及乐府，皆庸音俗调，无一可观。《提要》乃以春容和平，中原雅调推之，非笃论也。

南词八十七卷钞本

明李东阳编辑。首有天顺六年夏四月上浣东阳自序，言从故藏书家得珍秘善本《宋元诸名家词》，凡六十四家，计八十七卷，目为《南词》，藏于家塾。其曰《南词》者，序所谓六代《江南》、《采莲》诸曲，去倚声不远也。此书世无传本，《四库》既未著录，各家书目皆不载，惟德清许氏《鉴止水斋书目》有《怀麓堂词选》二十四本西涯所录皆全集，不得称选，未知即此书否。此本系南昌彭文勤所藏，卷首有文勤朱笔题辞数行，署“癸卯中元日雨窗，芸楣。”总目下有“南昌彭氏”印朱文、“知圣道斋藏书”印朱文、“遇读者善”印白文。又有李之郇印。序下有“宣城李氏瞿硎石室图书印记”朱文。按：西涯此集在汲古阁毛氏之先，当时并未付刊，所集六十四家，除已为虞山毛氏、锡山侯氏，及近人临桂王氏所刻者，余皆久不经见之书。考陈振孙《书录解题》列词集九十二家，而总注其后曰：“自《南唐二主词》以下，皆长沙书坊所刻，号《百家词》，其最末一家为郭应祥。”振孙称嘉定间人，则诸人皆在宁宗以前矣，今已大半不传。嘉靖任良干所刊杨升庵《词林万选》，《四库提要》疑其依托。至《提要》引刘子翚《汴京书事诗》曰：辇毂繁华事可伤，师师垂老过湖湘。缕衣檀板无颜色，一曲当年动帝王。以为师师流落楚南。此语大误。按刘诗所指乃萧山之湘湖，非楚南也。考张邦基《汴都平康记》云：政和间，汴都平康之盛，而李师师、崔念月二妓名著一时，李生门第尤峻。靖康中，李生与同辈赵元奴，及筑球、吹笛、袁绹、武震辈，例籍其家。李生流落来浙中，士大夫犹邀之以听其歌。然憔悴无复向来之态矣。是为李师师未尝流落楚南之明证。附订于此。序称升庵藏有《唐宋五百家词》。升庵去直斋时三百年，安得有五百家之多？其言未免欺人失实。何元朗序顾氏所刻《草堂诗余》亦只称家有宋人诗余六十余种。毛子晋穷搜宋本，所刻自晏殊《珠玉词》至卢炳《哄堂词》共六十一家，可谓词林之渊海矣。然汲古阁所藏宋人词集，实不止此。如阮文达《四库未收书目》所进之宋曹冠《燕喜词》一卷、朱敦儒《樵歌词》三卷、《王以凝词》一卷，王佑遐给谏所刻之《章华词》，皆从汲古旧钞过录，而未尝付刊。盖毛氏本拟刊宋词百家，并不以六十一家为限也。《四库总目》于词曲一门，自晏殊《珠玉词》至国朝曹贞吉《珂雪词》，仅五十九家，简略已甚。今自汲古毛氏外，合之侯文灿所刻张先《子野集》、贺铸《东山词》、葛郯《信斋词》、吴儆《竹洲词》，赵以夫《虚斋乐府》五家专举宋人，及王给谏之潘阆《逍遥词》、李弥逊《筠溪词》、邓肃《栟榈词》、朱敦儒《樵歌拾遗》、朱雍《梅词》、倪称《绮川词》、高登《东溪词》、兵崇《文定公词》、曹冠《燕喜词》、姜特立《梅山词》、赵磻老《拙庵词》、袁去华《宣卿词》、李处全《晦庵词》、管鉴《养拙堂词》、王炎《双溪诗馀》、陈亮《龙川词补》、陈人杰《龟峰词》、许棐《梅屋诗馀》、方岳《秋崖词》、李好古《碎锦词》、何梦桂《潜斋词》、赵必瑑《覆瓿词》、欧良所编《抚掌词》、《章华词》尚不及九十家。此本宋人词集为毛、侯、王三家所未刻，及世无刊本者，尚十三家，真非常之秘笈矣。书为阳湖董绶金比部所藏，余假观颇久，乃明钞本，字句与毛刻异同颇多，惜王给谏及朱古微侍郎、文叔问舍人均不在京师，未能一校耳。兹将《西涯总目》列后，其有刻本者附注目下，使览者易于检寻焉。王渔洋《居易录》言宋牧仲所得李长文学士昌垣钞本数十家词，不甚流传者尚多有之，未知其书尚在否。

南词总目

宋

南唐二主词一卷侯文灿刻入《名家词》，以后只称侯刻。

龟峰词一卷陈人杰著。王鹏运刻入《宋元三十一家词》，以后只称王刻。

蓬莱鼓吹词一卷夏元鼎著，字宗禹。

逍遥词一卷潘阆著。王刻。

耐轩词一卷王达著。

文湖州词一卷。此系乔吉《梦符乐府》。章丘李中麓有刻本，不知何以嫁名湖州。

珠玉词一卷晏殊著，字同叔。毛刻《六十一家词》卷数同。以后只称毛刻。

六一词四卷欧阳修著，字永叔。毛刻《六一词》一卷。

半山词一卷王安石著，字介甫。附集。

小山词二卷晏几道著，字叔原。毛刻《小山词》一卷。

虚靖真君词一卷

屯田乐章词三卷柳三变著，字耆卿。毛刻《乐章集》一卷。

东坡词二卷苏轼著，字子瞻。毛刻作一卷。

山谷琴趣词三卷黄庭坚著，字鲁直。毛刻《山谷词》一卷。

姑溪词一卷李之仪著，字端叔。毛刻同。

后山词一卷陈师道著，字履常。毛刻同。

寿域词一卷杜安世著，毛刻同。

丹阳词一卷葛胜仲著，字鲁卿。毛刻同。

溪堂词一卷谢逸著，字无逸。毛刻同。

竹友词一卷谢薖著，字幼盘。

信斋词一卷葛剡著，字谦问。侯刻。《常州先哲遗书》刻。

省斋亦一卷廖行之著，字天民。

圣求词一卷吕滨老著，毛刻同。

初寮词一卷王安中著，字履道。毛刻同。

酒边词一卷向子諲著，字伯恭。毛刻同。

乐斋词一卷向镐著，字丰之。

简斋词一卷陈与义著，字去非。毛刻同。

樵歌词三卷朱敦儒著，字希真。王刻别行。

竹斋词一卷沈瀛著，字子受。

逃禅词一卷杨无咎著，字补之。毛刻同。据《四库提要》“杨”应作“扬”。

稼轩词四卷辛弃疾著，字幼安。毛刻同。

知稼翁词一卷黄公度著，字师宪。毛刻同。

于湖词二卷张孝祥著，字安国。毛刻四卷。

松坡词一卷京镗著，字仲远。

竹洲词一卷吴儆著，字益恭。侯刻。

晦庵词一卷李处全著，字粹伯。王刻。

养拙堂词一卷管鉴著，字明仲。王刻。

白石先生词一卷姜夔著，字尧章。毛刻同。

龙川词一卷陈亮著，字同父。毛刻同。

龙洲词二卷刘过著，字改之。毛刻一卷。

西樵语业词一卷杨炎正著，字济翁。毛刻同。作杨炎。《四库提要》已纠其误。倪灿《补宋史艺文志》亦作杨炎。

石屏词一卷戴复古著，字式之。毛刻同。

樵隐词一卷毛开著，字平仲。毛刻同。

履斋先生词一卷吴潜著，字毅夫。

文溪词一卷李昂英著，字俊明。毛刻同。

空同词一卷洪瑹著，字叔玙。毛刻同。

烘堂词一卷卢炳著，字叔阳。毛刻同。烘应作哄。

蒲江词一卷卢祖皋著，字申之。毛刻同。

克斋词一卷沈端节著，字约之。毛刻同。

王周士词一卷王以宁著。

金谷遗音词二卷石孝友著，字次仲。毛刻一卷。

白雪词一卷陈德武著。

绮语词一卷张东泽著。

侨庵词一卷李祺著，字禛昌。

乐府补词一卷知不足斋刻。

金

东浦词一卷韩玉著，字温甫。毛刻同。

元

松雪词一卷赵孟頫著，字子昂。侯刻。

鸣鹤馀音一卷虞集著，字伯生。此书本八卷。

蜕岩词二卷张翥著，字仲举。知不足斋刻本。

竹窗词二卷沈禧著，字廷锡。

古山乐府二卷张埜著，字埜夫。侯刻作张野。

云林乐府一卷倪瓒著，字元镇。

贞居词一卷张雨著，字伯雨。知不足斋刻本。

草堂诗余三卷读画斋刻本，《词学丛书》本。

元风雅十二卷钞本

《前集》六卷，傅习所采集。《后集》六卷，孙存吾所续辑也。此书《四库》著录，作二十四卷。然《提要》称《前集》首刘因，凡一百十四家，《后集》首邓文原，凡一百六十六家。此本目录、家数皆同，殆《四库》本析每卷为二，其实一本也。卷首有知不足斋诸印及“蒋维基印”，凡遇当时应抬写之处，皆一一抬写，盖从元刻本影钞者。钱竹汀《补元史艺文志》亦称《元诗前集》六卷，傅习采集，孙存吾编类，《元诗后集》六卷，孙存吾编。是钱氏所见本，亦只十二卷，必元本如此也。顾嗣立《元诗选》凡例所数元诗诸选本，自苏天爵《文类》外，如偶武孟《乾坤清气》、曾应珪《元诗类选》、蒋易《皇元风雅》、揭轨《光岳英华》、宋公传《元诗体要》、孙原理《元音》、顾瑛《草堂雅集》、潘訒叔《宋元诗》皆所采录，而独不及此书，知为顾氏所未见。乾隆中开四库馆时，江浙采进遗书，凡宋人集大半经厉樊榭点勘者，元人集大半经顾侠君点勘者，二公所见固博，而遗漏亦复甚多。王鸣盛《蛾术编》讥樊榭《宋诗纪事》漏收伊川程子之母侯氏《闻雁忆外》五律一首，然实不止此也。吴兰修跋宋方信儒《南海百咏》亦诋樊榭未见其书。《爱日精庐藏书志》所载元人《才调集》中仕履始末，如卢昭、叶广居、马琬、李琐、不花、帖木儿等，《元诗选》俱未载，或顾君未见其书云云。樊榭宋人集多假之马氏玲珑山馆，侠君元人集多假之徐氏传是楼也。至《提要》所谓“范氏天一阁所藏有《元朝野诗集》二册，亦题曰《元风雅》，不知何人所编”云云，当即钱氏《艺文志》所载《皇元风雅》八卷，无撰人名，或云宋褧核其卷数，与《提要》所言二册，多少亦合，是又在阮氏《未收书目》、蒋易《元风雅》之外，然则同时有三《皇元风雅》矣。

怀古录三卷钞本

宋陈模纂。模字子宏，号月庭，庐陵人。前有宝祐二年甲寅四月既望模自序。此书《四库》未录，各家书目皆无之，惟上元倪灿《宋史艺文志补》文史类有此书，亦作三卷。然诸书从无征引及之者，实孤本矣。其书上卷、中卷论诗，下卷论文，颇多入微之论。惟模本江西人，故推服黄、陈、欧、王甚至。其论诗则谓后山胜于山谷，至以吕居仁《江西诗派》不应收后山，后山集中似江西者极少云云，其意似不甚主江西，颇能破除乡曲之见。钱大昕《养新录》云："吕本中《江西诗派图》意在尊黄涪翁，并列陈后山于诸人中。后山与黄同在苏门，诗格亦与涪翁不相似，乃抑之入江西派，诞甚矣"云云，而不知陈氏此书已先论及，竹汀盖未见其书也。故于李义山绝句摘举十数首，推为唐人冠冕。视方回《瀛奎律髓》之献媚陈、黄，力排崑体者，其识解亦能出当时风气之外。其中颇多宋人遗事不见于他书者，如所举王荆公诗"眠分黄犊草，坐占白鸥沙"二句，则为本集所无。宝庆初，大理评事胡梦昱上书直言济王事，贬象州。方回《桐江集·读胡评事梦昱书跋》言："评事在象州作《皂角词》，有铁汉之语"，而不记其诗。蔡光工于词，靖康间陷虏中，辛幼安常以诗词参请之。如此之类，亦颇有裨于考证。在宋人谭艺诸书中，实为佼佼，而传本甚稀。尝举以告张孝达尚书、樊云门按察，皆诧为未见。此本卷首有"知不足斋"诸印，其中丹黄，犹系鲍渌饮手校也。

古今姓氏遥华韵九十六卷钞本

元洪景修撰。景修字进可，号达观，临川人。自称布衣，其事迹当考《临川志》。据景修至大元年戊申自序称"自咸淳戊辰始著是书，积岁月得姓九百有奇，钞为《姓氏遥华韵》叁章，定类稿千一百八十九姓，无其人者，无信不征"云云。殆穷一生之力，以从事于此书者。首有至大三年程钜夫及至大元年门人姜性仁二序。其书自甲至癸分十集。《甲集》十卷、《乙集》十卷、《丙集》十一卷、《丁集》十卷、《戊集》十一卷、《己集》八卷、《庚集》十卷、《辛集》十卷、《壬集》八卷、《癸集》十卷。此书见《文渊阁书目》，《四库》未录，阮氏《经进书》亦无之。方氏盖从丰顺丁氏传录者。其书以韵隶姓，又采古今名人事迹，按次时代分隶各姓之后，为凌迪知《万姓统谱》之蓝本。《四库》录凌氏书而不数景修此作，盖未见其书也。考姓氏诸书，自唐林宝《元和姓纂》、宋邓名世《古今姓氏书辨证》以后，如洪忠宣之《姓氏指南》洪书今不传、章定之《名贤氏族言行类稿》、元人之《排韵氏族大全》，作者甚众。盖由南宋启札盛行，务切姓氏，类书杂出，便于獭祭之资。苏东坡赠张子野孔毅父诸诗及山谷“化鹤看羊”之句，亦均切姓，不独骈偶为然也。至邓名世且以著书得官，景修殆亦闻风兴起者欤？其书采摭既繁，榛楛不剪，如收辛幼安而载其上梁一文，未免支离已甚。收秦少游而谓为东坡妹婿，至沿市井之谈。《爱日精庐藏书志》称其“戊集末附载董更生《王烈女传》一篇，备录全文，与全书体例不符，为褒扬忠烈之意”，似为得之。然所引元以前诸书，颇有足资校正者。如《元和姓纂》今从《永乐大典》录出者，已非全书，景修所引犹完本也。

宝鸭斋题跋

徐树钧　撰

宝鸭斋题跋卷上

周淮伯钟并释文

王令淮白啚　淮白乍

于𡳿爲宫淮　寶鍾

白乍寶鍾用右腹内文

按“淮”，古文“淮”字。《曾伯霥簠》“克狄淮夷”，作“”。古“淮”字，从口；古“夷”字作“”。此作“”与“”，皆古文“淮”也。“啚”，许氏曰：啬也，从口、㐭。㐭，受也。小徐曰：入皆受之，㐭而复口之为啬，吝积而不散也。后借为都、鄙字。此“啚”字或是淮伯名。“𡳿”字疑有缺蚀，恐是地名。“”，古文“为”字，周窸鼎“”、窸敦“”、卫姬壶“”、司寇壶“”，皆古文“为”，笔画小异。余藏淮伯彝拓本，文字与此钟同，“为”字作“”，故知此钟“为”字第一画微断。此王命淮伯啚于某地为宫，故淮伯作钟以纪其事耳。

晋侯平戎元鬲释文

隹[1]同惟王一月辛酉，晋侯告平戎。既觐于王，王三爕同劳于圻、于国、于宗，觐于明堂，遂享晋侯于周庙。王庸以九服之命命晋侯。

王若曰：叔父懋哉！昔在吾[2]先王，有若文、武、成、康，綰綰疑兢兢业业，罔不惟德之堇，同勤。乃光显于卤□，此字阙疑。卑同俾于中夏，暨于要荒。惟德之刑，是震是虩，靡有远迩，则示有若先文人，雝同鸿敷乃心，左右吾王家，不显丕功，奕奕能能，登于盟府，诏于宗工，允有誉于远世，其在吾后嗣。天不卑同俾纯，若雒同鹄之弗指，若缫之弗绎，实有爽德，弗□此字阙疑于上下。四廷不度，远人乃携，戎乃大兴，患构吾懿亲，播越吾人民，窜逐吾郊邑。

王曰：於乎！在昔厉、宣、幽，越于平、桓，若涉洪水其靡涯，惧遂队同坠于渊宅，吾王室亦未有宁。则亦有若乃祖文公，克绍乃先文人之成烈，捍吾于囏，同艰。亦罔不惟庸之鬺，载在书勋。凉辕文牡，非德弗赉，彤弓旅弓，非伐弗授，介王苍符，非亲弗展。仆正三十，虎贲三百，温原堇懋，同樊。郅鄚六邑之田，式戠晋疆。则亦惟乃文公，实劳于外，用克膺吾宠命，有光于群辟。

王曰：於乎！非余一人不惠，贪于祸乱，惟戎无厌，赖世世生心，眈眈耽耽，觎吾牧守，以为叔父忧。

---

①以下“隹”字均径改作“惟”，不另出校记。

②“吾”，底本写作“𠰌”，为“吾”之籀文。以下均径改作“吾”，不另出校记。

王曰：於乎！叔父，余懋乃丕显功，乃纂乃旧，于乃先人，不替永命。余一人赖以宁，余惟女嘉，用申九服之命，命女为外廷伯。惟征，惟伐，惟讨，惟篫，同筑，《说文》：捣也。惟来，惟用吾成命。越在群辟，敔有不率，惟余一人有显罚。晋侯再拜稽首，對扬天子之休命。

王曰：叔父，女往哉！吾命不重译，惟女念弗队，乃克配于先文人，乃亦有[illegible]同终。晋侯再拜稽首。

惟二月甲午，晋侯归自平戎，献成于唐叔文侯。越日丙申，告功于祖，告烈于祢。丁酉，元[illegible]成，御王宠命，晋侯再拜稽首，敔扬王休[illegible]。蕲其万年，子子孙孙永宝用。

汉莲勺宫铜灯铭并释文

莲勺宫铜灯通高一尺六寸，共重廿四斤。五凤三年，工渭成、徐安守属长造。此行在盘内。

掾武令史路博省造第三。此十字在柱下，分三行刻。

按《汉宣帝本纪》云：“困于莲勺卤中”，注云“县也”，不云“有宫”。考欧阳公《集古录》载：《林华宫行灯铭》、《莲勺宫铜博山炉下盘铭》，皆汉五凤中造。盖秦汉离宫别馆不可胜数，非因事见之，史家不能备载也。今自博山炉盘而外，又见此铜灯盘。考汉宣帝即位十七年，改元五凤。工、守属、掾、令史皆官名。渭成、徐安、长、武、路博，皆人名。“省”，察也。“第三”，何子贞丈谓一范不仅造一器，故记其第目也，汉人“四”字多作“三”，“勺”字作“[illegible]”。是古篆高一尺六寸，以今尺度之才一尺六分，重廿四斤，以今权称之才九斤十四两。考汉尺当今裁尺六寸七分，是汉尺一尺六寸正当今尺一尺六分强，汉斤当今斤六两六钱，是汉斤廿四斤正当今斤九斤十四两四钱。准此以度古器，均不爽矣。

车宫铜锭盘

此器圆而浅，三足短柄，口径建初尺四寸四分，深八分，连足共高一寸八分，文曰“车宫铜锭盘，五凤四年造，工黄𢓊”十三字，末一字残泐难辨，疑是“得”字。吴骞《题王述庵司寇铜雁足灯》诗云：“甘泉莲勺车宫盘，贡金不待梁山锠。五凤黄龙飞上天，谁欤更守宣王轩？”此外鉴古之士未见著录。此器及莲勺宫铜灯，皆西汉之物，可宝也。

嵩山太室神道石阙

《嵩山太室石阙》文二十七行，每行九字，又有十字。顾氏《金石文字记》云：在开封县中岳庙南百余步，欧阳氏、赵氏、洪氏皆未著录。第二行“神君”下二字，或疑是“冢土”，王虚舟未敢遽信，翁覃溪以为似是“冢土”二字，究于文义不协。余疑是“处立”二字，其下二字磨灭，合上下文义读“之羌”为近似，存此臆说以质将来。

嵩山少室神道石阙

《嵩山少室石阙》在开封县西十里邢家铺。翁北平谓今拓本二十二行，亦未尝得见前十馀行也。予按此阙亡其上层，而下层前十馀行磨灭过甚，拓者亦稀。近拓工董君复能拓出，亟为辨识，以补前贤之恨。此下接刻圆帧画像，后为题名四行，至“令容”二字而止。以予所得考之，第四行后尚有一行，可辨者惟一“文”字耳。石墨之精神，笔画之显晦，系乎椎拓之工拙，又不徒以新旧判高低也。

延光残碑

《延光残碑》，康熙六十年诸城修超然台得自土中。乾隆十二年，寿光知县宫懋让来知诸城，移置县治内堂东垣作亭护之。横额书五字不可辨。第一行起处似“延光四年”，中间有“琅邪”二字，今不可识。下云“是吾字安都”。第二行下云“维恩寡居廿年”。第三行第一字从《金石图》作“都”字，下云“拜都官中黄”。第四行第一字是“子”，第三字是“长”，下半云“万业其功誉恒”。第五行“延光四年八月廿一日庚戌造。”此碑出土剥泐已甚，字体似元氏《三公山碑》，笔意在篆隶之间。自来椎拓，未见善本，兹幅拓手尚属可观。

光绪三年冬月，王寿甫水部赠。

郑固碑

汉《郑固碑》不知何时断“为”三，国朝初只存上段，凡二百五十四字。雍正六年，李鹍于泮池左得下段，凡二十字。至乾隆四十三年，蓝嘉瑄掘土又得中段，凡六十字。斯碑三段复完，然亦非复欧阳《集古录》及洪氏《隶释》之旧矣。今去乾隆出土时又百年，上段、中段共存二百九字，较乾隆时又磨灭一百五字，惟下段二十字尚存。此本合存二百廿九字，唯残蚀甚多，急为释文于旁，更数百年，吾知此本亦将如星凤，可不宝诸？

西狭颂

《西狭颂》，疏散俊逸，如风吹仙袂，飘飘云中，非复可以寻常蹊径探者，在汉隶中别饶意趣。兹本墨色深厚，神采焕发，剪灯把玩，以永今夕。

五瑞碑

汉黾池《五瑞碑》，摩崖刻于《惠安西表》之前。五瑞下方有题名三行，从来拓工所未及。余得五瑞全幅，下方题名犹在，剪裱成册，以补洪、赵、欧阳诸家之阙。

明拓尹宙碑

此明拓《汉尹宙碑》不缺本。“以为荣”三字，国初时残缺。“乃作铭曰”四字，国初已残缺。“分守摄百”四字，国初残缺。“福德寿不”四字，国初残缺。

旧拓尹宙碑

《汉尹宙碑额》今只存“从铭”二字，笔意已开唐人法门。碑字仍汉人正轨，佳拓颇稀，此本聊复可观。“傿陵”即“鄢陵”，钱竹汀《说文答问疏证》有“‘傿’即‘春秋郑伯克段于鄢’之

'鄗'"一条，证以此碑，益见汉世同声通用之据。岂独据《汉书·地理志》而言耶？《汉书·郡国志》别作"隔"，是当时已无定，后人正当观其通，不必强为古人附会耳。

同治十二年秋七月。

曹全碑

《曹全》晚出，为世推重。余独爱碑阴书，神味渊隽，尤耐玩赏，正不必以"乾"字、"因"字未损为重也。

荡阴令张迁表颂

此碑在汉人书中坚朴浑厚，当为第一，碑阴尤佳。

封龙山碑

《封龙山之颂》在元氏县，与《三公》、《无极》并称，而此碑不见于前人著录。

宝应刘恭冕《广经室文钞》载此碑，乃其尊人道光丁未宰元氏县访得，本在县西北四十五里王村，今移置书院。

唐《十道志》云：封龙，河北之名山也。《白石神君碑》云：县界有六名山，三公、封龙、灵山先得法食。《无极山碑》云：县界有名山三，其三公、封龙、灵山皆得法食。据此碑称，与三公、灵山协得齐勋国旧秩，而祭之以为三望。则是三公之祀在西汉已有之，故无极、白石请法食皆引以为比。《光和碑》额并列封龙君、灵山君，明三山久有祀典也。是碑延熹七年十月常山相蔡翕等修缮，故祠请复旧祀所立，出土甚迟，洵汉碑上品也。

唐公房碑

唐公房祠见于《水经注》、《华阳国志》。洪氏《隶释》所录碑文及碑阴人名已多缺失。今碑在汉中府城固县，较洪氏又缺失数十字，碑阴全剥蚀。同治中在京师得佳纸一本，昨于金陵见此本，古碑旧拓日就沦亡，因并存之。

张寿碑

汉竹邑侯相《张寿碑》不知何时为后人截作碑趺，而穴其中成凹，凡坏四十字。碑凡十六行，以洪氏《隶续》所载全文度之，每行当有三十八字。

龟兹左将军刘平国碑并释文

龟兹左将军刘平国以七月丙戌，发家徒秦人孟伯山狄虎贲赵当卑强阿等六人，共来作刊谷关。八月一日始断山石，作孔至坚固万岁，人民喜长寿亿年宜子孙。永寿四年八月甲戌朔、十二日乙酉直建纪。此东乌累关城将军所作也。

京兆长安、淳于、作此诵。此三行在碑之左方近下。

此碑在西域阿克苏、寨里木东北二百里山中。阿克苏，汉温宿国；寨里木，汉姑墨国；今库车，汉龟兹国。按桓帝改元永寿凡三年，至四年六月戊寅大赦，改元延熹。今碑刻永寿四年，盖温宿、姑墨去长安八千余里，后汉都洛阳，视长安尤远，其时甫改元两月，西域尚未知也。“乌累关城”，《汉书》作“乌垒”，此碑当是为刘平国开山通道纪功而作。

光绪五年，张朗斋军帅曜始命军士椎拓，穷荒僻壤，以为惊扰，乃凿毁之，朗斋所拓竟成《广陵散》矣。余弟桂丛从军西域，得此二本，嘱余释其文，以一本归之。此本稍漫漶，海内孤本宜珍秘之。

洛阳令王稚子阙

兖州刺史《王稚子阙》，在新都县城北八里。阙有二，其一汉故先灵侍御史河内县令《王君稚子阙》，雍正九年没入沟中。此阙仅存宋刘泾记存十字，在阙之阴，今阙三面皆砌室中，十字亦不可见。蜀汉古碣，此为第一，刘燕庭《三巴金石存》列于篇首。

冯焕阙

文曰“故尚书侍郎河南京令豫州幽州刺史冯使君神道”二十字，在渠县东九十里。按《后汉书·冯绲传》：绲，巴郡宕渠人。父焕，安帝时为幽州刺史，不言其为豫州刺史也。《隶释》引安帝“元初六年，赐豫州刺史冯焕诏”，是尝为豫州刺史矣。以焕残碑考之，有“郎中尚书侍”五字，其碑阴“诸曹史及帐下司马、武刚司马十馀人，有贯颍川、汝南、陈国者，皆豫州旧部也”，是焕先为豫州后移幽州矣。史、传不载，略也。神道下刻兽首，《隶图》亦未载。

谒者沈府君神道

《金石苑》云："沈君右阙文曰'汉谒者北屯司马左都侯沈府君神道'十五字，在渠县。"洪氏《隶释》云："在梁山军，误沈君名无考。"《汉书·百官表》："宫掖门，每门司马一人，比千石。"注曰"北屯司马，主北门"，又"左、右都尉各一人，比六百石。""沈"字、"道"字发笔皆长，张瓘所谓"作威投戟，腾气扬波"者，洵非溢美。

新丰令沈府君神道

沈君左阙文曰"汉新丰令交阯都尉沈府君神道"十三字，上刻朱鸟，下刻兽首，若虎形。而角环在口，缺其爪，与《隶续》所图正合。字笔法皆溢于界外数寸不等，阙旁皆有画像，一段上刻璧形，下刻龙形，《隶续》所未载也。

侍御史李公阙

《金石苑》云："石阙在梓潼"，欧、赵未著录，王象之《舆地碑目》有之。《后汉书·独行传》：李业，字巨游，广汉梓潼人〔也〕，少有志操。元始中，举明经，除为郎。王莽时举方正，为酒士，不之官。公孙述僭号，征为博士，不起。述使尹融持毒酒劫业，饮毒死。蜀平，光武表其闾，益部纪载其高烈，图画形像。此阙当是表闾时立。侍御史，其赠官也。

莱子侯碑

莱子侯封田瞻族戒〔石〕，隶法高古，篆意犹存，与《汉开通褒斜碑》笔意相似，以嘉庆二十二年出土，故诸家记录不载。

上谷府卿坟坛碑、祝其卿坟坛碑

上谷府暨祝其卿刻石在王莽居摄二年，篆画古劲。此晚近拓本，非至佳者，姑存之。

仙集留题

汉《逍遥洞仙集留题》在简州东三十里，上有逍遥洞，为荆棘所掩。宋景德间有人发之，见汉隶十二字。按汉安为顺帝改元之岁，旁题“东汉仙集留题”，“洞天”当是后人增书之也。王象之《舆地碑目考》于蜀碑最详，而此刻独未之及。叶九苞《金石录补》未见“天”字，释为“留题词”①，刘燕庭《金石苑》颇详。

隃麋侯耿况瓦壶

按汉尺高二尺二寸五分，口径一尺一寸五分，腹围六尺，腰带文五道。陶质坚厚古朴，壶内底有字，隐约难见。儿子德立以

---

①“留题词”，疑当作“留题洞”。

手暗摸而拓之，文曰“大汉建武三年隃麋侯耿作”。按《汉书·耿弇传》：父况，字侠游，上谷太守，建武四年进封隃麋侯。时方诏弇进攻渔阳，弇以父据上谷，自疑不敢独进。诏曰共屯涿郡，勉思方略。今此器出保定府，是汉时涿郡地。建武至今一千八百七十年，陶器出土完善无缺，其可宝贵，又在金石瓦当文字之上矣。

魏曹真碑

《魏曹真碑》，出同治初年扶风、武功间，其文不全，所述官爵事迹皆与《魏书》本传合。《传》称：诸葛亮围祁山，南安、天水、安定三郡反应亮，帝遣真督诸军军郿，遣张郃击亮将马谡，大破之。碑称“持节镇西将军”，又云“征拜上军大将军节钺如故”，又云“蜀贼诸葛亮称兵”，即马谡街亭之战也。《蜀志》未然，《传》称：黄武元年，魏攻江陵，曹真等起土山，凿池道，立楼橹，临城弓矢雨注，将士皆失色。碑称“奋雷霆于未然”，即江陵之围也。碑初出土，人恶其有“蜀贼诸葛”之语，遂将“贼”字刓去，又“屠蜀贼”，“蜀”字亦刓其半已。为乡愚无知之见。乃近日拓本又将“妭胡诸葛亮称兵上邽，公拜大将军屠贼”等字皆凿去，惜哉！此初拓本，因与碑阴共装池成轴，不失其真面也。

东武侯王基碑

《魏王基碑》在洛阳，见《访碑录》。世传此石仅刻其半，故文字不全，出土时下截朱字宛然，应手而灭。今存三百七十字，多与《魏书》本传合。笔意颇类《范式碑》，然究不若《曹真碑》字坚卓纵横，尤为可宝尔。

吴谷朗碑

吾乡古碣，《岣嵝》而外，唯《谷朗》为最，旧拓竟不可得。近日为工匠淘洗，神味已逊，若“君”字、“履”字，全失本色，而浑朴纯厚之气所存不少。《天玺神谶》、《禅国山碑》并此，在吴碑中各具一体，鼎足而三。

又

《谷朗碑》在今衡州耒阳县，不知何时为俗手刓凿，损坏数字。此册墨拓尚佳，惟“何”字、“四”字是近年所缺，若“众僚”二字、“时”字、“屡驾”二字、“素著”二字、“光缵”二字、“玄石”“玄”字，又为翁覃溪学士所未见，浑沦元气，犹存古篆遗意。吴碑世传绝少，《神谶》石毁于火，惟此碑及仪征《禅国山碑》犹存。吾楚之宝，而楚人不知宝之，何也？

晋南乡太守郛府君碑阴题名

《晋南乡太守郛府君侯碑》文字磨灭，不可卒读。碑文可见者，前后才二十余字。碑阴题故吏民名字，领县户若干，吏兵、骑督、参战部曲、督将若干人。字画特方劲古峭，若初出土者。土人言此石在河干，妇媪尝从石背浣衣，既罕知者，而字画赖以不蚀，适拓工以无意得之。郛府君乡里名字既不可考，余故删去前碑，仅以碑额、碑阴装池入册。欧阳文忠公《集古录》载《晋南乡太守碑》为《宣威将军南乡太守司马府君讳整，字孔修纪德颂

〔碑〕》。泰始中刻石，其碑阴题将吏三百五十人，官属详备，盖晋太守官制之备无逾于此。兹碑当与同时，其题名亦略相类也。

同治九年秋八月。

同治十三年又得《郛休碑》，文字磨灭十之三，尚是百余年前拓本，另装一册并为释文，于是此碑得窥全豹矣。

郛休碑释文

君讳休，字公彦，东莱曲成人也。其先出自黄轩后稷之裔，王季之穆有虢叔者，以德建国，命氏为郛君，其后也丕勋显绪，历载溟邈。逮君之身，舍海岱之英灵，纂□□之洪流。伟姿□于歧嶷，聪达兆于自然。孝友著乎乡邑，德行立于当时。夫其抗节亮直，挺操弘毅，岳峙渊渟。威而不厉，仁爱足以容□，范格足以正世。初志群艺，游心博鉴，九思通明，令闻宣布，然其天材，器为事兴。方冉季之多略，超张赵之逸踪。弱冠□朝上计掾，州辟部司治中别驾，赞翼□室，克昭茂绩。察孝秀才，并以不就。再辟公府为相国掾，实隆鼎栋，光辅和吐。□□巴蜀未宾，侵犯王略，元戎启行，□简精帅。朝推英能，以君为使，持节征蜀。将军司马，遂迁邺，督军粮，治书侍御史。□□本部，主公所在，典司外台，统摄殷广。

君明敏多艺，达于治体，损益时务，闿塞世教，谠言嘉谟，屡抗其谋。清商迈于□□，□风发于异野，朝廷钦美，拜子男骑都尉，迁新成太守。尔乃宣惠康，敦素朴，崇四术，正雅俗，专五教以训民，明赏□□□□。翔晨风于北林，系白驹于空谷。犹公孙之处郑，文翁之在蜀也。于是政行化成，上下交和，邦畿穆穆，农旅作歌。□越狂狡，刬刘巴东，遽入告急。君乃震威，龙骧虎奋，躬践虏场，斩将搴旗，积尸如京，封豕远遁，三巴用康。天府简勋，□□于台，加明威将军，赐子男爵关中侯，又迁江夏太守。旌盖未移，回临我邦，追姬文之遗风，匡二南以诞化，崇为政之以德，帅大礼则兴让。故能期月缉熙，宣曜仁恩，驰于区域，重光被于遐荒。遵禹稷之勋美，羡信臣之惠迹。胥原隰以□灌，务稼穑以丰国。吴肆鲸鲵，潜寇襄阳，君苞神筹，顺风遽发。以貔貅七千，摧犬羊三万，陆抗奔北于南，施绩舆尸于东。赫赫振旅，元功是扬，率土称庆，江汉攸宁。方将宏宇崇爵，翼亮天明，致皇代乎隆熙，激清流于九野。旻天不惠，降年不永，春秋六十有三，泰始五年八月庚辰薨于位。天子闵悼，群后咨嗟，谒者吊祠。于是故吏弩羡、谢放等追慕遗化，永□罔极。佥以为先民即世，庸器勒勋，殁而不朽，赖之斯文。乃相与刊石立铭，撰纪旧行，俾彼来昆，有所瞻仰。其辞曰：

皇皇大极，茫茫浑元。含灵吐宝，笃生彝伦。邈矣君侯，钟此清醇。皓然秋素，品藻如春。内弘九德，六行外宣。应期作度，命世立言。龙蟠鸿渐，爰发其芬。□翼三事，扬光台辰。赋政于外，□畅遐邻。颂声丕显，至教入神。特登紫庭，皇极是铨。遭命□□，九鼎徂沦。爰勒金石，永昭后昆。泰始二年六月丙子造。

潘宗伯、韩仲元、李孝章通阁道题字

李孝章通阁道刻石三行，前有潘宗伯、韩仲元刻石一行。自宋晏袤称为“魏泰和六年”，本朝翁覃溪谓是“晋泰始六年”。摩崖之刻不定方位，或后人刻字在前一行耳。

高勾丽好太王碑释文

碑在奉天东三百里，怀仁县东一百五十里大通沟，鸭绿江北三里大王坟之东。碑四面刻文，南面十一行，西面九行，北面十三行，东面九行，共四十二行，每行四十一字

惟昔始祖邹牟王之创基也，出自北夫馀，天帝之子，母河伯女郎剖卵降世，生子有圣缺六字，命驾巡车南下，路由夫馀，奄利大水，王临津言曰：我是皇天之子，母河伯女郎，邹牟王为我连葭。浮龟应声：郎为连葭。浮龟然后造渡，菸沸流谷，忽本西城山上而建都焉。永乐亾位，因遣黄龙来下迎王。王于忽本西城黄龙页升天，顾命世子儒留王以道舆治大朱，留王绍承基业四至。十七世孙国罡上广开土境平安，好太王二九登祚，号为永乐。太王恩泽治亏皇天，威武柳被四海，扫除□□，庶宁其业，国富民殷，五谷丰熟。昊天不吊，卅有九，宴驾弃国。以甲寅年九月廿九日乙酉迁就山陵，于是立碑铭纪勋绩，以永后世焉。其词曰：

永乐五年，岁在乙未，王以碑丽不息，□又躬率住讨巨富山、负山，至盐水上，破其丘部落六、七百，当用马群羊不可称数，于是旋驾，因过𢍰平道东来阝城、力城，北丰五备，犹游观土境田猎，而还百残。新罗旧是属民，由来朝贡，而倭以来，卯年来渡海，破百残、新罗以为臣民。以六年丙申，王躬率水军讨利残国军，首攻取壹八城，臼模卢城、若模卢城、干弖利城、□城、阁弥城、牟卢□弥沙城、□舍蔦城、阿旦城、古利城、□利城、杂弥城、奥利城、勾牟城、古须龎罗城、页□城、分而龎罗□易城、□□城、缺四字、𠆢城、沸右南面十一行。

八那利城、弥邹城、也利城、大山韩城、扫加城、敦拔缺四字城、娄卖城、散□城、□□城、细城、牟娄城、亏娄城、苏灰城、

燕娄城、析支利城、岩门至城、林城、缺八字城、就邹城、□拔城、古牟娄城、闰奴城、贯奴城、彡穰城、缺六字卢城、仇天城，其国缺三字。其国城贼不服气，敢出交战，王威赫奴渡阿利水遣刺迫城，横□荣缺三字便国城，而残王困逼，献□男女生白一千人，细布千匝归。王自誓从今以后永为奴客，太王恩赦始迷之御录其后顺之诚。于是□五十八城，村七百，将残王弟并大臣十人旋师还都。八年戊戌，教遣扁师观帛慎土谷，因便抄得莫新罗城加太罗谷男女三百馀人，自此以来朝贡论事。九年，已死百残违誓与倭和通，王巡下平穰，而新罗遣使白王，云倭人满其国境，溃破城池，以客奴为民归，王请命太王，□后称其忠，寺违使还，告以□□。十年庚子，教遣步骑五万，住救新罗，从男居城，至新罗城，倭满满其中，官兵方至，倭贼退，□□来背息，追至任那加罗从拔城，城即归服。安罗人或兵拔新罗城、髦城，倭满十九，尽臣洧尖，安罗人或兵缺五字，倭溃，城大□赤。右西面九行。

安罗人或兵昔新罗安锦，未有身来朝贡，缺五字开土境，好太王缺四字，至缺三字溃，□□朝贡。十四年甲辰而倭不轨，侵入带方界，缺五字石□□连船缺五字，率□□仆勾相遇，王憧要截荡刺，倭寇溃败，斩煞无数。十七年丁未，教遣步骑五万，缺三字平穰合战，斩煞荡尽，所稚铠甲一万馀领，军资器械不可称数，还破沙溝城、娄城，还住缺七字师□城。廿年庚戌，东夫馀旧是邹牟王属民，中叛不贡，王躬率住讨。军到馀城，而馀承国骈□□，王恩普处，于是旋还。又其慕化隋官来者味仇娄鸭卢卑斯麻鸭卢坮，立娄鸭卢肃斯舍□卢仉，所攻破城六十四，村一千四百，守墓人烟户卖勾余民国烟二看烟三，东海贾国烟三看烟五，敦城□四家尽为看烟，亏城一家为看烟，碑利城二家为国烟，平穰城民国烟一看烟十，哉连二家为看烟，住娄人国烟一看烟卌三，梁谷二家家为烟，梁城二家为看烟，安夫连廿二家为看烟，改谷三家为看烟，新城三家为看烟，南苏城一家为国烟，新来韩秽沙水城国烟一看烟一，牟娄城二家为看烟，弖比鸭岑韩五家为看烟，勾牟客头二家为看烟，永底韩一家为看烟，舍茑城韩秽国烟三看烟廿一，古舡罗城一家为看烟，炅古城国烟一看烟三，客贤韩一家为看烟，阿旦城、雜珍城合十家为看烟，巴奴城韩九家为看烟，若模卢城四家为看烟，若卢城二家为看烟，牟水城三家为看烟，干弖利城国烟二看烟亼，尔卩城国烟七看烟。右北面十三行。

七，利城三家为看烟，豆奴城国烟一看烟二，奥利城国烟二看烟八，湏邹城国烟二看烟五，百残南居韩国烟一看烟五，大山韩城六家为看烟，农卖城国烟一看烟一，闰奴城国烟二都烟廿二，古牟娄城国烟二看烟八，瑑城国烟一看烟八，味城六家为看烟，就咨城五家为看烟，彡穰城廿四家为看烟，散那城一家为国烟，那旦城一家为看烟，勾牟城一家为看烟，于利城八家为看烟，比利城三家为看烟，细城缺三十六字三家为看烟。国罡上广开土境，好太王存时教言：祖王先王但教取远近旧民守墓洒扫，吾虑旧民转当羸劣，若吾万年之后，安守墓者，但取吾躬率取略来韩秽二百廿家，虑其不知法则，复取旧民一百十家，合新旧守墓户国烟卅看烟三百都，合三百卅家。自上祖先王以来墓上不安石碑，到使守墓人烟户（羌）〔差〕错，惟国罡上广开土境，好太王尽为祖先王墓上立碑铭，其烟户不令差错，又制守墓人自今以后不得更相转卖，虽有富足之者亦不得擅买，其有违令卖者刑之，买人制令守墓。右东面九行。

义熙铜鼓

刘聚卿观察出示义熙铜鼓拓本，乾隆时僧六舟拓，阮文达题："甲辰四月，颐性老人观其文"。曰："义熙四年十月虞军官鼓，广三尺五分，前锋宁远率、行铠曹杜茏"廿五字。按隋有左右虞侯，宋每军有都虞侯，分掌马步军，晋有铠曹参军，齐有左右铠曹各一人，隋左右卫府有铠曹行参军事一人。晋武帝置卫率，泰始五年分为左右率，又加前后二卫率，又置中卫率，是为"五率"。晋有宁远将军，此铜鼓文曰"虞军"，是晋时已有"虞军"之名，曰"前锋宁远率"，是宁远将军之率。曰"行铠曹"，与晋铠曹参军正同。晋《职官志》云公侯以下置官属，随国大小无定制，此远方军官任意改设，史不备载。杜茏为"铠曹"之名。曰"官鼓，广三尺五分"，以晋尺度之正合，铜鼓多出南蛮，无文字。此鼓点画细劲，淡墨摹拓，几不能辨，或误以为舜庙字者，殆非也。因再三谛审，为考订于此。

宋大吉瓦壶

保定府城购得宋瓦壶，按汉尺高一尺九寸，口径四寸五分，腰围三尺七寸。带文五道，两耳缺其一，瓦质坚厚，古色斑斓。文曰"大吉宋元年造"六字，横刻壶外第一带文之上，审定文字确为刘宋物。宋武帝都建康，改元永初，此器出北平涿郡，只题"元年"，不题"永初"，其时晋亡宋兴，五胡鼎沸，改元国号尚未至北方耳。宋永初元年庚申距今光绪廿一年乙未，凡一千四百七十六年。

魏刁遵墓志

《刁惠公志》，康熙年出南皮县，载《天津府志》，今里名刁公楼。《志》称葬饶安城西南孝义里，饶安城即今旧县镇也，县西南无所谓孝义里，此石出夜珠高庄东南，岂古今地名之异耶？石出土已缺一角，百余字又剥蚀者半，碑阴载妻子兄弟名爵亦残泐过半，世称徐季海书大类《刁遵墓志》，所谓神似不必其揣摩也。

懿侯高贞碑

王司寇《金石粹编》仅载此碑目，云未睹此碑。盖嘉庆中初出土，司寇未及见。北魏书字淆乱已甚，恶劣亦甚。独此碑刚健中正，树欧褚之先声，当为北魏善书，今之习北魏者亦当以此为矩。

“清晕发于载卡”，“载”字是误书，不欲涂改，故以“上下”二字合为一格，魏《曹真碑》阴亦以二字为一格，可证也。

贞侯高庆碑

光绪廿三年，德州出土《魏贞侯高庆碑》，与《高贞碑》书如出一手。廿四年夏，重游京师得此本，自为剪裱成册，时重阳前一日。

按碑文廿二行，每行四十二字。前六行下截缺字不齐，碑中略有剥蚀，文尚可读，篆额曰“魏故光州刺史贞侯高君之碑。”

考《高贞碑》载世系，贞之祖高飏为渤海敬公，贞之父高偃为青州刺史，庄公即文昭皇太后之第二兄，则贞为文昭皇太后之侄、世宗武皇帝之内弟也。今此碑亦载“左光禄大夫勃海敬公”，以下阙文。又曰“文昭皇太后之侄、世宗武皇帝之内弟”，则为高贞兄弟行可知。又曰“君姊为皇后”，与《高贞碑》“君姊有神表淑，问拜为皇后”正合。《高偃传》：景明四年，世宗纳其女为贵嫔，永平二年拜为后也。贞以延昌三年卒，庆以正始五年卒。考其年齿，贞为兄，庆为弟。庆以戚蕃之变殒命淫刑，在高贞之卒前六年，姑侄皆拜为后，故铭曰“惟姑惟侄，爰仇爰配”也。

怀令李超墓志铭

《李超墓志》，文字并佳，妻及息女名刻于铭后，与魏《刘懿墓志》正同，体例与诸碑别。后《郭令公家庙碑》子女官名别刻一石，其犹本此意乎。樊翁问青见贻一纸，乃为装藏以记之。

《偃师金石遗文记》云此石出今乔家村旁，《太平寰宇记》云偃师县有覆舟山，此《志》云葬洛阳，盖当日偃师并属洛阳也。

四司马墓志

魏司马绍、司马昞、司马升、司马景和妻四《墓志》皆出河内温县，乾隆时冯鱼山得之。升及景和妻《志》皆原石，惟绍、昞两《志》土人秘不肯出，渔山以拓本重刻之。

光绪五年岁次己卯三月题记。

刘玉墓志

魏明帝孝昌二年岁次丙午，碑称三年岁次丙午，定为镌石之误，三字第一笔显是后加。字体古逸，别有意致。隋《宋永贵墓志》字较小，与此极似。

刘懿墓志

《北齐书·刘贵传》曰："刘贵，秀容阳曲人〔也〕[1]。父乾，魏世赠前将军、肆州刺史。贵刚格有气断，历尔朱荣府骑兵参军。建义初，以预定策勋，封敷城县伯，邑五百户。除左将军、大中大夫，寻进为公。荣性猛急，贵尤严峻，每见任使"，"位望日重，加抚军将军。永安三年除凉州刺史。建明初，尔朱世隆专擅，以贵为征南将军、金紫光禄兼左仆射、西道行台，使抗孝庄行台元显恭"。"于正平破擒显恭"，"除晋州刺史。普泰初，转行汾州事。高祖起义，贵弃城归高祖于邺。太昌初，以本官除肆州刺史，转行建州事。天平初，除郑州刺史。四年，除御史中尉、肆州大中正。其年，加行台仆射，与侯景、高昂等讨独孤如愿于洛阳。贵凡所经历，莫不肆其威酷。修营城郭，督责切峻，非理杀害，视下如草芥。然以严断济务，有益机速。性峭直，攻讦无所回避，故见赏于时。虽非佐命元勋，然与高祖布衣之旧，特见亲重。兴和元年十一月卒，赠冀定并殷瀛五州军事、太保、太尉、录尚书事、冀州刺史。齐受禅，遣使祭告其墓。皇建中，配享高祖庙庭。

---

①据《北齐书》本传补。

长子元孙，员外郎、肆州中正，早卒，赠肆州刺史。次子洪徽嗣。武平末，假仪同三司，奏门下事”云云。今此《志》一一皆与《刘贵传》合，惟名字、里居不同。《墓志》曰“字贵珍，名懿可”，见《传》略而《志》详，里居不同，亦作史者之误。作史者纪前代人事，传闻失实亦所不免，《墓志》乃当时表墓之文，功业纵有铺张，名字、里居断不至误。又官爵、世次都与《传》合，则知史传之误正赖此碑以正之耳。

道光季年，山西忻州民掘土得此碑，今藏某老媪家。先辈言碑可正史，信然。不有此《志》，更千百年，谁复知《刘贵传》之误耶？

关胜碑

《冀州刺史关胜碑》近年出山西平定州，文多错落，后铭尤多磨灭，依孟志青释文注于上方，六朝字体淆乱。此碑以“瑞”为“颛”，以“姤”为“后”，以“忧”为“优”，以“雲”为“云”，又“黎”作“犁”，“侍”作“待”，“待”作“侍”，“今”作“金”，“懿”作“懃”，皆不可为训。

光绪十九年癸巳正月记。

凝禅寺三级浮图碑

《魏凝禅寺三级浮图碑颂》在元氏县，赵融兄弟率乡贤道俗二千余人创造，中兵参军郑鉴等刊石立碑。从前金石家不载，始载入《常山金石志》。近陆绍闻《续金石萃编》载其文，此碑讹谬乖异之字极多，书法至北魏纰缪已甚，文亦无可取，存之以识六书之变。

光绪廿年太岁甲午五月廿七日。

乐安公主造像

《通鉴·齐纪》：魏司徒长乐元懿公冯诞与孝文帝同年，幼同砚席，尚帝妹乐安长公主。此乐安公主造铜佛二座，高二寸有余，金光炫目，即北魏孝文帝之妹乐安公主也。

高盛碑

东魏《高盛碑》，昨年出土，文阙不全，字体疏散，略有篆法，古意尚存。

宝鸭斋题跋卷中

后魏中岳碑

后魏《中岳碑》，见于赵德夫《金石录》，太安二年立。吴山夫《金石存》录其文多残缺，余得此本篆额八字完全，碑文校《金石存》又缺数字，然多于《金石存》十九字，盖吴氏释文时未得善本耳。此碑笔法与《晋爨宝子碑》、《宋爨龙颜碑》如出一手，文字风气，同时一辙，彼一时派也。

齐石柱颂

《齐石柱颂》在今保定府定兴县石柱村，北齐属范阳郡。柱刻三层：上层四面；中层八面，分为二列，共十四段，皆刻上坐施主题名纪事；下层八面环刻文颂。考齐世祖武成皇帝大宁元年冬十一月癸丑即位。于南宫大赦，改皇建二年为大宁。明年夏四月，河济清，改大宁二年为河清元年，此柱题“大齐大宁二年四月十七日省符下标”，是大宁二年即河清元年也。文称“孝昌之际，杜葛猖狂”，是时杜洛周反于上谷，年号真王，攻陷幽州。葛荣自称天子，国号齐，年称广安，攻陷殷州、冀州。既而杜洛周为葛荣所并。至永安元年，尔朱荣槛送葛荣于京师，斩于都市，文称“毒掠中原，桑乾为虏马之池，燕赵成乱兵之地”，正谓此也。斛律羡以武平元年秋进爵荆山郡王，武平元年十月改威宗景烈皇帝，谥为显祖文宣皇帝。文于“丰落”已称“荆山”，“文宣”犹称“景烈”，则谓此柱刻于武平元年之秋确有可据。孟志青谓建柱之日在是年秋冬间。武平三年，荆山王兄弟皆被诛矣。盖乡葬之事始于东魏之初，义食义堂成于武定之世，齐天保三年告请敕许，天保十年蒙旨依式，大宁二年省符下标，河清二年权立木柱，天统三年教下郡县，以石代焉。溯造义始终三十馀年，而后石柱成，迄今一千三百二十年，雨淋日炙，文字不磨。八面环刻不下五千言，剥蚀才八十馀字，此石之坚，此义之高，信乎遐劫不腐已！

光绪十七年七月记。

文内“尉”讹作“慰”，“殷”讹作“酘”，“涿”讹作“潒”，“润”讹作“闰”，“洹”讹作“桓”，“旸”讹作“汤”，“薦”讹作“鹰”，“伽”讹作“茄”，“悳”讹作“惠”。皆六朝文字淆乱，陋习相沿，犹可哂也。

石柱颂释文

标义门使范阳郡功曹卢宣儒、典西曹掾解宝怜、范阳县使丞李承叔、典西曹掾龙仲裕。

标异乡义慈惠石柱颂。

元造义王兴国、义主路和仁。

元乡葬十人等如左：

田市贵、鲜于法珍、滑荣祖、田显和、梁令奴、郑暎世、田宝护、田勍顺、陈显仁、史灵贵。

元贡义四人如左：

田鸾　、郑贵和、陈灵奴、贾魏珍。

大齐大宁二年四月十七日省符下标。

右第一段

明使君大行台尚书令斛律荆山王。

右第二段二行

老上坐张季邕、老上坐田天爱、都寺主田嶌礴。上坐李双贵、上坐任敬和、上坐田僧寿、上坐赵荣族、上坐龙难憎、上坐齐贵宗、上坐成显伯、上坐任明轨、上坐陈景洛、上坐张买奴、上坐梁孝慈、上坐张明范、上坐梁景智、上坐孟阿和、上坐赵珍业、上坐陈令举、上坐牛显荣、上坐宁石墨、寺主吴景宾、寺主陈洪业、寺主李思宾、寺主狢元穆、寺主史长孙、寺主王元仲、寺主苟承伯、寺主史同珍

右第三段上三列十行

寺主石显周、寺主曹承仙、寺主刘阿礼、寺主赵僧首、寺主赵僧定、寺主牛晖预、寺主陈显达、大居士冯昆、居士姚神龙、居士梁令奴、居士陈伯仁、居士张顺和、居士田远达、居士张世迁、居士尹戠洛、居士卑元绍、居士邢子邦

右第三段第四五列十行

施主李淑贤、施主李伯悦、施主李胤宝、施主李阿楷、宝息长宾此四字似补刻

右第四段四行

施主严僧安、施主严阿承、施主严光璨、施主严市显、施主严道业、施主严惠仙、施主严市念、施主严天保

右第五段八行

施主李令弟、施主李小买、施主严僧芝、施主陈独怜

右第六段四行

施主严阿头、施主严智岩、施主严乐平、施主严智岳、施主严远郡、施主严绍建、施主严松林

右第七段七行

施主严道嵩、施主严智顺、施主严阿戠、施主严海宾

右第八段四行

义众一切经生姜子察

右第九段二行

初施义园宅地主笃信，弟子严僧安、故人严承、严法胤、严僧芝、严道业、严惠仙、严平仁等并解苦空，仰慕祇陁之惠，设供招纳，舍地置坊。僧安手自穿井，定基立宅，实是起义檀越。今义坊园地，西至旧官道中，东尽明武城壙，悉是严氏世墣□田，皆为种善来资，忻舍无悔。

施主僧安，夙植定因，遭灾无难，荒后宝育男女，并各端慧。长子怀秀，次息奉悦，第三息怀达，第四要欣，性并恭孝，敬从父命，立义十载有馀，重施南课田八十亩，东至城门，西届旧官道中，平坦良□，立文永施，任义园食，众领莳果，普天共味，随时礼念，愿资坛主。因兹感悟，宗房相学，广施如左：

施主严承，长息侍伯，伯弟阿继，孝心纯至，为父母，重施义，东城壕、城南两段廿亩地，任义拓园种殖，供宾冥资。施主冀若把土来招轮报。施主严光璨，璨弟市显，兄弟门华礼，风仪并著，儿孙端质，乡闾敬尚，施心弥隆，念福重义，有甚宗人。璨弟市显，显息士林，璨息惠房，第三定兴，璨孙洪略，共施武郭庄田四顷，施心坚固，众虽废庄，任众回便卖买庄田收利，福用见修薄拘之因，来受署提无尽之果。

右第十段十二行，行卅一字

施主严道业，业长息桃宾，父子重义轻财，为福舍地，现招十利，当获提伽慈宝。施主严惠仙，仙长子阿怀、第二兰怀、天保等，信义精诚，弗怖世报，各施地廿亩，任众造园种收，济义心度如海，舍著为念。施主严市念，念大儿氵长、长弟阿礼、阿友兄弟□顺，仰慕亡考，舍地卅亩，博严奉地，与义作园，利供一切，愿资亡考，贝能存亡博惠，离车净土非迢。

右第十一段四行

明使君斛律令公长息，安东将军使持节岐州诸军事岐州刺史仪同三司内修身正都督临邑县开国子世达，奉敕觐省，假满还都，过义致敬王像，纳供忻喜，因见标柱刊载大父名德，遂降意手书官爵，遣铭行由冀绍徽绪公第九息，仪同三司驸马都慰世迁贵桑，天资孝心淳至，嬪娶公主，过义礼拜，因见

右第十二段七行，行十八字

徘徊并有大祖咸阳王像，令公尔朱郡君二菩萨立侍像侧，致敬无量，公与铭名为徘徊，主方许财力营构义福。

右第十三段三行，行十八字

定州军士吕贵观为亡父母施地入义。右“定州军士”一行在宝息长宾之下，字略小不类，疑是补刻。

李孝端、田子承、张士谦、赵士彦、田悦侍、郭买奴、李子戠、李元晖、靳阿陁、刘阿农、齐伯□、贾阿农、杨绍业、吕遵贵、吕阿柱、孔起达、赵阿柳、□市迁、梁阿邕、郄阿根、李僧偃、殷道弁、王未好、陈阿季、邵元虎、张昙宾、牛景贵、任始悦、杨子经、胡阿糹、曹胡仁、王买苟、张荣进、董龙虎、解韩休、董纯□、董陁罗、牛季绍、石洪达、陈僧伽、孙阿略、牛阿肫、贾阿冲、鲜于勒□、□续长、张爱仁、□□□、牛子道、陈子休、张杀鬼、贾方思、沈子远、周广胜、任仲业、王思量、史伽、陈士远、成同称、董长云、鲜于沙门、鲜于仲哲、王子才、李子约、李子游、贾景略、鲜于文礼、李敬预、任青□、田阿道、孙道振、田士才、孙阿悦、田阿长、张侍祖、田士谦、鲜于晖绍、成子休、鲜于阿侯、丁思和、张阿等、张子绍、杨元举、赵市海、

赵达□、□伯□、田山伯、王长贤、田虎子、董元轨、刘阿老、沈恃遵、齐仲晖、鲜于文达、鲜于士荣、樊阿伏、张阿堆、梁阿沙、姚绍业、梁元贤、史阿冬、田胡仁、□士林、杜子良、□乾顺、成元□、张阿难、李阿贵、齐阿□、范永太、董子远、贾衍、鲜荣宗、猪阿业、李丑汉、鲜于荣显、赵市兴、梁士林、史仲奇、马阿□、庞修礼、鲜于士宗、韩万年、□市遵、范外宗、鲜于仲昌、牛□仁、田士勤、孙伯□、田子晖、范社叔、祖修罗、史子恭、史江海、张阿绍、王阿乂、胡仲轨、张士□、周继纂、路□贵、王子繁、王怨魔、田达魔、田子才、史士献、封阿□、田延望、史□和、李丑收、卫道幽、田孝让、鲜于孟礼、郄神敬、张尔□、□□□、□□□、赵乾香、优婆塞、赵孟举。

右第十四段九行，行五十七字

夫至宗幽微，非轻重可以挹其源；大道冲颐，何香臭所能究其始。自非旃檀在东，暂似牛头；飞水腾虚，瞥如钗股。壹月常圆，十火恒备。焉足致六师于河中，集法军于不退地者也。是以斧利虽盈，不可济其终身；鞭枢责罪，宁复救其时困。靡求度世之资，而罚握牛之厄；谷贼不易可除，摩尸何由能待。当须清净六尘，洗结烦恼。行六波罗蜜，具三不退转。成熟秔米，即此谁与，柔濡子草，于兹何立？无莳善牙之子，而责宝池八流，不入毗尼之菀，欲悉律提之囿，斯盖孤寒之守斫杖，绝羽之向清天。自可断膂于长眠之地，盘错于溟溟之水。安能变三有而受乐，出过一切苦而已者矣。值魏孝昌之季，尘惊塞表，杜葛猖狂，乘风间发，蚁集蜂聚。毒掠中原，桑乾为虏马之池，燕赵成乱兵之地。士不芸鎒，女无机杼，行路阻绝，音信虚悬。残害村薄，邻伍哀不相及；屠戮城社，所在皆如麻乱。形骸曝露，相看聚作丘山；

流血如河，远近翻为丹地。仍有韩娄狍勃，鸟集惊危，趣走蓟城，鸱视藏户。遂复王道重艰，原野再绝，由兹圮岸，皇化未均。瞩我大齐神武皇帝，应期受命，威灵自天，扫除凶丑，廓清宇宙。雄剑一麾，尘消万里，飘迸之徒，于斯获赖。时有故人王兴国七人等，住带□城，皆宿乘美业，渡三灾而弗坏，经八难而不朽。无待梧丘之诉，自起大慈之心，非关驿庭之哭，共发哀怜之念。乃罄心相率，驱车历境，缘潒东西，拾诸离骨，既不能辩其男女，谁复究其姓名。乃合作一坟，称为乡葬，设供集僧，情同亲里。于是乎人伦衰酸，禽鸟悲咽，言念其酷，谁不痛欤？坟墓于斯，遂有处焉。其时虽复公路远通，私途尚阻，百里绝烟，投厝靡托。仍有兴国市贵，去来墓傍，休歇冢侧，嗟同葬之因缘，念往人之业报。遂兴誓愿，赒给万有，各劝妻孥，抽割衣食，负釜提壶，就兹墓左，共设义食，以拯饥虚。于后荏苒，因构义堂。

武定二年，有国统光师弟子沙门三藏法师昙遵，禀资大德，历承冲旨，体具五通，心怀十力。常以智惠，救诸烦恼，名盛南州，邀致无因。有摩诃檀越大都督卢文翼，范阳潒人也，望重寰中，亲交帝室，冲素起于弱年，风概弘于壮岁，洞解十号之方，深达具足之海。既承芳实，朝夕敬慕，久而通请，方致神座。仍及居士冯叔平、居士路和仁等道俗弟子五十馀人，别立清馆，四事供养，敷扬秘教，流通大乘。五冬六夏，首尾相继，鳞羽感其德音，缁素服其惠了。贵贱往来，于是乎盛，便于此义，深助功德。时有敕请法师，始复乖阻，都督息士朗者，盖是凤室之雏，龙家龙子，气岸天遒，风光远逸，优游物外，无以世务在怀。昂藏自得，宁将荣禄，革意直置，逍遥正道，坐卧清虚。仍忧此义，便为檀越，与善无征，摧芳盛岁，人百弗及，四徒何仰。冯居士昆者，字叔平，瀛洲高阳人，本与法师同味相亲，造次不舍，因请至此。其人爱善若流，不忘朝夕，重信如山，行之必覆。雅素清逸，率有国士之风；器度闲闰，义当吐纳之远。诸子既为世宗，五经足称轨物，举必由规，动则成矩。真言秘典，幽途玄趣，随情立教，方便开张。如彼鸣钟，应不能已；如似悬流，泻不知竭。常于此义专心扶奖，一惬既回，众情顿慕，功业久存，良实是归。但余庆难凭，白驹易验，哲人其颓，谁不悲仰？天保八年葬于义左，因此刊勒，冀永清音。

武定四年，神武北狩，敕道西移，旧堂寥廓，行人稍简，乃复依随官路改卜今营。爰其经始，厥堵靡立。便有笃信弟子严僧安，合宗夙藉道因，早通幽旨，握镜怀珠，金声玉振，见善犹如不及，闻恶恨非千里，重三宝其如天，轻七珍同垢秽。若父若子，乃识乃亲，或前或后，非贫非富，正向十方，一心大道。气与一切合衣生，愿共恒河联口命，各舍课田，同营此业，方圆多少皆如别题，俱若布金，誓无退易。长陆于兹为洗浴之城，平原由此成福业之海。今生来生，现世去世，百亿千亿，有身无身，至功大业，皆由此诚，万世不朽，实钟斯德地。其形势也，左跨明武，右带长逵，却负清洳，面临观台。花菓绮迾，悬同鹿墅之菀；栋宇参差，绰逾祇桓之舍。轩驾驰彩，类卿云之五色；士女间杂，状丹素之纷披。天保三年，景烈皇帝驾指汤谷，离宫义所，时膺一餐，深蒙优赍。

有路和仁者，字思穆，阳平清渊人也。与冯生绸缪，往日依随法师，联翩积岁。昔游青齐之地，时号贞儒；曾过淄颍之间，世称千里。识洞百家氏族，宛若目前；综该六典经史，并同掌物。乃厌此嚣尘，仍怀至业，伏六贼于心中，拔四蚰于胸内，吐纳清虚，优游正道。穷智惠于德义场，追散花于慈悲室，即于此义，专□□□。而法师向并，仁从衣屣，蒙预内斋。时经一岁，每以此义，殷勤告请，赖有敕许，始得言归。于是独主义徒，晨夜吐握，寤寐惊拊，巨细不违。年过知命，□□□婚娶。首垂白发，笃意弥厚。良实行伏乡闾，德兼邑外，乃修造门堂，改创墙院。宝塔连云，共落照以争辉；甍宇接汉，将危峰以郁迥。虽曰义坊，无异茄蓝，□□□园，何殊柰菀。庄矣！丽矣！难得而称。天保螽虫之岁，长围作起之春，公私往还，南北满路。若军若汉，或文或武，旦发者千群，暮来者万队。犹若纯陁之□，□□□穷，舍利香积，曾何云愧？兼复病者给药，死者砖埋，斋送追悼，皆如亲戚。仍以河清遭涝，人多饥毙，父子分张，不相存救，于此义食，终不暂舍。贵□□□□□城市，此之□□，孰可具而论之？

天保十年，独孤使君宽仁爰厚，慈流广被，不限微细，有效必申。便遣州都兼别驾李士合、范阳郡功曹皇甫遵、□□□□、□首王兴国、义主路和仁、义夫田鸾礤、刘子贤、尹瓮乐、孔明远、张宗悦、贾陁仁、孟阿凤、王世标、贾定兴、鲜于洪宁、郑阿仲、赵元伯、郑伯远、赵士交、□□□□、汤子路、梁昙尚、贾孟良、张思邕、庞猛雀、张叔遵、鲜于修罗、王元方、宋子彦、董大邕、郑阿林、杨那仁七十九人等具状奏闻，时蒙优旨，依式标□□□□年，寻有符下，于时草创，未及旌建。河清二年，故范阳太守郭府君智，见此至诚，感降天旨，喜于早举，明发不忘。遂遣海懿乡重郡功曹卢宣儒□□典从，来至义堂，令权立木柱，以广远闻，自尔于今，未曾刊颂。新令普班，旧文改削，诸为邑义例，听县置二百余人，一身免役，以彰厥美。仍复年常考列，定其进退。便蒙令公据状判申，台依下州具如明案，于是信心邑义维那。张市宁、牛阿邕、李恒同、吕季秀、杨景宾、范崇礼、龙叔良、陈叔希、王僧彫、李远称、史苟仁、田元休、韩仲珍、蔡显邕、刘高贵、李同遵、孙阿长、史茂贞、刁定景、周显叔、李恶仁、李罗云、陈洪仙、田叔彦、董子彦、范戬兴、刘子刚、赵黄头、史景遵、傅子汉、鲜于孟昌、田子长合二百人等，皆如贡表，悉是贤良。可谓荆山之侧，白玉应生；丽水之滨，黄金自出。翩翩有泗上之风，雝雝秉槐下之节。轻财重义，众意协和，羽盖莫不霄依，飞轩靡不尽集。此义书契以来，未之有也。

我皇圣既无名，神不可测。或瞻云归附，望气来宾。从复文景成康，岂得同年而语哉？明使君大行台斛律公名羡，字丰落，朔州部落人也。公累叶重辉，其来自远，亲逾梁邓，勋迈伊姜。存意六韬，留心三略。既偏脱立戍，架谷为城，民安桑井之忻，卒无击柝之虑。威振六蕃，恩加百姓。驷马入觐，屡过于此，向寺若归，如父他还。百里停餐，届义方食，慰同慈母，赉殊僧俗。脱驂解驾，敬造尊像，抽舍珍物，共造义餐。达□好施于前，公复踵福于后，仍能不遗陋业，曲照纤微。每于斯义，恒存经纪，虑木柱之易朽，芳徽之不固。天统三年十月八日，教下郡县，以石代焉。义士等感敢竭愚诚，不惮财力，远访名山，穷寻异谷，遂得石柱一枚，长一丈九尺。既类琉璃，还如绀色，庶其镌美无穷，流芳永扇。车骑大将军范阳太守刘府君名仙，字士逸，定州中山人也。公流馨积代，轩冕相仍，禀性温恭，怀仁操义，幼步紫庭。爵伦华伍，毗赞青岳，德闻天听，敕授鄗郡。慈风预被，来□下里，路由此所，□□义从，深加信敬。奖励妻子，减彻行资，中外忻悦，共拯饥馑。桑下之士，翻同晋世，冯翼进粥，于兹更新。莅政未几，弘泽沾濡境内，滂洽枯荣，□润冀镂，徽猷以铭惠化。郡功曹释寿者，都督卢文翼之孝孙，义堂檀越士朗之元子。体度□□，舒卷从时，敦崇礼义，少慕父风。每言先人析薪，岂不负荷者哉？还为义檀越，志存世业，财力匡究。有建忠将军范阳县令刘明府名彻，字康买，恒州高柳人也。其人世籍馀芳，家传冠盖，晓悟机变，抱节归诚。入毗王室，出宰百里，察奸超于西门，慈政隆于浮虎，济上安民，实曰明君。仍好至理，深慕清净，爱共头眼，惜非妻子。以石柱高伟，起功难立，遂舍家资，共相扶佐。一力既齐，众情咸奋，叫声远□，长碣峻起。无异宝幢初建，梵音布于原野。法鼓新击，歌赞遍于村邑。但山挺万寻，尚有成壑之期；海深千刃，犹致桑田之会。未如金石一镌，共未有而同有；芳音铭注，将百代而常存。乃为颂曰：

玄哉大业，逖矣真人。难逢难值，谁识谁亲。寻之靡际，欲往无因。空瞻池水，虚想金身。飞河既易，腾火不难。所嗟斧利，弗救饥寒。法军虽厚，终谢香檀。来如□上，空中试看。真□不□，法中取厄。生亡环堵，死无冢宅。譬彼黄尘，随风阡陌。不识皮毛，谁辩骸骼。瞩兹大圣，虎据龙骧。剪除群丑，再立天纲。千家如一，万里归乡。云谁之力，赖我神皇。有兹善信，仁沾枯朽。义等妻孥，恩同父母。拾掇骴骸，共成一有。既与天长，还从地久。宇宙一清，尘消万里。城邑犹简，村薄未几。去来女妇，往还公子。骆驿长途，靡所厥止。仍兹四辈，心怀十力。念此浮魂，嗟于游息。近减家资，远凭此识。于此冢旁，遂为义食。义存于此，良实有年。惟公惟帝，或愚或贤。深相优赞，雅助留连。因兹爽垲，仍成福田。一心坚固，方寸倾回。既如殒萚，复似风雷。三途可灭，八难终摧。云何济彼，唯善斯媒。灵图既作，降勑仍隆。标建堂宇，用表始终。高山可覆，海水易穷。其如金石，永树天中。法界圆□，体空如如。妄想纷构，三有星居。求知悟理，佛法僧徒。梵音付传，说论经书。进修始终，贤圣凡夫。行因获果，隆业差殊。善恶不亡，勿吁痴愚。敷衍五乘，仁义非虚。五常之行，仁义先序。惠輶如毛，民鲜克举。周观齐域，唯兹邑侣。严氏施地，安承创与。坊类伽蓝，给孤讠汝。群英居之，昭世若炬。兴国元首，和仁为主。贤哉卓异，皎皎独竖。公主垂眄，守令识睹。毗赞倾席，百僚揖语。德伏乡邦，归同云雨。乐舍财力，弗辞贫苦。营造供宾，无避寒暑。愍育路人，如母慈父。恩沾灰厄，病瘦得愈。美闻朝野，州贡天府。御注依式，省判通许。覆核事实，符赐标柱。众情共立，遣建义所。旌题首领，众免役苦。梵励后学，言行稽古。雕刊美迹，流芳齐寓。凿石彰名，遐劫不腐。

右文五十九行，行五十九字

乞伏保达墓志

此《志》近年出河南彰德府，故邺城地也。北齐书方整极滞，此《志》用笔操纵，独具一种疏诞之气，与隋钦江正议大夫《宁赟碑》笔意相似，风韵流利，当为北齐书之冠。

光绪廿四年十月朔记。

高肱墓志

此《志》与前《乞伏君墓志》皆近年新出于邺城故地。高氏肱九岁而夭，有何遗芳不朽？观其祖，仪同三司，青州使君。父，骠骑大将军，开府仪同三司，中领军，专总禁兵，威名方盛。知当日富贵之家，虽九岁之童亦取谀墓之文，其门第显赫可见。然作文者并不著其祖若父之名，同一无闻焉已。

戊戌十月，书于望衡堂。

文曰：“门资盘石之固，世保维城之业。”知其为高氏宗子也。

额题曰：“齐故仪同公孙墓。”志标门第也。余在长沙得齐墓砖文曰：“齐永明三年桓幽州八世孙之墓。”由晋至齐八世，犹标门第，知六朝风俗如此，与此题额正同。

周贺屯植墓志

《志》出陕西三水县，按《北史·侯植传》：“仕魏为义州刺史”，“从孝武西迁，赐姓侯伏氏。从周文破沙苑，战河桥，进大都督。凉州刺史文仲据州作逆，植从开府独孤信讨禽之，封肥城县公，赐姓贺屯氏。后从于谨平江陵，进骠骑大将军、开府仪同三司，别封一子汧源县伯”。植“以忧卒，赠大将军、平州刺史，谥曰节。子定嗣。”此《志》谓：“戮河桥之封豕，摧沙苑之苌蛇，骋骁悍于洛阳，效武绩于隋陆。”与《本传》合。历位卫大将军、右光禄大夫、太子中舍人、河阳郡守，稍迁使持节骠骑大将军、开府仪同三司、大都督义州诸军事、义州刺史、司仓大夫、肥城县开国公，食邑一千七百户，官爵较《本传》详明。卒赠光杨平三州诸军事、光州刺史，谥曰斌公，与《本传》异。“平州”当是“光州”之讹。世子定远，次子定徽、定高、定国、定周、定贵，而《本传》曰“子定嗣”，谥法及子名皆当以《墓志》为真，可以正《北史》之误也。

隋苏孝慈墓志

光绪十四年，蒲城县出《隋苏使君墓志铭》一石，文字完全。考《隋书·苏孝慈传》，世系、官爵、事迹，有《志》详而《传》略者，有《传》详而《志》略者。《志》曰：“父武，西魏骠骑大将军、开府仪同三司、兖云二州刺史、平遥郡开国公”，《传》作：“父武周，周兖州刺史。”《志》曰：“后魏初，起家右侍中士，三年，加旷野将军。周授中侍上士。天和二年，授右侍上士”，《传》称：“周初为中侍下士”，而不知后魏起家官秩。《志》曰：“七年，授左勋卫都上士。建德元年，授夏官府都上士，治中义都上士。四年，授持节车骑大将军、仪同三司、大都督。平齐后封文安县开国公，邑一千五百户。又授前侍伯中大夫、右侍伯中大夫、右少司卫中大夫、司卫上大夫。”《传》皆不载。《志》曰：“判工部尚书，又判民部、刑部尚书。”《传》但称“判工部、民部”，而不及刑部。《志》曰：“迁授使持节、总管洪吉江虔饶袁抚七州诸军事、洪州刺史。”《传》但称“洪州总管”，而无七州之名。《志》曰“卒谥安公”。此皆《志》详而《传》略者也。《传》曰：“决渭水为渠以属河，〔令〕孝慈督其役。渠成，上善之。”《志》但称“诏知漕渠，总副监事”。《传》曰：“将废太子，惮其在东宫，出为浙州刺史。太子以孝慈去，甚不平，形于言色。”《志》但言“授浙州刺史。”此《传》详而《志》略者也。《传》曰：“寻改封临水县公”，又曰：“百僚供费不足，台省府寺咸置廨钱，收息取给。孝慈以为官民争利”，“请罢之，请公卿以下给职田有差”，此其善政，《志》未之及。按苏使君仕周、隋二朝，功高位显，六朝之季，海内鼎沸，争为雄长，天运无主，何论臣节？如苏使君者众矣，能识兴王，已称俊杰。《志》称葬同州莲芍县，今出土在蒲城县。考莲芍，北魏隶雍州冯翊郡，南宋、南齐隶秦州冯翊郡，隋隶雍州。今同州府蒲城县即隋雍州冯翊郡地，读此《志》知隋雍州亦称“同州”也。

光绪十五年，岁在己丑，秋八月识。

宁赞碑

隋正议大夫《宁赞碑》在广东钦州，道光十二年高廉道许公乃济始搜得之。从前金石家所未见，武进陆绍闻《金石续编》载之，粤东金石，此为第一。

蔡君故妻张夫人墓志

《梁书·张绾传》："湘东王承制，授侍中、左卫将军、相国长史"，"出为持节、云麾将军、湘东内史。承圣二年，征为尚书右仆射，寻加侍中"。《世祖本纪》：承圣二年，以湘东太守张绾为尚书右仆射，三年以胡僧佑都督城东北诸军事，右仆射张绾为副。此《志》云：祖绾，梁侍中、尚书左仆射、仪同三司，与《史》合，但"右仆射"误为"左仆射"恐是追远之讹。又《志》云：同堂姑即梁明帝之后，考后梁宣帝萧詧时，张绾以旧齿居显位，梁明帝后为张夫人同堂姑，乃张绾之侄女也。《志》又称：金汤失险，关河飘寓，盖谓广运二年，梁亡于隋也。但《志》云：父尤，陈给事黄门侍郎、廷尉卿，《陈书》无可证。此石光绪十五年出邯郸，大业元年迄今一千二百八十余年，文字完好，止缺一字，是隋碑佳品也。

光绪十七年，岁次辛卯，立秋日记。

尉富娘墓志

隋《尉富娘墓志》，同治十年出长安龙首乡，篆盖及志铭二石并完好，不缺一字，土人不以为重。山东张某以四十五金买石而去，予同年友员梧冈太守见贻一纸，宛如初写。按女郎姓尉，吴国公尉安之女，许字李氏，未归而亡，题首作“李氏女”，谬甚。祖为周大司空，父为隋大将军，又曰吴公第三女，或是周、隋二朝祖若父，皆袭吴公封。文中脱漏字句，“弥闲”下脱四字，“弥勤”上脱一字，“庭训”下脱一字，当日草草刻成，篆盖书尤谬。自大业十一年至同治十年凡一千二百五十七岁，复出于世，文字之寿耶？金石之寿耶？贞桂春兰，同斯不朽矣。

李则墓志铭、吴严墓志铭

《李则墓志》，去年直隶安平新出。《吴严墓志》，去年赵州新出。同时出两隋石，因并为一册，以志二妙。

辛巳十月。

佛经残本

隋佛经一卷，残帙无名，经文“佛告除疑大士”，姑名曰《除疑大士经》，书法大妙，隋书上品。近又得《宝梁经·沙门品》一卷，笔法之妙与此《经》如一手，书良可玩味，刻石何处，尚待访求。

宝鸭斋题跋卷下

宋拓唐九成宫醴泉铭

伯氏瀓园兄同治中得此宋拓本于杭州，三十年来朝夕展玩，窥见笔法，叹为稀世珍。今年春，树钧复得宋拓本一卷，墨色浓湿，古光盎然。伯氏复假肃邸所藏宋拓本互相印证，知此本与肃邸本同时拓，剥泐处皆同，而毡蜡精美，神力完足，此本为最。翁北平谓无一字凑补，无一笔填坏，足与成邸内府本、顾氏玉泓馆本鼎峙，倾倒至矣。肃邸本，翁始为蒋春农题，继为伊墨卿题，虽极赞美，犹以后来搀补为恨。他如王兰泉、钱梅溪、张古愚、郭兰石、黄左田诸跋，皆极推许。倘见此本，更不知若何倾倒。

树钧本，“百姓”“姓”字存下半，“水源”“水”字未损，“在乎”“乎”字存一钩，“踌”字存上半，“俯察”“俯”字存下半，“溢”字存右边，又较肃府本为多。合观三本，见骨肉，见风神，剑气珠光，炯炯夺目，然后知率更妙处，刚健婀娜，无美不备。而宋拓诸本各有佳处，实今日之瑰宝也。

校毕，伯氏命记之。

宋拓九成宫醴泉铭

肃府本旧为蒋春农、伊墨卿、定王府收藏，有翁北平、王兰泉、郭兰石、黄左田、钱梅溪、张古愚诸跋，确是宋拓，惜多后人凑补之字，铭词以后虫伤太甚，用墨填补，犹有缺憾。伯氏宋拓本有林吉人、王良常、郭罗洛、阿金、翁北平跋，翁氏极为推重，谓无一字凑补，无一笔填坏，与成邸所藏内府本、顾氏玉泓馆本足堪鼎峙。合观二本，时代无先后，风神肥隽如一，而伯氏本纸墨精神为尤胜。因取二本与此本剥蚀处相校，如“壮丽”“丽”字，“改作”“作”字，此本中有微蚀，校肃府本、伯氏本稍后；而“西暨”“西”字完全无缺，“百姓”“姓”字存下半，“水源”“水”字未损，“在乎”“乎”字存下半，“踌”字存上半，“俯”字存下半，“曰”字存下半，“溢”字存右边，又在肃府本、伯氏本之前。神采腴润，风格天然，在宋拓中未易轩轾者矣。惟“上及”“及”字，“还淳”“还”字，是后人填补，此外无可议者。

光绪己亥七月朔日校观毕记。

桂州舍利函记

广西金石，此为第一古刻。此本得于同治初年，是道光旧拓。今年至桂林访求一纸，第六行“庆”字、“丁”字皆半蚀，此尤可宝。

光绪廿一年，岁次乙未，闰五月记。

平百济国碑释文

原夫皇王所以朝万国，制百灵，清海外而举天维，宅寰中而恢地络，莫不扬七德以驭遐荒，耀五兵而肃边徼。虽质文异轨，步骤殊途，揖让之与干戈，受终之与革命，皆载劳神武，未戢佳兵。是知泅水挺祓，九寠遂戮；洞庭构逆，三苗已诛。若乃式鉴千龄，缅惟万古，当涂代汉，典午承曹。至于任重凿门，礼崇推毂，马伏波则铸铜交阯，窦车骑则勒石燕然，竟不能覆鳀海之奔鲸，绝狼山之封豕。况丘树磨灭，声尘寂寥，圆鼎不传，方书莫纪。蠢兹卉服，窃命鸟洲，襟带九夷，悬隔万里。恃斯险阨，敢乱天常，东伐亲邻，近违明诏，北连逆竖，远应枭声。况外弃直臣，内信袄妇，刑罚所及，唯在忠良；宠任所加，必先谄倖。标梅结怨，杼轴衔悲。

我皇体二居尊，通三表极，珠衡毓庆，日角腾辉。揖五瑞而朝百神，妙万物而乘六辩。正天柱于西北，回地纽于东南。若夫席龙图，褒风纪，悬金镜，齐玉烛，拔穷鳞于涸辙，拯危卵于倾巢。哀此遗甿，愤斯凶丑。未亲吊伐，先命元戎，使持节神丘嵎夷，马韩熊津。□一十四道大总管左武卫大将军上柱□邢国公苏定方，叠远构于曾城，泒长澜于委水。叶英图于武帐，标秀气于文昌。架李霍而不追，俯彭韩而高视。赵云一身之胆，勇冠三军；关羽万人之敌，声雄百代。捐躯殉国之志，冒流镝而逾坚；轻生重义之缺四字而难夺。心悬水镜，鬼神无以秘其形；质过松筠，风霜不能改其色。至于养士卒，抚边夷，慎四知，去三惑，顾冰泉以表洁，□霜柏以凝贞。不言而合诗书，不行而中规矩。将白云而共爽，与青松而竞高。远怀高人，咸有惭德。副大总管冠军大将军缺三字卫将军上柱国下传公刘伯英，上缺三字，下□风云，负廊庙之才，怀将相之器。言为物范，行成士则。词温布帛，气馥芝兰。绩著旂常，调谐钟律。重平生于崇岳，轻尺璧于寸阴。破隗之勋，常似不足；平吴之荣，□未涉言。副大总管使持节陇州诸军事陇州刺史上柱国安夷公董宝缺二字志□举，雄图杰立，艺包三略，策运六奇。缺三字梅，能令魏军止渴；无劳实纩，缺五字寒。副大总管左领军将军金□麟，缺二字温雅，器识沉毅。无小人之细行，有君子之高风。武既止戈，文亦柔远。行军长史中书舍人梁行仪，云翘吐秀，日镜杨辉。风偃搢绅，道光雅俗。鉴清许郭，望重荀裴。辩箭腾波，控九流于学海；词条发颖，掩七泽于文澜。钟太傅之深谋，未堪捧辔；杜镇南之远略，何可扶轮。既廓凤池，或清鲸壑。

邢国公运秘策，总骁雄，阴羽开偃月之图，阳文含晓星之气。龙韬豹钤，必表于情源；玄女黄公，咸会于神用。况乎稽天蚁聚，迎地蜂飞，类短狐之含沙，似长蛇之吐雾。连营则豺狼满道，结阵则枭镜弥山。以此凶徒，守斯穷险，不知悬缕将绝，坠之以千钧；累棋先危，压之以九鼎。于时秋草衰而寒山净，凉飙举而杀气严。逸足与流电争飞，叠鼓共奔雷竞震。命丰隆而后殿，控列缺以前驱。沴气祓氛，扫之以戈戟；崇墉峻堞，碎之以冲梯。左一军总管右屯卫郎将上柱国程阿□，右一军总管使持节淄州刺史上柱国于元嗣，地处关河，材包文武。挟山西之壮气，乘冀北之浮云。呼吸则江海停波，啸咤则风雷绝响。嵎夷道副总管右武卫中郎将上柱国曹继叔，久预经纶，备尝艰险。异廉颇之强饭，同充国之老臣。行军长史岐州司马杜爽，质耀璇峰，芳流桂畹。追风祭电，骋逸辔于西海；排云击水，抟劲翮于南溟。骥足既申，凤池可夺。右一军总管宣威将军行左骁卫郎将上柱国刘仁愿，资孝为忠，自家形国。早闻周孔之教，晚习孙吴之书。既负英勇之才，仍兼文吏之道。邢国公奉缘圣旨，委以班条，欲令金如粟而不窥，马如羊而不顾。右武卫中郎将金良图、左一军总管使持节沂州刺史上柱国马延卿，俱怀铁石之心，各励鹰鹯之志。拥三河之劲卒，总六郡之良家。邢国公上奉神谋，下专节度。或中权陷阵，或后劲先锋。出天入地之奇，千变万化；致远钩深之妙，电发风行。星琯未移，英声载路。邢国公仁同转扇，恩甚投醪。逆命者则肃之以秋霜，归顺者则涵之以春露。一举而平九种，再捷而定三韩。降刘弘之尺书，则千城仰德；发鲁连之之飞箭，则万里衔恩。其王扶馀义慈及太子隆自外王馀孝一十三人，并大首领大佐平沙吒千福国辩成以下七百馀人，既入重闱，并就擒获。舍之马革，载以牛车。伫荐司勋，式献清庙。仍变斯犷俗，令沐玄猷。露冕褰帷，先□忠款；烹鲜制锦，必选贤良。庶使剖符绩迈于龚黄，鸣弦名高于卓鲁，凡置五都督、卅七州、三百五十县、户廿四万、口六百廿万，各齐编户，咸变夷风。

夫书东观，纪南宫，所以旌其善；勒彝鼎，铭景钟，所以表其功。陵州长史判兵曹贺遂亮滥以庸才，谬司文翰，学惭俎豆，气重风云。职号将军，愿与廉颇之列；官称博士，羞共贾□之衡。不以衰容，犹怀壮节。提戈海外，冀效涓尘。十□贼庭，九摧逋寇。翁归之立，窃欲居中。乃弃饰词，敬挥直笔。但书成事，无取浮华。俾夫海变桑田，同天地之永久；州移郁岛，与日月而长悬。其铭曰：

悠悠遂古，茫茫厥初。人伦草昧，造化权兴。冬巢夏穴，壳饮鹑居。以结以刻，或畋或渔。淳源既往，大道沦胥。爰及三五，代非一主。揖让唐虞，革命汤武。上齐七政，下均九土。屡扰干戈，式清区宇。未渐西液，岂覃东户。粤我圣皇，道叶穹苍。荣镜千古，牢笼百王。邈矣远徼，遐哉大荒。咸禀正朔，并预封疆。蠢兹九种，独隔三光。叛换泽国，凭凌水乡。天降飞将，豹蔚龙骧。弓含月影，剑动星芒。貔貅百万，电举风扬。前诛蟠木，却剪扶桑。冰销夏日，叶碎秋霜。赳赳五营，明明三令。仰申庙谟，俯齐军政。风严草衰，日寒江净。霜戈夜动，云旗晓映。越戟前驱，吴钩后劲。巨猾授首，逋诛请命。威惠一临，边隅已定。嘉树不剪，甘棠在咏。花台望月，贝殿缺十字。刊兹宝刹，用纪殊功。拒天□而永固，回地轴以无穷。

处士张兴墓志铭

《张兴墓志》近年出郏下，文字工雅。唐人工书，多不署名。“虔”作“虔”，“匹”作“迊”，字体之变，他日当补入《中州金石记》。

润州仁静观魏法师碑

《寰宇访碑录》载其名，王氏《金石萃编》、陆氏《金石续编》皆不载。此本精拓完善，碑阴稍有剥泐。江南屡经兵革，一千二百年此碑尚存，固可宝也。

纪信碑

藏用此文见于《唐文粹》，是能文善书之笔，雅有汉人隶意。徐季海、韩择木不得专美一时。

王修福墓志铭

《王修福志》，今藏洪洞董云舫家。樊问青老人赠本，庸拙斋藏。

宋拓麓山寺碑

宋拓毡蜡精粗不一，在今日无不珍如拱璧。然《兰亭》、《圣教》、《九成》、《皇甫》、《大观》，秘阁宋拓本往往见之，独《麓山寺碑》，古本海内绝稀。北海碑版百余种，此为第一。明时经人刓削，笔意全失，又缺百余字，京师惟周荇农宗伯所藏程瑶田旧本，虽稍填墨，自是宋拓可宝。此本墨色浓湿，首尾完全，才缺十六字，浑厚古朴之气扑人眉宇，确是宋拓无疑。惜乎吾乡拓手不精，墨痕浸渍，丰采少减，然浸处墨淡，犹可窥见笔法。他日携归麓山，坐卧碑下，使北海真面复出人间，何幸如之！

取王司寇《金石萃编》释文证之，缺字百九十六，此卷缺字仅十六，盖多于《萃编》凡一百八十字矣。

宋拓麓山寺碑

《麓山寺碑》至今剥蚀已甚，明初拓本缺数十字，赞曰八句，仅存数字。此本前后才缺十六字，确是宋拓。余旧藏宋拓本，文字多寡同，惟“拥锡”之“锡”、“不崩”二字尚显然，“禅房”下多“其二”二字。惜湿墨浸渍，不及此卷毡蜡之精。禹舲中丞初未详考，故以为明拓。余曾见何子贞先生宋拓本，碑阴题名宛然。周荇农先生藏程瑶田宋拓本，皆与此精神无二，少源前辈其宝藏之。

明拓麓山寺碑

此卷“开元十八年”一行及“英英披雾”三句完全，定为前明拓本无疑。

《麓山寺碑》，今在岳麓书院前，虽覆以亭而剥泐殊甚，故旧拓可宝。近日杨海琴观察得《麓山寺碑》阴，只存数十字，上下为宋明人重刻，题名磨灭北海真迹，然碑阴数十字从无知者，余别裱一卷附记于此。

明皇铜简并释文

大唐开元神武皇帝李隆基，本命乙酉八月五日降诞。夙好道真，愿蒙神仙长生之法，谨依上清灵文，投刺紫盖仙洞。位忝君临，不获朝拜。谨令道士孙智凉赍信简以闻，惟金龙驿传。

太岁戊寅七月戊戌朔廿七日甲子告文

右简文五行

内使朝散大夫行内侍省掖庭局令上柱国张奉国，本命甲午八月十八日生。道士涂处道、判官王越宾，壬寅八月十日，傔人秦延恩。

右简背文三行

道光廿六年太岁丙午，衡山民于紫盖洞得唐明皇铜简一方，文五行凡八十六字，背刻内使、道士名，凡三行五十一字。道士争讼，县令易君小坪名学超，以银六十两售之，给民与道士均其值，讼乃息。咸丰中，易君负官累，以此简质诸善化唐荫云方伯。方伯殁，此简流落不可知，易君珍秘拓本甚稀。此天津樊文卿先生问青阁藏本，咸丰初得自易氏者。樊翁官湖北远安县令，五十解组，隐居京师三十余年，收藏金石颇富，著《畿辅金石录》、《问青阁诗集》。寿八十有七，殁后文字散佚，此本归于我。昨岁携归长沙，询之乡人，罕能知者，惟道州何伯源家藏一本，亦未得见。湖南吉金文字当推此为第一。近年修《通志》不录，何也？

光绪十二年太岁丙戌三月记。

李君夫人贾氏墓志铭 铭后刻云：后一千三百年为刘黄头所发

《贾氏墓志》道光中出元氏县，距建中二年，实一千三百有馀年。掘之者土人刘某，头秃而黄，人以“刘黄头”呼之。噫！一墓志也，而数皆前定，若合符节。蚩蚩之氓，孰不在梦中愦愦耶？《曹娥碑》五百年后，碑冢当堕江中，当堕不堕。逢王匡《保母砖》后八百馀载，知献之保母宫于兹土，皆与此同，一前知耳。

吴越银龙简

《吴越王银龙简》，本朝著录家皆未见，由简亡而拓本少也。此册为天津樊问青老人所藏，殁后并唐《开元铜简》本归于我。今年得见张叔未藏本，翁海村题识甚详，附录于后，益见拓本可宝也。

同治七年，予客京师，曾假樊翁此本照影数幅。迨光绪八年樊翁殁，予求得此本，一纸完善，一纸已残破矣。掇拾补存仍以照本附后，盖此简两面同文，其一面有直泐纹一线，照影即本此。

元拓北宋二体石经周礼残本

《北宋真篆二体石经》，奉诏于仁宗至和元年，毕工于嘉祐六年，凡九经。时写经者为杨南仲、赵克继、谢觞、章友直、胡恢诸人，见《宋史·艺文志》。顾亭林《石经考》、万季野《石经考》皆列其名，未见其书。杭大宗《石经考异》云："石板之亡当在元末"，吴山夫《金石存》有《嘉佑石经》、《易书》、《周礼》残碑，孙渊如《寰宇访碑录》存其目。《玉海》："仁宗命国子监取《易》、《诗》、《书》、《周礼》、《礼记》、《春秋》、《孝经》为篆、隶二体刻石两楹。"又皇侄克继书《论语》，不知有《孟子》。咸丰中，丁俭卿从淮安得《嘉佑石经》、《易》、《书》、《诗》、《春秋》、《礼记》、《周礼》、《孟子》，共存三万三百字，洵为大观。丁俭卿记何子贞诗、叶润臣跋极为详备，今刻入石经，汇函周密。《癸辛杂识》：太学"九经石板堆积如山，一行篆字，一行真字"，信有征矣。吴山夫犹及见开封府学《周易》二碑、《尚书》三碑，迨毕秋帆访之开封已无存，惟陈留存《周礼》残碑而已。道光中，冯庶常得《周礼》残碑，著《北宋石经考异》一卷，校勘甚详。今此本真篆共一百七十一行，以视丁俭卿之三万馀字、彭尚书本三百五十四行、冯庶常本二百六十九行，虽觉其少，而精神完美，字画腴润，吉光片羽，定是南宋元初拓本。澂园伯氏得此，喜不自胜。适钧复搜获陈留《周礼》残本，国初所拓，笔迹稍瘦，风韵自存，堪与此本印证。先后收百代之阙文，采千秋之遗韵，未始非通经稽古之一助云。

光绪己亥夏五记。

元龙兴寺祝延碑

赵书《龙兴寺祝延碑》，在今正定府大佛寺。隋曰龙藏寺，元曰龙兴寺，《金石志》不录，人无知者。光绪十八年，延沛苍搜得之，命寺僧拓数本，分惠及余。按近年易州出土赵书《敬元长墓碣铭》，皆足补畿辅金石之阙。

宋拓定武兰亭

余旧藏《兰亭》八十六卷，为黄吟川、程瑶田故物，皆宋元明拓本，古色古香，无美不备。继又得孙退谷宋拓一卷，有赵松雪一札可证。又得南宋拓《鼎帖》中《兰亭》三卷，又贾秋壑刻《玉枕兰亭》一卷，并此卷合成九十二《兰亭》。晴窗流览，尘俗赖以涤除。

光绪廿有七年十月，记于金陵官舍。

贾秋壑玉枕兰亭

贾秋壑《玉枕兰亭》，余所藏三本皆不同。其一有悦生瓢章，字画与思古斋褚本相似，程瑶田称为佳制；其一灵璧石缩本，系宋拓，前刻右军小像，有“宝庆二年五月朔珍勒”九字，有元人赵拙庵跋，又本朝王良常跋云：“字画遒劲，得欧阳率更法，方寸有寻丈之势，真临池家至宝也”；此本纯是定武派，与二本异，想见贾氏收藏之富，钩刻之精，各极其妙。此石乾隆时为杭州汪鱼亭家藏，继为钱文端公家藏。今其元孙钱子密宗丞藏一卷，是文端公拓付胡学林者，文端跋云："其断纹用钢钉连缀，存于敝笥中四十馀年，偶捡付履安拓之。"此本钉纹显然，纸墨神采与钱氏一卷吻合。今此石存亡，钱氏亦不知，则拓本益可珍贵。因昨题子密宗丞卷，详述《玉枕》三本异同附记于此。

光绪十五年岁次己丑八月。

余旧藏《兰亭》八十六种，为明宋金华先生故物，古色古香，无美不备。中有《玉枕》古本一卷，系宋拓。明马孝常跋云："灯影缩本始于欧阳率更，贾似道犹是重刻，此刻笔画古劲，的为率更原摹无疑。"马公明，洪武时人，宋金华所藏八十六种多公题识。此外一玉枕本，一灵壁石本，皆稀世之物。今皆藏敝斋，何幸如之！

玉枕兰亭，钱子密宗丞藏

贾似道《玉枕兰亭》不止一本，予藏明宋金华学士所收《兰亭》八十六种，中有贾刻二本：其一元祐玉枕本，程瑶田跋云："此玉枕本有悦生瓢章，为贾师宪所摹，与思古斋褚本一笔不异，体虽缩小，而气韵不减，亦佳制也"；其一宋拓灵壁石缩本，前刻右军小像，并"宝庆二年五月朔珍勒"九字，笔意纯是率更。王良常跋云："此贾师宪命廖药洲缩摹定武本，刻之灵壁石者，字画遒劲，得欧阳率更法，方寸而有寻丈之势，真临池家至宝也。雍正六年春三月识。"今此本右军小像与灵壁石本小像不同，又兼"宝庆二年"一行，像左有贾似道小方印，而无悦生瓢章，笔意是定武派，与二本皆异，可知贾相《玉枕》不止一本也，流传至今，皆足宝贵。此石乾隆时断为三，用钢钉两面连缀，拓本钢钉纹分明可证，与阁帖银锭纹同一故事。今石未知存亡，拓本稀如星凤，矧公家故物，五世复归，祖泽清芬，渊源会合，是大快事。树钧亦藏此本，纸墨正同，当是乾隆中拓者。今获观公先世留题，备悉颠末，因述贾氏三本异同，以俟博雅考证焉。

定武兰亭断石瘦本

桑世昌《兰亭博议》云：定武本有三，其一李学究本，传为智永师所模；其二字肥，薛道祖别刻留公库；其三断字差瘦，得于修城役夫家。此本石断字瘦，神味淳厚，纸墨皆旧，殆所谓修城本乎？余旧藏《兰亭》八十六种，为明宋金华故物，多宋元佳拓。中有修城本、定武断石本、定武断石瘦本，皆与此本神味极似。因藏之湘中老屋，无从比校。又藏一卷宋拓定武已断肥本，五字已损，元人陈直斋物。明时在王元美、董文敏家，后归孙退谷笪江。上题为“宋拓定武真迹”，与此本校勘，神味正同，点画剥蚀、石泐纹理丝毫不爽，但彼肥此瘦耳。中间石断自第十五行至二十一行斜裂正同，但彼窄此宽，由时代有先后耳。宋金华谓笔笔圆浑，寓方于规，无剑拔弩张之习，是为禊帖上乘，此本近之矣。方山仁兄藏《兰亭》六十馀种，此卷为最，其宝藏之。

光绪乙未七月，题于桂林官廨。

宋拓圣教序

怀仁集《圣教序》，王虚舟先生云在闽中许氏借观赵松雪临本，断处皆缺，故知碑断于宋。近日崇雨舲中丞藏宋拓凡七本，审定时代，考据极详，是碑断于宋，凡未断本皆宋拓也。余自藏宋拓二本，在京师见友人所藏数本，肥瘦浓淡不同，大抵风神完美，视拓手之精妙。此卷精神十倍，锋颖犹新，固是宋拓上品。第一行下有颍滨印，为苏子由家物，犹是北宋拓，可宝也。静生亲家其珍重之。

宋拓圣教序

曩在京师，与廷劭民雍同官农曹。劭民一日出其先人崇雨舲中丞所藏宋拓《圣教》七本，古色古香，无美不备。审定时代，考据极详，其述王虚舟先生云曾在闽中许氏借观赵松雪临本，断处皆缺，故知碑断于宋，凡未断本皆宋拓也。余得此本神味古厚，除“纷纠何以显”五字已损，馀皆完全。“后餐极物传空无多林”九字微裂如线，梁山舟先生所以题为不断本也，旧为张静庵藏。静庵，乾隆中为永州太守，与冯鱼山、江秋史相友善。宋拓本日久日亡，与周鼎、商彝并重。忆余得此本临摹已二十年，今春陈静生亲家以宋拓本嘱题，风神完美，在此本之上。前有颍滨印，后有董文敏题，敝帚自珍，难为俗人道。因题陈本，爰取家藏本并记之。

戊戌闰三月。

宋拓圣教序

宋拓《圣教序》不断本，精神完美，古色古香，无线裂纹，自是无上妙品。前有“松雪斋”、“项叔子印”，后有牛氏、毛氏、王氏收藏印，并王氏泥金题字，近人庚子仙长所藏。

元拓圣教序

怀仁集《三藏圣教序》，记王虚舟在闽中许氏借观赵松雪临本，断处皆缺，则知元以前碑已断矣。近世崇雨舲中丞精鉴此帖，审定详细。此三奥俱全，为宋末元初拓本，裂处仅损三十馀字。中丞又称自藏三奥本中其一，精神纸墨，的为宋拓无疑，亦损三十馀字，是碑断于宋末审矣。予得此本未敢遽定为宋拓，伯氏题作元拓，纸墨幽静，神采焕然，晚近得此，大可贵也。

明拓圣教序

《圣教叙》及《心经》相传为金钱帖，盖唐文皇以金钱易右军书，怀仁因之集缀而成，且明言奉敕润色，则凑补展缩，理固有之。唐人谓之院体书，黄长睿已尝论辩，以为学之者自俗，碑字未尝俗也。钧在京师所见友人藏宋拓本不下十馀卷，惟崇雨舲中丞收藏七卷为最富。然拓手有高低，时代有先后，墨色有浓淡，笔画有肥瘦，固是原本各有佳处。雨舲先生考据精详，谓是碑断于宋末元初，洵为笃论。此本虽已断，然蝉翼淡墨，神味渊厚，的是明末国初拓本。乃秋前辈重装见示，辄题于后。

宋拓黄庭内景经

孙退谷跋宋拓《黄庭经》墨色古雅，上有“内府图书”印及“奉华宝藏”印，与《庚子销夏记》合，确是退谷所藏。余按帖首刻宋徽宗题“晋王羲之黄庭经”七字，退谷所见“御府古石刻”

五字今亡之矣。宋高宗刘夫人居奉华堂，为高宗掌书记，此帖“奉华”朱印在徽宗题字之上，则此帖刻于徽宗时可知。退谷谓唐石在宋装者，误也。高宗不辨何人书，退谷亦不辨何人书。明万历中，王肯堂摹刻郁冈斋中，神采不失。肯堂跋曰：《黄素黄庭经》，吴郡韩敬堂所藏，徽宗题为右军书，米氏《书史》以为六朝人书，赵魏公以为杨、许书，而董元宰不知其何据。考《真诰》云:《真经》出世，始于晋哀帝兴宁二年太岁甲子，紫虚元君上真司命南岳魏夫人下降，授弟子琅玡王司徒公府舍人杨羲，使作隶字写出，以传护军长史句容许穆，并第三息上计掾翙。凡三君手书，杨君书最工，虽祖效郗法，笔力规矩，并于二王，而名不显者，当以地微，兼为二王所抑也。掾书是学杨，而字体劲利，偏善写经画符，与杨相似。此绢本若非杨君始写之本，即是许掾书，余按肯堂得见真迹，其言是也。自徽宗误题为右军书，传讹遂久，此卷题《太上黄庭内景经》，与右军书《黄庭经》迥然各别。杨羲、许穆、许翙皆晋人，工书，其时二王名重，故不见称。且右军《黄庭换鹅》，流传古今，遂疑《内景经》亦右军书。亦犹蔡邕善隶书，世遂疑《夏承碑》、《西岳华山碑》皆邕书也。名之在天下，人所群趋，而真伪混淆。今古攘夺，尼山所以先正名乎？

宋拓争坐位稿

王兰泉谓《坐位帖》，宋以后摹刻凡七本：一京兆安师文本，一吴中复本，一米襄阳本，一北京本，一戏鸿堂本，一嘉善魏氏本，一关中本。今世流传皆关中本，其他不恒见，然关中本“尊者为贼所逼使使百僚”，此二字昔人谓原稿误，今此本分明，“尊者为贱所偪使彼百僚”并无误，亦无凑补痕迹，拓虽不工而精神内含，风采飞动，审是元明拓本，或安氏本，或吴本、米本，必居一于此矣。前有“项墨林秘笈印”，后有“弇州山叟”印，知前明已入赏鉴家也。

光绪廿五年四月。

此本“贱、彼”二字无误，世所罕见，前有“项墨林父秘笈之印”，后有“弇州山叟”印，古香古色，定为宋拓无疑。帖末下有“陈”、“群”二字印，是钱香树曾经鉴赏，惜宋牧仲跋未能言其所以然耳。

宣统己酉嘉平月。

颜鲁公大字麻姑坛记

宋拓大字《麻姑仙坛记》，海内止二本：一何子贞年丈藏，一崇雨舲中丞藏。往见京师复刻，颇讶失真。今年还湘，伯源兄出观家藏本，信为瑰宝。毡蜡中时见木纹，知当日枣木传刻，精神不朽。蝯叟、雨翁两跋评论至当，蝯叟不署名字，崇本远莫能致，无由对勘。长夏杜门，庭兰始花，流连翠墨，双钩油素，中表何氏子幼梅善摹刻，仍镌木壁以复其旧云。

光绪十二年夏六月。

明刻怀素自叙帖

《怀素自叙帖》传世三本，空青老人论之详矣。此明嘉靖文氏寿承刻石，神采飞动，蝉翼初拓，与世传《圣母帖》、《藏真帖》、《苦笋帖》同一超妙。嘉靖壬辰距隆庆改元中间三十四年，后有弇州山人题字九行，审为嘉靖拓本，今三百馀年矣。弇州贬抑沙门，故作快语，然称其书如并州劲铁，北山迅鹰，奇矫无前，诚为笃论。真迹明时历数相臣家，有力者以八百金买去，本朝乾隆间入内府。同治间，潘伯寅大司寇在懋勤殿犹及见之。此所谓下真迹一等者，视永州绿天庵刻本，不啻倍蓰尔。

光绪十六年庚寅上元日。

宋拓苏东坡宸奎阁碑

往见《东坡尺牍》载《与大觉禅师书》，论《宸奎阁碑》事，以今世不传此碑为恨。今年春，周荇农宗伯出示此碑，是宋罗纹纸拓本，神采煊赫，想见兴酣落笔气象，叹为稀世宝。爰命工重摹上石，公诸世之爱坡书者。

甲申中秋。

赵松雪书不自弃文

余旧藏松雪书《不自弃文》一册，绢本真迹，拟泐石未果。近见斌笠耕良刻《裒冲斋帖》镌此文，又扬州《彝福堂帖》亦刻此文，皆钱梅溪一手钩刻，神采不失，与此册笔法小异，盖松雪书此文原不止一册也。而阜荫方尚书谓此文权德舆撰，不独新、旧《唐书》本传无之，权载之集亦无此文，要是唐人所作，以此训戒子孙，置之座右，触目警心，为传家之宝，不胜于黄金满籯哉！

甲午新秋记。

赵松雪书福神观记

董文敏《题李北海娑罗树碑》，谓松雪碑刻，皆以此本为师。余观松雪书碑，探源北海，神明变化，不徒得娑罗之妙。此卷《杭州福神观记》，神韵直逼北海《麓山寺碑》，为公书无上妙品。真迹初在蔡友石先生家，继归周荇农宗伯，今归费屺怀学博。余昔从荇农宗伯游，常时借观，窥见笔法，因双钩一通，请何子幼梅摹泐上石，以广流传。

赵松雪书止斋记

《止斋记》，不知段从周为何人作，卷首疑有阙文。而“赵”圆印、“松雪斋”印盖用卷首，又似无阙文。段从周无文集可考，其论止义，与廙轩中丞时止之道适合，中丞方引退得此卷自随，宜其悦怿有馀。夫知止者业无止境，以止喻止之非止，孰若以非止喻止之得所止乎？此书刚健婀娜，与《隆禅师碑》、《福神观记》实相颉颃。《隆禅师碑》，同治初阎丹初相国刻于秦中。《福神观记》，光绪初树钧刻于长沙。此卷中丞盍命工双钩入石，流传万本，则止斋其无止耳。

马和之召南图

光绪廿三年十一月，在江建霞学使署见所藏《马和之召南图》一卷，绢本，微损，画法精妙，人物如生。《殷其雷》一章，画一人凝立侧耳听雷；《摽（其）〔有〕[①] 梅》一章，画一人执笔握卷，若日者为女卜吉；《驺虞》，貌似猛虎狰狞有神；《江有汜》一章，烟水空茫，悠然意远。自《鹊巢》至《驺虞》十三章，每章画一帧，前题诗序并诗，篆书精丽，惟阙《何彼秾矣》一章。卷尾有“臣马和之画”五字，小如绿豆，前后无珍藏印。跋尾书建霞言“得之意外，其价甚廉”。盖道州何子贞丈之弟子毅先生家藏物也。建霞又得《恽南田册》八幅山水花草，写生有神，每幅自题二三段，盖生平极得意之作，高江村亦有题字。安化罗苏溪先生所藏，后有何子贞丈为罗苏溪题跋，极为赞赏不置。建霞归装，获此二物，足以压卷矣。

李西涯书弟东溟圹志

畏吾村明茶陵李文正公墓，自其曾祖、祖父及文正墓，子兆先五世同域。嘉庆初，法梧门访诸故老得之，乃于墓前建祠，为文以记之，然后吾乡人岁时祭祀不绝。光绪初，祠墓摧颓，茶陵谭文卿中丞捐俸，嘱善化唐斐泉给谏重修之。光绪六年，京师石工以二石求售于余，余手摸其文而读之，曰此李文正书亡弟《东溟圹志》，载于《怀麓堂集》者也。叩所从来，曰自畏吾村西得之。按《圹志》称弘治戊午始葬，去旧茔三里，癸亥从父迁葬于畏吾村。考公集中《复畏吾村旧茔》及《迁葬》、《合葬》诸告文，言其地百余亩，季弟东溟、子兆先、兆同并从迁祔，则五世同域之说益信。今五冢累累，若者某，若者某当时已不能分辨。东溟之圹，土人复不能实指其地，然则此石之出，岂非文正祠墓

①据《诗·召南》篇名改。

之灵，实式凭之乎？爰出白金五两购二石，置诸祠壁，后之拜公墓者，知所本焉。

蔡江门诗卷

光绪十三年，岁在丁亥，树钧得蔡忠烈公手书一篇，乃公殉难前数月书也。纵横决荡，笔挟风霜，确乎真迹。题曰《湖南行》，与唐元次山《舂陵行》命意正同。当明季，农民瘠苦，兵役骚扰，保马之弊，伤财害民，于时长吏不恤凋残，公独见而哀之。既而流贼大至，公预救出难民十馀万户，俾免屠戮，而后以身殉城。盖其守御之略，临难之贞，人咸知之。其救民之仁，则有史传、志、状所未及详者。此卷流传二百四十馀年，手泽如新，公之英灵实式凭之，湘岳神祇，实呵护之。谨双钩勒石，置祠壁间，俾后学者咸瞻仰焉。

成亲王书寿物卷

右嘉庆六年成亲王书五十生辰赏寿物单，应在当时谢折之后，经御览发下者也。其时国家隆盛，物阜民康，天潢手足之亲，延寿延龄之礼，锡赉骈繁，亘古未有，书法精健，本朝所尊。至嘉庆九年，上命王将平日所书，自行选择刻石，以“诒晋斋”名，颜其卷帙。本日王所奏之折亦附刊于后，以志一时翰墨欣赏之盛。今《诒晋斋书》四卷，末署奉圣旨摹勒上石者是也。想见当时王手书、奏牍，皆蒙宸赏。此卷小楷精书，留传到今九十年矣。树钧得此，藏之秘笈十五年，珍如拱璧，不轻示人。一日宗室溥仲路农部颋过余斋，出以相赏。仲路肃然曰：“此我本生高祖墨宝也，家藏手泽，零落无多，展卷一读，数典难忘。”异日出董文敏书《黄庭经》一册及诒晋斋书《姚合诗》一轴，请以相易，树钧钦其尊祖追远之诚，不忍违其请，敬捧以赠之，庶几君家子孙世世永宝云。

光绪十六年岁在庚寅二月。

楚宝目录

刘人熙　撰

楚宝目录

楚宝目录

乡先生往矣，流风余韵，时载口碑，赖以不朽，尤在简策。余需次水部，退食多闲，辄购求大湖南北遗书。同人好事，多举目录相告，往往得之。适副都御史长沙徐公新于宣武城南之兰冕胡同建忠义祠，规模壮丽，用庋藏其中，供好古者之考订。其美者，固兴起于百世之下，有裨当世之务矣；其美而未至者，牵莅稂而取璠玙，亦备三鉴，皆楚宝也。随手所得，编为目录，粗述纲领，匪能发明，分类编年，抑又未逮。若夫拾遗补阙，远绍旁搜，汇成巨观，蔚为册府，然后综九流而著《七略》，甄百代而为《四部》。下走不敏，以俟君子云尔。

光绪十四年，浏阳刘人熙记。

楚辞章句十七卷

汲古阁原本，长沙书堂山馆重刊，题"汉护左都水使者光禄大夫臣刘向集、后汉校书郎王逸章句、曲阿洪兴祖补注"。楚人之书自《鬻子》以下，莫古于《楚辞》；《楚辞》之行世者，莫古于王逸《章句》。自叙云："稽之旧章，合之经传，作十六卷《章句》。”今自《离骚》以至《九思》，次序不与释文同，又多一卷，盖后人所定，而洪氏补注时所因也。《九思》，逸自作，洪氏云：“逸不应自为注解，恐其子延寿之徒为之。”然衡阳王子《拟骚》亦自为注，安知昔必异于今所云也？不必深辩屈子怀忠自沉，或以为露才扬已，然则必同昏而后贤乎？逸之排击伟矣。司马迁云：“《国风》好色而不淫，《小雅》怨诽而不辞，若《离骚》者可谓兼之矣。”又曰“蝉蜕于浊秽，以浮游尘埃之外，不获世之滋垢，皭然泥而不滓，推此志虽与日月争光可也。”诚哉是言！

楚辞集注八卷

题“朱熹集注，听雨斋雕”，又增唐沈亚之《屈原外传》一篇，《总评》一卷，自司马迁、刘向以至宋瑛、陆钿，凡八十一家，又每篇后各自有评论，亦非朱子原本也。朱子曰：“洪氏之论，发屈原之心至矣。然屈原之心忠清洁白，不辨自显，若其行之不能无过，则亦非区区辨说所能全也。屈原之忠，忠而过者；屈原之过，过于忠者也。”又曰：“王逸《楚辞》篇次本出刘向，自原之后作者继起，而宋玉、贾生、相如、杨雄为之冠。然较其实，则宋、马辞有馀而理不足，雄乃专为偷生苟免之计，既与原异趣矣。其文又以摹拟掇拾之故，斧凿呈露，脉理断续，其视宋、马犹不逮也。独贾大傅以卓然命世，英杰之才俯就骚律，所出三篇，皆非一时诸人所及。”又曰：“《七谏》、《九怀》、《九叹》、《九思》虽为骚体，然词气平缓，意不深切，如无所疾痛而强为呻吟者，故今不复以累篇裘也。”《集注》去取之意略见于此，《自叙[①]》一篇不载年月，考之年谱在伪学再禁之后、蔡氏放逐之馀，其时屈之时，其心屈之心也。呜呼，悕矣，是岂易与俗人言哉？盖自道也。

杜诗详注三十一卷

国朝仇兆鳌著。康熙三十三年表上，凡二十四卷。采取各家注释，特下己意荟萃成书，年谱、凡例持论甚辩，《续录文集、诗序》一卷、《诸家论杜》二卷、《诸家咏杜》一卷、《诸家仿杜》一卷、《诸家集杜》二卷，凡三十一卷。自《论杜》以下有目无书，均注“嗣刻”，今但得《咏杜附编》一卷、《论杜附编》一卷，又《杜诗补注》一卷。表上，时方官编修，《补注》则为侍郎时所作，遗文逸义纤悉不漏，盖终身寝馈于诗史矣。

周子全书九卷，传志、年谱二卷，摭录一卷

国朝新化邓显鹤编。朱子定《太极图说》为《通书》首篇，确不可易，以《图说》单行已久，犹题曰《太极通书》，则今所题非朱子之旧矣。邓氏老于文学，编次全书繁而不芜，简而不遗，足称善本。

杨忠烈公文集十卷、序赞一卷、补遗一卷、表忠录二卷

道光十三年世美堂重刊本。公集在明崇祯时首编于郑鄤，再

①自叙，当为“目序”。

订于游士任，再序于陈继儒，此本则公裔孙道宪所录者也。公讳涟，字文孺，应山人，神宗大渐，公以户科给事中，与顾命争移宫，未几告归。天启初，起礼科都给事中，进左副都御史，劾魏忠贤二十四大罪，卒以是死诏狱。眉公之序云：公就累车，自老妪菜佣、瞽<u>鳖</u>乞儿，莫不号痛。而当时所谓士大夫者，反谤其陷君于不孝，陷友于弥天。党锢中，岂非冤外之奇冤哉？舆榇南归，大河南北有顶香前迎、提椒浆麦饭以祭公者。至则七十老母宿于城楼，六岁之幼子、幼孙密寄僧舍。不旌不旐，暴露白杨之棺；不树不封，攒吊青蝇之客。童仆多鱼惊鸟散，三子正破卵覆巢。伯兄清既夺其郡丞，又罄其资产，独存尘埃数卷集，幸未为逻卒偷儿掠去，此荆卿白虹、苌宏碧血也。冥冥中果有护呵者耶？呜呼，读此文者可以悲矣！

光绪十四年春，黄再同编修国瑾游厂肆，见公手卷三札，寿阳祁文端公寯藻、道州何子贞编修绍基两书家皆有跋尾，道州篆额并题签，御史哲生贵恒市之将成交矣。再同私念楚国先贤遗墨，当为楚人所宝，乃持归置酒松筠庵，约大湖南北官京师者同观。是日集者屠梅君仁守、张书城炳琳两御史，张冶秋百熙、陈荪石兆文、曹次谋贻孙、柯韵伯逢时四编修，欧阳节吾中鹄舍人、冯莘垞锡仁刑部、徐仲阮壼立兵部、王芾堂之杰户部，仆亦与焉并饮。哲生告以乡人之意，哲生忻然谓藏之一家，不若公之两湖为得所也。于是以二百金易之，与公集同藏，并请莘垞钩摹上石，以垂不朽。

按公三札：一为绝笔，二为被逮时书，皆不见于《文集》，第二札《与王葱岳书》略同，盖一时作绝笔，与《文集》不同，末数语则一，盖有两书也。忠臣孝子之气，下河岳而上日星，百世之下闻风兴起，固宜斯札之流传至今也。纸墨如新，字画遒美，凛凛生气，尚在人间。用纪雅集，志其所由，以毋忘角弓。

李文正公怀麓堂全集七十卷、年谱七卷

国朝小西涯居士法式善纂辑，乡后学唐仲冕陶山增补。式善字时帆，平生酷好公诗文辞，既纂《全集》七十卷，又为《年谱》七卷。又访公墓，构祠置守冢在西直门外二十里之畏吾村，至今楚人士之官京师者，每春深上冢，祀毕，饮极乐寺赏海棠，沿为故事。公讳东阳，字宾之，茶陵人，以戍籍居京师。明天顺八年进士，官至大学士。诗文似燕许，清俭似房绾，推挽士类似狄仁杰。独以武宗时刘瑾弄权，不能与刘谢同去，未免委蛇避祸，至有春草鹧鸪之刺，盖树立若斯之难也。然考公年谱，刘谢既去之后，乞身之章非一，卒以顾命大臣温言慰留，金车之困甚于桎梏，读公乐府《急流退》一章，未尝不叹所遇之不幸也。呜呼，负乘折足，夜行不休，非罢斥未有避贤路者，是又公之罪人也夫！

张龙湖先生文集十五卷

明太子太保大学士张治著。公字文邦，号龙湖，茶陵人，年辈后李文正，文与之齐。壮岁登朝，避张桂不出。晚登政府，值严嵩持衡，志不行，郁郁以终，与文正之厄于刘瑾抑又齐也。公屡主文衡，所序《试录》皆卓然成一家言，得士如归有光震川、薛应旂方山，最知名。方山序先生之集曰：“先生登内阁，余为南宫司属，先生素以文示，而虚心咨访，谓当无隐，旂谓先生上下今古，博极群籍，而左、国、戴、管恒有所嗜，惟是文之风容色泽，时或类四家之书，先生乃掀髯长笑曰：‘而谓吾文尚有蹊径

耶？规短者，方圆之所就也；律吕者，声音之所谐也。成器以利天下，导和以宣化机，固有物焉，以行乎其简矣。行当甘苦俱忘，疾徐融释，陶甄造物，大音希声，再当示子’”。今诵公文，优游清邃，虽应酬之作。皆根极理要，良如方山之言。七言诗歌仿佛太白近体，铿锵清丽，据写性灵，公虽比肩严嵩，集中独无青词之作，故初谥“文隐”，隆庆时乃改谥“文毅”，则公之正色立朝，不为容悦之臣，抑可见一斑矣。

张太岳集四十七卷

明江陵大学士谥“文忠”张居正著。公字叔大，号太岳，幼慧能文，嘉靖二十六年进士。隆庆初参赞机务，条上六事：省议论，振纪纲，重诏令，核名实，固邦本，饬武备，皆切时用。万历初，受顾命，辅冲（人）〔圣〕，恩礼优渥，号为元辅而不名。公亦以天下为己任，正主德，核名实，驾驭四夷，裁抑恩倖，故称为救时之相。然事必求可，功必求成，不免驱除异己，夺情起用，天下惜之。盖公之才，霸才；公之学，杂学也。读公杂著，以秦始皇为得圣人之威，谓周公不免多事，通人之蔽，抑至斯乎！

袁中郎先生全集二十四卷

明公安袁宏道中郎著。国朝善化贺御史熙龄序曰：“有明一代作者林立，自李献吉、何仲默倡为复古之说，李于鳞、王元美嗣起，谓‘文必秦汉、诗必盛唐’，英词壮气，凌厉无前，其弊也模拟过甚，真意渐漓。而一时靡然附从，如斗杓山岱，独公安袁中郎先生不相推奉，而矫之以清新宕逸之辞，风气一变。当王、李焰炽之时，归震川亦倡言排之，而矫之以欧、曾之文者首震川，而言诗者则宗公安。迄今震川之学传之者众，而公安之绪渐微，岂有幸有不幸与？走谓李、何、公安互相非笑，亦互有短长。李、何以声调为主，意在孤行云和，一空凡响；公安以性灵为主，意在村鼓盲词，皆成圣证。其失也，李、何之流弊优孟衣冠，公安之流弊野狐禅耳，此皆于彼法中聊为月旦之平，要之更有向上一路在。

湖海楼丛书百七卷

国朝萧山陈春校刊，自《周易郑注》至《会稽三赋》，凡十二种，为卷百七，其中《学林》十卷，宋王观国撰。观国，长沙人，其事迹不见于《宋史》，《湖广通志》亦未载，惟贾昌朝《群经音辨》载有观国后序一篇，结衔称左承务郎，知汀州宁化县，主管劝农公事，兼兵马监押，末题“绍兴壬戌秋七月中浣”，则南渡以后人也。考晁公武、陈振孙两家书目及《宋史·艺文志》，是书俱未著录，吴曾《能改斋漫录》、赵与时《宾退录》引之，均称曰《学林新编》，而今所传本但题《学林》无“新编”二字。考袁文《瓮牖闲评》、王楙《野客丛书》亦只称“王观国《学林》”，则当时已二名兼用矣。

书中专以辨别字体、字义、字音为主，自《六经》、《史》、《汉》旁及诸书，凡注疏笺释之家莫不胪列异同，考求得失，多前人之所未发。《宾退录》尝摘其误，以“不羹”为“颉羹”。《瓮牖闲评》亦摘其议《资暇集》，以“行李”为“行岺”，“岺”字无所根据，不知《玉篇》“山部”有此字，注释甚详。《能改斋漫录》又摘其《左传》“季氏介其鸡”，当从高诱注，以“铠”着

“鸡”头，不当作“蒙鸡”之臆。佛氏精舍《江表传》载于吉事，是魏初已有之，观国谓“自晋始有者”为误。又孟子以言“餂之”，观国不取郭璞音义而取《玉篇》“音辞”之说。“京索”之“索”，观国以为当音“山客反”，不知陆氏《释文》及五臣之《注》，韩退之之诗皆音“悉落反”，固未尝误，亦颇为他家所驳证。然考正之文递相掎摭，此疏彼密，利钝互形，原不能毫无疵累，论其大致，则引据详洽、辨析精核者十之八九，以视孙奕《示儿编》殆为过之。南渡诸儒，讲考证者不过数家，若观国者，亦可谓卓然特出矣。

《钦定四库全书提要》云：尔《论语类考》二十卷，明应城陈士元著。一天象，二时令，三封国，四邑名，五地域，六田则，七官职，八人物，九礼仪，十乐制，十一兵法，十二宫室，十三饮食，十四车乘，十五冠服，十六器具，十七鸟兽草木，每条博引先儒之言，末下己意，考据详明，持论根极理要，不为武断之言。又《孟子杂记》四卷，长于考辨，逸文古谊往往而获，亦王伯厚、顾亭林之宗派也。三书皆不见单行本，故并蓄之。

楚宝四十五卷

明周圣楷伯孔著[1]。伯孔，湘潭人，以楚人言楚，故尚友论世，感发尤多，论断之词时出独见，豪宕悽惋，有变徵之音，生当明季，时使然与。首大臣，次名臣，次大将，次名将，次知谋，次谏诤，次文苑，次良史，次命使，次典故，次真儒，次诸子，次孝友，次忠义，次独行，次真隐，次列女，次方伎，次异人，

---

[1]“著”，原作“著著”，后“著”字为衍文。径删。

次宦迹，次迁寓，次山水，次名祀。列仙，名释，祖灯，别为五卷，名之《外篇》。国朝新化邓显鹤湘皋每卷附以考异，有未备者则增辑之，凡七十七卷，辨难考订，多所是正，目录从原书，而以七十七卷附于每卷之末，故仍题四十五卷，《毛传》、《郑笺》，体固然矣。

船山遗书二百八十八卷

明桂藩行人司行人衡阳王夫之而农著。湘乡曾文正公国藩序略曰：先生名夫之，字而农，崇祯十五年举于乡。目睹是时朝政刻核无亲，而士大夫又驰骛声气、树党伐仇，故其书中黜申韩之术，嫉朋党之风，长言三叹而未有已。既一仕桂藩为行人司行人，知事终不可为，乃匿迹永、郴、衡、邵之间，终老于湘西之石船山。圣清大定，访求隐逸，虽顾亭林、李二曲辈之艰贞，征聘尚不绝于庐，独先生深闭固藏，邈焉无与。荒山敝榻，终岁以求仁礼；穷探极论，千变而不离其宗。旷百世不见知而无所于悔，可谓博文约礼，命世独立之君子已。道光十九年，先生裔孙世全始刊刻百五十卷，新化邓显鹤主其事，湘潭欧阳兆熊赞成之。咸丰四年，寇犯湘潭，板毁于火，同治初元吾弟国荃乃谋重刻，而增益百七十二卷，仍以欧阳君董其役，庀局安庆，蒇事金陵，先生之书于是粗备云。

经之类：《周易内传》六卷，《发例》一卷，《周易大象解》一卷，《周易稗疏》四卷，《周易考异》一卷，《周易外传》七卷，《书经稗疏》四卷，《尚书引义》六卷，《诗经稗疏》四卷，《诗经考异》一卷，《叶韵辨》一卷，《诗广传》五卷，《礼记章句》四十九卷，《春秋家说》三卷，《春秋稗疏》二卷，《春秋世论》五卷，《续春秋左氏传博议》二卷，《读四书大全说》十卷，《四书稗疏》一卷，《四书考异》一卷，《说文广义》三卷。

史之类：《读通鉴论》三十卷，《宋论》十五卷，《永历实录》十卷，《莲峰志》五卷。

子之类：《张子正蒙注》九卷，《思问录内外篇》二卷，《俟解》一卷，《噩梦》一卷，《黄书》一卷，《识小录》一卷，《老子衍》一卷，《庄子解》三十三卷，《庄子通》一卷，《愚鼓辞》一卷。

集之类：《楚辞通释》十四卷，《姜斋文集》十卷，《五十自定稿》一卷，《六十自定稿》一卷，《七十自定稿》一卷，《柳岸吟》一卷，《落花诗》一卷，《遣兴诗》一卷，《和梅花百韵诗》一卷，《洞庭秋》一卷，《雁字诗》一卷，《仿体》一卷，《岳馀集》一卷《剩稿》附，《船山鼓棹初集》一卷，《二集》一卷，《潇湘怨》一卷，《诗译》一卷，《夕堂永日绪论内篇》一卷，《外篇》一卷，《南窗漫记》一卷，《龙舟会杂剧》二卷，《船山经义》一卷。

船山四书训义三十八卷、四书稗疏二卷、四书考异一卷

国朝光绪十二年潞河啖蔗山房重刊。《四书训义》三十八卷，即曾文正公序所云“毁于兵火者也”。通州王舍人芝祥得于厂肆，乃禀命尊人啖蔗翁而刊行之。考先生著述目录，尚有《四书详解》，未知先生后人尚藏其稿本否？出而梓之，嘉惠士林，为益无方，予日望之矣。

湖南文征一百九十卷

自元明迄国朝同治，搜求乡先生遗文，曰疏，曰策，曰解，曰说，曰辨，曰记，曰序，曰跋，曰书，曰传，曰碑记，曰神道碑、铭，墓表、碣附焉；曰行状，诔与事略附焉；曰祭文，哀辞、告文附焉；曰杂文，曰尺牍，曰公牍，曰骈体，曰赋。庀局于古荷池精舍，分类而甄录之。题湖湘后学集编，主之者罗明经汝槐，序之者曾文正公也。

屺思堂文集六卷、制义六卷

国朝刘子壮稚川著。国初以时文鸣者，在楚曰熊、刘，科举之士，家弦户诵。刘以第一人及第，读其廷对之策，硕画讦谟，可以见之行事。而文气甚平缓，如久病新苏，又如下危坂而履平地，文章关乎世运，焉可诬哉！

沅湘耆旧集二百卷

国朝新化邓显鹤辑。自前明洪武迄于国朝道光，凡得一千六百九十九人，诗一万五千六百八十一首。邓氏老于铅椠，于湖湘文献三致意焉。当时搜访遗文者，自鄞县沈道宽栗仲至长山刘沄练堂，凡百卅六人，皆一时魁杰知名之士。而邓氏雄踞骚坛，惕然于四难五患之不免，譬之作室，百卅六人求梓材丹漆，邓氏独任结构彰施之劳，读其序例，亦可见良工之心独苦矣。

求阙斋弟子记三十二卷

国朝东湖王定安撰。求阙斋者何？湘乡曾文正公画诺之印篆曰“求阙”，故以名其斋。弟子者何？东湖自目也。首记恩遇，次忠谠，次平寇，次剿捻，次抚降，次驭练，次绥柔，次志操，次文学，次军谟，次家训，次吏治，终之以哀荣。盖文正之生平备矣。

东华续录四百三卷

国子监祭酒今江苏学政长沙王先谦一梧编。《东华录》创于蒋良骐干之祭酒。《续录》上自天命以迄道光，国朝掌故粲然大备，欧阳舍人中鹄《岁暮怀人诗》云：“一朝掌故续东华，方策联编自一家。纵使词臣夸博雅，专门应共让长沙。”谓祭酒也。

帝鉴图说六卷

江陵张文忠居正隆庆六年进御之书也。自尧舜以来，采人君之善可为法者八十一事，恶可为戒者三十六事，每一事前各绘为一图，后录传记本文为之直解，不嫌俚俗，分为二册，取唐太宗以古为鉴之意，名曰《帝鉴图说》。日本国刊行本跋云：兹本前刻图载在一页，不免装折处有隔断。今以两页合而成图，颇获全面，又恐半页空白，传解分置前后，以图插入中间。虽非本书之旧，亦便展披云。安政戊午蒲月，木村蔚志。

胡文忠公遗集八十六卷

国朝追赠总督湖北巡抚益阳胡林翼著。公以名家子，年少入翰林，因事降调，援例以知府分发贵州，剿苗立功，遂以知兵名天下。粤寇起，海内震动，公训练壮勇，复武昌，肃清楚境，复以全力援邻，封克九江，图皖北，而规复金陵之基立矣。中兴人才照耀区宇，论者必首推公，非独综核之才冠绝一时，而公忠体国不分畛域之心，尤为不可及也。是集皆治兵察吏公牍文字，待士卒如子弟，接僚吏如师友，好贤才如饥渴，皆可于楮墨得之。合肥李制军序公集比之羊叔子，有过之无不及也。余尝登黄鹤楼拜公遗像，眉目疏秀，清气凛然，未知一炷后复何如也？然公之灵爽，必浩然往来于鹦鹉、大别之间，长江不流，凭吊乃绝。

墨香阁集十四卷

国朝协辨大学士茶陵彭维新石原著。公置身台阁，扬历中外，用法而恒得法外意。抚苏时力止勘丈田亩，其一事也。与方灵皋、杨宾石诸名宿游，故不锢于科举之学。集中《题柳子厚吏商篇》、《唐赤子墓志》，皆沈雄痛快，有作者风力。

苍筤诗初集十卷、文初集六卷、诗赋初集五卷、河防纪略四卷、畚塘刍论二卷

国朝翰林院侍读善化孙鼎臣子馀著。仁和邵懿辰志侍读墓略云：“居京师，幸交湖湘间士大夫，皆魁垒杰特，如曾侍郎外，指

不胜屈。孙君年最少，而才最高，诸公交引重之。始学为词赋，既益志于古，期有立于世。梅郎中曾亮用文术友教京师，月一再会，谈诗古文。余与君及曾侍郎先后间，与其会饮食游处近十年。君为讲官，数言时事，有诏戒臣下因循，君言“因循”之病，宜用法以治标，用人以治本。琦善释自黑龙江，以都统署河南巡抚，君言不可；贼扰河北，赛尚阿、徐广缙于狱令从军，君又言不可。翰林地清崇，优游回翔可坐致九列，君独淬拔，取天下事，日夜砻摩究切，若疾痏之在己，时时愤慨激发。遂乞假归，筑室苍莨谷中，取古今言理道治术诸书，钩择奥秘，成《畚塘刍论》、《河防纪略》，合诗文为《苍筤集》。既而母弟兵部主事颐臣、举人观臣相继卒，母桂太恭人邑邑不自聊，乃复奉母如京师。甫入都而母卒，奉丧归，年馀，瘵卒于家，年四十一。

余读《刍论》首篇，言天下之祸始于士大夫学术之变，杨墨炽而诸侯横，老庄兴而氐戎人。今之言汉学者，战国之杨墨也、晋宋之老庄也。时贤虽谓其过激，然试取《汉学师承记》中汪中自叙及赞语读之，其自供叹老嗟卑之状亦可嗤也，然以较冯道、江总之流则过人远矣。《河防纪略》言自道光以来，两河之费岁例需五六百万，顾河无十年不决，开封、中牟旋决旋塞，费皆七八百万，诚以禹迹、九河皆在于北，夺淮之患，未易弭也。迨咸丰五年，河决铜瓦，厢河复北流，正可因事利导，播为九河，同为逆河以迎潮汐，以通海口，诚千载一时之会，而侍讲不及见矣。天假之年，则树立于世者，焉可量哉！

苗防备览二十二卷

国朝溆浦严如熤著。自序曰：“乾隆乙卯春姜畦芗先生驻节辰州治叛苗，有言如熤先世宣力苗疆者，先生手书下咨如熤陈平苗方略，并善后、并汛、增营、开屯、筑堡各条，八月招赞军事。嘉庆戊午苗平，先生曰前事者后事之师，五溪深阻，山川险要，道路、风俗、兵谋、营制向无载籍，事起仓卒，防剿茫然。汝参军四年，狼穴蛇径，蛮情獠俗，既已度诹，而方略机宜，颇得要领，当辑苗防一书，乃手定舆图、村寨、险要、风俗等为十四门。集档案，调川黔各志乘，嘱以裒辑，己未夏稿成"云。如熤，字仙舫，平苗方略，乡人士犹能言之。子正基好言经济，皆以功名显于时。孙咸少年奔放，有祖父风。尝匹马仗剑以策干左文襄，留充文案，不骤试以兵事，乃辞归。未几，以忧愤陨年，惜哉！

岱览

国朝善化唐仲冕著。其门人汪庚曰，《岱览》自首篇目录而外，凡三十二卷，陶山先生为泰山书院院长时所著也。于模山范水之中，见经经纬史之学，而其要归于仁、孝。盖先生以弱冠葬太夫人于岱西陶山之上，因以陶山为氏，及主泰山讲席，熟于岱，故登览考证，纂为是书。由陶山而述泰山，即借泰山以存陶山，其志苦，其用意独深，其博极群书必衷诸道，为从来志岱者所未有。盖其用力勤矣，其文采蔚矣。

圣武记

国朝邵阳魏源默深著。自序曰："荆楚以南有积感之民焉。生于乾隆征楚苗之前一岁，更嘉庆征教匪、征海寇之岁，迄十八载畿辅靖贼之岁，始贡京师。又迄道光征回疆之岁，始筮仕京师。

京师，掌故海也。得借读官书及私家著述、故老传说，于是我生以后数大事，及我生以前上讫国初数十大事，磊落乎耳目，旁薄乎胸臆。因以溯洄于民力、物力之盛衰，人材风俗、进退消息之本末。晚侨江淮，海警沓至，忾然触其中之所积，乃发其椟藏，排比经纬，先出其专涉兵事及尝所议论若干篇十有四卷，统四十馀万言，告成于海夷就款江宁之月。”呜呼，魏君成此书有以也。夫林文忠孤掌难鸣，致英吉利兵船入长江如升虚邑，宣宗屡下悔恨之诏，而师不武，臣不力，屈已救时莫遂初志。魏君发愤著书，盖逆知夷祸之必烈，是诗人《鱼藻》之义也，可悲也夫！

诗古微

魏源著。卷首《四家诗传授考》，上篇一《四家异同论》，二《南风雅颂集义》，三《正乐论》、《毛诗义例》，四《始义例》；中编一《通论》，二《南并答问十》、《鲁颂韩诗发微》、《商颂鲁韩发微》；下编之上下《诗外传演》。诗无达诂，自古难之，君贯串四家而尤以韩为主。鄙人幼时曾阅《韩诗外传》，以为但自作一文字如《说苑》之类，于《诗》无与，得君此编乃知童子一孔之见，不值通人一噱也。辨博似毛西河而无其武断，真南国之经师矣。

左恪靖侯奏稿初编三十八卷、续编七十六卷

国朝大学士左文襄公宗棠著。公以举人膺湘乡“才十倍于臣”之荐，受文宗特达之知，克复东南，转战西北，名位与湘乡并而年过之。赞枢廷时尝语黄敬舆御史自元，事见到七分便做，此平生勇于任事之得力也。奏稿两巨编，他年史料其可舍诸？

陶园文集八卷、诗集二十四卷、诗馀二卷、六如亭院本二卷

国朝湘潭张九钺度西著。邓湘皋为君传，言君生长名家，群从兄弟，多致通显。君独屈县令，未竟其才，乃举磊落抑塞之气一泄于诗，当世诵其诗，推为乾隆朝一大宗云。

唐确慎公集十一卷、国朝学案小识十五卷、省身日课十四卷

大常寺卿善化唐鉴著。平江李次青布政元度《先正事略》云："先生字镜海，陕西布政使仲冕子。由检讨授御史，出知平乐府，不以一钱自污，累迁江宁布政使，入为太常卿。海疆事起，疏劾琦善、耆英，直声振天下。以老致仕。咸丰元年，文宗下诏求贤，召赴阙，以老不任职，加二品衔，命回江南主书院讲席，十一年卒，特旨予谥。生平力崇正学，辟阳明，著《学案小识》以见志。"余见申报王逸梧学政以《宋元学案》及《学案小识》异同发策，试江南士，窃谓黄主姚江，唐主紫阳，异同如黑白然。三书者，千年得失之林，皆必行于世无疑也。《省身日课》，薛文清《读书录》之流派，编而镌之木者，其弥甥黄鹿泉户部膺也。

海国图志一百卷

魏源著。其子婿陈善圻叙曰："外舅少年壹意为经世之学，纵论古今成败，国家利病，学术本末，反复辨难，务得其情。是书成于道光二十七年，凡六十卷。咸丰二年又汇成百卷。呜呼！世

俗之学不过墨丈寻常之间，纪纲八极而经纬六合者有几人哉？是书穷南北之修，极东西之广，贯扃万物，檝楔哯齵，使江淹睹之，当自愧赤县之未成，山经之莫续也。”余读其书纵横辨博，良如陈氏之言。自君卒后，海氛益恶，天主教诱海内疲尣无赖之民，屡兴大狱，戈船市舶自旅顺以至越南，如游房闼。强则要求恫喝，弱则摇尾乞怜，毒流中华，血膏原野。诸君子力图补救，扩井蛙之见，驰域外之观。通使绝域，增炮台，造机器。所谓“以夷款夷”、“师夷之长技以制夷”者，君之三策，盖已行其二矣。独“以夷攻夷”之论，则兵以奇胜，事会之来，间不容发。今日之势，众狙贪互市之利，协以谋我，越鸟巢南，胡马嘶北，情固然也。非有鞭笞虎狼、叱咤风雷之气，亦安能令天骄负弩以前驱，昆仑反戈以攻后哉？

“以夷攻夷”事犹有待。既行君二策矣，而何以法兰西之役，攻闽海，据基隆，台湾岌岌，南北洋赴援之兵船，卒首施不进，是或君之策不可用与？不知君之运是三策者，其精意盖有在也。子脍以子之亡，不得谓尧舜不当行揖让；李密以无恒戮，不得谓汤武不当用征诛；新莽败于井田，不得删《尚书》之《禹贡》；王安石祸于青苗，不得毁文公之官礼。天下事知其一，不知其二，固未有不罔于从违者也。且世之自命通人而大惑不解者，见外洋舟车之利、火器之精，刿心鉥目，震掉失图，谓今之天下虽孔子不治。噫！是何言与？

自开辟以来，事会之变日新月异，不可纪极，子张问十世而孔子答以百世，可知岂为是凿空之论以疑罔后学哉？今之中国犹昔之中国也，今之夷狄之情犹昔之夷狄之情也。立中国之道，得夷狄之情而驾驶柔服之，方因事会以为变通而道之不可变者，虽百世而如操左券。若使夏禹受禅而帝启即有崖山之沈，周武兴师而尚父即膺黄巢之戮，则可云邹鲁之不灵、六经之有毒矣。而要之决无虑此，且夫中国之所以为中国者，岂徒以其名哉？帝出乎震，犹水木之有本源、衣服之有冠冕也，犹人之一身体有小大、有贵贱，清气出上窍、浊气走下窍也。天秩之矣，君君、臣臣、父父、子子、兄兄、弟弟、夫夫、妇妇，而人道立矣，天心享矣。岂如夷狄之国，蜂蚁之屯聚、蛇蝇之吞制哉？

昔吾先正衡阳王子言之矣，中国一失而夷狄，夷狄再失而禽兽，此明于分数之言也。明于分数而后可以审得失，审得失而后可以安处善。中国之盛也，君明臣良，草野有士君子之行，而比户可封，故郊焉而天神格，庙焉而人鬼享。风雨节，寒暑时，五谷昌，四夷宾服，兵革不作。及其衰也，反是，而大乱必兴夷狄之弱。如今亚非力加一洲，其俗犷悍残暴，无政无教若禽兽然，西洋人亦诋为至劣之土，故至今见役于英、法、罗马诸夷。夫英、法、罗马之政教，比于中国圣王，其相去不知几千万亿也。然教非教也，而亦自有其教。政非政也，而亦自有其政，则足以制獉獉狉狉之黑奴，而乘中国之衰，亦有时倔强不驯，非大创之不已。

上观千古之兴亡，下卜万年之离合，大约中国之政教卓绝于夷狄四裔，则足以制夷狄而远其害。夷狄之政教略殊于禽兽，则足以制夷狄之近于禽兽者而赖其利。圣人复起，不易吾言矣。然则得君之策，而不知所以用之者，虽牍满公车，言满政府，徒毁藩篱，无益豪发。君之自叙曰“明臣有言，欲平海上之倭患，先平人心之积患”，人心之积患如之何？非水非火，非沿海之奸民，非吸烟贩烟之莠民，故君子读《云汉》、《车攻》先于《常武》、《江汉》，而知二《雅》诗人之所发愤；玩卦爻内外消息，而知大《易》作者之所忧患。愤与忧，天道所以倾否而之泰也，人心所以违寐而之觉也，人才所以革虚而之实也。此所以通市而宜民，制器而利用，以守则固，以款则服，以攻则无敌，制夷而不制于夷，师夷之长技而不变于夷之本也。此则君之精意也夫。

何文简公馀冬录五十七卷

明郴州何孟春子元著。公与张龙湖同时从李文正受业，文正称其天姿颖敏绝出，一时名辈如何景明、吕楠皆推服。正色立朝，始终一节。童年即以古文动京师，博学多通，综核九流，尤长于历数，著述甚富。《馀冬录》盖分门条记之文，尝鼎一脔，亦可知味。尚有《易疑初筮》、《五经晰疑》、《万花谷》、《河图洛书解》、《孔子家语注》、《抚滇条约》十卷、《军中耳学》二十卷、《平夷录》四卷、《闲日分义》百卷、《备荒书》、《恤刑书》、《燕泉杂集》十二卷，奏议十册，旧稿十册。

南岳志八卷

国朝衡山旷敏本著。首卷载《五岳真形图》，按《抱朴子·遐览》曰："余闻郑君言道书之重者，莫过于《三皇文》、《五岳真形图》也。"今图不见书中，未知所自始，姑识之以谂来者。

慎庵文钞二卷、诗钞二卷

国朝湘阴左宗植仲基著。其弟恪靖侯宗棠叙曰：仲兄学不苟同，余所学不逮兄远甚，兄于余所业亦少许可。每各持所见，龂龂竟夕，家人乃温酒解之。时事方棘，兄处弟出，踪迹不可合并。同治六年，余由闽浙移督秦陇，兄携子浑视余汉上，相持而泣。

时兄老病，余则诵兄所作诗文侑酌娱之，兄喜，每尽一觞，帐下健儿环听相睨而笑，盖非复曩者送疑推难喧竞之态矣。兄诗尚朴忌巧，为古文辞先根后叶，蕲进于作述之林，视时流少当意者。

月塘书屋诗存十一卷

国朝长沙杨延亮菊泉著。

虚字阐义、读书说约四卷

国朝耒阳谢鼎卿著。

棠溪文钞八卷

国朝孝感沈用增质庵著。

棣怀堂随笔十一卷

国朝长沙李象鹍双圃著。

律音汇考八卷

国朝浏阳邱之稑谷士著。《乐》自秦汉以来几成绝学，君研精覃思，具有神解，候气而气应，协律而律谐，旋相为宫，用而不竭，人巧所诣，妙极自然，亦吾楚一奇也。意者，天降时雨，山川出云，贞元苞符之先见者乎？节吾舍人黎岷江、举人先沄皆君再传弟子，以教习县中二丁之乐舞者，携凤箫二十四、管洞箫一、埙一、篪一来都。余以君法吹律调琴，用三弦为宫，久之不合。乃悟今所通用之苏弦，非管子小素生声之法，用今之弦，当以一弦应黄钟，如法调之而和。乃竭数月之力改谱《鱼丽》四章，率门人习吹歌诗，请节吾岷江教习，抗坠抑扬，管弦并协。虽节吾岷江老于从事，亦始叹非用管子制弦之数，不能用邱氏旧订之谱也。光绪十三年，请祀乡贤，管理国子监事户部尚书翁公同龢，从南学诸生之请，奏进御览。

易图正旨一卷、从学札记一卷、五子见心录三卷、慎甫文存三卷

国朝浏阳朱文炑著。慎甫，其字也。诸子百家之学，无所不通，而尤邃于《易》与《春秋》。尝谓“《易》，内圣之书；《春秋》，外王之书”，识者以为名言。曾文正公称：君抱遗训以自镌其躬，绳过无大，克敬以裕，可谓笃志而不牵于众好者。唐确慎公亦推服之。长沙丁果臣先生取忠，博学笃行人也，奉其先师萧仲虎之命，访君遗书，仅得四种刊行。尚有《大易粹言》、《春秋本义》、《中庸笺玩》、《圣学罪译》等书，佚不可得。君贫甚颜渊，不娶无子。光绪初，乡人仰君学行，呈礼部祀乡贤，命既下，族人为君立后，亦可见民之秉彝，好是懿德矣。

耳谭类增五十四卷

明黄冈王同轨行父著。李维桢序云：行父博学坎廪，以赀为上林丞。需次都门，上下论议，日闻所未闻，笔其可喜、可愕、

可劝、可诫之事为若干卷。凡例云：罢幕上林，迁银台，因得奉诸名公谈，记之成册。及在南，冏幕萧然，僧舍编简始定，盖《齐谐》、《诺皋》之流也。然其中颇有刘忠宣诸公轶事，亦论世者所不废。《史脞篇》载：明太祖微行过一寺，僧对于《西厢记》中“临去秋波”一语，悟禅，与谚传世庙召僧入禁中事相类。耳食之无凭，类如此。近厂肆有新刻《洪承畴奏对》一书，余阅之十九，皆李文贞语录中语，赝鼎炫目，殊可笑也。

变雅堂全集六卷

明黄冈杜濬茶村著。茶村先生，前明遗老，国变后终于江南。辞修志一启，即谢文节之《却聘书》，特其词意深婉，味在酸碱之外，虽一时朋辈或未知其本旨之所在也。士之不朽于世，必有精神独到之处，而后历时愈久，感人愈深。杨子云作《法言》以拟《论语》，名言大义，几若登洙泗之堂而亲聆丝竹。后有知言君子如考亭者，窥于其微，则知为《长杨》、《羽猎》之本领，而变其音节，不必待仕新投阁，早已知其不足恃矣。茶村《寿青岳五十序》言：“公学绍考亭，馀仅亚永康公，非三代盛时人物不喜道。余如春秋之管夷吾、近代之张叔大，皆欣慕为之执鞭。至于词章，公为有本，余乃（倒）〔剽〕学。”此其中自知亦审矣。今读其诗文，如寒潭印月，幽涧鸣泉，既极曲折苍凉之致矣。有时称心而出，又如杂花生树，群莺乱飞，非复刻画能到，盖其精神独至，自有不朽者在也。以视《法言》之目，雕虫小技，壮夫不为，而卒不免于躬自蹈之者何如？故纯而伪，不如杂而真也。鄙人读《茶村文集》，三复敛衽，以为过于《法言》。或曰：吾子楚产也，得无近于张楚乎？曰：鄙人何敢？然《法言》则古昔称先王，譬则绘绣之藻火山龙，茶村写胸臆，述李杜，滥及于二氏，不及《法言》远甚。譬则自有之一丘一壑，足以游息者也。子将取其伪而纯者乎？抑取其杂而真者乎？特其圈点批评，沿明季之陋习，其中亦有甚不雅驯，而过而存之者。删订之责，其在知言君子乎？

忠武志八卷、卧龙冈志二卷

《忠武志》，国朝张文端鹏翮辑诸葛忠武侯言行之书也。忠武少依荆州，而文端是篇复博雅，故特以流寓存之。《卧龙冈志》，国朝南阳知府罗景辑，附焉。

金忠节公文集八卷

明巡抚徽宁池太等处兵部右侍郎、右佥都御史、嘉鱼金声子骏著。公忠烈如颜鲁公，而将略少逊，学术之偏亦似之，知鲁公则知忠节矣。而遭世之不偶，抑又甚焉，是可悲哉！

青溪遗稿二十八卷

国朝工部侍郎孝感程正揆端伯著。侍郎改仕新朝，回翔馆阁，洊历卿贰，晚更卜筑秦淮青溪之上二十余年。王渔洋云："唐宋元明以来，士大夫诗画兼者代不数人，唐则阎左相、薛少保、王右丞、郑广文、韩晋公，宋端明、文湖州、米海岳、王晋卿、李龙眠，元则赵承旨、倪云林，明则沈石田、文衡山，万历中乃有董宗伯思白，不啻轶前人而上之。"先生晚出，两俱擅场，诗与画皆登逸品，唐宋以来所不数见也。《江山卧游图》散在在人间，合有数百本，予在金陵日访之，才得二卷。一可丈许，与王诜《烟江叠嶂图》相似；一仅尺许，如王摩诘《嘉陵江小簇居》，然有万里之势，皆奇作也。

红蕉山馆诗钞十卷、续钞二卷

国朝黄梅喻文鏊治存著。治存一门簪笏，独作闲人，寿母期颐白头子舍，而又读万卷书、行万里路，乃能变公安之空疏而出以庄雅，嗣空同之铿丽而独见性情，诚吾楚诗人之冠冕也。特其晚居母丧，不废篇什，有乖礼教，讵免微瑕。昔二苏居丧，禁断诗文，而一时校雠编次，皆金闺兰台之英，曾不曙此，抑又何也？魏默深先生诗云：“小楷书，八韵诗，青紫拾芥惊童儿”，不其然乎？

芝瑞堂诗集六卷

国朝黄州吴升东巢薇著。巢薇以进士授司李，内转户曹，未详官所终。其卷首刘果远硕夫一序，甚有古谊，亦吉光片羽也。昔陆子静为吕东莱主试所得士，鹅湖之会，东莱严事晦翁，以年辈尊子静。巢薇出硕夫之门，而序称“公家学渊源，世传清白”，乃知古道犹在康熙宇宙间也。

日涉篇十二卷

明应城陈阶升也著。

张阁老四书直解一部

明万历元年江陵进呈经筵之书。每章顺文衍义，期于易晓。敕下司礼监镂板印行，后人复于上截加章旨，如坊间高头讲章式，以为村塾启蒙之书。题曰《张阁老四书直解》，国朝尚盛行于坊肆。

周易问津八卷

国朝耒阳罗归德纂辑。

五经备解五卷

国朝天门周封鲁采辑。

国朝先正事略六十卷

贵州布政使平江李元度次青著。曾文正序略云：大清达人杰士，超群轶伦。道光之末，闻嘉兴钱衎石给事仪吉，仿明焦竑《献征录》为《国朝征献录》，因嘱给事从子应溥写其目录，得将相大臣、儒林文苑等凡八百馀人，积二三百卷。同治初，又得鄢陵苏源生文集，具述其师钱给事于《征献录》之外，复节录名臣为《先正事略》。又二年而得吾乡李元度次青所著《先正事略》，命名适同钱氏。我圣祖仁皇帝作人之化比于周之文王，雍、乾、嘉、道累叶多才。今上皇帝嗣位大统，中兴去康熙时益远矣，而将帅之乘时立功者，多出一时章句之儒，则亦未始圣祖馀泽也。如次青者，亦章句之儒，从事戎行，咸丰甲寅、乙卯之际，与国藩患难相依，厥后自领一军，战每失利，辄以公义纠劾罢职。久之，中外大臣数荐次青，国藩亦密陈李元度下笔千言，兼人之才，臣昔弹劾过严，至今内咎。上特右之，起家复任黔南军事，师比有功，超拜云南按察使，而是书亦于黔南告成。圣祖有言曰："学贵初有决定不移之志，中有勇猛精进之心，末有坚贞永固之力"，次青提兵四省，屡蹶仍振，所谓贞固者非耶？发愤著书，鸿篇立就，亦云勇猛矣。愿益以贞固之道持之，寻访钱氏遗书，参订修补，矜炼岁年，慎褒贬于豪发，酌群言而取衷，终成圣清巨典，上跻周家《雅》、《颂》、《誓》、《诰》之林，其尤足壮矣哉！

皇朝经世文编一百二十卷

善化贺长龄耦庚辑。邵阳魏源编次经世之学，知古以浚源，知今以和用。荀卿曰"法后王"，近世曾文正亦云"读史者先读明史"，盖时代近则损益明，世变移则措施别。孔子祖述尧舜而宪章文武，非徒卑之无甚高论也。贺制军读书好古，爱才下士，辑是书时方官江苏布政使，又得通人魏君为之编次，审取广存，纲举目张，煌煌乎当世之渊林矣！凡例云："创编之始，蓄愿良奢，尚有《会典提纲》廿卷、《皇舆图表》廿卷、《职官因革》廿卷，更辑《明代经世》一编，均未脱全稿，卒亦莫能就也。"《文编》则一续于陕西张补山，再续于江西饶玉成，继起者易为力矣。是编则饶刻袖珍本并《续编》也。

湖南通志三百十五卷

光绪十一年重修，署太子少保现任两江总督世袭一等威毅伯臣曾国荃、兵部侍郎在籍臣郭嵩焘、二品顶戴贵州按察使色尔固楞巴图鲁臣李元度总纂。

李文恭公奏议二十二卷、诗集八卷、文集十六卷

国朝湘阴李星沅石梧著。王柏心子寿叙略云：公南方孤生，既壮登第，受宣宗特达之知，不十年超居节镇。适当吏治窳惰、人情燕安，财耗军隳之日，宫廷方综核名实，公整肃宪度，不敢轻变成法，必上益国，下不损民，乃断行之。既以太夫人春秋高乞养矣。文宗即位，粤乱萌芽，起公钦差大臣，推毂任军事，以积劳薨于行营，天子悼焉。公子刊公遗集，贻书征叙，见公之陈谟入告，信乎为国重臣，亦自审窥测为非缪云。公家子弟恂谨，甚有桑梓之敬，不以贤智先人，不以势利傲物，好行其德，居济为多，湖湘人士比之河东柳氏焉。

东华续录七十九卷

翰林院编修罗山潘颐福芝堂编。逸吾祭酒续蒋氏之书，自天命迄道光，芝堂编修又续逸梧之书，方编辑咸丰一朝，甫脱稿而修文地下，后必有继之者。

湖南褒忠录初稿

湘阴郭嵩焘、湘潭罗汝槐等编纂。凡《目录》一卷，《寇事述》四卷，自道光三十年六月金田寇起，讫于同治三年九月幼逆洪福瑱之诛。计湖南一行省《殉阵》二十六卷、《殉城》四卷、《殉防》四卷、《殉劳》六卷、《殉职》一卷、《外纪》三卷、《殉贞》三卷。其馀青燐碧血不见之纪载者，又不可胜数也。人第见侯伯将相，庆流子孙，而不知效命疆场，奋然不顾，固已有死之心矣。王者之师，有征无战，贾生痛哭于盛汉之日，而于风俗人心三致意焉，岂真无病之呻吟哉？当曾文正始蹶于岳州，彭尚书退屯于九江，亦岌岌矣，惟诸公不惜一人之死，率敢死之士以与贼致死，而后能遂亿兆人之生，勋勒鼎钟，爵传苗裔，不亦宜乎！

照杯亭遗草八卷

明兴平县知县长沙黄学谦又谦著。吴绮作传称：公左手作小楷、行、草，得钟、王之神，所著有《五经钞》、《周易括象》、《三礼辨疑》百二十有八卷。自选《照杯亭诗集》，遭遇灰劫，士林惜之。今存诗、古文八卷，无殊绝（者）〔音〕①。庐居之作，其失与红蕉山馆同。记称"大功废业"，或曰"大功诵"可也，差之居庐可知。

①据文义改。

唐文林郎守太子右内率府录事参军事崇贤馆直学士李善注文选六十卷

汲古阁审定宋本，乾隆廿六年重镌。善，江夏人，新、旧《唐书·李邕传》皆作江都人，未详孰是。

宫闺文选二十六卷

国朝长沙周寿昌荇农辑订，善化孙鼎臣芝房参订，瞿元钧石筠纂类，湘阴蒋恭镒东观编校。自周秦迄明甄录五百八十人，前列《姓氏小录》一卷，上自彤管女史之箴，下采委巷平康之作，亦考古之渊林也。

养默山房诗稿三十一卷

国朝江苏知县松滋谢元淮默卿著。元和朱绶序云：默卿之诗即默卿之人之性情，默卿生平遭际之时与地，非若世之言诗者甲貌可以乙，似越人可以秦语也。余读之良然，观其《绣剑吟》十六篇，感英夷犯夏之事，淋漓沈痛，可供輶轩之采。其第十篇以释夷酋安突德为得策，则不知当日贿大帅求和之故。十五章言钞法可行，是亦书生纸上之陈言，识量所限故也。

历代名贤列女氏姓谱百五十七卷

国朝湘乡萧智汉云泽著。谱录之学仿于世本而富于郑樵，萧氏博综群籍，著三百二十卷。已，分国朝图书集成氏族、闺媛之二典，因剞劂不易，删存百五十七卷。

尊生八笺二十卷

明竟陵钟惺伯敬校阅。疑伯敬自著也。

四书经义考辨沈存十六卷

国朝孝感姚道煇松眉著。是编为科举之业而作，然博综众说，时有折衷，非如兔园册子之徒供钞胥者。

经解指要二十卷

国朝广济陶大眉又坡著。

小芋香馆遗集十二卷

国朝湘阴李文恭公子杭梅生编修著。王柏心子寿序略云：李子挺贵胄，早跻清华，以年少学浅惧骤躐显贵，无以塞望，请假随侍，冀学成再出。柏心曰：“能如是乎？君家子坚长源，或潜真梁汉，或棲迟衡山，卒起为良弼，勉之！吾望子矣。”李子遂出国门，久之病，咯血卒，年未三十也。苞采方扬，俄婴疢疾，川岳星辰之气，孰泄之？而熟靳之与？非但风雅失一才人，乃令国家失一良臣矣。

罗山遗集八卷、年谱二卷、周易附说一卷、读孟子札记二卷、姚江学辨二卷、西铭讲义一卷、人极衍义一卷、小学韵语一卷

国朝头品顶戴宁绍台道谥忠节湘乡罗泽南仲岳著。公少遭奇穷，年三十始有志濂洛之学，所谓“贫贱忧戚，玉汝于成”者也。三十三岁补诸生，四十七岁与军事，转战数千里，收复廿余城，五十岁大星遽陨。当道光咸丰之际，祸乱萌起，仕者有倭文端、吴侍郎、唐确慎讲求正学，处士有朱脊甫、萧仲虎隐德不耀，公与同县刘孟容中丞互相切磨，以斯道为己任。曾文正上交倭唐公与吴公、刘公，皆在师友之间，及奉命办贼，或推或挽，天下豪杰云集响应，卒戡大难。读公和文正会合诗，人才济济，非偶然也。天下将乱，天即生戡乱之人，岂虚也哉！公与江忠烈皆不竟其用，天下尤惜之。斩将搴旗，未足尽公之素抱也。

刘中丞奏议二十卷、养晦堂文集十卷、诗集二卷、思辨录疑义一卷

国朝陕西巡抚湘乡刘蓉孟容著。公才如干将莫邪，锋锐无敌，罗忠节之畏友也。起俗儒之卑陋，攻异端之冥悟，乘时定乱，自命伟然，莫之或先也。处无功名之心，出无富贵之念，与文正他山攻错，辨班马韩杜，侃侃极论，若冰炭之不相入，卒苔岑契合，重以婚姻，岂不磊磊落落大丈夫哉？世之士夫好谀恶直，贵同贱异，闻二公之风，亦可以惶然愧矣。中兴以来，楚才斯盛，天既

夺罗、王、胡、江之年，而公复为言者所中，不安其位，读明白回奏一疏，朗朗揭日月以行，亦足褫宵小之魄，而扶颓阳之运矣。公归田后有诗云“自欲降心方管乐”，诚哉，其降心也！

从征图记二卷

国朝安徽巡抚常宁唐训方义渠著。

周易析义十卷

国朝安陆刘伯允显皋著。

雅俗稽言四十卷

明华容张存绅见其著。自叙略云：“自昔《方言》有作，通俗有文，咸取经传，下释俚语。余借读万卷，丙夜篝灯，自天文地理以至草木昆虫，殚三十馀年之力，溯委溯源，刊讹正舛，汇成一家言，不敢以无稽恣臆说也。”读之良然。

有真意斋诗集六卷

国朝完县知县浏阳贺祥麟麓侪著。先生官县令三十年，解组归田，年大耋矣，重与县志之役，余昕夕襄事，如见古人，盖巍然灵光殿也。宏奖士类，口不言人过。少负才名，多镂金错采之作。遂初以后，近体多似放翁，皆不及入。是集《香奁二十四咏》，少年游戏之作，亦其赘也。

长郡题名录六卷

光绪十一年续修。长沙徐树钧叔鸿序略曰：长沙府会馆始于前明，《题名录》自胡云阁先生辑刻后迄今五十馀年，树钧续刻科名题名。自道光丙申，迄光绪癸未，依旧式编次，爰附《文武仕宦题名录》二卷。自咸同以来凡文职一品至七品，武职一品至五品，任实缺者，分县编列，俾有考焉。

一贯真铨四卷

国朝浏阳曾广鹤开翔著。君隐于市廛，好术数之学，有长者之行。《一贯真铨》，言《易》之书，盖麻衣道者之流，术家之《易》也。小道可观，壬遁非无推测；寸长足录，刚柔皆分乾坤。允矣《南华》之外篇，庶几长恩之保护。

巨湖山樵诗草一卷

国朝浏阳刘向燮叶璜著。节吾舍人序略曰：叶璜秀才，娄空竺学，尤耆造诗，年裁廿八，殼血以死。观其敖睨为质，放佚不返，章约句制，非曰能之。若夫窈冥纵怀，凄楚引唱，青莲抗其仙心，昌谷杂其鬼气，在心为志，发言为诗，华繁中零，萌牙夙矣。嗟乎！居今睇昔，审死达生，轻尘弱草之悲，零露飘风之感，灵蛇千手，过鸟一朝，藐是篇题，不从运往。起应、刘之叹息，听王、杨之瑕疵，吾无必焉。要云幸已。

大清通礼品官士庶人丧礼传二卷

人熙序曰：呜呼！吾今而知礼之不可以已也。大哉！圣人之道，洋洋乎发育万物，峻极于天。优优大哉！礼仪三百，威仪三千。盖五礼之垂先王，因人心之固有，而为之节文，仁者见之谓之仁，智者见之谓之智，百姓日用而不知。而丧礼者，尤人生之至痛、人事之至大、人道之至文也。茕茕小子，系出御龙，三代以来，文同盖阙，元纲改纽，龙飞濠泗。我先人用迁于浏水，田田宅宅，服食迄今。明运阳九，大清受命，元黄之血，碧谷燐川，闾井彫残，文献灰烬。惟五世祖通判府君子、七世祖汝阳府君存十诫于家谱。通判府君文约而旨邃，汝阳府君言近而义明。先考中宪府君负聪强之姿，有志无时，儒业未就。先妣黄太恭人忍死字孤，桥木虽谢，萱草幸荣。妄谓此生，长承慈荫，罪深祸速，又夺我天，哀乱之馀，罔知所措，生事不孝，悔不可追。

读《礼》逾岁，而益叹死事之礼、凉德之躬，多所未能。《记》曰：父母之丧，衰冠绳缨，菅屦三日，而食粥三月，而沐期十三月，而练冠三年。而祥比终兹三节者，仁者可以观其爱焉，知者可以观其理焉，强者可以观其志焉。礼以治之，义以正之，孝子、弟弟、贞妇皆可得而察焉。古今虽殊，其理一也。上古丧期无数，自尧舜以来至周公制《礼》，而始大备。书经秦火，汉高堂生传鲁淹中《礼》四十五篇，而十七篇以郑氏注独存，其功伟矣。十七篇中《丧服》独为全书，《士丧礼》上、中、下三篇首尾完具，依郑氏篇次，十二上，十三中，十四下，自初终至祥禫备矣，皆“士礼”也。自汉唐以来，言公卿以上之丧礼者，莫之能外也。圣清制为《通礼》，与《六经》并垂折衷，盖有所自，因采《三礼》为之传，而儒先发明经义之说亦间附焉。蠡测管窥，别以谨案，盖《通礼》所以定愚贱之率循，而《传》者所以发挥损益之精义也。非《经》无以一道德而同风俗，非《传》以明之，则忸于习俗之人或以礼为骈拇枝指，特涂泽耳目之具，又安能不直情径行，安世俗之苟且，溺师巫之祆妄乎？

呜呼！终天之痛，人孰无情？然一往之馀，或竭或乱，苟非君子，败阙立见，用愧且惧，而益叹礼之不可以已也有如是。夫大经大法，《经》备之矣。别同异、明是非、决嫌疑、定犹豫者，《传》庶几焉。简策颇繁，分为二卷，无义例也。

右《楚宝》三千余卷，俱作书橱，藏于忠义祠，同乡诸君子愿借阅者，知会管理书籍处开橱交付。其管理之人，每年筹津贴银四十两，自光绪十五年起，由湖南结局直年先期约请京官十人，于湖广馆祀文昌日探阄为定，以免推诿。既定之后，交付锁钥，同至忠义祠，按照书目一一点对，下年交付接管之人。如有遗失，按照所开价目加倍赔缴，由接管之人购补。为时既迫，遗漏甚多，所望藏书之家或捐置，或代购，交管理处付价，庶几孳乳益多，以是编为嚆矢可也。

瓻翁题跋

徐崇立　撰

瓻翁题跋卷一

杨氏寰宇贞石图影本跋

宋《宣和博古图》为传摹古金文器之始，清代乃就器影拓不暇。摹绘自泰西影印之法兴，就器摄形为印，印泥毫发无憾。且化身千万，既博且精，更不断椎拓，殆观止矣。然此特古金耳。至摹碑版详俱碑制尺度，自牛空山之《金石图》始，犹止摹碑首，略存数字，才具形式，以见一斑，犹龙之一鳞一爪而已。及杨氏之《寰宇贞石图》出，摄取全碑，并碑额、碑阴悉俱，似青出于蓝矣。顾尺幅过小，旁注碑题，字细如蚁，加以油晕，竟不能辨。视今之玻璃版，犹大辂椎轮耳。当光绪朝黎莼斋出使日本，杨惺吾充僚佐。黎氏辑印古佚丛书，俾中国已佚之古籍得以复还，流布中夏。杨氏协赞之力居多，功不可没也。

辛未旅寓沪上，始得见《日本书道全集》，则又裒辑自汉至唐碑帖。既以金石冠首，乃至诸碑首龙凤虬螭，雕镂极精者，莫不纤微毕见，超越牛杨二图远矣。此唯谭瓶斋得全帙，乡人有任使馆武官者，托其代购，贮金以待，竟莫之致，盖非其任也。古佚丛书之精雅，远非是图所几。盖书在日本印，图则杨氏归国后。尔时中国技术未工，兼杨氏志在牟利事见叶鞠裳《缘督斋日记》，其人殆不矜细以累大者。今按图列诸碑，凡宇内习见者多未备，拙藏则十有其八，惜无目录，疑此非完帙也。

杨氏居武昌，己巳夏，访求其遗籍，乃后嗣不振，佚无一存。

是图虽不逮《书道全集》之精美，差胜《金石图》之摹刻，略存梗概，尚有规模。乱离之际，道丧文敝，已不易觏。此本得之长沙碑估。去秋都市自毁，荡为丘墟，岂复更睹文物？扃置箧衍十年，长夏酷暑，因晒帖检出，亟题其端，以消烦郁。乃楮涩墨胶，云阴目眊，凑成拙笔。景迫桑榆，多病少豫，乘间即写，不复求工，亦未知馀生能着几两屐尔。

己卯大暑前三日，毻翁书于赏析书楼，时年六十有八。

高昌壁画精华影本跋

画佛像最先著录者晋顾恺之，已有《小身天王像》，次则陆探微有《文殊降灵真迹》，元秘府有维摩观音摩利支天诸像见元汤垕《画鉴》，皆为楮卷绢素，非画壁也。魏杨衒之《洛阳伽蓝记》载塑像甚详，画壁要以唐为最盛，尤莫善于吴道子。段成式《酉阳杂俎》中之《寺塔记》，实则所纪皆壁画也。以吴生为冠，释道恩、皇甫轸、卢楞伽辈次之。《寺塔记》云：菩提寺佛殿及廊柱旧郑法士画，开元中，因屋坏，移入大佛殿内槽北壁。睿宗圣容院，门外鬼神数壁，自内移来。是画壁之可移，唐时已然，不始伯希和。彼西人未必博稽古籍，特与暗合耳。苏东坡诗有《记所见开元寺吴道子画佛灭度次子由韵》一首，又《凤翔八观》诗中王维、吴道子画一首，皆壁画也。后诗云："吴生虽妙绝，犹以画工论。吾观二子皆神俊，又于维也敛衽无间〔言〕。"然摩诘画品固超吴上，但画壁为仅见耳。吴生足迹西极嘉陵江而止，高昌异国远在西徼外，是册虽非吴生手笔，要亦其流亚。《画鉴》云：尉迟乙僧〔画〕外国人作佛像甚佳，要不在卢楞伽之下云。尉迟佛门弟子，来自西域，是画或即其徒侣所为与？宋康与之《昨梦录》载：宋初修老子庙，庙有吴道子画壁，杜诗所谓“冕旒俱秀发，旌旆尽飞扬”者也。所司卖其壁，而更雇人画。有士人先买吴画，闭门模之。三年学成，沉壁于洛，出应募，以术欺老画工而胜之。此吴生画壁之最著者，已毁于宋初矣。

光绪中叶，先伯父赣榆君榷盐于汝州，云曾见天宁寺吴生画壁。予弱冠后侍闻，今越三十年，往事成尘，未能语其详也。上虞罗氏于东西游客囊括席卷之后，从而考问，择其尤雅者留景，以存古迹。俾吾国怀旧劬学之士，赖以窥见一、二于残佚之馀。

此高昌壁画影印已十有六年，流布海内已久。予来海上求诸旧肆，出之故书堆中，尘埃厚积，仅存此一帙，索银币八元，不肯贬值。晚岁皈依佛法，凡有涉象教梵典，不吝重值求之。况是本所绘胥为帝释天尊，六时詹礼，便肃然起敬耶。壁画故实，罗氏叙述已详，兹更搜讨旧闻，补所未备云。

《画目提要》为罗雪堂之子福长所译述，原图既从德人勒柯克移影，亦依迈当生的诸名词分记其尺度、其编次。分疏体例颇似段氏《寺塔记》，惜未能改从中国营造尺，使人易晓，不免非驴非马之讥。罗氏最尚体要，乃失之眉睫，何也？

观世音菩萨像变化万方，不可端倪，而见女身为多。如普陀岩洞詹礼者，各随其人之贵贱祸福而示象。同时见者各异，此像无题字，虽未敢臆定，因仿佛汪氏所见悬揣之。

庚午初夏，于金陵汪叔惠老人家获瞻礼。其先日默祷，观世音菩萨于天空示现。留景法相庄严，与此仿佛，至今犹在心目。知此虽出绘画，必有依据。绢素已残，右手作势必不如是，殆以意装缀耳。

壬申立冬前三日，徐崇立记于上海寓舍之心佛堪。

霍丘裴氏壮陶阁帖目跋

摹刻丛帖莫先于南唐李氏之《澄清堂》隋刻《兰亭》最古，但止一种，而宋之《淳化》、《大观》、《秘阁》继踵益富。自时厥后，历宋元明清，官私流别无虑千种，浩如烟海，不可殚究。其胪叙帖目者，只孙退谷《闲者轩帖考》仅存。胡文焕《古今碑帖考》，见沈寐叟跋《褚临兰亭》本引之，其书迄未之见。吴荷屋之《帖镜》亦亡，前出者既无可循之途辙，续集者更无著录之专书。晚近裴氏《壮陶阁帖》前后两集，多至四十八册，可云美富。自光绪末叶、民国初元，模刻之事告终，而影印之法起而代之，绚烂之极，乃至革除，是丛帖隆替一大关键，若随运会为废兴。裴氏所辑，多海内煊赫有名之真迹，非出自藏。即借影名人秘笈，兼钩、刻、拓、纸、墨五者俱精，迥非辗转稗贩旧刻重儓之比。其自叙详述刻帖镌木法与陈簠斋《传古别录》拓字法，差堪骖靳，足备掌录，唯学识远非簠斋之匹耳。

欧阳公《集古录目叙》谓："物常聚于所好，而常得于有力者之强。"又谓："力莫如好，好莫如一。"裴氏既好而一，且有力而强，能鉴别，积多金，可谓长袖善舞矣。后此纵有好事者兼是数者，决不能毕萃旧迹若是之精且夥。果有之，亦必如海上影印小楷百种、日本之《书道全集》，断无有复事剞劂如裴氏者矣。然钩摹自较影印为拙，而木石善藏，皆可重拓影印。虽千万本，久必散佚，旧迹势难复聚再版，辗转失真，是二者得失参半也。又自来丛帖多无目录，殆如欧阳公所谓取多而未已，故随所得而录之耳。是帖既有目次，且详著其流传之绪，俾后有考，若提要然者。惟其纪述未尽雅驯，且称谓不一例，时代先后或著或不著，兹未暇论列也。

裴氏久令南海，为谭文勤属吏，曾以初拓精本装册以进。其时止有前册，未编目也，今在瓶斋，尝见假展览经月。睫庵既殁，家日贫，其后人拓粥以资糊口。顾帙繁价巨，鲜过问者。予寓沪时，比邻粤人金子才，其戚也，来造访，因怂恿仲辉世友以银币百元得之。毡蜡视初拓为逊，而续册完备，则瓶斋所无也。予谓非精写目录装冠册首，未为美善，仲辉因以见嘱。适病剧南归，及秋危疾，几死而苟活，然时苦目眩神疲，数数未克执笔。今春是帖装成，来书申前约。中间尘累病苦，俗客憧扰，惴惴虑或中废。今幸践夙诺，书法虽益衰退，而感惠徇知，励精耄学，亦墨缘胜事也，亟题纸尾归之。

乙亥初夏，瓻翁徐崇立。

右跋为谭仲辉写目录后附题，旋自抄帖目于此册。人事纷沓，未及半而中止。近乃发奋，踵写日课二纸，数日而毕。区区不及廿页，距题记正匝岁，可见玩愒，亦缘衰老病废致此。是目所列，予有拓本者上加二点，有影印本者加一点，皆以朱别之。此刻殿清代丛帖之终，后此恐无此巨制。梦想历年，苦力薄不能致，徒一再写目。殆过屠门而大嚼，逢曲车以流涎，援笔弥增慨叹。

丙子夏，浴佛前日，瓻翁又记。

魏高湛墓志跋

考高氏为元魏巨族，其见于《魏书》者，如高湖、高允、高聪、高崇、高肇、高遵，皆渤海人，湖、聪、崇则皆渤海蓨人，允即湖之亲族，北齐高欢则湖之曾孙也。惟高道悦为辽东人，此外乃无著姓。考此《志》所叙祖父官爵，检《魏书·外戚传》，湛乃高肇之子也，高飏女为文昭皇后。世宗践祚，追赠左光禄大夫，赐爵渤海公。子肇历侍中、尚书令、司徒公，与《志》合。《传》载：飏子琨、孙猛均赠冀州刺史，而不言飏赠是官。《志》又不载其曾官光禄大夫，知《传》、《志》互有详略也。肇伏法后，灵太后临朝，赠营州刺史。出帝永熙二年，赠使持节侍中、中外诸军事、太师、大丞相等官，而《志》仅略叙其生前所居官。《志》作于东魏孝静帝元象二年，去延昌之末已廿三年。代异时移，国殄家微，铭词略不及椒房长信，意可知已。《志》言自荆州移广州，未上而终于家。乃追赠之诏有云："临难殉躯，奄从非命。"乱世殃祸，良不可知。或当时犹有所忌，其家讳言之耶。《魏书·地形志》：渤海郡有修县，而诸列传作"蓨"，或作"蓚"，而《志》作"滌"，盖从"蓨"，辗转致误耳。《张黑女志》：陈进寿为巨禄太守，魏无巨禄郡，盖由巨鹿转写。魏碑多如此，无足深辨。又有《高贞志》，则肇弟偃之子、湛之从兄弟也。

乙丑六月酷暑，瓻翁徐崇立挥汗记。

隋元公姬夫人二志跋

《校碑随笔》所云，长白托活洛氏即端方午樵，长沙徐氏为族父。叔鸿先生以给事中外放，历官广西、江南盐道、江宁布政使。官朝久，收藏甚富，书法最近北魏隋唐碑。后藏弃，尚存右列各碑拓本，吾皆有之。《元公姬氏二志》最初得残本，嗣得族父摹刻本，居京师时得石影印精本，几可乱真。在此影本之上，有汪鸣銮印，疑汪所影印。国变南还，又得一残本，然终以不得初拓完本为恨。旧岁之冬，从海上购得魏隋碑志影印十种，因合装为二册，而抄随笔所校附册后。流转兵间，欲归未得，课书遣日，聊破牢愁，亦缘结习未忘耳。

庚申四月朔丙子，瓻翁记于零陵旧观德堂。

《金石续编》著录《元公姬夫人二志》，于是诗外均有《古志石华》、古泉山房、陆氏增祥诸跋。《石华》跋太简，翟、陆篇幅甚长，卷尾未能备录。邻苏跋最后出，搜讨綦详，足以赅括矣。两《志》毁于咸丰庚申，蝯叟题咏在同治戊辰，原石之佚已历九年，蝯翁殆未闻也。精拓虽不复可得，然东洲藏弆尚有昔年厂肆旧本，今亦不知在何许矣。包安吴定为率更书，又有谓为欧书所自出者。吾谓率更生于隋代，或其少作，至唐初乃益精妙耳。

壬申春又记。

吴愙斋篆文论语跋

是本为新田乐炳元刻石。乐翁故工剞劂，光绪间，愙斋抚湘，凡刻石，皆翁奏刀。既老，家居，所藏愙斋金石拓本犹有存者。庚申春，予与亡友刘雨人居永州军幕，因永明蒲毓彭从翁购得是本，且各得《十六金符斋印存》一册。零陵乏装书者，雨人且为我装册。是夏，湘军逐去张敬尧，吾辈方舟还长沙。雨人于是冬谢世，乐翁年垂七十，犹能刻石。今忽忽五年，故人之墓久悲宿草。湘乱未已，又见桑田，追念南皮之游，不胜西州之痛。偶翻篋衍，辄志雪泥。

□子元旦立春，瓻叟徐崇立冻墨。

魏司马景和妻墓志跋

予藏《司马景和妻墓志铭》凡三本，其一孟县拓《四司马氏墓志》，其一上海真赏斋丛印《六朝墓志精华》之一种，其一即此本也。取三本合校，孟县旧拓为最，真赏斋印本次之，此本最精。原本“魏”字模糊，石印本“杨”字不显。此本“杨”字最明晰，余可类推。《金石萃编》著录此《志》有《孟县志》、翁覃溪《授堂金石记》及兰泉司寇诸题跋。王跋据《魏书》谓景和为元兴之弟，然《元兴墓志》“讳绍，字元兴”，《景和志》又称父“兴”。史叙家世自不若墓志之可据，然何以称父字仅书“兴”，岂当时以字行，又或称“兴”耶？《蛾术编》于《景和志》辨之云，考《本传》，景和乃叔璠曾孙、道寿之孙、元兴之子，卒赠左将军、平州刺史。是《本传》与《志》合，但与《叔璠传》谓景和为道寿次子，又相矛盾耳。司寇意度谓元兴卒，而景和以弟袭爵，盖偶未细绎。景和《本传》、《本志》及《蛾术编》未免失之眉睫耳。苏斋、兰泉两跋墨迹，是本已附印。兹抄《孟县志》、《授堂金石记》附册，以资考证。

壬戌夏五，穊叟徐崇立记于静寿山居。

北齐朱君山墓志跋

诸题咏自王息斋以下多不知名，惟黄崑圃曾评点《史通削繁》，与纪河间同时。诸题句笔法腴秀清婉，盖清代自康熙以下，朝野竞尚华亭书，一时风气使然。年兄之称，座师以称门生者，息斋殆出黄氏门下，今人无复知者矣。

据王氏原跋，此石明季即已出土。乾隆乙丑，拓本流布，并征题咏。而青浦王氏编《金石萃编》在嘉庆十年，既未著录，陆氏《续编》亦未补入。岂以乡愚吝秘，故拓本罕觏耶？彼村人始则以贞珉为香案，一经士流提倡，即嵌入神龛。天下不乏此类俗伧，以耳食为贵贱，明珠而遇盲目，自古才人感遇，岂唯是《志》也哉！书体杂篆分，波磔多带隶势，气韵雅与《陈思王碑》相近，北碑中佳品也。夜阑客退，倦笔率题。

辛未秋分后五日，瓻翁时寓金陵。

唐温泉铭跋

此本据俞复跋，考证綦详。复检方若《校碑随笔》云，是刻行书剪装本存四十八行，上半缺，唐拓孤本也。今谛审文词自“是以秦皇锐思”句下皆可属读，是前半残蚀，非上半缺也。金文既刻于《绛州帖》，铭词又刻入《筠清馆帖》，则亦非孤本矣。方氏云纸尾有墨题一行，曰“永徽四年八月，围谷府果毅儿”以下缺。而此本无此一行，与方氏所见不合，殊难索解。俞氏云，虞、欧、褚诸人各出奇诣极，以视太宗书固当北面称臣。并云后来襄阳窃取形貌，正如婢学夫人。且诋米书粗犷，此目论也。史称太宗作书不善作“戈”字，独缺“戈”，命永兴补书。出示欧、褚，悉称“戈”字最佳，文皇为之叹服。是贞观君臣盈廷，尽推伯施矣，后人何容妄加轩轾？俞氏固不知也。北碑、南帖流别天然，太宗生平最崇山阴，钟、王自是南朝冠冕。永兴纯是南宗，与太宗君臣有鱼水之契。欧、褚师法元魏，远祖汉隶，只以当宁所尚，故亦仰承风旨，摹写《兰亭》。当时即有神龙、定武之分，良以途辙既殊，风韵自别。若论书品，则北高于南，以导源篆、隶，魄力雄厚，神韵高古。碑版文字远胜简牍狎书，故自唐以前，碑碣皆隶楷，无用行草者。有之自太宗始，如《晋祠铭》及此碑，其他御制丰碑无一正书。厥后高宗之《纪功碑》亦草书，至李北海，则碑版无不兼行矣。太宗此书遒劲秀逸，远溯会稽，近规智永。厥后唐之北海，宋之苏、米，元之吴兴，胥取资于此。源流可接，统绪相承，皆可望气而知。文章书画皆以时代为升降，去古愈远，则气力愈薄。吴兴之不逮襄阳，犹北海之不逮太宗，皆气运为之也。心知其故，而手不能追，虽殚毕生之精力，而未如之何已。行箧无多碑帖，他日当检《绛州》、《筠清》两帖对看，一校其残佚异同。严冬夜阑，秃管冻墨，老眼倦腕，写不成书矣。

丁卯腊八日，槑叟徐崇立记于汉上寓斋。

谛审笔势，颇近褚河南《文皇哀册文》。此《铭》圆腴纵肆，逸趣横生，洵可谓"云鹤游天，神龙戏海"。《哀册》遒美过之，尚不若此之俊逸，蹊径微有不同，未可轩轾。偶临数行，跬步拘滞，恧然汗下，谓棉里裹铁者也。结构似不谨严，而气脉[①]……

元朝七姬权厝志影本跋

翁苏斋谓《七姬权厝志》梦想三十年不得见。予最初在京师得贝氏覆刻本，始得见宋仲温书，未足厌夙望也。前日消寒第三集，同里郑习叟携霍丘裴氏壮陶阁所藏原拓本，则覃溪所云真本、覆本合装为一册。其前后题咏悉俱，纸墨锋颖，光彩照曜。惜座客已多，竞欲先睹，有不必看者，亦展玩不释。坐是不克澄观谛

①以下底本原缺。

审，且索值二千金，未可久留。明日，冒寒风走市间，购取此本。则剪裱参差，非复裴本之旧。即翁题亦移易其部居，墨色黯淡，神韵大减，并无虎贲之似，较贝刻犹逊之。原本卢氏篆盖五字已佚，撰书篆盖三人题名原裱在文后三行平列者，此则接铭词后直缀为一行。疑别是一本，合装两残本为一，而影翁迹附合。犁靬善幻，疑莫能明。贝本不在行箧，姑留此以备他日对校。此有翁迹，犹可节取耳。

壬申嘉平月既望，雪窗寒夜，小楼人静，灯火莹青，呵冻写记。瓻叟徐崇立时寓沪上。

掷笔而起，盖晚近临古帖，不独胸襟、境地、天姿、学力远不逮，即楮墨、笔毫之质料、制作，亦大有良窳、粗细之别。事事相去天渊，所以每下愈况也。如此跋初欲作精楷，而锋颖尽秃，败兴而罢。

浴佛后三日，抱关老人书于茅江官榷廨。

是帖拓本出敦煌石室，俞复以玻璃版印行，想见墨迹之妙。自经倭寇沦陷以后，文物荡然，即此本不易得矣。近方编录题跋，文字散佚，检校再题。败管宿墨，寄慨而已。

戊子夏暑雨，七十七老人。

宋拓孔颖达碑跋

己未从军永州时，邮书海上，购致此本，装潢不精。亡友刘雨人善渥时同居军幕，朝夕讨论金石版本、兼擅艺事，力疾为余重装。今墓有宿草，重展旧籍，不胜黯然。旧藏唐拓《庙堂碑》

珂罗版印本与此遂为合璧。少小孤陋，晚遭乱离，古拓原本无力致之，且不易觏，寒素之家不能高言玄默。得此，大可为临摹之助，洵可宝也。

壬戌三月哉生霸，晴窗晒帖，因题册后。秝叟。

赵书嵇康琴赋墨迹跋

是帖秀劲超逸，官止神行，蹊径殊似褚河南《哀册文》。尝得鸥波所书《金刚经》乃用泥金写，吴荷屋中丞摹以上石，即古所谓"瘦金书"，亦师褚笔法。但彼楷而此行，书体虽别，异曲同工。鸥波于书无所不临，故能荟萃众长，自成风格。近见松雪真迹影本数种，局格意态各不相侔，宋以来画家罕有敌匹。

致中吾兄笃嗜赵书，举以见示，假临数日，题此以志墨缘。

丙寅初冬夜分，客退，记于广州越吟榭。秝叟徐崇立。

近时，海上影印吴兴墨迹数种，大都伪托。予独尚此，前跋已详。谭畏公见之，谓《汲黯传》外，独此本真耳。致中以予激赏，临别并举此为赠。不数日，渠之韶州，予遂转海还湘山斋。散帖补题卷尾，以志嘉贶。

嘉平月望，秝叟又记于汉石经室。

唐皇甫府君碑[①]跋

此碑残裂已久，后半皆漫灭不可识。居京十年，所见多矣，

①"府君碑"，原误作"君府碑"。

无复完善者。生平惟见曾君和故侯所藏宋拓本，精采迥绝，诧为异宝，在今日已稀如星凤矣。此本为木质翻刻无疑，特取其字画完俱、神采尚有存者。余成童时，族父文方先生设旧书店于玉泉街，以四百钱易得。何道州以小欧笔法写《中兴颂》墨迹一册，媵以此本，旧敝不堪，叔父见而激赏，索归重装。族父叔鸿先生时以军机章京丁忧家居，偶来家塾，题金笺于眉。先生以金石书法名海内，收藏甚富，亦谓是本为不恶。余挟此入行箧，奔走南北，未尝一日离，今且三十年矣。两族父墓木已拱，展卷不胜沧桑之感。则此敝帚康瓠，虽非世宝，抑亦家珍矣。

据碑估云，此为石刻，非木质，并言石存某处，则忘之矣。

甲寅初夏，长沙徐崇立记于辰阳榷廨。

铭词"曳裾朱邸"，翻本皆误"邸"作"邱"，盖"邸"字与"邱"笔法画近似。吾湘黄敬舆太夫子以临欧体震于时，且不免此误，知其未见原本也，然明眼人一见即能辨之。

己巳七夕后日，瓻叟重校记。

予藏此碑及《虞恭公碑》均为覆刻本之旧者，存字最多，盖均从旧拓完本重模者。行中残泐处当即依线断本，末行石花，则刻文后，劖毁之痕迹宛然可辨也。至"欧阳询"三字笔画讹谬，则摹者以意为之，且非钩勒，足为全部之玷。大凡古碑旧拓，日远日亡。昔日视为寻常，历久即觉为稀见。况是本家传已越四十年，语鉴藏则不足，以资初学临摹，有馀师矣。

辛未秋分后五日，瓻翁病腕，重题于白下寓庐。

北魏姚氏造像铭跋

《姚氏造像铭》，古近诸《石刻汇目》均未著录。碑立于北魏孝文廿年丙子，当拓跋氏之中叶，为南齐明帝建武三年。乃其书势犹兼隶分，与苻秦《广武将军》、魏《嵩高灵庙碑》约略相同。其去魏晋已远，中朝钟王之书派久已锋发韵流，北朝亦有师钟王者。而此碑犹墨守故步，古法未湮，可知北人朴拙，风气未易濡染。铭词有韵可诵，惟中有漫灭处不尽可辨耳。仲辉近贻此本，前后无馀纸，因就边幅漫记。天暗目昏，草草命笔。

甲戌初春，穊翁书。

大唐三藏大遍觉法师塔铭跋

此即唐贞观时取经西域之玄奘法师。盖东汉白马驮经之后、姚秦鸠摩罗什译经以来，大教东渐，释典宏宣，此为最盛。师所撰《大唐西域记》、太宗御撰《圣教序》、褚河南所书、僧怀仁所集字，久已行世。是铭《金石萃编》已著录，《石墨镌华》谓建初书"行草秀劲有法"，余意此书似规摹怀仁《圣教》者，而骨多于肉，风韵遂减。盖中唐以后书气息渐薄，文字与世运为升降，于此可觇盛衰。然笔画未甚剥蚀，倘得良工精拓，神采当较胜耳。《铭》末震维俞安期题字，《萃编》未录，疑为嘉庆以后人刻。率于古碑中着字，明人每有此妄作，究莫能明也。

甲戌人日，穊叟徐崇立题于沪寓灯下。

附基公塔铭跋

基公为玄奘法师大弟子，于翻经为臂助，以将门子证文字禅，弘道之功甚伟。《铭》亦为建初书，是同时刻石，乃《遍觉碑》字犹完好。此则石花冰裂，麻沙难辨，殆石有坚窳，抑碑本露立，为风霜剥蚀耶？“基”字缺末笔，避玄宗讳也。《萃编》所录题跋，有“紫桃轩杂缀”一段纪师奇迹，惜册无馀纸，未能移录。建初写此铭，笔多倔强，逊于《遍觉铭》，非唯石拓不佳也。以其为三藏贤首，又陪葬师塔，藉可研寻释典，故宜附存。仲辉近诒石墨数种，此其一焉。

心佛戡主同日退颖并记。

唐李北海叶国重碑跋

唐贤碑版流传最盛者莫如北海、平原两家，然残佚亦多，泰和书尤多覆本。此《叶有道碑》，久见碑目著录，神往有年，昨过市始购得之。灯下谛观，定为重开本。及检《墨林快事》，称为似经重刻，乃李字之瘦劲者。是本笔画微弱，未为瘦劲，重刻无疑，当别是一本。然以校《东林寺碑》，全失故步者，犹有胜处。王氏《萃编》仅依装本入录，并不知原石尺度，知彼时已为罕觏。北海书转折多方，如《麓山》、《云麾》两碑，原石虽甚残蚀，就其存字，犹可窥见遒峻之妙，覆刻则化百炼刚为绕指柔矣。宋元以来，米海岳、赵吴兴师之而各极其妙，此外无闻焉，知龙象之难捉摸已。

癸酉中冬，沪寓灯下，瓻叟写记。

徐刻孔子庙堂之碑跋

廿年前，临川李氏影印其家藏，号《李氏十宝》，此碑其一也，已甚精。复有唐拓《庙堂碑》影本单行，亦视此为胜。此则佚字甚多，精采不逮远矣。覃溪、临川二跋刻画虽工，乃如一笔书，知小字摹勒之难，电法取影之传神妙矣。曲园跋但延誉耳，本不以书名，故所论亦与碑无涉。是刻无足重，姑留以备参校尔。

辛未初春，自湘取旧藏碑帖来金陵，散帙见此，漫题于端。

稨叟崇立书于勤圃寓斋。

宋拓麓山寺碑跋

昨从瓶斋假阅清宫宋拓《麓山碑》影本，与此对校，迥然不同，笔画既多，明显精采，亦殊赫奕。其字画亦有不同者，如“参”字，此本作“条”，而清宫本作“条”①，此其显著者也。其他未屑一一对勘。其号为宋拓固谬，窃疑其并非原石。惟“词曰”前“蚊山”诸字，彼本所缺者，此尚有之，差可留以对校古拓。吾于此碑向无善本，故不甚措意。今校过，始知狄平子之陋，其牟利诳人且不止此，不值一噱。

癸酉夏至后三日，稨翁漫记。

①“参”字，底本所指两本手写均作“条”，未见有差异。

汉白石神君碑跋

叶氏《语石》云，碑后有“燕元玺三年正月十日，主簿程疵家门传白石将军教吾祠今日为火所烧”共二十九字，妖妄不经，何以示训？予详绎碑文，即《白石神君》亦羌无故实，殆如今三家村灵官五通神之类，古树山石，农民遇水旱疾疫，祷之辄有应验，于是相奉以神。《易·系辞》所谓“精气为物”，《礼》所谓“能御灾捍患则祀之，有功德于民则祀之”，初不分天神人鬼。此碑以白石为神，盖亦山川之神也。碑有云：“犹自挹损，不求礼秩”，几如石而言矣。文中多用四字句，读之有韵。盖秦汉以来，文字古法如是。初不必铭辞也，汉碑如此者不胜缕数。独怪姚惜抱选古文为法式，乃仅取秦刻石，不录汉碑，窃以为隘矣。是碑隶法劲健方整，规矩谨严。初学由此问途，再由《韩敕》以溯《张迁》，从规矩而神明，循准绳而变化，庶几盈科后进，斯为有本矣。此本拓工不精，墨多变浸漶，后题一行非读《语石》不尽辨识。叶本当较早且精，然程疵“疵”字恐未确也。予以光绪乙巳得此于燕台，距今卅馀年，始校跋焉。

丙子雨水后日，徐崇立书于旄学斋。

汉鲁峻碑并碑阴跋[①]

此碑有题额曰“故司隶校尉忠惠父鲁君碑”，而是本无之。至碑洪氏《隶释》尚未能详，黄小松亲至碑下，手拓之，可息诸家

①标题本作《汉鲁峻碑阴跋》。原校：此题应增“并碑”二字于“阴”字上。

之讼。文多残缺，而以铭辞中“允文允武”四字完全者，为最旧拓本。顷见谭瓶斋藏本碑额完好，“允文”句俱存。惟文字残蚀，非全泐，已为不易遘之本，惜无碑阴耳。余得是本在光绪甲辰后，裱工于残蚀之字悉割去，并残余之点画不复可考求，“允文”字仅存一“允”字。然藏此垂三十年，今碑石虽存，椎拓日久，恐并此旧拓不易得矣。暇当勘校残字异文，加朱笺注之。

癸酉立夏后三日，甋翁记于沪寓。

晋爨宝子碑跋

此石与始平公诸造像，凡波磔峻峭如刀削者，皆就石鼓刀，不假楮墨，即今所谓“铁笔”也。学者但可参用其隶势，仍以冲和为贵，冬心师之未为大雅。尔时所见殊稚，重展为之汗下。

癸酉春分节又题。

魏敬史君之碑跋

按碑述其先世云“虞舜之苗裔、田敬仲之后”，盖敬仲本妫姓，陈厉公子敬仲之后。《通志·氏族略》所谓“以谥为氏”也。汉有敬韶，官扬州刺史。文字磨灭，惟其初有敬仲二字，故目为《敬仲碑》，载《集古录》。然则《敬仲叙碑》皆推原于敬仲也。又据《金石录·敬君像颂跋》云，敬君名曦，显儁从弟，十世祖汉扬州刺史韶。按《后周书·敬珍传》、《唐书·宰相世系表》，皆云：韶汉末为扬州刺史，而《姓苑》与《元和姓纂》，皆作“歆”，疑传写之误。又据碑，显儁乃韶十世孙，而《姓纂》以为九世，亦误也，云云。据此，则显儁之十世祖乃韶也。碑纪敬君历官，云“解褐奉朝请。于时女后称制”者，指魏宣武帝灵皇后胡氏也。“大丞相渤海王德隆齐晋，作牧唐都”者，指大都督、晋州刺史、齐献武王渤海王，中兴元年为侍丞相高欢也。碑立于兴和二年庚申，计自解褐之初，至此首尾十三年。立碑之意专纪其都督颍州时政绩，而尤重其营造禅静之功德也。颍州刺史崔叔仁是立碑之主，故特列衔名于颂后，此后列施地檀越姓名，不与碑阴同列者，重其施地之功也。以“仵拾亩”为“五十亩”，“仵”、“伍”通用也。碑多别体字，如“宿捸轻肥”之“捸”字，玩文义疑“装”字移置也；“噉饭”作“敢饭”，或是省文；“涂炭”作“荼炭”，或是通用；“高敞”则笔误字。碑阴列一百四十余人，而敬姓者十四人。独敬鸿显既列于第一列之第四行，又列于第四列之末行，前作“鸿顯”，后作“鸿顥”，前衔但云“持节假征西将军、太中大夫、阳翟太守”，后衔则云“持节假征西将军、平西将军、阳翟镇将带阳翟太守”，此下云“晋州平阳郡晋秋乡吉迁里人”，不知与史君同里居否也。敬清奴称“小郎君”，殆陈留太守敬忻之子也。碑云有“民望”、有“都民望想”，皆郡人之著者；有“外兵”、有“帐内”，皆军营之职；“隊主”疑即“队主”，亦军职也；有“沙门统”、有“沙门都”、有“道人”，想皆僧职也。慧哲，僧也，而称之曰“敬公门师”，殆为史君所尊礼也。曰“营福都维那”、曰“长兼都维那”，皆他碑所未有者。助教聂染虎，“染”当是“柒”字，即七虎也。其曰“李台尉姨”，曰“吉苟子”，命名之义不可晓。曰“党司徒始隆”，曰“五官成勇沈遗达”，曰“民望伏生颊当世”，曰“民望力和韩道颙”，曰“邑吴成奇”，曰“党许洪朗”，曰“斋主白塔道场”，义亦未详。曰“民望聂保蔦”，曰“焦弁”，曰“长社县维那法嵩”，字有不可识者，或疑“长社”即“长社”。

是碑沈青崖一跋最先，石本殆即刻碑。后尚有《潜研堂》、《蛾术编》、《授堂金石跋》三跋，皆考证详实，以文多幅短未录，只录《中州金石记》、《金石萃编》两跋于前后护页。此石出土既迟，又藏于长葛县陆山书院，故拓本尚不难致。光绪末叶居京师即购此本。今越廿年沧桑后，未知原石存亡，拓本亦当逊此矣。碑阴行列，取与《萃编》校对，装裱已多颠倒次第，非重装无由更正，亦未暇一一笺注。兵乱日滋，尘事迫促，区区者未知能逃浩劫否？寒雨暗窗，墨宿且冻，老病侵寻，姑以遣闷，不计工拙矣。

丁卯元夜前日，㲄翁退笔。

魏马鸣寺碑跋

此碑未甚漫灭，拓工劣耳。王湘绮先生书临此碑酷肖。张文襄书，人多谓其临东坡，独谭畏公谓其从此出。审谛之，亦有近似处，尚不若湘绮之专工耳。今世人号为揣摩北碑，乃不知有此石，亦只见眉睫耳。

甲子春正月二日，检碑记。㲄翁徐崇立冻墨。

“马鸣寺”三字在碑额之上层直行，“魏故根法师之碑”七字，二字为一行横列。在广州，见刘劭襄买整幅，甚精。

丁卯雨水节记。

后见南皮《消夏诗》痛诋北碑，知决不师《马鸣寺》。盖南皮一生以官为家，所尚为台阁体。北碑之怪丑者可摒斥，其精者岂可一概抹杀？此如何贞老之痛诋赵松雪，要是一偏之见，未为通论也。

戊子长夏，七十七老人又题。

魏张猛龙碑跋

是碑以“冬温夏清”四字未泐者，为清初拓本。详校此本，只存“温清”二字，其他旧拓尚存之字亦皆磨灭，其为近拓可知。吾于光绪甲辰岁入燕台，即得此本，至今且三十年。蚀字虽多，而纸墨已旧，凡存字皆明显，拓工尚佳，其时必在甲辰以前矣。闻碑尚在曲阜阙庭扃藏，不轻拓。最近挩本值银币十元，此旧拓，当更倍之，至考据则《金石萃编》诸跋已极翔实矣。

辛未立夏前六日，瓻叟书于金陵寓舍。

唐卫景武公碑跋

此碑《石墨镌华》已云“碑下半泐”，乃《庚子销夏记》又云“碑稍泐”，岂所见拓本不同耶？昨购得王存善藏本珂罗版重印者，尚存千八百馀字，较崇祯时《醴泉县志》所云“存千五百字”者远过之，知拓本在明前至此则更剥蚀多矣。王文愍懿荣有《与李子丹书》云：“《卫景武公碑》拓本不旧，所谓‘鼋鼍金石’四字已有泐痕，此在何、沈未拓稍前耳。”“何、沈”，或当指何元锡、沈树镛，盖时代相接，皆谈金石者。王本四字皆全，此则泐矣。然珂罗版将原字拓大，此本虽残，而旧遇字之明显者，神采完足，气韵远胜放大之失故步者。恐更历星纪，求此亦罕觏，是不可不宝康瓠矣。

王本尚有碑额及碑阴宋游〔师〕① 雄题字，然已模糊。此本虽淡墨，然有字处笔画皆完好，同是残碑，但以字之多少分拓本先后耳。

壬戌之秋七月初吉，甀叟徐崇立校记于木石山居。

此与《李孝同碑》同一笔法，方整遒秀，在欧、褚之间。盖当时风气使然，可见唐时碑版之盛。宋人则多简牍狎书，偭规越矩，惟游师雄志不失古法耳。

甲子初春又题。

唐栖霞寺明征君碑跋

按碑题“朝议郎行左金吾卫长史侍相王书臣高正臣奉敕书”。正臣，史无传，说详《杜君绰碑》，相王即睿宗。《旧唐书·睿宗纪》：帝好学，工草隶，尤爱文字训诂之书。上元二年，封相王，拜右卫大将军。正臣时为侍书，则正臣之能书宜矣。《新唐书·百官志》王府官无侍书专员，但有友一人，掌游处，规讽道义。侍读无定员，文学一人，掌校典籍，侍从文章，则是侍书之员，或即侍读文学所兼也。又《百官志注》云：高宗、中宗时，相王府长史以宰相兼之，则其他之兼者可知矣。又左右金吾卫兵曹、骑曹、胄曹参军事，各有长史一人，正臣时正授此官也。篆额者王知敬，史附《王友贞传》，但云“善书隶”。今观此碑，又知其工于篆也。

---

①游师雄，底本脱“师”字，误作“游雄”。据下一则改。

碑云："南齐征君明僧绍者，（太）〔平〕[①] 原人也。仲雍诞其绵胤，井伯播其灵苗，芳源肇于孟明，因即以明为姓。"《通志·氏族略》"以字为氏"者：明氏，姬姓，虞仲之后也。有百里奚者，虞之公族大夫。晋献公灭虞，虏虞公及百里奚，以媵秦穆姬，遂为秦大夫。奚生孟明视，视，名也。明，字也，以字为氏。下文载宋朝明姓者三人，明镐、明觌、明橐，而独不及上溯征君诸人。《南史》传："明僧绍，字休烈，平原鬲人，一字承烈。其先吴太伯之裔，百里奚子孟明，以名为姓"，云"太伯之裔"，与碑异，"以名为姓"，与《氏族略》异。碑云曾祖忱，晋著作郎。祖玩，晋建威将军。父略，宋平原太守、中书侍郎。晋、宋《书》皆无传。《南齐书·僧绍传》不载曾祖，但云："祖玩，州中从事。父略，给事中。"《南史》亦但云："祖玩，州治中。父略，给事中。"历官俱与碑异。《传》云：僧绍有儒术，宋元嘉中再举秀才。永光中，镇北府辟功俱不就。隐长广郡崂山，聚徒立学。碑不著宋年号，但云："蒲轮每至，攀桂之节逾高；玉帛屡陈，枕石之诚弥固。遂乃缅怀飞遁，抗迹崂山。横经者四集，请益者千馀。"崂山在今胶州即墨县，刘宋时为不其县，属长广郡。"崂"又作"牢"，《魏书·地形志》：长广郡不其县有"牢山"；又作"劳"。《太平寰宇记》："大劳山、小劳山。《郡国志》云：夫差登之，得灵宝度人经。《齐记》云：泰山自然高，不如东海劳。"《山东通志》：在即墨县南六十里滨于海，其山有二，高者曰"大劳"，差小者曰"小劳"，二山相连，高二十五里，广八十里。碑云：齐高祖屡下征书，确乎不拔。其后又移郁州搀榆山栖云精舍。建元元年，又下诏征为散骑侍郎，又不就。既而行次摄山，有终焉之志。

①据下文引《南史》本传改。

俄有法师僧辩，欣然一遇，即岩构宇，别起梵居。栖霞之寺，由此创名云云。《南齐》、《南史》两《传》皆同，惟建元征散骑侍郎，两《传》作“正员外郎”；“法师僧辩”，两《传》作“僧远”；又“摄山”上“江乘”二字，碑所无也。又《传》称齐太祖遗竹根如意笋箨冠，隐者以为荣。此事碑亦不叙。

江乘县，宋属南琅邪郡，齐时废郡，隋时废县入句容。《南史》云：齐明僧绍居摄山后，舍宅为栖霞寺。《江南通志》：摄山在江宁府东北四十五里，唐改栖霞为功德寺，高宗制明隐君碑尚完。按舍宅为寺，《南史》本传无此语。此碑题“摄山栖霞寺”，亦未尝改为“功德寺”。《通志》又称永明七年，僧绍舍宅为寺。僧绍二年已卒，安得至七年舍宅乎？《通志》盖误读陈江总持《栖霞寺碑文》也。碑略云：摄山状如伞，亦名“伞山”。尹先生记曰：山多草药，可以摄养，故亦以摄名焉。僧绍尝游此山，结构茅茨，廿馀年不事人世。有法度禅师与僧绍契，尝于山舍讲《无量寿经》，中夜忽见金光照室，光中如有台馆形像。居士遂舍本宅，欲成此寺，即齐永明七年正月三日度上人之所构也。居士有怀创造，俄而物故。其二子仲璋为临沂令，克荷先业，庄严龛像，首于西峰石壁与度禅师镌造无量寿佛，坐身三丈一尺五寸，通座四丈，并二菩萨倚高三丈三寸云云。详玩碑文，显系僧绍存日欲舍宅而未果，至永明七年，其子仲璋与度上构成之也。自《通志》误会江碑之意，而《江宁府志》及《摄山志》皆误以为僧绍舍宅在永明七年矣。

《南史》传云：“僧绍子元琳、仲璋、山宾并传家业，山宾最知名。”《南齐书》则曰：“子元琳，字仲璋”，是元琳、仲璋为一人也。碑乃云“第二子临沂公仲璋”。可知长子为元琳，《南齐书》误也。两《传》不详仲璋事迹，碑云：仲璋“琢彼翠屏，爰开叶座，舍兹碧题，式建花宫。”此为仲璋为寺舍宅之盛。又云：“逖彼萧宗，大宏释教，文惠太子及竟陵王子良咸舍净财，光隆慧业。时有沙门法度，即此旧基，更兴新制，又造尊像十有馀龛。及梁运载兴，临川王以天监十五载造无量寿像一区，带地连光，合高五丈。”凡此故迹，今检《通志》悉从简略。文惠太子，齐世祖子，竟陵王，名子良，世祖第二子。《南齐·竟陵王传》称：“与文惠太子同好释氏，甚相友悌。子良敬信尤笃，数于邸园营斋戒，大集朝臣众僧。至于赋食行水，或躬亲其事”。临川王宏，梁太祖第六子。《梁书》称：“天监十五年，所生母陈太妃寝疾，宏与母弟南平王伟侍疾，并衣不解带。及太妃薨，水浆不入口者五日。”据碑载，栖霞造像，适在是年，疑为太妃作也。碑云：“今故于此彼度人，常满七七，各兼衣钵钱二百贯，绢二百匹，苏三十斛，绣像织成新旧翻译一切经一藏并幡华等物”。凡此，所赐钱物皆所以施福于栖霞者。详玩碑文，盖以栖霞振兴佛法，为求福之胜地，原其始建在仲璋克承僧绍之业，故不没其功而为此碑，未尝有一语及山宾，更亦不因崇俨之请也。苏三十斛，《本草》注：苏性舒畅，行气和血，苏乃荏类，而味辛如桂，《尔雅》谓之桂荏。此所赐以斛计，必是苏子。《本草》又云：九月收子打油，然灯甚明。不知高宗赐此为燃灯用否耶？

此碑文字完好，而取诸史志参校，颇多互异，因详述之。如此碑立于上元三年四月，是年十一月始改元仪凤也。是碑据王氏《金石萃编》所录，《金石录》、《苍润轩帖跋》、《金石文字记》、《金石后录》、《潜研堂金石文跋尾》诸题记，皆不若述庵先生考证之翔实，因移录之，以其太长，并加要删。顾亭林《崂山志序》全未之录，唯碑文“竟陵王”下衍“子良”二字，更与新制“与”字，当是“兴”字之误耳。前日执笔甫及半而中辍，更治他事。今续写，遂略有参差不匀之处。是碑石花剥蚀，极似连圈，俗谓之“梅花碑”，以其似梅花也。去年夏游栖霞，欲求拓本，寺僧俗劣，许而不与。余翰丞大令以所藏见诒，去冬装于长沙，重携至此，兹始写记。连日作小楷过多，遂尔昏眩，精力日衰，此其朕象，可为感叹者已。

庚午谷雨后日，瓻翁书于金陵行斋之梦雨楼。

昨谭畏老遣送明拓本见示，墨光黝黑如漆，所谓“梅花”者偶见一二。盖拓不精者，石花满眼，浓墨则可掩也。是本碑首“奉敕书”三字，下二字全缺，明拓不损，字瘦削，锋颖毕显，此则字口漫漶，遂肥而不秀。时后三百年，宜其日损，倘浓墨精拓宜较胜，寺僧不知护惜，恐并此不可得矣。生平酷嗜碑版，贫不克致精本，得此亦慰情胜无耳。

小满前日又记。

右庚午春书。秋八月，畏公谢世，建康今亦沦为异域。穷山枯寂，旧雨晨星，景物都非，人间何世。庚午年五十九，今政十年，目眵手战，不复能作精楷，盖患难衰病使然。汲汲顾影，重题寄慨，不计拙劣矣。

庚辰秋七月，瓜牛老人记于毫学斋，年六十又九。

此碑之阴有“栖霞”二大字，充满碑石左侧，题名似经磨去者，笔画丰伟，极类东坡。盖苏书遭党禁，石刻划削殆尽，其臃肿者皆后来重刻，失真者也。此小字亦似毁灭，若他人书又何嫌而刊去乎？是册为剪裱，碑阴字巨，无可附丽，乃别装存之。补记册端。

庚辰秋七月，日暮阴寒，瓻叟力疾书。

唐李孝同碑跋

碑称孝同为太祖景皇帝之曾孙、郑孝王之孙、淮安靖王之子、高祖太武皇帝之从子、太宗之从祖弟。考之《唐书》，太祖即李虎，佐宇文周受魏禅，官太尉，与李弼等八人皆为柱国，号“八柱国家”，碑所谓“八柱之业在宣”者也。高祖即位，追谥曰景皇帝，庙号太祖。淮安王神通，《新唐书》列宗室诸王公传，世系悉与史合。贞观三年，高祖崩，谥曰太武肃宗；上元元年，始改谥神尧。是碑立于高宗咸亨二年，故犹称太武也。光绪甲辰，吾以考授中书居宣南闲曹，无事辄访碑于厂肆。是本收藏已越廿年，中遭变乱，南北奔走，避地谋生，碑册束置山斋，率少伏案临池之乐。顷监榷新堤，从妹婿蔡玉衡来司书记，偶携丛残拓本见质。有篆文曰“大唐左武卫将军淄川公李府君碑”，吾曰：“此碑额也。”旋检赵氏《金石录》，有《唐淄川公李孝同碑》。始忆吾有是碑而无额，亟遣役自家检至，合校之，即是碑额也。孝同，武德五载，以武乡县开国公封淄川郡王，九年徙爵为县公，其卒以右卫将军，有诏赠左武卫大将军，与碑题合。其他赠官不备书也。玄宗天宝三年，始改“年”为“载”，肃宗至德仍称“载”，至乾元仍改“载”为“年”。碑云“武德五载”乃随笔成文，其时无是称也。是碑漫灭过半，碑首剥蚀数十字，《金石录》云“撰人姓名残缺，诸葛思桢书”。今谛审《铭》后，隐约有字，首为“许”字，以下“颍令诸葛”等字犹可辨。馀纸为裱工割弃，不复可寻矣。有唐书学之盛，为历代冠，以虞、欧、褚为大家。贞观以后，碑版文字率不能出欧、褚两家范围，而虞派甚微，北海、平原亦且导源欧、褚，而王知敬、王行满、吴通微、苏灵芝之流皆卓然有闻而未能自辟蹊径。是碑与《卫景武碑》书派略同，殆皆学步河南，其剥泐亦相等。晚近劣工拓碑省纸，往往遗额，求整幅甚难。是本前文已佚，遑问额题。兹于无意中璧联剑合，得之既艰，弥足珍重，因亟付装册首。汉以来，碑额题署率多奇伟，自为一派，此犹小篆体耳。

是碑《石墨镌华》称其笔法虬健，大类褚河南。王氏《金石萃编》称："碑连额高一丈一尺五寸，广四尺一寸四分，三十三行，行七十二字，在三原县北白鹿原"，"文二千三百余字，惟首行泐其大半，余存十之八九，事迹尚可考。"《宰相世系表》列孝同之子，长曰左卫将军，次曰徐州刺史璩。据碑则有朝散大夫行泐司马泐其名、参军事[1]瑱，皆不见于《表》中。近叶昌炽《语石》云，今书人名已泐，寻德甫所记，则诸葛思桢书也，仙风道骨，不食人间烟火。思桢所书尚有《瑶台寺碑》，亦见《金石录》。按《昭陵张阿难碑》，瑶台寺主僧普昌书酷似虞永兴，为唐僧工书者第一。建寺之碑不自下笔，而以嘱思桢，则其工书可知矣。惜《唐书》无传，据此碑题衔，但知为许州临隶县令云。检《萃编》，碑后亦作"临隶"。今谛审是碑，题衔虽已漫漶，而"颍"字"页"旁尚隐隐可辨。考《唐书·地理志》，许州颍川郡有临颍县，而无临隶，未知两本何以皆误。前跋撰于新堤，因陋乡裱工甚劣，兹补装相距且期年矣。秋暑酷热，汗浃衣襟，老眼益昏，数歇笔始竟。

己巳处暑，𥐝翁徐崇立记于城东汉石经室。

①参军事，原误作"参事军"。

褚书雁塔圣教序跋

取校王存善藏本，珂罗版精印者漫灭数字，远不逮此。王子展号为精鉴者，所得如此，知此旧拓更在前矣。

壬戌十月之初，瓻叟灯下校记。

褚书同州圣教序跋

此碑"玄"字、"治"字皆未经妄人增损，故是完本。至末行，署题字殊不类，洵为后人增刻，昔贤论之详矣。

壬戌十月，瓻叟灯下记。

大唐赠太保祁国贞懿郭公庙碑跋

王兰泉司寇《金石萃编》云：《长安志》载家庙甚多，而家庙之有碑始见于郭氏，碑阴书历官之详亦未有如子仪者，史传所不能备也。碑铭八章，章五句，上四句各自用韵，下一句则合八章之末句同一韵，又铭词之变格也。

右跋文长，未暇竟录，止录其最后一段。此碑立于广德二年，公年五十六岁，而《颜氏家庙碑》立于德宗建中元年，相距十四年，公年政七十。此碑雍容朗畅，宜与颜碑不同也。

碑阴行书分三段，赵德甫、赵子函、王虚舟皆谓是鲁公行书，惟《铁函斋书跋》以为断非鲁公书，余从其说。富平县有《李光弼碑》为鲁公撰文，张少悌行书，亦立于广德二年。又长安有

《崇圣寺经幢》，亦少悌行书，与郭庙碑阴字绝相类，则碑阴当亦少悌书也。碑在陕西布政司库外，其地即家庙旧基也。书与《致郭仆射书》同时，庙为汾阳父敬之立，时子仪年六十八岁，官尚书令兼中书，其摄冢宰、尊“亚父”，尚是立碑以后事。

右录黄本骥《颜书编年表跋》。是本光绪甲辰后得于京师，浓墨精拓，碑阴完具，不易觏也。

乙丑夏五，䅉翁徐崇立记。

按张东之父名敬之，见张《墓志》；郭汾阳之父亦名敬之，二王皆有再造唐室之勋，后先辉映，何其巧合！惟张福薄，与郭迥殊，遭际有幸、不幸耳。王氏《萃编》诸跋皆言碑在今陕西布政使司署下库，而《颜勤礼碑》亦于近代布政司旧库中阶砌下发现，即赵氏《金石录》所云“元祐中，守长安者于后圃建亭榭，多辇境中古石刻以为基址，此碑几毁而存”。据此，则司库当即元祐时亭榭遗址。既云辇取，则与郭碑未必并在一处，要相去未远耳。据《校碑随笔》谓宋拓本铭词第二句“肇见虢土”之“虢”字，右半“虎”字清晰，国初尚可辨，今漫漶矣。审是本“虢”字，右半虽蚀，犹存仿佛，即非清初，亦当在嘉道间，楮墨甚旧，决非近拓。予得此于旧京，在光绪末叶，距今已三十年。与《颜家庙碑》同时，颜碑拓本视此尤佳，可云合璧。碑阴完具，尤不易得，因重校记。

甲戌春分，晚霞老人跋于沪西寓楼。

唐无量寿佛经跋

唐代巨[1]碑，文字多四面环刻，文皆左旋，前后二幅宽，左右二幅窄。颜鲁公书《家庙》诸碑，拓本整幅可见也，是经亦然，而佚其右侧末段。旧藏剪裱本已残缺，复向余翰丞索旧拓，整幅亦只三纸。访之金陵碑帖肆，又远求北平厂估，皆云是即足本，究不审右侧经文全石漫灭耶？抑如《颜勤礼碑》为妄人磨去其铭词耶？未见原石，疑莫能明也。予临是本未竟，遂抄刻本补之。他日能否访得旧拓足本，我佛有灵，延跂俟之矣。

辛未立秋后二日，佛弟子徐崇立记于心佛龛。

唐六门陀罗尼经跋

吾所藏诸经拓本，惟此佛《六门陀罗尼经》书法最精，拓本最旧，笔法从褚河南出，与《无量寿佛》相颉颃。其他皆逊此，可宝也。

庚寅小暑坐雨，瓻翁记于山斋。

王氏《金石萃编》云：《开元寺经幢》高七尺五寸，八面，每面广八寸，各七行，行六十七字，正书，在陇州。《关中金石记》云："文中有云诸佛刹土，'刹'今又作'刹'，唐释元应《众经音义》云：'刹'，字书无此字，即'刹'字略也，'刹'音

①此字从底本。

‘初’，又作‘擦’，音‘察’。据此，知‘刹’、‘刹’二字皆‘刹’之省写，而徐铉篆‘刹’字以为《说文》新附，陋矣。此幢字画精整，为唐诸经幢第一”。

按《金石萃编》著录唐经幢凡五十三种，予藏只二种，此其较精者。年来，发愿写经，故入行箧，将摹写一通，并临池作书课，惜文多残蚀，俟检完本校补。又王氏考释经义极详，文繁至千言，而此册前后副纸幅窄，容以别纸写附。

庚午春正月，心佛居士徐崇立时寓白下。

按《金石萃编》，王兰泉司寇跋此经后，按题名一行内“敬造”之“敬”作“敂”，不知何义？附记于此。今谛审是本，“敬”字左旁“苟”字之内，“口”字犹全，但拓墨模糊，笔画不显，固隐约可辨。是碑如此类字多矣，残蚀甚少，缘拓工不精，故墨痕漫漶耳。王氏所见本或“口”字全不见，致此疑误。王氏考碑甚详，校碑则疏。如碑之拓本有几，某时拓本尚存某字，某字至何时磨灭，迄未语及，滋为阙憾。咋临是经一过，其残字细察多可以意辨识，乃墨漫，非字灭也。间以朱记，惟遇“帝释”之“帝”字、“阎罗王”之“王”字、“善住□子”之“□”字，无一存者，意必有人专毁此数字。此拓本在光绪时购得，岂即有倡革命者见“帝王”字即削去耶？不可解也。

春分前五日，灯下瓻叟又题。

隋龙藏寺碑跋

光绪末叶入京，先得一本，拓较此为旧，而浓墨侵字口。宣统初元，复得此本。拓稍后而存字皆明晰。可知拓本在工之良窳，不必拘年代先后。两本皆同，则此本胜矣。碑在正定府城东龙兴寺，而日事椎拓，距此拓本已廿六年，其日益剥损可知矣。匋斋藏本只末行“张公礼”字完好，其他字画波磔，视此无甚轩轾。《龙藏寺》书法实为褚河南之先河，学者得此为师资，是亦足矣。

甲戌谷雨，㼽翁题于沪上。

北宋拓化度寺碑跋

予藏《化度》三印本，此印本不记所从来。取校吾湘文氏印本，文字较多而不免失之肥，是本字较少而明显处神韵完足，出文本上。题跋以蒋小山、潘匝夫、翁苏斋为最多，惜字小而印模糊，非精本也。存此以资考镜。

甲子初春，㼽叟徐崇立书于汉石经室。

予尚有唐拓珂罗版印本，每字有乾隆御笔评校，其时藏三希堂，故覃溪无由见，未征引及之。然高宗所引北宋拓又非此本。生后苏斋百年，转得见唐拓影本，足征眼福。

次日又记。

覃溪于此本考证详博，自唐以后至清代诸家评鉴，及历来与同时收藏刻拓之真赝异同，存字多寡，莫不辨析毫发，搜讨靡遗，洒洒万言，可谓《化度》之功臣矣。尤服其题咏跋记，蝇头小字数十首，至八十五岁止，无一率笔。耄而好学，精力复强，洵有异禀矣。至云率更书派源出右军，殊不尽然。欧公《本传》：其书初仿王羲之，后险劲过之，因自名其体。尝见索靖所书碑，至宿其旁，三日乃去是已。著其书法变化之迹，何尝株守山阴乎？覃溪于碑字一点一画，无不勘校分杪，此法始于姜白石之考《兰亭》，乾隆之校唐拓《化度》亦然。覃溪正当其时，特禁庭清秘，未必有闻，或不谋而同耳。蒋小山、潘叵夫累题至十馀，度苏斋又倍之，书法皆佳。独影印不精，已多麻沙，小字更模糊难辨，然可想见墨迹之精已。予甲子旧跋距今十六年，尔时眼力尚明，而书法未遒，今则执笔差稳，而目光日眊。《书谱》云："思则老而愈妙，学乃少而可勉"。我生之后，逢此百忧，视斯二语，空愧蹉跎耳。

己卯中秋前五日，藴叟又题，时年六十有八。

欧阳公为吾乡先哲，去省城廿余里。书堂山为公读书处，山因以得名，墨池诸遗迹犹存，具详《长沙县志》。公少孤，为江总教养，历陈、隋入唐，年事已高，卒于贞观中，八十五岁。子通，忠孝卓著，是吾里世家名贤，而士大夫已罕称述。无论流俗已暇，当抄《本传》附后。此本清季得之燕京，不记所从来。自丧乱以来，上海久已隔阂，长沙复遭劫火，文物荡然。居贫无力购剧迹，惟钻研故纸，所得已多，是不得不享此敝帚矣。得者珍之。日晚目昏，揩眼写之。

次日又记。

《新唐书·儒学传》："欧阳询，字信本，潭州临湘人。父纥，陈广州刺史，以谋反诛。询当从坐，匿而免。江总以故人子，私养之。貌寝侻，敏悟绝人。总教以书记，每读数行俱尽，遂博贯经史。仕隋，为太常博士。高祖微时，数与游，及即位，累擢给事中。询初仿王羲之书，后险劲过之，因自名其体。尺牍所传，人以为法。高丽尝遣使求之，帝叹曰："彼观其书，固谓形貌魁梧耶?”尝行见索靖所书碑，观之，去数步复返，及疲，乃布坐，宿其旁，三日乃得去。其所嗜类此。贞观初，历太子率更令、弘文馆学士，封渤海男。卒，年八十五。

按新旧两《书》互有详略，旧《书》不著其字，而新《书》削去“陈大司空颜之孙”一句。唐人最重谱牒，省去则宗族世系无可考。又武德中，诏与裴矩、陈叔达撰《艺文类聚》一百卷，新史亦削去，岂率更之列入《儒学》，止以书法重耶?此虽官修之书，然书目所著，必曰“欧阳”，而裴、陈不显。有关一代掌故亦不容略者，宋子京自云:“文约事增，要不能无罅漏也。”

《兰台传》有云:褚遂良亦以书自名，尝问虞世南曰:“吾书何如智永?”答曰:“吾闻彼一字值五万，君岂得此?”曰:“孰与询?”曰:“吾闻询不择纸笔，皆能如志，君岂得此?”遂良曰:“然则何如世南?”曰:“君若手和笔调，固可贵尚。”遂良大喜，云:“此亦推钟迈张之类也。”

大唐樊府君碑铭跋

《唐樊兴碑》于道光八年出土，沈文忠跋已具考《唐书》附《裴寂传》后。叙所历官，略与碑同。惟“自右武侯大将军除左监门大将军，卒，赠左武卫大将军”，史乃云“赠左武侯大将军”为误，自以碑为据。史云，初以罪为奴，从唐公平长安。起自刑徒，则碑所宜讳也。碑以道光时出，赵抝叔《补寰宇访碑录》始著录之，叶缘督《语石》乃云不在陪陵之列，则误传。末已云陪葬献陵，碑石出三原，正唐高祖献陵所在也。文忠跋称此碑书法具褚、薛规模。《语石》亦数称之，两评吻合。文忠后以述职朝京师，道出汾曲，行山硖中，适山洪暴发，溺焉。书又见题顾氏《艺海楼金石册》，小真书，视此为精，此或刻劣耳。

按《裴寂传》云，武德九年，太宗重定功臣封户，自寂以下差功大小第之，总四十三人，樊兴户四百。碑云给封四百，授国公。据史，封营国公，此“营”字泐矣，户数与史合。及后封襄城郡开国公，食户二千，在贞观十八年，与史互有详略。食邑户增多至千六百，抑未必实封尔。

己卯立冬后一日，毻叟徐崇立跋于毫学斋，以当书课，时年六十又八。

唐道因法师碑跋

自宋至清数百年，碑版之学几中绝，惟赵文敏石刻巨制甚多。然吴兴少祖山阴，晚参北海，未尝涉猎北朝，无论远规篆隶。清朝亦尚法帖，最尊玄宰，亦以当王所贵，群臣希旨。而南园独祖平原，兼综欧、褚，砥柱颓波。惜乎中殒包邓，学识俱超，始崇碑碣，而才力犹觉未逮。自蝯叟出，独抒伟论，凡马一空。故录三跋附后，俾学兰台者以此为津梁，力探本源，庶几事半功倍耳。

甲子夏五，毻叟崇立记。

鸥波非未见北碑者，第以醉心禊序，偏好南帖。前跋微觉失当。

己巳再校。

唐元始天尊素像碑跋

此碑虽出初唐，而撰书都非上乘。盖其时犹有六朝造像馀风，虽寻常巷陌人家，亦异于晚近流俗所为。北朝比丘造像至多，而道家造像绝少。予所藏仅北魏造老子像拓本及是本而已，以其罕觏存之。铭词末一字似是“罗”字，然铭文疑有残缺未竟也。

甲子初春，㧑叟徐崇立记于汉石经室。

长洲叶氏《语石》云：“考六朝造像，非琢石成龛，即镕金为范。塐绘之事，皆起于隋唐以后，然不敌石百一。余所见石刻，贞观八年祁观《元始天尊素像碑》，始见‘塐’字。其次大历十一年《李大宾塐像记》，周广顺中有判官堂塑像幢，宋庆历五年《法门寺重修九子母记》，塑人王泽，画人任文德，此并塑象之缘起也”云云。按是碑首题“素像”字作“素”，不作“塐”，文中亦但云“敬造元始天尊素像一区”，只多一“素”字，只云“敬造造”，不曰“敬塐”。叙事亦无涉及塐像之语，则犹是造像遗制。但此碑无像，不知叶氏何所据而云。然王氏《萃编》、陆氏《续编》都未著录，末由证逮。碑建于贞观之初，书虽不精，犹存北朝遗矩，略带分隶笔法。

己巳中秋后三日，㧑翁校记于盍簪行馆。

北齐人书左氏传跋，附善慧录

吾故人许崇熙季纯晚年真书极似《左氏传》，至《善慧录》无足观。敦煌石室写经多类此，古人不皆工书也。

戊寅七夕，徐崇立题。

唐瘿陶县令李明府颂跋

此重刻本也。碑既残泐，钩本又去其缺文，其断烂处又仍其旧，似据剪裱本摹勒上石者，前此未见著录。故原碑之尺寸、高广、行字多寡皆不得知，又无题跋，竟不知原石所在。然既经摹刻，必系孤本，即瘿陶故地亦无从访求矣。此金石所以贵有题跋也。李君莅官在永徽元年，碑为颂德政而作，则其立石必在高宗朝。字势近河南，而方整遒丽，波磔犹带分隶，气息雅近隋碑。唐初书家林立，虽未题名，亦欧、虞之流亚也。犹幸有此重刻本，得以窥见唐初碑碣较胜中晚。宣统辛亥以前居京购得，亡友马叔容同年象雍为题赗，遗墨尤可珍重。

甲子春正月，奫叟徐崇立记于汉石经室。

移竹墨缘跋

此卷影印甚劣，又已敝损，乃以旧迹存之。广州旧书肆骆浩泉，花县骆文忠公族孙，年七十，殊异市估。尝随谭畏公阅古时与骆谈，将归见此，因赠此为别。濒行，畏公过我曰："吾侪将去此，宜饮酒为别，君意何适而可？"余曰："粤肴沪上亦有之，唯太平沙之炙鸽不可复得。"遂欣然往，并招黎铁庵、吕蘧孙、岳闳群同饮，各分道去。越又四年，而公谢世，今春吕卒于黔，黎久不相闻，岳亦远莫能晤，岂唯太平沙之鸽不复可得哉？太平沙者，粤馔馆，炙鸽独肥美。今空山一叟，块然顾影，追忆昔游，不胜凄绝。

已卯中秋，奫叟年六十有八。

文衡山自书诗稿，附文寿承小楷跋

停云行草刚健婀娜，风华掩映，当出米老。予最服膺其小楷，于近世影印诸帖见即收购。继而所见既多，竟是一律，殊少变化，遂觉数见不鲜，其去甜熟一间耳。小楷惟《汲黯传》独超，要以此种为上乘矣。

《汲黯传》乃赵吴兴书，衡山未能书也。前跋偶误。

甲戌春中，沪寓题。

初见此帖颇漫视之，以为不逮乃翁远甚。谛审乃知于俊峭之中兼有虚和之致，惜影印不佳，锋颖皆漫没，精采顿失。可知未见古人真迹之精者、法帖之原刻初拓者，未可妄下雌黄。凡轻肆诋诽者，必不虚心好学，眼高手低，终身无进境矣。

吾少时曾别字剑石，兹觏是编，不意二百馀年前，竟有姓、字皆同者，良足异也。生平服膺衡山小楷，以为近代罕有，三桥已不能踵武。此印本亦不精也。

徐崇立记于金陵。

南园先生大楷册跋

此书吾曾见墨迹巨轴。癸丑春间，清道人为瓶斋购之申浦，值二百元。瓶斋曾缩印入南园书画册，真杰构也。梅庵此论至为允当，至谓东坡全学画赞，殊未尽然，坡书有似智永者，此非曾见《千文》墨迹者，不信也。

甲子二月奇寒，瓻叟呵冻书。

东坡颍州祷雨诗话跋

辛未大寒节，偕秦康父访白坚甫君于桃源村，举此为赠。

晚霞老人记于沪寓。

东坡墨迹，自丙寅夏在广海见粤人某所藏行书太白诗后，此为再见。惜是本影印不精，不足发扬神采，遂遗毫发之憾。坚甫搜沓考证，至为详备，今之学者能至是，盖亦罕矣。惟行间自加笺记应低一字，庶眉目爽朗，阅者易晓，惜未见及此耳。然视文氏之《汉石经表》，则有轩轾矣。

壬申惊蛰前三日又记。

白氏别有精影本，后一年，分寄予及谭瓶斋，已装为卷而详记之。

戊寅七夕又书，时年六十又七。

宋仲温临书谱真迹跋

近临《书谱》竟，并检诸本对勘异同，复检是本，乃欢喜赞叹，神竦意移。当元明之际，赵吴兴久为书家宗匠，一时奔附如百川趋海，若饶介、祝允明之徒，莫能越其范围。宋氏生于其时，乃能戛戛独造，自树一帜，真可谓豪杰之士，无文王犹兴者也。此帖虽临《书谱》，而行草波磔多兼章草，不规规于点画，盖临摹古人，初求其合，后求其离，正《书谱》所谓“通会之际，人书俱老”者。若终身倚傍而无变化，便是奴书矣。吾书犹稚，当求平正，未能险绝，未足以云“通会”也。孙雪居书画兼擅，此跋即仿宋书意。尔时元有两派，仲温兼法钟、王，而钟法为多，与赵吴兴各立门庭。孙盖属宋派者，所见孙书甚少，此特臆度耳。秋暑正烈，目光蒙翳，揩眼写讫，了不称意。

己卯七月，耄学老人时年六十有八。

孙虔礼元本笔法略近《圣教序》，其所书《急就章》、《千字文》则又兼草法，特为遒古，殆有中年、晚年之殊，即人书俱老也。宋氏当从此得其会通尔。

中秋前七日又题。

何子贞书真迹二种跋

昔闻芋园李氏有蝯叟《临黄庭》极精，想像久矣，未由一见。顷于畏公座语及，因出此示客，并以见诒。归检戏鱼堂本，首行《黄庭内景玉经》之下有“太帝内书，藏汤谷阴”八字，《经》后一行有“台仙”二字，复有《黄庭内景经》一行。是本皆无此前后题署，是虽规摹山阴，而笔法浑厚精劲，多从小字《麻姑坛》出，尺幅而有千里之势，盖搏兔亦用全力也。名家临帖，取神遗貌，初不必刻舟求剑，政不独蝯叟为然。李跋谓笔画细不容刀，更刻他本。吾县汪啸霞以刻《璇玑图》，著字更小于此，其时代相接，何以舍而不锲？恐未必尔。今得此，虽未见原本，亦可当屠门之大嚼已。

己巳芒种前日，徐崇立书于金陵寓斋灯下。

瓶斋见前跋，亦谓蝯翁居翰林时书，当在早岁。因记十年前在长沙见叟书大卷数本，皆馆课律赋，眉间评阅为仪征阮文达、穆彰阿手笔。殆以大学士为馆师，主阅课卷。文达中朝耆献，于道州师弟沆瀣，良足师资。即穆相所涂乙，持论严刻不少假借。相传宣宗最重翰林穆相，主眷独隆，枋国最久。其时文武恬嬉，吏治窳敝，伏莽潜滋，外御日亟，穆乃不能防患未然，务其远大，而徒于音律对偶，引绳批根，所谓“斗筲之才，适以覆餗”耳。卷为江西余氏购得，遭讼狱破产，今不知归谁氏。附记于此，足资掌录。

芒种日又记，以当书课。

此帖虽未见原本，而谛审行格，殆即前代朝考之白折也。故于卷末之永和年月、山阴县写王迹，本别一行者，亦连缀为一行，并无题款、印章。或叟居清秘时书课，不必为李氏书也。生平所见叟精书小楷，如《黑女志》、《法华寺碑》、《黄石斋赤牍》诸跋，及是册之《内景玉经》，虽极精妙，无不微带姿势。只此《经》纯作正楷，无一笔兼行，知当时格律谨严，不容逾越。亦可见叟于诸体无不工，神明于规矩之中，而不为格律所囿，可为道州小楷之极则矣。晚近翰林书法高妙者鲜，盖率埋头于卷折，而不知导源于碑版。故终其身陷入凡庸，不能超拔，如诸城、昆明诸老，固已稀如星凤已。

越三日，瓻翁灯下又记。

钟绍京书转轮王经真迹跋

此《经》最初得鲍氏合刻唐人写经本，谭畏公谓《壮陶阁帖》已刻，旋得此本亦有年矣。昨复得霍丘《裴氏帖目》，始知墨迹藏壮陶阁，即从真迹影本刻木。今裴伯谦谢世，所蓄日散佚，不知落何许矣。

甲戌清明，重校记。

癸酉寓沪西。裴之戚金子才来，以壮陶旧藏见示，云其家日落，出以粥人。吾为介，谭仲辉购《壮陶帖》全帙，值银百元，而拓本已不逮前矣。此真迹乃不如墨本笔画之完美，盖麻纸岁久愈剥落，鲍刻较早耳。

己卯中秋，瓻叟再校于旄学斋，时年六十有八。

成祖所谓“魏晋”，殆谓“钟王”，然绍京书气韵实与褚近，未能超轶也。此卷未见钟名，或在卷尾“贞观”题年之下。赖有金题作证，或彼时尚未漫灭耶？金书殊瘦劲，饶有古韵，永乐殆以其知书致有此赐。明贤书洵非晚近所及，韩朝延跋已非其伦矣。秋阳如炙，几案皆热，兀坐无憀，辄复弄笔。

戊午之冬，重到京华，购得唐人书《七宝转轮王经》与唐人书《金刚经》三种合刻旧拓本，刻、拓俱精。是经结体、用笔与是本略同，但刻本较整密，此稍疏宕，微不同耳。唐人写经有文人之书，有经生之书，予所见写经精本大都类是。局势开张，长笔秀劲，与《无量寿佛经》皆是此一派。唐以后，唯赵吴兴写经犹存先民矩矱。盖写经自成别派，此外知者鲜矣。卷尾有“贞观廿二年十月十日”，用大麻纸七张，进两行，“年月”之下，中空数字，“进”字下谛审似尚有字，当是奉敕进御者。虽漫漶不可辨观，又后一行题“银青光禄大夫行家令臣阎立本”，可证其下亦似有字也。末行“岁在己丑正月十一日，新秀州崇德县令吴道夫敬读”。考贞观廿二年为戊申，至己丑，为武则天永昌元年，越四十年矣。今人数纸为几张，据此则初唐已有之。吴道夫题名，亦即署观款之始矣。毒热夜分不寐，篝灯流汗书。

丙寅七夕后，𤭢叟徐崇立记于广海之越吟馆。

唐人写经原是卷轴，韩朝延跋尚称此卷，则重装改册当在明以后。七纸整幅横遭割裂，左右波磔亦被切断，如此纸右侧又以割去零纸衬作裱背，笔画隐隐可见。先民旧迹遭此毒手，是藏者之罪，不在劣工也。道光间，岳嵩跋亦称此卷，或通称书卷，未必定指卷轴也。

此纸隐隐犹见花纹，萝藤连蔓，岁久剥蚀。一经影印，墨色与花纹蒙混，遂致斑驳，文字有不可辨识者。是《经》用笔舒和而秀劲，盖由毫丰而颖健，故刚柔适宜，使转活泼。作楷书而有神行之妙谛，犹可窥见。因思今不逮古，固为时代才力所限，即纸墨产质制造，率多粗劣苟简，每下愈况，判若天壤。且羊毫盛行，尤患软弱，紫毫亦鲜佳制。忧患催年，闻道已晚，羁居逭暑，展卷累唏。王弇州跋《怀仁集圣教序》云："《心经》末有于志宁等润色题字，盖玄奘方于洛中总译西域所赍经藏，以志宁等领其事，故云尔。唐世宰相有兼译润文使者，即其职也。凡唐藏经卷尾皆有诸公名姓"云云，是卷末有阎立本题字，当即此例。迩日复热，百事都废，因写此遣日。而暑气蒸灼，头目昏眩，笔墨枯燥，几不能执管，闷损之至。

丙寅七月既望，𤭢翁又题。

昨转海归来，检旧藏拓本对校，与此毫发无异。此本字画间有脱落处，拓本则皆完好。盖钩勒上石时，原未剥蚀，亦以见当时刻手之精。惟"贞观"年月一行尚完，其后三行悉无，殆因其漫漶难模故耶。首尾仅有印记，无题字，迄不知模刻年月。收藏流转无可考证，滋为缺憾。此经与唐人书《心经》三种合刻，当是丛帖残本，容再搜考。

寒夜薄醒，宿墨退颖，率尔操觚，以遣牢愁，视前跋更觉拙劣。然日校一碑，此吾之日课也。

小除前夕，徐崇立书于汉石经室。

兴中石郁、括苍郑桂高、钓台姜楙、武林盛彪、钱塘仇远、同郡曹良史，至元甲子二月十一日同观于困学斋。

此本据吴荷屋《辛丑消夏记》所载，大麻纸计三接半，前一分“佛告”起，百六十五行，失记尺寸。卷尾“贞观”、“乾道”二行年月、衔名悉同，但此原本稍剥蚀，字多不显，今校录于上方。金幼孜、韩逢禧二跋亦同，惟金跋在后，而不在前。至困学斋诸人题名，则此本所无，今补录之。至前后印记多不同，未暇琐述。石刻本则并“贞观”一行削去，他无论已。

己巳秋晚，长沙城东寄庑重校记。

赵松雪书阡表墨迹跋

读此不独可资临池，兼得备悉文敏世系、兄弟行次，是文敏不独天潢贵胄，且其祖祢封爵延绵不绝。乃翁身为京尹，秩至卿二，赠恤优渥，此孟子所谓“贵戚之卿与国同休戚”者。观此文于嬗代之际，大书“宋归于元”，提行高出后，即叙述官阀，称颂国恩。其于兴亡视为运会，曾不加戚。又其《道教》诸碑，导谀献颂，扬榷溢情，亦不免倒却架子，不存身分，品节之卑，于此概见。后世习尚赵书，蔚为大家，而以王孙屈节仕元，为世诟病，至其书品因之降抑，何蝯叟诋谌尤力。吾谓碑版至宋已亡，吴兴直接泰和，丰碑巨碣，尚存风范，俯视有明。华亭睥睨吴兴，以言魄力，直如婢见夫人。若以书法论，自宋以后，南园以前，碑版一派，必推松雪卓然大家。以品节论，以视鲁公直同霄壤矣。士先器识，而后文艺。三复展玩，感慨系之矣。

抱关老人冻墨。

迩来坊肆影印鸥波墨迹数种，以《汲黯》为最上品，《琴赋》亦精，《道德经》为赝，托《度人经》亦未敢信，《法华经》、《参同契》未之见。《沈东老传》则吴兴本家书，不参别派。宋芝田翁跋谓与《闲邪公》相近，吾谓《闲邪》乃写定者，此则初稿，微有不同耳。顷与右钧学友同出访书，偶得是本，漫题纸尾。

丁卯岁不尽三日，穊翁徐崇立记于汉上养源里寓斋。

宋芝老亦遣戍，当时同在伊犁，故有“谦老将南旋”之语，盖赐环在前耳。前题率尔，亟补正之。

辛未夏又记。

宋跋所称“谦老”，殆即裴景福。裴于光绪末为岑春暄所劾，谪戍伊犁。先君在西域曾与往还，芝翁殆于其赦归时为题者。裴刻碑帖曾购得数种，独未见其《壮陶阁帖》，一一对校耳。

戊辰秋晚，灯下抱关重展写记，时在新堤。

明拓中岳嵩高灵庙碑跋

张文襄平生痛诋北碑，何复有此印记？或匋斋以此嘱题而重违其意，仅加印记，并观款亦未题。此碑结体近《广武将军碑》，《广武》更早于此耳，故隶法多类此，已是真书矣。

癸酉中冬，氭翁题于沪寓。

赵㧑叔手写六朝别字记跋

吾初亦锐意欲踵赵氏为之，嗣读碑日多，汉碑已多异文，未可绳以六书，而《隶均》诸编已搜讨无遗。至六朝碑志，别字既多，造像尤日出，真伪杂糅，未易澄汰。古人不皆工书，且有石工就石刓字，更不可究诘。如遇佳品，即随文辨识，若一一研校，直无补费精神耳。兹以赵书佳留之。

己卯中秋，氭叟漫记。

秋晴无事，薄暮散步通衢，适于坊间见此，欣然买归。于灯下读之，乃知为赵氏未成之书也。观其于每字之下，有引原碑者，有不引原碑者，有题年号者，有不题者，有考释者，有未考释者，有涂抹者，审识其为未成之稿也。其卷端已自署为初稿写字本，而其友、其子所为序跋遽目为成书，误矣。悲庵所著《勇庐闲诘》，自记云："初欲分类，以故实太少，而止生平、论著，无可示人。"大率因此，此书盖亦未成之一种也。吾意此书当先列变体，次列本文，次引来历，次加诠释，然后或分部，或分韵，庶几灿若列眉，取便翻检。旧藏北朝、隋、唐碑志造像庶及百种，使天假之年，将以此为粉本，以完赵氏未竟之志。能否有成，则名山事业，更关福慧矣。

壬戌之秋，八月既望，氭叟徐崇立记于书佣寄庑。

大唐王居士砖塔铭跋

当日士人临此，诚为取便卷折而作，至光绪时犹胜行。郑孝胥说诚然，至云菲薄此碑，何必一再题识？此恶札向欲剔去，因与何跋相连，姑仍之，不免刺目耳。

癸酉冬夜，瓻叟记。

《小松访碑图》之作，诚如蝯翁之论。此帧则在《十二图》之外，然只题赏《访碑图》，未云为此而作，别无佐证，蝯翁之说无可辩驳。郑言外微旨："彼乃野狐禅，宜訾此书律谨严之作也。"凡石印本、珂罗版均以初版为贵，犹碑石书板以原本初印为精粲也。吾于褚临绢本《兰亭》、大字《麻姑坛记》，近只有重影至数版者，求初版皆不可得。此《志》为初拓、初版，殊足珍贵，况赵跋勘校详审，小行楷亦视他跋为佳，后之揽者，慎毋以常品视之。

赵文敏龙兴寺碑真迹跋

赵书《龙兴寺碑》旧有拓本，光绪丁未于役吉林创设官书报局为书吏盗去。此影印真迹见霍丘裴氏《壮陶阁帖目》，云"篆书碑额，潘祖荫跋真定龙兴寺有刻碑，失真"等语。按墨迹藏裴氏，此本篆额、潘跋皆缺，盖海上书贾牟利，苟简从事，故节去首尾，致此遗憾。《壮陶阁帖》为晚近丛帖巨帙，多而且精，初拓殊不易觏，近拓已不逮前，且需值百金。予窭人力不能致，故于影印之本见即收之。谛审此碣，其波磔转折处有非钩模所能到者，顷始购得，亦尉情胜无。闻有珂罗版精本，当更求之。

丙子立冬前日，𦈢叟记于旄学斋灯下。

《陔余丛考》云，古来佛事之盛，未有如元朝。邵戒三谓：元起朔方，本尚佛教，及得西域，世祖欲因其俗以柔其人，乃即其地设官分职，尽领于帝师。初立宣政院，正使而下，必以僧为副，帅臣而下，亦必僧俗并用。帝师授玉印，国师授金印，其宣命所至，与诏敕并行。自西土延及中夏，务屈法以顺其意。今以诸书考之，每帝将立，必先诣帝师，受戒七次，方正大宝。后妃公主，无不膜拜。正衙朝会，百官班立，帝师独专席隅坐。或降诏褒答，则字以珠络，御宝用珊瑚，奉使则乘传累百供亿无敢慢。至京则假法驾半仗前导，台省官出迎。体制之僭，虽亲王太子不及也。自世祖崇帝师八思巴，即殿上置白伞一顶，泥金书梵字于上，每岁二月望日迎伞周游皇城，仗卫之侈，虽郊坛卤簿不过也。以下文多不具录。据此，则蒙古本信象教，与元魏略同，其种俗异于中国，无足讶也。少时尝读赵吴兴书撰《道教碑》及诸佛寺碑，已嗤其倒却架子，后乃审其多为奉敕而作，势故宜然。又其《致中峰诸札》，更觉其卑逊太过，盖尔时朝野浸渐成俗，松雪亦久而与之化耳。至清代之于蒙古、西藏、青海诸域区，除回教外，西北边隅万里，莫不分置活佛以理之，盖默寓因其教不易其俗之义，所以化其桀骜之气，其于中土试士，诏用时文，犹是意也。戎狄之性好杀、好淫，佛法首戒二者，默运潜移，臣服二百余年。然种因是遂弱，强敌侵陵，祸且延及华夏。自古策治者无不思患预防，而患每出于所防之外。治乱兴亡以气运为转移，圣哲凶慝亦皆应运而生。孔孟皆推本天命，澄观世变，验之前史而益信矣。

丁丑惊蛰前四日，又书于赏析书楼。

何子贞临石门颂真迹跋

丙寅，旅寓岭海，畏公惠是本，即检原碑对校一过，分注于眉，并有畏公题字。

秾叟徐崇立重九后日，记于越吟馆。

章风子书颇似龚定庵，其行止离奇，学问博洽亦略同。而不同者，以遭时为异，易地则皆同。然己未来长沙，尝见之有鼻疾，流涕不已。其作书题款辄曰书与某人，此跋竟未书。星池字，睥睨一世如此，然仍与俗溷，得钱则喜。易培基初依附之，言必称太炎。及得志，绝口不道矣。

己卯秋八月五日，秾叟六十有八岁书。

广武将军碑复出土歌赠李君春堂 于右任

宇内苻秦碑，邓艾与广武。邓碑在蒲城邓大尉碑，完如新出土。广武将军不复见，著录谓在宜君县关中金石记称在宜君。碑版规模启六朝，寰宇声价迈二爨。僧毁化度鬼犹哭，雷轰荐福神应眷。七年跃马出山城，披荆斩棘搜求遍。老吏为言久无踪，前朝敝邑有悬案。悫斋学使驻征轺，雷霆万钧征邦宪。小民茧足山谷中，顽石无言留后患。又云上郡石理粗，日销月铄或漫漶。不然父老畏差徭，或埋或弃或掊断。自从改革兴兵戎，如毛群盗满关中。天荒地变文物烬，存者难保搜何功？我闻吏语增悲哽，仗剑归来结习屏。李君忽出碑一通，部大酋大字完整。惊询名物何处来？为道新出白水境。出土复湮百余年，金石学者眼为穿。昔人误记后人觅，掘遍宜君郭外田。我与贤者别离久，持赠真如获琼玖。中夜绕屋起彷徨，疑似之际频搔首。世事新潮复旧潮，知君身世恨难销。何堪回首添新泪，不尽伤心唱大招。凄其朋友馀僧子，寂寞家山念鲁桥。吾闻至人在天下，入水不濡火不化。亦犹至宝藏山阿，千年出土光腾射。偶作无益遣有涯，莫抛心力矜插架。松谈阁满学郭髯，敦物山高比赵大。君不见士礼居中宋一廛，拜经楼上元十驾。匋斋簠斋并散遗，天一结一近论价。云烟过眼有何常？出入半生我乃罢。老见异物眼复明，现身说法君休讶。〔歌成为君更放歌〕①，关中金石近如何？石马失群超海去，宝鼎出现为贼讹。慕容文重（庚）〔庾〕② 开府，道家像贵姚伯多。增以广武尤奇绝，夫蒙族人文化堪研磨。

余六年在宜君城外访寻一次。

昭陵六马中，拳毛䯄、飒露紫四年被盗，卖入美国费拉德费亚博物院。

王飞虎得巨鼎于陆建章，后不知去向。

咸阳出土《慕容恩碑》，庾信撰，见《集》中。

耀县出土《姚伯多造像》，为道家造像。

此碑初得影印，有铜梁王瓘、贵筑姚华考跋甚详。旋得元拓本，亟装整幅加校跋焉。而于氏题咏止见其诗集中，其□为小本蟹行书，未见通行，王姚二跋，则此碑影本已附。因节录于诗，其诗注以吾不能作双行小字，遂移抄于眉，合此钞本，书眉短不能容，乃写附诗后。自遭日寇劫后，凡整装巨幅均不存，此碑拓本亦乌有矣。

戊子初伏，瓻叟记。

---

①“歌成”句脱漏，据别本补。

②“庚”当作“庾”。“庾开府”，指北周文学家庾信。

纪广武将军碑

广武碑何处？彭衙认藓痕。地当仓圣庙，石在史官村。部大官难考，夫蒙城尚存。军中偏有暇，稽古送黄昏。

初访得《广武将军碑》为雷召卿，余作歌赠李春堂，因其最先持以赠余也。今春召卿由澄县来函海上，详述始末，闻碑移于纵目村，为诗赠之。二首录一。

好古遗闻自足珍，彭衙名物重苻秦。回思旧事增惆怅，错认披荆访古人。据此，则碑并非于氏访得，吾前跋大误。读于氏三诗，亦仅举其地，而未详叙发现之由，惜未见雷书耳。

予既得新拓本付装，以不得重出土所在地未敢轻着墨。阅三月，畏公复以《于右任诗集》见示，始悉颠末，亟移录于此本前后余幅，将详跋于整装本云。

是碑拓本，前二年龙希静榷鄂盐时于汉口得剪裱本，予时未经意也。前月，偶游书坊，见此影本甚精，王、姚两跋极推崇，珍为孤本。旋见谭畏公谈碑，谓于右任于三原县境遍访此碑不获。偶因事过泾阳，乡老言有石刻不可识，亟往视之，即此碑也。于氏，三原人，访之三原不得，转以无意得之邻境。盖古属泾阳，本为一县，后乃分治耳。今检《金石萃编》云："在宜君县"，故吴窓斋、王孝禹、姚茫父亦云然，盖皆据《萃编》，恐嘉庆间碑已佚，王氏或得之传闻。今按地图，宜君至三原，必越富平、耀县、同官三县，与于说大异，于氏得之身历较可信。惜行箧无地志，末由一考其沿革。前托朱玖莹访此，旋得新拓本见诒。略与此本对看，存字相同，俟装幅当更详校也。

庚午谷雨，瓻叟时客江南。

魏齐造像二十品跋

龙门造像凡数百种，已不止此区区之数。曩于瓶斋见全拓本，佳者如麟角。赵、沈当日止就习见者评赏，物以稀贵耳。近十年来，河南北墓志、造像出土者无虑千种，较此精胜者亦不下百通，视此如土苴矣。此中以《姜纂》、《冯晖宾》为最，《张龙伯》次之，若张思文一派，就河南图书馆所收，且过百通，千篇一律，平庸极矣。

是碑包安吴跋《张黑女志》称：其似黑女物色，卌馀年无所遇。今观此额，则碑固有之，非《英义夫人祝版文》之比。然此数字已平平，则碑文从可知已。

癸酉中春寒夜，灯下漫题。

赵悲庵刻印至精妙，突过丁、黄，盖学邓顽伯，而智过其师者也。其题记小行楷饶有韵趣，殆得法北碑而能融化，亦唯小字为胜，至大字作屏幅，则支柱勉强，由腕力本弱耳。

癸酉秋暑，瓻翁时寓沪西校记。

此廿品中，要以《姜纂造象》为甲，观拓本亦未易遘，求之至今，未得也。以下二种次之，馀一二种可节取，外十馀则自郐以下矣。悲庵小跋殊可玩味，足为此册增重。

秋阳酷暑，晚凉新浴，又记。

北碑沉晦千年，自宋世欧、赵著录外，罕留意者。清则兰泉乃入《萃编》，覃溪所不谈，自何道州诸家始提倡，此以罕见珍耳。近日精品百倍于此矣。

宋拓澄清堂王右军书跋

明人评赏好发空议，不如清代名家之考据精确。王孟津书法甚工，尚可节取，未知是评他善本为市估所割移否。若果跋是本，亦无异盲人矣。黎軒善幻，未敢信也。

亡友刘雨人痛诋此拓，斥而不取。吾见古刻旧拓多矣，晋人书未有不丰腴者，故神采焕发。此则瘦弱如沟中瘠，盖翻本之至劣者。廉南湖书已不高，吴氏又由其夫捉刀，此前后两跋如小儿学书。江南好标榜，要只冒诳一时。今世固多盲人，亦未移时而声闻寂然，已如秋风之振箨矣。

辛未夏漫书。

吴芝瑛为桐城吴挚甫族女，本不知书，凡笔札皆其夫廉南湖所伪造。观此跋稚弱散漫，结构且未稳，何足言书？廉氏因此至不敢与人书，亦可谓心劳日拙矣。凡古拓无不浑穆朴茂，此乃瘦削如柴，仅存骨殖，乃翻本之至劣者。亡友刘雨人购此而不契，偶以见诒，卒未弃去。顷检帖见此，因述其来历。廉氏乃宝康瓠，尊为星凤，具此肉眼，书安得进耶？

癸酉立夏节，䢼叟漫题于沪楼灯下。

晋唐楷帖跋

此墨池堂石刻之馀。据章叶二跋称，其笔法远胜诸刻。今谛审诸帖，惟《宣示》、《还示》差瘦，《誓墓文》多方笔，浸失古意。他如《画赞》、《黄庭》、《曹娥》多明显秀劲，洵为佳刻。惜其为石印，精光为油墨所掩。若以珂罗版精影，当可见庐山真面。观章叶评赏，疑原本精槃当不止此。恨生平所见古刻善本太少，如《墨池帖》尚未之见，得见此本亦窥豹一斑耳。

己卯小满前日，灯下写此，借试目力，抱关老人记于白下仁孝里寓斋。

此帖万历末年摹刻，意去停云馆未远，似较文模为胜。郎翁一再考跋而不言帖属何人，抑自藏耶？疑莫能明也。

同日又记。

雷民苏同学云：此帖原本即郎翁旧藏，曾见之观古堂。后以困乏售去，跋未之及，讳之也。叟素豪爽，乃不能如钱蒙叟之卖《后汉书》何耶？闻此前疑顿释矣。

辛未立秋日补题。

曹娥碑

叶跋谓“晔晔”之“晔”下“晔”字重书，不作两点，为优于墨芝堂。考星凤楼本亦然，非独异也。至云“零”字不作“令”，此则分明作“令”，不知其何所见而云然？但拓本末点墨渍不甚显耳。

誓墓文

顷检校明袁尊尼藏本，乃谈墨拓，笔画稍肥，差近古厚，然转折处多方而不圆，尚胜此刻。此则纯是近人笔法，专尚姿媚，晋贤风味既远，智师亦不如是也。

汉礼器碑跋

此碑先君得宋拓本于西疆，项伯修来诸字皆存。宣统辛亥夏，携至京师，纸墨装褫皆极精雅，谭畏公诸公同叹赏，已醵赀重影矣，清道人汪闲止乃定为赝本。会国变，南归。癸丑春，瓶斋为谐值张子武同年，以银币五百收之，其影本不复爱惜，散佚才馀其一，亦为故人刘实公索去，惜不留以备校耳。吾当时愧不别真赝，然翁覃溪之于《天际乌云帖》误认钩填为真迹，通人且为所蔽，故市估谓“石墨为黑老虎”。甚矣，精鉴之难言也。向以此碑旧拓难购，因购此印本对校。尔时赏析诸老大半谢世，今唯闲止老人及瓶斋尚存，感旧怀人，弥用凄恻。痔苦腕弱，力疾写记。

己卯中秋前日，䂬叟徐崇立时年六十有八。

龚定庵最录南唐五百字何蝯叟写本跋

是编予得三写本，皆石印。最初在京师得郑孝胥本，其字如乱柴，恶而摒之。去冬，乃买得赵㧑叔本，书法过郑远矣。春间龙萸溪丈复以何蝯叟本见诒，其书法又非赵所能比拟。萸翁云藏之三十年，是石印最初本，不易觏矣。积雨新霁，夕阳在窗，因取三本对校。何、郑两本文字次序略同，惟赵本则前后颠倒错乱，殊非异文，直是错简。观其书法，似非率尔操觚者，不解当日何以讹误至此。今虽旁注校勘，而次序无由更定矣。文中“艰沃劬丰”作“艰沃乾亢”，“坤丧”作“乹元”，郑本亦作“元”。论写本年代之先后，以蝯叟为最初。盖此文为龚定庵所最录，蝯叟跋谓：“定庵写定此文，即索余书。”此则叟亲受之定庵者，自当据何书为定本矣。

癸亥中夏，瓻叟徐崇立记于瓶斋西轩。

王翊钧云：赵氏容或未见定庵写定之本，故自不同，然“艰沃劬丰”一句在一幅上，而“劬丰”在首，“艰沃”在末，并不成字，更难索解矣。

南唐保大四年，韩熙载奉敕集王羲之、献之书撰书一卷。凡为句百二十有四，为字四百九十六，以较梁周散骑《千文》，无复字。江南宫中传王氏笔迹数十轴，取材易给故也。韩书纡徐颇似之，其言如谣、如谶、如颂、如讽、如繇、如廋，虽琐屑，有足憙者。梁《千文》，学童皆习之，此作恐遂诇者。

乙未三月付写定。

此定庵本，写定后题与吾跋混而为一，吾本前后两跋，抄者误连合之耳。

右龚定庵《最录南唐四百九十六字》。壬戌嘉平月，长沙徐崇立校录于城南寓楼。

定庵后乞蝯叟书一通，字较此大，固非悲庵所能几。龙希静以影本见诒，盖卅年前印本，后无复有已，宝藏之矣。

辛未夏记。

文待诏滕王阁序真迹跋

王子安此文当时才脱稿，即已脍炙人口，流传后世。及检其遗集，乃仅载其诗而削是叙不录。起衰八代如韩昌黎，推挹四家如杜少陵，固已共许为不（勘）〔刊〕之作矣，竟割爱不存。可见古人律己之精严，爱好而不贪多，精金百炼，宜其立言不朽矣。向来酷嗜停云书，凡见影拓行楷即收。久之，审其行草虽美，悉出一律，殊少变化，惟小楷能跻赵迈董耳。

乙亥中秋，灯下率题，徐崇立。

羽琌自写寱词影本跋

定庵本不工书，以不得词馆，遂不喜翰林。其生平墨迹绝少流传，何蝯叟所藏《堂溪典请雨铭》孤本册后，有定庵小跋数行，为亡友王翊钧所得，因得见之。翊钧殁，是本为人所窃，致为叹恨，云烟过眼且十年矣。近秦康甫诒是本，乃乌程蒋穀孙以藏本付印者。此册专写寱词，与刊行定庵杂诗悉合。其书法虽非殊特，要自不俗，乃学人之书也。蝯翁殆服其才，致有沆瀣之契耶。其《最录南唐五百字》蝯翁为写册，余有影印本，今并此亦罕矣。偶无客扰，散帙见此，因记纸尾。

壬申白露后日，瓻叟时寓沪上。

薛汾阴石淙诗跋

薛曜《游石淙诗并序》在嵩山石淙北崖上，涧壁面水，必穴崖栈木乃可摹拓，故收藏家罕有之。予求之历年不能得，近乃购此影本，谭畏公谓尚不及黎薇叟藏本也。是刻自顾亭林、朱竹垞诸家，皆有考释。王阮亭谓诸诗惟李峤、沈佺期二篇差成章，馀皆拗拙，可资笑柄。叶井叔撰《嵩阳石刻志》删去九首，不为无见，而朱竹垞憾其阙略，以得睹全碑为喜，则又好奇之过也。吾谓曝书所跋，意在搜求石刻，校考遗阙，此考古之常例。阮翁以选诗之法视之，宜其不合。夫王逸少《兰亭》之书，乃序同时倡和诸诗而作，诸五言诗较此尤拙劣。至今唯《禊帖》独存，而诸诗亦有石刻，于竹垞何讥焉？昔人谓柳诚悬书出于褚，观此益信，盖薛出于褚，汾阴之与少师书派相近，柳用笔尤与此刻类似。狄平子题句称“宣和得笔法于此”，诚如其言，亦即瘦金书所从出。但柳书多握拳露爪，筋骨努起，徽宗则风姿婀娜，转折如钩，有刚柔之异耳。《说嵩》谓宋之问有《侍游应制》一首未刻崖上，载王氏《金石萃编》，兹亦移录。予因未得原拓本，姑以此备参究。作行楷题跋乃吾日课，非宝康瓠也。

离宫秘苑胜瀛洲，别有仙人洞壑幽。岩边树色含风冷，石上泉声带雨秋。鸟向歌筵来度曲，云依帐殿结为楼。微臣昔忝方明御，今日还陪八骏游。

庚午立夏后日，甐叟书于白下梦雨楼。

昔人论朱、王云：朱贪多，王爱好。虽指其自著，于此帖亦近似之。

己卯中秋又题。

王氏《金石萃编》云：“碑高一丈九寸，广九尺七寸，共三十九行，每行四十二字，分作三截正书，在登封县石淙山北崖上。”

今依此对校模糊残佚之字，补注于旁，其原未释者阙之。

钱南园临论坐帖跋

昨检谭畏公丁巳冬日记云：至刘步青处，陈九韶在坐，出所藏钱临《座位》册。惟题款半页为真，余皆影摹，又第廿一本四字殊精湛也。云云。当时公见墨迹，故能谛审填廓之迹，一经影印，迹象皆泯，无从辨矣。惟用笔无甚差别，结构精神似较公他书为逊。此题廿一本又云：补日课之缺，可知昔贤之能。名家无不池水尽墨，铁研磨穿，退笔成冢，无或间断。若拙劣之一曝十寒，宜其白首无成也。书此悚汗。

癸酉夏至后一日，徐崇立记于沪寓。

翁松禅墨迹第一集跋共十一册

《松禅墨迹》影印本，余所得已十馀帙，最初本曰《春夏及草庐翁帖》者，茶陵谭文勤所藏也。文勤与公同年同朝，相知极深，故往来缄札甚多。瓶斋裒印行世，又有邹凤威者汇印于海上，皆在光绪末叶。其辑套最多者惟此十册。俞金门专印公与吴稼翁手札，但见第二集，其全册未之见也。海上近又印家书二册，并日记巨帙，文字流传遍海内矣。而所见屏障大幅、卷册旧迹、墨迹珍秘不与焉。畏公言："小时侍文勤官京朝，公或造访不值，即径入斋中留简，于门屏窥之，见公偶不惬，或易数纸乃出。"此与册尾叶氏诗注合。矜重如此，宜其词翰俱超也。至简牍书，别有专长，古帖流传，历代名家以外，率难免俗。往往著述等身，操笔千言，或窘于尺幅，知能事未易也。公书中年以后始臻超妙，晚更变化，退闲以后不免颓唐。盖意多拂郁，手眼日衰耳。校检数过，辄记所闻，以资掌录。苦炎暑蒸溽，目力昏眊，年未七十，亦如公之任手而不任眼。蒲柳之质，未秋先零，并以志慨。

己卯大暑节，徐崇立校记。

第三集与赣榆周子京手札

周君盖先为公兄湖北巡抚同爵幕友，故与其群从习竟橐笔，以诸侯宾客，终绩学老儒，困于诸生，乃至欲纳粟为教官，求苜蓿盘亦不可得，何其蹇也。公拳拳故旧，书中词意恳挚，为手札中所罕见。知能得此于公者，盖亦不数，惟其人足重耳。书中辄及“词甫”者，张词甫者也，高才不达而早世；“嵩云”者，阳湖恽祖翼，官至巡抚；“芍翁”者，彭芍庭也。屡见公日记。

先伯父官赣榆久，崇立两省于衙斋。其时常熟尚在，乃绝不闻有周先生者。许久香为先伯父乙酉同年，其子则县试案首，旋以隙末不相闻矣。乙酉一科人才极盛，许既能吏，郑虽、张元、吴昊之流，亦跅驰之才也。常熟亦为先伯父北闱座主，郑苏戡己丑考取中书，崇立则甲辰考取中书，是郑与汪闲止老人同为我内阁前辈。当辛亥之秋，湖广已瓦解，适授湖南布政使而未敢来，止于曾农髯处一见云。

己卯大暑记。

第五集与刘文庄手札

刘公以翰林从淮军，积功至节钺，其罢镇，记是召还，非请老也。吾方弱冠，不知其政绩云何，止见其子健之所藏《魏崔敬邕墓志》、《蜀石经》，其他藏弆亦富，非寒俭者。此册答书有《魏晋数字谈助》一书，皆极恶劣之语，知非能鉴别者。松禅书屡言：“民力已竭，今之掊克者不唯未闻此语，且惟恐取之不尽。宜乎生灵涂炭，将无孑遗。”文恭复谢文勤、文庄两公辄云隆贶当时督抚岁馈枢廷，多不过二三百金，无及千金者，且兼及同乡、知旧，非专贿权要也。”故文恭退闲后，无大厦广田，与今之辄号千万者迥别。世安得而不乱耶？噫！己卯大暑。

第六集与张荫桓手札

前札所云正面楼有馀地，拟搭两卓者，前代北京凡有公宴，谓之“团拜”，多于会馆演剧正厅设公宴，其上层稍后为楼，其两廊上下两重，他人皆得附座请客。今之戏院制度迥别，不特无此衣冠之会，并无此广厦规模。因记之，以当《梦华录》。

乙酉酷暑，瓻翁挥汗。

第九集

丙申之夏，予客广海谭畏公军次，瓶斋以省兄来。张樵野，粤人也，家已零落，浙人李尹桑从其后人取翁札来，一纸约银币五、六元。瓶斋先后收得数十通，即此四册也，所言多外交事。清廷自庚申之役始，设总理各国事务衙门。常熟痛恨洋人，绝不与通。而朝旨必欲令枢臣兼管外交，既固辞，不许，强而后入，此皆见之日记者也。由深闭固拒，更不悉外情，遇事无可措手。张以丞尉卑官擅文词、长捭阖，夤缘得入总署。常熟渐相引重，时复咨询，擢至侍郎。戊戌政变，常熟削籍，张亦以附和党人谴戍新疆。及庚子之乱，端庶人矫诏赐死，非其罪也。先君官西域久，言张氏笃嗜王石谷画，积至百轴，号“百谷斋”。日行军台，莫息旅舍，亦必展玩。及抵戍所，赵尔巽时官布政，于张有旧谊，供张甚厚。张复好客，器玩饮博之属悉具，宾客辐辏无虚日。矫诏将布，赵已先告，故得从容。近人曾孟朴所作《孽海花》小说记豪夺王画，其信然耶？常熟日记于荣仲华、张樵野之殁，词兼讽慨，其故可思。读史者皆可于此证之。暑盛目眵，只以纪事为亟，不暇求工矣。

己卯大暑节。

第十集均杂牍小简

此册中晚年书并存，盖搜集成帙者，前数简较早。何蝯叟早年笔亦未超，刘文清亦六十后乃臻妙境。人书俱老，如瓜熟渠成，未易骤几也。七绝诗稿为陕甘闱中作。清制，新授庶吉士，列一甲三名者不待考，散馆即得放试官。是科（忘其年），公与潘文勤同简陕甘主考，公时年三十，为有日记之始。闱后即简甘肃学政，未及瓜代，自请还朝。甘肃至左文襄勘定后始请分闱也。册后数纸，皆与琉璃厂古玩旧书店者。光绪甲辰，予至京师，诸店如故，惟最久之松竹斋纸店不存耳。前岁，叶氏子弟出郎园先生所藏古镜、砖瓦、小拓片，无虑千种。徐艺仙分得其半，方编次成册，将乞予题记，而予以避乱入山。及去年秋，长沙为张治中焚荡，是册烬焉。中有潘文勤小笺，皆与厂肆者，与此正同。文勤书翰不逮松禅，而稽古之学、收藏之富过之。其早贵无年，卒于承平之世，荣典有加。视翁之晚节艰危，其福命亦过之，而无子则同。尔时朝贵主持风雅者必曰翁、潘，吾犹神往于潘之小简，有同慨焉，故并及之。

己卯大暑后一日，徐崇立又题于毳学斋。

叶氏《语石》有“记碑估”一则云：“余在京十年，识冀州李云从。其人少不羁，喜声色，黄子寿师辑《畿辅通志》、缪筱珊前辈修《顺天府志》，所得拓本皆出其手。荒岩断涧、古刹幽宫、裹粮遐访，无所不至。夜无投宿处，拾土块为枕。饥寒风雪，甘之如饴，亦一奇人也。筱珊在南中得聂某，善搜访、耐劳苦不减李云从。余所得江上皖南诸碑皆其所拓，戏呼为‘南聂北李’”云，是册末简所称即其人也。可知李当时游于公卿间，亦可传矣。瓶斋曾得翁与张樵野短简，专印一册，此中数札殆续得者，“芋庵”或其别号。瓶斋近诒此，因记其后。

辛未长至前三日，书于申浦寓楼。

松禅老人遗墨跋

此印本翁迹以《秦州杂诗》为最，张啬公、汪闲止皆其门人，皆学翁书者。张得其苍劲而不免枯瘠，汪得其峻拔而时或瘦削，于此诗得仿佛焉。翁此帖亦有刘文清笔意，盖善学柳下惠者，惟鲁男子耳。小简之佳者多居政府时作。谭畏公少时尝窥公作尺牍，一字不惬，辄弃掷字簏中，俄顷已数纸，可知其矜重。畏公又云翁归田后，年事已高，屏居拂郁，笔渐颓唐，不逮居官时。今观是册，中多退休后作，此说良信。公与谭文勤书札最多，今海上影印尺牍十册皆佳。此本最先出，印楮皆劣，不独书法小差也。此本先后次序颠倒，亦未能依公出处年岁编次，殆邹氏仅知书翰之妙，未足云尚论古人尔。

戊寅伏暑，徐崇立题于瓜牛庐。

翁松禅家书跋

松禅日记有鹿卿事者，移抄卷后：

庚辰五月，得鹿卿信，移家荷香馆。家事如此，吾何颜见先人于地下？摧我肝矣！

四月，闻荣侄迁荷香馆，新典钱晓岚屋，而别买学前屋，为六房归时住。噫，家事如此，焉能振兴哉？感叹不已。是年，安孙妇即入居之，云破烂不堪。

辛巳六月，得鹿侄十七函，始告安之凶耗也。阅之愤懑，鹿卿亦垂老，不足深责，此天意也。

右翁晚年家事可见一斑，然一移居买屋事耳，而引为大戚，必有难言之隐。未可形之楮墨，非其亲昵，谁能洞悉？然鹿卿之内行可知矣。松禅仍世宰辅，兄弟封疆，乃无巨第闳居。晚节归田，犹与群从共宅，其清风俭节，岂今世所有哉？

丁丑大雪节，晴窗散帙，耄学老人记于瓜牛庐。

春及草庐翁帖墨迹跋

松禅与文勤同年至交，文勤督关陇后及病后再起，松禅久在枢府，实左右之，观尺牍可考见也。文勤家藏翁书至多，畏公兄弟复从而搜集，故吾一见翁书即能辨识。独怪松禅生平与李文忠、张文襄皆世交，而同冰炭。与合肥龃龉，见湘绮翁《王志》；与南皮水火，见南皮《弟子记》。庙社亡于党争，未可曲谅也。

甲子元日，瓻叟崇立记。

清代四大名家定为刘、钱、何、翁，自瓶斋始，海内知书者翕然无异词。所蓄四家书至多，而以何、翁为最，一乡贤、一先友也。四家书已多印行。庚午冬，瓶斋正选印何联二百幅，上海战事忽起，几毁于火，自是不复出矣。翁帖亦未印其半。今瓶斋久困围中，旧迹珍秘，其能免劫灰与否不敢知。追溯昔游，无限唏感。

己卯大暑后二日，瓻叟漫记。

颜平原东方画赞跋

是碑今求一旧拓本，亦不可得。去秋同时购两印本，其一为翁松禅藏本。此本碑额完全，篆法古劲，而影印缩小。翁本有二跋，而缺额篆字，依原拓神采瑰健。两本各有胜处。刘铁云收藏甚富，以亏公帑为端午桥挟持，珍物多归匋斋，一挫遂不复振。匋斋遘难，物亦星散矣。

丙子大雪，寒窗漫记，瓻叟。

汉石经残字跋

向来刻意搜集《熹平石经残字》，最初先君所诒四段，得自蒲城王相国家者，高丽纸拓甚精。去岁，西充白坚甫所有大小数十石拓装成册，见诒瓶斋，复赠文素松，藏存字最多者二帧。其小石存字多者，北方马衡诸人集拓，前后二辑，大石存字最多者，于右任所藏。均无缘得。至翁覃溪覆刻八石，早有之，又其次也。此本影印且非初版，姑留以备检校，因记其略。

癸酉大寒前三夕，雪窗炙研书，瓻翁时寓沪渎。

文、于二本存字最多者，予已得而合装之。近洛阳复出小石，多不过三五字者，几以百计。宋姤逢君以拓本见示，已不足奇，况此诸跋极模糊耶？

戊寅暑雨又记。

是岁，姤逢于洛阳所得小纸拓八十馀嘱题，吾危疾初愈，不克执笔。劫后问之，已乌有矣，可慨！

戊子夏又记，时年七十又七。

南园书百家姓跋

吾县周自庵阁学《思益堂日札》云："《百家姓》系宋初钱塘老儒区姓所撰。首赵姓，尊本朝，次钱姓，尊其国主，孙李以下各姓，则皆吴越王之姻亲勋贵。书鄙陋无文理，而宋时至今，乡曲皆家习户诵。本朝雍正时，江西熊姓著《百家姓》，中如'松柏冷盛，蒲柳秋焦'，二句致佳，然无过而问者。此等村书流传，亦有幸有不幸也"云云。予后跋所记焦师之言，殆为误记，又引曲园考证，或即指此而误，容再检讨，亟录此以正前失。

戊寅处暑节，徐崇立年六十有七写记。

翁松禅题言，卓林藏刘文清楷书《百家姓》册。

诸城笔势近钟、虞，六十年来抗手无。参用北朝碑版法，平书精论是安吴。吴越遗编北宋书，九烟排比复何如？东南文学先贤启，数典何忘溯厥初。

自注：《百家姓》乃吴越时人撰，见陆游《郊居》诗注，周九烟有重排本。

翁日记丙寅四月载此稿。翁、周同朝，而传闻异词，证以放翁诗较有据。

甲申春晚，七十三叟又记。

先师焦蔚初先生云，《百家姓》为王伯厚先生撰，故以赵居首，尊国姓也。钱为吴越王裔，世族最贵者，故次之。自来家塾诵习者多坊刻，无善本，得南园精书，足为此书增重。

庚申七月坐雨，䋎翁漫题。

魏崔颀墓志跋

考《魏书·崔亮传》，亮字敬儒，清河东武城人，仕高祖、世宗、肃宗至尚书仆射，頎之祖也。亮子士和，从亮征硖石，以军勋拜冠军将军、中散大夫、西道行台、元修义左丞，行泾州事，頎之父《志》所谓“泾州使君”也。《志》所纪悉与《史》合。崔氏于北朝为著姓，魏收《魏书》纪载繁冗，然家世特详，赖以存谱牒之旧。頎官卑年促，正借此以传。《志》文书法遒美舒和，《黑女》、《敬邕》之亚也。

浴佛前三日，䋎叟醉墨，时僦居同安里小楼。

魏齐墓志本末记跋

辛亥国变后，重游燕台。值磁州新出魏齐墓志，皆次第收得。此记详叙志石所出地，考证明核，藏此拓本者并当附存，以资考索。王氏籍新城，殆即渔洋之裔，官至新疆布政使。先君久官西域，谓其政事无足观，然其著述甚多。今读其文，虽非循吏，故是“文苑传”中人也。

戊寅七夕，徐崇立题于瓬学斋，时年六十有七。

宋拓礼器碑跋[1]

宋拓礼器碑为吴县潘文勤故物，上有文勤平生真赏印及翁覃溪、吴荷屋、张叔未、翟文泉诸家印。庚子之变流入秦中，其题跋别为一册，因乱亡失。辛丑岁祲，家君时侨寓长安，辗转购诸贾人之手。"熹平三年，左冯翊池阳项伯修来"十三字题名，苏斋谓为前此诸拓本所未见者。是本皆完全无阙，其"山阳金乡"十六字亦可辨，与匋斋藏本迥然不同，其为宋拓无疑。今年夏，家君携此本自湘入都，京朝士大夫诧为未见。谭组庵编修怂恿付石印，而与朱鞠尊年丈、黄笥腴阁长、龚枚长法曹集赀成之，崇立未能独举也。题签者衡阳曾兵曹熙谦不肯署名。纸光墨色虽不逮原拓，而神采未失，矩矱具存。此苏斋所谓"下真迹一等也"。惜行间朱印、石印均不显，使观者非见原本不能窥全豹也。尚有《成阳灵台碑》，亦较匋斋本多数十字，拟续付印，亦家君得诸长安者。

宣统辛亥中秋，长沙徐崇立记于京师。

何子贞书二汪墓志铭跋

按《志》中所称"铁佛寺"者，即长沙北城外湘春街尽处寺，前壁正对城门。予弱冠后同友游焉，寺尽毁，尚存后殿，供铁佛三尊，皆丈六金身也。一笠亭则在开福寺后碧浪湖湖心小洲中，亭久圮矣。距游时且四十年，城拆寺湮，铁佛亦亡。一笠亭自王

---

①原校："此跋应即删去。后跋钞在前，已辨证，此不赘。"按，前后二跋，文字互有异同，为保持底本面貌，仍予留存。

湘绮先生醵赀重建，复经日本僧水野梅晓建屋居之，旋开新河而湖废，无复湖山平远之胜，河亦湮塞，不利泊船，徒毁古迹而已。寺与亭相去三里外，作文者铺张，不可言考据也。蝯翁真书未有不兼姿势者，此二《志》亦然。琁甫近以影本见诒，因书以寄慨。

辛未长至前三日，徐崇立题于沪上寓楼。

陈伯平中丞书谱临本跋

此故江苏巡抚同县陈伯平中丞临本也。光绪乙巳，公任安徽按察使，安化梁蹶生孝廉掌书记。室中悬拙书小屏，公特留目称佳。梁君入京以告，故余虽未一见，而有知音之感。尝为余书立轴，即临《书谱》，一箑扇临米帖《抱黄阁诗》尤佳。此册熟而未精，后跋已云"非经意之作"。释文为族弟绍周手书。绍周为公女婿，后跋当亦其代笔。公子七人，无闻于当世，家亦贫矣。旧得此本，恶其为洋纸，笨重不雅，难于卷舒，置之久矣。昨偶临《书谱》，取诸本对校，并检得是本。据跋云，公生平临此已数百通，居翰林日，早擅书名，惜手写未由窥见一斑耳。自念年将七十，而临《书谱》全帙，此为权舆，闻道已晚。倘早如公之肆力，当更有进，恨无此清福何？

己卯七夕，后学徐崇立时年六十有八。

鲁公东方画赞碑跋

是拓董、翁二跋、赞叹极矣。仍不免有剥蚀处，如真卿之"卿"字末直、"风尘""尘"字之撇，皆短秃，原本决不如是。初学不知审别，亦步亦趋，诒误不少，特揭出之以晓来者。

戊寅七夕，瓻叟校记。

魏刘懿墓志铭跋

此《志》予有原拓本，损字无多，非难购者。石出道光时，故不能诳称宋、明，只云“最初拓多字本”。狄平子即犁靬眩人之一也，堪发大噱。

辛未立秋前三日，风雨欲来，晚窗退颖。

杨濠叟篆诗抑篇说文建首跋

濠叟小篆绝精，与道州、独山异曲同工，初学问津，宜从此入。印本亦佳，可珍也。

戊寅暑雨，瓻叟漫记。

吴清卿书说文解字建首跋

杨濠叟《篆说文建首》更在此前，濠叟小篆参以古文笔意，较此为精。窸斋大篆功深，于古籀为长，参看便知。此目未分篇第，亦不及杨明析。

庚辰秋暑，瓻叟校记。

匋斋藏瘗鹤铭跋

匋斋已精刻《鹤铭》，考补为巨帙，惜未并此精影合装。《故宫周刊》中有杨大瓢随笔，亦记此石，持论甚允，暇当录附。

瓻翁题跋卷二

唐兰陵长公主碑跋

此北京经折裱也。唯北京、西安有专工装碑帖人，裱书画者不尽能装碑帖，字口文理皆当精审故耳。此本罗纹纸装，非劣手可办。自辛亥以来，文物陵夷，工技之末，日益窳敝，道器分形，上下风俗，因为盛衰。岂细故哉？新雨晚凉，炎暑乍减，偶然欲书，泚笔未半，乃值催租败兴，遂不逮意。人能弘道，予一生正坐此耳。

己卯五月晦，瓻叟时年六十有八。

右《唐兰陵长公主碑》，连额高一丈一尺五寸，广四尺二分，凡三十一行，行七十字。碑石在今醴泉县昭陵，即唐太宗陪葬碑之一也。孙退谷《庚子销夏记》以为赵模书，《宝刻类编》谓即驸马都尉窦怀哲书也。《金石录》著为李义府撰文，盖北宋所见拓本存字尚多，退谷所见则日损矣。《粹编》所录存一千三百馀字，今拓本止存上半，谛审之，字最明朗者不过百许，并模糊可辨者不满五百字。书法方整劲拔，局格在李孝同、卫景武之间，亦欧褚之流派也。至第七行“女也”二字、八行“首无金翠之饰，耳绝丝桐之声”二句，虽损笔画，尚可辨识。自是稍旧拓本，且不易觏矣。

近从北平买碑人李小峰得此，拓手不劣，装池甚工。亟欲题，而援笔辄为客扰。急迫就灯下写之，可知俗累之苦。

辛未霜降后夕，瓻翁时寓金陵。

北朝至唐碑志，序文之末，铭词之前，率用式刊“贞石”，或作“贞珉”，不胜胪举。是碑铭词末句乃作“贞笋”，王兰泉、叶鞠裳两先生已详论之。此二字虽系避熟，究嫌词费。又“徽音”，自是用《周颂》之“太姒嗣徽音”句义，此在古人隶事原可通用，后世文律较严，以之颂扬太后、皇后始称，以颂公主，于体非宜。李义府在唐世雅擅文誉，跻于欧虞，然其人与许敬宗同属佥壬之流，操行不端，至其文字之良窳，又无足深论已。

晚霞又记。

杜诗有《石笋行》，注引《华阳国志》：“每王薨，辄立大石，长三丈，重千钧，为墓志，今石笋是也，号曰‘笋里’”。杜田曰：“石笋，在成都西门外，二株双蹲，一南一北，北长一丈六尺，南长一丈三尺。杜诗有云‘恐是昔时卿相墓，立石为表今仍存’。盖亦沿《华阳国志》而云。”然叶氏斥“贞笋”为拟不于伦，诚然。

已卯暑雨又题，时年六十又八。

蔡忠惠谢御书诗跋

宋四家帖，向时编次者率曰“苏、黄、米、蔡”。然君谟书，东坡已推为本朝第一，即论时代、人品，固当冠首，至书品超妙，必首东坡。若山谷之《华严疏》、《发愿文》，书若篆籀，又其亚也。米元章不独书法，即人品当殿。后世又谓四家之蔡、以拟蔡京者，此则熏莸迥别、污辱忠贤矣。卢后王前，宜有轩轾，君谟宜冠四家。

辛巳春晚徐崇立，时年七十。

何蝯叟隶韵跋

先伯父曾藏《隶韵》，为何蝯叟书，即此拓本也。儿时侍学见之几案间，已惊其奇伟。后更求之历年，渺不可得，问诸故老，即知者亦罕矣。初夏与黎铁翁散步市间，过墨香簃帖店，偶询及之，亟出视，云原石存湘乡蒋氏，拓本只此一通。然已缺下册第三页，以其硕果，遂以银币三元得之。铁翁云《隶韵》为宋人辑，见某丛书，今忘之矣。此编于重文俱写之，盖《隶辨》、《隶释》之例，计当为巨册，而此二册共止七百余字，为数寥寥。盖蝯叟一时兴到，率尔操觚，初无意竟写全帙，故不分别部居，但题年月。按"壬戌"为同治元年，公年六十有四，已届晚境。此册纵横排奡，以篆入隶，亦如公跋《麻姑仙坛记》，正是变化狡狯之极耳。吉光片羽，偿我夙愿。欣然泚笔，以志墨缘。

乙丑七夕后日，瓻叟徐崇立记。

《隶韵》文字，仅见是刻一鳞一爪耳。《翁文恭日记》两论是本，当时从人假阅，匆匆还瓻，未暇移录，今不复省忆矣。顷检叶氏《语石》，云刘球《隶韵》十卷，《纪原》一卷，范氏天一阁所藏孤本，后归李香岩廉访。廉访捐馆，镇库之珍皆归他姓，此本遂不可问津矣。谭畏公不信世只孤本，谓天壤之大，安知不有秘藏不肯轻出者耶？然谢承《后汉书》，张元奇集印百衲本《廿四史》，悬巨金求之，至今无应者，是并孤本亦亡矣。是书果如叶氏所云，蝯翁乌从得而写之？惜翁只题年月，不著其详，与所书

《续千字文》同，使来学阙疑耳。而笔势奇古，如籀篆直神与之化，吾见翁隶多矣，未见有此种也。

辛未中秋后夕，䂬翁记于金陵寓斋灯下。

按辑印百衲本《廿四史》者，为张菊生元济。若张元奇，侯官人，曾任岳州府知府，后调擢奉天民政司。前跋误记。

霜降后日，又题。

自乙亥初夏购得秦敦夫先生嘉庆辑刻本，今春始从姻家泰和萧叔琴假得翁文恭及长洲叶鞠裳提学两家日记，汇抄诸跋附装《隶韵》刻本之后，并一再考跋。按宋拓有阮文达藏本，乃以家藏半部合并秦本半部为完帙。后为沈均初树镛所得，旋归上海徐渭仁紫珊。光绪己亥松禅归田后，徐翰卿出以求售，凡再见日记。紫珊跋称程兰川藏半部，程官北捕同知，殉金陵粤寇之难，藏弆俱佚。叶氏《缘督斋日记》及《语石》均记李香严藏本，为十卷全帙，且附《纪原》一卷，此为秦、翁、阮、翁、沈、徐诸家所未曾知见者。据诸跋所载，凡二部有半。事越三十年，风尘澒洞，屡阅沧桑，迄无所闻，岂尽付劫灰耶？因题刻本，检对旧跋，辄复泚笔，忧患喘息，而结习未忘，钩考之余，望古遥集矣。

丙子立冬前三日，寒窗昏目，灯下率题。

《隶韵》，道州临本二册，予已一再题记于下册前后幅，顾是书原本求之历年，不得一见。顷吾戚业旧书者持刻本来，乃嘉庆十五年秦敦夫汇辑，而翁覃溪考证且为之序，知为南宋淳熙二年刘球所纂也，亟以银十六元收之。检何隶与刊本对校，碑字微有不同，盖何临乃石刻本，惜无题记，未知所据。翁叙仅见拓本二、三卷，而叶氏《语石》称范氏天一阁所藏孤本，乃全拓十卷，后归李香严。蝯翁曾登天一阁，又与李氏同时，度当一见。抑此所临或即翁叙所见残帙，然范氏原拓覃溪且未之见矣。予获刊本，亟校而记其异同。衰年多病，目昏腕弱，宾客复扰，荒时废事，故汲汲顾景，不计拙劣写之。

乙亥初夏，瓻翁时六十有四。

高南阜砚史跋

是刻出吴熙载手，宜其精粲。先经王氏初用石，吴改用木，裴氏《壮陶阁帖》亦是木质，裴帖名迹巨制，又非《砚史》所能比也。吴氏篆法完白，行楷法安吴，刻印继邓氏而起，最为煊赫有名。顾此中摹勒诸印多不能佳，殆以未暇专工，以手民而刻木板，遂失故步。《与吴叙》书法雅近安吴，乃《致李孔》笔法亦然。意大江以南一时濡染风气，与南阜史例强拟八书《本纪》，尤为不伦，律以《文史通义》，不免为实斋所呵矣。记前跋尾，时忽忽四十年，残喘仅存，万事都坏，酷暑目昏，书此遣闷。

戊寅大暑节，瓻翁重记于瓜牛庐，年六十有七。

此《砚史》以光绪甲辰自赣榆至开封，道经宿迁得拓本，今正四十年。夏遭兵乱残毁，顷重加编缀，已有缺佚，姑且苟完，未知终保与否。噫!

甲申小雪，七十三叟劫后题。

唐王居士砖塔铭跋

《金石萃编》云："此铭翻刻有二本，一为长洲郑廷旸嵎谷临，一为吴县钱湘思赞书，皆临摹善本。郑娟秀，钱瘦劲。元刻破裂，则此二本皆可宝也。"此兰泉司寇在嘉庆时所见如此，迨至光绪则覆本数十，不胜指数矣。缘此书秀劲方整，便于卷折，最中程律，故一时公车士流竞相摹习，京估市利，传刻遂多。余所收已数本，以有"钱叔美访碑图"印本为上。《萃编》考据详博，独不校拓本先后，此特以有翻本著之耳。

己卯秋暑，瓻翁重校记。

曹全碑跋

《曹全碑》最初拓，"因"字未损，其次"乾"字，又次则"学"字，又次则"曰"字未损。乾隆以前拓本无用杭连纸者，道光以来始有之。最初用棉连纸，棉连尺度与宣纸同。此碑明万历间出土，清初中断。其未断无裂纹者，明拓本也。此本仅损"因"字，"无而"有断痕，洵旧拓本，得于京师有年。民军起义，匆遽南行，所藏碑版多寄邸舍。独此本为从者检入行箧，直如患难之交，使人增重。

壬子初夏，崇立题于莼湖榷舍。

此碑先有一本，乃浓淡两半本合为一本者。宣统辛亥，在京师碑估以此本易去，较胜旧藏，然"乾"字有涂饰痕。同时谭畏公赠一本，俱为已断者，然"乾"字虽未全，穿作"车"旁，而

“上”画已穿作“十”字，拓墨甚佳，字画明显。此本虽不逮，在今日殊为难得，旧藏当以是为乙品矣。

己巳立冬后二日，徐崇立校记。

筠清馆法帖秀岳铭跋

此卷首列唐文皇《秀岳铭》，乃《温泉铭》也，乃沿《绛帖》之误。是本残帖无首尾，以首句有“秀岳”字，遂以臆名之。《温泉铭》墨迹出敦煌千佛洞，俞复得影本付印，考跋甚详。千年旧迹复出人间，得正绛州、筠清之讹。《绛帖》为煊赫有名之迹，吴公为金石大家，皆不免袭谬。今取校墨迹，竟是重儓，知传刻误人，书道所以日下也。予虽穷老，不幸遭世乱，独此眼福差胜昔贤尔。

己卯立秋，徐崇立记。

筠清馆法帖蔡京跋宋徽宗三图题咏跋

宣和御书遒劲瘦硬，世所称“瘦金书”也。据缪艺老人《金石文字目》，尚有《政和御书手诏碑》二通，一在济南府学，一在广东高要，又政和井栏题字在浙江云沙溪镇，皆未见拓本。予酷嗜此体，惜所见甚少，姑记以待搜访。至元长书旧推宋四家之一，观此特柳体唾余耳，不逮君谟远矣。

辛未春分前，瓻叟时寓金陵，灯下漫记。

筠清馆法帖宋米芾龙真行跋

金冬心《画记》："刘泾，字巨济，简州人，米元章书画友也。善作林石槎竹，以圈笔为竹叶，笔墨古雅拔俗，真有奇思。官至职方郎中。"冬心当从宋人札记移录，姑附记，以待考索。后诗乃巨济和作，元章并写，以上枢密者。

壬申春分前五日，晚霞老人题于沪寓灯下。

元汤垕《画鉴》云："巨济与元章同为画友，作枯木有奇思。"又云："当时如刘巨济、林子中辈皆不及，殆即诗题所称'林待制'也。"冬心所据，较此尤详，必别见他籍，容再考。

壬申初夏又题。

米书《龙真行》后题云："惟题手家真迹"。后又"《刘季孙帖》，季孙卒，以二十千其子卖王防父，知太原"。此两句皆费解，疑墨迹岁久残蚀，勾勒者不依原本空缺，连缀刻之。凡尚帖者率不讲考据校勘，临摹者亦依样画葫芦，殊足疑误后生，姚惜抱尝切论之。

乙亥雨水节，临帖讫题，瓻叟。

筠清馆法帖卷六元人书跋

丛帖始于宋，自元明讫清代，摹刻殆以百计。然《淳化》、《大观》原石、原拓，固已稀如星凤，即《汝帖》、《绛帖》，求完帙已稀。明人最喜刻帖，尤好作伪，停云馆、戏鸿堂最为煊赫有名，其中已不能无赝迹，足知鉴别之难，言下此者更难究诘矣。筠清馆为近代之有名者，昨始购得影本，毫发毕显，墨光黝然，可想见原拓之妙。荷屋中丞既精鉴别，亦富收藏，小行楷尤有金石气，每帖之尾辄附小跋，足为摹本生色。惟所摹晋人行草亦失之纤弱，与诸帖同病。向见清内府藏晋人墨迹古厚丰腴，犹可见浑灏流转之致。《快雪帖》，吴氏讥涿州冯氏有浊气，以臆见校之。似此尚不如冯刻之丰满，略存神气。《霜寒帖》亦不如他帖，惜行箧帖少，未由对校耳。至宋以后，则多神采完俱者。盖晋帖年代已远，传刻太多，气息既为时代所限，兼以今人之笔法追古人之神韵，宜相去日以远。元世去今未远，消息相通，风格亦渐卑，宜其不失真也。中丞书体瘦硬，故不尚秾肥，遂不免偏重矣。卷末吴、沈诸跋，历述搜访之难。道光至光绪末叶不及百年，而原石即已散佚，可为深慨。匋斋固工书翰，诸跋乃如一手。书其督江南日，王翊钧故友、马叔容同年皆在幕府，效其书法，吴、沈两跋极类叔容书迹，窃疑彼为捉刀。重睹遗墨，触我旧怀，不禁感喟系之矣。

庚午夏夜，崇立记。

张南皮书学东坡，督两湖最久，武昌节府下至胥隶，无不临苏，当时谓之“帅派”。匋斋督两江，幕僚竞效其书，吴、沈二人当亦趋风，不独王、马。前跋犹是臆度，不尽然也。庚午距今九年，吾年六十有七，目眊腕弱，不复能作小真书矣。重展怃然。

戊寅初伏日，黀翁暴帖，又题。

隋董美人墓志铭跋

徐渭仁，字文台，紫珊其别号，于学无不探讨，篆、隶、行、楷，悉有法度。少时及见山舟学士，与陈曼生、王椒畦、张叔未、韩古香为书画友，佳拓古器多所储藏。尝获隋开皇时《董美人志》，珍秘特甚，自号“隋轩”，有《隋轩金石考》。继得王兰泉藏《建昭雁足镫》，因颜其居曰“西汉金镫室”，得元时顾氏露香园遗址，复葺秋水亭、万竹山房，以张芑堂所摹《石鼓文》贮之，遭粤寇毁于火。紫珊兼工画兰及山水，诗学宋人，有《春晖堂丛书》。既遭乱，所藏多为吾乡黄氏所有，因得见之。此据王韬《瀛壖杂志》，附以所见记之。

己巳重九，瓻翁记。

隋张贵男墓志铭跋

按《志》称：“同堂姑即梁明帝之后，贵男为后所赏异。”考《隋书·萧后传》，后为梁明帝岿之子，江南风俗二月生女不举，后以二月生，于是季父岌收养之。岌夫妻相继殁，后遂养于其舅张轲。炀帝为晋王时，高祖为求妃于梁岿，迎后于舅氏，遂纳为妃。近洛阳新出土之《张轲志》，足以证《萧后传》。贵男祖绾，父尢，历仕梁、陈，居清要。而轲祖弘藉赠卫尉卿，父缵无官，贵男与梁明后同祖，与萧后当亦同祖属耳。《后传》及《轲志》皆足为此《志》旁证。此《志》书法遒丽，波磔犹带分隶，超轶《元》、《姬》二志。《董美人志》尤为纤弱，不逮远矣。纸涩目昏，拙劣可愧。

庚午冬夜，萩叟书于金陵寓斋。

隋元公夫人姬氏墓志跋

随笔所云“长白托活洛氏”即端方午樵。长沙徐氏为族父叔鸿先生，以给事中外放，历官广西、江南盐道、江宁布政使。官京朝久，收藏甚富，书法最近北魏、隋、唐碑，后藏弆尚存。右列各碑拓本，吾皆有之。《元公》、《姬氏》二志最初得残本，嗣得族父摹刻本，居京师时得影印精本，几可乱真。在此影本之上有汪鸣鸾印，疑汪所影印。国变南还，又得一残本，然终以不得初拓完本为恨。旧岁之冬，从海上购得魏隋碑志影印十种，因合装为二册，而抄随笔所校附册后。流转兵间，欲归未得，课书遣日，聊破牢愁，亦缘结习未忘耳。

庚申四月朔丙子，萩翁记于零陵旧观德堂。

忆儿时在家塾即习欧体，信手涂鸦，初不解用笔。及弱冠，先伯父赣榆君自金陵寄元公、姬夫人二残石拓本，见而酷嗜之，亟付装池，日事临摹，渐有似处，此为予临碑习书之始。忽将六十，前尘梦影，仿佛如昨日事。追维伯父耳提面命之恩，怆然欲泣，为生平极不能忘之事。此二《志》前后凡得残本、覆刻、影印计四、五本，亦数数题识，以是故也。杨邻叟谓此二《志》与《苏孝慈》、《尉富娘》为隋代变六朝书体之始。吾谓《张贵男墓志》骨格气韵亦与此数石相类，率更固高出此上，而此实开欧书之先，犹《龙藏寺》实开“褚派”之先也。

戊辰冬夜又题。

妙法莲华经观音普门品跋

此卷《观世音菩萨普门品》，据原跋定为傅青主先生真迹。原跋自署为“沧海粟小”，印曰“季莒”而不悉其姓。然能述先生临池之法，虽非亲炙，亦必康熙时人，其言当不诬。独是以大篆写佛经，度金文未必有如许文字，正如赵子昂之《六体千字文》，其古籀一体要不能无假借参合，安能尽合六书？先生为母祈福，此孝子仁人之用心，更当珍为瑰宝矣。旧识卖碑人李小峰自北平来，以所挟送阅。开箧即见此帙，崇立正以写经资禅诵，惊为创获，亟收取之。若我佛有灵，以奇迹贶我。欢喜赞叹，敬题卷后。

旧时所藏佛经如《尊胜陀罗尼经》三种、《无量寿佛经》，皆唐碑巨碣。又隋人书《宝梁经》残碣小字至精，次则钟绍京书《七宝转轮王经》与唐人书《心经》三种合刻本，因合装一册，刻拓皆精。又辛亥后七年，重到燕台，偶得小楷小册装佛经数种，为故友韩笠渔户曹坚乞让之。韩学佛，功候已深，不得已许之。不一年，韩即谢世，至今惜之。最近乃得是本。篆籀写经已创见，况出高士之手，尤可珍贵。惟墨淡，拓本不精，护页装裱尤劣，不能作精楷，姑节取，俟异日重装。

辛未霜降后二日，佛弟子长沙徐崇立题于金陵心佛龛。

钱通政遗墨跋

此跋在后，吾往往就册前后馀纸写记，故不能依次。他帖多如此。

壬申癸酉，旅食沪上，与谭瓶斋诸友作消寒会，因于夏午诒斋中得见《施芳谷叙》真迹。不二、三年，风流云散，夏旋谢世，瓶斋与萧厔叟困沪上，郑叔进以风疾废，汪闲叟山居僻远，不得相闻。余子存没，消息都绝，沧海横流，戎马近迫，百里内浩劫，未知所极。偶检旧帖，以遣幽忧，对此弥觉百感俱集。

己卯秋，颖叟年六十有八。

通政书蝯叟题跋，倾倒极矣，后学何容赞一辞。是册居京师时购，一本已赠谭瓶斋，复收得是本，书中屡称施芳谷。嗣又得先生撰书《芳谷寿序》拓本，始知为同乡翰林前辈墨迹，今在桂阳夏午诒家。

迩来拓本盛行，盖谭畏公专攻平原书，于是赵桓之流竞相学步，几于家置一编。《施序》用笔瘦劲，与此册气韵相近，殊异他书。从知先生书法用笔师颜，结体实兼率更行书，固取法《争座帖》，亦时出入漫仕，非姝姝专守一先生之说者，兼众长而融会之。故严整遒峭如其为人，三复展览，使人肃然起敬。穷冬书瞑，未夕已曛，此时天殆已醉，故吾书亦如被酒耳。

癸亥除夕，徐崇立冻墨。

昨细看《麻姑坛》大字佳本，乃无一字不方，知通政真得平原法乳。近人临颜书翻本，以徐熙"没骨法"写之，岂不冤哉？

甲子元夜又记。

王蓬心太守宸官永州府知府，南园视学湖南，亦值是时。南园集中有唱和诗，何文安为蓬樵府试所得士入学，即出南园之门。名臣就试，受知师皆书画大家，亦吾湘嘉话也。

乙丑早秋，素馨初放，香郁房栊，检帖又记。颖叟。

松雪蜀山图歌跋

昔人谓《兰亭》自南宋后传刻失真，惟《圣教》以巨碑难于摹勒，山阴矩矱犹存，较《兰亭》为胜。此帖陈跋适与相反，又一是非也。然吾以前说为确，向所持论如此，未敢妄作应声虫也。此亦保阳莲池书院法帖之一，莲池石刻皆有那文成跋，京师购求甚易，南中未易致也。

癸亥长夏，检帖题，瓻叟。

顷阅裴氏《壮陶阁帖目》，记此卷有陈继儒、李流芳、陈奕禧等跋，莲池书院有刻本，即谓此本也。裴氏诸帖多从真迹上石，殆原迹藏裴氏。又谓此帖与《福神观》、《龙兴寺》、《仇公墓志》，楷法直接柳少师、李北海，下视《御服》、《道教》，真靡靡矣。其持论与陈香泉略同。余前跋云云，殆与翁覃溪“凡佳书，皆归纳山阴者从”同，今乃断其不然，陈氏此跋殆欲规摹承旨者耶？

甲戌清明后二日，又记于沪上。

元七姬权厝志跋

吴徐窳叟《前尘梦影录》记一则云：“湘舟最好事，尝为贝磵香翁翻刻《七姬权厝志》，藏于千墨庵中。三十年前托润荪孝廉乞其拓本。磵翁又有《滑台新驿记》，劫后犹见其拓本。原本宋拓极精，向藏于石氏清素堂，遭乱失去四本，留心搜访，已为嘉兴唐丈蕉庵所得。余尝向乞与翻本细校，并双钩原文以补其阙。今《滑台记》原本残拓已归潘君郑庵，而《七姬志》则并翻刻本亦不可得见矣。"

元《七姬权厝志》，至正二十七年原石在江苏吴县，已佚，浙江仁和赵晋斋藏旧拓本。

宣统庚戌除夕，崇立退颖记。

此帖得于京师厂肆，是否即千墨庵本，抑或从是本重刻单行，未敢臆决。吾宗瓻叟并翻刻本不可见者，吾得而藏之，已足征眼福。辛亥国变，仓皇南返，所蓄皆寄京寓。顷始自京收取，航海而南，藏书已有散佚，碑帖略无所损。开箧展卷，光复旧物，其幸福远胜于南渡之赵诚明矣。

丁巳闰二月，夜阑秉烛记。

海宁许狷叟《删存诗咏·七姬冢》云："太平灯火战场沙，肠断西风泪似□[①]。半壁山河黄菜叶张士诚任用黄、蔡、叶三人，民谣讥之云，千秋歌哭碧桃花。主恩无负金先诺，妾命虽轻玉不瑕。七节一门同日死，奇贞终古说潘家。"

诗题自注云："七姬者，张士诚婿潘元绍之妾下与《志》同，从略。"《府志》载墓在东北隅潘氏后圃。国朝嘉兴许教授镐《题七姬权厝志》诗："春风细雨桃花坞，缕缕香魂万古愁"，则又在西北隅。按明张雨《权厝志》云："世难弗克葬，乃敛尸焚之，瘗骸后圃，公泣曰：'是非若所安也，行营高敞地而葬焉。'"今以意度，或先葬后圃，后迁桃花坞，许诗云云当别有所本。按狷叟即珊林先生琏之子，偶得是诗残本，中有此，因抄附拓本后。

甲戌清明，瓻翁并记。

---

①此处底本脱漏一字，疑为"麻"字。

袁廷梼《红惠山房吟稿》有《题贝简香书味图诗》。贝氏字既勤，有千墨庵，著录甚富，同治《苏州府志》：墉亦好藏书，好金石书画，略与廷梼相似，以嗜古不事生产贫其家。《持静斋书目·续疑年录》四卷，贝氏友漠居钞本，有“磵香居士”、“平江贝氏文苑”诸印。按廷梼字寿陔，吴县监生，贝氏其女夫也。均见叶氏《藏书纪事诗》注。贝氏此本，卅年来未见有他拓本，其名亦不著，是本今亦不可复得矣。

丙子惊蛰，瓻翁又题，时年六十有五。

吴刻定武兰亭跋

前岁寓沪，于萧厔泉老人案上见是本旧拓，始知荷屋中丞曾摹刻，置城南书院丽泽堂壁间。圆腴秀劲，神采奕然，迴出寻常覆刻之上。归询知好，并知者亦罕。偶以语艺仙同姓，旋检赠是拓，则已经咸丰兵劫，遭匪寇斫损，谓之十八刀本。残泐太甚，骨骼仅存，远逊萧藏之旧，无足珍重。惟吴跋差完，叙述翔赡，借以考识流传之绪。生平最嗜筠清书法，饶有金石气，节取存之，差比买褚得薛。又闻萧叔琴云家藏吴氏精模并附诗跋之本，容当索观补记。吾湘尹和白又有墨晒影瘦本《兰亭》，夐出李筠庵影印之上，亦于沪上谭瓶斋几上见之。五十后始研求法帖，恨生平所见不广，今老且病，此二本庶或旦暮遇之乎？

丙子秋晚，瓻叟跋于赏析书楼。

明倪文正尺牍稿拓本跋

文正翰墨虽率尔操觚，亦饶风趣，惜草稿有不易辨识者。读此可知明末京朝称“老爷”皆清要之秩，近世则为士流通称，即此可观世变。杨子勤，不知何许人，左斗才则以牧令官吾湘最久，以善书名者。后二跋亦疑其代笔，盖如一笔书耳。

癸亥长夏，薄醒检帖记。

宋人记米南宫作书之研，中洼如臼，蓄墨甚多云云。今观米帖犹可想见其悬腕染翰，纵意挥洒，遂如天马行空，豪宕骏利。盖必以大笔蘸浓墨，故能纵逸自如也。今观此稿，虽小字若不经意，而秀逸圆腴，神味隽永，殊可窥见笔法。凡研绎先民著作，玩其草稿，点窜之迹备得其惨淡经营之妙，更为有益。若颜鲁公《座位稿》最为煊赫，然钩摹本甚多，渐失故步。及观《三表》、《祭侄文》两稿，墨迹神妙，迥非石墨所能传矣。张受之手模杨椒山疏稿，在道光末已极精。此刻后且三十年而异曲同工，并此佳拓亦不可复得矣。此段本以试笔，前数字为秃豪，亟换新颖亦不合，非独艺事不逮古人，即文房四品亦相去霄壤，可胜慨哉！

丙子冬夜又题。

杨子勤，名钟羲，号留垞，著有《雪桥诗话》，民国初年尚存，曾见其《挽梁文忠鼎芬诗》，甚工。

己丑清明，雷恺识。

隋信行禅师碑跋

此石嵌京师湖南会馆壁间，当系蝯叟钩刻，久无人问。宣统二年庚戌，始招工拓而藏之。辛亥国变南旋，藏碑悉寄京邸。今春重入都门，始克携之长沙，盖时阅七年矣。顷购得上海珂罗版印本，取与此本校对，字数相同，惟“既调阳”句至“及毁正之侣”句，中间缺断，数之约五十字，珂罗本则接裱不断，残缺处遂无从辨识。此本每行八字，珂罗本每行七字，珂罗本当系何氏本原重印，此本亦当是蝯叟钩刻本，与原裱何以互异？恨不得原本一校。大凡墨本一经剪裱，致原碑款式行格，残缺字数，使人无从考镜，可慨也。珂罗本前有蝯叟题签，后有王孟津、吴荷屋二跋。何跋凡两称此碑，一见于《黑女志跋》，称与此碑为二奇，再见于《砖塔铭跋》。此碑乃不著跋语，钩刻本则诸题皆无，末由证逮，但有阙疑。

丁巳暮春，新返山居，取两本勘校讫题。

隋碑如《龙藏寺》，唐碑如《圣教序》，结构、笔法正复相等，盖褚、薛本同一法乳也。新自华容解组还山，连日临《圣教》，复临是本，又记。

癸亥腊八日，瓻叟冻墨。

薛出于褚，褚书诸体制各异，如《圣教序》与《孟法师》截然不同。薛少保与魏栖梧同一学褚，而支派又别。褚书《黄麻千字文》，刻石在保定莲池书院，出世较迟，拓本流传，南方罕见，恐蝯翁尚未之见也。评者谓用笔如铁丝纽成者，此碑绝似之。吾前跋谓似《圣教》者，大误。散帖重审，为之愧汗，因亟正之。古人学年俱进，虽白头无成，然唯日孜孜，不敢不勉。书未半，目复蒙，适增拙劣而已。

癸酉夏至后一日，又题于沪寓，晚霞老人。

唐人书七宝转轮圣王经、般若波罗蜜多心经注、般若波罗蜜多心经二种跋

吴荷屋中丞跋《唐人写经残卷》云："庚子夏，识鲍东方于邗江，出示唐人《七宝转轮王经》卷，大近欧阳信本笔。嗣晤东方，必询此，焉知为人质去，欲一见不可得。前岁东方来官粤东，今春晤于云谷部郎之风满楼，请以一物释予前念，开视即此迹也。原为长卷，东方三分之，自留其一，其二以遗予及云谷。予所得一分，恰补旧藏唐经册之后，墨缘快幸有如此者。东方、云谷各装一册，嘱予题记。唐人笃信内典，其经文多经生书，予往往见之，若此册则书家书。予平生所见，惟此与《转轮王》耳。"按此经卷首有"鲍"字圆印，《心经》卷首有"新安鲍氏图书"方印，以中丞跋证之，殆即东方所刻也。又元和杨宝镛跋钱氏泳《履园丛话》云："云间沈屺云司马托予集刻晋唐小楷，为其集聚唐经七、八种：一曰《心经》。即屺云所藏。一曰《郁越单经》。一曰《转轮王经》繁昌鲍东方藏。一曰《金刚经》。一曰《长寿王品迦绨那经》。一曰《大般若经》。一曰《莲华经》。一曰《汉阳塔中残经》。是此迹曾为梅溪借摹，其勒石在嘉庆十八年，今并此刻本亦不易得矣"云云。据此，则新安又一鲍氏，而非东方也。此两种，钱氏集刻中有之，而又非钱氏所摹，是又在裴氏《壮陶阁帖》之前别一刻本。此刻《心经》已有三本，意所刻或不止此，是当询

之新安人。姑阙疑，以俟他日考索。要之，此经为中丞所鉴定，虽未见墨迹，固是难得之品，当为敝帚之享矣。

壬戌闰五月三日，雨窗灯下，老眼益昏，手僵笔秃，了不称意。

夏间旅寓广州，买得此经墨迹影册，顷检此对校，毫发无异，惟墨迹前有金幼孜跋，后有韩逢禧跋，均称为钟绍京书。金跋称成祖以内府秘藏钟书墨迹为赐，在永乐三年。韩跋称为硬黄纸书，曾藏鲜于困学处。但韩跋前段已阙，未知云何。谛审卷尾，“贞观十二年十月十日”一行之后，又列三行，第二行书“用大麻纸七张”，以下字漫灭不可辨。第三行题“银青光禄大夫行家令臣阎立本”，第四行题“岁在己丑正月十一日，新秀州崇德县令吴道先敬读”，乃无绍京题署。是刻本则仅有贞观年月一行，岂当时字多剥蚀，不可摹勒耶？姑以（以）[1] 阙疑。

丙寅小除前日晴暖，瓻叟又记于木石居。

右《心经》三种，包安吴谓“诸城七十后，肆力北碑”，吾意其笔法颇类是，知其参汇多矣。

畏公云曾见是本墨迹，藏裴伯谦处，已刻入《壮陶阁法帖》中。春初在京师，于琉璃厂得此本，纸之边角已碎损，其为旧拓无疑。幅侧有新安鲍氏印，钩刻或当在裴本之前，惜无题识可考。帖贾索银钱四元，以旧拓难得，遂取付装池。近时京师金石拓本值昂数倍于宣统以前，此其一端。

乙未夏五，瓻翁记于零陵军幕。

---

①后“以”字衍。

《转轮经》墨迹原系卷轴，未画行格，而有花纹，但多磨灭耳。卷尾题“用大麻纸七张”，而韩朝延称“纸为硬黄”，即黄麻纸也。此刻乃有直行格，殆上石时加刻，为小异耳。至笔法波磔，刻本与墨迹毫发不爽，可知当日钩摹与刻工皆是高手，故能精妙如此。吾尝恨古帖数经摹刻，辗转失真，等于刍狗。倘悉能如此，亦复何恨？洵所谓“下真迹一等”也。亦有墨迹字画漫灭处，此本乃极完全，盖摹勒时原未剥蚀也。但刻本无题跋年月，只有印记，收藏、摹刻皆无可考，不无缺恨耳。唐人写经本皆卷子，此本重摹尚存经卷之旧，墨迹则已割裂成册，是亦文字之一厄矣。

秵翁再记于汉石经室。

近得《壮陶阁帖目》，记此经墨迹在裴氏，而此本则为鲍氏合刻，鲍早于裴，或辗转流传耳。

甲戌春题。

殿试大卷汇编跋

此清代咸丰、同治、光绪三朝殿试、朝考卷折合刻本。定制，殿试用大卷，此汉制，所谓“临轩试士，殿廷对策者”也。朝考试疏、论，试帖八韵，用白折，此在殿试已定等甲之后。朝考在保和殿，谓之“御试”，举首者谓之“朝元”。乃此本朝考卷不用白折，与殿试卷同。予尝举进士不第，遂询之黎薇孙老友，复书谓朝考卷四周蟠龙，无直行，先君卷即如此。光绪初，好新奇者创为直行，同县黄册庵前辈即如此。而其与张文达同试，仍写白折如故。且当考试时，书坊选上科朝卷作折式装以贾利，题曰

"某太史朝考卷"，试仍龙边直行，即松竹斋诸店历科朝元卷之刻亦然，盖如此方成书帙耳。觉罗官学教习亦刻卷措赀，此为创见，要足资掌录云云。然则是编非坊店汇刻，乃从散卷辑存者，盖教习卷非所屑也。试卷所列六人，状元居多，而以刘、郁两人书法最工，宽博秀润，平正方整。吾湘谭丽生编修生平日师法北海，此卷亦复俊伟，绝无偏锋侧媚之笔。张垣翁则笔势瘦削，结体局促，足征国势衰微。殆风气积弱使然，不徒关一人穷达矣。至朝考程式，无论疏、论、时文，每至段落，出题对比，均限一行到底，有馀、不足皆属越矩，盖偏重在书法，不重在文。科条愈密，人才愈猥下，而国随之矣。薇翁之交在卅年前，赏奇析疑，无纤芥隙，此笺殆其绝笔，亟冠卷端。暮闻凶耗，奔赴抚尸，痛哭而返。秋后衰惫日增，夜灯作楷，目如雾翳，昏然欲睡矣。

己巳小雪。

鹤寿堂苏帖跋

坡公书尚丰腴方圆，皆俱此，非曾见墨迹者不能道也。是刻笔法多方，转折处殊笨滞失真，以刻手劣也。至拓工墨气浓厚，毫发毕俱，尚可节取。山舟跋刻手剧佳，缘古人用笔，非晚近庸手所能窥测。梁书最近，自有蹊径可寻，故易工耳。此刻亦出钩摹，已为失真，安能责之工匠？丛帖以数经翻刻而失真，何蝯叟论之详矣。夫以蝯叟神笔，其手钩《法华寺碑》且不能与原拓本对校，何论馀子？要之，拓手之精，乃出京师厂肆，外间不易觏，亦非晚近所几也。欲临坡书，当先求墨迹揣摩，以此备参究。若徒于翻本讨生活，鲜不堕入恶道。尝戒人勿轻学坡书以此。山谷跋"文章妙天下"，"妙"字误作"抄"，谬误如此，乃不校正，熟视无睹，何也？

甲子上元午饮薄醒，检帖漫记。

此帖石刻文字已多残断，不可属读。中一札有“颇羡敝局之清简”，审校文义及字体大小，应接“今岁以中举人来者”句，差可联贯。既无别本可勘对，又久经装折，亦难臆改，只好阙疑。尝恨自来摹帖者不讲考据，沿讹踵谬已数百年，区区乃欲起而纠正之，难已。矧此非精刻，姑记以遣幽忧。校帖本，吾日课之一也。

己卯秋八月，稨叟时年六十又八。

董文敏自书所著跋

文敏小行书，此种不及后半草书纵横转折，无不如意，似拘谨，便乏风趣，最后题一段则又较精。此公每睥睨吴兴，实则碑版文字相去甚远，即小行书严劲处亦不逮也。吾日课只临碑，不临帖，但看帖耳，以为简札书特书家馀事耳。积雨乍晴，红梅烂漫，香溢庭院，春气盎然，墨冻初解，笔弱且软，亦复欣然。

甲子元夜，稨叟漫题。

香光此书如飞天仙人，正由苦吟、坐禅入定、百练修持，如所论李杜诗，以临池精熟故耳。吾后跋持论殊稚陋。甲子去今十五年，目眵腕弱，书不加进，识解视前小异。闻道已晚，日月逝矣，岁不我与，记此自讼。

戊寅伏暑，徐崇立暴帖再题，时年六十有七。

所谓吾辈之禅，即自道也。后段小字跋记，石刻放光事尤精妙，此非凝神静气玩之不知也。昔清道人李梅庵谓谭瓶斋曰："子异日能知梁山舟、王梦楼书佳处，则书道大进矣。"梅庵高言北碑者，乃作如是语。吾今甚悔少时见解之浅率，已晚矣。

己卯八月廿七日，晨起又书。

董香光书李青莲诗跋

此董书之最精者，吾藏金笺立轴，题句云："茶爽添诗句，天清莹道心。只留一隻[①]鹤，此外是空林。"笔势秀逸飞动，与此相类。但彼为墨迹，此为钩勒本，自不能毫发无憾。然能如此不失真者，亦正不多得也。

甲子元宵，瓻翁漫记于研露山房。

此帖恨拓墨不精耳。如以佳墨浓拓，神采当更焕发。

甲戌中春检帖记，距前题越十稔矣。书不加进，而目力日衰，展玩增慨。

董文敏临古法帖跋

此裴氏《壮陶阁帖》之一，故拓手、纸墨皆精。文敏书岂徒以风致胜哉？要有骨干焉。临帖如此，真有神行官止之妙。思翁题跋，自许不诬也。

壬戌春瓻翁记。

---

①隻，因句首已有"只"字，此不再简化作"只"。

八大山人书酒德颂跋

此帖仿涪翁，得其神髓，使人爱玩不释。印章亦精，足知名不浪传，非苟为狂怪者。拓本墨色黝然，此京师所谓猪肝拓佳本也，今不易觏矣。

壬戌清明前三日，瓻翁书于木石居。

藏此帖已越二十年矣。顷从泰和萧氏得见霍丘裴氏《壮陶阁帖》，乃知是即裴氏模刻。裴帖漫无卷数前后次第，盖所收旧迹随得随刻，未欲遽止也。有见原本者，谓皆梫木而非刻石，而了不见痕迹，以精拓故耳。予得裴刻数种，多无印记，遂使人骤莫能辨。

己巳霜降前夕，记于盍簪行馆灯下。

八大山人书此颂，自记仿山谷老人书，笔虽纵肆而实腴润，血肉俱足。盖曾见涪翁墨迹，如《华严疏》、《发愿文》者，洵为绵里裹铁。今人徒见传刻本，如《幽兰赋》等恶札，筋骨努起，枯瘠犷悍，但觉怪丑耳。鲁直书源出《瘗鹤铭》，而参以变化，细玩真迹，可参消息。吾哀今人堕入恶道，如郑孝胥之流，误人不少，故于此帖一抒所见，祝众生猛省回头，早登彼岸。三希堂刻山谷小行楷腴秀整饬，亦与坊行翻本迥别，合此数帖临摹，亦可隅反。

八大山人有临《黄庭经》小楷，与此锋芒峭厉有敛纵之殊。其人胸怀超迈，特以书为寄，要不可以一端尽也。

甲戌清明。

装帖有目录题记，予已一再移录，并详跋目后。盖萧藏无叙目，亦非完帙，尔时所见止此，致误记耳。

戊寅伏暑，检帖消夏，又书。瓻叟时年六十又七。

旧拓等慈寺碑跋

谈碑者考校是碑，以第十三行“此焉总集”之“焉”字未泐为最旧拓本，此则已泐。又谓“焉”字完好本尚无道光壬午跋，是本无跋，或为拓工遗弃，抑碑估删除，诳称旧本，无从臆揣。唯第一行“司牧”之“司”字，第七行“车书”二字，第十七行“境实郑州”之“境”字，第十八行“瞻蔔之林”之“林”字，“熠耀宵行”之“熠”字，第二十六行“时逢无妄”之“妄”字，下半未泐者为道咸间拓本，近并此亦泐矣。余获此于京师，在光绪甲辰后垂三十年矣。古刻椎拓日多则日损，往往当日视为寻常，阅数十年即为稀罕。谛审是本，只“焉”字全灭，右所举诸字悉完，亦八十馀年矣。墨光古黝，笔画中皱纹犹在，即装裱亦出良工手，洵为旧（脱）〔拓〕，可宝也。颜秘监为鲁公从祖，与欧褚同朝，书法实与骖靳，波磔皆兼隶法，犹有北碑遗矩，已开平原之先，学者所宜模楷也。

辛未小满前日，瓻翁校记于白下寓斋。

道咸同光名人手札第一集二册跋

先辈相传左季子主事乡试时，毛鸿宾为监临，取其卷，加官封递内帘，由是登榜。但得之传闻，信否，未由详也。读文襄

《致夏分巡书》，不令入会场，殆有所避。否则登进士科、馆选直例事必且列一甲，观其礼闱报罢，即特赏主事，主眷之隆可证也。文襄处功名之际，不使子弟为卿，自矢公忠，洵无愧色。彼吴下翁潘科第煊赫，且榜门自炫，夷考其实，乃多以关节得之，安足贵哉？

乙亥长至，崇立敬题。

道咸同光名人手札第二集卷四跋

右《道咸同光四朝名人手札》，其第一集以曾文正赤牍为最多，与李忠武兄弟者又居太半。此第二集则当时群彦与监利王子寿比部柏心者，前此湘阴郭氏有《八贤手札》之辑，皆影印墨迹。所纪皆当日军谋贼势，诸公惨淡经营、艰辛备历可想见。和衷讦谟，一时人才之盛，非徒流连翰墨已也。子寿先生以古文名，厥后耆献，宜都则有杨惺吾，嘉鱼则有刘幼丹，皆以金石考订为鄂渚冠冕。迨两先生没，海内老成以次凋谢，今惟樊山老人为鄂州硕果，后起无闻。仲烽世友持赠是本，漫题纸尾，不胜道丧文敝之感。

庚午初冬，徐崇立时寓白下勤圃寓斋写记。

大劫余生，屏居避暑，复有笺记。所欲注者，多恨衰惫疲曳，读书辄倚榻展卷，不能伏案操觚，又目眵手战，苦作小字，未一纸而三休。遣此残年，既资秉烛之明，亦为销忧之助。

乙酉初秋坐雨，旆学老人重读记。

楹联墨迹大观跋

光绪末叶，居宣南，曾君和通侯曾诒楹帖影本一匣，为严信甫编辑者，记多此数倍。予春仲六十初度，谭瓶斋寄宋本《陶渊明集》精影本为寿縢。以是编前遭辛亥之变，金石巨帙佚去甚多，同付尘劫，得此足弥前缺。唯楹帖大字，缩印乃不及寸，骨干虽存，精采已逊。正如吾族人影禊帖，放大为巨幅，同一失真。盖大小不可移易耳。瓶翁嘉贶，固应永矢，故题卷端。

辛未春分节，瓻翁书于金陵寓斋灯下。

刘文清书李公杏浦墓志铭跋纪文达撰文

文清楷书见《清爱堂帖》中所写《大学》，此外近人影印公丛帖有小楷数通，他刻本率多行草。是本为刻石之文，于体宜端整，殊为罕觏。至应制诗及奏疏亦皆小楷庄严，特此《志》字稍大耳。其用笔无垂不缩，绵里裹铁之妙正复同揆。今之学刘者以拙为巧，直是痴人说梦，终身堕入魔道，迷不知返，亦可哀已。光绪末叶，得此于厂肆，装册敝旧，绝非近代流传之本。藏之廿馀年，前后碎裂，命工重裱，又草草补缀，遂就劣楮上跋之。盖道丧文敝，艺事远不逮曩昔，临笔为之累唏。

辛未晚春，徐崇立记于金陵盍簪行馆灯右，年正六十。

又册末附影本小楷二方，原装有之，因仍未汰，非有所取也，清季翰林书品如此。

近读公事略，公以乾隆丁卯领顺天乡试解首，出刘文正公之门，榜发皆以得人贺。文正复命，即公名上闻。公早受特达之知，以此是公于文清，以师门故，公集中详记文清之语，增此一重渊源，宜乎沆瀣更深。文清高言非公文不书，师友两世，耆耇同朝，文字各有千秋。生当俶扰，使人想见太平盛事，三复感叹！

辛未秋分前夕重题。

何文安公神道碑跋

是碑仪征纂文，于公名德治术，叙次綦详，推挹至矣。蝯叟所书碑志，多兼姿势，其精整者绝少，惟此纯仿《颜家庙碑》，规矩谨严。自来祖述平原大楷者，前有君谟，后有南园，与翁而三，亦翁生平碑版有数之作也。闻翁写时，着官服，向必回腕高悬，此则丰碑平卧书丹，必俯首鞠躬，自上而下，朝珠下垂，时拂石上，翁即悬肘，必异于平日据案时。是仅得之传闻，惜不得目睹操觚形状耳。是岁癸卯之夏，予方肆力于制科文字，山居无俚手加剪裱，今越三十年尚未脱落，同时并装《南岳庙碑》。尔时精力正强，今兹老惫无能为役，江海漂泊，无复山斋清凉闲适之境，差幸是本历劫尚存耳。记此不胜怃然。

癸酉白露前三日，晚霞老人徐崇立沪西寓楼退颖。

唐《徐浩碑》为其子书，表侄张平叔填讳，后世遂以为例。《礼》“临文不讳”，“君子疾没世而名不称”，所谓“三不朽”，皆名之所归也。子孙于其尊亲作碑传亦临文也，其他文字可避则避之，后世忌讳拘牵，诚意转衰，私窃非之。是碑即蝯翁书，直书父讳，礼也。又尝见翁他书于“汉”字辄缺不书，义各有当也。顾亭林《金石文字记》跋鲁公书《家庙碑》，论讳已详，蝯翁精于金石义例者也。特申此义，以晓后人。

己卯长夏，瓻翁暴帖又题，年六十有八。

何蝯叟金陵杂述跋

归安吴平斋《两罍轩尺牍》有《与戴礼庭司马丙荣书》云："子偲论书，极以蝯老为野狐禅。平心论之，蝯老学博而见广，在今日应推独步，唯年望俱高，不免有英雄欺人之处，此訾议所由起也。蝯老尝谓子偲曰：'自书契以来，未有尊书一派。'当面调侃，未免恶作剧，使人难受。子偲亦今之学者也，原不必以书律论下略。"吴书未编年，不知作于何时，郘叟是跋乃题于同治乙丑，蝯翁是时还湘，厥后重游江表，竟卒于吴门，年逾七十矣，未知与郘亭重晤否。平斋与蝯翁深契，俱见于《道州题襟日记》，两公所言必亲闻之，度非诬妄。此跋为丁雨生中丞刻，则极推重，乃互有诋諆，或一时忿戾，都非定评。观吴书于莫，似亦不许其能书，但称为学者耳。要之郘翁及杨濠叟均为小篆正宗，其行楷近北魏而未工，而书味盎然，自是学人书，蝯翁不契，或指此种。翁且睥睨赵、董，软美钟、王，何论馀子？学者知人论世要当分别观之，未可姝姝焉墨守一先生之说也。因阅吴札，附记以资掌录。

丙子秋分节，病痔强起，书于旎学斋。

按蝯翁卒于十三年甲戌，距莫跋后十年。晚岁流寓江表，终于吴门，至交相诋諆当在是后。郘亭行楷亦带分隶，而是册跋尾殊非雅构，或摹刻失真，观何书笔画已多模糊，可推知已。

丁丑春分又题。

眲叟跋中所称《白鹿祠碑》前岁购得，今在行箧，殆蝯翁未及见也。张长史书《郎官石记》册首四字为胡证篆，翁覃溪亟称之，虽未见墨迹，只见影本，亦得窥一斑矣。

癸酉春分后日寒雨，晚霞老人灯下冻墨退颖。

郘亭行楷大率如此，往往见其题款，故审知之。上海兵工厂有叟所篆《考工记》，巨制八帧，乃同治初创建制造局为总办冯竹儒书者，辛亥后改兵工厂，辛未冬沪战后遂辍废。此剧迹为陈仪索去，吾县宋姤逢君时管厂事，已影印百通，诒予二通，洵足为习小篆之模楷。

癸酉夏至后，又记于沪寓灯下。

海丰吴氏宋拓张君表颂跋

《张迁碑》，予藏旧拓本，神采、笔画皆较此迥别。是本为先君居长安所藏，族人孟虎所刻也。自西法影印出，真使毫发无憾，不下真迹，而古法双钩、响拓皆不足尚矣。此虽宋拓，原本又经松禅名手钩摹，然总有油素一重障翳，况又经重影耶？以蝯叟神臂所钩《法华寺》，尚不逮真本远甚，无论庸手。但留此以备参校，所谓虽有丝麻，无弃菅蒯也。

甲子春正月，瓻叟校记。

赵文敏书金刚经跋

小楷自唐贤以后，有宋一代几于绝响。吴兴崛起，远接山阴，盖数百年无此作矣。衡山晚出，差继后尘，董华亭睥睨驱波，固瞠乎其后，何蝯叟斥为侧媚，又持论过偏。是本效法薛、褚，并臻精妙，知才人无所不可，而刻手之精几于毫发无憾，殊非晚近所能休承。楷法本逊乃翁，拟之王孙，抑又不逮矣。

乙丑立冬后日，瓻叟书。

宋徽宗之“瘦金书”，乃用以写金，以惜金故用瘦，后用墨书，亦沿袭焉。荣禄此卷，吴荷屋讶其舍山阴而用褚、薛，不知其屑金写经，正用瘦金法也。近有荒伧题《三老忌日碑》，谓汉隶犹有瘦金遗意，强作解语，见之喷饭。

庚午立夏前日，又题于白下寓楼。

道州何母廖夫人墓表跋

原丰壩在吾乡西北十里而远，夫人墓庐在焉。先叔父曾往游，见楹柱题联，犹蝯翁遗墨，惜已剥蚀耳。夫人墓志及此表皆无铭辞，殆子不敢铭其亲也。闻叟篆受笔法于陈东之潮，今道州书名震海内，足以不朽，而东之声闻寂然，求其只字不可见，其传不固有幸有不幸，抑其他皆不逮道州故耶？吾尝手装叟书《文安神道碑》，其行格尺度凝重圆腴，悉与此同，但一作篆体，一效颜法，为不侔耳。

甲戌秋晚，瓻翁病起，灯下试目力书。

闻道州之书《文安公神道碑》，具衣冠，伏碑石上，其严恭如此。是石小于《神道碑》，其仪节必同，就石书丹已不易，况肃法服，且两体俱工，此非超轶艺流而能之乎？

秠庵题于木石居。

谭文勤碑跋

此湘绮先生所撰《谭文勤碑》手写定本，而未署名。曾检校文集有不同，盖入集复经改定者。庚戌夏，瓶斋以付影印，邮寄燕京。顷于故纸堆中捡出重装，辄题卷后。

己卯初伏。

颜书竹山联句跋

此帖乾隆间刻石，乃即漫漶如此，跋字几不可辨，拓工恶劣故也。平原碑版原刻完全者少，大都摹本，此亦颜帖之一种，且为亡友黄笴腴瑞麒官御史时所赠，藏之箧衍，以志勿谖。此诗为公六十六岁时书。

壬戌清明前三日，秠翁书。

宁乡黄虎痴《颜书编年录》云：右竹山连句，正书，摹入《秋碧堂法帖》，宋谢世基、齐谢朓等皆有连句。其曰“连句”即“联句”也。曰“题潘书”当是“题潘氏书堂”，脱“氏堂”二字。曰“颜真卿叙并书”，谓“众人各为一韵，公为叙次之并书”耳。书于大历九年三月，在书《干禄字碑》后二月。《全唐诗》录鲁公联句二十一首，未载此诗。此诗会者十有八人，姓名见《全唐诗》。石尊联句者十一人。陆羽，字鸿渐，吴人。李萼，《全唐诗》作“李崿”，字伯高，赵人，擢制科，历庐州刺史。释皎然，名清昼。陆士修，长兴县尉。颛、须，皆公族侄。岘，公兄子。

诗中“行”字韵重，用“禽闲憙颉行”，“喜”通作“憙”，“颃”通作“行”也。

按吴人骥跋，乃从梁刻钩摹上石，黄氏亦从《秋碧堂帖》录出，未见真本，并未见此刻也。此刻乃桂未谷手摹，较为得真。若得墨迹，以今新法影印，神采当更焕发。潭西精舍在山东，筲腴曾以公事游济南，并赠予嘉祥石室画像，展卷不胜“落月屋梁”之感。

甲子雨水节，瓻叟徐崇立书于汉石经室。

此帖参以篆籀笔法，故特为奇古。鲁公碑版文字无一面貌相袭者，是帖又别开生面，此非遍观深玩，未能窥其超妙也。

辛未谷雨，灯下夜阑眼花，故欹斜几不成字，愧汗无已。

旧拓李云麾思训碑跋

右诸跋俱从《金石萃编》录附，以资考证。综观诸家证订，前贤不如后贤之精，董、赵二氏闻见甚陋，至退谷则精审矣，可知考据之学以后出者为详核。昨抄未竟，今日小极，体疲腕弱，力疾毕之，遂觉前后不匀，聊当书课而已。

甲子清明后，瓻叟记。

此本为故永州府知府光熙故物。光君以翰林外简，官永州最久，能书，其女亦擅翰墨，至今零陵犹有遗墨。卒官后，其家即侨寓郡城，日以式微，藏弆斥卖殆尽。永明蒲毓彭拔贡以贱值从老妪买之，携来长沙。予见惊异，以为旧拓之佳者。其不及宋拓者，以存字少耳，其精固不减也。毓彭遂举以为赠，既取刘铁云本校注，又抄诸跋附之，以备考证。

甲子暮春，甋叟记。

近得马其昶所著《桐城耆旧传》："光布政聪谐子熙，字稷辅，咸丰九年进士，学颜鲁公书，甚有名，由部曹改御史，出守永州，卒。女进瑗能作擘窠大书，不嫁，留事父。父卒，以身殉，旌孝女。"阅此始悉光太守家世。又在零陵曾见光书楹帖，笔法秀劲，不甚似平原，其女书讫未之见。忆余外王父张振卿公曾在光太守幕掌书记，时尚不及十岁，模糊如梦境矣。

辛未小暑，崇立又题于金陵僦居灯下。

南园书洞庭春色赋跋

册首隶笺为王翊钧老友遗墨，君晚年隶书益进，吾湘侪辈殆无与抗乎者，可宝也。

宣统辛亥以前居京师时得此本，初以寻常视之。国变后六年重至燕台，适谭瓶斋欲得之，与林节和于琉璃厂冷摊遍搜之，仅得一本，乃知为其难得。瓶斋于海上重印，影本已逊此矣。吾意历时愈久，则此类旧拓墨本当更散佚，况欲求真迹耶？因晒帖重检，附题馀幅，以告来者共珍重之。

壬戌清明前三日，甋叟记于木石居。

文中"不减商山"失"山"字，"散腰足之痺顽"失"之"字，均不旁注。盖临池作书与写录文字不同，偶遗落无碍也，然于公书乃罕见。距前跋垂二十年矣，书不加进而沧海横流，老境日蹙，目眵手弱，临楮感唏。

己卯秋暑，时年六十又八。

陕刻刘文清帖跋

刘文清书刻石者有《清爱堂帖》，乃奉敕摹勒，所选皆精粲之作。又有英煦斋相国所刻一卷，镌拓皆佳。是本为长安碑林藏石，道光间杨桂山刻，绎其后跋，盖曾抚陕者。此拓甚旧，惜工墨不精耳。光绪壬寅残腊，省先君于长安，于插架上见此，已破损，佚其卷首一页，因请持归重装，藏之东武，书在寰中，人皆珍重，特不可妄学耳。少时旧题于学刘者，率加丑诋，今揭去重题，距壬寅正三十年矣。

癸酉闰五月，徐崇立沪上写记。

瓶斋云：杨桂山书名藉甚，翁松禅殊推重之。己亥为道光十九年，距今八十馀年耳，不唯书翰流传绝少，名字亦翳。如此跋书法平常，不越道咸间窠臼，殆非其至者。甚矣，成名之难也！犹赖此篇之存得见一斑。盖自康熙来，当宁皆尚赵、董书，朝野风靡。如刘文清集帖之大成，钱南园之祖平原而参以变化，不相为谋，乃如岱华双峙，迥出云表。然钱公书名久而益著，当时名位固不逮诸城也。诸城、道州蹊径迥殊，积数十年功力，晚乃大成。近人学步邯郸，遂欲一蹴而几，画虎更不类犬，所谓“学我者死”也。南园行楷虽有错综变化，而规矩严正，差有途辙可循，学者从此问津，当不迷所向。撤去旧跋，因纵论及之，恨老眼益眊，每欲重改，两笔如钩矣。

小暑前四日，瓻叟又题。

松雪书道德经跋

《道德经》墨迹，南、北二刻本，皆从一本摹出。一乾隆末年吴门刻本，此则咸丰时京师白云观刻本，笔法秀劲，胜吴门本，收藏诸印记亦完全，虽后吴本数十年，而刻工北胜于南，惜拓手甚劣，墨浸字口，不如吴中本耳。盖自檇李项氏出，流转河北，从蕉林梁氏辗转入白云观道士之手，今墨迹不知落何许矣？全德、崇实皆为满人，全德盖曾官吴中，而朴山近而显矣。两本并存以备参校。

己卯秋中徐崇立跋，时年六十有八。

康熙御书法帖跋

有清一代宗尚华亭，兼及吴兴，朝野翕然，风行草偃，操觚染翰，非赵即董，以当宁开其先也。祖孙三帝当以宪皇为第一，圣祖次之，高宗夐不及矣。此康熙御书石刻，在保定莲池书院。保阳为宸游必经之地，故奎翰流传甚多。帝书圆健丰美，故福寿并臻。太平盛治，海内鼓腹击壤者百年，可于书征之矣。

戊寅长夏。

甘泉山获石记跋

此拓只有阮翁诗跋，墓石篆字，惜未拓冠册首。阮公小隶既精，行楷亦苍劲，饶金石气，当时不以书名，殆为名业所掩，不专一艺耳。

戊寅暑雨，徐崇立病腕，时年六十有七。

褚书千字文跋

此即保阳莲池书院法帖之一，吾向藏此帖全帙，其模糊印本及书法平常者悉汰去，贵精不贵多也。是本为光绪甲辰中书，同年周秉嵩所赠，卷首有印记。秉嵩卒于宣统间，生平藏书甚富，殁后楹书无读者，斥卖尽矣。前岁购得上虞罗氏影印精本《智永千文》，丰腴遒逸，笔法超妙；是本则瘦劲流丽，以较智师书，正东坡所谓“环肥燕瘦各有致”，未易轩轾也。此拓在今日已为旧本，墨光黝然，对之矜躁俱释，洵可宝贵，矧其为亡友贻赠耶！

壬戌上巳后日，瓻叟书。

长洲叶昌炽《语石》云：“唐初欧、褚各有一本，褚书有渤海藏真本，又见明拓本，字体略小，异曲同工，然过于侧媚。覃溪虽收入《唐碑选》，未敢信为果出河南也”云云。此本潜溪目为铁丝萦结而成，决非侧媚者，比叶氏所见当别是一本。此本彰著之迹，叶氏最为博洽，乃未之见，何也？

丁卯人日晴窗，瓻翁校帖记。

《黄麻千字文》，《金石萃编》未著录，知兰翁未之见也。“律召调阳”，“召”字《智永千文》与此本皆作“召”，而俗本作“吕”，宋高宗书刻入《三希堂帖》者亦作“吕”，知南宋初即已谬误。上句为“闰馀成岁”，是“律召调阳”适与作对。《千文》句多偶，作“吕”便不对，世人焉不察耳。此本“阳”字遗落，即补于“云腾”句之下，正如《兰亭序》“崇山”二字添注行间者相类。古人原不以为病，其他尚有遗落添补之字，不及枚举，且竟遗“鼓瑟”、“吹笙”二句，并未添补，又此所仅见矣。莲池各帖以此为最精，不多觏也。细审此帖，笔法结构颇近柳诚悬，或谓柳临褚书，未为无见。意柳亦参用褚法，特河南静气迎人，未尝有意作态，无复握拳露爪，非诚悬所及耳。旧藏二本，其一拓较后已有泐痕，粟谷青先生见而赏之，遂以贻谷老，索画扇。兼以此为亡友遗物，特珍秘之。

壬戌闰五月晦酷暑，挥汗记于书庸寄庑。

近从瓶斋假得渤海藏真，得见《千文》，绝无褚意，而多米法，疑后人学米者伪托。叶氏“过于侧媚”之评不诬也，与臆见吻合。

甲戌清明后晴窗校帖，题于沪上。

唐拓九成宫醴泉铭跋

近时海上影本有传摹翁松禅题字者，丰腴圆劲，视此本之锋颖峻峭者为胜。是为晚年书，境界更超皇甫《化度》而上矣，亦由影印更精，非此石印比也。笔秃腕病，书以遣愁。

戊寅暑雨，甋翁徐崇立，时年六十有七。

观诸名家题跋累累，必非妄语，直以石印太劣，遂尔点金成铁，是宜推翁本为甲观矣。然以此资初学临摹，犹胜翻刻本尔。

己卯秋中又题。

安刻书谱跋

此即安麓村刻本，有释文而亡其题跋。顷检包良丞覆刻本，始证为安刻。三希堂本，字较此差小，笔画亦视此为瘦，神采遂不相侔。忆四年前在北京见内府藏《书谱》墨迹，过眼云烟，数历寒暑，遂不复记忆。包跋称："安氏从墨迹摹刻，旋为曾宾谷索去。三希刻在前，此墨迹尚未入内府，然三希所摹又别一本耶。"疑莫能明也。予五十后始研求帖学，所得尚浅。帖后金书题跋为王寄舸书。王书法甚精，自入端匋斋幕后，金石之学益进。此时于帖学初未留意，故未缕述源流。后一行题款则先叔父左手书也。暑雨蒸溽，宿酲初解，弱腕退笔，殊觉草草。

己巳七夕后日，徐崇立书于长沙城东寄庑。

叔父及翊钧先后筮仕于浙江，旋以停分发改江苏，此初至杭州时题，只末行为叔父手迹，外诸观款皆翊钧假托。既工于摹拟，用金尤光彩焕发，想见酒酣兴豪，游戏翰墨，承平多暇，虽浮沉丞簿，犹有谈艺掞藻之乐。回首三十年，亲故凋零，都成泡影，睹此不胜凄恻。

甲戌中春，沪寓重题。

按是帖首题云："《书谱》卷上篇末云：撰为六篇，分成两卷。"按此所云，不独下卷未见，即上卷亦止一篇。所云谱者，亦必有等级次第，此疑是谱叙，或其首篇，前此未有论及。自来评帖者止论书法，不讲考据，名论如姚惜抱者鲜矣。吾昔跋书工而识力未充，今差进而目眵手战，弥用感唏！

乙酉初夏，徐崇立七十四岁题。

道光末年，包良丞据此本覆刻。早岁在燕京先购得安刻，今以包本对校。此本虽微泐数字，而拓墨较佳，自胜翻本，特据包刻校证是本为有益耳。在《三希堂帖》未有影本以前，人间不易遘，通行只安、包二本耳。

甲戌二月廿七日，瓻叟再记。

又，此本为仁和黄个园重刻。据包云，取善本，则此本非出安刻，余己巳旧跋误，亟应更正。

书谱释文跋

《书谱》传刻本甚多，顷与三希堂本对看，肥瘦迥殊，波磔亦异。此本后无题跋，未由考订，殆即安仪周刻也。别有《释文》一卷，取便临模，尤为完备。帖后有先季父亡友王翊钧光绪辛丑题记，皆以金书，其时同筮仕杭州也。本为先叔藏弆，前岁举以见赐，三年以前相继谢世，距辛丑且卅年矣。前尘若梦，摩挲遗墨，执笔怆然。

己巳立秋后日，徐崇立散帙记。

是本有释文而无题跋、印记，因检包良丞覆刻本后跋，知此为安麓村刻，此释文则陈香泉书。包氏并举姚惜抱手批本考正释文之误，如“功宣礼乐”，误“宣”为“定”；“殆于专塗”，“塗”字古人止作“涂”，此误释作“专谨”；“执笔三手”，误“手”为“年”；“历代脉绍”，误为“孤绍”；“极于所诣”，误“诣”作“治”，“治”乃唐讳；“终爽绝伦之妙”，误“爽”为“奏”之类，非特不辨字势，且大失孙氏论书之旨云。将依此校对朱记行间，姬传先生书法超妙，德望、经术皆驾陈之上，考释当更精核。陈氏向以善书名，细绎书法，腴润虚和，饶有晋贤风格。惜摹勒不精，使转已觉钝滞，拓手非佳，墨痕微有浸漫，意原本当较胜也。

校读竟，挥汗又记。瓻翁。

陈书春容妍妙，愈看愈佳，惟刻拓俱劣，点画模糊，兼有断烂，疑此为翻本。拓工草率，墨侵字内，更想见墨迹元拓之精。陈氏他书多不逮此，盖极经意之作也。黄个园重刻《书谱》必有跋尾，此释文中间小注，亦岂无自记？拓工惜纸，裱匠无文，非减损即脱落，倘未见包良丞刻跋，几误此为安刻矣。

《书谱》墨迹先在安麓村家，清内府珍秘多安岐印记，三希帖刻于乾隆时，当从墨本上石，而包跋谓嘉庆时曾宾谷从安氏索去，岂墨迹亦有二本耶？包跋在道光二十三年，去嘉庆初且五十年，疑传闻异辞也。若包刻，则从安本重开者。是时正病暑湿，头目皆肿，揩眼写记。

己卯立秋后五日。

安刻《书谱》旧在扬州康山草堂廊笔壁，安岐卿曾官员外郎，见清麟庆《鸿雪因缘图记》。按辛亥后，扬州兵祸最烈，石本存亡不可知矣。

乙酉初夏，七十四老人又记。

旧拓曹全碑跋

是拓虽是已断本，“乾”字左边上画已穿作“十”不作

"二"，而为白绵纸拓。确是旧拓，墨光黝然，字画肥腴，精采完俱。予藏二本，以此为第一，皆为近世罕覯之品。盖石刻年久，愈拓愈坏，当时习见之物，今日视之，渐觉珍异。《曹全》与《西岳》、《礼器》，昔人谓为汉隶精书，学者当从此三碑肄习。吾谓是碑结体扁阔，不若二碑方整，如隶学已深，纵横变化，兼收众长，自无施不可，否则宁守谨严。清代惟王麓台最工，而流传少，而知者稀。若翟文泉、姚伯昂，煊赫有名，吾无取焉已。

己巳立冬后日，又题于灵台旧馆。

赵松雪临兰亭并十三跋

松雪承宋贤之后，屹然为书学大宗，碑版照耀四裔，实导源山阴。当时亲见古本精拓，故倾服至此。是跋传刻甚多，案头只有三希堂本，模刻视此为精，字体较小，诸跋前后次序亦异。此本褉叙下有"同日临此"四字，为三希所无，当是别本。光绪丙午居北京，姬人方学书，购此为临池之助。忽忽卅年，景物都非，以其为旧拓留之。

甲戌中春，甋翁书于沪寓灯下。

安吴包氏论书有云："十三跋是伪物。子昂虽陋，未必至是。然今世盛行其说，受病最深处，无如'陈隋间人结字非不古，而乏俊气'二语，五百年来佳子弟多为所误。"安吴笃嗜六朝人书，故有此论。盖自宋以来，止尚行草，并不重碑版，吴兴当时所见褉叙佳帖尚多，此自述所得耳。其生平碑版甚多，出入北海，并不墨守山阴家法，言各有当也。士生今日，但见《兰亭》覆刻之重儓，且止简牍书耳。竟谓执此一帖，无论行楷大小，悉奉为主皋，了无通变。吾见终身揣摩《兰亭》，死于柱下者多矣，是不独此二语足以诒误，终后生即墨守《兰亭》亦然。有清二百馀年以书名者，夐不如前代之盛，正不独大卷白折之流毒也。自唐文皇崇尚此帖以后，无敢菲薄右军者，吾乡何道州始倡言之，胡子彝《论诗绝句》亦然。书家自不能祧右军，必谓此外无师承，过矣。

庚辰立秋，瓻叟时年六十又九。

话山草堂帖跋

鄞县沈栗仲先生官吾湘最久，书法浑茂遒逸，何蝯叟《东洲诗集》数数及之，与汤浯叟蠖并称。汤以画山水胜，而沈以书著。然先生画山水，余藏一小幅，意境淳古超妙，初不知兼擅丹青也。翰墨流传湘中，尚不难致，独未见法帖墨本。顷来京师，挟旧藏行、楷两幅赠丁威起同年，威起乃出此为报，惊为创获。但此册题“话山草堂帖”，所录止《秦州杂诗》，意全帙或不止此，安得他日更窥全豹耶？用志缘起，且以吾两人沆瀣之合，缟纻之投，记此以永石交云。

甲子秋七月晚凉，瓻叟书于京师寓斋。

嗣访之碑友，云京师尚有拓本可致，分上、下两册，此其上册也。久之未得。予遂南行，无因再到燕台，恐全帙终不可致，葆此片羽，邈矣予怀！

乙丑谷雨前日，山斋散帙记。

昔贤多喜写杜老《秦州杂诗》，向见翁松禅写本，旋复得此。彼以遒健苍朴胜，此以腴厚虚和胜，各有韵趣，无可轩轾。然常熟书名满海内，而先生名不出湖外，大江南北知者已罕。常熟仍世宰辅，帝师耆齿，先生沉沦令长，他皆不逮，所以显晦悬绝耳。然径尺以上，魂力雄伟，又非诂山所能几及矣。《秦州诗》一再讽诵，音节苍凉，觉秋气飒然，可却烦暑。

己巳处暑。

魏刁惠公墓志跋

暮春三月，将自京师南还，偶过琉璃厂，得此本，并得珂罗版精印隋《龙藏寺碑》帖。贾索银币十元，余以所携汉《刘平国碑》拓本交易之，同付装池，比于瓊玉。顷见永明蒲毓彭所藏海上邓氏缩印此碑整幅，其左方有何蝯叟题“刁遵碑旧拓，子贞珍藏”九字。取与此本对校，此本较多数十字，点画之明显者，更多胜何藏远矣。古碑旧拓已极难得，即石印、影本亦必取最初者，晚出者率不如，吾其以此为敝帚之享矣。

己未重九，瓻翁记于零陵旧观德堂。

隋龙藏寺碑跋

棱伽山民顾氏名曾寿，道咸间人，所藏碑帖多古拓。余藏《封龙山碑》、《麓山寺碑》皆其所蓄，有印记、题画，似同治中乃殇。刘彦冲，字竹宾，亦吴人，能画，有孝行，棱伽所藏多有其印记，莫氏跋所言当碻也。

瓻翁出示此帖，谨就所知题于册尾。

泽闿记。甲戌人日。

匋斋所藏宋拓《龙藏寺碑》，缺额，嘱幕僚张祖翼补题。匋斋书远出张上，乃以续貂，蔽于所暱耳。此碑承魏开唐，犹存隶法，为古今隶楷递嬗一大关键，褚河南即从此出。就中“胶葛”二字，《醴泉铭》此二字极似之，但肥瘦差殊耳。学褚当先临此，使精熟，便是事半功倍。衰病之馀，手眼俱退，闻道晚矣。

甲戌元夜前日，瓶叟病中漫记。

古香斋蔡帖跋

宋四家书，苏、黄、米皆飞动，发挥尽致，精蕴毕露，而端明书独虚和渟蓄，神气内敛，自然秀逸，宜坡公之倾服，漫仕且临模之也。此丛帖皆后来裒辑，兼有临本杂错其中，足知真迹流传有限。光绪甲辰后，傫值中书，从帖估收得，钩刻不甚精，转折时有失真处，而墨光如漆，色泽甚古，此京师所谓“猪肝拓”也。昔人椎拓碑帖率用松烟，故光色油然，能发笔画之精采，石墨调和，斯为合作。今人苟简，求佳墨稀如星凤，无论拓本矣。即此，已不胜今昔之感。

己巳立秋后日酷，瓶叟挥汗，记于汉石经室。

是帖第三卷《荔支谱》原装次序凌乱，不可属读。苦插架无他本，末由对校，乃就文理以意更定。而末页仍未能衔接，殆已有缺佚，是拓流传绝少，无从辑补，姑以阙疑。又第一篇“家寥无纪”句，“家”即“寂”字，乃摹者妄增二画为“家寥”，讹谬可哂。模帖雅事，工力所费甚巨，岂但知市石无一察书之人乎？丛帖中踵讹袭谬之事，类此者不一，此所以为人诟病，未能与碑版并重也。是本钩刻辗转，未知何时重模，不免失真。而毡蜡甚旧，墨光黝然，古香可爱，殊非晚近可觏。因校定改装，附记之。

己巳秋晚，兼翁书于灵台旧馆。

董氏《广川书跋》云：“蔡君谟妙得古人书法，其书昼锦堂每字作一纸，择其不失法度，裁截布列，连成碑形，当时谓‘百衲本’，故宜胜人也。”此语读之失笑，董氏考评金石号为精审，而此不免门外人语。字体最重结构故也，然字画贵有精神，通体尤宜贯串。犹之诗作连章，亦自有首尾次第，果使连缀成章，神形安能贯彻？矜慎太过，必致拘牵。端明书苏米所推服，陋不至此，果当日传闻有此，亦齐东语耳。是本数经摹刻，不免失真，墨迹精采犹可想见。

己巳秋晚更阑，倦笔漫题。瓻叟。

向见李文正真迹，瘦劲通神，乃以篆籀入行楷，用笔如铁丝绾成。伊墨卿书即从此参汇，遂独辟蹊径。此卷末题词，模挩俱劣。昔族曾王父笏亭公，为先曾王父亮甫府君临此诗，犹胜此刻，盖曾见精拓，非此沟中瘠也。毫厘千里，点金成铁，可慨已。

九月晦日，灯下又题。

新郑出土古器图志初编跋

靳云鹗，吴佩孚大将也。民国九年夏，赵恒惕为鄂人孔庚辈所愚，六月兴师逐王占元，吴氏收卞庄之利，使靳以重兵扼丁泗桥，乘胜取岳州，恒惕乞降而罢。又六年而吴败，靳复来降蒋。奉化馆之于白门，余以故人李莼孙之约，与靳会于酒垆，谈宴竟日，惜老而健忘，不及郑冢事耳。恨考释无人，今神州陆沈，并法器亦佚矣。然影印甚精，犹见一斑。倘得刘原父、董广川考之，其精审当何如耶？余前跋在戊辰年，未六十也，今越十三年，目昏腕弱，又遭毒热，老且旄矣。

庚辰七夕，瓻翁年六十又九记。

靳氏此编不惟贤于今之赳桓，且视今之高据要津、尚新蔑古者超乎远矣。究以不学无术有此美意，不能研精，所委付之考订专家亦未能鉴别。即据后图所列，彝器环绕其中，厚藉朱砂，且头胯胫残骨布列分明，明是冢圹，而以重器殉葬，其用与明器等耳，而武断为宗庙祭器耶？至瓷器更在上层，当是后埋，与圹无涉，以汉以前有陶无瓷耳。张庆麟鉴别多误，如瓦筒也，而谓之当；长筒方空者，瓴也，而谓之砖；钟形小而扁者，铎也，而谓之铃；镞也，而谓之箭头；戈也，而谓之戈头。以俗称名古器，其陋已甚，遑望能识奇字，辨款识耶？靳氏既不谐，竟病幕僚，遂乏淹通之士，所谓金石名家如张氏者所见如此。及阅附编往返书牍，大率黄茅白苇，北方之学见一斑已。予初见影本甚精，亟购归，绝少款识，乃大失望。

戊辰白露，抱关老人灯下记。

按此明明为春秋时郑伯之墓，迄无文字可考，不知为郑君之几世耳。凡墟墓中物，棺衾容貌初见完好，遇风即化，年久未出土亦化。惟金石不坏，然初见必软，遇风乃坚如故，所以往往破碎。盖掘者初不知其中有物，故挥锄辄破。此圹中棺骨久化而朱砂犹在者，古贵人多以水银敛尸，岁久水银流地，复为朱砂，墓制之崇侈如此，非古诸侯岂能有此？恨礼典缺佚，不悉墓制耳。此编乃无一人叙及，可谓陋已。吾所闻见，凡巨冢多以砖作圹，而此图记止言“隧”，不言“砖”，所著止一巨砖，岂河南尔时土坚，故不用砖耶？不可解也。

庚辰秋暑，秵叟写记。

玄妙观三门记跋

予家旧藏《三门记》，少时不知珍护，盖久佚矣。光绪末寓宣南，始得此本，记较旧本为瘦，辛亥后续购影印本。近得《壮陶阁帖目》，始知墨迹藏霍丘裴氏。顷合两本对校，影本缩小约三之一，原迹大寸半；赵书丰腴，而波磔转折则方峭，影本固毫发无憾。此本钩摹拓墨，规模悉具，而变肥为瘦，觉神锋大逊。裴氏自记谓即以影本糊木上刻之，免去钩朱两重障碍，宜其刻木之精，予前跋皆臆说，今更写定。

甲戌中春，徐崇立记。

赵书妙法莲华经跋

松雪书此经第六卷，曾购得影印本，卷帙虽完，逊此精粲。谭畏公藏唐写第七卷，硬黄笺，乌丝阑，长卷逾丈，接缝处至今不脱，墨光如漆，盖出自敦煌石室。精妙类钟绍京之《转轮王经》，更驾吴兴而上。然吴兴必曾见六朝及隋唐人写经，故能神与古会，非徒姝姝《黄庭》、《乐毅》者，观此可证也。吾记此距前跋越十二年，犹能篝灯作小楷，又前所不期也。

甲戌中春题。

海上旧有影印吴兴小楷墨迹，曾借与此本对校，别是一卷。同为俨斋藏物，亦出烬馀，并王跋亦残，意松雪写是经本为完帙，拾自劫灰，遂致残佚。彼为末卷，故跋附存。校其笔画，则彼腴而此秀，盖石刻必经模、刻、拓，不能无毫发遗憾，彼则从镜取影，去此三障，故为特胜。然是刻风神遒丽，摹勒精细，岂晚近凡庸所能梦见？学者末由多见昔贤墨迹，仅从石墨探讨。临赵者，往往失之纤弱，真堕入泥犁矣。

丙子初伏雨霁馀凉，毳学斋重校记。

元太常博士敬君墓碣跋

吴兴此碑视他碑差瘦而娟秀，中实含刚劲。其生平最服膺《禊叙》，根底原出山阴，晚年参以北海之排奡。故能变动不居，机趣横溢，唯其姿势妍美，视若无骨。俗流不知其用笔之法，仅袭其貌，最易流为甜熟。初学必先从率更问津，骨干既立，乃可于此研求，庶几不迷所往。碣文为卢挚撰，其末有云："予曰：然。铭，遂铭。铭曰"，连用三"铭"字，虽以二字断句，究嫌费解。韩昌黎谓"文从字顺各识职"，此等句虽雅实俗，吾所不契。迫暮率尔操觚，不暇计工拙也。

乙亥秋暑散帙记，瓻叟。

赵书寿春堂记跋

寿叙始于元，而滥觞于明，逮今衰乱，万事变易，而此体未尝绝也。此文述郑翁年七十而作堂，已含有称寿之意矣。撰文为牟应龙，非牟巘，或即其族。吴兴书《玄妙观三门记》即巘作。于文中叙名不别署，或即其例。是本拓墨极佳，而摹刻未尽善。吾收松雪碑刻甚多，此本在今日不多得也。

甲戌中春，徐崇立题于沪上。

按《元史·牟应龙传》："祖子才，仕宋，赠光禄大夫，谥清忠。父巘，为大理少卿。"而《三门记》文云："于是吴兴赵孟頫复求记于陵阳牟巘。"记作于壬辰，为元世祖至元二十九年，其官大理在宋？在元？传文未详，然观其作记，而碑末不结衔，署名与赵并列，或以遗老退隐耶。

赵吴兴七札跋

此帖藏弆有年，无题跋，不记所从来。顷重检，始知曾藏项子京处，辗转入长乐梁氏，最近为族父澂园尚书所有。以考阅收藏诸印，得悉流传所自，盖原是墨迹，经尚书刻石而以拓本贻吾家者。谛审"树铭之印"印信、"沧浪过客"诸印，类赵㧑叔刻，缘赵氏为潘郑庵门客，郑庵为尚书门生，正同时也。今尚书家日替，妇孺无知，器玩至以贱值售之京师摇鼓担，此帖真迹不知流落何许矣。书此怃然。

甲子人日奇寒，瓻翁冻墨。

吴兴七札，其二札为人请托，其一为妻亡谢人，自称夫人，此为创见，又为营葬。《致中峰书》措词极卑，其于尺牍文字未为大雅。此公胸次殊非高迈，至有极诋其书翰者，则太过矣。

癸酉小雪日重题于沪寓，距前跋正十年矣。

颜书李玄靖碑跋

颜碑存世者十九残泐，颜、郭两庙碑文字较多，而椎拓日久，锋芒都尽。是碑残缺尤甚，存字亦变方为圆，风棱皆钝。不善学书者仅得笨拙，然规模俱在，能窥其用笔之法，犹堪为师资。光绪甲辰初入燕台，始访碑拓，不知鉴别，得此残本，今越三十年，固是一故物矣。

甲戌中春，瓻叟漫题。

清爱堂石刻跋

《清爱堂帖》石墨原本，在光绪末年价至数十金。盖当时已稀，矧在今日，吾以无力购致，乃买此影印本，纸墨虽殊，神采不异，何异买王得羊耶？但资赏玩，不侈收藏，斯亦足备插架矣。

壬戌暮春，瓻叟漫记。

道教张公碑跋

此碑在前数十年为京师通行之本，凡公车入都者，率人挟一册以归，缘道咸以来竞尚赵书故也。光绪乙酉科先伯父赣榆府君举京兆试，南归，市是碑为赐。是崇立有碑帖之始，年未成童也。时方习“率更体”，且奉黄自元为圭臬，瞀无知了，不知此碑之可贵。越三年，始求族父叔鸿观察，题答弁首。今遗墨存，未敢先坠。流光如驶，忽忽且四十年矣，此石未知无恙否？即使岿然独存，久经毡椎，不无磨灭。晚近拓本亦不如是之朗朗。窃意唐宋拓本在当时得之甚易，殊不足奇，年远代湮，以稀见珍，此本流传，将毋同与？

壬戌春晚敬记。

荣禄碑版巨书，晚年兼参北海，纵横排奡，机趣横生。此碑书于天历，为时已晚，笔法端秀，以视《福神观》、《仇公志》，转逊其雄伟，岂绚烂之后归于平淡耶？学之不善，易致软弱，是在初学之善择术耳。世或病赵书柔懦，乃未见真本精拓，学者之不善耳。

甲戌中春，甋叟又题。

此碑以岁久拓多，字口磨泐，精采日没，初拓当不如此。余藏此今正六十年矣，重展增慨。

乙酉春晚，七十四老人又记。

观海堂苏帖跋

东坡用笔方圆曲折，无不丰腴，此南海廖氏刻，不能传其使转之妙。苏帖摹本无数，精者如麟角，晚见墨迹，始惊真龙。

甲戌春，甋翁记。

寒夜检帖，偶复展玩，大字尚见笔法，小字几如小儿书，讹夺缺佚。如“犹有闲居廿年”六字竟不成句，到“郡依前六百日”，“郡”讹作“即”，如此辗转，稗贩自甘为套帖之重儓，竟同盲人，诒误后生不浅矣。

丙子初冬，灯下秃颖又题。

此刻当是翻本，廖氏元刻当不如是，凡未见墨迹真本者或有取于此。今丧乱之馀，文物荡然，求如此本且不易得，宜节取存之，卑之无甚高论已。

癸未立冬前二日，七十二叟晨起又题。

英煦斋刻刘文清帖跋

此文清晚年书也。盖书至神妙处，去肤存液，觉字里行间萧疏古淡之气沁入心脾。而骨力遒劲，神味浑穆，所谓“绵里藏针，力透纸背”，已极专家之能事。此帖刻手、拓工俱精，何减清爱堂石刻？盖煦斋相国亦擅一代书名，选工故皆精良。曩见公大字“吏部箴”匾额在吏部穿堂楣间，瓷青填金，酷肖松雪《福神》、《玄妙》诸碑。师弟相承，而涂术各别，亦可谓善学者矣。跋语谓“父子、夫妇间得公翰墨甚夥，刊成四卷。”此册止四十八页，其非完璧可知，使人缅仰不已。吾前岁得文清晚年书四帧，神妙正复类此。

壬戌寒食节坐雨，瓻叟记于木石居。

诗文晚境多颓唐，书画则晚境多高妙。倪迂写竹似芦，石田翁题咏之笔每侵画位，脱略畦封，独以神运天机，所触别趣横生，几几乎不自觉也。石庵今年八十四，余今岁亦八十，相交之久无如我二人者。余不能书，而喜闻石庵论书，盖其始点规画矩，余见之；久而拟议变化、摆脱蹊径，余亦见之。余则手与笔忘，心与手忘，虽石庵亦不自知，亦不能自言矣。此所临摹，以临摹为寄焉耳，勿以似不似求之。

既题此帖之次日，偶阅《纪文达公文集》，有《书刘石庵相国临王右军帖后》一则，亟录于后。公所书乃墨迹，非题石刻，而其论书极契鄙怀，知公书本从点规画矩而来，非数十年工力不能，奈何今之人辄欲学步邯郸耶！

魏龙门二十品跋

自北魏至唐造像多矣，亦美不胜收，最流传者只此廿种。近有好事者全拓龙门造像，多至数十种，大都与此伯仲。昔人谓北朝造像多工匠手刻，不必尽出士流，故多俚俗别体。吾疑笔锋如刀削者迳用刀刻，不以朱墨上石，即今所谓"铁笔"也。其古拙处皆兼隶势，以由隶变楷，去汉未远故耳。右钧老友旧贻此本，偶散帙记之。

戊辰立冬，抱关老人书于新堤。

宋拓颜鲁公大麻姑仙坛记跋

是碑予藏三本。其一旧刻，不知何时重摹，间有不失真处，而嫌瘦弱，但纸墨甚古，非近代物耳。其一本为族父叔鸿据蝯叟藏本钩刻，笔圆而肥，似尚不如旧刻。如此本则笔皆方折，蝯叟所谓"转形易势之妙"，犹可窥见。蝯叟谓原本为木质，细审拓纹可验也。颜书严重，笔似圆肥，然圆中有方；欧书峻峭，笔似方削，然方中有圆，彼不善学者皆皮相耳。行间石花中有子静小印，盖曾藏徐子静处也。徐善鉴别，紫珊富收藏，近代之二徐也。此清仪翁晚年笔，度原本已剥落，然实不知其佳。蝯叟与翁金石交，已谓其晚笔颓唐，特书以人重，无俗气耳。印章乃极精。古近代善学平原者无过南园，观南园结体，运笔皆方，知其于此工力深矣。然蝯叟所藏，又别是一本，惜不得见而校其异同耳。

甲子人日，瓻翁校记。

陆放翁《老学〔庵〕笔记》[①] 引《麻姑传》王方平曰：吾了不喜作狡狯事。盖古谓“戏”为“狡狯”。《列异传》：北地传书小女折荻作鼠，以狡狯是也。今人间为小儿戏为狡头，盖本此，或谓“狞猾”为“狡狯”，则失之。

壬申谷雨后五日，瓻翁沪寓灯下。

顷复检徐摹何本重校，何藏本为木刻，是本罗氏题为原石本，是木、石二本迥然不同，何本迄未寓目，徐摹可见大略。今不唯原石古拓稀如星凤，即此影印本重版日益模糊，求此初印不复可得矣。可不宝诸？

乙亥初秋，又记于毳学斋。

旧拓龙藏寺碑跋

予于光绪甲辰傺直中书，即购得是本。时方临褚河南，意《龙藏寺碑》当即褚书所自出，求善本不得，姑以是为旧拓，借为临池之助。辛亥后重到燕台，〔得见〕[②] 独山莫氏明拓本影本。明本丰腴，笔画皆明显，碑尾“九门张公礼之”六字俱存，为是本所无。盖碑所存字，拓者不断，故石泐字瘦，锋颖皆剥，神韵遂

①底本误作《老学笔记》，脱“庵”字。

②“得见”二字原缺，据句意拟补。

损。两本对校，遂有上下床之别矣。以得此最早，因享敝帚。初秋天气溽雨，时行书未半，黑云如墨，乃于暗中摸索，草草写毕。

辛未立秋前日，甒叟崇立记于白下行斋。

此碑今在正定龙藏寺，三十年前拓本已如此，今更漫漶矣。碑阴向为拓工所不取，故独得完全无损。

是夕灯下又题。

此碑阴书体不类，殆别一人写，犹是北碑笔法，如《郭家庙》碑阴，其书乃似苏灵芝。事例相类，汉碑以后始有之。

旧藏此碑两拓本，皆晚拓，不精，而此本较旧，且碑阴俱全，为难得。新得隋仁寿二年翊军将军、恒州长史游愔夫妇造砖塔像，拓本甚精。检此碑阴恒州诸将吏列衔，游愔居首，是碑立于开皇六年，塔建于仁寿二年，相距十六年，而愔犹居故职、久于其任可知。缪氏《艺风堂金石目》著录此碑，并载碑阴敬楷等题名，碑额阴游愔等题名，碑左侧比丘、玄诣等题名。对校此本，碑阴、碑额阴题名俱存，而碑左侧比丘题名独佚不全，非艺风曾见整拓本，若仅据剪裱本，固不能辨也。近时毒热为海上久居所未觏，予已经旬不亲几案，百事都废，因考游氏造像，检校得此，亟援笔挥汗记之，不暇作精书矣。

癸酉大暑前日，晚霞老人书于沪上寓楼。

麻姑坛记跋

族父叔鸿布政富收藏，精鉴别，刻帖亦多，而其重摹《福神观记》不逮壮陶阁本。是本不逮海上影印本，惜何藏原本末由对看，以诸跋审之，度必不如罗本。小时殊不喜颜、赵两家书派，以颜多臃肿，赵多纤弱。壮岁流览渐多，始见旧刻精拓，更得真迹精影本，神采赫奕，精光慑目，乃知前此所见狭陋，尤觉俗本覆刻贻误初学，良非浅鲜。如此碑石本结体用笔无一不方，而此刻皆圆且肥，并其波磔顿挫之妙，亦汨没不显矣。又如颜《勤礼碑》体势亦方，略与此石本相同，转幸其埋没土中者，故锋颖犹存，得免历年椎击之惨。若南园先生之善学颜书，盖不徒参合欧、褚诸家，实由多见原本旧拓故耳。此本三跋摹刻独佳，即崇语铃书亦超于《圣教序》诸跋，岂刻近人书易，于摹古气韵差近耶？故当节取存之，以资参校。

乙亥七月既望，崇立校记。

少时得此本，奉为圭臬，及取校上虞罗氏重刻宋拓本，笔多方折，犹可窥见转形易势之妙，乃知双钩响拓多失真处。如蝯叟所藏《法华寺碑》原本，取与蝯叟手钩刻本对校，神韵相去甚远。以蝯叟书律至深且如此，何论馀人？自珂罗版影印行，而双钩响拓尽废，始知古人为徒劳耳。

甲子人日，瓻叟灯下记。

顷复取石印本与此本对校，石印本原为张叔未藏，后归罗叔言以付影印，皆谓为原石本。此本何、崇、徐三跋皆云木刻，宜乎径庭矣。向疑鲁公书碑，如此巨制非自刻，即令家童刻，何以不用石而刻木？且云时见木纹，然则何本为覆刻审矣。以三公精鉴，不免失之眉睫，未敢苟同也。

乙亥新秋，崇立再校。

魏兖州贾使君碑跋传不录

右录《魏书》本传取证此碑。其时女后秽乱宫闱，戚宠犯上作乱，宗社将屋，遑问明堂。思伯议论虽伟，无裨治化。其人有委蛇之风，乏謇谔之节，浮沉浊世，大隐金门，抑亦崔光之亚也。碑已著录于《金石萃编》，释文考证当附录后幅。瓻翁记。

此跋以拓跋为曹魏，谬妄极矣。当时殆即刻碑石之后，故并拓之，此与张某之《题苏孝慈志》相类。不遇黄彭年，遂得遗臭至今，供人嗤点，易培基亦其伦也。

旧拓淳化阁帖跋

先君所遗碑帖数种，丛帖唯存是本。此虽明肃府重开本，谛审为白绵纸拓，且为明拓明装。故虽册角磨方为圆，中缝破裂，而装池犹未脱浆，完整如故，非当日良工精裱，安能耐久至今？崇立谨守楹书，重加补缀，未敢轻付装褫，转失故步，惜中有残佚无可补苴耳。阁帖旧在皋兰重刻，约有数本，有马槽、银锭之分，愧藏帖无多，未识此为何本。年来老病益衰，目力日眊，兼湘中冬春阴晦时多，雨窗昏暗，复操劣颖，景迫桑榆，乘暇率书，不复求工矣。

乙亥元夜前日，徐崇立敬记于补拙里书楼。

宛平刘某知镇江日，购得阁帖夹雪本，蠹食其墨，以素纸装之，如六花之散于几席也。朱锡鬯云："枣木既裂，檟以银锭。"是本裂处以木补之，殆在未檟之先。此赐本之仅存者，旧藏顾大

理家，后归蒋氏，未知刘氏得于蒋否也？昆山叶氏《金石录补》

此所谓银锭本也。夹雪本殆若《保母志》拓本之类，顾氏与竹垞同时，犹及见孙北平、曹秋岳，至顾亭林，则同县也，多见通人，宜其博洽尔。

庚辰秋七月，耄学老人写记。

右《广川书跋》所云官法帖，即淳化也。宋人如黄伯思、米元章皆纠此帖之失，至董氏竟指为赝，则以纸辨之。董氏为文矜练，而此跋重复亦是一失。又有为方子正跋一首，续写于此卷后幅。书至此，目昏极矣。余纸已破，移写第五卷末。原跋未录。

是帖岁久，前后护页纸多断烂，乃就诸卷余幅之完整者写之。此本旧装，不欲重裱，兼遭乱避居山村，长沙劫火，文物荡然。凡题跋碑帖，悉就馀纸着笔，不复如前物力充实，辄命侍史重装矣。临楮累唏。

此淳化阁帖也，董氏两跋乃目之曰："官本法帖"，盖亲见墨迹皆硬黄摹，辨其非魏晋物耳，意甚薄之。然自宋以后，求淳化祖本不复见，即贾似道、上海潘氏两覆本亦稀，明肃府刻且有拓本先后、精粗之别。予少时得二本，已与人。此则先君所遗墨，浓而字肥，转折犹见笔法，而字画有讹脱，意其为肃本之重开者。而拓装者皆旧，今日已稀有矣。近代丛帖清宫之《三希堂》、霍丘裴氏之《壮陶阁》皆从真迹上石，与他帖之辗转钩摹夐异，且有影本流传，尤足贵也。夫魏晋旧迹，经梁武帝、唐太宗二代之搜集，宋淳化复收拾于残剩之余，皆以聚而悉亡，何如留之民间犹得见一鳞一爪乎？吾友谭瓶斋集钱南园、刘文清、何蝯叟、翁松禅手迹为"四家书"，吾切虑其保守之难，况当斯世而居上海乎！

书此怦然。

庚辰处暑酷热，快雨乍凉，徐崇立记，时年六十有九。

孙退谷《闲者轩帖考》云：汉之碑、宋之帖，可以只立千古，而宋帖首《淳化》，次《大观》，又次《绛帖》，馀帖琤琤备数而已。宋人谓潭帖在阁帖之上，此妄也。又谓《淳化》创始王著，摹手不高，未及《大观》之精固也。然《淳化》气韵朴厚，有先民之典刑，至《大观》光彩浮动，比之诗则盛而渐晚矣。且近见王侍书书《钱秦王碑》，规摹晋唐，字法挺秀，盖深于书学，未可轻訾也。

又云：余尝闻钟伯敬之言，曰古法帖无妍拙放敛、其下笔无不厚者，厚故不易入，所以能传。试取古帖中数字极朴而无态者一临之，才觉有一二分似处，即佳矣。而彼其朴而无态者自如，人反不以为佳，此所谓厚也。余以“厚”之一字不独可以相帖，实学者之真导师。孜孜自勖，不知老之将至也。

按是帖编次了无伦理，卷首既有帝王法帖矣，而“夏禹书”乃入古法帖，而以“汉章帝书”冠首。山左徐氏《阁帖释文》谓为前代集《千字文》语，千文本集山阴书，不闻章帝书，即有存字，至宋代安得尚有如许剩墨供后人集腋？此亦曲为之说耳。黄山谷疑为萧子云得意书，亦无依据。古法帖又有程邈书，亦当为隶体，秦时安得即有真书？此皆谬妄。《阁帖》传刻甚多，而踵讹袭谬至今无有厘正之者，可知品骘法帖者多不讲考据，其固陋可哂已。

先君久官西域，得肃府刻本不一，独是拓常在行箧，时复临池，楹书藏弆已越十七年所矣。崇立弱冠好作草书，后以其不适用，乃弃帖而临碑，所藏亦鲜善本，于法帖源流茫然莫辨。夏间归自江南，始发所藏，展览是本，觉纸墨拓工均非近代所有。装册中间折缝岁久多裂，而装池边幅完固未脱，是裱背俱精，殊未易覯。而检校卷页，缺佚已多。第二卷崔子玉书以下连失钟繇数帖，王敦书下失王珉、王洽数帖，王珣书失题，郗愔书下失郗超、卫瓘、卫恒数帖，谢万书失首行；第三卷孔琳之书失后半，王僧虔书及末页并失；第四卷失陈逵、虞世南、褚遂良帖；第五卷失肃恭王书后幅；第六卷王逸少帖失五页。虽非完帙，实是旧拓，岂唯抱残守缺之思，弥切杯棬手泽之感云？

己巳霜降前日灯下，徐崇〔立〕敬记于灵台旧馆。

跋语“庶幾免矣”之“幾”写作“几”，此坊肆驵侩簿籍俗书，公然缀入题识，摹刻上石，彼潢肓稚陋不学，王府掾僚岂无略通文史之人为之是正？乃沿袭讹谬，腾笑来叶，真可谓秦无人矣。然是帖中，编次颠倒，真伪杂糅，自宋以来传刻失真，但相承摹勒，无有正其失者。临帖而不讲考据，姚惜抱已极论之，于铉何讥焉？

己巳秋晚，崇立灯下校记。

宋董逌《广川书跋》云：淳化中，诏以秘阁所藏书入石，又以翰林待诏王著摹字，求其书法之外，各有异处，殆不可得。至于行笔利钝，结字疏密，时可见之，然決磔钩剔更无前人意，皆著之书也。其后得秘阁墨书校其字画，皆硬黄摹书，至有墨色烟落，或以重墨添晕。当著奉诏时，其所摹拓皆略效其大体，而私以笔画成之，宜其用笔略无古人遗意，不足异也。观王洽书，逸少谓其不减已落简，挥毫有运斤成风之妙；王珉书，献之谓“骑驴骎骎，欲度骅骝前”。今视官帖二人书画雅有相类，而洽更自劣弱，珉书则云与子敬更不可辨，皆硬黄伪误少真，而摹传遂成一体也。今人不知其故，凭石本便评论书画，至于放言立论更无疑处，此与观影而论神形，以为某胜某劣何以异哉？

观此董氏已不信秘帖，盖古人目睹真迹，自非后人所能梦见耳。又云：世疑官本法帖多吊丧问疾，盖平时非问疾吊丧不许尺牍通问，故其书悉然，余求之故不当尔也。唐贞观常购书四方矣，一时所得尽入秘府，张芝、钟繇、张昶、王羲之父子书至四百卷，汉、魏、晋、宋、齐、梁杂迹又三百卷，惟丧疾等疏，比之凶服器，不及入宫，故人间所得者，官库不受者也。唐世兵火屡更，书画湮没，不能存一二，逮淳化中下诏搜访，已无唐府所藏者矣。其幸而集者，皆唐所遗于民庶者，故大抵皆吊问书也。

欧阳公谓："物常聚于所好"，吾则谓"物每亡于多聚，物不能有聚而无散"，古来治日少而乱日多，有力者聚尤易，而攻劫所必先也。毕世营求汗牛充栋，一遭焚掠，玉石俱烬，转不如散在四方，地域既广，未必同尽，犹可于东云见一鳞，西云见一爪，古物之日远日亡，大都坐此，可胜慨哉！

己巳秋晚抄竟因题，颣叟。

旧挩中兴颂跋

此亡友浏阳刘雨人善渥临卒前所诒。雨人藏此旧拓已有年矣，装裱亦佳，文字虽有剥蚀，而厓石粗坚，究未易损。若良工精拓，字较明显，但必架木升高，工力甚费耳。予卅年前所得，字多漫漶，远不逮此，委弃久矣。旧拓可宝，故人遗物尤当珍惜。鲁公作如许大字春容圆劲，与他书又异，颜碑书法盖无一雷同者。至此文歌颂得失及考订，详具《金石萃编》。适病目，操弱管率尔题后。

乙亥雨水节，瓻叟书于补拙里居。

此为蓑衣裱，每页剪裱四字并释文凡八十八页，纸大册厚，未可粘合，遂于每页之背编写数目，庶便检校而免凌乱。前后馀纸六幅，留备写跋。前此病多泪，今病已而未能作小字，知目力衰，书益退矣。

春分前三日又题，时年六十又四。

此颂经日寇侵略，遭飞机惊炸，厓石崩裂，不唯此旧拓善本已稀，即存字多之近拓，亦不可多得。名迹日远日亡，浩劫惨厉，如此可慨！

戊子六月晦，七十七老人散帙又记。

旧拓滋蕙堂残帖跋

按《后汉书·刘宠传》："弟方，官至山阳太守。有二子：岱字公山，繇字正礼。兄弟齐名称。"注：《吴志》曰："平原陶丘洪荐繇，欲令举孝廉。刺史曰：'前年举公山，奈何复举正礼？'洪曰：'若使明君用公山于前，擢正礼于后，所谓御二龙于长途，骋骐骥于千里，不亦可乎？'"鲁公正用此事。适读范书，因写附帖后。时已微酲矣。

辛未夏，瓻翁。

予四十以前专碑版，不知丛帖之佳。中年以后所学差进，始事搜访，已在沧桑之后，道丧文敝，人不知学，通行拓本已不易靓。欲求旧拓更稀如星凤，价亦不赀，力不能致。此《滋蕙》残帙，若以校近世影印鲁公诸墨迹，诚为不逮，然则拓纸墨皆旧，晚亦殊罕见。张峻青同年之弟芷青同在沅陵，诒赠已廿年，其人墓木拱矣。

丙子元夜，瓻翁徐崇立题于旄学斋。

魏赠骠骑大将军尚书令李宪墓志名跋

按唐以前碑志多不著撰书人名，此《志》后题名。第五女稚媛适荥阳郑道邕，郑氏道昭述祖世，以书名此，或即诸郑书耳。

癸酉秋题。

癸丑初伏，兼民先生携此馆瓶斋，因得校读。余诚格好收藏而赝物充轫，余友黎鲽庵尝获其所藏《云麾碑》，题为宋拓，实则厂肆赝本。余后于沪上犹屡致书汪无咎，道及之，深致慨惜，闻者嗤焉。此数种原未装池，想非其矜贵之品，乃为兼民所得，可以傲鲽庵矣。

瓶。

考宪为李顺之孙，顺第二子式之子，《魏书》附顺传，此《志》所纪悉与《史》合。宪父为兖州刺史，以家难牵连被收，从事汲固私匿，宪得全。《本传》不载，而别著于《节义传》，亦与《志》合。“式被逮，吏民皆送至河上。时宪生始满月，式大言于众曰：‘程婴、杵臼何如人也！’固曰：‘今古岂殊！’遂潜还，径入式妇闺，抱宪收藏之。及捕者收宪，属有一婢产男，母以婢儿授之。事寻泄，固乃携宪逃，遇赦始归。宪即为固长育至十馀岁，恒呼固夫妇为郎婆。后高佑刺兖州，嘉固节义，以为主簿”云云。宪为赵郡太守，独不附赵修，而乃党于高肇，为中尉元匡所劾。及守淮南，与梁战败，以子长钧被虏，力屈而降。又求还国，敕付廷尉，复以女婿安乐王鉴及牵连罹祸，《志》与《史》所载悉合，而《史》不书官。馀所历官《史》详而《志》略，盖刻铭时皆未大显耳。据《志》，宪第四女婿为安乐王诠，谥武康者也。鉴乃诠长子，为宪外孙，乃云“女婿”，史误也。综宪平生党奸降敌，了无足称，徒以门族显贵，连婚帝室，灵太后不正其丧地辱身之罪，乃以外孙株连致讨，刑赏乖方，元氏之所以沦胥也。酷暑操觚，头眩汗濡，点窜遂多，不暇计工拙矣。

乙丑六月十一日，瓻叟再记，距前跋十三年。

按山西平定州有北齐《李清报德像碑》，即为清报李宪及其子希宗之德而作。张石州《月斋题跋》考订此碑最详。先生平定州人，谓：“吾州石刻无更巨于此者，故详著之。”阳湖赵烈文官直隶易州，州南民发古冢得《宪志》，陆氏《金石续编》著录之。赵氏、陆氏与石州同咸丰、同治间人，乃未见《李志》。予搜求石墨四十年，则仅有《志》而未见碑。景迫桑榆，安得续见而合装之？姑存此愿志向往尔。

丙子大雪节，瓻叟又题于旄学斋灯右。

右《李宪志》跋，当时偶然命笔，未及属草，致多讹夺点窜，本拟易纸重书，以有瓶斋旧题连缀，未可割裂，存此恶札，遂留缺恨，亦可为率尔操觚之戒矣。客去，暮色昏黄，未能弥盖也。

辛未白露后二日，瓻叟又记于白下行斋。

又北齐《李清造报德像碑》，著录于陆氏《金石续编》。碑称“今皇后赵国柏仁县〔人〕，祖仪同文静公宪，考司空文简公希”，陆氏跋引《北齐书》：“文宣皇后李氏，讳祖娥，赵郡李希宗女”；《外戚传》：“李祖升，赵郡平棘人，显祖李皇后长兄。父希宗，上党守。”后祖李宪史所未及云。今按《志》后历叙宪子孙，“第二子希宗子祖升，字孝举，司徒参军事；女祖猗适安”以下字缺，而无“祖娥”名，盖宪以东魏孝静帝元象元年葬，其孙女为皇后，在北齐。代易时移，刻《志》时后尚未生，故未列名耳。偶检《续编》得此，附著于后。从父葆生先生曾补平定州、直隶州，未上官而清社已屋，末由得《李清碑》拓本为缺憾耳！

壬申清明前日，又题于沪寓灯下。

阳湖赵烈文惠甫官直隶易州日，州南民发土见古冢，获志石，即是《志》也。因徙置州学，并得陶制古屋一区携归，惜不著出土年月，盖在道咸间也。赵氏工书，有《天放楼金石跋尾》。此《志》必有详跋，拓工既弃而不拓，其原集亦末由见而证逯，良用悢悢。

次日目昏，摸索写之。

此册凡魏碑四种、唐碑二种合装，乃前清湘抚余诚格藏本。当长沙独立时，余抚仓皇出走，乱兵阑入牙署，书帙狼藉，为成都朱铁夫之仆夫拾得。余饮朱氏寄园，从朱辗转乞得之，因重付装池。原册护纸有余抚题字，并寿平收藏诸印，惜为工匠所遗失，可慨也！

崇立记。

隋太仆卿元公志、元公夫人姬氏志

嘉庆二十年，西安民得石志二：一《隋太仆卿》，一《太仆夫人姬氏》，俱正书，径半寸。《太仆志》纵横各三十七行，《夫人志》纵横各二十七行，字画隽密，词理高华。玩其笔势，断为率更无疑也。永兴称率更曰“不择纸笔皆能如意”，于此拓见之，盖其指法沉实，力贯毫端，八面充满，无假于外助故也。率更书晚而弥峻，《姚辩志》、《千字文》皆大业时书，其体壮实，近《遗教经》；《醴泉铭》、《捣素赋》、《心经》、《梦奠》皆贞观时书，其体雄峻，近《曹娥碑》。二《志》字同《千字文》而更遒丽，书道习法易而创体难。近世北碑出土者多矣，字画多朴茂，敛分势而为之。至率更出，始酝酿分法而变其势。厥后祖尚流风，虽峭厉如兰台，圆劲如裴休，卒莫能窥浑厚之域。而谓同时侪辈，竟复有学业相抗而无闻于后者乎。率更碑版传世者，率伤磨刮，即得宋拓，亦非真相。而二《志》数千字完好如新，岂非墨林至宝耶?《太仆志》极沉毅，《夫人志》稍加妍隽，盖艺之精者，必凝于神，下笔时因人因文寄意，与为关通耳。余尝见南唐拓《画赞》，十三行沉肃如汉分。今见二《志》，益见山阴家法，为宋以来汇帖所没，故具说之。

安吴包世丞题。

郁林载石无文字，谁似隋元太仆铭。想见东南兵火后，贞珉长映九龙青。

清名廿载在湘中，家法无惭儒吏风。珍护楹书归丙舍，尚应虹月烂江东。

筠清馆例沿蒲褐，许珊林叶东卿刘燕庭吴亦自贤。安得百家金石聚，鸿编烜赫中兴年。

同治戊辰初秋，道州何绍基题。

此二石嘉庆中于咸宁出土，陆氏《金石续编》考释甚详，后跋即云："兵燹后残缺，当蝯叟题句时已非完璧矣。"安吴跋，陆氏未著录，故移写之。予弱冠时即得残本临摹，深力于此，旋又得精影完本，并此而三矣。

辛未白露，秝病腕，年正六十，记于金陵。

唐张琮碑跋

钱氏《潜研堂跋尾》云："韩退之志《张季友墓》云'其上世有嵩者，当宇文时，为车骑大将军、鄜城太守，卒葬河北，谥曰忠公'，与碑所称官、谥小异，此碑时代尚近，宜得其真。"《隋书·地理志》："上郡，后魏置东秦州，后改为北华州。西魏改为敷州。大业二年改为鄜城郡。"今观此碑，则周时已有鄜城郡之名矣。文以"骋"为"骋"，以"突"为"突"，以"孽"为"孽"，以"哥"为"歌"，以"榦"为"幹"，以"娇"为"骄"，以"宴"为"宴"。《萃编》亦云："枭镜"即"枭獍"，通用字；"徒怀"作"徒怀"，别体字。崇立按："哥"、"镜"皆古字通用，若"鄜"字下加四点，及"骋"、"突"等皆北朝别体沿习之字。至唐初，余风未殄，若颜鲁公则书体悉正矣。是本泐字与《萃编》所校悉同，可决其为嘉庆前拓本矣。

碑既旧挩，裱为经折式，装池甚精，前后护纸光腻，受墨点画称意，度必燕蓟良工，非晚近湘人所能办。旧腊家居，碑估求售，以五银元得之，同时携道州何氏旧藏《唐俭碑》，翁覃溪朱墨勘校，有何蝯叟印记者，索值六十番。予力不能购，已为作缘归谭瓶斋矣，并记以志墨缘。积雨初霁，夕阳在窗，碧桃烂漫，爇畏老所诒海南名香，足佐欣赏。

灵台旧馆主人又题。

阅叶鞠裳侍讲《缘督斋日记》，于丁亥七月十七日校《张琮碑》："是旧拓本首行'龙兴豹变'，王已脱'豹变'二字。琮，唐史无传，而卢召弓以为有传。其中'蘖'字，诸家皆云改'木'从'亏'为'嶭'，今审碑文，实作'嶭'，从'亐'"云云。按此云"王"者指王氏《金石萃编》。今审是本，"豹变"二字约略可识。予原跋已定为嘉庆前拓本，兹因叶记重校，他不复赘云。

丙子立春前日，瓻叟再识于耄学斋。

旧拓寿松堂帖残本跋

自光绪壬寅获见此帖，蓄疑三十又五年，遍询鉴藏家，举莫知其来历。夏初，族弟绍周过谈，偶检以质之，渠乃备述始末，谓此为《寿松堂帖》。其从父澂园尚书咸丰季年督浙学，杭州有持是帖木板求售者，公爱其剞劂之精，欣然收之。及学政任满，携之还湘，置长沙吉羊巷旧宅，绍周旋移置斋中。板厚逾寸，两面刻字，将装之斋壁，分为内外间，惜刻文两面颠倒而止。木已蠹损且残佚，则自明时遭乱已然，梁山舟跋已详矣。帖为明太仆李日华摹刻，即著《紫桃轩杂缀》者，原未编次，殆裒集未完者。梁跋但称寿松堂主人得之，遂以名帖，殆为帖估故，梁不举其名耳。绍周亟以全帖见诒，略次为六卷，因依原次付装，其缺蚀者末由补缀也，然蛀痕历落，古致可爱。对校此本，视全帙不及六之一。此本末幅董香光书，则原板独缺，留此正可校证也。既欣雅觋，俾壮岁阙疑至此昭晰，非吾齿过周甲，则毕生愦愦，从知多闻尤贵。久视晚窗，泚笔用志墨缘。

丙子中秋，徐崇立旄学斋退颖。

旧拓寿松堂帖跋

是帖久已残缺，俱详梁山舟后跋。拓本丛杂，次序凌乱，重加检校，略事编次；又为裱工误装，前后颠倒，且札尾署名多不著姓，莫辨谁某，兼用别号，草书几同花押，乃列疑难者别纸胪列，质之绍周，旋即笺注字下。已十得八九，犹有一二无从释者，姑阙疑俟考。至装裱失次，骤难揭改，而编目仍以时代为序，既未属草率尔，臆定不能无误，但取便翻检已尔。老病益棼，复为客扰，力疾就灯写记。退颖昏目，疵纇百出矣。

丁丑清明，瓻叟。

宋孝宗书及曾觌跋皆见《三希堂帖》，元迹在清内府也。惟三希刻只《张元素召见》一则，视此少三之二，盖李氏摹刻时尚完，至入清宫则已佚其前半矣。古墨流传，日益湮灭，此后段虽存，然已转从沪上，风云正急，其能久存乎？况剧迹什百于此耶，噫！

己卯秋八月三日，瓻翁晨起校记。

《琴史》卷首有乐圃五世孙梦炎所作志，多采用墓表中语而加详焉。朱氏筑室郡治西偏，故吴越钱氏《金谷园知州章岵表》曰："乐圃，乡人，因以是称之。既出仕，以田畴委诸弟，唯藏书二万卷。其文集已百卷，他所纂述经乱大半散佚，今唯存《琴史》，清代曹楝亭刻，藏书十二种，《琴史》其一也。”乙亥之冬，予从汉上购得精印影本。顷散帙，始检以校证是表。米书是本至为难得。绍周云其尊人别有详跋，求钞迄未见视，亦缺憾也。

戊寅惊蛰大风，阴寒目眊。瓜牛庐叟崇立题，时年六十又七。

松雪札后管夫人一札，札尾署名乃原题“孟頫”，改“道升”，字涂改痕迹宛然，他别本亦然。昔谭畏公曾指以示余者，言犹在耳，而赏析之乐不复可得。记此怆恨。

戊寅惊蛰，瓻翁校注。

光绪壬寅岁腊，觐先君于长安寓舍，见架上有是帖，自宋蔡忠惠、范石湖、元仇山村、龚子开，明王弇州、董玄宰，诗文凡数家，前后无卷数、题目次第，盖残佚也。先君将重出玉门，命检碑帖南还。自是舟车南北，常在行箧，遍询鉴藏家，莫能举其名，盖蓄疑三十又五年矣。旧岁夏初，族弟绍周过谈，偶拾以质之，乃为备述本末，谓此为《寿松堂帖》。为从父澂园尚书咸丰季年督浙学，适杭州，有持是帖木板求售者，公爱其剞劂之工，欣然收之。及任满还湘，置长沙吉羊巷旧宅，绍周旋移置斋中。板厚逾寸，两面刻字，将装之斋壁，分别为内外间，以刻文两面颠倒而止。木已蠹损，且多残断，则自明季遭乱已然，梁山舟跋已详矣。帖为明太仆李日华摹刻，即著《紫桃轩杂缀》者，原未编次，裒集未已，尚待续辑者。梁跋但云寿松堂主人得之，遂以名帖，殆帖贾掮客之流，故不欲举其名耳。绍周旋以旧拓全帖见诒，盖已仅存；又以原板付工重拓，于是诸同好各拓一本，久晦几湮之帖复显于世，足广流传。存佚隐见，若有前定者，其先已略加编次，予且重事检校，始付装池。而篇帙既残，卷目、书人姓名亦缺佚，不能按次排比，散页易紊，裱工不通文理，致多凌乱，先序应续反离，既经粘合，未可厘正，遂有遗憾。今略次为六卷，卷首仍依时代编目，以便寻检。卷末董香光行书五绝一首，予先藏之本有之，此本独缺，知亡佚尚多，不可考矣。既欣雅觌，兼壮岁阙疑，至此昭晰，非吾齿过周甲，将毕生愦愦，从知多闻尤贵。久视生平抱残守缺，历久忽完。最近有东坡《颍州祷雨诗》印本如此帖，特其一尔。

丁丑元夜，甋叟徐崇立跋于赏析书楼。

顷阅崑山叶氏《金石录补》云：“张东海先生汝弼小葬九峰之凤凰山，发穴得一碑云‘费将军之墓’，碑后盖棺有大石，石上有‘并受其福’四字，张氏即于石上叠石加砖，举东海柩安葬。此亦闻之范武功云。东海当时烜赫于江表，今乃寂寞，其书亦不显矣。至其家知为古冢，乃凌驾其上，直争墩矣。”前岁长沙城北发见叠葬，其衣装各异，详日记中。此时目几不见，乃沃以清水，更写之。

庚辰秋七月，甋叟又记。

此莫云卿《论晋唐人书帖》，亦为裱工凌乱，复加审正，而中赘白纸不能衔接矣。依时代次第，莫书不当厕末幅，然全帙已遭劣工颠倒，揭装未易，止可因陋就简，容暇别编目录于卷首，俾览者便于检校，庶几补救万一尔。

姚惜抱力斥破邪论之伪，莫评犹先之，盖鉴古不尚考据，终不免失之眉睫耳。

戊寅秋初又记。

绍周亟称是帖刻板之妙，刀皆直下，不稍倚斜，久拓不窳，山舟之言不虚也。凡古今碑刻，无论木石，刀法悉同，而使转之妙，要在能知其用笔之法，庶可传神耳。

墨本前后有“武林孙氏珍赏”及“孙氏仰曾”印记，殆即寿松堂主人，或如宋陈思之流欤！所云阁帖，旧石阁帖多矣，未知果何本也。此卷题“国朝名公书卷第八”，只存此耳，馀皆断烂，莫窥其编次，然首卷止题“寿松堂藏帖”，非复李氏之旧矣。

是帖装题在丁丑之春。其明年戊寅夏，日本战事起，予与绍周各避地入山。又明年己卯秋九月，湖南主席张治中闻警，夜焚长沙，将遁，省市荡然。绍周新宅寿星街熸焉，岂唯是帖之板，并其先世宝鸭斋藏弆悉成灰烬。是无论庐舍货财，即此世家珍秘文献留诒，已不可数计矣。幸此帖近拓蒲凡生、萧叔琴诸子各得一本，未尽泯灭耳。绍周流转寓宁远，有诗寄慨。顷因晒帖展此，百感纵横矣。

庚辰大暑，瓻叟退颖，时年六十又九。

瓻翁题跋卷三

董香光书释迦成道记跋

生平不嗜董书，而此帖虚和充悦，足以雁行松雪，有神行发止之妙。拓手亦佳。展阅一过，足却烦暑，惜我抗尘走俗，无暇静对临池耳。

癸亥长夏，偶归山居检帖记，瓻叟崇立。

《帝京景物略》：正阳门外，三里河南之明因寺有李伯时《渡海尊者》，不知何年为人赚去，存者赝本，而僧不知也。万历二十九年，紫柏大师自五台来，夜梦十六僧，请挂瓶钵。亭午，有负巨轴售者，轴凡十六，贯休所画罗汉也。师叹异购之，各系以赞，传寺中。天启三年，董宗伯其昌过此，书佛成道记，至此始践前约也。今拓石置寮右壁。

贯休画十六罗汉像，有石刻在清宫北海，有贯休自题像赞。予去岁在京曾购得拓本，状貌奇古怪伟。时主佛苏家，其先人能画佛，遂举赠之。后更求之，不可复得矣。因抄此牵连记之。

乙丑早秋阴凉，瓻叟又书于汉石经室。

南岳庙碑跋

碑为故益阳县知县左君斗才书。左以进士官湖南久，尤擅书名，而为政不洽舆情，因案撤任，大府欲参罢之。仪征卞公再履湘抚任，命书是碑，因得再任益阳，卒以民怨沸腾，以大计革职。此碑笔势方整，规摹率更，良可为楷法，未可以其人而薄之。癸卯长夏，夜凉无事，因手装为临池之助，并识其缘起。墨干笔秃，几不成字，殊愧汗也。

崇立并识于研露山房。

是册为予光绪癸卯岁手装，后幅已有题记尔。时笔力孱稚，然闻见较详，姑仍而未易。当时以能欧书擅名者，高要冯展云抚部誉骥，吾湘黄敬舆太守自元。黄翁名满海内，荒僻学童悉事摹仿。冯以官尊，书名亦著。左君官湘久，只湖外人知之。冯之真书太露圭角，若以横平竖直绳之，似冯、黄均不逮左之方整。少时并见左君与人尺牍，行书峭拔，颇近吴荷屋。距今才四十年，而名字翳如矣。碑文中叙董工役者，为李布政元度。忆幼时于家塾中见李次青先生手修《南岳志》稿本，以帐簿写之。当时同童稚无知，兼不契先生书法，率意置之。及长，乃谂先生文学为一代宗仰。觅前稿本已不复见，深自咎悔，因读此并识之。是册题赗为亡友马叔容同年遗墨。他日重装，当加护袭。是岁同时手裱，尚有何蝯叟书《何文安公神道碑》。

癸酉白露前三日，瓻叟记于沪寓。

魏比丘道瓆造像记跋

龙山寺比丘道瓆造像碑，高三尺七寸，广二尺一寸，二十二行，行三十字，字径七分。今在平定州，著录于《山右石刻丛编》。《校碑随笔》云在潞安，行数微不合。未见整幅，莫能明也。

是碑文词诘屈，非骈非散，别字诡状较诸北碑尤多。拓本大半模糊，旧装已颠倒失序。去冬在京重装时，无别本校正，遂不可属读。顷检《石刻丛编》勘对，裱字凌乱者悉加旁注，于是稍有文理可寻。然《丛编》释文时有舛误，转赖原碑校定，盖所见拓本更晦暗故耳。碑字结体方整，波磔劲峭，潜庵谓其“奇趣横出，与《爨宝子》通，而益奇肆”。诚然。“瓋”字，《龙龛手鉴》音“田”，又音“佃”，裱本中有三“瓋”字，无所系属，而释文无之。此拓本非完帙，即《丛编》释文亦有遗佚。又碑阴“直东一陌，南西北逻①回分。是常住僧伽蓝地瓋记”等字，亦释文所无也。《丛编》后跋云：“此所记，皆彼教语，《魏书·地形志》易阳隶司州魏郡，武安亦隶魏郡，与记合，以奇字难识，亦不复详释也。”

乙丑秋七月朔，瓻叟徐崇立记于木石居。

北朝造像文字往往奇趣横生，超乎规矩之外，仍不失为绳墨之中。如此石与《樊奴子》、《杜乾绪》两种，皆与《爨宝子碑》相通，然此石益奇肆矣。

甲子九月廿一日，杨昭儁。

魏韩显宗墓志、韩显祖造像铭跋

此《志》盖题著作郎而文不明叙，而著追赠封爵，盖又不著妻氏、别叙、铭后。又补年月、支干、篆题，皆非达于文体者，所为文沼碑志习见。语有费解者，唯书法不劣。至别字痼习，更

①此字从底本。

不足论。后刻小跋，模糊难辨，知光绪时出土。石尚在西安，惜杜氏考跋，不得见耳。

甲戌立夏，徐崇立记。

此塔主韩显祖与《韩显宗志》，虽姓名二字相同，而时代不接。太和之末，去永熙已卅馀年，未必为族兄弟。题名别字如贯珠，书法亦逊《韩志》。此如三家村土地庙蒙馆师为文，故简陋如此，初以古制觉不俗耳。

甲戌立夏，瓻叟记。

王文愍题王孝玉藏本云："近有覆刻本不止一石，然皆从'史'字已泐本，伪者无足深辨。"因检校是本，《志》题"刺史"，"史"字已泐，谛审笔画，其明显处转胜王本，朴拙处不如，其为重开可知矣。犹可资临池之助。

甲戌立夏后日，正病目眵，瓻叟校于沪寓。

魏乐陵王元君墓志铭跋

此《志》考之《魏书·景穆十二王列传》，乐陵王胡儿早夭，追封乐陵王，赠征北大将军，谥曰"康"。显祖诏胡儿兄汝阴王天赐之第二子永全后之，袭封，后改名思誉。高祖初，蠕蠕犯塞，以思誉为镇北大将军。后所历官甚多，谥曰"密"。《志》但书其最后所居官，而于"将军"去"大"字已不可晓。至彦所历官、赠官，《史》、《志》悉合，惟赠官外并赐帛四百匹，《志》略之。《志》称"君讳彦，字景略"，《传》乃云名"景略，字世彦"，名字互异，又多一"世"字。此类记载当以墓志为据。魏收书阙略甚多，未可尽信，正赖有碑志勘证史传谬误耳。北碑种类既多，近日出土者，日有所闻。书法流别各异，尽妙极妍，予最醉心。唯此《志》结体运笔，深所不取。《志》文“尅莅西蕃”数语几于不辞，容有脱字。北碑“克堪”之“克”、“刻画”之“刻”皆以“尅”字通用，了无足异。惟“颂曰”下空处忽缀一“尅”字可怪。《铭》亦称“颂”，他石亦有之，不独此《志》，姑留以备考。

乙丑夏六月，颒叟徐崇立灯下书。

魏故吴郡王萧公墓志跋

萧正表，《魏书》列传：表，字公仪，萧衍弟临川王宣达子也。正表长七尺九寸，眉目疏朗。虽质貌丰美，而性理短暗。衍封以封山县开国侯拜给事中，历东宫洗马、淮南晋安二郡太守。转轻车将军、北徐州刺史，镇钟离。初，衍未有子，以正表兄正德为子。既而封为西丰侯，正德私怀忿恨，正光三年，背衍奔洛，朝廷以其庸劣，不加礼待。寻逃归，衍不之罪。后封正德临贺王，复为散骑常侍，知丹阳尹事。侯景之将济江也，知正德有恨于衍，密与交通，许推为主。正德以船迎之。景渡江，衍召正表入援。率众次广陵，闻正德为景所推，托粮舫未集，盘桓不进。景寻以正表为南兖州刺史、南郡王。既受景署，遂于欧阳立栅，断衍援军。又欲遣其妾兄龚子明进攻广陵。衍南兖州刺史萧会理遣刘瑗袭击，破之。正表狼狈失据，走还钟离。武定七年正月，仍送子为质，据州内属。徐州刺史高归彦遣长史刘士荣驰赴之。事定，正表入朝，以勋封兰陵郡开国公、吴郡王，食邑五千户。寻除侍中、车骑将军、特进太子太保、开府仪同三司，赏赍丰厚。其年冬薨，年四十二。赠侍中、都督徐扬兖豫济五州诸军事、骠骑大将军、司空公、徐州刺史、开国公、王并如故。谥曰“昭烈”。子广寿。《北史·正表传》略同，而不及《魏书》之详。《北史》称正表封山阴县侯，《魏书》、《梁书》并云封山侯，当以两《书》为据。又其父《魏书》作“宣达”，《北史》作“宏”，《梁书·列传》仍名“宏”，字“宣达”。六朝及隋唐人名字并行，辄易混淆，无足异也。萧正表分属维城，寄隆磐石，乃兄弟同逆反，〔腆〕颜（思）〔事〕仇[1]，坐视宗社之亡，尤以倒戈为急，直梁室之叛臣，侯景之逆党，反覆小人，哀惟心死。而魏朝纳污，予以高爵，封爵之滥，末叶尤甚。而魏收乃谓其归命，大享名族以优，乖谬无识，适所以为秽史耳。

乙丑立秋前日，甋叟徐崇立记。

新城王树楠《磁县新出魏齐墓志始末记》：“壬子之冬，有贾客结磁之奸民潜掘古墓，得五石，出南乡申家庄者曰：‘魏吴郡王墓在大营村，距城八里，诸石皆完整。《吴郡王志》瘦媚虬健，藏筋于骨，已开欧褚之先模，尤魏碑之仅见者。’”

王记所云诸石予皆得之。次第题志，此仅节录其略，以备参考，并跋于后幅。其出南乡申家庄者，“齐”数字误写，记之以为率尔操觚之戒。

甋叟。

①底本作“颜思仇”，据文义补、改。

魏元均陆太妃墓志铭跋

此魏章武王太洛之子凝妻也。《魏书·景穆十二王列传》："凝，字定兴，起家恒州征虏录事参军，累迁护军长史。凝姑，尔朱荣妻。庄帝初，封东平王，食邑五百户。除持节、安东将军、兖州刺史，转济州刺史，仍本将军。永熙二年薨，赠持节都督沧瀛冀三州诸军事、骠骑大将军、冀州刺史。"《志》题官爵，惟兖济二州刺史与《传》合。凝卒于熙平二年。妃卒于东魏孝静帝武定五年，为时后八年。《志》书夫所历官而不题赠官，"骠骑"乃生前历官，而史以为赠，又遗"散骑常侍"未载。此卷原书已阙，后人所补宜多阙误，赖有此《志》补正之。妃为陵馥之孙琇之女。祖父官爵多相合，惟《传》名"馥"，《志》名"受洛跋"。盖陆氏本代人，其本名为"受洛跋"，后乃改用汉字耳。琇历官则《传》所载，《志》多不载。《志》本附叙家世，只叙所终显秩，至所历"卫大将军"、"仪同三司"，《传》亦不载。《志》书"太常卿"，《传》书"太常少卿"，当以《志》为据。凝为尔朱荣之妻侄，其封爵乃以权戚得之。琇亦与元禧通谋附逆，瘐死狱中，皆不足取。书法方整劲朴，汉隶之遗文，词亦尔雅可诵。惟别体字至多，北碑多增笔画，此乃减画，则太诡怪，非正轨矣。

乙丑处暑前日，瓻叟徐崇立题于木石居。

《铭》词"珠生丽水，玉出昆冈"二句，竟用周兴嗣《千字文》，止易一字。考东魏武定五年，当梁武帝太清元年，已为梁之末造，或《千文》流传河洛，故北人袭用之耳。《铭》词末四句限于咫尺，竟写两行。可见书丹时并未排比，率尔操觚，至为疏略，此写碑所以贵有察书人也。

兼翁又记。

魏李璧墓志铭跋

此《志》峭削方整，近《张猛龙》，在《刁遵志》之上。士生晚近，不得多见古人真迹。然古碑之出土者日出不穷，此又翁覃溪、王兰泉、孙渊如诸耆宿所不见，觉眼福转逊后人，亦互有得失也。海上已有石印本，神韵未失，惟无碑阴及罗跋，便非完帙矣。此初拓本可贵，宣统三年得于京师。

癸亥小暑，秝叟徐崇立挥汗记。

罗跋，谓山东提学使罗正钧也。

魏元演、元倪墓志铭跋

《元演墓志》载："考为齐郡顺王"。考《魏书》诸王列传，文成帝子简，太和五年封齐郡王，母沮渠牧犍女。历中都大官、内都大官，而不云其为太保、冀州刺史，当是殁而追赠耳。高祖仁孝，以诸父零落，特致敬焉。性嗜酒，而不能理事。文明太后特妻以燕郡公常喜女，以干综家事，颇节简酒，乃至盗窃，求乞婢侍，卒不能禁以死。谥曰"灵"。世宗时，改谥曰"顺"。是其人乃高阳徒侣，而有季常之惧者，去唐之汝阳远矣。《传》唯云：子祐，字伯授，袭封位泾州刺史，谥号曰"敬"。不言有他子，或者演属支庶。而《志》云长子，又何以不袭封，且祐字伯授矣。未知孰是。考此《传》，魏收书阙，后人所补其遗略多矣。此《志》使转纵横，气韵奇逸，饶有汉隶笔法。丁巳夏，重至京师，于厂肆得此《志》，风神渊穆，洵北碑上乘。瓁玉日蝃，弃箧衍有年矣。顷始考而跋之。

乙丑长夏，酷热得雨，秪叟徐崇立。

《元倪志》所叙世系，检《魏书·道武七王列传》，多与《志》合。《志》称曾祖广平王，即广平王连也。连早薨，无子。世祖以阳平王熙第二子浑为南平王，以继连后，所历官与《志》合，恩著凉土，惟不著其谥。子霄袭，历官与《志》合，谥曰"安"。子纂袭，倪当即纂之昆弟。显祖又以霄第二子继为江阳王

根后，或霄有三子，纂袭封当为适。《志》已云南平之叔子，亦与史吻合，惟倪名不著于《传》，知史略也。年廿九，始除员外、散骑侍郎，秩第五品上阶。卒，赠宁远将军，阶品同，惟镇将不列《官氏志》，品无可考，可知《魏志》之疏。其子玕有墓志，两《志》皆不列名讳，悉于其官爵世系考索得之。此《志》书法秀逸，于《龙藏寺》已开褚、薛之先；玕《志》书品尤高，已别有跋，信乎北朝之多名碣也。近检北碑，悉加考证，日课一通，以却烦暑。

乙丑夏六月，秪翁徐崇立记于汉石经室。

魏元钦墓志铭跋

右《元钦墓志》，钦事具魏收《魏书》卷十九《景穆十二王列传》。钦，恭宗之孙，阳平幽王新成之子。阳平三子，颐、衍、钦。钦，字思若，位中书监、尚书右仆射、仪同三司。钦色尤黑，故时人号为黑面仆射。钦淫从兄丽妻崔氏，为御史中尉封回劾奏，遇赦免。寻除司州牧。钦少好学，早有令誉，时人语曰："皇宗略

略，寿安思若。”及晚年贵重，不能有所匡益，识者轻之。钦曾托青州人高僧寿为子求师，师至，未几逃去。钦以让僧寿。僧寿性滑稽，反谓钦曰：“凡人绝粒，七日乃死；始经五朝，便尔逃遁。去食就信，实有所阙。”钦乃大惭，于是待客稍厚。后除司空公，封钜平县公。于河阴遇害，赠假黄钺、太师、太尉公。子子孝，字季业。早有令誉，年八岁，司徒崔光见而异之曰：“后生领袖，必此人也。”以上《本传》所记多与《志》合，惟新成之谥，《传》作“幽”，《志》作“哀”，或者《志》讳恶谥耳。钦所历官如散骑常侍、给事黄门侍郎、五省尚书、金紫光禄大夫、抚军车骑大将军、侍中、特进爵钜平县开国侯，其褒恤之典如赠侍中、尚书令、骠骑大将军、定州刺史，谥“文懿”，使鸿胪太常监护丧事，赐东垣秘器，朝服一袭，祭以太牢，史皆不载，并其谥亦佚之，史传阙略多矣。乃墓志并其子亦不载，此又石例所无，转不如史之详矣。《传》、《志》所纪，毁誉迥殊。谀墓之文本不足据，特以书法遒美已开唐碑之先，洵魏志中佳品。此亦近世出土，而不详其地。予丁巳夏重至京师，得之厂肆碑友。今始考而跋之，已越八年所矣。

乙丑夏五，久旱新雨，群兰盛开，凉风生腋，欣然泚笔，惜老眼益昏，写不成书耳。

瓻叟徐崇立记于木石居。

又《魏书·辛雄传》：雄，廉谨雅素，为世所称。除尚书驾部郎中、右仆射，元钦谓左仆射萧宝夤曰：“至如辛郎中才用，省中诸人无出其右。”则钦亦有品藻人物之誉，特栋折榱崩，与国同尽，适所以为“皇宗略略”而已。

魏元显墓志、司马显姿夫人墓志铭、元玕墓志跋

《志》称夫人曾祖为晋司徒琅邪贞王，祖司空康王，父豫郢豫青四州刺史烈公，三世皆书爵谥而不书讳。考《晋书·宗室诸王列传》：琅邪始封为武王，伷子恭王觐拜冗从仆射，子睿嗣，是为元帝。其后两以皇子裒、皇子焕继琅邪王后，皆早世。康帝、哀帝、废帝、简文帝皆以琅邪王入承大统，其谥之见于史者，只恭王觐、悼王焕耳。其终于王位者，仅此四人而已。裒不著谥，简文少子道子虽封琅邪，旋改封会稽，无谥。贞与康者，魏宣武景明元年，当齐东昏侯永元二年，晋亡已八十年，中更宋、齐两代。琅邪自恭帝践阼，其国遂除，晋祚亦终，何以尚有官谥？至称祖司空播休誉于恒朔，河北久沦胡羯，非复晋疆，岂改事北朝复有爵邑耶？其父豫郢豫青四州刺史，两州同名为豫，因遍考《晋书》、《魏书》两史《地理志》，纵侨置有东西南北之分。无同时有两豫州之目。殆总叙历官曾任四州刺史，两任豫州，故重言之。既非都督诸军事，郡而非将故耳。至标题为第一贵嫔夫人，考《魏书·皇后传》序云："昭成之前，世崇俭质，妃嫱嫔御，率多阙焉，惟以次第为称。"似所称者或特加赐号。序又云：高祖改定"三夫人视三公，三嫔视三卿，六嫔视六卿。"是夫人品秩在嫔之上，亦无贵嫔之号，均与史不合。《志》又云："薨于金墉"。考金墉城为晋室皇族幽禁之地，不应北朝狴犴仍袭此名。以废黜无子之妃，又当宣武殂谢之后、胡后专横之日，忽许陪葬景陵，且撰铭勒石，悉与事理不协。凡此数端，皆有可疑。惟笔画劲秀，或

出后人伪托。事不稽古，而向壁虚造，适予人以可攻之隙，辄为辨惑，以质谈碑者订证焉。

丁巳之夏得此于京师，亟与《元玕志》合装一册，藏箧衍十年矣。迩来旅寓漠上，时值溽暑，大雨时行，小楼寂坐，竟日无客，撰写此跋以当日课。阴霾蔽天，几于昼晦，雨窗昏黑，老眼益眊，遂如暗中摸索矣。夏苗正长，转瞬秋成，而淫霖三日不止，水潦泛滥，阶除浸没，行路几绝，惧遂成灾，视天梦梦，杞忧曷已。

丁卯小暑前日，瓻叟徐崇立记于汉滨寓所。

右《元玕墓志》，考之《魏书·道武七王列传》，无不吻合。所谓曾祖南平康王者，阳平王熙之子浑也；祖南平安王者，浑子霄也；父敦煌镇将者，员外散骑侍郎倪也；兄光州刺史南平王者，纂之哀王伯和也；伯父太傅司徒京兆王者，霄之第二子继也。按《传》，广平王连早薨，无子，世祖以阳平王熙之第二子浑改封南平王为之后。京兆王黎之子根无子，显祖又以南平王霄之子继为之后。是广平京兆之承嗣者，皆阳平之胤胄。故继虽出嗣，而于倪则为兄，倪别有墓志，称为南平安王之叔子。倪玕父子《传》皆不著。合两《志》与史传证之，知其为亲兄弟也。继之子即元义，故《志》称从父兄。义为营明堂大将，而玕为主簿。又《庐同传》，同以亲附义，为营明堂副将，适为同官亦一证也。旋除平南将军、太中大夫。考《官氏志》，四平将军阶第三品，太中大夫阶从三品，其卒在孝静帝天平二年。其时元义早败，魏已分裂，代异时移，故玕生末年既未迁擢，身殁亦无赠恤，幸不与河阴之难耳。此《志》用笔方圆转折，机趣横生，饶有隶法，魏志中上乘也。与《元演志》允称瑾璧。

乙丑夏六月酷暑，瓻叟徐崇立记于木石居。

何蝯叟跋砖塔云："此出土初拓，毫芒悉俱，血肉相生，起笔、歇笔及波折处备尽跌折使转之妙，而刻手竖刀直下，妙断之所以然，亦因毡蜡传出。"沈寐叟曾植题《崔敬邕墓志》云："此书使转纵横，笔法、墨法皆可于刻法中想像得之。"予于此《志》亦云。然此《志》近世始出土，初拓未久，未经椎损，故锋颖尚新，笔画极草率处悉从刀法传出，毫发无恨。古人精书多自刻，如李北海碑碣，率手加剞劂，而托名黄仙鹤之类，固已窃疑北朝造像碑志，其笔画之峭削者，直以刀刻石，不假楮墨。如吾县王啸霞之刻《璇玑图》，即以刀刻字，细入毫发，所谓铁笔也。岂唯省去钩摹两重障碍，且并不书丹。古人虽不传；吾于此《志》想像得之。丁巳重游都下，同时得《元演》、《元玕》两志。《演志》以浑朴胜，《玕志》以遒峭胜，而血肉相生，刀法之妙则如出一手，如骖之靳未可轩轾也。魏碑孤本晚出者，如《崔敬邕》、《张黑女》，隋碑如《元公姬氏》，经何蝯叟、杨邻苏题跋考证，人间视为鸿宝。此两种出世更晚，惜诸老未之见耳。

瓻叟同日又记。

隋元公姬夫人墓志铭残石跋

隋《元公姬夫人墓志铭》两残石，世父赣榆县君得于金陵。此二石，咸丰赭寇未乱以前闻尚完好，兵燹后始残毁大半。嗣又得重刻《姬夫人》完本于湘中。盖余族人旧藏完本钩刻者，因并三石拓本合装之。残本拓工不佳，而神理浑朴。新刻则光彩焕发，而真意索然矣。

光绪丙午夏，长沙徐崇立记于宣南寓斋。

佛说宝梁经跋

此六朝碑版字之最小者，已为难见，殆即唐人写经所祖。原石藏匋斋，故录《匋斋藏石记》附碑册后。当光绪甲辰后，余以微禄隐金门，凡匋斋金石拓本，拓碑人李景春辄以遗余，所收遂多，此其一也。匋斋既遭辛亥之变，其子不肖，故物星散，此石不知所往。今求拓本已难，况其为初拓完好者耶。藏此忽忽廿馀年，欲一临摹，促促未暇。独是跋未言石所从来，其考证评论已详，不必费一辞矣。

己巳秋暑乍凉，雨窗秉烛，颣叟徐崇立。

近人高唐田士懿《山左贞石目》云："此刻三千数百字，关中赵乾生心赏之品，匋斋抚陕时以术取之。《藏石记》推为至宝，楷法古秀，六朝佛经刻石之冠，今归诸城巴山王氏。"阅此，则匋斋故物今已星散，其生平巧取豪夺不止一端，如刘铁云所藏，其最著者。身遭横祸，所藏尽化云烟，曾不数年。玩物丧志者，可以鉴矣。前跋已书卷尾，篇幅已满，故补题卷端。

己巳白露节后，日心佛龛居士又记。

北齐徐之才墓志跋

右《北齐徐之才墓志铭》，磁州新出土，魏齐墓志八种之一也。新城王树楠证云：壬子之冬，有贾客结磁之猾民潜掘古墓，得五石。齐徐之才墓在南乡申家庄。八《志》惟吴郡王萧正表、西阳王徐之才见于魏齐史传，而《徐志》丹阳尹"袁印"，《史》

作“袁昂”，豫章五国“左常侍”，《史》作“右常侍”，薨年“六十八”，《史》作“八十”，皆足证《齐书》之误。徐之才与萧正表皆无足取，论者谓《北齐书》文章萎苶，节目丛脞，聊以取盈卷帙。今观《徐之才传》，采掇诙谐猥鄙之词，连篇累牍，转不若志文之浑雅可诵也。王论甚当，惟云《志》作“袁印”则误。今按拓本墨淡，略有模糊，而石并未泐。“卬”字分明可辨，左旁只两画。盖《本传》作“昂”而《志》作“卬”，于文为近古矣。《志》所叙历官，悉与《传》合，而《志》较详。《传》言之才大善医术，文宣、武成及和士开、陆令萱之流有苦疾，皆倚其调治。志铭盛称德艺，涉及医术者，仅“绿帙金丹之秘”及“非徒愈疾”二语，殆讳言之，以弄臣而为佐命，齐之朝廷亦可羞矣。书法流丽，乃多侧媚，已开小唐碑之先，魏碑遒厚之风远矣。

乙丑处暑日，瓻叟徐崇立跋于汉石经室。

此册前后护页乃宋笺，曾在北京图书馆阅宋版书，典守者重装古本，旧楮微损即弃故易新。因乞其剩余，适购得碑拓，即付工装饰，此其一也。岁久复致破碎，后主者知而珍重，再索吝不予矣。古籍付之俗伧，宜其卤莽灭裂，文字之厄也。

癸酉中春，晚霞又记于沪寓。

时主馆事者傅增湘也，导余入观者湘阴范九峰也。

隋卞鉴王夫人成愿寿李难墓志跋

按《志》，李难之先世以游宦京洛，遂流寓河南，以待补官。省父江陵，中途遘疾，遽终于官舍，因权厝江陵。迨圣历初元，仍还葬乡井，殆缘其父去官归殡，距旅厝已五年。初瘗即已埋铭，及改卜迁坟，就原石附记墓地，亦志墓之创例也。唯周武长寿止二年，即改元延载，其葬以七月，东西京相距非远，何以犹书三年？殊难索解。唐志多方罫，书法方整无界画，而作行草者绝少。五季以后，书律日弛，无复严整。此《志》了无界画，体兼真行，用笔虚灵，无意求工，而自然峻秀。唐承隋后，存北碑分隶之遗矩，而化其犷犷。初唐为书学极盛时，是《志》于虞、欧、褚三派之外自成风格，可知其时人才锵济，力争上游。如此隽峭之品殊不多觏。衰年多病，阻乱难归，大隐金门，养疴习静。校碑临古，以遣幽忧。而缁尘京洛，最苦客扰，日中喧杂，所作未竟，则继之以烛，辄至夜分。近则老眼益昏。此段灯下操觚，更增怪丑，写讫无限感唏。

辛未寒露前三夕，甎叟记于冶城戫舍。

唐张轸二墓志跋

此二《志》，一为吕岩诜撰，轸先没时所埋铭也。世为襄阳旧族，而署题犹称范阳，著族望也。一为丁凤撰，则与其妻邵氏合葬志也。只题轸官，不著妻氏，亦古法也。一人而有两志，亦墓铭所仅见。盖轸殁于开元廿一年，妻殁于天宝四载，相距十三年，而后《志》为详。曾祖玄弼及其后祖庆之、敬之墓志已别装一册。轸为张东之次子漪之第四子。新旧《唐书·张东之传》：东之既罢政失权，表请归襄养疾，乃特授襄州刺史。后《志》叙其官爵本州刺史，又拜其子漪著作郎，侍父之任。漪恃以立功，简接乡人，乡人怨之。《志》有“功亚朱虚，侍归疏受”之语，与《史》合。盖轸少好浮屠，曾入寺为僧，旋仕宦而终身不茹荤，盖儒而墨者也。二《志》文词俱美，书法遒峭秀逸，如出一手，而前《志》

尤工，不著书姓名，洵唐碑小品之精者。襄阳张氏墓志共九种，予得其五。此册前后护页及册端硬黄笺，均从宋本书旧纸改装，予得之京师图书馆，名楮缥缃，未易觏也。前《志》中“先考讳漪”，“讳”字阙，后《志》“本州刺史”，“刺”字阙，乃空字非残泐也，未详其意。

乙丑小暑后日，大旱酷热，瓻叟徐崇立挥汗记。

梁玉绳《志铭广例》云：“墓石之文，分言之，则前序为志，韵语为铭。通言之，则志即是铭，铭即是志。《柳河东集》中诸志皆有铭辞，而题止称志，白香山《范阳张仲方墓志》亦然。《文选·任彦升刘先生夫人墓志》，无志但铭，而题独称志。丁凤所撰《张氏志》有铭，而题止称墓志，亦此例也。”《广例》又云：“一人而有两志者，《南史》：梁裴子野卒，湘东王为之墓志铭陈于藏内，邵陵王又立墓志堙于羡道。按柳河东《续荥泽尉崔君墓志》，续太傅崔祐甫之辞也。又《亡姊崔氏夫人墓志盖石文》有云：我伯姊之葬，良人博陵崔氏为之志，敢附碑阴之义，假兹石而书焉。宋子京、刘贡父皆有《评事张晦之墓志》，亦是一人两志。《南史》梁安成康王秀卒，诏立碑志。当世高才游王门者，东海王僧孺、吴郡陆倕、彭城刘孝绰、河东裴子野，各制文。将择用之，而咸称《实录》，遂四碑并建云。此但就碑志言，若汉以来碑石有人至三四碑者，又与墓志有别，不胜援引。”此两《志》先后相去十馀年，后《志》为合葬而作，与梁氏所引例，又有别矣。

瓻翁同日又题。

唐虞恭公温公墓志跋

《温公碑》赫奕有名，夫人而知之矣，独不闻别有墓志。予以光绪甲辰傫直中书，始搜求碑版，得是本且三十年。以謭学谀闻，未敢妄下雌黄。乃遍检《金石萃编》及近人《艺风堂石目》，讫未著录。读其文，则从残缺之本去其蚀字而重刻者。审其书法，洵为欧体，波磔带隶势，实非晚近所能。其横画率右轩而左轾，笔殊未平，率更无有是也。若纸墨之旧，椎拓之佳，古味盎然，亦百年物。或好事者摹拟率更，如黄叶和尚之伦，或集欧阳书如《千字文》，皆未可知。明人最工作伪，则由来已久。独念廿馀年来飘蓬南北，故家碑估所阅已多，卒不闻有此，则又疑莫能明矣。因与《葬马铭》合装，亦方以类聚之意也。姑记以俟博闻者。

辛未秋分，瓻翁书于金陵寓斋。

唐番州舍利塔铭跋

长洲叶氏《语石》，历举宋元以来诸碑集欧、褚、颜、柳诸家书者，谓《隋番州宏教寺舍利塔题》欧阳询书。以拓本校之，乃好事者取《醴泉》、《皇甫》诸碑联缀而成，亦集本耳。旧收此本有年，阙疑久矣。兹以叶说证之，积怀为之一豁，且疑此覆本，故瘦削少精采耳。

己巳秋八月，灯下试鸡颖，瓻翁崇立记。

隋苏孝慈墓志跋

此《志》光绪戊子浦城县出土，此最初拓本也。旋为知县张荣升刻，跋于铭曰："下文字皆劣。"时定兴鹿文端为巡抚，斥其妄，将劾之。张大惧，椎而垩之，故铭曰："下刓补痕者，最近拓也。"然非见整幅未翦裱者，不易辨也。适获有跋本，对校远不逮此，如"方圆""圆"字泐痕愈漶，其一端也。

壬戌之秋，七月初吉，秝叟校记。

按《志》称"孝慈归葬同州莲芍县"，"芍"当即"芍"之变体。考《汉书·宣帝纪》："帝常困于莲芍卤中。"如淳注"莲"音"辇"，"芍"音"灼"，县名。又《张禹传》："徙家莲芍。"颜注：左冯翊县名也，音"辇酌"。《地理志》注同。《东观汉记》：田邑，冯翊莲芍人也。雍录曰：汉莲芍县，唐之下邽县也。《元和志》曰：下邽东二十三里，有莲芍故城。此《志》刻于隋仁寿三年，仍名"莲芍"，盖至唐始改"下邽"耳。行箧无隋唐书，姑记此，俟归后考订焉。秋深剧寒，偶无客至，顿喜清寂，援笔写记，惜灯下目昏，不暇求工也。

辛未霜降后二日，秝叟记于金陵寓舍。

顷阅《缘督斋日记》，光绪庚寅正月廿五日记云："谒黄方伯师，以《苏孝慈墓志》拓本见诒，云石出土后，浦城令欲携之行，民不许。因刻跋二行于空处。民俟其去，尽剜之。此本已剜矣。"云云。按前已录《语石》于边幅，皆裳鞠先生所记而微异，盖此则当日所记。《语石》成书已晚，或追忆小误耳。后来遂以无跋、有跋及剜痕辨拓本之先后矣。

丙子立春日奇寒，又记于耄学斋。

顷读长洲叶氏《语石》云："时贵筑黄子寿师官陕，命工剜去之。"叶氏闻见较详。予所闻为定兴者，殆传述之讹耳，惟云"于空处勒恶札，为一达官。"按张荣升乃知县，非达官也。

宋游师雄墓志跋

宋世以帖盛，碑版文字鲜工整者。自欧阳公《泷冈阡表》拓本尚有流传外，其他碑志刻石者率多行草，亦罕名作。此《志》尚存唐碑遗矩，志长字多，亦为稀有。诸公皆名人，惜拓本不精耳。

瓻翁校记。

邵仲恭，丹阳人，官至龙图学阁直学士，出知苏州，工正行体，书法清劲。初从学于蔡京，续学沈传师，遂自名家。见《书史会要》及《铁围山丛谈》。因检沈子言《罗池庙碑》，用笔有近似处，而于《唐张轸墓志》尤类，殆亦参他派。清故宫藏手札一通，行草果近蔡元长，已刻入《三希堂帖》。尤延之以收藏著有《遂初堂书目》，三公皆宋代名人，此《志》纂书工力悉敌，特埋幽之文与表碣异，近世新出土北朝诸达官及欧阳兰台书《泉男生志》，率长至千言以上，此外罕见。要之，宋人碑志如此精整者，殊不多觏耳。

癸酉白露前夕，晚霞老人徐崇立再记于沪寓。

唐刘智墓志跋

《唐刘智墓志》当时获两拓本，一进士张遘文，一武功苏灵芝书，疑莫能明，遂合装而并存之，以待考订。顷捡长洲叶氏《语石》云："一无书人，一题天宝十五年苏灵芝书者，世相为赝，颇滋聚讼。不知即一'年'字，而作伪之迹已灼然矣。苏灵芝虽臣安史，既奉唐号，即不当书'年'字"云云。亟取此本校对，则两《志》皆书"年"字，殊不如叶氏所云。此则梨軒善眩，无凭辨证。叶氏所见又别一本耶，抑后从而窜改耶？然细审笔法，前本丰腴俊逸，后本形貌虽俱，而神气索然，渐形枯瘠。不独拓本有优劣也，即题名"张遘"，字体与《志》为一笔书，苏灵芝一行亦似掺入者，即此定前本为原石，后本为覆刻。正不妨并存，以别媸妍，备考校也。

己巳中秋节，瓻翁徐崇立记于汉石经室。

清徐母易恭人、沈恭人墓志铭跋

右二族母志皆族父叔鸿布政自撰自书，何、朱皆托名。厥后公娶何夫人偕老，复生四子。以第六子桢立绍周，性孤洁多才艺，独世其家学，最有名云。

癸酉春中盛寒，徐崇立记于上海寓楼。

王莲贞墓志铭跋

王莲贞起自陋巷，叶郎翁于赛城隍会见而激赏。旋与周爱陶昵，声价顿增。既谋量珠养母，居奇索多金。某富贾，其族人也，事非不可谐，特以卞急致死。郎翁哀之，为文志墓，而乞汪闲止翁书丹，雅不欲，强而后可。吾亦当时酒座顾曲之一人。世易时移，郎翁旋被奇祸，周君亦纳他妓，粥书有名，以考终。今惟闲叟与吾健在，相聚海上者年馀。追思承平里鄙嬉游之乐，了不可得，记此，情怀恻恻矣。

癸酉春中盛寒，崇立时寓沪上。

小瀛洲角青青柳，销魂怕听芳树。碧玉妆浓，黄金缕弱，犹记当时眉妩。看几日园林，一番风露。走马章台，再来京兆甚情绪。　红萼料应有主。鸩媒工佻巧，银汉空妒。花底调笙，尊前挟瑟，总被周郎顾误。芙蓉觅路，算命短夭桃，身轻飞絮。倘化浮萍，絮萍须更遇。

《台城路·为周秀才悼妓莲生》。

顷校粟谷青户曹《歌凤楼词》，见此，亟写墓志后，以资故实。

丁丑清明，夜窗目昏，兼翁率题。

清故汪母冯太夫人墓志铭跋

汪闲止自撰其太夫人墓志。翁天性孝友，期功之丧，去官持服，古人往往有之，未足为异。翁以养母丧解任，在晚近薄俗为仅见。应分之田产，三让与子弟而不有，亦人所难能者。早以书名，清刚逸丽，顾自颓放，不肯为人作精书。此文简质有法度，独书法逊于平日行楷。以隋唐志体绳之，未为杰构，以临池功少也，而品操则夐乎远矣。

唐黄叶和尚墓志铭跋

《黄叶和尚志》，光绪壬寅，省先考于长安，过冷摊得之。当时固已然疑即属伪托，要为习欧书者所为，气韵颇近《醴泉铭》，非近人所能到。唐以后伪托诸名家者綦多，欧迹尤多赝品。粱志则工秀，马叔容同年亟称之，足资研习。

癸酉中春，甋翁检校记。

清故黎母王太夫人墓志铭跋

《黎太夫人墓志》为谭畏公通籍后书。公书最初习吴兴，弱冠后始摹平原。此其少作，工秀圆腴，后乃淳，而后肆，迄于大成，名满海内，身后尤价重兼金。此少年时书，能辨者鲜矣。文则太夫人仲子薇孙部郎自撰，骈文是所专擅。当时碑志率借用达官名氏，非其实也。

清故唐公鲁英合葬圹志跋

《唐鲁英志》则故友王运长书丹。君固以二书名，此亦其少作。晚乃大进，惜未六十遽卒。此册合装三志，书撰人名，岁久更鲜知者，独吾尚存，执笔弥增唏感。

癸酉春中再题。

清故张母周孺人墓志铭

此文《湘绮楼文集》编入，精粲之作也。族父叔鸿先生书丹，书法遒丽，品在隋唐之间，雅与文称。魏隋碑志多不题书人衔名，兹盖沿其例。夫人为雨珊先生之配，《志》刻于同治辛未，先生方上公车，未任校官以前。素工填词，当时《湘弦离恨谱》，即悼亡之作也。先生为尚书文达师之兄，其弟显贵后，遂高尚不仕，有《湘雨楼词》行世。湘绮翁之《圆明园词》一时传诵，叔鸿先生为之序。三人皆当时同游者，文字悉有渊源，亦吾湘耆旧故事，特详记之，以诏来者。

己巳处暑后三日，徐崇立题于汉石经室。

汉幽州刺史朱龟碑跋

按范书《灵帝纪》：熹平五年夏四月，益州郡夷叛，太守李颙讨平之。《西南夷传》：诸夷反叛，执太守雍陟，遣御史中丞朱龟讨之，不能克。太尉掾巴郡李颙建荣讨伐，乃拜颙益州太守，击破平之。又《纪》书永昌太守曹鸾坐讼党人弃市。是碑云：永昌太守曹鸾上疏解党坐不纠擿，获戾胥靡。按平夷在四月，坐曹事获遣在闰五月，相距未百日耳。盖夷乱已久，颙奏捷自滇池至洛阳，驿传经时。龟以讨寇无功，或先一年还朝，故曹得牵累耳。《纪》又载鲜卑寇幽州在是岁，是碑下即云：鲜卑数犯鄣塞，佥复举君，拜幽州刺史。此下历称其全善去恶。而《纪》载六年遣田晏等分道伐鲜卑，晏等大败。是时边境驿骚，救死不暇，龟安得优游敷政？此或非是年事。史既不详，碑又残缺，末由考证，否则是碑皆属虚谀，绝非事实。此蔡伯喈所谓生平所作碑文，唯于郭有道无愧词，未可尽信矣。诸名家题咏，率辨订文字，无以史校碑者，故补论及之。夜阑倦笔，老眼益昏，书未能工也。

辛未夏至前二夕，瓻叟徐崇立跋于金陵盍簪行馆。

汉小黄门谯敏、庐江太守范式碑跋

此黄小松所得汉碑五种，后归端匋斋，今不知落何许，乃无匋斋一题跋印记，何也？此影印非精本，如以金属版制之，当更精采。《谯敏碑》行间“吾儿乃效王觚翁”，响拓法欲以墨填廓，然墨色不合，转觉斑驳，石花多为所掩，只觉类犬耳。石印亦以初拓为佳，再版则形神离矣。且以为瓶斋少时所赠，因合装为上下册，仍留其题字，以志墨缘。是日雪寒呵冻，书此以当书课。

己巳长至前三日，瓻翁写于灵台旧馆。

晋关中侯房宣志跋

《房宣志》劲正方直，于汉碑中最近《熹平石经》。唯经文字小，此则大几四倍，《白石神君碑》似犹逊。此笔力晋碑罕见，新出之《辟雍颂》最少，不图于汉魏以降。睹此杰构，厥后北朝造像诡异百出，未有此比者。清代桂未谷，殆学此种也。

甲戌立夏节，瓻翁校记。

刘文清临岐亭诗刻跋

东坡笑季常河东狮吼，拄杖落地，遂为后人口实。有为之说者，谓坡诗："家有红颊儿，能唱绿头鸭。"其夫人果甚妒，安得蓄美婢？不知下句即云："行当隔帘见，花雾轻幕幕。"隔以布障，恐累盛德，仍隐用谢夫人事，未可断章取义也。

乙丑六月尽日，瓻翁漫题。

顷阅姚惜抱赤牍，有《与吴山尊书》，略云：命书《歧亭诗》，仅书一首，以称尊意，不敢与当世名书家并千秋，勿入石也。据盛氏后跋所云："乞海内诸名书家各书一帙，将以刻石"之语，足证尔时果已裒集，不止刘、姚，此外尚有若干名家。何人已否毕刻，抑石墨多佚，犹有存者不，都不可知，殊切县企。此段自第三行"语"字以上为"乙丑年书"，距今十有一年。今又岁寒，然曩时无疾病之苦，生事之嗟，如隔世矣。

丙子大雪节，灯下又题，时年六十有五。

近人学东武书者故作拙笔，遂成墨猪，痴肥可憎。不知文清寝馈眉山，积数十年功力，错综变化，乃能自成风格，岂浅人所能骤几耶！观此《歧亭诗》，乃真善学苏者也。俗伧于前后余幅妄加劣印，了无意识其可哀，正不独《歧亭诗》所咏物类也。

癸亥长夏检帖记，瓻翁徐崇立。

残腊回春，积雪初霁，正东坡所谓"岁云暮矣"。纸窗竹屋，灯火荧青，时于此间得少佳趣者。重展旧帖，不独诸城书法精妙，即盛氏跋尾，亦希踪河南静穆之气，清绝尘虑。

除夕前夜又记，兼民。

吴山尊学士鼒为孙季逑兵备之妹婿，行辈固在东武之后，疑为公门下士。观其署款简质，可知先哲风谊淳古，不复稍存客气。乾嘉风尚，朝野敦宠，今不复可睹矣。近时盛倡慈善，茹素戒杀，如其实践，未尝不可挽回劫运。而无如尧舜其口，跖涿其心，转假慈善以售其奸欺，而坚人之推信，且率兽而食人，人将食，心愈险，而祸愈烈矣。吾以为恩，足以及禽兽，必自充无欲害人之心始，区区戒杀犹末节也。盛氏跋谓，山尊乞海内名书家，各写此诗一帙，未审已汇刻否？惜仅睹此一斑耳。

乙丑新秋乍凉，又记。

南园书洞庭春色赋跋

此赋余有墨本，辛亥以前购之京师厂肆。瓶斋是册即从墨本重印。前岁余与林节和从厂肆书摊觅得，瓶斋托也。原拓亦仅此一本矣，其难得如此。

庚申白露前日坐雨，瓻翁漫记。

南园楷书大招、鹏赋册跋

己未春三月，自京师南还。道出沪上，重晤瓶斋，赠此两册。长沙小住，旋至零陵，携入行箧。冬日晴暖，合装为一册。闲窗展玩，使人神旺。

九月廿一日，兼民记。

瓶斋跋中所谓“虞山”者，不悉其人。顷检《池北偶谈》载《优老》一则，附抄卷尾，以资考证。

通政使参议虞虞山世璎，云南昆明人，以书受知世祖皇帝，特授光禄寺署正，供奉内廷。康熙十六年，世璎年八十馀，上念其先朝旧臣，自光禄寺丞擢本寺少卿，迁通参。久之，御史或言其老病不任职，上特令以礼致仕，仍给全俸。二十一年云南平，世璎疏辞俸禄，且乞骸骨，特赐白金三百两，驰驿回籍，途次贵州，病卒。

癸亥夏四月，稚叟抄记。

南园楷书鹏赋册跋

仲乾学钱亦具体而微。道州何文安公为南园督学，时所取士，文安即服膺先生书法。蝯翁得之庭训，其跋问梅堂遗墨，备述渊源，所收钱书已多。仲乾所云，殆不知有此耳。

戊寅七夕，徐崇立书。

仲乾者，李梅庵之侄，是本有其题识。

蝯叟遗墨跋

此与《南唐四百九十六字》相类，虽踵《千文》而作，然与周兴嗣专辑山阴书，此或有急就之旨耶。是犹叟壮年书，宁乡程伯翰丈雅近此书。

是册大半叟少时作，入后渐佳，盖与年俱进，最后尤精妙，则晚年笔也。

壬戌腊月，稚叟记。

是本但有石印，竟不知真迹藏谁氏。然竟有以此本熏染，伪托为墨迹者，王寄觚曾出示《续千字文》数纸，诧为创获。予举告之，翁犹有疑。予曰此不难辨，凡石印者墨采中有麻沙小孔，审之果然。又数日，过李庆僧，云新得何册，出示即此册后数页也。然已付银币数番，不可追矣。此两事皆出一手，觚翁且为所蒙，亦云巧矣。追记之，以资嗢噱。

乙丑三月望，灯下书。

匋斋藏石记跋

此吾友王翊钧宣统元年居匋斋直督幕府时所诒也。玉步既改，良友久亡，忽忽廿年，并存赠书小简，以志感怆。

乙巳中秋，徐崇立记。

岭南玉社丛书第一集跋

乙丑冬月十一日，初到广州，畏公邀游六榕寺，寺僧出此为赠，因转以见诒。

瓻叟书于木排新街寓楼。

此编记玉乃市估掮客记问之书，非学人考索之书也。古籍言玉者甚多，都不溯源。论玉质斑沁可也，乃斤斤于盘玉，此纨绔、估客所为，大雅所弗尚。盖古董家辨识器物，亦有秘本传授也。沈演公为沈文肃之孙，以道员流寓广州，尚不俗。李茗柯，浙人，以小官流寓，刻印甚工，其举止则掮客耳。吾但识此两人，至以科学考古，真逐末矣。

论玉之书，他不具论，吴愙斋《古玉图考》烜赫当世，此编亦未征及，文亦词不达意，况间以新名词耶。

名贤手札跋

是本诸名贤画像，曾公兄弟、左、李诸公皆肖，惟胡文忠像，向所见影本与此不符。沈、骆、彭三公并未见，别本末由证其然不，此札原刻本较大。此石刻缩小遂逊，然尚是乙酉重印。吾所钤印皆少时物，今不可复得矣。

丙子十月晦夕，瓻叟写记。

此本笔画讹谬模糊，几不可读，不知重印至第几版。又似坊估就印本，翻刻者不可究诘，总之恶劣而已。

己卯秋中再读记。

明清两代名人尺牍跋

石印如此，何减珂罗版耶？吾向不喜频罗书，今观此帖目录，殊似唐襄阳张氏诸墓志。世未有不工楷书而善行草者，夫以九十高年而书无老态，吾年才七十，久已目眵手颤，真愧汗矣。

辛巳春瓻叟记。

宋拓云麾碑跋

永明蒲毓彭明经，得旧拓本于故永州府知府光熙家，古香溢座，静气迎人。予一见激赏，毓彭因举以为赠，并媵以此本为对校之资，遂检《金石萃编》与两本对校，而记阙佚字于旁纸。此壬戌年事也，记此志良友之贶。

甲子元夜，崇立。

宋拓十七帖跋

庚申之夏，吾家瀓园尚书旧藏《十七帖》，纸墨皆善，精采焕发。为转售于谭畏公，酬以五十银元，视此有奴主之别。有正书局所谓宋拓、明拓，皆狄平子大言欺人，此其一也。今则覆发技穷矣。

己巳秋暑，夜灯挥汗。

旧拓道因法师碑跋

此碑原石尚在，文字未甚残缺。吾有近拓本，与此无甚轩轾。最近购得清宫藏高丽纸影印精本以校此本，则笔画剥蚀处多，宋拓绝不如此。向以为康乾朝竞尚赵、董书，板桥此跋谓其时重小欧书，何以仅见南园精研碑版，外此罕闻？殆习者如牛毛，工者如麟角耶。

癸酉长至，郁翁漫记。

何子贞临麓山寺碑跋

蝯叟生平最服膺泰和，于手钩《法华寺碑跋》详言之矣。以法华观之，面目全不类，而谛审神韵，实有沆瀣之合。颜鲁公学褚河南，道在能变化，况叟兼取众长，不名一体耶。同时购得寸楷前后《赤壁》，乃咸丰丙辰书。此为戊午书，较后二年。前则书于行馆，后则书于泺社，皆在济南。此主讲泺源书院时，可知叟于书课无间寒暑，研磨穿，笔成冢，墨为池，几于伐毛洗髓矣。

丙寅秋夜，瓻翁退颖。

张文襄书翰墨宝跋

南皮张文襄书法东坡，得其神髓。公扬历中外数十年，尽瘁经国，既不欲以书名，经纬万端，亦鲜临池之暇，而出其绪馀，固非近代名家所及。又公早达官尊，不屑屑应酬文字，故翰墨亦少流传。此书牍二册，乃光绪甲午中法之役，公任粤督时所书。湘乡蒋燕斋都转，即蒋果敏之从兄弟，时署盐运使，以廉干著者。杞山为萧韵，衡州人，时任布政使。公居鄂久，督署僚吏皆习公书，谓之帅派。度此类文字，当十倍于此，惜末由搜辑耳。

丙寅中秋，徐崇立记于广海。

文待诏草书离骚经跋

近见衡山小楷《离骚》、《九歌》旧影印，精妙绝伦，乃光绪末年物，今不可复得。此册既有大小真草之别，且无《九歌》，墨迹纵佳，一经劣工模印，神采尽失，美人止存白骨。书估但知欺人牟利耳。昨因耳食取购，姑存以备参考。

丙寅秋分后，瓻记于广海。

清道人黑女志临本跋

纪河间论诗谓：工于拟议者，无过高青邱。仿汉魏似汉魏，仿六朝似六朝，仿唐似唐，仿宋似宋，而问青邱之体裁，则莫能举也。吾于梅庵之书亦云。然惜天不假年，不及自辟蹊径，而仅以摹拟终也。

丙寅清明前日，随笔题数段，瓻叟记于海南寓楼。

金冬心书画小记跋

瓶斋疑其不真，吾谓即真亦不佳。金书出《小爨》，此书正由隶变真，学之，贵能变化。若亦步亦趋，纵使逼肖，已无足取，况未能耶。前日买帖，因其值廉又减价，偶取阅其题跋耳。

壬申岁毕，瓻叟漫记于沪上。

前此识力未充，颇喜其奇，今乃觉其为野狐禅，未脱江湖气。可知老而不学，则终身愦愦矣。

癸酉春晚又题。

何子贞书廖夫人墓志跋

叟日记亦记书文安碑，但是炎夏例免外袿，无珠补或并免纬帽耳。吾家旧藏《何文安公神道碑》拓本，少时手装成册。近过沪寓畏公斋中，于架上见此本，诧为创获，瓶斋因举以见诒。蝯叟小字碑志如此石精整者殊不多觏，携归与墓碑并庋，可谓珠联璧合矣。王翊钧言翁于神道碑乃整衣冠写之，盖闻之何氏子姓，但丰碑逾丈，书丹须身伏石上，未识犹能回腕高悬否耳。惜未见此石原拓，当更精粲也。明日还湘，书此志幸。

乙丑二月望，徐崇立记于塘山客次。

何子贞临黄庭经跋

翁有临《黄庭内景玉经》及临《黄庭经》小楷二通，乃癸卯中春为芋园李仲云书者，尚在此本前一年。其裔孙庸曾影印于海上，以奉谭畏公转以惠我。是跋云“今年写得两过”，然则尚有一本，未知谁属不可考矣。

翁云字须大于原帖，而李本较原字尤小，盖皆画格限之，不能拘执定见。芋园及黄氏宛园皆翁长日饮酒作书之地，当时所得剧迹独多。黄观察瑜，南坡先生第四子，叟日必至其园中饮酒作书，其家何迹至多，今尽散佚矣。

乙丑春夜，瓻翁散帙记。

南园先生大楷册跋

此本墨迹为熊式辉所收，不审真赝，取决于瓶斋，因寄畏老共赏。吾于讱斋壁数数见之。瓶斋今以影本寄赠，重睹旧迹，如见故人，而畏老之声音笑貌，不复可睹矣。

庚午大雪节，瓻翁题于白下寓斋灯下。

壬申冬腊，予以庸书至沪，同人迭为消寒之会。夏午诒翁招集于直心斋，见此屏县楼壁，合坐嗟叹。午翁于秋初殁于沪寓，如此旧迹，后将谁属耶？重展增慨。

乙亥中秋，瓻叟题于补拙里居。

是序拓本予最初得者，为丙辰夏，曹履祥出其先世藏本见贻。

其后，乡人盛传此本，云为木刻在衡州某氏，近始知墨迹藏夏午诒家。瓶斋假付影印，今荷寄赠，觉拓本失之肥，笔画转折及波磔麻沙处，有非勾勒所能传者。此本仅墨色稍逊，下真迹一等耳。

庚午大雪节，甋叟徐崇立时寓金陵城之勤圃，灯下写记。

黑女志徐刻本跋

《黑女志》，予所知者仅蝯叟一本，吾湘尹和白电拍一本，神理极完。予所藏为叶默安所赠，独无何跋。其重刻者为族人孟虎勾勒，即此本也。顷从长沙购来，取其有何跋，足补影本之缺，故节取而并存之。

予所藏影本、印本已数种，均视此远胜。此为尹立夫摹刻，殊有毫厘千里之差。是书临且不易，更何论刻手？独所刻何跋特有精采，海上影印，单跋即据此本，因存以备勘校。后知不惟书派，时代有升降，即摹勒亦然。古人妙斫，故非晚近所能几耳。

丙子元夜，甋翁漫记。

唐写金刚经跋

《金刚经》而为王右军书，向未之前闻。去年在湘见曹荇农一旧印本，纸墨精采，皆较此精，因假归详考，加跋其后。右军当苻秦时，及姚氏代兴，始延鸠摩罗什说法译经，盖距山阴之殁久矣。因以所疑质之谭畏公，即题于卷后，正如吾前跋所云。然书法为唐写经之精者，鸥波不能到也。恨无佳本，且留此为写经之助。

庚午立夏前日，崇立书于白下梦雨楼。

“右军卒于穆帝升平五年，去姚秦已久，且秦晋敌国，鸠摩罗什译《金刚经》，无缘至江左。此后世僧伪为，以欺俗子耳。宋人多不深考，或亦佞佛者所为。”此谭畏公题字。

瓻记。

此卷虽是赝造，而书效山阴，纸尾题字一行，与乾德勒石一行纯是欧体，竟是一笔书，与写经气韵迥不相侔，即此可证。未见原拓本，影印复不精，其为宋刻与否，未敢臆度也。

庚午芒种后日灯下，瓻叟又记。

谭张遗迹跋

易培基未达时，语必称太炎先生。民国九年，湘军逐张敬尧，易掌图书馆，怂恿谭畏公，延章氏来湘讲演，因作是跋。其后赵恒惕攘踞长沙，章纳其贿，竟于报纸诋毁畏公。综其平生多类是，此荀卿所谓“贱儒了无足取”。然培基夤缘为部长，无一语及章氏矣。

丙子大雪节，瓻叟漫记。

癸酉初夏，夏午诒招集酒楼，聂潞生分贻同座。

子武尝为余论曹之古文，颇致不满。此乃称张为友，其于畏公亦然。殊未可校论也。

丙子小除夕又记。

孟其书虽拙，尚有笔力，书卷气较多，远胜易培基之伧俗。

湘绮诗"于今嫫母皆衣锦"，此即梁亡之征也。

化三千者，江湖无赖。谄张敬尧以肆诪幻，张败遁去。

张敬尧竟饮弹而毙，而是编适印成。曾几何时，故人黄土恩怨皆成陈迹。追念前尘，不胜感慨！

癸酉小满前日，兼民记于沪寓。

周虢季盘铭放大本跋

是盘今藏合肥刘壮肃铭传家，构盘亭贮之。予赁居城南，居停周翁与刘同县，曾诒精拓本，已录簠翁是跋于装幅。吾县郑幼惺丈《独笑轩金文考》[①] 亦释盘铭，足补陈跋所未及，暇当移写是本卷后。原器殆即陈藏，后归刘氏耳。

辛未寒露，徐崇立记于金陵行馆。

初拓崔敬邕墓志跋

近人方若《校碑随笔》云：光绪丙午秋，刘铁云得扬州成氏全拓本，后归铜梁王孝禹。又王孝禹跋刘健之藏本后云："存世原拓旧本三十年来凡三见：一洭阳尚书所藏，两半拼合本；一即此本；一则敝簏所藏，有陈香泉跋者，跋从洭阳尚书后半本割来云，盖即此本也。"余尚有珂罗版精印本，有沈子培、王孝禹、罗叔蕴、莫枚梅臣诸跋，即刘健之原本也。凡拙藏碑帖，有原拓精本，其有石印者必购作副本，以备参校，亦无弃菅蒯之义。然以此本校珂罗本，神形相去不止虎贲中郎。同一印本而先后精粗之不同

①独笑轩，疑为"独笑斋"，因清代诗人袁戚书斋名"独笑轩"。

已如此，况拓本耶？

甲子夏五临碑，竟复取两本对校，因记。甂叟徐崇立。

黄山谷七祖山题诗跋

黄鲁直《次韵周元翁同曹游青原山寺长歌韵》正书，在江西庐陵县

市声故在耳，一原谢尘埃。乳窦响钟磬，翠峰丽昭回。〔俯〕看行磨蚁，车马〔度〕城〔隈〕。水〔犹〕右第一石曹溪味，山自思公开。浮图涌金碧，广厦构瑰材。蝉蜕三百年，至今猿鸣哀。祖印平如水，有句非险崖。心花照十方，初不落梯阶。我行瞑托宿，夜雨滴右第二石华榱。残僧四五辈，法筵叹尘埋。石头麟一角，道价直九垓。庐陵米贵贱，传与后人猜。晓跻上方上，秋塍乱萁荄。莲子委箭镞，葵花侧金杯。寒藤上右第三石老木，龙蛇委筋骸。鲁公大字在，笔势欲倾摧。德人曩来游，颇有嘉客陪。忆当拥旌旗，千骑相排豗。且复歌舞〔随〕，〔丝〕竹写烦哇。事如飞鸟去，名右第四石与南斗偕。松风吟高丘，何时更能来。回首翠微合，于役王事催。猿鹤一日雅，重来尚徘徊。

予曩时上七祖山，极爱其山川右第五石，故为予友元翁作此诗。〔又出上方〕之南，得古钓台，嘉遁世不见其光辉者。元翁亦请予赋诗，曰："公居一丘壑，似渔非世渔。独寻嘉〔橘颂〕，不遗予〔公书〕。笋蕨林塘晚，丝右第六石缗岁月除。安知冶〔容子，红袖泣前〕鱼。"元翁曰："青原遗迹，但有颜公大字，当并刻此二诗，使来者得观焉。"其后各解官去，不果刻。海昏王子骏以生绢来乞书，子骏于予右第七石外家有连，故书。予之能以青石板刻而送之祖山，亦一段奇事。右第八石。

右武进陆氏金石续编释文跋①

是皆涪翁墨迹，与《严华疏》、《发愿文》三者角立，上嗣华阳法乳，鲁公所谓"屋漏痕"诸法悉备，绝无努骨蹶张之状。郑孝胥之流但见丛帖赝品，所以筋露柴立，终身不悟也。独《华严》、《发愿》两种皆墨迹，故毫发无憾。此为摹刻上石，又经施氏集补，所以不逮。向不喜山谷书，以所见皆传刻假托，如《幽兰赋》之类耳。嗣见妙迹，至为服膺，此为曹履祥氏所有。乍见激赏，因举以见诒，归而详绎，始知剪裱散佚，以后为前，颠倒谬误，不可属读。亟检武进《金石续编》，灯下校对，移录释文冠于卷首，又录诸跋附卷后，于是错简佚文厘然粲然矣。诗中"落"字讹作"洛"，"鸟"字讹作"鸣"，意真迹绝不如是，皆重模致误。独怪施愚山既能辨张翼之乱真，乃不能正皐羊之误画，察析秋毫，转失之眉睫，何耶？近世海上书贾罔利欺人，如是帖不以珂罗版精影，而石印求估，前后不录一跋，使人不辨旧从何来，今藏谁氏，不倩名人校勘，致剪裱前后失序，不加厘定，且踵讹袭谬，以下卷为上卷，使初学临池，开帙茫然。护页半幅装池，四周了无馀幅，所重在牟利，误人而已。予于每页加校雠，无可著墨，乃于泐痕无墨处加朱，以识别之。衰病侵寻，眼力益眊。灯右作小字，笔势倚斜，徒怀伏枥之志，无益秉烛之明。虽恨早衰，亦缘福薄已。

己巳冬夜写记。

旧跋略云：元丰六年，鲁直为泰和令，谒郡游青原山，为其

①篇中方括号内字，原皆空缺，参照《金石续编》与《黄山谷诗集》补。

友周寿作诗。后九年，海昏王君得其字刻之，当送之祖山，未行而鲁直以太史得罪，诗遂留王氏。及太史谪还，或以王君石上墨本饰僧壁。郡守陈侯章、监郡章侯清悦好焉。于是诗再勒石，视作诗盖十八年。寿字元翁，九江人，募石刻者僧居月。

建中靖国元年十二月十二日，南昌洪炎题，彭城刘玙书。

按鲁直书凡八板，前七板皆真迹，后一板独劣，非山谷书。或当时偶遗数行，续以他手，遂非完璧。余搜山谷他墨迹补之，又集名书写洪跋，重刻此石，庶无憾云。

癸卯冬，宣城施闰章识。二跋在八石后

右碑遗笔俊伟，惜刻手不佳，有失真处，然风神故在。余尝论涪翁二诗，如后首《钓鱼台》云："笋蕨林塘晚，丝缗岁月除。"绰有唐意，但以前篇观之，则用韵既险，而说理又晦，率多牵强饾凑，欲令人以意解之。此所谓江西派也。

元牍记。

是石剥蚀已多，剪裱本前后谬误，兼诗词晦涩，读之使人闷损。以书法超妙，因详校之。阅此跋，知昔人先得我心矣。

左太傅与陈少保书跋

太傅乃文襄赠官，非生为太傅也。生前加衔为太子太保，爵为通侯，官为大学士，身后予谥皆可称也。而特书"太傅"者，以配少保耳。陈公恤典，是追赠内阁学士、太子少保。其去"太子"，特称"少保"，意在尊祖耳。不知清代并无少保，生时不以加衔，殁后不以追赠。不明故事，徒欲冒混，以诬其先，僭妄甚矣。此为贻重从弟某所辑印嘱为跋尾者。辛亥乱后，阁置至今，偶从箧中捡得，重展为之汗下。若贻重最自爱者，必不为此，因正其谬于此。

此前年题记，率尔操觚，笔秃书劣，偶散帙，见之顿觉汗愧，老而目眊，视前此愈劣矣。

癸酉春分，徐崇立书于沪上。

晋辟雍颂跋

中夏从金陵碑估购此拓本返沪，瓶斋见告，海上已影印，亟致此对校，乃审此本之舛谬。是碑原并碑阴为二巨帧，碑阴题名小字都十列，并学官三百数十人。其最上层官师结衔十五人为首列，其第二列居前者皆学官，次为礼生，散生则居弟子之前，其他学官参错诸生行间。是本于碑阴未能影全幅，则或影印学官之最上层之一列次，或影礼生、散生一二纸，举其概略可矣。乃仅影散生一类，居前为大字。官师一列十五行，原为大字者反改为小字。居散生之后，又止影前五人，且甚模糊，偏而不全。使未窥全豹者，莫晓其行列次第，疑误后生不亦傎乎？此影印之有正书局主人即狄平子，狄氏号为通博讲金石者，其在十馀年前影印碑帖，辄题签曰宋拓、明拓，实则通行之本，或并非旧拓。近又印汉书，则并北魏造像杂糅其间。其石刻两面者，且离析为二，前后倒置。初见者目眩心茫，莫悉其来历，则亦市井中之罔市利者与估侩等耳。是碑吾别有考校，写于拓本之馀纸，因有馀晷，更题此册以纠绳其欺网云。

癸酉小雪次日，瓻翁篝灯书于沪西寓楼。

文衡山书北山移文真迹跋

同时购衡山草书《离骚》，乃嘉靖癸卯书。后此二年影印都不精，唯《离骚》漫漶尤甚。此虽锋颖微泐，而墨采未渝，犹见笔法，便有泾渭之分。册后仅有范氏一跋。范氏何时人，此文墨迹今藏何处？远心楼盖托名。书估只知牟利，以备小学课本，初不为收藏鉴赏计，故草率如此。

丙寅秋分后，瓻叟记于广海。

汉东海庙残碑跋

向见退翁题跋，行楷多未脱馆阁气，盖早年书耳。此则不唯隶法古劲，题款亦饶逸气矣。此隶疑伊墨卿代题，芷翁早年书不脱卷折习气，晚学苏亦未能超。观此题款，亦绝不类也。梁、伊同乡同时人，臆决当不谬。

甲戌岁除，瓻翁漫记。

赵文敏书妙法莲华经跋

向见向乐谷藏唐人写《妙法莲华经》，硬黄笺，乌丝栏，卷长二丈以外，字殆逾万。书法端庄流丽，遒劲超逸，通体无一脱落，直如行云流水，写经至此，精妙极矣。钟绍京《七宝转轮王经》、《灵飞经》书派相近，疑为钟书，此非唐经生所能到。董香光谓“赵文敏效钟十得其五耳”，观此本可证董论之不诬。盖鸥波虽以山阴为本师，实亦兼涉褚、钟。晚年出入北海，故大小行楷并臻精妙，取非一端，言各有当，所以为大家也。坊肆近日赵书小楷影本多漫漶失真，此本差胜。病起检帖，辄题卷后，并作小楷，以当日课。

庚午谷雨前日，瓻叟记于白下梦雨楼。

吾题跋非旧迹不起草，对客挥毫，更多讹夺，即此半幅已误二字，脱一字。纵作精楷，辄有疵类，不无遗憾。精神自关福泽，非老病所可几也。

次日又题。

畏公劝购《伊阙佛堪记》石印本，亦此意。赵书唯壮陶阁刻拓俱精。近见《松雪斋帖全帙》十册仅十二种耳，挠精而模劣，乃索值百元以外。少时见村塾寒士学赵书，率软弱俗劣，皆此类误之。赵书为人诟病，皆未见墨迹及精刻本耳。迩来真迹及精刊日出人间，多付精影，如是本只寻常石印本耳，而神韵悉具。而鉴古者必欲以重值求原拓，而漫视影本以为易得，恐历久求此亦如星凤矣，可不宝诸?

小除前日又记。

适临是本，竟益审其超妙不可几及。此帖小楷一种，远不逮此矣。

南园楷书杜诗跋

先生尚有手写《杜陵五律八十首》，作小行楷，虽随手抄录，而方整遒秀，无一率笔，殆里居时教课童蒙之作，为某所得。分为二册，一售于瓶斋，一归钱通甫，因获高价。瓶斋旋审非完璧，叹惜弥襟，携游广海，嘱跋纸尾。予因对临一通。未期年，钱氏以其半归瓶斋，居然延津剑合，弥此缺憾。是本原迹殆亦在瓶斋处，亟望其续付影印，与此汇装，尤学人所深企也。

辛未谷雨，瓻翁题于金陵盍簪行馆灯下。

伊阙佛龛碑跋

予于宣统初元始临褚书，年垂四十矣。凡褚书石刻即搜求而摹写之，唯《孟法师》最难学，未敢率尔操觚。此《伊阙佛龛碑》，梦想二十年未获，近见一旧拓，字多漫漶，且索值昂。谭畏公谓精拓极难觏，不如且购影本，较寻常为胜，遂买是本归。于残蚀之字检王氏《金石萃编》对勘，用朱笔补注于行间，差可读矣。至先后拓本完缺之辨，《校碑随笔》既详，是本赵氏三跋辨之尤悉，此即赵藏本。赵声伯即临河南用功最深者，其腕力惜弱，曾不若畏老，偶模数行即能超以象外也。其小楷学晋人，但觉味淡声稀，未能得绵里裹铁之妙。老朽亦病力孱，精力日衰，望洋兴叹，得毋与赵氏同讥与？校竟，因题册后以寄慨。

庚午立夏后日，瓻翁记于白下梦雨楼。

欧阳公《集古录》云：岑文本撰，褚遂良书，贞观十五年立石。缪氏《艺风堂石目》云：在河南洛阳宾旸洞。

后一年仍购得拓本以校，是则存字较多，益知旧拓之难得。畏公之言，为不诬矣。

癸酉春分，沪寓又题。

初拓李璧碑跋

宣统元年，津浦铁道修至德州北境，获此石，从土人以银币三百购置保存所。

罗正钧记。

此《志》当清之末叶，予居京师即购得原拓本，后附罗跋，亦装册后。罗君，吾湘湘潭人，时任山东提学使，所长在古文，于金石之学无所解，故此跋寥寥数语，无所发明。因购此印本对校，字画神采无毫发差，罗独削去罗跋为大谬。所贵有题跋者，俾赏鉴家备知何时出土及流传授受之绪，原石存否，今藏何地，一削去便茫然矣。或以罗跋文字不足存，与抑书贾志在牟利省费，故意瞀人耳目，托为旧拓焉。

壬戌新秋，黐叟书于木石山斋。

此《志》予初得原拓本，旋买此影本对校。初见其别体字多，不越北碑陋习，谛审乃觉其横平竖直，方整俊峭，傅青主所谓源出隶分者也。唐碑之高者，始能仿佛之。恨予老矣，渐解用笔，而目昏腕茶，衰病支离，对此吁慨。

此《志》岂止书精，刀法亦妙，当是斩峰直下。

戊寅七夕，耄学老人徐崇立记。

此《志》文自“晋人失驭，群书南徙”以下，纪魏孝文欲与南朝连和，冀借典籍，而齐主不省。中书郎王融与璧遥通书札，启齐主得借副本。此段有关中原文献，而璧因授南主客郎。此当日外交要事，足以补证史志。俟检《魏书》，《南齐书》二史，参考加跋记以备忘，再写附元拓本后。此时痔大剧，力疾书之。

己卯秋八月二日，黐叟。

董文敏、刘文清墨迹合印跋

以时代论，当董前刘后，是册中间忽夹东武书，未记为何人赠，殆不学人所为耳。

癸酉春分题。

墨迹自佳，乃以洋纸印，点金成铁矣。

刘书吾所深契，董书则时有不惬者。清代康雍乾皆宗华亭，世宗尤极肖，于是历朝显达翕然移步，一望皆黄茅白苇，其间能卓然特立者，惟诸城、昆明耳。书道有关人才废兴，岂细故哉！

丙子冬夜又书。

张文襄论学书跋

此无题目，无年月，不知刻石何地，所谓论学书，后人强名之耳。南皮书师东坡，其大楷亦仿苏，得其神韵。凡碑帖无题跋，竟有不知其来历者，书估所为如此，通人不尔也。

丙寅秋，瓻翁记。

汉石经残字跋

按宋翻本已难得，何况汉代原石。兹本得之蒲城王故相家，凤之一毛，麟之一角，不可谓非稀世之宝。爰录顾氏蔼吉《石经考》于右，以俟识者证订。

光绪戊戌夏，双璧斋主人长沙徐鼎藩识于长沙寓舍。

右跋严君本倩人代书。壬寅，省觐长安，趋庭授简。癸卯春南旋，覆车于伊洛，泥汗不可辨。

戊申秋，在京重装，因敬谨再书并记。崇立。

此《石经》凡五段，《尚书·洪范》十行一石，《盘庚》五行，《君奭》一行，共一版；《仪礼·大射仪》七行，《聘礼》六行，各一石。见者谓为覆刻本，今以元拓对校，诚然。盖汉石久佚，故宋洪、胡二氏一再刻之。翁覃溪、黄秋庵偶得片纸，互相矜诧。至近代则洛阳先发见魏《三体石经》残石。外此，《石经》则有北平研究所藏石。萍乡文舟虚、三原于右任各藏《周易》之一段，皆多至二百字。又有鄞县马衡《汉魏石经》前后二编，又集吴兴徐氏、潢川吴氏、江夏黄氏诸家藏石，汇拓成帙。癸酉，予旅沪上，西充白坚甫拓所得十五石见诒，皆小凷[①]也。文于两家所得《周易》残石经文，文为上段，于为下段。予先后得而合装两面。经文遂分二帧。白氏又有全碑巨幅，云旧藏洛阳某士人家，吴佩孚闻而急索之。士人乃竟夜椎拓数本，次晨碎石为数段而后献。此其未断本也。惜云烟过眼，已不记其经文。戊寅夏，同里宋姤逢自洛归，携拓本约百纸，皆小无过二十字者，云以银八十元得之。时予病惫，未暇细检而还之。夫物以稀贵，昔如洪、胡诸公求片石只字不可得，今夥且层出不已，虽真已减色。宋君所示多未能审，窃疑如近日之安阳甲骨、邙山魏志、六朝造像之类，重利所趋，作伪蜂起。黎靬善眩，鱼目多混，故当慎诸。此虽重刻，拓已百年，先人手泽尤宜珍重。顷因曝帖，再题跋后，以示来叶。戊申距今三十馀年，衰年六十有八，笔法加进，而目光日

---

①此字从底本。

眊，书不称意，为之累晞。

己卯处暑，崇立又题于旎学斋。

米南宫虹县旧题跋

此《虹县旧题》，保阳莲池书院石刻本。长沙交涉署小园壁间石刻此诗并董香光《临裴将军诗》。署为前清盐法道官廨。此诗盖亦从莲池翻刻者，仇亦山为关监督。昨从亦山索得拓本取校，是本则多漫漶，不逮此远甚，盖石质有坚脆之殊耳。

癸亥夏四月检帖记，甐叟。

此帖三跋。刘景文述墨迹缘起、流传有绪，而不习草法者辄苦难读。元遗山书虽有逸趣，而枯瘠如腊，先生以诗传，不以书名，笔迹罕觏，于此得见一斑。横云山人笔法纯摹襄阳，得其秀逸，当为三跋之冠。

败管挥汗，殊愧续貂，聊以消夏，借作日课尔。

前岁得董香光《鸭鹁词》拓本，字之大小与此贴同，笔法劲逸飞动亦与此近，盖华亭亦尝问津漫仕耳。近世陈曼生作大行草，神韵略同，书法气脉相承皆有端绪，于此可探消息。

乙巳七夕重展漫记，甐翁。

米书《虹县诗》，旧惟周亦园听雨楼帖刻之，余觅之久未得。今岁乃见真迹，精采慑人，与此刻无二，知从真迹上石也。余藏此刻，后有阙佚，乃借甐翁此本钩补足之，因记其后。

癸酉长至，泽闿。

自宣统辛亥得是帖于保定，旋付装池，迄今已二十三年，岁久浆脱，方待重裱。适北客来，挟是诗真迹及米书《向太后挽词》真迹，是本索银币二万，《挽词》三万。瓶斋得见之，言初蘸墨极浓，及字多遂以焦墨直转而下，致多麻沙，想见腕走龙蛇之势，人言米老砚洼聚墨至多，及奏对刷字之说于此益信。本邀约同观，而北客已行，独悭眼福，深用悢悢。至谓真迹与此刻无二，想见当日钩模之妙。代易时移，即原石尚存，度亦经风霜剥蚀，此拓本亦未易觏。瓶斋既为重装，复题册后。予已三题，因再记于后，俾后之览者知此旧迹尚在寰中尔。

癸酉冬夜，沪寓呵冻。

张叔未《清仪阁题跋》亦记此帖，谓《玉虹楼鉴真帖》，摹勒之精与周氏听雨楼刻埒。瓶斋既见真迹，与此刻无二，可知是刻之精，前二帖不足多矣。刘景文跋二轴字上之“一”字皆剥蚀，全跋只阙此二字，似故加毁灭者，可怪也。目翳稍开，笔豪劣弱，字遂益劣矣。

乙亥春晚又题。

米南宫《虹县旧题》乃阿文成公所藏墨本，那文毅公刻石于兰山节署环碧山庄。其端尚有刘仲游跋语，追述云间田侍郎得自兵燹，中有皇统、大定纪年，盖田、刘皆仕于金者。予于咸丰壬子在皋兰手拓此本，藏之书笥忽已三十六年矣。近闻原石损失不全，爰请善化章伯和重刻，置之长宝道署长廊壁间，以公同好。

光绪三年丁丑冬日，斋谷惠年笔记。

长沙盐法道署，辛亥革命后改为交涉署，仇亦山任关监督，招饮园中。予因得见是刻与董香光《临裴将军》同嵌壁间，从仇乞得拓本。顷始检与此本对校，字较小，刻拓皆不逮此。盖彼为模勒，此则那彦成氏从墨本上石，宜有轩轾也。兹节录惠跋，以备考校。

初伏前日，瓻翁又题。

唐颜勤礼碑跋

此碑于壬戌冬初复发见于长安库廨，俱详醴泉宋伯鲁所为跋，距今已四年。予于甲子秋初重至京华，访于碑友李秀峰，得两拓本，其一浓墨拓，字画较明显，仅附宋跋；其一淡墨拓，则“铭曰”一行之后。宋跋之前有“忽惊列岫晓来逼，朔雪洗尽烟岚昏”十四字，字径二寸，行楷诗句，类东坡字，亦在苏、黄之间，不解所谓。据秀峰云，此碑四面刻字，碑文从右至左，从碑阳绕碑侧，至碑阴“铭曰”以后。铭文当在右碑侧，然已磨去，而刻此十四字于碑侧之上半截，宋跋即刻于下半截。然宋跋竟未叙及，盖宋并未见原石也。考欧阳公《集古录跋尾》载此碑颠末甚详，而无一语及残缺湮没之故，知欧公所见尚为完石也。及赵氏《金石录》云：“元祐间有守长安者，于后圃建亭榭，多辇取境内古石刻为基址，此碑几毁而存，然已磨去其铭文，可惜也”等语。按欧阳公卒于神宗熙宁五年，此碑残毁在元祐间，去公之殁已廿馀年。赵氏《金石录》成于徽宗宣和之末，至高宗绍兴中，其妻李清照始表上于朝。盖至宣和时，此碑虽残毁而未湮没，不知何时入地。观其题句，词翰俱美，似非俗伧所能。无论铭文即为其人磨去重题，即或镌诗补白，而既非题咏，与此碑无涉，又漫无首尾，存此断句，亦等于无知妄作而已，迄难索解。姑以存疑，爰以此幅付装浓墨拓本之后，并抄欧、赵两跋于册首，以资参考。

适京师图书馆吏重装宋本书籍，悉去古装书衣，予以宋纸难见，遂托范九峰乞得，取以装饰碑册，此其一也。名楮缥缃，古香溢座，附题示后得者宝之。

此碑铭词既亡，并立石年月亦无可考。题衔仅署“鲁郡开国公”，书爵而不书官，与《送刘太冲序》相同。按封鲁郡公在广德二年三月，公年五十六岁，以题衔考之，书碑当在五十六岁以后矣。

乙丑重五前日，长沙徐崇立书于汉石经室。

近检《〔颜〕鲁公集》所录此碑原文，乃据《全唐文》补辑，铭辞久阙，无可搜求矣。集文显庆六年，碑作“明庆”。因考《纪元编》，“显庆”亦作“明庆”，或作“光庆”。惟“显庆”止五年，明年即改元“龙朔”，并无六年。行箧无唐书，不知改元之月。此必有故，容更考索。又碑叙诸父行孝友楚州司马，而《颜氏世系表》作“考”。按《鲁公集》原本久佚，今所据乃吾湘黄本骥氏增补武英殿本，《世系表》则据毕氏《关中金石记》。复考鲁公家庙诸碑，校补者岂容有舛误耶！

丙寅立冬后日，越吟馆灯下记。

郑渔仲《金石略·颜书碑目》有《夔州刺史颜勤礼碑》。又载《沈传师碑》有《酬侍御姚员外游道林岳麓寺诗》，下注“潭州”。然则此诗亦石刻，皃翁谓为诗版，究不知何据，并拓本亦不传，为木、为石亦无可考。东坡云：沈辽少时本学其家传师书，晚乃讳之，自云学子敬。病其似传师也。沈辽在裕陵时铭文尚在，并不能确指为宋人书矣。

丙寅上巳后日，连雨昼晦，瓻翁又题于广州同安里寓楼。

考“显庆”改称“明庆”，乃避中宗讳。改元龙朔在二月乙未，何以仍书“显庆六年”？以鲁公之精恪，不应疏忽。记此存疑，容俟详考。

己巳处暑，长沙寄庑灯下。

此碑前年出土，余即得之，亟付文明书局石印之，以广其传。然所得拓本仅有宋跋“忽惊”、“朔雪”十四字未之见也。顷兼叟自宣南携此册来，多此二语，意即明城所谓元祐间守长安者所为。句类东坡，书近山谷，必非俗士，何乃剷毁古刻，缀此数字，殊不可解。此文不见颜集。铭词云何，殆非得宋拓不可读。伧父真恶作剧哉！

兼叟此段转海来访，匣中碑帙皆得披览。此册拓墨视拙藏少浓，并几校过，因记如此。

乙丑二月初五晨起，泽闿。

近得老友黎凫翁书钞，示唐沈传师诗，始知碑后题句为传师《次潭州，酬唐侍御、姚员外游道林岳麓寺题示长歌》一篇，此其第五韵也。凫翁跋云：“旧传此作岳麓寺有诗板，殆木刻也。颜碑铲铭刻，此岂慕传师书法为之耶”云云。诗板宋时盛行，今历数百年，久已不存，宜知者罕也。

乙丑冬后，穊翁养疴山居写记。

此碑入土当在宋元间，故明以来不见著录。广博严整，与宋广平《郭家庙》相近，鲁公晚年书也。昔人所见金石遗佚者多矣，当大半与此碑等，吾深望其再出世间也。

瓻园先生携此见示，因妄记之。

乙丑十一月望，延闿。

《金石录跋尾》：《唐颜勤碑》，鲁公撰并书。元祐间有守长安者，后圃建亭榭，多辇取境内古石刻以为基址，此碑几毁而存，然已磨去其铭文，可惜也！

洪景庐《容斋五笔》考温大雅兄弟名字，引此碑为证。洪序题"庆元三年"，"庆元"为南宋宁宗纪元，容斋犹及见此碑，则是时尚未入土可知。已在广州时，曾检《鲁公集》，俱载碑文，颜集多从《唐文粹》等书裒辑者，然铭文终不得见矣。

丁卯正月十四日又记。

智永真草千字文真迹跋

目迷秘阁千金帖，谁识王家有素风？一笑平生应自忏，居然惊走为真龙。初看疑为唐人书

唐贤笔法祖禅师，石墨宁论骨与皮。无限真人天际想，此生应恨不同时。

考帖评碑意若何，半生辛苦学虞戈。可怜不令苏斋见，应悔矜夸隼尾波。

绝技真如镜取影，双钩响拓复何须。此时眼福真无量，三表熊熊照座隅。家弟适寄鲁公三表真迹印本来

己未十二月三日灯下，为兼民老兄先生题。

养空居士延闿，时在郴城。

渊默道兄来书，诧此帖之佳，亟走书求假观。初展视，以为

唐经生优为之，不必永师也。及更推寻，始知其妙，信乎非隋以后人作矣。元初赵、邓、鲜于以及柯、俞诸人皆有志复古，以直追晋人自命。向疑其非是，今睹此迹，其渊源所在，亦尚可寻，意者东晋风流亦有类此者。不得见古人真迹，第从石刻探讨，真不得谓为善学也。且吾闻之，六朝人书以韵胜，此则似未逮之，倘所谓时代压之者邪？因将寄还，辄题奉质。

己未十月十日，延闿记。

留置案头，览观七日。笔满而气静，变化不测，诚非永师不辨，吾前所窥犹未至也。

又七日记。

此谭茶陵先生为余题《智永千文帖》语："兼民先生老友购得此本，嘱余录之。余亦乞兼民写前诗于帖后，互为抄存，亦鼓鼙中一韵事也。"

己未十二月六日，浏阳刘善渥记，时同客零陵。

明陈继儒《妮古录》云："智永禅师写真字《千文》八百本，每了，人争取之。但是'律召调阳'即其真本。石本是内降贞观年中也。俗本称'律吕调阳'误也。"又明秣陵盛时泰《苍润轩碑跋》记陈僧智永真草《千文》云："近世初学，以此为楷则。吾乡王逢元，字子新，以此得名。但学者多浊恶可恶，遂至见者哄堂焉。《群玉堂帖》后有后半幅，字体微肥，有丰度"云云。据陈眉公所云真字《千文》，此则真草兼行，或当在八百本之外。盛氏所云《群玉帖》后之字微肥而有丰度者，殊与此本相类。是本首幅已损，字半漫灭，而"召"字笔画完显，可取证陈说。智师此帖风骨遒秀，纯任自然，实开后人无数法门。远则赵文敏，近则刘文清，疑皆得其一体。帆随湘转，望衡九面，吾无以测之矣。既求畏公题句，复乞渊默吾友抄前跋附之，辄续貂尾，以志忻赏。

庚申烧灯节，长沙徐崇立记于永州旧观德堂。

何蝯叟题智师千文诗并序

右军书派自大令已失真传，南朝宗法右军者，简牍狎书耳。至于楷法精详，笔笔正锋，亭亭孤秀，于山阴棐几，直造单微，惟智师而已。永兴出智师，而侧笔取妍，遂开宋元以后习气，实书道一大关键，深可慨叹。薛嗣昌刻石，计当在为梓州陕西转运副使〔时〕，故止见长安崔氏本，且云置之漕司南厅。然所云八百本施之江东诸寺者，何以南方绝无闻见？孙退谷云“今尚有墨迹存世”，恐亦传闻之词，未曾目睹确知也。翁覃溪以欧阳不见全本，赵氏不入著录，径臆断以为宋初书迹，薛氏不当遽以入石。且谓薛氏能品鉴《定武兰亭》，非不知古书，亦误信而镌勒之。又谓顾亭林精考金石，亦收此帖，并疵退谷推重薛氏之功为谬。薛氏父子固皆以翰墨名，乃顾、孙二子之精核，亦岂翁氏所能企，特以生平祖述《庙堂》，醉心赵、董，习为倚侧，故于此帖之横平竖直有意贬之耳。先文安公藏宋拓本，临仿有年，每以“横平竖直”四字训儿等。余肄书泛滥六朝，仰承庭诰，惟以四字为律令。于智师《千文》持此见久矣，未敢宣诸楮墨也。雨舲中丞工书耽古，出示一本，虽非宋拓，然神采腴润飞动，自是数百年物，假归与家藏本对看，无端触发，一泄鄙私，质之南翁[1]，以为何如？铺张大指，复成一诗：

---

[1]“南翁”，原校：“南”字疑是“雨”字之误。

右军书自南朝尊，萧羊王谢相叩扪。官奴难嗣况馀子，传之方外七代孙。蒲团曲几书千文，八百本止一本存。迄今是否有墨迹，无由遍访江南村。宋初官帖称祖石，千家模刻枝叶繁。手眼独出有薛氏，父子弟兄精讨论。兰亭而外智师帖，为书力挽狂澜奔。棐几流传此血乳，唐人时亦窥篱樊。永兴侧笔紊师法，寖至楷则失宋元。乌乎此事非小技，忍令正变淆流源。覃溪诗僻字亦钝，金石之气非不敦。特矜博见出溪刻，敢蔽后学为伪言。先公勤习阅年岁，意境直造铁叶门。小子肆书惭负荷，谨从平直求巨根。语铃道人真有道，腕力健运翔鹏鹍。和诗既许有同调，论书见谓为知言。公馀不废谭艺乐，石墨磊落谐琴尊。乍合两美相视笑，忽摅咫尺忘阙烦。欲从实际见本末，敢凭私意为轾轩。唐突苏斋岂足计，千载伯施谁讼冤？

此册既乞艮公题句，又请亡友刘渊默抄茶陵题跋附后。其年艮公从郴阳下长沙，旋解兵符，居海上两阅岁华矣。渊默未一年下世。今春因购得蝯叟《顾祠春禊图》，从雷民苏同学假《东洲草堂诗集》读之，见是诗，欣然录之，以资考证。蝯翁是篇乃题旧拓本者，未见墨迹，故于孙退谷之论，疑为传闻。然所谓“神采腴润飞动”，取证是本，信非虚语。吾未见墨迹，犹得影本，眼福胜蝯叟矣。

一月前何诗题跋未竟，以客至辍笔，延阁迄今，可知城居之纷扰。所书乃逊于前岁，非有退步，笔为之也。

壬戌谷雨后二日，瓻叟记于长沙东茅巷之梦雨楼。

《丹鉛馀录》云：《英光堂帖》有米元章临智永真草《千文》，与今本大不同，乃知古人临帖，不论形似也。岳珂跋其后云：“摹临两法本不同，摹帖如梓人作室，梁栌栋桷，虽具准绳，而缔创既成，气象自有工拙；临帖如双鹄并翔，青天浮云，浩荡万里，各随所至而息焉。《宝晋帖》盖近乎此者也。”又为之赞曰：“永之法，妍以婉，芾之体，峭以健。马牛其风，神合志通。彼妍我峭，唯妙唯肖。故曰：袒裼不浼，夜户不启。善学柳下惠，莫如鲁男子。”余谓不但临摹法帖，看画亦然。今人见画不谙先观其韵，往往以形似求之。此画工鉴耳，非古人意趣，岂可同日语哉？欧阳文忠诗云：“古画画意不画形。”苏东坡云：“作画以形似，见与儿童邻。”真名言也。明俞弁《逸老堂诗话》。

嘉定程庭鹭《多暇录》：殷铁石，梁武帝时人，今法帖二王书皆有铁石字，见《东坡诗注》。《尚书故实》：《千字文》乃铁石于大王书中拓一千字不重者，每字片纸，集碎无序，武帝召周兴嗣韵之。北齐萧子范之作已不传，而金坛王氏《郁冈斋帖》题曰：魏太尉钟繇《千字文》，右军将军王羲之奉敕书，起“二仪日月，云露严霜，夫贞妇洁，君圣臣良”结二句，与周氏同，是兴嗣所次当有二本也。又“律吕调阳”宜作“律召”，正与“闰馀”偶对，随智永禅师写真草八百本俱作“律召”。

癸亥春分节，蝯叟抄记。

注苏诗者不止一本，应详引何注、何诗，庶可征信。永师墨迹止存此本，程氏能尽见八百本耶。

何蝯叟跋牛雪樵藏智永千文宋拓本

颜鲁公与素师论书，谓“折钗股何如屋漏痕”。屋漏痕者，言其无起止之痕也。顾唐贤诸家于使转纵横处，皆筋骨露见，若智师《千文》，笔笔从空中落，从空中住，虽屋漏痕犹不足以喻之。二王楷法俱带八分体势，此视之觉渐远于古。永兴得笔于智师，乃于疏密衺正处，着意作姿态，虽开后来无数法门，未免在铁门限外矣。先父安公四十岁时，得此帖宋拓本，遂专习之，垂二十年，晚年笔力乃少变，今雪樵丈人得此本，纸墨气韵，殆如骖之靳。丈人与先公交契至深，蒙委题记。回忆子舍受书，寒灯侍砚，光景不可再得，凿楹之藏，遗帖无恙，披展对观，怆悒何能以已。

时道光壬寅冬十有二月。按雪樵即咸丰时官两江总督，望寇奔逃之牛鉴。

又题智师《千文》

自从侧笔出虞戈，历宋元明踵谬多。试玩智师佳拓本，效颦贻笑是鸥波。

清仪阁题智永《千文》。盛泽王旭楼藏本。

永禅师《千字文》，当时行世甚多，皆已不存，存者惟《大观》一刻耳。秀水文后山曾得一库装宋本，有董文敏题签，已为吴郡友购去。此系宋时薄楮所拓，盖真南宋时物，可珍也。

蝯叟题咏作两段抄者，前止见诗集，后又得题跋，故补录。张氏清仪阁题识亦续购者，凡有考订是帖者，随见随录不能诠次。诸家皆止见刻本，无得见真迹者。蝯叟目空千古，于山阴、永兴且有微词，独于永师心折，屡见题咏。所见止佳拓，倾倒如此，矧得见真迹耶？自珂罗版出，毫发无憾，即宋拓亦不足尚矣。

癸亥浴佛后二日，苦雨初霁，瓻翁写记于瓶斋西轩。

《清河书画舫》云："李文正公家藏智永《千文》一卷，是藏锋书，非细玩不能穷其意趣。前有宋徽宗瘦金黄绫云'梁释智永真草千文'，合缝用'宣和'等印。虽历久远，而字画略无残缺，真天地间尤物也。今在武林高氏，某尝敬阅。"品之上上。

隋释智永真草《千文》旧有石刻，今阁老长沙公所藏，乃其真迹。较之石本，字大而肥，气韵飞动，优入神品，为天下法书第一。穆游公门，公尝示穆《清明上河图》，继复出此。一日之间，获观二妙，何其幸与！何其幸与！都元敬跋。

赵子昂家智永《千文》，为汤君载借摹，易去一百六十五字，见《研北杂志》中。此别本也，李本毫无残缺。

智永砚成臼，乃能到右军，若穿透，始可到钟、索也。可永勉之。（海岳名言）。董逌《书智永千文帖》：智永书梁所拓集千字至八百本，江淮诸寺各留其一。至唐而见于时者虽众，然真伪并出，藏书者已病其难得也。观右军书托永和，世谓默符圣典，有乡背之宜。而智取永名，谓潜即玄踪，尽其家法。故侧勒努趯，荣掠啄磔。虽尽其法度，而纵擒缓急自出法度外，若泰豆之御，进退履绳，旋曲中规，取道致远，气力有馀。此岂可求于书侩画贩而论真伪耶?《千字》其初本，得右军遗书，梁武世尝令殷铁石拓一千字，每字一纸，杂碎无序，因命周兴嗣次为韵语。当其成时，一夕须鬓尽白，谓心力极于此文。当时甚重其书，诏令萧子云写进，而后世以书名者率作“千字”，以谓体制尽备，可以见其笔力，然非书得成法者，亦不能尽工也。杨文公谓敕当为梁字本，后人作草书笔画转移误尔。陈时，朝廷命令未加“敕”字，其说诚然，知为字谬也。广川书跋。

唐僧能（诗）〔书〕[1] 者三人，智永、怀素、高闲也。智永书全守逸少家法，一画不敢小出入，《千字》之外，见于世者亦无他书，相传有八百本。余所闻存于士大夫家者，尚七、八本，亲见其一于章申公之子择处。逸少书至献之而小变，父子自不相袭。唐太宗贬之太过，所以惟藏逸少书，不及献之。智永真迹深稳精远，不如世间石本用笔太痴也。

---

①原校：“诗”字当是“书”字之误。

右《石林避暑录》，但节录其论智永一段。

小除夕冻墨。

此本卷首题字已漫灭，“敕”字之为“梁”字与否，无从辨识。惟两行平列，“周兴”二字隐约可睹。此文乃梁武帝敕周兴嗣次韵，则“敕”字当属“梁”，于陈何涉？考陶弘景《旧馆坛碑》云：“梁天监十三年，敕买此精舍，立朱杨馆。”则梁时命令已有“敕”字，明明见于碑版。如此，其他《千文》石本、临本“敕”字宛然，必非无据。永师至隋时尚在，则“敕”字岂不可属隋乎？杨氏好立异议，广川亦漫不加察耶。

甲子春正月，崇立记。

赵瓯北《陔馀丛考》云：释文莹《玉壶清话》及《宋史·李至传》载宋太宗曰：“《千字文》本梁武帝得钟繇破碑，爱其书，命周兴嗣次韵成之。”然《南史·文学传》则谓梁武帝有王羲之书，命周兴嗣次韵为之。则所谓书者，盖宋人传记之误。《刘公嘉话录》亦云：《千字文》本梁周兴嗣所撰，而有右军书者，皆当时集字成之也。按梁时撰《千字文》者甚多，梁武尝自制《千字文》，命沈众为之注，见《南史·沈约传》。又南平王尝使萧子范制《千字文》，命记宝蔡远为之注，亦见《南史》。而《隋经籍志》兴嗣《千字文》外又有二本，一为梁国子祭酒萧子云注，一为胡肃注。又有《篆书千字文》一卷，《演千字文》五卷，《草书千字文》一卷，俱不载名氏。隋秦王俊又命潘徽为《万字文》。唐以后又有改次《千字文》者。封演《闻见记》：周逖改《千字文》首句以‘天宝应道’起，将进之，先呈右相陈公。陈问曰：“翻尽乎？枇杷二字如何？”对曰：“惟此二字依旧。”陈曰：“如此还是未尽。"逖逡巡退。明人卓珂月崇祯中作《千字大人颂》，又将枇杷二字拆开，有云"郁尊黄金，膳枇素木。枇音七，义取祭用素枇也。姑妇任绩，夫男秉杷。杷，田器也"。此又皆从《千字文》翻新以见巧者。至杨文公《谈苑》谓《千字文》开首题云"敕员外郎散骑侍郎周兴嗣次韵"，"敕"字乃梁字传写之误。当时帝王命令尚未称"敕"，至唐显庆中始谓"不经凤阁鸾台，何名为敕也。"此说甚谬。上命为敕，自汉已然。第自唐以前犹上下通用耳，非朝廷转不称敕也。况此开首数字，应即兴嗣自书。兴嗣方仕梁，何由即自标梁代耶。

尝读《南史》，始知《千文》之作不止一编。即思搜集诸家，校其异同，都为一集。今按赵氏胪举史传，大都有目无书，代远年湮，无可眷录。盖同时集字既罕，墨本流传更无，智师绍述固有幸有不幸。是编之外，有何蝯叟所书《续千字文》，龚定庵《聚录南唐五百字》，续编不详。据何本为临、为录，皆不可知。龚本已云，《聚录》其非原帖，可知此两种皆蝯叟书。余仅有印本，未见墨迹。酷暑流汗，眼昏墨滞，附记于此，俟更博考。

乙丑夏五，书于山斋。

何蝯叟《跋旧拓肥本黄庭经》云：合南北二宗，为书家度尽金针。前惟《黄庭》，后惟《化度》，中间则贞白鹤铭、智永《千文》耳。九月廿六日。

长洲叶昌炽《语石》云：梁武帝得王羲之《千字》，命周兴嗣次韵为文。又诏令萧子云写进。是《千字文》在梁时已有二本。隋智永写真草《千文》八百本散于世，江东诸寺各施一本。今西安碑林中有宋大观己丑刻石，出于长安崔氏所藏真迹。然其中唐讳如“虎”字、“民”字、“基”字皆缺笔。赵德甫谓“天宝以后人为之”，良为知言。唐初欧、褚各有一本，欧书贞观十五年附子“附”字即“付”字笔讹隐之明奴，通之善奴，命工摹石，安于学舍东壁，是当时即有石本。王虚舟得宋拓本于锡山秦氏宝华别墅，后以赠黄松石，即小松先生之父也。辗转归衡阳常南陔中丞。潭印阁中丞又得何梦华双钩本，摹刻于石。董思翁《戏鸿堂帖》有率更大字本，此集字而成，非真迹也。褚书有渤海藏真一本。余又见明拓本，字体略小，异曲同工，然过于侧媚。覃溪虽收入《唐碑选》，未敢信为果出河南也。此外篆书有宋梦英一本，袁正己以正书释之。草书有唐怀素、张长史、宋石曼卿三家。长史一石已断裂，葆光子亦仅存残石三段。分书有元吴志淳一家至正十七年十月石藏天一阁范氏。行书有赵文敏一家，前后俱无跋。“臣伏”字误书“服”字，旁著一小“伏”字。又有僧启东白重摹一本，并见《苍润轩碑跋》。余所见文敏尚有《临智永真草千文》，后有至元危太朴、至正元明善各一跋。又有六体《千字文》，延祐七年秋九月书，为湖山先生寿。一小篆，二大篆，三八分，四章草，五楷书，六草书，后有明万历间邢王端题字藏印。篆籀既不合古法，章草亦不逮宋仲温，疑出妄人依托。盛氏《元牍记》所录又有鲜于伯机草书一本，明徐子仁三体书一本，皆未见。所见明人书衡山大小字不一本，雅宜山人王履吉亦有行书一本。盖明间人能书者大都喜书之。

《千字文》有二派，其初因王羲之残存字编集成文，而周散骑实创其端。他如《怀仁集圣教序》、《兴福寺碑》、龚定庵《集南唐五百字》皆集王书，名异而实同也。何蝯叟所书《续千字文》虽未言何所据，要亦集王书者。次则元许衡《演千字文》已多重字，亦非王书，遂失其本意。又如近人王宝云用《千字文》重编《帝京编》、《励学篇》，争妍斗巧，意不在集王书，更出周逖之下矣。至《陔余丛考》胪举《千文》种别，叶氏此编则搜讨《千文》石刻拓本均极翔实，两书可以参考互证。又褚书黄麻《千文》著录于张氏《清河书画舫》，今石刻在保定莲池书院。宋潜溪谓如"铁丝萦结而成"，与叶氏所云"侧媚"者迥然不同，当别是一本。宋高宗书《千文》刻入《三希堂法帖》，此皆彰著之迹。叶氏皆漏略未载，可知博洽之难言矣。山居休暇，日作小楷为书课，兼以校书考碑，披览有得，随笔作笺记题跋，盖不徒临池已也。书甫欲竟，忽肝气发痛甚剧，草草毕工。谛审前后所作行楷，自已未至今，忽忽阅八年，吾已五十有六矣。书不加进而日退，衰病侵寻，可胜慨叹！

丁卯人日，书于汉石经室灯下。

《语石》所称赵荣禄书《六体千文》，去年夏间始购得石印本，篆籀及章草诚有如叶氏所讥，颇疑为伪托。质之谭畏公，谓非凡近所能辨。嗣又得赵书《章草千文》影本，乃出清内府真迹，后有鲜于伯机诗跋、更生翁二跋。章草朴拙萦结，皆带隶分，与吴兴平生锋发韵流者迥别。困学推崇备至，词翰俱美，更生考据綦详。当日石渠宝笈、宫府秘藏，叶氏未由窥见也。此以章草写《千文》，自是智师之别派。宋仲温亦有此写本，又与吴兴不同，皆非山阴遗矩也。予自丁卯人日题记于长沙乡庐，不两月而湘乱作，举室迁城。迨去岁自夏徂秋，长沙两经失陷，又迎细弱避地江南。旧腊始命威儿检所藏弆，择尤雅者挈之以来。重展此卷，距丁卯旧题又历四年，年六十矣。不胜唏慨。

辛未元旦，甒叟记于金陵寓斋灯下。

己巳夏还长沙，于族弟季咸斋中见重印本，则尺幅缩小，仅存肤廓，神气索然，削值至银二元矣。益知影本之最初出者，亦与碑帖之初拓、书板之初印同为难得。畏公尝劝买石印、玻璃版印，谓："与其得原石晚拓，不如此为初拓精印也。"观此，弥足珍重。昨从白下运至行斋，重展漫题。

癸酉春分前日，晚霞老人沪寓退颖。

铁限僧坊迹未移，千通真草了无遗。兰亭墨迹何由见，只说萧郎奉使时。

厉太鸿《宋诗纪事》：华镇字〔安仁〕，会稽人，元丰进士，官至朝奉大夫。有《会稽览古诗》九首，右一绝《咏铁门限》，自注云："王中令裔孙智永善草隶，为世所重。求者弗违，户外之人如市，所居限频为之毁，以铁固之，时号铁门限。真草《千字文》十九年成一千通。柳诚县称其书得家法，世传《兰亭》真迹，弟子辨才尤加宝秘。贞观中求之不得，至使萧翼以奇计取之。山中父老尚能道其事。"

载籍所著或云千本，或云八百，或云五百，但今只存一本耳。吾于此册爱玩不置。凡唐以后，故书雅记，有涉《千文》墨迹者，悉录附后。时阅廿年，馀幅已满，而孤陋闻见有限，精力既耋，目眵腕弱，又遭乱避山村矣。

戊寅清明节，耋学老人跋于瓜庐，时年六十有七。

《南史》所载集《千字文》者多矣，余别有纪录。宋以来，写《千文》者多矣，而无若智师之显著。尝览故书雅记，有涉是帖者，辄移写册后，以资博闻。后幅已满，更就册端副页写之，附以臆见。景迫桑榆，复丁寇乱，聊以销忧，无暇诠次矣。

戊寅谷雨，耄学老人记于瓜牛庐。

宋周密《齐东野语》记绍兴御府书画式，其“碑刻横卷定式”内记智永《归田赋》栏道高七寸二分半，每行阔八分，共四十四行。是《千文》之外，见之石本，止此一赋。叶石林所谓“见于世者无他书”，盖石林并此赋亦未之见。而此书画式所列隋唐墨迹，未著细目，不审尚有其他真迹，抑此赋有无墨迹在御府，皆末由考见也。

梁茝林章钜《归田琐记》云：《千字文》有三本，齐萧子范之作不传，梁周兴嗣所次，据《梁书》、《南史》皆以为王羲之书，乃《尚书故实》云：“武帝命殷铁石于钟、王书中拓千字，召兴嗣韵之，一日缀成。”《玉溪清话》亦云：“梁武得钟繇破碑，爱其书，命兴嗣次均成文。”所说不同。《宋史·李至传》亦言是钟繇破碑，而盛百二《抽堂笔谈》云：“右军所书乃钟《千文》也。”金坛王氏《郁冈斋帖》题曰：“魏太尉钟繇《千字文》，右军将军王羲之奉敕书。”起四句云：“二仪日月，云露严霜，夫贞妇洁，君圣臣良。”结二句与周氏同，是兴嗣所次亦有二本不同也。余偶为人书《千字文》，“律吕调阳”作“律召调阳”，观者或以“召”字为误，请削易之。余曰：“召”字不误。宋吴坰《五总志》云：隋智永禅师居长安西明寺，自七十至八十岁写真草《千文》八百本，人争取之。但作“律召调阳”者，皆是。按“闰馀”与“律召”，正是对偶，不知何时误作“吕”字。余藏董香光手书册亦作“吕”矣。

赵明诚《金石录跋》：后周《河渎碑》云：“天和二年，建内史大夫琅琊王褒字子渊造文。赵兴郡守赵文渊，字德本，奉敕书。”余尝读杨大年《谈苑》云：《千字文》题敕员外郎散骑侍郎周兴嗣次韵，“敕”字当乃“梁”字传写误耳尔。当时帝王命令尚未称“敕”，至唐显庆中始云“不经凤阁鸾台不得称敕”，敕之名始定于此。按此碑及唐瑾撰《华岳庙碑》皆文渊奉敕书。后周距梁时未远，又隋薛道衡撰《老子庙碑》，唐初虞世南撰《孔子庙堂碑》、《杜如晦碑》，欧阳询书《昭陵九成宫碑》皆作奉敕。如此类甚众，略举一、二，要知（不）始于显庆六年之论非也。然唐人所谓“不经凤鸾台不〔得〕谓敕”者，盖言命令皆由庙堂出，非谓敕之名始于此也。

董逌《广川书跋》云：“智永书梁所拓集千字至八百本，江东诸寺各留其一。至唐而见于时者虽众，然真伪并出，藏书者已病其难得也。观右军书托永和，世谓默符圣典，智永取名谓潜印玄踪，尽其家法，故侧勒弩趯，荣掠啄磔。虽尽其法度，而纵擒缓急自出法度外，若泰豆之御，进复履绳，旋曲中规，取道致远，气力有馀。此岂可求于书侩画贩而论真伪耶？《千字》其初本得右军遗书，梁武帝尝令殷铁石拓一千字，每字一纸，集碎无序，因命周兴嗣次为韵语。当其成时，一夕须鬓尽白，自谓心力极于此书。当时甚重其书，诏令萧子云写进。而后世以书名者，率作“千字”，以谓体制尽备，可以见其笔力。然非书得成法亦不能尽工也。杨文公谓敕当为梁字，本后人作草书笔画转移误尔。陈时朝廷命令未加“敕”字，其说诚然，知为字谬也。

《南史·沈众传》：众，沈约之孙，为太子舍人。时梁武帝制《千字诗》，众为之注解。世只知帝敕集《千文》，而《千字诗》

则帝自制。诗既不传，而知者亦鲜。度亦集山阴书，否则古来作百韵者多矣，百韵即千字未足为异。齐梁时，五古无巨制，七言歌行、五言排律皆未兴，遂以此为创作耶。愧读书太少，以未见此诗为恨，且不曰“百均”而曰“千字”，意亦集王书。记此以俟博雅之考定。

此段从壬申日记移录。

癸未长夏，七十二叟又题。

宋人言永师手写《千文》八百本，今传人间者有关中石刻，清俭殊甚。尝见宋拓本亦然，但略腴泽耳。往客金阊，闻元和顾氏藏墨迹一本，托亡友费峐怀编修为介谋一见。未逾月，编修遽卒，竟不果斯愿。寻得见传刻本，则较陕刻为丰，乃拙而不健，意尚非出永师手。后于东友小川简斋许，得见此本，则多力丰筋，神采焕发，非唐以后人所能仿佛，出永师无疑。昔贤评右军书势雄强，永师传其家法，固应尔尔。此不但可压倒关中本及顾氏所藏，且可证宋以来官私法帖、右军诸书传摹之失。亟写影精印，以诒好古之士，即此以求山阴真面，庶几不远，岂但供临池之助而已哉？

宣统戊午二月既望，雪堂退翁罗振玉书。

谭祖庵庐山纪游为杨杏佛书墨迹跋

庐山诗，畏公手写诗稿已录入。辛未春，栖霞山境发见萧梁陵墓残碣数种。公约异日同往访碑，询同游者有杨杏佛诸人。吾向薄其人，攒眉而出。杨与妻乃自由定婚者，晚好渔色，妻与仳离而未绝。癸酉春，为人狙击死。治丧之日，妻往哭。有客访其居，雇妪新至，不识也，告以故，客曰："吾与主人习，当坐俟之。"径登楼。向晚妻归，媪迎告客语。妻亟入，则客已渺。诧诘妪，妪详述客状。妻指壁间像曰："其类似乎？"妪仰视，果然，大骇欲绝，立求去。强留伴一宿，不可，襆被径出。是时吾寓沪，与其居近，市人纷传杨鬼访妻。其死由自取，兹未暇详也。

畏公久居政地，太丘道广，乃游羿彀而狎海鸥。吾性孤僻，嫉视尘浊，偶与若辈值，则傀焉不可终日，不能与之为无畦町，麋鹿难训，山林气重，其毕世困厄，宜也。午后操觚即为客扰，败管疾书，竟以五官不能并用而止。灯右续书，愈觉怪丑，太息而罢。

丙子中秋后日，瓻翁。

谭祖庵墨迹跋

春间自京南还，过沪，下榻畏公小斋中。文勤公手书《诸葛武侯戒子书》县壁间，即书与畏公者。冬初重经黄浦，于几案间见此册，挟以渡海。仲晖世友因呈畏公，乞书古格言。武侯是编即在册首，赎背则杂写旧诗，重规叠矩，垂训谆谆，宜其家学渊源，芝兰蔚起。中晖颖迈，工诗文，兼通绝国语。质近高明，宜济之以沉潜。是册即是师资，岂唯诗翰之美哉！

乙丑嘉平，徐崇立记。

董文敏书鹎鵊词跋

按《欧阳文忠公诗集》，此诗注云：鸭鵊，催明鸟，京师谓之"夏鸡"。若"鸭鵊"字，《广韵》曰"杜鹃"也。《尔雅·释鸟》：

誉斯，鹎鶋。注：鸦乌也。小而多群，腹下〔白〕，江东亦呼为鹎乌。盖鹎、鹀各为一鸟，鹎鹀连称则为催明鸟耳。学诗而多识鸟兽草木之名，三百篇以下何莫不然？香光题："疑鹎鹀词上必有脱文，不止丁未下有断缺也。"此本虽木刻而锋芒毕具，而拓工尤足以传神。吾前误认为董作，陋矣。

庚辰天中节校记，耄学老人时年六十有九。

苏文忠题挑耳图真迹跋

观《王晋卿诗帖》，笔法风趣，极类坡书，诗旨旷逸，亦近苏体，盖当时苏门宾客浸成风气。颍滨书与长公略同，而转折处有似北碑者，宋人殊不尚碑版，殆偶然暗合耳。山谷诗书皆自成风格，行草有从篆、隶出者，如《华严疏》、《发愿文》，与其他书夐别，空诸倚傍，此所以为豪杰与？此帖书于缣素，丝织甚粗，非从真迹摄影，未由见也。

乙亥处暑，甋翁写记。

张长史郎官石记序跋

自西学入中国，而古学浸微，抑自西法入中国而文学转盛。唐以来，碑版法帖流传人间者，愈久愈亡。唐宋拓本稀如星凤，非有势力者无由蓄藏。寒士之处穷乡僻壤者，终其身求一见且不可得。自晚近珂罗版出，唐宋名贤墨迹亦日出人间，一日可印万遍，神形俱备，毫发无憾，岂唯下真迹一等哉？而后知翁覃溪、何蝯叟诸公之双钩、响拓之徒劳，面目且不能无失，更无论神韵矣。是本诸跋多援引苏、黄，止刘青藜引南丰，人皆以子固无书名，故无措意者，特补录之。南丰当日虽激赏而不甚矜重，可见宋时流传尚多，非孤本也。此本后归匋斋端方。光绪己酉，马叔容同年以考职来京师，主吾家。叔容为匋斋门人且幕僚也，匋斋以直隶总督罢官家居，适新印此本，以赠叔容，转以见贻。辛亥之春，谭无畏先生来京，因乞其题端。独怪匋斋印行以公诸世，乃无一题识印记，殊难索解。叔容下世忽已十年，畏公居海上，别又三年矣。匋斋遭难后，其子不克负荷，所藏弆多斥卖，不知原本今在何许。即求此精拓本，亦不易觏。十馀年间，沧桑屡变，模此一编，不胜兴亡存殁、今昔聚散之感，辄续貂尾，以志墨缘。

壬戌上巳后日，甋叟徐崇立书于木石屋。

综览诸贤题跋，林文忠公小楷精极，印章亦多，可知醉心名作。三复不厌，真书秀劲足征，才大心细，出其馀艺，犹足胜人。钱樾行书，何其逼肖梅溪，岂代书耶？覃溪评碑精采绝伦，转觉太多，近于破碎。蝯叟短章精妙，远胜后题。从知率尔操觚，不及含毫邈然。荷屋中丞虽止数字，而金石之气扑人，眉宇古味盎然。吾此跋锐意求工，乃以矜持太过，讹误颠倒，谓之狗尾宜矣。满目琳琅，对之增愧。

兼民又记。

沈书《罗池碑》，即蝯叟所藏，去岁之夏，瓶斋寄影本来，畏公传示，高出此碑多矣。以未可久留，未及一临为恨。沈碑册中，蝯叟亦题是诗，过眼云烟，未及对校题年孰先后也。是碑屡加审谛，了不解其精粲，特方整有规矩。张颠以草胜，物以罕见珍，诸公亦震其名耳。蝯翁谓“无从窥见笔法”，微词可揣矣。

辛未立秋日，甋叟时寓金陵校碑书课。

近年移寓沪渎，复从假《罗池碑》，留览数月，谛审沈碑曾藏刘健之处。蝯叟题句，乃刘氏乞蝯叟之孙诗孙先生移录册后。题诗分明，兹乃误记为蝯翁笔，既缘迫促，实由昏耄，书此自讼。

癸酉小寒节。

赵书玄妙观三门记跋

北宋以后，碑版文字远不逮唐，惟君谟《万安桥记》犹有平原矩矱。此外，虽坡公天资迥绝，无所不能，然碑碣不如行楷。至元初而吴兴崛起，接武泰和。此后虽文、董之流但工简牍，后人斥赵、董为侧媚，未可同日语也。生平服膺蝯叟，吾无间然，唯于力屏鸥波未敢苟同。如此记及《福神观》、《仇公志》、《龙兴寺》等巨制，唐以后能颉颃者何人耶？论古不宜有门户之见，未敢守一先生之说也。

此碑未见原拓本，向藏覆刻本，枯瘠全无生气，而碑首有“玄妙观三门记”六字篆额，此本已佚。又松雪结衔在碑后，只云“书并篆额”，然则当有撰文人衔名及立石年月，今皆不可考。苏州玄妙观尚有吴道子所画石栏，予有拓本十馀幅。前数年观毁于火，栏已灰灭。吾拓本亦为白蚁蚀尽，并影像不存，此石当亦付劫灰矣。独恨是为洋纸印，非精影本耳。

己巳冬月重装。风雨祁寒呵冻，瓻叟徐崇立书于盍簪行馆灯右。

吴画拓本幸免蚁蠹，前未检得，误记。

癸酉中冬，又题于沪上。

此碑真迹藏霍丘裴氏。昨得《壮陶阁帖目》，著录乃无一印记。予藏裴帖未得全帙，此影印当胜墨拓，惜纸不佳耳。

甲戌清明，晚霞老人再题于沪上。

陵阳牟巘撰文即叙入文内，不别署题。吾前既误墨迹为刻石，疑其亡佚，又不审撰文之人，不唯见闻狭陋，且失之眉睫，重题志愧。碑额为“玄妙观重修三门记”八篆字，墨迹已佚，赖翻刻本尚存，裴氏殆未见，惜未模补耳。

玉梅华庵临古法帖跋

三日卧病，适此本重装，讫强起题端。苦雨蒸湿，窗黑眼蒙，头晕手软，宿煤败管，凑成五乖。甚矣吾衰，执笔叹愧！

丙子夏至前五日，瓻叟。

光绪初，先祖考净仙府君监榷于衡山县之雷家市。时清道人之父兰孙先生知县事，时有游岳赏花之招邀。余尚童稚，即钦其词翰之雅。庚寅夏，始识道人于故友黎薇孙座上，由是过从渐稔。君时致笺轧，偶仿山谷作书，辄临北碑，未见模帖也。其中进士以未尝习功令书，因告停殿试一科，专攻卷折，后竟得庶常。又以未工写散馆大卷，嘱余书一卷。散馆卷一行十八字，视殿试少且疏，横直有行列者，此后知者日稀，故特著之。余时为诸生，及获乡举而科举废，屠龙之技无所用矣。此后南北分驰，离合不常。辛亥夏，在燕台为余画纨扇，仿恽南田水墨，书亦肖，其他二扇书各异体，乃知君多才艺，愧知之不尽也。沧桑后，时见其行楷、狎书，大都一鳞一爪耳。至其擘窠以上楹帖、题榜，率作北碑，尚不能越陶濬宣范围。寸楷临碑则各极其妙，墨浓如漆，盖由腕力不能举尔。近因阅市，欲求宋人帖不可得，适见此本，则自魏迄明诸家毕备。生平见君临古，未有若是之集大成者。君好高言碑版，不屑临帖。此以粥书，勉徇人请，自叙已详。出其馀技，犹胜时流。恨所见止此，惜其不多。是虽影印，已经三版，然海市已为稀觏，前后护纸破裂，欣然买归重装。虽未得宋帖，亦买褚得薛矣。

丙子夏至节，颒叟徐崇立题于旄学斋。

畏公遗墨跋

南京帖贾张熙伯，人呼之为"张古董"，其人诪张为幻，妄欲托名雅流以射利。吾湘龙萸溪翁，别号"希静"，曾裒集谭畏公生平所诒书札，付米家舫裱店装册。张估亦号"希白"，遂窃摹四札，移改"静"字为"白"，付印牟利，因以自炫。问沤从金陵携以见，希静将揭诸报纸，以发其奸。予前书畏公墓志，嘱张刻石，张因以拓本遗海陵人谭组荣。谭冒为己书，印于海上，售券居奇，亦经发露，印本遂隐没不复见。又予曾以刘平国摩崖拓本寄售，张私摹原跋作伪，旋即呵止收回，小人不可与作缘如此。是本倘流传日久，谁复能辨其真赝？故详著之，并分注诸札，校正其伪云。

壬申白露节，晚霞老人书于沪寓。

此书最精，韵兼苏、米，原迹交张处，已刻石，非假托。惟后跋乃恶札续貂，可恨耳。

此书大似东坡《寒食诗》，使天假之年，何难直到宋人？惜乎甫及五十、即殂谢耳，三复惋慨！

丁丑雨水节，灯下重展记。

旧拓争座位帖跋

《争座帖》覆本至多，无虑数十。先君旧藏既非古拓，因于长沙故家得此本，费银十元。携至燕台重装，谛审亦与旧藏伯仲，唯纸墨尚旧，当是数十年前拓，差不恶劣耳。此帖煊赫有名，自来考订及勘校，石墨多不胜纪。少小临摹碑版，于古帖未暇研寻，兼力不能致精本，取充数而已。郑习叟五十以前，书法苍劲超脱，时习是册，题端犹可见鳞爪。乃六十以后，粥书海上。转趋时尚。前后相校，颇有何堪渭城之叹，何也？寒宵散帙，漫题纸尾。

癸酉日长至，褔叟沪寓灯下书。

山居长夏，酷暑晒帖，遂检三本对校。先君藏本稍肥，模糊特甚，殆是长安刻。岁久石泐，拓又不佳，然偶有数字犹见精采。又海上影印本，某氏自跋，号为“安师文”，原石刻拓皆劣。安吴二刻自袁清容、王虚舟已未之见，忽指为安刻。近世庸妄人滔滔皆是，殊不足论。是本笔画甚瘦，而拓墨尚佳，波磔转折俱存，犹可节取也。米氏《书史》记此帖是唐畿县狱状，槌熟纸起草，内小字，是于行间添注不尽，又与行下空纸边横写。与刻本不同，石刻粗存梗概耳。夫以海岳所见刻本已然，无怪吾所见无一惬心者，故不当责虎贲之必肖中郎矣。此墨迹前归裴伯谦，详《壮陶阁帖》叙目。予曾见是帖，今了不记忆，并影本亦不复见矣。

戊寅初伏重校记，时年六十有七。

赵松雪书六体千文跋

庚午夏，在白门即购得墨拓影本，以古籀少，未必符《千文》之数。疑非赵书，质之谭畏公，谓此非鸥波不能到，至“荼”、“村”诸字，《说文》所无，遑论大篆。疑篆籀所书者，必以偏旁并合成之。故非深通小学，未能错综严守许学者并徐锴新附字斥不依据，不知洨长已云：字者，孳乳而生者也。后世事变日繁，名物象数不知纪极，安可墨守旧例？于此可观其会通焉。智永《千文》“律召调阳”本作“召”，宋高宗御书“召”作“吕”，吴兴此本亦然，其踵讹袭缪者抑有故君之思与。是帖从内府本影印，视覆本为胜矣。

癸酉严冬，晚窗冻墨，頫叟。

孙虔礼写《千文》已作“吕”，不作“召”，盖唐代已然矣。

此清内府本。先得影本，黑地白字，使人疑为石刻，乃帖估于此本未行之前，故变其面目以牟利。此径从真迹影印，固较翻本为佳，惟诸印记用红油，而非朱色，俗恶可厌，致为白圭之玷，不可磨矣。台铉之重，且为庸妄窃据，坐视神州陆沉，何论翰墨韵事耶！

同日记于沪寓。

孙退谷《庚子销夏记》云：“吾家有赵文敏六体《千文》，惟楷书纯类智永，盖以虞伯施参合为之，遂为千古之绝。”予有智永《千文》真迹影本，与此不同，意其八百本中或有相似者耳。退谷未言为墨迹，或彼时别有拓本耶？今夏酷热，予久病暑，兼目昏腕弱，精力益耄，炎景流金，殊非文字所能销矣。

庚辰大暑，瓻叟又记，时年六十有九。

影旧钞本碣石调幽兰跋

右《碣石调幽兰》一卷，为《古佚丛书》之一，书为琴谱传授指法，以协宫商，非深研琴操者莫明其旨趣。旧为传抄卷子本，即论书法，亦唐人行楷之精者。观敦煌石室唐人所书经卷，可见当时风尚，皆褚、薛之支流也。同时买得《雕玉集》，亦《古佚丛书》之一，为茧纸最初印本，较此尤精。书法超妙，亦远胜此旧藏。日本精刊书数种，其前后护页、边幅皆四周折叠整齐。此犹宋本线装之遗制，今中国久已失传，知此者鲜矣。白绵纸虽旧仍涩。忧患衰病，老眼益瞀，求工转拙，聊以遣日耳。

庚辰处暑，郗叟写记，时寓白下城南。

旧拓争座位帖跋

《争座位帖》无虑数十本，吾所藏数本，其一以重值得之，亦寻常拓本耳。此为先君旧藏，尚是覆刻之略佳者。楹书珍重，子孙世守。王氏青毡，自是故物，未可忽也。谨题以示来叶。

丙寅岁毕，徐崇立书于食旧堂。

王氏《金石萃编》历举宋至明凡七刻本，王虚舟只见关中本，今在西安碑林者是也。予有三本，对校各不同，都无题跋，究不知为何本。意此七本之外，又不知凡几刻。就三本中，以浓墨拓者较胜。此本棉纸拓虽非佳拓，而石花满纸，当亦旧刻也。长夏山居避地，酷暑不出，时惊风鹤，晒帖散帙，因复校记以遣幽忧。

戊寅初伏，再记于瓜牛庐，时年六十有七。

定武兰亭瘦本跋

是本为临川李氏藏，以付影印，志伊世友举以为赠，前后有其尊人筠庵先生印。据后跋，本出柯丹邱，后归孙退谷，旋为上海徐紫珊所有，最后归吾县黄氏。志伊出自黄氏，册中印记历历可考，流传有绪，信为旧迹。徐氏收藏遭粤寇之乱，大半散佚。前岁游粤，谭畏公得所藏欧书《心经》以诒。吕无闷曾假临数日，有“紫珊被贼拘囚”时题记。时黄荷汀官上海道，云为护持，故黄氏所获独多。黄氏日微，吾于其戚某家见数种，此特其鳞爪耳。徐氏以得隋《董美人志》石，因名“随轩”，所刊金石书甚精，夫岂比匪者哉？真以怀璧为罪耳。今过眼云烟悉为星火，尚收藏者可以鉴矣。因有感于斯，辄记纸尾。

辛未谷雨后五日，䋎叟徐崇立书于金陵盍簪行馆。

尹氏影本于前后题识未印，独印徐紫珊一跋，不唯《禊叙》文字毫发无憾，即退谷“定武墨宝”四字亦神采奕奕，此则精气索然矣。

湘潭老画师尹和白曾创墨晒法，影印何藏《黑女志》，特为精妙。予有两本，不知于此帖亦有影本。昨瓶斋招饮出视，与此本霄壤悬殊，笔法毕俱圆劲方折之妙。平生菲薄《兰亭》，于此得见山阴棐几庐山真面，乃知原本精刻。此多漫漶，直影印之不良耳。惊叹不已，因记其略。

癸酉岁腊寒灯，䋎叟书于沪渎。

谭畏公《甲寅日记》云："李筠庵家看五字已损瘦体定武《兰亭》，即尹和白所印者，原本乃不如印本精采。可怪按筠翁仲子志伊前三年始以是本见诒，彼时尚不闻有尹本。"曾读《日记》，亦漫不经意，昨冬始见于瓶斋，诧为创见。因假而对校，遂加前跋，仍未见原拓。重读《日记》，乃知影本转胜原拓，从知艺事之精，竟青于蓝不止，如叶鞠裳所谓"续命汤"矣，宜覆本之瞠乎居后，且不必索观原拓矣。前跋犹是臆揣，于此释疑辨惑，亟援笔再题。

甲戌立夏后五日，晚霞老人三记。

是本有精写修禊诸人诗与后序，又何沈画图为尹本所无，亦足并重。

瓻翁题跋卷四

影钞卷子本雕玉集跋

右《雕玉集》残帙，为《古佚丛书》之一种，写本既精，刊刻复妙。书法极类钟绍京书《转输王经》，而疏宕过之，奇趣横生，饶有北碑遗意。唐人写经率如此，盖去古未远，矩矱犹存，此又其精者也。历代以“天平”纪元者二：一，东魏孝静帝；一，即唐时日本圣武天皇也。是本末题“天平十九年”，此为日本传刻，当即倭人书矣。光绪甲辰夏，予以考中书入京，购得日本旧刻数种，皆茧纸印，前后护页用厚楮，四周折边，数十卷整齐，不差累黍。二十年复游燕都图书馆，见宋本线装书式已然，近代绝未之有。礼失而求诸野，乃知日本犹存古法。今中国学校早已废经，近江汉横流，惨遭屠毁，祸烈于焚书坑儒。典籍沦亡，异邦人方以重值捆载以去。倘有日月重光之会，网罗放佚，且再劳重译耳。向欲购《古佚丛书》全部，苦值昂，力不能致。近始从吾湘书贾谢星德得是本，为茧纸印，当为黎氏在东瀛最初印本，远胜白绵纸续印者。书贾不知丛书原为荟萃群籍汇为巨帙，原属可分可合，乃误为畸零，妄加单行本朱记以掩其迹，适为蛇足耳。

庚午处暑后五日，瓻叟徐崇立退颖，时寓白下城南。

魏张黑女志精影本跋

湘潭老画师尹和白以新法影印《黑女志》，余前后得三本。此初印最精者，然止有何跋而不精。族人孟虎重刻本亦尹手钩，而何跋极精，而《志》文失真。是本诸跋乃成都影印。辛亥武昌起兵，蜀已大乱，龙萸溪自蜀归挟是本，为谭瓶斋所有。余从谭许获窥全豹，始恍然于蝯叟诸跋多系包跋之后，其所诘难，多为包发。乃尹徐止录何跋，令阅者茫然。此讲金石所以贵通人也。蜀印止一本。癸丑之冬，余榷茶小淹，遂从瓶斋假抄附装别本《黑女志》，后汇为一编。顷归敝庐，苦雨岑寂，复移写此本馀幅，以当日课。因纸幅无多，用小字抄之，不复能摹仿跋字，次序依旧耳。复从诗集中得一跋三绝句，抄附纸尾。此不独诸摹印本所无，即蝯叟当日，度亦未写入志册，非曾读《东洲诗集》者不知也。雨窗纸晦，老眼益眊，行画攲斜，遂有甚矣吾衰之感。

甲子夏五月廿八日，缾翁徐崇立书于汉石经室。

此影本稍后，如“凄泣”中衍一“长”字，字旁原有连三点，以为识别；是本则涂墨太浓，点已为墨渍，不复显矣。知影本、石印皆有先后之差，不独拓本也。是法今不传，即此本亦未易致也。

庚午小寒晴窗，缾叟又记于江南寓斋。

《翁松禅日记》丙申三月，有题徐颂阁所藏奚林和尚《乙瑛碑》二绝句，从知奚林甚富藏弆，禅室尚不止一志也。

小寒节后三日灯下又题，旧灵台馆主。

此张氏夫妻合葬志，《志》中并及妻之氏族，而标题不书“合葬”，盖犹古墓志例也。装池边幅，畏老题记宛然，遽成遗迹，重展不胜凄恻。

瓻叟又记。

此碑予藏二影本，均尹氏印。顷取初印本与此对看，神采、笔画远胜此本，乃知影本亦有先后精粗之殊，初印本弥足珍已。

甲子元夕前日，瓻叟徐崇立校记于汉石经室。

壬申，予在上海始得无锡秦氏本，影印甚精，并宋锦梅花帖面亦具。予有影印本数册，此本外当以秦本为冠。艺苑真赏社，秦氏所创也。何星叔初以此本质于秦，屡以术诳之，后竟归之，所费已巨矣。乙丑距壬申已八年，畏公之言果验，公谢世倏逾十稔，今日人间何世？摩挲遗墨，岂止此帙增重哉！记此，百感横集。

辛巳白露，瓻叟年政七十。

中华民国十五年一月十八日，茶陵谭延闿得观于广州盍簪行馆。

丙寅六月廿八夜，茶陵谭泽闿得观于广州越吟馆，明日，将东还沪也。家弟瓶斋于乙丑十月初八日得见此原拓本于道州。何心叔为蝯叟曾孙，而诗孙先生子也。帙外以蓝布作袱，其当为蝯叟手题，以宋刻丛梅花锦为面，即装潢亦在。明时拓墨薄而沈古，字口精湛如新，蝯叟小字跋在包安吴跋后。顾氏《日知录》三行则朱书，比此印本皆差瘦云。蝯叟藏《石门颂》，与此本皆得之奚林和尚者，《石门》今在家弟许。乙丑十二月初五日，发箧得家弟前书，因记之。

延闿。

此墨本今在上海，家弟见之，题跋多朱笔，非久当更有精影本示世人也。

延闿又记。

尹先生学石印未至，以油墨加宣纸，故如此白文浓厚，翻成古雅，若题识诸字则漫漶不可观矣。谓之因误成妍则可，以言神悟新法，未免失辞。吾因农髯之言太过，故为释之，非有所轻诋诃前辈也。

乙丑大寒，延闿。

定武兰亭肥本跋

自来言帖学者，莫不首推《兰亭》。宋时士大夫家刻一石，游丞相一人刻至五百种之多，故以定武石刻为第一，以为不失古法，而肥本最为难得。此本墨色黝古，用笔浑厚，犹有钟元常风度，如“欣”字末画翻落，章草笔也。“向”、“因”、“固”诸字，汪容甫先生谓似始平公，非得此本，何以证其言之非诬。包慎翁谓六朝人之不可及处，只是满足，无一阙处。山谷称扬风子下笔到便乌丝阑，今观其迹，只是满足，合观乃可悟古人笔法。至“群”字之直，“崇”字之三点，殊之蟹爪，帖贾皆能言，故不复缕缕。

甲寅三月，清道人。

予藏碑甚富，至帖已无多，《兰亭》则绝无佳本，亦不访求古本影印。摹勾自晋至明，此岂复有精神？恐糟粕亦微矣。宋游氏之五百本，翁覃溪之一撇一点，皆须考校异同，皆使人哑然失笑。前徐君艺仙偶挟此见过。予初睹此肥本，其腴且劲，雅近钟繇，以为实有绵里裹铁之妙，非他本纤弱䠷尚神韵者，艺仙因留以为赠。帖前有清道人跋俱佳，盖亦仿钟书。道人生长湖湘，与予习。每见其临帖无不肖妙，乃彼唾弃不屑，必欲高言碑版力求险劲。身殁之后，见其擘窠大字，总觉撑转不稳，外强中干。观此跋与题签，熟为活泼，可以证矣。是亦可宝，故题而藏之。

己巳长至前三日，秠翁呵冻记于盍簪行馆。

孙退谷得柯丹邱传本谓之瘦本，取与对看，此诚为肥，彼实不瘦。孙谓实是一石，但拓墨有浓淡轻重，遂有肥瘦之异耳。柯本字画微有缺蚀，而字口锋芒完整，神采奕然。此虽点画较完，如首行“会”字，此本初画犹可辨，彼则全灭。他多类是，未暇枚举。而精采较逊彼拓，亦有两影本。又以湘潭尹和白所印为胜，梅庵之弟筠庵影印本且大逊，尹印是同一摄影，且有上下床之分，何论刻拓。是犹羊脂玉之白比并，则高下分明。宋世士大夫家刻一石，更不胜究诘矣！

甲戌惊蛰后三日，秠翁重校于沪寓。

前此不悉彭氏仕履，近重展《翁松禅日记》，称其书斋曲折可喜。又称其在翰林院讲经与谭文卿诸人争辩，声色俱厉，所记皆在同治初元，始知与翁、谭二公同馆。其书室精雅，藏弆可知，唯题字仿苏（州）则不工。尝谓宋四家苏、黄最难学，学苏者，唯一吴匏庵，黄更无闻焉。予今年五十有五矣，目力益昏，写此如隔重雾，良可悚慨。

丙子谷雨乍晴，瓻翁漫记。

米老《跋褚临绢本兰亭》云：“‘欣’字合缝，用证摹刻‘僧’字，果徐僧权合缝书也。”此影本“僧”字已磨灭不见。渤海藏真所刻，米老得之苏氏，其所藏之第二本也。其“僧”字乃减少其笔画，岂米老所赏若是之劣乎？知摹勒之苟简，唯是本“僧”字独完。辗转传刻之差异，如此禊帖刻本殆如牛毛。故吾独赏玩诸跋，宁买椟而还珠耳。

孟法师碑铭跋

长洲叶昌炽《语石》论摹本有云：“褚法惟《孟法师碑》有翻本。所见以岭南叶氏本为最胜，今宋拓孤本亦在。临川李氏翻本大都皆从兹出”云云。据叶氏所见，翻本甚多。其言“岑文本题衔”一行，度一出最旧覆刻，故存字较多。若云即出是本，则无此题衔矣。予来广海倏已经年，不闻有是刻。叶云谷故物，仅见所刻丛帖，不精。阮文达所书风雨楼榜售诸潘氏，椽瓦无存，又安从得此旧拓并几对校耶？泚笔不胜弹指楼台之感。

丙寅重九前夕，夜深薄寒，风雨打窗，正满楼风雨近重阳时也。瓻叟倦笔。

检校李氏唐拓原本，此本所刻题跋，惟弇州兄弟二跋、王虚舟一跋、王梦楼二跋，原本有之。又陆谨庭一跋相同，至何义门、孙平叔、吴荷屋、姚伯昂诸跋原本皆无。又春湖侍郎原本前后共五跋，此本皆刻碑尾。李秉钺一跋即侍郎所称之“蕙甫叔”。盖京师重摹是本在壬午，而侍郎题记在癸未，殆刻竣后始以诒侍郎。考悉始末，积疑顿析，为之一快。

立冬夜又记。

曾见义门跋万卷楼此碑翻本，引此本云："曹绳武所藏，弇州作跋时空而不书，偶失记耳。"

此本勾摹既精，毡蜡亦妙。盛时物力丰富，士大夫雍容文艺之乐，尤想见也。然尔时舟车既艰，收藏家率多矜秘，不易得见。每有罕见之本，辄以孤本相诧，实则天壤之大，何能以耳目限吾所见闻？昔所谓孤本者已三，数见碑帖之佳，故不在此也。昔人论书每以"一碑有一碑面目"为言，不知古人毕生只有数碑，书非一时，自无同理，正不必以为矜眩。吾儿时过申江，有携《孟法师》求售，不能辨其真赝。迄今追思纸墨，亦数百年物，非后人所翻。然则天下之宝，俯拾即是，心诚求之，必可有获，又不可自馁矣。

乙丑十二月初五日，延闿记。

兼公出此拓嘱题，时被酒，夜阑眼花人倦，草草写数行。今日视之，翻成一笑。越日又记。

余有宜都杨氏双钩木刻本，与此无二，惟王敬美以后跋皆不存。杨氏亦仅云得之都中，故家似不知曾归静娱室，且未见此覆本也。此百年前纸墨，犹有内府猪肝拓风味，致可爱玩。，而装工甚精，字口襞折未平，殆出名手。若付重裱，慎毋令重叙，浓浆损此神致也。

乙丑十月廿日，兼民将转海访仲兄，携此过沪得观，因题。瓶斋。

翁文恭辛酉日记云：三月初七日，五兄携《孟法师碑》来，盖铁冶亭物。纸墨均旧，字画肥厚，绝似虞永兴。后有覃溪跋四纸，大略谓孙退谷、梁茝林所藏宋拓，同是宋时翻本，与此无毫发异。又云真本在吴中，悬价千金。由“鄢郢而连城”句下脱失卅五字，“广开众妙”句下脱失百五字，以退谷手跋之宋本较之，悉同，而此本尤坚厚。

按：所称“五兄”，即翁同爵，官至湖北巡抚。“真本在吴中”当即指缪氏本。彼时李氏本未印行，公或得之传闻耳。原本无何、孙、吴、姚诸跋，义门本题翻本。孙、吴、姚皆同时人，临川或未装入，当别有意。覃溪所跋又一翻本。是本为最后翻刻，仍当在粤刻之前耳。

唐人写金刚般若波罗密经跋

最初见吴荷屋中丞所藏一段耳。近日精影本有北魏及隋人写经，多非完帙。旧藏墨迹有唐人书《心经》、赵松雪书《金刚经》二本。清季敦煌石室出土唐人手写佛经无虑数百卷，最精者已流入海国，其散见于海内者大都残本。其完帙最精者，只谭畏公藏《妙法莲华经》第七卷，首尾完具，书法超妙，生平所见以此为第一。他如钟绍京书《七宝转轮王经》，拙藏有墨迹影本、有拓本。此自古名家写经流传至今，莫先于此矣。厥后自赵吴兴以下，如刘文清、翁覃溪诸家，类多写《金刚经》，不胜举。昨闻有唐写《金刚经》，亟往购致，展卷乃见为残帙，颇为失望。然书法遒逸，可断唐代士流书，非经生书也。欧波小行楷时有此笔法，从知其荟萃众长，不徒矩矱山阴矣。深夜援笔，纸涩眼昏，不暇掩恶。

辛未秋分前夕，崇立题于心佛堪。

蝯叟藏麻姑仙坛记三本合装跋

翁松禅题赵次公藏宋隔麻拓小字《麻姑山仙坛记》二绝句：

掷朱丹砂事渺茫，隔麻翠墨费评量。人间何处非游戏，沧海蓬莱梦一场。

缅缅千言重剖疑，兰陵静叟是吾师。谁云错引丹霞记，洞底珠还景祐时。

自注：《丹霞洞天记》，宋景祐时樵竖锄得，断其一角，与罗汝芳跋谓“正德中出土”者不同。

昔跗追寻一惘然，白头话旧亦前缘。奚童贪觅重开本，又费山中买米钱。

自注：仆人以三百钱买得翻本《仙坛记》。

张兰思《瓶庐诗校补》云次公此本有桂林舒弘德、阳湖赵烈文跋，诗中“静叟”即指赵也。师既题句，复精楷，手录舒、赵二家跋及自题之诗，别以旧拓《仙坛记》装为一帙。首记云：“光绪己亥九月十二日，假赵次公宋隔麻拓小字《仙坛》，后幅虽不甚明朗，而珠光剑气，慑人目睛。金笺装有万历庚戌桂林舒弘德题字三段，因录于此。”后又题云：“平生所见《仙坛记》，以王蓉洲丈藏宋拓为最。辛丑正月忽复睹之，以校此本，纤悉相合，惟彼无断缺，正如针刻圆劲耳。师殁后，手录本不知所在。”赵氏旧藏今已散尽，隔麻本更不可踪迹矣。

此帖有裴伯谦印记，知曾藏壮陶阁，而所刻乃无其目，殆小字古拓摹刻不易耳。予初未省有此，及得此乃第四版，已多漫漶，想见初印必稍佳耳。此旧迹今不知落何许矣。

戊寅长夏，徐崇立年六十有七。

影印定武五字已损本兰亭跋

米漫仕跋褚临黄绢本云：至“欣”字合缝处用证摹刻，“僧”字果徐僧权合缝书也。今观此本“僧”字，米说良信。

金氏本有蕲水陈恩浦跋云：“未尝不临文嗟悼”之“不”字，末笔微有石花，翻刻误作“句”，此尤足证他本之误。今谛视此本“不”字分明，作“勾”而微断，并检孙退谷所藏瘦本亦同。金本之“勾”更微略似石花，但米南宫所藏两本无“勾”耳。要之，此帖原是摹本，有“勾”与否，未足定媸妍。若以此三本合校，则陈说误矣。

近检武进金氏藏本与此对校，竟是一石，泐处石花相同，而“九年”之“九”字勾处更肥肿，他笔类是，知拓本更在是本之后。右“兴感之由”，“由”字，此下有直画，已不可解，彼本且连上画作“申”字，愈谬，当是拓时墨渍混合耳。邢子才日思误书，谓是一适。吾于帖亦然，亦借琐耗奇尔。

癸酉腊八日，又题于沪寓。

此谭畏公春间所惠本也。册首有公题：“检《兰亭》模刻，自唐以来已数百本。浩如烟海，未暇详考，要以定武本为最善。魏晋去古未远，笔力浑厚淳古，未有以纤削为美者。是本笔画丰腴圆劲，矩矱犹存，的是精刻。”旧藏石墨甚富，独阙《兰亭》，以佳本难致也。重翻篋衍，殊有孝标青简尚存之憾。

庚午小雪，徐崇立记于白下寓斋。

右东坡跋，亦桑氏博议所录。桑氏又称天禧中，相国曾元蔼有唐勒石本一卷，卷尾有文皇敕字，傍勒“僧权”二字，明是押缝书矣。岂东坡所见只存“僧”字，尚得为善本乎？右军虽笔误，要不至是。又晋人已以通用屡见于《晋书》，是右军不误，东坡转误矣。陋不若是，窃疑其伪，未见真迹，姑附录而辨正之于此。

晚霞老人。

宋高宗校定武古本跋有云：“叹斯文之见于世者，摹刻重复，尽失古人用笔之妙。”是南宋之初已然，今更安所得精本耶？桑氏又云：“宗室子画，有旨宣取所藏定武本，遂摹刻禁中。”此跋是也。又长安喻琺记薛绍彭在中山得此叙石本于公橱。宣和中有旨索取，薛氏父子通夕摹效，意欲速覆三重纸并摹之，故字画肥瘦不同。此二事相类，一在宣和，一在绍兴。此石究竟是一是二耶，疑莫能明矣。

斯时正值日本海陆军围攻吴淞已两昼夜，炮声如雷，久困危疆，不无震悚。昔紫珊当赭寇之乱，为贼幽囚，于狱中题所藏晋帖。予尚苟安法界，所遭差胜于徐，且弹雨群飞，朋游踪绝，聊复摛翰，以写我忧。

辛未除夕前夜，徐崇立记于沪上寓庐。

崔敬邕墓志铭跋

按敬邕，《魏书》附《崔挺传》云：挺从祖弟修和，修和弟敬邕，性长者，有干用。高祖时，自司徒主簿转尚书都官郎中，所在称职。迁太子步兵校尉。景明初，母忧去职。后中山王英南讨，引为都督府长史，加左中郎将，以功赐爵临淄男。迁龙骧将军、太府少卿，以本将军出除管州刺史。库莫奚国有马百匹因风入境，邕悉令送还，于是夷人感附。熙平二年，拜征虏将军、太中大夫。神龟中卒，年五十（四）〔七〕。赠左将军、济州刺史，谥曰恭。子子盛袭爵。除朝请。”以上《传》所述如此。考其历官，与《志》合，惟《史》仅云“挺从祖弟”，而其父官爵并祟，亦皆不著。魏收《魏书》一传附录至数十人，但见世系官爵连编累牍，而行迹可纪者寥寥，国史竟同家谱。收自谓神州分裂，宗法沦亡，中原旧族著之国史，略存谱牒之概。然于此已不能详，知其遗佚多矣。敬邕除营州刺史，《传》作“管州”，稽《志》所述，当是“营州”。盖“营”、“管”字形相似，转写致讹耳。《志》云：“卒于熙平二年”，而《传》云：“神龟中”；《志》云谥“贞”，而《传》作“恭”；子“伯茂”，而《传》作“子盛”，皆当以《志》为据。此等纪载，国史自不及家乘之详。“伯茂”、“子盛”义通，或以名字互误耶。又送还风马一事，《志》转不载，则又互有详略。六朝文多浮藻，不能据事直书，反没其实，此其所短也。山居避暑，长夏无俚。检所藏碑版参校史传，考而跋之，以当日课。久旱酷热，墨燥纸涩，老眼益眊，流汗及踵，然不能自已矣。

乙丑六月六日，𦉜叟书于汉石经室。

寐叟晚年书名籍甚，殁后一楹帖值四十元。吾所见率多颓唐，未有如此之遒峭，笔如削铁，韵趣横生者。意谓叟书蹊径，颇近吴荷屋而又不同，皆饶有金石气，故自不凡。当光绪中叶，曾来主湘水校经堂讲席，未几径去。予时为校经弟子，未及授课，竟未一面，漫不经意。至论叟书，要必以此为甲观矣。

丁卯小暑前日，汉上小楼坐雨漫记。

“儒”字下一字全泐，定海方氏《校碑随笔》历举残泐笔画，独未及此，岂方氏所见扬州成氏所藏，整幅拓本完全未泐耶？安得从而质证，以释此疑？

戊辰元夜前夕，汉上寓斋重校记。

按方氏所校乃据丹徒刘铁云本，此则庐乡刘健之本，或有不同，惜无从对校。前已节抄方记，顷附录于罗跋之次，操觚率尔，不及详审。甚矣吾衰，良用怍叹！

吾湘黄虎痴先生《古志石华》跋《宋刘袭墓志》后云："《志》首叙曾祖以下衔名，列在题前，与《北魏崔敬邕志》同例。"先生是书刊于道光末年，是曾见此《志》别本者已如此，莫氏说未误。前跋妄下雌黄，亟正之以志过。

戊辰夏六月，抱关记于茅江榷舍。

祖父题名本在志题之后，其在题后文前者，《刁遵志》是也。列妻子名在铭词之后，《李超志》是也。覆刻本不误，此本剪裱原误也。

乙丑夏五月廿三日又记，是时大旱酷热，一字未终笔即枯燥。

定海方若《校碑随笔》云：据剪裱本，共七百五十四字，约二十九行，行廿九字。旧在直隶安平，已佚。原拓绝不易得。福山王文敏曾藏半纸裱本，得自华阳卓氏，自"济州刺史加谥曰贞礼也"之"州"字起。庚子文敏殉国难，此册归丹徒刘铁云。殆丙午秋，铁云又得全纸拓本，为扬州成氏所藏。中"出围伪义阳"之"出"字微泐，又"太府少卿"之"太"字第三笔微泐，"临青男忠"四字上二字右旁泐，下二字左旁泐，"乡发邦丘"之"发"字右上角、"伪城偃飚"之"飚"字"炎"旁俱微泐，然不能掩字也。书体类《刁遵志》，熙平楷法由晋开唐；洛南薛氏固于《刁遵志》言之矣。读此《志》，益足征其言。近人摹刻双钩，神理全失。孔继涑刻入《谷园摹古》亦不见佳。上海先有石影本，末会稽陶氏题记四行，时在光绪乙未、丙午年。刘铁云又复出成氏本，精印百本，分贻同好。近更有石影本，原底即成氏本也。近知此成氏本归铜梁王孝禹矣。卓氏本亦赠端午桥，端午桥先得合肥刘健之赠淡墨上半本配合之。此外，刘健之尚有一本，得自苏州某氏，武进费屺怀亦有一本，所见所闻如是而已。

按方跋所云，取校此本，铜梁王氏跋语叙述渊源无不合者，惟莫氏跋谓祖父题名在志题之前，此恐未确。莫跋既云原本剪装已经百年，劣工裂乱其次，安知非初褾时即为俗伧所颠倒耶？吾见魏志多矣，家世名讳惟《刁遵》列在志题之后，无在志题之前者。其他诸《志》多在铭词之后或刻碑阴。此《志》据诸家题跋所见，皆剪装本，未见整幅，不能决其必在志题之前。莫氏好奇特，以意附会。若果如此，便为不通矣。癸丑冬，省亲沪上，于清道人案头见此影本，亟往购，不可得，其明年乃托人购致。今忽忽七八年矣，不独原本稀如星凤，即此玻璃版已在海外不可遽得。此本及玻璃本《龙藏寺》均有吾乡向氏印，子振观察游宦久，富于资财，不廿年零落尽矣。

庚申三月廿六日，长沙徐崇立记于零陵旧观德堂。

宋蔡忠惠自书诗卷跋

宋四家以时代论，当以君谟为首。碑版法度至宋几绝，唯蔡书《万安桥记》庶几鲁公遗矩，东坡《丰乐亭记》不逮也，其于《天际乌云帖》倾倒至矣。何道州之于四家唯推坡公，馀子十九人等耳。此四家岂独端明超轶？即黄、米均有独到处，各有千秋。夫岂录录因人者，乃一时兴到语，学者分别观之可也。米老生平好诋诃古人，欧、褚以下都不满意，宜获此报。凡轻议古人者，未见能追越前贤，若襄阳庶手独树耳。是编首题诗之三，知公自写定本。惜全帙多止此仅存，如《梦中诗》未知是列入第几卷。书法清和淡远，时露遒峭之笔，正是绚烂之极，与世所传古香斋刻石不可以道里计。此精影止下真迹一等，以省去勾、刻、拓三重障碍也。况使转处细如游丝袅空，又非模勒所能到耶。

卷末装褫绫锦，犹见花纹骑缝为贾似道钤印，其为南宋装可知。馀幅又有"蔡状元"、"霍状元"等字。"蔡状元"虽不属君谟，而有贾氏长脚封字印加其上，亦必当时以册籍旧楮裱褙，更在景定、咸淳之前矣。十年前，在北平见图书馆重装宋本书、屏书，旧装绫楮护页更易新者，吾因乞归以饰泉男生、男产墓志，足证是亦宋制矣。近代精印影本不唯笔画毫发无憾，即楮锦花纹莫不毕具。所见已多，未遑枚举。士生今日遭逢丧乱，诚为奇祸。然故宫旧迹化身千万，古冢文器日出人寰。昔人历世所未见者，今皆得见且藏玩之。视辗转摹拓之《兰亭》直康瓠耳，则亦得失参半，有幸有不幸矣。藏者萧山朱氏，即故大学士凤标之裔。朱公道光丁未曾典会试，为吾家澂园尚书之座主，别详《翁松禅日记》。

丁丑烧灯节，徐崇立退颖题于赏析书楼。

东坡春帖子词墨宝跋

赵瓯北《陔余丛考》卷廿四，考《帖子词》云：宋时八节内宴，翰苑皆进帖子词。如欧阳公、司马温公集中皆有之。《丹阳集》所载尤多。如苏子容、邓伯温、蒋颖叔、梁君贶皆庄丽可诵，见太平景象。乃明成化中，编修黄仲昭、检讨庄昶不肯上元宵词，且上疏论列以去。按《宋史》：邹浩为教授，范纯仁托撰致语，浩不肯。纯仁曰："翰林学士尝为之"。浩曰："翰林学士则可，祭酒、司业则不可。"致语与帖子词同类，是浩亦未尝以翰林为不可撰也。说高季迪诗云："去岁端阳直禁闱，新题帖子进彤扉。"则明初犹有此例，而仲昭等并不知，其不学甚矣。润色太平，翰林本职，欧阳、司马何害其为名臣，亦何损于朝政乎。原词未录。

按此条并未引东坡作，而《皇帝阁词》寓规于颂，实超出赵氏所引诸作之上。苏书原有二本，是本为进御者真迹，藏裴氏壮陶阁。三希堂刻乃书，示裴维甫者，此即从裴氏影出。予旧跋误断为赝，可知鉴别不精，未可率尔雌黄。倘吾溘先朝露，终不悟其悲，且诒人嗤点，因重题志过。苏书如《洞庭春色》、《中山松醪》、《赤壁》前后诸赋皆生平得意之作，故手书不止一本耳。

丁丑雨水节，春夜甚温，瓻叟灯下。

群玉堂米帖影本跋

张叔未《清仪阁题跋》载《阁古堂帖》第八卷米书与此正同，且曾见北平孙氏藏本，惟嘉善程氏所得只宋残本廿二行，此则多十六行。张氏所得为海昌蒋生沐重摹本，此精影本只下原拓一等耳。生今之世，眼福墨缘亦有偶胜昔贤者。

乙亥谷雨，徐崇立雨窗写记，年正六十有四。

乌程蒋縠生为癸卯同年，蒋孟苹之子，家有密韵楼收藏宋以来精椠本甚富。今亦中落，书多粥去。曾乞予题其《辽海访碑图》。是册原本曾携至酒垆视予。第十二幅装池侧，覃溪小楷跋三行乃金书，精光炫目，如新着笔。逾年而影印本出，此小字已漫漶，重阅殊费目力。吾国影印艺术非唯不逮日本，并不如光绪末叶，日益退转，后之览者不知此为金书也。

丙子春分节，甋翁病目重记于耄学斋。

金坛段若膺先生有述梁闻山论执笔法一文，谭畏公写以见诒。今观此跋尾书，殆有意模米老是帖者。然书品未能出梁山舟范围，亦时代限之。非知之艰，行之维艰，于书道亦然。

松雪天冠山题咏跋

此即霍丘裴伯谦《壮陶阁帖》之一种，其附装瘦本乃伪托也，翁跋辨之已详。裴帖刻拓皆精，此非其善者，尚有一精拓本当别装。昨重读苏斋跋尾，霍丘裴氏本新装成，因以对校，乃知裴刻别为一本。前记此即裴刻，大误。此真迹在苏斋，而高静夫选工摹刻，跋语已详矣。裴氏《壮陶阁帖》多从墨迹摹勒，或翁藏原本为所收得。然谛审诸印记，无翁一印，有鸿绪之印，又松雪斋、大雅二印为是本所无，疑莫能明也。两拓本彼浓而此淡，两刻比校，是刻锋颖骏利，波磔毕显，彼多圆笔，逊此远矣。前此未加详校，率尔操觚，亟即勘正，以志吾过。

辛未立秋前日，徐崇立记于江南行馆。

此卷首俨斋书印亦即王横云印，两本皆有印记而不见一跋，疑莫能明。

癸酉重五前夕，又记。

此跋为伪托，苏斋已详辨之。谛审真迹，衡山行草殊近似之，或即停云所从出耶。

癸酉端午节前夕，沪寓重展再题，瓻叟。

前跋所谓真迹乃指前帖，至此伪本或即衡山所临。后人以其近似，遂加伪跋，跋字劣俗，不待辨矣。

薛少保信行禅师碑跋

此碑蝯叟重摹本，嵌京师湖南会馆壁间。予曾使工拓之，装弆山斋。取校此本，不逮远甚。盖当时仅能以油素双钩，故虽以蝯叟神笔，不能无毫发之憾。自珂罗版影印之法行，使旷古名迹无不传之秘，使人得睹庐山真面。士生今日亦云至幸，惜无由起覃溪、蝯叟于九原共质之。

壬戌寒食，瓻叟记于木石居。

王孟津书向止见其狂草，小真书始于此见之，贤者固不可测。

道光乙未，蝯叟举乡试第一，时吴公抚湘，充监临。其后，叟典闽试，吴时左迁闽布政。叟题跋筠清馆所藏剧迹俱载集中。师弟金石渊源重叠，此其一斑。

癸酉冬夜，沪西寓楼重展漫记，距前题十一年矣。书不加进，而目力日衰，可慨也。

上方横题，或其碑箧外标签，或其袱头写记，其宝薛轩当别有朱印。然此印不见，又加短笺于下，竟似即横题者，殊难索解。

此小字皆狄平子书，其人所辑印碑帖均在通不通之间，书学张季直而未成，盖报馆市估而冒为风雅者。

兼翁题。

蝯翁题《黑女志》称，合此碑为二奇，乃于《张志》五跋之外又有《题奚林三绝句》，见《东洲诗集》。而于此碑题检之外不著一字，即重刻于宣南之石本亦无题记也。漏略如此，殊不可解。吾衰已甚，尤苦目昏，书益退矣。

辛巳白露，郗叟年政七十。

南园先生行书册跋

仲乾为梅庵道人之犹子，与予同官中书，于内阁为后辈。书画皆能绍其家学，如此跋效昆明即能具体，可见一斑。顾落拓不偶，桴海远涉，粥书于南洋。其群从亦不悉其近况。展卷辄为惋慨。

甲戌岁除前三日，郗翁退颖。

蝯叟临衡方碑跋

此何蝯叟《临汉碑》十册，予乙丑过沪主瓶斋曾见墨迹。皆以麻纸画乌丝栏，盖叟书课悉然，不止此也。诸册大都购自何氏槊。叟殁，子孙未能整理，出之丛残中，次序凌乱。瓶斋以重值收取而装治之，旋付影印传世。是不唯东洲精力所萃得以流传不朽，海内学书者得此观摩，津逮弥广矣。往时瓶翁所影旧迹辄以见诒，是编帙多费重，独未之有。心窃好之而力不能致，怀此久矣。顷流寓白下，闲居无俚，始购此，顿偿夙愿，恨不能隶。儿子差能执笔，倘肯专心学之，俾楹书之有托乎？此以见寒士购书之难，今知者鲜矣。

己巳春分节，甋叟徐崇立时寓金陵城北。

咸丰戊午，先大父六十，在济南泺源书院，始专习八分书。东京诸碑次第临写，自立课程。庚申归湘，主讲城南，隶课仍无间断。而于《礼器》、《张迁》两碑用功尤深，各临百通。此《衡方碑》书于壬戌十二月，乃临《张迁》百通，后所临者，未及数本。次年正月，即作岭南之游，七月始归。嗣后，筋力渐衰，从游诸生日益众，校艺不遑，隶课亦因之少辍矣。

甲寅腊八日展视此本，谨识于后。营道何维朴，时年七十又三。

瓶斋藏何道州篆分、行书数百种。此十册盖济南及还湘后分书之日课也。瓶斋取付商务馆，且以示熙，熙曰隶书，佐书之书也。秦刻金、汉刻印、边徼刻石，皆佐书所书，分书则士大夫所书。覃溪翁氏曰分书至中郎，乃见性情。熙窃以隶书见性，分书见情，至中郎洞达，特见才耳。然魏晋承流，骨弱韵薄，唐宋分书纯是楷法。本朝言分，伊、邓并称，伊守一家，尚涵书卷之气。邓用偃笔，肉丰骨啬，转相模效，习气滋甚。道州以不世出之才，出入周秦，但取神骨，驰骋两汉，和以天倪。当客历下，所临《礼器》、《乙瑛》、《曹全》诸碑，腕和韵雅，雍雍乎东汉之风度。及居长沙，临《张迁》百余通，《衡方》、《礼器》、《史晨》又数十通，皆以篆隶入分。极晚之岁，草、篆、分、行，冶为一炉，神龙变化，不可测已。五岭入湘起九嶷，其灵气殆尽，输之先生腕下矣。十册既出，海内学分书者，得所守矣。

丙寅冬至后八日，曾熙识。

蝯叟书法溯原篆分，故能自成一家，独立千古。其致力于汉隶至勤，东京诸碑临写殆遍。课本流传，以《张迁》为最夥，《韩敕》、《史晨》、《衡方》、《石门颂》已不多见，至《华山》、《武荣》、《曹全》、《李翕》、《乙瑛》则极难得。余搜求廿馀年，多方采访，幸乃获备。兹又择其中精者印为《蝯叟临汉十种》，以传其学。六朝而后言八分，殆无能过蝯叟者。观此临本，何减汉人真迹？盖所藏皆名碑古拓，据以摹写，各摄其髓。得一二种已足师承，况巨碣丰碑罗于一帙。诚其毕生精力所萃矣。余虽宝此墨缘，未敢独秘。此本一出，学八分者借为津梁，庶可直造东京，无歧途之失乎。

丙寅小暑日，茶陵谭泽闿记。

此帙遭日寇，十劫其九，仅存此册，不可复得矣。

戊子中秋，七十七老人记。

徐季海书嵩阳观碑跋

王氏《金石萃编》记此碑高一丈四尺四寸二分，广八尺一寸，二十五行，行五十三字，隶书。额题“大唐嵩阳观纪圣德感应颂”十一字，与末行年月均篆书，在登封县嵩阳书院。至明皇之耄荒，李林甫之诬陷，唐史及诸跋已详矣。王虚舟跋称徐季海隶书碑刻最多。唐人隶书之盛且工，无逾季海，而名出史惟则、韩择木诸公下，今世所存，亦仅见此一碑。叶氏《说嵩》谓徐定公受书法于其父峤之，诸体皆备，草隶尤工。世状其书曰："怒猊抉石，渴骥奔泉。"今存者无几矣。碑甚高大，顶盖刻云龙，下座亦刻甲丁之象。左右花纹工细，周铺范金采，岁久无损蚀，金采未尽落。武授堂跋亦云："嵩阳石刻多损颓，此独无恙，亦由石质过大，捶搴者少，又何幸与。"《中州金石记》引司空图《屏记》称："浩书或草或隶，尤为精绝。"《墨池编》称浩"善正书、八分"，今观其隶书工致，与正书信为二绝也。按汉碑额题已有刻麟凤者，唐昭陵诸碑首则雕镂尤精。而拓工往往惜纸，并篆题不拓，即拓亦不能毫发毕具。近年日本编印书道全集，凡碑额佳者精影完具。盖以镜取景，省去椎拓，既捷且真，惜此碑首末由依法摄取耳。季海碑刻存于今者，仅《不空和尚碑》，隶书则是碑也。旧岁夏，偶于城居赏析书楼故纸堆中捡得此残帖。尘垢累积，蠹蛀已满，不记所从来。亟校碑文，则所存未及其半，而墨光黝然，故是旧拓。重付装池，就残存文字以朱识之。念吾徐氏善书者首推会稽，次则南唐骑省兄弟以小篆名。虽代远支分，族别难稽，而源出东海则一也。族弟绍周世擅分隶，因嘱其署检。其明年，山居避地，始自撰跋，以遣幽忧，不以异姓文字参错也。衰病目眊，笔秃墨涩，满纸麻沙，三复兴慨。

戊寅小暑后一日，耄学老人徐崇立，时年六十有七。

法源寺八咏跋

清代乾嘉以前，名人书翰高者囿于华亭，未暇措意碑版，造极至《兰亭》止矣。良以当宁所尚，一时风气所趋，不敢稍涉奇纵。中材则汩精馆阁体，毕生荣悴所系，非由此陔梯，末由跻通显。故一堕科臼，终身无能自拔。是册中，八贤书各具面目，茶山、两峰书不如画，要以覃溪为巨擘。兰泉、味辛犹是吴兴支派，严则学人书也。秋室、縠人腕力均[1]，吴尚娟秀，余则馆阁最为殿后矣。总觉先辈气韵沈静，以视今之支离怪诞，是真恶札矣。

壬申小雪，东窗晴暖，散帙漫题，甒叟。

颜鲁公三表真迹跋

先考自西域归，携此本见赐。时宣统辛亥夏，距今十有四年矣，因敬付装池。前数年，海上有照本墨迹，复托谭瓶斋以重值购致。取校是本，直如虎贲之与中郎，畏公诗所谓"《三表》熊熊照座隅"者也。然旧藏碑帖虽有精本，其次者亦并藏之，以资校对。据包氏跋此，即墨迹钩摹者，此外更无刻本，固足珍重，矧其为杯卷手泽之贻耶。

甲子暮春，长沙徐崇立题。

顷复取墨迹影本，收藏诸印记，如"奎章阁宝"、"郑王殷"，在道光以前者两本皆有，悉相符合。此为包氏摹刻。近有裴伯谦印记，盖即其藏本从而影印者也。流传有绪，即此本摹刻外，当别无覆本。细对笔法，拓本麻沙处较多，墨迹不如是。昔人双钩油素本隔一尘，安能与真迹并美？而神理未失，矩范犹存，所谓虽无老成人，当有典型也。

丁卯元夜前日，雨窗呵冻校记，崇立。

顷重阅此跋中一语，辞意颇晦，殆当时有讹夺，未及刊正。增益

①原校："均"下夺字。

数字，觉稍畅。总缘年力就衰，已时有遗误。兼赁庑浅隘，客皆直入，写未数行，或数搁笔，此杜工部之所谓“避人成小筑”。吾有小筑而不敢居，以亦畏人故耳。

辛未春晚，㼲庵再题于金陵盍簪行馆。

旧拓怀素自叙跋

唐贤擅书者多矣。其善隶书，与虞、褚抗行者，为欧阳率更；其善草书，继张长史之后者，为沙门怀素。皆为吾长沙人，巍然为两大宗，当时名著朝野，以为模楷。历世绵邈，率更仅有书堂山读书遗址，藏真剩有绿天庵故迹。此碣已漫灭不可识，至真石墨，讫无一存。吾乡人竟有不知为乡先哲者。因展阅并记，以存文献。

癸酉长至灯下呵冻，徐崇立。

右怀素《自叙帖》，释文从武进陆耀遹《金石续编》，录附册后。陆氏云：“怀素诸帖在西安碑林者，宋元祐间所刻。此近人据西安本重摹耳。”陆氏所见乃零陵绿天庵本，今此本已成没字碑，予曾访而读之。是本乃那文毅以墨迹刻之莲池书院者，刻本在《续编》以前，陆氏何以未见取校？字多不同，盖墨迹不止一本，如智永《千字文》耳。

乙丑新秋酷热挥汗记，徐崇立。

周自庵先生真书册跋

此吾乡周自庵先生墨迹。先生著有思益堂骈体、诗词、札记诸种，其词章为最精湛。《汉书校注补》一书，则王葵园祭酒《汉书补注》所由昉也。不专以书名，而翰墨亦书卷盎然，迥绝尘俗。是册为从弟希振自临湘寄赠者，所写《金刚经》、《离骚经》皆非完帖，似非一时书。《离骚》书法方整，或其早年书，以犹有卷折气也。《金刚经》或稍晚耳。先生墨迹所见已多，故能辨识。湘贤手札已足珍贵，况有著述流传，不止陈遵尺牍为人藏弆也。既装池成册，并题纸尾，以示后人。

癸亥长夏，䍃叟徐崇立记于汉石经室。

蝯叟书南唐五百字石印本跋

定庵写定此文，即索余书之。余不解其意，故因循未动笔，不想忽忽三十年矣。孝拱世兄相遇于沪上，界乌丝栏来，勉为书之。回忆与乃翁谈碑诹古之乐，不胜感叹。

乙丑初夏，绍基并记。

此为何蝯叟晚年之作，超逸而极端谨，可为法则。惜印本流传无多，最为难得。按归安陆心源《三续疑年录》，龚定翁生乾隆五十七年壬子，卒道光二十一年辛丑，年五十。何蝯叟生嘉庆四年己未，卒同治十二年癸酉，年七十五。是书作于同治四年乙丑，时年六十有七，距龚之殁为二十五年。跋谓“忽忽三十年”者，盖指写定索书时而言也。龚长于何八岁，行辈相当。而敝藏《嵩山三阙》拓本，有蝯叟题签称定翁为先生，人因是疑之，谓为乃孙磐叟之作，不知先生者乃尊而重之之词。观此书跋语，可想对于二、三十年之亡友，谓不宜以先生称之，吾不信也。而据此以自诩鉴别之精，吾更末如之何也巳。

瓻园我兄得见装册，嘱为题签，因并及之。

癸亥浴佛日，运长识。

蝯叟所藏《嵩山三阙》，多《堂溪典请（两）〔雨〕铭》拓本，为人间所罕见，兼有定庵题跋，亦为创见。觚翁得之，极为珍重，精装详跋，并嘱朋侪之工书者，分写历来名家考证《三阙》诸题记，装附碑后。乙丑之夏，君卒而《三阙》已为人盗去，今又六年矣，不胜人琴俱亡之感。

瓻叟附记。

《定庵文集》有《最录南唐五百字》，文首记云："南唐保大四年，韩熙载奉敕集王羲之、献之书一卷，凡为句百二十有四，为字四百九十有六。以梁周散骑《千文》无复字，江南宫中藏王氏笔迹数十轴，取材易给故也。韩书纡徐似之，其言如谣如谶，如颂如讽，如繇如庾。虽琐屑，有'足憙'者。梁《千文》学童皆诵之，此作'恐遂无诇'者。乙未三月付写定"云云。吾意此当如唐《怀仁集圣教序》、《吴文碑》之类，当时必检二王遗迹残字纂辑成文。摹勒刻石，或有拓本流传，为人间所不经见。定翁以孤本恐致亡佚，因而最录之，惟不言所据何本，遂无来历可寻。爰翁于山阴本不满意，故迁延未即书，且云"不解其意"。及遗孤重申前请，感亡友之谢世，始践宿诺。是文得翁精书为之增重，足永流传。而乙丑迄今逾六十年，吾生五十年尚不知有此。龙荚溪翁举是本见诒，惊为创见。当时影印未精，故墨光暗淡。爰翁墨迹不知流落何所，即此影本亦未重见，矧亡友王寄觚详加考跋，得不珍重爱护耶？

辛未立夏前日，徐崇立退颖书于江南行馆。

按龚氏著录，谓南唐宫中藏二王真迹数十轴，意李氏《澄清堂帖》、宋初《淳化阁帖》或元本。于此《澄清帖》，海上影印枯瘦如柴，而冒云宋拓，陋矣。钟隐无题字，莫能究也。《淳化》出王著编定，米元章已讥其谬。龚氏于此但最录其文，与怀仁集字夐别，其为真草，（为）迄莫能明。遥遥千载，留以阙疑可也。

戊寅小暑节，旄学老人又题于瓜牛庐，距前跋八年，今年六十又七矣。

唐拓化度寺邕禅师舍利塔铭跋

《兰亭》行书，三百二十八字耳。此碑楷书，已备三百字，深得钟、王妙谛。

乾隆御笔。

覃溪校勘碑帖，一字一笔无不审察，乃知当宁已如此，或当时风气使然耶。虽精密，究嫌破碎，如此学书乃胶柱。

甲子夏，甋翁败管。

此石印本《化度寺》凡三种，一翁苏斋藏宋拓本，一吾湘文氏所印日本本，此特选钩本耳。而云从唐拓出，是内府必更有唐拓完本。今清宫珍秘悉出，如《道因》、《麓山》二碑，予皆购得高丽纸印精本，独不闻有此，何也？此钩字不如翁、文二本之佳，盖乾隆以意为之，兴之所至，无敢赞一词。如以《鹤铭》归之右军，某字似《兰亭》，某字似《乐毅》，盖当时盈廷趣尚如此。覃溪特论元本庙谟，非臆创也。

戊寅立秋日，徐崇立校记。

瘗鹤铭考补跋

近见《故宫周刊》有《大瓢偶笔》，其考校《鹤铭》所引著录诸家，与覃溪略同而加详，兼及翁考。是大瓢在覃溪之后。翁松禅跋青玉版十三行并手抄杨大瓢跋，其记大瓢生卒亦具梗概。是考《鹤铭》者，当即杨大瓢。此近代人，顾何以匋斋、艺风均未援据及此？其书乃流传内府，殊不可解。《偶笔》所记甚长，非此馀幅所能容，暇当抄附，以备参究。

戊寅小暑前日，瓻叟徐崇立病眼率书。

宋徽宗真迹跋

宣和御书予所见者《三希堂帖》外，吴氏《筠清馆帖》有三图题咏《祥龙石》，徐熙《梅竹文禽》、《御鹰图》三事也。缪艺风《金石文字目》尚有《政和御书手昭》二碑，一在济南府学，一在广东高要。又政和井阑题字在浙江云和沙溪镇，皆未见拓本。书法遒丽瘦削，世所谓"瘦金书"也。波磔皆有回锋，别创一体。然工不逮淳化，下不及绍兴，文字亦关福泽。虽源于政事之乘谬，然奎章宸翰，体贵典重，宣和锋颖毕露，终政穷塞，颠连心画，已肇其端矣。他书纸尾率有"天下一人"题押，此并年月题署亦无，然可决为真迹。昔岁极嗜此体，近颇谓宜于简册，不宜作大字，特论与《题筠清帖》微异矣。正执笔，值客踵至，次日暮雨暗窗续写，遂不逮意。

壬申重五后三日，晚霞老人徐崇立书于沪上寓楼。

赵书天冠山题咏跋

是册墨迹旧藏翁苏斋，予有覃溪翁嘱高静夫模刻本，并附长安伪托本。此为《壮陶阁帖》之一。裴氏帖多从墨迹钩摹，谛审笔法，与翁刻符合，当同一祖本，意翁藏已为裴氏收得耶。唯对校诸印记，是本“松雪斋”、“大雅”两印翁本所无，“鸿绪之印”翁亦未有，殊难索解。翁本淡墨拓，此则浓墨；翁本锋颖骏利，风骨遒美，此则笔势圆腴，肉多骨少。独看此特丰润，对校殊有轩轾矣。裴氏诸帖悉用木雕，毡蜡既精，略无痕迹，几等于清宫内拓。若钩勒之妙，上视大兴，宜其望尘不及矣。两本并存，以资参校。

辛未立秋前日，徐崇立白下行斋校记。

刘文清墨迹跋

石印以最初为精，后来益多，已有优劣。自金锌版出，而石印不足尚矣。此光绪末印，色淡而字漫，留备省览而已。

戊寅立秋日，瓻叟散帙记。

赵书仇公墓碑铭跋

册后诸跋，首为韩桂舲侍郎题。侍郎曾官湖南布政使。北郊开福寺山门额题“古开福寺”，联曰“紫微栖凤，碧浪潜龙”，雄伟方整，笔法率更，吾足迹半南北所见。榜书巨制，唯北京大高元殿双阙左曰“孔绥皇祚”，右曰“弘祐天民”，欧体颜笔，相传为严分宜书，此其亚也。此跋不能出董香光范围，徐如茹古香、铁潘之伦亦然。尔时朝宁宗尚华亭，故从风而靡尔。

壬午夏，七十一叟崇立又记。

颜氏家庙之碑跋

鲁公书此碑，年七十二岁，书《颜勤礼碑》在此前一年耳。然《勤礼碑》较瘦劲，此则古厚。大抵颜书碑版，体势各殊，无一雷同者。李北海书亦然，其多残佚而少完整，亦同是碑。原石犹在西安碑林，剥蚀尚少，然椎拓岁久，字口日损，神气索然，非复庐山真面。光绪末叶，予在宣南先后收得是本及《郭家庙碑》，皆旧拓。惟第三行"祠堂"之"祠"字右"司"字竖书已损，其未损者唯宋拓，明以来则已漫蚀。是本虽不能臆断其时代，而拓工甚旧，墨光黝然，要非百年内物。亡友黎凫翁见而赏之，因为校定其次序而系以跋，今翁殁忽五年矣。检箧得此，漫题纸尾，以志墨缘。

癸酉白露前日，徐崇立时寓沪西。

昔贤谓鲁公书用笔如两人格斗，拳握腕张。近学公书者，首推钱、何，常熟晚出，亦蹶张作态。年时湘中驺校，无不家《坐位》，而户《仙坛》者，则以主率之马首为瞻向也。

兼民舍人不习颜书，而藏本甚精。以此卷原装，文体割缀凌乱，乞加诠次，因畀渊儿治之。岁尽册成，为题其末。

逊国后十年，辛酉岁除夕，识于龙垒城南青山行舍麓云一角之楼。

威圣道人。

时谭畏公，尚平原，赵桓之流，竞习《麻姑记》。翁于畏公世契，此有激而言，并及先哲，此论未公，吾不凭也。

薇翁治印最精，未三十而通籍，未四十而归田。定兴鹿文端督蜀，谂其政绩，召翁复出，以母老谢。父帅方州，身处脂膏，里居萧然如寒士。所藏碑帖，皆手装。此册前后钤“无垢轩装潢记”，即其手刻，诸刻亦以此为最精。翁为我治印最多，尤足珍重。此本为白绵纸拓，楮墨俱佳，故翁以为罕见云。

麓云一角楼，为翁戊午避乱长沙所居，次日灯下又记。

宋拓道因法师碑跋

《唐书·儒学传》：通，仪凤中，累迁中书舍人。居母丧，诏夺哀。每入朝，徒跣入门。夜直，藉稿以寝。非公事不语，还家辄号恸。年饥，未克葬，居庐四年，不释服。冬月，家人以毡絮潜置席下，通觉，即彻去。迁累殿中监，封渤海子。天授初，判纳言事。辅政月馀，会张嘉福请以武承嗣为太子，通与岑长倩等固执，忤诸武意。及长倩下狱，坐大逆死，来俊臣并引通同谋，通虽被惨毒，无异词，俊臣代占，诛之。神龙初，追复官爵。通早孤，母徐教以父书，惧其堕失，尝遗钱使市父遗迹，通乃刻意临仿以求售。数年，书亚于询，父子齐名，号“大小欧阳体”。褚遂良亦以书自名，尝问虞世南曰：“吾书何如智永？”答曰：“吾闻彼一字值五万，君那得此？”曰：“孰与询？”曰：“吾闻询不择纸笔，皆得如志，君岂得此？”遂良曰：“然则何如？”世南曰：“君若手和笔调，故可贵尚。”遂良大喜。通晚自矜重，以狸毛为笔，覆以兔毫，管皆象犀，非是未尝书。

按历来评鉴家多赞其书体而略忠孝大节，因写本传冠册首，以厉薄俗。

已卯中秋，崇立并记。

宋仲温藏定武兰亭肥本跋

宋仲温书，予仅有《七姬权厝志》旧拓本。此《兰亭》题跋真书行草多至千字以外，且从墨迹影印，向所未睹。又见其写《书谱序》，真、行、草相间，嵚奇历落，涉笔成趣，自然超妙。当赵荣禄书风行一世，能与抗行者，唯鲜于伯机。宋氏于此两家外独树一帜，空所倚傍，得不谓之豪杰乎？其气韵古逸，盖得之钟元常为多，与欧波之笃守山阴家法者，流别各殊。惜流传绝少，不逮赵之博大耳。农冉前后钞题亦多至数千字，圆劲腴厚，有绵里裹铁之妙。师法晋贤远过赵声伯，他书故作拙朴，不肯求精耳。寐叟书饶有金石气，吴筠清之亚也。

庚午孟夏之望，瓻叟书于白下梦雨楼。

赵文敏归去来辞真迹跋

赵文敏书为宋以后大家，碑版直接唐人小楷。祖述山阴简牍，亦漫仕之亚。惟以天水宗室，委质北庭，贻讥后世，致书品为气节所累，与平原判若天壤。何蝯叟深致鄙夷，未为笃论。其笔势遒丽，锋发韵流，实则绵里裹铁，有骨有肉。后人不得其用笔之妙，徒以侧媚取妍，遂尔软弱舒缓，纯乎甜熟。因以归咎欧波，兼以枣木传刻，辗转摹勒，神采全失，更堕入恶道矣。近来影本流行，墨迹渐出，始得重睹庐山真面。吾所见《净土真言》、《妙严寺记》皆大楷，《汲黯传》则小楷，行书则此本。行草波磔使转多麻沙，万非剞劂所能传神。此则毫发无憾，洵叶菊裳所谓“续命妙方”也。

丙寅重阳次夕，緪叟徐崇立记于广州越吟馆。

文衡山行书甚多，用笔亦峤峭，而率如一体，略少变化。此书用笔杀纸，元明以来，盖罕匹矣。

已卯七夕散帙又记，緪叟时年六十有八。

吴氏收弆颇富，影印亦精，乃其文字皆不免伧气。晚近以来，道丧文敝，后起之士好谈风雅，而学无根柢，未能免俗。气韵出自诗书，文章自关气数。同光以前，名人词翰虽率尔操觚，无不舂容大雅，零缣寸楮，耐人寻味。我思古人，不胜《匪风》、《下泉》之唏矣。

魏张黑女志跋

虎痴先生，宁乡举人，有《三长物斋丛书》，《墓志石华》即书中之一也。吴荷屋中丞辑《吾学录》即出先生手，《丛书》流传日稀，知者亦罕。近世北碑出土岂止百种，惜痴翁、蝯叟不及见耳。吾年来手眼益衰，不复能作精楷矣。

已卯小暑，时年六十有八。

瓶斋亲见原本，云此宋刻，丝两方装为前后护版。古梅笔法之精妙，虽金冬心亦不逮。金题玉躞庶与此贞珉妙墨相称，乃名工精裱，当更在奚林之前，蝯翁从而加签耳。予藏影本、印本已有三册，亟欲得窥全豹，购此始为完本。秦氏韫藏未加笺释，观者不知锦袭之珍重，固贤于率尔操觚者。

壬申残腊，晚窗映雪光呵冻漫记。

自乙酉春得此帖于历下，今三十有四年，不知成榑为何人也。忽检得《山左诗钞·方外》卷，有释成榑，字奚林，诸城人，诗有《卧象山分赋三绝句》。始知其为诗僧，而《诗钞》误“榑”为“抟”也。又前载“成楚，字荆庵，新城人”，止载其一诗，即《赠奚林大师》云：“派衍南宗第一枝，无言得髓是吾师。偶然竖拂天花落，绝胜秋寮宴坐时。”《池北偶谈》亦载此诗。荆庵推重奚林如此，则奚林当在荆庵之前。《池北偶谈》谓荆庵居灵岩，颇能小诗，选其《落花》、《秋日》等句，然则奚林盖亦灵岩长老矣。王六真跋谓“师故工隶”，则奚林能诗，又能隶书，其能宝是帖也固宜。余于丙辰秋游灵岩山，访李北海碑。遍问寺僧无知者。后问朱时斋，乃得于鲁班洞。回计奚林与两王生耽诗道古，摩抄石墨，时将二百年，因题三绝句以志快。

灵岩山寺两游僧，懒叩南宗大小乘。三十四年珍秘在，才从古墨识名僧。

谁解奚林文字禅，鲁珍题罢复云泉。空山佛屋谈碑处，方外风流二百年。

肄书搜尽北朝碑，楷法原从隶法遗。桒几名香供黑女，一生微尚几人知。

右诗跋从《东洲诗》移录，独此未写附碑册，墨迹遂无由见，知者亦鲜。奚林为藏碑之人，是诗为题志而作。渊源考订极有关系，著附纸尾，斯为完帖。

壬申残腊，徐崇立冻墨。

此碑何氏分产，归叟次孙棠孙分巡，清季官于蜀，周肇祥为之影印。虽在尹和白墨晒影版之后，然实为影印题跋全帙之第一本。棠翁谢世，其子寄原本于何星叔，诗叟之子也。旋私质于秦炯孙，获巨金。秦觑其售也，数贷金济其困。何又诡称日本人欲以万金收之，秦复增值，计前后逾万。星叔卒以穷死。秦氏觉其诈，乃无复肯以万金求者，中悔已无如何，计惟影印收薄息，是此本也。蜀本唯瓶斋有之，予曾假抄《如来具亿万化身》。予藏尹氏本已稀见，与此备模校足矣。何氏陵替若此，可慨也已。

癸酉秋分前日，再题于沪上。

汉少室石阙跋

秦氏影印碑帖版册，尺度画一，最便检藏，此世家雅制，所以异于书估也。萧叔琴举所印悉购藏，别为一类，不相杂厕。吾力不逮，所得止二三策而已。

己卯小暑，瓻翁晒帖漫题。

唐房梁公碑跋

《翁松禅日记》：癸亥六月初七日，到李芝陔斋中，见宋拓《房公碑》，较今本多数百字，以纸墨论，殆是明初拓。然帖尾有翰林（图）〔国〕史院书籍条记，是元时官物无疑也。按公见此在同治初，时年未四十，鉴别未甚精，故犹有疑词。《日记》数言在李处见书画，可知此老藏弆之富。沈、叶所记，足悉其生平。珂罗版虽精印，而朱印与拓墨一色，老眼殊未能辨，是一缺憾。此楮生涩，书亦未能工也。恐久难覆检，亟援笔跋之。

丙子春晚坐雨，又题于赏析书楼。

司马温公告身跋

右《温公告身书》，出令史手，故不工，兼告册绫质甚粗，即佳手亦不能精。犹清代诰轴例由中书科承办，丝质粗且稀，亦出供事手。其求工者例外给银，而请善书者写之。绢五色分，假以胶写而粘金屑，所谓金花诰也。宋世制词既出名家，兼酬润笔，欧阳公辞不书，且奏谢。颜鲁公《自书诰身》，又书《朱巨川告〔身〕》。可知此事自唐宋相沿至清，今不复可睹矣。温公此授本是兼官，公敦尚质朴，固不措意及此耳。往岁在京师图书馆得宋版书，护页黄绫亦坚韧而粗。是虽影本而织文犹可辨，从知前所得为宋织丝，足证为宋装本矣。西充疑为外国人跋语，考索虽详，而文未雅洁，予以其为《涑水告身》也。亟购而藏之，因记纸尾，俾资掌录焉。

辛未大暑前日坐雨，瓻翁书于金陵寓斋。

西充白坚甫曾与余往来，他跋已详，此则陋误。

褚临兰亭绢本真迹跋

此帖题跋十馀人，所重在米跋。尝疑米老作书必以大笔作小字，蘸墨极多，纸用硬黄麻楮极熟者，纯用笔锋，笔酣墨饱，故能纵意所如，涉笔成趣。及见梁绍壬《笔记》云：米元章言唐凤池砚中凹受墨，故用笔一援，墨饱而笔锋已圆，作书无不如志。今砚面平正，一经蘸墨，笔锋或扁或侧，此其所以不如古制也。

读此始知臆度之不谬。诸跋书法悉不俗，覃溪无论矣。独疑文寿承书，味淡声稀，不如衡山之风华掩映，耄齿不衰。父子各不相侔，使人不解。梁退翁书虽工，终不脱卷折派，印章则精矣。

庚午谷雨前日，颒叟书于白下梦雨楼。

明拓齐修孔子庙碑跋

欧、虞、褚、颜总问津处，已属臆论，又加注，颜尚未也，尤为可笑。然足见鲁公前无古人处，此老亦未尝不窥见也。

蝯叟。

此岳雪楼故物也，中华民国十四年十一月得于广州。

延闿记。

吾①翁，疑崇雨舲，则此碑曾入七佛同龛室矣。

延闿又记。

当畏老得此本时，吾正客海南。旧腊重游建业，瓶斋亦从海上至，乐数晨夕，别后，邮致此本。今春，吾从湘上为购致《唐俭碑》，何蝯叟故物，亦翁覃溪手校本，朱墨烂然，云亦将影印，与是本合为双璧也。

庚午春暮暄霁，晚窗弄笔，颒叟书于梦雨楼。

何跋乃讥评覃溪跋语。

①"吾"，原校：崇雨舲亦作"敌舲"，此"吾翁""吾"字，不知是"敌"字之误否？

晋唐帖十一种跋精印越州石氏本

按度尚，《后汉书》有传，赵氏《金石录》有《汉荆州刺史度尚碑》。其历官，《碑》与《传》多不合。惟后汉《列女传》云：县长度尚为立碑耳。上虞长非高秩，故《碑》、《传》皆略而不书。范书《列女传》：元嘉元年，县长度尚改葬娥于江南，为立碑。章怀太子注引《会稽典录》曰：度尚弟子邯郸淳，弱冠有异才，为《曹娥碑》，操笔而成，无所点定。《魏志》注引《语林》曰：魏主曹操至江南，读《曹娥碑》，碑背有八字云云，意其文必为巨碣。邯郸淳以善书名，原碑亦必淳书，非若今之小石，其石久亡。其文特著钟元常，或及见而临摹之。至逸少，则时代已远，或临钟迹，若如许小字，安能夜摸其文而读之耶？是帖王本临钟，饶有钟法，此于笔画，悉刻作方。历来传刻古帖，率以刻手之笔，意模古人之法书，即《兰亭》已有欧、褚之殊，凡手更不足论，此所以愈久而愈失真也。升平，晋穆帝纪年，在写《兰亭》后四年，永和十二年改元升平。《三希堂》本碑后有怀素题草书一行及唐人题款。宋高宗、赵文敏、乾隆御题，乃直从墨迹摹上石，与此为传刻者大异。然文字虽完而笔法软弱，殊乏风骨，毡腊较精，而神采转逊。盖小字用刀不易，当日刻工不谙笔法故耳。今对校其不同者，旁注之。

己巳春分日，抱关老人写旧跋，纸生涩不受墨，可恨。

柳柳州有《饶娥碑》，其事绝相类，铭词亦引是碑为例。是碑赖名书以传，《饶碑》不知何人书，且非柳文之著者，知赏已稀。信乎孝义大节，非借翰墨不传也。

王兰泉先生云："文辞"与"辞受"自是二义，邕既工书，辨之必审，未可权宜而通用也。《说文·辛部》既有"辞"字云"不受"也，又有"辞"字云"理辜"也，邕何必借"辤"为"辞"字？疑义种种，从未经人论及，因详识之，以质诸博识者。先生此论洵为正确，但古人隐语、瘦词、歌谣、谶纬见于左氏及史传者甚多。如"卯金刀"、"当涂高"之类，只以通假取其谐合，而不必悉合于本义。此本为山阴书，又数经摹勒，其非中郎遗迹不待辨矣。

《曾文正日记》云：李小湖所藏法帖有《晋小楷十一种》，其中《乐毅论》、《东方赞》绝佳，乃悟古人用笔之道，如强弩引满，蓄而不发。归途作诗二句云："侧势远从天上落，横波旋向弩端涵。"小湖即春湖侍郎之子，文正所见即是帖。窃疑原本墨色当较此有精采，故文正亟称之。

庚午四月既望又题。

赵荣禄书急就章影本跋

夏间曾购得鸥波书《六体千文》影本，中有章草一种，较此为方整。《六体》为元仁宗延祐七年书，是卷则大德七年书，早于《六体》本十七年。分隶笔意较多，意境各别，未易轩轾。此体自松雪后，以此名家者，惟宋仲温，宜鲜于困学之倾倒也。世人传鲜于与松雪竞名，松雪见鲜于书，辄收买而摧毁之。观此卷后题咏，决为妄语，松雪当不若是之褊且愚也。谭畏公近方肆力此体，欲穷其变化，意境日高。乃未及半年，遽悲撤瑟。人能弘道，其如命何？岂惟书法一端然哉！书此，不胜华屋山丘之感。寒夜篝灯，纸生笔秃，率尔操觚，益形拙劣耳。

庚午初冬，瓻叟徐崇立记于金陵勤圃寓斋。

右诗乃俞紫芝题，诗中“和今学之自有元”句，和，紫芝之名也。《三希帖》有所书释文，小楷精妙与此同。后有周伯器跋，谓“旧装本俞与赵书每幅相间，以便读者。今分装为二，使各成一家书”云。予前跋乃误认为鲜于题咏，几于误食蟛蜞。重展愧汗，亟题补过。

己卯秋八月，瓻叟校记，时年六十有八。

有更生翁二跋，于章草刻本源流、文字异同考核详审，良有裨于小学。书法与翁覃溪之于《化度寺碑》、于古来评鉴流传之绪，搜讨无遗，同有功于石墨。每恨明以来评鉴家空言赞叹，无益实学，是跋考校翔实，决非空疏者所能。尝服膺惜抱之言，故吾晚年题跋文字非举故书雅记，必及遗闻佚事与是事有关者，此顾亭林所谓“不为无益之文”也。卷后价目广告亦必留存。昔尝以题记就正于叶奂份丈，乃乙去商务印书馆名字，诏以入文不古。然南宋临安陈氏书棚，先生谈版本所必征。何必古雅而今俗哉？更生当为康熙以后人，愧陋不能知。空山荒寂，独学无友，俟更考。

瓻叟又记。

曹景完碑跋

前跋抄《明史》署名“铣诒”者，永明周笠樵舍人也。惠生编修鉴诒之兄，以举人官内阁中书，老而家居，前岁始卒，寿八十馀。兄弟收藏颇富，所蓄古印甚多，有《共墨斋印谱》，印早售去。身殁，子幼，其藏弆亦斥卖尽矣。观匋斋丙午题记，则此碑粥出在二十年前，当在甲辰官湘抚时，今不知落谁手。杨邻苏跋谓及见"目"字未全泐本，是本"目"字已泐，尚不得为第一本。王题特阿好耳。

丙寅上巳后日，甑叟书于广海同安里寓楼。

宋拓卫景武公碑跋

福山王文慤与李子丹书《卫景武公碑》，拓本不旧，所谓"鼋鼍金石"四字已有剥痕。此在何、沈未拓稍前耳。所谓"何沈"，或当指何元锡、沈树镛，时代相接，皆深研金石学者。此本四字皆完全。

壬戌之秋七月初吉，新购此本，与家藏本对校，并分别题记。

甑翁徐崇立书于木石山居。

牛氏《金石图》模此碑，"班剑"之"班"字作"班"，右"王"之上横多曲画。检校旧藏拓本，则此字中间已漫漶。盖牛氏所据本在乾隆时，较早于是本，"班"字剥蚀尚少，牛氏或误认石花为曲画耳，足见摹勒之难。然自金属制版出，即响拓可废矣。

己巳白露节，灯下校记。

翁藏宋拓九成宫跋

光绪中叶，外王舅陈公程初，时统湖南，选锋水师。予居甥馆，公出示曾惠敏所诒宋拓《醴泉铭》影本，书皮皆用西式红皮镂金，装饰华丽。盖使英印于伦敦，其时影印碑帖，中国尚未盛行也。一见即扃秘，亦以为珍秘之品，未敢假临。事阅三十馀年，公子孙不能守，久为乌有矣。兹睹是本，丰腴圆劲，绝非晚拓所能仿佛。而曾本犹时往来心目，前尘梦影，枨触孤怀，觉与是本约略相同，因附著之。

甲辰后，居京师，与君和袭侯往还。曾以宋拓《皇甫碑》视我，而不及此。盖庚子拳乱，其宅在东交民巷被掠，或早付劫灰矣。心绪正恶，写不成书。

庚午处暑后日，蒸郁流汗，瓻叟徐崇立时客白下城南。

松禅老人归田以后，年事已高，晚景拂逆，笔力亦近颓唐，不逮居政府时矣。诸跋惟寄尘略可，馀皆不足论。书且必牵涉右军、率更，导源篆分，气脉实近北碑，与山阴河汉。当时覃溪立论已然，何论馀子？可见知书知言，都非易事。

辛未立秋夕，灯下展看漫题。

瓶斋云：松禅原有是题，此则狄平子所摹，非真迹也。退闲、寄尘两跋不伪，狄氏书师张季直，吾于张此种书已不契，他无论已。

甲戌惊蛰节，记于沪寓。

近来影印碑帖，寻常用洋纸，稍佳者用单宣，率多生涩，字口不免麻沙，锋芒微损。此用极熟煮硾笺，遂觉光腻，于题字尤宜，不数覯也。

《松禅日记》咸丰庚申十二月十八日记：宋拓《九成宫》“迢遰”“遰”字之字收笔微缺，覆刻不然。因校此本，“遰”字实无泐痕。按公记，此时年未四十，晚年老眼益明，当不省少壮时语，自以后评为准。

丙子立夏前六日，徐崇立灯下校记。

黄石斋先生尺牍跋

石斋先生书，诸跋推崇至矣。论节概，唯王壮愍庶几踵武，若郑氏则人书俱玷。蝯翁小行楷长跋之精妙，于所临《黄庭经》、《黑女志》、《法华寺碑》之外及此悉为甲观，且超出诸跋之上。但有欢喜赞叹，足为是册增重。原有李宣龚跋，酒后率题，误为墨迹渍去之，记此为率尔操觚之戒。

己巳夏至，崇立。

是册古今名跋琳琅满目，何道州故为第一精品。次则沈寐叟题，古茂纵肆，虽出安吴，实兼章草隶意。唯极不喜郑孝胥书，见辄摈去。此以连缀沈跋，未便拆裂，存之。

甲戌清明后日，又题于沪上。

宋拓褚河南圣教序跋

同州《圣教序》，余得万历间旧本，模糊至不可耐。及退谷以新拓本遗余，毡蜡既佳，字亦清楚，胜旧本数倍。乃知唐人碑碣，苟得好事者精意毡蜡，皆可十倍旧。惟恨陕人以恶烟劣纸率略拓卖，以为衣食计，则令汩本来耳。

右钞沈寐叟跋，其“退谷”上一字涂改模糊，吾只知有“汪退谷”又误作“汪”字，然迄不能辨为何字也。拙藏本二十年前得于京师，纸墨特旧，拓亦不恶，较是本殆犹胜之。是本胜处只“玄”字未削末笔耳。足证沈说之不诬。碑石今尚完好，求精拓固不难也。

旁注小字虽未署名，以他碑证之，知为王子展校字。并未题为宋拓，亦无题跋。此碑原未甚泐，即诸“玄”字未残缺，或当是明末清初拓本。凡有正书局题为宋拓者都未可信。前数年曾校对一过，兹重展补记。

戊辰夏六月，徐崇立书于茅江榷廨。

涪翁松风阁诗真迹跋

瓶斋近诒此本，卷首题赙，内外皆有易培基恶札，亟裁去之。是册影印云是乾隆内库之遗，兹皆以高丽笺补缀。道州何文安公行楷册以高丽笺画乌丝栏写之，此其馀幅。前从何志姜乞得者，亦道光时物也。

癸酉夏至后二日，徐崇立。

予于甲辰后见山谷数卷，最爱《松风阁》卷，其诗清脱，妙不可言。字乃正书劲秀，全用柳公权法，他书所不及也。予晚年极喜柳书，复得其一二秘本。今见此卷，益知世之学柳者一味硬直，真钝汉也。卷极佳矣，而有可恨者，嘉定间向姓者所题不称，一也；旧在贾似道家，上有“贾似道”小印及“悦生”、“秋壑”、“长”字诸印，辱于权奸之手，二也；元大长公主不择人而命绝，有可喷饭者，三也；“项墨林收藏”之印太多，后又载所买价值俗甚，四也。友人李梅公得山谷书杜诗卷字极佳，与此相类，赵松雪有跋语，亦得意书。先在予家，予物色此卷经年不得，闻在梅公处，乃以赵跋归之，竟成完璧。

曹嘉禾溶有山谷小字《墓志稿》二合装一卷，董玄宰大书四字于后曰："山谷墨宝"，真墨宝也。嘉禾与余好尚相若，其应征入京，尽以所携卷册送予斋，如米老卷、君谟卷及此卷，俱累累千百言，世不多见之珍也。又王长垣有山谷书《阴长生诗》，亦正书，不及此远甚。

庚辰大暑节，补录孙退谷三跋于后，耄学老人时年六十有九。

诸跋中，邓巴西、袁清容最知名，孛术、鲁翀、赵岩又其次也。袁题但论《松风》，略不及涪翁。孙退谷谓公主不择人而命题，清容且然，他无论已。女流本不知书，安能知人。故宫收藏留而未汰，然如宋刻《淳化帖》尽削前人题跋，毋宁过而存之，犹可拣选也。

穊叟。

虞世南夫子庙堂碑跋

吾乡唐陶山先生为确慎公之父，诗文著述甚富，今乃得见其手迹，殊慰生平景仰。王子展收藏甚富，宋拓褚书《圣教序》、《卫景武碑》，皆有其题记。王克敏即其子，佛苏尝至其书斋，金石名迹琳琅满目，亦能读父书者。然唐、王之后贤不肖何啻霄壤耶，又可为长太息者矣。

乙丑立冬前日，穊叟徐崇立校碑记。

宋贤笺牍跋

古云：绢寿五百，纸千年。前后见东坡真迹二卷，楮墨完好。此则破落，终楮质不良，抑历劫幸存。亟检《三希堂》对看，刻拓已精，究不若原本精妙。如“拜”字末笔，拓本不失真，此墨迹尤传神；“郭”字之点，拓本完具，此则墨采全剥，隐约可辨。乾隆至今已百三十年，度摹勒时尚未全蚀也。

宋人制茶所谓团者，如今之普洱茶有团有饼，更碾而煮之，已非新茗。又有所谓点茶者，杂以他物，茶味减矣。吾乡山村犹有此俗，非逢庆典不用，士大夫家则罕见。今人瀹茗，乃可品茶得真味。宋人又有斗茶，度亦品其高下，然古不逮今也。

薛氏得定武祖本，当得山阴法乳。此札气韵颇近米老、巨济、刘泾也。见米帖《龙真行》及《西园雅集图叙》。

此册宋五家书，苏、薛为最，程氏书尚有矩矱，叶书峭削，吾所不契。陈书茶弱，更无足观，但以老见尊耳。

癸酉除夕，瓻叟题于沪寓。

赵松雪精楷金刚经真迹跋

是经墨迹出清宫，同时尚有石印本。前后诸印记皆朱色，盖珂罗版只能一色耳。然笔法精采，胜石印远矣。

癸酉春分前日，徐崇立记于沪上心佛戡。

颜真卿书祭侄稿跋

近购得清宫藏此帖墨迹精影本，检此本校对，乃知宋拓之妙，不唯下真迹一等，且各有胜处，度当日钩勒上石，笔画完好无阙。今又阅六百馀年，稿纸外肤墨采渐次剥蚀，波磔麻沙较多。尔时既少脱落，模者、刻者类皆妙手良工，遂能如镜取景。今倘再刻，纵有绝艺，波磔不能毫发无憾。顷细加审校，如首行“戊戌”之

"戊"字，左别撇，刻本稍失之肥；"庚午"之"庚"字，墨迹转折方劲，刻本则肥腴；"午"字墨迹已蚀损，刻本上半殊遒秀生姿，此则互有轩轾。姑举一二，未暇如覃溪一一对勘也。谢氏跋所举之鲜于枢跋、张晏跋咸在，且前后题记，如乾隆御题诸跋甚多，宋拓本尚未有也。谢跋前后矛盾，殊非定鉴。查跋师董，徐跋仿赵，皆能得笔法，二瞻不独以画胜也。刘铁云藏弆悉为匋斋豪夺，是本原拓，殊不知其究竟矣。

癸酉秋分，萹叟题于沪寓灯下。

隋缘果道场砖塔下舍利记跋

景寅中秋前六日购此，适偿夙愿，欢喜赞叹，得未曾有。

萹叟徐崇立记于广州旅舍之越吟馆。

萹叟得此册见示，因获纵观。

丙寅中秋前五日，延闿记于红棉榭。

昔人有言，赏鉴为一事，考据又为一事。即如此记，流传有绪，题识皆名流，无可疑矣。然记中年月与率更结衔不合，则无及之者。且嘉庆丁卯，覃溪方罢官，居京师，与梧门、芝山、小岘、兰雪唱和往来。如此剧迹，而不著一字，梧门又轻以假之易茗生，皆不可解者，惜不得《金薤琳琅》一校之。

丙寅八月十日夜三鼓，延闿记。

是碑仅著录于都玄敬之《金薤琳琅》，王氏《金石萃编》未之录。向未见原拓，近始见两印本：其一，《海上续晋唐小楷三十种丛帖》收入，无一题识，不知其来历；其一，即此本也，题跋甚多，如曹倦圃、王惕圃、秦小岘、张船山、梅伯言、唐陶山、江郑堂、祁文瑞、鲍东方诸名家，多为欧书。两影本皆有“太子率更令欧阳洵撰并书”一行，在题后文前，殆同出一拓本耳。因检《金薤琳琅》所录原文对校，并无率更衔名一行，且都氏跋云无撰书人名氏。隋碑之传世者绝少，以予嗜好之笃，集录之勤，三十年间所得惟《皇甫府君》、《龙藏寺》、《姚辩墓志》及此而已。是都氏但谓为隋碑，并未目为欧书，盖所藏为旧拓本也。又对校都本，原题首多“隋江夏县”四字。此本“缘果道场”以上右角残阙，以行数之，当为三字，不能容四字也。文中“弟子黄慧韺”都本作“龚”，都本作“慧龚、慧俊、慧达”，此本无“慧达”二字。都本“石无端井”，此本作“居无端草”。都本铭词“嶷尔淡泊”，此作“惔怕”。此本“四渎抱山”，都本缺“渎抱”二字。“识转循环”，都本缺“转”字。“香水离毗”，都本缺字“离”字。都氏所见为明拓，已缺四字，此独完全，拓本果在都前耶？畏公跋疑此本为赝作，即在题官一行，按隋碑题唐官者，如欧书《皇甫诞碑》是也。隋碑而题北齐官者，《龙藏寺碑》是也。一以隋朝殉节，唐初始立碑；一以北齐时撰文，隋时始刻石，自有先例，未足为嫌。但以都本校勘此碑，原无衔，后人以其书为欧体。从而窜加，明是翻刻。又如褚书《同州圣教序碑》后题名“同州倅厅”十馀字，笔画且不类，明是后人妄加，此刻将毋类是耶？又欧书《心经》刻石经文后，题“率更令欧阳询书于白鹿寺”一行，窃疑率更令为东宫官属。如左右庶子、家令、洗马等官皆当以“太子”冠首，去此二字，则无所统属。与此碑皆当存疑，不敢遽定其真赝。是本之为覆刻而非原拓，即可据都氏原文断定之。独怪历来收藏评鉴诸家题记累累，都无一语辨析及此，殊难索解。

小年即习欧书，晚更专攻小楷，遍搜欧迹小真书。如世所传五种，《黄庭经》、《乐毅论》、《千字文》、《心经》、《姚辩墓志》诸刻，仅得见《心经》徐紫珊藏本。今归吕问沤者得假临数通，其三种则存诸寤寐。此则方整峭劲，与《心经》同一笔法，为小楷之圭臬，固不徒相优孟于叔敖，肖虎贲于中郎，殊慰耨饥，未可以影本少之。

丙寅秋分后日，崇立题记。

瘦桐此语，其误与时帆同，皆但据《记》中大业九年，而不悟彼时信本，非率更令也。

讱翁记。

信本官太子率更令在贞观时，则此碑记不书于大业可知。文中称“大隋”、又云“以今夏六月”，岂撰文在隋时，至贞观始书之耶？疑莫能明矣。时帆“书于大业癸酉”一语，其误无疑。

讱斋。

是本为宋芝山珍秘之品，乃以归法梧门，所云“割爱”，度以重价得之，如钱虞山之售宋刊《汉书》也。独怪诗龛秘笈及肯慨然久假，远涉吴门，殆交亲殊异耶。范跋甚俗，于诸贤题记中为下乘矣。齐兴道场，此讹“兴”为“与”，遂至不词。观册首张船山题记引原文，知船山所见原拓本不误。此翻本乃有张题，或取旧本之跋移装入此，或从真本模仿，化一为两。市估掮客往往影射杂糅，迷乱耳目。谛审张题足为确证，惟必定为率更书，张所见仍是翻本耳。

伊墨卿先生真迹跋

有清之工汉隶者，吾所服膺三家：桂未谷、陈曼生、伊墨卿也。伊氏不唯隶书魄力迥绝，即行楷之遒劲亦远迈群伦，用笔如铁丝，胥从篆籀出。嗣见吾乡李文正书亦然，乃知伊氏别有师承，非同意造。每见其零缣尺幅，辄流连玩味，眷焉神往。近客广州期年，将去粤之前日，谭畏公来邀出游。偶于市廛见此，各购一册归。新返山居，检阅碑帖，辄题纸尾。近日严寒，砚墨旋炙旋冻，不免率尔操觚，而结习未忘，不能自已。

丙寅腊八日，瓻叟徐崇立书于木石居。

是年初定南京，畏公将自赣出鄂，而嘱铁安与余先循海南还。先日来送，将饮于市楼。问所向，余谓太平馆之炙鸽佳，未卜何年重到，因购此本。旋招问沤同集，先后去粤。乃越四年，公遽骑箕。今南越已窃号自娱，长沙山居频遭劫掠，漂流八载，未敢赋归去来。沧海横流，人间何世，重展是编，回首前尘，直如昨日事，无限凄感已。

癸酉冬至，再题于沪寓灯下。

此墓碑题目、结衔，底稿首列桐城姚△者，姚鼐姬传先生也；次列钱塘梁△△者，梁同书山舟学士也；又次列阳湖洪△△者，洪亮吉北江先生也。如此旧迹，可谓三绝，恨不得一见拓本，然结衔书前史官，究不若翰林院庶吉士为合义例。苹罗所书墓志曾数见之，皆行楷而带姿势，碑版严重，此体非宜。然康乾以来，朝野皆溺于赵、董书，自钱昆明外，久无人知此义。赵书出北海，碑版多精构。当师其意，不师其例，所谓“有伊尹之志则可”也，董则无讥矣。

丙寅腊八，甫返山居散帙记，瓻翁。

宋拓丰乐亭记影本跋

曩见苏书如《小楷文与可字说》无不兼行，未尝见精楷。《丰》碑如《表忠观》、《醉翁》、《丰乐》二亭记，率皆臃肿乏精采，得拓本辄弃去，意谓东坡不能作精楷及大字。及见是本，乃知前所见皆重摹本，久已失真。罗跋谓元祐党禁，公所书碑碣悉毁灭无存。当时尽有精妙之作，皆摧灭于佥壬之手。幸赖此硕果之存，犹得见庐山真面。前疑顿释，殊愧往昔见闻之陋。近游摄山，得见唐高正臣书《明僧绍碑》，碑阴刻“栖霞”二大字，笔法极似苏书，左旁题款摧毁无存，窃疑为公书。同遭巨劫，莫能明也。尝谓是非功罪，皆在时移势易之后。如王莽居摄之日，颂功德者率数十万人；魏忠贤窃枋之日，生祠遍天下。王安石至封舒王，配享孔庙。当时群蜚刺天，可以一手掩天下人之耳目。及夫日月重光，公论大明之日，直如秋风之扫落叶，赤日之泮春冰，曾不转瞬，歼灭无遗。盖物极则反，剥极必复，天道循环，理无或爽。观于绍述之际，苏门宾友悉遭窜逐，眉山文字悬为厉禁。易世而后，朝廷已事搜求，孝宗尤为崇重，片纸只字珍若拱璧，可以鉴矣。王兰泉《金石萃编》于此碑考校綦详，而不言有他本，盖青浦当日亦未见原刻也。

己巳芒种后日，灯下退颖写记，瓻翁时寓金陵仁孝里。

伊墨卿先生自书诗册跋

生平服膺墨卿先生之行草，及见吾湘李文正公遗墨，乃知伊氏书翰大都师法茶陵。茶陵笔法淳古，书品当驾文、董而上。伊氏精隶法，与桂未谷、陈曼生皆魄力沈雄，导源篆籀。昔人评褚河南书黄麻《千文》，谓用笔如铁丝纽成，此书亦然。蝯叟自谓："化篆分入楷，遂尔无种不妙，无妙不臻。"此书以隶入行草，宜其遒劲超逸也。是册为其子少沂诒赠林文忠者，观后跋册端题检，当为文忠手笔。公亦工书，为其乡人，宜其沆瀣相得也。鄙性酷嗜书学，心知其意，而腕力不足以达之。酷暑风燥，笔秃墨枯，率尔操觚，徒增圭玷。

瓻叟漫记。

唐善才寺碑跋

予三十以后酷嗜褚书，凡流传碑帖见辄收之，犹恨未得其全也。李氏十种印本年来次第收得，独缺《善才寺》，尤为梦想。春中自京师桴海过沪，瓶斋邀寓畏公斋中。半月濒行，购此为贶，弥兹阙恨，良用欣感。踵题其后，以识弗谖。

薄暮无俚，欣然著墨，忽闻客至，辍笔。夜于灯下续写，光暗目昏，了不称意。山中闻人足音则喜，然客非素心，则亦等于催租败兴，不如枯坐之为得也。

乙丑三月八日，瓻叟徐崇立记于汉石经室。

宝鸭斋金石拓存跋

先生收藏甚富，汉瓦一类已二百方，在公第六子绍周处。此则公第五子戊舟所分器，特一鳞一爪耳。此即戊舟所诒。

辛巳秋，崇立题。

先按察公遗图籍、书画、金石于吉庆故居，为楼庋藏之。频年世变纷纭，恒以散佚为惧。乙丑春，析由兄弟六人分藏，桢立择金石文字之精美可施毡椎者，付之石印，题曰“宝鸭斋金石拓存”。其时长沙市上无能摄影登石者，乃自出新意，径拓以登石，不由摄影，故尤丝毫不失真。兼自督之，用佳纸、佳墨，绝无油渍，直可作原拓观。戊寅长沙大火，敝庐书卷多付劫灰，此印本存亦仅矣。

己丑三月，桢立附记。

金石蕃锦集跋

此两册均有编印目录粘卷端，以易脱佚改粘内幅。此种拓片宜印整纸，汇订为册。此乃以单纸小页折叠粘存，年久浆脱，如秋风落叶，岂免残缺？然展视皆故人手迹，不独金石考订之足尚也。及吾身之存，必保此须臾陈迹尔。

甲戌天中节，新返楼居，散帙漫记。晚霞老人崇立。

此吾家澂园堂故物也。二十年前，时往来樟树宅，公之从子抗生案头置此砚，曾手拓以归。后问抗生，诡云失去，实则抗生以博荡其产，器用斥卖尽矣。手拓本旋亦失之。然三十年来，犹记铭词，往来胸中不置。樟树宅，公之故居也。抗生以穷死，临殁，以纪文达《秦瓦砚》为赠，而托余料理其身后事。顷见此拓本，如遇故人，乃知已归筠庵，不胜存殁兴衰之感。

临川李氏流寓湘中已两世，筠庵居此时即嗜收藏。今午同铁翁游书肆，适购得此本，乃知故物流传之绪。积年怀想，如梦初觉。

癸亥重五节灯下，瓻叟徐崇立记于瓶斋寄庑。

此即砚铭，非诗也，若以七言为诗句，陋矣。古文“铭词”亦称“铭诗”，而此类刻石短章，率谓之“铭”，无目为诗者。

己巳秋又记。

刘文清真迹影本跋

此衡山聂云台影本，盖裒集其家藏旧迹也。近从瓶斋转乞得之。聂君好刻佛经及善书，辄有论述，操笔累千言，滔滔不竭。独于是册不题一语，真可谓不着一字，尽得风流者已。

庚午谷雨后四日，瓻翁书于白下斋梦雨楼。

顷检残本对校此册，皆完具。惟残本文清自书奏疏四版，彼已不全，此并无之。盖玻璃版更破损，独此缺如耳。记题此阅十年，畏公是年秋八月谢世，国破家残，聂氏中落。瓶斋书问亦稀，百无聊赖，重题志感。

己卯小暑。书于耄学斋，时年六十有八。

东安席君墓志跋

觚翁此《志》，得《黑女志》之神，《后记》小隶规模《石门》，诚少陵所谓"瘦硬通神"，可云双璧，今世不多见也。独题签者率尔操觚，兼葭倚玉，亦可谓"官大好吟诗"矣。

癸亥嘉平雪夜，散帙呵冻，瓻叟徐崇立。

凡文字于平正中见精粲为尤难，此《志》书律谨严，而风神遒丽，魏隋石志正宗也。今人徒以诡怪胜，震骇庸众，虽雅实俗。翊钧遂以今死，距书此才二年，今不可复得矣。青简尚存，而宿草将列，散帙睹此，读之怃然。

乙丑初秋，又记于汉石经室。

《志》、《记》皆黄少云同年作，癸卯同榜中，袁伯夔外以君文学最深，殊不多见。君馆席氏久，以财力参差，于翊钧亦隙末，予则臭味不相近，往返亦疏。君下世更在王前，后嗣无闻焉。

谭祖安先生书麻姑仙坛记跋

此叔平近自海上邮政致者，公临本余得两通，其一长沙日课本，略早于此，书法亦同；其一则在金陵，书册后题云："久不作楷书，视昔日有字课如隔世矣。十年来，临《麻姑》仅得三通，此其一也。民国十八年四月四日，发愤写此，竟奉兼民老兄教之，是为二百有三通也。"按此跋则拙藏本在过翁本后。明年公卒，为最后一本，瓶斋未见，故所记小异。其用笔略参褚法，晚年正臻变法，惜乎止于止耳。

丙子大雪节，徐崇立记于赏析书楼。

叔平为黎薇孙老友之子，过翁为吕遽孙先生别号，叔平其婿也。畏公之弟祖庚兵曹，又叔平姑夫也。两家姻谊重叠，畏公视同子弟云。

先三兄专临《麻姑坛记》，盖始于甲寅余兄弟奉母居青岛时。其后，乙卯在沪，戊午在郴，书课尤勤。至辛酉，买宅塘山，颇有宾从文燕之乐。偶朝起临写数纸，亦尽数十通。此则临成以贻叔平夫婿者，笔意充悦，盖其合作也。自壬戌于役海南，还都白下，政事日繁，遂无复日课。惟最后为过翁书屏八幅第二百廿通，生平临此碑殆止于是矣。叔平即精装成册，出以见示，并嘱题后，敬记如此。

壬申小满后，泽闿。

宋拓麓山寺碑跋

是碑题额曰《麓山寺碑》，碑文曰“麓山寺”者，知俗名“岳麓寺”者误也。《水经注》及少陵诗皆称“麓山”，不云“岳麓”，以其多林麓而名“麓山”，犹“谷山”以多岩谷得名，故麓山与谷山相连。如云是南岳之麓，则衡山至此三百里，不必仍系岳为名也。玉水布飞，石林云起，乃麓山真景。水石之奇，不必是《水经注》湘水径锡口戍北，又西北流，屈而东北，注玉水也。

北海书发源六朝，复以其干将莫邪之气，决荡而出，与欧、虞规矩山阴者殊派，而奄有徐会稽、张司直之胜。顾世间石刻日少，《李秀》仅存六础，原石拓在南海潘氏者，早成孤本。《灵岩寺碑》自阮文达师纂《山左金石志》时，已仅存赵晋斋家藏拓本矣。近日吾儿庆涵忽得一本，与赵藏无二，然亦止此两本。《东林寺》、《叶有道》久无原石，《娑罗树》亦重镌本，《端石室》、《少林寺戒坛铭》则本非真迹。其烜赫世间者，只陕《云麾》与《麓山寺》而已。《云麾》颇嫌多轻侻处，惟此碑沉着劲栗，不以跌宕掩其朴气，最为可贵。碑阴字肃穆静实与《李秀》近，当日书意兼有此两路，是碑乃兼具之也。

右何道州校跋家藏本二则，已编入《东洲集》。凡题识碑帖之文，无不精到透辟，发前人所未发，然亦不无踳驳。如《跋道因碑》云："率更模《兰亭》，特因上命，以己意仿前式，手眼中谓有右军，吾不信也。"而末记为"薄醉题"。此跋已云端州石室本非真迹，而阙后跋是记拓本，则又云："开张雄厚，非北海不（辩）〔办〕。何前人论定之纷纷乎？殆于此始见佳拓耳。"要皆小疵，名论究未可废也。

何道州藏本前有碑额篆题"麓山寺碑"四大字，见瓶斋题记。余所见数本，无一有碑额者，盖贱工例不拓额，而钱氏补题虽精，不免失考矣。

《麓山寺碑》为吾乡烜赫有名之迹，而湘人藏旧本精拓者绝少。生平所见数本在燕台，见余联元藏本，存字最多。时越廿馀年，已不甚记忆，要不若是本之精采完具。昨以粥文所得钱始购此本，检王氏《金石萃编》所据本详校其文字，勘对同异，以朱记于旁幅，计残蚀者十三字，阙佚者三十四字，有疑者二，俟见他精本更校之。盖存字之多，要无逾于此矣。泰和书品，前贤论之已详，米襄阳、赵吴兴皆导源于此，而各出机杼，自成风格，所以为名家也。近时求旧拓存字稍多者已稀如星凤，学子临池，得此以备摹仿，有馀师矣。兰泉司寇跋自云：数过长沙渡湘江，亲至碑下，而于碑首著录乃云在衡山县岳麓书院，前后矛盾。盖成书时已逾八十，耄期渐荒，自不免疏略尔。故宫汇存崇德时朝鲜国王所上表文，附岁贡奉方物目，白绵纸率以千卷计。溯清初至光绪甲午止二百馀年，累积固已连楹充栋。易培基取以影印碑帖，即此本是也。他如兰台《道因碑》、米书《蜀素帖》、涪翁《松风阁诗》诸旧迹，皆以茧纸印之。其人百不足道，独此一节可取，惟于诸碑帖悉加笺题，奴书恶札，触目生厌，“白宫居摄”一章尤为谬妄。是碑亦有其跋尾，亟应摧烧。因惜此佳楮连缀，未欲毁裂，投鼠忌器，过而存之，即所以著其恶也。

寒夜清灯，目昏手冻，急就成之，殊不逮意。

癸酉小寒节，徐崇立书于沪渎寓楼，夜加子矣。

李秘监书《麓山寺碑》，今在岳麓书院之门右。昔人作亭嵌碑之后，止有碑面可拓，其碑阴及侧俱在壁中，不可复拓。故乾嘉诸老为石墨之学者，于是碑罕及其阴。述庵司寇《萃编》所录仅据武虚谷授堂跋语辑入，亦未亲见拓本也。余于庚子秋舟泊沛宁，曾于郭氏购得黄小松所藏宋拓《麓山寺碑》，并有阴，有小松及覃溪、瘦铜诸题记，甚精。隔宿乃为中途人夺去，意甚悔惜。儿庆涵再访之于沛宁，已无可踪迹。老友许印林忽以此拓寄赐吾儿，儿因并以藏旧拓碑面本合装成册，请加乙记。余适初返都寓，因积受暑雨，患足蹇，未得出。古墨照人，眼明腕活。检授堂跋，先摩挲碑阴，字多虚谷所未见者，回忆小松珍本，亦不过如此，而此碑面古拓，则又视小松本远胜也。

东洲居士何绍基快记，壬子七月廿二日。

予既据《萃编》以朱笔对是碑，瓶斋复以精挩古本见假，乃据玉虹堂宋本、何道州本用朱墨笔分别校录。因据以覆校，以初校用朱，遂以蓝笔录玉虹本，墨笔录何本。存字以此本为最多，只录其于此本有不同者，故录玉虹极少。何本则并前后题跋抄之。是本存字虽多，而字口多漫漶，锋颖遂钝，盖拓虽极早，而未精影印，亦不逮日本也。瓶斋自跋藏本谓纸墨沈古、波画棱峭者，以此对看，彼本真所谓"翠墨"。要之，影本当以此为甲观耳。何本尚有碑阴校释，吾生平仅见亡友王翊钧拓有碑阴整幅，殊未易觏，遂不具录。

癸酉岁晚，再跋于盍簪行馆。

北周巩君墓志跋

右跋考宾先代功绩及宾历官与当时事实，陆氏所跋大同。既录陆跋，此段从删。又考孝乎友于之异，征引甚繁，序次颠倒，亦无关宏旨，节而不录。自来珍重金石文字，诚足补经史之缺佚，但地志之缺误，官制之漏略，求之碑志，自可拾遗补佚，纠正讹舛。若志铭所纪，其人之功烈，或不书于史策，即讥秉笔之疏，则不然。史官秉笔，义主严谨，朝章国故，重在提挈纲领，大事本末，只举魁首，余皆附见，岂暇宏纤悉录？果不惮烦，则一代之史，必且汗牛充栋。至文士为人志墓书碑，道在隐恶扬善，往往称誉过情，词多溢美。蔡中郎自谓生平撰碑，惟《郭有道》为无愧色。刘义讥昌黎为谀墓，虽贤者不免。著述既有公私，文章各有流别，未可据一人之私志，遂疑国史为不公，此操觚未容率尔也。此《志》方整而兼遒丽，势带隶分，为隋志之上乘，较

《元公姬氏》、《苏慈》诸石，尤为超妙。上承六代，下启三唐，欧、褚脉息相通，是由隶分尽变为真楷，自奇纵渐纳于整齐，此书派一大关键。是跋乃称其字不甚俗，然则犹未能免俗耶？直门外人语矣。是本为故友黎薇叟去秋诒赠，册首有其标题印记。君遽于初冬谢世，珍重嘉贶，常在行箧，顷再装题，重遗墨，怀人感逝，弥用怆然。

庚午寒食，瓻叟记于白下寓楼。

王翊钧临礼器碑跋

故友王觚翁家世工书，由诸生为丞尉。以王湘绮荐，入匋斋端方幕，益精金石之学。小真书工北魏。晚年隶古益进，自成风格。此本摹《韩敕》，是其经意之作，印亦出手刻。

乙亥霜降节，徐崇立记。

朋簪诗墨跋

右《朋簪诗墨册》，光绪丁巳于役吉林，居将军幕府时所装。计朋侪投赠诗篇积存书札多矣，惟此数纸适在行箧，时投笔出塞，边疆鄙僿，无可与语，栖迟记室，实等投闲。独坐无俚，偶寻故纸，如见故人。一为王翊钧为程子朴写题《湘雨楼诗》。君不能诗，而书法精妙，众体咸工。此为其经意之作，留此可见一斑。一为黎薇孙自写旧作。君擅词章、工篆刻，尤自成风格，手定三十卷，独书非所长。顾矻矻不休，尤好草、隶，然书味盎然，即此数幅，夐绝尘俗，况高丽笺在当日殊寻常，今不易见矣。一为《寄禅法师诗草》及尺牍。长沙北郊开福寺丛林为五季马王故宫。

光绪间，余外王舅陈公统湖南水师，戈船即屯湘滨，因于寺后筑园亭为夏日避暑地，招诸耆宿觞咏其中，题曰“禊园”，具详湘绮集中。余当炎暑辄读书亭中，邀翊钧同居。师时亦就僧侣清斋与吾侪谈，盘桓数日不去，有近作即据案具草。师拙于书，而吾不工诗，亦拾纸涂乙，相与推敲。此数诗即盉簪行馆中书也。乙巳初夏，将自长沙北征，寓城北寺中，师亦将卓锡天童，叩关一见。余时病酒，匆匆话别，遂不复见。壬子岁，师示寂于燕台。乙丑夏，翊钧谢世。己巳冬，薇翁病殁。册中文字尽成遗墨。时移代异，景物都非，少壮交游半为异物，禊园池馆鞠为茂草，只馀衰叟傫然独存。萧瑟江关，傭书索米，犹能执笔追记昔游，摹此一编。盖子桓南皮之书，周侯中坐之叹，武子黄垆之忆，孝标青简之存，伤逝感怀，一时俱集矣。

癸酉长至后二日，䋎叟徐崇立沪西寓楼写记。

此《寄禅法师》遗墨。师本不通文字，忽有神悟，出句惊人，遂以诗名，其书亦有天趣，故予得即藏之箧衍。师后讲法天童，得予书亦装册。此册所录诗惟题“鳑龛稿”者未入集，殆未存稿耳。师集凡再刻，光绪戊子湘刻本少而精。盖经湘绮老人删润者，杨度续刻于京师，则悉登录，殊有江郎才尽之叹，非所以爱之也。偶翻旧帙，追忆昔游，援笔记之。

己巳处暑前夕，崇立挥汗。

此为从弟成万遗稿题，正吾与王翊钧避暑开福寺读书时也，师时来谈艺，今皆下世久矣。

辛未谷雨，崇立记于金陵行斋灯下。

沙门与人手札向称“合十师曾”，然两指奉佛，因号“八指头陀”，故称“合八”云。

心佛戡主附记。

庚寅岁，君兄弟三人读书曾文正祠之浩园，为余定交之始。时年十九，君长五岁。此三印即君手刻，尚未臻妙境，唯“礼”字印佳耳，后乃更超。为余治印最多，临终前一月犹为余重刻“借琐好奇”方印，可宝也。

兼巢老人灯下又记。

褚河南哀册真迹跋

《哀册》文吾向藏影本，较早于此十年。字甚丰腴，锋颖毕具，而惜其为洋纸也。此帖不唯真迹不得见，即旧拓原刻亦不获。寓目徒见此，殊不足以餍夙望。何莲舫书乍视之甚类王梦楼，其专仿王书耶？此旧纸忽不受墨，殆日久为石油所染耳。

庚午春晚，瓻翁。

是帖从剪装本影印，前后次序颠倒，狄平子止漫题为“宋拓”以牟利，并不加校正。然戏鸿堂已刻此文，而摹刻失真，远不逮此，犹赖有此资学书人津逮。中令此书与永兴《汝南公主墓志》同为剧迹，虞书乃未完之草，是本前幅亦有空字，唐文皇始以行草入碑版。此文或即正本，抑未写定者，未见虚舟、覃溪二跋，莫能明也。此印本予凡三购，是本略早，其第八版不如也。斯时目忽奇蒙，摸索写之，以遣愁寂耳。

戊寅中秋，瓻叟时年六十有七。

此影印予前后购三本，并经校正其行叶颠倒之次序。以此本为较胜，特记之。

丙子天中前四日，秵叟。

枯树赋两本合册跋

河南行书至精，唐之北海、宋之襄阳皆导源中令而自辟途径者也。原拓难见，即影本亦绝鲜佳者。前数年已得是本，兹重购至，展卷则“犹吾大夫雀子也”，而愈益模糊，盖已印万遍矣。有正好欺人平子此跋，安知非乌有、亡是而托名“张老”以自粥耶?

抱关，前跋确是张迹，此评大误。

右《枯树赋》影印二本，狄平子题前本为宋拓，后本为明拓。前本有张叔未朱书跋、吴让之印记足证。后本无题记，而笔画明显胜前本，不应明拓转精于宋拓。波磔微有不同，谛审纯是米法。米老最工临摹，窃疑出自伪托。如柳诚悬之写《十三行》，姑存是说，俟知者质正焉。旧装次序颠倒，因重订并记卷后。

乙亥立春后一日，秵叟徐崇立书于补拙里居。

米书本兼河南、北海，此为褚笔，海岳究不能到。前跋殊误。乙酉浴佛日，七十四叟重校。

米书向太后挽词跋

此册为雨人所藏，原有珂罗版精印及董香光临本凡四种合装。

雨人既取精印本编入丛帖内，而以此贻余。香光临本甚劣，蒹葭未可倚玉，余又去之。此两种皆石印，前本较肥，神采完足；后本仅以墨色胜耳。纸尾加衔，真迹止一行，刻本分作两行，顿失故步，可慨！米楷超妙极矣，《挽词》殊逊坡公《春帖词》之典重尔，乃知合璧之难。

庚申春夜，瓻翁漫题。

昨瓶斋言北平梁估萃文斋携米老《虹县诗帖》及其帖真迹来沪求粥，皆为袁珏生励准故物。瓶斋曾往看。是帖为茧纸本，笔法绝妙精严，与影本同。是册值银三万元，《虹县帖》二万，约同往观。海内豪富多金者，非军率即俗吏，不知此为瑰宝。具鉴识者，无气力足以举此，恐终为矮奴所攘。如颜鲁公《自书告身》早已桴海，其前事也。生当俶忧之世，道丧文敝，方慨我生之不辰。而古人旧迹烜赫宇内，数见传刻辗转失真者，近且日出不已。当吾之世，得睹庐山真面，则亦得失参半矣。

癸酉长至前日，再题于沪西寓楼。

翁氏藏本青玉版十三行跋

《十三行》传刻本至多，《禊帖》之外，当推是帖。其精采完足，当以越州石氏刻及此本笔画圆健，不失绵里裹铁之妙。前后幅叶，松禅写记至千言，生平所见小行楷多且精，以此为最。予藏碑帖有前贤考释已详者，即移录之而不复赘，睹此知先哲多为之，有先例矣。旧藏此本为绵纸印，此则洋纸印，性坚滑，墨皆浮溢不入理。故字口多粗，锋颖失旧，逊绵纸多矣。旅居取备参考已。

庚午谷雨后日，瓻叟记于金陵行馆梦雨楼。

此纸且不受印泥，凡前后钤两种，印泥皆黯淡无光，中西诚有不可强合者矣。考大瓢尝著《柳边纪略》，其父戍宁古塔，大瓢万里省亲，百计营养，卒以赦得生还，康熙初孝子也。其艰苦卓绝，足与桐城方敏恪同城媲美，非徒以鉴别名。大节昭著，其翰墨因之增重。是跋为松禅移录，固已精绝，尤以不得见其原迹为恨。

辛未秋晚又题。

汪闲止老人书即学松禅，小行楷尤近似之。笔软腕弱，吾书日退矣。

戊寅夏末，六十七岁又记。

白纸初印本，此跋末行故记之句，左旁有朱文“叔平”小印，此乃遗之。吾得初影本于京师，在宣统间，此则十七年重印，不知为第几版，相去且廿年，宜其毫厘千里也。

壬申小暑，沪寓灯下校记。

南园临枯树赋跋

此帖拓本，记廿年前后重至燕京，瓶斋来书，嘱为物色。因与林节和至厂肆搜讨，乃得以寄谭，已无第二版矣。瓶斋旋付影印，以是本见诒，可知钱书并墨本亦罕见，无论真迹矣。瓶斋跋仿钱甚似，后乃变体，似不如此。自经乱后，睽隔千里，无复昔时谈艺之乐矣。噫！

南园临此赋有两影本，少年临者楷法居多，风华掩映，吾数摹写。此本苍劲超逸，殆晚年笔，但有赞叹，不敢率尔操觚矣。

丙寅秋，崇立题于粤中。

南园曾见中令墨迹，临过百通，宜乎超逸绝尘，雄视百代。吾乃并原拓佳本不得一见，所见乃数重舆儓，于此讨生活，宜终身局促辕下也。久病初起，目眊暂明，偶检钱临本及影本褚帖，次第临之，以遣愁却暑，辄题帖后，以志愧慨。

己卯小暑，瓻叟时年六十有八。

汉熹平石经跋

《汉熹平石经残碑》，著录于王氏《金石萃编》者凡九段。宋人翻刻者二，其一洪丞相适刻，置会稽蓬莱阁；其一胡宗愈刻，置锦官西楼。今两本久佚。清代则翁覃溪刻十二段，置南昌学宫，予有拓本。辛亥后，不知其存佚。先君曾得五段，为《尚书·鸿范》十行，《盘庚》五行，《君奭》一行，《仪礼·大射仪》七行，《聘仪礼》六行，高丽纸装，绵纸拓，有杨普、叶继雯印记，见者谓为覆刻本，然已百年物矣。近代发见残石《魏三体石经》外，则有北京研究所藏萍乡文舟虚、三原于右任各藏《周易》之一段，皆巨石也；又有鄞县马衡《汉魏石经》前后二编，马氏自藏外，又吴兴徐氏、潢川吴氏、江夏黄氏诸家所有汇拓成之，及是册西充白坚甫所得之十五石皆小凷也。白君于壬申秋手拓是本见诒。予先后得文、于两家《周易》残石，文为上段，于为下段，遂合装表里四拓本为二帧，文字居然衔接，始检是本题记，以志墨缘。所未获者北平拓本、马氏集拓本，寤寐期之，翼偿夙愿，以慰衰迟。白君又有东坡《祷雨诗》真迹、司马温公《告身》墨迹，然《石经》原石已粥去，即此已不复可得矣。

甲戌谷雨，瓻叟徐崇立书于沪上。

吾续得拓本巨幅，及见后出小石此类者以百计，已详著家传重开本题记。秋暑方炽，即静室向不热者亦苦炎蒸，不欲赘述。

己卯处暑，重书于旎学斋，时年六十又八，距前题六年矣。瓜牛庐老人。

同县老友宋姤逢游洛阳，又得《石经》残石小拓本八十馀片，携以嘱题。适予危病乍起，未能执笔，还之。乱后问之，已并所藏悉付劫灰矣。吾中国遭日寇，所损失不可以量数计，安得一一索赔偿哉？宿煤败管，率题此册后以寄慨。

戊子中秋，七十七老人病腕。

米襄阳书天衣禅师碑跋

米老墨迹传世至今者，《苕溪诗》、《蜀素帖》、《虹县》、《留题》、《向太后挽词》并此《天衣碑》。而五前二行书卷，予皆有精影本。《虹县诗》为大行草，《挽词》则精楷小字，予仅有拓印各一本。前年北客携至沪上，索值巨万，闻《挽词》竟粥银币万五千元。谭瓶斋曾见之。是本诸题跋，推崇极矣。就书品论，诸城为冠，王觉斯小行楷次之。吴筠清书金石气最多，此跋未为佳构，辛未为嘉庆十六年，此其少作。晚年开府，则人书俱老。馀均自郐以下矣。文清于此赞不容口，其对瑶华宜然。至云“不见真迹，不可论书”，洵非阅古至多，不能作此语也。此碑以较《苕溪》、《蜀素》则少逊。意此为草稿，不甚经意，要其秀韵天成，精光照耀，不可掩也。

乙亥芒种跋，丙子春分书，瓻叟。

孟津小楷仅见《薛书信行禅师碑》，古劲精妙，似《薛跋》尤胜，知不徒以狂草胜也，惟于芝麓生前称讳，非礼也。

己卯长夏，瓻叟时年六十有八。

虞书汝南公主墓志跋

王元美以此《志》多米法，遂疑为米临。予于褚书《枯树赋》亦怀此疑，频年于此二帖临摹，审谛乃不尽然。盖南宫于古帖无不临，而行楷得法于中令为最多，包含众妙，往往近似此帖，古劲圆腴有米老所未逮者，亦非破邪论之比也。少壮时嗜北朝隋唐碑板，五十后始留意法帖。所藏既俭，所见不广，如此帖早有精印本，乃失之眉睫。及购是本，已至第五版，重影过多，日益漫漶，精采渐剥。犹幸及见真迹，差胜孤陋寡闻耳。尝谓纸陈岁久，率质紧受墨，今此楮藏且三十年而质如故，墨少则涩，墨多则浸，麻沙满幅，凑成一拙。从知楮材有精粗、生熟之别，不徒以老见尊，即罗纹纸亦有良窳也。山居僻远，老境日穷，因陋就简，手装重题，并以志慨。

戊寅中秋，瓻叟年六十有七，书于瓜牛庐。

宋拓鼎帖跋

旧岁九秋阅市，乍见此帖，诧为创获。顾促促鲜暇，新春阴雨客稀，乃克检是帖宋拓影本对校，定所藏影印诸本，此为甲观。浓墨精拓，锋芒波磔，毫发毕见，绝无麻沙，盖纸墨、拓工俱妙。同出一石而精粗高下已如此，遑论覆刻重僮耶？是刻别拓本予已汇校五本，《星凤》、《淳祐》及《停云》皆出其下。覃溪凡四跋，谓王良常给谏每恨《宣示帖》锋颓颖秃，不见笔意，岂未见旧拓善本耶？此拓更出其上，又为苏斋所未见。予生逢俶扰，不堪兵燹之酷，而古代器物日出寰中，得见所未见，文字之福差胜昔贤，盖得失参半矣。曾藏刘文清家，后归诒晋斋。刘、翁同朝，覃溪竟未见此，其书派不同，抑官品尊卑有序，遂无赏析之契与？是本诸城、成邸均有题识印记，而诸城涉笔成趣，使人爱玩不置。成邸此笺非有后跋，几不能辨，然清室亲贤无出其右者，视汉人之得名自易，孟子所以有“大哉居乎”之叹也。

初春试笔，作小真书，老眼益眊矣。

丁丑惊蛰前四日，徐崇立跋，时年六十有六。

此帖宋拓也，而《宣示帖》后附刻一行云：“临《宣示》当参以《尊号》、《受禅》。”书极秀整，而别无题字，不唯不似宋元人，竟似清代人书。原石不存，何能加刻？疑莫能明。藏帖而讲考据，真坠五里雾中矣。《曹娥碑》旁注云：“董华亭每以正书中有分隶法为贵，不知晋人时时欲脱分隶法，此书是也”云云，殊不尽然。此碑立于桓帝时，度尚原迹分隶无疑。此帖无论为右军书与不然，波磔犹带分势，若《黄庭》、《乐毅》则纯是楷法，脱尽分隶矣。香光虽有是语，而其正书所见绝少，若行草竟全无分意。何道州《跋唐临黄庭内景经墨本》云：“北派意多，南派意少，想写经风气起于北方，与造像同，南人特效之耳。即山阴笼鹅，亦兼有北派也”诸语，此则吾未敢信，盖蝯叟以篆分入行楷已睥睨山阴，此与覃溪之于唐碑，皆纳入右军流派，同是牵合。学书当别具双眼，勿姝姝焉守一先生之说也。

瓻翁同日又题于赏析书楼。

涪翁书发愿文跋

涪翁墨迹近世新影印者，《华严疏》及此帖，此已精妙，《华严疏》尤高浑，脱尽恒蹊。世俗流传劣刻，率多强悍生硬，诒误学子不少，于此始见庐山真面。要非书学湛深者，未能得其万一也。近代诸跋中，以冯展云、陈六笙两公最有书名。高要真书法率更，尚方整，晚年行楷静逸，此跋殊未为佳。六翁官吾湘久，自负甚高，翰墨流布亦多，究无从窥其妙处。费氏书近吴兴，金石、鉴藏超出时流，江建霞京卿即仿其书法，此跋尚非经意之作。裴氏长袖善舞，收藏甚富，而书法未脱凡骨，亦徒有金丹而已。

癸酉冬夜，瓻翁记于沪寓。

光宣间以微禄寓燕台，多收裴氏墨本、影本。问之帖贾，初不知所从来，以无印记题跋也。此本完具，固知为《壮陶阁》物。昨得其《帖目》，自记所刻帖先摄影，即糊木板上除去钩勒、朱背两重障碍，故毫发不爽，始悉诸帖之有影本，凡为刻拓地也。涪翁两剧迹《华严疏》及此文皆在，裴氏《华严疏》尤脱去畦町，超妙在此文上，其误此为樗寮书者，真肉眼也。

甲戌中春重校记。

米海岳方圆庵记跋

此中幅笺题虽无款，固知为王梦楼题。旁赙较小，疑为诒晋斋笔，尚属臆揣。至册面署检，则清道人书。道人最喜临碑，古帖不多临，然偶仿名家无不肖，如此题可见一斑。

癸酉中冬夜窗呵冻，甒翁时寓沪上。

旧春吾生日，朱玖莹携数帖嘱评。吾独取此帖，至晚亦是明拓，惜中间佚去二叶，其衬纸则乾隆时报销册也。质之谭畏公，亟赏而欲收之，因以奉贻。其秋，公遽骑箕。展此顿有腹痛之感。此本拓已不精，影印尤劣，存以备检阅耳。

辛未大暑后坐雨，散帙遣闷，因题，甒翁时客江南。

褚临兰亭绢本真迹跋

纪文达《阅微草堂笔记》载："程也园舍人，居曹竹虚旧宅中，一夕弗戒于火，书画古器多遭焚毁。中褚河南临《兰亭》一卷，乃五百金所质。方虑来赎时轇轕，忽于灰烬中捡得。匣及袱并爇，而书卷无一毫之损。表弟张桂岩，馆也园家，亲见之"云。覃溪河间因官京朝，翁跋甚详而不及此，文达亦不云为黄绢本。盖公意在纪异，不在考证碑帖。褚临《禊叙》，米老手装已两本，此所记或别一本耳。偶检录附纸尾，以备参考。

今夏六月至秋前，几无日不雨，淫霖为虐，堤防多溃，烝湘上游一决千里，几不知为伏暑。执笔时，暴雨滂沱也。

癸未立秋前日，七十二叟徐崇立记。

张桂岩画，曾见其山水长卷在族父澄园尚书家，老笔纷披，树石尤苍劲。兵劫馀生，春暄散帙，记以销忧。

乙酉清明前三日，七十四叟又题。

宋拓米襄阳帖影本跋

谭畏公谓："此即《武陵帖》，因检孙北海《闲者轩帖考》，《武陵帖》二十卷，绍兴十一年，郡守张斛杂集诸帖临摹，而参以人间未见者以木刻之，后列郡官衔名，每段有'武陵'字及隶字'千文'等号"云。今按卷尾有"绍兴辛酉奉圣旨模勒上石"数篆字，辛酉即绍兴十一年，与畏公之言合，而无衔名隶字，岂覆刻《武陵》本而更灭其题署耶？惜不得《武陵》原拓一校异同耳。所见米帖多矣，是本虽不逮《苕溪诗》墨之精，而神采焕发，波磔如新，差可与《三希》墨本颉颃。前游广海，得此影本，因乞畏公题笺而跋其后，兹更得是本，较前尤精，遂移畏公遗墨于卷端。追忆昔游，犹昨日事，惘惘若有所失，临楮凄然。

辛未清明后四日，徐崇立书于白下勤寓斋灯下，年正六十。

《玉照新志》：《米元章帖》十二册，各以其类为册，如手简、家书、诗文各分类。闻是韩侂胄故物，中间韩、魏家园池诗，各有阅古玩大印，其后归史卫王府。

吾晚年收米帖大都影印本，一鳞一爪悉出丛帖中，非完帙也。旧拓集帖唯《白云居》本，而掺杂赝迹，以集刻者非其人耳，不足取。今读此，使人神往。漫录卷端，以备考证。宿煤败管，了不称意。

癸未芒种，七十二叟并记耄学斋。

黄山谷行书华严疏墨宝跋

此疏真迹藏霍丘裴氏，已刻《壮陶阁帖》。昨得其《帖目》，始知之。凡学书，必多见古人墨迹，庶见庐山真面，况涪翁书尤多传刻失真耶。此影本极精，仅墨色不能传耳。

甲戌清明后四日，稨叟记于沪上。

南园行书韩诗跋

南园真书祖平原，行书规模漫仕，纵横出入各极其妙。然真书亦时取法欧、褚，行书时近《争座位》。盖荟萃众流，独标新格，非姝姝然守一先生之说，卓尔自立如其为人。此本遒秀迥绝，人视之，叹服其笔力转折之妙。我则如唐太宗之对魏征，但觉其妩媚耳。同县周君筠翘旧藏墨本，为近所罕见，谭瓶斋见而叹赏，假归海上，以付石印，以原本还筠翘，媵以印本更分惠及我。三复展玩，使人五体投地。

辛酉腊日严寒，稨叟崇立记于东苑寓楼。

米南宫蜀素帖真迹跋

此帖与《苕溪诗》墨迹，皆米老自书，诗卷既多且精，堪称“二妙”。惟此卷至辛未岁始由故宫博物院印行，且有“宣统”钤玺，是原迹扃藏故宫，近始得见，而霍丘裴氏《壮陶阁帖目》亦列入。裴氏刻帖多自藏墨迹及从他人借印，如此卷即借印，亦无从得，姑记以俟考。

甲戌二月晦，徐崇立书于沪寓。

林希，字子中，号醒老，福州人。嘉祐二年进士，哲宗朝累迁翰林学士、同知枢密院事，建中靖国初罢知扬州，徙舒州，卒，赠资政殿学士，谥文节。林曾官吴中，故《吴郡志》载其诗，详见《宋诗纪事》。

丁丑芒种节，瓻翁病腕。

米南宫苕溪诗跋

西涯跋称有“绍兴”、“睿思殿”图印，今谛审，“睿思”印玺犹存，“绍兴”印已不见矣。丙子为武宗正德十一年，距庚戌卅五年耳，殆已为贱工割裂。若汤、项重装，必不至如此瑰宝，当时重值不过百金，今则数十倍矣。此时天阴欲雨，吾久病苦头眩，几不成书，然结习未衰，正赖此遣愁破寂耳。

考庚戌为嘉靖二十九年，甲子为四十三年，其间相去十二年耳。汤杰当即严分宜所暱之汤裱背，题记之末，忽赘一“耳”字，文理可笑。以彼装池之精，藏弆得所，何以才阅十年即须重装？又项墨林所题字与汤匠所题如出一手，此岂不可解者。李文正书如铁索缠纽，是跋似逊他书。引首五字殊遒劲，殆即公题。向见公篆类是，明贤中罕其匹也。

癸酉浴佛日，徐崇立临竟校记，时寓沪西谭庐。

阮氏精模石鼓文跋

《石鼓文》自唐至清，歌咏考论者数十家，其好持异议者繁征博引，自矜淹洽，徒为词赘耳。吾尝恶夫昔之好辩者，必谓《左氏传》非左丘明作，《瘗鹤铭》非陶贞白书。即使独胜，何裨学术？夫亦不可以已乎？然必泥于信而好古，则《岣嵝碑》如坊肆之百寿图，《红厓碑》如天师符，又不值识者一噱也。王氏《金石萃编》以此为冠首，盖《禹碑》与《比干盘名》、《坛山刻石》，皆有可疑耳。《石鼓》传刻拓本甚多，吾家有一本，弱冠时曾题，岁久亡佚，了不记为何本矣。夙谂摹本以阮刻为最善。表弟何志薑流寓杭州，旧岁索寄是本，拓墨甚旧。盖举国方骛蟹行，视此如土苴矣。文达跋语简要，小隶尤精，殊类《熹平石经》。每幅后附刻观款，一时名彦手笔，可见尔日人文之盛，儒雅风流，今不可追矣。志薑为故浙江督粮道子敬分巡之曾孙，蝯叟之从曾孙也。何世官浙，犹守家风，其尊人丙农先生，先君僚婿也。崇立又与其从弟翼云为癸卯乡举同年，姻世重迭，并记以志墨缘云。

戊寅小暑，耄学老农徐崇立跋于瓜牛庐，年六十有七。

杨少师韭花帖墨迹跋

此书何尝纵逸雄强？直是赝物，诸公以耳为目耳。此卷诸题跋，亦卷折气多，无一丝金石气，安能鉴别法书哉。

壬戌中秋，瓻翁秃笔。

丙寅冬月，自粤过沪，与谭瓶斋至旧书肆观是帖墨迹，索银币九千元。当时匆匆过眼，未敢臆决真赝，末由与此对校，后不知落何许矣。

兼翁漫记。

山谷所见乃墨迹，时去五代不远也。此本即从真本影印，已在数百年后，墨采剥蚀，神韵已损，况再版耶？要其矩矱犹存。壬戌跋诋之太过，诸跋李、罗为佳，馀则道咸间人书，千篇一律耳。

己卯小暑，散帙又题，瓜牛翁时年六十有八。

苏赵墨迹精影合装跋

东坡《黄州寒食诗》、清宫藏《东坡诗牍三通》、东坡《洞庭春色赋》、《赵松雪四札》、赵松雪《望江南·净土词》。

右苏、赵墨迹精印七、八种，原装帙薄，因合订以便寻检。旧收影帖尚多，而尺度大小参差，俟暇检校。只就纸幅分装，取便临池，了无义例，如各以类从，庶几画一。惜精力不逮，非衰惫所能胜也。旧有题记，虽或未妥，亦未遑厘定矣。

丁丑小暑，旄学老人漫识。

乾隆书手卷至千馀轴，历代名迹，内府积三世之收弆。宰辅如刘诸城之俦，纸仿澄心，笔墨精良，年登耆耄，乃其书横直轻重如一，略无变化，则天禀缺陷故也。清世三帝，以世宗为最工书，圣祖次之，仁宗亦佳，帝则蜂腰耳。

是幅前后，“成德容若”印记累累，知“容若”亦号楞伽，此卷曾藏其家。盖自明珠籍没，始入内府，辗转流播，屡罹尘劫。皇皇旧迹，久历兴亡，自经以镜取影，传布海内外，何止化百东坡耶。予向苦炎暑蒸灼，目泪昏翳，米老所谓“每欲重改，两笔如钩”也。

霍丘裴氏《壮陶阁帖目》前编亨二：苏轼书《黄州寒食五古二首》，黄山谷书后，澄心堂精笺两幅，乾隆御书引首玺跋，宋张缜，董其昌等题。咸丰庚申自圆明园散出，为吾师冯展云中丞所得。内廷颇有传闻，师罢官，寄居扬州，谢世后，以五百金质吾斋中。越二年，归璧师长子香蔬。观察继殁，家计萧然，秘笈尽散。丁亥秋，厂肆论古斋萧君赴粤，余切托踪迹是卷。时盛祭酒早有秘授，余不知也。未几，粤友来函，言是卷已入萧手，乃归过沪，匿不出。余猝至其寓，穷搜得之，以六百金成交。逾年，张绍玉学士力劝让盛，不忍拂其意，从之。今归景朴孙。见《三希》、《戏鸿》刻帖，予另有考证。又《续编》己册目录云：此卷墨迹已刻前帖，因行间挪移，恐失本来面目，此从原迹行间再刻。坡仙传世第一神妙，详具前目。

是本墨迹曾藏裴氏，因抄《帖目》以著其流传之绪。跋所谓冯展云者，故陕西巡抚，冯骥，高要人，书法率更，行、楷皆精，鉴藏亦富。祭酒为宗室盛昱，字伯羲，当时京朝官词翰鉴藏，与王文敏齐名，有《郁华阁集》。绍王为固始张侍郎仁黼，晚字劭予，书近翁松禅。予有其行楷影印小册，即已精粲矣。裴氏《叙记》称官、称名、称字，了无义例，若寻常简牍狎书者，由不谙著述体裁也，故著其略。《壮陶》精椠已越《三希》而上，此精影本则并麻沙之笔毕见。绍周族弟谓日本影印，则圆明园遭劫时之烧痕亦在，真毫发无遗憾矣。久不作小行楷，目眊腕弱，毫亦倔强。每执笔辄遇客，中止匆遽，重写致误重一句。五乖毕集，不胜感叹。

丙子天中后日，䂂叟徐崇立居于旎学斋。

奏差，殆即其子妇之兄弟职官，不称其字而称官，何其谦也。晚亲称“贤亲”，盖尔时称谓如此。夋田何以无契券，必待函问，殊不可解。

杜老于高适称“高三十五”，古人行次，率并群从兄弟年齿为次序，唐人诗题所见多矣。四六、五七当即其二子，吾湘衡永之间，犹存旧俗，若长沙，只计同堂昆季耳。

予最好精影碑帖，以为下真迹一等。向不喜洋纸印，以为俗劣，今乃知不尽然。近或以单宣纸、白绵纸印，多生涩不熟，既毛而不光，率多麻沙，墨色黯淡，转不如洋纸坚平光滑，笔所到处，黑光湛然，颇似唐人硬黄笺，神采毕具。不得已而求其次，与其用生纸，不如用洋纸之为愈也。若日本精影之《崔敬邕志》、《罗池庙碑》、《林藻帖》之类，乃极熟纸，器术皆精，即此一端，绝非据乱所能几耳。学与年俱进，吾年逾六十，始悟前论之非，此卫武所以申初筵之戒，困学所以希炳烛之明也。因阅旧题，亟纠曩失。

癸酉长至节又识。

赵书《玄妙观》、《三门记》，与此《净土词》真迹，皆藏霍丘裴氏，见《壮陶阁帖》。吾力不能购是帖全帙，而收得真迹影本已多，恨尺度大小不齐尔。

丁丑初伏日，重校记。

此册曾藏南海孔氏岳雪楼、伍氏南雪斋，流传有绪。旧岁游岭表，访吴、潘、伍、孔诸收藏家，遗物散尽，并故址不可寻矣。睹此印记，良用屡唏。

唐泉男产墓志铭跋

此《志》不著撰书人名氏，而文辞妍妙，书亦华贵，刻工则殊草草。末缀一行，列泉光富，亦为别例。兼名以为子少，无人察书，殆不虚也。铭之义称美而不称恶，文于其比附男建，称兵犯顺，皆讳不书，宜也。《男生志》煊赫有名，由兰台书，此虽小劣，故是佳石。兼公得而见示，谨识数语。

庚午四月，延闿。

唐《泉男生墓志》，前数年始于洛阳邙山出土。甲子秋，重至燕台，得拓本，丹徒柳翼谋考释甚详。旋闻有《泉男产墓志》，亦出邙山，去冬于长沙购得拓本，近始于南京付装，惟未及详记志石尺度、行字，遽事剪裱，疏漏可愧耳。

考《新唐书·高丽传》，盖苏文三子：男生、男建、男产。检《说文》，“产”属生部，许氏云：“产，生也。从生，彦省声。所简切。”《段注》：“十四部，通用为兽牲字。按今南北语言皆作楚简切。”是生、产同部。兄弟命名，皆以类从。《高丽传》所称人以学相矜勉，衢侧悉构屋，号曰扃堂，子弟未婚者曹居诵经，所云不诬也。

男产，《唐书》无传，而附见于男生、高丽两《传》。男生、男产先后降唐，授官封爵，男建则始终倔强，被俘投荒。生、产两《志》，叙兄弟各不相及者。史称乾封元年，盖苏文死，男生代为大莫离支兼三军大将军，出按诸部，专掌兵事，居外；男建、男产知国事，居内。遂有离间其兄弟者，致男生遣谍，男建捕斩之，并杀其子献忠。男生乃据国内城，遣子献诚求援于唐。其后，高丽兵屡败。乾封元年，唐师进围平壤，高藏始遣男产率首领百人树素旛请降。盖男产始以误受离间，与建比而构男生，继以穷蹙复贰于建而乞降。虽同仕唐朝，究未与男生复合也。

《志》叙其历官，则年十五任小兄，十八任大兄，与男生迁擢略同。至云"乌拙使者"，殆即《传》、《纪》"郁折"译音之转，翳属仙庄，殆亦先人之异文。《史》云"官凡十二级"，《志》则云"十三等"之班次为不同，然并太大莫离支计之，当不止十二级，则《志》较可信。又中里、位头、大兄等官悉与《男生志》合。大活、主活之号，则《男生志》与史传皆无。其卅岁为太大莫离支，殆即与兄建同知国事时。《志》云：总章元年，袭我冠带，授司宰少卿，加金紫光禄大夫、员外置同正员，与《高宗纪》合。《高丽传》称献俘在三年十二月，《高宗纪》则在总章元年。盖改元在乾封三年三月，史文连缀，叙述致有疏略耳。《传》只书男产授司宰少卿，其加光禄大夫及转上护军、封辽阳郡开国公、迁营缮监大匠，皆《史》所略，其荣任亦亚男生。男生卒于调露元年，年四十六。男产卒于大足元年，年六十三。调露元年至大足元年相距二十三年，是男产小于男生六岁矣。《志》文上"护军"下空二字，其文似"万岁"。字虽磨去，并下二字亦约略可辨。其下文为"天授三年"，盖初误为"万岁登封"耳。又《志》文"生而敏惠，匆则过人"，"匆"疑"幼"字之误。"葬于洛阳县"之"于"字亦是窜改，盖书者涂改，刻者不识丁字。其子光富，年始十八，又无察书者，故舛讹至此耳。

此《志》既不著撰书人名，书法已不逮《男生志》兰台书之煊赫。文中如“𡈼”、“圀”、“乙”、“〇”、“埊”、“𡔈”、“𠀑”、“𢘑”、“𤯔”、“𠦂”、“𥠇”、“𠁈”诸字，皆循武后新造字，营葬固当武周专政时也。他如“匠”作“近”、“桑”作“索”、“桃”作“桃”、“裹”作“衷”、“禰”作“祢”、“對”作“對”、“册”作“𨳝”、“拙”作“柮”、“折”作“析”、“揷”作“㮑”、“漢”作“漢”、“矢”作“丢”、“總”作“摠”、“夔”作“蘷”、“籍”作“籍”、“遷”作“遷”、“壑”作“壑”、“裔”作“衮”、“溟”作“溟”、“渤”作“渤”、“婁”作“婁”、“酋”作“遒”、“黿”作“鼋”、“第”作“苐”、“罔”作“冈”、“珮”作“珮”、“鼓”作“皷”、“咎”作“咎”、“阜”作“㫐”、“赫”作“㾁”、“襄”作“𡨥”，满纸别体，犹是北代陋习，独其书法妍雅，气息与河南为近。唐人多善书者，是虽不逮兰台，故是佳制，因加考释，装附《男生志》，以类相从云。

庚午谷雨节，徐崇立记于金陵行馆之梦雨楼。

又按《男生志》之叙男产谓：“二弟产、建一朝凶悖，能忍无亲，称兵内拒。”又曰：“皇帝览建、产之罪，发雷霆之威”云云。惟此《志》略不涉及男生，前跋疏误，亟应补正。两《志》护页均用宋本书旧绫装饰，其后页亦宋本书纸也。寄居小楼，用南唐中主词“细雨梦回鸡塞远，小楼吹彻玉笙寒”假以名之，以志雪泥。

瓻叟次日又题。

讱老笺示武后所制字，“授”作“𥠇”，《契苾明碑》作“𥠢”，

《梁师亮志》作“穃”，此《志》“穛”“稹”“穮”三体各异，恐同时诸石刻异文尚不止此，殆皆以意为之。初无定例，亦北碑别字类耳。行箧石墨少，末由遍考楼名，亦江南故实，借遣闲愁，有所得，杂检写之，亦覃溪例也。

瓻翁题跋卷五

唐泉男生墓志铭跋

泉男生墓在洛阳邙山，此最近出土，未见著录。志盖篆文九，曰："大唐故特进泉君墓志"。《志》凡四十六行，行四十七字，中书侍郎兼检校相王府司马王德真撰，朝议大夫、司勋郎中、上骑都尉、渤海县开国男欧阳通书。世传小欧书止《道因》一碑，得此而二。《道因》书于龙朔三年，此《志》书于调露元年，相距十七年。《道因碑》结衔称"奉义郎、行兰台郎、渤海县开国男、骑都尉"，《金石后录》谓"奉义"即"奉议"，为从六品阶，此《志》称"朝议大夫"，则正五品下阶也，骑都尉勋比从五品，此《志》称"上骑尉"，则比正五品，可以考见小欧十七年之间只迁一阶。德真为京兆王氏，相高宗、武后，见《宰相世系表》。据《表》，永隆元年四月戊辰，中书侍郎王德真同中书门下三品，九月戊申罢为王府长史。光宅元年二月丁丑，检校豫王府长史王德真为侍中。垂拱元年五月丁未，德真罢为同州刺史，其日流象州。其撰此《志》时尚未为相也。

泉男生，《新唐书》有传，与《志》大同小异，《传》称"勒碑纪功"，岂即据此《志》作传耶？泉氏以水为氏，未述其来历，《高丽传》："盖苏文者，或号盖金，姓泉氏，自云生水中以惑众"，此《志》则云："原夫远系，本出于泉，既托神以隤祉，遂因生以命族"，似其氏泉不自盖苏始矣。《传》称"泉男生，字符德，高丽盖苏文子也，未详其祖。”《志》称“曾祖子游，祖太祚，并任莫离支”，固可补史所不备。又称“父盖金，任太大对卢”，亦《高丽传》及《泉生传》所未言。至其任官年岁，《志》亦详于《传》。《传》称：“九岁，以父任为先人，迁中里小兄，又为中里大兄，知国政，进中里位头大兄。久之，为莫离支，兼三军大将军，加大莫离支”。《志》称：九岁即授先人，年十五授中里小兄，十八授大兄，廿三改任中里位头大兄，廿四兼授将军，廿八任莫离支兼授三军大将军，卅二加太莫离支。以其年稽之，男生之任莫离支在唐高宗龙朔三年，其任太莫离在高宗麟德二年，其时盖苏文尚未死。《高丽传》称乾封元年，盖苏文子男生代为莫离支，侣男生之为莫离支，为继父之任者。实则苏文时男生已任莫离支五年，非父死而传子。盖高藏翁即位时，盖苏文尝任莫离支，后进位太大对卢，则莫离支之职自当别授。《高丽传》称贞观廿一年，高藏遣其子莫离支高任武来朝，是盖苏文之后、泉男生之前，尚有高任武为莫离支，虽不能确定男生即继高任武之后，要之，非代盖苏文也。《高丽传》称其官凡十二级，首曰大卢对，或曰吐捽，又称莫离支，犹唐之兵部尚书、中书令。据《志》文推之，则太大卢当为高丽最尊之职，莫离支犹次之。

《契苾何力传》称：龙朔初，率师次鸭绿江，盖苏文遣男生以精兵数万拒险，众莫敢济。会冰合，何力引兵噪而济，贼惊，遂溃。追奔，斩首三万级，馀众降，男生脱身走。《男生传》未载此事，《志》亦未言，殆以其率兵拒唐非美事，故略之。按何力破男生事在龙朔元年，亦即男生为莫离支时也。《高丽传》及《男生传》述男生来归，皆只言据国内城，遣子献诚入朝求援；《志》称其遣大兄弗德等奉表入朝，陈其事迹，属有离叛，德遂稽留，更遣大兄冉有重〔申〕诚效。乾封元年，又遣子献诚入朝。是献诚未至之先，男生尝两遣使也。《传》称男生举哥勿、南苏、仓岩等城以降，《高丽传》则称南苏、苍岩、木底三城为薛仁贵所拔。《志》称“公率国内六城十馀万户，书籍辕门；又有木底等三城，希风共款”。三文皆不同，疑仁贵大破高丽兵于金山后，男生遂举国内哥勿、南苏、木底、仓岩诸城内附，故论用兵则归功于仁贵，论纳款则实属于男生也。

男生之降，受唐室恩眷至优渥，史称帝命西台舍人李虔泽就军慰劳，赐袍带、金扣七事。又诏所过州县传舍作鼓吹，右羽林卫将军李同以飞骑使延之。高藏既擒，诏遣其子赍金皿、手制，即辽水劳赐，《志》皆不载。而其初降时，遥拜，特进太大兄如故，入朝时兼检校右羽林军。薨后，赠绢布七百段、米粟七百石，差京官四品一人摄鸿胪少卿监护仪仗鼓吹，送至墓所往还，五品一人持节赍玺书吊祭，三日不视事等语，亦《传》所不详。男生子献忠，为男建所杀。献诚初入朝，拜右武卫将军，天授中以右卫大将军兼羽林卫，《志》未之及，惟称“哀子卫尉寺卿献诚”，是皆可互相证补者也。《三国史记》卷四十九有《盖苏文传》附载男生、献诚事，皆直录《唐书》，无他事实。予故为合考《志》、《传》，详其颠末，以备海东逸闻云。

右跋为柳翼谋撰，湘阴范腾端从京师图书馆抄示，竟不详柳为何许人也。范来书云：考《唐书·高丽传》，大对卢秩比正一品，太大兄比正二品，皆总国事。莫离支若中国参知政事，而管枢密者。先人、小兄等官，则为对卢、大兄所辟引，阶列下级矣。是足补柳跋所未及。《庚子销夏记》云：“兰台止存《道因》一碑”，此碑晚出，小字密行，多至千八百馀字，略无残蚀，可谓瑰宝。率更、兰台父子齐名，号“大小欧阳”，然率更尚有碑版流传，而“兰台仅存《道因》一石”，赖此不孤，犹之褚、薛齐名。薛书止传《杳冥君铭》，至何蝬叟始得《信行禅师碑》孤本，尚不若此碑。原石复出人间，拓本风行一时，学书者沾溉多矣。是本去冬得之京师，亟待装池，并以宋本书黄绫书衣装护，近日始克，移写是跋。乃饥来驱，我又将出门，率尔操觚，拙劣舛误，致有遗憾。

乙丑春暮，穪叟徐崇立记。

青浦胡鸣玉《订伪杂录》云：欧阳公言秘阁初为太宗藏书之府，并以黄绫装潢，谓之太清本，潢犹池也，外加缘，则内为池，装成卷册，谓之装潢云云。是碑装用宋本书衣，其上原有淡青绫，笺题曰《资治通鉴》。温公修史去太宗之世已远，书衣亦用黄绫，然则不尽太清本有是装，且安知非后代重装耶？然笺题书法端凝，当在元明以上，非晚近人所能。今已别装宋本笺题为一类，亦范君从京师图书馆典书者乞得，分贻及我，因附记之。

闰四月十日，雨窗昏暗，书于城北平庐寓斋。

潘仲午赠余高句骊故城石刻，共二石：一东向，一西向，嘉庆间金秋史访得之。据其文中有“小兄”二字，定为长寿王时所刻，大兄、小兄，当时县令之号也。又庆尚道庆州府有新罗角干墓十二神画像，凡十二石，每石画一神，皆手执兵，无年月。刘燕庭云：“角干，新罗官名，定为唐时建。”附记于此，以广异闻。

右长洲叶昌炽鞠裳《语石》卷二“记朝鲜”一则，所载故城石刻、大兄官名，可为此《志》旁证，但谓为县令之号，则不逮柳跋考据之详。潘仲午为吴县潘文勤之弟，官部郎。金秋史，朝鲜人，嘉庆间来京师。其兄弟博雅工文，阮文达、翁覃溪极推重之，亦叶氏所述，附记之。

丙寅重九前五日大风，微雨骤寒，翁篝灯记于广州旅次之越吟馆。

琅玡王与襄阳米，父子书名各后先。绝艺不须传口耳，孤儿神悟故超然。古今父子善书，羲献、欧阳、大小米而已。大令、兰台皆早孤。

书工不复择纸笔，中令当时愧弗如。犀管兔豪矜惜甚，父书终是胜儿书。道州言兰台书胜其父，以虞永兴言证之，殆不然也。

妙墨千年零落尽，世人惟识道因碑。谁知历尽沧桑后，又睹兰台第二奇。兰台书传者，旧止《道因》一碑。

瓻园老兄转海相访，出示此拓，漫题三绝。

乙丑长至后七日，延闿。

柳翼谋，江苏人，曾任江苏图书馆馆长。其人博通，阮大铖《咏怀堂集》其所印行。畏公曾邀往阅书，因索得图书馆书目，今廿馀年矣。

己丑初夏校记，七十八叟。

名墨汇装跋

少时收得《曾文正批牍》二纸、《左文襄批牍》二纸，皆批答浏阳娄俊山尚书者。清代公牍禀呈最为重要，次则用夹单，禀以单叶红笺小楷写之，而附以官衔手版。长官即就其手版答复，而裁其纸尾编号，钤印于夹缝，抄批存卷备考，即此牍是也。当时中兴诸公事关军国，无不手自批答。军事旁午，而洒翰从容，略无率笔，尤可想见其精力弥满，措置裕如，以是削平大乱，勋业烂然，盖非偶然也。文襄第二牍乃批答茶商者。先考始以《运茶度陇商本折》阅后，遂从军出关，文襄牍即是时所得者。后《赤牍》二通及《堪舆图说》十三纸，为族父寿蘅尚书遗墨，前二札以诒先考者。原字桂丛，馨字乃公偶书，其它题署未尝有也。尚书早达，年未强仕，即跻卿贰，累主文衡，缘言事降官。及擢尚书，年已七十。生平最精于金石考订之学，百家众技无不旁通。是篇征引详博，蝇头细书，行楷相间，多至十馀纸，无一懈笔，可知其退食垂簾之清暇，亦耄征也。至形家术，非专精不谙，非后生末学所能窥见矣。文正与尚书同年，名位相等，文正与公叔芸渠公同年，此误记。故装为一册，什藏已三十年矣。昨从长沙检致，出之劫灰之馀，念非叙述，无以示后。年来以小字为日课，因尘累辍业，久病之后，十指如椎，兼笔楮皆劣，适形其丑耳。向来题跋文字，多不属草，率尔操觚，则文必加点，我思古人，惕然汗下。

辛未谷雨后三日，徐崇立敬记于金陵盍簪行馆。

雷民苏同学昨言：吾县王葵园祭酒未达时，初充彭刚直部曲杨营官书记。时曾文正为督帅，有令通行，军中召即属草。葵园才入戎旃，构思甚苦，逡巡数起溲，杨不能耐，咤曰：“何濡滞耶?”既退而思愤，欲弃去，则家食已艰，姑忍之。已而文书发还矣，杨愈不怿，其所亲曰：“未可草草，试省文书作何语者。”展视，则文正于行间着连圈批，牍尾云：“来牍文词斐然，知营官公事不苟，司笔札者得人，良堪嘉奖。”杨乃大乐，视葵园礼貌有加，月薪增六金矣。旋闻人言，当军兴之初，武将多不知书，待文人殊傲侮。公治军书，特留意文词，片语只词之足录者，必予奖藉，于是军幕推重掾属翕然成风，是岂唯宏奖风流，使文人吐气？且于军报戎机，悉彼我之情，通上下之气，所系甚巨，其机甚微。一代名贤，万流仰镜，察及幽隐，颦笑不苟如此。闻之肃然起敬，今无复有矣。此段葵园晚岁以告所亲、转语民苏者，恐久或遗忘，亟冒暑挥汗书，附文正批牍墨迹之次，以示来叶云。

丁丑大暑前日，徐崇立敬记于毳学斋。

畏公麻姑坛最后临本跋

畏公书凡数变，弱冠时学赵荣禄，已而师法平原，行楷、赤牍兼仿东武、松禅。三十岁专习颜书，参以南园笔法，日临《麻姑坛》为书课，积至二百通。四十岁后居粤政府，则泛滥百家，于古法帖无所不临，极纵肆之奇，于是生平书学至此乃大变，淳而后肆，人书俱老矣。在广海曾乞仿颜书大楷，则曰："此体吾弟瓶斋最擅长"，自度弗如。当肆他书，推渠独步，乃为我杂临宋元诸家，惟肖惟妙。独喜写便面，有求者随手挥就。尝谓此最宜书，如古之硬黄笺也。适见为人作行书册至精，因访得此书画笺，即未制之扇材也。踵往乞作书，初无意乞临此也。旋闻公将赴沪，薄暮往送，至则见公临已及半。自画纸为方罫，置纸背写之。晚饭毕，至十时竟此一通。加跋后，掷笔登车，盖阅时才半日耳。其二百有二通，则为问沤先生作，巨屏八帧，盖兼收众长，自成风骨，不专主平原矣。是本既获之意外，宿昔蕲公将如华亭、诸城之年书俱寿者，不意遽止于是。是本且为公临《麻姑》最晚之一通也，悲夫！此纸既油不受墨，故光采黯淡，不无毫发之憾，深悔拣择不精，兼可为耳食者戒。冬窗晴暖，援笔记之，为之累唏！

庚午长至前五日，徐崇立书于白下勤圃寓斋。

旧藏公在永州所临《麻姑坛》黄纸第七十馀通一册，去冬居长沙，有求购者，适资用乏绝，遂易银币百二十元。及来江南，举以告公，公笑曰：此特纱帽故耳。初以为中年书不及近作之精，不甚珍重，及见近临褚《圣教》大楷，刚健婀娜，于鲁公学褚得参消息，倾倒之至，因乞更作方幅，已许我矣。方裁笺未送，而公遽骑箕矣。今年肄力章草，访求古刻旧拓，且穷极变化，嘱买潘元亮覆刻阁帖明拓明装本，距易箦时未旬日也，不假学易之年，遂绝获麟之笔。自昔书家多享大年，独公与南园同慨，殆有数存焉。公尝手疏小册，历纪自古书家享年之数，以资考镜，今尚在巾箱也。写前跋竟，尚有馀幅，因琐述佚事，以示子姓，威儿其永保诸。

是日灯下又记。

灵台碑劫后残本跋

宿松朱字绿《游历记》云："庆都，汉望都，城侧有尧母墓，曰灵台。"《水经注》曰：城阳西二里有陵，陵南一里有尧母庆都陵，于城为西南，称曰灵台。《后汉尧母碑》曰："庆都仙没，盖葬于兹。欲人莫知，其名曰灵台。"宋知濮州韩铎言："尧陵在雷泽县东谷林，陵南有尧母庆都灵台庙，请敕本州春秋致祭，置守陵五户。"从之。按此皆谓庆都灵台在山东也。

甲子二月五日奇寒，呵冻抄附碑后，瓻叟。

民国一年七月二十九日，瓻园携此及宋拓《韩敕碑》，过瓶斋留玩，次晨题以归之。

泽闿记。

明年癸丑，兼民复来长沙，《韩敕》遂归张无竟矣。重览一过，感慨记此。

瓶士。

翠墨当时记共探，深杯长夜住宣南。签题如旧人空老，霜鬓论兵已不堪。

秋庵藏本大兴题，细字亲摹欲与齐。此是君家真世宝，何须纸墨辨高低。

瓻园先生出示此碑，令我却忆初见时，今廿年矣。题此志感。民国十九年九月十三日，延闿记于金陵。

泾阳徐太常碑跋[①]

家藏是碑拓本越五十年，前岁始于金陵付装，未暇题也。近始于秦子质提军家得见文襄乡举朱墨诗卷，其孙台孙装裱成卷，广征题咏。按《东华录》载，道光壬辰四月，有旨命诸行省主试官搜落卷，求遗才。太常适来主湘试，其副入闱病殁，太常专其事，于遗卷得六人焉。文襄褎然举首，巴陵吴南屏博士敏树、武陵杨彝珍编修与焉。其三人不知名。文襄是碑言奉朝旨搜遗，而吴先生所作。《太常传》则云自房荐外，必搜其遗，同考官至声詈，先生不为动，初不言被旨事，使人然疑。盖科举自宋以来，如扃门、设棘、糊名、誊录、监试、收掌，各有专司，法令密如牛毛，向无搜遗之例，使无特命而径自搜遗，不唯侵官，且有关节之嫌。太常方发银库之奸，肯自蹈非法乎？是则南屏不免疏略

①原校：以下皆折叠本。

矣。可知以当时人纪当时事，闻见且未悉如此，史传可尽信乎？向无是例，而忽有之，一代中兴名将相即应运而起，清祚之延长，西疆之勘定，若有气运焉。又尝闻长老言，太常既得公卷于《礼经》文，“选士厉兵，简练杰俊，专任有功”一篇最为激赏，以此获隽。初不因首场制艺也。因嘱同考官、安化县知县黄彬补荐，黄犹护前不肯，强而后可。榜发，公往见，又以言语不合而出。及公督师秦陇，黄子往谒，公语以故，不用。夫以特旨明扬之典，乃始终怙拒，以直报怨，宜也。公以功业显，吴以文章著，武陵杨先生亦有著述负时名，且老寿。光绪壬辰，值重宴鹿鸣，当于先年辛卯科举行，例得公陈督抚具奏，准予与宴，且加恩晋秩，乃无为先容者，详见《王湘绮日记》。谓性翁有毁无援，为移书王逸吾，劝以大义，王复书，果不谓然；又争座位，院司屈抑之，列于监试之下，据此则拟诸管、华之流，杨为龙尾。其三人姓名，则左碑、吴传略不之及，并附骥不得矣。文襄以小篆著，行楷法平原，而试卷乃作欧体。公初不以古文名，精力萃于奏议，是碑及《重修西岳庙碑》，皆简洁具义法，词翰俱美。盖出其绪馀，已非凡夫所能几已。

又按搜落卷，雍正朝已施行，有谕旨在《东华录》。凡会试二，殿试一，乡试则是科踵行。谕旨凡数百言，剀切详尽，已录于别纸。宣宗承乾嘉之后，帝业始衰，国势渐弱，而其聪睿周悉，物情尚尔，安得不收得人之效？又台孙家藏文襄会试卷，出温葆深房，已中第十五名，又抽取改备中。见谭畏公日记。然则世俗谓公生平受知师只太常一人者，误也。入相封侯乃于进士甲第，天若吝之何也？是科公兄景乔舍人宗植得解首，试卷并存。是本巨幅盈丈，折叠既久，倚皱不平。病起作书，眼昏腕弱，既艰且劣，文虽冗长，取其足备掌录云尔。

癸酉立夏前日，长沙后学徐崇立记于沪西寓楼。

慈禧太后哀诏跋

此光绪戊申冬孝钦显皇后哀诏也。内阁中书舍人职掌诰命，自雍正设军机处，大学士不参政事，中书亦为闲曹，其资深则加本衔门，撰文逢万寿庆典，则拟贺表；国有大丧，则写哀诏，此皆书吏了之而有馀者。是诏颁发直省各一通，督抚具龙亭迎于郊，黄纸印而揭诸通衢，昔所谓“誊黄”者也。余旧直中书，适充是役，以讹误而重写。玉步既改，清廷遂不复有此。忽忽廿年，因详述国故，以示来叶。临纸不胜感欷！

己巳秋晚，长沙徐崇立题记。

午门楼阙，规制崇闳，其上重屋，两廊翼张，栏楯壮丽。凡降制诏，以木为凤，两翼毕张，书置凤口，引绳牵机，自楼而下，即所谓丹凤衔书者也。

畏公书蒋君墓志跋

此谭畏公民国七年书也。五年秋，再任湘督，居又一村，求莫楼故址。治事之暇，以临《麻姑坛记》为书课。其明年秋解兵符，还沪寓。又明年，转海历广州，至武鸣，又折而南，驻军永州，年政四十。此《志》笔法乃近《多宝塔》，非公经意之作。其后七年，复为蒋公书《乐亭记》，则人书俱老，泛滥百家。盖前此犹谨守颜法，后乃变动不居，惜乎未及中寿，几追踪南园而遽止。

劫馀散帙，百感横集。

乙酉初夏，徐崇立时年七十又四。

明善世禅师塔铭跋

今秋重九前三日，南京南门外，雨花台之兵工厂增筑室于厂左之小阜，铲土植基，忽见砖塔，揭其顶，见铜塔焉。塔高二尺八寸，底平方宽二尺，塔式如北平故宫北海之白塔，而中悬顶，锐如亭而八棱，棱缀小铎，摇之铿然。塔三重，去顶则中层如葫芦之下节，四周大圆孔相向如窗；去中层，则下层有圆盖，列孔如古钱者四，揭视，中空圆如臼。厂中执事者言中有如璧者数枚，色灰如瓦，直径三寸强，罗列四周，上印佛像，已为诸工役分取尽矣，仅馀半规，出以见示，殆即骨殖也西域僧焚骨成灰，和香屑制之，例皆如此。塔底四角缀铜索四，各长二尺四寸，索之末端复缀铜版，式如圭，盖甃圹时，以版纳砖层中，故塔中悬而不坠也。圹四壁各有小洞，分贮锡杖之顶及铜合古铜币开元天宝及明钱不一类。此《志》石即倚圹之北壁塔边，悉镂花纹甚细，其中层八方，每方各镂狮象，周遭皆土花铜锈，白绿斑驳，唯索端略露铜质，金光灿烂，殆即古涂金塔也。安得精工妙手，如六舟僧之剔灯者，尽剔土花，使还旧观，当更奇伟也。又古钱多散压砖层中，今钱亡而砖存，钱纹可数也。砖明制，长逾尺且厚，无文字花纹。按《志》云：葬天禧寺之后冈，塔而表之，前筑祠宇以祀师之象焉。然则是地在明初为天禧寺，其前且有墓表祠像，今皆湮灭不可考。惟天禧寺故地，在唐为长干里。据《图经》，长干里去上元县五里。《吴都赋注》：建业南五里有山冈，今地即名雨花台，所谓山冈者，盖即瘗塔之小阜。古云五里，今出南门未半里，即抵塔所，殆明祖建都，广拓城垣，是冈遂负郭耳。近世六朝隋唐碑志出土者多矣，明志似不足重，此则高僧传道，自西域远来震旦，且为日本僧书丹，书法工整，导源山阴，以稀见珍，故足尚也。

姤逢署长适任兵工署副署长，是厂为其管领，以初拓本并铜塔复印件见诒，因约同往。周览详询，遂举所闻见撰次为记，以志金石胜缘，俾后之研求释典者，借资考证云尔。

庚午小寒节撰记，辛未初夏坐雨，心佛居士徐崇立书金陵盍簪行馆。

考《明史》称太祖颇好释氏教，诏征东南戒律僧数建法会于蒋山，应对称旨，辄召入禁中，赐坐讲论，时寄以耳目。诸僧怙宠请为释氏创立职官，于是设左右善世、阐教等，皆高其品秩。云云。据此，则“善世禅师”之号，实为明祖所特创。是《志》题衔适与史合，班的达禅师来自释迦佛国，清修梵行更高于东南戒律僧侣，故但封“善世禅师”，无“左”、“右”字，所以尊显之也。帝本为皇觉寺僧，卜于佛前，宜出举兵，其尊奉象教故宜，与梁武之舍身佛寺并去宗庙血食者迥殊。然梁武虽崇尚慈悲，而以黩武之故，致遭侯景之祸，其达摩因去而不顾。明祖皈依释教，而残忍惨杀以巨万计，毋亦苍生合罹浩劫，故虽信佛而不放屠刀耶？

茶陵谭公墓志

此《志》为拙纂并书。既未叙述功德，略纪生平、历官。汉晋以来，志墓之文率从简略，唐以前墓石多不题撰书人名，今悉用其例。公之良配方夫人墓志亦为拙书，且两志篆盖皆湘潭黎承福寿承篆。三人皆少时约为兄弟，亦文字因缘之后果也。夫人志为瓷砖，书刻皆逊此耳。

辛未秋分后五日，长沙徐崇立记于金陵寓斋。

汉定陶王陵供器跋

此焦山藏器。当时寺僧率拓以应游客之求，盖拓器未易，且拓多虑致损，辄仿制一版，非精鉴者不能辨也。余向嗜金石，此拓本中，刘石公嚣篆释文，王寄觚运长题隶字，许季纯崇熙写阮公跋。三君皆同郡少年同学，皆以书名当世者也。余自录阮公诗，独余三十岁以书为至劣，殊愧蒹葭倚玉尔。屡经兵乱，近从山居检出，则已霉湿破损，念时越卅年，三君先后谢世，故友遗墨萃于一帧，劫馀幸存，弥足珍重已。

丙子初夏重装，崇立写记，时年六十又五。

后汉人封父墓刻石跋

此刻石，湘潭罗舜循先生所记，已具大略，惜未释文耳。计文十六行，行廿五字。据罗记，石广汉度八尺，文乃不满三之一，是亦古人简朴。当时本无埋幽之文，故无定制耳。文多剥蚀，不易辨，亦缘拓工纸墨不精。罗记犹辨“延熹”字，是本仅识“六年”二字耳，他日当求佳拓校释。文不着姓，首行父通，本疑即父讳，然东汉人二名者绝鲜，或名通耶？莫能明矣。王氏《金石萃编》云：《西京杂记》称，前汉杜子春临终，作文刻石，埋墓前。《博物志》载，西京时，南宫寝殿有醇儒王史威长墓铭。此实墓志之始，今皆不传。王史虽不见原拓，尚传铭辞，杜刻但有其事。此虽出东汉，实为墓志鼻祖。

壬申初冬，徐崇立写记。

汉三老讳忌碑跋

此三老即汉秩。欧、赵、洪三家著录碑目有《国三老袁良碑》，《隶释》所载有《县三老杨信碑》，《曹全碑阴题名》有县三老、乡三老各一人。盖三老五更为国三老之最尊者，降至乡三老止矣。此三老但有讳而不着姓，殆乡三老之类也。碑列四层，上层但有讳字、忌日，无年月。第二层忽称掾讳忽，字子仪，与母讳字并列。其忌日一在建武十二年辛丑，一在建武廿八年壬子，均与史历合。其下二层分列子九人、女二人名字，与碑称九字合。碑文三行有剥蚀，不尽可识。诸子唯第六子邯名在文中。“钦显”之“显”字作“顯”，是汉隶已有之，北碑率作“顯”，盖有所据也。疑掾为三老之子，故列次层，其下则掾之子女也。当时乡氓朴质，刻石记祖先，讳字忌日下列子姓，略具谱牒之义，未可以刻石例法求之。书特瘦劲，大径寸以上，与汉隶诸碑略同。此石最晚出，缪氏《艺风堂金石目》始著录。缪氏注云：赵抝叔以《记》中忌日均在建武年，附建武后；然分书波磔决非东汉初年之物，移入汉末云云。缪氏以书派定时代，乃以意度之；似建武题年为不足信矣。其引赵氏说，则《寰宇访碑续录》当已著录，行箧无此书，末由检校耳。

《匋斋藏石记》有汉永初七年《戴氏画像题字》，两旁纪其父母年寿并卒年月日，中为画像。盖兼《阳三老》、《文叔阳食堂》之制，并纪忌日者与此略同。刻画尤精。曾得朱拓本，当时率意赠人，乃非知赏者。今匋斋遗物散佚，不复可睹矣！此《记》原石藏镇江陈渭泉家，辗转索得之。阴雨，纸涩目昏，写不成书。

癸酉夏闰五月，徐崇立记于沪寓。

精拓爨龙颜碑跋

是碑陆氏《金石续编》始著录，后附阮福、陆增祥二跋，考释皆翔实。人第知阮文达督滇时始发现，而不知元时固在也。偶读元河间李京景山所著《云南志略》，李氏于元成宗大德六年从脱脱平章平越巂之叛，记陆凉州有《爨府君碑》载爨氏出楚令尹子文之后，受姓班氏，食河南邑，因以为氏。及叙所历官，悉与此碑吻合，惜李氏非金石家，但云“爨府君”而不著其名，又不言拓本之究竟，幸略纪事实，对校乃知即是碑也。惟不知何时旋就湮没，至道光时而复出，犹《颜勤礼碑》著于赵氏《金石录》，至近岁始于西安故布政司库阶砌下发见。苻秦《广武将军碑》始经于右任氏于其乡访得，原石固在人间，久经沉霾而复出，非仪征创获也。李氏书节抄入陶氏《说郛》内，读者既稀，故知者亦罕，故表而出之。

是碑精装旧拓本在三十年前，是本则近拓，临川李志伊所诒。纸墨尚佳，存字皆显，前本已剪裱成册，故是本整幅装为副墨。据陆氏《续编》所记，碑高一丈五寸，广四尺一寸，廿四行，行四十五字，额高二尺八寸。上刻两蟠龙，下中穿径五寸六分左右，日中刻踆乌，月中刻蟾蜍，穿上高八寸，广一尺五寸，六行，行四字，即题额也。在云南陆凉州东南二十里贞元堡，又有碑阴刻官属姓名。拙藏新旧两本皆仅有碑额，其两旁蟠龙、日、月及碑阴，拓工皆弃置不得见矣。今碑后只存文达题字及知州邱均恩一跋，又道光十二年某跋，姓名已泐。其“七年知州某建亭”一行，姓名为人椎毁，其遗爱可知已。

辛未大寒前日，晚霞老人徐崇立沪上寓楼灯下。

李氏《志略》又云：保和中，遣张志成学书于唐，故云南尊王羲之，不知尊孔孟，其俊秀者颇能书，有晋人笔意。其风气之变自在唐以后。至小爨在晋世、大爨在刘宋时，皆多隶势，宜绝无山阴巨法也。

瓻庵同日又题。

北朝张僧胤造像跋

何遂甫以军官而好搜古器物，近统兵河朔，辇致石刻造像之属多丰碑巨碣，置沪上研究院，予闻而欲往观摩考索。曾于同县宋姤逢君酒座识其人，因介宋君索得北朝造像拓本数纸，以是本为最，图画车马雅近武梁祠石室画像，而淡墨模糊，他本尤甚，不易辨识。何氏适赴官，商于其戚某，约偕宋君往观，并携拓工以浓墨精脱，期发挥其光采，研讨其来历。久之不得要领，企望叹息，咫尺河汉。孔子曰："知之者，不如好之者，好之者，不如乐之者。"俗伧先苦不知，又安从好且乐耶？欧阳公谓物聚所好，又尝得于有力之家。吾于知、乐俱矣，乃苦无力，斯不克聚耳。爰书此以寄慨。

此造像题记文曰："像主孟东永安令张僧胤乘马，夫人梁法陵乘车，侍婢桃化"，"化"字刻于石画之上，意当为"花"字之省文。北碑多别字，率出工匠之手，不尽出士流。观其就画像馀地刻之，文字参差，漫无行列，可见一斑矣。书法在分隶之间，质朴饶逸气，可玩味也。此石不题年，于东西魏、齐、周，未知谁属，缘其来自河朔，姑定为北朝，他日于孟永安当更考释云。

癸酉大雪前六日，徐崇立时寓沪西，三鼓灯下写记。

久与宋君姤逢约，遍观何氏所藏，且商具佳楮墨，召良工精拓此造像及他石之佳者。旧腊，宋、何自金陵来，次日宋导往何居，至庖侧暗室，启扃以手电烛之。见此石及又一石倚墙隅，皆黄色，光滑如印石，若久经摩挲者。佛像及题字皆深刻，始知前得拓本广狭不等，今睹此，乃悉为四面刻也。石重室暗，竟不得谛审其阴阳、左右、某侧为某石，且与他造像混，末由详校。宋因以选工精拓商之，何顾其仆曰："此子即能操毡椎，安用工为?"余已失望。何又出所编绘图、《藏古录》分诒诸客，展阅之。凡为目二千有奇，乃以古瓷冠首，诸陶器皆名为瓦者次之，诸造像石刻又次之。且多以意命名，金石、陶瓷交互杂厕，了无义例。《叙说》自云："诸物有分寄北平者，有送置中央研究院者。"然检其目，孰为公私，迄无区别也。此石似出云冈石室。云冈佛像早见影本，即此石光洁，可证其尊奉大刹中，非在荒崖邃谷者。何氏久驻兵河南北，且镇戍大同，其如何搜集至此夥颐，于此可见一斑。惜此贞珉幽居庖湢，神州俶扰，佛亦遭劫，可为深慨！是日留饮，以其人未足语此而出。久病不寐，因率记之。

甲戌元夜，瓻翁又记。

此前后两题，皆以深夜老眼昏眊，败颖麻沙。久病不作小真书，明窗净几亦未能工。独惜此妙斫沦于赳桓之手，三复增慨。

魏孙元光造像跋

此亦闽人何遂甫藏魏造像，四面刻石之侧面，于其暗室中见此四面刻者凡二石，电光一瞥，究未辨此石谁属，余详《张僧胤造像跋》。又两石造像，凡拓本大小八纸，宋君姤逢分贻一通，以拓不佳未尽付装。此幅为宋藏已裱之本，因乞得之。

甲戌惊蛰节后，甋翁题于沪上。

君车画像朱拓本跋

此《君车画像》，旧藏潍县陈氏，簠斋谢世，其藏弆日渐散佚，此石遂与《曹望憘造像》同适异国。李国松跋谓归美国费干博物馆，邹适谓归瑞典博物馆，未知孰是，而原石不存，拓本遂不易得。谭畏公购此本费银币三十元，齐鲁遂有摹刻以诳人者，石质纵纹乃不能肖，黎邱尚易辨也。居停周勤圃有重本，出以见诒，因记其略云。

辛未白露后三日，甋翁病腕写记，时侨寄金陵。

叶氏《语石》云：此石临淄出土。潍县百里以内石刻悉为簠翁收弆，《君车》一石尤为镇库奇珍。又云：陈氏初得时，右下一角未缺，尚有画像题字，然则是拓已在簠翁殁后，故无手拓印记。今原石已越在殊方，虽拓本稍晚，故是瑰宝已。

丙子元夜，重检记于旄学斋。

汉沙南侯碑旧拓跋

《汉沙南侯碑》在哈密西百三十里之棺材沟，沟中巨室形如棺，故名。俗吏恶其不祥，更名焕采沟，而刻题于石，石亦摩崖汉碑，乃为荒伧污点，可惜也。道光间，萨香林为伊犁将军，拓百通以贻京朝官，中原士大夫始知有此碑。地气严寒，终年风雪，惟六七月稍暖，拓必以日中，早晚仍冻，不可施毡椎。沟旁摩崖汉碑尚多，以难拓卒不显。汉碑摩崖者多坚石，惟此独沙石，故岁久漶漫。自何蝯叟、吴愙斋、张抱冰皆有双钩本，题咏甚多，惟张吴均释"获"为"猗"。蝯叟有"老蝯用手双钩出，合抵当年墨本无"之句。此拓本多"获字伯奋"四字。家君廿年前得精拓本寄家，当时不知护惜，竟遗失，不可复得。此近年在西域所得，仅存二本，以其一分贻黄笥腴阁长，京师厂肆流传率多翻刻本，求如此真拓精本，已稀如星凤矣。去夏装池既竟，适同学衡阳曾侯园来都，因以释文嘱题于纸尾，曾君以书名者，其时佥事未定品秩，尚未真除，曾已豫题，又误"佥"为"签"，皆属不合，亟为校定，俾后有考焉。

壬子中秋前五日，长沙徐崇立记于莼湖榷舍。

萨林阿，字香林，满洲人。

晋辟雍颂跋

中夏重到金陵，从碑估得是碑拓本并碑阴题名，略少剥蚀，但云近出洛阳，莫能举其时与地，旋知海上早有影印本矣。碑立于晋武帝咸宁四年，遍检《通鉴》、《晋书·武帝纪》，皆不书临辟雍。唯《礼志》载："武帝泰始七年，皇太子讲《孝经》通。咸宁三年，讲《诗》通。"而此《颂》叙泰始三年行乡饮酒礼、乡射礼，六年又奏行大射礼，咸宁三年讲肄大礼，行乡饮酒礼，四年皇太子临辟雍，行大射礼。《礼志》纪辟雍者，仅此泰始六年，咸宁三年与《颂》序所纪同，《志》纪赐太常绢，丞、博士、学生牛酒略同，而六年诒书《颂》、《志》所载，文辞各殊。《志》又云：惠帝之为太子，讲经竟，并亲释奠于太学，太子进爵于先师。按，此即赅括三临辟雍之典，但《颂》、《志》详略不同耳。碑阴所列国学官师至弟子凡十列，如太常刘寔、国子祭酒庾纯、博士曹志及《颂》序所称之刘毅、侯史光诸人，《晋书》皆有传，碑中结衔亦与《传》合，唯《本传》略不涉及辟雍诸事。按《晋书》纂于唐贞观中，太宗敕史官房玄龄等纂录，采取正典与旧说数十部及十六国伪史，共为纪念传记。而自咸宁四年至贞观初元，其间相去三百七十馀年，中历八王、五胡之乱，更宋、齐、梁、陈、隋五代，代远年湮，传闻异词，书缺有间，典章法制岂无漏略？故《礼志》多缀拾支节成之，未能分别部居，本末毕俱也，如此巨典大文竟未著录，不止如刘寔之循阳进爵，先后失次也。

《颂》序云：泰始三年十月，始行乡饮酒、乡射礼，马、郑、王三家之义并时而施。而碑阴首列署典行郑大射礼博士京兆段畅永弘、典行王乡饮酒礼渔阳崔豹正雄，惟马义典行者独缺。此二行之前有高功博士中山张靖彦贞。所谓高功者，其或指马融经义欤？又学官以下诸列，以礼生居次行序之间，署"右郑大射礼生"、"右王乡饮礼生"，均低一字以总括之，而马义无礼生。是序称三家，但传郑、王之业者为专门，而马氏独阙如，名实不相应，使人然疑。题名第二列以学官居前，为助教中郎、治礼中郎（最多）、治礼议郎郎中、舍人、军谋掾，而礼生次之。又有太学吏舍人、太学吏军谋、掌都讲国子司业、国子司成、主事、博士参错诸生间，礼生之后为散生，为弟子，又有门人寄学三人杂厕焉。礼生多为专习郑、王者，既标目矣，寄学或名不贡于成均，但鼓箧横舍犹可至，散生、弟子、门人有何区别，则末由县解矣。此十列中，首列学官十五行，馀九列列四十二行，行间学官居少数外，是国学诸生约三百馀人。惜《礼志》所纪学制不详，学生有无员缺、如何甄录，都无可考。以视魏氏之太学生徒千人，此尚未及三之一耳。

魏晋嬗代之际，乃书体由隶变真之时，而是碑书法波磔峭削，绝少汉隶遗矩，已开北魏风气之先，视曹氏《尊号》、《受禅》、《孔羡》诸碑不逮甚远，一代开国规模宏远，其文字亦必渊穆浑厚，庶几太平景象，而此书峻利蹶张，有以知晋祚之不康，于书道可詹兴替，与吹律听声理同一揆。晋碑之传世者《任城太守孙夫人碑》、《齐太公吕望表》、《关中侯刘韬墓志》、《保母砖志》，寥寥数碣中，唯《任城碑》为巨石，《太公表》则小字，《刘韬》、《保母》皆墓志小石，此外无闻。不意越千年后，忽睹此丰碑巨制，礼典大文，固当为典午一代刻石之冠已。

又按《曹志传》：志字允恭，谯国谯人，魏陈思王植之孽子。植曰："此保家主。"立以为嗣。后改封济北王。武帝受禅，降为鄄城县公。咸宁初，诏曰："鄄城公曹志，笃行履素，达学通识，宜在儒林，以弘胄子之教。其以志为散骑常侍、国子博士。"《庾纯传》：纯字谋甫，博学有才义，为世儒宗。累迁河南尹，以酒失忤贾充免官。复以纯为国子祭酒，加散骑常侍。此碑题名悉与传合。当时妙选儒官极一时之彦，博士皆侍从清要，非若唐以后校官，率冷官卑秩也。

《颂》叙称马、郑、王三义并行，而所行大射、乡饮诸礼及典礼师生，仅举郑、王而无马，若举东汉大儒，当以贾逵、马融、郑玄为三大宗师。肃虽卓尔，承其家学，治经悉有传注，而近在当世，语其齿德，当次三家，若数同时硕彦，则有乐安孙叔然授郑学，称"东州大儒"。魏初征士敦煌周生烈、明帝时大司农弘农董遇等亦历注经传，颇传于世，而肃所撰述及父朗《易传》皆列于学官，骤跻于马、郑之伦，则以肃女适司马文王，妃即文明皇后，生晋武帝、齐王攸直，以椒房国戚之贵，时王为之表章，宜非儒素所敢望，然轩轾未为公允也。

又《颂》序发端略云：降于秦汉，虽开国立统，而皇道不融，帝典阙而未备，王纲有所不张。诸语以言学术，而秦汉相提并论，熏莸同器，旷古罕闻。孝武表章六经，设官立学，搜订遗佚，河间广开献书之路，凡在韦布，夫人而知之矣。不有伏生、申、毛诸公，安有贾、马、许、郑。阿谀世主，数典忘祖，直是大谬。盖其时已祖尚玄虚，蔑弃经史，是编度亦出结衔人之手，可谓陋儒矣。晋人碑刻极少，而独有此巨制，为自来谈石墨者所未见，故节取而申论之。

癸酉小雪节，长沙徐崇立跋于沪西盍簪行馆。

此碑高清制通用尺九尺有奇，宽三尺强，较晋尺丈有五尺有奇。

白鹿泉神君祠碑跋

莫郘亭跋何道州手写《金陵杂述》诗册谓："贞翁亟赏近岁新出土之裴抗隶书《白鹿神祠》、胡证楷书《狄梁公祠堂》二碑，且谓抗书结构岸异，属著录后必举本邮寄，迨携碑抵沪，则已西还，故《东洲集》无是碑题记。"郘叟题跋在同治己丑，予获此（打）〔拓〕本在乙丑，距出土已六十年。椎拓日久，锋芒日损，度初拓时当甚精采，予生也晚，惜不得旧拓对看，然因莫跋益梦想此碑，竟获晚拓，亦慰情胜无耳。又越十年，甲戌春正月始记于沪上寓楼。

瓻叟徐崇立。

北齐马天祥等造像记跋

此《马天祥等造像记》，王氏《金石萃编》著录甚简。跋称武平只七年，无九年，显系碑误。王氏四人称之曰："道民晋有刘道民之称由来久矣"云云，而不著碑所在地，盖兰泉亦只见拓本耳。造像阳文者，是碑外，魏有《始平公》，隋有《游愔砖造像》，皆拙藏也。先君所诒《造像》止此一本，碑文右行则褚书《圣教序》所由昉也。书带隶法，则隋以前古法犹存。文末行数字全蚀，王氏著录时已然。保藏越三十年，兹重装，因题。

丙子秋暑，徐崇立书于旄学斋。

南昌大安寺香炉款跋

黎铁翁前自金陵寄此拓本并题跋二纸来，近始付装。本并五纸及题记合装大帧，乃裱工误分为五，又遗跋未裱，难于改装，遂先移写于首幅。此所记炉状视《金石萃编》加详，唯拓本与《萃编》所释文字互有存佚异同，盖款文突起不平，拓者未能就其坡陀之势拓之，非尽残缺也，暇当校补。

癸酉岁腊，瓻叟付装后题。

玄妙观吴道子石阑画像跋

苏州玄妙观吴道子画石阑之一，此旧拓本。今观与石并毁于火，不存矣。此画极似秦汉瓦当，左右玃鹿，中若山石耸峙状，已漫灭，不甚可辨。玃鹿乙丑谷雨后日，𥟅叟记。

此苏州玄妙观吴道子所绘石阑，吾藏弆历廿年。闻前岁观毁于火，石栏同烬，即此拓本不可复得矣。古刻画像以汉《武梁祠》为最朴拙，是画笔势飞动，已有肖生之意，似以时代为升降。昨检《愙斋集古录》载：秦櫜泉宫瓦作大小三兽形，与吴画绝相类。愙翁谓秦瓦古于汉石阑画像，乃知古人着笔悉有师承，洵如韩文杜诗，无一字无来历矣。奇兽。

乙丑春三月，𥟅叟徐崇立灯下。

玄妙观吴道子所画石阑拓本数十纸，去其模糊重复者，尚存九幅雕刻鸟兽，度皆阳文突起，拓工不能因其凸凹之势，故多模糊，又纸非整幅，岁久恐益破碎。然吴回一怒，玉石俱焚，求此本已稀如星凤矣。朱雀玄武。

苏州元妙观在宋为天庆观，唐升元宫旧址也。观中石栏相传为吴道子画，此亦吴中石刻画像之最古者。乙巳夏，游吴门至观中物色，以时迫未及拓。丙午夏，从弟述昌始从苏拓寄，因付装池，以为观玩。鹰犬。

光绪戊申夏暑雨，兼民记于京师盍簪行馆。

一鹰一犬，惟妙惟肖，兔窜狐奔，艺通乎道。鹰犬。

乙丑谷雨，𥟅叟漫题。

吴道子所绘玄妙观石阑多作鸟兽飞走之状，其绘人物者，唯此一石。其右一人袍带，张两手作势，又二人曳裙如妇人状，其一张盖中为小亭，左为屋，其旁若石龛，上有树，屋下一人据案，案中若纸幅，其旁有砚，楹间有卍字栏。汉画如《武梁祠》，悉有题字，此画无题字，竟不知是何故事也。人树亭屋。

乙丑三月，顧翁记。

吴道子所绘玄妙观石阑多横石，此独直，且两石相同，上有云气，下为山石，而覆以小亭，树枝头有若鸟者，以意揣之耳。云树亭石

顧翁。

隋张轲志跋

此关中于右任氏鸳鸯七志斋藏石拓数十通诒谭畏老，畏老以此重本见惠。因检《隋书》炀帝萧后传，后为梁明帝岿之女。江南风俗，二月生女不举。后以二月生，于是季父岌收养之。岌夫妻相继殁，后遂转养舅氏张轲家。然轲甚贫窭，后躬亲劳苦。炀帝为晋王时，高祖将为王选妃于梁，遍占诸女，不吉。岿迎后于舅氏，令使者占之，吉，遂策为王妃云云。是《志》亦称梁明帝召轲为安平王，属晋王引参司功军事，与史合。然官终魏郡太守，阶止正议大夫，不膺爵邑，报亦薄矣。《志》略，不及后事，盖当时讳之，不敢述也。又《隋邯郸县令蔡君妻张贵男志》称同堂姑即梁明帝之后，为所赏异。《传》所称舅氏即后之舅，后为贵男同堂姑。贵男祖绾，梁侍中、尚书、左仆射、仪同三司；父尤，陈给事黄门侍郎、廷尉卿。而轲祖弘藉赠卫尉卿，父缵无官。然贵男与梁明后同祖，轲与萧后当亦从祖属耳。两家先世既别仕各异国，而皆足为此《志》旁证，足补史传之缺。魏代至唐，谱牒最盛。唐以前，志石必首陈郡望、世禄。及五代丧乱，谱录沦亡，

华夷混杂，种族莫辨，遂末由考索矣。《贵男志》与此石书派相近，此《志》稍逊，可见隋代楷法亦当时风尚然也。藉赠卫尉卿，意或如清制之貤赠与。

庚午天贶节前三日，𤮪叟徐崇立时寓白下梦雨楼写记。

隋张轲志盖跋

碑额别为一体，以汉碑为极则。北朝已不逮古，唯《凝禅寺三级浮图碑》为精。唐志当推《泉男生志盖》即出兰台之手，馀多率劣，尽偭古法，或以意为之。此《志》虽犹篆势，中杂楷笔，铭字体兼篆、楷。隋唐志盖往往相同，如出一辙，若清代名人篆盖悉有法度，即小徐新附字亦屏不用，盖篆籀之学《两京》以后微矣。近代转能复古，事固有后人突过前贤者，谁谓古今人不相及耶？夜阑腕倦，率尔漫题。

庚午长夏，𤮪翁。

汉砖廿四字、十二字两本合装跋

光绪丙午秋得此于京师琉璃厂，藏长沙徐氏盍簪馆秘笈。崇立时官中书，以廉值易之。

右古砖文为“富贵昌，宜宫堂。意气阳，宜弟兄①。长相思，毋相忘。爵禄尊，寿万年”，共二十有四字，皆吉祥语。左角有苏斋墨缘印，其为覃溪拓本欤？

兼民并记。

---

①“弟兄”，原校：“兄”亦读“况”，故与上下韵叶。

北周李明显造像跋

是石书不劣，惜剥蚀太甚耳。周笠叟年且八十，蓄汉印最富，身后悉星散。陈翁年逾七十，则先斥卖其藏弆。人生寿不如金石，此残石已历二老人摩挲矣，援笔兴感。

辛未秋分，瓻叟徐崇立漫题。

隋宫人采女田氏志跋

关中于右氏鸳鸯七志斋藏石凡百数种，择其尤雅者精拓以诒谭畏老。畏老检重本三志为赠：《魏始平王妃卢氏墓志》、《隋魏郡太守张轲墓志》、《隋宫采女田氏墓志》。《张轲志》别有题记，于氏所藏隋志以宫人为多，内官墓石结衔有曰尚寝衣魏氏、司乐、司仗、司灯、司宝、司饰、司言、司计、司馆、典乐、典彩、采女，诸职又有五品、六品、七品，凡十二志。其它冗散宫人又有十志焉。因考《隋书·后妃传》，有曰“采汉、晋旧仪，置六尚、六司、六典，递相统摄，以掌宫掖之政。”“联事分职，各有司存”。此文帝开皇六年所著令也。及独孤后殂，嫔御始有增置，迨炀帝又参详典故，厘改旧章，今诸宫人皆大业时葬，自当以是为准。今《志》有尚寝衣，按《开皇制六》曰：尚寝，掌帷帐床褥。《大业制五》曰：尚寝局管四司，司设掌床席帷帐，铺设洒扫，而无尚寝衣。《传》又曰：女使流外，量局闲剧，多者千人以下，无定员。尚寝衣或流外，增置而不在尚寝之列耳。此外，司乐掌音律，属尚仪局；司馆掌廪饩柴炭，司仗掌仗卫戎器，属尚服局；司灯掌火烛，属尚寝局；司宝掌金玉珠玑钱货，属尚工局；司饰掌汤沐巾栉玩弄，属尚服局；司言掌传宣奏启，属尚宫局；采女三十七员，品正第七，此皆与史合者也。《传》但有司乐，而无典乐；有司簿，掌名录记度，而无司计；〔有〕司彩，掌缯帛，而无典彩；有司衣，而无尚寝衣，此皆与史异者也。其它无职宫人而列品者不见于录。夫以炀帝荒淫无度，爰升色选，黜陟任情，内官登进，未必悉依宪章，容有史所不载者。诸志类多陋劣，佳构无多，必有伪托杂厕其间，未暇考订。北村为自古丘墓之乡，复为隋代宫人丛葬之地，望雷塘之荒冢，嗟委骨于穷尘，等玉钩之故墟，尽埋香于幽石。白骨青山，美人黄土。摩挲墨本，缅想当年，不胜凭吊兴亡之感矣。

此石书法风骨稍逊，矩矱犹存。“名香不焚，行云斯歇”，允为佳句。铭词亦简洁，诸宫人志中之雅品也。

庚午天贶节前三日，秾翁徐崇立时寓白下梦雨楼写记。

摩利支天经、阴符经并图像跋

前岁寓金陵，谭瓶斋寄是经梵夹小册，仿宋活字本甚精。因检叶氏《语石》，载是经宋乾德五年刻石，袁正己书，李奉珪画像，石在长安。欲求墨本不可得，神想积年。昨端节瓶翁复携此本见诒，顿偿夙愿，亟取《语石》对勘，即是本也。更检梵夹本详校印本，卷端佛像非李奉珪笔绎，经文则是本仅有其半，且印本凡三咒，此仅有其一，字句亦多不同。凡佛经精奥在咒语，而此刻节删，失本义矣。释道宗旨炯不相侔，此则与《阴符经》并刻一石，又立于国学，踳驳极矣。袁氏书派近率更，可知宋初石刻犹有唐碑遗矩。南唐李廷珪以制墨著，画人李奉珪时代相接，而疆域悬殊，未必一族也。画像旁题“京兆府国子监”。宋都开封，称开封尹，不称京兆，国学当在汴京，不在关中，或其时仍沿唐京兆旧称，国学亦唐之旧署。秦人朴鲁，不晓沿革，施石人只知奉释老，以刊经为功德，初不解教宗流别，无待深求矣。《阴符经》画像，一老人持杖踞石坐，左旁一葫芦、一卷轴，一人长跪对之，其状殊类圯上授书，坐者黄石公，跪者张子房也。书画、刻石皆在宋初，完好无缺，良足珍重，惜拓本不精耳。衰年皈依三宝，礼诵灵文。初得印本，即寻求石墨，乃此拓本仍由瓶斋持赠，其或微诚所感欤。

据印本徐长庆跋，前已依梁译唐石印施万卷，兹复依唐不空三藏所译《高丽藏》本再印梵夹，以广流通云云。此石本题“神王女抄多摩尼说”，既谓之“抄”，是以节删。又注云：梁代失译，是并不知有梁译唐刻矣，持诵仍当以印本校正，然益使人想象唐石本。我佛慈悲，庶几旦暮遇之乎。

癸酉闰五月，心佛居士徐崇立时寓沪上写记。

旋考《通鉴辑览》，宋真宗景德四年置国子监于西京，而是碑立于乾德时，西京立学远在此后，予前跋臆度为唐旧称，足证其不诬矣。宋都汴以洛阳为西京，知长安未置国学也。

小雪前日再题于盍簪行馆。

唐李绚墓志铭跋

丙辰年小吴门外陈家垅出土唐碑，拓本属奉上碑，称“绘光，渤海王六世孙，盖李氏宗室也”。《新唐书·宗室世系表》：绘光，名绚，为襄州支使。碑称由襄幕叙官鄂县尉，数迁至澧阳令，拒贼遇害，权葬襄州，乃归葬长沙尔。碑中三代璘、拭、仍叔，皆见《渤海王世系表》。唐大中时，《郎石柱题名记》有拭与仍叔名并录呈览。碑字画不精，存之亦乡土观念也。

右雷民苏同学愷所诒，长沙东郊新出土唐墓志并系以跋，考证綦详。近岁，秦、豫、燕、冀之区碑志出土者，无虑千百石，东西诸海国率以重值购之，人以其可牟利也，竞造赝品，黎邱之鬼日出不穷，有伪而甚佳，真而甚劣，犁靬善眩，骤莫之辨。吾乃严戒，非至精者弗收。此石则出自州，闾人所共睹，且南方新出甚罕，雷跋足重，因记而存之。

辛未孟秋，瓻翁题于金陵僦舍灯下。

黔东杨上将墓志跋

此《志》丁二仲篆盖。丁以篆刻著于金陵，然其篆印皆野狐禅，今世所尚也。此本屏未附装此。余在沪写纸本寄金陵摹勒上石，乃能毫发无憾，可谓良工矣。

丙子元夜记。

宋四家真迹跋[①]

此诗帖裂去一角，“虎溪”“溪”字不存，知遭尘劫也。“出”字下一字仅存首画之半，当是“壑”字。行箧无目录，未暇检校矣。旋检宋刻施注诗集，以《年谱》与目对校，元祐五年乃无此诗，唯卷十有《赠上天竺辩才师》一首，乃别一诗。卷首题“守

①原校：此跋读之未能了了，恐元非一篇，钞时合为一耳。

高密作句”，引子由《师塔铭》略云：辩才乃赐号，年八十有一终。又云：后退居龙井。并节东坡此诗叙，且指《天竺》诗为倅抗日作，误置此卷云。据此，则苏诗未载入集及时地误编者为不少矣。又按《年谱》，元祐六年辛未冬，有《祭辩才文》，知东坡作风篁亭之明年冬，师即圆寂，是诗政八十也。前跋大误。又犯率尔操觚之戒矣。

癸酉小雪前四日，穪叟时寓沪西校记。

“宋四家”以时代论，君谟与欧阳公同时，固[1]冠首，而世乃云“苏、黄、米、蔡”，是册仍以殿卢前王后，叙次不免失伦矣。

癸酉小雪前日，穪翁灯下书。

相传苏、黄、米、蔡，元是蔡京，后世恶京之为人，故黜之而以君谟列入。然苏黄米蔡四家，沿称已熟，遂不能改耳。

桢立附记。

①原校：“固”下夺字。

瓻翁题跋卷六[①]

前清光绪乙巳，予以僇值内阁，僦居宣武门外之香炉营，距琉璃厂甚近，闲曹无事，时从碑估搜求墨本，此为予搜集金石之始。收得即付装褫，积累日多，居然成帙。尔时鉴别不精，赝本、复刻不免杂厕，辛亥后流转兵间亦未暇抉择。迩来重检旧籍，念三十年劫余故物，不欲汰去。此册外，如匋斋金石之属，并分别部居，略加诠次，盖片楮小幅最易散佚，襞积丛残汇为一编，流揽藏弆皆便，犹四部之外复有丛书也。

壬申小雪前夕，风雨薄寒，崇立记于沪楼灯下，庚寅夏至重写，时年七十又九。

秦权

秦权散布人间者，以陈簠斋藏弆为多，次则匋斋，次则族父叔鸿按察。亡友王翊钧运长在匋斋江督幕府时，尽拓以见诒，已汇装匋斋金石打本为一册，台甫贻是本最先。沈咏荪以善绘山水著，差与何棨叟颉颃。以知县需次吾湘，仕宦不达，鬻画自给。国变后卒以穷死，所藏弆尽散佚，是权不知落何许矣。叔鸿先生所藏今属其第六子绍周，署其斋居曰“宝权室”，吾并拓本未见，

①此卷目录与正文标题顺序多不合，且存在有的篇目目录失载情况。现卷中编次，俱从正文。

曾从其乞请，许而未予也。匋斋更有秦铁权最巨，得之吴窓斋。翊钧亦手拓，并新莽最挩本赠我。闻匋斋所藏久散佚尽矣。牵连叙述，不胜华屋山丘之感。回溯丙午题记，物换星移，忽忽垂三十年。其时始有志研讨金石，文字稚弱。俯仰前尘，百端感慨。

壬申冬夜，瓻叟重记于沪上寓楼。

瓶斋谓此二版为以校簠斋、匋斋两家所藏，刻画殊不类，鉴别良亦非易事，存之以资参究。

癸酉长至前日，灯下又题。

魏王神虎造像记

考魏太平真君元年，为宋元嘉十七年，岁次庚辰。此石首行虽缺角，而“庚”字犹隐约可辨。造像有记必有像，当时得此已残缺矣。“记”字结体方严，但少遒逸之趣耳。“值”字当即“值”字，谓“值佛闻法”也。

壬戌之秋八月既望，瓻翁记。

太平真君为魏太武纪元，至是已五改元。北魏造像此为较早，书法朴质，疑即用刻刀，未经钩勒者。

壬申小雪晴窗又书，视前题十年矣。

某夫人残碣

是刻波磔多兼隶势，下半已残，意当在曹魏以后，由隶变楷时也。其文当是墓志，惜不可属读耳。光绪乙巳重在燕京得此残拓，因汇装于册，今且三十年矣。偶然写记，笔墨俱劣，更形率拙。

壬申立冬日，晚霞老人题于沪寓。

北齐吴子才造铜像记

北朝造像石多金少铜铸，书法多劣，故真赝杂糅，骤不易辨。惟此像先伯父任赣榆县重葺官廨得于土壤中，由来旧矣。因拓本有公题记，特珍存之。当时购于执役者三器，殆即三像耳。

壬申立冬日，崇立再记于海上寓斋。

唐善业泥朱墨本各一

小腊象铜铸陶埴往往有相同者，殆先制模范，同时所印不止一区，不得遽目为赝造也。

癸酉长至前夕又题。

宋苏东坡断碑砚

厉樊榭诗并序：东坡先生《墨妙亭诗》残刻十七字，石斋黄公得之，琢其背以受墨，曰“断碑”，今归桐溪王氏。拓其文，装于册，来索诗。

吴兴太守珠湖客，缮亭搜碑聚名迹。谁其诗者长帽翁，钩勒溪藤上乐石。后来乌台有追勘，蔡奴之兄未捃摭。众碑零落一碑存，又复缺断真可惜。谁知此碑为此砚，老间物化等儿剧。漳浦黄公署名在，箕尾中天映奎璧。文章气节两不亏，汪子宝之永无斁。

此诗刻砚之侧面，惟字多磨灭，不可读，故别书之，幸勿诮为叠床架屋。

光绪丙午夏六月，长沙徐崇立识于京师之盍簪馆。

黄公遗砚何堪甹，曾为苏诗断碑作。纵几三寸广羡黍，略就砻磨谢雕凿。拓本谁传墨妙亭，砚材今压香姜阁。藏归石斋记小印，搜出蒿垣烦大镬。模糊苔髓尚渍面，斑驳土痕犹透膜。裂馀遗字如疏星，色正芒寒炯联络。篇章缺折句虽颇，策掠横飞骥仍渴。爱之欲与三日卧，原注：米海若得与唐宝砚抱卧三日，然后请苏公作铭，见米公外纪。宝以须闲一宵攫。元祐党人碑足重，阙下完人砚堪恪。原注：黄公自称阙下完人，常刻印章用之。乘云垂尾□千载，俯仰摩挲增叹噩。袭来直可并琼瑶，用处宁徒写糟粕。君不见，同时蔡魏碑磊落，牧竖耻将牛砺角。

丁敬诗并序。

碑为苏文忠公《墨妙亭诗》手迹，缺勒之馀，仅存十七字，明漳海黄公石斋得以为砚，上隶刻“断碑”二字，下勒“道周”小印微凹，其中以受墨汁，土花周遭，入手轻腻，盖古砖也，今归吾友汪子学山求是斋中。学山手拓墨本装册，请数交好斐章以纪清胜，时则庚申岁之馀月。

墨妙亭碑几时断，我及见闻存两砚。前有阳明后石斋，各□寒云收一片。阳明之砚归裘公，我曾赋诗铭旌东。及今又见石斋遗，四方平正凹其中。十二字铭身不辱，已拼三年人化玉。道周小印钤西隅，久伴孤臣同窜逐。背十七字坡公书，广四寸高三寸馀。较阳明砚多五字，后来宝者同琼琚。先生幼年居石室，自号石斋坚以栗。平台抗论辨忠佞，不如郑鄤言真失。君臣本无际无缘，难以口舌争贤奸。岂若龙场驿中住，漓江永戍天终怜。乌程宜兴交射影，多谢吴甡蒋德璟。国王虚拥九千兵，碧血丹心愧公等。呜呼！文山不友玉带生，叠山买卜栖桥亭。东华门外心如铁，血洒残碑哭孝陵。

右蒋铅山诗。

裘文达曰修得断碑砚，高、广各三寸，长四寸。阳明先生谪龙场驿时得之，碑乃东坡题《墨妙亭诗》，存十二字，凡十二行，曰“灯他年”，曰“忆贺监”，曰“时顷伏”，曰“孙莘老”。背面左刻“守仁”二楷字。侧刻分书“驿丞署尾砚”五字。今按石斋之砚亦四行，合之阳明所得为上截，中尚隔四字耳，未知海内尚有几片。苞堂好古之士，幸博征焉。蒋士铨识。

顷读纪文达《三十六亭诗》，中有《断碑砚歌为裘漫士先生作》一首，题下有序，与铅山所记，存字与题刻印章均同，惟裘公作赞并铭，河间序未及之，铅山略未著也。沈咏翁宝是砚，旋失而复得，因作《归砚图纪事》。予旧抄诸题咏在光绪丙午，今再记，越廿六年，今年正六十矣。

辛未立冬后五日，䅟叟书于金陵寓斋灯右。

右苏文忠《墨妙亭诗》残石，石斋黄公得之，琢为砚，存字四行，曰“吴越胜事书来乞诗要尾书溪藤视昔过眼”，凡十有七言。吴兴姚玉裁世钰所藏，后归桐乡汪氏，同门俞通贤朝泰以拓本见贻，因忆庚辰冬雪夜与陈无轩、焯。沈芥舟宗骞游墨妙亭，登六客堂。时太守李肯庵堂爱古慕素，惜未得见此砚也。

朱应辰记先太傅文恪公旧藏米海岳砚山，阅三传，至公曾孙竹坨太守，携至京师，王尚书阮亭见之，叹为奇物，赋长歌焉。先时，公少子尚宝公讳大定曾出以赠公门下士，石斋黄公以先师所宝不敢受，只题断句四章而去。太傅上舍讳茂旸《阐德录》疏其事，且云行笈中止断碑一砚，则是物早与石斋周旋矣。其后石斋谴戍下狱，备历艰苦，庄烈终以儒者优容之。则所云“亲从霹雳推车过，又得滂沱自在春”，是砚盖亦患难中一友也。读其铭词，犹可想见明命既倾，石斋致身唐王。先尚宝间关东浙，石斋寄尚宝手简，以“隆中有子、昼锦有孙”为勖，不知仍用是砚否耶？又闻石斋兵败婺源，其夫人致书石斋言：“忠臣有国无家，勿以内顾为念。”所用者更有他砚耶？是不可得而考矣。虽然宋王伯厚得士如文文山，千古传为盛事。先太傅主天启二年会闱，是科先后自靖者二十有三人，石斋实不愧文山。后死，尚论者即以先太傅海岳砚山拟王氏校士之砚，而石斋断碑以之并文山玉带，生夫何歉哉。是日，既展阅吾友张苞堂所摹拓本，适拜扫先太傅赐墓暨尚宝碧玉埋藏之所，仰见松柏烈烈，不啻亲聆石斋鬼门相候云云也。句见黄公与尚宝手简。诸跋均据《金石契》摘录。

六月十二日，兼民又记。

清高南阜手制研瓦砚

此高南阜制瓦研，当在宿迁王氏所刻《砚史》之外。其背则沈咏荪大令题刻者，与前断碑砚皆沈氏曾藏，而雷怡甫拓赠者。

壬申冬，瓻叟。

此金冬心铭研、沈咏荪曾藏、雷怡甫拓赠者。地球之说，自南怀仁、利玛窦辈已发明。道光以前，中原士流远涉瀛寰者少，故犹有地方之语耳。

壬申初冬，晚霞老人退颖。

郑固残石

潮州制扇以竹丝分布作干，坡陀不平，亡友王寄觚运长能于扇上模汉隶，作响拓，小跋作行楷亦秀劲可爱。光绪甲辰距今且四十年矣，星移物换，不胜周伯仁新亭之叹！君墓宿草亦数年矣，青简尚存，展卷增慨。

壬申初冬，秵叟记于沪上。

上谷卿坟坛刻石暨祝其卿坟坛刻石

此拓江阴缪氏《艺风堂金石目》已著录，在山东曲阜孔庙。方小东考祝基为东海之况基也。按祝其即今江苏赣榆县北界。山东日照县境内有夹谷山，云即孔子相鲁侯会齐侯于夹谷，其故地也。先伯父宰是县久，因得究其方舆云。

小雪后六日，耄学翁又题。

西汉石刻传世者绝少，此王莽居摄时文字，由篆变隶，体势在《夏承》、《灵台》之间。原拓本已残蚀，此皆完整，乃从旧本重开，故形质仅存，神采尽失。原本难觏，以是为先君故箧中物，未忍弃去，留此以见虎贲之貌。尚有上谷府卿之坟坛，亦居摄时造，三石只有其二，考证王氏《金石萃编》，已详著矣。

壬申立冬日后二日灯下，瓻叟。

大吉砖

大吉砖，汉砖此类甚多，非稀物也。

“增祥印”，盖即太仓陆星农，以翰林官湘中者，非樊山也。光绪甲辰乙巳间，得此于京师，樊山尚在秦，未入都也。

壬戌立秋，夜窗凉雨，记于书傭寄庑。

汉华山碑缩刻本

匋斋精印四明本之前，冠以“缩印整幅”，取校此本，大有虎贲中郎之别。

壬戌春暮雨窗，瓻叟记。

魏潘宗伯等阁道题名缩本

是刻摩厓原高五尺馀，广略同，在褒城县石门。宋晏袤释文，附刻翁覃溪《两汉金石记》辩潘韩题名，“泰”字下剥蚀之字为“始”，而非“和”，定为“泰始”，属之晋武帝泰始六年。钱竹汀《潜研堂金石文跋尾》谓为“太和”，距景元四年已三十一年。四年十一月蜀亡，故十二月有阁道之役也。此缩刻本不知所从来，“和”字已阙，此竟全摹，尚不如《华碑》缩本之得其仿佛也。原以两缩本合装，仍留备省览。

魏灵山寺塔铭

叶鞠裳侍讲《缘督斋日记》："隋仁寿二年邓州舍利塔挩本圜如鼓形"，与此正同，惜并拓本未见，末由与此合璧耳。

丙子立春前三日灯右，秪翁病目，题于赏析书楼。

此题字极拙，而古厚有韵，胜《鞠彦云志盖》远矣。

壬申冬夜记。

按近人高唐田士懿《山左贞石目》云，并盖俱圆形，旧在即墨，今归蓬莱张氏，盖即藏《李先人灵第画鹿》之张允勳也。画鹿石吾亦有拓本，惜其人不显。

己巳秋八月，崇立记于心佛庵灯右。

清吴潘氏书心经瘗琴铭跋

吴县潘恕斋解元钟，余壬辰同年友也。癸巳同上春官，以新唐五种帖见赠，并皆佳妙。内《瘗琴铭》一种最精，都下一时竞尚，赏鉴家尤宝贵之。碑记显庆二年，撰者姓名《全唐文》所不载，好事者征引附会，一似"顾升"实有其人，然不知碑在何地，出自何年也。后在吴门见恕斋箧中，尚有数百，因诘以碑之所在，恕斋笑曰："此吾家故物也。族祖湘芸老人工晋唐书，摹仿无不神肖，又精篆刻，有得意者辄自钩勒上石，《瘗琴铭》乃其悼亡之作。"铭词哀艳，极近三唐，因以嘉庆二年托名显庆时人，"升"其小字，"顾"则用外家姓也。昔李北海喜自镌其书，署名"伏灵芝”、“黄鹤仙”，文人好奇，偶作狡狯，古今同调，聊以自娱。而今之好事者矜奇炫博，必求其人以实之，事本无征，而故为杜撰之说，文不相涉，或且窜易其词，狡狯更甚于作者，则非前人之相欺，亦人之自欺实甚耳。

右彭渔航先生《毓嵩笔记》一则，渔航以翰林官云南知府，樊山外舅也。

魏荥阳太守元宁造像记

此册所收造像均有记无像，书法要以此记为工，用笔遒美，且转折之妙，于《敬显儁碑》为近。文中“后宫皆润”句殊费解，“若”释作“孕”更不辞矣。“义”作“仪”，“蠢”作“蠢”，则北碑中流行之别字，不足论矣。元氏为拓跋宗室，官至郡将，“荥阳”从水，竟改作“荧”，不当有此谬误耳。

壬申初冬，晚霞老人漫记。

魏鞠彦云墓志

此题盖字，清道人优为之，当更胜古，今人何处不相及？惟此刀刻，审波磔可验也。是殆一面标题，一面刻文耳。

晚霞老人写记。

是《志》书品，亦“龙门造像”之流亚，笔如刀削，方整峭利，乃以刀就石刻画，不假楮墨，世所谓铁笔也。然横平竖直，势带隶分，自成风格。后人不揣其本，辄用毛锥相仿效，徒惊险怪，而古意远矣。大小欧书法似从此而加变通，所以敻绝千古。

壬申初冬，寒夜薄酲，甀叟书于沪寓。

隋马长和等造像记

“拨乱未厘”，“厘”字当即未及厘正之谓。“岑军不狱”，“狱”字应是“狄”，以文义揣之，又当作“仗”。“全亡不练”，则不解作何语矣。“暇”，即“遐”字。

此造像像佚记存，文杂篆隶，满眼别字，不可卒读。观其文理，殆出村氓，后列将率衔名，亦必目不识丁之流。起自卒伍者，今三家村土地祠亦刻捐户姓名。古人不必皆雅流，近世文字亦有超越前代者，古今一概，但较优劣耳。此已廿馀年，故仍而未汰。

壬申冬初晴窗，甀翁漫记。

汉礼器碑阴题名

东卿，盖即汉阳叶志诜，叶名琛之父，平安馆缩刻《华山碑》者也。

甀叟记。

苏斋老人年登大耋，而小真书方整峻削，略无颓唐之状，此年少眼明或不逮者，宜其老寿也。古来书画家多享大年，其精力固已过人，亦由胸襟夷旷，不因外物扰其神明，涵养深淳，岂徒艺事云乎哉？

大唐故张君之铭

古人碑志文即是铭，不必用韵语。是《志》在唐高宗时已有“桑海成田”之语，更先于颜鲁公《麻姑仙坛记》，可知古人有是语矣。书法腴秀，亦褚河南之支派。唐人攻书者多，率不越欧、褚两家范围，永兴在前，颜柳居后，皆不逮也。惜拓手不精，字稍残蚀者皆不显，在此册中要为高品矣。张氏以南阳白水为郡望，不必其本乡也。才十七而夭，故无事可纪尔。

壬申小雪前三日，晴窗风暖，瓻叟校碑于沪上盍簪行馆。

北齐孟阿妃造像记

北朝造像大都奉佛，造老子像者，予尚有一拓本，不多见也。是本像佚而记存。当时齐民妇女，率自称“妃”，不以为僭。先人为“老”，“亡”作“妄”，“夏”作“㝃”，“茫”作“芒”，“蠢”作“蠢”，举凡北碑，此类别字，几成通例，不胜胪举。笔带隶释，似《白石神君碑》，此何道州所谓“横平直竖”者，庶几近之。灯下目昏，作小字觉有老态矣。摊书浇饭，姑以作书课耳。

壬申小雪前五日，瓻翁。

唐僧道岚造像残石

此当是唐造像之下层。按高宗显庆四年为己未。书法腴美，亦宗法河南者。

壬申立冬前三日，晚霞老人漫题。

梁天监萧氏造像记残拓

十九年庚午夏，谭畏公得此石于金陵，命工椎拓，分诒数本。文多漫漶，拓手亦不精。是秋，公即谢世。公不专尚象教，然时涉内典，旁通禅理，得此颇珍视之，殆即生天之先兆与？记此怃然。

此梁天监造像之背面，年月已剥泐，正字存半，最下一列字多阙，“弟子”“弟”字可意度，“萧”下失其名，“敬”下造字亦失。“愿生西方”“愿”、“西”二字亦残。“永”下“离”字、“复”下“忧”字、“含灵有识”“识并”二字均残。惟“同”字下一字缺，下半疑是“接”字，未能臆定也。体势方整，已开隋碑之先矣。

壬申立冬日，徐崇立侨寄沪上寓楼写记。

宋苏斜川砚

陶山为善化太常寺卿唐确慎公之父，历官至山东布政使，时孙渊如官督粮道，频有唱和，故为题砚铭。蒋因培，字柏生，有《萝庄图》，乾嘉名流题咏成册。黄本骥，宁乡人，有《三长物斋丛书》。沈栗仲先生道宽以牧令官吾湘最久，书法近刘文清，有《活山草堂帖》。皆当时耆宿也。

竹泉为先生季子，确慎公之弟子，官甘肃泾州直隶州，早卒。确慎无子，以泾州之子尔藻为嗣。午间题识，方阙以待考。适湘阴李子扉来晚饮，手《确慎集》见诒，即其校印者，因据公行状著之，气谊若相感通，良慰景仰。“确慎”为曾文正疏请特谥，前作“悫”误。

壬申立冬日，徐崇立记。

秦会稽刻石缩影本

先秦刻石凡六，其五皆在东方，其存者《琅邪》、《峄山》、《泰山》三石，而《之罘》、《碣石》、《会稽》三石皆佚。其文著于《史记》，《会稽刻石》最后，在秦始皇卅七年。《梁书》载，竟陵王子良为会稽太守，范云为主簿，登山读其文云，是南齐时犹存，意其文必大书深刻，与《峄山》诸刻略同。今岁季春，浙东开杭江铁道，于萧山县虎山下土中掘得二石。以今尺度之，纵八寸六分，横五寸四分。其一文字漫漶不可辨，其一则《会稽刻石》也。县人施再村得之，嘱为考订。按《峄山刻石》高八尺八寸，《泰山刻石》高四尺六寸，《琅琊台刻石》高三尺有奇，无小至尺以内者。此石独小，而字大逾指顶，与诸刻迥异。古刻石于《石鼓》外，秦石刻实为碑碣之祖。李斯作小篆《仓颉》七章已不传，可见者唯此诸刻耳。程邈作隶，与斯同时并兴，制作草创，尚无所谓碑额。今此刻有“秦会稽刻石”六字，更小书篆文，与汉以后碑首法式不合，显为后人臆造。《泰山》、《峄山》、《之罘》、《琅琊》皆有摹刻本，《会稽》刻，据长洲叶氏《语石》，有元申徒驯重模本。此石篆刻甚精，意或为元明间好事者所摹，或即申徒氏所为。清代钱梅溪最工模刻，《石鼓》、魏造像均有缩本，或即钱氏刻，然无入土之理，兹记以存疑可也。

施翁得此石，欣然摄影本携以见视。予告此为模本，遂嗒然不复问。而予已作是跋，未欲弃去。附写装册，纸劣，草草书竟。风雨寒窗，孤寂无聊，借当书课而已。

癸酉长至前六日，瓻叟题于沪西寓楼。

汉归义賨邑侯印拓本

辛未岁，四川奉节县农民垦地，得古印，方一寸，纯金质，羊纽，文曰“汉归义賨邑侯”，白文六篆字。按《前汉书·百官表》，爵二十级，第二十彻侯金印紫绶。后避武帝讳，改彻侯为列侯。《后汉书·百官志》曰：“西夷国王，率众王，归义王，邑君，邑长，皆有丞，比郡、县。”是归义侯之封爵，后汉时以封四夷酋长者。此印“归义”下有“賨邑”二字，亦犹列侯有县侯、亭侯、乡侯之等，此不曰“县侯”，而曰“邑侯”，则《汉志》所无也。又按《说文》云：“賨，南蛮赋也。”范书《南蛮传》：“岁令大人输布一匹，小口二丈，谓之賨布。”《风俗通》：“巴有賨人，刘勇说高祖募人定三秦。”杨雄《蜀都赋》：“东有巴賨，连亘百濮。”是賨邑属巴郡。而《郡国志》巴郡上下列十四城，无賨邑。知刘昭萧梁时人，去汉已远，追补《汉志》，宜不免漏略也。又《汉书·冯奉世传》：“上郡属国归义降胡万馀人反去。”是诸夷部落归降即名“归义”，因用其酋长以资统率，封爵给印与汉官一体，示羁縻之意也。古蛮夷君长印，此类甚多，如“汉休著胡百长”、“汉青羌邑长”、“魏归义夷阡长”、“魏乌丸率善阡长”、“魏鲜卑率善陌长”、“魏率善羌陌长”、“魏率善氐阡长”、“晋归义胡王”、“亲晋王印”，“晋率善胡义阡王”、“晋率义叟阡长”、“晋鲜卑率义阡长”、“晋率善羌陌长”，均见吴愙斋《十六金符斋印存》。“晋归义羌王”见吴荷屋《清馆印存》。凡此诸印，其专著邑地者，唯“汉休著胡陌长”、“汉青羌邑长”及此印，而皆在汉世。

至《补志》所云“率众王”，按以上诸印校之，只有“率义”、“率善”，并无“率众”之号，且“归义”、“率善”之褒，原寓有“输诚向化”之意，若“率众”则了无意义，疑“众”字或即“善”字之讹。据此则古印玺不唯可补史志之缺，并可考正舛误矣。是印旋归西充王缵绪，其县人白坚甫分拓此本见诒，因述其来历，考释如此。

匋斋藏金石王寄觚手拓本龙戟

此拓本亦见嘉鱼刘氏《奇觚室吉金文述》，兹录其释文于左：

右黄再同赠本，铭文八字，两面书之。见《积古斋》。“彼己命”下两小横为重文，今审是壆痕，“寔”或释“道”，阮释“惠”。按：“道”从首、从貟，不得从[illegible]。“惠”又不得从行、从止。阮书“彙敦”作“[illegible]”，释“彙”即此。《说文》叀部，疐，碍不行也，以叀而止之，叀者如叀马之鼻，从此者与牵同意。《诗》曰：“载疐其尾”许于足部引此句作“蹎”，是滞碍不行为疐，从行止意，更明此读“彙”，谓总赁一棓也。棓，阮依吴说释“庵”，彼云口中有小横，此拓确然从口，不从日，当是“棓”。《公羊·成二年》传：“踊于棓而窥客”，注：凡无高下有绝加蹑板曰“棓”。疏：但有悬绝加蹑板者，是所谓“赁一棓”者，即今案板之类，特不知所饮者何指耳。

此为匋斋藏器，著录于《匋斋吉金续录》，与刘氏《吉金文述》皆题“龙节”。是拓本为故友王寄觚赠本，题隶亦其遗墨。《吉金录》之编印，君时在江督幕府掌书记，实与校题之事。君与马叔容同年，皆能仿端书，骤莫能辨也。题曰：“龙戟”误记耳。刘氏所录乃由黄氏赠本，其书成于光绪壬寅，而匋斋之书成于宣统己酉，相去八年。此器于时容未归匋斋，然匋斋官湖北巡抚甚久，而刘氏籍嘉鱼，同时为金石大家，而《金文述》中无一语涉及匋斋者，盖不满其人故耳。是节两面装池者，误将正背两面前后倒装，当俟重装更正。

己巳冬至，雪冻奇寒，手足皆冷，稨叟徐崇立记于汉石经室灯下。

秦权量十二品

陈簠斋所藏铁权，其巨与匋斋最巨之品埒。而诏文篆小且精，刻提梁下，纵今尺二寸强，横三寸弱。而器用墨拓文，拓以绿色别之，精雅特异，纵非簠翁手拓，亦必监视良工为之，非凡劣所能望也。

茶陵尹佩之编修视学山东，还朝言，愙斋抚湘日，遣赍千金至潍，请尽拓金石器文。簠斋反金复书，谓此不足资纸墨工费而罢。知拓器及文字玺印有非粗工所能者。士流寒俭，且未之见，非一端所能尽矣。

谭瓶斋藏陈簠斋《秦权量诏文》捝本凡十五品，又瓦量残字廿八品，均有簠斋题记。椎拓工细，印记精妙，瓶斋复假陈氏阳遂轩本校写释文，精书小楷，装池成册。瓁玉曰瑴，两美益章，因假归与此本对校，文字多同，而器制无一同者，知先秦文字流布寰中当不止此。潍县陈氏金石，匋斋虽有大力，未能悉取所藏，唯秦铁权之最巨者，为吴愙斋故物耳。陈氏拓本亦较此精。清季藏弆之富且精，海内当推陈氏为冠，簠斋殁后，散佚尽矣。久病新起，欣然泚笔。

癸酉立冬节，徐崇立。

晋刘韬墓志

《潜研堂跋》云：右征东将军刘韬墓版文。其石广二尺馀，予题为墓版文，未知然否。军司之名不见于《晋志》，而《纪》、《传》屡见之。以下所征引不录。是军司为军中要职，山涛、卫瓘、李憙之军司皆在魏朝，则魏已有此官，窃意军司即军师，晋时避讳，改"师"为"司"，史臣并魏之军师亦追改，非魏时本称也。

《偃师金石记》云：亿按：《志》向为土人掘井出之，廿馀年仍弃置一民家。乾隆癸卯，余自杏园庄假之而归。石以今尺量度，不过二尺馀，上锐下齐作圭形，无年月可考，字皆完好无缺。刘君官不为卑，然于功状竟无所铺叙。古人之不溢美，尤为可爱！以下略

此石由掘井始出土，盖即当时志墓之石埋于圹中者，制亦如汉碑式，而形制特小，直不用砖，礼家宜仿为后人埋铭定式。

右二跋皆节录，以幅窄也。

按此石尺度，钱竹汀谓广二尺馀。武虚谷谓不过二尺馀，上锐下齐如圭形。《金石萃编》谓高一尺八寸，广七寸，凡五行，行十字。三说不同。今度此石，广如王氏说。惟行十三字，"先人"别为一行，则不合。盖宫詹以纵为衡，司寇未见拓本，故皆小误。若授堂，则摩挲原石，故言之亲切耳。

甲子正月晦，雨窗昏暗，补抄于汉石经室并记。

此拓本宣统间吾友王运长翊钧居匋斋幕府时所赠，原石在匋斋，而不著录于《匋斋藏石记》，盖得此在成书后也。此石不署题，不知其为表、为志，亦无年月，然必是墓志新出土者。若是

墓碑，久已磨灭，即幸存矣，字画亦不能如是完好也。

壬戌之秋，颓叟崇立记。

秦诏版考记

今世所存秦相斯书，惟《泰山》廿九字，《琅琊》片石皆二世刻耳。若司马氏所记，始皇二十八年，邹峄立石、泰山立石、之罘立石，复十二岁，作琅琊台，立石；廿九年，之罘刻石、东观刻石；三十二年，刻碣石门；三十七年，会稽立石，皆无存矣。峄山所摹、尚功所刻，皆失其真，昔年唯见嘉兴张叔未（廷济）所藏始皇残版十二字，尚是古遗。嗣余与刘燕庭方伯同得关中所出铜版，余一而刘氏四。刘氏名为《秦铜诏版》，余以法度量文及史器械一量文证之，定为《秦量诏版》。此即《二世诏》，后所谓“具刻诏书金石刻”之“金刻”。而李斯狱中上书所谓“更克尽平斗斛度量文章，布之天下，以树秦之名”者，其为斯书实无疑矣。版或四角有穿可钉，或背有杙可凿，当以移于木量，其一并刻始皇诏书于前，又大书铸始皇诏书于背，亦皆二世所为，独于始皇为阙如，好古者同怏怏焉。同治丙寅，刘氏之版既悉归余。丁卯夏，苏兆年忽以一版至，验之，独为始皇诏。而辞未称“始”，则是除帝谥法以世计数之前所作者。于是始皇、二世之刻始备，斯为廷尉、为相时之书亦俱备。诚稀世之珍也。

右陈簠斋自记丙寅正月借得陈叔通所藏拓片，录有簠斋题记。余因取此本重装，一一移写。陈本内更有簠斋借拓吴氏二版，为此册所无，其瓦量拓片则少一纸。并记于此。

正月晦日雨窗，以一昼之力毕之。后簠斋得刘氏四版时，政一周甲子矣。

泽闿记于四香宧。

予既检匋斋所藏，与陈拓本对勘，文同而器各别，前跋已具论矣。簠斋是记乃统论先秦文字，不仅考订所藏诸器。匋斋时代较晚，所收权量陈氏容未之见，因并抄陈、谭两跋附匋斋拓本之后，俾后之考索先秦金文者得勘校异同焉。瓶斋昨言，近见簠斋彝器拓本十六巨册，长逾尺，册值百金。意陈氏藏器之精者当已集大成，以难购之精拓珍奇荟萃，合计千六百金未为居奇。唯彝器之巨者，诏文多至百数字，及十钟之类，是册皆未编列，则未为完帙。晚学孤陋，闻有旧迹，辄欣然神往，牵连写记，或旦暮遇之。

癸酉立冬日，瓻翁时寓沪西，病起目昏腕弱，更增拙劣。

汉戚伯著碑缩本砚

嘉四年九月。

此砖侧纪年上缺，只存“嘉”字。汉成帝有“鸿嘉”，后汉顺帝有“阳嘉”，冲帝有“永嘉”，桓帝有“元嘉”，晋怀帝亦有“永嘉”，宋文帝亦有“元嘉”，未知孰是。此外，以“嘉”纪年者多不足数矣。

石涛和尚砚

风尘溷迹几多年，不守清规不坐禅。除却袈裟无长物，只馀半亩苦瓜田。

大涤子。

君砚铭题字似恽南田，而绝不类石涛平日题画之作。两人同为明遗民而隐于画者，此若非园客书，即苦瓜仿恽。笔记以存疑。

癸酉腊八日祁寒，晚霞冻墨。

汉石经论语残碑砚

余抚浙时放棹西湖，见舟子坠罾石有字迹，以斗米易之，手加乃知《汉石经》残石，仅馀十字。

嘉庆九年阮元识。

右砚角题字拓极模糊，以意释文，疑者缺之。河间、仪征南北两文达，皆嗜砚，纪多铭砖瓦，阮尤好制琢，微不同耳。

癸酉立冬前日，秝叟记于沪西。

按文选楼所藏《石经》四段：《尚书》一，《论语》三，独无此段。文达自记所得汉、唐、蜀、北南宋五本，皆纪其略，而不及此，抑得此已是砚石，或公自琢耶？公获此贞珉，未必遽肯琢磨。遍检考藏，《石经》诸家亦未著录，此题亦不云为砚，疑为翻刻，或非全赝，莫能明也，姑存待考。

此砚未有铭题，下方缺而未拓，其命意不可晓。阮文达喜制砚，予所得拓本此三砚外，一模石鼓文十方，一摹北朝造像十方，书刻皆出钱梅溪手。公尝开府广州，砚材当出端溪也。

癸酉立冬日，秝叟题于沪西寓楼。

此砚底有晕，当为鸜鹆眼，石太小，只堪砚朱，以容墨少也。数砚拓本皆甲辰初入燕京得自碑估者，少时不知抉择，此亦真赝杂糅，非见原石，更难辨识。收弆已卅年，遂过而存之，非宝康瓠也。石之精，泉之穴，沧海明珠天上月。奚冈。

古日晷

匋斋尚书赐示古制日晷玉盘及其拓本，盘厚径寸，其心及周各有圆孔，以备立表。按盘心宜立定表，其周用一游表，令定表直指北极，则盘面与赤道平行，使游表之影与定表相合，可知时刻。其制甚古，与近代官署所用者不同。近制背面刓时刻线，只立贯心轴表。从春分至秋分，影居盘面。从秋分至春分，影居盘背。正当二分之日，则面背均无影，盖当日赤道与盘周相应也。此制以表影相叠，无论何时，皆可用之，故盘背无庸刓线。近制依新法，日十二时，时八刻，每日九十六刻。此制用古法，每日百刻，匀分全周，所刓之线从一至六十九，以篆文纪之。北至蒙古，南至琼州，悉可通用。谨按《御制考成》云："京师北极出地卅九度五十五分，夏昼冬夜各五十九刻五分，夏夜冬昼各卅六刻十分，其较廿二刻十分。北极愈高，其较愈多"云云。然则此晷可备极高五十馀度之用，盘周本平分百分，其卅一线不并刓出者，盖其时日已入地，无影可测，故从省也。承命题跋拓本，谨抒管见如此，未知其有当否也。

汤金铸跋。

宣统己酉秋，吾友王寄觚手拓此本，制扇为赠，并系以跋。忽忽十馀年，扇已旧敝，遂重装入金石册中，并录《匋斋藏石记》诸跋于次。沧桑多感，金石永交，因并记之。

壬戌秋凉，甋叟书于木石山斋。

《说文》："晷，日影也。"《考工记》："置槷以悬，眂以影。"《前汉书·天文志》："日之去极远近难知，要之以晷影。"是古以日晷测南北而不用测时刻也。匋斋尚书于归化城得古日晷，方尺有二寸，面作平圆，平分百分，盖古历法百分也。空三十一分处以向日光，其六十九分皆作深孔，自心出线，一一联之，且逐线纪其数，圆心一孔后径三分，深五分许，盖直表处也。纪数外别无方向时刻及他文字，与世之测时刻者迥殊，盖以北极出地，南北各异，黄道行天，早暮有差，用平晷以求时刻，何异刻舟求剑乎？故不用晷以测时，而但逐时以验晷，简括精当，自非后人所及。其用六十九线者，盖古历日法当是百分，自日出迄日入，其方向恰得此数，隐合后世寅初至戌正六十八刻之数。加戌正一线为六十九线。可见悬理古今所同，非可意为多少也。其无南北方向者，以南北必测而后知，难预定也。其逐分皆作深孔者，盖虑日久两线磨灭，有孔尚可辨识也。古人计虑深远，类如此。晷体边郭未甚刓敝者，缘测量之事以坚植不动为适用，或度诸台，或承以座，非若他器之可移易者，无多疑也。

纪数字篆刻极古，"七"皆作"十"，与"十"字等，惟以直画长短别之，盖西汉以前文字也。考《秦本纪》，昭王四十二年先书"十月"，后书"九月"，四十八年先书"十月"，后又书"十月"，恐属"七"字之讹。经史类此者正复不少，《尚书》考订尤详。是晷也，足以见古人立法之善、制器之精，计久远而不惮烦，且以存古文之真，而资考订经史之缺，其可宝贵，当与宣王《石鼓》，光价并重矣。又按古历虽不可考，然《帝典》"敬授民时"一篇，已见古人治历并不牵合律吕。自汉洛下闳作大初历，以以律起历，定日法为八十一，附会迁合，节外生枝，古法断不若是也。是晷日法百分，殊与汉历不同，而文字之古，东汉以后未之见。百分当是古法，是殆太初前之物与？

右周暻跋，亦载《匋斋藏石记》，尚有附记及陶斋自跋，字多幅满，不备钞。匋斋跋砖考释十字，繁征博引至千馀言，觚翁题记已撮其大要矣。

壬戌之秋七月初吉，瓻翁又记。

高安侯砖

此砖字郎园释为“高安侯”。高安侯者，汉董贤封爵也。哀帝昵贤几欲法尧禅舜，是古者言左风怀之显达者，当以高安为最著，顾学者率喜称“龙阳”。于是龙阳人病之，请改县曰“汉寿”。于是学者又讳“龙阳”而称“汉寿”，逃名而名随之。若求故实，其最古者：“左挹浮丘袖，右拍洪崖肩”即古之优倡。是古莫古于浮丘，显莫显于高安，而学者独以荐枕席之事归重龙阳，宜龙阳人之不服也。

大吴宝鼎二年岁在丁亥作详载《金石契》

朱竹垞《曝书亭集》云：吴宝鼎砖字，康熙四十二年①吴之村民于小雁岭掘地得砖二，识云云，凡十一言，盖孙皓时纪元，《通鉴》晋泰始三年也。面有螭文，知非民间物。

按《吴志》：宝鼎元年，皓还都建业。二年六月，起显明宫，冬十二月，皓移居之。又《江表传》：“皓营新宫，二千石以下皆

①“四十二年”，朱原书为“四年”。

自入山督摄伐木。又破坏诸茔，大开园囿，起上山楼观，穷极技巧，工役之费以亿万计。”此砖年时正与相合，或即新宫砖也，其篆法古劲亦与《天发神谶》文合。

甲子惊蛰前日，录南通冯氏《金石索》。自冬至春，奇寒，墨冻至月余不解，写字费力而丑劣。未夕已昏，书此时正申刻，继之以烛。天变如此，人事益棘，殊深杞忧。

瓻叟并记。

八月壬戌朔廿日辛。下缺。砖无年号可稽，然隶法古劲，当是汉人手笔，魏晋以下无之矣，其“可长久”三字尤佳。瘦。

光绪末年居京师，偶收得丛残拓片，中有此砖，装入丛藏册中。昨检南通冯氏《金石索》，则此砖及吴宝鼎砖两拓本为吾所有者皆已著录，惟此砖尚有一面刻“可长久”三字，此尚非完璧也。是日目蒙，作小字殊着力，然喜考得来历，不觉苦也。此二砖旧藏乌程陈氏。

壬戌之秋，暑雨初霁，瓻叟记于木石山居。

建宁元年买山莂

雷民苏购得《后汉建宁元年买山莂》，以拓本见贻，既装入册，因考释之。莂为砖质，二砖上下相合如符券，其一砖画一人跨马执旗，上平列二隶字，右似“飞”字，左为“马”字，左旁题“建宁元年四月匕莂”一行。按《说文》：“匕，相与比叙也。从反人”。“匕莂”，即比叙之义，意如合符也。审此可知汉人用字之精确。民苏谓马上执旗为亡者之像。其一砖隶字六行，其文曰“兄弟九人，从山公□似“买”字一丘于五风里，□似“葬”字父马

□□，似“卫将”二字。值钱六十万，即日交毕，分置券一，合莂大吉，立”。第五行“建宁元年二月朔”，第六行笔画缺泐，似是“有私约书□似“如”字律令”。二砖背面中钱文左右分列二、五字，其外纵横界画若十字，而间以蕉叶纹。民苏云中作五字，而四周作蕉叶者殆以象“五风”者。二砖两侧各有刻画，上砖右侧画一人，冠服拱立，即山公像，左侧题“建宁元年山阴五风里□□寿墓莂”一行；下砖右侧题“建宁元年五风里□寿墓□”一行，左侧画旌旗飘扬，殆若今之素旐。文字有残缺、有全泐，可揣摩者以意度之，其所不知，盖阙如也。是本据长洲叶氏《语石》称：“太仓陆蔚庭藏古砖甚富，有建宁元年《马氏兄弟买山莂》”。沧桑屡易，流转湖湘，民苏所得当即陆氏故物也。

“跨马执旗”句下失“旗”字，将衰而耄，援笔辄误，须自作校勘记，皆此类也。砖侧两题“寿墓”，既卜葬，安得称“寿”？意或为寿藏之类与。惜“父”字上一字全泐，未由引证耳。“民苏同学”句下失“同学”二字。

重九前日，兼民又题。

叶氏胪举古世地莂，越中有“汉建初大吉山地记”，洛中有《晋太康杨绍地莂》，唐有《元和乔进臣买地牒》、《大中刘氏墓券》，南汉有《马二十四娘墓券》，谓南有伪齐《阜昌朱近墓券》，唐哀宗有五处存墓铁券。宋周密《癸辛杂识》谓：今人造墓，以梓木为买地券。秦越相去万里，自汉至宋，风气相同。今人举虞祭率以纸书买地契，焚冥镪，祈之土地神，即古之山公乡社之神也。但制莂由石而砖，而铁，而木，而楮，屡易其质，而日趋简易。其名则始曰“买山莂”，曰“地记”，曰“墓券”，曰“买地牒”，亦屡易名。最古为建初地记，其次即此莂，隶法亦古劲方整，如《武梁祠画像》、《阳三老食堂记》字。民苏因颜其斋曰“建宁别馆”，郭耘桂为之记，固宜珍之秘笈，雅称畏垒之居矣。

己巳中秋后三日，毹翁记于长沙城东之盍簪行馆。

二砖拓本既分作两面装，跋亦分两段写之，仍相联属也。

复检上虞罗氏《蒿里遗文》所著录，于叶氏引据之外，有《金明昌二年赵通为祖父母买地券》、《明景泰七年唐季真为父买地券》，又《嘉靖三十二年残买地券》，金券藏匋斋，明券即罗氏藏，可知此制金代及明犹有古法。降及有清，斯风歇绝矣。

兼翁是日灯下又题。

太康梁氏砖

族父叔鸿先生讳树钧，以举人、户部郎中、军机章京、给事中官至署江宁布政使，生平收藏金石甚富，此砖手制铭词或即其所藏也。但砖文只“梁氏”二字，并无太康年号，或砖之他面别题年号而未拓，则此本尚非完帙也，必有佐证，决非臆度。予藏高车驷马砖，因郴州发古冢得之，其旁有穴，藏永初四年砖，遂名之曰“汉永初砖”，意或有旁证类是与。姑志之，俟博考。

甲子春，毹叟崇立。

叔家父簠

器近为沅所藏，荷屋中丞、子苾侍郎皆已著录。旧题曰“簠”，今姑仍之。窃谓“匡”与“簠”不同部，何以假借？若谓特借“匡”字谐韵，古人亦不至窘于用簠韵也。书俟剑石同学兄审定。

沅，时庚戌十二月。

同县郑叔进编修，光绪时校经堂同学也，入词馆后值南斋最久，此簠为所藏器。时从四川学政还朝，暇辄过从谈艺諏古，手拓是本见诒。其尊人幼惺先生有《独笑斋金石题跋》，君手写影印，世其家学，工书兼篆籀。此二印即其自刻。壬申仲冬，重聚海上，与夏午诒、谭瓶斋作消寒会。甲戌夏，予还湘养疴。其秋，君得风疾，年政七十矣，病小差，犹喑不能言。顷重装是本入册，追忆昔游，都成梦影。久不作楷，十指如椎，弥增惘慨。

丙子立秋节，徐崇立记于耄学斋。

细审此砖文，上半为“宁康二年太岁甲戌七月”，以下字不易辨，当俟博考。按宁康为东晋孝武帝纪元，其二年为甲戌，亦与史合。

壬戌之秋，瓻叟记。

此造像为季父所收得，所钤诸印则从弟成万所刻，惜其多才早世，遂无能继者。记此，不胜门祚之感。

甲子春，崇立书。

晚研佛学，崇奉真如，日以写经为课诵。近从唐人写心经，本偈后所画佛像，敬摹作印，凡经卷、释典、造像，悉钤此印，以当造像。

己巳中秋记，心佛居士。

投龙玉简

此简丙子正月得于沪渎。以汉虑傂尺度之，广四寸一分，高五寸二分，厚四分五厘。四周刻龙文，两面刻文，共十六行，行十二字，字径二分许，刻画极精，前人皆未著录。惟《铁桥金石跋》言："乾隆太湖渔人网得玉简一枚，亦吴越旧物，藏林氏民家，今未审所在"云云，盖即此简也。以银简校之，其文字悉同，惟此简"年年无水旱之卌，岁岁有农桑之乐"二句，及银简之"东皋里"，此作"王梁里"为异。投龙盖沿唐制，然其仪式史所未详，惟《唐会要》卷十载：开元二十四年敕每年春季，镇金龙王功德事毕，答献投山水龙壁。出日，宜差散官给驿送云云，此唐代投龙事实之见史籍者。泰山老君堂内有碑记唐代东岳建醮，投龙题名凡三十四段，有马元贞、桓道彦、麻慈力、周玄度、那虚应、吕皓仙等，此投龙事实之见碑刻者。历代投龙传世者，吴越银玉两简之外，则开元铜简、宋元之简至今无发现者。唐简文云：大唐神武皇帝李隆基，本年乙酉八月五日降诞，夙好道真，愿蒙神仙长生之法，谨依上清灵文，投刺紫盖仙洞。位忝君临，不获朝拜，谨令道士孙智凉奉信简以闻。惟金龙驿传，太岁戊寅七月朔廿七日甲子告文。背面刻内侍结衔、姓名，附识于此，以资参考。投龙简或以银、或以玉，《洞庭记》所谓以黄金，《东斋记事》所谓以阶石制，概未之见。长沙唐氏所藏《大唐开元戊寅投龙告文》则以铜为之，疑初无定制，历朝不尽相同也。此简年年无水旱之灾，"灾"字作"卌"，《说文》：巛，害也。从一雝川。《春秋传》曰："川雝为泽，凶。"五代人犹明古字古义，可喜也。

上虞罗振玉记。

此跋壬子岁在莼湖录，不知如何节删。昨阅印本，乃知为数段。今以所遗补录于后，盖前装团扇，今编录入册也。

投龙告词虽宋制，乃由学士院撰文，而吴越则每次所投无大差异。《洞庭记》载：东皋里湖在洞庭山东，昔吴越王尝投简祭祷洞仙水府龙王，其简以黄白金为之。其略曰：“斗牛分野，吴越封疆，年年无水旱之灾，岁岁有农桑之乐”云云。今此简无“斗牛分野”二句，馀大略相同，其非每简各为一文可知也。

叶氏《金石录补》云：“钱镠常于林屋洞投金简，宋淳佑丁未大旱，山间人于水滨得之，长一尺五寸，阔六寸，刻字曰‘天下兵马副元帅吴越钱王’十一字”云云。钱竹汀先生谓叶所见本不言年号，疑非武肃物。文穆以后四王皆称“天下兵马都元帅”，而无年号也。玉按，此简尺寸较银玉两简皆较大，唐开元简亦长一尺一寸，阔四寸，各简尺寸殆未有定制矣。

壬戌闰五月二日，甂叟徐崇立重写于木石山居。

族父叔鸿方伯《宝鸭斋题跋》云：“道光廿六年丙午，衡山民于紫盖洞得唐明皇铜简一方，文五行，凡八十六字，背刻‘内史’。道士争讼，县令易学超以银六十两分给民与道士，均值息讼。易君负官累，以简质诸唐荫云方伯。方伯殁，此简佚。易君珍秘拓本甚稀，此天津樊文卿问青阁藏本，咸丰初得自易氏者。樊翁殁，文字散佚，此本归于我，携归长沙。询乡人，罕知者。惟道州何伯源家藏一本，湖南吉金文字当以此为第一”云。

又云：“吴越王银简本朝著录家皆未见，由简亡而拓本少也。此册为天津樊问青老人所藏，殁后并唐开元铜简归于我。今年得见张叔未藏本，翁海村题识甚详。”

右二跋节录，以资参考。初九日书于城南书傭寄庑。

宣统辛亥，罗刚存以拓本赠叶默安，转贻予，叶旋殁于京邸。今十一年矣，重展旧籍，追念昔游，不胜凄恻。

许雪门砚铭

此砚为浏阳刘善泽所得，拓以见贻，嘱为题句，未果。砚铭为善化许雪门先生撰。先生曾官浙江，嘉兴是其宦游之地，但题跋字犹未脱卷折习气耳。

壬戌夏至后日，瓻翁试新笔记。

魏正光宣景建铜造像

正光六年六月十日，北林村宣景建夫妻敬造弥勒像一区，上为“国家四方安静，一切洽生之类，普同其愿”。

右铜造像谭伯咸赠。正光为北魏孝明帝纪元，止六年，其明年又改孝昌。铜造像写刻精者甚少，雷民苏同学谓为赝品，予谓此非伪也。造像不止一区，未可以同时有两而疑之。“北林”下一字不可识，馀悉可辨。“洽生”盖“含生”之讹，此类多出工匠之手，不必求甚解也。

乙丑春，瓻叟记。

汉牛铎拓本跋

匋斋藏器有大吉利宜牛铎，此先君藏器，其上一字已剥蚀，下存“牛铎”，疑其上亦当为“宜”字也，其一面已漫灭不可辨矣。铜质极轻，古绿斑斓，洵汉物也。

乙丑春晚，崇立记于牵萝补屋。

汉永初高车驷马砖砚铭

郴陈九韶赠此砖，云县西郊有古阡。西风之乡白茫铺，去岁冢颓圹穴穿。有砖累累巨且坚，上刻永初之四年。其旁有穴与冢连，高车驷马镂砖边。尚有明器土花缠，久埋出土碎不全。是砖刻画独无字，同穴当自永初元。汉画镂砖或刻塼，武梁祠像差比肩。

庚申仲冬月下弦，长沙瓻叟徐崇立制砚题铭，志墨缘。

砖质坡陀不平，未易磨治，遂刻铭砚匣之盖，而乞王觚翁题隶字于砚池之上方刻之。今觚翁殂谢，重睹遗迹，不胜人琴之恸！

乙丑端午节，瓻叟灯下挥汗记。

宋板后汉书、北史题笺[①]

甲子之冬，重客燕京。湘阴范九峰执事于京师图书馆，因言

①此篇标题原缺，据底本分卷目录补，但与内容不合，似属尚未改定。

中藏宋板书岁久，前后护纸多残蚀，所司尽去之，易以新纸重装。吾惊谓："此宋纸原装，其卷帙亦与今装法不同，是当补缀，加护其外，以存古式，焉可去耶？度原楮必已捐弃，君盍拾取以丐我以装精本碑帖。"范旋将数纸来，瓷青、杏黄绫楮不一，遂以改装别籍，此即宋版书之签题也。书法精整，虽不必宋人书，亦必元明人手迹，因揭而装之于册，并详记其来历云。

丙寅嘉平既望，微雪，暗窗冻墨，甋叟徐崇立书于汉石经室。

京师为人文渊薮，图书馆尤典章文物荟萃之区。斯时馆长为傅岳棻，视此为祠禄，逾月经旬，不一到馆，馆事委之亲昵之人，古籍典重，悉卤莽灭裂者以意为之。故文字之劫，水火刀兵居其大半，仅有孑遗，又毁于俗伧之手，类此何可胜道！吾所知者，特其一端，可为长太息已！

此亦宋板书题赙也，书装式不一，最精者蝴蝶装，次则卷帙前后护纸为单页。四周折叠分许作缘边，累数十本如一，与书之分寸不爽累黍，齐如刀截。吾藏日本旧书，其制如此，已讶其精整，睹此乃知为古法。今中国人知者转稀，可为深慨！

甋翁又记。

近阅缪艺风《琉璃厂书肆后记》云：穆宗重装天禄琳琅书，由内务府发宝名斋，旧面护页予检得不少，饶有古香。云云。可知先辈先得我心，不谋而同。在同治固不知护惜，重加装饰，以存旧观。厂肆主人向有传授，亦未能计及，此固非博雅好古之文人，见不及此也。

辛未立冬后二日，晚霞老人又题于白下盍簪行馆。

王大令鸭头丸帖真迹拓本族父叔鸿布政藏

乐炳元，新田县人，吴愙斋抚湘时所书碑碣及篆《论语》、《孝经》、《说文》、《古籀补》，皆其手刻。民国十年犹见之长沙，为人刻石，年近七十，今久殁矣。旧藏《十六金符斋印谱》，其手印也。

王肯堂兼善医学，所著医书流布至今。廷雍，满洲籍，光绪庚子顺天府府尹，亦附和拳匪者，与裕禄同死于乱兵。“宁古塔裔”亦其印记，其藏此迹当更早耶。

吾乡周自庵阁学亦名寿昌，未知此“寿昌”即其印记，不闻题跋甚多，容有题记不能尽刻，姑识俟考。

此真迹藏族父家，童年习闻而无缘一见。丁卯夏，公中子永斋携至汉皋，黎铁安往看，云墨光如漆，神采赫然。旋闻以三千银元粥人，未知信不？此拓本则永明蒲毓彭所诒，儿时记曾得此，似别一本，不知珍惜佚之。影事前尘，惘惘如梦矣。

乙亥花朝，装讫，病目记。瓻叟。

灵兼书学赵吴兴，实则从其乡前辈费圯怀出，笔势倚侧，荣禄无是也。先生丙申督湘学，予屡列优等，受知颇深。当时未乞其书画，至今悔之。愙斋抚湘时亦然。可慨也！

灵鹣馆，江建霞□斋名。

太平天国玺跋

此洪秀全太平天国印玺也，今存京师历史博物馆。林节和得此拓本见贻，吾观历代兴王，其草昧初起时，条教号令必有以异于一时草窃之流者，其规模气象固已不同。此玺辞俚字俗，睹此一斑，文野既分，兴亡早判，知当时徒侣皆椎埋屠沽之伦，并牛金星其人亦无之矣。近世谈革命者，乃绍述洪杨，以为远祖，其鄙陋可哂，识量殆与铸印者一丘之貉尔。爰附装池，以为革命史之典宝云。

乙丑三月晦坐雨，甒叟书于木石居。

善业真如妙色身

此叶默安大令所藏，曾以朱拓本见贻，已装入丛藏巨册者。今默安下世，忽忽宿草，而吾之巨册劫历沧桑，尚不知有珠还璧返之日否。郎园重装此本，枨触旧怀，抚今思昔，举目皆有江山之异，展卷累唏，因题于下方，惟纸涩不受墨，裱工劣也。

兼民。

此善业泥共得三拓本，前年又见长沙市估以一泥范求售，字画不毫发爽，盖世传造像砖虽多，而模范不二也。

甲子春，崇立又记。

古镜[①]

镜文曰："长日有憙，月有富，乐毋事，宜酒食，居必安，毋忧患，竽瑟侍，心志欢，乐已哉，子固而然"。第四字以"恵"为"憙"。

桢立并记。

绍周跋此镜文曰：侯氏作镜世未有，令人吉利宜古市。当得好妻如旦己兮，钮匪石。郑子尹《说文新附考》并谓"妲"当作"旦"，古无女旁。得此益可证两家之说。

丁丑上元，桢立拓并记。

镜铭两道，第一道云："惠间何，忿尚可。治一人，两心成。不足思。"第二道云："见日之光，长相毋忘。"汉镜多男女赠别之词，此等语，又不数见。

桢立拓并记。

汉瓦罂跋

新出土汉瓦罂，高汉尺五寸五分，口周一尺六寸二分，肩周二尺四寸，底周一尺六寸二分，通体作方罫文，三耳在肩作圆回文。有草隶，隶曰："前后是墼甫成。"所刻画旁隆起，笔意飞动，与敦煌汉简正同。拓奉瓻兄法鉴。

---

①此篇底本分卷目录题为《古镜铭二》。

丁丑上元，弟桢立并记。

茶陵谭畏公延闿之妻方夫人墓志铭跋

公伉俪极笃，中年失偶，旁无姬侍，独居如老僧。《日记》自述“结缡廿年，无幾微不怿之色”，夫人之德可知矣。自是历年忌日、生辰必有诗寄慨，而无悼亡之目。埋铭谊当自撰，乃以嘱故交，盖情之至者，转不能达其隐痛。伯弢韬前作未之见，薇翁此篇于当日情状，曲折毕宣。伯弢者，武陵陈锐；薇孙者，湘潭黎承礼，皆当代词人，先后谢世。公为陈校刻诗集，黎品节尤高，皆公忘形交也。公是年《日记》云：初嘱伯弢代纂，不惬意，旋乞薇孙重作，此篇是也。嘱予书丹，瓷砖甚滑，冬月寒冻，宾朋胶扰，刻意求工，兼瓷质易碎，拓视字口麻沙，助成拙劣。越十年，公复骑箕，圹志撰书，仍衰朽任之。石胜于砖，而书不加进。公伉俪埋幽之石，皆属拙书，而皆不署名，因装而记之，亦文字夙缘也。

癸酉腊八日，微雪祁寒，徐崇立沪渎寓楼冻墨。

此予前四年题，举笔辄误，形骸仅存，重展益滋愧叹。

丙子春分校记。

清汪啸霞刻研[①]

汪啸霞为吾县咸同间铁笔之最精者。所谓铁笔者，直以刀就

---

①标题据底本目录，原正文标题为《砚铭之四》，又将其中“砚”字删点。

石，仿种种书体，无不肖妙，非徒工篆刻者已。吾藏其《璇玑图》、缩临《兰亭》诸刻。此砚铭小字刻拓，楮墨俱不逮远甚，此凡人能之，又焉足奇？且汪名蔚，此作“鏶”，曾不闻其改名，殊有可疑。此君名不出湖湘，只数十年，里闬知者已稀。此本为金陵帖贾所贻，无作伪之理，以其为乡人，姑存以待访证云。

覃溪缩临定武《兰亭》于方寸之册，汪氏从而摹刻之，末题“咸丰三年”。此序则刻于光绪戊寅，为德宗之四年，其间相去廿有六年。其模《禊帖》时正值年少眼明，越廿馀年，目力当退，似不能操棘刻之技，倘犹能之，其书当益进，何以此书了无佳处？吾生后此五年，究不知是时尚存不耳。以异名观之，可见其不真，究不知黎丘之鬼，果何谓耳？

癸酉腊八日，瓻翁呵冻题。

左文襄公泛舟泉湖诗跋

《文襄集》皇皇巨帙，以奏疏为多，精力悉萃焉。诗其绪馀，集载寥寥。是舟命名，即杜工部《秋兴》诗“孤舟一系故园心”，盖寓归田之旨。诗既朴雅，书派似从《争座帖》出，颇近蝯叟，皆从颜得笔法，当无意肖何道州。

官印止宜榜书，若此诗刻，止宜私印。此帖类也，于体未合，公或未措意。及之上印“大学士章”，章法、刀法皆佳，非凡手所能。付装甫竟，率以宿墨写跋，致多滞涩。

丁丑夏至，徐崇立敬题。

瓻翁藏秦汉瓦当拓本册诸跋

汉氏宫殿之名，不可得而薄录也。其瓦黝以温，其文字多哀丽伤心者。观其体，皆深习八体六技者之所为，非尽陶师之为也。先后汉祠墓之刻碑皆石工书，而汉瓦文乃兼大小篆。嘻，可以识炎运之西隆、窥刘祚之东替也矣。予所录五十有五，曰“长生未央”，曰“长生无极”，曰“与天无极”，曰“千秋万岁，与地无极”，曰“亿年无疆”，曰“永奉无疆”，曰“高万世”，曰“宗光万世”，曰“千秋万岁”，曰“金”，曰“千金”，曰“卫”，曰“䢼”，曰“便”，曰“兰池宫当”，曰“椒风嘉祥”，曰“婴桃转舍”，曰“都司空瓦”，曰“上林农官”，曰“甘林”，曰“甘泉上林”，曰“宗正宫当”，曰“八风寿存当”，曰“右将”，曰“有万憙”，曰“大厩”，曰“金厩”，曰“宜富贵当”，曰“平乐宫阿”，曰“汉并天下”，曰“很干万延”，曰“永望芒芴”，曰“嵬氏冢舍”，曰“万岁冢当”，曰“宣灵”，曰“万石君仓”，曰“六畜蕃息”，曰“方春蕃萌”，曰“饴荡万年”，曰“仁义自成”，曰“延年益寿”，曰“延寿万岁”，曰“万物咸成”，曰“长毋相忘”，曰“维天降灵，延元万年，天下康宁”。文之可以目治者九，曰“凤形”，曰“飞鸿形文”，曰“延年”，曰“三雀形”，曰“朱鸟形”，曰“龟蛇交形”，曰“饕餮形”，曰“二马形文”，曰“甲天下”，曰“鱼形”。其诸家著录有之，而予未见者三：曰“卫屯”，曰“掩依中庭”，曰“黄山”。

右录龚氏序者，将以考校诸家著录之多寡异同，然率不出程、王两家之外，独匋斋所藏不得一见，而校录之为恨。此中所释瓦文“宗正宫当”，“宫”当作“官”，“很干万延”，“很”当作

“狼”，“龟蛇交形当”即玄武与朱鸟瓦。合古砖、瓦、镜、印多吉祥文字，皆寓颂祷之义。龚氏好奇，独谓之哀丽伤心，无亦仁者见仁，知者见知耶？是册馀幅无多，题记已满，故随手摭录，了无伦次，不暇分别部居矣。

秋风凉雨，暑退窗明，书此以当日课。瓻叟。

“汉并天下”瓦，福田按：《汉书·高帝纪》：五年，即皇帝位，后九月，治长乐宫。《三辅黄图》：长乐宫本秦兴乐宫，秦始皇造，汉修饰之。又《高帝纪》：七年《史记》八年二月，萧何治未央宫，上见其壮丽，怒甚。何曰：天子以四海为家，非令壮丽无以重威。此当是二宫所施之瓦。“汉并天下”，盖即因秦兼并天下之文。黄仲则景仁题桂未谷馥所藏是瓦云：“多少中原逐鹿人，若见此文同一泣。”又云：“岂无万岁长生字，看来无此英雄。”按史称帝豁达大度，起布衣，五载而成帝业。其铭瓦辞意与《大风歌》同一英雄盖世，方之妄冀长生，矜功黩武之主，相去径庭矣。

右兴嘉王福田竹里《秦汉瓦当文存》跋语，因“汉并天下”瓦拓本上下方已录，纪文达公跋已无馀纸，遂移写册首。篝灯挥汗，但觉字拙，不以为苦也。

此拓本前半间有“庭筠”及“文休承”二印，唐有温庭筠，太远。惟《钱竹汀年谱》，乾隆三十年典浙江乡试，所取士有潘庭筠，或即其人。然印泥同色，印章大小笔法如出一手，或售者作伪记为名高耳。

同年王司寇兰泉官西安时，以未央宫瓦数片见寄，惟此一片裂为二。拓墨刻者李生家于西安，知土人伪造汉瓦状甚悉，余使遍视诸瓦，皆不语，至此裂瓦，始摩挲太息曰：“真二千年外物也！”伊子墨卿嗜古成癖，乃从余乞去，束以铜而琢为砚，余既铭之矣。墨卿拓摹其文，将求博雅君子咏歌之，因为书其始末如左：

老瓦工方某言："古人作瓦不为研计，凡细如澄泥者，伪也，然瓦必坚致，始入土千岁不朽烂。凡松脆粗疏多沙眼者，亦伪也。"所论颇入微观，此瓦益信。方又言："汉印、汉瓦，其字多不合六书，以皆用隶不用篆，又出工匠之手，非士大夫所为耳。"观此瓦汉字文曰："汉并天下"，所论亦有见也。

纪文达公《书汉瓦当拓本后》二则。

壬戌清明，风雨甚寒，郋叟录于木石居并记。

"八风寿存当"，朱氏《瓦图记》释为："益寿存当"四字。程氏云："八风寿存当"五字，《汉书·郊祀志》：王莽二年，兴神仙事，以方士苏乐言，起八风台于宫中，又莽更未央宫曰"寿成室"，更"霸馆"曰"长存"。曰"寿存"二字，正与莽一时宫馆命名相合。此为莽八风台瓦。福田按：程氏《瓦当文字》有"兰池宫当"、"宗正宫当"、"万岁冢当"、"大万乐当"、"千金宜，富贵当"及此当，当乃瓦头本名。《文选·三都赋序》："玉卮无当"，刘注："当，底也。"又《淮南·说林》："三寸之管而无当"，注"当"犹"底"也。瓦覆檐际，其头正当众瓦之底，故曰"当"也。

徐谷孙云：寿成存疑，即寿成，《王莽传》：始建国元年，改未央宫曰"寿成室"。又《三辅黄图》：未央宫有寿成殿，王莽改未央宫曰"寿成室"，是寿成本因汉殿旧名，后或又改"寿存"。如长乐曰"常乐"，长安曰"常安"之例，台作于寿存室中，故曰"八风寿存"。《志》云：宫中，谓故未央宫也。《传》言王莽岁复变更，吏民不能纪，辄系其故名。是瓦亦一明证矣。

程氏得此瓦于汉城长乐钟室址南，云："'当'字'丷'下作

‘冂’，一笔分作二笔，使上半加长，亦欲与首‘八风’二字相配，于此益见古人缪篆分布之妙”。今校此本与王荞同，两画并未交互，可知程氏所得别是一瓦，但异文耳。谛审此文，非“存”，非“成”，似是“长”字，缪篆分配止求形似，不论笔法也。

越十六年，丁丑天中节再校记。

“上林"瓦，程氏云：《史记·秦始皇本纪》：三十五年，营作朝宫渭南上林苑中。及《汉书·杨雄传》：武帝广开上林，南至宜春、鼎湖、御宿、昆吾，旁南山而西，至长杨、五柞，北饶黄山，滨渭而东，周袤数百里。此其门署、垣卫之瓦。福田按：秦汉皆有上林苑，则瓦之为秦为汉未为臆断。王本瓦三，皆与此不同文

歙程氏《秦汉瓦当文字》云：《汉书·东方朔传》：“使中大夫吾邱寿王与待诏能用算者二人，举籍阿城以南，盩厔以东，宜春以西，提封顷亩，及其贾直，除以为上林苑，属之南山。”据此，则秦汉皆有上林苑，汉特因秦益推广之耳。然上林苑中宫殿极多，各有主名，此特门署或垣卫之瓦也。班孟坚《西都赋》曰：“上囿禁苑，缭以周墙，四百馀里。”又司〔马〕子长《上林赋》曰：“离宫别馆，弥山跨谷。”二赋所称皆可据矣。

程氏所引古籍，王氏已录者不重录，但节钞后半，以下但称“程氏”以省繁文。程氏所录“上林”瓦五，其二与此同文，而肥瘦小异。程氏乃以锡铸范重印，此则原瓦拓本，宜不能毫发无憾。

七月既望，酷暑挥汗记。

王跋云：“延寿万岁”残瓦，“延万”二字损。程氏云：“当亦万岁殿或延寿观瓦”。又《史记索隐》引《汉武故事》作“延寿观高三十丈”，黄伯思《东观馀论·二馆辨》据所见“益延寿”

三字瓦，证小颜“益寿”、“延寿”二馆之误，谓当以《史记》为正，但一观名“益延寿”耳。然今所见瓦既有“延年益寿”，又有“延寿万岁”，安知非二观之瓦？况《汉书·郊祀志》因《封禅书》之文“益”下已增“寿”字云，作“益寿”、“延寿”馆，而《汉武故事》又有作“延寿观”云云，黄氏之辨未为定论。福田按：如程后说定为“延寿观”瓦近是。

此拓本完全，王氏印本残缺，其上半抄王跋，当并写全文，盖重在考释耳。以下凡王跋皆不标题，以省繁文。又此有二拓本，文字相同，惟与王氏拓本同字异。

又按程氏所论，王氏已摘要录之，且纸幅已满，不赘录。

“石室朝祥”瓦、“冢上”瓦，张石匏得于长安，后归硖石蒋生沐光煦。或据程氏《瓦当文字》有“万岁冢当”，“嵬氏冢舍”，谓亦冢墓庐舍之瓦。福田按：《毛诗传》：“冢土，大舍也。”《汉书·高帝纪》：二年，除秦社稷，立汉社稷。《郊祀志》注：“臣瓒曰：高帝立汉社稷，所谓大社也。”又《续汉书·祭祀志》：“大社方坛，无屋有墙门。”此当大社墙门所施之瓦。或又据《郊特牲》：丧国之社，屋之，薄北牖。疑汉亦立秦社，其屋覆于社坛之上，故曰“冢上”。然考《郊祀志》，汉有公社、枌榆社等，又以夏禹配食官社，无立秦社之文，而《高帝纪》明云：“除秦社稷”，说恐未确。

“千秋万岁”瓦，程氏云：“《长安志》引《三辅黄图》：未央宫有万岁殿，此其殿瓦。”福田按：《三辅黄图》：万岁宫，武帝造，汾阴有万岁宫，或是万岁宫瓦。

王本是瓦凡四种，文字皆小异，是本又与王本不同，岂同一宫殿所造之瓦文字皆异范耶？他瓦多类是，又不独此一种矣。

兼翁。程氏九瓦亦与此异文

《橘轩杂录》：凤翔府，古雍州，泰缪公羽阳宫故基在焉。其瓦有古篆“羽阳千岁”字，昔云中马胜公得之。阴字，在砚之左，奇古，非铜爵所及。《东观馀论》云：长安民献泰缪公羽阳宫瓦十馀枚，若今筒瓦然。首有“羽阳千岁万岁”字。《老学庵丛谈》云：铜爵瓦皆阳字，纪建安十三年造。尝闻其土著人云，瓦甚大，一片可为四砚。

右录《池北偶谈》。壬戌浴佛日阴雨。

按瓦字皆阳文，正不独铜爵为然，独马氏所藏为阴文已奇。至谓字在砚左，竟不知如何制法。盖瓦古制砚率以当为之，去筒而刓其背，承墨以当为底。若截筒作砚不足贵，以无字可考也。若《东观馀论》、《老学庵笔记》所云，皆似创见者，可见古人考古之娖，转不逮今人。独瓦字阳文，字在砚侧，不睹原形，未悉砚制，终怀疑不能决耳。

瓻翁记于长沙寄庑。

“延年益寿”瓦，程氏云：《史记·封禅书》及《孝武本纪》：公孙曰：仙人好楼居，于是上命甘泉作益延寿观。《索隐》曰：小颜以为益寿、延寿二观，此当是甘泉宫益寿观瓦。又有“延年万岁”瓦，见后。又未央宫有延年殿，见宋次道《长安志·引殿记》。福田按：延年半瓦，乃未央宫延年殿瓦，此“延年益寿”自是益寿观瓦，其“延寿万岁”为延寿观瓦。至《东观馀论》所载“益延寿”三字瓦，乃二观通用之瓦。

此瓦与程氏著录七瓦皆不同，程跋则王氏悉录之矣。

“延寿万岁”瓦。

此拓本与前幅皆与程勉之所录同文异字。

“永奉无疆”瓦，程氏从钱献之说，为汉太庙瓦。福田按：《汉书·韦玄成传》：元帝时，京师自高祖下至宣帝，与太上皇、悼皇考各自居陵旁立庙。又园中各有寝、便殿。昭灵后、武哀王、昭哀后、孝文太后、孝昭太后、卫思后、戾太子、戾〔后〕各有寝园，与诸帝合，凡三十所。永光四年，罢昭灵后、武哀王、昭哀后、卫思后、戾太子、戾后园，一年复毁太上孝惠庙寝园。明年又罢孝文、孝昭二太后寝园。是先时群庙并立，不独高帝为太祖、文帝为太宗然也。“永奉无疆”即元帝诏书所云“世世承祀，传之无穷”之意。

此瓦拓本与王本文同字异，王氏二瓦亦各不同也。

此瓦与程氏同，而笔画微有缺泐，盖程本重摹，其文完。此则原拓，久而漫漶耳。万家冢当

“亿年无疆”，程氏云：或引《汉书·王莽传》，地皇二年四月，莽妻子死，谥曰孝睦皇后，葬渭陵长寿园西，陵曰“亿年”，以为莽妻陵瓦。今考秦汉宫殿之以年寿命名者甚多，率皆取颂祷之辞。“亿年无疆”亦即此意。福田按：程说良是，然“亿年”既有主名，则以为莽妻陵瓦，似亦可从。

王本此瓦文四字皆与此本同。程本此瓦文三，其一与此本同。予有评论，详《高安瓦》下。

“高安万世”瓦，张叔未藏，钱献之署为“汉大司马董圣卿第瓦”。程氏云：《汉书·佞幸传》：哀帝封董贤为高安侯，又诏“将

作大匠为贤起大第北阙下，重殿洞门，穷极技巧。”此即其第瓦。福田按：是瓦篆法与“长生无极”绝相似，恐是秦瓦，取“高而不危”之义，“万世”即始皇制诏二世、三世至于万世是也。

“亿年无疆”瓦，或释为王莽妻陵瓦，程氏不认为新莽物，此瓦王氏不认为董贤物，正复相类。叶郎园先生曾以所藏高安砖拓本为赠，即为董贤物，已装入《盍簪馆丛藏金石拓本》册中，系之以跋，是高安既有瓦，复有砖，正如延津剑合，二珏相晖。今秋壑钤山藏弆之法帖名迹流播人间，赏鉴家审其印记，得以考见流传授受之绪。王、董、陶甓之存，亦犹贾、严之类，存之足资鉴戒，固毋庸臆为予夺也。

“都司空瓦”四字残，瓦存“都空”二字。福田按：《汉书·百官公卿表》：宗正属官有都司空令丞。如淳曰：主水及罪人。此其署瓦文，著瓦字，为瓦当中所仅见。

此瓦全文与王氏本同，与程本亦同。程云此瓦三，赵文学得于汉城，考释与王同。

“卫字”瓦，朱排山《汉瓦图记》：据《史记》，秦每破诸侯，写放其宫室，作之咸阳北坂上。又《长安志图》：瓦作楚字者，秦瓦也。秦作六国宫室，用其国号以别之。谓是秦作卫国宫室之瓦。程氏云：“《汉书·百官公卿表》：卫尉，秦官，掌宫门屯卫兵。注：《汉旧仪》云：卫尉寺在宫内。胡广云：主宫阙之门内卫士于周垣下为区庐。区庐者，若今之仗宿屋也。此即卫尉寺并区庐瓦。”福田按：《百官公卿表》：长乐、建章、甘泉皆有卫尉。又程氏《瓦当文字》有“卫屯”瓦，足与此瓦互证。

此瓦与王本文不同，王本二瓦亦各不同。程本七瓦与此悉异。

“右空”瓦。福田按：《汉书·百官公卿表》：少府，秦官，掌山海池泽之税，以给共养。属官有左右司空。此右司空署瓦。

王氏此跋盖即录程氏语，此瓦文与程本微异。

程氏云：“兰池宫当”，赵文学得自咸阳。考《汉书·地理志》，渭城有兰池宫，不言何帝所起。又《杨仆传》云：受诏不至兰池宫。如淳曰：兰池宫在渭城。《文选》李善注云：咸阳县东南二十里，周氏陂南一里有汉兰池宫。据此，则兰池宫乃汉宫，非秦宫也。而《三辅黄图》因《史记·始皇本纪》有“逢盗兰池”之说，遂与阿房、兴乐并列，而目为秦宫矣。《本纪》云：为微行，与武士四人俱，夜出逢盗兰池。夫曰“微行”，曰“夜出”，则不在宫中可知。又曰“逢盗兰池”，其无宫可知。《正义》引《括地志》云：兰池陂即古之兰池，在咸阳县界。亦不言有宫，然则史言“兰池”者，特著逢盗之地，汉乃因池以建宫耳，焉得为秦官哉？《黄图》又云：兰池观在城外。此则别近汉城之观与同名，非此兰池宫也。

此瓦与程氏本文同。

“长生未央”瓦，国初林同人得于淳化甘泉宫址，目为甘泉宫瓦。后王兰泉、赵晋斋、钱献之、俞太学、申朝邑及程氏诸家，或得于汉城，或得于淳化。程氏云：目为甘泉宫，或不足以概近今所得也。福田按：此或未央宫瓦。《史记·高祖本纪》：未央宫成，置酒泉殿，为太上皇寿，瓦文曰“长生未央”，与群臣皆呼万岁。同一颂祷，当时尊养之至，概可知矣。

王本瓦二文皆与此异。程本十七瓦文与此无一同者。

“长乐未央”瓦，程氏云：《汉书·高帝纪》：五年治长乐宫。《史记·高祖本纪》：七年长乐宫成，八年萧丞相营作未央宫，九年未央宫成。是长乐、未央本二宫，此瓦合而一，语取吉祥纪合成文，非必某宫即用某字瓦也。又《诗·庭燎》正义：未央，前限未到之辞。故汉有未央宫，古诗有《乐未央》，盖萧丞相因秦兴乐宫在长安乡，故治秦宫而易名长乐，即取乐未央之义以名瓦，后再作宫于西南隅，遂以未央名之。福田按：如程说，则断长乐、未央为长安宫瓦，“长生未央”为未央宫瓦亦通。

王本“长乐未央”瓦八各异文，此本与其第八瓦文同。诗五言始于汉鄚侯，当汉初，安得豫取乐未央之义？程氏说未审，若取诸《庭燎》尤切，宫殿庶乎近之。程氏十九瓦皆与此本异文

“长生无极”瓦，程勉之《秦汉瓦当文字》云：“自咸阳以南，渭滨而东，直抵骊山北麓，废堡陁垣间，往往得之，士人目为阿房宫瓦。”福田按：《史记》本纪：廿八年，遣徐市求仙人；三十二年，使卢生求羡门、高誓，使韩终、侯公、石生求仙人不死之药；三十五年，作阿房宫，卢生曰：人主何居？无令人知，然后不死之药可得也。瓦文曰：“长生无极”，当时冀遇神山奇药，又可概见。此第一瓦为全瓦，形如半筒，面、背麻布纹，其面又似绳痕，一端下向为正圆形，即瓦之当也。瓦长建初尺一尺三寸强，宽一尺二寸弱，厚五分强。当径八寸弱，围二尺四寸弱。

王本瓦八与此二瓦文无一同者。此与程本第一瓦同文。

阿房宫阙表南山，徐市求仙海上还。一炬咸阳烧不尽，犹留

片瓦落人间。

妍雅谁如王子敬，古文奇字入储藏。贻来秦瓦长生篆，吉兆还凭颂北堂。

锄园仁兄新获秦“长生无极”全瓦，以拓本见贻，兼致高堂之祝，走笔报谢，即呈正之。弟朱壬林。

右诗亦从王本抄附此册“长生无极”瓦三，其一即掘藏纪文达公砚，已别装并绘图成册征题矣。此与程本第六瓦同文。

此“日月承光”瓦，程、王两家所无。

“飞鸿延年”瓦，平列“延年”二字中，作飞鸿形，程氏云：长安耕民得于鸿台阯下，其阯与长乐钟室、武帝承露台错峙，土人名为鸿雁台。《汉书·惠帝纪》：四年三月，长乐宫鸿台灾。《三辅黄图》：长乐宫有鸿台，秦始皇廿七年筑，高四十丈，上起观宇。此其观宇之瓦。福田按：“鸿”作鸿形，并见古人尚象之意。王本“鸿”与“延年”字皆不同。“冢□堂当”瓦、“大并天下”瓦、“秦灵嘉神”瓦、“与天久长”瓦、“宜富当贵”瓦、“千秋万岁”瓦。此瓦与程氏王氏两家著录者皆不同。

“永寿无疆”。程本三瓦文，悉与此异。

铜雀瓦，世所珍。后乎此，四百春。此与程本九瓦皆不同

右纪文达公“汉未央宫”瓦砚铭。公书汉瓦当拓本后三则，已录于前幅“秦并天下瓦”拓本后。此瓦砚庚申秋族弟邗生临殁前遗赠，紫檀匣上有此铭，隶书作半环式款，署“晓岚”。匣底有小笺记云“秦阿房宫”瓦，又题云：“道光廿四年甲辰六月，阅微草堂。曾孙绳弼见质，经同年金翰皋孝廉手”云云，盖此砚藏族父寿蘅尚书处。邗生，尚书之从子也，以质尚待赎，未及题刻，

仅笺纪之。岁久，纸已漫漶，粗可辨识。顷检《文达集》，始见此铭，与砚合，公铭未央瓦砚凡四首，此第三首，当即书后所云。王兰泉所寄数片之一也。

又考冯云鹏《金石索》所载，“未央”瓦拓本，与纪砚及此拓本形字悉合。冯氏记云：此汉瓦城中往往有之。王子充《汉瓦记》云：未央宫瓦六等，此其一也。程勉之以为“阿房宫”瓦，又云《史记·高帝纪》：“七年长乐宫成”，“九年未央宫成”。王伯厚云：未央在汉城西隅，长乐在东隅，两宫相隔止一里。今砚藏余斋中，质极轻，以当背琢砚，前一方就瓦筒势刻山峰环之，旁挺孤松，缭以云气。兹既考证详确，当摹之作笺，与所藏“汉永初高车驷马”砖砚为双璧矣。

壬戌清明，瓻翁记于木石居。

又砚池依山处刻水波纹，中一舟，载一人一鹤。砚以朴为雅，不贵雕琢，然如此工雅者，不多觏也。

灯下又题。

“寿泉宫”当瓦、“羽阳万岁”瓦、“惟汉大并天下”瓦、“长乐未央”瓦。此与程本第五瓦文同

“鹿甲天下”瓦，上作二鹿形，下有“甲天下”三字。俞太学说为“天禄阁”瓦。程氏云：“《长安志》引《关中记》：上林苑中廿二观，有众鹿观。此瓦二鹿者，‘非一’之意；‘甲天下’亦云‘多’也。”盖众鹿观，福田按：“鹿”作鹿形，与“飞鸿延年”同象。又《三辅黄图》：惠帝安陵有鹿苑。此或其垣卫之瓦。

王本鹿首皆向右，中心环以圈，文亦不同。古瓦同字异文者，

多又不独此矣。

"马氏万年"瓦。

此瓦王、程所未著录，盖晚出耳。顷检吴窸斋与王文慜赤牍云："闻秦出马氏瓦，想已得之。西汉外戚无马氏，大澂以为司马良娣园寝之瓦，见《元后传》中。质之执事，以为然否"云云。殆即谓此瓦。吴牍中言瓦当事甚多，惜未得所著录，一证逮之。

癸亥元夜前日，颒叟记于汉石经室。

颒园徐氏秦汉瓦当文字目录：

羽阳万岁　汉并天下　延寿万岁二　上林二

大并天下　八风寿存当　泰灵嘉神　与天长久

石室朝祥　冢上　千秋万岁三　延年益寿

羽阳千岁　宜富贵当　永奉无疆二　橐泉宫当

万家冢当　亿年无疆　清凉有憙　高安万世

都司空瓦　鹿甲天下　卫二鹿瓦

右空　兰池宫当　长生未央　长生无极三

日月承光　回文瓦　飞鸿延年　冢□堂当

马氏万年　惟汉三年大并天下

右瓦三十有五，同字异文者六，共四十有五。

光绪乙巳夏入京，儤值中书，闲曹无事，则收集金石墨本以自娱，因购得瓦当文数十纸，装池成册，置箧衍未著一字也。辛亥国变，仓遽南还。丁巳重至春明，乃取寄藏书籍于劫灰之馀。是册幸存，频年流转兵间，席未暇暖，久束高阁。今年偶见王觚翁所藏竹里王氏《秦汉瓦当文字》，始假归对校。溽暑挥汗，发奋抄王跋于瓦文之次。又从同学雷民苏假歙程氏所辑，校其异同，补录之。盖瓦当文字以程、王两家为最著，冯氏《金石索》逊其专门也。程氏辑录在王氏前，而先录王跋者，以得竹里之书在前也。王氏考释，往往征引程说，故是册于王氏所已引者，不赘录。程跋兼以馀幅题满，无可著墨，但录要纪异而已。然王引程说多加芟汰，其意转晦，非见原书不知也。移写既竟，始补编目录于纸尾，其间时有错迕重复之病。暑热炎蒸，昼蝇夕氓，吮汗哜血，精力遂分。程、王都有传书，吾安敢问世，本以支支节节而为之，唯宝康瓠，享敝帚已耳。

壬戌之秋七月既望，瓻叟徐崇立凉夜篝灯，书于书佣寄庑。

吾友王运长翊钧，以手装端匋斋所授嘉兴王福田《竹里秦汉瓦当文存》见示，书刻于咸丰二年壬子。卷首有匋斋题签，其次为南屏僧六舟篆题。则镌木者王氏自叙，时年七十四；又有张叔未题跋，时年七十九；徐籀庄题字，时年七十八。王氏著录凡瓦当文百四十种，而匋斋所藏则又倍之，洵超迈程、王矣，俱详翊钧跋。因假归取校拙藏。宣统辛亥以前所收瓦当文拓本册凡四十有五，王氏所有而拙藏所无者，为“永受嘉福”与“天无极”、“甘林上林婴桃转舍六畜蕃息”十二字九字残瓦、“延年”半瓦、“上林”半瓦、“甘泉”瓦、“佐弋”瓦、“右将”瓦、“延年”半瓦、便瓦，凡十三。其拙藏所有而王氏所无者，为“石室朝祥”、“羽阳千岁”、“万家冢当”、“兰池宫当”、“大并天下”、“泰灵嘉神”与“天久长”、“橐泉万岁”、“羽阳万岁”、“清凉有憙”、“千金宜富贵当”诸瓦，“惟汉三年大并天下”八字瓦、“冢□堂当”瓦、“承光”瓦、鹿瓦、回文瓦，凡十六。王氏瓦有重至八九者，大都同字异文，拙藏与王本同者亦篆法各异也。校讫，取王本同者悉抄王跋于上方，以资考证。王氏亦多意度，不尽可从，间亦附以鄙见，其所不知，盖阙如也。酷暑流汗，对客挥毫，尽三日力毕之。其间因事数辍笔，率尔操觚，不能如往时写书之整暇，故字画草率，以翊钧之精刊，旧本兼有匋斋遗墨，手装弥重，不敢久留案头，致为尘涴。既题纸尾，并乞翊钧跋，以志墨缘。

壬戌立秋前日，甋翁徐崇立记于长沙南城书佣寄庑。

瓦当文字之见于载籍，始宋王辟之《渑水燕谈录》所载“羽阳千岁”瓦，及黄伯思《东观馀论》所载“益延寿”瓦，其专书则始于清乾隆初浙人朱排山之《秦汉瓦当图记》，然载瓦不过三十，异文者才十六七耳。逮程勉之著《秦汉瓦当文字》、王心耕著《竹里秦汉瓦当文存》，搜考綦详，一时名重。摹拓之善则推程书，盖它皆刻木，程独以翻沙之法，取本瓦为范，镕锡成之，无毫发爽。自时厥后，世际承平，朝野士夫以耽好金石相夸，藏瓦辄以数十百方计，大都辗转代谢，迭为物主，多无著录。其网罗之富，则以浭阳匋斋为最。匋斋负盛名，居高位，物聚所好，得之视前人为易，计所藏瓦凡二百八十六方，不同者百三十五。《东观馀论》所载之“益延寿”瓦，王心耕谓为不可得见者，匋斋有焉。己庚之间，匋斋有《藏瓦记》之作，体例略仿程、王，惜未成书而死国难。其稿及原瓦拓本旧存余处，今稿为易寅村攘去，拓本则丧失于金陵。十载以来，匋斋家不通闻问，瓦之存在与否，固不得知，求如曩拓之精而且备，盖不可复得矣！是册各拓皆精，其中如“橐泉宫当”、“清凉有憙”、“家□堂当”、“承光鹿形”、“惟汉三年大并天下”八字等瓦为匋斋所无。殿后一瓦，细审为“马氏万年”四字，间以花纹，亦匋斋藏瓦中所未有也。

甋翁好古，老而不倦，当暑辑录，自忘其苦。对之辄用自愧，且以自励，书此归之。

壬戌六月大雨，凉生物。翁王运长识于寄觚楼。

“甘林”瓦当，程敦《秦汉瓦当文字》已著录，拓本奉瓻园学长兄。

己巳秋日，弟雷恺并识。

《三辅黄图》宫殿之目，无号甘林者。《史记》秦始皇二十七年，作甘泉及殿前筑甬道，自咸阳属之。《关辅记》曰：“林光宫”，一曰“甘泉宫”，一宫二名，或即合题为“甘林”，然甘泉自有瓦，未敢臆度。箧中无程氏瓦录，俟续考。此瓦为民苏同学所藏，拓以见贻，装附前辑本后，距初辑时已八年矣。

己巳九秋，瓻叟记。

“皇帝万岁，重臣千秋”此八字瓦虽不题年，然篆法劲折方整，非汉人不能也。族弟戊舟拓赠，亟续装而记之。

乙亥冬十月廿日灯下，瓻叟徐崇立书于赏析书楼。

汉武梁祠堂画像题字册跋

此拓收藏已越卅年，惜非精拓，闻有清仪阁旧拓本，未之见也。汉隶小字，清季济南出土有后汉人封父墓刻石，为志墓之最古者，隶书尺度正与此同，而书不逮。至汉隶之最小者，当唯阳三老食堂题字，前跋拟不于伦，亟加勘正。柔翰劣豪，病腕更拙，享此敝帚，未欲摒弃也。

癸酉立冬前日，瓻翁时养疴，沪西校记。

文选楼造像砚册跋

北朝造像阳文，唯此石及北齐马天祥等造像。马氏造像拓本、旧藏本为蠹蚀，近罕觏矣。比丘慧成即始平公之子。钱氏缩临，于残缺文字多以意为之，原本不尽如此。是像与《孙秋生造像》均在太和时。此为孟达文孙造像，为孟广达文，或即一人，一书名，一书字，或以碑末无馀地，省去“广”字耶？要之，造像多奇诡，不尽出雅流，未可究诘也。

壬申夏至，晚霞老人漫题于沪上行馆。

此光绪乙巳后居京师时购藏，同时尚收得《石鼓文砚》拓本，亦钱梅溪为阮文达模者。前此不甚爱惜，漫以与人，至今悔之，不则与此合装为双璧矣。是亦足征阮公之嗜砚、梅溪之善摹，钱氏书品未超，但工摹拟耳。故友王翊钧运长最工临模，隶、楷过梅溪，为匋斋幕僚。遭国变，蹇困以殁，名不出湖湘。以视梅溪，时际承平，乾嘉达官胜流，争为延誉，藉甚一时者。其显晦固有幸不幸耳！

壬申小雪，徐崇立记。梅溪著作有成书固自胜王。

旧拓汉石门颂残本跋

是刻首言高祖开石门，史册不书。按《汉书·沟洫志》：有人上书欲通褒斜道及漕，事下御史大夫张汤。汤问之，言抵蜀从故道，故道多阪回还。今穿褒斜道，少阪，近四百里；而褒水通沔，斜水通渭，皆可行船漕，且材木竹箭之饶，儗于巴蜀。上拜汤子印为汉中守，发数万人作褒斜道五百里，道果便近。云云。此在武帝时，史详著之，而此文未之及，即诸家考释亦无及此者，或别有途径，非石门所必经耶？记之，俟他日更考。

又按：杨君治石门于汉明帝永平四年辛酉，鄐君开褒斜阁道于永平六年癸亥，两巨工先后并作。阁道讫工，当时即有纪事刻石，而石门至建和二年王升始作是颂，亦不及鄐君功事，宜孝武时工役，更未涉及。西汉简质，石刻绝少，遂有阙如之叹！

先考阜康府君官西域最久，所收《石门颂》，浓淡墨拓两本均有校记，崇立敬题末幅，并以朱笔补校行间。三十年夏，日寇陷湘，两本悉遭残破，并手泽不存。崇立前跋亦佚，劫后止存此后二段，不忍重翻。顷散帙，见此不胜凄感。

戊子长夏，徐崇立题残幅，时年七十又七。

瓻翁题跋卷七[①]

谭畏公书长卷刘为章嘱题

右《孩儿》、《老儿》两诗长卷，茶陵谭畏公民国十五年居广州书也。宋赵与时《宾退录》载路德延处朱友谦幕，作《孩儿诗》五十韵以讥友谦。本朝张师锡追次其韵，作《老儿诗》一篇。二诗曲尽老幼之情状云。戊午夏，予从畏公掌永州军府书记，始识为章先生。年少周郎，雄姿英发，时方勤学，课馀模颜鲁公法作擘窠书，尝以文字商榷，观其心画劲峻，已识其志量恢阔矣。又七年，客岭海，君已参广西军事。至粤时，两广会同将谋北伐，君赞画机要，以军事往复。畏公夙有人伦之鉴，一见器重，杯酒谈宴之暇，既为君临颜碑大楷，又写此卷。公为人作书，求无不应，至其精粲之作，要必相人而施。在广海为人书大楷长卷，曾不数觏，而君得其二，盖兼有文字之契焉。君旋从桂军自湘规鄂，于军次密函畏公，抒所见，其后事变悉如君言。又十年，君自海东归国，顾我于长沙敝庐。昨岁，自海上装池此卷嘱题，适病未能。其明年，山居避地，始克执笔。追溯前尘，都成梦影。俯仰廿馀年，君正强仕，任寄益隆。出而负荷军国之重，令闻广誉，既日以章，盘根错节，且从此始。惜畏公往矣，不及见君之卓尔建树。衰拙年垂七年，皤然老矣。念当日参与宾僚，则纪事述闻，

①此卷跋文，均从《瓻翁文钞》中录出。

谊不得辞，因缀书纸尾，用志墨缘。

跋谭文勤公手札

右茶陵谭文勤公手札五通，其二通与善化唐斐泉按察，其三通与按察长子怀之夫妇。公与按察同乡，同官京朝，初为昆弟之交，继乃申之以婚姻，已而先后外简。唐公官至陕西按察使，公年且八十，始由粤督予告归。清代京官多清穷，时赖外省援助。凡馈岁曰炭敬，夏馈曰冰敬，述职还镇，则曰别敬。视交谊之厚薄为等差，同乡及故旧皆得沾溉，非苞苴也。然必作雅言，如公所云“春冰冬乏资”，则春致之非常例也。“四十韵”即“四十金”，绎公词意可知也。至与其婿及女书，则皆援据古训而切于事理，即寻常家人语，悉为典则。古语云：“昔吾有先正，其言明且清。”夫岂率尔操觚哉！公由陕抚移督浙闽，复调四川，未行，复移督陕甘，书中所云“蜀道艰阻”者也，是皆年未及耄书。其正月十九日书，则为再起督粤时笔，所云“目光渐蒙”者也。即此数函，公之扬历胥可考见如此。公孙叔襄得此于劫灰之馀，盖百中之一二，装池嘱题，葆兹手泽之吉光，用续祖庭之广记。唐公名树楠，于吾族亦有姻连云。

题日记目录后

日记未知始于何时，据宋周煇《清波杂志》，宋元祐诸公皆有日记，公私事悉具。曾子宣日记列《古学丛刊》中，止纪行耳。近代日记最多者，曾文正、翁文恭、李莼客、王湘绮四家。郭筠仙侍郎日记多至一巨簏，亦至博洽，惜未刊行，未能卒读。何道州日记只见残本，叶鞠裳学使《缘督斋日记钞》，他如文道羲、吴窻斋诸家时见于《丛刊》中一鳞一爪而已。其闻而知之者，为钱竹汀宫詹《日记钞》，只见书目，《潜研》全书所未载。蒋子潇《游艺录》，其门人所述，凡读十四经，读释道藏各有日记数十卷，其诸子百家十六卷别为读书日记。是日记分类尤为浩博，惜未刊行，其行世者仅《游艺录》三卷，略见其著述之一斑。李氏日记，每读一书，必勘校其得失。如四库书之有《提要》，所著即录稿于行间，论学论诗，词句名隽。除丑诋谩骂外，胥足为学者之津梁。如与蒋记并刊，洵堪骖靳。乃一则迄未刊行，一则卷帙繁重，印本罕觏，未易窥寻。最近如谭畏公日记，余曾手为编次，约数十本，纪游、谈艺、收藏、鉴别皆可传世，惜多西装密行，限于篇幅，未暇详记，小本厚册恐易散佚耳。

吾年三十有一始有日记，初亦如畏公之纪行，平居则止。光绪壬寅，省亲长安，始有《关中行纪》；会试大梁，有《甲辰行纪》；乙巳以后，始岁有所纪。然最病无恒，时或间断，丁巳以后，始相连续。儤值中书，官冷俸薄，索米食贫，又苦无书可读。以居近厂肆，时于冷摊以廉值得故书，在今日皆不易得也。碑估时复挟石墨踵门，就力所能及，择要收之，而旧拓名迹，又以力拙而不能有。于时学力未充，有所见亦未敢妄下雌黄，故纪述甚简。然京师人海，百艺所萃，所求易得，闻见益广。生平于金石初辨涂术，渐知鉴别实基于此，亦苦乐相兼也。

辛亥以来，游踪所至，知见日拓。然劳役于薄书，因循于俗累，伧庸憧扰，疾病侵寻，粥文资生，未能绝物。往往夜阑神倦，或数日追记，久而辄忘，所欲书者十不一二。又时当俶扰，党派交讧，白衣苍狗，变幻百端。敌国外患，迫近肘腋，遭遘兵燹，屡游羿彀，弥凛言孙之戒，不敢率尔操觚。戊寅迄今，避乱山居，寂寞人外，经旬无客。来者绝少雅流，昔日厌客今乃求似人者不可得。既无可与语者，倚杖看山之外，惟有读书可记。而痔苦偃仰半日，只午后据案执笔，乃又目昏手战，时复瞑息。及夕则一灯如豆，惟默坐以待亥尽就枕，更不能治一事矣。故日记至己卯而止。尝谓古来名世传人，率有异禀，精力过人，故能著述等身，艺学皆可名家。以吾所见，如吾湘王湘绮、叶郎园两先生皆笃老不衰，五官并用。郎叟亲炙最久，口对宾客，手握铅椠，曾无舛误，非偶然也。

吾姿本中人，才疏意广，读书不辍，掩卷茫然。欲有造述，非境遇限之，则疾病苦之，蹙蹙靡骋，所诣止此。且一编之中，重句、讹字触目皆是，如“舟流乌止”、“流行坎止”均已屡见，刊乙不尽，老惫日增，亦遂仍之。惟所纪多可备掌录者，尚可节抄以示来叶，亦愚者之一得也。计佚去四册，犹存七十七册，《关中纪行》既佚，即以《甲辰纪行》冠首，敢言藏山，聊供覆瓿。世难未已，其能免劫灰与？所不敢知矣。

瓻园藏扇目录题记

右家藏扇面装册，单页十有八，双页五十有七，都一百二十有二。始甲寅裒积，迄丙子，凡廿四年。自曾祖亮甫公至崇立四世所藏，而茶陵谭畏公书多至廿二页，则别装一册，其有柄留用者尚廿有八，扇不与焉。自清季以前，团扇、折箑并用，辛亥革命以后，纨素渐废。是册折箑居多，是中书画不必尽工，其人或先世交游，或师友亲旧，本为一家藏弆，不妨阿好。文艺自有定评，造诣高者其传必远，兹则未遑精择，其生存人或牵连及之，然无几也。更念辛亥以来，战祸弥漫，神州陆沈，道丧文敝，即艺术之末亦与世运推移，荡然无复先民矩矱。过此以往，将求如是册者，且不可复得。衰拙年垂七十，而同时流辈已寥若晨星，偶有文字，几无诿托，盖不胜《匪风》、《下泉》之思焉。近更外寇益深，行遁荒山，救死扶伤之不暇。用是汲汲编目，裒而存之，并依时代为次，是亦薄录之支流也。且各系小跋，略述行谊，以存其人。虽区区小集，盖兼仿钱牧斋《吾炙集》、王渔洋《感旧集》之例焉。兵燹方滋，是册能幸免劫灰与不，则付之苍苍，非所敢知矣。

戊寅芒种节，徐崇立记于瓜牛庐，时年六十有八。

遁轩琐记题词

《遁轩琐记》者，吾乡蔡杏渠先生退老之作也。先生壮岁从军出塞，西至天山，历参幕府。茶陵谭文勤公督关陇，礼以宾师，瓶斋从而授经焉。晚乃入蜀，补太平县知县，知世且大乱，亟引疾归田，于山居构小轩为娱老之地，遂以“遁轩”名之。先生出塞时，先君亦赋西征，异域同袍，沆瀣相得。晚岁乡居，两家过从尤密，申之以婚姻，其季子玉衡，予之从妹婿也。今夏司榷茅江，请与从事。暇日出是编见示，嘱为题记。书凡八卷，述所见闻，随笔纪录，盖宋人笔记类也。先生《自序》谓即其生平所闻见者，足增识见，资考证，寓劝惩，传方药，志怪异，助谈谐，独男女媟亵之私，概屏弗录。故虽佚闻琐记，而义例纯正，其兼述经义、纪史事、朝章国故、耆贤文献，足备掌录者，岂徒小说家言？且将以传世训俗。独是编为晚年手稿，未及写定。倘以付刊，尚当略加诠次，以类相从，删其繁复，补其讹脱，俾无遗憾。惜簿领冗杂，无此暇日，不及详校耳。然以七十老人，密行小字，裒然成帙，略无率笔，足征前辈耄学精力之强，今不复可睹矣。玉衡其椟藏勿失，以传子姓，备刊布焉。

题造像量度经解大日经疏

《续藏经》第一辑中经三种：曰《造像量度经解》，曰《大日经疏》，曰《大日经义释》，此经卷残佚中之一部仅存者也。吾乡遁庵居士蒋六吉新入卫戍汉口军幕，其驻军地旧为豪贵者之居，革命军所谓逆产者也。师旅往来，辄以为建牙之地，六吉迁入，已数易军师矣。珍宝器玩，攘劫一空，即此皇皇巨帙，剩此残部，亦劫掠之馀也。其他卷帙残阙者，同幕分取之。六吉性耽禅悦，皈依三宝，定力甚深，于释典中尤研究密宗。向求此编苦无单行本，勤求秘奥，萦诸寤寐，得此完帙，适偿夙愿。顷从而假读，因忆春初在长沙，于叶郎园史部架上见所藏全部藏经，乃日本棉纸精印，卷帙亦日本装也。书根标目以“千字文”编号，前后护页，四周折边，整齐坚韧，千本不爽累黍。向在京师购日本旧装书数种，其装本如此，固仿宋版书装法。今当道丧文敝之日，匪特宋装书非乡曲寒素所能梦见，即日本旧装，其曾寓目者盖亦鲜矣。礼失而求诸野，世运将衰，斯文先丧，吾于此有深慨焉。郎翁遘祸，家亦罹劫，独藏书无恙，金刚不坏，若有神物护持。六吉少从予问学，志在经世，讲授州里，学子向风。更历沧桑，勤持梵诵，忽占硕果，惊为创获。既聚所好，更欣得所，亦若有如来默相焉。披览粗毕，时将乞食江南，倚装题以归之，兼以志别。

丁卯中秋。

跋敦煌石室温泉铭精影本[1]

此本据俞复跋考证綦详，复检方若《校碑随笔》云：“行书剪裱本，存四十八行，上半缺，唐拓孤本”。今谛审文辞，自“是以秦皇锐思”句下，皆可属读，是前半残缺，非上半缺也。全文既刻于《绛州帖》，铭词复刻入《筠清馆帖》，则亦非孤本。方氏云：“纸尾有墨题一行，曰‘永徽四年八月围谷府果毅儿’，以下缺”，而此本无此一行，与方氏所见不合，殊难索解。俞氏云：“虞、欧、褚诸人，各出奇诣极，以视太宗书，固当北面称臣”，并云“后来襄阳窃取形貌，正如婢学夫人”，且诋米为粗犷，此瞽论也。史称太宗作书，不善作“戈”字，独缺“戈”。命永兴补书，出示欧、褚，悉称“戈”字最佳，文皇为之叹服。是贞观君臣盈廷，悉推伯施矣。后人何容妄加轩轾，俞氏固不知也。北碑、南帖，流别天然。太宗生平最崇逸少，钟、王自是南朝冠冕，永兴纯是南宗，与太宗君臣有鱼水之契。欧、褚则师法元魏，远祖汉隶，只以当宁所尚，故亦仰承风旨，摹写《兰亭》，当时有神龙、定武之分，良以涂辙既殊，风韵自别耳。若论书品，则北高于南，以导源篆、隶，魄力雄厚，气息高古，碑版文字远胜简牍狎书。故自唐以前，碑版皆隶、楷，无用行、草者，有之，自唐太宗始。如《晋祠铭》及此碑，其他御制丰碑无一正书，阙后高宗书《纪功碑》亦草书，至李北海则碑版无不兼行矣。太宗此书遒劲秀逸，远宗会稽，近法智永。阙后唐之北海，宋之苏、米，元之吴兴，皆取径于此，源流可接，系统相承，皆可望气得之。文章书画皆

[1]此跋即卷一所载《唐温泉铭跋》。

以时代为升降，去古愈远，则气力愈薄。北海之不及太宗，襄阳之不逮北海，吴兴之不如襄阳，皆气运为之。虽殚尽毕生之聪明才力，愈著力，愈不如，心知其故而手不能追，未如之何也已。行箧无多碑帖，俟他日检《绛州》、《筠清》两本，当对看，一校其残佚异同。

跋毛诗手写本

古书自唐以前皆手写，师弟子传习，始由口授，继以传抄。自唐末刻本行，而记诵衰矣。唐司业张参手写《九经》，每言“读书不如写书”。近世王湘绮先生即以写经为日课，此略举写经者。至抄书勤学者，典籍具详，不胜胪举矣。予三十以前即自定书课，大字临碑，小字抄书。盖以碑版矩矱韵味，皆可运入小楷，小字即可抄书，又可学书，积久成帙，便可留存，一举两善，不徒为习字也。丙寅作客广海，侨居无事，遂复书课，画格雕版，专为写经之用。先写《毛诗》经文，抄未及半，其冬遵海还湘。乙卯再出，旅食汉上，五迁其居，席不暇暖。秋冬之际，一游建业，今春乘暇执笔，始克写竟，首尾已历三年矣。其间饥驱奔走，忧患颓放，老病侵寻。偶有暇日，而旅舍局促，无可安砚，不便操觚。或有数月不书一字，抑或明窗净几，时多清燕，辄苦客扰。写一纸数辍笔，或数日仅一纸。对客挥毫，又辄错误，老眼昏耄，精力日衰，愧不能五官并用也，其艰如此。古人三年通一经，予乃三年写一经，古今人度量相越，遽如此耶。即成帙付装，因跋其后，以志感唏，并告来者，俾知为学当及少壮精力弥满时。早夜孜孜，毋使老而多悔也。

跋手写尔雅后

前岁旅寓岭海，即自雕板印纸，专以写经为日课。乃先写《诗》，今春始竞，首尾已历三寒暑矣。亟欲手抄群经，顾所印三百纸所馀无几，板庋乡庐，吾家以避乱迁城，末由再印，乃检经文卷帙最少者，惟《尔雅》适合存楮之数，遂踵写焉。时寓汉上，清明节也。三月赴新堤榷盐之役，薄书多暇，操觚已迫炎夏，又感暑疾，中间两诣汉上，一暴十寒。兹岁恒旸，既烈且久，秋阳弥厉，过午加热。于是日课一纸者，只午前执笔，减为半幅，是区区廿馀纸之书，春暮秋初，乃克终卷。书法日以劣，老惫且日以增矣。吾抄书每多脱误，《尔雅》奇字多为尤甚。然误辄点窜，讫未剜补。盖旁注虽不精而文句完，剜补虽掩饰一时，历久浆脱字佚，竟成阙文矣。记次以志愧，倘继此得抄他经，庶几师耄学以征晚福，岂惟秉烛之明？况吾年未六十耶。

跋樊樊山长联

樊山翁书法瘦硬，自成风格，殆张长史所谓“如锥画沙”者。按：是联上联语出宋杨大年《谈苑》，载李昉畜五禽，白鹇曰闲客，鹭曰雪客，鹤曰仙客，孔雀曰南客，鹦鹉曰西客。为《五客图》，自为诗五章。此则五客用其三，又以“西客”为“陇客”，或别有本欤？下联语出文中子《中说》，云：陶元亮，放人也；或问苏绰，子曰：“后人也”；问牛弘，子曰：“厚人也”。翁自署为“八十五叟”，翁以辛未岁卒，年八十七，则是联当为己巳年书，距归道山二年耳。翁之孙珊孙以遗墨诒姤逢先生，既付装，嘱为检出处题记，盖不唯重其书也。至其行谊，为海内所宗仰，不复赘云。

跋台湾图孤本后

是图吾县翁兰畦按察官台湾时所绘。开方计里，附以道里记，惜无图例，未为完备也。光绪甲申，中法之战起，先伯父定生府君时入乾州杨勇悫幕主章奏。按察已前卒，其子少兰、少畦皆徐氏婿也，从假是图重摹二本，其道里记及图中细书地名，皆从祖王父麓泉翁手书，因以其赠勇悫，其一藏于家，即此幅也。左文襄督师闽海，而勇悫副之，率编师援台。其明年，和议成，勇悫解兵符，乞养母归矣。今阅四十年，杨翁子孙皆式微，其藏本已不复可问。独吾家世守楹书，仅存此劫馀孤本。当时吾年才十二，童子隅坐，得闻本末。今衰朽年逾六十矣，及今不书，后何述焉？台湾自明清以前不隶于中国职方，康熙二十二年始入版籍，事详魏氏《圣武记》。及光绪甲午之役，乃割隶日本，疆土既沦，遂不复列于中国之舆图。论史志兵谋者末由悉其山海厄塞。将付之影印，分为万本，以饷国人，为异时反侵地、雪国耻之先资。吾老矣，是所望于后起之英杰焉。

畏公临乐志论哀册文寸楷卷子跋

《乐志论》、《哀册文》，皆褚中令行楷之精者，较《圣教序》诸碑字尤小。向藏褚书黄麻纸千文正楷拓本，尾题为燕国公书，《乐志论》亦然。燕国公，于志宁也。欧、褚诸碑志多燕国撰文，同官学士一时骖靳，宜乎沆瀣相得，特嗜公书也。《哀册文》向得墨迹精影本，腴润秀逸，锋发韵流，戏鸿摹本直有生死之别矣。畏公书自广海后而大变，碑帖无所不临，真书模褚，行书模米，草书模《急就》，最多且精。晚年多病，渐自矜重，不轻为人作卷册屏幅，非知书及旧好，不易得也。如有精楮旧笺，虽寻常人丐乞，亦欣然命笔，是即孙虔礼所谓“五合”耳。夏初偶饮老友李芾棠许，见旧卷已脱浆，其前后馀幅悉旧楮，百年外物也。遂与仲辉世友分裁得此二段，乞公写此。其复笺谓：“精意写奉，近来所未尝有。至于不佳，则材力所限，公当恕之矣。”此谦词耳。公一生不自满假，故书法超绝一世，日进无疆。讵未半载，遽尔骖鸾，不假学易之年，遂绝获麟之笔。嗟乎，乃用纸背复层续貂题后，盖不胜华屋山丘之感云！

谭畏公庚午赤牍书后

鸣呼！此一编畏翁庚午最后所诒手札也。崇立与公缔交，在光绪丁酉以前，贱齿已逾弱冠，公犹未也。迄今三十馀年，遗书盈箧。公少时即留意简札，书法既工，语特超妙，虽造次诙谐，亦皆斐然。尝谓朋侪中词翰俱美，推公为冠冕，故片纸短柬，无不藏弆。初不意后此之名德日昌，海内共珍为瑰宝也。综计公生平所诒笺牍最密者约三时：庚子至癸卯，此数年中，每当夏令，必避暑于长沙城北碧浪湖之开福寺，公日必致一笺，奚僮流汗走赤日中以为常。次则乙丑、丙寅，从公旅寓广海者经岁，亦时有小简，未有旷至涉旬者。最近则今岁大隐朝市，托迹郎潜，复有论学谈艺之乐，月亦数札，自元夕至秋初，并诗笺都五十一通外二通早为人索去，可惜，最后一笺致百元者，则为公购致明本《淳化阁帖》也。公书自居岭海，乃备极变化纵肆之妙，最晚复致力章草，故册后数笺多带分隶，方谓“人书俱老”，将造华巅，不意遽止于此也。悲夫！复书以九月十六日，公薨以二十二日，曾未涉旬而人天永诀。音徽未沫，青简尚存，三复斯编，使人增孝标之恸。首题“庚午赤牍”者，以公生平所诒悉藏湘宅，将命儿子本谟取之长沙，以编年为次，分别部居，故题“甲子”以别之尔。

题东洲草堂文集后

道州何蝯叟先生歿未六十年，片纸只字、零缣断简，皆值兼金。其手临汉碑，评校群书，至盈箱累笥，后裔不振，悉散佚人间。其专精在小学、金石、文字之源也。其诗集为生前手定，早刻于长沙化龙池之无园，去取甚精。未刊之手稿仍多流布，今则稀如星凤。曾因雷民苏同学购得一册。其文集，则光绪癸卯其孙棠孙观察编刻于长沙，距今未卅年，尤为罕覯。金溪熊子建以重价得一部于旧肆，因得假读。大抵先生之诗高于文，诗文又皆以考订金石小学为最精。至于古文以质朴为主，不甚讲义法，至以挽联入墓志，为自来碑志例所无，未可为训。先生评书，睥睨山阴，诋诃吴兴，屡见论述。《兰亭》茧纸已殉昭陵，当时欧、褚传摹已有二派，厥后艺林奉为鼻祖，丛帖尊为墨皇。宋时士大夫家刻一石，木石传刻无虑千本，此岂复有精神兼体作行楷带姿势？其他流传只《画赞》、《曹娥》小楷数种，并无丰碑巨制，但可赏玩文房，安能楷模百世？推崇太过，习为纤弱。自宋以后，帖盛碑衰，于书体有关升降，先生辞而辟之，发千载未发之伟论。厥后长洲叶鞠裳《语石》、吾湘胡子彝继之，皆从来名大家所不敢轻议者，可谓卓绝。荣禄虽导源《禊叙》，而天资高迈，晚更参以北海，小字直入晋人之室，大字尤越宋人而上，盖唐以后碑版绝矣，非吴兴其孰振之？后人但师其软美，不能窥其用意，遂乏遒劲之气，乃不善学赵之过，咎不在赵也。世人徒以其赵宋遗裔，并世遗老高士多抗节不仕，沤波独委质北庭，为人诟病，声价顿减。要之，人书未可并论，观其自撰，乃翁阡表，爵荫不卑。先生于吴兴排斥不遗馀力，生平服膺宏论，独于此未敢苟同。元明以来，两文敏均为学书者所宗仰，窃谓与其推董，毋宁推赵。子建嘱为题识，因抒臆见质之。

跋胡文忠手札后

旧藏曾文正、左文襄两公墨迹，皆批答浏阳娄俊三尚书牍尾者。秉承军事，指授机宜。而书法劲健圆湛，精神流畅，足见其好谋而成，故好整以暇。是皆军国大计，固应亲裁，今人则多假手书记矣。今读文忠遗墨，上自奏疏，下至简料军食、运输兵械，皆豫为措置，至纤至悉矣。昔诸葛公鞠躬尽瘁，罚五十以上皆自裁决，公之劳瘁，因以致疾，未竟厥功，赍志先陨。盖犹有诸葛遗风，而收效则异，则所值时势不同也。今之用人时防侵蚀，而当时率用士人，故奉法唯谨，公犹嫌其手笔过小，未协机权。又可知当时风俗敦朴，人皆效忠，今则醇醨迥别。遇庵先生得此皆短札片纸，装池成册，命为题记。三复览诵，不胜《匪风》、《下泉》之思已。

跋卢太妃墓志

考《魏书》，彭城王勰初封始平王，改封彭城。嫡子劭袭封，劭弟子正初封霸城县公。莊帝即位，始封平王，与劭俱死河阴之难。赠假黄钺、都督中外军事、录尚书事，赙赠及送葬礼仪崇隆。其赠官与此《志》题衔不同，《传》云谥“贞”，《志》称“文贞”，又小异。遍考魏宗室诸王传，别无封始平者。《传》称子正之子钦袭爵，武定中，散骑侍郎，齐受禅，例降。“武定”为东魏孝静帝纪元。《志》云：太妃以大统十七年薨于长安权厝〔同〕州，以北周大象二年送灵合葬洛阳邙山。又云：子昌安宣王避东陵之酷，奉西迁之驾，明略佐时，乘轺服衮。关河阻隔卅馀年，锋镝交横，死生离别，朝哭穆伯，暮哭文伯。按：自大统十七年至大象二年，正三十年，是其子初从出帝入关，继乃奉使河洛，遂羁东魏，仍袭王封，母子离隔，故权厝同州及迁葬洛阳，其子已先殁，独何时改封安昌，史既阙略，《志》仅称谥而不书名，是否即散骑侍郎敛，未敢臆定。按之事实，则史与《志》合耳。魏收书本有残阙，多非其旧，纪载容有漏略，或别有始平王，亦未敢遽断即元勰之后也。独《志》中“忠臣天下”一语殊费解，殆有误字。其《志》铭文与字皆不恶，不当有此巨谬。北朝志石多有讹误而未刊正者，所以贵有察书之人也。书法波磔，微带隶势，此正由隶变楷之时，可以觇风会升降源流矣。幅无馀纸，当别录附之。

何道州题安舟迎养图墨迹跋尾

是篇后题“掖垣夫子”，谨按：掖垣先生为崇立之外高祖王父讳星焕，嘉庆庚辰科进士，发江西，补泰和县知县，调繁昌。是篇题云：“之官繁昌”，正自泰和赴繁昌上官，而迎其太夫人就养时也。诗载《东洲集》，字句悉同。惟此云二弟既为作图，敬缀以诗集，题为“研芸二弟”。初不知为谁何，旋询知即子毅先生少时别号。后又一诗款署“绍闻”，亦询知为先生叔弟子敬先生，初用是名，后改“闻”为“祺”，即志薑之曾祖考也。志薑与崇立同为张氏外孙，于戚属为表兄弟，此二事皆闻诸志薑者。掖垣先生笃嗜典籍，清俸所入，悉以购书，故乐朋桥张氏藏书闻嘉道间。三传至外王父振卿先生，遭赭寇之乱，遗书散佚殆尽矣。两房仅从舅辑五一子，张氏外孙惟志薑与崇立二人耳。是帧图佚而诗存，且两诗为一意，原本不止此，殆经藏者收拾丛残从而补装者。姤逢先生得而张之厅事，因得见外家遗物。归检《东洲诗集》，而知为题“安舟迎养图”也。是诗作于嘉庆壬午年，当在弱冠后，未登第时，气韵在欧、褚之间，不类其中年以后作，然笔力瘦劲，乳虎食牛，固已超越时流矣。追记遗闻，忾焉有感，辄题幅末归之。

脚气集书后

南宋和战水火，朝野异趣。高宗不欲二圣之还，或夺其位。又尝为质金营，惕其强狠，志在偷安，故秦桧之说深洽私衷。武穆之死非桧能死之，盖深犯所忌，如汉高假手吕后以杀韩信耳。至“直抵黄龙”之说，其语甚壮，其志未必果偿。金将如兀术之流，骁勇善战，久据中原，论形势亦难摧折，然君臣上下要不可不存勾践会稽之志。或者人定胜天，力战争衡，犹胜坐困，亦庶几可对君父也。宋人既耻徽钦之辱，尤痛武穆之冤。凡在臣庶，咸深扼腕，以为中原指顾可复，事实未必尔也。清朝《御批通鉴辑览》，严斥主战之非，未必出自宸衷，率出当日诸臣代拟有意迎合。其时种族之见甚严，凡事涉胡虏，悉从左袒，不独此一事，亦不敢不尔。是编所纪金虏阴谋，佐证昭然，谅非虚妄。而其持论，则南宋人固如是也。

丙寅小除前夕书后。

图书在版编目（CIP）数据

湖南近现代藏书家题跋选/叶德辉等撰.—长沙：岳麓书社，2011.1

ISBN 978-7-80761-573-6

Ⅰ.湖…　Ⅱ.叶…　Ⅲ.①题跋—中国—近代—选集②题跋—中国—现代—选集　Ⅳ.I265

中国版本图书馆CIP数据核字(2010)第256103号

湖湘文库

湖湘文库编辑出版委员会

湖南近现代藏书家题跋选(一、二)

据湖南图书馆藏本校点

著　　者　叶德辉　等
编　　者　湖南图书馆
责任编辑　刘　文
特邀编辑　廖承良
整体设计　郭天民
出版发行　岳麓书社
网　　址　http://www.yueluhistory.com
地　　址　湖南省长沙市爱民路47号
邮　　编　410006
电　　话　0731—88885616(邮购)
经　　销　湖南省新华书店
印　　刷　湖南天闻新华印务有限公司
版　　次　2011年3月第1版第1次印刷
开　　本　960×640　1/16
印　　张　113
字　　数　1316千字
书　　号　ISBN 978-7-80761-573-6/G·975
定　　价　228.00元

如有印装质量问题，请与承印厂斢换

厂址：湖南·望城·湖南出版科技园　电话：0731—88387860　邮编：410219

ISBN 978-7-80761-573-6

9 787807 615736 >